PONS

Kompaktwörterbuch

Türkisch – Deutsch
Deutsch – Türkisch

Neubearbeitung 2009

PONS GmbH
Stuttgart

PONS Kompaktwörterbuch Türkisch

von

O.N. KIYGI

Bearbeitet von: Marieluise Schmitz, Gregor Vetter

Entwickelt auf der Basis des PONS Kompaktwörterbuchs Türkisch 2003
ISBN 978-3-12-517147-3

Warenzeichen, Marken und gewerbliche Schutzrechte
Wörter, die unseres Wissens eingetragene Warenzeichen oder Marken oder sonstige gewerbliche Schutzrechte darstellen, sind als solche – soweit bekannt – gekennzeichnet. Die jeweiligen Berechtigten sind und bleiben Eigentümer dieser Rechte. Es ist jedoch zu beachten, dass weder das Vorhandensein noch das Fehlen derartiger Kennzeichnungen die Rechtslage hinsichtlich dieser gewerblichen Schutzrechte berührt.

1. Auflage 2009 (1,01 – 2009)

PONS Produktinfos und Shop: www.pons.de
E-Mail: info@pons.de
Onlinewörterbuch: www.pons.eu

Projektleitung: Helen Blocksidge
Sprachdatenverarbeitung: Andreas Lang, conTEXT AG für Informatik und Kommunikation, Zürich
Einbandgestaltung: Schmidt & Dupont, Stuttgart
Logoentwurf: Erwin Poell, Heidelberg
Logoüberarbeitung: Sabine Redlin, Ludwigsburg
Satz: Dörr + Schiller GmbH, Stuttgart
Druck: CPI – Clausen & Bosse, Leck
Printed in Germany

ISBN 978-3-12-517466-5

Inhalt

İçindekiler

Vorwort zur 2. Auflage

Mit rund 120.000 Stichwörtern und Wendungen ist das erweiterte Kompaktwörterbuch Türkisch ein aktuelles und umfassendes Nachschlagewerk für Alltag, Beruf und Universität. Durch die Aufnahme von neuen Begriffen und Wendungen aus Bereichen wie Gastronomie, Presse, Fernsehen, Sport, Musik und Internet wird die moderne Allgemeinsprache der deutsch- und türkischsprachigen Kulturräume besonders berücksichtigt. Bei der vorliegenden Neubearbeitung wurden darüber hinaus Fachbegriffe aus den Bereichen Handel, Jura, Ökologie und Medizin aufgenommen. Das PONS Kompaktwörterbuch Türkisch ist also auch besonders gut im professionellen Bereich einsetzbar.

Die türkische Rechtschreibung in diesem Wörterbuch orientiert sich an der 10. Auflage des „Türkçe Sözlük“, das von der *Türk Dil Kurumu* (Gesellschaft für türkische Sprache) herausgegeben wird. Der Zirkumflex in der 2005 erschienenen Auflage des „Türkçe Sözlük“ ist bei vielen Wörtern weggefallen. Hierdurch wurde dem allgemeinen Trend im Alltag Rechnung getragen.

Die deutsche Rechtschreibung dieses Wörterbuches berücksichtigt die im August 2006 in Kraft getretene Neuregelung der deutschen Rechtschreibung mit den vom Rat für deutsche Rechtschreibung vorgeschlagenen Änderungen.

Ich danke allen, die mit ihren Vorschlägen die Weiterentwicklung dieses Wörterbuches unterstützt haben. Ein herzlicher Dank gilt der Projektleiterin Frau Helen Blocksidge, die an der Gestaltung dieser Auflage maßgeblich beteiligt war und mir mit ihrem Feingefühl für Sprachen zur Seite stand.

Essen, im Frühjahr 2009 Osman Nazım Kıygı

2. Baskının Önsözü

Yaklaşık 120.000 madde başı söz ve deyimle genişletilmiş Kompaktwörterbuch Türkisch günlük kullanım, meslek ve üniversite için güncel ve kapsamlı bir başvuru kitabıdır. Gastronomi, basın, televizyon, spor, müzik ve internet gibi alanlardan derlenmiş yeni kavram ve deyimlerle Almanca ve Türkçe konuşan kültür çevrelerinin kullandığı modern dil özellikle gözetilmiştir. Elinizdeki yeni baskıda ticaret, hukuk, ekoloji ve tıp kavramlarına da yer verilmiştir. Kısacası, PONS Kompaktwörterbuch Türkisch özellikle meslek alanında da kullanılabilir.

Sözlükteki Türkçe yazım için Türk Dil Kurumu'nun "Türkçe Sözlük" (10.Baskı) örnek alınmıştır. Türkçe Sözlük'ün 2005 yılı baskısında birçok kelimenin yazılışında şimdiye kadar kullanılmış düzeltme işareti günlük kullanımdaki trende uyularak kaldırılmıştır.

Sözlükteki Almanca yazım, 2006 yılında yürürlüğe giren Almanca yazımın yeniden düzenlenmesini ve Almanca Yazım Kurulu'nun önerdiği değişiklikleri dikkate almıştır.

Bu sözlüğün geliştirilmesinde önerileriyle bana yardım etmiş olan herkese teşekkür ederim. Bu baskıya son biçimini veren ve bana dillere olan ince anlayışıyla destek olmuş olan proje yöneticisi Bayan Helen Blocksidge'e candan teşekkür ederim.

Essen, 2009 yılı ilkbaharı Osman Nazım Kıygı

Hinweise zur Benutzung des Wörterbuchs

Sözlüğün Kullanımı Hakkında Bilgiler

1. Stichwortanordnung

Alle Wörter sind alphabetisch geordnet.

Im türkisch-deutschen Teil des Wörterbuchs stehen in der alphabetischen Reihenfolge o vor ö, u vor ü, ı vor i, c vor ç, s vor ş und g vor ğ.

Im deutsch-türkischen Teil sind die Umlaute ä, ö, ü den Vokalen a, o, u gleichgestellt.

Eingeklammerte Buchstaben werden bei der alphabetischen Einordnung berücksichtigt. Die Klammern zeigen an, dass das Wort auch in einer Variante ohne den betreffenden Buchstaben existiert.

1. Madde Başı Sözlerde Sıralama

Bütün kelimeler alfabetik olarak sıralanmıştır.

Sözlüğün Türkçe-Almanca bölümünde o harfi ö harfinden önce, u harfi ü harfinden önce, ı harfi i harfinden önce, c harfi ç harfinden önce, s harfi ş harfinden önce ve g harfi ğ harfinden önce gelir.

Sözlüğün Almanca-Türkçe bölümünde ünlü değişimine uğramış ä, ö, ü ünlüleri, a, o, u ünlülerine eşittir.

Ayraç içine alınmış harfler alfabetik sıralama yapılırken dikkate alınmıştır. Ayraçlar, kelimenin ayraç içindeki harf olmadan da kullanıldığını gösterir.

anderenfalls *adv* yoksa, …
and(e)rerseits *adv* öte yandan, ...
andermal *adv* **ein** ~ başka bir sefer

beysbol *s ohne pl* SPORT Baseball *m;* …
Be(y)tlehem *s* Bethlehem *nt*
Beytüllahim *s* Bethlehem *nt*

2. Besondere Zeichen im Eintrag

2.1. Grammatische Zeichen

Im deutsch-türkischen Teil des Wörterbuchs machen hochgestellte arabische Ziffern gleich geschriebene Wörter mit unterschiedlichen Bedeutungen (Homografen) kenntlich.

2. Maddedeki Özel İşaretler

2.1. Dil Bilgisi İşaretleri

Sözlüğün Almanca-Türkçe bölümünde yükseltilerek yazılmış olan Arap rakamları değişik anlamları olan eş yazımlı kelimeleri gösterir.

Kristall^{1} <-s, -e> [krıs'tal] *m* kristal
Kristall^{2} <-s> *nt kein pl* ❶ (*Glas*) kristal ❷ (*Gegenstände*) billûriye

Die Tilde (~) ersetzt in Anwendungsbeispielen und Redewendungen das vorhergehende Stichwort.

"Yine o" işareti ~ örnek cümlelerde ve deyimlerde madde başı sözün yerine geçer.

Anfang <-(e)s, -fänge> ['anfaŋ] *m* baş, başlangıç; ~ **Mai** mayıs başında; **am ~ des Jahres** yılın başında; ~ **nächster Woche** gelecek haftanın başında; **er ist ~ fünfzig** ellilerin başındadır; **den ~ machen** başlamak; **einen neuen ~ machen** yeniden başlamak; **von ~ an** baştan, …

başka **I.** *adj* ❶ andere(r, s); ~ **bir arabaya çarpmak** auf einen anderen Wagen aufprallen; ~ **birisi** jemand anderes; ~ **fikirde olmak** anderer Meinung sein; **bir ~sı** ein anderer, eine andere; **yapacak ~ bir şeyim kalmadı** es blieb mir nichts anderes übrig ❷ anders; ~ **türlü olmaz** es geht nicht anders …

Der feine senkrechte Strich kennzeichnet den ersten Teil bei trennbaren deutschen Verben.

İnce dikey çizgi Almancada ayrılabilir fiillerin ilk kısmını gösterir.

durch|feiern *vi* (*fam: ohne Pause feiern*) sabaha kadar eğlenmek; **die ganze Nacht** ~ bütün gece eğlenmek

Das hochgestellte Sternchen (*) zeigt an, dass das Partizip Perfekt des deutschen Verbs ohne ge- gebildet wird.

Yükseltilerek yazılmış olan yıldızcık (*), Almanca fiilin geçmiş zamanda ge- ön eki almadan yapıldığını gösterir.

halbieren* [hal'biːrən] *vt* ❶ (*teilen*) ikiye ayırmak; (*halbe-halbe machen*) yarı yarıya bölüşmek ❷ (*reduzieren*) yarılamak

2.2. Die deutsche Rechtschreibreform

Dieses Wörterbuch berücksichtigt die im August 2006 in Kraft getretene Neuregelung der deutschen Rechtschreibung mit den vom Rat für deutsche Rechtschreibung vorgeschlagenen Änderungen.

Im türkisch-deutschen Teil des Wörterbuchs folgen sämtliche Übersetzungen der neuen deutschen Rechtschreibung.

2.2. Alman Yazım Reformu

Bu sözlük Ağustos 2006'da yürürlüğe giren Almanca yazımının yeniden düzenlenmesini ve Almanca Yazım Kurulu tarafından önerilen değişiklikleri dikkate almıştır.

Sözlüğün Türkçe-Almanca bölümünde tüm çeviriler Yeni Almanca Yazımına uygundur.

Im deutsch-türkischen Teil werden neue Schreibungen mit [RR] gekennzeichnet, alte Schreibungen mit [ALT]. Folgen Neu- und Altschreibungen nicht unmittelbar aufeinander, so wird ein Verweis von der alten zur neuen Schreibung gemacht, wo die Übersetzung angesiedelt ist.

Sözlüğün Almanca-Türkçe bölümünde yeni yazılışlar [RR] ile gösterilmiş olup eski yazılışlar [ALT] ile gösterilmiştir. Yeni ve eski yazılışlar alt alta değilse, eski yazılıştan çevirinin bulunduğu yeni yazılışa gönderme yapılmıştır.

> **Stengel**[ALT] <-s, -> ['ʃtɛŋəl] *m s.* **Stängel**
> **Stängel**[RR] <-s, -> ['ʃtɛŋəl] *m* BOT sap, sapçık

Von der Reform betroffene Komposita werden lediglich in der neuen Schreibung erfasst und mit [RR] gekennzeichnet.

Reform ile değişikliğe uğramış birleşik kelimeler sadece yeni yazılışlarıyla işlenmiş olup [RR] ile gösterilmiştir.

> **Fluss**[RR1] <-es, Flüsse> [flʊs, *pl* 'flʏsə] *m* (*Gewässer*) akarsu, ırmak, nehir
> **flussabwärts**[RR] [-'--] *adv* akış aşağı, ırmağın aktığı yönde
> **flussaufwärts**[RR] [-'--] *adv* akış yukarı

In zahlreichen Fällen wird aus einem bisher zusammengeschriebenen Wort ein kleines Syntagma, d.h. eine Fügung aus mehreren Wörtern, die kein Stichwort mehr ist, sondern nun innerhalb des Eintrags steht. Das Auffinden solch einer Fügung wird dadurch erleichtert, dass bei dem Stichwort alter Schreibung ein Verweis die genaue Position der Fügung angibt.

Birçok durumda şimdiye kadar bitişik yazılmış kelimelerden artık madde başı olmayan küçük bir sentagma, yani birbirini izleyen kelimelerle bir dizim oluşup bunlar madde içinde yer almaktadır. Böyle bir dizimi kolaylıkla bulabilmek için madde başı olan eski yazılışından dizimin bulunduğu yere gösterme yapılmıştır.

> **ebenso** ['---] *adv* (*in der gleichen Weise*) aynı şekilde; **er geht ~ gern(e) ins Kino wie ich** o da benim kadar sinemaya gitmesini seviyor; **~ gut** pek âla; **er ist ~ gut/schnell wie ich** o da benim kadar iyidir/hızlıdır; **er ist ~ groß wie ich** o da benim kadar uzun, benimle aynı boyda; **sie sprach ~ lang(e) wie ich** o da benim kadar uzun konuştu; …
> **ebensogern**[ALT] ['----] *adv s.* **ebenso**
> **ebensogroß**[ALT] ['----] *adv s.* **ebenso**
> **ebensogut**[ALT] *adv s.* **ebenso** **ebensolang(e)**[ALT] *adv s.* **ebenso** …

In vielen Fällen ersetzt die reformierte Schreibweise nicht die bisherige Schreibung, sondern tritt lediglich als Variante neben dieser. Wird zwischen einer Haupt- und Nebenvariante unterschieden, wird in der Regel von der Neben- zur Hauptvariante verwiesen.

Birçok durumda reform ile değişikliğe uğrayan yazılma biçimi şimdiye kadarki yazılışın yerine geçmeyip bunun yanında sadece bir varyantı olarak yer almaktadır. Asıl varyant ile ikinci dercedeki varyant arasında bir fark yapılıyorsa, kural olarak ikinci derecedeki varyanttan asıl varyanta gönderme yapılmıştır.

> **fantastisch**[RR] *adj* ❶ (*nicht realistisch*) fantezi, hayalî ❷ (*fam: großartig*) şahane; (*unglaublich*) akıl almaz
> **phantastisch** *adj s.* **fantastisch**

Römische Ziffern dienen zur Unterscheidung der verschiedenen Wortarten, denen ein Stichwort angehört, und zur Gliederung der Verben *(vt, vi, vr, impers)*.

Romen rakamları, madde başı sözün gramerdeki yerini gösterir ve fiilleri ayırmaya *(vt, vi, vr, impers)* yarar.

neigen ['naɪgən] **I.** *vt* eğmek **II.** *vr* ■ **sich ~** ❶ (*allgemein*) eğilmek (**nach** -e); (*Schiff*) yan yatmak ❷ (*geh: enden*) sona ermek **III.** *vi* **zu etw ~** bir şeye eğilim göstermek

kısa I. *adj* kurz; **en ~ zamanda** in kürzester Zeit **II.** *adv* kurz; **~ kesmek** kurzfassen; **~ konuşmak** sich kurzfassen; **~ ve özlü** kurz und bündig [*o* treffend] **III.** *s* **uzun lafın** [*o* **sözün**] **~sı** der langen Rede kurzer Sinn, um es kurz zu sagen

Arabische Ziffern dienen zur Unterscheidung der verschiedenen Bedeutungen eines Stichworts.

Arap rakamları, madde başı sözün farklı anlamlarını göstermeye yarar.

roh [ro:] *adj* ❶ (*ungekocht*) pişmemiş, çiğ; **etw ~ essen** bir şeyi çiğ çiğ yemek ❷ (*unbearbeitet*) ham ❸ (*grob*) kaba; **~e Gewalt anwenden** kaba kuvvet kullanmak **Rohbau** <-(e)s, -ten> *m* kaba yapı, kaba inşaat **Rohdiamant** *m* ham elmas

varlık <-ğı> *s* ❶ (*mevcudiyet*) Existenz *f,* Dasein *nt* ❷ (*var olan şey*) Wesen *nt;* (*canlı ~*) Wesen *nt* ❸ (*zenginlik*) Vermögen *nt;* **~ içinde yaşamak** im Wohlstand leben; **~ta darlık çekmek** seine Möglichkeiten nicht einsetzen können ❹ (*ömür*) Dasein *nt*

4. Klammern

4. Ayraçlar

4.1. Klammern im türkisch-deutschen Wörterbuchteil

4.1. Sözlüğün Türkçe-Almanca bölümündeki ayraçlar

Für die türkischen Substantive und Adjektive sind, wenn nötig, nach dem Stichwort in Spitzklammern Hinweise auf Besonderheiten bei der Deklination angegeben:

Türkçede çekim eki aldıklarında değişikliğe uğrayan isim ve sıfatlardaki değişiklikler madde başı sözden sonra gelen sivri ayraçlar içinde gösterilmiştir:

hak[1] <-kkı> *s* Anspruch *m, …*
kilit <-di> *s* Schloss *nt; …*

Bei türkischen Verben mit einsilbigem Wortstamm wird der Aoristvokal wie folgt angegeben:

Kökü tek heceli olan Türkçe fiillerde geniş zaman ünlüsü şöyle gösterilmiştir:

bilmek <-ir> *vt* ❶ wissen; …
binmek <-er> *vi* ❶ (*ata, bisiklete*) steigen (**-e** auf), aufsteigen; …

Bei den Verben sind die Fälle bzw. die Satzerweiterungen mit Postpositionen bzw. Präpositionen nach der Übersetzung in Klammern angegeben:

Fiillerle ilgili ilgeçler ve çekim ekleri her iki dilde çeviriden sonra ayraçlar içinde gösterilmiştir:

alışmak *vi* ❶ sich gewöhnen (**-e** an); **birbirine ~** sich aneinander gewöhnen ❷ (*intibak etmek*) sich anpassen (**-e** an)
evlenmek *vi* heiraten (**-le**); …

Die Lautschrift, einschließlich der Wortakzente, steht in eckigen Klammern […] hinter dem Stichwort.

Die Lautschrift im türkisch-deutschen Wörterbuchteil betrifft die Lehnwörter aus dem Arabischen, dem Persischen und dem Englischen, deren Aussprache von den allgemeinen Regeln abweicht.

Madde başı kelimenin sesçil yazımı vurgu işaretleriyle birlikte kelimeden sonra köşeli ayraçlar içinde […] bulunur.

Sözlüğün Türkçe-Almanca bölümünde sesçil yazım, kökeni Arapça, Farsça ve İngilizce olan ve genel söyleyiş kurallarına uymayan alıntıları ilgilendirir.

acube [adʒuːbɛ] *s* (*tuhaf kimse*) Sonderling *m,* komischer Kauz
chat [tʃɛt] *s* INFORM, TELEK (*internette*) Chat *m;* **~ yapmak** chatten

Im deutsch-türkischen Teil sind sämtliche Basiswörter mit einer Lautschrift versehen.

Sözlüğün Almanca-Türkçe bölümünde tüm taban kelimelerin sesçil yazımı bulunur.

Kaffee <-s, -s> ['kafe, ka'feː] *m* kahve; …
spielen ['ʃpiːlən] **I.** *vt* ❶ (*Spiel*) oynamak …

In runden Klammern stehen außerdem Erklärungen und Definitionen, Markierungen der Stilebene, Synonyme und andere Zusätze sowie grammatische Angaben.

Yay ayraçlar içinde ayrıca açıklamalar ve tanımlar, üslup düzeyi işaretlemeleri, eş anlamlı kelimeler ve diğer eklerle dil bilgisine ilişkin bilgiler bulunur.

4.2. Klammern im deutsch-türkischen Wörterbuchteil

Die Stammformen der starken Verben, unregelmäßige Steigerungsformen der Adjektive sowie Besonderheiten der Pluralbildung sind neben den jeweiligen Basiswörtern in Spitzklamern angegeben.

4.2. Sözlüğün Almanca-Türkçe bölümünde ayraçlar

Kural dışı fiillerin çekimde uğradığı değişiklikler, sıfatların üstünlük derecelerinde aldığı biçimler ve çokluk oluşturmadaki özellikler açılı ayraçlar içinde gösterilmiştir.

singen <singt, sang, gesungen> ['zɪŋən] …
hoch <höher, am höchsten> [hoːx] …
Gast <-(e)s, Gäste> [gast, *pl* 'gɛstə] …

Bei den Verben sind die Fälle bzw. die Satzerweiterungen mit Präpositionen bzw. Postpositionen nach der Übersetzung in Klammern angegeben.

Fiillerle ilgili ilgeçler ve çekim ekleri her iki dilde çeviriden sonra ayraçlar içinde gösterilmiştir.

konzentrieren* [kɔntsɛn'tri:rən] **I.** *vt* (*bündeln*) konsantre etmek (**auf** -e); (*ausrichten*) toplamak (**auf** -de); **Truppen in einem Raum ~** birlikleri bir yerde toplamak **II.** *vr* ■ **sich ~** derişmek, konsantre olmak (**auf** -e)

In runden Klammern stehen außerdem Erklärungen und Definitionen, Markierungen der Stilebene, Synonyme und andere Zusätze sowie grammatische Angaben.

Yay ayraçlar içinde ayrıca açıklamalar ve tanımlar, üslup düzeyi işaretlemeleri, eş anlamlı kelimeler ve diğer eklerle dil bilgisine ilişkin bilgiler bulunur.

5. Erklärende Zusätze

Sowohl in der Ausgangs- als auch in der Zielsprache können erklärende Zusätze Bedeutung und Anwendung eines Wortes näher bestimmen:

- Sachgebietsangaben, besonders wenn verschiedene Bedeutungen unterschieden werden.
- Angaben zur regionalen Verbreitung zur Markierung aller Wörter, Bedeutungen und Wendungen, die einem regionalen Gebrauch unterliegen.
- Stilangaben zur Markierung aller Wörter, Bedeutungen und Wendungen, die keiner neutralen Stilebene angehören.
- Rhetorische Angaben, wenn eine besondere Sprechhaltung markiert wird.

Die vollständige liste der Markierung ist dem Abkürzungsverzeichnis zu entnehmen.

5. Ek Açıklamalar

Çıkış dilinde olduğu gibi hedef dilde de ek açıklamalar kelimenin anlamını ve kullanılışını daha yakından belirler.

- İşlenecek konuya ilişkin bilgiler, özellikle farklı anlamları göstermek amacıyla kullanılmıştır.
- Yöresel dağılıma ilişkin bilgiler, belli bir yörede kullanılan bütün kelimeleri, anlamları ve deyimleri işaretler.
- Üsluba ilişkin bilgiler, tarafsız bir üslup düzeyinde bulunmayan kelimeleri, anlamları ve deyimleri işaretler.
- Retoriğe ilişkin bilgiler, konuşmada özel bir tutum olduğunu işaretler.

İşaretlemelerin tam bir listesi için kısaltmalar listesine bakınız.

6. Verweise

6.1. Verweise im türkisch-deutschen Wörterbuchteil

Bei Substantiven, deren Stamm sich in der Deklination stark verändert, ist die Possessivform als eigenes Stichwort mit einem Verweis auf die Grundform aufgenommen.

6. Göndermeler

6.1. Sözlüğün Türkçe-Almanca bölümünde göndermeler

Çekim eki aldıklarında kökleri değişikliklere uğrayan isimler iyelik durumunda madde başında yer alıp yalın biçimlerine gönderme yapılmıştır.

burnu *s poss von* **burun** …
şehri *s poss von* **şehir**

Bei Stichwörtern ausländischer und osmanischer Herkunft wird auf das neue Wort verwiesen.

Kökeni yabancı ve Osmanlıca olan madde başı sözlerde yeni kelimeye gönderme yapılmıştır.

istiklal <-li> [istiklā:l] *s ohne pl s.* **bağımsızlık** Unabhängigkeit *f*
seyyare *s s.* **gezegen** Planet *m*

6.2. Verweise im deutsch-türkischen Wörterbuchteil

Bei starken Verben ist die veränderte Form als eigenes Stichwort mit einem Verweis auf die Grundform aufgenommen.

6.2. Sözlüğün Almanca-Türkçe bölümünde göndermeler

Kural dışı fiillerde, fiilin çekimden sonra uğradığı değişik biçimi madde başında yer alıp yalın biçimine gönderme yapılmıştır.

aß [a:s] *3. imp von* **essen**
blieb [bli:p] *3. imp von* **bleiben**

Zeichen und Abkürzungen

İşaretler ve Kısaltmalar

Deyim ve örneklerde madde başı sözün yerine geçer.	~	ersetzt in Anwendungsbeispielen und Redewendungen das vorhergehende Stichwort
ayrılabilir fiil	|	trennbares Verb
kasılma	=	Kontraktion
ge siz ortaç	*	Partizip ohne *ge-*
bir diyalogda konuşanın değişmesi	–	Sprecherwechsel in einem Dialog
eski yazılış	ALT	alte Schreibung
reformdan sonraki yazılış	RR	reformierte Schreibung
dil bilgisi yapısı	■	grammatische Konstruktion
tescilli marka	®	Warenzeichen
aynı zamanda	*a.*	auch
kısaltma	*Abk*	Abkürzung
sıfat	*adj*	Adjektiv
idare	ADMIN	Verwaltung
zarf	*adv*	Adverb
havacılık	AERO	Luftfahrt
tarım	AGR	Landwirtschaft
akuzatif, yükleme durumu, -i hâli	*akk*	Akkusativ
kısaltmalı kelime	*Akr*	Akronym
anatomi	ANAT	Anatomie
mimarlık	ARCH	Architektur
tanımlık	*art*	Artikel
astroloji	ASTROL	Astrologie
astronomi	ASTRON	Astronomie
otomobil ve trafik	AUTO	Auto und Verkehr
yardımcı fiil	*aux*	Hilfsverb
madencilik	BERGB	Bergbau
biyoloji	BIOL	Biologie
botanik	BOT	Botanik
kimya	CHEM	Chemie
ticaret	COMM	Handel
datif, yönelme durumu, -e hâli	*dat*	Dativ
belirli tanımlık	*def*	bestimmter Artikel
çekilmiş	*dekl*	dekliniert
yöresel ağız	DIAL	dialektal
demir yolu	EISENB	Eisenbahn
elektrik	ELEK	Elektrizität
bir şey	*etw*	etwas

Avrupa Birliği	EU	Europäische Union
dişil	*f*	feminine Form
konuşma dili	*fam*	umgangssprachlich
mecazî	*fig*	figurativ, bildlich
film, sinema	FILM	Film, Kino
maliye	FIN	Finanzwesen
resmî dil	*form*	förmlicher Sprachgebrauch
fotoğrafçılık	FOTO	Fotografie
gastronomi	GASTR	Gastronomie
kibar söyleyiş	*geh*	gehobener Sprachgebrauch
genetif, tamlayan durumu, -in hâli	*gen*	Genitiv
coğrafya	GEO	Geographie
jeoloji	GEOL	Geologie
tarih	HIST	Geschichte
belirsiz geçmiş	*imp*	Imperfekt
belirsiz	*indef*	unbestimmt
internet	INET	Internet
bilişim	INFORM	Informatik
ünlem	*interj*	Interjektion
değişmez	*inv*	invariabel, unveränderlich
alay yollu	*iron*	ironisch
kural dışı	*irr*	unregelmäßig
biri, bir kimse	*jd*	jemand
birine, bir kimseye	*jdm*	jemandem
birini, bir kimseyi	*jdn*	jemanden
birinin, bir kimsenin	*jds*	jemandes
hukuk	JUR	Jura
karşılaştırma derecesi	*komp*	Komparativ
bağlaç	*konj*	Konjunktion
sanat	KUNST	Kunst
dil bilimi	LING	Linguistik
edebî, edebiyat	LIT	Literatur
eril	*m*	maskuline Form
matematik	MATH	Mathe
tıp	MED	Medizin
meteoroloji	METEO	Meteorologie
askerlik	MIL	Militär
müzik	MUS	Musik
mitoloji	MYTH	Mythologie
denizcilik	NAUT	Seefahrt
yalın durum	*nom*	Nominativ
Kuzey Almanya	NORDD	Norddeutsch
nötr, cinssiz	*nt*	Neutrum
veya	*o*	oder
ekoloji	ÖKOL	Ökologie
Avusturya Almancası	ÖSTERR	österreichisches Deutsch

ilgeç, edat	*part*	Partikel
pejoratif, aşağılayıcı	*pej*	abwertend
kişi zamiri	*pers*	Personalpronomen
eczacılık	PHARM	Pharmazie
felsefe	PHILOS	Philosophie
fizik	PHYS	Physik
çoğul, çokluk	*pl*	plural
şairane, şiir	*poet*	poetisch
politika	POL	Politik
iyelik durumu	*poss*	Possessivform
posta	POST	Postwesen
belirli geçmiş zaman ortacı	*pp*	Partizip Perfekt
ön ilgeç	*präp*	Präposition
şimdiki zaman	*präs*	Präsenz
zamir	*pron*	Pronomen
atasözü	*prov*	Sprichwort
psikoloji	PSYCH	Psychologie
radyo	RADIO	Rundfunk
dönüşlü	*refl*	reflexiv
yöresel, halk ağzında	REG	regional
din	REL	Religion
isim	*s*	Substantiv
bakınız	*s.*	*siehe*
okul	SCHULE	Schule
İsviçre Almancası	SCHWEIZ	schweizerisches Deutsch
tekil	*sing*	Einzahl
argo	*sl*	salopp
sosyoloji	SOZIOL	Soziologie
spor	SPORT	Sport
Güney Almanya	SÜDD	Süddeutsch
üstünlük derecesi	*superl*	Superlativ
teknik, teknoloji	TECH	Technik
iletişim teknolojisi	TELEK	Nachrichtentechnik
tiyatro	THEAT	Theater
televizyon	TV	Fernsehen
tipografi	TYPO	Buchdruck
ve	*u.*	und
üniversite	UNIV	Universität
kişisel olmayan	*unpers*	unpersönlich
fiil	*vb*	Verb
basımcılık	VERLAG	Verlagswesen
geçişsiz fiil	*vi*	intransitives Verb
dönüşlü fiil	*vr*	reflexives Verb
geçişli fiil	*vt*	transitives Verb
kaba	*vulg*	vulgär
ekonomi	WIRTSCH	Wirtschaft
zooloji	ZOOL	Zoologie

Verwendete Lautschriftzeichen

Kullanılan Ses Bilgisi Harfleri

mel**an**koli	[ã]	P**en**sion
sel**a**m	[ãː]	Bal**a**nce
lav**a**bo	[ɑ]	sp**a**zieren
sa**ğ**lam	[ɑː]	Sol**a**rium
ar**an**jman	[ɑ̃]	av**an**cieren
arma**ğan**	[ɑ̃ː]	Abonnem**ent**
k**a**r	[ɐ]	Acke**r**
ağustos	[aʊ]	H**au**s
iza**h**	[ç]	dur**ch**
cenup	[dʒ]	**J**azz
nim**e**t	[ə]	spiel**e**n
s**en**	[ɛ̃]	Cous**in**
dura**ğan**	[ɛ̃ː]	**In**terieur
acil**e**n	[ɛ]	**Ä**rger
d**e**ğnek	[ɛː]	J**ä**ger
m**i**rat	[ɪ]	fäh**i**g
jip	[ʒ]	Gara**g**e
ca**ng**ıl	[ŋ]	Überraschu**ng**
br**o**ş	[ɔ]	P**o**st
doğru	[ɔː]	Keyb**oa**rd
rezerv**u**ar	[o̯]	Reserv**o**ir
an**o**ns	[ɔ̃]	Ann**o**nce
s**oğ**an	[ɔ̃ː]	Croiss**ant**
f**o**n	[õ]	F**o**nds
M**oğ**ol	[õː]	Feuillet**on**
s**ö**kük	[ø]	**Ö**konomie
öğrenci	[øː]	L**ö**sung
k**ö**k	[œ]	pl**ö**tzlich
s**ö**rf	[œː]	s**ur**fen
i**ş**	[ʃ]	**Sch**ule
ma**ç**	[tʃ]	Pu**tsch**
İngilizcede **the**	[θ]	**Th**riller
j**u**do	[ʊ]	Acht**u**ng
ig**ua**na	[u̯a]	Ec**ua**dor
g**ua**no	[u̯aː]	Ig**ua**na
miza**h**	[x]	einfa**ch**
m**ü**zik	[ʏ]	K**ü**che
üğrüm	[ʏː]	**ü**ben
uzatma işareti	ː	Längenzeichen
asıl vurgu	ˈ	Hauptbetonung
hemze	ʔ	Knacklaut

Aussprache und Betonung des Türkischen

Türkçede Telaffuz ve Vurgulama

Die meisten Buchstaben des türkischen Alphabets werden wie im Deutschen ausgesprochen. Abweichend davon werden folgende Buchstaben ausgesprochen:

c stimmhaftes **dsch** wie in „Dschungel"

ç stimmloses **tsch** wie in „tschüss", „Klatsch"

e meist sehr offen wie **ä**

ğ 1. kommt nie am Wortanfang vor

2. wird am Wortende oder vor einem Konsonant nicht ausgesprochen. Stattdessen wird der vorangehende Vokal gedehnt: sağ („gesund") wird ausgesprochen wie deutsches „sah", dağlar („Berge") wird ausgesprochen wie „dahlar"

3. wird zwischen zwei dumpfen Vokalen (a, ı, o, u) ebenfalls nicht ausgesprochen: Die beiden Vokale werden getrennt aber ohne Stimmabsatz dazwischen ausgesprochen: dağa („auf den Berg") wie „daa"

4. wird zwischen zwei hellen Vokalen (e, i, ö, ü) wie deutsches j ausgesprochen: eğer („wenn") wie „ejär"

h 1. am Silbenanfang wie deutsches **h**

2. am Silbenende wie ein schwaches deutsches **ch**

ı wird etwa so ausgesprochen wie das e in „lauf**e**n"

j **stimmhaftes sch** wie in französischen Fremdwörtern „Journalist", „Gage"

r ein gerolltes Zungenspitzen-R; am Wortende ein stimmloses, „geriebenes" Zungenspitzen-R

s immer **stimmloses s** wie in „Fass"

ş wie deutsches **sch** in „Schule", „lasch"

v wie deutsches **w**

y wie deutsches **j**

z immer **stimmhaftes s** wie in deutschem „singen", „Hase"

Weitere Besonderheiten der türkischen Aussprache:

- Doppelkonsonanten werden anders als im Deutschen aber ähnlich wie im Italienischen *gelängt* ausgesprochen: anne („Mutter").
- Doppelvokale werden nicht als Langvokal ausgesprochen, sondern jeder Vokal wird für sich ausgesprochen, jedoch ohne Stimmabsatz dazwischen: saat („Stunde"). Dies gilt auch für zwei verschiedene aufeinanderfolgende Vokale: Jeder Vokal wird für sich ausgesprochen, ohne Stimmabsatz zwischen ihnen aber auch ohne dass die beiden Vokale zu einem Diphthong (wie im Deutschen: „ei", „au", „eu") verschmelzen: daire („Kreis").

Betonung:

Im Türkischen ist der Unterschied zwischen betonten und unbetonten Silben geringer als im Deutschen. Die Betonung ist eher durch eine höhere Tonlage als durch größere Schallfülle gekennzeichnet. Die Schallfülle verteilt sich fast gleichmäßig über alle Silben, während einzelne Silben durch eine höhere Tonlage betont sind.

Die meisten türkischen Wörter werden auf der letzten Silbe betont: (Der Apostroph steht vor der betonten Silbe): arka'daş („der Freund"). Tritt eine Endung an, so verschiebt sich die Betonung auf die Endung: arkadaş'lar („die Freunde"), arkadaşlar'da („bei den Freunden").

Es gibt allerdings eine Reihe unbetonter Endungen, bei deren Antritt die Silbe vor der Endung betont wird; die wichtigsten sind:

- die Personalendungen bei Nominalsätzen (die Kopula „sein“) und die Endung -dir: ev’deyim („ich bin zu Hause“), has’tadır („er/sie ist krank“).
- die Negationsendung -me/-ma/-mi: ’gelmiyorum („ich komme nicht“), ’gelme! („komm nicht!“).
- die Personalendungen bei Gegenwart, Aorist, Futur, Vergangenheit: geli’yorum („ich komme“), ge’lirim („ich komme gewöhnlich“), gele’ceğim („ich werde kommen“), ’geldim („ich kam“), gel’mişim („ich soll gekommen sein“).
- Die Endung -le/-la („mit“): ara’bayla („mit dem Auto“).
- die Endung -ce/-ca: ’bence („meiner Meinung nach“)
- Die Gerundiumendung -ken/-kan: gel’irken („während ich/du/er/sie kam“)

Ausnahmen bilden auch folgende Wörter:

- viele Fremdwörter, die die urprüngliche Betonung beibehalten haben – ’radyo („Radio“), ’taksi („Taxi“).
- Ortsnamen, die auf der ersten oder vorletzten Silbe betont werden: ’Ankara, Al’manya. Bei diesen Wörtern bleibt die Betonung auch bei Antritt einer Endung erhalten: ’Ankarada („in Ankara“).
- viele Adverbien, die auf der ersten Silbe betont werden: ’ancak („nur“), ’şimdi („jetzt“), ’burada („hier“).

Neben der Wortbetonung gibt es auch eine Satzbetonung. Eine wichtige Erscheinung ist dabei, dass oft das Subjekt eines Satzes mit steigendem Ton akzentuiert wird.

Türkische Silbentrennung

Türkçede Heceleme

Die Silbentrennung erfolgt im Türkischen nach Sprechsilben, z. B. *as-tar, ıs-pa-nak, prog-ram.*

Aa

A, a [aː] *s* ❶ (*harf*) a, A *nt* (*erster Buchstabe des türk. Alphabets*); **~'dan z'ye kadar** (*fam*) von A bis Z; **Adana'nın ~'sı** A wie Anton ❷ MUS (*la*) A *nt*
A *Abk von* **amper** A, Ampere
a[1] [aː] *interj* oh; **~, ne güzel!** oh, wie schön!
a[2] *interj* doch; **alsana/gelsene/olur ~!** nimm/komm/klar doch!; **ağaç değil ~, ot bile yok** es gibt nicht einmal einen Baum, geschweige denn Gras
ab [aːb] *s s.* **su** Wasser *nt*
AB *s Abk von* **Avrupa Birliği** EU *f*, Europäische Union; **~ Komisyonu** EU-Kommission *f*; **~ Zirvesi** EU-Gipfel *m*
aba *s* ❶ (*kumaş*) Filz *m*; **~ terlik** Filzpantoffel *m*; **~ gibi** (*kaba ve kalın*) grob und dick ❷ (*giysi*) Aba *f*; **birine ~yı yakmak** (*fam*) sich in jdn verknallen ❸ (*fam: abla*) ältere Schwester ❹ (*fam: anne*) Mutter *f*
abacı *s* ❶ (*aba yapan*) Abamacher *m*; (*aba satan*) Abahändler *m* ❷ (*fam: asalak*) Schmarotzer *m*
abajur *s* Lampenschirm *m*
abaküs *s* ❶ (*sayı boncuğu*) Abakus *m* ❷ (*çörkü*) Rechenbrett *nt*
abalı *adj* Aba tragend; **vur ~ya** (*fig*) es trifft immer den Schwächsten
abandone I. *s ohne pl* SPORT Kampfunfähigkeit *f*; **~ olmak** (*dövüşemeyecek duruma gelmek*) nicht weiterkämpfen können **II.** *adj* kampfunfähig; **boksör rakibini ~ etti** der Boxer schlug seinen Gegner kampfunfähig
abanma *s Verbalsubstantiv zu* **abanmak**
abanmak I. *vi* ❶ drängen (**-in üstüne**); **lütfen abanmayın!** bitte nicht drängen! ❷ (*yaslanmak, dayanmak*) **bir şeye/kimseye ~** sich an etw/jdn lehnen ❸ (*fam*) **birine ~** jdm auf der Tasche liegen **II.** *vr* ❶ (*dayanmak*) sich stützen (**-e** auf); (*yaslanmak*) sich lehnen (**-e** an) ❷ (*çullanmak*) herfallen (**-e** über), sich stürzen (**-e** auf); **iki herif zavallıya abanıyorlar** zwei Kerle fallen über den Armen her
abanoz *s* Ebenholz *nt*; **~ gibi** (*çok sert*) sehr hart **abanozgiller** *pl* BOT Ebenholzgewächse *pl*
abanozlaşma *s Verbalsubstantiv zu* **abanozlaşmak**
abanozlaşmak *vi* ❶ (*ağaç*) dunkeln ❷ (*fig: insan*) braun werden
abartı *s* (*mübalağa*) Übertreibung *f*, Überspitztheit *f*
abartıcı I. *s* (*mübalağacı*) Aufschneider(in) *m(f)* **II.** *adj* ❶ aufschneiderisch ❷ (*söz*) übertreibend
abartıcılık *s* (*mübalağacılık*) Aufschneiderei *f*
abartılı *adj* (*mübalağalı*) übertrieben, überspitzt
abartısız *adj* (*mübalağasız*) nicht übertrieben; (*fam*) ungelogen
abartma *s* ❶ *Verbalsubstantiv zu* **abartmak** ❷ (*mübalağa*) Übertreibung *f*, Überspitzung *f*
abartmacı I. *s* (*mübalağacı*) Aufschneider(in) *m(f)* **II.** *adj* aufschneiderisch
abartmak *vt* übertreiben, überspitzen
abartmalı *adj* übertrieben, überspitzt
abartmasız *adj* (*mübalağasız*) nicht übertrieben; (*fam*) ungelogen
aba terlik <-ği> *s* Filzpantoffel *m*
Abaza *s* Abchase, Abchasin *m, f*
abazan *adj* (*sl*) ❶ (*karnı aç olan*) hungrig ❷ (*uzun süre cinsel ilişkide bulunmayan*) geil
Abbasi *s* HIST Abbaside, Abbasidin *m, f*
A.B.C. Silahları *pl* MIL ABC-Waffen *pl*
ABD *s Abk von* **Amerika Birleşik Devletleri** USA *pl*, die Vereinigten Staaten von Amerika
abdal I. *s* der Heilige (*Ehrentitel für wandernde Derwische*); **dağ yürümezse, ~ yürür** (*prov*) wenn der Berg nicht zum Propheten kommen will, muss der Prophet zum Berge gehen **II.** *adj s.* **aptal** dumm
abdest *s* ❶ REL Waschung *f*; **~ almak** Waschung vornehmen ❷ Stuhldrang *m*, Notdurft *f*, Geschäft *nt*; **~i gelmek** [*o* **olmak**] austreten [*o* seine Notdurft verrichten] müssen; **~ bozmak** sein Geschäft verrichten [*o* machen], austreten; **büyük ~** Stuhl(gang) *m*, großes Geschäft; **küçük ~** kleines Geschäft; **annesi küçüğü ~e tuttu** die Mutter hielt das Kleine ab
abdestbozan *s* ZOOL (*tenya*) Bandwurm *m*
abdestbozan otu *s* BOT Wiesenknopf *m*
abdesthane *s* Waschraum *m*; (*tuvalet*) Toilette *f*
abdest leğeni *s* Waschschüssel *f*
abdiâciz [abdiˈaːdʒiz] *s* (*fam*) meine Wenigkeit
abdülleziz *s* BOT Erdmandel *f*
abece *s* Abc *nt*; (*alfabe*) Alphabet *nt*; **~ sırası** alphabetische Reihenfolge **abecesel** *adj* (*alfabetik*) alphabetisch
aberasyon *s* ASTRON Aberration *f*; (*sapınç*)

Abirrung *f*

abes *adj* ① (*akla ve gerçeğe aykırı*) unsinnig ② (*gereksiz*) unnötig, überflüssig; (*boş, yararsız*) nutzlos, unnütz; **~le uğraşmak** sich mit unnötigen Dingen beschäftigen ③ (*yersiz*) unangebracht; (*uygunsuz*) unpassend; **~ kaçmak** unangebracht [*o* unpassend] sein, fehl am Platz sein; **sözleri ~ kaçtı** seine [*o* ihre] Worte waren unangebracht

abıhayat [a:---] *s* MYTH (*bengi su*) Lebenswasser *nt*, Lebenselixier *nt*, das Wasser des Jungbrunnens; **~ içmiş** jung geblieben

abi *s* ① (*fam: ağabey*) älterer Bruder; **benim ~m** mein älterer Bruder ② *Anrede an eine männliche Person*

abide [a:bide] *s* (*anıt*) Denkmal *nt*, Monument *nt*

abideleşme *s Verbalsubstantiv zu* **abideleşmek**

abideleşmek *vi* zum Denkmal werden

abideleştirme *s Verbalsubstantiv zu* **abideleştirmek**

abideleştirmek *vt* monumentalisieren

abidevi [a:bidevi:] *adj* monumental

abidik gubidik <-ği> *adj* REG (*anlamsız*) unsinnig

abis *s* GEO Tiefseegraben *m*

abiye *s* Abendkleid *nt*

AB Komisyonu *s* EU-Kommission *f*

abla *s* ① ältere Schwester; **benim ~m** meine ältere Schwester ② *Anrede einer jüngeren Person an eine ältere Frau* ③ (*sl: çaça, mama*) Puffmutter *f*

ablak I. *s* <-ğı> Pausback *m* **II.** *adj* pausbackig, pausbäckig

ablatif [ablãtif] *s* LING (*çıkma durumu*) Ablativ *m*

abli *s* **~yi kaçırmak** (*fig: ipin ucunu kaçırmak*) den Faden verlieren

abluka *s* Blockade *f*; **~ etmek** blockieren; (*etrafını çevirmek*) umzingeln; (*ablukaya almak*) Blockade verhängen; **~yı kaldırmak/yarmak** die Blockade aufheben/brechen

abone [abo'ne] *s* ① Abonnement *nt*; **~ etmek** abonnieren; **bir şeye ~ olmak** etw abonnieren ② Abonnent(in) *m(f)*; (*gazete, dergi*) Abonnent(in) *m(f)*, Bezieher(in) *m(f)*; (*telefon*) Teilnehmer(in) *m(f)*; **~ etmek** abonnieren; **~ olmak** abonnieren (**-e**), beziehen (**-e**) ③ (*fig*) Stammgast *m* **abone fiyatı** *s* Bezugspreis *m*

abonman *s* Abonnement *nt*; **~ı iptal etmek** das Abonnement abbestellen; **bir şey için ~ı olmak** ein Abonnement für etw haben **abonman kartı** *s* Dauerkarte *f*

aborda *s* NAUT **~ etmek** längsseits anlegen

Aborijin halkları *pl* Aborigines *pl*

abrakadabra *s* Abrakadabra *nt*

abrama *s Verbalsubstantiv zu* **abramak**

abramak *vt* NAUT (*yönetmek*) steuern; **gemiyi ~** das Schiff steuern

abraş [abraʃ] *adj* ① scheckig; **~ bir at** ein scheckiges Pferd ② (*bitki yaprağı*) weißfleckig ③ (*fam: çilli*) sommersprossig ④ (*kaba*) grob; (*görgüsüz*) ungebildet ⑤ (*çarpık*) schief

abril *s s.* **nisan** April *m*

abstre *adj* abstrakt; *s. a.* **soyut**

absürt *adj* absurd; *s. a.* **saçma**

abu [a'bu:] *interj* (*fam*) **~!** o weh!

abuhava ['a:buhava:] *s s.* **iklim** Klima *nt*

abuk sabuk *adj* (*fam: saçma sapan*) unsinnig; **~ konuşmak** Unsinn reden, faseln **abuk sabukluk** <-ğu> *s* Unsinn *m*

abuli *s* MED Abulie *f*

abullabut *adj* (*pej*) ① (*hantal, kaba ve anlayışsız*) rüpelhaft ② (*giyimine özen göstermeyen*) schlampig angezogen **abullabutluk** <-ğu> *s* Rüpelei *f*

abur cubur I. *s ohne pl* Junkfood *nt*; **~ yemek** alles durcheinanderessen **II.** *adj* (*işe yaramaz*) nutzlos; **zamanını ~ işlere harcamak** seine [*o* ihre] Zeit für Dinge verschwenden, die nutzlos sind

AB üyesi ülke *s* EU-Mitgliedsland *nt* **AB Zirvesi** *s* EU-Gipfel *m*

acaba ['adʒaba:] *adv* ① denn, wohl; **~ bu ne demek oluyor?** was mag das wohl heißen?; **~ kiminle randevusu var?** mit wem mag sie eine Verabredung haben?; **~ nerede kaldı?** wo ist er denn geblieben?, wo mag er (wohl) geblieben sein? ② ob, ob ... wohl; **~ başına bir şey** [*o* **hâl**] **mi geldi?** ob ihm etwas zugestoßen sei?; **gelecek mi ~?** ob er wohl kommen wird? ③ (*fam*) vielleicht, etwa; **~ anahtarımı gördün mü?** hast du vielleicht meinen Schlüssel gesehen?; **~ saat(in) kaç olduğunu biliyor musun?** weißt du zufällig, wie spät es ist?; **ateşiniz var mı ~?** haben Sie vielleicht Feuer?

acar *adj* ① draufgängerisch, ungestüm ② (*güçlü ve becerikli*) tatkräftig; (*enerjik*) energisch ③ (*yeni*) neu

acayip <-bi> [a'dʒa:-] **I.** *adj* (*garip, tuhaf*) seltsam, komisch, sonderbar; **bir şey birinin acayibine gitmek** etw jdm seltsam [*o* komisch] vorkommen **II.** *interj* komisch, merkwürdig

acayipleşme *s Verbalsubstantiv zu* **acayipleşmek**

acayipleşmek *vi* sonderbar werden

acayiplik <-ği> *s* ① (*acayip olma durumu*)

burada bir ~ var hier ist etw komisch [*o* merkwürdig]; **işin acayipliği ...** das Komische an der Sache ist ... ❷ (*gariplik, tuhaflık*) Marotte *f;* **bazı ~leri var** er hat einige Marotten

acele **I.** *s ohne pl* Eile *f,* Hast *f;* **~m var** ich bin in Eile, ich habe es eilig; **bunun ~si yok** das hat keine Eile, damit eilt es nicht, das hat noch Zeit; **~ye getirmek** den Trubel ausnutzen; **satıcı ~ye getirerek poşete iki çürük elma koydu** ehe man sich es versah, hat der Verkäufer zwei faule Äpfel in die Tüte gesteckt **II.** *adj* eilig; (*ivedi*) eilbedürftig, dringend; **~ durumlarda** in dringenden Fällen; **~ itiraz** JUR sofortige Beschwerde; **~ işe şeytan karışır** (*prov*) Eile mit Weile **III.** *adv* rasch; **~ bir karar vermek** sich rasch entscheiden; **~ et!** beeil dich!; **~ etmek** (*ivmek*) sich beeilen; (*sabırsızlanmak*) hektisch werden; **~ etmeliyiz** wir müssen uns beeilen; **~ etmeyin!** nur keine Eile!; **o kadar ~ etme!** nicht so hektisch [*o* hastig]!

acele acele *adv* in aller Eile

aceleci *adj* ❶ (*ivecen*) übereilt, überstürzt; (*tez iş gören*) hastig ❷ (*telaşlı*) hektisch

acelecilik <-ği> *s ohne pl* ❶ Übereile *f,* Hast(igkeit) *f* ❷ (*telaş*) Hektik *f;* **aceleciliği hepimizi sinir ediyor** seine Hektik nervt uns alle

aceleleştirme *s* ❶ *Verbalsubstantiv zu* **aceleleştirmek** ❷ Beschleunigung *f*

aceleleştirmek *vt* beschleunigen

acele posta *s ohne pl* Eilpost *f*

Acem **I.** *s* ❶ Perser(in) *m(f);* (*İranlı*) Iraner(in) *m(f)* ❷ (*İran ülkesi*) Persien *nt;* (*İran*) Iran *nt* **II.** *adj* persisch, iranisch; **~ kılıcı gibi** (*fig*) wie ein zweischneidiges Schwert

acemborusu *s* BOT Trompetenblume *f,* Bignonie *f*

Acemce *s* (*Farsça*) Persisch(e) *nt;* **~'de** im Persischen

acemi *adj* ❶ ungeübt, unerfahren ❷ (*pej*) stümperhaft, dilettantisch ❸ (*yabancı*) fremd; **o daha İstanbul'un ~si** er ist noch fremd in Istanbul

acemice *adv* (*pej*) stümperhaft, dilettantisch; **bir çalgıyı ~ çalmak** auf einem Instrument stümperhaft spielen

acemi çaylak <-ğı> *s* ❶ (*pej fam: beceriksiz*) Stümper, blutiger Anfänger ❷ Grünschnabel *m;* (*toy*) Dilettant(in) *m(f)* **acemi er** *s* MIL Rekrut *m*

acemilik <-ği> *s ohne pl* Unerfahrenheit *f;* **~ etmek** sich stümperhaft benehmen

Acem pilavı *s* GASTR *Reisgericht mit Safran und Ingwer nach iranischer Art*

acente *s* COMM ❶ (*kimse*) Agent(in) *m(f),* Vertreter(in) *m(f);* JUR Handelsvertreter(in) *m(f)* ❷ (*ticarethane*) Agentur *f,* Vertretung *f;* (*şube*) Filiale *f;* (*seyahat ~si*) Büro *nt* **acentelik** <-ği> *s* (*acente kuruluşu*) Agentur *f,* Vertretung *f;* JUR Handelsvertretung *f;* (*şube*) Filiale *f*

acep *adv* (*acaba*) denn, wohl; **~ bu kimdi?** wer war denn das?; **çantasında ~ nesi var?** was hat er denn in seiner Tasche?

acı **I.** *s* ❶ (*ohne pl*) Bitterkeit *f,* bitterer Geschmack; (*yemeklerde*) Schärfe; **~ katmak** scharf würzen (-e); **~sını çıkarmak** den bitteren Geschmack beseitigen; (*yemeklerde*) die Schärfe beseitigen; **~ patlıcanı kırağı çalmaz** (*prov*) Unkraut vergeht nicht ❷ (*ağrı, sancı*) Schmerz *m;* (*ıstırap*) Qual *f;* **~ çekmek** Schmerzen erleiden; **~ duymak** Schmerz empfinden ❸ (*keder, elem*) Leid *nt;* (*üzüntü*) Trauer *f;* **~ duymak** (*üzülmek*) Trauer empfinden; **birine ~ vermek** jdm Leid antun, jdm wehtun; **~sını çekmek** leiden; **~sını çıkarmak** (*öç, intikam almak*) sich revanchieren (**için/-den** für/bei) **II.** *adj* ❶ (*tat*) bitter; (*acılı*) scharf; (*yağ*) ranzig; **~ çikolata** bittere Schokolade; **~ gerçek** die bittere Wahrheit ❷ (*koyu*) tief; **~ bir yeşil** ein tiefes Grün ❸ (*fig: gerçek, soğuk*) bitter; (*kuvvet*) roh; (*olaylar*) schmerzlich, tragisch; **haftanın ~ olayları** die tragischen Ereignisse der Woche; **sözleri çok ~ydı** seine Worte waren sehr bitter

acı acı *adv* bitterlich, voller Schmerz; **~ ağlamak** bitterlich weinen, bittere Tränen weinen; **~ bağırmak** (*laut schreien*) kreischen **acı ağaç** <-cı> *s* BOT (*Quassia amara*) Bitterholzbaum *m;* (*kavasya*) Quassie *f* **acı badem** *s* bittere Mandel **acı badem yağı** *s* Bittermandelöl *nt* **acı bakla** *s* BOT Lupine *f* **acı balık** <-ğı> *s* ZOOL Bitterling *m*

acıca *adj* (*oldukça acı*) ziemlich bitter; (*yemek*) ziemlich scharf gewürzt

acı çiğdem *s s.* **güz çiğdemi** BOT Herbstzeitlose *f* **acı elma** *s s.* **ebucehil karpuzu** Koloquinte *f*

acı görmüş *adj* leidgeprüft

acı hıyar *s,* **acı karpuz** *s s.* **ebucehil karpuzu** Koloquinte *f* **acı kavak** <-ğı> *s* BOT (*Populus tremula*) Espe *f;* (*titrek kavak*) Zitterpappel *f* **acı kavun** *s s.* **eşek hıyarı** Spritzgurke *f*

acıkılma *s Verbalsubstantiv zu* **acıkılmak**

acıkılmak *v unpers* **günün bu saatinde acıkılmaz** um diese Tageszeit hat man keinen Hunger

acıklı *adj* ❶ kläglich, beklagenswert, Mitleid erregend; (*dokunaklı*) rührselig ❷ (*acı görmüş*) leidgeprüft; (*kederli*) trübselig **acıklı komedi** *s* (*trajikomedi*) Tragikomödie *f*

acıkma *s Verbalsubstantiv zu* **acıkmak**

acıkmak *vi* Hunger bekommen, Hunger haben; **acıktın mı?** hast du Hunger?; **acıkmış gibi bir hâlin var** du siehst aus, als ob du Hunger hättest; **karnım acıktı** ich habe Hunger; **yavaş yavaş acıkıyorum** allmählich [*o* langsam, aber sicher] bekomme ich Hunger

acıktırma *s Verbalsubstantiv zu* **acıktırmak**

acıktırmak *vt* hungrig machen; **bu hava insanı acıktırır** diese Luft macht hungrig

acılanma *s Verbalsubstantiv zu* **acılanmak**

acılanmak *vi* ❶ (*acılaşmak*) bitter werden ❷ (*üzülmek*) traurig werden

acılaşma *s Verbalsubstantiv zu* **acılaşmak**

acılaşmak *vi* ❶ (*tadı bozulmak*) bitter werden; (*yağ*) ranzig werden ❷ (*fig: konuşma*) bitter werden, verletzend werden

acılaştırma *s Verbalsubstantiv zu* **acılaştırmak**

acılaştırmak *vt* GASTR (*yemek*) scharf würzen

acılı *adj* ❶ (*Speisen*) scharf gewürzt ❷ (*fig*) verbittert; **~ bir kadın** eine verbitterte Frau

acılık <-ğı> *s ohne pl* ❶ Bitterkeit *f*, Bitternis *f* ❷ (*yemek*) Schärfe *f* ❸ (*fig*) Verbitterung *f*

acıma *s* ❶ *Verbalsubstantiv zu* **acımak** ❷ Mitleid *nt*; (*merhamet*) Erbarmen *nt*; **zerre kadar ~sı olmamak** kein bisschen Mitleid haben

acımak *vi* ❶ (*tadı acı duruma gelmek*) bitter werden; (*yağ*) ranzig werden ❷ (*acısına ortak olmak*) bemitleiden (**-e**), Mitleid haben (**-e** mit); **birine ~** jdn bemitleiden, Mitleid mit jdm haben ❸ (*gittiğine üzülmek*) bereuen (**-e**); (*kıyamamak*) nicht übers Herz bringen (**-e**) ❹ (*ağrımak*) schmerzen, wehtun; **elim acıyor** die Hand tut mir weh; **uf, acıdı!** au, das tat weh!; **neren acıyor?** wo tut es dir weh?

acı marul *s ohne pl* BOT Giftlattich *m*

acımasız *adj* mitleid(s)los; (*merhametsiz*) erbarmungslos; (*katı yürekli*) hartherzig, unbarmherzig **acımasızca** *adv* mitleid(s)los, ohne Mitleid, ohne Erbarmen; (*zalimce*) auf grausame Weise **acımasızlık** <-ğı> *s ohne pl* Erbarmungslosigkeit *f*, Unbarmherzigkeit; (*zulüm*) Grausamkeit

acı meyan *s* BOT Schnürbaum *m*

acımık <-ğı> *s* BOT (*belemir*) Schuppenkopf *m*

acımsı *adj*, **acımtırak** *adj* bitterlich, leicht bitter; (*çikolata*) zartbitter; **greyfurt tadı ~ bir meyvedir** die Grapefruit ist eine säuerlich-bitterliche Frucht

acınacak *adj* bedauernswert, bemitleidenswert; **~ bir durumda bulunmak** sich in einem bedauernswerten Zustand befinden

acındırma *s Verbalsubstantiv zu* **acındırmak**

acındırmak *vt* Mitleid erregen; **beni kendisine acındırdı** er hat mein Mitleid erregt

acınılacak *adj s.* **acınacak** bedauernswert, bemitleidenswert; **~ bir kimse** ein bedauernswerter Mensch

acınma *s ohne pl Verbalsubstantiv zu* **acınmak** Bedauern *nt*

acınmak *vi* ❶ **zavallının hâline acınır** der Zustand des Armen tut einem leid ❷ (*esef etmek*) bedauern (**-e**)

acı pelin *s ohne pl* BOT Wermut *m*

acırak *adj* (*acımsı*) bitterlich, leicht bitter

acısız *adj* ❶ (*tadı acı olmayan*) nicht scharf gewürzt ❷ (*ağrı duyulmayan*) schmerzlos, schmerzfrei; **~ bir doğum** eine schmerzlose Geburt ❸ (*fig*) sorgenfrei; **~ bir yaşam** ein sorgenfreies Leben

acı söz *s* bittere Bemerkung **acı su** *s* Bitterwasser *nt* **acı tatlı** *adj* bittersüß

acıtma *s Verbalsubstantiv zu* **acıtmak**

acıtmak *vt* ❶ *Kausativ zu* **acımak** ❷ (*acılık vermek*) Schärfe geben ❸ schmerzen, wehtun; **birinin canını ~** jdm wehtun; **çizme ayaklarımı acıttı** der Stiefel tat meinen Füßen weh; **Hasan canımı acıttı** Hasan hat mir wehgetan

acı yonca *s* BOT Bitterklee *m*, Fieberklee *m*

acibe [adʒiːbɛ] *s* Kuriosum *nt*, Unikum *nt*

acil [aːdʒil] *adj* (*ivedi*) dringend, eilig; **~ zaruret** JUR dringende Notwendigkeit; **~ şifalar dilemek** rasche Genesung wünschen, gute Besserung wünschen **acil çıkış** *s* Notausgang *m* **acil durum** *s* Notfall *m*

acilen [aːdʒilɛn] *adv* (*hemen*) sofort; (*tez elden*) unverzüglich; (*hiç zaman yitirmeden*) ohne Zeit zu verlieren; (*ivedilikle*) in aller Eile

acil servis *s* MED (*hastanelerde*) Notaufnahme *f* **acil yardım** *s* Nothilfe *f*

aciyo *s s.* **acyo** Agio *nt*, Aufgeld *nt*

aciz <aczi> [adʒiz] *s* ❶ (*güçsüzlük*) Ohnmacht *f*, Machtlosigkeit *f*; **acz içinde olmak** machtlos sein; **acze düşmek** (*çare-*

siz kalmak) in eine ausweglose Lage geraten; (*elinden bir şey gelmemek*) nichts machen können, hilflos sein ❷ Unfähigkeit *f;* (*beceriksizlik*) Ungeschicklichkeit *f;* **acz içinde olmak** unfähig sein, nicht in der Lage sein ❸ JUR Insolvenz *f,* Zahlungsunfähigkeit *f*

âciz [aːdʒiz] *adj* ❶ (*güçsüz*) ohnmächtig, machtlos; **birinin karşısında ~ olmak** jdm gegenüber machtlos sein ❷ unfähig; (*beceriksiz*) ungeschickt ❸ JUR insolvent, zahlungsunfähig **âcizlik** <-ği> [aːdʒizlɯk] *s* ❶ Unfähigkeit *f;* (*beceriksizlik*) Ungeschicklichkeit *f* ❷ (*güçsüzlük*) Ohnmacht *f,* Machtlosigkeit *f*

acube [adʒuːbɛ] *s* (*tuhaf kimse*) Sonderling *m,* komischer Kauz

acul [adʒuːl] *adj* ❶ ungestüm; (*tez canlı*) hektisch ❷ (*hızlı*) schnell

acun *s* (*dünya*) Welt *f*

acuze [adʒuːzɛ] *s* (*fam: cadı karı*) alte Hexe

acyo [adʒjo] *s* FIN Agio *nt,* Aufgeld *nt*

acyocu *s* FIN Agioteur(in) *m(f),* Börsenspekulant(in) *m(f)*

aç[1] [atʃ] *vt Imperativ von* **açmak: kapıyı ~!** mach die Tür auf!, öffne die Tür!; **kulaklarını ~!** sperr deine Ohren auf!

aç[2] [atʃ] **I.** *s* (*pej*) Hungerleider *m* **II.** *adj* ❶ (*tok karşıtı*) hungrig; **~ karnına** auf nüchternen Magen, mit leerem Magen; **~ ayı oynamaz** (*fig fam*) einem leeren Magen ist schlecht predigen; **~ bırakmak** aushungern, hungern lassen; **~ gezmektense tok ölmek yeğdir** besser satt sterben als hungrig herumlaufen; **~ kalmak** (*karnını doyuramamak*) hungrig bleiben; (*yoksulluğa düşmek*) in Not und Elend geraten; **~ karnına** mit leerem Magen; **~ım** ich bin hungrig, ich habe Hunger; **acından ölmek** (*açlıktan ölmek*) an Hunger sterben, verhungern, aus Mangel an Nahrung sterben; (*çok acıkmak*) vor Hunger sterben, sehr viel Hunger haben ❷ (*fig fam*) hungrig, gierig; **ne ~ adam!** was für ein gieriger Mensch!

açabilme *s Verbalsubstantiv zu* **açabilmek**

açabilmek *vt* aufbekommen, aufkriegen, aufschließen können, öffnen können; **şişeyi açamadı** er bekam die Flasche nicht auf, er konnte die Flasche nicht öffnen; **kapıyı açamıyorum** ich kann die Tür nicht aufschließen, ich krieg die Tür nicht auf

açacak <-ğı> [atʃadʒak] *s* ❶ Öffner *m* ❷ (*fam: anahtar*) Schlüssel *m*

açalya *s* BOT Azalee *f; s. a.* **açelya**

açan *s* ANAT, MED (*büken karşıtı*) Strecker *m,* Streckmuskel *m*

açar[1] *vt 3. Aorist von* **açmak**

açar[2] *s* ❶ (*anahtar*) Schlüssel *m* ❷ (*aperitif*) Aperitif *m*

aç bîilaç *adj* **~ kalmak** in Not und Elend geraten

açelya *s* BOT Azalee *f; s. a.* **açalya**

aç göz *s* (*fig*) Nimmersatt *m* **aç gözlü** *adj* gierig; (*doymaz*) unersättlich; (*tamahkâr*) habgierig, habsüchtig **aç gözlülük** <-ğü> *s ohne pl* Gier *f;* (*doymazlık*) Unersättlichkeit *f;* (*tamah*) Habgier *f,* Habsucht *f;* **~ etme!** sei nicht gierig!

açı *s* ❶ MATH Winkel *m;* **doğru/dik/dar/geniş ~** ein gestreckter/rechter/spitzer/stumpfer Winkel ❷ (*fig*) Blickwinkel *m,* Sicht *f;* (*bakım*) Hinsicht *f;* (*noktainazar*) Gesichtspunkt *m,* Blickpunkt *m;* **bu/ekonomik ~dan** aus dieser/wirtschaftlicher Sicht; **bir şeye başka bir ~dan bakmak** etw aus einem anderen Blickwinkel betrachten; **hukuki/politik ~dan bakıldığında** vom juristischen/politischen Blickpunkt aus gesehen ❸ MIL **ölü ~** toter Raum

açıcı *adj* anregend; **iştah ~** appetitanregend

açığı *s poss von* **açık**

açık **I.** *s* <-ğı> ❶ WIRTSCH, FIN Defizit *nt,* Fehlbetrag *m;* **~ vermek** Defizit aufweisen, in den roten Zahlen stehen; **kasa açığı** der Fehlbetrag in der Kasse; **ülkenin doktor açığı** der Ärztemangel des Landes ❷ Lücke *f* ❸ (*gemi*) **~larda** auf offenem Meer ❹ **açığa almak** aus dem Dienst entfernen; (*tren*) ausrangieren; **açığa çıkarmak** entlassen; **açığa vurmak** (*ortaya çıkarmak*) enthüllen, aufdecken; (*belli etmek*) verraten, offenbaren; **yüzündeki ifade sevincini açığa vuruyordu** der Ausdruck auf seinem Gesicht verriet seine Freude **II.** *adj* <-ğı> ❶ (*kapalı olmayan*) offen, geöffnet, auf; **~ bırakmak** offen lassen, auflassen; **~ kapı bırakmak** (*fig*) sich einen Ausweg offenhalten, sich eine Hintertür offenhalten; **~ pencere önünde** vor dem offenen Fenster; **~ şehir** POL offene Stadt; **gözünü ~ tutmak** die Augen offen halten ❷ (*yol*) frei; **yolu ~ olmak** freie Bahn haben ❸ FIN defizitär; (*çek*) ungedeckt; **çek ~tır** der Scheck ist nicht gedeckt ❹ (*örtüsüz*) unbedeckt; (*yara*) offen; (*çıplak*) bloß, frei; (*film, kitap*) freizügig; **çok ~ bir film** ein sehr freizügiger Film ❺ (*boş*) leer, frei; **kâğıtta ~ yer kalmadı** es gab keinen leeren [*o* freien] Platz mehr auf dem Blatt ❻ (*görevlisi olmayan*) unbesetzt; (*boş*) offen, frei ❼ (*vazıh*) offen; **~ konuşma zamanı artık gelmişti** die Zeit war nun gekommen, offen zu reden ❽ aufgeschlossen; **her çeşit yeniliklere ~ olmak** aufgeschlossen sein gegenüber allerlei Neuigkeiten ❾ (*renk için*) hell; **~ bir renk** eine helle Farbe; **~ sarı saçlı bir kadın** eine Frau mit hellblondem Haar; **~ tenli** hellhäutig ❿ (*gökyüzü, hava*) heiter, klar; (*hava*) frei ⓫ (*sarılmamış*) lose ⓬ (*kamuya ~, halka ~, gizli olmayan*) öffentlich; **~ duruşma/oturum** öffentliche Verhandlung/Sitzung ⓭ **~ farkla önde olmak** mit großem Abstand führen **III.** *adv* ❶ (*açıkça*) offen; **~ söylemek** offen sagen; **~ söylemek gerekirse, ...** offen gesagt [*o* gestanden], ...; **~ vermek** (*fig*) sich verraten, sich anmerken lassen; **hiç ~ vermedi** er ließ sich nichts anmerken; **birine ~ olmak** jdm offen sein; **kapım sana her zaman ~tır** meine Tür ist immer für dich offen ❷ (*dükkân*) offen, auf; **~ tutmak** (*kapıyı*) aufhalten; (*gözlerini*) aufbehalten, offen halten; **bu dükkân pazarları da ~tır** dieser Laden hat [*o* ist] auch sonntags offen; **dükkân ~ mı?** hat das Geschäft auf?; **gözlerini ~ tutmak** (*a. fig*) die Augen offen halten ❸ (*fam: radyo, ışıklar*) eingeschaltet, an; **ışığı ~ bırakma!** lass das Licht nicht an!; **radyo ~ mı?** ist das Radio an? **açık açık** *adv* (*saklamaksızın*) (ganz) offen, öffentlich, freimütig, in aller Offenheit; (*göstere göstere*) demonstrativ; **birine bir şeyi ~ söylemek** jdm etw in aller Klarheit sagen; **biriyle ~ konuşmak** (ganz) offen mit jdm reden

açıkağız *s* BOT Nachtviole *f*

açık ağızlı **I.** *s* Depp *m* **II.** *adj* deppert; (*aptal*) dumm **açık artırma** *s* (öffentliche) Versteigerung *f* **açık baraj** *s* Bannmeile *f* **açık bono** *s* **birine ~ vermek** (*fig: sınırsız yetki tanımak*) jdm eine Blankovollmacht erteilen **açık bölge** *s* WIRTSCH (*serbest bölge*) Freihandelszone *f* **açık celse** *s s.* **açık duruşma** JUR öffentliche Verhandlung

açıkça *adv* ausdrücklich, ganz offen; (*kolay anlaşılır bir biçimde*) begreiflicherweise; **~ söylemek gerekirse, ...** ganz offen gesagt, ...; **bir şeyi ~ söylemek** etw ganz offen sagen; **bir şeyden yana olduğunu ~ söylemek** sich zu etw bekennen

açıkçası **I.** *s* **~** offen gestanden, offen gesagt; **~nı söyleyeyim** lass mich Klartext reden [*o* sprechen] **II.** *adv* offensichtlich; **~ Sevda Hasan'dan hoşlanmıyor** offensichtlich mag Sevda Hasan nicht

açık çek *s* FIN Blankoscheck *m*

açıkçı *s* FIN Baisse *m*

açık deniz *s* das offene Meer; **~de** auf offener See **açık duruşma** *s* JUR öffentliche Verhandlung **açık eksiltme** *s* JUR öffentliche Ausschreibung **açık elli** *adj* freigebig; (*cömert*) großzügig **açık ellilik** <-ği> *s ohne pl* Freigebigkeit *f*; (*cömertlik*) Großzügigkeit *f* **açık fikirli** *adj* aufgeschlossen **açık fikirlilik** <-ği> *s ohne pl* Aufgeschlossenheit *f*

açıkgöz *adj* (*fig*) gerissen

açıkgözlük <-ğü> *s ohne pl*, **açıkgözlülük** <-ğü> *s ohne pl* (*fig*) Gerissenheit *f*

açık hava *s* ❶ (*bulutsuz ~*) klarer Himmel ❷ **~da** im Freien, unter freiem Himmel **açık hava festivali** *s* ❶ Freilichtspiele *pl* ❷ MUS Open-Air-Festival *nt* **açık hava müzesi** *s* Freilichtmuseum *nt* **açık hava sineması** *s* Freilichtkino *nt* **açık hava tiyatrosu** *s* Freilichttheater *nt*, Freilichtbühne *f* **açık imza** *s* Blankounterschrift *f* **açık işletme** *s ohne pl* BERGB Tagebau *m* **açık kahverengi** *adj* hellbraun **açık kalp ameliyatı** *s* MED Operation am offenen Herzen **açık kalpli** *adj s.* **açık yürekli** offenherzig **açık kalplilik** <-ği> *s ohne pl s.* **açık yüreklilik** Offenherzigkeit *f* **açık kapı** *s* (*fig*) Ausweg *m*; **~ bırakmak** sich einen Ausweg offenhalten, sich eine Hintertür offen halten **açık kredi** *s* FIN Blankokredit *m*

açıklama *s* ❶ *Verbalsubstantiv zu* **açıklamak** ❷ Erklärung *f*, Erläuterung *f*, Darlegung *f* ❸ Hinweis *m*

açıklamak *vt* ❶ (*izah etmek*) erklären, erläutern ❷ (*ifşa etmek*) enthüllen; (*planını*) entfalten ❸ (*göstermek*) darlegen, ausführen

açıklayıcı **I.** *adj* erklärend, erläuternd **II.** *s* LING Apposition *f*

açıklık <-ğı> *s ohne pl* ❶ (*vuzuh*) Klarheit *f*; **bir şeye ~ getirmek** [*o* **kazandırmak**] Klarheit in etw bringen; **bir şeyi açıklığa kavuşturmak** (*aydınlatmak*) etw aufklären; (*kapalılıktan kurtarmak*) etw aufdecken ❷ Offenheit *f* ❸ (*aleniyet*) Öffentlichkeit *f* ❹ Spalt *m*, Öffnung *f*; MED Foramen *nt* ❺ (*fig*) Übersichtlichkeit *f* ❻ (*renklerde*) Helligkeit *f* ❼ (*örtüsüz, çıplak yer*) Lichtung *f* ❽ (*uzaklık, mesafe*) Weite *f*

açık liman *s* Freihafen *m* **açık mavi** *adj* hellblau **açık ordugâh** *s* MIL Feldlager *nt* **açık oturum** *s* Podiumsdiskussion *f* **açık öğretim** *s* Fernstudium *nt*, Telekolleg *nt* **açık pazar** *s* WIRTSCH freier Markt

açık saçık **I.** *s* <-ğı> (*fam: giyim*) Freizügigkeit *f* **II.** *adj* (*fam: giyinme*) freizügig, leicht geschürzt; (*konuşma*) unanständig, anstößig; ~ **fıkra** ein unanständiger Witz, Zote *f* **III.** *adv* ~ **konuşmak** anstößig reden

açık sarı *adj* hellgelb; ~ **saçlı bir kadın** eine Frau mit hellblondem Haar **açık seçik** *adj* klar und deutlich, klipp und klar; **bu iki örnek de ~ gösteriyor ki, ...** und diese beiden Beispiele zeigen klar und deutlich, dass ... **açık sözlü** *adj* freimütig **açık sözlülük** <-ğü> *s ohne pl* Freimut *m* **açık şehir** <-hri> *s* POL offene Stadt

açıktan açığa *adv* in aller Öffentlichkeit

açık tenli *adj* hellhäutig

açık tohumlular *pl* BOT Nacktsamer *m*, Gymnosperme *f* **açık yara** *s* offene Wunde **açık yeşil** *adj* hellgrün **açık yürekli** *adj* offenherzig **açık yüreklilik** <-ği> *s ohne pl* Offenherzigkeit *f*

açıl *vi Imperativ von* **açılmak**: ~ **susam, ~!** Sesam, öffne dich!

açılır kapanır *adj* zusammenklappbar; ~ **sandalye** Klappstuhl *m;* ~ **tavan** AUTO Schiebedach *nt*

açılış *s* ① Eröffnung *f* ② Öffnung *f* ③ Einweihung *f*

açılış bilançosu *s* Eröffnungsbilanz *f* **açılış hamlesi** *s* Eröffnungszug *m* **açılış konuşması** *s* Eröffnungsansprache *f*, Eröffnungsrede *f* **açılış saatleri** *pl* Öffnungszeiten *pl* **açılış töreni** *s* Eröffnungsfeier *f;* (*açım töreni*) Einweihungsfeier *f*

açılıverme *s Verbalsubstantiv zu* **açılıvermek**

açılıvermek *vi* aufspringen, aufschnappen, plötzlich aufgehen; **kapı/kilit açılıverdi** die Tür/das Schloss sprang [*o* schnappte] auf, plötzlich ging die Tür/das Schloss auf

açılma *s* ① *Verbalsubstantiv zu* **açılmak** ② Eröffnung *f*, Öffnung *f;* JUR (*dava*) Erhebung *f;* **kamu davasının ~sı** Erhebung der öffentlichen Klage; **vasiyetnamenin ~sı** Testamentseröffnung *f* ③ (*hava için*) Auflockerung *f*

açılmak *vi* ① *pass von* **açmak** ② aufgehen, sich öffnen; (*mağazalar*) aufmachen; **açıl susam, açıl!** Sesam, öffne dich!; **birdenbire kapı/pencere açıldı** plötzlich ging die Tür/das Fenster auf; **dışa/içe doğru ~** sich nach außen/innen öffnen; **dükkânlar saat dokuzda açılır** die Geschäfte machen um neun Uhr auf; **şalter dokuz buçukta açıldı** der Schalter machte um halb zehn auf ③ (*renk için*) hell(er) werden ④ (*kendine gelmek*) zu sich kommen; (*ferahlamak*) aufatmen; (*biraz iyileşmek*) sich besser fühlen ⑤ (*gemi*) **engin denizlere ~** aufs offene Meer hinausfahren ⑥ (*sıkılması, çekinmesi kalmamak*) sich frei sprechen ⑦ (*kuruluşlar için*) die Pforten (wieder) öffnen ⑧ expandieren; **fazla açıldığı için battı** weil er zu sehr expandiert hat, hat er Konkurs gemacht ⑨ (*genişlemek, bollaşmak*) sich weiten; **ayakkabısı açıldı** seine Schuhe haben sich geweitet ⑩ (*delinmek*) Löcher bekommen; (*yırtılmak*) zerreißen ⑪ (*sis, duman*) sich auflösen; (*hava*) sich auflockern, aufklaren ⑫ (*araç için*) sich einlaufen ⑬ **birine ~** sich jdm anvertrauen [*o* offenbaren] ⑭ (*pencere, oda*) hinausgehen (**-e** auf); (*yol*) frei werden ⑮ (*fig: ayrıntıya girmek*) ins Detail gehen ⑯ (*yüzerken*) hinausschwimmen, sich vom Ufer entfernen ⑰ (*iştahı*) bekommen

açımlama *s* ① *Verbalsubstantiv zu* **açımlamak** ② Erläuterung *f*, Kommentar *nt*

açımlamak *vt* erläutern, kommentieren

açınsama *s* ① *Verbalsubstantiv zu* **açınsamak** ② GEO Erforschung *f*

açınsamak *vt* GEO erforschen

açıortay *s* MATH Winkelhalbierende *f* **açıölçer** *s s.* **iletki** Winkelmesser *m* **açıölçüm** *s* Winkelmessung *f*

açısal hız *s* Winkelgeschwindigkeit *f*

açış *s* Eröffnung *f* **açış konuşması** *s* Eröffnungsansprache *f*, Eröffnungsrede *f*

açıt tepeliği *s* ARCH Wimperg *m*

açlık <-ğı> *s ohne pl* ① (*aç olma durumu*) Hunger *m;* ~ **çekmek** Hunger leiden; **~tan ölmek** vor Hunger sterben; **~tan imanı gevremek** (*fig fam*) am Hungertuch nagen; **açlığı öldürmek** den Hunger stillen; **açlığını gidermek** seinen Hunger stillen ② (*kıtlık*) Hungersnot *f* ③ (*yoksulluk*) Armut *f;* ~ **çekmek** in Armut leben ④ (*fig*) Hunger *m*, Begierde *f* **açlık grevi** *s* Hungerstreik *m* **açlık hissi** *s* Hungergefühl *nt*

açma *s* ① *Verbalsubstantiv zu* **açmak** ② (*hava için*) Auflockerung *f*

açmak **I.** *vt* ① öffnen, aufmachen; **birinin gözünü ~** (*fig*) jdm die Augen öffnen ② (*ışık, radyo*) anschalten, einschalten; (*televizyonu*) anschalten, anstellen; (*fam*) anmachen ③ (*musluk*) aufdrehen ④ (*göz, kitap*) aufschlagen; **gözlerini açtı** er schlug die Augen auf ⑤ (*kapı, kilit*) aufschließen, aufsperren; **kapıyı açamıyorum** ich kann die Tür nicht aufschließen; (*fam*) ich krieg die Tür nicht auf; **kulaklarını aç!** sperr deine Ohren auf! ⑥ (*perde*) aufziehen ⑦ (*paket*) auspacken ⑧ (*mağaza, oturum*) eröffnen; **ateş ~** das Feuer eröffnen ❾ (*yeni ülke*) erschließen ❿ (*vücudunun herhangi bir yerini*) frei machen, entblößen ⓫ (*kuyu*) graben ⓬ (*mantarlı şişe*) entkorken ⓭ (*şemsiye*) aufspannen ⓮ (*kalem*) (an)spitzen ⓯ JUR (*kamu davası*) erheben; (*soruşturma*) einleiten; (*dosya*) anlegen; (*hesap, vasiyetname*) eröffnen ⓰ (*iştah*) anregen ⓱ (*iskambil kâğıdı*) aufdecken ⓲ (*bacak*) spreizen; **kollarını ~** die Arme ausbreiten ⓳ BERGB (*galeri*) anlegen ⓴ GASTR (*hamur*) ausrollen ㉑ **birine yol ~** jdm den Weg freimachen **II.** *vi* ❶ (*çiçek*) blühen, aufgehen ❷ (*hava*) auflockern

açmalık <-ğı> *s* Bleichmittel *nt*

açtırma *s* ❶ *Verbalsubstantiv zu* **açtırmak** ❷ **çarklara diş ~ çok para tuttu** die Verzahnung der Räder hat viel Geld gekostet

açtırmak *vt Kausativ zu* **açmak**: **çarklara diş ~** die Räder verzahnen lassen

ad *s* Name *m;* **~ı ne?** wie heißt er?; **bir şeyi ~ı gibi bilmek** etw nur zu genau wissen; **~ı tarihe geçmek** in die Geschichte eingehen; **birinin ~ını kirletmek** jds Namen beschmutzen; **Ulus ~ına** JUR im Namen des Volkes

ada *s* Insel *f*

adabı *s poss von* **adap**

adabımuaşeret *s ohne pl* Anstandsregeln *pl*

ada çayı *s ohne pl* Salbei *m*

adak <-ğı> *s* ❶ (*adamak işi*) Opfergang *m;* **~ adamak** (*kurban kesip yoksullara dağıtmak*) einen Opfergang antreten ❷ (*adanılan şey*) Opfergabe *f* ❸ (*kutsal bir güce niyette bulunma*) Gelübde *nt;* **~ adamak** (*kutsal bir güce niyette bulunmak*) ein Gelübde tun; **adağını bozmak/yerine getirmek** sein Gelübde brechen/erfüllen

adaklanma *s Verbalsubstantiv zu* **adaklanmak**

adaklanmak *vi* (*nişanlanmak*) sich verloben (**-le** mit)

adale *s s.* **kas** Muskel *m*

adaleli *adj* muskulös

adalet *s ohne pl* ❶ Gerechtigkeit *f* ❷ Justiz *f* **adalet bakanı** *s* Justizminister(in) *m(f)* **adalet bakanlığı** *s* Justizministerium *nt* **adalet divanı** *s* Gerichtshof *m*

adaletli *adj* gerecht

adaletlilik <-ği> *s* Gerechtigkeit *f*

adaletsiz *adj* ungerecht

adaletsizlik <-ği> *s* ❶ Ungerechtigkeit *f* ❷ Härte *f;* **sosyal ~ler** soziale Härten

adalı *s* Insulaner(in) *m(f)*

adam *s* ❶ (*insan*) Mensch *m* ❷ (*erkek kişi*) Mann *m;* **genç bir ~** ein junger Mann; **sokaktaki ~** der Mann auf der Straße; **son ~** (*futbolda*) letzter Mann, Ausputzer *m* ❸ (*kişi, kimse*) Person *f;* **~ başına** pro Person ❹ (*fam: eş, koca*) Mann *m*

adama *s Verbalsubstantiv zu* **adamak**

adam adama savunma *s* SPORT Manndeckung *f*

adamak *vt* ❶ geloben; **adak ~** (*kurban kesip yoksullara dağıtmak*) einen Opfergang antreten; (*kutsal bir güce niyette bulunmak*) ein Gelübde tun ❷ **kendini bir şeye ~** sich einer Sache widmen; **kendini bir faaliyete ~** sich einer Tätigkeit verschreiben

adamakıllı *adv* (*a. fig fam*) ordentlich; (*soğuk*) ganz schön; (*sarsılmak*) ziemlich heftig; (*gereğinden çok*) mehr als nötig [*o* erforderlich]; **~ bir dayak yemek** eine ordentliche [*o* anständige] Tracht Prügel bekommen

adam azmanı *s* Hüne *m;* **~ gibi** hünenhaft **adam boyu** *adj* mannshoch

adamcıl *adj* zutraulich

adamkökü *s* Alraunwurzel *f;* (*adamotu*) Alraune *f* **adamotu** *s* BOT (*kankurutan*) Alraune *f*

adam sarrafı *s* Menschenkenner(in) *m(f)*

adap <-bı> [a:da:p] *s* ❶ (*töre*) Brauch *m* ❷ (*kurallar*) Regeln *pl*

adaptasyon *s* ❶ Adaptation *f;* (*uyarlama*) Anpassung *f* ❷ LIT Adaptation *f* ❸ BIOL (*uyma*) Adaptation *f*

adapte *adj* adaptiert; **~ etmek** adaptieren; (*uyarlamak*) anpassen; **~ olmak** sich anpassen

adaptör *s* Adapter *m;* ELEK Zwischenstecker *m*

ada soğanı *s* BOT Meerzwiebel *f*

adaş *s* Namensvetter *m*

ada tavşanı *s* ZOOL Kaninchen *nt*

aday *s* ❶ Kandidat(in) *m(f),* Anwärter(in) *m(f)* (**-e** auf); **~ olmak** kandidieren; **birini (bir şey için) ~ göstermek** jdn (für etw) als Kandidaten aufstellen ❷ Bewerber(in) *m(f);* **~ olmak** sich bewerben

adaylık <-ğı> *s* Kandidatur *f;* **adaylığını koymak/geri çekmek** seine Kandidatur anmelden/zurückziehen **adaylık statüsü** *s* POL Kandidatenstatus *m*

aday ülke *s* EU Beitrittskandidat *m*

adcı *s* PHILOS Nominalist(in) *m(f)*

adcılık <-ğı> *s* PHILOS Nominalismus *m*

ad cümlesi *s* LING Nominalsatz *m* **ad çekimi** *s* LING (*ad çekimi*) Deklination *f*

addetme *s Verbalsubstantiv zu* **addetmek**

addetmek *vt* betrachten (als)

ad durumu *s* LING (*isim hâli*) Fall *m,* Kasus *m*

adedi *s poss von* **adet**

adedî [adedi:] *adj* zahlenmäßig

Âdem *s ohne pl* ❶ REL Adam *m;* ~ **ile Havva** Adam und Eva ❷ (*insan*) Mensch *m;* (*insanoğlu*) Menschenkind *nt*
âdemelması *s* Adamsapfel *m*
ademotu *s s.* **adamotu** BOT (*kankurutan*) Alraune *f*
adenit *s* MED Adenitis *f;* (*lenf düğümleri iltihabı*) Lymphknotenentzündung *f*
adese *s* PHYS (*mercek*) Linse *f*
adet <-di> [adet] *s* ❶ (*sayı*) Zahl *f* ❷ (*tane*) Stück *nt*
âdet [a:det] *s* ❶ (*alışkı*) Gewohnheit *f* ❷ (*töre*) Brauch *m,* Sitte *f;* **bu bizde ~tir** das ist bei uns Brauch [*o* Sitte]; **örf ve ~ler** Sitten und Gebräuche ❸ (*aybaşı*) Monatsblutung *f,* Menstruation *f*
âdeta [a:deta:] *adv* ❶ quasi, gewissermaßen; (*hemen hemen*) fast, nahezu; (*sanki*) als ob; **~ ölecekmiş gibi** als ob er sterben würde ❷ (*bayağı yürüyüşle*) im Schritt; **atla ~/tırıs/dörtnala gitmek** im Schritt/Trab/Galopp reiten
adetçe *adv s.* **sayıca** zahlenmäßig
adetimürettep <-bi> *s ohne pl* Vollzähligkeit *f*
adezyon kuvveti *s* PHYS Adhäsionskraft *f*
adıl *s* LING (*zamir*) Pronomen *nt*
adım *s* Schritt *m;* **bir şeye ~ uydurmak** (*fig*) mit etw Schritt halten; **~larını seyrekleştirmek/sıklaştırmak** seinen Schritt verlangsamen/beschleunigen **adım adım** *adv* schrittweise, Schritt für Schritt; **~ izlemek** auf Schritt und Tritt verfolgen
adımbaşı *adv* auf Schritt und Tritt
adımsayar *s* Schrittmesser *m*
adına *adv* **pasaport ... adınadır** der Pass lautet auf den Namen ...; **Tanrı ~** (*fam*) in Gottes Namen; **Ulus ~** JUR im Namen des Volkes; **bir otomobili birinin ~ tescil ettirmek** ein Auto auf jdn zulassen; **...in ~** auf den Namen von ...
adi [a:di:] *adj* ❶ (*sıradan*) gewöhnlich, ordinär; **~ ortaklık** JUR Gesellschaft *f* bürgerlichen Rechts ❷ BIOL (*bayağı*) gemein ❸ (*fig, pej fam: aşağılık*) gemein, fies; (*bayağı*) ordinär; **bunlar çok ~ ve fena insanlardı** diese waren sehr gemeine und böse Menschen ❹ MATH (*bayağı*) echt, gemein; **~ kesir** ein echter Bruch
adil [a:dil] *adj* gerecht
adilâne [a:di:lä:nɛ] *adv* gerecht
adilik <-ği> *s* (*pej*) Gemeinheit *f*
adisyon *s* (*lokantada*) Rechnung *f*
adlandırma *s* ❶ *Verbalsubstantiv zu* **adlandırmak** ❷ Benennung *f,* Namensgebung *f*
adlandırmak *vt* benennen, bezeichnen; (*ad vermek*) einen Namen geben
adli [adli:] *adj* ❶ gerichtlich, Gerichts-; **~ tıp** forensische Medizin, Gerichtsmedizin *f* ❷ Justiz- **adli hata** *s* Justizirrtum *m* **adli makam** *s* Justizbehörde *f* **adli tabip** <-bi> *s* Gerichtsmediziner(in) *m(f)* **adli tıp** <-bbı> *s ohne pl* Gerichtsmedizin *f*
adliye *s* ❶ (*ohne pl*) Justiz *f* ❷ (**~ binası**) Justizgebäude *nt,* Gericht *nt* **adliye binası** *s* Justizgebäude *nt,* Gerichtsgebäude *nt*
adliyeci *s* Justizbeamte(r), -beamtin *m, f*
adliye vekâleti *s s.* **adalet bakanlığı** Justizministerium *nt* **adliye vekili** *s s.* **adalet bakanı** Justizminister(in) *m(f)*
adrenalin *s ohne pl* MED Adrenalin *nt*
adres *s* Adresse *f,* Anschrift *f* **adres defteri** *s* Adressenverzeichnis *nt* **adres kartı** *s* Adresskarte *f* **adres kitabı** *s* Adressbuch *nt* **adres rehberi** *s* Adressenverzeichnis *nt*
Adriyatik **I.** *s* Adria *f* **II.** *adj* adriatisch; **~ denizi** das Adriatische Meer; **~ denizinde bir gemi** ein Schiff auf dem Adriatischen Meer; **~ denizinde bir saat yüzdük** wir schwammen drei Stunden im Adriatischen Meer
adsız *adj* namenlos
adsızlık <-ğı> *s* Namenlosigkeit *f*
adsız parmak <-ğı> *s* Ringfinger *m*
aerobik <-ği> *s ohne pl* Aerobic *nt*
aerodinamik **I.** *s* <-ği> *ohne pl* PHYS Aerodynamik *f* **II.** *adj* aerodynamisch
AET *s Abk von* **Avrupa Ekonomik Topluluğu** HIST EWG *f,* Europäische Wirtschaftsgemeinschaft
af <-ffı> *s* ❶ JUR, POL Amnestie *f,* Begnadigung *f;* **~ çıkar(ıl)mak** eine Amnestie erlassen; **~ kapsamına alınmak** unter die Amnestie fallen; **~fa uğramak** begnadigt werden ❷ Verzeihung *f,* Vergebung *f;* **~ buyurun!** ich bitte um Verzeihung!; (*affedersiniz!*) verzeihen Sie!, Verzeihung!; **~ dilemek** um Verzeihung bitten
afacan *s* Bengel *m,* Schlingel *m;* (*fam*) Frechdachs *m*
afacanlaşma *s Verbalsubstantiv zu* **afacanlaşmak**
afacanlaşmak *vi* immer frecher werden
afak [a:fa:k] *pl s.* **ufuklar** Horizonte *pl*
afaki [a:fa:ki:] *adj* ❶ (*nesnel*) sachlich, objektiv ❷ (*pej: dereden tepeden*) oberflächlich, seicht
afakilik <-ği> [a:fa:ki:-] *s* (*nesnellik*) Sachlichkeit *f,* Objektivität *f*
afal *adj* verdutzt, verblüfft; (*şaşkın*) überrascht, verwirrt; (*ne yapacağını bilmez*) entgeistert, fassungslos **afal afal** *adv* **~ bakmak** ein verdutztes Gesicht

machen; **ona ~ baktı** er starrte ihn entgeistert an
afalla(ş)ma *s ohne pl* ① *Verbalsubstantiv zu* **afalla(ş)mak** ② Verblüffung *f*
afalla(ş)mak *vi* verdutzt sein, verblüfft sein
afallatma *s ohne pl* ① *Verbalsubstantiv zu* **afallatmak** ② Verblüffung *f*
afallatmak *vt* verblüffen
afazi *s* MED Aphasie *f*
aferin [a:--] *interj* **~!** bravo!
aferist *s* Schwindler(in) *m(f)*
afet [a:fet] **I.** *s* Katastrophe *f* **II.** *adj* (*fig*) atemberaubend schön
afetzede [a:---] *s* Katastrophenopfer *nt*
affedilme *s* ① *Verbalsubstantiv zu* **affedilmek** ② JUR, POL Amnestierung *f*, Begnadigung *f*
affedilmek *vi pass von* **affetmek**
affetme *s* ① *Verbalsubstantiv zu* **affetmek** ② JUR, POL Amnestierung *f*, Begnadigung *f* ③ Verzeihung *f*, Vergebung *f*, Entschuldigung *f*
affetmek <-der> *vt* ① verzeihen; (*günah*) vergeben; (*mazur görmek*) entschuldigen; **affedersiniz!** verzeihen Sie!, Verzeihung!; (*özür dilerim*) ich bitte um Entschuldigung!, entschuldigen Sie!, Entschuldigung! ② JUR, POL amnestieren; (*bağışlamak*) begnadigen ③ entlassen (**-den** aus)
Afgan **I.** *s* Afghane, Afghanin *m, f* **II.** *adj* afghanisch
Afganistan *s* Afghanistan *nt;* **~ hükümeti** die afghanische Regierung
Afganlı *s* Afghane, Afghanin *m, f*
Afgan tazısı *s* ZOOL Afghane *m*
afiş *s* Plakat *nt;* (*İsviçre'de*) Affiche *f*
afişçi *s* Plakatmaler(in) *m(f)*
afişçilik <-ği> *s ohne pl* Plakatmalerei *f*, Plakatkunst *f*
afişe *adj* bekannt; **~ etmek** bekanntgeben; (*açığa vurmak*) bekunden
afişleme *s Verbalsubstantiv zu* **afişlemek**
afişlemek *vt* ① plakatieren ② (*nitelemek*) bezeichnen
afiyet [a:--] *s ohne pl* Wohl *nt;* **~ olsun!** guten Appetit!; (*yarasın*) wohl bekomm's!, zum Wohl!
aforizm *s* Aphorismus *m*
aforoz *s ohne pl* REL, HIST Kirchenbann *m;* **~ etmek** exkommunizieren, bannen
Afrika **I.** *s* Afrika *nt* **II.** *adj* afrikanisch; **~ ormanları** afrikanische Wälder
Afrikalı **I.** *s* Afrikaner(in) *m(f)* **II.** *adj* afrikanisch
Afroamerikan *adj* afroamerikanisch
afrodizyak *s* Aphrodisiakum *nt*
afsun *s ohne pl* Zauber *m*, Zauberei *f*, Magie *f*
afsuncu *s* (*büyücü*) Zauberer *m*, Hexe *f;* (*üfürükçü*) Wunderheiler(in) *m(f)*
afsunlama *s* ① *Verbalsubstantiv zu* **afsunlamak** ② Verzauberung *f*
afsunlamak *vt s.* **büyülemek** verzaubern, verhexen
afsunlu *adj s.* **büyülü** verzaubert, Zauber-, magisch
afyon *s ohne pl* Opium *nt*
afyonkeş *adj* opiumsüchtig
agnozi *s ohne pl* MED, PSYCH (*tanısızlık*) Agnosie *f*
agorafobi *s* PSYCH Agoraphobie *f*
ağ[1] [a:] *s* Netz *nt*
ağ[2] [a:] *s* (*apışlık*) Schritt *m;* **pantolonun ~ı** der Schritt einer Hose
ağa *s* Aga *m*
ağabey *s* ① älterer Bruder; **benim ~m** mein älterer Bruder ② *Anrede an eine männliche Person*
ağaç <-cı> *s* ① Baum *m;* **bekleye bekleye ~ olmak** (*fig fam*) dastehen wie bestellt und nicht abgeholt; **~ta** auf dem Baum; **ağaca çıkmak/tırmanmak** auf einen Baum steigen/klettern ② (*tahta*) Holz *nt;* **bu kapı ~tan** diese Tür ist aus Holz ③ INFORM Baum *m* **ağaç arısı** *s* ZOOL Holzbiene *f* **ağaç biti** *s* ZOOL Baumlaus *f*
ağaççılık <-ğı> *s ohne pl* Baumzucht *f*
ağaç çileği *s* (*ahududu*) Himbeere *f*
ağaç gövdesi *s* Baumstamm *m* **ağaç kabuğu** *s* Baumrinde *f*
ağaçkakan *s* ZOOL Specht *m*
ağaç kaplama *s* (*duvar*) Täfelung *f*, Holzverkleidung *f;* (*desenli*) Holzfurnier *nt*
ağaç kışrı *s s.* **ağaç kabuğu** Baumrinde *f*
ağaç kurbağası *s* ZOOL Laubfrosch *m*
ağaç kurdu *s* ZOOL Holzwurm *m* **ağaç küpesi** *s* BOT (*hatmi*) Eibisch *m*
ağaçlı *adj* mit Baumwuchs; **etrafı ~** von Bäumen gesäumt [*o* eingefasst]; **iki yanı ~ yol** Allee *f*
ağaçlık **I.** *s* <-ğı> Gehölz *nt*, Horst *m* **II.** *adj* mit Baumwuchs
ağaçlıklı *adj* mit Baumwuchs; *s. a.* **ağaçlı**
ağaç mantarı *s* Baumschwamm *m* **ağaç mevcudu** *s* Baumbestand *m* **ağaç sakızı** *s* Baumharz *nt* **ağaç sansarı** *s* ZOOL (*Martes martes*) Baummarder *m;* (*zerdeva*) Edelmarder *m*
ağaçsız *adj* baumlos
ağaç yapısı *s* INFORM Baumstruktur *f*
ağaç yongası *s* Holzspan *m*
ağarık <-ğı> *adj* ① (*aklaşmış*) ergraut; **şakakları ~ bir bey** ein Herr mit ergrauten Schläfen ② (*rengi solmuş*) verblichen
ağarma *s Verbalsubstantiv zu* **ağarmak**

ağarmak *vi* ❶ ergrauen; **saçı erken ağardı** sein Haar ist vorzeitig ergraut ❷ (*aydınlanmak*) grauen; **ortalık ağarıyor** es wird hell; (*gün*) der Morgen graut; (*tan, şafak*) es dämmert

ağartma *s Verbalsubstantiv zu* **ağartmak**

ağartmak *vt* ❶ *Kausativ zu* **ağarmak** ❷ **bunun için saç sakal ağartmam** (*fam*) deswegen lasse ich mir keine grauen Haare wachsen

ağda *s ohne pl* Enthaarungspaste *f*

ağdalı *adj* zähflüssig

ağdalık <-ğı> *s ohne pl* ❶ Zähflüssigkeit *f* ❷ PHYS (*viskozite*) Viskosität *f*

ağı *s* Gift *nt;* **bir şeye ~ katmak** einer Sache Gift beimischen **ağı ağacı** *s,* **ağı çiçeği** *s* BOT (*zakkum*) Oleander *m*

ağıl *s* ❶ Pferch *m* ❷ (*hale*) Hof *m*

ağılama *s* ❶ *Verbalsubstantiv zu* **ağılamak** ❷ Vergiftung *f*

ağılamak *vt* vergiften

ağılanma *s* ❶ *Verbalsubstantiv zu* **ağılanmak** ❷ Vergiftung *f*

ağılanmak *vi* ❶ *pass von* **ağılamak** ❷ sich vergiften

ağılı *adj* (*zehirli*) giftig **ağılı böcek** <-ği> *s* ZOOL Laufkäfer *m*

ağıllanma *s Verbalsubstantiv zu* **ağıllanmak**

ağıllanmak *vi* ❶ sich zusammenpferchen ❷ (*halelenmek*) einen Hof bilden

ağım *s* Spann *m*

ağımsı *adj* netzartig

ağınma *s Verbalsubstantiv zu* **ağınmak**

ağınmak *vi* sich wälzen; **hayvanlar ağınıyor** die Tiere wälzen sich

ağı otu *s* BOT (*baldıran*) Schierling *m*

ağır I. *adj* ❶ (*hafif karşıtı*) schwer; **~ basmak** (*ağırlığı fazla gelmek*) Übergewicht haben; (*fig*) schwer wiegen, überwiegen, ins Gewicht fallen, zu Buche schlagen; **~ bir hastalık** eine schwere Krankheit; **~ çekmek** Gewicht haben; **~ gelmek** (*gücüne gitmek*) kränken; (*yapılması güç gelmek*) schwerfallen; **~ su** CHEM schweres Wasser ❷ (*fig: davranışları yavaş olan*) schwerfällig; **~ aksak yürümek/gitmek** sich schleppen ❸ (*vahim*) schwer; (*şüphe*) dringend; **~ hasta/yaralı olmak** schwer krank/verletzt sein ❹ (*bunaltıcı*) bedrückend ❺ (*yavaş*) langsam; **~ ol!** langsam! ❻ (*~ başlı*) besonnen; (*ciddi*) ernst ❼ (*sindirimi güç*) schwer, schwer verdaulich ❽ (*uyku için*) tief ❾ (*kırıcı*) kränkend, verletzend; **~ söylemek** verletzende Worte sagen; **birinin ağrına gitmek** jdn kränken; **bir şey ağrına gitmek** etwas schwer nehmen ❿ (*güç işiten*) schwerhörig; (*sağır*) taub; **bir kulağı ~** an einem Ohr ist er taub ⓫ JUR (*ihmal*) grob **II.** *s* SPORT (*~ sıklet*) Schwergewicht *nt* **ağır ağır** *adv* ❶ (*acele etmeden*) ohne Eile; **~ merdivenleri çıkmak** die Treppe langsam hinaufsteigen ❷ (*fazlasıyla*) mehr als **ağır ayak** <-ğı> *adj* hochschwanger **ağır basan** *adj* schwerwiegend, schwer wiegend

ağırbaşlı *adj* besonnen; (*ciddi*) seriös

ağırbaşlılık <-ğı> *s ohne pl* Besonnenheit *f;* (*ciddiyet*) Seriosität *f*

ağırca *adj* ziemlich schwer; **~ bir şeyin düştüğünü duydum** ich hörte, wie etwas ziemlich Schweres fiel

ağır canlı *adj* ❶ schwerfällig, lahm ❷ (*tembel*) träge ❸ (*fam: gebe*) schwanger **ağır canlılık** <-ğı> *s ohne pl* Schwerfälligkeit *f;* (*tembelce davranış*) Trägheit *f* **ağır ceza mahkemesi** *s* JUR Schwurgericht *nt* **ağır hapis** <-psi> *s ohne pl* JUR Zuchthaus *nt* **ağır hasta** *adj* schwerkrank, schwer krank; **~ olmak** schwer krank sein **ağır iş** *s* Schwerarbeit *f*

ağırkanlı *adj* ❶ PSYCH phlegmatisch ❷ *s.* **ağır canlı** schwerfällig

ağırkanlılık <-ğı> *s* PSYCH Phlegma *nt*

ağır küre *s ohne pl* GEO (*barisfer*) Barysphäre *f*

ağırlama *s* ❶ *Verbalsubstantiv zu* **ağırlamak** ❷ Bewirtung *f,* Beköstigung *f* **ağırlama günü** *s* KUNST Vernissage *f*

ağırlamak *vt* bewirten, beköstigen

ağırlaşma *s* ❶ *Verbalsubstantiv zu* **ağırlaşmak** ❷ Gewichtszunahme *f*

ağırlaşmak *vi* schwerer werden, an Gewicht zunehmen

ağırlık <-ğı> *s* ❶ Gewicht *nt;* **özgül ~** PHYS spezifisches Gewicht ❷ (*yük*) Last *f;* **birine ~ olmak** jdm zur Last fallen **ağırlık kaldırma** *s ohne pl* SPORT (*halter*) Gewichtheben *nt* **ağırlık merkezi** *s* ❶ PHYS Schwerpunkt *m* ❷ (*fig*) Schwerpunkt *m* **ağırlık ölçüsü birimi** *s* Gewichtseinheit *f*

ağırsama *s Verbalsubstantiv zu* **ağırsamak**

ağırsamak *vt* ❶ **birini ~** jdm die kalte Schulter zeigen ❷ (*yük saymak*) als Last empfinden ❸ (*önemsememek*) nicht für wichtig halten

ağır sanayi <-i> *s ohne pl* Schwerindustrie *f* **ağır sıklet** *s* SPORT Schwergewicht *nt* **ağır suç** *s* JUR Kapitalverbrechen *nt*

ağırşak <-ğı> *s* ❶ Spinnwirtel *m* ❷ (*diz ağırşağı*) Scheibe *f;* (*emzik ağırşağı*) Ring *m;* (*çıban ağırşağı*) Blase *f*

ağır uyku *s* Tiefschlaf *m* **ağır yağ** *s*

A

Schweröl *nt*
ağıt <-dı> *s* ❶ LIT Totenklage *f;* (*ezgi biçiminde*) Elegie *f* ❷ (*ağlama*) Klagelied *nt;* ~ **söylemek** ein Klagelied singen
ağıtçı *s* Klageweib *nt; s. a.* **sağucu**
ağıtlama *s* Nachruf *m,* Nekrolog *m*
ağız <-ğzı> *s* ❶ Mund *m;* (*hayvan için*) Maul *nt;* ~ **ağıza konuşmak** unter vier Augen sprechen; ~**dan ağza dolaşmak** [*o* **geçmek**] (*haber*) sich herumsprechen; (*söylenti*) kursieren; **ağzı kulaklarına varmak** (*fam*) von einem Ohr zum anderen strahlen; **birinin ağzına kemik atmak** (*fig fam*) jdm etw in den Rachen werfen; **ağzından baklayı çıkarmamak** (*fig fam*) mit etw hinterm Busch halten; **ağzından çıkmak** (*söz*) entfahren; **ağzından kaçırmak** ausplaudern, sich verplappern; **ağzını tutmak** den Mund halten; (*sır vermemek*) dichthalten; **birinin ağzını aramak** [*o* **yoklamak**] jdn aushorchen; **birinin ağzını burnunu dağıtmak** jdm die Fresse polieren; **birinin ağzını sulandırmak** (*fam*) jdm den Mund wässrig machen; **birinin ağzını tıkamak** (*fam*) jdm das Maul stopfen; ~**lara sakız oldu** sein Name war in aller Munde; **elden ağıza yaşamak** von der Hand in den Mund leben ❷ (*akarsu ağzı*) Mündung *f* ❸ (*kavşak*) Kreuzung *f* ❹ (*bıçak ağzı*) Klinge *f* ❺ LING Mundart *f;* (*taşra ağzı*) Platt *nt* ❻ (*kez*) Mal *nt;* **ilk** ~**da paranın yarısını ödedi** beim ersten Mal zahlte er die Hälfte des Geldes ❼ (*üslup*) Stil *m* ❽ (*pek yakın yer*) Rand *m;* **uçurumun ağzında** am Rande des Abgrundes **ağız ağıza** *adv* ~ **dolu olmak** bis zum Rande gefüllt sein; **biriyle** ~ **konuşmak** jdn unter vier Augen sprechen
ağızdan *adv* mündlich, verbal **ağızdan ağıza** *adv* ~ **geçmek** von Mund zu Mund gehen **ağızdan dolma** *s* Vorderlader *m*
ağız dolusu *s ohne pl* Mundvoll *m* **ağız kenarı** *s* Mundwinkel *m* **ağız kokusu** *s ohne pl* Mundgeruch *m;* **birinin** ~**nu çekememek** (*fig fam*) jdn nicht riechen können
ağızlık <-ğı> *s* ❶ Mundstück *nt;* (*sigara içmek için*) Zigarettenspitze *f* ❷ MUS (*nefesli çalgılarda*) Mundstück *nt* ❸ (*hayvanın ısırmasını engellemek için*) Maulkorb *m*
ağız propagandası *s* Mundpropaganda *f*
ağız tüfeği *s* Luftgewehr *nt* **ağız tütünü** *s* Kautabak *m*
ağlama *s Verbalsubstantiv zu* **ağlamak**
ağlamak **I.** *vi* weinen; **iki gözü iki çeşme** ~ (*fig*) sich die Augen ausweinen **II.** *vt* **yüreği/m kan ağlıyor** (*fig*) mir/ihm blutet das Herz
ağlamaklı *adj* weinerlich
ağlar *vi 3. Aorist von* **ağlamak**
ağma *s* ❶ *Verbalsubstantiv zu* **ağmak** ❷ (*akan yıldız*) Sternschnuppe *f*
ağmak *vi* ❶ (*sarkmak*) herunterhängen ❷ (*yükselmek*) emporsteigen
ağnama *s Verbalsubstantiv zu* **ağnamak**
ağnamak *vi* sich wälzen; **hayvanlar ağnıyor** die Tiere wälzen sich
ağrı *s* Schmerz *m,* Schmerzen *pl*
Ağrı Dağı *s* Ararat *m*
ağrı hapı *s* Schmerztablette *f*
ağrıkesen **I.** *s* MED Schmerzmittel *nt;* (*analjezik*) Analgetikum *nt* **II.** *adj* schmerzstillend; (*analjezik*) analgetisch
ağrı kesici *s* MED Schmerzmittel *nt;* (*analjezik*) Analgetikum *nt* **ağrı kesimi** *s ohne pl* MED (*analjezi*) Analgesie *f,* Analgie *f*
ağrıma *s Verbalsubstantiv zu* **ağrımak**
ağrımak *vi* schmerzen, wehtun; **başı/dişi** ~ Kopfschmerzen/Zahnschmerzen haben; **başım/boğazım/midem/sırtım ağrıyor** ich habe Kopf-/Hals-/Magen-/Rückenschmerzen, mir tut der Kopf/Hals/Magen/Rücken weh; **her tarafım ağrıyor** mir tut es überall weh, mir tut alles weh
ağrısız *adj* schmerzfrei; ~ **doğum** schmerzfreie Geburt
ağ tabaka *s* ANAT Netzhaut *f* **ağ tonos** *s* ARCH Netzgewölbe *nt*
ağu *s s.* **ağı** Gift *nt*
ağustos *s* August *m* **ağustos böceği** *s* ZOOL Zikade *f*
ağ yatak <-ğı> *s s.* **hamak** Hängematte *f*
ağzı *s poss von* **ağız** **ağzı kalabalık** *adj* schwatzhaft
ağzına kadar dolu *adj* randvoll; **bardak** ~ **idi** das Glas war randvoll [*o* bis zum Rand voll]
ağzı sıkı *adj* verschwiegen **ağzı sıkılık** <-ğı> *s* Verschwiegenheit *f*
ah [ax] **I.** *s* Ach *nt;* ~ **vah etmek** Ach und Weh schreien **II.** *interj* ~**!** ach!, autsch!; ~**, ne güzel!** ach, wie schön!
aha *interj* (*fam*) da; **bizim ev** ~ **şuracıkta!** unser Haus ist gleich da drüben!
ahali *s* Bevölkerung *f* **ahali mübadelesi** *s ohne pl* HIST Bevölkerungsaustausch *m*
ahbap <-bı> *s* Freund *m;* ~ **çavuşlar** (*fam*) unzertrennliche Freunde; **merhaba** ~**!** (*fam*) hallo, altes Haus!, hallo, alter Knabe!
ahbapça *adv* freundschaftlich
ahbaplık <-ğı> *s* Freundschaft *f;* **biriyle** ~ **etmek** mit jdm befreundet sein; (*arkadaşça konuşmak*) mit jdm gemütlich plaudern

ahcar *s pl von* **hacer** (*taşlar*) Steine *pl,* Gestein *nt*
ahçı *s s.* **aşçı** Koch *m,* Köchin *f*
ahdetme *s Verbalsubstantiv zu* **ahdetmek**
ahdetmek *vi* ❶ geloben (**-e**) ❷ (*yemin etmek*) schwören
ahdî *adj* vertraglich, Vertrags-
Ahdiatik *s* REL (*Eski Ahit*) Altes Testament
Ahdicedit <-di> *s* REL (*Yeni Ahit*) Neues Testament
ahenk <-gi> [a:-] *s* ❶ (*uyum*) Einklang *m* ❷ (*fig*) Einklang *m;* (*anlaşma*) Eintracht *f,* Harmonie *f;* **ahengi bozmak** die Harmonie stören ❸ (*eğlence*) Vergnügen *nt*
ahenkli *adj* ❶ harmonisch ❷ (*eğlenceli*) unterhaltsam
ahenk tahtası *s* MUS Resonanzboden *m*
aheste *s* bedächtig; (*yavaş*) langsam
ahım şahım *adj* **oyun pek ~ bir şey değildi** das Spiel war nicht besonders
ahır *s* Stall *m*
ahiret [a:hiret] *s ohne pl* Jenseits *nt;* **~i boylamak** (*fam*) sterben
Ahit *s* REL Testament *nt;* **Eski ~** Altes Testament; **Yeni ~** Neues Testament
ahize [a:--] *s* TELEK Hörer *m*
ahlak [axlã:k] *s ohne pl* ❶ Moral *f;* **~ın korunması** der Schutz der Moral ❷ Sitten *pl;* **~ın bozulması** der Verfall der Sitten ❸ PHILOS Moralphilosophie *f*
ahlaka aykırı *adj* sittenwidrig **ahlaka aykırılık** *s* Sittenwidrigkeit *f*
ahlak bilimi *s ohne pl* Sittenlehre *f;* (*etik*) Ethik *f*
ahlakçı *s* Moralist(in) *m(f)*
ahlakçılık <-ğı> *s ohne pl* PHILOS (*moralizm*) Moralismus *m*
ahlak dışı *adj* amoralisch, unmoralisch
ahlak dışılık <-ğı> *s ohne pl* PHILOS (*amoralizm*) Amoralismus *m*
ahlakıyat *s ohne pl s.* **ahlak bilimi** Sittenlehre *f;* (*etik*) Ethik *f*
ahlaki [axlã:ki:] *adj* moralisch, ethisch; **~ vazife** eine moralische Pflicht
ahlaklı *adj* sittsam; (*nezih*) gesittet
ahlaksız *adj* sittenlos, unmoralisch; **~ teklif** ein unsittliches Angebot
ahlaksızlık <-ğı> *s* Sittenlosigkeit *f*
ahlak yasası *s ohne pl* Moralkodex *m*
ahlak zabıtası *s* Sittenpolizei *f*
ahlama *s Verbalsubstantiv zu* **ahlamak**
ahlamak *vi* stöhnen (**-den** vor)
ahlat *s* ❶ BOT (*yaban armudu*) Holzbirne *f,* Wilde Birne ❷ (*sl: kaba adam*) Grobian *m*
ahlât *pl* ❶ (*ögeler*) Substanzen *pl* ❷ (*fizyoloji*) Körperteile *pl*
ahmak <-ğı> *adj* begriffsstutzig; (*aptal*) dumm; (*budala*) blöd; **birini ~ yerine koymak** jdn für dumm verkaufen
ahmakıslatan *s ohne pl* Sprühregen *m;* (*çisenti*) Nieselregen *m*
ahmaklaşma *s* ❶ *Verbalsubstantiv zu* **ahmaklaşmak** ❷ Verblödung *f*
ahmaklaşmak *vi* ❶ verblöden; (*aptallaşmak*) verdummen ❷ (*fig fam*) dumm aus der Wäsche gucken
ahmaklaştırma *s* ❶ *Verbalsubstantiv zu* **ahmaklaştırmak** ❷ Verblödung *f*
ahmaklaştırmak *vt* verblöden; (*aptallaştırmak*) verdummen
ahmaklık <-ğı> *s* Begriffsstutzigkeit *f,* Dummheit *f;* (*budalalık*) Blödheit *f*
ahraz *s* REG (*sağır ve dilsiz*) Taubstumme(r) *f(m)*
ahret *s ohne pl s.* **ahiret** Jenseits *nt;* **birine ~ sualleri sormak** (*fam*) jdm Löcher in den Bauch fragen; **~i boylamak** (*fam*) sterben **ahret adamı** *s* Eremit *m*
ahret kardeşi *s* Glaubensschwester *f*
ahretlik <-ği> *s* ❶ (*besleme kız*) Pflegetochter *f* ❷ Glaubensschwester *f*
ahret yolculuğu *s* die Reise ins Jenseits; (*ölüm*) Tod *m*
ahşa *pl* Eingeweide *nt*
ahşap <-bı> *adj* Holz- **ahşap ev** *s* Holzhaus *nt* **ahşap iskeletli yapı** *s* ARCH ❶ Balkenkonstruktion *f* ❷ (*ohne pl*) Fachwerk *nt* **ahşap kiriş** *s* Holzbalken *m*
ahşap kirişli tavan *s* Balkendecke *f*
ahşap lambri *s* Holztäfelung *f,* eine Wandverkleidung aus Holz
ahtapot *s* ❶ ZOOL Krake *m;* **~ gibi** (*sırnaşık*) aufdringlich; (*sömürmek amacıyla yayılan*) wie eine Plage ❷ REG (*polip*) Polyp *m*
ahu *s* ❶ (*karaca*) Reh *nt;* (*ceylan*) Gazelle *f* ❷ (*fig: kadın*) bildschöne Frau; **~ gibi** bildschön
ahududu *s* ❶ BOT (*Rubus idaeus*) Himbeerstrauch *m* ❷ (*yemişi*) Himbeere *f*
ahu gözlü *adj* **~ bir kadın** eine Frau mit wunderschönen Augen
ahval <-li> [ahva:l] *s* ❶ (*durumlar*) Zustände *pl* ❷ (*olaylar*) Ereignisse *pl*
ahzetme *s Verbalsubstantiv zu* **ahzetmek**
ahzetmek *vt* entgegennehmen, empfangen, in Empfang nehmen
ahzükabz *s* Inkasso *nt,* Einziehung *f*
aidat *s* Beitrag *m*
aidiyet *s ohne pl* Zugehörigkeit *f*
aids [ɛɪts] *s ohne pl* MED Aids *nt,* HIV *nt*
aids bulaşması *s* Aidsübertragung *f*
aids hastası *s* Aidskranke(r) *f(m)*
aidsli *adj* MED HIV-infiziert
aids testi *s* Aidstest *m* **aids virüsü** *s* Aidsvirus *nt*

aile *s* ❶ Familie *f;* ~ **kurmak** eine Familie gründen ❷ (*fam: eş, karı*) Ehefrau *f* **aile adı** *s* (*soyadı*) Familienname *m* **aile babası** *s* Familienvater *m*

ailece *adv* mit der ganzen Familie, samt Familie

ailecek *adv* REG *s.* **ailece**

aile doktoru *s* Hausarzt, -ärztin *m, f* **aile dostu** *s* Hausfreund *m* **aile hayatı** *s* Familienleben *nt* **aile hekimi** *s* Hausarzt, -ärztin *m, f* **aile hukuku** *s ohne pl* JUR Familienrecht *nt* **aile meclisi** *s ohne pl* Familienrat *m* **aile mensubu** *s* Familienangehörige(r) *f(m)*, Familienmitglied *nt* **aile ocağı** *s* Elternhaus *nt* **aile pasaportu** *s* Mutter-Kind-Pass *m* **aile planlaması** *s ohne pl* Familienplanung *f* **aile reisi** *s* Familienoberhaupt *nt* **aile saadeti** *s ohne pl* Familienglück *nt*

ailevî [aːileviː] *adj* familiär

ait [aːit] *part* **bu kime ~?** wem gehört das?; **bu kime ~? — ona** wem gehört das? — ihm; **bu neye ~? — ona** wozu gehört das? — dazu; **devlete/işletmeye ~** staatseigen/betriebseigen, zum Betrieb gehörend

ajan *s* Agent(in) *m(f)*; **kışkırtıcı ~** Agent provocateur *m*

ajanda *s* Agenda *f*

ajans *s* Agentur *f*

ajur *s,* **ajur işi** *s* Durchbrucharbeit *f*

ajurlu çorap <-bı> *s* Netzstrümpfe *pl*

ak I. *s* Weiß *nt;* **yumurtanın ~ı** das Weiße im Ei **II.** *adj* (*beyaz*) weiß

akabinde *adv* anschließend; (*hemen ardından*) gleich danach

akaç <-cı> *s* Ablauf *m*

akaçlama *s* ❶ *Verbalsubstantiv zu* **akaçlamak** ❷ Entwässerung *f,* Trockenlegung *f*

akaçlamak *vt* entwässern, trockenlegen; **bataklık ~** einen Sumpf trockenlegen

akademi *s* ❶ Akademie *f;* (*yüksek okul*) Hochschule *f* ❷ KUNST (*resim*) Aktzeichnung *f*

akademik *adj* akademisch

akademisyen *s* Akademiker(in) *m(f)*

akak <-ğı> *s* REG ❶ (*akarsu yatağı*) Flussbett *nt* ❷ (*küçük akarsu*) Bach *m* ❸ (*ivinti yeri*) Stromschnelle *f* ❹ (*eğimi fazla olan yer*) Hanglage *f*

akan yıldız *s* ASTRON Sternschnuppe *f*

akar[1] *vi 3. Aorist von* **akmak**

akar[2] *s* (*akaret*) Liegenschaft *f*

akar amber *s* BOT Orientalische(r) Amberbaum *m*

akaret *s* JUR Liegenschaften *pl*

akarlar *pl* ZOOL (*takım*) Milben *pl*

akarsu *s* GEO Fluss *m* **akarsu yatağı** *s* GEO Flussbett *nt*

akaryakıt *s* Treibstoff *m,* flüssige(r) Brennstoff **akaryakıt istasyonu** *s* Tankstelle *f* **akaryakıt pompası** *s* Treibstoffpumpe *f;* AUTO Benzinpumpe *f*

akasma *s* BOT Klematis *f*

akasya *s* BOT Akazie *f;* **yalancı ~** (*Robinia pseudoacacia*) falsche Akazie, Robinie *f*

akbaba *s* ZOOL Geier *m*

akbalıkçıl *s* ZOOL Silberreiher *m*

ak basma *s* grauer Star

akciğer *s* ANAT Lunge *f* **akciğer embolisi** *s* MED Lungenembolie *f* **akciğer enfarktüsü** *s* MED Lungeninfarkt *m* **akciğer hastalığı** *s* MED Lungenkrankheit *f* **akciğer hastası** *adj* MED lungenkrank **akciğer kanseri** *s* MED Lungenkrebs *m* **akciğer keseciği** *s* MED Lungenbläschen *nt* **akciğer veremi** *s ohne pl* MED Lungentuberkulose *f* **akciğer zarı** *s* ANAT Lungenfell *nt* **akciğer zarı iltihabı** *s* MED (*zatülcenp*) Rippenfellentzündung *f*

akça[1] *adj* weißlich; (*oldukça beyaz*) ziemlich weiß

akça[2] *s s.* **akçe**

akçaağaç <-cı> *s* BOT Ahorn *m; s. a.* **isfendan**

akçakavak <-ğı> *s* BOT Silberpappel *f*

akça yel *s* Südostwind *m*

akçe *s* (*fig*) Geld *nt*

akçıl *adj* (*rengini atmış*) ausgeblichen

akçıllaşma *s Verbalsubstantiv zu* **akçıllaşmak**

akçıllaşmak *vi* ausbleichen

akdedilme *s* ❶ *Verbalsubstantiv zu* **akdedilmek** ❷ (*sözleşme*) Abschluss *m;* **bir sözleşmenin ~si** der Abschluss eines Vertrages

akdedilmek *vi* ❶ *pass von* **akdetmek** ❷ JUR (*sözleşme*) abgeschlossen werden

Akdeniz *s* Mittelmeer *nt* **Akdeniz havzası** *s* Mittelmeerraum *m* **Akdeniz humması** *s ohne pl* MED (*Malta humması*) Maltafieber *nt*

akdetme *s Verbalsubstantiv zu* **akdetmek**

akdetmek *vt* (*sözleşme*) abschließen

akdi *s poss von* **akit**

akıcı *adj* ❶ fließend ❷ LING liquid; **~ bir ünsüz** ein liquider Laut **akıcı ünsüz** *s* LING Liquid *m,* Liquida *f*

akıl <-klı> *s ohne pl* ❶ **aklı almamak** (*anlayamamak*) nicht verstehen [*o* begreifen] können; (*olabileceğine inanmamak*) nicht fassen; **aklı başında olmamak** keinen klaren Gedanken fassen können; **aklı durmak** (*fam*) abschnallen; **aklın durur!** (*fam*) da schnallste ab!; **aklına gelmek**

draufkommen; **aklına estiği gibi konuşmak** (*fam*) frisch von der Leber weg reden; **aklından çıkmak** entfallen; **bunu aklından çıkar!** (*fig*) das kannst du dir abschminken!; **bir şeyi aklından çıkarmak** (*fig*) sich etw abschminken ❷ Verstand *m*, Geist *m;* (*us*) Vernunft *f;* **aklını başına almak** [*o* **toplamak**] (*fig*) Vernunft annehmen; **aklını kaçırmak/yitirmek** (*fig*) den Verstand verlieren; **birinin aklını başına getirmek** (*fig*) jdn zur Vernunft bringen; **birinin aklını başından almak** (*fig*) jdm den Kopf verdrehen; **aklını oynatmak** wahnsinnig werden; **~ yaşta değil, baştadır** (*prov*) Alter schützt vor Torheit nicht ❸ (*hatır*) Erinnerung *f*, Gedächtnis *nt;* **bir şeyi ~ etmek** an etw denken; **aklıma gelmiyor** es fällt mir nicht ein, ich komme nicht drauf; **bir şey aklına gelmek** sich an etw erinnern, draufkommen; **bırak düşüneyim, aklıma gelecek** lass mich nachdenken, dann komme ich drauf, lass mich nachdenken, dann fällt es mir (wieder) ein ❹ Rat *m;* **birine ~ vermek** jdm einen Rat geben **akıl almaz** *adj* unfassbar **akıl bozukluğu** *s* Geistesstörung *f*

akılcı **I.** *s* Rationalist(in) *m(f)* **II.** *adj* rationalistisch

akılcılık <-ğı> *s ohne pl* Rationalismus *m*

akıl defteri *s* Notizbuch *nt* **akıl dışı** *adj* irrational **akıl dışıcılık** <-ğı> *s ohne pl* PHILOS Irrationalismus *m* **akıl dişi** *s* Weisheitszahn *m* **akıl doktoru** *s* Psychiater(in) *m(f)* **akıl hastalığı** *s* Geisteskrankheit *f* **akıl hastası** *s* Geisteskranke(r) *f(m)* **akıl hocası** *s* ❶ Ratgeber(in) *m(f)* ❷ (*pej*) Besserwisser *m*

akıllandırma *s Verbalsubstantiv zu* **akıllandırmak**

akıllandırmak *vt* **birini ~** jdn zur Vernunft bringen

akıllanma *s Verbalsubstantiv zu* **akıllanmak**

akıllanmak *vi* zur Vernunft kommen, Vernunft annehmen

akıllı *adj* klug; (*makul*) vernünftig, einsichtig; **~ olmak** klug sein; **sanki öğrenimini yapmış gibi ~ konuştu** er sprach so klug, als ob er das studiert hätte

akıllıca *adj* klug; (*makul*) vernünftig, einsichtig

akıllılık <-ğı> *s* ❶ Vernunft *f* ❷ Klugheit *f*, Einsicht *f*

akıl oyunu *s* Denksportaufgabe *f*

akılsız *adj* unklug, unvernünftig, töricht; **~ başın cezasını ayak çeker** (*fig fam*) was man nicht im Kopf hat, das hat man in den Beinen; **~ iti** [*o* **köpeği**] **yol kocatır** (*fig fam*) was man nicht im Kopf hat, das hat man in den Beinen

akılsızlık <-ğı> *s* ❶ (*ohne pl*) Unvernunft *f* ❷ Dummheit *f*, Torheit *f*

akıl zayıflığı *s* Geistesschwäche *f*

akım *s* ❶ ELEK (*cereyan*) Strom *m* ❷ KUNST, POL Strömung *f*

akımölçer *s* PHYS, ELEK Strommesser *m;* (*amperölçer*) Amperemeter *nt*

akım şiddeti *s* Stromstärke *f*

akımtoplar *s* Akkumulator *m*

akın *s* SPORT (*hücum*) Angriff *m*

akıncı *s* SPORT Stürmer(in) *m(f)*

akıntı *s* Strom *m*, Strömung *f;* **~ya kürek çekmek** (*fig*) gegen den Strom schwimmen

akış *s* ❶ Fluss *m*, Abfluss *m;* **trafiğin ~ını engellemek** den reibungslosen Abfluss des Verkehrs behindern ❷ Verlauf *m* ❸ (*akın*) Ansturm *m* ❹ (*ışık ~ı*) Strom *m*

akış diyagramı *s* INFORM Flussdiagramm *nt*

akışkanlık <-ğı> *s ohne pl* Fluidität *f*

akışmaz *adj* viskos, zäh **akışmaz esneklik** <-ği> *s ohne pl* Viskoelastizität *f*

akışmazlık <-ğı> *s ohne pl* Viskosität *f*, Zähigkeit *f;* **dinamik/kinematik ~** dynamische/kinematische Viskosität **akışmazlıkölçer** *s* Viskosimeter *nt*

akışsız *adj a.* GEO abflusslos; **~ bölgeler** abflusslose Gebiete

akıtma *s* ❶ *Verbalsubstantiv zu* **akıtmak** ❷ (*beyaz leke*) Blesse *f* ❸ (*fam: enli bilezik*) breiter Armreif

akıtmak *vt* ❶ *Kausativ zu* **akmak** ❷ **yaş ~** Tränen vergießen

akil baliğ [a:- ba:-] *adj s.* **ergen** pubertär; **~ olmak** pubertieren

akis <-ksi> *s s.* **yankı** Echo *nt*

akit <-kdi> *s* Vertrag *m; s. a.* **sözleşme**

âkit <-di> *s* JUR, POL Vertragspartei *f*

akit taraf *s s.* **âkit** **akit vaadi** *s* JUR (*ön sözleşme*) Vorvertrag *m*

ak kan *s* ANAT (*lenf*) Lymphe *f* **ak kan yangısı** *s* MED Lymphknotenentzündung *f*

akkarınca *s* ZOOL (*termit*) Termite *f*

akkavak <-ğı> *s* BOT Silberpappel *f*

akkelebek <-ği> *s* ZOOL Weißling *m*

akkor **I.** *s ohne pl* Weißglut *f* **II.** *adj* weißgeglüht; **~ metal** weißgeglühtes Metall

akkorluk <-ğu> *s ohne pl* Weißglut *f*

akla *s dat von* **akıl** **akla gelmez** *adj* undenkbar **akla hayale gelmez** *adj* unvorstellbar

aklama *s* ❶ *Verbalsubstantiv zu* **aklamak** ❷ Entlastung *f* ❸ (*fig: para ~*) Wäsche *f*

aklamak *vt* ❶ entlasten ❷ (*fig*) **para ~**

Geld waschen
aklan *s* GEO ❶ Abdachung *f* ❷ (*yamaç*) Abhang *m*
aklanma *s* ❶ *Verbalsubstantiv zu* **aklanmak** ❷ JUR (*beraat*) Freispruch *m*
aklanmak *vi* ❶ *pass von* **aklamak** ❷ JUR (*beraat etmek*) freigesprochen werden
akla yakın *adj* einleuchtend
akla zarar *adj*, **akla ziyan** *adj* erstaunlich
aklı[1] *adj* weiß getupft
aklı[2] *s poss von* **akıl**: ~ **durmak** fassungslos sein; **bir şeyi ~ndan çıkarmak** (*fig*) sich etw abschminken; **bir şey birinin ~ndan çıkmak** etw entfällt einem; **bunu ~ndan çıkar!** (*fig*) das kannst du dir abschminken!; **birinin ~nı başından almak** jdm um den Verstand bringen **aklı başında** *adj* vernünftig, gescheit; ~ **insanlar gibi** wie vernünftige Menschen; ~ **olmamak** nicht vernünftig [*o* gescheit] sein; (*iyi düşünebilir durumda olmamak*) nicht bei klarem Verstand sein, keinen klaren Gedanken fassen können; (*fam*) nicht alle beisammenhaben, von allen guten Geistern verlassen sein
aklıevvel *adj* ❶ (*akıllı*) klug ❷ (*akıllı geçinen*) neunmalklug ❸ (*densiz*) taktlos
akliye[1] *s ohne pl* ❶ (*hekimlik kolu*) Psychiatrie *f* ❷ (*rasyonalizm*) Rationalismus *m*
akliye[2] *s* (*hastane bölümü*) Psychiatrie *f*
akliyeci *s* Psychiater(in) *m(f)*
akma *s Verbalsubstantiv zu* **akmak**
akmak *vi* ❶ fließen; **akmasa da damlar** (*prov*) Kleinvieh macht auch Mist ❷ (*boya için*) verlaufen ❸ laufen; **burnum akıyor** mir läuft die Nase
akompanyatör *s* MUS Begleiter(in) *m(f)*
akonitin *s* Aconitin *nt*
akont *s* FIN Akontozahlung *f*
akordeon *s* MUS Akkordeon *nt*, Ziehharmonika *f*
akordeoncu *s* MUS Akkordeonist(in) *m(f)*, Akkordeonspieler(in) *m(f)*
akordiyon *s s.* **akordeon**
akordiyoncu *s s.* **akordeoncu**
akordu *s poss von* **akort** **akordu bozuk** *adj* verstimmt
akort <-du> *s* MUS Akkord *m*; ~ **etmek** einstimmen; ~ **yapmak** einstimmen
akortçu *s* MUS Stimmer(in) *m(f)*
akortlu *adj* gestimmt
akortsuz *adj* ❶ verstimmt ❷ (*fig*) ungereimt
akortsuzluk <-ğu> *s* ❶ Verstimmtheit *f* ❷ TECH Abweichung *f*
akpelin *s ohne pl* BOT Wermut *m*
akraba **I.** *s* Verwandte(r) *f(m)*; **yakın/uzak** ~ ein naher/entfernter Verwandter; **yakın ~lar** die nahe Verwandtschaft **II.** *adj* verwandt; ~ **diller** verwandte Sprachen; **biriyle yakından ~ olmak** mit jdm nahe verwandt sein; **onlar (birbiriyle) ~dır** sie sind (miteinander) verwandt
akrabalık <-ğı> *s* ❶ Verwandtschaft *f*; **iki dil arasında ~ bulunur** zwischen beiden Sprachen besteht eine Verwandtschaft ❷ (*ilişki*) Verwandtschaftsverhältnis *nt*
akrabalık ilişkisi *s* Verwandtschaftsverhältnis *nt*
akran **I.** *s* Altersgenosse, -genossin *m, f* **II.** *adj* gleichaltrig
akrebi *s poss von* **akrep**
akreditif *s* FIN ❶ Akkreditiv *nt* ❷ (*kredi mektubu*) Kreditbrief *m*
akrep[1] <-bi> *s* ZOOL Skorpion *m*
akrep[2] <-bi> *s* (*saatleri gösteren ibre*) Stundenzeiger *m*; ~ **ve yelkovan** der Stundenzeiger und der Minutenzeiger
Akrep <-bi> *s* ASTROL Skorpion *m*; ~ **burcu/dönencesi** das Sternbild/der Wendekreis des Skorpions
akrilik *s ohne pl* CHEM Acryl *nt* **akrilik asit** <-di> *s* CHEM Acrylsäure *f* **akrilik boya** *s* Acrylfarbe *f* **akrilik cam** *s* Acrylglas *nt*
akrobasi *s ohne pl* Akrobatik *f*
akrobat *s* Akrobat(in) *m(f)*
akrobatik *adj* akrobatisch; ~ **bir gösteri** eine akrobatische Darbietung
akrobatlık <-ğı> *s ohne pl* Akrobatik *f*
aks *s* (*dingil*) Achse *f*
aksak <-ğı> *adj* hinkend
aksaklık <-ğı> *s* ~ **nereden geliyor?** woran hapert es?
aksam *s* ❶ TECH Einbau *m*; (*kısımlar*) Teile *pl*, Zubehör *nt* ❷ AUTO (*teker* ~*ı*) Aufhängung *f*
aksama *s* ❶ *Verbalsubstantiv zu* **aksamak** ❷ Verzögerung *f*
aksamak *vi* ❶ (*hafif topallamak*) hinken ❷ (*fig: geri kalmak*) sich verzögern ❸ (*fig: gereği gibi yürümemek*) hapern, nicht klappen
aksan *s* ❶ Akzent *m*; **Alman/Türk ~ı ile konuşmak** mit deutschem/türkischem Akzent sprechen ❷ LING (*vurgu*) Betonung *f*
aksansız *adj* akzentfrei
aksar *vi 3. Aorist von* **aksamak**
aksatma *s* ❶ *Verbalsubstantiv zu* **aksatmak** ❷ Verzögerung *f*
aksatmak *vt* verzögern
aksayış *s* Verzögerung *f*
akse *s* MED (*kalp ~si*) Anfall *m*
akseptans *s* ❶ UNIV, SCHULE Aufnahmebestätigung *f* ❷ COMM, FIN (*poliçede*) Akzept *nt*
aksesuar *s* ❶ Accessoire *nt*, Zubehör *nt*

❷ THEAT Requisiten *pl*
aksesuarcı *s* THEAT Requisiteur(in) *m(f)*
aksırık <-ğı> *s* Niesen *nt; s. a.* **hapşırık**
aksırıklı tıksırıklı *adj* alt und gebrechlich
aksırma *s Verbalsubstantiv zu* **aksırmak**
aksırmak *vi* niesen; *s. a.* **hapşırmak**
aksi I. *s poss von* **akis II.** *adj* ❶ (*menfi*) abschlägig; ~ **hâlde** [*o* **takdirde**] sonst, andernfalls; (*öyle olmazsa*) wenn nicht ❷ (*ters*) verkehrt, entgegengesetzt; ~ **istikamette** (*ters yönde*) in umgekehrter [*o* entgegengesetzter] Richtung ❸ (*uygun olmayan*) unpassend; ~ **gibi** ausgerechnet ❹ (*pej: inatçı*) störrisch, trotzig; (*hırçın*) widerspenstig, jähzornig; (*huysuz*) zickig
aksilik <-ği> *s* ❶ Widerspenstigkeit *f* ❷ Malheur *nt,* Missgeschick *nt* ❸ **bugün bütün aksiliği üstünde** heute ist er übel gelaunt; **ne ~!** (*pej fam*) so ein Mist!, so (et)was Blödes!
aksine *adv* im Gegenteil; **tam ~** ganz im Gegenteil
aksiseda *s s.* **yankı** Echo *nt*
aksi tesadüf *s* Missgeschick *nt;* ~ (*şanssızlığa bak*) so ein Pech
aksiyom *s* (*belit*) Axiom *nt*
aksiyon *s* ❶ Aktion *f,* Tat *f;* ~ **adamı** ein Mann der Tat ❷ THEAT Handlung *f* ❸ WIRTSCH (*hisse senedi*) Aktie *f*
akson *s* ANAT Axon *nt*
aksöğüt <-dü> *s* BOT Silberweide *f*
aksu *s* grauer Star
aksülâmel *s s.* **tepki** Reaktion *f*
akşam I. *s* Abend *m;* ~ **oluyor** es wird Abend; **~a doğru** gegen Abend; **aynı günün ~ı** am selben Abend; **bir ~** eines Abends; **bu/dün/yarın ~** heute/gestern/morgen Abend; **o ~** an dem [*o* jenem] Abend; **iyi ~lar!** guten Abend! **II.** *adj* abendlich; ~ **vakti** [*o* **saati**] zu abendlicher Stunde
akşamdan akşama *adv* allabends, Abend für Abend
akşam gazetesi *s* Abendblatt *nt,* Abendzeitung *f* **akşam gişesi** *s* Abendkasse *f*
akşam güneşi *s ohne pl* ❶ Abendsonne *f* ❷ (*fig: yaşlılık dönemi*) Lebensabend *m*
akşam karanlığı *s* Abenddämmerung *f*
akşamki *adj* abendlich; **her ~** allabendlich
akşam kursu *s* Abendkurs *m*
akşamlama *s Verbalsubstantiv zu* **akşamlamak**
akşamlamak *vi* den Abend verbringen
akşamları *adv* abends; ~ **saat sekizde** um acht Uhr abends; **pazartesi/salı/çarşamba/perşembe/cuma/cumartesi/pazar ~** montagabends/dienstagabends/mittwochabends/donnerstagabends/freitagabends/samstagabends/sonntagabends
akşamleyin *adv* abends; ~ **geç saatlerde** spätabends
akşam namazı *s* REL Abendgebet *nt*
akşam piyasası *s* Abendpromenade *f*
akşam saati I. *s* Abendstunde *f;* **akşam erken saatlerde** in den frühen Abendstunden **II.** *adv* (*akşamleyin*) abends, am Abend
akşamüstü *adv,* **akşamüzeri** *adv* gegen Abend
akşam yemeği *s ohne pl* Abendessen *nt,* Abendbrot *nt,* Abendmahl *nt;* ~ **yemek** Abendbrot essen, zu Abend essen **akşam yıldızı** *s* Abendstern *m*
akşın *s* Albino *m*
akşınlık <-ğı> *s ohne pl* Albinismus *m*
aktar *s* ❶ Drogist(in) *m(f)* ❷ (*dükkân*) Drogerie *f*
aktarıcı *s* Dachdecker(in) *m(f)*
aktarım *s* ❶ INFORM (*veri ~ı*) Übertragung *f* ❷ MED (*kan ~ı*) Transfusion *f;* (*organ ~ı*) Transplantation *f* **aktarım hızı** *s* INFORM Übertragungsgeschwindigkeit *f*
aktarma *s* ❶ *Verbalsubstantiv zu* **aktarmak** ❷ Umsteigen *nt;* ~ **yapmak** umsteigen ❸ FIN (*virman*) Überweisung *f* ❹ PHYS, TECH (*güç ~*) Übertragung *f*
aktarmak *vt* ❶ übertragen, umsetzen; **bir şeyi harf harf ~** etw buchstabengetreu umsetzen ❷ (*sıvı*) **sifonla ~** mit einem Heber umfüllen ❸ **damı ~** das Dach neu decken
aktarmasız *adj* ❶ durchgehend ❷ ohne Umsteigen
aktavşan *s* ZOOL Springmaus *f*
aktif I. *s* FIN, WIRTSCH Aktiva *pl;* ~ **ve pasif** Aktiva und Passiva **II.** *adj* ❶ aktiv; ~ **rol oynamak** eine aktive Rolle spielen ❷ LING (*etken*) aktiv, aktivisch
aktifleştirme *s* ❶ *Verbalsubstantiv zu* **aktifleştirmek** ❷ Aktivierung *f*
aktifleştirmek *vt* aktivieren
aktinit *s* CHEM Actinoide *nt*
aktinyum *s ohne pl* CHEM Aktinium *nt*
aktivite *s* Aktivität *f*
aktivizm *s ohne pl* Aktivismus *m*
aktör *s* THEAT Akteur *m,* Schauspieler *m*
aktörlük <-ğü> *s ohne pl* Schauspielerei *f;* ~ **yapmak** schauspielern
aktris *s* THEAT Schauspielerin *f*
aktüalite *s ohne pl* Aktualität *f;* **~sini kaybetmek** nicht mehr aktuell sein
aktüel *adj* aktuell; (*güncel*) zeitgemäß
akustik <-ği> *s ohne pl* Akustik *f* **akustik eşleyici** *s* INFORM Akustikkoppler *m*
akuzatif *s* LING (*belirtme durumu*) Akkusativ *m*

A

akü *s* ❶ Akku *m* ❷ AUTO Batterie *f*
akümülâtör *s* Akkumulator *m*
aküpresür *s* MED Akupressur *f*
aküpunktür *s* MED Akupunktur *f;* ~ **yapmak** akupunktieren (**-e**)
akvamarin *s* Aquamarin *m*
akvarel *s* KUNST Aquarell *nt*
akvaryum *s* Aquarium *nt*
akvaryumcu *s* Aquarianer(in) *m(f)*
akvaryumculuk <-ğu> *s ohne pl* Aquaristik *f*
ak yel *s* REG (*lodos*) Südwind *m* **ak yıldız** *s* (*fam: Çoban Yıldızı*) Morgenstern *m*
akyuvar *s* ANAT, MED weißes Blutkörperchen; (*lökosit*) Leukozyt *m*
al[1] *vt Imperativ von* **almak** (*ver karşıtı*) ~**!** nimm!; ~ **benden de o kadar!** (*fam*) das kannst du aber laut sagen; (*ben de aynı düşüncedeyim*) ganz meine Meinung!, das meine ich auch!
al[2] *adj* rot
ala I. *adj* ❶ (*alaca*) bunt ❷ REG (*elâ*) gelblich braun **II.** *s* (*alabalık*) Forelle *f*
âlâ [a:lã:] *adj* vorzüglich; (*pek iyi*) sehr schön; **pek** ~ (*öyle olsun*) na gut [*o* schön]
alabalık <-ğı> *s* ZOOL Forelle *f*
alabanda *s* NAUT ~ **etmek** das Steuer herumwerfen; ~ **iskele/sancak etmek** das Steuer nach Backbord/Steuerbord herumwerfen **alabanda ateş** *s* Breitseite *f;* ~ **etmek** eine Breitseite abfeuern
alabaş *s* BOT Kohlrabi *m,* Rübkohl *m* SCHWEIZ
alabildiğine I. *adj* (*sınırsız*) unbegrenzt; (*sonsuz*) unendlich **II.** *adv* ❶ (*fig: aşırı derecede*) übermäßig ❷ (*olanca hızı ile*) so schnell wie möglich; **göz** ~ so weit das Auge reicht
alabora *s* NAUT ~ **olmak** kentern
alabros tıraş *s* Bürstenschnitt *m,* Igelschnitt *m*
alaca *adj* bunt **alaca bulaca** *adj* kunterbunt
alacak <-ğı> *s* Forderung *f;* **senetli/şüpheli** ~**lar** titulierte/zweifelhafte Forderungen; **alacağı olsun!** dafür wird er mir noch büßen!
alaca karanlık <-ğı> *s* Dämmerung *f;* ~**ta** in der Dämmerung; ~ **bastırdığında** bei Einbruch der Dämmerung
alacakarga *s s.* **saksağan** Elster *f*
alacaklar *pl* Forderungen *pl;* WIRTSCH, FIN Außenstände *pl*
alacaklı *s* JUR (*borçlu karşıtı*) Gläubiger(in) *m(f)*
alaca levrek <-ği> *s* ZOOL Buntbarsch *m*
alacalı bulacalı *adj* kunterbunt
alafranga tuvalet *s* Sitzklo[sett] *nt*
alagarson *s* Bubikopf *m*
alageyik <-ği> *s* ZOOL Damhirsch *m*
alaimisema [alã:i'misema:] *s s.* **gökkuşağı** Regenbogen *m*
alaka [alã:ka] *s* ❶ (*ilgi*) Interesse *nt,* Anteil *m;* ~ **uyandırmak** Interesse erwecken; ~**nıza teşekkür ederiz** wir danken uns für Ihr Interesse ❷ Beziehungen *pl*
alakalandırma *s Verbalsubstantiv zu* **alakalandırmak**
alakalandırmak *vt* interessieren
alakalanma *s* ❶ *Verbalsubstantiv zu* **alakalanmak** ❷ Anteilnahme *f*
alakalanmak *vi* sich interessieren (**-le** für), Anteil nehmen (**-le** an)
alakarga *s* ❶ ZOOL (*kestane kargası*) Eichelhäher *m* ❷ REG (*saksağan*) Elster *f*
alakart [alã-] **I.** *s* GASTR (*seçmeli yemek*) (das) Essen à la carte **II.** *adv* GASTR **tabildot değil,** ~ **yedik** wir haben nicht das Menü, sondern à la carte gegessen
alakok [alã-] *adj* GASTR (*rafadan*) weich, weich gekocht
alalama *s* ❶ *Verbalsubstantiv zu* **alalamak** ❷ Tarnung *f*
alalamak *vt* tarnen
alamamak *vi* **bir şeyden başını** ~ sich vor etw nicht retten können
alamet [alã:-] *s* ❶ (*im*) Anzeichen *nt* ❷ Omen *nt,* Vorzeichen *nt;* **bu iyiye/kötüye bir** ~**tir** das ist ein gutes/schlechtes Omen
alaminüt fotoğraf *s* Schnappschuss *m*
alaminüt yemek <-ği> *s* Fertiggericht *nt*
alan *s* ❶ Bereich *m,* Gebiet *nt;* **bu** ~**da çok deneyimi var** auf diesem Gebiet hat er viel Erfahrung ❷ (*yaşam* ~*ı*) Raum *m;* (*yeşil* ~) Fläche *f* ❸ ELEK, PHYS Feld *nt;* (**elektro**)**manyetik bir** ~ ein (elektro)magnetisches Feld ❹ MATH Grundfläche *f,* Flächeninhalt *m* ❺ SPORT (*ceza* ~*ı*) Raum *m* ❻ (*yer*) Platz *m* ❼ (*kayran*) Lichtung *f* **alan araştırması** *s* Feldforschung *f* **alan korkusu** *s* MED, PSYCH Platzangst *f;* (*agorafobi*) Agoraphobie *f; s. a.* **kapalı yer korkusu alan personeli** *s ohne pl* AERO Bodenpersonal *nt* **alan talan** *adj* ~ **etmek** verwüsten **alan topu** *s* SPORT (*tenis*) Tennis *m*
alarga I. *s* NAUT (*açık deniz*) das offene Meer, die offene See; ~ **etmek** in See stechen **II.** *adv* (*fam: uzak*) fern; **bir kimseden/şeyden** ~ **durmak** sich fernhalten von jdm/etw
alarm *s* ❶ Alarm *m;* ~**a geçirmek** in den Alarmzustand versetzen; ~**a geçmek** Alarm schlagen ❷ Alarmbereitschaft *f;* ~**a geçmiş olmak** in Alarmbereitschaft sein

alarma *s Verbalsubstantiv zu* **alarmak**
alarmak *vi* ❶ rot werden, rot anlaufen ❷ (*kızarmak*) erröten, rot werden
alarm sistemi *s*, **alarm tesisatı** *s* Alarmanlage *f*
Alaska *s* Alaska *nt*
alaşım *s* CHEM Legierung *f*
alaşımlama *s Verbalsubstantiv zu* **alaşımlamak**
alaşımlamak *vt* ❶ CHEM legieren; **bakırı çinko ile ~** Kupfer mit Zink legieren ❷ CHEM, TECH **cıva ile ~** amalgamieren; **potasyumu/çinkoyu/kalayı cıva ile ~** Kalium/Zink/Zinn amalgamieren
alaturka tuvalet *s* Plumpsklo(sett) *nt*
alay[1] *s* ❶ (*cenaze ~ı, fener ~ı*) Zug *m* ❷ MIL Regiment *nt*
alay[2] *s* Spott *m*; **~ın bir emareciği** ein Hauch [*o* Anflug] von Spott; **birini ~a almak** jdn verspotten
alaycı *adj* spöttisch
alay komutanı *s* MIL Regimentskommandeur *m*
alaysılama *s* Ironie *f*
alaysılamalı *adj* ironisch
albasma *s*, **albastı** *s ohne pl* MED (*loğusa humması*) Wochenbettfieber *nt*
albatr *s* Alabaster *m*
albatros *s* ZOOL Albatros *m*
albay *s* MIL Oberst *m*
albeni *s ohne pl* Aura *f*
albüm *s* Album *nt*
albümin *s* BIOL Albumin *nt*
albüminli *adj* BIOL albuminös
alçak *adj* ❶ (*yüksek karşıtı*) niedrig; **~ sandalye** ein niedriger Stuhl; **~ tavan** eine niedrige Zimmerdecke; **~ tavanlı bir oda** ein niedriges Zimmer ❷ (*yüksek olmayan*) tief ❸ (*kısa*) kurz ❹ (*fig: aşağılık*) niederträchtig
alçak basınç <-cı> *s* METEO Tiefdruck *m*
alçak gerilim *s* ELEK Niederspannung *f*
alçak gönüllü *adj* demütig, bescheiden
alçak gönüllülük <-ğü> *s ohne pl* Demut *f*, Bescheidenheit *f*
alçaklık <-ğı> *s* Niedertracht *f*
alçı *s* Gips *m*; **~ döküm** Abguss in Gips; **bacağı/kolu ~ya almak** [*o* **koymak**] das Bein/den Arm in Gips legen; **sağ ayağı/kolu ~da olmak** den rechten Fuß/Arm in Gips haben
alçıcı *s* Gipser *m*
alçı kalıp <-bı> *s* Gipsabdruck *m*
alçılama *s Verbalsubstantiv zu* **alçılamak**
alçılamak *vt* gipsen
alçılı *adj* in Gips gelegt **alçılı bacak** <-ğı> *s* Gipsbein *nt* **alçılı kol** *s* Gipsarm *m*
alçı taşı *s* GEO (*jips*) Gips *m*
aldangıç <-cı> *s* REG (*tuzak*) Falle *f*
aldanma *s Verbalsubstantiv zu* **aldanmak**
aldanmak *vi* sich täuschen; (*hileye, yalana kanmak*) sich täuschen lassen; (*yanılmak*) sich irren; **bir söylentiye ~** einem Gerücht aufsitzen; **görüşüme aldanmalı** der Schein trügt
aldatıcı *adj* trügerisch; (*yanıltıcı*) irreführend
aldatılma *s Verbalsubstantiv zu* **aldatılmak**
aldatılmak *vi* ❶ *pass von* **aldatmak** ❷ betrogen werden ❸ getäuscht werden
aldatma *s Verbalsubstantiv zu* **aldatmak**
aldatmak *vt* ❶ betrügen; **karısını/kocasını ~** seine Frau/ihren Mann betrügen; (**kendi**) **kendini ~** sich (selbst) betrügen ❷ (*fam*) (he)reinlegen ❸ (*yanıltmak*) irreführen, täuschen, in die Irre führen ❹ (*yalan söylemek*) belügen ❺ (*yanlış kanı vermek*) trügen
aldırış *s* **bir şeye ~ etmek** sich um etw kümmern; (*fark etmek*) von etw Notiz nehmen; **bir şeye ~ etmemek** sich über etw hinwegsetzen, etw ignorieren; (*ilgilenmemek*) sich nicht um etw kümmern; **başkalarının ne düşündüğüne ~ etmiyor** er kümmert sich nicht darum, was die Leute denken
aldırma *s Verbalsubstantiv zu* **aldırmak**
aldırmak **I.** *vt* ❶ *Kausativ zu* **almak** ❷ (*getirtmek*) bringen [*o* holen] lassen ❸ MED (*operasyonla çıkartmak*) operativ entfernen, herausnehmen; **bademcik ~** die Mandeln herausnehmen; **çocuk ~** (ein Kind) abtreiben **II.** *vi* (*değer vermek*) Wert legen (**-e** auf); (*önem vermek*) beachten (**-e**), ernst nehmen; **aldırma!** sei unbekümmert!, nimm's nicht so schwer!; **hiç aldırmayın!** seien Sie ganz unbekümmert!; **sözlerine aldırmamak** seine Worte nicht ernst nehmen
aldırmaz *adj* unbekümmert, gleichgültig
aldırmazlık <-ğı> *s* Unbekümmertheit *f*, Gleichgültigkeit *f*
aldırtma *s Verbalsubstantiv zu* **aldırtmak**
aldırtmak *vt* **apandisini/bademciklerini ~** den Blinddarm/die Mandeln herausnehmen lassen
alegori *s* LIT Allegorie *f*
alegorik *adj* LIT allegorisch; **~ anlatım** das allegorisierende Erzählen
alelacele *adv* in Windeseile, in fliegender Eile
alelade [ale'la:de] *adj s.* **olağan** gewöhnlich
alelhesap <-bı> *s* Akonto *nt* **alelhesap ödeme** *s* Akontozahlung *f*

âlem [aːlem] *s* ❶ (*evren*) Weltall *nt,* Universum *nt,* Kosmos *m* ❷ (*dünya*) Welt *f;* **dünya ~** (*fam*) alle Welt ❸ Reich *nt;* (*masal ~i*) Land *nt;* **bitkiler/hayvanlar/rüyalar ~i** das Reich der Pflanzen/Tiere/Träume ❹ (*fig fam: eğlence*) Vergnügen *nt,* Spaß *m;* **~ yapmak** auf die Pauke hauen ❺ (*insanlar*) Leute *pl*

alemdar *s* ❶ (*bayraktar*) Fahnenträger(in) *m(f);* (*sancaktar*) Bannerträger(in) *m(f)* ❷ (*fig: önder*) Anführer(in) *m(f),* Führer(in) *m(f)*

âlemşümul <-lü> *adj s.* **evrensel** universal

alenen *adv* (*açık açık*) offen, öffentlich, freimütig, in aller Offenheit; (*göstere göstere*) demonstrativ

alenî *adj* öffentlich; (*açık*) offen

aleniyet *s ohne pl* Öffentlichkeit *f*

alerji *s* Allergie *f;* **bir şeye karşı ~si olmak** eine Allergie gegen etw haben

alerjik *adj* allergisch

alerji testi *s* MED Allergietest *m*

alessabah *adv s.* **sabah erkenden** frühmorgens

alesta *adj* bereit; **~ beklemek** sich bereithalten; **~ tutmak** bereithalten

alet [aːlət] *s* Gerät *nt,* Werkzeug *nt;* (*müzik ~i*) Instrument *nt;* **birini ~ etmek** jdn instrumentalisieren, jdn zum Instrument [*o* Werkzeug] machen

aletli jimnastik <-ği> *s ohne pl* SPORT Geräteturnen *nt*

alev *s* ❶ Flamme *f;* **~ almak** sich entflammen; (*yanmaya başlamak*) in Flammen geraten ❷ (*ateş*) Feuer *nt* ❸ (*aşk ateşi*) Flamme *f* **alev alev** *adv* flammend; **~ gözler** LIT Flammenaugen *pl;* **~ yanmak** flammen, in Flammen stehen

Alevi [aleviː] **I.** *s* Alevit(in) *m(f)* **II.** *adj* alevitisch

Alevilik <-ği> [aleviː-] *s ohne pl* Alevitentum *nt*

alevlendirme *s Verbalsubstantiv zu* **alevlendirmek**

alevlendirmek *vt* ❶ *Kausativ zu* **alevlenmek: eski anıları ~** (*fig*) alte Erinnerungen aufflammen lassen ❷ entflammen, in Flammen setzen; (*tutuşturmak*) anzünden; **ateşi ~** das Feuer anfachen

alevlenme *s Verbalsubstantiv zu* **alevlenmek**

alevlenmek *vi* ❶ in Flammen geraten ❷ (*fig: parlamak*) aufflammen

alevlenme noktası *s* Flammpunkt *m*

alevli *adj* (*a. fig*) flammend

alev makinesi *s* MIL Flammenwerfer *m*

aleyh *s ohne pl* **lehte ve ~te** das Für und Wider; **birinin ~ine olmak** zuungunsten jds sein

aleyhtar *s s.* **karşıtçı** Gegner(in) *m(f)*

aleyhtarlık <-ğı> *s s.* **karşıtçılık** Gegnerschaft *f*

alfa *s* Alpha *nt*

alfabe **I.** *s* Alphabet *nt;* **~ sırasına göre dizmek/dizilmiş** alphabetisch ordnen/geordnet; **Alman/Türk/Yunan ~si** das deutsche/türkische/griechische Alphabet **II.** *adj* alphabetisch; **~ sırası** alphabetische Reihenfolge

alfabetik *adj* alphabetisch; **~ sıralama** (*alfabe sırası*) alphabetische Reihenfolge

alfa ışınları *pl* PHYS Alphastrahlen *pl* **alfa sayısal** *adj* INFORM alphanumerisch

alg *s* BOT (*su yosunu*) Alge *f*

algı *s* Wahrnehmung *f,* Sinneswahrnehmung *f*

algılama *s* ❶ *Verbalsubstantiv zu* **algılamak** ❷ Wahrnehmung *f*

algılamak *vt* wahrnehmen, erkennen; **kulakla ~** mit dem Gehör wahrnehmen

algılanma *s* ❶ *Verbalsubstantiv zu* **algılanmak** ❷ Wahrnehmung *f*

algılanmak *vi pass von* **algılamak**

algılayıcı *s* TECH Sensor *m*

algı yetisi *s ohne pl* Wahrnehmungsvermögen *nt*

algoritma *s* MATH, INFORM Algorithmus *m*

algoritmik *adj* MATH, INFORM algorithmisch

alıcı *s* ❶ Abnehmer(in) *m(f),* Käufer(in) *m(f),* Einkäufer(in) *m(f);* (*müşteri*) Kunde, Kundin *m, f;* **bir şeye ~ gözüyle bakmak** etw näher betrachten [*o* ansehen]; **~ bulmak** einen Abnehmer [*o* Käufer] finden ❷ (*gönderilen*) Empfänger(in) *m(f);* **bir mektubun/paketin ~sı** der Empfänger eines Briefes/Päckchens ❸ RADIO, TV Empfänger *m* ❹ (*ahize*) Hörer *m* ❺ REG (*Azrail*) Todesengel *m* ❻ FILM (*kamera*) Kamera *f*

alıcı kuş *s* (*fam: atmaca*) Habicht *m* **alıcı yönetmeni** *s* FILM, TV (*kameraman*) Kameramann *m,* Kamerafrau *f*

alıç <-cı> *s* BOT ❶ (*Crataegus*) Weißdorn *m,* Hagedorn *m* ❷ (*Crataegus azarolus*) Azarole *f;* (*yemişi*) Azarolapfel *m*

alık <-ğı> *adj* (*pej*) dämlich; (*budala*) blöd; **~ değilim ya** ich bin doch nicht dämlich [*o* blöd] **alık alık** *adv* (*pej*) dämlich, blöd; **~ bakmak** dämlich [*o* blöd] gucken, ein dämliches [*o* blödes] Gesicht machen; **~ pencereden/televizyona bakmak** einfältig aus dem Fenster/in den Fernseher starren

alıklık <-ğı> *s* (*pej*) Dämlichkeit *f*

alıkonulma *s Verbalsubstantiv zu* **alıkonulmak**

alıkonulmak *vt pass von* **alıkoymak**
alıkoyma *s Verbalsubstantiv zu* **alıkoymak**
alıkoymak *vt* ❶ (*bir süre için bir yerde tutmak*) aufhalten, hinhalten ❷ (*engel olmak*) abhalten (**-den** von), hindern; **birini bir şey yapmaktan ~** jdn davon abhalten, etw zu tun; **birini gitmekten/yazmaktan ~** jdn am Gehen/Schreiben hindern ❸ (*ayırıp saklamak*) einbehalten; **bu kitabı sizin için alıkoydum** ich habe dieses Buch für Sie zurückgelegt ❹ **birini yemeğe ~** jdn zum Essen dabehalten
alım *s* ❶ Kauf *m*, Ankauf *m* ❷ *ohne pl* (*fig*) Charme *m*
alımlı *adj* charmant; **~ bir kız** ein bezauberndes Mädchen
alın <-lnı> *s* Stirn *f*; **alnı açık yüzü ak olmak** (*fig fam*) eine reine Weste haben, unbelastet sein, keine Schuld auf sich geladen haben; **birinin alnını karışlamak** (*fig*) jdm die Stirn bieten **alın bağı** *s* Stirnbinde *f*
alındı *s* (*makbuz*) Quittung *f*, Beleg *m*
alıngan *adj* empfindlich, reizbar; **o kadar ~ olma!** sei nicht so empfindlich!
alınganlık <-ğı> *s ohne pl* Empfindlichkeit *f*, Reizbarkeit *f*
alınlık <-ğı> *s* ❶ Diadem *nt* ❷ ARCH Giebel *m* ❸ Stirnband *nt*
alınma *s* ❶ *Verbalsubstantiv zu* **alınmak** ❷ Aufnahme *f*; **üye olarak ~sı** seine Aufnahme als Mitglied ❸ Wegnahme *f*
alınmak *vi* ❶ *pass von* **almak** ❷ ankommen ❸ (*kabul edilmek*) aufgenommen werden; **okula alındı** er wurde in die Schule aufgenommen ❹ **dikkate ~** Beachtung finden, berücksichtigt werden ❺ (*fig*) **birine bir şeyden ~** jdm etw übelnehmen
alın teri *s* **~yle** im Schweiße seines Angesichts
alıntı *s* ❶ Zitat *nt* ❷ LING Lehnwort *nt*
alıntılama *s Verbalsubstantiv zu* **alıntılamak**
alıntılamak *vt* zitieren
alıntı yeri *s* Belegstelle *f*
alın yazısı *s* Schicksal *nt*
alır *vt 3. Aorist von* **almak** **alır almaz** *adv* umgehend; **haberini ~ gelirim** sobald ich deine Nachricht bekomme, komme ich
alırlık <-ğı> *s ohne pl* Wahrnehmungsvermögen *nt*, Auffassungsgabe *f*
alış fiyatı *s* Kaufpreis *m*, Einkaufspreis *m*
alışık *adj* gewohnt; **~ eda ile** in gewohnter Haltung
alışıklık <-ğı> *s* Gewohnheit *f*
alışılmamış *adj* außergewöhnlich, ungewöhnlich, ungewohnt; (*nadir*) selten
alışılmış *adj* gewöhnlich, gewohnt
alışkan *adj* gewöhnt (**-e** an)
alışkanlık <-ğı> *s* Gewohnheit *f*; **bir şeyi ~ edinmek** sich etw zur Gewohnheit machen; **bir şeyi ~ hâline getirmek** sich etw angewöhnen; **kötü bir ~** eine schlechte Gewohnheit
alışkı *s* Gewohnheit *f*; (*görenek*) Brauch *m*, Gebrauch *m*
alışkın *adj* gewöhnt (**-e** an)
alışma *s* ❶ *Verbalsubstantiv zu* **alışmak** ❷ Gewöhnung *f*; **alkole/yeni çevreye ~** die Gewöhnung an Alkohol/an die neue Umgebung ❸ (*intibak etme*) Anpassung *f*
alışmak *vi* ❶ sich gewöhnen (**-e** an); **birbirine ~** sich aneinander gewöhnen ❷ (*intibak etmek*) sich anpassen (**-e** an)
alıştırma *s* ❶ *Verbalsubstantiv zu* **alıştırmak** ❷ Übung *f*
alıştırmak *vt* ❶ *Kausativ zu* **alışmak** gewöhnen (**-e** an) ❷ (*anahtarı kilide*) anpassen (**-e** an)
alış veriş *s* ❶ Handel *m* ❷ Einkauf *m*; **~ yapmak** Einkäufe machen [*o* tätigen]; **~e gitmek** einkaufen gehen ❸ (*fig fam: ilişki*) Beziehung *f*; **biriyle ~i kesmek** mit jdm endgültig fertig sein, mit jdm Schluss machen; **böyle işlerle hiç ~im olmadı** mit solchen Sachen habe ich nie etwas zu tun gehabt ❹ (*bilgi ~i*) Austausch *m* **alış veriş merkezi** *s* Einkaufszentrum *nt*
âli [a:li:] *adj* (*yüksek*) hoch; (*yüce*) erhaben
âlicenap [a:li:dʒena:p] *adj* ❶ edelmütig, großherzig ❷ (*cömert*) großmütig, großzügig
âlicenaplık <-ğı> *s ohne pl* ❶ Edelmut *m*, Großherzigkeit *f* ❷ (*cömertlik*) Großmut *f*, Großzügigkeit *f*
alifatik <-ği> *adj* CHEM aliphatisch
alim [ali:m] *adj* gebildet
âlim [a:lim] *s s.* **bilgin** Gelehrte(r) *f(m)*
alimallah *interj* (*fam*) bei Gott; (*Allah bilir*) weiß Gott
aliterasyon *s* Stabreim *m*
alize *s* GEO Passat *m*
alkali *s* CHEM Alkali *nt*; **ne asit ne ~ tepkisi göstermeyen** weder sauer noch basisch reagierend
alkalik <-ği> *adj* CHEM alkalisch, basisch; **~ eriyik** eine basische Lösung
alkali metal <-li> *s* CHEM Alkalimetall *nt*
alkaloit *s* CHEM Alkaloid *nt*; **zehirli bir ~** ein giftiges Alkaloid
al kan *s* CHEM (*parafin*) Paraffin *nt*
alkım *s* METEO (*gökkuşağı*) Regenbogen *m*
alkış *s* Applaus *m*, Beifall *m*; **~ toplamak** Beifall ernten; **birdenbire öyle bir ~ koptu ki, ...** plötzlich brach ein solcher

Beifall aus, dass ...; **bitmek bilmeyen ~** nicht enden wollender Beifall

alkışlama *s* ❶ *Verbalsubstantiv zu* **alkışlamak** ❷ Applaus *m;* (*el çırpma*) Händeklatschen *nt*

alkışlamak *vi* applaudieren, Beifall klatschen, in die Hände klatschen

alkış tufanı *s* Beifallssturm *m*

alkol <-lü> *s* Alkohol *m* **alkol etkisi** *s* Alkoholwirkung *f*

alkolik <-ği> *s* Alkoholiker(in) *m(f)*

alkolizm *s ohne pl* Alkoholismus *m*

alkollü *adj* alkoholisch, alkoholhaltig; **~ içkiler** alkoholische Getränke

alkolsüz *adj* alkoholfrei; **~ içkiler** alkoholfreie Getränke

alkol testi *s* Alkoholtest *m* **alkol zehirlenmesi** *s* MED Alkoholvergiftung *f*

Allah REL Allah, Gott *m;* **~ aşkına** um Gottes Willen; **~ bilir** weiß Gott; **~ kerim** Allah ist groß; **~ korusun!** Gott beschütze [*o* behüte]!; **~ rahmet eylesin!** Gott hab ihn selig!; **~ saklasın!** Gott bewahre!; **~'ı(nı) seversen** um Gottes Willen

allak bullak *adj* **~ etmek** durcheinanderbringen; **~ olmak** durcheinanderkommen, durcheinander sein

allem *s* **~ etmek kallem etmek** alle Hebel in Bewegung setzen, alle Register ziehen

alligator *s* ZOOL Alligator *m;* **Güney Amerika ~u** Kaiman *m*

alma *s Verbalsubstantiv zu* **almak**

almak <-ır> *vt* ❶ nehmen; **boşa ~** AUTO den Gang (he)rausnehmen; **bir şeyi hafife ~** etw auf die leichte Schulter nehmen; **hava ~** leer ausgehen; **al benden de o kadar!** (*fam: ben de aynı düşüncedeyim*) ganz meine Meinung!, das meine ich auch! ❷ (*mektup*) erhalten, bekommen, kriegen; (*maaş*) beziehen; **haber ~** eine Nachricht erhalten ❸ holen; (**derin**) **soluk ~** (tief) Atem holen ❹ (*önlem*) ergreifen, treffen; (*karar, cesaret*) fassen; (*rol*) übernehmen; **önlem ~** Maßnahmen ergreifen [*o* treffen]; **bir şeyi ele ~** (*fig*) etw in die Hand nehmen, etw anpacken, etw ergreifen ❺ FIN (*kredi*) aufnehmen ❻ (*kan*) abnehmen; (*fam*) abzapfen; **birinden kan ~** jdm Blut abnehmen [*o* abzapfen]; **bir bacağını aldılar** sie nahmen ihm ein Bein ab ❼ (*hap, ilaç*) einnehmen; **yerini ~** seinen Platz einnehmen ❽ (*biçim*) annehmen; **belli bir biçim ~** eine bestimmte Form annehmen; **bir şey biçim alıyor** etw nimmt Form [*o* Gestalt] an ❾ SPORT belegen; **birinciliği/ikinciliği/üçüncülüğü aldı** er belegte den ersten/zweiten/dritten Platz ❿ NAUT **demir ~** den Anker lichten ⓫ MATH (*karekök*) ziehen; **bir sayının karekökünü ~** die Wurzel aus einer Zahl ziehen, eine Zahl radizieren ⓬ **ağır yara ~** schwere Verletzungen davontragen ⓭ (*satın ~*) kaufen

almamazlık <-ğı> *s* Ablehnung *f;* **~ ederse ne yaparız?** was machen wir wenn er ablehnt?

Alman I. *s* Deutsche(r) *f(m)* **II.** *adj* deutsch; **~ Demokratik Cumhuriyeti** die Deutsche Demokratische Republik; **~ hükûmeti** die deutsche Regierung; **~ usulü** getrennte Bezahlung der Rechnung

Almanca I. *s ohne pl* Deutsch *nt;* **~ konuşmak/öğrenmek** Deutsch sprechen/lernen; **~da** auf Deutsch; **bir şeyi ~dan/~ya çevirmek** etw aus dem Deutschen/ins Deutsche übersetzen **II.** *adj* deutsch; **~ kitap** ein deutsches Buch, ein Buch in deutscher Sprache **Almanca dersi** *s* Deutschunterricht *m;* SCHULE Deutschstunde *f*

Almancalaştırma *s ohne pl* ❶ *Verbalsubstantiv zu* **Almancalaştırmak** ❷ Eindeutschung *f*

Almancalaştırmak *vt* eindeutschen

Almanca öğretmeni *s* Deutschlehrer(in) *m(f)*

Almancı *s* (*fam*) Deutschländer(in) *m(f),* Deutschlandtürke, -türkin *m, f* (*Bezeichnung für Türken, die in Deutschland leben*)

Alman gümüşü *s ohne pl* Neusilber *nt*

Alman markı *s* HIST Deutsche Mark *f*

Almanya *s* Deutschland *nt;* **~ Demokratik Cumhuriyeti** HIST die Deutsche Demokratische Deutschland; **~ Federal Cumhuriyeti** die Bundesrepublik Deutschland

almaşık *adj* ❶ abwechselnd; (*alternatif*) alternativ ❷ BOT (*yaprak için*) wechselständig

alnı *s poss von* **alın**

alo *interj* TELEK hallo

alonj *s* WIRTSCH Allonge *f*

alp *s s.* **kahraman** Held *m*

alpaka *s* Alpaka *nt*

alperen *s* (*mücahit*) Mudschahedin *m,* Gotteskrieger *m*

alpinist *s* SPORT Alpinist(in) *m(f)*

alpinizm *s ohne pl* SPORT Alpinismus *m*

Alpler *pl* GEO Alpen *pl*

Alsas *s s.* **Elsas** Elsass *nt*

Alsaslı I. *s* Elsässer(in) *m(f)* **II.** *adj* elsässisch

Alsas-Loren *s s.* **Elsas-Lotringen** Elsass-Lothringen *nt*

alşimi *s ohne pl* Alchemie *f*

alşimist *s* Alchemist(in) *m(f)*

alt **I.** *s* (*üst karşıtı*) ❶ **~ etmek** (*fam*) unterkriegen, bezwingen; (*yenmek*) besiegen; **~ı alay üstü kalay** (*fam*) oben hui, unten pfui; **masanın ~ı** die untere Seite des Tisches; **masanın ~ında** unter dem Tisch; **bir şeyin ~ını çizmek** etwas unterstreichen; **bir şey bulmak için odanın ~ını üstüne getirmek** das Zimmer auf den Kopf stellen, um etwas zu finden ❷ (*giysi*) **~ına etmek** (*fam*) sich in die Hosen machen; **çocuğun ~ını değiştirmek** dem Kind die Windeln wechseln ❸ (*geriye kalan bölüm*) Rest *m;* **bir işin ~ından kalkamamak** mit einer Sache nicht fertig werden können; **~ta kalanın canı çıksın** (*fig fam*) nach mir die Sintflut **II.** *adj* Unter-, unter-; **~ katta** im Untergeschoss; **~ yanı çıkmaz sokak** (*fig fam*) es führt zu nichts; **köyün ~ tarafında** unterhalb des Dorfes

alt alta *adv* untereinander; **~ yazmak** untereinanderschreiben, auflisten

Altayca *s* LING Altaisch *nt;* **~da** im Altaischen

alt cins *s* BIOL Untergattung *f* **alt çene** *s* ANAT Unterkiefer *m* **alt deri** *s ohne pl* ANAT Unterhaut *f* **alt dizin** *s* INFORM Unterverzeichnis *nt* **alt dudak** <-ğı> *s* ANAT Unterlippe *f*

alternatif **I.** *s* (*seçenek*) Alternative *f* **II.** *adj* ❶ alternativ; **~ tıp** alternative Medizin ❷ BOT (*almaşık*) wechselständig ❸ ELEK (*akım*) Wechsel-

alternatif akım *s ohne pl* ELEK Wechselstrom *m; s. a.* **dalgalı akım** **alternatif enerji** *s* Alternativenergie *f*

alternatör *s* ELEK Wechselstromgenerator *m*

altes *s* Königliche Hoheit *f*

alt familya *s* ZOOL Unterfamilie *f* **alt geçit** <-di> *s* Unterführung *f,* Straßenunterführung *f* **alt güverte** *s* NAUT Unterdeck *nt*

altı[1] *s poss von* **alt**

altı[2] **I.** *s* Sechs *f* **II.** *adj* sechs; **(saat) ~ya doğru gelir** er kommt gegen sechs (Uhr); **sekize ~ (dakika) kala** um sechs (Minuten) vor acht; **sekize ~ (dakika) var** es ist sechs (Minuten) vor acht; **sekizi ~ (dakika) geçe** um sechs (Minuten) nach acht; **sekizi ~ (dakika) geçiyor** es ist sechs (Minuten) nach acht

altı buçuk <-ğu> *adj* ❶ sechseinhalb; **~ litre/kilometre** sechseinhalb Liter/Kilometer; **~ saat önce/sonra** sechseinhalb Stunden vorher/nachher ❷ (*saati bildirirken*) halb sieben; **~ta** um halb sieben; **saat ~** es ist halb sieben; **altı buçuğa on (dakika) kala** um zehn (Minuten) vor halb sieben; **altı buçuğa on (dakika) var** es ist zehn (Minuten) vor halb sieben; **altı buçuğu on (dakika) geçe** um zehn (Minuten) nach halb sieben; **altı buçuğu on (dakika) geçiyor** es ist zehn (Minuten) nach halb sieben

altı çizili *adj* unterstrichen

altıgen **I.** *s* MATH Sechseck *nt,* Sexagon *nt* **II.** *adj* sechseckig

Altı Kardeş *s ohne pl* ASTRON Kassiopeia *f*

altı köşeli *adj* sechseckig

altılı **I.** *s* ❶ (*iskambil kâğıdı*) Sechs *f* ❷ LIT (*Divan edebiyatında*) Sechszeiler *m* **II.** *adj* sechsarmig; **~ şamdan** sechsarmiger Kerzenleuchter

altılık *adj* **~ bir kutu** ein Sechserpack, eine Sechserpackung

altın **I.** *s ohne pl* Gold *nt;* **söz gümüşse sükût ~dır** (*prov*) Reden ist Silber, Schweigen ist Gold **II.** *adj* golden; **~ çağ** das goldene Zeitalter; **~ yıl** goldene Hochzeit; **~ kafes** (*fig*) goldener Käfig; **kolunda ~ bileziği var** (*prov*) Handwerk hat goldenen Boden **altın ayarı** *s* Goldgehalt *m* **altın bilezik** <-ği> *s* Goldreif *m*

altıncı *adj* sechste(r, s); **~ duygu** der sechste Sinn; **~ sırada** an sechster Stelle

altıncısı *adv* (*sayarken*) sechstens

altında *präp* unter; **sıfırın ~ yirmi derece(de)** (bei) zwanzig Grad unter null; **yerin ~** unter der Erde

altın damarı *s* Goldader *f* **altın fiyatı** *s* Goldpreis *m;* FIN (*borsada*) Goldkurs *m* **altın kaplama** *s* Goldauflage *f* **altın keseği** *s* Goldklumpen *m* **altın külçesi** *s* Goldbarren *m* **altın madalya** *s a.* SPORT Goldmedaille *f* **altın madeni** *s* Goldmine *f;* (*a. fig*) Goldgrube *f* **altın para standardı** *s ohne pl* WIRTSCH Goldwährung *f* **altın saatler** *pl* TV Hauptsendezeit *f* **altın sarısı** *adj* goldgelb **altın sikke** *s* Goldmünze *f*

altıntop *s* BOT (*Citrus aurantium decumana*) Pampelmuse *f;* (*greyfurt*) Grapefruit *f*

altın yumurtlayan tavuk <-ğu> *s* (*fig*) Goldesel *m*

altıpatlar *s* (*revolver*) Revolver *m*

altışar *adj* je sechs; **~ tane aldılar** sie haben je sechs Stück bekommen; **~dan** zu je sechs **altışar altışar** *adv* **~ diz(il)mek** (sich) in Sechserreihen aufstellen

altı yüzlü *s* MATH Sechsflach *nt,* Sechsflächner *m,* Hexaeder *nt*

altız *s* Sechsling *m; s. a.* **ikiz**

altimetre *s* Altimeter *nt;* (*yükseklikölçer*) Höhenmesser *m*

alt kat *s* Untergeschoss *nt* **alt kurul** *s* Unterausschuss *m* **alt kültür** *s* Subkultur *f*

A

alt küme toplamı *s* INFORM Untermengensumme *f*
altlama *s* ❶ *Verbalsubstantiv zu* **altlamak** ❷ Subsumtion *f*
altlamak *vt* subsumieren
altlık <-ğı> *s* ❶ Untersetzer *m* ❷ Untergestell *nt*
altmış I. *s* Sechzig *f;* **~ını (çoktan) geçti bile** er hat die Sechzig schon (längst) überschritten **II.** *adj* sechzig
altmışar *adj* je sechzig; *s. a.* **altışar**
altmış dörtlük <-ğü> *s* MUS Vierundsechzigstel *nt*
altmışıncı *adj* sechzigste(r, s); *s. a.* **altıncı**
altmışlı *adj* **~ yıllar** die sechziger Jahre
altmışlık *adj* ❶ (*içinde altmış tane bulunan*) sechziger ❷ (*altmış yaşında olan*) sechzigjährig
alto *s* MUS Bratsche *f;* (*viyola*) Viola *f*
alt sınıf *s a.* BIOL Unterklasse *f* **alt tabaka** *s* Unterschicht *f* **alt takım** *s* BIOL Unterordnung *f* **alt tür** *s* BIOL Unterart *f*
altunî *adj* golden, goldenfarben
altüst *adj* **~ etmek** (*alt yüzünü üst yüzüne getirmek*) auf den Kopf stellen; (*çok karışık duruma getirmek*) durcheinanderbringen; (*fam: planlarını*) über den Haufen werfen, umwerfen; **bütün evi ~ ettiler** sie stellten das ganze Haus auf den Kopf; **bütün evi ~ ettim ve yine de mektubu bulamadım** ich habe die ganze Wohnung umgekrempelt und den Brief trotzdem nicht gefunden; **sinirlerim ~ oldu!** (*fam*) ich bin total genervt!
alt yan kötürümlüğü *s* (*ohne pl*) MED Querschnitt(s)lähmung *f* **alt yapı** *s* ❶ (*ohne pl*) Tiefbau *m* ❷ Unterbau *m;* (*enfrastrüktür*) Infrastruktur *f* **alt yazı** *s* ❶ VERLAG Bildunterschrift *f* ❷ FILM Untertitel *m*
alüminyum *s ohne pl* CHEM Aluminium *nt; a.* TECH Alu *nt*
alüvyon *s* GEO Alluvion *f;* (*lığ*) Anlandung *f*
alveol <-lü> *s* BIOL Alveole *f*
alyan *s,* **alyan anahtarı** *s* TECH Inbusschlüssel *m*
alyans *s* (*nişan yüzüğü*) Verlobungsring *m*
alyuvar *s* ANAT rotes Blutkörperchen
Alzheimer *s ohne pl* MED Alzheimer *m* **Alzheimer hastalığı** *s ohne pl* MED Alzheimerkrankheit *f*
am *s* (*vulg*) Fotze *f,* Möse *f*
ama *konj* aber; **~sı maması yok!** es gibt kein Wenn und (kein) Aber!
âmâ [a:ma:] **I.** *s* Blinde(r) *f(m)* **II.** *adj* blind; *s. a.* **kör**
amaç <-cı> *s* ❶ Zweck *m;* **~ gütmek** einen Zweck verfolgen ❷ (*hedef*) Ziel *nt;* **~ gütmek** ein Ziel verfolgen **amaç dışı** *adj* zweckentfremdet; **bir şeyi ~ kullanmak** etw seinem Zweck entfremden
amaçlama *s Verbalsubstantiv zu* **amaçlamak**
amaçlamak *vt* bezwecken, anstreben, abzielen (auf); **bununla neyi amaçlıyorsun?** was bezweckst du damit?, was willst du damit bezwecken?
amaçlı *adj* zielgerichtet
amaçsız *adj* ziellos
amaçsızlık <-ğı> *s ohne pl* Ziellosigkeit *f*
amade [a:ma:de] *adj* bereit (**-e** zu); **birinin emrine ~ olmak** jdm zu Gebote [*o* zur Verfügung] stehen
amalgam *s a.* CHEM Amalgam *nt*
âmâlık <-ğı> *s ohne pl* Blindheit *f*
aman *interj* ❶ (*yardım istendiğinde*) **~ Allahım!** hilf mir Gott! ❷ (*suçun bağışlanması istendiğinde*) **~ dilemek** um Gnade bitten ❸ (*rica anlatır*) **~ öyle söylemeyin!** ach bitte, sagen Sie so (et)was nicht! ❹ (*usanç ve öfke anlatır*) **~ bırak beni!** lass mich doch in Ruhe! ❺ (*dikkat uyandırmak için*) bloß, ja; **~, çocuğa iyi bak!** pass bloß gut auf das Kind auf!; **~ derim!** bloß nicht!; **~, vaktinde gel!** komm ja pünktlich! ❻ (*şaşma anlatır*) **~ Allah(ım)!** oh, (mein) Gott! ❼ (*çok beğenmeyi anlatır*) **~ ne güzel!** ach, wie schön!
amansız *adj* gnadenlos **amansız hastalık** <-ğı> *s* (*fam: kanser*) Krebs *m*
amatör *s* Amateur(in) *m(f),* Laie, Laiin *m, f*
amatörce *adj* laienhaft
amatörler ligi *s* SPORT Amateurliga *f*
amatör oyun *s* THEAT Laienspiel *nt* **amatör oyuncu** *s* THEAT Laiendarsteller(in) *m(f)* **amatör sporcu** *s* Amateursportler(in) *m(f)*
amazon *s* Amazone *f*
Amazon Irmağı *s* Amazonas *m,* Amazonenstrom *m*
ambalaj *s* Verpackung *f;* **bir şeyi ~ yapmak** etw verpacken
ambalajlama *s Verbalsubstantiv zu* **ambalajlamak**
ambalajlamak *vt* verpacken
ambale olmak *vi* abschnallen
ambar *s* Speicher *m;* **dipsiz kile, boş ~ (olmak)** (*fig*) ein Fass ohne Boden (sein)
ambargo *s* Embargo *nt;* **~ koymak** ein Embargo verhängen; **~yu kaldırmak** das Embargo aufheben
amblem *s* Emblem *nt*
amboli *s* MED Embolie *f*
ambulans [ambulãns] *s* (*cankurtaran*) Rettungswagen *m;* (*hasta arabası*) Kran-

kenwagen *m*, Ambulanz *f*
ambülans *s s.* **ambulans**
amca *s* (*babanın erkek kardeşi*) Onkel *m* (*Bruder des Vaters*) **amca kızı** *s* Cousine *f* (*väterlicherseits*) **amca oğlu** *s* Cousin *m*, Vetter *m* (*väterlicherseits*)
amcazade *s* ❶ (*amcanın oğlu*) Vetter *m*, Cousin *m* ❷ (*amcanın kızı*) Cousine *f*
amel *s* ❶ Tat *f* ❷ MED (*ishal*) Durchfall *m*; **~ olmak** Durchfall bekommen; **~i olmak** Durchfall haben
ameliyat *s* MED Operation *f*; **~ etmek** operieren; **~ geçirmek** operiert werden; **açık kalp ~ı** Operation am offenen Herzen
ameliyathane *s* MED Operationssaal *m*
ameliyat masası *s* MED Operationstisch *m*
ameliye *s* (*iş*) Arbeit *f*; (*işlem*) Vorgang *m*
amenna *interj* **~!** (*doğru*) richtig!; (*öyledir*) (genau)so ist es!; **her şeye ~ demek** (*fam*) zu allem Ja und Amen sagen
amentü *s* REL Glaubensbekenntnis *nt*; **Havarilerin A~sü** das Apostolische Glaubensbekenntnis
Amerika *s* Amerika *nt*; **~ Birleşik Devletleri** die Vereinigten Staaten von Amerika **Amerika armudu** *s s.* **avokado** BOT (*Persea gratissima*) Avocado *f* **Amerika elması** *s* BOT (*Anacardium occidentale*) Cashewnuss *f*
Amerikalı **I.** *s* Amerikaner(in) *m(f)* **II.** *adj* amerikanisch; **~ bir kadın** eine amerikanische Frau
Amerikalılaştırma *s* ❶ *Verbalsubstantiv zu* **Amerikalılaştırmak** ❷ Amerikanisierung *f*
Amerikalılaştırmak *vt* amerikanisieren
Amerikan *adj* amerikanisch **Amerikan armudu** *s s.* **avokado** BOT (*Persea gratissima*) Avocado *f*
Amerikancılık <-ğı> *s ohne pl* Amerikanismus *m*
Amerikanvarî *adj* amerikanisch
ametal <-i> *s* CHEM Nichtmetall *nt*
ametist *s* GEO Amethyst *m*
amfetamin *s* CHEM Amphetamin *nt*
amfibi **I.** *s* MIL (*~ taşıt*) Amphibienfahrzeug *nt* **II.** *adj* ❶ MIL (*yüzergezer*) amphibisch ❷ ZOOL (*iki yaşayışlı*) amphibisch **amfibi taşıt** *s* Amphibienfahrzeug *nt*
amfibyum *s* ZOOL Amphibie *f*, Lurch *m*
amfiteatr *s* Amphitheater *nt*
amfor *s*, **amfora** *s* Amphora *f*
amil *s* Faktor *m*
âmin *s* REL Amen *nt*
aminoasit <-di> *s* CHEM Aminosäure *f* **aminofenol** *s* CHEM Aminophenol *nt*
amip <-bi> *s* ZOOL Amöbe *f*
amir *s* ❶ Vorgesetzte(r) *f(m)* ❷ FIN (*kredi sözleşmesinde*) Auftraggeber(in) *m(f)*
amiral <-i> *s* MIL Admiral(in) *m(f)*
amirallik <-ği> *s* MIL Admiralität *f*
amitoz *s* ZOOL Amitose *f*
amma **I.** *konj s.* **ama** aber **II.** *adv* **~ da güzel piyano çalıyorsun!** du kannst aber gut Klavier spielen!; **~ da şişman!** ist er aber dick!
amme **I.** *s ohne pl* Öffentlichkeit *f*, Allgemeinheit *f* **II.** *adj* öffentlich; *s. a.* **kamu**
amnios *s* ANAT (*döl kesesi*) Fruchtblase *f* **amnios suyu** *s ohne pl* ANAT (*çağnak*) Fruchtwasser *nt*
amonyak <-ğı> *s ohne pl* CHEM Ammoniak *nt*
amonyum *s ohne pl* CHEM Ammonium *nt* **amonyum karbonat** *s ohne pl* CHEM Ammoniumcarbonat *nt*
amortisman *s* WIRTSCH Abschreibung *f* **amortisman şirketi** *s* WIRTSCH Abschreibungsgesellschaft *f*
amortisör *s* AUTO Stoßdämpfer *m*
amper *s* PHYS, ELEK Ampere *nt*
ampermetre *s*, **amperölçer** *s* PHYS, ELEK Amperemeter *nt*
amper saat <-i> *s* PHYS, ELEK Amperestunde *f*
ampir *s ohne pl* Empire *nt*, Empirestil *m*
ampirik *adj* empirisch
ampirist *s* PHILOS Empirist(in) *m(f)*
ampirizm *s ohne pl* PHILOS Empirismus *m*
amplifikatör *s* ELEK, PHYS Verstärker *m*
ampul <-ü> *s* ❶ ELEK Glühbirne *f*; (*halojen ~*) Birne *f*; **mum ~** elektrische Kerze ❷ MED Ampulle *f*
ampütasyon *s* MED Amputation *f*
amudî *adj s.* **dikey** senkrecht, vertikal
amudu *s poss von* **amut**
amut <-du> *s* SPORT Handstand *m*; **amuda kalkmak** einen Handstand machen
an[1] *vt Imperativ von* **anmak**
an[2] *s* ❶ (*lahza*) Moment *m*, Augenblick *m*; **her ~ gelebilir** er kann jeden Moment [*o* Augenblick] kommen; **ilk/son ~da** im ersten/letzten Moment [*o* Augenblick]; **şu ~da** momentan, im Moment, in diesem Augenblick, zurzeit; **şu ~da meşgulüm** im Moment bin ich beschäftigt ❷ **bir ~ önce** so bald wie möglich, möglichst bald
ana **I.** *s s.* **anne** Mutter *f*; **~sından doğduğuna pişman olmak** (*fig*) seines Lebens nicht mehr froh werden; **~sının gözü olmak** (*fig fam*) es faustdick hinter den Ohren haben **II.** *adj* (*temel*) Grund-; (*~ yol*) Haupt-
ana baba *s* Eltern *pl* **ana baba günü** *s* **şehir ~ydü** in der Stadt war viel Betrieb
anabolik <-ği> *s* MED, CHEM Anabolikum *nt*

ana cadde *s* Haupt(verkehrs)straße *f*
ana çizgi *s* SPORT (*tenis, voleybol*) Grundlinie *f*
anadan doğma *adj* splitterfasernackt
ana defter *s* COMM (*defterikebir*) Hauptbuch *nt* **ana deniz** *s* Weltmeer *nt; s.* **okyanus** Ozean *m* **ana deniz bilimi** *s ohne pl* Meereskunde *f;* (*oşinografi*) Ozeanographie *f* **ana dil** *s* LING Ursprache *f*
ana dili *s* Muttersprache *f*
Anadolu **I.** *s* Anatolien *nt* **II.** *adj* anatolisch; ~ **iklimi** das anatolische Klima
Anadolulu **I.** *s* Anatolier(in) *m(f)* **II.** *adj* anatolisch; ~ **erkekler/kadınlar** anatolische Männer/Frauen
ana duvar *s* Grundmauer *f* **ana düşünce** *s* Grundgedanke *m*
anaerki *s* Matriarchat *nt*
anaerkil *adj* matriarchalisch
ana fikir *s* Grundgedanke *m*
anafilaksik *adj* MED anaphylaktisch; ~ **şok** anaphylaktischer Schock
anafor *s* ❶ (*havada*) Wirbel *m;* (*suda*) Strudel *m* ❷ (*fig: karmakarışık durum*) Wirbel *m* ❸ (*sl*) Reibach *m*
ana hat *s* ❶ Grundzug *m* ❷ Hauptstrecke *f*
anahtar *s* Schlüssel *m* **anahtar deliği** *s* Schlüsselloch *nt* **anahtar kelime** *s* LIT Schlüsselwort *nt*
anahtarlık <-ğı> *s* Schlüsselanhänger *m,* Schlüsselbund *m o nt*
anahtar taşı *s* ARCH Schlussstein *m* **anahtar teslimi** **I.** *s* Schlüsselübergabe *f* **II.** *adj* schlüsselfertig, bezugsfertig
ana kent *s* Großstadt *f* **ana kitap** <-bı> *s* Standardwerk *nt*
anakonda *s* ZOOL Anakonda *f*
ana kraliçe *s* ❶ Königinmutter *f* ❷ ZOOL (*arı beyi*) Bienenkönigin *f*
anakronik *adj* anachronistisch
anakronizm *s* Anachronismus *m*
ana kural *s* Grundregel *f*
analık <-ğı> *s* ❶ Mutterschaft *f* ❷ (*ana duygusu*) Mutterliebe *f* ❸ (*ana yerini tutan kadın*) Ersatzmutter *f* ❹ REG (*üvey ana*) Stiefmutter *f* ❺ (*anaca davranış*) Bemutterung *f;* **birine** ~ **etmek** jdn bemuttern; (*ana gibi yakınlık göstermek*) wie eine Mutter zu jdm sein
analist *s* Analyst(in) *m(f)*
analitik *adj* analytisch
analiz *s* Analyse *f;* ~ **etmek** analysieren
analizci *s* Analytiker(in) *m(f)*
analjezi *s ohne pl* MED Analgesie *f,* Analgie *f*
analjezik **I.** *s* <-ği> MED Analgetikum *nt* **II.** *adj* <-ği> MED analgetisch
analog *adj* INFORM analog
analoji *s* ❶ (*benzeşim*) Analogie *f* ❷ LING (*örnekseme*) Analogiebildung *f*
analojik *adj* analog
anamal *s* Kapital *nt; s. a.* **kapital, sermaye**
anamalcı *s* WIRTSCH (*kapitalist*) Kapitalist(in) *m(f)*
anamalcılık <-ğı> *s ohne pl* WIRTSCH (*kapitalizm*) Kapitalismus *m*
ana mallar *pl* Bedarfsgüter *pl*
ana mektebi *s s.* **anaokulu** **ana menü** *s* INFORM Hauptmenü *nt* **ana motif** *s* (*laytmotif*) Leitmotiv *nt*
ananas *s* BOT Ananas *f*
anane [a'nane] *s s.* **gelenek** Tradition *f*
ananeci *adj s.* **gelenekçi** traditionalistisch **ananecilik** <-ği> *s ohne pl s.* **gelenekçilik** Traditionalismus *m*
ananet *s ohne pl s.* **puluçluk** Impotenz *f*
ananevi [a'nanevi:] *adj s.* **geleneksel** traditionell
anaokulu *s* Kindergarten *m*
ana ortaklık <-ğı> *s* WIRTSCH (*holding*) Holding *f,* Holdinggesellschaft *f* **ana öğrenim dalı** *s* SCHULE, UNIV Hauptfach *nt*
ana rahmi *s* Gebärmutter *f;* ~ **ne düşmek** MED sich einnisten
anarşi *s* Anarchie *f*
anarşik <-ği> *adj* anarchistisch
anarşist **I.** *s* Anarchist(in) *m(f)* **II.** *adj* anarchistisch
anarşizm *s ohne pl* Anarchismus *m*
anasız *adj* mutterlos **anasızlık** <-ğı> *s ohne pl* Mutterlosigkeit *f*
anason *s* Anis *m*
anasonlu ekmek <-ği> *s* Anisbrot *nt* **anasonlu rakı** *s* Anisschnaps *m*
ana sorun *s* Grundproblem *nt* **ana sözleşme** *s* Satzung *f*
anatomi *s* ❶ *ohne pl* MED Anatomie *f* ❷ (*beden yapısı*) Körperbau *m* ❸ (*fig*) Struktur *f;* **toplumun** ~**si** Gesellschaftsstruktur *f*
anatomik *adj* anatomisch
anavaşya *s ohne pl Wanderung der Fische vom Mittelmeer zum Schwarzen Meer*
ana vatan *s* ❶ (*ana yurt*) Mutterland *nt* ❷ (*fig*) Heimat *f;* **tiftik keçisinin** ~**ı** die Heimat der Angoraziege **ana yarısı** *s* (*teyze*) Tante *f*
anayasa *s* JUR Verfassung *f,* Grundgesetz *nt;* **Türkiye Cumhuriyeti/Amerika Birleşik Devletleri A~sı** die Verfassung der Republik Türkei/der Vereinigten Staaten; **Federal Almanya Cumhuriyeti A~sı** das Grundgesetz der Bundesrepublik Deutschland
anayasacı *s* JUR Verfassungsrechtler(in) *m(f)*

anayasa değişikliği *s* Verfassungsänderung *f*
anayasal *adj* JUR verfassungsmäßig **anayasa mahkemesi** *s* JUR Verfassungsgericht *nt*
ana yol *s* Hauptstraße *f* **ana yön** *s* GEO Himmelsrichtung *f* **ana yurt** <-du> *s* ❶ Mutterland *nt* ❷ (*fig*) Heimat *f*
anbean *adv* ❶ (*her an*) jeden Augenblick ❷ (*zaman zaman*) hin und wieder ❸ (*giderek*) zunehmend
anca **I.** *konj s.* **ancak** **II.** *adv* ❶ *s.* **ancak** ❷ (*böylece*) so; (*bu biçimde*) auf diese Weise ❸ **~ beraber, kanca beraber** (*prov*) mitgegangen, mitgefangen [*o* mitgehangen]
ancak **I.** *konj* ❶ (*yalnız, sadece*) nur, bloß; **~ bir şart ile** nur unter einer Bedingung ❷ (*lâkin*) jedoch, allerdings ❸ erst; **~ ikinci deneyişte** erst beim zweiten Anlauf; **~ şimdi gelebildim** jetzt erst konnte ich kommen **II.** *adv* ❶ (*en erken*) frühestens, ehestens; **~ yarın gelebilirim** ich kann frühestens morgen kommen; **oraya akşama doğru ~ varabildim** ich kam dort erst gegen Abend an ❷ (*güçlükle*) gerade (noch), (so) eben; **otobüse ~ yetiştim** ich habe den Bus gerade noch erreicht; **ücretiyle ~ geçinebiliyor** mit seinem Lohn kommt er so eben aus
ançüez *s* GASTR Anschovis *f*
andaç <-cı> *s* ❶ (*anı*) Andenken *nt,* Souvenir *nt* ❷ (*ajanda*) Agenda *f*
And Dağları *pl* Anden *pl*
andemi *s* Endemie *f*
andemik *adj* endemisch; **~ hastalıklar** endemische Krankheiten
andık <-ğı> *s* REG (*sırtlan*) Hyäne *f*
andırış *s* ❶ (*analoji*) Analogie *f* ❷ (*benzerlik*) Ähnlichkeit *f*
andırma *s Verbalsubstantiv zu* **andırmak**
andırmak *vt* erinnern (**-i** an)
andız otu *s* BOT (*Inula*) Alant *m*
andoskop <-bu> *s s.* **endoskop** **andoskopi** *s s.* **endoskopi**
android *s* Androide *m* **andropoz** *s* Wechseljahre *pl* (des Mannes)
anekdot *s* Anekdote *f* **anekdot toplayıcısı** *s* Anekdotensammler(in) *m(f)*
anemi *s ohne pl* MED Anämie *f;* (*kansızlık*) Blutarmut *f*
anemik *adj* MED anämisch; (*kansız*) blutarm
anemon *s* BOT Anemone *f;* (*dağ lalesi*) Windröschen *nt*
aneroit <-di> *s* METEO Aneroidbarometer *nt*
anestezi *s* MED Anästhesie *f;* (*duyum yitimi*) Betäubung *f;* **lokal ~** lokale Anästhesie, örtliche Betäubung
anestezik <-ği> *s* MED Betäubungsmittel *nt*
anestezist *s* MED Anästhesist(in) *m(f)*
angaje *adj* engagiert; **~ etmek** engagieren; **~ olmak** engagiert sein
angajman *s* Engagement *nt*
angarya *s ohne pl* ❶ (*zorla yaptırılan iş*) Zwangsarbeit *f,* Sklavenarbeit *f* ❷ HIST Fron(arbeit) *f* ❸ (*fig fam: zorla yapılan iş*) Plackerei *f,* Schinderei *f;* **~ çekmek** sich abschinden
Anglikan *adj* REL anglikanisch; **~ kilisesi** anglikanische Kirche
Anglofil *adj* anglophil
Angola **I.** *s* Angola *nt* **II.** *adj* angolanisch; **~ hükümeti** die angolanische Regierung
Angolalı **I.** *s* Angolaner(in) *m(f)* **II.** *adj* angolanisch; **~ bir kadın** eine angolanische Frau
angora tavşanı *s* ZOOL (*Ankara tavşanı*) Angorakaninchen *nt*
angut <-du> *s* ZOOL Rostgans *f*
anı *s* ❶ Erinnerung *f* ❷ LIT **~lar** Memoiren *pl*
anık <-ğı> *adj* REG (*hazır*) fertig
anıklamak *vt s.* **hazırlamak** vorbereiten
anıklık <-ğı> *s ohne pl s.* **uyanıklık** Wachsamkeit *f*
anılma *s* ❶ *Verbalsubstantiv zu* **anılmak** ❷ (*sözü edilme*) Erwähnung *f* ❸ (*ölmüş birinin ~ sı*) Gedenken *nt*
anılmak *vi* ❶ *pass zu* **anmak** ❷ **adı anılmadı** sein Name wurde nicht erwähnt
anımsama *s Verbalsubstantiv zu* **anımsamak**
anımsamak *vt* sich erinnern (an)
anımsatma *s Verbalsubstantiv zu* **anımsatmak**
anımsatmak *vt* erinnern; **birine bir şeyi ~** jdn an etw erinnern
anında *adv* (*çabucak*) schnellstens
anırma *s Verbalsubstantiv zu* **anırmak**
anırmak *vi* schreien; **eşek gibi ~** schreien wie ein Esel
anıştırma *s* ❶ *Verbalsubstantiv zu* **anıştırmak** ❷ Andeutung *f,* Anspielung *f* (auf)
anıştırmak *vt* andeuten, anspielen (auf)
anıt *s* Denkmal *nt,* Monument *nt*
anıtkabir *s* Mausoleum *nt*
anıtlaşma *s Verbalsubstantiv zu* **anıtlaşmak**
anıtlaşmak *vi* zum Denkmal werden
anıtlaştırma *s Verbalsubstantiv zu* **anıtlaştırmak**
anıtlaştırmak *vt* monumentalisieren
anıtsal *adj* monumental
anız *s* AGR ❶ Stoppel *f* ❷ (*tarla*) Stoppelfeld *nt*

A

anızlık <-ğı> *s* AGR Stoppelfeld *nt*
ani [aːniː] *adj* plötzlich
aniden [aːnidɛn] *adv* plötzlich
anilin *s ohne pl* CHEM Anilin *nt* **anilin boya** *s* Anilinfarbe *f,* Teerfarbe *f*
animasyon *s a.* INFORM Animation *f*
animatör *s* Animateur(in) *m(f)*
anjin *s* MED Angina *f;* ~ **olmak** eine Angina haben
anjina pektoris *s* MED Angina pectoris *f*
Anka *s* Phönix *m*
Ankara *s* ❶ Ankara *nt* (*Hauptstadt der Türkei*) ❷ HIST Angora *nt* **Ankara keçisi** *s* ZOOL Angoraziege *f* **Ankara kedisi** *s* ZOOL Angorakatze *f* **Ankara tavşanı** *s* ZOOL Angorakaninchen *nt*
ankastre *adj* eingebaut, Einbau- **ankastre cihaz** *s* Einbaugerät *nt* **ankastre fırın** *s* Einbauherd *nt* **ankastre mutfak** <-ğı> *s* Einbauküche *f* **ankastre ocak** *s* Einbauherd *nt*
anket *s* (*sormaca*) Umfrage *f;* (*soruşturma*) Befragung *f*
anketör *s* Meinungsforscher(in) *m(f)*
anla *vt Imperativ von* **anlamak**
anlak <-ğı> *s ohne pl* Intelligenz *f*
anlaklı *adj* intelligent
anlam *s* ❶ Sinn *m;* **dar/geniş** ~**da** im engeren/weiteren Sinne; **hayatın** ~**ı** der Sinn des Lebens; **kelimenin tam** ~**ıyla** im wahrsten Sinne des Wortes ❷ Bedeutung *f;* ~**a gelmek** bedeuten; **bu gelmeyecek** ~**ına gelir** das bedeutet, dass er nicht kommen wird; **bu ne** ~**a gelir?** was bedeutet das?
anlama *s Verbalsubstantiv zu* **anlamak**
anlamak *vt* verstehen; **anladın mı?** (hast du) verstanden?; **bir şeyi doğru/yanlış/hemen** ~ etw richtig/falsch/sofort verstehen
anlama ve kavrama yetisi *s ohne pl* Auffassungsgabe *f,* Begriffsvermögen *nt*
anlam aykırılığı *s* Sinnwidrigkeit *f* **anlam bilimi** *s ohne pl* LING Bedeutungslehre *f;* (*semantik*) Semantik *f* **anlam bilimsel** *adj* LING semantisch
anlamca *adv* sinngemäß
anlam daralması *s* LING Bedeutungsverengung *f*
anlamdaş *adj* LING (*eş anlamlı*) sinnverwandt, synonym
anlamdaşlık <-ğı> *s ohne pl* Sinnverwandtschaft *f*
anlam değişmesi *s* LING Bedeutungswandel *m* **anlam farkı** *s* Bedeutungsunterschied *m* **anlam genişlemesi** *s* LING Bedeutungserweiterung *f*
anlamınca *adv* sinngemäß; **bir şeyi** ~ **çevirmek** etw sinngemäß übersetzen
anlamlanma *s Verbalsubstantiv zu* **anlamlanmak**
anlamlanmak *vi* einen Sinn bekommen, sinnvoll werden
anlamlı *adj* bedeutend, sinnvoll **anlamlı anlamlı** *adv* bedeutsam; **birine** ~ **bakmak** jdn bedeutsam anblicken; **birine** ~ **gülümsemek** jdm bedeutsam zulächeln
anlamsal *adj* LING (*semantik*) semantisch
anlamsız *adj* bedeutungslos, sinnlos
anlar *vt 3. Aorist von* **anlamak**
anlaşılan *adv* offensichtlich
anlaşılma *s* ❶ *Verbalsubstantiv zu* **anlaşılmak** ❷ ~**sı güç** schwer zu verstehen
anlaşılmak *vi* ❶ *pass zu* **anlamak** ❷ klar werden; (*ortaya çıkmak*) sich herausstellen; **doğru/yanlış olduğu** ~ sich als richtig/falsch herausstellen; **bir şey birinin yüzünden** ~ jdm etw ansehen; **anlaşıldı Vehbi'nin kerrakesi!** (*fig fam*) jetzt ist die Katze aus dem Sack!
anlaşma *s* ❶ *Verbalsubstantiv zu* **anlaşmak** ❷ Verständigung *f* ❸ (*çerçeve, gizli* ~) Abkommen *nt*
anlaşmak *vi* sich verstehen; **el kol yordamıyla** ~ (*fam*) sich mit Händen und Füßen verständigen
anlaşmazlık <-ğı> *s* Meinungsverschiedenheiten *pl,* Differenzen *pl;* (*uyuşmazlık*) Unstimmigkeiten *pl;* ~ **çıkmak** zu Differenzen kommen; **iki kız kardeş arasında** ~ **çıktı** zwischen den beiden Schwestern kam es zu Differenzen
anlat *vt Imperativ von* **anlatmak**
anlatı *s* LIT Erzählung *f*
anlatıcı *s* Erzähler(in) *m(f)*
anlatım *s* ❶ Aussage *f* ❷ LIT Erzählen *nt;* **alegorik** ~ das allegorisierende Erzählen ❸ LING Rede *f;* **dolaylı/dolaysız** ~ indirekte/direkte Rede ❹ MATH Ausdruck *m;* **matematiksel** ~ ein mathematischer Ausdruck **anlatım bilimi** *s ohne pl* LING (*stilistik*) Stilistik *f*
anlatımcılık <-ğı> *s ohne pl s.* **ekspresyonizm** Expressionismus *m*
anlatımlı *adj* aussagekräftig
anlatma *s Verbalsubstantiv zu* **anlatmak**
anlatmak *vt* ❶ erzählen; **birine bir şeyi** ~ jdm etw erzählen ❷ (*izah etmek*) erklären; **birine bir şeyi** ~ jdm etw erklären
anlattırma *s Verbalsubstantiv zu* **anlattırmak**
anlattırmak *vt* ❶ *Kausativ zu* **anlatmak** ❷ erzählen lassen; **birine bir şeyi** ~ jdm etw erzählen lassen ❸ erklären lassen; **birine bir şeyi** ~ jdm etw erklären lassen
anlayan *vt* ❶ *part. präs. von* **anlamak**

A

❷ **bunu ~lar da var** es gibt auch welche, die das verstehen
anlayış *s ohne pl* ❶ Verständnis *nt,* Einsicht *f;* ~ **göstermek** Verständnis zeigen [*o* haben]; ~ **göstermenizi rica ederiz** wir bitten um Ihr Verständnis ❷ (*telakki*) Auffassung *f;* (*zihniyet*) Einstellung *f,* Gesinnung *f;* **onun ~ına göre** nach seiner Auffassung ❸ (*anlama yeteneği*) Auffassungsgabe *f;* **espri ~ı olmak** Sinn für Humor haben ❹ (*hoş görme*) Nachsicht *f*
anlayışlı *adj* ❶ verständnisvoll ❷ (*hoşgörülü*) tolerant, duldsam, nachsichtig
anlayışsız *adj* ❶ verständnislos ❷ (*anlayışı kıt olan*) begriffsstutzig ❸ (*hoşgörüsüz*) intolerant
anlayışsızlık <-ğı> *s ohne pl* ❶ Verständnislosigkeit *f,* Unverständnis *nt* ❷ (*anlayış kıtlığı*) Begriffsstutzigkeit *f* ❸ (*hoşgörüsüzlük*) Intoleranz *f*
anlık **I.** *s* <-ğı> *ohne pl* Intellekt *m* **II.** *adj* augenblicklich, momentan
anlıkçılık <-ğı> *s ohne pl* PHILOS (*entelektüalizm*) Intellektualismus *m*
anlık mesele *s* Augenblickssache *f*
anma *s* ❶ *Verbalsubstantiv zu* **anmak** ❷ (*sözünü etme*) Erwähnung *f* ❸ (*ölmüş birini ~*) Gedenken *nt;* (~ *töreni*) Gedenkfeier *f* **anma günü** *s* Gedenktag *m,* Ehrentag *m*
anmak *vt* ❶ gedenken; (*hatırlamak*) sich erinnern (an); **ölüleri ~** der Toten gedenken; **dün akşam sizi andık** gestern Abend haben wir an Sie gedacht ❷ erwähnen ❸ (*adlandırmak*) nennen, bezeichnen (**diye** als)
anmalık <-ğı> *s* (*yadigâr*) Andenken *nt;* (*hatıra*) Erinnerung *f*
anma töreni *s* Gedenkfeier *f*
anne *s* Mutter *f;* ~ **olmak** Mutter werden
anneanne *s* Großmutter *f*
anodu *s poss von* **anot**
anomali *s* Anomalie *f*
anonim *adj* anonym; ~ **eserler** anonyme Werke **anonim ortaklık** <-ğı> *n,* **anonim şirket** *s* FIN, WIRTSCH, JUR Aktiengesellschaft *f*
anons *s* Ansage *f;* (*duyuru*) Durchsage *f;* ~ **etmek** ansagen
anonsör *s s.* **sunucu** Ansager(in) *m(f)*
anorak <-ğı> *s* Anorak *m*
anorganik <-ği> *adj s.* **inorganik** anorganisch
a normal *s* MUS Kammerton *m*
anormal <-li> *adj* anormal, abartig, abnorm; **bir şeye ~ tepki göstermek** auf etw abartig reagieren
anormallik <-ği> *s* Abnormität *f*
anot <-du> *s* PHYS Anode *f*
ansızın *adv* plötzlich
ansiklopedi *s* Enzyklopädie *f,* Lexikon *nt*
ansiklopedik *adj* enzyklopädisch, lexikalisch
ant <-dı> *s* ❶ Gelübde *nt;* **andını bozmak** sein Gelübde brechen; **bir şeyi ~ etmek** etw hoch und heilig versprechen ❷ (*ahit*) Gelöbnis *nt;* ~ **içmek** ein Gelöbnis ablegen ❸ (*yemin*) Eid *m,* Schwur *m*
antarktik *adj* antarktisch
Antarktika *s* GEO Antarktis *f*
antarktik kara *s* GEO Antarktis *f*
anten *s* ❶ TECH Antenne *f* ❷ ZOOL Antenne *f;* (*duyarga*) Fühler *m* **anten direnci** *s* ELEK Antennenwiderstand *m*
Antep fıstığı *s* ❶ BOT (*ağacı*) Pistazie *f,* Pistazienbaum *m* ❷ (*kabuklu yemişi*) Pistazie *f,* Pistaziennuss *f; s. a.* **Şam fıstığı**
anterit *s* MED (*ince bağırsak iltihabı*) Dünndarmentzündung *f*
antet *s* Aufdruck *m,* Briefkopf *m;* (*başlık*) Überschrift *f*
antibiyotik <-ği> *s* MED Antibiotikum *nt*
antidemokratik *adj* antidemokratisch
antidot *s s.* **panzehir** Gegengift *nt*
antiemperyalist *adj* antiimperialistisch
antiemperyalizm *s ohne pl* Antiimperialismus *m* **antifaşist** **I.** *s* Antifaschist(in) *m(f)* **II.** *adj* antifaschistisch **antifaşizm** *s ohne pl* Antifaschismus *m*
antifriz *s* AUTO Frostschutzmittel *nt;* TECH Kühlflüssigkeit *f* **antihistamin** *s,* **antihistaminik** <-ği> *s* MED Antihistamin *nt*
antijen *s* MED, BIOL Antigen *nt*
antik *adj* antik; (*eskimiş*) antiquiert
antika **I.** *s* ❶ Antiquität *f* ❷ (*sıçandişi*) Hohlsaum *m;* (*ajur*) Durchbrucharbeit *f* **II.** *adj* ❶ (*antik*) antik; ~ **bir saat** eine antike Uhr ❷ (*fig*) schrullig; (*acayip*) merkwürdig; (*tuhaf*) sonderbar
antikacı *s* ❶ Antiquitätenhändler(in) *m(f)* ❷ (*dükkân*) Antiquitätengeschäft *nt*
antikacılık <-ğı> *s ohne pl* Antiquitätenhandel *m*
antika değeri *s ohne pl* Altertumswert *m*
antika kaçakçılığı *s* Antiquitätenschmuggel *m*
antikalık <-ğı> *s* ❶ Antiquiertheit *m* ❷ (*fig: tuhaflık*) Schrulle *f*
antikapitalist *adj* antikapitalistisch **antikapitalistlik** <-ği> *s ohne pl,* **antikapitalizm** *s ohne pl* Antikapitalismus *m*
antikatot <-du> *s* PHYS, ELEK Antikatode *f,* Antikathode *f*
antik çağ *s ohne pl* die Antike
antikite *s* Altertum *nt*
antikomünist *adj* antikommunistisch

A

antikomünistlik <-ği> *s ohne pl*, **antikomünizm** *s ohne pl* Antikommunismus *m*
antikor *s* MED Antikörper *m*
Antiller *pl* Antillen *pl*
antilop <-bu> *s* Antilope *f*
antimilitarist *adj* antimilitaristisch
antimon *s* CHEM Antimon *nt*
antipati *s* Antipathie *f*, Abneigung *f* **antipatik** <-ği> *adj* unsympathisch
antipropaganda *s* (*karşı propaganda*) Gegenpropaganda *f*
antisemit *adj* antisemitisch **antisemitist** *s* Antisemit(in) *m(f)* **antisemitizm** *s ohne pl* Antisemitismus *m*
antiseptik **I.** *s* <-ği> MED Antiseptikum *nt* **II.** *adj* MED antiseptisch
antisiklon *s* METEO Hochdruck *m*
antitez *s* Antithese *f*; (*karşı sav*) Gegenbehauptung *f*
antitoksin *s* MED Antitoxin *nt*
ant kardeşi *s* ❶ Eidgenosse, -genossin *m, f* ❷ (*kan kardeşi*) Blutsbruder *m*
antlaşma *s* Staatsabkommen *nt*; (*pakt*) Pakt *m*
antoloji *s* Anthologie *f*
antrakt *s* THEAT, FILM (*ara*) Pause *f*
antrasit <-di> *s* Anthrazit *m*
antre *s* ❶ (*giriş*) Entree *nt* ❷ GASTR (*başlangıç yemeği*) Entree *nt*
antreman *s a.* SPORT Training *nt*; ~ **yapmak/yaptırmak** trainieren/trainieren
antremanlı *adj* durchtrainiert
antremansız *adj* ❶ (*ham*) untrainiert ❷ (*fig*) ungeübt
antrenör *s* Trainer(in) *m(f)*, Couch *m*
antrepo *s* Lagerhaus *nt*; (*gümrükte*) Zolllager *m*, Zollspeicher *m*
antrepocu *s* Lagerverwalter(in) *m(f)*
antrikot *s* GASTR Entrecote *nt*
antropoit <-di> *s* ZOOL Anthropoide *m*
antropolog <-ğu> *s* Anthropologe, -login *m, f*
antropoloji *s ohne pl* Anthropologie *f*
antropolojik <-ği> *adj* anthropologisch
antroposof *s* Anthroposoph(in) *m(f)*
antroposofi *s ohne pl* Anthroposophie *f*
antroposofik <-ği> *adj* anthroposophisch
antrparantez *adv* apropos, beiläufig gesagt, nebenbei bemerkt
anüs *s* After *m*, Anus *m* **anüs yüzgeci** *s* ZOOL Afterflosse *f*
aort *s* ANAT Aorta *f*, Hauptschlagader *f*
apaçık <-ğı> *adj* offensichtlich, eindeutig; ~ **bir yalan** eine durchsichtige Lüge
apaçıklık <-ğı> *adj* Eindeutigkeit *f*
apandis *s* ANAT Wurmvorsatz *m*, Blinddarm *m*; ~**ini aldırtmak** den Blinddarm herausnehmen lassen
apandisit *s* MED Blinddarmentzündung *f* **apandisit ameliyatı** *s* MED Blinddarmoperation *f*
apansızın *adv* plötzlich
aparkat *s* SPORT (*boksta*) Aufwärtshaken *m*
aparma *s Verbalsubstantiv zu* **aparmak**
aparmak *vt* ❶ REG (*alıp götürmek*) mitnehmen ❷ (*sl: gizlice almak*) mitgehen lassen; (*çalmak*) klauen
aparthayt *s ohne pl* POL Apartheid *f*
apartma *s Verbalsubstantiv zu* **apartmak**
apartmak *vt s.* **aparmak**
apartman *s* Mehrfamilienhaus *nt* **apartman dairesi** *s* Etagenwohnung *f*; (*daha küçük*) Appartement *nt*, Apartment *nt*
apar topar *adv* Hals über Kopf
apart otel *s* Aparthotel *nt*
apaş *s* (*hayta*) Rowdy *m*
apayrı *adj* ganz andere(r, s), völlig andere(r, s); (*bambaşka*) grundverschieden, ganz verschieden; **bu** ~ **bir şey** das ist etwas ganz anderes
apaz **I.** *s* REG (*avuç*) (hohle) Hand **II.** *adj* ❶ REG (*avuç dolusu*) **bir** ~ **buğday** eine Hand voll Weizen ❷ (*çok az*) sehr wenig
apazlama *s Verbalsubstantiv zu* **apazlamak**
apazlamak **I.** *vt* in die Hand nehmen **II.** *vi* NAUT mit dem Wind segeln
apel *s* WIRTSCH Aufforderung *f*; (*sermaye artırımı için ödeme çağrısı*) Einschussaufforderung *f*
aperitif *s* Aperitif *m*
apışak *adj* (*fam: ayrık bacaklı*) grätschbeinig, spreizbeinig
apış arası *s* ~**na almak** zwischen die Beine nehmen; **kuyruğunu** ~**na almak** den Schwanz einziehen
apışık *adj* ❶ (*fam: yorgun*) müde; (*güçsüz*) kraftlos; (*şaşkın*) verdattert ❷ (*fam: hayvan*) mit eingezogenem Schwanz laufend
apışlık <-ğı> *s* Schritt *m*
apışma *s Verbalsubstantiv zu* **apışmak**
apışmak *vi* ❶ (*yorgunluktan çöküvermek*) vor Erschöpfung zusammenbrechen ❷ (*fam: bacakları ayırarak çömelmek*) in die Grätsche gehen ❸ (*fig fam: şaşırmak*) verdattert sein, baff sein; **apışıp kalmak** dumm aus der Wäsche gucken
apıştırma *s Verbalsubstantiv zu* **apıştırmak**
apıştırmak *vt* ❶ (*hayvanı*) zuschanden reiten ❷ NAUT (*gemiyi*) vermuren
apiko *adj* ❶ NAUT segelklar ❷ (*sl: tetik*) flink ❸ (*şık*) flott, fesch
aplik <-ği> *s* (*duvar lambası*) Wandleuchte *f*; (*duvar şamdanı*) Wandleuchter *m*

aplikasyon *s* ❶ (*uygulama*) Applikation *f*, Anwendung *f* ❷ (*kumaş üzerinde süs*) Applikation *f*

apokaliptik <-ği> *adj* apokalyptisch

apokrif **I.** *s* LIT Apokryph *nt* **II.** *adj* LIT apokryph

apolet *s* MIL Schulterklappe *f*, Epaulette *f*; **~leri sökülmek** degradiert werden

aport *interj* **~!** apport!

aposteriori *adv* a posteriori

apostrof *s* LING Apostroph *m*; (*kesme işareti*) Auslassungszeichen *nt*

apre *s* ❶ Appretur *f* ❷ (*madde*) Appret *m o nt*

apreci *s* Appreteur(in) *m(f)*

apreleme *s* ❶ *Verbalsubstantiv zu* **aprelemek** ❷ Appretur *f*

aprelemek *vt* appretieren

apreli *adj* appretiert

april *s s.* **nisan** April *m*

apriori *adv* a priori

apse *s* MED Abszess *m*; (*çıban*) Eiterbeule *f*, Furunkel *m o nt*; **~ yapmak** ein Abszess bilden

apseleşme *s Verbalsubstantiv zu* **apseleşmek**

apseleşmek *vi* MED abszedieren

apsent *s* Absinth *m*

apsid *s* ARCH Apsis *f*

apsis *s* MATH Abszisse *f*

aptal **I.** *adj* dumm; **birini ~ yerine koymak** (*fam*) jdn für dumm verkaufen **II.** *s* Dummkopf *m* **aptal aptal** *adv* (*pej fam*) **~ bakmak** ein dummes Gesicht machen, ein dämliches Gesicht machen; **~ konuşma!** red kein dummes Zeug!; **~ konuşmak** dummes Zeug reden

aptalca *adj* dämlich, dümmlich

aptallaşma *s Verbalsubstantiv zu* **aptallaşmak**

aptallaşmak *vi* verdummen, dumm werden

aptallaştırma *s Verbalsubstantiv zu* **aptallaştırmak**

aptallaştırmak *vt* verdummen, dumm machen

aptallık <-ğı> *s* Dummheit *f*, Dämlichkeit *f*; **~ etmek** eine Dummheit machen, Dummheiten machen; **aptallığa vurmak** sich dumm anstellen

apteriks *s* ZOOL Kiwi *m*

aptes *s s.* **abdest** **aptesbozan** *s s.* **abdestbozan** **aptesbozan otu** *s s.* **abdestbozan otu** **apteshane** *s s.* **abdesthane**

apukurya *s* REL (*et kesimi*) Karneval *m*

ar[1] *s* Ar *nt o m*; **bir ~ 100 metrekaredir** ein Ar ist 100 Quadratmeter

ar[2] *s ohne pl* (*utanma*) Scham *f*; (*utanç duygusu*) Schamgefühl *nt*; **~ etmek** sich schämen; **~ ve hayâ perdesi yırtılmak** (*fig*) jegliches Schamgefühl verlieren; (*utanç duymamak*) keine Scham empfinden; **~ına dokunmak** Scham empfinden

ara[1] *vt Imperativ von* **aramak**

ara[2] *s* ❶ (*aradaki uzaklık*) Abstand *m*, Zwischenraum *m*; **kaşla göz ~sında** (*fig*) im Handumdrehen [*o* Nu] ❷ (*aradaki zaman*) Zwischenzeit *f*; **~da bir** ab und zu, hin und wieder; **bu ~da** in der Zwischenzeit; **~n birkaç yıl geçti** es liegen einige Jahre dazwischen ❸ THEAT (*antrakt*) Pause *f* ❹ SPORT (*haftaym*) Halbzeit *f*, Pause *f*, Unterbrechung *f*; **~ vermeden** pausenlos, ununterbrochen; **~ vermek** eine Pause machen, unterbrechen (**-e**); **kısa bir ~dan sonra** nach einer kurzen Unterbrechung ❺ SPORT (*basketbol ve voleybol için*) Auszeit *f* ❻ (*ilgi*) **~ya girmek** (*karışmak*) intervenieren, sich einmischen; (*uzlaştırmaya çalışmak*) vermittelnd eingreifen; **laf ~mızda kalsın, ...** unter uns gesagt, ...

araba *s* ❶ Wagen *m*; (*oto*) Auto *nt*; **~ kullanmak/sürmek** einen Wagen fahren; **atları ~ya koşmak** die Pferde vor den Wagen spannen, die Pferde anspannen ❷ (*at ~sı*) Kutsche *f*; (*öküz ~sı*) Karren *m* ❸ **bir ~** eine Fuhre; (*fig: pek çok*) eine Menge

arabacı *s* ❶ (*arabayı süren*) Wagenführer(in) *m(f)* ❷ (*araba yapan*) Stellmacher(in) *m(f)*

arabalık **I.** *s* <-ğı> Stellplatz *m*; (*garaj*) Garage *f* **II.** *adj* **bir ~ kömür** eine Wagenladung Kohle

arabalı vapur *s* NAUT Autofähre *f*

araba mezarlığı *s* Autofriedhof *m*

ara başlık <-ğı> *s* Untertitel *m*

araba trafiği *s* Autoverkehr *m* **araba vapuru** *s* NAUT Autofähre *f*

arabesk *s* ❶ MUS Arabeske *f* ❷ ARCH, KUNST (*girişik bezeme*) Arabeske *f*

Arabî **I.** *s* (*Arapça*) Arabisch *nt* **II.** *adj* arabisch

arabirim *s* INFORM Interface *nt*, Schnittstelle *f*

Arabist *s* Arabist(in) *m(f)*

Arabistan *s* Arabien *nt*

Arabistik *s ohne pl* Arabistik *f*

arabizasyon *s* Arabisierung *f*

ara bulma *s* Schlichtung *f*

aracı[1] *s* ❶ Vermittler(in) *m(f)*, Unterhändler(in) *m(f)* ❷ Mittelsmann *m*, Mittelsperson *f*

aracı[2] *s poss von* **araç**

aracılığıyla *adv* mittels; **bir kimsenin ~**

A

durch jdn
aracılık <-ğı> *s* Vermittlung *f;* ~ **etmek** vermitteln
ara cümle *s* LING Zwischensatz *m*
araç <-cı> *s* ❶ Mittel *nt,* Instrument *nt* ❷ (*alet*) Gerät *nt,* Apparat *m* ❸ (*taşıt*) Fahrzeug *nt* ❹ INFORM Werkzeug *nt*
araççılık <-ğı> *s ohne pl* Instrumentalismus *m*
araçlı *adj* mittelbar **araçlı jimnastik** <-ği> *s ohne pl s.* **aletli jimnastik** SPORT Geräteturnen *nt*
araçsız *adj* unmittelbar
arada *s Lokativ von* **ara** **arada bir** *adv* ab und zu, hin und wieder; ~ **kalkıp pencereden bakmak** hin und wieder aufstehen und aus dem Fenster schauen
ara dinlenmesi *s* Ruhepause *f*
Araf [aːraːf] *s ohne pl* REL Fegefeuer *nt,* Purgatorium *nt*
Aragon **I.** *s* Aragonien *nt* **II.** *adj* aragonesisch
Aragonlu *s* Aragonier(in) *m(f)*
ara kapı *s* Zwischentür *f* **ara kararı** *s* JUR Zwischenurteil *nt*
ara konakçı *s* Zwischenwirt *m*
aralık **I.** *s* <-ğı> ❶ (*mesafe*) Abstand *m;* **belli** ~**larla** in bestimmten Abständen ❷ (*vakit*) Zeit *f;* **o** ~ **hastaydım** in der Zeit war ich krank ❸ (*fırsat*) Gelegenheit *f,* der richtige Moment ❹ (*geçenek*) Durchgang *m* ❺ (*yılın son ayı*) Dezember *m;* **dört** ~**ta** am vierten Dezember; **yarın aralığın dördü** morgen ist der vierte Dezember ❻ (*ayakyolu*) Klo *nt* ❼ (*kapı aralığı*) Spalt *f,* Ritze *f* **II.** *adv* (*tam kapanmamış*) einen Spalt offen
aralık oyunu *s* THEAT Intermezzo *nt*
aralıksız **I.** *adj* ohne Abstand, ohne Zwischenraum **II.** *adv* ununterbrochen, pausenlos, in einem fort
arama *s* ❶ *Verbalsubstantiv zu* **aramak** ❷ Suche *f* ❸ Durchsuchung *f* **arama emri** *s* JUR Durchsuchungsbefehl *m*
arama işlevi *s* INFORM Suchfunktion *f*
aramak *vt* ❶ suchen; **iş/kalacak bir yer** ~ eine Arbeit/Bleibe suchen; **arayan derviş muradına ermiş** (*prov*) wer sucht, der findet ❷ nachsuchen, absuchen; **her tarafı aradım** ich habe alles abgesucht, ich habe überall nachgesucht ❸ (*ziyaret etmek*) aufsuchen ❹ (*özlemek*) vermissen ❺ (*telefonla*) anrufen; **defalarca aradım** ich habe zigmal angerufen ❻ **birinin ağzını** ~ jdn aushorchen
arama motoru *s* INFORM Suchmaschine *f*
arama tarama *s* ❶ Razzia *f* ❷ (*mayın*) Minensuche *f*
aranjman [araʒman] *s* MUS Arrangement *nt*
aranjör *s* MUS Arrangeur(in) *m(f);* (*düzenleyici*) Veranstalter(in) *m(f)*
aranma *s Verbalsubstantiv zu* **aranmak**
aranmak *vi* ❶ *pass von* **aramak** gesucht werden; **acele eleman aranıyor** Mitarbeiter werden dringend gesucht ❷ (*isteklisi bulunmak*) verlangt werden; **çok aranan bir kitap** ein sehr gefragtes Buch ❸ (*ortalıkta*) herumsuchen ❹ (*şart koşulmak*) erforderlich sein
ara oyun *s* THEAT Einlage *f*
arap **I.** *s* <-bı> ❶ (*fam: negatif fotoğraf*) Negativ *nt* ❷ (*fam: zenci*) Neger(in) *m(f)* **II.** *adj* schwarz
Arap **I.** *s* <-bı> Araber(in) *m(f);* ~ **uyandı** (*fig fam*) endlich hat er es kapiert; **bu doğruysa** ~ **olayım** (*fam*) ich fresse einen Besen, wenn das stimmt **II.** *adj* arabisch; ~ **dünyası** die arabische Welt; **Birleşik** ~ **Emirlikleri** Vereinigte Arabische Emirate
Arap atı *s* Araber *m*
Arapça *s ohne pl* Arabisch *nt;* ~ **bilmek/konuşmak/öğrenmek** Arabisch können/sprechen/lernen; ~**da** im Arabischen; ~**dan Almancaya/Türkçeye** aus dem Arabischen ins Deutsche/Türkische
Araplaştırma *s* ❶ *Verbalsubstantiv zu* **Araplaştırmak** ❷ Arabisierung *f*
Araplaştırmak *vt* arabisieren
Arap sabunu *s* Schmierseife *f*
arap saçı *s* (*fig fam*) Verzwicktheit *f;* ~ **gibi** verzwickt **Arap zamkı** *s ohne pl* Gummiarabikum *nt*
arası *s* ❶ *poss von* **ara** ❷ inter-, zwischen-; **insanlar** ~ zwischenmenschlich; **kültürler** ~ interkulturell; **uluslar** ~ international
ara sınavı *s* UNIV, SCHULE Zwischenprüfung *f*
ara sıra *adv* ab und zu, gelegentlich; (*zaman zaman*) von Zeit zu Zeit, hin und wieder **ara sokak** <-ğı> *s* Gasse *f* **ara söz** *s* Zwischenbemerkung *f,* Einwurf *m*
araştırma *s* ❶ *Verbalsubstantiv zu* **araştırmak** ❷ Untersuchung *f,* Studie *f* ❸ Forschung *f* ❹ (*taharri*) Fahndung *f*
araştırmacı *s* Forscher(in) *m(f)*
araştırmak *vt* ❶ (*gözden geçirmek*) untersuchen, prüfen ❷ (*sormak, soruşturmak*) ermitteln; (*taharri etmek*) fahnden ❸ (*yöntemli çalışma yapmak*) erforschen
araştırman *s* Forscher(in) *m(f)*
aratma *s Verbalsubstantiv zu* **aratmak**
aratmak *vt* ❶ *Kausativ zu* **aramak** ❷ suchen lassen
ara vermeksizin *adv* ununterbrochen, pausenlos
arayüz *s,* **ara yüzü** *s* INFORM (*arabirim*)

Interface *nt*, Schnittstelle *f*

araz *s* ❶ (*belirtiler*) Anzeichen *pl* ❷ MED (*semptom*) Symptom *nt* ❸ PHILOS (*ilinek*) Akzidens *nt*

arbalet *s* Armbrust *f*

ardı *s poss von* **art**

ardıç <-cı> *s* BOT Wacholder *m* **ardıç kuşu** *s* ZOOL Wacholderdrossel *f* **ardıç rakısı** *s* Wacholderschnaps *m*, Wacholderbranntwein *m*

ardıl *s* Nachfolger(in) *m(f)* **ardıl görüntü** *s* Folgeerscheinung *f*

ardın ardın *adv* rückwärts

ardışık *adj* fortlaufend, aufeinanderfolgend **ardışık görüntü** *s* Folgeerscheinung *f* **ardışık olgular** *pl* MED Folgeerscheinungen *pl* **ardışık sayılar** *pl* MATH fortlaufende Zahlen

ardiye *s* Depot *nt*, Lager *nt*, Lagerhaus *nt*

arduaz *s* GEO (*kayağan taş*) Schiefer *m*

arefe *s s.* **arife** **arefe günü** *s s.* **arife günü**

arena *s* Arena *f*

argaç <-cı> *s* Schuss *m*, Schussfaden *m*, Durchschuss *m*

argali *s* (*muflon*) Mufflon *m*

argın *adj* ❶ (*zayıf*) schwach ❷ (*beceriksiz*) ungeschickt

argınlık <-ğı> *s* ❶ Schwäche *f* ❷ (*beceriksizlik*) Ungeschick *nt*

argo *s* Argot *m o nt;* (*jargon*) Jargon *m*

argon *s ohne pl* CHEM Argon *nt*

arı¹ *adj* ❶ (*temiz*) rein ❷ (*katışıksız*) unverfälscht; (*dil*) von Fremdwörtern gereinigt ❸ (*günahsız*) unschuldig

arı² *s* Biene *f* **arı beyi** *s* ZOOL Bienenkönigin *f*

arıcı *s* Bienenzüchter(in) *m(f)*, Imker(in) *m(f)*

arıcılık <-ğı> *s ohne pl* Bienenzucht *f*

arı dalağı *s* Bienenwabe *f*

arık¹ *s* (*ark*) Rinne *f*, Bewässerungsgraben *m*

arık² *adj* REG (*cılız*) mager

arı kovanı *s* Bienenstock *m* **arı kuşu** *s* ZOOL Bienenfresser *m*

arılaştırma *s Verbalsubstantiv zu* **arılaştırmak**

arılaştırmak *vt* reinigen

arındırma *s* ❶ *Verbalsubstantiv zu* **arındırmak** ❷ Läuterung *f*

arındırmak *vt* läutern

arınma *s* Läuterung *f*

arı oğlanı *s* ZOOL Bienenkönigin *f* **arı oğlu** *s* ZOOL Bienenvolk *nt*, Bienenschwarm *m*

arış¹ *s* Unterarm *m*

arış² *s* (*çözgü*) Kette *f*

arış³ *s* (*araba oku*) Deichsel *f*

arıtım *s* Raffination *f* **arıtım evi** *s* Raffinerie *f*

arıtma *s* ❶ *Verbalsubstantiv zu* **arıtmak** ❷ Läuterung *f*

arıtmak *vt* ❶ läutern, klären; (*temizlemek*) reinigen ❷ (*petrol*) raffinieren

arıza *s* ❶ Störung *f*, Betriebsstörung *f* ❷ AUTO, TECH Panne *f;* **araba ~ yaptı, yolda kaldık** der Wagen hatte eine Panne, wir sind liegengeblieben ❸ (*engebe*) Unebenheit *f*

arızalı *s* ❶ defekt ❷ (*engebeli*) uneben

arızasız *s* störungsfrei

arî *adj* ❶ (*çıplak*) nackt ❷ (*özgür*) frei

aria *s s.* **arya** MUS Arie *f*

arife *s* Vorabend *m;* (*ön gün*) Vortag *m* **arife günü** *s* Vortag *m*

aristokrasi *s* Aristokratie *f*

aritmetik <-ği> *s ohne pl* MATH Arithmetik *f;* **doğal sayılar aritmetiği** Arithmetik der natürlichen Zahlen

aritmetikçi *s* Arithmetiker(in) *m(f)*

aritmetiksel *adj* MATH arithmetisch

aritmi *s* MED Herzrhythmusstörungen *pl*

ariyet *s* Leihe *f*

ariyeten *adv* **bir şey ~ almak** etwas entleihen

arjantin *s* (*fam*) Bierkrug *m*

Arjantin I. *s* Argentinien *nt* **II.** *adj* argentinisch; **~ hükümeti** die argentinische Regierung **Arjantinli I.** *s* Argentinier(in) *m(f)* **II.** *adj* argentinisch; **~ bir kadın** eine argentinische Frau

ark *s* Rinne *f*, Bewässerungsgraben *m*

arka I. *s* ❶ Hinterseite *f*, Rückseite *f;* **~da müzik çalıyordu** im Hintergrund spielte die Musik; **~ya geçmek** (*kuyrukta*) sich hinten anstellen; **bir şeyi ~da bırakmak** etw hinter sich lassen; (*ölen kimseye göre*) etw hinterlassen; **evin ~sında bahçe var** hinter dem Haus ist ein Garten, auf der Rückseite des Hauses befindet sich ein Garten; **Muğla'nın üç kilometre ~sında** drei Kilometer hinter Muğla ❷ (*sırt*) Rücken *m;* **birine ~ çevirmek** jdm den Rücken zukehren; **birine ~ olmak** jdm den Rücken stärken; **birini ~dan vurmak** (*fig*) jdm in den Rücken fallen; **birinin ~sından** hinter jds Rücken ❸ (*geri kalan bölüm*) Rest *m;* **bir şeyin ~sını getirememek** etw nicht bis zum Ende führen können ❹ (*art, peş*) **~sından koşmak** hinterherlaufen; **bir işin ~sına düşmek** [*o* **takılmak**] eine Sache verfolgen, sich hinter eine Sache klemmen; **birinin ~sına düşmek** jdn verfolgen ❺ Rückenlehne *f* ❻ (*insan için*) Körper *m;* **~sındaki giysiler çok eskiydi** die Kleidung, die er (am Körper) trug, war sehr alt ❼ (*fig: koruyucu*) Rückendeckung *f*, Beschützer(in) *m(f);*

(*kayırıcı*) Gönner(in) *m(f)*; ~ **bulmak** sich Rückendeckung schaffen; ~**sı ol(ma)mak** (keine) Rückendeckung haben; **birine ~ çıkmak** (*korumak*) jdn beschützen; (*kayırmak*) jdn begünstigen; **birine ~ olmak** jdm Rückendeckung geben **II.** *adj* Hinter-, Rück-; AUTO (~ *cam*) Heck- **arka arka** *adv* rückwärts **arka arkaya** *adv* hintereinander; ~ **dört hafta** vier Wochen hintereinander; ~ **dizilmek** sich hintereinander aufstellen **arka ayak** <-ğı> *s* (*art bacak*) Hinterbein *nt* **arka cam** *s* AUTO Heckscheibe *f*

arkada kalanlar *pl* die Hinterbliebenen *pl*

arkadan arkaya *adv* hintenherum; (*gizlice*) heimlich

arkadaş *s* ❶ Kamerad(in) *m(f)*; (*dost*) Freund(in) *m(f)* ❷ (*hayat* ~*ı*) Gefährte, Gefährtin *m, f*; (*iş* ~ *ı*) Kollege, Kollegin *m, f*

arkadaşça *adv* kameradschaftlich; (*dostça*) freundschaftlich

arkadaşlık <-ğı> *s* ❶ Kameradschaft *f*; (*dostluk*) Freundschaft *f* ❷ Gesellschaft *f*; **birine ~ etmek** jdm Gesellschaft leisten, jdn begleiten

arka dingil *s* AUTO Hinterachse *f*

arka duvar *s* Rückwand *f*

arkaik *adj* archaisch

arkaizm *s* Archaismus *m*

arka kapı *s* Hintertür *f*; ~**dan çıkmak** durch die Hintertür hinausgehen; (*fig*) von der Schule (ohne Abschluss) abgehen **arka koltuk** <-ğu> *s* AUTO Hintersitz *m*

arkalama *s Verbalsubstantiv zu* **arkalamak**

arkalamak *vt* ❶ auf den Rücken nehmen ❷ (*fig: destek olmak*) unterstützen; (*korumak*) schützen

arkalık <-ğı> *s* Rückenlehne *f*

arka merdiven *s* Hintertreppe *f* **arka oda** *s* Hinterzimmer *nt* **arka plan** *s* ❶ Hintergrund *m*; ~**a kaymak** (*fig*) in den Hintergrund treten; ~**da kalmak/bulunmak** (*fig*) im Hintergrund bleiben/stehen ❷ (*fam*) Hintertreffen *nt*; ~**a düşmek** ins Hintertreffen geraten; ~**da kalmak** sich im Hintertreffen befinden

arkası sıra *adv* (*arkasından*) hinterher; ~ **koşmak** hinterherlaufen

arka sokak <-ğı> *s* Hintergasse *f* **arka teker** *s* AUTO Hinterrad *nt*

arkaüstü *adv* ~ **yatmak** auf dem Rücken liegen; *s. a.* **sırtüstü**

arka yüz *s* Rückseite *f*

arkeolog *s* Archäologe, -login *m, f*

arkeoloji *s ohne pl* Archäologie *f* **arkeolojik** <-ği> *adj* archäologisch

arketip *s* Archetyp *m*

arkoz *s ohne pl* GEO Arkose *f*

arktik <-ği> *adj* arktisch

arlanma *s Verbalsubstantiv zu* **arlanmak**

arlanmak *vi* (*utanmak*) sich schämen

arma *s* ❶ (*ongun*) Wappen *nt*; (*logo*) Logo *m o nt* ❷ NAUT (*yelkenlide*) Takelage *f*; ~ **donatmak** auftakeln

armador *s* NAUT Takelmeister *m*

armağan *s* ❶ (*hediye*) Geschenk *nt*; **birine bir şeyi ~ etmek** jdm etw schenken, jdn mit etw beschenken ❷ (*ödül*) Preis *m* ❸ (*bilim adamını anmak için hazırlanan bilimsel eser*) Festschrift *f* ❹ (*fig: bağış*) Gabe *f*

armatör *s* Reeder *m*

armatür *s* ❶ Armatur *f* ❷ ELEK Anker *m*

armoni *s* MUS Harmonie *f*

armonik I. *s* <-ği> MUS (*armonika*) Harmonika *f* **II.** *adj* MUS harmonisch

armonika *s* MUS Harmonika *f*; (*mızıka*) Mundharmonika *f*; (*akordeon*) Ziehharmonika *f*

armoni orkestrası *s* MUS Philharmonie *f*

armonyum *s* MUS Harmonium *nt*

armudî *adj* birnenförmig

armudu *s poss von* **armut**

armut <-du> *s* Birne *f* **armut ağacı** *s* Birnbaum *m* **armut top** *s* SPORT (*boksta*) Punchingball *m*, Maisbirne *f*

Arnavut I. *s* <-du> Albaner(in) *m(f)* **II.** *adj* albanisch; ~ **dili** die albanische Sprache

Arnavut bacası *s* (*çatı penceresi*) Dachfenster *nt* **Arnavut biberi** *s* GASTR (*acı kırmızı biber*) scharfer Paprika

Arnavutça *s* (das) Albanisch(e)

Arnavutluk <-ğu> *s* Albanien *nt*

arnika *s ohne pl* BOT Arnika *f*

aroma *s* Aroma *nt*

aromalı *adj*, **aromatik** *adj* aromatisch

aromatize *adj* aromatisiert; ~ **etmek** aromatisieren

arp *s* Harfe *f*; *s. a.* **harp**[2]

arpa *s* ❶ Gerste *f* ❷ (*tanesi*) Gerstenkorn *nt*

arpacık <-ğı> *s* ❶ MED Gerstenkorn *nt* ❷ (*silahta*) Korn *nt* **arpacık soğanı** *s* Saatzwiebel *f*, Schalotte *f*

arpa güvesi *s* Kornmotte *f*

arpalık <-ğı> *s* ❶ AGR (*arpa tarlası*) Gerstenfeld *nt* ❷ REL (*ödenek*) Pfründe *f*

arpa suyu *s ohne pl* Gerstensaft *m*; (*bira*) Bier *nt*

arpçı *s* Harfenist(in) *m(f)*

arsa *s* ❶ Baugrundstück *nt*; ~ **fiyatları arttı** die Grundstückspreise sind gestiegen; **boş bir ~** ein freies Grundstück ❷ (*ohne pl*) Baugrund *m*, Bauland *nt*, Baugelände *nt*

arsenik *s ohne pl* CHEM Arsen *nt*
arsıulusal *adj s.* **uluslararası** international
arsız *adj* (*pej*) frech; (*utanmaz*) schamlos, unverschämt
arsızlaşma *s Verbalsubstantiv zu* **arsızlaşmak**
arsızlaşmak *vi* frech werden
arsızlık <-ğı> *s* Frechheit *f;* ~ **yapmak** frech sein, sich Frechheiten erlauben
arslan *s s.* **aslan** Löwe *m*
arş[1] *s* REL (*İslam dininde*) der neunte Himmel
arş[2] *interj* MIL ~**!** abmarsch!, marsch!
arşe *s* ❶ MUS (*keman yayı*) Geigenbogen *m* ❷ (*troleybüste, tramvayda*) Bügel *m*
arşın *s* HIST ❶ (*yaklaşık 68 cm uzunluk*) Arschin *m* ❷ (*60-80 cm uzunluk*) Elle *f*
arşınlık *adj* HIST ❶ arschinlang ❷ ellenlang
arşidük *s* HIST Erzherzog *m*
arşidüklük <-ğü> *s* Erzherzogtum *nt*
arşidüşes *s* HIST Erzherzogin *f*
arşitip *s* Archetyp *m,* Archetypus *m*
arşiv *s* Archiv *nt* **arşivci** *s* Archivar(in) *m(f)*
arşivleme *s ohne pl* ❶ *Verbalsubstantiv zu* **arşivlemek** ❷ Archivierung *f*
arşivlemek *vt* archivieren
art I. *s* <-dı> *ohne pl* **ardında bırakmak** hinterlassen; **hemen ardından** gleich hinterher [*o* danach]; **kapalı kapı ardında** hinter verschlossenen Türen **II.** *adj* hintere(r, s) **art arda** *adv* hintereinander **art bacak** <-ğı> *s* Hinterbein *nt* **art bölge** *s ohne pl* Hinterland *nt*
artçı *s* MIL Nachhut *f* **artçı deprem** *s* Nachbeben *nt*
art damak <-ğı> *s* ANAT, MED Hintergaumen *m* **art düşünce** *s* Hintergedanke *m*
arter *s* ❶ ANAT, MED (*atardamar*) Arterie *f* ❷ (*fig: trafiği yoğun olan ana yol*) Verkehrsader *f*
arterit *s* MED Arthritis *f*
artezyen *adj* artesisch; ~ **kuyusu** artesischer Brunnen
artı I. *s* Plus *nt* **II.** *adj* Plus-; (*pozitif*) positiv; **eksi üç kere eksi üç ~ dokuz eder** minus drei mal minus drei ist plus neun **artı işareti** *s s.* **toplama işareti** Pluszeichen *nt*
artık I. *s* <-ğı> Rest *m* **II.** *adj* (*geriye kalan*) übriggeblieben; (*daha çok, fazla*) mehr; ~ **param kalmadı** mehr Geld habe ich nicht **III.** *adv* ❶ (*olumsuz cümlelerde*) (nun) ... mehr; ~ **çocuk değildir** er/sie ist (nun) kein Kind mehr; ~ **gelmez** er/sie kommt nicht mehr; ~ **param kalmadı** ich habe kein Geld mehr ❷ (*olumlu cümlelerde*) schon, bereits; (*bundan sonra*) nun, jetzt, nunmehr; ~ **yeter ama!** nun ist aber genug!, nun reicht's aber!; **gel ~!** komm schon!; **açık konuşma zamanı ~ gelmişti** die Zeit war nun gekommen, offen zu reden; **bu hikâyeyi ~ yüzüncü defa dinliyorum** diese Geschichte höre ich bereits [*o* schon] zum hundertsten Mal; **uyan ~ be!** (*fam*) wach doch endlich auf!
artık değer *s ohne pl* WIRTSCH Mehrwert *m*
artık emek <-ği> *s ohne pl* WIRTSCH Mehrwert *m* **artık yıl** *s* Schaltjahr *nt*
artımlı *adj* GASTR (*pirinç*) gequollen
artın *s* CHEM (*katyon*) Kation *nt*
artırım *s* Erhöhung *f*
artırma *s* ❶ *Verbalsubstantiv zu* **artırmak** ❷ (*müzayede*) Versteigerung *f*
artırmak I. *vt* ❶ erhöhen; (*üretimi*) steigern; **hızı/fiyatları ~** die Geschwindigkeit/Preise erhöhen; **birinin maaşını ~** jds Gehalt erhöhen; **bir şeyin değerini/gücünü artırmak** etw aufwerten/verstärken; **sermayesini ~** sein Kapital erhöhen [*o* aufstocken] ❷ (*müzayedede*) erhöhen (um, **-e** auf) **II.** *vi* ❶ (*tasarruf etmek*) (ab)sparen; **boğazından ~** vom Munde absparen; **dişinden tırnağından ~** (*fig fam*) an allen Ecken und Enden sparen ❷ (*müzayedede*) bieten; **başka artıran var mı?** wer bietet mehr?
artış *s* (*fiyat ~ı*) Steigerung *f,* Anstieg *m;* (*çoğalış*) Vermehrung *f,* Zunahme *f;* (*nüfus ~ı*) Zuwachs *m*
artı uç <-cu> *s* Pluspol *m;* (*anot*) Anode *f*
artist *s* Artist(in) *m(f)*
artistik *adj* artistisch **artistik patinaj** *s ohne pl* SPORT Eiskunstlauf *m*
artistlik <-ği> *s* Artistik *f*
artma *s ohne pl* ❶ *Verbalsubstantiv zu* **artmak** ❷ Zunahme *f,* Ansteigen *nt;* **atmosferimizde radyoaktivitenin devamlı ~sı** das stetige Ansteigen der Radioaktivität in unserer Atmosphäre
artmak <-ar> *vi* ❶ zunehmen, (an)steigen; **arsa fiyatları arttı** die Grundstückspreise sind gestiegen ❷ (*bir miktar geri kalmak*) übrig bleiben; **bu yeter de artar** (**bile**) das ist (sogar) mehr als genug
art niyet *s* Hintergedanke *m*
artrit *s* MED Arthritis *f*
artroz *s* MED Arthrose *f*
art teker *s,* **art tekerlek** <ği> *s* Hinterrad *nt*
arttırma *s Verbalsubstantiv zu* **arttırmak**
arttırmak *vt* steigern; (*yükseltmek*) erhöhen
art zamanlı *adj* LING (*diyakronik*) diachron, diachronisch
arya *s* MUS Arie *f*

A

arz[1] *s* ① (*sunma*) Vorlage *f,* Vorlegung *f;* ~ **etmek** vorlegen ② WIRTSCH (*sunu*) Angebot *nt;* ~ **ve talep** Angebot und Nachfrage

arz[2] *s* (*en, genişlik*) Breite *f*

arz[3] *s* ① (*yer*) Grund *m;* (*yer, yeryüzü*) Erde *f* ② Land *nt;* **A~ı Mevut** das Gelobte Land

arz cazibesi *s ohne pl s.* **yer çekimi** Erdanziehung *f,* Gravitation *f* **arz dairesi** *s s.* **enlem dairesi** GEO Breitenkreis *m* **arz derecesi** *s s.* **enlem** GEO Breitengrad *m*

arziyat *s s.* **jeoloji** Geologie *f*

arz odası *s* Empfangszimmer *nt,* Empfangsraum *m*

arzu *s* ① (*istek, dilek*) Wunsch *m;* ~ **etmek** sich wünschen; **ne ~ edersiniz?** was wünschen Sie?, Sie wünschen?, was darf es sein? ② (*heves*) Lust *f* ③ Wille *m;* **son ~su** sein letzter Wille

arzuhâl <-li> *s* Bittgesuch *nt,* Bittschrift *f;* (*dilekçe*) Gesuch *nt,* Antrag *m*

arzulama *s ohne pl* ① *Verbalsubstantiv zu* **arzulamak** ② Verlangen *nt*

arzulamak *vt* (*istek duymak*) verlangen (nach); (*istemek*) möchten, sich wünschen

as[1] *s* ZOOL (*kakım*) Hermelin *m*

as[2] *s* ① (*iskambil kâğıdı*) Ass *nt* ② (*fig*) Ass *nt,* Spitzenreiter *m*

asa [asa:] *s* ① (*mareşallik ~sı*) Stab *m;* REL (*din adamlarının ~sı*) Hirtenstab *m* ② (*uzun sopa*) Stab *m*

asabi [asabi:] *adj* ① (*sinirli*) nervös, leicht reizbar, erregbar, aufbrausend ② (*sinirsel*) nervlich, nerval

asabileşme *s ohne pl* ① *Verbalsubstantiv zu* **asabileşmek** ② Aufregung *f*

asabileşmek *vt* (*sinirlenmek*) nervös werden; (*kızmak*) sich aufregen

asabilik <-ği> *s ohne pl* Erregbarkeit *f,* Reizbarkeit *f*

asabiye *s ohne pl* Neurologie *f*

asabiyeci *s* Nervenarzt, -ärztin *m, f*

asabiyet *s ohne pl* Nervosität *f*

asal *adj* ① (*esasî*) grundsätzlich ② CHEM (~ *gaz*) Edel-; MATH (~ *sayı*) Prim-

asalak I. *s* <-ğı> ① BIOL (*parazit*) Parasit *m,* Schmarotzer *m* ② (*pej: parazit, ekti*) Schmarotzer(in) *m(f)* **II.** *adj* schmarotzerhaft; ~ **olarak yaşamak** schmarotzerhaft leben

asalaklık <-ğı> *s ohne pl* Schmarotzertum *nt*

asaleten *adv* ① in eigener Person ② hauptamtlich

asal gaz *s* CHEM Edelgas *nt* **asal sayı** *s* MATH Primzahl *f*

asansör *s* Aufzug *m,* Fahrstuhl *m;* ~**le çıkmak/inmek** mit dem Aufzug [*o* Fahrstuhl] hinauffahren/hinunterfahren; ~**le dördüncü kata çıkmak** mit dem Fahrstuhl in den vierten Stock hochfahren

asansör boşluğu *s* Fahrstuhlschacht *f*

asansörcü *s* ① Aufzugführer(in) *m(f),* Fahrstuhlführer(in) *m(f)* ② (*otellerde*) Liftboy *m*

asap <-bı> [a:sa:b] *pl s.* **sinirler** Nerven *pl;* **birinin asabını bozmak** jdm auf die Nerven gehen

asar [a:sa:r] *pl s.* **eserler** Werke *pl*

asarıatika [a:sa:'rıati:ka] *pl s.* **eski eserler** Altertümer *pl*

asayiş [a:sa:-] *s* (*düzenlilik*) Ordnung *f;* (*güvenlik*) Sicherheit *f*

asbaşkan *s* Vizepräsident(in) *m(f)*

asbest *s* Asbest *m*

asbestli *adj* asbesthaltig

asbest tozu *s ohne pl* Asbeststaub *m*

aselbent <-di> *s* ① BOT (*Styrax*) Benzoebaum *m* ② (*reçinesi*) Benzoe *f*

asenkron *adj* asynchron

asetik asit <-di> *s ohne pl* CHEM (*sirke ruhu*) Essigsäure *f*

asetilen *s ohne pl* Azetylen *nt*

aseton *s ohne pl* CHEM Azeton *nt,* Aceton *nt*

asfalt I. *s* Asphalt *m* **II.** *adj* (*asfaltlanmış*) asphaltiert

asfaltlama *s Verbalsubstantiv zu* **asfaltlamak**

asfaltlamak *vt* asphaltieren

asfaltlanma *s Verbalsubstantiv zu* **asfaltlanmak**

asfaltlanmak *vi pass von* **asfaltlamak: mahallemizdeki bütün yollar asfaltlandı** alle Straßen in unserem Viertel wurden asphaltiert

asfalt yol *s* Asphaltstraße *f*

asgari [asgari:] *adj* Mindest- **asgari gelir** *s* Mindesteinkommen *nt* **asgari had** <-ddi> *s* Mindestgrenze *f* **asgari müşterek** <-ği> *s* **bir şeyi ~lerde birleştirmek** (*fig*) etw auf einen gemeinsamen Nenner bringen **asgari ücret** *s* Mindestlohn *m*

asık <-ğı> *adj* ~ **surat** eine bärbeißige Miene

asıl I. *s* <-slı> ① (*kopya karşıtı*) Original *nt;* (*belge için*) Urschrift *f* ② (*köken*) Ursprung *m;* (*kaynak*) Herkunft *f* ③ (*gerçeklik*) Authentizität *f;* (*hakikat*) **bu haberin aslı yok** diese Nachricht ist nicht wahr; **bir işin aslını araştırmak** etw auf den Grund gehen ④ (*soy*) Abstammung *f* **II.** *adj* ① eigentlich; (*gerçek*) wahr; ~ **adı** sein eigentlicher Name; ~ **sanat budur** das ist wahre Kunst; ~ **sebep** der wahre Grund; **aslı çıkmak** sich als wahr heraus-

stellen ❷ (*ana*) Haupt-, Grund-; ~ **sebep** der Hauptgrund ❸ (~ *sayı*) Kardinal-
asılanma *s* ❶ *Verbalsubstantiv zu* **asılanmak** ❷ (*intifa*) Nutznießung *f*, Nießbrauch *m*
asılanmak *vi* nutznießen (**-den** von)
asıllı *adj* **Alman** ~ deutschstämmig
asılma *s Verbalsubstantiv zu* **asılmak**
asılmak **I.** *pass von* **asmak**: **resimler asıldı** die Bilder wurden aufgehängt; **resimler duvara asıldı** die Bilder wurden an die Wand gehängt **II.** *vi* ❶ (*tutunup sarkmak*) **dala** ~ sich an einen Ast hängen ❷ (*tutup çekmek*) **çocuk annesinin eteğine asıldı** das Kind hängte sich am Rock der Mutter ❸ **küreklere** ~ sich in die Riemen legen ❹ (*ısrar etmek*) drängen (**-e**) ❺ anmachen (**-e**); **bir kıza** ~ ein Mädchen anmachen ❻ (*fam*) sich dranhängen (**-e** an)
asıl sayı *s* MATH Kardinalzahl *f*
asılsız *adj* unbegründet
asır <-srı> *s s.* **yüzyıl** Jahrhundert *nt*; ~**lar önce/sonra** vor/nach Jahrhunderten; **asrın başında/sonunda** am Anfang/Ende des Jahrhunderts
asi [a:si:] **I.** *s* Rebell(in) *m(f)*, Aufständische(r) *f(m)* **II.** *adj* rebellisch, aufständisch; ~ **gençlik** die rebellische Jugend
asil *adj* ❶ adelig ❷ edel
asileşme *s Verbalsubstantiv zu* **asileşmek**
asileşmek *vi* (*isyan etmek*) rebellieren
asilzade *s* Adelige(r) *f(m)*; HIST Edelmann *m*
asimetri *s a.* MATH (*bakışımsızlık*) Asymmetrie *f*
asimetrik *adj a.* MATH (*bakışımsız*) asymmetrisch
asimilasyon *s* ❶ POL, BIOL Assimilation *f*; (*özümleme*) Anpassung *f* ❷ LING Assimilation *f*; (*benzeşme*) Angleichung *f*
asimile *adj* assimilatorisch; ~ **etmek** assimilieren
asimptot *s* MATH (*sonuşmaz*) Asymptote *f*
asistan *s* Assistent(in) *m(f)*; (*yardımcı*) Helfer *m*
asistanlık <-ğı> *s* Assistenz *f*; **birine** ~ **yapmak** jdm Assistenz leisten
asit <-di> *s* CHEM Säure *f* **asit borik** <-ği> *s ohne pl s.* **borik asit** Borsäure *f* **asit fenik** <-ği> *s ohne pl* CHEM Karbolsäure *f*
as kat *s* Unterteilung *f*
asker *s* ❶ Militärperson *f* ❷ (*er*) Soldat *m* ❸ (*askerlik görevi*) Militärdienst *m*; ~**e çağrılmak** einberufen werden
askercilik <-ği> *s* Militarismus *m*
askerî *adj* militärisch, Militär- **askerî ataşe** *s* POL Militärattaché *m* **askerî darbe** *s* Militärputsch *m* **askerî hükûmet** *s* Militärregierung *f* **askerî inzibat** *s* Militärpolizei *f*
askeriye *s ohne pl s.* **askerlik**
askerî zabıta *s* Militärpolizei *f*
asker kaçağı *s* Fahnenflüchtiger *m*, Deserteur(in) *m(f)*
askerlik <-ği> *s ohne pl*, **askerlik hizmeti** *s ohne pl* Militärdienst *m*; (*Almanya'da*) Wehrdienst *m*
askı *s* ❶ Aufhänger *m*; (*giysi* ~ *sı*) Bügel *m* ❷ (*pantolon* ~ *sı*) Träger *m* ❸ Aushang *m*; ~**ya çıkarmak** aushängen, aufbieten ❹ (*fig*) ~**da kalmak** auf dem Abstellgleis stehen; ~**da olmak** in der Schwebe sein ❺ ~**ya almak** (*bir yapıyı*) abstützen; (*bir gemiyi*) flottmachen; (*fig: bir işi*) zurückstellen
askılı eteklik <-ği> *s* Trägerrock *m*
askılık <-ğı> *s* (*vestiyer*) Garderobe *f*
askorbik asit <-di> *s* CHEM Ascorbinsäure *f*
asla [asla:] *adv* auf gar keinen Fall; (*hiçbir zaman*) niemals
aslan *s* ZOOL Löwe *m*
Aslan *s* ASTROL Löwe *m*; ~ **burcu/dönencesi** das Sternbild/der Wendekreis des Löwen
aslanağzı *s* BOT Löwenmaul *nt*
aslanca *adv* wie ein Löwe
aslanlık <-ğı> *s ohne pl* Löwenmut *m*
aslan payı *s* Löwenanteil *m*
aslanpençesi *s* ❶ BOT Edelweiß *nt* ❷ MED (*şirpençe*) Karbunkel *m*
aslan sütü *s* (*fig fam*) Löwenmilch *f* (*scherzhaft für Raki*) **aslan yelesi** *s* Löwenmähne *f* **aslan yürekli** *adj* heldenhaft; **A~ Rişar** HIST Richard Löwenherz
aslen *adv* im Grunde genommen
aslı *s poss von* **asıl** **aslı astarı** *s* (*esası*) das Wesentliche; ~ **olmamak** unbegründet sein
aslık <-ğı> *adj* (*fam: kısır*) unfruchtbar
aslında *adv* im Grunde (genommen), eigentlich, in Wahrheit; ~ **bunu bilmen gerekir** das müsstest du eigentlich wissen
aslı nesli *s* (*soyu sopu*) die gesamte Verwandtschaft
asli [asli:] *adj* ❶ (*ana*) Grund-, Haupt- ❷ JUR originär, ursprünglich **asli düşünce** *s* (*ana fikir*) Grundgedanke *m* **asli maaş** *s* Grundgehalt *nt* **asli nüsha** *s* Original *nt*, Urschrift *f*
asliye mahkemesi *s* JUR Amtsgericht *nt*
asma[1] **I.** *s Verbalsubstantiv zu* **asmak** **II.** *adj* (*asılı*) hängend; (*asılmış*) aufgehängt; **Semiramis'in** ~ **bahçeleri** die Hängenden Gärten der Semiramis
asma[2] *s* Rebe *f*, Weinrebe *f* **asma biti** *s*

ZOOL Reblaus *f*

asmak <-ar> *vt* ❶ aufhängen (**-e** in); (*afiş*) aufhängen, anbringen ❷ (*ip çekmek*) erhängen; **kendini ~** sich erhängen ❸ (*bayrak*) hissen ❹ (*fam: okulu*) schwänzen ❺ **surat ~** ein langes Gesicht machen

asma kat *s* ❶ Zwischengeschoss *nt* ❷ Hängeboden *m* **asma kilit** <-di> *s* Vorhängeschloss *nt* **asma köprü** *s* Hängebrücke *f* **asma kütüğü** *s* Rebstock *m* **asma merdiven** *s* Strickleiter *f* **asma yaprağı** *s* GASTR Weinblatt *nt*

asorti *adj* zusammenpassend, abgestimmt

asortik <-ği> *adj* (*pej: sosyetik*) **~ bir tip** ein Schickimicki-Typ

asosyal *adj* asozial

as oyuncu *s* Spitzenspieler(in) *m(f)*

asparagas *s* VERLAG Zeitungsente *f*, Ente *f*

aspiratör *s* PHYS (*emmeç*) Aspirator *m*

aspirin® *s* Aspirin *nt*

aspur *s s.* **yalancı safran** BOT Safflor *m*, Färberdistel *f*

asrı *s poss von* **asır**

asri [asri:] *adj* (*çağdaş*) modern; (*çağcıl*) zeitgenössisch; (*modern*) modern

asrileştirme *s* ❶ *Verbalsubstantiv zu* **asrileştirmek** ❷ Modernisierung *f*

asrileştirmek *vt* modernisieren

asrilik <-ği> *s ohne pl* Moderne *f*

ast **I.** *s* Untergebene(r) *f(m)* **II.** *adj* Unter-

astar *s* ❶ (*giyecekte*) Futter *nt*; **kutunun içine ~ geçirmek** die Schachtel von Innen auskleiden ❷ Grundierung *f*; **~ sürmek/vurmak/çekmek** grundieren (**-e**) **astar boyası** *s* Grundierfarbe *f*

astarlama *s ohne pl* ❶ *Verbalsubstantiv zu* **astarlamak** ❷ Fütterung *f* ❸ Grundierung *f*

astarlamak *vt* ❶ (*astar geçirmek*) füttern ❷ (*astar vurmak*) grundieren

astarlı *adj* gefüttert; **gri ~ bir zarf** ein Umschlag mit grauem Futter

astarlık **I.** *s* <-ğı> Futterstoff *m* **II.** *adj* Futter-; **~ kumaş** Futterstoff *m*

astarya *s* NAUT Liegezeit *f*

asteğmen *s* MIL Unterleutnant *m*

astım *s ohne pl* MED Asthma *nt*

astımlı **I.** *s* MED Asthmatiker(in) *m(f)* **II.** *adj* MED asthmatisch

astırma *s ohne pl Verbalsubstantiv zu* **astırmak**

astırmak *vt Kausativ zu* **asmak**

astigmat *adj* MED astigmatisch

astigmatizm *s ohne pl* MED Astigmatismus *m*

astragan *s* ❶ (*post*) Persianer *m* ❷ (*manto*) Persianer *m*

astrofizik <-ği> *s ohne pl* Astrophysik *f* **astrofizikçi** *s* Astrophysiker(in) *m(f)*

astrolog <-ğu> *s* Astrologe, -login *m, f*

astroloji *s ohne pl* Astrologie *f* **astrolojik** *adj* astrologisch

astronom *s* Astronom(in) *m(f)*

astronomi *s ohne pl* Astronomie *f*

astronomik *adj* ❶ astronomisch ❷ (*fam*) astronomisch; **~ fiyatlar/rakamlar** astronomische Preise/Zahlen

astronot *s* Astronaut(in) *m(f)*

astropikal <-li> *adj* GEO subtropisch

astsubay *s* MIL Unteroffizier *m*; **denizci ~** MIL, NAUT Bootsmann *m* **astsubay başçavuş** *s* MIL Feldwebel *m*

asuman [a:suma:n] *s s.* **gök, gökyüzü** Himmel *m*

Asya *s* Asien *nt*

Asyalı **I.** *s* Asiat(in) *m(f)* **II.** *adj* asiatisch

aş *s* Essen *nt*; **el kazanıyla ~ kaynatmak** (*fig*) sich mit fremden Federn schmücken

A.Ş. *s Abk von* **anonim şirket** JUR AG *f*, Aktiengesellschaft *f*

aşağı **I.** *s* der untere Teil; (**vücudunun**) **belden ~sı felçli** er ist unterhalb der Taille gelähmt **II.** *adj* ❶ (*bayağı*) ordinär ❷ (*fig: mal*) minder, minderwertig; (*ucuz*) billig; **~ kurtarmaz!** billiger geht's nicht! ❸ nieder; **~ bitkiler** niedere Pflanzen **III.** *adv* (*yere doğru*) abwärts, hinunter, nach unten; **~ atlamak** herunterspringen, hinunterspringen, nach unten springen; **~ kaymak** abwärtsrutschen; **bir ~ bir yukarı dolanmak/gezinmek/gitmek** auf und ab wandern/schlendern/gehen; **dağdan ~** vom [*o* den] Berg hinunter; **üçüncü kattan ~ atlamak** vom dritten Stock hinunterspringen

aşağıdaki *adj* unten stehend, (nach)folgend

aşağılama *s ohne pl* ❶ *Verbalsubstantiv zu* **aşağılamak** ❷ Erniedrigung *f* ❸ Verachtung *f*

aşağılamak *vt* ❶ erniedrigen ❷ verachten; **bir şeyi/kimseyi ~** etw/jdn verachten

aşağılık **I.** *s* <-ğı> *ohne pl* Minderwertigkeit *f* **II.** *adj* minderwertig **aşağılık duygusu** *s* PSYCH Minderwertigkeitsgefühl *nt* **aşağılık kompleksi** *s* PSYCH Minderwertigkeitskomplex *m*

Aşağı Saksonya *s* Niedersachsen *nt*

aşağısama *s ohne pl* ❶ *Verbalsubstantiv zu* **aşağısamak** ❷ Geringschätzung *f*

aşağısamak *vt* ❶ **bir şeyi/kimseyi ~** etw/jdn gering schätzen ❷ (*hafifsemek*) auf die leichte Schulter nehmen

aşağı yukarı *adv* ❶ circa, zirka, etwa, ungefähr; **~ seksen yaşında** er ist etwa achtzig Jahre alt ❷ auf und ab; **~ yürümek** auf und an gehen

aşama *s* ❶ (*rütbe*) Rang *m* ❷ (*evre*) Phase *f*, Stadium *nt* **aşama sırası** *s* Rangordnung *f*, Rangfolge *f*; (*hiyerarşi*) Hierarchie *f*

aşçı *s* Koch *m*, Köchin *f*

aşçıbaşı <-yı o -nı> *s* Chefkoch, -köchin *m, f*; (*büyük mutfakta*) Küchenchef(in) *m(f)*

aşçılık <-ğı> *s ohne pl* ❶ (*yemek pişirme zanaatı*) Kochkunst *f* ❷ (*aşçı olma durumu*) **parasını ~la kazanıyor** er verdient sein Geld als Koch

aş damı *s* REG (*mutfak*) Küche *f* **aş evi** *s* ❶ (*lokanta*) Speiselokal *nt*, Esslokal *nt* ❷ (*yoksullara parasız yemek dağıtılan yer*) Volksküche *f*

aşhane *s* ❶ (*aş evi*) Volksküche *f* ❷ REG (*mutfak*) Küche *f*

aşı *s* ❶ MED (*uygulama*) Impfung *f*; **~ olmak** geimpft werden ❷ (*madde*) Impfstoff *m*, Schutzimpfung *f* ❸ (*eklenen parça*) Pfropfreis *nt*, Pfröpfling *m*; (*kaynaştırma işi*) Pfropfung *f* **aşı boyalı** *adj* ocker, ockerfarben, ockerfarbig **aşı boyası** **I.** *s* Ocker *m o nt*, Ockerfarbe *f* **II.** *adj* ockerfarben, ockerfarbig **aşı istasyonu** *s* Impfstelle *f*

aşık <-ğı> *s* ❶ ANAT Fußknöchel *m*; **aşığını burkmak** sich den Knöchel verstauchen ❷ (*fig*) **biriyle ~ atmak** es mit jdm aufnehmen; **biriyle ~ atabilmek** jdm das Wasser reichen können; **onunla ~ atamazsın** mit ihm kannst du dich nicht messen, du kannst ihm nicht das Wasser reichen, neben ihm kannst du dich verkriechen

âşık <-ğı> [aːʃk] **I.** *s* ❶ Liebhaber(in) *m(f)*; **âşığın gözü kördür** Liebe macht blind ❷ (*halk ozanı*) Volksdichter *m* **II.** *adj* verliebt; **bir kimseye/şeye ~ olmak** sich in jdn/etw verlieben

aşı kâğıdı *s* MED Impfpass *m*

aşık kemiği *s* REG (*aşık*) Fußknöchel *m*

âşıklık <-ğı> [aː--] *s ohne pl* Verliebtsein *nt*

âşıktaş *s* Verliebte(r) *f(m)*; **~lar** die Verliebten

âşıktaşlık <-ğı> *s* (*fam*) Liebelei *f*; **~ etmek** Liebe machen

aşılama *s* ❶ *Verbalsubstantiv zu* **aşılamak** ❷ AGR Veredelung *f*

aşılamak *vt* ❶ MED (*aşı yapmak*) impfen ❷ MED (*başkasına hastalık geçirmek*) anstecken, infizieren ❸ INFORM (*virüs*) infizieren ❹ BOT pfropfen ❺ AGR (*yabani ağaç*) veredeln ❻ (*fig fam*) einimpfen, indoktrinieren; (*telkin etmek*) suggerieren; **birine bir şeyi ~** jdm etw einimpfen

aşılanma *s* ❶ *Verbalsubstantiv zu* **aşılanmak** ❷ AGR Veredelung *f*

aşılanmak *vi pass von* **aşılamak**: **çocukları dün aşılandı** die Kinder wurden gestern geimpft

aşılatma *s Verbalsubstantiv zu* **aşılatmak**

aşılatmak *vt Kausativ zu* **aşılamak**: **çocukları dün aşılattık** wir haben die Kinder gestern impfen lassen

aşılma *s Verbalsubstantiv zu* **aşılmak** Überwindung *f*; **~sı imkânsız bir engel** ein unüberwindliches Hindernis

aşılmak *vi pass von* **aşmak** überwunden werden

aşım *s* (*çiftleşme*) Paarung *f* **aşım istasyonu** *s* Deckstation *f*

aşındırma *s* ❶ *Verbalsubstantiv zu* **aşındırmak** ❷ Abnutzung *f*

aşındırmak *vt* ❶ *Kausativ zu* **aşınmak** abnutzen, verschleißen ❷ GEO **suyla ~** auswaschen ❸ (*asit*) ätzen, sich fressen (durch); (*pas*) zerfressen, sich fressen (durch) ❹ (*fig fam*) **birinin kapısını ~** jdm die Tür einlaufen [*o* einrennen]

aşınma *s* ❶ *Verbalsubstantiv zu* **aşınmak** ❷ Abnutzung *f*, Verschleiß *m* **aşınma belirtisi** *s* MED, TECH Verschleißerscheinung *f*

aşınmak *vi* sich abnutzen, verschleißen

aşınmış *adj* abgenutzt, verschlissen

aşırı **I.** *adj* ❶ übertrieben; (*taşkın*) exzessiv ❷ extrem ❸ (*gereğinden fazla olan*) allzu viel; **sigaranın ~sı sağlığa zararlıdır** allzu viel rauchen schadet der Gesundheit ❹ POL extremistisch, radikal; **~ sol** die extreme Linke **II.** *adv* extrem, äußerst; **~ gitmek** (*fam*) zu weit gehen; (*ölçüyü kaçırmak*) das rechte Maß verlieren, das Maß überschreiten; (*fam*) den Bogen überspannen **aşırı arz** *s* WIRTSCH Überangebot *nt*

aşırıcılık <-ğı> *s a.* POL Extremismus *m*

aşırı talep <-bi> *s* WIRTSCH Übernachfrage *f*

aşırı üretim *s* WIRTSCH Überproduktion *f* **aşırı yorgunluk** <-ğu> *s* Übermüdung *f* **aşırı yüklü** *adj* überladen

aşırma *s* ❶ *Verbalsubstantiv zu* **aşırmak** ❷ Plagiat *nt*

aşırmak *vt* ❶ hinüberbringen ❷ (*sl*) klauen ❸ (*tehlikede*) in Sicherheit bringen ❹ LIT plagiieren

aşırma kayış *s* TECH Treibriemen *m*

aşı şehadetnamesi *s* Impfbescheinigung *f*

aşikâr [aːʃikãr] *adj* offensichtlich, offenkundig, offenbar, eklatant; **~ etmek** offenbaren; **~ olmak** sich offenbaren; (*belli olmak*) sich herausstellen

aşil kirişi *s* ANAT Achillessehne *f*

aşina [aːʃinaː] **I.** *s* (*bildik, tanıdık*) Bekannte(r) *f(m)*; (*dost, arkadaş*) Vertraute(r) *f(m)* **II.** *adj* bekannt, vertraut

A

A

aşinalık <-ğı> *s ohne pl* Vertrautheit *f;* (*tanışıklık*) Bekanntschaft *f;* ~ **göstermek** sich vertraut machen (-**e** mit)
aşiret [aʃiːret] *s* Nomadenstamm *m*
aşiyan [aːʃijan] *s* ❶ (*kuş yuvası*) Vogelnest *nt* ❷ (*fig*) Nest *nt,* vertrautes Heim
aşk *s* ❶ Liebe *f;* **biriyle ~ yapmak** mit jdm Liebe machen; **~a düşmek** sich verlieben; **~ını etkilemek için** um seiner Liebsten zu imponieren; **yasak ~** verbotene Liebe; **kumarda kaybeden ~ta kazanır** (*prov*) Unglück im Spiel, Glück in der Liebe ❷ REG ~ **etmek** (*hızla vurmak*) hauen; (*tokat*) scheuern; **ona** (**öyle**) **bir tokat ~ etti** (**ki ...**) er hat ihm (so) eine gescheuert, (dass ...) ❸ (*fam*) **~a gelmek** ins Schwärmen kommen; (*coşmak*) (ganz) aus dem Häuschen geraten ❹ **~ına** um ... Willen; **Tanrı** [*o* **Allah**] **~ına** um Gottes Willen **aşk badesi** *s* Liebestrank *m* **aşk derdi** *s ohne pl* Liebeskummer *m* **aşk etmek** <-der> *vi* **birinin suratına tokat ~** jdm eine Ohrfeige geben **aşk hayatı** *s ohne pl* Liebesleben *nt*
aşkın[1] [aʃkn] *s Genetiv von* **aşk**
aşkın[2] [aʃkn] *adj* ❶ (*geçmiş*) über, mehr als; **yaşı elliyi ~dı** er war über fünfzig, er war mehr als fünfzig Jahre alt ❷ (*fazla*) **işi başından ~ olmak** (*fig fam*) bis über beide Ohren in Arbeit stecken
aşk macerası *s* Liebesabenteuer *nt* **aşk mektubu** *s* Liebesbrief *m* **aşk merdiveni** *s* BOT Farn *m* **aşk tanrıçası** *s* Liebesgöttin *f* **aşk yaşamı** *s ohne pl* Liebesleben *nt*
aşlık <-ğı> *s* Vorrat *m*
aşma *s* ❶ *Verbalsubstantiv zu* **aşmak** ❷ Überwindung *f;* (*hız sınırlamasını*) Überschreitung *f*
aşmak <-ar> [aʃ-] **I.** *vt* ❶ (*engel*) überwinden; (*barajı* ~) nehmen ❷ (*ses duvarını*) durchbrechen ❸ (*hız sınırlamasını*) überschreiten; **kırk yaşını çoktan aşmıştı** er hatte die Vierzig längst überschritten **II.** *vi* ❶ (*çiftleşmek*) sich paaren (-**e** mit) ❷ (*fam: kaçmak*) verschwinden
aşure [--:-] *s* GASTR *Süßspeise aus Weizenkörnern, Kichererbsen, Trockenfrüchten gekocht mit Zucker*
aşüfte [a:--] *s* ❶ Kokotte *f* ❷ Kurtisane *f;* (*sevgili*) Geliebte *f*
at I. *vt Imperativ von* **atmak II.** *s* ❶ Pferd *nt,* Ross *nt;* **~ları arabaya koşmak** die Pferde vor den Wagen spannen, die Pferde anspannen ❷ (*satrançta*) Springer *m* ❸ (*fig fam*) **~ını sağlam kazığa bağlamak** auf Nummer sicher gehen; **~lar tepişir, arada eşekler ezilir** wenn sich die Großen streiten, müssen die Kleinen bluten
AT *s Abk von* **Avrupa Topluluğu** HIST EG *f,* Europäische Gemeinschaft
ata *s* Ahn *m,* Vorfahr *m*
atacılık <-ğı> *s* Atavismus *m*
ataerki *s* Patriarchat *nt*
ataerkil *adj* patriarchalisch
at ahırı *s* Pferdestall *m*
atak[1] <-ğı> *adj* kühn, wagemutig
atak[2] <-ğı> *s* (*hücum*) Attacke *f;* (*saldırı*) Angriff *m,* Offensive *f*
ataklık <-ğı> *s ohne pl* Kühnheit *f;* (*cü'ret*) Wagemut *f*
atalet *s ohne pl* ❶ Trägheit *f* ❷ (*işsizlik*) Arbeitslosigkeit *f* ❸ PHYS (*süredurum*) Trägheit *f*
atama *s* ❶ *Verbalsubstantiv zu* **atamak** ❷ Ernennung *f,* Berufung *f* ❸ (*mirasçı olarak*) Einsetzung *f*
atamak *vt* ernennen (-**e** zu), berufen; (*mirasçı olarak*) einsetzen
atanma *s* ❶ *Verbalsubstantiv zu* **atanmak** ❷ Ernennung *f,* Berufung *f* ❸ (*mirasçı olarak*) Einsetzung *f*
atanmak *vi pass von* **atamak** berufen werden
at arabası *s* Pferdewagen *m*
ataraksiya *s ohne pl* PHILOS Ataraxie *f*
atardamar *s* ANAT, MED Arterie *f,* Schlagader *f; s. a.* **toplardamar**
atasözü *s* Sprichwort *nt,* Proverb *nt*
ataş *s* Heftklammer *f,* Büroklammer *f*
ataşe *s* POL Attaché *m*
Atatürkçü *s* Kemalist(in) *m(f)*
Atatürkçülük <-ğü> *s ohne pl* Kemalismus *m*
atavik *adj* atavistisch
atavizm *s* Atavismus *m*
at çulu *s* Pferdedecke *f*
ate I. *s* Atheist(in) *m(f)* **II.** *adj* atheistisch
ateist *s* Atheist(in) *m(f)*
ateizm *s ohne pl* Atheismus *m*
atelye *s s.* **atölye**
ateş *s ohne pl* ❶ Feuer *nt;* **~ almak** Feuer fangen; **~ püskürmek** (*fam*) Gift und Galle spucken; **birine ~ vermek** jdm Feuer geben; **~iniz var mı?** haben Sie Feuer?; **~le oynamak** (*a. fig*) mit dem Feuer spielen; **Olimpiyat A~i** das olympische Feuer ❷ (*silah atma*) Feuer *nt;* **~!** MIL Feuer!; **~ açmak/kesmek** das Feuer eröffnen/einstellen; **~ etmek** feuern, schießen; **bir el ~ etmek** einen Schuss abfeuern ❸ Flamme *f;* **~ olmayan yerden duman çıkmaz** (*prov*) kein Rauch ohne Flamme; **bir şeyi kısık ~te pişirmek** etw auf kleiner Flamme kochen ❹ Fieber *nt,* Temperatur *f;* **~ düşürmek** das Fieber senken;

~i çıkmak Fieber bekommen; (**hafif**) **~i olmak** (erhöhte) Temperatur haben; (**yüksek**) **~i olmak** (hohes) Fieber haben; **40 derece ~i olmak** 40 Grad Fieber haben; **çocuğun ~i var** das Kind hat Fieber; **dışarısı ~ gibi** (*fam*) draußen ist es glühend heiß

ateş balığı *s* ZOOL (*sardalye*) Sardine *f*

ateşbaz *s* Feuerschlucker(in) *m(f)*

ateş böceği *s* ZOOL Leuchtkäfer *m*, Glühwürmchen *nt*

ateşçi *s* Heizer *m*

ateş çiçeği *s* BOT Prachtsalbei *m*

ateşe dayanıklı *adj* feuerfest, feuerbeständig

ateş etme komutu *s* MIL Feuerbefehl *m*

ateş gecesi *s* REL Johannisnacht *f*

ateşkes *s* Feuerpause *f*, Waffenruhe *f*; (*mütareke*) Waffenstillstand *m*

ateş kırmızısı *adj* feuerrot

ateşleme *s ohne pl* ❶ *Verbalsubstantiv zu* **ateşlemek** ❷ Feuerung *f* ❸ TECH, AUTO Zündung *f* **ateşleme ayarı** *s* TECH, AUTO Zündeinstellung *f*; **~ bozulmuş** die Zündung hat sich verstellt **ateşleme bobini** *s* Zündspule *f* **ateşleme fitili** *s* Zündschnur *f*

ateşlemek **I.** *vt* ❶ (*ocağı*) anfeuern, anzünden ❷ feuern, einheizen ❸ (*fig: kışkırtmak*) anfeuern, anspornen; (*şiddetlendirmek*) anheizen **II.** *vi* ❶ feuern ❷ TECH, AUTO zünden

ateşleme tertibatı *s* Zündvorrichtung *f*, Zünder *m*

ateşlendirme *s Verbalsubstantiv zu* **ateşlendirmek**

ateşlendirmek *vt* (*fig: kışkırtmak*) anfeuern, anspornen; (*şiddetlendirmek*) anheizen

ateşlenme *s Verbalsubstantiv zu* **ateşlenmek**

ateşlenmek *vi* ❶ *pass zu* **ateşlemek** ❷ Fieber bekommen ❸ (*fig*) Feuer fangen

ateşletme *s Verbalsubstantiv zu* **ateşletmek**

ateşletmek *vt Kausativ zu* **ateşlemek**

ateşleyici **I.** *s* Zünder *m* **II.** *adj* (*a. fig*) zündend

ateşli *adj* ❶ (*hasta*) fieb(e)rig, von Fieber befallen ❷ (*fig: coşkun*) feurig; **~ bir tartışma** eine feurige Debatte ❸ (*fig: cinsel istekleri güçlü olan*) feurig, leidenschaftlich

ateşlik <-ği> *s* Feuerstelle *f*

ateşli silah *s* Feuerwaffe *f*, Schusswaffe *f*

ateş pahası *adj* sündhaft teuer

atık <-ğı> *s* Abfall *m*, Müll *m*; **radyoaktif ~lar** radioaktive Abfälle **atık değerlendirme** *s* Abfallverwertung *f* **atık su** *s* Abwasser *nt*

atıl [aːtɯl] *adj* ❶ (*tembel*) träge ❷ (*işsiz*) arbeitslos ❸ (*işe yaramaz*) unbrauchbar ❹ WIRTSCH (*para*) brachliegend

atılgan *adj* ❶ kühn, wagemutig ❷ (*girişken*) betriebsam, unternehmend

atılganlık <-ğı> *s ohne pl* ❶ Kühnheit *f*, Wagemut *f* ❷ (*girişkenlik*) Betriebsamkeit *f*

atılma *s Verbalsubstantiv zu* **atılmak**

atılmak *vi* ❶ *pass von* **atmak** ❷ **maceraya ~** sich ins Abenteuer stürzen; **tehlikeye ~** sich in Gefahr begeben; **işten atıldı** (*fam*) er ist (hinaus)geflogen

atım *s* Schuss *m*

atış *s* ❶ (*silahla*) Schuss *m* ❷ SPORT (*serbest ~*) Wurf *m* ❸ MED (*nabız ~ı*) Schlag *m*

atışma *s* ❶ *Verbalsubstantiv zu* **atışmak** ❷ Wortwechsel *m*

atışmak *vi* ❶ streiten (**-le** mit) ❷ wettstreiten (**-le** mit)

atış talimi *s* Schießübung *f*

atıştırmalık <-ğı> *s* Imbiss *m*, Häppchen *nt*

atıştırma yeri *s* Imbissstand *m*, Schnellimbiss *m*

ati *s ohne pl s.* **gelecek** Zukunft *f*

Atina *s* Athen *nt*

Atinalı *s* Athener(in) *m(f)*

at kestanesi *s* Rosskastanie *f*

atkı <-cı> *s* ❶ Schal *m*, Halstuch *nt* ❷ (*ayakkabıda*) Spange *f* ❸ (*argaç*) Schuss *m*, Schussfaden *m*, Durchschuss *m*

atkuyruğu *s* BOT Ackerschachtelhalm *m*, Zinnkraut *nt*

atlama *s* ❶ *Verbalsubstantiv zu* **atlamak** ❷ Sprung *m*; (*paraşütle*) Absprung *m*; **~ taşı yapmak** (*fig*) als Sprungbrett benutzen **atlama beygiri** *s* SPORT Sprungpferd *nt*

atlamak **I.** *vi* ❶ springen; **aşağı(ya) ~** herunterspringen, hinunterspringen, nach unten springen; **dışarı(ya) ~** herausspringen, hinausspringen, nach draußen springen; **pencereden ~** aus dem Fenster springen; **pencereden dışarı(ya) ~** aus dem Fenster herausspringen; **üçüncü kattan aşağı ~** vom dritten Stock hinunterspringen ❷ (*yüksekten*) abspringen; **attan/paraşütle ~** vom Pferd/mit dem Fallschirm abspringen **II.** *vt* ❶ auslassen; **haber/satır ~** eine Nachricht/Zeile auslassen ❷ (*sınıf ~*) überspringen

atlama tahtası *s* Sprungbrett *nt*

atlanma *s Verbalsubstantiv zu* **atlanmak**

atlanmak *vi pass von* **atlamak**: **bu yazıda birkaç satır atlanmış** in diesem Schriftsatz wurden einige Zeilen ausgelassen

A

Atlantik Okyanusu *s ohne pl* Atlantik *m,* der Atlantische Ozean
atlas[1] *s* (*ipekli kumaş*) Satin *m*
atlas[2] *s* (*haritalar derlemesi*) Atlas *m*
atlas çiçeği *s* BOT Kaktus *m* **atlas kemiği** *s* ANAT Atlas *m*
Atlas Okyanusu *s* der Atlantische Ozean
atlatılma *s Verbalsubstantiv zu* **atlatılmak**
atlatılmak *vi pass von* **atlatmak**
atlatma *s Verbalsubstantiv zu* **atlatmak**
atlatmak *vt* ❶ *Kausativ zu* **atlamak** ❷ überstehen; **ucuz ~** billig davonkommen ❸ (*fig fam*) abspeisen; **birini boş vaatlerle ~** jdn mit leeren Versprechungen abspeisen ❹ (*fig fam*) abwimmeln, abschütteln
atlayış *s* Sprung *m;* (*yüksekten*) Absprung *m*
atlet *s* SPORT Athlet(in) *m(f),* Leichtathlet(in) *m(f)*
atletik <-ği> *adj* SPORT athletisch
atletizm *s ohne pl* SPORT Leichtathletik *f*
atlı I. *s* Reiter(in) *m(f)* **II.** *adj* beritten; **~ polis** die berittene Polizei
atlıkarınca *s* Karussell *nt;* **~ya binmek** Karussell fahren
atlı spor *s* Reitsport *m*
atma *s Verbalsubstantiv zu* **atmak**
atmaca *s* ZOOL Sperber *m*
atmak I. *vt* <-ar> ❶ werfen; **parasını sokağa ~** (*fig fam*) das Geld zum Fenster rauswerfen ❷ SPORT (*cirit*) werfen; (*gol*) schießen; (*gülle*) stoßen ❸ (*oynamak*) spielen ❹ MED (*yabancı organı*) abstoßen ❺ ausstoßen; **çevreye zararlı madde ~** Schadstoffe ausstoßen; **çığlık ~** einen Schrei ausstoßen ❻ NAUT (*balast*) abwerfen; **demir ~** den Anker auswerfen ❼ (*göndermek, yollamak*) abschicken; (*mektup*) einwerfen ❽ (*çöpe*) wegwerfen; (*işten*) hinauswerfen ❾ (*imza*) leisten ❿ **atma Recep, din kardeşiyiz** (*iron fam*) wer's glaubt, wird selig **II.** *vi* <-ar> ❶ ELEK (*sigorta*) durchbrennen; **sigorta attı** die Sicherung ist durchgebrannt ❷ (*fam*) **tepesi ~** ausrasten, hochgehen, platzen
atmasyon *s* Erfindung *f*
atmık <-ğı> *s* Samen *m,* Sperma *nt*
atmosfer *s* ❶ Atmosphäre *f* ❷ (*fig fam*) Atmosphäre *f,* Stimmung *f;* **barış ~i** eine Atmosphäre des Friedens **atmosfer basıncı** *s ohne pl* METEO Luftdruck *m*
atmosferik *adj* atmosphärisch
atol <-ü> *s* Atoll *nt*
atom *s* Atom *nt* **atom ağırlığı** *s* Atomgewicht *nt* **atom bombası** *s* Atombombe *f*
atomculuk <-ğu> *s ohne pl* PHILOS Atomismus *m*
atom çağı *s ohne pl* Atomzeitalter *nt* **atom çekirdeği** *s* Atomkern *m* **atom enerjisi** *s ohne pl* Atomenergie *f,* Atomkraft *f* **atom fiziği** *s ohne pl* Atomphysik *f* **atom grubu** *s* Atomgruppe *f*
atomik *adj* atomar
atom numarası *s* Ordnungszahl *f* **atom reaktörü** *s* Atomreaktor *m,* Atommeiler *m* **atom saati** *s* TECH Atomuhr *f* **atom santrali** *s* Atomkraftwerk *nt* **atom sayısı** *s* CHEM Ordnungszahl *f*
atölye *s* Atelier *nt;* (*işlik*) Werkstatt *f*
at perçemi *s* Pferdemähne *f*
atraksiyon *s* Attraktion *f,* Glanznummer *f*
atrium *s* ARCH Atrium *nt*
atropin *s ohne pl* MED Atropin *nt*
at sineği *s* ZOOL Pferdelausfliege *f* **at yarışı** *s* Pferderennen *nt*
aut *s ohne pl* SPORT Aus *nt;* **~a çıkmak** ins Aus gehen; **top ~a çıkmıştı** der Ball war aus
av *s* ❶ Jagd *f;* **~a çıkmak** auf die Jagd gehen ❷ (*yakalanan hayvan*) Fang *m,* Beute *f,* Jagdbeute *f*
avadanlık <-ğı> *s* Handwerkszeug *nt;* **avadanlığını yanında taşır** er trägt sein Handwerkszeug bei sich
aval[1] <-i> *s* FIN Wechselbürgschaft *f*
aval[2] *adj* (*pej sl*) dämlich
aval aval *adv* (*pej sl*) dämlich; **~ bakmak** ein dämliches Gesicht machen
avam *s* ❶ (*alt tabaka*) Unterschicht *f* ❷ (*halk*) Volk *nt*
Avam Kamarası *s* POL Unterhaus *nt*
avanak I. *s* <-ğı> (*pej fam*) Trottel *m,* Blödmann *m* **II.** *adj* leichtgläubig; (*bön*) blöd
avangart I. *s* <-dı> Avantgarde *f* **II.** *adj* avantgardistisch
avans *s* Vorschuss *m;* (*peşinat*) Anzahlung *f;* **~ almak/vermek** Vorschuss nehmen/leisten
avantaj *s* Vorteil *m*
avantajlı *adj* vorteilhaft
avantür *s* Abenteuer *nt*
avara[1] *s ohne pl* NAUT Auslaufen *nt;* **~ etmek** abstoßen, auslaufen; (*yelkenli*) absegeln; **gemi ~ etti** das Schiff ist ausgelaufen
avara[2] *s* TECH Freilauf *m,* Leerlauf *m;* **~ya almak** ausrücken
avare I. *s* Herumtreiber(in) *m(f)* **II.** *adj* **~ dolaşmak** sich herumtreiben; (*fam*) lungern
avarya *s* NAUT Havarie *f*
avaz avaz *adv* lauthals; **~ bağırmak** lauthals schreien; (*fam*) sich die Lunge aus dem Hals schreien

A

av bıçağı *s* Jagdmesser *nt*
avcı *s* Jäger(in) *m(f)* **avcı eri** *s* MIL Schütze *m* **avcı hattı** *s* MIL Schützenlinie *f* **avcı kulübesi** *s* Jagdhütte *f*
avcılık <-ğı> *s* Jägerei *f;* ~ **etmek** jagen
avcı otu *s* BOT (*Adonis*) Adonisröschen *nt*
avcı uçağı *s* MIL Jagdflugzeug *nt,* Abfangjäger *m*
avdet *s ohne pl s.* **dönüş** Rückkehr *f;* ~ **etmek** zurückkehren
av dönemi *s* Jagdzeit *f*
averaj *s* ❶ (*ortalama*) Durchschnitt *m,* Mittelwert *m* ❷ (*sayı farkı*) ~**la yenmek** nach Punkten siegen
av eti *s ohne pl* Wildfleisch *nt;* **o ~ yemez** er isst kein Wild(fleisch)
avize *s* Kronleuchter *m,* Lüster *m,* Luster *m* ÖSTERR
av köpeği *s* Jagdhund *m*
avlak <-ğı> *s* Jagdrevier *nt*
avlanma *s Verbalsubstantiv zu* **avlanmak**
avlanmak *vi* jagen
avlu *s* Vorhof *m;* (*iç* ~) Innenhof *m*
avokado *s* BOT Avocado *f*
Avrasya I. *s* Eurasien *nt* **II.** *adj* eurasisch
Avrasyalı I. *s* Eurasier(in) *m(f)* **II.** *adj* eurasisch
avrat <-dı> *s* (*fam*) Weib *nt*
avro *s* Euro *m*
Avrupa *s* Europa *nt;* ~ **Adalet Divanı** der Europäische Gerichtshof; ~ **Birliği** die Europäische Union; ~ **Ekonomik Topluluğu** HIST die Europäische Wirtschaftsgemeinschaft; ~ **iç pazarı** Europäischer Binnenmarkt; ~ **Parlamentosu** das Europäische Parlament; ~ **Topluluğu** HIST die Europäische Gemeinschaft **Avrupa dışı** *adj* außereuropäisch **Avrupa Konseyi** *s ohne pl* Europarat *m* **Avrupa kupası** *s ohne pl* SPORT Europapokal *m*
Avrupalı I. *s* Europäer(in) *m(f)* **II.** *adj* europäisch
Avrupalılaşma *s* Europäisierung *f*
Avrupa Parlamentosu *s ohne pl* Europaparlament *nt* **Avrupa Şampiyonası** *s* SPORT Europameisterschaft *f* **Avrupa şampiyonu** *s* SPORT Europameister(in) *m(f)*
avuç <-cu> *s* (hohle) Hand; ~ **açmak** die Hand aufmachen; **bir şeyi avcunun içi gibi bilmek** (*fam*) etw wie seine Westentasche kennen; **birini avcunun içinde tutmak** jdn in der Hand haben **avuç dolusu** *adj* **bir** ~ eine Hand voll **avuç içi** *s* Handfläche *f;* ~ **kadar** winzig klein **avuç içi bilgisayar** *s* INFORM Palm *m*
avuçlama *s Verbalsubstantiv zu* **avuçlamak**
avuçlamak *vt* in die Hand nehmen
avukat *s* ❶ JUR Rechtsanwalt, -anwältin *m, f,* Advokat(in) *m(f);* **kendine bir ~ tutmak** sich einen Rechtsanwalt nehmen ❷ (*fig*) Anwalt *m,* Anwältin *f,* Fürsprecher(in) *m(f)*
avukatlık <-ğı> *s ohne pl* Advokatur *f* **avukatlık bürosu** *s* Anwaltsbüro *nt,* Anwaltskanzlei *f*
avukat masrafları *pl* Anwaltskosten *pl*
avunç <-cu> *s ohne pl* Trost *m*
avundurma *s Verbalsubstantiv zu* **avundurmak**
avundurmak *vt* trösten
avunma *s Verbalsubstantiv zu* **avunmak**
avunmak *vi* ❶ sich trösten ❷ (*yetinmek*) sich begnügen (**-le** mit) ❸ REG (*hayvanın gebe kalması*) trächtig werden
avuntu *s ohne pl* Trost *m,* Trostpflaster *nt*
avurt <-du> *s* Backe *f;* ~ **şişirmek** die Backen aufblasen **avurt kesesi** *s* ZOOL Backentasche *f*
avurtlak *s* ZOOL Goldhamster *m*
avurt ünsüzü *s* LING Lateral *m*
Avustralya *s* Australien *nt*
Avustralyalı I. *s* Australier(in) *m(f)* **II.** *adj* australisch
Avusturya *s* Österreich *nt*
Avusturyalı I. *s* Österreicher(in) *m(f)* **II.** *adj* österreichisch
avutma *s Verbalsubstantiv zu* **avutmak**
avutmak *vt* trösten
avutucu *adj* tröstend
ay *s* ❶ Monat *m* ❷ Mond *m;* ~ **aydın, hesap belli** es ist doch sonnenklar; ~ **parçası (gibi)** bildhübsch
aya *s* ❶ (*el* ~ *sı*) Teller *m;* (*ayak tabanı*) Fußsohle *f* ❷ BOT (*yaprak* ~ *sı*) Spreite *f*
ayağı *s poss von* **ayak**
Ay'a iniş *s* Mondlandung *f;* ~ **yapmak** auf dem Mond landen
ayak <-ğı> *s* ❶ Fuß *m;* ~**lar altına almak** (*fig*) mit Füßen treten; ~**ları dolaşmak** über seine eigenen Füße stolpern; **ayağa kalkmak** aufstehen; **ayağı kaymak** ausrutschen; **ayağını vurmak** (*ayakkabı*) scheuern ❷ (*fig fam*) Bein *nt;* ~ ~ **üstüne atmak** die Beine übereinanderschlagen; **birine ~ uydurmak** mit jdm Schritt halten; **ayağını yorganına göre uzatmak** sich nach der Decke strecken; **ayağını yorganına göre uzatmamak** über seine Verhältnisse leben; **bir ayağı çukurda olmak** mit einem Bein im Grab stehen ❸ (*hayvanlarda*) Pfote *f* ❹ (*masa ayağı*) Bein *nt* ❺ ARCH Widerlager *nt;* **kemerin/köprünun/tonozun ayağı** das Widerlager des Bogens/der Brücke/des Gewölbes

❻ LIT (*uyak, kafiye*) Reim *m*

ayakaltı *s* **birini ~na almak** (*fig*) jdn mit Füßen treten; **~nda dolaşmak** (*fig*) nichtstuerisch störend herumlaufen

ayak bağı *s ohne pl* **birine ~ olmak** jdm ein Klotz am Bein sein **ayak bakımı** *s ohne pl* Fußpflege *f* **ayak bileği** *s* Fußgelenk *nt*

ayakçak <-ğı> *s* ❶ (*merdiven basamağı*) Treppenstufe *f* ❷ Stelze *f*

ayakçı *s* Laufbursche *m*

ayak freni *s* Fußbremse *f* **ayak izi** *s* Fußspur *f*

ayakkabı *s* Schuh *m;* **yeni ~lar vuruyor** die neuen Schuhe drücken **ayakkabı bağı** *s* Schnürsenkel *m;* **ayakkabımın bağı koptu** mein Schnürsenkel ist abgerissen **ayakkabı boyası** *s* Schuhkrem *f*

ayakkabıcı *s* ❶ (*satıcı*) Schuhverkäufer(in) *m(f)* ❷ (*mağaza*) Schuhgeschäft *nt*

ayakkabı çekeceği *s* Schuhlöffel *m,* Schuhanzieher *m* **ayakkabı dolabı** *s* Schuhschrank *m*

ayakkabılık **I.** *s* <-ğı> Schuhablage *f;* (*dolap*) Schuhschrank *m* **II.** *adj* Schuh- **ayakkabılık deri** *s,* **ayakkabılık kösele** *s* Schuhleder *nt*

ayakkabı mağazası *s* Schuhgeschäft *nt*

ayak kirası *s* Botenlohn *m*

ayaklanma *s* ❶ *Verbalsubstantiv zu* **ayaklanmak** ❷ Aufstand *m,* Rebellion *f;* **~yı bastırmak** den Aufstand niederschlagen

ayaklanmak *vi* ❶ aufstehen; **birdenbire herkes ayaklandı** plötzlich sprangen alle auf ❷ (*fig: isyan etmek*) rebellieren ❸ (*fig: uyanıp kalkmak*) aufstehen; **köy ayaklandığı zaman ...** wenn das Dorf aufsteht, ...

ayaklı *adj* **~ kütüphane olmak** (*fig*) ein wandelndes Lexikon sein; **üç ~ bir masa** ein dreibeiniger Tisch

ayaklık <-ğı> *s* ❶ (*pedal*) Pedal *nt* ❷ (*taban*) Sockel *m,* Fuß *m*

ayaklı lamba *s* Stehlampe *f*

ayak satıcısı *s* Hausierer *m* **ayak sesleri** *pl* Schritte *pl;* **~ duymak** Schritte hören

ayakta *adv* ❶ stehend; **~ tutmak** aufrechterhalten ❷ MED ambulant; **~ tedavi** ambulante Behandlung; **birini ~ tedavi etmek** jdn ambulant behandeln

ayak tabanı *s* Fußsohle *f* **ayak takımı** *s ohne pl* (*pej*) Pöbel *m,* Gesindel *nt* **ayak tedavisi** *s* ❶ Fußbehandlung *f* ❷ (*ayakta tedavi*) ambulante Behandlung **ayak teri** *s ohne pl* ❶ Fußschweiß *m* ❷ (*ayak kirası*) Botenlohn *m* **ayak tırnağı** *s* Fußnagel *m* **ayak topu** *s s.* **futbol** Fußball *m* **ayak ucu** *s* ❶ Fußende *nt;* **~nda** am Fußende ❷ *a.* SPORT Fußspitze *f*

ayaküstü **I.** *s* (*hazır yemek*) Fertiggericht *nt* **II.** *adv* zwischen Tür und Angel; (*acele olarak*) auf die Schnelle

ayaküzeri *adv s.* **ayaküstü**

ayakyolu *s* Abort *m;* (*tuvalet*) Toilette *f,* Klo *nt*

ayal <-i> *s* (*karı*) Frau *f;* (*eş*) Ehefrau *f*

ayar[1] *vi 3. Aorist von* **aymak**

ayar[2] *s* ❶ Einstellung *f,* Abstimmung *f;* **~ etmek** einstellen ❷ (*altın için*) Karat *nt* ❸ AERO, NAUT (*rota ~ ı*) Korrektur *f*

ayarlama *s* ❶ *Verbalsubstantiv zu* **ayarlamak** ❷ Einstellung *f* ❸ AERO, NAUT (*rotayı*) Korrektur *f*

ayarlamak *vt* ❶ (*makineyi*) einstellen; (*saati*) stellen; (*sesi*) regeln, einstellen; (*ısıyı*) regulieren; (*yeniden*) nachstellen; **saati radyoya göre ~** die Uhr nach dem Radio stellen ❷ AERO, NAUT (*rotayı*) korrigieren ❸ (*fig fam*) arrangieren, einrichten; **bir şeyi ~** etw auf die Reihe kriegen ❹ (*fam: kandırmak*) (he)rumkriegen; **babamı ayarlayabilirsem sinemaya gideceğim** wenn ich meinen Vater herumkriegen kann, gehe ich ins Kino

ayarlanma *s Verbalsubstantiv zu* **ayarlanmak**

ayarlanmak *vi pass von* **ayarlamak**

ayar resmi *s* TV Testbild *nt*

ayartı *s* Verführung *f*

ayartıcı *adj* verführerisch

ayartıcılık <-ğı> *s* Verführung *f*

ayartılma *s Verbalsubstantiv zu* **ayartılmak**

ayartılmak *vi pass von* **ayartmak**

ayartma *s* ❶ *Verbalsubstantiv zu* **ayartmak** ❷ Verführung *f* ❸ Abwerbung *f*

ayartmak *vt* ❶ (*baştan çıkarmak*) verführen ❷ (*kandırmak*) überreden, (he)rumkriegen; **birinin kız arkadaşını ~** jdm die Freundin ausspannen ❸ (*başkasının yanında çalışmaya kandırmak*) abwerben

ayar vidası *s* Einstellschraube *f*

Ayasofya *s* Hagia Sophia *f*

ayaz **I.** *s* trockene Kälte **II.** *adj* (*soğuk*) **~ paşa kol geziyor** (*fig*) draußen ist es bitterkalt; **~da kalmak** in der Kälte steckenbleiben; (*sl: boş yere beklemek*) vergeblich warten; (*eline bir şey geçmemek*) leer ausgehen, nichts erreichen

ayazma *s* (*kutsal kaynak*) heilige Quelle

ay balığı *s* ZOOL Mondfisch *m*

aybaşı *s* ❶ Monatsanfang *m* ❷ (*âdet*) Monatsblutung *f,* Menstruation *f*

aybeay *adv* monatlich, monatsweise

ayça *s* (*hilal*) Mondsichel *f*

ay çekirdeği *s* Sonnenblumenkern *m*

ayçiçeği *s* ❶ BOT (*Helianthus annuus*) Sonnenblume *f* ❷ (*tohumu*) Sonnenblumenkern *m* **ayçiçeği yağı** *s* GASTR Sonnenblumenöl *nt*

ay çöreği *s* Hörnchen *nt;* (*kruasan*) Croissant *nt* **ay dede** *s* (*çocuk dilinde*) Mond *m;* **~ye misafir olmak** unter freiem Himmel übernachten

aydın I. *s* Intellektuelle(r) *f(m)* **II.** *adj* ❶ intellektuell ❷ hell; **~ bir oda** ein helles Zimmer

aydınlanma *s* ❶ *Verbalsubstantiv zu* **aydınlanmak** ❷ Erleuchtung *f*

aydınlanmak *vi pass zu* **aydınlatmak**

aydınlatma *s* ❶ *Verbalsubstantiv zu* **aydınlatmak** ❷ Beleuchtung *f* ❸ (*fig*) Aufklärung *f* **aydınlatma gücü** *s* Leuchtkraft *f*

aydınlatmak *vt* ❶ beleuchten, leuchten, erleuchten; **odayı mumla aydınlatmıştı** er hatte das Zimmer mit Kerzen beleuchtet ❷ (*fig: bilgi vermek*) beleuchten, aufklären

aydınlık I. *s* <-ğı> ❶ Helligkeit *f;* (*ışık*) Licht *nt* ❷ (*yapının ışık alması için boşluk*) Lichthof *m* **II.** *adj* ❶ (*ışık alan*) hell; **~ bir oda** ein helles Zimmer ❷ (*fig*) klar; **~ bir söz** ein klares Wort

ay dönümü kanaması *s* Monatsblutung *f*

ayet *s* REL Koranvers *m*

ay evi *s s.* **ayla ay evresi** *s* Mondphase *f*

aygın *adj* erschöpft **aygın baygın** *adj* ❶ (*güçsüz*) kraftlos; (*bitkin*) erschöpft ❷ (*ölçüyü kaçırmış*) maßlos ❸ (*vurgun*) verliebt; (*kendinden geçercesine âşık*) besinnungslos verliebt

aygır *s* Hengst *m;* (*damızlık erkek at*) Zuchthengst *m*

aygıt *s* Gerät *nt;* (*sindirim ~ı*) Apparat *m*

ayı *s* ZOOL Bär *m;* **~nın kırk türküsü var, kırkı da ahlat üstüne** (*fig fam*) es ist immer die alte Leier; **~yı vurmadan postunu satmak** (*fig*) das Fell des Bären verkaufen, ehe man ihn hat; **aç ~ oynamaz** (*fig fam*) einem leeren Magen ist schlecht predigen **ayı balığı** *s* ZOOL (*fok*) Seehund *m,* Robbe *f*

ayık <-ğı> *adj* nüchtern

ayıklama *s Verbalsubstantiv zu* **ayıklamak**

ayıklamak *vt* ❶ (*ot*) jäten ❷ **fasulyenin kılçıklarını ~** die Fäden von den Bohnen abziehen; **pirincin taşını ~ (zorunda kalmak)** (*fig fam*) die Suppe auslöffeln (müssen) ❸ sortieren

ayıklanma *s* ❶ *Verbalsubstantiv zu* **ayıklanmak** ❷ Auslese *f,* Selektion *f;* **doğal ~** natürliche Auslese [*o* Selektion]

ayıklanmak *vi pass von* **ayıklamak**

ayıklık <-ğı> *s ohne pl* Nüchternheit *f*

ayıkulağı *s* BOT Aurikel *nt*

ayılma *s* ❶ *Verbalsubstantiv zu* **ayılmak** ❷ Ernüchterung *f*

ayılmak *vi* wieder zu sich kommen

ayıltma *s* ❶ *Verbalsubstantiv zu* **ayıltmak** ❷ Ernüchterung *f*

ayıltmak *vt* ❶ *Kausativ zu* **ayılmak** ❷ ernüchtern

ayıngacı *s* Tabakschmuggler(in) *m(f)*

ayıngacılık <-ğı> *s ohne pl* Tabakschmuggel *m*

ayın on dördü *s* Vollmond *m*

ayıp I. *s* <-bı> ❶ Schande *f;* **~!** das gehört [*o* schickt] sich nicht!; **bu ~ değil ki** das ist doch keine Schande; **~tır söylemesi** mit Verlaub; **birine (b)öyle bakmak ~tır** es ist unanständig [*o* nicht schicklich], jdn so anzustarren ❷ JUR (*kusur*) Mangel *m* **II.** *adj* <-bı> beschämend, schändlich; (*~ yerler*) Scham-

ayı pençesi *s* BOT Bärenklau *f*

ayıplama *s* ❶ *Verbalsubstantiv zu* **ayıplamak** ❷ Bemängelung *f*

ayıplamak *vt* bemängeln; (*kınamak*) rügen

ayıplı *adj* mangelhaft, fehlerhaft

ayı postu *s* Bärenfell *nt*

ayıpsız *adj* mängelfrei

ayıp yerler *pl* Schamteile *pl*

ayır *vt Imperativ von* **ayırmak**

ayırım *s* Diskriminierung *f; s. a.* **ayrım**

ayırımlama *s* ❶ *Verbalsubstantiv zu* **ayırımlamak** ❷ Diskriminierung *f*

ayırımlamak *vt* diskriminieren

ayırma *s* ❶ *Verbalsubstantiv zu* **ayırmak** ❷ Trennung *f* ❸ Einteilung *f* ❹ (*yer*) Reservierung *f*

ayırmak *vt* ❶ trennen (**-den** von), abtrennen ❷ *a.* CHEM abspalten ❸ (*yer*) reservieren; (*ayırıp saklamak*) zurücklegen ❹ einteilen (**-e** in); (*gruplara*) aufteilen; **bitkileri cinslere/türlere ~** Pflanzen in Gattungen/Arten einteilen; **bitkileri cinslerine/türlerine göre ~** Pflanzen nach Gattungen/Arten einteilen ❺ scheiteln; **saçları sağdan/soldan/ortadan ~** das Haar rechts/links/in der Mitte scheiteln

ayırt edilmek *vi* sich unterscheiden (**-den** von) **ayırt etmek** *vt* unterscheiden (**-den** von), auseinanderhalten

ayırtı *s* (*nüans*) Nuance *f*

ayırtma *s* ❶ *Verbalsubstantiv zu* **ayırtmak** ❷ (*yer*) Reservierung *f*

ayırtmak *vt* ❶ *Kausativ zu* **ayırmak** ❷ **telefon ederek bize iki yer ayırttı** telefonisch ließ er für uns zwei Plätze reservieren

ay ışığı *s ohne pl* (*mehtap*) Mondschein *m*

ayıt *s* BOT Mönchspfeffer *m*

ayin [a:jin] *s* ❶ Ritual *nt* ❷ REL Messe *f;* (*ibadet*) Gottesdienst *m*

A

aykırı **I.** *adj* ❶ (*karşıt*) gegenteilig; (*yasaya* ~) -widrig ❷ MATH ~ **doğrular** windschiefe Geraden **II.** *adv* zuwider, entgegen, gegen; **bir şeye** ~ **düşmek** einer Sache widersprechen; **bir şeye** ~ **hareket etmek** einer Sache zuwiderhandeln, gegen eine Sache handeln; **bir şey birine** ~ **düşmek** etw widerspricht jdm
ayla *s* ❶ (*hale*) Hof *m* ❷ (*azizlerin başında*) Heiligenschein *m,* Nimbus *m*
aylak *adj* müßig, untätig; ~ **oturmak** müßig dasitzen [*o* herumsitzen]
aylakçı *s* Gelegenheitsarbeiter(in) *m(f)*
aylakçılık <-ğı> *s* Gelegenheitsarbeit *f*
aylandız *s s.* **kokar ağaç** BOT (*Ailanthus glandulosa*) Götterbaum *m*
aylarca *adv* monatelang; **bu,** ~ **sürebilir** das kann monatelang dauern
aylık **I.** *s* <-ğı> Monatslohn *m;* (*maaş*) Monatsgehalt *nt,* Gehalt *nt* **II.** *adj* monatlich, Monats- **aylık aidat** *s* Monatsbeitrag *m*
aylıkçı *s* Gehaltsempfänger(in) *m(f)*
aylık maaş *s* Monatsgehalt *nt*
ayma *s Verbalsubstantiv zu* **aymak**
aymak <-ar> *vi* REG (*kendine gelmek*) wieder zu sich kommen
ay modülü *s* Mondsonde *f*
ayna *s* ❶ Spiegel *m;* **körler mahallesinde** ~ **satmak** (*fig*) Eulen nach Athen tragen ❷ (*doğramacılıkta*) Füllung *f*
aynalı dolap <-bı> *s* Spiegelschrank *m*
Aynaroz Dağı *s* Athos *m*
aynasız **I.** *s* (*fam*) Bulle *m;* ~**lar geliyor** die Bullen kommen, die Polente kommt **II.** *adj* (*vulg*) abgefuckt; **amma da** ~ **bir yermiş burası** das ist aber ein abgefucktes Lokal
aynen *adv* genauso; (*değiştirmeden*) unverändert, ohne jede Änderung; **bir şeyi** ~ **bırakmak** etw genauso [*o* unverändert] lassen
aynı *adj* ❶ selbe(r, s), derselbe, dieselbe, dasselbe; ~ **adam/ev/kapı** derselbe Mann/dasselbe Haus/dieselbe Tür; ~ **evde** im selben Haus; **biriyle** ~ **görüşte olmak** mit jdm derselben Ansicht sein; ~ **günün akşamı** am selben Abend; ~ **kapıya çıkmak** (*fig*) auf dasselbe hinauslaufen [*o* herauskommen], aufs [*o* auf das] Gleiche hinauslaufen ❷ (*tıpkısı, benzeri*) der/die/das Gleiche; (*özdeş*) identisch; **bu kalem seninkinin** ~**dır** dieser Stift ist der gleiche wie deiner ❸ gleich; ~ **boyda/hızda** gleich groß/schnell; ~ **düzeyde** auf gleicher Ebene; **biriyle** ~ **telden çalmak** (*fig fam*) ins gleiche Horn blasen; ~ **yolun yolcusu** Schicksalsgefährte, -gefährtin *m, f;* **benimle** ~ **boyda** er ist ebenso groß wie ich; **biz** ~ **yaştayız** wir sind gleich alt
aynılık <-ğı> *s* Identität *f*
aynısefa *s* BOT Ackerringelblume *f*
aynıyla *adv* genauso; (*hiçbir değişiklik olmadan*) unverändert, ohne jede Änderung
aynı zamanda *adv* ❶ gleichzeitig, zur gleichen Zeit ❷ (*hem de*) und noch dazu; (*bununla birlikte*) dennoch
ayni [aini:] *adj* JUR dinglich, Sach-; ~ **hak** dingliches Recht, dinglicher Anspruch
ayni kuruluş *s* WIRTSCH Sachgründung *f*
ayni sermaye *s* WIRTSCH Sachkapital *nt*
ayniyat *s* Sachwerte *pl*
ayniyet *s* Identität *f*
ayol *interj* (*fam*) ~**, sen nerelerde kaldın** wo bist du bloß geblieben
ay örümceği *s s.* **ay modülü** Mondsonde *f*
ayraç <-cı> *s* Klammer *f;* **kaş/köşeli/yay** ~ geschweifte/eckige/runde Klammer
ayran *s* Ayran *m;* **kimse** ~**ım ekşi demez** (*prov*) jeder Krämer lobt seine Ware
ayrı **I.** *adj* ❶ getrennt, auseinander; ~ **düşmek** auseinandergehen; **bu** ~ **mı yazılır?** schreibt man das getrennt?; **bir şeyi** ~ (**olarak**) **yazmak** etw auseinanderschreiben, etw getrennt schreiben ❷ (*başka*) andere(r, s); **bu** ~ **bir konu** das ist ein anderes Thema; (**birinden**) ~ **görüşte olmak** anderer Meinung (als jd) sein, anders (als jd) gesinnt sein ❸ ~ **seçi yapmak** unterscheiden (**arasında** zwischen) **II.** *adv* einzeln, separat; ~ **yaşamak** getrennt leben **ayrı ayrı** *adv* ❶ getrennt ❷ einzeln; ~ **göstermek** im Einzelnen darlegen ❸ (*değişik*) verschieden, unterschiedlich **ayrı basım** *s* VERLAG, TYPO Sonderdruck *m,* Sonderausgabe *m*
ayrıca *adv* ❶ gesondert, extra ❷ (*bundan başka*) außerdem
ayrıcalık <-ğı> *s* Vorrecht *nt,* Privileg *nt,* Vorzug *m;* ~ **tanımak** bevorzugen, bevorrechten (**-e**); ~ **tanınmak** bevorzugt werden
ayrıcalıklı *adj* bevorrechtigt, privilegiert
ayrıcasız *adv* ausnahmslos, ohne Ausnahme
ayrı cinsten *adj* ❶ andersartig, verschiedenartig, ungleichartig ❷ CHEM (*heterojen*) heterogen
ayrıç <-cı> *s* Abzweigung *f*
ayrık *adj* ❶ (*ayrılmış*) getrennt; (*saçlar*) gescheitelt; **sağdan/soldan/ortadan** ~ **saçlar** rechts/links/in der Mitte gescheiteltes Haar ❷ (*müstesna*) Ausnahme-, Sonder- ❸ (*bacak*) gespreizt, spreiz- ❹ PHILOS disjunktiv **ayrık bacaklı** *adj* spreizbeinig,

grätschbeinig

ayrıklık <-ğı> *s* ❶ (*istisna*) Ausnahme *f* ❷ PHILOS Disjunktion *f;* (*mantıkta*) Disjunktion *f,* Adjunktion *f*

ayrık otu *s* BOT Quecke *f,* Queckengras *nt*

ayrıksı *adj* verschroben, überspannt; (*eksantrik*) exzentrisch

ayrıksılık <-ğı> *s ohne pl* Verschrobenheit *f,* Exzentrizität *f*

ayrıksız *adv* ausnahmslos

ayrılık <-ğı> *s* Trennung *f*

ayrılma *s* ❶ *Verbalsubstantiv zu* **ayrılmak** ❷ Trennung *f*

ayrılmak *vi* ❶ *pass von* **ayırmak** ❷ sich trennen (**-den** von) ❸ verlassen (**-den**); **konudan ~** vom Thema abschweifen

ayrım *s* ❶ Teilung *f* ❷ (*fark*) Unterschied *m* ❸ (*alt bölüm*) Unterabteilung *f* ❹ (*ayırım*) Diskriminierung *f*

ayrıntı *s* Einzelheit *f,* Detail *nt;* **~lara inmek** ins Detail gehen; **~ya girmek** ins Detail gehen; **bütün ~larıyla** in allen Einzelheiten; **bir şeyi çok ince ~ları ile anlatmak** etw sehr ausführlich erzählen

ayrıntılı *adj* detailliert, ausführlich **ayrıntılı bilgi** *s* Hinweis *m;* **... hakkında ~ vermeme müsaade eder misiniz?** gestatten Sie mir einen Hinweis auf ...?

ayrışık *adj* ❶ zersetzt ❷ (*ayrı türden*) verschiedenartig

ayrışım *s* CHEM Zersetzung *f*

ayrışma *s* ❶ *Verbalsubstantiv zu* **ayrışmak** ❷ *a.* CHEM Zersetzung *f*

ayrışmak *vi a.* CHEM sich zersetzen

ayrıştırma *s* ❶ *Verbalsubstantiv zu* **ayrıştırmak** ❷ CHEM Zersetzung *f*

ayrıştırmak *vt a.* CHEM zersetzen

ayrıt *s* MATH Kante *f;* **bir küpün on iki ~ı vardır** ein Würfel hat zwölf Kanten

aysar *adj* ❶ mondsüchtig ❷ (*değişik huylu*) launenhaft, launisch; (*kararsız*) unentschlossen

aysberg *s* GEO (*buz dağı*) Eisberg *m*

aysfild *s* GEO Eisfeld *nt;* (*buzla*) Eisbank *f*

Ay tutulması *s* ASTRON Mondfinsternis *f*

ayva *s* ❶ BOT (*Cydonia oblonga*) Quitte *f* ❷ (*fig fam*) **~yı yemek** im Eimer sein; **sınavı veremezsem, ~yı yedim** wenn ich die Prüfung nicht schaffe, bin ich im Eimer **ayva marmeladı** *s* Quittenmarmelade *f*

ayyaş I. *s* (*pej fam*) Säufer *m,* Trunkenbold *m* **II.** *s* (*pej fam*) trunksüchtig

ayyaşlık <-ğı> *s ohne pl* Trunksucht *f*

ay yılı *s* ASTRON Mondjahr *nt*

ayyuk *s* ASTRON Kapella *f;* **~a çıkan bir haksızlık** ein himmelschreiendes Unrecht; **~a çıkmak** zum Himmel schreien; (*dedikodu için*) Stadtgespräch sein

az[1] *vi Imperativ von* **azmak**

az[2] **I.** *adj* wenig, gering; **~ bir zararla** ohne größeren Schaden, glimpflich; **~ önce** vorhin; **~ zaman sonra** nach kurzer Zeit; **bugün işimiz ~** heute haben wir wenig Arbeit **II.** *adv* **~ daha** fast, beinah(e); **bir şeyi ~ bulmak** etw für zu wenig halten; **bir şey ~ gelmek** etw reicht nicht; **bir şeyi ~ görmek** etw für zu wenig halten; (*azımsamak*) etw unterschätzen

aza [a:za:] *s* ❶ (*üye*) Mitglied *nt* ❷ (*vücut parçası*) Körperteil *m;* (*organ*) Organ *nt*

azabı *s poss von* **azap**

azade [a:za:de] *adj* (*serbest*) frei (**-den** von)

azadelik <-ği> *s* Freiheit *f*

azalma *s* ❶ *Verbalsubstantiv zu* **azalmak** ❷ Verringerung *f*

azalmak *vi* ❶ weniger werden, sich verringern, abnehmen ❷ (*gerginlik, talep*) nachlassen; (*hafiflemek*) sich abschwächen; (*sancı*) sich vermindern, schwächer werden

azaltma *s* ❶ *Verbalsubstantiv zu* **azaltmak** ❷ Verringerung *f*

azaltmak *vt* ❶ verringern, abbauen; **bir şeyin değerini/etkisini ~** den Wert/Wirkung von etw beeinträchtigen ❷ (*hafifletmek*) abschwächen

azamet *s ohne pl* ❶ (*ululuk*) Erhabenheit *f;* (*büyüklük*) Größe *f* ❷ (*gurur*) Stolz *m* ❸ (*görkem*) Pracht *f,* Herrlichkeit *f*

azami [a:zami:] *adj* maximal; (*en yüksek*) höchste(r, s), Höchst-; **~ ağırlık** höchstzulässige Belastung **azami had** <-ddi> *s* Höchstgrenze *f* **azami sürat** <-ti> *s* Höchstgeschwindigkeit *f*

azap <-bı> *s* Qual *f;* **~ çekmek** sich quälen; **~ vermek** quälen (**-e**)

azar[1] *vi 3. Aorist von* **azmak**

azar[2] *s* Schelte *f;* (*paylama*) Tadel *m;* (*zılgıt*) Rüffel *m;* **~ işitmek** eine Schelte bekommen; **geç kalma, sonra ~ işitirsin!** sei pünktlich, sonst gibt es Schelte! **azar azar** *adv* ❶ (*yavaş yavaş*) allmählich, langsam, aber sicher ❷ (*küçük ölçülerle*) in kleinen Mengen, quäntchenweise

azarlama *s Verbalsubstantiv zu* **azarlamak**

azarlamak *vt* schelten; (*paylamak*) tadeln

azat I. *s* <-dı> *ohne pl* ❶ (*serbest bırakma*) Freilassung *f;* **~ etmek** freilassen ❷ HIST (*okul paydosu*) Schulschluss *m* **II.** *adj* freigelassen

azatlı I. *s* Freigelassene(r) *f(m)* **II.** *adj* freigelassen

az az *adv* ❶ (*yavaş yavaş*) allmählich, lang-

A

sam, aber sicher ❷ (*küçük ölçülerle*) in kleinen Mengen, quäntchenweise **az buçuk** *adv* ein wenig **az buz** *adv* ~ **para harcamadı** er hat nicht gerade wenig ausgegeben; **zarar ~ değil** der Schaden ist nicht unerheblich **az çok** *adv* mehr oder weniger **az daha** *adv* (*fam: az kalsın*) beinah(e), fast; ~ **düşecektim** ich wäre beinah(e) [*o* fast] hingefallen

azdırma *s Verbalsubstantiv zu* **azdırmak**

azdırmak *vt* reizen; **köpeği azdırma!** (*fam*) mach mir den Hund nicht wild!

azelya *s* BOT Azalee *f*

Azerbaycan **I.** *s* Aserbaidschan *nt* **II.** *adj* aserbaidschanisch; ~ **hükûmeti** die aserbaidschanische Regierung

Azerbaycanlı **I.** *s* Aserbaidschaner(in) *m(f)* **II.** *adj* aserbaidschanisch; ~ **erkekler/kadınlar** aserbaidschanische Männer/Frauen

Azerî **I.** *s* Aserbaidschaner(in) *m(f)* **II.** *adj* aserbaidschanisch

Azerîce *s* Aserbaidschanisch *nt;* ~**de** im Aserbaidschanischen; ~**den** aus dem Aserbaidschanischen; ~**ye** ins Aserbaidschanische

az gelişmiş *adj* unterentwickelt

azgın *adj* ❶ wild, unbändig ❷ (*cinsel istekleri aşırı olan*) geil ❸ (*su*) tobend

azgınlaşma *s Verbalsubstantiv zu* **azgınlaşmak**

azgınlaşmak *vi* ❶ wild werden ❷ geil werden

azgınlaştırma *s Verbalsubstantiv zu* **azgınlaştırmak**

azgınlaştırmak *vt* ❶ wild machen ❷ geil machen

azıcık *adj* ein wenig, ein bisschen; **o senden ~ daha şişman** er ist nur unwesentlich dicker als du

azı dişi <-ni> *s* Backenzahn *m*

azık <-ğı> *s* Proviant *m;* (*yiyecek*) Lebensmittel *pl*

azıklık <-ğı> *s* Proviant *m*

azılı *adj* ❶ (*azgın*) wild, unbändig ❷ (*fig fam: şiddetli*) heftig

azımsama *s Verbalsubstantiv zu* **azımsamak**

azımsamak *vt* unterschätzen; *s. a.* **çoğumsamak**

azınlık <-ğı> *s* Minderheit *f,* Minorität *f;* ~**ta olmak** in der Minderzahl sein **azınlık hükûmeti** *s* POL Minderheitsregierung *f*

azışma *s* ❶ *Verbalsubstantiv zu* **azışmak** ❷ Eskalation *f*

azışmak *vi* eskalieren

azıtma *s Verbalsubstantiv zu* **azıtmak**

azıtmak **I.** *vt* (*azgın duruma getirmek*) wild machen **II.** *vi* (*bitki*) wuchern

azim <-zmi> *s ohne pl* Entschlossenheit *f*

azimli *adj* entschlossen, zielbewusst, resolut

aziz *s* Heilige(r) *m;* **can cümleden ~** (*prov*) jeder ist sich selbst der Nächste

azize *s* Heilige *f*

Azizler Yortusu *s ohne pl* REL Allerheiligen *nt*

az kalsın *adv* beinah(e), fast; ~ **düşecektim** ich wäre beinah(e) [*o* fast] hingefallen

azma *s ohne pl* ❶ *Verbalsubstantiv zu* **azmak** ❷ Getobe *nt* ❸ BIOL (*melez*) Bastard *m,* Kreuzung *f*

azmak <-ar> *vi* ❶ toben ❷ (*hastalık*) schlimmer werden ❸ (*cinsel duyguları artmak*) geil werden ❹ (*bitkiler*) wuchern

azman **I.** *adj* riesig **II.** *s* ❶ (*adam* ~*ı*) Riese *m,* Hüne *m* ❷ (*azma*) Kreuzung *f;* (*kurt ~ı bir köpek*) eine Kreuzung zwischen Hund und Wolf

azmetme *s Verbalsubstantiv zu* **azmetmek**

azmetmek <-der> *vi* **bir şeye ~** sich etw vornehmen; **iyi bir baba olmaya azmetmiş** er hat sich vorgenommen, ein guter Vater zu sein

azmettirme *s* ❶ *Verbalsubstantiv zu* **azmettirmek** ❷ Anstiftung *f*

azmettirmek *vt* anstiften; **birini bir şeye ~** jdn zu etw anstiften

azmi *s poss von* **azim**

Azor Adaları *pl* die Azoren

azot *s ohne pl* CHEM (*nitrojen*) Stickstoff *m;* ~ **bakımından zengin** reich an Stickstoffen

azotlu *adj* stickstoffhaltig **azotlu gübre** *s* AGR Stickstoffdünger *m*

Azrail [-raː-] *s* Todesengel *m*

Aztek *s* Azteke, Aztekin *m, f*

azvay *s* BOT (*sarısabır*) echte Aloe

Bb

B, b [be] *s* ❶ (*harf*) B, b *nt* (*zweiter Buchstabe des türk. Alphabets*); **Bolu'nun ~'si** B wie Berta ❷ MUS (*si bemol*) b ❸ *ohne pl* MUS (*bemol*) b-Moll *nt*

baba **I.** *s* ❶ Vater *m;* **~ değil, tırabzan ~sı** Rabenvater *m;* **~sına çekmek** nach dem Vater schlagen; **~sının kızı/oğlu** wie der Vater, so die Tochter/der Sohn; **devlet ~** Vater Staat ❷ NAUT Poller *m* ❸ ARCH (*çatı merteği*) Dachsparren *m* ❹ (*fig*) Mafiaboss *m* ❺ HIST (*tekke büyüğü*) Vorsteher *m;* (*unvan olarak*) Vater *m* ❻ (*ata*) **Asya'daki ~larımız** unsere Vorväter in Asien ❼ **~sının hayrına** umsonst **II.** *adj* ❶ väterlich; **~ adam** ein väterlicher Typ; **~ nasihati** väterliche(r) Rat ❷ (*sl: üstün nitelikli*) fein, hochwertig

babaanne *s* (*babanın annesi*) Großmutter *f,* Oma *f* (*Mutter des Vaters*)

babaca *adv* väterlich

babacan *adj* väterlich

babacık <-ğı> *s* Väterchen *nt;* **babacığım!** Papa!, Vati!, Papi!

babacılık <-ğı> *s ohne pl* PHILOS (*paternalizm*) Paternalismus *m*

baba evi *s* Vaterhaus *nt,* Elternhaus *nt*

babafingo yelkeni *s* NAUT Bramsegel *nt*

babaköş *s* ZOOL Blindschleiche *f*

babalık <-ğı> *s* ❶ Vaterschaft *f* ❷ REG (*üvey baba*) Stiefvater *m* ❸ REG (*kayın baba*) Schwiegervater *m*

babasız *adj* vaterlos **babasızlık** <-ğı> *s ohne pl* Vaterlosigkeit *f*

Babil [ba:bil] *s* HIST Babylonien *nt*

baca *s* ❶ Kamin *m,* Schornstein *m,* Schlot *m* ❷ ARCH (*ışık ~sı*) Schacht *m;* BERGB Belüftungsschacht *m* **baca ağzı** *s* ARCH Schornsteinmündung *f*

bacak¹ <-ğı> *s* Bein *nt;* **bacağını kırmak** sich das Bein brechen

bacak² <-ğı> *s* (*iskambilde*) Bauer *m,* Bube *m; s. a.* **vale, oğlan**

bacakkıran *s ohne pl* BOT Beinbrech *m*

bacak protezi *s* MED Beinprothese *f*

bacaksız **I.** *adj* beinlos **II.** *s* (*fam: çocuk*) Krümel *m*

bacanak <-ğı> *s* Schwippschwager *m*

bacı *s* (*kız kardeş*) Schwester *f*

badana *s* ❶ Wandfarbe *f* ❷ Anstrich *m;* **duvarlara (beyaz) ~ vurmak** die Wände (weiß) anstreichen

badanacı *s* Anstreicher(in) *m(f)*

badanalama *s ohne pl* ❶ *Verbalsubstantiv zu* **badanalamak** ❷ Anstrich *m*

badanalamak *vt* anstreichen; **badalanan duvarlar** die angestrichenen Wände

badanalanma *s ohne pl* ❶ *Verbalsubstantiv zu* **badanalanmak** ❷ Anstrich *m;* **duvarların ~sı iki gün sürdü** der Anstrich der Wände dauerte zwei Tage

badanalanmak *vi pass von* **badanalamak**

badanalatma *s ohne pl* ❶ *Verbalsubstantiv zu* **badanalatmak** ❷ Anstrich *m;* **duvarları ~ya bin lira ödediler** für den Anstrich der Wände zahlten sie tausend Lira

badanalatmak *vt Kausativ zu* **badanalamak**

badas *s* REG Spreu *f*

bade [ba:dɛ] *s* ❶ (*şarap*) Wein *m* ❷ LIT (*içki*) Trank *m*

badem [ba:dem] *s* Mandel *f;* **acı ~** bittere Mandeln; **~ gibi** knackig **badem ağacı** *s* BOT Mandelbaum *m*

bademcik <-ği> *s* ANAT (*Tonsille*) Mandel *f;* **~lerini aldırtmak** die Mandeln herausnehmen lassen **bademcik ameliyatı** *s* MED Mandeloperation *f* **bademcik iltihabı** *s* MED Mandelentzündung *f*

badem ezmesi *s* Marzipan *nt* **badem gözlü** *adj* mandeläugig **badem içi** *s* Mandelkern *m*

badem parmak <-ğı> *s* ❶ (*elde*) Daumen *m* ❷ (*ayakta*) die große Zehe

bademsi *adj* mandelförmig

badem yağı *s ohne pl* Mandelöl *nt*

badıç <-cı> *s* BOT Schote *f,* Hülse *f*

badi *s* REG (*ördek*) Ente *f;* **~ ~ yürümek** [*o* **gitmek**] watscheln (wie eine Ente)

badik **I.** *s* <-ği> REG (*ördek*) Ente *f;* (*palaz*) Entlein *nt* **II.** *adj* (*kısa boylu*) gedrungen

badikleme *s Verbalsubstantiv zu* **badiklemek**

badiklemek *vi* REG watscheln (wie eine Ente)

badiye [ba:dije] *s s.* **çöl** Wüste *f*

badminton *s ohne pl* SPORT Badminton *nt*

bagaj *s* ❶ (*yolcu yükü*) Reisegepäck *nt,* Gepäck *nt;* **üç ~ım var** ich habe drei Gepäckstücke ❷ AUTO Kofferraum *m*

bagaj kapağı *s* AUTO Kofferraumhaube *f*

bagaj kilidi *s* AUTO Kofferraumschloss *nt*

bagaj muayenesi *s* Gepäckkontrolle *f,* Gepäckabfertigung *f*

baget *s* Baguette *nt*

bağ¹ *s* ❶ Band *nt;* **birine ayak ~ı olmak** (*fig fam*) jdm ein Klotz am Bein sein; **dizle-**

B

rinin ~ı çözülmek (*fam*) weiche Knie bekommen ❷ (*göbek bağı*) Schnur *f*; **~larını koparmak** sich abnabeln ❸ **ayakkabı ~ı** Schnürsenkel *m*; **ayakkabımın ~ı koptu** mein Schnürsenkel ist abgerissen ❹ (*sargı*) Binde *f*, Verband *m* ❺ (*fig: bağlantı*) Verbindung *f*, Zusammenhang *m*; (*ilişki*) Beziehung *f*; **aramızdaki ~** das Band zwischen uns ❻ (*fig*) ANAT Band *nt*

bağ² *s* ❶ (*üzüm kütükleri*) Weinberg *m*; **~ bozmak** Wein lesen; (*üzümleri toplamak*) Trauben lesen ❷ (*meyve bahçesi*) Obstgarten *m*

bağa *s* REG (*kurbağa*) Schildkröte *f* **bağa gözlük** <-ğü> *s* Hornbrille *f*

bağboğan *s s.* **küsküt**

bağ bozumu *s* AGR Weinlese *f*, Weinernte *f*

bağcı *s* Weinbauer(in) *m(f)*

bağcık <-ğı> *s* Schnürriemen *m*, Schnürsenkel *m*

bağcıklı ayakkabı *s* Schnürschuh *m*

bağcılık <-ğı> *s ohne pl* Weinbau *m*; **~ yapmak** Weinbau (be)treiben

bağdadî duvar *s* ARCH Flechtwerk *nt*

bağdaş *s ohne pl* Schneidersitz *m*; **~ kurmak** den Schneidersitz einnehmen; **~ kurarak oturmak** im Schneidersitz sitzen

bağdaşık <-ğı> *adj* einheitlich; (*homojen*) homogen

bağdaşıklaştırma *s* ❶ *Verbalsubstantiv zu* **bağdaşıklaştırmak** ❷ Vereinheitlichung *f*

bağdaşıklaştırmak *vt* vereinheitlichen; (*homojenleştirmek*) homogenisieren

bağdaşıklık <-ğı> *s ohne pl* Einheitlichkeit *f*, Homogenität *f*

bağdaşma *s Verbalsubstantiv zu* **bağdaşmak**

bağdaşmak *vi* ❶ (*anlaşmak*) sich verstehen ❷ (*çocuk oyunlarında*) sich zusammentun

bağdaşmaz *adj* unvereinbar

bağdaşmazlık <-ğı> *s ohne pl* Unvereinbarkeit *f*

Bağdat *s* Bagdad *nt*

bağ doku *s* BOT, ZOOL Bindegewebe *nt*; *s. a.* **katılgan doku**

bağfiil *s* LING (*ulaç*) Gerundium *nt*

bağı *s ohne pl* (*büyü, sihir*) Zauber *m*, Magie *f*

bağıcı *s* ❶ (*büyücü*) Zauberer *m*, Magier *m* ❷ (*baştan çıkarıcı*) Verführer *m*

bağıl **I.** *s* <-ğı> (*görece*) Relation *f* **II.** *adj* (*izafi*) relativ; **~ nem** METEO relative Feuchtigkeit

bağıldak <-ğı> *s* REG Monatsbinde *f*

bağıllık <-ğı> *s* (*rölâtivite*) Relativität *f*

bağımlı *adj* abhängig; **~ sıralı cümle** LING abhängiger Satz

bağımlılık <-ğı> *s* Abhängigkeit *f*; **karşılıklı ~** gegenseitige Abhängigkeit

bağımsız *adj* unabhängig

bağımsızlık <-ğı> *s ohne pl* Unabhängigkeit *f*

bağıntı *s* ❶ PHILOS (*rölâtivite*) Relativität *f* ❷ MATH (*rölâtivite*) Proportion *f*

bağıntıcı *s* PHILOS (*rölâtivist*) Relativist(in) *m(f)*

bağıntıcılık <-ğı> *s ohne pl* PHILOS (*rölâtivizm*) Relativismus *m*

bağıntılı *adj* relativ

bağır¹ *vi Imperativ von* **bağırmak**

bağır² <-ğrı> *s* ❶ (*göğüs*) Brust *f* ❷ ANAT Eingeweide *nt*

bağırma *s Verbalsubstantiv zu* **bağırmak**

bağırmak *vi* schreien (**-e**), anschreien (**-e**); **bar bar ~** brüllen

bağırsak <-ğı> *s* ANAT Darm *m* **bağırsak hastalığı** *s* MED Darmkrankheit *f* **bağırsak iltihabı** *s* MED Darmentzündung *f*, Darminfektion *f* **bağırsak ingini** *s* MED Darmgrippe *f* **bağırsak solucanı** *s* MED Spulwurm *m*

bağırtı *s* Schrei *m*; **~lar, çağırtılar** Schreie, Rufe

bağırtlak <-ğı> *s* ZOOL Knäckente *f*

bağış *s* ❶ Spende *f* ❷ Gabe *f*

bağışık *adj* ❶ MED immun (**-e karşı** gegen) ❷ (*muaf*) befreit (**-den** von)

bağışıklık <-ğı> *s* Immunität *f* **bağışıklık bilimi** *s ohne pl* MED (*immünoloji*) Immunologie *f* **bağışıklık sistemi** *s* MED Immunsystem *nt*, Abwehrsystem *nt*

bağış kampanyası *s* Spendenaktion *f*

bağışlama *s* ❶ *Verbalsubstantiv zu* **bağışlamak** ❷ (*affetme*) Vergebung *f* ❸ JUR (*hibe*) Schenkung *f*

bağışlamak *vt* ❶ spenden, schenken ❷ (*affetmek*) vergeben

bağlaç <-cı> *s* LING Konjunktion *f*, Bindewort *nt*

bağlam *s* ❶ (*demet, deste*) Bündel *nt* ❷ Zusammenhang *m*; (*kontekst*) Kontext *m* ❸ LIT (*bent*) (vierversige) Strophe *f*

bağlama *s* ❶ *Verbalsubstantiv zu* **bağlamak** ❷ (*kabuk ~*) Bildung *f*; **yaranın kabuk ~sı dört gün sürdü** es dauerte vier Tage bis die Wunde eine Kruste gebildet hatte ❸ MUS (*saz*) Langhalslaute *f*

bağlamak **I.** *vt* ❶ binden; **kravat ~** eine Krawatte binden ❷ festbinden, fesseln; **birinin elini ayağını ~** jdn an Händen und Füßen fesseln ❸ (*köpeği*) anbinden ❹ verbinden; **beni iki yüz ikiye bağlar mısınız?** können Sie mich mit der Zweihundertzwei verbinden?; **iki ucu birbirine ~** die beiden Spitzen miteinander verbinden ❺ ELEK, TECH (*müzik sistemini*) anschließen (**-e** an) ❻ (*şarta*) knüpfen (**-e** an) **II.** *vi* **kabuk ~** Kruste bilden; **yağ ~** (*fam*) Fett ansetzen

bağlanma *s* ❶ *Verbalsubstantiv zu* **bağlanmak** ❷ Anschluss *m;* **telefon ~sı için başvurmak** TELEK einen Telefonanschluss beantragen

bağlanmak *vi* ❶ *pass von* **bağlamak** ❷ (*fig*) sich binden (**-e** an)

bağlantı *s* ❶ (*irtibat*) Verbindung *f,* Anschluss *m;* **biriyle ~ kurmak** mit jdm in Verbindung treten ❷ (*rabıta*) Zusammenhang *m* ❸ INFORM (*link*) Link *m*

bağlantılı *adj* (*rabıtalı*) zusammenhängend

bağlantı parçası *s* Verbindungsstück *nt*

bağlantısız *adj* ❶ (*rabıtasız*) zusammenhanglos ❷ POL (*bloksuz*) blockfrei; **~ ülkeler** blockfreie Länder

bağlaşık **I.** *s* <-ğı> (*müttefik*) Alliierte(r) *f(m),* Verbündete(r) *f(m)* **II.** *adj* <-ğı> alliiert, verbündet

bağlaşım *s* Bund *m*

bağlaşma *s* ❶ *Verbalsubstantiv zu* **bağlaşmak** ❷ Bündnis *nt;* (*ittifak*) Allianz *f*

bağlaşmak *vi* sich verbinden (**-le** mit); (*ittifak etmek*) sich alliieren (**-le** mit)

bağlayıcı *adj* ❶ bindend ❷ (*uyulması zorunlu*) verbindlich

bağlayıcılık <-ğı> *s* Verbindlichkeit *f*

bağlı *adj* ❶ angebunden (**-e** an) ❷ (fest)gebunden, gefesselt; **eli ayağı yatağa ~ olmak** (*fig fam*) ans Bett gefesselt sein; **elim kolum ~** (*fig fam*) mir sind die Hände gebunden ❸ abhängig (**-e** von); **bir şeye ~ olmak** von etw abhängen; **gidip gitmememiz havaya ~** es hängt vom Wetter ab, ob wir gehen [*o* fahren] ❹ (*kapalı*) gesperrt ❺ (*sadık*) treu

bağlılaşım *s* BIOL Korrelation *f*

bağlılık <-ğı> *s* ❶ Bindung *f* ❷ Abhängigkeit *f* ❸ (*sadakat*) Treue *f* ❹ BIOL (*bağlılaşım*) Korrelation *f*

bağnaz **I.** *s* Fanatiker(in) *m(f)* **II.** *adj* fanatisch

bağnazlık <-ğı> *s ohne pl* Fanatismus *m*

bağrı *s poss von* **bağır**

bağrıkara *s* ZOOL Schwarzkehlchen *nt*

bağ salyangozu *s* ZOOL Weinbergschnecke *f*

Bahama Adaları *pl* GEO die Bahamas

bahane *s* Ausrede *f,* Vorwand *m;* **~ aramak/bulmak** eine Ausrede suchen/finden; **bir şeyi ~ etmek** etw als Vorwand benutzen, etw zum Vorwand nehmen

bahar[1] *s* Frühjahr *nt;* (*ilk~*) Frühling *m;* **~ı başına vurmak** (*fam*) Frühlingsgefühle bekommen

bahar[2] *s* Gewürz *nt*

baharat *pl* Gewürze *pl;* **bir şeyi ~ olarak kullanmak** etw als Gewürz verwenden

baharatlandırma *s Verbalsubstantiv zu* **baharatlandırmak**

baharatlandırmak *vt* würzen

baharatlı *adj* gewürzt

baharatsız *adj* ungewürzt

bahar bitkisi *s* Würzpflanze *f* **bahar günü** *s* Frühlingstag *m* **bahar havası** *s* Frühlingswetter *nt* **bahar nezlesi** *s s.* **saman nezlesi** Heuschnupfen *m*

bahçe *s* ❶ Garten *m;* **botanik/hayvanat ~si** botanischer/zoologischer Garten ❷ (*okul ~si*) Hof *m*

bahçe bakımı *s ohne pl* Gartenpflege *f*

bahçecilik <-ği> *s ohne pl* Gartenbau *m*

bahçe çiti *s* Gartenzaun *m*

bahçe gazinosu *s* Gartenlokal *nt* **bahçe kulübesi** *s* Gartenhaus *nt,* Gartenhäuschen *nt* **bahçe makası** *s* Gartenschere *f* **bahçe mimarı** *s* Gartenarchitekt(in) *m(f)* **bahçe şemsiyesi** *s* Gartenschirm *m* **bahçe tanzimi** *s* Gartengestaltung *f*

bahçıvan *s* Gärtner(in) *m(f)*

bahis <-hsi> *s* ❶ *a.* JUR (*iddialı sözleşme*) Wette *f;* **~ tutuşmak** eine Wette abschließen; **bahse girmek** eine Wette eingehen; **bahsi kaybetmek/kazanmak** die Wette verlieren/gewinnen; **seninle her bahse girerim ki ...** ich gehe jede Wette mit dir ein, dass ... ❷ (*konu*) Thema *nt;* (*konuşulan şey*) Rede *f,* Gespräch *nt;* **~ konusu nedir?** wovon ist die Rede?; **~ mevzuu olmak** zum Gesprächsthema werden; **bahsi geçmek** Erwähnung finden, erwähnt werden; **bahsi kapamak** das Thema beenden ❸ (*bölüm*) Abschnitt *m,* Kapitel *nt;* **kitabın birinci/ikinci bahsi** das erste/zweite Kapitel des Buches

Bahreyn *s* Bahrain *nt*

Bahreynli **I.** *s* Bahrainer(in) *m(f)* **II.** *adj* bahrainisch

bahriye *s* Marine *f*

bahsetme *s Verbalsubstantiv zu* **bahsetmek**

bahsetmek <-der> *vi* (*konuşmak*) reden (**-den** von, **-den** über), sprechen (**-den** von, **-den** über); (*sözünü etmek*) erwähnen (**-den**); **bahsedeceğim konu** das Thema, worüber ich sprechen werde; **neden bahsediyorsun?** wovon redest [*o* sprichst] du?

bahsi *s poss von* **bahis**

bahşiş *s* Trinkgeld *nt;* **~ atın dişine bakıl-**

maz (*prov*) einem geschenkten Gaul schaut man nicht ins Maul

baht *s ohne pl* Glück *nt*

bahtı açık **I.** *s* <-ğı> Glückspilz *m;* **~ olmak** ein Glückspilz sein **II.** *adj* (*talihli*) glücklich, vom Glück begünstigt **bahtı kara** **I.** *s* Pechvogel *m;* **~ olmak** ein Pechvogel sein **II.** *adj* glücklos; (*mutsuz*) unglücklich

baht işi *s ohne pl* Glückssache *f*

bahtiyar *adj* glücklich

bahtiyarlık <-ğı> *s ohne pl* Glück *nt*

bahtlı *adj* glücklich

bahtsız *adj* unglücklich

bahtsızlık <-ğı> *s ohne pl* Unglück *nt*

bak *Imperativ von* **bakmak**: **~ bakalım, ...** sieh mal nach, ob ...; **~ bakalım, ne yapabileceksin!** sieh mal zu, was du machen kannst!; **~ bir!** schau mal!; **erken gelmeye ~!** sieh zu, dass du früh kommst!; **hele ~!** schau doch!; **kendine iyi ~!** pass gut auf dich auf!

baka baka *adv* **önüne ~** den Blick nach unten gerichtet

bakaç <-cı> *s* REG (*dürbün*) Fernglas *nt,* Feldstecher *m*

bakakalma *s Verbalsubstantiv zu* **bakakalmak**

bakakalmak *vi* dastehen; **ağzı açık ~** mit offenem Mund dastehen

bakalit *s ohne pl* CHEM Bakelit *nt*

bakalorya *s s.* **olgunluk sınavı** Reifeprüfung *f*

bakan **I.** *vi* ❶ *part. präs. von* **bakmak** ❷ **denize ~ bir oda** ein Zimmer mit Blick aufs Meer; **sokağa ~ bir pencere** ein Fenster mit Blick auf die Straße **II.** *s* Minister(in) *m(f)*

bakanlar kurulu *s* Ministerrat *m*

bakanlık <-ğı> *s* Ministerium *nt*

bakar *vi 3. Aorist von* **bakmak**

bakara *s ohne pl* Bakkarat *nt*

bakıcı *s* ❶ Pfleger(in) *m(f)* ❷ (*falcı*) Wahrsager(in) *m(f)*

bakılma *s Verbalsubstantiv zu* **bakılmak**

bakılmak *vi* ❶ *pass von* **bakmak** ❷ **dıştan bakıldığında** äußerlich betrachtet; **hukuki/politik açıdan bakıldığında** vom juristischen/politischen Blickpunkt aus gesehen; **yakından bakıldığında** bei näherer Betrachtung

bakım *s ohne pl* ❶ Pflege *f* ❷ AUTO Inspektion *f;* **arabanın ~ı geldi** der Wagen ist zur Inspektion fällig ❸ **bir ~a** in gewisser Hinsicht [*o* Beziehung]; **bu/her ~dan** in dieser/jeder Hinsicht [*o* Beziehung]

bakımından *adv* ❶ hinsichtlich, im Hinblick auf; **çalışma şartları ~** hinsichtlich der Arbeitsbedingungen; **sağlık ~** in gesundheitlicher Hinsicht; **yaşı ~** im Hinblick auf sein Alter, hinsichtlich seines Alters ❷ an; **azot/fosfat ~ zengin** reich an Stickstoffen/Phosphaten ❸ **karakter ~** charakterlich; **sayı ~** zahlenmäßig; **üslup ~** stilistisch; **yaş ~** altersmäßig

bakımlı *adj* gepflegt

bakımsız *adj* ungepflegt

bakımsızlık <-ğı> *s ohne pl* Ungepflegtheit *f*

bakım şampuanı *s* Pflegeshampoo *nt*

bakım yurdu *s* Pflegeheim *nt*

bakıncak <-ğı> *s* (*nişangâh*) Visier *nt*

bakınız siehe; **yukarıya ~** siehe oben

bakınma *s Verbalsubstantiv zu* **bakınmak**

bakınmak *vi* ❶ sich umsehen, sich umschauen ❷ REG (*muayene olmak*) untersucht werden (**-e** von), sich untersuchen lassen (**-e** von)

bakır **I.** *s ohne pl* CHEM Kupfer *nt* **II.** *adj* kupfern **bakır alaşımı** *s* CHEM Kupferlegierung *f*

bakırcı *s* Kupferschmied(in) *m(f)*

bakır çinko alaşımı *s* CHEM Kupfer-Zink-Legierung *f* **bakır gravür** *s* Kupferstich *m*

bakırlı *adj* kupferhaltig

bakır ocağı *s* Kupferbergwerk *nt* **bakır oksit** <-di> *s ohne pl* CHEM Kupferoxid *nt* **bakır pası** *s ohne pl* Grünspan *m* **bakır rengi** *adj* kupferfarben **bakır sikke** *s* Kupfermünze *f* **bakır sülfat** *s* CHEM Kupfersulfat *nt* **bakır taşı** *s ohne pl* CHEM Kupferspat *m;* (*malakit*) Malachit *m* **bakır tel** *s* Kupferdraht *m*

bakış *s* ❶ Blick *m;* **delici ~** stechender [*o* durchbohrender] Blick; **~ atmak** einen Blick werfen; **~larını bir kimseye/şeye yöneltmek** seinen Blick auf jdn/etw richten ❷ Anblick *m;* **ilk ~ta** beim ersten Anblick ❸ (*kuş ~ı*) Perspektive *f* **bakış açısı** *s* Betrachtungswinkel *m;* (*görüş açısı*) Blickwinkel *m*

bakışım *s a.* MATH Ebenmaß *nt;* (*simetri*) Symmetrie *f*

bakışımlı *adj a.* MATH ebenmäßig; (*simetrik*) symmetrisch

bakışımsız *adj a.* MATH (*asimetrik*) asymmetrisch

bakışımsızlık <-ğı> *s a.* MATH (*asimetri*) Asymmetrie *f*

bakışma *s Verbalsubstantiv zu* **bakışmak**

bakışmak *vi* ❶ sich ansehen, sich anschauen ❷ Blicke tauschen; **gizlice** [*o* **çaktırmadan**] **~** sich gegenseitig verstohlene Blicke zuwerfen

baki [ba:ki:] *adj* ❶ (*kalıcı*) beständig, bleibend; (*sürekli*) dauerhaft ❷ (*artakalan*)

übriggeblieben, Rest-
bakir [ba:-] *adj* (*a. fig*) jungfräulich; (*el değmemiş*) unberührt
bakire [ba:--] *s* Jungfrau *f*
bakirelik <-ği> *s ohne pl* Jungfräulichkeit *f*
bakirlik <-ği> *s ohne pl* Jungfräulichkeit *f;* (*el değmemişlik*) Unberührtheit *f*
bakiye *s* ❶ Rest *m* ❷ (*kalıntı*) Überbleibsel *nt,* Relikt *nt*
bakkal *s* ❶ Krämer *m* ❷ (*dükkân*) Krämerladen *m*
bakla *s* ❶ BOT (*Vicia faba*) Saubohne *f,* dicke Bohnen *pl* ❷ (*fig fam*) **~yı ağzından çıkarmak** die Katze aus dem Sack lassen; **ağzından ~yı çıkarmamak** mit etw hinterm Busch halten; **dilinin altındaki ~yı çıkarmak** die Katze aus dem Sack lassen
baklamsı meyve *s* BOT Hülsenfrucht *f*
baklan *s* ZOOL Großtrappe *f*
baklava *s* GASTR *Süßgebäck aus Blätterteig gefüllt mit Walnüssen oder Pistazien*
bakma *s* ❶ *Verbalsubstantiv zu* **bakmak** ❷ Betrachtung *f*
bakmak <-ar> *vi* ❶ beobachten (**-e**), betrachten (**-e**); **bir şeye başka bir açıdan ~** etw aus einem anderen Blickwinkel betrachten; **birine göz ucuyla ~** jdn aus den Augenwinkeln beobachten ❷ ansehen (**-e**), anschauen (**-e**); **birine anlamlı anlamlı ~** jdn bedeutsam anblicken; **bir şeye bitmiş gözüyle ~** etw als erledigt ansehen; **birine ters/yan ~** (*fam*) jdn schief/schräg ansehen ❸ sehen, schauen, blicken (**-e** auf); (*fam*) gucken; **bakalım, olacak mı** mal sehen, ob es klappt; **ne bakıyorsun?** (*fam*) was guckst du?; **Boğaz'a/Haliç'e ~** auf den Bosporus/das Goldene Horn blicken; **pencereden dışarı ~** zum Fenster hinausschauen ❹ zusehen (**-e** dass); **bir an önce eve gitmeye bakalım** wir müssen zusehen, dass wir so schnell wie möglich nach Hause kommen; **erken gelmeye bak** sieh zu, dass du früh kommst ❺ (*bilgi için*) nachsehen (**-e** in), nachschauen (**-e** in); **sözlüğe ~** im Wörterbuch nachschlagen; **bak bakalım, ...** sieh mal nach, ob ...; **her tarafa baktım** ich habe überall nachgesehen ❻ Gesicht machen; **alık alık/aptal aptal ~** ein dämliches/dummes Gesicht machen ❼ (*beklemek*) erwarten (**-e**); **bir şeye dört gözle bakmak** etw sehnsüchtig erwarten ❽ (*göz kulak olmak*) aufpassen (**-e** auf) ❾ (*iaşe etmek*) verpflegen (**-e**)
bakraç <-cı> *s* ❶ (*bakırdan küçük kova*) Kupfernapf *m* ❷ (*kuyu bakracı*) Schöpfeimer *m*
bakteri *s* BIOL, MED Bakterie *f* **bakteri kültürü** *s* BIOL, MED Bakterienkultur *f*
bakterisit *adj* MED bakterizid
bakteriyel *adj* BIOL, MED bakteriell
bakteriyolog *s* Bakteriologe, -login *m, f*
bakteriyoloji *s ohne pl* Bakteriologie *f*
bakteriyolojik *adj* bakteriologisch
Bakü *s* Baku *nt*
bal *s* Honig *m,* Bienenhonig *m*
balaban kuşu *s* ZOOL Rohrdommel *f*
balalayka *s* MUS Balalaika *f*
balans ağırlıklı *adj* AUTO, TECH ausgewuchtet **balans ayarı** *s* AUTO Auswuchtung *f;* **~ yap(tır)mak** die Räder auswuchten (lassen)
balar *s* ARCH (*pedavra*) Schindel *f*
bal arısı *s* ZOOL Honigbiene *f*
balast *s* ❶ EISENB (*taş kırıkları*) Schotter *m* ❷ NAUT (*safra*) Ballast *m;* **~ atmak** Ballast abwerfen
balat <-dı> *s* MUS Ballade *f*
balata *s* AUTO (*fren ~sı*) Klotz *m,* Belag *m;* (*debriyaj ~sı*) Scheibe *f*
balayı *s* Flitterwochen *pl;* (*yolculuk*) Hochzeitsreise *f*
balçık <-ğı> *s* Lehm *m;* **pişmiş ~tan** aus gebranntem Lehm
balçıklı *adj* lehmig
baldır *s* Wade *f;* (*incik*) Unterschenkel *m*
baldıran *s* BOT Schierling *m*
baldır kemiği *s* ANAT Wadenbein *nt*
baldırsokan *s* ZOOL Wadenstecher *m*
baldız *s* Schwägerin *f* (*Schwester der Ehefrau*)
bale *s* Ballett *nt*
Balear Adaları *pl* GEO die Balearen
balerin *s* Ballerina *f,* Balletttänzerin *f*
balet *s* Balletttänzer *m*
balgam *s* MED Auswurf *m*
balık <-ğı> *s* ❶ ZOOL, GASTR Fisch *m;* **~ tutmak/üretmek** Fische fangen/züchten; **~ kavağa çıkınca** (*fig fam*) wenn Ostern und Pfingsten auf einen Tag fallen; **battı ~ yan gider** (*iron fam*) wird schon schieflaufen!; **salamura ~** marinierter Fisch; **balığa çıkmak** auf Fischfang gehen ❷ (*nisan balığı*) Scherz *m*
Balık *s* ASTROL Fische *pl;* **~ burcu/dönencesi** das Sternbild/der Wendekreis der Fische
balık adam *s* (*kurbağa adam*) Froschmann *m;* (*dalgıç*) Taucher(in) *m(f)* **balık ağı** *s* Fisch(er)netz *nt* **balık ağzı** *s* Fischmaul *nt* **balık avı** *s* Fischfang *m;* **~na çıkmak** auf Fischfang gehen **balık bilimi** *s ohne pl* Fischkunde *f,* Ichthyologie *f*
balıkçı *s* ❶ Fischer(in) *m(f)* ❷ Fischhändler(in) *m(f)* **balıkçı kazağı** *s* Rollkragenpullover *m* **balıkçı köyü** *s* Fischerdorf *nt*

B

B

balıkçıl *s* ZOOL Fischreiher *m*
balıkçılık <-ğı> *s ohne pl* ❶ (*balık tutma*) Fischerei *f* ❷ (*balık üretme*) Fischzucht *f*
balıkçı limanı *s* Fischerhafen *m*
balıkçın *s* ZOOL Seeschwalbe *f*
balıkçı teknesi *s* Fischerboot *nt;* (*daha büyük*) Fischkutter *m* **balıkçı yaka** *s* Rollkragen *m*
balık çorbası *s* GASTR Fischsuppe *f*
balıketi *adj,* **balıketinde** *adj* vollschlank
balık furyası *s* Fischschwarm *m*
balıkgözü *s* Öse *f* **balıkgözü objektif** *s* FOTO Fischauge *nt*
balık istifi *s* ~ **gibi** zusammengedrängt wie die Sardinen **balık kartalı** *s* ZOOL Fischadler *m* **balık kılçığı** *s* Fischgräte *f* **balık konservesi** *s* Fischkonserve *f*
balıklama *adv* ❶ ~ **atlamak** einen Kopfsprung machen ❷ (*fig*) Hals über Kopf, überstürzt
balıklava *s* Fischgründe *pl*
balık lokantası *s* Fischrestaurant *nt* **balık pazarı** *s* Fischmarkt *m*
balıksırtı *s* (*desen*) Fischgrätenmuster *nt;* ~ **ceket** eine fischgrätengemusterte Jacke
balık unu *s* Fischmehl *nt* **balık yağı** *s ohne pl* Lebertran *m* **balık yemi** *s* Fischköder *m* **balık yumurtası** *s* Fischei *nt,* Fischrogen *m*
baliğ [ba:-] *adj s.* **ergen** pubertär; ~ **olmak** (*ergenleşmek*) pubertieren; (*erişmek*) erreichen
balina *s* ❶ ZOOL Wal *m* ❷ Kragenstäbchen *nt* **balina avı** *s ohne pl* Walfang *m*
balistik **I.** *s* <-ği> *ohne pl* Ballistik *f* **II.** *adj* ballistisch
Balkanlar *pl* GEO der Balkan; ~**da** auf dem Balkan
Balkan ülkeleri *pl* GEO Balkanländer *pl*
bal kelebeği *s* ZOOL Wachsmotte *f,* Honigmotte *f,* Bienenmotte *f*
balkon *s* ❶ ARCH Balkon *m* ❷ THEAT Balkon *m* **balkon kapısı** *s* Balkontür *f* **balkon korkuluğu** *s* Balkongeländer *nt*
balkonsu *adj,* **balkonumsu** *adj* balkonartig
ballama *s Verbalsubstantiv zu* **ballamak**
ballamak *vt* (*bal sürmek*) Honig bestreichen (-**e**, mit)
ballandırma *s Verbalsubstantiv zu* **ballandırmak**
ballandırmak *vt* (*fig: imrendirecek biçimde övmek*) loben, dass man neidisch wird
ballanma *s Verbalsubstantiv zu* **ballanmak**
ballanmak *vi* ❶ *pass von* **ballamak** ❷ (*fig: tatlılaşmak*) süß werden; (*olgunlaşmak*) reif werden
bal likörü *s* Bärenfang *m* **bal mumu** *s ohne pl* Bienenwachs *m*
balo *s* Ball *m*
balon *s* ❶ *a.* AERO Ballon *m* ❷ Luftballon *m;* ~ **uçurmak** (*fig fam*) einen Versuchsballon steigen lassen
balo salonu *s* Ballsaal *m*
balotaj *s* Stichwahl *f*
bal özü *s* (*nektar*) Nektar *m* **bal peteği** *s* Honigwabe *f,* Bienenwabe *f*
balsam *s ohne pl* Balsam *m*
balsamlı *adj* balsamisch; ~ **kokular** balsamische Düfte
balta *s* Axt *f,* Beil *nt;* ~**yı sallamak** die Axt schwingen
baltalama *s* ❶ *Verbalsubstantiv zu* **baltalamak** ❷ (*sabotaj*) Sabotage *f*
baltalamak *vt* (*sabote etmek*) sabotieren
balta sapı *s* Axthelm *m*
Baltık **I.** *s* Baltikum *nt* **II.** *adj* baltisch; ~ **denizi** das baltische Meer; ~ **ülkeleri** die baltischen Länder
balya *s* Ballen *m*
bambaşka *adj* grundverschieden; (*büsbütün başka*) ganz andere(r, s), völlig andere(r, s); (*apayrı*) ganz verschieden; **bu ~ bir şey** das ist etwas ganz [*o* völlig] anderes
bambu *s* BOT Bambus *m* **bambu kamışı** *s* Bambusrohr *nt*
bam teli *s* (*fig fam*) ~**ine dokunmak** den Nerv treffen; **birinin ~ine basmak** jdm auf die Hühneraugen treten
bamya *s* BOT, GASTR Okra *f*
bana *pron dat von* **ben** ❶ mir; ~ **göre hava hoş** (*fam*) mir ist das egal; ~ **yardım etti** er hat mir geholfen ❷ zu mir; **yarın ~ gelecek misin?** kommst du morgen zu mir? ❸ mich; ~ **sorma!** frag mich nicht!; **dokunma ~!** fass mich nicht an! ❹ für mich; **mektup/telefon ~ mı?** ist der Brief/Anruf für mich?
banak <-ğı> *s* REG (*ekmek parçası*) Stück Brot *nt*
banal *adj* banal
banallık <-ğı> *s* Banalität *f*
banço *s* MUS Banjo *nt*
bandaj *s* Bandage *f*
bandajlama *s* ❶ *Verbalsubstantiv zu* **bandajlamak** ❷ Bandagierung *f*
bandajlamak *vt* bandagieren
bandı *s poss von* **bant**
bando *s* MUS Kapelle *f,* Blaskapelle *f* **bando şefi** *s* MUS Kapellmeister(in) *m(f)*
bandrol <-lü> *s* ❶ (*vergi etiketi*) Banderole *f* ❷ (*kumaş şerit*) Banderole *f*
banka *s* Bank *f;* ~**da hesabı olmak** ein Konto bei der Bank haben; **bir ~da hesap**

açmak ein Konto bei einer Bank eröffnen
bankacı *s* ❶ Bankkaufmann *m;* (*kadın*) Bankkauffrau *f* ❷ WIRTSCH Banker *m*
bankacılık <-ğı> *s ohne pl* WIRTSCH Bankwesen *nt*
banka havalesi *s* FIN Bankanweisung *f* **banka hesabı** *s* FIN Bankkonto *nt* **banka kredisi** *s* FIN Bankkredit *m*
bankalar konsorsiyumu *s* Bankenkonsortium *nt*
bankamatik <-ği> *s* Bankautomat *m*
banka memuru *s* Bankangestellte(r) *f(m)* **banka müdürü** *s* Bankdirektor *m* **banka soyguncusu** *s* Bankräuber(in) *m(f)* **banka soygunu** *s* Bankraub *m,* Banküberfall *m* **banka şubesi** *s* Bankfiliale *f* **banka transferi** *s* Banküberweisung *f*
banker *s* FIN Bankier *m*
banket *s* Bankette *f*
bankiz *s* GEO (*buzla*) Eisbank *f*
banknot *s* Banknote *f*
banko *s* Bank *f*
banliyö *s* Vorort *m* **banliyö treni** *s* EISENB Stadtbahn *f,* Vorortzug *m*
banma *s Verbalsubstantiv zu* **banmak**
banmak <-ar> *vt* eintunken (**-e** in)
bant <-dı> *s* ❶ Band *nt* ❷ SPORT (*bilardo masasında*) Bande *f* **bant sürücü** *s* INFORM Bandlaufwerk *nt*
ban yağı *s s.* **Hint yağı** Rizinusöl *nt*
banyo *s* ❶ Badezimmer *nt* ❷ (*yıkanma*) Bad *nt,* Baden *nt;* ~ **almak** ein Bad nehmen; ~ **yapmak** baden ❸ (~ *küveti*) Wanne *f;* ~**ya su doldurmak** sich ein Bad einlassen **banyo havlusu** *s* Badetuch *nt* **banyo küveti** *s* Badewanne *f*
banyolu *adj* ❶ mit Bad; ~ **bir oda** ein Zimmer mit Bad ❷ gebadet
banyo suyu *s ohne pl* Badewasser *nt*
banyosuz *adj* ❶ ohne Bad ❷ ungebadet
banyo takımı *s* Badematte *f*
bar[1] *s* (*meyhane*) Bar *f*
bar[2] *s* PHYS Bar *nt*
bar[3] *s* (*halk oyunu*) Bar *m* (*Volkstanz in Ost- und Nordanatolien*)
baraj *s* ❶ Staudamm *m,* Talsperre *f* ❷ (*fig*) Hürde *f;* ~**ı aşmak** eine Hürde nehmen ❸ SPORT (*futbol, hentbol*) Mauer *f* **baraj ateşi** *s* MIL Sperrfeuer *nt* **baraj maçı** *s* SPORT Relegationsspiel *nt*
baraka *s* Baracke *f*
baran *s s.* **yağmur** Regen *m*
barata *s* Barett *nt*
bar ateşi *s* MIL Sperrfeuer *nt*
barbakan *s* Schießscharte *f*
barbar **I.** *s* Barbar(in) *m(f)* **II.** *adj* barbarisch
bar bar *adv* ~ **bağırmak** brüllen
barbarca *adj* barbarisch
barbarlık <-ğı> *s* Barbarei *f,* Barbarismus *m*
barbata *s* (*kale korkuluğu*) Brustwehr *f*
barbitürat *s* PHARM Barbiturat *nt*
barbunya *s* ❶ ZOOL, GASTR (*balık*) Meerbarbe *f,* Seebarbe *f* ❷ GASTR (*fasulye*) gesprenkelte Bohnen *pl*
bardak <-ğı> *s* Glas *nt,* Trinkglas *nt;* ~**tan boşanırcasına yağmak** in Strömen gießen; **bardağı taşırmak** (*fig fam*) dem Fass den Boden ausschlagen; (*sabrı tükenmek*) mit der Geduld am Ende sein
bardakaltı *s* Untersatz *m*
barem basamağı *s* Gehaltsstufe *f*
baret *s* ❶ (*işçilerde*) Schutzhelm *m* ❷ (*papaz takkesi*) Barett *nt*
barfiks *s* SPORT Reck *nt*
barınak <-ğı> *s* Herberge *f,* Unterschlupf *m;* **birine ~ sağlamak** jdm Unterschlupf gewähren
barındırma *s* ❶ *Verbalsubstantiv zu* **barındırmak** ❷ Beherbergung *f*
barındırmak *vt* beherbergen
barış *s ohne pl* ❶ (*barışmak işi*) Versöhnung *f;* ~ **görüş olmak** (*fam*) sich versöhnen ❷ (*sulh*) Frieden *m;* ~ **atmosferi** eine Atmosphäre des Friedens; ~ **yapmak** Frieden schließen **barış antlaşması** *s* Friedensvertrag *m*
barışçı *adj* friedlich
barış çubuğu *s* Friedenspfeife *f* **barış gücü** *s* Friedenstruppe *f* **barış hareketi** *s* Friedensbewegung *f*
barışık <-ğı> *adj* einträchtig
barışıklık <-ğı> *s ohne pl* Eintracht *f*
barış konferansı *s* Friedenskonferenz *f*
barışma *s* ❶ *Verbalsubstantiv zu* **barışmak** ❷ Versöhnung *f,* Aussöhnung *f*
barışmak *vi* sich versöhnen (**-le** mit), sich aussöhnen (**-le** mit)
barış politikası *s* Friedenspolitik *f*
barışsever *adj* friedliebend
barışseverlik <-ği> *s ohne pl* Friedensliebe *f*
barıştırma *s* ❶ *Verbalsubstantiv zu* **barıştırmak** ❷ Versöhnung *f,* Aussöhnung *f*
barıştırmak *vt* versöhnen (**-le** mit), aussöhnen (**-le** mit)
barış zamanı *s* Friedenszeit *f;* ~**nda** in Friedenszeiten
bari **I.** *konj* (*hiç olmazsa*) wenigstens, zumindest; (*öyle ise*) wenn das so ist **II.** *adv* (*keşke*) wenn ... wenigstens wäre; ~ **güzel olsa** wenn sie wenigstens schön wäre; **güleyim ~!** (*iron*) dass ich nicht lache!

B

barikat *s* Barrikade *f;* ~ **kurmak** Barrikaden bauen
barisfer *s ohne pl* GEO Barysphäre *f*
barit *s* CHEM Baryt *m*
baritin *s* CHEM (*baryum sülfat*) Bariumsulfat *nt*
bariton *s* MUS ❶ (*ses*) Bariton *m* ❷ (*çalgı*) Baryton *nt*
bariyer *s* ❶ Barriere *f;* (*kapamak için engel*) Sperre *f,* Absperrung *f;* **polis ~i** polizeiliche Absperrung ❷ AUTO Leitplanke *f* ❸ AUTO, EISENB (*hemzemin geçitte*) Schranke *f;* EISENB Bahnschranke *f* ❹ (*engelli at yarışında*) Hindernis *nt;* **binici son ~e dörtnala girdi** der Reiter ging das letzte Hindernis im Galopp an **bariyerli** *adj* EISENB (*geçit*) beschrankt **bariyersiz** *adj* EISENB (*geçit*) unbeschrankt, schrankenlos
bariz [ba:-] *adj* ersichtlich; (*göze çarpan*) augenfällig, auffällig
barka *s* NAUT Barke *f;* (*daha büyük*) Barkasse *f*
barkarol <-lü> *s* Barkarole *f*
barkod <-du> *s* Barcode *m,* Strichkode *m* **barkod okuyucu** *s* Strichkodeleser *m*
barkot <-du> *s s.* **barkod**
barmen *s* Barkeeper *m*
baro *s* JUR ❶ Anwaltskammer *f* ❷ Anwaltschaft *f*
barograf *s* AERO (*yükseklikölçer*) Höhenmesser *m*
barok I. *s ohne pl* ❶ Barock *m o nt;* ~ **çağı/kiliseleri/müziği/dili** das Zeitalter/die Kirchen/die Musik/die Sprache des Barocks ❷ ARCH Barockstil *m* **II.** *adj* barock **barok müzik** <-ği> *s* Barockmusik *f* **barok uslûbu** *s ohne pl* ARCH Barockstil *m*
barometre *s* PHYS Barometer *nt*
baron *s* Baron *m;* (*Almanya'da*) Freiherr *m*
barones *s* Baronin *f;* (*Almanya'da*) Freifrau *f*
baronluk <-ğu> *s* Baronat *nt*
barparalel *s* SPORT Barren *m*
barsak <-ğı> *s s.* **bağırsak** ANAT Darm *m*
barut *s* Schießpulver *nt* **barut fıçısı** *s* Pulverfass *nt*
baryum *s ohne pl* CHEM Barium *nt* **baryum sülfat** *s* CHEM (*baritin*) Bariumsulfat *nt*
bas[1] *vt Imperativ von* **basmak:** ~ **(git)!** (*sl*) hau ab!
bas[2] *s* MUS ❶ (*erkek sesi*) Bass *m* ❷ (*sanatçı*) Bassist *m*
basa basa *adv* ~ **eskitmek** austreten
basaç <-cı> *s* Drücker *m*
basamak <-ğı> *s* ❶ Stufe *f* ❷ (*fig*) Sprungbrett *nt;* **bir şeyi ~ olarak kullanmak** etw als Sprungbrett benutzen **basamak basamak** *adv* stufenweise
basamaklı *adj* stufig, Stufen- **basamaklı piramit** <-di> *s* Stufenpyramide *f*
basar *vt, vi 3. Aorist von* **basmak**
basbayağı *adj* schlicht (und einfach)
basen *s* Becken *nt*
basgitar *s* Bassgitarre *f*
bası *s* TYPO ❶ Abdruck *m* ❷ (*baskı*) Druck *m,* Auflage *f*
basıcı *s* Drucker(in) *m(f);* (*kitap ~sı*) Buchdrucker(in) *m(f)*
basıcılık <-ğı> *s ohne pl* Buchdruckerei *f*
basık <-ğı> *adj* ❶ flach ❷ (*alçak*) niedrig; ~ **tavan** eine niedrige Decke
basıla *s* TYPO Druckerlaubnis *f,* Imprimatur *f o nt;* ~ **vermek** die [*o* das] Imprimatur erteilen
basım *s* (*edisyon*) Edition *f,* Herausgabe *f;* (*ayrı ~*) Druck *m,* Ausgabe *f*
basımcılık <-ğı> *s ohne pl* TYPO Druckwesen *nt;* (*kitap için*) Buchdruckerei *f*
basımevi *s* TYPO Druckerei *f;* (*kitap için*) Buchdruckerei *f*
basın *s ohne pl* Presse *f* **basın açıklaması** *s* Presseerklärung *f* **basın ataşesi** *s* POL Presseattaché *m*
basınç <-cı> *s* Druck *m* **basınç dalgası** *s* PHYS Druckwelle *f*
basınçlı hava *s ohne pl* PHYS Druckluft *f*
basınçölçer *s* PHYS Druckmesser *m;* (*barometre*) Barometer *nt*
basın kartı *s* Presseausweis *m* **basın özgürlüğü** *s ohne pl* Pressefreiheit *f* **basın suçu** *s* Pressedelikt *nt* **basın toplantısı** *s* Pressekonferenz *f*
basıölçer *s* PHYS (*manometre*) Manometer *nt*
bası sayısı *s* TYPO (*baskı sayısı*) Auflagenhöhe *f*
basil *s* Bazillus *m*
basiret [basi:ret] *s ohne pl* Weitblick *m*
basiretli *adj* weitblickend
basit *adj* ❶ einfach, simpel; ~ **kesir** ein einfacher Bruch ❷ (*süssüz*) schlicht **basit kelime** *s* LING (*yalın kelime*) Simplex *nt; s. a.* **birleşik kelime**
basitleştirme *s* ❶ *Verbalsubstantiv zu* **basitleştirmek** ❷ Vereinfachung *f*
basitleştirmek *vt* vereinfachen
basitlik <-ği> *s ohne pl* ❶ Einfachheit *nt* ❷ Schlichtheit *f*
Bask *s* Baske, Baskin *m, f*
Baskça *s* Baskisch *nt;* ~**da** im Baskischen
basketbol *s ohne pl* SPORT Basketball *m*
basketbolcu *s* Basketballspieler(in) *m(f)*
basketbol oyuncusu *s* Basketballspieler(in) *m(f)* **basketbol takımı** *s* Basket-

ballmannschaft *f* **basketbol topu** *s* Basketball *m*

basketçi *s* Basketballspieler(in) *m(f)*

baskı *s* ❶ Druck *m;* **birine ~ yapmak** auf jdn Druck ausüben, jdn unter Druck setzen ❷ TYPO Druck *m;* (*yeni ~*) Auflage *f;* (*bası sayısı*) Auflagenhöhe *f* ❸ TECH (*pres*) Presse *f* ❹ (*etek ~sı*) Saum *m* **baskı grubu** *s* POL Interessengruppe *f,* Pressure-group *f* **baskı hatası** *s* TYPO Druckfehler *m* **baskı kalıbı** *s* TYPO Druckform *f*

baskılık <-ğı> *s* Briefbeschwerer *m*

baskı mürekkebi *s ohne pl* TYPO Druckerschwärze *f*

baskın **I.** *s* ❶ Razzia *f* ❷ MIL Einfall *m* (**-e** in); (*beklenmedik saldırı*) Überfall *m* **II.** *adj* (*üstün*) überlegen; **içki içmede birinden ~ çıkmak** (*fam*) jdn unter den Tisch trinken

baskı plakası *s* AUTO Druckplatte *f* **baskı resim** <-smi> *s* KUNST (*kazıma resim*) Radierung *f* **baskı sayısı** *s* TYPO (*baskı sayısı*) Auflagenhöhe *f* **baskı tekniği** *s* TYPO Drucktechnik *f* **baskı yanlışlığı** *s* TYPO Druckfehler *m* **baskı yöntemi** *s* TYPO Druckverfahren *nt*

basma *s Verbalsubstantiv zu* **basmak**

basmak **I.** *vi* <-ar> ❶ (*ayakla*) treten (**-e** auf); **bastığın yere dikkat et!** gib Acht, wohin du trittst!; **frene ~** auf die Bremse treten; **bir şeyin üzerine basarak söndürmek** etw austreten ❷ (*parmakla*) drücken (**-e** auf); **düğmeye ~** auf den Knopf drücken ❸ (*karanlık*) (her)einbrechen; **karanlık basarken** bei Einbruch der Dunkelheit ❹ **ağır ~** (*fig*) ins Gewicht fallen, zu Buche schlagen; **uyku ~** vom Schlaf befallen werden; **basıp gitmek** (*fam*) abhauen **II.** *vt* ❶ drucken ❷ (*baskın yapmak*) überfallen

basma kalıbı *s* Klischee *nt*

basmakalıp **I.** *adj* <-bı> (*fam*) abgedroschen; (*değişiklik göstermeyen*) stereotyp; (*klişe*) klischeehaft **II.** *s* Klischee *nt*

Basra *s* Basra *nt;* **~ Körfezi** der Persische Golf

basso *s* MUS ❶ (*erkek sesi*) Bass *m* ❷ (*çalgı*) Bass *m* **basso ses** *s* MUS Bassstimme *f,* Bass-Stimme *f*

bastana salatası *s* GASTR *Salat aus Tomaten, Zwiebeln, grünem Paprika, Petersilie, Pfefferminze und Zitrone*

bastıbacak <-ğı> *s* (*fam*) Dreikäsehoch *m*

bastırım *s* PSYCH Verdrängung *f*

bastırma *s* ❶ *Verbalsubstantiv zu* **bastırmak** ❷ (*isyanı*) Niederschlagung *f*

bastırmak **I.** *vt* ❶ *Kausativ zu* **basmak** ❷ drücken, pressen; **elini alnına ~** die Hand an die Stirn pressen; **sigarasını duvara bastırarak söndürdü** er drückte seine Zigarette auf der Wand aus ❸ (*isyanı*) niederschlagen, unterdrücken; (*yangını*) ersticken; **bir şeyi baş göstermeden ~** etw im Keim ersticken ❹ (*kumaşın kenarını kıvırıp dikmek*) säumen ❺ **birini faka ~** (*fig*) jdn aufs Glatteis führen ❻ (*enflasyonu*) drosseln ❼ PSYCH verdrängen ❽ (*fam: ansızın birinin yanına gitmek*) überfallen **II.** *vi* ❶ (*gece*) hereinbrechen; (*karanlık*) einbrechen; **alaca karanlık bastırdığında** bei Einbruch Dämmerung; **uyku ~** vom Schlaf befallen werden ❷ (*baskı yapmak*) Druck machen; **birine ~** auf jdn Druck ausüben, jdn unter Druck setzen

bastiyon *s* Hochburg *f*

baston *s* Spazierstock *m;* **~ (yutmuş) gibi** stocksteif **baston francala** *s* Baguette *nt*

basur [ba:-] *s* MED (*hemoroit*) Hämorriden *pl;* **kanlı ~** MED Ruhr *f* **basur memesi** *s* MED, ANAT Feigwarze *f* **basur otu** *s* BOT Feigwurz *f,* Scharbockskraut *nt*

basübadelmevt *s* REL Auferstehung *f*

baş *s* ❶ (*kafa*) Kopf *m;* (*ser*) Haupt *m;* **~ döndürücü** Schwindel erregend; **~ göstermek** sich zeigen; (*ortaya çıkmak*) auftreten; **birini ~ göz etmek** (*fam*) jdn unter die Haube bringen; **~ kaldırmak** sich auflehnen (**-e** gegen), revoltieren (**-e** gegen); (*isyan etmek*) rebellieren (**-e** gegen); **~ım dönüyor** mir ist schwindelig; **birinin ~ına bir hâl gelmek** jdm stößt etw zu; **bir şeyden ~ını alamamak** sich vor etw nicht retten können; **birinin ~ını bağlamak** (*fam*) jdn unter die Haube bringen; **~ını sokacak bir yeri olmak** (*fig fam*) ein Dach über dem Kopf haben; **~ını taştan taşa çarpmak** (*fig*) (etw) bitter bereuen; **işi ~ından aşkın olmak** (*fig fam*) bis über beide Ohren in Arbeit stecken ❷ (*topluluğu yöneten kimse*) Oberhaupt *m;* **bir devletin ~ı** der Oberhaupt eines Staates ❸ (*başlangıç*) Anfang *m,* Beginn *m;* **~ından beri/itibaren** von Anfang an; **~ından sonuna kadar** von Anfang bis Ende; **~tan** von Anfang an; **~tan ~a** von Anfang bis Ende; **gelecek haftanın ~ında** Anfang nächster Woche; **mayıs ~ında** Anfang Mai; **yılın ~ında** am Anfang des Jahres ❹ ANAT (*meme ~ı*) Warze *f* ❺ NAUT Bug *m;* **geminin ~ı bocaya/orsaya kaçıyor** der Bug des Schiffes dreht nach Lee/Luv ❻ (*~ bakan*) Präsident(in) *m(f);* (*~ hekim*) Chef *m;* (*~ makale*) Leit-; (*~ müfettiş*) Ober-; (*~ savcı*) Ober-, General-; (*~ rol*) Haupt-

❼ (*unpers*) **bir şeye ~ almak** für etw Zeit finden; **bir kimseyle/şeyle ~ edebilmek** (*fam*) mit jdm/etw fertig werden; **bir kimseyle/şeyle ~a çıkmak** mit jdm/etw fertig werden; **~ı belaya girmek** (*fam*) in Teufels Küche kommen; **~ı dara düşmek** in Not geraten; **~ımla beraber!** (*seve seve*) gern(e)!; (*memnuniyetle*) mit Vergnügen!; **~ın sağ olsun!** mein aufrichtiges Beileid!; **birinin ~ına binmek** [*o* **çıkmak**] (*fig fam*) jdm aufs Dach steigen; **birinin ~ına bir şey gelmek** jdm etw passieren; **birinin ~ını belaya sokmak** (*fam*) jdn in Teufels Küche bringen; **dün ~ıma bir şey geldi** gestern ist mir etw passiert

baş ağırlık <-ğı> *s* SPORT (*ağır sıklet*) Schwergewicht *nt* **baş ağrısı** *s* Kopfschmerz *m*

başak <-ğı> *s* AGR Ähre *f*

Başak <-ğı> *s* ASTROL Jungfrau *f;* **~ burcu/dönencesi** das Sternbild/der Wendekreis der Jungfrau

başaklama *s* ❶ *Verbalsubstantiv zu* **başaklamak** ❷ AGR Ährenlese *f*

başaklamak *vi* AGR Ähren lesen

başaktör *s* FILM, THEAT Hauptdarsteller *m*

başaktris *s* FILM, THEAT Hauptdarstellerin *f*

başarı *s* ❶ Erfolg *m;* **~lar!** viel Erfolg!; **~ya ulaşmak** zum Erfolg gelangen ❷ Leistung *f;* **~sı takdire lâyıktır** (*geh*) seiner Leistung gebührt Anerkennung

başarılı *adj* erfolgreich

başarım *s a.* SPORT Leistung *f*

başarı notu *s* SCHULE Bewertungsnote *f,* Zensur *f*

başarısız *adj* erfolglos

başarısızlık <-ğı> *s* Misserfolg *m;* **başarısızlığa uğramak** scheitern

başarma *s ohne pl* ❶ *Verbalsubstantiv zu* **başarmak** ❷ Gelingen *nt*

başarmak *vt* gelingen; (*istenilen biçimde bitirmek*) schaffen, bewältigen, fertigbringen; **sınavı ~** die Prüfung bestehen

başbakan *s* Ministerpräsident(in) *m(f)*

baş başa *adv* **biriyle ~ vererek konuşmak** jdn unter vier Augen sprechen; **saç saça ~ olmak** sich in den Haaren liegen

baş belası *s* (*fam*) Plagegeist *m,* Quälgeist *m* **baş biti** *s* Kopflaus *f* **baş çanağı** *s* Schädel *m*

başçavuş *s* MIL Feldwebel *m*

başçı *s* (*işçi başı*) Vorarbeiter(in) *m(f)*

baş derisi *s* Kopfhaut *f* **baş döndürücü** *adj* Schwindel erregend **baş dönmesi** *s* Schwindelgefühl *nt*

başeser *s* Meisterwerk *nt*

baş harf <-i> *s* Anfangsbuchstabe *m;* **büyük ~lerle** mit großen Anfangsbuchstaben

başhekim *s* MED Chefarzt, -ärztin *m, f*

başına *präp* pro, per; **adam ~** pro Person; **kilo ~** per Kilo; **parça ~** pro Stück; **tek ~** ganz allein **başına buyruk** *adj* selbstherrlich

başka I. *adj* ❶ andere(r, s); **~ bir arabaya çarpmak** auf einen anderen Wagen auffprallen; **~ birisi** jemand anderes; **~ fikirde olmak** anderer Meinung sein; **bir ~sı** ein anderer, eine andere; **yapacak ~ bir şeyim kalmadı** es blieb mir nichts anderes übrig ❷ anders; **~ türlü olmaz** es geht nicht anders ❸ noch; **~ bir arzunuz var mı?** haben Sie noch einen Wunsch?; **~ kimler/neler** wer/was noch alles ❹ **~ yerde** anderweitig, woanders, anderswo; **~ yere asmak** umhängen; **~ yere koymak** umstellen, umsetzen; (*yerini değiştirmek*) versetzen; **birini ~ yere oturtmak** jdn umsetzen; **~ yere taşınmak** wegziehen; **~ yere taşınmış olmak** umgezogen [*o* verzogen] sein; **~ yere verilmek** anderweitig vergeben werden; **bir kabloyu ~ yerden geçirmek** ein Kabel umlegen ❺ (*-den* ~) **benden/senden/bizden ~** außer mir/dir/uns; **bu ...den ~ bir şey değil** das ist nichts anderes als ...; **bundan ~** außerdem; **balıktan ~ her şeyi yerim** ich esse alles außer Fisch **II.** *adv* sonst; **~ bir arzunuz var mı?** haben Sie sonst noch einen Wunsch?; **~ bir şey olmadı** sonst ist nichts passiert; **~ kimse var mıydı orada?** war sonst noch jemand da?; **~ soru(nuz) var mı?** (haben Sie) sonst noch Fragen?

başkahraman *s* LIT (*başkişi*) Hauptfigur *f*

başkalaşım *s* GEOL (*metamorfizm*) Metamorphose *f*

başkalaşma *s* BIOL (*metamorfoz*) Metamorphose *f*

başkan *s* ❶ Vorsitzende(r) *f(m)* ❷ POL (*devlet ~ı*) Oberhaupt *nt;* (*hükûmet ~ı*) Chef(in) *m(f)* ❸ MIL (*genel kurmay ~ı*) Chef *m* ❹ (*as~, cumhur ~ı*) Präsident(in) *m(f)*

başkanlık <-ğı> *s* Vorsitz *m;* **birinin başkanlığı altında** unter dem Vorsitz von jdm

baş kasarası *s* NAUT Back *f*

başkent *s* Hauptstadt *f*

başkişi *s* LIT (*başkahraman*) Hauptperson *f,* Hauptfigur *f* **başkomiser** *s* Hauptkommissar(in) *m(f)* **başkomutan** *s* MIL Oberbefehlshaber(in) *m(f)* **başkomutanlık** <-ğı> *s ohne pl* MIL Oberbefehl *m* **başkonsolos** *s* POL Generalkonsul(in) *m(f)* **başkonsolosluk** <-ğu> *s* POL Generalkonsulat *nt* **başköşe** *s* Ehrenplatz *m*

başkumandan *s* MIL (*başkomutan*) Oberbefehlshaber(in) *m(f)* **başkumandanlık** <-ğı> *s ohne pl* MIL (*başkomutanlık*) Oberbefehl *m*

başlama *s* ❶ *Verbalsubstantiv zu* **başlamak** ❷ (*göreve*) Antritt *m*

başlamak *vi* ❶ beginnen, anfangen (**-e** mit); **film başladı** der Film hat angefangen; **beş yaşında okumaya başladı** mit fünf Jahren hat er angefangen zu lesen; **gene başlama!** fang nicht wieder damit an! ❷ den Anfang machen; **kim başlıyor?** wer macht den Anfang? ❸ (*göreve*) antreten

başlama meridyeni *s ohne pl* GEO Nullmeridian *m* **başlama vuruşu** *s* SPORT Anstoß *m*

başlangıç <-cı> *s* ❶ Anfang *m*, Beginn *m*, Ursprung *m*; **~ta** am Anfang, anfangs, ursprünglich ❷ (*giriş*) Einleitung *f* **başlangıç aşaması** *s* Anfangsstadium *nt* **başlangıç sermayesi** *s* FIN, WIRTSCH Anfangskapital *nt*

başlatma *s Verbalsubstantiv zu* **başlatmak**

başlatmak *vt* ❶ *Kausativ zu* **başlamak** ❷ starten; **yardım kampanyası ~** eine Hilfsaktion starten ❸ **çocuğu okula ~** das Kind einschulen

başlayıcı *s* Anfänger(in) *m(f)*

başlayış *s* Anfang *m*, Beginn *m*

başlayıverme *s Verbalsubstantiv zu* **başlayıvermek**

başlayıvermek *vi* plötzlich anfangen (**-e** zu); **konuşmaya ~** plötzlich anfangen zu reden

başlı *adj* -köpfig; **o zaman kırmızı ~ kibritler vardı** damals gab es rotköpfige Streichhölzer **başlı başına** *adj* **bu ~ bir mesele** das ist eine Sache für sich

başlıca *adv* hauptsächlich, wesentlich

başlık <-ğı> *s* ❶ Kopfbedeckung *f* ❷ Überschrift *f*, Titel *m* ❸ ARCH (*sütun başlığı*) Kapitell *nt* ❹ (*tekerlekte*) Radnabe *f*

başlıksız *adj* titellos; **~ bir makale** ein Artikel ohne Überschrift

başmak <-ğı> *s s.* **ayakkabı** Schuh *m*

başmakale *s* VERLAG Leitartikel *m*

başmal *s* Kapital *nt*

başmelek <-ği> *s* Erzengel *m*; **~ Cebrail** der Erzengel Gabriel

başmuallim *s s.* **başöğretmen** Rektor(in) *m(f)*

başmuharrir *s s.* **başyazar** Chefredakteur(in) *m(f)*

başmüfettiş *s* Oberinspektor(in) *m(f)*

başoyuncu *s* THEAT, FILM Hauptdarsteller(in) *m(f)*

başöğretmen *s* SCHULE Rektor(in) *m(f)*

başparmak <-ğı> *s* ❶ (*elde*) Daumen *m*; **başparmağını emmek** am Daumen lutschen ❷ (*ayakta*) die große Zehe

başpiskopos *s* Erzbischof *m*

başrol <-ü> *s* Hauptrolle *f*

başsağlığı *s ohne pl* Beileid *nt*, Kondolenz *f*, Anteilnahme *f*; **birine ~ dilemek** jdm sein Beileid aussprechen, jdm seine Anteilnahme aussprechen, jdm kondolieren; **başın(ız) sağ olsun!** mein aufrichtiges Beileid!

başsavcı *s* JUR Oberstaatsanwalt, -anwältin *m, f*, Generalstaatsanwalt, -anwältin *m, f*

başsavcılık <-ğı> *s* JUR Oberstaatsanwaltschaft *f*, Generalstaatsanwaltschaft *f*

baş sayfa *s* VERLAG Titelblatt *nt*, Deckblatt *nt*

başsız *adj* ❶ kopflos, ohne Kopf ❷ (*fig*) führungslos

başsızlık <-ğı> *s ohne pl* ❶ Kopflosigkeit *f* ❷ (*fig*) Führungslosigkeit *f*

başşehir <-hri> *s s.* **başkent** Hauptstadt *f*

baştan aşağı *adv* völlig, gänzlich, von Kopf bis Fuß **baştan çıkarma** *s* Verführung *f*

baştankara *s* ZOOL Kohlmeise *f*

baştan savma **I.** *adj* schlampig **II.** *adv* schlampig, aufs Geratewohl

başucu *s* ASTRON Zenit *m*, Scheitel *m*

baş ucu *s* Kopfende *nt*; **~nda** am Kopfende

başucu noktası *s* ASTRON Zenit *m*, Scheitelpunkt *m* **başucu uzaklığı** *s* ASTRON Zenitdistanz *f*, Scheitelabstand *m*

başülke *s* (*sömürgelerin ~si*) Mutterland *nt*

başüstüne *interj* **~!** zu Befehl!; (*peki*) jawohl!; **~, efendim** jawohl, mein Herr; (*bayana*) jawohl, meine Dame

başvurma *s* ❶ *Verbalsubstantiv zu* **başvurmak** ❷ Antragsstellung *f*

başvurmak *vi* ❶ konsultieren (**-e**); **avukata/doktora/ekspere ~** einen Anwalt/Arzt/Experten konsultieren ❷ anfragen (**-e** bei) ❸ beantragen (**için**); **üyelik için ~** die Mitgliedschaft beantragen ❹ JUR (*mahkemeye*) anrufen (**-e**)

başvuru *s* Antrag *m* **başvuru formu** *s* Antragsformular *nt* **başvuru kitabı** *s* Nachschlagwerk *nt*

başyapıt *s* Meisterwerk *nt*

baş yastığı *s* Kopfkissen *nt*

başyazar *s* VERLAG Chefredakteur(in) *m(f)*

başyazı *s* VERLAG (*başmakale*) Leitartikel *m*

batak <-ğı> *s* Sumpf *m* **batak çulluğu** *s* ZOOL Sumpfschnepfe *f*, Bekassine *f*

batakhane *s* (*pej*) Spelunke *f*

B

bataklı *adj* sumpfig

bataklık <-ğı> *s* Morast *m,* Sumpf *m* **bataklık ardıcı** *s* ZOOL Sumpfrohrsänger *m* **bataklık baykuşu** *s* ZOOL Sumpfohreule *f* **bataklık gazı** *s ohne pl* CHEM Sumpfgas *nt;* (*metan*) Methan *nt* **bataklık kırlangıcı** *s* ZOOL Brachschwalbe *f* **bataklık kuşu** *s* ZOOL Sumpfvogel *m* **bataklık nergisi** *s* BOT Sumpfdotterblume *f* **bataklık yakamozu** *s* Irrlicht *nt*

batar *s* (*fam: zatürree*) Lungenentzündung *f*

bateri *s* MUS (*orkestrada*) Schlagzeug *nt*

baterist *s* MUS Schlagzeuger(in) *m(f)*

batı **I.** *s ohne pl* ❶ Westen *m;* **~da** im Westen; **~dan** von Westen; **~ya** in den Westen; **rüzgâr ~dan geliyor** der Wind kommt von Westen; **Almanya'nın/Avusturya'nın / Türkiye'nin / İsviçre'nin ~sında** im Westen Deutschlands/Österreichs / der Türkei / der Schweiz ❷ (*~ ülkeleri*) Abendland *nt* ❸ NAUT, METEO West *m* **II.** *adj* ❶ westlich, West- ❷ abendländisch; **~ kültürü** die abendländische Kultur

Batı Almanya *s ohne pl* Westdeutschland *nt*

batıcı *adj* prowestlich eingestellt

batıcılık <-ğı> *s* prowestliche Einstellung

batık <-ğı> *adj* ❶ versunken ❷ (*fig: iflas etmiş*) pleite

batıl [ba:-] *adj* nichtig

batılı **I.** *s* Westler *m* **II.** *adj* westlich

batılılaştırma *s Verbalsubstantiv zu* **batılılaştırmak**

batılılaştırmak *vt* verwestlichen

batıl inanç <-cı> [ba:-] *s ohne pl,* **batıl itikat** <-dı> [ba:-i:tika:t] *s ohne pl* Aberglaube(n) *m*

batım *s* (*gün ~ı*) Untergang *m*

batın <-tnı> *s* ❶ (*karın*) Bauch *m* ❷ SOZIOL (*kuşak*) Generation *f*

batırma *s ohne pl Verbalsubstantiv zu* **batırmak**

batırmak *vt* ❶ versenken ❷ (*iğne*) einstechen (**-e** in) ❸ (*sıvıya*) (ein)tauchen (**-e** in), eintunken (**-e** in) ❹ (*fig: mahvetmek*) ruinieren; (*sermayesini batırdı*) er hat sein Kapital verspielt ❺ (*çekiştirip kötülemek*) **birini ~** jdn zur Sau machen ❻ (*kirletmek*) versauen

batı rüzgârı *s* Westwind *m*

batış *s* Untergang *m*

batik <-ği> *s ohne pl* ❶ (*yöntem*) Batik *f* ❷ (*kumaş*) Batik *f*

batisfer *s* Bathysphäre *f*

batiskaf *s* Bathyskaph *m*

batkı *s* Bankrott *m,* Konkurs *m*

batkın **I.** *s* Bankrotteur *m,* Konkursschuldner(in) *m(f)* **II.** *adj* bankrott

batkınlık <-ğı> *s* Bankrott *m,* Konkurs *m*

batma *s ohne pl* ❶ *Verbalsubstantiv zu* **batmak** ❷ (*güneşin ~sı*) Untergang *m* ❸ (*geğrek ~sı*) Stechen *nt*

batmak <-ar> *vi* ❶ (*gemi*) sinken; (*güneş*) untergehen ❷ stechen; **göze ~** ins Auge stechen ❸ (*saman*) piken ❹ (*fig*) Baden gehen, kaputtgehen; (*banka*) pleitegehen; **battı balık yan gider** (*iron fam*) wird schon schieflaufen!

batnı *s poss von* **batın**

batonsale *s* (*tuzlu çubuk*) Salzstange *f*

batöz *s* AGR (*harman dövme makinesi*) Dreschmaschine *f*

battal *adj* ❶ (*işe yaramaz*) unbrauchbar ❷ sperrig

battaniye *s* Decke *f*

Bavyera **I.** *s* Bayern *nt;* **~ eyaleti** das Land Bayern **II.** *adj* bay(e)risch; **~ hükûmeti** die bay(e)rische Regierung

Bavyeralı **I.** *s* Bayer(in) *m(f)* **II.** *adj* bay(e)risch; **~ erkekler/kadınlar** bay(e)rische Männer/Frauen

bay *s* Herr *m*

bayağı **I.** *adj* ❶ ordinär; (*basit*) einfach; (*sıradan*) gewöhnlich ❷ (*fig, pej fam*) ordinär ❸ MATH echt, gemein; **~ kesir** ein echter Bruch ❹ BIOL gemein **II.** *adv* (*epey*) ziemlich viel; (*fam*) ganz schön; **bu ~ hoşuma gitti** das gefällt mir ganz gut

bayan *s* ❶ Frau *f* ❷ Dame *f;* **~lar, baylar!** meine Damen und Herren! **bayan sekreter** *s* Sekretärin *f*

bayat *adj* ❶ (*ekmek*) altbacken; (*balık*) verdorben ❷ (*fig*) abgestanden; (*haber*) überholt

bayatlama *s ohne pl Verbalsubstantiv zu* **bayatlamak**

bayatlamak *vi* verderben

baygın *adj* ❶ besinnungslos ❷ benommen

baygınlık <-ğı> *s ohne pl* ❶ Besinnungslosigkeit *f* ❷ Benommenheit *f;* **bir ~ hissi** ein Gefühl der Benommenheit

bayılma *s ohne pl Verbalsubstantiv zu* **bayılmak**

bayılmak **I.** *vi* ❶ ohnmächtig werden, in Ohnmacht fallen ❷ schwärmen (**-e** für) **II.** *vt* (*fam: ödemek*) blechen, berappen

bayıltıcı *adj* (*koku*) betäubend; (*sıcak*) erstickend

bayıltma *s* ❶ *Verbalsubstantiv zu* **bayıltmak** ❷ Betäubung *f*

bayıltmak *vt* ❶ *Kausativ zu* **bayılmak** in Ohnmacht fallen lassen ❷ betäuben

bayi <-i> *s* Vertragshändler *m*

baykuş *s* ZOOL Eule *f*

baypas *s* MED Bypass *m* **baypas ameliyatı** *s* MED Bypassoperation *f*
bayrak <-ğı> *s* Fahne *f,* Flagge *f;* ~ **açmak** zu den Fahnen rufen; ~ **çekmek** [*o* **asmak**] eine Fahne hissen; **bayrağı yarıya indirmek** die Fahne auf Halbmast setzen
bayrakaltı *s* (*fig: askerlik*) Militärdienst *m;* ~**nda olmak** bei der Fahne sein, Militärdienst leisten
bayrak direği *s* Fahnenmast *m*
bayraklı *adj* fahnengeschmückt
bayraklık <-ğı> *s* ❶ (*kumaş*) Fahnentuch *nt* ❷ (*direk*) Fahnenmast *m*
bayrak merasimi *s* Fahnenappell *m*
bayraktar *s* Fahnenträger(in) *m(f)*
bayraktarlık <-ğı> *s* (*fig*) **bir şeyde ~ etmek** federführend in etw sein
bayrak töreni *s* Fahnenappell *m* **bayrak yarışı** *s* SPORT Staffellauf *m*
bayram *s* Fest *nt;* (*gün*) Festtag *m;* ~**ın(ız) kutlu olsun!** Frohes Fest!; **Cumhuriyet ~ı** Tag der Republik; **Hamursuz ~ı** jüdisches Osterfest **bayram günü** *s* Festtag *m,* Feiertag *m;* **resmî ~** gesetzlicher Feiertag **bayram havası** *s* Festtagsstimmung *f* **bayram yeri** *s* Festplatz *m*
bayrı *adj* uralt
bayt *s* INFORM Byte *nt*
baytar *s* Tierarzt, -ärztin *m, f;* (*veteriner*) Veterinär(in) *m(f)*
baytarlık <-ğı> *s ohne pl* Tiermedizin *f,* Veterinärmedizin *f*
baz *s* ❶ (*temel, esas*) Basis *f,* Grundlage *f* ❷ CHEM Base *f*
bazalt *s* GEO Basalt *m*
bazan [ba:-] *adv s.* **bazen**
bazen [ba:-] *adv* manchmal; (*ara sıra*) ab und zu
bazı [ba:-] **I.** *adj* ❶ manche(r, s); ~**sı** manch einer ❷ einige(r, s); ~ **işler bitmedi** einige Sachen sind nicht fertig geworden; **yapılması gereken ~ işlerim daha var** ich habe noch einige Erledigungen zu machen; ~**ları sandılar ki ...** einige glaubten, dass ... **II.** *adv* (*ara sıra*) manchmal; (*arada bir*) ab und zu; (*kimi vakit*) so manches Mal
bazik *adj* CHEM basisch
bazilika *s* Basilika *f*
BDT *s Abk von* **Bağımsız Devletler Topluluğu** GUS *f,* Gemeinschaft Unabhängiger Staaten
be[1] *Name des zweiten Buchstaben des türk. Alphabets;* **Bolu'nun ~'si** B wie Berta
be[2] *interj* (*fam*) eh; **bu ne ~?** eh, was soll das?; **uyan artık ~!** (*fam*) wach doch endlich auf!
bebe *s* REG (*bebek*) Baby *nt*
bebek <-ği> *s* ❶ Baby *nt;* ~ **beklemek** ein Baby erwarten, in anderen Umständen sein ❷ (*meme çocuğu*) Säugling *m* ❸ Puppe *f;* ~ **gibi** wie eine Puppe ❹ (*göz bebeği*) Pupille *f* **bebek ölümü** *s* MED (plötzlicher) Kindstod *m*
beceri *s* ❶ Geschick *nt,* Geschicklichkeit *f,* Fähigkeit *f* ❷ Fertigkeit *f*
becerikli *adj* geschickt
beceriklilik <-ği> *s ohne pl* Geschicklichkeit *f,* Fähigkeit *f*
beceriksiz *adj* ungeschickt
beceriksizlik <-ği> *s ohne pl* ❶ Ungeschick *nt,* Ungeschicklichkeit *f* ❷ Missgeschick *nt*
becerme *s Verbalsubstantiv zu* **becermek**
becermek *vt* ❶ schaffen, zustande bringen; (*üstesinden gelmek*) fertigbringen, bewältigen ❷ (*iron fam: bozmak*) kaputtmachen ❸ (*sl: ırzına geçmek*) vergewaltigen; (*öldürmek*) umbringen
becet <-di> *s* ZOOL (*Passer*) Sperling *m*
Beç tavuğu *s* ZOOL Perlhuhn *nt*
bedava **I.** *adj* kostenlos **II.** *adv* kostenlos, umsonst, gratis
bedavadan *adv* umsonst, gratis
bedava nüsha *s* Freiexemplar *nt*
bedavaya *adv* umsonst, gratis
bedbaht *adj* unglücklich; **birini ~ etmek** jdn unglücklich machen
bedbahtlık <-ğı> *s ohne pl* (*karamsarlık*) Unglück *nt*
bedbin **I.** *s* (*karamsar*) Schwarzseher(in) *m(f);* (*pesimist*) Pessimist(in) *m(f)* **II.** *adj* (*karamsar*) schwarzseherisch; (*pesimist*) pessimistisch
bedbinlik <-ği> *s ohne pl* (*karamsarlık*) Schwarzseherei *f;* (*pesimizm*) Pessimismus *m*
beddua *s* Fluch *m;* ~ **etmek** einen Fluch ausstoßen; **birine ~ etmek** jdn verfluchen
bedel *s* ❶ Gegenwert *m;* (*fiyat*) Preis *m;* (*sigorta ~i*) Summe *f* ❷ Betrag *m;* ~**i alındı** Betrag dankend erhalten ❸ HIST, REL (*başkasının adına ve onun parası ile hacca giden kimse*) *Pilger, der gegen Bezahlung einer bestimmten Summe für einen anderen nach Mekka geht* ❹ MIL Militärdienstersatzleistung *f* (*Geldsumme, die geleistet wird, um sich von der Militärdienstpflicht teilweise oder ganz freizukaufen*)
bedelci *s* MIL *Militärdienstpflichtiger, der gegen Bezahlung einer Geldsumme einen verkürzten Militärdienst ableistet*
bedelli **I.** *adj* (*bedel ödenilen*) gegen Bezahlung einer Geldsumme **II.** *s* MIL *s.* **bedelci** **bedelli askerlik** <-ği> *s ohne pl* MIL *verkürzter Militärdienst gegen Bezah-*

B

lung einer Geldsumme

bedelsiz *adj* ❶ (*bedel ödenilmeyen*) unentgeltlich ❷ **~ ithalat** zollfreie Einfuhr ❸ (*fig fam: çok değerli*) unbezahlbar; (*bedeli belirlenemeyen*) unschätzbar

beden *s* ❶ (*vücut*) Körper *m,* Leib *m* ❷ (*gövde*) Rumpf *m* ❸ (*giyside*) Größe *f,* Körpergröße *f* ❹ (*kale duvarı*) Festungsmauer *f*

bedence *adv* körperlich, leiblich

beden cezası *s* Körperstrafe *f,* Züchtigung *f*

bedenci *s* SCHULE (*fam*) Sportlehrer(in) *m(f)*

beden eğitimi *s* Leibeserziehung *f,* Leibesübungen *pl*

bedenen *adv* körperlich, leiblich

beden hareketi *s* Körperbewegung *f*

bedenî *adj* körperlich, leiblich

bedensel *adj* körperlich, leiblich

bedevî **I.** *s* Beduine, Beduinin *m, f* **II.** *adj* beduinisch

bedir <-dri> *s s.* **dolunay** Vollmond *m*

bedri *s poss von* **bedir**

bedük <-ğü> *s* REG (*reçine*) Harz *nt;* (*çam sakızı*) Tannenharz *nt*

begonya *s* BOT Begonie *f*

beğence *s* LIT (*takriz*) Geleitwort *nt*

beğendi *s* GASTR (*hünkârbeğendi*) *Auberginenpüree, mit Fleisch und Tomatenmark obendrauf*

beğeni *s* Gefallen *nt,* Geschmack *m*

beğenilme *s Verbalsubstantiv zu* **beğenilmek**

beğenilmek *vi pass von* **beğenmek**

beğenme *s Verbalsubstantiv zu* **beğenmek**

beğenmek *vt* ❶ mögen; (*hoşa gitmek*) gefallen; (*iyi bulmak*) gut finden; (*güzel bulmak*) schön finden; **onu beğen(me)dim** es hat mir (nicht) gefallen; **onun nesini beğenmedin?** was hast du daran auszusetzen? ❷ (*seçmek*) sich aussuchen ❸ (*tasvip etmek*) billigen, gutheißen

behemehal *adv* (*her hâlde*) auf jeden Fall; (*mutlaka*) unbedingt

bej *adj* beige

bek *s* ❶ SPORT Verteidiger(in) *m(f)* ❷ TECH (*hava gazı ~i*) Gasbrenner *m*

bekâr [bekẫr] **I.** *s* Junggeselle *m;* **müzmin ~** ein eingefleischter Junggeselle **II.** *adv* **~ yaşamak** als Junggeselle leben; (*evlenmeden*) ehelos leben

bekâret *s ohne pl* Jungfräulichkeit *f*

bekas *s* ZOOL (*çulluk*) Schnepfe *f,* Waldschnepfe *f*

bekçi *s* (*müze ~si*) Aufseher(in) *m(f);* (*gece ~si*) Wächter *m;* (*hat ~si*) Wärter(in) *m(f)* **bekçi köpeği** *s* Wachhund *m*

bekerel *s* Becquerel *nt*

bekleme *s* ❶ *Verbalsubstantiv zu* **beklemek** ❷ Warterei *f*

beklemece hak *s* Anwartschaft *f*

beklemek **I.** *vi* warten; **tam bir saat ~** eine ganze [*o* volle] Stunde warten; **bekle yârin köşesini!** (*fam*) da kannst du lange warten! **II.** *vt* ❶ warten (**-i** auf); **birini/otobüsü/treni ~** auf jdn/den Bus/den Zug warten; **neyi bekliyorsun?** worauf wartest du? ❷ (*gözetmek*) bewachen; **köpek evi bekliyor** der Hund bewacht das Haus ❸ (*ummak*) erwarten; **bebek ~** ein Baby erwarten; **benden ne bekliyorsun?** was erwartest du von mir?; **bir şeyi dört gözle ~** etw sehnsüchtig erwarten; **bunu senden beklemiyordum** das habe ich von dir nicht erwartet ❹ abwarten; **bekle bakalım!** warte mal ab!

bekleme odası *s* Wartezimmer *nt,* Warteraum *m* **bekleme salonu** *s* Wartesaal *m*

bekleme yeri *s* Warteplatz *m*

beklenilme *s Verbalsubstantiv zu* **beklenilmek**

beklenilmek *vi s.* **beklenmek: ansızın (hiç) beklenilmeyen bir şey oldu** plötzlich geschah etw Unerwartetes

beklenme *s Verbalsubstantiv zu* **beklenmek**

beklenmedik *adj* unerwartet

beklenmek *vi pass von* **beklemek: böyle bir şey beklen(m)iyordu** so etw wurde (nicht) erwartet

beklenti *s* Erwartung *f*

bekler **I.** *vt 3. Aorist von* **beklemek** **II.** *adj* abwartend; **~ bir tavır takınmak** eine abwartende Haltung einnehmen

bekletme *s Verbalsubstantiv zu* **bekletmek**

bekletmek *vt* ❶ *Kausativ zu* **beklemek** ❷ hinhalten, warten lassen; **beni üç saat bekletti** er hat mich drei Stunden warten lassen

Bektaşi üzümü *s* Stachelbeere *f*

bel[1] *s* ❶ Taille *f* ❷ Kreuz *nt;* **~im ağrıyor** ich habe Schmerzen im Kreuz; **~ini doğrult(ama)mak** (*fam*) (nicht) die Kurve kriegen; **bir kimseye/şeye ~ bağlamak** (*güvenmek*) auf jdn/etw vertrauen

bel[2] *s* Sperma *nt,* Samen *m;* (*döl suyu*) Samenflüssigkeit *f;* **~i gelmek** ejakulieren

bel[3] *s* AGR Spaten *m*

bela [belâ:] *s ohne pl* ❶ Unheil *nt* ❷ (*hak edilen ceza*) gerechte Strafe; **~sını bulmak** seine gerechte Strafe bekommen ❸ Ärger *m;* (*kavga*) Streit *m;* **~ aramak**

Ärger suchen, Streit suchen; ~ **çıkarmak** Streit anfangen; **birine ~ kesilmek** jdm Ärger machen; **biriyle başı ~da olmak** mit jdm Ärger haben; **güç ~** mit Mühe und Not, mit Ach und Krach; **~lar mübareği!** eine schöne Bescherung! ❹ (*pej fam: baş ~sı*) Plage *f* ❺ **birine ~ okumak** jdn verfluchen; **bu Allah'ın ~sı herif** dieser verdammte Kerl ❻ (*fig fam*) **başı ~ya girmek** in Teufels Küche kommen; **birinin/kendi başına ~ açmak** jdm/sich eine schöne Suppe einbrocken; **birinin başını ~ya sokmak** jdn in Teufels Küche bringen; **dilinin ~sını bulmak** sich die Zunge verbrennen

belagat <-ti> *s ohne pl* ❶ Beredsamkeit *f*, Redegewandtheit *f* ❷ (*retorik*) Rhetorik *f*

belagatli *adj* beredsam, redegewandt

bel ağrısı *s* Kreuzschmerz *m*

belalı *adj* ❶ (*can sıkıcı*) ärgerlich, leidig ❷ (*kavgacı*) streitsüchtig

Belçika *s* Belgien *nt;* ~ **halkı** das belgische Volk

Belçikalı **I.** *s* Belgier(in) *m(f)* **II.** *adj* belgisch

belde *s* ❶ (*kent*) Stadt *f* ❷ (*yer*) Ort *m;* (*çevre*) Gegend *f*

belediye *s* ❶ ADMIN Gemeinde *f;* ~ **nikâhı** REG standesamtliche Trauung ❷ Stadtverwaltung *f* ❸ (*bina*) Rathaus *nt* **belediye encümeni** *s*, **belediye meclisi** *s* Gemeinderat *m* **belediye reisi** *s* Bürgermeister(in) *m(f)* **belediye sarayı** *s* Rathaus *nt* **belediye suçları** *pl* Ordnungswidrigkeiten *pl*

belek <-ği> *s* REG (*çocuk bezi*) Windel *f*

belemir *s* BOT Kornblume *f; s. a.* **mavikantaron**

beleş *adj* (*sl*) gratis; ~ **atın dişine bakılmaz** (*prov*) einem geschenkten Gaul schaut man nicht ins Maul; **~e konmak** nassauern

beleşçi *s* (*pej sl*) Nassauer *m*

beleşten *adv* (*sl*) gratis, umsonst

bel fıtığı *s* MED Bandscheibenvorfall *m*

belge *s* ❶ Bescheinigung *f;* (*doküman*) Dokument *nt*, Urkunde *f* ❷ (*kimlik ~si*) Ausweis *m*

belgegeçer *s* Fax *nt*, Faxgerät *nt* **belgegeçer çevirgesi** *s* INFORM Faxmodem *nt*

belgegeçerleme *s Verbalsubstantiv zu* **belgegeçerlemek**

belgegeçerlemek *vt* faxen

belgeleme *s* ❶ *Verbalsubstantiv zu* **belgelemek** ❷ Dokumentation *f*

belgelemek *vt* dokumentieren, beurkunden; **bir şeyi fotoğraflarla ~** etw mit Fotos dokumentieren

belgelik <-ği> *s* (*arşiv*) Archiv *nt*

belgesel **I.** *adj* dokumentarisch **II.** *s* Dokumentation *f;* (*film*) Dokumentarfilm *m*
belgesel film *s* Dokumentarfilm *m*

belgit *s* PHILOS Argument *nt*

Belgrad *s* Belgrad *nt*

bel hizası *s ohne pl* Gürtellinie *f*

beliğ *adj* beredt; (*belagatli*) redegewandt

belik <-ği> *s* Flechte *f*, Haarzopf *m*

belikleme *s Verbalsubstantiv zu* **beliklemek**

beliklemek *vt* flechten

belirgi *s* MED (*bulgu*) Befund *m*

belirleme *s* ❶ *Verbalsubstantiv zu* **belirlemek** ❷ Bestimmung *f*

belirlemek *vt* ❶ bestimmen; **hedefi ~** das Ziel bestimmen; **bir şeyi önceden ~** etw vorherbestimmen ❷ (*kimlik*) feststellen; **birinin kimliğini ~** jds Personalien feststellen, jdn identifizieren ❸ (*kavram*) bestimmen, determinieren

belirlenim *s* ❶ Bestimmung *f* ❷ PHILOS Determination *f*, Begriffsbestimmung *f*

belirlenimcilik <-ği> *s ohne pl* PHILOS Determinismus *m*

belirlenme *s* ❶ *Verbalsubstantiv zu* **belirlenmek** ❷ Bestimmung *f* ❸ (*kimliğin ~si*) Feststellung *f*

belirlenmek *vi pass von* **belirlemek** sich bestimmen, festgestellt werden; **ölünün/uçağın kimliği belirlenemedi** der Tote/das Flugzeug konnte nicht identifiziert werden

belirlenmezcilik <-ği> *s ohne pl* PHILOS Indeterminismus *m*

belirleşme *s Verbalsubstantiv zu* **belirleşmek**

belirleşmek *vi* sich abzeichnen

belirli *adj* bestimmt **belirli geçmiş** *s* LING (*-di'li geçmiş*) Perfekt *nt* (*die bestimmte Vergangenheit*)

belirme *s Verbalsubstantiv zu* **belirmek**

belirmek *vi* erscheinen, sich zeigen

belirsiz *adj* ❶ unbestimmt ❷ (*müphem*) unklar ❸ (*meçhul*) unbekannt **belirsiz geçmiş** *s* LING (*-miş'li geçmiş*) Imperfekt *nt*, Präteritum *nt* (*die unbestimmte Vergangenheit*)

belirteç <-ci> *s* LING (*zarf*) Adverb *nt*

belirten *s* LING (*tamlayan*) Bestimmungswort *nt*

belirtge *s* Emblem *nt*

belirti *s* ❶ *a.* MED Anzeichen *nt;* **bir hastalığın ilk ~leri** die ersten Anzeichen einer Krankheit ❷ Erscheinung *f* **belirti bilimi** *s ohne pl* BIOL (*fenoloji*) Phänologie *f*

belirtik *adj* explizit

belirtilen *s* LING (*tamlanan*) Grundwort *nt*

B

belirtili *adj* LING akkusativisch, Akkusativ- **belirtili nesne** *s* LING Akkusativobjekt *nt* **belirtili tamlama** *s* LING Genetivkonstruktion *f*

belirtisel öge *s* Spurenelement *nt*

belirtisiz tamlama *s* LING Possessivkonstruktion *f*

belirtke *s* (*amblem*) Emblem *nt*

belirtme *s* ❶ *Verbalsubstantiv zu* **belirtmek** ❷ Verdeutlichung *f* **belirtme durumu** *s* LING Akkusativ *m*

belirtmek *vt* verdeutlichen, deutlich machen

belit *s* Axiom *nt*

belitleme *s Verbalsubstantiv zu* **belitlemek**

belitlemek *vt* ❶ dokumentieren ❷ PHILOS axiomatisieren

bel kemeri *s* Gürtel *m* **bel kemiği** *s* ❶ (*omurga*) Rückgrat *nt* ❷ (*fig: omurga*) Rückgrat *nt;* (*esas*) Grundlage *f;* (*temel*) Fundament *nt*

belki *adv* vielleicht, möglicherweise, eventuell; ~ **(de) 500 kişi vardı orada** es waren vielleicht 500 Leute dort

belkili *adj* möglich, eventuell; (*muhtemel*) wahrscheinlich

belladonna *s s.* **güzelavrat otu** BOT Tollkirsche *f*

bellek <-ği> *s* ❶ Gedächtnis *nt* ❷ INFORM Speicher *m;* **bir şeyi belleğe geçirmek** etw abspeichern **bellek kapasitesi** *s* INFORM Speicherkapazität *f* **bellek kaybı** *s ohne pl,* **bellek yitimi** *s ohne pl* MED ❶ Gedächtnisschwund *m,* Gedächtnisverlust *m* ❷ (*kısa bir süre için*) Blackout *nt o m,* Filmriss *m*

bellem *s* Gedächtnis *nt;* (*belleme yetisi*) Erinnerungsvermögen *nt*

belleme *s* ❶ *Verbalsubstantiv zu* **bellemek** ❷ Satteldecke *f*

bellemek¹ *vt* (*akılda tutmak*) behalten, sich merken; (*öğrenmek*) lernen; **birini ~** sich jdn merken, jdn auf dem Kieker haben

bellemek² *vt* AGR (*toprağı*) umgraben

belletici *s* UNIV, SCHULE Repetitor(in) *m(f)*

belletme *s Verbalsubstantiv zu* **belletmek**

belletmek *vt* **birini bir şeyi ~** jdm etw beibringen

belletmen *s* SCHULE (*belletici*) Repetitor(in) *m(f)*

belli *adj* ❶ (*malum*) bekannt; **bu nasıl ~ oldu?** wie ist das bekannt geworden? ❷ (*gizli olmayan*) offenkundig; (*anlaşılan*) offenbar; (*aşikâr*) offensichtlich ❸ (*belirli, muayyen*) gewiss, bestimmt; **~ aralıklarla** in bestimmten Abständen; **~ bir dereceye kadar** bis zu einem gewissen Grad(e); **~ ölçüde** in gewissem Maß(e) ❹ **~ etmeden** unbemerkt; **kendini ~ etmek** sich bemerkbar machen **belli başlı** *adj* ❶ (*belirli*) bestimmt ❷ (*önemli*) wichtig **belli**

belirsiz *adj* vage, blass, dunkel

bellik <-ği> *s* (*işaret*) Zeichen *nt;* (*marka*) Marke *f*

bel omuru *s* ANAT Lendenwirbel *m* **bel soğukluğu** *s* MED Tripper *m*

bembeyaz *adj* blütenweiß

bemol <-lü> *s ohne pl* MUS b-Moll *nt*

ben¹ [ben] *s* ❶ Muttermal *nt* ❷ Leberfleck *m*

ben² *s* Köder *m*

ben³ [bɛn] **I.** *s* Ich *nt;* (*ego*) Ego *nt* **II.** *pron* ich; **~ bu işte yokum!** ohne mich!; **~ şahımı bu kadar severim** (*fig*) mehr kann ich nicht tun

benbenci *adj* arrogant

bence *adv* meiner Ansicht [*o* Meinung] nach, meines Erachtens; **~ en iyisi, hemen benimle gelmen** ich halte es für das Beste, du kommst gleich mit

benci *adj* eitel, selbstgefällig

bencil *adj* selbstsüchtig, eigennützig; (*egoist*) egoistisch

bencileyin *adv* (so) wie ich

bencilik <-ği> *s* Eitelkeit *f,* Selbstgefälligkeit *f*

bencillik <-ği> *s ohne pl a.* PHILOS Egoismus *m*

bende I. *pron Lokativ von* **ben** bei mir **II.** *s* (*köle*) Sklave, Sklavin *m, f*

benden *pron abl von* **ben**: **~ ne bekliyorsun?** was erwartest du von mir?; **~ söylemesi!** (*fam*) lass dir das gesagt sein!; **o ~ akıllı/hızlı/kuvvetli** er ist klüger/schneller/stärker als ich; **kardeşlerimin hepsi ~ büyük** alle meine Geschwister sind älter als ich

bendi *s poss von* **bent**

benek <-ği> *s* ❶ (*leke*) Fleck *m;* (*nokta*) Punkt *m* ❷ (*zarda*) Auge *nt* ❸ ASTRON Fleck *m*

benekli *adj* fleckig

Benelüks ülkeleri *pl* POL Beneluxländer *pl*

bengi *adj* unvergänglich; (*sonu olmayan*) unendlich; (*ebedî*) ewig; (*ölümsüz*) unsterblich

bengileme *s Verbalsubstantiv zu* **bengilemek**

bengilemek *vt* verewigen

bengileşme *s Verbalsubstantiv zu* **bengileşmek**

bengileşmek *vi* sich verewigen; (*ölümsüzleşmek*) unsterblich werden

bengilik <-ği> *s ohne pl* Unvergänglichkeit *f;* (*ölmezlik*) Unsterblichkeit *f;* (*ebedîlik*) Ewigkeit *f*

bengi su <-yu> *s* MYTH Lebenswasser *nt,* Lebenselixier *nt*

beni *pron akk von* **ben** mich

beniçinci I. *s* Egozentriker(in) *m(f)* **II.** *adj* egozentrisch, ichbezogen

beniçincilik <-ği> *s ohne pl* Egozentrik *f,* Ichbezogenheit *f*

benim I. *interj* **~!** ich bin es! **II.** *pron gen von* **ben** ❶ **~ arkamda/önümde/altımda/üstümde** hinter/vor/unter/über mir; **~ bir dostum/tanıdığım** ein Freund/Bekannter von mir; **~le** mit mir ❷ (*adjektivisch*) mein(e); **~ babam/odam/yatağım** mein Vater/Zimmer/Bett; **~ annem/okulum** meine Mutter/Schule ❸ **o da ~ kadar uzun konuştu** sie sprach ebenso lang(e) wie ich; **~ için** für mich; **~le aynı boyda** er ist ebenso groß wie ich

benimseme *s ohne pl* ❶ *Verbalsubstantiv zu* **benimsemek** ❷ Verinnerlichung *f*

benimsemek *vt* ❶ **bir şeyi ~** sich etw aneignen; (*kendine mal etmek*) sich etw zu eigen machen; (*sahip çıkmak*) etw sein Eigen nennen; (*kabullenmek*) etw annehmen, etw akzeptieren ❷ (*fig*) verinnerlichen; (*ısınmak*) erwärmen (für), sich anfreunden (mit)

beniz <-nzi> *s* (*yüz rengi*) Gesichtsfarbe *f;* **benzi atmak** erbleichen; **benzi kül gibi olmak** kreidebleich werden; **benzi sararmak** blass werden

benlik <-ği> *s* ❶ (*şahsiyet*) Persönlichkeit *f* ❷ (*kibir*) Dünkel *m,* Hochmut *f* **benlik çatışması** *s* PSYCH Persönlichkeitsstörung *f*

benlikçi I. *s* Egotist(in) *m(f)* **II.** *adj* egotistisch

benlikçilik <-ği> *s ohne pl* (*egotizm*) Egotismus *m,* Eigenliebe *f*

benlik davası *s ohne pl* Dünkel *m* **benlik ikileşmesi** *s* MED, PSYCH Persönlichkeitsspaltung *f* **benlik yitimi** *s* MED, PSYCH Persönlichkeitsverlust *m*

benmari *s* GASTR Wasserbad *nt;* **bir şeyi ~de ısıtmak** etw im Wasserbad erhitzen

benmerkezci I. *s* Egozentriker(in) *m(f)* **II.** *adj* egozentrisch, ichbezogen

benmerkezcilik <-ği> *s ohne pl* Egozentrik *f,* Ichbezogenheit *f*

bent <-di> *s* ❶ Talsperre *f* ❷ LIT (*bağlam*) (vierversige) Strophe ❸ JUR Ziffer *f*

benzeme *s Verbalsubstantiv zu* **benzemek**

benzemek *vi* ❶ ähneln; **birine ~** jdm ähneln; **tıpkı tıpkısına birbirine ~** sich gleichen wie ein Ei dem anderen ❷ (*gibi görünmek*) aussehen wie [*o* nach]; **birine ~** aussehen wie jd; **çocuk tıpkı babasına benziyor** das Kind sieht genauso aus wie sein Vater; **hiçbir şeye benzememek** nach nichts aussehen ❸ zu sein scheinen; **iyi bir insana benziyor** er scheint ein guter Mensch zu sein; **oyunu** [*o* **maçı**] **kaybedeceğimize benzemiyor** es sieht nicht so aus, als würden wir das Spiel verlieren

benzer I. *vi 3. Aorist von* **benzemek II.** *adj* ähnlich **III.** *s* FILM (*dublör*) Double *nt*

benzerlik <-ği> *s* Ähnlichkeit *f;* **aralarında bir ~ görmüyorum** ich sehe keine Ähnlichkeit zwischen ihnen

benzersiz *adj* unvergleichbar, einmalig

benzeşme *s* ❶ *Verbalsubstantiv zu* **benzeşmek** ❷ LING (*asimilasyon*) Angleichung *f,* Assimilation *f*

benzeşmek *vi* ❶ sich angleichen ❷ (*birbirine benzemek*) sich [*o* einander] ähneln

benzeşmezlik <-ği> *s* LING (*disimilasyon*) Dissimilation *f*

benzetim *s* (*simülasyon*) Simulation *f*

benzetme *s* ❶ *Verbalsubstantiv zu* **benzetmek** ❷ LIT (*teşbih*) Vergleich *m*

benzetmek *vt* ❶ angleichen ❷ verwechseln (**-e** mit); **birini başka birine ~** jdn für einen anderen halten, jdn mit einem anderen verwechseln ❸ (*fig fam: bozmak*) kaputtmachen ❹ (*fig fam: dövmek*) zurichten, verprügeln; **onu iyice benzetmişler** sie haben ihn ganz schön zugerichtet

benzi *s poss von* **beniz**

benzin *s* Benzin *nt;* **kurşunlu/kurşunsuz ~** verbleites/bleifreies Benzin **benzin bidonu** *s* Benzinkanister *m*

benzinci *s* ❶ (*satan kimse*) Tankwart(in) *m(f)* ❷ (*satan yer*) Tankstelle *f*

benzin deposu *s* AUTO Benzintank *m* **benzin göstergesi** *s* Benzinuhr *f* **benzin istasyonu** *s* Tankstelle *f*

benzinli çakmak <-ğı> *s* Benzinfeuerzeug *nt*

benzinlik <-ği> *s* Tankstelle *f*

benzin pompası *s* Tanksäule *f,* Zapfsäule *f* **benzin sarfiyatı** *s ohne pl,* **benzin tüketimi** *s ohne pl* AUTO Benzinverbrauch *m*

benzol <-lü> *s* CHEM Benzol *nt*

beraat <-ti> *s* JUR Freispruch *m;* **~ etmek** freigesprochen werden; **delillerin yokluğundan ~ ettirmek** aus Mangel an Beweisen freisprechen

beraber *adv* (*birlikte*) gemeinsam (**-le** mit), miteinander, zusammen; **~inde** in Begleitung; **~inde bir arkadaşını getirdi** er brachte einen Freund mit; **anca ~,**

B

kanca ~ (*prov*) mitgegangen, mitgefangen [*o* mitgehangen]; **hep** ~ alle zusammen, alle miteinander
beraberce *adv* (*birlikte*) gemeinsam (**-le** mit), miteinander, zusammen
berabere **I.** *s* SPORT Unentschieden *nt* **II.** *adv* SPORT unentschieden; **0:0 berabere kaldılar** sie spielten 0:0 unentschieden
beraberlik <-ği> *s* ❶ Zusammensein *nt*, Beisammensein *nt* ❷ SPORT Ausgleich *m*, Gleichstand *m*
berbat *adj* ❶ (*kötü*) schlecht; **bir şeyi ~ etmek** etwas verderben ❷ (*çirkin*) hässlich ❸ (*perişan*) elend, miserabel; **kendimi ~ hissediyorum** (*fam*) mir ist miserabel [*o* hundeelend]
berber *s* Barbier *m*, Friseur(in) *m(f)*
Berberi [bɛrbɛri:] *s* Berber(in) *m(f)* **Berberi halısı** *s* Berberteppich *m*
berber salonu *s* Friseursalon *m*
berdevam *adj* andauernd; (*sürüp giden*) anhaltend; **bu âdet hâlâ ~** diese Sitte ist noch (immer) erhalten
berduş **I.** *s* ❶ (*fam*) Berber *m* ❷ (*pej fam*) Gammler *m* **II.** *adj* gammelig
bere[1] *s* Striemen *m*
bere[2] *s* Baskenmütze *f*
bereket **I.** *s ohne pl* ❶ Segen *m*; **~ versin!** Gott segne Sie!; **nerede hareket, orada ~** (*prov*) sich regen bringt Segen ❷ (*bolluk, gürlük*) Fülle *f*; (*feyezan*) Überfluss *m* ❸ REG (*yağmur*) Regen *m* **II.** *adv* glücklicherweise, zum Glück; **~ (versin) ki, ...** glücklicherweise ...; (*Tanrıya şükür ki*) Gott sei Dank, ...
bereketli *adj* segensreich; (*verimli*) fruchtbar; (*bol*) üppig
bereketsiz ürün *s* AGR Missernte *f*
Bergama *s* Bergama *nt* (*heutiger Name der antiken Stadt Pergamon*); **~'nın kalıntıları** die Ruinen [*o* Überreste] von Pergamon
bergamot *s* BOT Bergamotte *f*
bergüzar *s* Andenken *nt*
berhudar *adj s.* **mutlu** glücklich
beri **I.** *s* **biraz ~ geliniz!** kommen Sie ein bisschen näher! **II.** *adj* diesseitig **III.** *part* ❶ seit; **çocukluğumdan ~** seit meiner Kindheit; **kalubeladan ~** seit eh und je; **ne zamandan ~?** seit wann?; **çoktan/yıllardan ~** seit langem/Jahren ❷ von ... an; **başından ~** von Anfang an; **çocukluktan ~** von Kindesbeinen an ❸ **eskiden ~** von alters her, von jeher
Bering Boğazı *s* Beringstraße *f* **Bering Denizi** *s* Beringmeer *nt*
berkemal *adj* perfekt
berlam *s* ZOOL Seehecht *m*
Berlin *s* Berlin *nt*
Berlinli *s* Berliner(in) *m(f)*
bermuda *s* (*pantolon*) Bermudas *pl*
Bermuda *s* (*takımada*) Bermudas *pl*
bermutat *adv* wie üblich
Bern *s* Bern *nt* **Bernli** *s* Berner(in) *m(f)*
berrak *adj* klar
bertaraf *adv* ❶ (*bir yana*) beiseite; **şaka ~, ...** Scherz beiseite, ... ❷ **~ etmek** beseitigen
berzah *s* GEO (*kıstak*) Landzunge *f*, Isthmus *m*
besbedava *adj* spottbillig
besbelli *adj* eindeutig, glasklar, sonnenklar; (*fam*) klipp und klar
besi *s* Mast *f*; **~ye çekmek** mästen
besici *s* Mäster *m*
besicilik <-ği> *s ohne pl* Mästerei *f*
besihane *s* Mästerei *f*
besin *s* Nahrung *f* **besin değeri** *s* Nährwert *m*
besleme *s ohne pl* ❶ *Verbalsubstantiv zu* **beslemek** ❷ Ernährung *f* **besleme borusu** *s* TECH Zulauf *m*
beslemek *vt* ❶ ernähren, nähren; **koynunda yılan ~** eine Natter am Busen nähren; **besle kargayı, oysun gözünü** (*prov*) Undank ist der Welt Lohn ❷ (*duymak*) hegen; **kuşku ~** Zweifel hegen
beslenme *s ohne pl* ❶ *Verbalsubstantiv zu* **beslenmek** ❷ Ernährung *f*; **sağlıklı ~** gesunde Ernährung **beslenme bozukluğu** *s* Ernährungsstörung *f* **beslenme eğitimcisi** *s* Ernährungswissenschaftler(in) *m(f)* **beslenme eğitimi** *s ohne pl* Ernährungslehre *f*, Ernährungswissenschaft *f*
beslenmek *vi* sich ernähren (**-le** von); **sağlıklı/sağlıksız ~** sich gesund/ungesund ernähren
besleyici *adj* nahrhaft
besmele *s* REL *Bezeichnung für die islamische Beschwörungsformel: bismillahirrahmanirrahim;* **~ çekmek** die Beschwörungsformel aussprechen
besmelesiz **I.** *s* (*pej sl: piç*) Bastard *m* **II.** *adv* ohne die Beschwörungsformel auszusprechen
beste *s* MUS Komposition *f*
besteci *s* MUS Komponist(in) *m(f)*
besteleme *s Verbalsubstantiv zu* **bestelemek**
bestelemek *vt* komponieren
bestelenme *s Verbalsubstantiv zu* **bestelenmek**
bestelenmek *vt pass von* **bestelemek**
bestseller *s s.* **çoksatar** Bestseller *m*
beş **I.** *s* Fünf *f*; *s. a.* **altı** **II.** *adj* fünf; **~ para**

etmez keinen Cent [*o* Heller] wert; **üçe ~ var** es ist fünf vor drei; *s. a.* **altı** **beş altı** *adj* (*biraz*) (ein) bisschen [*o* wenig]; (*bir parça*) etwas

beş buçuk <-ğu> *adj* ❶ fünfeinhalb; **~ litre/kilometre** fünfeinhalb Liter/Kilometer; **~ saat önce/sonra** fünfeinhalb Stunden vorher/nachher ❷ (*saati bildirirken*) halb sechs; **~ta** um halb sechs; **saat ~** es ist halb sechs; **beş buçuğa on (dakika) kala** um zehn (Minuten) vor halb sechs; **beş buçuğa on (dakika) var** es ist zehn (Minuten) vor halb sechs; **beş buçuğu on (dakika) geçe** um zehn (Minuten) nach halb sechs; **beş buçuğu on (dakika) geçiyor** es ist zehn (Minuten) nach halb sechs

beşer[1] *s* (*insan*) Mensch *m;* (*insanoğlu*) Menschenkind *nt*

beşer[2] *adj* je fünf; **size ~ tane veriyorum** ich gebe euch je fünf Stück **beşer beşer** *adv* **~ diz(il)mek** (sich) in Fünferreihen aufstellen

beşerî *adj* menschlich, human

beşgen **I.** *s* MATH Fünfeck *nt,* Pentagon *nt* **II.** *adj* fünfeckig, pentagonal

beşik <-ği> *s* Wiege *f;* **~ten mezara kadar** von der Wiege bis zum Grabe **beşik çatı** *s* ARCH Giebeldach *nt* **beşik tonoz** *s* ARCH Tonnengewölbe *nt*

beşinci *adj* fünfte(r, s); *s. a.* **altıncı**

beşincisi *adv* (*sayarken*) fünftens; *s. a.* **altıncısı**

beşiz *s* Fünfling *m*

beş katlı *adj* fünfstöckig, fünfgeschossig

beşleme *s Verbalsubstantiv zu* **beşlemek**

beşlemek *vt* ❶ verfünffachen ❷ AUTO (*fam*) in den Fünften schalten

beşli **I.** *s* ❶ MUS (*kentet*) Quintett *nt* ❷ (*iskambil kâğıdı*) Fünf *f* **II.** *adj* fünfteilig; (*priz*) fünffach **beşli ölçü** *s* LIT Pentameter *m*

beş yıldızlı otel *s* Fünfsternehotel *nt* **beş yüz** **I.** *s* Fünfhundert *f* **II.** *adj* fünfhundert **beş yüzlü** *s* MATH Fünfflach *nt,* Pentaeder *nt*

beta engelleyici *s* MED Betablocker *m* **beta ışınları** *pl* PHYS Betastrahlen *pl*

betatron *s* PHYS Betatron *nt*

beter *adj* schlimmer; **~ etmek** verschlimmern; **~in ~i var** es gibt Schlimmeres; **bundan ~i** schlimmer als das

beterleşme *s* ❶ *Verbalsubstantiv zu* **beterleşmek** ❷ Verschlimmerung *f*

beterleşmek *vi* sich verschlimmern

betili *adj* KUNST (*figüratif*) figurativ

betim *s* Beschreibung *f,* Schilderung *f,* Darstellung *f*

betimleme *s* ❶ *Verbalsubstantiv zu* **betimlemek** ❷ Beschreibung *f,* Schilderung *f,* Darstellung *f*

betimlemek *vt* beschreiben, schildern, darstellen

betimleyici *adj* darstellend; **~ sanat** die darstellende Kunst

betisiz *adj* KUNST abstrakt; (*nonfigüratif*) nonfigurativ

Betlehem *s s.* **Beytlehem** Bethlehem *nt*

beton *s* Beton *m;* **~ karmak** Beton mischen; **~dan** aus Beton

betoniyer *s,* **betonkarar** *s* TECH Betonmischer *m*

beton karma makinesi *s* TECH Betonmischmaschine *f*

betonlama *s* ❶ *Verbalsubstantiv zu* **betonlamak** ❷ Betonierung *f*

betonlamak *vt* betonieren

beton tabanlık <-ğı> *s* EISENB Betonschwelle *f*

bevliye *s* MED (*üroloji*) Urologie *f*

bevliyeci *s* MED (*ürolog*) Urologe, -login *m, f*

bey *s* Herr *m;* **~ler!** meine Herren!; **orta yaşlı bir ~** ein Herr mittleren Alters

beyaban *s s.* **çöl** Wüste *f*

beyanname *s* Erklärung *f*

beyaz **I.** *s* ❶ Weiß *nt;* **bir şeyi ~a çekmek** etw ins Reine schreiben ❷ (*beyaz ırktan*) Weiße(r) *f(m)* **II.** *adj* weiß; **~ ırk** die weiße Rasse **beyaz adam** *s* ❶ (*beyaz ırktan*) Weiße(r) *m* ❷ (*Avrupalı*) Europäer *m* **beyaz baston** *s* Blindenstock *m* **beyaz cam** *s* (*fam: televizyon ekranı*) Mattscheibe *f*

beyazımsı *adj,* **beyazımtırak** <-ğı> *adj* weißlich **beyaz kitap** <-bı> *s* POL Weißbuch *nt*

beyaz oy *s* Jastimme *f; s. a.* **kırmızı oy** **beyaz perde** *s* FILM Leinwand *f* **beyaz peynir** *s* Schafskäse *m*

Beyaz Rusya *s* Weißrussland *nt*

beyaz şarap <-bı> *s* Weißwein *m* **beyaz tuş** *s* MUS (*piyanoda*) Untertaste *f*

beyefendi *s* gnädiger Herr; *s. a.* **hanımefendi**

beygir *s* ❶ (*at*) Pferd *nt* ❷ Gaul *m* **beygir gücü** *s* Pferdestärke *f*

beyhude **I.** *adj* (*yararsız*) nutzlos; (*anlamsız*) sinnlos **II.** *adv* (*boşuna*) umsonst, vergebens

beyin <-yni> *s* ❶ Gehirn *nt,* Hirn *nt;* ANAT (*Zerebrum*) Großhirn *nt* ❷ (*fig*) Kopf *m* ❸ (*fam*) **bunu duyunca beyninden vurulmuşa döndü** er war (wie) erschlagen, als er das hörte **beyin ameliyatı** *s* MED Hirnoperation *f* **beyin cerrahisi** *s ohne pl* MED Gehirnchirurgie *f*

B

beyincik <-gi> *s* ANAT Kleinhirn *nt*
beyin göçü *s ohne pl* Braindrain *m* **beyin ölümü** *s* MED Hirntod *m* **beyin sarsıntısı** *s* MED Gehirnerschütterung *f*
beyinsel *adj* zerebral
beyinsiz *adj* ❶ hirnlos ❷ (*fig*) hirnlos, hirnverbrannt
beyin tümörü *s* MED Gehirntumor *m* **beyin yıkama** *s* Gehirnwäsche *f* **beyin zarı** *s* Gehirnhaut *f*, Hirnhaut *f*
beyit <-yti> *s* ❶ LIT Doppelvers *m*, Verspaar *nt* ❷ (*ev*) Haus *nt*
beylerbeyi *s* HIST Beglerbeg *m*
beylik I. *s* <-ği> ❶ **~ taslamak** den großen Herrn markieren ❷ HIST Fürstentum *nt* ❸ HIST (*hükûmet*) Regierung *f* **II.** *adj* <-ği> ❶ (*devletle ilgili*) staatlich; (*mirî*) fiskalisch ❷ (*fam: basmakalıp*) abgedroschen; **birkaç ~ hilesi** einige abgedroschene Tricks
beynelmilel *adj s.* **uluslararası** international
beynelmilelcilik <-ği> *s ohne pl s.* **uluslararasıcılık** Internationalismus *m*
beyni *s poss von* **beyin**
Beyrut *s* Beirut *nt*
beysbol *s ohne pl* SPORT Baseball *m*; **~ oynamak** Baseball spielen
Be(y)tlehem *s* Bethlehem *nt*
Beytüllahim *s* Bethlehem *nt*
beyzade *s* ❶ (*bey oğlu*) junger Herr ❷ (*soylu kimse*) Adliger *m* **beyzadelik** <-ği> *s* (*soyluluk*) Adelsstand *m*
beyzî *adj s.* **oval** oval
bez[1] *s* ❶ Tuch *nt* ❷ (*çadır ~i*) Leinwand *f*; (*çocuk ~i*) Windel *f*; (*âdet ~i*) Binde *f* ❸ (*çaput*) Lappen *m*, Stofflappen *m*
bez[2] *s* ANAT (*gudde*) Drüse *f*
bezci *s* Tuchmacher(in) *m(f)*
bezdirici *adj* verdrießlich
bezdirme *s* ❶ *Verbalsubstantiv zu* **bezdirmek** ❷ Verdrießung *f*
bezdirmek *vt* verdrießen
beze[1] *s* ❶ MED (*şişkinlik*) Schwellung *f* ❷ ANAT (*bez, gudde*) Drüse *f*
beze[2] *s* GASTR Baiser *nt*
beze[3] *s* (*hamur topağı*) Teigrolle *f*; (*pazı*) Teigrolle *f* (für ein Brot)
bezek <-ği> *s* (*süs*) Ornament *nt*
bezekçi *s* Dekorationsmaler(in) *m(f)*
bezekli *adj* ornamental
bezelye *s* Erbse *f*
bezeme *s* ❶ *Verbalsubstantiv zu* **bezemek** ❷ Verzierung *f*, Dekoration *f*; **nakışla ~** Verzierung mit Stickerei
bezemek *vt* dekorieren (**-le** mit), schmücken (**-le** mit), verzieren (**-le** mit); **çiçeklerle ~** mit Blumen schmücken [*o* dekorieren]; **nakışla ~** mit Stickerei verzieren, mit Stickereien versehen
bezemeli *adj* dekorativ
bezgin *adj* missmutig, verdrießlich
bezginlik <-ği> *s* Missmut *m*; (*usanç*) Überdruss *m*, Verdrossenheit *f*
bezir <-zri> *s* ❶ (*keten tohumu*) Leinsamen *m* ❷ (*bezir yağı*) Leinöl *nt*
bezirgân *s* (*tüccar*) Kaufmann; **korkak ~ ne kâr eder ne zarar** (*prov*) wer nicht wagt, der nicht gewinnt
bezir yağı *s* Leinöl *nt*
bezri *s poss von* **bezir**
Bhagvan *s ohne pl* Bhagvan *m*, Bhagwan *m*
bıcıl *s* Fessel *f*
bıcılgan *s s.* **bıçılgan**
bıçak <-ğı> *s* ❶ Messer *nt*; **~ çekmek** ein Messer ziehen; **~ gibi** messerscharf; **bir şeyde ~ kemiğe dayanmak** (*fig*) etw ist unerträglich geworden; (*parasızlıktan*) jdm sitzt das Messer an der Kehle; **birinin gırtlağına bıçağı dayamak** (*fig fam*) jdm das Messer an die Kehle setzen; **keskin/kör ~** ein scharfes/stumpfes Messer ❷ (*tıraş bıçağı*) Klinge *f*; **bıçağın sırtı ve yalımı** der Rücken und die Schneide der Klinge; **orağın/tırpanın bıçağı** die Klinge der Sichel/der Sense ❸ (*fam: ameliyat*) Messer *nt*; **~ altına yatmak** unters Messer kommen; **birine ~ atmak** jdn unters Messer nehmen
bıçaklama *s Verbalsubstantiv zu* **bıçaklamak**
bıçaklamak *vt* ❶ (*kesmek*) **birini ~** jdm mit dem Messer eine Schnittwunde zufügen ❷ (*yaralamak*) mit dem Messer zustoßen; **birini ~** jdn mit dem Messer verwunden [*o* verletzen], jdn durch einen Messerstich verletzen; **birini karnından ~** jdm ein Messer in den Bauch stoßen; **birini bıçaklayarak öldürmek** jdn mit dem Messer erstechen
bıçak sapı *s* Messergriff *m* **bıçak sırtı** *s* ❶ Messerrücken *m* ❷ (*fig*) **~ büyüme** WIRTSCH Wachstum auf Messers Schneide; **bir şeye ~ kalmak** etw steht auf Messers Schneide **bıçak ucu** *s* Messerspitze *f* **bıçak yalımı** *s* Messerschneide *f* **bıçak yarası** *s* Stichwunde *f*
bıçılgan *s ohne pl* (*hayvanlarda*) Mauke *f*
bıçkı *s* ❶ (*iki kişilik büyük testere*) Doppelgriffsäge *f* ❷ (*motorla çalışan testere*) Motorsäge *f*
bıçkı evi *s*, **bıçkıhane** *s* Sägewerk *nt*
bıçkın *s* (*pej: külhanbeyi*) Strolch *m*; (*kabadayı*) Raufbold *m*, Rowdy *m*
bıçkı tozu *s ohne pl* Sägemehl *nt*
bıkkın *adj* überdrüssig

bıkkınlık <-ğı> *s ohne pl* Überdruss *m*
bıkma *s Verbalsubstantiv zu* **bıkmak**
bıkmak *vi* **bir kimseden/şeyden ~** jds/einer Sache überdrüssig werden; (*fam*) jdn/etw satthaben, von jdm/etw die Nase voll haben
bıldır *s* REG (*geçen yıl*) Vorjahr *nt*
bıldırcın *s* ZOOL Wachtel *f*
bıllık bıllık *adj* mollig
bıngıldak <-ğı> *s* ANAT Fontanelle *f*
bırak *Imperativ von* **bırakmak**: **~ beni gideyim** lass mich gehen; **~ düşüneyim** lass mich nachdenken; **~ geçeyim!** lass mich vorbei!; **beni rahat ~!** lass mich in Ruhe!
bırakım *s* (*iş ~ ı*) Niederlegung *f*
bırakıt *s* JUR (*tereke*) Nachlass *m*, Hinterlassenschaft *f*
bırakma *s Verbalsubstantiv zu* **bırakmak**
bırakmak *vt* ❶ lassen; **sakal ~** sich einen Bart wachsen lassen ❷ (*alışkanlıktan vazgeçmek*) abgewöhnen, aufhören (**-i** mit), aufgeben; **bir şeyi ~** etw aufgeben, sich etw abgewöhnen; **içkiyi/sigarayı bırakmam lazım** ich muss das Trinken/Rauchen aufgeben, ich muss mir das Trinken/Rauchen abgewöhnen, ich muss mit dem Trinken/Rauchen aufhören ❸ (*unutmak*) liegen lassen ❹ (*terk etmek*) verlassen ❺ (*koyuvermek*) loslassen ❻ SCHULE (*öğrenciyi*) nicht versetzen ❼ (*iz, yer*) hinterlassen ❽ (*mesaj*) hinterlassen; (*öldükten sonra*) hinterlassen; **ardında üç yaşında bir oğul, beş yaşında bir kız bırakıyor** er hinterlässt einen dreijährigen Sohn und eine fünfjährige Tochter; **bana bir çiftlik ve epeyce de nakit bırakıp giden halam** meine Tante, die mir einen Bauerhof und ziemlich viel Geld hinterließ; **karısına bir yığın borç bıraktı** er hinterließ seiner Frau einen Haufen Schulden ❾ absetzen (**-e** in); **beni eve bırakabilir misin?** kannst du mich zu Hause absetzen?; **çantayı kapının önüne bıraktı** er setzte die Tasche vor der Tür ab
bıraktırma *s Verbalsubstantiv zu* **bıraktırmak**
bıraktırmak *vt* **birine bir şeyi ~** jdm etw abgewöhnen
bıyık <-ğı> *s* ❶ Schnurrbart *m*, Schnauzbart *m*; **~ altından gülmek** (*fig*) schmunzeln; **~ bırakmak** sich einen Schnurrbart wachsen lassen ❷ ZOOL (*balıklarda*) Bartel *f*; (*kedide*) Bart *m* ❸ BOT Ranke *f*
bıyıklı balık <-ğı> *s* ZOOL Barbe *f*
bızbız *s* MUS (*davul için*) Schlägel *m*
bızır *s* Scheidenzäpfchen *nt*, Kitzler *m*; (*klitoris*) Klitoris *f*

bîaman *adj* gnadenlos
biat <-i> *s* Huldigung *f*; **~ etmek** huldigen
biatlon *s* SPORT Biathlon *nt*
biber *s* ❶ Pfeffer *m* ❷ Paprika *m*; **Arnavut ~i** scharfer Paprika; **~ dolması** GASTR gefüllte Paprikaschoten
biberiye *s ohne pl* Rosmarin *m*
biberli *adj* gepfeffert
biberlik <-ği> *s* Pfefferstreuer *m*
biberon *s* Milchflasche *f*, Babyflasche *f*
bibi *s* REG (*hala*) Tante *f*, Base *f* (*Schwester des Vaters*)
bibliyofil **I.** *s* Bibliophile(r) *f(m)* **II.** *adj* bibliophil
bibliyograf *s* Bibliograph(in) *m(f)*
bibliyografi *s* Bibliographie *f*
bibliyografik <-ği> *adj* bibliographisch
bibliyografya *s* Bibliographie *f*
bibliyomani *s ohne pl* Bibliomanie *f*
biblo *s* ❶ (*zarif, küçük süs eşyası*) Nippes *pl* ❷ Figur *f*; **bir Roma tanrıçasının ~su** die Figur einer römischen Göttin
bicik <-ği> *s* REG (*meme*) Brust *f*; (*meme başı*) Brustwarze *f*
biç *vt Imperativ von* **biçmek**
bîçare *adj* hilflos
bîçarelik <-ği> *s ohne pl* Hilflosigkeit *f*
biçem *s* Stil *m*
biçer *vt 3. Aorist von* **biçmek**
biçerdöver *s* AGR Mähdrescher *m*
biçilme *s Verbalsubstantiv zu* **biçilmek**
biçilmek *vi* ❶ *pass von* **biçmek** zugeschnitten werden ❷ **bu iş senin için biçilmiş kaftan** (*fig fam*) diese Arbeit ist für dich wie gemacht; **bu rol onun için biçilmiş kaftan** (*fig fam*) diese Rolle ist ihr wie auf den Leib geschrieben
biçim *s* ❶ (*şekil*) Form *f*, Gestalt *f*; **~ almak** Form [*o* Gestalt] annehmen; **bir şey ~ alıyor** etw nimmt Form [*o* Gestalt] an ❷ (*tarz*) Art und Weise; (*koşma ~ i*) Art *f*; (*yaşam ~ i*) Weise *f* **biçim bilgisi** *s ohne pl* LING Gestaltlehre *f*; (*morfoloji*) Morphologie *f* **biçim bilimi** *s ohne pl* BIOL Formenlehre *f*; (*morfoloji*) Morphologie *f* **biçim birimi** *s* LING (*morfem*) Morphem *nt*
biçimlendirme *s* ❶ *Verbalsubstantiv zu* **biçimlendirmek** ❷ Formung *f*, Gestaltung *f*
biçimlendirmek *vt* formen, gestalten
biçimlenme *s* ❶ *Verbalsubstantiv zu* **biçimlenmek** ❷ Formung *f*
biçimlenmek *vi* sich formen, Gestalt annehmen
biçimli *adj* wohlgeformt **biçimli tombul** *adj* vollschlank
biçimsel *adj* formal; (*formel*) formell

biçimsiz *adj* unförmig, missgestaltet
biçimsizleşme *s* ❶ *Verbalsubstantiv zu* **biçimsizleşmek** ❷ Verformung *f;* (*deformasyon*) Deformation *f*
biçimsizleşmek *vi* sich verformen
biçimsizlik <-ği> *s ohne pl* Unförmigkeit *f*
biçme *s Verbalsubstantiv zu* **biçmek**
biçmek *vt* ❶ zuschneiden ❷ mähen; **orakla/tırpanla ~** mit der Sichel/Sense mähen; **rüzgâr eken fırtına biçer** (*prov*) wer Wind sät, wird Sturm ernten
bid'at *s* REL Erneuerung *f*
bide *s* Bidet *nt*
bidon *s* Kanister *m*
bienal <-li> *s* KUNST, FILM Biennale *f*
biftek <-ği> *s* GASTR Beefsteak *nt,* Steak *nt*
bigami *s* Bigamie *f*
bigâne [bi:gãne] *adj s.* **yabancı** fremd
bigudi *s* Lockenwickler *m*
bigünah [bi:gʏna:h] *adj s.* **suçsuz** unschuldig
bihaber [bi:--] *adj* ahnungslos
bijon anahtarı *s* AUTO Kreuzschlüssel *m*
bikarar [bi:--] *adj* (*kararsız*) unentschlossen; (*tereddütlü*) zögernd
bikes [bi:-] *adj* einsam
bikeslik <-ği> *s ohne pl* Einsamkeit *f,* Alleinsein *nt*
bikini *s* Bikini *m*
bikir <-kri> *s ohne pl s.* **kızlık** Jungfräulichkeit *f*
bil *vt Imperativ von* **bilmek**
bilahare [bi'lã:xare] *adv* danach; (*sonra*) später
bilaistisna [bilã:istisna:] *adv* ausnahmslos
bilakis [bilãkis] *adv* im Gegenteil
bilanço [bilãntʃo] *s a.* WIRTSCH Bilanz *f;* **~ yapmak** Bilanz machen
bilançolama *s* ❶ *Verbalsubstantiv zu* **bilançolamak** ❷ FIN Bilanzierung *f*
bilançolamak *vt* FIN bilanzieren
bilardo [bilãrdo] *s ohne pl* Billard *nt;* **bir parti ~ oynamak** eine Partie Billard spielen
bilardocu *s* Billardspieler(in) *m(f)*
bilardo masası *s* Billardtisch *m* **bilardo sopası** *s* Billardstock *m;* (*isteka*) Queue *m o nt* **bilardo topu** *s* Billardkugel *f*
bilavasıta [bilã:va:--] *adj* unmittelbar
bilcümle *adv* (*bütün*) alle, sämtlich(e); (*hep*) allesamt
bildik <-ği> *s* Bekannte(r) *f(m);* **~ çıkmak** sich wiedererkennen
bildirge *s s.* **beyanname** Erklärung *f*
bildiri *s* ❶ Mitteilung *f;* **~ dağıtmak** Flugblätter verteilen ❷ (*resmî ~*) Kommuniqué *nt*
bildirim *s* Kündigung *f* **bildirim ödencesi** *s* Kündigungsabfindung *f*
bildirişim *s ohne pl s.* **iletişim** Kommunikation *f*
bildirişme *s Verbalsubstantiv zu* **bildirişmek**
bildirişmek *vi* kommunizieren (**-le** mit)
bildirme *s* ❶ *Verbalsubstantiv zu* **bildirmek** ❷ Mitteilung *f* ❸ Verkündung *f*
bildirmek *vt* ❶ mitteilen, wissen lassen; **bana geleceğini bildirmedi** er hat mir nicht mitgeteilt, dass er kommen wird ❷ verkünden; **namaz vakitlerini ~** die Zeiten zum Gebet verkünden
bildirme kipi *s* LING Indikativ *m*
bile[1] *vt Imperativ von* **bilemek**
bile[2] *konj* ❶ (*de, da*) auch, selbst; **gitse ~** selbst wenn er geht; **önemli olmasa ~** auch wenn es nicht wichtig ist; **yağmur yağacak olsa ~** auch wenn es regnen sollte ❷ (*dahi*) sogar; **Türkçe roman ~ okuyor** er liest sogar Romane auf Türkisch ❸ schon; **düşüncesi ~ beni hasta ediyor** schon der Gedanke macht mich krank; **o gitti ~** er ist schon gegangen ❹ (*üstelik*) obendrein; **birbirleriyle konuşmadılar ~** sie haben nicht einmal miteinander gesprochen ❺ (noch) nicht einmal, kaum; **en küçük bir pişmanlık eseri ~** nicht einmal das geringste Anzeichen von Reue; **en ufak bir hatayı ~ affetmemek** nicht einmal den kleinsten Fehler verzeihen; **üç saat ~ sürmedi** es hat noch nicht einmal drei Stunden gedauert
bile bile *adv* wissentlich; **yanlış olduğunu ~ (yapmak)** wider besseres Wissen (tun)
bileği[1] *s poss von* **bilek**
bileği[2] *s* Schleifapparat *m* **bileği çarkı** *s* Schleifrad *nt,* Schleifscheibe *f* **bileği taşı** *s* Schleifstein *m,* Wetzstein *m*
bilek <-ği> *s* ❶ Gelenk *nt* ❷ (*atta*) Fessel *f* **bilek damarı** *s* Pulsader *f;* **bilek damarlarını kesmek** sich die Pulsadern aufschneiden **bilek gücü** *s ohne pl,* **bilek kuvveti** *s ohne pl* Muskelkraft *f* **bilek saati** *s* Armbanduhr *f*
bileme *s Verbalsubstantiv zu* **bilemek**
bilemek *vt* schärfen, schleifen, wetzen
biler *vt 3. Aorist von* **bilemek**
bilerek *adv* wissentlich
bileşen *s* Komponente *f*
bileşik <-ği> *adj* ❶ zusammengesetzt ❷ MATH **~ kesir** ein unechter Bruch
bileşik faiz *s* Zinseszins *m*
bileşikgiller *pl* BOT (*Compositae*) Korbblütler *pl*
bileşim *s* ❶ CHEM Zusammensetzung *f* ❷ CHEM Verbindung *f* ❸ (*sentez*) Synthese *f; s. a.* **birleşim**

bileşke *s* PHYS Resultante *f*
bileşme *s Verbalsubstantiv zu* **bileşmek**
bileşmek *vi* CHEM sich verbinden (**-le** mit)
bileştirme *s Verbalsubstantiv zu* **bileştirmek**
bileştirmek *vt* ❶ verbinden (**-le** mit), zusammensetzen ❷ CHEM binden ❸ MATH, PHYS (*vektörleri*) addieren
bilet *s* ❶ (*giriş ~ i*) Karte *f;* (*ulaşım araçları için*) Fahrkarte *f* ❷ (*uçak ~ i*) Ticket *nt* ❸ (*piyango ~ i*) Los *nt*
bileyici *s* Schleifer(in) *m(f)*
bileyleme *s Verbalsubstantiv zu* **bileylemek**
bileylemek *vt* schärfen, schleifen, wetzen
bilezik <-ği> *s* Armreif *m;* **kolunda altın bileziği var** (*prov*) Handwerk hat goldenen Boden
bilge I. *s* Weise(r) *f(m)* **II.** *adj* weise
bilgelik <-ği> *s* Weisheit *f;* **dikkat bilgeliğin anasıdır** (*prov*) Vorsicht ist die Mutter der Weisheit
bilgi *s* ❶ Wissen *nt,* Kenntnisse *pl;* **~ edinmek** Kenntnisse erwerben, sich Wissen aneignen ❷ (*biçim ~ si*) Lehre *f* ❸ Auskunft *f* (**üzerine/hakkında** über), Information *f* (**üzerine/hakkında** über); **~ edinmek** sich informieren; **biri hakkında ~ istemek** um Auskunft über jdn bitten; **birine ~ vermek** jdm (eine) Auskunft geben ❹ (*~ transferi*) Daten *pl*
bilgi alış verişi *s* Informationsaustausch *m*
bilgici *s* Sophist(in) *m(f)*
bilgicilik <-ği> *s* ❶ (*sofizm*) Sophistik *f* ❷ (*safsata*) Sophismus *m,* Trugschluss *m*
bilgiç <-ci> *s* (*pej*) Besserwisser(in) *m(f)*
bilgi çağı *s* Informationszeitalter *nt*
bilgiçlik <-ği> *s ohne pl* (*pej*) Besserwisserei *f*
bilgi işlem *s* Datenverarbeitung *f;* **elektronik ~** elektronische Datenverarbeitung
bilgilendirme *s Verbalsubstantiv zu* **bilgilendirmek**
bilgilendirmek *vt* informieren
bilgilik <-ği> *s s.* **ansiklopedi** Lexikon *nt*
bilgin I. *s* Gelehrte(r) *f(m)* **II.** *adj* gelehrt
bilgisayar *s* Computer *m* **bilgisayar destekli** *adj* computergestützt, computerunterstützt, EDV-gestützt; **~ öğrenim** computergestütztes Lernen; **~ tasarım** INFORM computerunterstütztes Design **bilgisayar düzeni** *s* INFORM Computersystem *nt* **bilgisayar korsanı** *s* INFORM Hacker(in) *m(f)* **bilgisayar kumandalı** *adj* computergesteuert **bilgisayar oyunu** *s* Computerspiel *nt* **bilgisayar programı** *s* Computerprogramm *nt* **bilgisayar virüsü** *s* INFORM Computervirus *m*
bilgisiz *adj* ❶ unwissend ❷ (*bîhaber*) ahnungslos ❸ (*pej: cahil*) ignorant
bilgisizlik <-ği> *s ohne pl* ❶ Unwissenheit *f* ❷ (*pej: cehalet*) Ignoranz *f*
bilgi transferi *s* INFORM Datentransfer *m*
bilgi yarışması *s* Quiz *nt*
bilgiyazar *s* INFORM (*yazıcı*) Drucker *m*
bilhassa *adv* insbesondere, speziell; **bunu ~ yaptın** (*fam*) das hast du extra gemacht
bili *s* Information *f*
bili bili *interj* put, put; **~!** put, put, put!
bilim *s* ❶ Wissenschaft *f;* (*biçim ~ i*) Lehre *f* ❷ (*gelecek ~ i*) Forschung *f* **bilim adamı** *s* Wissenschaftler *m;* (*bilgin*) Gelehrte(r) *m*
bilimci *s* ❶ Gelehrte(r) *f(m)* ❷ (*edat olarak*) **bitki ~** Botaniker(in) *m(f);* **budun ~** Völkerkundler(in) *m(f);* **çevre ~** Ökologe, -login *m, f;* **dil ~** Sprachwissenschaftler(in) *m(f);* **Doğu ~** Orientalist(in) *m(f);* **halk ~** Volkskundler(in) *m(f);* **mağara ~** Speläologe, -login *m, f,* Höhlenforscher(in) *m(f);* **sözlük ~** Lexikologe, -login *m, f*
bilim dalı *s* Wissenschaftszweig *m* **bilim dışı** *adj* unwissenschaftlich **bilim kadını** *s* Wissenschaftlerin *f;* (*bilgin*) Gelehrte *f* **bilim kuramı** *s ohne pl* PHILOS Wissenschaftstheorie *f*
bilimkurgu *s ohne pl* Sciencefiction *f,* Science-Fiction *f* **bilimkurgu filmi** *s* Sciencefiction-Film *m,* Science-Fiction-Film *m* **bilimkurgu romanı** *s* Sciencefiction-Roman *m,* Science-Fiction-Roman *m*
bilimsel *adj* wissenschaftlich
bilimsellik <-ği> *s ohne pl* Wissenschaftlichkeit *f*
bilimsiz *adj* unwissenschaftlich; **~ bir iddia/yöntem** eine unwissenschaftliche Behauptung/Methode
bilimsizlik <-ği> *s ohne pl* Unwissenschaftlichkeit *f*
bilinç <-ci> *s ohne pl* ❶ *a.* PSYCH (*şuur*) Bewusstsein *nt* ❷ (*dimağ*) Verstand *m,* Besinnung *f;* **bilincini yitirmek** den Verstand verlieren
bilinçaltı *s ohne pl* PSYCH Unterbewusstsein *nt*
bilinç dışı *s ohne pl* PSYCH Unbewusste(s) *nt*
bilinçlendirme *s* ❶ *Verbalsubstantiv zu* **bilinçlendirmek** ❷ (*kristalleşme*) Kristallisierung *f*
bilinçlendirmek *vt* bewusst machen
bilinçli *adj* bewusst
bilinçlilik <-ği> *s ohne pl* Bewusstheit *f*
bilinçsiz *adj* unbewusst
bilinemezci *s* PHILOS Agnostiker *m*
bilinemezlik <-ği> *s ohne pl* PHILOS Agnostizismus *m*

bilinen **I.** *s* MATH Bekannte *f,* bekannte Größe **II.** *adj* bekannt

bilinme *s Verbalsubstantiv zu* **bilinmek**

bilinmedik **I.** *s* <-ği> MATH Unbekannte *f,* unbekannte Größe **II.** *adj* <-ği> unbekannt

bilinmek *vi* ❶ *pass von* **bilmek** ❷ **bilindiği gibi** wie man weiß; **nerede olduğu bilinmiyor** man weiß nicht, wo er ist

bilinmeyen **I.** *s* MATH Unbekannte *f,* unbekannte Größe **II.** *adj* unbekannt; **yazarı ~ eserler** anonyme Werke

bilinmezlik <-ği> *s ohne pl* Unbekanntheit *f*

bilir *vt 3. Aorist von* **bilmek**: **Allah ~** weiß Gott; **kim ~** wer weiß

bilirkişi *s* Sachverständige(r) *f(m)* **bilirkişi raporu** *s* Sachverständigengutachten *nt*

bilişim *s ohne pl* Informatik *f*

bilişimci *s* Informatiker(in) *m(f)*

bilişim teknolojisi *s* Informationstechnologie *f*

billûr **I.** *s* (*kristal*) Kristall *nt;* **~ gibi sesi var** er hat eine kristallklare Stimme **II.** *adj* kristallin **billûr cisim** <-smi> *s* ANAT, MED (*gözde*) Glaskörper *m*

billûrî *adj* kristallisch

billûriye *s* Kristallwaren *pl*

billûrlaşma *s* ❶ *Verbalsubstantiv zu* **billûrlaşmak** ❷ (*kristalleşme*) Kristallisierung *f*

billûrlaşmak *vi* (*kristalleşmek*) kristallisieren

bilme *s ohne pl* ❶ *Verbalsubstantiv zu* **bilmek** ❷ Wissen *nt*

bilmece *s* ❶ (*oyun*) Rätsel *nt,* Denkaufgabe *f;* **~ çözmek** ein Rätsel lösen ❷ (*fig fam: muamma*) Rätsel *nt;* **~ gibi konuşmak** in Rätseln sprechen

bilmek <-ir> *vt* ❶ wissen; **bildim bileli** seit eh und je; **bir şeyi adı gibi ~** (*fam*) etw nur zu genau wissen ❷ (*tanımak*) kennen; **bir şeyi avcunun içi gibi ~** (*fam*) etw wie seine Westentasche kennen ❸ (*elinden gelmek*) können; **iyi ütü bilir** sie kann gut bügeln; **o (çok iyi) Almanca/Türkçe bilir** er kann (sehr gut) Deutsch/Türkisch

bilmeyen *adj* **bitmek ~ alkış** nicht enden wollender Beifall

bilmez *adj* **dinmek durmak ~** unablässig; **doymak ~** unersättlich, nimmersatt; **iyilik ~** undankbar; **yorulmak ~** unermüdlich

bilmezlenme *s Verbalsubstantiv zu* **bilmezlenmek**

bilmezlenmek *vt* ignorieren, nicht wissen wollen; (*bilmiyor gibi görünmek*) sich unwissend [*o* dumm] stellen

bilmezlik <-ği> *s ohne pl* Unwissenheit *f;* (*pej: cehalet*) Ignoranz *f;* **~ten gelme** LIT vorgetäuschte Unwissenheit; **~ten gelmek** sich unwissend [*o* dumm] stellen, so tun, als ob man es nicht wüsste

bilmiş *adj* neunmalklug; *s. a.* **çokbilmiş**

bilmukabele *adv* ❶ (*karşılıklı olarak*) gegenseitig; (*karşılık olarak*) als Erwiderung ❷ (*karşılık olarak*) gleichfalls, ebenfalls

bilumum [bil'umu:n] *adv* sämtlich(e)

bilvasıta *adv* mittelbar, indirekt

bilye *s* ❶ Kugel *f* ❷ (*misket*) Murmel *f*

bilyeli yatak <-ğı> *s* TECH Kugellager *nt*

bin[1] *vi Imperativ von* **binmek**

bin[2] **I.** *s* Tausend *nt* **II.** *adj* ❶ tausend, eintausend ❷ (*fig*) **bir şeye ~ pişman olmak** etw bitter bereuen

bina [bina:] *s* Gebäude *nt*

binaenaleyh *adv* (*bundan dolayı*) deswegen, deshalb; (*bunun üzerine*) daraufhin, infolgedessen, folglich, also

binbaşı <-yı> *s* MIL Major *m*

bin bir *adj* abertausend

binde bir *s* Tausendstel *nt;* **~ şansı var** seine Chancen stehen eins zu tausend

bindirim *s* (*fiyat artırma*) Preiserhöhung *f*

bindirme *s* ❶ *Verbalsubstantiv zu* **bindirmek** ❷ MIL (*birlikleri*) Verladung *f*

bindirmek **I.** *vt* ❶ (*binmesini sağlamak*) einsteigen lassen (**-e** in) ❷ (*oturtmak*) setzen (**-e** auf); **çocuğunu atlıkarıncaya bindirdi** er ließ sein Kind mit dem Karussell fahren ❸ (*eklemek, katmak*) **fiyatın üstüne 10 lira daha ~** auf den Preis noch 10 Lira zuschlagen ❹ MIL (*birlikleri*) verladen (**-e** auf) **II.** *vi* (*taşıt*) auffahren (**-e** auf); **bir taşıt ötekine arkadan bindirdi** ein Fahrzeug fuhr auf ein anderes von hinten auf

binek arabası *s* Personenwagen *m* **binek atı** *s* Reitpferd *nt*

biner **I.** *vi 3. Aorist von* **binmek** **II.** *adj* je tausend; **size ~ tane veririm** ich gebe euch je tausend Stück

binici *s* Reiter(in) *m(f)*

binicilik <-ğı> *s ohne pl* ❶ (*ata binme ustalığı*) Reitkunst *f* ❷ (*ata binilerek yapılan spor*) Reitsport *f* **binicilik okulu** *s* Reitschule *f*

bininci *adj* tausendste(r, s); *s. a.* **altmışıncı**

biniş *s* ❶ Einstieg *m* ❷ HIST (*cübbe*) Talar *m* ❸ UNIV (*cübbe*) Talar *m* **biniş kartı** *s* AERO Bordkarte *f*

binişme *s Verbalsubstantiv zu* **binişmek**

binişmek *vi* sich überlappen

binlerce *adj* abertausend

binlik **I.** *s* <-ği> Tausender *m* **II.** *adj*

❶ (*içinde bin tane bulunan*) tausender ❷ (*bin yaşında olan*) tausendjährig

binme *s Verbalsubstantiv zu* **binmek**

binmek <-er> *vi* ❶ (*ata, bisiklete*) steigen (**-e** auf), aufsteigen; **bindiği dalı kesmek** (*fig*) den Ast absägen, auf dem man sitzt; **birinin başına** [*o* **tepesine**] ~ (*fig fam*) jdm aufs Dach steigen ❷ (*taşıta*) steigen (**-e** in), einsteigen; **otobüse** ~ in den Bus steigen ❸ (*ata*) reiten; **kısrağa** ~ auf einer Stute reiten ❹ (*bisiklete*) fahren (**-e** mit); **atlıkarıncaya/dönme dolaba** ~ (mit dem) Karussell/Riesenrad fahren

binyıl *s* Jahrtausend *nt*

biogaz *s* ÖKOL Biogas *nt* **biokütle** *s* Biomasse *f* **biomekanik** <-ği> *s* Biomechanik *f*

bir **I.** *s* ❶ Eins *f*; ~ **olmak** sich zusammentun, sich verbünden ❷ **iki/üç/dört günde** ~ jeden zweiten/dritten/vierten Tag **II.** *adj* ❶ ~ **araba** eine Fuhre; (*fig: pek çok*) eine Menge; ~ **ayağı çukurda olmak** (*fig fam*) mit einem Bein im Grab stehen; ~ **ayak üstünde kırk yalanın belini bükmek** (*fam*) lügen, dass sich die Balken biegen; ~ **çırpıda** (*fam*) auf einen Hieb, auf Anhieb, im Handumdrehen; ~ **el** ~ **eli yıkar, iki el** ~ **yüzü yıkar** (*prov*) eine Hand wäscht die andere; ~ **elmanın yarısı o, yarısı bu** (*fig fam*) sich gleichen wie ein Ei dem anderen; ~ **gecelik** für eine Nacht; ~ **musibet bin nasihatten yeğdir** (*prov*) durch Schaden wird man klug; ~ **taşla iki kuş vurmak** (*fig fam*) zwei Fliegen mit einer Klappe schlagen; **o benim** ~ **tanem** sie [*o* er] ist mein Ein und Alles ❷ ~ **şey** etwas; ~ **şey değil!** nichts zu danken!, keine Ursache!, macht nichts!; ~ **şey söylemeden** ohne etwas zu sagen; **bu bambaşka** ~ **şey** das ist etwas ganz anderes ❸ ~ **akşam/gün/sabah** eines Abends/Tages/Morgens; **günün** ~**inde** eines Tages; **saat** ~ es ist ein Uhr ❹ ~ **yanda(n)** ..., ~ **yanda(n)** ... einerseits ..., andererseits ...; ~ **yanda(n) merak ediyorum,** ~ **yanda(n) korkuyorum** einerseits bin ich neugierig, andererseits habe ich Angst davor ❺ (*herhangi*) irgend; ~ **yerde** irgendwo; **dün çantamı** ~ **yere koydum** gestern habe ich meine Tasche irgendwohin gestellt **III.** *adv* ❶ (*yalnız, ancak*) nur; ~ **deri bir kemik olmak** (*fam*) nur Haut und Knochen sein; **bunu** ~ **sen yapabilirsin** nur du kannst das tun ❷ (*fam*) mal; **kafanı** ~ **işletsene!** denk doch mal scharf nach! ❸ einmal; ~ **daha** (*bir kez daha*) noch einmal; (*olumsuz cümlede*) nicht mehr; ~ **varmış,** ~ **yokmuş** LIT (*masallarda*) es war einmal, es war keinmal; ~ **yağmur yağdı,** ~ **güneş açtı** einmal regnete es, einmal schien die Sonne; **burada** (**sakın**) ~ **daha görünmeyin!** lassen Sie sich hier (bloß) nicht mehr blicken! ❹ ~ **aşağı** ~ **yukarı gezinmek/gitmek** auf und ab schlendern/gehen; ~ **zamanlar** einstmals; **yerle** ~ **etmek** dem Erdboden gleichmachen

bira *s* Bier *nt* **bira bardağı** *s* Bierglas *nt*

biracı *s* ❶ Brauer(in) *m(f)*, Bierbrauer(in) *m(f)* ❷ (*çok bira içen*) Biertrinker(in) *m(f)*

birader [bira:-] *s* Bruder *m*

bira fabrikası *s* Bierbrauerei *f*, Brauerei *f*, Brauhaus *nt* **bira fıçısı** *s* Bierfass *nt*

birahane *s* Bierkneipe *f*, Bierlokal *nt*

bira kasası *s* Bierkasten *m* **bira köpüğü** *s ohne pl* Bierschaum *m* **bira maşrapası** *s* Bierkrug *m* **bira mayası** *s ohne pl* Bierhefe *f*

bir an *adv* ~ **için** für einen Moment [*o* Augenblick] **bir an önce** *adv* baldigst, so bald wie möglich; (*olabildiği kadar tez*) so schnell wie möglich, schnellstens, schleunigst **bir ara** *adv* ❶ zwischendurch ❷ (*geçmişte bir zaman*) eine Zeit lang ❸ ~**ya gelmek** zusammenkommen; (*buluşmak*) sich treffen; ~**ya getirmek** zusammenbringen

bira şişesi *s* Bierflasche *f*

biraz **I.** *adv* ❶ (ein) bisschen [*o* wenig], etwas; ~ **daha** noch etwas, etwas mehr; ~ **olsun** wenigstens; ~ **yavaş lütfen!** bitte etwas langsamer!, etwas mehr; **benden** ~ (**daha**) **büyük** er ist etwas größer als ich; **bu** ~ **az** das ist ein bisschen wenig ❷ (*kısa bir süre için*) kurz; **gece yarısını** ~ **geçe** kurz nach Mitternacht **II.** *adj* bisschen

birazcık <-ğı> *adj* ein wenig [*o* bisschen]; **biriyle** ~ **çene çalmak** mit jdm einen kleinen Schwatz halten

birazdan *adv* gleich, bald; ~ **gelir** er kommt gleich [*o* bald]

bir bakıma *adv* in gewisser Hinsicht

birbiri *pron* ❶ einander ❷ ~ **için** füreinander; ~ **için yaratılmış olmak** wie geschaffen füreinander sein ❸ ~**ne** aneinander, aufeinander; ~**ne alışmak** sich aneinander gewöhnen; ~**ne benzemek** sich ähneln; ~**ne çarpmak** aneinanderstoßen, aneinanderprallen, aufeinanderstoßen, aufeinanderprallen; **biriyle** ~**ne girmek** mit jdm aneinandergeraten ❹ ~**ne** miteinander; **biriyle birini** ~**ne karıştırmak** jdn mit jdm verwechseln; **lehimle** ~**ne tutturulmus iki tel** zwei durch Lötung miteinander verbundene Drähte ❺ ~**ni** aneinander, aufeinander; ~**ni düşünmek** aneinander denken; **~ni izlemek** aufeinander folgen; **~ni izleyen** aufeinander folgend

bir buçuk <-ğu> *adj* ① eineinhalb, anderthalb; **~ litre/kilometre** eineinhalb Liter/Kilometer; **~ saat önce/sonra** eineinhalb Stunden vorher/nachher ② (*saati bildirirken*) halb zwei; **~ta** um halb zwei; **saat ~** es ist halb zwei; **bir buçuğa on (dakika) kala** um zehn (Minuten) vor halb zwei; **bir buçuğa on (dakika) var** es ist zehn (Minuten) vor halb zwei; **bir buçuğu on (dakika) geçe** um zehn (Minuten) nach halb zwei; **bir buçuğu on (dakika) geçiyor** es ist zehn (Minuten) nach halb zwei

birci *s* PHILOS Monist(in) *m(f)*

bircilik <-ği> *s ohne pl* PHILOS Monismus *m*

bir çift *adj* ein paar

birçok <-ğu> *adj* ① viel; **~ ortak yönleri var** sie haben viel gemeinsam; **~ şeyler** viele Dinge ② mehrere; **~ kez** mehrere Male, mehrmals

bir daha *adv* (*bir kez daha*) nochmals, noch einmal; **bunu ~ yapma!** tu das nicht noch einmal! **bir defa** **I.** *s* **başka ~sında** ein anderes Mal **II.** *adv* einmal; **~ daha** noch einmal, nochmals; **bu iş olmuş ~** das ist nun mal so **bir defalık** <-ğı> *adv* einmalig

birden *adv* ① (*ansızın*) plötzlich, auf einmal; **hep ~** alle auf einmal ② (*birlikte*) gemeinsam; (*beraberce*) zusammen; **hep ~** alle zusammen; **ikisi ~** beide zusammen

birdenbire *adv* plötzlich, mit einem Mal; **~ kapı/pencere açıldı** plötzlich ging die Tür/das Fenster auf

bir derece *adv*, **bir dereceye kadar** *adv* bis zu einem (gewissen) Grad(e)

birdirbir *s ohne pl* Bockspringen *nt*

bir dirhem *adj* **~ aklı yok** er hat keinen Funken Verstand

birebir *adv* ① (*etkisi kesin olan*) **bu haplar baş ağrısı için ~ gelir** bei Kopfschmerzen wirken diese Tabletten sofort ② (*fig: uygun*) **bir şey için ~ olmak** genau das Richtige sein für etw

birer *adj* je eine(r); **size ~ tane veriyorum** ich gebe euch je ein Stück **birer birer** *adv* eins nach dem anderen; (*her biri ayrı olarak*) einzeln; **~ toplamak** Stück für Stück sammeln

bireşim *s a.* CHEM, PHILOS (*sentez*) Synthese *f*

bireşimli *adj* (*sentetik*) synthetisch

birey *s* Individuum *nt*

bireyci **I.** *s* Individualist(in) *m(f)* **II.** *adj* individualistisch

bireycilik <-ği> *s ohne pl* Individualismus *m*

bireyler arası *adj* PSYCH interindividuell

birey oluş *s ohne pl* BIOL (*ontojemez*) Ontogenese *f*

bireysel *adj* individuell

bireyselleştirme *s* ① *Verbalsubstantiv zu* **bireyselleştirmek** ② Individualisierung *f*, Individualisation *f*

bireyselleştirmek *vt* individualisieren

bireysellik <-ği> *s* Individualität *f*

bir gözeli *s* BIOL Einzeller *m* **bir hamlede** *adv* (*fam: çabucak*) ruck, zuck **bir hayli** *adv* erheblich, ziemlich viel **bir hoş** *adv* (*fam: garip*) seltsam; (*tuhaf*) eigenartig **bir hücreli** *s s.* **bir gözeli**

biri *pron* ① (*Poss. von bir*) **ikisinden ~** einer von beiden ② jemand; **~ne benzemek** jemandem ähneln; **~yle** mit jemandem

birice *adv* einzig und allein; (*en fazla*) am meisten

biricik <-ği> *adj* einzig

bir iki *adj* ein paar; **~ demeden** [*o* **demeye kalmadan**] im Handumdrehen; **~ kere oraya gittim** ich bin ein paar Mal dahin gegangen

birikim *s* ① Ansammlung *f*; (*toplanıp yığılma*) Anhäufung *f* ② WIRTSCH Akkumulation *f*, Anhäufung *f* ③ GEO Akkumulation *f*, Aufschüttung *f*

birikinti *s* Ansammlung *f*; (*su ~si*) Pfütze *f* **birikinti konisi** *s* GEO Schwemmkegel *m*

birikme *s* ① *Verbalsubstantiv zu* **birikmek** ② Anhäufung *f*

birikmek *vi* ① (*toplanıp yığılmak*) sich anhäufen, sich ansammeln ② sich sammeln

biriktirme *s* ① *Verbalsubstantiv zu* **biriktirmek** ② Anhäufung *f*

biriktirmek *vt* ① (*toplayıp yığmak*) anhäufen ② (*tasarruf etmek*) sparen ③ (*koleksiyon yapmak*) sammeln

birim *s* Einheit *f*; (*ölçü ~i*) Maßeinheit *f*; **enerji ~i** Maßeinheit der Energie

birinci **I.** *s* SPORT Sieger(in) *m(f)* **II.** *adj* erste(r, s); *s. a.* **altıncı**

birincilik <-ği> *s* SPORT ① Sieg *m*; **~ için çekişmek** um den Sieg ringen ② Meisterschaft *f*

birinci mevki *s*, **birinci orun** *s* erste Klasse **birinci sınıf** **I.** *s* SCHULE erste Klasse **II.** *adj* erstklassig

birincisi *adv* (*sayarken*) erstens; *s. a.* **altıncısı**

birisi *pron* jemand; **başka ~** jemand anderes

birkaç *adj* ① einige, ein paar; **~ eşya** ein paar Sachen; **~ gün/kere** einige Tage/Male, ein paar Tage/Mal; **~ gün içinde** in einigen [*o* ein paar] Tagen; **~ saat içinde**

binnen einiger Stunden; **birine ~ satır yazmak** jdm ein paar Zeilen schreiben ❷ wenige; **henüz ~ günlüktü** er war erst wenige Tage alt
birkaçı *pron* **~mız** einige von uns
bir kalem *adv* für einen Augenblick [*o* Moment]; **bir şeyi ~ geçmek** etw für einen Augenblick außer Betracht lassen **bir kenara** *adv* beiseite; **~ koymak** beiseitelegen **bir kere** *adv* ❶ (*aslında*) eigentlich ❷ (*bir kez*) einmal; **~ bir bir eder** einmal eins ist eins; **~ daha** noch einmal; **tek ~** ein einziges Mal; **yılda ~** einmal im Jahr **bir kerecik** *adv* nur einmal, ein einziges Mal; **~ olsun gelmedi** er ist kein einziges Mal gekommen; **~ sormadan bile** ohne auch nur einmal zu fragen
birler *pl* MATH Einer *m*
birleşik I. *s* <-ği> CHEM Verbindung *f;* **polimer ~ler** polymere Verbindungen **II.** *adj* ❶ zusammengesetzt; **~ bir kelime** ein zusammengesetztes Wort ❷ vereinigt; **B~ Arap Emirlikleri** Vereinigte Arabische Emirate
birleşikgiller *s s.* **bileşikgiller**
birleşik kelime *s* LING Kompositum *nt; s. a.* **yalın kelime**
birleşim *s* ❶ CHEM Zusammensetzung *f* ❷ CHEM Verbindung *f* ❸ (*sentez*) Synthese *f; s. a.* **bileşim**
birleşimli *adj* (*sentetik*) synthetisch
birleşme *s* ❶ *Verbalsubstantiv zu* **birleşmek** ❷ Vereinigung *f;* (*füzyon*) Fusion *f;* **cinsel ~** geschlechtliche Vereinigung
birleşmek *vi* ❶ sich vereinigen ❷ (*uyuşmak*) sich einigen ❸ (*buluşmak*) sich treffen; (*bir araya gelmek*) zusammenkommen ❹ (*kaynaşmak*) sich vereinigen, fusionieren
birleşmiş *adj* vereint; **B~ Milletler** Vereinte Nationen
birleştirme *s Verbalsubstantiv zu* **birleştirmek**
birleştirmek *vt* ❶ zusammensetzen, zusammenfügen, verbinden; (*bir araya getirmek*) zusammenführen ❷ vereinen
birli *s* (*iskambil kâğıdı*) Eins *f;* (*as*) Ass *nt; s. a.* **altılı I. 1.**
birlik I. *s* <-ği> ❶ Einheit *f;* (*Avrupa Birliği*) Union *f* ❷ Vereinigung *f;* (*öğretmenler birliği*) Verband *m;* (*sendikalar birliği*) Bund *m* ❸ (*evlilik birliği*) Gemeinschaft *f;* (*kader birliği*) Gemeinschaft *f,* Genossenschaft *f* ❹ Einigkeit *f;* **~ten kuvvet doğar** (*prov*) Einigkeit macht stark ❺ MIL Verband *m,* Einheit *f* ❻ Einser *m* ❼ MUS ganze Note **II.** *adj* ❶ (*içinde bir tane bulunan*) einser ❷ (*bir yaşında olan*) einjährig
birlikte *adv* gemeinschaftlich; (*beraberce*) gemeinsam, zusammen (**-le** mit); **~ şarkı söylemek** gemeinsam singen
Birmanya *s* Birma *nt*
Birmanyalı *s* Birmane, Birmanin *m, f*
bir perdelik oyun *s* THEAT Einakter *m*
birsam *s s.* **sanrı** Halluzination *f*
birtakım *adj* mancherlei
bir yana *adv* beiseite; **şaka ~, ...** (*fam*) Scherz beiseite, ...
biryantin *s s.* **briyantin** Brillantine *f*
bir yığın *adj* **~ iş** ein Haufen Arbeit; **~ zaman** eine Menge Zeit **bir yıllık** *adj* einjährig; **~ bitki** einjährige Pflanze **bir zamanlar** *adv* (*vaktiyle*) seinerzeit, einst
bisiklet *s* Fahrrad *nt*
bisikletçi *s* SPORT Radfahrer(in) *m(f),* Fahrradfahrer(in) *m(f)*
bisikletçilik <-ği> *s ohne pl* Radsport *m*
bisikletli *s* Radfahrer(in) *m(f),* Fahrradfahrer(in) *m(f)*
bisiklet yolu *s* Fahrradweg *m,* Radweg *m*
bisiklet zinciri *s* Fahrradkette *f*
bisküvi *s* Biskuit *m o nt,* Keks *m o nt*
bismillah *interj* **~!** im Namen Allahs!
bistro *s* Bistro *nt;* (*içkili kahve*) Kneipe *f*
bisturi *s* MED (*neşter*) Lanzette *f;* (*teşrih bıçağı*) Skalpell *nt*
bit[1] *vi Imperativ von* **bitmek**
bit[2] *s* ❶ ZOOL Laus *f* ❷ INFORM Bit *nt* **bit akımı** *s* Bitstream *m*
bitek <-ği> *adj* fruchtbar; **~ toprak** fruchtbare Erde; *s. a.* **kıraç**
biter *vi 3. Aorist von* **bitmek**
biteviye *adv* andauernd, kontinuierlich, ständig
biteviyelik <-ği> *s ohne pl* Kontinuität *f*
bitey *s* BOT (*flora*) Flora *f*
bitik <-ği> *adj* ❶ erschöpft; **~ olmak** erschöpft sein ❷ (*fam*) erledigt, fix und fertig ❸ (*fam*) **onu yaparsa hâlimiz ~tir** wenn er das macht, dann sind wir am Ende
bitim *s* Ablauf *m;* (*son*) Ende *nt;* **sürenin ~i** der Ablauf der Frist
bitir *vt Imperativ von* **bitirmek**
bitirim I. *adj* ❶ (*fam*) toll, geil ❷ (*fam: zeki*) gescheit **II.** *s* (*fam: kumarhane*) Spielhölle *f*
bitirir *vt 3. Aorist von* **bitirmek** **bitirir bitirmez** *adv* **onu ~ sana verecek** er wird es dir geben, sobald er damit fertig ist
bitirme *s ohne pl* ❶ *Verbalsubstantiv zu* **bitirmek** ❷ Abschluss *m,* Beendigung *f* ❸ Erledigung *f;* (*iş*) Abwicklung *f;* **~m gereken bir şeyim daha var** ich habe noch etwas zu erledigen
bitirmek *vt* ❶ beenden, abschließen; **kursu bitirdikten sonra** nach Beendi-

B

gung des Kursus ❷ (*tamamlamak*) erledigen; (*iş*) abwickeln, fertig werden (mit); **işimi bitirdim** ich habe meine Arbeit erledigt; **ev ödevini bitirdim** ich bin fertig mit den Hausaufgaben; **birinin işini ~** (*sl: öldürmek*) jdn erledigen ❸ **yemeğini bitirdin mi?** hast du aufgegessen?, bist du mit deinem Essen fertig?

bitirme sınavı *s* SCHULE Abschlussprüfung *f*

bitiş düdüğü *s* SPORT Schlusspfiff *m*, Abpfiff *m*

bitişik I. *adj* <-ği> ❶ angrenzend; **~ olmak** angrenzen (**-e** an), stoßen (**-e** an); **birbirine ~ olmak** aneinandergrenzen; **bir şeyi ~ yazmak** etw zusammenschreiben ❷ (*yan, yandaki*) Neben-; **~ odada** im Zimmer nebenan; **~te** nebenan **II.** *s* <-ği> Nebengebäude *nt;* (*yandaki ev*) Nachbarhaus *nt*

bitişken *adj* LING agglutinierend; **Türk dili ~ bir dildir** die türkische Sprache ist eine agglutinierende Sprache

bitişkenlik <-ği> *s* LING Agglutination *f*

bitişme *s ohne pl Verbalsubstantiv zu* **bitişmek**

bitişmek *vi* (*dokunacak kadar yanaşmak*) in Tuchfühlung kommen (**-e** mit)

bitişme yeri *s* ANAT Ansatzpunkt *m*

bitiştirme *s ohne pl Verbalsubstantiv zu* **bitiştirmek**

bitiştirmek *vt* zusammenstellen, nebeneinanderstellen; **iki yatağı ~** zwei Betten zusammenstellen

bitki *s* Pflanze *f;* **bir/çok yıllık ~** einjährige/mehrjährige Pflanze **bitki bilimci** *s* (*botanikçi*) Botaniker(in) *m(f)* **bitki bilimi** *s ohne pl* Pflanzenkunde *f;* (*botanik*) Botanik *f* **bitki bilimsel** *adj* botanisch **bitki coğrafyası** *s* Pflanzengeographie *f* **bitki familyası** *s* BOT Pflanzenfamilie *f*

bitkin *adj* (*fam: çok yorgun*) abgespannt, erschöpft, fix und fertig

bitkinlik <-ği> *s ohne pl* Abgespanntheit *f*, Erschöpfung *f*

bitki örtüsü *s ohne pl* BOT Pflanzendecke *f;* (*flora*) Flora *f*

bitkisel *adj* pflanzlich; **~ ve hayvansal ürünler** pflanzliche und tierische Produkte **bitkisel yağ** *s* Pflanzenöl *nt*, Pflanzenfett *nt*

bitki teli *s* Pflanzenfaser *f*

bitleme *s Verbalsubstantiv zu* **bitlemek**

bitlemek *vt* lausen

bitlenme *s* ❶ *Verbalsubstantiv zu* **bitlenmek** ❷ Verlausung *f*

bitlenmek *vi* verlausen

bitli *adj* ❶ verlaust ❷ (*fig: cimri*) geizig, knauserig

bitme *s Verbalsubstantiv zu* **bitmek**

bitmek[1] <-er> *vi* ❶ (*tükenmek*) enden, alle sein; **~ bilmemek** nicht enden wollen; **~ bilmeyen alkış** nicht enden wollender Beifall; **~ tükenmek bilmemek** unerschöpflich sein; **benzin bitti** das Benzin ist alle; **film bitti** der Film ist zu Ende; **sigaram bitti** meine Zigaretten sind alle; **sonu iyi/kötü ~** ein gutes/böses Ende nehmen ❷ (*süre*) ablaufen ❸ (*çok yorulmak*) alle sein, erledigt sein; **bittim** ich bin alle [*o* erledigt] ❹ LING (*harfi ile ~*) auslauten; **kelime e harfi ile biter** das Wort lautet auf e aus ❺ (*fam: çok sevmek*) lieben (**-e**)

bitmek[2] <-er> *vi* ❶ wachsen; **mantar gibi yerden ~** wie Pilze aus dem Boden schießen ❷ (*fam: beklenmedik zamanda ortaya çıkmak*) unerwartet auftauchen

bitmek bilmeyen *adj* nicht enden wollend

bitmez tükenmez *adj* unerschöpflich; (*sonu gelmeyen*) unendlich

bitmiş *adj* erledigt; **bir şeye ~ gözüyle bakmak** etw als erledigt ansehen

bitnik <-ği> *s* Beatnik *m*

bitpazarı *s* Flohmarkt *m*

bittabi ['bittabi:] *adv* natürlich

bitter *s* ❶ (*içki*) Bittere *m* ❷ (*çikolata*) Bitterschokolade *f*

bitüm *s ohne pl* Bitumen *nt*

bit yeniği *s* (*fig fam*) **bu işin içinde bir ~ var** da steckt der Wurm drin, die Sache ist nicht ganz astrein, an der Sache ist was faul

bîvefa *adj* treulos, untreu

biye *s* Saum *m*

biyel *s* TECH (*piston kolu*) Kolbenstange *f;* AUTO (*piston kolu*) Pleuelstange *f*

biyofizik <-ği> *s ohne pl* Biophysik *f*

biyografi *s* Biografie *f*

biyografik *adj* biografisch

biyokimya *s ohne pl* CHEM Biochemie *f*

biyokimyasal *adj* CHEM biochemisch

biyokütle *s s.* **biokütle**

biyolog <-ğu> *s* Biologe, -login *m, f*

biyoloji *s ohne pl* Biologie *f* **biyolojik** *adj* biologisch **biyolojik gıda** *s* Biokost *f* **biyolojik gıda pazarı** *s* (*fam*) Bioladen *m*

biyom *s* Biom *nt*

biyonik I. *s* <-ği> *ohne pl* Bionik *f* **II.** *adj* bionisch

biyopsi *s* MED Biopsie *f;* **~ yapmak** eine Biopsie durchführen; (*parça almak*) eine Gewebeprobe entnehmen

biyosfer *s ohne pl* GEO, BIOL Biosphäre *f*

biyoteknoloji *s* Biotechnologie *f*

biyotop *s* BIOL Biotop *nt o m*

biz[1] *pron* wir; **~e de mi lolo?** (*fam*) denkst

du ich bin blöd?
biz² *s* Ahle *f*
Bizans **I.** *s* HIST Byzanz *nt* **II.** *adj* ~ **İmparatorluğu** das Byzantinische Reich
biz bize *adv* (*yalnız biz*) nur wir; **burada ~yiz** wir sind hier ganz unter uns
bizce *adv* (*bize göre*) nach unserer Auffassung, unseres Erachtens, unserer Meinung nach
bize *pron dat von* **biz**
bizim *pron gen von* **biz¹** ❶ ~ **arkamızda/önümüzde/altımızda/üstümüzde** hinter/vor/unter/über uns; ~ **bir dostumuz/tanıdığımız** ein Freund/Bekannter von uns; ~**le** mit uns ❷ (*adjektivisch*) unser(e); ~ **babamız/odamız/yatağımız** unser Vater/Zimmer/Bett; ~ **annemiz/okulumuz** unsere Mutter/Schule; ~ **okulumuz(da)** (in) unsere(r) Schule; ~ **evde** bei uns zu Hause; ~ **evimiz(de)** (in) unser(em) Haus, (in) unsere(r) Wohnung ❸ **o da ~ kadar uzun konuştu** er sprach ebenso lang(e) wie wir; ~ **gibiler** Leute wie wir; ~ **için** für uns
bizon *s* ZOOL Bison *m*
bizzat *adj* höchstpersönlich, selbst; **bir şeye ~ tanık olmak** etw selbst miterleben; **birini ~ tanımak** jdn persönlich kennen
bkz. *interj Abk von* **bakınız** s., siehe
blastula *s* BIOL Blastula *f*
blog *s* INFORM Blog *m o nt;* ~ **yazmak** bloggen
blok *s* ❶ *a.* POL, SPORT Block *m* ❷ (*karton kap*) Mappe *f*
blokaj *s* Sperre *f*
blok ders *s* SCHULE Blockstunde *f*
bloke *adj* ❶ blockiert; ~ **etmek** abblocken ❷ (*çek*) gesperrt; ~ **etmek** sperren
bloknot *s* Notizblock *m*
bloksuz *adj* POL (*ülke*) blockfrei
blöf *s* Bluff *m;* ~ **yapmak** bluffen
blûcin *s* Jeans *f,* Bluejeans *f* **blûcin ceket** *s* Jeansjacke *f* **blûcin gömlek** <-ği> *s* Jeanshemd *nt* **blûcin pantolon** *s* Jeanshose *f*
blûz *s* Bluse *f*
BM *s Abk von* **Birleşmiş Milletler** UN *f,* Vereinte Nationen **BM Barış Gücü** *s* UN-Friedenstruppe *f*
boa *s* ZOOL Boa *f*
bobin *s* ELEK Spule *f;* AUTO Zündspule *f*
boca *s ohne pl* NAUT (*rüzgâr altı*) Lee *f;* ~ **etmek** abfallen; **geminin başı ~ya kaçıyor** der Bug des Schiffes dreht nach Lee
bocurgat *s* TECH Winde *f*
bodoslama *s* NAUT Steven *m*
bodrum *s* Keller *m* **bodrum katı** *s* Kellergeschoss *nt*
bodur *adj* untersetzt, stämmig, gedrungen **bodur ağaç** <-cı> *s* Bonsai *m* **bodur çam** *s* BOT Latsche *f,* Latschenkiefer *f*
bodurluk <-ğu> *s ohne pl* Untersetztheit *f,* Stämmigkeit *f,* Gedrungenheit *f*
bodur pas *s ohne pl* BOT Zwergrost *m*
boğa *s* Stier *m,* Bulle *m;* (*damızlık erkek sığır*) Zuchtbulle *m;* ~ **gibi** (*fam*) bullenstark; ~**ya çekmek** dem Bullen zum Decken zuführen
Boğa *s* ASTROL Stier *m;* ~ **burcu/dönencesi** das Sternbild/der Wendekreis des Stiers
boğa güreşçisi *s* Stierkämpfer *m* **boğa güreşi** *s* Stierkampf *m*
boğak <-ğı> *s* REG (*anjin*) Angina *f*
boğan otu *s* BOT Eisenhut *m*
boğaz *s* ❶ Hals *m;* ~**ım ağrıyor** ich habe Halsschmerzen; ~**ına bir yumruk tıkanmak** [*o* **gelip oturmak**] (*fam*) einen Kloß im Hals haben; ~**ına kadar borç içinde olmak** bis zum Hals in Schulden stecken; ~**ından kesmek** sich abhungern ❷ GEO Meerenge *f;* (*darbent*) Pass *f;* **Cebelitarık B~ı** die Straße von Gibraltar ❸ (*fig fam: yeme içme*) Essen und Trinken; ~**ından artırmak** vom Munde absparen ❹ (*fig fam*) **bizim evde on ~ var** bei uns zu Hause gibt es zehn (hungrige) Mäuler zu stopfen
Boğaz *s s.* **Boğaziçi** Bosporus *m*
boğaz ağrısı *s* Halsschmerzen *pl*
Boğaziçi *s* Bosporus *m*
boğazlama *s Verbalsubstantiv zu* **boğazlamak**
boğazlamak *vt* **birini ~** jdm die Kehle durchschneiden
boğaz mukozası *s* ANAT, MED Rachenschleimhaut *f* **boğaz tokluğu** *s ohne pl* ~**na çalışmak** für einen Hungerlohn arbeiten
boğma *s ohne pl* ❶ *Verbalsubstantiv zu* **boğmak** ❷ Erdross(e)lung *f*
boğmaca *s ohne pl* MED Keuchhusten *m*
boğmak¹ <-ar> *vt* ❶ ersticken; (*suda*) ertränken ❷ erdrosseln, erwürgen ❸ (*fig: bastırmak*) ersticken, unterdrücken ❹ (*fig*) überhäufen (**-e** mit); **birini hediyelere/öpücüklere ~** jdn mit Geschenken/Küsschen überhäufen
boğmak² <-ğı> *s* Knoten *m*
boğucu *adj* erstickend; (*sıcak*) drückend
boğuk *adj* heiser
boğukluk <-ğu> *s ohne pl* Heiserkeit *f*
boğulma *s Verbalsubstantiv zu* **boğulmak**
boğulmak *vi* ❶ (*suda*) ertrinken ❷ (*hava-*

sızlıktan ölmek) ersticken

boğum *s* ❶ (*parmakta*) Glied *nt* ❷ ANAT, MED (*lenf*~*u*) Knoten *m*

boğumlanma *s* LING Artikulation *f* **boğumlanma noktası** *s*, **boğumlanma yeri** *s* LING Artikulationsstelle *f*

boğumlu *adj* knotig

boğuşma *s* ❶ *Verbalsubstantiv zu* **boğuşmak** ❷ Handgemenge *nt*

boğuşmak *vi* ❶ rangeln (**-le** mit) ❷ ringen (**-le** mit); **ölümle** ~ mit dem Tod ringen

bohem **I.** *s ohne pl* Boheme *f* **II.** *adj* unbürgerlich; ~ (**hayatı**) **yaşamak** als Bohemien leben **bohem hayatı** *s ohne pl* Boheme *f*

Bohemya **I.** *s* Böhmen *nt* **II.** *adj* böhmisch

bok *s ohne pl* (*vulg*) Scheiße *f*, Kacke *f*, Mist *m*; ~ **gibi soğuk** (es ist) arschkalt; **işi** ~ **ettin** da hast du Mist gebaut; ~**u yemek** in der Scheiße sitzen; **bütün** ~**u püsürü** die ganze Scheiße, der ganze Mist, das ganze Drumherum; **birinin ödü** ~**una karışmak** (*fig fam*) jdm geht die Hose mit Grundeis **bok böceği** *s* ZOOL Mistkäfer *m*

boks *s ohne pl* SPORT Boxen *nt*; ~ **etmek** boxen **boks eldiveni** *s* Boxhandschuh *m*

bokser *s* (*köpek cinsi*) Boxer *m*

boksit *s* Bauxit *m*

boks maçı *s* Boxkampf *m*

boksör *s* SPORT Boxer(in) *m(f)*

boks sporu *s ohne pl* Boxsport *m* **boks şampiyonası** *s* Boxmeisterschaft *f*

boktan *adj* (*fam*) beschissen; **durum çok** ~ die Lage ist sehr beschissen

boktanlık <-ğı> *s ohne pl* (*vulg*) Kacke *f*, Scheiß *m*

bol[1] *adj* ❶ (*dar karşıtı*) weit; **bu pantolon bana** ~ diese Hose ist mir weit ❷ (*kıt karşıtı*) reichlich

bol[2] <-ü> *s* GASTR Bowle *f*

bol bol *adv* ausgiebig, reichlich; ~ **yiyip içmek** ausgiebig essen und trinken

bolca *adv* ❶ (*oldukça geniş*) ziemlich weit ❷ (*oldukça çok*) ziemlich viel

bolero *s* ❶ (*ceket*) Bolero *m* ❷ (*dans, müzik*) Bolero *m*

boliçe *s* Jüdin *f*

Bolivya **I.** *s* Bolivien *nt* **II.** *adj* bolivianisch; ~ **hükümeti** die bolivianische Regierung

Bolivyalı **I.** *s* Bolivianer(in) *m(f)* **II.** *adj* bolivianisch

bollaşma *s Verbalsubstantiv zu* **bollaşmak**

bollaşmak *vi* sich weiten

bollaştırma *s Verbalsubstantiv zu* **bollaştırmak**

bollaştırmak *vt* weiten; **ayakkabıları giye giye** ~ die Schuhe austreten

bolluk <-ğu> *s ohne pl* Überfluss *m*

bolometre *s* PHYS Bolometer *nt*

Bolşevik **I.** *s* <-ği> Bolschewik *m* **II.** *adj* <-ği> bolschewistisch

Bolşeviklik <-ği> *s ohne pl*, **Bolşevizm** *s ohne pl* Bolschewismus *m*

bomba *s* ❶ Bombe *f* ❷ (*el* ~*sı*) Granate *f* ❸ (*büyük fıçı*) Tonne *f* ❹ (*oksijen* ~*sı*) Flasche *f* ❺ (*fam*) ~ **gibi** bombig; (*kondisyon*) topfit; ~ **gibi patlamak** wie eine Bombe einschlagen

bombacı *s* Bombenleger(in) *m(f)*

bombalama *s* ❶ *Verbalsubstantiv zu* **bombalamak** ❷ Bombardierung *f*; MIL Bombenangriff *m*

bombalamak *vt* ❶ bombardieren ❷ zerbomben

bombalanma *s Verbalsubstantiv zu* **bombalanmak**

bombalanmak *vi pass von* **bombalamak**

bombalı suikast *s* Bombenanschlag *m*

bombardıman *s* Bombardement *nt*; (*bombalama*) Bombardierung *f*; ~ **etmek** bombardieren **bombardıman uçağı** *s* MIL Bomber *m*

bombardon *s* MUS Bombardon *nt*

bombe *s* Wölbung *f*

bombeli *adj* gewölbt

bombok *adj* (*sl*) beschissen; **dün** ~**tum** gestern ging es mir beschissen

bomboş *adj* ❶ völlig leer; ~ **sokaklar** menschenleere Straßen ❷ hohl

bonbon *s* Bonbon *m o nt*

boncuk <-ğu> *s* Glasperle *f*

boncuklanma *s Verbalsubstantiv zu* **boncuklanmak**

boncuklanmak *vi* perlen, Perlen bilden

boncuk mavisi *adj* grünblau

bone *s* ❶ Badekappe *f* ❷ Haube *f*

bonfile *s* GASTR Filetsteak *nt*

bonkör *adj* großzügig, freigebig

bonkörlük <-ğü> *s ohne pl* Großzügigkeit *f*, Freigebigkeit *f*

bonservis *s* Arbeitszeugnis *nt*

boot [buːt] *s* INFORM ~ **etmek** booten, hochfahren

bop *interj* (*fam: pokerde*) ~**!** zum Sehen!

bor[1] *adj* REG (*ekilmemiş*) unbebaut, brachliegend; ~ **toprak** unbebauter Boden

bor[2] *s ohne pl* CHEM Bor *nt*

bora *s* Bora *f*

borak *adj* REG *s.* **bor**[1]

boraks *s ohne pl* CHEM Borax *nt*

boran *s* GEO Gewitter *nt*; ~ **olmak** gewittern; ~ **yaklaşmakta** das Gewitter ist im Anzug; **dün** ~ **oldu** gestern hat es gewittert; **yazın sık sık** ~ **olur** im Sommer gibt es öfters Gewitter **boran bulutu** *s* Gewitterwolke *f*

boranlı *adj* gewitt(e)rig

boran yağmuru *s* Gewitterregen *m*

bor asidi *s ohne pl* CHEM Borsäure *f*

borasit <-di> *s ohne pl* Borazit *m*

borat *s* CHEM Borat *nt*

borazan *s* MUS ❶ Trompete *f* ❷ (*perdesiz*) Fanfare *f* **borazan kuşu** *s* ZOOL Trompetervogel *m*

borç <-cu> *s* ❶ Schuld *f*, Verbindlichkeit *f*; **birine borcu olmak** bei jdm Schulden haben ❷ Anleihe *f*; **~ almak** eine Anleihe aufnehmen; **birinden ~ almak** bei jdm eine Anleihe machen

borçlanma *s* ❶ *Verbalsubstantiv zu* **borçlanmak** ❷ Verschuldung *f*

borçlanmak *vi* sich verschulden

borçlar hukuku *s ohne pl* JUR Schuldrecht *nt*

borçlu *s* JUR (*alacaklı karşıtı*) Schuldner(in) *m(f)*

borç senedi *s* Schuldschein *m*

borda *s* NAUT Bord *m*; **~ etmek** längsseits anlegen **borda fenerleri** *pl* NAUT Positionslichter *pl*

bordo *adj* bordeauxrot

bordro *s* Abrechnung *f*, Aufstellung *f*

bordür taşı *s* Bordstein *m*

borik asit <-di> *s ohne pl* CHEM Borsäure *f*

borikli su *s* Borwasser *nt*

bornoz *s* Bademantel *m*

borsa *s* FIN Börse *f* **borsa bülteni** *s* FIN Börsenbericht *m*

borsacı *s* Börsianer(in) *m(f)*

borsa değeri *s* Börsenkurs *m* **borsa işlemi** *s* Börsengeschäft *nt* **borsa kâğıdı** *s* Börsenpapier *nt* **borsa simsarı** *s* Börsenmakler(in) *m(f)*

boru *s* ❶ (*su ~ su, gaz ~ su*) Rohr *nt* ❷ (*lastikten*) Schlauch *m* ❸ (*soluk, yemek ~ su*) Röhre *f*; **~ değil!** (*fam*) das ist kein Pappenstiel! ❹ Horn *m*; **birinin ~sunu çalmak** (*fig fam*) ins gleiche Horn blasen ❺ (*sidik ~ su*) Leiter *m*

boru çiçeği *s* BOT (*Campanula medium*) Glockenblume *f*; (*meryemana eldiveni*) Marienglockenblume *f* **boru hattı** *s* Rohrleitung *f*

borumsu *adj* röhrenförmig

boru şebekesi *s* Rohrnetz *nt* **boru takımı** *s* MUS Register *nt*; **kırk boru takımlı bir org** eine Orgel mit vierzig Registern

Bosna *s* Bosnien *nt*

Bosna-Hersek *s* Bosnien-Herzegowina *nt*

bostan *s* Nutzgarten *m* **bostan korkuluğu** *s* Vogelscheuche *f*

boş *adj* ❶ leer; **~ bir sayfa** eine blanke Seite; **~a almak** AUTO den Gang (he)rausnehmen, auskuppeln; (*rölantiye*) in den Leerlauf schalten; **~a gitmek** umsonst sein ❷ (*fam*) frei; **bugün ~um** heute bin ich frei ❸ (*fam*) **~ ver!** mach dir nichts daraus!

boşalma *s* ❶ *Verbalsubstantiv zu* **boşalmak** ❷ Leerung *f*

boşalmak *vi* ❶ sich leeren; **salon boşaldı** der Saal leerte sich ❷ frei werden

boşaltım *s* ❶ Leerung *f*, Entleerung *f* ❷ BIOL, MED Ausscheidung *f*; (*idrar ~ ı*) Entleerung *f*; (*ter ~ ı*) Absonderung *f* **boşaltım organı** *s* Ausscheidungsorgan *nt*

boşaltma *s* ❶ *Verbalsubstantiv zu* **boşaltmak** ❷ Leerung *f*, Entleerung *f* ❸ (*yag ~*) Ablass *m* **boşaltma havzası** *s* GEO Versickerungsgebiet *nt*

boşaltmak *vt* ❶ ausleeren; (*barsakları*) leeren; (*kamyonu, gemiyi*) abladen, entladen; (*yükü*) ausladen, abladen; (*pili*) entladen; (*bavulu*) auspacken; (*dolabı*) ausräumen ❷ (*içindeki sıvıyı dökerek*) ausgießen; (*dökmek*) ausschütten; (*kazan içindeki buharı*) ablassen; **çöplerini bahçemize boşalttı** er hat seinen Müll bei uns im Garten abgeladen; **masanın üstünü ~** den Tisch freimachen; **tulumba ile ~** auspumpen; **yemek artıklarını çöp tenekesine ~** die Essensreste in den Mülleimer leeren ❸ (*bir yeri, şehri*) evakuieren

boşama *s* ❶ *Verbalsubstantiv zu* **boşamak** ❷ JUR Ehescheidung *f*, Scheidung *f*

boşamak *vt* JUR scheiden

boşanma *s* ❶ *Verbalsubstantiv zu* **boşanmak** ❷ JUR Ehescheidung *f*, Scheidung *f* **boşanma davası** *s* Scheidungsprozess *m*, Scheidungsklage *f*; **~ açmak** die Scheidung einreichen **boşanma dilekçesi** *s* Scheidungsantrag *m*

boşanmak *vi* ❶ JUR sich scheiden lassen; **birisinden ~** sich von jdm scheiden lassen ❷ (*bol bol akmak*) strömen; **bardaktan boşanırcasına (yağmur) yağıyor** es regnet wie aus Kübeln, es gießt [*o* regnet] in Strömen; **gözyaşları ~** in Tränen ausbrechen ❸ **sinirleri ~** die Nerven verlieren

boşanma kararı *s* Scheidungsurteil *nt*

boşboğaz *adj* schwatzhaft

boş boş *adv* (*bir şey yapmadan*) müßig; **~ dikilmek** herumstehen; **~ oturmak** (müßig) herumsitzen

boşlamak *vt* ❶ (*bırakmak*) verlassen ❷ (*ihmal etmek*) vernachlässigen

boşluk <-ğu> *s* ❶ Leerraum *m*, Hohlraum *m*, Lücke *f*; **arada ~ bırakmak** einen Zwischenraum lassen ❷ Leere *f* ❸ ANAT (*göğüs, karın boşluğu*) Höhle *f*; **iç ~ları** innere Hohlräume ❹ (*asansör boşluğu*) Schacht *f* ❺ PHYS (*vakum*) Vakuum *nt*

❻ AERO (*hava boşluğu*) Loch *nt* ❼ TECH (*tolerans*) Spiel *nt*

Boşnak *s* Bosnier(in) *m(f)*

boş tuşu *s* INFORM Leertaste *f*

boşu boşuna *adv* für nichts und wieder nichts

boşuna *adv* umsonst, vergebens; (*gereksiz*) unnötig

boş zaman *s* Freizeit *f*

botanik I. *s* <-ği> *ohne pl* Botanik *f* **II.** *adj* botanisch; ~ **bahçesi** botanischer Garten

botanikçi *s* Botaniker(in) *m(f)*

boy *s* Größe *f*, Körpergröße *f*; (*dalga ~u*) Länge *f*

boya *s* ❶ (*yağlı, sulu ~*) Farbe *f* ❷ Lack *m* **boya cevheri** *s* Farbstoff *m*

boyacı *s* Lackierer(in) *m(f)*

boyahane *s* Lackiererei *f*

boyalı basın *s ohne pl* Regenbogenpresse *f*, Boulevardpresse *f*

boyama *s Verbalsubstantiv zu* **boyamak**

boyamak *vt* ❶ färben ❷ lackieren; (*fırça ile*) streichen; **dolabı beyaza boyadı** er hat den Schrank weiß lackiert [*o* gestrichen]

boyanma *s* ❶ *Verbalsubstantiv zu* **boyanmak** ❷ Lackierung *f*

boyanmak *vi* ❶ *pass von* **boyamak** ❷ **duvarlar yeni boyandı** die Wände wurden frisch gestrichen

boyatma *s Verbalsubstantiv zu* **boyatmak**

boyatmak *vt Kausativ zu* **boyamak** lackieren lassen

boydan boya *adv* von einem Ende zum anderen; ~ **esmer olmak** nahtlos braun sein; **bir sokağı ~ iki kere yürümek** eine Straße zweimal auf und ab gehen [*o* laufen]

boykot *s* Boykott *m*; **bir şeyi ~ etmek** etw boykottieren

boylam *s* GEO Längengrad *m*

boylama *s Verbalsubstantiv zu* **boylamak**

boylamak *vt* ❶ (*fam*) **darağacını ~** am Galgen enden; **hapsi ~** im Gefängnis landen, ins Gefängnis wandern; **cehemnnemi ~** in die Hölle kommen ❷ (*batmak*) sinken ❸ (*düşmek*) fallen; **yeri ~** hinfallen; **ayağı kaydı, yeri boyladı** er rutschte aus und fiel hin

boylamasına *adv* längs, der Länge nach; **bir şeyi ~ katlamak/kesmek** etw der Länge nach falten/schneiden **boylamasına kesit** *s* Längsschnitt *m*

boyler *s* Boiler *m*

boylu *adj* groß; **orta ~ bir kadın** eine Frau mittlerer Größe **boylu boslu** *adj* stattlich, hochgewachsen

boy menteşe *s* TECH Scharnierband *nt*, Gelenkband *nt*

boynu *s poss von* **boyun** **boynu bükük** *adj* geknickt

boynuz *s* ❶ Horn *m*; **birine ~ takmak** (*fig fam*) jdm Hörner aufsetzen ❷ (*geyik ~u*) Geweih *nt*

boynuzlama *s Verbalsubstantiv zu* **boynuzlamak**

boynuzlamak *vt* ❶ mit den Hörnern stoßen ❷ (*fig fam*) **birini ~** jdm Hörner aufsetzen

boynuzlu I. *adj* (*a. fig*) gehörnt **II.** *s* (*fam: troleybüs*) Trolleybus *m*, O(berleitungsomni)bus *m* **boynuzluteke** *s* ZOOL Heldbock *m*, Eichenbock *m*, Riesenbock *m*

boynuzsuz *adj* ungehörnt

boy otu *s* BOT Bockshornklee *m*

boyun <-ynu> *s* ❶ Hals *m*; **boynunu vurmak** den Kopf abschlagen ❷ GEO Sattel *m* ❸ **~ eğmek** sich beugen [*o* fügen]; **kadere ~ eğmek** sich in sein Schicksal ergeben; **boynuna almak** übernehmen, auf sich nehmen

boyuna *adv* ❶ (*uzunlamasına*) der Länge nach; (*boyunca*) entlang; **~ büyümek** in die Länge wachsen; **caddeyi ~ yürümek** entlang der Straße gehen; **enine ~** kreuz und quer ❷ (*ara vermeden*) ununterbrochen, ständig, dauernd

boyun bağı *s* Schlips *m*; (*kravat*) Krawatte *f*

boyunca *adv* ❶ entlang ❷ (*süresince*) lang, zeit; **bütün gün ~** den ganzen Tag lang [*o* über]; **bütün hayatı ~** sein ganzes Leben lang; **ömrüm ~** mein ganzes Leben lang, zeit meines Lebens

boyunduruk <-ğu> *s* ❶ (*lento*) Sturz *m* ❷ (*fig*) Joch *nt*; **birini boyunduruğa vurmak** jdn ins Joch spannen

boyun omuru *s* ANAT Halswirbel *m*

boyut *s* ❶ Ausmaß *nt* ❷ Dimension *f*, Ausdehnung *f*

boz[1] *vt Imperativ von* **bozmak**

boz[2] *adj* ❶ (*renk*) bräunlich-grau; (*gri*) grau; (*~ kaz*) Grau-; (*~ ayı*) Braun- ❷ (*toprak*) ungerodet

bozar *vt 3. Aorist von* **bozmak**

bozayı *s* ZOOL Braunbär *m*

bozbakkal *s* ZOOL Wacholderdrossel *f*

bozdoğan *s* ZOOL Merlin *m*

bozdurma *s Verbalsubstantiv zu* **bozdurmak**

bozdurmak *vt* ❶ *Kausativ zu* **bozmak** ❷ **para ~** Geld wechseln lassen

bozgun *s* Niederlage *f*

boz kaz *s* ZOOL Graugans *f*

bozkır *s* Steppe *f*

bozkurt *s* grauer Wolf

bozma *s Verbalsubstantiv zu* **bozmak**

bozmak <-ar> *vt* ❶ stören, beeinträchtigen; **dengeyi/dersi ~** das Gleichgewicht/

den Unterricht stören; **düzeni ~** die Ordnung stören; **trafiğin güvenliğini ~** die Sicherheit des Straßenverkehrs beeinträchtigen ② verderben; **birinin işini ~** jdm das Geschäft verderben; **birinin iştahını ~** jdm den Appetit verderben; (*fig*) jdm die Lust verderben; **havayı ~** die Stimmung verderben; **gözlerini ~** sich *dat* die Augen verderben; **midesini ~** sich den Magen verderben ③ brechen; **ateşkesi ~** den Waffenstillstand brechen; **andını ~** sein Gelübde brechen, eidbrüchig werden; **sözleşmeyi ~** den Vertrag brechen, vertragsbrüchig werden ④ (*para*) wechseln, kleinmachen ⑤ (*feshetmek*) auflösen; (*sözleşmeyi*) lösen; **yuvasını ~** einen Haushalt auflösen ⑥ verrichten; **büyük/küçük abdestini ~** sein großes/kleines Geschäft verrichten [*o* machen] ⑦ (*bağ*) lesen ⑧ (*fam*) kaputtmachen ⑨ (*fam: mahcup etmek*) **birini ~** jdn in Verlegenheit bringen

bozsöğüt <-dü> *s* BOT Grauweide *f*

bozuk I. *adj* <-ğu> ① gestört; (*fam*) kaputt ② (*fig fam: kızgın*) sauer (**-e** auf) **II.** *s* <-ğu> (*ufak para*) Kleingeld *nt;* **bozuğum yok** ich habe kein Kleingeld

bozukluk <-ğu> *s* ① Störung *f,* Defekt *m* ② (*para*) Wechselgeld *nt;* (*ufak para*) Kleingeld *nt*

bozuk para *s* Wechselgeld *nt;* (*ufak para*) Kleingeld *nt;* **kasada ~ kalmadı** in der Kasse ist kein Wechselgeld mehr

bozulma *s* ① *Verbalsubstantiv zu* **bozulmak** ② **ahlakın ~sı** der Verfall der Sitten

bozulmak *vi* ① *pass von* **bozmak** ② verderben, verkommen, schlecht werden; (*mali durumu*) sich verschlechtern ③ (*işlememek*) ausfallen, nicht mehr funktionieren; (*fam*) kaputtgehen ④ (*ilişki*) in die Brüche gehen; (*fam*) kaputtgehen; **evlilikleri bozuldu** ihre Ehe ging in die Brüche ⑤ TECH **ayarı ~** sich verstellen ⑥ (*fig fam: kızmak*) sauer sein (**-e** auf) ⑦ **biçimi ~** aus der Form geraten; **dengesi ~** aus dem Gleichgewicht geraten [*o* kommen]

bozulmamış *adj* unverdorben

bozulmamışlık <-ğı> *s ohne pl* Unverdorbenheit *f*

bozum *s ohne pl* Blamage *f;* (*utangaçlık*) Beschämung *f,* Verlegenheit *f;* **birini ~ etmek** jdn blamieren, jdn in Verlegenheit bringen; **~ havası** verlegene Stimmung; **~ olmak** (*fam*) sich blamieren

bozuntu *s* ① (*kalan bölümler*) Überreste *pl;* (*döküntü*) Schrott *m* ② Zerrbild *nt,* Abklatsch *m* ③ (*şaşkınlığa düşme*) Fassungslosigkeit *f;* **~ya vermemek** sich nichts anmerken lassen

bozuşma *s Verbalsubstantiv zu* **bozuşmak**

bozuşmak *vi* (*fam*) sich verkrachen; **Hasan ile Jale bozuştular** Hasan und Jale haben sich verkracht

boz yel *s* (*lodos*) Südwind *m*

böbrek <-ği> *s a.* GASTR Niere *f;* **suni ~** künstliche Niere **böbrek iltihabı** *s* MED Nierenentzündung *f;* (*nefrit*) Nephritis *f* **böbrek taşı** *s* MED Nierenstein *m;* **~ düşürme** Abgang *m* von Nierensteinen

böbürlenme *s* ① *Verbalsubstantiv zu* **böbürlenmek** ② Prahlerei *f*

böbürlenmek *vi* (*pej*) prahlen (**-le** mit), sich brüsten (**-le** mit)

böcek <-ği> *s* ZOOL ① Insekt *nt* ② (*patates böceği*) Käfer *m;* (*uyuz böceği*) Milbe *f;* (*hamam böceği*) Schabe *f;* (*ipek böceği*) Raupe *f;* (*sümüklü~*) Schnecke *f* **böcek bilimci** *s* ZOOL (*entomolojist*) Entomologe, -login *m, f* **böcek bilimi** *s ohne pl* ZOOL (*entomoloji*) Entomologie *f* **böcek sokması** *s* Insektenstich *m*

böğürme *s Verbalsubstantiv zu* **böğürmek**

böğürmek *vi* (*sığır*) brüllen

böğürtlen *s* Brombeere *f* **böğürtlen çalısı** *s* Brombeerstrauch *m*

böke *s* ① (*kahraman*) Held(in) *m(f)* ② (*şampiyon*) Meister(in) *m(f)*

bölen *s* MATH (*bölünen karşıtı*) Divisor *m,* Teiler *m;* (*payda*) Nenner *m*

bölge *s* Gebiet *nt;* (*serbest ~*) Zone *f;* **ilhak/işgal edilmiş bir ~** ein annektiertes/besetztes Gebiet

bölme *s* ① *Verbalsubstantiv zu* **bölmek** ② Teilung *f;* MATH Division *f* ③ (*dolapta*) Fach *nt;* (*telefon ~si*) Zelle *f* **bölme işareti** *s* MATH Bruchstrich *m*

bölmek <-er> *vt* ① teilen, aufteilen ② (*fig: parçalamak*) (auf)spalten, (auf)teilen ③ MATH dividieren (**-e** durch)

bölmeli kısım *s* Separee *nt*

bölü *s* MATH (*taksim*) Teilung *f;* **a ~ b** a (geteilt) durch b

bölücü I. *s* ① Teiler *m* ② POL Separatist(in) *m(f)* **II.** *adj* POL separatistisch

bölücülük <-ğü> *s ohne pl* Separatismus *m*

bölük <-ğü> *s* ① (*kısım*) Teil *m;* **evin bir bölüğü** ein Teil des Hauses ② MIL Kompanie *f* ③ (*hizip*) Gruppe *f* ④ (*saç örgüsü*) Zopf *m,* Flechte *f* ⑤ MATH Gruppe *f*

bölüm *s* ① Abteilung *f* ② Abschnitt *m,* Kapitel *nt;* **kitabın birinci/ikinci ~ü** das erste/zweite Kapitel des Buches ③ MED (*hastanede*) Station *f*

B

bölümleme *s* ❶ *Verbalsubstantiv zu* **bölümlemek** ❷ Unterteilung *f* ❸ (*sınıflama*) Klassifizierung *f* ❹ INFORM Partitionierung
bölümlemek *vt* ❶ unterteilen ❷ (*sınıflamak*) klassifizieren ❸ INFORM partitionieren
bölünebilme *s ohne pl* Teilbarkeit *f*
bölünemez *adj* unteilbar; *s. a.* **bölünmez**
bölünen *s* MATH (*bölen karşıtı*) Dividend *m;* (*pay*) Zähler *m*
bölüngü *s* POL, SOZIOL (*fraksiyon*) Fraktion *f*
bölünme *s* ❶ *Verbalsubstantiv zu* **bölünmek** ❷ Teilung *f,* Spaltung *f*
bölünmek *vi* ❶ *pass von* **bölmek** ❷ sich (auf)spalten; **parti gruplara bölündü** die Partei hat sich in Gruppen aufgespalten
bölünme süreci *s* Spaltungsprozess *m*
bölünmez *adj* unteilbar
bölünmezlik <-ği> *s ohne pl* Unteilbarkeit *f*
bölüntü *s* ❶ Bruchstück *nt* ❷ POL, SOZIOL (*fraksiyon*) Fraktion *f*
bölüşme *s* ❶ *Verbalsubstantiv zu* **bölüşmek** ❷ Aufteilung *f*
bölüşmek *vt* teilen (**aralarında** unter); **biriyle yarı yarıya ~** (*fam*) mit jdm halbehalbe machen
bölüştürme *s* ❶ *Verbalsubstantiv zu* **bölüştürmek** ❷ Aufteilung *f*
bölüştürmek *vt* aufteilen (**aralarında** unter)
bölüt *s* ZOOL, BIOL Segment *nt*
bölütlü *adj* segmentär
börek <-ği> *s* GASTR Pastete *f*
börkenek <-ği> *s* ZOOL Netzmagen *m*
börülce *s* BOT Kuhbohne *f*
böyle I. *adj* solche(r, s); **~ bir insan/şüphe** ein solcher Mensch/Verdacht **II.** *adv* so; **~ gelmiş ~ gider** das ist der Lauf der Dinge; **onu hiç ~ yaşamadım** so habe ich ihn noch nie erlebt
böylece *adv* so, somit, auf diese Weise
böylecene *adv* REG *s.* **böylece**
böylelikle *adv* ❶ somit ❷ (*en sonunda*) somit, also, folglich
böylemesine *adv* REG (*böylesine*) ❶ so, derartig ❷ dermaßen
böylesi *pron* (*bunun gibisi*) so (et)was, etwas Ähnliches; **~ az bulunur** so was findet man selten
böylesine *adv* ❶ so, derartig ❷ dermaßen
branda *s* NAUT Hängematte *f* **branda bezi** *s ohne pl* Segeltuch *nt*
branş *s* Branche *f,* Fachrichtung *f*
bravo *interj* (*aferin*) bravo
bre *interj* ❶ (*ey*) he ❷ (*vay*) hui; **~, bu ne büyük gemi!** Donnerwetter, was für ein großes Schiff! ❸ **git ~ git** du gehst und gehst
Bretanya *s* GEO Bretagne *f*
Bretanyalı I. *s* Bretone, Bretonin *m, f* **II.** *adj* bretonisch
Brezilya I. *s* Brasilien *nt* **II.** *adj* brasilianisch; **~ hükûmeti/millî takımı** die brasilianische Regierung/Nationalmannschaft
Brezilyalı I. *s* Brasilianer(in) *m(f)* **II.** *adj* brasilianisch; **~ erkekler/kadınlar** brasilianische Männer/Frauen
briç *s ohne pl* Bridge *nt;* **bir parti ~ çevirmek** [*o* **oynamak**] eine Partie Schach/Billard/Bridge spielen
brifing *s* Briefing *nt*
brik[1] *s* NAUT Brigg *f*
brik[2] *s* (*yaylı at arabası*) Break *m o nt*
briket *s* Brikett *nt*
Britanya *s* Britannien *nt*
Britanyalı I. *s* Brite, Britin *m, f* **II.** *adj* britisch
briyantin *s* Brillantine *f*
brokar *s* Brokat *m*
brokoli *s* BOT Brokkoli *pl*
brom *s ohne pl* CHEM Brom *nt*
bronş [brɔnʃ] *s* ANAT Bronchie *f*
bronşit *s* MED Bronchitis *f,* Bronchialkatarr(h) *m*
bronz *s* Bronze *f*
bronzlaşma *s* ❶ *Verbalsubstantiv zu* **bronzlaşmak** ❷ Bräunung *f*
bronzlaşmak *vi* sich bräunen
bronz madalya *s* SPORT Bronzemedaille *f* **bronz rengi** *s* Bronzefarbe *f*
broş [brɔʃ] *s* Brosche *f*
broşür [brɔ'ʃyr] *s* Broschüre *f*
bröve *s* Diplom *nt*
Brüksel *s* Brüssel *nt* **Brüksel lahanası** *s* BOT Rosenkohl *m* **Brüksel salatası** *s* BOT Shickoree *f o m,* Chicorée *f o m*
brüt I. *adj* Brutto- **II.** *adv* brutto **brüt ağırlık** <-ğı> *s* Bruttogewicht *nt* **brüt ücret** *s* WIRTSCH Bruttolohn *m*
bu <-nu> *pron* ❶ diese(r, s); **~ ev/kapı/masa** dieses Haus/diese Tür/dieser Tisch ❷ das; **~ ne(dir)?** was ist das?; **~nu nasıl buluyorsun?** wie findest du das? ❸ **~ akşam/sabah** heute Abend/Morgen **bu arada** *adv* zwischendurch, in der Zwischenzeit
buat *s* ELEK Verteilerkasten *m*
bucak <-ğı> *s* ❶ Winkel *m;* (*köşe*) Ecke *f;* **cehennemin bucağı** (*fam*) am Arsch der Welt ❷ ADMIN Unterbezirk *m* **bucak bucak** *adv* überall; **~ aramak** überall suchen
buçuk <-ğu> *adj* ❶ **bir/iki/altı ~** eineinhalb [*o* anderthalb]/zweieinhalb/sechseinhalb ❷ (*saati bildirirken*) **bir/iki/altı ~**

halb zwei/drei/sieben

budak <-ğı> *s* Zweig *m,* Ast *m* **budak deliği** *s* Astloch *nt*

budala **I.** *s* (*pej*) Idiot *m,* Trottel *m* **II.** *adj* idiotisch

budalalık <-ğı> *s* (*pej*) Idiotie *f*

budama *s Verbalsubstantiv zu* **budamak**

budamak *vt* ❶ (*dallarını kesmek*) beschneiden, kappen ❷ (*fig: aylıkları*) beschneiden

Budapeşte *s* Budapest *nt*

Buddhist **I.** *s* Buddhist(in) *m(f)* **II.** *adj* buddhistisch

Buddhizm *s ohne pl* Buddhismus *m*

Budist *s s.* **Buddhist**

budumcuk <-ğu> *s* (*pej*) Emporkömmling *m*

budun *s* ❶ (*kavim*) Volksstamm *m* ❷ (*ulus, millet*) Volk *nt* **budun betimci** *s* Ethnograph(in) *m(f),* Ethnograf(in) *m(f)* **budun betimi** *s ohne pl* Ethnographie *f,* Ethnografie *f* **budun bilimci** *s* Völkerkundler(in) *m(f);* (*etnolog*) Ethnologe, -login *m, f* **budun bilimi** *s ohne pl* Völkerkunde *f;* (*etnoloji*) Ethnologie *f* **budun bilimsel** *adj* völkerkundlich; (*etnolojik*) ethnologisch

budunsal *adj* ethnisch

bugün *adv* ❶ (*içinde bulunduğumuz gün*) heute; ~ **yarın** heute oder morgen; ~**den yarına** von heute auf morgen; ~**den tezi yok** lieber heute als morgen; ~**e** ~ (*unutma ki*) vergiss nicht, dass; (~*e değin*) bis heute ❷ (*içinde bulunduğumuz zaman*) heutzutage; **bu günlerde** in diesen Tagen

bugünkü *adj* heutig; ~ **gençlik** die heutige Jugend; ~ **günde** heutzutage; ~ **tavuk yarınki kazdan iyidir** (*prov*) besser ein Spatz in der Hand als eine Taube auf dem Dach

bugünlerde *adv* in diesen Tagen

bugünlük *adv* für heute; ~ **yeter** das reicht für heute; ~ **yarınlık** demnächst; **haydi,** ~ **bu kadar** so, das war's für heute

buğday *s* AGR Weizen *m* **buğday güvesi** *s* ZOOL Kornmotte *f* **buğday pası** *s ohne pl* BIOL, AGR Brand *m,* Getreidebrand *m* **buğday unu** *s* GASTR Weizenmehl *nt*

buğra *s* (*iki hörgüçlü deve*) Trampeltier *nt*

buğu *s ohne pl* ❶ Kondenswasser *nt;* (*su* ~) Dampf *m* ❷ (*tabaka*) Beschlag *m*

buğulama *s Verbalsubstantiv zu* **buğulamak**

buğulamak *vt* GASTR (*yemekleri*) dünsten, dämpfen

buğulanma *s Verbalsubstantiv zu* **buğulanmak**

buğulanmak *vi* (*camlar*) (sich) beschlagen; **nemli havada cam buğulanır** Glas beschlägt in feuchter Luft

buğulanmış *adj* beschlagen

buhar *s* Dampf *m;* ~ **olmak** (*fam*) verschwinden **buhar basıncı** *s* Dampfdruck *m* **buhar gücü** *s* Dampfkraft *f* **buhar kazanı** *s* Dampfkessel *m*

buharlaşma *s* ❶ *Verbalsubstantiv zu* **buharlaşmak** ❷ *ohne pl* Verdampfung *f*

buharlaşmak *vi* verdampfen

buharlaştırma *s* ❶ *Verbalsubstantiv zu* **buharlaştırmak** ❷ *ohne pl* Verdampfung *f*

buharlaştırmak *vt* verdampfen

buharlı gemi *s* NAUT Dampfschiff *nt* **buharlı ısıtma** *s,* **buharlı kaloifer** *s* Dampfheizung *f* **buharlı makine** *s* TECH Dampfmaschine *f* **buharlı tren** *s* EISENB Dampflokomotive *f* **buharlı ütü** *s* Dampfbügeleisen *nt*

buhar makinesi *s* TECH Dampfmaschine *f* **buhar türbini** *s* TECH Dampfturbine *f* **buhar valfı** *s* TECH Dampfventil *nt*

buhran *s* (*kriz*) Krise *f*

buhur *s ohne pl* Weihrauch *m*

buhurdan *s,* **buhurluk** <-ğu> *s* Weihrauchfass *nt*

buhurumeryem *s* BOT (*Cyclamen europeum*) Alpenveilchen *nt;* (*siklamen*) Zyklamen *nt; s. a.* **tavşankulağı**

buji *s* AUTO, TECH Zündkerze *f* **buji anahtarı** *s* AUTO, TECH Kerzenschlüssel *m* **buji kablosu** *s* AUTO Zündkabel *nt* **buji kıvılcımı** *s* AUTO Zündfunke *f*

bu kadar *adv* ❶ so; ~ **da ayrıntılı bilmek istemiyordum bunu!** so genau wollte ich es doch nicht wissen!; ~ **da tantana yapma!** mach doch nicht solchen Zirkus!; ~ **telaş üzerine seni tamamen unutmuştum** über all der Aufregung hatte ich dich ganz vergessen; ~ **uzun (zaman) nerede kaldı?** wo bleibt er nur so lange?; **haydi, bugünlük** ~ so, das war's für heute; **hepsi** ~ **mı?** ist das alles?, soll das alles sein?; **işte** ~ das war's; **neredeydin** ~ **zaman?** wo warst du so lange? ❷ so viel; ~ **daha** noch mal so viel; ~ **parayı neye harcadın?** wofür hast du so viel Geld ausgegeben?

bukağı *s* Fußfesseln *pl*

bukağılı *adj* ~ **siyah bir at** ein schwarzes Pferd mit weißen Fesseln

bukalemun *s* ZOOL (*a. fig*) Chamäleon *nt*

bukanak <-ğı> *s* REG (*ayak*) Fuß *m*

buke *s* Bukett *nt,* Blume *f;* ~**si olan bir şarap** ein blumiger Wein

buket *s* Bukett *nt;* (*çiçek demeti*) Blumenstrauß *m*

bukle *s* Locke *f*

bukleli *adj* lockig; (*~ saç*) lockiges Haar

bul *Imperativ von* **bulmak**

bula *s* REG Tante *f*

bulak <-ğı> *s* REG (*kaynak*) Quelle *f*

bulama *s Verbalsubstantiv zu* **bulamak**

bulamaç <-cı> *s* Brei *m*

bulamak *vt* ① GASTR panieren; **balığı una ~** den Fisch mit Mehl panieren, den Fisch in Mehl wenden ② (*fig*) **ortalığı kana ~** ein Blutbad anrichten

bulandırıcı *adj* ① (*bulantı veren*) Übelkeit erregend ② (*fig: tiksindirici*) Ekel erregend **bulandırıcı ilaç** <-cı> *s* Brechmittel *nt*

bulandırma *s* ① *Verbalsubstantiv zu* **bulandırmak** ② Trübung *f*

bulandırmak *vt* trüben; **şüphe zihnimi bulandırdı** der Verdacht trübte meinen Verstand

bulanık <-ğı> *adj* ① (*duru olmayan*) trüb; **~ hava/su** trübes Wetter/Wasser; **~ suda balık avlamak** (*fig fam*) im Trüben fischen ② (*görüntü*) verschwommen ③ (*fig*) undurchsichtig, verworren

bulanıklaşma *s* ① *Verbalsubstantiv zu* **bulanıklaşmak** ② Trübung *f*

bulanıklaşmak *vi* sich trüben

bulanıklaştırma *s* ① *Verbalsubstantiv zu* **bulanıklaştırmak** ② Trübung *f*

bulanıklaştırmak *vt* trüben

bulanıklık <-ğı> *s ohne pl* Trübheit *f*

bulanma *s* ① *Verbalsubstantiv zu* **bulanmak** ② Trübung *f*; (*hava*) Eintrübung *f*

bulanmak *vi* ① *pass von* **bulamak: elleri kana bulanmış** an seinen Händen klebt Blut ② sich trüben; (*hava*) sich eintrüben ③ **birinin gönlü ~** jdm dreht sich das Herz im Leib(e) herum ④ **midesi ~** (*kusacak gibi olmak*) Brechreiz verspüren; (*fig: rahatı kaçmak*) sich beunruhigen

bulantı *s* Brechreiz *m*, Übelkeit *f*

bulaşıcı *adj* ansteckend, Infektions- **bulaşıcı hastalık** <-ğı> *s* MED Infektionskrankheit *f*, ansteckende Krankheit

bulaşık <-ğı> *s* (schmutziges) Geschirr *nt*; **~ yıkamak** Geschirr spülen [*o* abwaschen]

bulaşıkçı *s* Tellerwäscher(in) *m(f)*

bulaşık deterjanı *s* Spülmittel *nt* **bulaşık makinesi** *s* Spülmaschine *f*, Geschirrspülmaschine *f*, Geschirrspüler *m* **bulaşık makinesi tuzu** *s* Spülmaschinensalz *nt* **bulaşık suyu** *s* Spülwasser *nt*, Aufwaschwasser *nt*

bulaşkan *adj* ① (*yapışkan*) klebrig ② (*fig, pej*) streitsüchtig

bulaşma *s* MED Ansteckung *f*

bulaşmak *vi* ① sich übertragen (**-e** auf) ② sich verstricken (**-e** in)

bulaşma tehlikesi *s* MED Ansteckungsgefahr *f*

bulaştırma *s ohne pl* ① *Verbalsubstantiv zu* **bulaştırmak** ② MED Ansteckung *f*

bulaştırmak *vt* anstecken (**-i** mit), infizieren (**-i** mit); (*geçirmek*) übertragen; **birine hastalık ~** jdn mit einer Krankheit anstecken [*o* infizieren]

buldok <-ğu> *s* ZOOL (*köpek*) Bulldogge *f*

buldozer *s* Bulldozer *m*, Planierraupe *f*

buldumcuk <-ğu> *s* (*pej*) Emporkömmling *m*, Parvenu *m*, Parvenü *nt*

buldurma *s ohne pl Verbalsubstantiv zu* **buldurmak**

buldurmak *vt Kausativ zu* **bulmak**

Bulgar **I.** *s* Bulgare, Bulgarin *m, f* **II.** *adj* bulgarisch

Bulgarca *s* Bulgarisch(e) *nt*; **~ biliyor/konuşuyor** er kann/spricht Bulgarisch; **~da** im Bulgarischen

Bulgaristan *s* Bulgarien *nt*

Bulgaristanlı *s* Bulgare, Bulgarin *m, f*

bulgu *s* ① Entdeckung *f* ② (*netice*) Ergebnis *nt* ③ MED Befund *m*; **klinik ~** klinischer Befund

bulgulama *s ohne pl* ① *Verbalsubstantiv zu* **bulgulamak** ② PHILOS Heuristik *f*

bulgulamak *vt* entdecken; (*yeni bilgileri bulmak*) neue Erkenntnisse gewinnen

bulgur *s* GASTR Weizengrütze *f*

bulgusal *adj* heuristisch

bulma *s ohne pl Verbalsubstantiv zu* **bulmak**

bulmaca *s* Rätsel *nt*; (*çapraz sözcük ~sı*) Kreuzworträtsel *nt*

bulmak <-ur> *vt* ① finden; (*kaybedilen bir şeyi*) wiederfinden ② (*karşılaşmak*) antreffen, vorfinden; **odada onu ağlar vaziyette buldu** er fand sie weinend im Zimmer vor ③ (*keşfetmek*) entdecken; (*ortaya çıkarmak*) herausfinden ④ (*icat etmek*) erfinden ⑤ (*kavuşmak*) erreichen ⑥ (*ulaşmak*) erreichen, ankommen (bei); **arka ~** sich Rückendeckung schaffen ⑦ (*yargıya varmak*) finden, gelangen (zu); **ben bunu iyi bul(m)uyorum** ich finde das (nicht) gut; **bunu nasıl buluyorsun?** wie findest du das? ⑧ (*sağlamak*) verschaffen ⑨ **birine kabahat ~** jdm die Schuld geben ⑩ (*cezaya uğramak*) (seine gerechte) Strafe bekommen ⑪ (*hatırlamak*) sich einfallen, sich erinnern (an); **sokağın adını bulamadım** mir fällt der Name der Straße nicht ein

bulucu *s* ① (*kâşif*) Entdecker(in) *m(f)* ② (*detektör*) Detektor *m*; (*mayın için*) Suchgerät *nt*; (*yangın için*) Melder *m*

bulûğ *s ohne pl* ① Pubeszenz *f* ② (*~ çağı*) Pubertät *f* **bulûğ çağı** *s ohne pl* Pubertät *f*

bulundurma *s ohne pl Verbalsubstantiv zu* **bulundurmak**
bulundurmak *vt* bereithalten, bereitstellen; **bir şeyi göz önünde ~** etw berücksichtigen, auf etw Rücksicht nehmen; **bir şeyi stokta ~** etw auf Lager haben; **yanında ~** bei sich haben, mit sich führen
bulunma *s ohne pl* ❶ *Verbalsubstantiv zu* **bulunmak** ❷ Anwesenheit *f;* **orada ~m isten(m)iyor** meine Anwesenheit dort wird (nicht) erwünscht **bulunma durumu** *s,* **bulunma hâli** *s* LING (*-de hâli*) Lokativ *m*
bulunmak *vi* ❶ *pass von* **bulmak: çantası dün bulundu** seine Tasche wurde gestern gefunden ❷ sich befinden, anwesend sein; **çaresiz bir durumda ~** sich in einer ausweglosen Lage befinden; **orada bulunan herkes** alle, die dort sind ❸ **gözlemde ~** Beobachtungen anstellen; **vaatte ~** ein Versprechen geben
buluntu *s* ❶ Fund *m* ❷ (*sokakta bulunup alınan çocuk*) Findelkind *nt*
bulur *vt 3. Aorist von* **bulmak**
buluş *s* ❶ (*icat*) Erfindung *f* ❷ Einfall *m*
buluş hakkı *s ohne pl* Erfindungsschutz *m*
buluşma *s ohne pl Verbalsubstantiv zu* **buluşmak**
buluşmak *vi* ❶ (*karşılaşmak*) sich begegnen ❷ (*önceden belirlenmiş bir yerde*) sich treffen
buluşma yeri *s* ❶ Treffpunkt *m;* **~ kararlaştırmak** einen Treffpunkt vereinbaren [*o* abmachen] ❷ Begegnungsstätte *f*
buluşturma *s ohne pl Verbalsubstantiv zu* **buluşturmak**
buluşturmak *vt* ❶ *Kausativ zu* **buluşmak** ❷ (*bir araya getirmek*) zusammenbringen
bulut *s* Wolke *f;* **~ gibi** (*fam: çok sarhoş*) sternhagelvoll
bulutlanma *s ohne pl* ❶ *Verbalsubstantiv zu* **bulutlanmak** ❷ Bewölkung *f*
bulutlanmak *vi* sich bewölken
bulutlu *adj* ❶ bewölkt, wolkig ❷ (*fig: bulanık görünen*) nebulos, nebulös, verschwommen; (*net olmayan*) unklar
bulutsuz *adj* wolkenlos
bulvar *s* Boulevard *m*
bumbuz *adj* eiskalt
bumerang *s* Bumerang *m*
bumlama *s ohne pl Verbalsubstantiv zu* **bumlamak**
bumlamak *vi* AUTO (*lastik*) platzen
buna *pron dat von* **bu buna göre** *adv* demnach
bunak <-ğı> *adj* senil, altersschwach
buna karşılık *adv* demgegenüber
bunaklık <-ğı> *s ohne pl* Senilität *f,* Altersschwäche *f*
bunalım *s* ❶ (*kriz*) Krise *f;* **~ geçirmek** eine Krise durchmachen ❷ Depression *f*
bunalımlı *adj* depressiv
bunama *s Verbalsubstantiv zu* **bunamak**
bunamak *vi* ❶ senil werden ❷ verkalken
bunca *adj* ❶ (*çok*) (so) viel; (*epey*) ganz schön; **~ yıldır** seit so vielen Jahren ❷ (*bu denli*) solch; (*bu kadar*) so; **~ zaman neredeydin?** wo warst du so lange?, wo warst du denn die ganze Zeit?
bunda *pron Lokativ von* **bu**
bundan *pron* ❶ *Ablativ von* **bu** ❷ hieraus, hiervon, daraus, davon; **~ başka** außerdem; **~ böyle** von jetzt an; **~ dolayı** deshalb, deswegen; (*binaenaleyh*) infolgedessen; **~ sonra** von jetzt an; **~ sonrası** alles Weitere
bungalov *s* Bungalow *m*
bunu *pron akk von* **bu**
bunun *pron* ❶ *gen von* **bu** ❷ **~ neresi güzel?** was ist daran schön? **bunun için** *adv* ❶ dafür, dazu; **~ bana fazla hesap çıkardınız** Sie haben mir das zu teuer berechnet; **~ bir çekice ihtiyacım var** ich brauche dazu einen Hammer ❷ hierfür, hierzu; **~ bir çekice, onun için de bir penseye ihtiyacım var** hierzu [*o* hierfür] brauche ich einen Hammer und dazu [*o* dafür] eine Zange ❸ deswegen; **~ saç sakal ağartmam** (*fam*) deswegen lasse ich mir keine grauen Haare wachsen
bununla birlikte *adv* dennoch
bunun üzerine *adv* daraufhin, infolgedessen
bura *s* (*bu yer*) dieser Ort, diese Stelle; **~ boş mu?** ist hier frei?; **~ neresi?** wo ist das hier?; **~lar çok güzel** die Gegend hier ist sehr schön; **~nın ayranı meşhurdur** der Ayran dieses Ortes ist berühmt
buracıkta *adv* gleich hier
burada *adv* hier, an dieser Stelle; **~yım!** ich bin hier!
buradaki *adj* hiesig
buralı *adj* **siz de ~ mısınız?** sind Sie auch von hier?; **siz ~ya benzemiyorsunuz** Sie sehen nicht aus, als ob Sie von hier wären
buram buram *adv* sehr stark; **~ terliyordu** er schwitzte sehr stark
burası *adv* **~ bizim evimiz/köyümüz** das hier ist unser Haus/Dorf; **~ da orası kadar güzel** hier ist es ebenso [*o* genauso] schön wie dort; **~ nereye gider?** wo geht es hier hin?; **~ onun hoşuna gitti** diese Gegend hat es ihm angetan
buraya *adv* hierher, herüber, hierhin; **~ kadar** bis hierher, bis hierhin; **gel ~!**

komm her!, hierher!

burcu *s* ❶ *poss von* **burç** ❷ Duft *m;* (*ıtır*) Aroma *nt*

burcuma *s Verbalsubstantiv zu* **burcumak**

burcumak *vi* REG duften

burç <-cu> *s* ❶ ASTROL Horoskop *nt,* Tierkreiszeichen *nt,* Sternbild *nt;* **Yengeç burcu** das Sternbild des Krebses ❷ HIST (*kale çıkıntısı*) Bastei *f,* Bastion *f*

burçak <-ğı> *s* BOT Linsenwicke *f*

burçlar kuşağı *s ohne pl* ASTROL Tierkreis *m*

burgaç <-cı> *s* ❶ (*suda*) Strudel *m* ❷ (*havada*) Wirbel *m; s. a.* **anafor, girdap**

Burgonya *s* Burgund *nt* **Burgonya şarabı** *s* Burgunder *m*

burgu *s* ❶ Bohrer *m;* **birinin vücuduna ~ gibi bıçak batırmak** jdm ein Messer in den Leib bohren ❷ (*tirbuşon*) Korkenzieher *m* ❸ (*telli sazlarda*) Wirbel *m*

burgulama *s* ❶ *Verbalsubstantiv zu* **burgulamak** ❷ Bohrung *f*

burgulamak *vt* bohren

burjuva **I.** *s* ❶ Bürgerliche(r) *f(m)* ❷ Bourgeois *m* **II.** *adj* bourgeois; (*kent soylu*) bürgerlich

burjuvazi *s ohne pl* Bourgeoisie *f;* (*kent soyluluk*) Bürgertum *nt*

burkma *s Verbalsubstantiv zu* **burkmak**

burkmak <-ar> *vt* verstauchen, verrenken; **aşığını ~** sich den Knöchel verstauchen; **bileğimi burktum** ich habe mir das Handgelenk verstaucht

burlesk **I.** *s* LIT, THEAT Burleske *f,* Schwank *m,* Posse *f* **II.** *adj* LIT, THEAT burlesk, possenhaft

burma **I.** *s* ❶ *Verbalsubstantiv zu* **burmak** ❷ (*vida ~sı*) Windung *f* **II.** *adj* (*bıyık*) gezwirbelt

burmak <-ar> *vt* ❶ (*çamaşır*) wringen; **burup sıkmak** auswringen ❷ (*bıyık*) zwirbeln ❸ (*hadım etmek*) kastrieren ❹ (*sancımak*) schmerzen

burnu *s poss von* **burun** **burnu büyük** <-ğü> *adj* (*fig, pej*) hochnäsig; (*kibirli*) hochmütig, überheblich, arrogant **burnu büyüklük** <-ğü> *s ohne pl* (*fig, pej*) Hochmut *f,* Überheblichkeit *f,* Arroganz *f* **burnu havada** *adj* (*fig, pej*) hochnäsig

burs *s* Stipendium *nt*

bursiyer *s* Stipendiat(in) *m(f)*

buruk <-ğu> *s* herb

burun <-rnu> *s* ❶ Nase *f;* **~ bükmek** [*o* **kıvırmak**] die Nase rümpfen; **burnu hava** [*o* **kaf dağında**] **olmak** hochnäsig sein; **burnum akıyor** mir läuft die Nase; **burnundan solumak** durch die Nase atmen; (*çok öfkelenmiş olmak*) vor Wut schnauben; **birini burnundan yakalamak** (*fig fam*) jdn festnageln; **hık demiş birinin burnundan düşmüş olmak** (*fig*) jdm wie aus dem Gesicht geschnitten sein; **burnunu çekmek** die Nase hochziehen; **burnunu karıştırmak** in der Nase bohren; **burnunu silmek** sich die Nase putzen; **her şeye burnunu sokar** (*fam*) er steckt seine Nase in alles; **burnunun dibinde olmak** sich direkt vor seiner Nase befinden; **burnunun ucundan ötesini** [*o* **ilerisini**] **görmemek** (*fam*) nicht weiter sehen, als seine Nase reicht, nicht weiter sehen, als die Nasespitze reicht ❷ (*bağzı hayvanlarda*) Schnauze *f;* **köpeğin burnu soğuk** die Schnauze des Hundes ist kalt

burun boşluğu *s* ANAT Nebenhöhle *f* **burun damlası** *s* Nasentropfen *pl* **burun deliği** *s* Nasenloch *nt* **burun kanadı** *s* Nasenflügel *m* **burun kanaması** *s ohne pl* Nasenbluten *nt* **burun mukozası** *s* ANAT, MED Nasenschleimhaut *f* **burun otu** *s* (*enfiye*) Schnupftabak *m* **burun perdesi** *s* ANAT Nasenscheidewand *f*

buruşma *s Verbalsubstantiv zu* **buruşmak**

buruşmak *vi* (*kumaş*) knittern

buruşturma *s Verbalsubstantiv zu* **buruşturmak**

buruşturmak *vt* zerknittern

buse *s* Kuss *m;* (*öpücük*) Küsschen *nt*

bu seferki *adj* diesmalig

busines klas *s* (*işlik orun*) Business Class *f*

but <-du> *s* ❶ (*kalça ile diz arasındaki bölüm*) Oberschenkel *m* ❷ (*hayvanlarda*) Keule *f*

butafor *s* THEAT Requisiten *pl*

butaforcu *s* THEAT Requisiteur(in) *m(f)*

butik <-ği> *s* Boutique *f*

buton *s* (*zil ~u*) Knopf *m*

buut <-du> *s* ❶ (*boyut*) Dimension *f* ❷ (*uzunluk*) Länge *f*

bu yana *part* (*beri*) seit (**-den**); **bir o yana, bir ~** hin und her; **çocukluğumdan ~** von meiner Kindheit her, seit meiner Kindheit

buyma *s Verbalsubstantiv zu* **buymak**

buymak <-ar> *vi* REG ❶ (*donarak ölmek*) erfrieren ❷ (*çok üşümek*) frieren

buyot *s* Wärmflasche *f*

buyruk <-ğu> *s* ❶ (*emir*) Befehl *m* ❷ (*egemenlik*) Herrschaft *f*

buyrun *interj* (*fam*) **~!** bitte (schön)!; **~ oturun!** bitte nehmen Sie Platz!

buyur *interj* **~!** bitte!; **sofraya ~ etmek** zu Tisch bitten

buyurgan *adj* befehlend, befehlerisch, gebieterisch

B

buyurma *s Verbalsubstantiv zu* **buyurmak**
buyurmak *vt* ❶ (*emretmek*) befehlen ❷ (*geh: söylemek*) sagen ❸ (*geh*) **kerem buyurun** wenn ich mir die Bemerkung erlauben darf; **sofraya buyurmaz mısınız?** darf ich Sie zum Tisch bitten? ❹ (*fam*) **buyur?** (*anlamadım*) wie bitte?; (*söyleyiniz*) bitte?; **buyurun cenaze namazına!** da haben wir die Bescherung!
bu yüzden *adv* deshalb, deswegen, aus diesem Grund; ~ **işte!** gerade deshalb [*o* deswegen]!; **işte ~ ...** gerade deshalb [*o* deswegen] ...
buz *s* Eis *nt;* ~ **bağlamak** vereisen, sich mit einer Eiskruste überziehen; ~ **gibi** eiskalt; ~ **kesilmek** (*buz gibi soğumak*) eiskalt werden; (*buz durumuna gelmek*) vereisen, zu Eis werden; (*çok üşümek*) frieren; ~ **kesmek** eiskalt werden; (*çok üşümek*) frieren; ~ **tutmak** vereisen; (*üstünde buz oluşmak*) sich mit einer Eiskruste überziehen; **~lar çözüldü** das Eis bricht; (*fig*) das Eis ist gebrochen
buzağı *s* Milchkalb *nt*
buzağılama *s* ❶ *Verbalsubstantiv zu* **buzağılamak** ❷ Kalberei *f*
buzağılamak *vi* (*inek*) kalben
buz alanı *s* GEO (*buzla*) Eisfeld *nt,* Eisbank *f*
buzçözer *s* Entfroster *m;* (*defroster*) Defroster *m*
buz dağı *s* GEO (*aysberg*) Eisberg *m*
buzdolabı *s* Eisschrank *m,* Kühlschrank *m*
buzhane *s* ❶ Eisfabrik *f* ❷ (*soğuk hava deposu*) Kühlhaus *nt*
buz hokeyi *s ohne pl* Eishockey *nt*
buz katmanı *s* Eisschicht *f*
buzkıran *s* NAUT Eisbrecher *m*
buz kütlesi *s* Eismasse *f*
buzla *s* GEO (*aysfild*) Eisfeld *nt;* (*bankiz*) Eisbank *f*
buzlanma *s* ❶ *Verbalsubstantiv zu* **buzlanmak** ❷ Vereisung *f*
buzlanmak *vi* vereisen
buzlaşma *s* ❶ *Verbalsubstantiv zu* **buzlaşmak** ❷ Vereisung *f*
buzlaşmak *vi* vereisen, zu Eis werden, gefrieren
buzlu *adj* ❶ (*buz tutmuş*) vereist ❷ (*buzla soğutulmuş*) eisgekühlt ❸ (*saydam olmayan*) mattiert, Matt- **buzlu cam** *s* ❶ Mattscheibe *f* ❷ (*fam: televizyon ekranı*) Mattscheibe *f*
buzluk <-ğu> *s* Eisfach *nt,* Gefrierfach *nt*
buz tabakası *s* Eisschicht *f* **buz torbası** *s* Eisbeutel *m*
buzul *s* GEO Gletscher *m* **buzul balinası** *s* ZOOL Kaperwal *m* **buzul bilimi** *s ohne pl* GEO Gletscherkunde *f* **buzul çağı** *s* GEO Eiszeit *f,* Eiszeitalter *nt* **buzul dönemi** *s* Gletscherperiode *f* **buzul kar** *s ohne pl* Firn *m* **buzul seli** *s* Gletscherbach *m* **buzul taş** *s* GEO (*moren*) Moräne *f*
buz yalağı *s* GEO Kar *nt*
bücür *s* (*fam*) Knirps *m*
büfe *s* ❶ Büfett *nt,* Anrichte *f;* **soğuk** ~ kaltes Büfett ❷ Kiosk *m;* (*daha küçük*) Bude *f,* Erfrischungsstand *m*
büfecilik <-ği> *s ohne pl* Kioskgewerbe *nt*
bük *vt Imperativ von* **bükmek**
büken *s* ANAT, MED (*açan karşıtı*) Beuger *m,* Beugemuskel *m*
büker *vt 3. Aorist von* **bükmek**
bükme *s Verbalsubstantiv zu* **bükmek**
bükmek <-er> *vt* ❶ biegen; **bir ayak üstünde kırk yalanın belini** ~ (*fam*) lügen, dass sich die Balken biegen ❷ (*kıvırmak*) (ab)knicken ❸ (*eğmek*) beugen; **başını** ~ den Kopf beugen; (*olur der gibi*) nicken ❹ (*burarak sarmak*) drehen ❺ **burun** ~ die Nase rümpfen; **dudak** ~ den Mund verziehen ❻ umknicken
Bükreş *s* Bukarest *nt*
bükük <-ğü> *adj* ❶ krumm, gekrümmt ❷ abgeknickt; ~ **kenar** eine abgeknickte Kante
büküklük <-ğü> *adj* Abknickung *f*
bükülgen *adj* ❶ beugbar, biegsam ❷ LING (*bükünlü*) flektierbar, beugbar
bükülgenlik <-ği> *s ohne pl* Biegsamkeit *f*
bükülme *s Verbalsubstantiv zu* **bükülmek**
bükülmek *vi* ❶ abknicken; **kenarı bükülmüş bir halı** ein Teppich mit abgeknickter Kante ❷ sich biegen
büküm *s* Knick *m* **büküm noktası** *s* MATH Wendepunkt *m*
bükün *s* LING Flexion *f,* Beugung *f*
bükünleme *s Verbalsubstantiv zu* **bükünlemek**
bükünlemek *vt* LING flektieren, beugen
bükünlü *adj* LING flektierbar, beugbar; ~ **dil** eine flektierende Sprache
bükünme *s Verbalsubstantiv zu* **bükünmek**
bükünmek *vi* ❶ sich beugen ❷ (*bükülmek*) sich biegen ❸ (*sancıdan*) sich krümmen (**-den** vor)
bükünsüz *adj* LING flexionslos
büküntü *s* ❶ Knick *m* ❷ REG (*dönemeç*) Abnickung *f,* Biegung *f*
bülbül *s* ❶ ZOOL (*Luscinia megarhynchos*) Nachtigall *f* ❷ (*fig*) ~ **gibi konuşmak/okumak** fließend sprechen/lesen **bülbül şakıması** *s* Nachtigallenschlag *m*
bülten *s* Bulletin *nt;* (*borsa ~i*) Bericht *m*
bünye *s* ❶ MED Konstitution *f;* (*vücut yapısı*) Körperbau *m* ❷ (*yapı*) Struktur *f*

B

bünyece *adv* konstitutionell

büro *s* ❶ Büro *nt* ❷ (*avukatlık ~ su*) Büro *nt,* Kanzlei *f* ❸ (*narkotik ~*) Dezernat *nt*

bürokrasi *s ohne pl* ❶ Bürokratie *f* ❷ (*pej: kırtasiyecilik*) Amtsschimmel *m,* Bürokratismus *m;* ~ **yapmak** den Amtsschimmel reiten

bürokrat *s* Bürokrat(in) *m(f)*

bürokratik <-ği> *adj* bürokratisch

bürünme *s Verbalsubstantiv zu* **bürünmek**

bürünmek *vi* ❶ sich einhüllen (**-e** in); **yasa ~** die Trauer anlegen; **dağlar sise bürünmüş** die Berge sind in Nebel gehüllt ❷ schlüpfen (**-e** in); **başkasının derisine ~** in die Haut eines anderen schlüpfen; **kahraman rolüne ~** in die Rolle eines Helden schlüpfen

büsbütün *adv* (*tamamıyla*) vollkommen, völlig, vollständig, ganz

büst *s* Büste *f*

büstiyer *s* Bustier *nt o m*

bütan *s* Butan *nt* **bütan gazı** *s ohne pl* Butangas *nt*

bütçe *s* ❶ POL, COMM Haushalt *nt,* Budget *nt,* Etat *m;* **~ de kesinti yapmak** Kürzungen im Etat vornehmen ❷ POL Haushalt *nt,* Haushaltsplan *m* **bütçe açığı** *s* WIRTSCH Haushaltsdefizit *nt* **bütçe kesintisi** *s* Etatkürzung *f*

bütçeleme *s* ❶ *Verbalsubstantiv zu* **bütçelemek** ❷ POL, WIRTSCH Budgetierung *f*

bütçelemek *vt, vi* POL, WIRTSCH budgetieren

bütçe yılı *s* POL Haushaltsjahr *nt*

bütün *adj* ❶ ganz; ~ **boku püsürü** (*fam*) das ganze Drumherum; ~ **dünya** die ganze Welt; ~ **gece gözüme uyku girmedi** (*fig*) ich habe die ganze Nacht kein Auge zugetan; ~ **gücüyle** mit ganzer Kraft; ~ **hayatı boyunca** sein ganzes Leben lang ❷ alle, sämtlich(e); ~ **ayrıntılarıyla** in allen Einzelheiten; ~ **bildiklerimi unuttum** ich habe alles, was ich wusste, vergessen; ~ **gazetelere ilan verdi** er hat in allen Zeitungen inseriert ❸ all; ~ **bu olanlardan sonra** nach all dem Geschehenen; ~ **çabalar boşa gitti** all die Mühe war umsonst [*o* vergebens]

bütüncül *adj* (*totaliter*) totalitär

bütünleme *s* ❶ *Verbalsubstantiv zu* **bütünlemek** ❷ Ergänzung *f*

bütünlemek *vt* ergänzen

bütünleme sınavı *s* Nachprüfung *f*

bütünleşme *s* ❶ *Verbalsubstantiv zu* **bütünleşmek** ❷ (*entegrasyon*) Integration *f*

bütünleşmek *vi* (*entegre olmak*) sich integrieren

bütünlük <-ğü> *s* ❶ Ganzheit *f* ❷ POL Unversehrtheit *f;* **toprak bütünlüğü** territoriale Unversehrtheit

bütünsel *adj* ganzheitlich; (*total*) total

bütünsellik <-ği> *s* Ganzheit *f*

büve *s,* **büvelek** <-ği> *s* ZOOL Bremse *f*

büyü[1] *vi Imperativ von* **büyümek**

büyü[2] *s ohne pl* ❶ (*sihir*) Zauber *m;* **birinin ~süne kapılmak** in jds Bann geraten ❷ (*fig: karşı durulmaz etki*) Faszination *f*

büyücü *s* Zauberer *m*

büyük *adj* ❶ groß, Groß-; ~ **bir olasılıkla** mit hoher Wahrscheinlichkeit; **B~ İskender** HIST Alexander der Große; ~ **ölçüde** in hohem Maße ❷ (*fam: yaşça*) **kardeşlerimin hepsi benden ~** alle meine Geschwister sind älter als ich **büyük aile** *s* Großfamilie *f* **büyük ana** *s,* **büyük anne** *s* Großmutter *f* **büyük arazi sahibi** *s* Großgrundbesitzer(in) *m(f)*

Büyükayı *s* ASTRON der Große Bär

büyük baba *s* Großvater *m* **büyük boy** **I.** *s* Übergröße *f* **II.** *adj* übergroß

Büyük Britanya *s* Großbritannien *nt*

büyük burjuva *adj* großbürgerlich **büyük burjuvazi** *s* Großbürgertum *nt*

büyükçe *adj* ziemlich groß

büyük dalga *s* RADIO, PHYS (*uzun dalga*) Langwelle *f* **büyük ekran** *s* TV, INFORM Großbildschirm *m* **büyük elçi** *s* Botschafter(in) *m(f)* **büyük elçilik** <-ği> *s* Botschaft *f* **büyük harf** *s* Großbuchstabe *m,* Kapitalbuchstabe *m;* **~lerle** in Großbuchstaben; **bir şeyi ~lerle yazmak** etw großschreiben

büyüklenme *s* ❶ *Verbalsubstantiv zu* **büyüklenmek** ❷ Großtuerei *f*

büyüklenmek *vi* großtun; (*büyüklük taslamak*) sich großtun, prahlen

büyüklük <-ğü> *s* Größe *f;* ~ **göstermek** Größe zeigen; ~ **taslamak** sich großtun, prahlen **büyüklük hastalığı** *s* (*pej*) Größenwahn *m* **büyüklük taslama** *s ohne pl* Großtuerei *f,* Prahlerei *f*

Büyük Okyanus *s* der Pazifische Ozean

büyük ölçekli işletme *s* WIRTSCH Großbetrieb *m,* Großunternehmen *nt* **büyük para** *s* **bu ~ya mal olacak** das wird einen schönen Batzen Geld kosten **büyük peder** *s* Großvater *m* **büyük şehir** <-hri> *s s.* **ana kent** Großstadt *f* **büyük şirket** *s* WIRTSCH Großunternehmen *nt*

büyüleme *s* ❶ *Verbalsubstantiv zu* **büyülemek** ❷ Verzauberung *f*

büyülemek *vt* ❶ verzaubern ❷ faszinieren

büyüleyici *adj* faszinierend

büyültme *s* ❶ *Verbalsubstantiv zu* **büyültmek** ❷ Vergrößerung *f* ❸ (*fig: abartma*)

Übertreibung *f*

büyültmek *vt* ❶ vergrößern ❷ (*fig: abartmak*) übertreiben

büyülü *adj* verzaubert **büyülü söz** *s* Zauberspruch *m*, Zauberwort *nt*

büyüme *s* ❶ *Verbalsubstantiv zu* **büyümek** ❷ *a.* WIRTSCH Wachstum *nt*; **küresel ~** globales Wachstum ❸ Vergrößerung *f*; **kalkan bezinin ~si** MED Vergrößerung der Schilddrüse

büyümek *vi* ❶ (auf)wachsen; **iki dilli ~** zweisprachig aufwachsen ❷ sich vergrößern ❸ (*çığ gibi ~*) anschwellen ❹ anwachsen, eskalieren

büyümüş de küçülmüş *adj* (*çocuk için*) altklug

büyüteç <-ci> *s* Lupe *f*

büyütme *s* ❶ *Verbalsubstantiv zu* **büyütmek** ❷ Vergrößerung *f* ❸ Aufzucht *f*

büyütmek *vt* ❶ vergrößern; (*genişletmek*) ausbauen ❷ (*yetiştirmek*) großziehen, aufziehen ❸ (*fig: abartmak*) übertreiben

büz *vt Imperativ von* **büzmek**

büzer *vt 3. Aorist von* **büzmek**

büzgen *s* ANAT Schließmuskel *m*

büzme *s Verbalsubstantiv zu* **büzmek**

büzmek *vt* ❶ zusammenziehen; **torbanın ağzını ~** den Beutel zuziehen ❷ verziehen; **dudaklarının kenarlarını hafifçe ~** die Mundwinkel leicht verziehen

büzük <-ğü> *s ohne pl* (*fam*) Mumm *m*, Schneid *m*

büzülme *s Verbalsubstantiv zu* **büzülmek**

büzülmek *vi* sich zusammenziehen

büzüşme *s Verbalsubstantiv zu* **büzüşmek**

büzüşmek *vi* sich kräuseln; (*bir köşeye*) sich verkriechen

B

Cc

C

C, c [dʒe] *s* ❶ C, c *nt, 3. Buchstabe des türk. Alphabets;* **Ceyhan'ın ~'si** C wie Cäsar ❷ MUS (*do sesi*) C *nt*

caba I. *s* Geschenk *nt* **II.** *adv* (*üstelik*) noch dazu, obendrein

cabadan *adv* umsonst; (*karşılıksız*) unentgeltlich; (*fazladan*) obendrein

cacık <-ğı> *s* GASTR Zaziki *m*

cadaloz *adj* (*pej fam*) zänkisch

cadde *s* Straße *f*

cafcaflı *adj* (*fig fam*) aufgedonnert

cahil [dʒa:hil] *adj* ❶ (*bilgisiz*) unwissend, dumm ❷ (*pej*) ignorant ❸ (*fam: toy*) grün, unreif; (*deneysiz*) unerfahren

cahillik <-ği> [dʒa:--] *s ohne pl* ❶ (*bilgisizlik*) Unwissenheit *f* ❷ (*pej*) Ignoranz *f* ❸ Dummheit *f;* ~ **etmek** eine Dummheit begehen

caiz *adj* zulässig, erlaubt, statthaft; **bu hukuken ~ değildir** das ist rechtlich nicht zulässig; **gecikmesi ~ olmamak** unaufschiebbar sein; **tabiri ~se** mit Verlaub

cam [dʒam] *s* ❶ Glas *nt;* **~dan** aus Glas ❷ Scheibe *f* ❸ (*fam: pencere*) Fenster *nt*

cambaz *s* ❶ (*akrobat*) Akrobat(in) *m(f)* ❷ (*at alıp satan*) Pferdehändler(in) *m(f)* ❸ (*usta*) Meister(in) *m(f)* ❹ (*hileci*) Gaukler(in) *m(f)*

cambazlık <-ğı> *s ohne pl* ❶ Balanceakt *m;* **söz cambazlığı yapmak** mit Begriffen jonglieren ❷ (*akrobasi*) Akrobatik *f* ❸ (*hilecilik*) Gauklerei *f*

camcı *s* Glaser(in) *m(f)* **camcı elması** *s* Glaserdiamant *m* **camcı macunu** *s* Glaserkitt *m,* Fensterkitt *m*

cam göz *s* Glasauge *nt*

cami <-i, -si> [dʒa:-] *s* Moschee *f*

camia [dʒa:-] *s* ❶ (*topluluk*) Gemeinschaft *f* ❷ (*zümre*) Gruppe *f*

cami kubbesi *s* Moscheekuppel *f*

camit [dʒa:-] *adj* ❶ (*cansız*) leblos ❷ (*donmuş*) erfroren

cam kap <-bı> *s* Glasbehälter *m* **cam kırığı** *s* Glasscherbe *f;* (*daha küçük*) Glassplitter *m*

camlama *s* ❶ *Verbalsubstantiv zu* **camlamak** ❷ Verglasung *f*

camlamak *vt* verglasen, mit Glasscheiben versehen

camlı *adj* verglast

cam lifi *s* Glasfaser *f* **cam macunu** *s* Fensterkitt *m,* Glaserkitt *m* **cam resim** *s ohne pl* Glasmalerei *f* **cam yünü** *s ohne pl* Glaswolle *f*

can [dʒan] *s* ❶ (*hayat*) Leben *nt;* **~ başına sıçramıştı** (*fig*) die Angst saß ihm im Nacken; **~ vermek** (*ölmek*) ums Leben kommen, sterben; (*canlanmasına yol açmak*) zum Leben erwecken; **çalışmaktan ~ı çıkmak** (*fig fam*) sich totarbeiten ❷ (*ölümle vücuttan ayrıldığına inanılan madde dışı varlık*) Seele *f;* **~ çıkmayınca** [*o* **çıkmadan**] **huy çıkmaz** (*prov*) die Katze lässt das Mausen nicht ❸ (*insanın kendisi*) **~ cümleden aziz** (*prov*) jeder ist sich selbst der Nächste; **Hasan ~ımı acıttı** Hasan hat mir wehgetan ❹ (*kişi*) Seele *f,* Person *f;* **benimle beraber dört ~ız** mit mir zusammen sind wir vier Seelen [*o* Personen] ❺ (*gönül*) Herz *nt* ❻ **~ çekişmek** mit dem Tod ringen

can arkadaşı *s* Busenfreund(in) *m(f),* Intimus *m*

canavar I. *s* ❶ (*yırtıcı hayvan*) Bestie *f* ❷ (*pej: zalim kimse*) Bestie *f;* **~ gibi** wie eine Bestie; **~ kesilmek** zur Bestie werden ❸ (*masallarda*) Monster *nt,* Ungeheuer *nt;* **~ gibi** (*iri yarı*) monströs; (*çok fazla*) ungeheuerlich ❹ (*fig: haşarı çocuk*) Monster *nt* ❺ (*köpek balığı*) Hai *m* **II.** *adj* (*pej*) bestialisch; (*zalim*) grausam

canavarca *adv* (*canavar gibi*) ungeheuerlich; (*canavara yakışır biçimde*) bestialisch

canavar düdüğü *s* ❶ Sirene *f* ❷ (*taşıtlarda*) Martinshorn *nt*

canavarlaşma *s Verbalsubstantiv zu* **canavarlaşmak**

canavarlaşmak *vi* ❶ zur Bestie werden ❷ (*fig: korkunç bir durum almak*) ungeheuerlich werden, bestialisch werden

canavarlık <-ğı> *s* Bestialität *f*

canavar otu *s* BOT Sommerwurz *f*

cana yakın *adj* liebenswert; (*sempatik*) sympathisch

can ciğer *adj* **~ (kuzu sarması) olmak** ein Herz und eine Seele sein; (*çok yakın arkadaş olmak*) sehr eng befreundet sein

can çekişme *s* Agonie *f,* Todeskampf *m;* **~k** mit dem Tod ringen **can damarı** *s* (*fig*) Lebensnerv *m;* (*en hassas nokta*) Achillesferse *f*

candan *adj* (*yürekten*) herzlich; (*samimi*) intim; **çok ~ bir insan** ein sehr herzlicher Mensch; **en ~ arkadaşım** meine allerliebste [*o* intimste] Freundin **candan candan** *adv* herzhaft

candanlık <-ğı> *s ohne pl* Herzlichkeit *f*

candarma *s s.* **jandarma**

can dostu *s* Busenfreund(in) *m(f)*, Intimus *m* **can düşmanı** *s* Erzfeind *m*, Intimfeind *m*, Todfeind *m*
cangıl ['dʒaŋəl] *s* (*a. fig*) Dschungel *m*; *s. a.* **cengel cangıl cungul** **I.** *s ohne pl* Gebimmel *nt* **II.** *adv* bimmelnd
can gözdesi *s* (*fig: sevgili*) Geliebte(r) *f(m)*
can havli *s ohne pl* (*ölüm korkusu*) Todesangst *f*; ~ **ile** aus Leibeskräften
canhıraş *adj* (*yürek paralayıcı*) herzzerreißend; (*kulak tırmalayıcı*) ohrenbetäubend; (*tüyler ürpertici*) haarsträubend
canı pek *adj* zäh
cani [dʒa:ni:] *s* Verbrecher *m*
canice *adj* verbrecherisch
can korkusu *s* Todesangst *f*
cankurtaran *s* ❶ Rettungswagen *m*; (*ambulans*) Krankenwagen *m*, Ambulanz *f* ❷ (*plajda*) Rettungsschwimmer *m* **cankurtaran filikası** *s* Rettungsboot *nt*
cankurtaran kulübesi *s* Berghütte *f*
cankurtaran sandalı *s* Rettungsboot *nt*
cankurtaran simidi *s* Rettungsring *m*
cankurtaran yeleği *s* Schwimmweste *f*
canla başla *adv* mit Leib und Seele
canlandırıcı *adj* belebend
canlandırma *s* ❶ *Verbalsubstantiv zu* **canlandırmak** ❷ Belebung *f*; (*ekonomiyi*) Ankurbelung *f* ❸ (*animasyon*) Animation *f*
canlandırmak *vt* beleben; (*ekonomiyi*) ankurbeln
canlanma *s* ❶ *Verbalsubstantiv zu* **canlanmak** ❷ Belebung *f*
canlanmak *vi* sich beleben
canlı **I.** *s* Lebewesen *nt* **II.** *adj* ❶ (*diri*) lebend, lebendig ❷ (*hareketli*) lebendig, lebhaft, belebt **canlı canlı** *adv* bei lebendigem Leibe **canlı varlık** <-ğı> *s* Lebewesen *nt* **canlı yayın** *s* RADIO, TV Direktsendung *f*, Livesendung *f*, Direktübertragung *f*
can sıkıcı *adj* langweilig **can sıkıntısı** *s* Langeweile *f*
cansız *adj* ❶ leblos ❷ (*durgun*) flau
can tahtası *s* (*fam: göğüs kemiği*) Brustbein *nt* **can yeleği** *s s.* **cankurtaran yeleği** Schwimmweste *f*
capcanlı *adj* quicklebendig
cari [dʒa:ri:] *adj* laufend; (*yürürlükte olan*) gültig **cari hesap** <-bı> *s* FIN Kontokorrent *nt* **cari işlemler hesabı** *s* WIRTSCH Leistungsbilanz *f* **cari varlıklar** *pl* WIRTSCH Umlaufvermögen *nt*, Betriebskapital *nt*
cariye *s* Sklavin *f*
carta *s* (*vulg, fam*) Furz *m*; ~**yı çekmek** abkratzen
casus [dʒa:-] *s* Spion(in) *m(f)*
casusluk <-ğu> [dʒa:--] *s ohne pl* Spionage *f*; ~ **etmek** [*o* **yapmak**] Spionage treiben; **askerî/siyasi** ~ militärische/politische Spionage
Cava *s* Java *nt*
cavlak <-ğı> *adj* (*çıplak*) nackt, kahl; **cavlağı çekmek** (*sl*) krepieren
cavlama *s ohne pl Verbalsubstantiv zu* **cavlamak**
cavlamak *vi* (*sl*) krepieren
cay *vi Imperativ von* **caymak**
cayar *vi 3. Aorist von* **caymak**
caydırma *s ohne pl Verbalsubstantiv zu* **caydırmak**
caydırmak *vt* abbringen (**-den** von); **birini niyetinden** ~ jdn von seinem Vorsatz abbringen
caydırtma *s ohne pl Verbalsubstantiv zu* **caydırtmak**
caydırtmak *vt* **fikrimden caydırtmam kendimi** ich lasse mich von meiner Meinung nicht abbringen
cayır cayır *adv* lichterloh; ~ **yanmak** lichterloh brennen
cayma *s ohne pl* ❶ *Verbalsubstantiv zu* **caymak** ❷ Rücktritt *m* **cayma akçesi** *s* JUR Reugeld *nt*
caymak <-ar> *vi* ❶ widerrufen (**-den**); (*sözleşmeden*) zurücktreten (**-den** von); (*sözünden*) einen Rückzieher machen; (*vazgeçmek*) verzichten (**-den** auf) ❷ abkommen (**-den** von); **fikrinden** ~ von seiner Meinung abkommen
caz *s ohne pl* MUS Jazz *m*; ~ **çalmak** Jazz spielen **cazbant** *s* Jazzband *f*
cazcı *s* Jazzer *m*, Jazzmusiker(in) *m(f)*
cazır cazır *adv* ~ **kızar(t)mak** brutzeln
cazibe [dʒa:--] *s* ❶ Anziehungskraft *f*, Attraktivität *f*; **bir kadının cinsel** ~**si** die sexuelle Anziehungskraft einer Frau ❷ PHYS (*çekim*) Gravitation *f*; (*çekme gücü*) Anziehungskraft *f*, Gravitationskraft *f*
cazibe kanunu *s ohne pl* PHYS Gravitationsgesetz *nt*
cazibeli *adj* anziehend, attraktiv
cazip <-bi> [dʒa:-] *adj* anziehend, attraktiv; ~ **bir teklif** ein verlockendes Angebot
cazlı jimnastik <-ği> *s* Jazzgymnastik *f*
caz müziği *s ohne pl* Jazzmusik *f*
CD [sidi] *s Abk von* **kompakt disk** CD *f*, Compact Disk *f*
CD-ROM *s* INFORM CD-ROM *f* **CD-ROM sürücü** *s* INFORM CD-ROM-Laufwerk *nt*
ce [dʒe] *Name des dritten Buchstaben des türk. Alphabets*; **Ceyhan'ın** ~**'si** C wie Cäsar
Cebelitarık *s* Gibraltar *nt*; ~ **Boğazı** die Straße von Gibraltar

Cebelitarıklı *s* Gibraltarer(in) *m(f)*
cebelleşme *s Verbalsubstantiv zu* **cebelleşmek**
cebelleşmek *vi* ❶ (*çekişmek*) streiten (**-le** mit), zanken (**-le** mit), hadern (**-le** mit) ❷ (*tartışmak*) streiten (**-le** mit), diskutieren (**-le** mit)
cebellezi *s* (*sl*) ~ **etmek** (*cebine indirmek*) einsacken, in die Tasche stecken
ceberut **I.** *s ohne pl* ❶ REL Allmacht *f*, Allgewalt *f* ❷ (*fig: merhametsizlik*) Unbarmherzigkeit *f*; (*zorbalık*) Gewalttätigkeit *f* **II.** *adj* (*fig: merhametsiz*) unbarmherzig; (*zorba*) gewalttätig
cebi *s poss von* **cep** **cebi delik** **I.** *s* <-ği> Verschwender(in) *m(f)* **II.** *adj* (*savurgan*) verschwenderisch
cebir[1] <-bri> *s ohne pl* (*zor*) Zwang *m*, Gewalt *f*; ~ **kullanmak** Zwang ausüben, Gewalt anwenden
cebir[2] <-bri> *s ohne pl* MATH Algebra *f*
cebire *s* MED (*koaptör*) Schiene *f*
cebirsel *adj* algebraisch
Cebrail *s* REL (Erzengel) Gabriel *m*
cebretme *s Verbalsubstantiv zu* **cebretmek**
cebretmek <-der> *vt s.* **zorlamak** zwingen (**-e** zu)
cebri *s poss von* **cebir**
cebrî *adj* gewaltsam, Gewalt-, Zwangs-
cebrinefs *s* Selbstbeherrschung *f*
cebrî satış *s* Zwangsverkauf *m*
cebrî yürüyüş *s* Gewaltmarsch *m*
cebriye *s ohne pl* PHILOS (*fatalizm*) Fatalismus *m*
ceddi *s poss von* **cet**
Cedî *s s.* **Oğlak**[2] ASTROL Steinbock *m*
cedit <-di> *adj s.* **yeni** neu
cedre *s* MED (*guatr*) Kropf *m*
cefa [dʒefa:] *s* Leiden *nt*; (*eziyet*) Qual *f*; ~ **çekmek** [*o* **görmek**] Qualen (er)leiden; ~ **etmek** quälen
cefakeş *adj* leidgeprüft **cefalı** *adj* leidvoll; ~ **bir hayat** ein leidvolles Leben
ceffelkalem *adv* (*hiç düşünüp taşınmadan*) ohne nachzudenken; (*bir çırpıda*) auf einen Hieb, auf Anhieb
cehalet *s ohne pl* (*pej*) Ignoranz *f*, Unwissenheit *f*
cehennem *s ohne pl* Hölle *f*, Inferno *nt*; ~ **ol!** zur Hölle mit dir!, fahr zur Hölle!; ~ **sıcağı** eine höllische Hitze; ~**e kadar yolu var** zur Hölle mit ihm; ~**i boylamak** in die Hölle kommen; ~**in bucağı/dibi** (*fam*) am Arsch der Welt; **canın ~e!** zur Hölle mit dir! **cehennem azabı** *s* (*fig fam*) Höllenqual *f*; ~ **çekmek** Höllenqualen ausstehen
cehennemî *adj* höllisch
cehennemleşme *s Verbalsubstantiv zu* **cehennemleşmek**
cehennemleşmek *vi* zur Hölle werden
cehennem taşı *s* CHEM (*Lapis infernalis*) Höllenstein *m* **cehennem zebanisi** *s* Höllenhund *m*
cehil <-hli> *s* Ignoranz *f*
cehri *s* BOT Beergelb *nt*
ceket *s* Jacke *f*, Jackett *nt*
celbe *s* Jagdtasche *f*
celbi *s poss von* **celp**
cellat <-dı> [dʒellã:t] *s* Henker *m*, Scharfrichter *m*
celp <-bi> *s* ❶ JUR Ladung *f* ❷ MIL Einberufung *f*
celse *s* ❶ JUR (*duruşma*) Verhandlung *f*, Hauptverhandlung *f*; **açık/gizli** ~ öffentliche/nicht öffentliche Verhandlung ❷ (*oturum*) Sitzung *f*
cemaat <-ti> *s* REL ❶ Gemeinde *f* ❷ (*din topluluğu*) Glaubensgemeinschaft *f*
cemetme *s Verbalsubstantiv zu* **cemetmek**
cemetmek <-der> *vt s.* **toplamak** addieren
cemiyet *s* ❶ (*dernek*) Verein *m* ❷ (*düğün*) Hochzeit *f* ❸ (*topluluk*) Gesellschaft *f* ❹ SOZIOL (*toplum*) Bevölkerung *f*
cenabet [dʒena:bet] **I.** *s* REL (*cünüp*) Unreinheit *f* **II.** *adj* ❶ REL (*cünüp*) unrein ❷ (*fig: pis*) scheiß
Cenabıhak <-kkı> [dʒena:--] *s* REL (*Allah*) Herrgott *m*
cenah [dʒena:-] *s* ❶ HIST (*kuş kanadı*) Flügel *m* ❷ (*yan, taraf*) Flügel *m*, Seite *f* ❸ MIL (*kanat*) Flanke *f*
cenaze [dʒena:-] *s* Leiche *f*; ~ **gibi** leichenblass **cenaze alayı** *s* Leichenzug *m* **cenaze arabası** *s* Leichenwagen *m*
cendere *s* Mangel *f*; **birini ~ye sokmak** (*fig fam*) jdn in die Mangel nehmen
Cenevizli **I.** *s* HIST Genuese, Genuesin *m, f* **II.** *adj* HIST genuesisch
Cenevre *s* Genf *nt*
cengâver **I.** *s* (*savaşçı*) Krieger(in) *m(f)* **II.** *adj* kriegerisch; ~ **bir ulus** ein kriegerisches Volk
cengâverce *adv* kriegerisch
cengel [dʒengel] *s* Dschungel *nt*
cengi *s poss von* **cenk**
Cengiz Han *s* HIST Dschingis-Khan *m*
cenin [dʒeni:n] *s* MED (*dölüt*) Fetus *m*
ceninisakıt *s* (*düşük*) Fehlgeburt *f*
cenk <-gi> *s* ❶ (*savaş*) Krieg *m* ❷ (*kavga*) Kampf *m*
cennet *s ohne pl a.* REL Paradies *nt*, Himmel *m*, Himmelreich *m*; ~ **gibi** paradie-

sisch, himmlisch; **~te** im Himmel **cennet balığı** *s* Paradiesfisch *m* **cennet kapısı** *s ohne pl* REL Himmelstür *f,* Himmelstor *nt,* Himmelspforte *f* **cennet kuşu** *s* Paradiesvogel *m*

Cenova *s* Genua *nt*

Cenovalı **I.** *s* Genuese, Genuesin *m, f* **II.** *adj* genuesisch

centilmenlik antlaşması *s* Gentleman's Agreement *nt,* Gentlemen's Agreement *nt*

cenubî [dʒenu:bi:] *adj* südlich

cenubu *s poss von* **cenup**

cenup <-bu> [dʒenup] *s ohne pl s.* **güney** Süden *m*

cenuplu *s s.* **güneyli** Südländer(in) *m(f)*

cep <-bi> *s* ① Tasche *f;* **~ten vermek** aus der eigenen Tasche bezahlen; **cebi para görmek** (*fam*) zu Geld kommen; **birini cebinden çıkarmak** (*fig fam*) jdn in die Tasche stecken; **bir şeyi cebine indirmek** [*o* **atmak**] (*fam*) in die eigene Tasche stecken; **cebini doldurmak** (*fam*) in die eigene Tasche wirtschaften ② (*fam: ~ telefonu*) Handy *nt;* **birini ~ten aramak** jdn übers Handy anrufen **cep bilgisayarı** *s* Taschencomputer *m*

cepçi *s* (*fam: yankesici*) Taschendieb(in) *m(f)*

cepçilik <-ği> *s* (*fam: yankesicilik*) Taschendiebstahl *m*

cep feneri *s* Taschenlampe *f*

cephane *s* Munition *f*

cephanelik <-ği> *s* Munitionsdepot *nt*

cep harçlığı *s* Taschengeld *nt;* **~nı çıkarmak** sein Taschengeld verdienen

cephe *s* ① ARCH (*yüz, alnaç*) Front *f,* Fassade *f;* **evin ön/arka ~si** die vordere/hintere Front des Hauses ② MIL Front *f;* **birine ~ almak** gegen jdn Front machen; **~den** frontal; **~den hücuma geçmek** einen frontalen Angriff starten; (*a. fig*) zum Frontalangriff übergehen, frontal angreifen ③ (*fig: yan, taraf*) Seite *f* **cephe gerisi** *s* MIL Etappe *f*

cephelenme *s Verbalsubstantiv zu* **cephelenmek**

cephelenmek *vi* **bir şeye karşı ~** gegen etw Front machen

cepheleşme *s Verbalsubstantiv zu* **cepheleşmek**

cepheleşmek *vi* klare Fronten bilden

cep kitabı *s* Taschenbuch *nt* **cep numarası** *s* (*fam*) Handynummer *f* **cep saati** *s* Taschenuhr *f* **cep sözlüğü** *s* Taschenwörterbuch *nt* **cep takvimi** *s* Taschenkalender *m* **cep telefonu** *s* Handy *nt*

cerahat <-i> *s ohne pl s.* **irin** Eiter *m;* **~ toplamak** Eiter bilden

cerahatlenme *s* ① *Verbalsubstantiv zu* **cerahatlenmek** ② Eiterung *f*

cerahatlenmek *vi s.* **irinlenmek** eitern

cerahatli *adj* (*irinli*) eit(e)rig

cereyan *s* ① ELEK Strom *m;* **~ kesildi** der Strom ist ausgefallen ② (*kurander*) Luftzug *m* **cereyan kesilmesi** *s* ELEK Stromausfall *m*

Cermen **I.** *s* HIST Germane, Germanin *m, f* **II.** *adj* HIST, LING germanisch

cerrah [dʒerrax] *s* Chirurg(in) *m(f)*

cerrahi [dʒerraxi:] **I.** *s ohne pl* Chirurgie *f;* **plastik ~** plastische Chirurgie **II.** *adj* chirurgisch, operativ; **~ müdahale** ein chirurgischer [*o* operativer] Eingriff

cerrahiye *s* Chirurgie *f*

cesaret *s ohne pl* Mut *m,* Courage *f;* **bir şeye ~ etmek** etw wagen, sich an etw wagen; **birine ~ vermek** jdm Mut machen; **~ini kaybetmek** den Mut verlieren

cesaretlendirme *s* ① *Verbalsubstantiv zu* **cesaretlendirmek** ② Ermutigung *f*

cesaretlendirmek *vt* ermutigen

ceset <-di> *s* Leiche *f;* (*naaş*) Leichnam *nt*

cet <-ddi> *s* Vorfahr *m*

cetvel *s* ① Lineal *nt* ② (*çizelge*) Tabelle *f;* (*hareket ~i*) Tafel *f*

cevabı *s poss von* **cevap**

cevap <-bı> *s* ① (*yanıt*) Antwort *f;* **~ vermek** antworten ② (*ihtiyacı karşılamak*) **~ vermek** den Bedarf decken ③ MED **~ vermek** anschlagen; **ilaç ~ vermedi** das Mittel schlägt nicht an ④ TELEK abnehmen; **kimse ~ vermiyor** es nimmt keiner ab **cevap kâğıdı** *s* Fragebogen *m*

cevaplama *s* ① *Verbalsubstantiv zu* **cevaplamak** ② Beantwortung *f*

cevaplamak *vt* beantworten

cevaplandırma *s* ① *Verbalsubstantiv zu* **cevaplandırmak** ② Beantwortung *f,* Erwiderung *f*

cevaplandırmak *vt* beantworten; (*karşılığını vermek*) antworten (auf), erwidern, entgegnen

cevaplanma *s* ① *Verbalsubstantiv zu* **cevaplanmak** ② Beantwortung *f*

cevaplanmak *vi pass von* **cevaplamak**

cevapsız *adj* unbeantwortet

cevher *s* Stoff *m,* Substanz *f*

ceviz *s* ① BOT (*ağacı*) Walnussbaum *m* ② (*yemişi*) Walnuss *f* ③ (*kerestesi*) Nussbaum *m* ④ (*Hindistan ~i*) Nuss *f;* **biri için çetin ~ olmak** (*fig fam*) für jemanden eine harte Nuss sein **ceviz masa** *s* Walnusstisch *m*

cevvî [dʒevvi:] *adj s.* **atmosferik** atmosphärisch

ceylan *s* ZOOL Gazelle *f*
ceza [dʒeza:] *s* Strafe *f;* **biri ~ almak** jd bekommt [*o* kriegt] eine Strafe; **birinden ~ almak** jdn mit einer Geldstrafe belegen; **~ çekmek** eine Strafe verbüßen; **birine ~ kesmek** jdn mit einer Geldstrafe belegen; **biri ~ vermek** jd zahlt eine Geldstrafe; **birine ~ vermek** jdn bestrafen; **birine ~ yazmak** (*fam*) jdn aufschreiben, jdn mit einer Geldstrafe belegen; **~ yemek** (*fam*) eine Strafe bekommen [*o* kriegen]; **~sını bulmak** seine verdiente Strafe finden; **~sını çekmek** seine Strafe absitzen [*o* abbüßen]; **bir şeyin ~sını çekmek** für etw büßen müssen; **birini ~ya çarptırmak** (*fam*) jdm eine Strafe aufbrummen, jdn bestrafen; **bu ~yı hak etti** er hat diese Strafe verdient **ceza alanı** *s* SPORT Strafraum *m* **ceza atışı** *s* SPORT (*ceza vuruşu*) Strafstoß *m* **ceza evi** *s* Strafanstalt *f,* Strafvollzugsanstalt *f,* Justizvollzugsanstalt *f;* (*hapishane*) Gefängnis *nt* **ceza hukuku** *s ohne pl* JUR Strafrecht *nt* **ceza hukukuçusu** *s* JUR Strafrechtler(in) *m(f)*
cezai [dʒeza:i:] *adj* strafrechtlich **cezai şart** *s* JUR Konventionalstrafe *f*
cezalandırılma *s* ❶ *Verbalsubstantiv zu* **cezalandırılmak** ❷ Bestrafung *f*
cezalandırılmak *vi pass von* **cezalandırmak** bestraft werden
cezalandırma *s* ❶ *Verbalsubstantiv zu* **cezalandırmak** ❷ Bestrafung *f*
cezalandırmak *vt* bestrafen
cezalı *adj* bestraft
ceza sahası *s s.* **ceza alanı** SPORT Strafraum *m*
cezasız *adj* straflos; (*cezalandırılmamış*) unbestraft
ceza vuruşu *s* SPORT Strafstoß *m*
Cezayir *s* Algerien *nt*
Cezayirli I. *s* Algerier(in) *m(f)* **II.** *adj* algerisch
cezbe *s* Ekstase *f,* Entrückung *f;* **~ye tutulmak** [*o* **kapılmak**] in Ekstase geraten
cezbelenme *s Verbalsubstantiv zu* **cezbelenmek**
cezbelenmek *vi* in Ekstase geraten
cezbeli *adj* ekstatisch, entrückt
cezbetme *s* ❶ *Verbalsubstantiv zu* **cezbetmek** ❷ Anziehung *f*
cezbetmek <-der> *vt* anziehen, anlocken
cezir <-zri> *s ohne pl* GEO Ebbe *f; s. a.* **met**
cezire *s s.* **ada** Insel *f*
cezri *s poss von* **cezir**
cezrî [dʒezri:] *adj* radikal
cezve *s* (*gastr*) Mokkakännchen *nt* (*zur Zubereitung von türkischem Kaffee*)
cgr *Abk von* **santigram** cg, Zentigramm

chat [tʃɛt] *s* INFORM, TELEK (*internette*) Chat *m;* **~ yapmak** chatten
cıbıl *adj* (*fam*) ❶ (*çıplak*) nackt ❷ (*yoksul*) arm; (*parasız*) mittellos
cıdak <-ğı> *s s.* **mızrak** Speer *m*
cıgara *s* REG (*sigara*) Zigarette *f*
cımbız *s* Pinzette *f*
cıncık <-ğı> *s* ❶ (*camdan yapılan şeyler*) Glaswaren *pl* ❷ (*porselenden yapılan şeyler*) Porzellanwaren *pl* **cıncık boncuk** <-ğu> *s ohne pl* Modeschmuck *m*
cırcır I. *s* ❶ (*kaynana zırıltısı*) Knarre *f* ❷ (*ağustos böceği*) Zikade *f* **II.** *adj* (*geveze*) geschwätzig **cırcır böceği** *s* ZOOL Grille *f;* (*Grillus campestris*) Feldgrille *f;* **~nin ötüşü** das Zirpen der Grille **cırcır delgi** *s* TECH Drillbohrer *m*
cırıldama *s Verbalsubstantiv zu* **cırıldamak**
cırıldamak *vi* zirpen
cırıltı *s ohne pl* Gezirp *nt;* **cırcır böceklerinin ~sı** das Gezirp der Grillen
cırlak I. *adj* <-ğı> (*ses için*) schrill **II.** *s* <-ğı> REG (*cırcır böceği*) Grille *f*
cırlayık <-ğı> *s* ❶ ZOOL (*Lanius*) Würger *m* ❷ REG (*ağustos böceği*) Zikade *f*
cıva *s ohne pl* CHEM Quecksilber *nt;* **~ gibi** quecksilbrig; **bir şeyi ~ ile alaşımlamak** etw amalgamieren
cıvadra *s* NAUT Bugspriet *m*
cıvalı *adj* quecksilberhaltig **cıvalı derece** *s* Quecksilberthermometer *nt*
cıva sütunu *s* Quecksilbersäule *f*
cıvata *s* TECH Bolzen *m;* (*yağ boşaltma ~sı*) Schraube *f*
cıvıl cıvıl *adv* ❶ (*kuşlar*) **~ ötmek** zwitschern ❷ (*canlı, hareketli*) **sokaklar ~dı** es gab ein lebhaftes Treiben auf den Straßen
cıvıldama *s ohne pl* ❶ *Verbalsubstantiv zu* **cıvıldamak** ❷ Gezwitscher *nt*
cıvıldamak *vi* zwitschern
cıvıltı *s ohne pl* Gezwitscher *nt*
cıvma *s* ❶ *Verbalsubstantiv zu* **cıvmak** ❷ Abprall *m*
cıvmak *vi* abprallen; **kurşun taştan cıvdı** die Kugel prallte am Stein ab
cıyaklamak *vi* kreischen
cızbız *adj* GASTR gegrillt
cızık <-ğı> *s* (*fam*) ❶ (*çizgi*) Strich *m* ❷ (*iz*) Spur *f*
cız sineği *s* Stechfliege *f*
cibinlik <-ği> *s* Moskitonetz *nt*
cici *adj* niedlich, putzig, drollig, schnuckelig; (*sevimli*) nett, lieb; **~m!** (*sevgi sözü*) Schnuckelchen!; (*seslenme sözü*) meine Liebe!, mein Lieber! **cici anne** *s* (*fam*) ❶ Omi *f* ❷ (*üvey ana*) Stiefmutter *f*

cidalci *s s.* **savaşçı** Krieger(in) *m(f)*
cidden *adv* im Ernst, allen Ernstes; (*gerçekten*) ernstlich, wirklich; (*şakasız olarak*) ohne Spaß; **birine ~ kızgın olmak** jdm ernstlich böse sein
ciddi [dʒiddiː] *adj* ❶ (*şaka olmayan*) ernsthaft, seriös; (*tehlike*) ernstlich; **~ bir teklif** ein seriöses Angebot; **bir şeyi ~ demek** etw ernst meinen; **bir kimseyi/şeyi ~ye almak** jdn/etw ernst nehmen; **çok ~yim** (*fam*) das ist mein voller Ernst ❷ (*ağırbaşlı*) ernst, seriös ❸ (*hastalık*) ernst **ciddi ciddi** *adv* ernstlich
ciddileşme *s Verbalsubstantiv zu* **ciddileşmek**
ciddileşmek *vi* ernst werden
ciddilik <-ği> *s ohne pl* ❶ Ernsthaftigkeit *f;* **ciddiliğini takınmak** eine ernste Miene aufsetzen; **durumun ciddiliği** der Ernst der Lage ❷ (*ciddi durum*) Ernstfall *m*
ciddiyet *s ohne pl* ❶ (*ciddilik*) Ernsthaftigkeit *f* ❷ (*ağırbaşlılık*) Seriosität *f*
ciddiyetsiz *adj* unseriös, unernst
cife I. *s* ❶ (*leş*) Aas *nt* ❷ (*fig*) Aas *nt* **II.** *adj* widerlich
cigara *s* REG (*sigara*) Zigarette *f*
ciğer *s* ❶ (*ak~*) Lunge *f;* **~lerine çekmek** inhalieren, einen Lungenzug machen ❷ (*kara~*) Leber *f;* **kediye ~ ısmarlamak** (*fam*) den Bock zum Gärtner machen ❸ (*fig: yürek*) Herz *nt;* (*iç*) Seele *f;* **onun ~i beş para etmez** er ist ein Taugenichts; **~imin köşesi** (*çok sevdiğim*) mein Liebes; (*çok sevgili evladım*) mein liebes Kind; **birinin ~ini delmek** jdn ins Herz treffen; **birinin ~ini okumak** jds Gedanken lesen; **birinin ~ini sökmek** jdm das Herz aus dem Leibe reißen; **birinin ~ine işlemek** jdm sehr nahegehen
ciğerpare *s* Herzblatt *nt*
cihan *s s.* **dünya** Welt *f*
cihar [dʒixar] *s* (*tavlada dört*) Vier *f* (*Augen des Würfels beim Backgammon*); **~ıdü** die Vier und die Zwei; **~ıse** die Vier und die Drei; **~ıyek** die Vier und die Eins
cihat <-dı> [dʒihaːt] *s ohne pl* REL Dschihad *m;* **~ açmak** zum Dschihad ausrufen
cihaz *s* ❶ Apparat *m,* Gerät *nt;* (*iklimleme ~ı*) Anlage *f;* **optik bir ~** ein optisches Gerät ❷ (*çeyiz*) Aussteuer *f*
cihet *s* (*yön*) Richtung *f;* (*yan*) Seite *f*
cihetiyle *präp* (*-den dolayı*) wegen; (*sebebiyle*) auf Grund von
ciklet *s s.* **sakız** Kaugummi *m o nt*
cila [dʒilaː] *s* ❶ Politur *f* ❷ (*tırnak ~sı*) Lack *m* ❸ (*yer ~sı*) Wachs *nt*
cilalama *s Verbalsubstantiv zu* **cilalamak**
cilalamak *vt* ❶ polieren; (*mobilyaları*) aufpolieren ❷ (*yerleri*) bohnern
Cilalı Taş Devri *s ohne pl* HIST, ARCH Jungsteinzeit *f*
cilbent <-di> *s s.* **klasör** Ordner *m,* Aktenordner *m*
cildi *s poss von* **cilt**
cildiye *s* MED (*deri hastalıkları*) Hautkrankheiten *pl;* (*dermatoloji*) Dermatologie *f*
cildiyeci *s* Hautarzt, -ärztin *m, f;* (*dermatolog*) Dermatologe, -login *m, f*
cilt <-di> *s* ❶ (*deri*) Haut *f* ❷ (*kitap*) Band *m* **cilt bakımı** *s* Hautpflege *f*
ciltçi *s* ❶ (*mücellit*) Buchbinder(in) *m(f)* ❷ (*ciltevi*) Buchbinderei *f*
ciltçilik <-ği> *s ohne pl* Buchbindergewerbe *nt*
ciltevi *s* Buchbinderei *f* **cilt hastalığı** *s* Hautkrankheit *f* **cilt kremi** *s* Hautcreme *f*
ciltleme *s Verbalsubstantiv zu* **ciltlemek**
ciltlemek *vt* (*kitap*) (ein)binden
ciltli *adj* (*kitap*) gebunden, kartoniert
cilt rengi *s* Hautfarbe *f*
ciltsiz *adj* broschiert
cilve *s* ❶ Ziererei *f;* **~ etmek** [*o* **yapmak**] sich zieren ❷ Laune *f;* **kaderin bir ~si** eine Laune des Schicksals
cilvekâr [dʒilvekār] *adj* kokett
cilvelenme *s* ❶ *Verbalsubstantiv zu* **cilvelenmek** ❷ Ziererei *f*
cilvelenmek *vi* ❶ sich zieren ❷ kokettieren
cilveleşme *s* ❶ *Verbalsubstantiv zu* **cilveleşmek** ❷ Koketterie *f*
cilveleşmek *vi* (*fam*) kokettieren (**-le** mit)
cilveli *adj* kokett
cima <-ı> *s s.* **cinsel ilişki** Geschlechtsverkehr *m*
cimnastik <-ği> *s ohne pl s.* **jimnastik** Gymnastik *f,* Turnen *nt* **cimnastikçi** *s s.* **jimnastikçi** Turner(in) *m(f)*
cimri *adj* geizig, knauserig
cimrilik <-ği> *s ohne pl* Geiz *m;* **~ etmek** geizen
cin[1] *s* Kobold *m;* **sokaklarda cin top oynuyordu** (*fig*) die Straßen waren wie ausgestorben
cin[2] *s* Gin *m;* (*ardıç rakısı*) Wacholderbranntwein *m*
cinaî [dʒinaːiː] *adj* Kriminal- **cinaî roman** *s* Kriminalroman *m*
cinas [dʒinaːs] *s* ❶ Zweideutigkeit *f* ❷ Anzüglichkeit *f;* **~ dolu olmak** voller Anzüglichkeiten sein
cinaslı *adj* ❶ zweideutig ❷ anzüglich, schlüpfrig; **~ lakırdılar** anzügliche Bemerkungen
cinayet [dʒinaː-] *s* ❶ (*adam öldürme*) Mord *m;* **~ işlemek** einen Mord begehen

❷ (*fig: ağır suç*) Verbrechen *nt*
cinnet *s ohne pl* Wahnsinn *m;* ~ **geçirmek** (*delirmek*) wahnsinnig werden; (*aklını kaçırmak*) den Verstand verlieren
cins **I.** *s* ❶ (*tür*) Art *f* ❷ (*çeşit*) Sorte *f* ❸ (*fam: garip*) komisch ❹ BIOL Gattung *f* ❺ (*soy*) Geschlecht *nt;* (*kök, asıl*) Abstammung *f* ❻ (*fam: köpek ~i*) Rasse *f* ❼ LING Genus *nt* **II.** *adj* reinrassig, Rasse-
cinsel *adj* geschlechtlich, sexuell; ~ **istek** sexuelles Verlangen; ~ **uyarım** geschlechtliche Erregung **cinsel cazibe** *s ohne pl* (*seksapel*) Sexappeal *m;* **bir kadının ~si** die sexuelle Anziehungskraft einer Frau **cinsel (iç) güdü** *s* Geschlechtstrieb *m* **cinsel ilişki** *s* Geschlechtsverkehr *m,* Intimverkehr *m;* **biriyle ~de bulunmak** mit jdm Geschlechtsverkehr haben
cinsellik <-ği> *s ohne pl* ❶ Geschlechtlichkeit *f,* Sexualität *f* ❷ (*seks*) Sex *m* **cinsellik bilimi** *s ohne pl* (*seksoloji*) Sexologie *f*
cinsel organ *s* Geschlechtsorgan *nt*
cinsî *adj* geschlechtlich; (*seksüel*) sexuell; ~ **coşku/doygunluk** sexuelle Erregung/Befriedigung
cinsilâtif *s* das schöne Geschlecht
cinsiyet *s* Geschlecht *nt*
cinsiyet bezi *s* Geschlechtsdrüse *f* **cinsiyet hormonu** *s* Geschlechtshormon *nt*
cins köpek <-ği> *s* Rassehund *m*
cip *s* Jeep® *m*
cips *s* Chips *pl*
ciranta *s* FIN Indossant(in) *m(f),* Girant(in) *m(f)*
cirit <-di> *s a.* SPORT Speer *m,* Wurfspieß *m;* ~ **atmak** mit dem Speer werfen; (*fig*) herumtollen, sich tummeln **cirit atma** *s ohne pl* SPORT Speerwerfen *nt* **cirit ucu** *s* SPORT (*temren*) Speerspitze *f*
ciro *s* FIN ❶ Indossament *nt;* ~ **etmek** indossieren ❷ (*fam: iş hacmi*) Umsatz *m*
cisim <-smi> *s* ❶ Körper *m;* **katı bir ~** ein fester Körper ❷ Objekt *nt,* Gegenstand *m;* **uzaktaki ~lerin fotoğrafını çekmek** weit entfernte Objekte fotografieren
cismen *adv* körperlich
cismi *s poss von* **cisim**
civanperçemi *s* BOT Schafgarbe *f; s. a.* **kandil çiçeği**
civar *s* Gegend *f;* **bu ~da görülecek çok şey var** hier in der Gegend gibt es viel zu sehen; **Bursa ~ında** in der Gegend von Bursa
civciv *s* Küken *nt;* **~ler yumurtadan çıktı** die Küken sind ausgeschlüpft
cizvit *s* REL Jesuit *m*
cizvitlik <-ği> *s ohne pl* REL Jesuitentum *m*
cizvit tarikatı *s ohne pl* REL Jesuitenorden *m*
cl *Abk von* **santilitre** cl, Zentiliter
cm *Abk von* **santimetre** cm, Zentimeter
coğrafi [dʒoraˈfiː] *adj* geographisch; ~ **durum** die geographische Lage
coğrafik *adj* geographisch
coğrafya *s ohne pl* Geographie *f,* Erdkunde *f*
coğrafyacı *s* ❶ Geograph(in) *m(f)* ❷ SCHULE (*fam: öğretmen*) Geographielehrer(in) *m(f)*
coker *s* Joker *m*
cokey *s* SPORT Jockey *m,* Jockei *m*
conta *s* TECH Dichtung *f*
cop *s* ❶ (*kalın kısa değnek*) Knüppel *m* ❷ Schlagstock *m;* (*lastik sopa*) Gummiknüppel *m*
coşku *s* ❶ (*geçici hayranlık*) Begeisterung *f;* **büyük bir ~ ile** mit heller Begeisterung; **~ya kapılmak** außer sich geraten, (ganz) aus dem Häuschen geraten ❷ Euphorie *f* ❸ (*cinsî*) Erregung *f*
coşkulu *adj* ❶ begeistert ❷ euphorisch ❸ erregt
coşkun *adj* ❶ begeistert ❷ euphorisch ❸ tobend
coşkunluk <-ğu> *s* Begeisterung *f*
coşma *s* ❶ *Verbalsubstantiv zu* **coşmak** ❷ Begeisterung *f*
coşmak <-ar> *vi* ❶ in Begeisterung geraten; (*fam*) (ganz) aus dem Häuschen geraten ❷ (*doğa olaylarında*) toben
coşturma *s Verbalsubstantiv zu* **coşturmak**
coşturmak *vt* ❶ *Kausativ zu* **coşmak** ❷ in Begeisterung versetzen ❸ ausufern lassen
coşturucu *adj* begeisternd
cömert <-di> *adj* ❶ großzügig; ~ **davranmak** sich großzügig verhalten; **içlerinde en cömerdi** der Großzügigste unter ihnen ❷ (*fig: verimli*) ergiebig
cömertçe *adv* großzügig; (*bol bol*) ausgiebig
cömertlik <-ği> *s ohne pl* Großzügigkeit *f*
cönk <-gü> *s* ❶ HIST, NAUT (*büyük yelkenli gemi*) Großsegler *m* ❷ LIT (*şiir derlemeleri*) Gedichtsammlung *f*
cuma *s* Freitag *m;* **~dan pazara kadar** von Freitag bis Sonntag
cumaları *adv* freitags
cumartesi <-yi> *s* Samstag *m,* Sonnabend *m; s. a.* **cuma**
cumartesileri *adv* samstags
cuma vaazı *s* REL Freitagspredigt *f;* **~nı vermek** die Freitagspredigt halten
cumba *s* Erker *m*
cumbadak *adv* ~ **düşmek** plumpsen

cumburtu *s* Plumps *m*
cumhurbaşkanı *s* Staatspräsident(in) *m(f)*
cumhuriyet *s* Republik *f;* **C~ bayramı** Tag der Republik
cumhuriyetçi **I.** *s* Republikaner(in) *m(f)* **II.** *adj* republikanisch
cumhuriyetçilik <-ği> *s ohne pl* POL Republikanismus *m*
cumudiye *s s.* **buzul** Gletscher *m*
cunta *s* POL Junta *f*
curcuna *s ohne pl* (*fam*) Gaudi *f*
cübbe *s* ❶ (*hukukçular*) Robe *f* ❷ (*üniversiteliler*) Talar *m*
cüce **I.** *s* Zwerg *m* **II.** *adj* kleinwüchsig
cüce çöpçü *s* ZOOL Zwergpanzerwels *m*
cücelik <-ği> *s ohne pl* Zwergwuchs *m*
cümle *s* Satz *m* **cümle bilgisi** *s ohne pl* LING Satzlehre *f;* (*sentaks*) Syntax *f*
cümlesi *pron* (*hepsi*) alle(r, s)
cümleten *adv* allesamt, alle zusammen
cümle yapısı *s* LING Satzbau *m*
cüret <-ğı> *s ohne pl* ❶ Wagemut *f,* Kühnheit *f* ❷ **~ etmek** wagen (**-e**); **buna nasıl ~ edersin!** wie kannst du es wagen!
cüretli *adj s.* **atak**[1] wagemutig, kühn
cürmü *s poss von* **cürüm**
cürmümeşhut <-du> *s* JUR (*suçüstü*) **~ hâlinde** auf frischer Tat, in flagranti
cüruf *s* Schlacke *f*
cürüm <-rmü> *s* JUR (*suç*) Verbrechen *nt*
cüsse *s* Körper *m*
cüsseli *adj* korpulent, dickleibig
cüssesiz *adj* schmächtig
cüz *s* ❶ Teil *m* ❷ (*Kur'an ~ ü*) Abschnitt *m*
cüzam *s ohne pl* MED Aussatz *m,* Lepra *f*
cüzamlı **I.** *s* MED Aussätzige(r) *f(m)* **II.** *adj* MED aussätzig, leprakrank, lepros, leprös
cüzdan *s* ❶ (*para ~ ı*) Brieftasche *f,* Portmonee *nt,* Portemonnaie *nt* ❷ (*nüfus ~ ı*) Ausweis *m;* (*evlenme, tasarruf ~ ı*) Buch *nt*
cüzi [dʒyziː] *adj* ❶ (*az*) gering; **~ miktar** eine geringe Menge ❷ PHILOS (*tikel*) partikular **cüzi zarar** *s* JUR Bagatellschaden *m*

C

Ç ç

Ç, ç [tʃe] *s 4. Buchstabe des türk. Alphabets*

çaba *s* Mühe *f;* **bütün ~lar boşa gitti** all die Mühe war umsonst [*o* vergebens]; **nafile bir ~** eine vergebliche Mühe

çabalama *s* ❶ *Verbalsubstantiv zu* **çabalamak** ❷ Bemühung *f*

çabalamak *vi* sich bemühen, sich anstrengen

çabalayış *s* Bemühung *f*

çabucacık *adv,* **çabucak** *adv* rasch; (*hızla*) geschwind, schnellstens, (sehr) schnell; **işini ~ bitirdi** er hat seine Arbeit rasch [*o* (sehr) schnell] erledigt; (*fam*) er hat seine Arbeit in null Komma nichts erledigt

çabuk I. *adj* <-ğu> schnell; (*tez*) rasch; **bir şeyde elini ~ tutmak** (*fam*) mit etw schnell bei der Hand sein **II.** *interj* **~!** schnell!; (*acele et*) beeil dich!; **~ ol!** beeil dich!

çabukça *adv* schnell

çabuklaşma *s* ❶ *Verbalsubstantiv zu* **çabuklaşmak** ❷ Beschleunigung *f*

çabuklaşmak *vi* schneller werden, sich beschleunigen

çabuklaştırma *s* ❶ *Verbalsubstantiv zu* **çabuklaştırmak** ❷ Beschleunigung *f*

çabuklaştırmak *vt* beschleunigen

çabukluk <-ğu> *s ohne pl* Schnelligkeit *f;* (*el çabukluğu*) Fertigkeit *f*

çaça *s* (*sl: mama*) Puffmutter *f* **çaça balığı** *s* ZOOL Sprotte *f,* Breitling *m*

çaçaça *s* Cha-Cha-Cha *m*

çaçaron I. *s* Schwätzer(in) *m(f)* **II.** *adj* schwatzhaft, geschwätzig

çaçaronca *adj* schwatzhaft

çaçaronluk <-ğu> *s ohne pl* Schwatzhaftigkeit *f,* Geschwätzigkeit *f;* **onun çaçaronluğu çekilmez** seine Schwatzhaftigkeit ist unerträglich

çadır *s* Zelt *nt;* **~ kurmak/yıkmak** seine Zelte aufschlagen/abbrechen; **~larını tarlanın ortasına kurdular** sie schlugen ihr Zelt mitten auf dem Feld auf **çadır bezi** *s ohne pl* Zeltleinwand *f* **çadır çatı** *s* ARCH Zeltdach *nt* **çadır çiçeği** *s* BOT Stachelseerose *f* **çadır direği** *s* Zeltmast *m,* Zeltstange *f*

çağ *s* ❶ Zeitalter *nt;* **altın ~** das goldene Zeitalter ❷ (*yaş*) Alter *nt;* **evlenecek ~da olmak** im heiratsfähigen Alter sein ❸ (*vakit*) Zeit *f*

çağa *s* REG (*çocuk*) Kind *nt;* (*bebek*) Baby *nt*

çağanoz *s* ZOOL Strandkrabbe *f*

çağcıl *adj* zeitgenössisch; (*modern*) modern; **~ bir insan** ein moderner Mensch; **~ fizik** die moderne Physik

çağcıllaştırma *s* ❶ *Verbalsubstantiv zu* **çağcıllaştırmak** ❷ Modernisierung *f*

çağcıllaştırmak *vt* modernisieren

çağcıllık <-ğı> *s ohne pl* Moderne *f*

çağdaş *adj* zeitgenössisch; (*modern*) modern

çağdaşlaştırma *s* ❶ *Verbalsubstantiv zu* **çağdaşlaştırmak** ❷ Modernisierung *f*

çağdaşlaştırmak *vt* modernisieren

çağdaşlık <-ğı> *s ohne pl* LIT, KUNST, MUS Moderne *f*

çağ dışı *adj* unzeitgemäß

çağıl çağıl *adv* rauschend

çağıldama *s Verbalsubstantiv zu* **çağıldamak** Rauschen *nt*

çağıldamak *vi* rauschen

çağıltı *s* Rauschen *nt;* **derenin ~sını duyuyor musun?** hörst du das Rauschen des Baches?

çağıltılı *adj* rauschend

çağır *vt Imperativ von* **çağırmak**

çağırı *s* **~ listesi** die Liste der eingeladenen Gäste

çağırıcı *s* Gastgeber(in) *m(f)*

çağırma *s* ❶ *Verbalsubstantiv zu* **çağırmak** ❷ (*ruh ~*) Beschwörung *f*

çağırmak *vt* ❶ rufen; **yardıma ~** um Hilfe rufen ❷ *a.* AERO, INFORM aufrufen; **programı ~** das Programm aufrufen; **tanıkları ~** die Zeugen aufrufen ❸ (*davet etmek*) einladen; **bizi düğüne/nişana çağırdılar** sie haben uns zur Hochzeit/Verlobung eingeladen ❹ (*ruh*) beschwören ❺ REG singen

çağırtı *s* Ruf *m;* **bağırtılar, ~lar** Schreie, Rufe

çağırtkan *s* Lockvogel *m*

çağırtmaç <-cı> *s* Ausrufer(in) *m(f)*

çağlayan *s* Wasserfall *m*

çağnak <-ğı> *s ohne pl* ANAT (*amnios suyu*) Fruchtwasser *nt*

çağrı *s* ❶ (*davet*) Einladung *f* ❷ (*~ cihazı*) Piepser *m* ❸ AERO, INFORM Aufruf *m* ❹ Aufruf *m,* Appell *m;* **gençlere ~** ein Appell an Jugendliche; **iş birliğine ~** ein Appell zur Zusammenarbeit **çağrı cihazı** *s* Piepser *m* **çağrı kâğıdı** *s* Einladung *f*

çağrılık <-ğı> *s* (*davetiye*) Einladung *f*

çağrılma *s Verbalsubstantiv zu* **çağrılmak**

çağrılmak *vi* ❶ *pass von* **çağırmak** ❷ **düğüne biz de çağrıldık** auch wir wurden

zur Hochzeit eingeladen
çağrım *s ohne pl* Rufweite *f*
çağrı merkezi *s* Callcenter *nt*
çağrışım *s* Assoziation *f*; ~ **yapmak** Assoziationen erwecken
çağrışımlı *adj* assoziativ
çağrıştırma *s* ❶ *Verbalsubstantiv zu* **çağrıştırmak** ❷ **Wagner'i/romantizmi** ~ Anklänge an Wagner/an die Romantik
çağrıştırmak *vt* ❶ assoziieren, Assoziationen erwecken ❷ (*hatırlatmak*) in Erinnerung rufen
çak *vi Imperativ von* **çakmak[2]**
çakal *s* ❶ ZOOL Schakal *m* ❷ (*sl: kurnaz, düzenci kimse*) Spitzbube *m*; (*aşağılık kimse*) Schuft *m*, Schurke *m* **çakal armudu** *s* Holzbirne *f*, Wilde Birne **çakal eriği** *s* BOT Schlehe *f*
çakar[1] *vi 3. Aorist von* **çakmak[2]**
çakar[2] *s* Leuchtfeuer *nt*
çakaralmaz **I.** *adj* ❶ (*basit*) einfach; (*ilkel*) primitiv ❷ (*fam: bozuk*) kaputt **II.** *s* (*fam: tabanca*) Pistole *f*
çakı *s* Taschenmesser *nt*; ~ **gibi delikanlı!** (*fig*) ein toller Hecht!
çakıl *s* Kies *m*; (*taşı*) Kiesel *m*, Kieselstein *m*
çakıldak <-ğı> *s* TECH Sperrklinke *f*
çakılı *adj* ❶ angenagelt ❷ (*sabit*) fest ❸ (*fig*) ~ **kalmak** haften bleiben; **sözleri ~ kaldı bende** seine Worte blieben bei mir haften
çakıllı *adj* kiesig
çakıllık <-ğı> *s* ❶ Kies *m* ❷ Kiesgrube *f*
çakılma *s Verbalsubstantiv zu* **çakılmak**
çakılmak *vi* ❶ *pass von* **çakmak[2]** ❷ (*fam*) bemerkt werden ❸ **uçak yere çakıldı** das Flugzeug stürzte ab; **çakılıp kalmak** festsitzen; **çakılıp kaldım** ich war wie angewurzelt
çakıl taşı *s* Kieselstein *m* **çakıl yığını** *s* Kieshaufen *m* **çakıl yol** *s* Kiesweg *m*
çakıntı *s* ❶ (*şimşek ~ sı*) Blitz *m* ❷ (*fig: ani düşünce*) Geistesblitz *m*, Gedankenblitz *m*
çakır[1] **I.** *adj* blaugrau **II.** *s s.* **çakırdoğan** Habicht *m*
çakır[2] *s s.* **şarap** Wein *m*
çakırdoğan *s* ZOOL Habicht *m*; *s. a.* **tuğrul**
çakırkanat <-dı> *s* ZOOL Krickente *f*
çakırkeyf *adj*, **çakırkeyif** <-yfi> *adj* angeheitert
çakır pençe *adj* (*becerikli*) geschickt **çakır pençelik** <-ği> *s ohne pl* Geschicklichkeit *f*
çakışık <-ğı> *adj* MATH kongruent, deckungsgleich; ~ **üçgenler** kongruente [*o* deckungsgleiche] Dreiecke
çakışma *s* ❶ *Verbalsubstantiv zu* **çakışmak** ❷ Kongruenz *f*
çakışmak *vi* ❶ MATH kongruieren, sich decken ❷ (*aynı zaman dilimi içinde bulunmak*) sich überschneiden, kollidieren (**-le** mit); **iki sınıfın dersleri çakıştı** die Unterrichtsstunden der beiden Klassen überschneiden sich
çakışmalı *adj* MATH kongruierend, sich deckend
çakma *s Verbalsubstantiv zu* **çakmak[2]**
çakmak[1] <-ğı> *s* ❶ Feuerzeug *nt* ❷ HIST (*tüfeklerde tetik düzeni*) Feuersteinschloss *nt*
çakmak[2] <-ar> **I.** *vt* ❶ (*çivi*) klopfen (**-e** in), (ein)schlagen (**-e** in); **duvara çivi ~** einen Nagel in die Wand klopfen [*o* (ein)schlagen] ❷ (*çivi ile tutturmak*) annageln ❸ (*şahmerdanla*) rammen (**-e** in) ❹ (*fam: anlamak*) kapieren, raffen, schnallen; **en sonunda işi çaktı** endlich hat er es gerafft ❺ (*sürtmek*) reiben; (*vurmak*) schlagen, hauen; **birinin suratına tokadı ~** (*fig fam*) jdm eine kleben ❻ **selam ~** salutieren ❼ (*sl: kurnazlıkla kabul ettirmek*) unterjubeln; **kalp parayı birisine ~** jdm das Falschgeld unterjubeln **II.** *vi* ❶ (*sl: bilmek*) Ahnung haben (**-den** von), können (**-den**) ❷ (*parıldamak*) aufblitzen, aufleuchten; **şimşek ~** blitzen ❸ SCHULE, UNIV (*fam: kalmak*) durchfallen; **sınıfta ~** sitzen bleiben; **tarihten çaktı** er ist in Geschichte durchgefallen
çakma kapı *s* Brettertür *f*
çakmaklı *s* Flinte *f*
çakmaklık benzin *s* Feuerzeugbenzin *nt*
çakmak taşı *s* Feuerstein *m*
çakozlama *s Verbalsubstantiv zu* **çakozlamak**
çakozlamak *vt* (*fam*) kapieren, schnallen; **en sonunda ne olduğunu çakozladı** endlich hat er kapiert [*o* geschnallt], was los ist
çaktırma *s Verbalsubstantiv zu* **çaktırmak**
çaktırmadan *adv* (*belli etmeden*) unbemerkt; (*gizlice*) heimlich, verstohlen; ~ **bakışmak** sich gegenseitig verstohlene Blicke zuwerfen
çaktırmak *vt* ❶ *Kausativ zu* **çakmak** ❷ (*fam*) merken lassen, durchblicken lassen ❸ SCHULE, UNIV (*fam*) **sınavda bırakmak** durchfallen lassen
çal *vt Imperativ von* **çalmak**
çalakalem *adv* mit fliegender Feder; ~ **yazılmış kitaplar** Bücher, die mit fliegender Feder geschrieben wurden
Çalap <-bı> *s ohne pl* REL, HIST (*Tanrı*) Gott *m*
çalar[1] *vt 3. Aorist von* **çalmak**
çalar[2] *s* ❶ *s.* **nüans** Nuance *f* ❷ (*CD ~*)

Player *m* **çalar saat** <-ti> *s* Wecker *m*

çalçene **I.** *adj* schwatzhaft **II.** *s* Schwätzer(in) *m(f)*, Plappermaul *nt*

çalçenelik <-ği> *s ohne pl* Schwatzhaftigkeit *f*

çaldırma *s Verbalsubstantiv zu* **çaldırmak**

çaldırmak *vt* ① *Kausativ zu* **çalmak** ② **dün bisikletini çaldırdı** gestern wurde ihm sein Fahrrad gestohlen ③ **orkestraya klasik müzik çaldırdı** er ließ das Orchester klassische Musik spielen

çalgı *s* MUS ① (~ *aleti*) Instrument *nt;* ~ **çalmak** ein Instrument spielen ② (*müzik*) Musik *f* ③ (*müzik topluluğu*) Kapelle *f* **çalgı aleti** *s* Instrument *nt*

çalgıcı *s* Musiker(in) *m(f)*

çalgıç <-cı> *s* MUS Plektron *nt*

çalı *s* Strauch *m,* Staude *f,* Busch *m* **çalı bülbülü** *s* ZOOL Dorngrasmücke *f* **çalı fasulyesi** *s* BOT Buschbohne *f* **çalı horozu** *s* ZOOL Auerhahn *m* **çalı kuşu** *s* ZOOL Zaunkönig *m*

çalılık <-ğı> *s* Gebüsch *nt,* Dickicht *nt,* Gestrüpp *nt*

çalım *s* ① Aufschneiderei *f;* (*gösteriş*) Angeberei *f;* ~ **satmak** aufschneiden, angeben ② (*kılıcın keskin yanı*) Schneide *f* ③ (*erim*) Reichweite *f;* **göz** ~ Sichtweite *f* ④ SPORT (*futbolda*) Täuschungsmanöver *nt;* ~ **atmak** [*o* **yapmak**] täuschen

çalınma *s Verbalsubstantiv zu* **çalınmak**

çalınmak *vi pass von* **çalmak: dün bisikletim çalındı** gestern wurde mein Fahrrad gestohlen

çalış *vi Imperativ von* **çalışmak**

çalışkan *adj* ① fleißig, arbeitsam ② (*faal*) eifrig

çalışkanlık <-ğı> *s ohne pl* ① Fleiß *m* ② Eifer *m*

çalışma *s* ① *Verbalsubstantiv zu* **çalışmak: bugün ~m gerekmiyor** ich brauche heute nicht zu arbeiten ② Arbeit *f;* **bilimsel bir** ~ eine wissenschaftliche Arbeit ③ (*faaliyet*) Betriebsamkeit *f;* **hummalı** ~ (*fig*) fieberhafte Betriebsamkeit ④ **motor ~ya başladı** der Motor ist angesprungen **çalışma bakanı** *s* Arbeitsminister(in) *m(f)* **çalışma bakanlığı** *s* Arbeitsministerium *nt* **çalışma barışı** *s ohne pl* Arbeitsfrieden *m*

çalışmacı *s* (*sosyal* ~) Arbeiter(in) *m(f)*

çalışma hayatı *s* Arbeitsleben *nt*

çalışmak *vi* ① arbeiten; **~tan ölmek** [*o* **canı çıkmak**] sich totarbeiten; **bir meslekte** ~ einen Beruf ausüben ② (*faal olmak*) tätig sein ③ (*motor*) laufen; **motor çalışmıyor** der Motor läuft nicht ④ funktionieren; **bu radyo pille çalışır** dieses Radio funktioniert mit Batterien ⑤ (*çaba harcamak*) sich bemühen (-**e** um), versuchen (-**e**); **kapıyı açmaya çalıştı** er versuchte die Tür aufzumachen ⑥ (*emek vermek*) **çocuk dersine çalışıyor** das Kind lernt

çalışma kampı *s* Arbeitslager *nt* **çalışma koşulları** *pl* Arbeitsbedingungen *pl* **çalışma odası** *s* Arbeitszimmer *nt* **çalışma saat(ler)i** *n(pl)* (*iş zamanı*) Arbeitszeit *f* **çalışma şartları** *pl* Arbeitsbedingungen *pl* **çalışma ücreti** *s* Arbeitslohn *m* **çalışma yöntemi** *s* Arbeitsmethode *f*

çalıştıran *s* (*işveren*) Arbeitgeber(in) *m(f)*

çalıştırıcı *s* SPORT (*antrenör*) Trainer(in) *m(f)*

çalıştırma *s* ① *Verbalsubstantiv zu* **çalıştırmak** ② Beschäftigung *f*

çalıştırmak *vt* ① *Kausativ zu* **çalışmak** ② beschäftigen ③ SPORT trainieren ④ TECH, AUTO zum Laufen bringen

çalkalama *s Verbalsubstantiv zu* **çalkalamak**

çalkalamak *vt* ① (*ilacı*) schütteln; (*yumurta*) schlagen ② (*bardakları*) ausspülen; (*ağzını*) spülen ③ AGR (*tahıl*) worfeln ④ AGR (*kuluçka yumurtalarını*) umdrehen

çalkama *s Verbalsubstantiv zu* **çalkamak**

çalkamak *vt* AGR (*tahıl*) worfeln

çalkanma *s Verbalsubstantiv zu* **çalkanmak**

çalkanmak *vi* ① *pass von* **çalkamak** ② (*dalgalanmak*) wogen ③ (*fig*) in Aufruhr geraten ④ (*fig*) Wellen schlagen

çalkantı *s* ① **yumurta ~sı** geschlagenes Ei ② (*fig: coşku*) Aufruhr *m*

çalkantılı *adj* unruhig

çalma **I.** *s* ① *Verbalsubstantiv zu* **çalmak** ② (*hırsızlık*) Diebstahl *m* ③ Turban *m* ④ (*fam: kibrit*) Streichholz *nt* **II.** *adj* ① (*çalınmış*) gestohlen; ~ **mal** gestohlene Ware ② (*kalemle işlenmiş*) ziseliert

çalmak <-ar> **I.** *vt* ① stehlen, entwenden, bestehlen (-**den**) ② (*çalgı*) spielen; **bir çalgıyı acemice** ~ auf einem Instrument stümperhaft spielen; **keman** ~ (auf der) Geige spielen ③ (*çan*) läuten; (*zili*) schellen ④ **ıslık** ~ pfeifen **II.** *vi* ① (*radyo*) spielen; (*çan*) läuten; (*telefon*) klingeln ② **renk kızıla çalıyor** die Farbe sticht ins Rötliche; **sarıya** ~ einen Stich ins Gelbe haben ③ *unpers* **zil çaldı** es hat geschellt

çalpara *s* ① MUS Kastagnette *f* ② ZOOL (*Portunus puber*) Samtkrabbe *f*

çalyaka *adv* **birini** ~ **etmek** jdm beim Schlafittchen packen

çam *s* ① BOT (*Pinus*) Kiefer *f;* **fıstık ~ı**

Pinie *f* ❷ (*fam*) Tanne *f*; ~ **devirmek** (*fig*) einen Bock schießen
çamaşır *s* ❶ (*iç giysisi*) Unterwäsche *f* ❷ Wäsche *f*; ~ **yıkamak** Wäsche waschen; **kirli** ~ (*a. fig*) schmutzige Wäsche
çamaşırcı *s* Wäscher(in) *m(f)* **çamaşırcı kadın** *s* Wäschefrau *f*
çamaşır dolabı *s* Wäscheschrank *m*
çamaşırhane *s* Wäscherei *f*
çamaşır ipi *s* Wäscheleine *f* **çamaşır kurutucusu** *s* Wäschetrockner *m* **çamaşır leğeni** *s* Waschschüssel *f* **çamaşır makinesi** *s* Waschmaschine *f* **çamaşır mandalı** *s* Wäscheklammer *f* **çamaşır odası** *s* Waschraum *m* **çamaşır sepeti** *s* Wäschekorb *m* **çamaşır suyu** *s* Flüssigwaschmittel *nt* **çamaşır tamburu** *s* Wäschetrommel *f* **çamaşır tozu** *s* Waschpulver *nt*
çamça *s* ZOOL Plötze *f*, Rotauge *nt*
çamçak <-ğı> *s* Zuber *m*
çam çiçeği *s* BOT (*Campanula medium*) Glockenblume *f*; (*meryemana eldiveni*) Marienglockenblume *f* **çam fıstığı** *s* Pinienkern *m* **çam korusu** *s* Kiefernschälwald *m* **çam kozalağı** *s* ❶ BOT Kiefernzapfen *m*; (*fıstık çamında*) Pinienzapfen *m* ❷ (*fam*) Tannenzapfen *m* **çam ormanı** *s* Kiefernwald *m* **çam sakızı** *s* Tannenharz *nt*
çamuka *s* ZOOL Ährenfisch *m*
çamur *s* Schlamm *m*; **birine ~ atmak** jdn in [*o* durch] den Schmutz ziehen; **birini ~dan çekip çıkarmak** jdn aus der Patsche helfen **çamur banyosu** *s* Schlammbad *nt*
çamurluk <-ğu> *s* ❶ AUTO Kotflügel *m*; **lastik çamurluğa sürtünüyor** der Reifen schleift am Radkasten ❷ (*bisiklet için*) Schutzblech *nt*; **bisiklet zinciri çamurluğa sürtünüyor** die Fahrradkette schleift am Schutzblech
çan *s* Glocke *f*; ~ **çalmak** die Glocke läuten; **birinin ~ına ot tıkmak** [*o* **tıkamak**] jdn mundtot machen
çanak <-ğı> *s* ❶ Schüssel *f* ❷ BOT Blütenkelch *m* **çanak anten** *s* RADIO, TV (*fam*) Satellitenschüssel *f* **çanak çömlek** <-ği> *s ohne pl* Steingut *nt*
Çanakkale Boğazı *s* GEO Dardanellen *pl*; HIST Hellespont *m*
çanaklık <-ğı> *s* NAUT Ausguck *m*, Mastkorb *m*
çanak yalayıcı *s* (*pej*) Speichellecker(in) *m(f)* **çanak yalayıcılık** <-ğı> *s* (*pej*) Speichelleckerei *f* **çanak yaprak** <-ğı> *s* BOT Kelchblatt *nt*
çancı *s* ❶ (*çan yapan*) Glockengießer(in) *m(f)* ❷ (*çan çalan*) Glöckner *m*
çan çiçeği *s* BOT Glockenblume *f*
çandır I. *s* REG (*melez*) Mischling *m* **II.** *adj* (*yaban*) wild
çanıltı *s* Glockenläuten *nt*
çan kulesi *s* Glockenturm *m*
çanta *s* Tasche *f*
çap *s* ❶ (*a. fig: kutur*) Kaliber *nt* ❷ (*büyüklük*) Größe *f*; (*ölçü*) Maß *nt*; **küçük ~ta** in geringem Ausmaß ❸ MATH (*dairenin ~ı*) Durchmesser *m*; **dış ~** der äußere Durchmesser; (*kürenin ~ı*) Umfang *m*; **borunun ~ı bir metre** das Rohr hat einen Durchmesser von einem Meter, das Rohr ist ein Meter im Durchmesser ❹ **dünya/ülke ~ında** weltweit/landesweit; **dünya/ülke ~ında** weltweit/landesweit
çapa *s* ❶ (*kazı aracı*) Hacke *f* ❷ NAUT (*çipo*) Dragge *f*, kleiner Anker
çapaçul *adj* (*pasaklı*) schlampig
çapaçulluk <-ğu> *s ohne pl* Schlampigkeit *f*
çapak[1] <-ğı> *s* ❶ Augenbutter *f* ❷ Grat *m*
çapak[2] <-ğı> *s* ZOOL Blei *m*, Brachse *f*, Brachsen *m*
çapalama *s Verbalsubstantiv zu* **çapalamak**
çapalamak *vt* hacken; **toprağı ~** die Erde hacken
çapanoğlu *s* (*fig fam*) das dicke Ende; **bunun altından ~ çıkar** das dicke Ende kommt noch
çapçak <-ğı> *s* Zuber *m*
çapkın I. *s* ❶ Schürzenjäger *m* ❷ (*haylaz*) Herumtreiber *m* ❸ (*fam*) Schwerenöter *m*; **seni ~ seni!** du Schlimmer! **II.** *adj* erotisch
çapla *s* Stichel *m*
çaplama *s Verbalsubstantiv zu* **çaplamak**
çaplamak *vt* ❶ (*enini boyunu ölçmek*) ausmessen ❷ (*keresteleri dört köşe kesmek*) als Kantholz schneiden
çaprak <-ğı> *s* (*eyer örtüsü*) Satteldecke *f*; *s.* **şaprak**
çapraşık *adj* verzwickt; (*dolaşık*) verwickelt, verworren, vertrackt
çapraşıklık <-ğı> *s* Verworrenheit *f*
çapraz I. *adj* Kreuz-, Quer-; **otomobil yol üstünde ~ duruyordu** das Auto stand quer auf der Straße **II.** *s* **birini ~a almak** jdn ins Kreuzfeuer nehmen; **~a sarmak** sich komplizieren **çapraz ateş** *s* MIL Kreuzfeuer *nt* **çapraz bağlantı** *s* Querverbindung *f* **çapraz bulmaca** *s* Kreuzworträtsel *nt*
çaprazgaga *s* ZOOL Kreuzschnabel *m*
çapraz kafiye *s* LIT Kreuzreim *m*
çaprazlama I. *s* ❶ *Verbalsubstantiv zu* **çaprazlamak** ❷ BIOL Kreuzung *f* ❸ (*kolla-*

Ç

rını) Verschränkung *f* **II.** *adv* quer, schräg
çaprazlamak *vt* kreuzen; **kollarını göğüsüne ~** die Arme vor der Brust verschränken, sich die Arme kreuzen
çapraz sözcük bulmacası *s* Kreuzworträtsel *nt*
çapraz tonoz *s* ARCH Kreuzgewölbe *nt*
çaprazvari *adv* kreuzweise, über(s) Kreuz; **bir şeyi ~ devşirmek** [*o* **katlamak**] etw über(s) Kreuz falten; **kollarını göğüsünün üstünde ~ kavuşturmak** die Arme vor der Brust verschränken, sich die Arme kreuzen
çaput *s* ❶ (*paçavra*) Fetzen *m* ❷ (*fam: bez*) Lappen *m*
çar *s* HIST Zar *m*
çardak <-ğı> *s* Laube *f*, Gartenlaube *f*
çare [tʃaː-] *s* ❶ (*çıkar yol*) Ausweg *m;* **bir şeyin ~sine bakmak** für etw einen Ausweg finden; **son ~** der letzte Ausweg ❷ (*ohne pl*) Abhilfe *f;* **~ bulmak** für Abhilfe sorgen; **bir duruma ~ bulmak** einer Situation Abhilfe schaffen; **ona ~ bulmak kolay** (**değil**) dem ist (nicht) leicht abzuhelfen ❸ (*deva*) Heilmittel *nt;* **her derde ~ olmak** ein Allheilmittel sein
çaresiz *adj* ❶ ausweglos; **~ bir durumda bulunmak** sich in einer ausweglosen Lage befinden ❷ hilflos, ratlos, verzweifelt
çaresizlik <-ği> *s ohne pl* ❶ Ausweglosigkeit *f* ❷ Hilflosigkeit *f*, Ratlosigkeit *f;* **bir şeyi ~ten yapmak** etw aus Verzweiflung tun
çarık <-ğı> *s* ❶ Lederschuh *m* ❷ AUTO Bremsschuh *m* ❸ (*sl*) Geldbörse *f*, Brieftasche *f*
çarıklı erkânıharp <-bi> *s ohne pl* (*pej*) Bauernschläue *f;* **~ gibi** bauernschlau
çariçe *s* HIST Zarin *f*
çark *s* ❶ Rad *nt;* (*bileği ~ı, dişli ~*) Rad *nt;* **~lara diş aç(tır)mak** die Räder verzahnen (lassen) ❷ Scheibe *f* ❸ MIL Schwenkung *f* ❹ **~ çevirmek** Runden drehen; **~ etmek** (*yön değiştirmek*) schwenken; (*geri dönmek*) kehrtmachen, umkehren
çarkıfelek <-ği> *s* ❶ BOT (*fırıldak çiçeği*) Passionsblume *f* ❷ (*fig*) Schicksal *nt*
çarklı *adj* Rad- **çarklı vapur** *s* Raddampfer *m*
çarlık <-ğı> *s* Zarentum *nt*
çarmıh *s* Kreuz *nt;* **~a germek** kreuzigen
çarp *vt, vi* ❶ *Imperativ von* **çarpmak** ❷ **üçü dörtle ~!** multipliziere die Drei mit der Vier!
çarpan *s* MATH Multiplikator *m*
çarpan balığı *s* ZOOL Petermännchen *nt; s. a.* **trakunya**
çarpar *vi, vt 3. Aorist von* **çarpmak**
çarpı **I.** *s* ❶ (*sıva*) Kalkbewurf *m* ❷ MATH Malzeichen *nt* **II.** *adv* mal; **iki ~ iki dört eder** zwei mal zwei ist vier
çarpıcı *adj* ergreifend; (*etkili*) wirkungsvoll; **göze ~** auffallend
çarpık <-ğı> *adj* ❶ krumm; **bacakları ~** seine Beine sind krumm ❷ schief; **~ ağızlı** mit schiefhängendem Mund; **duvardaki resim ~** das Bild an der Wand hängt schief
çarpık bacaklı *adj* (*paytak*) krummbeinig
çarpılan *s* MATH Multiplikand *m*
çarpım cetveli *s ohne pl*, **çarpım tablosu** *s ohne pl* MATH Einmaleins *nt*
çarpıntı *s ohne pl* Herzklopfen *nt;* **~sı tutmak** Herzklopfen bekommen
çarpışma *s* ❶ *Verbalsubstantiv zu* **çarpışmak** ❷ Zusammenstoß *m*, Kollision *f*
çarpışmak *vi* aufeinanderstoßen, aufeinanderprallen, zusammenstoßen (**-le** mit), kollidieren (**-le** mit)
çarpma *s* ❶ *Verbalsubstantiv zu* **çarpmak** ❷ Aufprall *m* (**-e** auf) ❸ (*elektrik ~sı*) Stoß *m;* (*güneş ~sı*) Stich *m* ❹ MATH Multiplikation *f* **çarpma hızı** *s* Aufprallgeschwindigkeit *f*
çarpmak <-ar> **I.** *vi* ❶ stoßen (**-e**/**-e** an/gegen), prallen (**-e**/**-e** an/gegen/auf); **birbirine ~** aneinanderstoßen, aufeinanderstoßen [*o* -prallen]; **bu köşeye ikide bir dizimi çarpıyorum** an dieser Ecke renne ich mir immer wieder das Knie an; **dolaba ~** sich am Schrank stoßen; **geçerken bana çarptı** beim Vorbeigehen stieß er mich an; (*bilerek*) beim Vorbeigehen rempelte er mich an ❷ aufprallen (**-e** auf); **başka bir arabaya ~** auf einen anderen Wagen aufprallen ❸ **göze ~** ins Auge fallen, auffallen; **bir şey göze çarpıyor** etw fällt auf ❹ (*vurmak*) schlagen; **başıyla masanın kenarına ~** mit dem Kopf gegen die Tischkante schlagen; **elektrik ~** einen Schlag bekommen; **kalbi çarpıyor** sein Herz schlägt **II.** *vt* ❶ MATH malnehmen (**-le** mit), multiplizieren (**-le** mit); **ikiyi iki ile ~** Zwei mit Zwei multiplizieren ❷ (*fig fam: dolandırmak*) prellen; **birinin parasını ~** jdn um sein Geld prellen ❸ (*yırtıcı kuş*) schlagen
çarpma kapı *s* Schwingtür *f*
çarşaf *s* ❶ Bettlaken *m;* **bir şeyi ~ etmek** (*fig fam*) etw vermasseln ❷ Tschador *m*
çarşaf çarşaf *adv* (*olabildiğince uzun*) möglichst lang, so lang wie möglich
çarşamba *s* Mittwoch *m;* **çıkmaz ayın son ~sı** (*fam*) (am) Nimmerleinstag *m*, (am) Sankt-Nimmerleins-Tag *m; s. a.* **cuma**
çarşambaları *adv* mittwochs

çarşamba pazarı *s* Mittwochsmarkt *m;* **birinin ağzını burnunu ~na çevirmek** (*fam*) jdm das Gesicht kaputtschlagen; (*fam*) jdm ordentlich die Fresse polieren
çarşı *s* ❶ Einkaufszentrum *nt* ❷ Markt *m*
çarter *s a.* WIRTSCH Charter *m* **çarter uçağı** *s* AERO Charterflugzeug *nt*
çartır *s s.* **çarter**
çaşıt <-dı> *s* REG (*casus*) Spion(in) *m(f)*
çaşıtlama *s Verbalsubstantiv zu* **çaşıtlamak**
çaşıtlamak *vi* spionieren
çat[1] *s* Knacks *m;* ~ **etmek** knacken
çat[2] *s* (*fam: kavşak*) Kreuzung *f*
çatal **I.** *s* ❶ GASTR Gabel *f* ❷ (*değnek*) Astgabel *f* ❸ (*yolda*) Gabelung *f,* Abzweigung *f* ❹ AGR (*dirgen*) Gabel *f,* Heugabel *f* **II.** *adj* ❶ gabelig, gegabelt; ~ **dallar** gabelige Äste ❷ (*iki anlamlı*) zweideutig ❸ (*net olmayan*) unklar; ~ **görmek** unklar sehen; (*iki görmek*) doppelt sehen **çatal ağız** <-ğzı> *s* GEO (*delta*) Delta *nt* **çatal anahtar** *s* Gabelschlüssel *m* **çatal bıçak takımı** *s* Essbesteck *nt* **çatal kargı** *s* Dreizack *m* **çatal kuyruklu martı** *s* ZOOL Gabelschwanzmöwe *f*
çatallanma *s* ❶ *Verbalsubstantiv zu* **çatallanmak** ❷ Gabelung *f*
çatallanmak *vi* ❶ sich gabeln ❷ überschnappen; **sesi çatallanıyor** seine Stimme schlägt [*o* schnappt] über
çatallı *adj* ❶ (*fam*) verzwickt ❷ (*ses*) brüchig
çatapat *s* Knallfrosch *m*
çatı *s* ❶ ARCH Dach *nt;* ~ **altında oturmak** unterm Dach wohnen; **biriyle aynı ~ altında oturmak** (*fig fam*) mit jdm unter einem Dach wohnen ❷ INFORM Frame *m* ❸ LING Genus Verbi *nt* ❹ LIT (*piyeste olay kuruluşu*) Aufbau *m* **çatı arası** *s* Dachboden *m;* (*oda*) Dachkammer *f;* (*tavan arası*) Dachboden *m* **çatı eteği** *s* ARCH Dachgesims *nt* **çatı kaplayıcı** *s* Dachdecker(in) *m(f)* **çatı katı** *s* Dachgeschoss *nt,* Dachwohnung *f,* Mansarde *f* **çatı kirişi** *s* ARCH Dachbalken *m* **çatı makası** *s* ARCH Dachstuhl *m* **çatı merteği** *s* ARCH Dachsparren *m* **çatı oluğu** *s* Dachrinne *f* **çatı penceresi** *s* Dachfenster *nt*
çatışma *s* ❶ *Verbalsubstantiv zu* **çatışmak** ❷ Konflikt *m,* Auseinandersetzung *f;* **silahlı** ~ bewaffneter Konflikt, bewaffnete Auseinandersetzung ❸ MIL Gefecht *nt* ❹ PSYCH (*benlik ~sı*) Störung *f*
çatışmak *vi* ❶ sich widersprechen ❷ (*kavga etmek*) sich streiten
çatlak **I.** *s* <-ğı> ❶ Ritze *f* ❷ (*camda*) Sprung *m,* Riss *m* ❸ (*kasık çatlağı*) Bruch *m* **II.** *adj* <-ğı> ❶ (auf)gesprungen, aufgeplatzt; ~ **dudaklar** aufgeplatzte [*o* (auf)gesprungene] Lippen ❷ (*ses*) brüchig, spröde ❸ (*fig: deli*) **kafadan ~ olmak** einen Sprung in der Schüssel haben, nicht ganz dicht sein
çatlaklık <-ğı> *s* (*çatlak*) Sprung *m,* Riss *m*
çatlama *s Verbalsubstantiv zu* **çatlamak**
çatlamak *vi* ❶ platzen, bersten; **meraktan/sabırsızlıktan** ~ vor Neugier/Ungeduld platzen [*o* bersten] ❷ (*dudakları*) platzen, bersten, (auf)springen; (*cam*) zerspringen ❸ (*tomurcuklar, cilt*) aufbrechen, aufspringen
çatlatma *s Verbalsubstantiv zu* **çatlatmak**
çatlatmak *vt* ❶ *Kausativ zu* **çatlamak** ❷ **kasığını** ~ sich einen Bruch heben ❸ (*fig*) **birini meraktan** ~ jdn auf die Folter spannen
çatma *s* ❶ *Verbalsubstantiv zu* **çatmak** ❷ JUR, NAUT (*gemilerin çarpışması*) Zusammenstoß *m;* **kusurlu** ~ Zusammenstoß durch Verschulden
çatmak <-ar> **I.** *vt* ❶ (*bir araya getirmek*) zusammenstellen; (*birbirine tutturmak*) zusammensetzen ❷ (*kaşlarını*) zusammenziehen ❸ (*bağlamak*) binden ❹ (*yüklemek*) bepacken **II.** *vi* ❶ (*rastlamak*) begegnen (-**e**), geraten (-**e** an); **tam adamına** ~ bei jdm an den Falschen geraten ❷ (*sırası gelmek*) an der Reihe sein ❸ JUR, NAUT (*gemiler çarpışmak*) zusammenstoßen
çatpat *s s.* **çatapat**
çat pat *adv* ❶ ~ **Almanca/Türkçe konuşmak** gebrochen deutsch/türkisch sprechen; ~ **Türkçe anlamak** ein paar Brocken Türkisch verstehen ❷ (*ara sıra*) ab und zu, hin und wieder
çavdar *s* BOT Roggen *m* **çavdar ekmeği** *s* Roggenbrot *nt* **çavdar unu** *s* GASTR Roggenmehl *nt*
çavlan *s* GEO (*şelale*) Wasserfall *m*
çavuş *s* MIL Gruppenführer *m* **çavuş kuşu** <-ği> *s* ZOOL Wiedehopf *m; s. a.* **ibibik**
çay[1] *s* Tee *m;* ~ **daveti** eine Einladung zum Tee; ~ **pişirmek** Tee kochen; **bir bardak/fincan** ~ ein Glas/eine Tasse Tee; **~ı iki üç dakika demlemek** den Tee zwei bis drei Minuten ziehen lassen
çay[2] *s* Bach *m*
çay bardağı *s* Teeglas *nt*
çaydanlık <-ği> *s* Teekanne *f*
çay fincanı *s* Teetasse *f*
çayhane *s* Teestube *f*
çay harmanı *s* Teemischung *f*
çayır *s* Wiese *f;* (*mera*) Weide *f* **çayır kuşu** *s* ZOOL (*toygar*) Feldlerche *f*

çayırlanma *s Verbalsubstantiv zu* **çayırlanmak**
çayırlanmak *vi* weiden
çayırsedefi *s* BOT Wiesenraute *f*
çayır teresi *s ohne pl* BOT Wiesenschaumkraut *nt* **çayır tirfili** *s ohne pl* BOT Wiesenklee *m* **çayır yulafı** *s ohne pl* BOT Wiesenhafer *m*

Ç

çay kaşığı *s* Teelöffel *m*
çaylak <-ğı> *s* ❶ ZOOL (*cins: Milvus*) Milan *m* ❷ (*fig, pej*) Grünschnabel *m;* **acemi ~** blutiger Anfänger
çay takımı *s* Teeservice *nt* **çay torbası** *s* Teebeutel *m*
çe [tʃe] *Name des vierten Buchstaben des türk. Alphabets*
çeç *s* AGR ❶ (*tahıl yığını*) Getreidehaufen *m* ❷ (*tahıl elenen kalbur*) Getreidesieb *nt*
çeçe *s* ZOOL Tsetsefliege *f*
Çeçen **I.** *s* Tschetschenier(in) *m(f)* **II.** *adj* tschetschenisch
çehre *s* Gesicht *nt;* **kentin ~si değişmiş** das Gesicht der Stadt hat sich verändert
çehre züğürdü *s* (*pej fam*) Fratze *f*
çek¹ *vt Imperativ von* **çekmek: ~ arabanı!** (*fig, pej fam*) zieh Leine!, hau ab!; **~ elini/parmağını!** Hände/Finger weg!
çek² *s* FIN Scheck *m;* **~ keşide etmek** einen Scheck ausstellen
Çek **I.** *s* Tscheche, Tschechin *m, f* **II.** *adj* tschechisch; **~ Cumhuriyeti** die Tschechische Republik
çekap *s* MED Vorsorgeuntersuchung *f;* (*tam bakım*) Generaluntersuchung *f*
Çekçe *s* Tschechisch *nt;* **bir şeyi ~ye/~den çevirmek** etw ins Tschechische/aus dem Tschechischen übersetzen
çekçek <-ği> *s* Bollerwagen *m*
çekelez *s* REG (*sincap*) Eichhörnchen *nt*
çekememe *s Verbalsubstantiv zu* **çekememek**
çekememek *vt* ❶ nicht ziehen können ❷ (*fig fam: katlanamamak*) nicht ausstehen [*o* ertragen] können; **bir şeyin/kimsenin yokluğunu ~** etw/jdn nicht entbehren können; **birinin ağız kokusunu ~** jdn nicht riechen können ❸ (*fig: kıskanarak hoş görmemek*) missgönnen; **birini ölesiye ~** jdn auf den Tod nicht leiden können
çekememezlik <-ği> *s ohne pl* Missgunst *f,* Neid *m*
çekemez *s* Neider *m*
çekici *adj* anziehend, attraktiv
çekicilik <-ği> *s* ❶ (*cazibe*) Attraktivität *f* ❷ (*çekme gücü*) Anziehungskraft *f;* **bir kadının cinsel çekiciliği** die sexuelle Anziehungskraft einer Frau
çekiç <-ci> *s a.* SPORT Hammer *m;* **orak ~** POL, HIST Hammer und Sichel **çekiç atma** *s ohne pl* SPORT Hammerwerfen *nt*
çekiçhane *s* Schmiede *f*
çekiç kemiği *s* ANAT Hammer *m;* **~, üç işitme kemikçiğinden biridir** der Hammer ist eines der Gehörknöchelchen
çekiçleme *s Verbalsubstantiv zu* **çekiçlemek**
çekiçlemek *vt* hämmern; **demir sacı çekiçleyerek uzatmak** Eisenblech durch Hämmern strecken
çeki düzen *s* Ordnung *f;* **bir kimseye/şeye ~ vermek** (*fam*) jdn/etw auf Vordermann bringen; **kendine ~ vermek** sich aufraffen; **antrenör takıma ~ verdi** der Trainer hat Zug in die Mannschaft gebracht
çeki kancası *s* Abschlepphaken *m*
çekik gözlü *adj* schlitzäugig
çekiliş *s* Ziehung *f,* Verlosung *f*
çekilme *s Verbalsubstantiv zu* **çekilmek**
çekilmek *vi* ❶ *pass von* **çekmek** ❷ weichen; **geri ~** zurückweichen; **bir karış** (**bile**) **geri çekilmedi** er wich keinen Fußbreit zurück
çekilmez *adj* unerträglich; **devamlı olarak bu ~** auf die Dauer ist das unerträglich
çekim *s* ❶ PHYS Anziehung *f,* Gravitation *f;* (*çekme gücü*) Anziehungskraft *f* ❷ FOTO, FILM Aufnahme *f;* (*fotoğraflama*) Fotografie *f* ❸ LING (*isim ~i*) Deklination *f;* (*fiil ~i*) Konjugation *f;* **fiillerin ~i** die Konjugation der Verben; **isimlerin ~i** die Deklination der Substantive
çekimci *s* FILM ❶ (*yapımcı*) Produzent(in) *m(f)* ❷ (*kameraman*) Kameramann *m*
çekim eki *s* LING (*isimde*) Deklinationsendung *f;* (*fiilde*) Konjugationsendung *f*
çekim kuvveti *s* Anziehungskraft *f*
çekimleme *s* ❶ *Verbalsubstantiv zu* **çekimlemek** ❷ PHYS Anziehung *f*
çekimlemek *vt* PHYS anziehen
çekimli *adj* ❶ anziehend ❷ LING (*isim*) deklinierbar, deklinabel; (*fiil*) konjugierbar
çekimser *adj* **~ kalmak** sich (der Stimme) enthalten; **~ kaldı** er enthielt sich (der Stimme)
çekimserlik <-ği> *s* Enthaltung *f,* Stimmenthaltung *f*
çekimsiz *adj* LING undeklinierbar, indeklinabel
çekim yeri *s* FILM Drehort *m*
çekince *s* Vorbehalt *m;* **bir şeye ~si olmak** einen Vorbehalt gegen etw haben
çekingen *adj* ❶ zurückhaltend ❷ (*ürkek*) scheu
çekingenlik <-ği> *s ohne pl* ❶ Zurückhaltung *f* ❷ Scheu *f*
çekinik *adj* BIOL (*resesif*) rezessiv; **~ karak-**

terler rezessive Merkmale; *s. a.* **başat**

çekiniklik <-ği> *s ohne pl* BIOL Rezessivität *f*

çekinme *s ohne pl* ❶ *Verbalsubstantiv zu* **çekinmek** ❷ Bange *f*; **bir şeyden/kimseden ~** Bange vor etw/jdm

çekinmek *vi* (*utanarak*) sich genieren (**-den** vor); (*korkarak*) bange sein (**-den** vor); **bir şeyi çekinmeden söylemek** etw ungeniert sagen; **çekinmeyin!** genieren Sie sich nicht!

çekirdek <-ği> *s* ❶ Kern *m* ❷ BIOL, PHYS Kern *m* ❸ (*kahve çekirdeği*) Bohne *f* ❹ **bir şeyi ~ten öğrenmek** etw von der Pike auf lernen **çekirdek aile** *s* Kernfamilie *f* **çekirdek bölünmesi** *s* PHYS Kernspaltung *f*, Atomspaltung *f* **çekirdek kahve** *s ohne pl* Bohnenkaffee *m* **çekirdek parçalanması** *s* PHYS Atomzerfall *m*

çekirdeksel *adj* PHYS (*nükleer*) nuklear

çekirdeksiz *adj* kernlos

çekirge *s* ZOOL (*Acridium*) Heuschrecke *f*; (*fam*) Grashüpfer *m* **çekirge kuşu** <-ğı> *s* ZOOL Star *m*; *s. a.* **sığırcık**

çekiş *s* ❶ Ziehen *nt* ❷ AUTO (*çekme gücü*) Anzugskraft *f*; (*önden ~*) Antrieb *m*; (*hızlanma gücü*) Beschleunigungskraft *f* **çekiş kuvveti** *s* PHYS Anziehungskraft *f*; **moleküller arasındaki ~** die Anziehungskraft zwischen Molekülen

çekişli *adj* **önden ~ bir araç** ein Fahrzeug mit Vorderradantrieb [*o* Frontantrieb]

çekişme *s* ❶ *Verbalsubstantiv zu* **çekişmek** ❷ (*can ~*) Kampf *m*

çekişmek **I.** *vt* **bir şey ~** an etw hin und her ziehen **II.** *vi* ❶ (*bıçak, tabanca*) gegenseitig ziehen ❷ (*ağız kavgası etmek*) streiten (**-le** mit), hadern (**-le** mit) ❸ (*gayret harcamak*) ringen; **birincilik için ~** um den Sieg ringen; **can ~** mit dem Tod ringen

çekişmeli *adj* SPORT (*maç*) turbulent; (*sert*) hart

çekiştirici *s* Lästermaul *nt*; (*gıybetçi*) Lästerer, Lästerin *m, f*

çekiştirme *s Verbalsubstantiv zu* **çekiştirmek**

çekiştirmek *vt* ❶ *Kausativ zu* **çekişmek** ❷ herumzerren; **saçının örgülerini ~** an den Zöpfen ihres Haares herumzupfen ❸ (*fig*) **birini ~** über jdn herziehen

çek keşidecisi *s* Scheckaussteller(in) *m(f)*

çekme *s* ❶ *Verbalsubstantiv zu* **çekmek** ❷ Ziehung *f*

çekmece *s* Schublade *f*, Schubfach *nt* **çekmece gözü** *s* Schubladenfach *nt*

çekme çubuğu *s* Abschleppstange *f* **çekme gücü** *s* PHYS Anziehungskraft *f*; AUTO (*çekiş*) Anzugskraft *f* **çekme halatı** *s* Abschleppseil *nt*

çekmek <-er> **I.** *vt* ❶ ziehen; (*burnunu*) hochziehen; (*kapıyı*) zuziehen; **üstüne ~** auf sich beziehen ❷ AUTO abschleppen ❸ LING (*fiil*) konjugieren; (*isim*) deklinieren ❹ (*içine almak*) in sich aufnehmen, sich saugen; **sünger bütün sütü çekti** der Schwamm hat sich mit Milch vollgesaugt ❺ (*nutuk*) halten ❻ (*sorguya*) unterziehen ❼ (*açlık, sıkıntı*) (er)leiden; (*ceza*) verbüßen; **acı ~** Schmerzen erleiden; **güçlük ~** Schwierigkeiten haben; **yabancılık ~** sich fremd fühlen ❽ **fotoğraf ~** fotografieren ❾ AUTO abschleppen ❿ FIN (*para*) abheben ⓫ ertragen ⓬ FIN (*masrafları*) tragen ⓭ (*fırt*) nehmen ⓮ SCHULE **kopya ~** abschreiben (**-den** von); **temize ~** nochmals sauber abschreiben **II.** *vi* ❶ (*daralıp kısalmak*) einlaufen ❷ AUTO anziehen; **araba iyi çekiyor** der Wagen zieht gut an ❸ (*benzemek*) schlagen (**-e** nach); **birine ~** nach jdm geraten [*o* schlagen]; **annesine/babasına ~** nach der Mutter/dem Vater schlagen

çektirme *s Verbalsubstantiv zu* **çektirmek** **çektirme ağı** *s* Schleppnetz *nt*

çektirmek *vt* ❶ *Kausativ zu* **çekmek**: **arabayı (tamirhaneye) çektirdik** wir haben den Wagen (in die Werkstatt) abschleppen lassen; **resmimizi çektirdik** wir haben uns fotografieren lassen ❷ **birine azap ~** jdn martern [*o* quälen]

çekül *s* PHYS Lot *nt*, Senkblei *nt*

çek valf *s*, **çek vana** *s* Sicherheitsventil *nt*

çekyat *s* Bettcouch *f*, Schlafcouch *f*, Bettsofa *nt*

çelenç *s* SPORT ❶ Herausforderung *f* ❷ (*elden ele geçen kupa*) Wanderpokal *m*

çelenk <-gi> *s* Kranz *m*; **~ koymak** einen Kranz niederlegen **çelenk koyma** *s* Kranzniederlegung *f*

çelik¹ **I.** *s* <-ği> Stahl *m* **II.** *adj* stählern, Stahl-; **~ yelek** kugelsichere Weste

çelik² <-ği> *s* ❶ (*kesilmiş dal*) Aststück *nt* ❷ (*dikilen dal*) Steckling *m*

çelik başlık <-ğı> *s* Stahlhelm *m* **çelik bilye** *s* Stahlkugel *f* **çelik boru** *s* Stahlrohr *nt* **çelik halat** *s* Stahlseil *nt*

çelikhane *s* Stahlwerk *nt*

çelik jant *s* Stahlfelge *f* **çelik kapı** *s* Stahltür *f* **çelik kalemi** *s* Stahlfeder *f* **çelik kasa** *s* Stahlschrank *m* **çelik pamuğu** *s* Stahlwolle *f* **çelik sac** *s* Stahlblech *nt* **çelik sanayii** *s* Stahlindustrie *f* **çelik tel** *s* Stahldraht *m* **çelik üretimi** *s ohne pl* Stahlerzeugung *f*

çelim *s ohne pl* REG (*kuvvet*) Kraft *f*

Ç

çelimli *adj* REG (*kuvvetli*) kräftig
çelimsiz *adj* (*güçsüz*) kraftlos; (*zayıf*) schwach
çelimsizlik <-ği> *s ohne pl* Kraftlosigkeit *f*
çelişik *adj* widersprüchlich
çelişiklik <-ği> *s* Widersprüchlichkeit *f*
çelişken *adj* widersprüchlich
çelişki *s* Widerspruch *m*
çelişkili *adj* widersprüchlich
çelişkisiz *adj* widerspruchsfrei
çelişme *s* ❶ *Verbalsubstantiv zu* **çelişmek** ❷ Widerspruch *m*
çelişmek *vi* in Widerspruch stehen (**-le** zu); **birbiriyle ~** sich widersprechen
çelişmeli *adj* widersprüchlich
çelişmesiz *adj* widerspruchsfrei
çellist *s* MUS Cellist(in) *m(f)*
çello *s* MUS Cello *nt*
çelme *s* ❶ *Verbalsubstantiv zu* **çelmek** ❷ **birine ~ atmak** [*o* **takmak**] jdm ein Bein stellen
çelmek <-er> *vt* ❶ (*düşürmek*) zu Fall bringen ❷ (*engel olmak*) verhindern; (*penaltı*) abwehren ❸ (*fig: ters düşmek*) widersprechen ❹ **birinin aklını ~** jdn auf andere Gedanken bringen
çelmeleme *s Verbalsubstantiv zu* **çelmelemek**
çelmelemek *vt* **birini ~** jdm ein Bein stellen
çeltik <-ği> *s ohne pl* Reis *m* (*ungeschälter Reis*)
çeltikçilik <-ği> *s ohne pl* Reisanbau *m*
çeltiklik <-ği> *s* Reisanbaufläche *f*
çeltik tarlası *s* Reisfeld *nt*
çembalo *s* MUS Cembalo *nt*
çember *s* ❶ Kreis *m;* **~ içine almak** einkreisen; **~e almak** einkreisen ❷ (*tekerlek biçiminde oyuncak*) Reifen *m* ❸ (*fıçı ~i*) Reifen *m;* (*tekerlek ~i*) Kranz *m* ❹ MIL Kessel *m;* **~e almak** einkesseln ❺ Ring *m* **çember biçiminde** *adj* kreisförmig
çembersel bölge *s* MATH Kreisfläche *f*
çemen *s* BOT Kreuzkümmel *m*
çemremek *vt* REG (*sıvamak*) aufkrempeln, hochkrempeln
çene *s* ❶ ANAT Kiefer *m* ❷ Kinn *nt* ❸ (*fig fam: ohne pl*) Mund *m,* Mundwerk *nt;* **birinin ~sini dağıtmak** jdm die Fresse polieren; **birinin ~sini kapatmak** jdm den Mund stopfen [*o* das Maul]; (*susturmak*) jdn zum Schweigen bringen; **~sini tutamamak** den Mund nicht halten können; **~sini tutmak** den Mund halten; **~ni tut!** halt den Mund!, halt die Klappe! ❹ TECH (*mengene*) Backe *f* ❺ (*fig fam: çok konuşma huyu*) Schwatzhaftigkeit *f,* Geschwätzigkeit *f;* **~ çalmak** schwatzen, schwätzen SÜDD; **~ yormak** in den Wind reden; **~si durmamak** wie ein Wasserfall reden; **biriyle birazcık çene çalmak** mit jdm einen kleinen Schwatz halten ❻ REG (*köşe*) Ecke *f* **çene çukuru** *s* Grübchen *nt*
çenek <-ği> *s* BOT Keimblatt *nt*
çene kemiği *s* ANAT Kieferknochen *m*
çenesi düşük <-ğü> *s* Schwätzer(in) *m(f)* **çenesi kuvvetli** *adj* schlagfertig; **~ olmak** schlagfertig sein, ein gutes Mundwerk haben
çengel *s* Haken *m* **çengel işareti** *s* Paragraphenzeichen *nt*
çengelli iğne *s* Sicherheitsnadel *f*
çentik I. *s* <-ği> ❶ (*tırtık*) Scharte *f;* **bıçağın ağzında ~ var** die Klinge des Messers hat eine Scharte ❷ (*kertik*) Kerbe *f* **II.** *adj* schartig
çentme *s Verbalsubstantiv zu* **çentmek**
çentmek <-er> *vt* ❶ (*kertik açmak*) kerben ❷ GASTR (*doğramak*) hacken
çep(e)çevre *adv* ringsherum
çepel *s ohne pl* ❶ (*kir*) Schmutz *m;* (*pislik*) Dreck *m* ❷ (*fam: bozuk, kapalı, yağmurlu hava*) Hundewetter *nt*
çeper *s* ❶ REG (*çit*) Zaun *m;* **~ çekmek** umzäunen ❷ (*sebze bahçesi*) Gemüsegarten *m* ❸ BIOL (*zar*) Membran(e) *f*
çerçeve *s* ❶ (*resim, fotoğraf için*) Rahmen *m* ❷ (*gözlük için*) Fassung *f,* Gestell *nt* ❸ SPORT (*beden eğitimi aracı*) Gitterleiter *f*
çerçeve anlaşma *s* Rahmenabkommen *nt*
çerçeveleme *s* ❶ *Verbalsubstantiv zu* **çerçevelemek** ❷ Einrahmung *f*
çerçevelemek *vt* einrahmen
çerçevelenme *s Verbalsubstantiv zu* **çerçevelenmek**
çerçevelenmek *vi pass von* **çerçevelemek**
çerçeveletme *s Verbalsubstantiv zu* **çerçeveletmek**
çerçeveletmek *vt Kausativ zu* **çerçevelemek: fotoğraf/resim ~** Fotos/Bilder einrahmen lassen
çerçevesiz *adj* rahmenlos
çerçi *s,* **çerçici** *s* ❶ (*gezgin esnaf*) fliegende(r) Händler ❷ REG (*tuhafiyeci*) Kurzwarenhändler(in) *m(f)*
çerez *s* ❶ GASTR *nicht zum Hauptgang zählende Speisen wie Käse, Oliven usw.* ❷ INFORM **~ler** Cookies *pl*
çerezlenme *s Verbalsubstantiv zu* **çerezlenmek**
çerezlenmek *vi* ❶ GASTR eine Kleinigkeit zu sich nehmen ❷ (*fig fam: çimlenmek*) schnorren (**-den** bei)

çeri *s s.* **asker** Soldat *m*
Çerkez **I.** *s* Tscherkesse, Tscherkessin *m, f* **II.** *adj* tscherkessisch
Çerkezce *s ohne pl* Tscherkessisch *nt;* **~de** im Tscherkessischen; **~den Türkçeye** aus dem Tscherkessischen ins Türkische
Çerkez tavuğu *s* GASTR *Hühnerfleisch zerstoßen mit Walnüssen, Olivenöl und Zutaten*
çeşit <-di> *s* ❶ Sorte *f;* (*tür*) Art *f* ❷ (*pl*) WIRTSCH Sortiment *nt* **çeşit çeşit** *adj* allerlei; (*çeşitli*) vielfältig, divers, mannigfaltig
çeşitleme *s* ❶ *Verbalsubstantiv zu* **çeşitlemek** ❷ Diversifizierung *f* ❸ MUS (*varyasyon*) Variation *f*
çeşitlemek *vt* diversifizieren
çeşitli *adj* vielfältig, divers, mannigfaltig
çeşitlilik <-ği> *s ohne pl* Vielfalt *f,* Mannigfaltigkeit *f*
çeşme *s* Brunnen *m*
çeşni *s* ❶ (*tat*) Geschmack *m;* (*tadımlık*) Kostprobe *f;* (*tadımlık lokma*) Appetithappen *m;* **yemeğin/içeceğin ~sine bakmak** eine Speise/ein Getränk kosten [*o* probieren] ❷ (*fig*) Einschlag *m,* Beigabe *f*
çeşnileme *s Verbalsubstantiv zu* **çeşnilemek**
çeşnilemek *vt* GASTR würzen
çeşnilik <-ği> *s* GASTR Gewürz *nt,* Würze *f*
çete *s* ❶ Bande *f,* Gang *f* ❷ (*köpek ~si*) Meute *f*
çetele *s* ❶ (*kertik*) Kerbe *f* ❷ HIST Kerbholz *nt*
çeteleşme *s* ❶ *Verbalsubstantiv zu* **çeteleşmek** ❷ Bandenbildung *f*
çeteleşmek *vi* eine Bande bilden, sich zu einer Bande zusammenschließen
çete savaşı *s* Bandenkrieg *m*
çetin *adj* (*zor*) schwierig; **biri için ~ ceviz olmak** (*fig fam*) für jemanden eine harte Nuss sein
çetinleşme *s Verbalsubstantiv zu* **çetinleşmek**
çetinleşmek *vi* schwierig werden
çetinleştirme *s Verbalsubstantiv zu* **çetinleştirmek**
çetinleştirmek *vt* erschweren, schwieriger machen
çetrefil *adj* ❶ verwickelt, kompliziert ❷ (*arazi*) unübersichtlich
çetrefil dil *s ohne pl* Kauderwelsch *nt*
çetrefilleşme *s Verbalsubstantiv zu* **çetrefilleşmek**
çetrefilleşmek *vi* sich komplizieren
çetrefilleştirme *s Verbalsubstantiv zu* **çetrefilleştirmek**
çetrefilleştirmek *vt* komplizieren
çetrefilli *adj* ❶ verwickelt, kompliziert ❷ verworren, vertrackt
çetrefillik <-ği> *s ohne pl* Kompliziertheit *f*
çetrefilsiz *adj* unkompliziert
çevgen *s ohne pl* SPORT (*polo*) Polo *nt*
çevirge *s* INFORM (*modem*) Modem *nt o m*
çevirgeç <-ci> *s* TECH (*şalter*) Schalter *m*
çeviri *s* Übersetzung *f* **çeviri bilimi** *s* Übersetzungswissenschaft *f*
çevirim *s* ❶ Drehen *nt* ❷ FILM Dreharbeiten *pl* **çevirim senaryosu** *s* Drehbuch *nt*
çevirme **I.** *s* ❶ *Verbalsubstantiv zu* **çevirmek** ❷ GASTR Spießbraten *m;* **kuzu ~** Lammbraten am Spieß ❸ MIL Einkesselung *f* **II.** *adj* übersetzt
çevirmek *vt* ❶ drehen; **başını ~** den Kopf drehen; **birine arka** [*o* **sırt**] **~** jdm den Rücken zukehren ❷ (*film*) drehen; (*dolap, entrika*) drehen, spinnen, einfädeln ❸ (*oynamak*) spielen; **bir parti satranç/bilardo/briç ~** eine Partie Schach/Billard/Bridge spielen ❹ (*paraya*) verwerten; **bir şeyi paraya ~** etw verwerten, etw zu Geld machen ❺ (*sayfayı*) wenden; **sayfayı ~** umblättern ❻ (*geri göndermek*) zurückschicken ❼ (*tercüme etmek*) übersetzen ❽ (*dönüştürmek*) umwandeln ❾ (*taksi*) anhalten
çevirmen *s* ❶ (*yazıyı çeviren*) Übersetzer(in) *m(f)* ❷ (*konuşmayı çeviren*) Dolmetscher(in) *m(f)*
çevirmenlik <-ği> *s ohne pl* ❶ Übersetzen *nt* ❷ (*dilmaçlık*) Dolmetschen *nt*
çevir sesi *s,* **çevir sinyali** *s* TELEK (*sinyal*) Freizeichen *nt*
çevre *s* ❶ (*etraf*) Umgebung *f;* **... ~sinde** um ... herum; **~ye alışmak** sich an die Umgebung gewöhnen ❷ (*fig: muhit*) Bekanntenkreis *m;* (*siyasi ~ler*) Kreis *m* ❸ (*ortam*) Umgebung *f,* Milieu *nt* ❹ MATH Umfangslinie *f,* Peripherie *f;* **çemberin ~si** die Peripherie des Kreises ❺ (*ohne pl*) SOZIOL Umfeld *nt;* **toplumsal ~** das soziale Umfeld ❻ (*ohne pl*) Umwelt *f* ❼ LING (*konteks*) Kontext *m* ❽ INFORM Peripherie *f*
çevre açı *s* MATH Umfangswinkel *m,* Peripheriewinkel *m* **çevre bakanı** *s* Umweltminister(in) *m(f)* **çevre bakanlığı** *s* Umweltministerium *nt* **çevre bilimci** *s* Ökologe, -login *m, f* **çevre bilimi** *s ohne pl* Ökologie *f* **çevre bilimsel** *adj* ökologisch **çevre bilinci** *s ohne pl* Umweltbewusstsein *nt* **çevre birimi** *s* INFORM Peripheriegerät *nt*
çevreci *s* Umweltschützer(in) *m(f)*
çevrecilik <-ği> *s ohne pl* Umweltschutz *m*
çevre düzeni *s* Raumordnung *f* **çevre**

kirlenmesi *s ohne pl,* **çevre kirliliği** *s ohne pl* Umweltverschmutzung *f* **çevre koşulları** *pl* Umweltbedingungen *pl*
çevrel çember *s* MATH Umkreis *m*
çevreleme *s Verbalsubstantiv zu* **çevrelemek**
çevrelemek *vt* umgeben; (*içine almak*) einschließen; (*kuşatmak*) umzingeln, einkreisen
çevren *s* Horizont *m*
çevre öğretisi *s ohne pl* PHILOS Milieutheorie *f* **çevre sağlığı** *s ohne pl* Umweltschutz *m*
çevresel *adj* Umwelt- **çevresel etken** *s* Umweltfaktor *m*
çevre şartları *pl* Umweltbedingungen *pl* **çevre yolu** *s* Umgehungsstraße *f,* Umfahrungsstraße *f*
çevri *s* ❶ (*tevil*) Verdrehung *f* ❷ GEO (*havada*) Wirbel *m;* (*suda*) Strudel *m;* (*anafor, burgaç*) Sog *m*
çevrili *adj* umgeben; (*kuşatılmış*) umlagert, umzingelt
çevrilme *s Verbalsubstantiv zu* **çevrilmek**
çevrilmek *vi pass von* **çevirmek**
çevrim *s* ❶ Zyklus *m* ❷ PHYS, ELEK (*devre*) Schaltkreis *m* **çevrim dışı** *adj* INFORM offline **çevrim dışı işleme** *s ohne pl* INFORM Offlinebetrieb *m* **çevrim içi** *adj* INFORM online **çevrim içi işleme** *s ohne pl* INFORM Onlinebetrieb *m*
çevrimsel *adj* zyklisch
çevriyazı *s* Umschrift *f,* Transkription *f*
çeyiz *s* Aussteuer *f*
çeyrek I. *s* <-ği> ❶ Viertel *nt;* **üçe ~ kala geldi/gitti** er kam/ging um Viertel vor drei; **üçe ~ var** es ist Viertel vor drei; **üçü ~ geçe geldi/gitti** er kam/ging um Viertel nach drei; **üçü ~ geçiyor** es ist Viertel nach drei; **bu yılın ilk çeyreğinde** im ersten Viertel dieses Jahres ❷ (*sl*) Deutsche Mark *f* ❸ WIRTSCH, FIN Quartal *nt;* **üçüncü ~te** im dritten Quartal **II.** *adj* viertel **çeyrek final** <-li> *s* SPORT Viertelfinale *nt* **çeyrek saat** *s* Viertelstunde *f* **çeyrek son** *s* SPORT Viertelfinale *nt*
çıban *s* Furunkel *m o nt,* Eiterbeule *f;* **şark ~ı** MED Aleppobeule *f;* **~ın başını koparmak** (*fig*) in ein Wespennest stechen **çıban ağırşağı** *s* ❶ Eiterblase *f* ❷ (*fig, pej: durum*) heikle Sache; (*sorun*) heikle Frage
çıbanbaşı *s* (*fig, pej: durum*) heikle Sache; (*sorun*) heikle Frage
çıdam *s s.* **sabır** Geduld *f*
çıdama *s Verbalsubstantiv zu* **çıdamak**
çıdamak *vi s.* **sabretmek** sich gedulden
çıfıt *s* ❶ (*pej: Yahudi*) Itzig *m* ❷ (*düzenbaz*) Schwindler(in) *m(f)* **çıfıt çarşısı** *s* Tohuwabohu *nt*
çığ *s* ❶ Lawine *f;* **~ düşüyor** eine Lawine geht nieder; **~ gibi büyümek** lawinenartig anschwellen; **burada ikide bir ~ kopar** hier gehen immer wieder Lawinen ab; **olayların ~ gibi büyümesi** (*fig*) eine rollende Lawine der Ereignisse ❷ REG (*paravana*) spanische Wand
çığa *s* ZOOL Sterlet *m*
çığalanma *s Verbalsubstantiv zu* **çığalanmak**
çığalanmak *vi* (*atın kuyruğu*) sich aufrichten
çığır *s* ❶ Lawinenbahn *f* ❷ (*patika*) Pfad *m* ❸ (*iz*) Spur *f* ❹ Weg *m;* **~ından çıkmak** aus der Bahn geraten, aus den Fugen geraten; **iş ~ından çıktı** die Sache ist aus den Fugen geraten ❺ (*sanat, edebiyat ~ı*) Epoche *f;* **~ açmak** Epoche machen, eine neue Zeit einleiten
çığırma *s Verbalsubstantiv zu* **çığırmak**
çığırmak *vi* (*seslenmek*) rufen; (*maymun gibi*) brüllen
çığırtkan *s* ❶ Lockvogel *m* ❷ Ausrufer(in) *m(f)* ❸ Anreißer(in) *m(f)*
çığırtma *s* Blockflöte *f*
çığlık <-ğı> *s* Schrei *m;* (*feryat*) Aufschrei *m;* **~ atmak** [*o* **koparmak**] einen Schrei ausstoßen
çık *vi* ❶ *Imperativ von* **çıkmak** ❷ heraus; (*içeride olup da seslenmek*) hinaus; **~ dışarı!** hinaus mit dir!; (*dışarıda olup da seslenmek*) komm heraus!; **~ paraları!** heraus mit dem Geld!; **~ın gidin!** heraus mit euch! ❸ ab; **sağa/sola ~!** ab nach rechts/links!
çıkagelme *s Verbalsubstantiv zu* **çıkagelmek**
çıkagelmek *vi* auftauchen; (*fam*) aufkreuzen
çıkak <-ğı> *s* ❶ REG Ausgang *m* ❷ LING (*boğumlanma yeri*) Artikulationsstelle *f*
çıkan *s* MATH Subtrahend *m*
çıkar[1] *vt Imperativ von* **çıkarmak**: **~ baklayı ağzından!** heraus mit der Sprache!
çıkar[2] *vi 3. Aorist von* **çıkmak**
çıkar[3] *s* Vorteil *m,* Interesse *nt;* **~ına bakmak** auf seinen Vorteil bedacht sein, auf den eigenen Vorteil bedacht sein; **kendi ~ını gözetmek** auf seinen Vorteil bedacht sein, auf den eigenen Vorteil bedacht sein
çıkarcı *adj* (*pej*) eigennützig, berechnend, selbstsüchtig
çıkarcılık <-ğı> *s ohne pl* (*pej*) Eigennützigkeit *f,* Berechnung *f,* Selbstsucht *f*

çıkar grubu *s* Interessengruppe *f*
çıkarılma *s* ❶ *Verbalsubstantiv zu* **çıkarılmak** ❷ Ausschluss *m* (**-den** aus)
çıkarılmak *vi pass von* **çıkarmak**: **araba garajdan çıkarıldı** der Wagen ist aus der Garage herausgefahren worden; **üye çıkarıldı** das Mitglied ist ausgeschlossen worden
çıkarım *s* PHILOS Schluss *m*
çıkarma *s* ❶ *Verbalsubstantiv zu* **çıkarmak** ❷ Herausnahme *f* ❸ MATH Subtraktion *f* ❹ MIL Landung *f* ❺ Ausschluss *m* (**-den** aus); **ortaklıktan/partiden ~** Ausschluss aus der Gesellschaft/Partei **çıkarma gemisi** *s* MIL Landungsboot *nt*, Landungsfahrzeug *nt* **çıkarma işareti** *s* MATH Minuszeichen *nt*
çıkarmak *vt* ❶ herausnehmen (**-den** aus), holen (**-den** aus); **cebinden bir mendil çıkardı** er nahm aus der Tasche ein Taschentuch heraus, er holte aus der Tasche ein Taschentuch ❷ (*anlamak*) herausbekommen, herauskriegen; (*sonuca varmak*) kommen (auf); **bunun nereden geldiğini çıkaramadım** ich habe nicht herausbekommen können, woher das kommt; **doğru saydın mı? ben 15 çıkarıyorum** hast du richtig gezählt? ich komme nur auf 15 ❸ (*diş*) bekommen ❹ (*yasa*) erlassen ❺ (*artırmak*) erhöhen; **bir şeyi yüz katına ~** etw um das Hundertfache erhöhen ❻ (*ortaklıktan*) ausschließen (**-den** aus) ❼ (*fam: gazete, kitap*) herausbringen ❽ MATH subtrahieren (**-den** von) ❾ (*sindirim yolundan dışarı atmak*) ausscheiden ❿ (*giysi*) ausziehen; **ayakkabılarını çıkardı** er zog seine Schuhe aus ⓫ (*gidermek*) abmachen, entfernen ⓬ (*sonunu getirmek*) abschließen, zu Ende führen ⓭ SPORT (*boksta*) **sağ/sol ~** seine Rechte/Linke einsetzen ⓮ (*yangın*) entfachen; (*kavga*) anfangen ⓯ **birine dil ~** jdm die Zunge herausstrecken ⓰ **bir şeyi aklından** [*o* **kafasından**] **~** sich etw aus dem Kopf schlagen
çıkartı *s* Ausscheidung *f*, Exkrement *nt*
çıkartıcı *s* (*oje ~*) Entferner *m*
çıkartma *s* ❶ *Verbalsubstantiv zu* **çıkartmak** ❷ Aufkleber *m*, Abziehbild *nt*
çıkartmak *vt* ❶ *Kausativ zu* **çıkarmak** ❷ herausfinden; **kuralları ~** die Regeln herausfinden
çıkar yol *s* Ausweg *m*; **~ aramak/bilmek/bulmak** einen Ausweg suchen/wissen/finden
çıkı *s* Bündel *nt*
çıkık **I.** *s* <-ğı> Verrenkung *f* **II.** *adj* <-ğı> ❶ verrenkt ❷ (*alın*) hervorstehend
çıkılama *s Verbalsubstantiv zu* **çıkılamak**
çıkılamak *vt* bündeln
çıkılma *s Verbalsubstantiv zu* **çıkılmak**
çıkılmak *vi* ❶ *pass von* **çıkmak** ❷ **dışarıya nereden çıkılıyor?** wo geht es hinaus?; **içinden çıkılmaz bir durum** eine ausweglose Lage
çıkın *s* Bündel *nt*
çıkınlama *s Verbalsubstantiv zu* **çıkınlamak**
çıkınlamak *vt* bündeln
çıkıntı *s* ❶ Vorsprung *m* ❷ (*çıkma*) Randbemerkung *f* ❸ (*fam: kambur*) Buckel *m* ❹ ANAT (*dikensi ~*) Fortsatz *m*
çıkış *s* ❶ Austritt *m*; (*taşıtlar için*) Ausfahrt *f*; (*insanlar için*) Ausgang *m* ❷ SCHULE, THEAT Abgang *m* ❸ SPORT (*start*) Start *m* ❹ (*yurt dışına*) Ausreise *f* ❺ (*yokuş*) Aufstieg *m*; **iniş ~tan çok daha zor oldu** der Abstieg gestaltete sich weit schwieriger als der Aufstieg ❻ **birine ~ vermek** jdn entlassen **çıkış belgesi** *s* SCHULE Abgangszeugnis *nt* **çıkış çizgisi** *s* SPORT Startlinie *f* **çıkış hakemi** *s* SPORT Starter *m*
çıkışma *s Verbalsubstantiv zu* **çıkışmak**
çıkışmak *vi* ❶ anfahren (**-e**); **birine ~** jdn anfahren; (*azarlamak*) tadeln (**-e**) ❷ (*yetmek*) (aus)reichen
çıkış noktası *s* Ausgangspunkt *m* **çıkış takozu** *s* SPORT Startblock *m*
çıkıştırma *s Verbalsubstantiv zu* **çıkıştırmak**
çıkıştırmak *vt* (*fig fam: parayı*) zusammenkratzen
çıkış vizesi *s* Ausreisevisum *nt* **çıkış yolu** *s* Ausweg *m*
çıkma *s* ❶ *Verbalsubstantiv zu* **çıkmak** ❷ Randbemerkung *f* **çıkma durumu** *s* LING (*ablâtif*) Ablativ *m*
çıkmak <-ar> **I.** *vi* ❶ gehen; **auta/ava/karaya ~** ins Aus/auf die Jagd/an Land gehen; **dışarı ~** ausgehen; **evden/odadan ~** aus dem Haus/Zimmer gehen, das Haus/Zimmer verlassen; **odaya ~** hinauf ins Zimmer gehen ❷ besteigen (**-e**); **tahta ~** den Thron besteigen ❸ (*binmek*) steigen (**-e** auf); **ağaca ~** auf einen Baum steigen; **birinin tepesine ~** (*fig fam*) jdm aufs Dach steigen ❹ **aynı kapıya ~** (*fig*) auf dasselbe hinauslaufen, aufs [*o* auf das] Gleiche hinauslaufen; **bu sokak nereye çıkar?** wohin führt diese Straße?; **bu sokak meydana/parka çıkar** diese Straße mündet auf den Platz/in den Park; **bu yol kara yoluna çıkar** dieser Weg mündet in die Landstraße ❺ (*karışmak*) sich mischen (**içine** unter); **insan içine ~** unter Menschen gehen, sich unter Men-

schen mischen ❻ (*kitap, gazete*) erscheinen; (*ilan*) erscheinen; **ortaya ~** (*fam*) auf der Bildfläche erscheinen ❼ aufkommen; **hafif bir rüzgâr çıktı** ein schwacher Wind ist aufgekommen ❽ **yumurtadan ~** ausschlüpfen ❾ (*boyası*) abgehen ❿ **kontrolden ~** aus der Kontrolle geraten ⓫ **masraflar çıktıktan sonra** abzüglich der Kosten, nach Abzug der Kosten ⓬ entfallen; **bir şey birinin aklından ~** etw entfällt einem; **on üç numaralı piyango biletine bir milyon çıktı** auf die Losnummer dreizehn entfallen eine Million ⓭ (*asansörle*) hinauffahren, hochfahren; (*merdivenleri*) hinaufgehen, hinaufsteigen, hochsteigen ⓮ (*anlaşılmak*) sich herausstellen; **doğru/yanlış ~** sich als richtig/falsch herausstellen ⓯ entstehen; **bundan size masraf çıkmaz** es werden für Sie keine Kosten daraus entstehen ⓰ (*fam*) ausgehen (**-le** mit); **senden başka bir kızla çıkmadım** außer dir bin ich mit keinem anderen Mädchen ausgegangen ⓱ **harp/kavga ~** Krieg/Streit ausbrechen; **komadan ~** aus dem Koma erwachen **II.** *vt* (*iskambilde*) ausspielen; **dörtlüyü ~** die Vier ausspielen

çıkmaz I. *s* Sackgasse *f*; **~a girmek** in eine Sackgasse geraten, sich festfahren **II.** *adj* **~ ayın son çarşambası** (*fam*) (am) Nimmerleinstag *m*, (am) Sankt-Nimmerleins-Tag *m* **çıkmaz sokak** <-ğı> *s* Sackgasse *f*; **alt yanı ~** (*fig fam*) es führt zu nichts

çıkra *s* REG (*sık çalı*) Dickicht *nt*, Gestrüpp *nt*

çıkrık <-ğı> *s* ❶ Winde *f* ❷ Haspel *f* ❸ Spinnrad *nt*

çıktı *s* ❶ COMM Output *m o nt*, Ausstoß *m* ❷ (*artık*) Ausschuss *m* ❸ INFORM Ausdruck *m*, Output *m o nt*; **~ almak** ausdrucken; *s. a.* **girdi**

çıldırma *s Verbalsubstantiv zu* **çıldırmak**

çıldırmak *vi* wahnsinnig werden; **kitaplarım olmasa çıldıracağım** wenn meine Bücher nicht wären, würde ich wahnsinnig werden; **seninle tanışmak için çıldırıyor** er möchte dich wahnsinnig gern kennen lernen; **sevinçten ~** sich wahnsinnig freuen

çıldırtma *s Verbalsubstantiv zu* **çıldırtmak**

çıldırtmak *vt* wahnsinnig machen

çılgın *adj* wahnsinnig; **~ gibi** wie wahnsinnig; **bu ~ bir aşk** das ist eine wahnsinnige Liebe; **~a dönmek/döndürmek** wahnsinnig werden/machen

çılgınca *adj* wahnsinnig; **~ bir âşk** eine wahnsinnige Liebe; **birine ~ âşık olmak** in jdn wahnsinnig verliebt sein

çılgıncasına *adv* wie wahnsinnig, wie ein Wahnsinniger

çılgınlaşma *s Verbalsubstantiv zu* **çılgınlaşmak**

çılgınlaşmak *vi* wahnsinnig werden

çılgınlık <-ğı> *s* Wahnsinn *m*

çınar *s* BOT Platane *f*

çınarlık <-ğı> *s* Platanenhain *m*

çın çın *adv* **~ ötmek** dröhnen

çınçınlatma *s Verbalsubstantiv zu* **çınçınlatmak**

çınçınlatmak *vt* klingen lassen; **kadehleri çınçınlattılar** sie ließen die Gläser klingen

çıngar *s* (*fam*) Krakeel *m*; (*kavga*) Streit *m*, Krach *m*, Radau *m*; **~ çıkarmak** krakeelen, Streit anfangen, Krach schlagen, Radau machen; **büyük ~ koptu** es kam zum großen Knall, es gab einen Riesenkrach

çıngırak <-ğı> *s* ❶ (*küçük çan*) Glöckchen *nt* ❷ Klingel *m*; (*fam*) Bimmel *f*; **çıngırağı çekmek** (*fig sl*) abkratzen

çıngıraklı *adj* (*kahkaha*) schallend **çıngıraklı yılan** *s* Klapperschlange *f*

çıngırdak <-ğı> *s* ❶ (*çocuk oyuncağı*) Rassel *f* ❷ (*çıngırak*) Bimmel *m*, kleine Glocke

çıngırdama *s Verbalsubstantiv zu* **çıngırdamak**

çıngırdamak *vi* bimmeln, läuten

çınlama *s Verbalsubstantiv zu* **çınlamak**

çınlamak *vi* ❶ erklingen; **kulağı ~** (*fig*) ihm die Ohren klingen ❷ gellen ❸ (*yankı vermek*) schallen

çıpır *s* Span *m*

çıplak I. *s* <-ğı> (*nü*) Akt *m* **II.** *adj* ❶ nackt ❷ kahl ❸ **~ gözle** mit bloßem Auge ❹ (*fig: süssüz*) ungeschminkt **çıplak fotoğraf** *s* Aktfoto *nt*

çıplaklar kampı *s* Nacktbadestrand *m*, FKK-Strand *m*

çıplaklık <-ğı> *s ohne pl* Nacktheit *f*; (**bütün**) **çıplaklığıyla** (*fig fam*) unverblümt

çıplak model *s* KUNST Aktmodell *nt* **çıplak resim** <-smi> *s* KUNST Aktmalerei *f* **çıplak tohumlular** *pl s.* **açık tohumlular** **çıplak yulaf** *s* BOT Nackthafer *m*

çıra *s* Kienspan *m*, Anbrennholz *nt*

çırak <-ğı> *s* Auszubildende(r) *f(m)*

çırçıplak <-ğı> *adj* splitternackt

çırçır[1] *s* AGR Egreniermaschine *f*

çırçır[2] *s* ZOOL (*cırcır böceği*) Grille *f*

çırılçıplak <-ğı> *adj* splitternackt

çırpı *s* ❶ (*dal, budak kırpıntısı*) Schnitzel *pl* von Ästen und Zweigen ❷ (*fam*) **bir ~da** auf einen Hieb, auf Anhieb, in einem Aufwasch [*o* Abwasch]; **bu iş bir ~da biter** das geht in einem Aufwasch ❸ Linierung *f*

mittels einer Schlagschnur **çırpı ipi** *s* Schlagschnur *f*
çırpınma *s Verbalsubstantiv zu* **çırpınmak**
çırpınmak *vi* ❶ um sich schlagen ❷ zappeln; **oltada bir balık gibi ~** wie ein Fisch an der Angel zappeln ❸ (*kaslar*) zucken ❹ (*bayrak*) flattern ❺ (*fig: aşırı derecede çaba harcamak*) sich abrackern
çırpışma *s Verbalsubstantiv zu* **çırpışmak**
çırpışmak *vi* (*kuşlar*) mit den Flügen schlagen
çırpma *s Verbalsubstantiv zu* **çırpmak**
çırpmak <-ar> *vi* ❶ (*kanat*) schlagen; **kanat ~** mit den Flügen schlagen ❷ **el ~** in die Hände klatschen ❸ GASTR schlagen; **yumurtanın akını ~** das Eiweiß schlagen ❹ (*fig: çalmak*) stehlen, klauen
çıt *s* Laut *m;* **~ çıkmadı** kein Laut war zu hören; **~ yok** es ist kein Laut zu hören
çıta *s* Latte *f;* (*ince*) Leiste *f*
çıtçıt *s* Druckknopf *m*
çıtı pıtı *adj* niedlich
çıtkırıldım *adj* zerbrechlich, fragil, zart
çıtkırıldımlık <-ğı> *s ohne pl* Fragilität *f,* Zerbrechlichkeit *f*
çıyan *s* ❶ ZOOL Skolopender *m,* Scolopender *m* ❷ (*fig, pej: hain*) Verräter(in) *m(f),* Schuft *m*
çiçeği *s poss von* **çiçek**
çiçek¹ <-ği> *s* ❶ BOT (*bitkinin renkli bölümü*) Blüte *f;* **~ açmak** (auf)blühen; **çiçeğe kesmek** (auf)blühen ❷ (*bitki*) Blume *f;* **~ dikmek/ekmek/koparmak** Blumen pflanzen/säen/pflücken; **çiçeği burnunda** (*taze*) frisch; (*fig fam*) frischgebacken
çiçek² <-ği> *s* MED Pocken *pl*
çiçek aşısı *s* MED Pocken(schutz)impfung *f* **çiçek bahçesi** *s* Blumengarten *m* **çiçek boyası** *s* (*kırmız*) Kermes *m* **çiçek bozuğu** *adj* pockennarbig; **~ yüz** ein pockennarbiges Gesicht
çiçekçi *s* ❶ (*yetiştiren*) Blumenzüchter(in) *m(f)* ❷ (*satıcı*) Blumenhändler(in) *m(f),* Florist(in) *m(f)* ❸ (*satılan yer*) Blumengeschäft *nt,* Blumenladen *m*
çiçekçik <-ği> *s* Blümchen *nt*
çiçek demeti *s* Blumenstrauß *m* **çiçek durumu** *s* BOT Blütenstand *m* **çiçek dürbünü** *s s.* **kaleydoskop** Kaleidoskop *nt*
çiçekleme *s Verbalsubstantiv zu* **çiçeklemek**
çiçeklemek *vt* ❶ mit Blumen bepflanzen; **yeni çiçeklenmiş bir tarh** ein frisch mit Blumen bepflanztes Beet ❷ (*çiçekle donatmak*) mit Blumen schmücken
çiçeklenme *s* ❶ *Verbalsubstantiv zu* **çiçeklenmek** ❷ CHEM Ausblühung *f*
çiçeklenmek *vi* ❶ *pass von* **çiçeklemek** ❷ blühen; **ağaçlar çiçekleniyor** die Bäume blühen
çiçekli *adj* blumig; **~ bir emprime** ein mit Blumen bedruckter Stoff **çiçekli bitki** *s* BOT Blütenpflanze *f* **çiçekli desen** *s* Blumenmuster *m*
çiçeklik <-ği> *s* Blumenkasten *m*
çiçek sapı *s* Blütenzweig *m*
çiçeksever *s* Blumenliebhaber(in) *m(f)*
çiçeksiz *adj* blütenlos
çiçek soğanı *s* Blumenzwiebel *f* **çiçek tacı** *s* BOT Korolla *f* **çiçek tozu** *s* BOT Blütenstaub *m,* Pollen *m* **çiçek vazosu** *s* Blumenvase *f* **çiçek virüsü** *s* MED Pockenvirus *nt* **çiçek yağı** *s s.* **ayçiçeği yağı** Sonnenblumenöl *nt* **çiçek yaprağı** *s* BOT Blütenblatt *nt*
çift **I.** *s* ❶ (*nesneler için*) Paar *nt;* **bir ~ çorap/ayakkabı** ein Paar Socken/Schuhe ❷ (*bir erkek ve bir dişiden oluşan*) Paar *nt,* Ehepaar *nt* ❸ AGR **~ sürmek** pflügen **II.** *adj* ❶ doppelt; **~ görmek** doppelt sehen ❷ MATH (*sayı*) gerade; **~ sayılar** die geraden Zahlen ❸ SPORT **~ vuruş** indirekter Freistoß
çift cinsel *adj* bisexuell **çift cinsellik** <-ği> *s ohne pl* Bisexualität *f* **çift çenekli** *adj* BOT zweikeimblättrig
çiftçi *s* Farmer(in) *m(f)*
çift dikiş *s* ❶ Doppelnaht *f* ❷ SCHULE (*fig fam*) Ehrenrunde *f,* Wiederholung *f* der Schulklasse; **~ gitmek** eine Ehrenrunde drehen
çifte **I.** *s* ❶ **~ atmak** ausschlagen ❷ Doppelflinte *f* **II.** *adj* ❶ doppelt; **~ vatandaşlık** doppelte Staatsangehörigkeit ❷ **~ kumrular** (*fig*) die reinsten Turteltauben; **~ kumrular gibi koklaşmak** turteln **çifte cinayet** *s* Doppelmord *m*
çifteleme *s Verbalsubstantiv zu* **çiftelemek**
çiftelemek *vt* ❶ ausschlagen (nach) ❷ NAUT (*ikinci demiri de atmak*) den zweiten Anker auswerfen
çifter çifter *adv* paarweise
çifte standart <-dı> *s ohne pl* Doppelmoral *f;* **~ kullanmak** mit zweierlei Maß messen; **çifte standardı olmak** eine doppelte Moral haben
çift kapı *s* Doppeltür *f*
çiftleşme *s* ❶ *Verbalsubstantiv zu* **çiftleşmek** ❷ Paarung *f,* Begattung *f* ❸ BIOL Kopulation *f*
çiftleşmek *vi* ZOOL sich paaren, sich begatten; BIOL kopulieren
çiftleşme kesesi *s* ZOOL Begattungstasche *f*

Ç

Ç

çiftleştirme *s* ❶ *Verbalsubstantiv zu* **çiftleştirmek** ❷ Paarung *f*
çiftleştirmek *vt* paaren
çiftlik <-ği> *s* ❶ Farm *f,* Gehöft *nt* ❷ Bauernhof *m* **çiftlik evi** *s* Farmhaus *nt* **çiftlik kâhyası** *s* Gutsverwalter(in) *m(f)*
çift parmaklı *adj* ZOOL paarhufig **çift parmaklılar** *pl* ZOOL Paarhufer *pl* **çift pencere** *s* Doppelfenster *nt*
çiftteker *s s.* **bisiklet** Fahrrad *nt* **çifttekerci** *s s.* **bisikletçi** Radfahrer(in) *m(f)*
çift vuruş *s* SPORT indirekter Freistoß **çift yıldız** *s* ASTRON Doppelstern *m*
Çigan *s s.* **Çingene** Zigeuner(in) *m(f)*
Çigan müziği *s* Zigeunermusik *f*
çiğ *adj* ❶ roh; (*pişmemiş*) ungekocht; ~ **et** rohes Fleisch ❷ (*fig*) flapsig; ~ **bir cevap** eine flapsige Antwort ❸ unreif ❹ (*renk, ışık için*) grell **çiğ adam** *s* Flaps *m*
çiğde *s* BOT Jujube *f*
çiğdem *s* BOT Colchicum *nt;* (*güz* ~*i*) Herbstzeitlose *f*
çiğin *s* REG (*omuz*) Schulter *f*
çiğneme *s Verbalsubstantiv zu* **çiğnemek**
çiğnemek *vt* ❶ (*ağzına alıp*) kauen; **çiklet** ~ Kaugummi kauen ❷ (*tekerlek altına alıp*) überfahren; (*ayakla*) zertreten ❸ (*fig: ayaklar altına almak*) mit Füßen treten
çiğnenme *s Verbalsubstantiv zu* **çiğnenmek**
çiğnenmek *vi pass von* **çiğnemek**
çiklet *s* Kaugummi *m o nt;* ~ **çiğnemek** Kaugummi kauen
çiklit *s* ZOOL Buntbarsch *m*
çikolata *s* Schokolade *f;* **acı** ~ bittere Schokolade
çil[1] *s* ZOOL Haselhuhn *nt;* ~ **yavrusu gibi dağılmak** (*fig fam*) auseinanderlaufen
çil[2] **I.** *s* ❶ (*yüzde benek*) Sommersprosse *f* ❷ (*aynada leke*) blinde Stelle **II.** *adj* (*hayvan için*) gesprenkelt
çile[1] *s ohne pl* ❶ Askese *f* (*Bußübung der Derwische, die 40 Tage anhält*); ~ **doldurmak** Buße tun ❷ (*fig fam: zahmet*) Mühe *f;* (*sıkıntı*) Not *f;* ~ **çekmek** Not leiden; **birini** ~**den çıkarmak** jdn auf achtzig bringen, jdn aus dem Häuschen bringen; ~ **çıkmak** außer sich geraten
çile[2] *s* ❶ (*iplik kangalı*) Docke *f* ❷ (*yay kirişi*) Bogensehne *f*
çilecilik <-ği> *s ohne pl* Askese *f*
çilek <-ği> *s* BOT Erdbeere *f*
çilekeş I. *s* Asket *m* **II.** *adj* asketisch
çilekeşlik <-ği> *s ohne pl* Asketentum *nt*
çilekli dondurma *s* Erdbeereis *nt* **çilekli pasta** *s* Erdbeertorte *f*
çileme *s Verbalsubstantiv zu* **çilemek**
çilemek *vi* ❶ (*yağmur*) nieseln ❷ (*fam: nemlenmek*) feucht werden; (*ıslanmak*) nass werden ❸ (*fam: şakımak*) schlagen
çilenti *s* Nieselregen *m*
çilingir *s* Schlosser(in) *m(f),* Bauschlosser(in) *m(f)*
çilingirlik <-ği> *s ohne pl* Schlosserhandwerk *nt*
çillenme *s Verbalsubstantiv zu* **çillenmek**
çillenmek *vi* Sommersprossen bekommen
çilli *adj* sommersprossig
çim *s* ❶ BOT (*karaçayır*) Lolch *m* ❷ (*pl*) Rasen *m;* ~**leri kesmek/sulamak** den Rasen mähen/berieseln
çimbali *s* MUS Cembalo *nt*
çim çim *adv* abgeneigt, lustlos
çimdik <-ği> *s* ❶ Kneifen *nt* ❷ Prise *f* ❸ (*fig*) Stichelei *f*
çimdikleme *s Verbalsubstantiv zu* **çimdiklemek**
çimdiklemek *vt* kneifen
çimen *s* Gras *nt*
çimento *s ohne pl* Zement *m*
çimentolama *s Verbalsubstantiv zu* **çimentolamak**
çimentolamak *vt* zementieren
çimentolu *adj* zementiert
çimlendirme *s* ❶ *Verbalsubstantiv zu* **çimlendirmek** ❷ Begrünung *f*
çimlendirmek *vt* begrünen
çimlenme *s Verbalsubstantiv zu* **çimlenmek**
çimlenmek *vi* ❶ grün werden ❷ (*fam*) schnorren (**-den** bei) ❸ (*fam: azar azar alıp yemek*) nur Häppchen zu sich nehmen (**-den** von)
çimmek *vi* REG ein Vollbad nehmen
Çin I. *s* China *nt;* ~ **Halk Cumhuriyeti** (die) Volksrepublik China **II.** *adj* chinesisch; ~ **Seddi** die Chinesische Mauer
çinakop *s* ZOOL Blaufisch *m* (*10 - 15 cm groß*)
çinçilya *s* ZOOL Chinchilla *f*
Çingen *s s.* **Çingene**
Çingene *s* Zigeuner(in) *m(f)* **Çingene ahtapotu** *s* MED (*ur*) Geschwulst *f*
Çingenece *s ohne pl* Zigeunersprache *f*
Çingene hayatı *s ohne pl* (*fig fam*) Zigeunerleben *nt*
çingeneleşme *s Verbalsubstantiv zu* **çingeneleşmek**
çingeneleşmek *vi* geizen, knausern
çingenelik <-ği> *s ohne pl* (*fig fam*) ❶ (*aç gözlülük*) Habgier *f;* ~ **etme!** sei nicht habgierig!; ~ **etmek** habgierig sein ❷ (*cimrilik*) Knauserigkeit *f;* ~ **etme!** sei nicht knauserig [*o* geizig]!; ~ **etmek** knauserig [*o* geizig] sein

Çingenelik <-ği> *s ohne pl* Zigeunerwesen *nt*
Çin gülü *s s.* **kamelya** BOT (*Camelia japonica*) Kamelie *f*
çini *s* Kachel *f;* **~lerle bezemek** mit Kacheln verzieren **çini mürekkebi** *s* Tusche *f* **çini soba** *s* Kachelofen *m*
çinko[1] *s ohne pl* CHEM Zink *nt*
çinko[2] *interj* **~!** Bingo!
çinkografi *s* KUNST Zinkografie *f*
Çin lahanası *s* Chinakohl *m*
Çinli *s* Chinese, Chinesin *m, f*
çip *s* INFORM Chip *m* **çip kartı** *s* INFORM Chipkarte *f*
çipo *s* NAUT Dragge *f,* kleiner Anker
çipura *s* ZOOL Dorade *f*
çiriş *s* Kleister *m*
çirişleme *s Verbalsubstantiv zu* **çirişlemek**
çirişlemek *vt* kleistern
çiriş otu *s* BOT Affodill *m*
çirkef *s* (*pej fam*) Luder *nt*
çirkin *adj* hässlich, unschön
çirkince *adv* hässlich
çirkinleşme *s Verbalsubstantiv zu* **çirkinleşmek**
çirkinleşmek *vi* hässlich werden
çirkinleştirme *s* ❶ *Verbalsubstantiv zu* **çirkinleştirmek** ❷ Verschand(e)lung *f,* Verunstaltung *f*
çirkinleştirmek *vt Kausativ zu* **çirkinleşmek** verschandeln, verunstalten, hässlich machen
çirkinlik <-ği> *s* Hässlichkeit *f*
çirkinseme *s Verbalsubstantiv zu* **çirkinsemek**
çirkinsemek *vt* **bir şeyi ~** etw hässlich finden
çiroz *s* ❶ gedörrte Makrele ❷ (*fig: zayıf kimse*) Hering *m*
çis *s ohne pl* Manna *nt*
çiseleme *s Verbalsubstantiv zu* **çiselemek**
çiselemek *vi* (*yağmur*) nieseln
çisenti *s* Nieselregen *m;* (*ahmakıslatan*) Sprühregen *m*
çiş *s* (*fam: çocuk dilinde*) Pipi *nt;* **~ etmek** Pipi machen; **~i gelmek** Pipi machen müssen
çit *s* ❶ Zaun *m* ❷ Hecke *f*
çita *s* ZOOL Gepard *m*
çit kazığı *s* Zaunpfahl *m*
çitlembik <-ği> *s* BOT Zürgelbaum *m*
çitleme *s* ❶ *Verbalsubstantiv zu* **çitlemek** ❷ Einzäunung *f*
çitlemek *vt* einzäunen
çitmik <-ği> *s* (*fam*) ❶ Traubenbüschel *m* ❷ (*çimdik*) Prise *f;* **bir ~ biber** eine Prise Pfeffer
çit sarmaşığı *s* BOT Zaunwinde *f*
çivi *s* Nagel *m;* **duvara ~ çakmak** einen Nagel in die Wand klopfen [*o* (ein)schlagen]
çividî *adj* indigoblau
çivileme *s Verbalsubstantiv zu* **çivilemek**
çivilemek *vt* nageln (**-e** an/auf), festnageln (**-e** an)
çivilenme *s Verbalsubstantiv zu* **çivilenmek**
çivilenmek *vi* ❶ *pass von* **çivilemek** ❷ (*fig fam*) wie angenagelt stehen
çivili **I.** *s* SPORT Spikes *m* **II.** *adj* genagelt, angenagelt
çivisiz *adj* nagellos
çivit <-di> *s ohne pl* ❶ Indigo *nt* ❷ (*çamaşır için*) Waschblau *nt* **çivit mavisi** *s* Indigoblau *nt* **çivit otu** *s* BOT Indigopflanze *f*
çivi yazısı *s* HIST Keilschrift *f*
çiy *s* Tau *m*
çiyleme *s* ❶ *Verbalsubstantiv zu* **çiylemek** ❷ (*çisenti*) Nieselregen *m*
çiylemek *vi* nieseln
çiz *vt Imperativ von* **çizmek**
çizelge *s* Tabelle *f;* **uçuş ~si** Flugschreiber *m*
çizer *vt 3. Aorist von* **çizmek**
çizge *s* Grafik *f*
çizgi *s* ❶ Strich *m;* **~ çekmek** (*fig*) einen Schlussstrich ziehen ❷ MATH Linie *f;* **~ çekmek** eine Linie ziehen **çizgi film** *s* Zeichentrickfilm *m*
çizgileme *s Verbalsubstantiv zu* **çizgilemek**
çizgilemek *vt* zeichnen
çizgili *adj* liniert; (*şeritli*) gestreift
çizgi roman *s* Comicheft *nt*
çizici *s* INFORM Plotter *m*
çizik **I.** *s* <-ği> Kratzer *m* **II.** *adj* <-ği> zerkratzt
çiziktirme *s Verbalsubstantiv zu* **çiziktirmek**
çiziktirmek *vt* hinkritzeln
çizili *adj* **altı ~** unterstrichen; **üstü ~** durchgestrichen
çizim *s* Zeichnung *f*
çizme[1] *s Verbalsubstantiv zu* **çizmek**
çizme[2] *s* Stiefel *m*
çizmek <-er> *vt* ❶ streichen; **bir şeyin altını/üstünü ~** etw unterstreichen/durchstreichen ❷ (*resmetmek*) zeichnen ❸ (*plan, desen*) aufzeichnen ❹ MATH (*çember*) beschreiben; **pergelle bir yay ~** mit dem Zirkel einen Bogen beschreiben ❺ (*berelemek*) zerkratzen ❻ **yan ~** (*fam*) einen Rückzieher machen
çoban *s* ❶ Hirte *m;* (*koyun için*) Schäfer *m;* **~ koyunları otlatıyor** der Hirte [*o* Schäfer] weidet die Schafe; **~ kulübesinde**

padişah rüyası görmek (*fig*) Luftschlösser bauen ② ASTRON (*Çulpan*) Morgenstern *m;* (*Venüs*) Venus *f*

çobanaldatan *s* ZOOL (*Caprimulgus europaeus*) Nachtschwalbe *f;* (*keçisağan*) Ziegenmelker *m*

çobançantası *s* BOT Hirtentäschel *nt*

çoban değneği *s* BOT Vogelknöterich *m* **çoban köpeği** *s* Schäferhund *m,* Hirtenhund *m*

çobanlama *s* LIT Hirtendichtung *f*

çobanpüskülü *s* BOT Stechpalme *f*

çobansüzgeci *s* BOT (*Galium aparine*) Klettenlabkraut *nt;* (*yoğurt otu*) Labkraut *nt* **çobantarağı** *s* BOT Venuskamm *m*

çocuğumsu *adj* (*çocuksu*) kindlich; (*çocuk gibi*) kindisch

çocuk <-ğu> *s* Kind *nt;* ~ **aldırmak** MED abtreiben; ~ **düşürmek** (*düşük yapmak*) eine Fehlgeburt haben; ~ **gibi** wie ein Kind; (*kolay kanar*) kindlich; ~ **gibi sevinmek** sich freuen wie ein Kind; ~ **dünyaya getirmek** ein Kind zur Welt bringen; ~ **peydahlamak** (*gebe kalmak*) schwanger werden; ~ **yetiştirmek** Kinder großziehen; **çocuğu olmak** ein Kind bekommen

çocuk arabası *s* Kinderwagen *m* **çocuk bahçesi** *s* Kinderspielplatz *m* **çocuk bakıcı** *s,* **çocuk bakıcısı** *s* Kinderpflegerin *f* **çocuk bezi** *s* Windel *f*

çocukcağız *s* Kindchen *nt,* das arme Kind

çocukça *adj* kindisch; ~ **davranışlarda bulunmak** sich kindisch benehmen

çocukçu *s* Kinderarzt, -ärztin *m, f*

çocuk dili *s* Kindersprache *f* **çocuk doktoru** *s* Kinderarzt, -ärztin *m, f* **çocuk felci** *s* Kinderlähmung *f* **çocuk indirimi** *s* Kinderermäßigung *f* **çocuk işi** *s* (*fig: kolay iş*) Kinderspiel *nt* **çocuk kaçırma** *s* Kindesentführung *f*

çocuklaşma *s Verbalsubstantiv zu* **çocuklaşmak**

çocuklaşmak *vi* sich kindisch benehmen

çocukluk <-ğu> *s* ① Kindheit *f;* ~**tan beri** von Kindesbeinen an; **çocukluğumdan beri** seit meiner Kindheit; **çocukluğunda** in seiner Kindheit ② (*bebeklikle ergenlik arasındaki dönem*) Kindesalter *nt* ③ (*çocukça davranış*) Kinderei *f;* ~ **etmek** (*çocukça davranışlarda bulunmak*) sich kindisch benehmen; (*düşünmeden davranmak*) unüberlegt handeln **çocukluk anısı** *s* Kindheitserinnerung *f* **çocukluk günleri** *pl* Kindheitstage *pl* **çocukluk zamanı** *s* Kindheit *f,* Kindesalter *nt*

çocuk maması *s* Babynahrung *f* **çocuk oyuncağı** *s* ① Kinderspielzeug ② (*fig: kolay iş*) Kinderspiel *nt;* **bir şeyi** ~ **hâline getirmek** etw zur Farce erniedrigen **çocuk oyunu** *s* ① (*çocukların oynadığı oyun*) Kinderspiel *nt* ② (*fig*) Kinderspiel *nt* **çocuk ruhlu** *adj* ~ **olmak** ein kindliches Gemüt haben

çocuksu *adj* kindlich; ~ **ve oyuncu bir ifade** ein kindlich verspielter Ausdruck **çocuksuluk** <-ğu> *s* Kindlichkeit *f*

çocuksuz *adj* kinderlos

çocuksuzluk <-ğu> *s ohne pl* Kinderlosigkeit *f*

çocuk yuvası *s* Kindertagesstätte *f*

çoğalış *s* Vermehrung *f,* Zunahme *f*

çoğalma *s* ① *Verbalsubstantiv zu* **çoğalmak** ② Vermehrung *f,* Zunahme *f* ③ BIOL **eşeysiz** ~ ungeschlechtliche Fortpflanzung

çoğalmak *vi* sich (ver)mehren, zunehmen

çoğaltıcı *s* TECH (*elektron* ~) Multiplier *m*

çoğaltma *s* ① *Verbalsubstantiv zu* **çoğaltmak** ② Vermehrung *f* ③ TYPO (*teksir*) Vervielfältigung *f* **çoğaltma hakları** *s* TYPO, JUR Vervielfältigungsrechte *pl*

çoğaltmak *vt* ① vermehren ② TYPO vervielfältigen

çoğaltma makinesi *s* TYPO Vervielfältigungsapparat *m*

çoğu **I.** *adv* meist; (*çok defa*) mehrmals; (~ *zaman*) meistens **II.** *pron* ① (*büyük bölümü*) meiste(r, s); **insanların** ~ die meisten Menschen; **oyuncuların** ~ das Gros der Spieler, die meisten Spieler ② **çocukların** ~ **hastalandı** viele der Kinder wurden krank **çoğu kez** *adv* meistens; (*defalarca*) mehrmals

çoğul *s* LING (*çokluk*) Plural *m*

çoğulcu *adj* pluralistisch

çoğulculuk <-ğu> *s ohne pl* Pluralismus *m*

çoğul eki *s* LING (*çokluk eki*) Pluralendung *f*

çoğumsama *s Verbalsubstantiv zu* **çoğumsamak**

çoğumsamak *vt* überschätzen; *s. a.* **azımsamak**

çoğun *adv* sehr oft

çoğunluk <-ğu> *s* Mehrheit *f,* Majorität *f;* **ezici/salt** ~ überwältigende/absolute Mehrheit **çoğunluk kararı** *s* Mehrheitsbeschluss *m*

çoğunlukla *adv* ① mehrheitlich; **karar** ~ **alındı** der Beschluss wurde mehrheitlich gefasst; **önerge** ~ **kabul edildi** der Antrag wurde mehrheitlich angenommen ② (*çoğu zaman*) meistens

çoğurcuk <-ğu> *s* ZOOL Star *m; s. a.* **sığırcık**

çoğu zaman *adv* meistens

çok **I.** *adj* <-ğu> ① viel(e); ~ **parası var** er

hat viel Geld ❷ (*-den ~*) mehr; **gereğinden ~** mehr als nötig [*o* erforderlich] ❸ (*~ kültürlü*) multi- **II.** *adv* ❶ viel; **bu, nispeten ~** das ist vergleichsweise viel; **o, benden ~ daha iyi** er ist viel besser als ich ❷ sehr; **bu ~ güzel** das ist sehr schön; **yeni işinde ~ güçlük çekiyor** er hat große Schwierigkeiten bei seiner neuen Arbeit ❸ groß; **bir şeye ~ değer vermek** großen Wert auf etw legen; **~ moda olmak** groß in Mode sein ❹ **~ yaşa!** Gesundheit! ❺ lange; **~ sürmez** es dauert nicht lange **çok anlamlı** *adj* mehrdeutig **çok anlamlılık** <-ğı> *s ohne pl* Mehrdeutigkeit *f*

çokbilmiş *s* Besserwisser(in) *m(f)* **çokbilmişlik** <-ği> *s ohne pl* Besserwisserei *f*

çok çok *adv* höchstens; **bu iş ~ iki saat sürer** diese Sache dauert höchstens zwei Stunden

çokçu **I.** *s* PHILOS Pluralist(in) *m(f)* **II.** *adj* PHILOS pluralistisch

çokçuluk <-ğu> *s ohne pl* PHILOS Pluralismus *m*

çok eşli *adj* polygam **çok eşlilik** <-ği> *s ohne pl* Polygamie *f*

çok fazlı akım *s* ELEK Mehrphasenstrom *m*

çokgen *s* MATH Vieleck *nt*

çok gözeli *adj*, **çok hücreli** *adj* BIOL mehrzellig **çok karılılık** <-ğı> *s ohne pl* Vielweiberei *f* **çok katlı** *adj* mehrstöckig **çok katlı otopark** *s* Parkhaus *nt* **çok kısa dalga** *s* RADIO, PHYS Ultrakurzwelle *f*; **~da** auf Ultrakurzwelle **çok kültürlü** *adj* multikulturell

çokluk **I.** *s* <-ğu> ❶ Mehrheit *f* ❷ LING Plural *m*; **birinci ~ kişi** erste Person Plural **II.** *adv* oft, häufig **çokluk eki** *s* LING Pluralendung *f*

çok partili sistem *s* POL Mehrparteiensystem *nt*

çokrama *s Verbalsubstantiv zu* **çokramak**

çokramak *vi* brodeln

çoksama *s Verbalsubstantiv zu* **çoksamak**

çoksamak *vt* missgönnen

çoksatar *s* Bestseller *m*

çoktan *adv* längst; **~ beri** seit langem

çoktandır *adv* (schon) lange; **bu benim başımda ~ dolaşıyor** das geht mir schon lange im Kopf herum

çok tanrıcılık <-ğı> *s ohne pl* REL (*politeizm*) Polytheismus *m* **çok uluslu** *adj* WIRTSCH, POL multinational **çok yanlı** *adj* vielseitig **çok yıllık** *adj* mehrjährig; **~ bitki** mehrjährige Pflanze **çok yönlü** *adj* vielseitig

çomak <-ğı> *s* Knüppel *m*; **birinin tekerine ~ sokmak** (*fig*) jdm einen Knüppel zwischen die Beine werfen

çopra *s* ❶ (*balık kılçığı*) Fischgräte *f* ❷ (*sık sazlık*) Röhricht *nt*

çopur *adj* pockennarbig; **~ yüz** ein pockennarbiges Gesicht

çor *s ohne pl* REG ❶ (*hastalık*) Krankheit *f*; (*dert*) Kummer *m* ❷ (*sığır vebası*) Rinderpest *f*

çorabı *s poss von* **çorap**

çorak *adj* ❶ dürr ❷ (*verimsiz*) unfruchtbar

çoraklaşma *s Verbalsubstantiv zu* **çoraklaşmak**

çoraklaşmak *vi* ausdorren, ausdörren

çoraklaştırma *s Verbalsubstantiv zu* **çoraklaştırmak**

çoraklaştırmak *vt* ausdörren

çoraklık <-ğı> *s* Dürre *f*

çorap <-bı> *s* Strumpf *m*, Socke *f* **çorap söküğü** *s* Laufmasche *f*; **~ gibi gitmek** (*fig*) wie am Schnürchen laufen, reibungslos laufen **çorap teki** *s* Einzelstrumpf *m*

çorba *s* Suppe *f*; **~ içmek** Suppe essen; **~ içmeye çağırmak** zum Essen einladen; **~nı içtin mi?** hast du deine Suppe gegessen? **çorba kaşığı** *s* Suppenlöffel *m*

çorbalık sebze *s ohne pl* GASTR Suppengrün *nt* **çorbalık tavuk** <-ğu> *s* Suppenhuhn *nt*

çorba tabağı *s* Suppenteller *m*

çorlu *adj* REG (*hastalıklı*) kränklich; (*dertli*) leidend

çotanak <-ğı> *s* REG Haselnusszweig *m*

çotuk <-ğu> *s* ❶ Baumstumpf *m* ❷ (*asma kütüğü*) Rebstock *m*

çöğüncek <-ği> *s* REG (*tahterevalli*) Wippe *f*

çöğünme *s Verbalsubstantiv zu* **çöğünmek**

çöğünmek *vi* wippen

çök *vi Imperativ von* **çökmek**

çökelek <-ği> *s* ❶ Quark *m* ❷ (*tortu*) Ablagerung *f*

çökelge *s* REG (*bataklık*) Morast *m*, Sumpf *m*

çökelme *s* ❶ *Verbalsubstantiv zu* **çökelmek** ❷ CHEM Präzipitation *f*

çökelmek *vt* CHEM sich absetzen, sich niederschlagen

çökelti *s* CHEM Präzipitat *nt*

çökeltme *s Verbalsubstantiv zu* **çökeltmek**

çökeltmek *vt* CHEM präzipitieren, ausfällen

çöker *vi 3. Aorist von* **çökmek**

çökertme *s Verbalsubstantiv zu* **çökertmek**

çökertmek *vt* ❶ niederknien lassen ❷ (*yıkmak*) niederreißen ❸ (*fig fam*) niederschmettern ❹ INFORM (*sistem*) abstürzen

Ç

lassen; **sistemi ~** das System abstürzen lassen

çökme *s* ❶ *Verbalsubstantiv zu* **çökmek** ❷ INFORM Absturz *m*

çökmek <-er> *vi* ❶ (*toprak*) sich senken, absacken ❷ (*duvar, tavan*) einstürzen ❸ (*çömelmek*) sich (hin)hocken; **diz ~** niederknien ❹ (*oturmak*) sich hinsetzen (**-e** auf) ❺ (*karanlık*) anbrechen, einfallen; **erken çöken karanlık** die früh einfallende Dunkelheit; **karanlık çökerken** bei Anbruch der Dunkelheit ❻ (*yanak*) einfallen ❼ INFORM (*sistem*) abstürzen ❽ **kâbus gibi birinin üzerine ~** jdn wie ein Albtraum überfallen

çöküntü *s* ❶ PSYCH (*depresyon*) Niedergeschlagenheit *f*, Depression *f* ❷ GEO Depression *f* ❸ WIRTSCH Depression *f*

çöküş *s ohne pl* ❶ Niedergang *m*, Untergang *m* ❷ Zerfall *m*

çöl *s* Wüste *f*; **~e dönmek** zur Wüste werden, sich in eine Wüste verwandeln

çölleşme *s Verbalsubstantiv zu* **çölleşmek**

çölleşmek *vi* zur Wüste werden; (*çöle dönmek*) sich in eine Wüste verwandeln

çölleştirme *s* ❶ *Verbalsubstantiv zu* **çölleştirmek** ❷ Verwüstung *f*

çölleştirmek *vt Kausativ zu* **çölleşmek** verwüsten, zur Wüste machen

çöllük <-ğü> *adj* wüstenhaft **çöllük ülke** *s* Wüstenland *nt*

çömelme *s* ❶ *Verbalsubstantiv zu* **çömelmek** ❷ Hocke *f*

çömelmek *vi* sich hinhocken, sich hinkauern, in die Hocke gehen; **çömelir vaziyette** in kniender Stellung

çömlek <-ği> *s* Tontopf *m*; **çanak ~** Steingut *nt*

çömlekçi *s* Töpfer(in) *m(f)* **çömlekçi tornası** *s* Töpferscheibe *f*

çömlek hesabı *s* (*fig fam*) Milchmädchenrechnung *f*

çömmek *vi* REG *s.* **çömelmek**

çöp *s* ❶ Müll *m*, Abfall *m*; **bir şeyi ~e atmak** etw in den Müll werfen ❷ (*saman inceliğinde sap*) Hälmchen *nt*; (*tahta parçası*) Hölzchen *nt*; **~ gibi** spindeldürr **çöp arabası** *s* Müllwagen *m*

çöpçatan *s* Heiratsvermittler(in) *m(f)*

çöpçatanlık <-ğı> *s* Heiratsvermittlung *f*

çöpçü *s* ❶ Müllmann *m* ❷ ZOOL (*Corydoras*) Panzerwels *m*

çöp kovası *s* Mülleimer *m*, Abfalleimer *m*

çöpleme *s* BOT Nieswurz *f*

çöplük <-ğü> *s* Mülldeponie *f*; (*çöp döküilen yer*) Müllkippe *f*

çöp sepeti *s* Papierkorb *m* **çöp tenekesi** *s* Mülleimer *m*, Abfalleimer *m*; **yemek artıklarını ~ne boşaltmak** die Essensreste in den Mülleimer leeren **çöp torbası** *s* Müllbeutel *m*; (*daha büyük*) Müllsack *m* **çöp yığını** *s* Abfallhaufen *m*

çörek <-ği> *s* Gebäck *nt*, Plätzchen *nt*

çöreklenme *s Verbalsubstantiv zu* **çöreklenmek**

çöreklenmek *vi* ❶ sich zusammenringeln; **çöreklenmiş bir yılan** eine zusammengeringelte Schlange ❷ (*fig*) sich einnisten, sich festsetzen

çörek otu *s* ❶ BOT Braut in Haaren ❷ GASTR Schwarzkümmel *m*

çörel *s* ZOOL Molch *m*

çöre otu *s s.* **çörek otu**

çörkü *s* (*sayı boncuğu*) Rechenbrett *nt*; (*abaküs*) Abakus *m*

çörten *s* Wasserspeier *m*

çöven *s* BOT Seifenkraut *nt*; *s. a.* **sabun otu**

çözelti *s* CHEM Lösung *f*

çözme *s Verbalsubstantiv zu* **çözmek**

çözmek *vt* ❶ lösen, losmachen; **ipi ~** das Seil lösen [*o* losmachen] ❷ (*bulmaca, sorun*) lösen ❸ (*kemerini, tokasını*) sich abschnallen ❹ MATH (*halletmek*) lösen ❺ CHEM (*çözündürmek*) auflösen

çözücü *s* CHEM Lösungsmittel *nt*, Lösemittel *nt*; **bir maddeyi bir ~de çözündürmek** einen Stoff in einem Lösungsmittel auflösen

çözülme *s* ❶ *Verbalsubstantiv zu* **çözülmek** ❷ Lösung *f*; **~si güç bir problem** ein schwer lösbares Problem; **~si imkânsız bir problem** ein unlösbares Problem

çözülmek *vi* ❶ *pass von* **çözmek** gelöst werden; **problem çözülemedi** das Problem konnte nicht gelöst werden ❷ sich lösen, aufgehen; (*erimeye başlamak*) auftauen; **düğüm çözüldü** der Knoten ist aufgegangen ❸ (*fig: dağılmak*) sich auflösen ❹ (*fig*) **bu haberi duyunca eli ayağı çözülmüştü** sie war über diese Nachricht ganz aufgelöst; **dizlerinin bağı ~** (*fam*) weiche Knie bekommen

çözülür *adj* ❶ lösbar ❷ abbaubar

çözülüş *s ohne pl* ❶ Lösung *f* ❷ (*yıkılış*) Verfall *m*; **Osmanlı/Roma İmparatorluğu'nun ~ü** der Verfall des Osmanischen/Römischen Reiches

çözüm *s* ❶ *a.* MATH Lösung *f*; **bir problemin ~ü** die Lösung eines Problems ❷ (*bilmecenin ~ü*) Auflösung *f*

çözümleme *s* ❶ *Verbalsubstantiv zu* **çözümlemek** ❷ (*analiz*) Analyse *f* ❸ MATH Analysis *f*

çözümlemek *vt* analysieren

çözümlemeli *adj* (*analitik*) analytisch

çözümlenme *s Verbalsubstantiv zu*

çözümlenmek
çözümlenmek *vi pass von* **çözümlemek**
çözümleyici *s* Analytiker(in) *m(f)*
çözümsel *adj* analytisch
çözüm yolu *s* Lösungsweg *m*, Lösungsmöglichkeit *f*
çözündürme *s ohne pl* ❶ *Verbalsubstantiv zu* **çözündürmek** ❷ CHEM Abbau *m;* (*sıvıda*) Auflösung *f*
çözündürmek *vt* CHEM abbauen; (*sıvıda*) auflösen; **bir maddeyi bir çözücüde ~** einen Stoff in einem Lösungsmittel auflösen
çözünme *s ohne pl* ❶ *Verbalsubstantiv zu* **çözünmek** ❷ CHEM Abbau *m;* (*sıvıda*) Auflösung *f*
çözünmek *vt* CHEM sich abbauen; (*sıvıda*) sich (auf)lösen; **suda çözünmeyen bir madde** ein in Wasser unlöslicher Stoff
çözünürlük <-ğü> *s* INFORM, TV (*ekranda*) Auflösung *f*, Bildauflösung *f*
çözüşebilir *adj* abbaubar
çözüşme *s ohne pl* ❶ *Verbalsubstantiv zu* **çözüşmek** ❷ *a.* MED Abbau *m*, Verfall *m*
çözüşmek *vi* sich abbauen
çubuk <-ğu> *s* ❶ Stab *m* ❷ (*demir ~*) Stange *f* ❸ (*kumaşta*) Streifen *m* ❹ NAUT Stenge *f* ❺ (*körpe dal*) frischer Zweig ❻ (*tütün içmek için*) Tschibuk *m* (*Tabakspfeife mit kleinem Kopf*)
çubuklu *adj* **mavi ~ bir gömlek** ein blau gestreiftes Hemd
çuha *s* Tuch *nt* **çuha çiçeği** *s* BOT Primel *f*
çukur *s* ❶ Grube *f;* **el için ~ kazan, kendisi içine düşer** (*prov*) wer andern eine Grube gräbt, fällt selbst hinein ❷ (*gamze*) Grübchen *nt* ❸ (*fig fam: mezar*) Grab *nt;* **bir ayağı ~da olmak** mit einem Bein im Grab stehen
çul *s* ❶ grobe(r) Wollstoff ❷ **at ~u** Pferdedecke *f* ❸ (*fam: giyim*) Klamotten *pl;* **~u düzmek** (*giyimini yenilemek*) sich neue Klamotten anschaffen; (*maddî durumu düzelmek*) sich finanziell erholen
çulha kuşu *s* ZOOL Beutelmeise *f*
çullanma *s Verbalsubstantiv zu* **çullanmak**
çullanmak *vi* sich stürzen (**-in üzerine/üstüne** auf); **birinin üzerine** [*o* **üstüne**] **~** sich auf jdn stürzen
çulluk <-ğu> *s* ZOOL (*Scolopax rusticola*) Waldschnepfe *f;* (*batak, kıyı çulluğu*) Schnepfe *f*
Çulpan *s* ASTRON Morgenstern *m;* (*Venüs*) Venus *f*
çupra *s* ZOOL (*çipura*) Dorade *f*
çurçur **I.** *s* ZOOL Lippfisch *m* **II.** *adj* (*fig: önemsiz*) unwichtig, bedeutungslos; (*değersiz*) wertlos
çuval *s* Sack *m;* **~ gibi olmak** (*giysi*) schlabbern **çuval bezi** *s* Sackleinen *nt*
çuvaldız *s* Sacknadel *f*
çuvallama *s Verbalsubstantiv zu* **çuvallamak**
çuvallamak **I.** *vt* einsacken, in Säcke füllen **II.** *vi* (*fam: başaramamak*) keinen Erfolg haben, es nicht schaffen
çük *s* (*sl, vulg*) Pimmel *m*, Schwanz *m*
çünkü *konj* weil, denn, da
çürük **I.** *s* <-ğü> ❶ Prellung *f;* (*mor leke*) blauer Fleck ❷ MED (*ohne Pl, dişte*) Karies *f* ❸ **çürüğe çıkarmak** ausmustern, ausrangieren; **çürüğe çıkmak** ausrangiert werden; *a.* MIL ausgemustert werden **II.** *adj* ❶ (*a. fig*) faul; **~ iş** eine faule Sache ❷ MED (*diş*) kariös
çürükçül **I.** *s* BOT Saprophyt *m* **II.** *adj* BOT saprophil
çürük gaz *s* AUTO Abgas *nt* **çürük sakız** *s* (*pej*) Gemeinplatz *m*
çürüme *s* ❶ *Verbalsubstantiv zu* **çürümek: elmaların ~den yenilmesi lazım** die Äpfel müssen gegessen werden bevor sie verfaulen ❷ Verfaulung *f*
çürümek *vi* verfaulen
çürütme *s* ❶ *Verbalsubstantiv zu* **çürütmek** ❷ Widerlegung *f*
çürütmek *vt* ❶ *Kausativ zu* **çürümek** verfaulen lassen ❷ GASTR (*eti*) abhängen lassen ❸ (*fig: iddia*) widerlegen; **dirsek ~** die Schulbank drücken
çürütülme *s* ❶ *Verbalsubstantiv zu* **çürütülmek** ❷ Widerlegung *f*
çürütülmek *vi pass von* **çürütmek: iddia çürütüldü** die Behauptung wurde widerlegt

Dd

D

D, d [de] *s* D, d *nt* (*5. Buchstabe des türk. Alphabets*); **Denizli'nin ~'si** D wie Dora

D. *Abk von* **daire** App., Appartement *nt*

da <de> *konj* ❶ auch, ebenfalls, gleichfalls; **ben/sen de** ich/du auch; **ne kadar bekledimse de …** solange ich auch wartete … ❷ damit; **onu bana ver de işimi göreyim** gib es her damit ich meine Arbeit machen kann ❸ denn; **bu ~ ne demek oluyor?** was soll das denn heißen?; **Hasan ~ kim oluyormuş?** wer ist denn eigentlich Hasan? ❹ (*bile, dahi*) auch wenn, selbst wenn; **yağmur yağacak olsa ~** auch wenn es regnen sollte ❺ noch; **bugün daha ~ iyiyim** heute geht es mir noch besser ❻ (*ama, fakat*) aber, jedoch ❼ und; **çalıştı ~ başardı** er hat gearbeitet und hat es geschafft; **sen otur ~ ben gideyim** bleib du mal sitzen und lass mich gehen ❽ sondern; **Hasan gitmedi de Zeynep gitti** nicht Hasan, sondern Zeynep ging ❾ (*hem … hem*) sowohl … als auch; **kadınlar ~ erkekler de** sowohl die Frauen als auch die Männer ❿ ebenso; **matematiğe olduğu kadar dillere de istidadı olmak** ebenso sehr für Sprachen wie für Mathematik begabt sein; **o ~ benim kadar hızlı(dır)/iyi(dir)** er ist ebenso schnell/gut wie ich; **o ~ benim kadar uzun konuştu** sie sprach ebenso lang(e) wie ich ⓫ doch; **yıllar nasıl ~ geçiyor!** wie doch die Tage vergehen!

-da <-de, -ta, -te> *Lokativ-Suffix* **evde** zu Hause; **gökyüzünde** am Himmel; **okul~** in der Schule; **sokakta** auf der Straße

Dadaizm *s ohne pl* KUNST Dadaismus *m*

dadanma *s* ❶ *Verbalsubstantiv zu* **dadanmak** ❷ Heimsuchung *f*

dadanmak *vi* ❶ heimsuchen (**-e**) ❷ (*sık uğramak*) frequentieren (**-e**), häufig besuchen (**-e**)

dadı *s* Kinderfrau *f*, Amme *f*

dag *Abk von* **dekagram** Dg, Dekagramm *nt*

dağ¹ *s* Berg *m*; **~ [*o* ~ları] devir(ebil)mek** (*fig*) Berge versetzen (können); **~ [*o* ~lar] kadar/gibi** (*fig: çok iri*) hünenhaft; (*pek çok*) bergeweise, ein Berg von; **~ doğura doğura bir fare doğurmuş** (*prov*) der Berg kreißt und gebiert eine Maus; **~ yürümezse, abdal yürür** (*prov*) wenn der Berg nicht zum Propheten kommen will, muss der Prophet zum Berge gehen

dağ² *s* ❶ (*nişan*) Brandmal *nt* ❷ MED Ätzung *f*

dağ adamı *s* (*pej fam*) Hinterwäldler *m*

dağalası *s* ZOOL Bergforelle *f*, Rotforelle *f*

dağarcık *s* ❶ (*meşin torba*) Lederbeutel *m* ❷ (*fig: bellek*) Gedächtnis *nt* ❸ MUS (*repertuar*) Repertoire *nt*

dağ ayısı *s* (*pej fam*) Hinterwäldler *m*

dağ başı *s* ❶ (*dağ doruğu*) Berggipfel *m* ❷ (*pej fam*) Kaff *nt* **dağ bisikleti** *s* Mountainbike *nt*

dağcı *s* SPORT Bergsteiger(in) *m(f)*; (*alpinist*) Alpinist(in) *m(f)*

dağcılık <-ğı> *s ohne pl* SPORT Bergsteigen *nt*; (*alpinizm*) Alpinismus *m* **dağcılık kulübü** *s* Alpenverein *m*

dağ doruğu *s* Berggipfel *m* **dağ evi** *s* Berghütte *f* **dağ gelinciği** *s* ZOOL Frettchen *nt*

dağılım *s* Verteilung *f*

dağılma *s* ❶ *Verbalsubstantiv zu* **dağılmak** ❷ Verteilung *f*

dağılmak *vi* ❶ sich verteilen ❷ **kalabalık dağıldı** die Menge [*o* Menschenmenge] löste sich auf; **okul dağıldı** (*fam*) die Schule ist aus ❸ (*fig*) sich zerstreuen

dağınık *adj* ❶ (*düzensiz*) verstreut ❷ (*düzensiz*) unordentlich; (*karışık*) durcheinander, wirr ❸ (*fig*) zerstreut **dağınık ışık** <-ğı> *s ohne pl* Flutlicht *nt*

dağıtıcı *s* ❶ (*gazete vb. dağıtan kimse*) Zusteller(in) *m(f)* ❷ AUTO (*distribütör*) Verteiler *m* ❸ WIRTSCH Verteiler *m*

dağıtılma *s* ❶ *Verbalsubstantiv zu* **dağıtılmak** ❷ Verteilung *f*

dağıtılmak *vi pass von* **dağıtmak** verteilt werden; (*gazeteler*) zugestellt werden

dağıtım *s* ❶ (*su, gaz*) Versorgung *f*; (*kitap*) Vertrieb *m* ❷ Austeilung *f* ❸ FIN, WIRTSCH (*temettü*) Ausschüttung *f* **dağıtım hakkı** *s* Vertriebsrecht *nt* **dağıtım hattı** *s* Versorgungsleitung *f*

dağıtma *s* ❶ *Verbalsubstantiv zu* **dağıtmak** ❷ Verteilung *f*

dağıtmak *vt* ❶ verteilen, austeilen (**-e** an, **-in arasında** unter) ❷ FIN, WIRTSCH (*temettü*) ausschütten ❸ vertreiben; **rüzgâr bulutları dağıttı** der Wind hat die Wolken vertrieben ❹ (*mektup, gazete*) zustellen ❺ (*fig: feshetmek*) auflösen

dağ keçisi *s* ZOOL (*elik*) Gämse *f* **dağ kolu** *s* GEO Bergausläufer *m* **dağ köyü** *s* Bergdorf *nt*

dağlağı *s* Brandeisen *nt*

dağ lalesi *s* BOT Windröschen *nt*
dağlama *s Verbalsubstantiv zu* **dağlamak**
dağlamak *vt* ❶ brandmarken; **bir hayvanı ~** einem Tier ein Zeichen aufbrennen ❷ MED ätzen
dağlama resim <-smi> *s* Brandmalerei *f*
dağlanma *s Verbalsubstantiv zu* **dağlanmak**
dağlanmak *vi pass von* **dağlamak**
dağlatma *s Verbalsubstantiv zu* **dağlatmak**
dağlatmak *vt Kausativ zu* **dağlamak**
dağlı *s* ❶ Bergbewohner(in) *m(f)* ❷ (*fig, pej*) Bauer *m*
dağlık <-ğı> *adj* bergig, gebirgig
dağ merası *s* Alm *f* **dağ otlağı** *s* Alm *f* **dağ sıçanı** *s* ZOOL Murmeltier *nt* **dağ sırtı** *s* GEO Bergrücken *m* **dağ silsilesi** *s* Gebirgskette *f* **dağ tavuğu** *s s.* **çil**[1] ZOOL Haselhuhn *nt* **dağ turu** *s* Bergtour *f,* Bergwanderung *f* **dağ vaazı** *s* REL Bergpredigt *f* **dağ yamacı** *s* Berghang *m*
daha *adv* ❶ noch; (*şimdiye kadar*) bis jetzt; **~ da kötüsü** schlimmer noch; **~ erken** es ist noch früh; **~ neler var?** was gibt es noch?; **~ sürecek mi?** dauert es noch lange?; **bir hafta/saat ~** noch eine Woche/Stunde, eine weitere Woche/Stunde ❷ als; **göründüğünden ~ gençtir** er ist jünger als er aussieht ❸ **~ az** weniger; **~ çok** mehr; **~ fazla** noch mehr; **~ doğrusu** richtiger ist, genauer gesagt, beziehungsweise; **~ erken/geç** früher/später; **~ erken olmaz** früher geht's nicht; **~ güzel** schöner; **~ iyi** besser; **bugün ~ (da) iyiyim** heute geht es mir (noch) besser ❹ erst; **~ dün kendisiyle konuştum** erst gestern sprach ich mit ihm ❺ (*bundan başka*) außerdem; (*bunun dışında*) darüber hinaus; **~ düşünmek** weiter überlegen ❻ **sekiz bir ~ dokuz eder** acht und eins macht neun **daha önce** *adv* schon; **bu, ~ de böyleydi** das war schon immer so; **bu kitabı ~ okudum** das Buch habe ich schon gelesen **daha önceki gün** *s* Vortag *m*
dahası *s* **~ (da) var** es geht (auch) noch weiter, es kommt noch besser; **bunun ~ da var** und das ist noch längst nicht alles
dahdah *s* (*çocuk dilinde*) Hottepferd *nt*
dahi *konj* ❶ (*de, da*) auch, selbst; **gelse/gitse ~** selbst [*o* auch] wenn er kommt/geht; **önemli olmasa ~** auch wenn es nicht wichtig ist; **yağmur yağacak olsa ~** auch wenn es regnen sollte ❷ (*bile*) sogar; **bunu o ~ biliyor** das weiß sogar er ❸ (noch) nicht einmal, kaum; **en küçük bir pişmanlık eseri ~** nicht einmal das geringste Anzeichen von Reue; **en ufak bir hatayı ~ affetmemek** nicht einmal den kleinsten Fehler verzeihen
dâhi [daː-] *s* Genie *nt*
dâhice *adj* genial; **~ bir buluş** eine geniale Erfindung
dahil <-hli> *s* **bir işte dahli olmak** die Hand im Spiel haben
dâhil [daː-] **I.** *s* **imkân ~inde olmak** im Bereich des Möglichen liegen **II.** *adv* einschließlich, inklusive; (*ile birlikte*) mit ... zusammen; **~ etmek** einschließen; **babası/annesi ~** einschließlich seines Vaters/seiner Mutter, mit seinem Vater/seiner Mutter zusammen; **bir şeye ~ olmak** (*katılmak*) an etw teilnehmen; (*içinde olmak*) an etw beteiligt sein; **KDV ~** inklusive MwSt.
dâhilen *adv* ❶ innerlich ❷ (*ilaçlar için*) **~ alınır** zum Einnehmen
dâhilî [daːhiliː] *adj* ❶ intern; **~ hasta** MED stationärer Patient ❷ innere(r, s)
dâhilî deniz *s s.* **iç deniz** Binnenmeer *nt*
dâhilî harp <-bi> *s s.* **iç savaş** Bürgerkrieg *m*
dâhilik <-ği> *s ohne pl* Genialität *f*
dâhiliye *s* MED interne Medizin; **~de yatmak** auf der internen Station liegen
dâhiliyeci *s* MED (*iç hastalıkları uzmanı*) Internist(in) *m(f)*
dâhiyane *adj* genial
dahli *s poss von* **dahil**
daima [daːima] *adv* immer, stets
daimî [daːimiː] *adj* dauerhaft, ständig; (*ikametgâh*) fest, ständig
dair [daː-] *adj* über; **kazanacağına ~ her bahse girerim** ich gehe jede Wette ein, dass er gewinnt; **sanata ~ konuşma** eine Rede über Kunst
daire [daː-] *s* ❶ *a.* MATH Kreis *m* ❷ (*makine ~si*) Raum *m* ❸ ADMIN Abteilung *f;* (*tapu ~si*) Amt *nt* ❹ (*apartmanda*) Etagenwohnung *f;* (*küçük*) Appartement *nt,* Apartment *nt*
dakik *adj* pünktlich
dakika [dakiː-] *s* ❶ Minute *f;* **~sı ~sına** auf die Minute (genau); **üçe beş ~ kala** fünf Minuten vor drei; **üçü beş ~ geçe** fünf Minuten nach drei ❷ (*an*) Minute *f,* Moment *m;* **bir ~ lütfen!** einen Moment, bitte!
dakikalarca *adv* minutenlang
dakikane [dakiːkaː-] *adv* ❶ (*dakik olarak*) pünktlich ❷ (*sadık bir biçimde*) treu; **~ hizmet etmek** treu dienen
dakikasında *adv* (*çabucak*) schnellstens
daktilo *s* ❶ (*yazı makinesi*) Schreibmaschine *f;* **~ etmek** tippen ❷ (*~graf*)

Schreibkraft *f*
daktilograf *s* Schreibkraft *f*
daktilo kâğıdı *s* Schreibmaschinenpapier *nt* **daktilo makinesi** *s* Schreibmaschine *f* **daktilo şeridı** *s* Farbband *nt* **daktilo yazısı** *s* Schreibmaschinenschrift *f*
dal[1] *vi Imperativ von* **dalmak**
dal[2] *s* ❶ Ast *m;* (*zeytin ~ı*) Zweig *m;* **~ budak salmak** ins Kraut schießen; **bindiği ~ı kesmek** (*fig*) den Ast absägen, auf dem man sitzt ❷ Zweig *m;* (*öğrenim ~ı*) Fach *nt;* **kimya ~ı** Zweig der Chemie; **matematik ~ı** ein Teilgebiet der Mathematik
dal[3] *s* REG ❶ (*arka*) Rücken *m* ❷ (*kol*) Arm *m*
dal[4] *adj* (*çıplak*) nackt; (*~ kılıç*) blank; (*~ taban*) bar-; (*~ uyku*) Tief-
dal[5] *s* (*dekalitre*) dal, Dl, dkl, Dekaliter *m*
dalak <-ğı> *s* ❶ ANAT Milz *f* ❷ REG (*bal peteği*) Honigwabe *f,* Bienenwabe *f* **dalak otu** *s* BOT Gamander *m*
dalama *s Verbalsubstantiv zu* **dalamak**
dalamak *vt* ❶ (*ısırmak*) beißen; **köpek mi daladı seni?** hat ein Hund dich gebissen? ❷ (*kaşındırmak*) jucken; (*sert kumaş*) kratzen
dalan *s* ❶ (*lobi*) Lobby *f* ❷ REG (*biçim*) Form *f*
dalancı *s* (*lobici*) Lobbyist(in) *m(f)*
dalancılık <-ğı> *s ohne pl* Lobbyismus *m*
dalap olmak *vi* (*fam: kısrak için*) rossen, rossig sein
dalar *vi 3. Aorist von* **dalmak**
dalaş *s* ❶ Balgerei *f* ❷ (*kavga*) Streit *m;* (*söz ~ı*) Gefecht *nt*
dalaşma *s Verbalsubstantiv zu* **dalaşmak**
dalaşmak *vi* ❶ sich balgen, sich raufen; **köpekler dalaştı** die Hunde balgten sich ❷ sich streiten
dalavere *s* Schwindel *m*
dalavereci *s* Schwindler(in) *m(f)*
Dalay Lama *s* Dalai-Lama *m*
daldırma *s* ❶ *Verbalsubstantiv zu* **daldırmak** ❷ BOT Ableger *m*
daldırmak *vt* eintauchen (**-e** in); **kaynar suya ~** ins kochende Wasser eintauchen
dalga *s* ❶ *a.* PHYS, RADIO Welle *f* ❷ **~ geçmek** (*pej fam*) bummeln, trödeln; **biriyle ~ geçmek** jdn auf den Arm nehmen; **~ saymak** (*fig*) Daumen drehen; **birinin ~sını taşlamak** (*fig*) jdm Steine in den Weg legen ❸ (*sl*) Affäre *f* **dalga bandı** *s* Frequenzband *nt* **dalga boyu** *s* PHYS, GEO Wellenlänge *f*
dalgacı I. *s* (*pej fam*) Bummler(in) *m(f),* Trödler(in) *m(f)* **II.** *adj* trödelig
dalga çukuru *s* GEO Wellental *nt*
dalgakıran *s* Wellenbrecher *m*
dalgalanma *s* ❶ *Verbalsubstantiv zu* **dalgalanmak** ❷ Schwankung *f*
dalgalanmak *vi* ❶ wogen ❷ schwanken, sich bewegen ❸ (*bayrak*) wehen
dalgalı *adj* ❶ (*deniz için*) wogend, wellig ❷ (*saç için*) wellig **dalgalı akım** *s ohne pl* PHYS, ELEK Wechselstrom *m;* **doğru akımı ~a çevirmek** Gleichstrom in Wechselstrom umformen **dalgalı akım üreteci** *s* PHYS, ELEK (*alternatör*) Wechselstromgenerator *m*
dalga sırtı *s* GEO Wellenkamm *m* **dalga tepesi** *s* GEO Wellenberg *m*
dalgıç <-cı> *s* ❶ Taucher(in) *m(f)* ❷ (*sl*) Gauner *m* **dalgıç elbisesi** *s* Taucheranzug *m* **dalgıç gözlüğü** *s* Taucherbrille *f* **dalgıç kuşu** *s* ZOOL Eistaucher *m*
dalgın *adj* geistesabwesend, zerstreut **dalgın dalgın** *adv* geistesabwesend, zerstreut
dalgınlık <-ğı> *s ohne pl* Geistesabwesenheit *f,* Zerstreutheit *f*
dalkavuk <-ğu> *s* (*pej*) Speichellecker(in) *m(f)*
dalkavukça *adj* speichelleckerisch
dalkavukluk <-ğu> *s* (*pej*) Speichelleckerei *f*
dalkılıç *adv* mit blankem Schwert [*o* Säbel]
dallı budaklı *adj* (*ağaç*) knorrig
dalma *s Verbalsubstantiv zu* **dalmak**
Dalmaçya *s* Dalmatien *nt* **Dalmaçya köpeği** *s* Dalmatiner *m* **Dalmaçyalı** *s* Dalmatiner(in) *m(f)*
dalmak <-ar> *vi* ❶ tauchen (**-e** in) ❷ **içeri ~** hineingehen; (*birdenbire*) hineinplatzen; (*hızla*) hineinstürzen ❸ (*uykuya*) fallen (**-e** in), versinken (**-e** in); **gözü ~** ins Leere starren ❹ (*uyumak*) einnicken ❺ sich vertiefen (**-e** in)
daltaban *adj* barfüßig
daluyku *s ohne pl* Tiefschlaf *m*
dalya *s* BOT Dahlie *f*
dalyan *s in Küsten- bzw. Strandnähe installierte Fischernetzgruppe*
dam[1] *s* ❶ Dach *nt;* **~ üstünde saksağan, vur beline kazmayı!** (*fam*) papperlapapp!; **~dan düşercesine söylemek** (*fam*) mit der Tür ins Haus fallen ❷ (*köy evi*) Bauernhaus *nt;* (*küçük ev*) Hütte *f* ❸ (*fam: ahır*) Stall *m* ❹ (*sl: tutuk evi*) Knast *m,* Kittchen *nt*
dam[2] *s* ❶ (*dansta kavalyenin eşi*) Tanzpartnerin *f* ❷ (*iskambil kâğıdı*) Dame *f*
dam[3] *s* (*dekametre*) dam, Dekameter *m*
dama *s ohne pl* (*oyun*) Dame *f;* **~ demek** Dame sagen; (*fig fam*) schlappmachen;

(*motor*) streiken
damacana *s* Korbflasche *f*
damak <-ğı> *s* ANAT, MED (*Palatum*) Gaumen *m* **damak eteği** *s* ANAT Gaumensegel *nt*
damaksı *adj*, **damaksıl** *adj* palatal, Gaumen- **damaksıl ses** *s* LING Gaumenlaut *m*
damak tadı *s ohne pl* Gaumenfreude *f* **damak ünsüzü** *s* LING Palatal *m* **damak zevki** *s* Gaumenfreude *f*; **~ olmak** einen feinen Gaumen haben
damalı *adj* kariert
dam altı *s* Unterschlupf *m*
damar *s* ❶ ANAT, MED Ader *f*, Blutgefäß *nt*; **~ları genişletmek/daraltmak** die Gefäße erweitern/verengen ❷ (*tahtada, taşta*) Ader *f* ❸ (*fig: altın ~ı*) Ader *f* ❹ (*fig*) **şairlik ~ı olmak** eine dichterische Ader haben ❺ BOT, ZOOL Ader *f* **damar aktarma** *s* MED (*baypas*) Bypass *m*
damarcık <-ğı> *s* ANAT Äderchen *nt*
damarlı *adj* ❶ aderig, äderig ❷ (*fig: huysuz*) launisch, zickig; (*aksi*) störrisch
damar sertliği *s* MED Arterienverkalkung *f* **damar tabaka** *s* ANAT Aderhaut *f*
damasko *s* (*kumaş*) Damast *m*
damat <-dı> [da:ma:t] *s* Schwiegersohn *m*
dama tahtası *s* Damebrett *nt* **dama taşı** *s* Damestein *m*
damdazlak **I.** *s* <-ğı> Kahlkopf *m* **II.** *adj* kahlköpfig
damga *s* ❶ Stempel *m*; **birine akıl hastası ~sını vurmak** jdn zum Geisteskranken abstempeln ❷ (*fig: iz, işaret*) Stempel *m*, Prägung *f*; **~ vurmak** prägen (-**e**); **bir şeye ~sını vurmak** etw seinen Stempel aufdrücken ❸ (*fig*) Akzent *m*; **~ vurmak** Akzente setzen
damgalama *s Verbalsubstantiv zu* **damgalamak**
damgalamak *vt* ❶ stempeln; (*pul*) abstempeln ❷ (*fig*) abstempeln
damgasız *adj* ungestempelt
damga vergisi *s* Stempelsteuer *f*
damıtıcı *s* CHEM (*imbik*) Destillierkolben *m*
damıtık *adj* CHEM destilliert; **~ madde** Destillat *nt*
damıtma *s* ❶ *Verbalsubstantiv zu* **damıtmak** ❷ CHEM Destillation *f* ❸ (*kömür*) Verschwelung *f*
damıtmak *vt* CHEM destillieren
damızlık **I.** *s* <-ğı> *ohne pl* REG (*maya*) Hefe *f* **II.** *adj* Zucht-, zur Zucht verwendet **damızlık boğa** *s* Zuchtbulle *m* **damızlık hayvan** *s* Zuchttier *nt*
dam kiremidi *s* Dachziegel *m* **dam koruğu** *s* BOT Fetthenne *f*
damla *s* Tropfen *m*; **son ~sına kadar** bis auf den letzten Tropfen
damlacık <-ğı> *s* Tröpfchen *nt*
damla damla *adv* tropfenweise; **~ akmak** abtropfen **damla hastalığı** *s* MED (*gut*) Gicht *f*; BOT Radekrankheit *f*, Gicht *f*
damlalık <-ğı> *s* Pipette *f*
damlama *s Verbalsubstantiv zu* **damlamak**
damlamak *vi* tropfen; **akmasa da damlar** (*prov*) Kleinvieh macht auch Mist
damlataş *s* GEO Tropfstein *m* **damlataş mağarası** *s* Tropfsteinhöhle *f*
damper *s* Kipper *m*, Kippvorrichtung *f*
damperli kamyon *s* Kipper *m*, Kipplader *m*
damping *s* Dumping *nt*
dan *interj* peng; **birini ~ diye vurup öldürmek** (*sl*) jdn abknallen
-dan <-den, -tan, -ten> *Ablativ-Suffix* ❶ **evden** von zu Hause, aus dem Haus; **gökyüzünden** vom Himmel (herab); **okul~** aus [*o* von] der Schule; **sokaktan** aus [*o* von] der Straße ❷ (*~ daha*) als; **o, benden (daha) büyük** er ist (noch) größer als ich ❸ vor; **birinden korkmak** vor jdm Angst haben; **böcekten tiksinir** er ekelt sich vor Insekten; **iş yapmaktan kaçınır** er scheut sich vor der Arbeit, er ist arbeitsscheu; **köpekten korkar** er hat Angst vor Hunden
dana *s* Kalb *nt*; **~nın kuyruğu koptu!** (*fig fam*) der Bart ist ab!
danaayağı *s ohne pl* BOT Aronstab *m*
danaburnu *s* ZOOL Maulwurfsgrille *f*
dana derisi *s ohne pl* Kalbsleder *nt* **dana eti** *s* GASTR Kalbfleisch *nt*
danakıran otu *s ohne pl* BOT Sumpfwurz *f*
dana pirzolası *s* GASTR Kalbskotelett *nt* **dana rostosu** *s* GASTR Kalbsbraten *m* **dana şiş** *s* GASTR Kalbsspieß *m*
dane *s* (*kuş yemi*) Vogelfutter *nt*
dangalak <-ğı> *adj* (*pej fam*) behämmert, beklopft
danış **I.** *Imperativ von* **danışmak** **II.** *s* Beratung *f*
danışıklı *adj* abgekartet; **~ dövüş** abgekartete Sache
danışma *s* ❶ Beratung *f* ❷ (*müracaat, enformasyon*) Auskunft *f* **danışma bürosu** *s* Beratungsstelle *f*
danışmak *vi* ❶ (*bir mesele*) besprechen, erörtern ❷ konsultieren, zu Rate ziehen (-**e**); **hekime/avukata/ekspere ~** einen Arzt/Anwalt/Experten konsultieren [*o* zu Rate ziehen] ❸ (*bilgi sormak*) sich erkundigen
danışma kurulu *s* Beirat *m*
danışman *s* Berater(in) *m(f)*

D

danışmanlık <-ğı> *s* Beratung *f* **danışmanlık sözleşmesi** *s* WIRTSCH Beratungsvertrag *m*

Danıştay *s* Staatsrat *m*

Danimarka **I.** *s* Dänemark *nt* **II.** *adj* dänisch; ~ **millî takımı** die dänische Nationalmannschaft

Danimarkalı **I.** *s* Däne, Dänin *m, f* **II.** *adj* dänisch; ~ **erkekler/kadınlar** dänische Männer/Frauen

daniska *s* (*fam*) Gipfel *m*, i-Tüpfelchen *nt*, Krönung *f*; **saygısızlığın/zevksizliğin ~sı bu!** das ist der Gipfel [*o* die Krönung] der Respektlosigkeit/Geschmacklosigkeit!

dank *adv* (*fam*) **şimdi kafana ~ etti mi?** hat es bei dir jetzt endlich geklingelt [*o* gezündet]?

dans *s* Tanz *m*; **~a etmek** tanzen; **~a gitmek** tanzen gehen

dansçı *s* Tänzer(in) *m(f)*

dans figürü *s* Tanzfigur *f*

dansimetre *s* PHYS (*yoğunlukölçer*) Densimeter *nt*

dansing *s* Tanzlokal *nt*

dansör *s* Tänzer *m*

dansöz *s* Tänzerin *f*

dantel *s*, **dantela** [dantelã] *s* Spitze *f*; ~ **örmek** Spitzen knüpfen

dantelalı *adj*, **dantelli** *adj* mit Spitzen besetzt

dapdar *adj*, **dapdaracık** *adj* sehr eng; ~ **bir pantolon** eine hautenge Hose

dar *adj* ❶ eng; ~ **anlamda** im engeren Sinne; **ufku ~ olmak** (*fig*) einen engen [*o* beschränkten] Horizont haben ❷ schmal, eng; ~ **gelirli** mit schmalem [*o* geringem] Einkommen; ~ **yol** ein schmaler Weg ❸ MATH ~ **açı** spitzer Winkel ❹ **başı ~a düşmek** in Not geraten; **eli ~(da) olmak** (*fam*) knapp bei Kasse sein

dara *s* COMM Tara *f*

daraban *s s.* **vuruş, atış** Schlag *m*

daracık <-ğı> *adj* beengt; (*çok dar*) sehr eng

dara dar *adv* eben, knapp; **otobüse/trene ~ yetişmek** den Bus/Zug gerade noch erreichen

darağacı *s* Galgen *m*; **~nı boylamak** am Galgen enden

daralma *s* ❶ *Verbalsubstantiv zu* **daralmak** ❷ Verengung *f*

daralmak *vi* sich verengen

daraltma *s Verbalsubstantiv zu* **daraltmak**

daraltmak *vt* enger machen; (*dikerek*) abnähen; **damarları** ~ MED die Gefäße verengen

darbe *s* ❶ (*yönetimi devirmek işi*) Putsch *m* ❷ (*vuruş*) Schlag *m*; (*rüzgâr ~si*) Stoß *m*; **başa şiddetli bir ~** ein heftiger Schlag auf den Kopf; **bu onun için ağır bir ~ oldu** das war ein schwerer [*o* harter] Schlag für ihn

darbeci *s* Putschist(in) *m(f)*

darbeli matkap <-bı> *s* TECH Schlagbohrmaschine *f*

darbımesel *s s.* **atasözü** Sprichwort *nt*

dar boğaz *s* ❶ GEO Engpass *m*; (*kısık*) Schlucht *f* ❷ (*fig*) Engpass *m* **dar gelirli** *adj* einkommensschwach **dar görüşlü** *adj* ~ **olmak** keinen Weitblick haben, Scheuklappen haben *fig* **dar hat** <-tı> *s* EISENB Schmalspur *f*

darı *s* Hirse *f*

darıdünya *s* (*dünya*) Welt *f*; (*yeryüzü*) Erde *f*

darılma *s Verbalsubstantiv zu* **darılmak**

darılmaca *s* (*fam*) ~ **yok!** nichts für ungut!

darılmak *vi* böse sein (**-e** auf)

dar kafalı *adj* (*pej*) engstirnig, borniert

darlaşma *s. Verbalsubstantiv zu* **darlaşmak**

darlaşmak *vi* enger werden

darlaştırma *s Verbalsubstantiv zu* **darlaştırmak**

darlaştırmak *vt* enger machen

darlık <-ğı> *s* ❶ Enge *f* ❷ Not *f* ❸ (*fig: göğüs, nefes darlığı*) Beklemmung *f*

darmadağınık <-ğı> *adj* bunt durcheinander

darp <-bı> *s* ❶ MATH (*çarpma*) Multiplikation *f* ❷ MUS Schlag *m*; ~ **etmek** (*vurmak*) schlagen; (*para için*) münzen

darphane *s* Münzstätte *f*

darülfünun [da:'ylfynu:n] *s s.* **üniversite** Universität *f*

Darvincilik <-ği> *s ohne pl* PHILOS, BIOL Darwinismus *m*

dasdaracık *adj* (*çok dar*) sehr eng; ~ **bir pantolon** eine hautenge Hose

datif *s* LING (*yönelme durumu*) Dativ *m*

dava [da:va:] *s* ❶ JUR Klage *f*, Rechtsstreit *m*, Prozess *m*; **bir şeyi ~ etmek** etw einklagen; **kamu ~sı** öffentliche Klage ❷ Anliegen *nt*, Sache *f* ❸ (*fig: sorun*) Frage *f* ❹ (*fig: ülkü*) Ideal *nt* ❺ (*fam: sevgili*) Geliebte(r) *f(m)*

davacı *s* JUR Kläger(in) *m(f)*

davalı **I.** *s* JUR Beklagte(r) *f(m)* **II.** *adj* JUR streitig

dava vekili *s* JUR Prozessbevollmächtigte(r) *f(m)*

davet [da:vet] *s* ❶ Einladung *f*; **birini ~ etmek** jdn einladen ❷ Aufforderung *f*; **birini düelloya ~ etmek** jdn zum Duell fordern ❸ (*yemekli toplantı*) Empfang *m*;

çay ~i eine Einladung zum Tee
davetiye *s* Einladung *f*
davetkâr [daːvetkãr] *adj* einladend
davetli *adj* geladen, eingeladen; **duyduğuma göre siz de ~ymişsiniz** wie ich höre, sind Sie auch eingeladen
davetsiz *adj* ungebeten
Davis Kupası *s ohne pl* SPORT Daviscup *m*
davlumbaz *s* Rauchabzug *m* **davlumbaz etekliği** *s* Abzugshaube *f*, Dunsthaube *f*
davran *Imperativ von* **davranmak: ~ma!** keine Bewegung!
davranış *s* Verhalten *nt*, Benehmen *nt*
davranma *s Verbalsubstantiv zu* **davranmak**
davranmak *vi* ❶ sich benehmen, sich verhalten; (*muamele etmek*) behandeln (**-e**); **birine iyi/kötü ~** sich jdm gegenüber gut/schlecht benehmen, jdn gut/schlecht behandeln; **yakışıksız ~** sich danebenbenehmen ❷ handeln; **bir şeye aykırı ~** gegen etw handeln; **duygusal/düşünerek ~** im Affekt/bedacht handeln ❸ (*muamele etmek*) behandeln (**-e**); **birine iyi/kötü ~** jdn gut/schlecht behandeln ❹ (*bir şeye el atmak*) greifen (**-e** zu); **silah(lar)a ~** zu der/(den) Waffe(n) greifen; **tabancaya ~** zur Pistole greifen ❺ (*kımıldamak*) **davranma!** keine Bewegung!
davul *s* MUS Trommel *m;* (*bateri*) Schlagzeug *nt*
davulcu *s* MUS (*baterist*) Schlagzeuger(in) *m(f)*
daya *Imperativ von* **dayamak**
dayak <-ğı> *s* Prügel *pl*, Schläge *pl;* **~ yemek** Prügel bekommen [*o* beziehen]; **yediği dayağın haddi hesabı yok** er hat unzählige (Male) Prügel bekommen [*o* bezogen]
dayama *s Verbalsubstantiv zu* **dayamak**
dayamak *vt* ❶ aufstützen (**-e** auf) ❷ (*merdiveni*) anlegen, anlehnen
dayan *Imperativ von* **dayanmak: ~! geliyorum!** halt durch! ich komme!
dayanak <-ğı> *s* ❶ Anhalt *m*, Anhaltspunkt *m;* **... olduğuna dair hiçbir dayanağım yok** ich habe keinen Anhalt dafür, dass ... ❷ Grundlage *f;* **bir şey için yasal ~** die gesetzliche Grundlage für etw ❸ Halt *m*, Stütze *f*
dayanaksız *adj* haltlos
dayanıklı *adj* ❶ strapazierfähig, haltbar ❷ widerstandsfähig; (*ateşe ~*) beständig ❸ (*sağlam*) fest
dayanıklılık <-ğı> *s ohne pl* ❶ Strapazierfähigkeit *f*, Haltbarkeit *f* ❷ Widerstandsfähigkeit *f*, Beständigkeit *f*
dayanıksız *adj* ❶ nicht strapazierfähig ❷ nicht widerstandsfähig
dayanılma *s ohne pl Verbalsubstantiv zu* **dayanılmak**
dayanılmak *vi pass von* **dayanmak**
dayanılmaz *adj* ❶ unwiderstehlich ❷ (*tahammül edilemez*) unerträglich
dayanım ömrü *s* REG (*dayanma ömrü*) Lebensdauer *f*
dayanırlık <-ğı> *s ohne pl* Ausdauer *f;* (*direnç*) Widerstand *m*
dayanışık *adj* solidarisch
dayanışma *s ohne pl* ❶ *Verbalsubstantiv zu* **dayanışmak** ❷ Solidarisierung *f* ❸ Solidarität *f*
dayanışmacılık <-ğı> *s ohne pl* PHILOS Solidarismus *m*
dayanışmak *vi* sich solidarisieren (**-le** mit)
dayanışmalı *adj* solidarisch
dayanma *s Verbalsubstantiv zu* **dayanmak**
dayanmak *vi* ❶ sich stützen (**-e** auf); (*yaslanmak*) sich lehnen (**-e** an) ❷ (*dayanıklı olmak*) strapazierfähig sein, halten ❸ (*varlığını korumak*) standhalten ❹ (*istinat etmek*) sich stützen (**-e** auf), basieren (**-e** auf), beruhen (**-e** auf); **olgulara ~** sich auf die Fakten stützen ❺ (*tutunmak*) sich halten (**-e** gegen); (*karşı koymak*) widerstehen (**-e**); (*mukavemek etmek*) Widerstand leisten (**-e**) ❻ (*tahammül etmek*) aushalten (**-e**), ertragen (**-e**), durchhalten; **dayan! geliyorum!** halt durch! ich komme!; **burada fazla dayanamayacağım** hier werde ich es nicht lange aushalten können; **gürültüye dayanamamak** den Lärm nicht ertragen können ❼ (*varmak, ulaşmak*) ankommen (**-e** in); **sınırına ~** an seine Grenzen stoßen ❽ (*bitmeyen iş*) **bir şey birine ~** etw bei jdm landen ❾ (*fam: hız vermek*) beschleunigen ❿ (*yetişmek*) ausreichen, reichen
dayanma ömrü *s* Lebensdauer *f*
dayatma *s Verbalsubstantiv zu* **dayatmak**
dayatmak **I.** *vt* ❶ *Kausativ zu* **dayanmak** ❷ (*empoze etmek*) aufzwingen **II.** *vi* beharren; **gitmem diye dayattı** „ich gehe nicht", beharrte er
dayattırma *s Verbalsubstantiv zu* **dayattırmak**
dayattırmak *vt Kausativ zu* **dayatmak**
daye *s s.* **dadı** Kinderfrau *f*
dayı **I.** *s* ❶ (*annenin erkek kardeşi*) Onkel *m* (*Bruder der Mutter*) ❷ (*fig*) Pate *m* **II.** *adj* REG (*cesur*) mutig
dayıkızı *s* Cousine *f* (*mütterlicherseits*)
dayıoğlu *s* Vetter *m*, Cousin *m* (*mütterlicherseits*)
dayızade *s* ❶ (*dayının oğlu*) Vetter *m*,

D

Cousin *m* ❷ (*dayının kızı*) Cousine *f*
daylak <-ğı> *s* REG ❶ (*dişi deve*) Kamelstute *f* ❷ (*deve yavrusu*) Kamelfohlen *nt*
daz *adj* REG kahl; ~ **toprak** ein kahler Boden
dazlak **I.** *adj* <-ğı> ❶ (*baş*) kahl; ~ **başlı** kahlköpfig, glatzköpfig; ~ **bir kafa** ein kahler Kopf ❷ (*kimse*) kahlköpfig, glatzköpfig **II.** *s* <-ğı> (*fam*) Skinhead *m*, Kahlkopf *m*, Glatzkopf *m*
dazlaklaşma *s Verbalsubstantiv zu* **dazlaklaşmak**
dazlaklaşmak *vi* ❶ (*saçları dökülmek*) eine Glatze bekommen ❷ (*saçlarını kazıtmak*) sich kahl scheren lassen
dazlaklık <-ğı> *s ohne pl* Kahlköpfigkeit *f*
de[1] *Name des fünften Buchstaben des türk. Alphabets;* **Denizli'nin ~'si** D wie Dora
de[2] *konj s.* **da**
de[3] *vt Imperativ von* **demek: ağzını açıp bir şey ~!** mach den Mund auf und sag etwas!
-de <-da, -ta, -te> *Lokativ-Suffix s.* **-da**
debagat *s ohne pl* Gerberei *f*
debbağ *s s.* **sepici** Gerber(in) *m(f)*
debdebe *s ohne pl s.* **görkem** Pracht *f*, Herrlichkeit *f*
debdebeli *adj s.* **görkemli** prächtig, prunkhaft, glanzvoll, grandios
debdebesiz *adj* prachtlos
debelenme *s Verbalsubstantiv zu* **debelenmek**
debelenmek *vi* ❶ (*kurtulmak için*) um sich schlagen ❷ (*çırpınmak*) zappeln
debil *adj* MED debil
debillik <-ği> *s ohne pl* MED Debilität *f*
debriyaj *s* AUTO Kupplung *f*; **~a basmak** die Kupplung treten **debriyaj balatası** *s*, **debriyaj diski** *s* AUTO Kupplungsscheibe *f* **debriyaj pedalı** *s* AUTO Kupplungspedal *nt*
dede *s* Großvater *m*, Opa *m*
dedektif *s* ❶ (*polis hafiyesi*) Zivilfahnder(in) *m(f)* ❷ (*özel soruşturmacı*) Detektiv(in) *m(f)*, Privatdetektiv(in) *m(f)* **dedektif bürosu** *s* LIT Detektei *f* **dedektif romanı** *s* LIT Krimi *m*
dedektör *s* Detektor *m*
dedikodu *s* Klatsch *m*, Tratsch *m*; ~ **yapmak** klatschen, tratschen; **bir şeyin/kimsenin ~sunu yapmak** über etw/jdn tratschen
dedikoducu *s* (*pej fam*) Klatschmaul *nt*, Klatschbase *f*
dedikoduculuk <-ğu> *s ohne pl* Klatscherei *f*
dedikodu kumkuması *s* (*pej fam*) Klatschbase *f*
dedüksiyon *s* PHILOS (*tümden gelim*) Deduktion *f*; *s. a.* **endüksiyon**
defa *s* Mal *nt*; **bir ~** einmal; **bir ~ daha** noch einmal; **bu iş olmuş bir ~** das ist nun mal so; **birkaç ~** einige Male, ein paar Mal; **bu ~** diesmal; **geçen ~** voriges Mal; **her ~sında** jedes Mal; **ilk (ve son) ~** zum ersten (und zum letzten) Mal
defalarca *adv* ❶ mehrmals, mehrfach ❷ zigmal
defans *s* SPORT Abwehr *f*; (*savunma*) Defensive *f*, Verteidigung *f*; **~ta oynamak** in der Abwehr spielen **defans oyuncusu** *s* SPORT Abwehrspieler(in) *m(f)*
defetme *s Verbalsubstantiv zu* **defetmek**
defetmek <-der> *vt* ❶ vertreiben, verjagen ❷ (*savmak*) abwehren
defi *s* JUR Einrede *f*
defile *s* Modenschau *f*
defin *s* Bestattung *f*, Beisetzung *f*; (*ölüyü gömme*) Leichenbegräbnis *nt*
define *s* Schatz *m* **define arayıcısı** *s* Schatzsucher(in) *m(f)*
defineci *s* Schatzsucher(in) *m(f)*
definecilik <-ği> *s ohne pl* Schatzsuche *f*
defin masrafları *pl* Bestattungskosten *pl*
deflasyon *s* WIRTSCH Deflation *f*
defne *s* BOT Lorbeer *m* **defne ağacı** *s* BOT Lorbeerbaum *m*
defnedilme *s* ❶ *Verbalsubstantiv zu* **defnedilmek** ❷ Bestattung *f*, Beisetzung *f*, Beerdigung *f*
defnedilmek *vi pass von* **defnetmek** beerdigt werden
defnegiller *pl* BOT Lorbeergewächse *pl*
defnetme *s* ❶ *Verbalsubstantiv zu* **defnetmek** ❷ Bestattung *f*, Beisetzung *f*, Beerdigung *f*
defnetmek <-er> *vt* bestatten, beisetzen; (*toprağa vermek*) beerdigen (**-e** in)
defne yaprağı *s* GASTR Lorbeerblatt *nt*
defnolunma *s* ❶ *Verbalsubstantiv zu* **defnolunmak** ❷ Bestattung *f*, Beisetzung *f*, Beerdigung *f*
defnolunmak *vi pass von* **defnetmek** beerdigt werden
defo *s* Fehler *m*; **kumaştaki ~** der Fehler im Stoff
defol *vi Imperativ von* **defolmak** (*pej fam*) **~!** hau ab!
defolma *s Verbalsubstantiv zu* **defolmak**
defolmak *vi* (*pej fam*) abhauen
defolu *adj* fehlerhaft; **~ kumaş** fehlerhafter Stoff
deformasyon *s* Deformation *f*, Missbildung *f*; BIOL Fehlbildung *f*
deforme *adj* deformiert, entstellt
defosuz *adj* fehlerfrei, fehlerlos

defroster *s* Defroster *m;* (*buzçözer*) Entfroster *m*
defter *s* ❶ Heft *nt;* **birini ~den silmek** (*fig*) jdn abschreiben ❷ COMM (*ana ~, günlük ~*) Buch *nt;* **~ tutmak** Buch führen [*o* halten]
defterikebir *s* COMM (*ana defter*) Hauptbuch *nt*
defter tutma *s* COMM Buchhaltung *f*
degajman *s* SPORT (*futbolda*) Weitschuss *m*
degüstasyon *s* Weinprobe *f*
değdirme *s Verbalsubstantiv zu* **değdirmek**
değdirmek *vt* ❶ *Kausativ zu* **değmek** ❷ **elini bir şeye ~** etw mit der Hand berühren [*o* anfassen]
değer **I.** *vi 3. Aorist von* **değmek** **II.** *s* Wert *m;* **bir şeye ~ biçmek** etw schätzen; **bir şeye ~ vermek** auf etw Wert legen **değer artırma** *s* WIRTSCH Aufwertung *f;* (*fiyat artırma*) Preissteigerung *f* **değer düşürümü** *s* WIRTSCH Entwertung *f,* Wertminderung *f;* (*devalüasyon*) Abwertung *f,* Devalvation *f* **değer kuramı** *s* Werttheorie *f*
değerlendirme *s* ❶ *Verbalsubstantiv zu* **değerlendirmek** ❷ Aufwertung *f;* (*atık ~*) Verwertung *f*
değerlendirmek *vt* ❶ aufwerten; (*atık*) verwerten, auswerten ❷ nützen; **elindeki olanakları ~** die vorhandenen Möglichkeiten nützen ❸ beurteilen, abschätzen
değerli *adj* wertvoll **değerli kâğıt** <-dı> *s* FIN Wertpapier *nt* **değerli maden** *s* Edelmetall *nt* **değerli taş** *s* Edelstein *m*
değersiz *adj* wertlos
değersizlik <-ği> *s ohne pl* Wertlosigkeit *f*
değer yargısı *s* Werturteil *nt*
değil *adv* ❶ nicht; **~ mi?** nicht (wahr)?; **bu, ben ~im** das bin ich nicht; **bir şey ~!** nichts zu danken!, keine Ursache!; **fena ~** nicht schlecht; **öyle ~ mi?** ist es nicht so?; **sorun ~!** kein Problem!; **ağaç ~ a, ot bile yok** es gibt nicht einmal einen Baum, geschweige denn Gras ❷ (*-inde ~*) **ben parasında ~im** mir liegt nichts an dem Geld; **elimde ~** es liegt nicht in meiner Hand, ich kann nichts dafür
değin[1] *vi Imperativ von* **değinmek**
değin[2] *part* bis; **şimdiye ~** bis jetzt, bisher, bislang; *s. a.* **kadar**
değin[3] *s* (*fam: sincap*) Eichhörnchen *nt*
değinme *s* ❶ *Verbalsubstantiv zu* **değinmek** ❷ Berührung *f* (**-e**)
değinmek *vi* (*dokunmak*) berühren (**-e**), antasten (**-e**), streifen (**-e**); **bir konuya ~** ein Thema anschneiden [*o* ansprechen]
değinti *s* Berührung *f*
değirmen *s* Mühle *f;* **~in suyu nereden geliyor?** (*fig*) wer soll das bezahlen?
değirmenci *s* Müller(in) *m(f)*
değirmen taşı *s* Mühlstein *m*
değirmi *adj* rund
değişebilir *adj* änderbar
değişebilirlik <-ği> *s ohne pl* Änderbarkeit *f*
değişen *adj* veränderlich; **~ yıldızlar** ASTRON veränderliche Sterne
değişerek *adv* abwechselnd
değişici *adj* wandelbar; (*değişken*) variabel, veränderlich
değişik **I.** *adj* <-ği> ❶ (*farklı*) unterschiedlich ❷ JUR (*kanun maddesi*) abgeändert ❸ (*alışılmışın dışında*) ungewöhnlich **II.** *s* <-ği> REG **hiç değişiğim kalmadı** ich habe keine saubere Wäsche mehr
değişiklik <-ği> *s* Änderung *f;* (*tadil*) Abänderung *f;* **hiçbir ~ olmadan** ohne jede Änderung **değişiklik önergesi** *s,* **değişiklik teklifi** *s* POL Abänderungsantrag *m,* Abänderungsvorschlag *m*
değişim *s ohne pl* ❶ Veränderung *f;* **hava ~i** Veränderung *f* ❷ BIOL (*varyasyon*) Variation *f* ❸ WIRTSCH Umschlag *m;* (*mal ~i*) Austausch *m;* **para ~i** Wechsel *m* ❹ Umschwung *m*
değişinim *s* BIOL (*mutasyon*) Mutation *f*
değişke *s* BIOL (*modifikasyon*) Modifikation *f*
değişken **I.** *s* MATH Variable *f* **II.** *adj* ❶ variabel, veränderbar ❷ veränderlich; **~ nicelik** veränderliche Größe
değişkenlik <-ği> *s* Variabilität *f*
değişme *s* ❶ *Verbalsubstantiv zu* **değişmek** ❷ Änderung *f,* Veränderung *f,* Wandel *m*
değişmek **I.** *vi* sich (ver)ändern; **burada her/hiçbir şey değişmemiş** hier hat sich alles/nichts geändert **II.** *vt* ❶ (*değiştirmek*) tauschen; **onu dünyada hiçbir şeye değişmem** ich würde ihn um nichts in der Welt tauschen; **onunla saatlerimizi değiştik** wir haben unsere Uhren getauscht ❷ **üstümü değiştim** ich habe mich umgezogen
değişmez *adj* unveränderlich; (*aynen kalan*) konstant
değiştirge *s* Abänderungsvorschlag *m*
değiştirgeç <-ci> *s* ❶ ELEK (*röle*) Relais *nt* ❷ PHYS (*konvertisör*) Konverter *m*
değiştirme *s* ❶ *Verbalsubstantiv zu* **değiştirmek** ❷ Veränderung *f* ❸ Abänderung *f* ❹ (*yön ~*) Wechsel *m,* Änderung *f*
değiştirmek *vt* ❶ verändern; (*fikir, yön*) ändern; (*tadil etmek*) abändern; **yasa ~** ein Gesetz abändern; **rotayı ~** den Kurs

ändern [*o* wechseln]; **üstünü ~** sich umziehen ② (*para, şerit*) wechseln ③ tauschen; (*geri verip yerine başkasını almak*) umtauschen

değme *s* ① *Verbalsubstantiv zu* **değmek** ② Berührung *f*

değmek[1] <-er> *vi* ① (*dokunmak*) berühren (**-e**) ② (*erişmek*) erreichen (**-e**); (*ulaşmak*) ankommen; **mektup elime değmedi** der Brief hat mich nicht erreicht, der Brief ist bei mir nicht angekommen ③ (*isabet etmek*) treffen (**-e**)

değmek[2] <-er> *vi* ① (*değerinde olmak*) wert sein; **bunu ağza almaya değmez** das ist nicht der Rede wert ② (*karşılık olmak*) sich lohnen (**-e**); **zahmetine değ(me)di** die Mühe hat sich (nicht) gelohnt ③ (*zevk veren şeyler için*) **buraya gelmeye değdi doğrusu** es hat sich wirklich gelohnt, hierher zu kommen; **müze görülmeye değer** das Museum ist sehenswert, das Museum lohnt einen Besuch

değnek <-ği> [dɛːnek] *s* Stock *m*

deh *interj* **~!** hott!, hü!, hüh!

deha[1] *s ohne pl* (*dâhilik*) Genialität *f*

deha[2] *s* (*dâhi*) Genie *nt*

-de hâli *s* LING (*bulunma hâli*) Lokativ *m*

dehdeh *s s.* **dahdah** (*çocuk dilinde*) Hottepferd *nt*

dehliz *s* (*koridor*) Korridor *m,* (schmaler) Gang; **yer altı ~i** ein unterirdischer Gang

dehşet **I.** *s* ① Schrecken *m;* **birini ~e düşürmek** jdn in Schrecken setzen; **~e kapılmak** sich erschrecken; **atom bombası ~in timsali oldu** die Atombombe wurde zum Inbegriff des Schreckens ② (*ohne pl*) Entsetzen *nt,* Grauen *nt;* **~le** mit Entsetzen **II.** *interj* Schreck *m;* **~!** ach du mein Schreck!

dehşetlenme *s Verbalsubstantiv zu* **dehşetlenmek**

dehşetlenmek *vi* sich erschrecken

dehşetli *adj* schrecklich, entsetzlich; **dışarısı ~ soğuktu** draußen war es schrecklich [*o* entsetzlich] kalt

deist *s* REL, PHILOS Deist(in) *m(f)*

deizm *s ohne pl* REL, PHILOS (*neden tanrıcılık*) Deismus *m*

dejenere *adj* ① (*soysuz*) degeneriert, entartet; **çocuklar ~ oluyor** die Kinder arten aus ② (*yoz*) dekadent

dejenereleşme *s* ① *Verbalsubstantiv zu* **dejenereleşmek** ② Degeneration *f;* (*soysuzlaşma*) Entartung *f*

dejenereleşmek *vi* degenerieren; (*soysuzlaşmak*) entarten; (*yozlaşmak*) dekadent werden

dejenerelik <-ği> *s ohne pl* Dekadenz *f*

dek *part* bis; **şimdiye ~** bis jetzt, bisher, bislang; *s. a.* **kadar**

dekadanlık <-ğı> *s ohne pl* LIT Dekadenz *f*

dekagram *s* Dekagramm *nt* **dekalitre** *s* Dekaliter *m o nt* **dekameter** *s* Dekameter *m o nt*

dekan *s* UNIV Dekan(in) *m(f)*

dekanlık <-ğı> *s* UNIV Dekanat *nt*

dekar *s* Dekar *nt*

dekaster *s* MATH, HIST Dekaster *m*

dekatlon *s* SPORT Zehnkampf *m* **dekatloncu** *s* SPORT Zehnkämpfer(in) *m(f)*

deklanşör *s* TECH, FOTO Auslöser *m;* **~e basmak** auf den Auslöser drücken

deklarasyon *s* Deklaration *f*

deklare etmek *vt* deklarieren

dekoder *s* INFORM, TV Decoder *m*

dekolte *s* Dekolletee *nt,* Ausschnitt *m;* **~ konuşmak** (*fam*) anstößig reden; **~si açık olmak** einen tiefen Ausschnitt haben

dekont *s* Kontoauszug *m*

dekor *s* ① Dekor *m o nt* ② THEAT Dekor *nt;* (*sahne ~u*) Bühnenbild *nt* ③ (*fig: görünüş, manzara*) Anblick *m*

dekorasyon *s* Dekoration *f*

dekoratif *adj* dekorativ

dekoratör *s* ① Dekorateur(in) *m(f);* THEAT Bühnenbildner(in) *m(f)* ② (*iç mimar*) Innenarchitekt(in) *m(f)*

dekore etmek *vt* dekorieren

dekovil *s* EISENB Schmalspurbahn *f;* (*küçük demiryolu*) Kleinbahn *f*

dekstrin *s* CHEM Dextrin *nt*

dekstroz *s ohne pl* Dextrose *f*

del *vt Imperativ von* **delmek**

delalet [delāːlet] *s* ① (*aracılık*) Vermittlung *f* ② (*fig: iz*) Spur *f;* (*işaret*) Anzeichen *nt;* **~ etmek** hindeuten (**-e** auf); (*göstermek*) zeigen (**-e**); (*demeye gelmek*) heißen

deldirme *s Verbalsubstantiv zu* **deldirmek**

deldirmek *vt* ① *Kausativ zu* **delmek**: **kulaklarını deldirdi** er [*o* sie] ließ sich die Ohren durchstechen ② (*fig*) entwerten

delecek <-ği> *s* REG (*delgeç*) Locher *m*

delegasyon *s* Delegation *f,* Abordnung *f*

delege *s* POL Delegierte(r) *f(m),* Deputierte(r) *f(m)*

delepme *s Verbalsubstantiv zu* **delepmek**

delepmek *vi* REG (*parlamak*) glänzen

deler *vt 3. Aorist von* **delmek**

delgeç <-ci> *s* (*zımba*) Locher *m*

delgi *s* TECH (*matkap*) Bohrer *f,* Drillbohrer *m*

deli **I.** *s* Irre(r) *f(m);* **~ gibi** (*fam*) wie ein Irrer, wie verrückt; **~ gibi araba sürüyor** (*fam*) er fährt wie ein Irrer **II.** *adj* verrückt, wahnsinnig, irre; **birini ~ etmek** (*fam*) jdn verrückt [*o* irre] machen; (*çılgına çevirmek*) jdn wahnsinnig machen; **bir şeye ~ olmak** nach etw verrückt sein; **~ olmak işten değil!** (*fam*) es ist zum Verrücktwerden!, ich werde noch wahnsinnig!; **deliye dönmek** (*fam*) verrückt werden

delibaş *s* Rinderwahnsinn *m*

delice I. *s* ❶ BOT Taumellolch *m* ❷ (*fam: atmaca*) Habicht *m;* (*şahin*) Mäusebussard *m* II. *adj* verrückt, irrsinnig, wahnsinnig III. *adv* (*delicesine*) wie verrückt, wie wahnsinnig

delici *adj* durchbohrend, stechend; **~ bakış** (*fig*) stechender [*o* durchbohrender] Blick

delici silah *s* Stichwaffe *f*

deli dana hastalığı *s* Rinderwahnsinn *m*

deli divane I. *s* Wahnsinnige(r) *f(m)* II. *adj* wahnsinnig; **~ âşık olmak** sich wahnsinnig verlieben **deli doktoru** *s* (*fam*) Irrenarzt *m* **deli fişek** <-ği> *adj* draufgängerisch **deli fişeklik** <-ği> *s ohne pl* Draufgängertum *nt* **deli gömleği** *s* Zwangsjacke *f*

delik <-ği> *s* ❶ Loch *nt* ❷ (*fam: hapis*) Loch *nt;* **birini deliğe tıkmak** jdn ins Loch stecken, jdn einlochen [*o* einbuchten]

delikanlı *s* Bursche *m,* junge(r) Mann; **çakı gibi ~!** (*fig*) ein toller Hecht!

delik deşik <-ği> *adj* (völlig) durchlöchert; **~ etmek** durchlöchern

deliksiz I. *adj* **~ uyku** fester Schlaf II. *adv* **~ uyumak** fest schlafen

delilik <-ği> *s* ❶ Verrücktheit *f* ❷ (*ohne pl*) Irrsinn *m,* Wahnsinn *m*

delinme *s Verbalsubstantiv zu* **delinmek**

delinmek *vi* ❶ *pass von* **delmek** ❷ **sol ayakkabımın tabanı delindi** (*fam*) die Sohle meines linken Schuhs ist durch

delirme *s Verbalsubstantiv zu* **delirmek**

delirmek *vi* wahnsinnig werden; (*aklını kaçırmak*) den Verstand verlieren

delişmen *adj* übergeschnappt

delme *s Verbalsubstantiv zu* **delmek**

delmek *vt* ❶ lochen, durchstechen ❷ (*matkapla*) bohren, durchbohren; **delip geçmek** durchbohren ❸ durchdringen

delta *s* ❶ (*Yunan harfi*) Delta *nt* ❷ GEO (*çatal ağız*) Delta *nt* **delta kası** *s* ANAT Deltamuskel *m*

dem¹ *s* ❶ (*soluk*) Atemzug *m* ❷ (*zaman*) Zeit *f* ❸ (*fam: içki*) (alkoholisches) Getränk *nt;* **~ çekmek** einen heben, zechen ❹ (*fam*) **~ çekmek** (*kuşlar*) singen; **bülbül ~ çekiyor** die Nachtigall schlägt ❺ (*eşlik etmek*) **bir şeye ~ tutmak** etw begleiten ❻ **bir şeyden ~ vurmak** über etw plaudern; **hayatın boşlugundan ~ vuran bir şarkı** ein Lied über die Leere des Lebens ❼ **çayın ~i iyi** der Tee hat gut gezogen

dem² *s* ❶ (*kan*) Blut *nt* ❷ Blutung *f,* Menstruation *f;* **~ dökmek** die Menstruation haben

demagog *s* Demagoge, Demagogin *m, f;* (*pej: halk avcısı*) Volksverführer(in) *m(f)*

demagoji *s* Demagogie *f*

demagojik *adj* (*pej*) demagogisch

deme *s* ❶ *Verbalsubstantiv zu* **demek: kimin kime ne ~ye hakkı var?** wer hat das Recht, wem etw zu sagen? ❷ (*anlam*) Sinn *m,* Bedeutung *f;* **bu söz ne ~ye gelir?** was soll diese Bemerkung bedeuten? ❸ (*fam: şiir*) Gedicht *nt* ❹ (*fam: atasözü*) Sprichwort *nt* ❺ (*fam: ağıt*) Wehklage *f*

demeç <-ci> *s* POL Erklärung *f,* Verlautbarung *f;* **~ vermek** eine Erklärung abgeben

demek I. *vt* ❶ sagen; **deme!** (*fam*) sag bloß!; **demeyin!** was Sie nicht sagen!; **ben bir şey demedim** ich habe nichts gesagt; **ne dediniz?** was haben Sie gesagt?; **ne derse desin** ganz gleich, was er sagt; **onun dediği doğru/yanlış** was er gesagt hat, ist richtig/falsch, das, was er sagt, ist richtig/falsch; **sen bu işe ne dersin?** (*fam*) was sagst [*o* meinst] du dazu? ❷ (*ad vermek*) nennen; **buna/böyle şeye ne derler?** wie nennt man das/so etwas? II. *vi* ❶ heißen; **bu ne ~?** was heißt das?; **bu da ne ~ oluyor?** was soll das denn heißen?; **"guten Tag" Türkçede "iyi günler" ~tir** „guten Tag" heißt auf Türkisch „iyi günler" ❷ **~ ki** das heißt, also; (*öyle ise*) wenn das so ist; **razısın ~, öyle mi?** du bist also einverstanden, ja? ❸ **saat yedi dedi mi uyanırım** um Punkt sieben werde ich wach

demet *s* ❶ Bündel *m* ❷ Bund *m;* **bir ~ havuç** ein Bund Karotten ❸ (*çiçek ~i*) Strauß *m* ❹ AGR (*mısır için*) Garbe *f;* **~ yapmak** Garben bilden ❺ TECH, AUTO **kablo ~i** Kabelbaum *m*

demin *adv* vorhin; **~ geldiler** sie sind vorhin angekommen

demincek *adv* gerade vorhin, eben

deminden *adv* vorhin

demir I. *s* ❶ Eisen *nt;* **~ tavında dövülür** (*prov*) man muss das Eisen schmieden, solange es heiß ist; **birini ~e vurmak** jdn in Ketten legen ❷ NAUT Anker *m;* **~ almak/atmak** den Anker lichten/auswerfen II. *adj* eisern, Eisen-; **~ perde** THEAT der eiserne Vorhang; POL, HIST der Eiserne Vorhang **demir ağacı** *s* BOT Kasuarine *f*

demirbaş *s* ❶ Inventar *nt,* eiserner Bestand; **bu masa ~tır** dieser Tisch gehört zum Inventar ❷ (*fig fam: bir yerin emektarı*) **~ olmak** zum alten Eisen gehören

demir boku *s* Eisenschlacke *f*

demirci *s* ❶ (*satıcı*) Eisenhändler(in) *m(f)* ❷ (*onaran kimse*) Schmied(in) *m(f)*

demircilik <-ği> *s ohne pl* (*demircinin zanaatı*) Schmiedehandwerk *nt*

demir çubuk <-ğu> *s* Eisenstange *f* **demir hat** <-ttı> *s s.* **demir yolu** Eisenbahn *f* **demir hidroksit** *s* CHEM Eisenoxidhydrat *nt*

demirhindi *s* BOT ❶ (*Tamarindus indica*) Tamarinde *f*, Tamarindenbaum *m* ❷ (*meyvesi*) Tamarinde *f* ❸ (*ezmesi*) Tamarindenmus *nt* ❹ (*sl: hasis*) Geizhals *m*, Geizkragen *m*

demirkapan *s* (*mıknatıs*) Magnet *m*

demir kapı *s* Eisentür *f*

Demirkazık <-ğı> *s ohne pl s.* **Kutup Yıldızı** Polarstern *m*

demir kuş *s* REG (*uçak*) Flugzeug *nt*

demirleblebi *s* (ein) harter Brocken

demirleme *s Verbalsubstantiv zu* **demirlemek**

demirlemek *vi* NAUT ankern, vor Anker gehen

demirli *adj* eisenhaltig

demir oksit <-di> *s ohne pl* CHEM Eisenoxid *nt*

Demirperde *s ohne pl* HIST, POL Eiserne(r) Vorhang; ~ **gerisinde** hinter dem Eisernen Vorhang

demir resmi *s* NAUT Ankergebühr *f*, Hafengeld *nt* **demir sac** *s* Eisenblech *nt*

demirsizlik <-ği> *s* MED Eisenmangel *m*

demir sülfat <-dı> *s ohne pl* CHEM Eisensulfat *nt* **demir tabanlık** <-ğı> *s* EISENB Eisenschwelle *f* **demir yeri** *s* NAUT Ankerplatz *m* **demir yolcu** *s* Eisenbahner(in) *m(f)* **demir yolu** **I.** *s* Eisenbahn *f* **II.** *adj* Eisenbahn-, Bahn-, Schienen- **demir yolu alt geçidi** *s* Bahnunterführung *f* **demir yolu geçidi** *s* Bahnübergang *m* **demir yolu hattı** *s* Bahnlinie *f* **demir yolu köprüsü** *s* Eisenbahnbrücke *f* **demir yolu rayı** *s* Eisenbahnschiene *f* **demir yolu taşıtı** *s* Schienenfahrzeug *nt* **demir yolu ulaşımı** *s ohne pl* Bahnverkehr *m*, Schienenverkehr *m* **demir yongası** *s* Eisenspan *m* **demir zinciri** *s* NAUT Ankerkette *f*

demleme *s Verbalsubstantiv zu* **demlemek**

demlemek *vt* (*çay*) ziehen lassen; **çayı iki üç dakika** ~ den Tee zwei bis drei Minuten ziehen lassen

demlendirme *s Verbalsubstantiv zu* **demlendirmek**

demlendirmek *vt* (*çay*) ziehen lassen; **çayı iki üç dakika** ~ den Tee zwei bis drei Minuten ziehen lassen

demlenme *s Verbalsubstantiv zu* **demlenmek**

demlenmek *vi* ❶ (*çay*) ziehen ❷ (*fam: içki içmek*) zechen

demo *s* INFORM Demo *f*

demode *adj* altmodisch, unmodern; ~ **olmak** aus der Mode kommen

demograf *s* Demograph(in) *m(f)*

demografi *s* Demographie *f*

demografik *adj* demographisch

demokrasi *s* Demokratie *f*

demokrat **I.** *s* Demokrat(in) *m(f)* **II.** *adj* demokratisch

demokratik *adj* demokratisch

demokratikleşme *s* ❶ *Verbalsubstantiv zu* **demokratikleşmek** ❷ Demokratisierung *f*

demokratikleşmek *vi* demokratisch werden

demokratikleştirme *s* ❶ *Verbalsubstantiv zu* **demokratikleştirmek** ❷ Demokratisierung *f*

demokratikleştirmek *vt* demokratisieren

demokratlık <-ğı> *s s.* **demokrasi** Demokratie *f*

demonstrasyon *s s.* **gösteri** Demonstration *f*, Demo *f*

-den <-dan, -tan, -ten> *Ablativ-Suffix s.* **-dan**

denaet *s s.* **alçaklık** Niedertracht *f*

denden *s*, **denden işareti** *s* Gänsefüßchen *nt*

dene *vt Imperativ von* **denemek**

denek <-ği> *s* MED, PSYCH Versuchsperson *f*, Proband *m* **denek taşı** *s* Prüfstein *m*

deneme *s* ❶ *Verbalsubstantiv zu* **denemek** ❷ Versuch *m*, Probe *f*, Test *m* ❸ LIT Essay *m o nt*

denemeci *s* LIT Essayist(in) *m(f)*

deneme çekimi *s* Probeaufnahme *f* **deneme hayvanı** *s* Versuchstier *nt*

denemek *vt* ❶ (aus)probieren, testen ❷ versuchen, probieren; **ayağa kalkmayı denedi** er versuchte aufzustehen; **şansını** ~ sein Glück versuchen

deneme tahtası *s* (*pej fam*) Versuchskaninchen *nt* **deneme yazarı** *s* LIT Essayist(in) *m(f)*

denenme *s Verbalsubstantiv zu* **denenmek**

denenmek *vi pass von* **denemek**

denetçi *s* Prüfer(in) *m(f)*, Inspektor(in) *m(f)*; (*kontrolör*) Kontrolleur(in) *m(f)*

denetim *s* ❶ Aussicht *f*; **devletin ~i altında** unter der Aufsicht des Staates ❷ (*kontrol*) Kontrolle *f* **denetim kurulu**

s s. **denetleme kurulu** Aufsichtsrat *m*
denetim kurulu başkanı *s* Aufsichtsratsvorsitzende(r) *f(m)*
denetleme *s* ❶ *Verbalsubstantiv zu* **denetlemek** ❷ Beaufsichtigung *f* ❸ (*kontrol*) Kontrolle *f*
denetlemek *vt* ❶ beaufsichtigen ❷ kontrollieren, nachprüfen
denetleme kurulu *s* Aufsichtsrat *m*
deney *s* Experiment *nt,* Versuch *m;* ~ **yapmak** Experimente machen, Versuche machen; **bilimsel/tıbbî ~ler** wissenschaftliche/medizinische Experimente
deney aşaması *s* Experimentierstadium *nt,* Versuchsstadium *nt*
deneyci I. *s* PHILOS Empirist(in) *m(f)* **II.** *adj* PHILOS empiristisch
deneycilik <-ği> *s ohne pl* PHILOS (*ampirizm*) Empirismus *m*
deney hayvanı *s* Versuchstier *nt*
deneyim *s* Erfahrung *f*
deneyimci *adj* experimentierfreudig
deneyimcilik <-ği> *s ohne pl* Experimentierfreudigkeit *f*
deneyimli *adj* erfahren
deneyimsiz *adj* unerfahren
deneyimsizlik <-ği> *s ohne pl* Unerfahrenheit *f*
deneyiş *s* Anlauf *m;* **ancak ikinci ~te** erst beim zweiten Anlauf
deneysel *adj* experimentell
deneyselcilik <-ği> *s ohne pl* Experimentalismus *m*
deney tüpü *s* CHEM Reagenzglas *nt*
deneyüstü *adj* PHILOS transzendental
deneyüstücülük <-ğü> *s ohne pl* PHILOS Transzendentalismus *m*
denge *s ohne pl* ❶ (*muvazene*) Gleichgewicht *nt,* Balance *f;* **~de olmak** im Gleichgewicht sein; **bir şeyi ~de tutmak** etw balancieren, etw im Gleichgewicht halten; **bir şeye ~sini kaybettirmek** etw aus dem Gleichgewicht bringen; **~yi bozmak** das Gleichgewicht stören; **~yi kaybetmek** das Gleichgewicht verlieren, die Balance verlieren, aus dem Gleichgewicht kommen; **kararlı/kararsız** ~ PHYS stabiles/labiles Gleichgewicht; **siyasi** ~ das politische Gleichgewicht ❷ Ausgleich *m* ❸ Gleichgewicht *nt,* Ausgeglichenheit *f;* **ruhsal** ~ seelische Ausgeglichenheit, das seelische Gleichgewicht ❹ (*istikrar*) Stabilität *f* **denge bozukluğu** *s* MED Gleichgewichtsstörung *f* **denge kalası** *s* SPORT Schwebebalken *m*
dengeleme *s* ❶ *Verbalsubstantiv zu* **dengelemek** ❷ Ausgleich *m*
dengelemek *vt* ausgleichen, ausbalancieren, ins Gleichgewicht bringen
dengelenme *s Verbalsubstantiv zu* **dengelenmek**
dengelenmek *vi pass von* **dengelemek**
dengeleyici I. *s* ❶ AUTO (*stabilizatör*) Stabilisator *m* ❷ CHEM Stabilisator *m* **II.** *adj* ausgleichend
dengeli *adj* ausgeglichen, ausgewogen
dengesiz *adj* ❶ unausgeglichen, unausgewogen ❷ (*fig: istikrarsız*) labil
dengesizlik <-ği> *s* ❶ Ungleichgewicht *nt* ❷ Labilität *f*
-den hâli *s* LING (*çıkma hâli*) Ablativ *m*
denî *adj* charakterlos
denilme *s Verbalsubstantiv zu* **denilmek**
denilmek *vi pass von* **demek**: **bana denildi ki ...** es wurde mir gesagt, dass ..., man hat mir gesagt, dass ...; **hastaymış deniliyor** es heißt, er sei sehr krank
deniz *s* Meer *nt,* See *f;* ~ **tutmak** seekrank werden; ~ **tutmamak** seefest sein; **~de kum, onda para** (*fam*) er hat Geld wie Sand am Meer; **~e çıkmak** ins Meer stechen; **~e girmek** im Meer baden; **~e indirmek** vom Stapel lassen
deniz akıntısı *s* Meeresströmung *f* **deniz algı** *s* Meeresalge *f*
denizaltı <-yı> *s* U-Boot *nt,* Unterseeboot *nt*
deniz altı *adj* GEO unterseeisch
denizanası *s* ZOOL Qualle *f* **denizaslanı** *s* ZOOL Seelöwe *m* **denizaşırı** *adj* überseeisch
deniz ataşesi *s* Marineattaché *m*
denizatı *s* ZOOL Seepferdchen *nt* **denizayısı** *s* ZOOL Seebär *m*
deniz balığı *s* Meeresfisch *m* **deniz bilimi** *s ohne pl* Meereskunde *f* **deniz buzu** *s ohne pl* Meereis *nt*
denizci *s* ❶ Seemann *m* ❷ (*deniz askeri*) Marinesoldat *m* **denizci astsubay** *s* MIL, NAUT Bootsmann *m*
denizçakısı *s* ZOOL (*süline*) Scheidenmuschel *f* **deniz depremi** *s* GEO Seebeben *nt*
deniz dibi *s* Meeresgrund *m* **deniz feneri** *s* Leuchtturm *m*
denizgergedanı *s* ZOOL Narwal *m*
denizgülü *s* ZOOL (*Actinia*) Seerose *f,* Aktinie *f*
deniz hamamı *s* Seebad *nt;* (*plaj*) Badestrand *m,* Strandbad *nt* **deniz haritası** *s* GEO Seekarte *f* **deniz havası** *s ohne pl* Seeluft *f* **deniz haydudu** *s,* **deniz hırsızı** *s* Seeräuber(in) *m(f);* (*korsan*) Pirat(in) *m(f)* **deniz hukuku** *s ohne pl* JUR Seerecht *nt* **deniz iklimi** *s ohne pl* Seeklima *nt*
deniz kaplumbağası *s* ZOOL Meeres-

schildkröte *f*
denizkestanesi *s* ZOOL Seeigel *m*
deniz kırlangıcı *s* ZOOL (*balıkçın*) Seeschwalbe *f* **deniz kıyısı** *s* Meeresufer *nt* **deniz kızı** *s* MYTH Meerjungfrau *f*, Nixe *f*
denizköpüğü *s s.* **lüle taşı** Meerschaum *m*
deniz kulağı *s* GEO (*lâgün*) Lagune *f*
denizkurdu *s* (*fig fam: usta denizci*) Seebär *m*
deniz kuşu *s* Seevogel *m* **deniz kuvvetleri** *pl* Seestreitkräfte *pl*, Marine *f*
denizlik <-ği> *s* ARCH Fensterbank *f*, Fensterbrett *nt*
deniz mavisi *adj* marineblau **deniz mili** *s* Seemeile *f* **deniz örümceği** *s* ZOOL Meerspinne *f* **deniz seviyesi/yüzeyi** *s ohne pl* Meeresspiegel *m* **deniz suyu** *s ohne pl* Meerwasser *nt* **deniz tabanı** *s ohne pl* Meeresgrund *m*, Meeresboden *m* **deniz tutması** *s ohne pl* Seekrankheit *f* **deniz ulaşımı** *s ohne pl* Seeverkehr *m* **deniz üssü** *s* Marinestützpunkt *m* **deniz yeli** *s* (*imbat*) Seewind *m* **deniz yolu** *s* Seeweg *m*; ~ **ile taşımak** auf dem Seeweg befördern **deniz yosunu** *s* Seetang *m* **deniz yüzeyi** *s* Meeresspiegel *m*
denk[1] <-gi> *s* Ballen *m*; ~ **yapılmış mal** COMM in Ballen verpackte Ware
denk[2] <-gi> *adj* ① gleichgewichtig ② (*fig: eşit*) gleich; **kafa dengi** gleich gesinnt; **onların ikisi kafa dengidir** (*fam*) sie haben die gleiche Wellenlänge; **dengiyle karşılamak** Gleiches mit Gleichem vergelten; **dayanıklılık bakımından onun dengidir** sie ist ihm an Ausdauer ebenbürtig ③ (*fig: uygun*) passend; ~ **gelmek** passen; (*rast gelmek*) treffen; **dengine getirmek** den richtigen Augenblick abpassen, den richtigen Moment erwischen
denklem *s* Gleichung *f*
denkleşme *s* ① *Verbalsubstantiv zu* **denkleşmek** ② Ausgleich *m*
denkleşmek *vi* sich ausgleichen
denkleştirici *adj* ausgleichend; ~ **adalet** ausgleichende Gerechtigkeit
denkleştirme *s* ① *Verbalsubstantiv zu* **denkleştirmek** ② Ausgleich *m*
denkleştirmek *vt* ausgleichen
denklik <-ği> *s ohne pl* Ausgleich *m*
denli[1] *part* (*kadar*) **bu** ~ so viel; **o** ~ dermaßen; **onunla ne ~ uğraşsanız hepsi boşuna** egal, wie viel Sie sich damit beschäftigen, es ist alles vergebens
denli[2] *adj* taktvoll; ~ **densiz söz söylemek** ungereimtes Zeug reden
denme *s Verbalsubstantiv zu* **denmek**
denmek *vi* ① *pass von* **demek** ② **buna ne denir?** wie nennt man das?, was sagt man dazu?
densiz *adj* taktlos
densizlik <-ği> *s* Taktlosigkeit *f*
deodoran *s* Deo *nt*, Deodorant *nt* **deodoran spreyi** *s* Deospray *m*
depar *s* SPORT Spurt *m*; ~**a kalkmak** zum Spurt ansetzen
departman *s* ADMIN Departement *nt*
deplasman *s* SPORT Auswärtsspiel *nt*; ~**a çıkıp oynamak** auswärts spielen
depo *s* ① Depot *nt*, Speicher *m*, Lager *nt* ② AUTO Tank *m*; ~**yu doldurmak** den Tank vollmachen, volltanken
depolama *s Verbalsubstantiv zu* **depolamak**
depolamak *vt a.* INFORM speichern
depolanma *s* ① *Verbalsubstantiv zu* **depolanmak** ② (*ısı* – *sı*) Stauung *f*
depolanmak *vi pass von* **depolamak**
depozit *s*, **depozito** *s* ① Kaution *f* ② Pfand *nt*; ~ **bırakmak** ein Pfand hinterlassen
deprem *s* Erdbeben *nt* **deprem bilimi** *s ohne pl s.* **sismoloji** Seismologie *f* **deprem bölgesi** *s* Erdbebengebiet *nt* **deprem merkezi** *s* Erdbebenherd *m*
depremyazar *s* Seismometer *m*; (*sismograf*) Seismograf *m*, Seismograph *m*
depremzede *s* Erdbebenopfer *nt*
depresif *adj* PSYCH depressiv
depresyon *s* PSYCH Depression *f*
depreşme *s* ① *Verbalsubstantiv zu* **depreşmek** ② MED Rückfall *m*
depreşmek *vi a.* MED rückfällig werden; **hastalığı** ~ einen Rückfall erleiden
der *vi 3. Aorist von* **demek**
derbeder *s* unordentlich
derbederlik <-ği> *s ohne pl* Unordentlichkeit *f*
derbi *s* SPORT Derby *f*
dercetme *s* ① *Verbalsubstantiv zu* **dercetmek** ② Aufnahme *f* ③ Eintragung *f*
dercetmek <-der> *vt* ① (*almak*) aufnehmen ② (*kaydetmek*) eintragen ③ JUR (*senede* ~) vormerken
derdi *s poss von* **dert**
dere *s* Bach *m*; ~**den tepeden konuşmak** (*fam*) ins Blaue hineinreden; ~**yi görmeden paçaları sıvamak** (*fig fam*) ungelegte Eier begackern, über ungelegte Eier gackern **dere alabalığı** *s* ZOOL Bachforelle *f*
derebeyi *s* HIST Feudalherr *m*
derebeylik <-ği> *s ohne pl* Feudalherrschaft *f*
derece *s* ① MATH, CHEM Grad *m*; **belli bir ~ye kadar** bis zu einem gewissen Grad(e); **ne ~ye kadar** inwiefern, inwie-

weit; **sıfırın altında yirmi ~(de)** (bei) zwanzig Grad unter null; **son ~ sinirliydi** er war äußerst [*o* im höchsten Grad] nervös ❷ (*termometre*) Thermometer *nt* ❸ (*rütbe*) Rang *m;* (*basamak*) Stufe *f* ❹ SPORT **~ almak** (*ödül almak*) einen Preis gewinnen ❺ (*denli, kadar*) **bu ~ kızması bizi şaşırttı** dass er sich derartig aufregte, hat uns überrascht

dereotu *s* BOT, GASTR Dill *m*

dergi *s* Zeitschrift *f*

derhâl *adv* sofort, umgehend

deri *s* ❶ Haut *f;* **bir ~ bir kemik olmak** (*fam*) nur Haut und Knochen sein; **~sini yüzmek** abhäuten ❷ (*işlendikten sonra*) Leder *nt* **deri altı dokusu** *s* ANAT Unterhautgewebe *nt*

dericilik <-ği> *s ohne pl* ❶ (*hayvan derisini işleme*) Lederverarbeitung *f* ❷ (*alıp satma*) Lederhandel *m*

deri çanta *s* Ledertasche *f* **deri döşeme** *s* Lederpolster *nt* **deri hastalığı** *s* MED Hautkrankheit *f* **deri hastalıkları** *pl* MED Hautkrankheiten *pl;* **~ uzmanı** Facharzt für Hautkrankheiten **deri kanseri** *s ohne pl* Hautkrebs *m*

derin *adj* tief; **~ bir nefes almak** einmal tief atmen, aufatmen; **(çok) ~ uyumak** (sehr) tief schlafen **derin derin** *adv* **~ düşünmek** tief nachdenken, tief in Gedanken versunken sein **derin dondurucu** *s* Tiefkühlfach *nt;* (*dolap*) Kühltruhe *f*

derinleştirme *s* ❶ *Verbalsubstantiv zu* **derinleştirmek** ❷ Vertiefung *f*

derinleştirmek *vt* vertiefen

derinlik <-ği> *s* Tiefe *f;* **20 metrelik bir ~te** in einer Tiefe von 20 Metern

derinlik kayaçları *pl* GEO Tiefengesteine *pl*

derin soğutma *s* Tiefkühlung *f* **derin soğutucu** *s* Tiefkühltruhe *f*

derinti *s* (*fam*) ❶ (*toplantı*) Versammlung *f* ❷ (*gelişigüzel toplanmış eşya*) Sammelsurium *nt* ❸ (*insan kalabalığı*) Menschenmenge *f*

derin uyku *s ohne pl* Tiefschlaf *m*

deri pantolon *s* Lederhose *f*

derisi dikenliler *pl* ZOOL Stachelhäuter *pl*

derişik *adj* CHEM (*seyreltik karşıtı*) konzentriert

derişiklik <-ği> *s* Konzentration *f*

derişme *s* ❶ *Verbalsubstantiv zu* **derişmek** ❷ Konzentration *f*

derişmek *vi a.* CHEM sich konzentrieren

derkenar *s* Randbemerkung *f;* **bir şeyi ~ etmek** etw am Rande vermerken

derlem *s* Sammlung *f*

derlemci *s* Sammler(in) *m(f)*

derleme *s* ❶ *Verbalsubstantiv zu* **derlemek** ❷ Zusammenfassung *f* ❸ Sammlung *f*

derlemek *vt* zusammenfassen; (*toplamak*) sammeln, zusammentragen; **pul ~** Briefmarken sammeln

derleyici *s* INFORM Compiler *m*

derli toplu *adj* ❶ ordentlich; **~ bir kent** eine überschaubare Stadt ❷ aufgeräumt; **~ bir oda** ein aufgeräumtes Zimmer

derman *s* ❶ (*güç*) Kraft *f;* **~ı/~dan kesilmek** abbauen, Kräfte einbüßen ❷ (*ilaç*) Mittel *nt* ❸ (*fig: çare*) Mittel *nt;* (*çıkar yol*) Ausweg *m*

dermansız *adj* ❶ kraftlos, schlaff ❷ (*bitkin*) erschöpft, abgespannt

dermansızlaşma *s Verbalsubstantiv zu* **dermansızlaşmak**

dermansızlaşmak *vi* abbauen

dermansızlık <-ğı> *s ohne pl* ❶ (*güçsüzlük*) Kraftlosigkeit *f,* Schlaffheit *f* ❷ (*bitkinlik*) Erschöpfung *f,* Abgespanntheit *f*

dermatit *s* MED Dermatitis *f*

dermatolog *s* Dermatologe, -login *m, f*

dermatoloji *s ohne pl* Dermatologie *f*

derme çatma *adj* (*pej*) ❶ (*eşya*) zusammengewürfelt ❷ (*iş*) zusammengeschustert, Flick- **derme çatma iş** *s* (*pej*) Flickwerk *nt*

dermeyan *s ohne pl* **~ etmek** vorbringen

dernek <-ği> *s* Verein *m* **dernek lokali** *s* Vereinslokal *nt*

derpiş *s s.* **öngörme: ~ etmek** vorsehen; **~ edilen müddet** die vorgesehene Frist

derrace *s s.* **bisiklet** Fahrrad *nt*

ders *s* ❶ Unterricht *m;* **~ vermek** unterrichten; **~i dinlemiyor** er passt im Unterricht nicht auf ❷ UNIV, SCHULE Unterrichtsfach *nt;* (*seçmeli ~*) Fach *nt* ❸ Lektion *f;* **birinin ~ini vermek** (*fig fam*) jdm eine Lektion erteilen, jdm einen Denkzettel verpassen

dershane *s* ❶ Klassenraum *m* ❷ Unterrichtsanstalt *f,* private Lehranstalt

ders programı *s s.* **öğretim programı** Lehrplan *m*

dert <-di> *s* ❶ (*üzüntü*) Sorge *f,* Kummer *m,* Kümmernis *f* ❷ (*hastalık*) Leiden *nt* ❸ (*sorun*) Ärger *m;* **başımı derde sokma** erspar mir den Ärger **dert ortağı** *s* Leidensgenosse, -genossin *m, f,* Leidensgefährte, -gefährtin *m, f*

dertsiz *adj* sorglos

dertsizlik <-ği> *s ohne pl* Sorglosigkeit *f*

derviş *s* Derwisch *m;* **arayan ~ muradına ermiş** (*prov*) wer sucht, der findet

derya *s* ❶ (*deniz*) Meer *nt,* See *f* ❷ (*fig*) **~ gibi** (*çok bilgili*) wie ein wandelndes Lexikon; (*pek çok*) sehr viel

derz *s* Fuge *f*
desen *s* Muster *m*
desenli *adj* gemustert **desenli kaplama** *s* Furnier *nt*
desigram *s* Dezigramm *nt*
desilitre *s* Deziliter *m o nt*
desimetre *s* Dezimeter *m o nt* **desimetre kare** *s* Quadratdezimeter *m*
desinatör *s* Designer(in) *m(f)*
deskriptif *adj* deskriptiv, beschreibend
despot *s* Despot(in) *m(f)*
despotça *adv* despotisch
despotik *adj* despotisch
despotizm *s ohne pl* Despotismus *m*
despotluk <-ğu> *s ohne pl* ① (*despotizm*) Despotismus *m* ② (*zora bağlı yönetme*) Despotie *f*, Gewaltherrschaft *f*
destan *s* LIT Epos *nt;* **dillere ~ olmak** (*fig*) zur Legende werden; (*halk arasında yayılmak*) in aller Munde sein
destansı *adj* LIT episch
deste *s* ① Talon *m* ② (*demet, bağlam*) Bündel *nt* ③ (*kabza*) Griff *m* **deste deste** *adv* bündelweise
destek <-ği> *s* ① Stütze *f*, Halt *m;* **birine ~ olmak** eine Stütze für jdn sein ② Unterstützung *f*, Beihilfe *f;* **~ görmek** Unterstützung bekommen [*o* erhalten]; **birine ~ olmak** jdn unterstützen, jdm beistehen ③ (*hamil*) Träger *m* ④ (*yardımcı*) Helfer *m* **destek doku** *s a.* BOT Stützgewebe *nt*
destekleme *s* ① *Verbalsubstantiv zu* **desteklemek** ② Unterstützung *f*, Stützung *f* **destekleme alımı** *s* FIN, WIRTSCH Stützungskauf *m*
desteklemek *vt* ① stützen ② unterstützen; **birini ~** jdn unterstützen ③ (*arka olmak*) **birini ~** jdm Rückendeckung geben
desteklenme *s Verbalsubstantiv zu* **desteklenmek**
desteklenmek *vi pass von* **desteklemek**
destroyer *s* MIL (*muhrip*) Zerstörer *m*
destur *s* (*izin*) Erlaubnis *f*
destursuz *adj* unerlaubt
desturun *interj* mit Verlaub
deşarj *s* Entladung *f;* **~ olmak** (*akü, pil için*) sich entladen; (*fig*) sich abreagieren
deşeleme *s Verbalsubstantiv zu* **deşelemek**
deşelemek *vt* ① (*toprağı*) aufwühlen ② (*fig: araştırmak*) ausforschen
deşifre *adj* entschlüsselt; **~ etmek** dechiffrieren, entschlüsseln, entziffern
deşik <-ği> *adj* **delik ~** durchlöchert, durchbohrt
deşilme *s Verbalsubstantiv zu* **deşilmek**
deşilmek *vi pass von* **deşmek**
deşme *s Verbalsubstantiv zu* **deşmek**
deşmek *vt* ① durchbohren ② aufstechen ③ (*fig: hatıraları*) auffrischen; **yarasını ~** eine alte Wunde wieder aufreißen
detant *s* POL (*yumuşama*) Entspannung *f* **detant politikası** *s* Entspannungspolitik *f*
detay *s* Detail *nt;* (*ayrıntı*) Einzelheit *f;* **~a girmek** ins Detail gehen
detaylandırma *s Verbalsubstantiv zu* **detaylandırmak**
detaylandırmak *vt* detaillieren
detaylı *adj* detailliert
detektif *s s.* **dedektif** **detektif bürosu** *s s.* **dedektif bürosu**
detektör *s s.* **dedektör** Detektor *m*
deterjan *s* ① (*bulaşık için*) Spülmittel *nt* ② (*çamaşır için*) Waschmittel *nt;* **toz/sıvı ~** pulverförmiges/flüssiges Waschmittel
determinant *s* MATH Determinante *f*
dev **I.** *s* Riese *m*, Gigant *m* **II.** *adj* riesig, gigantisch
deva [deva:] *s* Heilmittel *nt*, Medizin *f*
devalüasyon *s* FIN Abwertung *f*
devam *s* ① Fortsetzung *f;* **~ etmek** sich fortsetzen, fortbestehen; **bir şeye ~ etmek** etw fortsetzen, mit etw weitermachen [*o* fortfahren]; **bir şeyi yapmaya ~ etmek** mit etw weitermachen; **böyle ~ edemeyiz** so können wir nicht weitermachen; **okumaya ~ etmek** weiterlesen; **~ı var** Fortsetzung folgt ② **~ et!** mach weiter!; (*gitmeye*) geh weiter!; (*sürücü olarak*) fahr weiter!; **~ etmek** weitergehen; (*taşıtla*) weiterfahren; **depoyu doldurduktan sonra yolumuza ~ ettik** nachdem wir vollgetankt hatten, fuhren wir weiter; **lütfen ~ ediniz!** bitte gehen Sie weiter!; (*taşıtla*) bitte fahren Sie weiter!; **bu böyle ~ edemez!** so kann es nicht weitergehen! ③ (*ohne pl*) Dauer *f*
devamlı *adj* ① ständig; **~ esnemesi sinirime dokunuyor** sein ständiges Gähnen geht mir auf die Nerven; **~ olarak bu çekilmez** auf die Dauer ist das unerträglich; **~ tekrarlamak** ständig wiederholen ② (*düzenli*) regelmäßig ③ stetig; **atmosferimizde radyoaktivitenin ~ artması** das stetige Ansteigen der Radioaktivität unserer Atmosphäre **devamlı müşteri** *s* Dauerkunde, -kundin *m, f*, Stammkunde, -kundin *m, f*
devasa *adj* riesig, gigantisch, kolossal
devasız *adj* ① (*iyileştirilemeyen*) unheilbar ② (*çaresiz*) ausweglos
devasızlık <-ğı> *s ohne pl* ① Unheilbarkeit *f* ② (*çaresizlik*) Ausweglosigkeit *f*
deve *s* ZOOL Kamel *nt;* **tek hörgüçlü ~** ein-

höckeriges Kamel; **pireyi ~ yapmak** (*fig fam*) aus einer Mücke einen Elefanten machen

deveci *s* Kameltreiber *m*

deve dikeni *s* BOT Mariendistel *f* **deve dişi** *adj* (*iri taneli*) grobkörnig **deve kuşu** *s* ZOOL Strauß *m;* **~ gibi başını kuma sokmak** den Kopf in den Sand stecken **deve kuşu tüyü** *s* Straußenfeder *f* **deve kuşu yumurtası** *s* Straußenei *nt*

developman *s* FOTO Entwickler *m*

deveran *s s.* **dolaşım** Kreislauf *m*

deveranıdem *s s.* **kan dolaşımı** Blutkreislauf *m*

devetabanı *s* BOT Philodendron *m*

deve tüyü *s ohne pl* Kamelhaar *nt*

devim *s* Bewegung *f;* **uza ~** Telekinese *f* **devim bilimi** *s ohne pl* PHYS (*dinamik*) Dynamik *f*

devimli *adj* PHYS dynamisch

devimsel *adj a.* PHILOS dynamisch

devindirici *adj* antreibend, Antriebs- **devindirici mil** *s* TECH Antriebswelle *f*

devindirme *s* ① *Verbalsubstantiv zu* **devindirmek** ② Bewegung *f*

devindirmek *vt* bewegen, antreiben, in Bewegung [*o* Gang] setzen

devin duyumu *s ohne pl* MED Bewegungsgefühl *nt,* Bewegungsempfindung *f;* (*kinestezi*) Kinästhesie *f*

devingen *adj* beweglich

devingenlik <-ği> *s ohne pl* Beweglichkeit *f*

devinim *s* Bewegung *f*

devinme *s* ① *Verbalsubstantiv zu* **devinmek** ② *a.* PHYS Bewegung *f*

devinmek *vi a.* PHYS sich bewegen

devir[1] <-vri> *s* (*dönem*) Zeit *f;* (*periyot*) Periode *f;* **Atatürk/Napolyon devrinde** zur Zeit Atatürks/Napoleons

devir[2] <-vri> *s* ① Umdrehung *f;* (*dönme*) Drehung *f,* Rotation *f* ② (*~ sayısı*) Drehzahl *f;* **yüksek ~de** bei hoher Drehzahl ③ *a.* JUR (*bir mal üzerindeki hakkı başkasına geçirme*) Übertragung *f* (**-e** auf) ④ PHYS (*periyot*) Periode *f*

devirdaim *s s.* **devridaim**

devir göstergesi *s* AUTO Drehzahlmesser *nt*

devirli *adj* PHYS periodisch

devirme *s Verbalsubstantiv zu* **devirmek**

devirmek *vt* ① umstürzen, umkippen ② (*fig: hükûmeti*) stürzen ③ (*fig: bir yana eğmek*) kippen ④ (*fig: bir kitabı*) verschlingen ⑤ (*fig*) **bardaklarını devirdiler** sie tranken ihre Gläser mit einem Zug leer, sie tranken auf ex

devlet *s* Staat *m* **devlet adamı** *s* Staatsmann *m* **devlet baba** *s* (*fam*) Vater Staat *m* **devlet bakanı** *s* Staatsminister(in) *m(f)* **devlet balesi** *s* Staatsballett *nt* **devlet bankası** *s* Staatsbank *f* **devlet başkanı** *s* Staatsoberhaupt *nt* **devlet borcu** *s* Staatsschuld *f*

devletçi **I.** *s* Etatist(in) *m(f)* **II.** *adj* etatistisch

devletçilik <-ği> *s ohne pl* Etatismus *m*

devlet giderleri *pl* Staatsausgaben *pl*

Devlet Güvenlik Mahkemesi *s* Staatssicherheitsgericht *nt*

devlet istikrazı *s* Staatsanleihe *f* **devlet işleri** *pl* Staatsangelegenheiten *pl*

devletler arası *adj* zwischenstaatlich

devletler hukuku *s ohne pl* Völkerrecht *nt*

devletleştirme *s* ① *Verbalsubstantiv zu* **devletleştirmek** ② Verstaatlichung *f*

devletleştirmek *vt* verstaatlichen

devlet memuru *s* Staatsbeamte(r) *f(m)* **devlet organı** *s* Staatsorgan *nt*

Devlet Planlama Ofisi *s* Staatsplanungsamt *nt* **Devlet Şûrası** *s s.* **Danıştay** Staatsrat *m*

devlet tahvili *s* WIRTSCH Staatsanleihe *f* **devlet tekeli** *s* Staatsmonopol *nt* **devlet tiyatrosu** *s* Staatstheater *nt* **devlet yönetimi** *s* Staatsführung *f*

devralma *s* ① *Verbalsubstantiv zu* **devralmak** ② Übernahme *f*

devralmak *vt* übernehmen

devran *s* ① (*dünya*) Welt *f* ② (*kader*) Schicksal *nt;* (*talih*) Glück *nt* ③ (*zaman*) Zeit *f*

devre *s* ① (*dönem*) Periode *f,* Zeitabschnitt *m* ② ELEK Schaltkreis *m*

devredilebilir *adj* übertragbar

devredilebilirlik <-ği> *s ohne pl* Übertragbarkeit *f*

devredilme *s Verbalsubstantiv zu* **devredilmek**

devredilmek *vi pass von* **devretmek**

devretme *s* ① *Verbalsubstantiv zu* **devretmek** ② Übergabe *f;* (*mülkiyeti*) Übertragung *f*

devretmek <-der> **I.** *vt* ① übergeben (**-e** an) ② (*mülkiyeti*) übertragen (**-e** auf) **II.** *vi* (*dönmek*) sich drehen; (*dolaşmak*) kreisen

devri *s poss von* **devir**

devriâlem *s* Weltreise *f*

devridaim *s* ① (*dönüş*) Umdrehung *f* ② (*dolaşım*) Kreislauf *m* **devridaim pompası** *s* AUTO Kühlwasserpumpe *f*

devrik <-ği> *adj* ① (*yaka*) umgeschlagen; **yakası ~ bol blûz** eine weite Bluse mit umgeschlagenem Kragen ② (*yıkılmış*) umgestürzt, umgekippt ③ (*fig fam*) POL gestürzt; ~ **başbakan** der gestürzte Ministerpräsident **devrik cümle** *s* LING Inversion *f*

devrilme *s* ❶ *Verbalsubstantiv zu* **devrilmek** ❷ Sturz *m*

devrilmek *vi* ❶ *pass von* **devirmek** ❷ umkippen, umfallen ❸ (*fig: hükûmet*) stürzen

devrim *s* ❶ (*ihtilâl*) Revolution *f* ❷ (*dil* ~ *i*) Reform *f*

devrimci **I.** *s* Revolutionär(in) *m(f)* **II.** *adj* revolutionär

devriye *s* Patrouille *f*, Streife *f*; ~ **gezmek** patrouillieren, auf Streife gehen

devrolunma *s Verbalsubstantiv zu* **devrolunmak**

devrolunmak *vi pass von* **devretmek**

devşirme *s* ❶ *Verbalsubstantiv zu* **devşirmek** ❷ HIST (*toplama işi*) *Aushebung der Janitscharenrekruten* ❸ HIST (*kimse*) Janitscharenrekrut *m*

devşirmek *vt* ❶ (*katlamak*) zusammenfalten ❷ AGR pflücken

deyim *s* ❶ Idiom *nt* ❷ Redewendung *f*

deyimleştirme *s* ❶ *Verbalsubstantiv zu* **deyimleştirmek** ❷ Idiomatisierung *f*

deyimleştirmek *vt* idiomatisieren

deyiş *s* **diğer bir** ~ **le** mit anderen Worten, anders ausgedrückt

dezavantaj *s* Nachteil *m*

dezenfektan **I.** *adj* desinfizierend, keimtötend **II.** *s* Desinfiziens *nt*, Desinfektionsmittel *nt*

dezenfektasyon *s* Desinfektion *f*, Desinfizierung *f*

dezenfekte *adj* desinfiziert; ~ **etmek** desinfizieren

dg *Abk von* **desigram** dg, Dezigramm *nt*

DGM *s Abk von* **Devlet Güvenlik Mahkemesi** Staatssicherheitsgericht *nt*

dılak <-ğı> *s* (*fam: klitoris*) Klitoris *f*

dımdızlak *adj* splitternackt

dırdır *s ohne pl* (*pej fam*) Gemecker *nt*; ~ **etmek** meckern

dırdırlanma *s* ❶ *Verbalsubstantiv zu* **dırdırlanmak** ❷ Idiomatisierung *f*

dırdırlanmak *vi* meckern

dırıltı *s ohne pl* (*pej fam*) ❶ (*dırdır*) Gemecker *nt* ❷ (*çekişme*) Zank *m*, Streit *m*; ~ **çıkarmak** Streit anfangen

dırlanma *s Verbalsubstantiv zu* **dırlanmak**

dırlanmak *vi* (*pej*) meckern

dırlaşma *s Verbalsubstantiv zu* **dırlaşmak**

dırlaşmak *vi* (*pej*) stänkern; (*kavga etmek*) sich zanken

dış **I.** *s ohne pl* ❶ Äußere(s) *nt*; ~ **a doğru aç(ıl)mak** (sich) nach außen öffnen; ~ **ı eli yakar, içi beni yakar** (*fig fam*) der Schein trügt; ~ **ı kalaylı, içi alaylı** (*fam*) oben hui, unten pfui ❷ **şehrin** ~ **ında** außerhalb der Stadt **II.** *adj* ❶ auswärtig; ~ **ilişkiler/işleri** auswärtige Beziehungen/Angelegenheiten ❷ (*yurt*~ *ı*) Auslands- ❸ äußere(r, s), Außen-; ~ **çap** der äußere Durchmesser; ~ **kulak** das äußere Ohr **dış açı** *s* MATH Außenwinkel *m*

dışa dönük <-ğü> *adj* extrovertiert

dış âlem *s* Außenwelt *f* **dış alım** *s* (*ithalat*) Einfuhr *f*, Import *m* **dış alımcı** *s* (*ithalatçı*) Importeur *m* **dış anten** *s* Außenantenne *f*

dışarı **I.** *s* ❶ ~ **da kar/yağmur yağıyor** draußen schneit/regnet es; ~ **dan** von draußen ❷ (*yurt dışı*) Ausland *nt*; ~ **da yemek yemek** auswärts essen; ~ **dan gelmek** von auswärts kommen **II.** *adv* (~ *ya*) hinaus, nach draußen; ~ **atmak** hinauswerfen (**-e/-den** zu/aus); (*yanmış gazı*) ausstoßen; ~ **çıkmak** hinausgehen; ~ **fırlamak** herausspringen, hinausspringen; ~ **koşmak** hinauslaufen; **çık** ~ **!** hinaus mit dir!; **ısıyı** ~ **iletmek** die Wärme abstrahlen; **kapıdan** ~ zur Tür hinaus; **pencereden** ~ **bakmak** zum Fenster hinausschauen

dışarıdan evlenme *s s.* **dış evlilik** Exogamie *f*

dışarılı *adj* (*taşralı*) provinziell

dışarısı *s* ~ **ateş gibi** (*fam*) draußen ist es glühend heiß; ~ (**çok**) **sıcak/soğuk** draußen ist es (sehr) heiß/kalt

dışarıya *adv dat von* **dışarı** hinaus; ~ **atmak** hinauswerfen (**-e/-den** zu/aus); ~ **bir göz atmak** einen Blick hinauswerfen; **pencereden** ~ aus dem Fenster hinaus, zum Fenster hinaus

dışarlık <-ğı> *s* (*taşra*) Provinz *f*

dışarlıklı *adj* (*taşralı*) provinziell

dışa vurum *s* PHILOS Expression *f*, Ausdruck *m* **dışa vurumcu** **I.** *s* Expressionist(in) *m(f)* **II.** *adj* expressionistisch **dışa vurumculuk** <-ğu> *s ohne pl* Expressionismus *m*

dış ayna *s* Außenspiegel *m*

dışbeslenen *adj* BIOL (*heterotrof*) heterotroph

dış beslenme *s ohne pl* BIOL (*heterotrofi*) Heterotrophie *f* **dış borçlanma** *s* FIN Auslandsverschuldung *f* **dış borçlar** *pl* FIN Auslandsschulden *pl*

dışbükey *adj* konvex **dışbükey ayna** *s* Konvexspiegel *m*

dışbükeylik <-ği> *s ohne pl* Konvexität *f*

dışbükey mercek <-ği> *s* Konvexlinse *f*

dış duvar *s* Außenwand *f*, Außenmauer *f*

dış dünya *s ohne pl* Außenwelt *f* **dış ekonomi** *s ohne pl* WIRTSCH Außenwirtschaft *f* **dış evlilik** <-ği> *s* Exogamie *f* **dış gebelik** <-ği> *s* MED Bauchhöhlenschwangerschaft *f* **dış gezi** *s* Auslandsreise *f* **dış haberler** *s* Auslandsnachrichten *pl* **dış hizmet** *s ohne pl* Außendienst *m*

dışık <-ğı> *s* (*cüruf*) Schlacke *f*

dışında *adv* ❶ (*içinde karşıtı*) außerhalb; **evin ~** außerhalb des Hauses ❷ abgesehen von; **birkaç çizik ~ ...** abgesehen von ein paar Kratzern

dış ilişkiler *pl* Auslandsbeziehungen *pl* **dış işleri** *s* POL ❶ Außenministerium *nt*, Auswärtiges Amt, das Auswärtige Amt ❷ auswärtige Angelegenheiten **dış işleri bakanı** *s* POL Außenminister(in) *m(f)* **dış işleri bakanlığı** *s* POL Außenministerium *nt;* (*Almanya'da*) Auswärtiges Amt, das Auswärtige Amt

dış kapı *s* Außentür *f*

dışkı *s* Kot *m*, Exkrement *nt*

dışkılama *s* MED Ausscheidung *f*

dışkılık <-ğı> *s* ZOOL Kloake *f*

dışlama *s* ❶ *Verbalsubstantiv zu* **dışlamak** ❷ Ausgrenzung *f*

dışlamak *vt* **birini ~** jdn ausgrenzen

dış lastik <-ği> *s* AUTO Mantel *m* **dış merdiven** *s* ARCH Freitreppe *f* **dış merkezli** *adj* MATH exzentrisch

dış merkezlik <-ği> *s ohne pl* MATH Exzentrizität *f* **dış muhabir** *s* VERLAG Auslandskorrespondent(in) *m(f)* **dış pazar** *s* WIRTSCH Auslandsmarkt *m* **dış politika** *s* POL Außenpolitik *f* **dış satım** *s* (*ihracat*) Ausfuhr *f*, Export *m* **dış satımcı** *s* (*ihracatçı*) Exporteur *m*

dıştan *adj* äußerlich; **~ bakıldığında** äußerlich betrachtet

dış ticaret *s ohne pl* Außenhandel *m* **dış ticaret açığı** *s* WIRTSCH Außenhandelsdefizit *nt* **dış vurum** *s s.* **dışa vurum** **dış vurumcu** *s s.* **dışa vurumcu**

diaspora *s ohne pl* Diaspora *f*

dibek **I.** *s* <-ği> Mörser *m* **II.** *adj* gemörsert; **~ kahvesi** gemörserter Kaffee **dibek kafalı** *s* REG Dummkopf *m*

dibi *s poss von* **dip**

Dicle *s* Tigris *m*

didaktik **I.** *s* <-ği> *ohne pl* Didaktik *f* **II.** *adj* didaktisch; (*öğretici*) lehrhaft

didar *s* Gesicht *nt*

dide *s s.* **göz** Auge *nt*

dider *vt 3. Aorist von* **ditmek**

didik didik *adv* **~ etmek** durchwühlen; **~ incelemek** zerpflücken

didikleme *s Verbalsubstantiv zu* **didiklemek**

didiklemek *vt* ❶ (*karıştırarak aramak*) durchwühlen ❷ (*fig: bir konuyu*) zerpflücken

didinme *s Verbalsubstantiv zu* **didinmek**

didinmek *vi* sich abrackern

didişim *s ohne pl* PHILOS (*eristik*) Eristik *f*

didişken *adj* zänkisch

didişme *s* ❶ *Verbalsubstantiv zu* **didişmek** ❷ Zank *m*

didişmek *vi* ❶ sich zanken ❷ (*fig*) schuften

didon sakal *s* Spitzbart *m* **didon sakallı** *adj* spitzbärtig

diesel *s s.* **dizel**

difenbahya *s* (*süs bitkisi*) Dieffenbachie *f*

diferansiyel *s* ❶ TECH Differenzial *nt*, Differenzialgetriebe *nt* ❷ MATH Differenzial *nt* **diferansiyel denklem** *s* MATH Differenzialgleichung *f* **diferansiyel hesap** <-bı> *s* MATH Differenzialrechnung *f*

difraksiyon *s* PHYS Diffraktion *f;* (*kırınım*) Beugung *f*

difteri *s* MED Diphtherie *f*

diftong *s* LING Diphthong *m;* (*ikili ünlü*) Doppelvokal *m*

difüzör *s* AUTO Spoiler *m*

difüzyon *s* PHYS, CHEM Diffusion *f*

diğer *adj* andere(r, s); **~ bir deyişle** mit anderen Worten **diğer taraftan** *adv* (*öte yandan*) andererseits

dijital *adj* (*sayısal*) digital **dijital çekim** *s* Digitalaufnahme *f*

dijitalize *adj* **~ etmek** (*sayısallaştırmak*) digitalisieren

dik *adj* ❶ aufrecht, gerade; **~ durmak** aufrecht [*o* gerade] stehen; **~ otur!** setz dich gerade hin!; **kendini ~ tutmak** sich aufrecht halten ❷ steil; **~ bir pasla** SPORT mit einem steilen Pass ❸ MATH rechte(r, s); **~ açı** ein rechter Winkel **dik âlâsı** *s* (*fam*) Gipfel *m;* **bu, rezaletin ~!** das ist doch der Gipfel!, das ist das Allerletzte!, das ist doch die Höhe!

dik başlı **I.** *s* Querkopf *m* **II.** *adj* (*inatçı*) stur

dikdörtgen *s* MATH Rechteck *nt*

dikdörtgensel *adj* rechteckig

dikelme *s Verbalsubstantiv zu* **dikelmek**

dikelmek *vi* ❶ sich aufrichten ❷ (*ayakta durmak*) stehen ❸ (*fig*) sich aufrichten (**-e** gegen)

diken *s* ❶ (*bitki*) Distel *f* ❷ (*ucu sivri ve batıcı çıkıntı*) Stachel *m;* (*gülde*) Dorn *m;* (*kirpide*) Stachel *m;* **~ üstünde oturmak** (*fig fam*) (wie) auf glühenden Kohlen sitzen; **gülü seven ~ine katlanır** (*prov*) keine Rose ohne Dornen

dikence *s* ZOOL Stichling *m*

diken diken *adv* **tüyleri ~ oldu** (*fig fam:*

korkudan) ihm standen die Haare zu Berge; (*üşümekten*) er bekam eine Gänsehaut **diken dutu** *s* (*böğürtlen*) Brombeere *f*

dikenli *adj* ❶ dornig ❷ stachelig, Stachel- **dikenli çalı** *s* Dornbusch *m* **dikenli mercanlar** *pl* ZOOL Dörnchenkorallen *pl* **dikenli meyan** *s* BOT (*acı meyan*) Schnürbaum *m* **dikenli tel** *s* Stacheldraht *m*

D

dikensi çıkıntı *s* ANAT Dornfortsatz *m*

dikensiz *adj* ❶ dornlos; ~ **gül olmaz** (*prov*) keine Rose ohne Dornen ❷ (*fig: sıkıntısız*) unbeschwert

dikey *adj* senkrecht, vertikal **dikey çizgi** *s* MATH Vertikale *f*

dikili taş *s* (*obelisk*) Obelisk *m*

dikilme *s Verbalsubstantiv zu* **dikilmek**

dikilmek *vi* ❶ *pass von* **dikmek** ❷ sich aufstellen; **birinin önüne** ~ (*fam*) sich vor jdm aufpflanzen; **boş boş** ~ herumstehen

dikine *adv* ❶ (*dikey olarak*) senkrecht ❷ (*fig fam: inadına*) aus Trotz

dikiş *s* Naht *f;* ~ **dikmek** nähen **dikiş ipliği** *s* Nähgarn *nt* **dikiş kutusu** *s* Nähkästchen *nt* **dikiş makinesi** *s* Nähmaschine *f* **dikiş payı** *s* Nahtzugabe *f*

dikişsiz *adj* nahtlos

dikiş yeri *s* Nahtstelle *f*

dikit *s* GEOL (*stalagmit*) Stalagmit *m*

dikiz aynası *s* AUTO Rückspiegel *m*

dikizci *s* (*sl: gözcü*) Späher(in) *m(f);* (*erketeci*) Schmiere *f*

dikizleme *s Verbalsubstantiv zu* **dikizlemek**

dikizlemek *vt* heimlich beobachten; (*gözetlemek*) spähen (**-i** nach); **bir kimseyi/şeyi** ~ nach jdm/etw spähen

dikizlik <-ği> *s* Guckloch *nt*

dik kafalı I. *s* Dickkopf *m;* (*bildiğinden dönmeyen*) Querkopf *m* **II.** *adj* dickköpfig, eigensinnig; (*inatçı*) stur

dikkat <-i> *s ohne pl* ❶ Aufmerksamkeit *f,* Achtsamkeit *f;* **bir şeye** ~ **çekmek** auf etw aufmerksam machen; ~**i üzerine çekmek** die Aufmerksamkeit auf sich ziehen; (*göze çarpmak*) auffallen; **birinin** ~**ini çekmek** jds Aufmerksamkeit erregen ❷ Achtung *f;* ~, **basamak var!** Achtung, Stufe!; ~ **et!** Achtung!, pass auf!, gib Acht!; **bir şeye** ~ **etmek** auf etw achten, auf etw Acht geben, etw beachten; **bir şeye** (**hiç**) ~ **etmemek** etw außer (aller) Acht lassen, etw (überhaupt) nicht beachten, auf etw (überhaupt) nicht aufpassen; **bastığın yere** ~ **et!** gib Acht, wohin du trittst!; **kendine/sağlığına** ~ **et!** pass auf dich/deine Gesundheit auf!, gib auf dich/deine Gesundheit Acht! ❸ (*fig: özen*) Vorsicht *f;* (*ilgi*) Beachtung *f,* Rücksicht *f;* ~ **ediniz!** Vorsicht!, seien Sie vorsichtig!; ~**e alın**(**ma**)**mak** (keine) Beachtung finden, (nicht) berücksichtigt werden; **bir şeyi** ~**e al**(**ma**)**mak** etw (nicht) beachten, etw (nicht) berücksichtigen [*o* in Betracht ziehen]; **birini** ~**e al**(**ma**)**mak** jdm (keine) Beachtung schenken, jdn (nicht) berücksichtigen

dikkat çekici *adj* auffällig, auffallend

dikkate değer *adj* beachtenswert

dikkatle *adv* ❶ (*dinlemek*) aufmerksam ❷ vorsichtig

dikkatli *adj* ❶ achtsam, aufmerksam ❷ vorsichtig

dikkatsiz *adj* unachtsam, unaufmerksam

dikkatsizlik <-ği> *s ohne pl* Unachtsamkeit *f,* Unaufmerksamkeit *f*

dikkat toplaşımı *s* PSYCH Konzentration *f*

diklemesine *adv* ❶ hochkant; **bir şeyi** ~ **koymak** etw hochkant (hin)stellen ❷ steil, senkrecht; ~ **inmek** steil abfallen

diklenme *s Verbalsubstantiv zu* **diklenmek**

diklenmek *vi* sich aufbäumen (**-e** gegen)

dikme *s* ❶ *Verbalsubstantiv zu* **dikmek** ❷ MATH Lot *nt;* **bir doğruya** ~ **indirmek** auf eine Gerade das Lot fällen ❸ ARCH Ständer *m* ❹ NAUT Davit *m o nt* ❺ REG (*direk*) Mast *m* ❻ REG (*yeni dikilmiş fidan*) Setzling *m*

dikmek[1] <-er> *vt* ❶ (*çiçek*) pflanzen ❷ aufrichten, aufpflanzen ❸ (*anıt*) errichten ❹ **gözlerini bir şeye/kimseye** ~ sein Augenmerk auf etw/jdn richten; **kulaklarını** ~ die Ohren spitzen; **nalları** ~ (*fam*) alle Viere von sich strecken

dikmek[2] *vt* nähen

dikmelik <-ği> *s* Baumschule *f*

dik rüzgâr *s* NAUT Gegenwind *m*

diksiyon *s ohne pl* ❶ Diktion *f* ❷ (*söyleme biçimi*) Diktion *f,* Ausdrucksweise *f*

dikta *s* Diktat *nt*

diktacı *adj* diktatorisch

diktafon *s* Diktaphon *nt,* Diktiergerät *nt*

diktatör *s* Diktator(in) *m(f)*

diktatörce *adv* diktatorisch

diktatörlük <-ğü> *s* Diktatur *f*

dikte *s* Diktat *nt;* **birine bir şey** ~ **etmek** (*yazdırmak için söylemek*) jdm etw diktieren; (*fig: zorla kabul ettirmek*) jdm etw diktieren [*o* aufzwingen]

diktirme *s Verbalsubstantiv zu* **diktirmek**

diktirmek *vt Kausativ zu* **dikmek**

dik yaka *s* Stehkragen *m*

dil *s* ❶ ANAT Zunge *f;* **birine** ~ **çıkarmak** jdm die Zunge herausstrecken; ~**i dolaşmak** sich verhaspeln; ~**i kılıçtan keskin**

olmak (*fig fam*) eine spitze Zunge haben; **~imin ucunda** (*fam*) es liegt mir auf der Zunge; **~ini tutmak** (*fig*) seine Zunge im Zaun halten; **~inin altında bir şey olmak** (*fam*) mit etw hinterm Busch halten; **~inin altındaki baklayı çıkarmak** (*fig fam*) die Katze aus dem Sack lassen; **~inin belasını bulmak** (*fig fam*) sich die Zunge verbrennen; **~inin cezasını çekmek** (*fig fam*) sich die Zunge verbrennen; **~inin ucunda olmak** (*fam*) auf der Zunge liegen ❷ Sprache *f*; **bir şeyi ~e getirmek** etw zur Sprache bringen; (*ifade etmek*) etw ausdrücken, etw äußern ❸ GEO (*kıstak*) Landzunge *f* ❹ (*toka ~i*) Dorn *m* ❺ **~ sürçmek** sich versprechen, sich im Ausdruck vergreifen; **~(ler)e düşmek** in aller Munde sein; **~e kolay** leichter gesagt als getan; **bir şeyi ~e vermek** (*gizli bir şeyi*) etw ausplaudern; (*duyurmak*) etw publik machen; **~ini tutamamak** nicht den Mund halten können; **söyleye söyleye ~inde tüy bitmek** (*fam*) sich den Mund fuss(e)lig reden; **~lerde dolaşmak** von sich Rede machen **dil ailesi** *s* Sprachfamilie *f* **dil atlası** *s* Sprachatlas *m* **dil balığı** *s* ZOOL Seezunge *f*

dilbasan *s* Spatel *m*

dilber *s* Schöne *f*, Schönheit *f*

dil bilen *adj* sprachkundig **dil bilgisi** *s* Grammatik *f* **dil bilimci** *s* Sprachwissenschaftler(in) *m(f)* **dil bilimi** *s* Sprachwissenschaft *f*; **eş zamanlı ~** synchronische Sprachwissenschaft **dil bilimsel** *adj* sprachwissenschaftlich

dilci *s* ❶ (*dil bilimci*) Sprachwissenschaftler(in) *m(f)* ❷ (*araştırmacı*) Sprachforscher(in) *m(f)*

dilcilik <-ği> *s ohne pl* Sprachforschung *f*

dil coğrafyası *s ohne pl* Sprachgeographie *f*

dilde tasfiye *s ohne pl* LING Sprachreinigung *f*

dil devrimi *s* HIST Sprachreform *f*

dilek <-ği> *s* ❶ (*istek*) Wunsch *m*; **başka bir dileğiniz var mı?** haben Sie noch einen Wunsch? ❷ (*rica*) Bitte *f*

dilekçe *s* Antrag *m* **dilekçe hakkı** *s* Petitionsrecht *nt* **dilekçe sahibi** *s* Antragsteller(in) *m(f)*

dilek kipi *s* LING Optativ *m*

dileme *s Verbalsubstantiv zu* **dilemek**

dilemek *vt* ❶ (*arzu etmek*) wünschen; **dilediğiniz gibi** wie Sie wünschen; (*başsağlığı*) aussprechen; **birine şans ~** jdm Glück wünschen ❷ (*rica etmek*) bitten; **birinden bir şey için özür ~** sich bei jdm für etw entschuldigen; **özür diledi** er bat um Entschuldigung ❸ (*fig: canı istemek*) sich wünschen

dilemma *s s.* **ikilem** Dilemma *nt*

dilenci *s* Bettler(in) *m(f)*

dilencilik <-ği> *s* (*pej*) Bettelei *f*; **dilenciliği bırak artık!** hör endlich auf mit der Bettelei!

dilenci vapuru *s* Bummelfähre *f*

dilenme *s* ❶ *Verbalsubstantiv zu* **dilenmek** ❷ Bettelei *f*

dilenmek *vi* betteln; **birinden bir şey ~** bei jdm um etw betteln

dil felsefesi *s* LING, PHILOS Sprachphilosophie *f*

dilim *s* ❶ Scheibe *f*; **bir şeyi ~ ~ kesmek** etw in Scheiben schneiden ❷ (*zaman ~i*) Abschnitt *m*

dil inkilâbı *s* HIST (*dil devrimi*) Sprachreform *f* **dil lâboratuvarı** *s* Sprachlabor *nt*

dilleşme *s Verbalsubstantiv zu* **dilleşmek**

dilleşmek *vi* ❶ plaudern ❷ (*pej fam: dırlaşmak*) stänkern

dilli *adj* ❶ (*konuşkan*) gesprächig, redselig, mitteilsam ❷ **iki ~** zweisprachig

dilmaç <-cı> *s* Sprachmittler(in) *m(f)*; (*tercüman*) Dolmetscher(in) *m(f)*

dilmaçlık <-ğı> *s ohne pl* Dolmetschen *nt*

dil öbeği *s* LING Sprachfamilie *f*, Sprachgruppe *f* **dil öğrenimi** *s ohne pl* Sprach(en)studium *nt*

dilsel *adj* sprachlich

dilsiz *adj* stumm

dil sürçmesi *s* Versprecher *m*

dimağ *s* ❶ (*beyin*) Gehirn *nt* ❷ (*bilinç*) Bewusstsein *nt*; (*zihin*) Verstand *m*

dimağçe <-gi> *s* ANAT (*beyincik*) Kleinhirn *nt*

dimdik *adj* ❶ kerzengerade; **~ durmak** kerzengerade stehen, wie eine Eins stehen; **başı ~** erhobenen Hauptes ❷ stramm

dimmer *s* ELEK, PHYS (*reosta*) Dimmer *m*

din[1] *vi Imperativ von* **dinmek**

din[2] *s* Religion *f* **din adamı** *s* Geistlicher *m*

dinamik **I.** *s ohne pl* Dynamik *f*; PHYS (*devim bilimi*) Dynamik *f* **II.** *adj* dynamisch; PHYS (*devimli*) dynamisch

dinamit *s ohne pl* Dynamit *nt*

dinamitleme *s Verbalsubstantiv zu* **dinamitlemek**

dinamitlemek *vt* mit Dynamit (in die Luft) sprengen

dinamit lokumu *s* Dynamitpatrone *f*

dinamo *s* Dynamo *m*

dinar *s* Dinar *m*

dinasor *s* Dinosaurier *m*

dinç *adj* rüstig

dinçlik <-ği> *s ohne pl* Rüstigkeit *f*

dindar *adj* religiös

D

dindarlık <-ğı> *s ohne pl* Religiosität *f*

din dersi *s* Religionsunterricht *m*

dindirme *s* ❶ *Verbalsubstantiv zu* **dindirmek** ❷ Linderung *f*

dindirmek *vt* lindern

diner *vi 3. Aorist von* **dinmek**

din felsefesi *s* Religionsphilosophie *f*

dingi *s* NAUT Dingi *nt*

dingil *s* Achse *f*

dingin *adj* ruhig

dingincilik <-ği> *s ohne pl* PHILOS Quietismus *m*

dinginlik <-ği> *s ohne pl* Ruhe *f*

dinî *adj* religiös

dini bütün *adj* glaubenfest

din işleri *pl* Religionsangelegenheiten *pl*

din kardeşi *s* Glaubensbruder *m;* **atma Recep, ~yiz** (*iron fam*) wer's glaubt, wird selig

dinleme *s Verbalsubstantiv zu* **dinlemek**

dinlemek *vt* ❶ hören; **akşamları bir saat klasik müzik dinler** abends hört er eine Stunde klassische Musik ❷ hören (auf); **beni dinleseydin** wenn du auf mich gehört hättest ❸ zuhören; **birini dikkatle/gizlice ~** jdm aufmerksam/heimlich zuhören ❹ MED (*stetoskop ile*) abhorchen, abhören ❺ (*telesekreteri*) abhören ❻ JUR (*tanık*) anhören ❼ **kafa ~** abschalten, sich entspannen

dinleme salonu *s* Hörsaal *m;* (*oditoryum*) Auditorium *nt*

dinlence *s* Ferien *pl*

dinlendirici *adj* erholsam

dinlendirme *s Verbalsubstantiv zu* **dinlendirmek**

dinlendirmek *vt* ❶ (*vücudunu*) entspannen ❷ (*şarabı*) ablagern lassen ❸ AGR (*nadasa bırakmak*) brachlegen ❹ REG (*söndürmek*) ausmachen

dinlenemez *adj* abhörsicher

dinlenme *s* ❶ *Verbalsubstantiv zu* **dinlenmek** ❷ JUR Anhörung *f;* **tarafların ~si** Anhörung der Parteien ❸ Erholung *f*

dinlenmek *vi* ❶ *pass von* **dinlemek**: **taraflar dinlendikten sonra** nachdem die Parteien angehört wurden ❷ sich ausruhen, sich erholen

dinleti *s s.* **konser** Konzert *nt*

dinme *s Verbalsubstantiv zu* **dinmek**

dinmek *vi* ❶ (*yağmur*) nachlassen ❷ (*bitmek, durmak*) aufhören; **kar dindi** es hat aufgehört zu schneien

dinozor *s* ❶ Dinosaurier *m* ❷ (*fig*) Ewiggestrige(r) *f(m)*

din özgürlüğü *s ohne pl* Religionsfreiheit *f*

dinsel *adj* religiös

dinsiz **I.** *s* Ungläubige(r) *f(m);* **~in hakkından imansız gelir** (*fig*) den Teufel mit dem Beelzebub austreiben **II.** *adj* ungläubig, religionslos

dinsizlik <-ği> *s ohne pl* Religionslosigkeit *f*

din topluluğu *s* Religionsgemeinschaft *f*

dip <-bi> *s* ❶ (*deniz dibi*) Grund *m;* **cehennemin dibi** (*fam*) am Arsch der Welt; **yerin dibine geçmek** (*fig*) in den Erdboden versinken, sich in Grund und Boden schämen ❷ (*taban*) Boden *m* ❸ GASTR **dibini tutmak** anbrennen ❹ **burnunun dibinde olmak** sich direkt vor seiner Nase befinden

dipçik <-ği> *s* Gewehrkolben *m*

dipdinç *adj* kerngesund

dipdiri *adj* quicklebendig

dipfriz *s* Tiefkühlschrank *m*

dip koçanı *s* ❶ Juxta *f* ❷ Kontrollabschnitt *m*

diploma *s* Diplom *nt;* SCHULE Abschlusszeugnis *nt*

diplomasi *s ohne pl* Diplomatie *f*

diplomat *s* Diplomat(in) *m(f)*

diplomatik <-ği> *adj* diplomatisch; **~ ilişkiler** diplomatische Beziehungen; **~ nota** diplomatische Note

dipnot *s* Fußnote *f*

dipsiz *adj* bodenlos; **~ kile, boş ambar (olmak)** (*fig*) ein Fass ohne Boden (sein)

dipsizlik <-ği> *s ohne pl* Bodenlosigkeit *f*

direk <-ği> *s* ❶ Mast *m* ❷ SPORT Pfosten *m* ❸ (*sütun*) Säule *f*

direksiyon *s* ❶ AUTO (*yönelteç*) Lenkung *f,* Steuer *nt;* (*~ simidi*) Lenkrad *nt;* **~ kırmak** das Steuer herumwerfen; **~a geçmek** (*sürücü yerine oturmak*) sich ans Steuer setzen; (*fig: yönetimi üzerine almak*) das Steuer übernehmen ❷ ADMIN (*İsviçre'de*) Direktion *f*

direksiyondan vites *s* AUTO Lenkradschaltung *f*

direksiyon simidi *s* AUTO Lenkrad *nt*

direkt *adj* direkt

direktör *s* Direktor(in) *m(f)*

direktörlük <-ğü> *s* Direktorium *nt*

direkt uçuş *s* Direktflug *m*

diren *s* AGR (*dirgen*) Heugabel *f*

direnç <-ci> *s* ❶ (*karşı koyma gücü*) Widerstandsfähigkeit *f,* Widerstandskraft *f;* BIOL, MED Resistenz *f* ❷ PHYS, ELEK (*rezistans*) Widerstand *m;* (*hava direnci*) Widerstand *m*

dirençli *adj* widerstandsfähig; BIOL, MED resistent

direnim *s* Verzug *m*

direnme *s* ❶ *Verbalsubstantiv zu* **direnmek** ❷ Widerstand *m,* Widersetzung *f*

direnmek *vi* ❶ (*ısrar etmek*) bestehen (**-de** auf), beharren (**-de** auf); **bir şeyde ~** auf etw bestehen [*o* beharren]; **düşüncesinde direniyor** er hält an seiner Meinung fest ❷ (*karşı koymak*) sich widersetzen, Widerstand leisten, sich sträuben (**-e karşı** gegen); **~ten vazgeçmek** den Widerstand aufgeben, nachgeben

direşken *adj* ausdauernd, beharrlich, konsequent

direşme *s ohne pl* ❶ *Verbalsubstantiv zu* **direşmek** ❷ Ausdauer *f*, Beharrlichkeit *f*

direşmek *vi* ausdauern; (*kararından dönmemek*) konsequent sein

direy *s* ZOOL Fauna *f*; **Afrika'nın/Anadolu'nun ~i** die Fauna Afrikas/Anatoliens

dirgen *s* AGR Heugabel *f*

dirhem *s* HIST ❶ *altes Gewichtsmaß von 3,148 g, in Istanbul 3,207 g* ❷ *alte Silbermünze* ❸ (*fig fam*) **bir ~ aklı olmamak** keinen Funken Verstand haben; **iki ~ bir çekirdek** todschick

diri *adj* ❶ (*canlı*) lebendig; (*yaşayan*) lebend ❷ (*zinde*) lebendig, lebhaft, vital **diri diri** *adv* lebendig; **~ göm(ül)mek** lebendig begraben (werden)

diriksel ısı *s ohne pl*, **diril ısı** *s ohne pl* BIOL (*vücut ısısı*) Körperwärme *f*

dirilme *s* ❶ *Verbalsubstantiv zu* **dirilmek** ❷ (*basübadelmevt*) Auferstehung *f*

dirilmek *vi* ❶ (*ölümden sonra*) auferstehen ❷ (*hasta için*) wiederauferstehen; **ölüp ölüp ~** in Lebensgefahr schweben; (*fig*) tausend Tode sterben; **uzun bir hastalıktan sonra dirildi** er ist von langer Krankheit wiederauferstanden

diriltmek *vt Kausativ zu* **dirilmek**: **ölüleri ~** die Toten auferstehen lassen

dirim *s* REG ❶ (*yaşam*) Leben *nt* ❷ (*yaşama gücü*) Lebenskraft *f*

dirimbilim *s*, **dirim bilimi** *s ohne pl* Biologie *f*

dirim bilimsel *adj* biologisch **dirim kurgu** *s ohne pl* Bionik *f* **dirim kurgusal** *adj* bionisch **dirim suyu** *s* (*abıhayat*) Lebenselixier *nt*, Lebenswasser *nt*

dirsek <-ği> *s* ❶ ANAT Ellbogen *m*; **~ çürütmek** (*fig fam*) die Schulbank drücken; **~lerini dayamak** die Ellbogen aufstützen ❷ TECH (*borularda*) Knie *nt* ❸ NAUT Ausleger *m* **dirsek kemiği** *s* ANAT Elle *f*; **~ ve ön kol kemiği** Elle und Speiche

dirsekleme *s Verbalsubstantiv zu* **dirseklemek**

dirseklemek *vt* **bir kimseyi/şeyi ~** jdn/etw mit dem Ellbogen stoßen

dirseklik <-ği> *s* Armlehne *f*

disimilasyon *s* LING Dissimilation *f*

disiplin *s* ❶ Disziplin *f* ❷ Disziplin *f*, Fachgebiet *nt*; (*bilim dalı*) Wissenschaftszweig *m* **disiplin cezası** *s* Disziplinarstrafe *f*

disipline *adj* diszipliniert; **~ edilmek** diszipliniert werden; **~ etmek** disziplinieren

disiplin kurulu *s* ADMIN Disziplinarkommission *f*

disiplinli *adj* diszipliniert; **~ okul** eine strenge Schule

disiplinsiz *adj* disziplinlos

disiplinsizlik <-ği> *s ohne pl* Disziplinlosigkeit *f*

disiplin suçu *s* ADMIN Disziplinarvergehen *nt*, Dienstvergehen *nt*

disk *s* ❶ SPORT Diskus *m* ❷ MUS (*gramafon plağı*) Platte *f* ❸ ANAT Bandscheibe *f* ❹ TECH Scheibe *f* ❺ INFORM (*disket*) Diskette *f*

diskalifiye *adj a.* SPORT disqualifiziert; **~ etmek** disqualifizieren; **~ olmak** disqualifiziert werden; **doping yüzünden ~ oldu** wegen Dopings wurde er disqualifiziert

disk atma *s ohne pl* SPORT Diskuswerfen *nt*

diskçi *s* SPORT Diskuswerfer(in) *m(f)*

disket *s* INFORM Diskette *f* **disket sürücü** *s* INFORM Diskettenlaufwerk *nt*

disk freni *s* AUTO Scheibenbremse *f*

diskjokey *s* Diskjockey *m*

diskli fren *s* AUTO Scheibenbremse *f*

disko *s* Disko *f*, Disco *f*

diskotek <-ği> *s* ❶ (*klüp*) Diskothek *f* ❷ (*plak koleksiyonu*) Plattensammlung *f*

disk-player *s* CD-Player *m*

diskriptif *adj s.* **deskriptif**

disk sürücü *s* INFORM Diskettenlaufwerk *nt*

diskur *s* (*söylev*) Rede *f*; **~ geçmek** [*o* **çekmek**] (*fam*) dozieren

disk zımpara *s* TECH Trennscheibe *f*

dispersiyon eriyik <-ği> *s* CHEM, PHYS Dispersion *f*

disponibilite *s* WIRTSCH, FIN Disponibilität *f*, Verfügbarkeit *f*

distribütör *s* ❶ AUTO Verteiler *m*, Zündverteiler *m* ❷ WIRTSCH (*dağıtıcı*) Verteiler *m* **distribütör kafası** *s* AUTO Verteilerkappe *f*

diş *s* ❶ Zahn *m*; **bir şeye ~ aç(tır)mak** etw verzahnen (lassen); **~ çıkarmak** Zähne bekommen; **birine ~ göstermek** (*fam*) jdm die Zähne zeigen; **~im ağrıyor** ich habe Zahnschmerzen; **~inden tırnağından artırmak** (*fig fam*) an allen Ecken und Enden sparen; **~ini sıkmak** (*fig fam*) die Zähne zusammenbeißen, sich am Riemen reißen; **bu, ~inin kovuğuna bile gitmez** (*fig fam*) das ist gerade etwas für den hohlen Zahn; **~lerini takırdatmak/gıcırdatmak** mit den Zähnen klappern/knirschen; **göze göz, ~e ~** Auge um Auge, Zahn um

Zahn ❷ (*sarımsak* ~ *i*) Zehe *f* **diş açtırma** *s* Verzahnung *f* **diş ağrısı** *s* Zahnschmerz *m*

dişbudak **I.** *s* <-ğı> BOT Esche *f* **II.** *adj* eschen

dişçi *s* Zahnarzt, -ärztin *m, f*

dişçilik <-ği> *s ohne pl s.* **diş hekimliği**

diş eti *s* Zahnfleisch *nt* **diş eti iltihabı** *s* Zahnfleischentzündung *f* **diş eti kanaması** *s* Zahnfleischblutung *f* **diş fırçası** *s* Zahnbürste *f* **diş hekimi** *s* Zahnarzt, -ärztin *m, f,* Zahnmediziner(in) *m(f)* **diş hekimliği** *s ohne pl* Zahnmedizin *f*

dişi **I.** *s* Weibchen *nt* **II.** *adj* weiblich

dişilik <-ği> *s ohne pl* Weiblichkeit *f*

diş kökü *s* Zahnwurzel *f*

dişli *s* TECH Zahnrad *nt*

diş macunu *s* Zahnpaste *f* **diş minesi** *s* MED Zahnschmelz *m* **diş pası** *s* MED (*pesek*) Zahnbelag *m*

dişsiz *adj* zahnlos

dişsizlik <-ği> *s ohne pl* Zahnlosigkeit *f*

diş tabibi *s s.* **diş hekimi** Zahnarzt, -ärztin *m, f*

ditme *s Verbalsubstantiv zu* **ditmek**

ditmek <-der> *vt* ❶ (*yün, pamuk*) kämmen ❷ GASTR (*eti*) zerpflücken

divan *s* Diwan *m*

divik <-ği> *s* ZOOL (*akkarınca*) Termite *f*

diya *s* FOTO Dia *nt*

diyabaz *s* GEOL Diabas *m*

diyabet *s ohne pl* MED (*şeker hastalığı*) Diabetes *m*

diyabetik <-ği> *adj* MED diabetisch

diyafram *s* ❶ ANAT Zwerchfell *nt* ❷ FOTO Blende *f;* **~ı büyütmek/küçültmek** aufblenden/abblenden

diyagonal **I.** *s* <-li> Diagonale *f* **II.** *adj* diagonal

diyagram *s* Diagramm *nt,* Schaubild *nt*

diyakoz *s* ❶ (*Katolik, Ortodoks, Anglikan kilisesinde*) Diakon *m* ❷ (*Protestan kilisesinde*) Diakon(in) *m(f)*

diyakozluk <-ğu> *s ohne pl* REL Diakonie *f*

diyalekt *s* LING (*lehçe*) Dialekt *m*

diyalektik <-ği> *s* PHILOS Dialektik *f*

diyalektoloji *s ohne pl* LING Dialektologie *f*

diyalel *s* PHILOS Diallele *f*

diyaliz *s* Dialyse *f* **diyaliz makinesi** *s* MED Dialyseapparat *m*

diyalog <-ğu> *s* Dialog *m*

diyapazon *s* MUS Stimmgabel *f*

diyapozitif *s* FOTO Diapositiv *nt;* (*slayt*) Dia *nt*

diyar [diyaːr] *s* ❶ (*ülke*) Land *nt* ❷ (*fig: dünya*) Welt *f*

diyastol <-lü> *s* MED Diastole *f;* **~, sistolden sonra karıncıkların genişlemesidir** die Diastole ist die auf die Systole folgende Erweiterung der Herzkammern; *s. a.* **sistol**

diyatome *adj* BOT Diatomee *f,* Kieselalge *f*

diyatonik *adj* MUS diatonisch

diye **I.** *adv* ❶ sagend; **"acaba bugün yağmur yağar mı?" ~ düşünmeye başladı** er wurde nachdenklich, indem er sich fragte: „ob es wohl heute regnen wird?" ❷ (*adlı*) namens **II.** *konj* ❶ damit; **beni görsün ~ geldim** ich bin gekommen, damit er mich sieht; **nezaketsizlik olmasın ~ ...** damit es nicht unhöflich ist, ...; **unutmayasın ~** damit du es nicht vergisst ❷ dass; **Orhan geldi ~ çok sevindi** er freute sich riesig, dass Orhan erschienen war ❸ (*sanarak*) in der Annahme, dass; **misafirler gelir ~ ortalığı topladı** in der Annahme, dass Gäste kommen würden, räumte er auf ❹ um; **(içeri) hava/ışık girsin ~ pencereyi açtı** er öffnete das Fenster, um Luft/Licht einzulassen ❺ (*olarak*) als; **bir şeyi ... ~ kullanmak** etwas als ... benutzen

diyecek <-ği> *s* **~ yok** es gibt nichts zu sagen (**-e** zu); (*eleştirilecek bir yanı yok*) es gibt nichts auszusetzen (**-e** an); **benim de buna ~lerim var** da habe ich auch noch ein Wörtchen mitzureden; **~lerini dedi (bile)** das, was er zu sagen hatte, hat er (schon) gesagt; **başka diyeceğiniz var mı?** haben Sie noch was zu sagen?; **buna diyeceğim yok** ich habe nichts dagegen; **buna başka diyeceğim yok** ich habe nichts mehr dazu zu sagen

diyet[1] *s* REL Sühnegeld *nt;* HIST (*kan parası*) Blutgeld *nt,* Wergeld *nt*

diyet[2] *s* (*perhiz, rejim*) Diät *f;* **~ yapmak** eine Diät machen

diyez *s* MUS Kreuz *nt*

diyoptri *s* (*optik*) Dioptrie *f*

diyot *s* ELEK Diode *f*

diz *s* Knie *nt;* **~ çökmek** niederknien, sich hinknien (**-e** auf); **~lerinin bağı çözülmek** (*fam*) weiche Knie bekommen, in den Knien weich werden; **birini ~e getirmek** (*fig*) jdn in die Knie zwingen **diz ağırşağı** *s* REG (*diz kapağı kemiği*) Kniescheibe *f*

dizanteri *s* MED Ruhr *f* **dizanterili** *adj* MED ruhrkrank

dizayn *s* Design *nt*

dizayncı *s* Designer(in) *m(f)*

diz bağı *s* Strumpfband *nt* **diz boyu** *adj* kniehoch; **~ kar** kniehoher Schnee

dize *s* LIT Vers *m,* Gedichtzeile *f*

dizek <-ği> *s* MUS (*porte*) Liniensystem *nt,* Notenlinien *pl*

dizel *s* (*motor*) Diesel *m,* Dieselmotor *m*

dizem *s* MUS (*ritm*) Rhythmus *m*

dizemli *adj* MUS (*ritmik*) rhythmisch

dizge *s* System *nt*

dizgeli *adj*, **dizgesel** *adj* systematisch

dizgesiz *adj* unsystematisch, systemlos

dizgi *s* TYPO Satz *m*

dizgici *s* TYPO (*dizici*) Setzer(in) *m(f)*, Schriftsetzer(in) *m(f)*

dizgi makinesi *s* TYPO Setzmaschine *f*

dizgin *s* Zügel *m;* ~ **vurmak** [*o* **takmak**] die Zügel anziehen; ~**leri çekmek** (*fig*) die Zügel anziehen; ~**leri elinde tutmak** (*fig*) die Zügel fest in der Hand halten; ~**leri gevşetmek/salıvermek** die Zügel lockern/loslassen; ~**leri ele almak/vermek** die Zügel in die Hand nehmen/aus der Hand geben

dizginleme *s Verbalsubstantiv zu* **dizginlemek**

dizginlemek *vt* zügeln

dizginsiz *adj* zügellos

dizgi yeri *s* TYPO Setzerei *f*

dizi *s* ❶ (*sıra*) Reihe *f* ❷ (*seri*) Serie *f;* (*kitaplar* ~*si*) Reihe *f* ❸ TV Serie *f* ❹ MATH Reihe *f;* **geometrik** ~ geometrische Reihe ❺ LING (*paradigma*) Paradigma *nt*

dizici *s* TYPO (*dizgici*) Setzer(in) *m(f)*

dizi film *s* TV Serie *f*

dizileme *s Verbalsubstantiv zu* **dizilemek**

dizilemek *vt* aufreihen

dizili *adj* ❶ (*sıralanmış*) aufgereiht ❷ TYPO gesetzt

dizilme *s Verbalsubstantiv zu* **dizilmek**

dizilmek *vi* sich aufstellen; (*sıraya girmek*) sich aufreihen; **arka arkaya** ~ sich hintereinander aufstellen; **gelişigüzel dizilerek** in beliebiger Reihenfolge

dizim *s* ❶ TYPO Setzen *nt* ❷ LING (*sentagma*) Syntagma *nt*

dizin *s* ❶ Verzeichnis *nt* ❷ Anordnung *f*, Gliederung *f* ❸ Abfolge *f;* **zaman** ~**i** zeitliche Abfolge; (*kronoloji*) Chronologie *f* ❹ INFORM Verzeichnis *nt*

dizinsel *adj* geordnet; **zaman** ~ zeitlich geordnet; (*kronolojik*) chronologisch

dizi roman *s* Fortsetzungsroman *m*

diz kapağı *s* Knie *nt*

diz kapağı kemiği *s* Kniescheibe *f*

dizlik <-ği> *s* ❶ Knieschützer *m* ❷ (*çorap*) Kniestrumpf *m* ❸ (*fam: iç donu*) Unterhose *f*

dizme *s Verbalsubstantiv zu* **dizmek**

dizmek *vt* ❶ aufreihen, (der Reihe nach) aufstellen ❷ TYPO setzen

dizmen *s* TYPO (*dizgici*) Setzer(in) *m(f)*

dizüstü bilgisayar *s* Laptop *m*

dl *Abk von* **desilitre** dl, Deziliter *m*

dm *Abk von* **desimetre** dm, Dezimeter *m*

do *s* MUS C *nt* **do anahtarı** *s* MUS C-Schlüssel *m* **do bemol** *s* MUS Ces *nt*

dobra dobra *adv* frischweg, geradeheraus; ~ **konuşmak** frisch von der Leber weg sprechen, kein Blatt vor den Mund nehmen

doçent *s* Dozent(in) *m(f)*

dogma *s* Dogma *nt*

dogmacı I. *s* Dogmatiker(in) *m(f)* **II.** *adj* dogmatisch

dogmacılık <-ğı> *s ohne pl* Dogmatismus *m*

dogmalaştırma *s Verbalsubstantiv zu* **dogmalaştırmak**

dogmalaştırmak *vt* dogmatisieren

dogmatik I. *s* Dogmatik *f* **II.** *adj* dogmatisch

dogmatizm *s ohne pl* Dogmatismus *m*

doğa *s* (*tabiat*) Natur *f* **doğa bilgisi** *s ohne pl* (*tabiat bilgisi*) Naturkunde *f* **doğa bilimci** *s* Naturwissenschaftler(in) *m(f)* **doğa bilimleri** *pl* Naturwissenschaften *pl*

doğacak *adj* (*gelecek*) kommend; ~ **ayda** im kommenden Monat

doğacı *s* Naturist(in) *m(f)*, Anhänger(in) der Freikörperkultur

doğacılık <-ğı> *s* Freikörperkultur *f*

doğaç <-cı> *s* Stegreifrede *f;* ~**tan olan bir müzik parçası** ein frei gestaltetes Musikstück

doğaçlama I. *s* ❶ *Verbalsubstantiv zu* **doğaçlamak** ❷ Improvisation *f* **II.** *adv* aus dem Stegreif

doğaçlamak *vt* improvisieren, frei gestalten

doğaçlama tiyatro *s* Stegreifspiel *nt*

doğaçtan *adv* aus dem Stegreif

doğa dışı *adj* unnatürlich

doğal *adj* natürlich, Natur-; ~ **ayıklanma** natürliche Auslese; ~ **sayılar aritmetiği** Arithmetik der natürlichen Zahlen **doğal gaz** *s* Erdgas *nt*

doğallık <-ğı> *s ohne pl* Natürlichkeit *f*

doğal olay *s s.* **doğa olayı** Naturereignis *nt*

doğal varlıklar *pl* Naturschätze *pl*

doğan *s* ZOOL Falke *m*

doğa olayı *s* Naturereignis *nt* **doğa ötesi I.** *s* (*metafizik*) Metaphysik *f* **II.** *adj* metaphysisch

doğasever *s* Naturfreund *m*

doğaüstü *adj* übernatürlich; ~ **güçler** übernatürliche Kräfte

doğa yasası *s* Naturgesetz *nt*

doğma *s* ❶ *Verbalsubstantiv zu* **doğmak** ❷ Entstehung *f* **doğma büyüme** *adv* ❶ ~ **İstanbullu** ein gebürtiger Istanbuler ❷ (*fig: başlangıçtan beri*) von Anfang an

D

doğmaca *adv* (*doğaçlama*) aus dem Stegreif
doğmak <-ar> *vi* ❶ (*dünyaya gelmek*) geboren werden; **ben 1949'da doğdum** ich wurde 1949 geboren; **nerede doğdunuz?** wo sind Sie geboren?; **sağır doğmuş olmak** taub geboren sein ❷ (*güneş*) aufgehen; **gün doğmadan neler doğar** es ist noch nicht aller Tage Abend ❸ (*ortaya çıkmak*) entstehen
doğrama *s* ❶ *Verbalsubstantiv zu* **doğramak** ❷ Zerstückelung *f*
doğramacı *s* Bauschreiner(in) *m(f)*, Zimmermann *m*
doğramak *vt* ❶ zerstückeln ❷ (*soğan*) hacken, klein schneiden
doğru **I.** *s* ❶ (*gerçek*) Wahrheit *f;* **niye ~sunu söylemiyorsun?** warum sagst du nicht die Wahrheit? ❷ MATH Gerade *f;* **sabit bir ~** eine feste Gerade **II.** *adj* ❶ gerade ❷ richtig, korrekt; (*gerçek*) wahr; **~ çıkmak** sich bewahrheiten; **bu cümle ~ mu yanlış mı?** ist dieser Satz richtig oder falsch? ❸ (*dürüst*) geradsinnig, korrekt; (*namuslu*) aufrichtig ❹ MATH (*açı*) gestreckt **III.** *adv* ❶ richtig, korrekt; **~ çıkmak** sich als richtig herausstellen; **çocuk ~ okudu** das Kind hat richtig gelesen; **~ olmak** richtig sein, stimmen; **dedikleri ~ (değil)** was er sagt, ist (nicht) richtig, es stimmt (nicht), was er sagt; **saat ~ gidiyor/gitmiyor** die Uhr geht richtig/nicht richtig ❷ gegen; **akşama ~** gegen Abend; (**saat**) **altıya ~ gelir** er kommt gegen sechs (Uhr) ❸ nach; **dışa/içe ~ aç(ıl)mak** (sich) nach außen/innen öffnen ❹ **~ dur!** (*dik dur*) steh gerade!; (*uslu dur*) sei artig! **doğru açı** *s* MATH gestreckter Winkel **doğru akım** *s ohne pl* ELEK Gleichstrom *m;* **~ı dalgalı akıma çevirmek** Gleichstrom in Wechselstrom umformen
doğrudan *adj* direkt, unmittelbar **doğrudan doğruya** *adv* direkt, unmittelbar; **~ müdüre çıkmak** (*fig fam*) sich in die Höhle des Löwen begeben **doğrudan uçuş** *s* Direktflug *m*
doğru dürüst *adv* richtig; (*kusursuz*) einwandfrei
doğrulama *s* ❶ *Verbalsubstantiv zu* **doğrulamak** ❷ Bestätigung *f*
doğrulamak *vt* bestätigen
doğrulanma *s* ❶ *Verbalsubstantiv zu* **doğrulanmak** ❷ Bestätigung *f*
doğrulanmak *vi pass von* **doğrulamak**
doğrulma *s Verbalsubstantiv zu* **doğrulmak**
doğrulmak *vi* sich aufrichten; (*oturan bir kimse için*) sich aufsetzen; **koltukta/yatakta ~** sich im Sessel/Bett aufrichten
doğrultman *s* MATH Leitlinie *f*, Direktrix *f*
doğrultu *s* ❶ (*yön*) Richtung *f* ❷ (*izlenen yol*) Kurs *m*
doğruluk <-ğu> *s ohne pl* ❶ Richtigkeit *f* ❷ Geradheit *f;* (*dürüstlük*) Geradsinnigkeit *f*, Aufrichtigkeit *f*
doğrulum *s* Tropismus *f*
doğrusu *adv* ❶ (*gerçeği söylemek gerekirse*) um die Wahrheit zu sagen; (*gerçek şu ki*) die Wahrheit ist ❷ wirklich; **buraya gelmeye değdi ~** es hat sich wirklich gelohnt, hierher zu kommen
doğu **I.** *s ohne pl* ❶ Osten *m;* **~da** im Osten; **~dan** von Osten; **~ya** in den Osten; **rüzgâr ~dan geliyor** der Wind kommt von Osten; **Almanya'nın/Avusturya'nın / Türkiye'nin / İsviçre'nin ~sunda** im Osten Deutschlands/Österreichs/der Türkei/der Schweiz ❷ NAUT, METEO Ost *m* **II.** *adj* östlich
Doğu Almanya *s ohne pl* Ostdeutschland *nt* **doğu bilimci** *s* Orientalist(in) *m(f)* **doğu bilimi** *s ohne pl* Orientalistik *f*
Doğu Bloku *s ohne pl* HIST, POL Ostblock *m*
doğulu *s* Orientale, Orientalin *m, f*
doğum *s* ❶ Geburt *f* ❷ MED Geburt *f*, Niederkunft *f;* **~ yapmak** entbinden; **ağrısız ~** schmerzfreie Geburt **doğum evi** *s* Entbindungsanstalt *f*, Entbindungsheim *nt*
doğum günü *s* Geburtstag *m*, Tag der Geburt **doğum günü partisi** *s* Geburtstagsparty *f*
doğumhane *s* Entbindungsanstalt *f*, Entbindungsheim *nt*
doğum ilmühaberi *s* Geburtsurkunde *f*
doğum kontrol hapı *s* Antibabypille *f*
doğum kontrolü *s ohne pl* Geburtenkontrolle *f*
doğumlu *adj* gebürtig
doğum odası *s* Entbindungszimmer *nt*, Kreißsaal *m* **doğum oranı** *s* Geburtenziffer *f*
doğumsal *adj* angeboren; **~ miyopluk/hipermetropluk** angeborene Kurzsichtigkeit/Weitsichtigkeit
doğum sancısı *s* ❶ Geburtswehen *pl* ❷ (*fig*) Anfangsschwierigkeiten *pl*
doğum tarihi *s* Geburtsdatum *nt*
doğum yeri *s* Geburtsort *m* **doğum yılı** *s* Geburtsjahr *nt*
doğuran *adj* ZOOL lebend gebärend
doğurgan *adj* ❶ gebärfreudig ❷ (*fig*) fruchtbar
doğurganlık <-ğı> *s ohne pl* ❶ Gebärfreudigkeit *f* ❷ (*fig*) Fruchtbarkeit *f*
doğurgu *s* Konsequenz *f*

doğurma *s* ❶ *Verbalsubstantiv zu* **doğurmak** ❷ Entbindung *f*
doğurmak I. *vt* ❶ gebären ❷ (*fig*) verursachen II. *vi* niederkommen
doğurtma *s* ❶ *Verbalsubstantiv zu* **doğurtmak** ❷ Entbindung *f* ❸ Geburtshilfe *f*
doğurtmak *vt* ❶ *Kausativ zu* **doğurmak** ❷ entbinden ❸ (*doğurmasına yardım etmek*) Geburtshilfe leisten
doğu rüzgârı *s* Ostwind *m*
doğuş *s* ❶ Geburt *f*, Entstehung *f* ❷ (*güneşin ~ u*) Aufgang *m*
doğuştan I. *adj* angeboren II. *adv* von Geburt an
doğuştancılık <-ğı> *s ohne pl* PSYCH Nativismus *m*
dok *s* NAUT Dock *nt*
doksan *adj* neunzig; *s. a.* **altmış**
doksanar *adj* je neunzig; **size ~ tane veririm** ich gebe euch je neunzig Stück; *s. a.* **altmışar**
doksanıncı *adj* neunzigste(r, s); *s. a.* **altmışıncı**
doksanlı *adj* **~ yıllar** die neunziger Jahre; **~ yıllarda** in den neunziger Jahren
doksanlık *adj* ❶ (*içinde doksan tane bulunan*) neunziger ❷ (*doksan yaşında olan*) neunzigjährig; *s. a.* **altmışlık**
doktor *s* ❶ (*hekim*) Arzt *m*, Ärztin *f* ❷ Doktor *m*; **felsefe/fizik ~u** Doktor der Philosophie/Physik
doktora *s* ❶ (*sınav*) Rigorosum *nt* ❷ (*basamak*) Promotion *f*; **~ yapmak** promovieren, den Doktor machen
doktoralı *adj* promoviert
doktora tezi *s* Doktorarbeit *f*, Dissertation *f*; **~ yazmak** dissertieren
doktor unvanı *s* Doktortitel *f*
doktrin *s* Doktrin *f*
doktrinci *adj* doktrinär
doku[1] *vt Imperativ von* **dokumak**
doku[2] *s a.* MED, BIOL Gewebe *nt*; (*sümük ~*) Haut *f*
dokuma I. *s* ❶ *Verbalsubstantiv zu* **dokumak** ❷ **~lar** Webwaren *pl* ❸ (*tekstil*) Textil *nt* ❹ (*fig*) Gewebe *nt*; (*yapı*) Struktur *f*; (*oluşum*) Zusammensetzung *f* II. *adj* gewebt, Web-
dokumacı *s* Weber(in) *m(f)*
dokumacılık <-ğı> *s* ❶ (*işi*) Weberei *f* ❷ (*ticareti*) Textilhandel *m* ❸ (*tekstil*) Textilien *pl* ❹ (*sanayi*) Textilindustrie *f*
dokumahane *s* Weberei *f*
dokumak *vt* weben; (*halı*) knüpfen; (*kilim*) weben
dokuma sanayii *s* Textilindustrie *f*
dokuma tezgâhı *s* Webstuhl *m*
dokun *vi Imperativ von* **dokunmak**
dokunaç <-cı> *s* ZOOL Fühler *m*
dokunaklı *adj* rührend; (*patetik*) pathetisch
dokunaklılık <-ğı> *s ohne pl* Pathos *nt*
dokunma *s* ❶ *Verbalsubstantiv zu* **dokunmak** ❷ Berührung *f*
dokunmabana *s ohne pl s.* **kanser** Krebs *m*
dokunma duyusu *s ohne pl* Tastsinn *m*
dokunmak *vi* ❶ berühren (**-e**), anfassen (**-e**); **dokunma bana!** fass mich nicht an! ❷ (*incitmek*) verletzen, treffen; **birinin onuruna ~** jds Ehrgefühl verletzen; **bu bana çok dokundu** das hat mich sehr getroffen ❸ (**devamlı**) **esnemesi sinirime dokunuyor** sein (ständiges) Gähnen geht mir auf die Nerven
dokunmatik ekran *s* TECH, INFORM Touchscreen *m*, Berührungsbildschirm *m*
dokunulmaz *adj* unantastbar
dokunulmazlık <-ğı> *s* ❶ Immunität *f*; **yasama dokunulmazlığı** parlamentarische Immunität ❷ (*ohne pl*) Unantastbarkeit *f* ❸ (*konut dokunulmazlığı*) Unverletzlichkeit *f*
dokurcun *s* (*fam*) ❶ (*ot, ekin yığını*) Feim *m*, Feime *f*, Feimen *m* ❷ *ohne pl* (*dokuztaş*) Mühle *f*; **~ oynamak** Mühle spielen
dokuz I. *s* Neun *f*; *s. a.* **altı** II. *adj* neun; (**saat**) **dokuzda** um neun (Uhr); **sekiz bir daha ~ eder** acht und eins macht neun; *s. a.* **altı**
dokuzar *adj* je neun; **~ tane aldılar** sie haben je neun Stück bekommen; **~dan** zu je neun; *s. a.* **altışar** **dokuzar dokuzar** *adv* **~ diz(il)mek** (sich) in Neunerreihen aufstellen
dokuz buçuk <-ğu> *adj* ❶ neuneinhalb; **~ litre/kilometre** neuneinhalb Liter/Kilometer; **~ saat önce/sonra** neuneinhalb Stunden vorher/nachher ❷ (*saati bildirirken*) halb zehn; **~ta** um halb zehn; **saat ~** es ist halb zehn; **dokuz buçuğa on** (**dakika**) **kala** um zehn (Minuten) vor halb zehn; **dokuz buçuğa on** (**dakika**) **var** es ist zehn (Minuten) vor halb zehn; **dokuz buçuğu on** (**dakika**) **geçe** um zehn (Minuten) nach halb zehn; **dokuz buçuğu on** (**dakika**) **geçiyor** es ist zehn (Minuten) nach halb zehn
dokuzgen I. *s* MATH Neuneck *nt*, Nonagon *nt* II. *adj* neuneckig, nonagonal
dokuzlu I. *s* (*iskambil kâğıdı*) Neun *f* II. *adj* neunteilig
dokuztaş *s ohne pl* Mühle *f*; **~ oynamak** Mühle spielen
dokuzuncu *adj* neunte(r, s); *s. a.* **altıncı**

dokuzuncusu *adv* (*sayarken*) neuntens; *s. a.* **altıncısı**

doküman *s* Dokument *nt*

dokümantasyon *s* Dokumentation *f*

dokümanter *adj* dokumentarisch **dokümanter film** *s* Dokumentarfilm *m*

dolama *s* ❶ *Verbalsubstantiv zu* **dolamak** ❷ MED Nagelgeschwür *nt*

dolamak *vt* wickeln (-**e** um); **makaraya ~** auf eine Spule wickeln

dolambaçlı *adj* (*yol*) gewunden

dolamık <-ğı> *s* Schlinge *f*

dolan[1] *vi Imperativ von* **dolanmak**

dolan[2] *s* (*fam*) Schwindel *m,* Trug *m;* **yalan ~** Lug und Trug; **birinden bir şeyi ~la elde etmek** jdm etw abschwindeln

dolandırıcı *s* Betrüger(in) *m(f),* Schwindler(in) *m(f);* **bir ~nın kucağına düşmek** einem Betrüger aufsitzen

dolandırıcılık <-ğı> *s ohne pl* Betrug *m*

dolandırma *s* ❶ *Verbalsubstantiv zu* **dolandırmak** ❷ Betrug *m*

dolandırmak *vt* ❶ betrügen, anschwindeln ❷ (*dolaştırmak*) herumführen

dolanım *s* WIRTSCH (*tedavül*) Umlauf *m;* (*sirkülasyon*) Zirkulation *f* **dolanım hızı** *s* WIRTSCH (*des Geldes*) Umlaufgeschwindigkeit *f;* **paranın ~** die Umlaufgeschwindigkeit des Geldes

dolanlı *adj* betrügerisch; **~ iflas** betrügerischer Bankrott

dolanma *s Verbalsubstantiv zu* **dolanmak**

dolanmak *vi* ❶ sich wickeln (-**e** um) ❷ wandern; **evin etrafında ~** um das Haus herumgehen [*o* streifen]; **odada bir aşağı bir yukarı ~** (ruhelos) im Zimmer auf und ab wandern ❸ (*araçla*) herumfahren ❹ (*gelişigüzel gezmek*) herumwandern

dolap <-bı> *s* ❶ Schrank *m* ❷ (*dönerek çalışan düzen*) Rad *nt;* **dönme ~** Riesenrad *nt* ❸ (*fig*) List *f,* Trick *m;* **~ çevirmek** ein Ding drehen; **~a girmek** [*o* **gelmek**] auf einen Trick hereinfallen, ausgetrickst werden

dolar *s* Dollar *m*

dolaşık *adj* ❶ (*iplik*) verwickelt, verheddert; (*saç*) zerzaust ❷ (*içinden çıkılmayacak derecede karışık*) verwickelt, verzwickt ❸ (*fig*) umständlich, weitschweifig **dolaşık yol** *s* Umweg *m;* **~lardan** auf Umwegen

dolaşım *s* ❶ Kreislauf *m* ❷ Durchblutung *f;* **~ı iyi olmak** gut durchblutet werden **dolaşım bozukluğu** *s* Durchblutungsstörung *f*

dolaşma *s Verbalsubstantiv zu* **dolaşmak**

dolaşmak **I.** *vi* ❶ (*gezmek*) spazieren gehen; (*arabayla*) spazieren fahren ❷ (*yolu uzatmak*) einen Umweg machen ❸ herumgehen, herumlaufen; **bu benim başımda çoktandır dolaşıyor** das geht mir schon lange im Kopf herum; **her tarafta köpekler ve tavuklar dolaşıyor** überall laufen Hunde und Hühner herum ❹ (*kan*) zirkulieren; (*akmak*) fließen; **damarlarında aynı kan dolaşıyor** es fließt dasselbe Blut in seinen Adern ❺ gehen, laufen; **ev**(**den**) **ev**(**e**) **~** von Haus zu Haus gehen; **kapı kapı ~** von Tür zu Tür gehen; **serbest dolaşan tavuklar** frei laufende Hühner ❻ (*saç*) zerzausen; (*dili*) sich verhaspeln; (*iplik*) sich verheddern, sich verwickeln; **ayakları ~** über seine eigenen Füße stolpern; **iplikler** (**birbirine**) **dolaştı** die Fäden haben sich verheddert; **saçları dolaşmıştı** seine Haare waren zerzaust ❼ **ağızdan ağza ~** (*haber*) sich herumsprechen; (*söylenti*) kursieren, umgehen; **dillerde** (**çok**) **~** (viel) von sich reden machen **II.** *vt* ❶ (*müzeleri*) besichtigen; (*mağazaları*) ablaufen; **dünyayı ~** in der Welt herumreisen ❷ (*bir yeri*) abgehen, abschreiten

dolaştırma *s Verbalsubstantiv zu* **dolaştırmak**

dolaştırmak *vt* ❶ *Kausativ zu* **dolaşmak** ❷ herumführen; **birini ~** jdn herumführen; **bebeği arabayla ~** das Baby spazieren fahren; **bir şeyi elden ele ~** etw reihum gehen lassen

dolayı **I.** *s* Umgebung *f* **II.** *part* (*-den ~*) wegen; **böyle olduğundan ~** weil es so ist; **bundan ~** deswegen, deshalb; **parasızlıktan ~** wegen Geldmangel

dolayısıyla *adv* ❶ anlässlich, aufgrund; **dün görevim ~ gelemedim** ich war gestern dienstlich verhindert ❷ folglich, demzufolge

dolaylı *adj* ❶ indirekt, mittelbar; **~ vergiler** indirekte Steuern ❷ LING indirekt; **~ anlatım** indirekte Rede; **~ tümleç** das indirekte Objekt

dolaysız *adj* ❶ direkt, unmittelbar ❷ LING direkt; **~ anlatım** direkte Rede

doldurma *s* ❶ *Verbalsubstantiv zu* **doldurmak**: **depoyu ~ beş dakika sürdü** das Tanken dauerte fünf Minuten ❷ Füllung *f* ❸ LIT (*gereksiz sözler*) Füllsel *nt;* (*benzetmelerle dolu anlatım*) Pleonasmus *m*

doldurmak *vt* ❶ füllen, vollmachen; **ağzına kadar ~** auffüllen; (*bardağı, fincanı*) bis zum Rand füllen; **banyoya su ~** sich ein Bad einlassen; **şarabı şişelere ~** Wein in Flaschen abfüllen ❷ (*silahı*) laden

❸ *(aküyü)* (auf)laden ❹ *(piposunu)* stopfen; **ölü hayvanların içini ~** tote Tiere ausstopfen ❺ *(boşluk)* ausfüllen; *(form)* ausfüllen ❻ NAUT *(suyla)* **loku/tankları ~** die Schleuse/Tanks fluten ❼ *(yaşını)* vollenden ❽ *(diş)* füllen ❾ *(kaset)* bespielen ❿ *(fig)* aufhetzen

dolgu *s* Füllung *f; (diş ~su)* Plombe *f;* **~ yapmak** plombieren **dolgu malzemesi** *s* Füllmaterial *nt*

dolgun *adj* füllig; *(göğüs)* prall

dolma *s* ❶ *Verbalsubstantiv zu* **doldurmak** ❷ **biber ~sı** gefüllte Paprikaschoten ❸ GEO Aufschüttung *f*

dolmak <-ar> *vi* ❶ sich füllen (**-le** mit) ❷ *(ışık)* fluten (**-e**)

dolma kalem *s* Füllfederhalter *m; (fam: stilo)* Füller *m* **dolma lastik** <-ği> *s* Vollgummireifen *m*

dolmalık biber *s* Paprikaschote *f*

dolmuş *s* Sammeltaxi *nt* **dolmuş uçak** <-ğı> *s* Charterflugzeug *nt*

Dolomitler *pl* die Dolomiten

dolu[1] *s* Hagel *m;* **~ yağmak** hageln; **~ yağıyor** es hagelt

dolu[2] *adj* ❶ *(boş karşıtı)* voll ❷ *(boş yeri olmayan)* ausgebucht; *(tutulmuş)* besetzt ❸ *(meşgul)* beschäftigt ❹ *(tabanca)* geladen

dolunay *s* Vollmond *m*

dolup taşmak <-ar> *vi* überquellen

dolu tanesi *s* Hagelkorn *m*

do majör *s ohne pl* MUS C-Dur *nt*

domalan *s* BOT Trüffel *m*

domalma *s Verbalsubstantiv zu* **domalmak**

domalmak *vi* sich bücken

domates *s* ❶ BOT Tomate *f* ❷ GASTR Tomate *f* **domates çorbası** *s* GASTR Tomatensuppe *f* **domates salçası** *s ohne pl* GASTR Tomatenmark *nt* **domates suyu** *s* Tomatensaft *m*

domdom kurşunu *s* Dumdumgeschoss *nt*

Dominik Cumhuriyeti *s* Dominikanische Republik *f*

domino *s* Domino *nt* **domino taşı** *s* Dominostein *m*

do minör *s ohne pl* MUS C-Moll *nt*

dominyon *s* POL Dominion *nt*

domuz *s* ❶ ZOOL *(Suidae)* Schwein *nt* ❷ REG *(fam: hain)* Schwein *nt; (inatçı)* sturer Bock; **~ gibi yemek** fressen wie ein Schwein; **~ gibi bilir, ama söylemez!** er weiß es ganz genau, aber sagt es nicht! **domuz ayrık otu** *s ohne pl* BOT Hundszahn *m,* Hundszahngras *nt* **domuz eti** *s ohne pl* Schweinefleisch *nt* **domuz vebası** *s ohne pl* Schweinepest *f*

don[1] *vi Imperativ von* **donmak**

don[2] *s* ❶ Frost *m* ❷ *(at ~u)* Fell *nt*

don[3] *s* Schlüpfer *m; (külot)* Unterhose *f; (slip)* Slip *m;* **~una etmek** *(fam)* in die Hose machen

donakalma *s Verbalsubstantiv zu* **donakalmak**

donakalmak *vi* erstarren, wie versteinert dastehen

donanım *s* ❶ Ausstattung *f* ❷ INFORM *(yazılım karşıtı)* Hardware *f*

donanma *s* MIL, NAUT Flotte *f* **donanma üssü** *s* MIL Flottenstützpunkt *m*

donatı *s* Ausrüstung *f*

donatımcı *s* THEAT Bühnenbildner(in) *m(f)*

donatma *s* ❶ *Verbalsubstantiv zu* **donatmak** ❷ TECH, NAUT Ausrüstung *f*

donatmak *vt* ❶ *(süslemek)* schmücken, dekorieren; **çiçekle ~** mit Blumen schmücken ❷ TECH, NAUT ausrüsten

dondurma *s* ❶ *Verbalsubstantiv zu* **dondurmak** ❷ Eis *nt,* Speiseeis *nt,* Eiscreme *f*

dondurmacı *s* ❶ *(dondurma yapan kimse)* Eiskonditor(in) *m(f)* ❷ *(dondurma satan kimse)* Eisverkäufer(in) *m(f)* ❸ *(dondurma satılan yer)* Eiscafé *nt,* Eisdiele *f*

dondurmak *vt* ❶ *Kausativ zu* **donmak** ❷ *(fig fam)* einfrieren; *(müzakereleri)* auf Eis legen; **maaşları ~** die Gehälter einfrieren

dondurulma *s Verbalsubstantiv zu* **dondurulmak**

dondurulmak *vi* ❶ *pass von* **dondurmak** ❷ **müzakereler donduruldu** die Verhandlungen wurden auf Eis gelegt

donma *s Verbalsubstantiv zu* **donmak**

donmak <-ar> *vi* ❶ einfrieren, gefrieren; **birinin kanı ~** *(fig)* jdm gefriert das Blut in den Adern; **su borusu dondu** das Wasserrohr ist eingefroren ❷ *(soğuktan ölmek)* erfrieren ❸ *(fam: çok üşümek)* frieren; **donuyorum** es friert mich; **ellerim donuyor** mich friert es an den Händen ❹ *(üstü buz tutmak)* zufrieren; **göl donmuş** der See ist zugefroren

donma noktası *s* CHEM, PHYS Gefrierpunkt *m*

donmuş sebze *s* Tiefkühlgemüse *nt*

donuklaştırma *s Verbalsubstantiv zu* **donuklaştırmak**

donuklaştırmak *vt* FOTO abschwächen

doping *s* SPORT Doping *nt;* **~ yapmak** dopen; *(fig)* aufputschen; **~ yüzünden diskalifiye oldu** wegen Dopings wurde er disqualifiziert

dopingleme *s Verbalsubstantiv zu* **dopinglemek**

dopinglemek *vt* SPORT dopen

doruk <-ğu> *s* Höhepunkt *m,* Gipfel *m; s. a.* **zirve doruk çizgisi** *s* GEO Höhenlinie *f* **doruk konferansı** *s* POL Gipfelkonferenz *f* **doruk toplantısı** *s* POL Gipfeltreffen *nt*
dosdoğru *adv* (immer) geradeaus
dost *s* ❶ Freund(in) *m(f);* ~ **düşman** Freund und Feind; **benim iyi bir ~um** ein guter Freund von mir ❷ Geliebte(r) *f(m),* Liebhaber *m;* ~ **tutmak** (*fam: erkek için*) sich eine Geliebte zulegen; (*kadın için*) sich einen Liebhaber zulegen
dostane *adv* freundlich; ~ **kabul edildik** wir wurden freundlich empfangen
dostça *adv* freundschaftlich
dostluk <-ğu> *s* Freundschaft *f* **dostluk maçı** *s* SPORT Freundschaftsspiel *nt*
dosya *s* ❶ Dossier *nt;* ADMIN, JUR Akte *f,* Akten *pl* ❷ INFORM (*veri ~sı*) Datei *f* **dosya adı** *s* INFORM Dateiname *m* **dosya gömleği** *s* Aktendeckel *m*
dosyalama *s Verbalsubstantiv zu* **dosyalamak**
dosyalamak *vt* abheften
dosyalanma *s Verbalsubstantiv zu* **dosyalanmak**
dosyalanmak *vi pass von* **dosyalamak**
dosya numarası *s* Aktenzeichen *nt*
doya doya *adv* **bir şeyi ~ yemek** sich an etw satt essen; **bir şeyin ~ tadını çıkarmak** etw in vollen Zügen genießen
doyasıya *adv* ausgiebig
doygu *s* Grundnahrungsmittel *nt*
doygunluk <-ğu> *s* Befriedigung *f;* **cinsî ~** sexuelle Befriedigung
doyma *s* ❶ *Verbalsubstantiv zu* **doymak** ❷ Sättigung *f*
doymak <-ar> *vi* ❶ satt werden; **doydum** ich bin satt; **bir şeye gözü doyamamak** sich an etw nicht sattsehen können ❷ (*fig: yeter bulmak*) genug haben; (*tatmin olmak*) befriedigt sein
doymaz *adj* unersättlich; (*aç gözlü*) gierig
doymazlık <-ğı> *s ohne pl* Unersättlichkeit *f;* (*aç gözlülük*) Gier *f*
doyum *s ohne pl* Sättigung *f;* **bir şeye ~ olmamak** sich an etw nicht sattsehen können **doyum noktası** *s* Sättigungspunkt *f*
doyurma *s* ❶ *Verbalsubstantiv zu* **doyurmak** ❷ Sättigung *f* ❸ (*fig*) Befriedigung *f*
doyurmak *vt* ❶ *Kausativ zu* **doymak** ❷ sättigen ❸ (*fig*) befriedigen; **merakını ~** seine Neugier befriedigen
doyurucu *adj* ❶ sättigend ❷ (*fig*) überzeugend ❸ (*fig*) befriedigend
doz *s* Dosis *f,* Dosierung *f*
dozaj *s* Dosierung *f*
dozer *s* Raupe *f;* (*bul~*) Planierraupe *f*
dök *vt Imperativ von* **dökmek**
döker *vt 3. Aorist von* **dökmek**
dökme *s Verbalsubstantiv zu* **dökmek** **dökme demir** *s ohne pl* Gusseisen *nt*
dökmek *vt* ❶ gießen; **kurşun ~** Blei gießen ❷ (*yaş*) vergießen ❸ ausschütten; **içini ~** sein Herz ausschütten ❹ hinunterspülen; **bir şeyi eviyeye ~** etw den Ausguss hinunterspülen ❺ (*yaprak*) abwerfen; **yapraklarını ~** das Laub abwerfen ❻ **bir şeyi kâğıda ~** etw zu Papier bringen
dökülme *s ohne pl* ❶ *Verbalsubstantiv zu* **dökülmek** ❷ (*saç ~si*) Ausfall *m*
dökülmek *vi* ❶ (*yapraklar*) abfallen; (*saçları, dişleri*) ausfallen, herausfallen; **dökülmüş yapraklar** abgefallene Blätter ❷ (*insanlar*) strömen (**-e** zu/nach) ❸ (*çok eskimiş olmak*) verfallen ❹ (*akarsular için*) münden (**-e** in), sich ergießen (**-e** in) ❺ (*düşmek*) fallen; **saçları yüzüne döküldü** ihre Haare fielen ihr übers Gesicht ❻ (*sıva*) abbröckeln; **duvarların sıvası dökülüyor** der Putz an den Wänden bröckelt ab
döküm *s* ❶ Abguss *m;* **alçı/tunç ~** Abguss in Gips/Bronze ❷ Aufstellung *f* ❸ (*yaprak ~ü*) Fall *m*
dökümhane *s* Gießerei *f*
döküntü *s ohne pl* ❶ (*yapı ~sü*) Schutt *m* ❷ MED Hautausschlag *m,* Eruption *f*
döküntülü *adj* MED eruptiv
döl *s ohne pl* ❶ (*zürriyet*) Nachkommenschaft *f,* Nachkommen *pl;* REL, HIST Samen *m* ❷ (*nesil*) Generation *f* ❸ Nachkomme *m;* (*çocuk*) Kind *nt;* (*yavru*) Junge(s); **kırık ~ü** uneheliche(s) Kind; **erken kalkan yol alır, er evlenen ~ alır** (*prov*) Morgenstunde hat Gold im Munde **döl eşi** *s* ❶ ANAT, MED (*etene*) Mutterkuchen *m* ❷ BOT (*etene*) Plazenta *f* **döl kesesi** *s* ANAT (*amnios*) Fruchtblase *f*
dölleme *s* ❶ *Verbalsubstantiv zu* **döllemek** ❷ Befruchtung *f,* Besamung *f;* **yapay ~** künstliche Befruchtung
döllemek *vt* befruchten, besamen; **yapay olarak ~** künstlich befruchten
döllenme *s* ❶ *Verbalsubstantiv zu* **döllenmek** ❷ Befruchtung *f,* Besamung *f;* **yapay ~** künstliche Befruchtung
döllenmek *vi pass von* **döllemek**
döllenmemiş *adj* unbefruchtet; **~ yumurta** unbefruchtetes Ei
döllenmesiz çoğalma *s,* **döllenmesiz üreme** *s* BIOL Jungfernzeugung *f;* (*partenojenez*) Parthenogenese *f*
döllenmiş *adj* befruchtet; **~ yumurta** befruchtetes Ei
dölüt *s* MED Fetus *m*

döl yatağı *s* Gebärmutter *f;* **~nı kazımak** die Gebärmutter ausschaben **döl yolu** *s* Scheide *f*
dömifinal <-i> *s* SPORT (*yarı final*) Halbfinale *nt*
dömisek *adj* (*şarapta*) halbtrocken
dön *vi Imperativ von* **dönmek**
döndürme *s Verbalsubstantiv zu* **döndürmek**
döndürmek *vt* ❶ *Kausativ zu* **dönmek** ❷ (*çevirmek*) (um)drehen; **başını ~** den Kopf drehen; **dolap ~** (*fig*) ein Ding drehen ❸ **gözlerini ~** die Augen verdrehen
döneç <-ci> *s* PHYS, ELEK (*duruk karşıtı*) Läufer *m;* (*rotor*) Rotor *m*
dönek I. *s* <-ği> ❶ Renegat *m,* Abtrünnige(r) *f(m)* ❷ Wendehals *m* **II.** *adj* ❶ abtrünnig ❷ wankelmütig; (*sözüne güvenilmeyen*) unzuverlässig
döneklik <-ği> *s ohne pl* Wankelmut *m,* Wankelmütigkeit *f*
dönel *adj* rotierend, Rotations- **dönel akışmazlıkölçer** *s* Rotations-Viskosimeter *nt* **dönel piston** *s* TECH, AUTO Kreiskolben *m*
dönem *s* ❶ (*yasama ~i*) Periode *f,* Zeitraum *m* ❷ (*yaz ~i, kış ~i*) Zeit *f* ❸ SPORT (*raunt*) Runde *f* **dönem analizi** *s* WIRTSCH, FIN Periodenanalyse *f*
dönemeç <-ci> *s* ❶ Biegung *f;* (*viraj*) Kurve *f* ❷ Wende *f;* (*aşama*) Stadium *nt*
dönemeçli *adj* kurvig, kurvenreich
dönemsel iş *s* Zeitarbeit *f*
dönence *s* ASTRON Wendekreis *m;* **Yengeç/Oğlak ~si** der Wendekreis des Krebses/Steinbocks
döner[1] *vi 3. Aorist von* **dönmek**
döner[2] *s* GASTR Döner *m*
döner kapı *s* Drehtür *f* **döner kavşak** <-ğı> *s* Kreisel *m,* Kreisverkehr *m* **döner kebap** <-bı> *s* GASTR Dönerkebab *m* **döner sahne** *s* THEAT Drehbühne *f* **döner sermaye** *s* WIRTSCH Umlaufkapital *nt*
döngel *s* REG (*muşmula*) Mispel *f* **döngel orucu** *s* Hungerfasten *nt*
dönme *s* ❶ *Verbalsubstantiv zu* **dönmek** ❷ Drehung *f,* Rotation *f* **dönme dolap** <-bı> *s* Riesenrad *m;* **dönme dolaba binmek** (mit dem) Riesenrad fahren **dönme ekseni** *s* Drehachse *f*
dönmek <-er> *vi* ❶ (*geri gelmek/gitmek*) zurückkehren; **normale ~** zur Normalität zurückkehren; **yarı yoldan ~** auf halbem Weg umkehren; **döndü mü?** ist er zurück? ❷ sich drehen, rotieren; **başım dönüyor** mir dreht sich alles im Kopf, mir ist schwindelig; **kendi ekseni etrafında ~** sich um die eigene Achse drehen ❸ (*rüzgâr*) drehen ❹ (*sapmak*) abbiegen; **köşeyi** [*o* **köşeden**] **~** um die Ecke biegen; **sağa/sola ~** (nach) rechts/links abbiegen; **sola ~ yasaktır!** links abbiegen verboten! ❺ sich wenden; **şansı döndü** (*fig*) für ihn hat sich das Blatt gewendet ❻ sich zuwenden (**-e**); **birine ~** sich jdm zuwenden ❼ werden (**-e** zu), sich verwandeln (**-e** in) ❽ (*sınıfta kalmak*) sitzen bleiben, durchfallen ❾ (*geri ~*) zurücktreten (**-den** von)
dönme şeridi *s* AUTO Abbiegespur *f*
dönüm *s* ❶ (*alan ölçüsü*) Dekar *nt* ❷ (*gün ~ü*) Wende *f;* **yıl ~ü** Jahrestag *m* ❸ Gang *m* ❹ Umschwung *m*
dönüm noktası *s* Wendepunkt *m*
dönüş *s* ❶ Rückkehr *f* ❷ AUTO Abbiegen *nt* ❸ SPORT Drehung *f* ❹ TECH (*devir*) Umdrehung *f*
dönüşlü *adj* LING reflexiv, rückbezüglich **dönüşlü fiil** *s* LING Reflexivverb *nt* **dönüşlü zamir** *s* LING Reflexivpronomen *nt*
dönüşme *s Verbalsubstantiv zu* **dönüşmek**
dönüşmek *vi* sich verwandeln (**-e** in); **oturma odanız konser salonuna dönüşecek** ihr Wohnzimmer wird sich in ein Konzertsaal verwandeln
dönüştürme *s Verbalsubstantiv zu* **dönüştürmek**
dönüştürmek *vt* verwandeln, umwandeln, transformieren; **mekanik enerjiyi elektriğe ~** mechanische Energie in Elektrizität umwandeln
dönüştürücü *s* PHYS (*transformatör*) Transformator *m,* Trafo *m*
dönüşüm *s* Umgestaltung *f;* (*transformasyon*) Transformation *f*
dönüşümlü *adv* (*değişerek*) abwechselnd; (*sıra ile*) der Reihe nach
döpiyes *s* Deuxpièces *nt*
dörder *adj* je vier; **size ~ tane veriyorum** ich gebe euch je vier Stück **dörder dörder** *adv* **~ diz(il)mek** (sich) in Viererreihen aufstellen
dördül *s* ❶ (*kare*) Quadrat *nt* ❷ LIT (*rubaî*) Vierzeiler *m*
dördün *s* ASTRON **ilk/son ~** zunehmender/abnehmender Mond
dördüncü *adj* vierte(r, s); *s. a.* **altmışıncı**
dördüncüsü *adv* (*sayarken*) viertens; *s. a.* **altıncısı**
dördüz *s* Vierlinge *pl*
dördüzleme *s* LIT Tetralogie *f*
dört I. *s* <-dü> Vier *f* **II.** *adj* vier; **~ gözle beklemek** [*o* **bakmak**] sehnsüchtig erwarten; **iki, iki daha ~ eder** zwei und

zwei ist vier **III.** *adv* (*fig*) **gözlerini ~ açmak** die Augen aufreißen; **gözünü ~ açmak** gut aufpassen, wachsam sein **dört ayak I.** *s* <-ğı> Vierbeiner *m* **II.** *adv* auf allen vieren **dört bucak** <-ğı> *s* **~tan** überallher; **dünyanın dört bucağından** aus aller Herren Länder **dört buçuk** <-ğu> *adj* ❶ viereinhalb; **~ litre/kilometre** viereinhalb Liter/Kilometer; **~ saat önce/sonra** viereinhalb Stunden vorher/nachher ❷ (*saati bildirirken*) halb fünf; **~ta** um halb fünf; **saat ~** es ist halb fünf; **dört buçuğa on (dakika) kala** um zehn (Minuten) vor halb fünf; **dört buçuğa on (dakika) var** es ist zehn (Minuten) vor halb fünf; **dört buçuğu on (dakika) geçe** um zehn (Minuten) nach halb fünf; **dört buçuğu on (dakika) geçiyor** es ist zehn (Minuten) nach halb fünf

dörtcihar *s* Viererpasch *m*

dört çifte *s* SPORT (*kürekte*) Doppelvierer *m* **dört dörtlük I.** *s* <-ğü> MUS Viervierteltakt *m* **II.** *adj* (*fig fam: mükemmel*) perfekt; (*kusursuz*) makellos; (*insan*) patent; **bu öyle ~ bir çözüm yolu değil** (*fam*) das ist nicht das Gelbe vom Ei **dört dörtlük çözüm** *s* Patentlösung *f* **dört dörtlük ölçü** *s* MUS Vierverteltakt *m*

dörtgen I. *s* MATH Viereck *nt* **II.** *adj* viereckig

dört göz *s* ❶ (*fam*) Brillenträger(in) *m(f)*; (*pej*) Brillenschlange *f* ❷ **bir şeyi ~le beklemek** sehnsüchtig auf etwas warten **dört katlı** *adj* vierstöckig

dörtkenar *s* MATH (*dörtgen*) Viereck *nt*

dört köşe *adj* viereckig, quadratisch; **zevkten ~ olmak** quietschvergnügt sein

dörtleme *s Verbalsubstantiv zu* **dörtlemek**

dörtlemek *vt* ❶ vervierfachen ❷ AUTO (*fam*) in den Vierten schalten

dörtlü I. *s* ❶ (*iskambil kâğıdı*) Vier *f*; (*zarda*) Vierer *m*; **~ atmak** einen Vierer werfen; **~yü çıkmak** die Vier ausspielen ❷ MUS (*kuartet*) Quartett *nt* **II.** *adj* (*dört parçalı*) vierteilig; (*priz*) vierfach

dörtlük <-ğü> *s* MUS Viertelnote *f*

dört nal *s* Galopp *m*; **~ koşmak** galoppieren **dört nala** *adv* im Galopp; **~ kalkmak** galoppieren; **binici son engele ~ girdi** der Reiter ging das letzte Hindernis im Galopp an **dört şeritli** *adj* vierspurig

dörtte üç oy çokluğu *s* Dreiviertelmehrheit *f*

dört yapraklı *adj* vierblättrig; **~ yonca** ein vierblättriges Kleeblatt **dört yıldızlı otel** *s* Viersternehotel *nt* **dört zamanlı motor** *s* AUTO Viertaktmotor *m*

döşek <-ği> *s* Bett *nt*; **yorgan ~ yatmak** (*fam: hasta olmak*) flachliegen, das Bett hüten müssen

döşeli *adj* eingerichtet; **basit, fakat rahat ~ bir oda** ein einfach, aber gemütlich eingerichtetes Zimmer

döşem *s s.* **tesisat** Anlage *f*, Einrichtung *f*; **elektrik ~i** elektrische Anlage

döşemci *s s.* **tesisatçı** Installateur(in) *m(f)*

döşeme *s* ❶ *Verbalsubstantiv zu* **döşemek** ❷ (*mefruşat*) Einrichtung *f* ❸ Polster *nt* ❹ (*mozaik ~, parke ~*) Fußboden *m*

döşemeci *s* Polsterer *m*

döşemek *vt* ❶ (*ev, oda*) einrichten; (*kalorifer*) installieren, einbauen ❷ (*halı, parke*) auslegen (**-e, -le** mit); (*kablo*) verlegen; **odaya halı ~** den Raum mit Teppich auslegen; **odayı parke ile ~** den Raum mit Parkett auslegen ❸ (*taşla*) pflastern; **parke taşı ile ~** mit Kopfsteinpflaster belegen ❹ **çatıya kiremit ~** das Dach mit Ziegeln decken

döşemeli *adj* eingerichtet

döşenme *s* ❶ *Verbalsubstantiv zu* **döşenmek** ❷ Installation *f*

döşenmek *vi pass von* **döşemek**

döşenmiş *adj* ❶ (*ev, oda*) eingerichtet ❷ (*boru, kablo*) verlegt

döşetmek *vt Kausativ zu* **döşemek**

döşeyici *s s.* **tesisatçı** Installateur(in) *m(f)*

döşovo *s* AUTO (*fam*) Ente *f*

döteryum *s ohne pl* CHEM Deuterium *nt*

döver *vt 3. Aorist von* **dövmek**

döviz *s* ❶ (*ödeme aracı*) Devisen *pl* ❷ (*yabancı ülke parası*) (ausländische) Währung *f* ❸ Spruchband *nt* **döviz kıtlığı** *s ohne pl* Devisenknappheit *f* **döviz kuru** *s* Devisenkurs *m* **döviz piyasası** *s* Devisenmarkt *m*

dövme I. *s* ❶ *Verbalsubstantiv zu* **dövmek** ❷ Tätowierung *f*; **~ yapmak** tätowieren; **~ yaptırmak** sich tätowieren lassen **II.** *adj* ❶ (*dövülerek yapılan*) geschlagen ❷ (*demir*) geschmiedet

dövmeci *s* ❶ Schmied *m* ❷ (*vücuda dövme yapan*) Tätowierer *m*

dövmek <-er> *vt* ❶ schlagen, prügeln, verprügeln ❷ (*halı*) klopfen ❸ (*çırpmak*) schlagen; **yumurtanın akını ~** das Eiweiß schlagen ❹ (*madene vurarak biçim vermek*) schmieden; **demir tavında dövülür** (*prov*) man muss das Eisen schmieden, solange es heiß ist ❺ AGR (*harman*) dreschen

dövmeli *adj* tätowiert

dövülgen *adj* schmiedbar

dövülgenlik <-ği> *s ohne pl* Schmiedbarkeit *f*

dövülme *s Verbalsubstantiv zu* **dövülmek**

dövülmek *vi pass von* **dövmek**

dövüş *s* ❶ Schlägerei *f*, Prügelei *f* ❷ (*horoz ~ü*) Kampf *m*

dövüşçü *s* Schläger *m*, Raufbold *m* **dövüşçü horoz** *s* Kampfhahn *m*

dövüşme *s* ❶ *Verbalsubstantiv zu* **dövüşmek** ❷ Schlägerei *f*, Prügelei *f* ❸ Kampf *m*

dövüşmek *vi* ❶ sich schlagen, sich prügeln ❷ kämpfen; **kıyasıya ~** sich bis aufs Blut bekämpfen; **teke tek ~** Mann gegen Mann kämpfen

dövüş sporu *s* Kampfsport *m*

Dr. *s Abk von* **doktor** Dr.

dragoman *s* Dolmetscher *m*

dragon *s* ❶ (*ejderha*) Drache *m* ❷ HIST Dragoner *m*

drahmi *s* FIN Drachme *f*

drahoma *s* Mitgift *nt*

draje *s* ❶ Dragee *nt*, Dragée *nt* ❷ Drops *m*

dram *s* Drama *nt*

dramatik *adj* dramatisch

dramatize etmek *vt* (*a. fig*) dramatisieren

dramaturg *s a.* THEAT Dramaturg(in) *m(f)*

drenaj *s* ❶ (*akaçlama*) Entwässerung *f*, Trockenlegung *f* ❷ MED Entwässerung *f*

dripling *s* SPORT Dribbling *nt*

dua *s* Gebet *nt*; **~ etmek** beten (**-e** zu, **için** für, **için** um); **duası tuttu** sein Gebet wurde erhört **dua kitabı** *s* Gebetbuch *nt*

duba *s* NAUT Boje *f*

dubara *s* (*tavlada*) Zweierpasch *m*

dublaj *s* FILM Synchronisierung *f*

dublajcı *s* FILM Synchronsprecher(in) *m(f)*

dubleks *adj* (*çift katlı*) zweistöckig

dublör *s* FILM Double *nt*; **~ olmak** doubeln

dudak <-ğı> *s* Lippe *f*; **~ bükmek** den Mund verziehen; **~ sarkıtmak** einen Schmollmund machen [*o* ziehen] **dudak boyası** *s* Lippenstift *m* **dudak kalemi** *s* Lippenkonturenstift *m* **dudak yarığı** *s s.* **tavşan dudağı** Hasenscharte *f*

duhuliye *s* (*giriş*) Eintritt *m*, Einlass *m*; (*giriş ücreti*) Eintrittsgeld *nt*, Eintrittspreis *m* **duhuliye kartı** *s s.* **giriş kartı** Eintrittskarte *f*, Einlasskarte *f*

dulaptal otu *s* BOT Seidelbast *m* **dulaptal otugiller** *pl* BOT Seidelbastgewächse *pl*

dulavrat otu *s* BOT Klette *f*

duman *s* Rauch *m*, Qualm *m*; **~ çıkarmak** qualmen; **ateş olmayan yerden ~ çıkmaz** (*prov*) kein Rauch ohne Flamme; **ümitleri ~ oldu** (*fig*) seine Hoffnungen sind in Rauch aufgegangen

dumanlanma *s Verbalsubstantiv zu* **dumanlanmak**

dumanlanmak *vi* rauchen; **öğrenmekten kafam dumanlandı** (*fig fam*) mir raucht der Kopf vom vielen Lernen

dumanlı *adj* rauchig; **kafası ~** (*fam*) benebelt

dumansız *adj* rauchlos

dumdum *s* Dumdum *nt*; (*domdom kurşunu*) Dumdumgeschoss *nt*

dum duma *adv* **kim kime ~** als keiner sich um den anderen kümmerte; (*çok karışık bir durumda*) in einem heillosen Durcheinander [*o* Wirrwarr]

dumur *s* MED, BIOL (*körelme*) Verkümmerung *f*, Rückbildung *f*; **~a uğramak** verkümmern

duo *s* MUS (*ikili*) Duo *nt*

dupduru *adj* glasklar

dur *vi Imperativ von* **durmak**: **~!** halt!

duracak yer *s* Stehplatz *m*

duraç <-cı> *s* REG (*taban, kaide*) Sockel *m*

durağan *adj* ❶ ruhend, stationär; (*hareketsiz*) unbeweglich ❷ (*yerini değiştirmeyen*) feststehend; (*sabit*) fix ❸ WIRTSCH (*enflasyon*) anhaltend **durağan yıldız** *s* ASTRON Fixstern *m*

durak <-ğı> *s* Haltestelle *f*

duraklama *s Verbalsubstantiv zu* **duraklamak**

duraklamak *vi* ❶ (kurz) anhalten [*o* stoppen], (kurz) stehen bleiben; **kapının önünde durakladı** er blieb kurz vor der Tür stehen ❷ (*fig: duraksamak*) zögern; (*bir süre ses çıkarmamak*) (kurz) innehalten, stutzen

duraklatmak *vt* ❶ *Kausativ zu* **duraklamak** ❷ (kurz) anhalten [*o* stoppen]

duraksama *s Verbalsubstantiv zu* **duraksamak**

duraksamak *vi* zögern, schwanken

duraksamalı *adj* zögerlich

durdurma *s Verbalsubstantiv zu* **durdurmak**

durdurmak *vt* anhalten; (*gelişmeyi*) aufhalten

durdurulma *s Verbalsubstantiv zu* **durdurulmak**

durdurulmak *vi pass von* **durdurmak**: **iki oto polis tarafından durduruldu** zwei Autos wurden von der Polizei angehalten

durendiş *adj s.* **öngörülü** weitblickend

durgu *s* ❶ REG (*sekte*) Stillstand *m* ❷ MUS Pause *f*

durgun *adj* ❶ (*sakin*) still, ruhig ❷ WIRTSCH stagnierend; (*piyasa*) flau

durgunlaşma *s* ❶ *Verbalsubstantiv zu* **durgunlaşmak** ❷ Stagnierung *f*

durgunlaşmak *vi* stagnieren

durgunluk <-ğu> *s* ❶ Stille *f* ❷ WIRTSCH Stagnation *f*, Stillstand *m*; (*piyasada*) Flaute *f*

durgun şişkinlik <-ği> *s* WIRTSCH (*stagflasyon*) Stagflation *f*
durma *s* ❶ *Verbalsubstantiv zu* **durmak** ❷ (*kalbin ~sı*) Stillstand *m* **durma çizgisi** *s* AUTO Haltelinie *f*
durmak <-ur> *vi* ❶ stehen, sich halten; **dik ~** gerade stehen, sich gerade halten ❷ anhalten, stoppen, stehen bleiben; **saat sekizi on geçe durdu** die Uhr blieb um zehn nach acht stehen ❸ (*bir yerde bir süre oyalanmak*) Halt machen ❹ (*kalmak*) bleiben ❺ (*yağmur*) aufhören ❻ aussetzen; **nabzı durdu** sein Puls hat ausgesetzt, sein Puls setzte aus ❼ (*yakışmak*) **ceket üzerinde güzel durmuyor** angezogen sieht die Jacke nicht schön aus
durma yasağı *s* AUTO Halteverbot *nt*
duromer plastik <-ği> *s* Duroplast *nt*
duruk **I.** *adj* <-ğu> (*statik*) statisch **II.** *s* <-ğu> PHYS, ELEK (*döneç karşıtı*) Ständer *nt;* (*stator*) Stator *m*
durulma *s Verbalsubstantiv zu* **durulmak**
durulmak *vi* sich abklären
durultma *s* ❶ *Verbalsubstantiv zu* **durultmak** ❷ Abklärung *f*
durultmak *vt* abklären
durum *s* ❶ Situation *f;* (*hava ~u*) Lage *f;* **içinden çıkılmaz bir ~** eine ausweglose Lage ❷ (*sağlık ~u*) Zustand *m;* **~u düzeldi** sein Zustand hat sich gebessert; **acınacak ~da bulunmak** sich in einem bedauernswerten Zustand befinden ❸ Fall *m;* **bu ~da** in diesem Fall; **~dan ~a** von Fall zu Fall ❹ LING (*bir kelimenin anlamında*) Beschaffenheit *f;* **nankör olma ~u** undankbare Beschaffenheit **durum eki** *s* LING Fallendung *f*
duruş *s* Haltung *f,* Körperhaltung *f*
duruşma *s* JUR Verhandlung *f,* Hauptverhandlung *f;* (*oturum*) Sitzung *f;* **açık/gizli ~** öffentliche/nicht öffentliche Verhandlung **duruşma salonu** *s* JUR Sitzungssaal *m*
duş *s* Dusche *f,* Brause *f;* (*el ~u*) Brause *f;* **~ yapmak** duschen, eine Dusche nehmen; **soğuk ~ etkisi** (**yapmak**) (*fig*) eine kalte Dusche (sein); **~un altına girmek** unter die Dusche gehen **duş kabini** *s* Duschkabine *f* **duş teknesi** *s* Duschwanne *f,* Duschtasse *f*
dut *s* ❶ BOT (*cins: Morus*) Maulbeerbaum *m;* **kara ~** (*Morus nigra*) Schwarzer Maulbeerbaum ❷ (*meyvesi*) Maulbeere *f* ❸ (*fig fam*) **~ gibi** (*çok sarhoş*) er ist blau wie ein Veilchen
dutgiller *pl* BOT (*familya: Muraceae*) Maulbeergewächse *pl*
dutluk <-ğu> *s* Maulbeergarten *m*
duvak <-ğı> *s* Brautschleier *m*
duvar *s* Wand *f;* (*kale ~ı, ses ~ı*) Mauer *f;* **~ çekmek** eine Wand [*o* Mauer] hochziehen
duvarcı *s* Maurer(in) *m(f)*
duvarcılık <-ğı> *s ohne pl* Maurerhandwerk *nt*
duvarcı ustası *s* Maurermeister(in) *m(f)*
duvar gazetesi *s* Wandzeitung *f* **duvar halısı** *s* Wandteppich *m* **duvar haritası** *s* Wandkarte *f* **duvar kâğıdı** *s* Tapete *f;* (*düz ~ı*) Raufasertapete *f* **duvar kaplaması** *s* Wandverkleidung *f* **duvar resmi** *s* Wandgemälde *nt* **duvar saati** *s* Wanduhr *f* **duvar sarmaşığı** *s* BOT Efeu *m* **duvar sedefi** *s* BOT (*dalak otu*) Gamander *m* **duvar takvimi** *s* Wandkalender *m* **duvar taşı** *s* Mauerstein *m*
duy **I.** *Imperativ von* **duymak** **II.** *s* ELEK Fassung *f*
duyar **I.** *vt 3. Aorist von* **duymak** **II.** *adj* ❶ (*hassas*) sensibel, empfindsam ❷ empfindlich
duyarga *s* ZOOL Fühler *m,* Antenne *f*
duyarlı *adj* ❶ einfühlsam ❷ empfindlich (**karşı** gegen) ❸ (*hassas*) sensibel, empfindsam
duyarlık <-ğı> *s ohne pl* ❶ Einfühlungsvermögen *nt* ❷ Sensibilität *f,* Empfindlichkeit *f* ❸ FOTO Lichtempfindlichkeit *f*
duyarlıklı *adj* ❶ einfühlsam ❷ empfindlich
duyarlılık <-ğı> *s ohne pl s.* **duyarlık**
duyarsız *adj* ❶ uneinfühlsam ❷ unempfindlich (**karşı** gegen) ❸ unsensibel, unempfindsam ❹ gleichgültig
duyarsızlık <-ğı> *s ohne pl* Gleichgültigkeit *f*
duygu *s* Gefühl *nt;* (*duyu*) Sinn *m;* **altıncı ~** der sechste Sinn
duygudaş **I.** *s* (*sempatizan*) Sympathisant(in) *m(f)* **II.** *adj* ❶ (*aynı duyguları paylaşan*) mitfühlend ❷ (*bir görüşü, akımı tutan*) gleichgesinnt
duygudaşlık <-ğı> *s ohne pl* ❶ (*aynı duyguları paylaşma*) Mitgefühl *nt;* (*empati*) Empathie *f* ❷ PSYCH (*sempati*) Sympathie *f*
duygulanım *s* Affekt *m*
duygulu *adj* feinfühlig; (*içli*) gefühlvoll, rührselig
duygululuk <-ğu> *s ohne pl* ❶ Feingefühl *nt,* Feinfühligkeit *f* ❷ Rührseligkeit *f*
duygu patlaması *s* Gefühlsausbruch *m*
duygusal *adj* emotional; **~ davranmak** im Affekt handeln **duygusal davranma** *s* Affekthandlung *f*
duygusuz *adj* gefühllos
duygusuzluk <-ğu> *s ohne pl* Gefühllosigkeit *f*

duygu yanılması *s* Sinnestäuschung *f*
duyma *s Verbalsubstantiv zu* **duymak**
duymak <-ar> *vt* ❶ (*işitmek*) hören; **ne dediğinizi duyamadım** ich habe Sie akustisch nicht verstanden ❷ (*haber almak*) hören, erfahren ❸ (*fig: sezmek*) merken, spüren ❹ (*keder, utanç*) empfinden; (*güvensizlik*) hegen; **acı/ferahlık/pişmanlık ~** Schmerz/Erleichterung/Reue empfinden
duymazlık <-ğı> *s ohne pl* Taubheit *f*; **~tan gelmek** sich taub stellen
duyu *s* Sinn *m*
duyulma *s Verbalsubstantiv zu* **duyulmak**
duyulmak *vi pass von* **duymak**
duyulmamış *adj* unerhört; **~ bir küstahlık** (*fam*) eine bodenlose Frechheit
duyulur *adj* hörbar, wahrnehmbar; **~ duyulmaz** (*ancak işitilebilen*) kaum hörbar; (*öğrenilir öğrenilmez*) kaum erfahren
duyum *s* (*sansüalizm*) Gefühl *nt*, Empfindung *f*
duyumculuk <-ğu> *s ohne pl* PSYCH (*sansüalizm*) Sensualismus *m*
duyum eşiği *s* PSYCH Reizschwelle *f*
duyum ikiliği *s* PSYCH (*sinestezi*) Synästhesie *f*
duyumsamaz *adj* apathisch
duyumsamazlık <-ğı> *s ohne pl* Apathie *f*
duyum yitimi *s* MED (*anestezi*) Anästhesie *f*
duyuru *s* Bekanntmachung *f*; (*suç ~su*) Anzeige *f*
duyu yanılması *s* Sinnestäuschung *f*
Dübbüasgar *s s.* **Küçükayı** ASTRON der Kleine Bär **Dübbüekber** *s s.* **Büyükayı** ASTRON der Große Bär
dübel *s* Dübel *m*
dübeş *s* Fünferpasch *m*
düdük <-ğü> *s* ❶ Pfeife *f* ❷ AUTO (*korna*) Hupe *f*; (*canavar düdüğü*) Horn *nt* ❸ (*pej fam*) Döskopf *m*
düdüklü tencere *s* Dampfkochtopf *m*
düello *s* Duell *nt*, Zweikampf *m*; **~ etmek** sich duellieren; **birini ~ya davet etmek** jdn zum Duell fordern
düet *s* MUS Duett *nt*
düğme *s* ❶ Knopf *m*; **bir şeyin ~sini açmak** [*o* **çözmek**] etw abknöpfen [*o* aufknöpfen]; **~ye basmak** auf den Knopf drücken ❷ Druckknopf *m* ❸ (*ışıklar için*) Lichtschalter *m*; **~yi çevirmek** den Schalter drehen
düğmeleme *s Verbalsubstantiv zu* **düğmelemek**
düğmelemek *vt* ❶ knöpfen; **muflonu pardösüye ~** das Futter in den Mantel knöpfen ❷ (*ceketini*) zuknöpfen
düğmeli *adj* zugeknöpft **düğmeli yaka** *s* Button-down-Kragen *m*
düğüm *s* Knoten *m*
düğümleme *s Verbalsubstantiv zu* **düğümlemek**
düğümlemek *vt* (zu)knoten, verknoten
düğümlenme *s* ❶ *Verbalsubstantiv zu* **düğümlenmek** ❷ ANAT (*boğum*) Knoten *m*
düğümlenmek *vi* sich verknoten; **boğazım düğümlenmiş gibiydi** (*fig*) mir war die Kehle wie zugeschnürt; **sözü boğazında düğümlendi** das Wort blieb ihm im Hals(e) stecken
düğüm noktası *s* Knotenpunkt *m*
düğün *s* Hochzeit *f*; **~ bayram etmek** frohlocken, jubeln **düğün alayı** *s* Hochzeitszug *m* **düğün armağanı** *s* Hochzeitsgeschenk *nt* **düğün çiçeği** *s* BOT Butterblume *f*, Hahnenfuß *m* **düğün çiçeğigiller** *pl* BOT (*familya: Ranunculaceae*) Hahnenfußgewächse *pl* **düğün çorbası** *s* Hochzeitssuppe *f* **düğün dernek** <-ği> *s* Hochzeitsfeier *f* **düğün gecesi** *s* Hochzeitsnacht *f* **düğün salonu** *s* Hochzeitssaal *m*
dük *s* Herzog *m*
dükkân *s* Laden *m*, Geschäft *nt*; **~ açık mı?** hat das Geschäft auf?; **~lar saat dokuzda açılır** die Geschäfte machen um neun Uhr auf **dükkân tezgâhı** *s* Ladentheke *f*, Ladentisch *m*
düklük <-ğü> *s* Herzogtum *nt*
dülger *s* Zimmermann *m* **dülger balığı** *s* ZOOL Heringskönig *m*, Martinsfisch *m*
dümdüz *adj* ❶ ganz gerade, schnurgerade ❷ geradeaus
dümen *s* ❶ NAUT, AERO Ruder *nt*, Steuerruder *nt* ❷ (*dalavere*) Schwindel *m*; **~ine bakmak** auf seinen Vorteil bedacht sein ❸ (*fig: yönetim*) Ruder *nt* **dümen bedeni** *s* NAUT Ruderschaft *f* **dümen boğazı** *s* NAUT Ruderhals *m*
dümenci *s* ❶ NAUT Steuermann *m* ❷ (*pej: dalavereci*) Schwindler *m*
dümen suyu *s* Kielwasser *nt*; **birinin ~ndan gitmek** in jds Kielwasser schwimmen **dümen yelpazesi** *s* NAUT Ruderblatt *nt*
dün *s* gestern; **~ akşam/sabah** gestern Abend/Morgen
dünkü *adj* gestrig
dünya *s* ❶ ASTRON Erde *f* ❷ Welt *f*; **~ âlem** (*fam*) alle Welt; **~ başına yıkıldı** (*fam*) eine Welt brach für ihn zusammen; **~dan elini eteğini çekmek** (*fig*) sich von der Welt zurückziehen [*o* abkehren]; **~nın öbür ucunda** am anderen Ende der Welt; **~nın yedi harikası** die sieben Weltwunder; **~yı tozpembe görmek** (*fig*) die Welt

D

durch eine rosarote Brille sehen; **bütün ~** (*fam*) die ganze Welt **dünya âlem** *s ohne pl* REG (*herkes*) ~ **oradaydı** alle waren dort **dünya barışı** *s ohne pl* Weltfrieden *m*
dünyaca tanınmış *adj* weltbekannt **dünyaca ünlü** *adj* weltberühmt
dünya çapında *adv* weltweit **dünya çapındaki** *adj* weltweit
D
dünyada *adv* um nichts in der Welt; (*hiçbir zaman*) niemals
dünya düzeni *s* Weltordnung *f*; **yeni ~** die neue Weltordnung
dünya ekonomisi *s ohne pl* Weltwirtschaft *f* **dünya evi** *s* Ehe *f*; **~ne girmek** (*evlenmek*) heiraten **dünya fuarı** *s* Weltausstellung *f* **dünya görüşü** *s* Weltanschauung *f* **dünya haritası** *s* Weltkarte *f*
Dünya Kadınlar Günü *s ohne pl* Weltfrauentag *m* **Dünya Kupası** *s* SPORT Worldcup *m* **Dünya Kültür Mirası** *s ohne pl* Weltkulturerbe *nt*
dünyalı *s* Erdbewohner(in) *m(f)*
dünya penceresi *s* (*fig: göz*) Auge *nt* **dünya tarihi** *s ohne pl* Weltgeschichte *f* **dünya vatandaşı** *s* Weltbürger(in) *m(f)*
dünyevî *adj* weltlich; **~ ve uhrevî prensler** HIST weltliche und geistliche Fürsten
düpedüz *adv* glatt, regelrecht; **bu ~ imkânsız** das ist einfach unmöglich; **bu ~ yalandır** das ist eine glatte Lüge, das ist glatt gelogen
dürbün *s* ❶ Fernglas *nt* ❷ (*tüfekte*) Zielfernrohr *nt*; **~lü tüfek** Gewehr mit Zielfernrohr
dürme *s Verbalsubstantiv zu* **dürmek**
dürmece *s* ZOOL Springwurm *m*
dürmek *vt* zusammenrollen; **kâğıdı/halıyı ~** das Papier/den Teppich zusammenrollen
dürtme *s Verbalsubstantiv zu* **dürtmek**
dürtmek <-er> *vt* ❶ (an)stoßen ❷ (*fig*) schubsen ❸ (*fig: tahrik etmek*) aufstacheln, aufreizen ❹ (*fig: ikaz etmek*) warnen ❺ (*dokunmak*) berühren
dürtü *s* ❶ PSYCH Trieb *m* ❷ Antrieb *m*; **içinden gelen ~ye uyarak** aus innerem Antrieb heraus; **içinden gelen bir ~ye uymak** einem inneren Antrieb folgen
dürtücü kılıç <-cı> *s* SPORT Stoßdegen *m*
dürtükleme *s Verbalsubstantiv zu* **dürtüklemek**
dürtüklemek *vt* ❶ rütteln ❷ (*fig: kışkırtmak*) aufreizen, aufhetzen
dürtüşleme *s Verbalsubstantiv zu* **dürtüşlemek**
dürtüşlemek *vt* rütteln; **birini dürtüşleyerek uyandırmak** jdn wachrütteln
dürü *s* REG ❶ Zusammengerollte(s) *nt* ❷ (*hediye*) Geschenk *nt* ❸ (*çeyiz*) Aussteuer *f*
dürüm *s* GASTR Rolle *f*
dürümleme *s Verbalsubstantiv zu* **dürümlemek**
dürümlemek *vt* zusammenrollen
dürüst *adj* ❶ aufrichtig; (*namuslu*) anständig, ehrlich ❷ (*fig: doğru*) korrekt
dürüstlük <-ğü> *s ohne pl* ❶ Aufrichtigkeit *f*; (*namusluluk*) Anständigkeit *f*, Ehrlichkeit *f* ❷ (*fig: doğruluk*) Korrektheit *f*; **siyasi ~** POL Political Correctness *f*
dürüst oyun *s* SPORT Fairplay *nt*
dürzü *s* (*vulg*) Schuft *m*, Arschloch *nt*
düse *s* (*tavlada*) Dreierpasch *m*
düstur *s* ❶ Kodex *m*; (*genel kural*) Leitsatz *m* ❷ Gesetzessammlung *f*
düş[1] *vi Imperativ von* **düşmek**
düş[2] *s* ❶ (*rüya*) Traum *m*; **~ görmek** träumen, Träume haben ❷ (*fig fam: hayal*) Traum *m*; (*imge*) Einbildung *f*; (*~ gücü*) Vorstellung *f*; **~ kurmak** träumen
düşçü *s* Träumer(in) *m(f)*
düşçülük <-ğü> *s* Träumerei *f*
düşer *vi 3. Aorist von* **düşmek**
düşes *s* Herzogin *f*
düşeş *s* ❶ (*tavlada*) Sechserpasch *m* ❷ (*fig fam*) Glückstreffer *m*
düşey *adj* senkrecht, vertikal
düşeyazma *s Verbalsubstantiv zu* **düşeyazmak**
düşeyazmak *vi* beinahe hinfallen
düşey çember *s* ASTRON Vertikalkreis *m* **düşey düzlem** *s* MATH Vertikalebene *f*
düş gücü *s ohne pl* (*hayal gücü*) Einbildungskraft *f*, Vorstellungskraft *f*, Vorstellungsvermögen *nt* **düş kırıklığı** *s* (*hayal kırıklığı*) Enttäuschung *f*; **~na uğramak** eine Enttäuschung erleben
düşkü *s* Freizeitbeschäftigung *f*; (*hobi*) Hobby *nt*
düşkün *adj* ❶ verfallen; (*müptela*) süchtig; **bir kimseye/şeye ~ olmak** jdm/einer Sache verfallen sein ❷ verarmt ❸ (*eski değer ve onurunu yitirmiş*) verkommen
düşkünler evi *s*, **düşkünler yurdu** *s* Obdachlosenheim *nt*
düşkünleşme *s* ❶ *Verbalsubstantiv zu* **düşkünleşmek** ❷ Verelendung *f* ❸ Verarmung *f*
düşkünleşmek *vi* ❶ verelenden ❷ verfallen ❸ verarmen
düşleme *s* ❶ *Verbalsubstantiv zu* **düşlemek** ❷ Vorstellung *f*
düşlemek *vt* **bir şeyi ~** sich etw vorstellen [*o* vergegenwärtigen]
düşman **I.** *s* Feind(in) *m(f)*; **birini kendine ~ etmek** sich jdn zum Feind

machen, jdn anfeinden **II.** *adj* feindlich; ~ **ordusu** das feindliche Heer **düşman bölgesi** *s* Feindesland *nt*

düşmanca *adv* feindlich, feindselig; ~ **bakışlar** feindselige Blicke

düşman eli *s ohne pl* Feindeshand *f;* ~ **ne düşmek** in Feindeshand fallen

düşmanlık <-ğı> *s* ❶ Feindlichkeit *f,* Feindseligkeit *f* ❷ (*ohne pl*) Feindschaft *f,* Feindseligkeit *f;* **aralarında ~ var** zwischen ihnen herrscht Feindschaft

düşme *s* ❶ *Verbalsubstantiv zu* **düşmek** ❷ Fall *m,* Sturz *m* (**-den** von/aus); (*uçak*) Absturz *m;* **attan/suya ~** ein Sturz vom Pferd/ins Wasser ❸ JUR (*sukut*) Einstellung *f;* **davanın ~si** Einstellung des Verfahrens ❹ LING Ausfall *m,* Wegfall *m;* **ses ~si** LING Ausfall eines Lautes; (*ön ses ~si*) Schwund *m* ❺ Abfall *m;* **basıncın ~si** Abfall des Druck(e)s **düşme hızı** *s* PHYS Fallgeschwindigkeit *f*

düşmek **I.** *vi* ❶ fallen; (*yere*) hinfallen, stürzen; **attan/merdivenden ~** vom Pferd/von der Leiter stürzen; **bir şeyin içine ~** in etw hineinfallen; **ayağı takılıp düştü** er ist gestolpert und hingefallen; **el için çukur** [*o* **kuyu**] **kazan, kendisi içine düşer** (*prov*) wer andern eine Grube gräbt, fällt selbst hinein ❷ (*tansiyon*) sinken; (*fam*) absacken; (*basınç*) abfallen; **bana ne kadar düşüyor?** wie viel fällt für mich ab? ❸ (*yanılgıya*) erliegen ❹ JUR (*haklar*) erlöschen ❺ (*acze*) geraten (**-e** in); (*rast gelmek*) geraten (**-e** an); **esir ~** in Gefangenschaft geraten; **birinin pençesine ~** (*fam*) in jds Fänge geraten; **tam adamına ~** bei jdm an den Falschen geraten ❻ verfallen (in); **fakir ~** in Armut verfallen ❼ LING ausfallen, wegfallen ❽ zufallen; **bu görev/ödev bana düştü** diese Pflicht/Aufgabe ist mir zugefallen ❾ (*uçak*) abstürzen; **uçak denize düştü** das Flugzeug stürzte ins Meer ab **II.** *vt* (*vergiden*) absetzen

düşük **I.** *s* (*ceninisakıt*) Fehlgeburt *f;* ~ **yapmak** eine Fehlgeburt haben **II.** *adj* ❶ (*aşağı sarkmış*) nach unten hängend ❷ (*faiz, fiyat, tansiyon*) niedrig ❸ (*iktidardan düşürülmüş*) gestürzt; (*iktidardan düşmüş*) ehemalig ❹ LING (*cümle*) schief, regelwidrig **düşük omuz** <-mzu> *s* Hängeschulter *f*

düşüm *s* Wegfall *m,* Schwund *m;* **ön ses ~ü** Wegfall des Anlauts

düşün[1] *Imperativ von* **düşünmek**

düşün[2] *s* Einfall *m;* (*ide*) Idee *f*

düşünce *s* ❶ Gedanke *m;* **birinin ~sini okumak** jds Gedanken lesen; **bu ~ benim uykumu kaçırdı** dieser Gedanke raubte mir den Schlaf ❷ (*görüş*) Meinung *f;* **bilimsel ~** eine wissenschaftliche Meinung **düşünce âlemi** *s* Gedankenwelt *f* **düşünce alış verişi** *s* (*fikir teatisi*) Gedankenaustausch *m,* Meinungsaustausch *m*

düşünceli *adj* ❶ **özgür ~** freidenkerisch, freigeistig ❷ (*fig: tasalı, kaygılı*) besorgt, bekümmert ❸ (*anlayışlı*) verständnisvoll

düşünce özgürlüğü *s ohne pl* Gedankenfreiheit *f,* Meinungsfreiheit *f*

düşüncesiz *adj* ❶ gedankenlos, leichtfertig ❷ (*fig: tasasız, kaygısız*) sorglos, unbekümmert ❸ (*anlayışsız*) verständnislos

düşüncesizce *adv* gedankenlos, leichtfertig; **parasını ~ harcamak** sein Geld leichtfertig ausgeben

düşündürme *s Verbalsubstantiv zu* **düşündürmek**

düşündürmek *vt* **birini ~** jdn bedenklich stimmen

düşündürücü *adj* bedenklich

düşünme *s ohne pl Verbalsubstantiv zu* **düşünmek** Denken *nt;* **mantıki/olumlu ~** logisches/positives Denken

düşünmeden *adv* ohne nachzudenken, unüberlegt

düşünmek *vt* ❶ (nach)denken, überlegen; **bir şeyi ~** an etw denken; **bunu düşünmem gerekiyor** ich muss darüber nachdenken; **şu anda ne düşünüyorsun?** was denkst du gerade?; **bir kimse/şey için düşünülmüş olmak** für jdn/etw gedacht sein; **düşünüp taşınmak** durchdenken, reiflich überlegen ❷ (*niyeti olmak*) gedenken; **yarın yola çıkmayı düşünüyorum** ich gedenke morgen abzureisen

düşünsel *adj* gedanklich

düşünülemez *adj* undenkbar

düşünür *s* Denker(in) *m(f)*

düşürme *s* ❶ *Verbalsubstantiv zu* **düşürmek** ❷ MED Abgang *m;* **böbrek taşı ~** Abgang von Nierensteinen

düşürmek *vt* ❶ *Kausativ zu* **düşmek** fallen lassen (**-den** aus); **çocuk ~** eine Fehlgeburt haben ❷ (*değer*) mindern ❸ (*ateş, tansiyon*) senken

düşüş *s* Fall *m,* Absturz *m*

düvel *pl s.* **devletler** Staaten *pl*

düyun *pl s.* **borçlar** Schulden *pl*

düz[1] *vt Imperativ von* **düzmek**

düz[2] *adj* ❶ flach; ~ **bir arazi** ein flaches Gelände ❷ (*doğru*) gerade; ~ **bir çizgi** eine gerade Linie

düz baskı *s ohne pl* TYPO Flachdruck *m,* Offsetdruck *m*

düzce *adj* ziemlich eben

düze *s* CHEM (*doz*) Dosis *f*
düzeç <-ci> *s* ❶ (*tesviye aleti*) Nivelliergerät *nt,* Nivellierinstrument *nt* ❷ (*kabarcıklı* ~) Libelle *f*
düzeçleme *s* Nivellement *nt*
düz ekran *s* INFORM, TV Flachbildschirm *m*
düzelme *s Verbalsubstantiv zu* **düzelmek**
düzelmek *vi* ❶ sich glätten ❷ sich verbessern; **durum düzeldi** die Lage hat sich verbessert ❸ (*hasta için*) sich erholen ❹ (*hava için*) sich bessern
düzelti *s* ❶ Korrektur *f,* Berichtigung *f* ❷ TYPO Korrigieren *nt,* Korrekturlesen *nt*
düzeltici *s* TYPO Korrektor(in) *m(f)* **düzeltici jimnastik** <-ği> *s ohne pl* Krankengymnastik *f,* Heilgymnastik *f*
düzeltme *s* ❶ *Verbalsubstantiv zu* **düzeltmek** ❷ Korrektur *f,* Berichtigung *f* **düzeltme işareti** *s* LING Zirkumflex *m*
düzeltmek *vt* ❶ berichtigen, korrigieren ❷ verbessern
düzeltmen *s* TYPO Korrektor(in) *m(f)*
düzeltme tuşu *s* Korrekturtaste *f*
düzem *s* CHEM (*dozaj*) Dosierung *f*
düzen *s* ❶ Ordnung *f,* System *nt;* **kamu ~i** die öffentliche Ordnung; **kurulu ~** die etablierte Ordnung ❷ ARCH Säulenordnung *f;* **Dor/İyon/Korent ~i** dorische/ionische/korinthische Säulenordnung ❸ Vorrichtung *f,* Einrichtung *f,* Anlage *f*
düzenbaz *s* Gauner *m*
düzenbazlık <-ğı> *s* Gaunerei *f*
düzenek <-ği> *s* Vorrichtung *f,* Mechanismus *m;* **teknik ~ler** technische Einrichtungen
düzenleme *s* ❶ *Verbalsubstantiv zu* **düzenlemek** ❷ Regelung *f,* Regulierung *f* ❸ Anordnung *f* ❹ MUS (*aranjman*) Arrangement *nt*
düzenlemek *vt* ❶ regeln, regulieren ❷ anordnen ❸ veranstalten ❹ **trafiği ~** den Verkehr regulieren ❺ (*vekâletname*) ausfertigen
düzenlenme *s Verbalsubstantiv zu* **düzenlenmek**
düzenlenmek *vi pass von* **düzenlemek**
düzenleyici *s* ❶ Veranstalter(in) *m(f);* (*organizatör*) Organisator(in) *m(f)* ❷ TECH (*regülatör*) Regulator *m*
düzenli *adj* ❶ regelmäßig ❷ ordentlich
düzensiz *adj* ❶ unregelmäßig ❷ unordentlich
düzer *vt 3. Aorist von* **düzmek**
düzey *s* ❶ (*su ~i*) Stand *m* ❷ Ebene *f;* **aynı ~de** auf gleicher Ebene ❸ (*fig*) Niveau *nt*
düzgü *s* (*norm*) Norm *f*
düzgün *adj* regelmäßig
düzgünlük <-ğü> *s ohne pl* Regelmäßigkeit *f;* **yüz hatlarının düzgünlüğü** die Regelmäßigkeit seiner [*o* ihrer] Gesichtszüge
düzgüsel *adj* normativ
düzine *s* Dutzend *nt;* **yarım ~** ein halbes Dutzend
düzinelerce *adv* dutzendweise; **~ kitap** dutzende von Büchern
düz kanatlılar *pl* ZOOL Geradflügler *pl*
düzlem *s a.* MATH Ebene *f;* **eğik ~** PHYS schiefe Ebene
düzleme *s Verbalsubstantiv zu* **düzlemek**
düzlemek *vt* ❶ abgleichen ❷ glätten, (ein)ebnen, nivellieren
düzlem geometri *s ohne pl* MATH Planimetrie *f*
düzleştirme *s* ❶ *Verbalsubstantiv zu* **düzleştirmek** ❷ Glättung *f*
düzleştirmek *vt* glätten, abplatten
düzme *s Verbalsubstantiv zu* **düzmek**
düzmek <-er> *vt* ❶ zusammenstellen ❷ (*düzene sokmak*) ordnen ❸ (*meydana getirmek*) zustande bringen, schaffen ❹ (*uydurmak*) fingieren, erdichten, sich ausdenken ❺ (*vulg*) flachlegen
düztaban *s* MED, ANAT Plattfuß *m*
düztabanlık <-ğı> *s ohne pl* Plattfüßigkeit *f*
düzülme *s Verbalsubstantiv zu* **düzülmek**
düzülmek *vi* ❶ *pass zu* **düzmek** ❷ **yola ~** sich auf den Weg machen, losgehen
düz yarış lastiği *s* SPORT, AUTO Slick *m* **düz yazı** *s ohne pl* LIT (*nesir*) Prosa *f*

E e

E, e [e] *s* E, e *nt* (*6. Buchstabe des türk. Alphabets*); **Edirne'nin ~'si** E wie Emil
e *interj* na; **~, başla bakalım** na, leg schon mal los
ebat <-dı> *pl* (*boyutlar*) Maße *pl*
ebe *s* Hebamme *f*
ebebulguru *s* Graupelschauer *m*
ebedî [ebedi:] *adj* ewig
ebedîleşme *s Verbalsubstantiv zu* **ebedîleşmek**
ebedîleşmek *vi* sich verewigen; (*ölümsüzleşmek*) unsterblich werden
ebedîleştirme *s Verbalsubstantiv zu* **ebedîleştirmek**
ebedîleştirmek *vt* verewigen
ebediyen *adv* ❶ ewig; (*sonsuzluğa kadar*) bis in alle Ewigkeit, für immer und ewig ❷ (*hiçbir zaman*) niemals
ebediyet *s* Ewigkeit *f;* **~e kadar** bis in alle Ewigkeit, für immer und ewig
ebegümeci *s* BOT Malve *f* **ebegümecigiller** *pl* BOT Malvengewächse *pl*
ebeveyn *s* Eltern *pl*
ebru *s* Marmorierung *f*
ebrulama *s Verbalsubstantiv zu* **ebrulamak**
ebrulamak *vt* KUNST marmorieren
ebrulu *adj* KUNST marmoriert
ecel *s* Tod *m;* **~iyle ölmek** eines natürlichen Todes sterben
ecir <-cri> *s* ❶ (*sevap*) gutes Werk; **~ sabır dilemek** sein Beileid aussprechen ❷ (*ücret*) Lohn *m* ❸ (*kimse*) Lohnarbeiter(in) *m(f)* ❹ (*işçi*) Arbeiter(in) *m(f)*
ecnebi *s* Ausländer(in) *m(f)*
ecri *s poss von* **ecir**
ecza *s* Arznei *f*
eczacı *s* Pharmazeut(in) *m(f);* (*eczahane sahibi*) Apotheker(in) *m(f)*
eczacılık <-ğı> *s ohne pl* Arzneikunde *f,* Pharmazie *f*
ecza dolabı *s* Arzneischränkchen *nt;* (*evde*) Hausapotheke *f*
eczahane *s* Apotheke *f*
eczane *s s.* **eczahane**
eda[1] *s* ❶ (*davranış*) Verhalten *nt,* Manier *f;* **aynı ~yla** in gleicher Manier ❷ (*tavır*) Haltung *f;* **alışık ~ ile** in gewohnter Haltung ❸ (*naz, işve*) Getue *nt*
eda[2] *s* ❶ Leistung *f;* (*yerine getirme*) Erfüllung *f;* **~ etmek** die Leistung erbringen ❷ REL Verrichtung *f;* **~ etmek** das Gebet verrichten
edat *s* LING (*ilgeç*) ❶ Partikel *f* ❷ Postposition *f*
edebi *s poss von* **edep**
edebî *adj* literarisch
edebiyat *s* ❶ (*yazın*) Literatur *f* ❷ (*fig: boş sözler*) Phrasen; **~ yapmak** Phrasen dreschen **edebiyat bilimi** *s* Literaturwissenschaft *f*
edebiyatçı *s* ❶ Literat(in) *m(f)* ❷ SCHULE Literaturlehrer(in) *m(f)*
edebiyat çığırı *s* Literaturepoche *f* **edebiyat dergisi** *s* Literaturzeitschrift *f*
edebiyat tarihi *s ohne pl* Literaturgeschichte *f* **edebiyat türü** *s* Literaturgattung *f*
edep <-bi> *s ohne pl* Anstand *m;* **~tir söylemesi** mit Verlaub
edepli *adj* anständig
edeplilik <-ği> *s ohne pl* Anständigkeit *f*
edepsiz *adj* unanständig
edepsizlik <-ği> *s ohne pl* Unanständigkeit *f*
edep yeri *s* Schamgegend *f*
eder *vi 3. Aorist von* **etmek**
edilgen *adj* LING passivisch
edilgenleştirme *s Verbalsubstantiv zu* **edilgenleştirmek**
edilgenleştirmek *vt* LING passivisch konstruieren
edilgenlik <-ği> *s* LING Passiv *m,* Passivform *f*
edilgin *adj* passiv
edilginlik <-ği> *s ohne pl* Passivität *f*
edilme *s Verbalsubstantiv zu* **edilmek**
edilmek *vi pass von* **etmek: ona yardım edildi** ihm ist geholfen worden; **onlarla münakaşa edildi** mit ihnen ist diskutiert worden
edim *s* ❶ Leistung *f* ❷ Tat *f* ❸ Entgelt *nt*
edinim *s* Erwerb *m*
edinme *s* ❶ *Verbalsubstantiv zu* **edinmek** ❷ Erwerb *m*
edinmek *vt* ❶ (*iktisap etmek*) erwerben, sich aneignen; **bilgi ~** Kenntnisse erwerben, sich Wissen aneignen; **kötü alışkanlıklar ~** sich schlechte Gewohnheiten aneignen ❷ (*kazanmak*) gewinnen; **dost ~** Freunde gewinnen
edinti *s* Erwerbung *f*
edip <-bi> *s* Literat(in) *m(f);* (*yazar*) Autor(in) *m(f)*
edisyon *s* Edition *f*
edit etmek *vt* INFORM editieren
editör *s* ❶ VERLAG Editor(in) *m(f)* ❷ INFORM Editor *m*

E

efe *s* ❶ (*yiğit*) Held *m* ❷ (*ağabey*) älterer Bruder ❸ (*kabadayı*) Recke *m* ❹ HIST (*kaptan*) Kapitän *m*
efekt *s* TV, FILM, INFORM Effekt *m*
efektif *s* FIN (*nakit para*) Bargeld *nt*
efemine *adj* weiblich; (*fam*) tuntig
efendi **I.** *s* ❶ Herr *m* ❷ **bey~** gnädiger Herr; **hanım~** gnädige Frau **II.** *interj* mein Herr
efendim *interj* ❶ (*buradayım*) **~!** hier (bin ich)! ❷ **~?** (wie) bitte? ❸ (*nezaketen*) **başüstüne, ~** jawohl, mein Herr; (*bayana*) jawohl, meine Dame; **haklısınız, ~** Sie haben Recht, mein Herr; (*bayana*) Sie haben Recht, meine Dame
Efes *s* HIST Ephesus *nt;* **~'in kalıntıları** die Ruinen [*o* Überreste] von Ephesus
Efesli *s* HIST Epheser(in) *m(f)*
efkâr[1] [efkãr] *pl s.* **fikirler** Meinungen *pl*
efkâr[2] [efkãr] *s* ❶ (*fam*) Kummer *m* ❷ (*kamuoyu*) öffentliche Meinung
efkârıumumiye *s s.* **kamuoyu** öffentliche Meinung
eflatun [eflã:tun] **I.** *s* Lila *nt* **II.** *adj* lila
Eflatun [eflã:tun] *s* HIST, PHILOS (*Platon*) Plato *m*
eflatuni [eflã:tu:ni:] **I.** *s* Lila *nt* **II.** *adj* ❶ (*eflatun*) lila ❷ (*platonik*) platonisch
efor *s* Anstrengung *f*
efriz *s* ARCH (*friz*) Fries *m*
efsane [efsa:ne] *s* Legende *f,* Sage *f;* **söylenegelmiş bir ~** eine mündlich überlieferte Sage
efsanevî *adj* legendär, sagenhaft **efsanevî yaratık** <-ğı> *s* Fabelwesen *nt*
efsun [efsu:n] *s ohne pl* (*büyü, sihir*) Zauber *m,* Magie *f*
efsunlama *s Verbalsubstantiv zu* **efsunlamak**
efsunlamak *vt s.* **büyülemek** verzaubern, verhexen
ege *s s.* **veli** Erziehungsberechtigte(r) *f(m)*
Ege **I.** *s* Ägäis *f* **II.** *adj* ägäisch; **~ Denizi** das Ägäische Meer
egemenlik <-ği> *s* Herrschaft *f,* Souveränität *f;* **~ milletindir** die Staatsgewalt geht vom Volk aus **egemenlik hakkı** *s* Hoheitsrecht *nt*
egoist **I.** *s* Egoist(in) *m(f)* **II.** *adj* egoistisch
egoistlik <-ği> *s ohne pl* Egoismus *m*
egoizm *s ohne pl* PHILOS Egoismus *m*
egosantrik **I.** *s* <-ği> Egozentriker(in) *m(f)* **II.** *adj* <-ği> egozentrisch
egosantrizm *s ohne pl* PHILOS (*beniçincilik*) Egozentrik *f*
egotizm *s ohne pl* Egotismus *m;* (*benlikçilik*) Eigenliebe *f*
egzama *s* MED (*mayasıl*) Ekzem *nt*
egzamalı *s* MED ekzematös
egzersiz *s* ❶ (*alıştırma*) Übung *f;* **~ yapmak** üben; **piyanoda ~ yapmak** auf dem Klavier üben ❷ SPORT (*idman*) Training *nt;* **~ yapmak** trainieren
egzistansiyalist *s* PHILOS (*varoluşçu*) Existenzialist(in) *m(f)*
egzistansiyalizm <-ğu> *s ohne pl* PHILOS (*varoluşçuluk*) Existenzialismus *m*
egzogami *s s.* **dış evlilik** Exogamie *f*
egzotik *adj* exotisch; (*yabancıl*) fremdländisch
egzoz *s* AUTO Auspuff *m* **egzoz borusu** *s* AUTO Auspuffrohr *nt* **egzoz düzeni** *s* TECH Auspuffanlage *f* **egzoz gazı** *s* AUTO Abgas *nt* **egzoz gazları** *pl* AUTO Auspuffgase *pl,* Autoabgase *pl* **egzoz katalizatörü** *s* AUTO Abgaskatalysator *m* **egzoz manifoltu** *s* AUTO Auspuffkrümmer *m* **egzoz sistemi** *s* TECH Auspuffanlage *f* **egzoz supabı** *s* AUTO Auslassventil *nt; s. a.* **emme supabı**
eğe[1] *s* ANAT (*kaburga*) Rippe *f*
eğe[2] *s* TECH Feile *f*
eğeleme *s Verbalsubstantiv zu* **eğelemek**
eğelemek *vt* feilen
eğer *konj* wenn, falls
eğik *adj* ❶ schief; **~ düzlem** PHYS schiefe Ebene ❷ TYPO (*italik*) kursiv **eğik yazı** *s* TYPO (*italik yazı*) Kursivschrift *f*
eğilim *s* Neigung *f,* Tendenz *f,* Hang *m;* **bir şeye ~i olmak** einen Hang zu etw haben
eğilme *s Verbalsubstantiv zu* **eğilmek**
eğilmek *vi* sich beugen, sich bücken; **bir şey için yere ~** sich nach etw zur Erde bücken
eğimölçer *s* Gefällemesser *m;* (*klinometre*) Klinometer *nt*
eğinti *s* TECH Feilspäne *pl*
eğirme *s* ❶ *Verbalsubstantiv zu* **eğirmek** ❷ Spinnerei *f*
eğirmek *vt* spinnen
eğirmen *s* Spindel *f*
eğitim *s* ❶ Erziehung *f;* **okul öncesi ~** vorschulische Erziehung ❷ (*okul ~i*) Bildung *f* ❸ (*meslek ~i*) Ausbildung *f;* **teknik ~** technische Ausbildung, die Berufsausbildung in einem technischen Zweig ❹ (*personel ~i*) Schulung *f* **eğitim düzeyi** *s* Bildungsniveau *nt*
eğitme *s Verbalsubstantiv zu* **eğitmek**
eğitmek *vt* ❶ (*insan*) erziehen; (*çırak*) ausbilden; (*elemanlar*) schulen ❷ (*hayvan*) dressieren
eğitmen *s* Ausbilder(in) *m(f)*
eğlence *s* Vergnügen *nt,* Unterhaltung *f*
eğlenceli *adj* unterhaltsam, lustig
eğlence parkı *s* Vergnügenspark *m*

eğlence semti *s* Vergnügungsviertel *nt*
eğlendirme *s* ❶ *Verbalsubstantiv zu* **eğlendirmek** ❷ Belustigung *f*
eğlendirmek *vt* amüsieren, unterhalten, belustigen
eğlenme *s* ❶ *Verbalsubstantiv zu* **eğlenmek** ❷ Vergnügen *nt,* Belustigung *f;* **~m için** zu meiner Belustigung
eğlenmek *vi* sich amüsieren, sich vergnügen; **şahane eğlendik** wir haben uns prächtig amüsiert
eğleşme *s* ❶ *Verbalsubstantiv zu* **eğleşmek** ❷ Aufenthalt *m*
eğleşmek *vi* sich aufhalten
eğme *s Verbalsubstantiv zu* **eğmek**
eğmek *vt* beugen; **başını ~** den Kopf beugen
eğrelti *s,* **eğrelti otu** *s* BOT Farn *m;* (*Dryopteris filix-mas*) Wurmfarn *m*
eğreti *adj* ❶ (*geçici*) behelfsmäßig, provisorisch, vorläufig, vorübergehend, Not-; **~ bir çözüm** eine provisorische Lösung; **~ düğüm** ein loser Knoten ❷ (*üstünkörü*) notdürftig ❸ (*takma*) künstlich **eğreti bacak** <-ğı> *s* Beinprothese *f* **eğreti çözüm** *s* Notlösung *f* **eğreti diş** *s* Prothese *f,* Zahnprothese *f* **eğreti konut** *s* Notunterkunft *f*
eğri I. *s a.* MATH (*uzay ~ si*) Kurve *f;* (*çizgi*) gekrümmte Linie **II.** *adj a.* MATH krumm
eğri bacaklı *adj* (*paytak*) krummbeinig
eğrice *s* REG (*sığır sineği*) Bremse *f*
eğri kılıç <-cı> *s* Krummschwert *nt*
eğrilik <-ği> *s a.* MATH Krümmung *f* **eğrilik çemberi** *s* MATH Krümmungskreis *m*
eğrilik yarıçapı *s* MATH Krümmungsradius *m*
eh [ex] *interj* ❶ na ja; (*olur*) na gut, na schön ❷ nun; **~, artık çok oluyorsun!** (*fam*) nun reicht's aber!
-e hâli *s* LING (*yönelme durumu*) Dativ *m,* Wemfall *m*
ehemmiyet *s ohne pl s.* **önem** Relevanz *f,* Wichtigkeit *f,* Belang *m,* Erheblichkeit *f*
ehemmiyetli *adj s.* **önemli** relevant, wichtig, erheblich
ehemmiyetsiz *adj s.* **önemsiz** irrelevant, unwichtig, belanglos, unbedeutend
ehlî *adj s.* **evcil** ❶ zahm ❷ domestiziert, Haus-
ehlihibre *s s.* **bilirkişi** Sachverständige(r) *f(m)*
ehlîleşme *s Verbalsubstantiv zu* **ehlîleşmek**
ehlîleşmek *vi* zahm werden
ehlîleştirilme *s* ❶ *Verbalsubstantiv zu* **ehlîleştirilmek** ❷ Zähmung *f*
ehlîleştirilmek *vi pass von* **ehlîleştirmek**
ehlîleştirme *s* ❶ *Verbalsubstantiv zu* **ehlîleştirmek** ❷ Zähmung *f*
ehlîleştirmek *vt s.* **evcilleştirmek** ❶ zähmen ❷ domestizieren
ehlisalip <-bi> *s* HIST (*Haçlılar*) Kreuzfahrer *pl*
ehlivukuf *s s.* **bilirkişi** Sachverständige(r) *f(m)*
ehliyet *s* ❶ (*uzluk*) Fähigkeit *f,* Befähigung *f,* Qualifikation *f* ❷ (*sürücü belgesi*) Führerschein *m;* **~ yapmak** den Führerschein machen **ehliyet sahibi** *s* Führerscheininhaber(in) *m(f)*
ehram *s a.* MATH (*piramit*) Pyramide *f*
ehven *adj* ❶ (*yeğ*) besser ❷ (*ucuz*) billig; **~ kurtulmak** billig davonkommen
ehvenişer *s* das kleinere Übel
ejder *s,* **ejderha** *s* Drache *m;* **~ ateş püskürdü/püskürüyor** der Drache spie/speit Feuer
ejektör *s* TECH Ejektor *m*
ek¹ *vt Imperativ von* **ekmek¹**
ek² *s* ❶ (*mektupta*) Anlage *f* ❷ VERLAG (*gazete, dergi ~ i*) Beilage *f* ❸ LING Affix *nt;* **ön ~** Präfix *nt;* **son ~** Suffix *nt,* Endung *f*
ekalliyet *s s.* **azınlık** Minderheit *f,* Minorität *f*
ekarte etmek *vt* (*saf dışı etmek*) außer Gefecht setzen; (*konu dışında tutmak*) auslassen
ek bileziği *s* TECH (*manşon*) Muffe *f* **ek bütçe** *s* WIRTSCH Nachtragshaushalt *m*
eker *vt 3. Aorist von* **ekmek¹**
ekilme *s Verbalsubstantiv zu* **ekilmek**
ekilmek *vi* ❶ *pass von* **ekmek¹** ❷ **seyrek ekilmiş olmak** dünn gesät sein
ekim¹ *s* Oktober *m*
ekim² *s ohne pl* AGR Anbau *m* **ekim alanı** *s* AGR Anbaufläche *f*
Ekim İhtilâli *s ohne pl* HIST, POL Oktoberrevolution *f*
ekin *s* AGR Saat *f,* Saatgut *nt*
ekinci *s* REG (*çiftçi*) Bauer *m*
ekincilik <-ği> *s ohne pl* Getreidebau *m;* (*tarım*) Landwirtschaft *f*
ekin kargası *s* ZOOL Saatkrähe *f*
ekinlik <-ği> *s* AGR Anbaufläche *f*
ekip <-bi> *s* Mannschaft *f,* Truppe *f,* Team *nt* **ekip çalışması** *s ohne pl* Teamarbeit *f,* Teamwork *nt*
ekipman *s* Apparatur *f,* Equipment *nt*
eklem *s* ANAT, TECH Gelenk *nt* **eklem ağrıları** *pl* MED Gelenkschmerzen *pl* **eklem bacaklılar** *pl* ZOOL Gliederfüßer *pl*
ekleme *s Verbalsubstantiv zu* **eklemek**
eklemek *vt* zufügen, hinzufügen
eklemeli *adj* LING (*bitişken*) agglutinierend
eklem kaynaşması *s* MED Gelenkverstei-

E

fung *f*
eklemliler *pl* ZOOL Gliederfüßer *pl*
eklem romatizması *s ohne pl* MED Gelenkrheumatismus *m*
eklenme *s Verbalsubstantiv zu* **eklenmek**
eklenmek *vi* ❶ *pass von* **eklemek** ❷ dazukommen (-**e** zu), hinzukommen
ekler *s* GASTR Eclair *nt*
ekli püklü *adj* zusammengeflickt
ekme *s Verbalsubstantiv zu* **ekmek**[1]
ekmek[1] <-er> *vt* ❶ säen; **ekmeden biçilmez** (*prov*) ohne Fleiß kein Preis; **rüzgâr eken fırtına biçer** (*prov*) wer Wind sät, wird Sturm ernten ❷ anpflanzen; (*sebze* ~) anbauen; **tarlayı** ~ das Feld [*o* den Acker] bestellen ❸ (*serpmek*) streuen; **yemeğe tuz/biber** ~ Salz/Pfeffer auf Essen streuen ❹ (*fam: atlatmak*) **birini** ~ jdn hängen [*o* sitzen] lassen ❺ (*fam: geçmek*) **birini** ~ überholen
ekmek[2] <-ği> *s* ❶ Brot *nt;* **bir somun** ~ ein Laib Brot; **birinin ekmeğine yağ sürmek** (*fam*) Wasser auf jds Mühle gießen ❷ (*iş, kazanç*) Existenz *f;* (*geçim*) Lebensunterhalt *m;* **ekmeğini kazanmak** sich sein Brot verdienen, sich seinen Lebensunterhalt verdienen ❸ (*fam: yemek*) Brot *nt*
ekmek ağacı *s* BOT Brotfruchtbaum *m*
ekmek bıçağı *s* Brotmesser *nt* **ekmek böceği** *s* ZOOL Brotkäfer *m* **ekmek kapısı** *s* Erwerbsquelle *f* **ekmek kavgası** *s* Existenzkampf *m* **ekmek kırığı** *s* Brotkrume *f* **ekmek kırıntısı** *s* Brotkrümel *m* **ekmek parası** *s* ~ **kazanmak** (*fam*) seine Brötchen verdienen **ekmek ufağı** *s* Brotkrümel *m*
eko *s* (*yankı*) Echo *nt*
ekol <-lü> *s* (*okul*) Schule *f*
ekoloji *s ohne pl* Ökologie *f*
ekolojik *adj* ökologisch
ekolojist *s* Ökologe, -login *m, f*
ekonomik *adj* wirtschaftlich, Wirtschafts-
ekonomik ambargo *s* Wirtschaftsembargo *nt* **ekonomik bunalım** *s* Wirtschaftskrise *f* **ekonomik indeks** *s* WIRTSCH Konjunkturindex *m*
ekonomiklik <-ği> *s ohne pl* Wirtschaftlichkeit *f*
ekonomik mevki *s* Economyklasse *f*
ekonomik sistem *s* WIRTSCH Wirtschaftssystem *nt*
ekonomi politik <-ği> *s ohne pl* Volkswirtschaftslehre *f* **ekonomi siyaseti** *s* Wirtschaftspolitik *f*
ek protokol *s* Zusatzprotokoll *nt*
ekran *s* TV, INFORM Bildschirm *m* **ekran koruyucu** *s* INFORM Bildschirmschoner *m* **ekran metni** *s* TV, TELEK, INFORM Bildschirmtext *m*
eksantrik *adj* ❶ (*dış merkezli*) exzentrisch ❷ (*fig: ayrıksı*) exzentrisch **eksantrik mili** *s* TECH Nockenwelle *f*
eksen *s* Achse *f;* **kendi ~i etrafında dönmek** sich um die eigene Achse drehen
ekseriyet *s s.* **çoğunluk, çokluk** Mehrheit *f*
ekseriyetle *adv* ❶ mehrheitlich ❷ meistens
eksi **I.** *s* Minus *nt* **II.** *adj* Minus-; (*negatif*) negativ; ~ **üç kere** ~ **üç artı dokuz eder** minus drei mal minus drei ist plus neun
eksi işareti *s s.* **çıkarma işareti** Minuszeichen *nt*
eksik **I.** *s* <-ği> Mangel *m* **II.** *adj* ❶ unvollständig, fehlend; ~ **etmemek** nicht fehlen lassen; **bir bu ~ti!** das fehlte noch!, auch das noch!; **burada bir şey** ~ hier fehlt etw ❷ (*kusurlu*) mangelhaft
eksiklik <-ği> *s* ❶ Mangel *m* ❷ Fehlen *nt*
eksilti *s* LING Ellipse *f*
eksiltili *adj* LING elliptisch
eksiltme *s* ❶ *Verbalsubstantiv zu* **eksiltmek** ❷ Submission *f;* **~deki istekliler** die Bewerber auf der Submission
eksiltmek *vt* verringern, herabsetzen
eksi uç *s* Minuspol *m*
ekskavatör *s* TECH Bagger *m*
eksper *s* Experte, Expertin *m, f*
ekspertiz *s* Begutachtung *f* **ekspertiz raporu** *s* Expertise *f,* Expertengutachten *nt*
ekspoze *s* Exposé *nt,* Exposee *nt*
ekspozisyon *s* (*sergi*) Ausstellung *f*
ekspres **I.** *s* ❶ (*ohne pl*) Express *m;* ~ **ile** per Express ❷ (*tren*) Eilzug *m,* Schnellzug *m* **II.** *adj* schnell, eilig **ekspres mektup** <-bu> *s* Eilbrief *m* **ekspres temizleme** *s* Expressreinigung *f* **ekspres yol** *s* Schnellstraße *f;* (*İsviçre'de*) Expressstraße *f*
ekspresyonist **I.** *s* Expressionist(in) *m(f)* **II.** *adj* expressionistisch
ekspresyonizm <-ğu> *s ohne pl* Expressionismus *m*
ekstasi *s* Ecstasy *f*
ekstra *adj* ❶ (*fazladan*) extra ❷ (*üstün nitelikli*) extrafein
ekstre *s* ❶ FIN (*hesap özeti*) Kontoauszug *m* ❷ (*öz, hülasa*) Extrakt *m*
ekstrem *adj* (*aşırı*) extrem
ekşi *adj* sauer; **kimse ayranım** ~ **demez** (*prov*) jeder Krämer lobt seine Ware
ekşi kiraz *s s.* **vişne** Sauerkirsche *f*
ekşikulak <-ğı> *s* REG (*kuzukulağı*) Sauerampfer *m*
ekşime *s Verbalsubstantiv zu* **ekşimek**
ekşimek *vi* sauer werden

ekşimik <-ği> *s* REG (*çökelek*) Quark *m*
ekşimsi *adj* säuerlich
ekşimtırak *adj* säuerlich; (*az ekşi*) leicht sauer
ekşitme *s Verbalsubstantiv zu* **ekşitmek**
ekşitmek *vt* **suratını ~** eine sauere Miene machen [*o* ziehen]
ekşi yonca *s ohne pl* BOT Sauerklee *m*
ekşi yoncagiller *pl* BOT Sauerkleegewächse *pl*
ekü *s* FIN *s.* **European Currency Unit** Ecu *m*, europäische Währungseinheit
Ekvador **I.** *s* Ecuador *nt* **II.** *adj* ecuadorianisch; **~ hükûmeti** die ecuadorianische Regierung
Ekvadorlu **I.** *s* Ecuadorianer(in) *m(f)* **II.** *adj* ecuadorianisch; **~ erkekler/kadınlar** ecuadorianische Männer/Frauen
ekvator *s ohne pl* GEO Äquator *m*
ekvatoral *adj* GEO äquatorial
ekzotermik *adj* PHYS, CHEM (*endotermik karşıtı*) exotherm; **~ tepkimeler** exotherme Reaktionen
el¹ *s* ❶ Hand *f*; **~ ~e** Hand in Hand; **~ çırpmak** in die Hände klatschen; **bir şeye ~ koymak** etw beschlagnahmen [*o* einziehen], etw sicherstellen; **bir şeyi ~ altından satmak** etw unter der Hand verkaufen; **~de etmek** (*bir şeyi*) erlangen/erreichen/bekommen; (*bir kimseyi*) (für sich) gewinnen, erobern; (*kendi hizmetine almak*) abwerben; **birini bir şey için ~de etmek** jdn für etw gewinnen; **bir şeyi ~de tutmak** etw besitzen; **~den ağıza yaşamak** von der Hand in den Mund leben; **~den çıkmak** abhandenkommen; **bir şeyi ~e almak** (*fig*) etw in die Hand nehmen, etw anpacken, etw ergreifen; (*konuyu, sorunu*) behandeln; **birini/kendini ~e vermek** jdn/sich verraten; **~i ayağı yatağa bağlı olmak** (*fig fam*) ans Bett gefesselt sein; **~i dar(da) olmak** (*fam*) knapp bei Kasse sein; **~im kolum bağlı** (*fig fam*) mir sind die Hände gebunden; **~imde değil** es liegt nicht in meiner Hand, ich kann nichts dafür; **~inde olmak/olmamak** etwas/nichts dafürkönnen; **~inden geleni yapmak** sein Bestes [*o* Bestmögliches] tun, sein Äußerstes tun, alles Menschenmögliche tun; **~inden gelmek** können; **~inden gelmemek** nicht anders können; **~inden gelmiyormuş gibi yapma!** stell dich nicht so ungeschickt an!; **~inden iyi iş gelmek** geschickt sein; **bir şeyi ~ine almak** etw in [*o* auf] die Hand nehmen; **birinin ~ine su dökemez olmak** (*fig*) jdm nicht das Wasser reichen können; **bir şeyde ~ini çabuk tutmak** (*fam*) mit etw schnell bei der Hand sein; **~ini kolunu sallaya sallaya** mit leeren Händen; **birinin ~ini sıkmak** jdm die Hand schütteln [*o* drücken]; **bir şeyden ~ini ayağını çekmek** sich zurückziehen von etw; **~ini ayağını öpeyim** ich flehe dich an; **birine ~ini uzatmak** jdm die Hand reichen; **bir ~ bir ~i yıkar, iki ~ bir yüzü yıkar** (*prov*) eine Hand wäscht die andere; **birinci/ikinci ~den** aus erster/zweiter Hand; **çek ~ini!** Hände weg!; **sol/sağ ~(de)** linke(r)/rechte(r) Hand; **~le tutulur gözle görülür** greifbar, handgreiflich; (*çok belirgin*) deutlich erkennbar; **bu ~** das liegt auf der Hand ❷ (*güç*) Macht *f*; **~inden geleni yapmak** alles tun, was in seiner Macht steht, sein Bestes geben; **~inden gelmek** können; **~inden gelmemek** nicht anders können ❸ (*iskambilde*) **iyi bir ~i olmak** ein gutes Blatt (auf der Hand) haben
el² *s* ❶ (*yabancı*) Fremde(r) *f(m)*; **~ için çukur** [*o* **kuyu**] **kazan, kendisi içine düşer** (*prov*) wer andern eine Grube gräbt, fällt selbst hinein; **~ kazanıyla aş kaynatmak** (*fig*) sich mit fremden Federn schmücken ❷ (*ülke*) Land *nt*; (*yurt*) Heimat *f* ❸ (*halk*) Volk *nt* ❹ REG (*aşiret*) Volksstamm *m*
elâ *adj* gelblich braun
el açıklığı *s ohne pl* (*cömertlik*) Großzügigkeit *f* **el adamı** *s* Fremde(r) *f(m)* **el aleti** *s* Handwerkzeug *nt* **el arabası** *s* Schubkarren *m*
elastik *adj*, **elastiki** *adj* elastisch
elastikiyet <-ği> *s ohne pl* Elastizität *f*
el ayası *s* Handteller *m* **el bagajı** *s* Handgepäck *nt*
elbet *adv*, **elbette** *adv* gewiss, sicher, sicherlich; **geliyor musun! — ~!** kommst du mit? — gewiss doch!; **kendin mi oradaydın? — ~!** bist du selbst da gewesen? — allerdings!
el bezi *s* Handtuch *nt*
elbise *s* (*giysi*) Kleidung *f*; (*giysiler*) Kleider *pl*; (*erkeklerde*) Anzug *m*; (*kadınlarda*) Kleid *nt* **elbise dolabı** *s* Kleiderschrank *m*
elbisesiz *adj* unbekleidet; (*çıplak*) nackt
el bombası *s* Handgranate *f* **el çabukluğu** *s ohne pl* Fingerfertigkeit *f* **el çantası** *s* Handtasche *f*
elçi *s* ❶ (*sefir*) Botschafter(in) *m(f)* ❷ (*devleti temsil eden*) Gesandte(r) *f(m)* ❸ (*iş bitirmek için gönderilen*) Abgesandte(r) *f(m)* ❹ (*peygamber*) Prophet *m*
elçilik <-ği> *s* Gesandtschaft *f*
eldeci *s* Besitzer(in) *m(f)*

E

el değmemiş *adj* unberührt **el değmemişlik** <-ği> *s ohne pl* Unberührtheit *f*
eldeki *adj* vorhanden, verfügbar
elden ele *adv* reihum; (*bir kişiden ötekine*) von einem zum anderen; **bir şeyi ~ dolaştırmak** etw reihum gehen lassen
elde taşınabilen *adj* tragbar
eldiven *s* Handschuh *m*
el duşu *s* Handbrause *f*
elebaşı *s* (*pej*) Rädelsführer(in) *m(f)*
eleğimsağma *s s.* **gökkuşağı** Regenbogen *m*
eleji *s* LIT Elegie *f*
elek <-ği> *s* Sieb *nt;* **büyük/küçük delikli ~** ein grobes/feines Sieb; **bir şeyi ~ ten geçirmek** etw aussieben, etw durch den Sieb gießen
elektör prens *s* HIST Kurfürst *m*
elektrifikasyon *s ohne pl* Elektrifikation *f*
elektrik **I.** *s* <-ği> ❶ PHYS (*enerji türü*) Elektrizität *f;* **~ vermek** mit Elektrizität versorgen ❷ Elektrik *f* ❸ (*aydınlanma*) Strom *m;* **~ kesildi** der Strom ist ausgefallen; **~ üretmek** Strom erzeugen; **~ vermek** mit Strom versorgen **II.** *adj* elektrisch; **~ akımı** elektrischer Strom; **~ enerjisi** elektrische Energie; **~ yüklü** elektrisch geladen
elektrik ampulü *s* Glühbirne *f* **elektrik çarpması** *s* Stromstoß *m*
elektrikçi *s* Elektriker(in) *m(f)*
elektrik dağıtımı *s ohne pl* Stromversorgung *f* **elektrik devresi** *s* Stromkreis *m* **elektrik direği** *s* Lichtmast *m* **elektrik fabrikası** *s* Elektrizitätswerk *nt* **elektrik faturası** *s* Stromrechnung *f* **elektrik fırını** *s* Elektroherd *m* **elektrik kablosu** *s* Stromkabel *nt* **elektrik kesilmesi** *s,* **elektrik kesintisi** *s* Stromausfall *m*
elektrikleme *s Verbalsubstantiv zu* **elektriklemek**
elektriklemek *vt* PHYS elektrisieren
elektriklendirme *s* ❶ *Verbalsubstantiv zu* **elektriklendirmek** ❷ Elektrifikation *f*
elektriklendirmek *vt* ❶ mit Strom versorgen, elektrifizieren ❷ (*fig*) elektrisieren
elektrikli *adj* ❶ elektrisch; **~ sandalye** elektrischer Stuhl ❷ (*fig*) gespannt **elektrikli basaç** <-cı> *s* Türdrücker *m* **elektrikli ısıtıcı** *s* Heizstrahler *m*
elektrik masrafı *s* Stromkosten *pl* **elektrik mühendisi** *s* Elektroingenieur(in) *m(f)* **elektrik ocağı** *s* Elektroherd *m* **elektrik santrali** *s* Elektrizitätswerk *nt* **elektrik sarfiyatı** *s ohne pl* Stromverbrauch *m* **elektrik sayacı** *s* Stromzähler *m* **elektrik süpürgesi** *s* Staubsauger *m* **elektrik şebekesi** *s* Stromnetz *nt*
elektrik tüketimi *s ohne pl* Stromverbrauch *m* **elektrik üretimi** *s ohne pl* Stromerzeugung *f*
elektrogitar *s* MUS Elektrogitarre *f*
elektrolit *s* PHYS, CHEM Elektrolyt *m* **elektroliz** *s* PHYS, CHEM Elektrolyse *f* **elektromanyetik** *adj* elektromagnetisch **elektromıknatıs** *s* Elektromagnet *m* **elektromobil** *s* Elektroauto *nt*
elektron *s* PHYS Elektron *nt* **elektron çoğaltıcı** *s* TECH Elektronenvervielfacher *m,* Multiplier *m*
elektronik **I.** *s* <-ği> *ohne pl* Elektronik *f* **II.** *adj* elektronisch; **~ bilgi işlem** elektronische Datenverarbeitung; **~ müzik** elektronische Musik **elektronik beyin** *s s.* **bilgisayar** Computer *m*
elektron mikroskobu *s* TECH Elektronenmikroskop *nt*
elektroşok *s* MED Elektroschock *m*
elektrot <-du> *s* Elektrode *f*
el ele *adv* Hand in Hand; **biriyle ~ çalışmak** Hand in Hand mit jdm arbeiten
eleman *s* ❶ (*öge, unsur*) Komponente *f;* (*yapı ~ı*) Element *nt* ❷ (*çalışanların her biri*) Mitarbeiter(in) *m(f)* ❸ MATH Element *nt;* **bir kümenin ~ları** die Elemente einer Menge
eleme *s* ❶ *Verbalsubstantiv zu* **elemek** ❷ SPORT Ausscheidung *f*
elemek <-r> *vt* ❶ eliminieren ❷ aussortieren
eleme karşılaşması *s* SPORT Ausscheidungskampf *m*
element *s* CHEM Element *nt,* Grundstoff *m;* **radyoaktif ~** radioaktives Element
elemge *s* Haspel *f,* Garnwinde *f*
elenme *s Verbalsubstantiv zu* **elenmek**
elenmek *vi* ❶ *pass von* **elemek** ❷ SPORT ausscheiden
eler *vt 3. Aorist von* **elemek**
el erimi *s* Reichweite *f* **el erki** *s* SOZIOL (*demokrasi*) Demokratie *f*
eleştiri *s* ❶ Kritik *f;* **sert/yapıcı ~** eine scharfe/konstruktive Kritik ❷ *a.* LIT Rezension *f*
eleştirici **I.** *s* (*eleştirmen*) Kritiker(in) *m(f)* **II.** *adj* kritisch
eleştiricilik <-ği> *s ohne pl* PHILOS Kritizismus *m*
eleştirme *s* ❶ *Verbalsubstantiv zu* **eleştirmek** ❷ Kritik *f*
eleştirmeci *s* Kritiker(in) *m(f)*
eleştirmek *vt* ❶ kritisieren; **birini sert biçimde ~** jdn scharf kritisieren ❷ *a.* LIT rezensieren
eleştirmen *s* Kritiker(in) *m(f)*
elezer **I.** *s* PSYCH (*sadist*) Sadist(in) *m(f)*

II. *adj* sadistisch
elezerlik <-ği> *s ohne pl* PSYCH (*sadizm*) Sadismus *m*
el falı *s ohne pl* Handdeutung *f*, Handliniendeutung *f*, Handlesekunst *f*; **birinin ~na bakmak** jdm aus der Hand lesen **el freni** *s* Handbremse *f*; **~ni çekmek** die Handbremse ziehen **el hareketi** *s* Handbewegung *f*; **becerikli bir ~yle** mit einer geschickten Handbewegung **el havlusu** *s* Handtuch *nt*
eli açık <-ğı> *adj* gebefreudig; (*cömert*) großzügig, freigebig **eli çabuk** *adj* fix, fingerfertig, flink
elifba *s s.* **alfabe** Alphabet *nt*
elik <-ği> *s* ZOOL (*dağ keçisi*) Gämse *f*
elîm *adj* (*acınacak*) bedauernswert; (*acıklı*) tragisch; **bu ~ kazadan sonra** nach diesem tragischen Unfall
eli maşalı I. *s* (*pej*) Xanthippe *f* **II.** *adj* (*pej: kavgacı*) zänkisch; **~ karı** ein zänkisches Weib
elips *s* MATH Ellipse *f*
eliptik <-ği> *adj* MATH elliptisch
el işareti *s* Handzeichen *nt*
elit I. *s* Elite *f* **II.** *adj* elitär
eli uzun I. *s* (*fig: hırsız*) Langfinger *m* **II.** *adj* (*fig*) **~ olmak** lange Finger haben **eli yatkın** *adj* praktisch veranlagt; **~ olmak** praktisch veranlagt sein **eli yüzü düzgün** *adj* ansehnlich
el kitabı *s* Handbuch *nt* **el kremi** *s* Handcreme *f*
elli I. *s* Fünfzig *f* **II.** *adj* fünfzig
ellili *adj* **~ yıllar** die fünfziger Jahre; **~ yıllarda** in den fünfziger Jahren
ellilik *adj* ❶ (*içinde elli tane bulunan*) fünfziger ❷ (*elli yaşında olan*) fünfzigjährig; *s. a.* **altmışlık**
ellinci *adj* fünfzigste(r, s)
ellişer *adj* je fünfzig; **~ tane aldılar** sie haben je fünfzig Stück bekommen; **~den** zu je fünfzig
elma *s* BOT Apfel *m*; **~ şekeri** glasierte Äpfel; **kepekli bir ~** ein mehliger Apfel; **bir/yarım ~nın yarısı o, yarısı bu** (*fig fam*) sich gleichen wie ein Ei dem anderen **elma ağacı** *s* Apfelbaum *m*
elmacık kemiği *s* ANAT Jochbein *nt*, Backenknocken *m*
elma ezmesi *s ohne pl* Apfelmus *nt*
elmalı pasta *s* Apfelkuchen *m*
elmas *s* Diamant *m*
elma suyu *s* Apfelsaft *m*
elmas yüzük <-ğü> *s* Diamantring *m*
elma şarabı *s* Apfelwein *m* **elma şırası** *s* Apfelmost *m*
El Salvador *s* El Salvador *nt*
el sanatları *pl* Kunstgewerbe *nt*, Kunsthandwerk *nt*
Elsas I. *s* Elsass *nt* **II.** *adj* elsässisch
Elsaslı I. *s* Elsässer(in) *m(f)* **II.** *adj* elsässisch
Elsas-Lotringen *s* Elsass-Lothringen *nt*
elverişli *adj* geeignet (**-e** für); (*uçmaya ~*) tauglich (**-e** für); **şartlar ~ değildi** die Umstände waren nicht günstig
elverişlilik <-ği> *s ohne pl* Tauglichkeit *f* (**-e** für)
el yazısı *s* Handschrift *f* **el yazması** *adj* handgeschrieben **el yordamı** *s* **~yla** durch Tasten; **masa lambasını ~yla ararken** während er nach der Tischlampe tastete
elzem *adj* unumgänglich
emanet [ema:-] *s* ❶ **birine bir şeyi ~ vermek** jdm etw zu treuen Händen übergeben ❷ Gepäckaufbewahrung *f*
emare *s* Anzeichen *nt*, Ansatz *m*; (*iz*) Spur *f*
emarecik <-ği> *s* Anflug *m*, Hauch *m*; (*küçük iz*) winzige Spur, leise Spur; **alayın bir emareciği** ein Hauch [*o* Anflug] von Spott
emay *s* Email *nt*
emaye *s* Emaille *f*
emaylama *s Verbalsubstantiv zu* **emaylamak**
emaylamak *vt* emaillieren
embriyon *s* MED, BIOL Embryo *m*; **~ yaşantısı** embryonales Leben
emdirme *s Verbalsubstantiv zu* **emdirmek**
emdirmek *vt* stillen
emek <-ği> *s* Arbeit *f*, Mühe *f*; (**çok**) **~ harcamak** sich (große) Mühe geben (**-de** bei, **için** zu); **buna çok ~ verilmiş** da steckt eine Menge Arbeit drin
emekçi *s* Arbeitnehmer(in) *m(f)*
emekleme *s Verbalsubstantiv zu* **emeklemek**
emeklemek *vi* krabbeln
emekleme yaşı *s* Krabbelalter *nt*
emekli I. *s* Rentner(in) *m(f)*, Ruheständler(in) *m(f)*, Pensionär(in) *m(f)*; **~ olmak** Rentner sein, im Ruhestand sein **II.** *adj* pensioniert; **~ bir albay/yarbay** ein pensionierter Oberst/Oberstleutnant
emeklilik <-ği> *s* Ruhestand *m*; **emekliliğe ayrılmak** in den Ruhestand treten, in Pension gehen **emeklilik yaşı** *s* Rentenalter *nt*
emekli maaşı *s* Rente *f*
emel *s* Ziel *nt*; **~ine ulaşmak** sein Ziel erreichen
emer *vt 3. Aorist von* **emmek**
emik[1] <-ği> *s* ❶ (*fam*) Knutschfleck *m*

❷ REG (*beyin*) Hirn *nt*
emik² <-ği> *s* REG *s.* **imik** Hals *m;* (*gırtlak*) Kehle *f*
emin *adj* ❶ (*inanılır*) vertrauenswürdig; (*güvenilir*) zuverlässig ❷ (*emniyetli*) sicher; ~ **bir yer** ein sicherer Ort/Platz; ~ (**değil**) **misin?** bist du dir (nicht) sicher?; **bir şeyden ~ olmak** sich einer Sache sicher sein; **geleceğinden ~im** ich bin mir sicher, dass er kommt
emir¹ <-mri> *s* Befehl *m*
emir² *s* Emir *m*
emircik <-ği> *s* ZOOL (*yalıçapkını*) Eisvogel *m*
emir cümlesi *s* LING Befehlssatz *m,* Imperativsatz *m* **emir kipi** *s* LING Imperativ *m,* Befehlsform *f*
emirlik <-ği> *s* Emirat *nt;* **Birleşik Arap E~leri** Vereinigte Arabische Emirate
emisyon *s* FIN, PHYS Emission *f*
emişme *s* (*fam*) ❶ *Verbalsubstantiv zu* **emişmek** ❷ Knutscherei *f*
emişmek *vi* (*fam*) knutschen
emlak <-ki> [emlâk] *s* Grundbesitz *m;* (*taşınmazlar*) Immobilien *pl* **emlak alım vergisi** *s* FIN Grunderwerb(s)steuer *f*
emlakçı *s* Immobilienhändler(in) *m(f);* (*komisyoncu*) Grundstücksmakler(in) *m(f),* Immobilienmakler(in) *m(f)*
emlakçılık <-ğı> *s ohne pl* Immobilienhandel *m*
emlak komisyoncusu *s* Grundstücksmakler(in) *m(f),* Immobilienmakler(in) *m(f)* **emlak sahibi** *s* Grundbesitzer(in) *m(f)* **emlak vergisi** *s* FIN Grundsteuer *f*
emme *s* ❶ *Verbalsubstantiv zu* **emmek** ❷ (*soğurma*) Absorption *f* ❸ (*çekiş*) Sog *m* **emme borusu** *s* Ansaugrohr *nt*
emmeç <-ci> *s* PHYS (*aspiratör*) Aspirator *m*
emme filtresi *s* Ansaugfilter *m*
emmek <-er> *vt* ❶ saugen, ansaugen ❷ lutschen; **başparmağını ~** am Daumen lutschen ❸ (*soğurmak*) aufsaugen, absorbieren
emme kanalı *s* Ansaugkanal *m* **emme supabı** *s* AUTO Einlassventil *nt; s. a.* **egzoz supabı**
emmi oğlu *s* ❶ (*amca oğlu*) Vetter *m,* Cousin *m* (*väterlicherseits*) ❷ (*teklifsiz dost*) Duzfreund *m*
emniyet *s* Sicherheit *f* **emniyet kemeri** *s* AUTO, AERO Sicherheitsgurt *m* **emniyet kilidi** *s* Sicherheitsschloss *nt*
emniyetli *adj* ❶ sicher ❷ (*güvenilir*) zuverlässig, verlässlich
emniyetsiz *adj* ❶ unsicher ❷ (*güvenilmez*) unzuverlässig
emniyetsizlik <-ği> *s* ❶ Unsicherheit *f* ❷ (*güvensizlik*) Misstrauen *nt*
emniyet supabı *s s.* **güvenlik vanası** TECH Sicherheitsventil *nt*
empati *s* PSYCH Empathie *f*
emperyalist I. *s* Imperialist(in) *m(f)* **II.** *adj* imperialistisch
emperyalizm *s ohne pl* Imperialismus *m*
empoze *adj* aufgezwungen; **birine bir şeyi ~ etmek** jdm etw aufzwingen [*o* aufnötigen]
empraz *pl s.* **hastalıklar** Krankheiten *pl*
empresyonist I. *s* Impressionist(in) *m(f)* **II.** *adj* impressionistisch
empresyonizm *s ohne pl* Impressionismus *m*
emprezaryo *s* THEAT, MUS Impresario *m*
emprime I. *s* bedruckter Stoff; **çiçekli bir ~** ein mit Blumen bedruckter Stoff **II.** *adj* bedruckt; **~ ipekli** bedruckter Seidenstoff
emre muharrer senet <-di> *s* JUR, FIN Orderpapier *nt*
emretme *s Verbalsubstantiv zu* **emretmek**
emretmek <-der> *vi* befehlen; **emredersin(iz)!** zu Befehl!
emri *s poss von* **emir**
emrihak <-kkı> *s ohne pl* (*ölüm*) Tod *m;* **~ vaki olmak** abgerufen werden; (*ölmek*) sterben
emrivaki <-i> ['--:-:] *s ohne pl* (*oldubitti*) vollendete Tatsachen; **~ ile karşılaşmak** vor vollendeten Tatsachen stehen
emsal <-li> *s* ❶ (*örnek*) Beispiel *nt* ❷ (*yaşıt*) Altersgenosse, -genossin *m, f* ❸ MATH (*kat sayı*) Koeffizient *m* ❹ JUR Präsidenzfall *m* **emsal karar** *s* JUR Präjudiz *nt*
emsalsiz *adj* beispiellos, einzigartig, einmalig
emsalsizlik <-ği> *s ohne pl* Einzigartigkeit *f*
emtia *pl s.* **mallar** Waren *pl*
emu *s* ZOOL Emu *m*
emval <-li> *pl s.* **mallar** Güter *pl*
emzik <-ği> *s* ❶ Schnuller *m* ❷ (*ibik*) Tülle *f;* **ibriğin/testinin emziği** die Tülle der Kanne/des Krugs ❸ (*biberon*) Milchflasche *f,* Babyflasche *f* ❹ REG (*sigara ağızlığı*) Zigarettenspitze *f* **emzik ağırşağı** *s* Schnullerring *m*
emzikli *adj* **~ anneler** stillende Mütter
emzirme *s Verbalsubstantiv zu* **emzirmek**
emzirmek *vt* stillen
en¹ *s* Breite *f;* **~inde sonunda** (*ne zaman olsa*) über kurz oder lang; (*en sonda*) schließlich
en² *adv* ❶ am; **~ az/çok/fenası/hızlı** am

wenigsten / meisten / schlimmsten / schnellsten; ~ **iyisi/kötüsü/sık** am besten/schlimmsten/häufigsten; ~ **azından dört kere telefon ettim** ich habe wenigstens viermal angerufen; **bence ~ iyisi, hemen benimle gelmen** ich halte es für das Beste, du kommst gleich mit; **işin ~ iyisi/kötüsü, ...** das Beste/Schlimmste an der Sache ist, dass ... ② ganz; ~ **arkada/önde** ganz hinten/vorn ③ ~ **nihayet** letztendlich, letzten Endes

enayi **I.** *adj* (*pej fam: bön*) einfältig, töricht, blöd; (*budala*) dumm; **birini ~ yerine koymak** jdn für blöd halten **II.** *s* Trottel *m;* (*budala*) Schwachkopf *m,* Dummkopf *m,* Idiot *m* **enayi dümbeleği** *s* ① (*pej fam*) Einfaltspinsel *m,* Blödling *m,* Blödmann *m* ② (*sl*) Hornochse *m*

enayilik <-ği> *s ohne pl* ① Einfalt *f,* Blödheit *f* ② Torheit *f,* Dummheit *f;* ~ **etmek** eine Dummheit machen; **bunun böyle olduğuna inanmak** ~ es ist töricht zu glauben, dass es so ist

en azından *adv* wenigstens, mindestens; (*hiç olmazsa*) wenigstens, zumindest; ~ **dört kere telefon ettim** ich habe wenigstens vier Mal angerufen

enbiya *pl* (*peygamberler*) Propheten *pl*

encümen *s* Ausschuss *m;* **daimî ~** ständiger Ausschuss

endam *s* Gestalt *f;* (*vücut*) Körper *m* **endam aynası** *s* Ganzkörperspiegel *m*

endamlı *adj* stattlich

endaze [--:-] *s* ① Elle *f* ② (*fig: ölçü*) Maß *nt;* ~**yi kaçırmak** das rechte Maß verlieren, das Maß überschreiten; (*fam*) den Bogen überspannen

endazeli *adj* maßvoll

endazesiz *adj* maßlos

endeks *s* (*a.* **indeks**) Index *m;* **geçinme ~i** WIRTSCH der Index für Lebenshaltungskosten

endeksleme *s* ① *Verbalsubstantiv zu* **endekslemek** ② Indexierung *f*

endekslemek *vt* ① indexieren ② (*fig*) knüpfen (**-e** an); **beklentileri bir şeye ~** Erwartungen an etw knüpfen

endeksli *adj* Index-, indexiert; **bir şeye ~ olmak** (*fig*) sich richten nach etw **endeksli para** *s* WIRTSCH Indexwährung *f*

ender *adj* selten, rar; ~ **fırsat** eine seltene Gelegenheit

endirekt *adj* (*dolaylı*) indirekt, mittelbar

endişe [--:-] *s* ① (*düşünce*) Gedanke *m;* ~ **etmek** sich Gedanken machen ② (*kaygı*) Sorge *f,* Besorgnis *f;* ~ **etmek** sich Sorgen machen; ~ **verici** Besorgnis erregend ③ (*korku*) Angst *f*

endişelenme *s Verbalsubstantiv zu* **endişelenmek**

endişelenmek *vt* sich sorgen, sich ängstigen; **bir şeyden dolayı ~** sich wegen etw ängstigen

endişeli *adj* besorgt; (*korkulu*) ängstlich

endişesiz *adj* sorglos

endişesizlik <-ği> *s ohne pl* Sorglosigkeit *f*

endogami *s* SOZIOL Endogamie *f*

endokrinoloji *s* MED Endokrinologie *f*

Endonezya *s* Indonesien *nt*

Endonezyalı *s* Indonesier(in) *m(f)*

endoskop <-bu> *s* MED Endoskop *nt* **endoskopi** *s* MED Endoskopie *f*

endotermik <-ği> *adj* PHYS, CHEM (*ekzotermik karşıtı*) endotherm; ~ **tepkimeler** endotherme Reaktionen

endüksiyon *s* PHILOS (*tüme varım*) Induktion *f;* *s. a.* **dedüksiyon**

Endülüs **I.** *s* Andalusien *nt* **II.** *adj* andalusisch

Endülüslü **I.** *s* Andalusier(in) *m(f)* **II.** *adj* andalusisch

endüstri *s* Industrie *f;* *s. a.* **sanayi**

endüstrileşme *s* Industrialisierung *f*

endüstriyalizm *s ohne pl* Industrialismus *m*

endüstriyel *adj* industriell

enek <-ği> *adj* REG kastriert

eneme *s* ① *Verbalsubstantiv zu* **enemek** ② Kastrierung *f,* Kastration *f*

enemek *vt* kastrieren, kappen

enerji *s* ① Energie *f;* ~**den tasarruf etmek** an Energie sparen; **kinetik ~** kinetische Energie, Bewegungsenergie *f* ② (*fig fam*) Kraft *f* **enerji ihtiyacı** *s ohne pl* Energiebedarf *m*

enerjik <-ği> *adj* ① energisch ② (*güçlü ve hareketli*) vital; ~ **bir insan** ein vitaler Mensch

enerji kaynağı *s* Energiequelle *f* **enerji kazanma** *s* Energiegewinnung *f*

enerjiklik <-ği> *s ohne pl* Vitalität *f*

enerji krizi *s* WIRTSCH Energiekrise *f* **enerji tasarrufu** *s ohne pl* Energiesparen *nt* **enerji tüketimi** *s ohne pl* Energieverbrauch *m* **enerji üretimi** *s ohne pl* Energieerzeugung *f*

en erken *adv* frühestens, allerfrühestens; *s. a.* **en geç**

enfarktüs *s* MED Infarkt *m*

enfeksiyon *s* MED Infektion *f,* Ansteckung *f*

enfes *adj* vorzüglich, ausgezeichnet

enfiye *s* (*burun otu*) Schnupftabak *m;* ~ **çekmek** schnupfen **enfiye kutusu** *s* Schnupftabak(s)dose *f*

enflasyon *s* WIRTSCH Inflation *f* **enflasyon oranı** *s* WIRTSCH Inflationsrate *f*

enflüanza *s* MED Influenza *f*
enfraruj **I.** *s ohne pl* PHYS (*kızıl ötesi*) Infrarot *nt* **II.** *adj* PHYS (*kızıl ötesi*) infrarot
engebe *s* GEO Unebenheit *f;* **arazinin ~leri** die Unebenheiten des Geländes
engebeli *adj* uneben, holperig, buck(e)lig
engebelik <-ği> *s* GEO Unebenheit *f*
en geç *adv* spätestens, allerspätestens; **~ iki hafta içinde** spätestens in zwei Wochen; *s. a.* **en erken**
engel *s a.* SPORT Hindernis *nt,* Hürde *f;* **bir ~i aşmak** ein Hindernis überwinden
engelleme *s* ❶ *Verbalsubstantiv zu* **engellemek** ❷ Behinderung *f* ❸ POL (*obstrüksiyon*) Obstruktion *f,* Verhinderung *f*
engellemek *vt* (be)hindern, verhindern
engelleyici neden *s* Hinderungsgrund *m*
engelli *s* Behinderte(r) *f(m)* **engelli at yarışı** *s* Hindernisrennen *nt* **engelli koşu** *s* SPORT Hindernislauf *m;* (*110 m ~*) Hürdenlauf *m* **engelli sporu** *s ohne pl* Behindertensport *m*
engerek <-ği> *s* Kreuzotter *f,* Viper *f* **engerek balığı** *s* ZOOL Viperfisch *m*
engin[1] **I.** *s* (*açık deniz*) (die) offene See; **~de** auf offener See **II.** *adj* weit
engin[2] *adj* REG ❶ billig ❷ (*ingin*) tief gelegen
enginar *s* BOT Artischocke *f*
engizisyon *s* HIST Inquisition *f*
engizitör *s* HIST Inquisitor *m*
enikleme *s Verbalsubstantiv zu* **eniklemek**
eniklemek *vt* (*fam: kedi, köpek için*) werfen, gebären
enine boyuna *adv* groß und breit; **bana onu ~ anlattı** (*fam*) er hat es mir groß und breit erzählt **enine kiriş** *s* ARCH Querbalken *m*
enişte *s* ❶ (*kız kardeşin kocası*) Schwager *m* ❷ (*teyzenin kocası*) Onkel *m*
enjeksiyon *s* Injektion *f* **enjeksiyon sistemi** *s* AUTO Einspritzanlage *f*
enjekte etmek *vt* injizieren, einspritzen
enjektör *s* Injektor *m;* (*iğne*) Spritze *f*
enkaz *s* ❶ (*bina için*) Trümmer *pl;* (*yıkıntı*) Ruine *f;* (*döküntü*) Schutt *m* ❷ (*gemi, uçak için*) Wrack *nt*
enlem *s* GEO (*arz derecesi*) Breitengrad *m* **enlem dairesi** *s* GEO (*arz dairesi*) Breitenkreis *m*
enlemesine *adv* quer, der Breite nach; **bir şeyi ~ katlamak/kesmek** etw der Breite nach falten/schneiden **enlemesine kesit** *s* Querschnitt *m*
enli *adj* (*geniş*) breit
en önce *adv* zu allererst
ense *s* Nacken *m,* Genick *nt;* **~ yapmak** (*fig fam*) auf der faulen Haut liegen; **birinin ~sine binmek** jdm im Nacken sitzen; **birinin ~sinde boza pişirmek** (*fig*) mit jdm Schindluder betreiben **ense katılaşması** *s ohne pl* MED Genickstarre *f*
enseleme *s Verbalsubstantiv zu* **enselemek**
enselemek *vt* (*fam: yakalamak*) schnappen, erwischen; **polis hırsızı enseledi** die Polizei hat den Dieb geschnappt
enselenme *s Verbalsubstantiv zu* **enselenmek**
enselenmek *vi pass von* **enselemek**
ensesi kalın **I.** *s* **~ olmak** einen unbeugsamen Nacken haben, einen unbeugsamer Mensch sein **II.** *adj* (*sözü geçer*) einflussreich; (*güçlü*) machtvoll, mächtig
ensest *s* Inzest *m*
ensiz *adj* (*dar*) eng
ensizlik <-ği> *s ohne pl* Enge *f*
en son **I.** *adj* ❶ allerletzte(r, s); (*fırsat*) letztmalig; **~ çare/defa** das allerletzte Mittel/Mal; **~ gelişmeler gösteriyor ki ...** die jüngsten Entwicklungen zeigen, dass ... ❷ neueste(r, s); **~ haberler** die neuesten Nachrichten **II.** *adv* zu(aller)letzt; **~ doğan çocuk** das zuletzt geborene Kind **en sonunda** *adv* endlich, schließlich; **~ jeton düştü mü?** (*fam*) ist der Groschen endlich gefallen?
enstantane **I.** *s* ❶ Momentaufnahme *f* ❷ (*~ fotoğraf*) Schnappschuss *m* **II.** *adj* (*bir anda olan*) momentan **enstantane fotoğraf** *s* Schnappschuss *m*
enstitü *s* Institut *nt*
enstrüman *s* MUS (*çalgı*) Instrument *nt*
enstrümantal *adj* (*mus*) instrumental
enstrümantalizm <-ğı> *s ohne pl* Instrumentalismus *m*
enstrümantal müzik <-ği> *s ohne pl* (*mus*) Instrumentalmusik *f*
ensülin *s ohne pl* MED (*insülin*) Insulin *nt*
entari [entaːriː] *s* ❶ Kleid *nt* ❷ Gewand *nt*
entegrasyon *s* Integration *f; s. a.* **uyum** **entegrasyon süreci** *s* EU Integrationsprozess *m*
entegre *adj* integriert; **~ etmek** integrieren
entel *s* (*pej*) Intelligenzler(in) *m(f)*
entelekt *s ohne pl* Intellekt *m*
entelektüalizm *s ohne pl* PHILOS Intellektualismus *m*
entelektüel **I.** *s* Intellektuelle(r) *f(m)* **II.** *adj* intellektuell
entel kadın *s* (*pej*) Blaustrumpf *m*
enteresan *adj* interessant
enteresanlık <-ğı> *s ohne pl* Interessantheit *f*

enternasyonal <-li> *adj* (*uluslararası*) international

enternasyonalizm *s ohne pl* Internationalismus *m*

enterne *adj* interniert; **~ etmek** internieren; (*gözaltına almak*) in Gewahrsam nehmen

entertip <-bi> *s* TYPO Intertype *f*

enter tuşu *s* INFORM Enter-Taste *f*

entimem *s* PHILOS Enthymem *nt*

entipüften *adj* wertlos; (*derme çatma*) notdürftig

entomoloji *s ohne pl* ZOOL Entomologie *f*

entomolojik <-ği> *adj* ZOOL entomologisch

entomolojist *s* ZOOL Entomologe, -login *m, f*

entrika *s* Intrige *f;* **~ çevirmek** Intrigen spinnen [*o* einfädeln], intrigieren; **~ya kurban gitmek** einer Intrige zum Opfer fallen

entrikacı I. *s* Intrigant(in) *m(f)* **II.** *adj* intrigant

entropi *s* Entropie *f*

envaiçeşit <-di> *s* Mannigfaltigkeit *f*

envaiçeşitli *adj,* **envaitürlü** *adj* mannigfaltig

envanter *s* COMM ❶ Inventur *f;* **~ çıkarmak** Inventur machen ❷ (*çizelge*) Inventar *nt*

envestisman *s* WIRTSCH Investment *nt;* (*yatırım*) Investition *f*

enzim *s* BIOL Enzym *nt;* (*ferment*) Ferment *nt*

eosen *s ohne pl* GEO Eozän *nt*

epe *s* Degen *m*

epey *adv* ziemlich viel; (*fam*) ganz schön; **~ yürüdük** wir sind ziemlich viel gelaufen; **~ zamandır** schon lange; **bunu yapmak ~ yürek ister** es gehört schön einiges dazu

epeyce *adv* (*oldukça*) ziemlich; (*bir hayli*) ziemlich viel; (*fam*) ganz schön; **~ erken/geç** ziemlich früh/spät; **o benden ~ yaşlıdır** er ist um etliches [*o* einiges] älter als ich; **~ uzakta** in einiger Entfernung, ziemlich weit entfernt

epeyi *adv s.* **epey**

epeyice *adv s.* **epeyce**

epidemi *s* MED Epidemie *f*

epidemik <-ği> *adj* MED epidemisch

epidemioloji *s ohne pl* MED Epidemiologie *f*

epidemiolojik <-ği> *adj* MED epidemiologisch

epiderm *s* ANAT Epidermis *f;* (*üst deri*) Oberhaut *f*

epifit *s* BOT (*üst bitken*) Epiphyt *m*

epigenez *s* BIOL Epigenese *f*

epigraf *s* Epigraf *nt;* **~ kullanmak** ein Epigraf verwenden

epigrafi *s ohne pl* Epigrafik *f*

epigram *s* LIT Epigramm *nt*

epik I. *s* <-ği> Epik *f* **II.** *adj* episch; **~ tiyatro** episches Theater

epikurosçu *s* PHILOS Epikureer *m*

epikurosçuluk <-ğu> *s ohne pl* PHILOS Epikureismus *m*

epikürcü *s* PHILOS Epikureer *m*

epikürcülük <-ğü> *s ohne pl* PHILOS Epikureismus *m*

epilasyon *s* Epilation *f,* Enthaarung *f*

epilepsi *s ohne pl* MED Epilepsie *f*

epileptik <-ği> *adj* MED epileptisch

epilog <-ğu> *s* LIT Epilog *m*

epinet *s* MUS Spinett *nt*

episantır *s* GEO Epizentrum *nt*

episot <-du> *s s.* **epizot**

epitel *s,* **epitelyum** *s* BIOL, MED Epithel *nt,* Epithelium *nt*

epizot <-du> *s* Episode *f*

epope *s* LIT (*destan*) Epos *nt*

e-posta *s* INFORM E-Mail *f* **e-posta adresi** *s* INFORM E-Mail-Adresse *f*

epsilon *s* Ypsilon *nt*

er[1] *s* ❶ (*erkek*) Mann *m* ❷ (*asker*) Soldat *m* ❸ REG (*koca*) Mann *m;* **~e gitmek** [*o* **varmak**] heiraten; **kızı ~e vermek** die Tochter verheiraten

er[2] *adv* REG (*erken*) früh; **~ geç** früher oder später; **~ sabah kalkmak** morgens früh aufstehen; **erken kalkan yol alır, ~ evlenen döl alır** (*prov*) Morgenstunde hat Gold im Munde

eradikasyon *s* Ausrottung *f*

erat *pl s.* **erler** Soldaten *pl*

erbap <-bı> *s* Kenner(in) *m(f)*

er bezi *s* ANAT Hoden *m*

erdem *s* (*fazilet*) Tugend *f*

erdemli *adj* tugendhaft

erdemlilik <-ği> *s ohne pl* Tugendhaftigkeit *f*

erdemsiz *adj* tugendlos

erden *adj* jungfräulich

erdenlik <-ği> *s ohne pl* Jungfräulichkeit *f*

er dişi I. *s* BIOL, MED Zwitter *m,* Hermaphrodit *m* **II.** *adj* BIOL, MED zwittrig, hermaphroditisch **er dişilık** <-ği> *s ohne pl* BIOL, MED Zwittrigkeit *f,* Hermaphroditismus *m*

erek <-ği> *s* Zweck *m;* (*hedef*) Ziel *nt* **erek bilimi** *s ohne pl* PHILOS (*teleoloji*) Teleologie *f*

erekçilik <-ği> *s ohne pl* PHILOS (*finalizm*) Finalismus *m*

ereklilik <-ği> *s* PHILOS Zweckbestimmtheit *m*

Erendiz *s s.* **Jüpiter** ASTRON Jupiter *m*

erer *vi 3. Aorist von* **ermek**

erganun *s* MUS (*org*) Orgel *f*

er geç *adv* früher oder später

ergen *adv* ❶ pubertär ❷ (*bekâr*) ledig, unverheiratet; **~e karı boşamak kolay** (*fam*) du hast gut reden
ergenleşmek *vi* pubertieren
ergenlik <-ği> *s ohne pl* ❶ Pubertät *f* ❷ Pubeszenz *f* **ergenlik çağı** *s ohne pl* Pubertät *f*
ergime *s ohne pl* ❶ *Verbalsubstantiv zu* **ergimek** ❷ PHYS Schmelzung *f*
ergime ısısı *s ohne pl* PHYS Schmelzwärme *f*
ergimek *vi* PHYS schmelzen
ergime noktası *s* PHYS Schmelzpunkt *m*
ergimiş *adj* TECH geschmolzen; **~ cisim** Schmelze *f* **ergimiş maden** *s* GEOL Schmelze *f*
ergin *adj* ❶ reif ❷ JUR (*reşit*) volljährig, mündig
erginleme *s ohne pl* ❶ *Verbalsubstantiv zu* **erginlemek** ❷ Aufklärung *f*
erginlemek *vt* aufklären
erginlenme *s ohne pl* ❶ *Verbalsubstantiv zu* **erginlenmek** ❷ Aufklärung *f*
erginlenmek *vi pass von* **erginlemek** aufgeklärt werden
erginleşme *s ohne pl* ❶ *Verbalsubstantiv zu* **erginleşmek** ❷ Volljährigkeit *f*
erginleşmek *vi* volljährig werden
erginlik <-ği> *s ohne pl* ❶ Reife *f*; (*ekinde*) Vollreife *f* ❷ JUR (*rüşt*) Volljährigkeit *f*, Mündigkeit *f*
ergitme *s* ❶ *Verbalsubstantiv zu* **ergitmek** ❷ PHYS Schmelzung *f*
ergitmek *vt* PHYS schmelzen
ergonomi *s ohne pl* Ergonomie *f*, Ergonomik *f*
ergonomik *adj* ergonomisch
erguvan *s* BOT Judasbaum *m*, Judenbaum *m*
erguvanî **I.** *s ohne pl* Purpur *m* **II.** *adj* purpurfarben
Eriha *s* Jericho *nt*
erik <-ği> *s* BOT ❶ (*ağacı*) Pflaumenbaum *m* ❷ (*yemişi*) Pflaume *f*
erika *s* BOT Erika *f*
erik ezmesi *s* Pflaumenmus *nt* **erik marmelâdı** *s* Pflaumenmarmelade *f* **erik rakısı** *s* Pflaumenschnaps *m* **erik reçeli** *s* Pflaumenkonfitüre *f*
eril *adj* LING maskulin
erillik <-ği> *s* LING Maskulinum *nt*
erim *s* ❶ Reichweite *f*; (*kurşun ~i*) Weite *f* ❷ Aktionsradius *m*
erime *s* ❶ *Verbalsubstantiv zu* **erimek** ❷ MED (*kemik ~si*) Schwund *m*
erime ısısı *s ohne pl* Schmelzwärme *f*
erimek *vi* ❶ schmelzen ❷ (*sıvı içinde*) sich auflösen
erime noktası *s ohne pl* Schmelzwärme *f*
erimiş **I.** *pp von* **erimek** **II.** *adj* geschmolzen; **~ kurşunu soğuk suya dökmek** geschmolzenes Blei in kaltes Wasser gießen
eristik <-ği> *s ohne pl* PHILOS (*didişim*) Eristik *f*
erişilmez *adj* unerreichbar
erişim *s ohne pl* ❶ (*ulaşım*) Verkehr *m* ❷ INFORM Zugriff *m*; (*internet ~i*) Zugang *m*
erişim hızı *s* INFORM Zugriffsgeschwindigkeit *f* **erişim verileri** *pl* INFORM Zugangsdaten *pl* **erişim zamanı** *s* INFORM Zugriffszeit *f*; **ortalama ~** durchschnittliche Zugriffszeit
erişkin *adj* ZOOL ausgewachsen; **~ hayvanlar** ausgewachsene Tiere
erişme *s Verbalsubstantiv zu* **erişmek**
erişmek *vi* erreichen (**-e**)
eritme *s Verbalsubstantiv zu* **eritmek**
eritmek *vt* ❶ schmelzen; **birinin kalbini ~** jds Herz erweichen ❷ (*güneş buzları*) auftauen ❸ GASTR (*tereyağını ısıtarak*) auslassen
eritme peynir *s* GASTR Schmelzkäse *m*
Erivan *s* Jerewan *nt*
eriyik <-ği> *s* CHEM Lösung *f*; **alkalik ~** eine basische Lösung
erk *s* ❶ Gewalt *f*; (*iktidar*) Macht *f*; **yürütme/yasama/yargı ~i** ausführende/gesetzgebende/richterliche Gewalt ❷ (*fig: nüfuz*) Einfluss *m*
erkânıharbiyeiumumiye *s s.* **genel kurmay** Generalstab *m*
erkânıharp <-bi> *s* MIL (*kurmay*) Stabsoffizier *m*; **çarıklı ~** (*pej*) Bauernschläue *f*
erkeç <-ci> *s* Ziegenbock *m*
erkeçsakalı *s* BOT Geißbart *m*; *s. a.* **keçisakalı**
erkek **I.** *s* <-ği> ❶ Mann *m*; **~ erkeğe** von Mann zu Mann ❷ ZOOL Männchen *nt* **II.** *adj* männlich **erkek arkadaş** *s* Freund *m* **erkek ayşe** *s* (*pej*) Mannweib *nt*
erkekçil *adj* mannstoll
erkek çocuk <-ğu> *s* Junge *m* **erkek erkeğe** *adv* unter Männern **erkek fatma** *s* (*pej*) Mannweib *nt* **erkek giyimi** *s* Herrenbekleidung *f* **erkek işi** *s* Männersache *f* **erkek kardeş** *s* Bruder *m* **erkek konfeksiyonu** *s* Herrenkonfektion *f*
erkeklenme *s Verbalsubstantiv zu* **erkeklenmek**
erkeklenmek *vi* den starken Mann spielen
erkekleşme *s Verbalsubstantiv zu* **erkekleşmek**
erkekleşmek *vi* ❶ mannbar werden ❷ (*kız, kadın için*) vermännlichen
erkeklik <-ği> *s* Männlichkeit *f*; **~ tasla-**

mak den starken Mann spielen
erkek mayosu *s* Badehose *f* **erkek sesi** *s* Männerstimme *f*
erkeksi *adj* männlich, maskulin
erkeksilik <-ği> *s* Männlichkeit *f*
erkeksiz *adj* männerlos
erkek takım giysisi *s* Herrenanzug *m* **erkek terzisi** *s* Herrenschneider *m*
erkek yeğen *s* Neffe *m*
erken *adj* ❶ früh; ~ **kalkan yol alır, er evlenen döl alır** (*prov*) Morgenstunde hat Gold im Munde; **akşamın ~ saatlerinde** am frühen Abend; **daha ~** es ist noch früh; **daha ~ olmaz** früher geht's nicht; **mümkün olduğu kadar ~** so früh wie möglich ❷ eher; **ne kadar ~ gelirsen ...** je eher du kommst, ...; **ne kadar ~ olursa o kadar iyi olur** je eher, desto besser **erken bahar** *s s.* **ilkbahar** Frühling *m*
erkence *adv* ziemlich früh
erkenci I. *s* Frühaufsteher(in) *m(f)* II. *adj* AGR (*erken olgunlaşan*) frühreif **erkenci meyve** *s ohne pl* AGR Frühobst *nt* **erkenci patates** *s* AGR Frühkartoffel *f* **erkenci sebze** *s ohne pl* AGR Frühgemüse *nt*
erken çıkış *s* SPORT Frühstart *m*
erkenden *adv* früh, in aller Frühe; **bugün ~** heute früh; **sabah ~** früh am Morgen, frühmorgens; **sabahları ~** frühmorgens
erken doğum *s* Frühgeburt *f* **erken emeklilik** <-ği> *s ohne pl* Vorruhestand *m* **erken teşhis** *s* MED Frühdiagnose *f*
erketecilik <-ği> *s ohne pl* (*sl*) **~ etmek** [*o* **yapmak**] Schmiere stehen; **hırsızlara ~ etmek** den Dieben Schmiere stehen
erkinci I. *s* Liberale(r) *f(m)* II. *adj* liberal
erkincilik <-ği> *s ohne pl* WIRTSCH, PHILOS (*liberalizm*) Liberalismus *m*
erkli *adj* einflussreich
erme *s Verbalsubstantiv zu* **ermek**
ermek <-er> *vi* ❶ (*erişmek*) erreichen (**-e**) ❷ **sona ~** zu Ende gehen; (*bitmek*) enden, aufhören; **savaş sona eriyor** der Krieg geht seinem Ende entgegen ❸ (*yetişip dokunmak*) **eli tavana ~** mit der Hand die Decke berühren (können) ❹ (*olgunlaşmak*) reifen
ermelin *s* ZOOL (*kakım*) Hermelin *m*
Ermeni I. *s* Armenier(in) *m(f)* II. *adj* armenisch
Ermenice *s* Armenisch *nt;* **~'de** im Armenischen
Ermenistan *s* Armenien *nt*
ermin *s* ZOOL (*kakım*) Hermelin *m*
ermiş *s* REL (*evliya*) Heiliger *m*

eroin *s ohne pl* Heroin *nt*
eroinman I. *s* Heroinsüchtige(r) *m* II. *adj* heroinsüchtig
eroinmanlık <-ğı> *s ohne pl* Heroinsucht *f*
eros *s ohne pl* PHILOS Eros *m*
Eros *s* MYTH (*aşk tanrısı*) Eros *m*
erosluk <-ğu> *s ohne pl* Erotik *f*
erotik <-ği> *adj* erotisch
erotizm *s ohne pl* ❶ Erotismus *m* ❷ Erotik *f*
erozyon *s* GEO Erosion *f*
erselik I. *s* <-ği> BIOL, MED (*er dişi*) Zwitter *m,* Hermaphrodit *m* II. *adj* BIOL, MED (*er dişi*) zwittrig, hermaphroditisch
erseliklik <-ği> *s ohne pl* BIOL, MED (*er dişilik*) Zwittrigkeit *f,* Hermaphroditismus *m*
er suyu *s* MED (*fizyolojide: meni*) Sperma *nt*
erte *s ohne pl* **savaş ~si** (in der) Nachkriegszeit; *s. a.* **ertesi**
erteleme *s* ❶ *Verbalsubstantiv zu* **ertelemek** ❷ Verschiebung *f;* (*gün*) Vertagung *f* ❸ (*borç*) Aufschub *m*
ertelemek *vt* ❶ verschieben; (*gününü*) vertagen ❷ aufschieben ❸ (*cezayı*) zur Bewährung aussetzen
ertelenme *s* ❶ *Verbalsubstantiv zu* **ertelenmek** ❷ Verschiebung *f;* (*günün ~si*) Vertagung *f* ❸ (*borcun ~si*) Aufschub *m*
ertelenmek *vi* ❶ *pass von* **ertelemek**: **oturum yarına ertelendi** die Sitzung wurde auf morgen verschoben ❷ sich verschieben; **hareketimiz iki gün ertelendi** unsere Abreise hat sich um zwei Tage verschoben, unsere Abreise verschiebt sich um zwei Tage
ertesi *adj* nächste(r, s); **~ akşam/gün/sabah** am nächsten Abend/Tag/Morgen, am darauf folgenden Abend/Tag/Morgen; **~ günün akşamı** am nächsten Abend; **~ günün gazetesi** die Zeitung vom nächsten Tag; **~ yaz/kış** im nächsten Sommer/Winter
erupsiyon *s* GEO Eruption *f*
ervah [erva:x] *pl* (*ruhlar*) Geister *pl*
erzak *s* Vorrat *m,* Vorräte *pl*
es[1] *vi Imperativ von* **esmek**
es[2] *s* ❶ MUS Pause *f* ❷ (*fam*) **bir kimseyi/şeyi ~ geçmek** jdn/etw übergehen; (*boş vermek*) jdn/etw links liegen lassen; **bir kimseyi/şeyi ~ geçerek** über jdn/etw hinweg; **o konuyu ~ geçti** er ließ das Thema weg [*o* aus]
esans *s* Essenz *f*
esaret *s ohne pl* ❶ (*tutsaklık*) Gefangenschaft *f* ❷ (*kölelik*) Sklaverei *f*
esas I. *s* ❶ Grundlage *f,* Basis *f,* Fundament *nt;* **~ olmak** zu Grunde liegen, die Grundlage sein; **bir şeyi ~ almak** etw zu Grunde legen; **bir şeyin ~ını oluşturmak**

E

die Grundlage für etw bilden ❷ Wesen *nt* **II.** *adj* ❶ (*ana*) Grund-, Haupt- ❷ wesentlich **esas duruş** *s* MIL (*hazır ol duruşu*) militärische Haltung; **~e geçmek** Haltung einnehmen
esasen *adv* ❶ im Grunde (genommen), eigentlich, im Wesentlichen; **~ bu doğru/önemli değildir** genau genommen ist das nicht richtig/wichtig ❷ (*doğrusu*) eigentlich
esaslandırma *s Verbalsubstantiv zu* **esaslandırmak**
esaslandırmak *vt* fundieren, den Grund legen (für)
esaslı *adj* ❶ wesentlich; (*köklü*) radikal, radikal, von Grund auf; (*geniş ölçüde etkili*) tief greifend ❷ gründlich; (*doğru*) richtig; **~ bir araştırma** eine gründliche Untersuchung
esas perde *s* MUS Grundton *m* **esas sermaye** *s* Aktienkapital *nt*
esassız *adj* unbegründet
esas vaziyet *s* (*hazır ol duruşu*) MIL militärische Haltung; SPORT Stillstehen *nt;* **~e geçmek** Haltung einnehmen
esatir *s* (*mitoloji*) Mythologie *f*
esbabımucibe *s s.* **gerekçe** Begründung *f*
esbap <-bı> *pl s.* **sebepler** Gründe *pl,* Ursachen *pl*
esef *s* Bedauern *nt;* **~ etmek** bedauern, bemitleiden
esefle *adv* bedauerlicherweise; (*maalesef*) leider; **~ bildiririz** bedauerlicherweise teilen wir mit
eselemek beselemek *vi* alle Hebel in Bewegung setzen, alle Register ziehen
eseme *s* REG (*mantık*) Logik *f*
esen *adj* (*sağlıklı*) gesund; **~ kal!** alles Gute!, lass es dir gut gehen!; **şen ve ~ kalınız!** bleiben Sie fröhlich und gesund!
esenleme *s* ❶ *Verbalsubstantiv zu* **esenlemek** ❷ (*selam*) Gruß *m*
esenlemek *vt* ❶ grüßen ❷ (*veda etmek*) sich verabschieden (von)
esenleme sözü *s* Grußwort *nt,* Grußformel *f*
esenleşme *s* ❶ *Verbalsubstantiv zu* **esenleşmek** ❷ (*selamlaşma*) Begrüßung *f* ❸ (*vedalaşma*) Verabschiedung *f*
esenleşmek *vi* ❶ (*selamlaşmak*) sich begrüßen ❷ (*vedalaşmak*) sich verabschieden
esenleşme sözü *s* Grußwort *nt,* Grußformel *f*
esenlik <-ği> *s ohne pl* Wohl *nt,* Wohlergehen *nt;* (*sağlık*) Gesundheit *f;* **birine ~ dilemek** jdm alles Gute wünschen
eser[1] *vi 3. Aorist von* **esmek**
eser[2] *s* ❶ (*yapıt*) Werk *nt* ❷ (*işaret*) Zeichen *nt;* (*iz*) Spur *f* ❸ (*belirti*) Anzeichen *nt;* **en küçük bir pişmanlık ~i bile** nicht einmal das geringste Anzeichen von Reue
esham *s* (*paylar*) Anteile *pl*
esin *s* ❶ Eingebung *f,* Inspiration *f* ❷ Anregung *f* ❸ REG (*sabah yeli*) Morgenwind *m*
esindirici *adj* ❶ inspirierend ❷ anregend
esindirme *s Verbalsubstantiv zu* **esindirmek**
esindirmek *vt* ❶ inspirieren ❷ anregen ❸ beseelen
esinlenme *s Verbalsubstantiv zu* **esinlenmek**
esinlenmek *vi* sich inspirieren lassen (**-den** durch)
esinti *s* Brise *f;* (*hafif yel*) Lüftchen *nt;* **serin/hoş bir ~** ein frisches/angenehmes Lüftchen
esir[1] *s* ❶ (*tutsak*) Gefangene(r) *f(m);* **birini ~ almak** jdn gefangen nehmen; **~ düşmek** in Gefangenschaft geraten; **~ etmek** gefangen halten; **~ olmak** in Gefangenschaft geraten ❷ (*a. fig: köle*) Sklave, Sklavin *m, f;* **birini ~ etmek** jdn zum Sklaven machen
esir[2] *s* Äther *m*
esirci *s* HIST Sklavenhändler *m*
esircilik <-ği> *s* HIST Sklavenhandel *m*
esire *s* ❶ (*dişi tutsak*) Gefangene *f* ❷ (*cariye*) Sklavin *f*
esirgeme *s ohne pl* ❶ *Verbalsubstantiv zu* **esirgemek** ❷ (*koruma*) Schutz *m*
esirgemek *vt* ❶ (*korumak*) schützen (**-den** vor) ❷ (*olumsuz biçimde*) **canını esirgememek** sein Leben nicht schonen; **sözünü esirgememek** (*fig fam*) kein Blatt vor den Mund nehmen
esirgemezlik <-ği> *s* Opferbereitschaft *f*
esirgeyici **I.** *s* Schützer *m* **II.** *adj* schützend, Schutz-
esirifiraş [--:---:] *s* **~ olmak** das Bett hüten müssen, ans Bett gefesselt sein
esir kampı *s* MIL Gefangenenlager *nt*
esirlik <-ği> *s ohne pl* ❶ (*tutsaklık*) Gefangenschaft *f* ❷ (*kölelik*) Sklaverei *f*
esirme *s ohne pl Verbalsubstantiv zu* **esirmek**
esirmek *vi* REG ❶ (*sarhoş olmak*) betrunken werden ❷ (*delirmek*) verrückt werden ❸ (*çok kızmak*) hysterisch werden
eski **I.** *adj* ❶ (*yeni karşıtı*) alt; **~ hayratı da berbat etmek** verschlimmbessern; **~ kurt** (*fig*) ein alter Hase; **burada her şey ~ hamam ~ tas** (*fig fam*) hier ist alles beim Alten geblieben ❷ (*önceki*) vorherig; **ben ~sinden daha akıllıyım** ich bin klü-

ger als vorher ③ (*sabık*) alt, ehemalig; ~ **başbakan** der alte [*o* ehemalige] Ministerpräsident ④ (*geçerli olmayan*) alt, veraltet **II.** *s* **onun ~lerini giyiniyor** er zieht seine alten Klamotten [*o* Sachen] an

eskici *s* ① Trödler(in) *m(f),* Lumpenhändler(in) *m(f),* Altwarenhändler(in) *m(f)* ② (*eskimiş ayakkabı onaran kimse*) Flickschuster(in) *m(f)*

eskicilik <-ği> *s ohne pl* Altwarenhandel *m*

eskiden *adv* ehemals, früher; ~ **beri** von alters her, von jeher; **çok** ~ viel früher

eski eserler *pl* (*asarıatika*) Altertümer *pl*

eskime *s Verbalsubstantiv zu* **eskimek**

eskimek *vi* ① alt werden, veralten ② (*yaşlanmak*) altern, alt werden ③ (*yıpranmak*) sich abnutzen

eskimiş *adj* veraltet

Eskimo I. *s* Eskimo *m* **II.** *adj* eskimoisch

Eskimoca *s ohne pl* Eskimosprache *f*

eskimsi *adj* alt aussehend

eski püskü *s* Gerümpel *nt* **eski şampiyon** *s* SPORT Altmeister(in) *m(f)* **eski şansölye** *s* Altkanzler *m*

Eskişehir taşı *s ohne pl* Meerschaum *m; s. a.* **lüle taşı**

Eski Taş Çağı *s ohne pl* GEO Altsteinzeit *f*

eskitme *s Verbalsubstantiv zu* **eskitmek**

eskitmek *vt* ① *Kausativ zu* **eskimek** ② (*yaşlandırmak*) altern lassen, alt werden lassen ③ (*yıpratmak*) abnutzen; **ayakkabıları/pantolonu** ~ die Schuhe/Hose abtragen

eskiz *s* Skizze *f;* (*taslak*) Entwurf *m*

eskort *s* Eskorte *f,* Geleitschutz *m*

eskrim *s ohne pl* SPORT (*kılıç oyunu*) Degenfechten *nt;* (*sporu*) Fechtsport *m;* **flöre ile ~ yapmak** Florett fechten

eskrimci *s* SPORT Fechter(in) *m(f)*

eskrim şampiyonu *s* SPORT Fechtmeister(in) *m(f)*

esme *s Verbalsubstantiv zu* **esmek**

esmek <-er> *vi* ① (*rüzgâr için*) wehen ② (*fig*) **birine bir şey** ~ jdm etw in den Sinn kommen

esmer *adj* dunkel **esmer küf** *s* BOT Köpfchenschimmel *m* **esmer renkli** *adj* dunkelfarben, dunkelfarbig **esmer saçlı** *adj* dunkelhaarig **esmer şeker** *s* Kandiszucker *m* **esmer tenli** *adj* dunkelhäutig

esna [esnaː] *s* **o ~da** in dem Moment; **bir konuşma ~sında** während [*o* im Lauf(e)] eines Gesprächs

esnaf *s* ① Gewerbetreibende(r) *f(m);* (*küçük sermaye sahibi*) Kleinhändler *m* ② (*küçük sanat sahibi*) Handwerker *m*

esnaflık <-ğı> *s* Gewerbe *nt;* ~ **yapmak** ein Gewerbe (be)treiben

esnaf loncası *s* Handwerkerinnung *f*

esnaf odası *s* Handwerkskammer *f*

esnek <-ği> *adj* ① flexibel ② dehnbar; (*elastiki*) elastisch **esnek disket** *s* INFORM Floppy Disk *f*

esneklik <-ği> *s ohne pl* ① Flexibilität *f* ② (*elastiklik*) Elastizität *f*

esneme *s Verbalsubstantiv zu* **esnemek**: **devamlı ~si sinirime dokunuyor** sein ständiges Gähnen geht mir auf die Nerven

esnemek *vi* ① gähnen ② nachgeben

esnetme *s Verbalsubstantiv zu* **esnetmek**

esnetmek *vt* ① *Kausativ zu* **esnemek** ② dehnen, recken

esneye esneye *adv* gähnend

esneyiş *s* Gähnen *nt*

Esperanto *s ohne pl* Esperanto *nt*

espresso *s* Espresso *m*

espri *s* ① Witz *m,* Gag *m;* ~ **patlatmak** Witze reißen; ~ **yapmak** witzeln; **işin ~si ...** (*fam*) der Witz bei der Sache ist ...; **işin bütün ~si bu** (*fam*) das ist der ganze Witz bei der Sache ② (*ohne pl*) Esprit *m* ③ (*ohne pl*) Witz *m,* Geist *m* ④ (*anlam*) Sinn *m;* (*fikrada*) Pointe *f;* **her masalın ~si vardır** jedes Märchen hat einen wahren Kern; **işin ~si, ...** die Pointe von der Sache ist, ... **espri anlayışı** *s* Humorverständnis *nt;* ~ **olmak** Sinn für Humor haben; (**hiç**) ~ **yok** er hat (keinen) Sinn für Humor

esprili *adj* ① witzig, humorvoll ② geistreich

esprisiz *adj* ① witzlos, humorlos, einfallslos ② geistlos, platt

espritüel *adj* witzig

esrar[1] *pl* (*gizler, sırlar*) Geheimnisse *pl;* ~ **perdesi** (*fig*) der Schleier eines Geheimnisses

esrar[2] *s ohne pl* Haschisch *m o nt;* ~ **çekmek** Haschisch rauchen, kiffen

esrarengiz *adj* geheimnisvoll, mysteriös; ~ **bir şekilde** auf mysteriöse Weise

esrarkeş *s* Haschischraucher(in) *m(f);* (*fam*) Junkie *m,* Kiffer(in) *m(f)*

esrarlı[1] *adj* geheimnisvoll, mysteriös

esrarlı[2] *s* (*fam*) Joint *m*

esrar otu *s* BOT (*Hint keneviri*) Cannabis *nt*

esrar tüccarı *s* Dealer *m*

esrime *s* ① *Verbalsubstantiv zu* **esrimek** ② Ekstase *f*

esrimek *vi* in Ekstase geraten

estağfurullah *interj* ~**!** nichts zu danken!, keine Ursache!

estek köstek *adv* ~ **etmek** Fisimatenten machen

ester *s* CHEM Ester *m;* **fosforik asidin ~i** Ester der Phosphorsäure

estet *s* Ästhet(in) *m(f)*

estetik **I.** *s* <-ği> *ohne pl* Ästhetik *f* **II.** *adj* ästhetisch

estetikçilik <-ği> *s ohne pl*, **estetizm** *s ohne pl* PHILOS Ästhetizismus *m*

Estonya **I.** *s* Estland *nt* **II.** *adj* estnisch; ~ **sınırı** die estnische Grenze

Estonyalı **I.** *s* Este, Estin *m, f* **II.** *adj* estnisch; ~ **kadınlar/erkekler** estnische Frauen/Männer

esvap <-bı> *s* Kleid *nt;* (*giysi*) Kleidung *f*

eş **I.** *s* ① Ehegatte, Ehegattin *m, f* ② (*partner*) Partner(in) *m(f);* ~ **tutmak** sich einen Partner nehmen ③ (*benzer*) ~**i manendi olmamak** einzigartig sein ④ REG (*etene*) Mutterkuchen *m* **II.** *adj* ① (~ *değerli*) gleich-, äqui- ② (~ *cinsel*) homo-, gleich- ③ (~ *biçimli*) iso-

eş adlı **I.** *s* LING Homonym *nt* **II.** *adj* (*sestaş*) gleich lautend (**-le** mit); LING (*homonim*) homonym **eş adlılık** <-ğı> *s ohne pl* LING Homonymie *f* **eş anlamlı** *adj* gleichbedeutend (**-le** mit); (*anlamdaş*) LING sinnverwandt, synonym **eş anlamlılık** <-ğı> *s ohne pl* Sinnverwandtschaft *f* **eş anlı** *adj s.* **eş zamanlı** synchronisch

eşantiyon *s* ① (*örnek*) Muster *nt,* Warenprobe *f;* (*parasız*) Gratisprobe *f* ② Probeexemplar *nt* ③ Werbegeschenk *nt*

eşarp <-bı> *s* Schal *m,* Halstuch *nt;* (*baş örtüsü*) Kopftuch *nt*

eş ayaklılar *pl,* **eş bacaklılar** *pl* ZOOL (*takım*) Asseln *pl* **eş basınç** <-cı> *s* GEO (*izobar eğrisi*) Isobare *f* **eş basınçlı** *adj* PHYS isobar **eş biçim** *s ohne pl* CHEM Isomorphie *f* **eş biçimlilik** <-ği> *s ohne pl* ① CHEM Isomorphie *f* ② MATH Isomorphismus *m* **eş cinsel** *adj* gleichgeschlechtlich; (*homoseksüel*) homosexuell **eş cinsellik** <-ği> *s ohne pl* Gleichgeschlechtlichkeit *f;* (*homoseksüellik*) Homosexualität *f*

eşçekim *s* (*fotokopi*) Fotokopie *f*

eş değer *adj* gleichwertig **eş değerli** *adj* äquivalent, gleichwertig **eş değerlik** <-ği> *s ohne pl* Äquivalenz *f,* Gleichwertigkeit *f*

eş dost *s* (*tanıdıklar*) Bekannte *pl*

eşek <-ği> *s* ① ZOOL (*Equus asinus*) Esel(in) *m(f);* **eşeğe binmek** auf einem Esel reiten ② (*fam*) ~ **gibi anırmak** schreien wie ein Esel; ~ **gibi çalışmak** wie ein Pferd arbeiten; ~ **hoşaftan ne anlar?** (*fig*) Perlen vor die Säue werfen; ~ **şakası** ein grober Scherz; **eşeğini sağlam kazığa bağlamak** (*fig*) auf Nummer sicher gehen **eşek arısı** *s* ZOOL Hornisse *f* **eşek cenneti** *s ohne pl* (*sl: öbür dünya*) Jenseits *nt;* ~**ni boylamak** krepieren, in die ewigen Jagdgründe eingehen

eşeklik <-ği> *s* (*fig fam*) Eselei *f*

eşek şakası *s* Possen *pl;* **birine ~ yapmak** mit jdm Possen treiben

eşeyli *adj* BIOL geschlechtlich; ~ **üreme** geschlechtliche Fortpflanzung

eşeylik hücresi *s* Geschlechtszelle *f*

eşeylik organı *s* Geschlechtsorgan *nt*

eşeysiz *adj* BIOL ungeschlechtlich; ~ **çoğalma** ungeschlechtliche Fortpflanzung

eş güdüm *s* Koordination *f* **eş güdümcü** *s* Koordinator(in) *m(f)*

eşik <-ği> *s* Schwelle *f;* **bir savaşın eşiğinde bulunuyoruz** wir stehen kurz vor einem Krieg **eşik değer** *s* WIRTSCH Schwellenwert *m* **eşik ülke** *s* POL Schwellenland *nt*

eşit *adj* ① *a.* MATH gleich ② (*aynı haklardan yararlanan*) gleichberechtigt **eşit işareti** *s* Gleichheitszeichen *nt*

eşitleme *s Verbalsubstantiv zu* **eşitlemek**

eşitlemek *vt* ausgleichen

eşitlik <-ği> *s* ① Gleichheit *f* ② (*insanlar arasında ayrım bulunmama*) Gleichberechtigung *f*

eşkâl <-li> *s* ① (*biçim*) Form *f* ② (*dış görünüş*) Äußere(s) *nt* **eşkâl belirleme** *s* Personenbeschreibung *f*

eşkenar *adj* MATH gleichseitig; ~ **üçgen** ein gleichseitiges Dreieck **eşkenar dörtgen** *s* MATH Raute *f,* Rhombus *m*

eşkıya *s* Räuber *m*

eşlek <-ği> *s* GEO (*ekvator*) Äquator *m*

eşleksel *adj* GEO (*ekvatoral*) äquatorial

eşlem *s* (*kopya*) Kopie *f*

eşleme *s* ① *Verbalsubstantiv zu* **eşlemek** ② FILM (*senkronizasyon*) Synchronisation *f*

eşlemek *vt* ① paaren, paarweise zusammenstellen ② FILM synchronisieren

eşlemeli *adj* FILM synchron

eşlemesiz *adj* FILM asynchron

eşlenik <-ği> *adj* MATH deckungsgleich, kongruent; ~ **sayılar** kongruente Zahlen

eşleşim *s ohne pl* MATH Kongruenz *f*

eşleşme *s* ① *Verbalsubstantiv zu* **eşleşmek** ② (*çiftleşme*) Paarung *f*

eşleşmek *vi* ① ein Paar bilden, sich paarweise zusammenstellen ② (*çiftleşmek*) sich paaren

eşleyici *s* INFORM (*akustik* ~) Koppler *m*

eşlik <-ği> *s* Begleitung *f;* ~ **etmek** begleiten

eşofman *s* Trainingsanzug *m*

eşölçüm *s ohne pl* Isometrie *f*

eşraf *pl* Honoratioren *pl*

eş sesli **I.** *s* LING Homonym *nt* **II.** *adj* gleich lautend (**-le** mit); (*sestaş*) LING homonym

eş seslilik <-ği> *s ohne pl* LING Homonymie *f* **eş sıcak** *adj* GEO (*izoterm*) isotherm **eş sıcak eğrisi** *adj* GEO Isotherme *f*
eşsiz *adj* ❶ (*eşi benzeri olmayan*) einzigartig ❷ (*eşi olmayan*) ohne Partner
eşsizlik <-ği> *s ohne pl* Einzigartigkeit *f*
eşya *s* ❶ *pl von* **şey** Sachen *pl,* Gegenstände *pl* ❷ Zeug *nt;* **gereksiz ~** unnützes Zeug ❸ (*lüks ~*) Artikel *m*
eşyalı *adj* (*ev*) möbliert
eş yapım *s* Koproduktion *f,* Gemeinschaftsproduktion *f;* **film Türk-Alman ~ıdır** der Film ist eine deutsch-türkische Gemeinschaftsproduktion **eş yükselti** *adj* GEO auf gleicher Meereshöhe liegend **eş zaman** *adj* (*senkron*) synchron **eş zamanlı** *adj* (*senkronik*) synchronisch; **~ dil bilimi** synchronische Sprachwissenschaft **eş zamanlılık** <-ğı> *s* LING (*senkroni*) Synchronie *f*
et[1] *vt Imperativ von* **etmek: devam ~!** mach weiter!; (*gitmeye*) geh weiter!; (*sürücü olarak*) fahr weiter!
et[2] *s* Fleisch *nt;* **çiğ ~** rohes Fleisch
etajer *s* Kommode *f*
etanol <-ü> *s ohne pl* CHEM Äthanol *nt*
etap <-bı> *s* SPORT Etappe *f*
etçi *s* REG Fleischer(in) *m(f);* (*kasap*) Metzger(in) *m(f)*
etçil I. *s* Fleischfresser *m* **II.** *adj* Fleisch fressend
eteği düşük I. *s* <-ğü> (*pej fam*) Schlampe *f* **II.** *adj* (*pej fam: kadın*) schlampig
etek <-ği> *s* ❶ (*kadın giysisi*) Rock *m;* **~leri zil çalmak** (*fig*) vor Freude außer sich sein, vor Freude aus dem Häuschen sein ❷ (*giysinin alt kenarı*) Saum *m* ❸ (*dağ, tepe, yamaç için*) Fuß *m;* **dağın eteğinde** am Fuß des Berges ❹ (*sl: edep yeri*) Schamgegend *f* **etek bezi** *s* Windel *m*
etekleme *s* ❶ *Verbalsubstantiv zu* **eteklemek** ❷ Katzbuckelei *f,* Liebedienerei *f*
eteklemek *vt* ❶ **birini ~** jdm den Saum des Gewandes küssen ❷ (*fig, pej*) **birini ~** vor jdm katzbuckeln, jdm liebedienern
eteklik <-ği> *s* ❶ (*etek*) Rock *m* ❷ (*davlumbaz etekliği*) Haube *f*
etelemek betelemek *vt* REG schlecht behandeln
etene *s* ❶ ANAT, MED Mutterkuchen *m* ❷ BOT Plazenta *f*
eter *s ohne pl* ❶ CHEM Äther *m* ❷ MED (*lokman ruhu*) Äther *m*
eterleme *s* MED ❶ *Verbalsubstantiv zu* **eterlemek** ❷ Äthernarkose *f*
eterlemek *vt* MED ätherisieren
etıbba *pl* ❶ Ärzte *pl,* Mediziner *pl* ❷ Ärzteschaft *f*
Eti *s* HIST (*Hitit*) Hethiter *m*
etik I. *s ohne pl* Ethik *f* **II.** *adj* ethisch
etiket *s* ❶ Etikett *nt* ❷ (*fig: teşrifat*) Etikette *f*
etiketleme *s* ❶ *Verbalsubstantiv zu* **etiketlemek** ❷ Etikettierung *f*
etiketlemek *vt* etikettieren
etil *s ohne pl* CHEM Äthyl *nt*
etilalkol <-ü> *s ohne pl* CHEM Äthylalkohol *nt,* Ethylalkohol *nt;* (*etanol*) Äthanol *nt*
etilen *s ohne pl* CHEM Äthylen *nt,* Ethylen *nt*
etilklorür *s* CHEM Ethylchlorid *nt*
etimolog *s* Etymologe, -login *m, f* **etimoloji** *s* Etymologie *f* **etimolojik** *adj* etymologisch
etiyoloji *s ohne pl* PHILOS, MED (*neden bilimi*) Ätiologie *f*
Etiyopya *s* Äthiopien *nt*
Etiyopyalı *s* Äthiopier(in) *m(f)*
etken I. *s* Faktor *m* **II.** *adj* LING aktiv; **~ fiil** aktives Verb
et kesimi *s,* **et kırımı** *s* REL Karneval *m*
etki *s* ❶ (*tesir*) Wirkung *f;* **ilaç ~sini yitirdi** das Medikament hat seine Wirkung verloren ❷ (*fig: izlenim*) Eindruck *m;* **kalıcı bir ~ bırakmak** einen bleibenden Eindruck hinterlassen
etkileme *s* ❶ *Verbalsubstantiv zu* **etkilemek** ❷ Beeinflussung *f*
etkilemek *vt* ❶ beeinflussen ❷ beeindrucken, wirken (auf); **aşkını ~ için** um seiner Liebsten zu imponieren
etkileşim *s* Interaktion *f,* Wechselwirkung *f;* **elektromanyetik ~** PHYS elektromagnetische Wechselwirkung
etkileşimli *adj a.* INFORM interaktiv
etkileşme *s Verbalsubstantiv zu* **etkileşmek**
etkileşmek *vi* interagieren
etkileyici *adj* ❶ effektvoll, eindrucksvoll ❷ (*karizmatik*) charismatisch
etkileyicilik <-ği> *s* (*karizma*) Charisma *nt*
etkili *adj* ❶ wirkungsvoll, effizient ❷ wirksam, effektiv **etkili madde** *s* Wirkstoff *m*
etkin *adj* wirksam; (*aktif*) aktiv
etkinci I. *s* Aktivist(in) *m(f)* **II.** *adj* aktivistisch
etkincilik <-ği> *s ohne pl* Aktivismus *m*
etkinleştirme *s* ❶ *Verbalsubstantiv zu* **etkinleştirmek** ❷ Aktivierung *f*
etkinleştirmek *vt* aktivieren
etkinlik <-ği> *s* ❶ (*ohne pl*) Wirksamkeit *f* ❷ (*aktiflik*) Aktivität *f* ❸ Veranstaltung *f*
etkin madde *s* Wirkstoff *m*
etkisiz *adj* ❶ wirkungslos, ineffizient; **bir bombayı ~ hâle getirmek** eine Bombe

entschärfen ❷ ineffektiv
etlenme *s Verbalsubstantiv zu* **etlenmek**
etlenmek *vi* (*şişmanlamak*) zunehmen, dick werden; (*semirmek*) fett werden
etli *adj* fleischig, Fleisch- **etli börek** <-ği> *s* GASTR Fleischpastete *f* **etli yemek** <-ği> *s* GASTR Fleischgericht *f*
etme *s Verbalsubstantiv zu* **etmek**
etmek <-der> *vt* ❶ machen, tun; **bu ne kadar ediyor?** wie viel macht das?; **sekiz bir daha dokuz eder** acht und eins macht neun ❷ antun; **birine kötülük ~** jdm Böses antun ❸ (*intihar* ~) begehen, verüben
etmen *s* Faktor *m*
Etna *s* Ätna *m*
etnik *adj* ethnisch; **~ azınlıklar** ethnische Minderheiten
etnograf *s* Ethnograph(in) *m(f)*, Ethnograf(in) *m(f)*
etnografya *s ohne pl* Ethnographie *f*, Ethnografie *f*
etnolog *s* Ethnologe, -login *m, f*; (*budun bilimci*) Völkerkundler(in) *m(f)*
etnoloji *s ohne pl* Ethnologie *f*; (*budun bilimi*) Völkerkunde *f*
etnolojik *adj* ethnologisch; (*budun bilimsel*) völkerkundlich
et obur **I.** *s* Fleischfresser *m* **II.** *adj* Fleisch fressend
etol <-lü> *s* Stola *f*
etraf *s* ❶ **~ına bakınmak** sich umsehen [*o* umschauen]; **bir şeyin ~ını almak** (*toplanmak*) sich um etw versammeln; (*kuşatmak*) etw belagern; (*ortaya almak*) etw umzingeln; **çocukları ~ına toplamak** die Kinder um sich versammeln; **bir şeyin/kimsenin ~ında oturmak** um etw/jdn herumsitzen; **kendi ekseni ~ında dönmek** sich um die eigene Achse drehen; **dünyanın ~ında dönmek** um die Erde kreisen ❷ (*çevre*) Umgebung *f* ❸ (*muhit*) Bekanntenkreis *m*
etraflı *adj* eingehend, ausführlich
et sineği *s* Fleischfliege *f*
etsiz *adj* fleischlos
et suyu *s* GASTR Fleischbrühe *f*, Bouillon *f*
et tavuğu *s* Masthuhn *nt*
ettirgen **I.** *s* LING Kausativ *nt*; (*faktitif*) Faktitivum *nt* **II.** *adj* LING kausativ; (*faktitif*) faktitiv
ettirme *s Verbalsubstantiv zu* **ettirmek**
ettirmek *vt Kausativ zu* **etmek: kendini tedavi ~** sich (ärztlich) behandeln lassen; **yemin ~** schwören lassen
et unu *s ohne pl* AGR Fleischmehl *nt*
etyemez **I.** *s* (*vejetaryen*) Vegetarier(in) *m(f)* **II.** *adj* vegetarisch

euro [juro] *s* Euro *m*
euroçek *s* Eurocheque *m*
ev *s* ❶ Haus *nt*; (*düşkünler ~i*) Heim *nt*; (*dağ ~i*) Hütte *f*; **~ geçindirmek** haushalten ❷ (*ceza ~i, radyo ~i*) Anstalt *f* ❸ (*göz ~i*) Höhle *f*
ev adamı *s* Hausmann *m* **ev aleti** *s* Haushaltsgerät *nt*
evcik <-ği> *s* Häuschen *nt*
evcil *adj* ❶ zahm ❷ domestiziert, Haus- **evcil hayvan** *s* Haustier *nt* **evcil kobay** *s* ZOOL Hausmeerschweinchen *nt*
evcilleşme *s Verbalsubstantiv zu* **evcilleşmek**
evcilleşmek *vi* zahm werden
evcilleştirilme *s* ❶ *Verbalsubstantiv zu* **evcilleştirilmek** ❷ Zähmung *f*
evcilleştirilmek *vi pass von* **evcilleştirmek** gezähmt werden, domestiziert werden
evcilleştirme *s* ❶ *Verbalsubstantiv zu* **evcilleştirmek** ❷ Zähmung *f* ❸ Domestizierung *f*
evcilleştirmek *vt* ❶ zähmen ❷ domestizieren
evcimen *adj* häuslich
evç <-ci> *s ohne pl* ASTRON ❶ (*günöte*) Sonnenferne *f*, Aphelium *nt* ❷ (*yeröte*) Erdferne *f*, Apogäum *nt*
evdemonizm *s ohne pl* PHILOS (*mutçuluk*) Eudämonismus *m*
evdeş *s* REG Hausgenosse, -genossin *m, f*
eve dönüş *s ohne pl* Heimkehr *f* **eve dönüş yolu** *s* Heimweg *m*
eveğen *adj* galoppierend
ev ekonomisi *s ohne pl* Hauswirtschaft *f*
everme *s* ❶ *Verbalsubstantiv zu* **evermek** ❷ REG (*evlendirme*) Verheiratung *f*
evermek *vt* REG (*evlendirmek*) verheiraten
ev eşyası *s ohne pl* Hausrat *m*
evet **I.** *s* Ja *nt* **II.** *interj* **~!** ja! **evet efendimci** *s* Jasager *m*; (*fam*) Duckmäuser *m*
evetleme *s* ❶ *Verbalsubstantiv zu* **evetlemek** ❷ Bejahung *f*
evetlemek *vt* bejahen
ev halkı *s* Haushalt *m*, Hausbewohner *pl* **ev hapsi** *s* Hausarrest *m* **ev ilacı** *s* Hausmittel *nt*; **bitkisel ev ilaçları** pflanzliche Hausmittel
evire çevire *adv* ordentlich, tüchtig; **birini ~ dövmek** jdn nach Strich und Faden verprügeln
evirme *s* ❶ *Verbalsubstantiv zu* **evirmek** ❷ Umkehrung *f*
evirmek *vt* umkehren
eviye *s* ❶ Spüle *f*, Spülbecken *nt* ❷ Ausguss *m*; **bir şeyi ~ye dökmek** etw den Ausguss hinunterspülen

ev kadını *s* Hausfrau *f*
evlat <-dı> *s* Kind *nt;* **birini ~ edinmek** jdn adoptieren, jdn an Kindes statt annehmen
evlatlık <-ğı> *s* Adoptivkind *nt;* (*yetiştirme*) Pflegekind *nt*
evlek <-ği> *s* AGR Furche *f,* Ackerfurche *f*
evlekleme *s Verbalsubstantiv zu* **evleklemek**
evleklemek *vt* AGR furchen
evlendirme *s* ❶ *Verbalsubstantiv zu* **evlendirmek** ❷ Verheiratung *f*
evlendirmek *vt* verheiraten
evlenecek *adj* heiratsfähig; **~ yaşta olmak** im heiratsfähigen Alter sein
evlenme *s* ❶ *Verbalsubstantiv zu* **evlenmek** ❷ Heirat *f,* Eheschließung *f* **evlenme cüzdanı** *s* Heiratsbuch *nt* **evlenme çağı** *s ohne pl* Heiratsalter *nt* **evlenme ilanı** *s* Heiratsanzeige *f*
evlenmek *vi* heiraten (**-le**); **biriyle ~** mit jdm die Ehe schließen
evlenme kâğıdı *s* Heiratsurkunde *f* **evlenme teklifi** *s* Heiratsantrag *m* **evlenme vaadi** *s* Eheversprechen *nt*
evleviyet *s ohne pl s.* **öncelik** Vorrang *m*
evli *adj* verheiratet; **yirmi ~ bir köy** ein Dorf mit zwanzig Häusern
evlilik <-ği> *s* Ehe *f;* **birinci evliliğimden olan çocuklarım** meine Kinder aus erster Ehe **evlilik dışı** *adj* ❶ (*çocuk*) unehelich ❷ (*ilişki*) außerehelich **evlilik hayatı** *s ohne pl* Eheleben *nt* **evlilik yaşamı** *s ohne pl* Eheleben *nt*
evliya *s* REL Heiliger *m*
ev ödevi *s* SCHULE Hausaufgabe *f*
evrak *pl* Akte *f* **evrak çantası** *s* Aktentasche *f* **evrak dolabı** *s* Aktenschrank *m*
evre *s* Phase *f,* Stadium *nt*
evren *s ohne pl* All *nt,* Weltall *nt,* Kosmos *m,* Universum *nt* **evren bilimi** *s ohne pl* (*kozmoloji*) Kosmologie *f* **evren bilimsel** *adj* kosmologisch
evren pulu *s* (*mika*) Glimmer *m*
evrensel *adj* universal
evrenselcilik <-ği> *s ohne pl* (*üniversalizm*) Universalismus *m*
evrensellik <-ği> *s ohne pl* Universalität *f*
evrik <-ği> *adj* umgekehrt
evrilir *adj* umkehrbar; **bu önerme ~** diese Behauptung ist umkehrbar **evrilir film** *s* FOTO, FILM Umkehrfilm *m*
evrilmez *adj* nicht umkehrbar
evrim *s* Evolution *f*
evrimci **I.** *s* Evolutionist(in) *m(f)* **II.** *adj* evolutionistisch
evrimcilik <-ği> *s ohne pl* PHILOS Evolutionismus *m*
evrişik <-ği> *s* Umkehrung *f*
ev sahibesi *s* Hausherrin *f;* (*davette*) Gastgeberin *f* **ev sahibi** *s* ❶ Hausherr *m;* (*davette*) Gastgeber *m* ❷ Hausbesitzer(in) *m(f)* **ev sakini** *s* Hausbewohner(in) *m(f)*
evsel atık <-ğı> *s* Hausmüll *m,* Haushaltsabfall *m*
evvel *adv* (*önce*) vor; **~ Allah** mit Gottes Hilfe; **benden/senden ~** vor mir/dir
evvelâ [--lɑ:] *adv* zuerst; **~ can, sonra canan** (*prov*) jeder ist sich selbst der Nächste
evvelce *adv* zuvor; (*eskiden*) vorher, früher
evvelden *adv* vorher, früher
evvelemirde *adv* (*ilk önce*) zuerst; (*her şeyden önce*) vor allen Dingen, zuallererst, vor allem
evveli **I.** *adj* REG (*evvelki*) vorige(r, s); **iki gün ~ne kadar** bis vor zwei Tagen **II.** *adv* REG (*eskiden*) vorher, früher
evveliyat *s* Vorgeschichte *f*
evvelki *adj* ❶ (*önceki*) vorige(r, s) ❷ (*iki önceki*) **~ gün** vorgestern; **~ akşam/sabah** vorgestern Abend/Morgen
evvelleri *adv* vorher, früher
evvel zaman *adv* **~ içinde** in grauer Vorzeit, vor unserer Zeit
ey *interj* (*fam*) eh; **~, siz!** eh, Sie!
eyalet *s* ❶ ADMIN Land *nt;* **Kuzey Ren Vestfalya ~i** das Land Nordrhein-Westfalen ❷ HIST Provinz *f*
eyer *s* Sattel *m*
eyerleme *s* ❶ *Verbalsubstantiv zu* **eyerlemek** ❷ Satt(e)lung *f*
eyerlemek *vt* satteln
eyer örtüsü *s* Satteldecke *f*
Eyfel Kulesi *s* Eiffelturm *m*
eylem *s* ❶ (*aksiyon*) Aktion *f;* **~de bulunmak** in Aktion treten ❷ (*fiil*) Tat *f,* Handlung *f;* **~e geçirmek** in die Tat umsetzen; **~e geçmek** zur Tat schreiten ❸ (*amel*) Arbeit *f* ❹ (*terör ~i*) Akt *m,* Anschlag *m;* **rehine ~i** Geiselnahme *f* ❺ LING (*fiil*) Verb *nt,* Tätigkeitswort *nt*
eylemci *s* Aktivist(in) *m(f)*
eyleme *s Verbalsubstantiv zu* **eylemek**
eylemek *vt* **Allah rahmet eylesin!** Gott hab ihn selig!
eylemlik <-ği> *s* LING (*mastar*) Infinitiv *m*
eylül *s* September *m*
eytişim *s ohne pl* PHILOS (*diyalektik*) Dialektik *f*
eytişimsel *adj* dialektisch
eyvah *interj* **~!** o weh!
eyvallah *interj* (*fam*) ❶ **~!** (*teşekkür ederim*) vielen Dank!; **kimseye ~ı olmamak** niemandem zu Dank verpflichtet sein

E

❷ (*Allaha ısmarladık*) mach's gut!, tschüss!, alles Gute! ❸ **~!** (*evet, öyle olsun*) sei's drum

ez *vt Imperativ von* **ezmek**

ezan *s* REL (*Müslümanlıkta*) Gebetsruf *m;* **~ okumak** zum Gebet rufen; **~ saati** die Stunde des Gebetsrufs; **~ sesleri duyulur** Gebetsrufe werden gehört; **sabah/öğle/ikindi/akşam/yatsı ~ı** der Ruf zum Morgengebet/Mittagsgebet/Nachmittagsgebet/Abendgebet/Nachtgebet

ezancı *s* REL (*müezzin*) Muezzin *m*

ezber *s ohne pl* ❶ Auswendiglernen *nt;* **~ etmek** auswendig lernen ❷ **~ okumak** aufsagen, rezitieren; **~inde olmak** auswendig können

ezberden *adv s.* **ezbere**

ezbere *adv* ❶ auswendig; **bir şeyi ~ bilmek** etw auswendig können; (*fam*) etw aus dem Effeff können ❷ (*fig: düşünmeden*) unüberlegt; **~ konuşmak** unüberlegt reden

ezberleme *s Verbalsubstantiv zu* **ezberlemek**

ezberlemek *vt* auswendig lernen

ezel *s* Ewigkeit *f;* **~den beri** seit Ewigkeiten; **~den ebede kadar** von Ewigkeit zu Ewigkeit **ezel ebet** *adv* (*ezelden ebede kadar*) von Ewigkeit zu Ewigkeit; (*ebediyen*) ewig

ezelî *adj* ❶ (*öncesiz*) ewig ❷ (*eski*) alt

ezelî rakip <-bi> *s* Erzrivale, Erzrivalin *m, f*

ezer *vt 3. Aorist von* **ezmek**

ezgi *s* Melodie *f*

ezgili *adj* melodisch

ezici *adj* ❶ (er)drückend ❷ (*fig*) überwältigend; **~ çoğunlukla** mit überwältigender Mehrheit

ezik **I.** *s* <-ği> ❶ Druckstelle *f,* Delle *f;* (*bere*) Quetschung *f* ❷ TECH, AUTO Delle *f;* **~leri düzeltmek** die Dellen ausbeulen **II.** *adj* ❶ zerdrückt ❷ (*fig*) niedergeschlagen

ezile büzüle *adv* verlegen; (*utangaçlıkla*) beschämt; **~, yavru bir köpek gibi** unterwürfig wie ein Welpe

ezilme *s Verbalsubstantiv zu* **ezilmek**

ezilmek *vi* ❶ *pass von* **ezmek** ❷ **ezilip büzülmek** in Verlegenheit kommen

ezilmişlik <-ği> *s ohne pl* Unterdrückung *f*

eziyet *s* Qual *f,* Pein *f;* **~ çekmek** sich (ab)quälen; **birine ~ etmek** [*o* **çektirmek**] jdn quälen [*o* peinigen]

eziyetli *adj* mühsam, beschwerlich

ezme *s* ❶ *Verbalsubstantiv zu* **ezmek** ❷ GASTR Pastete *f;* (*erik ~si*) Mus *nt;* (*balık, zeytin ~si*) Paste *f;* (*badem ~si*) Marzipan *nt*

ezmek *vt* ❶ zerquetschen ❷ (*üzerinden geçmek*) überfahren; **tren iki ineği ezdi** der Zug hat die beiden Kühe überfahren ❸ (*boya, şeker*) in Wasser auflösen ❹ (*fig: baskı altında tutmak*) unterdrücken ❺ (*fig: düşmanı*) zerschlagen; (*yenmek*) besiegen ❻ (*sl: paraları*) verjubeln; (*harcamak*) ausgeben

F f

F, f *s* ❶ F, f *nt* (*siebter Buchstabe des türk. Alphabets*); **Fatsa'nın ~'si** F wie Friedrich ❷ MUS f, F
fa *s* MUS ❶ fa ❷ F *nt*
faaliyet *s* Tätigkeit *f*
fa anahtarı *s* MUS F-Schlüssel *m*, Bassschlüssel *m* **fa bemol** <-ü> *s* MUS Fes *nt*
fabl *s* LIT (*öykünce*) Fabel *f*
fabrika *s* ❶ Fabrik *f* ❷ (*elektrik, hadde ~ sı*) Werk *nt*
fabrikacı *s* Fabrikant(in) *m(f)*
fabrika işçisi *s* Fabrikarbeiter(in) *m(f)*
fabrikasyon *s* WIRTSCH Fabrikation *f* **fabrikasyon hatası** *s* WIRTSCH Fabrikationsfehler *m*
fabrikatör *s* Fabrikant(in) *m(f)*
facia *s* ❶ (*afet*) Katastrophe *f* ❷ LIT (*trajedi*) Tragödie *f*
facialı *adj* katastrophal
façeta *s* Facette *f*
fa diyez *s* MUS Fis *nt* **fa diyez majör** *s ohne pl* MUS Fis-Dur *nt* **fa diyez minör** *s ohne pl* MUS Fis-Moll *nt*
fagosit *s* BIOL Phagozyt *m*; (*yutar hücre*) Fresszelle *f*
fagot *s* MUS (*üflemeli çalgı*) Fagott *nt*
fahiş *adj* übermäßig; (*fiyat, kira*) überhöht
fahişe *s* Prostituierte *f*, Dirne *f*
fahrenhayt PHYS Fahrenheit
fahrî *adj* ehrenamtlich; **~ doktora** Ehrendoktor *m*; **~ görev** Ehrenamt *nt*
fail *s* ❶ *a.* JUR Täter(in) *m(f)* ❷ LING (*özne*) Subjekt *nt*
fair-play *s* SPORT (*dürüst oyun*) Fairplay *nt*
faiz *s* FIN Zins *m* **faiz indirimi** *s* FIN Zinssenkung *f*
faizlendirme *s* ❶ *Verbalsubstantiv zu* **faizlendirmek** ❷ Verzinsung *f*
faizlendirmek *vt* verzinsen
faizli *s* FIN verzinslich
faiz politikası *s* Zinspolitik *f*
faizsiz *adj* FIN zinslos
fak *s* Falle *f*; **~a basmak** (*fig*) in eine Falle tappen; **birini ~a bastırmak** (*fig*) jdn aufs Glatteis führen; (*aldatmak*) jdn hineinlegen; (*tuzağa düşürmek*) jdn in eine Falle tappen lassen
fakır <-krı> *s ohne pl* (*yoksulluk*) Armut *f*
fakir I. *s* Fakir *m* **II.** *adj* arm; **~ düşmek** in Armut verfallen
fakirane *adj* ärmlich
fakirhane [fakirhaːne] *s* ❶ Armenhaus *nt* ❷ (*fig*) **~mize hoş geldiniz, safa buyurdunuz!** welch ein Glanz in unserer armen Hütte!
fakirleşme *s* ❶ *Verbalsubstantiv zu* **fakirleşmek** ❷ Verarmung *f*
fakirleşmek *vi* (*yoksullaşmak*) verarmen
fakirleştirme *s Verbalsubstantiv zu* **fakirleştirmek**
fakirleştirmek *vt Kausativ zu* **fakirleşmek**
fakirlik <-ği> *s ohne pl* (*yoksulluk*) Armut *f*; **~ içinde ölmek/yaşamak** in Armut sterben/leben **fakirlik belgesi** *s* Armutszeugnis *nt*
fakr *s s.* **fakır**
fakrı *s poss von* **fakır**
faks *s* TELEK Fax *nt*, Telefax *nt*
faksimile *s* Faksimile *nt*
fakslama *s Verbalsubstantiv zu* **fakslamak**
fakslamak *vt* faxen
faks modemi *s* TELEK Faxmodem *nt*
faktitif I. *s* LING Faktitivum *nt* **II.** *adj* LING faktitiv; **~ fiiller** faktitive Verben
faktör *s* Faktor *m*
fakül *s* ASTRON (*benek*) Fleck *m*
fakülte *s* UNIV Fakultät *f*
fakülteli *s* Student(in) *m(f)*
fal *s* ❶ Wahrsagen *nt*, Wahrsagung *f*; **~ bakmak** wahrsagen; **~(ına) baktırmak** sich wahrsagen lassen; **birinin el ~ına bakmak** jdm aus der Hand lesen; **kahve ~ına bakmak** aus dem Kaffeesatz lesen ❷ (*yıldız ~ı*) Horoskop *nt*
falaka *s* Bastonade *f*
falan I. *s ohne pl* (*fam*) Dings *m o f* **II.** *adj* (*fam*) ❶ soundso; **~ tarihte** am Soundsovielten ❷ (*ve benzerleri*) und so weiter ❸ (*herhangi bir*) irgendeine(r); **başka bir isteğiniz ~ var mı?** haben Sie noch irgendeinen Wunsch? ❹ **gelecek hafta ~** irgendwann nächste Woche; **sekize doğru ~ gelirim** ich komme so gegen acht
falanca *s s.* **falan**: **ben ~yla sokağa çıkmam** ich gehe nicht mit irgendeinem aus
falan festekiz, **falan feşmekân**, **falan fıstık**, **falan filan** *s ohne pl* (*fam*) Dingsbums *m o f o nt*; **ona kâğıt, kalem ~ lazım** er braucht Papier, Stifte und so weiter
falanıncı *adj* soundsovielte(r, s)
falanjist *s* HIST Falangist(in) *m(f)*
falcı *s* Wahrsager(in) *m(f)*; **yıldız ~sı** Astrologe, -login *m, f*
falcılık <-ğı> *s ohne pl* Wahrsagung *f*
falçata *s*, **falçete** *s* Randmesser *nt*

F

falez *s s.* **yalı yar**

fallus *s* Phallus *m*

falso *s* ❶ MUS Dissonanz *f,* Missklang *m;* ~ **yapmak** falsch spielen; (*söylemek*) falsch singen ❷ SPORT **topa ~ vermek** den Ball anschneiden ❸ (*yanlış davranış*) Fehlverhalten *nt*

falsolu *adj* (*yanlış*) falsch; (*kusurlu, hatalı*) fehlerhaft

falsosuz *adj* (*kusursuz, hatasız*) fehlerfrei

fa majör *s ohne pl* MUS F-Dur *nt*

familya *s a.* BIOL Familie *f*

fa minör *s ohne pl* MUS f-Moll *nt*

fan [fɛn] *s s.* **vantilatör** Ventilator *m,* Lüfter *m*

fanatik I. *s* <-ği> Fanatiker(in) *m(f)* **II.** *adj* fanatisch

fanatizm *s ohne pl* Fanatismus *m*

fanfar *s* MUS ❶ Fanfare *f* ❷ (*ohne pl*) Blasmusik *f*

fâni [fa:ni:] *adj* (*ölümlü*) sterblich; (*gelip geçici*) vergänglich; (*kalımsız*) unbeständig **fâni dünya** *s ohne pl* Diesseits *nt*

fanilâ *s* Unterhemd *nt*

fânilik <-ği> *s ohne pl* Vergänglichkeit *f*

fantom *s* (*hayalet*) Phantom *nt*

fanus *s* Glasglocke *f*

far[1] *s* AUTO Scheinwerfer *m;* (*kısa ~, uzun ~*) Licht *nt*

far[2] *s* Lidschatten *m*

faraş *s* Kehrblech *nt*

farazî *adj s.* **varsayımsal** hypothetisch

faraziye *s s.* **varsayım** Hypothese *f*

fare *s* ❶ (*sıçan*) Maus *f;* (*büyük ~*) Ratte *f* ❷ INFORM Maus *f* **fare deliği** *s* ❶ Mäuseloch *nt,* Mauseloch *nt* ❷ Rattenloch *nt* **fare kapanı** *s* Mäusefalle *f,* Mausefalle *f*

farekulağı *s* BOT (*yabani mercanköşk*) Oregano *m*

fare kuyruğu *s* ❶ Rattenschwanz *m* ❷ (*dar testere*) Lochsäge *f,* Stichsäge *f* **fare zehiri** *s* Mäusegift *nt,* Rattengift *nt*

fark *s* ❶ Unterschied *m;* (*potansiyel ~ı*) Differenz *f,* Gefälle *nt* ❷ Abstand *m;* **açık ~la önde olmak** mit großem Abstand führen ❸ **birisi için bir şey ~ etmek** jdm etw ausmachen; **~ etmez** es macht nichts; **bir şeyi ~ etmek** etw (be)merken, etw ausmachen; **benim için (hiç) ~ etmez** (*fam*) mir ist das (ganz) egal, das macht mir (überhaupt) nichts aus; **birine bir şeyi ~ ettirmemek** jdm etw nicht merken lassen

farklı *adj* unterschiedlich; **bir şeyden ~ olmak** sich von etw unterscheiden, von etw abweichen

farklılık <-ğı> *s* Unterschied *m*

farmakolog *s* Pharmakologe, -login *m, f*

farmakoloji *s ohne pl* MED Pharmakologie *f*

farmason *s* ❶ (*mason*) Freimaurer *m* ❷ REG (*imansız*) Ungläubige(r) *f(m)*

farmasonluk <-ğu> *s ohne pl* Freimaurerei *f*

fars *s* THEAT Farce *f,* Posse *f*

Farsça *s* (*Acemce*) Persisch(e) *nt;* **~'da** im Persischen

farz *s* ❶ REL Pflicht *f,* Gebot *nt* ❷ **~ etmek** annehmen; **~ edelim ki** nehmen wir an, dass

farzımuhal <-li> *adv* **~ ...** angenommen, dass ..., in der Annahme, dass; (*farz edelim ki*) nehmen wir an, dass

Fas I. *s* Marokko *nt* **II.** *adj* marokkanisch

fasa fiso *adj* **~ şeyler** Pipifax *m*

faseta *s* Facette *f*

fasıl <-slı> *s* JUR Abschnitt *m*

fasıla [fa:--] *s* Intervall *nt;* (*kesinti*) Unterbrechung *f*

fasılasız [fa:---] *adj* ununterbrochen

fasikül *s* LIT, VERLAG Ausgabe; **ciltleri ~ ~ dağıtmak** die Bände Ausgabe für Ausgabe verteilen

fasile *s* BIOL (*familya*) Familie *f*

fasit daire *s s.* **kısır döngü** Teufelskreis *m*

faslı *s poss von* **fasıl**

Faslı I. *s* Marokkaner(in) *m(f)* **II.** *adj* marokkanisch

fason *s* Fasson *f;* (*kesim*) Zuschnitt *m*

fast food *s* (*festfut*) Fastfood *nt*

fasulye *s* Bohne *f;* **kuru/taze ~** weiße/grüne Bohnen; **kendini ~ gibi nimetten saymak** (*fig fam*) das Gras wachsen hören, die Flöhe husten hören **fasulye sırığı** *s* Bohnenstange *f*

faşing *s* Fasching *m*

faşist I. *s* Faschist(in) *m(f)* **II.** *adj* faschistisch

faşistlik <-ği> *s ohne pl* Faschismus *m*

faşizan *adj* faschistoid

faşizm *s ohne pl* POL Faschismus *m*

fatalist I. *s* Fatalist(in) *m(f)* **II.** *adj* fatalistisch

fatalite *s ohne pl* ❶ Fatalität *f* ❷ (*uğursuzluk*) Fatalität *f,* Verhängnis *nt*

fatalizm *s ohne pl* Fatalismus *m*

fatih *s* Eroberer(in) *m(f);* **F~ Sultan Mehmet** HIST Mehmet der Eroberer

fatura *s* Rechnung *f;* **~ kesmek** eine Rechnung ausstellen

faul <-lü> *s* SPORT Foul *nt;* **birine ~ yapmak** jdn faulen

fauna *s* ZOOL (*direy*) Fauna *f*

favori I. *s* ❶ Favorit(in) *m(f)* ❷ (*sakal demeti*) **~ler** Koteletten *pl* **II.** *adj* (*en çok beğenilen*) Lieblings- **favori sakal** *s* Backenbart *m*

fay *s* GEO (*kırılma*) Verwerfung *f*
fayans *s* ❶ Fliese *f;* ~ **döşemek** Fliesen verlegen ❷ Kachel *m;* ~ **döşemek** kacheln
fayansçı *s* Fliesenleger(in) *m(f)*
fayda *s* Nutzen *m;* ~ **etmemek** nichts nützen [*o* nutzen]; **birine ~sı olmak** jdm von Nutzen sein
faydalanma *s Verbalsubstantiv zu* **faydalanmak**
faydalanmak *vi* (aus)nutzen (**-den**); **bir şeyden** ~ Nutzen aus etw ziehen
faydalı *adj* nützlich; ~ **olmak** nützlich sein
fayda maliyet analizi *s* WIRTSCH Nutzen-Kosten-Analyse *f*
faydasız *adj* nutzlos
fay hattı *s* GEO (*kırılma çizgisi*) Verwerfungslinie *f*
fayton *s* ❶ Kutsche *f;* (*bir veya iki atlı*) Droschke *f* ❷ ZOOL (*tropik kuşu*) Tropikvogel *m*
faytoncu *s* Kutscher *m,* Droschkenkutscher *m*
faz *s* Phase *f*
fazıl [fa:-] *adj* tugendhaft
fazilet [--:-] *s* (*erdem*) Tugend *f*
faziletli *adj* tugendhaft
faziletsiz *adj* tugendlos
fazla I. *s* Überschuss *m;* **her şeyin ~sı sağlığa zararlıdır** allzu viel ist ungesund **II.** *adj* ❶ (*daha çok*) mehr (**-den** als); **elli yıldan** ~ (seit) mehr als fünfzig Jahren; **yeterinden** ~ mehr als genug ❷ (*artmış olan*) übrig, überflüssig; (~ *kilolu*) über-; ~ **ekmeğiniz var mı?** haben Sie noch Brot übrig? **III.** *adv* ❶ allzu, zu; ~ **sürdü** es dauerte allzu lange; ~ **sürmedi** es dauerte nicht allzu lange; ~ **uzaklaşmış olamaz** er kann sich nicht allzu weit entfernt haben; **böyle bir şeyi yapmak için ~ dürüsttür** er ist zu aufrichtig, als dass er so etwas tun könnte ❷ ~ **olmak** zu weit gehen; **artık sen ~ oldun** nun bist du zu weit gegangen; **rakıyı ~ kaçırmak** (*fam*) zu viel Raki trinken **fazla ağırlık** <-ğı> *s* Übergewicht *nt* **fazla bagaj** *s* Übergepäck *nt*
fazladan *adv* obendrein
fazla kilolu *adj* übergewichtig
fazlalaşma *s Verbalsubstantiv zu* **fazlalaşmak**
fazlalaşmak *vi* überhandnehmen
fazlalık <-ğı> *s* Übermaß *nt* (**-de/-de** an/von); ~ **etmek** überflüssig sein; **korkuda ~ göstermek** übermäßige Angst zeigen; **arz fazlalığı** Überangebot *nt*
fe *Name des siebten Buchstaben des türk. Alphabets;* **Fatsa'nın ~'si** F wie Friedrich
fecaat <-ti> [fedʒa:at] *s* Tragödie *f*
feci [fedʒi:] *adj,* **fecî** <-si> [fedʒi:] *adj* fürchterlich, furchtbar; (*trajik*) tragisch
fecir <-cri> *s* ❶ (*tan vakti*) Morgendämmerung *f* ❷ (*tan kızıllığı*) Morgenrot *nt,* Morgenröte *f*
feda [feda:] *s* Opfer *nt;* **kendini ~ etmek** sich (auf)opfern
fedai [feda:i:] *s* ❶ Bodyguard *nt,* Leibwächter *m* ❷ (*fam: pavyon ~si*) Rausschmeißer *m* ❸ *Angehöriger eines Himmelfahrtskommandos*
fedakâr [feda:kâ:r] *adj s.* **özverili** hingebungsvoll, selbstlos
fedakârlık <-ğı> *s ohne pl s.* **özveri** Hingabe *f,* Selbstaufopferung *f,* Selbstlosigkeit *f*
federal *adj* föderal, Bundes-; ~ **cumhuriyet** ADMIN Bundesrepublik *f;* **Almanya F~ Cumhuriyeti** die Bundesrepublik Deutschland **Federal Anayasa Mahkemesi** *s* Bundesverfassungsgericht *nt*
federal devlet *s* ADMIN Bundesstaat *m*
federal hükümet *s* ADMIN Bundesregierung *f* **Federal İçişleri Bakanı** *s* Bundesinnenminister(in) *m(f)*
federalist I. *s* POL Föderalist(in) *m(f)* **II.** *adj* POL föderalistisch
federalizm *s ohne pl* POL Föderalismus *m*
Federal Konsey *s ohne pl* ADMIN Bundesrat *m*
federal mahkeme *s* ADMIN, JUR Bundesgericht *nt*
federal yasa *s* Bundesgesetz *nt*
federasyon *s* ❶ POL Föderation *f,* Bund *m* ❷ (*futbol ~u*) Verband *m;* (*öğrenci ~u*) Bund *m*
federatif *adj* POL föderativ
federe *adj* POL föderiert
feding *s* RADIO Fading *nt*
fel *s s.* **görüngü** Erscheinung *f*
felaket [felâ:ket] **I.** *s* Katastrophe *f,* Desaster *nt,* Unglück *nt;* (*bela*) Verhängnis *nt* **II.** *adj* katastrophal; (*çok kötü*) schlimm **felaket kurbanı** *s* Katastrophenopfer *m*
felci *s poss von* **felç**
felç <-ci> *s* ❶ MED Lähmung *f;* (*paralizi*) Paralyse *f;* **kısmî** ~ partielle Lähmung ❷ (*fig*) **felce uğramak** zum Erliegen kommen, zum Stillstand kommen, zusammenbrechen; **felce uğratmak** zum Erliegen bringen, zum Stillstand bringen; **trafiği felce uğratmak** den Verkehr lahmlegen; **trafik felce uğradı** der Verkehr wurde lahmgelegt, der Verkehr ist zusammengebrochen, der Verkehr steht still
felçli *adj* MED gelähmt; (**vücudunun**) **belden aşağısı** ~ er ist unterhalb der Taille gelähmt
feldmareşal <-li> *s* MIL Feldmarschall *m*
feldspat *s* GEO Feldspat *m*

feleğin sillesi *s* Schicksalsschlag *m;* **~ne uğramak** [*o* **~ni yemek**] von Schicksalsschlägen getroffen werden
felek <-ği> *s* ❶ (*gökyüzü*) Himmel *m* ❷ (*dünya*) Welt *f;* **feleğini şaşırmak** die Welt nicht mehr verstehen; **feleğin çemberinden geçmiş olmak** (*fam*) viel Lebenserfahrung haben ❸ (*talih*) Glück *nt;* **~ yâr olursa** wenn das Glück mitspielt, wenn alles gut geht
felekiyat *s ohne pl s.* **astronomi** Astronomie *f*
F
Felemenk *s ohne pl* HIST Niederlande *f*
Felemenkçe *s* Niederländisch *nt*
fellah *s* ❶ Fellache, Fellachin *m, f* ❷ (*çiftçi*) Farmer *m* ❸ (*köylü*) Bauer *m*
fellek fellek *adv* **~ aramak** fieberhaft suchen
fellik fellik *adv* (*heyecanla*) aufgeregt; **~ aramak** fieberhaft suchen; *s. a.* **fellek fellek**
felsefe *s* Philosophie *f;* **~ yapmak** philosophieren
felsefeci *s* ❶ (*filozof*) Philosoph(in) *m(f)* ❷ SCHULE Philosophielehrer(in) *m(f)*
felsefî *adj* philosophisch
feminist I. *s* Feminist(in) *m(f)* **II.** *adj* feministisch
feminizm *s ohne pl* Feminismus *m*
fen <-nni> *s* ❶ Naturwissenschaften *pl;* **~ fakültesi** die naturwissenschaftliche Fakultät, der Fachbereich für Naturwissenschaften ❷ (*teknik*) Technik *f* ❸ (*bilim*) Wissenschaft *f*
fena [fena:] **I.** *adj* ❶ (*kötü*) übel, schlecht ❷ (*üzücü*) schlimm; **~ bir haber** eine schlimme Nachricht **II.** *adv* ❶ (*kötü*) übel, schlecht; **~ değil/sayılmaz** nicht übel [*o* schlecht]; **~ oldum/oluyorum** mir ist/wird übel ❷ (*çok*) sehr, ganz schön, ganz schlimm; **~ hâlde soğuk aldım** ich habe mich ganz schlimm erkältet; **çok ~ sıkıştım** (*fam*) ich muss mal dringend
fenalaşma *s Verbalsubstantiv zu* **fenalaşmak**
fenalaşmak *vi* ❶ sich verschlimmern, schlimmer werden, sich verschlechtern ❷ (*bayılacak gibi olmak*) schlecht [*o* übel] werden
fenalaştırma *s Verbalsubstantiv zu* **fenalaştırmak**
fenalaştırmak *vt* verschlimmern, schlimmer machen, verschlechtern
fenalık <-ğı> *s* ❶ (*kötülük*) Bosheit *f,* Boshaftigkeit *f;* **birine ~ etmek** jdm Böses (an)tun, jdm übel mitspielen ❷ Übel *nt;* (*rahatsızlık veren şey*) das, was stört; **birine ~ gelmek** jdm wird schlecht [*o* übel]; (*bayılacak gibi olmak*) jdm wird schwindelig; **biraz ~ geçirdim** mir wurde etwas schlecht
fen bilimi *s* Naturwissenschaft *f*
fen bilimleri *pl* Naturwissenschaften *pl*
fener *s* ❶ Leuchte *f;* (*cep ~i*) Lampe *f;* (*karpuz ~*) Lampion *m;* (*hayali~*) Laterne *f* ❷ (*deniz ~i*) Leuchtturm *m* ❸ (*kahveci tepsisi*) Kaffeetablett *nt* **fener alayı** *s* Fackelzug *m* **fener balığı** *s* ZOOL Seeteufel *m* **fener kulesi** *s* Leuchtturm *m*
fenik <-ği> *s* HIST Pfennig *m*
Fenike *s* HIST Phönizien *nt*
Fenikeli I. *s* HIST Phönizier *m* **II.** *adj* phönizisch
fenlenmiş *adj* (*çocuk*) frühreif, aufgeklärt
fennî *adj* ❶ naturwissenschaftlich ❷ (*tekniğe uygun biçimde yapılan*) technisch; **~ muayene** AUTO technische Untersuchung ❸ (*bilimsel yöntemlere uygun biçimde yapılan*) wissenschaftlich
fenol <-lü> *s ohne pl* CHEM Phenol *nt*
fenomen *s* ❶ Phänomen *nt* ❷ (*görüngü*) Erscheinung *f*
fenomenal *adj* phänomenal
fenomenizm *s ohne pl* PHILOS Phänomenalismus *m*
fenomenoloji *s ohne pl* PHILOS Phänomenologie *f*
fenomenolojik <-ği> *adj* PHILOS phänomenologisch
feodal <-li> *adj* feudal
feodalite *s ohne pl* Feudalität *f*
feodalizm *s ohne pl* Feudalismus *m,* Feudalherrschaft *f; s. a.* **derebeylik**
fer *s ohne pl* Glanz *m;* **gözlerinin ~i** der Glanz seiner Augen
feragat <-ti> [fera:-] *s* Verzicht *m;* **~ göstermek** auf sein Recht verzichten; **tahttan ~ etmek** auf den Thron verzichten, abdanken
feragatli *adj* selbstlos
ferah *adj* geräumig
ferahlama *s Verbalsubstantiv zu* **ferahlamak**
ferahlamak *vi* erleichtert sein, aufatmen
ferahlatma *s Verbalsubstantiv zu* **ferahlatmak**
ferahlatmak *vt* erleichtern; **yüreğini ~** sein Herz erleichtern; **haber onu ferahlattı** die Nachricht erleichterte ihn
ferahlık <-ğı> *s ohne pl* Erleichterung *f;* **~ duymak** Erleichterung empfinden
ferci *s poss von* **ferç**
ferç <-ci> *s* Muttermund *m*
ferdi *s poss von* **fert**
ferdî *adj s.* **bireysel** individuell
ferdiyet *s s.* **bireysellik** Individualität *f*

ferdiyetçi *adj s.* **bireyci** individualistisch
ferdiyetçilik <-ği> *s ohne pl s.* **bireycilik** Individualismus *m*
feribot *s* Fähre *f*
ferişte *s s.* **melek** Engel *m*
ferman *s* ❶ HIST (*yarlık*) Ferman *m* ❷ (*emir, buyruk*) Befehl *m;* ~ **sizin** zu Befehl, wie Sie wünschen
fermejüp *s s.* **çıtçıt** Druckknopf *m*
ferment *s* BIOL Ferment *nt*
fermuar *s* Reißverschluss *m*
fert <-di> *s s.* **birey** Individuum *nt*
feryat <-dı> *s* Aufschrei *m;* (*çığlık*) Schrei *m;* ~ **koparmak** aufschreien; **feryadı basmak** losschreien; **hemen feryadı basmana gerek yok** du brauchst nicht gleich zu schreien **feryat figan** *s ohne pl* Geschrei *nt*
fes *s* Fes *m*
fesadı *s poss von* **fesat**
fesat **I.** *s* <-dı> ❶ Unruhe *f,* Störung *f;* ~ **çıkarmak** Unruhe stiften ❷ (*mide fesadı*) Verstimmung *f* **II.** *adj* (*kötümser*) pessimistisch
fesatçı *adj* (*pej*) aufwieglerisch
fesat kumkuması *s* (*pej*) Unruhestifter(in) *m(f),* Störenfried *m*
feshedilme *s* ❶ *Verbalsubstantiv zu* **feshedilmek** ❷ (*kaldırılma*) Aufhebung *f* ❸ (*dağıtılma*) Auflösung *f;* **parlamentonun ~sine karar verildi** die Auflösung des Parlaments wurde beschlossen
feshedilmek *vi pass von* **feshetmek: dernek feshedildi** der Verein wurde aufgelöst
feshetme *s* ❶ *Verbalsubstantiv zu* **feshetmek** ❷ (*kaldırma*) Aufhebung *f* ❸ (*dağıtma*) Auflösung *f*
feshetmek *vt* ❶ (*kaldırmak*) aufheben ❷ (*dağıtmak*) auflösen
feshi *s poss von* **fesih**
fesih <-shi> *s* ❶ (*kaldırma*) Aufhebung *f* ❷ (*dağıtma*) Auflösung *f;* **parlamentonun feshi** Auflösung des Parlaments
fesleğen *s ohne pl* BOT Basilie *f,* Basilienkraut *nt;* GASTR Basilikum *nt*
festfut <-du> *s* Fastfood *nt*
festival <-li> *s* ❶ Festival *nt,* Festspiele *pl* ❷ (*şenlik*) Fest *nt*
fethetme *s* ❶ *Verbalsubstantiv zu* **fethetmek** ❷ Eroberung *f*
fethetmek <-der> *vt* erobern
fethi *s poss von* **fetih**
fetih <-thi> *s* Eroberung *f*
fetiş *s* ❶ (*tapıncak*) Fetisch *m;* (*put*) Götzenbild *nt* ❷ (*fig*) Fetisch *m* ❸ (*uğurlu sayılan şey*) Glücksbringer *m*
fetişist **I.** *s* Fetischist(in) *m(f)* **II.** *adj* fetischistisch
fetişizm *s ohne pl* Fetischismus *m*
fetüs *s* Fetus *m*
fetva *s* REL Fatwa *f*
feveran *s ohne pl* Aufbrausen *nt;* ~ **etmek** aufbrausen
fevk *s* **bulutların ~ine çıkmak** über die Wolken steigen
fevkalade [fevkalā:de] *adv* überragend; (*alışılmış olandan ayrı*) außergewöhnlich; (*olağanüstü*) außerordentlich, ausnehmend; ~ **bir başarı** eine überragende Leistung; **şapka sana ~ yakıştı** der Hut steht dir ausnehmend gut **fevkalade hâl** <-li> *s s.* **olağanüstü hâl** Ausnahmezustand *m*
fevkalbeşer *adj s.* **insanüstü** übermenschlich
fevrî *adj* voreilig, vorschnell; (*birdenbire*) plötzlich
fevrîlik <-ği> *s ohne pl* Voreiligkeit *f*
feylesof *s s.* **filozof** Philosoph(in) *m(f)*
feylesofça *adv s.* **filozofça** philosophisch
feza *s s.* **uzay** Raum *m,* Weltraum *m*
fezleke *s* ❶ (*özet*) Zusammenfassung *f* ❷ JUR (*tahkikat evrakı*) Ermittlungsakte *f*
fıçı *s* ❶ Fass *nt;* **iki ~ bira/şarap** zwei Fässer Bier/Wein ❷ Fassfüllung *f* **fıçı birası** *s* Fassbier *nt* **fıçı çemberi** *s* Fassreifen *m*
fıkara *adj* arm
fıkırdak **I.** *s* <-ğı> (*fig*) Kokette *f* **II.** *adj* (*fig: cilveli*) kokett
fıkırdaklık <-ğı> *s* (*fig*) Koketterie *f*
fıkırdama *s Verbalsubstantiv zu* **fıkırdamak**
fıkırdamak *vi* ❶ brodeln ❷ (*fig: cilvelenmek*) kokettieren
fıkır fıkır *adv* ❶ **su ~ kaynıyor** das Wasser brodelt ❷ (*fig*) ~ **gülüşler** das Gekicher
fıkra *s* ❶ (*nükteli hikâye*) Witz *m;* (*anekdot*) Anekdote *f* ❷ VERLAG (*köşe yazısı*) Feuilleton *nt* ❸ JUR (*maddenin alt bölümü*) Absatz *m* ❹ (*paragraf*) Absatz *m* ❺ ANAT (*omur*) Wirbel *m* **fıkra yazarı** *s* VERLAG Feuilletonist(in) *m(f)*
fındık <-ğı> *s* BOT ❶ (*ağaççık*) Haselnussstrauch *m* ❷ (*ürünü*) Haselnuss *f* ❸ (*sl: hileli zar*) präparierter Würfel **fındık biti** *s* ZOOL Haselnussbohrer *m* **fındık faresi** *s* ZOOL Haselmaus *f*
fındıkî *adj* nussbraun
fındıkkıran *s* Nussknacker *m*
fındık tırtılsısı *s* BOT Haselkätzchen *nt*
Fırat *s ohne pl* Euphrat *m*
fırça *s* ❶ (*boya, tıraş ~sı*) Pinsel *m* ❷ (*diş, saç ~sı*) Bürste *f;* **birine ~ çekmek** (*fig fam*) jdn abbürsten **fırça bıyıklı** *adj* bürstenbärtig
fırçalama *s Verbalsubstantiv zu* **fırçalamak**

fırçalamak *vt* ❶ bürsten ❷ abbürsten ❸ (*fig fam*) **birini ~** jdn abbürsten
fırdolayı *adv* ringsherum
fırdöndü **I.** *s* Drehzapfen *m* **II.** *adj* (*fig fam*) wetterwendisch
fırıldak <-ğı> *s* ❶ (*çocuk oyuncağı*) Windrädchen *nt* ❷ (*havalandırma aracı*) Ventilator *m* ❸ (*fig*) Schwindel *m*
fırıldakçı *s* ❶ Windrädchenverkäufer *m* ❷ (*fig*) Schwindler(in) *m(f)*
fırıldak çiçeği *s* BOT (*çarkıfelek*) Passionsblume *f*
fırın *s* ❶ TECH Ofen *m* ❷ GASTR Backofen *m;* (*mikrodalga ~*) Herd *m* ❸ Bäckerei *f*
fırıncı *s* Bäcker(in) *m(f)*
fırıncılık <-ğı> *s ohne pl* Bäckerhandwerk *nt*
fırlama *s* ❶ *Verbalsubstantiv zu* **fırlamak** ❷ (*sl: piç*) Bastard *m* ❸ REG (*arsız, terbiyesiz çocuk*) Lausbub(e) *m*
fırlamak *vi* ❶ springen; **ayağa ~** aufspringen; **sevincinden havaya ~** vor Freude einen Luftsprung machen ❷ (*fiyatlar*) in die Höhe schnellen; **fiyatlar fırladı (gitti)** die Preise schnellten in die Höhe
fırlar *vi 3. Aorist von* **fırlamak** **fırlar koltuk** <-ğu> *s* Schleudersitz *m*
fırlatma *s Verbalsubstantiv zu* **fırlatmak**
fırlatmak *vt* ❶ schleudern ❷ katapultieren ❸ (*füze, roket*) abschießen, abfeuern
fırlatma rampası *s* Abschussrampe *f*
fırsat *s* Gelegenheit *f,* Chance *f;* **~ı ganimet bilmek** die Gelegenheit beim Schopfe fassen [*o* ergreifen]; **~ı kullanmak** die Gelegenheit benutzen; **~tan istifade etmek** die Gelegenheit nutzen, eine Chance wahrnehmen; **ilk ~ta** bei der ersten Gelegenheit **fırsat eşitliği** *s ohne pl* Chancengleichheit *f*
fırt *s* (*fam*) ❶ (*sigara için*) Zug *m;* **bir ~ çekmek** einen Zug nehmen ❷ (*içki için*) Schluck *m;* **bir ~ çekmek** einen Schluck nehmen **fırt fırt** *adv* ständig; **çocukların ~ girip çıkmaları** das ständige Rein- und Rausgehen der Kinder
fırtına *s* Sturm *m;* **~ kopmak** [*o* **patlamak**] ein Sturm losbrechen; (*fig*) Donnerwetter geben; **~dan önce(ki) sessizlik** die Ruhe vor dem Sturm; **rüzgâr eken ~ biçer** (*prov*) wer Wind sät, wird Sturm ernten **fırtına kuşu** *s* ZOOL Sturmvogel *m*
fırtınalı *adj* (*a. fig*) stürmisch
fırtınamsı *adj* stürmisch; **~ rüzgâr** stürmischer Wind
fırttırık <-ğı> *adj* (*fam*) durchgedreht, übergeschnappt, ausgeflippt
fırttırma *s Verbalsubstantiv zu* **fırttırmak**
fırttırmak *vi* (*fam*) durchdrehen, überschnappen, ausflippen; (*aklını kaçırmak*) den Verstand verlieren; **Hasan şimdi tamamen fırttırdı** Hasan ist nun völlig übergeschnappt
fısfıs *s* Sprühdose *f*
fıs fıs *adv* (*pej*) tuschelnd; **~ konuşmak** tuscheln
fısfıslama *s Verbalsubstantiv zu* **fısfıslamak**
fısfıslamak *vt* sprühen
fısıldama *s Verbalsubstantiv zu* **fısıldamak**
fısıldamak *vt* flüstern; (*fıslamak*) tuscheln; **birinin kulağına bir şey ~** jdm etw ins Ohr flüstern [*o* tuscheln]
fısıldaşma *s Verbalsubstantiv zu* **fısıldaşmak**
fısıldaşmak *vi* tuscheln
fısıl fısıl *adv* **~ konuşmak** im Flüsterton reden
fısıltı *s* ❶ Flüsterlaut *m;* **odadan ~lar geliyordu** Flüsterlaute kamen aus dem Zimmer ❷ (*ohne pl*) Flüsterton *m;* **~ ile konuşmak** im Flüsterton reden **fısıltı gazetesi** *s ohne pl* Flüsterpropaganda *f*
fısırtı *s s.* **fısıltı**
fıskiye *s* ❶ Fontäne *f* ❷ Springbrunnen *m*
fıslamak *vt* zuflüstern; **birine bir şey ~** jdm etw zuflüstern
fıstık <-ğı> *s* (*yer fıstığı*) Erdnuss *f;* (*Antep fıstığı*) Pistazie *f;* (*çam fıstığı*) Pinienkern *m;* **~ gibi** (*fig*) knackig **fıstık çamı** *s* BOT Pinie *f*
fışırdama *s ohne pl* ❶ *Verbalsubstantiv zu* **fışırdamak** ❷ (*su için*) Geplätscher *nt*
fışırdamak *vi* (*ipek kumaş*) knistern; (*su*) plätschern
fışır fışır *adv* **~ akmak** plätschern; **~ etmek** knistern
fışkırma *s* ❶ *Verbalsubstantiv zu* **fışkırmak** ❷ ASTRON Protuberanz *f*
fışkırmak *vi* ❶ (*kaynak, su*) aufspritzen, hervorspritzen (**-den** aus) ❷ schießen (**-den** aus), hervorschießen (**-den** aus); **gözlerinden yaşlar fışkırdı** es schossen ihm Tränen aus den Augen ❸ (*bitkiler için*) sprießen (**-den** aus)
fışkırtıcı *s* TECH (*ejektör*) Ejektor *m*
fıtık <-ğı> *s* MED Bruch *m;* (*kasık fıtığı*) Leistenbruch *m;* (*bel fıtığı*) Bandscheibenvorfall *m*
fıtrî *adj* (*doğuştan*) angeboren
fıtriye *s ohne pl* PSYCH (*doğuştancılık*) Nativismus *m*
fıttırık <-ğı> *adj s.* **fırttırık**
fıttırmak *vi s.* **fırttırmak**
fi (*edat*) **~ tarihinde(n)** (von) anno dazumal

fiber *s* Pflanzenfiber *f*
fibrin *s ohne pl* BIOL Fibrin *nt*
fibrinojen *s ohne pl* BIOL Fibrinogen *nt*
fidan *s* Steckling *m;* (*dikme*) Setzling *m*
fidan biti *s* ZOOL (*yaprak biti*) Blattlaus *f*
fidan boylu *adj* rank und schlank
fidanlık <-ğı> *s* Baumschule *f*
fide *s* Setzling *m*
fideizm *s ohne pl* PHILOS (*inancılık*) Fideismus *m*
fidye *s,* **fidyeinecat** *s s.* **kurtulmalık** Lösegeld *nt*
figan *s ohne pl* (*acı ile bağırma*) Schmerzensschrei *m,* Wehgeschrei *nt;* (*inleme*) Stöhnen *nt;* ~ **etmek** wehklagen (**yüzünden** über)
figür *s* ❶ Figur *f;* (*biçim*) Gestalt *f* ❷ *a.* SPORT Figur *f;* **mecburî ~ler** Pflicht *f;* **serbest ~ler** Kür *f;* **yeni bir ~ öğrenmek** eine neue Figur lernen ❸ MUS Figur *f;* **dansın tek bir ~ünü öğrenmeye çalışmak** eine einzelne Figur des Tanzes üben
figüran *s* ❶ THEAT, FILM Statist(in) *m(f);* FILM Komparse, Komparsin *m, f* ❷ (*fig: sönük, etkisiz kimse*) Statist(in) *m(f),* Randfigur *f*
figüratif *adj* KUNST figurativ
fiğ *s* BOT Wicke *f*
fiil *s* ❶ *a.* JUR Tat *f,* Handlung *f;* **bir şeyi ~e koymak** etw in die Tat umsetzen ❷ LING Verb *nt;* **etken/edilgen ~** aktives/passives Verb; **geçişli/geçişsiz ~ler** transitive/intransitive Verben
Fiji Adaları *pl* Fidschiinseln *pl*
fikir <-kri> *s* ❶ (*düşünce*) Gedanke *m* ❷ Meinung *f;* **başka ~de olmak** anderer Meinung sein; **fikrini değiştirmek** seine Meinung ändern, sich anders überlegen ❸ (*düşün, ide*) Idee *f;* **iyi (bir) ~!** (eine) gute Idee!; **benim bir fikrim var** ich habe eine Idee; **bu ~ nereden aklına geldi ki?** wie kommst du denn auf die Idee? **fikir adamı** *s* Denker *m* **fikir hürriyeti** *s ohne pl s.* **düşünce özgürlüğü** Gedankenfreiheit *f,* Meinungsfreiheit *f* **fikir işçisi** *s* Kopfarbeiter(in) *m(f)* **fikir teatisi** *s* (*düşünce alış verişi*) Gedankenaustausch *m*
fikri *s poss von* **fikir**
fikrî *adj* (*düşünsel*) gedanklich; ~ **mülkiyet** JUR geistiges Eigentum **fikrî içtima** *s* JUR Idealkonkurrenz *f*
fikrisabit *s* PSYCH (*saplantı*) Zwangsvorstellung *f;* (*idefiks*) fixe Idee
fikriyat *s s.* **düşünceler** Gedanken *pl,* Ideen *pl*
fiks menü *s* Menü *nt*
fikstür *s* SPORT Spielplan *m*
fiktif *adj* fiktiv
fil *s* ❶ ZOOL Elefant *m* ❷ (*satrançta*) Läufer *m*
filaman [filãman] *s* ELEK Glühfaden *m*
filan *s ohne pl s.* **falan** (*fam*) Dings *m o f*
filanca *adj s.* **falan** (*fam*) soundso; ~ **tarihte** am Soundsovielten
filan falan *s ohne pl s.* **falan filan** (*fam*) Dingsbums *m o f o nt*
filantrop **I.** *s* Philanthrop(in) *m(f)* **II.** *adj* philanthropisch
filariz *s* Flachsbreche *f*
filarmoni [filãrmoni] *s* MUS Philharmonie *f*
filarmonik <-ği> *adj* philharmonisch
filbahar *s* BOT Pfeifenstrauch *m,* Falscher Jasmin
fildişi *s ohne pl* Elfenbein *nt;* ~ **gibi** wie Elfenbein **fildişi kulesi** *s* (*fig*) Elfenbeinturm *m* **fildişi rengi** *adj* elfenbeinfarben
file *s* ❶ *a.* SPORT (*ağ*) Netz *nt* ❷ (*alış verişte kullanılan ağ torba*) Einkaufsnetz *nt* ❸ (*saç için*) Haarnetz *nt*
fileli bagaj rafı *s* Gepäcknetz *nt*
fileto *s* GASTR Filet *nt*
fil faresi *s* ZOOL Elefantenspitzmaus *f*
filhakika *adv s.* **hakikaten** tatsächlich, wirklich
fil hastalığı *s* MED Elephantiasis *f*
Filibe *s* Plovdiv *nt*
filibit *s* MED (*flebit*) Phlebitis *f*
filigran *s* Wasserzeichen *nt*
filika *s* NAUT ❶ Beiboot *nt* ❷ Kutter *m*
Filipinli *s* Philippiner(in) *m(f)*
Filistin **I.** *s* Palästina *nt* **II.** *adj* palästinensisch; ~ **Kurtuluş Örgütü** Palästinensische Befreiungsorganisation
Filistinli **I.** *s* Palästinenser(in) *m(f)* **II.** *adj* palästinensisch
filiz *s* BOT Keim *m;* ~ **vermek** keimen
filizcik <-ği> *s* BOT Keimling *m*
filizlenme *s* ❶ *Verbalsubstantiv zu* **filizlenmek** ❷ Keimung *f*
filizlenmek *vi* ❶ BOT keimen ❷ (*fig: gelişmeye başlamak*) keimen
fil kulağı *s* BOT Buntblatt *nt,* Buntwurz *f*
film *s* Film *m* **film afişi** *s* Filmplakat *nt*
filmci *s* Filmemacher(in) *m(f)*
filmcilik <-ği> *s ohne pl* Filmgeschäft *nt*
film festivali *s* Filmfestival *nt,* Filmfestspiele *pl*
filmleştirme *s* ❶ *Verbalsubstantiv zu* **filmleştirmek** ❷ Verfilmung *f*
filmleştirmek *vt* verfilmen
film müziği *s* Filmmusik *f* **film yıldızı** *s* Filmstar *m*
filo *s* ❶ Flotte *f* ❷ (*sl: bit*) Laus *f*
filojenez *s* BIOL Phylogenese *f*
filoksera *s* ZOOL Phylloxera *f;* (*asma biti*) Reblaus *f*
filolog <-ğu> *s* Philologe, -login *m, f*
filoloji *s* Philologie *f*

filolojik <-ği> *adj* philologisch
filozof *s* Philosoph(in) *m(f)*
filozofça *adj* philosophisch
filozofik <-ği> *adj* philosophisch
filsi *adj* elefantenartig
filtre *s* Filter *m* **filtre kâğıdı** *s* Filterpapier *nt*
filtreli *adj* Filter- **filtreli sigara** *s* Filterzigarette *f*
filtresiz *adj* filterlos
filum *s* BIOL Stamm *m*
filvaki [filva:ki:] *adv* (*gerçekten*) tatsächlich; (*vakıa*) zwar, wohl

F

Fin I. *s* Finne, Finnin *m, f* **II.** *adj* finnisch
final <-li> [finăl] **I.** *s* ❶ SPORT Finale *nt,* Endkampf *m,* Endspiel *nt* ❷ MUS Finale *nt* **II.** *adj* final
finalist *s* SPORT Finalist(in) *m(f)*
finalizm *s ohne pl* PHILOS (*erekçilik*) Finalismus *m*
finans *s* WIRTSCH, FIN Finanz *f*
finansal *adj* finanziell, Finanz- **finansal piyasa** *s* Finanzmarkt *m*
finans dünyası *s* Finanzwelt *f*
finanse etmek *vt* WIRTSCH, FIN finanzieren
finansman *s* WIRTSCH, FIN Finanzierung *f*
finansör *s* FIN Finanzier *m,* Geldgeber(in) *m(f)*
fincan *s* Tasse *f* **fincan tabağı** *s* Untertasse *f*
Fince *s* Finnisch *nt;* **~den Türkçeye çevirmek** aus dem Finnischen ins Türkische übersetzen
fingirdek <-ği> *adj* kokett
fingirdeme *s Verbalsubstantiv zu* **fingirdemek**
fingirdemek *vi* kokettieren
Fin hamamı *s s.* **sauna** Sauna *f*
finiş *s* SPORT (*koşuda*) Einlauf *m;* **~e kalkmak** zum Endspurt ansetzen
fink *s* **~ atmak** sich herumtreiben
Finlandiya *s* Finnland *nt*
Finlandiyalı *s,* **Finli** *s* Finne, Finnin *m, f*
fino *s* ❶ (*köpek*) Schoßhund *m* ❷ (*sl: esrar*) Stoff *m*
Fin-Ugor *adj* LING finnisch-ugrisch
firar *s* Flucht *f;* **~ etmek** fliehen; **~a kadem basmak** fliehen, abhauen; **askerden ~ etmek** fahnenflüchtig werden
firavun *s* HIST Pharao *m* **firavun faresi** *s* ZOOL Ichneumon *m o nt*
fire *s ohne pl* COMM Schwund *m*
firkat <-ti> *s s.* **ayrılık** Trennung *f*
firkateyn *s* NAUT, MIL Fregatte *f*
firkete *s* Haarnadel *f*
firma *s* WIRTSCH Firma *f*
firuze *s* Türkis *m*
fiske *s* ❶ Klaps *m* ❷ Prise *f;* **bir ~ tuz** eine Prise Salz ❸ Hautblase *f;* **~ ~ kabarmak** [*o* **olmak**] Blasen bilden
fistan *s* (*Arnavut ve Yunanlılarda*) Fustanella *f;* (*İskoçlarda*) Kilt *m*
fistül *s* MED Fistel *f*
fiş *s* ❶ ELEK Stecker *m,* Netzstecker *m;* **~i prize sokmak** den Stecker in die Steckdose stecken ❷ Karteikarte *f* ❸ (*kumarda*) Chip *m,* Spielmarke *f* ❹ (*kasa* ~ *i*) Bon *m;* (*makbuz*) Quittung *f,* Beleg *m*
fişek <-ği> *s* ❶ Patrone *f* ❷ Rakete *f;* **havaî ~** Feuerwerkskörper *m;* **kestane fişeği** Knallkörper *m,* Böller *m* **fişek kovanı** *s* Patronenhülse *f*
fişeklik <-ği> *s* Patronengurt *m*
fit[1] *s* Aufwiegelung *f,* Hetze *f*
fit[2] *s* (*fam*) ❶ **bir şeye ~ olmak** (*razı olmak*) mit etw einverstanden sein; **biriyle ~ olmak** (*ödeşmek*) mit jdm quitt sein ❷ **birine ~ vermek** [*o* **sokmak**] jdn gegen jdn aufhetzen
fitil *s* ❶ Docht *m;* (*ateşleme* ~ *i*) Schnur *f;* **~ vermek** (*fig*) aufhetzen (**-e**) ❷ (*ilaç*) Zäpfchen *nt* ❸ HIST Lunte *f;* **~ vermek** die Lunte ans Pulverfass legen ❹ (*döşemecilikte*) Keder *m;* **deri/kumaş ~** Keder aus Leder/Stoff ❺ **~ gibi** (*fig*) blau; (*zilzurna*) stockbesoffen
fitne *s* Unfrieden *m;* (*geçimsizlik*) Zwietracht *f;* **~ sokmak** (*ara bozmak*) Zwietracht säen; (*insanları birbirine katmak*) Unfrieden stiften
fitneci *adj* hetzerisch
fitnecilik <-ği> *s ohne pl* Hetzerei *f*
fitne kumkuması *s* Störenfried *m*
fitneleme *s Verbalsubstantiv zu* **fitnelemek**
fitnelemek *vt* (*çekiştirmek*) **birini ~** über jdn herziehen [*o* lästern]
fitnes *s ohne pl* Fitness *f* **fitnes kulübü** *s* SPORT Fitnesscenter *nt*
fitre *s* REL Ramadan-Almosen *nt*
fiyaka *s* (*fam*) Angeberei *f,* Wichtigtuerei *f*
fiyakacı *s* (*gösterişçi*) Angeber(in) *m(f)*
fiyakalı *adj* (*gösterişli*) auffallend, auffällig; (*elbise*) extravagant
fiyasko *s* (*fam*) Fiasko *nt,* Reinfall *m,* Flop *m;* **~ vermek** ein Fiasko erleiden, durchfallen; **bu tam bir ~ydu** das war ein glatter Reinfall
fiyat *s* ❶ Preis *m;* **yarı ~ına** zum halben Preis ❷ FIN (*hisse senedi* ~ *ı*) Kurs *m* **fiyat artışı** *s* WIRTSCH Preisanstieg *m,* Preissteigerung *f* **fiyat avantajı** *s* Preisvorteil *m* **fiyat dalgalanması** *s* Preisschwankung *f;* (*borsada*) Kursschwankung *f* **fiyat endeksi** *s,* **fiyat indeksi** *s* WIRTSCH Preisindex *m*

fiyonk <-gu> *s* Schleife *f*
fiyort <-du> *s* GEO Fjord *m*
fizibilite *s ohne pl* WIRTSCH (*yapılabilirlik*) Machbarkeit *f*, Durchführbarkeit *f*
fizik <-ği> *s ohne pl* ❶ Physik *f* ❷ (*insanın doğal yapısı*) Physis *f*
fizikçi *s* Physiker(in) *m(f)*
fiziki *adj* physisch
fizik ötesi **I.** *s* (*metafizik*) Metaphysik *f* **II.** *adj* metaphysisch
fiziksel *adj* ❶ physikalisch ❷ (*fiziki*) physisch, körperlich; ~ **acı** physischer Schmerz; ~ **gelişim** die körperliche Entwicklung
fizik tedavisi *s ohne pl* Physiotherapie *f*
fizik yapısı *s ohne pl* Körperbau *m*
fizyokrat **I.** *s* Physiokrat *m* **II.** *adj* physiokratisch
fizyokratlık <-ğı> *s ohne pl* Physiokratie *f*
fizyolog *s* Physiologe, -login *m, f*
fizyoloji *s ohne pl* Physiologie *f*
fizyolojik *adj* physiologisch
fizyolojist *s* Physiologe, -login *m, f*
fizyonomi *s* Physiognomie *f*
fizyoterapi *s ohne pl s.* **fizik tedavisi** Physiotherapie *f*
fizyoterapist *s* Physiotherapeut(in) *m(f)*
FKÖ *s Abk von* **Filistin Kurtuluş Örgütü** PLO *f* (*Palästinensische Befreiungsorganisation*)
flam [flãm] *s* (*emniyet kilidi*) Sicherheitsschloss *nt*
flama [flãma] *s* ❶ (*küçük bayrak*) Fähnchen *nt* ❷ (*işaret olarak kullanılan küçük bayrak*) Winkerflagge *f* ❸ (*üç köşeli küçük bayrak*) Wimpel *m*
Flaman [flãman] **I.** *s* Flame *m*, Flämin *f* **II.** *adj* flämisch
Flamanca *s ohne pl* Flämisch(e) *nt;* ~**da** im Flämischen; ~**dan** aus dem Flämischen; ~**ya** ins Flämische
flamingo [flãmingo] *s* ZOOL Flamingo *m*
Flandra *s* Flandern *nt*
flanel [flãnel] *s* Flanell *m*
flanş *s* TECH Flansch *m*
flaş [flãʃ] *s* ❶ FOTO Blitz *m*, Blitzlicht *nt* ❷ FOTO Blitzgerät *nt* ❸ (*fig*) Sondermeldung *f*
flaşör [flãʃœr] *s* AUTO Warnblinkanlage *f*
flavta [flãvta] *s s.* **flüt** Flöte *f*
flebit *s* MED Phlebitis *f*
flegmon *s* MED Phlegmone *f*
flit *s* ❶ (*ilaç*) Insektenvernichtungsmittel *nt*, Insektizid *nt* ❷ (*araç*) Zerstäuber *m*
flok *s* NAUT Klüver *m*
flor *s ohne pl* CHEM Fluor *nt; s. a.* **flüor**
flora *s* Flora *f*
Floransa *s* Florenz *nt*
floresan *adj s.* **flüoresan** fluoreszierend
floresans *s ohne pl s.* **flüoresans** Fluoreszenz *f*
florin *s* HIST Florin *m;* (*gulden*) Gulden *m*
florya *s s.* **flûrya**
floş *s* (*pokerde*) Flush *m*
flöre *s* SPORT (*eskrimde*) Florett *nt;* ~ **ile eskrim yapmak** Florett fechten
flört *s* Flirt *m;* ~ **etmek** flirten
flûrya *s* ZOOL (*yelve*) Grünfink *m*
flüor *s ohne pl* CHEM Fluor *nt*
flüoresan *adj* fluoreszierend
flüoresans *s ohne pl* Fluoreszenz *f*
flüorışıl *adj* CHEM fluoreszierend
flüorit *s* Fluorid *nt*
flüt *s* MUS Flöte *f;* ~ **çalmak** Flöte spielen, flöten
flütçü *s* MUS Flötist(in) *m(f)*, Flötenspieler(in) *m(f)*
fob *s* (*free on board*) fob; **üzümün kilosu ~ İzmir ... eurodur** der Preis für ein Kilo Weintrauben fob İzmir ist ... Euro
fobi *s* MED, PSYCH Phobie *f*
fodul *adj* arrogant
fodulluk <-ğu> *s ohne pl* Arroganz *f*
fok *s* ZOOL (*ayı balığı*) Seehund *m*, Robbe *f*
fokstrot *s* Foxtrott *m*
fokurdama *s Verbalsubstantiv zu* **fokurdamak**
fokurdamak *vi* (*su*) brodeln
fokur fokur *adv* **su ~ kaynıyor** das Wasser brodelt
folklor *s ohne pl* Folklore *f*
folklorcu *s* Folklorist(in) *m(f)*
folklorculuk <-ğu> *s ohne pl* Folkloristik *f*
folklorik *adj* folkloristisch
folklorist *s s.* **folklorcu**
folluk <-ğu> *s* AGR Legenest *nt* **folluk yumurta** *s* AGR Nestei *nt*
folyo *s,* **folyo kâğıdı** *s* Folie *f*
fon *s* ❶ WIRTSCH, FIN Fonds *m* ❷ KUNST Fond *m* ❸ THEAT, FILM Background *m;* THEAT Hintergrund *m*
fonda *s* NAUT (*demir yeri*) Ankerplatz *m;* ~ **etmek** vor Anker gehen
fondan *s* Praline *f*
fondöten *s* Antifaltencreme *f*
fonem *s* LING (*ses birimi*) Phonem *nt*
fonetik **I.** *s* <-ği> *ohne pl* LING (*ses bilgisi*) Phonetik *f* **II.** *adj* LING (*sesçil*) phonetisch
fonksiyon *s* (*işlev*) Funktion *f* **fonksiyon tuşu** *s* INFORM (*işlev tuşu*) Funktionstaste *f*
fon müziği *s* Backgroundmusik *f*
fonoloji *s ohne pl* LING (*ses bilimi*) Phonologie *f*
forklift *s* Gabelstapler *m*
form[1] *s ohne pl* Form *f;* ~**a girmek** in Form kommen; ~**da** in Form

form² *s* Formular *nt*
forma *s* TYPO Druckbogen *m*
formaldehit *s ohne pl* CHEM Formaldehyd *m*
formalist *s* Formalist(in) *m(f)*
formalite *s* ❶ ADMIN Formalität *f* ❷ Formalie *f;* **gerekli ~leri tamamlamak** die notwendigen Formalien erledigen ❸ (*fig*) Form *f,* Formsache *f;* **~ gereği** der Form halber
formaliteci *s* Formalist(in) *m(f)*
formalite sorusu *s* Formfrage *f*
formalizm *s* Formalismus *m*
formasyon *s* Aufstellung *f*
format *s* Format *nt*
formatlama *s* ❶ *Verbalsubstantiv zu* **formatlamak** ❷ INFORM Formatierung *f*
formatlamak *vt* INFORM formatieren
formatlı *adj* INFORM (*disket*) formatiert
formel *adj* formal, formell
formik asit <-di> *s ohne pl* CHEM Ameisensäure *f*
formül *s* Formel *f*
formüla 1 *s ohne pl* AUTO Formel-1 *f*
formüle *s* **~ etmek** formulieren
fors *s* ❶ Einfluss *m* ❷ (*üç köşeli bayrak*) Wimpel *m;* (*dört köşeli bayrak*) Standarte *f*
forsa *s* HIST Galeerensträfling *m*
forseps *s* MED Geburtszange *f*
forsepsli doğum *s* MED Zangengeburt *f*
forslu *adj* einflussreich
forsmajör *s s.* **mücbir sebep** höhere Gewalt
forte *adv* MUS forte
forum *s* Forum *nt*
forvet *s* SPORT Stürmer(in) *m(f)*
foseptik *s* Sickergrube *f*
fosfat *s* CHEM Phosphat *nt;* **~ bakımından zengin** reich an Phosphaten
fosfatlama *s Verbalsubstantiv zu* **fosfatlamak**
fosfatlamak *vt* TECH phosphatieren
fosfatlı *adj* phosphathaltig
fosfor *s ohne pl* CHEM Phosphor *m*
fosforışı *s* PHYS Phosphoreszenz *f*
fosforışıl *adj* PHYS phosphoreszierend
fosforik *adj* CHEM phosphorig **fosforik asit** <-di> *s* CHEM Phosphorsäure *f*
fosforlu *adj* ❶ phosphorhaltig ❷ (*fig*) leuchtend
fosil **I.** *s* ❶ GEO Fossil *nt* ❷ (*fig fam*) altes Fossil **II.** *adj* fossil
foslama *s Verbalsubstantiv zu* **foslamak**
foslamak *vi* (*sl*) sich blamieren
foslatma *s Verbalsubstantiv zu* **foslatmak**
foslatmak *vt* (*sl*) **birini ~** jdn blamieren
fosseptik *s s.* **foseptik**
fota *s* (*şarap fıçısı*) Weinfass *nt*
fotofiniş *s* SPORT Fotofinish *nt*
fotoğraf *s* Foto *nt;* **~ çekmek** fotografieren; **bir şeyin ~ını çekmek** etw fotografieren **fotoğraf albümü** *s* Fotoalbum *nt*
fotoğrafçı *s* Fotograf(in) *m(f)* **fotoğrafçılık** <-ğı> *s* Fotografie *f*
fotoğraf makinesi *s* Fotoapparat *m*
fotojen *adj,* **fotojenik** *adj* fotogen
fotokimya *s* CHEM Photochemie *f*
fotokopi *s* Fotokopie *f,* Ablichtung *f;* **~ çekmek** fotokopieren; **bir şeyin ~sini çekmek** etw fotokopieren [*o* ablichten] **fotokopi makinesi** *s* Fotokopierer *m*
fotomekanik *adj* TYPO photomechanisch; **~ bir yöntem** ein photomechanisches Verfahren
fotometre *s* ❶ PHYS Photometer *m* ❷ FOTO Belichtungsmesser *m* **fotometri** *s* PHYS Photometrie *f*
fotomodel *s* Fotomodell *nt*
fotomontaj *s* Fotomontage *f*
foto muhabiri *s* Pressefotograf(in) *m(f)*
foton *s* PHYS Photon *nt*
fotosentez *s ohne pl* BIOL Photosynthese *f*
fotosfer *s ohne pl* ASTRON Photosphäre *f*
fotoşimi *s s.* **fotokimya** CHEM Photochemie *f*
fototaksi *s,* **fototaktizm** *s* BIOL Phototaxis *f*
fototek <-ği> *s* Fotothek *f*
fototerapi *s* MED Phototherapie *f*
fototropizm *s* BIOL Phototropismus *m*
fötr *s* Filz *m* **fötr şapka** *s* Filzhut *m*
frak *s* Frack *m*
fraksiyon *s* POL ❶ (*bölüngü, bölüntü*) Fraktion *f* ❷ (*parti içi grup*) Splittergruppe *f* **fraksiyon başkanı** *s* Fraktionsvorsitzende(r) *f(m)*
frank <-gı> *s* Franc *m;* (*İsviçre ~ı*) Franken *m*
Franken *s,* **Frankonya** *s* Franken *nt*
Fransa *s* Frankreich *nt*
Fransız **I.** *s* Franzose, Französin *m, f* **II.** *adj* französisch
Fransızca *s ohne pl* Französisch *nt;* **~ konuşmak/öğrenmek** Französisch sprechen/lernen; **~da** auf Französisch; **bir şeyi ~ya/~dan çevirmek** etw ins Französische/aus dem Französischen übersetzen
frapan *adj* knallig; (*göz alıcı*) auffällig
fregat kuşu *s* ZOOL Fregattvogel *m*
frekans *s* PHYS Frequenz *f*
fren *s* Bremse *f;* **~e basmak** auf die Bremse treten **fren balatası** *s* AUTO Bremsklotz *m,* Bremsbelag *m*
frengi *s ohne pl* MED Syphilis *f*
fren izi *s* Bremsspur *f*

Frenk I. *s* <-gi> Franke *m,* Fränkin *f* **II.** *adj* fränkisch

fren kampanası *s* AUTO Bremstrommel *f*

Frenk lahanası *s* Rosenkohl *m* **Frenk üzümü** *s* Johannisbeere *f*

frenleme *s* ❶ *Verbalsubstantiv zu* **frenlemek** ❷ Bremsung *f* ❸ (*fig*) Hemmung *f*

frenlemek *vt* ❶ abbremsen ❷ (*fig: gemlemek*) bremsen, hemmen; **onu ~ imkânsız** er ist nicht zu bremsen

frenleyici *adj* hemmend, obstruktiv

fren mesafesi *s* AUTO Bremsweg *m* **fren pabucu** *s* AUTO Bremsbacke *f* **fren pedalı** *s* AUTO Bremspedal *nt* **fren pistonu** *s* AUTO Bremskolben *m* **fren semeri** *s* AUTO Bremssattel *m* **fren servosu** *s* AUTO Bremskraftverstärker *m*

frensiz *adj* ❶ bremsenlos ❷ ungebremst, hemmungslos

fren takviyesi *s* AUTO Bremskraftverstärker *m* **fren tamburu** *s* AUTO Bremstrommel *f* **fren teli** *s* AUTO Bremsseil *nt*

fresk *s* KUNST Fresko *nt*

freze *s* ❶ Fräse *f* ❷ Fräsmaschine *f*

frezeci *s* Fräser(in) *m(f)*

frezeleme *s Verbalsubstantiv zu* **frezelemek**

frezelemek *vt* fräsen

frigofrik *adj* (*soğutucu*) Kühl- **frigofrik vagon** *s* EISENB Kühlwagen *m*

Frigya *s* HIST Phrygien *nt*

Frigyalı I. *s* HIST Phrygier(in) *m(f)* **II.** *adj* phrygisch

frijid *adj* frigid(e)

frijider® *s* (*buz dolabı*) Kühlschrank *m,* Eisschrank *m*

frijidite *s ohne pl* Frigidität *f*

frikik <-ği> *s* ❶ SPORT (*serbest vuruş*) Freistoß *m* ❷ (*sl: eteğin açılmasıyla bacağın görünmesi*) **~ yakalamak** das nackte Bein sehen

friksiyon *s* Friktion *f;* (*ovma*) Reibung *f*

fritöz *s* GASTR Fritteuse *f*

friz *s a.* ARCH Fries *m*

Frizya *s* Friesland *nt*

früktoz *s ohne pl* Fruktose *f;* (*meyve şekeri*) Fruchtzucker *m*

fuar *s* Messe *f*

fuaye *s* THEAT Foyer *nt*

fuel oil *s ohne pl* Heizöl *nt*

fuhşu *s poss von* **fuhuş**

fuhuş <-hşu> *s ohne pl* Prostitution *f;* **~a teşvik** JUR Förderung der Prostitution

fujer *s* BOT Farn *m*

fukara *adj* arm

ful *s* (*pokerde*) Full House *nt*

fular *s* ❶ (*kumaş*) Foulard *m* ❷ (*eşarp*) Seidenschal *m*

fulya *s* BOT Jonquille *f* **fulya balığı** *s* ZOOL Adlerrochen *m,* Meerdrachen *m*

funda *s* BOT (*süpürge otu*) Heidekraut *nt*

fundalık <-ğı> *s* Heide *f*

funya *s* Zünder *m*

furgon *s* EISENB Gepäckwagen *m*

furya *s* Unmenge *f;* (*balık ~ sı*) Schwarm *m;* (*satış ~ sı*) Rausch *m*

futbol *s ohne pl* SPORT Fußball *m;* **~ oynamak** Fußball spielen

futbolcu *s* Fußballer(in) *m(f)*

futbol federasyonu *s* Fußballverband *m* **futbol kulübü** *s* Fußballklub *m,* Fußballverein *m* **futbol maçı** *s* Fußballspiel *nt,* Fußballmatch *nt* **futbol oyuncusu** *s* Fußballspieler(in) *m(f)* **futbol sahası** *s* Fußballplatz *m* **futbol stadı** *s* Fußballstadion *nt* **futbol takımı** *s* Fußballmannschaft *f* **futbol topu** *s* Fußball *m*

fuzulî *adj* überflüssig; (*gereksiz*) unnötig

fücceten *adv s.* **birdenbire** plötzlich

fücur *s* Inzest *m*

füg *s* MUS Fuge *f*

füme *adj* ❶ (*duman rengi*) rauchfarben ❷ (*balık*) geräuchert; **~ ringa** geräucherter Hering **füme balık** <-ğı> *s* Räucherfisch *m,* geräucherter Fisch **füme et** *s* Räucherfleisch *nt,* geräuchertes Fleisch

fütürist *s* Futurist(in) *m(f)*

fütürizm *s ohne pl* LIT, KUNST, POL Futurismus *m*

fütüroloji *s ohne pl* Futurologie *f*

füze *s* Flugkörper *m,* Rakete *f;* **~ gibi** wie eine Rakete; **güdümlü ~** ein gelenkter Flugkörper

füzeatar *s* MIL Raketenwerfer *m*

füzen *s* ❶ (*kömür kalem*) Kohlestift *m* ❷ (*resim*) Kohlezeichnung *f*

füzesavar *s* MIL Raketenabwehr *f*

füzyon *s* Fusion *f*

Gg

G, g [ge] *s* G, g *nt* (*8. Buchstabe des türk. Alphabets*); **Giresun'un ~'si** G wie Gustav
gabardin *s* ❶ (*kumaş*) Gabardine *m* ❷ (*reglân pardösü*) Regenmantel *m*
gabari *s* Ladehöhe *f*
gabi [gabi:] *adj* (*kalın kafalı*) begriffsstutzig
gabin *s* JUR Übervorteilung *f*
gabya *s* NAUT Mars *m* **gabya yelkeni** *s* NAUT Marssegel *nt*
gacırdama *s Verbalsubstantiv zu* **gacırdamak**
gacırdamak *vi* knarren
gacır gucur *adv* **~ etmek** knarren
gaco *s* (*sl: sevgili*) Geliebte(r) *f(m)*; (*dost*) Freundin *f*; (*metres*) Mätresse *f*
gaddar *adj* grausam; (*merhametsiz*) erbarmungslos
gaddarlık <-ğı> *s* Grausamkeit *f*, Erbarmungslosigkeit *f*
gadir <-dri> *s ohne pl* (*acımasızlık*) Erbarmungslosigkeit *f*; (*merhametsizlik*) Unbarmherzigkeit *f*
gadri *s poss von* **gadir**
gaf *s* Fauxpas *m*, Ausrutscher *m*
gafil *adj* (*dalgın*) zerstreut, geistesabwesend; **birini ~ avlamak** (*fam*) jdn überrumpeln [*o* kalt erwischen]; **sorusuyla beni ~ avladı** (*fam*) mit der Frage hat er mich überrumpelt [*o* kalt erwischt]
gaflet *s ohne pl* (*dalgınlık*) Geistesabwesenheit *f*, Zerstreutheit *f*; (*dikkatsizlik*) Unaufmerksamkeit *f* **gaflet uykusu** *s ohne pl* (*fig*) Lethargie *f*, Teilnahmslosigkeit *f*
gag *s* FILM, THEAT (*gülüt*) Gag *m*
gaga *s* Schnabel *m*; **~nı kapa!** (*fam*) halt den Schnabel!
gagaburun *s* NAUT Schnabelschiff *nt*
gaga burun <-rnu> *s* (*fig*) Hakennase *f*, Adlernase *f*
gagalaşma *s* ❶ *Verbalsubstantiv zu* **gagalaşmak** ❷ Schnäbelei *f*
gagalaşmak *vi* schnäbeln
gagalı memeli *s* ZOOL Schnabeltier *nt*
gâh [gãç] *konj* (*bazen*) manchmal; **~ öyle ~ böyle** mal so mal so, ein Mal so, ein anderes Mal so; *s. a.* **kâh**
gâhi [gã:çi:] *adv* (*bazen*) manchmal; (*ara sıra*) ab und zu
gâhice [gã:çi:-] *adv* (*zaman zaman*) von Zeit zu Zeit, hin und wieder
gaip **I.** *s* <-bi> *ohne pl* ❶ Jenseits *nt*; **~ten sesler** (**duymak**) Stimmen aus dem Jenseits (hören) ❷ LING (*üçüncü kişi*) dritte Person **II.** *adj* JUR verschwollen
gaklama *s Verbalsubstantiv zu* **gaklamak**
gaklamak *vi* (*karga*) krächzen
gala *s* ❶ (*şölen*) Galaabend *m*, Galaempfang *m* ❷ THEAT Galaaufführung *f*
galaksi *s* ASTRON (*gök adası*) Galaxie *f*
galatıhis <-si> *s s.* **yanılsama** Sinnestäuschung *f*
galebe *s* ❶ (*yenme, yengi*) Sieg *m* ❷ *ohne pl* (*üstünlük*) Überlegenheit *f*
galeri *s* ❶ Galerie *f* ❷ (*herhangi bir malın sergilendiği yer*) Ausstellungsraum *m*; (*oto ~si*) Salon *m* ❸ BERGB Stollen *m*; **~ açmak** einen Stollen anlegen ❹ (*kilisede*) Empore *f*
galerici *s* Galerist(in) *m(f)*
galeta *s* Zwieback *m*
galeyan *s* Aufwallung *f*; **~ etmek** aufbrausen; **~a gelmek** aufwallen, aufbrausen, auffahren, hochfahren
galiba [ga:liba:] *adv* (*görünüşe göre*) anscheinend, dem Anschein nach; (*sanılır ki*) vermutlich; **sen kaşınıyorsun ~?** (*fig fam*) dich juckt wohl das Fell?
galibi *s poss von* **galip**
galibiyet [ga:--] *s* Sieg *m*; **sayı hesabıyla bir ~** ein Sieg nach Punkten
Galiçe *s* Galicien *nt* **Galiçeli** **I.** *s* Galicier(in) *m(f)* **II.** *adj* galicisch; **~ bir asker** ein galicischer Soldat
Galile *s* HIST Galiläa *nt*
galip **I.** *s* <-bi> Sieger(in) *m(f)* **II.** *adj* (*sonunda yenen*) siegreich; (*başarı kazanan*) erfolgreich; **~ gelmek** siegen
galon *s* Gallone *f*
galsame *s* ZOOL (*solungaç*) Kieme *f*
galvaniz *s* TECH **~ banyosu** galvanisches Bad
galvanize *adj* TECH galvanisch
galvanizleme *s* TECH ❶ *Verbalsubstantiv zu* **galvanizlemek** ❷ Galvanisierung *f*
galvanizlemek *vt* TECH galvanisieren
galvanokoter *s* MED Galvanokauter *m*
Galya **I.** *s* HIST Gallien *nt* **II.** *adj* HIST gallisch; **~ kültürü/tarihi** die gallische Kultur/Geschichte
Galyalı **I.** *s* HIST Gallier(in) *m(f)* **II.** *adj* HIST gallisch; **~ bir kadın** eine gallische Frau
galyot *s* NAUT Galeote *f*, Galiote *f*
galyum *s ohne pl* CHEM Gallium *nt*
gam[1] *s ohne pl* Gram *m*; (*tasa*) Kummer *m*; (*kaygı*) Sorge *f*; **~ çekmek** sich seinem Gram hingeben; **~ yememek** sich keine Sorgen machen

gam² *s* MUS Tonleiter *f*
gama *s* Gamma *nt* **gama ışınları** *pl* PHYS Gammastrahlen *pl*
gamalı haç *s* Hakenkreuz *nt*
gambot *s* MIL, NAUT Kanonenboot *nt*
gam dizisi *s* MUS Tonleiter *f*
gameboy® ['gɛɪmbɔɪ] *s* Gameboy® *m*
gamet *s* BIOL Gamet *m,* Keimzelle *f*
gametli bitki *s* Gametophyt *m*
gammaz *s* (*pej*) Denunziant(in) *m(f)*
gammazlama *s* ❶ *Verbalsubstantiv zu* **gammazlamak** ❷ Denunzierung *f*
gammazlamak *vt* (*pej*) denunzieren, verpfeifen
gammazlık <-ğı> *s ohne pl* (*pej*) Denunziantentum *nt*
gamsız *adj* ❶ sorgenfrei, sorgenlos ❷ unbekümmert
gamze *s* Grübchen *nt*
Gana **I.** *s* Ghana *nt* **II.** *adj* ghanaisch; ~ **millî takımı** die ghanaische Nationalmannschaft
Ganalı **I.** *s* Ghanaer(in) *m(f)* **II.** *adj* ghanaisch; ~ **bir kadın** eine ghanaische Frau
gangster *s* Gangster *m* **gangster hikâyesi** *s* Gangster-Story *f*
gani [gani:] *adj* ❶ (*zengin*) reich ❷ (*bol*) reichlich **gani gani** *adv* ausgiebig; (*bol bol*) reichlich, in Hülle und Fülle **gani gönüllü** *adj* (*cömert*) großzügig; (*eli açık*) freigebig, gebefreudig
ganimet *s* Beute *f;* (*düşmandan ele geçirilen mal*) Kriegsbeute *f;* **fırsatı ~ bilmek** die Gelegenheit beim Schopfe fassen [*o* ergreifen]
gar *s* ❶ EISENB Hauptbahnhof *m* ❷ (*otobüs ~ı*) Bahnhof *m*
garaj *s* ❶ Garage *f* ❷ Werkstatt *f* ❸ (*otogar*) Busbahnhof *m* **garaj çıkışı** *s* Garagenausfahrt *f* **garaj kapısı** *s* Garagentor *nt*
garanti **I.** *s* Garantie *f;* **bir şeyi ~ etmek** etw garantieren; ~ **vermek** eine Garantie geben (**-de** auf); ~**li** mit Garantie; ~**siz** ohne Garantie **II.** *adv* garantiert; **inanıyor musun geleceğine? — ~ gelecek!** glaubst du er kommt? — garantiert! **garanti belgesi** *s* Garantieschein *m*
garantileme *s Verbalsubstantiv zu* **garantilemek**
garantilemek *vt* garantieren
garanti süresi *s* Garantiefrist *f*
garantör *s* Garant(in) *m(f)*
garaz *s ohne pl* Groll *m*
garbı *s poss von* **garp**
gardenparti *s* Gartenfest *nt*
gardenya *s* BOT Gardenie *f*
gardırop <-bu> *s* Garderobe *f*
gardiyan *s* ❶ Aufseher(in) *m(f),* Gefängniswärter(in) *m(f)* ❷ Wächter(in) *m(f)*
garez *s ohne pl s.* **garaz** Groll *m*
gargara *s* ❶ Gurgeln *nt;* ~ **yapmak** gurgeln ❷ (*sıvı*) Mundwasser *nt*
gariban *s* Sonderling *m,* Eigenbrötler *m*
garip <-bi> *adj* ❶ (*zavallı*) arm ❷ (*kimsesiz*) einsam ❸ (*tuhaf*) komisch, merkwürdig, sonderbar, seltsam; (*alışılmamış*) ungewöhnlich, außergewöhnlich; (*yadırganan*) befremdlich
garipseme *s Verbalsubstantiv zu* **garipsemek**
garipsemek *vt* ❶ sich einsam fühlen ❷ komisch [*o* seltsam] finden; (*alışılmamak*) sich nicht gewöhnen können (**-e** an)
gark *s* Versenkung *f*
garnitür *s* ❶ Garnitur *f* ❷ GASTR Beilage *f*
garnizon *s* MIL Garnison *f*
garp **I.** *s* <-bı> *ohne pl s.* **batı** Westen *m* **II.** *adj s.* **batı** westlich, West-
garplı **I.** *s s.* **batılı** Westler *m* **II.** *adj s.* **batılı** westlich
garplılaştırma *s Verbalsubstantiv zu* **garplılaştırmak**
garplılaştırmak *vt s.* **batılılaştırmak** verwestlichen
garson *s* GASTR Kellner(in) *m(f);* ~ **bey!** Herr Ober!
garsoniyer *s* Liebesnest *nt*
gasbetmek *vt s.* **gaspetmek**
gasbı *s poss von* **gasp**
gaseyan *s ohne pl* ❶ (*iç bulantısı*) Übelkeit *f* ❷ (*kusma*) ~ **etmek** erbrechen, sich übergeben
gasil <-sli> *s* (*ölü yıkama*) Totenwäsche *f*
gasletme *s Verbalsubstantiv zu* **gasletmek**
gasletmek *vt* **ölüyü ~** den Toten waschen
gasli *s poss von* **gasil**
gasp <-bı> *s* Anmaßung *f,* eigenmächtige Entziehung
gaspetme *s* ❶ *Verbalsubstantiv zu* **gaspetmek** ❷ Anmaßung *f*
gaspetmek *vt* sich anmaßen; **bir şeyi ~** sich etw anmaßen
gassal <-li> *s* (*ölü yıkayıcısı*) Totenwäscher *m*
gastrit *s* MED Gastritis *f*
gastroenteroloji *s ohne pl* MED Gastroenterologie *f*
gastronom *s* Gastronom *m,* Feinschmecker *m*
gastronomi *s ohne pl* Gastronomie *f*
gaşiy <-şyi> *s s.* **esrime** Ekstase *f*
gaşyolma *s Verbalsubstantiv zu* **gaşyolmak**
gaşyolmak *vi s.* **esrimek** in Ekstase geraten

gâvur *s* Ungläubige(r) *f(m)*

gaybubet *s* Abwesenheit *f;* **~i sırasında** während seiner Abwesenheit; **~inde** in seiner Abwesenheit

gayda *s* MUS Dudelsack *m;* **~ çalmak** dudeln

gaydacı *s* Dudelsackspieler(in) *m(f)*

gaye [ga:je] *s* ❶ Zielsetzung *f;* (*hedef*) Ziel *nt* ❷ (*amaç*) Zweck *m*

gayesiz *adj* ziellos

gayesizlik <-ği> *s ohne pl* Ziellosigkeit *f*

gayet [ga:jɛt] *adv* sehr; **~ güzel** sehr schön

gayetle [ga:--] *adv* übermäßig

gayr <-i> *s* (*başkası*) **~e muhtaç olmak** andere brauchen

gayret *s* Anstrengung *f,* Bestrebung *f;* (*çaba*) Mühe *f;* (*çalışma isteği*) Eifer *m;* **~ dayıya düştü** (*fig fam*) es geht um die Wurst; **~ etmek** [*o* **göstermek**] sich anstrengen [*o* bemühen]; (*çabalamak*) sich Mühe geben; (*emekle çalışmak*) sich befleißigen; **~ gösterilmektedir** es sind Bestrebungen im Gange; **~e gelmek** sich einen Ruck geben; **bir şey için ~ göstermek** sich um etw bemühen, um etw bemüht sein; **bir şey yapmak için ~ göstermek** bestrebt sein, etw zu tun; **daha sakıngan olmaya ~ ederseniz iyi olur** Sie sollten sich größerer Zurückhaltung befleißigen; **elimizden geleni yapmak için ~ ediyoruz** wir sind bestrebt, unser Bestmögliches zu tun

gayretkeş *adj* beflissen; (*çalışkan*) (über)eifrig

gayretkeşlik <-ği> *s ohne pl* Beflissenheit *f;* (*çalışkanlık*) Eifer *m*

gayretli *adj* ❶ beflissen ❷ strebsam

gayretlilik <-ği> *s ohne pl* Strebsamkeit *f*

gayriahlaki [gayriaxlã:ki:] *adj* unmoralisch, unsittlich

gayriaklî *adj s.* **akıl dışı** irrational

gayriciddi *adj* unseriös, unernst **gayriihtiyari** [gayriixtiya:ri:] *adv* ❶ (*elinde olmayarak*) unbeabsichtigt ❷ (*istemeksizin*) ungewollt, unfreiwillig **gayriilmî** *adj s.* **bilim dışı** unwissenschaftlich **gayrikabili rücu** *adj* JUR, FIN (*akreditif*) unwiderruflich **gayrikabilitelafi** *adj* (*yerine konulamaz*) unersetzlich; (*onarılamaz*) irreparabel **gayrikanunî** *adj* (*yasa dışı*) ungesetzlich **gayrimenkul** <-lü> *s* Grundstück *nt*

gayrimeşru *adj* ❶ illegitim, unrechtmäßig ❷ (*evlilik dışı*) außerehelich, unehelich, illegitim **gayrimuayyen** *adj s.* **belirsiz** unbestimmt **gayrimuhtemel** *adj* unwahrscheinlich **gayrimümkün** *adj* unmöglich **gayrimünasip** <-bi> *adj* unpassend

gayrisafi *adj* Brutto- **gayrisafi hasılat** *s* WIRTSCH Bruttogewinn *m;* (*gelir*) Bruttoeinkommen *m* **gayrisafi milli hasıla** *s ohne pl* WIRTSCH Bruttosozialprodukt *nt* **gayrisafi yurtiçi hasıla** *s ohne pl* WIRTSCH Bruttoinlandsprodukt *nt*

gayrişahsî *adj s.* **kişilik dışı** unpersönlich

gayrişuur *s s.* **bilinç dışı** *ohne pl* PSYCH Unbewusste(s) *nt* **gayritabiî** *adj* ❶ (*doğa dışı*) unnatürlich ❷ (*olağan dışı*) außergewöhnlich

gayzer *s* GEO (*kaynaç*) Geysir *m,* Geiser *m*

gaz *s* ❶ Gas *nt* ❷ (*gaz yağı, petrol*) Petroleum *nt* ❸ (*midedeki, bağırsaklardaki*) Blähung *f;* **~ yapmak** blähen ❹ *ohne pl* AUTO **~ vermek** Gas geben

gaza [gaza:] *s* REL (*kutsal savaş*) heilige(r) Krieg

gazal <-li> [gazãl] *s s.* **ceylân** Gazelle *f*

gazap <-bı> *s ohne pl* Wut *f,* Zorn *m*

gaz bezi *s* Mull *m* **gaz bombası** *s* Gasbombe *f* **gaz borusu** *s* Gasrohr *nt,* Gasleitung *f* **gaz dağıtımı** *s ohne pl* Gasversorgung *f* **gaz detektörü** *s* Gasspürgerät *nt*

gazel *s* LIT Gasel *nt,* Gasele *f* **gazel damarı** *s* Halsschlagader *f*

gazellenme *s* ❶ *Verbalsubstantiv zu* **gazellenmek** ❷ Entlaubung *f*

gazellenmek *vi* sich entlauben

gazete *s* Zeitung *f,* Blatt *nt* **gazete abonesi** *s* Zeitungsabonnent(in) *m(f)*

gazeteci *s* ❶ Journalist(in) *m(f)* ❷ (*satıcı*) Zeitungsverkäufer(in) *m(f)*

gazetecilik <-ği> *s ohne pl* Journalismus *m*

gazete ilanı *s* Zeitungsanzeige *f,* Zeitungsannonce *f* **gazete kâğıdı** *s* Zeitungspapier *nt* **gazete kesiği** *s* Zeitungsausschnitt *m* **gazete kupürü** *s* Zeitungsausschnitt *m* **gazete makalesi** *s* Zeitungsartikel *m* **gazete muhabiri** *s* Zeitungskorrespondent(in) *m(f)*

gazhane *s* Gaswerk *nt*

gaz hattı *s* Gasleitung *f*

gazi [ga:zi:] *s* MIL Veteran *m*

gaz ibiği *s* Gashahn *m*

gazino *s* Lokal *nt*

gaz kokusu *s* Gasgeruch *m*

gazlama *s Verbalsubstantiv zu* **gazlamak**

gazlamak *vi* AUTO Gas geben

gaz lambası *s* Gaslampe *f*

gazlı bez *s* Mullbinde *f* **gazlı çakmak** <-ğı> *s* Gasfeuerzeug *nt*

gaz maskesi *s* Gasmaske *f* **gaz ocağı** *s* Gasherd *m* **gaz odası** *s* Gaskammer *f*

gazometre *s* ❶ Gasometer *m* ❷ PHYS (*gaz-*

ölçer) Gasmesser *m*

gaz pedalı *s* AUTO Gaspedal *nt* **gaz sayacı** *s* Gaszähler *m* **gaz sobası** *s* Gasofen *m* **gaz söktürücü** *adj* blähungstreibend **gaz tabancası** *s* Gaspistole *f* **gaz tüpü** *s* Gasflasche *f* **gaz türbini** *s* TECH Gasturbine *f*

gazup *adj s.* **öfkeli** wütend, zornig

gaz vanası *s* TECH Gasventil *nt*

gazve *s* ❶ *(Arap aşiretleri arasında yapılan savaş)* Stammesfehde bei Arabern ❷ *(din uğruna yapılan savaş)* Religionskrieg *m,* Glaubenskrieg *m*

gaz yağı *s* Petroleum *nt* **gaz yuvarı** *s* Gashülle *f*

Gazze Şeridi *s ohne pl* POL Gazastreifen *m*

ge *Name des achten Buchstaben des türk. Alphabets;* **Giresun'un ~'si** G wie Gustav

gebe *adj* ❶ *(insan için)* schwanger; **~ bırakmak** schwängern; **~ kalmak** schwanger werden ❷ *(hayvan için)* trächtig; **~ kalmak** trächtig werden

gebelik <-ği> *s* ❶ *(insan için)* Schwangerschaft *f* ❷ *(hayvan için)* Trächtigkeit *f*

gebelik testi *s* Schwangerschaftstest *m*

geber *vi Imperativ von* **gebermek**

geberme *s Verbalsubstantiv zu* **gebermek**

gebermek *vi (fam)* krepieren, verrecken

gebertme *s Verbalsubstantiv zu* **gebertmek**

gebertmek *vt (fam)* abmurksen; *(sl)* kaltmachen

gebre[1] *s* GASTR Kaper *f*

gebre[2] *s (atı tımar etmek için)* Striegel *m*

gebreleme *s Verbalsubstantiv zu* **gebrelemek**

gebrelemek *vt* striegeln

gebre otu *s* BOT Kapernstrauch *m; s. a.* **kebere**

gece *s* ❶ *(tün)* Nacht *f;* **~ geç saatlere kadar** bis spät in die Nacht; **~yi geçirmek** die Nacht verbringen; **~yi gündüze katmak** die Nacht zum Tage machen; **salıyı çarşambaya bağlayan ~** in der Nacht von Dienstag auf Mittwoch ❷ Abend *m* **gece bekçisi** *s* Nachtwächter *m* **gece gündüz** *adv* Tag und Nacht **gece hayatı** *s ohne pl* Nachtleben *nt* **gece işçiliği** *s* *(sl)* nächtlicher Diebstahl **gece kıyafeti** *s* Abendkleid *nt*

gecekondu *s* ❶ *über Nacht gebautes Haus ohne behördliche Genehmigung* ❷ *(fig)* Bruchbude *f* **gecekondu mahallesi** *s* Slum *m*

gece körlüğü *s ohne pl* Nachtblindheit *f*

gece kulübü *s* Nachtclub *m,* Nachtklub *m,* Nachtlokal *nt* **gece kuşu** *s* ❶ *(fig)* Nachtschwärmer(in) *m(f),* Nachtfalter *m* ❷ *(fam: yarasa)* Fledermaus *f*

geceleme *s* ❶ *Verbalsubstantiv zu* **gecelemek** ❷ Übernachtung *f; (Avusturya'da)* Nächtigung *f*

gecelemek *vi* nächtigen, übernachten

gecelerce *adv* nächtelang

geceleri *adv* ❶ *(gece vakti)* nachts ❷ *(her gece)* nachts, jede Nacht

geceleyin *adv* nachts

geceli gündüzlü *adv* Tag und Nacht; **~ çalıştık** wir haben Tag und Nacht gearbeitet

gecelik I. *s* <-ği> ❶ Nachthemd *nt* ❷ Preis pro Nacht; **bir ~** für eine Nacht; **bir geceliğine 100 euro ödedik** für eine Übernachtung haben wir 100 Euro bezahlt **II.** *adj* Nacht-, nacht-, Abend-

gece lokali *s* Nachtlokal *nt* **gece mavisi I.** *s* Nachtblau *nt* **II.** *adj* nachtblau **gece nöbeti** *s* Nachtdienst *m;* **~ne verildi** er wurde zum Nachtdienst eingeteilt

gecesefası *s* BOT Wunderblume *f,* Vieruhrblume *f*

gece uçuşu *s* MIL, AERO Nachtflug *m* **gece yanığı** *s ohne pl* REG *(zona)* Gürtelrose *f*

gece yarısı *s* Mitternacht *f;* **~ geldi** er kam um Mitternacht; **~nı biraz geçe** kurz nach Mitternacht **gece yatısı** *s* Übernachtung *f;* **birinde ~na kalmak** bei jdm nächtigen; **bir yerde ~na kalmak** an einem Ort übernachten

gecikiş *s* Verspätung *f*

gecikme *s* ❶ *Verbalsubstantiv zu* **gecikmek** ❷ Verspätung *f* ❸ Verzug *m;* **~sinde tehlike var** es ist Gefahr im Verzug

gecikmek *vi* ❶ sich verspäten; **gecikme, sonra azar işitirsin!** sei pünktlich, sonst gibt es Schelte! ❷ sich verzögern

gecikmeli *adj* verspätet, mit Verspätung

gecikmesiz *adj* umgehend, unverzüglich

geciktirme *s Verbalsubstantiv zu* **geciktirmek**

geciktirmek *vt* verzögern; *(tehir etmek)* aufschieben

geç[1] *vi Imperativ von* **geçmek**

geç[2] **I.** *adj* spät, Spät- **II.** *adv* spät; **~ kalmak** sich verspäten; **~ kalma, sonra azar işitirsin!** sei pünktlich, sonst gibt es Schelte!; **~ olsun da güç olmasın** *(prov)* besser spät als nie **geç ateşleme** *s* TECH Spätzündung *f*

geççe *adv* etwas spät; **akşamları evine biraz ~ gelir** abends kommt er etwas spät nach Hause

geçe[1] *adv* nach; **dokuzu beş (dakika) ~** um fünf (Minuten) nach neun; **gece yarısını biraz ~** kurz nach Mitternacht; **sekizi on/çeyrek ~** um zehn/viertel nach acht;

s. a. **kala**

geçe² *s* REG (*yaka*) Seite *f*

geçen¹ *vt, vi* (1) *part. präs. von* **geçmek** (2) **bizi ~ araba** der Wagen, der uns überholte; **yoldan ~ biri** ein Passant

geçen² *adj* vergangen; (*bir önceki*) vorige(r, s); **~ defa** voriges Mal

geçenlerde *adv* kürzlich, neulich

geçer **I.** *vi 3. Aorist von* **geçmek** **II.** *adj* (1) (*kullanılan*) gängig; (*yürürlükte olan*) gültig, geltend (2) (*beğenilen*) begehrt (3) SCHULE bestanden; **Türkce dersinden ~ almışım** in Türkisch habe ich bestanden, in Türkisch werde ich versetzt

geçerli *adj* gültig, geltend; **bu ~ değil!** das gilt nicht!; **derhal ~ olmak üzere** mit sofortiger Wirkung; **ve bu senin için de ~dir** und das gilt auch für dich

geçerlik <-ği> *s ohne pl* Gültigkeit *f*

geçerlilik <-ği> *s ohne pl* Gültigkeit *f*, Geltung *f*

geçgeç *s ohne pl* TV Zappen *nt*

geçgeçleme *s Verbalsubstantiv zu* **geçgeçlemek**

geçgeçlemek *vt* TV (*fam*) zappen (durch); **televizyon kanallarını ~** durch die Fernsehkanäle zappen

geçici **I.** *adj* (1) vorübergehend, Übergangs- (2) (*muvakkat*) vorläufig, einstweilig, provisorisch; (*palyatif*) behelfsmäßig; **~ bir karar/önlem** eine vorläufige Entscheidung/Maßnahme (3) (*bulaşan, bulaşıcı*) ansteckend **II.** *s* (*yaya*) Passant(in) *m(f)*

geçicilik <-ği> *s* Interim *nt*

geçici olarak *adv* (1) vorübergehend (2) vorläufig, einstweilen, provisorisch; **bunu ~ böyle bırakabiliriz/yapabiliriz** das können wir vorläufig so lassen/machen

geçidi *s poss von* **geçit**

geçim *s ohne pl* (1) (*geçinme*) Auskommen *nt;* (*maişet*) Lebensunterhalt *m*, Existenz *f;* **~ini doğrultmak** seinen Lebensunterhalt verdienen (2) (*anlaşma*) Auskommen *nt;* **aralarında ~ yok** sie kommen miteinander nicht aus **geçim kapısı** *s* Erwerbsquelle *f*

geçimli *adj* umgänglich, verträglich; **kendisi çok ~ bir insandır** er ist ein sehr umgänglicher Mensch

geçimlik <-ği> *s* Unterhalt *m*

geçimlilik <-ği> *s ohne pl* Umgänglichkeit *f*, Verträglichkeit *f*

geçim masrafı *s* Lebenshaltungskosten *pl*

geçim savaşı *s* Existenzkampf *m*

geçimsizlik <-ği> *s* Streit *m*

geçindirme *s ohne pl Verbalsubstantiv zu* **geçindirmek**

geçindirmek *vt* unterhalten, ernähren; **üç çocuklu aile ~** eine Familie mit drei Kindern unterhalten [*o* ernähren]

geçinme *s ohne pl* (1) *Verbalsubstantiv zu* **geçinmek** (2) Auskommen *nt;* **~ endeksi** WIRTSCH der Index für Lebenshaltungskosten; **birinin ~sini sağlamak** für jds Unterhalt aufkommen

geçinmek *vi* (1) auskommen, sich vertragen; **biz iyi geçiniyoruz** wir kommen miteinander gut aus, wir vertragen uns gut; **onunla geçinilemez** mit ihm kann man nicht auskommen (2) (*parayla*) auskommen; **~ için para kazanmak** Geld verdienen, um auszukommen, seinen Lebensunterhalt verdienen; **geçinip gitmek** (*fam*) über die Runden kommen; **kıt kanaat ~** sein Leben fristen; **bir şeyle kıt kanaat ~** mit etw knapp auskommen (3) REG (*ölmek*) sterben

geçirgen *adj* durchlässig, permeabel

geçirgenlik <-ği> *s ohne pl* Durchlässigkeit *f*, Permeabilität *f*

geçirir *adj* durchlässig

geçirme *s Verbalsubstantiv zu* **geçirmek**

geçirmek *vt* (1) vorbeilassen; (*gaz, sıvı*) durchlassen; (*öğrenciyi*) versetzen; **bir şeyi aklından ~** (*fig*) etwas durch den Kopf gehen lassen; **bir şeyi gözünün önünden ~** (*fig*) etwas Revue passieren lassen, etwas durchspielen (2) (*götürmek*) bringen (3) (*kaydetmek*) eintragen (**-e** in); **belleğe ~** INFORM abspeichern (4) verbringen (**-le** mit); **geceyi beş yıldızlı bir otelde geçirdi** er verbrachte die Nacht in einem Fünfsternehotel; **gününü okumakla ~** den Tag mit Lesen verbringen (5) (*takmak*) anlegen; **ata koşum ~** dem Pferd das Geschirr anlegen; **üçüncü vitese ~** in den dritten Gang schalten; (*takmak*) den dritten Gang einlegen (6) versetzen; **alarma ~** in den Alarmzustand versetzen; **harekete ~** in Bewegung setzen, aktivieren (7) (*yaşamak*) erleben; (*kriz*) erleiden; (*görüp*) durchmachen; **güzel bir gün geçirdik** wir haben einen schönen Tag erlebt; **kötü bir hastalık geçirdi** er hat eine schlimme Krankheit durchgemacht (8) (*bulaştırmak*) anstecken (**-i** mit), übertragen (9) (*uğraşmak*) beschäftigen (**-le** mit) (10) (*giymek*) überziehen; (*giyinmek*) anziehen (11) **onu bir elime geçirirsem** wenn ich ihn zu fassen bekomme

geçirmez *adj* undurchlässig

geçirmezlik <-ği> *s ohne pl* Undurchlässigkeit *f;* **bir maddenin geçirmezliğini kontrol etmek** die Undurchlässigkeit eines Stoffes prüfen

geçiş *s* (1) **buradan öteye ~ yok!** bis hierher und nicht weiter! ❷ Übergang *m* ❸ (*akış*) Verlauf *m* **geçiş aşaması** *s* Übergangsstadium *nt,* Übergangsphase *f* **geçiş dönemi** *s* Übergangszeit *f* **geçiş evresi** *s* Übergangsphase *f,* Übergangsstadium *nt* **geçiş hakkı** *s* Vorfahrtsrecht *nt*

geçişli *adj* LING (*fiil*) transitiv **geçişli fiil** *s* LING Transitivum *nt,* transitives Verb

geçişlilik <-ği> *s ohne pl* LING Transitivität *f*

geçişme *s* ❶ *Verbalsubstantiv zu* **geçişmek** ❷ Vermischung *f* ❸ PHYS (*ozmos*) Osmose *f*

geçişmek *vi* sich vermischen (**-le** mit)

geçişsiz *adj* LING (*fiil*) intransitiv **geçişsiz fiil** *s* LING Intransitiv *nt,* intransitives Verb

geçiştirici *adj* MED schmerzlindernd

geçiştirme *s Verbalsubstantiv zu* **geçiştirmek**

geçiştirmek *vt* ❶ abtun; **bir şeyi önemsiz diye ~** etw als belanglos abtun ❷ (*az bir zararla atlatmak*) glimpflich davonkommen

geçiş üstünlüğü *s* Vorfahrtsrecht *nt*

geçit <-di> *s* ❶ Durchgang *m;* (*alt/üst ~*) Führung *f;* (*tren yolu geçidi*) Übergang *m* ❷ Pass *m* ❸ (*~ resmi*) Parade *f* **geçit hakkı** *s* JUR Durchfahrtsrecht *nt* **geçit resmi** *s,* **geçit töreni** *s* Parade *f,* Festzug *m*

geçkin *adj* ❶ (*ihtiyarlamaya yüz tutmuş*) ältlich, bejahrt ❷ (*geçmiş*) über; **otuzunu ~ bir kadın** eine über dreißig Jahre alte Frau ❸ (*gereğinden çok olgun*) überreif

geçmek <-er> **I.** *vi* ❶ gehen (**-e** in); **bir şey aklından ~** (*fig*) etwas durch den Kopf gehen; **bir şeyin yanından ~** an etw vorbeigehen; **tünelden ~** durch den Tunnel gehen; (*taşıtla*) durch den Tunnel fahren ❷ treten (**-e** in), schreiten (**-e** zu); **eyleme ~** in Aktion treten, zur Tat schreiten; **ilişkiye ~** in Verbindung treten, Kontakt aufnehmen; **oylamaya ~** zur Abstimmung schreiten ❸ (*intikal etmek*) übergehen; **babadan oğula ~** vom Vater auf den Sohn übergehen; **devlet eline ~** in die Hände des Staates übergehen ❹ (*saldırıya*) übergehen (**-e** zu); (*inişe*) ansetzen (**-e** zu); **düşman hücuma geçiyor** der Feind geht zum Angriff über; **düşman(ın) tarafına ~** zum Feind überlaufen, ins feindliche Lager überwechseln; **renkler birbirinin içine geçiyor** die Farben gehen ineinander über; **uçak inişe geçti** die Maschine setzt zur Landung an ❺ (*sözü edilmek*) erwähnt werden, fallen; **adı geçti/geçmedi** sein Name wurde erwähnt/nicht erwähnt, sein Name ist gefallen/nicht gefallen; **adın listede geçmiyor** dein Name ist in der Liste nicht aufgeführt ❻ (*bir yere gidip oturmak*) einnehmen (**-e**); **yerlerinize geçiniz!** nehmt eure Plätze ein! ❼ (*tarihe*) eingehen (**-e** in); **adı tarihe ~** in die Geschichte eingehen ❽ (*geçerli olmak*) gültig sein; **bu para artık geçmiyor** diese Währung ist nicht mehr gültig; **modası ~** aus der Mode kommen ❾ (*iyi, hadisesiz ~*) verlaufen ❿ (*fam*) **kendinden ~** (*bayılmak*) in Ohnmacht fallen; (*coşkuya kapılmak*) außer sich geraten, (ganz) aus dem Häuschen geraten; (*uyuya kalmak*) einnicken ⓫ (*tükenmek, bitmek*) vorbeigehen, vergehen; (*fam*) vorbei sein; **üç gün geçti** drei Tage sind vergangen; **vakit nasıl geçiyor** wie die Zeit vergeht ⓬ **başından ~** erleben ⓭ (*yol, akarsu, araç*) **yol gölün yanından geçer** der Weg führt an einem See vorbei; **yol ormanın içinden geçer** der Weg führt durch den Wald ⓮ passieren (**-den**); **sansürden/sınırdan ~** die Zensur/Grenze passieren **II.** *vt* ❶ überholen ❷ (*sınavı*) bestehen; **sınavı 'orta' ile ~** die Prüfung mit 'befriedigend' bestehen; **geçti** SCHULE, UNIV bestanden ❸ (*köprüyü*) überqueren; **sokağı geçerken** beim Überqueren der Straße

geçmiş I. *s* Vergangenheit *f;* (**yakın**) **~te** in der (jüngsten) Vergangenheit; **~e mazi, yenmişe kuzu derler** (*fig*) was vorbei ist, ist vorbei **II.** *adj* vergangen; **~ olsun!** gute Besserung!

geçmişle hesaplaşma *s ohne pl* Vergangenheitsbewältigung *f*

geçmiş zaman *s* LING Vergangenheit *f*

gedik <-ği> *s* ❶ (*rahne*) Bresche *f;* **~ açmak** eine Bresche schlagen ❷ (*dağ geçidi*) Gebirgspass *m* ❸ (*fig: boşluk*) Lücke *f;* (*eksiklik*) Mangel *m;* **~ kapamak** eine Lücke füllen ❹ (*fig: güçlük*) Schwierigkeit *f;* **~leri tıkamak** Schwierigkeiten ausräumen ❺ MIL Durchbruch *m;* **~ açmak** durchbrechen; **Tunus gediği** einträgliches Geschäft

gedikli *s* ❶ Stammgast *m;* **evin ~si olmak** zum Stammgast des Hauses werden ❷ MIL (*astsubay*) Unteroffizier *m*

geğirme *s Verbalsubstantiv zu* **geğirmek**

geğirmek *vi* aufstoßen, rülpsen

geğirti *s* Rülpser *m*

geğrek *s* ANAT Seite *f* **geğrek batması** *s ohne pl* Seitenstechen *nt*

gel *vi Imperativ von* **gelmek** (*git karşıtı*) **~!** komm!

geleceğe yönelik *adj* zukunftsorientiert

gelecek I. *s* <-ği> *ohne pl* Zukunft *f;* **uzak bir ~te** in ferner Zukunft **II.** *adj* kommend;

~ **baharda** im kommenden Frühjahr; ~ **haftanın başında** Anfang nächster Woche **gelecek bilimi** *s ohne pl* Zukunftsforschung *f;* (*fütüroloji*) Futurologie *f*

gelecekçi **I.** *s* Futurist(in) *m(f)* **II.** *adj* futuristisch

gelecekçilik <-ği> *s ohne pl* LIT, KUNST, POL (*fütürizm*) Futurismus *m*

gelecek zaman *s* LING Futur *nt,* Futurum *nt*

geleğen **I.** *s* GEO Zufluss *m* **II.** *adj* hinzufließend

gelen *adj* ❶ kommend, eintreffend; **dün ~ konuklar** die gestern erschienenen Gäste ❷ PHYS einfallend

gelenek <-ği> *s* Tradition *f;* ~ **ve görenekler** Sitten und Gebräuche

gelenekçi **I.** *s* Traditionalist(in) *m(f)* **II.** *adj* traditionalistisch

gelenekçilik <-ği> *s ohne pl* Traditionalismus *m*

gelenekli *adj* traditionell

geleneksel *adj* traditionell

gelen geçen *s,* **gelen giden** *s* (*gelip geçenler*) Passanten *pl;* (*ziyaret edenler*) Gäste *pl;* **bugün ~ olmadı** heute kam niemand vorbei

geleni *s* REG (*büyük fare*) Ratte *f*

gelgeç *adj* ❶ (*geçici*) zeitweilig ❷ (*sebatsız*) unbeständig, inkonsequent

gelgeççi *s* (*fam*) Flattergeist *m* **gelgeççi müşteriler** *pl* Laufkundschaft *f*

gelgit *s* GEO (*meddücezir*) Gezeiten *pl* **gelgit olayı** *s* GEO Gezeitenwechsel *m*

gelin *s* ❶ Braut *f;* ~ **ile güvey** die Braut und der Bräutigam, die Brautleute, das Brautpaar; **kendi kendine ~ güvey olmak** sich selbst was vormachen ❷ Schwiegertochter *f* **gelin böceği** *s* ZOOL Marienkäfer *m*

gelincik <-ği> *s* ❶ BOT (*Papaver rhoeas*) Klatschmohn *m* ❷ ZOOL (*Mustela nivalis*) Wiesel *nt,* Mauswiesel *nt* ❸ REG (*arpacık*) Gerstenkorn *nt*

gelin çiçeği *s* BOT Kaiserkrone *f* **gelin kadın** *s* ZOOL (*gelincik*) Wiesel *nt* **gelin kuşağı** *s* REG (*gökkuşağı*) Regenbogen *m*

gelinlik **I.** *s* <-ği> Brautkleid *nt,* Hochzeitskleid *nt* **II.** *adj* heiratsfähig; ~ **çağına gelmek** ins heiratsfähige Alter kommen; ~ **çağında olmak** im heiratsfähigen Alter sein

gelin otu *s* BOT (*güveyfeneri*) Judenkirsche *f,* Blasenkirsche *f* **gelin yatağı** *s* Ehebett *nt*

gelip geçici *adj* kurzlebig; (*fâni*) vergänglich

gelir[1] *vi 3. Aorist von* **gelmek**

gelir[2] *s* ❶ Einkommen *nt* ❷ Einnahme *f;* ~ **gider** Einnahmen und Ausgaben **gelir dağılımı** *s* Einkommensverteilung *f* **gelir gelmez** *adv* **eve ~ kendisine söylerim** sobald er nach Hause kommt, sage ich (es) ihm **gelir kaynağı** *s* Einkommensquelle *f,* Einnahmequelle *f* **gelir vergisi** *s* Einkommen(s)steuer *f*

geliş[1] *vi Imperativ von* **gelişmek**

geliş[2] *s* Ankunft *f*

gelişigüzel **I.** *adj* beliebig; (*herhangi bir*) irgendeine(r, s) **II.** *adv* ❶ beliebig; ~ **dizilerek** in beliebiger Reihenfolge ❷ aufs Geratewohl

gelişim *s* ❶ Entwicklung *f;* **fiziksel/ruhsal ~** die physische/psychische Entwicklung, die körperliche/geistige Entwicklung ❷ (*istidadın ~ i*) Entfaltung *f*

gelişme *s* ❶ *Verbalsubstantiv zu* **gelişmek** ❷ Entwicklung *f* ❸ (*istidadın ~ si*) Entfaltung *f*

gelişmek *vi* ❶ sich entwickeln ❷ (*istidadı*) sich entfalten

gelişmemiş *adj* unentwickelt

gelişme süreci *s* Entwicklungsprozess *m*

geliş saati *s* Ankunftszeit *f*

geliştirme *s* ❶ *Verbalsubstantiv zu* **geliştirmek** ❷ Entwicklung *f* ❸ (*istidadını ~*) Entfaltung *f;* **kişiliğini serbestçe ~** die freie Entfaltung seiner Persönlichkeit

geliştirmek *vt* ❶ entwickeln ❷ (*istidadını*) entfalten

gelme *s ohne pl* ❶ *Verbalsubstantiv zu* **gelmek:** ~**m mümkün değil** es ist nicht möglich, dass ich komme, ich kann nicht kommen; ~**si çok sürdü** es dauerte lange, bis er kam ❷ Erscheinen *nt*

gelmek <-ir> *vi* ❶ kommen, erscheinen ❷ mitkommen; **o da (bizimle) geldi** auch er kam (mit uns) mit; **gelmezseniz biz de gitmeyiz** wenn Sie nicht mitkommen, gehen wir auch nicht; (*ikinci kişi çoğul*) wenn ihr nicht mitkommt, gehen wir auch nicht ❸ vorkommen; **bana öyle geldi ki, sanki ...** es kam mir so vor, als ob ...; **o bana yabancı gelmiyor** sie kommt mir bekannt vor ❹ sich stellen; **duymazlıktan/bilmezlikten ~** sich taub/unwissend stellen ❺ **birine bir şey ağır/kolay/zor ~** jdm etw schwer-/leicht-/schwerfallen ❻ **aklıma gelmiyor!** ich komme nicht drauf!, es fällt mir nicht ein!; **kulağa hoş ~** sich gut anhören, angenehm klingen

gelmiş geçmiş *adj* bisherig; **bu, şimdiye kadar ~ her şeyi gölgede bırakır** das stellt alles da Gewesene in den Schatten

gem *s* Zaum *m,* Kandare *f;* **ata ~ vurmak** das Pferd aufzäumen, dem Pferd die Kandare anlegen; **birine ~ vurmak** (*fig*) jdn an die Kandare nehmen; **~i azıya almak** (*at için*) durchgehen; (*fig: söz dinlemez olmak*) aufbrausen, nicht mehr zuhören; **birinin ~ini kısmak** (*fig*) jdm die Kandare anziehen

gemi *s* Schiff *nt;* **~si şapa oturmak** (*fig*) Schiffbruch erleiden **gemi adamları** *pl* NAUT Schiffsbesatzung *f* **gemi enkazı** *s* NAUT Schiffswrack *nt* **gemi safrası** *s* NAUT (*sabura*) Schiffsballast *m*

gen *s* BIOL Gen *nt* **gen araştırmacı** *s* Genforscher(in) *m(f)* **gen araştırması** *s ohne pl* Genforschung *f*

gencecik <-ği> *adj* blutjung

genç *adj* jung; **spor insanı ~ tutar** Sport hält jung

gençleştirme *s* ❶ *Verbalsubstantiv zu* **gençleştirmek** ❷ Verjüngung *f*

gençleştirmek *vt* ❶ verjüngen, jünger machen ❷ (*bir kuruluşu*) verjüngen

gençlik <-ği> *s ohne pl* ❶ Jugend *f;* **asi ~** die rebellische Jugend ❷ (*~ zamanı*) Jugend(zeit) *f;* **gençliğimde** in meiner Jugend; **(ilk) gençliğinde at delisiydi** in seiner (frühen) Jugend war er ein Pferdenarr **gençlik aşkı** *s* Jugendliebe *f* **gençlik günahları** *pl* Jugendsünden *pl*

Gençlik ve Spor Bayramı *s* Jugend- und Sportfest *nt*

gene *adv* ❶ (*yine*) wieder; (*yeniden*) erneut; **~ başlama!** fang nicht wieder damit an! ❷ (*öyle de olsa*) trotzdem ❸ **~ de (güzel görünüyor)** und dennoch (sieht es schön aus)

genel *adj* ❶ allgemein, generell, General-; **~ olarak** im Allgemeinen, generell ❷ gesamt, Gesamt- ❸ öffentlich **genel af** <-ffı> *s* JUR, POL Amnestie *f,* Generalamnestie *f* **genel bütçe** *s* Gesamthaushalt *m*

geneleme *s* PHILOS Pleonasmus *m*

genelev *s* Bordell *nt*

genelge *s* Rundschreiben *nt*

genel grev *s* Generalstreik *m* **genel izlenim** *s* Gesamteindruck *m* **genel kadın** *s* Prostituierte *f* **genel kurmay** *s* MIL Generalstab *m* **genel kurmay başkanı** *s* MIL Generalstabschef *m* **genel kurul** *s* ❶ Generalversammlung *f* ❷ Hauptversammlung *f,* Vollversammlung *f* **genel kültür** *s ohne pl* Allgemeinwissen *nt*

genelleme *s* ❶ *Verbalsubstantiv zu* **genellemek** ❷ Verallgemeinerung *f,* Generalisierung *f*

genellemek *vt* verallgemeinern, generalisieren

genelleştirme *s* ❶ *Verbalsubstantiv zu* **genelleştirmek** ❷ Verallgemeinerung *f,* Generalisierung *f*

genelleştirmek *vt* verallgemeinern, generalisieren

genellikle *adv* im Allgemeinen, generell

genel müdür *s* Generaldirektor *m* **genel müdürlük** <-ğü> *s* Generaldirektion *f*

genel prova *s* THEAT Generalprobe *f*

genel sekreter *s* POL Generalsekretär *m*

genel tıp <-bbı> *s ohne pl* Allgemeinmedizin *f* **genel yazman** *s s.* **genel sekreter**

general <-li> [generāl] *s* MIL General(in) *m(f)*

generallik <-ği> [generāl] *s* ❶ (*generalin makamı*) Generalität *f* ❷ (*general rütbesi*) Generalsrang *m*

genetif *s* LING (*tamlayan durumu*) Genetiv *m*

genetik **I.** *s* <-ği> *ohne pl* BIOL Genetik *f* **II.** *adj* BIOL genetisch **genetik mühendislik** <-ği> *s ohne pl* BIOL Gentechnologie *f*

geniş *adj* ❶ breit; **~ kapı/yol** eine breite Tür/Straße ❷ weit; **~ anlamda** im weiteren Sinne ❸ (*ev*) geräumig ❹ MATH (*açı*) stumpf ❺ **~ bir nefes almak** aufatmen

geniş açı *s* FOTO Weitwinkel *m*

genişleme *s* ❶ *Verbalsubstantiv zu* **genişlemek** ❷ Erweiterung *f* ❸ *a.* POL, WIRTSCH Expansion *f*

genişlemek *vt* ❶ sich erweitern, sich ausdehnen ❷ COMM expandieren

genişler *adj* dehnbar

genişletme *s* ❶ *Verbalsubstantiv zu* **genişletmek** ❷ Erweiterung *f*

genişletmek *vt* ❶ *Kausativ zu* **genişlemek** ❷ erweitern, ausdehnen; (*odayı*) ausbauen; **damarları ~** MED die Gefäße erweitern

geniş omuzlu *adj* breitschult(e)rig **geniş zaman** *s* LING Aorist *m,* r-Präsens *nt*

geniz <-nzi> *s* **~den çıkarmak** durch die Nase sprechen, nasalieren; **~den konuşmak** durch die Nase sprechen, näseln

genizsil *adj* LING nasal

geniz ünlüsü *s* LING Nasalvokal *m* **geniz ünsüzü** *s* LING Nasal *m,* Nasallaut *m*

genleşme *s* ❶ *Verbalsubstantiv zu* **genleşmek** ❷ PHYS Ausdehnung *f*

genleşmek *vi* PHYS sich ausdehnen; **ısıtma yoluyla metal genleşir** Metall dehnt sich durch Erwärmung aus

genleşme kat sayısı *s* PHYS Ausdehnungskoeffizient *m*

genleştirme *s* ❶ *Verbalsubstantiv zu* **genleştirmek** ❷ PHYS Ausdehnung *f*

genleştirmek *vt* ❶ *Kausativ zu* **genleşmek** ❷ PHYS ausdehnen

genlik <-ği> *s ohne pl* Amplitude *f* **genlik modülasyonu** *s* Amplitudenmodulation *f*
gen manipülasyonu *s* BIOL Genmanipulation *f*
genom *s* BIOL Genom *nt*
genosit *s s.* **jenosit** Genozid *m o nt*
gensoru *s* POL Interpellation *f*
gen teknolojisi *s ohne pl* BIOL Gentechnologie *f*
genzel *adj* MED, LING nasal
geometri *s ohne pl* Geometrie *f*
geometrik *adj* geometrisch; ~ **dizi** geometrische Reihe; ~ **yer** geometrischer Ort
gep(e)genç <-ci> *adj,* **gepegencecik** <-ği> *adj* blutjung
gerçek **I.** *s* <-ği> ❶ Wirklichkeit *f;* (*realite*) Realität *f* ❷ (*gerçek olan şey*) Tatsache *f;* (*hakikat*) Wahrheit *f;* **acı ~ budur** das ist die bittere Wahrheit **II.** *adj* <-ği> ❶ wirklich, real; ~ **değerler/dünya** reale Werte/Welt; ~ **yaşamdaki gibi** wie im richtigen Leben ❷ wahr; ~ **hikâye** eine wahre Geschichte; ~ **yüzünü göstermek** sein wahres Gesicht zeigen
gerçekçi **I.** *s* Realist(in) *m(f)* **II.** *adj* realistisch
gerçekçilik <-ği> *s ohne pl* PHILOS, LIT, KUNST (*realizm*) Realismus *m*
gerçekleşme *s* ❶ *Verbalsubstantiv zu* **gerçekleşmek** ❷ Verwirklichung *f,* Realisierung *f*
gerçekleşmek *vi* sich verwirklichen, sich realisieren; **hayalleri gerçekleşti** seine Träume wurden wahr
gerçekleştirilme *s* ❶ *Verbalsubstantiv zu* **gerçekleştirilmek** ❷ Verwirklichung *f,* Realisierung *f*
gerçekleştirilmek *vi pass von* **gerçekleştirmek**: **planımız gerçekleştiril(eme)di** unser Plan konnte (nicht) realisiert werden
gerçekleştirme *s* ❶ *Verbalsubstantiv zu* **gerçekleştirmek** ❷ Verwirklichung *f,* Realisierung *f*
gerçekleştirmek *vt* verwirklichen, realisieren; **hayalinizi gerçekleştirin!** verwirklichen Sie Ihren Traum!, lassen Sie Ihren Traum wahr werden!
gerçeklik <-ği> *s* ❶ Realität *f,* Wirklichkeit *f;* **sanal ~** virtuelle Realität ❷ (*ohne pl*) Authentizität *f*
gerçekten *adv* wirklich, tatsächlich; ~ **mi?** wirklich?, tatsächlich?
gerçek zaman *s* INFORM Echtzeit *f*
gerçi *adv* zwar, wohl; **bu ~ doğru, ama ...** das ist zwar richtig [*o* wahr], aber ...; ~ **onu söz verdi, ama ...** er hat es zwar [*o* wohl] versprochen, aber ...
gerdan *s* Doppelkinn *nt*
gerdanlık <-ğı> *s* Halskette *f*
gereç <-ci> *s* Material *nt,* Utensil *nt*
gereğince *adv* gemäß, laut
gerek <-ği> *s* Notwendigkeit *f;* **gereğinden çok** [*o* **fazla**] mehr als nötig [*o* notwendig] [*o* erforderlich]; ~ **varsa** wenn nötig, wenn es notwendig [*o* erforderlich] ist; **hemen feryadı basmana ~ yok** du brauchst nicht gleich zu schreien
gerekçe *s* Begründung *f*
gerekçeli *adj* begründet
gerekli *adj* nötig, notwendig, erforderlich; **bir şeyi ~ gör(me)mek** etw für (nicht) notwendig erachten; ~ **kılmak** erfordern, notwendig machen
gereklilik <-ği> *s* Notwendigkeit *f*
gerekme *s Verbalsubstantiv zu* **gerekmek**
gerekmek *vi* ❶ nötig sein, gehören; **onun için cesaret gerekir** dazu gehört Mut; **şimdi acele etmek gerekiyor** nun heißt es, schnell handeln; **gerekmez** es ist nicht nötig ❷ **gerektiğinde** bei Bedarf; **gerekirse** wenn nötig, wenn es notwendig [*o* erforderlich] ist ❸ brauchen, müssen; **bugün çalışmam gerekmiyor** ich brauche heute nicht zu arbeiten, ich muss heute nicht arbeiten; **gerekmez** es muss nicht sein; **bunun doğru olması gerekmez** das muss nicht stimmen [*o* richtig sein]
gereksiz *adj* unnötig, überflüssig; ~ **eşya** unnützes Zeug
gereksizlik <-ği> *s* Überflüssigkeit *f*
gereksiz yere *adv* unnötigerweise, überflüssigerweise
gerektirme *s Verbalsubstantiv zu* **gerektirmek**
gerektirmek *vt* erfordern, bedürfen
gerer *vt 3. Aorist von* **germek**
gergedan *s* ZOOL Nashorn *m*
gergef *s* Stickrahmen *m,* Tambur *m;* ~ **işlemek** mit [*o* in] einem Stickrahmen sticken
gergef işlemesi *s* Tamburierstich *m*
gergin *adj* ❶ straff ❷ gespannt; ~ **bir hava** eine gespannte Atmosphäre [*o* Stimmung]
gerginleştirme *s* ❶ *Verbalsubstantiv zu* **gerginleştirmek** ❷ Anspannung *f*
gerginleştirmek *vt* anspannen, spannen, straffmachen
gerginlik <-ği> *s ohne pl* ❶ Straffheit *f* ❷ Gespanntheit *f,* Spannung *f*
geri **I.** *s* ❶ (*sona kalan bölüm*) Rest *m;* **hikâyenin ~si** der Rest der Geschichte ❷ (*geçmiş*) Vergangenheit *f* **II.** *adv* ❶ zurück; ~ **almak** zurückholen, zurücknehmen; ~ **çekilmek** zurückweichen; ~ **durmak** sich zurückhalten (**-den** mit); (*bir iş yapmaktan kaçınmak*) sich scheuen (**-den**

vor); ~ **gelmek** zurückkommen; (*dönmek*) zurückkehren; ~ **gitmek** zurückgehen ❷ rückwärts; ~ **saymak** rückwärtszählen ❸ übrig; ~**ye kalmak** übrig bleiben

geri bildirim *s* Feed-back *nt*

gerici I. *s* ❶ POL (*pej: mürteci*) Reaktionär *m* ❷ ANAT (*kas*) Tensor *m* **II.** *adj* POL (*pej: irticaî*) reaktionär

gericilik <-ği> *s* POL (*pej: irtica*) Reaktion *f*

geri çekme yayı *s* TECH, AUTO Rückholfeder *f* **geri geri** *adv* rückwärts **geri kalmış** *adj* rückständig **geri kalmışlık** <-ğı> *s ohne pl* Rückständigkeit *f*

gerilek *adv* regressiv

gerileme *s* ❶ *Verbalsubstantiv zu* **gerilemek** ❷ Rückgang *m* ❸ PSYCH, BIOL Regression *f* ❹ (*geri çekilme*) Rückzug *m*

gerilemek *vi* zurückgehen; **iki adım** ~ zwei Schritte zurückgehen [*o* zurücktreten]

gerilim *s* ❶ PHYS (*tevettür*) Spannung *f;* (*tansiyon*) Tension *f* ❷ ELEK, PHYS (*voltaj*) Spannung *f;* **alçak/yüksek bir** ~ eine niedrige/hohe Spannung ❸ PSYCH Spannung *f* ❹ (*fig fam: gerginlik*) Spannung *f* ❺ FILM Spannung *f*

gerilimölçer *s* TECH Tensiometer *nt*

gerilla *s* Guerilla *f*

gerillacı *s* Guerillakämpfer(in) *m(f)*

gerinme *s Verbalsubstantiv zu* **gerinmek**

gerinmek *vi* sich recken

geri ödeme *s* Rückzahlung *f*

gerisingeri *adv,* **gerisingeriye** *adv* ~ **dönmek** kehrtmachen, umkehren; ~ **dönmeye karar vermek** sich zur Umkehr entschließen

geri tepme *s* Rückprall *m,* Rückschlag *m;* (*silahın* ~*si*) Rückstoß *m* **geri vites** *s* AUTO, TECH Rückwärtsgang *m*

geriz *s* (*lağım*) Kloake *f*

geri zekâlı *adj* geistig zurückgeblieben

Germanist *s* Germanist(in) *m(f)*

Germanistik <-ği> *s ohne pl* Germanistik *f*

germanyum *s ohne pl* CHEM Germanium *nt*

germe *s ohne pl Verbalsubstantiv zu* **germek**

germek <-er> *vt* ❶ spannen ❷ straffen ❸ (*uzatmak*) ausstrecken; **bacaklarını/kollarını** ~ seine Beine/Arme ausstrecken ❹ (*sinir*) anspannen

gerundium *s* LING (*zarf-fiil*) Gerundium *nt*

gerzek <-ği> *adj* (*sl*) geistig unterbelichtet; (*geri zekâlı*) geistig zurückgeblieben

gestapo *s ohne pl* HIST Gestapo *f*

getir *vt Imperativ von* **getirmek**

getiri *s* Ertrag *m*

getirim *s* Einträglichkeit *f*

getirimli *adj* einträglich

getirme *s Verbalsubstantiv zu* **getirmek**

getirmek *vt* ❶ bringen; **bir şey getirmez** (*fig fam*) es bringt nichts ❷ (*yanında*) mitbringen; **sana bir şey getirdim** ich habe dir etw mitgebracht ❸ (*sağlamak*) einbringen; **faiz getirecek gibi parasını yatırmak** sein Geld so einlegen, dass es Zinsen einbringt

getirtme *s Verbalsubstantiv zu* **getirtmek**

getirtmek *vt Kausativ zu* **getirmek: bir bardak su getirtti** er ließ ein Glas Wasser bringen

getr *s* Gamasche *f*

getto *s a.* SOZIOL Getto *nt*

geveleme *s Verbalsubstantiv zu* **gevelemek**

gevelemek *vt* ❶ im Munde drehen, ohne zu kauen ❷ (*fig*) nuscheln; **lafı eveleyip** ~ herumreden

geven *s* BOT Tragant *m*

geveze I. *s* (*pej*) Schwätzer(in) *m(f)* **II.** *adj* (*pej*) geschwätzig, schwatzhaft

gevezelik <-ği> *s ohne pl* (*pej*) ❶ Schwatzhaftigkeit *f,* Geschwätzigkeit *f* ❷ Geschwätz *nt*

gevher *s s.* **cevher**

geviş *s ohne pl* Wiederkäuen *nt;* ~ **getirmek** wiederkäuen **geviş getirenler** *pl* ZOOL Wiederkäuer *pl*

gevrek <-ği> *adj* ❶ (*kolayca kırılıp ufalanan*) bröck(e)lig; (*demir*) spröde; (*kil*) locker ❷ knusp(e)rig

gevşek <-ği> *adj* ❶ locker; (*ip*) schlaff; ~ **ağızlı olmak** ein lockeres Mundwerk haben ❷ lasch, schlaff

gevşeme *s* ❶ *Verbalsubstantiv zu* **gevşemek** ❷ Lockerung *f*

gevşemek *vi* sich lockern; **vida gevşedi** die Schraube hat sich gelockert

gevşetme *s* ❶ *Verbalsubstantiv zu* **gevşetmek** ❷ Lockerung *f*

gevşetmek *vt* lockern

geyik <-ği> *s* ❶ ZOOL (*Cervida*) Hirsch *m;* (*Cervus elaphus*) Rothirsch *m* ❷ (*fam*) gehörnter Ehemann **geyik boynuzu** *s* Hirschgeweih *nt* **geyik böceği** *s* ZOOL Hirschkäfer *m*

geyşa *s* Geisha *f*

gez[1] *vi Imperativ von* **gezmek**

gez[2] *s* ❶ (*kertik*) Einschnitt *m* ❷ (*tabancada, tüfekte*) Kimme *f;* ~ **ile arpacık üzerinden nişan almak** über Kimme und Korn zielen

gez[3] *s* ❶ Messschnur *f* ❷ (*çekül*) Lot *nt,* Senkblei *nt*

gezdirme *s Verbalsubstantiv zu* **gezdirmek**

gezdirmek *vt* ❶ *Kausativ zu* **gezmek** ❷ herumführen; (*araçla*) herumfahren

❸ ausführen; **köpeği** ~ den Hund ausführen

gezegen *s* ASTRON Planet *m*

gezegenler arası *adj* interplanetar, interplanetarisch

gezer *vt, vi 3. Aorist von* **gezmek**

gezgin *s* Reisende(r) *f(m)*

gezgincilik <-ği> *s ohne pl* Reisegewerbe *nt*

gezgin hastane *s* MIL Feldlazarett *nt*

gezgin satıcı *s* Hausierer *m*

gezi *s* ❶ (*yolculuk*) Reise *f* ❷ Ausflug *m*

gezinme *s Verbalsubstantiv zu* **gezinmek**

gezinmek *vi* ❶ schlendern; (*dolaşmak*) bummeln; **bir aşağı bir yukarı** ~ auf und ab schlendern; **parkta** ~ durch den Park schlendern ❷ INFORM (*internette*) surfen

gezinti *s* ❶ Spaziergang *m* ❷ Ausflug *m;* ~ **yapmak** einen Ausflug machen ❸ (*kale kuleleri arasında dar yol*) Wehrgang *m* ❹ REG (*koridor*) Flur *m;* (*sofa*) Diele *f* ❺ REG (*balkon*) Balkon *m* **gezinti yeri** *s* Ausflugsort *m*

gezi rehberi *s* Reiseführer *m*

gezme *s Verbalsubstantiv zu* **gezmek**

gezmek <-er> **I.** *vi* ❶ spazieren gehen; (*arabayla*) spazieren fahren ❷ (*dolaşmak*) herumlaufen; **aç ~tense tok ölmek yeğdir** besser satt sterben als hungrig herumlaufen; **bu gömlekle gezemem** mit diesem Hemd kann ich nicht herumlaufen; **saçı uzun/kısa** ~ das Haar lang/kurz tragen ❸ (*gitmek*) gehen; **devriye** ~ auf Streife gehen ❹ (*bulunmak*) **şapkam burada ne geziyor?** was macht mein Hut hier? ❺ **ne gezer!** (*fam*) i wo!; **burada böyle şeyler ne gezer** (*bulunmaz*) hier gibt es solche Sachen nicht **II.** *vt* ❶ besichtigen ❷ bereisen; **Almanya'yı/Türkiye'yi** ~ Deutschland/die Türkei bereisen

gıcık **I.** *s* <-ğı> *ohne pl* ❶ Hustenreiz *m;* ~ **tutmak** Hustenreiz bekommen; (*fam*) einen Frosch im Hals haben ❷ (*fam*) Anstoß *m;* ~ **etmek** reizen, fuchsen; (*kızdırmak*) wurmen, ärgern; (*sinirlendirmek*) nerven, aufregen; **bir şeyden** ~ **almak** [*o* **kapmak**] an etw Anstoß nehmen, sich über etw fuchsen; **sözleri beni çok ~ etti** seine Bemerkungen haben mich sehr gefuchst; **bir şeye ~ olmak** sich über etw ärgern [*o* fuchsen] **II.** *adj* (*fam: kimse*) nervig

gıcıklama *s Verbalsubstantiv zu* **gıcıklamak**

gıcıklamak *vt* ❶ (*kaşındırmak*) jucken ❷ (*fig fam: kuşkulandırmak*) stutzig machen ❸ (*fig fam: cinsî istek uyandırmak*) erregen

gıcıklanma *s Verbalsubstantiv zu* **gıcıklanmak**

gıcıklanmak *vi* ❶ kitzeln; **boğazı** ~ einen Frosch im Hals haben ❷ (*fig fam: kuşkulanmak*) stutzig werden ❸ (*fig fam: cinsî istek uyanmak*) sich erregen

gıcırdama *s Verbalsubstantiv zu* **gıcırdamak**

gıcırdamak *vi* quietschen; (*dişler*) knirschen; (*daha tok*) knarren; **kapı(nın menteşeleri) gıcırdıyor** die Tür quietscht (in den Angeln); (*daha tok*) die Tür knarrt (in den Angeln)

gıcırdatma *s Verbalsubstantiv zu* **gıcırdatmak**

gıcırdatmak *vt* **dişlerini** ~ mit den Zähnen knirschen

gıcır gıcır *adj* (*fam*) funkelnagelneu

gıda *s* Lebensmittel *nt* **gıda alerjisi** *s* MED Lebensmittelallergie *f*

gıdaklama *s Verbalsubstantiv zu* **gıdaklamak**

gıdaklamak *vi* (*tavuk*) gackern

gıda pazarı *s* Lebensmittelmarkt *m* **gıda sanayii** *s* MED Lebensmittelindustrie *f* **gıda zehirlenmesi** *s* MED Lebensmittelvergiftung *f*

gıdıklama *s Verbalsubstantiv zu* **gıdıklamak**

gıdıklamak *vt* kitzeln

gık *s* Mucks *m;* ~ **demeden** ohne einen Mucks (zu sagen); ~ **dememek** keinen Mucks sagen

gına *s ohne pl* Überdruss *m;* ~ **gelinceye kadar** bis zum Überdruss; **bir şeyden/kimseden** ~ **gelmek** einer Sache/jds überdrüssig werden

gıpta *s ohne pl* Neid *m*

gır *s* (*pej fam*) Quatschen *nt;* ~ **atmak** quatschen; ~ **geçmek** (*çene çalmak*) quatschen; (*dikkat etmemek*) nicht aufpassen; (*aklı başka yerde olmak*) abwesend sein; ~ **kaynatmak** die Zeit verquatschen; **birini ~ ~a almak** jdn auf den Arm nehmen, jdn durch den Kakao ziehen

gırgır **I.** *s* Teppichkehrer *m;* **biriyle ~ geçmek** (*fig fam*) jdn auf den Arm nehmen, jdn auf die Schippe nehmen, mit jdm seinen Spott treiben; **bir şeyi ~a almak** sich aus etw einen Spaß machen **II.** *adj* lustig

gırgırcı *s* (*fam*) Quatschkopf *m*

gırla *adv* (*fam*) in Mengen

gırnata *s* REG (*klârnet*) Klarinette *f*

gırnatacı *s* REG (*klârnetçi*) Klarinettist(in) *m(f)*

gırtlak <-ğı> *s* ANAT Kehlkopf *m,* Kehle *f;* **birinin gırtlağına bıçağı dayamak** (*fig* *fam*) jdm das Messer an die Kehle setzen; **birinin gırtlağını sıkmak** jdm die Kehle zudrücken **gırtlak iltihabı** *s* MED Kehlkopfentzündung *f* **gırtlak kanseri** *s* MED Kehlkopfkrebs *m*

gırtlaklama *s Verbalsubstantiv zu* **gırtlaklamak**

gırtlaklamak *vt* **birini ~** jdn abwürgen, jdm die Kehle zudrücken

gırtlaksı *adj* LING velar

gıyaben *adv* ❶ in Abwesenheit ❷ vom Hörensagen

gıyabında *adv* in Abwesenheit

gıyabî hüküm *s* JUR Versäumnisurteil *nt*

gıyap <-bı> *s* Abwesenheit *f*

gıybetçi *s* Lästermaul *nt;* (*çekiştirici*) Lästerer, Lästerin *m, f*

gıygıy *s* Fiedel *f;* **~ etmek** fiedeln

gıygıycı *s* Fiedler(in) *m(f)*

gibi **I.** *part* **hiçbir şey olmamış ~** als ob nichts geschehen wäre; **sanki sesler duymuşum ~ geldi** mir ist, als hätte ich Stimmen gehört; **yağmur yağacak ~ görünüyor** es sieht so aus, als würde es regnen **II.** *adv* ❶ wie; **gerçek yaşamdaki ~** wie im richtigen Leben; **her şey eskisi ~** alles ist wie früher; **her zamanki ~** wie immer; **öngörüldüğü ~** wie vorgesehen ❷ (*o anda*) sowie; **çantasını kaptığı ~ gitti** er schnappte seine Tasche und war weg; **çocuğu kaptığı ~ toz oldu** er hatte sich das Kind gekrallt und war damit verschwunden; **haberi aldığı ~ yola çıktı** sowie er die Nachricht erhielt, machte er sich auf den Weg; (*hemen arkasından*) gleich nachdem er die Nachricht erhielt, machte er sich auf den Weg

gibisi *s* ❶ (**şimdiye kadar**) **hiç onun ~ne rastlamamıştı** er hatte noch nie ihresgleichen kennen gelernt ❷ REG (*~ ne gelmek*) **öyle gibime geliyor ki ...** es kommt mir so vor, als ob ...

gider[1] *vi 3. Aorist von* **gitmek**

gider[2] *s* FIN (*masraf*) Ausgaben *pl;* **gelir ~** Einnahmen und Ausgaben

giderek *adv* zunehmend

gider gitmez *adv* **eve ~ telefon ederim** ich rufe an, sobald ich zu Hause bin

giderme *s* ❶ *Verbalsubstantiv zu* **gidermek** ❷ Beseitigung *f*

gidermek *vt* ❶ beseitigen ❷ (*açlık, susuzluk*) stillen; (*merak*) stillen; **merakını ~** seine Neugier(de) stillen; **açlığını/susuzluğunu ~** seinen Hunger/Durst stillen

gider vergisi *s* Aufwandsteuer *f*

gidiş *s* ❶ (*taşıtla*) Fahrt *f,* Hinfahrt *f* ❷ **bu ~le sonu ne olacak?** wie wird das mit ihm enden?

gidişat [gidiʃaːt] *s* ❶ (*gelişme*) Fortentwicklung *f;* (*olayların durumu*) die Lage der Dinge; **bu ~la** wenn das so weitergeht; **kişilerin ~ı** wie sich Personen weiterentwickeln ❷ (*tutum*) Verhalten *nt;* **kişilerin ~ı** wie sich Personen verhalten

gidiş dönüş *s* **~ için bir bilet** eine Fahrkarte hin und zurück **gidiş yönü** *s* Fahrtrichtung *f*

gidon *s* Lenker *m,* Lenkstange *f;* **~ tutmadan bisiklete binmek** freihändig Fahrrad fahren

gigabayt *s* INFORM Gigabyte *nt*

gilaburu *s* BOT Gemeiner Schneeball

gine *adv* REG (*yine*) wieder

Gine *s* Guinea *nt*

Gineli **I.** *s* Guineer(in) *m(f)* **II.** *adj* guineisch

ginseng *s* BOT Ginseng *m*

girdap <-bı> *s* ❶ (*a. fig: suda*) Strudel *m;* **olayların girdabında** im Strudel der Ereignisse ❷ (*havada*) Wirbel *m*

girdi *s* ❶ Eingang *m* ❷ INFORM Eingabe *f,* Input *m o nt; s. a.* **çıktı** **girdi tuşu** *s* INFORM Eingabetaste *f* **girdi verileri** *pl* INFORM Eingabedaten *pl*

girgin *adj* kontaktfreudig

girginlik <-ği> *s ohne pl* Kontaktfreudigkeit *f*

girift tezyinat *s s.* **girişik bezeme** ARCH Arabeske *f*

girilme *s Verbalsubstantiv zu* **girilmek**

girilmek *v unpers* **günün bu saatinde denize girilmez** um diese Tageszeit geht man nicht baden

girinti *s* Vertiefung *f*

giriş *s* ❶ Eintritt *m,* Einlass *m;* (*taşıtlar için*) Einfahrt *f* ❷ (*antre*) Eingang *m* ❸ LIT (*methal*) Einleitung *f* ❹ (*girizgâh*) Einführung *f* ❺ (*~ ücreti*) Eintritt *m;* **~ ücretsizdir** der Eintritt ist kostenlos ❻ (*yurda*) Einreise *f*

girişik bezeme *s* ARCH Arabeske *f*

girişim *s* ❶ (*teşebbüs*) Unternehmen *nt* ❷ PHYS Interferenz *f*

girişimci *s* Unternehmer(in) *m(f)*

girişimcilik <-ği> *s* Unternehmertum *nt*

girişimölçer *s* PHYS (*interferometre*) Interferometer *nt*

girişim ölçme *s ohne pl* PHYS (*interferometri*) Interferometrie *f*

giriş kapısı *s* Eingangstür *f* **giriş kartı** *s* Eintrittskarte *f,* Einlasskarte *f* **giriş katı** *s* Erdgeschoss *nt*

girişken *adj* betriebsam, unternehmend

girişkenlik <-ği> *s ohne pl* Betriebsamkeit *f,* Unternehmungsgeist *m*

girişme *s Verbalsubstantiv zu* **girişmek**

girişmek *vi* ❶ unternehmen (**-e**) ❷ **biriyle kavgaya ~** mit jdm in Streit geraten

giriş sınavı *s* Aufnahmeprüfung *f* **giriş ücreti** *s* Eintrittsgeld *nt*, Eintrittspreis *m*

Girit **I.** *s* Kreta *nt* **II.** *adj* kretisch **Giritli** **I.** *s* Kreter(in) *m(f)* **II.** *adj* kretisch

girizgâh *s s.* **giriş** Einführung *f*, Einleitung *f*

girme *s Verbalsubstantiv zu* **girmek**

girmek *vi* ❶ gehen (**-e** in); **ayrıntıya ~** ins Detail gehen; **duşun altına ~** unter die Dusche gehen ❷ (*içeri ~*) hineingehen (**-e** in), eintreten (**-e** in), betreten (**-e**); (*zorla ~*) eindringen (**-e** in); **~ yasak(tır)!** Betreten verboten!; **aramıza soğukluk girdi** zwischen uns ist eine Entfremdung eingetreten; **hırsız pencereden eve girdi** der Dieb drang durch das Fenster in das Haus ein; **odaya/suya ~** ins Zimmer/Wasser gehen ❸ (*içine ~, sığmak*) hineingehen (**-e** in) ❹ (*katılmak*) beitreten; **coğrafyadan sınava ~** in Geographie die Prüfung ablegen; **derneğe/partiye ~** einem Verein/einer Partei beitreten ❺ (*bahse*) abschließen (**-e**); (*riske*) eingehen (**-e**); **bahse ~** eine Wette eingehen ❻ **biriyle birbirine ~** mit jdm aneinandergeraten ❼ **kuyruğa ~** sich anstellen; **sıraya ~** sich einreihen ❽ **komaya ~** ins Koma fallen

Girne *s* Kyrenia *nt*

gişe *s* Kasse *f*; (*istasyonda*) Schalter *m*

gişe başarısı *s* Kassenschlager *m*

git *vi Imperativ von* **gitmek** (*gel karşıtı*) **~!** geh!; **~ bre ~** du gehst und gehst

gitar *s* Gitarre *f*

gitarcı *s* Gitarrist(in) *m(f)*

gitarist *s s.* **gitarcı** Gitarrist(in) *m(f)*

gitgide *adv* zunehmend, immer mehr

gitme *s Verbalsubstantiv zu* **gitmek**

gitmek <-der> *vi* ❶ gehen; **her şey yolunda giderse ...** wenn alles gut geht ... ❷ weggehen; **peynir ekmek gibi ~** (*fig fam*) weggehen wie warme Semmeln ❸ (*arabayla, trenle*) fahren; **ikinci viteste ~** im zweiten Gang fahren ❹ (*işlemek, çalışmak*) laufen ❺ (hin)führen; **bu yol nereye gider?** wohin führt dieser Weg?, wo führt dieser Weg hin? ❻ **bir entrikaya kurban ~** einer Intrige zum Opfer fallen ❼ SCHULE, UNIV (*dershaneye*) besuchen; **kursa ~** einen Kurs besuchen

gittikçe *adv* zunehmend, immer (mehr); **~ güzelleşmek/zorlaşmak** immer schöner/schwieriger werden; **hava ~ kararıyor** es wird immer dunkler; **ilişkileri ~ soğuyor** ihre Beziehung wird zunehmend kühler

giy *vt Imperativ von* **giymek**: **üstüne bir şey ~!** zieh dir etwas an!

giydirme *s* ❶ *Verbalsubstantiv zu* **giydirmek** ❷ **çocuğu ~si tam bir saat sürdü** es dauerte genau eine Stunde, bis er das Kind angezogen hatte

giydirmek *vt* ❶ anziehen, ankleiden, einkleiden; **annesi çocuğa ~ yeni bir pantolon giydirdi** die Mutter hat dem Kind eine neue Hose angezogen; **birini giydirip kuşatmak** jdn (neu) bekleiden ❷ (*fig: ağır sözler söylemek*) beschimpfen; (*hakaret etmek*) beleidigen

giyecek <-ği> *s* Kleidung *f*

giyilme *s Verbalsubstantiv zu* **giyilmek**

giyilmek *vi* ❶ *pass von* **giymek** ❷ **burada palto giyilmez** hier trägt man keinen Mantel

giyim *s* Kleidung *f* **giyim evi** *s s.* **konfeksiyon mağazası** Konfektionsgeschäft *nt*

giyimli *adj* gekleidet; **~ kuşamlı** gut gekleidet

giyim sanayii *s* Bekleidungsindustrie *f*

giyiniş *s* Kleidung *f*; **~i ile her yerde dikkati çekti** mit seiner Kleidung [*o* Art sich zu kleiden] fiel er überall auf

giyinme *s Verbalsubstantiv zu* **giyinmek**

giyinmek *vr* sich anziehen, sich ankleiden; **kalın ~** sich warm anziehen; **paltoyu giyiniyorum** ich ziehe mir den Mantel an

giyinme odası *s* Ankleideraum *m*, Ankleidezimmer *nt*

giyme *s Verbalsubstantiv zu* **giymek**

giymek *vt* ❶ anziehen; (*taç, şapka*) aufsetzen ❷ (*hapis*) erhalten

giyotin *s* Guillotine *f*, Fallbeil *nt*

giysi *s* ❶ Bekleidung *f* ❷ Kleidung *f*; (*elbise*) Kleid *nt* **giysi askısı** *s* Kleiderbügel *m* **giysi dolabı** *s* Kleiderschrank *m*

giz¹ *s* (*sır*) Geheimnis *nt*

giz² *s* NAUT (*bayrak sereni*) Flaggenstock *m*

gizem *s* (*sır*) Geheimnis *nt*, Mysterium *nt*

gizemci **I.** *s* Mystiker(in) *m(f)* **II.** *adj* mystisch

gizemcilik <-ği> *s ohne pl* Mystizismus *m*

gizemli *adj* geheimnisvoll, mysteriös

gizemsel *adj* mystisch

gizil *adj* potenziell **gizil güç** <-cü> *s a.* PHYS (*potansiyel*) Potenzial *nt*

gizleme *s* ❶ *Verbalsubstantiv zu* **gizlemek** ❷ Verheimlichung *f*

gizlemek *vt* ❶ verheimlichen, verbergen; **sır ~** ein Geheimnis verbergen ❷ (*saklamak*) verstecken

gizlenilme *s* ❶ *Verbalsubstantiv zu* **gizlenilmek** ❷ Verheimlichung *f*

gizlenilmek *vi* ❶ *pass von* **gizlenmek** ❷ **burada gizlenilmez** hier kann man sich nicht verstecken

gizlenme *s* ❶ *Verbalsubstantiv zu* **gizlen-**

mek ② Verheimlichung *f*
gizlenmek *vi* ① *pass von* **gizlemek** ② (*saklanmak*) sich verstecken
gizler[1] *s pl von* **giz**
gizler[2] *vt 3. Aorist von* **gizlemek**
gizli I. *adj* ① geheim ② heimlich, verborgen ③ (*mahrem*) vertraulich ④ (*duruşma, oturum*) nicht öffentlich II. *adv* ① heimlich, geheim; **bir şeyi ~ tutmak** etw geheim halten; **bir şeyi ~ yapmak** etw heimlich machen ② JUR (*duruşma, yargılama*) unter Ausschluss der Öffentlichkeit; **~ yapılmak** unter Ausschluss der Öffentlichkeit stattfinden **gizli anlaşma** *s* Geheimabkommen *nt*
gizlice *adv* heimlich, insgeheim; **~ dinlemek** heimlich zuhören, belauschen; **~ bakışmak** sich gegenseitig verstohlene Blicke zuwerfen
gizli cemiyet *s* Geheimbund *m*
gizlicilik <-ği> *s ohne pl* (*okültizm*) Okkultismus *m*
gizli çekmece *s* Geheimfach *nt* **gizli dil** *s* Geheimsprache *f* **gizli din** *s* Geheimlehre *f* **gizli gizli** *adv* heimlich, insgeheim **gizli hesap** <-bı> *s* (*şifreli hesap*) Nummernkonto *nt* **gizli kapı** *s* Geheimtür *f*
gizlilik <-ği> *s ohne pl* ① Heimlichkeit *f* ② (*mahremiyet*) Vertraulichkeit *f*
gizli polis *s* ① Geheimpolizei *f* ② (*sivil güvenlik görevlisi*) Zivilfahnder *m* **gizli servis** *s* Geheimdienst *m*
glase eldiven *s* Glaceehandschuh *m*
glasnost *s ohne pl* POL Glasnost *f*
glayöl *s s.* **kuzgunkılıcı** BOT (*Gattung: Gladiolis*) Gladiole *f*
glikoz *s ohne pl* CHEM Glucose *f*, Glukose *f*
gliserin *s ohne pl* CHEM Glyzerin *nt*
global *adj* global
gnays *s* GEO Gneis *m*; **~, feldspat, kuvars ve mikadan birleşmiş bir kayaçtır** der Gneis ist ein Gestein aus Feldspat, Quarz und Glimmer
gnu *s* ZOOL Gnu *nt*
goblen *s* KUNST Gobelin *m*
gofret *s* Waffel *f* **gofret makinesi** *s* Waffeleisen *nt*
gol <-lü> *s* SPORT Tor *nt*, Goal *nt*; **~ atmak/yemek** Tore schießen/kassieren; **takım ilk yarıda üç ~ attı** die Mannschaft hat in der ersten Halbzeit drei Tore geschossen
golcü *s* SPORT Torjäger(in) *m(f)*; (*fam*) Kanonier *m*
golf <-fü> *s ohne pl* SPORT Golf *nt*
golfçü *s* SPORT Golfspieler(in) *m(f)*
golfstrim *s ohne pl* GEO Golfstrom *m*
gonca *s* BOT (*tomurcuk*) Knospe *f* **gonca yaprağı** *s* BOT Deckblatt *nt*
gondol <-lü> *s* Gondel *f*
gondolcü *s* Gondoliere *m*
gongu *s poss von* **gonk**
gonk <-gu> *s* ① MUS Gong *m* ② SPORT (*boksta*) Gong *m*
gonokok *s* MED Gonokokkus *m*
goril *s* ① ZOOL Gorilla *m* ② (*fig fam: koruyucu*) Leibwächter *m*
gotik I. *s ohne pl* Gotik *f* II. *adj* gotisch **gotik sanat** *s ohne pl* Gotik *f*
göbeği *s poss von* **göbek** **göbeği açık** *adj* bauchfrei
göbek <-ği> *s* ① Nabel *m*, Bauchnabel *m*; **göbeği beraber kesilmiş** unzertrennlich; **göbeğini kesmek** (*yeni doğan çocuğun*) abnabeln ② Bauch *m*, Fettbauch *m*; **~ atmak** einen Bauchtanz aufführen; **~ bağlamak** [*o* **salıvermek**] einen Bauch bekommen ③ (*kuşak*) Generation *f* ④ AUTO (*çember biçiminde ada*) Kreisel *m* ⑤ TECH Nabe *f* **göbek bağı** *s* Nabelschnur *f* **göbek dansı** *s* Bauchtanz *m* **göbek dansözü** *s* Bauchtänzerin *f*
göbeklenme *s Verbalsubstantiv zu* **göbeklenmek**
göbeklenmek *vi* einen Bauch bekommen
göbekli *adj* dickbäuchig, fettbäuchig
göbek otu *s* BOT Nabelkraut *nt*
göbelek <-ği> *s* REG (*kuzugöbeği*) Morchel *f*
göbelez *s* REG (*köpek yavrusu*) Welpe *m*
göç *s* ① GEO, BIOL, SOZIOL Migration *f* ② (*taşınma*) Umzug *m* ③ (*ruh ~ ü*) Wanderung *f* ④ ZOOL Vogelzug *m*
göçebe I. *s* Nomade, Nomadin *m, f* II. *adj* ① nomadisch ② (*~ kuş*) Zug- **göçebe halk** *s* Nomadenvolk *nt* **göçebe hayatı** *s ohne pl* Nomadenleben *nt*, Nomadendasein *nt*; **~ yaşamak** ein Nomadenleben führen **göçebe kuş** *s* ZOOL Zugvogel *m*
göçebelik <-ği> *s ohne pl* Nomadentum *nt*
göçer *adj*, **göçer konar** *adj* nomadisierend; **~ aşiretler** nomadisierende Stämme
göçerme *s ohne pl* ① *Verbalsubstantiv zu* **göçermek** ② Übergabe *f* ③ Umpflanzung *f*
göçermek *vt* ① (*devretmek*) übergeben; **birine bir şeyi ~** jdm etw übergeben ② (*bitki*) umpflanzen
göç ettirme *s* ① *Verbalsubstantiv zu* **göç ettirmek** ② (*tehcir*) Aussiedlung *f*
göç ettirmek *vt* aussiedeln
göçmek <-er> *vi* ① übersiedeln (**-e/-e** nach/in) ② (*hayvanlar*) ziehen (**-e** nach) ③ (*çökmek*) einstürzen ④ (*ölmek*) verscheiden
göçmen *s* Migrant(in) *m(f)* **göçmen kuş** *s* ZOOL Zugvogel *m*

göçü *s* (*fam: toprak kayması*) Erdrutsch *m*

göçüm *s* BIOL (*taksi*) Taxie *f*, Taxis *f*

göçürme *s* *Verbalsubstantiv zu* **göçürmek**

göçürmek *vt* ❶ treiben ❷ (*çökertmek*) zum Einsturz bringen ❸ (*fam: yiyip bitirmek*) verputzen ❹ (*fam: göçermek*) umpflanzen

göçüşme *s* LING Buchstabenversetzung *f*

göden bağırsağı *s* ANAT Mastdarm *m*

göğüs <-ğsü> *s* ❶ Brust *f* ❷ Busen *m* **göğüs anjini** *s* MED Herzbräune *f* **göğüs boşluğu** *s*, **göğüs çukuru** *s* ANAT Brusthöhle *f* **göğüs darlığı** *s ohne pl* MED Brustenge *f*, Brustbeklemmung *f*, Angina pectoris *f* **göğüs eti** *s* GASTR Brustfleisch *nt*, Bruststück *nt* **göğüs kafesi** *s* ANAT Brustkorb *m*, Brustkasten *m* **göğüs kanseri** *s* MED Brustkrebs *m* **göğüs kası** *s* ANAT Brustmuskel *m* **göğüs kemiği** *s* ANAT Brustbein *nt* **göğüs kovuğu** *s* ANAT Brusthöhle *f* **göğüs tahtası** *s* ANAT Brustbein *nt* **göğüs zarı** *s* ANAT Brustfell *nt*

gök <-ğü> *s* Himmel *m*; **bir kimseyi/şeyi ~lere çıkarmak** (*fig*) jdn/etw in den Himmel heben, jdn/etw in den höchsten Tönen loben **gök ada** *s*, **gök adası** *s* ASTRON (*galaksi*) Galaxie *f* **gök atlası** *s* ASTRON Himmelskarte *f*, Sternkarte *f* **gök balina** *s* ZOOL Blauwal *m* **gök baştankara** *s* ZOOL Blaumeise *f*

gökbilim *s ohne pl* (*astronomi*) Astronomie *f*

gök bilimci *s* (*astronom*) Astronom(in) *m(f)*

gök bilimi *s ohne pl* (*astronomi*) Astronomie *f* **gök bilimsel** *adj* astronomisch

gök cismi *s* ASTRON Himmelskörper *m*

gökçe *adj* ❶ (*mavi*) blau ❷ (*güzel*) schön; (*yazın*) belletristisch

gökçe yazın *s ohne pl* Belletristik *f*, belletristische Literatur

gökdelen *s* Wolkenkratzer *m*

gök ekseni *s ohne pl* ASTRON Himmelsachse *f* **gök ekvatoru** *s ohne pl*, **gök eşleği** *s ohne pl* ASTRON Himmelsäquator *m* **gök evi** *s* ASTRON (*planetaryum*) Planetarium *nt* **gök fiziği** *s ohne pl* ASTRON (*astrofizik*) Astrophysik *f*

gök gürlemesi *s*, **gök gürültüsü** *s* Donner *m*

gökkandil *adj* sternhagelvoll

gökkuşağı *s* Regenbogen *m* **gök kutbu** *s* ASTRON Himmelspol *m*

gökkuzgun *s* ZOOL Blauracke *f* **gök küre** *s* Himmelskugel *f*, Himmelsgewölbe *nt* **gök küresi** *s ohne pl* ASTRON Himmelsglobus *m*, Sternglobus *m*

gökmen *adj* (*fam: mavi gözlü*) blauäugig

gök taşı *s* ASTRON (*meteorit*) Meteorit *m*

göktırmalayan *s*, **göktırmalayıcı** *s s.* **gökdelen** Wolkenkratzer *m*

gök yakut *s* (*safir*) Saphir *m*

gökyolu *s s.* **samanyolu** Milchstraße *f*

gökyüzü *s* Himmel *m* **gökyüzü mavisi** *s* Himmelsblau *nt*

göl *s* See *m*

gölek <-ği> *s* Baggersee *m*

gölge *s* Schatten *m*; **~de 35 derece** 35 Grad im Schatten; **~de kalmak** im Schatten bleiben; (*fig*) ein Schattendasein führen; **bir kimseyi/şeyi ~de bırakmak** (*fig*) jdn/etw in den Schatten stellen

gölge balığı *s* ZOOL Äsche *f*

gölgecil *adj* BOT Schatten- **gölgecil bitki** *s* BOT Schattenpflanze *f*, Schattenblüher *m*

gölge kabine *s* POL Schattenkabinett *nt*

gölgeleme *s* ❶ *Verbalsubstantiv zu* **gölgelemek** ❷ Schattierung *f*

gölgelemek *vt* schattieren

gölgeli *adj* schattig

gölge olay *s* Begleiterscheinung *f* **gölge oyunu** *s* Schattenspiel *nt*

gömlek <-ği> *s* ❶ Hemd *nt* ❷ (*dosya gömleği*) Deckel *m*; (*yılan gömleği*) Haut *f*

gömlekliler *pl* ZOOL Manteltiere *pl*

gömme *s* ❶ *Verbalsubstantiv zu* **gömmek** ❷ (*ölüyü ~*) Begräbnis *nt* **gömme dolap** <-bı> *s* Einbauschrank *m*

gömmek <-er> *vt* ❶ begraben; **diri diri ~** lebendig begraben ❷ eingraben (**-e** in), vergraben ❸ (*defnetmek*) bestatten

gömü *s* Schatz *m*

gömülme *s* *Verbalsubstantiv zu* **gömülmek**

gömülmek *vi* ❶ *pass von* **gömmek**: **diri diri ~** lebendig begraben werden ❷ **sessizliğe ~** sich in Schweigen hüllen; **suya ~** in Wasser versinken

gömülü *adj* vergraben

gömütlük <-ğü> *s* Friedhof *m*

gönç *adj* (*fam: zengin*) reich; (*varlıklı*) vermögend, wohlhabend

gönder **I.** *vt* *Imperativ von* **göndermek** **II.** *s* ❶ (*bayrak direği*) Fahnenmast *m*, Fahnenstange *f* ❷ REG Steuerruder *nt*

gönderi *s* Sendung *f*

gönderici *s* Absender(in) *m(f)*

gönderilme *s* ❶ *Verbalsubstantiv zu* **gönderilmek** ❷ **dilekçenin sekiz nüsha olarak ~si gerekmektedir** der Antrag muss in achtfacher Ausfertigung zugesandt werden

gönderilmek *vi pass von* **göndermek**

gönderme *s* ❶ *Verbalsubstantiv zu* **göndermek** ❷ Verschickung *f*, Versendung *f*; (*mal*) Versand *m* ❸ (*sözlükçülükte*) Ver-

weis *m* (-**e** auf); ~ **yapmak** verweisen (-**e** auf)
göndermek *vt* ❶ senden, schicken, zuschicken (-**e**); **bir mektubu taahhütlü** ~ einen Brief als Einschreiben schicken; **kızına parayı bir zarf içinde gönderdi** er schickte seiner Tochter das Geld in einem Umschlag zu ❷ (*mal*) verschicken, versenden ❸ einschicken (-**e** an), einsenden (-**e** an) ❹ entsenden
göndertme *s Verbalsubstantiv zu* **göndertmek**
göndertmek *vt Kausativ zu* **göndermek**
gönen I. *s ohne pl* REG ❶ Bewässerung *f* ❷ (*nem*) Feuchtigkeit *f* II. *adj* REG (*nemli*) feucht
gönenç <-ci> *s ohne pl* Wohlstand *m*
gönençli *adj* in Wohlstand lebend
gönendirilme *s Verbalsubstantiv zu* **gönendirilmek**
gönendirilmek *vi pass von* **gönendirmek**
gönendirme *s Verbalsubstantiv zu* **gönendirmek**
gönendirmek *vt* ❶ zum Wohlstand führen ❷ (*sevindirmek*) erfreuen
gönendirtme *s Verbalsubstantiv zu* **gönendirtmek**
gönendirtmek *vt Kausativ zu* **gönendirmek**
gönenme *s Verbalsubstantiv zu* **gönenmek**
gönenmek *vi* ❶ blühen, gedeihen, florieren ❷ (*mutlu olmak*) glücklich sein ❸ (*sevinç duymak*) Freuden empfinden; (*sevinmek*) sich freuen
gönlü *s poss von* **gönül** **gönlü bol** *adj*, **gönlü gani** *adj* großzügig **gönlü kara** *adj* boshaft
gönlünce *adv* nach Herzenslust
gönlü tok *adj* genügsam **gönlü zengin** *adj* großzügig
gönül <-nlü> *s* ❶ (*fig*) Herz *nt*; ~ **açmak** das Herz erfrischen; **bir şeye ~ indirmek** sich herablassen zu etw; ~ **vermek** sein Herz schenken; **birinin gönlü bulanmak** jdm dreht sich das Herz im Leib(e) herum; **birinin bir şeyde gönlü olmak** jds Herz hängt an etw; **birinin gönlünü çelmek** jds Herz erweichen; **birine gönlünü kaptırmak** sein Herz an jdn verlieren; **birinin gönlünü kırmak** jdm das Herz brechen; **birinin gönlünü okşamak** jdm schmeicheln; **birinin gönlünü tutuşturmak** jds Herz höherschlagen lassen; **birinin gönlünü yıkmak** jdm das Herz brechen ❷ (*fig*) Herzenslust *f*; **canı ~den** aus ganzem Herzen, von Herzen gern; **gönlüne göre** nach Herzenslust
gönül avcısı *s* Herzensbrecher *m*; (*çapkın*) Schürzenjäger *m* **gönül borcu** *s ohne pl* (*şükran*) Dank *m*; (*minnettarlık*) Dankbarkeit *f*; **birine ~ olmak** jdm Dank schulden, jdm zu Dank verpflichtet sein, in jds Schuld stehen **gönül darlığı** *s ohne pl* Beklommenheit *f*
gönüldaş *s* Herzensfreund(in) *m(f)*
gönül eğlencesi *s* (*pej*) Liebelei *f* **gönül ferahlığı** *s ohne pl* (*iç rahatlığı*) Seelenruhe *f*; (*dertsizlik*) Sorglosigkeit *f*; **bir şeyi ~yla yapmak** etw leichten Herzens tun
gönüllü *adj* freiwillig **gönüllü gönülsüz** *adv* halbherzig; ~ **yapılan işler** Sachen, die man halbherzig macht
gönüllülük <-ğü> *s ohne pl* Freiwilligkeit *f*
gönül meselesi *s* Herzensangelegenheit *f*, Herzenssache *f* **gönül okşayıcı** *adj* schmeichelhaft **gönül rahatlığı** *s ohne pl* Seelenruhe *f*
gönülsüz *adj* unfreiwillig, halbherzig; ~ **yapılan işler** Sachen, die man unfreiwillig macht
gönülsüzce *adv* unfreiwillig, halbherzig
gönülsüzlük <-ğü> *s* (*istemeyerek yapma*) Halbherzigkeit *f*; (*isteksizlik*) Lustlosigkeit *f*
gönye *s* Winkelmaß *nt*
gör *vt Imperativ von* **görmek**
gördek <-ği> *s s.* **acı balık** ZOOL (*Rhodeus amarus*) Bitterling *m*
göre *part* ❶ nach; **ayağını yorganına ~ uzatmak** sich nach der Decke strecken; **görünüşe** ~ dem Anschein nach; **bitkileri cinslerine/türlerine ~ ayırmak** Pflanzen nach Gattungen/Arten einteilen; **yaşına** ~ dem Alter nach ❷ zufolge, laut; **buna** ~ demzufolge; **tahminlere** ~ Schätzungen zufolge, laut Schätzungen ❸ entsprechend; **yaşına ~ giyinmiş** er ist entsprechend seinem Alter angezogen ❹ (*soruya karşılık*) **bana** ~ meiner Meinung nach; **ona** ~ nach seiner [*o* ihrer] Ansicht ❺ **hoşumuza gidip gitmemesine ~ karar vereceğiz** wir entscheiden uns je nachdem, ob es uns gefällt ❻ da; **derslerine çalışmadığına ~ haliyle sınıfta kalacak** da er nicht lernt, wird er zwangsläufig sitzen bleiben ❼ wie; **duyduğuma ~ siz de davetliymişsiniz** wie ich höre, sind Sie auch eingeladen; **söylendiğine ~, ...** wie man sagt, ...
görece *adj* (*bağıl*) relativ
görecilik <-ği> *s ohne pl* PHILOS (*rölâtivizm*) Relativismus *m*
göre göre *adv* **göz** ~ vor aller Augen; **otobüsü göz ~ kaçırdı** der Bus fuhr ihr vor der Nase weg

göreli *adj* relativ
görelilik <-ği> *s* PHILOS (*rölâtivite*) Relativität *f*
görenek <-ği> *s* Brauch *m*, Gebrauch *m*, Tradition *f*; **gelenek ve ~ler** Sitten und Gebräuche
göresime *s Verbalsubstantiv zu* **göresimek**
göresimek *vt* REG (*özlemek*) vermissen
görev *s* ❶ Amt *nt*; **hakemin/yargıcın ~i** das Amt des Schiedsrichters/Richters ❷ (*fonksiyon*) Funktion *f* ❸ Aufgabe *f*, Pflicht *f* **görev bölümü** *s* Aufgabenverteilung *f* **görev duygusu** *s* Pflichtgefühl *nt*
görevlendirme *s* ❶ *Verbalsubstantiv zu* **görevlendirmek** ❷ Beauftragung *f*
görevlendirmek *vt* beauftragen; **birini bir şeyle ~** jdn mit etw beauftragen
görevlerin yığılması *s* Ämterhäufung *f*
görevli I. *s* ❶ Beauftragte(r) *f(m)* ❷ (*memur*) Beamte(r), Beamtin *m, f* **II.** *adj* beauftragt
görev süresi *s* Amtszeit *f*
görgü *s ohne pl* ❶ Anstand *m*; (*terbiye*) Erziehung *f*; **~sü olmamak** keinen Anstand haben ❷ (*deneyim*) Erfahrung *f* **görgü fukarası** *s* (*pej*) Kulturbanause, -banausin *m, f* **görgü kuralları** *pl* Anstandsregeln *pl*
görgülü *adj* wohlerzogen, höflich
görgüsüz *adj* ❶ schlecht erzogen, unhöflich ❷ (*deneyimsiz*) unerfahren
görgüsüzlük <-ğü> *s ohne pl* ❶ Unhöflichkeit *f* ❷ (*deneyimsizlik*) Unerfahrenheit *f*
görgü tanığı *s* JUR Augenzeuge, -zeugin *m, f*
görkem *s ohne pl* Pracht *f*
görkemli *adj* prächtig, prunkhaft, glanzvoll, grandios
görme *s* ❶ *Verbalsubstantiv zu* **görmek** ❷ Sicht *f*; **birinin ~sine engel olmak** jdm die Sicht versperren; **gerçekleri tek yanlı ~** eine einseitige Sicht der Dinge
görmek <-ür> *vt* ❶ sehen; **görmezden gelmek** beide Augen zudrücken ❷ (*anlamak*) einsehen, verstehen ❸ erachten, halten; **bir şeyi reva ~** etw für angebracht halten, etw als angemessen erachten ❹ **tıbbî tedavi ~** in medizinischer Behandlung sein; **yandaki klinikte tedavi görüyor** er wird in der Klinik nebenan behandelt ❺ (*başına gelmek*) erfahren; **iyilik/kötülük ~** Gutes/Böses erfahren ❻ (*almak*) bekommen (**-den** von); **kırmızı kart ~** SPORT die rote Karte bekommen; **sarı kart ~** SPORT sich eine gelbe Karte einhandeln
görme yeteneği *s* Sehfähigkeit *f* **görme yetisi** *s ohne pl* Sehvermögen *nt*, Sehkraft *f*
görmez I. *s* Blinde(r) *f(m)* **II.** *adj* blind
görsel *adj* visuell **görsel işitsel** *adj* audiovisuell; **~ eğitim** audiovisueller Unterricht
görü *s ohne pl* ❶ (*görme yetisi*) Sehvermögen *nt* ❷ Sicht *f*, Sichtverhältnisse *pl* ❸ PHILOS Anschauung *f*; (*birden kavrama*) Intuition *f*
görücü *s* Brautschauerin *f*; **~ye çıkmak** einer Brautschauerin vorgestellt werden
görülme *s* ❶ *Verbalsubstantiv zu* **görülmek** ❷ **~ye değer** sehenswert
görülmek *vi pass von* **görmek**: **hesap görüldü** die Rechnung wurde bezahlt; **kuleden ırmak görülüyordu** vom Turm aus konnte man den Fluss sehen
görümce *s* (*kocanın kız kardeşi*) Schwägerin *f* (*Schwester des Ehemannes*)
görümsetme *s* FILM, TV ❶ (*kesilmiş bölüm*) Ausschnitt *m* ❷ (*klip*) Clip *m*
görüngü *s* Erscheinung *f*; PHILOS (*fenomen*) Phänomen *nt* **görüngü bilimi** *s ohne pl* PHILOS (*fenomenoloji*) Phänomenologie *f*
görüngücülük <-ğü> *s ohne pl* PHILOS (*fenomenizm*) Phänomenalismus *m*
görünme *s Verbalsubstantiv zu* **görünmek**
görünmek *vi* ❶ aussehen; **iyi/kötü ~** gut/schlecht aussehen; **geleceği (pek) parlak görünmüyor** seine Zukunft sieht nicht (sehr) rosig aus; **kara göründü!** Land in Sicht!; **öyle görünüyor ki ...** es sieht so aus, als ob ...; **yağmur yağacakmış gibi görünüyor** es sieht nach Regen aus, es sieht so aus, als würde es regnen ❷ sich sehen [*o* blicken] lassen; **buralarda bir daha görünme** lass dich nicht mehr hier sehen ❸ (*gözükmek*) erscheinen, zum Vorschein kommen; **olduğundan küçük ~** kleiner als in Wirklichkeit erscheinen ❹ **sonu ~** seinem Ende zugehen; **sonu görünmemek** kein Ende absehen ❺ durchscheinen; **mürekkep/yazı kâğıdın arkasından görünüyor** die Tinte/Schrift scheint auf der Rückseite des Papiers durch
görünmez *adj* unsichtbar; (*beklenmeyen*) unvorhergesehen
görüntü *s* ❶ Erscheinung *f* ❷ INFORM Bild *nt* ❸ FILM, TV Filmszene *f*; **günün ~leri** Szenen [*o* Bilder] des Tages **görüntü işleme** *s* INFORM Bildverarbeitung *f*
görüntüleme *s* ❶ *Verbalsubstantiv zu* **görüntülemek** ❷ (*klip*) Clip *m* ❸ FILM, TV Verfilmung *f*

görüntülemek *vt* ❶ INFORM (*ekranda*) anzeigen ❷ FILM, TV verfilmen, in Bildern dokumentieren
görüntülük <-ğü> *s* FILM, TV (*ekran*) Bildschirm *m*
görüntü netliği *s ohne pl* TV Bildschärfe *f*
görünüm *s* ❶ Sicht *f;* (*manzara*) Anblick *m* ❷ (*görünüş*) Aussehen *nt* ❸ LING Aspekt *m;* **sürerlik ~ü** durativer Aspekt
görünür *adj* ❶ (*görünen*) sichtbar ❷ (*belli*) ersichtlich
görünürde *adv* ❶ (*görünüşe göre*) anscheinend, scheinbar, dem Anschein nach ❷ in Sicht; (*ortada, meydanda*) auf der Bildfläche
görünüş *s* ❶ Aussehen *nt,* Ansehen *nt;* **~e bakılırsa** dem Ansehen nach zu urteilen; **~e göre hüküm vermek** nach dem Äußeren urteilen ❷ Ansicht *f;* **önden ~** die vordere Ansicht ❸ Anschein *m,* Schein *m;* **~e aldanmamalı** der Schein trügt; **~e göre** dem Anschein nach; **~ü kurtarmak** den Schein retten ❹ LING Aspekt *m*
görünüşte *adv* anscheinend, scheinbar, dem Anschein nach
görüş *s* ❶ Ansicht *f,* Meinung *f;* **biriyle aynı ~te olmak** mit jdm derselben Ansicht sein ❷ (*~ mesafesi*) Sicht *f;* (*dünya ~ü*) Anschauung *f* ❸ (*ceza evi, hastane için*) Besuch *m* **görüş açısı** *s* ❶ Blickfeld *nt* ❷ (*bakış açısı*) Blickwinkel *m,* Gesichtspunkt *m* **görüş ayrılığı** *s* Meinungsverschiedenheit *f*
görüşme *s* ❶ *Verbalsubstantiv zu* **görüşmek** ❷ Besprechung *f,* Unterredung *f;* (*telefon ~si*) Gespräch *nt* ❸ **~lere başlamak** Verhandlungen aufnehmen
görüşmek **I.** *vt* besprechen **II.** *vi* ❶ sich besprechen (**-le** mit) ❷ sich sehen; **~ üzere!** auf Wiedersehen!; (*telefonda*) auf Wiederhören!; **yarın görüşürüz** wir sehen uns morgen
görüşme odası *s* Besprechungszimmer *nt,* Besuchszimmer *nt* **görüşme saatleri** *pl* Besuchszeit *f*
görüş mesafesi *s* Sichtweite *f* **görüş meselesi** *s* Ansichtssache *f* **görüş uzaklığı** *s* Sichtweite *f*
göster *vt Imperativ von* **göstermek**: ~ (**kendini**)! zeig (dich)!
göstere göstere *adv* demonstrativ
gösterge *s* ❶ Anzeige *f;* (*benzin ~si*) Uhr *f* ❷ Indikator *m;* **parasal ~** WIRTSCH geldpolitischer Indikator **gösterge paneli** *s* AUTO Instrumententafel *f*
gösteri *s* ❶ Darbietung *f;* (*şov*) Show *f;* **akrobatik bir ~** eine akrobatische Darbietung ❷ POL (*nümayiş*) Demo *f,* Demonstration *f,* Kundgebung *f;* **bir şey için ~ yapmak** für etw demonstrieren; **bir şeye karşı ~ yapmak** gegen etw demonstrieren ❸ (*film ~si*) Vorführung *f;* (*ilk ~*) Aufführung *f*
gösterici **I.** *s* ❶ Demonstrant(in) *m(f)* ❷ (*projektör*) Projektor *m* **II.** *adj* demonstrativ
gösterilme *s Verbalsubstantiv zu* **gösterilmek**
gösterilmek *vi pass von* **göstermek**
gösterim *s* Vorführung *f*
gösteriş *s* Angeberei *f;* **~ yapmak** angeben, prahlen
gösterişçi *s* Angeber(in) *m(f)*
gösterişli *adj* ❶ auffällig, auffallend ❷ (*görkemli*) prachtvoll; (*saltanatlı*) prunkvoll
gösterişsiz *adj* ❶ unauffällig ❷ (*mütevazı*) bescheiden, schlicht
gösterişsizlik <-ği> *s ohne pl* Schlichtheit *f*
gösteri yürüyüşü *s* Demo *f,* Demonstration *f,* Kundgebung *f;* **bir şey için ~** eine Demo(nstration) für etw; **bir şeye karşı ~** eine Demo(nstration) gegen etw
gösterme *s Verbalsubstantiv zu* **göstermek**
göstermeci *s* PSYCH Exhibitionist *m*
göstermecilik <-ği> *s ohne pl* PSYCH Exhibitionismus *m*
göstermek **I.** *vt* ❶ zeigen ❷ (*işaretle belirtmek*) zeigen (auf), deuten (auf), hinweisen (auf) ❸ demonstrieren; (*film*) vorführen; **bu resmin neyi gösterdiğini anlamıyorum** ich verstehe nicht, was dieses Bild darstellen soll ❹ (*dayanışma*) bekunden, demonstrieren ❺ **birini** (**bir şey için**) **aday ~** jdn (für etw) als Kandidaten aufstellen; **birine kolaylık ~** jdm Erleichterungen gewähren ❻ (*fiyat, sebep*) angeben ❼ (*öğretmek*) beibringen, anleiten; **birine bir şeyi ~** jdm etw beibringen, jdn zu etw anleiten ❽ (*etmek*) **gayret ~** sich anstrengen [*o* bemühen]; **ilaç etkisini gösterdi** das Medikament hat angeschlagen; **birine saygı ~** jdn achten [*o* respektieren] **II.** *vi* (*görünmek*) sich zeigen
gösterme parmağı *s* Zeigefinger *m* **gösterme zamiri** *s* LING Demonstrativpronomen *nt*
göstertme *s Verbalsubstantiv zu* **göstertmek**
göstertmek *vt Kausativ zu* **göstermek**
göt *s* (*vulg*) Arsch *m;* **~ümü yala!** leck mich am Arsch! **göt deliği** *s* (*vulg*) Arschloch *nt*

götürme *s Verbalsubstantiv zu* **götürmek**
götürmek *vt* ❶ bringen (**-e**/**-e** in/nach), hinbringen; **çocukları eve/okula götürdüm** ich habe die Kinder nach Hause/in die Schule gebracht; **onları nereye götürüyorsun?** wo bringst du sie hin? ❷ führen (**-e**/**-e** nach/zu); **zaferden zafere ~** von Sieg zu Sieg führen
götürü *adj* pauschal **götürü tur** *s* Pauschalreise *f*
gövde *s* ❶ Rumpf *m;* (*ağaç ~ si*) Stamm *m* ❷ LING (*kelime ~ si*) Stamm *m*
gövdeli *adj* korpulent
göveri *s s.* **sebze** Gemüse *nt*
göz *s* ❶ Auge *nt;* **~ açıp kapayıncaya kadar** (*fig fam*) in null Komma nichts; **~ alabildiğine** so weit das Auge reicht; **~ almak** blenden; **bir şeyi ~ ardı etmek** etw ignorieren [*o* nicht beachten], etw außer Betracht lassen, etw unberücksichtigt lassen; **biriyle ~ ~e** Auge in Auge mit jdm; **~ göre göre** vor aller Augen; **~ görmeyince gönül katlanır** (*fig*) was ich nicht weiß, macht mich nicht heiß; **~ kırpmak** mit den Augen zwinkern; **bir şeye ~ koymak** es auf etw abgesehen haben; **bir kimseye/şeye ~ kulak olmak** auf jdn/etw aufpassen, auf jdn/etw achten; **bir şeyi ~ önüne almak** (*fig*) etw ins Auge fassen; (*dikkate almak*) etw berücksichtigen, etw in Betracht ziehen; **~ yummak** (*fam*) ein Auge zudrücken, dulden (**-e**); **~den geçirmek** durchsehen; **birini ~den gönülden çıkarmak** (*fig*) jdn abschreiben; **~den ırak olan gönülden de ırak olur** (*prov*) aus den Augen, aus dem Sinn; **birini ~den kaybetmek** jdn aus den Augen verlieren; **~e ~, dişe diş** Auge um Auge, Zahn um Zahn; **~e almak** wagen, riskieren; **~e batmak** ins Auge stechen; **~e çarpmak** ins Auge fallen, auffallen; **~leri iyi görmek/görmemek** gute/schlechte Augen haben; **~lerim karardı** mir wurde schwarz vor Augen; **~lerine inanamadı** er traute seinen Augen nicht; **~lerini bir şeye/kimseye dikmek** sein Augenmerk auf etw/jdn richten; **birini ~ü çok tutmak/hiç tutmamak** viel/nichts von jdm halten; **bir şeyi ~ü kapalı yapabilmek** (*fig*) etw im Schlaf können; **~ü morarmış olmak** ein blaues Auge haben; **bir şeyde ~ü olmak** (*fig*) etw im Auge haben; **~ü sönmek** das Augenlicht verlieren; **bir işi ~ü ye(me)mek** sich etw (nicht) trauen; **~ü yükseklerde olmak** (*fig*) hoch hinauswollen; **~ümden kaçmadı** es ist mir nicht entgangen; **birini ~ünden kaçırmamak** jdn nicht aus den Augen verlieren; **bir şey ~üne kaçmış olmak** etw im Auge haben; **~üne uyku girmemek** (*fig*) kein Auge zutun; **~ünü açık tutmak** die Augen offen halten; **birinin ~ünü açmak** (*fig*) jdm die Augen öffnen; **~ünü dört açmak** (*fig*) gut aufpassen, wachsam sein; **~ünü kırpmadan** (*fig*) ohne mit der Wimper zu zucken; **birinin ~ünü korkutmak** (*fig*) jdn einschüchtern; **bir şeyi ~ünün önünden geçirmek** (*fig*) etw Revue passieren lassen, etw durchspielen; **bir şeyi ~ünün önüne getirmek** (*fig*) sich etw vor Augen führen; **bütün gece ~üme uyku girmedi** (*fig*) ich habe die ganze Nacht kein Auge zugetan; **çıplak ~le** mit bloßem Auge; **herkesin ~ü önünde** vor aller Augen; **onu ~üm ısırıyor** (*fig fam*) er kommt mir bekannt vor; **onu kendi ~ümle gördüm** ich habe es mit eigenen Augen gesehen ❷ Blick *m;* **~ atmak** einen Blick werfen (**-e** auf); **geçerken içeriye bir ~ attı** beim Vorbeigehen warf er einen Blick hinein; **haberlere bir ~ atmak** einen Blick auf die Nachrichten werfen; **kem ~** der böse Blick ❸ (*torpido ~ ü*) Fach *nt*
göz ağrısı *s* (*fig fam*) Liebe *f;* **eski/ilk ~** die alte/erste Liebe **göz akı** *s* ANAT Sklera *f* **göz alıcı** *adj* augenfällig, auffällig **göz alıcılık** <-ğı> *s ohne pl* Auffälligkeit *f*
gözaltı *s ohne pl* Gewahrsam *m;* **birini ~na almak** jdn in Gewahrsam nehmen
göz bağcı **I.** *s* Illusionist(in) *m(f)* **II.** *adj* illusionistisch **göz bağcılık** <-ğı> *s ohne pl* Illusionismus *m* **göz bankası** *s* Augenbank *f* **göz banyosu** *s* Augenbad *nt* **göz bebeği** *s* ❶ ANAT Pupille *f* ❷ (*fig*) Augapfel *m,* Liebling *m* **göz bilimi** *s ohne pl* MED Augenheilkunde *f* **göz boyama** *s* Augenwischerei *f*
gözcü *s* Beobachter *m;* (*grev ~ sü*) Posten *m*
göz çalımı *s* Sichtweite *f*
gözdağı *s* ❶ (*tehdit*) Drohung *f,* Bedrohung *f;* **~ vermek** bedrohen ❷ (*yıldırma*) Einschüchterung *f;* **~ vermek** einschüchtern
göz damlası *s* MED Augentropfen *m*
gözde *adj* beliebt
göz dikeği *s* Steckenpferd *nt* **göz dişi** *s* Eckzahn *m*
göze *s* ❶ BIOL (*hücre*) Zelle *f* ❷ REG (*su kaynağı*) Wasserquelle *f* **göze bilimi** *s ohne pl* BIOL (*sitoloji*) Zytologie *f* **göze çarpan** *adj* augenfällig, auffällig
gözeler arası *adj* interzellular, interzellulär **gözeler arası boşluk** <-ğu> *s* BIOL

Interzellularraum *m*, Zwischenzellraum *m*
gözeme *s Verbalsubstantiv zu* **gözemek**
gözemek *vt* (*fam: örerek kapamak*) stopfen
gözenek <-ği> *s* ❶ *a.* ANAT Pore *f* ❷ ASTRON (*güneş yüzeyinde*) Sonnenfleck *m* ❸ (*fam: pencere*) Fenster *nt* ❹ (*fam*) Masche *f*
gözenekli *adj* ❶ porös ❷ Maschen-
gözenekli tel *s* Maschendraht *m*
göz erimi *s* ASTRON (*ufuk*) Horizont *m*
gözetilme *s Verbalsubstantiv zu* **gözetilmek**
gözetilmek *vi pass von* **gözetmek**
gözetim *s* ❶ Aufsicht *f* ❷ Überwachung *f*
gözetleme *s* ❶ *Verbalsubstantiv zu* **gözetlemek** ❷ Beobachtung *f*, Observation *f* ❸ Überwachung *f* **gözetleme deliği** *s* Guckloch *nt;* (*kapıda*) Türspion *m*
gözetlemek *vt* ❶ beobachten; (*gizlice bakmak*) observieren ❷ überwachen
gözetlenme *s Verbalsubstantiv zu* **gözetlenmek**
gözetlenmek *vi pass von* **gözetlemek**
gözetleyici *s* Observierer(in) *m(f)*
gözetme *s Verbalsubstantiv zu* **gözetmek**
gözetmek *vt* ❶ achten (auf), aufpassen (auf); (*korumak*) beschützen ❷ (*önem vermek*) achten; (*göz önünde bulundurmak*) berücksichtigen; (*menfaat*) wahrnehmen; (*fırsat*) abwarten; **kendi çıkarını ~** auf den eigenen Vorteil bedacht sein, auf seinen Vorteil bedacht sein ❸ (*dikkat etmek*) beachten
gözetmeksizin *adv* **kendi çıkarını ~** uneigennützig
göz evi *s* ANAT Augenhöhle *f*
gözgü *s* REG (*ayna*) Spiegel *m*
göz hapsi *s* MIL Stubenarrest *m* **göz hekimi** *s* Augenarzt, -ärztin *m, f* **göz hekimliği** *s ohne pl* MED Augenheilkunde *f* **göz hizası** *s ohne pl* Augenhöhe *f;* **~nda** in Augenhöhe **göz kapağı** *s* Augenlid *nt* **göz kararı** *s ohne pl* Augenmaß *nt;* **~yla** nach Augenmaß **göz kesesi** *s* Lidsack *m*
gözlem *s* ❶ Beobachtung *f*, Observation *f;* **~de bulunmak** Beobachtungen anstellen ❷ PHILOS Betrachtung *f;* **felsefî ~ler yapmak** philosophische Betrachtungen anstellen
gözlemci *s* Beobachter(in) *m(f)*, Betrachter(in) *m(f)*
gözleme *s Verbalsubstantiv zu* **gözlemek**
gözlemek *vt* ❶ warten (auf); **bir kimsenin/şeyin yolunu ~** nach jdm/etw Ausschau halten ❷ beobachten, observieren; **bir kimseyi/şeyi ~** nach jdm/etw spähen ❸ (*gizlice bakmak*) bespitzeln, observieren, spähen (auf) ❹ (*korumak, kollamak*) bewachen, überwachen ❺ (*incelemek*) überprüfen
gözlemevi *s* Sternwarte *f;* (*observatuvar*) Observatorium *nt*
gözlemleme *s* ❶ *Verbalsubstantiv zu* **gözlemlemek** ❷ Observation *f*, Observierung *f*, Beobachtung *f*
gözlemlemek *vt* observieren, beobachten
gözlem noktası *s* Beobachtungspunkt *m*
gözlere ziyafet *s ohne pl* Augenweide *f*
gözlük <-ğü> *s* Brille *f* **gözlük camı** *s* Brillenglas *nt* **gözlük çerçevesi** *s* Brillenfassung *f*, Brillengestell *nt*
gözlüklü *s* Brillenträger(in) *m(f)* **gözlüklü yılan** *s* ZOOL Brillenschlange *f;* (*kobra*) Kobra *f*
göz merceği *s* Augenlinse *f* **göz nuru** *s ohne pl* Augenlicht *nt;* **~ dökmek** (*fig*) sich sehr viel Mühe geben **göz rengi** *s* Augenfarbe *f* **göz ucu** *s* Augenwinkel *m;* **birine ~yla bakmak** jdn aus den Augenwinkeln beobachten
gözükme *s Verbalsubstantiv zu* **gözükmek**
gözükmek *vi* ❶ sich zeigen ❷ scheinen; **öyle gözüküyor ki ...** es scheint, dass/als ob ...; **öyle olduğu/olacağı gözüküyor** es scheint so zu sein/werden ❸ erscheinen, zum Vorschein kommen; **olduğundan küçük ~** kleiner als in Wirklichkeit erscheinen
gözyaşı *s* Träne *f;* **birini gözünün yaşına bakmadan öldürmek** (*fig*) jdn kaltblütig ermorden
göz yuvarı *s* ANAT (*Bulbus oculi*) Augapfel *m* **göz yuvası** *s* ANAT Augenhöhle *f*
gr *s Abk von* **Gramm** g
grado *s* Alkoholgehalt *m*
grafik <-ği> *s* Grafik *f*
grafit *s* Grafit *m*, Graphit *m*
grafoloji *s ohne pl* Graphologie *f*
gram *s* Gramm *nt*
gramatikal *adj* LING grammatisch, grammatikalisch
gramer *s* LING Grammatik *f;* **~ kategorisi** grammatische Kategorie
gramofon® *s* Grammofon *nt*, Grammophon® *nt*
grandi *s* NAUT Großmast *m*
grandük *s* Großherzog *m*
grandüklük <-ğü> *s* Großherzogtum *nt*
granit *s* Granit *m;* **~ gibi** (hart) wie Granit
granül *s* Granulat *nt*
granülit *s* Granulit *m*
gravür *s* ❶ Gravur *f* ❷ KUNST (*kazıma resim*) Radierung *f;* (*bakır ~*) Stich *m*
gravürcü *s* ❶ Graveur(in) *m(f)* ❷ KUNST

G

Radierer(in) *m(f)*
gravyer peyniri *s* GASTR Greyerzer Käse *m*
Gregoryen *adj* MUS gregorianisch; ~ **ilahileri** gregorianische Gesänge
Grek *adj* altgriechisch
Grekçe *s* Altgriechisch *nt;* ~**de** im Altgriechischen
grekoromen *s ohne pl* SPORT griechisch-römische(r) Stil *m*
gren *s ohne pl* FOTO Korn *nt;* TECH Körnung *f*
grena *s* GEO Granat *m*
gres *s* Schmierfett *nt;* (~ *yağı*) Schmieröl *nt;* ~ **ile yağlamak** mit Fett schmieren **gres yağı** *s* Schmieröl *nt*
grev *s* Streik *m;* ~ **yapmak** streiken
grevci *s* Streikende(r) *f(m)*
grev gözcüsü *s* Streikposten *m* **grev kırıcı** *s* Streikbrecher(in) *m(f)*
greyder *s* Planierraupe *f*
greyfurt *s* BOT Grapefruit *f;* (*altıntop*) Pampelmuse *f*
gri **I.** *s* Grau *nt;* **açık/koyu bir** ~ ein helles/dunkles Grau **II.** *adj* grau; ~ **astarlı bir zarf** ein Umschlag mit grauem Futter; ~ **bir renk** eine graue Farbe
gribi *s poss von* **grip**
gril *s* Grill *m*
grimsi *adj* gräulich
grip <-bi> *s* Grippe *f;* ~ **olmak** (die) Grippe haben **grip aşısı** *s* Grippeimpfung *f*
grizu *s* BERGB Schlagwetter *pl* **grizu patlaması** *s* BERGB Schlagwetterexplosion *f*
grosa *s* Gros *nt*
groston *s* NAUT Bruttoregistertonne *f*
grotesk **I.** *s* ARCH, LIT Groteske *f* **II.** *adj* grotesk
Grönland **I.** *s* Grönland *nt* **II.** *adj* grönländisch; ~ **iklimi** das grönlandische Klima
Grönlandlı **I.** *s* Grönlander(in) *m(f)* **II.** *adj* grönländisch; ~ **erkekler/kadınlar** grönländische Männer/Frauen
grubu *s poss von* **grup**
grup <-bu> *s* ❶ Gruppe *f* ❷ (*arkadaş grubu*) Clique *f*
grup grup *adv* gruppenweise
gruplandırma *s Verbalsubstantiv zu* **gruplandırmak**
gruplandırmak *vt* gruppieren
gruplaşma *s* ❶ *Verbalsubstantiv zu* **gruplaşmak** ❷ Gruppierung *f*
gruplaşmak *vi* sich gruppieren
grup terapisi *s* PSYCH, MED Gruppentherapie *f*
GSMH *s ohne pl* WIRTSCH *Abk von* **gayrisafi millî hasıla** BSP *nt* (*Bruttosozialprodukt*)
guano *s ohne pl* Guano *m*
guarani *s* Guarani *m*
Guatemala **I.** *s* Guatemala *nt* **II.** *adj* guatemaltekisch; ~ **hükûmeti** die guatemaltekische Regierung
Guatemalalı **I.** *s* Guatemalteke, Guatemaltekin *m, f* **II.** *adj* guatemaltekisch; ~ **erkekler/kadınlar** guatemaltekische Männer/Frauen
guatr *s* MED Kropf *m*
gudde *s* ANAT Drüse *f*
gudubet [gudu:bet] *adj* abgrundhässlich
guguk **I.** *s* <-ğu> ZOOL (*Cuculus canorus*) Kuckuck *m;* ~ **gibi** (*fig fam: tek başına*) mutterseelenallein **II.** *interj* kuckuck
guguklu saat <-ti> *s* Kuckucksuhr *f*
gulaş *s* GASTR Gulasch *m o nt*
gulden *s* HIST Gulden *m*
gurami *s* ZOOL Fadenfisch *m*
gurbet *s ohne pl* Fremde *f;* ~ **çekmek** an/unter Heimweh leiden; ~**e çıkmak** in die Fremde ziehen; ~**te** in der Fremde **gurbet acısı** *s ohne pl* Heimweh *m*
gurbetçi *s* Auslandstürke, -türkin *m, f*
gurk *s* ❶ (*kuluçka*) Glucke *f,* Bruthenne *f;* ~**a yatmak** brüten ❷ (*erkek hindi*) Truthahn *m,* Puter *m*
gurklama *s Verbalsubstantiv zu* **gurklamak**
gurklamak *vi* ❶ brüten ❷ (*erkek hindi*) sich aufplustern
gurlama *s Verbalsubstantiv zu* **gurlamak**
gurlamak *vi* knurren
gurme *s* GASTR Gourmet *m,* Feinschmecker(in) *m(f)*
guru *s* ❶ REL Guru *m* ❷ (*fig fam*) Guru *m*
guruldama *s Verbalsubstantiv zu* **guruldamak**
guruldamak *vi* knurren; **midem guruldüyor** mir knurrt der Magen; **karnı guruldüyor** es rumort in ihrem Bauch
gurup <-bu> *s* (*batış*) Untergang *m;* (*güneş için*) Sonnenuntergang *m;* ~ **etmek** untergehen; ~ **eden güneş** die untergehende Sonne
gurup rengi *s ohne pl* Abendrot *nt,* Abendröte *f*
gurur *s ohne pl* Stolz *m;* **birinin** ~**unu incitmek** jds Stolz verletzen
gururlu *adj* stolz
gusto *s* Gusto *m;* (*beğeni*) Geschmack *m*
guşa *s* MED (*guatr*) Kropf *m*
gut *s ohne pl* MED Gicht *f*
gübre *s* AGR Dung *m,* Dünger *m;* (*samanlı* ~) Mist *m;* **suni** ~ künstlicher Dünger **gübre gazı** *s* ÖKOL (*biyogaz*) Biogas *nt*
gübreleme *s ohne pl* ❶ *Verbalsubstantiv zu* **gübrelemek** ❷ Düngung *f*
gübrelemek *vt* düngen
gübrelenme *s ohne pl* ❶ *Verbalsubstantiv*

zu **gübrelenmek** ❷ Düngung *f*
gübrelenmek *vi pass von* **gübrelemek**
gübreli *adj* gedüngt
gübrelik <-ği> *s* AGR Dunghaufen *m*, Dünghaufen *m*
gübresiz *adj* ungedüngt
gücü *s poss von* **güç**[2]
güç[1] **I.** *adj* schwierig, schwer; ~ **mevkide kalmak** sich in einer schwierigen Lage befinden; **anlaşılması/kavranılması** ~ schwer zu verstehen/begreifen; **çözülmesi** ~ **bir problem** ein schwer lösbares Problem **II.** *adv* (*zorlukla*) mit Mühe
güç[2] <-cü> *s* ❶ Kraft *f*, Stärke *f*; **gücünü yitirmek** Kräfte einbüßen; **birinin karakter gücü** jds charakterliche Stärke; **doğaüstü ~ler** übernatürliche Kräfte; **var/son gücüyle** mit aller/letzter Kraft ❷ Macht *f*; **siyasi** ~ politische Macht; **paranın gücü** die Macht des Geldes; **Tanrı'nın gücü** die Macht Gottes ❸ (*barış gücü*) Truppe *f* ❹ JUR, POL Gewalt *f*; **yürütme/yasama/yargı gücü** ausführende/gesetzgebende/richterliche Gewalt
güç aktarma *s* PHYS, TECH Kraftübertragung *f* **güç bela** *adv* mit Mühe und Not **güç denemesi** *s* Kraftprobe *f*, Machtprobe *f*
güçlendirme *s Verbalsubstantiv zu* **güçlendirmek**
güçlendirmek *vt* stärken
güçler dengesi *s* POL Kräftegleichgewicht *nt*
güçlü *adj* kräftig, stark; ~ **adamı oynamak** (*fig*) den starken Mann markieren
güçlük <-ğü> *s* Schwierigkeit *f*; ~ **çekmek** Schwierigkeiten haben; **~lerle karşılaşmak** Schwierigkeiten begegnen; **bütün ~leri yenmek** alle Schwierigkeiten bewältigen [*o* überwinden]
güç sahibi *s* Machthaber(in) *m(f)*
güçsüz *adj* kraftlos
güçsüzlük <-ğü> *s ohne pl* Kraftlosigkeit *f*
güder *vt 3. Aorist von* **gütmek**
güderi *s* Leder *nt*
güdü *s* Trieb *m*; (*saik*) Beweggrund *m*, Motiv *nt*
güdüleme *s Verbalsubstantiv zu* **güdülemek**
güdülemek *vt* motivieren
güdülenme *s* PSYCH Motivation *f*
güdüm *s ohne pl* ❶ Leitung *f*, Verwaltung *f* ❷ Lenkung *f*, Steuerung *f* **güdüm bilimi** *s ohne pl* Kybernetik *f*
güdümcülük <-ğü> *s ohne pl* POL Dirigismus *m*
güdümleme *s Verbalsubstantiv zu* **güdümlemek**
güdümlemek *vt* lenken, steuern, manövrieren
güdümlü *adj* ❶ lenkbar; (*radyo* ~) ferngelenkt; (*füze*) gelenkt; ~ **sanat** gelenkte Kunst ❷ (*fig: bir eğilimi yansıtan*) tendenziös; ~ **bir Roman** ein Roman mit Tendenz **güdümlü ekonomi** *s ohne pl* Planwirtschaft *f*
güğüm *s* Kanne *f*
güherçile *s ohne pl* CHEM Kalisalpeter *m*; (*potasyum nitrat*) Kaliumnitrat *nt*
gül[1] *vi Imperativ von* **gülmek**
gül[2] *s* Rose *f*; ~ **üretmek** Rosen züchten; **dikensiz ~ olmaz** (*prov*) keine Rose ohne Dornen **gül bahçesi** *s* Rosengarten *m*
gülcü *s* Rosenzüchter(in) *m(f)*
gülcülük <-ğü> *s ohne pl* Rosenzucht *f*
güldeste *s* Blütenlese *f*; (*antoloji*) Anthologie *f*
güldürme *s Verbalsubstantiv zu* **güldürmek**
güldürmek *vt* ❶ *Kausativ zu* **gülmek** ❷ **birini** ~ jdn zum Lachen bringen, jdn belustigen
güldürü *s* THEAT Lustspiel *nt*
güldürücü *adj* Lach-, lustig **güldürücü gaz** *s ohne pl* Lachgas *nt*
güle güle I. *adv* ❶ (*gülerek*) lachend ❷ (*dilek sözü*) ~ **giy(in)!** ich wünsche dir (Ihnen) viel Freunde beim Tragen!; **yeni arabanı ~ kullan!** ich wünsche dir viel Spaß mit deinem neuen Wagen! **II.** *interj* **~!** auf Wiedersehen!, alles Gute! (*sagt der Bleibende*)
güler martı *s* ZOOL Lachmöwe *f* **güler yüzlü** *adj* leutselig **güler yüzlülük** <-ğü> *s ohne pl* Leutseligkeit *f*
gülgiller *pl* BOT (*familya: Rosaceae*) Rosengewächse *pl*
gül goncası *s* Rosenknospe *f*
gülhatmi *s* BOT Stockrose *f*, Roter Eibisch **gülherçile** *s ohne pl* CHEM Kalisalpeter *m*
gülistan *s s.* **gül bahçesi** Rosengarten *m*
gülkurusu I. *s* Rosé *nt* **II.** *adj* rosé
güllâç <-cı> *s* ❶ GASTR (*çok ince kuru yufka*) Oblate *f*; (*tatlısı*) Oblatenspeise *f* (*Süßspeise aus Oblaten, Zucker und Milch*) ❷ MED (*ilaç için küçük kap*) Oblate *f*
gülle *s* Kugel *f* **gülle atma** *s ohne pl* SPORT Kugelstoßen *nt*
güllük <-ğü> *s* Rosengarten *m* **güllük gülistanlık** *adj* paradiesisch; ~ **bir yer** ein paradiesischer Ort
gülme *s Verbalsubstantiv zu* **gülmek** Lachen *nt*
gülmece *s ohne pl* Humor *m*
gülmeceli *adj* humoristisch
gülmek <-er> *vi* lachen; **~ten kırılmak/**

G

katılmak (*fam*) sich biegen vor Lachen, sich einen Ast ablachen, sich kaputtlachen; **gülerim!** (*iron*) dass ich nicht lache!; **bıyık altından ~** (*fig*) sich ins Fäustchen lachen; **son gülen iyi güler** (*prov*) wer zuletzt lacht, lacht am besten

gül suyu *s* Rosenwasser *nt* **gül şarabı** *s* (*roze*) Rosé *m,* Roséwein *m;* (*Güney Almanya'da*) Weißherbst *m*

gülücük <-ğü> *s ohne pl* Lächeln *nt*

gülük <-ğü> *s* REG ❶ (*hindi*) Pute *f* ❷ (*sebze için*) Gemüsebeet *nt*

gülümseme *s ohne pl Verbalsubstantiv zu* **gülümsemek** Lächeln *nt*

G

gülümsemek *vi* lächeln; **birine ~** jdn anlächeln; **birine anlamlı anlamlı ~** jdm bedeutsam zulächeln

gülümseyiş *s ohne pl* Lächeln *nt*

gülünç <-cü> *adj* ❶ lächerlich; **bir şeyi ~ bulmak** etw lächerlich finden; **bütün bunların en gülüncü** das lächerlichste von allem ❷ (*komik*) komisch; (*tuhaf*) merkwürdig, seltsam; **dün ofiste çok ~ bir olay oldu** gestern ist im Büro etw sehr Komisches passiert

gülünçlük <-ğü> *s* Lächerlichkeit *f*

gülüş *s ohne pl* Lachen *nt*

gülüt *s* FILM, THEAT Gag *m*

gülütçü *s* FILM, THEAT Gagman *m*

gül yağcılık <-ğı> *s ohne pl* Rosenölgewerbe *nt* **gül yağı** *s* Rosenöl *nt*

güm I. *interj* **~!** bum!, bums!; **kapı ~ diye kapandı** die Tür knallte zu [*o* ins Schloss]; **kapıyı ~ diye kapattı** er knallte die Tür zu II. *s* **~e gitmek** (*fam: boşa gitmek*) verpuffen; (*insan için*) hopsgehen, draufgehen

gümbedek *adv* ❶ **~ kapanmak** zuknallen ❷ (*birdenbire*) Knall und [*o* auf] Fall

güme *s* REG (*avcı kulübesi*) Jagdhütte *f*

gümeç <-ci> *s* Wabenzelle *f* **gümeç balı** *s* Wabenhonig *m*

gümleme *s ohne pl Verbalsubstantiv zu* **gümlemek**

gümlemek *vi* ❶ knallen ❷ (*fam: sınıfta kalmak*) sitzen bleiben

gümletme *s ohne pl Verbalsubstantiv zu* **gümletmek**

gümletmek *vt* knallen

gümrah *adj* (*bol*) reichlich; (*çok*) viel; (*saç için*) dicht, üppig; (*ses için*) volltönend

gümrük <-ğü> *s* Zoll *m*

gümrükleme *s* ❶ *Verbalsubstantiv zu* **gümrüklemek** ❷ Verzollung *f*

gümrüklemek *vt* verzollen

gümrüklenme *s* ❶ *Verbalsubstantiv zu* **gümrüklenmek** ❷ Verzollung *f*

gümrüklenmek *vi pass von* **gümrüklemek: mallar gümrüklendi** die Waren wurden verzollt

gümrükten mal kaçırma *s* JUR Bannbruch *m*

gümüş I. *s* CHEM Silber *nt;* **söz ~se sükût altındır** (*prov*) Reden ist Silber, Schweigen ist Gold II. *adj* silbern, aus Silber

gümüşçü *s* ❶ (*sanatçı*) Silberschmied(in) *m(f)* ❷ (*satıcı*) Silberwarenhändler(in) *m(f)* **gümüşçü dükkânı** *s* Silberwarengeschäft *nt*

gümüşçün *s* ZOOL Silberfischchen *nt,* Zuckergast *m*

gümüş grisi *adj* silbergrau

gümüşî *adj* silbern

gümüşleme *s Verbalsubstantiv zu* **gümüşlemek**

gümüşlemek *vt* versilbern

gümüş madalya *s a.* SPORT Silbermedaille *f* **gümüş madeni** *s* Silbermine *f* **gümüş para standardı** *s ohne pl* WIRTSCH Silberwährung *f* **gümüş rengi** *adj* silbern **gümüş sikke** *s* Silbermünze *f*

gün *s* Tag *m;* **~ doğmadan neler doğar** es ist noch nicht aller Tage Abend; **~ gibi açık** (es ist) sonnenklar; **~leri sayılı** seine Tage sind gezählt; **~ün birinde** eines Tages; **birine ~ünü göstermek** jdm einen Denkzettel verpassen

günah [gynax] *s* REL Sünde *f;* **~ çıkarmak** beichten; **~ işlemek** sündigen, eine Sünde begehen; **~a girmek** sich versündigen, eine Sünde begehen; **birinin ~ına girmek/~ını almak** sich an jdm versündigen

günahkâr [gynaxkăr] I. *s* Sünder(in) *m(f)* II. *adj* sündig **günah keçisi** *s* (*fig*) Sündenbock *m;* **birini ~ yapmak** jdn zum Sündenbock machen

günahsız *adj* unschuldig

günâşık <-ğı> *s* REG (*ayçiçeği*) Sonnenblume *f*

günaşırı *adv* (*iki günde bir*) jeden zweiten Tag

günaydın *interj* **~!** guten Morgen!

gün batımı *s* Sonnenuntergang *m* **gün batısı** *s ohne pl* Westen *m*

günberi *s* ASTRON Sonnennähe *f,* Perihel(ium) *nt*

güncek <-ği> *adj* (*fam: şemsiye*) Regenschirm *m*

güncel *adj* zeitgemäß; (*aktüel*) aktuell

güncelleme *s* ❶ *Verbalsubstantiv zu* **güncellemek** ❷ Aktualisierung *f* ❸ INFORM Update *nt*

güncellemek *vt* aktualisieren

güncelleştirme *s* ❶ *Verbalsubstantiv zu* **güncelleştirmek** ❷ Aktualisierung *f*

güncelleştirmek *vt* aktualisieren

güncellik <-ği> *s ohne pl* Aktualität *f;*

güncelliğini yitirmek nicht mehr aktuell sein
güncel versiyon *s* INFORM Update *nt*
gün çiçeği *s s.* **ayçiçeği** Sonnenblume *f*
gündelik I. *adj* <-ği> täglich; (*her günkü*) alltäglich **II.** *s* <-ği> Tageslohn *m*
gündelikçi *s* Tageslöhner(in) *m(f)* **gündelikçi kadın** *s* Putzfrau *f*
gündelikçilik <-ği> *s ohne pl* ~ **yapmak** als Tagelöhner arbeiten
gündelik gazete *s* Tageszeitung *f* **gündelik yaşantı** *s ohne pl* Alltag *m*, Tagesablauf *m*
gündem *s* Tagesordnung *f*; ~**de olmak** an der Tagesordnung sein; (*fam*) anstehen, anliegen; ~**e almak** auf die Tagesordnung setzen; **bugün ~de ne var?** (*fam*) was liegt heute an?
günden güne *adv* von Tag zu Tag
gün dikilmesi *s* REG Mittagszeit *f* **gün doğusu** *s ohne pl* ❶ (*doğu*) Osten *m* ❷ (*rüzgâr*) Ostwind *m*
gündöndü *s s.* **ayçiçeği** Sonnenblume *f*
gün dönümü *s* Sonnenwende *f*
gündüz I. *s* Tag *m* **II.** *adv* tagsüber, am Tage
gündüzsefası *s* BOT Winde *f*
gündüzün *adv* am Tag, tagsüber; ~ **daha iyi görünüyor** bei Tag sieht es besser aus
günebakan *s s.* **ayçiçeği** Sonnenblume *f*
güneğik <-ği> *s s.* **hindiba** BOT Endivie *f*
güneş *s* Sonne *f*; ~**in alnında** in der prallen Sonne; ~**in altında** unter der Sonne **güneş banyosu** *s* Sonnenbad *nt*; ~ **yapmak** ein Sonnenbad nehmen **güneş batışı** *s* Sonnenuntergang *m* **güneş çarpması** *s* Sonnenstich *m*, Hitzschlag *m* **güneş enerjisi** *s* Sonnenenergie *f* **güneş gözlüğü** *s* Sonnenbrille *f* **güneş günü** *s* ASTRON Sonnentag *m* **güneş hayvancıkları** *pl* ZOOL (*günsüler*) Sonnentierchen *nt* **güneş ışığı** *s ohne pl* Sonnenlicht *nt*, Sonnenschein *m* **güneş ışını** *s* Sonnenstrahl *m* **güneş kremi** *s* Sonnen(schutz)creme *f* **güneş lekeleri** *pl* ASTRON Sonnenflecken *pl*
güneşleme *s Verbalsubstantiv zu* **güneşlemek**
güneşlemek *vt* sonnen
güneşlenme *s Verbalsubstantiv zu* **güneşlenmek**
güneşlenmek *vi* sich sonnen
güneşletme *s Verbalsubstantiv zu* **güneşletmek**
güneşletmek *vt* **bir şeyi** ~ etw sonnen, etw der Sonnenbestrahlung aussetzen
güneşli *adj* sonnig
güneşlik I. *s* <-ği> ❶ Sonnenschutz *m*, Sonnendach *nt* ❷ FOTO, FILM Sonnenblende *f* **II.** *adj* sonnig; **kendine ~ bir yer aradı** er suchte sich ein sonniges Plätzchen
güneş saati *s* Sonnenuhr *f*
güneş sistemi *s* ASTRON Sonnensystem *nt*
güneşsiz *adj* ❶ schattig ❷ (*kapalı*) bedeckt; **bugün hava ~** heute ist es bedeckt
güneş sütü *s* Sonnenmilch *f*
Güneş tutulması *s* ASTRON Sonnenfinsternis *f*
güneş yağı *s* Sonnen(schutz)öl *nt* **güneş yanığı** *s ohne pl* Sonnenbräune *f*
Güneş yılı *s* Sonnenjahr *nt*
güney I. *s ohne pl* ❶ Süden *m*; ~**de** im Süden; ~**den** von Süden; ~**e** in den Süden; **rüzgâr ~den geliyor** der Wind kommt von Süden; **Almanya'nın/Avusturya'nın / Türkiye'nin / İsviçre'nin ~inde** im Süden Deutschlands/Österreichs/der Türkei/der Schweiz ❷ NAUT, METEO Süd *m* **II.** *adj* südlich
Güney Afrika I. *s* Südafrika *nt* **II.** *adj* südafrikanisch; ~ **halkı/iklimi** das südafrikanische Volk/Klima **Güney Amerika I.** *s* Südamerika *nt* **II.** *adj* südamerikanisch **Güney Amerika alligatoru** *s* ZOOL Kaiman *m*
güneybatı *s ohne pl* Südwesten *m*
güneydoğu *s ohne pl* Südosten *m*
Güney Kutbu *s ohne pl* Südpol *m*
güneyli I. *s* Südländer(in) *m(f)* **II.** *adj* südländisch
güney rüzgârı *s* Südwind *m*
gün ışığı *s ohne pl* Tageslicht *nt*; ~**na çıkarmak/çıkmak** ans Tageslicht bringen/kommen
günlerce *adv* tagelang; **bu, ~ sürebilir** das kann tagelang dauern
günlük[1] **I.** *s* <-ğü> Tagebuch *nt* **II.** *adj* ❶ täglich, Tages-; ~ **yaşayışta** im täglichen Leben ❷ **henüz birkaç ~tü** er war erst wenige Tage alt; **sekiz ~** achttägig
günlük[2] <-ğü> *s ohne pl* Weihrauch *m*
günlük ağacı *s* BOT Weihrauchbaum *m* **günlük gazete** *s* Tageszeitung *f* **günlük gezinti** *s* Tagesausflug *m* **günlük güneşlik** *adj* sonnenhell **günlük hayat** *s ohne pl* Alltag *m* **günlük kokusu** *s* Weihrauchduft *m* **günlük ortalama** *s* Tagesdurchschnitt *m* **günlük yaşam** *s ohne pl* Alltag *m*
günöte *s ohne pl* ASTRON Sonnenferne *f*, Aphel(ium) *nt*
günsüler *pl* ZOOL (*güneş hayvancıkları*) Sonnentierchen *nt*
gün tutulması *s s.* **Güneş tutulması** Sonnenfinsternis *nt*
gün-tün eşitliği *s* Tagundnachtgleiche *f*

gün yağmuru *s* Sonnenregen *m* **gün yeli** *s* REG (*doğu rüzgârı*) Ostwind *m*
güpegündüz *adv* am helllichten Tag
güpgüncel *adj* brandaktuell, hochaktuell
güpgüzel *adj* wunderschön, sehr schön
gür *adj* ❶ (*saçlar*) füllig, üppig; (*kaşlar*) buschig; **saçı ~ olmak** volles Haar haben ❷ (*ses*) volltönend ❸ (*bol*) üppig
gürbüz *adj* drall
Gürcistan **I.** *s* Georgien *nt* **II.** *adj* georgisch; **~ hükûmeti** die georgische Regierung, die Regierung Georgiens
Gürcü **I.** *s* Georgier(in) *m(f)* **II.** *adj* georgisch

güreş *s* SPORT Ringkampf *m;* (*boğa ~i*) Kampf *m*
güreşçi *s* SPORT Ringer(in) *m(f),* Ringkämpfer(in) *m(f);* (*boğa ~si*) Kämpfer *m*
güreşçilik <-ği> *s ohne pl* SPORT Ringen *nt*
güreşme *s Verbalsubstantiv zu* **güreşmek**
güreşmek *vi* SPORT ringen
gürgen *s* BOT Hainbuche *f*
gür sesli *adj* lautstark
güruh *s ohne pl* (*pej*) Gesindel *nt*
gürüldeme *s Verbalsubstantiv zu* **gürüldemek**
gürüldemek *vi* grollen
gürültü *s* ❶ *ohne pl* Lärm *m;* **~ çıkarmak/yapmak** Lärm veranstalten/machen, lärmen; **kuru ~** viel Lärm um nichts ❷ (*kavga*) Krach *m,* Radau *m;* **~ çıkarmak** Krach [*o* Radau] machen ❸ (*karışıklık*) Tumult *m*
gürültücü *adj* lärmend, laut
gürültülü *adj* lärmend, laut, unruhig
gürültü patırtı *s ohne pl* ❶ Gepolter *nt,* Gelärme *nt,* Getöse *nt* ❷ Krach *m,* Krawall *m*
gürültüsüz *adj* ruhig
gürz *s* HIST Streitkolben *m*
gütme *s* ❶ *Verbalsubstantiv zu* **gütmek** ❷ Verfolgung *f*
gütmek <-der> *vt* ❶ (*sürmek*) treiben; **inekleri meraya ~** die Kühe auf die Weide treiben ❷ (*fig: izlemek*) verfolgen; **amaç ~** einen Zweck verfolgen; **kin ~** nach Rache lechzen; **yeni bir politika ~** eine neue Politik verfolgen
güve *s* ZOOL Motte *f*
güven[1] *vi Imperativ von* **güvenmek**
güven[2] *s ohne pl* ❶ Vertrauen *nt;* **karşılıklı ~** gegenseitiges Vertrauen; **birine ~i ol(ma)mak** (kein) Vertrauen zu jdm haben ❷ **~ oylaması** POL Abstimmung über die Vertrauensfrage ❸ Zuversicht *f*
güvence *s* ❶ Gewähr *f;* (*garanti*) Garantie *f;* **~ vermek** Gewähr leisten ❷ Sicherheit *f;* **~ vermek** Sicherheit leisten
güvenceli *adj* gesichert; (*garantili*) mit Garantie [*o* Gewähr]
güvencesiz *adj* ungesichert; (*garantisiz*) ohne Garantie [*o* Gewähr]
güven ışığı *s* FOTO Dunkelkammerleuchte *f*
güvenilir *adj* ❶ zuverlässig, verlässlich; **~ kaynaktan** aus zuverlässiger Quelle ❷ (*adam*) vertrauenswürdig, zuverlässig
güvenilirlik <-ği> *s ohne pl* ❶ (*kaynak*) Zuverlässigkeit *f* ❷ (*adam*) Vertrauenswürdigkeit *f*
güvenlik <-ği> *s ohne pl* Sicherheit *f;* **kamu güvenliği** die öffentliche Sicherheit
güvenlik güçleri *pl* Sicherheitskräfte *pl*
Güvenlik Konseyi *s ohne pl* Sicherheitsrat *m;* **Millî ~** Nationaler Sicherheitsrat; **Birleşmiş Milletler ~** Sicherheitsrat der Vereinten Nationen **güvenlik kontrolü** *s* Sicherheitskontrolle *f* **güvenlik vanası** *s* TECH Sicherheitsventil *nt*
güvenme *s ohne pl* ❶ *Verbalsubstantiv zu* **güvenmek** ❷ Vertrauen *nt*
güvenmek *vi* ❶ vertrauen; **birine ~** jdm vertrauen ❷ trauen; **birine ~** jdm trauen; **kendine ~** sich trauen
güven mektubu *s* POL Begleitschreiben *nt*
güvenoyu *s* POL Vertrauensvotum *nt*
güvensiz *adj* misstrauisch
güvensizlik <-ği> *s ohne pl* Misstrauen *nt;* **bir kimseye/şeye ~ duymak** gegen jdn/etw Misstrauen hegen **güvensizlik oyu** *s* POL Misstrauensvotum *nt* **güvensizlik önergesi** *s* POL Misstrauensantrag *m*
güven yazısı *s* POL (*güven mektubu*) Begleitschreiben *nt*
güvercin *s* ZOOL Taube *f*
güvercingöğsü **I.** *s* Taubenblau *nt* **II.** *adj* taubenblau
güvercinlik <-ği> *s* Taubenschlag *m*
güvercin yumurtası *s* Taubenei *nt*
güverte *s* NAUT Deck *nt* **güverte döşemesi** *s* NAUT Deckplanke *f* **güverte yükü** *s* NAUT Deckladung *f*
güvey *s* ❶ Bräutigam *m;* **gelin ile ~** die Braut und der Bräutigam, die Brautleute, das Brautpaar ❷ (*damat*) Schwiegersohn *m;* **~ girmek** einheiraten (**-e** in)
güveyfeneri *s* BOT (*gelin otu*) Judenkirsche *f,* Blasenkirsche *f*
güya ['gy:ja] *adv* (*sözde*) angeblich; (*sanki*) als ob
güz *s* Herbst *m*
güzaf **I.** *s* Geschwätz *nt,* Gewäsch *nt* **II.** *adj* (*boş*) leer; (*anlamsız*) sinnlos
güz ayı *s* Herbstmonat *m* **güz çiğdemi** *s* s. **acı çiğdem** BOT (*Colchicum autumnale*) Herbstzeitlose *f* **güz dönemi** *s* ❶ Herbstzeit *f* ❷ SCHULE, UNIV Wintersemester *nt*

güzel **I.** *s* Schönheit *f;* (*güzellik kraliçesi*) Schönheitskönigin *f;* **Almanya/Türkiye ~i** Miss Deutschland/Türkei **II.** *adj* ❶ schön, hübsch; **ah, ne ~!** ach, wie schön!; **~ ~ ama** schön und gut, aber ❷ (*iyi*) gut ❸ (*fırsat*) günstig, gut
güzelavrat otu *s* BOT Tollkirsche *f*
güzelce **I.** *adj* recht hübsch **II.** *adv* ganz schön; (*adamakıllı*) ordentlich
güzel duyu *s ohne pl* (*estetik*) Ästhetik *f* **güzel duyuculuk** <-ğu> *s ohne pl* PHILOS (*estetikçilik*) Ästhetizismus *m* **güzel duyusal** *adj* (*estetik*) ästhetisch **güzel güzel** *adv* schön brav
güzelhatun çiçeği *s* BOT (*nergis zambağı*) Amaryllis *f*
güzelleşme *s Verbalsubstantiv zu* **güzelleşmek**
güzelleşmek *vi* sich verschönern, schöner werden; **hava** (**gittikçe**) **güzelleşiyor** es wird (zunehmend) schöner
güzelleştirilme *s* ❶ *Verbalsubstantiv zu* **güzelleştirilmek** ❷ Verschönerung *f*
güzelleştirilmek *vi pass von* **güzelleştirmek**
güzelleştirme *s* ❶ *Verbalsubstantiv zu* **güzelleştirmek** ❷ Verschönerung *f*
güzelleştirmek *vt* verschönern, schöner machen
güzellik <-ği> *s* Schönheit *f* **güzellik enstitüsü** *s* Schönheitsinstitut *nt* **güzellik kraliçesi** *s* Schönheitskönigin *f* **güzellik müstahzarları** *pl* Schönheitspflegemittel *pl,* Kosmetika *pl* **güzellik yarışması** *s* Schönheitswettbewerb *m*
güzel yazı sanatı *s ohne pl* Kalligrafie *f*
Güzelyurt *s* Morphu *nt*
güzergâh *s* Strecke *f,* Route *f*
güzide *adj* erlesen, erlaucht
güzlek <-ği> *s* REG ❶ (*güz yağmuru*) Herbstregen *m* ❷ (*mera*) Herbstweide *f*
güzleme *s Verbalsubstantiv zu* **güzlemek**
güzlemek *vi* den Herbst verbringen
güzlük *adj* herbstlich
güz modası *s* Herbstmode *f* **güz noktası** *s* ASTRON Herbstpunkt *m* **güz tatili** *s* Herbstferien *pl*
güzün **I.** *adv* im Herbst **II.** *s Genetiv von* **güz**
güzün gün-tün eşitliği *s* ASTRON Herbst-Tagundnachtgleiche *f*
güz yağmuru *s* Herbstregen *m*

Hh

H, h [xe, he] *s* H, h *nt* (*zehnter Buchstabe des türk. Alphabets*); **Hatay'ın ~'si** H wie Heinrich

ha[1] *Abk von* **hektar** ha, Hektar *nt*

ha[2] [xa] **I.** *interj* ❶ **~ gayret!** na los!; **~ şöyle!** na also! ❷ (*sl: evet*) na klar **II.** *konj* ❶ **~ ben gelmişim ~ o** es ist egal ob ich komme oder er; **~ bugün ~ yarın** (entweder) heute oder morgen; **~ Hoca Ali, ~ Ali Hoca** (*fig fam*) das ist Jacke wie Hose, es ist gehupft wie gesprungen ❷ (*neredeyse*) **~ geldi ~ gelecek** gleich wird er kommen ❸ (*işin uzadığını ve bundan bıkıldığını bildirir*) **yürü ~ yürü, yol bitmiyor** man geht und geht, der Weg nimmt kein Ende ❹ (*hiç durmadan*) **~ babam atıştırıyordu** er aß und aß

ha[3] [xa:] *interj* ❶ (*şaşma anlatır*) **amma güzel ~!** ach, wie schön!, Mann, ist das schön!; **öyle oldu ~!** ach, so ist das! ❷ (*uyarmak için*) **sakın ~!** nicht doch! ❸ (*dikkati çekmek için*) **~ bilmiş ol, ...** ach ja, du solltest wissen, ...; **~ sen bana kitap getirecektin** ach ja, du wolltest mir ein Buch (mit)bringen ❹ (*birdenbire anlamak*) **~ ...** ach so, ..., ach ja, ... ❺ (*fam: soru bildirir*) **sen de geldin ~?** du bist auch gekommen, ja [*o* was]?

habbe *s* ❶ AGR Korn *nt* ❷ (*kabarcık*) Blase *f* ❸ **~yi kubbe yapmak** (*fig fam*) aus einer Mücke einen Elefanten machen

haber *s* ❶ Ahnung *f;* **çırağın bir şeyden ~i yok** der Lehrling hat keine Ahnung; **sanattan ~i yok** er hat keine Ahnung von Kunst ❷ Nachricht *f,* Botschaft *f;* **~ almak** eine Nachricht erhalten; **dün akşam/sabah geldiğinizi ~ aldık** wir haben erfahren, dass Sie gestern Abend/Morgen gekommen sind; **~ vermek** benachrichtigen; (*bildirmek*) mitteilen; (*belirtisi olmak*) ein Anzeichen sein; **birine ~ vermek** jdn benachrichtigen; **iştahsızlığı ve yorgunluğu yakında hasta olacağını ~ veriyordu** seine Appetitlosigkeit und seine Müdigkeit waren Anzeichen dafür, dass er bald krank würde ❸ VERLAG Nachricht *f;* **~ atlamak** eine Nachricht auslassen ❹ Bescheid *m;* **~ vermeden** ohne Bescheid zu geben; **birine bir şeyi ~ vermek** jdm über etw Bescheid geben; **bana yarın ~ verebilir misin?** kannst du mir morgen Bescheid geben?; **bir şeyden ~i olmak** über etw Bescheid wissen; **~im var** ich weiß Bescheid; **~in olsun!** damit du Bescheid weißt!; **bundan ~in var mı?** weißt du darüber Bescheid? ❺ LING (*yüklem*) Prädikat *nt* **haber ajansı** *s* Nachrichtenagentur *f* **haber (alma) bürosu** *s* Nachrichtenbüro *nt*

haberci *s* ❶ (*ulak*) Bote, Botin *m, f* ❷ (*muhbir*) Informant(in) *m(f)* ❸ (*fig: belirti*) Vorbote *m*

haberdar *adj* informiert; **birini bir şeyden ~ etmek** jdn über etw informieren

haber kaynağı *s* Nachrichtenquelle *f,* Informationsquelle *f*

haberler servisi *s* Nachrichtendienst *m*

haberleşme *s* ❶ *Verbalsubstantiv zu* **haberleşmek** ❷ (*iletişim*) Kommunikation *f* ❸ (*yazışma*) Korrespondenz *f*

haberleşmek *vi* ❶ (*iletişmek*) kommunizieren ❷ (*muhabere etmek*) korrespondieren

haberli **I.** *adj* informiert **II.** *adv* **birbirinden ~ olmak** voneinander wissen

habersiz **I.** *adj* ahnungslos; **başına başka nelerin geleceginden ~di** er ahnte nicht, was noch auf ihn zukommen sollte **II.** *adv* **~ geliverdiler** sie kamen unangemeldet; **hiçbir şeyden ~ güldüler** sie lachten nichts ahnend

habersizce *adv* ❶ (*haberi olmadan*) ahnungslos ❷ (*haber vermeden*) unangemeldet

haber stüdyosu *s* TV, RADIO Nachrichtenstudio *nt*

Habeş **I.** *s* HIST Abessinier(in) *m(f)* **II.** *adj* abessinisch

Habeşî *s* HIST Abessinier(in) *m(f)*

Habeşistan *s* HIST Abessinien *nt*

Habeşistanlı *s* HIST Abessinier(in) *m(f)*

Habil [ha:bil] *s* REL Abel *m;* **~ ile Kabil** Abel und Kain

ha bire *adv* ständig; (*ara vermeden*) ununterbrochen

habis *adj* ❶ bösartig; (*kötü*) böse(r, s) ❷ MED (*kötücül*) bösartig

habislik <-ği> *s ohne pl* Bösartigkeit *f*

hac <-ccı> *s ohne pl* REL (*Mekke'ye*) Hadsch *m;* (*kutsal bir yere*) Wallfahrt *f,* Pilgerfahrt *f;* **~ca gitmek** (*Hristiyanlar*) eine Wallfahrt machen; (*Müslümanlar*) einen Hadsch unternehmen, die Wallfahrt nach Mekka machen

hacamat *s* Aderlass *m* **hacamat baltası** *s* Schröpfer *m*

hacamatlama *s* ❶ *Verbalsubstantiv zu* **hacamatlamak** ❷ Schröpfung *f*

hacamatlamak *vt* MED schröpfen

haccetme *s Verbalsubstantiv zu* **haccetmek**

haccetmek <-der> *vi* REL pilgern (**-e** nach)

haccı *s poss von* **hac**

hacer *s s.* **taş** Stein *m*

hacet [haː-] *s* ① (*gereklilik*) Notwendigkeit *f;* ~ **görmek** für erforderlich halten; ~ **kalmamak** sich erübrigen, nicht mehr nötig sein; ~ **yok** es ist nicht nötig, muss nicht sein; **bütün bunlara artık ~ kalmadı/kalmamıştı** das hat/hatte sich jetzt alles erübrigt ② (*abdest*) Notdurft *f,* Geschäft *nt;* ~ **görmek** austreten; **~i olmak** REG austreten müssen; **~ini yapmak** seine Notdurft verrichten, sein Geschäft verrichten ③ (*dilek*) Wunsch *m;* **her ~i yerine geldi** jeder seiner Wünsche ging in Erfüllung; **her ~ini yerine getirmek** jeden seiner Wünsche erfüllen ④ (*dua*) Gebet *nt;* ~ **dilemek** beten (**-den** zu); **~i yerine geldi** seine Gebete wurden erhört **hacet kapısı** *s* REL (*türbede*) Gebetstür *f* **hacet penceresi** *s* REL (*türbede*) Gebetsfenster *nt* **hacet tepesi** *s* REL Gebetshügel *m* **hacet yeri** *s* (*ayakyolu*) Abort *m,* Klo *nt;* (*abdesthane*) Waschraum *m*

hacı *s* REL (*Mekke'ye giden*) Hadschi *m;* (*kutsal bir yere giden*) Pilger(in) *m(f);* **~sı hocası** (*pej fam*) Hinz und Kunz; **~sından tut hocasına kadar** von Hinz zu Kunz **hacı devesi** *s* Dromedar *nt;* **~nin tek hörgücü vardır** das Dromedar hat einen Höcker

hacılarkuşağı *s s.* **gökkuşağı** Regenbogen *m* **hacılaryolu** *s ohne pl s.* **Samanyolu** Milchstraße *f*

hacıyatmaz *s* (*a. fig*) Stehaufmännchen *nt*

hacıyolu *s ohne pl s.* **Samanyolu** Milchstraße *f*

hacim <-cmi> *s* Volumen *nt,* Rauminhalt *m*

hacimli *adj* voluminös

hacim ölçü birimi *s* PHYS Volumeneinheit *f,* Raumeinheit *f* **hacim ölçüsü** *s* Raummaß *nt*

hacir <-cri> *s s.* **kısıt** Entmündigung *f;* ~ **altına almak** entmündigen

haciz <-czi> *s* ① (*mala*) Beschlagnahme *f* ② (*paraya*) Pfändung *f*

hacizli *adj* beschlagnahmt

hacmi *s poss von* **hacim**

hacri *s poss von* **hacir**

hac zamanı *s* REL Pilgerzeit *f,* Wallfahrtzeit *f*

haczetme *s* ① *Verbalsubstantiv zu* **haczetmek** ② Beschlagnahmung *f*

haczetmek *vt* ① (*malı*) beschlagnahmen ② (*parayı*) pfänden

haczi *s poss von* **haciz**

haç *s* Kreuz *nt;* ~ **çıkarmak** das Kreuz schlagen

haçlama *s* ① *Verbalsubstantiv zu* **haçlamak** ② Kreuzigung *f*

haçlamak *vt* (*çarmıha germek*) kreuzigen

Haçlılar *pl* HIST Kreuzfahrer *pl*

haçlı seferi *s* HIST Kreuzzug *m*

had <-ddi> *s* ① (*sınır*) Grenze *f,* Schranke *f;* **birine ~dini bildirmek** (*fam*) jdn in seine Schranken weisen; **~dini bilmek** seine Grenzen kennen ② (*uç*) Ende *nt* ③ (*ölçü*) Maß *nt;* **~di hesabı olmamak** unendlich viel sein, unzählig sein; **birine ~dini bildirmek** (*fam*) jdn Maß nehmen, jdn zurechtweisen; **yediği dayağın ~di hesabı yok** er hat unzählige (Male) Prügel bekommen [*o* bezogen]

hadde *s* Drahtziehmaschine *f;* **bir şeyi ~den geçirmek** (*fig*) etw auswalzen **hadde fabrikası** *s* Walzwerk *nt*

haddeleme *s Verbalsubstantiv zu* **haddelemek**

haddelemek *vt* walzen

haddi *s poss von* **had**

haddizatında *adv s.* **aslında** im Grunde (genommen), eigentlich

hademe *s* (*iş yerlerinde*) Bürodiener *m;* (*müstahdem*) Bediensteter *m;* (*gelir götür işlerine bakan görevli*) Dienstbote *m*

hadım *s* Kastrat *m,* Eunuch *m;* ~ **etmek** kastrieren, entmannen **hadım ağası** *s* HIST (*harem ağası*) Eunuch *m*

hadımlaştırma *s* ① *Verbalsubstantiv zu* **hadımlaştırmak** ② Kastrierung *f,* Kastration *f,* Entmannung *f*

hadımlaştırmak *vt* kastrieren, entmannen

hadi *interj s.* **haydi:** ~ **gel!** komm schon!; ~ **gidelim!** komm, wir gehen! **hadi hadi** *interj* ① (*acele bildirir*) **~!** hopp, hopp! ② (*işi uzatma anlamında*) **~, ben seni bilirim!** komm schon, ich kenne dich!

hadisat [haːdisaːt] *s s.* **hadiseler** Ereignisse *pl*

hadise [haːdise] *s s.* **olay** Ereignis *nt;* ~ **çıkarmak** einen Zwischenfall verursachen

hadiseli *adj* ereignisreich

hadisesiz *adj* ereignislos; ~ **geçmek** ereignislos verlaufen; (*yolculuk*) ohne Zwischenfall verlaufen

hadsiz hesapsız *adj* schrankenlos; (*sayılamayacak derecede çok*) unzählig viel

hafazanallah *interj* **~!** Gott hüte uns!

hafıza *s* ① Gedächtnis *nt* ② INFORM (*bellek*) Speicher *m* **hafıza kartı** *s* INFORM Speicherkarte *f* **hafıza kaybı** *s* Gedächtnisschwund *m,* Gedächtnisverlust *m*

hafızlama *s Verbalsubstantiv zu* **hafızlamak**

hafızlamak *vi, vt* (*fam*) pauken; (*ineklemek*) büffeln; (*ezberlemek*) auswendig lernen

hafi [hafi:] *adj* geheim

hafif *adj* ❶ leicht; **bir şeyi ~e almak** etw auf die leichte Schulter nehmen ❷ (*kolay*) leicht; **~ bir iş** eine leichte Arbeit ❸ (*yiyecek için*) leicht; **~ tuzlu** leicht gesalzen ❹ (*içki için*) mild ❺ (*ceza*) mild ❻ schwach; **~ bir rüzgâr çıktı** ein schwacher Wind ist aufgekommen

hafifçe *adv* leicht

hafifleme *s Verbalsubstantiv zu* **hafiflemek**

hafiflemek *vi* ❶ leichter werden ❷ (*hastalık*) abklingen; (*fırtına*) nachlassen; (*gücü azalmak*) sich abschwächen ❸ (*rahatlamak*) erleichtert sein

hafifleşme *s Verbalsubstantiv zu* **hafifleşmek**

hafifleşmek *vi* ❶ leichter werden ❷ (*fig*) leichtsinnig werden

hafifletici *adj* ❶ erleichternd ❷ JUR (*cezayı*) strafmildernd; **~ sebepler** strafmildernde Gründe

hafifletme *s Verbalsubstantiv zu* **hafifletmek**

hafifletmek *vt* ❶ erleichtern ❷ abschwächen, mildern

hafiflik <-ği> *s ohne pl* ❶ Leichtigkeit *f* ❷ (*rahatlık*) Erleichterung *f*

hafifmeşrep <-bi> *adj* ❶ leichtlebig ❷ leichtfertig

hafifmeşreplik <-ği> *s ohne pl* Leichtfertigkeit *f*

hafif metal <-li> *s* Leichtmetall *nt* **hafif sanayi** <-i> *s* Leichtindustrie *f;* (*tüketim malları üreten sanayi*) Konsumgüterindustrie *f*

hafifseme *s Verbalsubstantiv zu* **hafifsemek**

hafifsemek *vt* ❶ auf die leichte Schulter nehmen ❷ (*önemsememek*) nicht ernst nehmen

hafif sıklet *s* SPORT Leichtgewicht *nt*

hafiften *adv* leicht; **bir şeyi ~ almak** etw auf die leichte Schulter nehmen, etw nicht ernst nehmen

hafif tertip <-bi> *adv* einigermaßen

hafiye *s* Privatdetektiv(in) *m(f),* Privatermittler(in) *m(f)*

hafiyelik <-ği> *s ohne pl* Detektivarbeit *f*

hafriyat *s* Ausgrabung *f*

hafta *s* Woche *f;* **~ arasında** in der Woche; **~ya bugün** heute in acht Tagen **hafta başı** *s* Wochenanfang *m*

haftalık **I.** *s* <-ğı> Wochenlohn *m* **II.** *adj* wöchentlich, Wochen-; **iki ~** zweiwöchige(r, s)

haftalıkçı *s* Wochenlöhner(in) *m(f)*

haftalık gazete *s* Wochenzeitung *f*

haftalıklı *s* Wochenlöhner(in) *m(f)*

hafta sonu *s* Wochenende *nt*

haftaym *s* SPORT Halbzeit *f*

haham *s* REL (*Yahudi din adamı*) Rabbiner *m*

hahamlık <-ğı> *s* Rabbinat *nt*

hahha [hah'ha] *interj* (*gülme*) haha

hail [xa:il] *s s.* **engel** Hindernis *nt*

hain *s* ❶ Verräter(in) *m(f)* ❷ (*pej*) Schuft *m*

hainlik <-ği> *s ohne pl* Verrat *m*

Haiti *s* Haiti *nt*

Haitili **I.** *s* Haitianer(in) *m(f)* **II.** *adj* haitianisch

haiz *adj* **~ olmak** besitzen; **ehemmiyeti ~ bir mesele** eine Sache von Wichtigkeit

haje *s* ZOOL Uräusschlange *f*

hak[1] <-kkı> *s* Anspruch *m,* Recht *nt,* Berechtigung *f;* **~ ettiği cezayı bulmak** seine gerechte Strafe bekommen; **birine ~ vermek** jdm Recht geben; **bu cezayı/muameleyi ~ (etmedi) etti** diese Strafe/Behandlung hat er (nicht) verdient

hak[2] <-kki> *s* Gravierung *f*

Hak <-kkı> *s ohne pl* Gott *m*

hakan [ha:-] *s* Chan *m,* Khan *m*

hakanlık <-ğı> *s* Khanat *nt*

hakaret [haka:-] *s* Beleidigung *f;* (*onur kırma*) Ehrenkränkung *f;* **birine ~ etmek** jdn beleidigen; **~ görmek** beleidigt werden

hakça *adv* gerecht, nach Recht und Billigkeit

Hak dini *s ohne pl* Islam *m*

hakem *s* Schiedsrichter(in) *m(f)* **hakem heyeti** *s* ❶ Schiedsausschuss *m;* (*juri*) Jury *f,* die Geschworenen ❷ SPORT Jury *f,* Preisrichtergremium *nt* **hakem kararı** *s* ❶ JUR Schiedsspruch *m* ❷ SPORT Schiedsrichterentscheidung *f*

hakeza [ha:'keza:] *konj* ebenfalls, auch (nicht); **bugün gelemeyeceğim, yarın da ~** heute kann ich nicht kommen, morgen auch nicht

hâkî [ha:ki:] **I.** *s* Khaki *nt* **II.** *adj* khakifarben, khakifarbig

hakikat <-ti> [haki:kat] **I.** *s* ❶ Wahrheit *f* ❷ Tatsache *f,* Wirklichkeit *f;* **~ olmak** Wirklichkeit werden **II.** *adv* wirklich, tatsächlich

hakikaten *adv* wirklich, tatsächlich

hakikatli *adj* treu

hakikatsiz *adj* treulos
hakikatsizlik <-ği> *s ohne pl* Treulosigkeit *f*
hakiki [haki:ki:] *adj* ❶ wirklich ❷ (*sahte karşıtı*) echt; ~ **elmaslar** echte Diamanten ❸ JUR ~ **şahıs** (*gerçek kişi*) natürliche Person
hakim *s* ❶ (*bilge*) Weise(r) *f(m)* ❷ (*tanrı*) Gott *m*
hâkim [ha:-] **I.** *s* ❶ Herrscher *m;* **duruma ~ değildi** er war nicht Herr der Lage; **kendine ~ olmak** sich beherrschen ❷ JUR (*yargıç*) Richter *m* **II.** *adj* ❶ beherrschend; **~ olmak** beherrschen (**-e**), herrschen (**-e** über) ❷ *a.* BIOL dominant; **~ olmak** dominieren (**-e**)
hâkimiyet *s ohne pl s.* **egemenlik** Herrschaft *f,* Souveränität *f*
hakir [haki:r] *adj* geringschätzig; (*değersiz*) wertlos; **bir şeyi/kimseyi ~ görmek** etw/jdn gering schätzen, etw/jdn niedrig einschätzen
hakkâk <-ki> [hakkã:k] *s* ❶ (*maden üzerine*) Graveur *m* ❷ (*ağaç üzerine*) Schnitzer *m*
hakkaniyet *s ohne pl* Billigkeit *f;* **hukuka ve ~e göre** nach Recht und Billigkeit
hakketme *s Verbalsubstantiv zu* **hakketmek**
hakketmek *vt* ❶ (*maden üzerine*) (ein)gravieren (**-e** in) ❷ (*ağaç üzerine*) schnitzen (**-e** in)
hakkında *part* über (**-in**); **onun ~ ne biliyorsunuz?** was wissen Sie über ihn?
hakkısükût *s* HIST (*susmalık*) Schweigegeld *nt*
hakkıyla *adv* gründlich; (*gereği gibi*) gehörig, wie sich es gehört
hak kuşu *s* ZOOL (*bataklık baykuşu*) Sumpfeule *f*
haklama *s Verbalsubstantiv zu* **haklamak**
haklamak *vt* (*fam*) ❶ (*yenmek*) schlagen, erledigen ❷ (*bozmak*) kaputtmachen
haklaşma *s Verbalsubstantiv zu* **haklaşmak**
haklaşmak *vi* REG (*ödeşmek*) **biriyle ~** mit jdm abrechnen, mit jdm quitt werden
haklı *adj* berechtigt; **~ olarak** zu Recht, berechtigterweise; **~ olmak** Recht haben, im Recht sein; **~ olabilirsin** du könntest Recht haben; **~ olup olmadığın ortaya çıkacaktır** es wird sich herausstellen, ob du Recht hast; **~sın** du hast Recht
hak savunucusu *s* Rechtsvertreter(in) *m(f)*
haksız *adj* ungerechtfertigt
haksızlık <-ğı> *s ohne pl* Unrecht *nt;* **birine ~ etmek** jdm Unrecht tun; **ayyuka çıkan bir ~** ein himmelschreiendes Unrecht
haksız yere *adv* ungerechterweise, zu Unrecht
hakşinas *adj s.* **haktanır**
hakşinaslık <-ğı> *s ohne pl s.* **haktanırlık**
haktanır *adj* rechtschaffen
haktanırlık <-ğı> *s ohne pl* Rechtschaffenheit *f*
hakuran *s s.* **kumru** Turteltaube *f*
hal¹ <-lli> *s* Lösung *f*
hal² <-li> *s* Markthalle *f;* (*toptancı ~i*) Großmarkt *m,* Großmarkthalle *f*
hal³ <-l'i> *s* HIST (*tahttan indirme*) Entthronung *f*
hâl <-li> [hãl] *s* ❶ Zustand *m,* Situation *f;* **~e yola koymak** in Ordnung bringen; **~i vakti yerinde olmak** gut situiert sein; **bu ~de oraya gidemem** (*fam*) in diesem Zustand kann ich nicht dahin gehen; **bu ~in ne böyle?** (*fam*) wie siehst du denn aus? ❷ (*davranış, tavır*) Benehmen *nt* ❸ (*ohne Pl, şimdiki zaman*) Gegenwart *f* ❹ (*güç, kuvvet*) Kraft *f;* **~im kalmadı** (*fam*) ich kann nicht mehr ❺ Fall *m;* **o ~de** in dem Fall, dann ❻ **birinin başına bir ~ gelmek** jdm stößt etw zu; **kâbus ~ine gelmek** zum Albtraum werden
hala *s* (*babanın kız kardeşi*) Tante *f,* Base *f* (*Schwester des Vaters*)
hâlâ [hã:lã:] *adv* immer noch, noch (immer); **~ evlenmedi** er ist (immer) noch nicht verheiratet; **~ o masal** (*fam*) es ist immer dieselbe [*o* die alte] Leier
halakızı *s* Cousine *f* (*väterlicherseits*)
halaoğlu *s* Cousin *m,* Vetter *m* (*väterlicherseits*)
halâs [halã:s] *s* Befreiung *f,* Rettung *f;* **~ etmek** befreit werden
halat *s* ❶ *a.* NAUT Tau *m* ❷ (*kenevirden yapılmış*) Hanfseil *nt;* (*çelik ~*) Seil *nt*
halat çekme *s ohne pl* Tauziehen *nt*
halat ilmiği *s* NAUT Tauschlinge *f*
halayık <-ğı> *s* Leibeigene *f,* Sklavin *f*
halayıklık <-ğı> *s ohne pl* Leibeigenschaft *f*
halazade *s* ❶ (*halakızı*) Cousine *f* (*väterlicherseits*) ❷ (*halaoğlu*) Cousin *m* (*väterlicherseits*)
hâlbuki [halbu:ki] *konj* dabei, obgleich, obwohl, indessen, jedoch
hal çaresi *s* (*çözüm yolu*) Lösung *f*
hale [ha:-] *s* ❶ (*ayla*) Hof *m* ❷ (*azizlerin başında*) Heiligenschein *m,* Nimbus *m*
halef *s* (*selef karşıtı*) Nachfolger(in) *m(f);* **biriyle ~ selef olmak** jds Nachfolge antreten; (*yerine geçmek*) jds Platz übernehmen
halefiyet *s* ❶ Nachfolge *f* ❷ JUR Surroga-

tion *f*
halel *s* Beeinträchtigung *f;* (*bozma*) Störung *f;* ~ **vermek** beeinträchtigen (-**e**), schädigen (-**e**); (*bozmak*) stören (-**e**)
hâlen [ha:-] *adv* noch; (*şu anda*) derzeit, in diesem Augenblick, momentan; (*bugünkü günde*) heutzutage
Halep *s* Aleppo *nt* **Halep çıbanı** *s* MED Aleppobeule *f*
halet [ha:let] *s s.* **durum** Zustand *m*
haletiruhiye *s* Geisteszustand *m*
hal'etme *s* ❶ *Verbalsubstantiv zu* **hal'etmek** ❷ Entthronung *f*
hal'etmek *vt* entthronen
halfa *s ohne pl* BOT Alfagras *nt*
hâl hatır *s ohne pl* Befinden *nt;* **birine ~ sormak** nach jds Befinden fragen
halı *s* Teppich *m*
halıcı *s* ❶ (*halı dokuyan*) Teppichknüpfer(in) *m(f)* ❷ (*halı satan*) Teppichverkäufer(in) *m(f),* Teppichhändler(in) *m(f)*
halı tüccarı *s* Teppichhändler(in) *m(f)*
haliç <-ci> *s* GEO Förde *f;* (*koy*) Bucht *f*
Haliç *s* das Goldene Horn; ~ **kıyısında** am Ufer des Goldenen Horns; ~**'e bakmak** auf das Goldene Horn blicken
halife [xali:fe] *s* REL Kalif *m* **halifelik** <-ği> *s* Kalifat *nt*
halik [xa:-] *adj* (*yaratıcı*) schöpferisch
Halik [xa:-] *s* REL (*Yaradan*) Schöpfer *m*
halis [xa:-] *adj* (*saf*) rein; (*katışıksız*) unvermischt
haliyle [xa:--] *adv* ❶ (*olduğu gibi*) unverändert; **bir şeyi ~ bırakmak** etw sein [*o* bleiben] lassen ❷ (*ister istemez*) zwangsläufig
halk *s* Volk *nt,* Bevölkerung *f*
halka *s* Ring *m;* **bir şeyin etrafında ~ olmak** um etw einen Ring bilden
halka dönük *adj* volksnah
halk ağzı *s ohne pl* Volksmund *m*
halk avcılığı *s* (*pej*) Volksverführung *f* **halk avcısı** *s* (*pej*) Volksverführer(in) *m(f)* **halk bankası** *s* Volksbank *f* **halk bilimci** *s* Volkskundler(in) *m(f)* **halk bilimi** *s ohne pl* Volkskunde *f* **halk bilimsel** *adj* volkskundlich **halk cephesi** *s* POL Volksfront *f* **halk cumhuriyeti** *s* Volksrepublik *f;* **Çin H~** Volksrepublik China **halk çalgısı** *s* Volksinstrument *nt*
halkçılık <-ğı> *s ohne pl* POL Populismus *m*
halk dalkavuğu *s* (*pej*) Volksverführer(in) *m(f)* **halk demokrasisi** *s* Volksdemokratie *f* **halk dili** *s* Volkssprache *f* **halk düşmanı** *s* Volksfeind *m* **halk hekimliği** *s ohne pl* Volksmedizin *f* **halk iktidarı** *s* Volksherrschaft *f*
halkiyat *s ohne pl s.* **folklor** Folklore *f*
halk kitlesi *s* Volksmasse *f*
halkla ilişkiler *pl* Public Relations *pl*
halk masalı *s* Volksmärchen *nt*
halk müziği *s* Volksmusik *f* **halk okulu** *s* Volkshochschule *f* **halk oylaması** *s* POL Volksabstimmung *f*
halkoyu *s* POL Volksentscheid *m*
halk ozanı *s* Volksdichter *m* **halk partisi** *s* Volkspartei *f* **halk sanatı** *s* Volkskunst *f* **halk türküsü** *s* Volkslied *nt;* ~ **okumak** Volkslieder singen **halk yardakçısı** *s* Agitator *m*
halletme *s ohne pl Verbalsubstantiv zu* **halletmek**
halletmek *vt* ❶ klären; (*çözmek*) lösen; (*sonuca bağlamak*) erledigen ❷ MATH (*çözmek*) lösen
hallolma *s ohne pl Verbalsubstantiv zu* **hallolmak**
hallolmak *vi* ❶ sich klären, sich bereinigen; (*sonuçlanmak*) sich erledigen ❷ sich auflösen
hallolunma *s ohne pl Verbalsubstantiv zu* **hallolunmak**
hallolunmak *vi* ❶ *pass von* **halletmek** gelöst werden, erledigt werden; **mesele hallolundu** die Sache wurde erledigt ❷ sich finden; **bütün bunlar hallolunacaktır** das wird sich alles finden
halojen *s ohne pl* CHEM Halogen *nt* **halojen ampul** *s* Halogenbirne *f*
hâlsiz [hālsiz] *adj* schlapp; **kendimi çok ~ hissediyorum** ich fühle mich sehr schlapp
hâlsizlik <-ği> *s ohne pl* Schlappheit *f*
halt *s* ❶ (*fam: şey*) Zeug *nt;* ~ **etmek** dummes Zeug reden ❷ (*fam: uygunsuz iş*) Mist *m;* ~ **etmek** sich danebenbenehmen; ~ **karıştırmak/yemek** Mist machen; **yine ne ~ yedin?** was hat du wieder ausgefressen [*o* angestellt]?
halter *s* ❶ Hantel *f* ❷ *ohne pl* SPORT (*ağırlık kaldırma*) Gewichtheben *nt;* ~**de şampiyonluğu aldı** im Gewichtheben hat er Meisterschaft gewonnen **halterci** *s* SPORT Gewichtheber(in) *m(f)*
hâl tercümesi *s* (*öz geçmiş*) Lebenslauf *m;* (*biyografi*) Biografie *f* **hâl ulacı** *s* LING (*zarf-fiil, bağfiil*) Gerundium *nt*
halüsinasyon *s* (*sanrı, birsam*) Halluzination *f*
ham *adj* ❶ roh ❷ (*meyve için*) unreif ❸ (*idmansız*) ungeübt, untrainiert
hamak <-ğı> *s* Hängematte *f*
hamal *s* Gepäckträger *m,* Kuli *m*
hamaliye *s* Trägerlohn *m*
hamam *s* ❶ Bad *nt;* ~ **suyu gibi** (*sl*) pisswarm; **yedi kubbeli ~ kurmak** (*fig*) Luftschlösser bauen; **burada her şey eski ~**

eski tas (*fig fam*) hier ist alles beim Alten geblieben ❷ (*Fin* ~ *ı*) Sauna *f*; **burası ~ gibi** das ist hier wie in der Sauna **hamam böceği** *s* ZOOL Küchenschabe *f*, Kakerlak *m* **hamam havlusu** *s* Badetuch *nt*

hamarat *adj* tüchtig

hamaratlık <-ğı> *s ohne pl* Tüchtigkeit *f*

hamburger *s* GASTR Hamburger *m*

hamdolsun *interj* **~!** Gott sei Dank!

ham elmas *s* Rohdiamant *m* **ham ervah** *s* Flaps *m*

hamhalat *adj* (*fam*) flapsig

ham hum şaralop <-bu> *s ohne pl* Hokuspokus *m*

hamız [ha:-] *s s.* **asit** CHEM Säure *f*

hami [ha:mi] *s* Protektor *m*, Schutzherr *m*, Schirmherr *m* **hami devlet** *s* Schutzstaat *m*

hamil [ha:mil] *s* Inhaber(in) *m(f)*; (*üzerinde taşıyan*) Träger(in) *m(f)*; **~ olduğu mektup** der Brief, den er bei sich trug

hamile [ha:mile] *adj* schwanger; **~ bırakmak** schwängern; **~ kadın** eine schwangere Frau; **~ olmak** schwanger sein, in anderen Umständen sein

hamilelik <-ği> *s* ❶ (*gebelik*) Schwangerschaft *f* ❷ (*hamile elbisesi*) Umstandskleid *nt*

hamile yazılı çek *s* FIN, JUR Inhaberscheck *m*

hamiş *s* (*not*) Notiz *f*, Vermerk *m*; (*post scriptum*) Postskriptum *nt*

hamiyet *s ohne pl* Patriotismus *m*

hamiyetli *adj* patriotisch

hamiyetperver *s* Patriot(in) *m(f)*

hamiyetperverlik <-ği> *s* Patriotismus *m*

hamla *s* Ruderschlag *m*

hamlama *s ohne pl* ❶ *Verbalsubstantiv zu* **hamlamak** ❷ Erschlaffung *f*

hamlamak *vi* erschlaffen

hamle *s* ❶ Ruck *m*, Satz *m*; **bir ~de** mit einem Ruck; (*fam: çabucak*) ruck, zuck ❷ Zug *m*; **iki ~de işini bitiriverdi** er hat ihn in zwei Zügen erledigt

ham madde *s* Rohstoff *m* **ham petrol** <-ü> *s* Rohöl *nt*

hamsi *s* ZOOL Sardelle *f*

hamster *s* ZOOL Hamster *m*

hamule *s* Fracht *f*

hamur *s* Teig *m*; **~ açmak** Teig ausrollen; **~ gibi** wie Teig, teigig; (*fam: yorgunluktan*) ausgepowert; **~u açmak/yoğurmak** den Teig ausrollen/kneten; **~un yatması lazım** der Teig muss ruhen **hamur işi** *s* Teigwaren *pl*

hamursu *adj* teigig; (*hamur gibi*) wie Teig

hamursuz *s* (*Yahudilerin bayram ekmeği*) Matzen *m*

Hamursuz Bayramı *s* REL (*Yahudilerde*) Ostern *nt*

hamur topağı *s* Teigrolle *f*

hamurumsu *adj* teigig

han¹ *s* HIST Khan *m*, Chan *m*

han² *s* ❶ Gasthof *m*, Gasthaus *nt* ❷ Herberge *f* ❸ (*iş* ~ *ı*) Geschäftshaus *nt*

hancı *s* ❶ Gastwirt *m* ❷ Herbergenvater *m*

hançer *s* Dolch *m*

hançerleme *s Verbalsubstantiv zu* **hançerlemek**

hançerlemek *vt* erdolchen

handikap *s* Handikap *nt*

hane [ha:nɛ] *s* ❶ (*ev*) Haus *nt*; (*hasta~*) Haus *nt* ❷ Haushalt *m*; **beş kişilik bir ~** ein Haushalt mit fünf Personen ❸ (*mülâhazat ~si*) Spalte *f* ❹ (*ders~, tevkif~*) Anstalt *f*; (*gaz~*) Werk *nt*; (*posta~*) Amt *nt* ❺ Stelle *f* ❻ (*yatak~, yemek~*) Saal *m* ❼ Feld *nt*

hanedan [ha:nɛda:n] *s* Dynastie *f*

hane halkı *s* Hausgemeinschaft *f*, Haushalt *m*

haneli *adj* ❶ MATH **beş ~ bir sayı** eine fünfstellige Zahl ❷ (*hanelik*) **beş ~ bir köy** ein Dorf mit fünf Häusern

hanelik <-ği> *adj* **beş ~ bir köy** ein Dorf mit fünf Häusern

hanende [ha:nɛnde] *s s.* **şarkıcı** Sänger *m*

hangar *s* Hangar *m*, Halle *f*

hangi *adj* welche(r, s)

hangisi *adv* welche(r, s); **~ daha güzel?** welche(r, s) ist schöner?

hanım **I.** *s* ❶ (*bayan*) Frau *f*; (*kızlar için*) Fräulein *nt* ❷ (*karı, eş*) Frau *f*, Ehefrau *f*, Gattin *f*; **bizim ~ hasta** meine Frau ist krank ❸ (*hizmetinde bulunulan* ~) die Dame des Hauses **II.** *adj* damenhaft

hanımanne *s s.* **kayın valide** Schwiegermutter *f*

hanım böceği *s* ZOOL Marienkäfer *m*

hanımefendi *s* gnädige Frau; *s. a.* **beyefendi**

hanımeli *s* BOT Jelängerjelieber *m o nt*, Geißblatt *nt*

hanım evladı *s* ❶ Muttersöhnchen *nt* ❷ (*sl: piç*) Bastard *m*

hani¹ *adv* ❶ wo ist denn ...; **~ kahve?** wo ist denn der Kaffee?; **~ ya kahve nerede kaldı?** wo bleibt denn der Kaffee? ❷ weißt du noch, ... ❸ doch; **~ bana kitap getirecektin?** du wolltest mir doch Bücher mitbringen ❹ **~ benim kim olduğumu bilmese** wenn er nicht wüsste, wer ich bin ❺ (*kaldı ki, üstelik*) obendrein noch ❻ **~dir** (*çoktan beri*) seit langem; (*epey zamandır*) schon lange

hani² *s* ZOOL Zackenbarsch *m*

H

hanlık <-ğı> *s* Khanat *nt*
hantal *adj* ❶ klobig; (*kocaman*) riesig; (*kaba*) plump ❷ (*kaba ve yavaş*) klobig
hantallık <-ğı> *s ohne pl* Plumpheit *f*
hap *s* Pille *f;* (*uyku ~ı*) Tablette *f*
hapaz *s s.* **avuç** (hohle) Hand
hapazlama *s Verbalsubstantiv zu* **hapazlamak**
hapazlamak *vt s.* **avuçlamak** in die Hand nehmen
hapçılık <-ğı> *s ohne pl* Tablettensucht *f*
hapis <-psi> *s* ❶ Gefängnis *nt,* Haft *f;* **bir yıl ~ yedi** er bekam ein Jahr Gefängnis ❷ (*göz, oda hapsi*) Arrest *m*
hapishane *s* Gefängnis *nt*
hap kutusu *s* Pillendose *f*
haploit *adj* haploid
haploloji *s* LING Haplologie *f*
hapsedilme *s Verbalsubstantiv zu* **hapsedilmek**
hapsedilmek *vi pass von* **hapsetmek**
hapsetme *s Verbalsubstantiv zu* **hapsetmek**
hapsetmek *vt* einsperren
hapsettirme *s Verbalsubstantiv zu* **hapsettirmek**
hapsettirmek *vt Kausativ zu* **hapsetmek** einsperren lassen
hapsi *s poss von* **hapis**
hapşırık <-ğı> *s* Niesen *nt; s. a.* **aksırık**
hapşırma *s Verbalsubstantiv zu* **hapşırmak**
hapşırmak *vi* niesen; *s. a.* **aksırmak**
hapşu *interj* hatschi
har[1] **(bütün) parasını ~ vurup harman savurmak** (*fam*) sein (ganzes) Geld auf den Kopf hauen
har[2] *s* Hitze *f;* **~ başına vurmak** (*fig*) in Hitze geraten
hara *s* Gestüt *nt*
harabe [xara:-] *s* Ruine *f*
haraç <-cı> *s* ❶ HIST Tribut *m;* **birini ~a bağlamak** jdm einen Tribut auferlegen ❷ (*zorbalıkla alınan para*) Schutzgeld *nt* ❸ **~ mezat satmak** versteigern; **~ yemek** auf Kosten anderer leben
haraçlı *adj* tributpflichtig
haram *adj* REL verboten
harami [hara:mi:] *s* Räuber *m*
harap <-bı> *adj* heruntergekommen
hararet [hara:ret] *s* ❶ Hitze *f;* (*ısı*) Wärme *f;* **~ basmak** MED Hitzewallungen bekommen; **rutubetli bir ~** eine feuchte Hitze ❷ (*sıcaklık*) Temperatur *f* ❸ (*susuzluk*) Durst *m;* **~ basmak** Durst bekommen; **~ kesmek/söndürmek** (den) Durst stillen/löschen; **çay, ~i giderir** Tee löscht den Durst ❹ (*fig: ateşlilik*) Hitze *f;* (*coşkunluk*) Feuereifer *m;* **bir şeyi ~le yapmak** etw mit Feuereifer tun
hararet kesici *adj* durstlöschend, erfrischend
hararetlendirme *s ohne pl* ❶ *Verbalsubstantiv zu* **hararetlendirmek** ❷ (*a. fig*) Erhitzung *f*
hararetlendirmek *vi* (*a. fig*) erhitzen
hararetlenme *s ohne pl* ❶ *Verbalsubstantiv zu* **hararetlenmek** ❷ (*a. fig*) Erhitzung *f*
hararetlenmek *vi* (*a. fig*) sich erhitzen
hararetli *adj* ❶ billig ❷ (*fig: ateşli*) hitzig; (*canlı*) lebhaft, temperamentvoll
harbi[1] *s poss von* **harp**
harbi[2] *s* Putzstock *m*
harbi[3] *adj* (*fig: doğru*) aufrichtig, ehrlich; **~ konuş!** sag ehrlich [*o* die Wahrheit]!; **~ konuşmak** die Wahrheit sagen
harbî *adj* kriegerisch
harbiye *s* (*savaş işleri*) Kriegsangelegenheiten *pl*
Harbiye *s* Kriegsakademie *f,* Militärakademie *f*
harcama *s* ❶ *Verbalsubstantiv zu* **harcamak** ❷ Ausgabe *f;* **günlük ~lar arttı** die täglichen Ausgaben sind gestiegen
harcamak *vt* ❶ (*sarf etmek*) ausgeben (**-e** für); **bu kadar parayı neye harcadın?** wofür hast du so viel Geld ausgegeben? ❷ (*tüketmek*) verbrauchen; (*boşa ~*) verschwenden; (*boşa zaman ~*) Zeit verschwenden ❸ (*fig: feda etmek*) opfern; (*emek, zaman*) investieren (**-e** in)
harcanma *s Verbalsubstantiv zu* **harcanmak**
harcanmak *vi* draufgehen
harcar *vt 3. Aorist von* **harcamak**
harcıâlem *adj* ❶ billig ❷ (*basmakalıp*) trivial, herkömmlich, stereotyp
harcırah *s* Reisespesen *pl*
harç <-cı> *s* ❶ (*masraf*) Kosten *pl* ❷ ADMIN (*vezneye ödenen para*) Gebühr *f* ❸ Mörtel *m;* **~ sürmek** Mörtel auftragen ❹ GASTR Geschmacksstoffe *pl,* Zutaten *pl*
hardal *s ohne pl* GASTR Senf *m* **hardal gazı** *s ohne pl* Senfgas *nt* **hardal rengi** *adj* senffarben
hare [ha:-] *s ohne pl* ❶ (*meneviş*) Schiller *m* ❷ (*kumaş için*) Moiré *nt*
harekât *s* MIL Einsatz *m*
hareke *s* LING (*kısa ünlü işareti*) Kurzvokalzeichen *nt*
hareket *s* ❶ Bewegung *f,* Fortbewegung *f;* **~ etmek** sich bewegen, sich fortbewegen; **bir şeyi ~ ettirmek** etw bewegen, etw fortbewegen; **bir şeyi ~e geçirmek** [*o* **getirmek**] (*kımıldatmak*) etw in Bewe-

gung [*o* Gang] setzen, etw aktivieren; (*canlandırmak*) etw in Schwung bringen; **~e geçmek** sich in Bewegung setzen ❷(*davranış*) Benehmen *nt*, Verhalten *nt*; **~ etmek** handeln ❸Verfahren *nt*; **~ etmek** verfahren; **bir şeye karşı ~e geçmek** gegen etw vorgehen ❹(*yola çıkma*) Abreise *f*, Abfahrt *f*; **~ etmek** abfahren; **~imiz iki gün ertelendi** unsere Abreise hat sich um zwei Tage verschoben, unsere Abreise verschiebt sich um zwei Tage ❺EISENB Abfahrt *f* ❻POL Bewegung *f*; (*akım*) Strömung *f* ❼(*deprem*) Beben *nt* ❽PHYS (*devinim*) Bewegung *f* **hareket cetveli** *s* EISENB Abfahrtstafel *f* **hareket dairesi** *s* EISENB Fahrdienstleitung *f*

hareketlendirme *s Verbalsubstantiv zu* **hareketlendirmek**

hareketlendirmek *vt* in Schwung bringen

hareketlenme *s Verbalsubstantiv zu* **hareketlenmek**

hareketlenmek *vi* in Schwung kommen; (*harekete geçmek*) sich in Bewegung setzen

hareketli *adj* ❶beweglich ❷(*canlı*) lebhaft; **çok ~ bir çocuk** ein sehr lebhaftes Kind

hareketlilik <-ği> *s ohne pl* Beweglichkeit *f*

hareket noktası *s* Ausgangspunkt *m*

hareket saati *s* Abfahrtszeit *f*

hareketsiz *adj* bewegungslos

hareketsizlik <-ği> *s ohne pl* Bewegungslosigkeit *f*

harelenme [ha:---] *s Verbalsubstantiv zu* **harelenmek**

harelenmek [ha:---] *vi* schillern; **renk renk ~** in vielen Farben schillern

hareli [ha:--] *adj* schillernd

harem *s* Harem *m* **harem ağası** *s* HIST Eunuch *m*

harf <-fi> *s* Buchstabe *m*

harf çevirisi *s* LING (*transliterasyon*) Transliteration *f*; **~ yapmak** transliterieren **harf devrimi** *s* HIST Schriftreform *f* **harf harf** *adv* buchstabengetreu; **bir şeyi ~ aktarmak** etw buchstabengetreu umsetzen; **bir şeyi ~ söylemek** etw buchstabieren

harfi harfine *adv* ❶buchstabengetreu ❷(*fig: gerçekte olduğu gibi*) buchstäblich

harf inkilâbı *s* HIST (*harf devrimi*) Schriftreform *f*

harfitarif [harfita:-] *s* Artikel *m*

harfiyen [harfi:-] *adv* buchstabengetreu; (*hiçbir değişiklik yapmadan*) wortgetreu, wörtlich

harfleme *s Verbalsubstantiv zu* **harflemek**

harflemek *vt* buchstabieren

harf oyunu *s* Buchstabenspiel *nt*

harıl harıl *adv* unermüdlich; (*aralıksız*) ununterbrochen; **~ yanan ateş** ein prasselndes Feuer

haricen *adv* äußerlich

haricî [ha:--:] *adj* äußerlich

hariciye *s* POL (*dış işleri*) auswärtige Angelegenheiten

hariç <-ci> [ha:-] **I.** *s* ❶(*dış*) **evin haricinde** außerhalb des Hauses ❷(*yabancı ülke*) Ausland *nt* **II.** *adv* (*dışında*) ausgenommen, außer; **... ~** mit Ausnahme von ...; **erkek kardeşi ~ herkes oradaydı** bis auf ihren Bruder waren alle da; **hazır bulunanlar ~** Anwesende ausgenommen

harika [ha:--] **I.** *s* Wunder *nt*; **dünyanın yedi ~sı** die sieben Weltwunder **II.** *adj* wunderbar

harikalar âlemi *s* Wunderland *nt*

harikulâde [ha:---:-] *adj* wunderbar

harita *s* Landkarte *f*; (*yol ~sı*) Karte *f*, Atlas *m*; **siyasi ~** politische Karte

haritacılık <-ğı> *s ohne pl* Kartographie *f*

haritalandırma *s Verbalsubstantiv zu* **haritalandırmak**

haritalandırmak *vt* kartographieren

harlama *s Verbalsubstantiv zu* **harlamak**

harlamak *vi* ❶prasseln ❷(*fig: birden öfkelenerek bağırmak*) aufbrausen; **birine ~** jdn anfahren

harlı *adj* prasselnd; **~ ateş** ein prasselndes Feuer

harman *s* AGR ❶Dreschen *nt*; **~ dövmek** dreschen ❷(*~ yeri*) Dreschplatz *m*, Tenne *f* ❸(*mevsimi*) Dreschzeit *f* ❹(*çay, tütün ~ı*) Mischung *f*, Verschnitt *m*, Blend *m o nt*; **~ etmek** mischen

harman dövme makinesi *s*, **harman makinesi** *s* AGR (*batöz*) Dreschmaschine *f*

harmanlama *s Verbalsubstantiv zu* **harmanlamak**

harmanlamak **I.** *vt* ❶(*harman etmek*) mischen ❷(*çember oluşturacak biçimde dolaşmak*) umkreisen **II.** *vi* ❶im Kreis gehen ❷NAUT Schlagseite haben

harman yeri *s* AGR Dreschplatz *m*, Tenne *f*

harmoni *s* MUS (*armoni*) Harmonie *f*

harmonyum *s* MUS Harmonium *nt*

harnup <-bu> *s* ❶BOT (*ağaç*) Johannisbrotbaum *m* ❷(*ohne Pl, yemiş*) Johannisbrot *nt*; *s. a.* **keçiboynuzu**

harp[1] <-bi> *s s.* **savaş** Krieg *m*

harp[2] *s* MUS (*arp*) Harfe *f*

harp akademisi *s* Kriegsakademie *f*, Militärakademie *f*

harpçı *s* MUS Harfenist(in) *m(f)*

harp malulü *s* Kriegsbeschädigte(r) *f(m)*, Kriegsversehrte(r) *f(m)* **harp zengini** *s*

Kriegsgewinnler(in) *m(f)*
harrup *s ohne pl s.* **harnup**
hartuç <-cu> *s* Kartusche *f*
has *adj* ❶ (*özgü*) charakteristisch (**-e** für); **kendine ~** eigentümlich; **Anadolu'nun yüksek yaylalarına ~ gecelerden biriydi** es war eine der Nächte, die charakteristisch für die Hochebenen Anatoliens sind ❷ (*saf*) rein; (*~ gümüş*) Fein- ❸ (*fig: kişi*) fein
hasar *s* Schaden *m;* **~ yapmak** Schaden anrichten; **~a uğramak** Schaden erleiden; **~a yol açmak** Schaden anrichten
hasat *s* Ernte *f* **hasat bayramı** *s* Erntedankfest *nt*
hasbelkader *adv s.* **tesadüfen** zufällig, zufälligerweise
hasbıhâl <-li> *s s.* **sohbet** Unterhaltung *f,* Plauderei *f;* **~ etmek** sich unterhalten, plaudern
hasebi nesebi *s ohne pl s.* **soyu sopu** (*pej fam*) Sippschaft *f,* Mischpoke *f*
hasebiyle *adv s.* **dolayısıyla** ❶ anlässlich, aufgrund; **dün görevim ~ gelemedim** ich war gestern dienstlich verhindert ❷ folglich, demzufolge
haset <-di> *s ohne pl* (*kıskançlık*) Neid *m;* (*günü*) Missgunst *f*
has gümüş *s ohne pl* Feinsilber *nt*
hasıl [haːsəl] *adj* sich ergebend; (*ortaya çıkan*) entstehend; **~ olmak** sich ergeben; (*ortaya çıkmak*) entstehen; (*görünmek*) erscheinen; **maksat ~ olmak** seinen Zweck erreichen
hasıla [haːsəla] *s* ❶ (*sonuç*) Ergebnis *nt* ❷ (*gayri safi milli ~*) Produkt *nt*
hasılat [haːsəlaːt] *s* ❶ Ertrag *m,* Ausbeute *f* ❷ Einnahmen *pl;* (*gelir*) Einkommen *nt;* (*kazanç*) Gewinn *m*
hasılı [haːsələ] *adv* kurzum
hasım **I.** *s* <-smı> ❶ (*düşman*) Feind(in) *m(f)* ❷ *a.* JUR Gegner(in) *m(f)* **II.** *adj* ❶ feindlich ❷ *a.* JUR gegnerisch; **~ taraflar** die gegnerischen Parteien
hasır *s* Stroh-, Korb-
hasıraltı *s* **bir şeyi ~ etmek** (*fig*) etw unter den Teppich kehren
hasır sandalye *s* Korbstuhl *m* **hasır şapka** *s* Strohhut *m*
hasis *adj* (*pej*) knauserig, geizig; (*pej fam*) knick(e)rig
hasislik <-ği> *s ohne pl* (*pej*) Knauserigkeit *f,* Geiz *m;* **~ etmek** geizen
hasmı *s poss von* **hasım**
hasret *s* (*özlem*) Sehnsucht *f;* **bir şeyin/kimsenin ~ini çekmek** sich nach etw/jdm sehnen
hasretli *adj* sehnsüchtig, sehnsuchtsvoll
hasretlik <-ği> *s* (*ayrılık*) Trennung *f*
hasretmek *vt* widmen; **yaşamını bilime hasretti** er widmete sein Leben der Wissenschaft
hassa *s* (*özgülük*) Eigentümlichkeit *f;* (*özelllik*) Besonderheit *f*
hassa askeri *s* HIST Leibgarde *f*
hassas *adj* ❶ fein, Fein- ❷ (*alıngan*) empfindlich, sensibel; (*duyarlı*) empfindsam ❸ (*çabuk etkilenen*) empfindlich; (**çok**) **~ bir cildi var** sie hat eine (sehr) empfindliche Haut **hassas ayar** *s* TECH Feineinstellung *f,* Feinabstimmung *f*
hassasiyet *s ohne pl* ❶ Empfindsamkeit *f* ❷ Fingerspitzengefühl *nt;* **~ göstermek** Fingerspitzengefühl zeigen
hassaslık <-ğı> *s ohne pl* Empfindsamkeit *f*
hassaten *adv* (*ayrıca*) außerdem; (*özellikle*) insbesondere; (*bilhassa*) speziell
hasse *s* (*patiska*) Batist *m*
hasta **I.** *s* ❶ Kranke(r) *f(m)* ❷ **kumar**(**ın**) **~sı olmak** ein leidenschaftlicher Spieler sein **II.** *adj* krank; **~ etmek** krank machen; **~ olmak** krank werden **hasta bakıcı** *s* Krankenpfleger(in) *m(f)* **hasta bakıcılık** <-ğı> *s* Krankenpflege *f*
hastahane *s* Krankenhaus *nt;* **~ye yatırmak** [*o* **kaldırmak**] ins Krankenhaus einweisen
hastahanelik <-ği> *adj* krankenhausreif; **birini ~ etmek** jdn krankenhausreif schlagen
hastalandırma *s Verbalsubstantiv zu* **hastalandırmak**
hastalandırmak *vt Kausativ zu* **hastalanmak** krank machen
hastalanma *s* ❶ *Verbalsubstantiv zu* **hastalanmak** ❷ Erkrankung *f*
hastalanmak *vi* erkranken; (*hasta olmak*) krank werden
hastalık[1] <-ğı> *s* Krankheit *f;* **~ kapmak** sich anstecken; **ağır/bulaşıcı bir ~** eine schwere/ansteckende Krankheit
hastalık[2] <-ğı> *s ohne pl* (*fig: tutku*) Leidenschaft *f;* (*pej: temizlik hastalığı*) Fimmel *m*
hastalıklı *adj* kränklich; (*çabuk hastalanan*) krankheitsanfällig
hastalık tablosu *s* Krankheitsbild *nt*
hastane *s s.* **hastahane**
hastanelik <-ği> *adj s.* **hastahanelik**
haşa [-ː-ː] *interj* **~!** keineswegs!, keinesfalls!, von wegen!
haşarat *s* ❶ Ungeziefer *nt;* (*böcekler*) Insekten *pl* ❷ (*fig*) Gesindel *nt*
haşhaş *s* Mohn *m,* Schafmohn *m* **haşhaş sütü** *s* Mohnsaft *f* **haşhaş yağı** *s*

Mohnöl *nt*

haşıl *s* (*dokumacılıkta*) Schlichte *f*

haşir neşir *s ohne pl* Beisammensein *nt;* **biriyle ~ olmak** sich mit jdm abgeben [*o* einlassen]

haşiş *s ohne pl* Haschisch *m o nt*

haşiye [xa:--] *s s.* **dipnot** Fußnote *f*

haşlak *adj* kochend

haşlama **I.** *s Verbalsubstantiv zu* **haşlamak** **II.** *adj* gekocht

haşlamak *vt* ❶ GASTR (*üstüne kaynar su dökmek*) brühen; (*suda kaynatmak*) kochen; **sabahları kendime iki yumurta haşlarım** morgens koche ich mir zwei Eier ❷ (*yakmak*) verbrühen ❸ (*fig*) ausschimpfen

haşlanma *s Verbalsubstantiv zu* **haşlanmak**

haşlanmak *vi* ❶ *pass von* **haşlamak** ❷ verbrühen

haşmetli *adj* majestätisch

hat <-ttı> [xat] *s* ❶ (*boru, telefon ~ tı*) Leitung *f;* **~lar meşgul** TELEK die Leitungen sind besetzt ❷ (*demir yolu ~ tı*) Strecke *f,* Linie *f;* (*tramvay ~ tı*) Linie *f* ❸ (*yüz ~ ları*) **kaba ~larıyla** in groben Zügen ❹ HIST (*yazı*) Schrift *f*

hata [xata:] *s* ❶ Fehler *m* ❷ (*yanılgı*) Irrtum *nt;* **~ya düşmek** einem Irrtum erliegen; (*yanılmak*) sich irren ❸ (*kusur*) Fehler *m;* (*suç*) Schuld *f;* **bu benim ~m değildi** das war nicht mein Fehler ❹ Fehltritt *m;* **~ işlemek/etmek** einen Fehltritt begehen/tun

hatalı *adj* fehlerhaft

hatasız *adj* fehlerlos, fehlerfrei; **~ kul olmaz** (*prov*) Irren ist menschlich

hat bekçisi *s* EISENB Streckenwärter(in) *m(f),* Bahnwärter(in) *m(f)*

hatır *s ohne pl* ❶ Gedächtnis *nt;* **~ ve hayale gelmemek** nicht vorstellbar sein ❷ (*gönül*) Gefälligkeit *f;* **bir şeyi sırf ~ için yapmak** etw aus reiner Gefälligkeit tun ❸ (*sevgi*) Liebe *f;* **bir kimsenin/şeyin ~ı için** jdm/etw zuliebe ❹ (*keyif*) Befinden *nt;* (*durum, hâl*) Zustand *m;* **birinin ~ını sormak** nach jds Befinden fragen

hatıra [ha:--] *s* ❶ (*anı*) Erinnerung *f;* **ilk aşkın ~sı** die Erinnerung an die erste Liebe ❷ (*anmalık*) Andenken *nt* ❸ LIT (*anı*) **~lar** Memoiren *pl* **hatıra defteri** *s* Tagebuch *nt*

hatırlama *s Verbalsubstantiv zu* **hatırlamak**

hatırlamak *vt* sich erinnern (an); **hatırlayabildiğim kadarıyla** soweit ich mich erinnern kann

hatırlatma *s Verbalsubstantiv zu* **hatırlatmak**

hatırlatmak *vt* erinnern (an); **birine bir şeyi ~** jdn an etw erinnern

hatır senedi *s* FIN Gefälligkeitswechsel *m*

hatip <-bi> *s* ❶ (*konuşmacı*) Redner(in) *m(f)* ❷ REL Prediger *m*

hatiplik <-ği> *s ohne pl* Redekunst *f*

hatmetme *s Verbalsubstantiv zu* **hatmetmek**

hatmetmek <-der> **I.** *vi* ❶ (*tekrar tekrar okumak*) immer wieder lesen ❷ REL den Koran durchlesen **II.** *vt* ❶ (*baştan sona kadar okuyup bitirmek*) durchlesen ❷ (*bitirmek*) beenden

hatmi *s* BOT, MED (*Althaea officinalis*) Eibisch *m,* Echter Eibisch

hatta [hatta:] **I.** *konj* (*bile*) sogar; **~ diyebilirim ki, ...** ich könnte sogar sagen, ...; **~ ve ~** ja sogar **II.** *adv* (*ayrıca*) außerdem

hattat *s* Kalligraf(in) *m(f),* Kalligraph(in) *m(f)*

hattatlık <-ğı> *s ohne pl* Kalligrafie *f,* Kalligraphie *f*

hatun [xa:tun] *s* ❶ (*kadın*) Frau *f* ❷ (*hanım, bayan*) Dame *f,* Frau *f*

hav *s* ❶ Flor *m;* **~ı dökülmek** den Flor verlieren ❷ Fluse *f*

hava [xava] *s* ❶ (*gaz karışımı*) Luft *f;* **~ almak** (*açık ~da gezmek*) frische Luft schnappen; (*umduğunu bulamamak*) leer ausgehen; (*içine ~ almak*) Luft durchlassen; **~ basmak** (*fig fam*) sich aufblasen, sich wichtigtun; **lastiğe ~ basmak** einen Reifen aufblasen; **~dan sudan konuşmak** (*fam*) ins Blaue hineinreden; **~ya uçurmak** in die Luft sprengen ❷ (*meteorolojik olayların bütünü*) Wetter *nt;* **~nın gözü yaşlı** es sieht nach Regen aus; **bugün ~ güzel** es ist heute schönes Wetter ❸ Klima *nt;* **~ değiştirmek** das Klima ändern; **buranın ~sı sert** das Klima hier ist rau ❹ (*gökyüzü*) Himmel *m;* **açık ~da** unter freiem Himmel; **~larda uçmak** (*fig fam*) abheben ❺ (*esinti*) Brise *f* ❻ (*dans ~ sı*) Melodie *f* ❼ (*ses perdesi*) Tonlage *f* ❽ (*keyif*) Laune *f* ❾ (*görünüş, davranış, söz için*) Flair *nt o m;* **~sı olmak** Flair haben; **kadın güzel değil, ama ~sı var** die Frau ist nicht schön, aber sie hat Flair; **odanın öyle lüks bir ~sı var(dır) ki, ...** das Zimmer hat ein solches Flair von Luxus, dass ... ❿ (*tarz, üslup*) Stil *m* ⓫ (*ortam, atmosfer*) Stimmung *f,* Atmosphäre *f;* **~yı bozmak** die Stimmung verderben; **~sını bulmak** in Stimmung kommen ⓬ **bana göre ~ hoş** (*fam*) es ist mir (ganz) egal; **bu sözlerin sonu ~!** (*fam*) das ist nur leeres Gerede! **hava akımı** *s* Luft-

strom *m*
havaalanı *s* Flughafen *m*
hava aracı *s* Luftfahrzeug *nt* **hava basıncı** *s ohne pl* PHYS Luftdruck *m* **hava boşluğu** *s* AERO (*uçakla uçarken*) Luftloch *nt*
havacılık <-ğı> *s ohne pl* ❶ Luftfahrt *f*, Aeronautik *f* ❷ (*havada uçma tekniği*) Flugwesen *nt*, Aviatik *f*
havacıva **I.** *s ohne pl* BOT Alkanna *f* **II.** *adj* (*fam*) **bu iş ~** das ist für die Katz
hava çevrisi *s* Luftwirbel *m*
havadar *adj* luftig
hava değişimi *s* ❶ Luftveränderung *f* ❷ METEO Wetterumschwung *m* **hava deliği** *s* TECH Luftloch *nt* **hava direnci** *s* Luftwiderstand *m*
havadis *s* (*haber*) Nachricht *f*
hava durumu *s* METEO Wetterlage *f* **hava gazı** *s ohne pl* ❶ Gas *nt* ❷ (*fam: boş laf*) Blabla *nt*, hohles Geschwätz **hava gazı beki** *s* Gasbrenner *m* **hava gazı ocağı** *s* Gasherd *m* **hava gazı saati** *s* Gaszähler *m* **hava geçirmez** *adj* luftdicht **hava gemisi** *s* Luftschiff *nt* **hava girişi** *s* Lufteinlass *m* **hava haritası** *s* METEO Wetterkarte *f* **hava hukuku** *s ohne pl* JUR Luftrecht *nt*
havaî *adj* ❶ (*açık mavi*) hellblau ❷ (*fig*) leichtsinnig; (*uçarı*) leichtlebig; (*hoppa*) leichtfertig, frivol **havaî fişek** <-ği> *s* ❶ Feuerwerkskörper *m* ❷ MIL Leuchtrakete *f* **havaî mavi** **I.** *s* Himmelsblau *nt* **II.** *adj* himmelblau
hava indirme *s* MIL Luftlandung *f* **hava kabarcığı** *s* Luftblase *f* **hava kapağı** *s* Luftklappe *f*, Lüftungsklappe *f* **hava kirlenmesi** *s ohne pl* Luftverschmutzung *f* **hava korsanı** *s* Luftpirat(in) *m(f)*, Flugzeugentführer(in) *m(f)* **hava köprüsü** *s* Luftbrücke *f* **hava kuvvetleri** *s* MIL Luftwaffe *f*; **Alman/Türk ~** die deutsche/türkische Luftwaffe
havalandırıcı *s* ❶ Belüfter *m* ❷ Belüftung *f*
havalandırma *s* ❶ *Verbalsubstantiv zu* **havalandırmak** ❷ Belüftung *f*
havalandırmak *vt* lüften, belüften
havalanma *s Verbalsubstantiv zu* **havalanmak**
havalanmak *vi* ❶ abheben, sich in die Luft erheben; **kuş/uçak havalandı** der Vogel/das Flugzeug erhob sich in die Luft ❷ **oda her gün havalanmalı** das Zimmer sollte jeden Tag gelüftet werden
havale *s* ❶ (*iş ~si*) Auftrag *m*; **bu işin yapılmasını ona ~ ettim** ich habe ihn den Auftrag für diese Arbeit erteilt [*o* gegeben] ❷ (*devretme*) Übertragung *f*; **belgeler bakanlığa ~ edildi** ADMIN die Dokumente wurden an das Ministerium weitergeleitet ❸ (*banka, posta ~ si*) Anweisung *f*; (*gönderilen para*) Überweisung *f*; **~nizi bugün aldım** ich habe Ihre Überweisung heute erhalten ❹ MED (*gebelerde görülen çırpınmalı hastalık*) Eklampsie *f*; **~ gelmek** eklamptische Anfälle bekommen
havalı *adj* ❶ (*havadar*) luftig ❷ TECH, AUTO Servo-, Druckluft- ❸ (*fig: albenili*) attraktiv
havalı direksiyon *s* TECH, AUTO Servolenkung *f* **havalı fren** *s* AUTO Servobremse *f*; TECH Druckluftbremse *f*, Servobremse *f*
havali *s* Gegend *f*, Umgebung *f*
hava limanı *s*, **hava meydanı** *s* Flughafen *m* **hava musluğu** *s* TECH Entlüftungsventil *nt*
havan *s* Mörser *m*; **bir şeyi ~da dövmek** etw im Mörser zerstoßen [*o* zerstampfen], etw mörsern
havaneli *s* Stößel *m*
havan topu *s* MIL, HIST Mörser *m*
hava parası *s* Abstandssumme *f*
hava personeli *s* AERO Bordpersonal *nt* **hava raporu** *s* METEO Wetterbericht *m*
havarî *s* ❶ Jünger(in) *m(f)* ❷ REL Apostel *m*; **H~lerin Amentüsü** das Apostolische Glaubensbekenntnis
havarîlik <-ği> *s* Jüngerschaft *f* **hava sahası** *s* JUR Luftraum *m*
havasız *adj* stickig
hava süzgeci *s* TECH, AUTO Luftfilter *m o nt* **hava şartları** *pl* METEO Wetterbedingungen *pl* **hava tahmini** *s* METEO Wettervorhersage *f* **hava tebdili** *s s.* **hava değişimi** **hava ulaşımı** *s ohne pl* Luftverkehr *m*, Flugverkehr *m* **hava üssü** *s* MIL Luftstützpunkt *m*, Fliegerhorst *m* **hava yastığı** *s* AUTO Airbag *m* **hava yolu ulaşımı** *s ohne pl* Luftverkehr *m*, Flugverkehr *m*
havhav *s* (*çocuk dilinde*) Wauwau *m*
havil <-vli> *s s.* **korku** Angst *f*; **can havliyle** aus Leibeskräften
havlama *s Verbalsubstantiv zu* **havlamak**
havlamak *vi* bellen, kläffen, anbellen (**-e**); **köpek yoldan her geçene havlıyor** der Hund bellt jeden Passanten an
havlı *adj* flauschig
havlıcan *s ohne pl* BOT Galgant *m*, Galgantwurzel *f*
havlı çuha *s* Flausch *m*
havli *s poss von* **havil**
havlu *s* Tuch *nt*, Handtuch *nt*; **~ atmak** (*oyunda*) das Tuch [*o* Handtuch] werfen
havra *s s.* **sinagog** Synagoge *f*
havsala *s* ❶ (*kuş kursağı*) Kropf *m* ❷ ANAT (*leğen*) Becken *nt* ❸ (*fig fam: anlama ve kavrama yetisi*) Begriffsvermögen *nt*, Auf-

fassungsgabe *f*, Köpfchen *nt;* **bir şey birinin ~sına sığmamak** (*kavrayamamak*) etw ist für jdn unbegreiflich; (*kabul edememek*) etw will jd nicht einsehen; **bunu ~m almıyor** das will mir nicht in den Kopf, das kann ich nicht begreifen

havuç <-cu> *s* BOT Möhre *f*, Karotte *f* **havuç salatası** *s* GASTR Möhrensalat *m* **havuç suyu** *s* Möhrensaft *m*, Karottensaft *m*

havuz *s* ❶ Teich *m* ❷ (*yüzme ~u*) Becken *nt*, Bassin *nt*, Pool *m* ❸ NAUT (*yüzer ~*) Dock *nt*

havuzcuk <-ğu> *s* ANAT Nierenbecken *m*

havuzlama *s ohne pl Verbalsubstantiv zu* **havuzlamak**

havuzlamak *vt* NAUT eindocken

Havva *s* REL Eva *f;* **Âdem ile ~** Adam und Eva

havya *s* TECH Lötkolben *m*

havyar *s* GASTR Kaviar *m;* **~ kesmek** (*fig fam*) die Zeit totschlagen

havza *s* ❶ GEO (*boşaltma ~sı*) Gebiet *nt;* (*Akdeniz ~sı*) Raum *m* ❷ BERGB (*maden bolgesi*) Revier *nt* ❸ GEO (*tekne*) Becken *nt*

hay *interj* ach; **~ Allah!** oh Gott!, ach, du lieber Himmel!; **~dan gelen huya gider** (*prov*) wie gewonnen, so zerronnen

haya *s s.* **er bezi** Hoden *m*

hayâ [haja:] *s ohne pl* (*utanma*) Scham *f;* (*utanma duygusu*) Schamgefühl *nt;* **~ perdesi yırtılmak** (*fig*) das Schamgefühl verlieren; (*utanç duymamak*) keine Scham empfinden

hayal <-li> *s* ❶ (*düş*) Traum *m;* **~ etmek** sich vorstellen; **bir şeyi ~inden geçirmek** sich etw erträumen; **~leri gerçekleşti** seine Träume wurden wahr ❷ (*imge*) Trugbild *nt*, Einbildung *f*, Hirngespinst *nt;* **~ peşinde koşmak** einem Hirngespinst hinterherjagen; (*fig fam*) Rosinen im Kopf haben ❸ PHYS (*görüntü*) Erscheinung *f;* (*aynada*) Spiegelbild *nt* ❹ Illusion *f;* **~e kapılmak** sich Illusionen machen; **gerçek olduğunun ~ine kapılmak** sich der Illusion hingeben, dass es wahr ist ❺ Fantasie *f;* **bu, senin ~inin bir mahsulü** das ist ein Produkt deiner Fantasie ❻ (*gölge*) Schatten *m* **hayal âlemi** *s* Fantasiewelt *f*

hayalât [haya:lā:t] *pl s.* **hayaller** ❶ Illusionen *pl* ❷ Fantasien *pl*

hayalci *s* Träumer(in) *m(f)*, Fantast(in) *m(f)*

hayalcilik <-ği> *s* Träumerei *f*

hayal dünyası *s* Fantasiewelt *f*

hayalet *s* ❶ Gespenst *m;* (*fantom*) Phantom *m;* (*ruh*) Geist *m;* **sokaklarda ~ gibi gez(in)mek** durch die Straßen geistern ❷ (*görüntü*) Erscheinung *f*, Trugbild *nt* ❸ (*gölge*) Schatten *m* **hayalet şehir** <-hri> *s* Geisterstadt *f*

hayal gücü *s ohne pl* Einbildungskraft *f*, Vorstellungskraft *f*, Vorstellungsvermögen *nt*, Fantasie *f*, Phantasie *f;* **~nü kullanmak** seine Fantasie spielen lassen

hayalî [haya:li:] *adj* (*fantastik*) fantastisch, phantastisch; (*sanal*) imaginär **hayalî fener** *s* Laterna magica *f*, Zauberlaterne *f*

hayalî ihracat *s* Scheinexport *m*

hayal kırıklığı *s* (*düş kırıklığı*) Enttäuschung *f;* **~na uğramak** eine Enttäuschung erleben

hayalli *adj* fantasievoll, phantasievoll

hayal meyal *adj* vage, blass, dunkel; **bir şeyi ~ hatırlamak** sich vage an etw erinnern, eine blasse Erinnerung an etw haben

hayal oyunu *s* Schattenspiel *nt*

hayalperest *s* Träumer(in) *m(f)*, Fantast(in) *m(f)*

hayâsız [haja:-] *adj* schamlos, unverschämt

hayâsızca *adj* schamlos, unverschämt; **bir şeyden/kimseden ~ istifade etmek** etw/jdn schamlos ausnutzen

hayâsızlık <-ğı> *s* Schamlosigkeit *f*, Unverschämtheit *f*

hayat[1] *s* Leben *nt;* **bir şeye ~ vermek** Leben in etw bringen; **~ın tadını çıkarmak** sich ausleben; **~ından memnun olmak** (*fam*) mit sich und der Welt zufrieden sein; **~ta kalmak/olmak** am Leben bleiben/sein

hayat[2] *s* ❶ Vordach *nt* ❷ (*avlu*) Hof *m* ❸ REG (*balkon*) Balkon *m*

hayat ağacı *s* ❶ (*soy ağacı*) Stammbaum *m* ❷ ANAT Lebensbaum *m* **hayat arkadaşı** *s* Lebensgefährte, -gefährtin *m, f* **hayat felsefesi** *s* Lebensphilosophie *f* **hayat hikâyesi** *s s.* **yaşam öyküsü** Lebensgeschichte *f*

hayatın sonu *s* Lebensende *nt;* **hayatının sonuna kadar** bis an sein Lebensende

hayati tehlike *s* Lebensgefahr *f*

hayat kavgası *s s.* **hayat mücadelesi** **hayat memat meselesi** *s* eine Frage auf Leben und Tod **hayat mücadelesi** *s* Lebenskampf *m*, Daseinskampf *m* **hayat öpücüğü** *s* Mund-zu-Mund-Beatmung *f* **hayat sigortası** *s* Lebensversicherung *f* **hayat standardı** *s* Lebensstandard *m* **hayat şartları** *pl s.* **yaşam koşulları** Lebensbedingungen *pl* **hayat tarzı** *s s.* **yaşam biçimi** Lebensweise *f*

haydarî yaka *s* V-Ausschnitt *m*

haydi **I.** *interj* **~!** los!; **~ artık!** komm schon!; **~ canım sen de!** das gibt's doch gar nicht!, ach was!; ~ **cesaret!** nur Mut!; ~ **çocuklar!** kommt Kinder!; ~ **gidelim!** lass uns gehen!; ~ **o zaman!** dann wollen wir mal!; ~ **öyle olsun!** sei's drum!; ~ **yatağa!** ab ins Bett!; ~ **yeni baştan!** auf ein Neues! **II.** *part* nun, also; **~, bugünlük bu kadar** (al)so, das war's für heute; ~ **hoşça kal!** also Tschüss!; **ben eve gideyim mi? — ~ git!** soll ich nach Hause gehen? — nun geh schon! **haydi haydi** *adv* ❶ (*kolay kolay*) mit Leichtigkeit, mit links ❷ (*olsa olsa*) allenfalls; (*en çoğu*) höchstens, wenn es hoch kommt

haydin *interj* REG **~!** los!; ~ **çocuklar, gidelim artık!** los Kinder, lass uns nun gehen!

haydisene *interj* (*fam*) **~!** nun mach schon!

haydut <-du> *s* Bandit(in) *m(f)*, Räuber(in) *m(f)* **haydut çetesi** *s* Räuberbande *f*

hayhay *adv* gern(e); **~!** in Ordnung!, natürlich!

hayır[1] **I.** *s* Nein *nt* **II.** *interj* **~!** nein!

hayır[2] **I.** *s* <-yrı> Wohltat *f;* (*iyilik*) Gutes(s) *nt;* ~ **beklememek** nichts Gutes erwarten; ~ **etmemek** nichts nutzen, nicht hilfreich sein; ~ **işlemek** Gutes tun; **hayra yormak** positiv auslegen [*o* deuten]; **hayrı dokunmak** nutzen, hilfreich sein; **hayrı olmamak** nichts nutzen; **babasının hayrına** umsonst **II.** *adj* <-yrı> ❶ (*iyi*) gut ❷ humanitär; ~ **örgütü** eine humanitäre Organisation

hayırhah *adj* wohlwollend

hayırhahlık <-ğı> *s ohne pl* Wohlwollen *nt*

hayırsever **I.** *s* Wohltäter(in) *m(f)* **II.** *adj* wohltätig; (*yardımsever*) hilfsbereit

hayırseverlik <-ği> *s ohne pl* ❶ Wohltätigkeit *f* ❷ (*yardımseverlik*) Hilfsbereitschaft *f*

hayıt *s s.* **ayıt** BOT Mönchspfeffer *m*

haylaz **I.** *adj* (*tembel*) faul **II.** *s* ❶ (*fam: hayta*) Rowdy *m;* **seni küçük ~, seni!** du kleiner Rowdy, du! ❷ (*pej*) Faulenzer *m,* Faulpelz *m*

hayli **I.** *adj* (*epey*) erheblich, beträchtlich, ziemlich; ~ **zor bir durum** eine ziemlich schwierige Lage **II.** *adv* (*oldukça*) ziemlich; ~ **yoruldum** ich bin ziemlich müde

haymana *s* (nicht eingezäuntes Stück) Weideland *nt;* ~ **beygiri gibi dolaşmak** (*fig fam*) sich herumtreiben

haymatlos *adj* heimatlos

hayran *s* Bewunderer, Bewunderin *m, f,* Fan *m;* **bir kimseye/şeye ~ olmak** jdn/etw bewundern **hayran hayran** *adv* voller Bewunderung

hayranlık <-ğı> *s ohne pl* Bewunderung *f;* **birkaç ~ sözü söylemek** ein paar bewundernde Worte sagen

hayrat *s* ❶ (*iyilik*) gutes Werk *f* ❷ Wohlfahrtseinrichtung *f*

hayret **I.** *s* Erstaunen *nt,* Verwunderung *f;* ~ **etmek** erstaunen (**-e** über), sich (ver)wundern (**-e** über); **~(ler)e düşmek** sich wundern, erstaunt sein; **~ler içinde kalmak** sehr erstaunt sein; **birini ~te bırakmak** jdn in Erstaunen setzen, jdn erstaunen; **~te kalmak** erstaunt sein **II.** *interj* **~!** erstaunlich!

hayrı *s poss von* **hayır**[2]

hayrola *interj* **~?** nanu?; (*ne var*) was gibt's?; (*ne oluyor*) was ist los?

haysiyet *s ohne pl* ❶ Ehre *f,* Würde *f* ❷ (*öz saygı*) Selbstachtung *f,* Ehrgefühl *nt;* **birinin ~ini incitmek** jds Ehrgefühl verletzen **haysiyet divanı** *s s.* **onur kurulu** Ehrengericht *nt* **haysiyet meselesi** *s* Ehrensache *f*

haysiyetsiz *adj* ❶ würdelos ❷ (*onursuz*) unehrenhaft

hayta *s* ❶ HIST Söldner *m* ❷ Rowdy *m;* (*serseri*) Rabauke *m*

hayvan *s* ❶ Tier *nt* ❷ Vieh *nt* ❸ (*fig, pej fam*) Biest *nt,* Mistvieh *nt,* Schwein *nt* **hayvan aşım istasyonu** *s* Deckstation *f*

hayvanat *pl* (*hayvanlar*) Tiere *pl* **hayvanat bahçesi** *s* Zoo *m,* zoologischer Garten

hayvan bilimi *s ohne pl* Tierkunde *f*

hayvanca *adv* tierisch, animalisch

hayvancık <-ğı> *s* Tierchen *nt*

hayvancılık <-ğı> *s ohne pl* Tierzucht *f*

hayvani [hayva:ni:] *adj* ❶ tierisch; ~ **yağlar** tierische Fette ❷ tierisch, animalisch

hayvanlar âlemi *s ohne pl* Tierwelt *f*

hayvan leşi *s* Tierkadaver *m* **hayvan yemi** *s* AGR Tierfutter *nt;* (*büyükbaş için*) Viehfutter *nt*

haz *s* ❶ Befriedigung *f* ❷ Genugtuung *f;* ~ **duymak** Genugtuung empfinden

Hazar Denizi *s* Kaspisches Meer *nt*

hazcı **I.** *s* PHILOS (*hedonist*) Hedoniker(in) *m(f)* **II.** *adj* PHILOS (*hedonist*) hedonistisch

hazcılık <-ğı> *s ohne pl* PHILOS (*hedonizm*) Hedonismus *m*

hazım <-zmı> *s ohne pl s.* **sindirim** Verdauung *f*

hazımsızlık <-ğı> *s ohne pl* Verdauungsstörungen *pl*

hazır *adj* ❶ bereit; ~ **bulundurmak** bereitstellen, zur Verfügung stellen; ~ **bulunmak** bereitstehen; ~ **etmek** bereitstellen, vorbereiten; ~ **olmak** bereit sein; **bir şeyi yapmaya ~ olmak** bereit sein, etw zu tun

❷ fertig; **~a konmak** (*fig*) sich ins gemachte Bett legen; **vaktinde ~ olacak mısın?** wirst du rechtzeitig fertig?; **yemek ~** das Essen ist fertig ❸ **~da** verfügbar; (*el altında*) griffbereit ❹ **siz ~ gelmişken ...** wo Sie gerade da sind ...

hazırcevap *adj* schlagfertig

hazırcevaplık <-ğı> *s ohne pl* Schlagfertigkeit *f*

hazırcı *s* ❶ Konfektionshändler(in) *m(f)* ❷ (*fig fam*) Nassauer(in) *m(f)*

hazır giyim *s* Fertigkleidung *f;* (*konfeksiyon*) Konfektion *f* **hazır kahve** *s* Instantkaffee *m*

hazırlama *s ohne pl* ❶ *Verbalsubstantiv zu* **hazırlamak** ❷ Vorbereitung *f* ❸ Zubereitung *f*

hazırlamak *vt* ❶ bereiten, bereitmachen ❷ (*önceden ~*) vorbereiten, präparieren; (*yemek*) zubereiten ❸ (*komplo*) schmieden

hazırlanma *s* ❶ *Verbalsubstantiv zu* **hazırlanmak** ❷ Vorbereitung *f* ❸ Zubereitung *f*

hazırlanmak *vi* ❶ *pass von* **hazırlamak: yemekler hazırlanıyor** die Gerichte werden vorbereitet ❷ sich vorbereiten (**için** für), sich bereit machen (**için** für); (*fam*) sich fertig machen

hazırlık <-ğı> *s* Vorbereitung *f*

hazırlıklı *adj* vorbereitet; **~ olmak** vorbereitet sein

hazırlık sınıfı *s* Vorbereitungsklasse *f*

hazırlıksız *adj* unvorbereitet

hazırlık soruşturması *s* JUR Ermittlungsverfahren *nt*

hazır ol *interj* MIL, SPORT **~!** stillgestanden! **hazır ol duruşu** *s* MIL militärische Haltung; SPORT Stillstehen *nt* **hazır yemek** <-ği> *s* Fertiggericht *nt*

hazine [haziːne] *s* ❶ Schatz *m* ❷ (*ohne pl*) Fiskus *m*

hazinedar *s* HIST Schatzmeister *m*

haziran [haziːran] *s* Juni *m*

hazmetme *s* (*ohne pl*) ❶ *Verbalsubstantiv zu* **hazmetmek** ❷ Verdauung *f*

hazmetmek *vt* ❶ verdauen ❷ (*fig fam: içine atmak*) schlucken, hinnehmen ❸ (*fig fam: sabretmek*) dulden; (*dayanmak*) ertragen, aushalten

hazne *s* ❶ (*hazine*) Schatz *m* ❷ (*depo*) Depot *nt* ❸ (*döl yatağı*) Gebärmutter *f*

hazret *s* ❶ REL **H~i Ali** der heilige Ali; **H~i İsa** Jesus Christus ❷ (*fam*) der/die Gute

he[1] *Name des zehnten Buchstaben des türk. Alphabets;* **Hatay'ın ~'si** H wie Heinrich

he[2] *adv* REG (*evet*) ja; **~ demek** ja sagen

heba [xebaː] *s* **~ etmek** (*boş yere harcamak*) vergeuden

heccav *s s.* **yergici** Satiriker(in) *m(f)*

hece *s* LING Silbe *f;* **kısa/uzun ~** eine kurze/lange Silbe; **vurgulu ~** betonte Silbe, Hebung *f*

heceleme *s Verbalsubstantiv zu* **hecelemek**

hecelemek *vt* **kelimeyi ~** das Wort Silbe für Silbe sagen

hecelik <-ği> *adj* **iki ~** zweisilbig; **üç ~ bir kelime** ein dreisilbiges Wort

hece ölçüsü *s* LIT (*hece vezni*) Silbenversmaß *nt* **hece taşı** *s* REG (*mezar taşı*) Grabstein *m* **hece vezni** *s* LIT (*hece ölçüsü*) Silbenversmaß *nt* **hece yutumu** *s* LING Haplologie *f*

hedef *s* ❶ Ziel *nt* ❷ (*fig: amaç*) Ziel *nt,* Zielsetzung *f;* **bir şeyi/kimseyi ~ almak** zielen auf etw/jdn, etw/jdn anvisieren; (*eleştirmek amacıyla*) etw/jdn aufs Korn nehmen; **eleştirisi yolsuzlukları ~ alıyordu** er zielte mit seiner Kritik auf die Missstände; **~ olmak** zur Zielscheibe werden; **~e ulaşmak** das Ziel erreichen **hedef dil** *s* LING Zielsprache *f*

heder *s* **~ etmek** vergeuden; **~ olmak** umsonst [*o* vergeblich] sein

hediye *s* ❶ (*armağan*) Geschenk *nt;* **~ etmek** (ver)schenken; **o bana ~ edildi** ich habe es geschenkt bekommen; **birine bir şeyi ~ olarak vermek** jdn mit etw beschenken ❷ REL (*kutsal kitaplar için*) Preis *m*

hediyelik <-ği> *s* Geschenk *nt*

hedonist **I.** *s* Hedoniker(in) *m(f)* **II.** *adj* hedonistisch

hedonizm *s ohne pl* Hedonismus *m*

hegemonya *s* Hegemonie *f*

hekim *s* Arzt *m,* Ärztin *f,* Mediziner(in) *m(f)*

hekimbaşı *s* (*hist*) Leibarzt *m*

hekimlik <-ği> *s ohne pl* Medizin *f*

hektar *s* Hektar *m o nt*

hektogram *s* Hektogramm *nt* **hektolitre** *s* Hektoliter *m o nt* **hektometre** *s* Hektometer *m o nt*

helâ [helãː] *s* (*yüznumara*) Klo *nt;* (*tuvalet*) Toilette *f*

helâk <-ki> [helãːk] *s* ❶ (*yok etme*) Vernichtung *f;* **~ etmek** vernichten; **~ olmak** (*ölmek*) eingehen ❷ (*fig: yorma*) Erschöpfung *f;* **~ etmek** kaputtmachen; **~ olmak** kaputtgehen; **bu yolculuk bizi ~ etti** diese Reise hat uns kaputtgemacht

helâl [helãːl] **I.** *adj* <-li> REL erlaubt **II.** *adv* <-li> **~ kazanılmış para** ehrlich verdientes Geld; **~ olsun!** bravo!, mein Kompliment!; ~ **olsun ona** Hut ab vor ihm, es sei ihm gegönnt, das gönne ich ihm **III.** *s* (*fig: nikâhlı eş*) angetraute(r) Mann, angetraute Frau **helâl süt emmiş** *adj* ehrlich, aufrichtig

hele *konj* ❶ doch; ~ **bak!** schau doch!; ~ **bir dinle!** hör doch mal! ❷ wehe; ~ **çalışmasın, ...** wehe, wenn er nicht arbeitet, ... ❸ ~ **hele!** sieh mal an!; ~ **şimdi hiç olmaz!** nun erst recht nicht!

helecan *s ohne pl* Aufregung; (*yürek çarpıntısı*) Herzklopfen *nt*

helecanlanma *s Verbalsubstantiv zu* **helecanlanmak**

helecanlanmak *vi* sich aufregen; (*çarpıntısı tutmak*) Herzklopfen bekommen

hele hele *interj* ~, **söyle daha neler olmuş!** sag doch mal, was noch passiert ist!

H

Helen *s* Helene *m*

Helenist *s* Helenist *m*

Helenistik <-ği> *s ohne pl* Helenistik *f*

Helenizm *s ohne pl* Helenismus *m*

helezon *s* Spirale *f*

helezonî *adj* spiralig, spiralförmig

helezonlaşma *s Verbalsubstantiv zu* **helezonlaşmak**

helezonlaşmak *vi* sich schlängeln, sich winden; **bir yılan gibi** ~ sich schlängeln wie eine Schlange

helezonlu *adj* spiralig, spiralförmig

helikopter *s* Hubschrauber *m*

helis *s* Spirale *f* **helisel** *adj* spiralförmig

helme *s ohne pl* GASTR Schleim *m*

helmintoloji *s ohne pl* ZOOL (*kurt bilimi*) Helminthologie *f*

helva *s* Halwa *nt,* türkischer Honig

helvacı kökü *s* BOT Seifenkraut *nt; s. a.* **çöven**

helyodor *s* Heliodor *m*

helyograf *s* ASTRON, METEO Heliograph *m*

helyoterapi *s* MED Heliotherapie *f*

helyum *s ohne pl* CHEM Helium *nt*

hem *adv* ❶ (*zaten*) übrigens; (*bir de*) noch dazu; ~ **de** und noch dazu; ~ **de nasıl** und wie; ~ **...** ~ **de ...** sowohl ... als auch ...; ~ **yalnız bu değil** und nicht nur das ❷ und zwar; **güzel,** ~ **pek güzel!** schön, und zwar sehr schön!

hematit *s* GEO Hämatit *m*

hematom *s* MED Bluterguss *m*

hemcins *adj* gleichartig

hemen *adv* ❶ sofort, umgehend; (*şimdi*) gleich; ~ **geliyorum** ich komme sofort [*o* gleich]; **ondan** ~ **sonra** unmittelbar [*o* gleich] danach; ~ **köşe başında oturuyor** er wohnt gleich um die Ecke; **evin** ~ **önünde** direkt vor dem Haus ❷ (*aşağı yukarı*) annähernd

hemencecik *adv* sofort, auf Anhieb

hemen hemen *adv* ❶ beinahe, fast; (*fam*) so gut wie, praktisch; ~ **hiç** kaum; (*fam*) so gut wie nichts; ~ **hiçbir şey olmadı** es ist kaum etw passiert; (*fam*) so gut wie nichts ist passiert ❷ nahezu

hemfikir <-kri> *adj* einig; ~ **olmak** sich einig sein/werden; (*aynı görüşte olmak*) der gleichen Ansicht [*o* Meinung] sein, einer Meinung sein; (*oydaş olmak*) übereinstimmen; **bir şeyde** ~ **olmak** sich über etw einig sein/werden

hemhudut <-du> *adj s.* **sınırdaş** angrenzend

hemofil *s* MED Bluter(in) *m(f)*

hemofili *s ohne pl* MED Hämophilie *f,* Bluterkrankheit *f*

hemoglobin *s ohne pl* BIOL Hämoglobin *nt,* Blutfarbstoff *m*

hemoroit <-di> *s* MED (*basur*) Hämorriden *pl*

hempa *s* (*pej*) Handlanger *m*

hemşehri *s* Landsmann, -männin *m, f*

hemşire *s* ❶ Krankenschwester *f* ❷ (*kız kardeş*) Schwester *f*

hemşirezade *s* Neffe *m* (*Sohn der Schwester*)

hemzemin geçit <-di> *s* EISENB Bahnübergang *m;* **bariyerli/bariyersiz** ~ beschrankter/unbeschrankter Bahnübergang **hemzemin geçit bariyeri** *s* EISENB Bahnschranke *f*

hendek <-ği> *s* Graben *m*

hendese *s* (*geometri*) Geometrie *f*

hendesî *adj* (*geometrik*) geometrisch

hengâm *s ohne pl,* **hengâme** *s ohne pl* Getümmel *nt;* (*gürültü*) Lärm *m*

hentbol *s ohne pl* SPORT Handball *m*

hentbolcu *s* SPORT Handballer *m*

henüz *adv* ❶ (*olumlu cümlede*) gerade, eben; (*az önce*) vorhin; ~ **geldim** ich bin gerade [*o* eben] gekommen; ~ **birkaç günlüktü** er war erst wenige Tage alt ❷ (*olumsuz cümlede*) noch; ~ **başlamadı** es hat noch nicht angefangen; **cevabı** ~ **verilmedi** die Antwort steht noch aus; **bunu yaptığımda** ~ **bir çocuktum** als ich das machte, war ich noch ein Kind

hep **I.** *adv* ❶ alle; ~ **beraber/birden** alle zusammen/auf einmal ❷ allesamt; ~ **birlikte ayağa kalktık** wir standen allesamt auf ❸ (*her zaman*) immer; ~ **aynı nakarat** (*fig fam*) es ist immer dieselbe Leier; ~ **seni düşünüyorum** ich denke immer an dich ❹ **ya** ~ **ya hiç** entweder ganz oder gar nicht **II.** *s* ~**imiz** wir alle; ~**sini istiyorum** ich möchte sie alle haben; *s. a.* **hepsi**

hepatit *s* MED Hepatitis *f*
hepatoloji *s ohne pl* MED Hepatologie *f*
hep birden *adv* allesamt, alle zusammen
hepçil **I.** *s* BIOL, ZOOL Allesfresser *m,* Pantophage *m* **II.** *adj* BIOL, ZOOL allesfressend, pantophag
hepimiz *s.* **hep** wir alle
hepiniz *s.* **hep** ihr alle, Sie alle; ~ **iyi akşamlar!** guten Abend allerseits!
hepsi <-ni> *pron* ❶ alle(r, s); ~ **bu kadar mı?** ist das alles?; ~ **iyi** allen geht es gut; **kardeşlerimin** ~ **benden büyük** alle meine Geschwister sind älter als ich ❷ (*-in* ~) sämtlich; **üyelerin** ~ **gelmişti** die Mitglieder waren sämtlich erschienen **hepsi hepsi** *adv* alles in allem
hepten *adv* REG (*tamamıyla, büsbütün*) völlig
hepyek *s* (*tavlada*) Einser Pasch *m*
her *adj* ❶ jede(r, s); ~ **akşam/gün** jeden Abend/Tag; ~ **bakımdan** in jeder Hinsicht [*o* Beziehung]; ~ **insan** jeder Mensch; ~ **an gelebilir** er kann jeden Moment kommen; ~ **bahse girerim** ich gehe jede Wette ein; ~ **nasılsa** irgendwie, wie auch immer; ~ **nedense** aus irgendeinem Grund; ~ **ne kadar çok gayret ettiyse de ...** so sehr sie sich auch bemühte ...; ~ **ne kadar dostumsa da, ...** wenn er auch mein Freund ist, ...; ~ **ne kadar hoşuma gitmese de, ...** wenngleich es mir nicht gefällt, ...; ~ **ne kadar küçük olsalar da** seien sie auch noch so klein; ~ **ne kadar yağmur yağsa da sokağa çıkarım** obwohl es regnet, gehe ich aus; ~ **ne pahasına olursa olsun** koste es, was es wolle, um jeden Preis ❷ ~ **şey yolunda giderse ...** wenn alles gut geht, ...; ~ **şeyden çok** am allermeisten; ~ **şeyden önce** vor allen Dingen, zuallererst, vor allem; ~ **şeyi var** er hat alles ❸ ~ **tarafta/yanda** überall; ~ **taraftan/yandan** von allen Seiten, allseitig; ~ **yerde** überall; ~ **yerden** überallher; ~ **yere** überallhin; **Türkiye'nin** ~ **yerinde** überall in der Türkei ❹ ~ **ihtimale karşı** gegen alle Eventualitäten, für alle Fälle **her akşamki** *adj* allabendlich **her biri** *pron* ~ **bir milyon liradan 10 tane** 10 Stück à [*o* zu je] eine Million Lira
hercai [herdʒaːiː] *adj* (*pej*) ❶ wankelmütig; (*gelgeç*) unbeständig ❷ (*vefasız*) untreu
hercailik <-ği> *s ohne pl* Wankelmut *m,* Wankelmütigkeit *f*
hercai menekşe *s* BOT Stiefmütterchen *nt*
hercümerç *adv* durcheinander; ~ **etmek** durcheinanderbringen; (*altüst etmek*) auf den Kopf stellen
her daim *adv* immer **her derde deva** *s* Allheilmittel *nt*
herek <-ği> *s* Spalier *nt*
her gün *adv* täglich, jeden Tag, tagaus, tagein; ~ **saçlarımı yıkarım** ich wasche mir täglich die Haare **her günkü** *adj* alltäglich **her hâlde** *adv* ❶ (*büyük bir ihtimalle*) mit großer Wahrscheinlichkeit, höchstwahrscheinlich, aller Wahrscheinlichkeit nach ❷ (*her durumda*) auf jeden Fall; (*mutlaka*) unbedingt; ~ **gelmelisiniz** Sie müssen unbedingt kommen
herhangi *adj* irgend **herhangi bir** *adj* irgendeine(r, s), irgendwelche; ~ **sorunun olursa ...** solltest du irgendwelche Probleme haben ... **herhangi biri** *pron* irgendeine(r, s), irgendjemand, irgendwer; ~ **gelsin** irgendeiner soll kommen
herif *s* ❶ (*fig, pej*) Kerl *m* ❷ (*fam: adam*) Mensch *m*
herifçioğlu *s* (*pej*) Lümmel *m,* Kerl *m*
herkes *s* ❶ jeder ❷ ~ **birden** alle auf einmal; ~ **in gözü önünde** vor aller Augen; **orada bulunan** ~ alle, die dort sind
her türlü *adj* allerlei
hertz *s* PHYS Hertz *nt*
her yerdelik <-ği> *s ohne pl* Allgegenwart *f* **her zaman** *adv* immer; ~ **olduğu gibi** wie immer; ~ **ki gibi** wie immer
hesabı *s poss von* **hesap**
hesap <-bı> *s* ❶ Konto *nt;* ~ **açmak** ein Konto eröffnen; **bankada hesabı olmak** ein Konto bei der Bank haben ❷ Kalkulation *f;* **hesaba katmak** einkalkulieren; **benim hesabıma göre** nach meiner Kalkulation ❸ Rechnung *f;* **hesabı görmek/temizlemek** die Rechnung bezahlen/begleichen ❹ Rechenschaft *f;* **birinden bir şeyin hesabını sormak** jdn für etw zur Rechenschaft ziehen; **bir şeyin hesabını vermek** über etw Rechenschaft ablegen ❺ Berechnung *f;* **benim hesabıma göre** nach meiner Berechnung **hesap cetveli** *s* MATH Rechenschieber *m* **hesap cüzdanı** *s* FIN Sparkassenbuch *nt* **hesap dökümü** *s s.* **hesap özeti** Kontoauszug *m* **hesap durumu** *s* Kontostand *m* **hesap günü** *s* REL (*kıyamet günü*) der Jüngste Tag
hesaplama *s* ❶ *Verbalsubstantiv zu* **hesaplamak** ❷ Berechnung *f*
hesaplamak *vt* ❶ ausrechnen, berechnen ❷ (*fig*) rechnen, kalkulieren; **bunu hesaplamamıştım** damit hatte ich nicht gerechnet
hesaplaşma *s* ❶ *Verbalsubstantiv zu* **hesaplaşmak** ❷ Abrechnung *f* ❸ (*geçmişle* ~) Bewältigung *f*
hesaplaşmak *vi* abrechnen

H

hesaplı *adj* sparsam; **çok ~ olmak** ein kühler Rechner sein **hesaplı orun** *s* Economyklasse *f*
hesap numarası *s* FIN Kontonummer *f* **hesap özeti** *s* FIN Kontoauszug *m* **hesap sahibi** *s* FIN Kontoinhaber(in) *m(f)*
heterodoks *adj* heterodox
heterojen *adj* CHEM heterogen
heteroseksüel *adj* heterosexuell
heterotrof *adj* BIOL heterotroph
heterotrofi *s ohne pl* BIOL Heterotrophie *f*
heves *s* ❶ Lust *f;* **~i kalmamak** keine Lust mehr haben, die Lust verlieren; **~in var mı?** hast du Lust?; **buna ~im yok** ich habe keine Lust dazu; **pek ~im yok** ich habe keine rechte Lust ❷ (*istek*) Wunsch *m* ❸ (*eğilim*) Neigung *f,* Hang *m,* Vorliebe *f*
heveslendirme *s Verbalsubstantiv zu* **heveslendirmek**
heveslendirmek *vt* animieren (**-e** zu)
heveslenme *s Verbalsubstantiv zu* **heveslenmek**
heveslenmek *vi* Lust verspüren (**-e** zu); (*eğilim duymak*) Neigung verspüren (**-e** zu), tendieren (**-e** zu), neigen (**-e** zu)
hevesli *adj* **gitmeye çok ~yim** ich habe große Lust zu gehen
heveslilik <-ği> *s ohne pl* Lust *f*
hevessiz *adj* lustlos, abgeneigt
hevessizlik <-ği> *s ohne pl* Unlust *f,* Lustlosigkeit *f*
heybe *s* Satteltasche *f*
heybetli *adj* ❶ imposant ❷ (*ulu*) erhaben
heyecan *s ohne pl* ❶ Aufregung *f,* Erregung *f;* **~a düşürmek** in Aufregung bringen; **~a kapılmak** in Aufregung geraten ❷ (*coşku*) Begeisterung *f;* **~ duymak** Begeisterung empfinden; **~a kapılmak** in Begeisterung geraten
heyecanlandırma *s Verbalsubstantiv zu* **heyecanlandırmak**
heyecanlandırmak *vt* ❶ aufregen, erregen ❷ begeistern
heyecanlanma *s Verbalsubstantiv zu* **heyecanlanmak**
heyecanlanmak *vi* sich aufregen
heyecanlı *adj* ❶ aufregend, spannend ❷ aufgeregt, erregt ❸ begeistert
heyelân *s* Bergrutsch *m;* (*toprak kayması*) Erdrutsch *m*
heyet *s* Rat *m;* (*hakem ~i*) Gremium *nt*
heyhat *interj* leider Gottes
heyhey *s* Koller *m;* **~leri tutmak** einen Koller kriegen
heykel *s* Statue *f*
heykeltıraş *s* Bildhauer(in) *m(f)*
heykeltıraşlık <-ğı> *s ohne pl* Bildhauerei *f*
hezaran örgü *s ohne pl* Rattan *nt,* Peddigrohr *nt*
hezaren[1] *s* BOT Rittersporn *m*
hezaren[2] *s s.* **bambu** Bambus *m*
hezeyan *s* ❶ MED, PSYCH (*sabuklanma*) Delirium *nt;* **~ etmek** (*sabuklanmak*) fantasieren ❷ **~ etmek** (*saçmalamak*) spinnen, Unsinn reden
hezimet [hezi:-] *s* Schlappe *f;* (*yenilgi*) Niederlage *f;* (*büyük bir yenilgi*) eine empfindliche Schlappe; **seçimlerde ~e uğramak** bei den Wahlen eine empfindliche Schlappe einstecken
hıçkırık <-ğı> *s* ❶ Schluckauf *m;* **~ tutmak** einen Schluckauf bekommen ❷ (*ağlarken*) Schluchzer *m*
hıçkırma *s* ❶ *Verbalsubstantiv zu* **hıçkırmak** ❷ Schluchzer *m*
hıçkırmak *vi* ❶ schlucksen ❷ (*ağlamak*) schluchzen
hıfız <-fzı> *s ohne pl* (*saklama*) Aufbewahrung *f*
hıfzetme *s* ❶ *Verbalsubstantiv zu* **hıfzetmek** ❷ Aufbewahrung *f*
hıfzetmek <-der> *vt* ❶ (*saklamak*) aufbewahren ❷ (*akılda tutmak*) behalten, sich merken ❸ (*ezberlemek*) auswendig lernen
hıfzı *s poss von* **hıfız**
hıfzısıhha *s ohne pl* MED Hygiene *f*
hık *s* **~ demiş birinin burnundan düşmüş olmak** (*fig*) jdm wie aus dem Gesicht geschnitten sein; **~ tutmak** hicksen *fam;* (*hıçkırık tutmak*) einen Schluckauf bekommen **hık mık** *s* **~ etmek** Ausreden suchen; (*belirsiz cevaplar vermek*) ausweichen, Ausflüchte machen
hım *interj* hm
hımbıl *adj* träge, schwerfällig; **aklı ~ olmak** schwerfälligen Geistes sein
hımbıllaşma *s Verbalsubstantiv zu* **hımbıllaşmak**
hımbıllaşmak *vi* träge werden, schwerfällig werden
hımbıllık <-ğı> *s ohne pl* Trägheit *f,* Schwerfälligkeit *f*
hımhım *adj* näselnd, nasalierend; **~ konuşmak** durch die Nase sprechen, nasalieren
hınç <-cı> *s ohne pl* Rachsucht *f;* **~ [o hıncını] almak** sich rächen (**-den** an); **hıncını çıkarmak** seine Wut auslassen (**-den** an)
hınçlı *adj* rachsüchtig; (*öfkeli*) wütend
hınk *s s.* **hık**
hınzır *s* (*fam: domuz*) Schwein *nt*
hır *s ohne pl* (*pej fam*) Stunk *m;* **~ çıkarmak** Stunk machen
hırbo *s* (*pej fam*) Armleuchter *m;* (*salak*) Dussel *m*
hırboluk <-ğu> *s* Dusseligkeit *f*

hırçın *adj* ❶ jähzornig ❷ widerspenstig ❸ (*tiz*) schrill
hırçınlaşma *s* ❶ *Verbalsubstantiv zu* **hırçınlaşmak** ❷ Jähzorn *m*
hırçınlaşmak *vi* jähzornig werden
hırçınlık <-ğı> *s* ❶ Jähzorn *m* ❷ Widerspenstigkeit *f*
hırdavat *pl* ❶ Eisenwaren *pl* ❷ (*fam*) Krimskrams *m;* (*gereksiz eşya*) Kram *m,* Schrott *m*
hırdavatçı *s* Eisenwarenhändler(in) *m(f)*
hırdavatçılık <-ğı> *s ohne pl* Eisenwarenhandel *m*
hırgür *s* Radau *m;* (*kavga*) Streit *m;* ~ **çıkarmak** Streit anfangen
hırıldama *s Verbalsubstantiv zu* **hırıldamak**
hırıldamak *vi* röcheln
hırızma *s* Nasenring *m*
hırka *s* ❶ Strickjacke *f* ❷ Joppe *f* (*Gewand der Derwische*)
hırlama *s Verbalsubstantiv zu* **hırlamak**
hırlamak *vi* knurren; **birine** ~ jdn anknurren
hırpalama *s Verbalsubstantiv zu* **hırpalamak**
hırpalamak *vt* malträtieren, traktieren; **birini fena hâlde** ~ jdn übel zurichten
hırpani [--:-:] *adj* zerlumpt
hırs *s* ❶ Ehrgeiz *m* ❷ (*para* ~ *ı*) Gier *f;* (*şöhret* ~ *ı*) Begier *f,* Begierde *f* ❸ (*öfke*) Wut *f*
hırsız *s* Dieb(in) *m(f)* **hırsız anahtarı** *s s.* **maymuncuk** Dietrich *m* **hırsız feneri** *s* Blendlaterne *f*
hırsızlama I. *adj* gestohlen, Diebes- **II.** *adv* (*gizlice*) heimlich **hırsızlama eşya** *s* Diebesgut *nt*
hırsızlık <-ğı> *s* Diebstahl *m*
hırslandırma *s Verbalsubstantiv zu* **hırslandırmak**
hırslandırmak *vt* in Wut bringen
hırslanma *s Verbalsubstantiv zu* **hırslanmak**
hırslanmak *vi* in Wut geraten
hırslı *adj* ❶ ehrgeizig, ambitioniert ❷ (*öfkeli*) wütend
hırt *adj,* **hırtapoz** *adj* (*pej fam*) dämlich
hırtapozluk <-ğu> *s* Dämlichkeit *f*
Hırvat I. *s* Kroate, Kroatin *m, f* **II.** *adj* kroatisch; ~ **dili** die kroatische Sprache
Hırvatça *s* (das) Kroatisch(e)
Hırvatistan *s* Kroatien *nt*
hısım *s* Verwandte(r) *f(m);* ~ **akraba** die ganze Verwandtschaft
hısımlık <-ğı> *s* Verwandtschaft *f*
hışım <-şmı> *s ohne pl* Rage *f,* Wut *f;* (*kızgınlık*) Ärger *m*
hışımlanma *s Verbalsubstantiv zu* **hışımlanmak**
hışımlanmak *vi* in Rage kommen
hışırdama *s Verbalsubstantiv zu* **hışırdamak**
hışırdamak *vi* (*kâğıt*) knistern; (*yapraklar*) rauschen
hışmı *s poss von* **hışım**
hıyaban *s* Allee *f*
hıyanet *s ohne pl* ❶ (*ihanet*) Verrat *m* ❷ (*kutsal sayılan şeylere el uzatma*) Sakrileg *nt* ❸ (*vefasızlık*) Treulosigkeit *f;* (*aldatma*) Betrug *m;* (*güveni kötüye kullanma*) Untreue *f*
hıyar[1] *s* ❶ BOT (*Cucumis sativus*) Gurke *f* ❷ GASTR (*salatalık*) Gurke *f,* Salatgurke *f,* Schlangengurke *f* ❸ (*pej*) Prolet *m;* (*budala*) Tölpel *m*
hıyar[2] *s* JUR Option *f*
hıyarağa *s,* **hıyarağası** *s* (*pej*) Prolet *m;* (*yontulmamış*) Grobian *m*
hıyarcık <-ğı> *s ohne pl* MED Bubo *m*
hıyarcıklı veba *s ohne pl* MED Beulenpest *f*
hıyar salatası *s* GASTR Gurkensalat *m*
hıyarşembe *s* BOT (*Cassia*) Kassie *f*
hız *s ohne pl* ❶ (*çabukluk*) Schnelligkeit *f;* (*sürat*) Geschwindigkeit *f* ❷ PHYS (*sürat*) Geschwindigkeit *f* ❸ ~ **almak** Anlauf nehmen; ~ **alarak atlama** ein Sprung mit Anlauf; ~ **vermek** beschleunigen (**-e**); (*isteklendirmek*) anregen (**-e**) ❹ (*şiddet*) Heftigkeit *f;* ~**ını almak** sich legen; (*yatışmak*) sich beruhigen; **fırtına** ~**ını aldı** der Sturm hat sich ausgetobt; **yağmur şimdi** ~**ını daha da arttırmıştı** jetzt wurde der Regen noch heftiger ❺ (*güç*) Kraft *f;* **güneş** ~**ını kaybetti** [*o* **yitirdi**] die Sonne hat ihre Kraft verloren
hızar *s* TECH Sägewerk *nt*
hızır *s* (*fam*) ~ **gibi yetişmek** herbeieilen, als rettender Engel kommen
hızlandırıcı I. *s* Beschleuniger *m* **II.** *adj* beschleunigend
hızlandırma *s* ❶ *Verbalsubstantiv zu* **hızlandırmak** ❷ Beschleunigung *f*
hızlandırmak *vt* beschleunigen
hızlanma *s* ❶ *Verbalsubstantiv zu* **hızlanmak** ❷ Beschleunigung *f*
hızlanmak *vi* (sich) beschleunigen; (*hızı artmak*) schneller werden
hızlı *adj* schnell
hibe *s* ❶ (*bağış*) Spende *f;* ~ **etmek** spenden ❷ (*bağışlama*) Schenkung *f*
hicap <-bı> *s* Scham *f;* ~ **duymak** Scham empfinden; ~ **etmek** sich schämen
hiciv <-cvi> *s s.* **yergi** Satire *f*
hicret *s* ❶ (*göç*) Auswanderung *f;* ~ **etmek** auswandern ❷ (*ohne pl*) REL, HIST Hedschra *f*

H

hicvi *s poss von* **hiciv**
hicviye *s s.* **yergi** Satire *f*
hiç **I.** *adv* ❶ ohne; **~ tereddüt etmeden** ohne zu zögern; **~ yoktan** ohne jeden Grund ❷ nie; **~ orada bulunmadım** ich war nie dort ❸ **~ sözünü etmemek** kein Wort darüber verlieren; (**bu**) **~ yoktan iyi**(**dir**) (das ist) besser als gar nichts ❹ überhaupt, gar; **bir şeye ~ dikkat etmemek** etw überhaupt nicht beachten, auf etw überhaupt nicht aufpassen, etw außer aller Acht lassen; **bugün ~ vaktim yok** heute habe ich überhaupt [*o* gar] keine Zeit; **çocuk tıpkı babasına benziyor — ~ (de) değil!** das Kind sieht genauso aus wie sein Vater — überhaupt nicht!; **ya hep ya ~** entweder ganz oder gar nicht ❺ (*soruda*) jemals; **~ böyle bir şey görülmüş müdür?** hat man jemals so etwas gesehen?; **~ orada bulundunuz mu?** waren Sie jemals dort? ❻ nichts; **ne gördün? — ~** was hast du gesehen? — nichts ❼ (*~ de*) durchaus, absolut; **~ de değil** durchaus [*o* absolut] nicht; **bu ~ de fena değil** das ist gar nicht schlecht; **bu ~ de öyle kolay değil** das ist durchaus [*o* gar] nicht leicht ❽ **benim için ~ fark etmez** (*fam*) mir ist das ganz egal, das macht mir überhaupt nichts aus ❾ **~ değilse** [*o* **olmazsa**] zumindest, wenigstens **II.** *s ohne pl* Nichts *nt;* **o benim gözümde ~tir** in meinen Augen ist er ein Nichts
hiçbir *adj* ❶ **~ sebep yokken** ohne jeden Grund; **~ şey** gar nichts, überhaupt nichts; **~ şey söylemeden** ohne etwas zu sagen; **~ şeyden haberi yok** er hat von nichts eine Ahnung; **~ şeye benzememek** nach nichts aussehen ❷ **~ bahane, ~ kaçamak yolu bulamamak** keine Ausrede, keine Ausflüchte finden können **hiçbir zaman** *adv* nie, niemals, zu keiner Zeit; **ben ~ kahveme şeker almam** ich nehme nie Zucker in den Kaffee
hiççi **I.** *s* PHILOS (*nihilist*) Nihilist(in) *m(f)* **II.** *adj* nihilistisch
hiççilik <-ği> *s ohne pl* PHILOS (*nihilizm*) Nihilismus *m*
hiç kimse *pron* niemand, gar keiner
hiçlik <-ği> *s ohne pl a.* PHILOS (*yokluk*) Nichts *nt*
hiç mi hiç *adv* ganz und gar nicht, keineswegs; **bir şeyden ~ anlamamak** (*fam*) keinen blassen Schimmer von etw haben; **romantik şeylerden ~ hoşlanmaz** romantische Sachen mag er ganz und gar nicht
hiçten **I.** *adj* (*önemsiz*) unbedeutend, unwichtig **II.** *adv* (*yok yere*) für [*o* um] nichts und wieder nichts
hidayet [hida:-] *s ohne pl* REL Rechtgläubigkeit *f;* **~e ermek** den rechten Glauben annehmen; (*İslam dinini kabul etmek*) den Islam annehmen
hiddet *s ohne pl* (*öfke*) Zorn *m;* (*kızgınlık*) Wut *f;* (*fam*) Rage *f;* **~e kapılmak** in Zorn geraten, in Rage kommen; **~ten kudurmak** schäumen vor Wut
hiddetlendirme *s Verbalsubstantiv zu* **hiddetlendirmek**
hiddetlendirmek *vt* wütend machen, in Rage bringen; (*kızdırmak*) ärgern
hiddetlenme *s Verbalsubstantiv zu* **hiddetlenmek**
hiddetlenmek *vi* wütend werden, in Rage kommen; (*kızmak*) sich ärgern
hiddetli *adj* zornig; (*kızgın*) wütend
hidra *s* ZOOL Hydra *f*
hidrat *s* CHEM Hydrat *nt*
hidrodinamik **I.** *s* <-ği> PHYS Hydrodynamik *f* **II.** *adj* PHYS hydrodynamisch
hidroelektrik *adj* PHYS, TECH hydroelektrisch
hidroelektrik santral <-i> *s* hydroelektrisches Kraftwerk, Wasserwerk *nt*
hidrofil *adj* BIOL hydrophil
hidrojen *s ohne pl* CHEM Wasserstoff *m*
hidrojen bombası *s* Wasserstoffbombe *f*, H-Bombe *f*
hidrojeoloji *s ohne pl* Hydrogeologie *f*, Grundwasserkunde *f*
hidrokarbon *s* CHEM (*karbonlu hidrojen*) Kohlenwasserstoff *m*
hidroklorik asit <-di> *s ohne pl* CHEM Salzsäure *f*
hidrolik **I.** *s* <-ği> TECH Hydraulik *f* **II.** *adj* TECH hydraulisch
hidrosiyanik asit <-di> *s ohne pl* CHEM Blausäure *f*
higroskop *s* METEO Hygroskop *nt*
higroskopik *adj* CHEM hygroskopisch
higrostat *s* PHYS Hygrostat *m*
hijyen *s ohne pl* Hygiene *f*
hijyenik *adj* hygienisch
hikâye *s s.* **öykü** Geschichte *f*, Story *f*
hikâye birleşik zamanı *s* LING Plusquamperfekt *nt*
hikâyeci *s* Geschichtenerzähler *m*
hikmet *s* ❶ (*bilgelik*) Weisheit *f* ❷ (*sebep*) Grund *m* ❸ (*özlü söz*) Sentenz *f;* (*vecize*) Sinnspruch *m*
hikmetli *adj* weise
hilaf [hilã:f] *s* ❶ Gegenteil *nt* ❷ REG (*yalan*) Lüge *f;* **~ yok** es ist keine Lüge; **~ olmasın, ...** wenn ich mich nicht irre, ...
hilafet [hilã:fet] *s* HIST (*halifelik*) Kalifat *nt*
hilafsız *adv* (*yalansız*) ungelogen; (*inanıl-*

maz ama gerçek) unglaublich, aber wahr
hilal <-li> [hilâ:l] *s* ❶ (*ayça*) Mondsichel *f* ❷ (*bayrakta*) Halbmond *m* ❸ (*yeni ay*) Neumond *m*
hile [hi:le] *s* ❶ Betrug *m*, Schwindel *m*; (*aldatma*) Täuschung *f*; ~ **yapmak** betrügen, schwindeln; (*aldatmak*) täuschen ❷ (*oyun*) Trick *m*; **birkaç beylik ~si** einige abgedroschene Tricks; **küçük bir ~yle** mit einem kleinen Trick ❸ (*sütte, şarapta*) ~ **yapmak** panschen; **bu sütte/şarapta ~ var** diese Milch/dieser Wein ist gepanscht
hileli *adj* (*iflas*) betrügerisch; (*süt, şarap*) gepanscht
hin *adj* gerissen, durchtrieben; (*kurnaz*) schlau
hindi *s* ❶ ZOOL (*dişi*) Pute *f*, Truthenne *f*; (*erkek*) Truthahn *m*, Puter *m* ❷ (*pej*) dumme Pute; ~ **gibi kabarmak** sich aufplustern
hindiba *s* BOT Endivie *f*
Hindistan *s* Indien *nt* **Hindistan cevizi** *s* ❶ BOT (*Cocos nucifera*) Kokospalme *f* ❷ (*bu ağacın yemişi*) Kokosnuss *f*
Hindolog <-ğu> *s* Indologe, -login *m, f*
Hindoloji *s ohne pl* Indologie *f*
Hindu **I.** *s* Hindu *m* **II.** *adj* hinduistisch
Hinduizm *s ohne pl* Hinduismus *m*
Hindukuş Dağları *pl* Hindukusch *m*
hinlik <-ği> *s ohne pl* Gerissenheit *f*, Durchtriebenheit *f*; (*kurnazlık*) Schlauheit *f*
hinoğlu *s*, **hinoğluhin** *s* (*fam*) Schlawiner *m*, gerissener Hund, durchtriebener Kerl
Hint-Avrupa *adj* indoeuropäisch; ~ **dilleri** indoeuropäische Sprachen
Hint biberi *s* Cayennepfeffer *m* **Hint domuzu** *s* ZOOL (*kobay*) Meerschweinchen *nt*
hinterlant <-dı> *s ohne pl* GEO Hinterland *nt*
Hint kamışı *s* BOT (*bambu*) Bambus *m* **Hint keneviri** *s ohne pl* BOT Cannabis *nt* **Hint kertenkelesi** *s* ZOOL Iguana *f* **Hint kestanesi** *s s.* **at kestanesi** Rosskastanie *f* **Hint kirazı** *s s.* **mango** BOT Mango *f*
Hintli *s* Inder(in) *m(f)*
Hint Okyanusu *s* der Indische Ozean **Hint safranı** *s* GASTR Kurkuma *f*; (*zerdeçal*) Gelbwurz *f* **Hint yağı** *s* Rizinusöl *nt* **Hint yağı ağacı** *s* BOT (*Ricinus communis*) Wunderbaum *m*; (*kene otu*) Rizinus *m*
hiperbol <-lü> *s* MATH Hyperbel *f*
hiperbolik <-ği> *adj* MATH hyperbolisch
hipermetrop <-bu> *adj* MED (*miyop karşıtı*) weitsichtig
hipermetropluk <-ğu> *s ohne pl* MED Weitsichtigkeit *f*
hipertansiyon *s ohne pl* MED Bluthochdruck *m*; ~**u olmak** Bluthochdruck haben, hohen Blutdruck haben
hiphop *s ohne pl* MUS Hip-Hop *m*
hipnoz *s s.* **ipnoz** Hypnose *f*
hipoderm *s ohne pl* ANAT Hypoderm *nt*; (*alt deri*) Unterhaut *f*
hipopotam *s* ZOOL Nilpferd *nt*; *s. a.* **su aygırı**
hipotetik <-ği> *adj* hypothetisch
hipotez *s* Hypothese *f*; *s. a.* **varsayım**
hippi *s* Hippie *m*
his <-ssi> *s* ❶ (*duygu*) Gefühl *nt* ❷ (*duyu*) Sinn *m* ❸ (*sezgi*) Ahnung *f*, Gespür *nt*
hisar *s* Burg *f*, Festung *f*
hisse *s* ❶ (*pay*) Anteil *m*; ~**sini almak** seinen Anteil bekommen ❷ (*fig: ders*) **bir olaydan ~ kapmak** eine Lehre aus einem Ereignis ziehen; **kıssadan ~** die Moral von der Geschichte; **kıssadan ~ almak** [*o* **çıkarmak**] von der Geschichte lernen [*o* eine Lehre ziehen]
hissedar *s* FIN Aktionär(in) *m(f)*
hissedilme *s Verbalsubstantiv zu* **hissedilmek**
hissedilmek *vi* ❶ *pass von* **hissetmek** ❷ **hissedilen sıcaklık** die Hitze, die man fühlt
hisse senedi *s* FIN Aktie *f*
hissetme *s Verbalsubstantiv zu* **hissetmek**
hissetmek *vt* ❶ fühlen ❷ (*sezmek*) spüren
hissettirme *s Verbalsubstantiv zu* **hissettirmek**
hissettirmek *vt Kausativ zu* **hissetmek**: **kendini ~** sich bemerkbar machen
hissi *s poss von* **his**
hissî [hisi:] *adj* emotional, gefühlsbetont
hissikablelvuku <-u> *s s.* **ön sezi** Vorahnung *f*
hissiz *adj s.* **duygusuz** gefühllos
hissizlik <-ği> *s ohne pl s.* **duygusuzluk** Gefühllosigkeit *f*
histamin *s* MED Histamin *nt*
histeri *s* MED, PSYCH (*isteri*) Hysterie *f*; ~ **nöbeti** hysterischer Anfall
histerik <-ği> *adj* (*isterik*) hysterisch
histoloji *s ohne pl* MED Histologie *f*
hit *s* Hit *m*; **şarkısı ~ oldu** sein Schlager wurde zum Hit
hitabe [hita:be] *s s.* **söylev** Ansprache *f*
hitabet [hita:bet] *s* Rede *f* **hitabet sanatı** *s ohne pl* Redekunst *f*
hitap <-bı> *s* Anrede *f*; ~ **etmek** anreden (-e); **birine sen/siz diye ~ etmek** jdn mit Du/mit Sie anreden
Hitit *s* HIST Hethiter *m*

H

hit listesi *s* Hitliste *f*, Hitparade *f*
hiyerarşi *s* Hierarchie *f*
hiyerarşik *adj* hierarchisch
hiza *s* (*göz ~ sı*) Höhe *f*; (*bel ~ sı*) Linie *f*; **~ya gelmek** (*sıra olmak*) eine Reihe bilden, sich aufreihen; (*fam: davranışlarını düzeltmek*) sich zusammennehmen; (*yola gelmek*) zur Vernunft kommen
hizbi *s poss von* **hizip**
hizip <-zbi> *s* (*pej*) Klüngel *m*; (*klik*) Clique *f*
hizipçilik <-ği> *s* (*pej*) Klüngelei *f*
hizipleşme *s* ❶ *Verbalsubstantiv zu* **hizipleşmek** ❷ (*pej*) Klüngelei *f*; (*klikleşme*) Cliquenbildung *f*
hizipleşmek *vi* (*pej*) klüngeln; (*klikleşmek*) Cliquen bilden
hizmet *s* Dienst *m*; **bir kimseye/şeye ~ etmek** jdm/einer Sache dienen; **kamu ~i** öffentlicher Dienst **hizmet akdi** *s* JUR Dienstvertrag *m* **hizmet dışı** *adj* außerdienstlich **hizmet içi** *adj* innerdienstlich
hizmetli *s* Diener(in) *m(f)*
hizmet süresi *s* Dienstzeit *f*
hobi *s* Hobby *nt*
hoca *s* ❶ REL Hodscha *m* ❷ (*öğretmen*) Lehrer(in) *m(f)* ❸ (*akıl ~ sı*) Ratgeber(in) *m(f)*
hodbehot *adv* eigenmächtig
hodbin *adj s.* **bencil** selbstsüchtig, egoistisch
hodpesent *adj s.* **benci** eitel, selbstgefällig
hodri meydan *interj* **~!** (*kendine güvenen ortaya çıksın*) wer sich traut, soll sich zeigen!
hohlama *s Verbalsubstantiv zu* **hohlamak**
hohlamak *vi* hauchen
hokey *s ohne pl* Hockey *nt*
hokka *s* (*mürekkep ~ sı*) Fass *nt*; (*tükürük ~ sı*) Napf *m*; **~ gibi oturmak** (*giysi için*) wie angegossen sitzen
hokkabaz *s* Zauberkünstler(in) *m(f)*
hokkabazlık <-ğı> *s* Zauberei *f*
hol <-ü> *s* Diele *f*, Vorraum *m*
holding *s* WIRTSCH Holding *f*, Holdinggesellschaft *f*
holigan *s* Hooligan *m*
Hollanda **I.** *s* Holland *nt*, Niederlande *f* **II.** *adj* holländisch; **~ hükûmeti** die holländische Regierung **Hollanda kavağı** *s* BOT (*akkavak*) Silberpappel *f*
Hollandalı **I.** *s* Holländer(in) *m(f)*; **Uçan ~** (*opera*) der Fliegende Holländer **II.** *adj* holländisch; **~ turistler** holländische Touristen
homeopat *s* Homöopath(in) *m(f)*
homeopati *s ohne pl* Homöopathie *f*
homeopatik *adj* homöopathisch
homojen *adj* homogen
homojenleştirme *s Verbalsubstantiv zu* **homojenleştirmek**
homojenleştirmek *vt* homogenisieren
homojenlik <-ği> *s ohne pl* Homogenität *f*
homonim **I.** *s* LING Homonym *nt* **II.** *adj* LING homonym
homoseksüalite *s ohne pl s.* **homoseksüellik**
homoseksüel **I.** *s* Homosexuelle(r) *f(m)* **II.** *adj* homosexuell; (*eş cinsel*) gleichgeschlechtlich
homoseksüellik <-ği> *s ohne pl* Homosexualität *f*; (*eş cinsellik*) Gleichgeschlechtlichkeit *f*
homurdanma *s Verbalsubstantiv zu* **homurdanmak**
homurdanmak *vi* ❶ brummen ❷ grunzen
Honduras **I.** *s* Honduras *nt* **II.** *adj* honduranisch; **~ hükûmeti** die honduranische Regierung
Honduraslı **I.** *s* Honduraner(in) *m(f)* **II.** *adj* honduranisch; **~ erkekler/kadınlar** honduranische Männer/Frauen
hop *interj* hopp
hoparlör *s* Lautsprecher *m*
hoplama *s* ❶ *Verbalsubstantiv zu* **hoplamak** ❷ Hüpfer *m*
hoplamak *vi* hüpfen; (*tavşan*) hoppeln
hoppala *interj* hoppla
hopurdatma *s Verbalsubstantiv zu* **hopurdatmak**
hopurdatmak *vt* schlürfen
horlama *s Verbalsubstantiv zu* **horlamak**
horlamak *vi* schnarchen
hormon *s* Hormon *nt* **hormon tedavisi** *s* MED Hormonbehandlung *f*
horoz *s* ❶ Hahn *m*; **~u çok olan köyde sabah geç olur** (*prov*) viele Köche verderben den Brei ❷ (*ateşli silahlarda*) Hahn *m*; **~u çekmek** den Hahn spannen **horoz ağırlık** <-ğı> *s ohne pl* SPORT Bantamgewicht *nt*
horozbina *s* ZOOL Schleimfisch *m*
horoz dövüşü *s* Hahnenkampf *m* **horoz ibiği** *s* Hahnenkamm *m*
horozibiği *s* BOT Fuchsschwanz *m*
horozibiğigiller *pl* BOT Fuchsschwanzgewächse *pl*
horoz mantarı *s* BOT, GASTR Pfifferling *m*
horoz sıklet *s ohne pl* SPORT Bantamgewicht *nt* **horoz vakti** *s* Herrgottsfrühe *f*
horst *s* GEO Horst *m*
hortlak <-ğı> *s* Gespenst *m*, Spuk *m*, Spukgeist *m*
hortlama *s Verbalsubstantiv zu* **hortlamak**
hortlamak *vi* ❶ vom Tode erwachen ❷ (*fig: yeniden ortaya çıkmak*) wiederauf-

tauchen

hortum *s* ❶ ZOOL (*filde, böcekte*) Rüssel *m* ❷ TECH (*boru*) Schlauch *m* ❸ METEO (*siklon*) Windhose *f*

hortumcu *s* (*basın dilinde*) Abzocker(in) *m(f)*

hortum kelepçesi *s* TECH, AUTO Schlauchschelle *f*

hortumlular *pl* ZOOL Rüsseltiere *pl*

horuldama *s Verbalsubstantiv zu* **horuldamak**

horuldamak *vi s.* **horlamak** schnarchen

horul horul *adv* laut schnarchend

hostel *s* Jugendherberge *f*

hostes *s* Hostess *f*

hoş I. *adj* ❶ angenehm, behaglich; **~ bir sıcaklık** eine behagliche Wärme; **dışarıda ~ bir serinlik var** es ist angenehm frisch draußen; **kulağa ~ gelmek** sich gut anhören, angenehm klingen ❷ **~ bir renk** eine ansprechende Farbe ❸ **~ geldin(iz)! — ~ bulduk!** (herzlich) willkommen! — danke schön!; **birine ~ geldin(iz) demek** jdn willkommen heißen ❹ **~ görmek** tolerieren, dulden ❺ **bana göre hava ~** (*fam*) es ist mir (ganz) egal ❻ **birinin bir şey ~una gitmek** jdm gefällt etw, etw behagt jdm; **bu ~una gitmiyormuş gibi yapma!** tu nicht so, als ob dir das nicht gefiele!; **tadı ~uma gitmedi** es schmeckt mir nicht ❼ **gönlünü ~ etmek** erbauen (**-in**); **pek ~ bir manzara değildi** es war ein nicht gerade erbaulicher Anblick II. *interj* (*bununla birlikte*) dennoch

hoşaf *s* GASTR Kaltschale *f;* (*komposto*) Kompott *nt;* **~ gibi(yim)** (*fig*) (ich bin) fix und fertig, (ich bin) ausgepowert; **~ının yağı kesilmek** (*fig*) mit seinem Latein am Ende sein, am Ende seines Lateins sein; **eşek ~tan ne anlar?** (*fig*) Perlen vor die Säue werfen

hoşbeş *s* Begrüßung *f;* **konaktaki ~ merasimi** die Begrüßungszeremonie im Schlösschen; **~ etmek** plaudern

hoşça *adv* angenehm; **~ kal(ın)!** tschüss!

hoşgörü *s ohne pl* Toleranz *f,* Duldsamkeit *f*

hoşgörülü *adj* tolerant, duldsam

hoşgörüsüz *adj* intolerant

hoşgörüsüzlük <-ğü> *s ohne pl* Intoleranz *f*

hoşhoş *s* (*çocuk dilinde*) Wauwau *m*

hoşkuran *s* BOT Fuchsschwanz *m; s. a.* **tilkikuyruğu**

hoşlanma *s ohne pl Verbalsubstantiv zu* **hoşlanmak** Gefallen *nt*

hoşlanmak *vi* gefallen; (*sevmek*) mögen (**-den**); **bir kimseden/şeyden ~** an jdm/etw Gefallen finden, jdn/etw mögen; **ben böyle şeylerden hoşlanmam** mir gefallen solche Dinge [*o* Sachen] nicht, ich mag solche Dinge [*o* Sachen] nicht

hoşlaşma *s ohne pl Verbalsubstantiv zu* **hoşlaşmak**

hoşlaşmak *vi* ❶ (*hoş duruma gelmek*) angenehm werden ❷ REG (*birbirinden hoşlanmak*) sich mögen

hoşnut <-du> *adj* zufrieden (**-den** mit); **birini ~ etmek** jdn zufrieden stellen; **~ olmak** zufrieden sein

hoşnutluk <-ğu> *s* Zufriedenheit *f* (**-den** mit)

hoşnutsuz *adj* unzufrieden (**-den** mit)

hoşnutsuzluk <-ğu> *s* Unzufriedenheit *f* (**-den** mit), Missmut *m,* Missstimmung *f;* **~ getirmek** eine Missstimmung aufkommen lassen

hoşsohbet *adj* gesellig

hoşt *interj* (*köpeği kovmak için*) **~!** husch!

hovarda *s* ❶ (*zevki için para harcayan*) Prasser *m* ❷ (*çapkın*) Schürzenjäger *m* ❸ (*fam*) Freier *m*

hovardaca *adv* verschwenderisch

hovardalık <-ğı> *s* Prasserei *f;* **~ etmek** prassen, verschwenderisch leben

hoverkraft® *s* Luftkissenboot *nt*

hoyrat *adj* rabiat

hozan *s* REG Brache *f,* Brachfeld *nt*

höl *s* (*fam*) ❶ (*yaşlık*) Nässe *f* ❷ (*nem*) Feuchtigkeit *f*

höpürdetme *s Verbalsubstantiv zu* **höpürdetmek**

höpürdetmek *vt* schlürfen

hörgüç <-cü> *s* Höcker *m*

höst *interj* ❶ (*at gibi hayvanları durdurmak için*) **~!** brr! ❷ (*vulg: insana seslenme*) **~!** he da!

Hristiyan I. *s* Christ(in) *m(f)* II. *adj* christlich; **~ âlemi** die christliche Welt; (**Almanya**) **~ Demokrat Partisi** POL Christlich Demokratische Union (Deutschlands), CDU *f;* (**Almanya**) **~ Sosyal Birliği** POL Christlich Soziale Union (Deutschlands), CSU *f*

Hristiyanlaştırma *s* ❶ *Verbalsubstantiv zu* **Hristiyanlaştırmak** ❷ Christianisierung *f*

Hristiyanlaştırmak *vt* christianisieren

Hristiyanlık <-ğı> *s ohne pl* Christentum *nt*

hristo teyeli *s* Kreuznaht *f*

hu *interj* heda

hububat *s* Getreide *nt*

hudut <-du> *s s.* **sınır** Grenze *f*

huğ *s* Schilfhütte *f*

hukuk I. *s ohne pl* ❶ JUR (*tüze*) Recht *nt;*

~a ve hakkaniyete göre nach Recht und Billigkeit ② JUR (*bilim*) Jura; **Hasan ~ okuyor** Hasan studiert Jura ③ JUR (*~ davası, ~ mahkemesi*) Zivil- ④ (*haklar*) Rechte *pl;* **~ umdam vazgeçmem** ich verzichte nicht auf meine Rechte ⑤ (*fig: dostluk*) Freundschaft *f* **II.** *adj* juristisch; **~ fakültesi** die juristische Fakultät **hukuk bilimi** *s ohne pl* Rechtswissenschaft *f,* Jurisprudenz *f*

hukukçu *s* Jurist(in) *m(f);* **ceza ~su** Strafrechtler(in) *m(f)*

hukukçuluk <-ğu> *s ohne pl* (*iron*) Juristerei *f*

hukuk devleti *s* Rechtsstaat *m* **hukuk dili** *s ohne pl* Rechtssprache *f*

hukuken *adv* rechtlich, von Rechts wegen; **bu ~ caiz değildir** das ist rechtlich nicht zulässig

hukuki [huku:ki:] *adj* Rechts-; (*tüzel*) juristisch; **~ açıdan bakıldığında** vom juristischen Blickpunkt aus gesehen; **~ sonuçlar** rechtliche Folgen; **~ veçhe** zivilrechtlicher Aspekt **hukuki dayanak** <-ğı> *s* Rechtsgrundlage *f* **hukuki ilişki** *s* Rechtsverhältnis *nt* **hukuki işlem** *s* Rechtsgeschäft *nt* **hukuki statü** *s* Rechtsstellung *f* **hukuki yol** *s s.* **yargı yolu**

hukuk mahkemesi *s* Zivilgericht *nt*

hukuksal *adj* Rechts-; (*tüzel*) juristisch

hulâsa *s s.* **hülasa**

huligan *s s.* **holigan** Hooligan *m*

hulya *s* ① (*kuruntu*) Illusion *f* ② (*hayal*) Traum *m,* Phantasievorstellung *f;* **~ya dalmak** träumen, sich Phantasievorstellungen hingeben

hulyalar âlemi *s* Traumwelt *f*

humar *s ohne pl* (*içki sersemliği*) Trunkenheit *f;* (*uyku sersemliği*) Schlaftrunkenheit *f*

humbara *s* MIL, HIST Granate *f* **humbara ateşi** *s ohne pl* MIL, HIST Granatfeuer *nt*

humma *s ohne pl* MED ① (*lekeli ~, sarı ~*) Fieber *nt* ② (*sıtma*) Sumpffieber *nt*

hummalı *adj* fieberkrank; (*a. fig*) fieb(e)rig, fieberhaft; **~ çalışma** fieberhafte Betriebsamkeit

humus *s ohne pl* Humus *m*

hun *s s.* **kan** Blut *nt*

hunhar *adj* (*kana susamış*) blutdürstig; (*kan dökücü*) blutrünstig

hunharlık <-ğı> *s* Blutdurst *m*

huni *s* ① Trichter *m* ② REG (*ağızlık*) Mundstück *nt,* Spitze *f*

hunimsi *adj* trichterförmig

hunnak *s* MED (*anjin*) Angina *f*

hura *interj* hurra

hurafe *s* REL Irrglaube(n) *m*

hurç <-cu> *s* (große) Satteltasche *f*

hurda **I.** *s ohne pl* Schrott *m* **II.** *adj* schrottreif

hurdacı *s* Schrotthändler(in) *m(f)*

hurda demir *s ohne pl* Alteisen *nt*

hurdahaş *adj* **bir şeyi ~ etmek** (*fam: kırıp dökmek*) etw zertrümmern, etw kurz und klein hauen, aus etw Kleinholz machen; (*parçalamak*) in seine Bestandteile zerlegen; **~ olmak** (*paramparça olmak*), **sich in seine Bestandteile auflösen** (*fig*) völlig erschöpft sein

hurdalık <-ğı> *s* (*yer*) Schrottplatz *m;* (*yığın*) Schrotthaufen *m*

hurda yığını *s* Schrotthaufen *m*

hurma *s* BOT, GASTR Dattel *f* **hurma ağacı** *s* BOT Dattelpalme *f*

hurra *interj* hurra

husuf *s* ASTRON (*Ay tutulması*) Mondfinsternis *f*

husul <-lü> *s* Entstehung *f;* **~ bulmak** entstehen

husumet [husu:met] *s* ① *a.* JUR Gegnerschaft *f* ② (*düşmanlık*) Feindschaft *f,* Feindseligkeit *f*

husumetkâr [husu:metkãr] *adj* feindselig

husus *s* ① Sache *f* ② (*özellik*) Besonderheit *f,* Eigenschaft *f*

hususi [husu:si:] *adj* (*özel*) privat

hususiyet *s* (*özellik*) Besonderheit *f,* Eigenschaft *f*

husye *s* ANAT (*er bezi*) Hoden *m*

huş *s* BOT Birke *f*

huşu <-u> [huʃu:] *s ohne pl* ① Andacht *f;* **~ içinde dinlemek** mit Andacht zuhören; **~ içinde diz çökmek** in Andacht niederknien ② (*korku ve saygı ile dolu olma*) Ehrfurcht *f* ③ (*alçak gönüllülük*) Demut *f*

hutbe *s* REL Chutba *f;* (*cuma günleri*) Freitagspredigt *f*

hutut *pl s.* **çizgiler** Linien *pl*

huy *s* ① Natur *f* ② (*alışkanlık*) Angewohnheit *f;* **bir şeyi ~ edinmek** sich etw angewöhnen; **can çıkmayınca** [*o* **çıkmadan**] **~ çıkmaz** (*prov*) die Katze lässt das Mausen nicht; **haydan gelen ~a gider** (*prov*) wie gewonnen, so zerronnen

huylanma *s Verbalsubstantiv zu* **huylanmak**

huylanmak *vi* stutzig werden

huylu *adj* ① **iyi ~** gutartig; **kötü ~** bösartig ② (*işkilli*) argwöhnisch; (*kuşkulu*) misstrauisch ③ (*ürkek*) scheu

huysuz *adj* ① zickig ② (*çocuk*) störrisch, bockig

huzme *s* (*demet*) Bündel *m;* (*ışın demeti*) Strahlenbündel *m*

huzmeli *adj* AUTO **kısa ~ far** Abblendlicht *nt;* **kısa huzmeli ~ları yakmak**

abblenden
huzur *s ohne pl* ❶ Ruhe *f;* ~ **içinde ölmek** getrost sterben; **birine ~ vermek** jdn beruhigen; **birinin ~unu kaçırmak** jdm die Ruhe rauben, jdn beunruhigen; **~la** in aller Ruhe, ruhig; **iç ~u** die innere Ruhe ❷ (*bulunma*) Anwesenheit *f,* Gegenwart *f;* **noter ~unda** in Gegenwart eines Notars ❸ (*ön*) **herkesin ~unda** vor allen Leuten
huzur evi *s* Alten(wohn)heim *nt*
huzurlu *adj* ruhig
huzursuz *adj* ruhelos, unruhig; **birini ~ etmek** jdn beunruhigen, jdn aus der Ruhe bringen
huzursuzluk <-ğu> *s* Unruhe *f,* Ruhelosigkeit *f*
hücre *s* Zelle *f* **hücre arası** *adj* BIOL, MED interzellular, interzellulär **hücre bilimi** *s ohne pl* MED Zell(en)lehre *f;* (*sitoloji*) Zytologie *f* **hücre bölünmesi** *s* BIOL Zellteilung *f* **hücre hapsi** *s ohne pl* Einzelhaft *f,* Isolationshaft *f;* ~ **giymiş olmak** in Isolationshaft sein **hücre içi** *adj* BIOL, MED intrazellulär; ~ **asalak** intrazellulärer Parasit **hücre katmanı** *s* BIOL Zellschicht *f* **hücre sitoplazması** *s* BIOL Zellplasma *nt*
hücum **I.** *s* ❶ (*saldırı*) Angriff *m;* ~ **etmek** angreifen; **~a geçmek** zum Angriff übergehen ❷ (*üşüşme*) Ansturm *m,* Run *m* ❸ (*sert eleştiri*) heftige Kritik ❹ SPORT (*gol atmak için*) Sturm *m* **II.** *interj* **~!** vorwärts!
hücumbot *s* MIL Schnellboot *nt*
hücum oyuncusu *s* SPORT Angriffsspieler(in) *m(f)*
hükmen *adv* SPORT (*hakem kararıyla*) durch Schiedsrichterentscheidung
hükmetme *s Verbalsubstantiv zu* **hükmetmek**
hükmetmek <-der> *vi* herrschen (**-e** über)
hükmî *adj s.* **tüzel**: ~ **şahıs** POL (*tüzel kişi*) juristische Person
hükmü *s poss von* **hüküm**
hükûmet *s* POL Regierung *f;* **~i kurmak** die Regierung bilden **hükûmet başkanı** *s* POL Regierungschef(in) *m(f)* **hükûmet kapısı** *s* Regierungsstelle *f* **hükûmet merkezi** *s* Regierungssitz *m* **hükûmet sözcüsü** *s* POL Regierungssprecher(in) *m(f)*
hüküm <-kmü> *s* ❶ Urteil *nt;* **birine ~ giydirmek** jdn aburteilen; ~ **yemek** verurteilt werden ❷ (*yasa hükmü*) Vorschrift *f,* Bestimmung *f;* **uygulanabilir bir ~** eine anwendbare Vorschrift
hükümdar *s* Herrscher(in) *m(f),* Regent(in) *m(f)*
hükümdarlık <-ğı> *s* Herrschaft *f,* Regentschaft *f*
hükümet *s s.* **hükûmet**
hükümlü *s* Strafgefangene(r) *f(m),* Sträfling *m,* Verurteilte(r) *f(m)*
hülasa [hylãːsa] **I.** *s* ❶ (*özet*) Zusammenfassung *f,* Resümee *nt;* ~ **etmek** zusammenfassen ❷ CHEM (*öz*) Extrakt *m o nt,* Auszug *m* **II.** *adv* zusammenfassend; (*kısacası*) kurz und gut, kurzum
hülasaten *adv* (*özet olarak*) zusammenfassend
hümanizm *s ohne pl,* **hümanizma** *s ohne pl* Humanismus *m*
hüner *s* ❶ Kunststück *nt* ❷ (*ohne pl*) Kunstfertigkeit *f*
hünerli *adj* kunstfertig
hüngür hüngür *adv* ~ **ağlamak** bitterlich weinen
hünkârbeğendi *s* GASTR *Auberginenpüree, mit Fleisch und Tomatenmark obendrauf*
hünnap <-bı> *s* ❶ BOT (*Zizyphus jujuba*) Judendorn *m,* Jujube *f* ❷ (*meyvesi*) Brustbeere *f,* Jujube *f*
hünsa *s* BIOL, MED (*er dişi*) Zwitter *m,* Hermaphrodit *m*
hür *adj s.* **özgür** frei
hürlük <-ğü> *s* Freiheit *f*
hürmet *s ohne pl s.* **saygı** Respekt *m* (**-e** vor), Achtung *f* (**-e** vor)
hürmetsiz *adj s.* **saygısız** respektlos
hürmetsizlik <-ği> *s s.* **saygısızlık** Respektlosigkeit *f*
hürriyet *s s.* **özgürlük** Freiheit *f*
hürriyeti bağlayıcı ceza *s* JUR Freiheitsstrafe *f*
hür teşebbüs *s* WIRTSCH (*özel girişim*) Privatunternehmen *nt*
hürya *adv* alle auf einmal; ~ **dışarı çıkmak** sich hinausstürzen; ~ **içeri girmek** sich hineinstürzen
hüsnühâl kâğıdı *s s.* **iyi hâl belgesi** Führungszeugnis *nt*
hüsnüyusuf *s* BOT Bartnelke *f*
hüthüt *s* ZOOL Wiedehopf *m; s. a.* **çavuş kuşu**
hüviyet *s* ❶ (*kimlik*) Identität *f* ❷ (*fam: belge*) Ausweis *m,* Personalausweis *m;* **~ini göstermek** den Ausweis zeigen, sich ausweisen **hüviyet cüzdanı** *s s.* **kimlik belgesi** Personalausweis *m*
hüzün *s ohne pl* ❶ (*iç kapanıklığı*) Schwermut *f,* Trübsinn *m;* (*gönül üzgünlüğü*) Trübsal *f;* **içine ~ çökmek** in Trübsinn verfallen ❷ (*keder*) Traurigkeit *f*
hüzünlü *s* ❶ schwermütig, trübsinnig, trübselig ❷ traurig; ~ **veda** ein trauriger Abschied

H

I ı

I, ı *s 11. Buchstabe des türk. Alphabets*
ıhlamur *s* ❶ BOT (*Tilia*) Linde *f* ❷ (*~ çayı*) Lindenblütentee *m* **ıhlamur ağacı** *s* Lindenbaum *m* **ıhlamur çayı** *s* Lindenblütentee *m*
ıkınma *s Verbalsubstantiv zu* **ıkınmak**
ıkınmak *vi* (*doğumda*) pressen
ılgım *s* Fata Morgana *f*
ılgın *s* BOT Tamariske *f*
ılgıncar *s* BOT (*kuş kirazı*) Vogelkirsche *f*
ılıca *s* Kurort *m;* (*hamam*) Thermalbad *nt,* Heilbad *nt,* heiße Quelle; **kükürtlü ~** schwefelhaltige Heilquelle
ılıcalar *pl* heiße Quellen
ılıca oteli *s* Kurhaus *nt*
ılık *adj* lau
ılıman *adj* mild
ılımlı *adj* gemäßigt
ımızganma *s Verbalsubstantiv zu* **ımızganmak**
ımızganmak *vi* REG ❶ (*uyuklamak*) eindösen, eindämmern ❷ (*kararıp söner gibi olmak*) eindämmern
-ınca <-ince, -unca, -ünce> *Suffix* ❶ wenn; **bana gelince bunu söylersin** wenn du zu mir kommst, kannst du das machen ❷ als; **köpegi görünce korktu** als er den Hund sah, bekam er Angst ❸ nach, nachdem; **evlenince uslandı** nachdem er heiratete, wurde er vernünftiger ❹ sobald; **paketi alınca haber veriniz** sobald Sie das Päckchen bekommen, geben Sie Bescheid
ıra *s* Charakter *m*
ırak *adj s.* **uzak** fern; **gözden ~ olan gönülden de ~ olur** (*prov*) aus den Augen, aus dem Sinn
Irak I. *s* Irak *m* **II.** *adj* irakisch; **~ hükûmeti** die irakische Regierung
ırakgörür *s* ❶ (*dürbün*) Fernglas *nt* ❷ (*teleskop*) Teleskop *nt*
ıraklaşma *s Verbalsubstantiv zu* **ıraklaşmak**
ıraklaşmak *vi* sich entfernen (**-den** von)
Iraklı I. *s* Iraker(in) *m(f)* **II.** *adj* irakisch; **~ bir kadın** eine irakische Frau
ıraklık <-ğı> *s* Entfernung *f,* Weite *f*
ıraksak *adj* PHYS, MATH (*yakınsak karşıtı*) divergent; **~ çizgiler/ışınlar** divergente Linien/Strahlen **ıraksak mercek** *s* PHYS Zerstreuungslinse *f*
ıraksama *s* ❶ *Verbalsubstantiv zu* **ıraksamak** ❷ PHYS Divergenz *f,* Zerstreuung *f*
ıraksamak I. *vt* **bir şeyi ~** etw für unwahrscheinlich halten **II.** *vi* PHYS, MATH divergieren
ıralama *s* ❶ *Verbalsubstantiv zu* **ıralamak** ❷ Charakterisierung *f*
ıralamak *vt* kennzeichnen; (*karakterize etmek*) charakterisieren
ırama *s Verbalsubstantiv zu* **ıramak**
ıramak *vi* REG (*uzaklaşmak*) sich entfernen (**-den** von)
ırgalama *s Verbalsubstantiv zu* **ırgalamak**
ırgalamak *vt* ❶ (*sarsmak*) erschüttern ❷ (*fam: ilgilendirmek*) interessieren, angehen; **bu beni ırgalamaz** das interessiert mich nicht, das geht mich nicht an
ırgat *s* (*yapı işçisi*) Bauarbeiter(in) *m(f)*
ırgatbaşı *s* Vorarbeiter *m;* (*fam*) Kapo *m* SÜDD
ırk *s* ❶ Rasse *f;* **beyaz/sarı/siyah ~** die weiße/gelbe/schwarze Rasse ❷ BIOL Rasse *f;* (*alt tür*) Unterart *f* **ırk ayrımı** *s* Rassendiskriminierung *f*
ırkçı I. *s* Rassist(in) *m(f)* **II.** *adj* rassistisch
ırkçılık <-ğı> *s ohne pl* Rassismus *m*
ırk düşmanlığı *s ohne pl* Rassenhass *m*
ırkiyat *s ohne pl* (*budun bilimi*) Völkerkunde *f;* (*etnoloji*) Ethnologie *f*
ırkî *adj* rassisch
ırksal *adj* (*ırkî*) rassisch
ırk sorunu *s* Rassenfrage *f*
ırmak <-ğı> *s* Fluss *m* **ırmak ağzı** *s* Flussmündung *f*
ırz *s ohne pl* (*iffet*) Keuschheit *f;* **birinin ~ına geçmek** jdn vergewaltigen; **birinin ~ını bozmak** jdn deflorieren [*o* entjungfern] **ırz düşmanı** *s* Triebverbrecher *m*
ısı *s ohne pl* ❶ *a.* PHYS Wärme *f;* **~yı dışarı iletmek** die Wärme abstrahlen ❷ (*~ kalkanı*) Hitze *f* ❸ Temperatur *f*
ısıalan *adj* PHYS, CHEM (*ısıveren karşıtı*) Wärme aufnehmend; (*endotermik*) endotherm; **~ tepkimeler** endotherme Reaktionen
ısı birimi *s* Wärmeeinheit *f*
ısıdenetir *s* TECH (*termostat*) Thermostat *m*
ısı depolanması *s* Wärmestauung *f* **ısı kalkanı** *s* Hitzeschild *m* **ısı kaynağı** *s* Wärmequelle *f*
ısıl *adj* Wärme-; (*termik*) thermisch **ısıl genleşme** *s* PHYS Wärmeausdehnung *f*
ısınma *s* ❶ *Verbalsubstantiv zu* **ısınmak** ❷ Erwärmung *f* **ısınma giderleri** *pl* Heizkosten *pl*
ısınmak *vi* ❶ warm werden, sich erwär-

men; **hava ısınıyor** es wird warm ② (*fig*) sich erwärmen (**-e** für) ③ SPORT sich aufwärmen

ısınma koşusu *s* SPORT Warmlaufen *nt*

ısırgan I. *s* BOT Brennnessel *f* **II.** *adj* bissig

ısırgın *s s.* **isilik** Friesel *m o nt,* Hitzebläschen *pl;* (*terlemekten*) Schweißbläschen *pl*

ısırıcı *adj* ① bissig ② beißend

ısırık <-ğı> *s* Biss *m,* Bisswunde *f*

ısırımlık <-ğı> *s* Bissen *m*

ısırma *s* ① *Verbalsubstantiv zu* **ısırmak** ② Biss *m*

ısırmak *vt* ① beißen; **ürüyen köpek ısırmaz** (*prov*) Hunde, die bellen, beißen nicht ② abbeißen ③ **gözü ~** (*fig*) bekannt vorkommen; **onu bir yerden gözüm ısırıyor** (*fig*) er kommt mir irgendwie bekannt vor

ısırtma *s Verbalsubstantiv zu* **ısırtmak**

ısırtmak *vt Kausativ zu* **ısırmak**

ısıtma *s ohne pl* ① *Verbalsubstantiv zu* **ısıtmak** ② Heizung *f* ③ Erwärmung *f;* **~ yoluyla metal genleşir** Metall dehnt sich durch Erwärmung aus

ısıtmak I. *vt* ① beheizen; **odayı ~** das Zimmer heizen ② erwärmen ③ *a.* GASTR aufwärmen; **temcit pilavı gibi ısıtıp ısıtıp öne sürmek** (*fig*) alte Geschichten immer wieder aufwärmen **II.** *vi* heizen; **gazla ~** mit Gas heizen

ısıveren *adj* PHYS, CHEM (*ısıalan karşıtı*) Wärme abgebend; (*ekzotermik*) exotherm; **~ tepkimeler** exotherme Reaktionen

ısı yalıtımı *s* Wärmeisolierung *f,* Wärmedämmung *f*

ısıyayar *s* PHYS (*konvektör*) Konvektor *m*

ısı yayımı *s* PHYS (*konveksiyon*) Konvektion *f*

ıska *s* Fehlschlag *m;* **~ geçmek** verfehlen, nicht treffen können; (*fig*) darauf pfeifen; (*atlamak*) überspringen, auslassen

ıskala *s a.* MUS Skala *f*

ıskalama *s ohne pl Verbalsubstantiv zu* **ıskalamak**

ıskalamak *vt* verfehlen, nicht treffen können

ıskarta *s* Ausschuss *m* **ıskarta mal** *s* Ausschussware *f*

ıskonto *s* FIN Diskont *m;* WIRTSCH Skonto *m o nt;* COMM Abzug *m* **ıskonto haddi** *s* FIN Diskontsatz *m*

ıskuna *s* NAUT Schoner *m*

ıslak <-ğı> *adj* nass

ıslaklık <-ğı> *s ohne pl* Nässe *f*

ıslatma *s Verbalsubstantiv zu* **ıslatmak**

ıslatmak *vi* nässen

ıslık <-ğı> *s* Pfiff *m;* **~ çalmak** pfeifen

ıslıklama *s Verbalsubstantiv zu* **ıslıklamak**

ıslıklamak *vt* auspfeifen

ıslıklanmak *vi pass von* **ıslıklamak: ilk konserinde ıslıklandı** auf seinem ersten Konzert wurde er ausgepfiffen

ıslıklı ünsüz *s* LING Zischlaut *m*

ısmarlama *s* ① *Verbalsubstantiv zu* **ısmarlamak** ② Bestellung *f*

ısmarlamak *vt* bestellen

ısmarlanma *s* ① *Verbalsubstantiv zu* **ısmarlanmak** ② Bestellung *f*

ısmarlanmak *vi pass von* **ısmarlamak**

ısrar *s ohne pl* ① Beharrlichkeit *f,* Insistenz *f;* **~ etmek** insistieren (**-de** auf), beharren (**-de** auf), bestehen (**-de** auf) ② Nachdruck *m;* **~la sormak** mit Nachdruck fragen

ısrarlı *adj* beharrlich, insistent

ıssız *adj* ① einsam ② öde

ıssızlık <-ğı> *s* ① Einsamkeit *f,* Öde *f* ② Einöde *f*

ıstakoz *s* ZOOL, GASTR Hummer *m*

ışığa duyarlı/karşı duyarlıklı *adj* FOTO lichtempfindlich

ışık <-ğı> *s* Licht *nt,* Beleuchtung *f;* **bir şeye ~ tutmak** (*a. fig: aydınlatmak*) etw beleuchten; **ışığı açmak** das Licht anmachen [*o* anschalten] **ışık akışı** *s* PHYS Lichtstrom *m* **ışık bacası** *s* ARCH Lichtschacht *m* **ışık demeti** *s* PHYS Lichtbündel *nt* **ışık geçirgenliği** *s ohne pl* Lichtdurchlässigkeit *f* **ışık geçirir** *adj* lichtdurchlässig **ışık geçirmez** *adj* lichtundurchlässig **ışık hızı** *s* PHYS, ASTRON Lichtgeschwindigkeit *f* **ışık ışını** *s* PHYS Lichtstrahl *m* **ışık kaynağı** *s* Lichtquelle *f* **ışık küre** *s s.* **ışık yuvarı**

ışıklama *s* FOTO, FILM ① *Verbalsubstantiv zu* **ışıklamak** ② FOTO, FILM Belichtung *f*

ışıklamak *vt* FOTO, FILM belichten

ışıklama süresi *s* FOTO Belichtungszeit *f*

ışıklandırma *s* ① *Verbalsubstantiv zu* **ışıklandırmak** ② Beleuchtung *f* **ışıklandırma düzeni** *s* Beleuchtungsanlage *f,* Lichtanlage *f*

ışıklandırmak *vt* ausleuchten; (*aydınlatmak*) beleuchten, illuminieren

ışıkölçer *s* ① PHYS (*fotometre*) Photometer *m* ② FOTO (*fotometre*) Belichtungsmesser *m*

ışık ölçümü *s* PHYS Lichtmessung *f*

ışıksız *adj* lichtlos

ışık şiddeti *s* PHYS Lichtstärke *f* **ışık yuvarı** *s* ASTRON Photosphäre *f*

ışıldama *s Verbalsubstantiv zu* **ışıldamak**

ışıldamak *vi* leuchten

ışıl ışıl *adj* hell erleuchtet; **~ bir oda** ein hell beleuchtetes Zimmer

ışın *s* Strahl *m* **ışın bilimci** *s* MED (*radyo-*

log) Radiologe, -login *m, f* **ışın bilimi** *s ohne pl* MED (*radyoloji*) Radiologie *f* **ışın demeti** *s* Strahlenbündel *m* **ışın etkin** *adj* PHYS (*radyoaktif*) radioaktiv **ışın etkinliği** *s ohne pl* PHYS (*radyoaktivite*) Radioaktivität *f*

ışınım *s* PHYS Strahlung *f;* (*radyasyon*) Radiation *f* **ışınım alıcısı** *s* ASTRON Strahlungsempfänger *m* **ışınım basıncı** *s* ASTRON Strahlungsdruck *m*

ışınımölçer *s* PHYS (*bolometre*) Bolometer *nt*

ıtır çiçeği *s* BOT Geranie *f,* Pelargonie *f*

ıtırlı *adj* (*güzel kokulu*) wohlriechend, duftend, aromatisch riechend

ıtrî *adj* (*güzel kokulu*) wohlriechend, duftend, aromatisch riechend

ıvır zıvır *s* (*pej fam*) Krempel *m,* Kleinkram *m,* Krimskrams *m,* Schnickschnack *m*

ızgara *s* Bratrost *m;* (*gril*) Grill *m* **ızgara köfte** *s* GASTR gegrillte Köfte (*Fleischklöße vom Grill*)

I

İ i

İ, i [iː] *s* I, i *nt* (*12. Buchstabe des türk. Alphabets*); **İzmir'in ~'si** I wie Ida
-î *Relationssuffix* **tarih~** historisch; **mill~** national; **ilm~** wissenschaftlich
iade [iaːde] *s* ❶ Rückgabe *f;* (*vergi ~si*) Erstattung *f,* Rückerstattung *f;* **~ etmek** zurückgeben, zurückerstatten ❷ JUR, POL Auslieferung *f;* **birini ~ etmek** jdn ausliefern; **itibarı ~ edildi** er wurde rehabilitiert
iadeiitibar *s* Rehabilitation *f*
iadeiziyaret [iaːdeiziyaː-] *s* Gegenbesuch *m*
iadeli *adj* postwendend, mit Rückantwort, mit Rückschein; **~ taahhütlü bir mektup** ein Einschreiben mit Rückschein
iade ücreti *s* Rückporto *nt*
iane [iaːne] *s* Kollekte *f*
iaşe [iaːʃe] *s* Beköstigung *f;* (*bakma*) Verpflegung *f;* **~ ve ibate** Kost und Logis
ibadet *s* Andacht *f,* Gottesdienst *m*
ibare [ibaːre] *s* Formulierung *f;* **bazı ~ler değiştirildi** einige Formulierungen wurden geändert
ibaret [ibaːret] *adj* bestehend (**-den** aus)
ibibik <-ği> *s* ZOOL Wiedehopf *m; s. a.* **çavuş kuşu**
ibik <-ği> *s* ❶ (*horoz ibiği*) Kamm *m* ❷ (*gaz ibiği*) Hahn *m* ❸ (*emzik*) Tülle *f;* **ibriğin/testinin ibiği** die Tülle der Kanne/des Krugs ❹ REG (*köşe, kenar*) Ecke *f*
ibis *s* ZOOL Ibis *m*
iblis *s* Beelzebub *m;* (*şeytan*) Teufel *m,* Satan *m,* Luzifer *m*
iblisçilik <-ği> *s ohne pl* Satanismus *m*
ibne **I.** *s* (*vulg*) Tunte *f,* Schwuchtel *f,* Schwule(r) *m* **II.** *adj* (*vulg*) schwul; **~ herif** schwule Sau
ibra [ibraː] *s s.* **aklama** Entlastung *f;* **~ etmek** entlasten; **yönetim kurulunun ~sı** Entlastung des Vorstands
İbrahim REL, HIST Abraham *m*
İbranca *s s.* **İbranîce**
İbranî [ibraːniː] *s* Hebräer(in) *m(f)*
İbranîce *s* Hebräisch(e) *nt;* **o, ~ biliyor** er kann Hebräisch
ibre *s* Zeiger *m;* (*pusula ~si*) Nadel *f;* (*çam ~si*) Nadel *f*
ibret **I.** *s* (*ders*) Lehre *f,* (Lehr)Beispiel *nt,* Exempel *nt;* **bir şeyden ~ almak** etw zum Exempel nehmen **II.** *adj* REG (*çirkin*) hässlich; **~in kudreti** abscheulich **ibret almaz** *adj* unbelehrbar
ibretlik *adj* exemplarisch, beispielhaft
ibrik <-ği> *s* Kanne *f*
ibrişim *s* Nähseide *f* **ibrişim kurdu** *s s.* **ipek böceği** Seidenraupe *f*
icabet [idʒaːbet] *s ohne pl* Erhörung *f;* **~ etmek** erhören
icabı *s poss von* **icap**
icabında [iːdʒaː--] *adv* nötigenfalls, gegebenenfalls, im Bedarfsfall
icadı *s poss von* **icat**
icap <-bı> [iːdʒaːp] *s* ❶ (*gerek*) Erfordernis *nt;* (*gereklik*) Notwendigkeit *f;* **~ ederse** wenn nötig, falls es erforderlich wird; **~ ettirmek** erfordern, notwendig machen; **meslek icabı** von Berufs wegen, berufsbedingt ❷ PHILOS (*olumlama*) Affirmative *f* ❸ **birinin icabına bakmak** (*sl: öldürmek*) jdn erledigen
icar [iːdʒaːr] *s* Pacht *f;* (*kira*) Miete *f;* **~a vermek** verpachten, vermieten
icat <-dı> [iːdʒaːt] *s* Erfindung *f;* **bir şey ~ etmek** etw erfinden, eine Erfindung machen
icatçı *adj* erfinderisch
icaz *s ohne pl* (*anlatımda*) Kürze *f*
icazet *s* ❶ (*izin*) Genehmigung *f;* (*onay*) Zustimmung *f* ❷ (*diploma*) Diplom *nt*
icmal <-li> [iːdʒmaːl] *s s.* **özetleme** Zusammenfassung *f;* **~ etmek** zusammenfassen
icra *s* ❶ Vollstreckung *f,* Exekution *f;* **~ etmek** vollstrecken ❷ JUR Zwangsvollstreckung *f;* (*~ dairesi*) Vollstreckungsbehörde *f* ❸ (*ohne Pl, mesleğin ~sı*) Ausübung *f;* **~ etmek** ausüben ❹ MUS Durchführung *f* ❺ (*bir işi yapma*) Vollzug *m;* (*bir işi yürütme*) Ausführung *f* **icra dairesi** *s* JUR Vollstreckungsbehörde *f* **icra kuvveti** *s* JUR, POL (*yürütme gücü*) Exekutive *f,* Exekutivgewalt *f,* ausübende Gewalt, ausführende Gewalt **icra memuru** *s* JUR Gerichtsvollzieher *m*
iç¹ [itʃ] *vt Imperativ von* **içmek**
iç² [itʃ] **I.** *s ohne pl* ❶ Innere(s) *nt;* (*badem ~i*) Kern *m;* **~ etmek** einheimsen, stibitzen; **~e doğru aç(ıl)mak** (sich) nach innen öffnen; **~im bulanıyor** mir ist übel; **~im rahat etti** ich bin beruhigt; **~inden çıkılmaz** ausweglos; **~inden konuşmak** [*o* **demek**] laut denken; **~ine çekmek** einziehen; (*emerek*) einsaugen; (*solukla*) einatmen; **~ine doğmak** ahnen; **bir kimsenin/şeyin ~ini dışını bilmek** (*fam*) jdn/etw in- und auswendig kennen; **evin ~i** das Innere des Hauses; **meyve-**

nin ~i çürüktü die Frucht war inwendig faul; **ölü hayvanların ~ini doldurmak** tote Tiere ausstopfen ❷ Herz *nt;* **~ini dökmek** sein Herz ausschütten **II.** *adj* ❶ innere(r, s); **~ rahatlığı** [*o* **huzuru**] die innere Ruhe ❷ inwendig; **~ cep** eine inwendige Tasche ❸ intern ❹ (*yurt~i*) Inlands-; (*~ deniz*) Binnen- **iç açıcı** *adj* herzerfrischend, herzerquickend **iç avlu** *s* Innenhof *m* **iç aydınlatma** *s a.* AUTO Innenbeleuchtung *f* **iç bellek** <-ği> *s* INFORM Festplatte *f* **iç bölge** *s ohne pl* GEO Hinterland *nt* **iç bulantısı** *s* (*mide bulantısı*) Übelkeit *f*

içbükey *adj* konkav **içbükey ayna** *s* Hohlspiegel *m*

iç cep <-bi> *s* Brusttasche *f* **iç çamaşırı** *s* Unterwäsche *f* **iç denge** *s* PSYCH Gleichgewicht *nt,* innere Harmonie, seelische Ruhe **iç deniz** *s* Binnenmeer *nt* **iç donu** *s* Unterhose *f* **iç dünya** *s* Innenwelt *f*

içecek I. *s* <-ği> Getränk *nt* **II.** *adj* trinkbar; (*tütün*) rauchbar; **yanında ~ bir sigarası bile yok** er hat nicht einmal eine Zigarette zum Rauchen bei sich

içe dönük *adj* introvertiert **içe dönüklük** <-ğü> *s ohne pl* Introvertiertheit *f*

iç ek *s* LING Infix *nt*

içeri *s* (*~ye*) hinein; **~den** von innen; **kapıdan ~** zur Tür hinein

içerik <-ği> *s* Inhalt *m*

içerisi *s* **~ (çok) sıcak/soğuk** innen ist es (sehr) heiß/kalt

içeriye *adv dat von* **içeri** hinein; **~ bir göz atmak** einen Blick hineinwerfen

içerlek <-ği> *adj* rückwärtig

içerme *s* ❶ *Verbalsubstantiv zu* **içermek** ❷ Implikation *f*

içermek *vt* beinhalten, implizieren

iç evlilik <-ği> *s* SOZIOL (*endogami*) Endogamie *f*

içe yöneliklik <-ği> *s ohne pl* PSYCH (*otizm*) Autismus *m*

iç görünüş *s* Innenansicht *f*

içgüdü *s* Instinkt *m,* Trieb *m*

içgüdülü *adj,* **içgüdüsel** *adj* instinktiv

iç harp <-bi> *s s.* **iç savaş** Bürgerkrieg *m* **iç hastalıkları uzmanı** *s* MED (*dâhiliyeci*) Internist(in) *m(f)* **iç hat** *s* AERO Inlandfluglinie *f* **iç hat seferi** *s* AERO Inlandsflug *m* **iç huzuru** *s ohne pl* Seelenruhe *f* **iç ısıtıcı** *adj* herzerfreuend **iç ışık** <-ğı> *s* Innenbeleuchtung *f*

içi astarlı *adj* gefüttert

içim *s* ❶ Trinken *nt* ❷ (*bir yudumda içilen miktar*) Schluck *m* ❸ (*tat*) Geschmack *m*

için *part* ❶ um; **vakit kazanmak ~** um Zeit zu gewinnen; **niçin? — ~ için!** warum? — darum! ❷ (*-den dolayı*) weil; **hasta olduğu ~ işe gitmedi** weil er krank war, ging er nicht zur Arbeit; **onun ~** (*bundan dolayı*) deshalb, deswegen ❸ für; **benim/senin ~** für mich/dich, meinetwegen/deinetwegen ❹ (*oranla*) **bu şapka senin ~ büyük** dieser Hut ist dir zu groß ❺ (*karşılık olarak*) für; **bir şişe bira ~** für eine Flasche Bier ❻ (*süre*) für; **birkaç gün ~ geldim** ich bin für einige Tage gekommen

içinde *adv* ❶ in, binnen, innerhalb; **~ iki yavru olan bir yuva** ein Nest mit zwei Jungen darin; **bir hafta ~** binnen [*o* innerhalb] einer Woche; **birkaç gün ~** in einigen Tagen; **birkaç saat ~** binnen einiger Stunden; **evin ~** im Haus; **İstanbul ~** innerhalb von Istanbul ❷ **bu şartlar ~** unter diesen Bedingungen ❸ **heyecan/sevinç ~ olmak** voller Aufregung/Freude sein; **yüzü kırışık ~** sein Gesicht ist voller Falten **içindekiler** *s* Inhaltsverzeichnis *nt*

içinden *adv* hindurch; **ormanın ~** durch den Wald hindurch

içine *adv* ❶ hinein; **~ düşmek** hineinfallen; (*fig*) hineingeraten ❷ **evin ~** ins Haus ❸ **~ çekmek** einatmen

için için *adv* vor sich hin, in sich hinein; **~ gülmek** [*o* **gülümsemek**] schmunzeln

içirme *s Verbalsubstantiv zu* **içirmek**

içirmek *vt* ❶ *Kausativ zu* **içmek** ❷ (*ilaç*) einflößen

iç işleri bakanı *s* POL Innenminister(in) *m(f)* **iç işleri bakanlığı** *s* POL Innenministerium *nt*

içitim *s* MED Einspritzung *f;* (*enjeksiyon*) Injektion *f*

içitmek *vt* MED injizieren, einspritzen

iç kapı *s* Innentür *f* **iç karartıcı** *adj* düster

içki *s* ❶ (alkoholisches) Getränk, Alkohol *m;* **~ içmek** Alkohol trinken ❷ Trinken *nt;* **~yi bırakmak** mit dem Trinken aufhören

içkici *s* Trinker(in) *m(f)*

içkicilik <-ği> *s ohne pl* ❶ (*içki satma*) Ausschank *m* ❷ (*içkiye düşkünlük*) Trinkerei *f,* Trinksucht *f*

içkili *adj* ❶ **~ olmak** unter Alkoholeinfluss stehen ❷ **~ lokanta** Gaststätte mit Ausschank

içkin *adj a.* PHILOS immanent

içkinlik <-ği> *s ohne pl a.* PHILOS Immanenz *f*

içki sersemliği *s ohne pl* Trunkenheit *f* **içki yasağı** *s* Alkoholverbot *f*

iç lastik <-ği> *s* AUTO (*şambrel*) Schlauch *m,* Reifenschlauch *m*

içli *adj* rührselig **içli dışlı** *adj* vertraut,

intim; **çok ~lar** (*fam*) sie sind dick befreundet
içlilik <-ği> *s ohne pl* Rührseligkeit *f*
iç liman *s* Binnenhafen *m*
içme *s Verbalsubstantiv zu* **içmek**
içmek <-er> *vt* ❶ trinken; **bir şeyi bir yudumda ~** etw in einem Schluck austrinken ❷ (*çorba*) essen; **çorbanı içtin mi?** hast du deine Suppe gegessen? ❸ (*tütün*) rauchen; **pipo/sigara ~** Pfeife/Zigaretten rauchen ❹ (*ilaç*) einnehmen
içme suyu *s* Trinkwasser *nt*
iç mimar *s* Innenarchitekt(in) *m(f)* **iç mimari** *s* Innenarchitektur *f* **iç oğlanı** *s* HIST Edeljunge *m,* Knappe *m* **iç pazar** *s* WIRTSCH Inlandsmarkt *m,* Binnenmarkt *m*
iç piyasa *s* Binnenmarkt *m* **iç plazma** *s ohne pl* BIOL Endoplasma *nt* **iç politika** *s* POL Innenpolitik *f* **iç rahatlığı** *s ohne pl* Seelenruhe *f*
içrek <-ği> *adj* esoterisch; **~ edebiyat** esoterische Literatur
içrekçilik <-ği> *s ohne pl* Esoterik *f*
iç salgı *s* MED, BIOL Inkret *nt* **iç savaş** *s* Bürgerkrieg *m*
içsel *adj* ❶ innerlich; (*dahilî*) intern ❷ WIRTSCH endogen; **~ değişken** endogene Variable
içselleştirme *s Verbalsubstantiv zu* **içselleştirmek**
içselleştirmek *vt* verinnerlichen
iç ses *s* LING Inlaut *m* **iç sıkıntısı** *s* Kümmernis *f*
içsiz *adj* ❶ (*kuru yemişler için*) entkernt ❷ inhaltslos; (*kuru*) trocken; (*anlamsız*) sinnlos ❸ (*lastik*) schlauchlos
iç sular *pl* Binnengewässer *nt* **iç sürme** *s* Durchfall *m*
içten **I.** *adj* innig; (*yürekten*) von Herzen, herzlich; (*samimi*) intim, vertraut **II.** *adv* innerlich; **bir kimseyi/şeyi ~ yıkmak** jdn/etw innerlich zerstören
içtenlik <-ği> *s ohne pl* ❶ Intimität *f,* Herzlichkeit *f* ❷ Innerlichkeit *f*
iç ticaret *s ohne pl* Binnenhandel *m*
içtima <-ı> *s* ❶ MIL Appell *m;* **~ etmek** zum Appell antreten; **sabah ~sı** der morgendliche Appell ❷ ASTRON (*kavuşum*) Konjunktion *f* ❸ JUR (*fikrî ~*) Konkurrenz *f*
içtimaî *adj* (*sosyal*) sozial; (*toplumsal*) gesellschaftlich
içtimaiyat *s ohne pl s.* **sosyoloji** Soziologie *f*
içtimaiyatçı *s s.* **sosyolog** Soziologe, -login *m, f*
iç tüzük <-ğü> *s* Geschäftsordnung *f*
içyağı *s* Talg *m*
içyüz *s* Hintergrund *m,* Hintergründe *pl;* **bir işin ~ünü anlamak** eine Sache durchschauen; (**işin**) **siyasi/toplumsal ~ü** der politische/soziale Hintergrund
iç yüz *s* Innenseite *f* **iç yüzey** *s* Innenfläche *f*
idam [i:da:m] *s* Hinrichtung *f;* **birini ~ etmek** jdn hinrichten **idam cezası** *s* Todesstrafe *f*
idame [ida:mɛ] *s* Fortsetzung *f*
idam hükmü *s* Todesurteil *nt* **idam sehpası** *s* Schafott *nt;* (*darağacı*) Galgen *m*
idare [ida:rɛ] *s* Verwaltung *f,* Administration *f*
idare hukuku *s ohne pl* Verwaltungsrecht *nt* **idare müdürü** *s* UNIV Rektor(in) *m(f)*
iddia *s* ❶ Behauptung *f* ❷ Anspruch *m* ❸ (*bahis*) Wette *f*
iddialı *adj* anspruchsvoll
iddia makamı *s* JUR Anklagebehörde *f*
iddianame *s* JUR Anklageschrift *f*
iddiasız *adj* anspruchslos; **~ bir hayat sürmek** ein anspruchsloses Leben führen
iddiasızlık <-ğı> *s* Anspruchslosigkeit *f*
ideal **I.** *s* <-li> Ideal *nt* **II.** *adj* ideal; **~ evlilik** eine ideale Ehe **ideal durum** *s* Idealfall *m*
idealist **I.** *s* Idealist(in) *m(f)* **II.** *adj* idealistisch
idealistlik <-ği> *s ohne pl* Idealismus *m*
idealize *s* (*ideal durum*) Idealfall *m;* **~ etmek** idealisieren
idealizm *s ohne pl* Idealismus *m*
idealleştirme *s* ❶ *Verbalsubstantiv zu* **idealleştirmek** ❷ Idealisierung *f*
idealleştirmek *vt* idealisieren
idefiks *s* ❶ Idée fixe *f;* (*sabit fikir*) fixe Idee ❷ PSYCH (*saplantı*) Zwangsvorstellung *f*
identik *adj* MATH (*özdeş*) identisch
ideolog <-ğu> *s* Ideologe, -login *m, f*
ideoloji *s* Ideologie *f*
ideolojik <-ği> *adj* ideologisch
idil *s* LIT Idylle *f*
idman *s* ❶ Training *nt;* (*alıştırma*) Übung *f* ❷ (*fig*) Übung *f*
idmanlı *adj* ❶ (*antremanlı*) durchtrainiert ❷ (*fig*) geübt
idmansız *adj* ❶ (*ham*) untrainiert ❷ (*fig*) ungeübt
idrak <-ki> *s* ❶ (*anlayış*) Einsicht *f,* Verständnis *nt;* (*anlama yeteneği*) Auffassungsgabe *f;* **~ etmek** einsehen, verstehen ❷ (*erişme, ulaşma*) Erreichung *f;* **~ etmek** erreichen ❸ PHILOS (*algı*) Wahrnehmung *f;* **~ etmek** wahrnehmen **idrak kabiliyeti** *s ohne pl* Wahrnehmungsvermögen *nt,* Auffassungsgabe *f*
idraksiz *adj* ❶ (*anlayışsız*) uneinsichtig

❷ (*ahmak*) begriffsstutzig
idraksizlik <-ği> *s ohne pl* ❶ Unverständnis *nt* ❷ Begriffsstutzigkeit *f*
idrar <-ği> *s* Harn *m,* Urin *m; s. a.* **sidik idrar boşaltımı** *s* Harnentleerung *f* **idrar kanalı** *s* ANAT (*siyek*) Harnröhre *f* **idrar söktürücü** *adj* harntreibend **idrar tahlili** *s* MED Harnanalyse *f* **idrar yolu** *s* ANAT Harnwege *pl* **idrar zoru** *s ohne pl* MED Harnzwang *m*
idris ağacı *s* BOT Weichsel *f,* Weichselkirsche *f*
ifa [iːfaː] *s* Ausführung *f;* (*yerine getirme*) Erfüllung *f;* **bir emri ~ etmek** einen Befehl ausführen
ifade [ifaːde] *s* ❶ Ausdruck *m;* **bir şeyi** (**sözle**) **~ etmek** etw (mit Worten) ausdrücken ❷ JUR Aussage *f;* **~ vermek** eine Aussage machen; **~si poliste zapt edildi** seine Aussage wurde bei der Polizei protokolliert **ifade kudreti** *s* Ausdruckskraft *f*
ifadesiz *adj* ausdruckslos; **~ bir yüz** ein ausdrucksloses Gesicht
ifadesizlik <-ği> *s ohne pl* Ausdruckslosigkeit *f*
ifade vermeme hakkı *s* JUR Aussageverweigerungsrecht *nt*
ifa yeri *s* JUR Erfüllungsort *m*
iffet *s ohne pl* Keuschheit *f*
iffetli *adj* keusch; **~ bir yaşam sürmek** ein keusches Leben führen
iffetsiz *adj* unkeusch
iffetsizlik <-ği> *s ohne pl* Unkeuschheit *f*
iflâh [iflãːx] *s ohne pl* (*onma*) Genesung *f,* Erholung *f;* (*kurtulma*) Rettung *f,* Erlösung *f;* **~ etmek** retten, erlösen; **~ olmak** sich erholen; **~ olmamak** rettungslos verloren sein, nicht zu retten sein
iflas [iflãːs] *s* ❶ *a.* JUR Konkurs *m,* Bankrott *m;* **~ etmek** Bankrott machen; **dolanlı ~** betrügerischer Bankrott ❷ (*fig fam*) Pleite *f* **iflas masası** *s* Konkursmasse *f*
ifrat [ifraːt] *s* ❶ Extrem *nt;* **~ tefrit** die äußersten Extreme; **bir şeyi ~a vardırmak** etw ins Extrem treiben ❷ Exzess *m;* **bir şeyi ~a vardırmak** etw bis zum Exzess treiben **ifrat derecede** *adv* extrem, übertrieben
ifrit *s* ❶ MYTH (*cin*) Dämon *m* ❷ (*fig fam*) **~ olmak** [*o* **kesilmek**] fuchsteufelwild werden
ifritleşme *s Verbalsubstantiv zu* **ifritleşmek**
ifritleşmek *vi* fuchsteufelwild werden
ifşa <-ı> *s* ❶ Enthüllung *f,* Offenbarung *f;* **~ etmek** enthüllen, offenbaren ❷ Preisgabe *f,* Verrat *m;* **bir sırrı ~ etmek** ein Geheimnis verraten
ifşaat *pl* Enthüllungen *pl*
iftar *s* REL (*oruç bozma*) Fastenbrechen *nt;* (*Ramazanda akşam yemeği*) Abendessen *nt* im Monat Ramadan; *s. a.* **sahur**
iftihar *s ohne pl* ❶ Stolz *m;* **biriyle ~ etmek** stolz sein auf jdn ❷ SCHULE Auszeichnung *f;* **~la geçmek** mit Auszeichnung bestehen
iftira [iftiraː] *s a.* JUR Verleumdung *f;* **~ etmek** verleumden (**-e**)
iftiracı *s* Verleumder(in) *m(f)*
iguana *s* ZOOL (*Hint kertenkelesi*) Iguana *f*
iğ *s* ❶ Spindel *f* ❷ (*fam*) Achse *f*
iğde *s* BOT Ölweide *f*
iğdegiller *pl* BOT Ölweidengewächse *pl*
iğdiş *adj* kastriert; **~ etmek** kastrieren **iğdiş at** *s* Wallach *m*
iğfal <-li> *s* Verführung *f;* **~ etmek** verführen
iğne *s* ❶ Nadel *f* ❷ MED (*şırınga*) Spritze *f* ❸ ZOOL Stachel *m* ❹ BOT (*çam ~si*) Nadel *f* ❺ TECH Nadel *f* ❻ (*broş*) Brosche *f* ❼ (*olta ~si*) Haken *m* **iğne deliği** *s* Nadelöhr *nt*
iğnedenlik <-ği> *s* (*iğnelik*) Nadelkissen *nt*
iğne gözü *s s.* **iğne deliği** Nadelöhr *nt*
iğneleme *s* ❶ *Verbalsubstantiv zu* **iğnelemek** ❷ (*fig*) Stichelei *f*
iğnelemek *vt* ❶ mit einer Nadel befestigen ❷ (*fig*) sticheln
iğnelenme *s Verbalsubstantiv zu* **iğnelenmek**
iğnelenmek *vi* ❶ *pass von* **iğnelemek** ❷ (*iğne batar gibi acı duymak*) einen stechenden Schmerz fühlen [*o* verspüren]
iğneleyici *adj* (*fig*) stichelnd
iğneli *adj* ❶ mit einer Nadel befestigt ❷ (*fig*) stichelnd; **~ laflar** stichelnde Bemerkungen
iğnelik <-ği> *s* (*iğnedenlik*) Nadelkissen *nt*
iğne yaprak <-ğı> *s* BOT Nadel *f* **iğne yapraklılar** *s* BOT Nadelhölzer *pl;* (*kozalaklılar*) Koniferen *pl* **iğne yastığı** *s s.* **iğnelik** Nadelkissen *nt* **iğne yurdu** *s* REG (*iğne deliği*) Nadelöhr *nt*
iğrenç <-ci> *adj* (*pej*) ekelhaft, widerwärtig, abscheulich
iğrendirme *s Verbalsubstantiv zu* **iğrendirmek**
iğrendirmek *vt* anekeln
iğrenme *s Verbalsubstantiv zu* **iğrenmek**
iğrenmek *vi* sich ekeln (**-den** vor)
ihale [ihaːle] *s* Ausschreibung *f;* **~ye katılmak** an der Ausschreibung teilnehmen
-i hâli *s* LING (*belirtme durumu*) Wenfall *m,* Akkusativ *m*
ihanet [ihaːnet] *s* ❶ (*hıyanet*) Verrat *m;*

~ **etmek** verraten ❷ (*sadakatsizlik*) Untreue *f*, Treulosigkeit *f*; ~ **etmek** betrügen

ihbar *s* ❶ (*bildirim*) Kündigung *f*, Mitteilung *f*; (*haber verme*) Benachrichtigung *f* ❷ JUR (*polise*) Anzeige *f*; **birini ~ etmek** jdn anzeigen

ihbarcı *s* ❶ Anzeigeerstatter(in) *m(f)* ❷ (*muhbir*) Spitzel *m* ❸ (*haberci*) Informant(in) *m(f)*

ihbarname *s* Kündigungsschreiben *nt*, (schriftliche) Benachrichtigung

ihdas *s* ❶ Gestaltung *f*; (*meydana getirme*) Schaffung *f*; ~ **etmek** gestalten, (er)schaffen ❷ (*kurma*) Gründung *f*, Bildung *f*; ~ **etmek** (*kurmak*) gründen, bilden, konstituieren ❸ (*hisse senedi*) ~ **etmek** auflegen

ihlâl <-li> [ixlãːl] *s* ❶ (*sükûneti*) Störung *f*; ~ **etmek** stören ❷ (*kanunu*) Bruch *m*, Verstoß *m*; ~ **etmek** brechen, verstoßen (**-i** gegen); **hukuku/protokolü ~ etmek** gegen das Recht/Protokoll verstoßen ❸ (*insan haklarını*) Verletzung *f*; ~ **etmek** verletzen

ihmal <-li> *s* ❶ Nachlässigkeit *f* ❷ (*savsaklama*) Vernachlässigung *f*; ~ **etmek** vernachlässigen ❸ JUR Fahrlässigkeit *f*; **ağır ~** grobe Fahrlässigkeit

ihmalci *adj* nachlässig

ihmalcilik <-ği> *s* Nachlässigkeit *f*

ihmalkâr [ixmalkãr] *adj* nachlässig

ihmalkârlık <-ğı> *s* Nachlässigkeit *f*

ihracat [ixraːdʒaːt] *s* Exporte *pl*, Ausfuhren *pl*

ihracatçı *s* Exporteur(in) *m(f)*

ihracatçılık <-ğı> *s ohne pl* Exporthandel *m*

ihracat firması *s* Exportfirma *f*

ihracat pazarları *pl* Exportmärkte *pl*

ihracat resmi *s* Ausfuhrzoll *m*

ihraç <-cı> *s* ❶ Export *m*, Ausfuhr *f*; ~ **etmek** exportieren, ausführen ❷ Ausschluss *m* (**-den** aus); **partiden ~ edildi** er wurde aus der Partei ausgeschlossen

ihraz *s* JUR Aneignung *f*; ~ **etmek** sich aneignen

ihtar *s* ❶ Warnung *f* ❷ Verwarnung *f* ❸ Aufforderung *f*; (*hatırlatma*) Erinnerung *f*

ihtar yazısı *s* Mahnschreiben *nt*

ihtida *s* Übertritt *m* zum Islam

ihtifal <-li> [iҫtifãl] *s s.* **anma töreni** Gedenkfeier *f*

ihtilâf <-lı> [iҫtilãːf] *s* Streit *m*, Konflikt *m*, Streitigkeit *f*

ihtilâl <-li> [iҫtilãl] *s* Revolution *f*

ihtimal <-li> [iҫtimãl] **I.** *s* ❶ (*olasılık*) Wahrscheinlichkeit *f*; **büyük bir ~le** mit großer Wahrscheinlichkeit, höchstwahrscheinlich, aller Wahrscheinlichkeit nach; **en iyi ~le** am ehesten ❷ (*olabilirlik*) Eventualität *f*; **her ~e karşı** gegen alle Eventualitäten, für alle Fälle ❸ Aussicht *f*; **bir şeyin olması ~i** die Aussicht, dass etw geschieht **II.** *adv* möglich; (*belki*) vielleicht; ~ **ki, ...** es ist möglich, dass ...; **bir şeye ~ vermemek** etw für unwahrscheinlich halten, etw nicht für möglich halten

ihtimalî *adj* wahrscheinlich

ihtimaliyet hesabı *s*, **ihtimaller hesabı** *s* MATH (*olasılık hesabı*) Wahrscheinlichkeitsrechnung *f*

ihtiram birliği *s* MIL Ehrenformation *f*, Ehrenkompanie *f* **ihtiram duruşu** *s s.* **saygı duruşu** Schweigeminute *f*

ihtiras *s* Begierde *f*; (*tutku*) Leidenschaft *f*

ihtisas *s* Fachausbildung *f*

ihtisaslaşma *s* ❶ *Verbalsubstantiv zu* **ihtisaslaşmak** ❷ Spezialisierung *f*

ihtisaslaşmak *vi* sich spezialisieren (**-de** auf)

ihtişam [ixtiʃaːm] *s ohne pl* (*görkem*) Pracht *f*

ihtişamlı *adj* (*görkemli*) prächtig, prunkhaft, glanzvoll, grandios

ihtiva etmek *vt* (*içermek*) beinhalten; (*kapsamak*) einschließen, umfassen

ihtiyaç <-cı> *s* Bedürfnis *nt*, Bedarf *m*; ~ **olmak** brauchen (**-e**), nötig haben (**-e**); **ihtiyacı karşılamak** den Bedarf decken; **yardıma ihtiyacın var mı?** brauchst du Hilfe?

ihtiyar I. *s* Alte(r) *f(m)* **II.** *adj* alt

ihtiyarcık <-ğı> *s* (*fam*) Alterchen *nt*

ihtiyar heyeti *s* Ältestenrat *m*

ihtiyari [ixtiyaːriː] *adj* ❶ (*seçimlik*) fakultativ ❷ (*isteğe bağlı*) freiwillig ❸ JUR (*emredici olmayan*) abdingbar; **bu hükümler ~dir** diese Bestimmungen sind abdingbar **ihtiyari durak** <-ğı> *s* Bedarfshaltestelle *f*

ihtiyarlama *s ohne pl Verbalsubstantiv zu* **ihtiyarlamak**

ihtiyarlamak *vi* (*yaşlanmak*) altern, alt werden, älter werden

ihtiyarlatma *s ohne pl Verbalsubstantiv zu* **ihtiyarlatmak**

ihtiyarlatmak *vt* älter machen

ihtiyarlık <-ğı> *s ohne pl* (*yaşlılık*) Alter *nt*

ihtiyarlık sigortası *s* Altersversicherung *f*

ihtiyar meclisi *s s.* **ihtiyar heyeti** Ältestenrat *m*

ihtiyat *s ohne pl* ❶ Vorsicht *f*; ~ **kaydı ile** unter Vorbehalt ❷ (*yedek*) Reserve *f* ❸ MIL Reservetruppe *f*, Ersatztruppe *f* **ihtiyat**

akçesi *s s.* **yedek akçe** WIRTSCH Rücklage *f*
ihtiyaten [ixtiya:tɛn] *adv* vorsichtshalber; (*ilerisini düşünerek*) vorsorglich
ihtiyati [ixtiya:ti:] *adj* vorsorglich **ihtiyati tedbir** *s* ❶ Vorsichtsmaßnahme *f;* ~ **almak** Vorsichtsmaßnahmen treffen ❷ JUR einstweilige Verfügung
ihtiyatlı *adj* vorsichtig; (*sakıngan*) behutsam; ~ **olmak** vorsichtig sein
ihtiyatsız *adj* unvorsichtig; ~ **olmak** unvorsichtig sein
ihtiyatsızlık <-ğı> *s ohne pl* Unvorsichtigkeit *f*
ihvan *s* REL Bruderschaft *f*
ihzari [ixza:ri:] *adj* vorbereitend, Vorbereitungs-
ihzar müzekkeresi *s* JUR Vorführungsbefehl *m*
ika [i:ka] *s* (*işleme*) Begehung *f;* **birine zarar ~ etmek** jdm einen Schaden zufügen
ikame [ika:mɛ] *s* ❶ Substitution *f,* Ersatz *m;* ~ **etmek** ersetzen, austauschen ❷ JUR (*dava ~ si*) Erhebung *f;* **delil ~ etmek** den Beweis erheben
ikamet [ika:met] *s* **bir yerde ~ etmek** an einem Ort wohnen
ikametgâh [ika:metgã:x] *s* Wohnsitz *m,* Domizil *nt;* **daimî ~ı olmak** einen festen Wohnsitz haben
ikaz [i:kaz] *s* Warnung *f;* **birini ~ etmek** jdn warnen **ikaz lambası** *s* TECH, AUTO Warnleuchte *f*
ikbal <-li> [ikbãl] *s* ❶ (*geh*) Glück *nt,* Glücksstern *m;* **birinin ~i sönmek** jds Stern sinkt ❷ (*istek*) Wunsch *m;* (*arzu*) Verlangen *nt* ❸ HIST (*gözde cariye*) *Konkubine oder Odaliske, die Favoritin des Sultans oder dessen Sohnes ist* **ikbal düşkünü** *adj* ❶ vom Glück verlassene(r, s) ❷ (*makam ve mevki hırsı olan*) karrieregeil
iken *adv* **bei burada ~ ...** als ich hier war, ...
iki **I.** *s* ❶ Zwei *f; s. a.* **altı** ❷ **~de bir** immer wieder; **motor ~de bir duruyor** [*o* **istop ediyor**] der Motor setzt immer wieder aus **II.** *adj* zwei; ~ **gözü ~ çeşme ağlamak** (*fig*) sich die Augen ausweinen; *s. a.* **altı** **iki ailelik ev** *s* Zweifamilienhaus *nt* **iki anlamlı** *adj* zweideutig **iki boyutlu** *adj* zweidimensional
iki buçuk <-ğu> *adj* ❶ zweieinhalb; ~ **litre/kilometre** zweieinhalb Liter/Kilometer; ~ **saat önce/sonra** zweieinhalb Stunden vorher/nachher ❷ (*saati bildirirken*) halb drei; **~ta** um halb drei; **saat ~** es ist halb drei; **iki buçuğa on** (**dakika**) **kala** um zehn (Minuten) vor halb drei; **iki buçuğa on** (**dakika**) **var** es ist zehn (Minuten) vor halb drei; **iki buçuğu on** (**dakika**) **geçe** um zehn (Minuten) nach halb drei; **iki buçuğu on** (**dakika**) **geçiyor** es ist zehn (Minuten) nach halb drei
iki buçukluk <-ğu> *s* ❶ (*para*) Viertellira *f* ❷ (*fam: top toplayıcı*) Balljunge *m*
ikide bir *adv* immer wieder; **bu köşeye ~ dizimi çarpıyorum** an dieser Ecke renne ich mir immer wieder das Knie an
iki dilli *adj* zweisprachig, bilingual; ~ **büyümek** zweisprachig aufwachsen **iki dillilik** <-ği> *s ohne pl* Zweisprachigkeit *f,* Bilingualismus *m* **iki eşeyli** *adj* BOT zweigeschlechtlich **iki eşeylilik** <-ği> *s ohne pl* BOT Zweigeschlechtlichkeit *f* **iki günlük** *adj* zweitägig **iki hörgüçlü** *adj* zweihöckerig **iki katlı** *adj* zweistöckig **iki kutuplu** *adj* zweipolig
ikilem *s* Dilemma *nt*
ikileme *s* ❶ *Verbalsubstantiv zu* **ikilemek** ❷ LING Hendiadyoin *nt*
ikilemek *vt* ❶ verdoppeln ❷ (*tekrarlamak*) wiederholen
ikileşme *s* PSYCH (*benlik ~ si*) Spaltung *f*
ikili **I.** *s* ❶ SPORT Doppel *nt;* ~ **oynamak** (*fig*) ein doppeltes Spiel treiben; **karışık ~** gemischtes Doppel ❷ MUS Duo *nt* ❸ (*iskambil kâğıdı*) Zwei *f* **II.** *adj* ❶ zweifach; (~ *priz*) Doppel-; (*şamdan*) zweiarmig ❷ (*anlaşma*) bilateral ❸ MATH, INFORM binär
ikilik **I.** *s* <-ği> ❶ Zwietracht *f* ❷ MUS halbe Note ❸ (*akçe*) Zweier *m* **II.** *adj* für Zwei
ikili priz *s* ELEK Doppelsteckdose *f* **ikili ünlü** *s* LING Doppellaut *m;* (*diftong*) Diphthong *m* **ikili yatak** <-ğı> *s* Doppelbett *nt*
iki motorlu *adj* zweimotorig **iki namlulu** *adj* doppelläufig
ikinci **I.** *adj* zweite(r, s); *s. a.* **altmışıncı** **II.** *s* Zweite(r) *f(m);* ~ **gelmek** Zweite(r) werden **ikinci el** *adj* (*kullanılmış*) gebraucht **ikinci el otomobil pazarı** *s* Gebrauchtwagenmarkt *m*
ikincil *adv* sekundär; (*ikinci derecede olan*) zweitrangig
ikinci sınıf *adj* (*pej*) zweitklassig
ikincisi *adv* (*sayarken*) zweitens; *s. a.* **altıncısı**
ikindi *s* Nachmittag *m;* ~ **ezanı** REL der Ruf zum Nachmittagsgebet **ikindi namazı** *s* REL Nachmittagsgebet *nt*
iki parçalı *adj* zweiteilig; ~ **kadın giysisi** zweiteiliges Damenkleid **iki partili sistem** *s* POL Zweiparteiensystem *nt*
ikircik <-ği> *s* REG ❶ (*işkil*) Zweifel *m* ❷ (*kararsızlık*) Unentschlossenheit *f;* (*tereddüt*) Zögern *nt*

ikircil *adj* doppeldeutig
ikircim *s s.* **ikircik**
ikişer *adj* je zwei; **size ~ tane veriyorum** ich gebe euch je zwei Stück **ikişer ikişer** *adv* ~ **diz(il)mek** (sich) in Zweierreihen aufstellen
iki terimli *s* MATH Binom *nt* **iki yaşamlı** *adj* ZOOL amphibisch **iki yüzlü** *adj* zweiseitig
ikiyüzlü *adj* (*pej*) doppelzüngig, scheinheilig
ikiyüzlülük <-ğü> *s* Doppelzüngigkeit *f,* Scheinheiligkeit *f*
ikiz I. *s* Zwilling *m;* **tek/iki yumurta ~leri** eineiige/zweieiige Zwillinge; **yapışık ~ler** siamesische Zwillinge **II.** *adj* doppelt, Doppel-
iki zamanlı motor *s* AUTO Zweitaktmotor *m*
ikiz anlam *s ohne pl* Doppelsinn *m* **ikiz anlamlı** *adj* doppelsinnig
ikizkenar *adj* MATH gleichschenk(e)lig; ~ **üçgen** ein gleichschenk(e)liges Dreieck
İkizler *pl* ASTROL Zwillinge *pl;* ~ **burcu/dönencesi** das Sternbild/der Wendekreis der Zwillinge
ikizli *adj* ❶ ~ **anne** eine Mutter mit Zwillingen ❷ (*iki kollu*) doppelarmig, zweiarmig ❸ PHILOS (*ikiz anlamlı*) doppeldeutig
ikizlilik <-ği> *s* PHILOS Doppeldeutigkeit *f*
ikiz ünlü *s* LING Doppelvokal *m* **ikiz ünsüz** *s* LING Doppelkonsonant *m*
iklim *s* Klima *nt* **iklim araştırmacısı** *s* Klimaforscher(in) *m(f)* **iklim bilimi** *s ohne pl* Klimatologie *f*
iklimleme cihazı *s* (*klima*) Klimaanlage *f*
iklimsel *adj* klimatisch
ikmal <-li> *s* ❶ Nachschub *m* ❷ (*bütünleme*) Ergänzung *f;* (*tamamlama*) Vervollständigung *f* **ikmal imtihanı** *s* SCHULE (*bütünleme sınavı*) Nachprüfung *f*
ikna <-ı> [ikna:] *s* ❶ (*inandırma*) Überzeugung *f;* ~ **etmek** überzeugen (**-e** von); ~ **olmak** überzeugt sein ❷ (*kandırma*) Überredung *f;* ~ **etmek** überreden; ~ **olmak** sich überreden lassen
ikon *s* ❶ Ikone *f* ❷ INFORM Icon *nt*
ikram *s* ❶ Bewirtung *f,* Beköstigung *f* ❷ (*sunma*) **birine bir şey ~ etmek** jdm etw anbieten ❸ (*indirim*) Preisnachlass *m,* Rabatt *m;* **birine ~da bulunmak** jdm einen Preisnachlass [*o* Rabatt] gewähren
ikramiye *s* ❶ Gratifikation *f,* Sonderzulage *f* ❷ Bonus *m* ❸ (*çekilişte*) (Lotterie)Gewinn *m*
ikrar *s* ❶ Geständnis *nt* ❷ (*borç ~ı*) Anerkenntnis *nt*
ikraz *s* Darlehen *nt;* ~ **etmek** ein Darlehen gewähren, beleihen **ikraz müessesesi** *s* Leihhaus *nt*
iksir *s* Elixier *nt*
iktibas *s s.* **alıntı** Zitat *nt;* ~ **etmek** zitieren
iktidar *s ohne pl* Macht *f;* (*erk*) Gewalt *f* **iktidar sahibi** *s* POL Machthaber(in) *m(f)*
iktidarsız *adj* ❶ (*gücü olmayan*) machtlos; (*beceriksiz*) unfähig ❷ (*cinsî gücü olmayan*) impotent
iktidarsızlık <-ğı> *s ohne pl* ❶ (*güçsüzlük*) Machtlosigkeit *f;* (*beceriksizlik*) Unfähigkeit *f* ❷ (*erkek için*) Impotenz *f*
iktisaden *adv* wirtschaftlich, ökonomisch
iktisadı *s poss von* **iktisat**
iktisadi *adj* wirtschaftlich, ökonomisch **iktisadi bunalım** *s* Wirtschaftskrise *f*
iktisap <-bı> *s* Erwerb *m;* **bir şeyi ~ etmek** etw erwerben
iktisat <-dı> *s* (*ekonomi*) Wirtschaft *f,* Ökonomie *f;* ~ **etmek/yapmak** sparen
iktisatçı *s* Ökonom *m*
iktisatlı *adj* (*şey*) wirtschaftlich; (*kimse*) sparsam
iktisatsız *adj* unwirtschaftlich
iktisatsızlık <-ğı> *s ohne pl* Unwirtschaftlichkeit *f*
il *s* ADMIN Provinz *f*
ilaç <-cı> [ilãtʃ] **I.** *s* ❶ Medikament *nt,* Medizin *f,* Arznei *f,* Arzneimittel *m* ❷ (*fig: çare, önlem*) Medizin *f,* Heilmittel *nt,* Mittel *nt;* **bunun bir ilacı var mı?** gibt es ein Mittel dagegen? **II.** *adj* medikamentös; ~ **tedavisi** medikamentöse Behandlung **ilaç formülü** *s* Arzneiformel *f* **ilaç kutusu** *s* Medikamentenschachtel *f* **ilaç sanayii** *s* Pharmaindustrie *f* **ilaç şişesi** *s* Arzneiflasche *f*
ilah [ilã:x] *s* ❶ (*tanrı*) Gott *m;* ~ **gibi** wie ein junger Gott ❷ (*fig fam*) Idol *nt;* **gençliğin ~ı** das Idol der Jugend
ilahe [ilã:he] *s* (*tanrıça*) Göttin *f*
ilahi[1] [ilã:'hi] *interj* ~! ach, du meine Güte!
ilahi[2] [ilã:hi] *s* REL Lobgesang *m,* Hymne *f;* **Gregoryen ~leri** gregorianische Gesänge
ilahî [ilã:hi:] *adj* (*a. fig*) göttlich; **İ~ Komedya** die Göttliche Komödie
ilahiyat [ilã:hija:t] *s ohne pl* (*teoloji*) Theologie *f* **ilahiyatçı** *s* (*teolog*) Theologe, -login *m, f*
ilahlaştırma *s ohne pl* ❶ *Verbalsubstantiv zu* **ilahlaştırmak** ❷ Vergottung *f*
ilahlaştırmak *vt* ❶ vergotten ❷ (*fig fam*) idolisieren
ilan [i:lã:n] *s* ❶ VERLAG Anzeige *f,* Inserat *nt,* Annonce *f;* ~ **vermek** inserieren, eine Anzeige aufgeben, ein Inserat aufgeben; **bütün gazetelere ~ vermek** in allen Zeitungen inserieren ❷ (*açıkça duyurma*)

Ausruf *m;* ~ **etmek** ausrufen; (*seferberlik*) anordnen; **cumhuriyet ~ edildi** die Republik wurde ausgerufen; **sıkı yönetim ~ etmek** das Standrecht verhängen ❸ (~ *ıaşk;* ~ *ıharp*) Erklärung *f;* ~ **etmek** erklären; **bir kimseye/devlete savaş ~ etmek** jdm/einem Staat den Krieg erklären **ilan gazetesi** *s* Anzeigenblatt *nt*

ilanıaşk [i:lã:--] *s* Liebeserklärung *f;* **birine ~ etmek** jdm eine Liebeserklärung machen **ilanıharp** <-bi> *s* Kriegserklärung *f*

ilan kampanyası *s* Anzeigenkampagne *f*

ilanlar bölümü *s* VERLAG Anzeigenteil *m*

ilan panosu *s* Anschlagbrett *nt* **ilan tahtası** *s* Anschlagbrett *nt*

ilave [ilã:ve] *s* ❶ (*ek*) Zusatz *m;* (*ulama*) Hinzufügung *f;* **bir şeyi (başka) bir şeye ~ etmek** eine Sache einer (anderen) Sache hinzufügen ❷ VERLAG (*ek*) Beilage *f;* ~ **etmek** beilegen

ilaveten *adv* zusätzlich

ilbay *s* ADMIN Gouverneur *m,* Provinzgouverneur *m*

ilçe *s* ADMIN Provinzbezirk *m*

ile I. *konj* und; **annesi ~ babası** seine Mutter und sein Vater II. *präp* (-(*y*)*le,* -(*y*)*la*) ❶ mit; **annesi/arabası ~ geldi** er kam mit seiner Mutter/seinem Wagen ❷ nach; **sıra ~** der Reihe nach ❸ unter; **ihtiyat kaydı ~** unter Vorbehalt ❹ per, mit; **posta/tren ~** per [*o* mit der] Post/Bahn; **gemi ~** per Schiff

ilelebet *adv* (*sürgit*) auf ewig, für immer und ewig; (*sonsuzluğa değin*) bis in alle Ewigkeit

ilen *konj* REG *s.* **ile**

ilenç <-ci> *s* Fluch *m*

ilenme *s* ❶ *Verbalsubstantiv zu* **ilenmek** ❷ Verfluchung *f*

ilenmek *vi* **birine ~** jdn verfluchen

ilerde *adv* ❶ künftig, in der Zukunft ❷ (*ötede*) vorn(e); *s. a.* **ileride**

ileri I. *s* <-si> ❶ (*geri karşıtı*) **~mizde ağaçları gördük** wir sahen die Bäume vor uns ❷ **daha ~ gidelim mi?** sollen wir noch weiter gehen? ❸ (*gelecek*) Zukunft *f* II. *adj* ❶ (*önde bulunan*) vordere(r, s) ❷ (*saat*) **saat beş dakika ~dir** die Uhr geht fünf Minuten vor ❸ (*önceki*) vorherige(r, s) ❹ (*fig*) fortschrittlich, progressiv; ~ **teknoloji** fortschrittliche Technologie ❺ (*yaş*) hoch, vorgerückt; ~ **yaş** hohes Alter; **~ yaşta (olmak)** in hohem [*o* vorgerücktem] Alter (sein) III. *adv* ❶ vorwärts; **bir şeyden ~ gelmek** von etw herrühren; **~ gitmek** vorwärtsgehen; (*saat*) vorgehen; (*fig*) zu weit gehen ❷ **~ sürmek** vorschieben; (*bir savı*) aufstellen; (*bir düşünceyi*) äußern, zur Sprache bringen, vorbringen; **yorgun olduğunu ~ sürdü** er gab vor, müde zu sein IV. *interj* **~!** vorwärts!

ilerici I. *s* Fortschrittler *m* II. *adj* fortschrittlich, progressiv

ilericilik <-ği> *s ohne pl* Fortschrittlichkeit *f*

ileride *adv* ❶ (*gelecekte*) künftig, in der Zukunft ❷ (*ötede*) vorn(e)

ileri geri *adv* ❶ unüberlegt, unbedacht; **~ etmeden** ohne Hickhack; (*sorgu sual etmeden*) ohne Fragen zu stellen; **uzun uzun ~ ettikten sonra** nach langem Hin und Her ❷ **~ konuşmak** (dumm) daherreden; **böyle ~ konuşma!** red nicht so dumm daher! ❸ (*yersiz, yakışıksız*) ungehörig, unangebracht, deplatziert **ileri görüş** *s ohne pl* ❶ Weitblick *m* ❷ Vorausschau *f* **ileri görüşlü** *adj* vorausschauend

ilerisi *s* Zukunft *f;* **~ni düşünmek** an die Zukunft denken

ileri vites *s* TECH Vorwärtsgang *m*

ilerleme *s ohne pl* ❶ *Verbalsubstantiv zu* **ilerlemek** ❷ Fortschritt *m* ❸ (*meslekte*) Fortkommen *nt*

ilerlemek *vi* ❶ (*ileriye gitmek*) fortkommen, seinen Weg fortsetzen; **vapur siste ilerliyordu** der Dampfer setzte im Nebel seine Fahrt fort ❷ fortschreiten; (*gelişmek*) sich fortentwickeln, sich weiterentwickeln; **hastalık ilerliyor** die Krankheit schreitet fort ❸ (*meslekte*) fortkommen, vorankommen ❹ (*arazide, ormanda*) vorankommen, vorwärtskommen, weiterkommen ❺ *a.* MIL vorrücken (**-e kadar** bis zu), vorstoßen (**-e kadar** bis zu); **birlikler ırmağa kadar ilerledi** die Truppen sind bis zum Fluss vorgestoßen; **ordu kaleye kadar ilerledi** die Armee rückte bis zur Festung vor

ilerleme raporu *s* EU Fortschrittsbericht *m*

ilerlemiş *adj* fortgeschritten; **~ yaşta** in vorgerücktem [*o* fortgeschrittenem] Alter; **~ yaşta spor yapmak** in fortgeschrittenem Alter Sport treiben; **yaşı ~ olmak** im fortgeschrittenen Alter sein

ilerletme *s ohne pl* ❶ *Verbalsubstantiv zu* **ilerletmek** ❷ Fortentwicklung *f*

ilerletmek *vt* ❶ *Kausativ zu* **ilerlemek** ❷ weiterentwickeln, fortentwickeln

ilerleyici *adj a.* LING progressiv

ileti *s* Mitteilung *f;* (*mesaj*) Nachricht *f*

iletişim *s ohne pl* Kommunikation *f* **iletişim akışı** *s* Kommunikationsfluss *m* **iletişim araçları** *pl* Kommunikationsmittel *pl* **iletişim merkezi** *s* Kommunikationszentrum *nt*

iletişimsel *adj* kommunikativ

iletişme *s ohne pl* ❶ *Verbalsubstantiv zu* **iletişmek** ❷ Kommunikation *f*
iletişmek *vi* kommunizieren
iletken **I.** *s* ELEK, PHYS, TECH Leiter *m* **II.** *adj* ELEK, PHYS, TECH leitfähig **iletken damarlar** *pl* BOT Leitgewebe *nt*
iletkenlik <-ği> *s ohne pl* PHYS Leitfähigkeit *f*
iletki *s* MATH Geodreieck *nt;* (*açıölçer*) Winkelmesser *m*
iletme *s ohne pl* ❶ *Verbalsubstantiv zu* **iletmek** ❷ Übermittlung *f,* Weitergabe *f*
iletmek *vt* ❶ leiten, weiterleiten ❷ (*ulaştırmak*) übermitteln; **birine bir şey ~** jdm etw übermitteln, jdm etw zukommen lassen; **duyduklarını okurlara ~** das, was er erfahren hat, an die Leser weitergeben ❸ (*nakletmek*) befördern, transportieren; (*götürmek*) (über)bringen; **öğrenciyi arabayla eve ~** den Schüler mit dem Wagen nach Hause bringen ❹ TECH, PHYS leiten; **ısıyı dışarı ~** die Wärme abstrahlen
ilga *s ohne pl* Abschaffung *f;* **bir şeyi ~ etmek** etw abschaffen
ilgeç <-ci> *s* LING (*edat*) ❶ Partikel *f* ❷ Postposition *f*
ilgi *s* ❶ Interesse *nt;* **bir şeye ~ duymak** [*o* **göstermek**] sich für etw interessieren; **~ uyandırmak** das Interesse (er)wecken ❷ (*nazarıdikkat*) Aufmerksamkeit *f;* **birine ~ göstermek** jdm Aufmerksamkeit erweisen; **birinin ~sini çekmek** jds Aufmerksamkeit auf sich ziehen ❸ (*mektup başında*) Bezug *m* ❹ (*herhangi bir bağlılık*) Zusammenhang *m* **ilgi çekici** *adj* interessant
ilgilendirme *s Verbalsubstantiv zu* **ilgilendirmek**
ilgilendirmek *vt* ❶ betreffen, angehen; **bu beni ilgilendirmez** das betrifft mich nicht, das geht mich nicht an ❷ interessieren; **bu beni ilgilendirmez** das interessiert mich nicht
ilgilenme *s Verbalsubstantiv zu* **ilgilenmek**
ilgilenmek *vi* ❶ (*merak duymak*) sich interessieren (**-le** für); **okulda ilgilendiği tek ders Almancaydı** das einzige Fach, wofür er sich in der Schule interessierte, war Deutsch ❷ (*uğraşmak*) sich beschäftigen (**-le** mit), sich befassen (**-le** mit) ❸ sich kümmern (**-le** um); **çocuklarla ilgilenmiyor** er kümmert sich nicht um die Kinder
ilgili *adj* ❶ bezüglich, betreffend; **2 Ocak tarihli yazımızla ~ olarak ...** in Bezug auf unser Schreiben vom 2. Januar, ...; **gelecekle ~** zukunftsbezogen; **konu para ile ~** es geht ums Geld; **ses ile ~** den Schall betreffend ❷ beteiligt ❸ zuständig ❹ zusammenhängend; **bu işle ~ bütün sorular** alle mit dieser Angelegenheit zusammenhängenden Fragen
ilginç <-ci> *adj* interessant
ilginçleşme *s Verbalsubstantiv zu* **ilginçleşmek**
ilginçleşmek *vi* interessant werden
ilginçlik <-ği> *s ohne pl* Interessantheit *f*
ilgisiz *adj* gleichgültig, interesselos, desinteressiert
ilgisizlik <-ği> *s ohne pl* ❶ (*aldırmazlık*) Gleichgültigkeit *f;* (*kayıtsızlık*) Indifferenz *f,* Uninteressiertheit *f* ❷ (*ilgi göstermeme*) Interesselosigkeit *f,* Desinteresse *nt*
ilhak *s* ❶ (*ekleme*) Zufügung *f;* **~ etmek** zufügen ❷ POL Annexion *f;* **~ etmek** annektieren
ilham *s s.* **esin** Eingebung *f,* Inspiration *f;* **~ vermek** inspirieren (**-e**) **ilham perisi** *s* Muse *f;* **onu ~ öpmüş** er wurde von der Muse geküsst
ilik[1] <-ği> *s* Knopfloch *nt*
ilik[2] <-ği> *s* ANAT Mark *nt;* (*kemik iliği*) Knochenmark *nt;* **iliğime kadar ıslandım** ich bin durch und durch nass
ilikleme *s Verbalsubstantiv zu* **iliklemek**
iliklemek *vt* zuknöpfen; **gömleği(ni)/pantolonu(nu) ~** (sich) das Hemd/die Hose zuknöpfen
ilikli *adj* zugeknöpft
ilim <-lmi> *s s.* **bilim** Wissenschaft *f* **ilim adamı** *s s.* **bilim adamı** Wissenschaftler *m;* (*bilgin*) Gelehrte(r) *m* **ilim kadını** *s s.* **bilim kadını** Wissenschaftlerin *f;* (*bilgin*) Gelehrte *f*
ilinek <-ği> *s* PHILOS Akzidens *nt*
ilinti *s* Relation *f,* Verhältnis *nt,* Beziehung *f*
ilişiği *s poss von* **ilişik**
ilişik **I.** *s* <-ği> ❶ **biriyle ilişiğini kesmek** mit jdm abschließen; **dış dünya ile ilişiği kesilmiş olmak** von der Außenwelt abgeschnitten sein ❷ (*eklenmiş olan bölüm*) Anlage *f;* **~te** in der Anlage **II.** *adj* beigefügt; (*bağlanmış*) verbunden
ilişki *s* ❶ (*münasebet*) Beziehung *f;* (*temas*) Kontakt *m;* **insanlarla ~** Kontakt zu Menschen; **dış/diplomatik ~ler** auswärtige/diplomatische Beziehungen; **biriyle ~yi kesmek** den Kontakt zu jdm abbrechen; (*fam*) mit jdm Schluss machen ❷ (*bağlantı*) Verbindung *f;* (*temas*) Kontakt *m;* **biriyle ~ye geçmek** mit jdm Kontakt aufnehmen, mit jdm in Verbindung treten; **birinin bir şeyle ~si var** jd hat mit etwas zu tun; **bununla ~n var mı?** hast du damit zu tun? ❸ (*karşılıklı ilgi*) Verhältnis *nt;*

arkadaşça/dostça bir ~ ein kameradschaftliches/freundschaftliches Verhältnis ❹ (*cinsel*) Verkehr *m* ❺ (*mektupta*) Betreff *m*

ilişkin *adj* über (-**e**), betreffend (-**e**); **bir konuya ~ olmak** über ein Thema sein, sich um ein Thema handeln

ilişkinlik <-ği> *s ohne pl* Zugehörigkeit *f*

ilk *adj* ❶ erste(r, s); ~ **kez** zum ersten Mal, erstmals; ~ (**ve son**) **kez** zum ersten (und zum letzten) Mal; ~ **yarı** die erste Halbzeit ❷ früh; ~ **gençliğinde at delisiydi** in seiner frühen Jugend war er ein Pferdenarr

ilkah *s* ❶ Besamung *f*, Befruchtung *f*; ~ **etmek** besamen, befruchten ❷ (*aşılama*) Pfropfung *f*; ~ **etmek** pfropfen

ilkbahar *s* Frühling *m*

İlk Cağ *s ohne pl* Altertum *nt*

ilk dördün *s* ASTRON zunehmender Mond

ilke *s* Prinzip *nt*, Grundsatz *m*

ilkel *adj* ❶ primitiv ❷ BOT ~ **bitkiler** niedere Pflanzen

ilkelce *adv* primitiv

ilkelcilik <-ği> *s ohne pl* KUNST (*primitivizm*) Primitivismus *m*

ilkellik <-ği> *s ohne pl* Primitivität *f*

ilk gösteri *s* Erstaufführung *f*; (*prömiyer*) Premiere *f*

ilkgüz *s s.* **eylül** September *m*

ilkin *adv* anfangs, zuerst **ilkin sığır** *s* Auerochse *m*

ilk kânun *s s.* **aralık** Dezember *m*

ilkokul *s* Grundschule *f* **ilkokul öğretmeni** *s* Grundschullehrer(in) *m(f)*

ilk önce *adv* zuerst **ilk örnek** <-ği> *s* (*arketip*) Archetyp *m* **ilk teşrin** *s s.* **ekim** Oktober *m* **ilk ve son** *adj* (*fig fam*) einzig und allein; (*tek*) einzig **ilk yardım kutusu** *s* Erste-Hilfe-Kasten *m*

ilkyaz *s* Frühling *m*

illâ *adv s.* **ille**

illâki *adv s.* **ille**

illâllah *konj* ~**!** Herrgott!, mein Gott!; ~**, yeter artık!** mein Gott, jetzt ist aber genug!

ille *adv* ❶ (*her hâlde*) auf jeden Fall, unbedingt ❷ (*özellikle*) insbesondere ❸ (*yoksa, olmazsa*) sonst, andernfalls; **sen de gelirsin, ~ gitmem** du kommst mit, sonst gehe ich nicht

illegal *adj* illegal; ~ **örgüt** illegale Organisation

illet *s* ❶ (*hastalık*) Krankheit *f* ❷ (*fam*) Plagegeist *m* ❸ PHILOS (*sebep*) Ursache *f*

ille velâkin *konj* REG (*bununla birlikte*) dennoch

illî *adj s.* **nedensel** kausal, ursächlich

illiyet *s s.* **nedensellik** Kausalität *f*, Ursächlichkeit *f*

illüstrasyon *s* ❶ (*resimlerle süsleme*) Illustration *f*, Illustrierung *f* ❷ (*resim*) Abbildung *f*

illüzyon *s* Illusion *f*

illüzyonist **I.** *s* Illusionist(in) *m(f)* **II.** *adj* illusionistisch

illüzyonizm *s ohne pl* Illusionismus *m*

ilmî *adj s.* **bilimsel** wissenschaftlich

ilmik <-ği> *s* ❶ Schlinge *f* ❷ (*eğreti düğüm*) lose(r) Knoten

ilmühaber *s* ADMIN Schein *m*; (*doğum* ~ *i*) Urkunde *f*

iltibas *s* Verwechs(e)lung *f*

iltica *s* JUR, POL (*sığınma*) Asyl *nt* **iltica hakkı** *s* JUR, POL (*sığınma hakkı*) Asylrecht *nt*

iltifat *s* Kompliment *nt*

iltihabı *s poss von* **iltihap**

iltihap <-bı> *s* Entzündung *f*

iltihaplanma *s* ❶ *Verbalsubstantiv zu* **iltihaplanmak** ❷ Entzündung *f*

iltihaplanmak *vi* sich entzünden

iltihaplı *adj* entzündet

iltimasçılık <-ğı> *s ohne pl s.* **kayırıcılık** Günstlingswirtschaft *f*, Vetternwirtschaft *f*

iltizam *s* ❶ (*kayırma*) Begünstigung *f*; (*taraf tutma*) Parteinahme *f*; ~ **etmek** begünstigen ❷ JUR (*borç* ~ *ı*) Übernahme *f* ❸ (*kesenek*) Pacht *f*; ~**a vermek** in Pacht geben

İlyas *s* REL ~ **peygamber** der Prophet Elias

im *s* ❶ (*işaret*) Zeichen *nt* ❷ (*alâmet*) Anzeichen *nt*

ima [i:ma:] *s* ❶ (*anıştırma*) Andeutung *f*, Anspielung *f*; ~ **etmek** andeuten; **bir şeyi ~ ile söylemek** etw andeutungsweise sagen ❷ (*işaretleme*) Hinweis *m*, Wink *m*

imaj *s* Image *nt*

imal <-li> [i:ma:l] *s* Fertigung *f*; ~ **etmek** fertigen, herstellen

imalât *s* ❶ Produktion *f*, Anfertigung *f* ❷ Herstellung *f*, Fabrikation *f*

imam *s* REL Imam *m*

imambayıldı *s* GASTR der Imam fiel in Ohnmacht (*kalte Speise mit gefüllten Auberginen in Olivenöl*)

imam evi *s* REG Frauengefängnis *nt* **imam kayığı** *s* (*sl: tabut*) Sarg *m* **imam nikâhı** *s* Trauung *f* vor dem Imam **imam suyu** *s* (*sl: rakı*) Raki *m*, Schnaps *m*

iman [i:ma:n] *s ohne pl* Glaube *m*; **açlıktan ~ı gevremek** (*fig fam*) am Hungertuch nagen

imaniye *s ohne pl* PHILOS *s.* **inancılık** Fideismus *m*

imanlı *adj* ❶ gläubig ❷ (*fig fam: insaflı*) gnädig, gütig

iman sahibi *s* Gläubige(r) *f(m)*
imansız **I.** *s* Ungläubige(r) *f(m)*; **dinsizin hakkından ~ gelir** (*fig*) den Teufel mit dem Beelzebub austreiben **II.** *adj* ❶ ungläubig; ~ **gitmek** ungläubig sterben ❷ (*fig fam: insafsız*) gnadenlos; (*acımasız*) mitleid(s)los ❸ REG fettarm, mager; ~ **peynir** fettarmer Käse
imansızlık <-ğı> *s ohne pl* Unglaube *m*
iman tahtası *s* REG (*göğüs kemiği*) Brustbein *nt*
imar [iːmaːr] *s* Bebauung *f* **imar dairesi** *s* Bauamt *nt*
imarethane *s* HIST Armenküche *f*
imar hukuku *s ohne pl* Baurecht *nt* **imar planı** *s* Bebauungsplan *m*
imbat *s* (*deniz yeli*) Seewind *m*
imbik <-ği> *s* CHEM (*damıtıcı*) Destillierkolben *m*; ~**ten çekmek** destillieren
imdat <-dı> [im'daːt] **I.** *s ohne pl* Nothilfe *f*; ~ **diye bağırmak** (um) Hilfe rufen; **birinin imdadına koşmak** jdm zu Hilfe eilen **II.** *interj* ~! Hilfe!
imdatçı *s* Nothelfer(in) *f*
imge *s* ❶ Einbildung *f*, Trugbild *nt*; (*düş*) Traum *m*; (*hayal*) Vorstellung *f* ❷ (*imaj*) Image *nt*
imgelem *s ohne pl* ❶ Einbildungskraft *f* ❷ Vorstellungsvermögen *nt*
imgeleme *s* ❶ *Verbalsubstantiv zu* **imgelemek** ❷ Vorstellung *f*, Einbildung *f*
imgelemek *vt* sich vorstellen, sich einbilden
imha *s* Vernichtung *f*; **bir şeyi ~ etmek** etw vernichten
imik <-ği> *s* REG (*boğaz*) Hals *m*; (*gırtlak*) Kehle *f*, Kehlkopf *m*
imitasyon *s* ❶ (*taklit*) Imitat *nt* ❷ (*taklit etme*) Imitation *f*, Nachahmung *f*
imkân *s* Möglichkeit *f*; ~ **dâhilinde olmak** im Bereich des Möglichen liegen; ~**ı yok!** (das ist) unmöglich [*o* nicht möglich]!, ausgeschlossen!; **ev bu durumdayken ~ı yok rahat edemem** wenn das Haus in diesem Zustand ist, kann ich mich unmöglich wohl fühlen
imkânsız *adj* unmöglich; ~ **bir şey** ein Ding der Unmöglichkeit; **çözülmesi ~ bir problem** ein unlösbares Problem
imkânsızlaşma *s Verbalsubstantiv zu* **imkânsızlaşmak**
imkânsızlaşmak *vi* unmöglich werden
imkânsızlık <-ğı> *s ohne pl* Unmöglichkeit *f*
imlâ *s s.* **yazım** Rechtschreibung *f*; ~ **etmek** (*söyleyip yazdırmak*) diktieren; (*doldurmak*) ausfüllen **imlâ yanlışı** *s* Rechtschreibfehler *m*
imleç <-ci> *s* INFORM Cursor *m*
imleme *s Verbalsubstantiv zu* **imlemek**
imlemek *vt* ❶ anzeigen, signalisieren; (*im koymak*) kennzeichnen ❷ (*ima etmek*) signalisieren, andeuten
immoral *adj* PHILOS immoralisch
immoralizm *s ohne pl* PHILOS Immoralismus *m*
immünoloji *s ohne pl* MED Immunologie *f*
imparator *s* Kaiser *m*, Imperator *m* **imparatoriçe** *s* Kaiserin *f* **imparatorluk** <-ğu> *s* Kaiserreich *nt*, Imperium *nt*, Reich *nt*; **Osmanlı/Roma İmparatorluğu** HIST das Osmanische/Römische Reich
imren *s ohne pl* Neid *m*
imrenilecek *adj* beneidenswert
imrenme *s ohne pl* ❶ *Verbalsubstantiv zu* **imrenmek** ❷ Neid *m*
imrenmek *vi* ❶ beneiden; **bir kimseye/şeye ~** jdn/etw beneiden, auf jdn/etw neidisch sein; **birinin bir şeyine ~** jdn um etw beneiden ❷ (*beğenilen bir şeyi edinme isteğini duymak*) Lust bekommen (**-e** auf); (*bir yiyeceği yeme isteğini duymak*) Appetit bekommen (**-e** auf)
imrenti *s ohne pl* Neid *m*
imsak <-ki> *s ohne pl* ❶ Abstinenz *f*, Enthaltsamkeit *f* ❷ REL (*oruca başlama zamanı*) Fastenbeginn *m* ❸ (*cimrilik*) Geiz *m* **imsak vakti** *s* REL (*orucun başlama saati*) Fastenbeginn *m*
imtihan *s s.* **sınav** Prüfung *f*; ~ **etmek** prüfen; ~ **olmak** geprüft werden; ~ **vermek** eine Prüfung ablegen
imtina <-ı> [imtinaː] *s ohne pl* Verweigerung *f* (**-den**); ~ **etmek** verweigern (**-den**)
imtisal <-li> [imtisaːl] *s ohne pl* ❶ (*benzemeye çalışma*) Nachahmung *f*; ~ **etmek** nachahmen ❷ (*buyruğa uyma*) Befolgung *f*; ~ **etmek** befolgen
imtiyaz [imtijaːz] *s* ❶ (*ayrıcalık*) Vorrecht *nt*, Privileg *nt*, Vorzug *m*; ~ **tanımak** bevorzugen (**-e**) ❷ JUR (*özel izin*) Konzession *f*
imtiyazlı *adj* (*ayrıcalıklı*) bevorrechtigt, privilegiert, Vorzugs-; ~ **bir alacaklı** ein bevorrechtigter Gläubiger; ~ **bir sınıf** eine privilegierte Klasse **imtiyazlı hisse senedi** *s* WIRTSCH, FIN Vorzugsaktie *f*
imza *s* Unterschrift *f*, Signatur *f*; ~ **atmak** eine Unterschrift leisten; ~ **toplamak** Unterschriften sammeln; ~**sını altına attı** er setzte seine Unterschrift darunter; **sayısal** ~ INFORM digitale Signatur **imza kampanyası** *s* Unterschriftenkampagne *f*, Unterschriftenaktion *f*
imzalama *s ohne pl* ❶ *Verbalsubstantiv zu* **imzalamak** ❷ Unterzeichnung *f*

imzalamak *vt* unterschreiben, unterzeichnen, signieren
imzalı *adj* unterschrieben, unterzeichnet, signiert
imza sirküleri *s* Unterschriftenmappe *f*
in[1] *vi Imperativ von* **inmek**: ~ **aşağı!** komm runter!; (*bir taşıttan*) steig aus!; (*attan, bisikletten*) steig ab!
in[2] *s* (*mağara*) Höhle *f*
in[3] *s* (*insan*) Mensch *m;* ~ **cin yok** keine Menschenseele; **sokaklarda ~ cin top oynuyor**(**du**) die Straßen sind (waren) wie ausgestorben
inadı *s poss von* **inat**
inak <-ğı> *s* PHILOS (*dogma*) Dogma *nt*
inakçı *s* PHILOS (*dogmacı*) Dogmatiker(in) *m(f)*
inakçılık <-ğı> *s ohne pl* PHILOS (*dogmatizm*) Dogmatismus *m*
inaksal *adj* PHILOS (*dogmatik*) dogmatisch
inan[1] *vi Imperativ von* **inanmak**
inan[2] *s ohne pl* Glaube *m;* ~ **olsun, ...** glaub mir, ...
inancılık <-ğı> *s ohne pl* PHILOS (*fideizm*) Fideismus *m*
inanç <-cı> *s ohne pl* Glaube(n) *m,* Überzeugung *f*
inançlı *adj* gläubig
inançlılık <-ğı> *s ohne pl* Gläubigkeit *f*
inanç özgürlüğü *s ohne pl* Glaubensfreiheit *f*
inançsız *adj* ungläubig
inançsızlık <-ğı> *s ohne pl* Unglaube *m*
inandırıcı *adj* glaubhaft, überzeugend
inandırıcılık <-ğı> *s ohne pl* Glaubhaftigkeit *f*
inandırma *s Verbalsubstantiv zu* **inandırmak**
inandırmak *vt* überzeugen; **birini bir şeye ~** jdm etw glaubhaft machen
inanılmayacak *adj* unglaublich; ~ **şeyler anlatmak/söylemek** unglaubliche Sachen erzählen/sagen
inanılmaz *adj* unglaublich; ~ **ama gerçek** unglaublich, aber wahr
inanırlık <-ğı> *s ohne pl* Glaubhaftigkeit *f*
inanış *s ohne pl* Glaube *m;* **Hristiyan/Yahudi ~ı** der christliche/jüdische Glaube
inanma *s Verbalsubstantiv zu* **inanmak**
inanmak *vi* ❶ glauben (**-e**); **inanılacak şey değil!** es ist nicht zu glauben!; **buna inan(m)ıyor musun?** glaubst du das (nicht)?; **ister inan ister inanma, ...** ob du es glaubst oder nicht, ...; **sana inanıyorum** ich glaube dir; **sen de buna inanmıyorsun ki!** das glaubst du doch selber nicht!; (**şuna**) **inanıyorum ki, ...** ich bin (davon) überzeugt, dass ... ❷ *a.* REL glauben (**-e** an); **Allah'a inanıyorum** ich glaube an Gott; **Tanrı'ya ~** an Gott glauben ❸ trauen; **gözlerine inanamadı** er traute seinen Augen nicht; **kulağına inanmamak** (*fam*) seinen Ohren nicht trauen
inat <-dı> *s* ❶ Sturheit *f* ❷ Trotz *m;* ~ **etmek** trotzen; **inadı tutmak** in seinem Trotz beharren
inatçı *adj* ❶ stur, hartnäckig ❷ trotzig
-ince <-ınca, -unca, -ünce> *Suffix s.* **-ınca**
ince *adj* ❶ (*kalın karşıtı*) dünn; (*minare*) schlank; ~ **bir kitap** ein dünnes Buch; ~ **yapılı** schlank gebaut ❷ (*ses*) fein, dünn; (*ünlü*) hell; (*tiz*) hoch ❸ (*iri karşıtı*) fein; ~ **kum** feiner Sand ❹ (*sıvılar için*) dünnflüssig ❺ (*hafif*) leicht ❻ (*fig: zarif*) fein ❼ (*fig: ayrıntılı*) fein; ~ **eleyip sık dokumak** verhackstücken **ince ağrı** *s ohne pl* REG (*verem*) Tuberkulose *f,* Schwindsucht *f*
ince bağırsak <-ğı> *s* ANAT Dünndarm *m*
ince bağırsak iltihabı *s* MED (*anterit*) Dünndarmentzündung *f*
incecik *adv* **tereyağını ~ sürmek** Butter dünn auftragen
inceden inceye *adv* bis in die letzten Feinheiten, in allen Einzelheiten; (*titizlikle*) sorgfältig; ~ **hesaplamak** gründlich rechnen, durchrechnen; ~ **tasarlamak** ausklügeln, bis in die letzten Feinheiten ausdenken
ince hastalık <-ğı> *s ohne pl* REG (*akciğer veremi*) Lungentuberkulose *f* **ince iş** *s* Feinarbeit *f*
inceleme *s* ❶ *Verbalsubstantiv zu* **incelemek** ❷ Untersuchung *f,* Prüfung *f;* (*dosya*) Einsichtnahme *f;* (*gözden geçirme*) Durchsicht *f*
incelemek *vt* ❶ untersuchen, prüfen, studieren; **birinin yüz ifadesini ~** jds Gesichtsausdruck studieren ❷ (*gözden geçirmek*) durchsehen; **dosyayı ~** Einsicht in die Akten nehmen
incelenme *s Verbalsubstantiv zu* **incelenmek**
incelenmek *vt* untersucht werden, geprüft werden; **şikâyetiniz incelendikten sonra** nach Prüfung Ihrer Beschwerde
incelik <-ği> *s* Feinheit *f;* ~**ten yoksun** ohne Feingefühl
incelme *s Verbalsubstantiv zu* **incelmek**
incelmek *vi* dünn werden
inceltme *s Verbalsubstantiv zu* **inceltmek**
inceltme işareti *s* LING Zirkumflex *m*
inceltmek *vt* ❶ verdünnen; **suyla ~** mit Wasser verdünnen ❷ erhöhen; **bir sesi yarım ton ~** einen Ton um einen halben Ton erhöhen
ince taneli *adj* feinkörnig **ince toz** *s ohne*

pl TECH Feinstaub *m*
inci *s* Perle *f* **inci balığı** *s* ZOOL Laube *m,* Ukelei *m* **inci çiçeği** *s* BOT Maiglöckchen *nt*
incik <-ği> *s* ANAT (*baldır*) Unterschenkel *m*
incik boncuk <-ği> *s ohne pl* (*pej*) Tand *m,* Flitter *m* **incik kemiği** *s* ANAT Unterschenkelknochen *m*
inci küpe *s* Perlenohrring *m*
İncil *s* Bibel *f*
incir *s* Feige *f* **incir ağacı** *s* BOT Feigenbaum *m* **incir güvesi** *s* ZOOL Feigenmotte *f* **incir kuşu** *s* ZOOL Pieper *m* **incir yaprağı** *s* Feigenblatt *nt*
incitici *adj* (*fig*) verletzend, kränkend
incitme *s* ❶ *Verbalsubstantiv zu* **incitmek** ❷ Verletzung *f,* Kränkung *f*
incitmebeni *s* (*fam: kanser*) Krebs *m*
incitmek *vt* ❶ verletzen; **sol ayağımı incittim** ich habe mir den linken Fuß verstaucht ❷ (*fig fam: üzmek*) verletzen, kränken; **birinin gururunu ~** jds Stolz verletzen
inç *s* Inch *m o nt*
indeks *s* Index *m*
indifa <-ı> *s* ❶ GEO (*yanardağlarda*) Eruption *f,* Ausbruch *m;* **~ etmek** eruptieren, ausbrechen ❷ MED (*döküntü*) Eruption *f,* Hautausschlag *m* ❸ (*ayaklanma*) Aufstand *m*
indifaî *adj* ❶ GEO (*püskürten*) eruptiv ❷ MED (*döküntülü*) eruptiv
indirgeme *s* ❶ *Verbalsubstantiv zu* **indirgemek** ❷ CHEM, MATH Reduktion *f,* Reduzierung *f*
indirgemek *vt* CHEM, MATH reduzieren; **karbondioksidi karbonmonokside ~** Kohlendioxid zu Kohlenmonoxid reduzieren
indirgen *adj* CHEM Reduktions- **indirgen madde** *s* CHEM Reduktionsmittel *nt*
indirgeyici *adj* CHEM Reduktions- **indirgeyici madde** *s* CHEM Reduktionsmittel *nt*
indirim *s* ❶ (*fiyatlarda*) Ermäßigung *f;* (*fiyatta*) Nachlass *m;* (*müşteri ~ i*) Rabatt *m;* **fiyatlarda yüzde 10 ~ yapmak** die Preise um 10 % ermäßigen ❷ (*faiz ~ i*) Senkung *f*
indirimli *adj* ermäßigt, herabgesetzt **indirimli satışlar** *pl* Schlussverkauf *m*
indirme *s* ❶ *Verbalsubstantiv zu* **indirmek** ❷ Ermäßigung *f* ❸ INFORM (*internetten*) Download *nt*
indirmek *vt* ❶ *Kausativ zu* **inmek** ❷ (*fiyat*) herabsetzen, ermäßigen; **bir şeye gönül ~** sich herablassen zu etw; **faizleri ~** die Zinsen senken ❸ absetzen (**-den** von); **birini tahttan ~** jdn vom Thron absetzen ❹ streichen; **bayrağı yarıya ~** die Fahne auf Halbmast setzen; **yelkenleri ~** die Segel streichen; **yelkenleri suya ~** (*fig fam: direnmekten vazgeçmek*) die Segel streichen ❺ fällen; **bir doğruya dikme ~** auf eine Gerade das Lot fällen ❻ INFORM (*internetten*) herunterladen, downloaden; **bir dosyayı/programı ~** eine Datei/ein Programm herunterladen [*o* downloaden] ❼ herunterlassen; **kepenkleri ~** die Rollläden herunterlassen
indis *s* MATH, LING Index *m*
individüalist **I.** *s* PHILOS (*bireyci*) Individualist(in) *m(f)* **II.** *adj* PHILOS (*bireyci*) individualistisch
individüalizm <-ği> *s ohne pl* PHILOS (*bireycilik*) Individualismus *m*
indiyum *s ohne pl* CHEM Indium *nt*
indükleç <-ci> *s* PHYS Induktor *m*
indükleme *s* ❶ *Verbalsubstantiv zu* **indüklemek** ❷ PHYS Induktion *f* ❸ PHILOS (*tüme varım*) Induktion *f* **indükleme akımı** *s* PHYS Induktionsstrom *m* **indükleme akışı** *s* PHYS Induktionsfluss *m* **indükleme fırını** *s* PHYS, TECH Induktionsofen *m*
indüklemek *vt* PHYS induzieren
indükleme makinesi *s* PHYS Induktionsmaschine *f*
indüksiyon *s s.* **indükleme**
ineç <-ci> *s* GEO Mulde *f;* (*tekne*) Becken *nt*
inek **I.** *s* <-ği> ❶ Kuh *f* ❷ (*sl: öğrenci*) Streber(in) *m(f)* ❸ (*sl: ibne*) Schwule(r) *m* **II.** *adj* (*fig, pej: aptal*) dumm; (*bön*) blöd
inek ahırı *s* Kuhstall *m*
inekleme *s ohne pl* ❶ *Verbalsubstantiv zu* **ineklemek** ❷ (*fam*) Büffelei *f*
ineklemek *vi, vt* (*fam*) büffeln; (*hafızlamak*) pauken
inek sütü *s ohne pl* Kuhmilch *f*
infaz *s* Vollstreckung *f;* **ölüm cezasının ~** Vollstreckung der Todesstrafe
infirat <-dı> *s* Isolierung *f,* Isolation *f*
infiratçı **I.** *s* Isolationist(in) *m(f)* **II.** *adj* isolationistisch; *s. a.* **yalnızcı**
infiratçılık <-ğı> *s ohne pl s.* **yalnızcılık** Isolationismus *m*
informatik <-ği> *s ohne pl s.* **bilişim** Informatik *f*
İngiliz **I.** *s* Engländer(in) *m(f)* **II.** *adj* englisch **İngiliz anahtarı** *s* TECH Engländer *m*
İngilizce *s* Englisch *nt;* **~de** im Englischen; **~den Almancaya/Türkçeye** aus dem Englischen ins Deutsche/Türkische; **Almancadan/Türkçeden ~ye** aus dem Deutschen/Türkischen ins Englische
İngiltere *s* England *nt*
ingin *adj* ❶ tief gelegen ❷ MED (*bağırsak ~ i*) Grippe *f;* (*nezle*) Schnupfen *m*

-in hâli *s* LING (*tamlayan durumu*) Genetiv *m*
ini *s* (*fam: kayın birader*) Schwager *m* (*Bruder des Ehemannes/der Ehefrau*)
inikâs *s* ❶ (*ışık için*) Reflexion *f* ❷ (*ses için*) Echo *nt*
inik deniz *s ohne pl* GEO (*gelgit olayında*) Ebbe *f; s. a.* **kabarık deniz**
inisiyatif *s* Initiative *f;* **~i ele almak** die Initiative ergreifen
inisyal *s* Initiale *f*
iniş *s* ❶ Landung *f;* **~ yapmak** landen, aufsetzen; **~e geçmek** zur Landung ansetzen; **yumuşak ~** eine weiche Landung; **uçak sert/yumuşak ~ yaptı** das Flugzeug setzte hart/weich auf ❷ Abstieg *m;* **~ çıkıştan çok daha zor oldu** der Abstieg gestaltete sich weit schwieriger als der Aufstieg; **dağdan vadiye ~ iki gün sürdü** der Abstieg vom Berg hinab ins Tal dauerte zwei Tage
İnka *s* HIST Inka *m*
inkâr [inkãr] *s* Leugnung *f;* (*yadsıma*) Leugnen *nt;* **bir şeyi ~ etmek** etw leugnen, etw bestreiten [*o* abstreiten], etw in Abrede stellen; **... olduğu ~ edilemez** es ist nicht zu leugnen, dass ..., es lässt sich nicht bestreiten, dass ...
inkılap <-bı> *s* Reform *f*
inkılapçı **I.** *s* <-ğı> POL Reformist(in) *m(f)* **II.** *adj* reformistisch
inkılapçılık <-ğı> *s* POL Reformismus *m*
inkısam <-ı> *s* (*bölünme*) Teilung *f*
inkıta <-ı> *s s.* **kesinti** Unterbrechung *f*
inkişaf *s* ❶ (*gelişim*) Entwicklung *f* ❷ (*istidadın ~ı*) Entfaltung *f;* **~ etmek** sich entfalten; **~ ettirmek** entfalten ❸ (*açığa çıkma*) Aufklärung *f*
inme *s* ❶ *Verbalsubstantiv zu* **inmek** ❷ Schlaganfall *m*
inmek <-er> *vi* ❶ (*yukarıdan aşağıya doğru gelmek*) herunterkommen; (*asansörle*) hinunterfahren ❷ aussteigen (**-den** aus); **inerken dikkat ediniz!** Vorsicht beim Aussteigen! ❸ (*gitmek*) gehen (**-e** in, **-e** nach); **ayrıntılara ~** ins Detail gehen ❹ (*eski durumuna dönmek*) zurückgehen; **şiş indi** die Schwellung ist zurückgegangen ❺ sinken
inmeli *adj* gelähmt
inorganik <-ği> *adj* anorganisch
insaf **I.** *s ohne pl* Gnade *f,* Mitleid *nt,* Mitgefühl *nt;* **bir kimsenin ~ına maruz kalmak** von jds Gnade abhängen, jdm (wehrlos) ausgeliefert sein **II.** *interj* **~!** ich bitte dich!
insafsız *adj* gnadenlos; (*acımasız*) mitleid(s)los; (*vicdansız*) gewissenlos, rücksichtslos
insafsızca *adv* gnadenlos, ohne Gnade, ohne Mitgefühl, rücksichtslos
insan **I.** *s* Mensch *m;* **~ içine çıkmak** unter Menschen gehen, sich unter Menschen mischen **II.** *adj* menschlich **III.** *pron* man; **~ böyle şey der mi?** sagt man so etwas?
insan bilimci *s* (*antropolog*) Anthropologe, -login *m, f* **insan bilimi** *s ohne pl* Menschenkunde *f;* (*antropoloji*) Anthropologie *f* **insan bilimsel** *adj* (*antropolojik*) anthropologisch
insanca *adv* menschlich; **birine ~ davranmak** jdn menschlich behandeln
insancıl *adj* menschlich; **birinin ~ bir yanını keşfetmek** eine menschliche Seite an jdm entdecken
insan hakları *pl* Menschenrechte *pl* **insan haysiyeti** *s ohne pl* Menschenwürde *f*
insanımsılar *pl* ZOOL Menschenaffen *pl*
insan ırkı *s* Menschenrasse *f*
insani [insa:ni:] *adj* ❶ menschlich, human ❷ humanitär; **~ yardım** humanitäre Hilfe
insaniyet *s ohne pl* Menschlichkeit *f*
insaniyetli *adj* menschlich
insaniyetsiz *adj* unmenschlich
insaniyetsizlik <-ği> *s ohne pl* Unmenschlichkeit *f*
insan kaynakları *pl* Human Resources *pl* **insan kuyruğu** *s* Menschenschlange *f*
insanlar arası *adj* zwischenmenschlich; **~ ilişkiler** zwischenmenschliche Beziehungen
insanlık <-ğı> *s ohne pl* ❶ Menschheit *f* ❷ (*insancıl olma*) Menschlichkeit *f;* **~ etmek** Menschlichkeit zeigen ❸ (*insan sevgisi*) Menschenliebe *f* **insanlık tarihi** *s ohne pl* Menschheitsgeschichte *f*
insanoğlu *s ohne pl* Menschenkind *nt;* (*insan*) Mensch *m*
insan sarrafı *s* Menschenkenner(in) *m(f)* **insan sevgisi** *s* Menschenliebe *f*
insansı *adj* menschenähnlich
insansılar *pl* ZOOL Menschenaffen *pl*
insansız *adj* menschenlos; (*araç*) unbemannt
insan ticareti *s ohne pl* JUR Menschenhandel *m*
insanüstü *adj* übermenschlich
insan yüzü *s* Menschengesicht *nt*
insiraf *adj s.* **bükün** LING Flexion *f,* Beugung *f*
insirafî *adj s.* **bükünlü** LING flektierbar; (*dil*) flektierend
insiyak *s s.* **içgüdü** Instinkt *m*
insiyakî *adj s.* **içgüdülü** instinktiv

inşaat *s* (*yapı*) Bau *m;* (*yapı işleri*) Bauwesen *nt*
inşaatçı *s* Bauunternehmer(in) *m(f)*
inşaat mühendisi *s* Bauingenieur(in) *m(f)* **inşaat mühendisliği** *s ohne pl* Hochbau *m,* Bauwesen *nt* **inşaat müteahhidi** *s* Bauunternehmer(in) *m(f)* **inşaat projesi** *s* Bauvorhaben *nt* **inşaat yeri** *s* Bauplatz *m* **inşaat yönetmeliği** *s* ADMIN Bauordnung *f*
inşat <-dı> *s* LIT ❶ (*şiir söyleme*) Deklamation *f;* ~ **etmek** deklamieren ❷ (*şiir okuma*) Rezitation *f;* ~ **etmek** rezitieren
integral <-li> [integrãl] *s* MATH Integral *nt* **integral denklemi** *s* MATH Integralgleichung *f* **integral hesapları** *pl* MATH Integralrechnung *f*
integrasyon *s* MATH Integration *f*
integre *adj* integriert
intelekt *s ohne pl s.* **entelekt** Intellekt *m*
intelektüalizm *s ohne pl s.* **entelektüalizm** Intellektualismus *m*
interferometre *s* PHYS Interferometer *nt*
interferometri *s ohne pl* PHYS Interferometrie *f*
interferon *s* MED Interferon *nt*
intermezzo *s* MUS Intermezzo *nt*
internet *s* INFORM Internet *nt;* **bir şeyi ~ten indirmek** [*o* **yüklemek**] etw downloaden **internet adresi** *s* INFORM Internet-Adresse *f* **internet bağımlısı** *adj* internetsüchtig **internet bankacılığı** *s* INFORM Internet-Banking *nt* **internet erişimi** *s* INFORM Internetzugang *m* **internet forumu** *s* Internetforum *nt* **internet kafe** *s,* **internet kahve** *s* Internetcafé *nt* **internet kullanıcısı** *s* INFORM Internet-Benutzer(in) *m(f)* **internet sörfçüsü** *s* INFORM Internet-Surfer(in) *m(f)*
internetten yükleme *s* INFORM Download *nt*
İnterpol <-ü> *s* Interpol *f*
intervertebral *adj* ANAT, MED intervertebral; (*omurlar arası*) Zwischenwirbel- **intervertebral disk** *s* ANAT, MED Zwischenwirbelscheibe *f,* Bandscheibe *f*
intiba <-ı> *s s.* **izlenim** Eindruck *m*
intibak *s* Anpassung *f;* ~ **etmek** sich anpassen (**-e** an)
intifa hakkı *s* JUR Nießbrauch *m;* (*İsviçre'de*) Nutznießung *f*
intihabat *pl s.* **seçimler** Wahlen *pl*
intihal <-i> [intihãl] *s s.* **aşırma** Plagiat *nt*
intihap <-bı> *s s.* **seçim** Wahl *f*
intihar *s* Selbstmord *m,* Freitod *m;* ~ **etmek** Selbstmord begehen [*o* verüben]; (*kendini öldürmek*) sich umbringen **intihar saldırısı** *s* Selbstmordattentat *nt*
intikal <-li> *s* Übergang *m;* ~ **etmek** übergehen; (*anlamak*) verstehen; (*kavramak*) begreifen, erfassen
intikam *s* (*öç*) Rache *f;* **birinden ~ almak** an jdm Rache nehmen
intizam *s* Ordnung *f*
intizamlı *adj* ordentlich
intizamsız *adj* unordentlich
intranet *s* INFORM Intranet *nt*
inzibat *s* ❶ (*sıkı düzen*) Disziplin *f* ❷ MIL Militärpolizei *f*
inzibati tedbir *s* Disziplinarmaßnahme *f*
inziva *s ohne pl* ❶ Abgeschiedenheit *f* ❷ REL Klausur *f;* **~ya çekilmek** in Klausur gehen
İ.Ö. *Abk von* **İsa'dan Önce** v. Chr., vor Christus
ip *s* ❶ Seil *nt;* (*~ merdiven*) Strick *m* ❷ REG (*iplik*) Faden *m;* **~in ucunu kaçırmak** (*fig fam*) den Faden verlieren ❸ Strang *m;* **birini ~e çekmek** jdn erhängen ❹ (*çamaşır ~i*) Leine *f* ❺ (*çırpı ~i*) Schnur *f* **ip cambazı** *s* Seilakrobat(in) *m(f),* Seiltänzer(in) *m(f)*
ipek **I.** *s* <-ği> Seide *f;* ~ **gibi** seidig, wie Seide **II.** *adj* seiden, Seiden- **ipek blûz** *s* Seidenbluse *f* **ipek böceği** *s* ZOOL Seidenraupe *f;* ~ **yetiştirmek** Seidenraupen züchten **ipek böceği kelebeği** *s* ZOOL Seidenspinner *m* **ipek böcekçiliği** *s ohne pl* Seidenraupenzucht *f*
ipekçilik <-ği> *s ohne pl* Seidenbau *m*
ipek çorap <-bı> *s* Seidenstrumpf *m* **ipek eşarp** <-bı> *s* Seidenschal *m* **ipek gömlek** <-ği> *s* Seidenhemd *nt*
ipekhane *s* Seidenspinnerei *f*
ipek kumaş *s* Seidenstoff *m*
ipekli **I.** *s* (*kumaş*) Seidenstoff *m;* **emprime ~** bedruckter Seidenstoff **II.** *adj* seiden, Seiden-
ipek matı **I.** *s* Seidenmatt *nt* **II.** *adj* seidenmatt
ipince *adj* hauchdünn
iplik <-ği> *s* ❶ Faden *m;* (*pamuk ipliği*) Zwirn *m;* (*dikiş, nakış için*) Garn *nt* ❷ ZOOL (*sırt ipliği*) Saite *f*
iplikhane *s* Spinnerei *f*
iplik makarası *s* Garnspule *f*
ipliksi *adj* fadenförmig; ~ **duyarga** ZOOL fadenförmige Antenne
ip merdiven *s* Strickleiter *f*
ipnotize *adj* hypnotisch; ~ **etmek** hypnotisieren
ipnotizma *s* Hypnose *f*
ipnotizmacı *s* Hypnotiseur *m*
ipnoz *s s.* **hipnoz** Hypnose *f;* ~ **altında bulunmak** unter Hypnose stehen
ipsi solucanlar *pl* ZOOL Fadenwürmer *pl*

iptal <-li> *s* ❶ Abbestellung *f*, Storno *m o nt;* ~ **etmek** abbestellen, stornieren; ~ **ettirmek** abmelden; **abonmanı** ~ **etmek** das Abonnement abbestellen ❷ **bir şeyi** ~ **etmek** etw annullieren; (*hükümsüz kılmak*) etw außer Kraft setzen, etw für ungültig erklären ❸ (*bozma*) Aufhebung *f;* **hükmü** ~ **etmek** das Urteil aufheben ❹ (*silme*) Streichung *f;* ~ **etmek** streichen ❺ INFORM Abbruch *m;* ~ **etmek** abbrechen ❻ Absage *f;* ~ **etmek** absagen; (*fam*) abblasen

iptida [iptida:] **I.** *s* Anfang *m*, Beginn *m* **II.** *adv* (*önceleri*) erst; (*başlangıçta*) anfangs; (*ilk önce*) zuerst; (*en önce*) zuallererst

iptidai [iptida:i:] *adj s.* **ilkel** primitiv

iptidailik <-ği> *s ohne pl s.* **ilkellik** Primitivität *f*

iptidai mektep <-bi> *s s.* **ilkokul** Grundschule *f*

iptidaları *adv* (*önceleri*) erst; (*başlangıçta*) anfangs

ip torba *s* (*pazar filesi*) Einkaufsnetz *nt*

ipucu *s* ❶ Anhaltspunkt *m* ❷ (*fam*) Tipp *m*, Hinweis *m;* **birine** ~ **vermek** jdm einen Tipp [*o* Hinweis] geben; **...e dair en ufak bir** ~ **yoktur** es gibt nicht den geringsten Hinweis dafür, dass ...

irade [ira:de] *s* ❶ Wille *m* ❷ HIST Erlass *m* **irade beyanı** *s* JUR Willenserklärung *f*

iradeci *adj* PHILOS (*istenççi*) voluntaristisch

iradecilik <-ği> *s ohne pl* PHILOS (*volontarizm*) Voluntarismus *m; s. a.* **istenççilik**

irade dışı *adj* willenlos **irade gücü** *s ohne pl* Willenskraft *f* **irade kaybı** *s s.* **irade yitimi**

iradeli *adj* gewillt

iradesiz *adj* willenlos

iradesi zayıf *adj* willensschwach

iradesizlik <-ği> *s ohne pl* Willenlosigkeit *f*

irade yitimi *s* MED (*abuli*) Abulie *f* **irade zayıflığı** *s ohne pl* Willensschwäche *f*

iradi [ira:di:] *adj* gewillt

iradiye *s ohne pl* PHILOS (*volontarizm*) Voluntarismus *m; s. a.* **istenççilik**

İran **I.** *s* Iran *m* **II.** *adj* iranisch; ~ **hükûmeti/sınırı** die iranische Regierung/Grenze

İranlı **I.** *s* Iraner(in) *m(f)* **II.** *adj* iranisch; ~ **erkekler/kadınlar** iranische Männer/Frauen

irat <-dı> [i:ra:t] *s* ❶ Ertrag *m* ❷ (*söyleme*) Vorbringen *nt*

irdeleme *s* ❶ *Verbalsubstantiv zu* **irdelemek** ❷ Begutachtung *f*

irdelemek *vt* ❶ begutachten ❷ (*araştırmak*) untersuchen

irfan <-dı> *s* ❶ (*kültür*) Kultur *f* ❷ (*bilme*) Wissen *nt* ❸ (*anlama*) Auffassungsgabe *f*

iri *adj* groß; (~ *taneli*) grob

iribaş *s* ZOOL Kaulquappe *f*

irice *adj* (*biraz*) etwas groß; (*oldukça*) ziemlich groß

iridyum *s ohne pl* CHEM Iridium *nt*

iri iri *adj* riesig, riesengroß **iri kıyım** *adj* ❶ (*iri kıyılmış*) grob gehackt ❷ (*fig: iri yapılı*) korpulent

irili ufaklı *adj* groß(e) und klein(e)

irin *s ohne pl* (*cerahat*) Eiter *m;* ~ **toplamak** Eiter bilden, eitern **irin birikimi** *s* Eiteransammlung *f*

irinlenme *s* ❶ *Verbalsubstantiv zu* **irinlenmek** ❷ Eiterung *f*

irinlenmek *vi* eitern

irinli *adj* (*cerahatli*) eit(e)rig; ~ **bir yara** eine eitrige Wunde

iris *s* ❶ ANAT Iris *f*, Regenbogenhaut *f* ❷ BOT (*süsen*) Iris *f*, Schwertlilie *f*

iri taneli *adj* grobkörnig

irkilme *s Verbalsubstantiv zu* **irkilmek**

irkilmek *vi* zurückschrecken

İrlanda *s* Irland *nt*

İrlandalı **I.** *s* Ire, Irin *m, f* **II.** *adj* irisch; ~ **turistler** irische Touristen

irmik <-ği> *s* Grieß *m* **irmik bulamacı** *s* Grießbrei *m*

ironi *s* Ironie *f*

ironik <-ği> *adj* ironisch

irrasyonalizm *s ohne pl* PHILOS Irrationalismus *m*

irrasyonel *adj* irrational

irtibat *s* Verbindung *f* **irtibat subayı** *s* MIL Verbindungsoffizier *m*

irtica <-ı> [irtidʒa:] *s* POL (*pej: gericilik*) Reaktion *f*

irticai [irtidʒa:i:] *adj* POL (*pej: gerici*) reaktionär

irtical <-li> [irtidʒa:l] *s* Improvisation *f;* (*doğaç*) Stegreifrede *f*

irticalen [irtidʒa:len] *adv* (*doğaçtan*) aus dem Stegreif

irtifa <-ı> [irtifa:] *s s.* **yükseklik** Höhe *f*

irtifak hakkı *s* JUR Dienstbarkeit *f*

irtihal <-li> [irtiha:l] *s s.* **ölüm** Tod *m;* ~ **etmek** sterben

is *s* Ruß *m*

İ.S. *Abk von* **İsa'dan Sonra** n. Chr., nach Christus

İsa *s* Christus *m;* ~**'dan önce/sonra** vor/nach Christus

isabet [isa:bet] *s* Treffer *m;* ~ **almak** einen Treffer bekommen; ~ **etmek** treffen (-e); **bu,** ~ **oldu!** das trifft sich gut!

isabetli *adj* ❶ treffend; (*yerinde*) angebracht ❷ angemessen; ~ **bir karar** eine angemessene Entscheidung

isabetlilik <-ği> *s ohne pl* ❶ Angebrachtheit *f* ❷ Angemessenheit *f*

isabetsiz *adj* ❶ (*yerinde olmayan*) unangebracht ❷ (*uygun olmayan*) unangemessen

isabetsizlik <-ği> *s ohne pl* Unangemessenheit *f*

ise **I.** *konj* während, wohingegen; **Hasan sarı saçlı. Kız kardeşi ~ esmer saçlı** Hasan hat blondes Haar, wohingegen seine Schwester dunkelhaarig ist **II. şimdi ~** und nun; **öyle ~** wenn das so ist

İsevî **I.** *s* Christ(in) *m(f)* **II.** *adj* christlich

İsevîlik <-ği> *s ohne pl* (*Hristiyanlık*) Christentum *nt*

isfendan *s s.* **akçaağaç** Ahorn *m*

isfenks *s s.* **sfenks** Sphinx *f*

İshak *s* REL Isaak *m* **İshak kuşu** *s* ZOOL (*bataklık baykuşu*) Sumpfohreule *f*

ishal <-li> [ishā̃l] *s ohne pl* MED Durchfall *m;* ~ **olmak** Durchfall bekommen; **~i olmak** Durchfall haben

isilik <-ği> *s* MED (*ısırgın*) Friesel *m o nt;* (*sıcaktan*) Hitzebläschen *pl;* (*terlemekten*) Schweißbläschen *pl*

isim <-smi> *s* ❶ (*ad*) Name *m;* **birine ~ koymak** jdm einen Namen geben; **bir kimsenin ismini cismini almak** jds Personalien aufnehmen ❷ LING Nomen *nt,* Hauptwort *nt,* Substantiv *nt;* **~lerin çekimi** die Deklination der Substantive

isimci *s* PHILOS (*adcı*) Nominalist(in) *m(f)*

isimcilik <-ği> *s* PHILOS (*adcılık*) Nominalismus *m*

isim cümlesi *s* LING Nominalsatz *m* **isim çekimi** *s* LING (*ad çekimi*) Deklination *f* **isim hâli** *s* LING Fall *m,* Kasus *m*

isimlendirme *s* ❶ *Verbalsubstantiv zu* **isimlendirmek** ❷ Benennung *f,* Namensgebung *f*

isimlendirmek *vt* benennen, bezeichnen; (*ad vermek*) einen Namen geben

iskambil *s* ❶ (*oyun kâğıdı*) Spielkarte *f* ❷ (*oynanan oyun*) Kartenspiel *nt* **iskambil kâğıdı** *s* Spielkarte *f* **iskambil oyunu** *s* Kartenspiel *nt*

iskân *s ohne pl* ❶ Besiedelung *f;* ~ **etmek** besiedeln ❷ (*yurtlandırma*) Ansied(e)lung *f;* ~ **etmek** ansiedeln

iskandil *s* ❶ NAUT (*denizin derinliğini ölçme*) Peilung *f;* ~ **etmek** peilen ❷ NAUT (*ölçmek için kullanılan araç*) Lot *nt* ❸ (*fig: sorup soruşturma*) Peilung *f;* ~ **etmek** peilen, ausloten

İskandinav **I.** *s* Skandinavier(in) *m(f)* **II.** *adj* skandinavisch; ~ **dilleri** skandinavische Sprachen

İskandinavya *s* Skandinavien *nt*

İskandinavyalı **I.** *s* Skandinavier(in) *m(f)* **II.** *adj* skandinavisch

iskarpin *s* Halbschuh *m*

iskele *s* ❶ Landesteg *m,* Anlegesteg *m* ❷ *ohne pl* NAUT (*sancak karşıtı*) Backbord *nt;* **~, arkadan bakıldığında bir geminin sol tarafıdır** das Backbord ist die linke Seite eines Schiffes, von hinten gesehen; **alabanda ~ etmek** das Steuer nach Backbord herumwerfen ❸ NAUT (*eğreti köprü*) Anlegebrücke *f;* (*merdiven*) Gangway *f;* ~ **almak** ablegen ❹ ARCH (*yapılarda kurulan çatkı*) Baugerüst *nt,* Gerüst *nt;* **~yi kaldırmak** das Gerüst wegnehmen, abrüsten **iskele kuşu** *s* ZOOL (*yalıçapkını*) Eisvogel *m*

iskelet **I.** *s* ❶ (*kemik çatısı*) Knochengerüst *nt,* Skelett *nt* ❷ (*kemiklerin bütünü*) Gerippe *nt,* Skelett *nt;* **~i çıkmak** zum Gerippe abmagern ❸ (*fig fam*) Gerippe *nt,* Gerüst *nt;* **geminin/uçağın/binanın ~i** das Gerippe eines Schiffes/Flugzeugs/Gebäudes ❹ (*fig: genel plan*) Gerippe *nt* **II.** *adj* (*fig fam: kuru, çıplak*) kahl

iskemle *s* ❶ (*arkalıksız sandalye*) Hocker *m* ❷ (*küçük masa*) Beistelltisch *m* ❸ (*sandalye*) Stuhl *m*

İskender *s* **Büyük ~** Alexander der Große

İskenderiye *s* Alexandria *nt,* Alexandrien *nt*

İskender kebabı *s* GASTR *Döner mit Fladenbrot und Joghurtsoße*

iskete *s* ZOOL Tannenmeise *f*

İskit *s* HIST Skythe, Skythin *m, f*

İskoç **I.** *s* Schotte, Schottin *m, f* **II.** *adj* schottisch

İskoçya *s* Schottland *nt*

İskoçyalı **I.** *s* Schotte, Schottin *m, f* **II.** *adj* schottisch

iskonto *s s.* **ıskonto**

iskorbüt *s ohne pl* MED Skorbut *m*

iskorçina *s* BOT Schwarzwurzel *f*

iskorpit *s* ZOOL (*Scorpaena scrofa*) Große(r) Drachenkopf *m; s. a.* **lipsos**

İslam [islā̃m] **I.** *s ohne pl* Islam *m* **II.** *adj* islamisch; ~ **hukuku** islamisches Recht

İslamcı **I.** *s* Islamist(in) *m(f)* **II.** *adj* islamistisch

İslamcılık <-ğı> *s ohne pl* Islamismus *m*

İslami [islā:mi:] *adj* islamisch

İslamiyet *s ohne pl* Islam *m*

İslamlaştırma *s* ❶ *Verbalsubstantiv zu* **İslamlaştırmak** ❷ Islamisierung *f*

İslamlaştırmak *vt* islamisieren

isleme *s Verbalsubstantiv zu* **islemek**

islemek *vt* rußen

islenme *s Verbalsubstantiv zu* **islenmek**
islenmek *vi* rußen
isli *adj* rußig
islim *s s.* **istim** Dampf *m*
ismen *adv* namentlich; **birini ~ tanımak** jdn namentlich kennen
ismet *s ohne pl* ❶ Sittsamkeit *f* ❷ (*dürüstlük*) Aufrichtigkeit *f;* (*temizlik*) Reinheit *f*
ismetli *adj* ❶ sittsam ❷ aufrichtig
ismi *s poss von* **isim**
ispalya *s* Spalier *nt*
İspanya I. *s* Spanien *nt* **II.** *adj* spanisch; **~ hükümeti** die spanische Regierung
ispari *s* ZOOL Ringelbrassen *m*
ispat *s a.* JUR Beweis *m*
ispati *s* (*iskambil kâğıdı*) Eichel *f;* (*sinek*) Kreuz *nt*
ispat yükü *s* JUR Beweislast *f*
ispermeçet balinası *s* ZOOL Pottwal *m*
ispinoz *s* ZOOL Fink *m;* (*Fringilla coelebs*) Buchfink *m*
ispinozgiller *s* ZOOL Finkenvögel *pl*
ispirto *s ohne pl* ❶ (*etil alkol*) Spiritus *m* ❷ (*içki*) Weingeist *m*
ispirtolu *adj* spirituos **ispirtolu içkiler** *pl* Spirituosen *pl*
ispirtoluk <-ğu> *n,* **ispirto ocağı** *s* Spirituskocher *m*
ispit *s s.* **jant** Felge *f*
ispiyon *s* Spitzel *m*
ispiyonlama *s* ❶ *Verbalsubstantiv zu* **ispiyonlamak** ❷ Bespitzelung *f*
ispiyonlamak *vt* bespitzeln
ispritizma *s ohne pl* Spiritismus *m*
ispritizmacı *s* Spiritist(in) *m(f)*
İsrael I. *s* Israel *nt* **II.** *adj* israelisch; **~ hükûmeti** die israelische Regierung
İsraelli I. *s* Israeli *m o f* **II.** *adj* israelisch; **~ bir kadın** eine israelische Frau
israf *s s.* **savurganlık** Verschwendung *f*
İsrailoğlu *s* Israelit(in) *m(f)*
istalagmit *s s.* **stalagmit**
istalagtit *s s.* **stalagtit**
istasyon *s* ❶ EISENB (*tren ~u*) Bahnhof *m;* **~ yapmak** einen Zwischenaufenthalt einlegen; (*duraklamak*) anhalten ❷ TV, RADIO (*verici ~u*) Sender *m,* Station *f* ❸ (*benzin ~u*) Stelle *f* **istasyon düğmesi** *s* TV, RADIO Senderknopf *m* **istasyon lokantası** *s* EISENB Bahnhofsgaststätte *f* **istasyon şefi** *s* EISENB Bahnhofsvorsteher(in) *m(f)* **istasyon tuşu** *s* TV, RADIO Sendertaste *f*
istatistik <-ği> *s* Statistik *f*
istatistikçi *s* Statistiker(in) *m(f)*
istavrit *s* ZOOL Bastardmakrele *f*
istavroz *s* REL (*haç*) Kreuz *nt*
istek <-ği> *s* Wunsch *m,* Verlangen *nt;* **cinsel ~** sexuelles Verlangen; **başka bir isteğiniz var mı?** haben Sie noch einen Wunsch?
isteka *s* Queue *m o nt,* Billardstock *m*
istekli I. *adj* willig **II.** *s* ❶ Interessent(in) *m(f)* ❷ Bewerber(in) *m(f);* **eksiltmedeki ~ler** die Bewerber auf der Submission
isteksiz I. *adj* lustlos **II.** *adv* lustlos; (*isteksizce*) widerwillig
isteksizce *adv* widerwillig
isteksizlik <-ği> *s* Lustlosigkeit *f,* Abneigung *f*
istem *s* ❶ Wunsch *m,* Verlangen *nt* ❷ WIRTSCH (*talep*) Nachfrage *f;* **sunu ve ~** Angebot und Nachfrage
istemci *s* INFORM Client *m*
isteme *s Verbalsubstantiv zu* **istemek**
istemek *vt* ❶ wollen, mögen; **ne istediğini bilmiyor** er weiß nicht, was er will; **sinemaya gitmek istiyor** er will [*o* möchte] ins Kino gehen; **istersen** wenn du willst ❷ (*talep etmek*) verlangen, fordern; **bu, sabır ister** das fordert Geduld; **manevi tazminat ~** Schmerzensgeld verlangen ❸ (*arzu etmek*) wünschen ❹ (*ister ... ister*) **ister inan, ister inanma, ...** ob du es glaubst oder nicht, ... ❺ (*rica etmek*) bitten; **birinden izin ~** jdn um Erlaubnis bitten
isteme kipi *s* LING Konjunktiv *m*
istemeye istemeye *adv* unwillig
istenç <-ci> *s* ❶ (*istek*) Wunsch *m* ❷ PSYCH (*irade*) Wille *m*
istenççi *adj* PHILOS voluntaristisch
istençcilik <-ği> *s ohne pl* PHILOS (*volontarizm*) Voluntarismus *m*
istençli *adj* gewillt
istençsiz *adj* willenlos
istençsizlik <-ği> *s ohne pl* Willenlosigkeit *f*
istenme *s Verbalsubstantiv zu* **istenmek**
istenmek *vi pass von* **istemek: orada bulunmam isten(m)iyor** meine Anwesenheit dort wird (nicht) erwünscht
istenmeyen *adj* unerwünscht **istenmeyen kişi** *s* POL Persona non grata *f*
ister[1] *vt 3. Aorist von* **istemek**
ister[2] *s* (*gerek*) Notwendigkeit *f*
ister[3] *konj* (egal) ob; **~ fakir, ~ zengin** ob arm, ob reich; **~ inan, ~ inanma, ...** ob du es glaubst oder nicht, ...
isteri *s* MED, PSYCH (*histeri*) Hysterie *f;* **~ nöbeti** hysterischer Anfall
isterik <-ği> *adj* (*histerik*) hysterisch
ister istemez *adv* notgedrungen, notwendigerweise, zwangsläufig
istiap <-bı> [isti:a:p] *s* **~ etmek** aufneh-

men, fassen; ~ **haddi** AUTO zulässiges Gesamtgewicht
istiare [istia:re] *s* ① LING, LIT (*metafor*) Metapher *f* ② JUR Entleihen *nt*
istibat <-dı> [istiba:t] *s* ~ **etmek** für unwahrscheinlich halten
istibdat <-dı> [istibda:t] *s ohne pl* ① (*despotizm*) Despotismus *m* ② (*despotluk*) Despotie *f,* Gewaltherrschaft *f*
istidat <-dı> [istibda:t] *s* Talent *nt,* Begabung *f;* **bir şeye istidadı olmak** für etw begabt sein; **çok yönlü/sanata istidadı olmak** vielseitig/künstlerisch begabt sein
istidatlı *adj* talentiert, begabt
istif *s* Stapel *m;* ~**ini bozmamak** sich nicht stören lassen, seine Haltung bewahren
istifa *s* Kündigung *f,* Rücktritt *m;* ~ **etmek** kündigen, zurücktreten
istifade *s* Nutzen *m;* **fırsattan** ~ **etmek** die Gelegenheit nutzen, eine Chance wahrnehmen; **bir şeyden/kimseden hayâsızca** ~ **etmek** etw/jdn schamlos ausnutzen
istifçi *s* Stauer *m*
istifleme *s* ① *Verbalsubstantiv zu* **istiflemek** ② Stauung *f*
istiflemek *vt* ① (*üst üste yığmak*) stapeln, aufstapeln ② (*stok etmek*) lagern ③ NAUT stauen ④ (*düzgünce yerleştirmek*) verstauen (**-e** in)
istifra [istifra:] *s s.* **kusma** Erbrechen *nt;* ~ **etmek** erbrechen, sich übergeben
istiğna *s* ① (*nazlanma*) Ziererei *f* ② (*gönül tokluğu*) Genügsamkeit *f;* (*doygunluk*) Anspruchslosigkeit *f*
istiğrak [isti:ra:k] *s ohne pl* Andacht *f;* (*içine gömülme*) Versenkung *f*
istihbarat [istihba:ra:t] *pl* (*haberler*) Nachrichten *pl* **istihbarat bürosu** *s* Auskunftei *f* **istihbarat servisi** *s* Nachrichtendienst *m*
istihdam [istihda:m] *s ohne pl* WIRTSCH Beschäftigung *f;* **birini** ~ **etmek** jdn beschäftigen; (*işe almak*) jdn einstellen [*o* anstellen] **istihdam durumu** *s* WIRTSCH Beschäftigungslage *f* **istihdam politikası** *s* Beschäftigungspolitik *f*
istihkâm [istihkā:m] *s* MIL Befestigung *f* **istihkâm eri** *s* MIL Pionier *m* **istihkâm sınıfı** *s* MIL Pioniertruppe *f*
istihkar *s ohne pl* (*hor görme*) Verachtung *f;* (*aşağılama*) Geringschätzung *f;* **bir şeyi/kimseyi** ~ **etmek** (*hor görmek*) etw/jdn verachten; (*aşağılamak*) etw/jdn gering schätzen
istihlâk *s ohne pl s.* **tüketim** Verbrauch *m,* Konsum *m*
istihsal <-li> *s* ① (*çıkarma*) Abbau *m;* (*elde etme*) Ausbeute *f;* ~ **etmek** ausbeuten; **maden cevheri** ~**i** die Ausbeute an Erzen ② (*üretme*) Erzeugung *f;* ~ **etmek** erzeugen
istikbal <-li> [istikbā:l] *s* ① (*karşılama*) Empfang *m,* Begrüßung *f;* **misafirleri** ~ **etmek** die Gäste begrüßen ② *ohne pl* (*gelecek*) Zukunft *f*
istiklal <-li> [istiklā:l] *s ohne pl s.* **bağımsızlık** Unabhängigkeit *f*
İstiklal Marşı *s ohne pl* Unabhängigkeitshymne *f* (*Nationalhymne der Republik Türkei*) **İstiklal Savaşı** *s ohne pl* HIST Unabhängigkeitskrieg *m* (*Unabhängigkeitskrieg unter Atatürk, 1919-1922*)
istikra *s* PHILOS (*tüme varım*) Induktion *f; s. a.* **talil**
istikrar *s* Stabilität *f*
istikrarlı *adj* stabil
istikrar politikası *s* Stabilitätspolitik *f*
istikrarsız *adj* instabil
istikraz *s* (*ödünç alma*) Darlehensaufnahme *f;* (*borç alma*) Anleihe *f;* ~ **etmek** ein Darlehen aufnehmen; (*borç almak*) eine Anleihe aufnehmen
istikşaf *s s.* **açınsama** GEO Erforschung *f;* ~ **etmek** erforschen
istila [istilā:] *s* ① MIL Invasion *f* ② (*haşarat*) Befall *m*
istilacı *s* Invasor *m*
istim *s* Dampf *m;* ~ **üstünde kalkmak** EISENB dampfend abfahren, dampfen
istimdat <-dı> [--da:t] *s ohne pl* Hilferuf *m;* ~ **etmek** um Hilfe rufen
istimlâk <-i> *s s.* **kamulaştırma 2.** Enteignung *f;* ~ **etmek** enteignen
istimli silindir *s* Dampfwalze *f*
istinaden [istina:dɛn] *adv* unter Bezugnahme (**-e** auf)
istinaf [isti:naf] *s* JUR Berufung *f;* (*İsviçre'de*) Appellation *f* **istinaf davası** *s* JUR Berufungsklage *f* **istinaf mahkemesi** *s* JUR Berufungsgericht *nt* **istinaf mercii** *s* JUR Berufungsinstanz *f*
istinat <-dı> [istina:t] *s* Stütze *f;* ~ **etmek** sich stützen (**-e** auf), basieren (**-e** auf), Bezug nehmen (**-e** auf) **istinat duvarı** *s* Stützmauer *f* **istinat noktası** *s* Stützpunkt *m*
istinga *s* NAUT Gei *f;* ~ **etmek** geien; **seren altına** ~ **etmek** aufgeien
istintaç *s* Schlussfolgerung *f;* ~ **etmek** schlussfolgern
istirahat <-ti> *s s.* **dinlenme** Erholung *f,* Ruhe *f;* ~ **etmek** sich erholen, sich entspannen, sich ausruhen
istiridye *s* ZOOL Auster *f;* ~ **yemek** Austern essen

istismar *s ohne pl* ❶ (*işletme*) Abbau *m* ❷ Ausnutzung *f* ❸ (*sömürme*) Ausbeutung *f*; ~ **etmek** ausbeuten; **cinsel** ~ sexuelle Ausbeutung
istismarcı *s* Ausbeuter(in) *m(f)*
istisna *s* Ausnahme *f*; ~ **edilmek** ausgenommen werden
istisnai [istisna:i:] *adj* Ausnahme-, Sonder-
istisnasız *adj* ausnahmslos
istişare [---:-] *s s.* **danışma** Beratung *f*
istiva hattı *s ohne pl* GEO (*ekvator*) Äquator *m*
istop *interj* stopp; ~ **etmek** (*fam*) ausgehen; **motor iki de bir** ~ **ediyor** der Motor geht immer wieder aus
İsveç I. *s* Schweden *nt* **II.** *adj* schwedisch **İsveçli** *s* Schwede, Schwedin *m, f*
İsviçre *s* Schweiz *f* **İsviçre Konfederasyonu** *s* Schweizerische Eidgenossenschaft, Confoederatio Helvetica
isyan *s* ❶ Rebellion *f*, Aufruhr *f*; (*ayaklanma*) Aufstand *m*, Revolte *f*; ~ **etmek** rebellieren, revoltieren ❷ Empörung *f*; ~ **etmek** sich empören ❸ Meuterei *f*; ~ **etmek** meutern
isyancı *adj* rebellisch, aufrührerisch
isyankâr [--kār] *adj* rebellisch, aufrührerisch
iş [iʃ] *s* ❶ Geschäft *nt*; ~**ler nasıl gidiyor?** wie gehen die Geschäfte? ❷ (*çalışma*) Arbeit *f*; ~**ten atılmak** (*fam*) hinausfliegen; **birini** ~**e almak** jdn einstellen [*o* anstellen] ❸ (~ *günü*) Werk *nt*; **bu onun** ~**i(dir)** das ist sein Werk ❹ Sache *f*, Angelegenheit *f*; ~**in en korkunç tarafı** das Schlimmste an der Sache; **bu iyi/kötü bir** ~ das ist eine gute/schlechte Sache; **o, bu** ~**te önemli bir rol oynuyor** er spielt bei dieser Sache eine wichtige Rolle ❺ *a.* INFORM Job *m* ❻ (*fam:* ~*ine gelmek*) **bir şey birinin** ~**ine gelmemek** jdm passt etw nicht in den Kram; **bu, benim hiç** ~**ime gelmez** das passt mir gar nicht ❼ ~**i gücü yok** er hat nichts zu tun; ~**im var** ich habe zu tun; **yapacak hiçbir** ~**i yok** er hat nichts zu tun ❽ **birinin** ~**ini bitirmek** (*sl*) jdm den Garaus machen; (*öldürmek*) jdn erledigen
iş adamı *s* Geschäftsmann *m* **iş akdi** *s* Arbeitsvertrag *m*; (*hizmet akdi*) Dienstvertrag *m*
işaret [iʃa:-] *s* ❶ (*im*) Zeichen *nt*; **bir şeye** ~ **etmek** auf etw zeigen [*o* hinweisen]; **bir şeyi** ~ **etmek** etw zeigen; **başı ile evet** ~**i vermek** zustimmend mit dem Kopf nicken ❷ (*belirti*) Anzeichen *nt*
işaretleme *s Verbalsubstantiv zu* **işaretlemek**
işaretlemek *vt* ❶ markieren, bezeichnen, kennzeichnen; (*çarpı işaretiyle*) ankreuzen ❷ andeuten, signalisieren
işaret oku *s* Richtungspfeil *m*
işaret parmağı *s* Zeigefinger *m* **işaret zamiri** *s* LING Demonstrativpronomen *nt*
iş arkadaşı *s* Kollege, Kollegin *m, f*, Arbeitskollege, -kollegin *m, f* **iş barışı** *s ohne pl* Arbeitsfrieden *m* **iş başı** *s ohne pl* ~ **yapmak** sich an die Arbeit machen, an die Arbeit gehen; ~**nda** bei der Arbeit **iş bırakımı** *s* Arbeitsniederlegung *f* **iş birliği** *s ohne pl* ❶ Kooperation *f*, Zusammenarbeit *f*; ~ **yapmak** kooperieren ❷ Kollaboration *f*; ~ **yapmak** kollaborieren; **düşmanla** ~ Kollaboration mit dem Feind **iş birlikçi** *s* Kollaborateur(in) *m(f)* **iş birlikçilik** <-ği> *s* Kollaboration *f* **iş birlikli** *adj* kooperativ
işçi *s* Arbeiter(in) *m(f)*
işçilik <-ği> *s* ❶ (*ücret maliyeti*) Lohnkosten *pl* ❷ (*işleme niteliği*) Verarbeitung *f*
işeme *s Verbalsubstantiv zu* **işemek**
işemek *vi* urinieren; (*fam: çiş yapmak*) pinkeln; (*vulg*) pissen
işer *vi 3. Aorist von* **işemek**
işe yaramaz *adj* unbrauchbar **işe yarar** *adj* brauchbar
işgal <-li> [iʃgāl] *s* ❶ Besetzung *f*; ~ **etmek** besetzen; **bir ülkeyi** ~ **altında tutmak** ein Land besetzt halten ❷ (*uğraştırma*) Beschäftigung *f*; ~ **etmek** beschäftigen ❸ JUR Aneignung *f*; ~ **etmek** aneignen
işgal bölgesi *s* MIL Besatzungsgebiet *nt*, Besatzungszone *f*
işgalci güç <-cü> *s* Besatzungsmacht *f*
işgaliye *s* Platzmiete *f*, Standmiete *f*, Standgeld *nt*
işgal kuvvetleri *pl* Besatzungsstreitkräfte *pl*
işgüder *s* Geschäftsträger(in) *m(f)*
iş günleri *adv* werktags **iş günü** *s* Werktag *m*
işgüzar *adj* ❶ (*becerikli*) geschickt, tüchtig ❷ übereifrig
işgüzarca *adv* übereifrig
işgüzarlık <-ğı> *s ohne pl* ❶ (*beceriklilik*) Geschicklichkeit *f*, Tüchtigkeit *f* ❷ Übereifer *m*; ~ **etmek** übereifrig sein
iş hacmi *s* FIN (*ciro*) Umsatz *m*
iş hanı *s* Geschäftshaus *nt* **iş hukuku** *s ohne pl* JUR Arbeitsrecht *nt* **iş huzuru** *s ohne pl* Arbeitsfrieden *m*
işitme *s ohne pl* ❶ *Verbalsubstantiv zu* **işitmek** ❷ Gehör *nt*
işitmek *vt* hören; **kulakları iyi işitmiyor** er hört nicht gut
işitme kemikçiği *s* ANAT, MED Gehörknö-

chelchen *nt;* **çekiç kemiği, örs kemiği ve üzengi kemiği birer ~dir** der Hammer, der Amboss und der Steigbügel sind Gehörknöchelchen

iş kadını *s* Geschäftsfrau *f* **iş kazası** *s* Arbeitsunfall *f*

işkembe *s* ❶ Pansen *m* ❷ GASTR Kutteln *pl,* Kaldaunen *pl* **işkembe çorbası** *s* GASTR Kuttelsuppe *f*

işkence *s* Folter *f,* Tortur *f,* Folterung *f;* **~ etmek** foltern **işkence aleti** *s* Foltergerät *nt,* Folterinstrument *nt,* Folterwerkzeug *nt*

işkenceci *s* Folterer *m,* Folterknecht *m*

işkence odası *s* Folterkammer *f* **işkence sehpası** *s* Folterbank *f*

işkil *s ohne pl* ❶ Argwohn *m,* Misstrauen *nt* ❷ Zweifel *m*

işkillendirme *s Verbalsubstantiv zu* **işkillendirmek**

işkillendirmek *vt* misstrauisch machen, stutzig machen

işkillenme *s Verbalsubstantiv zu* **işkillenmek**

işkillenmek *vi* ❶ argwöhnen **(-den)** ❷ misstrauisch werden, stutzig werden

işkilli *adj* argwöhnisch, misstrauisch

işkilsiz *adj* arglos

işlek <-ği> *adj* belebt; **~ bir cadde** eine belebte Straße

işlem *s* ❶ Verarbeitung *f* ❷ ADMIN (*muamele*) Bearbeitung *f,* Vorgang *m* ❸ FIN, WIRTSCH (*borsa ~ i*) Geschäft *nt;* JUR (*hukuki ~*) Geschäft *nt* ❹ TECH (*yöntem*) Verfahren *nt;* **eşyayı bir maden tabakasıyla kaplama ~i** Verfahren, Gegenstände mit einer Metallschicht zu überziehen ❺ MATH Operation *f,* Rechenvorgang *m* ❻ CHEM Prozess *m*

işlemci *s* INFORM Prozessor *m*

işleme *s* ❶ *Verbalsubstantiv zu* **işlemek** ❷ Verarbeitung *f* ❸ Bearbeitung *f* ❹ (*bir konuyu*) Behandlung *f* ❺ (*nakış*) Stickerei *f;* (*gergef ~ si*) Stich *m* ❻ *a.* INFORM (*çevrim dışı ~*) Betrieb *m* ❼ Begehung *f;* **suç ~** Begehung einer Straftat

işlemek **I.** *vt* ❶ verarbeiten ❷ bearbeiten ❸ (*günah, suç*) begehen; **hata ~** einen Fehler begehen; **zina ~** Ehebruch begehen, die Ehe brechen ❹ **bir konuyu ~** ein Thema behandeln [*o* abhandeln] ❺ INFORM bearbeiten **II.** *vi* ❶ funktionieren, gehen; (*motor*) laufen; **bunun nasıl işlediğini sana göstereyim** ich zeige dir, wie das geht ❷ dringen **(-e** in); (*nüfuz etmek*) durchdringen; **yüreğime işledi** (*fig*) es dringt mir durchs Herz; **birinin bir şey ciğerine ~** jdm etw nahegehen ❸ (*gidip gelmek*) verkehren

işlem harcı *s* ADMIN Bearbeitungsgebühr *f*

işlenme *s* ❶ *Verbalsubstantiv zu* **işlenmek** ❷ Verarbeitung *f* ❸ (*bir konunun ~si*) Behandlung *f*

işlenmek *vi pass von* **işlemek**

işler **I.** *vi 3. Aorist von* **işlemek** **II.** *adj* funktionsfähig

işlerlik <-ği> *s* Funktionsfähigkeit *f*

işletici *s* Betreiber(in) *m(f)*

işletilme *s ohne pl* ❶ *Verbalsubstantiv zu* **işletilmek** ❷ WIRTSCH Bewirtschaftung *f* ❸ TECH Bedienung *f* ❹ BERGB (*maden*) Abbau *m*

işletilmek *vi pass von* **işletmek**

işletim *s* INFORM Betrieb *m* **işletim sistemi** *s* INFORM Betriebssystem *nt*

işletme *s* ❶ *Verbalsubstantiv zu* **işletmek** ❷ WIRTSCH Bewirtschaftung *f* ❸ Betrieb *m,* Unternehmen *nt* ❹ TECH Bedienung *f* ❺ BERGB (*maden*) Abbau *m*

işletmeci *s* ❶ Betriebswirt(in) *m(f)* ❷ (*yöneten kimse*) Betriebsleiter(in) *m(f);* (*işletici*) Betreiber(in) *m(f)* ❸ FILM Filmverleiher *m*

işletmecilik <-ği> *s ohne pl* Betriebswirtschaft *f* **işletmecilik bilimi** *s ohne pl* Betriebswirtschaftslehre *f*

işletme ekonomisi *s ohne pl* Betriebswirtschaft *f*

işletmek *vt* ❶ (*bir yeri*) betreiben; (*çiftlik*) bewirtschaften; (*otel*) führen ❷ TECH (*makineyi*) bedienen, in Gang setzen ❸ BERGB abbauen ❹ (*fam*) **birini ~** jdn an der Nase herumführen

işletme maliyeti *s* WIRTSCH Betriebskosten *pl*

işletmen *s* Operator(in) *m(f)*

işletme talimatı *s* Betriebsanleitung *f*

işlev *s* Funktion *f* **işlev bozukluğu** *s* Funktionsstörung *f*

işlevsiz *adj* funktionslos

işlevsizlik <-ği> *s ohne pl* Funktionslosigkeit *f*

işlev tuşu *s* INFORM (*fonksiyon tuşu*) Funktionstaste *f*

işleyiş *s* Arbeitsweise *f* **işleyiş biçimi** *s* Funktionsweise *f*

işlik <-ği> *s* ❶ (*atölye*) Werkstatt *f* ❷ REG (*gömlek*) Hemd *nt* **işlik orun** *s* (*busines klas*) Business Class *f*

işmar *s* REG Wink *m*

iş merkezi *s* ❶ (*iş yerlerinin bulunduğu semt*) Geschäftsviertel *nt* ❷ (*ticaret ortaklığının yönetildiği yer*) Zentrale *f,* Hauptgeschäftsstelle *f*

iş ortağı *s* Geschäftspartner(in) *m(f)* **iş piyasası** *s* Arbeitsmarkt *m*

işporta *s* ❶ Straßenhandel *m*, Straßenverkauf *m* ❷ Bauchladen *m*
işportacı *s* fliegender Händler
iş randevusu *s* Geschäftstermin *m* **iş saatleri** *pl* Geschäftsstunden *pl*
işsiz *adj* arbeitslos
işsizlik <-ği> *s ohne pl* ❶ Arbeitslosigkeit *f* ❷ COMM (*durgunluk dönemi*) Flaute *f*
işsizlik sigortası *s* Arbeitslosenversicherung *f*
iş sözleşmesi *s* Arbeitsvertrag *m*; (*hizmet akdi*) Dienstvertrag *m*
iştah *s ohne pl* ❶ Appetit *m* (-**e** auf); **~ açmak** den Appetit anregen; **~ı açılmak** Appetit bekommen; **~ı ol(ma)mak** (keinen) Appetit haben; **~ım kapandı** mir ist der Appetit vergangen; **birinin ~ını açmak** jds Appetit anregen; **birinin ~ını bozmak** [*o* **kaçırmak**] jdm den Appetit verderben ❷ (*fig: istek, arzu*) Lust *f*, Verlangen *nt*; **~a gelmek** Appetit bekommen; **~ı kabarmak** (*heveslenmek*) Lust bekommen; **birinin ~ını bozmak** [*o* **kaçırmak**] jdm die Lust verderben **iştah açıcı** *adj* appetitanregend
iştahlanma *s Verbalsubstantiv zu* **iştahlanmak**
iştahlanmak *vi* Appetit bekommen
iştahsız *adj* appetitlos
iştahsızlık <-ğı> *s ohne pl* Appetitlosigkeit *f*
işte[1] *Lokativ von* **iş**
işte[2] *adv* ❶ da; **~ geliyor** da kommt er; **hani kitap? — ~!** wo ist das Buch? — da! ❷ nun ❸ eben, gerade, nun mal, halt; **~ bu nedenle** ebendarum; **böyle şeyler olur ~** solche Dinge passieren eben [*o* nun mal]; **bu böyledir ~** das ist eben [*o* nun mal] so; **bunun için ~!** eben [*o* gerade] deshalb!, eben darum!; **bu yüzden ~!** eben [*o* gerade] deshalb!, gerade deshalb [*o* deswegen]!
işteş *adj* LING reziprok
iştigal <-li> [iʃtiga:l] *s* Beschäftigung *f*; **bir şeyle ~ etmek** sich mit etw beschäftigen
iştira [iʃtira:] *s* Kauf *m*, Ankauf *m*; **~ etmek** kaufen
iştirak <-ki> *s* ❶ *a.* WIRTSCH, FIN (*ortaklık*) Beteiligung *f*, Teilnahme *f*; **~ etmek** sich beteiligen (-**e**/-**e** an/bei); **masraflara ~ etmek** sich an den Kosten beteiligen ❷ (*katılma*) Teilnahme *f*; (*bir işe*) Mitwirkung *f*; **~ etmek** teilnehmen (-**e**/-**e** an/bei), mitwirken (-**e** in)
işve *s* Getue *nt*
işveren *s* Arbeitgeber(in) *m(f)*
iş yeri *s* ❶ Arbeitsplatz *m*, Arbeitsstätte *f* ❷ (*görevin yapıldığı yer*) Arbeitsstelle *f*, Dienststelle *f* ❸ WIRTSCH (*işletme*) Betrieb *m*; **bu ~nde grev var** dieser Betrieb wird bestreikt
iş zamanı *s* Arbeitszeit *f*
it **I.** *s* ❶ Köter *m*; (*köpek*) Hund *m* ❷ (*fig*) Schuft *m*; **~ gibi çalışmak** schuften; **~in kuyruğunda** (*fam*) mehr als reichlich; (*pek çok*) sehr viel **II.** *vt Imperativ von* **itmek**
ita [i:ta:] *s* ❶ (*ödeme*) Auszahlung *f*, Zahlung *f* ❷ (*verme*) Erteilung *f*, Verleihung *f*
itaat <-ti> [ita:t] *s ohne pl* Gehorsam *m*; **birine ~ et(me)mek** jdm (nicht) gehorchen
itaatkâr [ita:tkâr] *adj* gehorsam
itaatsiz *adj* ungehorsam
itaatsizlik <-ği> *s* ❶ Ungehorsam *m*; **~ etmek** ungehorsam sein ❷ MIL Befehlsverweigerung *f*
italik *adj* TYPO kursiv **italik yazı** *s* TYPO Kursivschrift *f*
İtalya *s* Italien *nt*
İtalyan **I.** *s* Italiener(in) *m(f)* **II.** *adj* italienisch
itboğan *s* BOT (*kaplanboğan*) Bergeisenhut *m*
it canlı *s* (*fig*) zäh, unverwüstlich **it dirseği** *s* (*arpacık*) Gerstenkorn *nt*
itenek <-ği> *s s.* **piston** Kolben *m*
itfa *s* FIN, WIRTSCH Tilgung *f*; **~ etmek** tilgen; **bir borcun ~sı** die Tilgung einer Schuld **itfa fonu** *s* FIN, WIRTSCH Tilgungsfonds *m*
itfaiye *s* Feuerwehr *f* **itfaiye aracı** *s* Löschfahrzeug *nt*
itfaiyeci *s* Feuerwehrmann *m*; (*kadın*) Feuerwehrfrau *f*
itfaiyecilik <-ği> *s ohne pl* Brandbekämpfung *f*
itfaiye merdiveni *s* Feuerwehrleiter *f*
ithaf *s* Widmung *f*; **~ etmek** widmen
ithal <-li> *s* WIRTSCH Einfuhr *f*, Import *m*
ithalat *s* WIRTSCH Einfuhr *f*, Import *m*
ithalatçı *s* Importeur *m*
ithalat resmi *s* COMM Einfuhrzoll *m* **ithalat yasağı** *s* WIRTSCH Einfuhrverbot *nt*
ithal malı *s* WIRTSCH, COMM Importware *f*
itibar *s ohne pl* ❶ (*saygınlık*) Ansehen *nt*, Ruf *m*; **çok ~ görmek** großes Ansehen genießen; **~dan düşmek** an Ansehen verlieren; **~ı gitti** (*fam*) sein guter Ruf ist hin; **~ı iade edildi** er wurde rehabilitiert ❷ Beachtung *f*; **birine itibar et(me)mek** jdm (keine) Beachtung schenken, jdn (nicht) beachten ❸ (*kredi*) Kredit *m*; **~dan düşmek** in Misskredit geraten
itibaren *adv* ❶ ab; **bugünden/yarından ~** ab heute/morgen; **ne zamandan ~?** ab wann?; **28 Kasım'dan ~** ab dem

28. November ❷ an; **...den ~** von ... an; **başından ~** von Anfang an; **bu günden ~** von diesem Tag an

itibarıyla *adv* ❶ **büyüklük/uzunluk ~** von der Größe/Länge her, was die Größe/Länge angeht ❷ **esas ~** grundsätzlich; **esas ~ yerinde olan** wohl begründet; **netice ~** im Endeffekt, letzten Endes, letztlich

itibarî *adj* fiktiv **itibarî değer** *s* FIN Nennwert *m* **itibarî hizmet zammı** *s* ADMIN Gefahrenzulage *f*

itibarlı *adj* ❶ (*saygın*) angesehen ❷ FIN (*kredisi olan*) kreditwürdig ❸ (*gözde olan*) begehrt

itibar mektubu *s* FIN Kreditbrief *m*

itici *adj* ❶ Schub- ❷ (*fig*) abstoßend **itici güç** <-cü> *s* ❶ Schubkraft *f* ❷ (*fig*) Antriebskraft *f*

itidal <-li> *s ohne pl* Haltung *f*, Fassung *f*; (*ılımlılık*) Gelassenheit *f*; **~ini kaybetmek** die Haltung [*o* Fassung] verlieren; **~ini muhafaza etmek** Haltung bewahren, die Fassung bewahren

itidalli *adj* gelassen, gefasst

itikâl <-li> *s* GEO (*erozyon*) Erosion *f*

itikat <-dı> *s ohne pl s.* **inanç** Glaube *m*

itikatlı *adj* gläubig

itikatsız *adj* ungläubig

itikatsızlık <-ğı> *s ohne pl* Unglaube *m*

itimat <-dı> [iːtimaːt] *s ohne pl s.* **güven** Vertrauen *nt* (**-e/-e/-e** auf/in/zu); **birine ~ etmek** jdm vertrauen; **birine ~ telkin etmek** jdm Vertrauen einflößen; **itimadımız karşılıklıdır** unser Vertrauen beruht auf Gegenseitigkeit

itimatlı *adj s.* **güvenilir** vertrauenswürdig, zuverlässig

itimat mektubu *s*, **itimatname** *s* POL Begleitschreiben *nt*

itimatsız *adj s.* **güvensiz** misstrauisch

itimatsızlık <-ği> *s ohne pl s.* **güvensizlik** Misstrauen *nt*

itina [iːtinaː] *s ohne pl s.* **özen** Sorgfalt *f*

itinalı *adj s.* **özenli** sorgfältig

itiraf [iːtiraːf] *s* ❶ Geständnis *nt*; **~ etmek** gestehen, geständig sein ❷ Eingeständnis *nt*; **~ etmek** eingestehen, zugeben; **mağlubiyetini ~ etmek** seine Niederlage zugeben

itirafçı *adj* geständig

itiraz [iː--] *s* ❶ Einspruch *m* ❷ Beschwerde *f*; **acele ~** JUR sofortige Beschwerde

itiş gücü *s s.* **itme gücü** PHYS, TECH Schubkraft *f*; AUTO Antriebskraft *f* **itiş kakış** *s* Drängelei *f*

itiyat <-dı> *s s.* **alışkanlık** Gewohnheit *f*, Angewohnheit *f*; **bir şeyi ~ edinmek** sich etw angewöhnen

itme *s* *Verbalsubstantiv zu* **itmek** **itme gücü** *s* PHYS, TECH Schubkraft *f*; AUTO Antriebskraft *f*

itmek *vt* ❶ schieben; **bir şeyi birkaç metre ~** etw um ein paar Meter schieben; (*yerini değiştirmek*) etw um ein paar Meter verschieben ❷ schubsen, stoßen ❸ (*sürüklemek*) (an)treiben (**-e** zu) ❹ (*çekmek karşıtı*) abstoßen

ittifak *s* ❶ Allianz *f*; (*bağlaşma*) Bündnis *nt*; **~ etmek** eine Allianz schließen ❷ (*ohne Pl, oy birliği*) Einstimmigkeit *f*

ittifakla *adv* einstimmig

ivaz *s* Entgelt *nt*

ivazlı *adj* entgeltlich

ivazsız *adj* unentgeltlich

ivdirme *s* ❶ *Verbalsubstantiv zu* **ivdirmek** ❷ Beschleunigung *f*

ivdirmek *vt* beschleunigen

ivecen *adj* hektisch, eilig

ivecenlik <-ği> *s ohne pl* Hektik *f*, Eile *f*

ivedi *adj* dringend, dringlich

ivedili *adj* dringlich

ivedilik <-ği> *s* Dringlichkeit *f*

ivinti *s* (*çabukluk*) Schnelligkeit *f*; (*hız*) Geschwindigkeit *f* **ivinti yeri** *s* GEO Stromschnelle *f*

ivme *s* ❶ *Verbalsubstantiv zu* **ivmek** ❷ PHYS Beschleunigung *f*

ivmek *vi* sich beeilen

iye *s* Eigentümer(in) *m(f)*

iyelik <-ği> *s ohne pl* Eigentum *nt* **iyelik zamiri** *s* LING Possessivpronomen *nt*

iyi *adj* ❶ gut; **~ akşamlar/günler!** guten Abend/Tag!; **~ misin?** geht es dir gut?; **~yim** mir geht es gut ❷ **kendini ~ hissetmek** sich wohl fühlen ❸ **~si** am besten; **bundan ~si olmaz** besser geht es nicht; **daha da ~si, ...** noch besser ist, ...; **bence en ~si, hemen benimle gelmen** ich halte es für das Beste, du kommst gleich mit; **böyle olması şüphesiz/kuşkusuz en ~sidir** so ist es fraglos/zweifellos am besten; **en ~si** am (aller)besten; **en ~si bu olacak** das dürfte wohl das Beste sein

iyice **I.** *adj* ziemlich gut **II.** *adv* ❶ ausgiebig; **~ uyumak** ausgiebig schlafen; **ağzını peçeteyle ~ sil!** wisch dir den Mund mit der Serviette gut ab!; **kullanmadan önce ~ sallayınız** vor Gebrauch gut schütteln ❷ gründlich, richtig; **~ temizlemek** gründlich putzen; **~ incelemek** eingehend [*o* gründlich] prüfen ❸ ganz schön; **onu ~ benzetmişler** sie haben ihn ganz schön zugerichtet ❹ reiflich; **~ düşündükten sonra** nach reiflicher Überlegung [*o* Erwägung]; ~ **düşünmek** reiflich überlegen ❺ ~ **düşünmek** durchdenken; ~ **kızartmak** durchbraten

iyicene *adv* (*fam*) richtig, ordentlich; *s. a.* **iyice**

iyicil *adj* MED gutartig; ~ **urlar** gutartige Geschwülste

iyi hâl belgesi *s,* **iyi hâl şehadetnamesi** *s* Führungszeugnis *nt* **iyi huylu** *adj* gutartig **iyi kalpli** *adj* gutherzig **iyi kalplilik** <-ği> *s ohne pl* Gutherzigkeit *f* **iyi kötü** *adv* einigermaßen

iyileşme *s ohne pl* ❶ *Verbalsubstantiv zu* **iyileşmek** ❷ Ausheilung *f* ❸ (*durum için*) Besserung *f* ❹ (*sağlık için*) Genesung *f,* Aufkommen *nt*

iyileşmek *vi* ❶ ausheilen ❷ (*durum*) sich bessern ❸ (*sağlığı yerine gelmek*) gesund werden, gesunden, genesen

iyilik <-ği> *s* (*ohne pl*) ❶ Gute(s) *nt;* ~ **etmek/görmek** Gutes tun/erfahren; **birine bir** ~ **veya kötülük yapmak** [*o* **etmek**] jdm etw Gutes oder Böses antun; **bunun iyiliği** das Gute daran ❷ Wohltat *f;* (*lütuf*) Güte *f* ❸ (*esenlik*) Wohl *nt,* Wohlergehen *nt* ❹ Gefallen *m,* Gefälligkeit *f;* ~ **bilmek** dankbar sein

iyilikbilmez *adj* undankbar

iyilikçi *adj* gefällig

iyilikle *adv* gütlich

iyilik sağlık *s* **nasılsınız? — ~!** wie geht es Ihnen? — gut!

iyiliksever *adj* gütig

iyimser **I.** *s* Optimist(in) *m(f)* **II.** *adj* (*kötümser karşıtı*) optimistisch, zuversichtlich

iyimserlik <-ği> *s ohne pl* Optimismus *m,* Zuversicht *f*

iyi niyet *s ohne pl* ❶ der gute Glaube, Gutgläubigkeit *f;* ~**le hareket etmek** in gutem Glauben handeln; **bütün ~ime rağmen olamaz!** es geht beim besten Willen nicht! ❷ der gute Wille; **bütün ~e rağmen** allem guten Willen zum Trotz **iyi niyetli** *adj* ❶ gutgläubig ❷ gutwillig **iyi niyetlilik** <-ği> *s ohne pl* ❶ Gutgläubigkeit *f* ❷ Gutwilligkeit *f* **iyi yürekli** *adj* gutherzig **iyi yüreklilik** <-ği> *s ohne pl* Gutherzigkeit *f*

iyodu *s poss von* **iyot**

iyon *s* PHYS, CHEM Ion *nt*

iyonik <-ği> *adj* PHYS, CHEM ionisch

iyonlanma *s* ❶ *Verbalsubstantiv zu* **iyonlanmak** ❷ PHYS, CHEM Ionisation *f*

iyonlanmak *vi* PHYS, CHEM ionisieren

iyonlaşma *s* ❶ *Verbalsubstantiv zu* **iyonlaşmak** ❷ PHYS, CHEM Ionisierung *f*

iyonlaşmak *vi* PHYS, CHEM ionisieren

iyonlaştırma *s* ❶ *Verbalsubstantiv zu* **iyonlaştırmak** ❷ PHYS, CHEM Ionisierung *f*

iyonlaştırmak *vt* PHYS, CHEM ionisieren

iyon yuvarı *s ohne pl* ASTRON Ionosphäre *f*

iyot <-du> *s ohne pl* CHEM Jod *nt*

iyotlu *adj* jodhaltig, Jod- **iyotlu tuz** *s ohne pl* Jodsalz *nt*

iyot tentürü *s ohne pl* CHEM, MED (*tentürdiyot*) Jodtinktur *f*

iz *s* ❶ Spur *f;* ~ **bırakmak** Spuren hinterlassen; **birinin ~inden yürümek** in jds Fußstapfen treten; **bir şeyin/kimsenin ~ini bulmak** etw/jdn aufspüren ❷ (*yara* ~*i*) Narbe *f;* (*parmak* ~*i*) Abdruck *m*

izabe fırını *s* TECH (*maden ergitme fırını*) Schmelzofen *m* **izabe noktası** *s* TECH Schmelzpunkt *m*

izafet [iza:-] *s* PHILOS (*rölâtivite*) Relativität *f*

izafî [iza:fi:] *adj* relativ

izafiye [iza:--] *s ohne pl* PHILOS (*rölâtivizm*) Relativismus *m*

izafiyet [iza:--] *s ohne pl* PHILOS (*rölâtivite*) Relativität *f*

izah [i:za:ç] *s s.* **açıklama** Erklärung *f,* Erläuterung *f;* ~ **etmek** erklären

izale [iza:-] *s* (*yok etme*) Beseitigung *f,* Aufhebung *f;* ~ **etmek** beseitigen, aufheben

iz'an [i'za:n] *s ohne pl* (*anlama yeteneği*) Auffassungsgabe *f*

iz'ansız *adj* (*anlayışsız*) verständnislos; (*düşüncesiz*) gedankenlos, unüberlegt

iz'ansızlık <-ğı> *s ohne pl* Unverständnis *nt,* Verständnislosigkeit *f*

izci *s* Pfadfinder *m* **izcilik** <-ği> *s ohne pl* Pfadfinder *pl*

izdiham *s* Andrang *m,* Massenandrang *m*

izdivaç <-cı> *s s.* **evlenme** Heirat *f;* ~ **etmek** heiraten

izdüşüm *s* Projektion *f*

iz düşümsel *adj* projektiv **iz düşümü** *s* Projektion *f* **iz düşümü düzlemi** *s* MATH Projektionsebene *f*

izhar *s* Äußerung *f;* **bir şeyi ~ etmek** etw äußern

izin <-zni> *s* ❶ Erlaubnis *f,* Genehmigung *f;* **birinden ~ istemek** jdm um Erlaubnis bitten; **birine ~ vermek** jdm erlauben, jdm die Erlaubnis [*o* Genehmigung] erteilen; (**bana**) ~ **verirseniz** wenn Sie (mir) erlauben ❷ Urlaub *m;* **paralı/parasız** ~ bezahlter/unbezahlter Urlaub

İzlanda **I.** *s* Island *nt* **II.** *adj* isländisch; ~ **hükûmeti** die isländische Regierung

İzlandalı **I.** *s* Isländer(in) *m(f)* **II.** *adj* isländisch; ~ **bir kadın** eine isländische Frau

izleme *s* ❶ *Verbalsubstantiv zu* **izlemek** ❷ Verfolgung *f*

izlemek *vt* ❶ (*takip etmek*) verfolgen ❷ (*arkasından gelmek*) folgen; **birbirini ~** aufeinander folgen ❸ (*görmek, seyretmek*) sehen; **televizyonu izliyor musun?** siehst du fern?
izlence *s* (*program*) Programm *nt*
izlenim *s* Eindruck *m;* **~ bırakmak/uyandırmak/vermek** Eindruck hinterlassen/erwecken/machen
izlenimci **I.** *s* Impressionist(in) *m(f)* **II.** *adj* impressionistisch
izlenimcilik <-ği> *s ohne pl* Impressionismus *m*
izleyici *s a.* TV Zuschauer(in) *m(f)* **izleyici reytingi** *s* TV Einschaltquote *f*
izmarit *s* ❶ ZOOL (*Maena smaris*) Laxierfisch *m* ❷ Kippe *f,* Stummel *m,* Zigarettenstummel *m*
izni *s poss von* **izin**
izobar eğrisi *s* GEO Isobare *f*
izolasyon *s* Isolation *f*
izole *adj* isoliert; **~ etmek** isolieren **izole bant** <-dı> *s* Isolierband *nt*
izomer **I.** *s* CHEM Isomer *nt* **II.** *adj* CHEM isomer
izomeri *s ohne pl* CHEM Isomerie *f*
izomerik *adj* CHEM isomer
izomerleşme *s* CHEM Isomerisierung *f*
izometri *s ohne pl* Isometrie *f*
izomorf *adj,* **izomorfik** <-ği> *adj* isomorph; (*eş biçimli*) gleichgestaltig
izomorfizm *s ohne pl* Isomorphismus *m*
izoterm *adj* GEO isotherm **izoterm eğrisi** *adj* GEO Isotherme *f*
izotop *s* PHYS Isotop *nt*
izzetinefis <-fsi> *s ohne pl* ❶ Selbstwertgefühl *nt;* (*öz saygı*) Selbstachtung *f* ❷ (*onur*) Stolz *m*

J j

J, j [ʒe] *s* J, j *nt* (*13. Buchstabe des türk. Alphabets*); **jandarma'nın ~'si** J wie Julius
jaguar *s* ZOOL Jaguar *m*
jakoben *s* Jakobiner *m*
jakuzi *s* Whirlpool *m*
jalûzi *s* Jalousie *f*
jandarma *s* Gendarmerie *f*; **~'nın je'si** J wie Julius **jandarma eri** *s* Gendarm *m*
janr [ʒãr] *s* Genre *nt*
jant [ʒant] *s* Felge *f* **jant kapağı** *s* AUTO Radkappe *f*
Japon I. *s* Japaner(in) *m(f)* **II.** *adj* japanisch **Japon balığı** *s* ZOOL Goldfisch *m* **Japon gülü** *s s.* **kamelya** BOT Kamelie *f*
Japonya *s* Japan *nt*
jargon *s* Jargon *m*
jarse [ʒarsɛ] *s* (*kumaş*) Jersey *m*
jartiyer *s* Straps *m*, Strumpfhalter *m*
je *Name des 13. Buchstaben des türk. Alphabets;* **jandarma'nın ~'si** J wie Julius
jelatin *s ohne pl* Gelatine *f*
jelatinsi *adj* gallertartig
jenerasyon *s s.* **kuşak** Generation *f*
jeneratör *s* PHYS Generator *m*
jenerik *s* FILM, TV (*tanıtma yazısı*) Vorspann *m* **jenerik ilaç** <-cı> *s* MED Generikum *nt*
jenosit <-di> *s* Genozid *m o nt*
jeofizik <-ği> *s ohne pl* PHYS Geophysik *f*
jeolog *s* Geologe, -login *m, f*
jeoloji *s ohne pl* Geologie *f*
jeolojik *adj* geologisch
jeosantrik *adj* ASTRON geozentrisch
jeotermi *s ohne pl* GEO Geothermik *f*
jeotermik *adj* GEO geothermisch
jest *s* Geste *f*
jet *s* Jet *m*, Düsenflugzeug *nt* **jet motoru** *s* Düsentriebwerk *nt*
jeton *s* Marke *f*, Spielmarke *f*; (**en sonunda**) **~ düştü mü?** (*fam*) ist der Groschen (endlich) gefallen?
jet sosyete *s* Jetset *m*
jigolo *s* Gigolo *m*
jikle *s* AUTO Choke *m*; **~yi çekmek** den Choke ziehen
jiklet *s s.* **çiklet** Kaugummi *m o nt*; **~ çiğnemek** Kaugummi kauen
jilet *s* Rasierklinge *f*; **~ gibi** scharf wie eine Rasierklinge
jimnastik <-ği> *s ohne pl* Gymnastik *f*; SPORT Turnen *nt*; **~ yapmak** turnen
jimnastik alıştırması *s* Turnübung *f* **jimnastik aracı** *s* Turngerät *nt* **jimnastik ayakkabısı** *s* Turnschuh *m*
jimnastikçi *s* ❶ SPORT Turner(in) *m(f)* ❷ SCHULE (*fam*) Sportlehrer(in) *m(f)*
jimnastik dersi *s* Turnunterricht *m* **jimnastik salonu** *s* Turnhalle *f*
jin *s s.* **cin** Gin *m*
jinekolog *s* MED Gynäkologe, -login *m, f*
jinekoloji *s ohne pl* MED Gynäkologie *f*
jip [ʒip] *s s.* **cip** Jeep® *m*
jips [ʒips] *s* GEO (*alçı taşı*) Gips *m*
jiujitsu *s ohne pl* SPORT Jiu-Jitsu *nt*
jogging *s ohne pl* Jogging *nt*, Joggen *nt*
jokey *s s.* **cokey** SPORT Jockey *m*
jöle *s* ❶ Gel *nt* ❷ Sülze *f*
Jöntürkler *pl* HIST Jungtürken *pl*
judo [ʒʊdo] *s ohne pl* SPORT Judo *nt* **judocu** *s* Judoka *m*
jul <-lü> [ʒʊl] *s* PHYS Joule *nt*
Jura *s ohne pl* GEO Jura *m*
jurnal <-li> *s* ❶ (*günlük*) Tagebuch *nt*; (*gemi ~i*) Journal *nt* ❷ (*ihbar yazısı*) Anzeige *f*; **~ etmek** denunzieren
jurnalci *s* (*pej*) Denunziant(in) *m(f)*; (*ispiyon*) Spitzel *m*
jübile *s* Jubiläum *nt*, Jahrestag *m*
Jüpiter *s a.* ASTRON Jupiter *m*
jüpon *s* Unterrock *m*
jüre *s* Juror(in) *m(f)*
jüri *s* Jury *f*
jüt *s ohne pl* Jute *f*

Kk

K, k [ke] *s* K, k *nt* (*14. Buchstabe des türk. Alphabets*); **Kars'ın ~'si** K wie Kaufmann
kaba I. *adj* ❶ grob; **~ hatlarıyla** in groben Zügen; **~ un** grobes Mehl ❷ (*fig fam*) derb, vulgär ❸ roh; **~ kuvvet kullanmak** rohe Gewalt anwenden ❹ **~ Türkçesi** auf gut Türkisch gesagt **II.** *s* Gesäß *nt;* **bir şeyin ~sını almak** etw (nur) grob bearbeiten; (*temizlemek*) etw (nur) oberflächlich putzen
kababurun *s* ZOOL Nase *f,* Näsling *m*
kabaca I. *adv* ❶ grob ❷ (*yaklaşık*) grob, ungefähr **II.** *adj* (*irice*) ziemlich groß
kabadayı I. *s* ❶ Kraftmeier *m;* (*babayiğit*) Recke *m* ❷ Raufbold *m,* Rowdy *m* ❸ (*fam: pavyon ~sı*) Rausschmeißer *m* **II.** *adj* ❶ (*koçak*) beherzt ❷ REG (*en iyisi*) **bir şeyin en ~sını almak** das Beste von etw nehmen [*o* kaufen]
kabadayılık <-ğı> *s* Kraftmeierei *f*
kaba et *s* Gesäß *nt*
kabahat <-ti> *s* ❶ (*suç*) Schuld *f;* (*kusur*) Fehler *m;* **~ etmek** einen Fehler machen; **~ kimde?** wer hat Schuld?; **bir kimseye/şeye ~i yüklemek** jdm/etw die Schuld geben; **bu benim ~im değil** das ist nicht meine Schuld ❷ JUR Übertretung *f*
kabahatli *adj* schuldig
kabahatsiz *adj* unschuldig
kaba inşaat <-ı> *s* Rohbau *m*
kabak I. *s* <-ğı> BOT (*Cucurbita*) Kürbis *m;* **~ başın(d)a patlamak** (*fig fam*) es ausbaden müssen, daran glauben müssen; **~ tadı vermek** (*fig fam: usanç vermek*) anöden; (*tatsız gelmeye başlamak*) unangenehm werden; **bu sefer ~ onun başın(d)a patladı** (*fig fam*) diesmal musste er daran glauben **II.** *adj* ❶ (*dazlak*) kahl ❷ AUTO (*lastik*) abgefahren ❸ (*ham*) unreif ❹ (*fig fam: bilgisiz, görgüsüz*) unreif, unerfahren **kabak çekirdeği** *s* Kürbiskern *m* **kabak kafalı I.** *s* ❶ (*dazlak*) Glatzkopf *m,* Kahlkopf *m* ❷ (*fig, pej fam*) Döskopf *m,* Dummkopf *m* **II.** *adj* ❶ glatzköpfig, kahlköpfig ❷ AUTO (*lastik*) abgefahren
kabaklama *s Verbalsubstantiv zu* **kabaklamak**
kabaklamak *vt* REG abästen
kabaklaşma *s Verbalsubstantiv zu* **kabaklaşmak**
kabaklaşmak *vi* AUTO (*lastik*) sich abfahren
kabaklık <-ğı> *s ohne pl* ❶ (*hamlık*) Unreife *f* ❷ (*tüysüzlük*) Haarlosigkeit *f;* (*dazlaklık*) Glatzköpfigkeit *f,* Kahlköpfigkeit *f* ❸ (*fig fam: bilgisizlik, görgüsüzlük*) Unreife *f*
kabakulak <-ğı> *s ohne pl* MED Mumps *m,* Ziegenpeter *m* **kabakulak otu** *s* BOT (*zeravent*) Biberwurz *f,* Osterluzei *f*
kabala[1] *s ohne pl* Kabbala *f*
kabala[2] *adj* pauschal
kabalık <-ğı> *s ohne pl* Grobheit *f;* **kabalığı ile tanınmıştır** er ist bekannt für seine Grobheit
kabarcık <-ğı> *s* Blase *f,* Bläschen *nt*
kabarcıklı düzeç <-ci> *s* Libelle *f*
kabare *s* Kabarett *nt* **kabare oyuncusu** *s* Kabarettist(in) *m(f)* **kabare tiyatrosu** *s* Kleinkunstbühne *f*
kabarık <-ğı> *adj* ❶ geschwellt ❷ gewölbt **kabarık deniz** *s ohne pl* GEO (*gelgit olayında*) Flut *f; s. a.* **inik deniz**
kabarıklık <-ğı> *s* Schwellung *f*
kabarma *s* ❶ *Verbalsubstantiv zu* **kabarmak** ❷ GEO (*met*) Flut *f* ❸ (*fig: ohne Pl, büyüklük taslama*) Großtuerei *f,* Prahlerei *f*
kabarmak *vi* ❶ (*şişmek*) (an)schwellen; (**gururdan**) **göğsü kabarmış olarak** mit (vor Stolz) geschwellter Brust ❷ **hindi gibi ~** (*pej*) sich aufplustern
kabartma *s* ❶ *Verbalsubstantiv zu* **kabartmak** ❷ (*toprağı*) Auflockerung *f* ❸ KUNST (*rölyef*) Relief *nt* **kabartma harita** *s* Reliefkarte *f*
kabartmak *vt* ❶ *Kausativ zu* **kabarmak** ❷ (*tüylerini*) aufplustern ❸ (*toprağı*) auflockern ❹ **kulak ~** aufhorchen, die Ohren spitzen
kabartma tozu *s ohne pl* GASTR Backpulver *nt*
kaba sıva *s ohne pl* Rohputz *m* **kaba şiş** *s ohne pl s.* **kabakulak** Mumps *m;* (*fam*) Ziegenpeter *m* **kaba taslak** *adj* skizzenhaft **kaba yapı** *s* Rohbau *m* **kaba yel** *s* REG (*lodos*) Südwind *m*
Kâbe [kaːbɛ] *s ohne pl* Kaaba *f*
kabı *s poss von* **kap**
kâbı *s poss von* **kâp**
kabız <-bzı> *s* ❶ Griff *m* ❷ (*peklik*) Verstopfung *f* ❸ (*teslim alma*) Entgegennahme *f*
kabil[1] [kaːbil] *adj* möglich
kabil[2] *adj* ❶ (*benzer*) ähnlich; **bu ~ şeyler** solche Dinge ❷ (*tür*) **... ~inden şeyler** (*gibi*) Dinge [*o* Sachen] wie ...; (*türünden*) Dinge [*o* Sachen] in der Art von ...; **bu mucize ~inden bir şeydi** das war so was

K

wie ein Wunder; **mucize ~ ...** wie durch ein Wunder ...
Kabil [ka:bil] *s* REL Kain *m;* **Habil ile ~** Abel und Kain
Kâbil [kã:bil] *s* Kabul *nt*
kabile [kabi:le] *s* Stamm *m*
kabiliyet *s* Fähigkeit *f*
kabiliyetli *adj* fähig
kabin *s* Kabine *f;* (*pilot ~ i*) Kanzel *f*
kabine *s* POL Kabinett *nt*
kabir <-bri> *s* Grab *nt*
kablo *s* Kabel *nt* **kablo demeti** *s* TECH, AUTO Kabelbaum *m*
kablolu televizyon *s ohne pl* Kabelfernsehen *nt*
kablosuz *adj* kabellos
kabotaj *s* Küstenschifffahrt *f*
kabri *s poss von* **kabir**
kabuk <-ğu> *s* ❶ (*ağaç kabuğu*) Rinde *f,* Borke *f* ❷ GEO (*yer kabuğu*) Kruste *f* ❸ (*yemiş*) Schale *f* ❹ MED (*yarada*) Kruste *f,* Schorf *m;* **~ bağlamak** [*o* **tutmak**] Kruste [*o* Schorf] bilden; **yaranın ~ bağlaması dört gün sürdü** es dauerte vier Tage, bis die Wunde eine Kruste gebildet hatte; **yaranın üstü ~ bağlamış** auf der Wunde hat sich Schorf gebildet ❺ (*salyangoz kabuğu*) Gehäuse *nt;* (**kendi**) **kabuğuna çekilmek** (*fig*) sich abkapseln **kabuk böceği** *s* ZOOL Borkenkäfer *m*
kabuklanma *s* ❶ *Verbalsubstantiv zu* **kabuklanmak** ❷ Verkrustung *f*
kabuklanmak *vi* verkrusten, eine Kruste bilden
kabuklu bit *s* Schildlaus *f*
kabuklular *pl* ZOOL Krustentiere *pl*
kabul <-lü> *s* ❶ Empfang *m;* **birini ~ etmek** jdn empfangen; **dostane ~ edildik** wir wurden freundlich empfangen; **kendini ~ ettirmek** sich durchsetzen ❷ (*alma*) Annahme *f* ❸ (*onaylama, razı olma*) Annahme *f;* **~ edelim ki ...** angenommen, dass ...; **her işi ~ etmek** jede Arbeit annehmen; **önerge çoğunlukla ~ edildi** der Antrag wurde mehrheitlich angenommen; **öneriyi ~ etmek** den Vorschlag annehmen [*o* akzeptieren] ❹ (*isteyerek veya istemeyerek razı olma*) **bir şeyi** (**zar zor**) **~ etmek** sich mit etw (schwer) abfinden; **bir şeyi ~ ettirmek** etw durchsetzen; **kendini ~ ettirmek** sich durchsetzen ❺ (*bir yere alınma*) Aufnahme *f,* Zulassung *f* ❻ JUR Abnahme *f;* **işin ~ü** die Abnahme des Werkes ❼ (*akseptans, rıza ve izin*) Zustimmung *f;* **~ görmek** Zustimmung finden; **düşünmeden ~ etmek** bedenkenlos zustimmen ❽ FIN Bewilligung *f;* **kredinin ~ü** die Bewilligung des Kredits **kabul edilemez** *adj* unannehmbar, inakzeptabel **kabul kredisi** *s* FIN Akzeptkredit *m*
kabullenme *s* ❶ *Verbalsubstantiv zu* **kabullenmek** ❷ Akzeptanz *f*
kabullenmek *vt* akzeptieren; **yenilişi kabullenmişti** er hatte die Niederlage akzeptiert, er hatte sich mit der Niederlage abgefunden
kabul odası *s* Empfangszimmer *nt* **kabul salonu** *s* Empfangshalle *f* **kabul töreni** *s* Empfang *m* **kabul yeri** *s* Empfangsraum *m*
kaburga *s* ANAT, MED Rippe *f*
kâbus [kã:bus] *s* (*karabasan*) Albtraum *m;* **~ gibi** wie ein Albtraum; **~ hâline gelmek** zum Albtraum werden
kabza *s* Knauf *m;* (*sap*) Griff *m*
kabzı *s poss von* **kabız**
kaç[1] *vi Imperativ von* **kaçmak**
kaç[2] *adj* ❶ wie viel; **~ para eder?** wie viel ist das wert?; (*fig fam*) was soll das?; **~ paran var?** wie viel Geld hast du?; **~ yaşındasın?** wie alt bist du?; **~ zamandır** seit geraumer Zeit; (*çoktan beri*) seit langem; **~ın kurası** (*fig fam*) alter Hase ❷ **bugün ayın ~ı?** den Wievielten haben wir heute?
kaçak **I.** *s* <-ğı> ❶ (*asker kaçağı*) Flüchtige(r) *f(m)* ❷ (*sıvı kaçması*) Leck *nt* **II.** *adj* ❶ flüchtig ❷ illegal; (*fam*) Schwarz-; **~ inşaat** wildes Bauen ❸ **~ yolcu** blinder Passagier **III.** *adv* illegal; (*fam*) schwarz; **~ avlanmak** wildern
kaçakçı *s* Schmuggler(in) *m(f)*
kaçakçılık <-ğı> *s ohne pl* Schmuggel *m;* JUR Bannbruch *m*
kaçak işçi *s* Schwarzarbeiter(in) *m(f)*
kaçaklık <-ğı> *s ohne pl* MIL Fahnenflucht *f*
kaçak mal *s* Schmuggelware *f;* JUR Bannware *f,* Banngut *nt*
kaçamak **I.** *s* <-ğı> Seitensprung *m* **II.** *adj* ausweichend; **~ bir cevap vermek** eine ausweichende Antwort geben
kaçamaklı *adj* ausweichend
kaçamak yol *s,* **kaçamak yolu** *s* Ausflucht *f;* **hiçbir bahane, hiçbir ~ bulamamak** keine Ausrede, keine Ausflüchte finden können
kaçar[1] *vi 3. Aorist von* **kaçmak**
kaçar[2] *adj* **bu evler/konutlar ~ odalı?** wie viele Räume [*o* Zimmer] haben diese Häuser/Wohnungen?; **size ~ tane vereyim?** wie viel Stück jeweils soll ich euch geben?
kaçgöç *s* REL Geschlechtertrennung *f*
kaçık **I.** *adj* <-ğı> ❶ (*fig fam*) verrückt ❷ (*yana kaçmış*) verrutscht; (*yana kaymış*)

verschoben **II.** *s* <-ğı> (*çorapta*) Laufmasche *f*

kaçıkça *adv* wie verrückt

kaçılmak *vi* ❶ *pass von* **kaçmak: böyle bir şeyi görür görmez kaçılmalı** sobald man so etwas sieht, sollte man weglaufen ❷ REG zur Seite gehen, aus dem Weg gehen

kaçınabilme *s Verbalsubstantiv zu* **kaçınabilmek**

kaçınabilmek *vi* vermeiden können (**-den**), herumkommen (**-den** um); **bir şeyi yapmaktan ~** darum herumkommen, etw zu tun

kaçıncı *adj* wievielte(r, s); **sen kaçıncısın?** der [*o* die] Wievielte bist du?

kaçıngan *adj* zurückhaltend, reserviert, scheu

kaçınganlık <-ğı> *s ohne pl* Zurückhaltung *f,* Reserviertheit *f*

kaçınılmaz *adj* unvermeidbar, unumgänglich, unausweichlich; **bundan ~** das lässt sich nicht vermeiden

kaçınma *s* ❶ *Verbalsubstantiv zu* **kaçınmak** ❷ Umgehung *f* ❸ Vermeidung *f*

kaçınmak *vi* ❶ vermeiden (**-den**), umgehen (**-den**); **bana kitabı verirken yüzüme bakmaktan kaçındı** sie gab mir das Buch, wobei sie vermied, mich anzusehen ❷ sich entziehen (**-den**), sich drücken (**-den** vor); **iş(i) yapmaktan ~** sich vor der [*o* um die] Arbeit drücken; **bir şeyi yapmaktan kaçınamamak** nicht umhinkönnen, etw zu tun ❸ scheuen (**-den**); **masraftan ~** Kosten scheuen; **masraftan kaçınmamak** keine Kosten scheuen ❹ sich zurückhalten (**-den** mit); **övmekten/eleştirmekten kaçınır** er hält sich mit Lob/Kritik zurück

kaçırılma *s* ❶ *Verbalsubstantiv zu* **kaçırılmak** ❷ Entführung *f*

kaçırılmak *vi pass von* **kaçırmak**

kaçırma *s* ❶ *Verbalsubstantiv zu* **kaçırmak** ❷ Entführung *f*

kaçırmak **I.** *vt* ❶ (*treni*) verpassen; (*fırsatı*) verpassen, versäumen; (*vergi*) hinterziehen; **böyle bir fırsatı kaçırmam** eine solche Gelegenheit lasse ich mir nicht entgehen ❷ (*çocuk, uçak*) entführen ❸ (*fig fam*) verlieren; **aklını ~** den Verstand verlieren; **birini gözünden kaçırmamak** jdn nicht aus den Augen verlieren; **ipin ucunu ~** den Faden verlieren; **ölçüyü ~** das rechte Maß verlieren; (*fam*) den Bogen überspannen; **rakıyı fazla ~** (*fam*) zu viel Raki trinken ❹ rauben; **birinin huzurunu/uykusunu ~** jdm die Ruhe/den Schlaf rauben; **bu düşünce benim uykumu kaçırdı** dieser Gedanke raubte mir den Schlaf ❺ (*bozmak*) verderben; **birinin iştahını/keyfini ~** jdm den Appetit/die Laune verderben ❻ (*eşya*) (durch)schmuggeln (**-den** durch) ❼ SPORT (*penaltı*) verschießen ❽ (*sızdırmak*) **çakmak gaz kaçırıyor** das Feuerzeug ist undicht; **makine buhar kaçırıyor** die Maschine verliert Dampf ❾ (*göstermemek*) verstecken (**-den** vor); **karısını benden kaçırıyor** er versteckt seine Frau vor mir; **yeni oyuncağını benden niçin kaçırıyorsun?** warum versteckst du dein neues Spielzeug vor mir? ❿ **ağzından ~** ausplaudern, sich verplappern; **aklını kaçırmış olmak** (*fam*) nicht alle beisammenhaben; **keçileri kaçırmış** (*fig fam*) er hat nicht alle Tassen im Schrank; **ölçüyü ~** (*fam*) den Bogen überspannen **II.** *vi* (*delirmek*) verrückt werden

kaçış *s* Flucht *f;* **bundan ~ yok** (*fig fam*) daran führt kein Weg vorbei **kaçış yolu** *s* Fluchtweg *m*

kaçkın *s* (*okul ~ ı*) Schwänzer(in) *m(f)*

kaçlı *adj* ❶ (*iskambilde*) **elinde ~ var?** — **ikili var** welche Karte hast du? — eine Zwei ❷ (*doğum yılı, mevzuniyet yılı, askerlik dönemi*) **~sınız?** welcher Jahrgang sind Sie?

kaçma *s ohne pl* ❶ *Verbalsubstantiv zu* **kaçmak: ~yı denedi** er versuchte zu fliehen ❷ Flucht *f*

kaçmak <-ar> *vi* ❶ weglaufen, fortlaufen, flüchten, fliehen (**-den** aus); **~ için fırsatı kullandı** er benutzte die Gelegenheit, um zu fliehen ❷ vergehen; **hevesim/iştahım kaçtı** mir ist die Lust/der Appetit vergangen ❸ (*rastlaşmamaya çalışmak*) vermeiden; **iş(i) yapmaktan ~** sich vor der [*o* um die] Arbeit drücken ❹ (*gözden*) entgehen; **gözümden kaçmadı** es ist mir nicht entgangen; **gözünden hiçbir şey kaçmaz** ihm entgeht nichts ❺ (*gaz*) entweichen (**-den** aus) ❻ (*sıvışmak*) sich (heimlich) verziehen ❼ (*çorabı*) eine Laufmasche haben

kaçma tehlikesi *s ohne pl* Fluchtgefahr *f*

kadana *s* (*at*) Kaltblut *nt*

kadar **I.** *part* ❶ (*dek*) bis; **oraya ~** bis dahin; **saat üçe ~ bekledim** bis drei Uhr habe ich gewartet; **saat 9'dan 11'e ~** von 9 bis 11 Uhr; **son damlasına ~** bis auf den letzten Tropfen; **şimdiye ~** bis jetzt, bisher, bislang ❷ (*gibi*) wie; **matematiğe olduğu ~ dillere de istidadı olmak** ebenso sehr für Sprachen wie für Mathematik begabt sein; **mümkün olduğu ~ çabuk/erken** so schnell/früh wie möglich; **ne dereceye ~** inwiefern, inwieweit; **o da benim ~ uzun konuştu** sie sprach

K

ebenso lang(e) wie ich ❸ (*büyüklügünde*) so groß wie; **Hasan benim ~ken ...** als Hasan so groß wie ich war, ...; **onların evi bizimki ~** ihr Haus ist so groß wie unsers ❹ **ne ~ erken gelirsen ...** je eher du kommst, ...; **ne ~ erken olursa o ~ iyi olur** je eher, desto besser ❺ (*kesinlikle belli olmayan bir nitelik için*) etwa, (so) um; **yüz ~ öğrenci gelmişti** (so) um die hundert Schüler waren gekommen ❻ (*~ıyla*) soweit, soviel; **bildiğim ~** soviel ich weiß ...; **görebildiğim ~ ...** soweit ich (über)sehen kann, ...; **göz görebildiği ~** soweit das Auge reicht; **hatırlayabildiğim ~** soweit ich mich erinnern kann **II.** *adv* (*ölçüsünde*) dermaßen, so; **ne ~ haklısın** wie sehr du Recht hast; **o ~ çok konuştu ki** er hat so viel gesprochen; **o ~ sevindi ki** er hat sich dermaßen [*o* so] gefreut; *s. a.* **bu kadar**

kadastro *s* ADMIN Kataster *m o nt;* **~ya geçirmek** in den Kataster eintragen

kadastrolama *s Verbalsubstantiv zu* **kadastrolamak**

kadastrolamak *vt* ADMIN katastrieren

kadavra *s* ❶ Kadaver *m* ❷ MED, UNIV (*tıp öğretiminde*) Leiche *f*

kadeh *s* (*içki ~i*) Glas *nt;* **~ atmak** (*fam*) einen kippen; **~ kaldırmak** das Glas heben; **~ tokuşturmak** mit den Gläsern anstoßen **kadeh arkadaşı** *s* Zechkumpan *m*

kadehdaş *s* Zechkumpan *m*

kadem *s* ❶ (*ayak*) Fuß *m;* (*adım*) Schritt *m;* **firara ~ basmak** fliehen, abhauen ❷ (*uzaklık ölçüsü*) Fuß *m* ❸ (*uğur*) Glück *nt*

kademe *s* (*basamak*) Stufe *f;* (*aşama*) Entwicklungsstufe *f* **kademe kademe** *adv* stufenweise

kademeleme *s* ❶ *Verbalsubstantiv zu* **kademelemek** ❷ Abstufung *f*

kademelemek *vt* abstufen

kademelendirme *s* ❶ *Verbalsubstantiv zu* **kademelendirmek** ❷ Staffelung *f*

kademelendirmek *vt* staffeln

kademeli *adj* stufig

kademesiz *adj* stufenlos

kader *s* Schicksal *nt* **kader birliği** *s* Schicksalsgemeinschaft *f,* Schicksalsgenossenschaft *f*

kaderci **I.** *s* Schicksalsgläubiger(in) *m(f);* (*fatalist*) Fatalist(in) *m(f)* **II.** *adj* schicksalsgläubig; (*fatalist*) fatalistisch

kadercilik <-ği> *s ohne pl* Schicksalsglaube *m;* (*fatalizm*) Fatalismus *m*

kaderin darbesi *s* Schicksalsschlag *m*

kadı *s* HIST, JUR Kadi *m*

kadın *s* ❶ Frau *f* ❷ Dame *f* **kadın avcısı** *s* Schürzenjäger *m* **kadın bisikleti** *s* Damenfahrrad *nt*

kadıncağız *s* arme Frau

kadıncık <-ğı> *s* Frauchen *nt*

kadın evi *s* Frauenhaus *nt* **kadın hareketi** *s* POL Frauenbewegung *f* **kadın hastalıkları** *pl* MED (*jinekoloji*) Gynäkologie *f* **kadın konfeksiyonu** *s* Damenkonfektion *f*

kadınlaşma *s Verbalsubstantiv zu* **kadınlaşmak**

kadınlaşmak *vi* zur Frau werden

kadınlık <-ğı> *s ohne pl* ❶ (*kadın olma durumu*) Frausein *nt* ❷ (*kadın olma durumu*) Frauenwürde *f*

kadın mayosu *s* Badeanzug *m*

kadınnine *s* Großmutter *f*

kadın sesi *s* Frauenstimme *f*

kadınsı *adj* ❶ (*kadına yaraşır*) fraulich, frauenhaft, weiblich ❷ (*kadına benzer*) weiblich, feminin; **~ bir erkek** ein femininer Mann

kadın terzisi *s* Damenschneider *m* **kadın ticareti** *s ohne pl* Mädchenhandel *m*

kadırga *s* Galeere *f*

kadife **I.** *s* Samt *m* **II.** *adj* samtig **kadife çiçeği** *s* BOT Samtblume *f,* Studentenblume *f,* Tagetes *f*

kadim *adj* (*eski*) alt; (*ezelî*) ewig; **~ bir dost** ein alter Freund

kadir^1 <-dri> *s* ❶ (*değer*) Wert *m;* **bir şeyin kadrini bilmek** etw zu schätzen wissen ❷ ASTRON Größenklasse *f*

kadir^2 *adj* ❶ (*güçlü*) mächtig; **senin nelere ~ olduğunu ben bilirim** ich weiß, wozu du fähig bist ❷ (*her şeye gücü yeter*) allmächtig

kadmiyum *s ohne pl* CHEM Kadmium *nt*

kadmiyumlu *adj* CHEM kadmiumhaltig

kadran *s* Zifferblatt *nt*

kadrat *s* TYPO Quadrat *m*

kadri *s poss von* **kadir**^{1}

kadril *s* HIST Quadrille *f*

kadro *s* ❶ Stab *m;* **işletmenin teknik ~su** der technische Stab eines Betriebs ❷ POL, SPORT Kader *m* ❸ (*bisiklet ~su*) Rahmen *m*

kadük *adj* kaduk, hinfällig, gegenstandslos; **~ olmak** gegenstandslos werden

kafa *s* ❶ Kopf *m;* (*ser*) Haupt *m;* **~ dinlemek** abschalten, sich entspannen; **birini ~ kola almak** (*fig*) jdn auf den Arm nehmen; **~ yormak** (*fam*) sich den Kopf zerbrechen; **~dan atmak** (*fam*) erfinden; **~dan kontak olmak** (*fam*) einen Dachschaden haben; **~nı bir işletsene!** denk doch mal scharf nach!; **~sı dumanlı** (*fam*) benebelt; **~sı durmak** nicht mehr denken können; **bir şeyi ~sına koymak** [*o* **tak-**

mak] (*fig fam*) sich etw in den Kopf setzen; **bir şeyi ~sından çıkarmak** sich etw aus dem Kopf schlagen; **~sını taştan taşa çarpmak** (*fig*) (etw) bitter bereuen; **birinin ~sını uçurmak** jdm den Kopf abschlagen; **bir şeyi ~ya koymak** sich etw in den Kopf setzen; **~yı çalıştırmak** scharf nachdenken; **~yı çekmek** (*sl*) sich besaufen; **~yı işletmek** scharf nachdenken; **~m kazan oldu** (*gürültüden*) mir brummt der Kopf; (*zihni yorulmak*) mir raucht der Kopf, mir brummt der Schädel ❷ (*fig fam: zihniyet*) Gesinnung *f* ❸ (*bellek*) Gedächtnis *nt* ❹ TECH Kopf *m;* (*distribütör ~sı*) Kappe *f*

kafa çıkışı *s* SPORT Kopfball *m*

kafadan bacaklılar *pl* ZOOL Kopffüßer *pl*

kafadar *s* Gesinnungsgenosse, -genossin *m, f*

kafa dengi *adj* gleich gesinnt **kafa içi** *s s.* **kafatası** Schädel *m* **kafa işçisi** *s* Kopfarbeiter(in) *m(f)* **kafa işi** *s ohne pl* Kopfarbeit *f* **kafa kâğıdı** *s* (*fam: nüfus cüzdanı*) Personalausweis *m*

kafalı *adj* ❶ (*dik ~*) -köpfig ❷ (*fig*) gescheit

kafası boş I. *s* (*fig fam*) Hohlkopf *m* **II.** *adj* (*cahil*) ignorant **kafası çatlak I.** *s* <-ğı> (*fig fam*) Bekloppte(r) *f(m)* **II.** *adj* <-ğı> (*fig fam*) bekloppt, beknackt; **~ olmak** einen Sprung in der Schüssel haben **kafası dumanlı** *adj* benebelt **kafası iyi** *adj,* **kafası kıyak** *adj* (*sl*) high; **~ olmak** high sein

kafasız *adj* ❶ kopflos ❷ (*fig fam: kavrayışsız*) begriffsstutzig

kafasızlık <-ğı> *s ohne pl* ❶ Kopflosigkeit *f* ❷ (*fig fam: kavrayışsızlık*) Begriffsstutzigkeit *f*

kafatası *s* ANAT Schädel *m*

Kafdağı *s* LIT *der legendäre Berg Kaf aus Smaragden, auf dem sich angeblich Kobolte und Feen aufhalten;* **burnu ~'nda olmak** (*fig*) hochnäsig sein, auf dem hohen Ross sitzen

kafe *s* Café *nt*

kafein *s ohne pl* Koffein *nt*

kafeinsiz *adj* koffeinfrei

kafes *s* ❶ Käfig *m;* **altın ~** (*fig*) goldener Käfig ❷ ANAT (*göğüs ~i*) Korb *m*

kafesli pencere *s* Gitterfenster *nt*

kafes teli *s* Maschendraht *m*

kafeterya *s* Cafeteria *f*

kâfi [kã:fi] *adj* genügend, ausreichend, hinreichend, zulänglich; **~!** genug!; **~ gelmek** genügen, ausreichen

kafile [ka:--] *s* ❶ Reisegruppe *f* ❷ (*konvoy*) Konvoi *m* ❸ COMM (*mal ~si*) Fuhre *f*

kâfir [kã:fir] **I.** *s* ❶ Gottlose(r) *f(m)* ❷ (*fam: müslüman olmayan*) Kafir *m* **II.** *adj* gottlos; **seni ~ seni!** (*fig fam*) du freches Ding du!

kafiye [ka:--] *s* LIT (*uyak*) Reim *m*

kafiyeli *adj* **~ olmak** sich reimen (**-le** auf)

kafiyesiz *adj s.* **uyaksız** reimlos

Kafkasya *s* Kaukasien *nt* **Kafkasya Dağları** *pl* Kaukasus *m*

Kafkasyalı I. *s* Kaukasier(in) *m(f)* **II.** *adj* kaukasisch

kaftan *s* Kaftan *m;* **bu iş senin için biçilmiş ~** (*fig fam*) diese Arbeit ist für dich wie gemacht [*o* geschaffen]; **bu rol onun için biçilmiş ~** (*fig fam*) diese Rolle ist ihr wie auf den Leib geschrieben

kâfur [kã:fu:r] *s ohne pl* CHEM Kampfer *m* **kâfur ağacı** *s* BOT Kampferbaum *m*

kâgir [kã:gir] *adj* Backstein-; (*tuğladan yapılmış olan*) aus Backstein **kâgir ev** *s* Backsteinhaus *nt*

kağan *s* Khan *m*

kağanlık <-ğı> *s* Khanat *nt*

kâğıt <-dı> *s* ❶ Papier *nt;* **bir şeyi kâğıda dökmek** etw zu Papier bringen ❷ (*belge*) Schein *m;* (*aşı kâğıdı*) Pass *m;* (*nüfus kâğıdı*) Ausweis *m;* (*temiz iş kâğıdı*) Zeugnis *nt* ❸ (*duvar için*) Tapete *f* ❹ (*iskambil kâğıdı*) Karte *f,* Spielkarte *f* **kâğıt dosyası** *s* Mappe *f* **kâğıt fabrikası** *s* Papierfabrik *f*

kâğıtlama *s Verbalsubstantiv zu* **kâğıtlamak**

kâğıtlamak *vt* (*kâğıt yapıştırmak*) mit Papier bekleben; (*duvarları*) tapezieren

kâğıt makası *s* Papierschere *f* **kâğıt mendil** *s* Papiertaschentuch *nt* **kâğıt oyunu** *s* Kartenspiel *nt* **kâğıt para** *s* Papiergeld *nt,* Geldschein *m* **kâğıt parçası** *s* Papierfetzen *m* **kâğıt peçete** *s* Papierserviette *f* **kâğıt tomarı** *s* Papierrolle *f* **kâğıt torba** *s* Papiertüte *f*

kâh [kãç] *konj* (*bazen*) manchmal

kahır <-hrı> *s* ❶ (*yok etme*) Vernichtung *f* ❷ (*üzüntü*) Kummer *m*

kâhil [kã:hil] *adj s.* **erişkin** ZOOL ausgewachsen

kâhin [kã:hin] *s* Hellseher(in) *m(f)*

kahir *adj* (*ekseriyet*) überwältigend

Kahire *s* Kairo *nt*

kahkaha *s* Gelächter *nt;* **~dan kırılmak** sich einen Ast ablachen; **~yı basmak** loslachen; **~yı koparmak** in Gelächter ausbrechen; **çıngıraklı ~** schallendes Gelächter **kahkaha çiçeği** *s* BOT Winde *f*

kahraman I. *s* Held(in) *m(f)* **II.** *adj* heldenhaft

kahramanca *adv* heldenhaft

kahramanlık <-ğı> *s* Heldentat *f*

K

kahrı *s poss von* **kahır**
kahvaltı *s* Frühstück *nt;* ~ **etmek** frühstücken; ~**lı konaklama** Übernachtung mit Frühstück **kahvaltı sofrası** *s* Frühstückstisch *m*
kahve *s* ❶ Kaffee *m;* ~ **falına bakmak** aus dem Kaffeesatz lesen; **ben hiçbir zaman** ~**me şeker almam** ich nehme nie Zucker in den Kaffee; **sütlü/şekersiz** ~ Kaffee mit Milch/ohne Zucker ❷ (*kahvehane*) Kaffeehaus *nt;* (*kafe*) Café *nt* **kahve çekirdeği** *s* Kaffeebohne *f* **kahve değirmeni** *s* Kaffeemühle *f* **kahve falı** *s* ~**na bakmak** aus dem Kaffeesatz lesen **kahve filtresi** *s* Kaffeefilter *m* **kahve fincanı** *s* Kaffeetasse *f*
kahvehane *s* Kaffeehaus *nt*
kahvehaneci *s* Kaffeehausbesitzer(in) *m(f),* Kaffeesieder *m* ÖSTERR
kahve kaşığı *s* Kaffeelöffel *m* **kahve makinesi** *s* Kaffeemaschine *f*
kahverengi **I.** *s* Braun *nt;* **açık/koyu bir** ~ ein helles/dunkles Braun **II.** *adj* braun, kaffeebraun; ~ **bir renk** eine braune Farbe
kahve takımı *s* Kaffeeservice *nt* **kahve telvesi** *s ohne pl* Kaffeesatz *m* **kahve tepsisi** *s* Kaffeetablett *nt*
kâhya *s* Verwalter(in) *m(f);* (*çiftlik* ~*sı*) Gutsverwalter(in) *m(f)*
kaide *s* ❶ (*kural*) Regel *f* ❷ (*ayaklık*) Sockel *m,* Fuß *m,* Basis *f;* **bir sütunun** ~**si** der Fuß [*o* die Basis] einer Säule
kaim *adj* ❶ ersetzend; **bir şeye** ~ **olmak** etw ersetzen; (*yerine geçmek*) an die Stelle von etw treten ❷ (*Tanrı için*) allgegenwärtig
kaime *s* ❶ (*buyruk*) Befehl *m;* (*resmî kâğıt*) Bescheinigung *f* ❷ (*kâğıt para*) Geldschein *m*
kaimelik <-ği> *s* (*kâğıt para cüzdanı*) Brieftasche *f*
kâinat *s* ❶ (*evren*) Universum *nt* ❷ (*a. fig: dünya*) Welt *f*
kaka *s* (*çocuk dilinde*) Aa *nt;* ~ **yapmak** Aa machen
kakalama *s Verbalsubstantiv zu* **kakalamak**
kakalamak *vt* (*fig fam*) andrehen; **birine bir şeyi** ~ jdm etw andrehen [*o* unterjubeln]
kakao *s* ❶ (*Hint bademi*) Kakao *m* ❷ (*içecek*) Kakao *m* **kakao çekirdeği** *s* Kakaobohne *f*
kakım *s* ZOOL Hermelin *m*
kakırca *s* ZOOL ❶ Bilch *m* ❷ (*fındık faresi*) Haselmaus *f*
kakışma *s* ❶ *Verbalsubstantiv zu* **kakışmak** ❷ LIT Missklang *m*
kakışmak *vi* (*itişmek*) sich gegenseitig schubsen; **itişip** ~ sich balgen, sich raufen
kakma **I.** *s* ❶ *Verbalsubstantiv zu* **kakmak** ❷ Einlegearbeit *f,* Intarsia *f* **II.** *adj* eingelegt; **sedef** ~ **satranç masası** ein mit Perlmutt eingelegter Schachtisch, ein mit Intarsien aus Perlmutt verzierter Schachtisch
kakmacı *s* Intarsiator(in) *m(f)*
kakmacılık <-ğı> *s* Intarsia *f,* Einlegearbeit *f*
kakmak *vt* ❶ (*itmek*) schubsen; (*vurmak*) (ein)schlagen ❷ KUNST (*kakma yapmak*) intarsieren ❸ (*bir yere sokmak*) einlegen
kakmalı *adj* **sedef** ~ mit Perlmutt eingelegt
kakofoni *s* Kakophonie *f*
kaktüs *s* Kaktus *m*
kakule *s* BOT Kardamom *m o nt*
kâkül [kaːkyl] *s* Pony *m*
kal[1] *vi Imperativ von* **kalmak**
kal[2] *s* TECH (*balık*) Läuterung *f*
kal[3] *s* HIST (*söz*) ~**e almamak** nicht erwähnenswert finden; (*önem vermemek*) keine Bedeutung beimessen; (*hesaba katmamak*) nicht berücksichtigen
Kal *Abk von* **kalori** cal, Kalorie *f*
kala *adv* vor; **dokuza beş** (**dakika**) ~ um fünf (Minuten) vor neun; **sekize on/çeyrek** ~ um zehn/viertel vor acht; *s. a.* **geçe**
kalabalık **I.** *s* <-ğı> ❶ Menschenmenge *f,* Gedränge *nt* ❷ Ansammlung *f;* ~ **etmek** platzraubend sein **II.** *adj* <-ğı> ❶ zahlreich; ~ **bir aile** eine zahlreiche Familie ❷ dicht besetzt; (*yoğun nüfuslu*) dicht bevölkert; ~ **bir masa** ein dicht besetzter Tisch; ~ **şehirler** dicht bevölkerte Städte **kalabalık ağızlı** *adj* schwatzhaft
kalabalıklaşma *s Verbalsubstantiv zu* **kalabalıklaşmak**
kalabalıklaşmak *vi* sich füllen
kalafatçı tokmağı *s* NAUT Kalfathammer *m*
kalafatlama *s Verbalsubstantiv zu* **kalafatlamak**
kalafatlamak *vt* NAUT kalfatern
kalamar *s* ZOOL Kalmar *m*
kalas *s* Balken *m*
kalaşnikof *s* Kalaschnikow *f*
kalay *s ohne pl* CHEM Zinn *m;* **altı alay üstü** ~ (*fam*) oben hui, unten pfui; **dışı** ~**lı, içi alaylı** (*fam*) oben hui, unten pfui **kalay balık** <-ğı> *s* Angelblei *nt*
kalbi *s poss von* **kalp**
kalbur *s* Sieb *nt,* Getreidesieb *nt;* ~ **gibi** wie ein Sieb; ~**a çevirmek** in ein Sieb verwandeln; ~**dan geçirmek** sieben
kalburüstü *adj* ❶ (*seçkin*) prominent ❷ (*başarılı*) erfolgreich
kalça *s* Hüfte *f* **kalça kemiği** *s* ANAT

K

Beckenknochen *m,* Hüftbein *nt*

kaldı ki *konj* ❶ (*bundan başka*) außerdem ❷ (*bununla birlikte*) dennoch

kaldır *vt Imperativ von* **kaldırmak**

kaldırılma *s* ❶ *Verbalsubstantiv zu* **kaldırılmak** ❷ **saltanat ve hilafetin ~sı** die Abschaffung des Sultanats und des Kalifats

kaldırılmak *vi pass von* **kaldırmak**

kaldırım *s* Bürgersteig *m,* Gehsteig *m;* **~ değiştirmek** auf die andere Straßenseite hinüberwechseln **kaldırım süpürgesi** *s* (*fig, pej fam*) Schlampe *f* **kaldırım taşı** *s* Pflasterstein *m* **kaldırım yosması** *s* (*pej*) Schlampe *f*

kaldırma *s Verbalsubstantiv zu* **kaldırmak**

kaldırma gücü *s ohne pl* PHYS Auftrieb *m*

kaldırmak *vt* ❶ heben; (*yerden*) aufheben; **ablukayı/yasağı ~** die Blockade/das Verbot aufheben ❷ (*toplamak*) abräumen; **sofrayı ~** den Tisch abräumen ❸ **ortadan ~** beseitigen, abschaffen; (*gümrükleri*) abbauen ❹ (*yükseltmek*) erhöhen (um); **duvarı bir metre ~** die Mauer um ein(en) Meter erhöhen ❺ (*hastaneye*) einweisen ❻ (*fig fam*) einstecken, hinnehmen ❼ (*feshetmek*) aufheben; (*hilafeti*) abschaffen

kale *s* ❶ Festung *f,* Burg *f* ❷ Bollwerk *nt* ❸ SPORT Tor *nt* ❹ (*satrançta*) Turm *m*

kalebentlik <-ği> *s ohne pl* HIST Festungshaft *f*

kaleci *s* SPORT Torhüter(in) *m(f),* Torwart, -frau *m, f*

kale duvarı *s* Festungsmauer *f* **kale harabesi** *s* Burgruine *f* **kale korkuluğu** *s* Brustwehr *f*

kalem *s* ❶ Stift *m;* (*çelik ~i*) Feder *f;* (*tükenmez ~*) Schreiber *m;* **~ açmak** einen Stift (an)spitzen; **bir şeye ~ çekmek** etw durchstreichen ❷ (*resmî kuruluşlarda*) Geschäftsstelle *f* ❸ (*çeşit*) Sorte *f* ❹ (*fig: yazar*) Verfasser(in) *m(f),* Autor(in) *m(f)* ❺ (*fig: yazı*) Schrift *f;* **bir şeyi ~e almak** etw abfassen [*o* verfassen] **kalem açacağı** *s* Anspitzer *m*

kalemtıraş *s* Anspitzer *m*

kalevî *adj* CHEM (*alkalik*) alkalisch, basisch

kaleydoskop <-bu> *s* Kaleidoskop *nt*

kalfa *s* Geselle, Gesellin *m, f*

kalıbı *s poss von* **kalıp**

kalıcı *adj* ❶ beständig ❷ (*daimî*) bleibend, Dauer- **kalıcı etki** *s* Dauerwirkung *f;* **kalıcı bir etki bırakmak** einen bleibenden Eindruck hinterlassen **kalıcı hasar** *s* Dauerschaden *m*

kalıcılık <-ğı> *s ohne pl* Beständigkeit *f*

kalımlı *adj* (*kalıcı*) beständig; (*zevalsiz*) unvergänglich

kalımlılık <-ğı> *s ohne pl* Unvergänglichkeit *f*

kalımsız *adj* unbeständig; (*fanî*) vergänglich

kalın *adj* ❶ (*ince karşıtı*) dick; **~ duvar** eine dicke Mauer; **~ kitap** ein dickes Buch; **~ kumaş** ein dicker Stoff; **~ giyinmek** sich warm anziehen ❷ (*yoğun*) dicht ❸ (*ünlü*) dunkel; (*ses*) tief **kalın bağırsak** <-ğı> *s* ANAT Dickdarm *m* **kalın bağırsak iltihabı** *s* MED Dickdarmentzündung *f* **kalın kafalı** *adj* begriffsstutzig

kalın kafalılık <-ğı> *s ohne pl* Begriffsstutzigkeit *f*

kalınlık <-ğı> *s* Dicke *f*

kalıntı *s* ❶ (*bakiye*) Rest *m;* (*kireç ~sı*) Ablagerung *f* ❷ (*harabe, yıkıntı*) Ruine *f,* Überrest *m;* **Efes'in/Bergama'nın ~ları** die Ruinen [*o* Überreste] von Ephesus/Pergamon ❸ (*iz*) Spur *f* ❹ (*fig: artakalan şey*) Relikt *nt,* Überbleibsel *nt*

kalın yağ *s s.* **ağır yağ** Schweröl *nt*

kalıp <-bı> *s* ❶ Form *f;* (*alçı ~*) Abdruck *m;* **~ dökmek** Formen gießen; **~ gibi oturmak** (*giysi için*) wie angegossen sitzen ❷ (*patron*) Schnittmuster *nt;* (*sabun*) Stück *nt*

kalıpsız *adj* formlos

kalır *vi 3. Aorist von* **kalmak**

kalıt *s* Erbe *nt; s. a.* **miras**

kalıtçı *s* Erbe, Erbin *m, f; s. a.* **mirasçı**

kalıtım *s* Vererbung *f* **kalıtım bilimi** *s ohne pl* BIOL Vererbungslehre *f;* (*genetik*) Genetik *f*

kalıtımsal *adj* BIOL genetisch, Erb- **kalıtımsal etken** *s* BIOL Erbfaktor *m*

kalıtsallık ilkesi *s* Vererbungsprinzip *nt*

kalibre *s* Kaliber *m*

kalifiye *adj* qualifiziert **kalifiye işçi** *s* Facharbeiter(in) *m(f)*

kaligrafi *s ohne pl* Kalligrafie *f*

kalite *s* Qualität *f,* Güte *f;* **~si düşmek** an Qualität abnehmen **kalite bilinci** *s ohne pl* Qualitätsbewusstsein *nt* **kalite farkı** *s* Qualitätsunterschied *m*

kaliteli iş *s* Qualitätsarbeit *f* **kaliteli mal** *s* Qualitätsware *f*

kalite şarap <-bı> *s* Qualitätswein *m*

kalk *vt Imperativ von* **kalkmak**: **~!** steh auf!

kalkan[1] *part. präs. von* **kalkmak**: **erken ~ yol alır, er evlenen döl alır** (*prov*) Morgenstunde hat Gold im Munde

kalkan[2] *s* ❶ Schild *m* ❷ ZOOL (*sırt ~ı*) Schild *m,* Panzer *m* ❸ (*fig: koruyucu*) Schutz *m*

kalkan[3] *s* ZOOL (*balık*) Steinbutt *m*

kalkan bezi *s* ANAT, MED (*tiroit*) Schilddrüse *f*

K

kalkar *vi 3. Aorist von* **kalkmak**

kalker *s* GEO (*kireç taşı*) Kalkstein *m* **kalker kayası** *s* Kreidefelsen *m*

kalkerli *adj* kalkhaltig

kalker tortu *s* Kalkablagerung *f*

kalkınma *s* ❶ *Verbalsubstantiv zu* **kalkınmak** ❷ WIRTSCH Entwicklung *f*

kalkınmak *vi* sich entwickeln

kalkınma politikası *s* Entwicklungspolitik *f* **kalkınma süreci** *s* Entwicklungsprozess *m* **kalkınma yardımı** *s ohne pl* Entwicklungshilfe *f*

kalkış *s* ❶ Start *m* ❷ AERO (*uçak*) Abflug *m;* **~a geçmek** starten

kalkışa hazır *adj* AERO abflugbereit, startbereit, startklar

kalkış izni *s* AERO Starterlaubnis *f*

kalkışma *s* ❶ *Verbalsubstantiv zu* **kalkışmak** ❷ Versuch *m*

kalkışmak <-ır> *vi* ❶ sich vornehmen, in Angriff nehmen; **bir işe ~** sich etw vornehmen, etw in Angriff nehmen; **başından büyük işlere ~** sich zu viel vornehmen ❷ versuchen (**-e** zu); (*girişmek*) unternehmen (**-e**); (*yeltenmek*) sich anmaßen, wagen (**-e**); **intihara ~** versuchen, sich das Leben zu nehmen, einen Selbstmordversuch machen; **kaçmaya ~** versuchen, zu fliehen, einen Fluchtversuch wagen; **oyun oynamaya kalkışmayın!** versuchen Sie keine Tricks!

kalkış pisti *s* AERO Startbahn *f* **kalkış saati** *s* ❶ (*otobüs, tren*) Abfahrt(s)zeit *f* ❷ AERO (*uçak*) Abflugzeit *f*

kalkma *s Verbalsubstantiv zu* **kalkmak**

kalkmak <-ar> *vi* ❶ aufstehen, sich erheben; **bu sabah erken/geç kalktım** heute Morgen bin ich früh/spät aufgestanden; **gitmek üzere kalktı** er stand auf, um zu gehen; **ters** [*o* **sol**] **tarafından ~** (*fam*) mit dem linken Bein zuerst aufstehen ❷ (*tren, otobüs*) abfahren; (*uçak*) abfliegen, starten; (*vapur*) ablegen; **istim üstünde ~** EISENB dampfend abfahren ❸ **depara/finişe ~** zum Spurt/Endspurt ansetzen ❹ **yasak kalktı** das Verbot wurde aufgehoben

kalkma limanı *s* NAUT Abgangshafen *m*

kalleş **I.** *adj* ❶ verräterisch, schurkisch ❷ (*gizlice kötülük eden*) hinterhältig, schurkisch **II.** *s* (*pej*) Schurke *m,* Schuft *m*

kalleşlik <-ği> *s* Hinterhältigkeit *f,* Schurkerei *f;* **birine ~ etmek** jdn hintergehen

kalma *s* ❶ *Verbalsubstantiv zu* **kalmak** ❷ Bleiben *nt* **kalma durumu** *s* LING (*-de hâli*) Lokativ *m*

kalmak <-ır> *vi* ❶ bleiben ❷ übrig bleiben; **yapacak başka bir şeyim kalmadı** es blieb mir nichts anderes übrig; **takatim kalmadı** ich habe keine Kraft mehr ❸ (*konaklamak*) bleiben, sich aufhalten ❹ SCHULE (*sınıfta*) sitzen bleiben ❺ (*işlemez duruma gelmek*) stehen bleiben; **araba yarı yolda kaldı** der Wagen ist auf halber Strecke [*o* dem halben Wege] liegen geblieben ❻ (*ertelenmek*) **gitmemiz cumaya kaldı** unsere Abreise ist auf den Freitag aufgeschoben ❼ **bana kalsa, ...** wenn es nach mir ginge, ...; **bana kalırsa siz yanılıyorsunuz** meiner Meinung nach täuschen [*o* irren] Sie sich ❽ verbleiben; **üç gün(ümüz) daha kaldı** es verbleiben (uns) noch drei Tage ❾ **yola çıkmamıza üç gün kaldı** es sind noch drei Tage bis zu unserer Abreise

kalori *s* Kalorie *f*

kalorifer *s* ❶ Heizung *f;* (*tesisat*) Heiz(ungs)anlage *f* ❷ REG (*radyatör*) Heizkörper *m* **kalorifer borusu** *s* Heizungsrohr *nt*

kaloriferci *s* ❶ (*yakan kimse*) Heizer *m* ❷ (*döşeyen veya onaran kimse*) Heizungsinstallateur(in) *m(f)*

kalorifer kazanı *s* Heizkessel *m* **kalorifer tesisatı** *s* Heiz(ungs)anlage *f*

kalorili *adj* kalorienhaltig

kalori niceliği *s* Kaloriengehalt *m*

kalorisi az *adj* kalorienarm **kalorisi zengin** *adj* kalorienreich

kalp[1] <-bi> *s* ANAT (*yürek*) Herz *nt;* **birinin kalbini eritmek** jds Herz erweichen; **birinin kalbini kırmak** jdm das Herz brechen

kalp[2] *adj* ❶ (*sahte*) falsch, Falsch- ❷ (*fig, pej: yalancı*) verlogen

kalp acısı *s ohne pl* Herzeleid *nt* **kalp ağrısı** *s ohne pl* (*aşktan doğan üzüntü*) Herzensqual *f,* Liebeskummer *m*

kalpak <-ğı> *s* Kalpak *m*

kalp akçe *s* Falschgeld *nt;* (*fam: sahte kâğıt para*) Blüte *f*

kalp aksesi *s* MED Herzanfall *m,* Herzversagen *nt* **kalp bloku** *s* MED Herzblock *m* **kalp enfarktüsü** *s* MED Herzinfarkt *m* **kalp hareketleri** *pl* MED Herzbewegungen *pl* **kalp kapakçığı** *s* ANAT Herzklappe *f* **kalp karıncığı** *s* ANAT Herzkammer *f* **kalp kası** *s* ANAT, MED Herzmuskel *m* **kalp kifayetsizliği** *s* MED Herzinsuffizienz *f* **kalp krizi** *s* MED Herzanfall *m* **kalp para** *s* Falschgeld *nt* **kalp pili** *s* MED Herzschrittmacher *m* **kalp sektesi** *s* MED Herzstillstand *m*

kalpsiz *adj* herzlos

kalpsizlik <-ği> *s ohne pl* Herzlosigkeit *f*

kalp yetersizliği *s* MED Herzinsuffizienz *f*

kalsiyum *s ohne pl* CHEM Calcium *nt,* Kal-

zium *nt* **kalsiyum eksikliği** *s ohne pl* MED Kalkmangel *m*
kaltak <-ğı> *s* (*pej*) Nutte *f*, Dirne *f*
kalubela *s* **~dan beri** seit eh und je, seit Menschengedenken
Kalvenci I. *s* Kalvinist(in) *m(f)* **II.** *adj* kalvinisch, kalvinistisch
Kalvencilik <-ği> *s ohne pl*, **Kalvenizm** *s ohne pl* Kalvinismus *m*
kam[1] *s s.* **şaman** Schamane *m*
kam[2] *s* AUTO Nocke *f*
kamara *s* ❶ NAUT Kajüte *f*; (*kabin*) Kabine *f* ❷ POL **Avam K~sı** Unterhaus *nt*; **Lordlar K~sı** Oberhaus *nt*
kamarilla *s* POL Kamarilla *f*
kamarot *s* NAUT Steward *m*
Kamasutra *s ohne pl* REL Kamasutra *f*
kamaşma *s* ❶ *Verbalsubstantiv zu* **kamaşmak** ❷ Blendung *f*
kamaşmak *vi* ❶ (*göz*) geblendet werden; **ışıktan gözlerimiz kamaştı** wir wurden vom Licht geblendet ❷ (*diş*) stumpf werden
kamaştırma *s* ❶ *Verbalsubstantiv zu* **kamaştırmak** ❷ Blendung *f*
kamaştırmak *vt* (*göz*) blenden; **ışık/güneş gözleri kamaştırıyor** das Licht/die Sonne blendet
kambiyo *s* FIN ❶ (*para değiştırme*) Geldumtausch *m*, Geldwechsel *m* ❷ (*işlemler*) Devisenhandel *m*, Devisenverkehr *m*
kambiyum *s* BOT Kambium *nt*
Kamboçya *s* Kambodscha *nt*
Kamboçyalı I. *s* Kambodschaner(in) *m(f)* **II.** *adj* kambodschanisch
kambriyen *s ohne pl* GEO Kambrium *nt*
kambriyen öncesi *s ohne pl* GEO (*prekambriyen*) Präkambrium *nt*
kambur I. *s* ❶ ANAT Buckel *m*; **~ üstüne ~** (*fig*) eine Pechsträhne; **~u çıkmak/olmak** einen Buckel bekommen/haben; **~unu çıkarmak** (*kedi*) buckeln, einen Buckel machen ❷ (*insan*) Buckelige(r) *f(m)* **II.** *adj* buck(e)lig
kamburlaşma *s Verbalsubstantiv zu* **kamburlaşmak**
kamburlaşmak *vi* buck(e)lig werden, einen Buckel bekommen
kamçı *s* ❶ Geißel *f*; (*kırbaç*) Peitsche *f* ❷ BIOL Geißel *f*, Flagelle *f*, Flagellum *nt*
kamçılama *s* ❶ *Verbalsubstantiv zu* **kamçılamak** ❷ Geißelung *f*
kamçılamak *vt* ❶ geißeln; **yağmur camları kamçılıyordu** der Regen peitschte an [*o* gegen] die Scheiben ❷ (*fig*) anstacheln, anspornen, anfeuern
kamçılanma *s* ❶ *Verbalsubstantiv zu* **kamçılanmak** ❷ Geißelung *f*
kamçılanmak *vi pass von* **kamçılamak**
kamçılatma *s* ❶ *Verbalsubstantiv zu* **kamçılatmak** ❷ Geißelung *f*
kamçılatmak *vt Kausativ zu* **kamçılatmak**
kamçılılar *pl* BIOL Geißeltierchen *pl*, Flagellaten *pl*
kamçı travması *s* Schleudertrauma *nt*
kame *s* Kamee *f*
kamelya *s* BOT Kamelie *f*
Kamember peyniri *s* GASTR Camembert *m*
kamer *s s.* **ay** Mond *m*
kamera *s* FILM, TV Kamera *f*
kameraman *s* FILM, TV Kameramann *m*
kamerî *adj* Mond-
kameriye *s* Gartenlaube *f*
kamerî yıl *s* ASTRON (*ay yılı*) Mondjahr *nt*
Kamerun *s* Kamerun *nt*
Kamerunlu I. *s* Kameruner(in) *m(f)* **II.** *adj* kamerunisch
kamga *s* Span *m*
kamış *s* ❶ BOT Schilf *nt*, Schilfrohr *nt*; (*bambu, şeker ~ı*) Rohr *nt* ❷ (*olta ~ı*) Rute *f* ❸ Strohhalm *m*, Trinkhalm *m*
kamış antilopu *s* ZOOL Riedbock *m*
kamış dam *s* Schilfdach *nt* **kamış kemik** <-ği> *s* ANAT Schienbein *nt*
kamikaze *s* Kamikaze *m*
kamineto *s* Spirituskocher *m*
kam mili *s* AUTO Nockenwelle *f*
kamp *s* ❶ Zeltlager *nt*, Camp *nt*; **~ kurmak** ein Lager aufschlagen; **~ yapmak** campen ❷ (*toplama ~ı*) Lager *nt* ❸ (*siyasi ~*) Lager *nt*; **parti birçok ~a bölündü** die Partei spaltete sich in mehrere Lager
kampana *s* ❶ (*çan*) Glocke *f*; **~ çalmak** die Glocke läuten ❷ AUTO (*fren ~sı*) Trommel *f* **kampana fren** *s* AUTO Trommelbremse *f*
kampanya *s* Kampagne *f*; (*yardım ~sı*) Aktion *f* **kampanya fiyatı** *s* Aktionspreis *f*
kampçılık <-ğı> *s* Camping *nt*
kamping *s* Campingplatz *m*
kamplaşma *s* ❶ *Verbalsubstantiv zu* **kamplaşmak** ❷ Lagerbildung *f*
kamplaşmak *vi* Lager bilden
kampus *s* Campus *m*
kamu I. *s* Öffentlichkeit *f*, Allgemeinheit *f*; **~ yararına** im Interesse der Allgemeinheit **II.** *adj* öffentlich; **~ davası/düzeni/güvenliği** öffentliche Klage/Ordnung/Sicherheit; **~ hizmeti** öffentlicher Dienst
kamu davası *s* JUR Anklage *f*, öffentliche Klage; **biri aleyhinde ~ açmak** Anklage gegen jdn erheben; **hakkında ~ açılmış olmak** unter Anklage stehen **kamu esenliği** *s* Allgemeinwohl *nt*

K

kamuflaj *s* Tarnung *f*
kamufle *adj* getarnt; **bir şeyi ~ etmek** etw tarnen
kamulaştırma *s* ❶ *Verbalsubstantiv zu* **kamulaştırmak** ❷ (*istimlâk*) Enteignung *f* ❸ (*devletleştirme*) Verstaatlichung *f*
kamulaştırmak *vt* ❶ (*istimlâk etmek*) enteignen ❷ (*devletleştirmek*) verstaatlichen
kamu malı *s* Gemeingut *nt*
kamuoyu *s* öffentliche Meinung **kamuoyu araştırması** *s* Meinungsforschung *f*
kamu tanrıcı **I.** *s* Pantheist(in) *m(f)* **II.** *adj* pantheistisch **kamu tanrıcılık** <-ğı> *s ohne pl* Pantheismus *m*
kamyon *s* Last(kraft)wagen *m,* Laster *m,* LKW *m;* (*İsviçrede*) Camion *m*
kamyonet *s* Lieferwagen *m*
kan[1] *vi Imperativ von* **kanmak**
kan[2] *s ohne pl* Blut *nt;* **~ dökmek** Blut vergießen; **~ revan içinde** blutüberströmt; **~ ter içinde** (**kalmak**) völlig durchgeschwitzt (sein); **~ vermek** Blut spenden; **birine ~ kusturmak** (*fig*) jdn bis aufs Blut peinigen; **birinin ~ı donmak** (*fig*) jdm gefriert das Blut in den Adern; **~ını içine akıtmak** ruhig Blut bewahren; **yüreği ~ ağlıyor** (*fig*) ihm blutet das Herz
kanaat <-ti> [kanaːt] *s ohne pl* ❶ (*yetinme*) Genügsamkeit *f;* **~ etmek** sich begnügen (**-e** mit); **kıt ~ geçinmek** sein Leben fristen; **aza ~ etmeyen çoğu bulamaz** (*prov*) wer den Pfennig nicht ehrt, ist des Talers nicht wert ❷ (*kanı*) Meinung *f,* Auffassung *f* ❸ (*inanç*) Überzeugung *f;* **~ getirmek** sich überzeugen (**-e** von)
kanaatkâr [kanaːtkăr] *adj* genügsam, anspruchslos, bescheiden
kanaatkârlık <-ğı> *s ohne pl* Genügsamkeit *f,* Anspruchslosigkeit *f,* Bescheidenheit *f*
kanaatli *adj* genügsam, anspruchslos, bescheiden
Kanada **I.** *s* Kanada *nt* **II.** *adj* kanadisch; **~ hükûmeti** die kanadische Regierung **Kanada köknarı** *s* BOT Balsamtanne *f*
Kanadalı **I.** *s* Kanadier(in) *m(f)* **II.** *adj* kanadisch; **~ erkekler/kadınlar** kanadische Männer/Frauen
kan akçesi *s* HIST, JUR Sühnegeld *nt* **kan aktarımı** *s* MED Bluttransfusion *f*
kanal *s* ❶ Kanal *m* ❷ RADIO, TV Kanal *m* ❸ (*idrar ~ı*) Röhre *f*
kanalizasyon *s* Kanalisation *f,* Abwasserkanal *m* **kanalizasyon kapağı** *s* Kanaldeckel *m*
kanalize *adj* kanalisiert; **~ etmek** kanalisieren
kanama *s* ❶ *Verbalsubstantiv zu* **kanamak** ❷ Blutung *f;* **~ları kesmek** Blutungen stillen
kanamak *vi* bluten; **burnu ~** Nasenbluten haben
kanape *s* Sofa *nt,* Couch *f*
kanar *vi* ❶ *3. Aorist von* **kanmak** ❷ *3. Aorist von* **kanamak**
kanara *s* Schlachthof *m*
kanarya *s* ZOOL Kanarienvogel *m*
Kanarya Adaları *pl* die Kanaren, die Kanarischen Inseln
kanasta *s ohne pl* (*iskambil oyunu*) Canasta *nt*
kana susamış *adj* blutdürstig, mordgierig
kanat <-dı> *s* ❶ *a.* ZOOL (*kuş ve böceklerde*) Flügel *m;* (*kartalda*) Fittich *m;* **~ çırpmak** mit den Flügen schlagen ❷ (*yüzgeç*) Flosse *f* ❸ AERO (*uçakta*) Tragfläche *f* ❹ MIL (*cenah*) Flanke *f* ❺ SPORT Flanke *f;* **sağ/sol ~tan hücum etmek** über die rechte/linke Flanke stürmen ❻ (*fig*) **~ alıştırmak** sich einarbeiten; **birini kanadı** [*o* **kanatlarının**] **altına almak** jdn unter seine Fittiche nehmen; **kendi ~larıyla uçmak** sein eigener Herr sein
kanatlandırma *s ohne pl Verbalsubstantiv zu* **kanatlandırmak**
kanatlandırmak *vt* (*fig*) beflügeln; **bir şey birini ~** etw beflügelt jdm, etw verleiht jdm Flügel; **yürürken korkudan/sevinçten kanatlanmış gibiydi** LIT die Angst/Freude beflügelte seine Schritte
kanatlanma *s ohne pl Verbalsubstantiv zu* **kanatlanmak**
kanatlanmak *vi* ❶ (*uçmaya başlamak*) flügge werden ❷ (*uçmak*) fliegen ❸ (*fig: çok sevinmek*) sich riesig freuen
kanatlı *adj* Flügel- **kanatlı vida** *s* Flügelschraube *f* **kanatlı yaratık** <-ğı> *s* LIT Flügelwesen *nt*
kanatma *s Verbalsubstantiv zu* **kanatmak**
kanatmak *vt* ❶ *Kausativ zu* **kanamak** ❷ **kulağını kaşıya kaşıya kanattı** er hat sich am Ohr blutig gekratzt
kanatsız *adj* flügellos
kanatsızlık <-ğı> *s ohne pl* Flügellosigkeit *f*
kanava *s,* **kanaviçe** *s* ❶ (*keten bezi*) Leinwand *f;* (*el işleri için keten bezi*) Kanevas *m* ❷ (*işleme*) Kreuzstich *m* ❸ (*çuval için*) Sackleinen *nt,* Sackleinwand *f*
kan bağı *s* Blutsverwandtschaft *f* **kan bağışı** *s* MED Blutspende *f* **kan bankası** *s* MED Blutbank *f* **kan basıncı** *s ohne pl* (*tansiyon*) Blutdruck *m* **kan birliği** *s* Blutsverwandtschaft *f*

K

kanca *s* Haken *m;* **birine ~yı takmak/atmak** es auf jdn abgesehen haben
kancalı iğne *s s.* **çengelli iğne** Sicherheitsnadel *f* **kancalı kurt** *s* ZOOL Hakenwurm *m,* Grubenwurm *m*
kancık **I.** *s* <-ğı> ❶ (*dişi*) Weibchen *nt* ❷ REG (*kadın*) Frau *f* **II.** *adj* link, hinterhältig
kan çanağı *s* **gözleri ~na dönmüştü** seine Augen waren blutunterlaufen **kan damlası** *s* Blutstropfen *m*
kandaş **I.** *s* Blutsverwandte(r) *f(m)* **II.** *adj* blutsverwandt
kandaşlık <-ğı> *s* Blutsverwandtschaft *f*
kan davası *s* Blutrache *f*
kandela [kandelã] *s* Candela *f;* (*mum*) Kerze *f*
kandıra otu *s* BOT Reitgras *nt*
kandırıcı *adj* ❶ (*inandırıcı*) glaubhaft, überzeugend ❷ (*aldatıcı*) trügerisch ❸ (*susuzluk giderici*) durstlöschend, durststillend
kandırma *s Verbalsubstantiv zu* **kandırmak**
kandırmak *vt* ❶ überreden; (*ikna etmek*) überzeugen ❷ (*aldatmak*) täuschen, betrügen, hereinlegen
kandil *s* ❶ Öllampe *f* ❷ REL (*~ gecesi*) *im islamischen Festkalender wichtige mit dem Prophetenleben verbundene Gedenktage* **kandil çiçeği** *s* BOT Schafgarbe *f; s. a.* **civanperçemi**
kan diyalizi *s* MED Blutwäsche *f* **kan dolaşımı** *s* MED Blutkreislauf *m;* **büyük/küçük ~** großer/kleiner Kreislauf
kan dökme *s ohne pl* Blutvergießen *nt* **kan dökücü** *adj* blutrünstig
kanepe *s* Couch *f*
kaneviçe *s s.* **kanaviçe**
kangal[1] *s* (*tel ~ı*) Rolle *f*
kangal[2] *s* REG (*deve dikeni*) Mariendistel *f*
kangal köpeği *s* (*çoban köpeği*) Kangal *m*
kangren *s ohne pl* MED Gangrän *nt,* Brand *m*
kan grubu *s* MED Blutgruppe *f*
kanguru *s* ZOOL Känguru *nt*
kan hısımlığı *s ohne pl* Blutsverwandtschaft *f*
kanı *s* ❶ Meinung *f,* Auffassung *f;* (*inanılan düşünce*) Überzeugung *f;* **~mca** [*o* **~ma göre**] meiner Überzeugung nach; **~sında olmak** der Auffassung sein; **~ya varmak** zu einer Überzeugung gelangen ❷ Eindruck *m;* **... olduğu ~sını uyandırmak** den Eindruck erwecken, dass ...
kanık <-ğı> *adj* genügsam, anspruchslos, bescheiden
kanıklık <-ğı> *s ohne pl* Genügsamkeit *f,* Anspruchslosigkeit *f,* Bescheidenheit *f*
kanıt *s* Beweis *m*
kanıtlama *s Verbalsubstantiv zu* **kanıtlamak**
kanıtlamak *vt* beweisen
kanıtlanma *s Verbalsubstantiv zu* **kanıtlanmak**
kanıtlanmak *vi pass von* **kanıtlamak**
kani <-i> [kaːniː] *adj* überzeugt
kan içici **I.** *s* (*fig*) Blutsauger *m* **II.** *adj* (*fig*) blutsaugend
kaniş *s* Pudel *m*
kan izi *s* Blutspur *f*
kanizler *s* Bluthund *m*
kan kanseri *s ohne pl* MED Blutkrebs *m* **kan kardeşi** *s* Blutsbruder *m* **kan kaybı** *s ohne pl* MED Blutverlust *m* **kan kesici** *adj* blutstillend **kan kırmızı** *adj* blutrot **kan konservesi** *s* MED Blutkonserve *f*
kankurutan *s* BOT (*adamotu*) Alraune *f*
kan küreciği *s* MED Blutkörperchen *nt* **kan lekesi** *s* Blutfleck *m*
kanlı *adj* ❶ blutig; **~ gömlek** ein blutbeflecktes Hemd ❷ blutdürstig **kanlı basur** *s* MED (*dizanteri*) Ruhr *f*
kanma *s Verbalsubstantiv zu* **kanmak**
kanmak <-ar> *vi* ❶ (*doğruluğuna inanmak*) Glauben schenken (**-e**), sich überreden lassen ❷ (*aldanmak*) sich täuschen lassen, (he)reinfallen (**-e** auf) ❸ (*yetinmek*) sich begnügen (**-le** mit), sich zufriedengeben (**-le** mit)
kan muayenesi *s* MED Blutuntersuchung *f* **kan nakli** *s s.* **kan aktarımı** MED Bluttransfusion *f*
kano *s* SPORT ❶ Kanu *nt* ❷ Kajak *m o nt*
kanon *s a.* MUS Kanon *m*
kan parası *s ohne pl* HIST Blutgeld *nt,* Wergeld *nt;* (*diyet*) Sühnegeld *nt* **kan pıhtılaşması** *s ohne pl* MED Blutgerinnung *f* **kan pıhtısı** *s* MED Blutgerinnsel *nt* **kan plazması** *s* MED Blutplasma *nt* **kan portakalı** *s* Blutorange *f* **kan sayımı** *s* MED Blutbild *nt*
kanser *s* MED Krebs *m* **kanser ameliyatı** *s* MED Krebsoperation *f* **kanser hastası** *s* Krebskranke(r) *f(m)* **kanser hücresi** *s* MED Krebszelle *f*
kanserli *adj* krebskrank
kanserli ur *s* MED Krebsgeschwür *nt*
kanserojen *s* MED Krebserreger *m*
kansız *adj* MED blutarm; (*anemik*) anämisch
kansızlık <-ğı> *s ohne pl* MED Blutarmut *f;* (*anemi*) Anämie *f*
kantar *s* ❶ Waage *f;* **~ın topunu kaçırmak** (*fig fam*) mit Kanonen auf Spatzen schießen ❷ HIST Kantar *m*

K

kantaron *s* ❶ BOT (*Gentiana lutea*) Gelbe(r) Enzian *m* ❷ BOT (*Centaurea*) Flockenblume *f* ❸ BOT (*Centaurea cyanus*) Kornblume *f*
kan taşı *s* GEO Blutstein *m;* (*hematit*) Hämatit *m*
kantat *s* MUS Kantate *f*
Kantçı *s* Kantianer(in) *m(f)*
kantin *s* Kantine *f*
kantinci *s* Kantinenwirt(in) *m(f)*
kanton *s* Kanton *m*
kanun [ka:nu:n] *s s.* **yasa** Gesetz *nt*
kanuna aykırı *adj* gesetzwidrig
kanunî *adj s.* **yasal** gesetzlich, legal, gesetzmäßig
kanunîlik <-ği> *s ohne pl* JUR Gesetzmäßigkeit *f*
kanun koyucu *s* Gesetzgeber *m* **kanun metni** *s* Gesetzestext *m*
kanunsuz *adj* gesetzlos
kanunsuzluk <-ğu> *s* Gesetzlosigkeit *f;* (*kanuna aykırılık*) Gesetzwidrigkeit *f*
kanunuesasî *s s.* **anayasa** Grundgesetz *nt,* Verfassung *f*
kânunusani *s s.* **ocak** Januar *m*
kanül *s* MED Kanüle *f*
kan verici *s* MED Blutspender(in) *m(f)*
kanyak <-ğı> *s* Branntwein *m*
kanyon *s* GEO Flusstal *nt*
kan zehirlenmesi *s* MED Blutvergiftung *f*
kaos *s ohne pl* Chaos *nt*
kap[1] *vt Imperativ von* **kapmak**
kap[2] <-bı> *s* ❶ Behälter *m,* Gefäß *nt;* **kabına sığmamak** (*fig*) außer sich sein ❷ (*kap kacak*) Geschirr *nt* ❸ (*kapak*) Deckel *m*
kap[3] *s* ❶ Cape *nt* ❷ (*kolsuz üstlük*) Umhang *m*
kâp <-bı> [kã:p] *s s.* **aşık kemiği** Fußknöchel *m;* **birinin kâbına varamamak** (*fig*) jdm nicht das Wasser reichen können
kapa *vt Imperativ von* **kapamak: ışığı ~!** schalt [*o* mach] das Licht aus!; **kapıyı ~!** mach die Tür zu!
Kapadokya *s* Kappadokien *nt*
kapağı *s poss von* **kapak**
kapak <-ğı> *s* ❶ Verschluss *m,* Klappe *f;* (*kutu, tencere kapağı*) Deckel *m;* (*şişe kapağı*) Verschluss *m,* Kappe *f;* **kapağı atmak** (*fig fam*) unterkommen (**-e** in); **tencere yuvarlanmış, kapağını bulmuş** (*prov*) Gleich und Gleich gesellt sich gern ❷ AUTO (*arka ~*) Klappe *f;* (*bagaj kapağı*) Haube *f;* (*jant kapağı*) Kappe *f* ❸ (*göz kapağı*) Lid *nt* ❹ (*kitap kılıfı*) Deckel *m,* Umschlag *m;* (*dergi kapağı*) Cover *nt*
kapakçık <-ğı> *s* ANAT Klappe *f*
kapak kızı *s* Covergirl *nt,* Titelblattmädchen *nt* **kapak resmi** *s* Titelbild *nt*
kapalı *adj* ❶ geschlossen, zu; **~ kapı ardında** hinter verschlossenen Türen; **kapı ~** die Tür ist zu [*o* geschlossen] ❷ (*hava*) bedeckt ❸ (*ışık*) aus(geschaltet) ❹ (*~ çarşı*) überdacht ❺ THEAT, FILM (*gişe*) ausverkauft **kapalı kutu I.** *s* (*fig*) **~ olmak** ein Buch mit sieben Siegeln sein; **bütün şiirleri benim için birer ~** alle seine Gedichte sind für mich ein Rätsel **II.** *adj* (*fig*) ❶ (*kişi*) verschlossen, zugeknöpft; (*içindekini belli etmeyen*) undurchsichtig ❷ (*şey*) rätselhaft **kapalı tohumlular** *pl* BOT Bedecktsamer *pl* **kapalı yer korkusu** *s* PSYCH Platzangst *f;* (*klostrofobi*) Klaustrophobie *f; s. a.* **alan korkusu**
kapalı yüzme havuzu *s* Hallenbad *nt*
kapama *s Verbalsubstantiv zu* **kapamak**
kapama düzeneği *s* Schließmechanismus *m*
kapamak *vt* ❶ schließen, zumachen ❷ FIN (*defterleri, hesabı*) abschließen ❸ (*musluğu*) abdrehen; (*aleti, ışığı*) abschalten, ausschalten; (*fam*) ausmachen ❹ (*yolu*) (ab)sperren ❺ (*deliği*) zustopfen; (*gedik*) füllen ❻ (*gazı, suyu*) abstellen ❼ (*konuyu*) abschließen; (*bitirmek*) beenden ❽ (*telefonu*) auflegen ❾ (*iştah*) **bu mesele iştahımı kapadı** diese Sache hat mir den Appetit verschlagen
kapan[1] *vi Imperativ von* **kapanmak**
kapan[2] *s* Falle *f;* **~ kurmak** eine Falle stellen; **~a düşmek** in die Falle gehen; **birini ~a sıkıştırmak** (*fig*) jdn in die Enge treiben; **~a tutulmak** [*o* **yakalanmak**] in eine Falle tappen
kapanık *adj* ❶ geschlossen; **içe ~** autistisch; **içine ~** verschlossen ❷ (*hava*) trüb ❸ (*fig*) trüb; (*ruh sıkıcı*) bedrückend
kapanış *s* ❶ Abschluss *m,* Schluss *m* ❷ Schließung *f;* **kapının ~ını duydum** ich hörte, wie die Tür schloss **kapanış cümlesi** *s* Schlusssatz *m* **kapanış hesabı** *s* COMM (*son hesap*) Abschlussrechnung *f* **kapanış saati** *s* **iş yerlerinin ~** Geschäftsschluss *m*
kapanıverme *s Verbalsubstantiv zu* **kapanıvermek**
kapanıvermek *vi* (*kapı*) einschnappen
kapanma *s* ❶ *Verbalsubstantiv zu* **kapanmak** ❷ Schließung *f*
kapanmak *vi* ❶ (*kilit*) schließen; **kapı kapan(m)ıyor** die Tür schließt (nicht) ❷ sich schließen; **kapı kendiliğinden kapanır** die Tür schließt sich von selbst ❸ (*yara*) sich schließen, (ab)heilen ❹ (*odaya*) sich einschließen (**-e** in) ❺ (*örtünmek*) sich bedecken ❻ **yere ~** sich nie-

K

derwerfen

kapar *vt 3. Aorist von* **kapmak, kapamak**

kapari *s* GASTR Kaper *f*

kaparo *s* Anzahlung *f;* **... için ~ vermek** eine Anzahlung leisten auf ...

kapasite *s ohne pl* ① (*kapsama gücü*) Kapazität *f,* Fassungsvermögen *nt* ② PHYS, ELEK (*sığa*) Kapazität *f* ③ (*fig: kavrama yeteneği*) Auffassungsgabe *f*

kapatma *s* ① *Verbalsubstantiv zu* **kapatmak** ② Konkubine *f;* (*metres*) Mätresse *f*

kapatmak *vt* ① (*kapamak*) schließen; (*kontak*) ausschalten ② einschließen (**-e** in), einsperren (**-e** in); **kızını eve/odaya kapattı** er hat seine Tochter ins Haus/Zimmer eingesperrt ③ (*fam*) ergattern; **en son konser biletlerini ~** die letzten Konzertkarten ergattern ④ (*fam: metres*) sich halten ⑤ (*bir yeri*) anmieten ⑥ (*bitirmek*) abschließen, beenden; **konuyu ~** das Thema abschließen

kapattırma *s Verbalsubstantiv zu* **kapattırmak**

kapattırmak *vt* ① *Kausativ zu* **kapatmak** ② **telefonu ~** das Telefon abmelden

kapçık <-ğı> *s* ① (*küçük kap*) kleiner Behälter, kleines Gefäß ② (*kovan*) Hülse *f* **kapçık meyve** *s* BOT Schließfrucht *f,* Achäne *f*

kapelâ *s* Kappe *f,* Mütze *f*

kapı *s* ① Tür *f;* **birini ~ dışarı etmek** (*fam*) jdn hinauswerfen; **açık ~ bırakmak** sich einen Ausweg offenhalten; **~dan dışarı/içeri** zur Tür hinaus/hinein; **aynı ~ya çıkmak** (*fig*) auf dasselbe hinauslaufen, aufs [*o* auf das] Gleiche hinauslaufen ② (*cennet ~sı*) Pforte *f* ③ (*garaj ~sı*) Tor *nt* **kapı aralığı** *s* Türspalt *f*

kapıcı *s* ① (*apartmanda*) Hausmeister *m* ② (*dairelerde*) Pförtner *m* **kapıcı dairesi** *s* Hausmeisterwohnung *f*

kapı çerçevesi *s* Türrahmen *m* **kapı eşiği** *s* Türschwelle *f* **kapı kapı** *adv* von Tür zu Tür; **~ dolaşmak** von Tür zu Tür ziehen, sämtliche Türen abklappern **kapı kapmaca** *adv* allesamt, alle miteinander, alle zusammen **kapı kasası** *s* ARCH Türzarge *f* **kapı kilidi** *s* Türschloss *nt* **kapı kolu** *s* Türgriff *m,* Türklinke *f* **kapı kulbu** *s* Türknauf *m* **kapı lentosu** *s* ARCH Türsturz *m*

kapılgan *adj* beeinflussbar

kapılma *s ohne pl Verbalsubstantiv zu* **kapılmak**

kapılmak *vi* ① *pass von* **kapmak** ② geraten (**-e** in); **öfkeye/paniğe ~** in Wut/Panik geraten

kapı menteşesi *s* Türscharnier *nt,* Türangel *f* **kapı sövesi** *s* Türrahmen *m;* (*kapının yerleştirildiği kasa*) Türzarge *f*

kapış kapış *adv* **~ gitmek** reißenden Absatz finden

kapışma *s ohne pl Verbalsubstantiv zu* **kapışmak**

kapışmak **I.** *vt* sich reißen (**-i** um) **II.** *vi* aneinandergeraten (**-le** mit)

kapı tokmağı *s* Türklinke *f,* Türknauf *m* **kapı zembereği** *s* Türschließer *m* **kapı zili** *s* Türklingel *f*

kapital <-li> *s* WIRTSCH Kapital *nt*

kapitalist **I.** *s* WIRTSCH Kapitalist(in) *m(f)* **II.** *adj* kapitalistisch

kapitalizasyon *s* WIRTSCH Kapitalisierung *f*

kapitalizm *s ohne pl* WIRTSCH Kapitalismus *m*

kapitone *s* Plüsch *m*

kapkara *adj* pechschwarz

kapkaranlık *adj* stockfinster

kaplam *s* (*kavram ~ı*) Umfang *m*

kaplama *s* ① *Verbalsubstantiv zu* **kaplamak** ② Verkleidung *f;* (*ağaç ~*) Täfelung *f* ③ TECH Beschichtung *f,* Belag *m;* (*altın ~*) Auflage *f;* (*maden tabakasıyla ~*) Überzug *m;* **çatal bıçak takımı gümüş ~dır** das Besteck hat eine Auflage aus Silber ④ (*desenli ~*) Furnier *nt*

kaplamak *vt* ① (*kumaş ile*) überziehen (**-le** mit), beziehen (**-le** mit), verkleiden (**-le** mit); (*ağaç ile*) täfeln (**-le** mit) ② (*bakır ile*) beschichten (**-le** mit); **gümüşle ~** mit einer Silberschicht überziehen, versilbern ③ **bir çatıyı kiremitle ~** ein Dach mit Ziegeln decken; **bir çekmecenin içini kâğıtla ~** ein Schubfach mit Papier auslegen [*o* auskleiden]; **duvarı kâğıtla ~** die Wand tapezieren; **bir odayı halı ile ~** einen Raum mit Teppich auslegen ④ (*yer*) einnehmen; **fazla yer ~** zu viel Platz einnehmen ⑤ (*bulutlar*) bedecken; **bulutlar gök yüzünü kapladı** der Himmel bedeckte [*o* überzog] sich mit Wolken

kaplamalı *adj* beschichtet

kaplan *s* ZOOL Tiger *m*

kaplan atlaması *s* SPORT Hechtsprung *m*

kaplanboğan *s* BOT Bergeisenhut *m*

kaplı *adj* (*karla*) bedeckt

kaplıca[1] *s s.* **ılıca** Kurort *m;* (*hamam*) Thermalbad *nt,* Heilbad *nt,* heiße Quelle

kaplıca[2] *s* BOT Dinkelweizen *m*

kaplumbağa *s* ① ZOOL (*Testudo*) Schildkröte *f* ② AUTO (*fam*) Käfer *m* **kaplumbağa yürüyüşü** *s ohne pl* (*fam*) Schneckentempo *nt*

kapma *s Verbalsubstantiv zu* **kapmak**

kapmak <-ar> *vt* ① schnappen; **birinden bir şeyi ~** jdm etw wegschnappen; **çanta-**

sını kaptığı gibi gitti er schnappte seine Tasche und war weg; **çocuğu kaptığı gibi toz oldu** er hatte sich das Kind gekrallt und war damit verschwunden ❷ (*ısırıp parçalamak*) zerfleischen ❸ (*koparmak, kıstırmak*) abquetschen; **makine parmağını kapmış** die Maschine hat seinen Finger abgequetscht ❹ (*bellemek*) begreifen ❺ (*yer için*) reservieren; (*tutmak*) freihalten ❻ (*hastalık*) sich anstecken (mit), sich infizieren (mit), sich zuziehen; (*fam*) sich holen

kaporta *s* AUTO ❶ Karosserie *f* ❷ (*kaput*) Motorhaube *f* **kaportacı** *s* AUTO Karosseriebauer(in) *m(f)* **kaportacılık** <-ğı> *s ohne pl* AUTO Karosseriebau *m*

kapris *s* Kaprice *f,* Laune *f*

kaprisli *adj* kapriziös, launisch

kapsam *s* Umfang *m;* **zararın ~ı** der Umfang des Schadens

kapsama *s Verbalsubstantiv zu* **kapsamak** **kapsama gücü** *s ohne pl* Fassungsvermögen *nt*

kapsamak <-ar> *vt* einschließen, umfassen; (*içine almak*) beinhalten

kapsamlı *adj* umfangreich, umfassend

kapsül *s* ❶ (*kap*) Kapsel *f* ❷ BOT, MED Kapsel *f* ❸ (*uzay ~ ü*) Kapsel *f* ❹ (*şişe kapağı*) Kron(en)korken *m*

kaptan *s* ❶ NAUT, SPORT Kapitän *m* ❷ AERO (*~ pilot*) Kapitän *m* **kaptan köprüsü** *s,* **kaptan köşkü** *s* NAUT Kommandobrücke *f* **kaptan pilot** *s* AERO Flugkapitän *m*

kaptırma *s Verbalsubstantiv zu* **kaptırmak**

kaptırmak *vt* ❶ *Kausativ zu* **kapmak** ❷ **birine gönlünü ~** sein Herz an jdn verlieren; **sakalı ~** (*fig fam*) sich gängeln [*o* bevormunden] lassen

kapuçin¹ *s* BOT (*Lâtin çiçeği*) Kapuzinerkresse *f*

kapuçin² *s* REL Kapuziner *m* **kapuçin maymunu** *s* ZOOL Kapuzineraffe *m* **kapuçin tarikatı** *s ohne pl* REL Kapuzinerorden *m*

kaput *s* ❶ MIL (*palto*) Mantel *m,* Kaput *m* ❷ AUTO Kühlerhaube *f;* (*motor ~ u*) Motorhaube *f* ❸ (*fam*) Gummi *m o nt;* (*kondom*) Kondom *nt;* (*prezervatif*) Präservativ *nt*

kapuz *s* Dickicht *nt*

kapüşon *s* Kapuze *f*

kar¹ *vt Imperativ von* **karmak**

kar² [kar] *s* Schnee *m;* **~ yağıyor** es schneit; **~ yağmak** schneien; **dün ~ yağdı** gestern hat es geschneit

kâr [kãr] *s* ❶ Gewinn *m,* Profit *m;* **~ getirmek/etmek** Gewinn bringen/machen; **umulan ~** imaginärer Gewinn ❷ (*fig: fayda, yarar*) Nutzen *m;* **~ etmek** nutzen, nützen; (*etkisi iyi olmak*) fruchten; **nasihat, tehdit hiçbiri ~ etmedi** Ratschläge, Drohungen, nichts hat gefruchtet [*o* genutzt] ❸ **korkusu yanına ~ kalmak** mit dem Schrecken davonkommen

kara¹ *s ohne pl* Land *nt,* Festland *nt;* **~ göründü!** Land in Sicht!; **~ya çıkmak** an Land gehen; **~ya oturmak** NAUT auflaufen

kara² **I.** *s ohne pl* ❶ (*siyah*) Schwarz *nt;* **~lar giymek** [*o* **bağlamak**] schwarz tragen, (ganz) in Schwarz gekleidet sein ❷ (*fig: iftira*) **birine ~ çalmak** jdn anschwärzen **II.** *adj* (*siyah*) schwarz; **~ boya** schwarze Farbe; **~ ~ düşünmek** trüben Gedanken nachhängen; **~ mizah** schwarzer Humor

karaağaç <-cı> *s* ❶ BOT (*Ulmus*) Ulme *f* ❷ (*kerestesi*) Rüster *f*

karaardıç <-cı> *s* BOT Sadebaum *m*

kara asma *s* BOT (*zeravent*) Biberwurz *f,* Osterluzei *f* **kara baht** *s ohne pl* Unglück *nt,* Pech *nt*

karabalık <-ğı> *s* ZOOL Schlei *m,* Schleie *f; s. a.* **kiliz balığı**

karabasan *s* (*kâbus*) Albtraum *m*

karabaş *s* ❶ (*keşiş*) Mönch *m;* (*rahip*) Priester *m* ❷ (*fig*) eingefleischte(r) Junggeselle; **arkadaşımız ~tır** unser Freund ist (ein) eingefleischter Junggeselle ❸ REG (*çoban köpeği*) Hirtenhund *m,* Schäferhund *m* ❹ BOT Schopflavendel *m*

karabatak <-ğı> *s* ZOOL Kormoran *m*

karabet *s* Verwandtschaft *f*

karabina *s* Karabiner *m*

karabinyer *s* Carabiniere *m*

karaborsa *s* Schwarzhandel *m;* (*kara pazar*) Schwarzmarkt *m,* der schwarze Markt

karaboya *s ohne pl* CHEM (*sülfürik asit*) Schwefelsäure *f*

karabuğday *s ohne pl* AGR Buchweizen *m*

kara bulut *s* METEO Nimbostratus *m*

karaca¹ *adj* (*esmer*) dunkel

karaca² *s* ZOOL Reh *nt*

karaca³ *s* ANAT (*üst kol*) Oberarm *m*

karaca ot *s* ❶ BOT Christrose *f* ❷ (*fam: çörek otu*) Schwarzkümmel *m*

karaciğer *s* ANAT Leber *f* **karaciğer kanseri** *s* MED Leberkrebs *m*

karaçam *s* BOT Schwarzkiefer *f*

karaçayır *s* BOT Lolch *m*

karadan karaya füze *s* MIL Boden-Boden-Rakete *f*

Karadeniz *s* das Schwarze Meer

Karagöz *s* THEAT Karagös *m*

kara gün *s* Not *f;* **~ dostu** ein Freund in der Not **kara gün akçesi** *s* (*fam*) Spar-

pfennig *m* **kara haber** *s* Hiobsbotschaft *f*
karahindiba *s ohne pl* BOT Löwenzahn *m*
kara humma *s ohne pl* MED (*tifo*) Typhus *m* **kara iklimi** *s* Kontinentalklima *nt*
karakabarcık <-ğı> *s ohne pl* MED (*karayanık, şarbon*) Milzbrand *m,* Anthrax *m*
karakaçan *s* REG (*eşek*) Esel *m*
kara kalem *s* ❶ (*kalem*) Kohlestift *m* ❷ (*resim*) Kohlezeichnung *f*
Karakalpak *s* Karakalpake, Karakalpakin *m, f*
karakarga *s* ZOOL (*kuzgun*) Kolkrabe *m*
karakavak <-ğı> *s* BOT Schwarzpappel *f*
karakavuk <-ğu> *s* REG (*hindiba*) Endivie *f*
kara kehribar *s* Gagat *m,* Jett *m o nt* **kara kimyon** *s s.* **kişniş** Koriander *m*
karakol *s* ❶ Wache *f,* Revier *nt;* **birini ~a götürmek** jdn auf die Wache bringen ❷ (*devriye*) Patrouille *f,* Streife *f;* **~ gezmek** patrouillieren, auf Streife gehen
karakoncolos *s* Buhmann *m;* (*hayalet*) Schreckgespenst *nt*
karakter *s* ❶ Charakter *m;* **tamamıyla zıt ~lerdir** sie sind ganz gegensätzliche Charaktere ❷ (*özellik*) Charaktereigenschaft *f* ❸ BIOL Merkmal *nt;* **çekinik ~ler** rezessive Merkmale ❹ TYPO Type *f* **karakter gücü** *s* Charakterstärke *f*
karakteristik I. *s* <-ği> ❶ Charakteristik *f,* Charaktereigenschaft *f;* (*ayırıcı nitelik*) Charakteristikum *nt;* **bir çığırın karakteristiği** der Charakterzug einer Epoche ❷ MATH Kennziffer *f* II. *adj* charakteristisch (**için** für)
karakterize *adj* charakteristisch; **~ etmek** charakterisieren; **bu film 18. Yüzyılı ~ eder** dieser Film charakterisiert das 18. Jahrhundert; **stres ve gürültü kent yaşamını ~ eder** Stress und Lärm charakterisieren das Stadtleben
karakterli *adj* charakterfest
karaktersiz *adj* charakterlos
karaktersizlik <-ği> *s* Charakterlosigkeit *f*
karakul *s* ZOOL Karakulschaf *nt*
karakulak <-ğı> *s* ZOOL Karakal *m,* Wüstenluchs *m*
kara kurbağa *s* ZOOL (*otlu bağa*) Kröte *f*
Karakurum Dağları *s* Karakorum *m*
karakuşi *adj* willkürlich; **~ bir karar** eine willkürliche Entscheidung
kara kutu *s* AERO (*uçakta*) Blackbox *f,* Flugdatenschreiber *m,* Flugschreiber *m* **kara kuvvetleri** *pl* MIL Bodenstreitkräfte *pl*
karalama *s Verbalsubstantiv zu* **karalamak** **karalama defteri** *s* Kladde *f,* Schmierheft *nt*
karalamak *vt* ❶ (*duvarları*) beschmieren ❷ (*bir yazının üzerini çizmek*) ausstreichen, durchstreichen ❸ (*taslak olarak çizmek*) entwerfen, skizzieren, flüchtig zeichnen; (*taslak olarak yazmak*) entwerfen ❹ **yüzünü ~** sich vermummen ❺ (*fig: iftira etmek*) anschwärzen
kara liste *s* Abschussliste *f;* **~de adı olmak** auf der schwarzen Liste stehen, auf der Abschussliste stehen
karambol <-ü> *s* Karambolage *f*
karamela *s ohne pl* Karamell *m*
karamsar I. *s* Schwarzseher(in) *m(f);* (*pesimist*) Pessimist(in) *m(f)* II. *adj* schwarzseherisch; (*pesimist*) pessimistisch
karamsarlık <-ğı> *s ohne pl* Schwarzseherei *f;* (*kötümserlik*) Pessimismus *m*
karanfil *s* Nelke *f* **karanfil yağı** *s* Nelkenöl *nt*
karanlık I. *s* <-ğı> Dunkelheit *f;* (*zifirî ~*) Finsternis *f* II. *adj* dunkel; (*zifirî ~*) finster **karanlık oda** *s* FOTO Dunkelkammer *f*
karantina *s* ❶ (*önlem*) Quarantäne *f* ❷ (*yer*) Quarantänestation *f*
kara para *s* Schwarzgeld *nt* **kara para aklama** *s* Geldwäsche *f* **kara pazar** *s* Schwarzmarkt *m*
karar[1] *vi Imperativ von* **kararmak**
karar[2] *vt 3. Aorist von* **karmak**
karar[3] *s* ❶ Entscheidung *f,* Entschluss *m;* **~ almak** eine Entscheidung treffen, einen Entschluss fassen; **bir şeye ~ vermek** sich zu etw entschließen; **kesin ~ vermiş olmak** fest entschlossen sein ❷ *a.* JUR Beschluss *m;* (*boşanma ~ı*) Urteil *nt* ❸ (*göz ~ı*) Maß *nt*
kararlaştırma *s* ❶ *Verbalsubstantiv zu* **kararlaştırmak** ❷ Vereinbarung *f*
kararlaştırmak *vt* vereinbaren, ausmachen, abmachen
kararlı *adj* ❶ entschlossen ❷ (*ölçülü*) maßvoll ❸ PHYS (*istikrarlı*) stabil; **~ denge** stabiles Gleichgewicht
kararlılık <-ğı> *s ohne pl* Entschlossenheit *f*
kararma *s Verbalsubstantiv zu* **kararmak**
kararmak *vi* ❶ dunkel werden, sich verdunkeln; **gökyüzü kararıyor** der Himmel verdunkelt sich; **hava kararıyor** es wird dunkel ❷ **gözlerim karardı** mir wurde schwarz vor Augen
kararname *s* JUR Verordnung *f,* Rechtsverordnung *f;* **kanun hükmünde ~** Verordnung [*o* Rechtsverordnung] mit Gesetzeskraft
kararsız *adj* ❶ unentschlossen ❷ (*hava*) unbeständig, wechselhaft ❸ PHYS labil; **~ denge** labiles Gleichgewicht

K

kararsızlık <-ğı> *s ohne pl* ❶ Unentschlossenheit *f* ❷ Unbeständigkeit *f*
karartma *s Verbalsubstantiv zu* **karartmak**
karartmak *vt* ❶ (*rengini*) abdunkeln ❷ (*karanlık duruma getirmek*) verdunkeln; **bir odayı ~** einen Raum verdunkeln ❸ (*siyahlaştırmak*) schwärzen; **ise tutup ~** mit Ruß schwärzen
karasal iklim *s s.* **kara iklimi**
kara sevda *s ohne pl* (*melankoli*) Melancholie *f* **kara sevdalı** *adj* melancholisch
karasu *s* MED grüner Star
kara suları *pl* JUR Hoheitsgewässer *pl* **kara tahta** *s* SCHULE Wandtafel *f*
karatavuk <-ğu> *s* ZOOL Amsel *f*, Schwarzdrossel *f*
karate *s ohne pl* Karate *nt*
karateci *s* Karatekämpfer(in) *m(f)*
karavan *s* Wohnwagen *m*, Caravan *m*
karavana *s* ❶ Gulaschkanone *f*; **~dan yemek** aus dem gleichen Topf essen ❷ MIL, SCHULE (*yemek*) Essen *nt* ❸ (*hedef tahtasını vuramama*) Fehlschuss *m*
karavanacı *s* ❶ MIL Essenträger *m* ❷ (*fig, pej fam*) Flasche *f*
karavide *s s.* **kerevit** ZOOL Flusskrebs *m*
karayandık <-ğı> *s* BOT (*deve dikeni*) Mariendistel *f*
karayanık <-ğı> *s ohne pl* MED (*şarbon*) Milzbrand *m*, Anthrax *m*
kara yazı *s ohne pl* Unglück *nt*, Pech *nt* **kara yel** *s* METEO Nordwestwind *m*; *s. a.* **akça yel** **kara yeli** *s* Landwind *m* **kara yemiş ağacı** *s s.* **taflan** BOT Kirschlorbeer *m*
Karayip *adj* karibisch
Karayipler *pl* Karibik *f*
kara yolu *s* Landweg *m*; **~ ile taşımak** auf dem Landweg befördern
kar baykuşu *s* ZOOL Schneeeule *f*
kâr bilançosu *s* WIRTSCH Erfolgsbilanz *f*
karbon *s ohne pl* CHEM Kohlenstoff *m*
karbonado *s* Karbonado *m*
karbonat *s ohne pl* CHEM ❶ Karbonat *nt* ❷ Kohlensäure *f*
karbonatlı *adj* kohlensäurehaltig
karbondioksit <-di> *s ohne pl* CHEM Kohlendioxid *nt*
karbon dönemi *s ohne pl* GEO Steinkohlenzeit *f*; (*karbonifer*) Karbon *nt*
karbonhidrat *s* CHEM Kohlehydrat *nt*
karbonifer *s ohne pl* GEO Karbon *nt*, Steinkohlenzeit *f*
karbon kâğıdı *s* Kohlepapier *nt*, Karbonpapier *nt* ÖSTERR
karbonlu *adj* kohlenstoffhaltig **karbonlu hidrojen** *s* CHEM (*hidrokarbon*) Kohlenwasserstoff *m*
karbonmonoksit <-di> *s ohne pl* CHEM Kohlenmonoxid *nt*, Kohlenmonoxyd *nt*
karbüratör *s* AUTO Vergaser *m*
kar çiçeği *s* BOT März(en)becher *m*, Märzglöckchen *nt*
kardan adam *s* Schneemann *m*
kardelen *s* BOT Schneeglöckchen *nt*
kardeş *s* ❶ (*erkek ~*) Bruder *m*; (*kız ~*) Schwester *f* ❷ **~ler** Geschwister *pl*; **~lerimin hepsi benden büyük** alle meine Geschwister sind älter als ich; **üç ~im var** ich habe drei Geschwister
kardeşçe *adv* brüderlich
kardeşlik <-ği> *s* ❶ Bruderschaft *f* ❷ Brüderlichkeit *f*
kardeş parti *s* POL Schwesterpartei *f*
kardinal <-i> *s* REL Kardinal *m* **kardinal kuşu** *s* ZOOL Kardinal(svogel) *m*
kardiyak *adj* kardial
kardiyogram *s* MED Kardiogramm *nt*
kardiyolog <-ğu> *s* MED Kardiologe, -login *m, f*
kardiyoloji *s ohne pl* MED Kardiologie *f*
kardiyopati *s* MED Kardiopathie *f*
kare **I.** *s* ❶ *a.* MATH Quadrat *nt*; **beşin ~si** fünf zum Quadrat ❷ (*satranç tahtasında*) Feld *nt* **II.** *adj* quadratisch **kare kare** *adj* kariert
karekök *s* MATH Quadratwurzel *f*; **bir sayının ~ünü almak** eine Zahl radizieren, die Wurzel aus einer Zahl ziehen
kareli *adj* kariert
kar fırtınası *s* (*tipi*) Schneesturm *m*
karga *s* ZOOL (*Corvus*) Krähe *f*; **besle ~yı, oysun gözünü** (*prov*) Undank ist der Welt Lohn
kargacık burgacık *adj* ❶ krakelig; **~ yazı** eine krakelige Schrift ❷ krumm und schief
kargaşa *s ohne pl* Chaos *nt*
kargı *s* ❶ BOT (*Arundo donax*) Pfahlrohr *nt* ❷ HIST (*mızrak*) Spieß *m*, Lanze *f*, Speer *m*
kargılama *s Verbalsubstantiv zu* **kargılamak**
kargılamak *vt* spießen
kargılık <-ğı> *s* ❶ Patronengurt *m* ❷ (*kamış yetişen yer*) Röhricht *nt*, Schilf *nt*
kargıma *s Verbalsubstantiv zu* **kargımak**
kargımak *vt* REG (*lânetlemek*) verfluchen
kargo *s* Kargo *m*; (*yük*) Fracht *f*, Frachtgut *nt*
karha *s* MED, HIST (*ülser*) Geschwür *nt*
karı *s* ❶ (*vulg*) Weib *nt*; **~ gibi** weibisch; (*korkak*) wie ein altes Weib ❷ (*fam: zevce*) Frau *f*; (*eş*) Ehefrau *f*; **~m** meine Frau
karık¹ **I.** *s* <-ğı> *ohne pl* Schneeblindheit *f* **II.** *adj* schneeblind
karık² <-ğı> *s* REG ❶ (*ark*) Rinne *f*, Bewäs-

serungsgraben *m* ❷ (*sabanla açılan çizi*) Furche *f*

karıkma *s Verbalsubstantiv zu* **karıkmak**

karıkmak *vi* ❶ schneeblind werden ❷ (*fazla ışıktan*) geblendet werden

karı koca *s* Ehepaar *nt*

karılma *s Verbalsubstantiv zu* **karılmak**

karılmak *vi* ❶ *pass von* **karmak** ❷ (*karışmak*) sich mischen ❸ REG (*çiftleşmek*) sich paaren

karın <-rnı> *s* Bauch *m;* (*fam: mide*) Magen *m;* **karnım acıktı** ich habe Hunger; **karnım ağrıyor** mir tut der Bauch weh, ich habe Bauchschmerzen; **aç karnına** mit leerem Magen, auf nüchternen Magen; **tok karnına** mit vollem Magen; **tok ~la** mit vollem Magen **karın ağrısı** *s* Bauchweh *nt,* Bauchschmerzen *pl* **karın boşluğu** *s* ANAT Bauchhöhle *f*

karınca *s* ZOOL (*Formica*) Ameise *f;* **~yı bile ezmez** [*o* **incitmez**] er tut keiner Fliege was zuleide [*o* zu Leide] **karınca asidi** *s ohne pl* CHEM (*formik asit*) Ameisensäure *f*

karıncayiyen *s* ZOOL Ameisenbär *m*

karınca yuvası *s* Ameisenhaufen *m*

karıncık <-ğı> *s* ANAT (*kalpte*) Herzkammer *f;* **sağ/sol ~** die rechte/linke Herzkammer

karından ayaklılar *pl,* **karından bacaklılar** *pl* ZOOL Bauchfüß(l)er *pl*

karınlama *s Verbalsubstantiv zu* **karınlamak**

karınlamak *vi* NAUT längsseits anlegen

karınlı *adj* bauchig; **~ şişe** bauchige Flasche

karınsa *s ohne pl* REG Mauser *f*

karın yüzgeci *s* ZOOL Bauchflosse *f* **karın zarı** *s* ANAT Bauchfell *m* **karın zarı iltihabı** *s,* **karın zarı yangısı** *s* MED Bauchfellentzündung *f*

karış *s* ❶ (Hand)Spanne *f* ❷ (*ohne pl*) Fußbreit *m;* **bir ~ (bile) geri çekilmedi** er wich keinen Fußbreit zurück; **her (bir) ~ toprak için savaşmak** um jeden Fußbreit Boden kämpfen

karışık <-ğı> *adj* ❶ gemischt; **~ ikili** SPORT gemischtes Doppel ❷ konfus ❸ verwickelt; (*komplike*) kompliziert ❹ (*düzensiz*) unordentlich

karışıklık <-ğı> *s* ❶ Konfusion *f* ❷ (*komplikasyon*) Komplikation *f*

karışım *s* Mischung *f,* Gemisch *nt* **karışım oranı** *s* Mischverhältnis *nt*

karış karış *adv* gründlich; **~ aramak** gründlich (ab)suchen

karışlama *s Verbalsubstantiv zu* **karışlamak**

karışlamak *vt* mit der Handspanne messen; **birinin alnını ~** (*fig*) jdm die Stirn bieten

karışma *s* ❶ *Verbalsubstantiv zu* **karışmak** ❷ (*araya girme*) Einmischung *f,* Intervention *f*

karışmak *vi* ❶ sich mischen; **başkasının işine ~** sich in fremde Angelegenheiten mischen ❷ sich einmischen (**-e** in); (*araya girmek*) einschreiten, intervenieren; **karışanı görüşeni olmamak** sein eigener Herr sein; **karışma!** misch dich nicht ein! ❸ **maziye ~** der Vergessenheit anheimfallen ❹ **birbirine ~** durcheinandergeraten

karıştırıcı *s* (*mikser*) Mixer *m*

karıştırma *s* ❶ *Verbalsubstantiv zu* **karıştırmak** ❷ Verwechs(e)lung *f*

karıştırmak *vt* ❶ mischen ❷ (*elle yoklamak*) durchwühlen; **burnunu ~** in der Nase bohren [*o* popeln]; **çöpleri ~** im Müll wühlen ❸ GASTR (*yemeği*) umrühren ❹ (*üstünkörü okumak*) stöbern (in); **biraz kitap/dergi ~** ein bisschen in Büchern/Zeitschriften stöbern ❺ (*ayırt edememek*) verwechseln (**-le** mit), durcheinanderbringen (**-le** mit); **biriyle birini birbirine ~** jdn mit jdm verwechseln ❻ **birinin aklını ~** jdn verwirren [*o* konfus machen]; **ortalığı ~** Unruhe stiften

karides *s* Garnele *f*

karikatür *s* Karikatur *f,* Spottbild *nt*

karikatürcü *s,* **karikatürist** *s* Karikaturist(in) *m(f)*

karikatürize *adj* karikaturistisch; **~ etmek** karikieren

karikatürleştirme *s Verbalsubstantiv zu* **karikatürleştirmek**

karikatürleştirmek *vt* karikieren

karine *s a.* JUR ❶ Vermutung *f* ❷ (*belirti*) Anzeichen *nt*

kariyer *s* Karriere *f;* **~ yapmak** Karriere machen **kariyer kadını** *s* Karrierefrau *f* **kariyer merdiveni** *s* (*fig*) Karriereleiter *f*

karizma *s* Charisma *nt;* **~yı çizdirmek** sein Charisma verlieren

karizmatik <-ği> *adj* charismatisch

karkas *s* AUTO, TECH (*lastikte*) Karkasse *f*

kar kuşu *s* ZOOL Schneeammer *f*

karla kaplı *adj* schneebedeckt

karlama *s* ❶ *Verbalsubstantiv zu* **karlamak** ❷ Schneefall *m*

karlamak *vi* schneien

karlı *adj* schneebedeckt

kârlı *adj* gewinnbringend, Gewinn bringend, lukrativ, rentabel; **~ bir iş** ein lukratives Geschäft

kârlılık <-ğı> *s ohne pl* Rentabilität *f* **kârlılık oranı** *s* FIN, WIRTSCH Rentabilitätsrate *f*

karma *s Verbalsubstantiv zu* **karmak**
karmaç <-cı> *s* TECH Mischmaschine *f*
karma eğitim *s ohne pl* SCHULE Koedukation *f,* Gemeinschaftserziehung *f*
karmak <-ar> *vt* mischen
karmakarışık *adj* wirr; ~ **etmek** durcheinanderbringen
karman çorman *adj* durcheinander; ~ **etmek** durcheinanderbringen, in Unordnung bringen
karmanyola *s* Raubüberfall *m,* Straßenraub *m* **karmanyolacı** *s* Straßenräuber(in) *m(f)*
kâr marjı *s* WIRTSCH Gewinnmarge *f,* Verdienstspanne *f*
karmaşa *s* ❶ Verwicklung *f* ❷ PSYCH (*kompleks*) Komplex *m*
karmaşık I. *s* CHEM Komplexverbindung *f* **II.** *adj* ❶ verwickelt ❷ *a.* MATH komplex; ~ **sayı** eine komplexe Zahl
karmaşıklık <-ğı> *s ohne pl* Komplexität *f*
karnabahar *s ohne pl* BOT Blumenkohl *m,* Karfiol *m* ÖSTERR
karnaval *s* ❶ (*eğlence*) Karneval *m;* (*faşing*) Fasching *m* ❷ (*dönem*) Karnevalszeit *f*
karne *s* ❶ SCHULE Zeugnis *nt* ❷ Karte *f;* (*defter*) Heft *nt*
karnı *s poss von* **karın** **karnı aç** *adj* hungrig **karnı burnunda** *adj* hochschwanger
karni *s* Retorte *f*
karo *s* Karo *nt* **karo altılısı** *s* Karosechs *f*
Karolenjli *s* HIST Karolinger *m*
karo sekizlisi *s* Karoacht *f*
karoser *s* Karosserie *f;* (*fam*) Karosse *f*
kâr payı *s* Gewinnanteil *m* **kâr paylaşımı** *s* Gewinnverteilung *f*
karpit *s* CHEM Karbid *nt* **karpit lambası** *s* Karbidlampe *f*
karpuz *s* Wassermelone *f* **karpuz çekirdeği** *s* Wassermelonenkern *m* **karpuz fener** *s* Lampion *m*
karsak <-ğı> *s* ZOOL Steppenfuchs *m,* Korsak *m*
kar sapanı *s* SPORT (*kayakta*) Schneepflug *m*
karsız *adj* schneefrei
karst *s* GEO Karst *m*
karstik *adj* GEO karstig
karşı I. *s* ❶ Gegenüber *nt;* ~**daki ev** das Haus gegenüber; ~**mda** mir gegenüber, vor mir; **birinin** ~**sında âciz olmak** jdm gegenüber machtlos sein; ~**ya geçmek** hinübergehen; **kamera** ~**sında** vor der Kamera ❷ **bu olayların** ~**sında** vor dem Hintergrund dieser Ereignisse; (*olaylara bakıldığı zaman*) angesichts dieser Ereignisse **II.** *adj* gegnerisch; ~ **takım** die gegnerische Mannschaft; ~ **takımın bir oyuncusu** ein Spieler der gegnerischen Mannschaft **III.** *adv* gegen; **bir şeye** ~ **olmak** gegen etw sein; **ben buna** ~**yım** ich bin dagegen; **kim bundan yana, kim buna** ~**?** wer ist dafür und wer dagegen? **IV.** *part* (*için*) für; **her ihtimale** ~ für alle Fälle; **İngilizcesi kötü, buna** ~ **matematiği iyi** in Englisch ist er schlecht, dafür ist er gut in Mathematik
karşı ağırlık <-ğı> *s* TECH Gegengewicht *nt*
karşı akım *s a.* POL Gegenströmung *f*
karşı akın *s* SPORT Gegenangriff *m;* (*kontratak*) Konter *m* **karşı devrim** *s* Konterrevolution *f* **karşı etki** *s* Gegenwirkung *f*
karşı karşıya *adv* ~ **oturmak** sich [*o* einander] gegenüber sitzen
karşılama *s* ❶ *Verbalsubstantiv zu* **karşılamak** ❷ Empfang *m,* Begrüßung *f*
karşılamak *vt* ❶ empfangen, begrüßen; **bir kararı memnuniyetle** ~ eine Entscheidung begrüßen ❷ (*ihtiyacı, talebi*) decken; **masrafları** ~ die Kosten decken; **bir şeyde talebi** ~ den Bedarf an etw decken ❸ (*önlemek*) verhüten ❹ aufnehmen; **bir öneriyi iyi** ~ einen Vorschlag gut aufnehmen
karşılanma *s Verbalsubstantiv zu* **karşılanmak**
karşılanmak *vi* ❶ *pass von* **karşılamak** ❷ **o, saygıyla karşılandı** man begegnete ihm mit Achtung; **önerisi iyi karşılandı** sein Vorschlag wurde gut aufgenommen
karşılaşma *s* ❶ *Verbalsubstantiv zu* **karşılaşmak** ❷ Begegnung *f* ❸ SPORT Begegnung *f;* (*yarışma*) Kampf *m,* Wettkampf *m,* Austragung *f*
karşılaşmak *vi* ❶ (*rastlaşmak*) einander begegnen, sich begegnen; **biriyle/güçlüklerle** ~ jdm/Schwierigkeiten begegnen; **şimdiye kadar böyle bir şey ile hiç karşılaşmadım!** so etwas ist mir ja noch nie begegnet! ❷ SPORT (*yarışmak*) sich begegnen, miteinander kämpfen
karşılaşma yeri *s* SPORT Austragungsort *m*
karşılaştırma *s* ❶ *Verbalsubstantiv zu* **karşılaştırmak** ❷ Vergleich *m,* Gegenüberstellung *f*
karşılaştırmacı *s* Komparatist(in) *m(f)*
karşılaştırma derecesi *s* LING Komparativ *m*
karşılaştırmak *vt* vergleichen (**-le** mit), gegenüberstellen (**-le**)
karşılaştırmalı *adj* (*mukayeseli*) vergleichend, kontrastiv; ~ **dil bilgisi** kontrastive Grammatik; ~ **dil bilimi** vergleichende Sprachwissenschaft **karşılaştırmalı edebiyat** *s* LIT Komparatistik *f,* vergleichende Literaturwissenschaft

K

karşılık <-ğı> *s* ❶ Erwiderung *f,* Entgegnung *f;* **~ vermek** erwidern; **bakışına ~ verdi** sie erwiderte seine Blicke ❷ (*cevap*) Antwort *f;* **~ vermek** Antwort geben; (*küçük büyüğe*) eine freche Antwort geben ❸ Entsprechung *f;* **Almanca/Türkçe karşılığı** die deutsche/türkische Entsprechung ❹ Gegenleistung *f;* (*bedel*) Gegenwert *m;* **bir şeye ~ olarak** als Gegenleistung für etw; **ücret karşılığı(nda)** gegen Lohn ❺ FIN (*provizyon*) Deckung *f;* **çekin karşılığı yoktur** der Scheck hat keine Deckung, der Scheck ist nicht gedeckt ❻ **buna ~ (olarak)** demgegenüber
karşılıklı **I.** *adj* ❶ gegenseitig, wechselseitig; **~ bağımlılık** gegenseitige Abhängigkeit ❷ gegenüberliegend; **~ kenarlar** gegenüberliegende Seiten; **~ oturmak** sich [*o* einander] gegenüber sitzen **II.** *adv* gegenseitig; **hiçbir şey söylemeyeceklerine ~ olarak söz verdiler** sie haben beiderseits versprochen, nichts zu sagen; **itimadımız ~dır** unser Vertrauen beruht auf Gegenseitigkeit
karşılıklılık <-ğı> *s ohne pl* Gegenseitigkeit *f,* Wechselseitigkeit *f*
karşılıklı yardım antlaşması *s* POL Beistandspakt *m*
karşılıksız *adj* ❶ (*yanıtsız*) unerwidert ❷ (*yardım*) unentgeltlich ❸ FIN (*provizyonsuz*) ungedeckt; **~ bir çek** ein ungedeckter Scheck
karşın *präp* trotz; **her şeye ~** trotz allem
karşı oy *s* Gegenstimme *f* **karşı parti** *s* Gegenpartei *f* **karşı propaganda** *s* Gegenpropaganda *f* **karşı sav** *s* Gegenbehauptung *f*
karşısı *s poss von* **karşı**
karşıt **I.** *s* ❶ Gegensatz *m,* Gegenteil *nt* ❷ (*kimse*) Gegner(in) *m(f)* **II.** *adj* gegensätzlich, gegenteilig
karşı takım *s* SPORT Gegenmannschaft *f*
karşıt anlamlı kelime *s* LING Gegensatzwort *nt,* Antonym *nt*
karşıtçı *s* Gegner(in) *m(f),* Opponent(in) *m(f)*
karşıtçılık <-ğı> *s* Gegnerschaft *f*
karşıtlama *s Verbalsubstantiv zu* **karşıtlamak**
karşıtlamak *vt* opponieren
karşıtlık <-ğı> *s ohne pl* Gegensätzlichkeit *f*
kart[1] *adj* ❶ alt, nicht mehr jung; **~ ve pörsük** alt und schlaff ❷ (*sebze ve meyve için*) alt, nicht mehr frisch
kart[2] *s* ❶ Karte *f* ❷ POST Postkarte *f* ❸ SPORT Karte *f;* **sarı/kırmızı ~** die gelbe/rote Karte ❹ (*kartvizit*) Visitenkarte *f* ❺ (*kartpostal*) Ansichtskarte *f* ❻ (*basın ~ı*) Ausweis *m* ❼ (*oyun kâğıdı*) Karte *f* ❽ (*puantör ~ı*) Stechkarte *f;* **~ basmak** stechen
Kartaca *s* HIST Karthago *nt*
kartal *s* ZOOL Adler *m* **kartal eğrelti otu** *s* BOT Adlerfarn *m* **kartal yuvası** *s* Adlerhorst *m*
karteks dolabı *s* Karteischrank *m*
kartel *s* WIRTSCH Kartell *nt*
karter *s* AUTO (*krank ~i*) Gehäuse *nt;* (*yağ ~i*) Ölwanne *f*
kartlaşma *s Verbalsubstantiv zu* **kartlaşmak**
kartlaşmak *vi* alt und schlaff werden
kartlı telefon *s* Kartentelefon *nt*
kartografi *s ohne pl* Kartographie *f,* Kartografie *f*
karton *s* ❶ Karton *m* ❷ (*sigara için*) Stange *f*
kartonlama *s Verbalsubstantiv zu* **kartonlamak**
kartonlamak *vt* kartonieren
kartonpiyer *s ohne pl* ❶ ARCH Stuck *m* ❷ (*kâğıt hamuru*) Pappmaché *nt*
kartonpiyerci *s* ARCH Stuckateur(in) *m(f)*
kartonpiyerli tavan *s* ARCH Stuckdecke *f*
kartopu *s* BOT (*Viburnum*) Schneeball *m*
kar topu *s* Schneeball *m*
kartotek <-ği> *s* ❶ Kartei *f* ❷ Karteikasten *m*
kartpostal *s* Ansichtskarte *f*
kartuk <-ğu> *s* REG Egge *f*
kartuş *s* ❶ MIL Kartusche *f* ❷ *a.* INFORM Patrone *f*
kartvizit *s* Visitenkarte *f*
karun *s* (*fig*) Krösus *m*
karye *s s.* **köy** Dorf *nt*
kar yığını *s* Schneehaufen *m*
karyokinez *s* BIOL (*mitoz*) Mitose *f*
karyola *s* Bettgestell *nt* **karyola sayvanı** *s* Betthimmel *m,* Baldachin *m*
kas *s* ANAT Muskel *m*
kasa *s* ❶ (*çelik dolap*) Tresor *m;* (*kiralık ~*) Schließfach *nt* ❷ (*para alınıp verilen yer*) Kasse *f* ❸ (*oyunda*) Kasse *f,* Bank *f;* **~ kim?** wer führt die Kasse [*o* Bank]? ❹ TECH (*şasiye bağlı üst bölüm*) Aufbau *m* ❺ Kasten *m;* (*sandık*) Kiste *f;* **bir ~ bira** ein Kasten Bier ❻ ARCH (*kapı, pencere ~sı*) Zarge *f* ❼ SPORT Kasten *m*
kasaba *s* Kleinstadt *f*
kasabalı *s* Kleinstädter *m*
kasa dairesi *s* Tresorraum *m*
kasadar *s* Kassierer(in) *m(f)*
kasa defteri *s* Kassenbuch *nt* **kasa fişi** *s* Kassenbon *m*
kasalama *s Verbalsubstantiv zu* **kasalamak**

kasalamak *vt* in Kisten verpacken
kasa mevcudu *s* Kassenbestand *m*
kasap <-bı> *s* ❶ Metzger(in) *m(f),* Fleischer(in) *m(f)* ❷ (*dükkân*) Metzgerei *f,* Fleischerei *f* ❸ (*fig, pej: kan dökücü*) Schlächter *m*
kasaphane *s* Schlachthof *m*
kasaplık hayvan *s* Schlachtvieh *nt*
kasara *s* NAUT **baş ~sı** Back *f;* **kıç ~sı** Achterdeck *nt*
kasa sayımı *s* COMM Kassensturz *m;* **~ yapmak** Kassensturz machen
kasatura *s* Bajonett *nt*
kasavet *s ohne pl* Trübsal *f;* (*üzüntü*) Betrübnis *f;* **~ etmek** [*o* **çekmek**] Trübsal blasen
kasavetli *adj* trübselig, betrübt; **~ bir yüzle** mit einem betrübten Gesicht
kas doku *s,* **kas dokusu** *s* ANAT Muskelgewebe *nt*
kâse [kã:se] *s* Schale *f*
kaset *s* Kassette *f* **kasetçalar** *s* Kassettenspieler *m*
kasetli teyp *s* Kassettenrekorder *m*
kas gücü *s ohne pl* Muskelkraft *f*
kasık <-ğı> *s* Leiste *f;* **kasığını çatlatmak** sich einen Bruch heben **kasık bağı** *s* Leistenband *nt,* Bruchband *nt* **kasık biti** *s* ZOOL Filzlaus *f* **kasık çatlağı** *s* REG (*kasık fıtığı*) Leistenbruch *m* **kasık fıtığı** *s* MED Leistenbruch *m* **kasık otu** *s* BOT Bruchkraut *nt*
kasıla kasıla *adv* **~ yürümek** stolzieren
kasılgan *adj* ANAT kontraktil
kasılganlık <-ğı> *s ohne pl* ANAT Kontraktilität *f*
kasılma *s* ❶ *Verbalsubstantiv zu* **kasılmak** ❷ MED, PHYS, LING Kontraktion *f*
kasılmak *vi* ❶ *pass von* **kasmak** ❷ sich zusammenziehen, sich verkrampfen ❸ (*fig fam*) sich aufblasen, sich wichtigtun
kasım *s* November *m;* **1 K~'da** am 1. November; **28 K~'dan itibaren** ab dem 28. November
kasımpatı *s* BOT Chrysantheme *f*
kasınç <-cı> *s* Krampf *m*
kasınma *s Verbalsubstantiv zu* **kasınmak**
kasınmak *vi* ❶ sich krampfen ❷ (*fig fam*) sich aufblasen, sich wichtigtun
kasıntı **I.** *s* (*fig, pej fam*) Muskelprotz *m* **II.** *adj* (*fig, pej fam*) aufgeblasen
kasıntılı *adj* (*fig, pej fam*) aufgeblasen
kasır <-srı> *s* Schlösschen *nt*
kasırga *s* ❶ Orkan *m* ❷ (*fig: duyguların patlak verişi*) Gefühlsausbruch *m*
kasırgamsı *adj* orkanartig
kasıt <-stı> *s* Vorsatz *m*
kasıtlı *adj* vorsätzlich; **~ydı** es war vorsätzlich
kaside *s* LIT Lobgedicht *nt*
kasiyer *s* Kassierer(in) *m(f)*
kask *s* Schutzhelm *m*
kaskatı **I.** *adj* ❶ starr ❷ (*fig*) starr **II.** *adv* **~ kesilmek** erstarren; **korkudan/soğuktan ~ kesilmek** vor Schreck/Kälte erstarren
kasket *s* ❶ Schirmmütze *f* ❷ Käppi *nt*
kasko *s* AUTO Kasko *f,* Kaskoversicherung *f*
kaslı *adj* muskulös
kas lifi *s* ANAT Muskelfaser *f* **kas lifi yırtılması** *s* MED Muskelfaserriss *m*
kasma *s Verbalsubstantiv zu* **kasmak**
kasmak <-ar> *vt* ❶ (*kısaltmak*) (ver)kürzen, kürzer machen ❷ (*daraltmak*) enger machen, zusammenziehen ❸ (*fig*) unterdrücken; **kasıp kavurmak** (*zulmetmek*) tyrannisieren; (*çok zarar vermek*) wüten
kasnak <-ğı> *s* ❶ Reifen *m* ❷ (*tahtadan çember*) Holzrahmen *m;* (*nakış için*) Stickrahmen *m* ❸ TECH (*kayış kasnağı*) Riemenscheibe *f* ❹ SPORT Reifen *m;* (*güreşte*) Hohlbund *m*
kasrı *s poss von* **kasır**
kast[1] *s s.* **kasıt**
kast[2] *s* Kaste *f*
kastanyet *s* MUS Kastagnette *f*
kastanyola *s* NAUT Klampe *f*
kast dışı *adj* kastenlos
kasten *adv* absichtlich; (*bilerek*) wissentlich; (*kasıtla*) vorsätzlich; **bunu ~ yaptın** das hast du absichtlich getan
kastetme *s Verbalsubstantiv zu* **kastetmek**
kastetmek **I.** *vt* (*amaçlamak*) bezwecken; (*amaç olarak almak*) hinzielen (auf); (*demek istemek*) meinen, sagen wollen **II.** *vi* **birinin canına ~** jdm nach dem Leben trachten
kastı *s poss von* **kasıt**
kastî *adj* absichtlich
Kastilya *s* Kastilien *nt*
Kastilyalı **I.** *s* Kastilier(in) *m(f)* **II.** *adj* kastilisch
kastor *s* Biber *m; s. a.* **kunduz**
kas tutukluğu *s* Muskelkater *m* **kas uru** *s* MED Muskelgeschwulst *f;* (*miyom*) Myom *nt*
kasvet *s ohne pl* ❶ Bedrücktheit *f,* Niedergeschlagenheit *f;* **~ vermek** bedrücken (**-e**) ❷ Trostlosigkeit *f;* **~ basmak** sich trostlos fühlen
kasvetli *adj* ❶ bedrückend ❷ trostlos
kaş *s* ❶ Augenbraue *f;* **~la göz arasında** (*fig*) im Handumdrehen [*o* Nu]; **orman gibi ~lar** buschige Augenbrauen ❷ (*yüzükte*) Fassung *f* ❸ **~ ayraç** [*o* **parantez**]

geschweifte Klammer
kaşağı *s* ❶ Striegel *m* ❷ **kavga ~** Streithammel *m*
kaşağılama *s Verbalsubstantiv zu* **kaşağılamak**
kaşağılamak *vt* striegeln
kaşağılanma *s Verbalsubstantiv zu* **kaşağılanmak**
kaşağılanmak *vi pass von* **kaşağılamak**
kaşağılatma *s Verbalsubstantiv zu* **kaşağılatmak**
kaşağılatmak *vt Kausativ zu* **kaşağılamak**
kaşalot *s* ❶ ZOOL (*ispermeçet balinası*) Pottwal *m* ❷ (*pej fam*) Dummkopf *m,* Idiot *m*
kaşar *s* ❶ *eine Art gelber Fettkäse aus Schafsmilch* ❷ (*fig*) gewiefter Spieler
kaşarlanma *s Verbalsubstantiv zu* **kaşarlanmak**
kaşarlanmak *vi* ❶ Erfahrung sammeln ❷ (*fig*) abstumpfen
kaşarlanmış *adj* (*fig*) abgehärtet, abgestumpft
kaşarlı *adj* ❶ mit Kaşar-Käse ❷ (*fig*) abgehärtet, abgestumpft
kaşe *s* ❶ Siegelmarke *f,* Oblate *f;* (*mühür*) Siegel *m;* (*damga*) Stempel *m* ❷ MED Kapsel *f;* (*güllâç*) Oblate *f*
kaşeleme *s Verbalsubstantiv zu* **kaşelemek**
kaşelemek *vt* (*mühürlemek*) siegeln; (*damgalamak*) stempeln
kaşelenme *s Verbalsubstantiv zu* **kaşelenmek**
kaşelenmek *vi pass von* **kaşelemek**
kaşeletme *s Verbalsubstantiv zu* **kaşeletmek**
kaşeletmek *vt* ❶ *Kausativ zu* **kaşelemek** ❷ (*mühürletmek*) siegeln lassen; (*damgalatmak*) stempeln lassen
kaşık <-ğı> *s* ❶ GASTR Löffel *m* ❷ (*olta*) Blinker *m*
kaşıkçı kuşu *s* ZOOL Pelikan *m*
kaşıkçın *s* ZOOL Löffelente *f*
kaşık kaşık *adv* löffelweise
kaşıklama *s Verbalsubstantiv zu* **kaşıklamak**
kaşıklamak *vt* löffeln; **çorbasını ~** seine Suppe löffeln
kaşık otu *s* BOT Löffelkraut *nt*
kaşıma *s Verbalsubstantiv zu* **kaşımak**
kaşımak *vt* kratzen; **kolunu ~** sich am Arm kratzen; **kulağını kaşıya kaşıya kanattı** er hat sich am Ohr blutig gekratzt
kaşındırma *s Verbalsubstantiv zu* **kaşındırmak**
kaşındırmak *vt* jucken
kaşınma *s Verbalsubstantiv zu* **kaşınmak**
kaşınmak *vi* ❶ jucken; **sırtım/burnum/başım kaşınıyor** es juckt mich am Rücken/in der Nase/am Kopf, mir juckt der Rücken/die Nase/der Kopf ❷ sich kratzen; **kedi/köpek kaşınıyor** die Katze/der Hund kratzt sich ❸ (*fig fam*) **sen kaşınıyorsun galiba?** dich juckt wohl das Fell?
kaşıntı *s* Juckreiz *m;* **~ yapmak** Juckreiz verursachen
kâşif [kāʃif] *s* Entdecker(in) *m(f)*
kaşlama *s Verbalsubstantiv zu* **kaşlamak**
kaşlamak *vt* (*yüzüğün taşını*) einfassen
Kaşmir *s* Kaschmir *m*
kat[1] *vt Imperativ von* **katmak**
kat[2] *s* ❶ Stockwerk *nt,* Stock *m,* Etage *f,* Geschoss *nt;* **aynı ~ta oturuyoruz** wir wohnen auf derselben Etage; **birinci/ikinci/üçüncü ~ta** auf der ersten/zweiten/dritten Etage, im ersten/zweiten/dritten Stock ❷ (*tabaka*) Schicht *f,* Lage *f* ❸ (*çok ~lı otoparkta*) Deck *nt;* **otobüsün üst ~ında** auf dem Oberdeck des Busses ❹ (*defa*) Mal *nt;* **bir şeyin yüz ~ı** das Hundertfache von etw; **bir şeyi yüz ~ına çıkarmak** etw um das Hundertfache erhöhen ❺ Stufe *f*
kat[3] <-t'ı> *s* ❶ (*kesilme*) Unterbrechung *f* ❷ (*bitirme*) Beendigung *f*
katabolit *s* CHEM, BIOL Abbauprodukt *nt*
katabolizma *s ohne pl* MED, BIOL Katabolie *f,* Katabolismus *m*
katafalk *s* Katafalk *m,* Bahre *f;* **~a ölü koymak** einen Toten aufbahren
katakomp *s* HIST Katakomben *pl*
Katalan I. *s* Katalane, Katalanin *m, f* **II.** *adj* katalanisch
Katalanca *s* Katalanisch *nt;* **~dan** aus dem Katalanischen; **~ya** ins Katalanische
Katalanya *s* Katalonien *nt*
kataliz *s* CHEM Katalyse *f*
katalizör *s* CHEM Katalysator *m*
katalog <-ğu> *s* Katalog *m*
kataloglama *s* ❶ *Verbalsubstantiv zu* **kataloglamak** ❷ Katalogisierung *f*
kataloglamak *vt* katalogisieren
katar[1] *vt 3. Aorist von* **katmak**
katar[2] *s* ❶ (*tren*) Zug *m* ❷ (*otomobil ~ı*) Kolonne *f*
katarakt *s* MED Katarr *m*
katavaşya *s ohne pl Wanderung der Fische vom Schwarzen Meer zum Mittelmeer*
katedral <-li> *s* Kathedrale *f,* Dom *m*
kategori *s* ❶ Kategorie *f;* **gramer ~si** grammatische Kategorie ❷ SPORT (*ağırlık ~si*) Klasse *f*
kategorik *adj* kategorisch

katgüt *s ohne pl* MED Katgut *nt*
katı¹ *adj* ❶ hart ❷ PHYS (*cisim*) fest
katı² *s* ZOOL (*taşlık*) Kropf *m*
katı cisim <-smi> *s* PHYS Festkörper *m*
katık <-ğı> *s ohne pl* Zubrot *nt*
katı kalpli *adj* hartherzig
katıksız *adj* ❶ unverfälscht, rein ❷ (*fig*) rein, echt
katılaşma *s* ❶ *Verbalsubstantiv zu* **katılaşmak** ❷ *ohne pl* (*ense ~ sı*) Starre *f*
katılaşmak *vi* ❶ (*sertleşmek*) härten ❷ (*lava*) erstarren
katılaştırma *s Verbalsubstantiv zu* **katılaştırmak**
katılaştırmak *vt* härten
katılgan doku *s* ANAT Bindegewebe *nt; s. a.* **bağ doku**
katılık <-ğı> *s* ❶ Härte *f* ❷ Festigkeit *f* ❸ (*ölü katılığı*) Starre *f*
katılım *s* ❶ Teilnahme *f* (**-e** an) ❷ Beitritt *m* (**-e** zu)
katılımcı *s* Teilnehmer(in) *m(f)*
katılım görüşmeleri *pl* EU Beitrittsgespräche *pl*
katılma *s* ❶ *Verbalsubstantiv zu* **katılmak** ❷ Teilnahme *f* (**-e** an), Beteiligung *f,* Beitritt *m* (**-e** zu) ❸ Anschluss *m* (**-e** an) ❹ **içine konserve maddeleri ~mış** ohne Zusatz von Konservierungsstoffen
katılmak *vi* ❶ *pass von* **katmak** ❷ (*iştirak etmek*) teilnehmen (**-e** an), sich beteiligen (**-e** an), beitreten (**-e**); **masraflara ~** sich an den Kosten beteiligen ❸ sich anschließen (**-e**), sich gesellen (**-e** zu), dazugesellen (**-e** zu) ❹ mitmachen (**-e** bei), dabei sein ❺ **gülmekten ~** sich einen (Ast) ablachen
katır *s* Maultier *nt,* Muli *nt*
katırtırnağı *s* BOT (*Genista*) Ginster *m*
katışıksız *adj* unverfälscht
katışma *s* ❶ *Verbalsubstantiv zu* **katışmak** ❷ Anschluss *m*
katışmaç <-cı> *s* Aggregat *nt*
katışmak *vi* sich anschließen (**-e**); **o da bize katıştı** auch er hat sich uns angeschlossen
katıştırma *s* ❶ *Verbalsubstantiv zu* **katıştırmak** ❷ Beimischung *f* ❸ (*tağşiş*) Verfälschung *f*
katıştırmak *vt* beimischen, beimengen; **şaraba katkı maddesi ~** dem Wein Zusatzstoffe beimischen, den Wein durch Zusatzstoffe verfälschen
katı yürekli *adj* hartherzig **katı yüreklilik** <-ği> *s ohne pl* Hartherzigkeit *f*
kati [ka'ti:] *adj s.* **kesin** endgültig, definitiv
kâtibe [kã:--] *s* ❶ (*kadın sekreter*) Sekretärin *f* ❷ (*kadın yazman*) Protokollführerin *f*
kâtibi *s poss von* **kâtip**
kâtibiadil <-dli> *s* JUR (*noter*) Notar(in) *m(f)*
katil¹ [ka:til] *s* (*fam: seri ~*) Killer *m; a.* JUR Mörder(in) *m(f);* **kiralık ~** gedungener Mörder, bezahlter Mörder, Auftragskiller *m*
katil² <-tli> [katl] *s* Mord *m;* (*öldürme*) Ermordung *f;* **birini ~ etmek** (*katletmek*) jdn ermorden
katil zanlısı *s* Mordverdächtige(r) *f(m),* der mutmaßliche Mörder
kâtip <-bi> [kã:-] *s* ❶ (*sekreter*) Sekretär(in) *m(f)* ❷ (*yazman*) Protokollführer(in) *m(f)*
katiyen [kat'i:-] *adv* ❶ (*hiçbir zaman*) niemals, auf keinen Fall; **bu ~ olmaz!** das geht auf keinen Fall! ❷ (*kesinlikle*) sicherlich, mit Sicherheit; **bu ~ olamaz** das ist absolut unmöglich
katiyetle *adv* (*kesinlikle*) sicherlich, mit Sicherheit
kat kaloriferi *s* Etagenheizung *f*
kat kat *adv* ❶ vielfach; **birinden ~ üstün olmak** jdm haushoch überlegen sein ❷ lagenweise; **~ dizmek** [*o* **koymak**] aufschichten
katkı *s* ❶ Beitrag *m,* Anteil *m,* Mitwirkung *f;* **bir şeye ~ yapmak** seinen Beitrag zu etw leisten ❷ CHEM Additiv *nt,* Zusatz *m;* **kurşunlu ~lar** bleihaltige Additive **katkı maddesi** *s* Zusatzstoff *m*
katlama *s Verbalsubstantiv zu* **katlama**
katlamak *vt* ❶ falten, zusammenklappen; (*devşirmek*) zusammenfalten; **mendilleri/peçeteleri ~** die Taschentücher/Servietten zusammenfalten ❷ (*fig fam: katına çıkarmak*) **ikiye ~** verdoppeln; **üçe ~** verdreifachen
katlanılabilir *adj* erträglich
katlanır *adj* faltbar, Klapp- **katlanır bisiklet** *s* Klapprad *nt* **katlanır oturak** <-ğı> *s* Klappsitz *m*
katlanma *s Verbalsubstantiv zu* **katlanmak**
katlanmak *vi* ❶ *pass von* **katlamak** ❷ (*fig fam: tahammül etmek*) aushalten (**-e**), ertragen (**-e**); **göz görmeyince gönül katlanır** was ich nicht weiß, macht mich nicht heiß ❸ (*fig fam: katına çıkmak*) **ikiye ~** sich verdoppeln; **üçe ~** sich verdreifachen
katlatma *s Verbalsubstantiv zu* **katlatmak**
katlatmak *vt Kausativ zu* **katlamak**
katledilme *s* ❶ *Verbalsubstantiv zu* **katledilmek** ❷ Ermordung *f*
katledilmek *vi* ❶ *pass von* **katletmek** ❷ **güpegündüz katledildi** am helllichten Tag wurde er ermordet
katletme *s* ❶ *Verbalsubstantiv zu* **katletmek** ❷ Ermordung *f*

K

katletmek <-der> *vt* ❶ massakrieren, niedermetzeln; (*insan öldürmek*) ermorden ❷ (*zarar vermek*) ruinieren; **doğayı ~** der Umwelt schaden

katlı *adj* ❶ gefaltet ❷ -stöckig; **iki ~** zweistöckig

katli *s poss von* **katil²**

katliam *s* ❶ Massaker *nt,* Gemetzel *nt* ❷ (*topluca öldürme*) Massenmord *m;* (*soy kırım*) Völkermord *m*

katma *s* ❶ *Verbalsubstantiv zu* **katmak** ❷ Beimischung *f* ❸ Zufügung *f* **katma değer vergisi** *s* WIRTSCH Mehrwertsteuer *f,* Umsatzsteuer *f*

katmak <-ar> *vt* ❶ zufügen ❷ (*zehir*) beimischen ❸ **hesaba ~** einkalkulieren

katman *s* Schicht *f* **katman bulut** *s* METEO Schichtwolke *f*

katmanlaşma *s* ❶ *Verbalsubstantiv zu* **katmanlaşmak** ❷ GEO Schichtung *f,* Schichtenbildung *f*

katmanlaşmak *vi* GEO schichten, Schichten bilden

katmer *s* Schicht *f* **katmer katmer** *adv* schichtweise; (*kat kat*) Schicht für Schicht

katmerleşme *s Verbalsubstantiv zu* **katmerleşmemek**

katmerleşmek *vi* (*fig: artmak*) zunehmen; (*çoğalmak*) sich vermehren

katmerli *adj* ❶ (*kat kat olan*) vielschichtig ❷ (*aşırı*) übermäßig; **~ ~ gülmek** sich einen ablachen ❸ **~ yalan** Lügen über Lügen

Katolik I. *s* Katholik(in) *m(f)* **II.** *adj* katholisch

Katoliklik <-ği> *s ohne pl* Katholizismus *m*

katot <-du> *s* PHYS Kathode *f*

katran *s* Teer *m* **katran ağacı** *s* BOT Libanonzeder *f* **katran çamı** *s* BOT Pechkiefer *f* **katranköpüğü** *s* BOT Feuerschwamm *m*

katranlama *s Verbalsubstantiv zu* **katranlamak**

katranlamak *vt* teeren

katran ruhu *s ohne pl* Kreosot *nt* **katran yağı** *s ohne pl* Teeröl *nt,* Karbolineum *nt*

katre *s s.* **damla** Tropfen *m* **katre katre** *adv* tropfenweise

katrilyon *s* Billiarde *f*

kat sayı *s* MATH, PHYS Koeffizient *m*

katyon *s* CHEM Kation *nt*

kat yuvarı *s ohne pl* ASTRON (*stratosfer*) Stratosphäre *f*

kauçuk <-ğu> *s ohne pl* Kautschuk *m* **kauçuk ağacı** *s* BOT Gummibaum *m*

kav¹ *s* Zunder *m;* **~ gibi yanmak** wie Zunder brennen

kav² *s* (*içki mahzeni*) Kellerei *f*

kavak <-ğı> *s* BOT Pappel *f*

kaval *s* ❶ Hirtenflöte *f* ❷ Blockflöte *f* **kaval kemiği** *s* ANAT Schienbein *nt* **kaval tüfek** <-ği> *s* Flinte *f*

kavalye *s* ❶ (*dansta*) Tanzpartner *m;* (*toplantıda, yemekte*) Herr *m* ❷ (*kibar erkek*) Kavalier *m*

kavanoz *s* (*reçel ~ u*) Glas *nt;* (*turşu ~ u*) Einmachglas *nt*

kavara *s* REG ❶ (*vulg, fam*) Furz *m;* **~ çekmek** einen Furz fahren [*o* streichen lassen] ❷ (*gürültü*) Krach *m,* Lärm *m*

kavasya *s* BOT Quassie *f;* (*acı ağaç*) Bitterholzbaum *m*

kavat *s s.* **pezevenk** Zuhälter *m*

kavga *s* Streit *m;* **~ çıkarmak** einen Streit anfangen [*o* entfachen]; **~ çıkmak** Streit ausbrechen; **ağız ~ sı** verbaler Streit

kavgacı *adj* streitsüchtig

kavga kaşağısı *s* Streithammel *m*

kavgasız *adj* friedlich, ohne Streit; **~ yaşıyorlar** sie leben friedlich miteinander, sie führen ein friedliches Miteinander

kavim <-vmi> *s s.* **budun** Volksstamm *m*

kavis <-vsi> *s* Bogen *m;* **~ çizmek** (*fam*) einen Bogen machen

kavlağan *s* REG (*çınar*) Platane *f*

kav mantarı *s* BOT Zunderpilz *m,* Zunderschwamm *m,* Feuerschwamm *m*

kavmi *s poss von* **kavim**

kavmî *adj s.* **etnik** ethnisch

kavmiyat *s ohne pl s.* **etnografya** Ethnographie *f,* Ethnografie *f*

kavram *s* Begriff *m*

kavrama *s* ❶ *Verbalsubstantiv zu* **kavramak** ❷ AUTO, TECH (*debriyaj*) Kupplung *f*

kavramak *vt* ❶ fassen, ergreifen, erfassen ❷ *a.* TECH greifen; **birbirini ~** ineinandergreifen ❸ (*fig: anlamak*) begreifen, erfassen, auffassen; **bir şeyi çabuk/yavaş ~** etw schnell/langsam auffassen; **bir şeyi dolaysız/birden ~** etw unmittelbar/sofort erfassen; **hâlâ kavrayamadı** er hat es noch immer nicht begriffen

kavrama yeteneği *s ohne pl* Auffassungsgabe *f*

kavram kaplamı *s* Begriffsumfang *m*

kavramsal *adj* begrifflich

kavranılma *s* ❶ *Verbalsubstantiv zu* **kavranılmak** ❷ **~ sı güç** schwer zu begreifen

kavranılmak *vi pass von* **kavramak**

kavranılmaz *adj* unbegreiflich

kavratma *s Verbalsubstantiv zu* **kavratmak**

kavratmak *vt* ❶ *Kausativ zu* **kavramak** ❷ **birine bir şeyi ~** jdm etw begreiflich machen

kavrayışsız *adj* begriffsstutzig

K

kavrayışsızlık <-ğı> *s ohne pl* Begriffsstutzigkeit *f*

kavrulma *s Verbalsubstantiv zu* **kavrulmak**

kavrulmak *vi* ❶ schmoren; **kendi yağıyla ~** (*fig fam*) im eigenen Saft schmoren; (*kimseye ihtiyacı olmamak*) auf eigenen Füßen stehen ❷ ausdörren; **boğazı kavrulmuş gibiydi** die Kehle war ihm wie ausgebrannt

kavsi *s poss von* **kavis**

kavşak <-ğı> *s* ❶ (*yolların kesiştiği yer*) Kreuzung *f* ❷ (*ayrıç*) Abzweigung *f* ❸ (*akarsuların birleştiği yer*) Einmündung *f*

kavuk <-ğu> *s* ❶ Turban *m* ❷ ANAT (*mesane*) Harnblase *f*

kavun *s* BOT Honigmelone *f*

kavurma *s Verbalsubstantiv zu* **kavurmak**

kavurmak *vt* ❶ GASTR rösten, braun braten, bräunen ❷ (*kahve*) rösten, brennen ❸ ausdörren; (*kurutmak*) austrocknen; (*yakmak*) ausbrennen; **güneş çayırları kavurdu** die Sonne hat die Wiesen ausgebrannt

kavuşma *s Verbalsubstantiv zu* **kavuşmak**

kavuşmak *vi* ❶ (*yeniden görmek*) wiedersehen (**-e**) ❷ (*elde etmek*) erlangen (**-e**), bekommen (**-e**); **özgürlüğe ~** die Freiheit erlangen ❸ (*katılmak*) müden (**-e** in), einmüden; **bu yol şoseye kavuşur** dieser Weg mündet in die Chaussee ❹ (*güneş için*) untergehen ❺ (*varmak*) ankommen; (*ulaşmak*) erreichen

kavuştak <-ğı> *s* LIT, MUS (*nakarat*) Kehrreim *m*, Refrain *m*

kavuşum *s* ASTRON Konjunktion *f*

kavuşur su yosunları *pl* BOT Jochalgen *pl*

kavuz *s* BOT Spelze *f*

kaya *s* ❶ Felsen *m* ❷ Gestein *nt;* **volkanik ~** ein vulkanisches Gestein **kaya balığı** *s* ZOOL Grundel *f*, Gründel *f*

kayaç <-cı> *s* GEO Gestein *nt*

kaya güvercini *s* ZOOL Felsentaube *f*

kayağan *adj* rutschig **kayağan taş** *s* GEO (*arduaz*) Schiefer *m*

kaya horozu *s* ZOOL Felsenhahn *m*

kayak¹ <-ğı> *s ohne pl* SPORT Skilaufen *nt;* **~ yapmak** Ski laufen [*o* fahren]

kayak² <-ğı> *s* SPORT (*ski*) Ski *m*

kayakçı *s* SPORT Skifahrer(in) *m(f)*, Skiläufer(in) *m(f)*

kaya keleri *s* REG (*bukalemun*) Chamäleon *nt*

kayak gözlüğü *s* Skibrille *f*

kayalık **I.** *s* <-ğı> Felsen *m* **II.** *adj* <-ğı> felsig

kaya lifi *s* (*asbest*) Asbest *m* **kaya sansarı** *s* ZOOL Steinmarder *m* **kaya tuzu** *s* BERGB Steinsalz *nt*

kaybeder *vt 3. Aorist von* **kaybetmek**

kaybetme *s* ❶ *Verbalsubstantiv zu* **kaybetmek** ❷ Verlust *m*

kaybetmek <-der> *vt* ❶ verlieren; **birini gözden ~** jdn aus den Augen verlieren ❷ einbüßen ❸ **yolunu ~** sich verlaufen; (*araçla*) sich verfahren

kaybı *s poss von* **kayıp**

kaybol *vi Imperativ von* **kaybolmak**: **(gözümden) ~!** (*fam*) verschwinde (aus meinen Augen)!

kaybolma *s* ❶ *Verbalsubstantiv zu* **kaybolmak** ❷ Verlust *m*

kaybolmak *vi* ❶ (*yitmek*) verloren gehen, verschwinden; **disketteki veriler kayboldu** INFORM die Daten auf der Diskette sind verloren gegangen ❷ (*görünmez olmak*) verschwinden; **ortadan ~** von der Bildfläche verschwinden

kayda değer *adj* bemerkenswert, beachtenswert

kaydetme *s* ❶ *Verbalsubstantiv zu* **kaydetmek** ❷ Eintragung *f*

kaydetmek *vt* ❶ eintragen (**-e** in), registrieren; **çocuğu okula ~** das Kind zur Schule anmelden, das Kind einschulen ❷ (*sesi, resmi*) aufnehmen, aufzeichnen ❸ (*not etmek*) notieren ❹ (*belirtmek*) bemerken; **şunu kaydedeyim ki ...** ich darf bemerken, dass ... ❺ (*başarı*) verzeichnen; **gol ~** Tore erzielen ❻ **hesaba borç ~** das Konto belasten

kaydı *s poss von* **kayıt**

kaydıhayat *s ohne pl* Lebenszeit *f;* **~la** auf Lebenszeit

kaydıihtiyat <-dı> *s* Vorbehalt *m*

kaydırak <-ğı> *s* Rutsche *f*

kaydiye *s* Anmeldegebühr *f*

kaydolma *s Verbalsubstantiv zu* **kaydolmak**

kaydolmak *vi* ❶ *pass von* **kaydetmek** ❷ SCHULE, UNIV sich einschreiben (**-e** für)

kaygan *adj* ❶ rutschig, glatt, schlüpfrig ❷ gleitend; **~ iş süresi** gleitende Arbeitszeit

kayganlık <-ğı> *s ohne pl* Glätte *f*

kaygı *s* Sorge *f*, Angst *f*

kaygılanma *s Verbalsubstantiv zu* **kaygılanmak**

kaygılanmak *vi* sich Sorgen machen

kaygılı *adj* besorgt, ängstlich

kaygı nevrozu *s* MED Angstneurose *f*

kaygı psikozu *s* MED, PSYCH Angstpsychose *f*

kaygısız *adj* unbesorgt

kaygı sinircesi *s* PSYCH Angstneurose *f*

kayık <-ğı> *s* Boot *nt*

kayıkçı *s* ❶ Bootsmann *m* ❷ (*kayık yapan kimse*) Bootsbauer *m*
kayıkhane *s* Bootshaus *nt*
kayın[1] *s* BOT (*Fagus*) Buche *f;* (*tahtası*) Buchenholz *nt*
kayın[2] <-yını> *s* (~ *birader*) Schwager *m* (*Bruder des Ehemannes/der Ehefrau*)
kayın baba *s* (*kaynata*) Schwiegervater *m*
kayın birader *s,* **kayınço** *s* Schwager *m* (*Bruder des Ehemannes/der Ehefrau*)
kayın fıstığı *s* BOT Buchecker *f*
kayıngiller *pl* BOT Buchengewächse *pl*
kayın hısımlığı *s ohne pl* Schwägerschaft *f*
kayın ormanı *s* Buchenwald *m* **kayın peder** *s* (*kaynata*) Schwiegervater *m*
kayın tavuğu *s* ZOOL Birkhuhn *nt* **kayın valide** *s* Schwiegermutter *f*
kayıp I. *s* <-ybı> ❶ Verlust *m,* Einbuße *f;* **~lara karışmak** verschwinden, untertauchen ❷ Vermisste(r) *f(m)* **II.** *adj* ❶ (*yitik*) verloren; **gözlüğüm ~** meine Brille ist weg [*o* verschwunden] ❷ vermisst; **birinin ~ olduğunu bildirmek** jdn als vermisst melden **kayıp eşya bürosu** *s* Fundbüro *nt*
kayırıcılık <-ğı> *s ohne pl* Günstlingswirtschaft *f,* Vetternwirtschaft *f*
kayırma *s* ❶ *Verbalsubstantiv zu* **kayırmak** ❷ Begünstigung *f*
kayırmak *vt* begünstigen
kayısı *s* ❶ BOT (*Prunus armeniaca*) Aprikosenbaum *m* ❷ (*yemişi*) Aprikose *f* **kayısı çekirdeği** *s* Aprikosenkern *m* **kayısı hoşafı** *s,* **kayısı kompostosu** *s* Aprikosenkompott *nt*
kayış *s* Riemen *m,* Gurt *m;* (*köpek ~ı*) Leine *f;* (*saat ~ı*) Armband *nt;* **çamaşır ~ gibi** die Wäsche ist sehr dreckig [*o* schmutzig]; **et ~ gibi** das Fleisch ist zäh **kayış balığı** *s* ZOOL Riemenfisch *m*
kayışçı *s* ❶ (*kayış yapan*) Riemenmacher *m;* (*kayış satan*) Riemenverkäufer *m* ❷ (*fig: hileci*) Gauner *m*
kayış dili *s* Vulgärsprache *f,* Gaunersprache *f*
kayıt <-ydı> *s* ❶ Eintragung *f;* **bir kaydı terkin etmek** eine Eintragung löschen ❷ Anmeldung *f* ❸ (*ses kaydı*) Aufnahme *f,* Aufzeichnung *f;* **manyetik ~** magnetische Aufzeichnung ❹ (*fig: sınırlama*) Einschränkung *f* ❺ (*fig: şart*) Bedingung *f;* **geri getirmen kaydıyla ...** unter der Bedingung, dass du mir es zurückbringst ...
kayıt cihazı *s* Aufnahmegerät *nt*
kayıtım *s* PHILOS Regress *m*
kayıtımla uslamlama *s* Rückschluss *m*
kayıtsız *adj* ❶ bedingungslos, ohne Einschränkung ❷ (*aldırmaz*) gleichgültig, achtlos; (*ilgisiz*) interesselos; **bir şeye ~ kalmak** von etw ungerührt bleiben
kayıtsızlık <-ğı> *s ohne pl* Gleichgültigkeit *f,* Achtlosigkeit *f;* (*ilgisizlik*) Interesselosigkeit *f*
kayıtsız şartsız *adj* bedingungslos, uneingeschränkt, ohne jede Einschränkung
kayıt ücreti *s* ❶ Anmeldegebühr *f* ❷ (*okula*) Aufnahmegebühr *f*
kaykay *s* Skateboard *nt*
kayma *s* ❶ *Verbalsubstantiv zu* **kaymak** ❷ Rutsch *m*
kaymak I. *s* <-ar> *ohne pl* Sahne *f,* Rahm *m;* **sütün kaymağını almak** die Milch abrahmen **II.** *vi* <-ğı> ❶ rutschen, gleiten; (*ayağı*) ausrutschen ❷ (*kayak*) fahren; (*patenle*) laufen
kaymaklı *adj* sahnig
kaymak tabakası *s ohne pl,* **kaymak takımı** *s ohne pl* (*fig fam*) Crème de la Crème *f* **kaymak taşı** *s* GEO (*albatr*) Alabaster *m*
kayma sürtünmesi *s* PHYS, TECH Gleitreibung *f* **kayma tehlikesi** *s* Rutschgefahr *f*
kaymayan *adj,* **kaymaz** *adj* rutschfest
kayme *s* REG (*kâğıt para*) Papiergeld *m,* Geldschein *m*
kaynaç <-cı> *s* GEO (*gayzer*) Geysir *m,* Geiser *m*
kaynak <-ğı> *s* ❶ Quelle *f,* Ursprung *m* ❷ **~lar** Ressourcen *pl;* **~ların tüketilmesi** Erschöpfung der Ressourcen; **insan ~ları** Human Resources ❸ TECH Schweißen *nt*
kaynak aleti *s* Schweißgerät *nt*
kaynakça *s* Bibliographie *f*
kaynakçı *s* Schweißer(in) *m(f)*
kaynak dikişi *s* Schweißnaht *f*
kaynaklanma *s Verbalsubstantiv zu* **kaynaklanmak**
kaynaklanmak *vi* ausgehen (**-den** von), seinen Ursprung nehmen, entstehen (**-den** aus), sich herleiten
kaynak makinesi *s* Schweißgerät *nt*
kaynak suyu *s* Quellwasser *nt* **kaynak ülke** *s* Herkunftsland *nt,* Ursprungsland *nt*
kaynama *s Verbalsubstantiv zu* **kaynamak**
kaynamak *vi* kochen
kaynana *s* Schwiegermutter *f* **kaynana zırıltısı** *s* (*çocuk oyuncağı*) Knarre *f*
kaynar *adj* kochend; **~ su** kochendes Wasser; **~ suya daldırmak** ins kochende Wasser eintauchen
kaynaşma *s* ❶ *Verbalsubstantiv zu* **kaynaşmak** ❷ Verschmelzung *f;* (*füzyon*) Fusion *f;* **atom çekirdeklerinin ~sı** Verschmelzung von Atomkernen
kaynaşmak *vi* ❶ verschmelzen ❷ (*birleşmek*) sich vereinen; (*şirketler*) fusionieren,

K

verschmelzen; (*kemik*) zusammenwachsen
kaynata *s* Schwiegervater *m*
kaynatma *s Verbalsubstantiv zu* **kaynatmak**
kaynatmak *vt* ❶ (auf)kochen; **su ~** Wasser kochen; **el kazanıyla aş ~** (*fig*) sich mit fremden Federn schmücken ❷ (*kaynak yapmak*) schweißen ❸ (*fig*) vertuschen
kaynı *s poss von* **kayın²**
kayra *s ohne pl* Gunst *f*
kayran *s* Lichtung *f*
kayşa *s* Erdrutsch *m,* Bergrutsch *m*
kaytarıcı *s* (*pej fam*) Drückeberger(in) *m(f)*
kaytarma *s Verbalsubstantiv zu* **kaytarmak**
kaytarmak **I.** *vt* REG (*iade etmek*) zurückgeben **II.** *vi* (*iş yapmaktan kaçmak*) sich vor der Arbeit drücken; (*işe gitmemek*) blaumachen
kayyım *s,* **kayyum** *s* ❶ JUR Pfleger *m,* Beistand *m* ❷ REL, HIST (*cami hademesi*) Moscheediener *m*
kayzer *s* HIST Kaiser *m*
kaz *s* ZOOL (*Anser*) Gans *f;* (*erkeği*) Gänserich *m;* **~ kafalı!** blöde Gans!
kaza [--:] *s* ❶ Unfall *m,* Unglück *nt;* **~ geçirmek** verunglücken, einen Unfall haben ❷ ADMIN (*ilçe*) Provinzbezirk *m* ❸ JUR (*yargı*) Gerichtsbarkeit *f* **kaza dairesi** *s s.* **yargı çevresi** Gerichtsbezirk *m*
kazaen *adv s.* **kazara**
kazak <-ğı> *s* Pullover *m*
Kazak <-ğı> *s* Kasache, Kasachin *m, f*
Kazakistan *s* Kasachstan *nt*
kaza kurşunu *s* ❶ Querschläger *m* ❷ Irrläufer *m*
kazalı *adj* verunfallt, Unfall- **kazalı araba** *s* Unfallwagen *m*
kazamat *s* Schützengraben *m*
kazan *s* ❶ Kessel *m* ❷ **kafam ~ oldu** (*gürültüden*) mir brummt der Kopf; (*zihni yorulmak*) mir raucht der Kopf, mir brummt der Schädel
kazancı *s* Kesselschmied *m*
kazan dairesi *s* Kesselraum *m*
kazandırma *s* ❶ *Verbalsubstantiv zu* **kazandırmak** ❷ Gewinnung *f*
kazandırmak *vt* ❶ *Kausativ zu* **kazanmak** ❷ **birine bir şey ~** jdm etw einbringen; **kestirmeden gitmem bana 5 dakika kazandırdı** die Abkürzung hat mir 5 Minuten eingebracht
kazanma *s* ❶ *Verbalsubstantiv zu* **kazanmak** ❷ Gewinnung *f*
kazanmak *vt* ❶ gewinnen ❷ verdienen; **ayda iki bin euro kazanıyor** er verdient zweitausend Euro im Monat ❸ **deneyim ~** Erfahrungen sammeln; **zafer ~** einen Triumph erringen
kazan taşı *s ohne pl* Kesselstein *m*
kazara *adv* zufällig, zufälligerweise, durch Zufall
kazaratar *s* Bagger *m*
kaza sigortası *s* Unfallversicherung *f*
kazayağı *s* BOT Gänsefuß *m*
kazazede *s* Unfallopfer *nt*
kazdırma *s Verbalsubstantiv zu* **kazdırmak**
kazdırmak *vt Kausativ zu* **kazmak**
kazein *s ohne pl* Kasein *nt*
kazı *s* ❶ Grabung *f* ❷ ARCH Ausgrabung *f* ❸ (*hak*) Gravierung *f* **kazı bilimci** *s* Archäologe, -login *m, f* **kazı bilimi** *s ohne pl* Archäologie *f* **kazı bilimsel** *adj* archäologisch
kazıcı *s* Graveur *m*
kazık **I.** *s* <-ğı> ❶ Pfahl *m;* **birini kazığa vurmak** jdn pfählen ❷ (*fig, pej fam*) Nepp *m,* Wucher *m;* **~ atmak** Wucher treiben; **birine ~ atmak** jdn neppen, jdn übers Ohr hauen, jdn über den Tisch ziehen **II.** *adj* <-ğı> wucherisch; **~ fiyatlar** wucherische Preise
kazıkazan *s* Rubbellos *nt*
kazıkçı **I.** *s* Wucherer, Wucherin *m, f;* (*fam*) Halsabschneider(in) *m(f)* **II.** *adj* wucherisch
kazık kök *s* BOT Pfahlwurzel *f*
kazıklama *s Verbalsubstantiv zu* **kazıklamak**
kazıklamak *vt* ❶ pfählen ❷ (*sınır belirtmek*) abstecken ❸ (*fig fam: aldatmak*) hereinlegen; **birini ~** jdn hereinlegen, jdn neppen, jdn übers Ohr hauen, jdn über den Tisch ziehen
kazıklanma *s Verbalsubstantiv zu* **kazıklanmak**
kazıklanmak *vi pass von* **kazıklamak**
kazıklı humma *s ohne pl* MED Wundstarrkrampf *m;* (*tetanos*) Tetanus *m*
kazık marka *adj* (*pej*) überteuert; **~ mal satmak** überteuerte Waren verkaufen, Wucherpreise verlangen
kazıma *s* ❶ *Verbalsubstantiv zu* **kazımak** ❷ MED (*kürtaj*) Ausschabung *f*
kazımak *vt* ❶ schaben; **tahtanın boyasını ~** den Lack vom Brett schaben ❷ MED ausschaben; **döl yatağını ~** die Gebärmutter ausschaben ❸ KUNST (*nakşetmek*) radieren ❹ (*tıraş etmek*) schaben, rasieren
kazıma resim <-smi> *s* KUNST ❶ (*tekniği*) Radierkunst *f* ❷ (*yapılmış resim*) Radierung *f*
kazımık <-ğı> *s* Schabsel *nt*

K

kazınma *s Verbalsubstantiv zu* **kazınmak**
kazınmak *vi pass von* **kazımak**
kazıntı *s* ❶ Schabsel *nt* ❷ (*kâğıtta kazıma izi*) Rasur *f*
kazıtma *s Verbalsubstantiv zu* **kazıtmak**
kazıtmak *vt* ❶ *Kausativ zu* **kazımak** ❷ **saçlarını ~** sich kahl scheren lassen
kazma *s* ❶ *Verbalsubstantiv zu* **kazmak** ❷ Hacke *f;* (*Güney Almanya, Avusturya ve İsviçre'de*) Haue *f*
kazmacı *s* BERGB Hauer *m*
kazmaç *s* Bagger *m*
kazma diş *s* Hauer *m*
kazmak <-ar> *vt* (ab)graben, schaufeln; **birinin kuyusunu ~** jdm das Wasser abgraben; **kazma elin kuyusunu, kazarlar kuyunu** (*prov*) wer andern eine Grube gräbt, fällt selbst hinein; **kendi kuyusunu kendi ~** (*fig*) sich sein eigenes Grab schaufeln
kazurat *s s.* **dışkı** Kot *m,* Exkrement *nt*
KDV *s Abk von* **katma değer vergisi** WIRTSCH MwSt. *f,* Mehrwertsteuer *f;* **~ dâhil** inklusive MwSt.
ke *Name des 14. Buchstaben des türk. Alphabets;* **Kars'ın ~'si** K wie Kaufmann
kebap **I.** *s* <-bı> Kebab *m* **II.** *adj* ❶ gebraten ❷ (*kestane*) geröstet
kebapçı *s* Grillrestaurant *nt*
kebap şişi *s* Bratspieß *m*
kebere *s* BOT Kapernstrauch *m; s. a.* **gebre otu**
kebir *adj* ❶ (*büyük*) groß ❷ (*yaşlı*) alt
kebze *s* REG (*kürek kemiği*) Schulterblatt *nt*
keçe **I.** *s* ❶ Filz *m;* **birini ~ külah etmek** (*fig fam*) jdn übers Ohr hauen ❷ (*halı*) Filzteppich *m* **II.** *adj* filzen
keçeleme *s Verbalsubstantiv zu* **keçelemek**
keçelemek *vt* ❶ (*keçe geçirmek*) mit Filz überziehen ❷ (*keçeyle parlatmak*) mit Filz polieren
keçelenme *s Verbalsubstantiv zu* **keçelenmek**
keçelenmek *vi s.* **keçeleşmek**
keçeleşme *s Verbalsubstantiv zu* **keçeleşmek**
keçeleşmek *vi* ❶ (ver)filzen ❷ (*deri*) rau werden ❸ (*fig*) taub werden
keçi **I.** *s* ZOOL Ziege *f;* **~leri kaçırmış** (*fig fam*) er hat nicht alle Tassen im Schrank **II.** *adj* (*fig*) bockig; (*inatçı*) stur
keçiboynuzu *s* ❶ BOT (*ağaç*) Johannisbrotbaum *m* ❷ (*ohne pl, yemiş*) Johannisbrot *nt; s. a.* **harnup**
keçi derisi *s* Ziegenleder *nt* **keçi kılı** *s* Ziegenhaar *nt*
keçilik <-ği> *s* (*fig*) Bockigkeit *f;* (*inatçılık*) Sturheit *f;* **~ etmek** stur sein
keçi postu *s* Ziegenfell *nt*
keçisağan *s* ZOOL Ziegenmelker *m; s.* **çobanaldatan**
keçi sakal **I.** *s* Ziegenbart *m,* Spitzbart *m* **II.** *adj* spitzbärtig
keçisakalı *s* BOT ❶ (*Aruncus*) Geißbart *m* ❷ (*Cistus*) Zistrose *f*
keçi söğüdü *s* BOT Salweide *f* **keçi yemişi** *s s.* **yaban mersini** BOT (*Vaccinium myrtillus*) Heidelbeere *f* **keçi yolu** *s* Trampelpfad *m*
keder *s ohne pl* ❶ Kummer *m* ❷ Traurigkeit *f*
kederli *adj* ❶ kummervoll ❷ traurig
kedi *s* Katze *f;* (*erkek ~*) Kater *m;* **~ ile köpek gibi** (*fam*) wie Hund und Katze; **~ ona tısladı** die Katze fauchte ihn an; **~ye ciğer ısmarlamak** (*fig fam*) den Bock zum Gärtner machen **kedi balığı** *s* ZOOL Katzenhai *m*
kedidili *s* Löffelbiskuit *m o nt*
kedigözü *s* AUTO Rückstrahler *m*
kedi otu *s ohne pl* BOT Baldrian *m*
kefal <-i> [kefāl] *s* ZOOL Meeräsche *f*
kefalet [kefa:let] *s* Bürgschaft *f*
kefaret *s* ❶ Buße *f;* **bir şeyin ~ini ödemek** für etw verbüßen ❷ (*ohne pl*) Sühne *f*
kefe *s* Waagschale *f*
kefeki *s* ❶ (*kaplarda oluşan kireç tabakası*) Kalkablagerung *f* ❷ (*dişlerde*) Zahnstein *m*
kefen *s* Leichentuch *nt* **kefen soyucu** *s* Leichenfledderer *m*
kefil *s* Bürge, Bürgin *m, f;* **birine ~ olmak** für jdn bürgen
kefile kefil *s* JUR Nachbürge, -bürgin *m, f*
kefillik <-ği> *s* Bürgschaft *f*
kefir *s ohne pl* Kefir *m*
kehanet *s* Weissagung *f,* Prophezeiung *f*
Kehkeşan *s s.* **Samanyolu** ASTRON Milchstraße *f*
kehribar *s* Bernstein *m*
kekâ [kekā:] *interj,* **kekâh** *interj* **~!** (*ne güzel*) wie schön!
kekeleme *s* ❶ *Verbalsubstantiv zu* **kekelemek** ❷ (*sürekli*) Gestotter *nt*
kekelemek *vi* stottern
kekeme *s* Stotterer, Stotterin *m, f*
kekik <-ği> *s* BOT Thymian *m* **kekik yağı** *s* Thymol *nt*
keklik <-ği> *s* ZOOL (*Perdix perdix*) Rebhuhn *nt;* **kınalı ~** (*Alectoris graeca*) Berghuhn *nt,* Steinhuhn *nt* **keklik yumurtası** *s* Rebhuhnei *nt*
kekre *adj* säuerlich
kekremsi *adj* leicht säuerlich
kel **I.** *s* MED Grind *m* **II.** *adj* ❶ grindig ❷ (*saç-*

K

ları dökülmüş olan) kahlköpfig, glatzköpfig ❸ (*fig*) kahl; ~ **başa şimşir tarak** das passt wie die Faust aufs Auge; ~ **bir ağaç** ein kahler Baum

kelâm [kelaːm] *s* ❶ (*söz*) Wort *nt* ❷ (*söyleyiş biçimi*) Sprechweise *f* ❸ (*bilim*) Islamwissenschaft *f*

Kelâmıkadim *s* REL (*Kur'an*) Koran *m*

kelâmıkibar *s* (*özdeyiş*) Sinnspruch *m*

kelaynak <-ğı> *s* ZOOL Waldrapp *m*

kele *s* REG (*boğa*) Bulle *m;* **~ye çekmek** dem Bullen zum Decken zuführen

kelebek <-ği> *s* ❶ Schmetterling *f* ❷ (*bal kelebeği*) Motte *f,* Zünsler *m* ❸ **ipek böceği kelebeği** Seidenspinner *m* **kelebek camı** *s* AUTO Ausstellfenster *nt* **kelebek gözlük** <-ğü> *s* Kneifer *m*

kelepçe *s* ❶ Handschellen *pl;* **birine ~ takmak** jdm Handschellen anlegen ❷ TECH Schelle *f*

kelepir *s* Schnäppchen *nt;* ~ **yakalamak** ein Schnäppchen machen; **~e konmak** ein Schnäppchen machen **kelepir fiyat** *s* Spottpreis *m*

keler *s* ZOOL Echse *f* **keler balığı** *s* ZOOL Meerengel *m,* Engelfisch *m*

kelime *s* Wort *nt;* **~leri tartarak konuşmak** (*fig*) jedes Wort auf die Goldwaage legen; **~nin tam anlamıyla** im wahrsten Sinne des Wortes, buchstäblich **kelimecik** <-ği> *s* Wörtchen *nt*

kelime gövdesi *s* LING Wortstamm *m* **kelime hazinesi** *s* Wortschatz *m,* Vokabular *nt*

kelimeişehadet *s ohne pl* REL (*İslam dininde*) Glaubensbekenntnis *nt*

kelime kadrosu *s* Wortschatz *m* **kelime kelime** *adv* Wort für Wort **kelime oyunu** *s* Wortspiel *nt*

kelimesi kelimesine *adv* wortwörtlich, Wort für Wort; (*motamot*) wortgetreu

kelimesiz *adj* wortlos

kelime türü *s* LING Wortart *f*

kelle *s* ❶ Haupt *m;* **birinin ~sini uçurmak** jdn enthaupten ❷ **şekerin bir ~si** ein Zuckerhut; **bir ~ peynir** ein Laib Käse ❸ AGR (*başak*) Ähre *f*

kelleşme *s Verbalsubstantiv zu* **kelleşmek**

kelleşmek *vi* kahl werden

kelli *konj* REG (*-dikten sonra*) nachdem; **sen böyle dedikten ~** nachdem du das gesagt hast **kelli felli** *adj* gestanden; **~ bir adam** ein gestandener Mann

kellik <-ği> *s* ❶ Glatze *f;* (*kel olma durumu*) Kahlköpfigkeit *f* ❷ (*bitkisiz yer*) kahle Gegend

Kelt *s* HIST Kelte, Keltin *m, f*

Keltçe *s* Keltisch *nt;* **~den** aus dem Keltischen

kem *adj* (*kötü, fena*) böse; ~ **göz** der böse Blick

kemal <-li> [kemaːl] *s ohne pl* ❶ (*olgunluk*) Reife *f* ❷ (*eksiksizlik*) Vollständigkeit *f* ❸ (*erginlik*) Volljährigkeit *f,* Mündigkeit *f*

Kemalist *s* Kemalist(in) *m(f); s. a.* **Atatürkçü**

Kemalizm *s ohne pl* Kemalismus *m; s. a.* **Atatürkçülük**

keman *s* ❶ (*yay*) Bogen *m* ❷ MUS Geige *f;* ~ **çalmak** geigen, (auf der) Geige spielen

kemancı *s* ❶ (*keman çalan*) Geiger(in) *m(f)* ❷ (*keman yapan*) Geigenbauer(in) *m(f)*

keman dersi *s* Geigenunterricht *m,* Geigenstunde *f*

kemankeş *s* HIST (*okçu*) Bogenschütze, -schützin *m, f*

keman konçertosu *s* MUS Geigenkonzert *nt* **keman yayı** *s* MUS (*arşe*) Geigenbogen *m*

keme *s* REG ❶ (*büyük sıçan*) Ratte *f* ❷ (*domalan*) Trüffel *m*

kement <-di> *s* ❶ (*hayvanları yakalamak için ip*) Lasso *nt* ❷ HIST (*idam için ip*) Strang *m*

kemer *s* ❶ Gürtel *m;* **~ini sıkmak** (*fig*) den Gürtel enger schnallen ❷ ARCH Bogen *m* **kemer altı** *s* ARCH Bogengang *m*

kemerli *adj* ARCH bogenförmig **kemerli hayvan** *s* ZOOL Gürteltier *nt*

kemer tokası *s* Gürtelschnalle *f* **kemer tonoz** *s* ARCH Arkade *f*

kemik <-ği> *s* Knochen *m;* **~lerine kadar** bis auf die Knochen; **birinin ~lerini kırmak** (*fam*) jdm die Knochen kaputtschlagen [*o* zusammenschlagen]; **bir deri bir ~ olmak** (*fam*) nur Haut und Knochen sein; **birinin ağzına ~ atmak** [*o* **önüne**] (*fig fam*) jdm etw in den Rachen werfen

kemikçik <-ği> *s* ANAT, MED Knöchelchen *nt*

kemik doku *s* ANAT, MED Knochengewebe *nt* **kemik erimesi** *s* Knochenschwund *m* **kemik iliği** *s ohne pl* Knochenmark *nt*

kemikleşme *s* ❶ *Verbalsubstantiv zu* **kemikleşmek** ❷ Verknöcherung *f*

kemikleşmek *vi* (*a. fig*) verknöchern

kemikli *adj* knochig; ~ **yüz** ein knochiges Gesicht **kemikli balıklar** *pl* ZOOL Knochenfische *pl*

kemiksi *adj* knochenartig

kemiksiz I. *adj* knochenlos **II.** *adv* (*fig: ara vermeksizin*) ununterbrochen, pausenlos

kemik tüberkülozu *s* MED Knochentuber-

kulose *f* **kemik yalayıcı** *s* (*pej*) Speichellecker *m* **kemik zarı** *s* ANAT, MED Knochenhaut *f*
kemircik <-ği> *s* Knorpel *m*
kemirgen **I.** *s* ZOOL Nager *m*, Nagetier *nt* **II.** *adj* nagend, Nage-
kemirici *adj s.* **kemirgen**
kemirilme *s Verbalsubstantiv zu* **kemirilmek**
kemirilmek *vi pass von* **kemirmek**
kemirme *s Verbalsubstantiv zu* **kemirmek**
kemirmek *vt* ❶ **bir şeyi ~** etw abnagen, an etw nagen; **kemiği ~** einen Knochen abnagen; **(insanın) iç(ini) kemiren bir acı** ein nagender Schmerz; **(insanın) mide(sini) kemiren açlık hissi** ein nagendes Hungergefühl ❷ anknabbern ❸ (*yemek*) zerfressen; **pas demiri kemirir** Rost zerfrisst das Eisen
kemiyet *s s.* **nicelik** Quantität *f*
kem küm *adv* **~ etmek** drucksen
kemoterapi *s* MED Chemotherapie *f*
kemre *s* REG (*gübre*) Dünger *m*
kemreleme *s Verbalsubstantiv zu* **kemrelemek**
kemrelemek *vt* REG (*gübrelemek*) düngen
kemrelik <-ği> *s* (*fam: gübrelik*) Misthaufen *m*
kenar **I.** *s* ❶ Rand *m* ❷ Kante *f* ❸ *a.* MATH Seite *f* ❹ (*kumaş ~ı*) Saum *m* **II.** *adj* abgelegen
kenar mahalle *s* Armenviertel *nt*
kenarortay *s* MATH Seitenhalbierende *f*
kenarsız *adj* randlos
kendi **I.** *adj* eigen; **~ ekseni etrafında dönmek** sich um die eigene Achse drehen; **~ evim** mein eigenes Haus; **~ kabuğuna çekilmek** (*fig*) sich abkapseln; **~ kanatlarıyla uçmak** (*fig*) sein eigener Herr sein; **~ kuyusunu ~ kazmak** (*fig fam*) sich sein eigenes Grab schaufeln; **~ yağıyla kavrulmak** (*fig fam*) im eigenen Saft schmoren; (*kimseye ihtiyacı olmamak*) auf eigenen Füßen stehen; **onu ~ gözümle gördüm** ich habe es mit eigenen Augen gesehen **II.** *pron* sich; **~nden geçmek** (*fam: bayılmak*) in Ohnmacht fallen; (*fam: coşkuya kapılmak*) außer sich geraten, (ganz) aus dem Häuschen geraten; (*fam: uyuya kalmak*) einnicken; **~ne mal etmek** sich aneignen; **(~) ~ni aldatmak** sich (selbst) betrügen; **~ni asmak** sich erhängen; **~ni birisinin yerine koymak** sich in jdn hineinversetzen **III.** *pron* selbst; **~m** ich selbst; **~n** du selbst; **~ne iyi bak!** pass gut auf dich auf!; **~ni benim yerime bir koysana!** versetz dich doch mal in meine Lage hinein!; **bunu ~n mi yaptın?** hast du das selbst gemacht?; **bunu ~si yapsın** er soll das selbst machen; **el için çukur** [*o* **kuyu**] **kazan, ~si içine düşer** (*prov*) wer andern eine Grube gräbt, fällt selbst hinein **kendi beslek** <-ği> *adj* BIOL (*ototrof*) autotroph
kendi kendine *adv* ❶ (*kendisine*) **~ bir şeyler demek** zu sich selbst etw sagen; **~ (sessizce) bir şeyler mırıldanıyordu** er summte (leise) vor sich hin; **~ konuşmak** Selbstgespräche führen ❷ (*yalnız başına*) **~ gelin güvey olmak** sich selbst was vormachen ❸ (*kendiliğinden*) von selbst, von allein ❹ **~ stresi giderme idmanı** autogenes Training **kendi kendini telkin** *s ohne pl* PSYCH Autosuggestion *f*
kendiliğinden *adv* von selbst, von allein; (*spontane*) spontan; **kapı ~ kapanır** die Tür schließt sich von selbst
kendiliğindencilik <-ği> *s ohne pl* (*spontaneizm*) Spontanität *f*, Spontaneität *f*
kendine *s* ❶ *dat von* **kendi** ❷ **birini ~ düşman etmek** sich jdn zum Feind machen; **~ gelmek** zu sich kommen; **~ güvenmek** sich trauen; **~ iyi bak!** pass gut auf dich auf! **kendine olan güveni** *s ohne pl* Selbstvertrauen *nt*; **~ni yitirmek** sein Selbstvertrauen verlieren
kendir **I.** *s ohne pl* (*kenevir*) Hanf *m* **II.** *adj* hanfen **kendirgiller** *pl* BOT Hanfgewächse *pl* **kendir lifi** *s* Hanffaser *f*
kene *s* ZOOL (*sakırga*) Zecke *f*; **birine ~ gibi yapışmak** (*fig fam*) an jdm wie eine Klette hängen
kenef *s* (*fam*) Klo *nt*
kene otu *s* BOT (*Ricinus communis*) Rizinus *m*; (*Hint yağı ağacı*) Wunderbaum *m*
kenetli *adj* **ağzı ~ olmak** (*fam*) verschwiegen wie ein Grab sein
kenevir *s ohne pl* BOT (*Canabis sativa*) Hanf *m*; *s. a.* **kendir** **kenevir yağı** *s ohne pl* Hanföl *nt*
kengel *s s.* **kenger**
kenger *s* BOT Kardone *f*
kent *s* Stadt *f*
kentet *s* MUS (*beşli*) Quintett *nt*
kentleşme *s* ❶ *Verbalsubstantiv zu* **kentleşmek** ❷ SOZIOL Verstädterung *f*
kentleşmek *vi* SOZIOL verstädtern
kentli *s* Städter *m*, Stadtmensch *m*
kentlileşme *s Verbalsubstantiv zu* **kentlileşmek**
kentlileşmek *vi* zum Stadtmenschen werden
kent sakini *s* Stadtbewohner(in) *m(f)*
kentsel *adj* urban; **~ yaşam koşulları** urbane Lebensbedingungen
kent soylu **I.** *s* Bürgerliche(r) *f(m)*; (*bur-*

K

juva) Bourgeois *m* **II.** *adj* bürgerlich; (*burjuva*) bourgeois **kent soyluluk** <-ğu> *s* Bürgertum *nt;* (*burjuvazi*) Bourgeoisie *f*
Kenya *s* Kenia *nt*
Kenyalı I. *s* Kenianer(in) *m(f)* **II.** *adj* kenianisch
kep *s* ❶ Kappe *f,* Mütze *f* ❷ Käppi *nt*
kepaze [kepa:-] *adj* (*pej*) **birini ~ etmek** jdn zur Sau machen; **~ olmak** Spott und Hohn ernten
kepazelik <-ği> *s* (*pej*) Sauerei *f,* Schweinerei *f;* **~ yapmak** die Sau rauslassen
kepçe *s* ❶ Schöpflöffel *m,* Schöpfkelle *f,* Kochlöffel *m* ❷ Kelle *f* ❸ ANAT (*kulak ~ si*) Muschel *f* ❹ **~ kulak** abstehende Ohren
kepçeli ekskavatör *s* TECH Löffelbagger *m*
kepek <-gi> *s* ❶ AGR, GASTR Kleie *f* ❷ (*başta*) Schuppe *f*
kepeklenme *s Verbalsubstantiv zu* **kepeklenmek**
kepeklenmek *vi* ❶ sich schuppen ❷ (*elma*) mehlig werden
kepekli *adj* ❶ (*un, ekmek*) kleiehaltig ❷ (*saçlar*) schuppig ❸ (*un gibi*) mehlig; **~ elmalar** mehlige Äpfel
kepenk <-gi> *s* Rollladen *m;* **~leri indirmek** die Rollläden herunterlassen; **~leri indirilmiş dükkânlar** Geschäfte mit geschlossenen [*o* heruntergelassenen] Rollläden
keramet [kera:met] *s* Wunder *nt;* **~i kendinden menkul olmak** sich Wunder was einbilden; **~te bulunmak** Wunder vollbringen
kerata *s* ❶ (*pej*) Hahnrei *m* ❷ (*sevgi ile söylenen sitem sözü*) Schlingel *m;* **seni ~ seni!** du Schlingel du! ❸ (*ayakkabı çekeceği*) Schuhlöffel *m,* Schuhanzieher *m*
keratin *s* BIOL, CHEM Keratin *nt* **keratinli** *adj* BIOL, CHEM keratinhaltig **keratinsiz** *adj* BIOL, CHEM keratinlos
kere I. *s* Mal *nt;* **birkaç ~** einige Male **II.** *adv* ❶ mal; **bir ~** einmal ❷ (*çarpı*) **iki ~ iki dört eder** zwei mal zwei ist vier
kerem *s ohne pl* ❶ (*büyüklük*) Größe *f;* (*ululuk*) Erhabenheit *f* ❷ (*iyilik*) Gute(s) *nt;* **~ etmek** Gutes tun ❸ **~ buyurun** wenn ich mir die Bemerkung erlauben darf; **birini ~ gibi sevmek** jdn heiß und innig lieben, jdn leidenschaftlich lieben
kerempe *s* GEO ❶ Felsvorsprung *m;* (*denize doğru uzanan taşlık burun*) Kliff *nt* ❷ (*dağın en yüksek yeri*) Berggipfel *m*
kereste *s* Bauholz *nt*
kerevet *s* Pritsche *f*
kerevides *s,* **kerevit** *s* ZOOL Flusskrebs *m*
kereviz *s* BOT Sellerie *f*
kerhane *s* (*fam*) Puff *m;* (*genel ev*) Bordell *nt*
kerhaneci *s* Bordellbesitzer(in) *m(f)*
kerim *adj* ❶ (*asil*) adlig ❷ (*cömert*) großzügig ❸ **Allah ~** Allah ist groß
kerime *s* (*geh: kız evlat*) Tochter *f;* **~niz hanım** Ihre Frau Tochter
kerizci *s* (*sl*) ❶ (*çalgıcı*) Musikant(in) *m(f)* ❷ (*hile yapan oyuncu*) Falschspieler(in) *m(f)*
kerkenez *s* ZOOL Turmfalke *m*
kerkes *s s.* **akbaba** Geier *m*
kerki *s* (*fam: keser*) Beil *nt*
kermes *s* Kirmes *f*
kerosen *s ohne pl* Kerosin *nt*
kerpeten *s* Kneifzange *f*
kerpiç I. *s* <-ci> Lehmziegel *m* **II.** *adj* Lehm- **kerpiç ev** *s* Lehmhütte *f*
kerrat cetveli *s ohne pl* MATH (*çarpım tablosu*) Einmaleins *nt;* **~ini ezberlemek** das Einmaleins auswendig lernen
kerte[1] *s* Kerbe *f*
kerte[2] *s* ❶ Stufe *f;* (*derece*) Grad *m;* **iş bu ~ye geldikten sonra ...** nachdem die Angelegenheit dieses Stadium erreicht hat ... ❷ (*pusula ~si*) Strich *m* **kerte kerte** *adv* nach und nach; (*yavaş yavaş*) allmählich; (*tedrici*) stufenweise
kertenkele *s* ZOOL Eidechse *f*
kerteriz *s* Peilung *f;* **bir şeyi ~ etmek** [*o* **almak**] etw anpeilen **kerteriz noktası** *s* Orientierungspunkt *m*
kertik <-ği> *s* Kerbe *f*
kertikleme *s Verbalsubstantiv zu* **kertiklemek**
kertiklemek *vt* kerben
kervan *s* Karawane *f;* **kuş uçmaz, ~ geçmez** (*fig fam*) gottverlassen
kervansaray *s* Karawanserei *f*
kes[1] *vt Imperativ von* **kesmek**: **~ (sesini)!** sei still!
kes[2] *s* (*jimnastik ayakkabısı*) Turnschuh *m*
kesafet *s* ❶ (*yoğunluk*) Dichte *f* ❷ (*sıklık*) Häufigkeit *f* ❸ (*bulanıklık*) Trübheit *f*
kesat I. *s* <-dı> FIN, COMM ❶ (*durgunluk*) Flaute *f* ❷ (*kıtlık*) Knappheit *f;* (*yokluk*) Mangel *m* **II.** *adj* **işler ~** die Geschäfte gehen flau
kesatlık <-ğı> *s* FIN, COMM ❶ (*durgunluk*) Flaute *f,* Flauheit *f* ❷ (*kıtlık*) Knappheit *f*
kese *s* ❶ Beutel *m,* Säckel *m;* **~nin ağzını açmak** (*fig fam*) tief in den Beutel [*o* Säckel] greifen; **~sini doldurmak** (*fig*) seinen Beutel füllen ❷ (*spor ~si*) Behälter *m,* Träger *m* ❸ ANAT (*döl, öd, safra ~si*) Blase *f* ❹ ZOOL (*avurt ~si*) Tasche *f;* **~nin ağzını açmak** (*fig fam*) tief in die Tasche greifen
kesecik <-ği> *s* MED (*akciğer keseciği*)

Bläschen *nt*
kese çiçeği *s* BOT (*Ceanothus*) Säckelblume *f*
kesek <-ği> *s* Klumpen *m*
kese kâğıdı *s* Papiertüte *f*
keseleme *s Verbalsubstantiv zu* **keselemek**
keselemek *vt* frottieren
keseli ayı *s* ZOOL Koalabär *m* **keseli hayvan** *s* ZOOL Beuteltier *nt* **keseli kurt** <-du> *s* ZOOL Blasenwurm *m*
keseliler *pl* ZOOL Beuteltiere *pl*
keseli sansar *s* ZOOL Beutelmarder *m*
kesen *s* MATH (*sekant*) Sekante *f*
kesenek <-ği> *s* ❶ Abzug *m* ❷ (*iltizam*) **keseneğe almak** pachten; **keseneğe vermek** verpachten
keser[1] *vt 3. Aorist von* **kesmek**
keser[2] *s* Beil *nt*
kesik I. *s* <-ği> ❶ REG (*çökelek*) Quark *m* ❷ (*kupür*) Ausschnitt *m* ❸ Schnitt *m*, Schnittwunde *f* **II.** *adj* ❶ geschnitten ❷ (*kısa*) kurz ❸ GASTR (*kesilerek bozulmuş olan*) ranzig; ~ **süt** ranzige Milch; ~ **yağ** ranziges Öl **kesik kelime** *s* LING Kurzform *f* **kesik kesik** *adj* abgehackt, stockend
kesilme *s* ❶ *Verbalsubstantiv zu* **kesilmek** ❷ (*cereyan ~ si*) Ausfall *m* ❸ **sütün ~ si** die Gerinnung der Milch ❹ (*vergi*) Abzug *m* ❺ (*fatura*) Ausstellung *f*
kesilmek *vi* ❶ *pass von* **kesmek: dış dünya ile ilişiği kesilmiş olmak** von der Außenwelt abgeschnitten sein ❷ (*gücü kalmamak*) keine Kraft mehr haben; **birdenbire kesildi** plötzlich verließen ihm die Kräfte ❸ (*cereyan*) ausfallen; (*ses, gürültü*) aufhören ❹ (*süt*) gerinnen; (*kesilerek bozulmak*) ranzig werden; **hoşafının yağı ~** (*fig*) mit seinem Latein am Ende sein, am Ende seines Lateins sein ❺ (*olmak*) werden; **buz/canavar ~** zu Eis/zur Bestie werden; **kıpkırmızı ~** knallrot werden ❻ **vergi kesildikten sonra** nach Abzug der Steuern
kesim *s* ❶ (*kesmek işi*) Schnitt *m*; (*hayvan ~ i*) Schlachtung *f* ❷ (*fason*) Zuschnitt *m* ❸ (*parça, kısım*) Ausschnitt *m*, Teil *m*; (*sektör*) Sektor *m*; (*bölüm*) Bereich *m* ❹ (*bölüm, bölge*) Abschnitt *m* ❺ NAUT (*su ~ i*) Linie *f* ❻ REG (*anlaşma*) Abmachung *f* **kesim evi** *s*, **kesimhane** *s* Schlachthaus *nt*, Schlachthof *m*
kesimlik *adj* schlachtreif, Schlacht-
kesimlik hayvan *s* Schlachtvieh *nt*
kesim noktası *s* Schnittpunkt *m*
kesin *adj* ❶ sicher ❷ (*cevap*) definitiv, endgültig; **senden ~ bir cevap bekliyorum** ich erwarte eine endgültige Antwort von dir ❸ (*fiyat*) fest, endgültig; ~ **karar vermiş olmak** fest entschlossen sein **kesin fiyat** *s* Festpreis *m*
kesinkes *adv* definitiv, bestimmt, gewiss, sicher; **bir şeyi ~ bilmek** etw definitiv wissen
kesinleşme *s Verbalsubstantiv zu* **kesinleşmek**
kesinleşmek *vi* ❶ endgültig werden; **burada kalacağımız kesinleşti** es steht fest, dass wir hierbleiben werden ❷ JUR rechtskräftig
kesinlikle *adv* bestimmt, gewiss, sicher, definitiv; ~ **gel(m)iyoruz** wir kommen bestimmt (nicht); (*her hâlde, mutlaka*) auf alle Fälle, auf jeden Fall
kesinti *s* ❶ (*kesilen parça*) Schnitt *m* ❷ FIN, WIRTSCH Kürzungen *pl*; **bütçede ~ yapmak** Kürzungen im Etat vornehmen ❸ (*vergi ~ si*) Abzug *m* ❹ Unterbrechung *f*; (*elektrik ~ si*) Ausfall *m*
kesintisiz *adj* ❶ FIN abzugsfrei; (*ücret*) Brutto- ❷ (*aralıksız*) ununterbrochen **kesintisiz maaş** *s* WIRTSCH Bruttogehalt *nt* **kesintisiz ücret** *s* WIRTSCH Bruttolohn *nt*
kesir <-sri> *s* MATH Bruch *m*; **basit/bayağı/bileşik ~** ein einfacher/echter/unechter Bruch **kesir hesabı** *s ohne pl* MATH Bruchrechnen *nt*
kesirli sayı *s* MATH Bruchzahl *f*
kesişme *s Verbalsubstantiv zu* **kesişmek**
kesişmek <-ir> *vi* sich kreuzen, sich (über)schneiden
kesişme noktası *s a.* MATH Schnittpunkt *m*
kesit *s* ❶ (*ağacın ~ i*) Querschnitt *m* ❷ MATH Schnitt *m*; (*makta*) Schnittfläche *f*; (*enlemesine ~*) Querschnitt *m*
keski *s* Meißel *m*
keskin *adj* ❶ scharf; ~ **bir zekâ** ein scharfer Verstand; **dili kılıçtan ~ olmak** (*fig fam*) eine spitze Zunge haben; **ustura gibi ~** scharf wie ein Rasiermesser ❷ (*tiz*) schrill; **ince ve ~ bir kadın sesi** eine hohe und schrille Frauenstimme ❸ (*fig: rüzgâr*) scharf; **gözü ~ olmak** scharfe Augen haben ❹ (*fig: yüz hatları*) markant ❺ (*fig: etkili*) aufdringlich, penetrant; ~ **bir ağrı/koku/zekâ** ein durchdringender Schmerz/Geruch/Verstand ❻ (*fig: sert*) streng; ~ **bir koku** ein strenger Geruch ❼ (*fig: viraj*) scharf; ~ **dönüş yapmak** scharf abbiegen
keskinleşme *s Verbalsubstantiv zu* **keskinleşmek**
keskinleşmek *vi* sich schärfen, scharf werden

keskinleştirme *s Verbalsubstantiv zu* **keskinleştirmek**
keskinleştirmek *vt* schärfen, schärfer machen
keskinlik <-ği> *s ohne pl* ❶ Schärfe *f* ❷ (*koku için*) Aufdringlichkeit *f*, Penetranz *f*
keskin nişancı *s* Scharfschütze, -schützin *m, f*
kesme *s* ❶ *Verbalsubstantiv zu* **kesmek** ❷ (*makas*) Blechschere *f* **kesme imi** *s*, **kesme işareti** *s* LING Auslassungszeichen *nt*; (*apostrof*) Apostroph *m*
kesmek <-er> **I.** *vt* ❶ schneiden; (*testereyle*) absägen; (*penseyle, kerpetenle*) abkneifen; **bindiği dalı ~** (*fig*) den Ast absägen, auf dem man sitzt ❷ (*kesimlik hayvan*) schlachten ❸ **bilek damarlarını ~** sich die Pulsadern aufschneiden ❹ (*söz*) abschneiden; **birinin sözünü ~** jdm das Wort abschneiden ❺ MED (*ameliyatla almak*) abschneiden, amputieren; **bacağını ~ zorunda kaldılar** sie mussten sein Bein amputieren ❻ (*ilişkiyi*) abbrechen ❼ (*kristal*) abschleifen ❽ (*hararet*) stillen; (*kanamaları*) stillen ❾ (*ateş*) einstellen ❿ (*fatura*) ausstellen ⓫ **birinin sözünü ~** jdn unterbrechen ⓬ (*iskambilde desteyi*) abheben ⓭ (*vergi*) abziehen; **maaştan ~** vom Gehalt abziehen **II.** *vi* (*fam*) Lügengeschichten erzählen; **kesme** (**be**)! erzähl (doch) keine Lügengeschichten!
kesri *s poss von* **kesir**
kestane *s* ❶ BOT (*ağacı*) Kastanie *f*, Kastanienbaum *m* ❷ (*meyvesi*) Kastanie *f*; **~ şekeri** kandierte Kastanien
kestaneci *s* Maronibrater *m*
kestanecik <-ği> *s* ❶ ANAT, MED Vorsteherdrüse *f*; (*prostat*) Prostata *f* ❷ (*atlarda*) Kastanie *f*
kestane fişeği *s* Böller *m* **kestane kargası** *s* ZOOL (*alakarga*) Eichelhäher *m* **kestane rengi** *adj* kastanienbraun **kestane suyu** *s* (*pej: kahve için*) Brühe *f*
kestere *s* Tragant *m*; *s. a.* **kitre**
kestirilme *s Verbalsubstantiv zu* **kestirilmek**
kestirilmek *vi pass von* **kestirmek**: **bunun nereye gideceği kestirilemez** es ist nicht voraussehbar, wohin das führen wird
kestirme *s* ❶ *Verbalsubstantiv zu* **kestirmek** ❷ (*kısa yol*) Abkürzung *f*; **~den gitmek** die Abkürzung nehmen
kestirmek **I.** *vt* ❶ *Kausativ zu* **kesmek**: **saçlarını ~** sich die Haare schneiden lassen ❷ (*tahmin etmek*) abschätzen, voraussehen ❸ (*karar vermek*) entscheiden; **nasıl başlayacağımı kestiremiyorum** ich kann nicht entscheiden, wie ich anfangen soll ❹ (*anlamak*) verstehen ❺ (*sütü*) ansäuern **II.** *vi* dösen, ein Schläfchen machen
keş **I.** *s* REG ❶ (*peynir*) fettarme(r) Käse ❷ (*yoğurt*) fettarme(r) Jogurt **II.** *adj* (*pej sl: aptal*) dumm
Keşan *s* Keschan *nt*
keşfedilme *s* ❶ *Verbalsubstantiv zu* **keşfedilmek** ❷ Entdeckung *f*
keşfedilmek *vi pass von* **keşfetmek** entdeckt werden; **Amerika 1492 yılında keşfedildi** Amerika wurde im Jahre 1492 entdeckt
keşfetme *s* ❶ *Verbalsubstantiv zu* **keşfetmek** ❷ Entdeckung *f*
keşfetmek *vt* ❶ entdecken ❷ (*ortaya çıkarmak*) entdecken, herausfinden
keşfi *s poss von* **keşif**
keşide *s* ❶ (*çekiliş*) Ziehung *f* ❷ FIN (*çek, poliçe ~si*) Ausstellung *f*; **çek/poliçe ~ etmek** einen Scheck/Wechsel ausstellen
keşideci *s* FIN Aussteller(in) *m(f)*
keşif <-şfi> *s* ❶ Entdeckung *f*; **Amerika'nın keşfi** die Entdeckung Amerikas ❷ Erkundung *f*; (*ortaya çıkarma*) Aufdeckung *f*, Aufklärung *f* ❸ JUR Augenschein *m*; (*yerinde inceleme yapma*) Ortsbesichtigung *f*; **~ yoluyla ispat etmek** durch Augenschein beweisen **keşif kolu** *s* MIL Spähtrupp *m*, Spähpatrouille *f* **keşif uçağı** *s* MIL Aufklärungsflugzeug *nt* **keşif uçuşu** *s* MIL Aufklärungsflug *m*, Erkundungsflug *m* **keşif uydusu** *s* MIL Beobachtungssatellit *m*
keşiş *s* REL Mönch *m*
keşişhane *s* Mönchskloster *nt*
keşişleme *s* (*akça yel*) Südostwind *m*; *s. a.* **kara yel**
keşişlik <-ği> *s ohne pl* Mönch(s)tum *nt*
keşke *konj* wenn ... nur; **~ seni dinleseydim** wenn ich nur auf dich gehört hätte, hätte ich bloß auf dich gehört
keşmekeş *s ohne pl* Chaos *nt*; (*karışıklık*) Durcheinander *nt*, Wirrwarr *m*
keşmekeşlik <-ği> *s ohne pl* (*karışıklık*) Durcheinander *nt*; **bir ~tir gidiyor** es herrscht ein heilloses Durcheinander
Keşmir *s* Kaschmir *nt*
keşşaf *s* ❶ Entdecker(in) *m(f)* ❷ HIST Späher *m*; (*keşif kolu*) Spähtrupp *m* ❸ (*izci*) Pfadfinder *m*
keşşaflık <-ğı> *s ohne pl s.* **izcilik** Pfadfinder *pl*
ket *s* Hemmnis *nt*; **~ vurmak** (*engel olmak*) hemmen (**-e**); (*güçleştirmek*) erschweren

K

ketçap *s* Ketschup *m o nt*
keten **I.** *s ohne pl* ❶ BOT Flachs *m* ❷ (*kumaş*) Leinen *nt* **II.** *adj* leinen
ketencik <-ği> *s* BOT Leindotter *nt*
ketengiller *pl* BOT Leingewächse *pl*
keten helva *s* Zuckerwatte *f* **keten helvacı** *s* Zuckerwattenverkäufer(in) *m(f)* **keten helvası** *s s.* **keten helva** **keten kuşu** *s* ZOOL Hänfling *m* **keten lifi** *s* Flachsfaser *f* **keten tohumu** *s* Leinsamen *m*
ketleme *s* ❶ *Verbalsubstantiv zu* **ketlemek** ❷ PSYCH Hemmung *f*
ketlemek *vt* PSYCH hemmen
ketum *adj* diskret; (*ağzı sıkı*) verschwiegen
ketumiyet *s ohne pl* Diskretion *f*; (*ağzı sıkılık*) Verschwiegenheit *f*
keven *s* BOT (*geven*) Tragant *m*
kevgir *s* ❶ (*delikli kepçe*) Schaumlöffel *m* ❷ (*süzgeç*) Sieb *nt*
keyfetme *s Verbalsubstantiv zu* **keyfetmek**
keyfetmek *vi* sich amüsieren
keyfi *s poss von* **keyif**
keyfî *adj* willkürlich; **birinin ~ davranışlarına maruz kalmak** jds Willkür ausgeliefert sein **keyfî işlem** *s* Willkürakt *m*
keyfiyet *s ohne pl* ❶ (*nitelik*) Qualität *f* ❷ (*durum*) Stand *m*, Umstand *m* ❸ *a.* JUR Sachlage *f*, Sachverhalt *m*
keyif <-yfi> *s ohne pl* ❶ Laune *f*, Stimmung *f*; **keyfi yerinde olmak/olmamak** gute/schlechte Laune haben, gut/schlecht gelaunt sein, gut/schlecht drauf [*o* aufgelegt] sein; **birinin keyfini bozmak** jdm die Laune verderben; **birinin keyfini yapmak** jdn bei Laune halten; **bugün keyfi yok** er ist heute nicht bei Laune ❷ Vergnügen *nt*, Spaß *m* ❸ (*sl: esrar*) Kif(f) *m*, Dope *nt*
keyifle *adv* genussvoll; **~ sigara içmek** genussvoll eine (Zigarette) rauchen
keyifli *adj* genussvoll; **~ saatler geçirmek** genussvolle Stunden verbringen **keyifli keyifli** *adv* genüsslich
keyif verici madde *s* Genussmittel *nt*
keylus *s ohne pl* MED (*kilüs*) Chylus *m*
kez *s* Mal *nt*; **bir ~** einmal; **birkaç ~** einige Male; **ilk ~** zum ersten Mal, erstmals; **ilk** (**ve son**) **~** zum ersten (und zum letzten) Mal
keza [ke'za:] *konj* genauso, ebenso
kezzap <-bı> *s ohne pl* (*fam: nitrik asit*) Salpetersäure *f*
kg *Abk von* **kilogram** kg, Kilogramm *nt*
kıble *s ohne pl* ❶ REL (*namazda yönelinen yön*) Kibla *f*, (Richtung nach Mekka beim Gebet) ❷ (*güneyden esen yel*) Südwind *m*

Kıbrıs *s* Zypern *nt*; **~'ta** auf Zypern
Kıbrıslı **I.** *s* Zypriot(in) *m(f)*, Zypr(i)er(in) *m(f)* **II.** *adj* zypriotisch, zyprisch
kıç [kɪtʃ] *s ohne pl* ❶ Hintern *m*; **~ını yırtmak** (*vulg*) den Arsch aufreißen ❷ NAUT Heck *nt*; (*pupa*) Achterschiff *nt* **kıç kasarası** *s* NAUT Achterdeck *nt*
kıdem *s ohne pl* Dienstalter *nt*
kıh (*çocuk dilinde*) baba, bäbä
kıkırdak <-ğı> *s* Knorpel *m*
kıkırdaklı *adj* knorp(e)lig
kıkırdama *s* ❶ *Verbalsubstantiv zu* **kıkırdamak** ❷ Gekicher *nt*
kıkırdamak *vi* kichern
kıkır kıkır *adv* **~ gülmek** kichern
kıl *s* Haar *nt*; **~ı kırk yarmak** (*pej fam*) Haarspalterei betreiben; **birinin ~ına dokunmamak** (*fam*) jdm kein Haar krümmen
kılağı *s* TECH Grat *m*; **~sını almak** wetzen, schleifen
kılağılama *s Verbalsubstantiv zu* **kılağılamak**
kılağılamak *vt* TECH wetzen, schleifen
kılavuz *s* ❶ Führer *m* ❷ NAUT Lotse, Lotsin *m, f* **kılavuz balığı** *s* ZOOL Lotsenfisch *m* **kılavuz köpek** <-ği> *s* Blindenhund *m*
kılcal *adj* ANAT, MED, BIOL, PHYS kapillar **kılcal boru** *s* PHYS Kapillare *f*, Haarröhrchen *nt* **kılcal damar** *s* ANAT, MED, BIOL Kapillare *f*, Kapillargefäß *nt*
kılcallık <-ğı> *s ohne pl* PHYS Kapillarität *f*
kılçık <-ğı> *s* ❶ ZOOL, GASTR (*balıkta*) Gräte *f* ❷ BOT, GASTR (*fasulyede*) Faden *m*; **fasulyenin ~larını ayıklamak** die Fäden von den Bohnen abziehen
kılçıksız *adj* ohne Gräten
kılgı *s ohne pl* (*pratik*) Praxis *f*; (*uygulama*) Anwendung *f*
kılgılı *adj* ❶ (*pratik*) praktisch ❷ (*maksada uygun*) zweckmäßig; (*kullanışlı*) praktikabel, brauchbar
kılıbık <-ğı> *s* (*pej fam*) Pantoffelheld *m*
kılıcına *adv* mit der Spitze nach oben
kılıç <-cı> *s* ❶ Schwert *nt*; **~ çekmek** das Schwert ziehen [*o* zücken]; **~ savurmak** das Schwert schwingen; **Acem kılıcı gibi** (*fig*) wie ein zweischneidiges Schwert; **Demokles'in kılıcı** (*a. fig*) das Schwert des Demokles; **kılıcı kınına koymak** (*a. fig*) das Schwert in die Scheide stecken ❷ SPORT (*eskrimde*) Degen *m* **kılıç balığı** *s* ZOOL Schwertfisch *m*
kılıçkuyruk <-ğu> *s* ZOOL Schwertträger *m*
kılıç oyunu *s ohne pl* SPORT (*eskrim*) Degenfechten *nt*
kılıf *s* ❶ Futteral *nt*, Hülle *f* ❷ Etui *nt*

K

❸ (*yastık* ~ *ı*) Bezug *m*

kılık <-ğı> *s* ❶ (*giyim*) Kleidung *f;* **cadı kılığına girmek** sich als Hexe verkleiden ❷ (*dış görünüş*) Äußere(s) *nt;* **kılığına önem vermek** Wert auf sein Äußeres legen **kılık kıyafet** *s* Aufmachung *f;* **bu ~le sokağa çıkamazsın** in dieser Aufmachung kannst du nicht auf die Straße gehen

kılkıran *s* MED Bartflechte *f*

kılkuyruk <-ğu> *s* ZOOL Spießente *f*

kıllı *adj* behaart

kılma *s Verbalsubstantiv zu* **kılmak**

kılmak <-ar> *vt* ❶ (*etmek, yapmak*) tun, machen; **bir kimseyi mutlu ~** jdn glücklich machen; **bir şeyi şart ~** etw zur Bedingung machen ❷ **bir şeyi hükümsüz ~** etw für ungültig erklären; **namaz ~** das Gebet verrichten

kıl testere *s* Laubsäge *f*

kımıldama *s* ❶ *Verbalsubstantiv zu* **kımıldamak** ❷ Bewegung *f;* **~!** keine Bewegung!

kımıldamak *vi* sich bewegen, sich rühren; **yerinden kımıldamamak** sich nicht von der Stelle rühren

kımıldatma *s Verbalsubstantiv zu* **kımıldatmak**

kımıldatmak *vt* bewegen

kın *s* ❶ (*kılıç için*) Scheide *f;* **kılıcı ~ına koymak** (*a. fig*) das Schwert in die Scheide stecken ❷ BOT Blattscheide *f,* Spatha *f*

kına *s* Henna *f;* **~ koymak** [*o* **yakınmak**] Henna auftragen; (*kına ile boyamak*) mit Henna färben; **~(lar) yakmak** (*fig*) Schadenfreude empfinden **kına ağacı** *s* BOT Hennastrauch *m*

kınacık <-ğı> *s ohne pl* BOT Rost *m*

kına çiçeği *s* BOT Gartenbalsamine *f*

kınakına *s* BOT Chinarinde *f,* Chinarindenbaum *m*

kınalama *s Verbalsubstantiv zu* **kınalamak**

kınalamak *vt* mit Henna färben

kınalı keklik <-ği> *s* ZOOL Berghuhn *nt,* Steinhuhn *nt*

kınama *s* ❶ *Verbalsubstantiv zu* **kınamak** ❷ Rüge *f* ❸ Missbilligung *f*

kınamak *vt* ❶ rügen, beanstanden; **birini ~** jdn rügen, jdm eine Rüge erteilen ❷ bemängeln ❸ missbilligen

kın kanat <-dı> *s* ZOOL Deckflügel *m* **kın kanatlılar** *pl* ZOOL Deckflügler *pl,* Käfer *pl*

kınnap <-bı> *s s.* **sicim** Bindfaden *m*

kıpık <-ğı> *adj* (*yarı kapalı*) halb geschlossen; **~ gözleri** seine halb geschlossenen Augen

kıpırdama *s* ❶ *Verbalsubstantiv zu* **kıpırdamak** ❷ Bewegung *f,* Regung *f*

kıpırdamadan *adv* bewegungslos, regungslos, reglos

kıpırdamak *vi* sich bewegen, sich regen, sich rühren; **bir yaprak bile kıpırdamıyordu** kein Blatt regte sich; **zili çaldım ama kıpırdayan olmadı** ich klingelte, aber es rührte sich nichts

kıpırdanma *s* ❶ *Verbalsubstantiv zu* **kıpırdanmak** ❷ Bewegung *f,* Regung *f*

kıpırdanmak *vi* sich bewegen, sich regen; **kıpır kıpır ~** zappeln, ständig in Bewegung sein

kıpırdatma *s Verbalsubstantiv zu* **kıpırdatmak**

kıpırdatmak *vt* ❶ *Kausativ zu* **kıpırdamak** bewegen ❷ (*fam*) **kılını bile kıpırdatmadan** ohne eine Miene zu verziehen; **parmağını bile kıpırdatmamak** keinen Finger rühren [*o* krumm machen]

kıpır kıpır *adj* rege, lebhaft; (*yerinde* (*rahat*) *duramayan*) zappelig; **~ kıpırdanmak** zappeln, ständig in Bewegung sein

kıpırtısız *adj* bewegungslos, regungslos, reglos

kıpkırmızı *adj* knallrot; **~ kesilmek** [*o* **olmak**] knallrot werden

Kıptî **I.** *s* Kopte, Koptin *m, f* **II.** *adj* koptisch

kır[1] *vt Imperativ von* **kırmak**

kır[2] *s* Grau *nt*

kır[3] *s* ❶ (*kent ve kasabaların dışında kalan boş ve geniş yer*) Land *nt* ❷ (*açıklık yer*) **~da** im Freien

kıraathane *s* Kaffeehaus *nt*

kıraç <-cı> *adj* (*toprak*) unfruchtbar, karg; *s. a.* **bitek**

kıraçlaşma *s Verbalsubstantiv zu* **kıraçlaşmak**

kıraçlaşmak *vi* unfruchtbar werden

kırağı *s ohne pl* Reif *m;* **~ düştü** [*o* **yağdı**] es ist Reif gefallen; **bu bitkiyi ~ çalmış** [*o* **vurmuş**] diese Pflanze hat Frost (ab)bekommen; **acı patlıcanı ~ çalmaz** (*prov*) Unkraut vergeht nicht

kırat *s* Karat *nt*

kırbaç <-cı> *s* Peitsche *f;* **kırbacı şaklatmak** mit der Peitsche knallen **kırbaç kurdu** *s* ZOOL Peitschenwurm *m*

kırbaçlama *s Verbalsubstantiv zu* **kırbaçlamak**

kırbaçlamak *vt* (aus)peitschen; **atları ~** die Pferde peitschen

kırbaçlanma *s Verbalsubstantiv zu* **kırbaçlanmak**

kırbaçlanmak *vi pass von* **kırbaçlamak**

kırca *adj* gräulich

kırcı *s* ❶ *poss von* **kırç** ❷ Graupel *f* ❸ (*fam: dolu*) Hagel *m*
kırç <-cı> *s ohne pl* Raureif *m*
kırçıl *adj* ❶ grau meliert; (*kır renkli*) grau ❷ (*bu renkte saçı olan*) grauhaarig
kırçıllanma *s Verbalsubstantiv zu* **kırçıllanmak**
kırçıllanmak *vi* (*ağarmak*) ergrauen
kırçıllaşma *s Verbalsubstantiv zu* **kırçıllaşmak**
kırçıllaşmak *vi* (*ağarmak*) ergrauen
kırdırma *s Verbalsubstantiv zu* **kırdırmak**
kırdırmak *vt Kausativ zu* **kırmak**
kırdırtma *s Verbalsubstantiv zu* **kırdırtmak**
kırdırtmak *vt* ❶ *Kausativ zu* **kırdırmak** ❷ COMM (*senet*) diskontieren lassen
kır evi *s* Landhaus *nt*
kırgın *adj* pikiert
Kırgız I. *s* Kirgise, Kirgisin *m, f* **II.** *adj* kirgisisch
Kırgızca *s ohne pl* Kirgisisch(e) *nt*
Kırgızistan *s* Kirgisien *nt*
kırık[1] **I.** *s* <-ğı> ❶ Bruch *m* ❷ MED (*kemiğin kırılması*) Fraktur *f* ❸ (*parça*) Splitter *m* ❹ (*cam kırığı*) Scherbe *f;* (*daha küçük*) Splitter *m;* **yerde bir cam kırığı buldu** er fand eine Glasscherbe auf dem Boden; (*daha küçük*) er fand einen Glassplitter auf dem Boden ❺ (*ekmek kırığı*) Krume *f* **II.** *adj* ❶ gebrochen; **~ çizgi** MATH eine gebrochene Linie ❷ (*pencere*) zerbrochen; (*fam*) kaputt; **K~ testi** LIT (*Heinrich v. Kleist*) Der zerbrochene Krug ❸ SCHULE (*not*) schlecht ❹ **~ dölü** uneheliche(s) Kind ❺ (*tavlada pul*) geschlagen
kırık[2] <-ğı> *s* REG Geliebte(r) *f(m),* Liebhaber *m;* **kırığı olmak** (*kadının*) einen Liebhaber haben; (*erkeğin*) eine Geliebte haben
kırık[3] <-ğı> *s* GEO Bruch *m;* (*fay*) Verwerfung *f*
kırılgan *adj* ❶ (*kolay ve çabuk kırılan*) zerbrechlich, bruchempfindlich, spröde ❷ (*fig: kolay ve çabuk gücenen*) empfindlich, verletzlich, verletzbar
kırılganlık <-ğı> *s ohne pl* ❶ Zerbrechlichkeit *f* ❷ (*fig*) Empfindlichkeit *f,* Verletzlichkeit *f,* Verletzbarkeit *f*
kırılım *s* PHYS Brechung *f*
kırılma *s* ❶ *Verbalsubstantiv zu* **kırılmak** ❷ PHYS (*kırılım*) Brechung *f* ❸ GEO (*fay*) Verwerfung *f* **kırılma çizgisi** *s* GEO (*fay hattı*) Verwerfungslinie *f*
kırılmak *vi* ❶ *pass von* **kırmak** ❷ (zer)brechen, in die Brüche gehen, zu Bruch gehen; **su testisi su yolunda kırılır** (*prov*) der Krug geht so lange zum Brunnen, bis er bricht ❸ (*buzlar*) einbrechen ❹ (*oyuncak*) kaputtgehen ❺ (*kırıklık duymak*) sich krank fühlen; **gülmekten ~** (*fam*) sich kranklachen ❻ (*gücenmek, incinmek*) gekränkt sein, verletzt sein ❼ (*çok sayıda ölmek*) in Massen sterben ❽ (*soğuk, rüzgâr*) nachlassen ❾ PHYS (*doğrultu değiştirmek*) sich brechen ❿ GEO sich verwerfen ⓫ (*fig*) **cesareti/umudu ~** den Mut/die Hoffnung verlieren
kırılmaz *adj* unzerbrechlich, bruchfest, bruchsicher
kırım *s* ❶ (*katliam*) Massaker *nt,* Gemetzel *nt* ❷ (*topluca öldürme*) Massenmord *m;* (*soy ~*) Völkermord *m* ❸ (*hayvanların ölmesi*) Massensterben *nt*
kırınım *s* PHYS (*ışık*) Beugung *f*
kırıntı *s* Krümel *m;* **~ yapmak** krümeln
kırıntılı *adj* krümelig
kırışık I. *s* <-ğı> Falte *f;* **alındaki ~lar** die Falten auf der Stirn; **yüzü ~ içinde** sein Gesicht ist voller Falten **II.** *adj* faltig, runzelig
kırış kırış *adj* faltig
kırıştırma *s Verbalsubstantiv zu* **kırıştırmak**
kırıştırmak *vt* zerknüllen
kırk *adj* vierzig; **ayının ~ türküsü var, ~ı da ahlat üstüne** (*fig fam*) es ist immer die alte Leier; **kılı ~ yarmak** (*pej fam*) Haarspalterei betreiben
kırkar *adj* je vierzig; **~ tane aldılar** sie haben je vierzig Stück bekommen; **~dan** zu je vierzig
kırkıncı *adj* vierzigste(r, s); *s. a.* **altıncı**
kırklık I. *s* <-ğı> Babyausstattung *f* **II.** *adj* ❶ (*içinde kırk tane bulunan*) vierziger ❷ (*kırk yaşında olan*) vierzigjährig; *s. a.* **altılık**
kırkma *s Verbalsubstantiv zu* **kırkmak**
kırkmak <-ar> *vt* (ab)scheren; **koyun ~** Schafe scheren; **yün ~** Wolle abscheren
kırlangıç <-cı> *s* ZOOL Schwalbe *f* **kırlangıç balığı** *s* ZOOL Knurrhahn *m* **kırlangıç otu** *s ohne pl* BOT Schöllkraut *nt*
kırlent *s* Girlande *f*
kırma *s* ❶ *Verbalsubstantiv zu* **kırmak** ❷ (*pli*) Plissee *nt* ❸ (*at için*) Halbblut *nt,* Halbblüter *m*
kırmak <-ar> *vt* ❶ (zer)brechen; **bacağını/kolunu ~** sich das Bein/den Arm brechen; **birinin kalbini ~** jdm das Herz brechen; **kırıp geçirmek** dezimieren, große Verluste zufügen ❷ (*forma*) falzen ❸ (*hayran etmek*) begeistern ❹ (*çevirmek*) drehen; **direksiyon/dümen ~** das Steuer/das Ruder herumwerfen; **arabanın direksiyonunu sola ~** den Wagen nach links

K

lenken ❺ (*fam: okulu*) schwänzen ❻ COMM diskontieren

kırmız *s ohne pl* Kermes *m,* Karmesin *nt*
kırmız böceği *s* ZOOL Kermesschildlaus *f*

kırmızı **I.** *s* Rot *nt;* **açık/koyu bir ~** ein helles/dunkles Rot; **alev ~sı** ein flammendes Rot; **lamba ~ydı** die Ampel stand auf Rot **II.** *adj* rot; **~ bir renk** eine rote Farbe; **~ kart görmek** SPORT die rote Karte bekommen **kırmızı başlı** *adj* rotköpfig
kırmızı biber *s ohne pl* Cayennepfeffer *m*
kırmızı lahana *s* Rotkohl *m*

kırmızılaşma *s Verbalsubstantiv zu* **kırmızılaşmak**

kırmızılaşmak *vi* rot werden; (*kızarmak*) erröten

kırmızılık <-ğı> *s ohne pl* Röte *f*

kırmızımsı *adj,* **kırmızımtırak** <-ğı> *adj* rötlich

kırmızı oy *s* Neinstimme *f; s. a.* **beyaz oy**
kırmızı şarap <-bı> *s* Rotwein *m*

kırmızıturp *s* BOT Radieschen *nt*

kırnav *s* REG rollige Katze

kırpışma *s Verbalsubstantiv zu* **kırpışmak**

kırpışmak *vi* ❶ (*göz*) blinzeln ❷ (*ışık*) flackern

kırpıştıra kırpıştıra *adv* **gözlerini ~** mit den Augen zwinkernd

kırpıştırma *s Verbalsubstantiv zu* **kırpıştırmak**

kırpıştırmak *vt* **gözlerini ~** mit den Augen zwinkern

kırpma *s Verbalsubstantiv zu* **kırpmak**

kırpmak <-ar> *vt* ❶ (*kesmek*) stutzen ❷ (*kıpmak*) **göz ~** mit den Augen zwinkern; **birine göz ~** jdm zuzwinkern; **gözünü kırpmadan** (*fig*) ohne mit der Wimper zu zucken ❸ (*fig: kesinti yapmak*) abzwacken (**-den** von)

kırsal *adj* ländlich, Land- **kırsal nüfus** *s ohne pl* Landbevölkerung *f*

kırtasiye *s* Bürobedarf *m*

kırtasiyecilik <-ği> *s ohne pl* ❶ Schreibwarenhandel *m* ❷ (*fig, pej: bürokrasi*) Amtsschimmel *m,* Bürokratismus *m*

kır yaşamı *s ohne pl* Landleben *nt*

kıs *vt Imperativ von* **kısmak**

kısa **I.** *adj* kurz; **en ~ zamanda** in kürzester Zeit **II.** *adv* kurz; **~ kesmek** kurzfassen; **~ konuşmak** sich kurzfassen; **~ ve özlü** kurz und bündig [*o* treffend] **III.** *s* **uzun lafın** [*o* **sözün**] **~sı** der langen Rede kurzer Sinn, um es kurz zu sagen

kısaca **I.** *adj* kurz **II.** *adv* kurz; **~ düşündükten sonra** nach kurzem Bedenken, nach kurzer Überlegung; **bir şeyi ~ anlatmak** etw in aller Kürze erzählen; **onu ~ gördüm** ich habe ihn nur kurz gesehen

kısacası *adv* kurzum

kısa çizgi *s* LING (*tire*) Trennungsstrich *m*

kısa dalga *s* PHYS, RADIO Kurzwelle *f;* **~da** auf Kurzwelle **kısa devre** *s* ELEK Kurzschluss *m* **kısa far** *s* AUTO Abblendlicht *nt*
kısa haberler *pl* Kurznachrichten *pl*
kısa hikâye *s* LIT (*kısa öykü*) Kurzgeschichte *f* **kısa huzmeli far** *s* AUTO Abblendlicht *nt;* **~ları yakmak** abblenden
kısa kollu *adj* kurzärm(e)lig

kısalık <-ğı> *s ohne pl* ❶ Kürze *f* ❷ Knappheit *f*

kısalma *s Verbalsubstantiv zu* **kısalmak**

kısalmak *vi* kürzer werden; **günler kısalıyor** die Tage werden kürzer

kısaltma *s* ❶ *Verbalsubstantiv zu* **kısaltmak** ❷ Kürzung *f;* **metinde ~lar yapmak** Kürzungen im Text vornehmen ❸ Abkürzung *f*

kısaltmak *vt* ❶ kürzen, kürzer machen ❷ (*yolu*) abkürzen; **buradan gidersek yolu kısaltırız** wir kürzen ab, wenn wir hier gehen ❸ (*keserek*) abschneiden

kısaltmalı kelime *s* LING Akronym *nt,* Initialwort *nt,* Buchstabenwort *nt*

kısa mesafe *s* Kurzstrecke *f* **kısa mesai** *s ohne pl* Kurzarbeit *f* **kısa metrajlı film** *s* Kurzfilm *m* **kısa ömürlü** *adj* kurzlebig
kısa öykü *s* LIT Kurzgeschichte *f*

kısar *vt 3. Aorist von* **kısmak**

kısas[1] *s* HIST, JUR Talion *f*

kısas[2] *s s.* **öyküler** Geschichten *pl*

kısa saçlı *adj* kurzhaarig **kısa süreli** *adj* kurzfristig **kısa tüylü** *adj* kurzhaarig; **~ bir köpek** ein kurzhaariger Hund **kısa vadeli** *adj* kurzfristig **kısa yenli** *adj* kurzärm(e)lig

kısık **I.** *s* <-ğı> GEO Schlucht *f;* (*klüz*) Klause *f;* (*dar boğaz*) Engpass *m* **II.** *adj* <-ğı> ❶ (*ses için*) heiser ❷ **bir şeyi ~ ateşte pişirmek** etw auf kleiner Flamme kochen

kısıklık <-ğı> *s ohne pl* (*ses için*) Heiserkeit *f*

kısım <-smı> *s* ❶ Teil *m* ❷ (*bölüm*) Abteilung *f,* Sektion *f;* (*dal*) Zweig *m*

kısır *adj* ❶ BIOL, MED steril, unfruchtbar ❷ (*toprak için*) karg; **~ toprak** karge Erde ❸ (*fig*) steril, unfruchtbar; **~ çalışma/tartışma** eine unfruchtbare Arbeit/Diskussion **kısır döngü** *s* Teufelskreis *m*

kısırlaştırma *s* ❶ *Verbalsubstantiv zu* **kısırlaştırmak** ❷ Sterilisation *f*

kısırlaştırmak *vt* sterilisieren

kısırlık <-ğı> *s ohne pl* ❶ Sterilität *f,* Zeugungsunfähigkeit *f,* Unfruchtbarkeit *f* ❷ (*fig: verimsizlik*) Sterilität *f,* Unproduktivität *f*

kısıt *s* JUR (*hacir*) Entmündigung *f;* ~ **altına almak** entmündigen
kısıtlama *s* ❶ *Verbalsubstantiv zu* **kısıtlamak** ❷ Einschränkung *f* ❸ JUR (*hacir*) Entmündigung *f*
kısıtlamak *vt* ❶ beschränken, einschränken ❷ JUR (*hacir altına almak*) entmündigen
kıskaç <-cı> *s* ❶ Klammer *f,* Klemme *f;* (*pense*) Zange *f* ❷ ZOOL (*ıstakozda*) Schere *f* **kıskaç gözlük** <-ğü> *s* (*kelebek gözlük*) Kneifer *m*
kıskanç *adj* ❶ eifersüchtig ❷ neidisch
kıskançlık <-ğı> *s ohne pl* ❶ Eifersucht *f;* ~**tan** aus Eifersucht ❷ Neid *m* **kıskançlık nöbeti** *s* Eifersuchtsanfall *m*
kıskandırma *s Verbalsubstantiv zu* **kıskandırmak**
kıskandırmak *vt* **birini** ~ jdn eifersüchtig machen
kıskanma *s Verbalsubstantiv zu* **kıskanmak**
kıskanmak *vt* ❶ (*sevgide*) **birini** ~ auf jdn eifersüchtig sein ❷ (*haset etmek*) **birini** ~ auf jdn neidisch sein
kısma *s Verbalsubstantiv zu* **kısmak**
kısmak <-ar> *vt* ❶ (*radyoyu*) leiser drehen [*o* stellen] ❷ TECH abdrosseln ❸ (*sıkıştırmak*) einklemmen; **kuyruğunu** ~ (*fig fam*) den Schwanz einziehen ❹ (*gözlerini*) zusammenkneifen ❺ einschränken
kısmen *adv* teilweise, zum Teil
kısmet I. *s* ❶ Los *nt,* Schicksal *nt;* ~**i açıktı** er war vom Schicksal begünstigt ❷ Kismet *nt* ❸ (*talih*) Glück *nt;* ~ **olursa, ...** wenn der Zufall es will, ... ❹ (*kız, kadın için evlenme talihi*) Partie *f,* Heiratsmöglichkeit *f;* ~ **beklemek** auf eine gute Partie warten; ~**(i) çıkmak** ein Heiratsangebot bekommen **II.** *interj* ~**!** (*belli değil*) wer weiß!; (*ya olur ya olmaz*) kann sein, kann auch nicht sein! **kısmet ağacı** *s* BOT Losstrauch *m* **kısmet kapısı** *s* Einnahmequelle *f*
kısmetli *adj* glücklich, vom Glück begünstigt; **çok** ~**sin** du bist ein Glückspilz
kısmetsiz *adj* vom Pech verfolgt; **çok** ~**sin** du bist ein Pechvogel
kısmetsizlik <-ği> *s ohne pl* Pech *nt*
kısmı *s poss von* **kısım**
kısmî *adj* partiell, anteilig, Teil-; ~ **felç** MED partielle Lähmung **kısmî ödeme** *s* Teilzahlung *f*
kısrak <-ğı> *s* Stute *f;* ~ **tayladı** die Stute hat gefohlt; **kısrağa binmek** auf einer Stute reiten
kıssa *s* (*hikâye*) Geschichte *f;* (*fıkra*) Anekdote *f;* ~**dan hisse** die Moral von der Geschichte; ~**dan hisse almak** [*o* **çıkarmak**] von der Geschichte lernen [*o* eine Lehre ziehen]
kıstak <-ğı> *s* GEO Landenge *f,* Isthmus *m*
kıstas *s* Maßstab *m,* Kriterium *nt;* **bir şeyi** ~ **tutmak** etw zum Maßstab nehmen; *s. a.* **ölçüt**
kıstırma *s Verbalsubstantiv zu* **kıstırmak**
kıstırmak *vt* (*sıkıştırmak*) einklemmen; **parmağını** ~ (sich) den Finger einklemmen; **elini kapıya** ~ sich die Hand in der Tür quetschen
kış *s* Winter *m* **kış akşamı** *s* Winterabend *m* **kış dönemi** *s ohne pl* Winterzeit *f* **kış gecesi** *s* Winternacht *f* **kış gün durumu** *s* ASTRON Wintersonnenwende *f* **kış günü** *s* Wintertag *m*
kışır <-şrı> *s s.* **kabuk** Rinde *f*
kışkırtıcı I. *s* ❶ Agitator(in) *m(f)* ❷ Provokateur(in) *m(f);* ~ **ajan** Agent provocateur *m* **II.** *adj* provokativ, aufhetzerisch, aufwieglerisch
kışkırtma *s* ❶ *Verbalsubstantiv zu* **kışkırtmak** ❷ Agitation *f* ❸ Provokation *f,* Aufwiegelung *f*
kışkırtmak *vt* ❶ aufscheuchen ❷ (*tahrik etmek*) aufhetzen, aufstacheln; (*provoke etmek*) provozieren
kış koleksiyonu *s* Winterkollektion *f*
kışla *s* MIL Kaserne *f*
kışlama *s* ❶ *Verbalsubstantiv zu* **kışlamak** ❷ Überwinterung *f*
kışlamak *vi* ❶ (*kışı geçirmek*) überwintern (**-de** in), den Winter verbringen (**-de** in) ❷ (*fam: kış olmak*) wintern, Winter werden
kışlık I. *s* <-ğı> ❶ Winterquartier *nt* ❷ ~**ları giymek** die Wintersachen anziehen **II.** *adj* ❶ Winter-; (*kışa dayanıklı*) winterfest ❷ winterlich; ~ **giyinmek** sich winterlich anziehen **kışlık giysi** *s* Winterkleidung *f*
kışrı *s poss von* **kışır**
kış sabahı *s* Wintermorgen *m* **kış sebzesi** *s* Wintergemüse *nt* **kış sömestiri** *s* Wintersemester *nt*
kıt *adj* knapp; ~ **kanaat geçinmek** sein Leben fristen; **bir şeyle** ~ **kanaat geçinmek** mit etw knapp auskommen
kıta *s* ❶ (*ana kara*) Kontinent *m,* Erdteil *m* ❷ MIL Abteilung *f;* (*paraşüt* ~*sı*) Truppe *f;* (*şeref* ~*sı*) Kompanie *f,* Formation *f* ❸ LIT (vierversige) Strophe *f*
kıtalar arası *adj* interkontinental
kıta sahanlığı *s* GEO, POL Festland(s)sockel *m,* Kontinentalschelf *m o nt,* Kontinentalsockel *m*
kıtık <-ğı> *s* Polster *nt,* Polsterfüllung *f*

K

kıtır *s* ❶ REG (*patlamış mısır*) Popcorn *nt* ❷ (*fam*) Flunkerei *f;* (*yalan*) Lüge *f;* ~ **atmak** flunkern, Lügengeschichten erzählen; **birini ~a almak** jdn auf den Arm nehmen

kıtırcı *s* (*fam*) Lügenpeter *m*

kıtır kıtır **I.** *adj* knackig; (*gevrek*) knusp(e)rig **II.** *adv* ~ **yemek** knuspern

kıtlık <-ğı> *s ohne pl* Knappheit *f;* **döviz/ham madde kıtlığı** Knappheit an Devisen/Rohstoffen

kıvam *s ohne pl* ❶ Konsistenz *f;* **tam ~ında** (*fam*) goldrichtig ❷ SPORT Bestform *f,* Topform *f*

kıvılcım *s* Funke *m;* ~ **saçmak** Funken sprühen

kıvırcık *adj* kraus

kıvırcıklaşma *s Verbalsubstantiv zu* **kıvırcıklaşmak**

kıvırcıklaşmak *vi* sich kräuseln

kıvırcık saç *s* Kraushaar *nt* **kıvırcık saçlı** *adj* kraushaarig

kıvırma *s Verbalsubstantiv zu* **kıvırmak**

kıvırmak *vt* ❶ abknicken, umknicken ❷ (*saç*) kräuseln; (*parmak*) krümmen; **burun** ~ die Nase rümpfen

kıvranma *s Verbalsubstantiv zu* **kıvranmak**

kıvranmak *vi* ❶ sich winden, sich krümmen; **acıdan** ~ sich winden vor Schmerz ❷ (*fig*) **su diye** ~ nach Wasser lechzen

kıvrılma *s Verbalsubstantiv zu* **kıvrılmak**

kıvrılmak *vi* abknicken

kıvrım *s* ❶ Rundung *f,* Windung *f;* (*büklüm*) Krümmung *f;* (*dönemeç*) Kurve *f;* **yolun ~ı** die Krümmung des Weges ❷ GEO Falte *f* **kıvrım kıvrım** *adj* gewunden; ~ **yollar** gewundene Wege

kıvrımlı *adj* kurvig

kıya *s* Mord *m*

kıyacı *s* Mörder(in) *m(f)*

kıyafet *s* ❶ Kostüm *nt,* Verkleidung *f* ❷ (*giysi*) Bekleidung *f;* ~ **değiştirmek** sich umziehen **kıyafet balosu** *s* Kostümball *m*

kıyak **I.** *adj* <-ğı> ❶ (*fam*) dufte, prima, geil; ~ **kaçmak** prima passen; **birine ~ yapmak** jdm unter die Arme greifen; (*yardım etmek*) jdn unterstützen ❷ REG (*gaddar*) grausam **II.** *s* <-ğı> (*ayrıcalık tanıma*) Bevorzugung *f*

kıyam *s* ❶ (*ayağa kalkma*) Aufstehen *nt* ❷ (*ayaklanma*) Aufstand *m* ❸ REL Auferstehung *f*

kıyamet *s* ❶ REL Auferstehung *f;* (*kıyamet günü*) der Jüngste Tag; (*mahşer günü*) das Jüngste Gericht ❷ (*fig fam: dünyanın sonu*) Weltuntergang *m;* ~ **mi kopar?** davon geht die Welt nicht unter ❸ (*fig fam: gürültü patırtı*) Höllenlärm *m,* Tohuwabohu *nt;* **~leri koparmak** einen Höllenlärm machen ❹ (*fig fam: afet*) Katastrophe *f* **kıyamet günü** *s ohne pl* REL der Jüngste Tag; (*mahşer günü*) das Jüngste Gericht

kıyas *s* ❶ (*karşılaştırma*) Vergleich *m;* ~ **kabul etmez** unvergleichbar, unvergleichlich ❷ (*örnekseme*) Analogiebildung *f* ❸ PHILOS (*tasım*) Syllogismus *f*

kıyasen *adv* ❶ im Vergleich (**-e** zu) ❷ analog, in Analogie (**-e** zu)

kıyasımukassem *s s.* **ikilem** Dilemma *nt*

kıyasıya *adj* bis aufs Blut; ~ **dövüşmek** sich bis aufs Blut bekämpfen

kıyaslama *s* ❶ *Verbalsubstantiv zu* **kıyaslamak** ❷ Vergleich *m*

kıyaslamak *vt* vergleichen

kıyaslanma *s* ❶ *Verbalsubstantiv zu* **kıyaslanmak** ❷ Vergleich *m*

kıyaslanmak *vi pass von* **kıyaslamak** verglichen werden

kıygı *s* ❶ (*haksızlık*) Unrecht *nt* ❷ (*zulüm*) Grausamkeit *f*

kıygın *adj* geschädigt

kıyı *s* ❶ Küste *f;* **~dan gitmek** (*gemi*) an der Küste entlangfahren ❷ Ufer *nt;* **~ya çıkmak** an Land gehen **kıyı balıkçılığı** *s ohne pl* Küstenfischerei *f* **kıyı çulluğu** *s* ZOOL Uferschnepfe *f*

kıyıdaş ülke *s* Anrainerstaat *m*

kıyım *s* ❶ Schneiden *nt* ❷ (*biçimi*) Schnitt *m*

kıyımlı *adj* **ince ~ tütün** fein geschnittener Tabak

kıyı şeridi *s* Küstenstreifen *m*

kıyma *s ohne pl* ❶ *Verbalsubstantiv zu* **kıymak** ❷ GASTR Hackfleisch *nt,* Gehackte(s) *nt;* ~ **yoğurmak** Hackfleisch kneten

kıymak <-ar> *vt* ❶ hacken, zerhacken; (*tütün*) schneiden ❷ (*fig: feda etmek*) opfern (**-e**); **bir şeye kıyamamak** etw nicht übers Herz bringen; **son kuruşuna ~** seinen letzten Pfennig opfern ❸ (*fig: acımadan öldürmek*) gnadenlos töten

kıyma makinesi *s* Fleischwolf *m*

kıymet *s s.* **değer** Wert *m;* **bir şeyin ~ini bilmek** etw zu schätzen wissen

kıymetlendirme *s* ❶ *Verbalsubstantiv zu* **kıymetlendirmek** ❷ Aufwertung *f*

kıymetlendirmek *vt* aufwerten

kıymetli *adj s.* **değerli** wertvoll, Wert- **kıymetli eşya** *s* Wertsachen *pl* **kıymetli evrak** <-ğı> *s* Wertpapier *nt*

kıymetsiz *adj s.* **değersiz** wertlos

kıymetsizlik <-ği> *s ohne pl* Wertlosigkeit *f*

kıymettar *adj s.* **değerli** wertvoll

kıymık <-ğı> *s* Splitter *m*
kıymıklı *adj* splitterig
kız[1] *vi Imperativ von* **kızmak**: **~ma bana!** sei nicht böse auf mich!
kız[2] *s* ❶ Mädchen *nt;* **~ kurusu** alte Jungfer; **genç/güzel bir ~** ein junges/schönes Mädchen ❷ Tochter *f;* **~ı on sekiz oldu** seine Tochter ist achtzehn geworden ❸ (*iskambilde*) Dame *f*
kızak <-ğı> *s* ❶ Schlitten *m* ❷ NAUT Stapel *m;* **gemiyi kızağa çekmek** das Schiff auf Stapel legen
kızamık <-ğı> *s ohne pl* MED Masern *pl*
kızamıkçık <-ğı> *s* MED (*Rubeola*) Röteln *pl*
kızan[1] *s* (*fam*) ❶ (*erkek çocuk*) Junge *m* ❷ (*delikanlı*) Bursche *m*
kızan[2] *s* REG ❶ (*dişi köpekte*) Läufigkeit *f;* **~ gelmek** läufig sein ❷ (*dişi kedi ve köpekte*) Läufigkeit *f,* Hitze *f;* (*dişi kedide*) Rolligkeit *f;* **~ gelmek** läufig sein, hitzig sein; (*kedide*) rollig sein; **dişi kedi/köpek ~a gelmişti** die Katze/Hündin war heiß
kızar *vi 3. Aorist von* **kızmak**
kızarık <-ğı> *s* Rötung *f*
kızarır *vi 3. Aorist von* **kızarmak**
kız arkadaş *s* Freundin *f*
kızarma *s Verbalsubstantiv zu* **kızarmak**
kızarmak *vi* ❶ rot werden, rot anlaufen ❷ (*utançtan*) erröten, rot werden ❸ GASTR knusprig braun werden
kızartma **I.** *s Verbalsubstantiv zu* **kızartmak** **II.** *adj* gebraten
kızartmak *vt* braten
kız böceği *s* ZOOL Libelle *f* **kız çocuk** <-ğu> *s* Mädchen *nt*
kızdırma *s Verbalsubstantiv zu* **kızdırmak**
kızdırmak *vt* ❶ erhitzen ❷ ärgern, aufregen, empören; **kızdırma beni!** ärgere mich nicht!
kızgın *adj* ❶ (*güneş*) prall ❷ (*öfkeli*) verärgert (**-e** über), böse (**-e** auf/mit)
kızıl[1] **I.** *s* ❶ Rot *nt* ❷ (*fam: altın*) Gold *nt* **II.** *adj* ❶ rot; **K~ Ordu** die Rote Armee ❷ (*fig: kavga*) hitzig
kızıl[2] *s ohne pl* MED Scharlach *m*
kızılağaç <-cı> *s* BOT Erle *f*
Kızılay *s* Roter Halbmond, der Rote Halbmond
kızılca *adj* rötlich **kızılca kıyamet** *s* **dün akşam Alilerde ~ koptu** gestern Abend war bei Alis die Hölle los
kızılcık <-ğı> *s* BOT Kornelkirsche *f* **kızılcık reçeli** *s* Kornelkirschenkonfitüre *f* **kızılcık şerbeti** *s* Kornelkirschensorbet(t) *m o nt* **kızılcık şurubu** *s* Kornelkirschensirup *m*
kızılçam *s* BOT Rottanne *f,* Fichte *f*
kızıl çaylak <-ğı> *s* ZOOL Gabelweihe *f,* Roter Milan **Kızıldeniz** *s* das Rote Meer **Kızılderili** **I.** *s* Indianer(in) *m(f);* (*fam*) Rothaut *f* **II.** *adj* indianisch
kızıl gerdan *s* ZOOL Rotkehlchen *nt*
Kızılhaç *s* Rotes Kreuz, das Rote Kreuz
kızıl ısı *s* Hundstage *pl*
kızılkanat *s* ZOOL Rotfeder *f;* **~ bir tatlı su balığıdır** die Rotfeder ist ein Süßwasserfisch
kızılkantaron *s* BOT Enzian *m,* Rote(r) Enzian *m*
kızıl kıyamet *s s.* **kızılca kıyamet**
kızıllaşma *s Verbalsubstantiv zu* **kızıllaşmak**
kızıllaşmak *vi* sich röten
kızıllık <-ğı> *s ohne pl* Röte *f*
kızıl ötesi **I.** *s ohne pl* PHYS (*enfraruj*) Infrarot *nt* **II.** *adj* PHYS (*enfraruj*) infrarot **kızıl saçlı** *adj* rothaarig **kızıl sırtlı örümcek kuşu** *s* ZOOL Rotrückenwürger *m,* Neuntöter *m* **kızıl su yosunları** *pl* BOT Rotalgen *pl*
kızılyaprak <-ğı> *s* BOT Odermennig *m*
kızıl yara *s* REG (*şirpençe*) Karbunkel *m*
kızıl yel *s* REG Südwind *m*
kızışma *s ohne pl* ❶ *Verbalsubstantiv zu* **kızışmak** ❷ Erhitzung *f*
kızışmak *vt* sich erhitzen
kızıştırma *s ohne pl* ❶ *Verbalsubstantiv zu* **kızıştırmak** ❷ Erhitzung *f*
kızıştırmak *vt* ❶ erhitzen ❷ anheizen
kızkalbi *s* BOT Herzblume *f*
kız kardeş *s* Schwester *f* **kız kurusu** *s* alte Jungfer **kız kuşu** *s* ZOOL Kiebitz *m*
kızlık **I.** *s* <-ğı> *ohne pl* ❶ (*bekâret*) Jungfräulichkeit *f* ❷ REG (*üvey kız*) Stieftochter *f* **II.** *adj* jungfräulich, Mädchen- **kızlık zarı** *s a.* ANAT Jungfernhäutchen *nt*
kızma *s Verbalsubstantiv zu* **kızmak**
kızmabirader *s* Mensch, ärgere dich nicht *nt*
kızmak <-ar> *vi* ❶ sich erhitzen ❷ sich ärgern (**-e** über); (*sinirlenmek*) sich aufregen (**-e** über), böse sein (**-e** auf); **bana kızma(yın) ama ...** sei(en Sie) mir nicht böse, aber ... ❸ (*kösnümek*) brunsten, in der Brunst sein; (*dişi kuşlar için*) brütig sein
kız yeğen *s* Nichte *f*
ki *konj* ❶ denn; **bu nasıl oldu ~?** wie ist denn das passiert?; **buna ne dersin ~?** was meinst du denn dazu?; **demek ~** das heißt, also; **ne oldu ~?** was ist denn passiert?; **neden/nerede ~?** warum/wo denn?; **öyle görünüyor ~ ...** es sieht so aus, als ob ... ❷ doch; **acaba gelmez mi ~?** ob er doch nicht kommt?; **o bir şey yap-**

K

mamıştı ~ er hatte doch nichts gemacht ❸ auch; **başka nasıl olabilirdi** ~? wie sollte es auch anders sein?

kibar *adj* vornehm

kibarlar âlemi *s ohne pl* (*yüksek sosyete*) High Society *f*

kibarlaşma *s Verbalsubstantiv zu* **kibarlaşmak**

kibarlaşmak *vi* vornehm werden

kibarlık <-ğı> *s ohne pl* Vornehmheit *f*

kibernetik <-ği> *s ohne pl s.* **güdüm bilimi** Kybernetik *f*

kibir <-bri> *s ohne pl* ❶ (*ululuk*) Erhabenheit *f* ❷ (*pej: kendini büyük görme*) Arroganz *f*, Überheblichkeit *f* ❸ Hochmut *m;* (*onur*) Stolz *m*

kibirli *adj* ❶ hochmütig ❷ (*pej*) arrogant, überheblich, eingebildet

kibri *s poss von* **kibir**

kibrit *s* Streichholz *nt* **kibrit kutusu** *s* Streichholzschachtel *f*

kibutz *s* Kibbuz *m*

kifayet [kifa:-] *s* ❶ (*yetme*) Zulänglichkeit *f*, Hinlänglichkeit *f;* ~ **etmek** ausreichen, genügen ❷ MED Suffizienz *f* ❸ (*yeterlik*) Eignung *f*

kifayetli *adj* zulänglich; (*yeterli*) ausreichend, genügend

kifayetsiz *adj* unzulänglich; (*yetersiz*) unzureichend, ungenügend, insuffizient

kifayetsizlik <-ği> *s* ❶ Unzulänglichkeit *f* ❷ MED (*yetersizlik*) Insuffizienz *f*

kik *s* SPORT (*yarış kayığı*) Gig *nt*

kiklon *s* METEO (*siklon*) Zyklon *m*, Wirbelsturm *m*

kil *s* Ton *m*

kile *s* Scheffel *m;* **dipsiz** ~, **boş ambar** (**olmak**) (*fig*) ein Fass ohne Boden (sein)

kiler *s* Speisekammer *f*, Vorratskammer *f*

kilim *s* Kelim *m*

kilimci *s* ❶ (*dokuyan kimse*) Kelimweber(in) *m(f)* ❷ (*satan kimse*) Kelimverkäufer(in) *m(f)* ❸ (*pej fam*) ~ **ile kör hacı** Hinz und Kunz

kilise *s* Kirche *f* **kilise çanı** *s* Kirchenglocke *f* **kilise hukuku** *s ohne pl* Kirchenrecht *nt* **kilise orgu** *s* Kirchenorgel *f*

kilit <-di> *s* Schloss *nt;* **bir şeyi** ~ (**kürek**) **altına almak** etw verschließen, etw unter Verschluss nehmen

kilitleme *s* ❶ *Verbalsubstantiv zu* **kilitlemek** ❷ **kapıyı** ~**si on dakika sürdü** es dauerte zehn Minuten, bis er die Tür abgeschlossen hatte

kilitlemek *vt* abschließen

kilitlenme *s Verbalsubstantiv zu* **kilitlenmek**

kilitlenmek *vi* ❶ *pass von* **kilitlemek** ❷ AUTO, TECH (*frenler*) blockieren

kilitli *adj* ❶ abgeschlossen ❷ Sperr- **kilitli diferansiyel** *s* AUTO, TECH Sperrdifferenzial *nt*

kilit mevkii *s*, **kilit noktası** *s* (*fig*) Schlüsselposition *f*, Schlüsselstellung *f* **kilit taşı** *s* ARCH (*anahtar taşı*) Schlussstein *m*

kiliz balığı *s* ZOOL Schleie *f*

kilo *s* ❶ Kilo *nt* ❷ (*fam*) Kilo *nt;* ~ **almak/vermek** zunehmen/abnehmen; **bir haftada üç** ~ **aldı/verdi** in einer Woche hat er drei Kilo zugenommen/abgenommen

kilobayt *s* INFORM Kilobyte *nt* **kilogram** *s* Kilogramm *nt* **kilohertz** *s* PHYS Kilohertz *nt* **kilojul** <-lü> *s* PHYS Kilojoule *nt* **kilokalori** *s* Kilokalorie *f*

kilolu *adj* ❶ (*ağır*) schwer ❷ (*şişman*) fett

kilometre *s* Kilometer *m* **kilometre kare** *s* Quadratkilometer *m*

kilometrelerce *adv* kilometerlang

kilometre taşı *s* ❶ Kilometerstein *m* ❷ (*fig: wichtiger Einschnitt*) Meilenstein *m*

kilovat *s* PHYS, TECH Kilowatt *nt* **kilovat saat** *s* PHYS, ELEK Kilowattstunde *f*

kilovolt *s* PHYS Kilovolt *nt*

kilüs *s ohne pl* MED Chylus *m*

kim *pron* wer; ~ **bilir** wer weiß; ~ **bundan yana,** ~ **buna karşı?** wer ist dafür und wer dagegen?; ~ ~**e dum duma** als keiner sich um den anderen kümmerte; (*çok karışık bir durumda*) in einem heillosen Durcheinander [*o* Wirrwarr]; ~ **olursa olsun** egal wer; ~ **oluyor?** was denkt er sich?; **biz** ~ **oluyoruz ki ...** wer sind wir schon, dass ...

kimi I. *pron akk von* **kim II.** *pron* manche(r, s); (*bazısı*) manch einer **III.** *adj* (*bazı*) manche(r, s); ~ **insanlar bunu anlamaz** manche Menschen verstehen das nicht

kimin *pron gen von* **kim** wessen

kimi vakit *adv*, **kimi zaman** *adv* ❶ (*bazen*) manchmal, gelegentlich ❷ (*ara sıra*) ab und zu

kimlik <-ği> *s* ❶ Identität *f;* **birinin kimliğini belirlemek** jdn identifizieren; **ölünün/uçağın kimliği belirlenemedi** der Tote/das Flugzeug konnte nicht identifiziert werden ❷ (*fam: belge*) Ausweis *m*, Personalausweis *m;* **kimliğini göstermek** den Ausweis zeigen, sich ausweisen ❸ Personalien *pl;* **birinin kimliğini belirlemek** jds Personalien feststellen **kimlik belgesi** *s*, **kimlik kartı** *s* Personalausweis *m* **kimlik kontrolü** *s* Ausweiskontrolle *f*

kimono *s* Kimono *m*

kimse *pron* ❶ man; (*bir* ~) jemand; **orada** ~ **var mı?** ist da jemand?; (*fam*) ist da wer? ❷ (*olumsuz cümlede*) niemand, keiner; ~ ~**ye benzemez** niemand gleicht

dem anderen; **bunu ~ istemez** niemand will das; **hiç ~** niemand, gar keiner; **~ ayranım** [*o* **yoğurdum**] **ekşi demez** (*prov*) jeder Krämer lobt seine Ware
kimsecik <-ği> *pron* niemand
kimsesiz *adj* einsam
kimsesizlik <-ği> *s ohne pl* Einsamkeit *f*
kimya *s ohne pl* Chemie *f;* **organik ~** organische Chemie
kimyager *s* Chemiker(in) *m(f)*
kimyasal *adj* chemisch; **~ silahlar** chemische Waffen
kimyevî *adj* chemisch
kimyon *s ohne pl* BOT (*Carum carvi*) Kümmel *m;* (*Cuminum cyminum*) Kreuzkümmel *m;* **kara ~** *s.* **kişniş** Koriander *m*
kin *s ohne pl* Rachsucht *f,* Rache *f;* **~ bağlamak** auf Rache sinnen; (*öç alma duygusu duymak*) Rachegelüste spüren; **~ beslemek** nach Rache dürsten; **~ duymak** auf Rache sinnen; (*hissetmek*) Rachegelüste spüren; **~ gütmek** nach Rache lechzen
kinaye *s* ❶ Andeutung *f* ❷ Anspielung *f*
kinci *adj* rachsüchtig
kincilik <-ği> *s ohne pl* Rachsucht *f*
kindar *adj* rachsüchtig
kinematik *adj* kinematisch
kinetik *adj* kinetisch
kinik **I.** *s* <-ği> Zyniker(in) *m(f)* **II.** *adj* zynisch
kinin *s ohne pl* Chinin *nt*
kiniş *s* TECH (*marangozlukta*) Nut *f,* Falz *m*
kinizm *s ohne pl* Zynismus *m;* **kendine özgü bir ~le** mit dem ihm eigenen Zynismus
kip *s* LING Modus *m,* Form *f;* **emir ~i** Befehlsform *f*
kiplik <-ği> *s* LING Modalität *f;* **yalın ~** PHILOS assertorische Modalität
kir *s* Schmutz *m*
kira *s* Miete *f;* **~da oturmak** zur Miete wohnen; **~yı artırmak** die Miete erhöhen
kira arabası *s* Mietwagen *m* **kira bedeli** *s* Mietzins *m*
kiracı *s* Mieter(in) *m(f),* Pächter(in) *m(f)*
kira kontratı *s* Mietvertrag *m*
kiralama *s Verbalsubstantiv zu* **kiralamak**
kiralamak *vt* ❶ (*kira ile vermek*) vermieten; (*iş yerini*) verpachten ❷ (*kira ile tutmak*) mieten; (*iş yerini*) pachten; (*uçak*) chartern ❸ (*katil*) dingen
kiralayıcı *s* Vermieter(in) *m(f)*
kiralık araba *s s.* **kira arabası** **kiralık ev** *s* Mietwohnung *f* **kiralık kasa** *s* Bankschließfach *nt* **kiralık katil** *s* (*fam*) Auftragskiller *m;* JUR gedungener Mörder
kira sözleşmesi *s* Mietvertrag *m*
kiraz *s* Kirsche *f* **kiraz ağacı** *s* Kirschbaum *m* **kiraz çekirdeği** *s* Kirschkern *m* **kiraz sineği** *s* ZOOL Kirschfruchtfliege *f*
kireç <-ci> *s* Kalk *m;* **~ gibi ağarmak/olmak** kalkweiß werden/sein; **~ söndürmek/tutmak** Kalk löschen/ansetzen
kireç kalıntısı *s* Kalkablagerung *f* **kireç kuyusu** *s* Kalkgrube *f*
kireçleme *s Verbalsubstantiv zu* **kireçlemek**
kireçlemek *vt* kalken
kireçlenme *s* ❶ *Verbalsubstantiv zu* **kireçlenmek** ❷ Verkalkung *f*
kireçlenmek *vi* verkalken
kireçli *adj* kalkhaltig; **~ su** kalkhaltiges Wasser; **~ toprak** kalkhaltiger Boden, Kalkboden *m*
kireç ocağı *s* Kalkofen *m*
kireçsizleştirme *s* ❶ *Verbalsubstantiv zu* **kireçsizleştirmek** ❷ Entkalkung *f*
kireçsizleştirmek *vt* entkalken
kireç suyu *s ohne pl* Kalkwasser *nt* **kireç tabakası** *s* Kalkschicht *f* **kireç taşı** *s* GEO (*kalker*) Kalkstein *m* **kireç tozu** *s ohne pl* Kalkstaub *m*
kiremit <-di> *s* Ziegel *m;* (*dam kiremidi*) Dachziegel *m;* **çatıya ~ döşemek** das Dach mit Ziegeln decken
kiremitçi *s* ❶ (*kiremit yapan*) Ziegelstreicher(in) *m(f)* ❷ (*kiremit döşeyen*) Dachdecker(in) *m(f)*
kiremit fabrikası *s* Ziegelei *f*
kiremithane *s* Ziegelbrennerei *f*
kiremit rengi *adj* ziegelrot; **~ bir halı** ein ziegelroter Teppich
kiriş *s* ❶ Balken *m* ❷ MUS (*hayvan bağırsaklarından tel*) Saite *f* ❸ ANAT Sehne *f;* (*ses ~i*) band *nt* ❹ MATH Sehne *f;* **~, bir eğrinin iki noktasını birleştirir** die Sehne verbindet zwei Punkte einer gekrümmten Linie ❺ (*ok atılan yayda esnek bağ*) Sehne *f* ❻ (*fig fam*) **~i kırmak** die Kurve kratzen, sich davon machen
kirizma *s* Umgrabung *f*
kirizmalama *s* ❶ *Verbalsubstantiv zu* **kirizmalamak** ❷ Umgrabung *f*
kirizmalamak *vt* umgraben
kirlenme *s* ❶ *Verbalsubstantiv zu* **kirlenmek** ❷ Verschmutzung *f*
kirlenmek *vi* verschmutzt werden
kirletme *s Verbalsubstantiv zu* **kirletmek**
kirletmek *vt* ❶ beschmutzen; **birinin adını ~** jds Namen beschmutzen ❷ (*havayı, çevreyi*) verunreinigen ❸ (*fig: lekelemek*) beflecken; **böyle bir şüphe onu kirletir** ein solcher Verdacht bringt ihn in Verruf
kirli *adj* schmutzig; **~ çamaşır** (*a. fig*) schmutzige Wäsche **kirli kan** *s ohne pl*

K

ANAT Venenblut *nt*
kirlilik <-ği> *s* Verschmutzung *f*
kirpi *s* ZOOL Igel *m;* **oklu ~** Stachelschwein *nt*
kirpik <-ği> *s* Wimper *f;* **~ kirpiğine değmemek** (*fig*) kein Auge zumachen
kirpikli **I.** *s* BOT, ZOOL Wimpertierchen *nt,* Ziliate *f* **II.** *adj* bewimpert, Wimper-
kirpiksi *adj* ziliar **kirpiksi cisim** <-smi> *s* ANAT Ziliarkörper *m*
kirş *s* Kirschwasser *nt*
kist *s* MED, ZOOL Zyste *f*
kisve *s* ❶ (*kılık*) Gewand *nt,* Kleidung *f;* (*hacıların giydiği üstlük*) Pilgergewand *nt* ❷ Deckmantel *m;* **demokrasi/din ~si altında** unter dem Deckmantel der Demokratie/Religion
kişi *s* ❶ (*şahıs*) Person *f;* (*insan*) Mensch *m* ❷ (*fam: koca*) Mann *m,* Ehemann *m* ❸ (*erkek*) Mann *m* ❹ LIT Person *f*
kişi eki *s* LING Personalendung *f,* Personalsuffix *nt*
kişiler arası *adj* zwischenmenschlich; **~ ilişkiler** zwischenmenschliche Beziehungen
kişilik **I.** *s* <-ği> *ohne pl* Persönlichkeit *f* **II.** *adj* **bir ~ yemek** Essen für eine Person; **iki ~ bir yer** ein Platz für zwei Personen **kişilik dışı** *adj* unpersönlich **kişilik kültü** *s* Personenkult *m*
kişilikli *adj* charakterstark
kişiliksiz *adj* charakterlos
kişioğlu *s ohne pl* (*insanoğlu*) Menschenkind *nt;* (*insan*) Mensch *m*
kişisel *adj* persönlich **kişisel durum** *s ohne pl* Personenstand *m*
kişiye özel *adj* persönlich
kişizade [---:-] *adj s.* **soylu** adelig
kişi zamiri *s* LING Personalpronomen *nt*
kişneme *s Verbalsubstantiv zu* **kişnemek**
kişnemek *vi* (*at için*) wiehern
kişniş *s* BOT Koriander *m*
kit *s s.* **macun** Kitt *m*
kitabe [kita:-] *s s.* **yazıt** Inschrift *f*
kitabevi *s* Buchhandlung *f*
Kitab-ı Mukaddes [kita:-] *s ohne pl* das Buch der Bücher, die Heilige Schrift
kitap <-bı> *s* Buch *nt;* **belki bu işi öyle bir kitabına uydurabiliriz ki ...** vielleicht können wir die Sache so drehen, dass ... **kitap ayracı** *s* Lesezeichen *nt*
kitapçı *s* Buchhändler(in) *m(f)* **kitapçı dükkânı** *s* Buchhandlung *f,* Buchladen *m*
kitapçılık <-ğı> *s ohne pl* Buchhandel *m;* (*kitap bastırma ve satma işi*) Buchgewerbe *nt*
kitap dolabı *s* Bücherschrank *m* **kitap evi** *s* Buchhandlung *f* **kitap fuarı** *s* Buchmesse *f* **kitap kapağı** *s* Buchdeckel *m* **kitap kurdu** *s* (*fig fam*) Bücherwurm *m*
kitaplaştırma *s Verbalsubstantiv zu* **kitaplaştırmak**
kitaplaştırmak *vt* als Buch herausgeben [*o* veröffentlichen]
kitaplık <-ğı> *s* ❶ (*kütüphane*) Bücherei *f,* Bibliothek *f* ❷ (*raflardan oluşan mobilya*) Bücherregal *nt;* (*duvardan duvara*) Bücherwand *f* **kitaplık bilimci** *s* Bibliothekar(in) *m(f)* **kitaplık bilimi** *s ohne pl* Bibliothekswissenschaft *f*
kitap rafı *s* Bücherbrett *nt,* Bücherregal *nt*
kitapsever *s* Bücherliebhaber(in) *m(f),* Bücherfreund *m;* (*bibliyofil*) Bibliophile(r) *f(m)*
kitapseverlik <-ği> *s ohne pl* Bücherliebhaberei *f,* Bibliophilie *f*
kitap sırtı *s* Buchrücken *m*
kitapsızlık <-ğı> *s ohne pl* Büchermangel *m*
kitap standı *s* Bücherstand *m*
kitara *s s.* **gitar** Gitarre *f*
kitin *s ohne pl* ZOOL Chitin *nt*
kitle *s* Masse *f* **kitle iletişim araçları** *pl* Massenkommunikationsmittel *pl,* Massenmedien *pl*
kitleme *s Verbalsubstantiv zu* **kitlemek**
kitlemek *vt* REG (*kilitlemek*) abschließen
kitle turizmi *s ohne pl* Massentourismus *m*
kitli *adj* REG (*kilitli*) abgeschlossen
kitre *s* Tragant *m; s. a.* **kestere**
kivi[1] *s* ZOOL (*apteriks*) Kiwi *m*
kivi[2] *s* BOT Kiwi *f*
klakson [klâkson] *s* Hupe *f;* **~ çalmak** hupen
klan [klân] *s* Clan *m,* Klan *m*
klapa [klâpa] *s* Revers *nt o m*
klape [klâpe] *s* TECH, MUS Klappe *f*
klarnet [klârnet] *s* MUS Klarinette *f*
klarnetçi *s* MUS Klarinettist(in) *m(f)*
klas [klâs] **I.** *s* (*sınıf*) Klasse *f* **II.** *adj* (*fig*) klasse; **~ bir oyuncu** ein klasse Spieler **klas farkı** *s* SPORT Klassenunterschied *m*
klasik [klâsik] **I.** *s* <-ği> ❶ (*eser*) Klassiker *m* ❷ (*ohne Pl, çağ*) Klassik *f* **II.** *adj* <-ği> ❶ klassisch ❷ (*geleneksel*) traditionell, klassisch; **~ bir yöntem** eine klassische Methode
klasikleşme *s Verbalsubstantiv zu* **klasikleşmek**
klasikleşmek *vi* ❶ klassisch werden ❷ zum Klassiker werden
klasisizm *s ohne pl* Klassizismus *m*
klasör [klâ-] *s* ❶ Ordner *m,* Aktenordner *m* ❷ INFORM Ordner *m*
klavsen *s* MUS Cembalo *nt*
klavye [klâvje] *s* Tastatur *f;* MUS Klaviatur *f*

K

kleptoman *s* PSYCH Kleptomane, -manin *m, f*

kleptomani *s ohne pl* PSYCH Kleptomanie *f*

klerikalizm *s ohne pl* REL (*Katoliklerde*) Klerikalismus *m*

klibi *s poss von* **klip**

klik <-ği> *s* (*pej*) Clique *f;* (*hizip*) Klüngel *m*

klikleşme *s* ❶ *Verbalsubstantiv zu* **klikleşmek** ❷ (*pej*) Cliquenbildung *f;* (*hizipleşme*) Klüngelei *f*

klikleşmek *vi* (*pej*) Cliquen bilden; (*hizipleşmek*) klüngeln

klima *s* (*iklimleme cihazı*) Klimaanlage *f*

klimatoloji *s ohne pl* Klimatologie *f*

klinik **I.** *s* <-ği> MED Klinik *f* **II.** *adj* MED klinisch; ~ **bulgu** klinischer Befund

klinker *s* ARCH Klinkerstein *m*

klinometre *s* Klinometer *nt;* (*eğimölçer*) Gefällemesser *m*

klip <-bi> *s* TV, INFORM Clip *m*

klips *s* Clip *m*

kliring *s* COMM (*dış ticarette*) Clearing *nt;* (*takas usulü*) Verrechnungsverfahren *nt*

klişe **I.** *s* ❶ TYPO Klischee *nt,* Druckstock *m* ❷ (*fig fam*) Klischee *nt,* Abklatsch *m* **II.** *adj* (*fig fam: basmakalıp*) klischeehaft; ~ **görüşler** klischeehafte Ansichten

klitoris *s* ANAT (*bızır*) Klitoris *f*

klon *s* BIOL Klon *m*

klonlama *s* ❶ *Verbalsubstantiv zu* **klonlamak** ❷ Klonung *f*

klonlamak *vt* BIOL klonen

klor *s ohne pl* CHEM Chlor *nt*

klorhidrat *s* CHEM Chlorid *nt*

klorhidrik asit <-di> *s ohne pl* CHEM Chlorwasserstoff *m*

klorik asit <-di> *s ohne pl* CHEM Chlorsäure *f*

klorlama *s* ❶ *Verbalsubstantiv zu* **klorlamak** ❷ Chlorung *f*

klorlamak *vt* chloren

klorlu *adj* gechlort

klorofil *s ohne pl* BOT Chlorophyll *nt,* Blattgrün *nt*

kloroform *s ohne pl* CHEM Chloroform *nt*

kloroz *s ohne pl* MED, BOT Chlorose *f;* (*sarıcalık*) Bleichsucht *f*

klorür *s* CHEM Chlorid *nt*

klostrofobi *s* PSYCH Klaustrophobie *f*

kloş etek <-ği> *s* Glockenrock *m*

klüz *s* GEO Klause *f;* (*kısık*) Schlucht *f*

know-how *s ohne pl* Know-how *nt*

koala *s* ZOOL Koalabär *m*

koalisyon *s* POL Koalition *f;* ~ **kurmak** eine Koalition bilden; ~ **oluşturmak** koalieren; **büyük/küçük** ~ die kleine/große Koalition **koalisyon görüşmeleri** *pl* POL Koalitionsverhandlungen *pl* **koalisyon hükûmeti** *s* POL Koalitionsregierung *f* **koalisyon ortağı** *s* POL Koalitionspartner *m*

koaptör *s* MED (*cebire*) Schiene *f*

kobalt *s ohne pl* CHEM Kobalt *nt* **kobalt bombası** *s* Kobaltbombe *f*

kobay *s* ❶ ZOOL (*Cavia porcellus*) Meerschweinchen *nt* ❷ (*fig fam: deneme konusu*) Versuchsobjekt *nt;* (*hayvan*) Versuchstier *nt*

kobra *s* ZOOL Kobra *f;* (*gözlüklü yılan*) Brillenschlange *f*

koca **I.** *s* Ehemann *m* **II.** *adj* riesig; **bu ~ ev** dieses riesige Haus

kocabaş *s* ❶ ZOOL (*Cocothraustes cocothraustes*) Kernbeißer *m* ❷ BOT (*Onopordon acanthium*) Eselsdistel *f* ❸ REG (*şeker pancarı*) Zuckerrübe *f*

koca bebek <-ği> *s* (*fam*) Riesenbaby *nt*

kocakarı *s* ❶ (*vulg: yaşlı kadın*) altes Weib ❷ (*sl: anne*) Alte *f* **kocakarı ilacı** *s* Hausmittel *nt* **kocakarı masalı** *s* Ammenmärchen *nt* **kocakarı soğuğu** *s* die (drei) Eisheiligen

kocama *s* ❶ *Verbalsubstantiv zu* **kocamak** ❷ Alterung *f*

kocamak *vi* altern, alt werden, älter werden

kocaman *adj* riesig; (*çok iri*) massig; (*büyük*) groß; ~ **adam oldu** er ist zum Manne erwachsen **kocaman kocaman** *adj* riesengroß

kocaoğlan *s* (*fam: ayı*) Bär *m*

koca yemiş *s* BOT Erdbeerbaum *m*

koç[1] *s* Widder *m,* Schafbock *m*

koç[2] *s* SPORT Coach *m*

Koç *s* ASTROL Widder *m;* ~ **burcu/dönencesi** das Sternbild/der Wendekreis des Widders

koçak **I.** *s* <-ğı> (*yiğit*) Held *m* **II.** *adj* <-ğı> (*yürekli*) beherzt

koçaklama *s ohne pl* LIT (*yiğitleme*) Heldendichtung *f*

koçan *s* ❶ (*lahana ~ı*) Strunk *m;* (*mısır ~ı*) Kolben *m* ❷ COMM Kontrollabschnitt *m*

koçbaşı *s* HIST Rammbock *m*

koçma *s Verbalsubstantiv zu* **koçmak**

koçmak <-ar> *vt* REG ❶ (*kucaklamak*) umarmen ❷ (*cinsel ilişkide bulunmak*) rammeln

koçsama *s Verbalsubstantiv zu* **koçsamak**

koçsamak *vi* (*koç istemek*) bocken, nach dem Bock verlangen

kodaman *s* (*pej*) Bonze *m*

kodeks *s* Arzneibuch *nt*

kodes *s* (*fam*) Knast *m;* ~**te yatmak** im Knast sitzen

kodlama *s* ❶ *Verbalsubstantiv zu* **kodla-**

mak ❷ Codierung *f*, Kodierung *f*

kodlamak *vt* codieren, kodieren

kofeinsiz *adj* entkoffeiniert

kohezyon *s* PHYS Kohäsion *f*

kok[1] *vi Imperativ von* **kokmak**

kok[2] *s ohne pl* Koks *m*

koka *s* BOT Koka *f*

kokain *s ohne pl* Kokain *nt;* **burnuna ~ çekmek** Kokain schnupfen

kokainman *s* Kokser(in) *m(f)*

kokainomani *s ohne pl* Kokainismus *m,* Kokainsucht *f*

kokak *adj* REG stinkig, stinkend; (*kötü kokan*) übelriechend

kokar ağaç <-cı> *s s.* **aylandız** BOT (*Ailanthus glandulosa*) Götterbaum *m*

kokarca *s* ZOOL Iltis *m*

kokart <-dı> *s* Kokarde *f*

koket I. *s* Kokette *f* **II.** *adj* kokett

koketlik <-ği> *s* Koketterie *f*

kok kömürü *s ohne pl* Koks *m*

koklama *s Verbalsubstantiv zu* **koklamak**

koklamak *vt* riechen; **bir çiçeği ~** an einer Blume riechen

kokma *s Verbalsubstantiv zu* **kokmak**

kokmak *vi* ❶ riechen; **yanmış ~** angebrannt riechen ❷ duften

kokmuş *adj* ❶ verdorben ❷ (*fig fam: miskin*) stinkfaul ❸ (*fig fam*) abgeleiert

kokona *s* ❶ HIST (*Hristiyan kadını*) Christin *f* ❷ (*fig, pej: çok süslü yaşlı kadın*) (aufgetakelte) Fregatte *f;* **~ gibi süslenip püslenmiş** [*o* **süslü püslü**] aufgetakelt wie eine Fregatte

kokot *s* Kokotte *f*

kokpit *s* AERO Cockpit *nt*

kokteyl *s* (*içki*) Cocktail *m;* (*içkili toplantı*) Cocktail *m* **kokteyl bar** *s* Cocktailbar *f*

koku *s* ❶ Geruch *m;* **bir şeyin ~sunu almak** etw riechen, den Geruch von etw wahrnehmen; (*fig fam*) Wind von etw bekommen; (*sezmek*) etw wittern ❷ Duft *m;* **balsamlı ~lar** balsamische Düfte; **hoş bir ~** ein angenehmer Duft **koku alma duyusu** *s* Geruchssinn *m*

kokulu *adj* duftend, riechend; **pis ~** übel riechend

kokusuz *adj* geruchlos

kokutmak *vt* ❶ *Kausativ zu* **kokmak** duften lassen ❷ (*eti*) verderben lassen

kol *s* ❶ *a.* ANAT Arm *m;* **birine ~ kanat olmak** (*fig*) jdm unter die Arme greifen; **~larını açmak** die Arme ausbreiten; **birini ~larının arasına almak** jdn in die Arme nehmen; **birinin ~una girmek** jdn unter den Arm nehmen; **birini kafa ~a almak** (*fig*) jdn auf den Arm nehmen; **birinin sağ ~u olmak** (*fig*) jds rechte Hand sein; **~unda altın bileziği var** (*prov*) Handwerk hat goldenen Boden ❷ (*kapı ~u*) Griff *m,* Klinke *f;* (*kumanda ~u*) Knüppel *m;* (*vinç~u*) Ausleger *m;* (*vites ~u*) Hebel *m* ❸ (*giyside*) Ärmel *m;* **~ları sıvamak** (*a. fig*) die Ärmel hochkrempeln; **~larını sıvamak** sich die Ärmel aufkrempeln ❹ (*dil bilgisi ~u*) Teilgebiet *nt;* (*iş ~u*) Branche *f* ❺ GEO (*dağ ~u*) Bergausläufer *m* ❻ *a.* MIL (*devriye, karakol*) Patrouille *f;* (*keşif ~u*) Trupp *m;* **~ gezmek** patrouillieren

kola[1] *s* ❶ (*çamaşır için*) Stärke *f,* Wäschestärke *f* ❷ (*kâğıt yapıştırmak için*) Kleister *m*

kola[2] *s* ❶ BOT Kolabaum *m* ❷ (*fam: içecek*) Cola *f o nt* **kola cevizi** *s* Kolanuss *m*

kolaçan *s* **ortalığı ~ etmek** die Gegend auskundschaften [*o* erkunden]

kolağzı *s* Ärmelaufschlag *m*

kolaj *s* KUNST Collage *f*

kolalama *s Verbalsubstantiv zu* **kolalamak**

kolalamak *vt* stärken; **gömleği/örtüyü ~** das Hemd/die Decke stärken

kolalı *adj* gestärkt

kolan *s* (*kemer*) Gurt *m,* Riemen *m* **kolan balığı** *s* ZOOL (*mersin balığı*) Stör *m*

kolay *adj* leicht, einfach; **~ bir soru** eine leichte Frage; **~ gelsin!** frohes Schaffen!; **bundan ~ ne var ki!** nichts leichter als das!; **dile ~** leichter gesagt als getan; **işin ~ına kaçıyorsun** du machst es dir zu einfach; **söylemesi ~** leicht zu sagen

kolayca *adv* leicht, einfach

kolay kolay *adv* leicht; **beni öyle ~ yakalayamazsınız** so leicht kriegt ihr mich nicht

kolaylama *s Verbalsubstantiv zu* **kolaylamak**

kolaylamak *vt* **bir şeyi ~** dabei sein, etw zu erledigen, im Begriff sein, mit etw fertig zu werden

kolaylaştırma *s Verbalsubstantiv zu* **kolaylaştırmak**

kolaylaştırmak *vt* erleichtern; **bu işimi kolaylaştırdı** das hat meine Arbeit erleichtert

kolaylık <-ğı> *s* ❶ Erleichterung *f;* **birine ~ göstermek** jdm Erleichterungen gewähren ❷ (*ohne pl*) Leichtigkeit *f,* Mühelosigkeit *f;* **bir şeyi ~la yapmak** etw mit Leichtigkeit [*o* leichter Hand] erledigen

kol bağı *s* REG (*bilezik*) Armband *nt* **kol böreği** *s* GASTR *Teigrolle gefüllt mit Hackfleisch, Käse, Kartoffeln, Spinat usw.*

kolcu *s* (*muhafız*) Wächter *m,* Wachposten *m;* (*kol gezen kimse*) Patrouille *f*

kolçak <-ğı> *s* ❶ (*eldiven*) Fausthandschuh *m* ❷ (*iskemlede*) Armlehne *f* ❸ (*pazubent*) Armbinde *f* **kolçaklı sandalye** *s* Armstuhl *m*

koldaş *s s.* **iş arkadaşı** Kollege, Kollegin *m, f,* Arbeitskollege, -kollegin *m, f*

kol düğmesi *s* Manschettenknopf *m*

kolej *s* SCHULE ❶ College *nt* ❷ (*polis ~u*) Hochschule *f,* Akademie *f* ❸ (*meslek okulu*) Fachschule *f*

koleksiyon *s* ❶ (*pul ~u*) Sammlung *f* ❷ (*yaz ~u*) Kollektion *f*

koleksiyoncu *s* Sammler(in) *m(f)*

kolektif mülkiyet *s* POL, WIRTSCH Gemeineigentum *nt*

kolektör *s* ELEK (*toplaç*) Kollektor *m*

kolera *s ohne pl* MED Cholera *f*

kolesterin *s ohne pl,* **kolesterol** <-ü> *s ohne pl* MED Cholesterin *nt*

kolhoz *s* Kolchose *f*

koli *s* POST Päckchen *nt*

kolibasil *s* BIOL Kolibakterium *nt*

kolibri *s* ZOOL Kolibri *m*

kolik <-ği> *s* MED Kolik *f*

kolit *s* MED Kolitis *f*

kol kapağı *s* Ärmelaufschlag *m* **kol kola** *adv* Arm in Arm; ~ **gitmek** Arm in Arm gehen **kol kuvveti** *s ohne pl* Muskelkraft *f*

kollama *s Verbalsubstantiv zu* **kollamak**

kollamak *vt* ❶ (*gözetmek*) warten (auf); **fırsat** ~ auf eine Gelegenheit warten ❷ (*göz önünde tutmak*) im Auge behalten; (*gözlemek*) **bir kimsenin/şeyin yolunu** ~ nach jdm/etw Ausschau halten ❸ (*korumak*) bewachen; **golcüyü** ~ den Torschützen bewachen

kollu sandalye *s* Armstuhl *m*

kolokyum *s* Kolloquium *nt*

Kolombiya **I.** *s* Kolumbien *nt* **II.** *adj* kolumbianisch; ~ **hükûmeti** die kolumbianische Regierung

Kolombiyalı **I.** *s* Kolumbianer(in) *m(f)* **II.** *adj* kolumbianisch

kolon *s* ❶ (*sütun*) Säule *f,* Kolonne *f* ❷ (*düşey boru*) Fallrohr *nt* ❸ ANAT Kolon *nt,* Grimmdarm *m* ❹ MUS Lautsprecherbox *f* ❺ VERLAG Spalte *f*

koloni *s a.* ZOOL Kolonie *f*

kolonya *s* kölnisch Wasser, Eau de Cologne *nt o f*

Kolonya *s* HIST (*Köln*) Köln *nt*

kolonyalist *adj* kolonial

kolordu *s* MIL Korps *nt,* Armeekorps *nt*

kolorimetre *s* Kolorimeter *nt*

kolorimetri *s ohne pl* Kolorimetrie *f*

kolostrum *s ohne pl* Kolostrum *nt*

kol saati *s* Armbanduhr *f*

kolsu ayaklılar *s* ZOOL Armfüßer *pl,* Armfüßler *pl*

kolsuz *adj* ❶ ohne Arm ❷ (*giysi*) ärmellos

koltuk <-ğu> *s* ❶ Achsel *f* ❷ (Arm)Sessel *m,* Sitz *m;* (*tekerlekli ~*) Stuhl *m* ❸ (*fig fam: yüksek mevki*) Posten *m* ❹ (*fig fam: destek*) Stütze *f;* (*kayırma*) Begünstigung *f* ❺ (*sl: genel ev*) Bordell *nt* **koltuk altı** *s* Achselhöhle *f* **koltuk başı** *s* AUTO Kopfstütze *f,* Nackenstütze *f* **koltuk değneği** *s* Krückstock *m,* Krücke *f* **koltuk kavgası** *s* Machtkampf *m*

koltuklama *s Verbalsubstantiv zu* **koltuklamak**

koltuklamak *vt* ❶ unter den Arm nehmen ❷ (*fig fam: pohpohlamak*) schmeicheln

koltukluk <-ğu> *s* Armblatt *nt,* Schweißblatt *nt*

koltuk meyhanesi *s* Stehkneipe *f*

kolye *s* Kollier *nt*

kolyoz *s* ZOOL Mittelmeermakrele *f*

kolza *s* BOT Raps *m*

koma *s* MED Koma *nt;* ~**dan çıkmak** aus dem Koma erwachen; ~**ya girmek/sokmak** ins Koma fallen/versetzen

komak *vt s.* **koymak**

komandite *s* WIRTSCH Komplementär *m*

komanditer *s* WIRTSCH Kommanditist(in) *m(f)*

komandit ortaklık <-ğı> *n,* **komandit şirket** *s* Kommanditgesellschaft *f*

komando *s* Kommando *nt*

kombina *s* Kombinat *nt*

kombinasyon *s* Kombination *f*

kombine *adj* kombiniert; ~ **etmek** kombinieren

kombinezon *s* ❶ Kombination *f* ❷ (*kolsuz iç çamaşırı*) Unterhemd *nt*

komedi *s* Komödie *f* **komedi yazarı** *s* Komödienschreiber(in) *m(f),* Komödiendichter(in) *m(f)*

komedya *s* Komödie *f*

komedyen *s* Komiker(in) *m(f),* Komödiant(in) *m(f)*

komi *s* Gehilfe, Gehilfin *m, f*

komik **I.** *s* <-ği> Komiker(in) *m(f)* **II.** *adj* komisch

komiklik <-ği> *s* Komik *f*

komiser *s* ❶ (*polis memuru*) Kommissar(in) *m(f)* ❷ (*hükümet adına denetçi*) Kommissar(in) *m(f),* Regierungskommissar(in) *m(f)*

komiserlik <-ği> *s* Kommissariat *nt*

komisyon *s* ❶ (*kurul*) Ausschuss *m* ❷ (*simsariye*) Provision *f*

komisyoncu *s* (*emlâk ~su*) Makler(in) *m(f)*

komisyonculuk <-ğu> *s* Maklergeschäft *nt*

K

komite *s* Komitee *nt*

komodin *s* Kommode *f*

komodor *s* NAUT Kommodore *m,* Geschwaderführer *m*

komot *s s.* **komodin**

kompakt disk *s* Compact Disc *f*

kompartıman *s* EISENB Zugabteil *nt*

kompetan *adj* kompetent

kompilasyon *s* Kompilation *f*

komple *adj* ❶ (*tam*) komplett, vollständig ❷ (*dolu*) komplett, voll ❸ (*fig: mükemmel*) vollkommen, perfekt

kompleks **I.** *s* ❶ Komplex *m* ❷ PSYCH (*karmaşa*) Komplex *m;* **~leri olmak** Komplexe haben ❸ CHEM (*karmaşık*) Komplexverbindung *f* **II.** *adj* komplex

kompleksli *adj* komplexbeladen; **~ insan** ein komplexbeladener Mensch

komplikasyon *s* ❶ *a.* MED Komplikation *f;* **~lara yol açmak** zu Komplikationen führen ❷ (*karışıklık*) Kompliziertheit *f*

komplike *adj* kompliziert

kompliman *s* Kompliment *nt;* **birine ~ yapmak** jdm Komplimente machen

komplo *s* Komplott *nt,* Verschwörung *f;* **~ hazırlamak** ein Komplott schmieden; **~ kurmak** sich verschwören (**-e karşı** gegen) **komplocu** *s* Verschwörer(in) *m(f)*

komposto *s* ❶ (*hoşaf*) Kompott *nt* ❷ (*gübre*) Kompost *m*

kompostolama *s* ❶ *Verbalsubstantiv zu* **kompostolamak** ❷ Kompostierung *f*

kompostolamak *vt* kompostieren

komposto yığını *s* Komposthaufen *m*

kompozisyon *s* ❶ Komposition *f,* Zusammenstellung *f,* Zusammensetzung *f;* **renklerin ~u** die Zusammenstellung der Farben ❷ SCHULE Aufsatz *m* **kompozisyon teması** *s* Aufsatzthema *nt*

kompozitör *s* MUS Kompositeur(in) *m(f);* (*besteci*) Komponist(in) *m(f)*

kompres *s* MED Kompresse *f*

kompresör *s* TECH Kompressor *m*

komprime *s* ❶ MED (*hap*) Tablette *f* ❷ (*fig: derinliği olmayan bilgi*) komprimierte Wiedergabe

kompüter *s s.* **bilgisayar** Computer *m*

komşu *s* Nachbar(in) *m(f)* **komşu açı** *s* MATH Nebenwinkel *m*

komşuluk <-ğu> *s ohne pl* ❶ Nachbarschaft *f* ❷ **~ etmek** gute Nachbarschaft halten

komut *s a.* INFORM Befehl *m*

komuta *s ohne pl* MIL Kommando *nt,* Befehlsgewalt *f;* **~ etmek** kommandieren

komutan *s* MIL Kommandant *m,* Kommandeur *m,* Befehlshaber *m*

komut dili *s* INFORM Befehlssprache *f*

komut kodu *s* INFORM Befehlskode *m*

komut satırı *s* INFORM Befehlszeile *f*

komut sırası *s* INFORM Befehlsfolge *f*

komünikasyon *s s.* **iletişim** Kommunikation *f*

komünist *s* Kommunist(in) *m(f)*

komünistlik <-ği> *s ohne pl,* **komünizm** *s ohne pl* Kommunismus *m*

kon *vi Imperativ von* **konmak**

konak <-ğı> *s* ❶ Schlösschen *nt* ❷ (*misafir*) Gast *m* ❸ (*yolculukta inilen yer*) Herberge *f,* Quartier *nt* ❹ ZOOL (*konakçı*) Wirt *m*

konakçı *s* ❶ HIST Quartiermacher *m* ❷ HIST, MIL (*subay*) Quartiermeister *m* ❸ ZOOL (*konak*) Wirt *m*

konaklama *s* ❶ *Verbalsubstantiv zu* **konaklamak** ❷ Übernachtung *f;* **kahvaltılı ~** Übernachtung mit Frühstück

konaklamak *vi* sich einquartieren (**-de** bei); (*geceyi geçirmek*) übernachten (**-de** in)

konar *vi 3. Aorist von* **konmak**

konç <-cu> *s* (*çizmede*) Schaft *f;* (*çorapta*) Länge *f*

konçerto *s* MUS Konzert *nt*

konçlu çizme *s* Schaftstiefel *m*

kondansatör *s* PHYS, ELEK Kondensator *m*

kondisyon *s* ❶ (*şart*) Kondition *f,* Bedingung *f* ❷ SPORT Kondition *f* **kondisyon bisikleti** *s* Heimtrainer *m*

kondom *s* Kondom *m o nt*

kondor *s* ZOOL Kondor *m*

kondurma *s Verbalsubstantiv zu* **kondurmak**

kondurmak *vt* ❶ *Kausativ zu* **konmak** ❷ **ona toz kondurmuyor** sie lässt nichts auf ihn kommen

kondüktör *s* EISENB Schaffner(in) *m(f)*

konfederasyon *s* ❶ (*devletler birliği*) Konföderation *f,* Staatenbund *m;* **İsviçre K~u** Schweizerische Eidgenossenschaft ❷ Dachverband *m* ❸ ADMIN Bundesstaat *m*

konfeksiyon *s* Konfektion *f* **konfeksiyon mağazası** *s* Konfektionsgeschäft *nt*

konferans *s* ❶ (*konuşma*) Referat *nt,* Vortrag *m;* **~ çekmek** (*fig*) dozieren, einen Vortrag halten; **~ vermek** ein Referat halten, einen Vortrag halten, dozieren ❷ (*toplantı*) Konferenz *f*

konferansçı *s* Redner(in) *m(f)*

konfeti *s ohne pl* Konfetti *nt*

konfigürasyon *s* INFORM Konfiguration *f*

konfigüre *adj* INFORM konfiguriert; **~ etmek** konfigurieren

konfirmasyon *s* REL Konfirmation *f*

konfor *s ohne pl* Komfort *m*

konforlu *adj* komfortabel
konformizm *s ohne pl* Konformismus *m*
konglomera *s* Konglomerat *nt*
Kongo **I.** *s* Kongo *m* **II.** *adj* kongolesisch; ~ **hükûmeti** die kongolesische Regierung
Kongolu **I.** *s* Kongolese, Kongolesin *m, f* **II.** *adj* kongolesisch; ~ **erkekler/kadınlar** kongolesische Männer/Frauen
kongre *s* Kongress *m* **kongre merkezi** *s* Kongresszentrum *nt* **kongre salonu** *s* Kongresshalle *f*
koni **I.** *s* Konus *m,* Kegel *m* **II.** *adj* konisch, kegelförmig
konik *adj* konisch, kegelförmig
konişmento *s s.* **konşimento**
konjonktif tabaka *s* MED Bindehaut *f*
konjonktivit *s* MED Bindehautentzündung *f*
konjonktür *s* WIRTSCH Konjunktur *f*
konkav *adj* (*içbükey*) konkav
konkordato *s* ❶ POL Konkordat *nt* ❷ JUR (*iflas anlaşması*) Vergleich *m;* **özel** ~ außergerichtlicher Vergleich
konkre *adj,* **konkret** *adj s.* **somut** konkret
konma *s Verbalsubstantiv zu* **konmak**
konmak <-ar> *vi* ❶ (*kuş*) landen, sich niederlassen ❷ (*yolculukta*) übernachten ❸ **hazıra** ~ (*fig*) sich ins gemachte Bett legen, sich ins gemachte Nest setzen; **kelepire** ~ ein Schnäppchen machen; **mirasa** ~ erben, eine Erbschaft machen
konsantrasyon *s* ❶ (*derişme*) Konzentration *f* ❷ PSYCH (*dikkat toplaşımı*) Konzentration *f*
konsantre *adj* ❶ konzentriert; ~ **ol(ama)mak** sich (nicht) konzentrieren (können) ❷ CHEM (*derişik*) konzentriert; ~ **etmek** konzentrieren; ~ **nitrik asit** konzentrierte Salpetersäure
konsensüs *s s.* **uzlaşma** Konsens *m*
konser *s* Konzert *nt* **konser bileti** *s* Konzertkarte *f* **konser salonu** *s* Konzertsaal *m*
konservatuvar *s* Konservatorium *nt*
konserve *s* Konserve *f* **konserve açacağı** *s* Büchsenöffner *m,* Dosenöffner *m* **konserve kutusu** *s* Konservendose *f,* Konservenbüchse *f*
konsey *s* Rat *m*
konsol *s* ❶ (*mobilya*) Konsole *f* ❷ ARCH Konsole *f* ❸ INFORM Konsole *f*
konsolidasyon *s ohne pl* WIRTSCH, FIN Konsolidation *f,* Konsolidierung *f*
konsolide *adj* WIRTSCH, FIN konsolidiert; ~ **borç** konsolidierte Schuld; ~ **etmek** konsolidieren
konsolos *s* Konsul(in) *m(f)*
konsoloshane *s* Konsulatsgebäude *nt*
konsolosluk <-ğu> *s* Konsulat *nt*
konsomatris *s* Animierdame *f,* Bardame *f*
konson *s,* **konsonant** *s* LING (*ünsüz*) Konsonant *m*
konsorsiyum *s* WIRTSCH Konsortium *nt*
Konstanz Gölü *s* Bodensee *m*
konstrüksiyon *s* Konstruktion *f* **konstrüksiyon hatası** *s* Konstruktionsfehler *m*
konstrüktivizm *s ohne pl* ❶ PHILOS Konstruktivismus *m* ❷ KUNST (*kurmacılık*) Konstruktivismus *m*
konşimento *s* NAUT Konnossement *nt*
kont *s* Graf *m;* ~ **gibi yaşamak** (*fam*) leben wie Gott in Frankreich
kontak **I.** *s* <-ğı> ❶ *a.* ELEK Kontakt *m;* ~ **attı** es gab einen Kurzschluss ❷ (*fig*) Kontakt *m;* (*bağlantı*) Verbindung *f,* Anschluss *m;* **biriyle** ~ **kurmak** Kontakt mit jdm aufnehmen; (*fam*) sich mit jdm kurzschließen ❸ AUTO Zündung *f;* ~ **açmak/kapatmak** die Zündung einschalten/ausschalten **II.** *adj* (*sl*) bekloppt; **kafadan** ~ **olmak** einen Dachschaden haben **kontak anahtarı** *s* AUTO Zündschlüssel *m* **kontak lens** *s* Kontaktlinse *f*
kontekst *s* Kontext *m*
kontenjan *s* Kontingent *nt*
kontes *s* Gräfin *f,* Comtesse *f*
konteyner *s* COMM Container *m* **konteyner gemisi** *s* Containerschiff *nt*
kontluk <-ğu> *s* Grafschaft *f*
kontra *s* Kontra *nt;* **birine** ~ **gitmek** (*fam*) jdm Kontra geben
kontrasomun *s* TECH Kontermutter *f*
kontrast *s* Kontrast *m*
kontrat *s* Vertrag *m;* ~ **yapmak** einen Vertrag abschließen
kontratak <-ğı> *s* SPORT Konter *m;* (*karşı akın*) Gegenangriff *m*
kontrbas *s* MUS Kontrabass *m,* Bassgeige *f*
kontrbasçı *s* Kontrabassist(in) *m(f)*
kontrfile *s* Filetstück *nt*
kontrol <-lü> *s* Kontrolle *f;* ~ **etmek** kontrollieren; (*yoklamak*) (nach)prüfen; ~**den çıkmak** aus der Kontrolle geraten **kontrol kulesi** *s* AERO Kontrollturm *m,* Tower *m* **kontrol lambası** *s* TECH Kontrolllampe *f*
kontrplâk <-ğı> *s* Sperrholz *nt*
kontrpuan *s* MUS Kontrapunkt *m*
kontur *s* Kontur *f,* Umriss *m*
kontuvar *s* COMM Kontor *m*
konu *s* ❶ Gegenstand *m* ❷ Thema *nt;* ~ **parayla ilgili** es geht ums Geld; ~**dan ayrılmak** vom Thema abschweifen; ~**yu değiştirmek** das Thema wechseln; **bir** ~**yu işlemek** [*o* **ele almak**] ein Thema behandeln ❸ (*mektup başında*) Betreff *m* **konu dışı** *adj* gegenstandslos,

K

nicht zur Sache gehörig; **~na çıkmak** sich vom Thema entfernen, vom Thema abkommen

konuk <-ğu> *s* ❶ (*misafir*) Gast *m;* ~ **olmak** Gast sein; **birinin konuğu olmak** bei jdm zu Gast sein ❷ BIOL (*asalak*) Schmarotzer *m* **konuk evi** *s* (*misafirhane*) Gästehaus *nt* **konuk işçi** *s* Gastarbeiter(in) *m(f)*

konuklama *s Verbalsubstantiv zu* **konuklamak**

konuklamak *vi* ❶ gastieren ❷ REG (*konuk almak*) Gäste aufnehmen

konu komşu *s* Nachbarschaft *f*

konuk sanatçı *s* THEAT Gast *m* **konuk sanatçı rolü** *s* THEAT Gastrolle *f*

konuksever *adj* gastfreundlich

konukseverlik <-ği> *s ohne pl* Gastfreundschaft *f*

konuk ülke *s* Gastland *nt*

konum *s* Lage *f,* Stellung *f,* Position *f*

konumlandırma *s Verbalsubstantiv zu* **konumlandırmak**

konumlandırmak *vt* positionieren

konuş[1] *vi Imperativ von* **konuşmak**

konuş[2] *s* ❶ GEO (*konum*) Lage *f* ❷ MIL Standortverteilung *f*

konuşkan *adj* gesprächig, redselig, mitteilsam

konuşkanlık <-ğı> *s ohne pl* Gesprächigkeit *f,* Redseligkeit *f,* Mitteilsamkeit *f*

konuşlandırma *s* ❶ *Verbalsubstantiv zu* **konuşlandırmak** ❷ MIL Stationierung *f*

konuşlandırmak *vt* MIL stationieren

konuşlanma *s* MIL Stationierung *f*

konuşlanmak *vt* MIL feste Stellungen beziehen

konuşma *s* ❶ *Verbalsubstantiv zu* **konuşmak** ❷ Gespräch *nt,* Rede *f;* (*telefon ~sı*) Gespräch *nt;* ~ **yapmak** eine Rede halten ❸ (*konferans*) Vortrag *m;* ~ **yapmak** einen Vortrag halten **konuşma bozukluğu** *s* Sprachstörung *f*

konuşmacı *s* Redner(in) *m(f)*

konuşma dili *s* Umgangssprache *f* **konuşma güçlüğü** *s* Sprachschwierigkeit *f* **konuşma hızı** *s* Sprechgeschwindigkeit *f*

konuşmak **I.** *vi* ❶ sprechen; **içinden ~** laut denken ❷ reden; **aklına estiği gibi ~** (*fam*) frisch von der Leber weg reden; **onunla nasıl konuşuyorsun?** wie redest du mit ihm? **II.** *vt* besprechen

konuşmama hakkı *s* JUR (*ifade vermeme hakkı*) Aussageverweigerungsrecht *nt*

konuşma merkezi *s ohne pl* ANAT Sprachzentrum *nt* **konuşma sanatı** *s ohne pl* Redekunst *f* **konuşma tarzı** *s* Sprechweise *f*

konuşu *s* Kolloquium *nt*

konuşulma *s Verbalsubstantiv zu* **konuşulmak**

konuşulmak *vi pass von* **konuşmak** gesprochen werden; **Türkiye'de Türkçe konuşulur** in der Türkei spricht man Türkisch

konut[1] *s* ❶ Wohnung *f,* Haus *nt* ❷ (*ikametgâh*) Wohnsitz *nt,* Domizil *nt* ❸ (*eğreti ~*) Unterkunft *f*

konut[2] *s* MATH, PHILOS (*postulat*) Postulat *m*

konut belgesi *s* ADMIN Wohnsitzbescheinigung *f,* Meldebescheinigung *f* **konut dokunulmazlığını bozma** *s* JUR Hausfriedensbruch *m*

konvansiyon *s* Konvention *f*

konvansiyonel *adj* konventional; **~ silahlar** konventionelle Waffen

konveks *adj s.* **dışbükey** konvex

konveksiyon *s* PHYS Konvektion *f*

konvektör *s* PHYS Konvektor *m*

konvensiyonel *adj s.* **konvansiyonel**

konvertibilite *s* WIRTSCH, FIN (*para için*) Konvertierbarkeit *f*

konvertibl *adj* WIRTSCH, FIN (*para için*) konvertibel, konvertierbar

konvertisör *s* Konverter *m*

konveyör *s* TECH Förderband *nt*

konvoy *s* Konvoi *m,* Fahrzeugkolonne *f;* **~ hâlinde (taşıtla) gitmek** im Konvoi fahren

konyak® <-ğı> *s* Cognac® *m,* Kognak *m*

kooperatif *s* Genossenschaft *f*

koordinasyon *s* (*eş güdüm*) Koordination *f*

koordinat *s* MATH Koordinate *f*

koordinatör *s* Koordinator(in) *m(f)*

koordine *adj* koordiniert; **~ etmek** koordinieren

kop *vi Imperativ von* **kopmak**

kopal *s* Kopal *m,* Kopalharz *nt*

kopar **I.** *vi 3. Aorist von* **kopmak** **II.** *vt Imperativ von* **koparmak**

koparılma *s Verbalsubstantiv zu* **koparılmak**

koparılmak *vi pass von* **koparmak**

koparma *s Verbalsubstantiv zu* **koparmak**

koparmak *vt* ❶ abreißen; (*ip*) durchreißen, zerreißen; (*sayfa*) herausreißen **(-den** aus); **defterden bir sayfa ~** eine Seite aus dem Heft herausreißen; **tuttuğunu koparabilmek** (*fig fam*) Bäume ausreißen können ❷ (*çiçek*) pflücken; (*yemiş*) abpflücken ❸ (*fam: para*) abknöpfen; **birinden para ~** (*fam*) jdm Geld abknöpfen ❹ (*fam*) **bağlarını ~** sich abnabeln, sich lösen [*o* losmachen] **(-den/-den** aus/von); **birinin**

ödünü ~ (*fig*) jdn zu Tode erschrecken ⑤ (*zor kullanarak almak*) (weg)reißen (**-den** aus) ⑥ (*fam*) **çığlık** ~ aufschreien; **kahkahayı** ~ in Gelächter ausbrechen, losplatzen; **kıyametleri** ~ einen Höllenlärm machen ⑦ SPORT (*halterde*) reißen

kopça *s* Schnalle *f;* **dişi** ~ Öse *f*

kopçalama *s Verbalsubstantiv zu* **kopçalamak**

kopçalamak *vt* zuschnallen

Kopenhag *s* Kopenhagen *nt*

kopil *s* (*sl*) ① Bengel *m* ② (*piç*) Bastard *m*

kopkoyu *adj* sehr dunkel

kopma *s Verbalsubstantiv zu* **kopmak**

kopmak <-ar> *vi* ① (ab)reißen; (*ip*) durchreißen, zerreißen; **ayakkabımın bağı koptu** mein Schnürsenkel ist abgerissen ② (*dal*) abbrechen; (*düğme, çığ*) abgehen; **düğmem koptu** mir ist ein Knopf abgegangen; **pat diye** ~ abplatzen ③ (*alkış, fırtına*) losbrechen ④ REG (*koşmak, hızla gitmek*) losrasen, losrennen

kopuk I. *s* <-ğu> (*pej: serseri*) Gammler *m,* Herumtreiber *m* II. *adj* <-ğu> (*düğme*) abgerissen

kopuksuz *adj* ununterbrochen

kopuntu *s* Zerstreuung *f;* (*diaspora*) Diaspora *f*

kopya *s* ① Kopie *f,* Abschrift *f,* Durchschrift *f;* ~ **etmek** kopieren ② (*bir sanat eserinin ~sı*) Kopie *f,* Nachbildung *f* ③ SCHULE (*kâğıt*) Spickzettel *m;* **birinden** ~ **çekmek** (*okulda*) von jdm abschreiben; (*sl*) bei jdm abgucken

kopyacı *s* ① (*yazılı sınavda*) Abschreiber(in) *m(f),* Kopist(in) *m(f)* ② (*sanat eseri kopya eden*) Kopist(in) *m(f),* Nachbildner(in) *m(f)*

kopya defteri *s* Durchschreibeblock *m*

kopya kâğıdı *s* Durchschlagpapier *nt*

kopyalama *s Verbalsubstantiv zu* **kopyalamak**

kopyalamak *vt* ① kopieren ② BIOL, MED klonen

kopyalanamaz *adj* INFORM kopiergeschützt

kopyalanma *s Verbalsubstantiv zu* **kopyalanmak**

kopyalanmak *vi pass von* **kopyalamak**

kopye *s s.* **kopya**

kor[1] *s* Glut *f;* ~ **gibi** glutrot; ~ **hâline gelmek** (*korlaşmak*) verglühen

kor[2] *s* MIL (*kolordu*) Korps *nt*

koral <-li> [korāl] *s* MUS Choral *m*

kordalılar *s pl* ZOOL Chordatiere *pl,* Chordaten *pl*

kordiplomatik <-ği> *s* das diplomatische Korps

kordon *s* ① (*polis ~u*) Absperrkette *f,* Absperrung *f* ② Schnur *f* **kordon boyu** *s* Uferstraße *f*

Kore I. *s* Korea *nt* II. *adj* koreanisch; ~ **hükûmeti** die koreanische Regierung

Korece *s ohne pl* Koreanisch *nt*

koregraf *s* Choreograf(in) *m(f)*

koregrafi I. *s* Choreografie *f* II. *adj* choreografisch

koregrafik *adj* choreografisch

korekt *adj* (*doğru*) richtig

korelasyon *s* (*bağlılaşım*) Korrelation *f*

Koreli I. *s* Koreaner(in) *m(f)* II. *adj* koreanisch; ~ **erkekler/kadınlar** koreanische Männer/Frauen

koreograf *s s.* **koregraf**

koreografi *s s.* **koregrafi**

koreografik *adj s.* **koregrafik**

korido *s* (*boğa güreşi*) Stierkampf *m*

koridor *s* Korridor *m,* Flur *m*

korindon *s* GEO Korund *m;* (*boksit*) Bauxit *m*

kork *vi Imperativ von* **korkmak**

korkak I. *s* <-ğı> ① Hasenfuß *m* ② Feigling *m* II. *adj* ① ängstlich; ~ **bezirgân ne kâr eder ne zarar** [*o* **ziyan**] (*prov*) wer nicht wagt, der nicht gewinnt ② (*namert*) feige

korkaklık <-ğı> *s ohne pl* Ängstlichkeit *f*

korkma *s Verbalsubstantiv zu* **korkmak**

korkmak <-ar> *vi* ① fürchten (**-den**), Angst haben (**-den** vor); **bir şeyden/kimseden** ~ etw/jdn fürchten, vor etw/jdm Angst haben; **ölümden** ~ den Tod fürchten; **korkarım gelmeyecek** ich fürchte, er wird nicht kommen; **korkma!** hab keine Angst! ② befürchten; **bunda korkulacak bir şey yok** da ist nichts zu befürchten; **korktuğu başına geldi** seine Befürchtungen haben sich bewahrheitet ③ sich fürchten; **karanlık yerde** ~ sich im Dunkeln fürchten; **tek korktuğum şey ...** das einzige, wovor ich mich fürchte, ...; **korkma!** fürchte dich nicht! ④ (*endişe etmek*) sich bangen; **korkma!** sei nicht bange! ⑤ (*dehşete kapılmak*) sich erschrecken

korkmaz *adj* furchtlos

korku *s* ① Angst *f,* Furcht *f,* Bange *f;* **~dan** aus Angst; **~ya kapıldı** ihn überkam die Furcht ② (*su ~ su*) Scheu *f* ③ Schrecken *m,* Schreck *m;* **~dan kaskatı kesilmek** vor Schreck erstarren; **~su yanına kâr kalmak** mit dem Schrecken davonkommen

korku filmi *s* Horrorfilm *m*

korkulu *adj* angstvoll

korkuluk <-ğu> *s* ① Vogelscheuche *f* ② Geländer *nt,* Brüstung *f*

K

korkunç <-cu> *adj* ❶ furchtbar, schrecklich; ~ **acıktım/susadım** (*fam*) ich habe furchtbaren Hunger/Durst; ~ **bir şey oldu** es ist etwas Schreckliches passiert ❷ schlimm; **işin en ~ tarafı** das Schlimmste an der Sache
korkusuz *adj* unerschrocken
korkusuzluk <-ğu> *s ohne pl* Unerschrockenheit *f*
korkut *vi Imperativ von* **korkutmak**
korkutma *s Verbalsubstantiv zu* **korkutmak**
korkutmak *vt* beängstigen, erschrecken; **birinin gözünü ~** (*fig*) jdn einschüchtern
korkutucu *adj* beängstigend, erschreckend
korlaşma *s Verbalsubstantiv zu* **korlaşmak**
korlaşmak *vi* verglühen
korna *s* Hupe *f;* ~ **çalmak** hupen
kornea *s* ANAT Cornea *f;* (*saydam tabaka*) Hornhaut *f*
korner *s* SPORT (*futbolda*) Ecke *f* **korner atışı** *s* SPORT (*futbolda*) Eckball *m,* Eckstoß *m;* ~ **yapmak** einen Eckball treten **korner direği** *s* SPORT (*futbolda*) Eckfahne *f*
kornet *s* MUS Kornett *nt*
kornetçi *s* MUS Kornettist *m*
korniş *s* ❶ (*perde asmak için*) Gardinenstange *f* ❷ ARCH Kranzgesims *nt,* Kranzleiste *f* ❸ (*kayalık çıkıntı*) Felsvorsprung *m*
kornişon *s* GASTR Cornichon *nt*
korno *s* MUS Horn *m*
koro *s* MUS Chor *m;* ~ **hâlinde söz/şarkı söylemek** im Chor sprechen/singen
koroner *adj* MED koronar **koroner damar** *s* MED Koronargefäß *nt* **koroner yetersizliği** *s* MED Koronarinsuffizienz *f*
korozyon *s* Korrosion *f;* **bir şeyi ~a karşı korumak** etw gegen Korrosion schützen
korporasyon *s* (*lonca*) Innung *f*
korsan *s* Pirat(in) *m(f);* (*deniz haydudu*) Seeräuber(in) *m(f)* **korsan baskı** *s* Raubdruck *m* **korsan gemisi** *s* Piratenschiff *nt*
korsanlık <-ğı> *s* Piraterie *f*
korse *s* Korsett *nt,* Hüfthalter *m*
Korsika *s* Korsika *nt*
Korsikalı I. *s* Korse, Korsin *m, f* **II.** *adj* korsisch
kort *s* SPORT (*tenis ~u*) Platz *m*
kortej *s* ❶ (*maiyet*) Gefolge *nt;* (*maiyet alayı*) Geleitzug *m* ❷ (*alay*) Zug *m*
korteks *s* ANAT, MED Kortex *m*
kortizon *s ohne pl* MED Cortison *nt*
koru[1] *vt Imperativ von* **korumak**
koru[2] *s* Schälwald *m*
korugan *s* MIL Bunker *m*
koruma *s* ❶ *Verbalsubstantiv zu* **korumak** ❷ Leibwächter *m,* Bodyguard *m;* (*yakın ~*) Personenschutz *m* **koruma görevlisi** *s* Ordner *m*
korumak *vt* ❶ schützen (**-den/-e karşı** vor/gegen) ❷ beschützen, bewahren, behüten; **Allah korusun!** Gott beschütze [*o* behüte]! ❸ (*savunmak*) verteidigen; **mevzii ~** die Stellung halten ❹ (*fig: gelenekleri*) schützen, erhalten ❺ (*fig: karşılamak*) **masrafları ~** die Kosten decken
korunga *s ohne pl* Wiesenklee *m*
korunma *s* ❶ *Verbalsubstantiv zu* **korunmak** ❷ Schutz *m*
korunmak *vr* sich schützen (**-den/-e karşı** vor/gegen); **hastalıklardan ~** sich vor Krankheiten schützen
koruyucu I. *s* ❶ Schutz *m* ❷ (*hami*) Beschützer(in) *m(f),* Schirmherr(in) *m(f)* **II.** *adj* ❶ verhütend, vorbeugend, Schutz- ❷ MED prophylaktisch **koruyucu hekimlik** <-ği> *s* MED Prophylaxe *f*
koruyuculuk <-ğu> *s ohne pl* Obhut *f;* **bir ailenin koruyuculuğuna almak/vermek** in die Obhut einer Familie nehmen/geben
koruyucu tabaka *s* Schutzschicht *f*
korvet *s* MIL Korvette *f*
kosinüs *s* MATH Kosinus *m*
koskoca *adj* riesig, gewaltig, riesengroß
koskocaman *adj* riesig, gewaltig, riesengroß
kosmos *s s.* **kozmos**
Kosta Rika I. *s* Costa Rica *nt* **II.** *adj* costaricanisch; ~ **iklimi** das costaricanische Klima **Kosta Rikalı I.** *s* Costaricaner(in) *m(f)* **II.** *adj* costaricanisch; ~ **erkekler/kadınlar** costaricanische Männer/Frauen
koster *s* NAUT Küstendampfer *m*
kostik *adj* CHEM kaustisch
kostüm *adj* ❶ (*kadınlarda*) Kostüm *nt* ❷ (*erkeklerde*) Anzug *m*
koş *vi Imperativ von* **koşmak**
koşar *vi 3. Aorist von* **koşmak** **koşar adım I.** *s* Laufschritt *m* **II.** *adv* (*hızlı adımlarla*) im Laufschritt
koşma *s Verbalsubstantiv zu* **koşmak** **koşma biçimi** *s* Gangart *f*
koşmak[1] *vi* laufen, rennen
koşmak[2] *vt* spannen; **atları/öküzleri arabaya ~** die Pferde/Ochsen vor den Wagen spannen, die Pferde/Ochsen anspannen
koşnil *s* ZOOL Koschenille(schild)laus *f*
koşturma *s Verbalsubstantiv zu* **koşturmak**
koşturmak *vt* ❶ *Kausativ zu* **koşmak** ❷ abhetzen
koşu *s* Lauf *m* **koşu atı** *s* Rennpferd *nt*

koşucu *s* Läufer(in) *m(f)*
koşul *s* Bedingung *f*, Kondition *f*
koşullu *adj* bedingt **koşullu tepke** *s* PSYCH bedingter Reflex **koşullu yan cümle** *s* LING Konditionalsatz *m*
koşulsuz *adj* bedingungslos, unbedingt **koşulsuz tepke** *s* PSYCH unbedingter Reflex
koşum *s* Geschirr *nt*, Pferdegeschirr *nt*; **ata ~ geçirmek** dem Pferd das Geschirr anlegen
koşum atı *s* Zugpferd *nt* **koşum hayvanı** *s* Zugtier *nt*
koşuşma *s* ❶ *Verbalsubstantiv zu* **koşuşmak** ❷ Gelaufe *nt*, Rennerei *f*
koşuşmak *vi* rennen, tollen; **çayırda ~** durch die Wiesen tollen
koşuşturma *s* ❶ *Verbalsubstantiv zu* **koşuşturmak** ❷ Hetzerei *f* ❸ (*koşuşma*) Gelaufe *nt*
koşuşturmak *vi* sich (ab)hetzen; **zaferden zafere ~** von Sieg zu Sieg führen
koşut *adj a.* MATH (*paralel*) parallel (**-e** zu)
koşutçuluk <-ğu> *s* PHILOS (*paralelizm*) Parallelismus *m*
koşutlaştırma *s* *Verbalsubstantiv zu* **koşutlaştırmak**
koşutlaştırmak *vt* parallelisieren
koşutluk <-ğu> *s* Parallelität *f*
koşu yolu *s* Wanderweg *m*
kot *s* Cord *m*, Kord *m* **kot pantolon** *s* Kordhose *f*
kotra *s* Kutter *m*
kov *vt Imperativ von* **kovmak**
kova *s* ❶ Eimer *m* ❷ Gießkanne *f*
Kova *s* ASTROL Wassermann *m*; **~ burcu/dönencesi** das Sternbild/der Wendekreis des Wassermanns
kova kova *adv* eimerweise
kovalama *s* *Verbalsubstantiv zu* **kovalamak**
kovalamaca *s* ❶ Haschen *nt*; **~ oynamak** Haschen spielen ❷ Verfolgungsjagd *f*
kovalamak *vt* ❶ jagen; (*kovmak*) verjagen ❷ (*yakalamaya çalışmak*) haschen ❸ (*takip etmek*) verfolgen
kovan *s* ❶ (*mermi ~ı*) Hülse *f* ❷ **arı ~ı** Bienenstock *m*
kovar *vt 3. Aorist von* **kovmak**
kovboy *s* Cowboy *m* **kovboy filmi** *s* Western *m*
kovma *s* ❶ *Verbalsubstantiv zu* **kovmak** ❷ Vertreibung *f*, Verjagung *f* ❸ (*şeytan*) Austreibung *f*
kovmak <-ar> *vt* ❶ verscheuchen, wegjagen ❷ vertreiben, verjagen ❸ (*şeytan*) austreiben
kovuk <-ğu> *s* Höhle *f*; **bu, dişinin kovuğuna bile gitmez** (*fig fam*) das ist gerade etwas für den hohlen Zahn
kovulma *s* *Verbalsubstantiv zu* **kovulmak**
kovulmak *vi pass von* **kovmak**
kovuşturma *s* ❶ *Verbalsubstantiv zu* **kovuşturmak** ❷ Verfolgung *f*, Strafverfolgung *f*
kovuşturmak *vt* JUR verfolgen
koy[1] *vt* ❶ *Imperativ von* **koymak** ❷ **kendini bir kere benim yerime ~** versetz dich doch einmal in meine Lage
koy[2] *s* Bucht *f*
koyak <-ğı> *s* Tal *nt*
koyar[1] *vt 3. Aorist von* **koymak**
koyar[2] *s* Zusammenfluss *m*
koydurtma *s* *Verbalsubstantiv zu* **koydurtmak**
koydurtmak *vt* ❶ *Kausativ zu* **koymak** ❷ **spiral ~** sich eine Spirale einsetzen lassen
koyma *s* ❶ *Verbalsubstantiv zu* **koymak** ❷ (*yasa*) Erlass *m* ❸ (*çelenk*) Niederlegung *f*
koymak *vt* ❶ stellen, hinstellen (**-e** auf); (*çelenk*) niederlegen; (*kitap*) (hin)legen; (*fam*) hintun; **bir kenara ~** beiseitelegen, zur Seite legen; **elini omzuma koydu** er legte seine Hand auf meine Schulter; **kitabı nereye koyayım?** wo soll ich das Buch hintun? ❷ stecken (**-e** in); **bir şeyi cebine ~** etw in Tasche stecken ❸ (*ambargo*) verhängen ❹ (*yasa*) erlassen ❺ einsetzen ❻ **kendini birisinin yerine ~** sich in jdn hineinversetzen; **kendini benim yerime bir koysana!** versetz dich doch mal in meine Lage hinein!, versetz dich doch einmal in meine Lage ❼ setzen; **yeni standartlar ~** neue Maßstäbe setzen; **bir şeyi aklına [*o* kafasına] ~** sich etw in den Kopf setzen ❽ (*etkilemek*) mitnehmen; (*dokunmak*) treffen; **bu söz bana çok koydu** diese Bemerkung trifft mich sehr
koynu *s poss von* **koyun**[2]
koyu *adj* ❶ (*açık karşıtı*) dunkel; **~ bir gri/kırmızı** ein dunkles Grau/Rot ❷ (*sıvı için*) dickflüssig ❸ (*fig: aşırı*) fanatisch, ausgemacht **koyu kahverengi** *adj* dunkelbraun **koyu kırmızı** *adj* dunkelrot
koyulaştırma *s* *Verbalsubstantiv zu* **koyulaştırmak**
koyulaştırmak *vt* ❶ abdunkeln ❷ GASTR verdicken, eindicken, abbinden
koyulma *s* *Verbalsubstantiv zu* **koyulmak**
koyulmak *vi* ❶ *pass von* **koymak** ❷ **yola ~** sich auf den Weg machen, losgehen
koyu mavi *adj* dunkelblau

K

koyun[1] *s* Hammel *m,* Schaf *nt;* **her ~ kendi bacağından asılır** (*prov*) jeder ist seines Glückes Schmied; **~un bulunmadığı yerde keçiye Abdurrahman çelebi derler** (*prov*) unter den Blinden ist der Einäugige König

koyun[2] <-ynu> *s* Brust *f,* Busen *m;* **koynunda yılan beslemek** (*fig*) eine Natter am Busen nähren

koyunculuk <-ğu> *s ohne pl* Schafzucht *f*

koyun dede *s* (*fig: aptal*) Hammel *m,* Schaf *nt,* Dummkopf *m* **koyun derisi** *s* Hammelleder *nt* **koyun eti** *s* Hammelfleisch *m*

koyungözü *s* BOT Mutterkraut *nt*

koyun koyuna *adv* eng umschlungen; **~ yatmak** kuscheln **koyun postu** *s* Schaffell *nt* **koyun sürüsü** *s* Schafherde *f*

koyu sarı *adj* dunkelgelb

koyut *s* MATH, PHILOS (*postulat*) Postulat *nt*

koyuverme *s Verbalsubstantiv zu* **koyuvermek**

koyuvermek *vt* ❶ (*serbest bırakmak*) freilassen, loslassen, gehenlassen, gehen lassen ❷ (*oluruna bırakmak*) sein lassen; **kendini ~** sich gehenlassen [*o* gehen lassen]

koyu yeşil *adj* dunkelgrün

koyverme *s Verbalsubstantiv zu* **koyvermek**

koyvermek *vt* ❶ *s.* **koyuvermek** ❷ gehenlassen, gehen lassen; **kendini ~** sich gehenlassen [*o* gehen lassen]

koz *s* ❶ (*ceviz*) Walnuss *f* ❷ (*iskambil oyununda*) Trumpf *m;* **~la kırmak** stechen; **son ~unu oynamak** (*fig*) seinen letzten Trumpf ausspielen

koza *s* Kokon *m;* (*pamuk ~sı*) Kapsel *m;* **~sına çekilmek** (*fig*) sich abkapseln

kozalak <-ğı> *s* Tannenzapfen *m*

kozalaklılar *s* BOT Koniferen *pl;* (*iğne yapraklılar*) Nadelhölzer *pl*

kozalaksı bez *s* ANAT Zirbeldrüse *f*

kozlama *s Verbalsubstantiv zu* **kozlamak**

kozlamak *vt* übertrumpfen

kozmik *adj* kosmisch; **~ ışınlar** kosmische Strahlen

kozmogoni *s ohne pl* Kosmogonie *f*

kozmogonik *adj* kosmogonisch

kozmoloji *s ohne pl* Kosmologie *f*

kozmolojik *adj* kosmologisch

kozmonot *s* Kosmonaut(in) *m(f)*

kozmopolit **I.** *s* Kosmopolit(in) *m(f),* Weltbürger(in) *m(f)* **II.** *adj* kosmopolitisch, weltbürgerlich

kozmos *s ohne pl* Kosmos *m*

köhne *adj* veraltet

köhneleme *s* ❶ *Verbalsubstantiv zu* **köhnelemek** ❷ Veralterung *f*

köhnelemek *vi* veralten

kök *s* ❶ Wurzel *f;* **~ salmak** Wurzeln schlagen ❷ LING Wurzel *f*

kök bacaklılar *pl* ZOOL Wurzelfüßer *pl* **kök bilgisi** *s s.* **köken bilimi** **kök boyası** *s ohne pl* Färberröte *f* **kök boyagiller** *pl* BOT Rötegewächse *pl*

köken *s ohne pl* ❶ (*menşe*) Herkunft *f,* Ursprung *m;* **bir kelimenin ~i** die Herkunft eines Wortes ❷ (*soy*) Abstammung *f,* Abkunft *f* **köken belgesi** *s* COMM Ursprungszeugnis *nt* **köken bilimci** *s* (*etimolog*) Etymologe, -login *m, f* **köken bilimi** *s* (*etimoloji*) Etymologie *f* **köken bilimsel** *adj* (*etimolojik*) etymologisch

kökenli *adj* **Alman ~** deutschstämmig; **o, Slav ~dir** er ist slawischer Abstammung

kök hücre *s* BIOL, MED Stammzelle *f* **kök işareti** *s* MATH Wurzelzeichen *nt*

köklü *adj* radikal; **~ tedbir** eine radikale Maßnahme

kök mantar *s ohne pl* BOT Wurzelfäule *f*

köknar *s* BOT Tanne *f*

köksüz *adj* wurzellos

kökten *adj* radikal; **bir şeyi ~ değiştirmek** etw radikal [*o* von Grund auf] ändern

köktenci *s* Radikale(r) *f(m)*

köktencilik <-ği> *s* Radikalismus *m*

köle *s* Sklave, Sklavin *m, f*

köleleştirme *s* ❶ *Verbalsubstantiv zu* **köleleştirmek** ❷ Versklavung *f*

köleleştirmek *vt* versklaven

kölelik <-ği> *s ohne pl* Sklaverei *f* **kölelik düzeni** <-ği> *s ohne pl* SOZIOL Sklaverei *f*

kömür *s* Kohle *f* **kömür kalem** *s* Kohlestift *m* **kömür sobası** *s* Kohleofen *m*

köpek <-ği> *s* Hund *m;* **birine ~ gibi davranmak** jdn wie einen Hund behandeln; **dişi ~** Hündin *f*

köpekayası *s* BOT Andorn *m*

köpek balığı *s* ZOOL Hai *m,* Haifisch *m* **köpek çetesi** *s* Hundemeute *f* **köpek dişi** *s* Eckzahn *m* **köpek ırkı** *s* Hunderasse *f* **köpek kulübesi** *s* Hundehütte *f*

köpekleme *s Verbalsubstantiv zu* **köpeklemek**

köpeklemek *vi* REG ❶ (*çok yorulmak*) schlappmachen ❷ (*düşkünleşmek*) verelenden, vor die Hunde gehen

köpekleniş *s* (*pej*) Katzbuckelei *f*

köpeklenme *s* ❶ *Verbalsubstantiv zu* **köpeklenmek** ❷ (*pej*) Katzbuckelei *f*

köpeklenmek *vi* (*pej*) katzbuckeln

köpekoğlu *s* (*vulg*) Hundesohn *m,* Schweinehund *m*

köpek pisliği *s* Hundekot *m* **köpek sürüsü** *s* Hundemeute *f* **köpek tasması** *s* Hundehalsband *nt*

köpoğlu köpek <-ği> *s* (*pej vulg*) Hundesohn *m*
köprü *s* ❶ ARCH Brücke *f;* ~ **kurmak** eine Brücke bauen; ~**den** [*o* ~**yü**] **geçinceye kadar ayıya dayı demek** (*fig fam*) mit den Wölfen heulen; ~**leri atmak** (*fig*) alle Brücken hinter sich abbrechen ❷ NAUT (*kumanda* ~*sü*) Brücke *f* ❸ MED Brücke *f,* Zahnbrücke *f* ❹ SPORT Brücke *f* ❺ (*halı*) Brücke *f*
köprü ayağı *s* Brückenpfeiler *m* **köprübaşı** *s* MIL Brückenkopf *m*
köprücü *s* Brückenbauer(in) *m(f)*
köprücük kemiği *s* ANAT (*Clavicula*) Schlüsselbein *nt*
köprücülük <-ğü> *s ohne pl* Brückenbau *m*
köprü korkuluğu *s* Brückengeländer *nt*
köprü yapımı *s ohne pl* Brückenbau *m*
köprü yol *s* Talbrücke *f;* (*viyadük*) Viadukt *m o nt*
köpük <-ğü> *s* Schaum *m*
köpüklenme *s Verbalsubstantiv zu* **köpüklenmek**
köpüklenmek *vi* schäumen
köpüklü *adj* schaumig, Schaum- **köpüklü şarap** <-bı> *s* Schaumwein *m,* Sekt *m*
köpük önleyici *s* CHEM (*motor yağı için*) Antischäummittel *nt*
köpürme *s Verbalsubstantiv zu* **köpürmek**
köpürmek *vi* ❶ (auf)schäumen, aufbrausen ❷ (*fig: feveran etmek*) aufbrausen
kör I. *s* Blinde(r) *f(m)* II. *adj* ❶ blind; ~ **olmak** blind werden; ~**ler mahallesinde ayna satmak** (*fig*) Eulen nach Athen tragen ❷ stumpf; ~ **bıçak** ein stumpfes Messer; ~ **makas** eine stumpfe Schere ❸ **sabahın** ~**ünde kalkmak** beim Morgengrauen aufstehen **kör alan** *s* AUTO toter Winkel **kör baca** *s* BERGB Blindschacht *m* **kör bağırsak** <-ğı> *s* ANAT Blinddarm *m*
körcesine I. *adj* blind II. *adv* blind, blindlings; **birine** ~ **güvenmek** jdm blind vertrauen
kördüğüm *s* ~**ü çözmek** (*fig*) den gordischen Knoten durchhauen
körebe *s ohne pl* Blindekuh *f;* ~ **oynamak** Blindekuh spielen
körelme *s* ❶ *Verbalsubstantiv zu* **körelmek** ❷ Verkümmerung *f*
körelmek *vi* ❶ (*bıçak*) stumpf werden, abstumpfen ❷ (*suyu çekilmek*) austrocknen, versiegen ❸ (*soyu tükenmek*) aussterben ❹ BIOL (*dumura uğramak*) verkümmern ❺ (*fig*) verkümmern
köreltme *s Verbalsubstantiv zu* **köreltmek**
köreltmek *vt Kausativ zu* **körelmek**
körfez *s* Meerbusen *m,* Golf *m;* **Basra K**~**i** der Persische Golf
Körfez Savaşı *s* HIST Golfkrieg *m*
körkütük <-ğü> *adj* (*sarhoş*) sternhagelvoll; (*âşık*) bis über beide Ohren
körlük <-ğü> *s ohne pl* Blindheit *f*
körpe *adj* ❶ frisch ❷ jung, unreif ❸ zart; **... gibi** ~ **bir yaşta** (*geh*) im zarten Alter von ...
kör sıçan *s* REG (*köstebek*) Maulwurf *m*
kör şans *s ohne pl* Pech *nt,* Unglück *nt;* ~**a bak!** so ein Pech! **kör talih** *s ohne pl* Pech *nt* **kör tapa** *s* TECH Blindstopfen *m*
kör topal I. *adj* (*yarım yamalak*) stümperhaft II. *adv* (*iyi kötü*) leidlich, einigermaßen; **konuşmalar da** ~**dı** und die Gespräche waren leidlich [*o* halbwegs gut] **kör uçuş** *s* AERO Blindflug *m*
körük <-ğü> *s* ❶ Blasebalg *m;* **yangına** ~**le gitmek** (*fig*) Öl ins Feuer gießen ❷ MUS Balg *m;* **akordeon körüğü** der Balg eines Akkordeons ❸ FOTO Balgen *m*
körükleme *s Verbalsubstantiv zu* **körüklemek**
körüklemek *vt* ❶ schüren; **yangını** ~ das Feuer schüren ❷ (*fig*) **enflasyonu** ~ die Inflation anheizen; **yangını** ~ Öl ins Feuer gießen
körüklenme *s Verbalsubstantiv zu* **körüklenmek**
körüklenmek *vi pass von* **körüklemek**
körüklü fotoğraf makinesi *s* FOTO Balgenkamera *f*
körü körüne *adv* blindlings; (*düşünüp taşınmadan*) ohne Überlegung
kör yılan *s* ZOOL Blödauge *nt,* europäische Wurmschlange *f*
kös *s* Kesselpauke *f*
köse *adj* bartlos
kösele *s* Leder *nt;* **yüzü rüzgâr ve güneşten** ~ **gibi olmuştu** (*fig*) sein Gesicht war von Wind und Sonne gegerbt
köselik <-ği> *s ohne pl* Bartlosigkeit *f*
kösemen *s* (*a. fig*) Leithammel *m*
kösnü *s ohne pl* REG (*şehvet*) Lust *f,* Wollust *f*
kösnük <-ğü> *adj* REG brünstig
kösnül *adj* (*erotik*) erotisch
kösnüllük <-ğü> *s ohne pl* ❶ Erotik *f* ❷ (*erotizm*) Erotismus *m* ❸ PSYCH Erotomanie *f*
kösnülü *adj* (*şehvetli*) wollüstig
kösnüme *s Verbalsubstantiv zu* **kösnümek**
kösnümek *vi* brunsten, in der Brunst sein
köstebek <-ği> *s* ZOOL Maulwurf *m* **kös-**

tebek yuvası *s* Maulwurfshaufen *m*
köstek <-ği> *s* ❶ (*hayvanın ayaklarına bağlanan zincir veya ip*) Fußfessel *f* ❷ (*zincir*) Kette *f;* **saatinin köstegi** die Kette seiner Uhr
köşe *s* ❶ Ecke *f;* **birini ~ye sıkıştırmak** jdn in die Ecke drängen ❷ SPORT Ecke *f* **köşe atışı** *s* SPORT Eckwurf *m;* (*futbolda*) Eckstoß *m,* Eckball *m* **köşe başı** *s* Ecke *f,* Straßenecke *f;* **hemen ~nda oturuyor** er wohnt gleich um die Ecke
köşebent <-di> *s* ❶ TECH (*L demiri*) Winkeleisen *nt* ❷ FOTO Fotoecke *f*
köşe bucak <-ğı> *s* Ecke *f,* Winkel *m;* (~ *kaçmak*) sich in einen Winkel verkriechen; **evin köşesini bucağını aramak** jeden Winkel im Haus absuchen, jede Ecke im Haus absuchen **köşe demiri** *s* TECH Winkeleisen *nt* **köşe dolabı** *s* Eckschrank *m*
köşegen **I.** *s* MATH Diagonale *f* **II.** *adj* diagonal
köşeli *adj* eckig; ~ **ayraç** [*o* **parantez**] eckige Klammer
köşe penceresi *s* Eckfenster *nt* **köşe rafı** *s* Eckbrett *nt*
köşesiz *adj* eckenlos
köşe taşı *s* Eckstein *m* **köşe vuruşu** *s s.* **köşe atışı** **köşe yazarı** *s* VERLAG Kolumnist(in) *m(f);* (*fıkra yazarı*) Feuilletonist(in) *m(f)* **köşe yazısı** *s* VERLAG Kolumne *f;* (*fıkra*) Feuilleton *nt*
köşk *s* ❶ Villa *f* ❷ (*kasır*) Schlösschen *nt* ❸ (*pilot* ~ *ü*) Kanzel *f*
kötek <-ği> *s* ❶ (*sopa*) Stock *m* ❷ ~ **atmak** prügeln; ~ **yemek** geprügelt werden; **laftan anlamayanın hakkı ~tir** (*prov*) wer nicht hören will, muss fühlen
kötü *adj* ❶ (*iyi karşıtı*) schlecht; **bu** (**çok**) ~ **bir alışkanlık** das ist eine (sehr) schlechte Gewohnheit ❷ (*zararlı, tehlikeli*) schlimm; ~ **bir hastalık** eine schlimme Krankheit; **daha da ~sü** schlimmer noch; **en ~sü** das Schlimmste ❸ (*koku*) übel; **bir şey ~ kokuyor** etw riecht übel; **~nün iyisi** (*ehvenişer*) das kleinere Übel ❹ böse(r, s); ~ **görünmek** böse aussehen; **birine ~ bir oyun oynamak** jdm einen bösen Streich spielen; **bunun sonu ~ olacak** das wird böse Folgen haben, es wird böse enden
kötücül *adj* MED bösartig; ~ **urlar** bösartige Geschwülste
kötü huylu *adj* bösartig
kötüleme *s Verbalsubstantiv zu* **kötülemek**
kötülemek *vt* schlechtmachen
kötüleşme *s* ❶ *Verbalsubstantiv zu* **kötüleşmek** ❷ Verschlechterung *f*
kötüleşmek *vi* sich verschlechtern; **durumu kötüleşiyor** sein Zustand verschlechtert sich
kötülük <-ğü> *s* Boshaftigkeit *f;* ~ **görmek** Böses erfahren; **bir şeyi sırf ~ etmek için yapmak** etw aus lauter Bosheit tun
kötümseme *s Verbalsubstantiv zu* **kötümsemek**
kötümsemek *vt* schwarzmalen
kötümser **I.** *s* (*karamsar*) Schwarzseher(in) *m(f);* (*pesimist*) Pessimist(in) *m(f)* **II.** *adj* (*karamsar*) schwarzseherisch; (*pesimist*) pessimistisch
kötümserlik <-ği> *s ohne pl* (*karamsarlık*) Schwarzseherei *f;* (*pesimizm*) Pessimismus *m*
kötü niyet *s* Böswilligkeit *f;* **bunu ~le söylemedi** er meinte es nicht böse **kötü niyetli** *adj* böswillig
kötürüm *adj* lahm; ~ **bacak** ein lahmes Bein; **belden aşağısı** ~ er ist querschnitt(s)gelähmt; **bir/sol bacağı ~ olmak** auf einem/dem linken Bein lahm sein
kötürümlük <-ğü> *s* Lähmung *f*
kötü talih *s ohne pl* Unglück *nt,* Pech *nt*
köy *s* Dorf *nt* **köy evi** *s* Bauernhaus *nt* **köy güzeli** *s* Dorfschönheit *f* **köy kooperatifi** *s* Dorfgenossenschaft *f;* (*İsviçre'de*) Dorfsame *f* **köy koruyucusu** *s* Dorfschützer(in) *m(f)*
köylü **I.** *s* ❶ Dörfler *m,* Dorfbewohner(in) *m(f)* ❷ (*pej*) Bauer *m* **II.** *adj* (*pej*) dörfisch, bäurisch **köylü kafası** *s* (*pej*) Bauernverstand *m*
köy muhtarı *s* Dorfschulze *m,* Gemeindevorsteher(in) *m(f)* **köy okulu** *s* Dorfschule *f*
kral **I.** *s* König *m;* ~ **gibi** wie ein König, königlich **II.** *adj* königlich; ~ **ailesi** die königliche Familie
kralcı **I.** *s* Royalist(in) *m(f)* **II.** *adj* royalistisch, königstreu
kralın soytarısı *s* HIST Hofnarr *m*
kraliçe *s* Königin *f*
krallık <-ğı> *s* Königreich *nt*
kramp *s* Krampf *m*
krank *s* TECH Kurbel *f* **krank karteri** *s* TECH Kurbelgehäuse *nt* **krank mili** *s* TECH Kurbelwelle *f* **krank yatağı** *s* TECH Kurbellager *nt*
krater *s* GEO Krater *m* **krater gölü** *s* GEO Kratersee *m*
kravat *s* Krawatte *f;* ~ **bağlamak** eine Krawatte binden **kravat iğnesi** *s* Krawattennadel *f*
kravl *s* SPORT Kraul *nt;* ~ **yüzmek** kraulen
kreasyon *s* ❶ (*yaratı*) Schöpfung *f* ❷ (*mo-*

dada) Kreation *f*, Modeschöpfung *f*

kreatör *s* Schöpfer(in) *m(f)*

kredi *s* Kredit *m*; ~ **almak/vermek** einen Kredit aufnehmen/geben **kredi kartı** *s* FIN Kreditkarte *f*

kredileme *s Verbalsubstantiv zu* **kredilemek**

kredilemek *vt* WIRTSCH kreditieren

kredili *adj* ❶ kreditwürdig ❷ (*fig: güvenilir*) kreditwürdig, vertrauenswürdig

kredi mektubu *s* FIN Kreditbrief *m*

kredisiz *adj* ❶ kreditunwürdig ❷ (*fig: güvenilmeyen*) nicht vertrauenswürdig

kredi sözleşmesi *s* FIN Kreditvertrag *m*

krem *s* Creme *f*, Krem *f*

krema *s* GASTR Creme *f*, Sahne *f*

kremalı *adj* GASTR cremig, Creme-, sahnig, Sahne- **kremalı pasta** *s* GASTR Cremetorte *f*, Sahnetorte *f*

krematoryum *s* Krematorium *nt*

kremleme *s Verbalsubstantiv zu* **kremlemek**

kremlemek *vt* eincremen

kremlenme *s Verbalsubstantiv zu* **kremlenmek**

kremlenmek *vi* sich eincremen

kremli *adj* kremig

Kremlin *s* Kreml *m*

krem rengi *adj* cremefarben

kremşanti *s ohne pl* Schlagsahne *f*

krep *s* ❶ (*kumaş*) Crêpe *m*, Krepp *m* ❷ GASTR Crêpe *f*, Krepp *f*

krepdöşin *s* (*kumaş*) Crêpe de Chine *m*

krepon *s* ❶ Krepon *m* ❷ Krepp *m* **krepon kâğıdı** *s* Krepppapier *nt*

krepsaten *s* (*kumaş*) Crêpe Satin *m*

kreş *s* Kinderhort *m*

kretase *s ohne pl* GEO Kreidezeit *f*

kreten *s* MED Kretin *m*

kreton *s* Cretonne *m*

krezol <-lü> *s ohne pl* Kreosot *nt*

kriket *s ohne pl* SPORT Kricket *nt*

kriko *s* AUTO Wagenheber *m*

kriminolog <-ğu> *s* Kriminologe, -login *m, f*

kriminoloji *s ohne pl* Kriminologie *f*

kriminolojik <-ği> *adj* kriminologisch

kripto *s* Geheimschrift *f*, Kryptografie *f*

kriptoloji *s ohne pl* Kryptologie *f*, Kryptografie *f*

kriptolojik <-ği> *adj* kryptografisch

kripton *s ohne pl* CHEM Krypton *nt*

kristal **I.** *s* <-li> Kristall *nt* **II.** *adj* kristallen, Kristall- **kristal cam** *s* Kristallglas *nt*

kristalleşme *s* ❶ *Verbalsubstantiv zu* **kristalleşmek** ❷ Kristallisierung *f*

kristalleşmek *vi* ❶ kristallisieren ❷ sich kristallisieren

kriter *s* Kriterium *nt*; *s. a.* **ölçüt, kıstas**

kritik **I.** *s* <-ği> ❶ (*eleştiri*) Kritik *f*; ~ **etmek** kritisieren ❷ (*eleştirmen*) Kritiker(in) *m(f)* **II.** *adj* kritisch

kriyoskopi *s* PHYS Kryoskopie *f*

kriz *s* ❶ Krise *f*; ~ **geçirmek** eine Krise durchmachen ❷ MED Krise *f*; (*akse*) Anfall *m*

krizantem *s* BOT (*kasımpatı*) Chrysantheme *f*

kriz masası *s* Krisenstab *m* **kriz yönetimi** *s* Krisenmanagement *nt*

kroki *s* Skizze *f*

krokodil *s ohne pl* Kroko *nt*

krom **I.** *s ohne pl* CHEM Chrom *nt*; ~**la kaplamak** verchromen **II.** *adj* Chrom-

kromaj *s ohne pl* Verchromung *f*

kromatik <-ği> *adj* PHYS, MUS chromatisch

kromatin *s* BIOL Chromatin *nt*

kromatofor *s* BIOL Chromatophor *nt*

krome *adj* Chrom-; (*krom kaplama*) verchromt

kromlu *adj* chromhaltig

kromoplast *s* BIOL Chromoplast *m*

kromosfer *s* ASTRON Chromosphäre *f*

kromozom *s* BIOL Chromosom *nt* **kromozom sayısı** *s* Chromosomenzahl *f* **kromozom takımı** *s* Chromosomensatz *m*

kronik **I.** *s* <-ği> Chronik *f* **II.** *adj* ❶ chronisch; (*süreğen*) schleichend; ~ **bir hastalık** eine chronische Krankheit ❷ (*fig*) WIRTSCH ~ **işsizlik** chronische Arbeitslosigkeit

kronikçi *s* Chronist(in) *m(f)*

kronikleşme *s Verbalsubstantiv zu* **kronikleşmek**

kronikleşmek *vi* chronisch werden

kronik yazarı *s* Chronist(in) *m(f)*

kronograf *s* Chronograf *m*, Chronograph *m*

kronoloji *s* Chronologie *f*

kronolojik *s* chronologisch

kronometre *s* TECH Chronometer *m*

kros *s* SPORT Geländelauf *m*, Querfeldeinrennen *nt*

kroşe *s* SPORT (*boksta*) Haken *m*

kruasan *s s.* **kruvasan**

krupiye *s* Croupier *m*

kruvasan *s* Croissant *nt*

kruvaze *adj* zweireihig **kruvaze elbise** *s* Zweireiher *m*

kruvazör *s* MIL, NAUT Kreuzer *m*

ksenon *s ohne pl* CHEM Xenon *nt*

ksilofon *s* MUS Xylofon *nt*

kuaför *s* Coiffeur *m*, Friseur *m*

kuartet *s* MUS (*dörtlü*) Quartett *nt*

kubbe *s* ❶ Kuppel *f*; **bir minarenin ~si** die Kuppel eines Minaretts; **habbeyi ~**

yapmak (*fig fam*) aus einer Mücke einen Elefanten machen ❷ (*bombe*) Wölbung *f*

kubbelendirme *s Verbalsubstantiv zu* **kubbelendirmek**

kubbelendirmek *vt* wölben

kubbelenme *s Verbalsubstantiv zu* **kubbelenmek**

kubbelenmek *vi* sich wölben

kubur *s* ❶ Abfluss *m;* (*boru*) Abflussrohr *nt* ❷ (*boru biçiminde kap*) Köcher *m*

kuburluk <-ğu> *s* ❶ (*tabanca kılıfı*) Halfter *m* ❷ (*sadak*) Köcher *m,* Pfeilköcher *m*

kucak I. *s* <-ğı> Schoß *m;* **bir dolandırıcının kucağına düşmek** einem Betrüger aufsitzen **II.** *adj* Arm voll **kucak çocuğu** *s* Schoßkind *nt*

kucaklama *s* ❶ *Verbalsubstantiv zu* **kucaklamak** ❷ Umarmung *f*

kucaklamak *vt* ❶ umarmen ❷ in die Arme nehmen ❸ (*çepe çevre sarmak*) umgeben

kucaklanma *s* ❶ *Verbalsubstantiv zu* **kucaklanmak** ❷ Umarmung *f*

kucaklanmak *vi pass von* **kucaklamak** umarmt werden

kucaklaşma *s* ❶ *Verbalsubstantiv zu* **kucaklaşmak** ❷ Umarmung *f*

kucaklaşmak *vi* sich umarmen

kuçukuçu *s* (*çocuk dilinde*) Wauwau *m*

kudas *s ohne pl* REL Abendmahl *nt* **kudas ayini** *s ohne pl* REL (*Katoliklerde*) Hochamt *nt*

kudema *s s.* **eskiler** die Alten

kudret *s ohne pl* ❶ (*güç*) Kraft *f,* Macht *f;* (*erk*) Gewalt *f* ❷ (*yetenek*) Fähigkeit *f* ❸ (*maddî güç*) Vermögen *nt* ❹ (*Tanrı'nın ezelî gücü*) Allmacht *f,* Allgewalt *f*

kudret hamamı *s s.* **ılıca** Thermalbad *nt,* heiße Quelle **kudret helvası** *s ohne pl* ❶ Manna *nt* ❷ BOT (*Fraxinus ornus*) Mannaesche *f* **kudret narı** *s* BOT Balsamapfel *m*

kudurma *s Verbalsubstantiv zu* **kudurmak**

kudurmak *vi* ❶ tollwütig werden ❷ (*fig: çok kızmak*) rasend werden; **hiddetten ~** schäumen vor Wut ❸ (*fig: azmak*) wild werden, toben; **çocuklar yine kudurdu** die Kinder sind wieder außer Rand und Band geraten

kudurtma *s Verbalsubstantiv zu* **kudurtmak**

kudurtmak *vt* **birini ~** jdn rasend [*o* wild] machen

kuduruk <-ğu> *adj* ❶ tollwütig ❷ (*fig*) rasend; (*çok yaramaz*) wild

kuduz I. *s ohne pl* MED Tollwut *f* **II.** *adj* tollwütig; **~ köpek gibi** wie ein tollwütiger Hund

Kudüs *s* Jerusalem *nt*

kuğu *s* ZOOL Schwan *m*

kuğurma *s Verbalsubstantiv zu* **kuğurmak**

kuğurmak *vi* REG (*güvercin ötmek*) gurren

kuintet *s* MUS (*beşli*) Quintett *nt*

kukla *s* ❶ (*a. fig*) Marionette *f;* **~ gibi** wie eine Marionette ❷ Handpuppe *f*

kuklacı *s* Marionettenspieler(in) *m(f)*

kukla hükûmet *s* POL Marionettenregierung *f* **kukla oyunu** *s* Marionettenspiel *nt* **kukla tiyatrosu** *s* Marionettentheater *nt*

kuklavari *adv* marionettenhaft; (*kukla gibi*) wie eine Marionette

kukuleta *s* Kapuze *f*

kukumav *s,* **kukumav kuşu** *s* ZOOL Steinkauz *m*

kul *s* ❶ Untertan *m;* **~a ~ olan** unterwürfig; **~unuz** Ihr untertänigster Diener; **Tanrı'nın ~ları** Diener Gottes ❷ (*insan*) Mensch *m*

kula *adj* falb; **~ at** ein falbes Pferd

kulacık <-ğı> *s* ANAT (*kulakçık*) Vorhof *m*

kulaç <-cı> *s* Klafter *nt*

kulağakaçan *s* ZOOL Ohrwurm *m*

kulak <-ğı> *s* ❶ Ohr *nt;* **~ kabartmak** aufhorchen, die Ohren spitzen; **~ kesilmek** ganz Ohr sein; **~ vermek** lange Ohren machen; **birine ~ vermek** jdm sein Ohr leihen; **kulağına inanmamak** (*fam*) seinen Ohren nicht trauen; **kulağı duvar olmak** (*fig fam*) taub werden; **birinin kulağını çekmek** (*fig fam*) jdm die Ohren lang ziehen; **~larını tıkamak** sich die Ohren zuhalten; **ağzı ~larına varmak** (*fam*) von einem Ohr zum anderen strahlen; **bu sözümü kulağına küpe et!** (*fam*) schreib dir das hinter die Ohren!; **bir kulağından girip öbür kulağından çıkmak** (*fig fam*) zum einen Ohr herein-, zum anderen wieder hinausgehen; **bir kimseye/şeye göz ~ olmak** auf jdn/etw aufpassen, auf jdn/etw achten; **kepçe ~** abstehende Ohren ❷ MUS Wirbel *m* ❸ (*fig*) Gehör *nt;* **~ asmak** hinhören; **~la algılamak** mit dem Gehör wahrnehmen; **kulağa hoş/komik gelmek** angenehm/komisch klingen; **bir şey kulağına çalınmak** von etw läuten hören

kulak ağrısı *s* Ohrenschmerz *m* **kulak altı bezi** *s* ANAT Ohrspeicheldrüse *f*

kulakçı *s* (*fam*) Ohrenarzt, -ärztin *m, f*

kulakçık <-ğı> *s* ANAT Vorhof *m*

kulak damlası *s* Ohrentropfen *m* **kulak davulu** *s* ANAT Trommelfell *nt* **kulak dolgunluğu** *s* Hörensagen *nt* **kulak erimi** *s* Hörweite *f;* **~ içinde/dışında bulunmak** sich in/außer Hörweite befinden **kulak**

kepçesi *s* ANAT Ohrmuschel *f* **kulak kulağa** *adv* **biriyle ~ konuşmak** jdn unter vier Augen sprechen
kulaklık <-ğı> *s* ❶ Ohrenschützer *pl* ❷ RADIO, TELEK Kopfhörer *m* ❸ (*pilli araç*) Hörgerät *nt*
kulaklı somun *s* TECH Flügelmutter *f*
kulak memesi *s* ANAT Ohrläppchen *nt* **kulak misafiri** *s* Ohrenzeuge, -zeugin *m, f;* **bir konuşmaya ~ olmak** bei einem Gespräch Ohrenzeuge sein **kulak tıkacı** *s* Ohropax® *nt* **kulak tırmalayıcı** *adj* ohrenbetäubend **kulak uğultusu** *s ohne pl* Ohrensausen *nt* **kulak yolu** *s* ANAT, MED Gehörgang *m* **kulak zarı** *s* ANAT Trommelfell *nt*
kulampara *s* Päderast *m*
kulamparalık <-ğı> *s ohne pl* Päderastie *f*
kulbu *s poss von* **kulp**
kule *s* ❶ Turm *m;* **~ olmak** sich auftürmen; **~ yapmak** auftürmen ❷ AERO Tower *m*
kulis *s* Kulisse *f;* **~lere bir göz atmak** einen Blick hinter die Kulissen werfen
kullanıcı *s a.* INFORM Anwender(in) *m(f)*, Benutzer(in) *m(f)* **kullanıcı adı** *s* INFORM Benutzername *m* **kullanıcı hesabı** *s* INFORM Benutzerkonto *nt* **kullanıcı programı** *s* INFORM Anwenderprogramm *nt* **kullanıcı yazılımı** *s* INFORM Anwendersoftware *f* **kullanıcı yüzeyi** *s* INFORM Benutzeroberfläche *f*
kullanılabilir *adj* verwendbar
kullanılma *s Verbalsubstantiv zu* **kullanılmak**
kullanılmak *vi* ❶ *pass von* **kullanmak** ❷ Verwendung finden
kullanılmamış *adj* unbenutzt
kullanılmaz *adj* unbrauchbar
kullanılmış *adj* gebraucht **kullanılmış araba** *s* Gebrauchtwagen *m*
kullanım *s* Anwendung *f*, Benutzung *f*, Gebrauch *m* **kullanım alanı** *s* Anwendungsbereich *m* **kullanım talimatı** *s* Gebrauchsanweisung *f*
kullanışlı *adj* ❶ benutzerfreundlich; (*pratik*) praktisch; (*ele yatkın*) handlich ❷ INFORM bedienerfreundlich
kullanma *s* ❶ *Verbalsubstantiv zu* **kullanmak** ❷ Gebrauch *m*, Benutzung *f*, Verwendung *f*
kullanmak *vt* ❶ benutzen, gebrauchen, verwenden; **fırsatı ~** die Gelegenheit benutzen ❷ **kaba kuvvet ~** rohe Gewalt anwenden; **zor ~** Zwang ausüben, Gewalt anwenden ❸ AUTO fahren ❹ (*içmek*) trinken; (*sigara*) rauchen
kulp <-bu> *s* ❶ Henkel *m* ❷ Griff *m*, Knauf *m*
kulplu beygir *s* SPORT Pauschenpferd *nt*
kuluçka *s* ❶ Bruthenne *f*, Glucke *f;* **~ya oturmak** [*o* **yatmak**] brüten ❷ MED Inkubation *f* **kuluçka dönemi** *s* ❶ ZOOL, AGR Brutzeit *f* ❷ MED Inkubationszeit *f* **kuluçka makinesi** *s* AGR Brutapparat *m* **kuluçka reaktör** *s* TECH Brutreaktor *m*, schneller Brüter
kulun *s* (*at, eşek yavrusu*) Fohlen *nt;* **~ atmak** abfohlen
kulunlama *s Verbalsubstantiv zu* **kulunlamak**
kulunlamak *vi* fohlen
kulübe *s* Häuschen *nt*, Hütte *f*
kulübü *s poss von* **kulüp**
kulüp <-bü> *s* ❶ Club *m*, Klub *m* ❷ (*gece kulübü*) Lokal *nt* ❸ (*futbol kulübü*) Klub *m*, Verein *m* **kulüp üyeliği** *s* Klubmitgliedschaft *f* **kulüp üyesi** *s* Klubmitglied *nt*
kulvar *s* SPORT Bahn *f*
kul yapısı *adj* durch den Menschen geschaffen, vom Menschen geschaffen
kum *s ohne pl* Sand *m;* **denizde ~, onda para** (*fam*) er hat Geld wie Sand am Meer
kumanda *s ohne pl* ❶ Kommando *nt;* (*komuta*) Befehlsgewalt *f;* **~ etmek** kommandieren, befehlen, befehligen (**-e**), den Befehl haben (**-e** über); (*komut vermek*) Befehl erteilen ❷ TECH Steuerung *f;* **~ etmek** (*yönetmek*) steuern (**-e**), lenken (**-e**) **kumanda kolu** *s* ❶ *a.* AERO Steuerknüppel *m* ❷ INFORM Joystick *m* **kumanda köprüsü** *s* NAUT (*kaptan köprüsü*) Kommandobrücke *f*
kumandan *s* Befehlshaber(in) *m(f)*
kumanya *s* Proviant *m*
kumar *s* Glücksspiel *nt;* **~da kaybeden aşkta kazanır** (*prov*) Unglück im Spiel, Glück in der Liebe
kumarbaz *s* Glücksspieler(in) *m(f)*
kumarhane *s* Spielcasino *nt*
kumar makinesi *s* Geldspielautomat *m*
kumaş *s* Stoff *m;* **ince/kalın/kaba/yumuşak ~** dünner/dicker/grober/weicher Stoff **kumaş topu** *s* Stoffballen *m*
kumbara *s* Sparbüchse *f*, Sparschwein *nt*
kum çölü *s* Sandwüste *f* **kum engereği** *s* ZOOL Sandotter *f* **kum fırtınası** *s* Sandsturm *m*
kumkazan *s* ZOOL Sandgräber *m*, Maulwurfsratte *f*
kumlu *adj* sandig
kumpanya *s* ❶ COMM (*ticari ortaklık*) Handelsgesellschaft *f;* (*sigorta ~sı*) Gesellschaft *f* ❷ THEAT (*trup*) Truppe *m* ❸ (*fig: hırsızlık ~sı*) Ring *m*
kumpas *s* ❶ TYPO Winkelhaken *m* ❷ (*fig*) Verschwörung *f*, Komplott *nt;* **~ kurmak**

Ränke schmieden; ~ **tezgâhlamak** Ränke schmieden, ein Komplott schmieden; ~**ı boşa çıkarmak** das Komplott zunichtemachen

kumral *adj* brünett, dunkelblond; (*açık kestane rengi*) hellbraun

kumru *s* ZOOL Turteltaube *f;* **çifte ~lar** (*fig*) die reinsten Turteltauben

kum saati *s* Sanduhr *f*

kumsal **I.** *s* (*plaj*) Strand *m* **II.** *adj* (*kumlu*) sandig, Sand-

kum seti *s* Sandbank *f* **kum tanesi** *s* Sandkorn *nt* **kum taşı** *s* GEO Sandstein *m* **kum torbası** *s* Sandsack *m*

kumul *s* GEO Düne *f*

kundak <-ğı> *s* ❶ (*bebeği sarmak için bez*) Windel *f;* (*kundağa sarılmış bebek*) in Windeln gewickeltes Kind ❷ (*yangın çıkarmak için*) Brandsatz *m* ❸ (*tüfek için*) Gewehrschaft *m;* (*kundağı sedefli bir tüfek*) ein Gewehr mit einem Schaft aus Perlmut

kundakçı *s* Brandstifter(in) *m(f)*

kundakçılık <-ğı> *s* Brandstiftung *f*

kundaklama *s* ❶ *Verbalsubstantiv zu* **kundaklamak** ❷ Brandanschlag *m,* Brandstiftung *f*

kundaklamak *vt* ❶ (*bebeği*) windeln; (*kundağa sarmak*) in Windeln wickeln; (*saçları*) einwickeln ❷ (*yakmak*) anstecken, in Brand stecken ❸ (*fig*) sabotieren; (*aldatmak*) einwickeln

kundura *s* Schuh *m* **kunduracı** *s* Schuster *m* **kunduracı bizi** *s* Schusterahle *f* **kunduracılık** <-ğı> *s* Schusterhandwerk *nt*

kunduz *s* ❶ ZOOL (*Castor*) Biber *m* ❷ (*kürk*) Biber *m*

kungfu *s ohne pl* SPORT Kung-Fu *nt*

kunt *adj* (*yapı*) massiv; (*ayakkabı*) robust

kupa[1] *s* ❶ Pokal *m* ❷ (*bardak*) Becher *m* ❸ SPORT Pokal *m,* Cup *m*

kupa[2] *s* (*iskambilde*) Herz *nt; s. a.* **karo, maça, sinek**

kupa[3] *s* HIST Coupé *nt*

kupa ası *s* (*iskambilde*) Herzass *nt* **kupa bacağı** *s* (*iskambilde*) Herzbube *m* **kupa birlisi** *s* (*iskambilde*) Herzass *nt* **kupa kızı** *s* (*iskambilde*) Herzdame *f* **kupa maçı** *s* SPORT Pokalspiel *nt* **kupa oğlanı** *s* (*iskambilde*) Herzbube *m* **kupa papazı** *s* (*iskambilde*) Herzkönig *m* **kupa şampiyonu** *s* SPORT Pokalsieger *m* **kupa yarışması** *s* SPORT Pokalwettbewerb *m*

kupkuru *adj* knochentrocken, (ganz) ausgetrocknet; ~ **etmek** austrocknen; ~ **kesilmek** austrocknen, (ganz) ausgetrocknet sein

kupon *s* ❶ FIN Coupon *m,* Kupon *m* ❷ (*kumaş parçası*) Coupon *m*

kupür *s* VERLAG (*gazete ~ü*) Zeitungsausschnitt *m*

kur[1] *s* FIN (*döviz ~u*) Kurs *m;* **resmî ~** der amtliche Kurs

kur[2] *s* Cour *f,* Hof *m;* **birine ~ yapmak** jdn den Hof [*o* die Cour] machen, jdn umwerben; (*pej*) um jds Gunst buhlen

kura [kur'a] *s* ❶ Los *nt;* (*ad çekme*) Auslosung *f;* ~ **çekmek** Lose ziehen; **bir şeye ~ yoluyla karar vermek** etw durch das Los entscheiden; **~da ben kazandım** das Los ist auf mich gefallen ❷ MIL **bu/geçen/gelecek yılın ~sı olmak** zum diesjährigen/letztjährigen/nächstjährigen Jahrgang der Rekruten gehören ❸ **kaçın ~sı** (*fig fam*) alter Hase

kurabiye *s* Makrone *f,* Plätzchen *nt*

kurak <-ğı> *adj* trocken

kuraklık <-ğı> *s* Dürre *f,* Trockenheit *f*

kural *s* Regel *f,* Vorschrift *f;* **~lara saygı göstermek** die Vorschriften beachten **kural dışı** *adj* unregelmäßig

kuram *s* Theorie *f*

kuramcı *s* Theoretiker(in) *m(f)*

kuramsal *adj* theoretisch

Kur'an *s ohne pl* Koran *m*

kurander *s* Luftzug *m*

Kur'an dersi *s* Koranunterricht *m*

Kur'anıkerim *s ohne pl* Koran *m*

Kur'an kursu *s* Koranschule *f*

kura usulü *s* Losverfahren *nt*

kurbağa *s* ZOOL Frosch *m,* Kröte *f* **kurbağa adam** *s* (*balık adam*) Froschmann *m* **kurbağa bacağı** *s* GASTR Froschschenkel *m* **kurbağa balığı** *s* ZOOL Himmelsgucker *m,* Sterngucker *m*

kurbağalama yüzme *s ohne pl* SPORT Brustschwimmen *nt*

kurbağa testi *s* MED Froschtest *m,* Krötentest *m* **kurbağa zehiri** *s ohne pl* BOT Froschbiss *m*

kurban *s* Opfer *nt;* ~ **etmek** opfern; **bir şeye ~ gitmek** etw zum Opfer fallen; **birinin ~ı olmak** jdm zum Opfer fallen; **suikasta ~ gitmek** einem Anschlag zum Opfer fallen

Kurban Bayramı *s* REL Opferfest *nt*

kurbanlık hayvan *s* REL Opfertier *nt* **kurbanlık koyun** *s* REL Opferschaf *nt*

kurcalama *s Verbalsubstantiv zu* **kurcalamak**

kurcalamak *vt* ❶ (*ellemek*) herumfingern (an); (*karıştırmak*) herumspielen (an), herumfummeln (an); **radyoyu kurcalayıp durma!** spiel nicht an dem Radio herum! ❷ (*sivri bir şey sokup*) herumstochern (in)

③ (*fig: meşgul ve rahatsız etmek*) beschäftigen; **bu benim çoktandır zihnimi kurcalıyor** das geht mir schon lange im Kopf herum ④ (*üstünde durmak*) bohren

kur dalgalanması *s* WIRTSCH Kursschwankung *f*

kurdele *s* Band *nt*

kurdeşen *s* MED Nesselausschlag *m*

kurdu I. *s poss von* **kurt II.** *3. imp von* **kurmak**

kurgu *s* ① (*montaj*) Montage *f*, Aufbau *m* ② (*spekülasyon*) Spekulation *f* ③ (*bilim*~) Fiktion *f* ④ (*saati kurmak için*) Krone *f*; (*anahtar*) Schlüssel *m* ⑤ FILM Schnitt *m*

kurgucu *s* ① FILM Cutter(in) *m(f)*, Schnittmeister(in) *m(f)* ② (*montör, montajcı*) Monteur(in) *m(f)*

kurgulama *s* ① *Verbalsubstantiv zu* **kurgulamak** ② Montage *f*

kurgulamak *vt* FILM schneiden, montieren

kurgusal *adj* fiktiv; ~ **konular** fiktive Themen

kurma *s* ① *Verbalsubstantiv zu* **kurmak** ② Gründung *f*, Begründung *f*, Bildung *f*; **suç örgütü** ~ Bildung einer kriminellen Vereinigung

kurmacılık <-ğı> *s ohne pl* KUNST (*konstrüktivizm*) Konstruktivismus *m*

kurmak <-ar> *vt* ① gründen, begründen, konstituieren; (*aile*) gründen ② (*cümle*) bilden, konstruieren ③ (*monte etmek*) montieren, zusammenbauen ④ (*hükûmeti*) bilden; (*koalisyon*) bilden ⑤ (*çadır, kamp*) aufschlagen, aufbauen; (*köprü*) bauen; (*saati*) aufziehen; (*sofrayı*) decken ⑥ (*tuzak*) aufstellen; **birine tuzak** ~ jdm eine Falle stellen ⑦ (*kontak*) aufnehmen ⑧ (*bir araya getirmek*) zusammensetzen ⑨ (*dostluk*) schließen; (*ilişki*) eingehen ⑩ (*gizlice hazırlamak*) schmieden; **kumpas/plan** ~ Ränke/Pläne schmieden

kurmay *s* MIL Stab *m*

kurna *s* Becken *nt*

kurnaz *adj* schlau; **tilki gibi ~ olmak** schlau wie ein Fuchs sein

kurnazlık <-ğı> *s* Schlauheit *f*

kuron *s* Krone *f*, Zahnkrone *f*

kurs *s* Kurs(us) *m*

kursiyer *s* Kursteilnehmer(in) *m(f)*

kurs öğrencisi *s* Kursteilnehmer(in) *m(f)*

kurşun I. *s* ① *ohne pl* CHEM Blei *nt*; ~ **dökmek** Blei gießen; ~ **gibi** wie Blei, bleischwer; ~ **gibi içime çöktü** (*fig*) es liegt mir wie Blei im Magen ② (*mermi*) Kugel *f*; ~ **atmak** schießen; **birinin/kendi kafasına bir ~ sıkmak** jdm/sich eine Kugel in den Kopf jagen **II.** *adj* bleiern, aus Blei **kurşun asker** *s* Bleisoldat *m* **kurşun çalımı** *s* Sichtweite *f* **kurşun döküm** *s* Bleiguss *m* **kurşun erimi** *s ohne pl* Schussweite *f*

kurşungeçirmez *adj* kugelsicher; ~ **yelek** kugelsichere Weste

kurşun grisi *adj* bleigrau

kurşunî *adj* bleifarben

kurşun kalem *s* Bleistift *m*

kurşunlama *s* ① *Verbalsubstantiv zu* **kurşunlamak** ② Plombierung *f* ③ Erschießung *f*

kurşunlamak *vt* ① (*kurşunla mühürlemek*) mit Blei versiegeln, plombieren ② (*vurmak*) erschießen

kurşunlu *adj* ① (*içinde kurşun olan*) bleihaltig; ~ **katkılar** bleihaltige Additive ② (*kurşunlanmış*) verbleit; ~ **benzin** verbleites Benzin **kurşunlu kristal** <-i> *s ohne pl* Bleikristall *nt*

kurşun oksit *s ohne pl* CHEM Bleioxid *nt*

kurşun rengi *adj* bleifarben

kurşunsuz *adj* unverbleit, bleifrei; ~ **benzin** bleifreies Benzin; ~ **süper** Super bleifrei

kurşun yağmuru *s* Kugelhagel *m*

kurt[1] <-du> *s* ① ZOOL (*Canis lupus*) Wolf *m*; **kuzu postuna bürünmüş** ~ (*fig*) ein Wolf im Schafspelz ② (*fig fam: iyi bilen*) Kenner(in) *m(f)*; **eski** ~ (*fig*) ein alter Hase ③ (*fig fam: kurnaz*) Fuchs *m*; ~ **gibi** schlau wie ein Fuchs; **eski** ~ (*fig*) ein alter Hase

kurt[2] <-du> *s* Wurm *m*, Made *f*; **şüphe kurdu** (*fig*) bohrende Zweifel

kurtadam *s* Werwolf *m*

kurtarıcı I. *s* ① Retter(in) *m(f)* ② Befreier(in) *m(f)* **II.** *adj* rettend

kurtarılma *s* ① *Verbalsubstantiv zu* **kurtarılmak** ② Rettung *f*, Bergung *f*

kurtarılmak *vi pass von* **kurtarmak**

kurtarma *s* ① *Verbalsubstantiv zu* **kurtarmak** ② Rettung *f*, Bergung *f* **kurtarma ekibi** *s* Bergungsmannschaft *f* **kurtarma helikopteri** *s* Rettungshubschrauber *m*

kurtarmak *vt* ① retten, bergen ② befreien (**-den** aus)

kurtarma timi *s* Rettungseinheit *f*, Bergungsmannschaft *f*

kurtbağrı *s* BOT (*Ligustrum*) Liguster *m*

kurt baklası *s s.* **acı bakla** BOT Lupine *f*

kurt bilimi *s ohne pl* ZOOL (*helmintoloji*) Helminthologie *f*

kurtboğan otu *s* BOT Eisenhut *m*

kurtçuk <-ğu> *s* ZOOL Larve *f*

kurt köpeği *s* Schäferhund *m*; **Alman ~** Deutscher Schäferhund

kurtlu *adj* wurmstichig, madig

kurtluca *s* BOT (*zeravent*) Biberwurz *f*, Osterluzei *f*

kurt masalı *s* (*fig fam*) Ammenmärchen *nt*
Kurtuba *s* Córdoba *nt*
kurtulma *s Verbalsubstantiv zu* **kurtulmak**
kurtulmak *vi* ❶ sich retten (**-den** vor) ❷ davonkommen; **ucuz ~** (*fam*) billig davonkommen ❸ (*doğurmak*) niederkommen ❹ sich befreien; **en sonunda bu baş belasından kurtulduk** endlich sind wir diesen Plagegeist los ❺ **vida kurtulmuş** die Schraube hat sich gelöst
kurtulmalık <-ğı> *s s.* **fidye** Lösegeld *nt*
kurtuluş *s* Befreiung *f;* **durumdan ~ yoktu** aus der Lage gab es kein Entkommen **kurtuluş hareketi** *s* Befreiungsbewegung *m* **kurtuluş mücadelesi** *s* Befreiungskampf *m* **kurtuluş örgütü** *s* Befreiungsorganisation *f* **kurtuluş savaşı** *s* Befreiungskrieg *m*
kurt yeniği *s ohne pl* Wurmfraß *m*
kuru *adj* trocken; **~ bir öksürük** ein trockener Husten; **~ bir soğuk** eine trockene Kälte; **~ gürültü** viel Lärm um nichts
kurucu **I.** *s* Gründer(in) *m(f)*, Begründer(in) *m(f)* **II.** *adj* **~ meclis** POL die konstituierende Versammlung **kurucu üye** *s* Gründungsmitglied *nt*
kuru erik <-ği> *s* Backpflaume *f* **kuru fasulye** *s* ❶ weiße Bohnen *pl* ❷ GASTR *Gericht aus weißen Bohnen mit oder ohne Fleisch* **kuru kafa** *s* ❶ Totenkopf *m* ❷ (*fig, pej*) Schwachkopf *m* ❸ ZOOL (*kelebek*) Totenkopf *m*, Totenkopfschwärmer *m*
kurul *s* Ausschuss *m*
kurulama *s Verbalsubstantiv zu* **kurulamak**
kurulama bezi *s* Abtrockentuch *nt*
kurulamak *vt* abtrocknen
kurulma *s* ❶ *Verbalsubstantiv zu* **kurulmak** ❷ Bildung *f;* **koalisyon ~sı ön görülüyor** die Bildung einer Koalition ist vorgesehen ❸ (*ortaklık*) Gründung *f*, Begründung *f*
kurulmak *vi pass von* **kurmak: koalisyon kurulamadı** eine Koalition konnte nicht gebildet werden
kurultay *s* ❶ Nationalversammlung *f* ❷ (*kongre*) Kongress *m*
kurulu *adj* etabliert; **~ düzen** die etablierte Ordnung
kurulum *s* INFORM Installation *f*
kuruluş *s* ❶ Gründung *f* ❷ Einrichtung *f* **kuruluş sermayesi** *s* WIRTSCH Gründungskapital *nt*
kurum¹ *s ohne pl* Ruß *m*
kurum² *s* ❶ Institution *f;* (*kredi ~u*) Anstalt *f*, Institut *nt* ❷ Gesellschaft *f;* **Alman Dil K~u** Gesellschaft für deutsche Sprache; **Türk Dil K~u** Gesellschaft für türkische Sprache; (*eskiden*) Türkischer Sprachverein ❸ JUR Körperschaft *f;* **kamu ~u** Körperschaft des öffentlichen Rechts
kurum³ *s ohne pl* (*büyüklenme*) Großtuerei *f;* **~ satmak** sich großtun; (*böbürlenmek*) prahlen
kuruma *s Verbalsubstantiv zu* **kurumak**
kurumak *vi* ❶ trocknen, abtrocknen ❷ austrocknen; (**susuzluktan**) **boğazım kurudu** meine Kehle ist (vor Durst) ganz ausgetrocknet ❸ vertrocknen
kuru meyve *s* GASTR Dörrobst *nt*, Trockenobst *nt*
kurumlar vergisi *s* Körperschaftssteuer *f*
kurumlaşma *s* ❶ *Verbalsubstantiv zu* **kurumlaşmak** ❷ Institutionalisierung *f*
kurumlaşmak *vi* sich institutionalisieren
kurumlaştırma *s* ❶ *Verbalsubstantiv zu* **kurumlaştırmak** ❷ Institutionalisierung *f*
kurumlaştırmak *vt* institutionalisieren
kurumsal *adj* institutionell
kurumuş *adj* vertrocknet
kuruntu *s* ❶ (*yanlış ve yersiz düşünce*) Irrglaube(n) *m*, Wahn *m*, Illusion *f*, Hirngespinst *nt* ❷ Grübelei *f;* **yersiz ~lar** unnütze Grübeleien; **~ya kapılmak** in Grübeleien verfallen ❸ (*ohne Pl, işkil*) Argwohn *m*, Misstrauen *nt* ❹ (*ohne Pl, vehim*) Trübsinn *m*
kuru pil *s* Trockenbatterie *f* **kuru sebze** *s* Trockengemüse *nt* **kuru sıkı** *s* ❶ Schreckschuss *m* ❷ (*blöf*) Bluff *m*
kuruş¹ *s* ❶ Kurusch *m* (*hundert Kurusch sind eine türkische Lira*) ❷ (*fig*) Groschen *m*, Pfennig *m*, Cent *m;* **bir ~ bile ödememek** keinen einzigen Cent zahlen; **bir ~u bile olmamak** nicht mal einen Cent haben; **son ~una kıymak** seinen letzten Pfennig [*o* Cent] opfern
kuruş² *s* Gründung *f*
kuruşu kuruşuna *adv* (*fig*) auf den Pfennig genau
kuru temizleme *s* Trockenreinigung *f*, chemische Reinigung **kuru tıraş** *s* Trockenrasur *f*
kurutma *s* ❶ *Verbalsubstantiv zu* **kurutmak** ❷ Trocknung *f*
kurutmak *vt* trocknen
kurutma kâğıdı *s* Löschpapier *nt*, Löschblatt *nt* **kurutma makinesi** *s* Wäschetrockner *m*
kurutucu *s* Trockner *m*
kuru yem *s* Trockenfutter *nt* **kuru yemiş** *s* Trockenobst *nt*, Dörrobst *nt*
kurvaziyer *s* NAUT Kreuzfahrt *f*
kurye *s* Kurier *m*

kuryelik <-ği> *s* Kurierdienst *m*

kus *vi, vt Imperativ von* **kusmak**

kusar *vi, vt 3. Aorist von* **kusmak**

kusma *s* ① *Verbalsubstantiv zu* **kusmak** ② Erbrechen *nt*

kusmak <-ar> **I.** *vi* erbrechen, sich übergeben **II.** *vt* **kan ~** Blut brechen

kusmuk <-ğu> *s ohne pl* Kotze *f*

kusturma *s Verbalsubstantiv zu* **kusturmak**

kusturmak *vt* ① *Kausativ zu* **kusmak** ② **birine kan ~** (*fig*) jdn bis aufs Blut peinigen

kusturucu *s* Brechmittel *nt*

kusur *s* ① (*ohne pl*) Verschulden *nt,* Schuld *f;* **ağır/hafif ~** JUR grobes/leichtes Verschulden; **kendi/başkasının ~u** eigenes/fremdes Verschulden; **benim ~um olmadan oldu** es ist ohne mein Verschulden passiert ② Mangel *m;* **bir şeye ~ bulmak** etw bemängeln ③ Fehler *m,* Makel *m;* **~a bakmayın!** (*affedersiniz*) verzeihen Sie!, entschuldigen Sie!; **~larını kabul etmek** zu seinen Fehlern stehen; **bu, senin ~un değildi** das war nicht dein Fehler; **birinin ~larını yüzüne vurmak** (*fig*) jdm den Spiegel vorhalten, jdn über seine Fehler aufklären; **birinin ~una bakmamak** jdm etw nachsehen

kusurlu *adj* ① mangelhaft ② schuldhaft; **~ çatma** Zusammenstoß durch Verschulden

kusursuz *adj* ① fehlerfrei, fehlerlos, makellos ② unverschuldet

kuş *s* Vogel *m;* **~ uçmaz, kervan geçmez** (*fig fam*) gottverlassen; **bir taşla iki ~ vurmak** (*fig fam*) zwei Fliegen mit einer Klappe schlagen

kuşak <-ğı> *s* ① Gürtel *m* ② (*nesil*) Generation *f* ③ GEO Gürtel *m,* Zone *f* ④ (*gökkuşağı*) Bogen *m* ⑤ SPORT (*judo, karate*) Gürtel *m*

kuşatma *s* ① *Verbalsubstantiv zu* **kuşatmak** ② Belagerung *f*

kuşatmak *vt* belagern

kuş bakışı *s ohne pl* Vogelperspektive *f*

kuş beyinli *adj* (*fig fam*) **~ olmak** ein Spatzenhirn haben

kuşburnu *s* BOT Hagebutte *f*

kuşet *s* EISENB Liege *f*

kuşetli vagon *s* EISENB Liegewagen *m*

kuş gribi *s* Vogelgrippe *f* **kuş kafesi** *s* Vogelkäfig *m* **kuş kirazı** *s* BOT (*ılgıncar*) Vogelkirsche *f*

kuşkonmaz *s* BOT Spargel *m*

kuşku[1] *s* (*şüphe*) Zweifel *m;* **~ beslemek** [*o* **duymak**] Zweifel hegen

kuşku[2] *s ohne pl* PSYCH Skepsis *f*

kuşkucu *adj* skeptisch

kuşkuculuk <-ğu> *s ohne pl* PHILOS Skeptizismus *m*

kuşkulanma *s Verbalsubstantiv zu* **kuşkulanmak**

kuşkulanmak *vi* anzweifeln (**-den**), argwöhnen (**-den**)

kuşkulu *adj* ① zweifelhaft ② argwöhnisch ③ (*kuşkucu*) misstrauisch, skeptisch; **~ bakışlar** misstrauische [*o* skeptische] Blicke

kuşkusuz **I.** *adj* zweifellos **II.** *adv* zweifellos, ohne Zweifel

kuşluk <-ğu> *s* Vormittag *m* **kuşluk yemeği** *s* Brunch *m*

kuşpalazı *s ohne pl* MED Rachenbräune *f;* (*difteri*) Diphtherie *f*

kuşsever *s* Vogelliebhaber(in) *m(f)*

kuş türü *s* ZOOL Vogelart *f* **kuş tüyü** *s* Daune *f* **kuş tüyü yastık** <-ğı> *s* Daunenkissen *nt,* Federkissen *nt* **kuş tüyü yorgan** *s* Daunendecke *f,* Federbett *nt* **kuş üzümü** *s* GASTR Korinthe *f* **kuş yemi** *s ohne pl* Vogelfutter *nt* **kuş yumurtası** *s* Vogelei *nt* **kuş yuvası** *s* Vogelnest *nt*

kutan *s s.* **saka kuşu** Stieglitz *m*

kutbu *s poss von* **kutup**

kutlama *s* ① *Verbalsubstantiv zu* **kutlamak** ② (*tören*) Feier *f* ③ (*tebrik*) Gratulation *f,* Glückwunsch *m*

kutlamak *vt* ① feiern, zelebrieren; **bir şeyi törenle ~** etw festlich begehen ② (*tebrik etmek*) gratulieren, beglückwünschen; **birinin yaş gününü ~** jdm zum Geburtstag gratulieren

kutlanma *s Verbalsubstantiv zu* **kutlanmak**

kutlanmak *vi pass von* **kutlamak**: **yaş günü dün kutlandı** sein Geburtstag wurde gestern gefeiert

kutlu *adj* feierlich; (*ongun*) glücklich; (*uğurlu*) glücklich, Glücks-; **bayramın(ız) ~ olsun!** Frohes Fest!; **Noelin(iz) ~ olsun!** Frohe Weihnachten!; **yaş günün(üz) ~ olsun!** herzlichen Glückwunsch zum Geburtstag!

kutru *s poss von* **kutur**

kutsal *adj* heilig; **K~ Ruh** der Heilige Geist

kutsama *s* ① *Verbalsubstantiv zu* **kutsamak** ② Segnung *f*

kutsamak *vt* segnen

kutsanma *s* ① *Verbalsubstantiv zu* **kutsanmak** ② Segnung *f*

kutsanmak *vi pass von* **kutsamak** gesegnet werden

kutsî *adj* heilig

kutu *s* ① Kiste *f;* (*mektup için*) Kasten *m;* (*kibrit ~su*) Schachtel *f;* (*dikiş ~su*) Käst-

chen *nt* ② (*teneke ~*) Dose *f,* Büchse *f*
kutu açacağı *s* Dosenöffner *m,* Büchsenöffner *m*
kutup <-tbu> *s* Pol *m* **kutup ayısı** *s* ZOOL Polarbär *m* **kutup bozkırı** *s* GEO Kältesteppe *f* **kutup engel** *s* PHYS Depolarisator *m*
kutuplanma *s* ① *Verbalsubstantiv zu* **kutuplanmak** ② PHYS Polarisierung *f;* (*polarizasyon*) Polarisation *f*
kutuplanmak *vi* PHYS polarisieren
kutuplaşma *s* ① *Verbalsubstantiv zu* **kutuplaşmak** ② *a.* POL Polarisierung *f*
kutuplaşmak *vi a.* POL sich polarisieren
kutup tilkisi *s* ZOOL Blaufuchs *m*
Kutup Yıldızı *s ohne pl* ASTRON Polarstern *m*
kutur <-tru> *s* ① MATH (*dairenin çapı*) Durchmesser *m;* (*kürenin çapı*) Umfang *m;* **nısıf ~** (*yarıçap*) Radius *m* ② MATH (*köşegen*) Diagonale *f*
kuvant *s* PHYS Quant *nt*
kuvars *s* GEO Quarz *m*
kuvarsit *s* GEO Quarzit *m*
kuvöz *s* MED Brutapparat *m,* Brutkasten *m*
kuvvet *s* ① Kraft *f,* Stärke *f* ② MATH Potenz *f;* **bir ~in üssü** der Exponent einer Potenz ③ (*güç*) Gewalt *f;* **teşriî ~** gesetzgebende Gewalt
kuvvetlendirme *s* ① *Verbalsubstantiv zu* **kuvvetlendirmek** ② Stärkung *f,* Kräftigung *f*
kuvvetlendirmek *vt* stärken, kräftigen
kuvvetlenme *s* ① *Verbalsubstantiv zu* **kuvvetlenmek** ② Stärkung *f,* Kräftigung *f*
kuvvetlenmek *vi* sich stärken
kuvvetli *adj* stark, kräftig; (*şamar*) deftig
kuvvetsiz *adj* kraftlos
kuvvetsizlik <-ği> *s ohne pl* Kraftlosigkeit *f*
kuyruk <-ğu> *s* ① Schwanz *m;* (*sincap kuyruğu*) Rute *f;* **~ sallamak** mit dem Schwanz wedeln, schwänzeln; **kuyruğunu kısmak** (*fig fam*) den Schwanz einziehen ② (*fig: insan kuyruğu*) Schlange *f;* **~ olmak/yapmak** eine Schlange bilden; **~ta beklemek** Schlange stehen, in der Schlange warten; **kuyruğa girmek** sich anstellen ③ (*fig: uçağın kuyruğu*) Heck *nt;* (*gelinliğin kuyruğu*) Schleppe *f* ④ (*yazıda birden dönüş yapan kısa çizgi*) Schnörkel *m*
kuyrukçu *s* POL Mitläufer(in) *m(f)*
kuyruklu **I.** *adj* ① (*kuyruğu olan*) mit Schwanz, Schwanz- ② (*fam*) **~ bir yalan** eine faustdicke Lüge **II.** *s* (*fam: akrep*) Skorpion *m* **kuyruklu piyano** *s* MUS Konzertflügel *m* **kuyruklu yıldız** *s* ASTRON Komet *m* **kuyruklu yıldız saçı** *s* ASTRON Kometenschweif *m*
kuyruksallayan *s* ZOOL Stelze *f,* Bachstelze *f*
kuyruk sokumu *s* Steiß *m* **kuyruk sokumu kemiği** *s* Steißbein *nt*
kuyruksuz *adj* schwanzlos
kuyruk yüzgeci *s* ZOOL Schwanzflosse *f*
kuyu *s* ① Brunnen *m;* **artezyen ~su** artesischer Brunnen ② (*kireç ~su*) Grube *f;* **birinin ~sunu kazmak** jdm das Wasser abgraben; **kendi ~sunu kendi kazmak** (*fig*) sich sein eigenes Grab schaufeln ③ BERGB Schacht *f*
kuyucu *s* ① Brunnenmeister(in) *m(f)* ② BERGB Schachtmeister(in) *m(f)*
kuyu kenarı *s* Brunnenrand *m*
kuyumcu *s* ① Juwelier(in) *m(f)* ② Goldschmied(in) *m(f)* ③ (*~ dükkânı*) Juwelier *m*
kuyumculuk <-ğu> *s ohne pl* Goldschmiedekunst *f*
kuzen *s* Cousin *m,* Vetter *m*
kuzey **I.** *s ohne pl* ① Norden *m;* **~de** im Norden; **~den** von Norden; **~e** in den Norden; **rüzgâr ~den geliyor** der Wind kommt von Norden; **Almanya'nın/Avusturya'nın/Türkiye'nin/İsviçre'nin ~inde** im Norden Deutschlands/Österreichs/der Türkei/der Schweiz ② NAUT, METEO Nord *m* **II.** *adj* nördlich
Kuzey Afrika **I.** *s* Nordafrika *nt* **II.** *adj* nordafrikanisch; **~ devletleri/ülkeleri** die nordafrikanischen Staaten/Länder **Kuzey Amerika** **I.** *s* Nordamerika *nt* **II.** *adj* nordamerikanisch
kuzeybatı **I.** *s ohne pl* Nordwesten *m* **II.** *adj* nordwestlich **kuzeybatı rüzgârı** *s* Nordwestwind *m*
Kuzey Buz Denizi *s* Nordpolarmeer *nt* **Kuzey Denizi** *s* Nordsee *f*
kuzeydoğu **I.** *s* Nordosten *m* **II.** *adj* nordöstlich
Kuzey İrlanda *s* Nordirland *nt* **Kuzey Kore** *s* Nordkorea *nt* **Kuzey Kutbu** *s ohne pl* GEO Nordpol *m* **Kuzey Ren-Vestfalya** *s* Nordrhein-Westfalen *nt*
kuzey rüzgârı *s* Nordwind *m*
Kuzey Yıldızı *s ohne pl* ASTRON (*Kutup Yıldızı*) Polarstern *m*
kuzgun *s* ZOOL Kolkrabe *m*
kuzguncuk <-ğu> *s* Gitterfenster *nt*
kuzgunî *adj* rabenschwarz **kuzgunî siyah** *adj* kohlrabenschwarz; **~ saçlar** kohlrabenschwarze Haare
kuzgunkılıcı *s s.* **glayöl** BOT (*Gattung: Gladiolis*) Gladiole *f*
kuzin *s* Cousine *f,* Kusine *f,* Base *f*
kuzine *s* NAUT Kombüse *f*
kuzu *s* Lamm *nt;* **~ çevirme** Lammbraten

am Spieß; ~ **gibi** lammfromm; ~**m** (*fam*) (mein) Schnuckelchen [*o* Schätzchen]; ~**m, kalemi verir misin?** (*fam*) Schätzchen, gibst du mir den Stift? **kuzu dişi** *s* (*süt dişi*) Milchzahn *m* **kuzu eti** *s ohne pl* GASTR Lammfleisch *nt*

kuzugöbeği *s* BOT Morchel *f*

kuzu kartalı *s* ZOOL (*Gypaetus barbatus*) Lämmergeier *m;* (*sakallı kartal*) Bartgeier *m*

kuzukulağı *s* BOT Sauerampfer *m* **kuzukulağı asidi** *s ohne pl* CHEM (*oksalik asit*) Oxalsäure *f*

kuzulama *s Verbalsubstantiv zu* **kuzulamak**

kuzulamak *vt* ❶ AGR lammen; **koyun kuzuluyor** das Schaf lammt ❷ (*emeklemek*) krabbeln; **çocuk kuzuluyor** das Kind krabbelt

kuzu mantarı *s* BOT, GASTR Steinpilz *m* **kuzu pirzolası** *s* GASTR Lammkotelett *nt* **kuzu postu** *s* Lammfell *nt;* ~**na bürünmüş kurt** (*fig*) ein Wolf im Schafspelz **kuzu şiş** *s* GASTR Lammspieß *m*

Küba **I.** *s* Kuba *nt* **II.** *adj* kubanisch; ~ **hükûmeti** die kubanische Regierung

Kübalı **I.** *s* Kubaner(in) *m(f)* **II.** *adj* kubanisch; ~ **erkekler/kadınlar** kubanische Männer/Frauen

kübik <-ği> *adj* ❶ kubisch; (*küp biçiminde olan*) würfelförmig ❷ KUNST kubistisch; ~ **resim** kubistische Malerei

kübist **I.** *s* KUNST Kubist(in) *m(f)* **II.** *adj* KUNST kubistisch

kübizm *s ohne pl* KUNST Kubismus *m*

küçücük <-ğü> *adj* winzig

küçük **I.** *s* <-ğü> Kind *nt;* **annesi küçüğü aptese tuttu** die Mutter hielt das Kleine ab **II.** *adj* <-ğü> ❶ klein; ~ **düşürmek** demütigen, erniedrigen ❷ gering ❸ (*yaşça*) jung; **o benden iki yaş** ~ er ist zwei Jahre jünger als ich **küçük ad** *s s.* **ön ad** Vorname *m*

Küçük Asya *s ohne pl* Kleinasien *nt*

Küçükayı *s* ASTRON der Kleine Bär

küçükbaş *s* Kleinvieh *nt*

küçük burjuva **I.** *s ohne pl* Kleinbürgertum *nt* **II.** *adj* kleinbürgerlich **küçük burjuvazi** *s* Kleinbürgertum *nt*

küçükçe *adj* etwas klein

küçük çocuk <-ğu> *s* Kleinkind *nt* **küçük dil** *s* ANAT Gaumenzäpfchen *nt,* Uvula *f* **küçük dil ünsüzü** *s* LING Uvular *m* **küçük hanım** *s* Fräulein *nt* **küçük harf** <-fi> *s* Kleinbuchstabe *m* **küçük Hindistan cevizi** *s* ❶ BOT (*Myristica fragrans*) Muskatnussbaum *m* ❷ (*yemişi*) Muskatnuss *f*

küçüklü büyüklü *adv* groß und klein

küçüklük <-ğü> *s* (*a. fig*) Kleinlichkeit *f*

küçük ölçekli işletme *s* WIRTSCH Kleinbetrieb *m* **küçük perhiz** *s* REL (*Hristiyanlıkta*) Advent *m*

küçüksemek *vt s.* **küçümsemek**

küçülme *s* ❶ *Verbalsubstantiv zu* **küçülmek** ❷ (*Ay'ın* ~ *si*) Abnahme *f*

küçülmek *vi* ❶ sich verkleinern; (*yıkanınca*) einlaufen ❷ (*Ay*) abnehmen

küçültme *s* ❶ *Verbalsubstantiv zu* **küçültmek** ❷ *a.* LING Verkleinerung *f* **küçültme eki** *s* LING Verkleinerungssuffix *nt*

küçültmek *vt* ❶ verkleinern; (*yaşını*) kleiner machen ❷ (*fig*) erniedrigen

küçümseme *s* ❶ *Verbalsubstantiv zu* **küçümsemek** ❷ Bagatellisierung *f*

küçümsemek *vt* unterschätzen, bagatellisieren

küçümsenme *s Verbalsubstantiv zu* **küçümsenmek**

küçümsenmek *vi pass von* **küçümsemek: bu eylemin önemi küçümsendi** die Bedeutung dieser Tat wurde unterschätzt

küf *s ohne pl* ❶ Schimmel *m;* ~ **kokmak** muffig riechen ❷ (*fam: pas*) Rost *m*

küfe *s* Kiepe *f,* Tragbütte *f*

küffar *pl* Nichtmuslime *pl*

küf kokusu *s* Schimmelgeruch *m,* Modergeruch *m*

küflenme *s* ❶ *Verbalsubstantiv zu* **küflenmek** ❷ Schimmelbildung *f*

küflenmek *vi* schimmeln, verschimmeln; **küflenmiş ekmek** verschimmeltes Brot

küflü *adj* ❶ schimm(e)lig; (*küflenmiş olan*) verschimmelt; ~ **ekmek** verschimmeltes Brot ❷ (*fig: zamanı geçmiş*) überholt, veraltet

küflüce *s* REG (*mantar hastalığı*) Pilzkrankheit *f*

küfretme *s* ❶ *Verbalsubstantiv zu* **küfretmek** ❷ Beschimpfung *f*

küfretmek *vi* fluchen; **birine** ~ jdm fluchen, jdn beschimpfen, auf jdn schimpfen

küfrü *s poss von* **küfür**

küfür <-frü> *s* ❶ Fluch *m,* Schimpfwort *nt;* ~ **savurmak** einen Fluch ausstoßen ❷ REL (*Tanrı'ya* ~) Gotteslästerung *f,* Blasphemie *f*

küfür küfür *adv s.* **püfür püfür**: ~ **esen rüzgâr** der säuselnde Wind; ~ **esmek** säuseln

küfürleşme *s Verbalsubstantiv zu* **küfürleşmek**

küfürleşmek *vi* sich gegenseitig beschimpfen

kükreme *s* ❶ *Verbalsubstantiv zu* **kükremek** ❷ Gebrüll *nt*

kükremek *vi* ❶ (*aslan*) brüllen ❷ (*fig*) brüllen; (*coşmak*) toben ❸ (*deniz*) toben ❹ (*bağırmak*) brüllen, anbrüllen (-**e**) ❺ (*gür bir biçimde yetişmek*) wuchern
kükrer *vi 3. Aorist von* **kükremek**
kükürt <-dü> *s ohne pl* CHEM Schwefel *nt* **kükürt banyosu** *s* Schwefelbad *nt* **kükürt buharı** *s* Schwefeldampf *m* **kükürt çiçeği** *s* Schwefelblume *f*, Schwefelblüte *f*
kükürtleme *s* ❶ *Verbalsubstantiv zu* **kükürtlemek** ❷ Schwefelung *f*
kükürtlemek *vt* schwefeln
kükürtlenme *s* ❶ *Verbalsubstantiv zu* **kükürtlenmek** ❷ Schwefelung *f*
kükürtlenmek *vi pass von* **kükürtlemek**
kükürtlü *adj* schwefelhaltig, Schwefel- **kükürtlü ılıca** *s* Schwefelquelle *f*
kükürt sarısı *adj* schwefelgelb
kükürtsü *adj* schwefelartig
kükürtsüz *adj* schwefelfrei, schwefellos
kül *s* Asche *f*; ~ **gibi** aschfahl; ~ **olmak** zu Asche werden
külah [kylãx] *s* ❶ Tüte *f*; (*dondurma için*) Hörnchen *nt* ❷ HIST spitze Kopfbedeckung; (*fam*) ~**ıma anlat!** das [*o* die Story] kaufe ich dir nicht ab!; **birini keçe ~ etmek** (*fig*) jdn übers Ohr hauen; **sen onu ~ıma anlat** mir kannst du nichts erzählen
külçe *s* Barren *m* **külçe altın** *s ohne pl* Barrengold *nt*
külkedisi *s* LIT Aschenbrödel *nt*, Aschenputtel *nt*
küllük <-ğü> *s* Ascher *m*
külot *s* ❶ (*don*) Unterhose *f*, Höschen *nt* ❷ (*binicilerin giydikleri pantolon*) Reiterhose *f*
külotlu çorap <-bı> *s* Strumpfhose *f*
kül rengi *adj* aschgrau
kült *s* Kult *m*
kül tablası *s* Aschenbecher *m*
kült filmi *s* Kultfilm *m*
kültür *s* Kultur *f* **kültür ataşesi** *s* Kulturattaché *m* **kültür bakanı** *s* Kultusminister(in) *m(f)* **kültür bakanlığı** *s* Kultusministerium *nt* **kültür bitkisi** *s* Kulturpflanze *f* **kültür bitkisi** *s* Kulturpflanze *f* **kültür çevresi** *s* Kulturkreis *m*
kültürel *adj* kulturell, Kultur- **kültürel antropoloji** *s ohne pl* Kulturanthropologie *f*
kültürler arası *adj* interkulturell
kültürlü *adj* kultiviert, gebildet
kültür merkezi *s* Kulturzentrum *nt* **kültür ortamı** *s* Kulturlandschaft *f* **kültür politikası** *s* Kulturpolitik *f* **kültür şoku** *s* Kulturschock *m* **kültür şöleni** *s* Kulturfest *nt* **kültür tarihi** *s ohne pl* Kulturgeschichte *f*
kült yeri *s* Kultstätte *f*
külünk <-gü> *s* Spitzhacke *f*
külüstür *adj* (*eski*) alt; (*yıpranmış*) klapperig; ~ **bir oto ile çıkageldi** er kam in einem veralteten Auto angefahren; (*fam*) er kam in einer klapperigen Kiste angefahren **külüstür araba** *s* Klapperkiste *f*
küme *s* ❶ Haufen *m*; (*kar ~si*) Masse *f* ❷ (*grup*) Gruppe *f* ❸ MATH Menge *f*; **bir ~nin elemanları** die Elemente einer Menge ❹ SPORT Spielklasse *f*; (*lig*) Liga *f*; (*yarışçı grubu*) Gruppe *f*; **~den düşmek** absteigen ❺ SCHULE Arbeitsgemeinschaft *f*, AG *f*
küme bulut *s* METEO Haufenwolke *f*, Quellwolke *f*; (*kümülüs*) Kumulus *m* **küme çalışması** *s ohne pl* SCHULE Gruppenarbeit *f*
kümeden düşme *s* SPORT Relegation *f*, Abstieg *m*
küme küme *adv* haufenweise, scharenweise
kümeleme *s Verbalsubstantiv zu* **kümelemek**
kümelemek *vt* häufen
kümelenme *s Verbalsubstantiv zu* **kümelenmek**
kümelenmek *vi* sich häufen
kümeler kuramı *s ohne pl* MATH Mengenlehre *f*
kümeleşim *s* ❶ Agglomeration *f*, Zusammenballung *f* ❷ MED, BIOL (*aglütinasyon*) Agglutination *f*
kümeleşme *s Verbalsubstantiv zu* **kümeleşmek**
kümeleşmek *vi* METEO (*bulutlar*) sich ballen
kümes *s* (*tavuk ~i*) Stall *m* **kümes hayvanları** *pl* Geflügel *nt*
kümülüs *s* METEO Kumulus *m*
künde *s* ❶ (*köstek*) Fußfessel *f* ❷ SPORT (*güreşte*) Zangengriff *m* ❸ (*fig: tuzak*) Falle *f*; **~ye gelmek** in die Falle gehen
künh *s* ❶ (*içyüz*) Hintergründe *pl* ❷ (*öz, asıl*) Kern *m*; **meselenin ~üne varmak** zum Kern der Frage vorstoßen
künye *s* ❶ (*kimlik bilgileri*) Personalien *pl* ❷ (*bilezik, kolye*) Erkennungsmarke *f*
künyesi bozuk *adj* vorbelastet; (*sabıkalı*) vorbestraft
küp[1] *s* ❶ (*toprak kap*) Tonkrug *m* ❷ (*fig fam: sinir ~ü*) Bündel *nt*; **~lere binmek** an die Decke gehen ❸ (*sl: sarhoş*) voll ❹ (*fam*) ~ **gibi** (*pek şişman*) Tonne *f*
küp[2] *s* MATH Kubus *m*, Würfel *m*; **bir metre ~ su** ein Kubikmeter Wasser
küpe *s* Ohrring *m*; **bu sözümü kulağına ~**

et! (*fam*) schreib dir das hinter die Ohren! **küpe çiçeği** *s* BOT Fuchsie *f*
küpeşte *s* NAUT Reling *f*
küp şeker *s* Würfelzucker *m*
kür *s* Kur *f*; **~ yapmak** eine Kur machen
küraso *s* GASTR Curaçao® *m*
Küraso *s* GEO Curaçao *nt*
kürdan *s* Zahnstocher *m*
küre *s* Kugel *f*, Sphäre *f*; (*gök ~ si*) Globus *m*
kürecik <-ği> *s* MED (*kan küreciği*) Körperchen *nt*
kürek <-ği> *s* ❶ Schaufel *f* ❷ Ruder *nt*; **~ çekmek** rudern; **~lere asılmak** sich in die Riemen legen; **akıntıya ~ çekmek** (*fig*) gegen den Strom schwimmen **kürek cezası** *s* HIST Galeerenstrafe *f*
kürekçi *s* Ruderer, Ruderin *m, f*
kürek kemiği *s* ANAT Schulterblatt *nt*
kürekli tekne *s* Ruderboot *nt*
kürek sporu *s ohne pl* Rudersport *m* **kürek yarışı** *s* SPORT Ruderregatta *f*
küreleme *s Verbalsubstantiv zu* **kürelemek**
kürelemek *vt* wegschaufeln; (*ahırı*) ausmisten
küreme *s Verbalsubstantiv zu* **küremek**
küremek *vt* wegschaufeln; (*ahırı*) ausmisten
küresel *adj* ❶ global; **~ ısınma** die globale Erwärmung ❷ sphärisch, kugelförmig; **~ üçgen** MATH sphärisches Dreieck, Kugeldreieck *nt*
küreselleşme *s* Globalisierung *f* **küreselleşme süreci** *s* Globalisierungsprozess *m*
küresel üçgen *s* MATH Kugeldreieck *nt*, sphärisches Dreieck
kürevî *adj* sphärisch, kugelförmig
küreyve *s* ANAT (*yuvar*) Blutkörperchen *nt*
küriyum *s ohne pl* CHEM Curium *nt*
kürk I. *s* Pelz *m*; **ye ~üm ye!** (*prov*) Kleider machen Leute **II.** *adj* Pelz- **kürk böceği** *s* ZOOL Pelzkäfer *m*
kürkçü *s* Pelzhändler(in) *m(f)*
kürkçülük <-ğü> *s ohne pl* Pelzhandel *m*
kürk manto *s* Pelzmantel *m* **kürk yaka** *s* Pelzkragen *m*
kürsü *s* ❶ Pult *nt*, Lesepult *nt* ❷ (*yüksekçe yer*) Podium *nt* ❸ REL Kanzel *f* ❹ UNIV Lehrstuhl *m* **kürsü başkanı** *s* UNIV Lehrstuhlinhaber(in) *m(f)*
Kürt I. *s* Kurde, Kurdin *m, f* **II.** *adj* kurdisch
kürtaj *s* MED ❶ (*kazıma*) Ausschabung *f*; **~ yapmak** eine Ausschabung vornehmen ❷ (*döl yatağını kazıma*) Kürettage *f*; **~ yapmak** eine Kürettage vornehmen
Kürtçe *s* Kurdisch *nt*
küs *adj* eingeschnappt; (*dargın*) böse (**-e** auf); **bana ~ müsün?** bist du böse auf mich?
küseğen *s* ❶ (*fam: kimse*) Mimose *f* ❷ BOT (*küstüm otu*) Mimose *f*
küser *vi 3. Aorist von* **küsmek**
küskün *adj* eingeschnappt; (*gücenik*) beleidigt
küskünlük <-ğü> *s ohne pl* Bitterkeit *f*, Verbitterung *f*
küsküt *s* BOT Teufelszwirn *m*; *s. a.* **şeytansaçı**
küskütük *s* (*fig: çok sarhoş*) sternhagelvoll
küsme *s Verbalsubstantiv zu* **küsmek**
küsmek <-er> *vi* ❶ (*darılmak*) böse sein (**-e** auf); **hiç yoktan ~** (*fam*) die beleidigte Leberwurst spielen ❷ **bahtına ~** mit seinem Schicksal hadern ❸ (*fig*) streiken
küstah *adj* frech, unverschämt
küstahlaşma *s Verbalsubstantiv zu* **küstahlaşmak**
küstahlaşmak *vi* frech werden, unverschämt werden, ausfallend werden
küstahlık <-ğı> *s* Frechheit *f*, Unverschämtheit *f*, Anmaßung *f*; **~ etmek** sich frech benehmen; **bu küstahlığın daniskasıdır** das ist der Gipfel der Frechheit; **bir şeyi yapma küstahlığında bulunmak** die Frechheit besitzen, etw zu tun
küstere *s* ❶ (*uzun rende*) Langhobel *m* ❷ (*bileği taşı*) Schleifstein *m*, Wetzstein *m* ❸ (*değirmen taşı*) Mühlstein *m*
küstüm otu *s* BOT Mimose *f*
küsuf *s* ASTRON (*Güneş tutulması*) Sonnenfinsternis *f*
küsürat *pl* ❶ Überschuss *m* ❷ (*fig*) und ein paar Zerquetschte
küt *adj* stumpf
kütikül *s* BIOL Kutikula *f*
kütle *s* Masse *f*
kütleşme *s* ❶ *Verbalsubstantiv zu* **kütleşmek** ❷ Abstumpfung *f*
kütleşmek *vi* abstumpfen
kütleşmiş *adj* abgestumpft
kütleştirme *s* ❶ *Verbalsubstantiv zu* **kütleştirmek** ❷ Abstumpfung *f*
kütleştirmek *vt* abstumpfen
kütlük <-ğü> *s ohne pl* Stumpfheit *f*
kütük <-ğü> *s* ❶ (*ağaç gövdesi*) Baumstamm *m* ❷ (*kesilmiş ağaç gövdesi*) Baumklotz *m* ❸ (*kesimden sonra toprakta kalan bölüm*) Baumstumpf *m* ❹ (*üzüm kütüğü*) Stock *m*, Rebe *f* ❺ (*resmî kayıt defteri*) Register *nt*; (*liste*) Liste *f*, Verzeichnis *nt*; **tapu kütüğü** Grundbuch *nt* ❻ **~ gibi** klotzig; (*çok sarhoş*) stockbesoffen
kütüphane *s* Bibliothek *f*; **ayaklı ~ olmak** (*fig*) ein wandelndes Lexikon sein

K

kütüphaneci *s* Bibliothekar(in) *m(f)*
kütürdeme *s Verbalsubstantiv zu* **kütürdemek**
kütürdemek *vi* knacken
kütür kütür *adj* knackig
küvet *s* Wanne *f*
Küveyt *s* Kuwait *nt*
Küveytli **I.** *s* Kuwaiter(in) *m(f)* **II.** *adj* kuwaitisch

K

L

L, l [le] *s* L, l *nt* (*15. Buchstabe des türk. Alphabets*); **Lüleburgaz'ın ~'si** L wie Ludwig
la *s* MUS a *nt;* **~ sesi** (der) Ton a
-la <-le, -yle, -yla> *Suffix s.* **ile**
lâakal [lã:akal] *adv* (*en azından*) wenigstens; (*hiç olmazsa*) zumindest
labada *s* BOT Gartenampfer *m*
labirent [lã--] *s* Labyrinth *nt,* Irrgarten *m*
laborant *s* Laborant(in) *m(f)*
laboratuvar [lãb---] *s* Labor *nt,* Laboratorium *nt*
lacivert [lã:--] **I.** *s* <-di> Dunkelblau *nt* **II.** *adj* <-di> dunkelblau **lacivert taşı** *s* Lapislazuli *m*
laçka [lãʃka] **I.** *s* NAUT Nachlassen *nt,* Lockern *nt;* **~ etmek** nachlassen, lockern; (*fig: bitkin bir duruma getirmek*) ermatten **II.** *adj* (*fig*) ausgeleiert; **~ olmak** ausleiern
laçkalaşma *s Verbalsubstantiv zu* **laçkalaşmak**
laçkalaşmak *vi* ausleiern
laden [lã:dɛn] *s* BOT Zistrose *f*
lades kemiği *s* ZOOL (*kuşlarda*) Gabelbein *nt*
ladin *s* BOT Fichte *f*
laf [lãf] **I.** *s* ❶ (*söz*) Wort *nt,* Ausdruck *m;* **~ aramızda kalsın, ...** das bleibt unter uns, ..., unter uns gesagt, ...; **~a dalmak** (*fam*) sich verplaudern; **bir çift ~ etmek** ein paar Worte sagen; **bu ne biçim ~?** was ist das für ein Ausdruck?; **büyük ~ etmek** große Töne spucken; **~ı geçmek** (*sözü dinlenmek*) das Sagen haben; (*bahsedilmek*) erwähnt werden; **~tan anlamayanın hakkı kötektir** (*prov*) wer nicht hören will, muss fühlen ❷ (*konuşma*) Rede *f,* Gespräch *nt;* **~ atmak** (*konuşmak*) reden; (*sözle sarkıntılık etmek*) anmachen (**-e**); **~ yapmak** (*fam: dedikodu yapmak*) tratschen, klatschen; **~a karışmak** dazwischenreden; **uzun ~ın kısası** der langen Rede kurzer Sinn ❸ (*konu, mevzu*) Thema *nt;* **~ı değiştirmek** das Thema wechseln **II.** *interj* **~!** quatsch!, dummes Geschwätz!
lafız <-fzı> *s* ❶ (*kelime*) Wort *nt* ❷ JUR Wortlaut *m;* **kanunun lafzı** das Wortlaut des Gesetzes
laflama *s Verbalsubstantiv zu* **laflamak**
laflamak *vi* quatschen; (*sohbet etmek*) plaudern, sich unterhalten
lafzen *adv* verbal, mündlich
lagar [lã:gar] *adj* klapp(e)rig; **~ beygir** ein klapp(e)riger Gaul
lagün [lãgyn] *s* GEO Lagune *f*
lağım *s* Kloake *f,* Gully *m o nt,* Abwasserkanal *m*
lağımcı *s* Kanalräumer *m*
lağım çukuru *s* Sickergrube *f* **lağım döşemi** *s* Kanalisation *f* **lağım suyu** *s* Abwasser *nt*
lağvetme *s Verbalsubstantiv zu* **lağvetmek**
lağvetmek *vt* auflösen; (*hükümsüz kılmak*) außer Kraft setzen
lahana *s ohne pl* BOT Kohl *m* **lahana koçanı** *s* Kohlstrunk *m*
La Haye [lãhɛɪ] *n,* **Lahey** [lãhɛɪ] *s* Den Haag *nt;* **~ Sözleşmesi** Haager Übereinkommen
lahika [lã:hika] *s* Nachtrag *m,* Zusatz *m*
lahit <-hdi> *s* Sarkophag *m*
lahuti [lã:huti:] *adj* göttlich
lahza [lãhza] *s s.* **an** Moment *m*
laik [lãik] *adj* laizistisch, säkular
laikleştirme *s* ❶ *Verbalsubstantiv zu* **laikleştirmek** ❷ Säkularisierung *f*
laikleştirmek *vt* säkularisieren
laiklik <-ği> *s ohne pl* Laizismus *f*
lain [lã'i:n] *adj* verflucht
laisizm <-ği> *s ohne pl* Laizismus *f*
lak *s,* **laka** *s* Lack *m*
lakap <-bı> [lãkap] *s* Spitzname *m;* **birine ~ takmak** jdm einen Spitznamen geben
lakayıt <-ydı> [lã:ka-] *adj* gleichgültig
lakayıtlık <-ğı> *s ohne pl* Gleichgültigkeit *f*
lakırdı *s* ❶ Wort *nt* ❷ Worte *pl,* Rede *f;* **~sı mı olur?** was soll's?, das ist nicht der Rede wert
lakırdısı az *adj* wortkarg, einsilbig
lakin [lã:kin] *konj* jedoch, allerdings
laklak <-ğı> [lãklãk] *s* ❶ (*leylek*) Klappern *nt* ❷ (*fig*) Geschnatter *nt* ❸ (*fam*) Plauderei *f;* **~ etmek** plaudern
lakonik <-ği> [lãkonik] *adj* lakonisch, knapp
laktaz [lãk-] *s* CHEM Laktase *f*
laktik asit <-di> *s ohne pl* Milchsäure *f*
laktoz [lãk-] *s* CHEM Laktose *f*
lal[1] [lãl] *adj* (*dilsiz*) stumm; **birini ~ etmek** jdn zum Schweigen bringen
lal[2] [lãl] *adj* karminrot
lala *s* HIST Erzieher(in) *m(f)*
lale [lã:le] *s* BOT Tulpe *f* **lale ağacı** *s* BOT Tulpenbaum *m* **lale soğanı** *s* Tulpenzwiebel *f*

L

lalezar *s* Tulpenhof *m*

lam [lãm] *s* ❶ (*mikroskopta*) Objektträger *m* ❷ TECH (*metal parça*) Lamelle *f*

lama[1] [lãma] *s* ZOOL Lama *nt*

lama[2] [lãma] *s* REL Lama *m*

la majör *s ohne pl* MUS A-Dur *nt*

lamba *s* ❶ Lampe *f,* Leuchte *f* ❷ (*sokak* ~ *sı*) Laterne *f* ❸ (*trafik* ~ *sı*) Ampel *f;* ~ **kırmızıydı/sarıydı/yeşildi** die Ampel stand auf Rot/Gelb/Grün **lamba şapkası** *s* Lampenschirm *m*

lambri [lãm-] *s* Wandverkleidung *f,* Täfelung *f;* **ahşap/mermer** ~ Wandverkleidung aus Holz/Marmor

lamel [lãmel] *s* ❶ (*mikroskopta*) Deckglas *nt* ❷ BOT Lamelle *f*

laminarya *s* BOT Braunalge *f*

laminat *s ohne pl* Laminat *nt*

la minör *s ohne pl* MUS A-Moll *nt*

lamise [lã:mise] *s* ZOOL (*duyarga*) Fühler *m*

lanet [lã:net] **I.** *s* Fluch *m;* ~ **okumak** einen Fluch ausstoßen **II.** *adj* verflucht; ~ **olası bir gün** ein verfluchter Tag; ~ **olsun!** verflucht [*o* verdammt] noch mal!

lanetleme *s* ❶ *Verbalsubstantiv zu* **lanetlemek** ❷ Verfluchung *f* ❸ (*dinden kovma*) Bann *m*

lanetlemek *vt* ❶ verfluchen ❷ (*dinden kovmak*) **birini** ~ jdn in Acht und Bann tun, jdn aus der Religionsgemeinschaft ausstoßen

lanetli *adj* verflucht

langırt *s* Kicker *m,* Tischkicker *m*

langust *s* ZOOL Languste *f*

lanse etmek *vt* lancieren; (*tanıtmak*) bekannt machen

lapa *s* Brei *m*

lapacı **I.** *s* (*fig, pej fam*) Weichling *m,* Weichei *nt;* (*daha kaba*) Schlappschwanz *m;* ~**nın biridir** (*pej*) er ist ein Weichling [*o* Weichei]; (*daha kaba*) er ist ein Schlappschwanz **II.** *adj* (*fig fam: yorgun*) schlapp; ~ **olmak** schlappmachen

lapacılık <-ğı> *s* (*fig, pej*) Weichlichkeit *f*

lapa lapa *adv* ~ **kar yağdı** der Schnee fiel in dicken Flocken

lapçın *s* Lederpantoffel *m*

lapilli [lã--] *s* GEO Lapillus *m*

lapina *s* ZOOL Pfauenlippfisch *m*

Lapon [lã-] **I.** *s* Lappe, Lappin *m, f* **II.** *adj* lappisch

Laponya *s* Lappland *nt*

Laponyalı *s s.* **Lapon**

larenjit [lã--] *s* MED Laryngitis *f,* Kehlkopfentzündung *f*

laso *s* Lasso *nt*

lasteks® [lãsteks] *s ohne pl* Lastex *nt*

lastik <-ği> [lãstik] **I.** *s* ❶ Gummi *m o nt* ❷ (*kauçuktan pabuç*) Gummischuh *m,* Überschuh *m* aus Gummi ❸ (*silgi*) Gummi *m,* Radiergummi *m* ❹ AUTO Reifen *m;* **arabanın** ~**leri** die Bereifung des Wagens ❺ (*şerit*) Gummi *nt,* Gummiband *nt* **II.** *adj* Gummi-, aus Gummi; ~ **gibi** wie aus Gummi; (*et için*) zäh **lastik ağacı** *s* BOT Gummibaum *m* **lastik bağ** *s* Gummiband *nt* **lastik boru** *s* Gummischlauch *m*

lastikçi *s* AUTO Reifenhändler(in) *m(f)*

lastik çizme *s* Gummistiefel *m*

lastikli *adj* ❶ Gummi-, aus Gummi ❷ (*fig*) dehnbar **lastikli söz** *s* Gummibegriff *m,* dehnbarer Begriff **lastikli şerit** *s* Gummizug *m,* Gummiband *nt*

lastik profili *s,* **lastik tırtılı** *s* AUTO Reifenprofil *nt* **lastik yanağı** *s* AUTO Reifenflanke *f*

lata [lãta] *s* Latte *f*

lateks [lã-] *s* Latex *m*

laterna [lã--] *s* Drehorgel *f;* (*fam*) Leierkasten *m*

latif [lã-] *adj* anmutig, ansprechend; (*ince bir güzelliği olan*) grazil

latife [lãti:fe] *s* (*şaka*) Spaß *m,* Scherz *m;* ~ **etmek** scherzen, spaßen, Spaß machen; ~ **götür(me)mek** (*şaka kaldır(ma)mak*) (keinen) Spaß verstehen

latifeci *adj* spaßig, lustig

latiflik <-ği> *s ohne pl* Anmut *f,* Grazie *f*

latifundia [lã----] *s* AGR Latifundium *nt*

latifundiacılık <-ğı> *s ohne pl* AGR Latifundienwirtschaft *f*

Latin [lãtin] **I.** *s* Latiner(in) *m(f)* **II.** *adj* lateinisch, Latein-; ~ **dili** lateinische Sprache **Latin Amerika** *s* Lateinamerika *nt* **Latin Amerikalı** **I.** *s* Lateinamerikaner(in) *m(f)* **II.** *adj* lateinamerikanisch

Latince [lãtindʒe] *s ohne pl* Latein *nt*

Latin çiçeği *s* BOT Kapuzinerkresse *f*

laubali [lã:uba:li:] *adj* ❶ lässig ❷ (*çekinmesi olmayan*) ungeniert; (*saygısız*) respektlos ❸ (*aşırı samimi*) aufdringlich, distanzlos

laubalilik <-ği> *s* ❶ Lässigkeit *f* ❷ Aufdringlichkeit *f*

lav [lãv] *s* GEO Lava *f;* **yanardağ** ~ **püskürüyor** der Vulkan speit Lava

lava *s* ❶ NAUT ~ **etmek** hissen ❷ (*fig*) **birini** ~ **etmek** über jdn her ziehen

lavabo [lãvabo] *s* ❶ Waschbecken *nt;* (*bulaşık için*) Spülbecken *nt* ❷ Waschraum *m* ❸ (*hela*) Klo *nt;* (*tuvalet*) Toilette *f*

lavanta [lãvanta] *s* Lavendelöl *nt* **lavanta çiçeği** *s* BOT Lavendel *nt* **lavanta mavisi** *adj* lavendelfarben

lavaş [lã-] *s* GASTR Fladen *m* **lavaş ekmeği** *s* Fladenbrot *nt*

lavdanom [lã--] *s ohne pl* Laudanum *nt;* (*afyon*) Opium *nt*

lavman [lãvman] *s* MED Einlauf *m,* Darmspülung *f*

lavta[1] [lãvta] *s* MUS Laute *f*

lavta[2] [lãvta] *s* ❶ (*ebe*) Hebamme *f* ❷ Geburtszange *f*

lavtacı *s* MUS Lautenspieler(in) *m(f)*

lav taşması *s ohne pl* Lavastrom *m*

layemut [lã:yemu:t] *adj s.* **ölmez, ölümsüz** unsterblich

layık <-ğı> [lã:-] *adv* würdig, wert; **birini bir şeye ~ görmek** jdn einer [*o* für eine] Sache würdig halten; (*uygun görmek*) jdn für etw geeignet halten; **bir şeye ~ olmak** einer Sache würdig sein, sich einer Sache würdig erweisen; (*uygun olmak*) für etw geeignet sein; **başarısı takdire ~tır** (*geh*) seiner Leistung gebührt Anerkennung; **itimada ~ olduğunu gösterdi** er hat gezeigt, dass er des Vertrauens würdig ist; **layığını bulmak** einen würdigen Gegner finden; (*yaraşır eşini bulmak*) einen passenden Partner finden; (*hak ettiği cezayı bulmak*) seine gerechte Strafe bekommen

layıkıyla [lã:---] *adv* gebührend

layiha [lã:jiha] *s* Schriftsatz *m*

laytmotif *s* Leitmotiv *nt*

lazanya *s* GASTR Lasagne *pl*

lazer *s* PHYS Laser *m* **lazer ışını** *s* PHYS Laserstrahl *m* **lazer yazıcı** *s* INFORM Laserdrucker *m*

lazım [lã:-] *adj* ❶ (*gerekli*) nötig; **~ olmak** [*o* **gelmek**] nötig sein; **on dakika durmak ~ gelmişti** fünf Minuten Aufenthalt waren nötig gewesen ❷ **~ olmak** müssen; **içkiyi/sigarayı bırakmam ~** ich muss das Trinken/Rauchen aufgeben; (**ille de**) **olması ~sa** wenn es (unbedingt) sein muss ❸ **~ olmak** brauchen (**-e**); **ona kâğıt, kalem ~** er braucht Papier und Stifte ❹ LING (*geçişsiz*) intransitiv

lazımlık <-ğı> [lã:--] *s* Nachttopf *m; s. a.* **oturak**

le *Name des 15. Buchstaben des türk. Alphabets;* **Lüleburgaz'ın ~'si** L wie Ludwig

-le <-la, -yle, -yla> *Suffix s.* **ile**

leblebi *s geröstete Kichererbsen*

Lefkoşa *s* Nikosia *nt*

legal <-li> [legãl] *adj* legal

leğen *s* ❶ Schüssel *f* ❷ ANAT (*havsala*) Becken *m*

leh [lex] *konj* **bir şeyin ~inde olmak** für etw sein, sich zu etw bekennen; **~in**(**d**)**e ve aleyhin**(**d**)**e** Pro und Kontra; **...in ~ine** zugunsten ..., zu Gunsten ...

Leh *s* Pole, Polin *m, f*

lehçe *s* ❶ (*diyalekt*) Dialekt *m,* Mundart *f* ❷ (*konuşma tarzı*) Sprechweise *f*

Lehçe *s ohne pl* Polnisch *nt;* **~ konuşmak/öğrenmek** Polnisch sprechen/lernen; **~de** auf Polnisch; **bir şeyi ~ye/~den çevirmek** etw ins Polnische/aus dem Polnischen übersetzen

lehçe bilimi *s* Mundartforschung *f;* (*diyalektoloji*) Dialektologie *f*

lehçeci *s* Dialektiker(in) *m(f)*

lehçel *adj* LING dialektal

lehdar *s* Befürworter(in) *m(f)*

lehim *s* TECH ❶ (*alaşım*) Lötmetall *nt* ❷ (*işlem*) Lötung *f;* **~le birbirine tutturulmuş iki tel** zwei durch Lötung miteinander verbundene Drähte

lehimleme *s* ❶ *Verbalsubstantiv zu* **lehimlemek** ❷ TECH Lötung *f*

lehimlemek *vt* TECH löten

lehim yeri *s* TECH Lötstelle *f*

lejant <-dı> *s* Legende *f*

lejyon *s* MIL, HIST Legion *f*

lejyoner *s* Legionär *m*

leke *s* Fleck *m* **leke giderici madde** *s* Fleckenentferner *m,* Fleckenentfernungsmittel *nt*

lekeleme *s* ❶ *Verbalsubstantiv zu* **lekelemek** ❷ Befleckung *f*

lekelemek *vt* beflecken; **birinin adını ~** jds Namen beschmutzen

lekeli *adj* fleckig **lekeli humma** *s* MED (*tifüs*) Fleckfieber *nt,* Flecktyphus *m*

leksikolog *s* Lexikologe, -login *m, f*

leksikoloji *s ohne pl* Lexikologie *f*

lektör *s* ❶ (*yayın evinde*) Lektor(in) *m(f)* ❷ SCHULE, UNIV (*okutman*) Lektor(in) *m(f),* Lehrbeauftragte(r) *f(m)*

lenduha **I.** *s* Klotz *m;* **~ gibi bir dolap** ein klotziger Schrank **II.** *adj* klotzig, klobig

lenf *s,* **lenfa** *s* ANAT, MED Lymphe *f*

lenfatik *adj* MED lymphatisch

lenf bezi *s* ANAT Lymphdrüse *f* **lenf boğumu** *s,* **lenf düğümü** *s* ANAT Lymphknoten *m* **lenf düğümleri iltihabı** *s* MED Lymphknotenentzündung *f;* (*adenit*) Adenitis *f*

lenfosit *s* MED, BIOL Lymphozyt *m*

lengüistik <-ği> *s ohne pl* Linguistik *f*

lens *s* ❶ (*mercek*) Linse *f* ❷ (*fam: kontak lens*) Kontaktlinse *f,* Haftschale *f*

lento[1] *s* ARCH (*boyunduruk*) Sturz *m;* **kapının/pencerenin ~su** der Sturz der Tür/des Fensters

lento[2] **I.** *s* MUS Lento *nt* **II.** *adv* MUS lento

leopar *s* ZOOL (*Panthera pardus*) Leopard *m;* (*pars*) Pant(h)er *m*

lepalep *adj* randvoll
lepra *s ohne pl* MED (*cüzam*) Lepra *f*
lesepase *s* Passierschein *m*
leş *s* ❶ Aas *nt,* Kadaver *m* ❷ (*fam*) **~ gibi kokmak** stinken (wie die Pest); **~ gibi sarhoş** sternhagelvoll; **~ gibi serilmek** sich aalen; **birinin ~ini çıkarmak** jdn windelweich prügeln
leşçil **I.** *s* Aasfresser *m* **II.** *adj* aasfressend
leşçil akbaba *s* ZOOL Aasgeier *m*
leş kargası *s* ZOOL Aaskrähe *f*
leşker *s* ❶ (*asker*) Soldat *m* ❷ (*ordu*) Heer *nt*
leş kokusu *s* Aasgeruch *m*
letafet [leta:fet] *s ohne pl* Anmut *f,* Grazie *f*
letarji *s* MED Lethargie *f*
Letçe *s* Lettisch *nt;* **~den Türkçeye/Almancaya** aus dem Lettischen ins Türkische/Deutsche
Leton **I.** *s* Lette, Lettin *m, f* **II.** *adj* lettisch
Letonya *s* Lettland *nt*
leva *s* Lew *m*
Levanten **I.** *s* Levantiner *m* **II.** *adj* levantinisch
levazım *s* ❶ Material *nt* ❷ MIL Intendantur *f*
levha *s* Platte *f;* (*reklam ~sı*) Schild *nt;* (*sayı ~sı*) Tafel *f;* (*trafik ~sı*) Schild *nt*
levhacık <-ğı> *s* Plättchen *nt*
levrek <-ği> *s* ZOOL, GASTR (*Labrax*) Barsch *m;* (*Labrax labrax*) Seebarsch *m; s. a.* **uzun levrek**
levüloz *s* Fruchtzucker *m*
levye *s* Hebel *m*
leylâk <-ğı> *s* BOT Flieder *m*
leylâkî *adj* fliederfarben, fliederfarbig
leylek <-ği> *s* ZOOL Storch *m* **leylek gagası** *s* Storchschnabel *m*
leylekgagası *s* (*pantograf*) Storchschnabel *m*
lezbiyen **I.** *s* Lesbe *f* **II.** *adj* lesbisch
leziz *adj* ❶ köstlich; (*lezzetli*) lecker ❷ kulinarisch; **~ yemekler** kulinarische Speisen ❸ (*fig*) köstlich
lezyon *s* MED Läsion *f*
lezzet *s* Geschmack *m*
lezzetli *adj* lecker
lığ *s* GEO Anlandung *f;* (*alüvyon*) Alluvion *f*
liberal [liberãl] **I.** *s* <-i> Liberale(r) *f(m)* **II.** *adj* <-li> liberal
liberalizm *s ohne pl* Liberalismus *m*
liberalleşme *s* ❶ *Verbalsubstantiv zu* **liberalleşmek** ❷ Liberalisierung *f*
liberalleşmek *vi* sich liberalisieren
liberalleştirme *s* ❶ *Verbalsubstantiv zu* **liberalleştirmek** ❷ Liberalisierung *f*
liberalleştirmek *vt* liberalisieren
liberasyon *s* WIRTSCH Liberalisierung *f* (*Beseitigung der Einfuhrbeschränkungen*)
Liberya **I.** *s* Liberia *nt* **II.** *adj* liberianisch; **~ hükümeti/para birimi** die liberianische Regierung/Währungseinheit **Liberyalı** **I.** *s* Liberianer(in) *m(f)* **II.** *adj* liberianisch; **~ bir kadın** eine liberianische Frau
libido *s ohne pl* PSYCH Libido *f*
Libya **I.** *s* Libyen *nt* **II.** *adj* libyisch **Libyalı** **I.** *s* Libyer(in) *m(f)* **II.** *adj* libyisch
lider *s* Führer(in) *m(f)*
liderlik <-ği> *s* Führung *f*
lif *s* Faser *f*
lifli *adj* faserig
lig *s* SPORT Liga *f*
lignin *s* CHEM Lignin *nt*
liken *s* ❶ BOT Flechte *f* ❷ MED Flechte *f*
likidasyon *s* WIRTSCH Liquidation *f;* (*tasfiye*) Abwicklung *f*
likide *s* WIRTSCH **~ etmek** liquidieren
likidite *s ohne pl* WIRTSCH Liquidität *f*
likit <-di> *adj* ❶ (*sıvı, akışkan*) flüssig ❷ WIRTSCH liquid(e); (*kullanılması hemen mümkün olan*) verfügbar **likit gaz** *s* Flüssiggas *nt* **likit kristal ekranlı televizyon** *s* LCD-Fernseher *m*
likör *s* Likör *m* **likör bardağı** *s* Likörglas *nt* **likör esansı** *s* Liköressenz *f* **likör şişesi** *s* Likörflasche *f*
liman *s* Hafen *m;* **~a girmek** in den Hafen einlaufen; **~dan çıkmak** aus dem Hafen auslaufen; **gemi ~da yatıyor** das Schiff liegt im Hafen **liman işçisi** *s* Hafenarbeiter *m* **liman reisi** *s* (*büyük limanda*) Hafenkapitän *m;* (*küçük limanda*) Hafenmeister *m*
limit *s* ❶ Limit *nt* ❷ MATH Grenzwert *m*
limitet ortaklık <-ğı> *n,* **limitet şirket** *s* JUR Gesellschaft *f* mit beschränkter Haftung
limon *s* Zitrone *f* **limon asidi** *s ohne pl* CHEM (*sitrik asit*) Zitronensäure *f*
limonata *s* Limonade *f*
limoni [limo:ni:] *adj* ❶ zitronengelb ❷ (*fig: insan ilişkileri*) gestört ❸ (*fig: öfkelenen*) leicht aufbrausend
limon kabuğu *s* Zitronenschale *f* **limon sarısı** *adj* zitronengelb **limon sıkacağı** *s* Zitronenpresse *f* **limon suyu** *s* Zitronensaft *m* **limon tozu** *s,* **limon tuzu** *s* (*fam: sitrik asit*) Zitronensäure *f*
linç <-ci> *s* Lynchjustiz *f;* **birini ~ etmek** jdn lynchen
link *s* INFORM Link *m*
linolyum *s ohne pl* Linoleum *nt*
linyit *s ohne pl* BERGB Braunkohle *f* **linyit dumanı** *s* Braunkohlenrauch *m* **linyit kömürü** *s ohne pl s.* **linyit**
lipsos *s* ZOOL Kleine(r) Drachenkopf *m; s. a.* **iskorpit**
lir *s* MUS ❶ Lyra *f* ❷ Leier *f*

lira *s* ❶ Lira *f;* **Türk ~sı** die türkische Lira ❷ Pfund *nt;* **Mısır/Suriye ~sı** das ägyptische/syrische Pfund
liret *s* HIST Lira *f;* **İtalyan ~i** die italienische Lira
lirik I. *s* <-ği> Lyrik *f* **II.** *adj* lyrisch **lirik şair** *s* Lyriker(in) *m(f)*
lisan *s s.* **dil** Sprache *f;* **~a gelmek** zur Sprache kommen
lisanî *adj* sprachlich
lisaniyat *s s.* **dil bilimi** Sprachwissenschaft *f; s.* **filoloji** Philologie *f*
lisansiyer *s* Student(in) *m(f)*
lisansüstü eğitim *s* Aufbaustudium *nt*
lise *s* Lyzeum *nt,* Gymnasium *nt* **lise diploması** *s* Abiturzeugnis *nt* **lise öğrencisi** *s* Gymnasiast(in) *m(f)* **lise öğretmeni** *s* Gymnasiallehrer(in) *m(f)*
liste *s* Liste *f*
listeleme *s* ❶ *Verbalsubstantiv zu* **listelemek** ❷ Auflistung *f*
listelemek *vt* auflisten
literatür *s* Literatur *f; s. a.* **edebiyat, yazın**
litografi *s s.* **litografya**
litografya I. *s* Lithographie *f* **II.** *adj* lithographisch
litografyacı *s* Lithograph(in) *m(f)*
litoloji *s ohne pl* Lithologie *f*
litosfer *s ohne pl* Lithosphäre *f*
litre *s* Liter *m o nt*
liturya *s ohne pl* REL Liturgie *f;* (*kudas*) Abendmahl *nt*
Litvanya I. *s* Litauen *nt* **II.** *adj* litauisch; **~ hükümeti/para birimi** die litauische Regierung/Währungseinheit
Litvanyaca *s* Litauisch *nt;* **~ bilmek/konuşmak** Litauisch können/sprechen; **~dan Türkçeye** aus dem Litauischen ins Türkische
Litvanyalı I. *s* Litauer(in) *m(f)* **II.** *adj* litauisch; **~ erkekler/kadınlar** litauische Männer/Frauen
lityum *s ohne pl* CHEM Lithium *nt*
liva *s* ❶ HIST (*sancak*) Sandschak *m* ❷ HIST, MIL (*tugay*) Brigade *f* ❸ HIST, MIL Brigadier *m;* (*tuğgeneral*) Brigadegeneral *m*
liyakat <-ti> *s* ❶ Würdigkeit *f* ❷ (*yeterlilik*) Zulänglichkeit *f;* (*kifayet*) Fähigkeit *f;* **~ göstermek** sich bewähren, sich verdient machen; **her birimiz kendi ~imize göre, üzerimize bir vazife almalıyız** jeder von uns sollte nach seiner Fähigkeit eine Aufgabe übernehmen
liyakatli *adj* (*yetenekli*) fähig; (*başarılı*) erfolgreich
liyakatsiz *adj* (*yeteneksiz*) unfähig; (*başarısız*) erfolglos
Liyej *s* Lüttich *nt*
Lizbon *s* Lissabon *nt*
lobelya *s* BOT Lobelie *f*
lobi *s* ❶ Lobby *f* ❷ THEAT Foyer *nt*
lobici *s* Lobbyist(in) *m(f)*
lobicilik <-ği> *s ohne pl* Lobbyismus *m*
lobut *s* ❶ (*kalın, kısa ve düzgün sopa*) Keule *f* ❷ SPORT (*jimnastik aracı*) Keule *f*
loca *s* ❶ THEAT Loge *f* ❷ (*masonların toplantı yeri*) Loge *f*
loça *s* NAUT Klüse *f*
loda *s* REG ❶ (*yığın*) Haufen *m* ❷ (*demet*) Bündel *m*
lodos *s* Südwind *m*
logaritma *s* MATH Logarithmus *m* **logaritma tablosu** *s* MATH Logarithmentafel *f*
logaritmik *adj* MATH logarithmisch
logistik *s s.* **lojistik**
logo *s* Logo *m o nt*
loğ *s* REG Ackerwalze *f*
loğlama *s Verbalsubstantiv zu* **loğlamak**
loğlamak *vt* REG walzen
loğusa *s* MED Wochenbett *nt* **loğusa humması** *s ohne pl* MED (*albastı*) Wochenbettfieber *nt* **loğusa otu** *s* BOT (*zeravent*) Osterluzei *f,* Biberwurz *f*
lojik *s ohne pl s.* **mantık** Logik *f*
lojistik I. *s* <-ği> *ohne pl a.* MIL Logistik *f* **II.** *adj* logistisch
lojman *s* Werkswohnung *f,* Dienstwohnung *f*
lok *s* NAUT Schleuse *f;* **~u doldurmak** die Schleuse fluten
lokal I. *s* <-li> (*dernek, gece ~i*) Lokal *nt* **II.** *adj* lokal; (*yerel*) örtlich **lokal anestezi** *s* MED Lokalanästhesie *f*
lokalizasyon *s* Lokalisation *f,* Ortsbestimmung *f*
lokanta *s* Speiselokal *nt,* Esslokal *nt,* Gaststätte *f;* (*restoran*) Restaurant *nt*
lokantacı *s* Gastronom(in) *m(f),* Gastwirt(in) *m(f)*
lokantacılık <-ğı> *s* Gastronomie *f*
lokantalı wagon *s* EISENB Speisewagen *m*
lokavt *s* Aussperrung *f*
lokma *s* ❶ Bissen *m,* Happen *m* ❷ TECH Nuss *f* ❸ GASTR (*tatlı*) Krapfen *m* ❹ (*yemek*) Essen *nt* **lokma anahtar** *s* TECH Steckschlüssel *m* **lokma gözlü** *s* Glupschauge *nt*
lokman ruhu *s* REG (*eter*) Äther *m*
lokma tatlısı *s* GASTR Krapfen *m*
lokomotif *s* Lokomotive *f*
lokosit *s* ANAT, MED Leukozyt *m*
lolipop *s* Lolli *m,* Lutscher *m*
lolo *s* (*fam*) **bana da mı ~?** denkst du ich bin blöd?
lombar *s* NAUT Ladeluke *f*
lomboz *s* NAUT Bullauge *nt*

lonca *s* Innung *f* **lonca ustası** *s* Innungsmeister *m*
Londra *s* London *nt*
Londralı *s* Londoner(in) *m(f)*
long-play *s,* **longpley** *s* MUS (*uzunçalar*) Langspielplatte *f*
lop[1] *adj* ~ **yumurta** ein hart gekochtes Ei
lop[2] <-bu> *s* ANAT Lappen *m* **lop et** *s* GASTR Nuss *f,* Kugel *f*
lopur lopur *adv* schmatzend
lord *s* Lord *m*
Lordlar Kamarası *s* POL Oberhaus *nt*
lordluk <-ğu> *s* Lordschaft *f*
lostracı *s* Schuhputzer *m*
lostra salonu *s* Schuhputzersalon *m*
lostromo *s* NAUT Bootsmann *m*
losyon *s* Lotion *f*
loş *adj* halbdunkel
loşluk <-ğu> *s ohne pl* Halbdunkel *nt*
lotarya *s* Lotterie *f,* Verlosung *f*
lotto *s* Lotto *nt;* ~ **da kazandım!** ich habe im Lotto gewonnen!
lotus *s* BOT Lotus *m*
lökosit *s* ANAT, MED Leukozyt *m*
lökoz *s* MED Leukose *f*
lös *s* GEO Löss *m*
lösemi *s* MED Leukämie *f*
lûgat <-tı/-ti> *s s.* **lügat**
lumbago *s ohne pl* MED Lumbago *f,* Hexenstich *m,* Hexenschuss *m*
lunapark *s* Vergnügungspark *m;* (*kermes*) Kirmes *f*
lup *s* Lupe *f*
Lübnan I. *s* Libanon *nt* **II.** *adj* libanesisch
Lübnanlı *s* Libanese, Libanesin *m, f*
lüfer *s* ZOOL (*Pomatomus/Temnodon saltator*) Blaufisch *m*
lügat <-tı/-ti> *s s.* **sözlük** Wörterbuch *nt*
lügatçe *s* Wörterverzeichnis *nt*
lüks[1] **I.** *s ohne pl* Luxus *m;* ~ **içinde yaşamak** im Luxus leben **II.** *adj* luxuriös, Luxus-
lüks[2] *s* PHYS Lux *nt*
lüks baskı *s* TYPO Luxusausgabe *f*
Lüksemburg I. *s* Luxemburg *nt* **II.** *adj* luxemburgisch; ~ **hükûmeti** die luxemburgische Regierung
Lüksemburglu I. *s* Luxemburger(in) *m(f)* **II.** *adj* luxemburgisch; ~ **erkekler/kadınlar** luxemburgische Männer/Frauen
lüks eşya *s* Luxusartikel *f*
lüksmetre *s* Luxmeter *nt*
lüks mevki <-i> *s* Luxusklasse *f* **lüks model** *s* Luxusausführung *f* **lüks otel** *s* Luxushotel *nt*
lüle *s* ❶ (*dürülmüş şey*) Rolle *f* ❷ (*pipo ~ si*) Kopf *m* ❸ (*saç kıvrımı*) Locke *f;* (*daha büyük*) Tolle *f* ❹ (*su borusu*) Wasserrohr *nt*
lüleli *adj* lockig
lüle taşı *s ohne pl* Meerschaum *m*
lümen *s* PHYS Lumen *nt*
lümensaat <-ti> *s* PHYS Lumenstunde *f*
lüpten *adv* (*fam*) umsonst
Lüsern *s* Luzern *nt*
lütfen *adv* bitte; ~ **ona göre hareket et!** richte dich bitte danach!
lütfetmek I. *vt* ❶ (*vermek*) geben ❷ (*izin vermek*) erlauben **II.** *vi* sich bequemen (**-e** zu)
lütfu *s poss von* **lütuf**
lütuf <-tfu> *s* ❶ Freundlichkeit *f;* (**acaba**) **bunu yapmak lütfunda bulunur musunuz?** würden Sie (wohl) die Freundlichkeit haben, das zu tun? ❷ Güte *f*
lütufkâr [--kār] *adj* (*iyiliksever*) gütig; (*kibar*) zuvorkommend
lüzum *s* Notwendigkeit *f;* **bir şeye ~ gör(me)mek** etw für (nicht) notwendig erachten; ~ **var/yok** es ist nötig/nicht nötig; ~ **umundan fazla** mehr als nötig
lüzumlu *adj* nötig, erforderlich
lüzumsuz *adj s.* **gereksiz** unnötig, überflüssig
lüzumsuzluk <-ğu> *s* Überflüssigkeit *f*

L

Mm

M, m [me] *s* M, m *nt* (*16. Buchstabe des türk. Alphabets*)*;* **Muş'un ~'si** M wie Martha

m *Abk von* **metre** m, Meter *m*

maada [maːˈadaː] *adv* außer (**-den**)

maaile [maːˈaːile] *adv* samt Familie, mit Kind und Kegel; **~ geldi** er ist samt Familie gekommen [*o* erschienen]

maalesef *adv* leider, bedauerlicherweise; **~ gelemeyeceğim** leider kann ich nicht kommen; **~ gitmem zorundayım** leider muss ich gehen

maalmemnuniye *adv* (*seve seve*) gern(e), liebend gern; (*memnuniyetle*) mit Vergnügen

maarif *s ohne pl* Bildungswesen *nt*

maaş *s* Gehalt *nt;* **~ almak** Gehalt beziehen **maaş bordrosu** *s* Gehaltsabrechnung *f*

maaşlı *s* Gehaltsempfänger(in) *m(f)*

maatteessüf *adv* bedauerlicherweise

mabet <-di> [maːbet] *s* ❶ (*tapınak*) Tempel *m;* (*ibadet yeri*) Gebetsstätte *f* ❷ (*fig*) Tempel *m,* Kultstätte *f*

mabude [maːbuːde] *s* ❶ (*tanrıça*) Göttin *f* ❷ (*fig: tapınırcasına sevilen kadın*) Angebetete *f*

mabut <-du> [maːbuːt] *s* (*tanrı*) Gott *m;* (*ilah*) Abgott *m*

Macar I. *s* Ungar(in) *m(f)* **II.** *adj* ungarisch; **~ salamı** ungarische Salami

Macarca *s* Ungarisch *nt;* **~da** im Ungarischen; **~dan** aus dem Ungarischen; **~ya** ins Ungarische

Macaristan *s* Ungarn *nt*

macera [maːdʒeraː] *s* Abenteuer *f;* **~ aramak** Abenteuer suchen; **~ya atılmak** sich ins Abenteuer stürzen

maceracı I. *s* Abenteurer(in) *m(f)* **II.** *adj* abenteuerlustig

maceracılık <-ğı> *s ohne pl* Abenteuerlust *f*

maceralı *adj* abenteuerlich **maceralı tatil** *s* Abenteuerferien *pl*

maceraperest *adj* abenteuerlustig

macera romanı *s* Abenteuerroman *m*

macun [maːdʒun] *s* ❶ (*boyacılıkta*) Spachtel *m,* Spachtelmasse *f;* (*cam ~u*) Kitt *m;* **masaya/kapıya ~ çekmek** den Tisch/die Tür spachteln ❷ (*diş ~u*) Paste *f* **macun küreği** *s* Spachtel *m*

macunlama *s Verbalsubstantiv zu* **macunlamak**

macunlamak *vt* spachteln; (*camı*) verkitten

maç [matʃ] *s* SPORT Spiel *nt;* (*boks ~ı*) Kampf *m*

maça [matʃa] *s* Pik *nt* **maça kızı** *s* ❶ Pikdame *f* ❷ *ein Kartenspiel mit diesem Namen* **maça yedilisi** *s* Piksieben *f*

maço [matʃo] *s* Macho *m*

maçuna *s* NAUT Ladekran *m*

Madagaskar I. *s* Madagaskar *nt* **II.** *adj* madagassisch

Madagaskarlı *s* Madagasse, Madagassin *m, f*

madalya *s* Medaille *f;* **~nın tersi** [*o* **ters tarafı**] die Kehrseite der Medaille

madalyon *s* Medaillon *nt;* **~nun tersi** [*o* **ters tarafı**] die Kehrseite der Medaille

-madan/-meden *Suffix* ohne zu; **düşün~** ohne nachzudenken; **oku~** ohne zu lesen

madara *adj* (*pej fam*) mies; **birini ~ etmek** jdn miesmachen

madde *s* ❶ Materie *f* ❷ JUR Artikel *m* ❸ Substanz *f,* Stoff *m;* **(in)organik/mineral ~ler** (an)organische/mineralische Substanzen ❹ (*uyuşturucu ~*) Mittel *nt* ❺ (*sözlükte*) Stichwort *nt* ❻ Sache *f;* (*sorun*) Frage *f* **madde başı kelime** *s* Stichwort *nt*

maddeci I. *s* Materialist(in) *m(f)* **II.** *adj* materialistisch

maddecilik <-ği> *s ohne pl* Materialismus *m*

maddi [maddiː] *adj* materiell, Sach- **maddi hasar** *s* Sachschaden *m*

maddileşme *s Verbalsubstantiv zu* **maddileşmek**

maddileşmek *vi* materialistisch werden

madem [maːdem] *konj,* **mademki** *konj* ❶ **~ gelmeyecektin, telefon etseydin bari** wenn du nun mal nicht vorhattest zu kommen, hättest du wenigstens anrufen können, in Anbetracht dessen, dass du nicht gekommen bist, hättest du wenigstens anrufen können ❷ **~ ...** in Anbetracht dessen, dass ...

maden [maːden] *s* ❶ (*mineral*) Mineral *nt* ❷ (*metal*) Metall *nt* ❸ Bergbau *m;* (*maden ocağı*) Bergwerk *nt* ❹ (*altın ~i*) Grube *f,* Mine *f;* (*fig*) Goldgrube *f* ❺ (*sl: uyuşturucu*) Stoff *m;* (*esrar*) Haschisch *m o nt;* (*eroin*) Heroin *nt*

maden bilimci *s* (*mineralog*) Mineraloge, -login *m, f* **maden bilimi** *s ohne pl* (*mineraloji*) Mineralogie *f* **maden cevheri** *s* Erz *nt*

madenci *s* Bergmann *m;* ~**ler** Bergleute *pl*

madencilik <-ği> *s ohne pl* Bergbau *m*

maden filizi *s* Erz *nt*

madenî [ma:deni:] *adj* ❶ metallisch, Metall- ❷ metallen; ~ **bir ses** eine metallene Stimme **madenî para** *s* Metallgeld *nt*

maden işçisi *s* Bergarbeiter *m*

madenî yağ *s* Mineralöl *nt* **madenî yün** *s ohne pl* Metallwolle *f*

maden katranı *s* Steinkohlenteer *m* **maden kömürü** *s* BERGB (*taş kömürü*) Steinkohle *f* **maden mühendisi** *s* Bergingenieur(in) *m(f)* **maden ocağı** *s* BERGB Bergwerk *nt*

madensel *adj* metallisch

madensi *s* CHEM (*metalsi*) Nichtmetall *nt*

maden sodası *s* Sprudel *m* **maden suyu** *s* Mineralwasser *nt* **maden yünü** *s ohne pl* Metallwolle *f*

maderşahî *adj* (*anaerkil*) matriarchalisch

maderşahîlik <-ği> *s* (*anaerki*) Matriarchat *nt*

maestro *s* MUS ❶ (*besteci*) Komponist(in) *m(f)* ❷ (*orkestra şefi*) Dirigent(in) *m(f)*

mafevk I. *s* (*üst*) Vorgesetzte(r) *f(m)* **II.** *adj* übergeordnet

mafiş I. *adj* (*fam: kalmadı*) alle; (*yok*) futsch; **bende para** ~ mein Geld ist alle [*o* futsch] **II.** *s* GASTR Eiergebäck *nt*

mafsal *s* TECH, ANAT (*eklem*) Gelenk *nt*

mafya *s* Mafia *f*

magazin *s* ❶ (*bol resimli yayın*) Illustrierte *f* ❷ TECH (*depo*) Magazin *nt*

magma *s* GEO Magma *nt*

magmasal *adj,* **magmatik** *adj* GEO magmatisch

magnezyum *s ohne pl* CHEM Magnesium *nt* **magnezyum klorür** *s ohne pl* CHEM Magnesiumchlorid *nt*

magnezyumlu *adj* CHEM magnesiumhaltig

magnezyum oksit *s ohne pl* CHEM Magnesiumoxyd *nt* **magnezyum sülfat** *s ohne pl* CHEM Magnesiumsulfat *nt*

Magosa *s* Famagusta *nt*

mağara *s* Höhle *f* **mağara adamı** *s* HIST Höhlenmensch *m* **mağara bilimci** *s* Höhlenforscher(in) *m(f),* Speläologe, -login *m, f* **mağara bilimi** *s ohne pl* Höhlenkunde *f,* Speläologie *f* **mağara insanı** *s* HIST Höhlenmensch *m* **mağara resmi** *s* Höhlenmalerei *f*

mağaza *s* Geschäft *nt,* Laden *m*

mağazalar zinciri *s* Ladenkette *f*

mağdur [ma:du:r] **I.** *s* ❶ JUR (*kıygın*) Geschädigte(r) *f(m)* ❷ VERLAG Opfer *nt* **II.** *adj* geschädigt

mağlûbiyet *s s.* **yenilgi** Niederlage *f*

mağlûp <-bu> [ma:lu:p] *adj* besiegt; **birini** ~ **etmek** jdn besiegen [*o* schlagen], jdm eine Niederlage beibringen; ~ **olmak** besiegt werden, unterliegen

Mağribî *adj* maghrebinisch

Mağrip <-bi> *s ohne pl* Maghreb *m*

mağrur [ma:ru:r] *adj* stolz; ~ **bakışla** mit stolzem Blick

mahalle *s* ❶ Stadtviertel *nt,* Wohnviertel *nt* ❷ ADMIN Gemeindebezirk *m*

mahallî *adj* örtlich, lokal **mahallî idare** *s* JUR Kommunalverwaltung *f* **mahallî seçim** *s* JUR Kommunalwahl *f,* Gemeindewahl *f*

mahana *s* REG *s.* **bahane**

maharet [maha:-] *s* Geschicklichkeit *f*

maharetli *adj s.* **becerikli** geschickt; ~ **bir taktikçi** ein geschickter Taktiker

maharetsiz *adj* ungeschickt

maharetsizlik <-ği> *s* Ungeschick *nt,* Ungeschicklichkeit *f*

mahbes *s s.* **hapishane** Gefängnis *nt*

mahbube *s* Geliebte *f*

mahbup <-bu> *s* Geliebte(r) *m*

mahcubiyet *s* Verlegenheit *f*

mahcup <-bu> *adj* verlegen, beschämt; **birini** ~ **etmek** jdn verlegen machen, jdn beschämen, jdn in Verlegenheit bringen

mahfaza *s* Kassette *f,* Schatulle *f*

mahfuz *adj s.* **saklı** vorbehalten, geschützt; ~ **kalmak üzere** unter Vorbehalt; **her hakkı** ~**dur** alle Rechte vorbehalten

mahir *adj s.* **becerikli** geschickt

mahitap *s s.* **mehtap**

mahkeme *s* ❶ Gericht *nt* ❷ (*dava, duruşma*) Prozess *m;* ~ **tam yedi yıl sürdü** der Prozess dauerte genau sieben Jahre **mahkeme dosyası** *s* Gerichtsakte *f* **mahkeme kararı** *s* Gerichtsbeschluss *m*

mahkemelik *adj* gerichtlich; **biriyle** ~ **olmak** jdn gerichtlich verfolgen

mahkeme masrafı *s* Gerichtskosten *pl* **mahkeme salonu** *s* Gerichtssaal *m*

mahkûm *adj* verurteilt; **birini para cezasına** ~ **etmek** jdn zu einer Geldstrafe verurteilen

mahlâs *s* Künstlername *m,* Pseudonym *nt*

mahlep <-bi> *s* BOT Weichsel *f,* Weichselkirsche *f*

mahlûk *s s.* **yaratık** Geschöpf *nt,* Kreatur *f*

mahmur *adj* benommen

mahmurluk <-ğu> *s ohne pl* Benommenheit *f*

mahmuz *s* ❶ (*çizmede*) Sporn *m,* Sporen *pl* ❷ ZOOL (*tavukgillerin ayaklarındaki uzantı*) Sporn *m* ❸ NAUT, HIST (*savaş gemile-*

rinin önündeki uzantı) Sporn *m* **mahmuz çiçeği** *s* BOT Spornblume *f*

mahmuzlama *s Verbalsubstantiv zu* **mahmuzlamak**

mahmuzlamak *vt* anspornen; (**bir**) **at**(**ı**) **mahmuzlamak** einem Pferd die Sporen geben

mahrem **I.** *adj* vertraulich; (*gizli*) geheim **II.** *s* ❶ ADMIN Vertrauenssache *f* ❷ (*sırdaş*) Vertraute(r) *f(m),* Intimus *m*

mahremiyet *s ohne pl* (*gizlilik*) Vertraulichkeit *f*

mahrum *adj s.* **yoksun**: ~ **etmek** vorenthalten (**-den**); **birini bir şeyden ~ etmek** jdn einer Sache berauben, jdn von etw ausschließen, jdm etw versagen; **birini oy hakkından ~ etmek** jdn vom Stimmrecht ausschließen; **bir şeyden ~ olmak** etw entbehren (müssen)

mahrut *s* MATH (*koni*) Kegel *m*

mahrutî *adj* MATH (*konik*) kegelförmig

mahsul <-ü> *s* ❶ (*ürün*) Produkt *nt,* Erzeugnis *nt* ❷ (*fig*) Produkt *nt;* **bu, senin hayalinin bir ~ü** das ist ein Produkt deiner Fantasie

mahsur *adj* eingeschlossen; (*çevrilmiş*) eingekreist

mahsus **I.** *adj* (*özgü*) eigen(tümlich), charakteristisch (**-e** für); **kendine ~** eigentümlich; **çocuklara ~ bir bahçe** ein Garten für Kinder **II.** *adv* ❶ (*bilhassa*) extra; **bunu ~ yaptın** (*fam*) das hast du extra gemacht ❷ (*bilerek*) wissentlich, absichtlich

mahşer *s* ❶ REL Ort des Jüngsten Gerichts ❷ (*fig*) **yangın yeri bir ~** der Ort des Brandes ist die Hölle **mahşer günü** *s ohne pl* REL das Jüngste Gericht; (*kıyamet günü*) der Jüngste Tag

mahunya *s* BOT Mahonie *f*

mahvetme *s Verbalsubstantiv zu* **mahvetmek**

mahvetmek *vt* ruinieren, vernichten, zerstören

mahya *s* ❶ ARCH (*çatıda*) First *m,* Dachfirst *m* ❷ REL (*ramazanda*) *Leuchtgirlanden mit Aufschriften und Bildern zwischen zwei Minaretten während des Ramadans*

mahzen *s* Verlies *nt;* (*şarap ~i*) Keller *m,* Kellerei *f*

mahzun *adj* traurig

mahzunluk <-ğu> *s ohne pl* Traurigkeit *f*

mahzur *s* ❶ (*sakınca*) Bedenken *nt* ❷ (*engel*) Hindernis *nt*

mahzurlu *adj* bedenklich

maî [ma:i:] *adj s.* **mavi**

mail [ma:i:] *adj* geneigt

maillemek [mɛɪl--] *vt* TELEK mailen

main *s s.* **eşkenar dörtgen** MATH Raute *f,* Rhombus *m*

maişet *s* Lebensunterhalt *m*

maiyet *s* Gefolge *nt,* Gefolgschaft *nt* **maiyet alayı** *s* Geleitzug *m*

majeste *s* ❶ Majestät *f,* Hoheit *f;* **~leri** die Majestäten; (*seslenme sözü olarak*) Euer/Eure Majestät [*o* Hoheit] ❷ (*fig: devlet başkanları için*) Exzellenz *f;* **~leri** Euer/Eure Exzellenz

majör *s ohne pl* MUS Dur *nt* **majör gam** *s* MUS Durtonleiter *f*

majüskül **I.** *s* Großbuchstabe *m,* Kapitalbuchstabe *m;* TYPO Majuskel *f* **II.** *adj* Groß-, Majuskel-; ~ **harf** großer Buchstabe

makabil <-bli> [ma:--] *s* Vorgeschichte *f*

makabline şamil *adj* rückwirkend

makadam *s* Makadam *m o nt*

makadamlama *s Verbalsubstantiv zu* **makadamlamak**

makadamlamak *vt* makadamisieren

makak <-ğı> *s* ZOOL Makak *m*

makale [maka:le] *s* VERLAG Artikel *m*

makam [maka:m] *s* ❶ (*resmî ~*) Behörde *f;* **merkezî ~** zentrale Behörde ❷ (*mevki*) Stellung *f;* (*yer*) Stelle *f,* Dienststelle *f* ❸ (*yer*) Platz *m* ❹ MUS (*Türk müziğinde*) Ton *m,* Tonart *f* **makam arabası** *s* Dienstwagen *m*

makara *s* ❶ Spule *f;* **ipliği ~ya sarmak** den Garn auf die Spule aufwickeln, den Garn aufspulen; **birini ~ya almak** (*fig fam*) jdn aufziehen ❷ (*yükü yukarı kaldırmak için*) Flaschenzug *m* ❸ Rolle *f;* **metalden/plastikten yapılmış ~(lar)** Rolle(n) aus Metall/Kunststoff ❹ (*ötücü kuşlar için*) ~ **çekmek** trillern

makarna *s* Nudel *f*

makas *s* ❶ Schere *f* ❷ EISENB Weiche *f* ❸ AUTO Blattfeder *f* ❹ ZOOL Schere *f*

makasçı *s* ❶ (*makas satan kimse*) Scherenverkäufer *m* ❷ EISENB Weichensteller *m*

makaslama *s Verbalsubstantiv zu* **makaslamak**

makaslamak *vt* (*kesmek*) (mit der Schere) schneiden; (*kısaltmak*) kürzen

makat *s* ❶ (*kıç*) Hintern *nt* ❷ (*serç*) After *m;* (*anüs*) Anus *m*

makber *s* Grab *nt*

makbul <-lü> *adj* ❶ (*kabul edilen*) angenommen, akzeptiert ❷ (*beğenilen*) beliebt; **~e geçmek** gut ankommen; (*işe yaramak*) gute Dienste leisten

makbuz *s* Quittung *f,* Beleg *m*

Makedonya *s* Makedonien *nt,* Mazedonien *nt*

maket *s* Modell *nt*

maki[1] *s ohne pl* BOT Maquis *m*

maki[2] *s* ZOOL Maki *m,* Lemur *m*

makine *s* ❶ Maschine *f* ❷ (*fotoğraf, tıraş ~si*) Apparat *m* **makine dairesi** *s* Maschinenraum *m*
makineli tabanca *s* Maschinenpistole *f* **makineli tüfek** <-ği> *s* Maschinengewehr *nt*
makine mühendisi *s* Maschinenbauingenieur(in) *m(f)* **makine odası** *s* ❶ TECH Maschinenraum *m* ❷ FILM Vorführraum *m* **makine parçası** *s* Maschinenteil *nt* **makine yağı** *s* Maschinenöl *nt*
makinist *s* ❶ *a.* EISENB, NAUT Maschinist(in) *m(f),* Lok(omotiv)führer(in) *m(f)* ❷ (*makineci*) Maschinenschlosser(in) *m(f)*
makro *s* INFORM Makro *nt*
makrobiyotik *adj* makrobiotisch
makro çekim *s* FOTO Makroaufnahme *f,* Makrofotografie *f*
makroekonomi *s ohne pl* WIRTSCH Makroökonomie *f*
makrome *s* Makramee *nt*
makromolekül *s* CHEM Makromolekül *nt*
makro virüsü *s* INFORM Makrovirus *m*
maksat <-dı> *s* ❶ Zweck *m;* **~ gütmek** einen Zweck verfolgen; **~ hasıl olmak** seinen Zweck erreichen ❷ Absicht *f*
maksatlı **I.** *adj* zweckmäßig **II.** *adv* (*kasıtlı*) absichtlich, vorsätzlich
maksatsız **I.** *adj* zwecklos **II.** *adv* (*fig: istemeden*) ohne Absicht, ungewollt
maksi etek <-ği> *s* Maxirock *m*
maksimal <-li> *adj* maximal
maksimum **I.** *s* Maximum *nt* **II.** *adj* (*maksimal*) maximal, Höchst- **maksimum hız** *s* Höchstgeschwindigkeit *f*
maktel *s* Tatort *m*
maktu <-u> *adj* gebunden, Fest- **maktu fiyat** *s* Festpreis *m*
maktul <-lü> *adj* getötet, ermordet; **~ düşmek** [*o* **olmak**] getötet werden, ermordet werden
makul <-lü> [maː-] *adj* ❶ (*akla uygun*) rational, vernünftig; (*akla yatkın*) plausibel, einleuchtend ❷ (*akıllıca*) sinnvoll, vernünftig ❸ (*fig fam: uygun*) angemessen; **~ bir fiyat** ein angemessener Preis
makyaj *s ohne pl* Schminke *f,* Make-up *nt;* **~ yapmak** Schminke auftragen, sich schminken, ein Make-up auftragen
makyajlama *s Verbalsubstantiv zu* **makyajlamak**
makyajlamak *vt* schminken
makyajlı *adj* geschminkt
makyajsız *adj* ungeschminkt
mal[1] *s ohne pl* ❶ Habe *f;* **~ mülk** Hab und Gut *nt;* **bütün ~ım** meine gesamte Habe ❷ AGR (*birinin mülkiyeti altında bulunan büyükbaş hayvanların bütünü*) Großviehhabe *f,* der Besitz an Großvieh ❸ (*sl: esrar*) Stoff *m* ❹ (*pej fam*) **ne ~ olduğunu biliriz** wir wissen, was für ein Schwein er ist ❺ (*vulg: orospu*) Nutte *f*
mal[2] *s* ❶ WIRTSCH, COMM Gut *nt,* Ware *f;* (*emtia*) Güter *pl,* Waren *pl;* **~ olmak** kosten; **bu, onun hayatına ~ oldu** (*fam*) das hat ihn das Leben gekostet; **kaça ~ olursa olsun** koste es, was es wolle ❷ **kendine ~ etmek** sich aneignen
mala *s* (*duvarcı aracı*) Maurerkelle *f;* (*harç için*) Mörtelkelle *f*
malakit *s* CHEM, MIN Malachit *m*
malarya *s ohne pl* MED Malaria *f;* (*sıtma*) Sumpffieber *nt*
Malay *adj* malaysisch
mal ayrılığı *s* JUR Gütertrennung *f*
Malezya *s* Malaysia *nt*
Malezyalı **I.** *s* Malaysier(in) *m(f)* **II.** *adj* malaysisch
malgama *s a.* CHEM Amalgam *nt*
mali [maːliː] *adj* finanziell, Finanz-; **~ durum** finanzielle Lage [*o* Situation] **mali danışman** *s* Finanzberater(in) *m(f)* **mali durum** *s* ❶ Finanzlage *f* ❷ Finanzen *pl*
malik [maːlik] *s* JUR (*iye*) Eigentümer(in) *m(f);* **bir şeye ~ bulunmak** eine Sache als Eigentümer besitzen
malikâne [maːlikâːne] *s* Anwesen *nt*
mali politika *s a.* WIRTSCH Finanzpolitik *f*
mali yardım *s* Finanzhilfe *f*
maliye *s* ❶ Finanzen *pl* ❷ Finanzwesen *nt* ❸ (*kuruluş*) Finanzamt *nt* **maliye bakanı** *s* Finanzminister(in) *m(f)* **maliye bakanlığı** *s* Finanzministerium *nt* **maliye memuru** *s* Finanzbeamte(r) *f(m),* Finanzbeamte(r), -beamtin *m, f*
maliyet *s* WIRTSCH Kosten *pl* **maliyet fiyatı** *s* WIRTSCH Gestehungskosten *pl* **maliyet tahmini** *s* WIRTSCH Kostenvoranschlag *m* **maliyet yoğun** *adj* WIRTSCH kostenintensiv
mali yıl *s* Geschäftsjahr *nt,* Rechnungsjahr *nt*
mal ortaklığı *s* JUR Gütergemeinschaft *f* **mal sahibi** *s* Eigentümer(in) *m(f)*
malt *s ohne pl* Malz *nt*
Malta *s* Malta *nt* **Malta eriği** *s* BOT (*yenidünya*) Japanische Mispel *f* **Malta haçı** *s* Malteserkreuz *nt* **Malta humması** *s ohne pl* MED Maltafieber *nt*
Maltalı *s* Malteser(in) *m(f)*
maltız *s* Grill *m*
Maltız *s* Malteser(in) *m(f)*
maltoz *s ohne pl* CHEM Maltose *f*
malul [maːluːl] **I.** *s* <-lü> Invalide(r) *f(m)* **II.** *adj* <-lü> invalid(e)

M

maluliyet [ma:lu:lijet] *s ohne pl* Invalidität *f*
malullük <-ğü> *s ohne pl* Invalidität *f*
malum [ma:lu:m] **I.** *adj* (*bilinen*) bekannt; (*belli*) gewiss; (*kuşkusuz*) zweifelsfrei **II.** *s* ❶ MATH (*bilinen*) Bekannte *f* ❷ LING (*etken fiil*) Aktiv *nt*
malumat [ma:lu:ma:t] *s s.* **bilgi** ❶ Wissen *nt*, Kenntnisse *pl;* ~ **edinmek** Kenntnisse erwerben, sich Wissen aneignen ❷ Auskunft *f* (**üzerine/hakkında** über), Information *f* (**üzerine/hakkında** über); ~ **almak/vermek** Auskunft einholen/geben
mal varlığı *s* Vermögen *nt*
malzeme *s* ❶ (*yapı* ~ *si*) Material *nt* ❷ (*yemek* ~ *si*) Zutaten *pl* ❸ (*sağlık* ~ *si*) Ausrüstung *f*
mama *s* ❶ Babynahrung *f* ❷ (*fam: kedi, köpek* ~ *sı*) Nahrung *f*, Futter *nt* ❸ (*sl: çaça*) Puffmutter *f*
mamafih [ma:ma:fi] *adv* dennoch
mamelek [ma:--] *s* Besitztum *nt*
mamul <-lü> [ma:-] **I.** *s* WIRTSCH Fertigprodukt *nt;* (*yarı* ~) Fabrikat *nt*, Produkt *nt* **II.** *adj* (*yapılmış*) fertig, Fertig-
mamut *s* Mammut *nt*
mana [ma:na:] *s* ❶ (*anlam*) Sinn *m* ❷ Bedeutung *f;* ~**ya gelmek** bedeuten
manda[1] *s* ZOOL Büffel *m;* (*su sığırı*) Wasserbüffel *m*
manda[2] *s* JUR, POL (*büyük devletlere verilen vekillik*) Mandat *nt*
mandal *s* ❶ (*çamaşır asmak için*) Wäscheklammer *f* ❷ MUS (*çalgının tellerini germek için*) Wirbel *m*
mandalina *s* ❶ BOT (*Citrus nobilis*) Mandarine *f* ❷ (*meyvesi*) Mandarine *f*
mandolin *s* MUS Mandoline *f*
manej *s* ❶ Manege *f* ❷ (*at eğitimi*) Dressur *f*, Pferdedressur *f*
manevi [ma:nevi:] *adj* immateriell, ideell; (*tinsel*) geistig; ~ **zarar** immaterieller Schaden **manevi evlat** <-dı> *s* Adoptivkind *nt* **manevi ilim** <-lmi> *s* Geisteswissenschaft *f* **manevi tazminat** *s* JUR Schmerzensgeld *nt;* (*İsviçre'de*) Genugtuung *f;* ~ **istemek/vermek** Schmerzensgeld verlangen/zahlen; (*İsviçre'de*) Genugtuung verlangen/geben
maneviyat *s ohne pl* (*fig: moral*) Moral *f;* (**bugün**) ~**ım** (**çok**) **bozuk** ich bin (heute sehr) deprimiert
manevra *s* ❶ *a.* MIL Manöver *nt;* ~ **yapmak** manövrieren ❷ EISENB Rangieren *nt* ❸ (*fig*) **en zor durumlarda** (**bile**) ~**sını yaptı** er lavierte sich (sogar) aus den schwierigsten Lagen
manevra fişeği *s* Übungsmunition *f*, Platzpatrone *f*
mangal *s* ❶ Grill *m* ❷ (*odayı ısıtmak için*) Kohlenbecken *nt* **mangal kömürü** *s ohne pl* Grillkohle *f;* (*odun kömürü*) Holzkohle *f*
mangan *s ohne pl*, **manganez** *s ohne pl* CHEM Mangan *nt*
mangır *s*, **mangiz** *s* (*fig fam: para*) Moos *nt*, Zaster *m*, Moneten *pl*
mango *s* BOT Mango *f*
mani *s* PSYCH Manie *f*
mâni <-i o -yi> [ma:ni:] *s s.* **engel** Hindernis *nt;* **bir şeye** ~ **olmak** etw verhindern; **birinin bir şey(i) yapmasına** ~ **olmak** jdn daran hindern, etw zu tun, jdn davon abhalten, etw zu tun
mânia *s s.* **engel** Hindernis *nt*, Hürde *f*
Manicilik <-ği> *s ohne pl* REL, PHILOS (*Maniheizm*) Manichäismus *m*
manifatura *s* Textilien *pl*
manifesto *s* ❶ POL Manifest *nt* ❷ NAUT Manifest *nt*, Ladungsverzeichnis *nt*
manifolt *s* AUTO Krümmer *m*
Maniheizm *s ohne pl* REL, PHILOS Manichäismus *m*
manik <-ği> *adj a.* PSYCH manisch **manik depresif** *adj a.* PSYCH manisch-depressiv
manikür *s ohne pl* Maniküre *f*, Handpflege *f*
manikürcü *s* Maniküre *f*
manipülasyon *s* Manipulation *f*
manita *s* (*sl*) Macker *m*
manivelâ *s* ❶ Kurbel *f* ❷ Hebel *m*
mankafa *s* (*fig fam*) Holzkopf *m*
manken *s* ❶ Mannequin *nt*, Modell *nt* ❷ (*vitrinde*) Schaufensterpuppe *f*
manolya *s* BOT Magnolie *f* **manolyagiller** *pl* BOT Magnoliengewächse *pl*
manometre *s* PHYS Manometer *nt*
mansap <-bı> *s* GEO (*ırmak ağzı*) Flussmündung *f*
Manş Denizi *s* der Ärmelkanal **Manş Denizi Adaları** *pl* GEO Kanalinseln *pl*
manşet *s* Schlagzeile *f*
manşon *s* ❶ (*el kürkü*) Muff *m* ❷ TECH (*ek bileziği*) Muffe *f*
mantar[1] *s* ❶ Pilz *m*, Champignon *m;* (*ağaç* ~ *ı*) Schwamm *m;* ~ **gibi yerden bitmek** wie Pilze aus dem Boden schießen; **yenen/zehirli** ~**lar** essbare/giftige Pilze ❷ Kork *m* ❸ (*şişe tapası*) Korken *m*
mantar[2] *s ohne pl* BOT (*kök* ~) Schimmel *m*, Fäule *f*
mantar bilimi *s ohne pl* Pilzkunde *f;* (*mikoloji*) Mykologie *f* **mantar hastalığı** *s* MED Pilzkrankheit *f*
mantar meşesi *s* BOT Korkeiche *f* **mantar taban** *s* (*ayakkabıda*) Einlage *f* **man-**

tar zehirlenmesi *s* Pilzvergiftung *f*
mantığa uymaz *adj* unlogisch **mantığa uymazlık** <-ğı> *s* PHILOS (*mantıkta*) Fehlschluss *m;* (*paralojizm*) Paralogismus *m*
mantık <-ğı> *s ohne pl* Logik *f*
mantıkça *adv* logischerweise
mantıkçı *s* Logiker(in) *m(f)*
mantık dışı *adj* unlogisch
mantıken *adv* logischerweise
mantık hatası *s* Denkfehler *m*
mantıki [--ki:] **I.** *adj* logisch; ~ **düşünme** logisches Denken; ~ **karar** eine folgerichtige Entscheidung **II.** *adv* logisch; ~ **düşünmek** logisch denken
mantıklı *adj* logisch
mantıksal *adj* logisch; ~ **düşünme** logisches Denken
mantıksız *adj* unlogisch
mantıksızlık <-ğı> *s ohne pl* Unlogik *f*
mantis *s* MATH Mantisse *f*
manto *s* Mantel *m*
manüel *s s.* **el kitabı** Handbuch *nt*
manyak <-ğı> *adj* ❶ manisch ❷ (*fig*) bescheuert; **~sın!** du bist bescheuert [*o* Panne]!
manyetik **I.** *s* <-ği> INFORM Magnetplatte *f* **II.** *adj* magnetisch; ~ **kayıt** magnetische Aufzeichnung; (**elektro**)~ **bir alan** ein (elektro)magnetisches Feld **manyetik alan** *s* PHYS Magnetfeld *nt;* **~ın yeğinliği** Stärke eines Magnetfeldes **manyetik şerit** <-di> *s* Magnetstreifen *m*
manyetit *s* MIN Magnetit *m*
manyetize *adj* magnetisiert; ~ **etmek** magnetisieren
manyetizma *s ohne pl* Magnetismus *m*
manyetizmacı *s* Magnetiseur *m*
manyeto *s* HIST, TELEK Kurbelinduktor *m*
manyetometre *s* PHYS Magnetometer *nt*
manyezi *s ohne pl* CHEM, MED Magnesia *f*
manyezit *s* CHEM Magnesit *m*
manyok *s* BOT Maniok *m*
manzara *s* ❶ Anblick *m* ❷ (*görünüş*) Aussicht *f,* Ausblick *m,* Blick *m;* **deniz ~lı bir ev** ein Haus mit Blick aufs Meer; **şurasının ~sı daha güzel** dort drüben ist die Aussicht schöner ❸ (*fig: tablo*) Ansicht *f* ❹ (*fig: resim*) Bild *nt,* Anblick *m;* **Allahlık bir** ~ (*fam*) ein Anblick [*o* Bild] für die Götter
manzaralı *adj* **deniz ~ bir ev** ein Haus mit Blick aufs Meer
manzarasız *adj* ohne Ausblick
manzume *s* Dichtung *f*
marabut *s* Marabut *m*
maral *s* ZOOL Hirschkuh *f*
marangoz *s* Tischler(in) *m(f),* Schreiner(in) *m(f)*
marangozhane *s* Tischlerei *f,* Schreinerei *f*
marangozluk <-ğu> *s ohne pl* Tischlerei *f,* Schreinerei *f;* ~ **öğrenmek** die Tischlerei erlernen
maraton *s* SPORT Marathonlauf *m* **maratoncu** *s* Marathonläufer(in) *m(f)*
maraz *s* (*hastalık*) Krankheit *f*
maraza *s* ❶ REG (*hastalık*) Krankheit *f* ❷ (*kavga*) Streit *m;* ~ **aramak** Streit suchen; ~ **çıkarmak** Streit anfangen
marazi [marazi:] *adj* krankhaft; ~ **kıskançlık** krankhafte Eifersucht
marazlanma *s Verbalsubstantiv zu* **marazlanmak**
marazlanmak *vi* (*fam: hastalanmak*) krank werden
marazlı *adj s.* **hasta** krank
marda *s* COMM (*ıskarta mal*) Ausschussware *f*
mareşal <-i> *s* MIL Marschall *m*
mareşallik asası *s* Marschallstab *m*
margarin *s* Margarine *f*
marifet [ma:--] *s* ❶ Kunst *f;* (*hüner*) Kunststück *nt;* **bu, ~ değil!** (*fam*) das ist keine Kunst!, das ist kein Kunststück!; **bu saatin çok ~i var** diese Uhr kann viel; **on parmağında on ~(var)** (er ist) vielseitig bewandert; (*çok becerikli*) (er ist) sehr geschickt ❷ (*hoşa gitmeyen iş veya davranış*) **yaptığın ~i beğendin mi?** findest du es gut, was du angestellt hast?
marifetiyle *adv* (*aracılığıyla*) mittels, durch
marihuana *s ohne pl* Marihuana *nt*
marina *s* NAUT Marina *f*
marinat <-dı> *s* GASTR Marinade *f*
mariz *adj* (*hastalıklı*) kränklich; (*hasta olan*) krank
marizleme *s Verbalsubstantiv zu* **marizlemek**
marizlemek *vt* (*fam*) vertrimmen; (*dövmek*) verprügeln
marj *s* ❶ WIRTSCH Marge *f,* Spanne *f* ❷ (*kâğıt kenarı*) Rand *m*
marjinal *adj* ❶ marginal ❷ (*fig*) Rand-, randständig
mark *s* HIST Mark *f;* **Alman ~ı** die deutsche Mark
marka *s* ❶ Marke *f,* Warenzeichen *nt,* Gütezeichen *nt;* **tescilli** ~ eingetragenes Warenzeichen ❷ (*bilet vb. yerine kullanılan parça*) Marke *f* ❸ (*işaret*) Marke *f,* Markierung *f*
markaj *s* SPORT Deckung *f*
markalama *s* ❶ *Verbalsubstantiv zu* **markalamak** ❷ Markierung *f*
markalamak *vt* markieren
marke *adj* markiert; ~ **etmek** SPORT decken

market *s* Markt *m*
marketing *s ohne pl* WIRTSCH (*pazarlama*) Marketing *nt*
marki *s* Marquis *m,* Markgraf *m*
markiz *s* ① Marquise *f,* Markgräfin *f* ② Markise *f*
markizet *s* Markisette *f*
markka *s* Markka *f*
markör *s* Marker *m*
Marksçı **I.** *s* Marxist(in) *m(f)* **II.** *adj* marxistisch
Marksçılık <-ğı> *s ohne pl* POL Marxismus *m*
Marksist **I.** *s* Marxist(in) *m(f)* **II.** *adj* marxistisch
Marksizm *s ohne pl* POL Marxismus *m*
Marmara Denizi *s* Marmarameer *nt*
marmelat <-dı> *s* Marmelade *f*
marn *s* GEO Mergel *m*
marnlama *s Verbalsubstantiv zu* **marnlamak**
marnlamak *vt* mergeln
maroken *s ohne pl* Maroquin *m o nt* **maroken koltuk** <-ğu> *s* Clubsessel *m*
marpuç <-cu> *s* Schlauch *m* der Wasserpfeife
mars *s* (*tavlada*) Doppelgewinn *m;* **birini ~ etmek** (*tavlada*) gegen jdn doppelt gewinnen; (*fam: söz söylemeyecek duruma getirmek*) jdm den Mund stopfen
Mars *s* ASTRON Mars *m*
Marsilya *s* Marseille *nt*
marş **I.** *interj* MIL **~!** marsch! **II.** *s* ① MUS Marsch *m* ② (*millî ~*) Hymne *f* ③ AUTO Anlasser *m* **marş anahtarı** *s* AUTO Zündschlüssel *m*
marşandiz *s* EISENB (*yük katarı*) Güterzug *m*
marş marş *interj* MIL **~!** im Laufschritt marsch! **marş müziği** *s* Marschmusik *f*
marşpiye *s* AUTO Trittbrett *nt*
mart *s* März *m*
martaval *s* (*fam*) Lügengeschichte *f,* Flunkerei *f;* **~ atmak** [*o* **okumak**] flunkern, Lügengeschichten erzählen; **bana ~ okuma!** erzähl mir keine Lügengeschichten! **martavalcı** *s* (*fam*) Flunkerer *m* **martavalcılık** <-ğı> *s* (*fam*) Flunkerei *f*
martı *s* ZOOL Möwe *f*
martini *s* GASTR Martini *nt*
maruf [ma:ru:f] *adj* offenkundig; (*tanınan*) bekannt; (*herkesçe bilinen*) allgemein bekannt, notorisch
marul *s* BOT (*Lactuca sativa*) Lattich *m;* GASTR Römer Salat *m*
marulcuk <-ğu> *s* BOT (*Helleborus*) Nieswurz *f; s. a.* **çöpleme**
Maruni [ma:ru:ni:] **I.** *s* Maronit(in) *m(f)* **II.** *adj* maronitisch
maruz [ma:ru:z] *adj* ① betroffen (**-e** von); **bir kimsenin insafına ~ kalmak** von jds Gnade abhängen, jdm (wehrlos) ausgeliefert sein; **bir şeye ~ kalmak** von etw betroffen sein, etw ausgesetzt sein; **bir şeyi/kimseyi tehlikeye ~ bırakmak** etw/jdn der Gefahr aussetzen ② (*arz edilen, sunulan*) **~ şekilde** in der dargelegten Weise
maruzat [ma:ru:za:t] *s* Anliegen *nt;* **size ~ım var** ich habe ein Anliegen an Sie
mas <-ssı> *s s.* **soğurma** Absorption *f*
masa *s* ① Tisch *m* ② (*aynı ~da oturanların tümü*) Tischgesellschaft *f* ③ ADMIN (*dairelerde, kurumlarda*) Dezernat *nt* ④ JUR (*iflas ~sı*) Masse *f* ⑤ SPORT Kasten *m* ⑥ POL (*kriz ~sı*) Stab *m* **masa başı çalışması** *s* Büroarbeit *f*
masaj *s* Massage *f;* **birine ~ yapmak** jdn massieren; **sırta/yüze ~ yapmak** den Rücken/das Gesicht massieren
masajcı *s* ① (*erkek*) Masseur *m* ② (*kadın*) Masseuse *f*
masajlama *s Verbalsubstantiv zu* **masajlamak**
masajlamak *vt* massieren
masal *s* (*a. fig*) Märchen *nt;* **~ gibi** wie ein Märchen; **bana ~ okuma** [*o* **anlatma**]**!** erzähl mir (nur) keine Märchen!; **hâlâ o ~** (*fam*) es ist immer dieselbe [*o* die alte] Leier; **Binbir Gece ~ları** die Märchen von Tausendundeiner Nacht **masal âlemi** *s* Märchenland *nt*
masa lambası *s* Tischlampe *f*
masalcı *s* Märchenerzähler(in) *m(f)*
masalımsı *adj* märchenhaft
masallaştırma *s Verbalsubstantiv zu* **masallaştırmak**
masallaştırmak *vt* in ein Märchen verwandeln
masalsı *adj* märchenhaft
masa örtüsü *s* Tischdecke *f*
masara *s* (*pej fam*) Kasten *m*
masarif [masa:rif] *pl s.* **masraflar** Kosten *pl*
masat <-dı> *s* Wetzstahl *m*
masa takvimi *s* Tischkalender *m* **masa tenisi** *s,* **masa topu** *s* SPORT Tischtennis *nt*
masaüstü *s* INFORM Desktop *m* **masaüstü yayıncılık** <-ğı> *s* (*ohne pl*) INFORM Desktoppublishing *nt,* Desktop-Publishing *nt*
masif *adj* massiv
masiko *s* (*ohne pl*) CHEM Massicot *m,* Bleiglätte *f*
mask *s* Totenmaske *f*
maskara **I.** *s* ① (*ohne pl*) Gespött *nt;*

birini ~ etmek jdn zum Gespött machen, jdn verhöhnen; **bir şeyi ~ etmek** etw verpfuschen; **insanların ~sı olmak** zum Gespött der Leute werden; **birini ~ya almak** jdn veralbern, jdn auf den Arm nehmen; **birini ~ya çevirmek** jdn lächerlich machen ❷ (*karnaval ~sı*) Narr *m,* Närrin *f;* **birini ~ya almak** jdn zum Narren halten; **birinin ~sını çıkarmak** (*küçük düşürerek gülünç bir duruma sokmak*) jdn verhöhnen ❸ (*kirpik boyası*) Mascara *f* **II.** *adj* (*eğlendirici*) spaßig, lustig; **ne ~ şey!** was für ein lustiges Ding!

maskaralık <-ğı> *s* ❶ Spaß *m;* (*soytarılık*) Narrheit *f;* **~ etmek** [*o* **yapmak**] Faxen machen, sich albern benehmen ❷ (*rezalet*) Hohn *m*

maskarata *s* (*ayakkabıda*) Kappe *f*

maske *s* ❶ (*a. fig*) Maske *f;* **~si düşmek** demaskiert werden, entlarvt werden; **~sini atmak** die Maske abwerfen, die Maske von sich werfen, die Maske fallen lassen, sich demaskieren; **bir şeyin maskesini düşürmek** [*o* **sıyırmak**] etw entlarven; **birinin maskesini kaldırmak** jdn demaskieren, jdm die Maske vom Gesicht reißen ❷ (*fig*) Maske *f,* Deckmantel *m;* **hayırseverlik ~si altında** unter dem Deckmantel der Hilfsbereitschaft

M

maskeleme *s* ❶ *Verbalsubstantiv zu* **maskelemek** ❷ Maskierung *f* ❸ (*fig*) Tarnung *f,* Verschleierung *f*

maskelemek *vt* ❶ maskieren ❷ (*fig: kamufle etmek*) tarnen, verschleiern

maskeli *adj* maskiert; **gangsterler ~ydi** die Gangster waren maskiert **maskeli balo** *s* Maskenball *m*

maskesiz *adj* unverhüllt; **biriyle ~, açık konuşmak** (*fig fam*) mit jdm Klartext reden/sprechen

maskot *s* Maskottchen *nt*

maslahat *s* ❶ (*iş*) Geschäft *nt;* (*mesele*) Angelegenheit *f* ❷ (*fig vulg: erkeklik organı*) Schwanz *m*

maslahatgüzar *s s.* **işgüder** Geschäftsträger(in) *m(f)*

masmavi *adj* (*gökyüzü*) blitzblau

mason *s* Freimaurer *m* **mason locası** *s* Freimaurerloge *f*

masonluk <-ğu> *s ohne pl* Freimaurerei *f*

masör *s* Masseur *m*

masöz *s* Masseuse *f*

masraf *s* ❶ Aufwand *m,* Kosten *pl;* **~ kapısı açmak** Kosten verursachen; **~lar çıktıktan sonra** abzüglich der Kosten, nach Abzug der Kosten; **~ları çekmek/karşılamak** die Kosten tragen/decken; **bir şey için ~a girmek** viel Aufwand mit etw treiben ❷ **~lar** Auslagen *pl*

masraflı *adj* kostspielig, aufwändig

masrafsız *adj* kostengünstig

massetme *s* ❶ *Verbalsubstantiv zu* **massetmek** ❷ (*soğurma*) Absorption *f*

massetmek *vt s.* **soğurmak** absorbieren, aufsaugen

massı *s poss von* **mas**

mastar[1] *s* LING (*fiilin*) Infinitiv *m,* Grundform *f*

mastar[2] *s* ARCH Richtscheit *nt*

mastara *s* MATH (*iletki*) Winkelmesser *m*

master *s* UNIV Magister *m*

mastı *s* (*köpek cinsi*) Mastiff *m* **mastı çiçeği** *s* BOT (*arnika*) Arnika *f*

mastika *s* ❶ Mastix *m* ❷ (*sakız rakısı*) Mastix-Schnaps *m*

mastor *adj,* **mastur** *adj* (*sl: çok sarhoş*) stockbesoffen

mas turizm *s ohne pl s.* **kitle turizmi** Massentourismus *m*

mastürbasyon *s* Selbstbefriedigung *f*

masum [ma:-] **I.** *adj* unschuldig; (*suçsuz*) schuldlos; **~ları oynamak** den Unschuldigen spielen **II.** *s* REG (*küçük çocuk*) Krabbe *f,* kleines, niedliches Kind

masumiyet [ma:su:--] *s ohne pl,* **masumluk** <-ğu> *s ohne pl* Unschuld *f*

masuniyet *s s.* **dokunulmazlık** Immunität *f;* **teşriî ~** parlamentarische Immunität

maşa *s* ❶ Feuerzange *f* ❷ (*saçları kıvırmak için*) Brennschere *f* ❸ (*bisiklette*) Gabel *f* ❹ Schürhaken *m* ❺ (*fig: alet*) Werkzeug *nt*

maşatlık <-ğı> *s* (*Yahudi mezarlığı*) (jüdischer) Friedhof *m*

maşrapa *s* Krug *m*

maşrık *s s.* **doğu** Osten *m*

mat[1] *s* ❶ (*satrançta*) Matt *nt;* **ikisini de** (**satrançta**) **~ ettim** ich habe alle beide (schach)matt gesetzt; **rakibini ~ etmek** den Gegner matt setzen ❷ (*fig fam*) **birini ~ etmek** jdn mattsetzen; (*bozmak*) jdn ermatten; **~ olmak** ermattet sein

mat[2] *adj* matt; (*donuk*) stumpf

matador *s* Matador *m*

matafora *s* NAUT Davit *m o nt*

matafyon *s* NAUT (*yelkende*) Öse *f*

matah *s* **~ bir şey değil** es ist nichts Besonderes

matara *s* Feldflasche *f*

matbaa [matba'a] *s s.* **basımevi** Druckerei *f*

matbua [matbu:a] *s a.* TYPO Drucksache *f,* Druckschrift *f*

matbuat [matbu:a:t] *s ohne pl s.* **basın** Presse *f*

matem [ma:tem] *s ohne pl s.* **yas** Trauer *f*

matematik <-ği> *s ohne pl* Mathematik *f;*

uygulamalı ~ angewandte Mathematik
matematikçi *s* Mathematiker(in) *m(f)*
matematiksel *adj* mathematisch; **~ yöntemler** mathematische Methoden
matem havası *s* Trauerstimmung *f*
materyal <-li> *s* Material *nt*
materyalist **I.** *s* Materialist(in) *m(f)* **II.** *adj* materialistisch
materyalizm *s ohne pl* PHILOS (*maddecilik, özdekçilik*) Materialismus
matine *s* ❶ Matinee *f* ❷ FILM, THEAT Nachmittagsvorstellung *f* ❸ LIT (*bir eserin okunması*) Lesung *f*
matkap <-bı> *s* TECH Drillbohrer *m*, Bohrer *m*; (*elektrikli*) Bohrmaschine *f*
matrah *s* Bemessungsgrundlage *f*
matrak **I.** *s* <-ğı> ❶ (*değnek*) Stock *m* ❷ (*sl*) **birini matrağa almak** (*fig*) jdn auf den Arm nehmen **II.** *adj* (*sl: eğlenceli*) lustig; **biriyle ~ geçmek** (*fig sl*) jdn auf den Arm nehmen
matriarkal <-li> *adj* (*anaerkil*) matriarchalisch
matriks *s* BIOL Matrix *f*
matris *s* ❶ TYPO Matrize *f* ❷ MATH Matrize *f*, Matrix *f* **matris kâğıdı** *s* Matrize *f*
maun *s ohne pl* BOT Mahagoni *nt*
mavi **I.** *s* Blaue *nt*; **açık/koyu bir ~** ein helles/dunkles Blau **II.** *adj* blau; **~ bir renk** eine blaue Farbe **mavi baştankara** *s* ZOOL Blaumeise *f* **mavi gözlü** *adj* blauäugig
mavikantaron *s* BOT Kornblume *f*
mavi küf *s ohne pl* Blauschimmel *m* **mavi levrek** <-ği> *s* Blaubarsch *m*
mavilik <-ği> *s* Bläue *f*
mavimsi *adj*, **mavimtırak** <-ğı> *adj* bläulich
mavna *s* Kahn *m*
mavuna *s s.* **mavna**
mavzer *s* (*silah*) Mauser *m*
maya[1] *s ohne pl* Hefe *f*
maya[2] *s* (*fam*) ❶ (*damızlık dişi hayvan*) weibliches Zuchttier ❷ (*dişi deve*) Kamelstute *f*
maya ağacı *s* BOT Ölpalme *f*
mayalama *s* ❶ *Verbalsubstantiv zu* **mayalamak** ❷ Gärung *f*
mayalamak *vt* gären
mayalandırma *s* ❶ *Verbalsubstantiv zu* **mayalandırmak** ❷ Gärung *f*
mayalandırmak *vt* gären
mayalanma *s* ❶ Gärung *f* ❷ (*fermantasyon*) Fermentation *f*
mayalanmak *vi* gären
mayalı hamur *s* Hefeteig *m*
mayasıl *s* MED ❶ (*egzama*) Ekzem *nt* ❷ (*basur*) Hämorrhoiden *pl* **mayasıl otu** *s* BOT Günsel *m*
maydanoz *s* BOT Petersilie *f*
mayhoş *adj* ❶ süßsauer ❷ (*fig: dostluk ilişkisi için*) abgekühlt
mayın *s* MIL Mine *f*; **~ döşemek** Minen legen; **denize ~ dökmek** [*o* **döşemek**] Minen im Meer auslegen **mayın arama gemisi** *s* MIL Minensuchboot *nt*, Minensucher *m* **mayın arama tarama gemisi** *s* MIL Minensuchboot *nt*; (*daha küçük*) Minenräumboot *nt* **mayın detektörü** *s* Minensuchgerät *nt* **mayın gemisi** *s* MIL Minenboot *nt*, Minenleger *m*
mayınlama *s* MIL Verminung *f*
mayınlamak *vt* MIL verminen
mayınlı *adj* MIL vermint
mayın tarlası *s* MIL Minenfeld *nt*
mayıs[1] *s* Mai *m*
mayıs[2] *s* REG (*taze sığır gübresi*) Kuhfladen *m*
mayıs böceği *s* ZOOL Maikäfer *m*
mayi <-i> [maː-] **I.** *s* Flüssigkeit *f* **II.** *adj* flüssig; *s. a.* **sıvı**
mayistra *s* ❶ NAUT (*grandide en alt yelken*) Großsegel *nt* ❷ METEO (*kuzeybatı rüzgârı*) Nordwestwind *m*
maymun *s* ZOOL Affe *m*; **bir şeyi ~a benzetmek** (*fam*) etw verunstalten; **~a dönmek** (*fam*) sich zum Affen machen
maymuncuk <-ğu> *s* ❶ (*küçük maymun*) Äffchen *nt* ❷ (*kilit açmak için*) Dietrich *m*
maymun iştahlı *adj* (*kararsız*) flatterhaft, unstet
maymunumsu *adj* affenartig
mayna *s* NAUT ❶ (*yelken indirme*) Fieren *nt*; **yelkenleri ~ etmek** die Segel fieren ❷ (*fırtına için*) **~ etmek** sich legen
mayo *s* (*erkek için*) Badehose *f*; (*kadın için*) Badeanzug *m*
mayonez *s* GASTR Majonäse *f*, Mayonnaise *f*
mayşor *s ohne pl* Neusilber *nt*
mazbata *s s.* **tutanak** Protokoll *nt* **mazbata muharriri** *s* Protokollführer(in) *m(f)*
mazeret [maː--] *s* ❶ (*özür*) Entschuldigung *f* ❷ Hinderungsgrund *m* ❸ (*bahane*) Ausrede *f*; **~ bulmak** eine Ausrede finden
mazeret kâğıdı *s* SCHULE (*tezkere*) Entschuldigung *f*
mazeretsiz *adj* unentschuldigt
mazgal *s* Schießsparte *f*
mazı *s* BOT Lebensbaum *m*, Zypressenfichte *f*
mazi [maːziː] *s* ❶ (*geçmiş*) Vergangenheit *f*; **~ye karışmak** veralten; (*işlerlikten çıkmak*) außer Gebrauch kommen ❷ LING (*geçmiş zaman*) Vergangenheit *f*
mazlum *adj* ❶ unterdrückt ❷ (*fig*) sanft
mazlumluk <-ğu> *s* ❶ (*ezilmişlik*) Unter-

drückung *f* ❷ (*fig: uysallık*) Sanftheit *f*
mazmun *s* ❶ (*anlam*) Sinn *m* ❷ LIT Bonmot *nt*
maznun *s* JUR (*sanık*) Angeklagte(r) *f(m)*
mazoşist **I.** *s* Masochist(in) *m(f)* **II.** *adj* masochistisch
mazoşizm *s ohne pl* Masochismus *m*
mazot *s ohne pl* AUTO Dieselkraftstoff *m;* (*fam*) Diesel *m*
mazur [ma:zu:r] *adj* entschuldigt; ~ **olmak** entschuldigt fehlen; **birinin bir şeyini ~ görmek** jdm etw verzeihen
md. JUR *Abk von* **madde** Art., Artikel *m*
me *Name des 16. Buchstaben des türk. Alphabets;* **Muş'un ~'si** M wie Martha
meal <-li> [me'a:l] *s s.* **anlam** Sinn *m,* Bedeutung *f*
mealen *adv s.* **anlamınca** sinngemäß; **bir şeyi ~ tercüme etmek** etw sinngemäß übersetzen
mebiz *s* ANAT (*yumurtalık*) Eierstock *m*
meblağ *s* (*tutar*) Betrag *m;* (*para miktarı*) Geldbetrag *m,* Geldmenge *f*
mebus *s s.* **milletvekili** Abgeordnete(r) *f(m)*
mecal <-li> *s* Kraft *f;* **~i kalmamak** keine Kraft mehr haben
mecazî *adj* übertragen, figurativ; **~ anlamda** in übertragener Bedeutung, in übertragenem Sinne
mecbur *adj* **~ etmek** zwingen; **onu yapmaya ~ kaldı** er musste es tun
mecburen *adv* gezwungenermaßen
mecburî figürler *pl* SPORT Pflicht *f* **mecburî iniş** *s* AERO Notlandung *f;* **~ yapmak** notlanden
mecburiyet *s* Muss *nt;* **oraya gitmek ~indeyiz** wir müssen dahin gehen
meclis *s* ❶ *a.* POL Versammlung *f;* (*şûra*) Rat *m;* **kurucu ~** die konstituierende Versammlung; **yasama ~i** die gesetzgebende Versammlung ❷ (*aile ~i*) Rat *m* ❸ (*toplantı*) Versammlung *f* ❹ (*dostlar toplantısı*) Gesellschaft *f*
mecmua *s s.* **dergi** Zeitschrift *f*
meçhul <-lü> *adj* ❶ (*bilinmeyen*) unbekannt ❷ LING (*edilgen*) passiv
medalyon *s s.* **madalyon**
medarıiftihar *s ohne pl* **bir kimsenin ~ı olmak** jds ganzer Stolz sein
medcezir *s s.* **meddücezir**
meddah *s* ❶ HIST Geschichtenerzähler *m* ❷ (*fig, pej: övgücü*) Lobhud(e)ler *m*
meddi *s poss von* **met**
meddücezir <-zri> *s* GEO (*gelgit*) Gezeiten *pl*
medeni [medeni:] *adj* ❶ (*uygar*) zivilisiert ❷ JUR bürgerlich; **~ haklar** bürgerliche Rechte; **~ Kanun** Bürgerliches Gesetzbuch ❸ JUR **~ nikâh** standesamtliche Trauung; **~ nikâhla evlenmek** standesamtlich heiraten **medeni cesaret** *s ohne pl* Zivilcourage *f* **medeni hakları kullanma yeteneği** *s ohne pl* JUR Handlungsfähigkeit *f;* **~nde bulunan** handlungsfähig **medeni hukuk** *s ohne pl* JUR Zivilrecht *nt*
Medeni Kanun *s ohne pl* JUR (*Türk ~u*) Zivilgesetzbuch *nt;* (*Alman ~u*) Bürgerliches Gesetzbuch *nt*
medeniyet *s s.* **uygarlık** Zivilisation *f*
-meden/-madan ohne zu; **okumadan/sormadan/bilmeden/öğrenmeden** ohne zu lesen/fragen/wissen/lernen
medet **I.** *s* Hilfe *f;* **~ ummak** [*o* **beklemek**] Hilfe erwarten **II.** *interj* **~!** Hilfe!
Medine *s* Medina *nt* **Medine kurdu** *s* ZOOL, MED Medinawurm *m*
medrese *s* REL Medrese *f*
medüz *s* Meduse *f;* (*denizanası*) Qualle *f*
medya *s ohne pl* ❶ Medien *pl* ❷ (*iletişim ortamı*) Medienlandschaft *f*
medyacı *s* Medienschaffende(r) *f(m)*
medya imparatoru *s* Medienmogul *m,* Medienzar *m* **medya starı** *s* Medienstar *m*
medyum *s* Medium *nt*
medyun *s s.* **borçlu** Schuldner(in) *m(f)*
mefhum *s s.* **kavram** Begriff *m*
mefruş *adj s.* **döşeli** eingerichtet
mefruşat *s s.* **döşeme** Einrichtung *f*
megabayt *s* INFORM Megabyte *nt*
megafon *s* Megafon *nt,* Megaphon *nt*
megahertz *s* PHYS Megahertz *nt*
mega kent *s* Megalopole *f,* Megalopolis *f*
megaloman *adj* ❶ PSYCH megaloman ❷ (*pej*) größenwahnsinnig
megalomani *s ohne pl* ❶ PSYCH Megalomanie *f* ❷ (*pej*) Größenwahn *m*
megaton *s* Megatonne *f*
megavat *s* PHYS Megawatt *nt*
megavolt *s* PHYS Megavolt *nt*
meğer *konj* jedoch, wohl; **~ ben çok safmışım** ich war wohl sehr naiv
meğerki *konj* es sei denn; **bu iş bitmeyecek, ~, siz de yardım edesiniz** diese Arbeit wird nicht fertig, es sei denn, Sie helfen mit
mehaz *s s.* **kaynak** Quelle *f*
mehdi *adj* REL rechtgläubig
mehil <-hli> *s* Frist *f*
mehli *s poss von* **mehil**
Mehmetçik <-ği> *s* (*fam*) *umgangssprachliche Bezeichnung des einfachen türkischen Soldaten*
mehr *s s.* **mihr** Morgengabe *f*
mehtap <-bı> *s ohne pl* (*ay ışığı*) Mond-

schein *m;* **mehtaba çıkmak** im Mondschein spazieren gehen

mehtaplı *adj* mondhell; **~ bir gecede** in einer mondhellen Nacht

mekân [mekǟn] *s* ❶ (*yer*) Ort *m,* Platz *m,* Lokal *nt;* **~ tutmak** sich niederlassen ❷ (*ev*) Wohnung *f* ❸ (*uzay*) Raum *m*
mekân akustiği *s ohne pl* Raumakustik *f*

mekanik **I.** *s* <-ği> *ohne pl* Mechanik *f* **II.** *adj* mechanisch

mekanikçi **I.** *s* Mechanist(in) *m(f)* **II.** *adj* mechanistisch

mekanikçilik <-ği> *s ohne pl* PHILOS (*mekanizm*) Mechanismus *m*

mekanizasyon *s* Mechanisierung *f*

mekanize *adj* mechanisiert

mekanizm *s s.* **mekanikçilik**

mekanizma *s* ❶ Mechanismus *m* ❷ (*işleyiş biçimi*) Funktionsweise *f*

mekik <-ği> *s* Weberschiffchen *nt;* **~ dokumak** (*fig fam*) hin- und herpendeln; **her gün Köln ile Bonn arasında ~ dokuyor** er pendelt täglich zwischen Köln und Bonn **mekik diplomasisi** *s* Pendeldiplomatie *f*

Mekke *s* Mekka *nt*

meksefe *s* PHYS, ELEK (*kondansatör*) Kondensator *m*

Meksika **I.** *s* Mexiko *nt* **II.** *adj* mexikanisch; **~ hükûmeti** die mexikanische Regierung **Meksika dalgası** *s* SPORT La Ola *f*

Meksikalı **I.** *s* Mexikaner(in) *m(f)* **II.** *adj* mexikanisch; **~ erkekler/kadınlar** mexikanische Männer/Frauen

mektep <-bi> *s s.* **okul** Schule *f* **mektep çocuğu** *s* Schulkind *nt* **mektep kaçağı** *s* Schulschwänzer(in) *m(f)*

mektup <-bu> *s* Brief *m,* Schreiben *nt*
mektup zarfı *s* Briefumschlag *m*

melankoli [melǟnkoli] *s ohne pl* Melancholie *f*

melankolik <-ği> *adj* melancholisch

melas *s* Melasse *f*

melek <-ği> *s* Engel *m* **melek otu** *s* BOT Engelwurz *m,* Angelika *f*

meleme *s* ❶ *Verbalsubstantiv zu* **melemek** ❷ (*keçi*) Meckern *nt;* (*sürekli*) Gemecker *nt* ❸ (*koyun*) Blöken *nt;* (*sürekli*) Geblöke *nt*

melemek *vi* ❶ (*keçi*) meckern ❷ (*koyun*) blöken

melengiç <-ci> *s* BOT (*çitlembik*) Zürgelbaum *m*

melez *s* ❶ Mischling *m* ❷ BIOL Bastard *m,* Kreuzung *f*

melezleme *s* ❶ *Verbalsubstantiv zu* **melezlemek** ❷ Kreuzung *f*

melezlemek *vt* kreuzen

melezleştirme *s* ❶ *Verbalsubstantiv zu* **melezleştirmek** ❷ Bastardierung *f*

melezleştirmek *vt* bastardieren

melisa *s* BOT Melisse *f* **melisa ruhu** *s ohne pl* Melissengeist *m*

melodi *s* Melodie *f*

melodik <-ği> *adj* melodisch

melodram *s* THEAT, LIT Melodram(a) *nt*

melodramatik <-ği> *adj* THEAT, LIT melodramatisch

melon *s* Bowler *m,* Melone *f*

memalik <-ği> *pl s.* **memleketler** Länder *pl*

memba <-ı> *s* Quelle *f* **memba suyu** *s* Quellwasser *nt*

meme *s* ❶ Brust *f* ❷ (*inekte*) Euter *nt* ❸ TECH Düse *f* ❹ (*kulak ~si*) Läppchen *nt*
meme başı *s* ANAT Brustwarze *f,* Zitze *f*
meme bezi *s* ANAT Brustdrüse *f* **meme çocuğu** *s* Säugling *m*

memeli **I.** *s* ZOOL Säuger *m* **II.** *adj* Säuge-
memeli hayvan *s* ZOOL Säugetier *nt*

meme süngeri *s* ANAT Brustwarzenring *m*

memleha *s s.* **tuzla** Saline *f*

memleket *s* Land *nt*

memleketli *s* Landsmann, -männin *m, f; s. a.* **hemşehri**

memlûk <-ü> *s s.* **köle** Sklave, Sklavin *m, f*

Memlûk <-ü> *s* HIST Mamelu(c)k *m*

memnu <-u> *adj* verboten **memnu mıntıka** *s s.* **yasak bölge** Sperrgebiet *nt*

memnun *adj* ❶ (*mutlu*) froh; **(çok) ~ oldum!** ich freue mich (sehr)!, freut mich (sehr)!, sehr erfreut!, angenehm!; **birini ~ etmek** jdn erfreuen ❷ (*hoşnut*) zufrieden (**-den** mit); **hayatından ~ olmak** (*fam*) mit sich und der Welt zufrieden sein

memnuniyet *s ohne pl* ❶ Freude *f,* Vergnügen *nt* ❷ (*hoşnutluk*) Zufriedenheit *f*

memnuniyetle *adv* mit Vergnügen; (*seve seve*) (sehr) gern, liebend gern; **bir kararı ~ karşılamak** eine Entscheidung begrüßen [*o* freudig zur Kenntnis nehmen]

memnuniyet verici *adj* (*haber*) erfreulich; (*karar*) begrüßungswert

memorandum *s* Memorandum *nt*

memur *s* Beamte(r), Beamtin *m, f* **memur adayı** *s* Beamtenanwärter(in) *m(f)*

memura hakaret *s* Beamtenbeleidigung *f*

memure *s* Beamte *f,* Beamtin *f*

memurluk <-ğu> *s* ❶ (*resmî daire*) Amt *nt* ❷ ADMIN Beamtenlaufbahn *f;* **memurluğa girmek** die Beamtenlaufbahn einschlagen ❸ (*ohne pl*) Beamtentum *nt*

memur maaşı *s* Beamtengehalt *nt*

men <-n'i> *s* (*yasaklama*) Untersagung *f*

menajer *s* Manager(in) *m(f)*
Menderes *s* GEO Mäander *m*
mendil *s* Taschentuch *nt;* ~ **sallamak** mit einem Taschentuch winken; ~**e sümkürmek** sich in ein Taschentuch schnäuzen
menecer *s* Manager(in) *m(f)*
menejer *s* REG *s.* **menecer**
menekşe *s* BOT Veilchen *nt*
menenjit *s* MED Meningitis *f,* Hirnhautentzündung *f*
menetme *s* ❶ *Verbalsubstantiv zu* **menetmek** ❷ Untersagung *f*
menetmek *vt* untersagen, verbieten
meneviş *s ohne pl* ❶ Schiller *m* ❷ Anlauffarbe *f*
menevişlenme *s Verbalsubstantiv zu* **menevişlenmek**
menevişlenmek *vi* ❶ schillern ❷ anlaufen
menevişli *adj* schillernd
menfa *s s.* **sürgün yeri** Verbannungsort *m,* Exil *nt*
menfaat <-ti> *s* ❶ Vorteil *m;* ~ **gütmek** auf seinen eigenen Vorteil bedacht sein; **birinin** ~**ine** zum jds Vorteil ❷ Interesse *nt*
menfaatçi *adj* eigennützig, selbstsüchtig
menfaat grubu *s* Interessengruppe *f*
menfaatperest *adj* eigennützig, selbstsüchtig
menfaatperestlik <-ği> *s ohne pl* Eigennützigkeit *f,* Selbstsucht *f*
menfi *adj* negativ, ablehnend; (*cevap*) abschlägig, verneinend
menfur *adj* scheußlich; (*iğrenç*) ekelhaft; (*tiksindirici*) abstoßend
mengene *s* ❶ Zwinge *f,* Schraubzwinge *f,* Schraubstock *m* ❷ (*pres*) Presse *f*
meni *s* MED (*sperma*) Sperma *nt*
menisk *s* ANAT, FOTO Meniskus *m* **menisküs** *s* MED Meniskusschaden *m*
menkul <-lü> *adj* JUR (*taşınır*) beweglich **menkul kıymetler** *pl* FIN Effekten *pl*
menopoz *s* Menopause *f*
mensubiyet *s* Zugehörigkeit *f* (-**e** zu)
mensucat *s* Textilien *pl*
mensup **I.** *s* <-bu> Angehörige(r) *f(m);* (*aile mensubu*) Mitglied *nt;* ~ **olmak** angehören (-**e**) **II.** *adj* zugehörig
mensur *adj* LIT prosaisch, Prosa- **mensur şiir** *s* LIT (*şiirce*) Prosadichtung *f*
menşe <-i> *s s.* **köken** Ursprung *m,* Herkunft *f* **menşe şehadetnamesi** *s s.* **köken belgesi** Ursprungszeugnis *nt*
menteşe *s* Scharnier *nt,* Angel *f;* **kapının** ~**leri gıcırdıyor** die Tür quietscht in den Angeln
mentol <-lü> *s* CHEM Menthol *nt*
menü *s* ❶ GASTR Menü *nt;* (*yemeklerin listesi*) Speisekarte *f* ❷ INFORM Menü *nt;* ~**yü tıklatmak** das Menü anklicken
menüsküs *s* MED Meniskus *m*
menzil *s* ❶ (*konak*) Zwischenstation *f* ❷ (*erim*) Reichweite *f;* (*silah* ~*i*) Tragweite *f;* **uzun** ~**li top** weittragendes Geschütz, Ferngeschütz *nt* ❸ MIL (*cephe gerisi*) Etappe *f* ❹ HIST (*at değiştirmek için*) Relais *nt,* Relaisstation *f*
mera *s* Weide *f*
merak *s* ❶ (*anlamak, öğrenmek isteği*) Neugier(de) *f,* Wissbegier(de) *f;* ~ **etmek** neugierig sein; ~**tan** aus Neugier(de); ~**ını doyurmak** seine Neugier befriedigen ❷ (*yapmak, uğraşmak isteği*) Interesse *nt* ❸ (*heves, düşkünlük*) Interesse *nt,* Vorliebe *f;* **bir şeye** ~**ı olmak** eine Vorliebe für etw haben; **bir şeyi** ~**la yapmak** etw mit Vorliebe tun ❹ (*kaygı, tasa*) Sorge *f;* ~ **etme!** keine Sorge!; ~ **etmek** sich Sorgen machen
meraklı *adj* ❶ neugierig, wissbegierig; ~ **olmak** neugierig [*o* wissbegierig] sein ❷ interessiert (-**e**/-**e** für/an)
meraksız *adj* desinteressiert (-**e**/-**e** für/an)
meraksızlık <-ğı> *s ohne pl* Desinteresse *nt* (-**e**/-**e** für/an)
meral <-li> [merâl] *s* Hirschkuh *f*
meram [meraːm] *s* ❶ (*istek*) Wunsch *m;* ~**ını anlatmak** sich ausdrücken [*o* artikulieren] ❷ (*maksat*) Absicht *f*
merasim [meraːsim] *s* ❶ Feier *f* ❷ (*tören*) Zeremonie *f* **merasim salonu** *s s.* **tören salonu** Festsaal *m*
mercan **I.** *s* ❶ (*kalker iskeletli hayvan*) Koralle *f,* Korallentier *nt* ❷ (*süs taşı*) Koralle *f* ❸ (~ *balığı*) Rotbrasse *f* **II.** *adj* korallen, aus Korallen bestehend
mercan adası *s* Koralleninsel *f;* (*atol*) Atoll *nt* **mercan ağacı** *s* BOT Korallenbaum *m* **mercan balığı** *s* Rotbrasse *f*
mercanköşk *s* Majoran *m;* **yabani** ~ Oregano *m*
mercanlı *adj* korallen
mercan resifi *s* Korallenriff *nt* **mercan yılanı** *s* Korallenschlange *f*
mercek <-ği> *s* Linse *f*
merci <-i> *s* Instanz *f*
mercimek <-ği> *s* BOT, GASTR Linse *f* **mercimek çorbası** *s* GASTR Linsensuppe *f*
merdiven *s* ❶ Treppe *f;* ~**leri çıkmak** die Treppe hinaufgehen ❷ Leiter *f;* **duvara bir** ~ **dayamak** eine Leiter anlegen an die Wand; **ellisine** ~ **dayadı** (*fig fam*) er ist Ende vierzig **merdiven evi** *s* ARCH Treppenhaus *nt* **merdiven ışığı** *s ohne pl* Treppenlicht *nt* **merdiven korkuluğu** *s* Treppengeländer *nt* **merdiven sahanlığı** *s* Treppenabsatz *m;* **merdivenin orta**

sahanlığı mittlerer Treppenabsatz

merdümgiriz *adj* menschenscheu, ungesellig

meres *s* REG (*köpekte yaş*) Hundealter *nt*

meret **I.** *s* <-di> (*pej fam: sövgü sözü*) Mist *m;* (*insan için*) Miststück *nt* **II.** *adj* <-di> REG mistig; (*uğursuz*) unglücklich, unselig

merhaba [---:] *interj* **~!** hallo!, salü!, grüß Gott!; **~ ahbap!** (*fam*) hallo, altes Haus!, hallo, alter Knabe!; **biriyle** (**sadece**) **~sı olmak** mit jdm (nur) eine Grußbekanntschaft haben [*o* pflegen]; **~yı kesmek** nicht mehr grüßen

merhabalaşma *s* *Verbalsubstantiv zu* **merhabalaşmak**

merhabalaşmak *vi* sich (mit einem Hallo) begrüßen

merhale *s* Etappe *f*

merhamet <-ği> *s ohne pl* Erbarmen *nt,* Barmherzigkeit *f;* (*acıma*) Mitleid *nt;* **~ duymak** Mitleid fühlen

merhameten *adv* aus Mitleid

merhametli *adj* barmherzig

merhametsiz *adj* mitleidlos, unbarmherzig; (*katı yürekli*) hartherzig; (*kalpsiz*) herzlos

merhametsizce *adv* erbarmungslos

merhametsizlik <-ği> *s ohne pl* Erbarmungslosigkeit *f,* Unbarmherzigkeit *f;* (*kalpsizlik*) Herzlosigkeit *f*

merhem *s* ❶ Salbe *f;* **yaraya ~ sürmek** eine Wunde mit Salbe einreiben, Salbe auf die Wunde auftragen ❷ (*fig: çare*) Heilmittel *nt;* **~ olmak** (*her derde çare olmak*) ein Allheilmittel sein

merhemleme *s* ❶ *Verbalsubstantiv zu* **merhemlemek** ❷ Salbung *f*

merhemlemek *vt* salben

merhum **I.** *s* (*ölmüş erkek*) Verstorbene(r) *m* **II.** *adj* verstorben, abgeschieden; **~ olmak** versterben

merhume *s* (*ölmüş kadın*) Verstorbene *f*

meridyen *s* GEO, ASTRON Meridian *m* **meridyen dairesi** *s* ASTRON Meridiankreis *m*

Merih *s* ASTRON (*Mars*) Mars *m*

merinos *s* ❶ ZOOL (*Ovis aries hispanica*) Merino *m,* Merinoschaf *nt* ❷ (*yünü*) Merino *m,* Merinowolle *f* **merinos koyunu** *s* Merinoschaf *nt*

meristem *s* BIOL Meristem *nt*

merkantilist *s* WIRTSCH Merkantilist(in) *m(f)*

merkantilizm *s ohne pl* WIRTSCH Merkantilismus *m*

merkep <-bi> *s* ZOOL (*eşek*) Esel *m*

merkez *s* ❶ Zentrum *nt* ❷ (*hükümet ~i*) Sitz *m;* **şirketin ~i** Sitz der Gesellschaft ❸ (*deprem ~i*) Herd *m* ❹ MATH Mittelpunkt *m;* **dairenin/kürenin ~i** der Mittelpunkt des Kreises/der Kugel **merkez açı** *s* MATH Zentriwinkel *m* **merkez bankası** *s* Zentralbank *f*

merkezci *adj s.* **merkeziyetçi** zentralistisch **merkezcilik** <-ği> *s ohne pl s.* **merkeziyetçilik** Zentralismus *m*

merkezcil kuvvet *s* PHYS Zentripetalkraft *f*

merkezî *adj* zentral; **~ makam** zentrale Behörde **merkezî ısıtma** *s* Zentralheizung *f*

merkezîleştirme *s* ❶ *Verbalsubstantiv zu* **merkezîleştirmek** ❷ Zentralisierung *f*

merkezîleştirmek *vt* zentralisieren

merkezî sinir sistemi *s* ZOOL, MED Zentralnervensystem *nt*

merkeziyetçi *adj* zentralistisch

merkeziyetçilik <-ği> *s ohne pl* Zentralismus *m*

merkezkaç *adj* zentrifugal **merkezkaç kuvvet** *s ohne pl* PHYS Zentrifugalkraft *f,* Fliehkraft *f*

merkezkaçlama *s* ❶ *Verbalsubstantiv zu* **merkezkaçlamak** ❷ Zentrifugierung *f*

merkezkaçlamak *vt* CHEM zentrifugieren

merkezleme *s* ❶ *Verbalsubstantiv zu* **merkezlemek** ❷ Zentrierung *f*

merkezlemek *vt* zentrieren

merkez postahanesi *s* Hauptpost *f*

merkez üssü *s* GEO Epizentrum *nt*

Merkür *s ohne pl* ASTRON Merkur *m*

mermer **I.** *s* Marmor *m;* **~ gibi** wie (aus) Marmor **II.** *adj* marmorn **mermer ocağı** *s* Marmorbruch *m* **mermer tomruğu** *s* Marmorblock *m*

mermi *s* Geschoss *nt;* (*kurşun*) Kugel *f* **mermi kovanı** *s* Geschosshülse *f*

merserize *adj* merzerisiert

mersi *interj* **~!** merci!

mersin *s* BOT Myrte *f* **mersin balığı** *s* ZOOL Stör *m*

mersiye *s* LIT (*ağıt*) Totenklage *f*

mertebe *s* (*rütbe*) Rang *m*

mertek <-ği> *s* ARCH Sparren *m*

Meryem Ana *s* REL Maria, Mutter Jesu Christi

meryemana asması *s* BOT Klematis *f* **meryemana eldiveni** *s* BOT Marienglockenblume *f* **meryemana kuşağı** *s s.* **gökkuşağı** Regenbogen *m*

merzengûş *s s.* **mercanköşk** Majoran *m*

mesafe [mesa:fe] *s* ❶ Strecke *f* ❷ (*uzaklık*) Distanz *f,* Entfernung *f;* (*ara*) Abstand *m* ❸ (*fig: resmiyet*) Distanz *f;* **~ bırakmak** Distanz wahren

mesai [mesa:i:] *s* Arbeit *f;* **~ yapmak** Überstunden machen **mesai saati** *s*

M

Arbeitszeit *f*
mesaj *s* ❶ Botschaft *f*, Nachricht *f*; ~ **bırakmak** eine Nachricht hinterlassen ❷ TELEK SMS *f*; ~ **çekmek** [*o* **atmak**] simsen
mesamat [mesa:ma:t] *pl* ANAT (*gözenekler*) Poren *pl*
mesame [mesa:me] *s* ANAT (*gözenek*) Pore *f*
mesane [mesa:ne] *s* ANAT (*sidik torbası*) Harnblase *f*
mescit <-di> *s* REL ❶ (*cami*) Moschee *f* ❷ (*küçük cami*) kleine Moschee
mesel *s* ❶ (*örnek*) Beispiel *nt* ❷ (*atasözü*) Sprichwort *nt*; ~ **olmak** zum Sprichwort werden ❸ (*masal*) Fabel *f*
meselâ [me'selä:] *adv* zum Beispiel, beispielsweise
mesele *s* ❶ Sache *f*, Angelegenheit *f* ❷ (*sorun*) Problem *nt*; (*vicdan* ~*si*) Frage *f*; ~ **çıkarmak** Probleme machen; **bir şeyi** ~ **yapmak** etw zum Problem machen; ~ **yok!** kein Problem!; **zaman** ~**si** eine Frage der Zeit
mesen *s* Mäzen *m*, Förderer *m*; **bir sanatçının** ~**i** der Mäzen eines Künstlers
meserret *s s.* **sevinç** Freude *f*
Mesih *s* REL (*İsa Peygamber*) Messias *m*
mesire *s s.* **gezinti yeri** Ausflugsort *m*
mesken *s s.* **konut** Wohnung *f*; ~ **tutmak** sich niederlassen
meskûn mahal *s s.* **yerleşim merkezi** Ortschaft *f*
meslek <-ği> *s* Beruf *m*; ~ **icabı** von Berufs wegen, berufsbedingt; **bir** ~**te çalışmak** einen Beruf ausüben **meslek danışmanı** *s* WIRTSCH Berufsberater(in) *m(f)* **meslek danışmanlığı** *s* Berufsberatung *f* **meslek değiştirme** *s* Berufswechsel *m* **meslek deneyimi** *s* Berufserfahrung *f* **meslek eğitimi** *s* Berufsausbildung *f* **meslek grubu** *s* Berufsgruppe *f* **meslek hastalığı** *s* Berufskrankheit *f* **meslek hayatı** *s ohne pl* Berufsleben *nt*
meslekî *adj* beruflich
meslek içi eğitim *s* Fortbildung *f*; (*kurs*) Fortbildungskurs *m* **meslek okulu** *s* Berufsschule *f* **meslek okulu öğretmeni** *s* Berufsschullehrer(in) *m(f)* **meslek sahibi** *s* Berufstätige(r) *f(m)*; ~ **olmak** berufstätig sein **meslek seçimi** *s ohne pl* Berufswahl *f*
mesleksiz *adj* berufslos
meslektaş *s* Kollege, Kollegin *m, f*, Berufskollege, -kollegin *m, f*
meslek unvanı *s* Berufsbezeichnung *f* **meslek yaşamı** *s ohne pl* Berufsleben *nt*
mesnet <-di> *s s.* **dayanak** Halt *m*, Stütze *f*
mesnetsiz *adj* haltlos
mesnevi *s* LIT Erzählgedicht *nt*
mesul <-lü> [mes'-] *adj s.* **sorumlu** verantwortlich; ~ **olmak** die Verantwortung haben (**-den** für), haften (**-den** für)
mesuliyet *s s.* **sorumluluk** Verantwortung *f*, Verantwortlichkeit *f*, Haftung *f*; ~ **almak** Verantwortung übernehmen
mesuliyetli *adj s.* **sorumlu** ❶ verantwortlich ❷ verantwortungsvoll
mesuliyetsiz *adj s.* **sorumsuz** ❶ unverantwortlich ❷ verantwortungslos
mesuliyetsizlik <-ği> *s ohne pl s.* **sorumsuzluk** Verantwortungslosigkeit *f*
mesut <-du> [mes'u:t] *adj s.* **mutlu** ❶ froh ❷ glückselig, glücklich
meşale [meʃ'ale] *s* Fackel *f*
meşe *s* BOT Eiche *f*
meşelik <-ği> *s* (*meşe korusu*) Eichenschälwald *m*; (*meşe ormanı*) Eichenwald *m*
meşgale *s s.* **uğraşı** Beschäftigung *f*
meşgul *adj* ❶ beschäftigt; ~ **etmek** beschäftigen; (*vaktini almak*) in Anspruch nehmen, beanspruchen; **bir şey/kimse ile** ~ **olmak** sich mit etw/jdm beschäftigen ❷ TELEK (*hat*) besetzt; **hatlar** ~ TELEK die Leitungen sind besetzt
meşguliyet *s s.* **uğraş** Beschäftigung *f*
meşgul sesi *s* TELEK Besetztzeichen *nt*
meşhur *adj* berühmt
meşime *s* ANAT, MED ❶ (*döl yatağı*) Gebärmutter *f* ❷ (*etene*) Mutterkuchen *m*; (*plasenta*) Plazenta *f*
meşin *s* Leder *nt* **meşin kırbaç** <-cı> *s* Lederpeitsche *f* **meşin yuvarlak** <-ğı> *s* (*fam: futbolda top*) Leder *nt*
meşk *s* Übung *f*; **piyano/keman** ~ **etmek** Klavier/Geige üben; ~ **kemale erdirir** (*prov*) Übung macht den Meister
meşkûk <-kü> [meʃku:k] *adj* (*şüpheli*) zweifelhaft
meşru <-u> [meʃru:] *adj* JUR ❶ rechtmäßig, legitim ❷ (*yasal*) gesetzlich, legal ❸ (*çocuklar*) ehelich
meşrubat [meʃru:ba:t] *s* (alkoholfreie) Getränke *pl*
meşruhat [meʃru:xa:t] *s* Kommentar *nt*; (*açıklamalar*) Hinweise *pl*
meşruiyet [meʃru:--] *s ohne pl* Legalität *f*, Rechtmäßigkeit *f*
meşrulaşma *s Verbalsubstantiv zu* **meşrulaşmak**
meşrulaşmak *vi* legal werden
meşrulaştırma *s* ❶ *Verbalsubstantiv zu* **meşrulaştırmak** ❷ Legalisierung *f*
meşrulaştırmak *vt* legalisieren
meşruluk <-ğu> [meʃru:-] *s ohne pl* Legalität *f*, Rechtmäßigkeit *f*

M

meşru müdafaa *s* JUR Notwehr *f;* ~ **hâlinde** in [*o* aus] Notwehr
meşrut *adj* bedingt
meşruten *adv* bedingt; ~ **tahliye** JUR bedingte Entlassung
meşruti [meʃru:ti:] *adj* POL konstitutionell
meşrutiyet *s* POL konstitutionelle Monarchie
meşum [meʃu:m] *adj* makaber; ~ **şeyler söylemek** makab(e)re Sachen sagen, makab(e)re Reden führen
met <-ddi> *s ohne pl* GEO Flut *f;* ~**le yükselmek** mit der Flut steigen; *s. a.* **cezir**
meta <-ı> *s* ① (*mal*) Ware *f;* (*ticaret malı*) Handelsware *f* ② (*sermaye*) Kapital *nt*
metabolizma *s* Stoffwechsel *m*
metadon *s* Methadon *nt*
metafizik **I.** *s* <-ği> Metaphysik *f* **II.** *adj* metaphysisch
metafor *s* LING, LIT (*istiare*) Metapher *f*
metafora *s s.* **matafora** NAUT Davit *m o nt*
metal <-li> *s* Metall *nt*
metalik <-ği> *adj* ① (*madensel*) metallisch ② (*boya*) metallic
metal makara *s* Metallrolle *f*
metalografi *s ohne pl* BERGB Metallografie *f,* Metallkunde *f*
metaloit <-di> *n,* **metalsi** *s* CHEM Nichtmetall *nt*
metalürji *s ohne pl* CHEM Metallurgie *f,* Hüttenkunde *f*
metamorfizm *s* GEOL (*başkalaşım*) Metamorphose *f*
metamorfoz *s* BOT, ZOOL (*başkalaşma*) Metamorphose *f*
metan *s ohne pl* CHEM Methan *nt*
metanet [meta:net] *s ohne pl* Standhaftigkeit *f,* Standfestigkeit *f;* ~ **göstermek** standhaft bleiben, standhalten
metanetli [meta:--] *adj* standhaft, standfest; ~ **olmak** standhaft sein, hart im Nehmen sein; **o, çok** ~**dir** er ist sehr standhaft, er hält viel aus
metastaz *s* MED Metastase *f*
metazori *adv* (*zorla*) mit Gewalt, gewaltsam
metelik <-ği> *s* ① HIST (*on para değerindeki sikke*) 10-Para-Münze *f* ② (*fig*) **bu** ~ **etmez** das ist kein Pfennig [*o* Pfifferling] wert; **meteliğe kurşun atmak** blank sein
meteliksiz *adj* (*fam*) abgebrannt, pleite
meteor *s* ASTRON Meteor *m*
meteorit *s* ASTRON Meteorit *m*
meteorolog *s* Meteorologe, -login *m, f*
meteoroloji *s ohne pl* Meteorologie *f* **meteoroloji istasyonu** *s* Wetterstation *f,* Wetterwarte *f*
meteorolojik <-ği> *adj* meteorologisch
meteor taşı *s* ASTRON (*meteorit*) Meteorit *m*
metfen *s s.* **mezar** Grab *nt*
metfun *adj* (*gömülü*) begraben
methetme *s Verbalsubstantiv zu* **methetmek**
methetmek *vt s.* **övmek** loben
metin[1] <-tni> *s* Text *m*
metin[2] *adj* standhaft
metni *s poss von* **metin**
metodik <-ği> *adj s.* **yöntemli** methodisch
metot <-du> *s s.* **yöntem** Methode *f*
metotlu *adj s.* **yöntemli** methodisch
metre *s* Meter *m o nt;* **bir** ~ **kumaşın fiyatı** der Preis eines Meters Stoff, der Preis eines Meter Stoffes; **on** ~ **uzunluğunda/yüksekliğinde bir duvar** eine Wand von zehn Meter Länge/Höhe **metre kare** *s* MATH Quadratmeter *m o nt* **metre küp** *s* MATH Kubikmeter *m o nt* **metrelerce** *adv* meterweise
metres *s* Mätresse *f*
metrik *adj* metrisch; ~ **sistem** das metrische Maßsystem
metro *s* Metro *f,* U-Bahn *f*
metronom *s* MUS Metronom *nt*
metropol <-lü> *s* Metropole *f*
metrûk <-kü> [metru:k] *adj* verlassen
mevcudiyet *s ohne pl* Existenz *f,* Vorhandensein *nt*
mevcut **I.** *s* <-du> Bestand *m* **II.** *adj* vorhanden
mevduat *s* FIN Einlage *f*
mevki <-i> *s* ① (*orun*) Klasse *f;* **birinci/ikinci** ~ erste/zweite Klasse ② Position *f* ③ Stellung *f,* Stelle *f,* Posten *m* ④ Lage *f;* **bu** ~**de güzel bir ev** ein schönes Haus in dieser Lage
mevkuf *adj* ① (*tutuklu*) verhaftet, inhaftiert ② (*vakfedilmiş*) gestiftet
mevkut *adj s.* **süreli** periodisch
mevkute *s s.* **süreli yayın** Periodikum *nt*
mevlût <-du> *s* ① (*doğum*) Geburt *f* ② (*yeni doğmuş çocuk*) Neugeborene(s) *nt,* neugeborenes Kind
mevsim *s* ① Jahreszeit *f;* (*sezon*) Saison *f* ② (*zaman*) Zeit *f*
mevsimlik **I.** *adj* <-ği> ① Saison-; (~ *manto*) Übergangs- ② saisonal **II.** *adv* saisonweise
mevsimli mevsimsiz *adj* unzeitig
mevsimsel *adj* Saison- **mevsimsel işçi** *s* Saisonarbeiter *m*
mevt *s s.* **ölüm** Tod *m*
mevut <-du> *adj* (*söz verilmiş*) versprochen; **Arzı M**~ das Gelobte Land
mevzi <-i> [mevzi:] *s* ① (*yer*) Ort *m,* Lage *f*

❷ MIL Stellung *f;* **~i korumak** die Stellung halten
mevziî *adj* ❶ (*yerel*) örtlich; **~ yağışlar** örtliche Niederschläge ❷ MED (*lokal*) lokal
mevzu <-u> *s* (*konu*) Thema *nt,* Gegenstand *m;* **~a girmek** zum Thema kommen, zur Sache kommen
mevzuat *s* JUR Gesetzgebung *f;* (*yasa, tüzük, yönetmeliklerin bütünü*) Rechtsvorschriften *pl*
mevzun *adj s.* **biçimli** wohlgeformt
mevzuubahis <-hsi> *adj* besagte(r, s); **bir şeyi ~ etmek** etw thematisieren [*o* zum Thema machen]; **burada ... ~tir** es handelt sich hier um ...
meyan *s s.* **orta** Mitte *f* **meyan balı** *s* Lakritz *m,* Lakritze *f* **meyan kökü** *s ohne pl* BOT Süßholz *nt*
meydan *s* ❶ Platz *m* ❷ (*muharebe ~ı*) Feld *nt;* **siyaset ~ı** die politische Bühne ❸ **bir şeye ~ açmak** etw verursachen, zu etw führen; **~ bırakmamak** keine Gelegenheit geben; **~ bulamamak** keine Gelegenheit finden; **birine ~ okumak** jdn herausfordern; **bir şeye ~ vermemek** etw keine Möglichkeit geben; **~a atılmak** sich in den Vordergrund stellen; **bir şeyi ~a çıkarmak** (*açıklığa kavuşturmak*) etw aufklären; (*bularak ortaya çıkarmak*) etw ans Tageslicht bringen; **~a çıkmak** klar werden ❹ (*fam*) Bildfläche *f;* **~dan kaybolmak** von der Bildfläche verschwinden; **~na çıkmak** auf der Bildfläche erscheinen **meydan korkusu** *s* MED, PSYCH Platzangst *f;* (*agorafobi*) Agoraphobie *f; s. a.* **kapalı yer korkusu** **meydan muharebesi** *s* MIL, HIST Feldschlacht *f*
meyhane *s* Kneipe *f,* Schenke *f;* (*österr*) Beisel *nt*
meyve *s* ❶ Frucht *f* ❷ (*ohne pl*) Obst *nt* **meyve ağacı** *s* Obstbaum *m* **meyve bahçesi** *s* Obstgarten *m*
meyveli *adj* fruchttragend; **~ ağaç** ein fruchttragender Baum **meyveli pasta** *s* Obstkuchen *m*
meyve sandığı *s* Obstkiste *f* **meyve sineği** *s* ZOOL Fruchtfliege *f* **meyve suyu** *s* Fruchtsaft *m,* Obstsaft *m* **meyve şekeri** *s* Fruchtzucker *m*
mezar *s* Grab *nt,* Grabstätte *f;* **beşikten ~a kadar** von der Wiege bis zum Grabe
mezarcı *s* Grabpfleger *m*
mezar kaçkını *s* (*fig fam*) **~na benzemek** wie eine Leiche auf Urlaub aussehen
mezarlık <-ğı> *s* Friedhof *m*
mezar soyguncusu *s* Grabräuber *m* **mezar taşı** *s* Grabstein *m*
mezat *s* Auktion *f;* **~a çıkarmak/koymak** zur Auktion bringen
mezatçı *s* Auktionator *m*
mezat malı *s* Billigware *f*
mezbaha *s* Schlachthof *m*
mezbele *s* ❶ (*çöplük*) Müllkippe *f* ❷ (*fig, pej*) Saustall *m*
mezbelelik <-ği> *s* (*fam*) ❶ (*çöplük*) Müllkippe *f* ❷ (*fig, pej*) Saustall *m*
meze *s* ❶ Vorspeise *f* ❷ (*fig: eğlence*) Spaß *m;* (*alay*) Spott *m*
mezgit *s* ZOOL Merlan *m,* Wittling *m*
mezgitgiller *pl* ZOOL Schellfische *pl*
mezhep <-bi> *s* REL Konfession *f,* Bekenntnis *nt*
mezhepsiz *adj* konfessionslos
mezhepsizlik <-ği> *s* Konfessionslosigkeit *f*
mezosfer *s ohne pl* ASTRON Mesosphäre *f*
mezun [me:zu:n] **I.** *s* SCHULE, UNIV Absolvent(in) *m(f);* **okuldan ~ olmak** die Schule absolvieren [*o* durchlaufen] **II.** *adj* ❶ (*izinli*) beurlaubt ❷ (*yetkili*) befugt, ermächtigt; **birisini ~ kılmak** jdn ermächtigen; **bunu yapmaya ~ değilim** ich bin nicht befugt, das zu machen
mezuniyet *s* ❶ Beurlaubung *f* ❷ SCHULE, UNIV Abschluss *m* ❸ (*yetki*) Befugnis *f,* Ermächtigung *f* **mezuniyet balosu** *s* SCHULE, UNIV Abschlussball *m* **mezuniyet sınavı** *s* SCHULE, UNIV Abschlussprüfung *f*
mezura *s* Maßband *nt*
MGK *s Abk von* **Millî Güvenlik Kurulu** *Nationaler Sicherheitsrat*
mı <mi, mu, mü> *Fragepartikel s.* **mi²**
mıknatıs *s* Magnet *m* **mıknatıs alanı** *s* PHYS Magnetfeld *nt*
mıknatıslama *s Verbalsubstantiv zu* **mıknatıslamak**
mıknatıslamak *vt* magnetisieren
mıknatıslı *adj* ❶ Magnet- ❷ magnetisiert **mıknatıslı iğne** *s* Magnetnadel *f*
mırıldama *s ohne pl* ❶ *Verbalsubstantiv zu* **mırıldamak** ❷ Gemurmel *nt*
mırıldamak *vt* murmeln
mırıldanma *s ohne pl* ❶ *Verbalsubstantiv zu* **mırıldanmak** ❷ Gemurmel *nt*
mırıldanmak *vi* ❶ vor sich hin murmeln ❷ vor sich hin summen; **kendi kendine (sessizce) bir şeyler mırıldanıyordu** er summte (leise) vor sich hin
mırın kırın *s* **~ etmek** herumdrucksen
mırlama *s Verbalsubstantiv zu* **mırlamak**
mırlamak *vi* (*kedi*) schnurren
mırnav *s* **~!** miau!
mısdak <-ğı> *s* Kriterium *nt; s. a.* **ölçüt, kıstas**
mısır *s* BOT Mais *m*

M

Mısır **I.** *s* Ägypten *nt* **II.** *adj* ägyptisch; **~ piramitleri** die ägyptischen Pyramiden; **bunu ~'daki sağır sultan bile duydu** (*fam*) das pfeifen die Spatzen von den Dächern

mısır ekmeği *s* Maisbrot *nt* **mısır gevreği** *s* Cornflakes *pl* **mısır koçanı** *s* Maiskolben *m*

Mısırlı **I.** *s* Ägypter(in) *m(f)* **II.** *adj* ägyptisch; **~ erkekler/kadınlar** ägyptische Männer/Frauen

mısır nişastası *s ohne pl* GASTR Maisstärke *f* **mısır püskülü** *s* Maisstroh *nt* **Mısır turnası** *s* ZOOL Ibis *m* **mısır unu** *s* Maismehl *nt*

mıstara *s* MATH (*iletki*) Winkelmesser *m*

mızıka *s* MUS Mundharmonika *f*

mızıkacı *s* Musikant *m*

mızıkçı *s* Spielverderber(in) *m(f)*

mızmız *adj* (*fam*) quengelig

mızmızlanma *s* ❶ *Verbalsubstantiv zu* **mızmızlanmak** ❷ Quengelei *f*

mızmızlanmak *vi* quengeln

mızmız tavşan *s* (*fam*) Heulsuse *f*

mızrak <-ğı> *s* ❶ Speer *m* ❷ SPORT (*cirit*) Speer *m* **mızrak ucu** *s* Speerspitze *f*

mızrap <-bı> *s* MUS (*pena, çalgıç*) Plektron *nt*

mi¹ *s* MUS e; **~ majör** e-Dur *nt*; **~ minör** e-Moll *nt*

mi² <mı, mu, mü> *Fragepartikel* ❶ (*soru kurucu anlamda*) **geliyor musun?** kommst du?; **hasta mısın?** bist du krank? ❷ (*pekiştirici anlamda*) **güzel ~ güzel** wunderschön; **hiç ~ hiç** ganz und gar nicht; **zengin ~ zengin** steinreich ❸ (*şart ilişkisi ile bağlayıcı anlamda*) **bana atla ~ atlarım** wenn er mir sagt, dass ich springen soll, dann springe ich; **ona seslendi ~ gelirdi** wenn er ihm zurief, kam er ❹ (*rica edici anlamda*) **bana bir bardak su verir ~sin?** kannst du mir ein Glas Wasser geben? ❺ **saat yedi dedi ~ uyanırım** um Punkt sieben werde ich wach

miat <-dı> *s* (*süre*) Frist *f*; **miadı dolmak** (*eskimek*) veralten, ausdienen; (*kullanım süresi*) verfallen; **bir işin miadı gelmişti** die Zeit dafür war gekommen

miço *s* Schiffsjunge *m*

mide *s* Magen *m*; **~ bulandırmak** (*kusacak duruma getirmek*) Brechreiz verursachen; (*fig*) beunruhigen; **~si bulanmak** (*kusacak gibi olmak*) Brechreiz verspüren; (*fig: rahatı kaçmak*) sich beunruhigen; **~si ekşimek** [*o* **yanmak**] Sodbrennen haben; **~sini bozmak** sich den Magen verderben

mide ağrısı *s* Magenschmerzen *pl* **mide bulantısı** *s* Brechreiz *m*, Übelkeit *f* **mide fesadı** *s* Magenverstimmung *f* **mide ilacı** *s* Magenmittel *nt* **mide koliği** *s* Magenkolik *f* **mide krampı** *s* Magenkrampf *m* **mide öz suyu** *s* Magensaft *m* **mide ülseri** *s* MED Magengeschwür *nt*

midilli *s* Pony *nt*

Midilli *s* Lesbos *nt*; **~ adası** die Insel Lesbos

midye *s* Muschel, Miesmuschel *f* **midye kabuğu** *s* Muschelschale *f*

miftah *s s.* **anahtar** Schlüssel *m*

migren *s ohne pl* MED Migräne *f*

miğfer *s* Helm *m*

mihengi *s poss von* **mihenk**

mihenk <-gi> *s* ❶ (*denek taşı*) Prüfstein *m* ❷ (*fig*) Waagschale *f*; **mihenge vurmak** auf die Waagschale legen

mihr *s* Morgengabe *f*

mihrace *s* Maharadscha *m*

mihrak *s s.* **odak** Fokus *m*; (*a. fig*) Brennpunkt *m*

mihrap <-bı> *s* REL Mihrab *m*, Gebetnische *f*

mihver *s* ❶ (*eksen*) Achse *f* ❷ (*fig*) Hauptpunkt *m*

mika *s* Glimmer *m*

mikâp <-bı> *s* MATH (*küp*) Kubus *m*, Würfel *m*; **bir metre ~ su** ein Kubikmeter Wasser

mikoloji *s ohne pl* BOT Mykologie *f*; (*mantar bilimi*) Pilzkunde *f*

mikos *s*, **mikoz** *s* MED Mykose *f*

mikrobiyolog <-ğu> *s* BIOL Mikrobiologe, -login *m, f* **mikrobiyoloji** *s ohne pl* BIOL Mikrobiologie *f* **mikrobiyolojik** <-ği> *adj* BIOL mikrobiologisch **mikrocerrahi** *s ohne pl* MED Mikrochirurgie *f* **mikrodalga** *s* PHYS, ELEK Mikrowelle *f* **mikrodalga fırın** *s* GASTR Mikrowellenherd *m*, Mikrowellengerät *nt* **mikroekonomi** *s ohne pl* WIRTSCH Mikroökonomie *f* **mikroekonomik** <-ği> *adj* WIRTSCH mikroökonomisch **mikrofilm** *s* FOTO Mikrofilm *m* **mikrofon** *s* ELEK Mikrofon *nt* **mikrofonik** <-ği> *adj* mikrofonisch **mikrokozmos** *s* BIOL, PHILOS, PHYS Mikrokosmos *m* **mikroorganizma** *s* BIOL Mikroorganismus *m*

mikrop <-bu> *s* ❶ BIOL Mikrobe *f* ❷ MED Keim *m*, Krankheitserreger *m*

mikroplu *adj* infektiös, krankheitserregend

mikropsuz *adj* keimlos, keimfrei

mikrop yuvası *s* Krankheitsherd *m*

mikroskobik <-ği> *adj* mikroskopisch

mikroskop <-bu> *s* Mikroskop *nt*

mikser *s* GASTR Mixer *m*

miktar *s* Menge *f*, Anzahl *f*; (*şeker ~ı*) Gehalt *m*; **büyük/küçük bir ~** eine

große/kleine Menge
mikyas *s* ❶ Ausmaß *nt;* **büyük ~ta** in großem Ausmaß ❷ (*ölçü*) Maß *nt;* (*ölçek*) Maßstab *m*
mikyassız *adj* maßlos
mil *s* ❶ TECH Welle *f* ❷ (*ölçü birimi*) Meile *f*
Milano *s* Mailand *nt* **Milano lahanası** *s ohne pl* Wirsing *m*
Milanolu *s* Mailänder(in) *m(f)*
milât <-dı> *s* Christi Geburt; **~tan önce** vor Christi Geburt; **~tan sonra** nach Christi Geburt
mildiyu *s* BOT Mehltau *m*
milenyum *s* Millennium *nt,* Jahrtausend *nt*
milföy *s* GASTR *Cremekuchen aus Blätterteig*
miligram *s* Milligramm *nt*
mililitre *s* Milliliter *m o nt*
milim *s s.* **milimetre** Millimeter *m o nt*
milimetre *s* Millimeter *m o nt* **milimetre kare** *s* Quadratmillimeter *m o nt*
milimi milimine *adj* millimetergenau, auf den Millimeter genau
millet *s* ❶ (*ulus*) Nation *f* ❷ (*herkes*) Volk *nt;* **egemenlik ~indir** die Staatsgewalt geht vom Volk aus
milletler arası *adj s.* **uluslararası** international
Milletler Cemiyeti *s ohne pl* HIST Völkerbund *m*
millet meclisi *s* ❶ (*kurul*) Nationalversammlung *f* ❷ (*binası*) Abgeordnetenhaus *nt*
milletvekili *s* Abgeordnete(r) *f(m),* Volksvertreter(in) *m(f)*
millî *adj* national, Volks- **millî ekonomi** *s* Volkswirtschaft *f* **millî gelir** *s ohne pl* WIRTSCH Volkseinkommen *nt* **millî hikmet** *s* Volksweisheit *f* **millî irade** *s* Volkswille(n) *m* **millî maç** *s* SPORT Länderspiel *nt* **millî marş** *s* Nationalhymne *f;* **~ı söylemek** die Nationalhymne singen **millî onur** *s ohne pl* Nationalstolz *m* **millî takım** *s* SPORT Nationalmannschaft *f*
milliyetçi **I.** *s* POL Nationalist(in) *m(f)* **II.** *adj* POL nationalistisch
milliyetçilik <-ği> *s* POL Nationalismus *m*
mi majör *s ohne pl* MUS E-Dur *nt*
mimar [miːmaːr] *s* Architekt(in) *m(f),* Baumeister(in) *m(f)*
mimari [miːmaːriː] **I.** *s ohne pl* (*mimarlık*) Architektur *f* **II.** *adj* architektonisch
mimarlık <-ğı> *s ohne pl* Architektur *f* **mimarlık üslubu** *s* Baustil *m*
mi mimör *s ohne pl* MUS e-Moll *nt*
mimleme *s Verbalsubstantiv zu* **mimlemek**
mimlemek *vt* **birini ~** sich jdn merken, jdn auf dem Kieker haben
mimoza *s* BOT Mimose *f*
minare [minaːre] *s* Minarett *nt*
minareci *s* Minarettenbauer(in) *m(f)*
minarecik <-ği> *s* Minarettchen *nt*
minarecilik <-ği> *s ohne pl* Minarettenbau *m*
minber *s* REL (*camide*) Kanzel *f*
minder *s* ❶ Sitzkissen *nt* ❷ SPORT Matte *f*
mine *s* ❶ (*saat kadranı*) Zifferblatt *nt* ❷ MED (*diş ~si*) Zahnschmelz *m* ❸ Glasur *f;* (*metal eşya üzerine vurulan cam katmanı*) Email *nt,* Emaille *f*
mineci *s* Emailleur *m*
mineleme *s Verbalsubstantiv zu* **minelemek**
minelemek *vt* emaillieren
mineli *adj* emailliert
mineral <-li> [minerāl] **I.** *s* Mineral *nt* **II.** *adj* mineralisch; **~ maddeler** mineralische Substanzen
mineral bilimci *s* (*mineralog*) Mineraloge, -login *m, f* **mineral bilimi** *s ohne pl* (*mineraloji*) Mineralogie *f*
mineralleştirmek *vt* mineralisieren
mineralog <-ğu> *s* Mineraloge, -login *m, f*
mineraloji *s ohne pl* Mineralogie *f*
minibüs *s* Kleinbus *m*
minicik <-ği> *adj* winzig
mini etek <-ği> *s* Minirock *m*
miniskül *adj s.* **minüskül**
minkale *s s.* **iletki** MATH Winkelmesser *m*
minnacık <-ğı> *adj* winzig
minnettar *adj* dankbar, verbunden; **size ~ım** ich bin Ihnen dankbar, ich bin Ihnen zu Dank verpflichtet; **size çok ~ım** ich bin Ihnen sehr dankbar [*o* verbunden]; **birine ~ kalmak** jdm Dank schulden
minnettarlık <-ğı> *s ohne pl* Dankbarkeit *f*
minör *s* MUS Moll *nt* **minör gam** *s* MUS Molltonleiter *f*
minüskül **I.** *s* Kleinbuchstabe *m;* TYPO Minuskel *f* **II.** *adj* LING (*majüskül karşıtı*) Klein-, Minuskel-; **~ harf** kleiner Buchstabe
minval <-li> [minvāl] *s* Art *f;* (*tarz*) Art und Weise; **bu ~de** auf diese Art
minyon *adj* zierlich; (*çıtı pıtı*) niedlich
mira *s* TECH Messstab *m*
miraç <-cı> [mɪːraːtʃ] *s ohne pl* REL (*göğe çıkma*) Himmelfahrt *f*
miralay *s* MIL (*albay*) Oberst *m*
miras *s ohne pl* JUR Erbe *nt;* **~a konmak** das Erbe antreten; **birinden bir şey ~ kalmak** von jdm etw erben
miras bırakan *s* JUR Erblasser(in) *m(f)*
mirasçı *s* JUR Erbe, Erbin *m, f;* **birini ~ olarak atamak** jdn als Erben einsetzen

mirat [mɪr'at] *s s.* **ayna** Spiegel *m*
mirî *adj* fiskalisch
mis[1] *s* ❶ (*güzel koku*) Duft *m;* **~ gibi kokmak** wohl riechen ❷ (*fig fam*) **~ gibi** (*çok iyi*) dufte, sehr gut; (*pekâlâ*) wohl, durchaus
mis[2] *s* (*İngilizceden*) Miss *f*
mis[3] *s s.* **misk**
misafir [mɪsa:-] *s* (*konuk*) Gast *m;* **birine ~ olmak** bei jdm zu Gast sein; **Tanrı ~i** ein ungebetener Gast
misafirhane *s* ❶ (*konuk evi*) Gästehaus *nt* ❷ (*kervansaray*) Gasthaus *nt*
misafir odası *s* Gästezimmer *nt*
misafirperver *adj* gastfreundlich
misafirperverlik <-ği> *s ohne pl* Gastfreundschaft *f*
misil <-sli> *s ohne pl* ❶ Gleiche(s) *nt;* **misli görülmemiş bir güzellik** eine unvergleichliche Schönheit; **bunun misli menendi yok** das ist einzigartig [*o* einmalig] ❷ (*miktar*) Menge *f;* **sekiz misli** die achtfache Menge; (**onun**) **dokuz misli** das Neunfache (davon) ❸ (*kez*) Mal *nt;* **iki misli** doppelt so viel; **o, benden yaşça iki misli büyüktür** sie ist doppelt so alt wie ich; **bu araba şundan üç misli pahalı** dieser Wagen kostet das Dreifache von jenem
misk *s ohne pl* Moschus *m*
misket[1] *s ohne pl* Muskateller *m,* Muskatellerwein *m*
misket[2] *s* ❶ MIL (*kurşun tanesi*) Bleikugel *f* ❷ (*bilye*) Murmel *f;* **~ oynamak** Murmeln spielen **misket üzümü** *s ohne pl* Muskateller *m*
misk ördeği *s* ZOOL Moschusente *f* **misk sıçanı** *s* ZOOL Bisamratte *f*
misli *s poss von* **misil**
mistik I. *s* <-ği> (*gizemci*) Mystiker(in) *m(f)* II. *adj* <-ği> (*gizemsel*) mystisch
mistisizm *s ohne pl* ❶ (*gizemcilik*) Mystizismus *m* ❷ Mystik *f*
misyon[1] *s* Mission *f;* **diplomatik/gizli ~** diplomatische/geheime Mission
misyon[2] *s ohne pl* REL Mission *f*
misyoner *s* Missionar(in) *m(f)*
misyon şefi *s* Missionschef(in) *m(f)*
mit *s* (*mitos*) Mythos *m*
miting *s* ❶ Kundgebung *f* ❷ Meeting *nt*
mitleştirme *s Verbalsubstantiv zu* **mitleştirmek**
mitleştirmek *vt* mythologisieren
mitokondri *s* BIOL Mitochondrium *nt*
mitoloji *s* Mythologie *f;* **Yunan ~si** die griechische Mythologie
mitolojik *adj* mythologisch
mitos *s s.* **mit**
mitoz *s* BIOL (*karyokinez*) Mitose *f*
mitral kapakçığı *s* MED Mitralklappe *f*
mitralyöz *s* Maschinenpistole *f*
miyavlama *s Verbalsubstantiv zu* **miyavlamak**
miyavlamak *vi* (*kedi*) miauen
miyokart *s* ANAT Myokard *nt*
miyom *s* MED Myom *nt*
miyop I. *s* <-bu> Myope(r) *f(m)* II. *adj* MED (*hipermetrop karşıtı*) kurzsichtig
miyopluk <-ğu> *s ohne pl* MED Kurzsichtigkeit *f*
miyosen I. *s* GEO Miozän *nt* II. *adj* GEO miozän
miza *s* Mise *f,* Spieleinsatz *m*
mizaç <-cı> [miza:tʃ] *s* Temperament *nt*
mizah [miza:x] *s ohne pl* Humor *m;* **kara ~** schwarzer Humor
mizahi [miza:xi:] *adj* humoristisch
mizana (direği) *s* NAUT Besanmast *m*
mizanpaj *s* TYPO, VERLAG (*gazete, dergi*) Layout *nt*
mizanpli *s* Wasserwellen *pl*
mizantrop I. *s* Misanthrop(in) *m(f)* II. *adj* misanthropisch
ml *Abk von* **mililitre** ml, Milliliter *m o nt*
mm *Abk von* **milimetre** mm, Millimeter *m o nt*
mobbing *s ohne pl* Mobbing *nt*
mobil *adj* mobil
mobilet *s* Mofa *nt*
mobilize *adj* mobil; **~ etmek** mobilisieren
mobil telefon *s* Mobiltelefon *nt*
mobilya *s* Möbel *nt*
mobilyalı *adj* möbliert
mobilya mağazası *s* Einrichtungshaus *nt*
mobilyasız *adj* unmöbliert
moda I. *s* Mode *f;* **~sı geçmek** aus der Mode kommen; **~ya uymak** mit der Mode gehen II. *adj* modisch **moda dergisi** *s* Modezeitschrift *f,* Modeheft *nt,* Modejournal *nt* **moda desinatörü** *s* Modedesigner(in) *m(f)* **moda evi** *s* Modehaus *nt,* Modegeschäft *nt* **moda kelime** *s* Modewort *nt*
modalist *s* ❶ Modelleur(in) *m(f)* ❷ Modedesigner(in) *m(f)*
model *s* ❶ Modell *nt;* **~ olarak çalışmak** als Modell arbeiten ❷ AUTO Baujahr *nt;* (*tip*) Modell *nt,* Ausführung *f;* **bu otomobil kaç ~?** welches Baujahr ist das Auto? ❸ AUTO Muster *nt,* Vorbild *nt*
modelaj *s* Modellierung *f*
modelci *s* ❶ Modellbauer(in) *m(f)* ❷ (*sanatçı*) Modelleur(in) *m(f),* Modellierer(in) *m(f)*
modelcilik <-ği> *s ohne pl* ❶ Modellbau *m* ❷ (*sanatı*) Modellierung *f*

M

modem *s* INFORM, TELEK Modem *nt;* **dış/iç ~** externes/internes Modem
modern *adj* modern; **~ olmak** modern sein
modernizasyon *s* Modernisierung *f*
modernleştirme *s* ❶ *Verbalsubstantiv zu* **modernleştirmek** ❷ Modernisierung *f*
modernleştirmek *vt* modernisieren
modernlik <-ği> *s ohne pl* Moderne *f*
modifikasyon *s* Modifikation *f*
modifiye *adj* modifiziert
modistra *s* Schneiderin *f*
modül *s* ❶ (*katsayı*) Modul *m* ❷ INFORM, ELEK Modul *nt* ❸ (*Ay ~ ü*) Sonde *f*
modülasyon *s* MUS Modulation *f*
modüler *adj* modular **modüler sistem** *s* Baukastensystem *nt*
modüllü *adj* modular
Moğol **I.** *s* Mongole, Mongolin *m, f* **II.** *adj* mongolisch **Moğol ceylanı** *s* ZOOL Dseren *m*
Moğolistan *s* Mongolei *f*
moher *s* Mohair *m*
mohs ölçeği *s ohne pl* Mohshärte *f*
moka *s* Mokka *m*
mokasen *s* Mokassin *m*
mola *s* ❶ Rast *f;* **~ vermek** Rast machen ❷ SPORT (*voleybol ve basketbolda*) Auszeit *f,* Time-out *nt;* **~ vermek** Auszeit nehmen
Moldova *s* Moldawien *nt*
molekül *s* CHEM Molekül *nt*
moleküler *adj* CHEM molekular, Molekular- **moleküler biyoloji** *s ohne pl* Molekularbiologie *f*
molibden *s ohne pl* CHEM Molybdän *m*
molla *s* Mullah *m*
Molotof kokteyli *s* Molotowcocktail *m*
moloz *s ohne pl* ❶ (*yapı döküntüsü*) Bauschutt *m* ❷ (*fig: işe yaramaz şey*) Schund *m;* (*işe yaramaz kimse*) Nichtsnutz *m,* Taugenichts *m*
molozluk <-ğu> *s* Schutthalde *f*
moment *s* PHYS Moment *nt;* **manyetik ~** magnetisches Moment
momentum *s* ❶ PHYS Impuls *m* ❷ (*hızlılık*) Schwung *m*
monadı *s poss von* **monat**
monadizm *s ohne pl* PHILOS (*monatçılık*) Monadenlehre *f*
Monako *s* Monaco *nt*
Monakolu *s* Monegasse, Monegassin *m, f*
monarşi *s* Monarchie *f*
monarşist *s* Monarchist(in) *m(f)*
monarşizm *s ohne pl* Monarchismus *m*
monat <-dı> *s ohne pl* PHILOS Monade *f*
monatçılık <-ğı> *s ohne pl* PHILOS Monadenlehre *f*
mongolistik <-ği> *s ohne pl* LING Mongolistik *f*
mongolizm *s ohne pl* MED Mongolismus *m*
monitör *s* ❶ (*yetiştirici*) Ausbilder(in) *m(f)* ❷ TECH (*alet*) Monitor *m*
monizm *s ohne pl* PHILOS Monismus *m*
monogam *adj* monogam
monogami *s* Monogamie *f* **monografi** *s* Monografie *f* **monokl** *s* Monokel *nt*
monolog <-ğu> *s* Monolog *m* **monopol** <-ü> *s* WIRTSCH Monopol *nt* **monoteizm** *s ohne pl* Monotheismus *m*
montaj *s* Montage *f* **montaj hattı** *s* Fließband *nt*
mor **I.** *s ohne pl* Violett *nt* **II.** *adj* violett
Mora *s* Peloponnes *m*
moral <-li> *s ohne pl* Moral *f;* **~i bozuk olmak** deprimiert sein, niedergeschlagen sein; **birinin ~ini bozmak** jdn demoralisieren; **(bugün) ~ım (çok) bozuk** ich bin (heute sehr) deprimiert
moralizm *s ohne pl* PHILOS Moralismus *m*
morarma *s Verbalsubstantiv zu* **morarmak**
morarmak *vi* ❶ violett werden ❷ blau anlaufen; **gözü morarmış olmak** ein blaues Auge haben
moren *s* GEO Moräne *f*
morfem *s* LING Morphem *nt*
morfin *s ohne pl* Morphium *nt*
morfoloji *s ohne pl* Morphologie *f*
morfolojik *adj* morphologisch
morg *s* Leichenschauhaus *nt,* Leichenhalle *f*
morina *s* ZOOL Kabeljau *m;* (*küçüğü*) Dorsch *m*
Moritanya *s* Mauretanien *nt*
Moritanyalı **I.** *s* Mauretanier(in) *m(f)* **II.** *adj* mauretanisch
mors[1] *s* ZOOL Walross *nt*
mors[2] *s* ❶ (*işaret*) Morsezeichen *nt* ❷ (*alet*) Morseapparat *m* **mors alfabesi** *s* Morsealphabet *nt*
mortadella *s* Mortadella *f*
mortlama *s Verbalsubstantiv zu* **mortlamak**
mortlamak *vi* (*sl*) abkratzen
moruk <-ğu> *s* (*sl*) Greis *m,* Alte(r) *m;* **bizim ~** mein Alter
moruklaşma *s* ❶ *Verbalsubstantiv zu* **moruklaşmak** ❷ Vergreisung *f*
moruklaşmak *vi* vergreisen
morulâ *s* BIOL Keimblase *f;* (*blastula*) Blastula *f*
Moskof **I.** *s* REG (*Rus*) Russe *m* **II.** *adj* REG (*zalim*) grausam
Moskova *s* Moskau *nt*
Moskovalı *s* Moskauer(in) *m(f)*
Moskovalı *s* Moskauer(in) *m(f)*
mosmor *adj* dunkelviolett

motamot **I.** *adj* wörtlich, wortgetreu; ~ **çeviri** eine wortgetreue Übersetzung **II.** *adv* wortwörtlich, wörtlich, wortgetreu
motel *s* Motel *nt*
motif *s* Motiv *nt*
motopomp *s* Motorpumpe *f*
motor *s* ❶ Motor *m* ❷ *a.* AERO Triebwerk *nt* ❸ (*deniz aracı*) Motorboot *nt* ❹ (*motosiklet*) Motorrad *nt* ❺ INFORM (*arama* ~*u*) Maschine *f*
motorbot *s* Motorboot *nt*
motor gücü *s ohne pl* Motorkraft *f*
motorize *adj* motorisiert
motor kaputu *s* Motorhaube *f*
motorkros *s* Motocross *nt*
motorlu *adj* **tek** ~ einmotorig **motorlu araç** <-cı> *n*, **motorlu taşıt** *s* Kraftfahrzeug *nt* **motorlu taşıt vergisi** *s* Kraftfahrzeugsteuer *f* **motorlu taşıt yapımı** *s ohne pl* Kraftfahrzeugbau *m* **motorlu tren** *s s.* **mototren** Schienenbus *m*
motor yağı *s* AUTO Motoröl *nt*
motosiklet *s* Motorrad *nt*
mototren *s* Schienenbus *m*
mozaik <-ği> *s* ❶ Mosaik *nt* ❷ (*işi*) Mosaikarbeit *f* **mozaik döşeme** *s* Mosaikfußboden *m*
mozak <-ğı> *s* REG (*domuz yavrusu*) Ferkel *nt*
mozole *s* Mausoleum *nt*
M.Ö. *Abk von* **milâttan önce** v. Chr. G. (*vor Christi Geburt*)
möble *s s.* **mobilya** Möbel *nt*
möbleli *adj s.* **mobilyalı** möbliert
möblesiz *adj s.* **mobilyasız** unmöbliert
mönü *s s.* **menü** Menü *nt*
M.S. *Abk von* **milâttan sonra** n. Chr. G. (*nach Christi Geburt*)
mu <mı, mi, mü> *Fragepartikel s.* **mi²**
muaccel *adj* JUR fällig
muadele *s* ❶ (*eşitlik*) Gleichheit *f* ❷ MATH (*denklem*) Gleichung *f* ❸ (*fig: anlaşılmaz iş*) Rätsel *f*
muaf *adj* befreit (**-den** von), freigestellt (**-den** von); (*özgür*) frei (**-den** von); ~ **tutmak** befreien (**-den** von), freistellen (**-den** von)
muafiyet *s* ❶ Befreiung *f*, Freistellung *f* ❷ BIOL (*bağışıklık*) Immunität *f*
muallâk *adj* schwebend
muallim *s s.* **öğretmen** Lehrer *m*
muallime *s s.* **bayan öğretmen** Lehrerin *f*
muamele *s* ❶ (*davranış*) Verhalten *nt*, Benehmen *nt* ❷ ADMIN (*işlem*) Bearbeitung *f* ❸ Behandlung *f*; ~ **etmek** (*davranmak*) behandeln (**-e**); **birine iyi/kötü** ~ **etmek** jdn gut/schlecht behandeln; **bu** ~**yi hak** (**etmedi**) **etti** diese Behandlung hat er (nicht) verdient
muamma *s* Rätsel *nt*
muammalı *adj* rätselhaft, mysteriös
muarefe *s s.* **tanışıklık** Bekanntschaft *f*
muaşeret *s ohne pl* Umgang *m*, Geselligkeit *f* **muaşeret adabı** *s ohne pl* Anstandsregeln *pl*
muattar *adj* (*güzel kokulu*) wohlriechend, aromatisch riechend
muavenet *s s.* **yardım** Hilfe *f*
muavin **I.** *adj* (*yardımcı*) stellvertretend, Vize-; **müdür** ~**i** stellvertretender Direktor **II.** *s* Stellvertreter(in) *m(f)*
muayene *s* ❶ Untersuchung *f*; ~ **etmek** untersuchen; ~ **olmak** untersucht werden (**-e** von), sich untersuchen lassen (**-e** von) ❷ (*gümrük* ~*si*) Kontrolle *f*, Revision *f*
muayenehane *s* Arztpraxis *f*, Praxis *f*
muayene kampanyası *s* MED Reihenuntersuchung *f*
muayyen *adj* bestimmt
muazzam *adj* ❶ (*çok büyük*) riesig, gewaltig, gigantisch, kolossal, enorm, immens; **son yıllardaki ilerleme** ~ der Fortschritt der letzten Jahre ist gewaltig ❷ (*alışılmışın sınırlarını aşan*) außergewöhnlich
mubah [muba:x] *adj a.* REL (*sakınca olmayan*) unbedenklich
mubayaa *s* Kauf *m*; ~ **etmek** kaufen
mubayaacı *s* Käufer(in) *m(f)*
mucibince *adv s.* **uyarınca** gemäß, laut; **kanunun 5. maddesi** ~ gemäß Artikel 5 des Gesetzes
mucit <-di> [mu:dʒit] *s* Erfinder(in) *m(f)*
mucize [mu:dʒize] *s* Wunder *nt*; ~ **kabilinden** wie durch ein Wunder
muço *s* Schiffsjunge *m*
mufla *s* TECH ❶ (*toprak kap*) Muffel *f* ❷ (*fırın*) Emaillierofen *m*
muflon *s* ❶ (*argali*) Mufflon *m* ❷ (*astar*) Mantelfutter *nt*; ~**u pardösüye düğmelemek** das Futter in den Mantel knöpfen
mugalâta *s* (*pej*) Wortklauberei *f*, Rabulistik *f*
mugalâtacı *s* (*pej*) Rabulist(in) *m(f)*
muganni *s* Barde *m*; *s.* **şarkıcı** Sänger *m*
muganniye *s* Sängerin *f*
muhabbet çiçeği *s* BOT Reseda *f* **muhabbet kuşu** *s* ZOOL Wellensittich *m* **muhabbet tellâlı** *s* Kuppler(in) *m(f)*; (*pezevenk*) Zuhälter *m* **muhabbet tellâllığı** *s* Kuppelei *f*
muhabere *s* Korrespondenz *f*
muhabir *s* Korrespondent(in) *m(f)*
muhacir *s* Aussiedler(in) *m(f)*, Auswanderer(in) *m(f)*, Emigrant(in) *m(f)*; ~ **etmek** auswandern **muhacir arabası** *s* Planwagen *m*

muhaddep *adj s.* **dışbükey** konvex
muhafaza *s* ❶ Aufbewahrung *f* ❷ Bewahrung *f;* **itidalini ~ etmek** Haltung bewahren, die Fassung bewahren ❸ Schutzhülle *f*
muhafazakâr [----kăr] **I.** *s* Konservative(r) *f(m)* **II.** *adj s.* **tutucu** konservativ
muhafazakârlık <-ğı> *s ohne pl s.* **tutuculuk** Konservatismus *m*
muhafız *s* Wächter *m;* (*koruyucu*) Beschützer *m* **muhafız alayı** *s* Garde *f*
muhakemat dairesi *s* JUR Rechtsabteilung *f*
muhakkak I. *adj* sicher, bestimmt **II.** *adv* sicherlich, bestimmt, gewiss; **~ geleceğiz** wir werden bestimmt kommen; **oraya ~ gitmen lazım** du muss unbedingt dahin gehen
muhalefet [muha:--] *s a.* POL Opposition *f;* **~ etmek** opponieren; (*karşı çıkmak*) sich widersetzen; **~te olmak** in der Opposition sein **muhalefet lideri** *s* POL Oppositionsführer(in) *m(f)* **muhalefet partisi** *s* POL Oppositionspartei *f*
muhalif [muha:-] *adj a.* POL oppositionell; **~ parti** oppositionelle Partei
muhallebi *s* GASTR Reismehlpudding *m* **muhallebi çocuğu** *s* (*fig fam*) Muttersöhnchen *nt*
muharebe *s* Schlacht *f;* (*savaş*) Kampf *m,* Krieg *m* **muharebe meydanı** *s* Schlachtfeld *nt*
muharip <-bi> *s* Kämpfer(in) *m(f),* Krieger(in) *m(f)*
muharrer *adj* (*yazılmış*) geschrieben; **nama ~** FIN auf den Namen lautend
muharrir *s s.* **yazar** Verfasser(in) *m(f),* Schriftsteller(in) *m(f)*
muharrirlik <-ği> *s ohne pl s.* **yazarlık** Schriftstellerei *f*
muhasara *s s.* **kuşatma** Belagerung *f;* **~ etmek** belagern, umzingeln
muhasebe *s* ❶ Buchhaltung *f* ❷ Buchführung *f;* **çift girişli ~** doppelte Buchführung
muhassala *s* ❶ (*elde edilen sonuç*) Resultat *nt* ❷ PHYS (*bileşke*) Resultante *f*
muhatap <-bı> *s* Ansprechpartner(in) *m(f),* Gesprächspartner(in) *m(f)*
muhavvile *s s.* **transformatör** Transformator *m,* Trafo *m*
muhbir *s* ❶ Spitzel *m* ❷ (*haberci*) Informant(in) *m(f)*
muhrip <-bi> *s* MIL Zerstörer *m*
muhtaç <-cı> *adj* bedürftig
muhtaçlık <-ğı> *s ohne pl* Bedürftigkeit *f*
muhtar I. *adj s.* **özerk** autonom **II.** *s* Vorsteher *m;* **köy ~ı** Dorfvorsteher *m,* Dorfschulze *m*
muhtariyet *s s.* **özerklik** Autonomie *f*
muhterem *adj* geehrt
muhteşem *adj* prächtig
muhteva *s* Inhalt *m*
muhtevi *adj* beinhaltend
muhteviyat *s s.* **içindekiler** Inhalt *m*
muhtıra *s* ❶ (*memorandum*) Memorandum *nt* ❷ (*nota*) Note *f;* (*diplomatik nota*) diplomatische Note ❸ (*andaç*) Agenda *f;* (*günlük*) Tagebuch *nt*
mukaar *adj s.* **içbükey** konkav
mukaddem *s s.* **öncül** Prämisse *f*
mukaddes *adj s.* **kutsal** heilig; **Kitabı M~** das Buch der Bücher, die Heilige Schrift
mukaddime *s* ❶ (*ön söz*) Vorwort *nt* ❷ Einleitung *f*
mukarrerat *pl* (*kararlaştırılmış şeyler*) Vereinbarungen *pl;* (*alınan kararlar*) Entscheidungen *pl*
mukassem *adj s.* **ayrılmış** getrennt; *s.* **bölünmüş** geteilt
mukavele *s* Vertrag *m;* **~ yapmak** einen Vertrag schließen
mukavemet *s* ❶ Ausdauer *f;* (*karşı koyma*) Widerstand *m;* **~ göstermek** Widerstand leisten ❷ PHYS (*direnç*) Widerstand *m*
mukavemetçi *s* ❶ Widerstandskämpfer(in) *m(f)* ❷ SPORT (*uzun mesafe koşucusu*) Langstreckenläufer(in) *m(f)*
mukavemet koşusu *s* SPORT Langstreckenlauf *m*
mukavva *s* Pappe *f* **mukavva kutu** *s* Karton *m*
mukayese [muka:--] *s* Vergleich *m;* **~ etmek** vergleichen
mukayeseli *adj* vergleichend
mukim [muki:m] *adj* wohnhaft
mukoza *s* ANAT, MED (*sümük doku*) Schleimhaut *f*
muktedir *adj* fähig (**-e** zu), imstande (**-e** zu)
mulaj *s* Moulage *f,* Abdruck *m*
multimedya *s ohne pl* Multimedia *nt* **multimedya alanı** *s* Multimediabereich *m* **multimedya dosyaları** *pl* Multimediadateien *pl* **multimedya sistemi** *s* Multimediasystem *nt* **multimedya uygulaması** *s* Multimediaanwendung *f*
multimilyoner *s* Multimillionär *m*
multipleks *adj* multiplex
mum *s* ❶ Kerze *f;* **~ ampul** elektrische Kerze; **~ yakmak** eine Kerze anzünden ❷ (*bal ~u*) Wachs *m* **mum aydınlatma** *s* Kerzenbeleuchtung *f* **mum boya** *s,* **mum boyası** *s* Wachsfarbe *f*
mumcu *s* Kerzengießer(in) *m(f),* Wachszieher(in) *m(f)*
mum çiçeği *s* BOT Wachsblume *f* **mum**

M

direk <-ği> *adj* ❶ (*dimdik*) kerzengerade ❷ (*çok uslu*) sehr artig, sehr brav **mum duruşu** *s* SPORT Kerze *f;* ~**na geçmek** eine Kerze machen **mum gibi** *adv* ❶ (*dimdik*) kerzengerade ❷ (*çok uslu*) sehr artig, sehr brav ❸ (*fam*) pikobello; (*tertemiz*) blitzsauber **mum ışığı** *s ohne pl* Kerzenlicht *nt;* ~**nda** bei Kerzenlicht

mumlama *s Verbalsubstantiv zu* **mumlamak**

mumlamak *vt* wachsen

mumlu *adj* ❶ Wachs- ❷ **yedi ~ bir pasta** eine Torte mit sieben Kerzen

mumluk **I.** *s* <-ğu> (*şamdan*) Kerzenständer *m* **II.** *adj* ❶ **üç ~ şamdan** ein Kerzenleuchter für drei Kerzen ❷ **yüz ~ ampul** eine hundert Watt Birne

mumlu kâğıt <-dı> *s* Wachspapier *nt*

mum palmiyesi *s* BOT Wachspalme *f*

mumya *s* Mumie *f;* ~ **gibi** (*fig*) wie eine Mumie

mumyalama *s* ❶ *Verbalsubstantiv zu* **mumyalamak** ❷ Einbalsamierung *f,* Mumifizierung *f*

mumyalamak *vt* einbalsamieren, mumifizieren

mumyalaşma *s* ❶ *Verbalsubstantiv zu* **mumyalaşmak** ❷ Mumifizierung *f*

mumyalaşmak *vi* mumifizieren

munsap <-bı> *s* GEO (*mansap*) Flussmündung *f*

muntazam **I.** *adj* ❶ (*düzgün*) gleichmäßig, gleichförmig ❷ (*derli toplu*) ordentlich **II.** *adv* regelmäßig

muntazaman *adv* regelmäßig

murabut *s* Marabut *m* **murabut kuşu** *s* ZOOL Marabu *m*

murahhas *s* POL (*delege*) Delegierte(r) *f(m),* Deputierte(r) *f(m)*

murakabe *s* ❶ Kontrolle *f,* Prüfung *f;* (*denetim*) Aufsicht *f* ❷ REL Beschaulichkeit *f;* (*tasavvufta*) Kontemplation *f*

murakıp <-bı> [mura:-] *s* (*denetçi*) Prüfer(in) *m(f);* (*kontrolör*) Kontrolleur(in) *m(f)*

murana *s* ZOOL Muräne *f*

murat <-dı> [mura:t] *s* ❶ (*istek*) Wunsch *m;* ~ **etmek** sich wünschen; **muradına erdi** sein Wunsch ist in Erfüllung gegangen ❷ (*amaç*) Zweck *m;* (*gaye*) Ziel *nt*

murç <-cu> *s* TECH Betonbohrer *m*

murdar *adj* ❶ (*kirli*) schmutzig ❷ (*yıkanmamış*) ungewaschen **murdar ilik** <-ği> *s* ANAT (*omurilik*) Rückenmark *nt*

muris [mu:ris] *s s.* **miras bırakan** JUR Erblasser(in) *m(f)*

Musa *s* REL, HIST Moses *m*

musahhih *s s.* **düzeltici** Korrektor(in) *m(f)*

musakka *s* GASTR Moussaka *nt*

musalla *s* REL Gebetsplatz *m*

musallat *adj* aufdringlich, lästig; **birine ~ olmak** sich jdm aufdrängen, jdm lästig sein

musanna *adj* ❶ (*uydurma*) ausgedacht, erfunden ❷ (*sanatlı*) kunstvoll; (*usta elinden çıkmış*) meisterhaft

musannif *s s.* **klasör** Ordner *m,* Aktenordner *m*

musavver *adj s.* **resimli** bebildert, illustriert, Bilder-

Musevî [mu:sevi:] **I.** *s* Jude *m,* Jüdin *f* **II.** *adj* jüdisch

Mushaf *s* REL (*Kur'an*) Koran *m*

musibet [musi:bet] *s* Verhängnis *nt;* (*felaket*) Unheil *nt;* **bir ~ bin nasihatten yeğdir** (*prov*) durch Schaden wird man klug

musiki [mu:siki:] *s* Musik *f*

muska *s* Amulett *nt,* Talisman *m*

muslihane *adv* friedlich

musluk <-ğu> *s* Wasserhahn *m;* (*gaz musluğu*) Hahn *m*

muslukçu *s* ❶ Klempner(in) *m(f)* ❷ (*sl*) Taschendieb *m*

musluk tamircisi *s* Klempner(in) *m(f)*

muson *s* METEO Monsun *m*

mustaceliyet *s s.* **ivedilik** Dringlichkeit *f*

mustarip <-bi> *adj* leidend; ~ **etmek** leiden lassen

mustatil [--ti:l] *s s.* **dikdörtgen** Rechteck *nt*

muşamba *s* ❶ (*bez*) Wachstuch *nt* ❷ (*yağmurluk*) Gummimantel *m,* Öljacke *f,* Wachsjacke *f* ❸ (*linolyum*) Linoleum *nt* **muşamba örtü** *s* Wachstuchdecke *f*

muşmula *s* BOT Mispel *f*

muşta *s* Schlagring *m*

muştalama *s Verbalsubstantiv zu* **muştalamak**

muştalamak *vt* mit einem Schlagring zuschlagen

muştu *s* Freudenbotschaft *f*

muştulama *s* ❶ *Verbalsubstantiv zu* **muştulamak** ❷ Verkündigung *f*

muştulamak *vt* verkündigen

muştulu *adj* erfreulich

mutaassıp **I.** *s* <-bı> *s.* **bağnaz** Fanatiker(in) *m(f)* **II.** *adj* <-bı> *s.* **bağnaz** fanatisch

mutabakat *s* ❶ (*uzlaşma*) Konsens *m,* Übereinstimmung *f,* Einigung *f* ❷ (*uyum*) Akkommodation *f,* Anpassung *f*

mutabık [muta:-] *adj* übereinstimmend

mutariza *s* (*parantez*) Klammer *f;* (*yay ayraç*) runde Klammer

mutasavvıf *s* Sufi *m*

mutasyon *s* Mutation *f*
mutat <-dı> [mu:ta:t] *adj* üblich, gewöhnlich
mutatabbip <-bi> *s* (*pej*) Quacksalber *m*
mutavaat fiili *s* LING (*dönüşlü fiil*) Reflexivverb *nt*
mutazarrır *adj* geschädigt
mutçuluk <-ğu> *s ohne pl* PHILOS (*evdemonizm*) Eudämonismus *m*
muteber [mu:--] *adj* ❶ gültig; **~ olmak** gültig sein ❷ kreditwürdig
mutfak <-ğı> *s* Küche *f;* **Alman/Türk mutfağı** die deutsche/türkische Küche **mutfak dolabı** *s* Küchenschrank *m* **mutfak komisi** *s* Küchengehilfe, -gehilfin *m, f* **mutfak penceresi** *s* Küchenfenster *nt* **mutfak tezgâhı** *s* Küchenplatte *f*
muti [muti:] *adj* gehorsam
mutlak *adj* absolut; **~ çoğunluk** absolute Mehrheit; **~ sıcaklık** PHYS absolute Temperatur; **~ sıfır** PHYS absoluter Nullpunkt; *s. a.* **salt**
mutlaka [---:] *adv* ❶ unbedingt; (*ne olursa olsun*) egal was passiert; (*her hâlde*) auf jeden Fall, auf alle Fälle ❷ (*kesinlikle*) bestimmt, sicherlich; **onu ~ duymuştur** das hat er bestimmt gehört, gewiss hat er es gehört
mutlakiyet *s ohne pl s.* **saltçılık** Absolutismus *m*
mutlakiyetçi **I.** *s* Absolutist(in) *m(f)* **II.** *adj* absolutistisch
mutlandırma *s* ❶ *Verbalsubstantiv zu* **mutlandırmak** ❷ Beglückung *f*
mutlandırmak *vt* beglücken, glücklich machen
mutlanma *s* ❶ *Verbalsubstantiv zu* **mutlanmak** ❷ Beglückung *f*
mutlanmak *vi* glücklich werden
mutlu *adj* ❶ froh ❷ glückselig, glücklich; **birini ~ etmek** jdn glücklich machen; **çok ~yum** ich bin sehr glücklich
mutlulandırma *s* ❶ *Verbalsubstantiv zu* **mutlulandırmak** ❷ Beglückung *f*
mutlulandırmak *vt* beglücken, glücklich machen
mutlulanma *s* ❶ *Verbalsubstantiv zu* **mutlulanmak** ❷ Beglückung *f*
mutlulanmak *vi* glücklich werden
mutluluk <-ğu> *s ohne pl* Glück *nt,* Glückseligkeit *f* **mutluluk anı** *s* Glücksmoment *m*
mutsuz *adj* unglücklich
mutsuzluk <-ğu> *s ohne pl* Unglücklichsein *nt*
muttali <-i> *adj* informiert; **~ olmak** informiert sein, Bescheid wissen

M

muvacehe *s* Konfrontation *f;* (*yüzleştirme*) Gegenüberstellung *f*
muvaffak *adj s.* **başarılı** erfolgreich; **~ olmak** erfolgreich sein, Erfolg haben
muvaffakiyet *s s.* **başarı** Erfolg *m*
muvaffakiyetli *adj s.* **başarılı** erfolgreich
muvaffakiyetsiz *adj s.* **başarısız** erfolglos
muvaffakiyetsizlik <-ği> *s s.* **başarısızlık** Misserfolg *m*
muvafık <-ğı> [muva:-] *adj s.* **uygun** geeignet
muvakkat <-ti> *adj s.* **geçici** vorläufig, einstweilig, provisorisch; (*palyatif*) behelfsmäßig
muvakkaten *adv* vorläufig, einstweilig, provisorisch; (*palyatif*) behelfsmäßig
muvazaalı *adj s.* **danışıklı** abgekartet
muvazat *s s.* **paralellik** Parallelität *f*
muvazene [muva:--] *s ohne pl s.* **denge** Gleichgewicht *nt,* Balance *f*
muvazeneli *adj* ❶ (*dengeli*) ausgeglichen, ausgewogen ❷ (*ölçülü*) maßvoll
muvazenesiz *adj* ❶ (*dengesiz*) unausgeglichen, unausgewogen ❷ (*ölçüsüz*) maßlos
muvazi [muva:zi:] *adj s.* **paralel, koşut** parallel (**-e** zu)
muvazzaf *s* MIL Berufssoldat *m* **muvazzaf hizmet** *s* Militärdienst *m,* Wehrdienst *m* **muvazzaf subay** *s* Berufsoffizier *m*
muylu *s* ❶ TECH (*rulmanda*) Außenring *m* ❷ TECH (*millerde*) Gleitlager *nt* ❸ MIL, HIST (*top namlusunun iki yanındaki miller*) Lagerzapfen *m*
muz *s* BOT Banane *f*
muzaffer **I.** *adj* siegreich, triumphal; **~ olmak** siegreich sein; (*yenmek*) siegen **II.** *s* Sieger(in) *m(f)*
muzafferane [----:-] *adv,* **muzafferce** *adv* triumphal
muzafferiyet *s* Sieg *m,* Triumph *m*
muzaheret *s s.* **müzaheret**
muzır <-rrı> *adj* ❶ (*zararlı*) schädlich ❷ (*sağlığı bozan*) gesundheitsschädigend ❸ (*yayın*) jugendgefährdend ❹ (*çocuk*) unartig, ungezogen
muzırlık <-ğı> *s* ❶ Schädlichkeit *f* ❷ Unart *f,* Ungezogenheit *f;* (*yaramazlık*) Unfug *m*
muzip <-bi> [mu:-] *adj* schelmisch
muziplik <-ği> *s* Schabernack *m,* Schelmenstreich *m;* **birine ~ etmek** mit jdm Schabernack treiben, jdm einen Schabernack spielen; **~ yapmak** Schabernack treiben
muz kabuğu *s* Bananenschale *f*
muzlu pasta *s* GASTR Bananentorte *f*
muzsu *adj* bananenartig

mü <mı, mi, mu> *Fragepartikel s.* **mi²**
mübadele [myba:--] *s* Tausch *m*, Austausch *m*; ~ **etmek** (aus)tauschen
mübadil [myba:dil] *adj* ausgetauscht
mübah [myba:h] *adj* unbedenklich; ~ **görmek** für unbedenklich halten
mübalağa [myba:lă:] *s s.* **abartma** Übertreibung *f*, Überspitzung *f*; ~ **etmek** übertreiben, aufschneiden
mübalağacı **I.** *s* Aufschneider(in) *m(f)* **II.** *adj* ❶ aufschneiderisch ❷ übertreibend
mübalağacılık <-ğı> *s* Aufschneiderei *f*
mübalağalı *adj s.* **abartılı** übertrieben, überspitzt
mübalağasız *adj s.* **abartısız** nicht übertrieben; (*fam*) ungelogen
mübarek <-ği> [myba:rek] *adj* ❶ (*bereketli*) segensreich; **belalar mübareği!** eine schöne Bescherung! ❷ (*kutsal*) gesegnet, heilig ❸ selig **mübarek otu** *s* BOT Benediktenkraut *nt*
mübaşir *s* JUR Gerichtsdiener(in) *m(f)*
mübrem *adj* (*kaçınılmaz*) unvermeidbar; (*vazgeçilmez*) unverzichtbar
mücadele [mydʒa:dele] *s* Kampf *m*, Bekämpfung *f* (-**le** von); **bir şeyle ~ etmek** etw bekämpfen; **ölüm kalım ~si** ein Kampf auf Leben und Tod
mücadeleci *adj* kämpferisch
mücadele ruhu *s ohne pl* Kampfgeist *m*
mücahit <-di> [mydʒa:hit] *s* Mudschahedin *m*, Gotteskrieger *m*
mücamaa [mydʒa:maa] *s* Geschlechtsverkehr *m*
mücbir *adj s.* **zorlayıcı** zwingend; ~ **sebep** JUR höhere Gewalt
mücellit <-di> *s s.* **ciltçi** Buchbinder(in) *m(f)*
mücellithane *s s.* **ciltevi** Buchbinderei *f*
mücellitlik <-ği> *s ohne pl s.* **ciltçilik** Buchbindergewerbe *nt*
mücerret **I.** *s* <-di> *s.* **yalın durum** LING Nominativ *m* **II.** *adj* <-di> ❶ *s.* **soyut** abstrakt ❷ *s.* **bekâr** ledig **III.** *adv* (*fam: yalnız*) nur, bloß
mücevher *s* ❶ Juwel *m o nt* ❷ Schmuck *m*
mücevherat *s* Schmuck *m*
mücevherci *s s.* **kuyumcu** Juwelier(in) *m(f)*
mücevher kutusu *s* Schmuckkasten *m*, Schmuckkästchen *nt* **mücevher mahfazası** *s* Schmuckschatulle *f*
mücmel *adj* zusammengefasst; (*kısa ve özlü*) kurz und bündig
mücver *s* GASTR *Frikadellengericht aus geriebenem Kürbis, vorbereitet mit Mehl, Eiern, Käse, Dill, Salz, Pfeffer und Zwiebeln;* **patates ~i** Kartoffelpuffer *m*
müdafaa [myda:faa] *s s.* **savunma** Verteidigung *f*; ~ **etmek** verteidigen
müdafi [myda:fi:] *s* JUR Verteidiger(in) *m(f)*
müdahale *s* ❶ Einmischung *f*, Einschreitung *f*, Intervention *f*; ~ **etmek** sich einmischen, einschreiten, intervenieren ❷ MED Eingriff *m*; **cerrahi ~** ein chirurgischer Eingriff
müdahil [myda:-] *s* Intervenient(in) *m(f)*; JUR Nebenkläger(in) *m(f)*
müdavim [myda:-] *s* Stammgast *m*; ~ **olmak** Stammgast sein
müddeiumumî *s* JUR (*savcı*) Staatsanwalt, -anwältin *m, f*
müddeiumumîlik <-ği> *s* JUR (*savcılık*) Staatsanwaltschaft *f*
müddet *s* ❶ (*zaman, süre*) Zeit *f*, Zeitraum *m* ❷ Frist *f* ❸ Weile *f*
müdire *s* Direktorin *f*
müdür *s* Direktor *m*; **doğrudan doğruya ~e çıkmak** (*fig fam*) sich in die Höhle des Löwen begeben
müdürlük <-ğü> *s* ADMIN Direktion *f*
müebbet *adj* ❶ (*sonu olmayan*) endlos ❷ (*ömür boyunca olan*) lebenslang, lebenslänglich
müeccel *adj* (*ertelenmiş*) aufgeschoben
müeddep *adj s.* **terbiyeli** wohlerzogen, gut erzogen
müessese *s s.* **kurum** Institution *f*
müesseseleşme *s* ❶ *Verbalsubstantiv zu* **müesseseleşmek** ❷ Institutionalisierung *f*
müesseseleşmek *vi s.* **kurumlaşmak** sich institutionalisieren
müessir *adj s.* **etkili** wirkungsvoll **müessir fiil** *s* JUR Körperverletzung *f*
müeyyide *s s.* **yaptırım** Sanktion *f*
müezzin *s* REL (*Müslümanlıkta*) Muezzin *m*
müfettiş *s* Inspektor(in) *m(f)*
müflis **I.** *s* Bankrotteur *m*, Konkursschuldner(in) *m(f)* **II.** *adj* bankrott
müfredat *s* ❶ (*ayrıntılar*) Einzelheiten *pl*, Details *pl* ❷ SCHULE (*öğretim programı*) Lehrplan *m* **müfredat programı** *s* SCHULE (*öğretim programı*) Lehrplan *m*
müftü *s* REL Mufti *m*
müge *s* BOT (*inci çiçeği*) Maiglöckchen *nt*
mühendis *s* Ingenieur(in) *m(f)*
mühendislik <-ği> *s ohne pl* Ingenieurwesen *nt* **mühendislik bürosu** *s* Ingenieurbüro *nt*
mühim *adj s.* **önemli** wichtig, relevant, belangvoll
mühimmat deposu *s* MIL Arsenal *nt*
mühlet *s* Frist *f*; ~ **vermek** eine Frist einräumen
mühür <-hrü> *s* Siegel *m*
mühürdar *s* Siegelbewahrer *m*

M

mühürleme *s* ❶ *Verbalsubstantiv zu* **mühürlemek** ❷ Versiegelung *f*
mühürlemek *vt* versiegeln; (*kaşelemek*) siegeln
mühürlü *adj* versiegelt
mühür mumu *s* Siegelwachs *nt*
müjde *s* Freudenbotschaft *f;* **~si olmak** eine frohe [*o* gute] Nachricht haben
müjdeleme *s* ❶ *Verbalsubstantiv zu* **müjdelemek** ❷ Verkündigung *f*
müjdelemek *vt* verkündigen
müjdeli *adj* erfreulich
müjgân *s s.* **kirpik** Wimper *f*
mükâfat [mʏkâ:fa:t] *s* ❶ (*ödül*) Belohnung *f,* Preis *m;* **~ almak** einen Preis bekommen ❷ Belohnung *f,* Lohn *m;* **bir şeyin ~ını görmek** belohnt werden für etw
mükâfatlandırma *s* ❶ *Verbalsubstantiv zu* **mükâfatlandırmak** ❷ Belohnung *f*
mükâfatlandırmak *vt s.* **ödüllendirmek** belohnen
mükellef **I.** *adj* ❶ (*yükümlü*) verpflichtet ❷ (*eksiksiz yapılmış*) perfekt eingerichtet **II.** *s* WIRTSCH (*vergi vermekle*) Steuerpflichtige(r) *f(m)*
mükemmel *adj* exzellent, perfekt, vollkommen; (*kusursuz*) makellos, tadellos; **~ Almanca konuşur** er spricht perfekt Deutsch
mükemmelci *s* Perfektionist(in) *m(f)*
mükemmelen *adv* exzellent, perfekt, vollkommen; (*kusursuz olarak*) makellos, tadellos
mükemmeliyet *s* Perfektion *f*
mükemmeliyetçi *s* Perfektionist(in) *m(f)*
mükemmeliyetçilik <-ği> *s ohne pl* Perfektionismus *m*
mükemmelleştirme *s Verbalsubstantiv zu* **mükemmelleştirmek**
mükemmelleştirmek *vt* perfektionieren
mükemmellik <-ği> *s* Perfektion *f*
mükerrer *adj* wiederholt; **~ defalar** wiederholte Male
mükerreren *adv* wiederholt
müktesep <-bi> *adj* erworben; **~ haklar** wohlerworbene Rechte
mülahaza [mʏlâ:--] *s s.* **düşünce** Gedanke *m,* Meinung *f;* **~ yapmak** denken, überlegen
mülakat [mʏlâ:ka:t] *s* ❶ VERLAG Interview *nt;* **~ vermek** ein Interview geben; (*demeç vermek*) eine Erklärung abgeben; **biriyle ~ yapmak** mit jdm ein Interview machen ❷ Vorstellungsgespräch *nt*
mülayim [mʏlâ:yim] *s* MIL, HIST (*teğmen*) Leutnant *m*
müleyyin *s* MED Abführmittel *nt*
mülhem *adj* (*esinlenmiş*) inspiriert; **bir şeyden ~ olmak** sich inspirieren lassen durch etw
mülk *s* ❶ Eigentum *nt,* Grundeigentum *nt* ❷ HIST Territorium *nt* ❸ Gut *nt;* **malım ~üm** mein Hab und Gut
mülkî *adj* ❶ administrativ, Verwaltungs- ❷ territorial
mülkiyet *s ohne pl* Eigentum *nt;* **fikrî ~** JUR geistiges Eigentum
mülteci *s* JUR, POL (*sığınmacı*) Asylant(in) *m(f),* Asylbewerber(in) *m(f)*
mültefit *adj* leutselig
mümas [mʏma:s] *s* MATH (*teğet*) Tangente *f*
mümasil [mʏma:sil] *adj* (*benzeyen*) ähnlich
mümbit *adj* fruchtbar
mümessil *s* ❶ (*temsilci*) Vertreter(in) *m(f),* Stellvertreter(in) *m(f)* ❷ SCHULE (*sınıf ~i*) Sprecher(in) *m(f),* Klassensprecher(in) *m(f)*
mümessillik <-ği> *s s.* **temsilcilik** Vertretung *f,* Stellvertretung *f*
mümkün *adj* möglich; **~ olduğu kadar çabuk/erken** so schnell/früh wie möglich; **bana gelmen ~ mü?** ist es möglich, dass du zu mir kommst? **mümkün mertebe** *adv* möglichst, tunlichst, nach Möglichkeit; **~ çabuk/az/iyi** möglichst schnell/wenig/gut **mümkünse** *adv* wenn möglich
münakasa [mʏna:--] *s s.* **eksiltme** Submission *f*
münakaşa [mʏna:--] *s s.* **tartışma** Diskussion *f;* **~ etmek** diskutieren; **~ götürmemek** indiskutabel sein, unstreitig sein
münasebat [mʏna:seba:t] *pl s.* **ilişkiler** Beziehungen *pl*
münasebet [mʏna:sebet] *s* ❶ (*ilişki*) Beziehung *f,* Verhältnis *nt;* **~e girmek** Beziehungen aufnehmen; (*cinsel*) ein Verhältnis anfangen ❷ (*iki şey arasındaki uygunluk*) Beziehung *f,* Verhältnis *nt;* **iki şey arasında ~ kurmak** zwei Dinge zueinander in Beziehung setzen ❸ (*sebep*) Grund *m;* (*vesile*) Anlass *m*
münasebetiyle *adv* (*sebebiyle*) aufgrund; (*dolayısıyla*) anlässlich
münasebetli *adj* (*uygun*) passend, angemessen; (*yerinde*) angebracht **münasebetli münasebetsiz** *adv* unangebracht; (*yakışık alsın almasın*) ob angebracht oder nicht
münasebetsiz *adj* ❶ (*uygun olmayan*) unpassend, unangemessen, unangebracht; (*yakışıksız*) ungehörig; **~ bir davranışta bulunmak** sich ungehörig benehmen, sich danebenbenehmen ❷ (*aksi*) widerspenstig;

~ **kimse** eine widerspenstige Person

münasebetsizlik <-ği> *s* Ungehörigkeit *f*

münasip <-bi> [mʏnaːsip] *adj* ❶ (*uygun*) passend, angemessen; (*yerinde*) angebracht; **bir şeyi ~ bulmak** etw für angebracht halten ❷ geeignet; **bir şeye ~ görmek** für etw geeignet finden

münavebeli *adj* (*nöbetleşe*) abwechselnd

müneccim *s* ❶ (*astrolog*) Astrologe, -login *m, f* ❷ (*astronom*) Astronom(in) *m(f)*

müneccimlik <-ği> *s ohne pl* (*astroloji*) Astrologie *f*

münekkit <-di> *s s.* **eleştirmen** Kritiker(in) *m(f)*

münevver I. *s* Intellektuelle(r) *f(m)* **II.** *adj* intellektuell

münferiden *adv* gesondert; (*tek başına*) einzeln

münferit <-di> *adj* (*tek*) einzelne(r, s); (*ayrı*) gesondert

Münih *s* München *nt* **Münihli** *s* Münch(e)ner(in) *m(f)*

müntahabat *pl s.* **seçmeler** Auswahl *f*

müntahip <-bi> *s s.* **seçmen** Wähler(in) *m(f)*

müptedi *s s.* **başlayıcı** Anfänger(in) *m(f)*

mürdüm eriği *s* BOT Zwetsch(g)e *f*

mürebbiye *s* Gouvernante *f*

mürekkep <-bi> *s* Tinte *f;* TYPO (*baskı mürekkebi*) Schwärze *f*

mürekkep balığı *s* ZOOL Tintenfisch *m* **mürekkep faiz** *s s.* **bileşik faiz** Zinseszins *m* **mürekkep hokkası** *s* Tintenfass *nt* **mürekkep lekesi** *s* Tintenfleck *m* **mürekkep püskürtmeli yazıcı** *s* INFORM Tintenstrahldrucker *m*

mürettebat *s* Besatzung *f;* NAUT, AERO Crew *f*

mürettip <-bi> *s* TYPO (*dizgici*) Setzer(in) *m(f)*

mürettiphane *s* TYPO (*dizgi yeri*) Setzerei *f*

mürit <-di> [mʏriːt] *s* Anhänger(in) *m(f);* **bir tarikatın ~leri** die Anhänger einer Sekte

mürşit <-di> *s a.* REL Guru *m*

mürteci I. *s* POL (*pej: gerici*) Reaktionär(in) *m(f)* **II.** *adj* POL (*pej: gerici*) reaktionär

mürtesem *s s.* **iz düşümü** Projektion *f*

müruruzaman *s s.* **zaman aşımı** Verjährung *f*

mürüvvetsiz *adj* unmenschlich

mürver *s* BOT Holunder *m,* Schwarzer Holunder

müsaade *s s.* **izin** Erlaubnis *f,* Genehmigung *f;* **~ ederseniz** wenn Sie erlauben; **~nizle** mit Ihrer Erlaubnis

müsabaka *s* (*yarışma*) Wettbewerb *m;* (*karşılaşma*) Begegnung *f*

müsait <-di> [mʏsaːit] *adj* ❶ günstig; (*uygun*) passend ❷ (*elverişli*) geeignet

müsamaha [mʏsaː--] *s ohne pl* ❶ *s.* **hoşgörü** Toleranz *f,* Duldsamkeit *f* ❷ Duldung *f;* **zımnî ~** JUR stillschweigende Duldung

müsamahakâr [mʏsaː--kãr] *adj* (*hoşgörülü*) duldsam; (*toleranslı*) tolerant

müsamahakârlık <-ğı> *s ohne pl s.* **hoşgörülük** Duldsamkeit *f,* Toleranz *f*

müsamahalı *adj* (*hoşgörülü*) duldsam; (*toleranslı*) tolerant

müsamahasız *adj s.* **hoşgörüsüz** intolerant

müsamahasızlık <-ğı> *s ohne pl s.* **hoşgörüsüzlük** Intoleranz *f*

müsamere [mʏsaː--] *s* SCHULE Schulfest *nt*

müsavi [mʏsaːviː] *adj* (*eşit*) gleich

müseddes *s s.* **altıgen**

müsekkin *s* MED Beruhigungsmittel *nt*

müselles *s* MATH (*üçgen*) Dreieck *nt*

müsellesat *s ohne pl* MATH (*trigonometri*) Trigonometrie *f*

müshil *s* MED Abführmittel *nt*

müskirat *pl* (*alkollü içkiler*) alkoholische Getränke

Müslim *s* Muslim(in) *m(f)*

Müslüman I. *s* Muslim(in) *m(f)* **II.** *adj* REG (*dindar*) religiös

Müslümanlaştırma *s* ❶ *Verbalsubstantiv zu* **Müslümanlaştırmak** ❷ Islamisierung *f*

Müslümanlaştırmak *vt* islamisieren

Müslümanlık <-ğı> *s ohne pl* Islam *m*

müspet *adj s.* **olumlu** positiv

müsrif *adj s.* **savurgan** verschwenderisch

müstacel *adj s.* **ivedi** dringlich

müstaceliyet *s s.* **ivedilik** Dringlichkeit *f*

müstahdem *s* Bedientete(r) *f(m)*

müstahkem *adj* befestigt, Befestigungs- **müstahkem mevki** <-i> *s* MIL Befestigungsanlage *f,* Befestigungswerk *nt*

müstahzar I. *s* BIOL, MED Präparat *nt* **II.** *adj* präpariert; (*hazırlanmış*) vorbereitet

müstakbel I. *s* Zukunft *f* **II.** *adj* künftig

müstakil *adj* ❶ selbstständig ❷ (*ev*) freistehend ❸ (*oda*) getrennt, Einzel-

müstantik *s* JUR (*sorgu yargıcı*) Vernehmungsrichter(in) *m(f)*

müstear ad *s s.* **takma ad** Deckname *m*

müstebit *s* Despot(in) *m(f)*

müstehcen *adj* obszön

müstehcenlik <-ği> *s* Obszönität *f*

müstemleke *s s.* **sömürge** Kolonie *f*

müstemlekecilik <-ği> *s ohne pl s.* **sömürgecilik** Kolonialismus *m*

müsteniden [mysteˈniːdɛn] *adv* auf Grund, aufgrund; **yeni delillere ~** auf

Grund neuer Beweismittel

müsterih [mysteri:x] *adj* sorgenfrei; **~ ol!** sei unbesorgt!

müstesna [mystesna:] **I.** *adj* Ausnahme- **II.** *adv* ausgenommen **müstesna sima** *s* Ausnahmeerscheinung *f*

müsteşar *s* Staatssekretär(in) *m(f)*

müsteşrik <-ği> *s s.* **doğu bilimci** Orientalist(in) *m(f)*

müsvedde *s* ❶ Konzept *nt;* (*yazı taslağı*) Manuskript *nt;* (*karalama*) Kladde *f* ❷ (*pej*) Abklatsch *m* **müsvedde defteri** *s* Kladde *f*

müsveddelik kâğıt <-dı> *s* Konzeptpapier *nt*

müşahede *s s.* **gözlem** Beobachtung *f*, Observation *f;* **~ etmek** beobachten, observieren

müşahhas *adj s.* **somut** konkret

müşavir *s s.* **danışman** Berater(in) *m(f)*

müşerref *adj* **~ oldum** ich fühle mich sehr geehrt

müşfik *adj* ❶ barmherzig ❷ liebevoll, zärtlich

müşkül **I.** *adj* (*güç*) schwierig **II.** *s* ❶ (*güçlük*) Schwierigkeit *f* ❷ (*engel*) Hindernis *nt*

müşkülat [mʏʃkʏlâ:t] *s* (*güçlük*) Schwierigkeit *f;* (*güçlükler*) Schwierigkeiten *pl*

müşkülatlı *adj* schwierig

müşkülleşme *s Verbalsubstantiv zu* **müşkülleşmek**

müşkülleşmek *vi* schwierig werden

müşkülpesent *adj* pedantisch

müşkülpesentlik <-ği> *s ohne pl* Pedanterie *f*

müşterek **I.** *adj* <-ği> ❶ gemeinschaftlich, Gemeinschafts- ❷ gemeinsam **II.** *s* <-ği> **bir şeyi asgari ~lerde birleştirmek** (*fig*) etw auf einen gemeinsamen Nenner bringen

müştereken *adv* ❶ gemeinschaftlich ❷ (*birlikte*) gemeinsam

müşterek mal *s* Gemeinschaftsgut *nt*

müşteri *s* Kunde, Kundin *m, f*

Müşteri *s* ASTRON (*Jüpiter*) Jupiter *m*

müşteri hizmeti *s* Kundendienst *m* **müşteri kartı** *s* WIRTSCH Kundenkarte *f*

müşteriler *pl* Kunden *pl*, Kundschaft *f*

müşteri numarası *s* WIRTSCH Kundennummer *f*

müşteşrik <-ği> *s s.* **doğu bilimci** Orientalist(in) *m(f)*

mütalaa [mʏta:lâa] *s* ❶ SCHULE (*etüt*) Lernstunde *f* ❷ (*görüş, düşünce*) Meinung *f*, Ansicht *f;* (*görüş bildirme*) Stellungnahme *f;* **~da bulunmak** seine Meinung äußern; **~larının mantıksızlığı** die Unlogik seiner Ausführungen ❸ (*iyice inceleme*) (eingehende) Prüfung *f*, (genaue) Untersuchung *f*

müt'a nikâhı *s* Scheinehe *f*

mütareke *s s.* **ateşkes** Waffenstillstand *m*

müteaddit <-di> *adj* (*birçok*) mehrere; **~ defalar** mehrere Male

müteahhit <-di> *s* (*üstenci*) Unternehmer(in) *m(f)*

müteakiben *adv s.* **sonra** nach

müteakip <-bi> [mʏtea:-] **I.** *adj* folgend **II.** *adv* (*-den sonra*) nach; **dersi ~** nach dem Unterricht; **onu ~** danach, im Anschluss daran

mütealiye [mʏtea:--] *s ohne pl* PHILOS (*deneyüstücülük*) Transzendentalismus *m*

mütearife [mʏtea:--] *s s.* **belit** Axiom *nt*

mütecanis *adj s.* **türdeş** artgleich, gleichartig

mütecaviz *adj* ❶ (*saldırgan*) angriffslustig, aggressiv ❷ (*-den çok*) **bir seneyi ~ bir zamandan beri ...** seit mehr als einem Jahr ...

mütedeyyin *adj s.* **dindar** religiös

mütekabil [--ka:-] *adj s.* **karşılıklı** gegenseitig

mütekabiliyet [--ka:---] *s ohne pl s.* **karşılıklılık** Gegenseitigkeit *f*

mütekait *adj* pensioniert

mütekarip *adj s.* **yakınsak** MATH, PHYS konvergent

mütemadi [--ma:di:] *adj* (*aralıksız*) ununterbrochen; (*sürekli*) kontinuierlich

mütemadiyen [--ma:--] *adv* (*ara vermeden*) ununterbrochen; (*sürekli olarak*) kontinuierlich

mütemerkiz *adj* CHEM (*derişik*) konzentriert

mütenakıs [mʏtena:-] *adj s.* **azalan** abnehmend

mütenakız [mʏtena:-] *adj s.* **çelişkili** widersprüchlich

mütenasip <-bi> [mʏtena:-] *adj* ❶ (*orantılı*) proportional ❷ (*uygun*) angemessen

mütenazır [mʏtena:-] *adj s.* **simetrik** symmetrisch

müteradif [mʏtera:-] *adj s.* **eş anlamlı** LING sinnverwandt, synonym

müterakki [mʏterakki:] *adj* ❶ (*ileri*) fortschrittlich, progressiv; **~ vergi** WIRTSCH progressive Steuer ❷ (*ilerlemiş*) fortgeschritten

mütercem *adj* übersetzt

mütercim *s* Übersetzer(in) *m(f);* (*dilmaç, çevirmen*) Dolmetscher(in) *m(f)*

mütereddi [mʏtereddi:] *adj* (*soysuzlaşmış*) degeneriert, entartet

mütereddit <-di> *adj* (*tereddüt eden*)

zögerlich, zögernd; (*kararsız*) unentschlossen

mütesanit <-di> [mʏtesaː-] *adj s.* **dayanışık** solidarisch

müteşebbis *s s.* **girişimci** Unternehmer(in) *m(f)*

müteşekkir *adj* dankbar

mütevazı <-ı> *adj* ❶ (*alçak gönüllü*) bescheiden ❷ (*gösterişsiz*) unauffällig, schlicht, einfach; (*iddiasız*) anspruchslos

mütevelli heyeti *s* Stiftungsvorstand *m*

müthiş *adj* ❶ (*korkunç*) furchtbar, fürchterlich; (*dehşetli*) schrecklich; ~ **bir sıcak** eine furchtbare Hitze ❷ (*fig fam*) furchtbar, fürchterlich, ungeheuerlich; ~ **kızdım/sevindim** ich habe mich ungeheuerlich geärgert/gefreut ❸ (*şaşılacak*) erstaunlich

müttefik **I.** *s* Alliierte(r) *f(m)*, Verbündete(r) *f(m)* **II.** *adj* alliiert

müttehiden *adv* übereinstimmend

müttehit <-di> *adj* übereinstimmend; (*birleşik*) vereinigt

mütteveffa *adj* (*ölmüş*) verstorben

müttevellit *adj* ❶ (*doğmuş*) geboren ❷ (*fig: meydana gelmiş*) entstanden

müvekkil *s* Mandant(in) *m(f)*, Auftraggeber(in) *m(f)*, Klient(in) *m(f)*

müvellidülhumuza *s ohne pl s.* **oksijen** Sauerstoff *m*

müvellidülma *s ohne pl s.* **hidrojen** Wasserstoff *m*

müvezzi <-i> *s* Austräger(in) *m(f)*; **posta ~i** Postbote, -botin *m, f*

müzaheret *s s.* **destekleme** Unterstützung *f*

müzakere *s* ❶ (*görüşme*) Besprechung *f*, Verhandlung *f*; (*danışma*) Beratung *f*; ~ **etmek** besprechen, verhandeln (über) ❷ SCHULE (*sözlü sınav*) mündliche Prüfung; ~ **etmek** prüfen, abfragen

müzakereci *s s.* **belletici** Repetitor(in) *m(f)*

müzayede *s s.* **artırma** Versteigerung *f*, Auktion *f*

müze *s* Museum *nt* **müze bekçisi** *s* Museumsaufseher(in) *m(f)*, Museumswärter(in) *m(f)*

müzekker *adj s.* **eril** LING maskulin

müzekkere *s* ❶ (*yazı*) Schreiben *nt* ❷ JUR (*tutuklama ~si*) Befehl *m*; (*yakalama ~si*) Brief *m*

müzik <-ği> [mʏzik] *s* Musik *f*; ~ **yapmak** Musik machen; **elektronik ~** elektronische Musik **müzik akademisi** *s* Musikakademie *f*

müzikal <-i> [mʏzikãl] **I.** *s* Musical *nt* **II.** *adj* musikalisch

müzik aleti *s* Musikinstrument *nt*

müzikalite *s ohne pl* Musikalität *f*

müzik bilimi *s* Musikwissenschaft *f*

müzikçi *s* Musiker(in) *m(f)*

müzik kaseti *s* Musikkassette *f*

müzikoloji *s* Musikwissenschaft *f*

müzik parçası *s* Musikstück *nt* **müzik salonu** *s* Musiksaal *m*

müziksever **I.** *s* Musikliebhaber(in) *m(f)* **II.** *adj* musikliebend

müzisyen *s* Musikant(in) *m(f)*; (*müzikçi*) Musiker(in) *m(f)*

müzmin *adj* ~ **bekâr** ein eingefleischter Junggeselle

M

Nn

N, n [ne] *s* N, n *nt* (*17. Buchstabe des türk. Alphabets*)*;* **Niğde'nin ~'si** N wie Nordpol

naaş *s* Leichnam *nt;* **ölünün ~ ve kemikleri** die leiblichen Reste des Toten

nabız <-bzı> *s* Puls *m;* **nabzı durdu** sein Puls hat ausgesetzt, sein Puls setzte aus; **birinin nabzını yoklamak** (*fam*) jdm auf den Zahn fühlen

naçiz [na:tʃi:z] *adj* (*değersiz*) wertlos; (*önemsiz*) bedeutungslos

naçizane [na:tʃiza:ne, -tʃe-] *adv* (*haddi olmayarak*) unmaßgeblich

nadas *s* AGR Brache *f;* **tarlayı ~a bırakmak** [*o* **yatırmak**] das Feld brachlegen

nadaslı *adj,* **nadaslık** *adj* AGR brachliegend; **~ bir tarla** ein brachliegendes Feld, ein bracher Acker **nadaslık tarla** *s* AGR Brachfeld *nt*

nadide [na:di:de] *adj* selten, rar

nadim [na:dim] *adj s.* **pişman** reuig; **~ olmak** bereuen (**-e**)

nadir [na:dir] *adj* selten, rar

nadirat [na:dira:t] *s* (*şey*) Rarität *f;* (*durum*) Seltenheit *f*

nadiren [na:dirɛn] *adv* selten

nafaka *s* Unterhalt *m,* Alimente *pl*

nafi [na:fi:] *adj s.* **yararlı** nützlich

nafile [na:file] **I.** *adj* vergeblich; (*yararsız*) nutzlos; **~ bir çaba** eine vergebliche Mühe **II.** *adv* vergebens **nafile yere** *adv* vergebens

nafta *s ohne pl* CHEM Naphtha *f o nt*

naftalin *s ohne pl* ❶ CHEM Naphthalin *nt* ❷ (*fam*) Mottenpulver *nt*

nagehan [na:gexa:n] *adv s.* **ansızın** plötzlich

nağme *s* Melodie *f*

nağmeli *adj* melodisch

nağmesiz *adj* unmelodisch

nahiv <-hvi> *s* LING *s.* **sentaks** Syntax *f*

nahoş [na:-] *adj* unangenehm, unschön

nahvi *s poss von* **nahiv**

nail *adj* erreicht; **bir şeye ~ olmak** etw erreichen

nakarat *s* ❶ MUS, LIT Kehrreim *m,* Refrain *m* ❷ (*fig fam*) **eski ~** (*fig fam*) die alte Leier; **hep aynı ~** es ist immer dieselbe Leier

nakavt *s* SPORT (*boksta*) Knockout *m;* **~ olmak** k.o. gehen, knock-out gehen; **~ saymak** auszählen

nakden *adv* (in) bar; **~ ödemek** (in) bar bezahlen **nakden ödeme** *s* Barzahlung *f*

nakdi *s poss von* **nakit**

nakdî ceza *s s.* **para cezası** Geldbuße *f,* Geldstrafe *f*

nakış <-kşı> *s* ❶ Stickerei *f,* Stickarbeit *f;* **~ işlemek** sticken; **~la bezemek** mit Stickerei verzieren, mit Stickereien versehen ❷ (*tavanları süslemek icin yapılan resim*) Deckenmalerei *f*

nakışçı *s* Sticker(in) *m(f)*

nakış iğnesi *s* Sticknadel *f* **nakış ipliği** *s* Stickgarn *nt*

nakışlama *s ohne pl* ❶ *Verbalsubstantiv zu* **nakışlamak** ❷ Stickerei *f,* Bestickung *f*

nakışlamak *vt* ❶ (be)sticken, mit Stickerei verzieren ❷ **tavan ~** eine Decke mit Bildern verzieren

nakış makinesi *s* Stickmaschine *f*

nakil <-kli> *s* ❶ (*aktarım*) Übertragung *f* ❷ Beförderung *f,* Transport *m* ❸ MED (*transplantasyon*) Verpflanzung *f,* Transplantation *f* **nakil vasıtası** *s* Beförderungsmittel *nt*

nakit <-kdi> *s* Geld *nt;* **vakit ~tir** (*prov*) Zeit ist Geld **nakit mevcudu** *s* FIN Barbestand *m* **nakit para** *s* Bargeld *nt*

nakkaş *s* Dekorationsmaler(in) *m(f)*

nakledilme *s* ❶ *Verbalsubstantiv zu* **nakledilmek** ❷ Übertragung *f* ❸ Beförderung *f* ❹ MED Verpflanzung *f,* Transplantation *f*

nakledilmek *vi pass von* **nakletmek**

naklen yayın *s* RADIO, TV Direktübertragung *f,* Direktsendung *f;* (*canlı yayın*) Livesendung *f*

nakletme *s* ❶ *Verbalsubstantiv zu* **nakletmek** ❷ Übertragung *f* ❸ Beförderung *f* ❹ MED Verpflanzung *f,* Transplantation *f*

nakletmek *vt* ❶ übertragen ❷ befördern, transportieren ❸ MED (*organ*) verpflanzen, transplantieren

nakli *s poss von* **nakil**

nakliyat *s* Transport *m*

nakliyeci *s* Spediteur *m*

nakşetme *s Verbalsubstantiv zu* **nakşetmek**

nakşetmek *vt* ❶ (*süslemek*) dekorieren ❷ (*fig*) prägen (**-e** in)

nakşı *s poss von* **nakış**

nakşolma *s Verbalsubstantiv zu* **nakşolmak**

nakşolmak *vi* **bir şey zihnine ~** (*fig*) etw gräbt sich ins Gedächtnis ein

nal *s* Hufeisen *nt;* **~ları dikmek** (*fam*) alle Viere von sich strecken

nalbur *s* ❶ Hufschmied *m* ❷ (*hırdavatçı*)

Eisenwarenhändler(in) *m(f)*
nalın *s* (hohe) Holzsandale *f*
nallama *s Verbalsubstantiv zu* **nallamak**
nallamak *vt* ❶ (*hayvan*) beschlagen ❷ (*sl: öldürmek*) umbringen
nam [na:m] *s* ❶ (*ad*) Name *m;* **~a muharrer** FIN auf den Namen lautend; **~ına** im Namen von ❷ (*ün*) Ruf *m*
namağlup <-bu> [na:ma:-] *adj* unbesiegt
nama muharrer senet <-di> *s* FIN Namenspapier *nt*
namazlık <-ğı> *s* Gebetsteppich *m*
namert <-di> [na:-] *adj* feige
Namibya *s* Namibia *nt*
Namibyalı **I.** *s* Namibier(in) *m(f)* **II.** *adj* namibisch
namlu *s* ❶ Lauf *m;* **~su yivli/yivsiz bir tüfek** ein Gewehr mit gezogenem/glattem Lauf ❷ (*top ~ su*) Rohr *nt*
namus [na:-] *s ohne pl* ❶ Ehre *f;* **~um üzerine yemin ederim** ich schwöre bei meiner Ehre ❷ (*dürüstlük*) Ehrlichkeit *f* ❸ (*iffet*) Keuschheit *f* **namus borcu** *s* Ehrenschuld *f* **namus cinayeti** *s* Ehrenmord *m* **namus davası** *s* (*onur meselesi*) Ehrensache *f;* **bir şeyi ~ yapmak** etw zur Ehrensache machen
namuslu *adj* ehrlich
namusluca *adv* ehrlich; **açıkça ve ~** offen und ehrlich
namusluluk <-ğu> *s ohne pl* Ehrlichkeit *f*
namus sözü *s* (*şeref sözü*) Ehrenwort *nt;* **~ vermek** sein Ehrenwort geben
namussuz *adj* ehrlos
namussuzluk <-ğu> *s ohne pl* Ehrlosigkeit *f*
namünasip <-bi> [na:mʏna:-] *adj* ❶ (*uygunsuz*) unpassend, angemessen; (*yerinde olmayan*) unangebracht ❷ ungeeignet
namüsait <-di> [na:mʏsa:it] *adj* ❶ ungünstig ❷ (*elverişsiz*) ungeeignet
namzet <-di> [na:m-] *s s.* **aday** Kandidat(in) *m(f)*
namzetlik <-ği> *s s.* **adaylık** Kandidatur *f*
namzet mirasçı *s* JUR Nacherbe, -erbin *m, f*
nan [na:n] *s s.* **ekmek** Brot *nt*
nanay *adj* (*fam*) futsch, futschikato; **bende para ~** mein Geld ist futsch; **paralar ~** das ganze Geld ist futsch [*o* futschikato]
nane [na:ne] *s ohne pl* ❶ BOT (*Mentha*) Minze *f;* (*Mentha piperita*) Pfefferminze *f* ❷ (*fig fam*) **~yi yemek** im Eimer sein; (*uygunsuz bir iş yapmak*) Scheiß bauen **nane likörü** *s* Pfefferminzlikör *m*
nanemolla *adj* ❶ (*güçsüz*) schlaff, träge ❷ (*işten kaçınan*) arbeitsscheu; (*üşengeç*) bequem, träge ❸ (*çabuk hastalanan*) kränklich
nane ruhu *s ohne pl* Pfefferminzöl *nt* **nane şekeri** *s* Pfefferminzbonbon *nt*
nanikleme *s Verbalsubstantiv zu* **naniklemek**
naniklemek *vt* **birini ~** jdm eine lange Nase machen
nankör *adj* undankbar
nankörlük <-ğü> *s* ❶ Undank *m;* **~ görmek** Undank ernten ❷ (*davranış*) Undankbarkeit *f*
nanoteknoloji *s ohne pl* Nanotechnologie *f*
napalm® *s ohne pl* CHEM Napalm *nt* **napalm bombası** *s* Napalmbombe *f*
Napoli *s* Neapel *nt*
nar *s* BOT Granatapfel *m*
nara [na:ra] *s* ❶ Gebrüll *m;* (*bağırma*) Geschrei *m;* **~ atmak** brüllen ❷ (*pej*) **~ atmak** grölen
nar ağacı *s* BOT Granatapfelbaum *m* **nar balinası** *s s.* **narval**
narcil *s s.* **Hindistan cevizi** Kokosnuss *f*
narenc *s s.* **turunç** Pomeranze *f,* Bitterorange *f*
narenciye *pl* BOT (*turunçgiller*) Zitrusfrüchte *pl*
nargile *s* Wasserpfeife *f* **nargile tütünü** *s* Wasserpfeifentabak *m*
narh *s* WIRTSCH Preisbindung *f*
nârıbeyza [na:'--za:] *s ohne pl s.* **akkor** Weißglut *f*
narin [na:rin] *adj* ❶ (*ince yapılı*) zierlich, fein ❷ (*ince*) schlank
narkotik **I.** *s* <-ği> Narkotikum *nt,* Narkosemittel *nt;* (*uyuşturucu*) Betäubungsmittel *nt,* Rauschgift *nt* **II.** *adj* <-ği> narkotisch **narkotik büro** *s* Rauschgiftdezernat *nt*
narkotizm *s ohne pl* Narkotismus *m*
narkoz *s* MED Narkose *f;* **~ vermek** eine Narkose geben; **bir hastaya ~ vermek** einen Patienten narkotisieren
narkozcu *s,* **narkozitör** *s* MED Narkosearzt, -ärztin *m, f;* (*anestezist*) Anästhesist(in) *m(f)*
narsis *adj s.* **narsist**
narsisizm *s ohne pl* Narzissmus *m;* (*özseverlik*) Selbstliebe *f*
narsist *adj* narzisstisch
narval <-li> *s* ZOOL Narwal *m*
nas <-ssı> *s s.* **dogma** Dogma *nt*
nasbetme <-der> *s* ❶ *Verbalsubstantiv zu* **nasbetmek** ❷ Ernennung *f,* Berufung *f*
nasbetmek *vt s.* **atamak** ernennen (**-e** zu), einsetzen (**-e** in), berufen
nası ızrar *s* JUR Sachbeschädigung *f*
nasıl **I.** *adj* **~ bir kâğıt istiyorsunuz?** was

für eine Karte möchten Sie?; ~ **kızdır? — melek gibi** was ist das für ein Mädchen? — ein Engel **II.** *adv* ❶ wie; ~ **geldiniz?** wie sind Sie gekommen?; ~ **olur?** wie kann das sein?; ~ **olursa olsun** (*fam*) egal wie; ~**sın?** wie geht's?, wie geht es dir?; ~**sınız?** wie geht es Ihnen?; **bunu ~ becerdiğimi bir ben bilirim** nur ich weiß, wie ich das hinbekommen [*o* geschafft] habe ❷ (*gördün mü*) **~, yaptım işte!** siehst du, ich habe es doch gemacht! ❸ ~ **olmuşsa** wie dem auch sei **III.** *interj* ❶ (*ne dediniz*) **~?** wie (bitte)? ❷ (*iyi mi*) nun; **~, iyi oldu mu?** nun, ist das so gut (geworden)?

nasılsa *adv* ❶ (*herhangi bir sebeple*) aus irgendeinem Grund, irgendwie ❷ (*kuşkusuz*) zweifelsohne; (*elbette*) sicherlich; (*er geç*) früher oder später, sowieso

nasır *s* ❶ Schwiele *f*, Hornhaut *f*; ~ **bağlamak** [*o* **tutmak**] Schwielen bekommen, verhornen ❷ Hühnerauge *nt*

Nasıra *s* Nazareth *nt*

nasırlanma *s* ❶ *Verbalsubstantiv zu* **nasırlanmak** ❷ Verhornung *f*

nasırlanmak *vi* verhornen

nasırlaşma *s* ❶ *Verbalsubstantiv zu* **nasırlaşmak** ❷ Verhornung *f*

nasırlaşmak *vi* ❶ verhornen ❷ (*fig: duyarlığını yitirmek*) abstumpfen, gleichgültig werden

nasırlı *adj* hornig; (*eller*) schwielig; ~ **elleri olmak** schwielige Hände haben; **elleri ~ olmak** Schwielen an den Händen haben

nasibi *s poss von* **nasip**

nasihat <-ti> *s s.* **öğüt** Rat *m*, Ratschlag *m*; **baba ~i** väterliche(r) Rat; **bir musibet bin ~ten yeğdir** (*prov*) durch Schaden wird man klug

nasihatçi *s s.* **öğütçü** Ratgeber(in) *m(f)*

nasip <-bi> *s* ❶ Anteil *m*; **birine bir şeyi ~ etmek** jdm etw zuteilwerden lassen; **birine bir şey ~ olmak** jdm wird etw zuteil ❷ (*kısmet, baht*) Los *nt*, Schicksal *nt* ❸ (*günlük kazanç*) Tagesverdienst *m*, Tageslohn *m*

nasir [na:-] *s* LIT (*nesir ustası*) Prosaist(in) *m(f)*

Nasranî *s* Nazarener *m*

Nasranîlik <-ği> *s ohne pl* (*Hristiyanlık*) Christentum *nt*

nasyonalist **I.** *s* Nationalist(in) *m(f)* **II.** *adj* nationalistisch

nasyonalizm *s ohne pl* Nationalismus *m*

nasyonal sosyalist **I.** *s* Nationalsozialist(in) *m(f)* **II.** *adj* nationalsozialistisch

nasyonal sosyalizm *s ohne pl* Nationalsozialismus *m*

naşi [na:ʃi:] *part s.* **ötürü** wegen (**-den**)

naşir [na:ʃir] *s* Herausgeber(in) *m(f)*

nativizm *s ohne pl* PSYCH (*doğuştancılık*) Nativismus *m*

natron *s ohne pl* CHEM Natron *nt*

natura *s* ❶ Naturell *nt* ❷ Konstitution *f*; **hastanın ~sı** die Konstitution des Patienten

natür *s* Natur *f*; *s. a.* **doğa, tabiat**

natüralist **I.** *s* Naturalist(in) *m(f)* **II.** *adj* naturalistisch

natüralizm *s ohne pl* Naturalismus *m*

natürel *adj* natürlich, naturell

natürist **I.** *s* (*doğacı*) Naturist(in) *m(f)*, Anhänger(in) der Freikörperkultur **II.** *adj* naturistisch

natürizm *s* (*doğacılık*) Freikörperkultur *f*

natürmort <-du> *s* KUNST Stillleben *nt*

navçağan *s* BOT Stechapfel *m*

navlun *s* NAUT Fracht *f*

naylon **I.** *s* Nylon *nt* **II.** *adj* (*fig*) fingiert, Schein- **naylon çorap** <-bı> *s* Nylonstrumpf *m* **naylon torba** *s* Plastiktüte *f*

naz *s* ❶ Ziererei *f*; ~ **etmek** sich zieren; (**kendini**) ~**a çekmek** sich zieren ❷ (*cilve*) Laune *f*; ~**ına katlanmak** seine [*o* ihre] Launen ertragen

nazal *adj* LING (*genizsil*) nasal

nazar *s* ❶ (*bakış*) Blick *m* ❷ (*görüş*) Ansicht *f*, Auffassung *f*; **bir şeye/kimseye ... ~ıyla bakmak** etw/jdn als ... ansehen ❸ böse(r) Blick; ~ **değmek** durch den bösen Blick behext werden

nazaran *adv* (*göre*) nach, gemäß; (*oranla*) im Verhältnis zu; (*kıyasla*) im Vergleich zu; **buna ~** demzufolge, demnach

nazarıdikkat <-ti> *s* Aufmerksamkeit *f*; **birinin ~ini çekmek** jds Aufmerksamkeit auf sich ziehen

nazarıitibar *s* Rücksicht *f*; **bir şeyi ~a almak** auf etw Rücksicht nehmen, etw berücksichtigen

nazari [nazari:] *adj s.* **kuramsal** theoretisch

nazariyat *pl s.* **kuramlar** Theorien *pl*

nazariyatçı *s s.* **kuramcı** Theoretiker(in) *m(f)*

nazariye *s* ❶ *s.* **kuram** Theorie *f* ❷ *s.* **öğreti** Lehre *f*

nazariyeci *s s.* **kuramcı** Theoretiker(in) *m(f)*

nazarlık <-ğı> *s* Talisman *m* (*irgendetwas, das gegen den bösen Blick schützen soll*)

nazım <-zmı> *s* LIT Dichtung *f*; (*şiir*) Gedicht *nt*

nazır [na:-] **I.** *s s.* **bakan** Minister(in) *m(f)* **II.** *adj* **denize ~ bir oda** ein Zimmer mit

Blick auf das Meer

Nazi I. *s* Nazi *m* II. *adj* nazistisch

nazik <-ği> [na:zik] *adj* ❶ höflich ❷ (*ince yapılı*) zierlich; (*narin*) fein ❸ (*kırılabilen*) zerbrechlich ❹ (*kritik*) delikat, heikel; **bu ~ bir iş** das ist eine delikate Angelegenheit

nazlanma *s* ❶ *Verbalsubstantiv zu* **nazlanmak** ❷ Ziererei *f*

nazlanmak *vi* sich zieren

nazmı *s poss von* **nazım**

ne[1] *Name des 17. Buchstaben des türk. Alphabets;* **Nigde'nin ~'si** N wie Nordpol

ne[2] *pron* ❶ was; **~ de olsa** immerhin; **~ derece** wie; **~ derse desin** ganz gleich, was er sagt; **~ oldu (ki)?** was ist (denn) passiert?; **~ olursa olsun** (*fam*) egal was (passiert); **~ pahasına olursa olsun** koste es, was es wolle, um jeden Preis; **~ var?** was gibt's?; **~ var ki** (je)doch; (*lakin*) jedoch; **~ var ne yok? — iyilik sağlık!** (*fam*) wie geht's, wie steht's? — danke, bestens!; **~ yapmalı ki?** was soll man denn machen?; **bundan bana ~?** was geht mich das an?; **bundan kolay ~ var ki!** nichts leichter als das!; **sana ~!** was geht dich das an! ❷ was für; **~ komik/paskal adam!** was für ein komischer/ulkiger Mensch! ❸ wie; **~ dereceye kadar** inwiefern, inwieweit; **~ güzel/yazık!** wie schön/schade!; **~ kadar haklısın** wie sehr du Recht hast; **~ kadar paran var?** wie viel Geld hast du?; **adı ~ olursa olsun** wie er auch heißen mag; **adın ~?** wie heißt du?; **bu Almancada/Türkçede ~ demek?** wie heißt das auf Deutsch/Türkisch? ❹ weder; **~ ... ~** weder ... noch; **~ biri ~ öteki** weder der eine noch der andere ❺ **~ gezer!** (*fam*) i wo!; **burada böyle şeyler ~ gezer** (*bulunmaz*) hier gibt es solche Sachen nicht; **~ mümkün** (*imkânsız*) es ist unmöglich; **~ olur, ~ olmaz** (*her ihtimale karşı*) für alle Fälle; **~ olur(sun), bunu yapma!** ich flehe dich an, tu [*o* mach] das nicht!; **~ olursunuz, bunu yapmayın!** ich flehe Sie an, tun [*o* machen] Sie das nicht! ❻ **~ kadar** wie; (*kaç*) wie viel; **bu ~ kadar ediyor?** wie viel macht das?; **~ kadar erken gelirsen ...** je eher du kommst, ...; **~ kadar erken olursa o kadar iyi olur** je eher, desto besser ❼ **~ var, ~ yok** alles, was es gibt; **~ var, ~ yok?** wie geht's, wie steht's? ❽ **~si var ~si yok** alles, was er hat; **bunun ~si güzel?** was ist schön daran?; **onun ~si oluyorsunuz?** wie sind Sie mit ihm verwandt?

nebat *s s.* **bitki** Pflanze *f*

nebatat *s* ❶ (*bitkiler*) Pflanzen *pl* ❷ (*botanik*) Botanik *f;* **~ bahçesi** botanischer Garten

nebatî *adj s.* **bitkisel** pflanzlich; **~ yağlar** pflanzliche Öle

nebi *s* (*peygamber*) Prophet *m;* **Nuh ~den kalma** vorsintflutlich; (*modası çoktan geçmiş olan*) altertümlich

nebze *s* ❶ Hauch *m,* Anflug *m;* (*bir parçacık*) Quäntchen *nt* ❷ (*kısa bir süre*) **bir ~ beni dinle!** hör mir mal zu!

nece *adv* **bu adam ~ konuşuyor?** welche [*o* was für eine] Sprache spricht dieser Mann?; **bu yazı ~?** in welcher Sprache ist diese Schrift?

Necef taşı *s* GEO, MIN Bergkristall *m*

neci *s ohne pl* **bu adam ~?** was macht dieser Mann?

nedamet *s ohne pl s.* **pişmanlık** Reue *f;* **~ duymak** Reue empfinden

nedbe *s s.* **yara izi** Narbe *f*

neden I. *s* ❶ (*sebep*) Grund *m* ❷ *a.* PHILOS (*sebep, illet*) Ursache *f;* **bir şeye ~ olmak** etw verursachen II. *adv* ❶ (*niçin*) warum, weshalb; **~ ki/olmasın?** warum denn/nicht?; **~ olmasın ki?** warum denn nicht? ❷ wovon; **~ bahsediyorsun?** wovon redest du? **neden bilimi** *s ohne pl* PHILOS, MED (*etiyoloji*) Ätiologie *f*

nedeniyle *adv* wegen, aufgrund; **kötü hava ~** aufgrund schlechten Wetters, wegen des schlechten Wetters

nedenli *adj* begründet

nedenli nedensiz *adv* unbegründet, ohne (einen ersichtlichen) Grund

nedense *adv* irgendwie, warum auch immer

nedensel *adj* PHILOS ursächlich, kausal

nedensellik <-ği> *s* PHILOS Kausalität *f,* Ursächlichkeit *f* **nedensellik ilkesi** *s* Kausalitätsprinzip *nt,* Kausal(itäts)gesetz *nt*

nedensiz *adj* grundlos

neden sonra *adv* ❶ (*aradan bir hayli zaman geçince*) **~ ismini öğrenmek** es dauerte eine geraume Zeit, bis sie seinen Namen erfuhren ❷ (*aradan bir süre geçince*) **~ geri geldi** es dauerte eine geraume Weile, bis er zurückkam **neden tanrıcı** *s* REL, PHILOS (*deist*) Deist(in) *m(f)* **neden tanrıcılık** <-ğı> *s ohne pl* REL, PHILOS (*deizm*) Deismus *m*

nedim *s* ❶ Vertraute(r) *m* ❷ HIST Hofnarr *m*

nedime *s* ❶ Vertraute *f* ❷ HIST Hofdame *f*

nef *s* ARCH (*kilisede*) Schiff *nt*

nefer *s* Soldat *m*

nefes *s* ❶ (*soluk*) Atem *m;* **birine ~ aldırmamak** jdn nicht zur Ruhe kommen lassen; **~ almak** (*soluk almak*) einatmen, Atem holen; (*dinlenmek*) eine Atempause einlegen; (*ferahlamak*) durchatmen;

N

~ **etmek** (mit Zauberworten) besprechen (**-e**); ~ **vermek** ausatmen; **~ini tutmak** den Atem anhalten; **derin bir ~ almak** einmal tief (ein)atmen, aufatmen ❷ Atemzug *m;* **bir ~te** in einem Atemzug; **son ~ine kadar** bis zum letzten Atemzug; **son ~ini vermek** den letzten Atemzug tun ❸ (*sigarada*) Zug *m;* ~ **çekmek** ziehen (**-den** an) **nefes borusu** *s s.* **soluk borusu** ANAT Luftröhre *f* **nefes darlığı** *s ohne pl* MED Atembeklemmung *f,* Atemnot *f*
nefes kesici *adj* atemberaubend
nefesleme *s* ❶ *Verbalsubstantiv zu* **nefeslemek** ❷ Besprechung *f*
nefeslemek *vt* ❶ anhauchen; (*üflemek*) anblasen ❷ (*okuyup üflemek*) (mit Zauberworten) besprechen
nefeslenme *s* ❶ *Verbalsubstantiv zu* **nefeslenmek** ❷ Atempause *f*
nefeslenmek *vi* ❶ eine Atempause machen; **burada biraz nefeslendi** hier [*o* an dieser Stelle] machte er eine kurze Atempause ❷ wieder zu Atem kommen
nefesli çalgı *s s.* **üflemeli çalgı** MUS Blasinstrument *nt*
nefes nefese *adv* atemlos, außer Atem; ~ **kalmak/olmak** außer Atem kommen [*o* geraten]/sein
nefha *s s.* **esinti** Brise *f*
nefis[1] <-fsi> *s* Selbst *nt;* **nefsine düşkün** selbstsüchtig; **yalnız nefsini düşünmek** nur an sich selbst denken; **nefsini körletmek/yatıştırmak** (*fig fam*) sich die Hörner abstoßen
nefis[2] *adj* ❶ herrlich; ~ **bir vuruş** SPORT ein herrlicher Schuss ❷ (*yemek*) köstlich; **yemek ~ti** das Essen war köstlich
nefis mücadelesi *s* Selbsterhaltungstrieb *m* **nefis müdafaası** *s s.* **nefsi müdafaa**
nefiy <-fyi> *s* ❶ (*sürgüne gönderme*) Verbannung *f,* Deportation *f* ❷ LING (*olumsuz kılma*) Negation *f,* Verneinung *f*
nefret *s ohne pl* Hass *m;* **birinden ~ etmek** Hass auf jdn haben, jdn hassen; ~ **uyandırmak** einen Hass entfachen
nefrit *s* MED Nephritis *f;* (*böbrek iltihabı*) Nierenentzündung *f*
nefsi *s poss von* **nefis**[1]
nefsi müdafaa *s* Selbstverteidigung *f*
neft *s* MED Naphtha *nt*
neftî *adj* dunkelgrün
nefyetme *s Verbalsubstantiv zu* **nefyetmek**
nefyetmek *vt* ❶ (*sürgüne göndermek*) verbannen, deportieren ❷ LING (*olumsuz kılmak*) negieren, verneinen
nefyi *s poss von* **nefiy**
nehir <-hri> *s s.* **ırmak** Fluss *m*
nehri *s poss von* **nehir**
nekahet *s ohne pl* MED Rekonvaleszenz *f,* Genesung *f*
nekes *adj s.* **cimri** geizig, knauserig
nekeslik <-ği> *s ohne pl* Geiz *m*
nektar *s* Nektar *m*
nem *s ohne pl* Feuchtigkeit *f;* **bağıl ~** METEO relative Feuchtigkeit
nema *s* ❶ (*büyüme*) Wachstum *nt;* (*çoğalma*) Mehrung *f,* Zunahme *f* ❷ WIRTSCH (*ürem*) Ertrag *m*
nemalandırma *s Verbalsubstantiv zu* **nemalandırmak**
nemalandırmak *vt* mehren, wachsen lassen, zunehmen lassen
nemalanma *s Verbalsubstantiv zu* **nemalanmak**
nemalanmak *vi* ❶ (*çoğalmak*) anwachsen, zunehmen, sich mehren ❷ (*fig: beslenmek*) sich ernähren
nemcil *adj* BIOL (*hidrofil*) hydrophil
Nemçe *s* HIST ❶ (*Avusturya*) Österreich *nt* ❷ (*Avusturyalı*) Österreicher(in) *m(f)*
nemçeker **I.** *s* METEO (*higroskop*) Hygroskop *nt* **II.** *adj* CHEM (*higroskopik*) hygroskopisch
nemdenetir *s* PHYS (*higrostat*) Hygrostat *m*
nem derecesi *s* Feuchtigkeitsgrad *m,* Feuchtigkeitsgehalt *m*
neme lazımcı *adj* gleichgültig
neme lazımcılık <-ğı> *s ohne pl* Gleichgültigkeit *f* **neme yönelim** *s ohne pl* BIOL Hygrotropismus *m*
nemf *s* ZOOL Puppe *f*
nemlendirici **I.** *s* Luftbefeuchter *m* **II.** *adj* befeuchtend, Feuchtigkeits- **nemlendirici krem** *s* Feuchtigkeitscreme *f* **nemlendirici losyon** *s* Feuchtigkeitslotion *f*
nemlendirme *s* ❶ *Verbalsubstantiv zu* **nemlendirmek** ❷ Befeuchtung *f*
nemlendirmek *vt* befeuchten
nemlenme *s Verbalsubstantiv zu* **nemlenmek**
nemlenmek *vi* feucht werden
nemli *adj* feucht; **gözleri ~ydi** ihre Augen waren feucht
nemlilik <-ği> *s ohne pl* Feuchtigkeit *f*
nemlilik derecesi *s ohne pl* Feuchtigkeitsgrad *m,* Feuchtigkeitsgehalt *m*
nemölçer *s* Feuchtigkeitsmesser *m*
nene *s* REG ❶ (*anne*) Mutter *f* ❷ (*büyük anne*) Großmutter *f;* (*nine*) Oma *f*
neodim *s ohne pl* CHEM Neodym *nt*
neofaşizm *s ohne pl* Neofaschismus *m*
neojen *s ohne pl* GEO Neogen *nt*
neolitik *adj* GEO neolithisch
neolojizm *s* LING Neologismus *m*

neon *s ohne pl* CHEM Neon *nt*
neonazi *s* Neonazi *m*
neon lambası *s* Neonlampe *f* **neon tüpü** *s* Neonröhre *f*
neoplâzma *s* MED Neoplasma *nt*
neozoik *adj* GEO neozoisch
Nepal <-li> *s* Nepal *nt*
Nepalli **I.** *s* Nepalese, Nepalesin *m, f* **II.** *adj* nepalesisch
nepotizm *s ohne pl* Nepotismus *m,* Vetternwirtschaft *f*
Neptün *s ohne pl* ASTRON Neptun *m*
Neptünyum *s ohne pl* CHEM Neptunium *nt*
nerde *adv s.* **nerede** wo
nerden *adv s.* **nereden** woher
nerdeyse *adv s.* **neredeyse** beinahe; (*hemen hemen*) nahezu, fast
nerede *adv* wo; ~ **olursa olsun** wo auch immer; ~ **hareket, orada bereket** (*prov*) sich regen bringt Segen
nereden *adv* woher; ~ **nereye** das ist weit hergeholt
neredeyse *adv* ❶ gleich; ~ **burada olur** er wird gleich hier sein; ~ **saat sekiz** es ist gleich acht (Uhr) ❷ beinahe, fast; ~ **treni kaçıracaktı** er hätte beinahe den Zug verpasst; **boyu ~ iki metre** er ist fast zwei Meter groß
neresi **I.** *pron* **bunun ~ güzel?** was ist daran schön? **II.** *adv* wo; **ilkokul ~?** wo ist die Grundschule?
nereye *adv* wohin; ~ **bakarsan bak/gidersen git** wohin man auch sieht/geht
nergis *s* BOT Narzisse *f*
nergisgiller *pl* BOT Narzissengewächse *pl*
nergis zambağı *s* BOT Amaryllis *f*
nervür *s a.* ARCH Rippe *f*
nervürlü *adj a.* ARCH gerippt
nesci *s poss von* **nesiç**
nesebi gayrisahih *adj* JUR (*çocuk*) nicht ehelich **nesebi sahih** *adj* JUR (*çocuk*) ehelich
nesiç <-sci> *s s.* **doku** Gewebe *nt*
nesil <-sli> *s* ❶ (*kuşak*) Generation *f* ❷ (*döl, soy*) Geschlecht *nt;* **nesli tükenmek** aussterben; **nesli tükenmeye yüz tutmuş bir tür** eine vom Aussterben bedrohte Art
nesim *s s.* **esinti** Brise *f*
nesir <-sri> *s ohne pl* LIT (*düz yazı*) Prosa *f* **nesir ustası** *s,* **nesir yazarı** *s* LIT Prosaist(in) *m(f)*
neskafe® *s* Nescafé® *m;* (*hazır kahve*) Instantkaffee *m*
nesli *s poss von* **nesil**
nesne *s* ❶ (*şey*) Sache; (*obje*) Objekt *nt,* Gegenstand *m* ❷ LING Objekt *nt*
nesnel *adj* ❶ gegenständlich, objektiv ❷ sachlich ❸ *a.* PHILOS (*objektif*) objektiv
nesnelci **I.** *s* PHILOS Objektivist(in) *m(f)* **II.** *adj* PHILOS objektivistisch
nesnelcilik <-ği> *s ohne pl* PHILOS (*objektivizm*) Objektivismus *m*
nesnellik <-ği> *s ohne pl* Sachlichkeit *f*
nesri *s poss von* **nesir**
Nesturî *s* REL Nestorianer(in) *m(f)*
neşe *s ohne pl* Fröhlichkeit *f*
neşelendirme *s* ❶ *Verbalsubstantiv zu* **neşelendirmek** ❷ Aufheiterung *f,* Aufmunterung *f*
neşelendirmek *vt* aufheitern, aufmuntern, fröhlich machen
neşeli *adj* fröhlich, heiter; (*keyifli*) gut gelaunt; (*şen*) lustig
neşesiz *adj* (*keyifsiz*) schlecht gelaunt; (*üzgün*) traurig
neşet *s* Entstehung *f;* ~ **etmek** entstehen
neşetli *adj* **kendisi 1940 yılı ~si** er ist Jahrgang 1940
neşir <-şri> *s* ❶ (*yayım*) Publikation *f,* Veröffentlichung *f* ❷ (*yayma*) Verbreitung *f*
neşredilme *s* ❶ *Verbalsubstantiv zu* **neşredilmek** ❷ Publikation *f,* Veröffentlichung *f*
neşredilmek *vi pass von* **neşretmek** veröffentlicht werden
neşretme *s* ❶ *Verbalsubstantiv zu* **neşretmek** ❷ Publikation *f,* Veröffentlichung *f*
neşretmek *vt* ❶ (*yayımlamak*) publizieren, veröffentlichen ❷ (*yaymak*) verbreiten
neşri *s poss von* **neşir**
neşriyat *s s.* **yayın** Publikation *f,* Veröffentlichung *f*
neşrolunma *s* ❶ *Verbalsubstantiv zu* **neşrolunmak** ❷ Publikation *f,* Veröffentlichung *f*
neşrolunmak *vi s.* **yayımlanmak** veröffentlicht werden
neşter *s* MED Lanzette *f* **neşter balığı** *s* ZOOL Lanzettfisch *m*
net **I.** *adj* ❶ klar; ~ **bir ses** eine klare Stimme; **bir şeyi ~ görememek** etw nicht klar sehen können ❷ (*safi*) Netto- **II.** *adv* netto
netameli [neta:meli] *adj* ❶ ominös, unheilvoll ❷ vom Pech verfolgt; ~ **çocuktur** er ist ein Pechvogel
netekim *adv s.* **nitekim**
netice *s s.* **sonuç** Ergebnis *nt;* ~ **itibarıyla** im Endeffekt, letzten Endes, letztlich
neticelendirme *s* ❶ *Verbalsubstantiv zu* **neticelendirmek** ❷ Beendung *f,* Beendigung *f*
neticelendirmek *vt s.* **sonuçlandırmak** zu einem Ergebnis führen, ein Ergebnis erzielen, zum Abschluss bringen; (*bitir-*

N

mek) abschließen, beenden, beendigen
neticesiz *adj* ergebnislos
neticesizlik <-ği> *s ohne pl* Ergebnislosigkeit *f*
neticeten *adv* (*sonuç olarak*) im Endeffekt, letzten Endes, letztlich
netleşme *s ohne pl Verbalsubstantiv zu* **netleşmek**
netleşmek *vi* klarer werden
netleştirme *s ohne pl* ❶ *Verbalsubstantiv zu* **netleştirmek** ❷ Verdeutlichung *f*
netleştirmek *vt* verdeutlichen, klarer machen
netlik <-ği> *s ohne pl* ❶ Klarheit *f* ❷ Schärfe *f*
net ücret *s* WIRTSCH Nettolohn *m*
nev *s,* **nevi** *s* (*tür*) Art *f;* (*çeşit*) Sorte *f;* (*cins*) Gattung *f;* **~i şahsına münhasır** von eigener Art; **aynı ~iden şeyler** Sachen von gleicher Art; **bu ~i** derartig
nevale [neva:le] *s* **~yi düzmek** für Essen und Trinken sorgen; (*sofrayı hazırlamak*) den Tisch decken
nevir <-vri> *s* REG (*yüzün rengi*) Gesichtsfarbe *f;* **nevri dönmek** sich sehr aufregen
nevrasteni *s* Neurasthenie *f*
nevresim *s* Bettbezug *m*
nevri *s poss von* **nevir**
nevroloji *s ohne pl* MED (*nöroloji*) Neurologie *f*
nevropat **I.** *adj* PSYCH neuropathisch; (*sinir hastası*) nervenkrank **II.** *s* (*sinir hastası*) Nervenkranke(r) *f(m)*
nevroz *s* MED, PSYCH (*sinirce*) Neurose *f*
Nevruz Bayramı *s* Frühlingsfest *nt* (*am 21. März*)
nevruz otu *s* BOT Leinkraut *nt,* Flachskraut *nt*
nevton *s* PHYS Newton *nt*
nevzat *s* Neugeborene(s) *nt*
neyse *s* MUS Rohrflöte *f*
neyse *konj* ❶ (*önemi yok*) macht nichts ❷ (*çok şükür*) erfreulicherweise, glücklicherweise ❸ (*her ne ise*) wie dem auch sein mag
nezaket [neza:ket] *s* ❶ Höflichkeit *f;* **birine (aşırı) ~ göstermek** jdn mit (übertriebener) Höflichkeit behandeln ❷ (*fig*) **~ kesp etmek** heikel [*o* delikat] werden [*o* knifflig]
nezaketen *adv* höflichkeitshalber, aus Höflichkeit
nezaketsiz *adj* unhöflich
nezaketsizlik <-ği> *s* Unhöflichkeit *f;* **~ olmasın diye ...** damit es nicht unhöflich ist, ...
ne zaman *adv* wann; **~ istersen** wann du willst; **~ olursa olsun** wann (auch) immer; **~a kadar?** bis wann?; **~dan ~a?** von wann bis wann?; **~dan beri?** seit wann?; **~dan itibaren?** ab wann?
nezaret[1] *s ohne pl s.* **gözaltı** Gewahrsam *m*
nezaret[2] *s* HIST (*bakanlık*) Ministerium *nt*
nez'etme *s ohne pl* ❶ *Verbalsubstantiv zu* **nez'etmek** ❷ Wegnahme *f,* Entziehung *f*
nez'etmek *vt* wegnehmen, entziehen
nezfi *s poss von* **nezif**
nez hâli *s s.* **ölüm hâli** Todesfall *m*
nezif <-zfi> *s s.* **kanama** Blutung *f*
nezih [nezi:h] *adj* gesittet
nezir <-zri> *s s.* **adak** Gelübde *nt;* **bir nezri yerine getirmek** ein Gelübde erfüllen
nezle *s* Schnupfen *m;* **~ kapmak** Schnupfen bekommen; **~si olmak** Schnupfen haben
nezleli *adj* verschnupft
nezri *s poss von* **nezir**
nıkris *s* MED (*gut*) Gicht *f*
nısfı *s poss von* **nısıf**
nısıf <-sfı> *s s.* **yarı, yarım** halb
nısıf kutur <-tru> *s s.* **yarıçap** Radius *m*
nışadır *s ohne pl* Salmiak *m* **nışadır kaymağı** *s ohne pl* CHEM (*amonyum karbonat*) Ammoniumcarbonat *nt* **nışadır ruhu** *s ohne pl* Salmiakgeist *m*
nice **I.** *adj* (*birçok*) viel, so viel **II.** *adv* ❶ (*kaç*) wie viele; (*ne kadar*) wie lange ❷ (*oldukça çok*) ziemlich viele ❸ (*nasıl*) wie ❹ (*uzun zamandan beri*) seit langem
nicel *adj* quantitativ; *s. a.* **nitel**
nicelik <-ği> *s* ❶ Quantität *f,* Gehalt *m* ❷ PHYS, MATH Größe *f;* **bilinmeyen/değişken ~** unbekannte/veränderliche Größe; **vektör niceliği** vektorielle Größe
niçin *adv* warum, weshalb, wieso; **~ (olmasın) ki?** wieso denn (nicht)?
nida [nida:] *s* ❶ Ruf *m;* (*çağırma*) Ausruf *m* ❷ LING (*ünlem*) Interjektion *f*
nifak [nifa:k] *s* Zwietracht *f;* (*anlaşmazlık*) Uneinigkeit *f;* (*geçimsizlik*) Zwist *m*
nihai [niha:i:] *adj* endgültig, End- **nihai karar** *s* JUR Endurteil *nt* **nihai tüketim** *s ohne pl* WIRTSCH Endverbrauch *m* **nihai ürün** *s* Endprodukt *nt*
nihayet [niha:-] **I.** *s* (*son*) Ende *nt,* Schluss *nt;* **bir şeye ~ vermek** (*bitirmek*) etw beenden; (*vaz geçmek*) mit etw aufhören [*o* Schluss machen] **II.** *adv* ❶ (*sonunda*) am Ende, endlich, schließlich; **en ~** letztendlich, letzten Endes ❷ bloß; (*-den başka bir şey değil*) nichts ander(e)s als; **ama bu, ~ bir nüktedir** aber das ist bloß ein Witz
nihayetinde *adv* am Ende, endlich, schließlich

nihayetlenme *s Verbalsubstantiv zu* **nihayetlenmek**
nihayetlenmek *vi* enden
nihayetsiz *adj* endlos, unendlich
nihayetsizlik <-ği> *s* Unendlichkeit *f*
nihilist **I.** *s* PHILOS (*hiççi*) Nihilist(in) *m(f)* **II.** *adj* nihilistisch
nihilizm <-ği> *s ohne pl* PHILOS (*hiççilik*) Nihilismus *m*
Nijerya **I.** *s* Nigeria *nt* **II.** *adj* nigerianisch; ~ **millî takımı** die nigerianische Nationalmannschaft; ~ **topraklarında** auf nigerianischem Boden
Nijeryalı **I.** *s* Nigerianer(in) *m(f)* **II.** *adj* nigerianisch; ~ **bir kadın** eine nigerianische Frau
nikâh *s* Trauung *f*, Eheschließung *f*; **imam ~ı** Trauung vor dem Imam; **medeni ~** standesamtliche Trauung
nikâhlama *s* ❶ *Verbalsubstantiv zu* **nikâhlamak** ❷ Trauung *f*, Eheschließung *f*
nikâhlamak *vt* trauen
nikâhlanma *s* ❶ *Verbalsubstantiv zu* **nikâhlanmak** ❷ Trauung *f*
nikâhlanmak *vi* ❶ *pass von* **nikâhlamak** getraut werden ❷ sich trauen lassen
nikâhlı *adj* angetraut
nikâh memuru *s* Standesbeamte(r) *f(m)*
nikâhsız *adj* unverheiratet; **biriyle ~ yaşamak** mit jdm in wilder Ehe leben
nikâh yüzüğü *s* Trauring *m*, Ehering *m*
nikap <-bı> [nika:p] *s s.* **peçe** Schleier *m*
Nikaragua **I.** *s* Nicaragua *nt* **II.** *adj* nicaraguanisch
Nikaragualı **I.** *s* Nicaraguaner(in) *m(f)* **II.** *adj* nicaraguanisch
nikbin **I.** *s* Optimist(in) *m(f)* **II.** *adj s.* **iyimser** optimistisch
nikbinlik <-ği> *s ohne pl s.* **iyimserlik** Optimismus *m*
nikel *s ohne pl* CHEM Nickel *nt*
nikelleme *s* ❶ *Verbalsubstantiv zu* **nikellemek** ❷ Vernick(e)lung *f*
nikellemek *vt* vernickeln
nikelli *adj* ❶ nickelhaltig ❷ (*nikelle kaplanmış*) vernickelt
nikotin *s ohne pl* Nikotin *nt*
nikotinsiz *adj* nikotinfrei
nikotin zehirlenmesi *s* Nikotinvergiftung *f*
nikris *s ohne pl* MED (*gut*) Gicht *f*
nilüfer *s* BOT Teichrose *f*, Wasserrose *f*
nimet [ni:met] *s ohne pl* ❶ Segen *m*; (*iyilik*) Wohltat *f* ❷ (*yiyecek içecek, özellikle ekmek*) das tägliche Brot; **kendini fasulye gibi ~ten saymak** (*fig fam*) das Gras wachsen hören, die Flöhe husten hören ❸ (*fig*) Glück *nt*
nine *s* Oma *f*; (*büyük anne*) Großmutter *f*
ninni *s* Schlaflied *nt*, Wiegenlied *nt*
nipel *s* TECH Nippel *m*
nirengi *s* Triangulation *f*; **bir şeyi ~ yoluyla çıkarmak** etw triangulieren
nirengi noktası *s* Triangulationspunkt *m*
Nis *s* Nizza *nt*
nisabı *s poss von* **nisap**
nisai [nisa:i:] *adj* gynäkologisch
nisaiye *s ohne pl s.* **jinekoloji** MED Gynäkologie *f*
nisaiyeci **I.** *s s.* **jinekolog** MED Gynäkologe, -login *m, f* **II.** *adj* gynäkologisch
nisan [ni:san] *s* April *m*; ~ **bir!** April, April!; *s. a.* **ağustos** **nisan balığı** *s*, **nisan bir şakası** *s* Aprilscherz *m*; **birine ~ yapmak** jdn in den April schicken **nisan havası** *s* Aprilwetter *nt*
nisan yağmuru *s* Aprilschauer *m*
nisap <-bı> [nisa:p] *s s.* **yeter sayı** Beschlussfähigkeit *f*
nispet **I.** *s* ❶ (*oran*) Verhältnis *nt*, Proportion *f* ❷ (*bağıntı*) Beziehung *f* ❸ (*fam*) Trotz *m* **II.** *adv* **bunu bana ~ yapıyor** das macht er mir zum Trotz
nispetçi *adj* trotzig
nispet eki *s* LING Relationssuffix *nt*
nispeten *adv* ❶ (*oranla*) verhältnismäßig, relativ; (*kıyaslayarak*) vergleichsweise; **bu, ~ az/çok** das ist vergleichsweise wenig/viel; **bu, ötekine ~ çok iyi** verglichen mit dem anderen ist das hier sehr schön ❷ relativ; (*oldukça*) ziemlich; **~ soğuk bir yaz** ein relativ kalter Sommer
nispetli *adj s.* **oranlı** proportional
nispetsizlik <-ği> *s s.* **oransızlık** Missverhältnis *nt*
niş *s* ARCH Nische *f*; (*duvarda*) Wandnische *f*
nişan *s* ❶ (*işaret*) Zeichen *nt*; MIL Abzeichen *nt*; (*belirti*) Anzeichen *nt* ❷ Auszeichnung *f*, Orden *m* ❸ (*nişanlanma*) Verlobung *f*; (*töreni*) Verlobung(sfeier) *f*; **bizi ~a çağırdılar** sie haben uns zur Verlobung eingeladen ❹ Ziel *nt*
nişancı *s* Schütze, Schützin *m, f*
nişangâh *s* ❶ Visier *nt*, Visiereinrichtung *f* ❷ (*hedef*) Ziel *nt*
nişan halkası *s* Verlobungsring *m*
nişanlama *s* ❶ *Verbalsubstantiv zu* **nişanlamak** ❷ Verlobung *f*
nişanlamak *vt* verloben (**-le** mit)
nişanlanma *s* ❶ *Verbalsubstantiv zu* **nişanlanmak** ❷ Verlobung *f*
nişanlanmak *vi* sich verloben (**-le** mit)
nişanlı **I.** *s* Verlobte(r) *f(m)* **II.** *adj* verlobt
nişanlılık <-ğı> *s* Verlobung *f*; **~ları iki ay sürdü** ihre Verlobung hielt zwei Monate
nişan yüzüğü *s* Verlobungsring *m*

nişasta *s ohne pl* Stärke *f;* GASTR Stärkemehl *nt*
nitekim *adv* ❶ (*hakikaten*) allerdings, in der Tat ❷ (*sonuç olarak*) im Endeffekt
nitel *adj* qualitativ; *s. a.* **nicel**
niteleme *s* ❶ *Verbalsubstantiv zu* **nitelemek** ❷ Bezeichnung *f,* Qualifizierung *f*
nitelemek *vt* ❶ bezeichnen, qualifizieren (**olarak** als) ❷ charakterisieren
nitelendirme *s* ❶ *Verbalsubstantiv zu* **nitelendirmek** ❷ Bezeichnung *f*
nitelendirmek *vt* bezeichnen, kennzeichnen
nitelik <-ği> *s* ❶ Beschaffenheit *f;* (*özellik*) Eigenschaft *f;* **üye olma niteliğini yitirmek** seine Eigenschaft als Mitglied verlieren ❷ (*kalite*) Qualität *f;* **~ ve nicelik** Qualität und Quantität
nitelikli işçi *s* Facharbeiter(in) *m(f)*
nitrat *s* CHEM Nitrat *nt*
nitrik asit <-di> *s ohne pl* CHEM (*kezzap*) Salpetersäure *f*
nitrogliserin *s ohne pl* CHEM Nitroglyzerin *nt,* Nitroglycerin *nt*
nitrojen *s ohne pl* CHEM (*azot*) Stickstoff *m*
nitroselülоz *s ohne pl* CHEM Cellulosennitrat *nt,* Nitrocellulose *f*
niyaz *s* Flehen *nt;* **~ etmek** flehen
niye *adv* warum; **~ doğrusunu söylemiyorsun?** warum sagst du nicht die Wahrheit?
niyet *s* ❶ Absicht *f,* Vorhaben *nt,* Vorsatz *m;* **bir şeye ~i olmak** etw vorhaben [*o* beabsichtigen]; **~in nedir?** was hat du vor? ❷ (*düşünce*) Gedanke *m*
niyetli *adj* ❶ (*iyi, kötü* ~) willig; **bir şey yapmaya ~ olmak** gewillt sein, etw zu tun ❷ REL (*oruçlu*) fastend, das Fastengebot befolgend; **bugün ~yim** heute faste ich
niza <-ı> [niza:] *s* Streit *m*
nizalı *adj* streitig
nizam [niza:m] *s* ❶ (*düzen*) Ordnung *f* ❷ (*kural*) Regel *f* ❸ GEO Formation *f;* **yanaşık ~** geschlossene Formation
nizamî [niza:mi:] *adj* ❶ ordnungsgemäß ❷ (*kurallara uygun olan*) regelrecht, regulär
nizamname [nizamna:me] *s s.* **tüzük** Verordnung *f*
Nobel armağanı *s,* **Nobel ödülü** *s* Nobelpreis *m*
nobran *adj* ungnädig; **öyle ~ olma!** sei nicht so ungnädig!
Noel *s* Weihnachten *nt* **Noel ağacı** *s* Weihnachtsbaum *m,* Christbaum *m* **Noel baba** *s* Weihnachtsmann *m,* (Sankt) Nikolaus *m*
nohut <-du> *s* BOT Kichererbse *f*
noksan *adj* (*eksik*) unvollständig, unvollkommen, fehlend, lückenhaft
nokta *s* ❶ *a.* LING, MATH Punkt *m;* **~ koymak** einen Punkt setzen ❷ (*yer*) Punkt *m,* Ort *m,* Stelle *f* ❸ (*nöbetçi bulunan yer*) Wache *f* ❹ **~ koymak** (*fig*) einen Punkt setzen [*o* machen]; **işin en önemli ~sı** der wichtigste Punkt der Sache
noktainazar *s* Gesichtspunkt *m,* Blickpunkt *m;* (*görüş*) Sicht *f;* (*görüş açısı*) Blickwinkel *m*
noktalama *s ohne pl* ❶ *Verbalsubstantiv zu* **noktalamak** ❷ Interpunktion *f,* Zeichensetzung *f;* **~sını (iyi) bilmiyor** er kann nicht (gut) interpunktieren **noktalama işareti** *s* LING Satzzeichen *nt,* Interpunktionszeichen *nt*
noktalamak *vt* ❶ (*nokta koymak*) einen Punkt setzen, punktieren, mit Punkten versehen ❷ (*metni*) interpunktieren ❸ (*fig: sona erdirmek*) **bir şeyi ~** einen Schlusspunkt unter [*o* hinter] etw setzen
noktalanma *s ohne pl* ❶ *Verbalsubstantiv zu* **noktalanmak** ❷ Interpunktion *f*
noktalanmak *vi* ❶ *pass von* **noktalamak** ❷ (*fig: sona ermek*) ein Ende finden
noktalı *adj* gepunktet **noktalı virgül** *s* Strichpunkt *m,* Semikolon *nt*
noktası noktasına *adv* Punkt für Punkt
nominal <-li> [nominãl] *adj* nominal
nominal değer *s* WIRTSCH Nominalwert *m,* Nennwert *m*
nominalizm *s ohne pl* PHILOS Nominalismus *m*
nominatif *s* LING Nominativ *m;* (*yalın durum*) Werfall *m*
nomografi *s ohne pl* Nomografie *f*
nonfigüratif *adj* KUNST (*betisiz*) nonfigurativ, abstrakt
nonoş **I.** *s* ❶ (*fam*) **~um** meine Süße ❷ (*sl*) Tunte *f* **II.** *adj* ❶ (*fam*) **ne ~ bir bebek/çocuk!** was für ein süßes Baby/Kind! ❷ (*sl*) tuntig
norm *s* Norm *f*
normal **I.** *s* <-i> *ohne pl* ❶ Normalität *f;* **~e dönmek** zur Normalität zurückkehren ❷ MATH Normale *f* **II.** *adj* <-li> normal
normalleşme *s* ❶ *Verbalsubstantiv zu* **normalleşmek** ❷ Normalisierung *f*
normalleşmek *vi* sich normalisieren
normalleştirme *s* ❶ *Verbalsubstantiv zu* **normalleştirmek** ❷ Normalisierung *f*
normalleştirmek *vt* normalisieren
normallik <-ği> *s ohne pl* Normalität *f*
normalüstü *adj* außergewöhnlich
normatif *adj* normativ
Norveç **I.** *s* Norwegen *nt* **II.** *adj* norwegisch; **~ dili/hükûmeti** die norwegische

Sprache/Regierung

Norveççe *s* Norwegisch *nt;* **~den Almancaya/Türkçeye** aus dem Norwegischen ins Deutsche/Türkische; **Hasan ~ bilir/konuşur** Hasan kann/spricht Norwegisch

Norveçli I. *s* Norweger(in) *m(f)* **II.** *adj* norwegisch; **~ erkekler/kadınlar** norwegische Männer/Frauen

nostalji *s ohne pl* Nostalgie *f*

nostaljik *adj* nostalgisch

nosyon *s* PHILOS (*kavram*) Begriff *m*

not *s* ❶ Notiz *f;* **~ almak** Notizen machen; **~ etmek** notieren; **~ tutmak** mitschreiben ❷ SCHULE Note *f,* Zensur *f;* **birine iyi/kötü ~ vermek** jdn gut/schlecht benoten ❸ Anmerkung *f;* **~ düşmek** anmerken

nota *s* ❶ MUS Note *f;* **~dan çalmak** nach Noten spielen ❷ POL Note *f;* **diplomatik ~** diplomatische Note

noter *s* JUR Notar(in) *m(f)*

noterlik <-ği> *s* JUR Notariat *nt*

nova *s* ASTRON Nova *f*

nöbet *s* ❶ (*sıra*) Reihe *f;* **bu akşam ~ sizde** heute Abend sind Sie an der Reihe ❷ Bereitschaftsdienst *m;* (*gece ~i*) Dienst *m;* (*sıra ile yapılan görev*) Wache *f;* **~ beklemek** [*o* **tutmak**] (auf) Wache stehen; **~ değiştirmek** sich ablösen; **~i olmak** Bereitschaftsdienst haben ❸ (*hastalık nedeniyle titreme*) Schüttelfrost *m;* (*yüksek ateş*) Fieber *nt,* Fieberanfall *m* ❹ MED Anfall *m;* **isteri ~i** hysterischer Anfall; **öksürük ~i** Hustenanfall *m;* **sara ~i tutmak** einen epileptischen Anfall bekommen ❺ (*kez, defa*) Mal *nt*

nöbetçi *adj* diensthabend, Bereitschafts- **nöbetçi hekim** *s* Bereitschaftsarzt, -ärztin *m, f*

nöbetleşe *adv* abwechselnd; **çocuklara ~ göz kulak oldular** sie passten abwechselnd auf die Kinder auf

nöbetleşme *s Verbalsubstantiv zu* **nöbetleşmek**

nöbetleşmek *vi* sich abwechseln

nörolog <-ğu> *s* MED Neurologe, -login *m, f*

nöroloji *s ohne pl* MED (*nevroloji*) Neurologie *f*

nörolojik <-ği> *adj* MED neurologisch

nöron *s* MED, ANAT Neuron *nt*

nöroşirürji *s ohne pl* MED Neurochirurgie *f*

nöroşirürjik <-ği> *adj* MED neurochirurgisch

nöroşirürjiyen *s* MED Neurochirurg(in) *m(f)*

nörotik I. *s* <-ği> MED, PSYCH Neurotiker(in) *m(f)* **II.** *adj* MED, PSYCH neurotisch

nötr *adj* ❶ CHEM, PHYS (*yansız*) neutral ❷ LING sächlich

nötrleme *s* ❶ *Verbalsubstantiv zu* **nötrlemek** ❷ *a.* CHEM Neutralisierung *f,* Neutralisation *f*

nötrlemek *vt* CHEM neutralisieren

nötrlük <-ğü> *s ohne pl* CHEM, PHYS Neutralität *f*

nötron *s* PHYS Neutron *nt*

Nuh Noah; **~'un gemisi** die Arche Noah; **~ nebiden kalma** vorsintflutlich; (*modası çoktan geçmiş olan*) altertümlich

nuhuset *s s.* **uğursuzluk** Unglück *nt,* Pech *nt*

nukut *pl s.* **paralar** Gelder *pl*

numara *s* ❶ Nummer *f;* (*atom ~sı*) Zahl *f* ❷ (*ölçü*) Größe *f;* **bu ayakkabılar kırk ~** diese Schuhe sind Größe vierzig ❸ SCHULE (*not*) Note *f* ❹ (*sirk ~sı*) Nummer *f* ❺ (*fam*) Schau(spielerei) *f,* Vortäuschung *f;* **~ yapmak** schauspielern, eine Schau abziehen; **birine ~ yapmak** jdm etw vorspielen [*o* vortäuschen]; **~ yapma!** mach nicht so 'ne Schau!, stell dich nicht so an!, tu doch nicht so!; **birbirimize ~ yapmayalım!** wir wollen uns nichts vormachen!; **bize ~ yapıyor** er spielt uns etw vor; **ölmüş ~sı yapmak** sich tot stellen

numaracı *s* (*fam*) Schauspieler *m*

numaracılık <-ğı> *s* (*fam*) Schauspielerei *f*

numaralama *s* ❶ *Verbalsubstantiv zu* **numaralamak** ❷ Nummerierung *f*

numaralamak *vt* nummerieren

numaralandırma *s* ❶ *Verbalsubstantiv zu* **numaralandırmak** ❷ Nummerierung *f*

numaralandırmak *vt* nummerieren; (*numara koymak*) mit Nummern versehen

numaralanış *s* Nummerierung *f*

numaralanma *s* ❶ *Verbalsubstantiv zu* **numaralanmak** ❷ Nummerierung *f*

numaralanmak *vi pass von* **numaralamak**

numaralı *adj* nummeriert; **iki ~ otobüs** der Bus Nummer Zwei; **yerler ~** die Plätze sind nummeriert; **on üç ~ piyango biletine bir milyon çıktı** auf die Losnummer dreizehn entfallen eine Million

numarasız *adj* ❶ nummernlos ❷ unnummeriert

numerik <-ği> *adj* numerisch

numune [numu:ne] *s* Probe *f,* Muster *nt;* (*örnek*) Beispiel *nt*

numunelik <-ği> *adj* Muster- **numunelik kumaş** *s* Stoffmuster *nt*

nur *s* (*ışık*) Licht *nt;* (*parıltı*) Glanz *m;* **~ gibi** glänzend

nurlandırma *s Verbalsubstantiv zu* **nurlandırmak**

nurlandırmak *vt* erhellen

nurlanma *s Verbalsubstantiv zu* **nurlan-**

N

mak

nurlanmak *vi* sich erhellen; **yüzü nurlandı** sein Gesicht erhellte sich

nurlu *adj* (*aydınlık*) hell; (*parlak*) glänzend

nutku *s poss von* **nutuk**

nutuk <-tku> *s s.* **söylev** Rede *f*

nü *s* KUNST ❶ Akt *m* ❷ (*çıplak resim*) Aktmalerei *f*

nüans *s* Nuance *f*

nüdist *s* Nudist(in) *m(f)*

nüdizm *s ohne pl* Nudismus *m,* Freikörperkultur *f*

nüfus *s* ❶ Einwohner(in) *m(f);* (*kişi*) Person *f* ❷ (*sayı*) Einwohnerzahl *f* ❸ Bevölkerung *f;* **kırsal/yerli ~** die ländliche/einheimische Bevölkerung ❹ (*fam*) Personalausweis *m* ❺ BIOL Population *m* **nüfus artışı** *s ohne pl* Bevölkerungszuwachs *m* **nüfus bilimci** *s s.* **demograf** Demograph(in) *m(f)* **nüfus bilimi** *s* Bevölkerungslehre *f,* Bevölkerungswissenschaft *f;* (*demografi*) Demographie *f* **nüfus bilimsel** *adj s.* **demografik** demographisch

nüfus cüzdanı *s,* **nüfus kâğıdı** *s* Personalausweis *m* **nüfus çoğalması** *s ohne pl* Bevölkerungszunahme *f*

nüfusçu *s* Standesbeamte(r) *f(m)*

nüfus kâğıdı *s s.* **nüfus cüzdanı**

nüfus kalemi *s s.* **nüfus memurluğu** **nüfus kesafeti** *s ohne pl s.* **nüfus yoğunluğu** **nüfus kütüğü** *s* Personenstandsregister *nt* **nüfus memurluğu** *s* ADMIN Bürgeramt *nt,* Einwohnermeldeamt *nt,* Standesamt *nt* **nüfus memuru** *s* Standesbeamte(r) *f(m)* **nüfus patlaması** *s* Bevölkerungsexplosion *f* **nüfus sayımı** *s* Volkszählung *f* **nüfus sayısı** *s* Bevölkerungszahl *f* **nüfus tezkeresi** *s s.* **nüfus cüzdanı** **nüfus yoğunluğu** *s ohne pl* Bevölkerungsdichte *f*

nüfuz *s* ❶ Einfluss *m;* **bir şeye ~ etmek** in etw einfließen ❷ Einfluss *m;* **bir kimseye/şeye ~ etmek** jdn/etw beeinflussen

nüfuzlu *adj* einflussreich

nüfuzsuz *adj* einflusslos

N

nükleer *adj* nuklear, Kern-, Atom- **nükleer araştırma merkezi** *s* PHYS Atomforschungszentrum *nt* **nükleer denizaltı** *s* Atom-U-Boot *nt* **nükleer enerji** *s ohne pl* Kernenergie *f,* Kernkraft *f* **nükleer füze** *s* Atomrakete *f* **nükleer güç** <-cü> *s* Atommacht *f* **nükleer patlama** *s* Kernexplosion *f* **nükleer saat** <-i> *s* TECH Atomuhr *f* **nükleer saldırı** *s* Atomangriff *m* **nükleer santral** <-li> *s* Kernkraftwerk *nt* **nükleer silah** *s* Nuklearwaffe *f,* Atomwaffe *f*

nükleik asit <-di> *s ohne pl* CHEM Nukleinsäure *f*

nükleon *s* PHYS Nukleon *nt*

nükleoprotein *s* CHEM Nuklein *nt,* Nukleoprotein *nt*

nükte *s* ❶ Witz *m* ❷ (*derin anlam*) Pointe *f*

nükteci *adj* witzig; **~ bir adam** ein witziger Mann

nüktecilik <-ği> *s ohne pl* Witzigkeit *f*

nüktedan *adj* witzig

nüktedanlık <-ğı> *s ohne pl* Witzigkeit *f*

nükteli *adj* witzig, geistreich; **~ sözler** witzige Bemerkungen

nüktesiz *adj* witzlos

nükûl <-lü> *s* (*vazgeçme*) Verzicht *m;* (*cayma*) Rücktritt *m*

nümayiş [nʏma:jiʃ] *s s.* **gösteri** Demo *f,* Demonstration *f*

nümayişçi *s s.* **gösterici** Demonstrant(in) *m(f)*

nümayişkâr [---kãr] *adj s.* **gösterici** demonstrativ

nümismat *s* Numismatiker(in) *m(f)*

nümismatik <-ği> *s ohne pl* Numismatik *f*

nüsha *s* ❶ Exemplar *nt* ❷ Ausfertigung *f;* **dilekçenin sekiz ~ olarak gönderilmesi gerekmektedir** der Antrag muss in achtfacher Ausfertigung zugesandt werden

nütasyon *s* ASTRON (*üğrüm*) Nutation *f*

nüve *s* (*çekirdek*) Kern *m*

nüzul <-lü> [nʏzu:l] *s* (*inme*) Schlaganfall *m*

nüzullü *s* (*inmeli*) gelähmt

O o

O, o *s* O, o *nt* (*18. Buchstabe des türk. Alphabets*)*;* **Ordu'nun ~'su** O wie Otto
o¹ **I.** *pron* ❶ er, sie, es ❷ jene(r, s); **~ günlerde** in jenen Tagen; **~ günlerden beri** seit jenen Tagen; **~ kış gecesi** in jener Winternacht **II.** *art* der, die, das
o² *interj* **~~!** oho!
oba *s* Nomadenlager *nt* ❶ (*göçebe halk*) Nomadenvolk *nt* ❷ (*göçebe çadırı*) Nomadenzelt *nt*
obartı *s s.* **abartı** Übertreibung *f*
obartmak *vt s.* **abartmak** übertreiben
obelisk *s* Obelisk *m*
obje *s* (*nesne*) Objekt *nt*
objektif **I.** *adj* objektiv; **~ olmak** objektiv sein **II.** *s* FOTO Objektiv *nt*
objektiflik <-ği> *s ohne pl* Objektivität *f*
objektivist **I.** *s* Objektivist(in) *m(f)* **II.** *adj* objektivistisch
objektivite *s ohne pl* Objektivität *f*
objektivizm *s ohne pl* PHILOS Objektivismus *m*
obruk <-ğu> *adj s.* **içbükey** konkav
observatuvar *s* Observatorium *nt;* (*gözlemevi*) Sternwarte *f*
obstrüksiyon *s* Obstruktion *f;* (*engelleme*) Verhinderung *f*
obua *s* MUS Oboe *f* **obuacı** *s* MUS Oboist(in) *m(f)*
obur *adj* (*pej*) gefräßig, gierig
oburca *adv* (*pej*) gierig; **~ yemek** gierig fressen
oburlaşma *s Verbalsubstantiv zu* **oburlaşmak**
oburlaşmak *vi* gefräßig werden
oburluk <-ğu> *s* (*pej*) Gefräßigkeit *f*
obüs *s* Haubitze *f*
ocak <-ğı> *s* ❶ Herd *m* ❷ (*şömine*) Kamin *nt* ❸ Ofen *m;* (*kireç ocağı*) Ofen *m* ❹ (*ispirto ocağı*) Kocher *m* ❺ (*birinci ay*) Januar *m* ❻ (*maden ocağı*) Bergwerk *nt* ❼ (*mermer, taş ocağı*) Bruch *m* ❽ HIST (*yeniçeri ocağı*) Korps *nt*
oda *s* ❶ Zimmer *nt* ❷ (*sanayi ~sı, karanlık ~*) Kammer *f* ❸ HIST (*kışla*) Kaserne *f*
odak <-ğı> *s* Fokus *m;* (*a. fig*) Brennpunkt *m*
odaklama *s Verbalsubstantiv zu* **odaklamak**
odaklamak *vt* scharf einstellen, fokussieren
odak noktası *s* PHYS, FOTO Brennpunkt *m*
odak uzaklığı *s* PHYS, FOTO Brennweite *f*
odalık <-ğı> *s* ❶ Nebenfrau *f* ❷ HIST Odaliske *f*
oda müziği *s* Kammermusik *f* **oda numarası** *s* Zimmernummer *f* **oda sıcaklığı** *s* Zimmertemperatur *f* **oda takımı** *s* Zimmergarnitur *f* **oda tiyatrosu** *s* Kammerspiel *nt*
o denli *adv* dermaßen
oditoryum *s* Auditorium *nt;* (*dinleme salonu*) Hörsaal *m*
odun *s* Holz *nt*
oduncu *s* ❶ Holzfäller(in) *m(f)* ❷ (*kesen kimse*) Holzschneider *m,* Xylograph *m* ❸ (*satan kimse*) Holzhändler(in) *m(f)*
odun kömürü *s ohne pl* Holzkohle *f*
odun lifi *s* Holzfaser *f*
odunsu *adj* holzig
odyovizüel *adj s.* **görsel işitsel** audiovisuell
ofis *s* ❶ Büro *nt* ❷ Amt *nt;* **istatistik ~i** Amt für Statistik, Statistisches Amt
oflama *s* ❶ *Verbalsubstantiv zu* **oflamak** ❷ Seufzer *m*
oflamak *vi* seufzen
ofsayt *s* SPORT Abseits *nt* **ofsayt bayrağı** *s* SPORT Abseitsfahne *f* **ofsayt kuralı** *s* SPORT Abseitsregel *f* **ofsayt tuzağı** *s* SPORT Abseitsfalle *f*
oftalmoloji *s ohne pl* MED Ophthalmologie *f;* (*göz bilimi*) Augenheilkunde *f*
oğlak <-ğı> *s* Zicklein *nt*
Oğlak *s* ASTROL Steinbock *m;* **~ burcu/dönencesi** das Sternbild/der Wendekreis des Steinbocks
oğlan *s* ❶ (*erkek çocuk*) Knabe *m* ❷ (*yetişkin erkek*) Junge *m* ❸ (*iskambil kâğıdı*) Junge *m,* Bube *m* ❹ Strichjunge *m*
oğlancı *s* Päderast *m*
oğlancılık <-ğı> *s ohne pl* Päderastie *f*
oğul <-ğlu> *s* ❶ Sohn *m;* **iki oğlu var** er hat zwei Söhne ❷ (*arı topluluğu*) Schwarm *m*
oğulcuk <-ğu> *s* ❶ Söhnchen *nt,* Söhnlein *nt* ❷ BIOL (*embriyon*) Embryo *m* ❸ MED Keimling *m*
oğul otu *s* BOT Zitronenkraut *nt;* (*melisa*) Melisse *f*
oh [ox] *interj* (*fam*) ❶ **~ çekmek** feixen; **~ olsun!** das geschieht dir recht!; **ona ~ olsun** das geschieht ihm recht ❷ (*sevinç belirtir*) **~, ne güzel!** oh, wie schön! ❸ (*rahatlama belirtir*) **~!** puh!
ohm *s* PHYS (*om*) Ohm *nt*
oje *s* (*tırnak cilası*) Nagellack *m* **oje çıkartıcı** *s* Nagellackentferner *m*

ok *s* ❶ Pfeil *m;* **~ gibi yerinden fırlayıp gitti** er schoss wie ein Pfeil davon; **~ ve yay** Pfeil und Bogen; **~ yay(ın)dan çıktı** (*fig*) es gibt kein Zurück mehr, die Würfel sind gefallen ❷ (*~lu kirpi*) Stachel *m* ❸ (*arış*) Deichsel *f*

o kadar *adv* ❶ so; **~ güzel/hızlı ki, ...** es ist so schön/schnell, dass ... ❷ (*o denli*) dermaßen; **sevinci ~ büyüktü ki** die Freude war dermaßen groß ❸ **~ mı?** ist das alles?; **ne kadar erken olursa ~ iyi olur** je eher, desto besser

okaliptüs *s* BOT Eukalyptus *m*

okapi *s* ZOOL Okapi *nt*

okazyon *s* ❶ (*fırsat*) Gelegenheit *f* ❷ (*fig fam: kelepir*) Schnäppchen *nt*

okçu *s* SPORT Bogenschütze, -schützin *m, f*

okçuluk <-ğu> *s ohne pl* SPORT Bogenschießen *nt*

okka *s* HIST Okka *f;* **~ çekmek** (*fig fam*) ganz schön viel wiegen; **~nın altına gitmek** (*fig fam*) sich die Finger verbrennen; **1283 gram bir ~dır** 1283 Gramm sind eine Okka

okkalı *adj* ❶ (*ağır*) schwer ❷ (*büyük*) groß ❸ (*sille, küfür*) deftig

ok kuburu *s* Pfeilköcher *m*

oklava *s* GASTR Nudelholz *nt,* Rollholz *nt*

okluk <-ğu> *s* Pfeilköcher *m*

oklu kirpi *s* ZOOL Stachelschwein *nt*

oksalat *s* CHEM Oxalat *nt,* Oxalsalz *nt*

oksalik asit <-di> *s ohne pl* CHEM Oxalsäure *f*

oksidi *s poss von* **oksit**

oksidiyon taşı *s* MIN Gagat *m,* Jett *m o nt*

oksijen *s ohne pl* CHEM Sauerstoff *m* **oksijen aleti** *s* Sauerstoffgerät *nt,* Atemgerät *nt* **oksijen bombası** *s* Sauerstoffflasche *f* **oksijen çadırı** *s* Sauerstoffzelt *nt* **oksijen maskesi** *s* Sauerstoffmaske *f* **oksijen tüpü** *s* Sauerstoffflasche *f*

oksit <-di> *s* CHEM Oxid *nt*

oksitleme *s* CHEM ❶ *Verbalsubstantiv zu* **oksitlemek** ❷ Oxidierung *f*

oksitlemek *vt* CHEM oxidieren

oksitlenme *s* CHEM ❶ *Verbalsubstantiv zu* **oksitlenmek** ❷ Oxidierung *f*

oksitlenmek *vi* CHEM oxidieren

okşama *s Verbalsubstantiv zu* **okşamak**

okşamak *vt* ❶ streicheln; **birinin gönlünü ~** jdm schmeicheln ❷ liebkosen, hätscheln

oktan *s* Oktan *nt*

oktant *s* ASTRON Oktant *m*

oktav *s* MUS Oktave *f*

oku[1] *vt, vi Imperativ von* **okumak**

oku[2] *s poss von* **ok**

okul *s* Schule *f;* **~dan ayrılmak** von der Schule abgehen; **~u asmak** [*o* **kırmak**] die Schule schwänzen **okul arkadaşı** *s* Schulfreund(in) *m(f)* **okul avlusu** *s* Schulhof *m* **okul bahçesi** *s* Schulhof *m* **okul binası** *s* Schulgebäude *nt* **okul çocuğu** *s* Schulkind *nt*

okuldaş *s* Mitschüler(in) *m(f)*

okul defteri *s* Schulheft *nt* **okul gezintisi** *s* Schulausflug *m* **okul gezisi** *s* Schülerfahrt *f* **okul kaçağı** *s,* **okul kaçkını** *s* Schulschwänzer(in) *m(f)* **okul kitabı** *s* Schulbuch *nt*

okullu *s* Schüler(in) *m(f)*

okul öncesi **I.** *s* Vorschule *f* **II.** *adj* vorschulisch; **~ eğitim** vorschulische Erziehung **okul tatili** *s* Schulferien *pl*

okuma *s ohne pl* ❶ *Verbalsubstantiv zu* **okumak** ❷ **~ya devam etmek** weiterlesen **okuma gözlüğü** *s* Lesebrille *f*

okumak <-ur> **I.** *vt* ❶ (*kitap*) lesen; **birine bir şey ~** jdm etw vorlesen; **gazeteyi/makaleyi okurken** beim Lesen der Zeitung/des Artikels ❷ (*sayacı*) ablesen; **birinin gözlerinden ~** von jds Augen ablesen ❸ (*şiir*) vortragen, rezitieren ❹ (*şarkı, türkü*) singen ❺ REG (*çağırmak*) rufen (**-e** zu); (*davet etmek*) einladen (**-e** zu); **ezan ~** zum Gebet aufrufen ❻ (*üniversitede*) studieren; **coğrafya ~** Geographie studieren **II.** *vi* ❶ (*üniversitede*) studieren ❷ (*sl: sövmek, küfretmek*) fluchen, schimpfen

okuma kitabı *s* Lesebuch *nt* **okuma saati** *s* Lesestunde *f* **okuma yazma** *s ohne pl* Lesen und Schreiben *nt;* **birine ~ öğretmek** jdm das Lesen und Schreiben beibringen **okuma yazma kursu** *s* Alphabetisierungskurs *m*

okumuş *adj* belesen; (*öğrenim görmüş*) gebildet

okumuşluk <-ğu> *s ohne pl* Belesenheit *f*

okunabilen *adj a.* INFORM lesbar

okunaklı *adj* (gut) leserlich; **~ bir yazısı var** er hat eine (gut) leserliche Schrift

okunaksız *adj* unleserlich

okunma *s Verbalsubstantiv zu* **okunmak**

okunmak <-ur> *vi* ❶ *pass von* **okumak** gelesen werden ❷ (*fig*) ablesen (können) (**-den** von); **yüzünden ~** vom Gesicht ablesen (können)

okunulma *s Verbalsubstantiv zu* **okunulmak**

okunulmak <-ur> *vi pass von* **okumak**: **karanlıkta okunulmaz** im Dunkeln liest man nicht

okur[1] *vt, vi 3. Aorist von* **okumak**

okur[2] *s* Leser(in) *m(f)*

okuryazar *s* **nüfusun yüzde sekseni ~dır** achtzig Prozent der Bevölkerung kann lesen und schreiben, achtzig Prozent der Bevölkerung ist des Lesens und Schreibens kundig

okus pokus *s ohne pl* Hokuspokus *m*

okutma *s Verbalsubstantiv zu* **okutmak**

okutmak *vt* ❶ *Kausativ zu* **okumak** ❷ (*ders vermek*) unterrichten ❸ (*fam*) verhöckern, verscherbeln; **birine bir şeyi ~** jdm etw aufschwatzen

okutman *s* Unterrichtsbeauftragte(r) *f(m)*; (*lektör*) Lektor(in) *m(f)*

okutturma *s Verbalsubstantiv zu* **okutturmak**

okutturmak *vt Kausativ zu* **okutmak**

okuyucu *s* Leser(in) *m(f)* **okuyucu mektubu** *s* Leserbrief *m*

oküler *s* PHYS Okular *nt*

okültizm *s ohne pl* Okkultismus *m*

okyanus *s* Ozean *m*; **Atlantik/Hint O~u** der Atlantische/Indische Ozean

ol *vi Imperativ von* **olmak**: **sessiz ~!** sei still!

olabildiğince *adv* möglichst, tunlichst; **~ kısa/uzun** möglichst kurz/lang, so kurz/lang wie möglich

olabilir *adj* möglich; **~!** mag sein!, es ist möglich!

olagelme *s Verbalsubstantiv zu* **olagelmek**

olagelmek *vi* andauern; (*devam etmek*) weitergehen

olağan [ola:n] *adj* ❶ gewöhnlich ❷ (*alışılmış olan*) gewohnt, gewöhnlich ❸ (*normal*) normal; (*tabii*) natürlich **olağan dışı** *adj* außergewöhnlich; (*gayri tabii*) unnatürlich

olağanlık <-ğı> *s* Gewöhnlichkeit *f*

olağanüstü *adj* ❶ außerordentlich ❷ außergewöhnlich ❸ Ausnahme- **olağanüstü hâl** <-li> *s* Ausnahmezustand *m*

olamaz **I.** *adj* unmöglich; **~ şeyler** unmögliche Dinge **II.** *interj* **~!** unmöglich!, ausgeschlossen!, das kann nicht sein!

olamazlık <-ğı> *s* Unmöglichkeit *f*

olanak <-ğı> *s* Möglichkeit *f*; **teknik ~lar** technische Möglichkeiten

olanaklı *adj* möglich

olanaksız *adj* unmöglich

olanaksızlaşma *s Verbalsubstantiv zu* **olanaksızlaşmak**

olanaksızlaşmak *vi* unmöglich werden

olanaksızlık <-ğı> *s ohne pl* Unmöglichkeit *f*

olanca *adj* ganz; **~ dikkati** seine ganze Aufmerksamkeit; **~ gücüyle** mit aller Kraft

olarak *konj* ❶ als; **bize dost ~ geldi** er kam als Freund zu uns ❷ **yazılı ~** schriftlich

olası *adj* eventuell, etwaige(r, s); (*mümkün*) möglich, etwaige(r, s)

olasıcılık <-ğı> *s ohne pl* PHILOS (*probabilizm*) Probabilismus *m*

olasılık <-ğı> *s* Eventualität *f*; (*ihtimal*) Wahrscheinlichkeit *f*; **büyük bir ~la** mit höchster Wahrscheinlichkeit, höchstwahrscheinlich

olasılık(lar) hesabı *s* MATH Wahrscheinlichkeitsrechnung *f*

olay *s* ❶ Ereignis *nt*; **acı/sevindirici bir ~** ein tragisches/freudiges Ereignis; **günün ~ları** die Ereignisse des Tages ❷ Zwischenfall *m*; **~ çıkarmak** einen Zwischenfall verursachen; **yolculuk ~sız geçti** die Reise verlief ohne Zwischenfall ❸ Fall *m* **olay bilimi** *s ohne pl* PHILOS (*fenomenoloji*) Phänomenologie *f*

olaycılık <-ğı> *s ohne pl* PHILOS (*fenomenizm*) Phänomenalismus *m*

olaylı *adj* ereignisreich

olaysız *adj* ereignislos, ohne Zwischenfall; **~ geçmek** ereignislos verlaufen; (*yolculuk*) ohne Zwischenfall verlaufen

oldu *part* (*evet*) o.k., okay

oldubitti *s* vollendete Tatsache; **birini ~ye getirmek** jdn vor vollendete Tatsachen stellen

olduğundan ~ küçük gözükmek kleiner als in Wirklichkeit erscheinen; **birini ~ genç/yaşlı göstermek** jdn jünger/älter aussehen lassen, als man ist; **böyle ~ dolayı** weil es so ist

oldukça *adv* ziemlich, recht; **~ fazla/sık** recht viel/oft; **burada ~ merkezî oturuyorum** ich wohne hier ziemlich zentral; **durumu ~ daha iyi** sein Zustand ist erheblich besser

oldurgan *adj* LING (*fiil*) kausativ

olgu *s* ❶ Tatsache *f*, Faktum *nt*; **~lara dayanmak** sich auf die Fakten stützen ❷ (*fenomen*) Phänomen *nt*; (*görüngü*) Erscheinung *f*

olgucu **I.** *s* PHILOS Positivist(in) *m(f)* **II.** *adj* PHILOS positivistisch

olguculuk <-ğu> *s ohne pl* PHILOS (*pozitivizm*) Positivismus *m*

olgun *adj* reif

olgunlaşma *s ohne pl* ❶ *Verbalsubstantiv zu* **olgunlaşmak** ❷ Reifung *f*

olgunlaşmak *vi* reifen

olgunluk <-ğu> *s ohne pl* Reife *f* **olgunluk sınavı** *s* Reifeprüfung *f*, Abitur *nt*

oligarşi *s* Oligarchie *f*

oligofren *adj* MED schwachsinnig

oligofreni *s ohne pl* MED Schwachsinn *m*

oligopol <-ü> *s* WIRTSCH Oligopol *nt*

oligosen *s ohne pl* GEO Oligozän *nt*

olimpik <-ği> *adj* olympisch
olimpiyat <-dı> *s* Olympiade *f;* **O~ Ateşi** das olympische Feuer; **~ oyunları** die Olympischen Spiele; **kış ~ları** die Olympischen Winterspiele
olivin *s* GEO Olivin *nt*
olma *s ohne pl* ❶ *Verbalsubstantiv zu* **olmak** ❷ Sein *nt*
olmak <-ur> *vi* ❶ sein; **olamaz!** das kann nicht sein!; **annesi olamaz** sie kann nicht seine Mutter sein; **annesi oluyor** sie ist seine Mutter; **annesi oluyormuş** sie soll seine Mutter sein; **insan sabırlı olmalı** der Mensch sollte geduldig sein; **neredeyse burada olur** er wird gleich hier sein; **öğleden sonra orada olmalıyım** ich muss nachmittags dort sein ❷ geschehen, sich ereignen, stattfinden; (*fam*) passieren; (*panik*) ausbrechen; **hiçbir şey olmamış gibi** als ob nichts geschehen wäre; **ne olursa olsun** egal was passiert; **olan oldu** es kam, wie es kommen musste; **olan olmuş** was geschehen ist, ist geschehen; **ne oldu ki?** was ist denn passiert? ❸ werden; **bu nasıl belli oldu?** wie ist das bekannt geworden?; **iki yıl oldu** es sind zwei Jahre geworden ❹ (*fam*) gehen, klappen, hinhauen; **oldu mu?** hat es geklappt?; **olmaz!** das [*o* es] geht nicht!; **başka türlü olmaz** es geht nicht anders; **böyle olmaz** so geht es nicht; **daha erken olmaz** früher geht's nicht ❺ (*olgunlaşmak*) reifen, reif werden; **üzümler daha olmadı** die Trauben sind noch nicht reif ❻ (*hazır duruma gelmek*) **çay/kahve oldu** der Tee/Kaffee ist fertig; **pilav oldu mu?** ist der Reis fertig? ❼ (*bir şeyi ~*) haben; **parmağı tetikte ~** den Finger am Abzug haben; **iştahı/parası ~** Appetit/Geld haben; **randevusu ~** eine Verabredung haben ❽ (*bulunmak*) sein, sich befinden; **burnunun dibinde ~** sich direkt vor seiner Nase befinden; **imkân dâhilinde ~** im Bereich des Möglichen liegen ❾ (*çocuğu*) bekommen ❿ (*yitirmek*) verlieren (**-den**); **işinden ~** seine Arbeit verlieren; *s. a.* **olur**
olmamış *adj* (*meyve*) unreif
olmaz *adj* (*imkânsız*) unmöglich; **~ ~** geht nicht gibt's nicht
olmuş *adj* (*meyve*) reif; **bir şey ~ armut gibi birinin eline düşmek** (*fig*) etw fällt jdm in den Schoß
olmuşluk <-ğu> *s ohne pl* Reife *f*
olsa olsa *adv* allenfalls; (*en çoğu*) höchstens, wenn es hoch kommt; **~, o zaman ...** wenn überhaupt, dann ...
olta *s* Angel *f;* **~ya vurmak** anbeißen
oltacı *s* ❶ (*satıcı*) Händler für Anglerbedarf ❷ Angler(in) *m(f)*
olta iğnesi *s* Angelhaken *m*
oltu taşı *s* Gagat *m,* Jett *m o nt*
oluk <-ğu> *s* ❶ Rinne *f* ❷ (*damların kenarında*) Dachrinne *f;* (*diklemesine*) Abflussrohr *nt* ❸ TECH (*yüzeyde oyulmuş yol*) Rille *f*
oluklu *adj* gewellt
oluklu mukavva *s* Wellpappe *f* **oluklu sac** *s* Wellblech *nt*
olumlama *s* ❶ *Verbalsubstantiv zu* **olumlamak** ❷ PHILOS (*icap*) Affirmation *f*
olumlamak *vt* PHILOS affirmieren
olumlu *adj* ❶ (*müspet*) positiv ❷ (*onaylayan*) bejahend; **~ bir cevap** eine bejahende Antwort ❸ LING affirmativ
olumsallık <-ğı> *s ohne pl* PHILOS Kontingenz *f*
olumsuz *adj* ❶ (*negatif*) negativ ❷ (*ret özelliği taşıyan*) abschlägig, verneinend; **~ bir cevap** eine abschlägige Antwort ❸ LING (*cümle*) verneinend, negativ; **~ kılmak** verneinen, negieren
olumsuzluk <-ğu> *s* Verneinung *f,* Negation *f* **olumsuzluk eki** *s* LING Verneinungsendung *f* **olumsuzluk kelimesi** *s* LING Verneinungswort *nt,* Negationswort *nt*
olur I. *vi 3. Aorist von* **olmak II.** *adj* ❶ (*olabilir*) möglich; **bu ~ iş mi?** ist das möglich?; **~ şey değil!** ist das denn die Möglichkeit!, also, so was!; **~ tesadüf değil** so ein Zufall ❷ (*olağan*) gewöhnlich; **~ şeyler** gewöhnliche Dinge **III.** *adv* **Hasanlara gidelim mi? — ~** sollen wir zu Hasans [*o* Familie Hasan]? — o.k. **IV.** *s* ❶ Genehmigung *f;* **... için ~ almak** die Genehmigung einholen für ... ❷ **~ bakmak** zusehen, dass es was wird; **iş(ler)i ~una bırakmak** den Dingen freien Lauf lassen **V.** o.k., okay, in Ordnung **olur olmaz I.** *adj* ❶ (*pej*) irgendwelche; **~ şeylerle uğraşmak** sich mit irgendwelchen Dingen beschäftigen; (*fig fam*) sich um ungelegte Eier kümmern ❷ (*pej: rastgele*) x-beliebig **II.** *adv* **bu iş ~ gideceğim** sobald diese Sache erledigt ist, werde ich gehen
oluş *s* Entstehung *f*
oluşma *s* ❶ *Verbalsubstantiv zu* **oluşmak** ❷ Entstehung *f* ❸ Bildung *f*
oluşmak *vi* ❶ entstehen ❷ sich bilden; **henüz ~ta olmak** noch im Werden sein ❸ bestehen (**-den** aus), sich zusammensetzen (**-den** aus); **iki parçadan ~** aus zwei Teilen bestehen
oluşturma *s* ❶ *Verbalsubstantiv zu* **oluşturmak** ❷ Bildung *f*
oluşturmak *vt* ❶ *Kausativ zu* **oluşmak** ❷ bilden, schaffen ❸ ausmachen; **bir bilim adamını oluşturan nitelikler**

O

Eigenschaften, die einen Wissenschaftler ausmachen

oluşum *s* Entstehung *f*

om *s* PHYS Ohm *nt*

omlet *s* GASTR Omelett *nt*

omur *s* ANAT Wirbel *m*

omurga *s* ❶ (*bel kemiği*) Rückgrat *nt* ❷ (*fig: bel kemiği*) Rückgrat *nt;* (*esas, temel*) Grundlage *f*

omurgalı hayvan *s* ZOOL Wirbeltier *nt*

omurilik <-ği> *s* ANAT Rückenmark *nt*

omuz <-mzu> *s* Schulter *f;* **birine ~ kaldırmak** jdm die kalte Schulter zeigen; **~ silkmek** die Schultern [*o* Achseln] zucken, mit den Schultern [*o* Achseln] zucken

omuzdaşlık <-ğı> *s ohne pl* Schulterschluss *m;* (*dayanışma*) Solidarität *f*

omuz eklemi *s* ANAT Schultergelenk *nt*

omuzlama *s Verbalsubstantiv zu* **omuzlamak**

omuzlamak *vt* ❶ schultern, auf die Schulter(n) nehmen ❷ **bir şeyi ~** etw auf seine Schultern nehmen ❸ (*sl: aşırmak*) klauen

omuzlu *adj* -schulterig, -schultrig; *s. a.* **geniş omuzlu**

omuzluk <-ğu> *s* Schulterklappe *f;* (*apolet*) Epaulette *f*

omuz omza *adv* ❶ Schulter an Schulter ❷ (*fig*) Schulter an Schulter; (*birlikte*) gemeinsam; (*dayanışarak*) solidarisch

omuz yüksekliği *s* Schulterhöhe *f*

omzu *s poss von* **omuz**

on I. *s* Zehn *f; s. a.* **altı II.** *adj* zehn; **sekize ~ (dakika) kala** um zehn (Minuten) vor acht; **sekize ~ (dakika) var** es ist zehn (Minuten) vor acht; **sekizi ~ (dakika) geçe** um zehn (Minuten) nach acht; **sekizi ~ (dakika) geçiyor** es ist zehn (Minuten) nach acht; *s. a.* **altı**

ona[1] *vt Imperativ von* **onamak**

ona[2] *pron dat von* **o** ❶ ihm/ihr; **~ bir şey getirdim** ich habe ihm [*o* ihr] etwas mitgebracht ❷ zu ihm/ihr; **yarın ~ gidiyorum** morgen gehe ich zu ihm [*o* ihr] ❸ ihn/sie; **~ ne!** was geht ihn [*o* sie] das an!; **~ sormadım!** ihn [*o* sie] habe ich nicht gefragt! ❹ für ihn/sie; **mektup/telefon ~ mı?** ist der Brief/Anruf für ihn [*o* sie]?

ona[3] *dat von* **on**

onama *s* ❶ *Verbalsubstantiv zu* **onamak** ❷ Billigung *f*

onamak *vt* billigen, gutheißen

onanma *s* ❶ *Verbalsubstantiv zu* **onanmak** ❷ Billigung *f*

onanmak *vi pass von* **onamak** gebilligt werden

onar[1] *vt Imperativ von* **onarmak**

onar[2] *vi 3. Aorist von* **onmak**

onar[3] *adj* je zehn; **~ tane aldılar** sie haben je zehn Stück bekommen; **~dan** zu je zehn; *s. a.* **altışar**

onarılamaz *adj* irreparabel

onarım *s* (*tamir*) Reparatur *f*

onarma *s Verbalsubstantiv zu* **onarmak**

onarmak *vt* reparieren, ausbessern

onar onar *adv* **~ diz(il)mek** (sich) in Zehnerreihen aufstellen

onay *s* Zustimmung *f*

onaylama *s* ❶ *Verbalsubstantiv zu* **onaylamak** ❷ (*tasdik*) Genehmigung *f*

onaylamak *vt* ❶ *a.* JUR (*tasdik etmek*) genehmigen ❷ (*doğrulamak*) bestätigen

onbaşı *s* MIL Gefreite(r) *m*

on bir I. *s* Elf *f* **II.** *adj* elf **on birinci** *adj* elfte(r, s); *s. a.* **altmışıncı** **on buçuk** <-ğu> *adj* ❶ zehneinhalb; **~ litre/kilometre** zehneinhalb Liter/Kilometer; **~ saat önce/sonra** zehneinhalb Stunden vorher/nachher ❷ (*saati bildirirken*) halb elf; **~ta** um halb elf; **saat ~** es ist halb elf; **on buçuğa on (dakika) kala** um zehn (Minuten) vor halb elf; **on buçuğa on (dakika) var** es ist zehn (Minuten) vor halb elf; **on buçuğu on (dakika) geçe** um zehn (Minuten) nach halb elf; **on buçuğu on (dakika) geçiyor** es ist zehn (Minuten) nach halb elf

onca[1] *adv* (*ona göre*) nach seiner [*o* ihrer] Ansicht

onca[2] *adv* (*o denli*) dermaßen; **~ yılda bir kere** alle Jubeljahre einmal; **~ yıldan sonra** nach all den Jahren

ondalık I. *s* <-ğı> ❶ Zehntel *nt* ❷ HIST (*öşür*) Zehnte(r) *m* **II.** *adj* MATH dezimal **ondalık kesir** <-sri> *s* MATH Dezimalbruch *m,* Zehnerbruch *m* **ondalık sayı** *s* MATH Dezimalzahl *f,* Dezimale *f,* Dezimalstelle *f* **ondalık sayı sistemi** *s ohne pl* MATH Dezimalsystem *nt*

ongun[1] *adj* ❶ (*verimli*) fruchtbar ❷ (*bayındır*) urban(isiert) ❸ (*mutlu*) glücklich

ongun[2] *s* ❶ (*arma*) Wappen *nt* ❷ (*totem*) Totem *nt*

on iki I. *s* Zwölf *f* **II.** *adj* zwölf **on ikinci** *adj* zwölfte(r, s)

onikiparmak bağırsağı *s* ANAT Zwölffingerdarm *m*

onlar[1] *pron* sie

onlar[2] *pl* (die) Zehner *pl*

onların *pron gen von pl* **onlar: ~ yüzünden** derentwegen

onlu I. *s* (*iskambil kâğıdı*) Zehn *f* **II.** *adj* zehnteilig

onluk *adj* ❶ (*içinde on tane bulunan*) zehner ❷ (*on yaşında olan*) zehnjährig; *s. a.*

altmışlık
onma *s ohne pl* ❶ *Verbalsubstantiv zu* **onmak** ❷ Genesung *f*, Erholung *f*
onmak <-ar> *vi* ❶ besser werden ❷ genesen, gesund werden, sich erholen (**-den** von)
onmaz *adj* unheilbar
onomastik <-ği> *s ohne pl* Onomastik *f*, Namenskunde *f*
onomatope *s* LING Onomatopöie *f*; (*ses yansıma*) Lautmalerei *f*
onomatopeik *adj* LING onomatopoetisch; (*ses yansımalı*) lautmalend
ons *s* Unze *f*
ontik *adj* PHILOS ontisch
ontojenez *s ohne pl* BIOL Ontogenese *f*
ontoloji *s ohne pl* PHILOS (*varlık bilimi*) Ontologie *f*
ontolojik *adj* ontologisch
onu *pron akk von* **o** ihn, sie, es
onulmaz *adj* unheilbar
onun **I.** *pron gen von* **o** ❶ **~ arkasında/önünde/altında/üstünde** hinter/vor/unter/über ihm [*o* ihr]; **~ bir dostu/tanıdığı** ein Freund/Bekannter von ihm [*o* ihr]; **~la** mit ihm [*o* ihr] ❷ (*adjektivisch*) sein(e), ihr(e); **~ babası/odası/yatağı** sein [*o* ihr] Vater/Zimmer/Bett; **~ annesi/okulu** seine [*o* ihre] Mutter/Schule ❸ **o da ~ kadar uzun konuştu** sie sprach ebenso lang(e) wie er [*o* sie]; **~ için** für ihn [*o* sie]; **~la aynı boyda** er ist ebenso groß wie er [*o* sie] **II.** *pron* davon; **~ yarısı** die Hälfte davon
onuncu *adj* zehnte(r, s); *s. a.* **altıncı**
onuncusu *adv* (*sayarken*) zehntens; *s. a.* **altıncısı**
onur *s ohne pl* ❶ Ehre *f*; **birinin ~una ziyafet vermek** jdm zu Ehren ein Fest veranstalten ❷ (*öz saygı*) Selbstachtung *f*, Ehrgefühl *nt*; **birinin ~una dokunmak** jds Ehrgefühl verletzen; **bir şeyi ~una yedirememek** (*fig*) sich mit etw nicht abfinden können ❸ (*gurur*) Stolz *m* **onur belgesi** *s* Ehrenurkunde *f* **onur kurulu** *s* Ehrengericht *nt*
onurlandırma *s Verbalsubstantiv zu* **onurlandırmak**
onurlandırmak *vt* ❶ beehren; **birini ziyareti ile ~** jdn mit einem Besuch beehren ❷ **birini ~** jdn ehren, jdm die Ehre erweisen
onurlu *adj* ehrbar, ehrenhaft
onurluluk <-ğu> *s ohne pl* Ehrenhaftigkeit *f*
onur meselesi *s* Ehrensache *f*; **bir şeyi ~ yapmak** etw zur Ehrensache machen
onursal *adj* ehrenamtlich, Ehren- **onursal başkan** *s* Ehrenpräsident(in) *m(f)* **onursal üye** *s* Ehrenmitglied *nt*
onursuz *adj* ehrlos
onursuzluk <-ğu> *s ohne pl* Ehrlosigkeit *f*
onur üyesi *s* Ehrenmitglied *nt*
on üçüncü *adj* dreizehnte(r, s); *s. a.* **altmışıncı**
oosit *s* BIOL Oozyt *m*, Oozyte *f*
opal <-li> [opāl] *s* ❶ GEO (*mineral*) Opal *m* ❷ (*kumaş*) Opal *m*
opalin *s ohne pl* Opalglas *nt*
opalleşme *s ohne pl* Opaleszenz *f*
oparlör *s s.* **hoparlör** Lautsprecher *m*
opera *s* ❶ Oper *f* ❷ (*binası*) Oper *f*, Opernhaus *nt* **opera binası** *s* Opernhaus *nt*
operacı *s* Opernsänger(in) *m(f)*
operasyon *s* ❶ MED (*ameliyat*) Operation *f* ❷ MIL Operation *f* ❸ (*fig*) Einsatz *m*, Aktion *f*
operatör *s* ❶ MED (*cerrah*) Chirurg *m* ❷ (*tur ~ ü*) Veranstalter(in) *m(f)* ❸ INFORM Datentypist(in) *m(f)*; (*işletmen*) Operator(in) *m(f)* ❹ TYPO Schriftsetzer *m*
operatris *s* Chirurgin *f*
operet *s* Operette *f*
operetçi *s* Operettensänger(in) *m(f)*
oportünist *adj* opportunistisch
oportünizm *s ohne pl* Opportunismus *m*
opsiyon *s* Option *f*
optik **I.** *s* <-ği> *ohne pl* PHYS Optik *f* **II.** *adj* optisch
optikçi *s* Optiker(in) *m(f)*
optik kaydırma *s* FILM, FOTO (*zum*) Zoom *nt*
optimal *adj* optimal
optimist **I.** *s* Optimist(in) *m(f)* **II.** *adj* optimistisch
optimizm *s ohne pl a.* PHILOS Optimismus *m*
optimum **I.** *s* Optimum *nt* **II.** *adj* optimal
optimumlaştırma *s* ❶ *Verbalsubstantiv zu* **optimumlaştırmak** ❷ Optimierung *f*
optimumlaştırmak *vt* optimieren
opus *s* MUS Opus *nt*
ora *s* **~lar çok güzel** die Gegend dort ist sehr schön
oracıkta *adj* gleich dort
orada *adv* da, dort; **~ burada** überall; **~ kimse yok** dort ist niemand
oradaki *adj* dortige(r, s)
orak <-ğı> *s* ❶ Sichel *f*; **~ çekiç** POL, HIST Hammer und Sichel ❷ AGR (*ekin biçme zamanı*) Erntezeit *f* **orak ayı** *s* REG (*temmuz*) Juli *m* **orak böceği** *s s.* **ağustos böceği** ZOOL (*Cicada plebeja*) Zikade *f*
orakçı *s* AGR Schnitter(in) *m(f)*
oralı *adj* dortig; **~ (bile) olmamak** (völlig) desinteressiert sein; **siz de ~ mısınız?** sind Sie auch von dort?

oramiral <-li> *s* MIL Großadmiral *m*
oran *s* ❶ Verhältnis *nt,* Relation *f* ❷ (*doğum ~ı*) Ziffer *f,* Rate *f*
orangutan *s* ZOOL Orang-Utan *m*
oransızlık <-ğı> *s* Missverhältnis *nt*
orantı *s* ❶ Relation *f,* Verhältnis *nt* ❷ MATH Dreisatz *m*
orantılama *s* ❶ *Verbalsubstantiv zu* **orantılamak** ❷ Relativierung *f*
orantılamak *vt* relativieren
orası <-nı> *s* ❶ (*ora*) **~ çok güzel** dort ist es sehr schön; **~ neresi?** TELEK wer spricht dort?; **burası da ~ kadar güzel** hier ist es ebenso [*o* genauso] schön wie dort; **~nı Allah bilir** das weiß Gott allein ❷ (*o yönü*) **işin ~ pek/o kadar önemli değil** die Seite der Angelegenheit ist sehr/nicht so wichtig
oratoryo *s* MUS Oratorium *nt*
oraya *adv* dahin, dorthin; **~ kadar** bis dahin; **~ oldukça sık giderim** ich gehe ziemlich oft dahin
ordinaryüs *s* HIST, UNIV Ordinarius *m*
ordinat *s* MATH Ordinate *f*
ordövr *s* GASTR Vorspeise *f* **ordövr arabası** *s* Servierwagen *m* **ordövr tabağı** *s* GASTR Vorspeisenteller *m*
ordu *s* ❶ Armee *f;* **Kızıl O~** die Rote Armee ❷ Heer *nt* ❸ (*fig: kalabalık*) Armee *f,* Heer *nt;* (*çok sayıda insan*) Schar *f;* **bir ~ çocuk** eine Armee von Kindern
ordubozan *s* ❶ (*mızıkçı*) Spielverderber(in) *m(f);* (*fesat çıkaran*) Unruhestifter(in) *m(f),* Störenfried *m* ❷ REG (*varis*) Krampfader *f*
ordugâh *s* Heerlager *nt,* Truppenlager *nt,* Quartier *nt;* **açık ~** Feldlager *nt;* **~ kurmak** Quartier machen
ordu merkezi *s* Hauptquartier *nt*
org *s* MUS Orgel *f*
organ *s* Organ *nt;* **erkeklik ~ı** das männliche Glied
organ aktarımı *s s.* **organ nakli** MED Organtransplantation *f*
organik *adj* organisch; **~ kimya** organische Chemie **organik yakıt** *s* Biobrennstoff *m*
organizasyon *s* Organisation *f*
organizatör *s* Organisator(in) *m(f),* Veranstalter(in) *m(f)*
organize *adj* organisiert; **~ etmek** organisieren; **~ suç** das organisierte Verbrechen
organizma *s* Organismus *m*
organ nakli *s* MED Organtransplantation *f*
organ verici *s* MED Organspender(in) *m(f)*
orgazm *s* Orgasmus *m*
orgcu *s* MUS Organist(in) *m(f)*
orijinallik <-ği> *s ohne pl* Originalität *f*
orkestra *s* MUS Orchester *nt;* (*caz, pop için*) Band *f* **orkestra şefi** *s* MUS (*maestro*) Dirigent(in) *m(f)*
orkide *s* BOT Orchidee *f*
orkinos *s* ZOOL (*ton balığı*) Thunfisch *m*
orkit *s* MED Orchitis *f,* Hodenentzündung *f*
orman *s* Wald *m,* Forst *m;* **~ gibi kaşlar/saçlar** buschige Augenbrauen/Haare
orman bölgesi *s* Waldgebiet *nt*
ormancı *s* ❶ Förster(in) *m(f)* ❷ (*orman mühendisi*) Forstwirt(in) *m(f)*
ormancılık <-ğı> *s ohne pl* AGR Forstwirtschaft *f*
orman evi *s* Forsthaus *nt*
ormanlaştırma *s* ❶ *Verbalsubstantiv zu* **ormanlaştırmak** ❷ Aufforstung *f*
ormanlaştırmak *vt* aufforsten
ormanlık <-ğı> *adj* bewaldet, waldig
orman yangını *s* Waldbrand *m*
ornatma *s* ❶ *Verbalsubstantiv zu* **ornatmak** ❷ Ersetzung *f,* Ersatz *m,* Austausch *m,* Substitution *f,* Substituierung *f*
ornatmak *vt* ersetzen, austauschen, substituieren
ornitolog *s* Ornithologe, -login *m, f*
orospu *s* (*vulg*) Hure *f* **orospu çocuğu** *s* (*vulg*) Hurensohn *m*
orsa *s ohne pl* NAUT (*rüzgâr üstü*) Luv *f;* **geminin başı ~ya kaçıyor** der Bug des Schiffes dreht nach Luv
orsalama *s Verbalsubstantiv zu* **orsalamak**
orsalamak *vi* NAUT (an)luven
orta I. *s* ❶ Mitte *f;* **bir şeyi ~dan kaldırmak** etw beseitigen ❷ (*fam*) Bildfläche *f;* **~dan kaybolmak** von der Bildfläche verschwinden; **~ya çıkan zarar** der entstandene Schaden; **~ya çıkarmak** aufdecken, enthüllen; (*kazı ile*) freilegen, zu Tage fördern; **~ya çıkmak** auf der Bildfläche erscheinen, in Erscheinung treten, auftreten; (*meydana çıkmak*) sich herausstellen [*o* ergeben], herauskommen; (*türemek*) entstehen; **haklı olup olmadığın ~ya çıkacaktır** es wird sich herausstellen, ob du Recht hast **II.** *adj* ❶ mittel, Mittel-, mittlere(r, s); **~ yaşlı bir bey** ein Herr mittleren Alters ❷ (*~ Asya*) zentral, Zentral-
orta ağırlık <-ğı> *s ohne pl* SPORT Mittelgewicht *f* **orta alan** *s s.* **orta saha** Mittelfeld *nt*
Orta Amerika *s ohne pl* Zentralamerika *nt*
Orta Asya *s ohne pl* Zentralasien *nt*
orta boy *adj,* **orta boylu** *adj* mittelgroß, von mittlerer Größe
ortaç <-cı> *s* LING (*partisip*) Partizip *nt*
Orta Çağ *s ohne pl* Mittelalter *nt*

orta çizgi *s* Mittellinie *f* **orta dalga** *s* RADIO, PHYS Mittelwelle *f;* **~da** auf Mittelwelle **orta hece yutumu** *s* LING (*haploloji*) Haplologie *f* **orta hizmetçisi** *s* Putzfrau *f*

ortak **I.** *s* <-ğı> ❶ (*iş ortağı*) Partner(in) *m(f);* (*şirket ortağı*) Gesellschafter(in) *m(f)* ❷ **suç ortağı** Komplize, Komplizin *m, f,* Mittäter(in) *m(f)* **II.** *adj* gemeinsam; **~ meraklar** gemeinsame Interessen; **birçok ~ yönleri var** sie haben viel gemeinsam; **~ payda** MATH der gemeinsame Nenner **ortak dil** *s* Mittlersprache *f*

ortaklık <-ğı> *s* ❶ (*şirket*) Gesellschaft *f;* **~tan çıkarma** Ausschluss aus der Gesellschaft; **adi ~** JUR Gesellschaft *f* bürgerlichen Rechts; **limitet ~** Gesellschaft *f* mit beschränkter Haftung ❷ EU Partnerschaft *f;* **imtiyazlı ~** privilegierte Partnerschaft

Ortak Pazar *s* EU, HIST der Gemeinsame Markt

orta kulak <-ğı> *s* ANAT Mittelohr *nt* **orta kulak iltihabı** *s* MED Mittelohrentzündung *f*

ortak yapım *s* FILM Koproduktion *f* **ortak yaşama** *s* BIOL Symbiose *f*

ortakyaşar *s* BIOL Symbiont *m*

ortakyaşarlık <-ğı> *s* BIOL Symbiose *f*

ortak yönetim *s* POL (*koalisyon*) Koalition *f*

ortalama **I.** *s* ❶ *Verbalsubstantiv zu* **ortalamak** ❷ Durchschnitt *m* **II.** *adj* ❶ durchschnittlich ❷ (*fig*) **~ çözüm yolu bulmak** eine Kompromisslösung finden **III.** *adv* ❶ im Schnitt ❷ mittig

ortalama hız *s* Durchschnittsgeschwindigkeit *f*

ortalamak <-r> *vt* ❶ (*ortasını bulmak*) **işi ortaladık** die Hälfte der Arbeit haben wir geschafft ❷ SPORT **topu ~** den Ball zur Mitte werfen, den Ball in die Mitte spielen; (*futbolda*) den Ball (zur Mitte) flanken, eine Flanke schlagen

ortalık <-ğı> *s* ❶ **~ kararıyor** es wird dunkel ❷ (*herkes*) **~ yatıştı** die Lage hat sich beruhigt; **~ta kimse kalmadı** (*fam*) es ist keiner mehr da, alle sind weg ❸ (*fam: orta*) Bildfläche *f;* **~tan kaybolmak** von der Bildfläche verschwinden **ortalık hizmetçisi** *s* Hausmädchen *nt*

ortam *s ohne pl* Umfeld *nt;* **sosyal ~** das soziale Umfeld

ortanca *s* BOT Hortensie *f* **ortanca parmak** <-ğı> *s s.* **orta parmak** Mittelfinger *m*

orta nef *s* ARCH (*kilisede*) Mittelschiff *nt*

ortaokul <-ğı> *s* Mittelschule *f*

orta oyunu *s* THEAT *türkisches Volkstheater ohne Bühne, Bühnenbild, Vorhang und Einsager* **orta parmak** <-ğı> *s* Mittelfinger *m* **orta saha** *s* SPORT Mittelfeld *nt* **orta saha oyuncusu** *s* SPORT Mittelfeldspieler(in) *m(f)* **orta sahın** *s* ARCH (*camide*) Mittelschiff *nt* **orta sıklet** *s ohne pl* SPORT Mittelgewicht *nt* **orta sıklet** *s ohne pl* SPORT Mittelgewicht *nt*

orta sınıf *s* Mittelklasse *f* **orta şekerli** *adj* ❶ mittelsüß ❷ (*şöyle böyle*) mittelmäßig, mittelprächtig **orta yaşlı** *adj* mittelalt, von mittlerem Alter; **~ bir adam/bey/hanım** ein Mann/Herr/eine Dame mittleren Alters **orta yol** *s* (*fig*) Mittelweg *m;* **~dan gitmek** einen Mittelweg gehen; **~u seçmek** einen Mittelweg einschlagen

orta yuvar *s ohne pl* ASTRON (*mezosfer*) Mesosphäre *f*

orta yuvarlak <-ğı> *s* SPORT Mittelkreis *m*

Ortodoks *adj* orthodox

ortodoksluk <-ğu> *s ohne pl* Orthodoxie *f*

ortodonti *s ohne pl* Kieferchirurgie *f*

ortoklâz *s* GEO Orthoklas *m*

ortopedi **I.** *s ohne pl* MED Orthopädie *f* **II.** *adj* orthopädisch; **~ aletleri/cihazları** orthopädische Geräte/Apparate

ortopedik *adj* orthopädisch

ortopedist *s* ❶ MED (*ortopedi uzmanı*) Orthopäde, Orthopädin *m, f* ❷ (*ortopedi protezleri yapan*) Orthopädiemechaniker(in) *m(f)* ❸ (*ortopedi aletleri yapan*) Orthopädist(in) *m(f)*

ortoz *s* GEO (*ortoklâz*) Orthoklas *m*

oruç <-cu> *s ohne pl* ❶ REL Fasten *nt;* **~ açmak** den Fastentag beenden; (*iftar etmek*) zu Abend essen; **~ bozmak** (*kesmek*) das Fasten brechen; (*sona erdirmek*) das Fasten beenden, mit dem Fasten aufhören; **~ tutmak** fasten, das Fastengebot befolgen [*o* einhalten]; **~ yemek** nicht fasten, das Fastengebot nicht befolgen [*o* einhalten] ❷ (*fig*) Enthaltsamkeit *f,* Verzicht *m*

oruçlu *adj* REL fastend

oruçsuz *adj* REL nicht fastend, das Fastengebot nicht befolgend

orun *s* (*mevki*) Klasse *f;* **birinci/ikinci ~** erste/zweite Klasse; **işlik ~** Business Class *f*

orya *s* Karo *nt*

oryantal <-i> *adj* oriental, orientalisch

oryantalist *s* (*doğu bilimci*) Orientalist(in) *m(f)*

oryantalizm *s ohne pl s.* **doğu bilimi** Orientalistik *f*

o saat *adv* (*hemen*) sofort, umgehend

Osmani [osma:ni:] *adj* HIST osmanisch

Osmanlı **I.** *s* HIST Osmane, Osmanin *m, f* **II.** *adj* HIST osmanisch; **~ İmparatorluğu/Türkçesi** das Osmanische Reich/Türkisch

Osmanlıca *s* Osmanisch *nt;* **~da** im

Osmanischen
osmiyum *s ohne pl* CHEM Osmium *nt*
osteoloji *s ohne pl* ANAT Osteologie *f*
osurma *s Verbalsubstantiv zu* **osurmak**
osurmak <-ur> *vi* (*vulg*) furzen; (*fam: yellenmek*) pupsen
osuruk <-ğu> *s* (*vulg*) Furz *m;* (*fam: yellenme*) Pups *m*
oşinografi *s ohne pl* Ozeanographie *f;* (*ana deniz bilimi*) Meereskunde *f*
ot *s* ❶ Gras *nt,* Unkraut *nt;* ~ **yolmak** Unkraut jäten; **ağaç değil a,** ~ **bile yok** es gibt nicht einmal einen Baum, geschweige denn Gras ❷ BOT (*yapışkan* ~ *u*) Kraut *nt* ❸ (*zehir*) Gift *nt* ❹ (*ilaç*) Heilkraut *nt,* Medikament *nt* ❺ (*sl: esrar*) Kif(f) *m*
otacı *s* REG (*hekim*) Arzt *m,* Ärztin *f*
otama *s ohne pl* ❶ *Verbalsubstantiv zu* **otamak** ❷ REG Verarztung *f;* (*tedavi*) Behandlung *f*
otamak *vt* REG verarzten; (*tedavi etmek*) behandeln
otantik *adj* authentisch
otarsi *s* Autarkie *f*
otarşik *adj* autark
otçu *s* REG Landarzt, -ärztin *m, f*
otçul I. *adj* ZOOL pflanzenfressend **II.** *s* ZOOL Pflanzenfresser *m*
otel *s* Hotel *nt;* ~ **işletmek** ein Hotel führen
otelci *s* Hotelier *m*
otelcilik <-ği> *s ohne pl* Hotelgewerbe *nt* **otelcilik okulu** *s* Hotelfachschule *f*
otelgarni *s* Hotel garni *nt*
otel odası *s* Hotelzimmer *nt*
otist *s* MED, PSYCH Autist(in) *m(f)*
otistik <-ği> *adj* MED, PSYCH autistisch
otizm *s ohne pl* MED, PSYCH Autismus *m*
otlak <-ğı> *s* AGR Weide *f,* Koppel *f*
otlakçı *s* (*fig*) Nassauer *m*
otlama *s Verbalsubstantiv zu* **otlamak**
otlamak *vi* ❶ (*hayvan için*) grasen, weiden, äsen; **otlayan hayvanlar** weidendes Vieh ❷ (*fig: insan için*) nassauern
otlanma *s Verbalsubstantiv zu* **otlanmak**
otlanmak *vi s.* **otlamak** ❶ (*hayvan için*) grasen ❷ (*fig fam: insan için*) nassauern; **sigara** ~ Zigaretten schnorren
otlatma *s Verbalsubstantiv zu* **otlatmak**
otlatmak *vt* weiden
otlubağa *s* ZOOL (*kara kurbağa*) Kröte *f*
oto *s* Auto *nt*
otoban *s* Autobahn *f*
otobiyografi *s* Autobiografie *f*
otobiyografik *adj* autobiografisch
otobüs *s* Omnibus *m,* Autobus *m,* Bus *m* **otobüs durağı** *s* Bushaltestelle *f* **otobüs şoförü** *s* Busfahrer(in) *m(f)* **otobüs terminali** *s* Busbahnhof *m* **otobüs yolculuğu** *s* Busfahrt *f,* Busreise *f*
otodidakt *adj* autodidaktisch
otoerotizm *s ohne pl* PSYCH Autoerotik *f*
oto galerisi *s* Autosalon *m*
otogar *s* Omnibusbahnhof *m,* Busbahnhof *m*
otograf *s* Autogramm *nt* **otograf avcısı** *s* Autogrammjäger(in) *m(f)*
otokar *s* Autocar *m,* Ausflugsomnibus *m*
otokontrol <-ü> *s* (*öz denetim*) Selbstkontrolle *f*
otokrasi *s* Autokratie *f*
otokrat *s* Autokrat(in) *m(f)*
otomasyon *s* Automation *f,* Automatisierung *f*
otomat *s* Automat *m*
otomatik *adj* automatisch, selbsttätig **otomatik deklanşör** *s* FOTO Selbstauslöser *m* **otomatik kemer** *s* AUTO Automatikgurt *m*
otomatikleşme *s* Automatisierung *f*
otomatikman *adv* automatisch, selbsttätig
otomatik silah *s* Schnellfeuerwaffe *f* **otomatik şanjman** *s* AUTO Automatikgetriebe *nt* **otomatik vites** *s* AUTO Automatikschaltung *nt* **otomatik vitesli araba** *s* AUTO Automatikwagen *m*
otomatizm *s* Automatismus *m*
otomatlar kuramı *s ohne pl* MATH Automatentheorie *f*
otomobil *s* Automobil *nt,* Auto *nt* **otomobil aksesuarı** *s* Autozubehör *nt* **otomobil fuarı** *s* Automobilausstellung *f* **otomobil katarı** *s* Autokolonne *f* **otomobil kazası** *s* Autounfall *m* **otomobil kuyruğu** *s* Autoschlange *f* **otomobil lastiği** *s* Autoreifen *m* **otomobil markası** *s* Automarke *f* **otomobil radyosu** *s* Autoradio *nt* **otomobil sporu** *s* Autosport *m* **otomobil tamircisi** *s* Autoschlosser *m* **otomobil tamiri** *s* Autoreparatur *f* **otomobil telefonu** *s* Autotelefon *nt* **otomobil yarışı** *s* Autorennen *nt*
otomotiv *s* Automobilindustrie *f,* Kraftfahrzeugindustrie *f;* (*endüstri kolu*) Automobilbranche *f*
otonazi *s ohne pl* Euthanasie *f*
otonom *adj* autonom
otonomi *s* Autonomie *f* **otonomi görüşmeleri** *pl* POL Autonomieverhandlungen *pl*
otopsi *s* MED Autopsie *f*
otorite *s ohne pl* Autorität *f*
otoriter *s* autoritär
otoriterli *s* autoritär
otostop *s ohne pl* Autostopp *m;* ~ **yapmak** per Anhalter fahren

otostopçu *s* Anhalter(in) *m(f)*
oto tamirhanesi *s* Autoreparaturwerkstatt *f* **oto tamiri** *s* Autoreparatur *f*
ototrof *adj* BIOL autotroph
ototrofi *s ohne pl* BIOL Autotrophie *f*
otoyol *s* Autobahn *f*
ot sapı *s* BOT Grashalm *m*
otsu *adj* BOT krautig; **~ bitkiler** krautige Pflanzen
otur *vi Imperativ von* **oturmak**: (**dik**) **~!** setz dich (gerade) hin!
oturacak yer *s* Sitzplatz *m*
oturak <-ğı> *s* ❶ Sitz *m* ❷ (*lazımlık*) Nachttopf *m*
oturma *s Verbalsubstantiv zu* **oturmak** **oturma alanı** *s* Wohnfläche *f* **oturma belgesi** *s* Aufenthaltsbescheinigung *f* **oturma grevi** *s* Sitzstreik *m* **oturma grubu** *s* Sitzgruppe *f* **oturma izni** *s* Aufenthaltserlaubnis *f*, Aufenthaltsgenehmigung *f*
oturmak *vi* ❶ sitzen; **gecelerce ~** nächtelang aufsitzen ❷ wohnen; **kirada ~** zur Miete wohnen ❸ sich hinsetzen (**-e** auf) ❹ (*üstüne olmak*) sitzen, anliegen; **üzerine tam ~** genau sitzen [*o* passen]
oturma konumu *s* Sitzposition *f*, Sitzstellung *f* **oturma mobilyası** *s* Sitzmöbel *nt* **oturma odası** *s* Wohnzimmer *nt* **oturma yeri** *s* Wohnort *m*
oturmuş *adj* (*fig: yerleşik*) etabliert
oturtma *s Verbalsubstantiv zu* **oturtmak**
oturtmak *vt* ❶ *Kausativ zu* **oturmak** ❷ setzen (**-e** auf); (*çocuğu*) hinsetzen
oturulma *s Verbalsubstantiv zu* **oturulmak**
oturulmak *vi* **burada iyi oturuluyor** hier sitzt es sich gut
oturum *s* Sitzung *f*; **açık/gizli ~** öffentliche/nicht öffentliche Sitzung
otuz **I.** *s* Dreißig *f* **II.** *adj* dreißig; *s. a.* **altmış**
otuzar *adj* je dreißig; **~ tane aldılar** sie haben je dreißig Stück bekommen; **~dan** zu je dreißig
otuzluk *adj* ❶ (*içinde otuz tane bulunan*) dreißiger ❷ (*otuz yaşında olan*) dreißigjährig; *s. a.* **altmışlık**
otuzuncu *adj* dreißigste(r, s); *s. a.* **altmışıncı**
ova *s ohne pl* ❶ (*düzlük*) Ebene *f*, Niederung *f* ❷ (*ohne pl*) Flachland *nt*
oval **I.** *s* <-li> Oval *nt* **II.** *adj* oval
ovalama *s Verbalsubstantiv zu* **ovalamak**
ovalamak *vt* rubbeln; **vücudunu bir havlu ile ~** sich den Körper mit einem Handtuch rubbeln
ovalatma *s Verbalsubstantiv zu* **ovalatmak**
ovalatmak *vt Kausativ zu* **ovalamak**
ovdurma *s Verbalsubstantiv zu* **ovdurmak**
ovdurmak *vt* sich massieren lassen; **ayaklarını ~** sich die Füße massieren lassen
ovma *s* ❶ *Verbalsubstantiv zu* **ovmak** ❷ Massage *f*
ovmak *vt* ❶ massieren ❷ (*tencereyi*) putzen; (*tahtaları*) blank reiben
ovogon *s* BIOL Oogonium *nt*
ovolit *s* GEO Oolith *m*
ovuştura ovuştura *adv* **~ yara etmek** wundreiben
ovuşturma *s Verbalsubstantiv zu* **ovuşturmak**
ovuşturmak *vt* reiben; **ellerini ~** sich die Hände reiben
oy *s* ❶ (*rey*) Stimme *f*, Votum *nt*; **~ vermek** abstimmen (**-e** für); **~a koymak** zur Abstimmung bringen; **~ları saymak** POL die Stimmen auszählen; **~unu kullanmak** seine Stimme abgeben; **kaç ~ aldın?** wie viele Stimmen hast du bekommen? ❷ (*görüş*) Meinung *f*; **~unu kullanmak** seine Meinung äußern
oya *s* gehäkelte Spitze; **oya gibi** (*fig: ince*) sehr fein; (*zarif*) elegant; (*güzel*) spitze
oyalama *s Verbalsubstantiv zu* **oyalamak**
oyalamak *vt* ❶ hinhalten; **takviye gelinceye kadar düşmanı ~** den Feind hinhalten, bis Verstärkung kommt ❷ (*meşgul etmek*) aufhalten, beschäftigen ❸ (*bekletmek*) warten lassen ❹ (*eğlendirmek*) unterhalten
oyalanma *s Verbalsubstantiv zu* **oyalanmak**
oyalanmak *vi* ❶ *pass von* **oyalamak** ❷ sich aufhalten ❸ (*boşuna zaman harcamak*) trödeln ❹ (*vakit geçirmek*) sich die Zeit vertreiben ❺ (*beklemek*) warten
oyalantı *s* Freizeitbeschäftigung *f*; (*hobi*) Hobby *nt*
oyalı *s* mit gehäkelten Spitzen besetzt
oy birliği *s ohne pl* Einstimmigkeit *f*; **~ ile** einstimmig
oyculuk <-ğu> *s ohne pl* Stimmenfang *m*
oy çokluğu *s ohne pl* Stimmenmehrheit *f*
oydaş *adj* gleich gesinnt; **biriyle ~ olmak** mit jdm einer Meinung sein
oy hakkı *s a.* POL Stimmrecht *nt*; **~ ol(ma)mak** (kein) Stimmrecht haben **oy kâğıdı** *s s.* **oy pusulası** Stimmzettel *m*
oylama *s* ❶ *Verbalsubstantiv zu* **oylamak** ❷ Abstimmung *f*; **~ya geçmek/koymak** zur Abstimmung schreiten/bringen; **güven ~sı** TECH Abstimmung über die Vertrauensfrage
oylamak *vt* abstimmen (über); (*oya koy-*

mak) zur Abstimmung bringen

oyluk <-ğu> *s s.* **uyluk** Oberschenkel *m*

oylum **I.** *s* ❶ (*fam: hacim*) Volumen *nt;* (*cirim*) Umfang *m* ❷ KUNST, ARCH (*derinlik etkisi*) Tiefenwirkung *f* **II.** *adj* hohl

oylumlama *s* ❶ *Verbalsubstantiv zu* **oylumlamak** ❷ (*modelâj*) Modellierung *f*

oylumlamak *vt* modellieren

oylumlu *adj* (*hacimli*) voluminös; (*geniş*) umfangreich

oyma *s* ❶ *Verbalsubstantiv zu* **oymak** ❷ KUNST (*süsleme*) Schnitzerei *f*

oymacı *s* Schnitzer *m*

oymak **I.** *vt* ❶ (*çukur oluşturmak*) aushöhlen; (*göz*) ausstechen ❷ KUNST (*ağaç*) schnitzen ❸ (*kumaş*) schnippeln **II.** *s* (*aşiret*) Nomadenstamm *m*

oyna *vi, vt Imperativ von* **oynamak**

oynak **I.** *adj* ❶ (*hareketli*) beweglich ❷ (*yerinde sağlam durmayan*) wackelig, locker; **masa çok ~** der Tisch ist sehr wackelig ❸ (*değişken*) wechselhaft; (*kararsız*) unbeständig ❹ (*canlı*) lebhaft **II.** *s* <-ğı> Gelenk *nt*

oynama *s Verbalsubstantiv zu* **oynamak**

oynamak **I.** *vt* ❶ spielen; **futbol/tenis ~** Fußball/Tennis spielen ❷ (*iskambilde*) ausspielen; **yediliyi ~** die Sieben ausspielen; **son kozunu ~** (*fig*) seinen letzten Trumpf ausspielen ❸ **güçlü adamı ~** (*fig*) den starken Mann markieren **II.** *vi* ❶ spielen; **ateşle ~** (*a. fig*) mit dem Feuer spielen; **büyük ~** um hohe Summen spielen; **parasına ~** um Geld spielen ❷ herumspielen (**-le** mit) ❸ tanzen

oynanma *s Verbalsubstantiv zu* **oynanmak**

oynanmak *vi* ❶ *pass von* **oynamak** ❷ **bu kilitle oynanmış** an dem Schloss ist manipuliert worden

oynar *vt, vi 3. Aorist von* **oynamak**

oynatıcı *s* Spieler(in) *m(f)*

oynatma *s Verbalsubstantiv zu* **oynatmak**

oynatmak **I.** *vt* ❶ *Kausativ zu* **oynamak** tanzen lassen, spielen lassen ❷ (*kımıldatmak*) bewegen ❸ (*fig*) **birinin yüreğini ~** jdn erschrecken ❹ (*fig: oyalamak*) hinhalten ❺ THEAT (*sahneye koymak*) inszenieren ❻ **aklını ~** wahnsinnig werden, den Verstand verlieren **II.** *vi* (*fam: aklını yitirmek*) den Verstand verlieren

oy pusulası *s* Stimmzettel *m*

oysa *konj,* **oysaki** *konj* jedoch, indessen; (*hâlbuki*) dabei, obgleich, obwohl

oy sandığı *s* Wahlurne *f*

oyuk **I.** *s* <-ğu> Aushöhlung *f* **II.** *adj* <-ğu> hohl; **içi ~ bir ağaç kütüğü** ein ausgehöhlter Baumstamm **oyuk cisim** <-smi> *s* Hohlkörper *m*

oyulga *s* Heftstich *m*

oyulgalama *s Verbalsubstantiv zu* **oyulgalamak**

oyulgalamak *vt* ❶ (*kumaş*) heften ❷ (*sokmak*) hineinstecken

oyun *s* ❶ Spiel *nt* ❷ THEAT, FILM Darstellung *f* ❸ Streich *m;* **birine kötü bir ~ oynamak** jdm einen bösen Streich spielen ❹ Trick *m;* **bu ~ her zaman söker** dieser Trick zieht immer

oyuncak <-ğı> *s* Spielzeug *nt* **oyuncak tabanca** *s* Spielzeugpistole *f*

oyuncu **I.** *s* ❶ Spieler(in) *m(f)* ❷ THEAT, FILM Darsteller(in) *m(f)* **II.** *adj* verspielt; **çocuksu ve ~ bir ifade** ein kindlich verspielter Ausdruck

oyun konsolu *s* Spielkonsole *f* **oyun kuralı** *s* Spielregel *f* **oyun sahası** *s* SPORT Spielfeld *nt*

oy verme *s* Stimmabgabe *f*

o zaman *adv* ❶ dann ❷ damals

ozan *s* ❶ Barde *m* ❷ HIST Minnesänger *m*

ozmos *s* PHYS Osmose *f*

ozon *s ohne pl* Ozon *m o nt*

ozon deliği *s ohne pl* Ozonloch *nt*

Ö ö

Ö, ö *s* Ö, ö *nt,* O-Umlaut *m* (*19. Buchstabe des türk. Alphabets*); **Ödemiş'in ~'sü** O-Umlaut

ö *interj* **~!** i!

öbek <-ği> *s* ❶ Haufen *m;* (*grup*) Gruppe *f* ❷ LING (*özne öbeği*) Gruppe *f;* (*dil öbeği*) Familie *f*

öbür *pron* andere(r, s); **dünyanın ~ ucunda** am anderen Ende der Welt **öbür dünya** *s ohne pl* Jenseits *nt;* **birini ~ya postalamak** (*fam*) jdn ins Jenseits befördern **öbür gün** *adv* übermorgen **öbür yandan** *adv s.* **öte yandan** andererseits

öcü *s* (*fam: umacı*) Buhmann *m,* Kinderschreck *m;* **~ geliyor!** der Buhmann kommt!; **~ gibi** wie ein Schreckgespenst

öd *s* ANAT Galle *f;* **birinin ~ü bokuna karışmak** (*fig fam*) jdm geht die Hose mit Grundeis; **birinin ~ünü koparmak** (*fig fam*) jdn zu Tode erschrecken

ödem *s* MED Ödem *nt*

ödeme *s* ❶ *Verbalsubstantiv zu* **ödemek** ❷ Zahlung *f* **ödeme aracı** *s* Zahlungsmittel *nt* **ödeme emri** *s* Zahlungsbefehl *m,* Mahnbescheid *m*

ödemek *vt* (*borç*) zahlen, bezahlen, abgelten; **çalışarak ~** abarbeiten

ödemeli *adj* ❶ (*paket*) per Nachnahme ❷ TELEK **~ konuşma** R-Gespräch *nt*

ödemli *adj* MED ödematisch, ödematös

ödence *s* (*bildirim ~si*) Abfindung *f;* (*tazminat*) Schadenersatz *m*

ödenek <-ği> *s* ❶ Beihilfe *f;* (*ek ~*) Zuschuss *m* ❷ (*parlamento üyelerine*) Diäten *pl* ❸ (*devlet harcamaları için*) Dispositionsfonds *m,* Haushaltsmittel *pl*

ödenti *s* Beitrag *m*

ödeşme *s Verbalsubstantiv zu* **ödeşmek**

ödeşmek *vi* **biriyle ~** mit jdm abrechnen, mit jdm quitt werden

ödev *s* Aufgabe *f;* **~ verilmek** aufbekommen; **bugün kimyada bize çok ~ verildi** wir haben heute in Chemie sehr viel aufbekommen

Ödip karmaşası *s ohne pl* PSYCH Ödipuskomplex *m*

öd kesesi *s* ANAT (*safra kesesi*) Gallenblase *f*

ödlek <-ği> *adj* ängstlich

ödleklik <-ği> *s ohne pl* Ängstlichkeit *f*

ödül *s* Preis *m,* Belohnung *f*

ödüllendirme *s* ❶ *Verbalsubstantiv zu* **ödüllendirmek** ❷ Belohnung *f*

ödüllendirmek *vt* belohnen

ödün *s* ❶ Zugeständnis *nt;* **birine ~ vermek** jdm ein Zugeständnis machen ❷ (*ivaz*) Entgelt *nt*

ödünç **I.** *adj* <-cü> geliehen **II.** *adv* **~ almak** borgen, ausleihen; **~ vermek** borgen, verleihen

ödünçleme *s* ❶ *Verbalsubstantiv zu* **ödünçlemek** ❷ LING Entlehnung *f*

ödünçlemek *vt* ❶ borgen, ausleihen ❷ LING entlehnen

ödünç para *s* Darlehen *nt;* **~ almak/vermek** ein Darlehen aufnehmen/gewähren

ödünleme *s* ❶ *Verbalsubstantiv zu* **ödünlemek** ❷ PSYCH Ersatzbefriedigung *f*

ödünlemek *vt* entschädigen

ödünlü *adj* entgeltlich

ödünsüz *adj* unentgeltlich

öf *interj* huch; **~, ne pis koku!** bäh, was für ein Gestank!

öfke *s ohne pl* Wut *f;* **~ topuklarına çıkmak** (*fam*) sich schwarzärgern; **bir kimseden ~sini çıkarmak** [*o* **almak**] an jdm seine Wut auslassen; **~ye kapılmak** in Wut geraten

öfkelendirme *s Verbalsubstantiv zu* **öfkelendirmek**

öfkelendirmek *vt* wütend machen; **birini ~** jdn wütend machen, jdn in Wut bringen

öfkelenme *s Verbalsubstantiv zu* **öfkelenmek**

öfkelenmek *vi* wütend werden, sich ärgern

öfkeli *adj* wütend, zornig

öge *s* ❶ Bestandteil *m;* (*eleman*) Element *nt* ❷ Komponente *f*

öğle *s* Mittag *m* **öğle namazı** *s* REL Mittagsgebet *nt*

öğlende *adv* mittags

öğle paydosu *s,* **öğle tatili** *s* Mittagspause *f* **öğle teneffüsü** *s* SCHULE Mittagspause *f* **öğle uykusu** *s* Mittagsschlaf *m;* **~su çekmek** einen ausgiebigen Mittagsschlaf halten **öğle vakti** *s* Mittagszeit *f* **öğle yemeği** *s* Mittagessen *nt;* **~ yemek** zu Mittag essen

öğleyin *adv* mittags

öğrenci *s* ❶ SCHULE (*okul ~si*) Schüler(in) *m(f)* ❷ UNIV (*yüksek okul ~si*) Student(in) *m(f)* **öğrenci bileti** *s* Schülerkarte *f* **öğrenci kimliği** *s* ❶ Schülerausweis *m* ❷ UNIV (*şebeke*) Studentenausweis *m* **öğrenci yurdu** *s* Studentenwohnheim *nt*

öğrenim *s ohne pl* ❶ (*öğrenme*) Lernen *nt*

❷ (*yüksek* ~) Studium *nt;* **hukuk ~i yapmak** Jura studieren **öğrenim belgesi** *s* UNIV Studienbescheinigung *f* **öğrenim dalı** *s* UNIV Studiumfach *nt*

öğrenme *s Verbalsubstantiv zu* **öğrenmek**

öğrenme hedefi *s* Lernziel *nt*

öğrenmek *vt* ❶ lernen, erlernen; **marangozluk ~** die Tischlerei erlernen ❷ (*haber almak*) erfahren, in Erfahrung bringen

öğrenmelik <-ği> *s* (*burs*) Stipendium *nt*

öğrenme programı *s* Lernprogramm *nt*

öğrenme süreci *s* Lernprozess *m*

öğreti *s* Lehre *f,* Lehrsatz *m*

öğretici *adj* belehrend, lehrhaft **öğretici film** *s* Aufklärungsfilm *m*

öğretilme *s Verbalsubstantiv zu* **öğretilmek**

öğretilmek *vi pass von* **öğretmek**: **bana böyle şeyler öğretilmedi** mir wurden solche Sachen nicht beigebracht

öğretim *s* ❶ Lehre *f,* Schulung *f* ❷ (*açık* ~) Studium *nt*

öğretim bilgisi *s ohne pl* Unterrichtslehre *f;* (*didaktik*) Didaktik *f* **öğretim görevlisi** *s* UNIV Lehrbeauftragte(r) *f(m)*

öğretim programı *s* Lehrplan *m* **öğretim üyesi** *s* UNIV Hochschullehrer(in) *m(f)*

öğretme *s Verbalsubstantiv zu* **öğretmek**

öğretmek *vt* ❶ lehren, unterrichten ❷ beibringen; **birine bir şey ~** jdm etw lehren [*o* beibringen]

öğretmen *s* Lehrer(in) *m(f)*

öğretmenler toplantısı *s* SCHULE Lehrerkonferenz *f*

öğretmenlik <-ği> *s* ❶ Lehrerberuf *m* ❷ Lehrtätigkeit *f*

öğüdü *s poss von* **öğüt**

öğün *s* **günde üç ~ yemek** drei Mahlzeiten am Tag

öğürmek *vi* ❶ würgen; **öğüreceği gelmek** zum Kotzen finden ❷ (*fam: sığır*) brüllen

öğüt <-dü> *s* Rat *m,* Ratschlag *m;* **~ vermek** Ratschläge erteilen; **öğüdü üzerine** auf seinen Rat (hin)

öğütçü *s* Ratgeber(in) *m(f)*

öğüt kitabı *s* Ratgeber *m*

öğütme *s Verbalsubstantiv zu* **öğütmek**

öğütmek *vt* mahlen, zermahlen

öğütücü diş *s s.* **azı dişi** Backenzahn *m*

ökçe *s* ❶ Hacke *f,* Ferse *f* ❷ Absatz *m,* Stöckelabsatz *m*

ökse *s* Vogelleim *m* **ökse kuşu** *s* ZOOL (*saka kuşu*) Stieglitz *m*

ökseleme *s Verbalsubstantiv zu* **ökselemek**

ökselemek *vt* mit Vogelleim fangen

ökse otu *s* BOT Mistel *f* **ökse otugiller** *pl* BOT Mistelgewächse *pl*

öksürme *s Verbalsubstantiv zu* **öksürmek**

öksürmek *vi* husten

öksürük <-ğü> *s* Husten *m;* **kuru bir ~** ein trockener Husten

öksürüklü tıksırıklı *adj* gebrechlich

öksürük nöbeti *s* Hustenanfall *m* **öksürük otu** *s* BOT Huflattich *m*

öksüz **I.** *s* Waise *f;* (*anası ölmüş*) Halbwaise *f;* (*anası ve babası ölmüş*) Vollwaise *f;* **~ olmak/kalmak** Waise sein/werden **II.** *adj* ❶ verwaist; **~ kalmak** verwaisen ❷ (*fig: kimsesiz*) verwaist, alleinstehend; **buralarda ~ kaldım** hier fühle ich mich verwaist, hier komme ich mir verwaist vor

öküz *s* ❶ AGR Ochse *m;* **~le çift sürmek** mit Ochsen pflügen ❷ (*fig, pej fam*) **~!** du (blöder) Ochse!; **~ gibi** wie ein Ochse; **~ gibi bakmak** (be)glotzen; **~ trene baktığı gibi bakmak** dastehen wie der Ochse vorm Berg ❸ (*fig*) präparierter Würfel

öküz arabası *s* Ochsenkarren *m*

öküzgözü *s* BOT Arnika *f*

öküzlük <-ğü> *s* (*fig fam*) Eselei *f*

ölçek <-ği> *s* ❶ Maßstab *m;* **yirmi binde bir ölçeğinde bir harita** eine Karte im Maßstab 1 : 20.000 ❷ Skala *f*

ölçekli *adj* maßstabsgerecht

ölçer *s* (*fam*) Schürhaken *m*

ölçme *s* ❶ *Verbalsubstantiv zu* **ölçmek** ❷ Messung *f*

ölçmek *vt* (aus)messen

ölçtürme *s* ❶ *Verbalsubstantiv zu* **ölçtürmek** ❷ Messung *f*

ölçtürmek *vt Kausativ zu* **ölçmek** messen lassen

ölçü *s* ❶ Maß *nt;* **birinin ~sünü almak** das Maß bei jdm nehmen; **~yü kaçırmak** das rechte Maß verlieren, das Maß überschreiten; (*fam*) den Bogen überspannen; **büyük ~de** in hohem Maße ❷ LIT (*vezin*) Versmaß *nt*

ölçü bilimi *s ohne pl* Messwesen *nt* **ölçü birimi** *s* Maßeinheit *f*

ölçülebilir *adj* messbar

ölçülen *s* Messgröße *f*

ölçülme *s* ❶ *Verbalsubstantiv zu* **ölçülmek** ❷ Messung *f*

ölçülmek *vi pass von* **ölçmek** gemessen werden

ölçülü *adj* maßvoll; **bir şeyde ~ olmak** bei [*o* in] etw Maß halten

ölçüm *s* Messung *f*

ölçü sistemi *s* Maßsystem *nt*

ölçüsüz *adj* maßlos

ölçüsüzlük <-ğü> *s* Maßlosigkeit *f*

ölçüt *s* ❶ (*kıstas*) Maßstab *m* ❷ (*kriter*) Kriterium *nt*

öldürme *s* ❶ *Verbalsubstantiv zu* **öldürmek** ❷ Tötung *f*
öldürmek *vt* ❶ töten, umbringen; **kendini ~** sich umbringen ❷ ermorden, totschlagen; **birini gözünün yaşına bakmadan ~** (*fig*) jdn kaltblütig ermorden; **vakit ~** (*fig*) die Zeit totschlagen ❸ (*açlığı*) stillen
öldürücü *adj* ❶ tödlich; **~ bir hastalık** eine tödliche Krankheit ❷ (*fig: sıcaklar*) mörderisch
öldürülme *s* ❶ *Verbalsubstantiv zu* **öldürülmek** ❷ Tötung *f*
öldürülmek *vi pass von* **öldürmek** getötet werden
ölesiye *adv* **birini ~ çekememek** (*fam*) jdn auf den Tod nicht leiden können; **birini ~ sevmek** in jdn sterblich [*o* zum Sterben] verliebt sein
ölme *s ohne pl* ❶ *Verbalsubstantiv zu* **ölmek** ❷ Ableben *nt*
ölmek <-ür> *vi* sterben, umkommen; **çalışmaktan ~** (*fig*) sich totarbeiten
ölmez *adj* unsterblich
ölmez çiçek <-ği> *s* BOT (*yayla gülü*) Immortelle *f*, Strohblume *f*
ölmezoğlu *adj* (*fam*) unverwüstlich; **bu kumaş ~** dieser Stoff ist unverwüstlich
ölü **I.** *s* ❶ Tote(r) *f(m)*; **~nün naaş ve kemikleri** die leiblichen Reste des Toten ❷ (*ceset*) Leiche *f* **II.** *adj* tot; **~ açı** MIL toter Raum
Ölü Deniz *s* das Tote Meer
ölü doğum *s* MED Totgeburt *f* **ölü katılığı** *s* Leichenstarre *f*
ölüler diyarı *s ohne pl* Totenreich *nt*, Unterwelt *f*
ölüm *s* Tod *m*; **birini ~e mahkûm etmek** jdn zum Tode verurteilen **ölüm cezası** *s* Todesstrafe *f*; *s. a.* **idam cezası**
ölümcül *adj* tödlich; **~ bir hastalık** eine tödlich verlaufende Krankheit
ölüm dirim *adj* lebenswichtig **ölüm döşeği** *s* Sterbebett *nt*; **~ne düşmek** im Sterben liegen **ölüm hâli** *s* Todesfall *m* **ölüm kâğıdı** *s* Totenschein *m* **ölüm kalım meselesi** *s* eine Frage auf Leben und Tod **ölüm kalım mücadelesi** *s* Überlebenskampf *m*, ein Kampf auf Leben und Tod **ölüm korkusu** *s* Todesangst *f*
ölümlü **I.** *adj* sterblich; (*gelip geçici*) vergänglich; **~ trafik kazaları** tödliche Verkehrsunfälle **II.** *s* Normalsterbliche(r) *f(m)*
ölümlülük <-ğü> *s ohne pl* Sterblichkeit *f*
ölüm meleği *s* Todesengel *m* **ölüm oranı** *s* Sterblichkeitsziffer *f* **ölüm orucu** *s ohne pl* Todesfasten *nt* **ölüm sessizliği** *s ohne pl*, **ölüm sükûtu** *s ohne pl* Totenstille *f*
ölümsüz *adj* unsterblich
ölümsüzleşme *s Verbalsubstantiv zu* **ölümsüzleşmek**
ölümsüzleşmek *vi* unsterblich werden, Unsterblichkeit erlangen
ölümsüzleştirme *s Verbalsubstantiv zu* **ölümsüzleştirmek**
ölümsüzleştirmek *vt* unsterblich machen; (*ebedîleştirmek*) verewigen
ölümsüzlük <-ğü> *s ohne pl* Unsterblichkeit *f*, Immortalität *f*
ölüm tehlikesi *s ohne pl* Lebensgefahr *f*
ölüm yazısı *s* Nachruf *m*
ölüp ölüp *adv* **~ dirilmek** (*fig*) tausend Tode sterben
ölür *vi 3. Aorist von* **ölmek**
ölü soyucu *s* Leichenfledderer *m* **ölü yıkama** *s ohne pl* Totenwäsche *f* **ölü yıkayıcısı** *s* Totenwäscher *m*
ölüyü gömme *s* Leichenbegräbnis *nt*
ömrü *s poss von* **ömür**
ömrübillah *adv* REG (*hiçbir zaman*) nie im Leben; (*şimdiye değin*) bis jetzt
ömrühayat *s ohne pl* **~ımda** in meinem ganzen Leben
ömür <-mrü> *s* ❶ Leben *nt*; **~ geçirmek** sein Leben verbringen; **~ sürmek** ein Leben führen; **ömrümün sonuna kadar** bis an mein Lebensende ❷ Lebensdauer *f* ❸ (*fig*) toll, großartig; **~sün!** du bist gut!
ömür boyu *adv* lebenslang; **~ hapis yemek** „lebenslänglich" bekommen
ömür boyunca *adv* zeitlebens, das Leben lang
ömürsüz *adj* schnelllebig; (*ömrü kısa olan*) kurzlebig
ön **I.** *s* ❶ (*arka karşıtı*) **~e almak** (*bir kimseyi*) vornehmen; (*bir şeyi*) vorziehen, vorverlegen; **babasının ~ünde sigara içmez** vor seinem Vater raucht er nicht, in Anwesenheit seines Vaters raucht er nicht; **herkesin gözü ~ünde** vor aller Augen; **kapının/pencerenin ~ünde durmak** vor der Tür/dem Fenster stehen; **birinin ~üne kemik atmak** (*fig fam*) jdm etw in den Rachen werfen ❷ Vorderseite *f* **II.** *adj* ❶ vordere(r, s); **~ tampon** AUTO die vordere Stoßstange ❷ (*~ ad*) Vor-; (*~ koltuk*) Vorder- **ön ad** *s* ❶ Vorname *m* ❷ LING (*sıfat*) Adjektiv *nt* **ön aks** *s* AUTO Vorderachse *f* **ön alım hakkı** *s* JUR Vorkaufsrecht *nt*
Ön Asya *s* Vorderasien *nt*
ön belirti *s* Vorzeichen *nt* **ön bilgi** *s* Vorwissen *nt*, Vorkenntnisse *pl* **ön bilim** *s ohne pl* REL, PHILOS Allwissenheit *f* **ön cam** *s* AUTO Frontscheibe *f*, Windschutzscheibe *f*

önce **I.** *s* (*geçmiş zaman*) Vergangenheit *f* **II.** *adv* ❶ vor; **az ~** vorhin; **on yedi yıl ~** vor siebzehn Jahren; **yıllarca ~** Jahre zuvor ❷ (*ilk olarak*) erst, zuerst ❸ vorher; **haftalar ~** Wochen vorher

önceden *adv* vorher; (*başlangıçta*) anfangs; **bir şeyi ~ belirlemek** etw vorherbestimmen

önceki *adj* ❶ (*evvelki*) vorige(r, s) ❷ (*iki önceki*) **~ gün** vorgestern; **~ akşam/sabah** vorgestern Abend/Morgen

öncel *s* Vorgänger(in) *m(f)*

önceleme *s* ❶ *Verbalsubstantiv zu* **öncelemek** ❷ Vorwegnahme *f*

öncelemek *vt* vorwegnehmen

önceleri *adv* erst; (*başlangıçta*) anfangs

öncelik <-ği> *s ohne pl* Vorrang *m*

öncelikle *adv* vorrangig

öncelikli *adj* vorrangig

ön cephe *s* Vorderfront *f*

öncü **I.** *s* ❶ (*haberci*) Vorbote *m* ❷ (*avangart*) Vorkämpfer *m*, Avantgardist *m* ❸ (*fam: önder*) Führer *m*, Anführer *m*; **bir şeyde ~ olmak** federführend in etw sein ❹ MIL (*pişdar*) Vortrupp *m* **II.** *adj* avantgardistisch, vorkämpferisch

öncül *s* ❶ Prämisse *f* ❷ REG (*kılavuz*) Führer *m*

ön çalışma *s* Vorarbeit *f* **ön damak** <-ğı> *s* ANAT, MED Vordergaumen *m*

önde gelen *adj* führend

öndelik <-ği> *s* Vorschuss *m*

önden çekiş *s* AUTO Frontantrieb *m* **önden görünüş** *s* Vorderansicht *f*

önder *s* Führer *m*, Anführer *m*

önderlik <-ği> *s ohne pl* Führung *f*

ön deyi *s* Vorhersage *f*; (*kehanet*) Prophezeiung *f* **ön deyiş** *s* LIT Prolog *m* **ön dingil** *s* Vorderachse *f* **ön diş** *s* Frontzahn *m*

öndüçleme *s* LING, LIT (*metafor*) Metapher *f*

öne *s dat von* **ön** nach vorn

ön ek *s* LING Präfix *nt*, Vorsilbe *f*; *s. a.* **son ek**

önel *s* ❶ (*mehil*) Nachfrist *f* ❷ JUR (*işten çıkarmak için*) Kündigungsfrist *f*

önem *s ohne pl* ❶ Relevanz *f*, Wichtigkeit *f*, Belang *m*, Erheblichkeit *f* ❷ Bedeutung *f*; **~ kazanmak** an Bedeutung gewinnen; **bir işe ~ vermek** einer Sache Bedeutung beimessen; **bunun ~i var/yok** das hat eine/keine Bedeutung; **~ini yitirmek** an Bedeutung verlieren; **bir işin/eylemin ~ini küçümsemek** die Bedeutung einer Sache/Tat unterschätzen

önemli *adj* wichtig, relevant, belangvoll; **bir şeyi ~ bul(ma)mak** etw (nicht) wichtig finden; **bir şey bir kimse/şey için ~dir** etw ist wichtig [*o* von Belang] für jdn/etw

önemlice *adj* ❶ ziemlich wichtig ❷ (*ciddi*) ernsthaft

önemseme *s Verbalsubstantiv zu* **önemsemek**

önemsemek *vt* wichtig nehmen, ernst nehmen, für wichtig halten

önemsenme *s Verbalsubstantiv zu* **önemsenmek**

önemsenmek *vi pass von* **önemsemek**

önemsiz *adj* unwichtig, belanglos, bedeutungslos, irrelevant

önemsizlik <-ği> *s* Unwichtigkeit *f*, Belanglosigkeit *f*, Bedeutungslosigkeit *f*

önerge *s* POL Antrag *m*; **~ çoğunlukla kabul edildi** der Antrag wurde mehrheitlich angenommen; **~ vermek** einen Antrag stellen

öneri *s* Vorschlag *m*; **~de bulunmak** einen Vorschlag machen; **~si geniş yankı uyandırdı** sein Vorschlag fand ein breites Echo

önerme *s* ❶ *Verbalsubstantiv zu* **önermek** ❷ (*teklif*) Vorschlag *m* ❸ PHILOS (*mantıkta*) Aussage *f*, Behauptung *f*, Lehrsatz *m*, Satz *m*; **evrişik ~** umkehrbare Behauptung; **temel ~** grundlegender Lehrsatz; **yalın/zorunlu ~** assertorische/apodiktische Aussage

önermek *vt* vorschlagen

öngörme *s Verbalsubstantiv zu* **öngörmek**

öngörmek *vt* vorsehen

öngörü *s ohne pl* Voraussicht *f*

öngörülme *s Verbalsubstantiv zu* **öngörülmek**

öngörülmek *vi pass von* **öngörmek**: **şu önlemler öngörüldü** folgende Maßnahmen sind vorgesehen

öngörülü *adj* vorausschauend

ön gün *s* Vortag *m*

ön kol *s* ANAT Unterarm *m* **ön kol kemiği** *s* ANAT Speiche *f*; **dirsek kemiği ve ~** Elle und Speiche **ön koşul** *s* Vorbedingung *f*

önlem *s* (*tedbir*) ❶ Maßnahme *f*; **~ almak** Maßnahmen ergreifen [*o* treffend] ❷ Vorkehrung *f*; **~ almak** Vorkehrungen treffen

önleme *s Verbalsubstantiv zu* **önlemek**

önlemek *vt* ❶ verhindern, unterbinden ❷ (*önüne geçmek*) verhüten; (*durdurmak*) eindämmen

önlenme *s Verbalsubstantiv zu* **önlenmek**

önlenmek *vi pass von* **önlemek**

ön lisans *s* UNIV Vorstudium *nt*

önlük <-ğü> *s* ❶ Schürze *f* ❷ (*iş önlüğü*) Kittel *m*

ön plan *s* Vordergrund *m*; **~da** im Vordergrund

Ö

önsel *adv* PHILOS (*apriori*) a priori; *s. a.* **sonsal**

ön ses *s* LING Anlaut *m* **ön ses düşmesi** *s ohne pl*, **ön ses düşümü** *s ohne pl* LING Anlautschwund *m* **ön sezi** *s* Vorahnung *f* **ön soruşturma** *s* JUR Voruntersuchung *f* **ön söz** *s* Vorwort *nt* **ön sözleşme** *s* JUR Vorvertrag *m* **ön şart** *s* Vorbedingung *f* **ön tasarı** *s* Vorentwurf *m* **ön teker** *s* AUTO Vorderrad *nt* **ön tekerlek** <-ği> *s* Vorderrad *nt* **ön türeme** *s* LING (*protez*) Prothese *f*

önü sıra *adv* (*önünden*) vornweg; **~ gitmek** vornweg laufen

ön yargı *s* Vorurteil *nt* **ön yargılı** *adj* voreingenommen

öp *vt Imperativ von* **öpmek**: **~ babanın elini!** da haben wir die Bescherung!

öper *vt 3. Aorist von* **öpmek**

öpme *s* ❶ *Verbalsubstantiv zu* **öpmek** ❷ Kuss *m*

öpmek <-er> *vt* küssen (**-den** auf); **birini alnından/yanağından ~** jdn auf die Stirn/Wange küssen

öptürme *s Verbalsubstantiv zu* **öptürmek**

öptürmek *vt Kausativ zu* **öpmek**

öpücük <-ğü> *s* Küsschen *nt;* (*buse*) Kuss *m*

öpülme *s Verbalsubstantiv zu* **öpülmek**

öpülmek *vi pass von* **öpmek**

öpüş *s* Kuss *m;* **her ~te** bei jedem Kuss

öpüşme *s Verbalsubstantiv zu* **öpüşmek**

öpüşmek *vi* sich küssen

ördek <-ği> *s* ZOOL Ente *f*

ördekgagası *adj* (*açık turuncu*) hellorange

ördek yumurtası *s* Entenei *nt*

öreke *s* Rocken *m*, Spinnrocken *m*

ören *s* Ruine *f*

örf *s* Brauch *m*, Sitte *f;* **~ ve âdetler** Sitten und Gebräuche **örf ve âdet hukuku** *s ohne pl* JUR Gewohnheitsrecht *nt*

örgü *s* ❶ (*saç ~ sü*) Zopf *m* ❷ **~ örmek** stricken

örgü ipliği *s* Strickgarn *nt* **örgü şişi** *s* Stricknadel *f*

örgüt *s* Organisation *f;* (*suç ~ ü*) Vereinigung *f;* (*çatı ~ ü*) Verband *m*

örgütleme *s Verbalsubstantiv zu* **örgütlemek**

örgütlemek *vt* organisieren, formieren

örgütlenme *s Verbalsubstantiv zu* **örgütlenmek**

örgütlenmek *vi* sich organisieren; **sendika olarak ~** sich gewerkschaftlich organisieren

örgütlü *adj* organisiert

örgütsel *adj* organisatorisch

örgütsüz *adj* unorganisiert

örme *s Verbalsubstantiv zu* **örmek** **örme işleri** *pl s.* **trikotaj** Strickwaren *pl*

örmek <-er> *vt* ❶ (*kazak*) stricken; **örgü ~** stricken; **teyzem sabahtan akşama kadar örgü örer** meine Tante strickt von morgens bis abends ❷ (*dantel, halı*) knüpfen; (*örümcek ağı*) spinnen; (*sepet*) flechten

örneğin *adv* (wie) zum Beispiel, beispielsweise

örnek **I.** *s* <-ği> ❶ Muster *nt* ❷ (*misal*) Beispiel *nt;* **onu kendine ~ alabilirsin** an ihm kannst du dir ein Beispiel nehmen **II.** *adj* beispielhaft, mustergültig, musterhaft

örneksel *adj* INFORM analog **örneksel hesap makinesi** *s* Analogrechner *m* **örneksel sayısal çevirici** *s* INFORM Analog-Digital-Wandler *m*

örnekseme *s* LING Analogiebildung *f*

Örovizyon *s ohne pl* Eurovision *f*

örs *s* TECH Amboss *m*

örseleme *s Verbalsubstantiv zu* **örselemek**

örselemek *vt* ❶ (*yıpratmak*) abnutzen, verschleißen; (*hırpalamak*) (übel) zurichten; (*zedelemek*) beschädigen ❷ (*gücünü azaltmak*) schwächen, entkräften; **hastalık onu epey örseledi** die Krankheit hat ihn ziemlich geschwächt [*o* mitgenommen]

örs kemiği *s* ANAT, MED Amboss *m;* **~, çekiç kemiği ile üzengi kemiği arasında bulunur** der Amboss befindet sich zwischen Hammer und Steigbügel; **~, üç işitme kemikçiğinden biridir** der Amboss ist eines der Gehörknöchelchen

ört *vt Imperativ von* **örtmek**

örtbas *s* **~ etmek** vertuschen, kaschieren

örter *vt 3. Aorist von* **örtmek**

örtme *s Verbalsubstantiv zu* **örtmek**

örtmek <-er> *vt* bedecken, zudecken, verhüllen

örtü *s* Decke *f*

örtünme *s Verbalsubstantiv zu* **örtünmek**

örtünmek *vi* sich bedecken, sich verhüllen; (*battaniye ile*) sich zudecken

örtüşme *s* ❶ *Verbalsubstantiv zu* **örtüşmek** ❷ Übereinstimmung *f*

örtüşmek *vi* sich decken, übereinstimmen

örümce *s* (*fam: örümcek*) Spinne *f*

örümceğimsiler *s* ZOOL (*sınıf*) Spinnentiere *pl*

örümcek <-ği> *s* ❶ Spinne *f* ❷ (*~ ağı*) Spinngewebe *nt* ❸ (*yürüteç*) Laufgitter *nt*, Laufstall *m*

örümcek ağı *s* Spinnwebe *f*, Spinnennetz *nt* **örümcek kuşu** *s* ZOOL Würger *m*

östaki *s*, **östaki borusu** *s*, **östaki tüpü** *s* ANAT Eustachische Röhre *f*, Ohrtrompete *f*
östrojen *s* MED Östrogen *nt* **östrojen tedavisi** *s* MED Östrogenbehandlung *f*
öt *vi Imperativ von* **ötmek**
ötanazi *s ohne pl* Euthanasie *f*
öte I. *s* ❶ **evlerin ~sinde** hinter den Häusern; **iyinin ve kötünün ~sinde** jenseits von Gut und Böse; **buradan ~ye gitmem** von hier gehe ich nicht weiter ❷ Rest *m*; **~si kolay** der Rest ist leicht [*o* einfach]; **~sini bana bırak** lass mich den Rest machen ❸ (*öbür yan*) **~ye geç!** geh rüber!, geh auf die andere Seite! **II.** *adj* ❶ andere(r, s); **ırmağın ~ yakası** die andere Seite des Flusses ❷ (*daha fazla*) mehr (**-den** als) **öte beri** *s* ❶ Klamotten *pl* ❷ dies und das
ötede beride *adv* hier und da
öteden beri *adv* seit [*o* von] jeher
öteki *adj* andere(r, s); **Ay'ın ~ yüzü** die andere Seite des Mondes; **bir kişiden ~ne** von einem zum anderen; **ne biri ne ~** weder der eine noch der andere; **şehrin ~ ucunda** am anderen Ende der Stadt **öteki beriki** *s* (*olur olmaz kimseler*) Hinz und Kunz
ötekisi *pron* **beriki sandalya kırık ~ni al** dieser Stuhl hier ist kaputt, nimm den anderen
öter *vi 3. Aorist von* **ötmek öter ardıç** <-cı> *s* ZOOL Singdrossel *f*
öte yandan *adv* (*diğer taraftan*) andererseits
ötleğen *s* ZOOL Grasmücke *f*
ötme *s Verbalsubstantiv zu* **ötmek**
ötmek <-er> *vi* ❶ (*kuş*) singen ❷ (*horoz*) krähen; (*cırcır böceği*) zirpen; (*güvercin*) gurren ❸ (*üflemeli çalgı*) tönen, Töne von sich geben ❹ (*yankı vermek*) hallen, schallen ❺ (*sl: anlamsız, boş konuşmak*) Quatsch reden, dummes Zeug reden ❻ (*sl: kusmak*) kotzen
öttürme *s Verbalsubstantiv zu* **öttürmek**
öttürmek *vt* ❶ *Kausativ zu* **ötmek** ❷ (*üflemeli çalgı*) zum Tönen bringen, spielen, blasen; **birinin düdüğünü ~** (*fig fam*) nach jds Pfeife tanzen; **vapur canavar düdüğünü öttürdü** der Dampfer ließ seine Sirene ertönen
ötücü *adj* Sing- **ötücü kuş** *s* ZOOL Singvogel *m*
ötümlü *adj* LING stimmhaft
ötümlüleşme *s Verbalsubstantiv zu* **ötümlüleşmek**
ötümlüleşmek *vi* stimmhaft werden
ötümlülük <-ğü> *s ohne pl* Stimmhaftigkeit *f*
ötümsüz *adj* LING stimmlos
ötümsüzleşme *s Verbalsubstantiv zu* **ötümsüzleşmek**
ötümsüzleşmek *vi* stimmlos werden
ötümsüzlük <-ğü> *s ohne pl* Stimmlosigkeit *f*
ötürme *s Verbalsubstantiv zu* **ötürmek**
ötürmek *vi* REG (*ishal olmak*) Durchfall bekommen; (*ishali olmak*) Durchfall haben
ötürü *part* (*-den ~*) wegen
ötürük <-ğü> *s* REG (*ishal*) Durchfall *m*; **~ olmak** Durchfall bekommen; **ötürüğü olmak** Durchfall haben
ötüş *s* Gesang *m*; **cırcır böceğinin ~ü** das Zirpen der Grille
ötüşme *s Verbalsubstantiv zu* **ötüşmek**
ötüşmek *vi* (*kuşlar*) singen; (*kuş yavruları*) zwitschern
över *vt 3. Aorist von* **övmek**
övgü *s* Lob *m* ❶ Lobrede *f*, Laudatio *f* ❷ (*söylenen söz*) Lobspruch *m*
övgücü I. *s* ❶ Lobredner(in) *m(f)* ❷ (*pej*) Lobhud(e)ler(in) *m(f)* **II.** *adj* lobrednerisch
övgücülük <-ğü> *s* (*pej*) Lobhudelei *f*
övme *s* ❶ *Verbalsubstantiv zu* **övmek** ❷ Lob *m*
övmek <-er> *vt* loben, rühmen
övünme *s Verbalsubstantiv zu* **övünmek**
övünmek *vt* sich loben, sich rühmen; **~ gibi olmasın, ...** ohne mich rühmen zu wollen, ...
öykü *s* Erzählung *f*; (*hikâye*) Geschichte *f*
öykücü *s* Geschichtenerzähler *m*
öykünce *s* LIT (*fabl*) Fabel *f*
öykünme *s* REG ❶ *Verbalsubstantiv zu* **öykünmek** ❷ Nacheiferung *f*; (*taklit*) Nachahmung *f*
öykünmek *vi* REG ❶ nacheifern (**-e**); **bir kimseye/şeye ~** jdm/etw nacheifern ❷ (*taklit etmek*) nachahmen (**-e**); **birine ~** jdn nachahmen
öyle I. *adj* solche(r, s) **II.** *adv* ❶ so; **~ ise** wenn das so ist; **~ veya böyle** so oder so; **birine ~ gelmek** jdm so vorkommen; **köpeği ~ sık havlayan komşu** der Nachbar, dessen Hund so oft bellt ❷ (*o denli*) dermaßen ❸ **~ mi?** so?, ja?; **razısın demek, ~ mi?** du bist also einverstanden, ja?
öylece *adv* ❶ (*tam öyle*) genauso ❷ (*öylelikle*) somit
öylelikle *adv* ❶ somit ❷ (*en sonunda*) somit, also, folglich
öyle öyle *adv* ❶ (*böylece*) somit, auf diese Weise ❷ (*yavaş yavaş*) allmählich, langsam, aber sicher
öylesine *adv* ❶ derart; **~ güldüm ki, ...** ich habe derart gelacht, dass ... ❷ derma-

ßen; ~ **korktum ki, ...** ich bin dermaßen erschrocken, dass ...
öyleyse *adv* also; **düşünüyorum, ~ varım** ich denke, also bin ich
öz **I.** *s* ❶ Selbst *nt* ❷ (*ekstre, hülasa*) Extrakt *m o nt* ❸ (*fig*) Kern *m* **II.** *pron* (*kendi*) selbst **III.** *adj* ❶ leiblich; ~ **oğlum** mein leiblicher Sohn ❷ (*saf, arı*) rein **öz bağışıklık** <-ğı> *s* MED Abwehrkräfte *pl*
Özbek **I.** *s* Usbeke, Usbekin *m, f* **II.** *adj* usbekisch
Özbekçe *s* Usbekisch *nt;* ~**de** im Usbekischen
Özbekistan *s* Usbekistan *nt*
özbeöz *s* Inbegriff *m;* **o, ~ bilim adamıdır** er ist der Inbegriff eines Gelehrten
öz beslenen *adj* BIOL (*ototrof*) autotroph **öz beslenme** *s ohne pl* BIOL (*ototrofi*) Autotrophie *f*
özcesi *adv* kurzum
özdek <-ği> *s ohne pl* ❶ PHILOS (*madde*) Materie *f;* **tin ve ~** Geist und Materie ❷ (*ayniyat*) Naturalien *pl*
özdekçi **I.** *s* PHILOS (*maddeci/materyalist*) Materialist(in) *m(f)* **II.** *adj* PHILOS (*maddeci/materyalist*) materialistisch
özdekçilik <-ği> *s ohne pl* PHILOS (*maddecilik/materyalizm*) Materialismus *m*
özdeksel *adj* PHILOS (*tinsel karşıtı*) materiell
özden *s s.* **timüs** MED, ANAT (*Glandula thymus*) Thymusdrüse *f*
öz denetim *s* PSYCH Selbstkontrolle *f*
özdeş *adj* identisch
özdeşleşme *s* ❶ *Verbalsubstantiv zu* **özdeşleşmek** ❷ Identifizierung *f*
özdeşleşmek *vi* sich identifizieren (**ile** mit)
özdeşleştirme *s* ❶ *Verbalsubstantiv zu* **özdeşleştirmek** ❷ Identifikation *f*
özdeşleştirmek *vt* identifizieren (**-le** mit)
özdeşlik <-ği> *s* Identität *f*
özdeyiş *s* Sinnspruch *m;* (*aforizm*) Aphorismus *m*
özek <-ği> *s* REG (*merkez*) Zentrum *nt*
özekçil *adj* zentrisch
özek doku *s* BIOL (*parankima*) Parenchym *nt*
özel *adj* ❶ privat, Privat- ❷ speziell, Spezial-, Sonder-, besondere(r, s); ~ **bir isteğim var** ich habe einen speziellen Wunsch; ~ **bir şey** etwas Besonderes **özel ad** *s* Eigenname *m* **özel baskı** *s* Sonderdruck *m* **özel çekim hakkı** *s* WIRTSCH Sonderziehungsrecht *nt* **özel çıkar** *s* Privatinteresse *nt* **özel girişim** *s* WIRTSCH Privatunternehmen *nt* **özel hayat** *s ohne pl* Privatleben *nt* **özel isim** <-smi> *s s.* **özel ad** Eigenname *m*
özelleştirme *s* ❶ *Verbalsubstantiv zu* **özelleştirmek** ❷ WIRTSCH Privatisierung *f*
özelleştirmek *vt* WIRTSCH privatisieren
özellik <-ği> *s* Besonderheit *f,* Eigenschaft *f*
özellikle *adv* insbesondere
özel mülkiyet *s* Privateigentum *nt* **özel okul** *s* Privatschule *f* **özel radyo** *s* Privatsender *m* **özel sayı** *s* Sondernummer *f,* Sonderausgabe *f* **özel televizyon** *s* Privatfernsehen *nt* **özel tim** *s* Sondereinheit *f,* Spezialeinheit *f* **özel yaşam** *s ohne pl* Privatleben *nt*
özeme *s Verbalsubstantiv zu* **özemek**
özemek *vt* REG (*suyla inceltmek*) mit Wasser verdünnen
özen *s ohne pl* Sorgfalt *f*
özendirme *s* ❶ *Verbalsubstantiv zu* **özendirmek** ❷ (*teşvik*) Förderung *f;* (*promosyon*) Verkaufsförderung *f*
özendirmek *vt* ❶ (*teşvik etmek*) fördern ❷ (*isteklendirmek*) anregen, animieren
özenli *adj* sorgfältig
özenme *s Verbalsubstantiv zu* **özenmek**
özenmek *vi* ❶ sorgfältig arbeiten; (*itina etmek*) sich viel Mühe geben (**-e** mit) ❷ (*benzemeye çalışmak*) nacheifern (**-e**), nachstreben (**-e**); **birine ~** jdm nacheifern
özensiz *adj* unsauber; (*kaba*) grob; ~ **çalışmak** ohne Sorgfalt arbeiten
özenti *s* Nacheiferung *f;* **taklit ve ~ devri** die Zeit der Nachahmung und der Nacheiferung
özentici *s* Nacheiferer *m*
özerk *adj* autonom
özerklik <-ği> *s ohne pl* ❶ Autonomie *f* ❷ Eigengesetzlichkeit *f*
özet *s* ❶ Zusammenfassung *f,* Kurzfassung *f* ❷ (*hesap ~i*) Auszug *m*
özetleme *s* ❶ *Verbalsubstantiv zu* **özetlemek** ❷ Zusammenfassung *f*
özetlemek *vt* zusammenfassen
özetlenme *s Verbalsubstantiv zu* **özetlenmek**
özetlenmek *vi pass von* **özetlemek**
özezer **I.** *s* (*mazoşist*) Masochist(in) *m(f)* **II.** *adj* masochistisch
özezerlik <-ği> *s ohne pl* Masochismus *m*
özgeci *s* Altruist(in) *m(f)*
özgecil *adj* altruistisch, uneigennützig, selbstlos
özgecilik <-ği> *s ohne pl* Altruismus *m,* Selbstlosigkeit *f,* Uneigennützigkeit *f*
öz geçmiş *s* Lebenslauf *m*
özgü *adj* eigen(tümlich), charakteristisch (**-e** für); **gençlere ~** für Jugendliche charakteristisch; **kendine ~** eigentümlich; **kendine ~ bir kinizmle** mit dem ihm

eigenen Zynismus
özgül *adj* spezifisch; ~ **ağırlık** PHYS spezifisches Gewicht
özgüleme *s* ❶ *Verbalsubstantiv zu* **özgülemek** ❷ Spezifizierung *f*
özgülemek *vt* ❶ spezifizieren; (*birine ayırmak*) zuteilen (-**e**); (*bir şeye ayırmak*) aufteilen (-**e**) ❷ (*hasretmek*) widmen (-**e**)
özgüllük <-ğü> *s* Spezifität *f*
özgülük <-ğü> *s ohne pl* Spezifik *f*, Eigentümlichkeit *f*, Eigenart *f*
özgün **I.** *s* Original *nt* **II.** *adj* ❶ original ❷ originell
özgünlük <-ğü> *s ohne pl* Originalität *f*
özgür *adj* frei
özgürlük <-ğü> *s* Freiheit *f*
özgürlükçü *adj* freiheitlich
özgürlük mücadelesi *s* Freiheitskampf *m*
öz güven *s ohne pl* Selbstvertrauen *nt* **öz indükleme** *s ohne pl* PHYS Selbstinduktion *f* **öz kaynaklar** *pl* Eigenmittel *pl*
özlem *s* Sehnsucht *f*; ~ **dolu** sehnsuchtsvoll, voller Sehnsucht; **uzun zamandır ~i çekilen an** der lang ersehnte Augenblick
özleme *s Verbalsubstantiv zu* **özlemek**
özlemek *vt* vermissen, ersehnen
özlemli *adj* sehnsüchtig, sehnsuchtsvoll
özlenme *s Verbalsubstantiv zu* **özlenmek**
özlenmek *vi pass von* **özlemek**
özlenti *s* Sehnsucht *f*
özlentili *adj* sehnsüchtig; (*özlem dolu*) sehnsuchtsvoll
özler *vt 3. Aorist von* **özlemek**
özleştirme *s* ❶ *Verbalsubstantiv zu* **özleştirmek** ❷ Reinigung *f*
özleştirmeci *s* LING Purist(in) *m(f)*
özleştirmecilik <-ği> *s ohne pl* LING Purismus *m*
özleştirmek *vt* (*arılaştırmak*) reinigen
özleyiş *s* Sehnsucht *f*
özlü *adj* ❶ markig, kernig ❷ essenziell, wesentlich ❸ treffend; **kısa ve ~** kurz und bündig [*o* treffend] ❹ (*un*) sämig; (*toprak*) ergiebig
özlük <-ğü> *s* ❶ (*mahiyet*) Beschaffenheit *f* ❷ (*kişi*) Person *f* **özlük işleri** *pl* ❶ Personalangelegenheiten *pl* ❷ (*bölüm*) Personalabteilung *f*
özne *s a.* LING Subjekt *nt* **özne grubu** *s* LING Subjektsatz *m*
öznel *adj* subjektiv
öznelci **I.** *s* Subjektivist(in) *m(f)* **II.** *adj* subjektivistisch
öznelcilik <-ği> *s ohne pl* PHILOS (*sübjektivizm*) Subjektivismus *m*
öz öğrenimli *adj* (*otodidakt*) autodidaktisch
özrü *s poss von* **özür**
öz saygı *s ohne pl* Selbstachtung *f*
özsermaye *s* FIN Eigenkapital *nt*
özseverlik <-ği> *s ohne pl* Selbstliebe *f*; (*narsisizm*) Narzissmus *m*
öz su <-yu> *s* ❶ BIOL Honigtau *m*; BOT (*sütlü* ~) Saft *m* ❷ (*mide* ~*yu*) Saft *m*
özümleme *s* ❶ *Verbalsubstantiv zu* **özümlemek** ❷ BIOL (*asimilasyon*) Assimilation *f*
özümlemek *vt* BIOL assimilieren
özümlenme *s* ❶ *Verbalsubstantiv zu* **özümlenmek** ❷ BIOL (*asimilasyon*) Assimilation *f*
özümlenmek *vi pass von* **özümlemek**
özün erosluk <-ğu> *s ohne pl* PSYCH (*otoerotizm*) Autoerotik *f*
özür <-zrü> *s* ❶ (*mazeret*) Entschuldigung *f*; ~ **diledi** er bat um Entschuldigung; (**çok**) ~ **dilerim!** ich bitte (vielmals) um Entschuldigung!, entschuldigen Sie (vielmals)!; **birinden bir şey için ~ dilemek** jdn für etw um Entschuldigung bitten, sich bei jdm für etw entschuldigen ❷ (*sakatlık*) Behinderung *f*; (*defo*) Fehler *m*
özveri *s ohne pl* ❶ Hingabe *f*, Selbstaufopferung *f*, Selbstlosigkeit *f* ❷ (*fedakârlık*) Opferbereitschaft *f*
özverili *adj* hingebungsvoll, selbstlos
öz yaşam öyküsü *s* (*otobiyografi*) Autobiografie *f* **öz yönetim** *s ohne pl* ADMIN Selbstverwaltung *f*

Ö

P p

P, p [pe] *s* P, p *nt* (*zwanzigster Buchstabe des türk. Alphabets*); **Polatlı'nın ~'si** P wie Paula
pabuç <-cu> *s* Schuh *m;* **bir şey için ~ eskitmek** [*o* **paralamak**] (*fig*) die Sohlen nach etw ablaufen; **sağlam ~ olmamak** (*fig*) windig sein, nicht zuverlässig sein; **pabucu dama atılmak** (*fig*) ins Abseits geraten, weg vom Fenster sein; **birinin pabucunu dama atmak** (*fig*) jdm den Rang ablaufen; **birinin iki ayağını bir pabuca sokmak** (*fig*) jdn in Bedrängnis bringen
pabuççu *s* ❶ (*ayakkabıcı*) Schuster *m* ❷ (*camilerde ayakkabıları bekleyen kimse*) Schuhwärter *m*
pabuçsuz *adj* barfuß
paça *s* ❶ Hosenbein *nt;* **birini yaka ~ kapı dışarı etmek** (*fam*) jdn achtkantig hinauswerfen, jdn hochkant rauswerfen, jdn in hohem Bogen hinauswerfen; **suyu** [*o* **dereyi**] **görmeden ~ları sıvamak** (*fig fam*) über ungelegte Eier gackern, ungelegte Eier begackern; **~yı kurtarmak** (*fam*) entkommen; **~ları sıvamak** (*fig: kolları sıvamak*) die Ärmel hochkrempeln; **~yı kurtarmış olmak** (*fig fam*) aus dem Schneider sein; **~ları sıvamak** (*fig: kolları sıvamak*) die Ärmel hochkrempeln ❷ GASTR Hachse *f,* Haxe *f,* Bein *nt*
paçası kıvrık pantalon *s* Bundfaltenhose *f*
paçavra *s* Fetzen *m,* Stofffetzen *m,* Lumpen *m*
paçavracı *s* (*toplayan*) Lumpensammler(in) *m(f);* (*toplayıp satan*) Lumpenhändler(in) *m(f)*
paçavra hastalığı *s* REG (*nezle*) Schnupfen *m;* (*grip*) Grippe *f*
paçoz *s* ❶ ZOOL Großkopf *m,* Gestreifte Meeräsche ❷ (*sl*) Schlampe *f*
padılbot *s* Paddelboot *nt*
padişah [pa:--] *s* HIST Sultan *m;* **çoban kulübesinde ~ rüyası görmek** (*fig*) Luftschlösser bauen
padişahlık <-ğı> *s* Sultanat *nt*
padok <-ğu> *s* Paddock *m*
pafta *s* ❶ Flurkarte *f* ❷ TECH (*yivaçar*) Gewindeschneider *m* ❸ (*süs için çivi*) Ziernagel *m* ❹ (*leke*) Fleck *m*
paganizm *s ohne pl* Paganismus *m*
pagoda *s* Pagode *f*
paha *s* (*fiyat*) Preis *m;* **~ biçmek** schätzen (**-e**); **~ya çıkmak** sich verteuern, teurer werden, sich verteuern; **ateş ~sı** sündhaft teuer; **ne ~sına olursa olsun** koste es, was es wolle, um jeden Preis; **treni kaçırmak ~sına onu bekledim** selbst auf die Gefahr, den Zug zu verpassen, habe ich auf ihn gewartet **paha biçilmez** *adj* unschätzbar
pahacı *s* Halsabschneider(in) *m(f)*
pahalanma *s Verbalsubstantiv zu* **pahalanmak**
pahalanmak *vi* teurer werden, sich verteuern
pahalı *adj* teuer; **bir şey birine ~ya oturmak/mal olmak** etw kommt jdn teuer zu stehen
pahalılaşma *s* ❶ *Verbalsubstantiv zu* **pahalılaşmak** ❷ Verteuerung *f*
pahalılaşmak *vi* teurer werden, sich verteuern
pahalılık <-ğı> *s* Teuerung *f* **pahalılık oranı** *s* Teuerungsrate *f*
pak *adj* rein; **vicdanı ~ olmak** ein reines Gewissen haben
paket *s* ❶ Paket *nt* ❷ Packung *f;* **bir ~ çikolata** eine Tafel Schokolade
paketleme *s Verbalsubstantiv zu* **paketlemek**
paketlemek *vt* ❶ abpacken ❷ einpacken, verpacken ❸ (*fam*) **birini ~** jdn abblitzen lassen; (*baştan savmak*) jdn abwimmeln, jdn loswerden
paketlenme *s Verbalsubstantiv zu* **paketlenmek**
paketlenmek *vi pass von* **paketlemek**
paketletme *s Verbalsubstantiv zu* **paketletmek**
paketletmek *vt Kausativ zu* **paketlemek** einpacken lassen
paket program *s* RADIO, TV Aufzeichnung *f,* Liveaufzeichnung *f* **paket tur** *s* Pauschalreise *f*
Pakistan **I.** *s* Pakistan *nt* **II.** *adj* pakistanisch; **~ hükümeti** die pakistanische Regierung
Pakistanlı **I.** *s* Pakistani *m,* Pakistaner(in) *m(f)* **II.** *adj* pakistanisch; **~ bir kadın** eine pakistanische Frau
paklama *s Verbalsubstantiv zu* **paklamak**
paklamak *vt* reinigen, sauber machen, säubern
paklanma *s Verbalsubstantiv zu* **paklanmak**
paklanmak *vi pass von* **paklamak**
paklık <-ğı> *s s.* **temizlik** Sauberkeit *f*

pakt *s* POL Pakt *m*
pala *s* ❶ Pallasch *m* ❷ Säbel *m;* ~ **çalmak** [*o* **sallmak**] den Säbel schwingen; (*fig: didinmek*) sich abrackern, schuften; ~ **çekmek** den Säbel ziehen [*o* zücken] ❸ Ruderblatt *nt*
palabıyık <-ğı> *s* Schnauzbart *m*
paladyum *s ohne pl* CHEM Palladium *nt*
palamar *s* NAUT ❶ Trosse *f* ❷ Fangleine *f;* ~**ı koparmak** [*o* **çözmek**] (*fam: kaçmak*) abhauen, türmen
palamut[1] <-du> *s* BOT (*pelit*) Eichel *f*
palamut[2] <-du> *s* ZOOL Bonito *m*
palamut maddesi *s* (*sepicilikte*) Beize *f* **palamut meşesi** *s* BOT Valonea-Eiche *f*
palan *s* Sattelkissen *nt*
palanga *s* Flaschenzug *m*
palas I. *s* Palast *m;* (*gösterişli yapı*) Prachtbau *m* **II.** *adj* (*sl*) ❶ (*kolay*) leicht ❷ (*kolaylık gösteren*) entgegenkommend ❸ (*hoşa giden*) geil, prächtig
palaska *s* MIL Koppel *nt*
palas pandıras *adv* (*fam*) Hals über Kopf
Palatina *s* Pfalz *f*
palavra *s* ❶ (*fam*) Flunkerei *f,* Lügengeschichte *f;* ~ **atmak** [*o* **sıkmak**] [*o* **savurmak**] flunkern, Lügengeschichten erzählen; (*abartarak konuşmak*) aufschneiden; **birine** ~ **atmak** jdm Lügen auftischen, Lügengeschichten erzählen; **bunların hepsi** ~**dır** das ist alles frei erfunden ❷ NAUT Hauptdeck *nt*
palavracı *s* (*fam*) Flunkerer *m;* (*yaptığı işleri abartan*) Aufschneider(in) *m(f)*
palaz *s* (*kaz, ördek, güvercin yavrusu*) Junge(s) *nt*
palazlama *s Verbalsubstantiv zu* **palazlamak**
palazlamak *vi* ❶ (*büyümek*) wachsen, groß werden ❷ (*fig: gelişmek*) sich entwickeln ❸ (*fig: zenginleşmek*) reich werden
palazlanma *s Verbalsubstantiv zu* **palazlanmak**
palazlanmak *vi* ❶ (*büyümek*) wachsen, groß werden ❷ (*fig: zenginleşmek*) reich werden
paleontoloji *s ohne pl* Paläontologie *f*
paleozoik I. *s ohne pl* Paläozoikum *nt* **II.** *adj* paläozoisch
palet *s* ❶ *a.* TECH Palette *f* ❷ (*yüzmek için*) Schwimmflosse *f* ❸ (*tırtıl*) Raupe *f;* (*metal şerit*) Raupenkette *f*
paletli taşıt *s* Raupenfahrzeug *nt,* Gleiskettenfahrzeug *nt*
palisat dokusu *s* BOT Palisadengewebe *nt*
palmitik asit <-di> *s ohne pl* CHEM Palmitinsäure *nt*
palmitin *s ohne pl* CHEM Palmitin *nt*
palmiye *s* BOT Palme *f*
palto *s* Mantel *m*
palyaço *s* Clown *m* **palyaço balığı** *s* Prachtschmerle *f*
palyaçoluk <-ğu> *s* Clownerie *f;* ~ **yapmak** (*fam*) den Clown spielen
palyatif *adj* palliativ
pampa *s* Pampa *f*
pamuk <-ğu> *s ohne pl* Baumwolle *f* **pamuk ipliği** *s* (*tire*) Baumwollzwirn *m*
pamuklu *adj* baumwollen
Pamuk Prenses *s* LIT, FILM Schneewittchen *nt*
panama *s* ❶ (*kumaş*) Panama *m* ❷ (*şapka*) Panama *m,* Panamahut *m*
Panama *s* Panama *nt* **Panama Kanalı** *s ohne pl* Panamakanal *m*
Panamalı I. *s* Panamaer(in) *m(f)* **II.** *adj* panamaisch
panayır *s* Jahrmarkt *m*
pancar *s* ❶ Rote Bete *f* ❷ (*şeker* ~*ı*) Rübe *f*
pancur *s* REG (*panjur*) Fensterladen *m*
panda *s* ZOOL Panda *m*
pandispanya *s* Sandkuchen *m* **pandispanya gazetesi** *s* (*fam*) Zeitungsente *f*
pandül *s s.* **sarkaç** Pendel *nt*
panel *s* ❶ Podiumsgespräch *nt,* Podiumsdiskussion *f* ❷ AUTO **gösterge** ~**i** Tafel *f*
panik <-ği> *s* Panik *f;* (**bir**) ~ **oldu** (eine) Panik brach aus; **paniğe kapılmak/vermek** in Panik geraten/versetzen
panikatak <-ğı> *s* PSYCH Panikattacke *f*
panikleme *s Verbalsubstantiv zu* **paniklemek**
paniklemek *vi* in Panik geraten
Panislamcı *s* Panislamist(in) *m(f)*
Panislamcılık <-ğı> *s ohne pl,* **Panislamizm** *s ohne pl* Panislamismus *m*
panjur *s* Fensterladen *m*
pankart *s* Spruchband *nt,* Transparent *nt*
pankreas *s,* **pankreas bezi** *s* ANAT Pankreas *nt,* Bauchspeicheldrüse *f*
pano *s* ❶ (*ilan* ~*su*) Anschlagbrett *nt* ❷ AUTO (*gösterge* ~*su*) Armaturenbrett *nt* ❸ Täfelung *f;* (*tahta*) Brett *nt*
panorama *s* ❶ Panorama *nt* ❷ (*fig: genel görünüm*) Rundblick *m*
pansiyon *s* Pension *f;* **yarım/tam** ~ Halb-/Vollpension
pansiyoner *s* Pensionsgast *m*
Panslavizm *s ohne pl* Panslavismus *m,* Panslawismus *m*
pantalon *s s.* **pantolon**
panteist I. *s* REL, PHILOS Pantheist(in) *m(f)* **II.** *adj* pantheistisch
panteizm *s ohne pl* REL, PHILOS Pantheismus *m*
panteon *s* Pantheon *nt*

P

panter *s* ZOOL (*pars*) Pant(h)er *m*
pantograf *s* Storchschnabel *m*
pantol *s* REG (*pantolon*) Hose *f*
pantolon *s* Hose *f* **pantolon askısı** *s* Hosenträger *pl* **pantolon cebi** *s* Hosentasche *f* **pantolon kumaşı** *s* Hosenstoff *m* **pantolon zıhı** *s* Hosenborte *f*
pantomim *s* THEAT Pantomime *f*, Mienenspiel *nt*
pantufla *s* (*aba terlik*) Filzpantoffel *m*
panzehir <-hri> *s* Gegengift *nt*
panzer *s* Panzerwagen *m*
papa *s* Papst *m*
papağan *s* Papagei *m;* ~ **gibi her şeyi tekrarlamak** alles nachplappern wie ein Papagei
papalık <-ğı> *s* Papsttum *nt*
papara *s* (*fam*) Abreibung *f;* ~ **yemek** eine Abreibung kriegen
paparazzi *s* Paparazzo *m*
papatya *s* BOT Kamille *f;* (*sarı*~) Gänseblümchen *nt*
papaya *s* BOT, GASTR Papaya *f*
papaz *s* REL Pfarrer *m,* Pastor *m*
papazlık <-ğı> *s* REL Pfarramt *nt*
papikçi *s* (*fam: sokak satıcısı*) Straßenhändler(in) *m(f)*
papirus *s* Papyrus *m*
paprika *s* Paprika *m*
papyon *s,* **papyon kravat** *s* Fliege *f*
para *s* Geld *nt,* Währung *f;* ~ **basmak** Geld drucken; (*kumarda ortaya* ~ *koymak*) Geld setzen; ~ **bozmak** Geld wechseln; ~ **çekmek** Geld abheben; (*sızdırmak*) Geld abzapfen; ~ **harcamak** Geld ausgeben; ~ **içinde yüzmek** (*fig fam*) in Geld schwimmen; **birinden** ~ **koparmak** (*fam*) jdm Geld abknöpfen; ~ **yıkamak** (*fig*) Geld waschen; ~**sına oynamak** um Geld spielen; ~**sını sokağa atmak** (*fig fam*) das Geld zum Fenster rauswerfen; **bir şeyi** ~**ya çevirmek** etw zu Geld machen; ~**yı sokağa atmak** (*fig fam*) Geld zum Fenster hinauswerfen; **denizde kum, onda** ~ (*fig fam*) er hat Geld wie Heu; **sağlam** ~ WIRTSCH harte Währung **para aklama** *s* Geldwäsche *f* **para alım satımı** *s* Geldwechsel *m* **para birimi** *s* Währungseinheit *f*
parabol <-ü> *s* MATH Parabel *f*
parabolik <-ği> *adj* MATH parabolisch
paraboloit <-di> *s* MATH Paraboloid *nt*
para canlısı *adj* (*pej*) geldgierig **para cezası** *s* Geldbuße *f,* Geldstrafe *f* **para cüzdanı** *s* Geldbörse *f,* Brieftasche *f* **para çantası** *s* Geldtasche *f* **para darlığı** *s* WIRTSCH (*deflasyon*) Deflation *f* **para değişimi** *s* FIN Geldwechsel *m*
paradigma *s* LING Paradigma *nt*
paradoks *s* Paradox *nt,* Paradoxon *nt*
paradoksal *adj* paradox
paraf *s* Paraphe *f*
parafazi *s ohne pl* MED Paraphasie *f*
parafe *adj* paraphiert; ~ **etmek** paraphieren
parafeleme *s* ❶ *Verbalsubstantiv zu* **parafelemek** ❷ Paraphierung *f*
parafelemek *vt* paraphieren
parafin *s* CHEM Paraffin *nt*
paraflama *s* ❶ *Verbalsubstantiv zu* **paraflamak** ❷ Paraphierung *f*
paraflamak *vt* paraphieren
para fonu *s* Währungsfonds *m*
paragöz *adj* (*pej*) geldgierig
paragraf *s* ❶ Absatz *m* ❷ (*kanun maddesi*) Paragraph *m*
Paraguay I. *s* Paraguay *nt;* ~ **para birimi** die Währungseinheit Paraguays **II.** *adj* paraguayisch; ~ **hükûmeti** die paraguayische Regierung
Paraguaylı I. *s* Paraguayer(in) *m(f)* **II.** *adj* paraguayisch
para havalesi *s* Geldanweisung *f* **para hırsı** *s ohne pl* Geldgier *f* **para kesesi** *s* Geldbeutel *m*
paralâks *s* ASTRON Parallaxe *f*
paralama *s Verbalsubstantiv zu* **paralamak**
paralamak *vt* ❶ zerreißen, zerfetzen ❷ (*yırtıcı hayvanlar için*) zerfleischen
paralayıcı *adj* zerreißend; *s. a.* **yürek paralayıcı**
paralel I. *s* ❶ MATH Parallele *f* ❷ GEO, ASTRON Breitenkreis *m* **II.** *adj a.* MATH (*koşut*) parallel (**-e** zu)
paralelizm *s* PHILOS (*koşutçuluk*) Parallelismus *m*
paralelkenar *s* MATH Parallelogramm *nt*
paralelleştirme *s Verbalsubstantiv zu* **paralelleştirmek**
paralelleştirmek *vt* parallelisieren
paralellik <-ği> *s ohne pl* Parallelität *f*
paralel yüz *s* MATH Parallelflach *nt,* Parallelepiped *nt*
paralı *adj* ❶ (*zengin*) reich, bemittelt, wohlhabend ❷ (*bedava olmayan*) kostenpflichtig ❸ (*izin*) bezahlt
paralizi *s* MED Paralyse *f;* (*felç*) Lähmung *f*
paralojizm *s* PHILOS (*mantıkta*) Paralogismus *m*
paramatik <-ği> *s* Geldautomat *m*
para meselesi *s* Geldangelegenheit *f*
parametre *s* MATH, MUS, INFORM Parameter *m*
para miktarı *s* Geldmenge *f*
paramparça *adj* zerfetzt; ~ **olmak** zer-

P

springen; (*kırılmak*) zerbrechen

parankima *s* MED, BIOL Parenchym *nt*

paranoya *s ohne pl* MED, PSYCH Paranoia *f*, Verfolgungswahn *m*

paranoyak **I.** *s* <-ğı> MED, PSYCH Paranoiker(in) *m(f)* **II.** *adj* MED, PSYCH paranoid, paranoisch

parantez *s* ❶ LING (*ayraç*) Klammer *f*; ~ **açmak** die Klammer öffnen; ~ **kapatmak** die Klammer schließen; **bir şeyi** ~ **içine almak** etwas einklammern; **kaş/köşeli/yay** ~ geschweifte/eckige/runde Klammer ❷ (*fig*) ~ **açmak** das Thema erweitern; ~ **kapatmak** das Thema schließen

parapet *s* ❶ ARCH (*pencere önlerinde*) Fensterbrüstung *f* ❷ NAUT (*küpeşte*) Reling *f*

para piyasası *s* FIN, WIRTSCH Geldmarkt *m*

para politikası *s* Geldpolitik *f*

parasal *adj* WIRTSCH, FIN monetär

parasempatik *adj* ANAT parasympathisch; ~ **sinir sistemi** das parasympathische Nervensystem, Parasympathikus *m*

parasız *adj* ❶ mittellos ❷ (*bedava*) kostenlos ❸ (*izin*) unbezahlt

parasızlık <-ğı> *s ohne pl* Geldmangel *m*, Mittellosigkeit *f*

para şişkinliği *s* WIRTSCH (*enflasyon*) Inflation *f*

paraşüt *s* ❶ Fallschirm *m*; ~**le atlamak** mit dem Fallschirm abspringen ❷ SPORT (*yamaç* ~ *ü*) Gleiter *m* **paraşüt birlikleri** *pl* MIL Fallschirmeinheiten *pl* **paraşütçü** *s* ❶ Fallschirmspringer(in) *m(f)* ❷ MIL Fallschirmjäger(in) *m(f)* **paraşütçülük** <-ğü> *s ohne pl*, **paraşüt ile atlama** *s* Fallschirmspringen *nt*

para tomarı *s* Geldrolle *f*

paratoner *s s.* **yıldırımsavar** Blitzableiter *m*

para transferi *s* Geldüberweisung *f*

paravan *s* ❶ Paravent *m o nt*, spanische Wand ❷ (*fig*) **birini** ~ **yapmak** jdn vorschieben

paravana *s* Paravent *m o nt*, spanische Wand

paravan şirket *s* Scheingesellschaft *f*

parazit **I.** *s* ❶ BIOL Parasit *m*; (*asalak*) Schmarotzer *m* ❷ RADIO, FILM, TV Tonstörung *f*; (*telsizde*) Funkstörung *f* ❸ (*pej: asalak, ekti*) Schmarotzer(in) *m(f)* **II.** *adj* parasitär, schmarotzerhaft

parazitlik <-ği> *s ohne pl* Parasitismus *m*; (*asalaklık*) Schmarotzertum *nt*

parazitoloji *s ohne pl* BIOL Parasitologie *f*

parça *s* ❶ Stück *nt*; ~ **başına** pro Stück ❷ Teil *m*, Bestandteil *m*; (*yedek* ~) Teil *nt* ❸ Brocken *m* ❹ (*ekmek* ~ *sı*) Krume *f*; **bir** ~ **ekmek** eine Krume Brot ❺ (*kâğıt* ~ *sı*) Fetzen *m* ❻ MED (*doku* ~ *sı*) Gewebeprobe *f*; ~ **almak** eine Gewebeprobe entnehmen

parçacık <-ğı> *s* ❶ Teilchen *nt*; **bir** ~ ein (klein) bisschen ❷ PHYS (*partikül*) Partikel *nt* **parçacık hızlandırıcısı** *s* PHYS Teilchenbeschleuniger *m*

parçalama *s Verbalsubstantiv zu* **parçalamak**

parçalamak *vt* zerfetzen; (*kâğıdı*) zerreißen

parçalanma *s* ❶ *Verbalsubstantiv zu* **parçalanmak** ❷ PHYS (*atom çekirdeği*) Zerfall *m*

parçalanmak *vi* zerfallen

parça parça *adv* ❶ ~ **etmek** in Stücke reißen, zerreißen, in Fetzen reißen ❷ (*azar azar*) Stück für Stück

pardesü *s s.* **pardösü**

pardon *interj* ~**!** Pardon!, Verzeihung!, Entschuldigung!; (*affedersiniz*) entschuldigen [*o* verzeihen] Sie!

pardösü *s* Mantel *m*, Übergangsmantel *m*

parfüm *s* Parfüm *nt*

parfümeri *s* Parfümerie *f*

parıldama *s Verbalsubstantiv zu* **parıldamak**

parıldamak *vi* ❶ schimmern ❷ (*parlamak*) glänzen, leuchten, strahlen; **pırıl pırıl** ~ kraftvoll leuchten

parıltı *s* Schimmer *m*, Glanz *m*

parite *s* WIRTSCH Parität *f*

park *s* Park *m*; ~ **etmek** parken, einparken

parka *s* Parka *m o f*

parkçı *s* AUTO Parkplatzbetreiber(in) *m(f)*

parke *s* ❶ Parkett *nt* ❷ (*kaldırım*) Kopfsteinpflaster *nt*; ~ **kaplı bir sokak** eine steingepflasterte Straße **parke döşeme** *s* Parkettfußboden *m*

parkeleme *s Verbalsubstantiv zu* **parkelemek**

parkelemek *vt* parkettieren

parke taşı *s* Pflasterstein *m*

Parkinson hastalığı *s ohne pl* MED Parkinsonkrankheit *f*

park lambası *s* AUTO Standlicht *nt*

parkmetre *s s.* **park saati**

park saati *s* AUTO Parkuhr *f*

parkur *s* SPORT ❶ (*bisiklet için*) Rennbahn *f* ❷ (*binicilikte*) Parcours *m* ❸ (*atletizmde*) Piste *f*

park yeri *s* AUTO Parkplatz *m*

parlak <-ğı> *adj* ❶ leuchtend; ~ **bir kırmızı** ein leuchtendes Rot ❷ glänzend; **geleceği (pek)** ~ **görünmüyor** seine Zukunft sieht nicht (sehr) rosig aus ❸ grell; ~ **bir ışık** ein grelles Licht

P

parlaklık <-ğı> *s ohne pl* Glanz *m*
parlama *s Verbalsubstantiv zu* **parlamak**
parlamak *vi* ❶ glänzen, leuchten, strahlen ❷ (*tutuşup alev çıkarmak*) aufflammen ❸ (*fig: ün kazanmak*) berühmt werden ❹ (*fig: birdenbire öfkelenmek*) aufbrausen
parlamentarizm *s ohne pl* Parlamentarismus *m*
parlamenter **I.** *s* Parlamentarier(in) *m(f),* Abgeordnete(r) *f(m)* **II.** *adj* parlamentarisch
parlamento *s* Parlament *nt,* Abgeordnetenhaus *nt* **parlamento binası** *s* Parlamentsgebäude *nt*
parlatıcı *s* Politur *f*
parlatma *s Verbalsubstantiv zu* **parlatmak**
parlatmak *vt* polieren; **bir şeyi pırıl pırıl ~** etw auf Hochglanz bringen
parmak <-ğı> *s* ❶ (*elde*) Finger *m;* **~larını (birlikte) yemek** (*fam*) sich die Finger nach etw lecken; **parmağı tetikte olmak** den Finger am Abzug haben; **bir işte parmağı olmak** die Hand im Spiel haben; **onun her yerde parmağı var** er hat überall die Finger drin; **birini parmağında oynatmak** (*fam*) jdn um den Finger wickeln; **parmağını bile kıpırdatmamak** [*o* **oynatmamak**] (*fam*) keinen Finger rühren [*o* krumm machen] ❷ (*ayakta*) Zehe *f* ❸ (*tekerlekte çubuk*) Speiche *f* ❹ (*inç*) Inch *m* ❺ HIST (*arşının yirmi dörtte biri*) *Längenmaß von ca. 3 cm*
parmak izi *s* Fingerabdruck *m*
parmaklık <-ğı> *s* ❶ Gatter *nt,* (Latten)zaun *m;* (*demirden*) Gitter *nt* ❷ (*parmağı korumak için*) Fingerling *m*
parmak ucu *s* ❶ (*el için*) Fingerkuppe *f* ❷ (*ayak için*) Zehspitze *f*
parmıcan *s* GASTR Parmesan *m*
parodi *s* THEAT Parodie *f*
parola *s* ❶ Parole *f* ❷ MIL Losung *f,* Kennwort *nt* ❸ INFORM Passwort *nt* ❹ *a.* POL Devise *f,* Wahlspruch *m*
pars *s* ZOOL (*Panthera pardus*) Pant(h)er *m;* (*leopar*) Leopard *m*
parsel *s* Parzelle *f*
parselleme *s Verbalsubstantiv zu* **parsellemek**
parsellemek *vt* parzellieren
parşömen *s* Pergament *nt* **parşömen kâğıdı** *s* Pergamentpapier *nt*
partal *adj* abgetragen
partenojenez *s* BIOL Parthenogenese *f;* (*döllenmesiz üreme*) Jungfernzeugung *f*
parter *s* THEAT, FILM Parterre *nt*
parti[1] *s* POL (*fırka*) Partei *f;* **siyasi ~** politische Partei
parti[2] *s* ❶ (*kısım*) Partie *f* ❷ (*oyunda*) Partie *f;* **bir ~ satranç/bilardo/briç çevirmek** eine Partie Schach/Billard/Bridge spielen ❸ (*eğlence*) Party *f,* Fete *f;* **~ vermek** eine Party geben ❹ (*fig: kelepir*) Schnäppchen *nt* ❺ (*fig: kazanç*) Gewinn *m* ❻ MUS Part *m*
partici **I.** *s* ❶ (*parti üyesi*) Parteimitglied *nt* ❷ Parteigänger(in) *m(f),* Parteianhänger(in) *m(f)* **II.** *adj* parteilich
partikül *s* PHYS (*parçacık*) Partikel *nt*
partiler üstü *adj* überparteilich
parti servisi *s* Partyservice *m*
partisip <-bi> *s* LING (*ortaç*) Partizip *nt*
partisyon *s* MUS Partitur *f*
parti üyesi *s* Parteimitglied *nt*
partizan *s* Partisan(in) *m(f)*
partner *s* ❶ (*eş*) Partner(in) *m(f)* ❷ COMM (*ortak*) Partner(in) *m(f);* (*iş arkadaşı*) Geschäftsfreund *m*
partöner *s* ❶ THEAT, FILM (*rol arkadaşı*) Partner *m* ❷ (*kâğıt oyununda*) Partner *m* ❸ (*dansta*) Tanzpartner(in) *m(f)*
parttaym *s* Teilzeitarbeit *f;* (*yarı gün*) Halbtagsarbeit *f;* **~ çalışmak** halbtags arbeiten [*o* berufstätig sein]
parya *s* (*a. fig*) Paria *m*
pas[1] *s ohne pl* ❶ Rost *m;* **~ açmak** den Rost entfernen; **~ tutmak** Rost ansetzen ❷ MED (*dildeki*) Belag *m,* Zungenbelag *m* ❸ (*bakır ~ı*) Span *m*
pas[2] *s* SPORT Pass *m,* Zuspiel *nt,* Anspiel *nt;* **~ vermek** einen Pass spielen; **birine ~ vermek** jdn anspielen, jdm den Ball zuspielen; (*fig*) jdm ermunternd zuzwinkern; **sol açığa ~ vermek** den Linksaußen anspielen
pas[3] *interj* **~!** (ich) passe!; **~ geçmek** (*a. fig*) passen
pasaj *s* ❶ (*çarşı*) Passage *f,* Ladenpassage *f,* Ladenstraße *f* ❷ (*yazıdan alınan bölüm*) Passage *f;* **kitaptan bir ~** eine Passage aus dem Buch
pasak <-ğı> *s* REG (*kir*) Schmutz *m*
pasaklı *adj* schlampig
pasaklılık <-ğı> *s ohne pl* Schlampigkeit *f*
pasaport *s* Pass *m,* Reisepass *m;* **birinin ~unu eline vermek** (*fig*) jdm den Laufpass geben **pasaport kontrolü** *s* Passkontrolle *f* **pasaport sahibi** *s* Passinhaber(in) *m(f)*
pasavan *s* Passierschein *m*
pasif **I.** *s* FIN, WIRTSCH Passiva *pl;* **aktif ve ~** Aktiva und Passiva **II.** *adj* passiv; **~ rol oynamak** eine passive Rolle spielen
pasiflik <-ği> *s ohne pl* Passivität *f*
pasiyans *s* Patience *f;* **~ açmak** Patiencen legen
paskal *adj* ulkig, spaßig; **ne ~ adam!** was für ein ulkiger Mensch!

P

paskallık <-ğı> *s* (*söz*) Ulk *m;* (*davranış*) Ulkerei *f*
Paskalya *s* Ostern *nt* **paskalya çöreği** *s* Zopf *m* **Paskalya Yortusu** *s* Osterfest *nt* **paskalya yumurtası** *s* Osterei *nt*
paslanma *s Verbalsubstantiv zu* **paslanmak**
paslanmak *vi* rosten, verrosten; **egzoz paslanmış** der Auspuff ist verrostet; **işleyen demir paslanmaz** (*prov*) wer rastet, der rostet
paslanmaz *adj* rostfrei, nicht rostend
paslaşma *s* ❶ *Verbalsubstantiv zu* **paslaşmak** ❷ SPORT Ballwechsel *m*
paslaşmak *vi* ❶ SPORT sich gegenseitig den Ball zuspielen ❷ (*fig sl*) sich zuzwinkern
paslı *adj* rostig
pas mantarı *s* BOT Rostpilz *m*
paso *s* Ermäßigungsausweis *m;* (*öğrenci ~su*) Ausweis *m*
paspartu *s* KUNST Passepartout *nt*
paspas *s* ❶ Fußmatte *f* ❷ Mopp *m*
paspaslama *s Verbalsubstantiv zu* **paspaslamak**
paspaslamak *vt* moppen
pasta[1] *s* GASTR Kuchen *m;* (*muzlu ~*) Torte *f*
pasta[2] *s* Rüsche *m*
pastacı *s* Konditor(in) *m(f)*
pasta hamuru *s* Kuchenteig *m*
pastahane *s* Konditorei *f*
pastahaneci *s* Konditor(in) *m(f)*
pasta kalıbı *s* Kuchenform *f*
pastel *s* Pastell *nt;* **~ ile resim yapmak** in Pastell malen **pastel boya** *s* Pastellfarbe *f*
pastırma *s gewürztes Pökelfleisch*
pastırma yazı *s* Altweibersommer *m*
pastil *s* Pastille *f*
pastiş *s* Pasticcio *nt*
pastoral <-i> *adj* LIT, MUS pastoral **pastoral manzume** *s* LIT Pastorelle *f* **pastoral oyun** *s* LIT, THEAT Pastorale *nt,* Schäferspiel *nt*
pastörizasyon *s* Pasteurisation *f,* Pasteurisierung *f*
pastörize *adj* pasteurisiert; **~ süt** pasteurisierte Milch; **~ etmek** pasteurisieren
paşa *s* Pascha *m*
paşmak *s s.* **ayakkabı** Schuh *m*
pat[1] *adj* platt
pat[2] *s* Patsch *m;* **~ diye kopmak** (*düğme*) abplatzen
patak <-ğı> *s ohne pl* (*fam*) Dresche *f;* (*dayak*) Prügel *m*
pataklama *s Verbalsubstantiv zu* **pataklamak**
pataklamak *vt* (*fam*) dreschen, verdreschen; (*dövmek*) verprügeln
pata krem *s* Antifaltencreme *f*
patates *s* BOT, AGR Kartoffel *f,* Erdapfel *m* ÖSTERR **patates böceği** *s* ZOOL Kartoffelkäfer *m* **patates cips** *s* Kartoffelchips *pl* **patates çorbası** *s* Kartoffelsuppe *f* **patates ezmesi** *s ohne pl* GASTR Kartoffelbrei *m* **patates kızartması** *s* GASTR ❶ Bratkartoffeln *pl* ❷ Pommes frites *pl* **patates mücveri** *s* GASTR Kartoffelpuffer *m* **patates nişastası** *s ohne pl* Kartoffelstärke *f* **patates püresi** *s ohne pl* GASTR Kartoffelpüree *nt* **patates salatası** *s* GASTR Kartoffelsalat *m* **patates sufle** *s* GASTR Kartoffelauflauf *m*
patavatsız *adj* taktlos
patavatsızlık <-ğı> *s* Taktlosigkeit *f*
paten *s* ❶ Rollschuh *m;* **~le kaymak** Rollschuh laufen ❷ (*buz için*) Schlittschuh *m;* **~le kaymak** eislaufen, Schlittschuh laufen
patenci *s* ❶ Rollschuhläufer(in) *m(f)* ❷ (*buzda*) Eisläufer(in) *m(f),* Schlittschuhläufer(in) *m(f)*
patent *s* ❶ Patent *nt* ❷ NAUT Gesundheitsattest *nt* **patent hukuku** *s ohne pl* Patentrecht *nt*
patetik *adj* (*dokunaklı*) pathetisch
patırdama *s Verbalsubstantiv zu* **patırdamak**
patırdamak *vi* knattern
patır patır *adv* **~ yürümek** trampeln
patırtı *s ohne pl* ❶ Getrampel *nt* ❷ Lärm *m,* Krach *m,* Radau *m;* **~ çıkarmak** Krach [*o* Radau] machen; (*kavga çıkarmak*) einen Streit entfachen; **gürültü ~** Gepolter *nt,* Getöse *nt;* **motosiklet ~ları** das Geknatter von Motorrädern
pati *s* ❶ (*kedi, köpek için*) Vorderpfote *f* ❷ REG Füßchen *nt*
patik <-ği> *s* Babyschuh *m*
patika *s* Pfad *m,* Feldweg *m;* (*keçi yolu*) Trampelpfad *m*
patinaj *s ohne pl* ❶ SPORT Eislauf *m;* **artistik ~** Eiskunstlauf *m* ❷ AUTO (*tekerlekler*) **~ yapmak** durchdrehen, rutschen **patinaj zinciri** *s* Schneeketten *pl*
patiska *s* Batist *m*
pat krem *s s.* **pata krem**
patlak <-ğı> *adj* geplatzt; **~ lastikle yola devam etmek** mit einem geplatzten Reifen weiterfahren; **~ vermek** ausbrechen **patlak göz** *s* Glupschauge *nt*
patlama *s* ❶ *Verbalsubstantiv zu* **patlamak** ❷ Explosion *f,* Detonation *f* ❸ (*yanardağ*) Ausbruch *m;* (*duygu ~sı*) Ausbruch *m* ❹ WIRTSCH (*fam*) Boom *m* ❺ MED (*apandis*) Durchbruch *m* ❻ (*ses*) Knall *m;* **bir ~ duydum** ich hörte einen Knall **patlama gücü** *s ohne pl* Sprengkraft *f*
patlamak *vi* ❶ explodieren, detonieren

P

❷ (*balon*) platzen, bersten; **patlayacak kadar dolu olmak** zum Bersten voll sein ❸ (*yırtılıp açılmak*) aufplatzen ❹ (*mal olmak*) kosten ❺ MED (*apandisi*) durchbrechen ❻ (*fig fam: ansızın bir ses duyulmak*) knallen ❼ (*fig fam*) **lastiği ~** einen Platten haben

patlamalı motor *s* Verbrennungsmotor *m*

patlama tehlikesi *s* Explosionsgefahr *f*

patlamış mısır *s* Popcorn *nt*

patlangaç <-cı> *s* Knallerbse *f*

patlatma *s Verbalsubstantiv zu* **patlatmak**

patlatmak *vt* ❶ *Kausativ zu* **patlamak** ❷ **kafa ~** (*fam*) sich den Kopf zerbrechen; **bir şey üzerinde kafa ~** (*fam*) an etw zu knacken haben; **birine bir tane ~** (*fam*) jdm eine ballern [*o* knallen]; **birinin ödünü ~** (*fam*) jdn zu Tode erschrecken; **sopayla ona bir tane patlattı** er hat ihm mit dem Stock eins übergebraten; **tabanları ~** (*fig fam*) sich die Füße wund laufen

patlayıcı *adj* explosiv, Spreng- **patlayıcı cisim** *s* Sprengkörper *m* **patlayıcı madde** *s* Sprengstoff *m*

patlıcan *s* BOT Aubergine *f;* **acı ~ı kırağı çalmaz** (*prov*) Unkraut vergeht nicht **patlıcan salatası** *s* GASTR Auberginensalat *m*

patojen *adj* MED pathogen

patolog *s* MED Pathologe, -login *m, f*

patoloji *s ohne pl* MED Pathologie *f*

patolojik <-ği> *adj* MED pathologisch, krankhaft; **bir organın ~ sertleşmesi** die krankhafte Verhärtung eines Organs

patriarkal *adj s.* **ataerkil** patriarchalisch

patrik <-ği> *s* REL Patriarch *m*

patron[1] *s* ❶ Arbeitgeber(in) *m(f)* ❷ (*fam*) Boss *m,* Chef *m;* **burada ~ odur** hier ist er der Boss

patron[2] *s* Schnittmuster *nt*

pattadak *adv* plötzlich

pavkırma *s Verbalsubstantiv zu* **pavkırmak**

pavkırmak *vi* (*çakal, tilki*) heulen; *s. a.* **ulumak**

pavyon *s* ❶ (*bahçe içinde*) Pavillon *m* ❷ (*fuarda*) Halle *f* ❸ (*içkili eğlence yeri*) Nachtlokal *nt* **pavyon fedaisi** *s* (*fam*) Rausschmeißer *m* **pavyon kabadayısı** *s* (*fam*) Rausschmeißer *m*

pay *s* ❶ Anteil *m* ❷ MATH Zähler *m*

payanda *s* ❶ Stützbalken *m* ❷ Strebe *f* **payanda ayak** <-ğı> *s* ARCH Strebepfeiler *m*

payandalama *s* ❶ *Verbalsubstantiv zu* **payandalamak** ❷ Verstrebung *f*

payandalamak *vt* ❶ verstreben ❷ abstützen

payda *s* MATH Nenner *m;* **ortak ~** der gemeinsame Nenner

paydos *s* Feierabend *m;* **~ etmek** Feierabend machen

payet *s* Paillette *f,* Flitter *m*

paylaşım *s* (*kâr ~ı*) Verteilung *f*

paylaşma *s Verbalsubstantiv zu* **paylaşmak**

paylaşmak *vt* ❶ teilen; (**biriyle**) **bir şeyi ~** sich etw (mit jdm) teilen; **biriyle aynı yazgıyı ~** mit jdm das gleiche Schicksal teilen ❷ **birbirinin sevincini ve kederini ~** Freud und Leid miteinander teilen

paylaştırma *s Verbalsubstantiv zu* **paylaştırmak**

paylaştırmak *vt* aufteilen, verteilen

paytak **I.** *s* <-ğı> (*satranç oyununda*) Bauer *m* **II.** *adj* (*çarpık, eğri bacaklı*) krummbeinig **paytak adım** *s* Watschelgang *m;* **~larla yürümek** watscheln

paytakça *adj* watschelnd

paytak paytak *adv* watschelnd

pazar *s* ❶ Markt *m;* **~a gitmek** auf den Markt gehen; **açık ~** der freie Markt ❷ Sonntag *m*

pazar analizi *s* WIRTSCH Marktanalyse *f* **pazar araştırması** *s* WIRTSCH Marktforschung *f* **pazar filesi** *s* Einkaufsnetz *nt* **pazar günü** *s* Sonntag *m;* **~ davetliyiz** wir sind am Sonntag eingeladen

pazarlama *s* ❶ *Verbalsubstantiv zu* **pazarlamak** ❷ Vermarktung *f*

pazarlamak *vt* vermarkten

pazarları *adv* sonntags

pazarlaşma *s Verbalsubstantiv zu* **pazarlaşmak**

pazarlaşmak *vi* verhandeln (**-le** mit)

pazarlık <-ğı> *s* ❶ (*alış verişte*) Handel *m,* Feilschen *nt;* **biriyle bir şey için ~ etmek** mit jdm um etw handeln [*o* feilschen] ❷ (*giysi*) Sonntagskleid *nt* ❸ (*fig: görüşme*) Verhandlung *f;* **biriyle ~ etmek** mit jdm verhandeln, mit jdm Verhandlungen durchführen **pazarlık payı** *s* Verhandlungsspielraum *m*

pazar meydanı *s* Marktplatz *m* **pazar payı** *s* WIRTSCH Marktanteil *m*

pazartesi *s* Montag *m; s. a.* **cuma**

pazartesileri *adv* montags

pazar yeri *s* Marktplatz *m* **pazar ziyareti** *s* Sonntagsbesuch *m*

pazı[1] *s* BOT Mangold *m*

pazı[2] *s* Bizeps *m*

pazı[3] *s* (*bir ekmeklik hamur topağı*) Teigrolle *f* (für ein Brot)

pazıbent <-di> *s* Armbinde *f*

pe *Name des 20. Buchstaben des türk. Alphabets;* **Polatlı'nın ~'si** P wie Paula

peçe *s* (*a. fig*) Schleier *m;* **bir şeyin ~sini**

P

kaldırmak (*fig*) den Schleier von etw lüften

peçeleme *s* ❶ *Verbalsubstantiv zu* **peçelemek** ❷ Verschleierung *f*

peçelemek *vt* verschleiern

peçelenme *s* ❶ *Verbalsubstantiv zu* **peçelenmek** ❷ Verschleierung *f*

peçelenmek *vi* sich verschleiern

peçeli *adj* verschleiert, Schleier- **peçeli baykuş** *s* ZOOL Schleiereule *f*

peçete *s* Serviette *f*

ped *s* Slipeinlage *f*

pedal *s* Pedal *nt*

pedavra *s* ARCH (*balar*) Schindel *f*

peder *s* Vater *m*

pederane [pedera:ne] *adv* väterlich

pederşahî *adj s.* **ataerkil** patriarchalisch

pederşahîlik <-ği> *s s.* **ataerki** Patriarchat *nt*

pedofili *s ohne pl* Pädophilie *f*

pedometre *s* (*adımsayar*) Schrittmesser *m*

pehlivan *s* ❶ (*güreşçi*) Ringer *m*, Ringkämpfer *m* ❷ (*fig: boylu poslu ve güçlü kimse*) Hüne *m*

pejmürde *adj* schäbig, zerlumpt

pek **I.** *adv* ❶ ganz; **~ çok/küçük** ganz viel/klein; **bunu ~ anlamıyorum** das verstehe ich nicht ganz ❷ sehr; **~ iyi** sehr gut; **geleceği ~ parlak görünmüyor** seine Zukunft sieht nicht sehr rosig aus ❸ allzu; **~ sık** allzu oft [*o* häufig]; **bunu ~ sever** das mag er allzu gern; **bunu ~ sevmez** das mag er nicht allzu gern ❹ (*son derece*) äußerst; **~ heyecanlı** äußerst aufgeregt ❺ (*hızlı olarak*) schnell ❻ **~ hevesim yok** ich habe keine rechte Lust; **~ hoş bir manzara değildi** es war ein nicht gerade erbaulicher Anblick **II.** *adj* ❶ (*sert*) fest; (*katı*) hart ❷ (*sağlam*) stabil

pekâlâ [pek'a:lã:] **I.** *adj* sehr schön **II.** *adv* ❶ schon gut, in Ordnung; (*öyle olsun*) na gut [*o* schön] ❷ sehr wohl, na klar; **~ gideceğim** ich werde sehr wohl (dahin) gehen, na klar werde ich (dahin) gehen ❸ (*çok iyi*) sehr gut, sehr wohl

pek az *adj* sehr wenig(e), allerwenigste(r, s); **bunu pek az kimse bilir** das wissen die Allerwenigsten **pek başlı** *adj* dickköpfig **pek canlı** *adj* widerstandsfähig **pek çok** *adj* sehr viel(e)

pek doku *s* BOT Kollenchym *nt*

peki *adv* ❶ in Ordnung, o.k.; **~ ~** schon gut, na gut ❷ nun ja

Pekin *s* Peking *nt*

pekişme *s* ❶ *Verbalsubstantiv zu* **pekişmek** ❷ Verstärkung *f*

pekişmek *vi* ❶ sich verstärken ❷ sich festigen

pekiştirme *s* ❶ *Verbalsubstantiv zu* **pekiştirmek** ❷ Verstärkung *f* ❸ Festigung *f*

pekiştirmek *vt* ❶ *Kausativ zu* **pekişmek** ❷ verstärken ❸ festigen

pekiyi *s* SCHULE sehr gut

pekleşme *s Verbalsubstantiv zu* **pekleşmek**

pekleşmek *vi* sich festigen

pekleştirme *s Verbalsubstantiv zu* **pekleştirmek**

pekleştirmek *vt* festigen

peklik <-ği> *s ohne pl* ❶ (*dayanıklılık*) Festigkeit *f* ❷ (*kabız*) Verstopfung *f*; **~ çekmek** an Verstopfung leiden ❸ (*direnç*) Widerstandskraft *f*

pekmez *s* GASTR (*üzümden*) Traubensirup *m*; (*duttan*) Maulbeersirup *m* **pekmez toprağı** *s* GEO (*marn*) Mergel *m*

pek pek *adv* (*olsa olsa*) allenfalls; (*en üstün olarak*) höchstens, wenn es hoch kommt

peksimet <-di> *s* Zwieback *m*

pelesenk <-gi> *s* Balsam *m*, Mekkabalsam *m* **pelesenk ağacı** *s* BOT Balsambaum *m*

pelikan *s* ZOOL Pelikan *m*

pelin *s ohne pl*, **pelin otu** *s ohne pl* BOT Wermut *m*

pelit <-di> *s* Eichel *f*

pelte *s* Gelee *m o nt*

peltek *adj* lispelnd; **~ konuşmak** lispeln

pelür *s* Durchschlagpapier *nt*

pelüş *s* Plüsch *m*

pembe **I.** *s* Rosa *nt*; **açık/koyu bir ~** ein helles/dunkles Rosa **II.** *adj* rosa **pembe dizi** *s* TV Seifenoper *f* **pembe şarap** <-bı> *s* Roséwein *m*; (*roze*) Rosé *m*

pena *s* MUS Plektron *nt*

penaltı *s* SPORT (*futbol*) Elfmeter *m*; **~ kaçırmak** einen Elfmeter verschießen **penaltı atışı** *s* Elfmeterschuss *m* **penaltı noktası** *s* Elfmeterpunkt *m*

pencere *s* ❶ Fenster *nt*; **~den dışarı bakmak** zum Fenster hinausschauen ❷ INFORM Fenster *nt* **pencere camı** *s* ❶ Fensterscheibe *f* ❷ (*ohne pl*) Fensterglas *nt* **pencere çerçevesi** *s* Fensterrahmen *m* **pencere kanadı** *s* Fensterflügel *m* **pencere kasası** *s* Fensterzarge *f* **pencere lentosu** *s* ARCH Fenstersturz *m*

pencereli zarf *s* Fensterbriefumschlag *m*

pencere pervazı *s* Fensterrahmen *m*

pençe *s* ❶ Pranke *f*, Tatze *f*; **~ vurmak** mit der Pranke zuschlagen ❷ (*kuş ~si*) Kralle *f*; (*ayı ~si*) Klaue *f*; **birinin ~sine düşmek** (*fam*) jdm in die Klauen geraten ❸ (*fig*) Fänge *pl*; **birinin ~sine düşmek** (*fam*) in jds Fänge geraten ❹ (*ayakkabı köselesi*)

P

Sohle *f;* **ayakkabılara ~ vurmak** die Schuhe besohlen
pençeleme *s Verbalsubstantiv zu* **pençelemek**
pençelemek *vt* ❶ packen, fassen ❷ (*ayakkabı*) besohlen
pendname *s s.* **öğüt kitabı** Ratgeber *m*
penguen *s* ZOOL Pinguin *m*
peni *s* Penny *m*
penis *s* Penis *m*
penisilin *s* MED Penizillin *nt* **penisilin iğnesi** *s* MED Penizillinspritze *f*
pens *s* Clip *m*
pense *s* ❶ Zange *f* ❷ Abnäher *m*
pentan *s ohne pl* CHEM Pentan *nt*
pentatlon *s ohne pl* ❶ SPORT Fünfkampf *m* ❷ SPORT, HIST Pentathlon *nt*
pepe *adj* stotternd
pepeleme *s Verbalsubstantiv zu* **pepelemek**
pepelemek *vi* stottern
pepsin *s* BIOL Pepsin *nt*
pepton *s* BIOL Pepton *nt*
perakende *s ohne pl* Einzelhandel *m*
perakendeci *s* Einzelhändler(in) *m(f)*
perakende malı *s* Einzelhandelsware *f*
perçem *s* ❶ (*saç tutamı*) Haarbüschel *m,* Haarschopf *m* ❷ (*yele*) Mähne *f* ❸ (*kâkul*) Pony *m*
perçin *s* TECH Niete *f*
perçinleme *s Verbalsubstantiv zu* **perçinlemek**
perçinlemek *vt* ❶ nieten ❷ (*fig*) festigen; (*güçlendirmek*) verstärken
perçinlenme *s Verbalsubstantiv zu* **perçinlenmek**
perçinlenmek *vi pass von* **perçinlemek**
perçinleşme *s Verbalsubstantiv zu* **perçinleşmek**
perçinleşmek *vi* (*fig*) sich befestigen; (*pekişmek*) sich verstärken
perçinli *adj* genietet, vernietet
perde *s* ❶ Vorhang *m;* (*tül ~*) Gardine *f;* **demir ~** THEAT der eiserne Vorhang; **Demir P~** HIST, POL Eiserne(r) Vorhang ❷ MED grauer Star ❸ (*burun ~si*) Scheidewand *f* ❹ **esrar ~si** (*fig*) der Schleier eines Geheimnisses ❺ (*ses ~si*) Kulisse *f;* **~ arkasında(n)** (*fig*) hinter den Kulissen ❻ (*sis ~si*) Wand *f;* (*tahta ~*) Zaun *m* ❼ FILM (*beyaz ~*) Leinwand *f* ❽ MUS Tonlage *f;* (*esas ~*) Ton *m;* (*kavalda*) Tonloch *nt;* (*metal ~*) Ventil *nt* ❾ THEAT Akt *m,* Aufzug *m;* **üçüncü ~de** im dritten Akt ❿ ZOOL Schwimmhaut *f* **perde ayaklılar** *s* ZOOL Ruderfüßer *pl*
perde kornişi *s* Gardinenstange *f*
perdeleme *s Verbalsubstantiv zu* **perdelemek**
perdelemek *vt* (*fig*) verschleiern; (*gizlemek*) verheimlichen
perdeli *adj* **~ okumak** MUS intonieren
perdesiz *adj* ❶ vorhanglos ❷ MUS (*çalgı*) ventillos
perende *s* ❶ Salto *m* ❷ (*fam*) Purzelbaum *m;* **~ atmak** einen Purzelbaum schlagen
perese *s* ❶ ARCH (*şakul ipi*) Richtschnur *f* ❷ (*fig*) **iş bu ~ye geldikten sonra ...** nachdem die Angelegenheit dieses Stadium erreicht hat ...; **bir şeyi ~ye almak** etw in Erwägung ziehen; (*göz önüne almak*) etw ins Auge fassen, etw anvisieren
perestiş *s ohne pl* (*tapınma*) Anbetung *f;* (*taparcasına sevme*) Vergötterung *f;* **birini ~ etmek** jdn anbeten [*o* vergöttern], jdn abgöttisch lieben; (*tapınmak*) jdn anbeten
performans *s* Leistung *f*
pergel *s* Zirkel *m;* **~le bir yay çizmek** mit dem Zirkel einen Bogen beschreiben
perhiz *s* ❶ (*diyet, rejim*) Diät *f,* Abmagerungskur *f;* **~ yapmak** eine Diät [*o* Abmagerungskur] machen; **sıkı ~ yapmak** streng Diät leben, strenge Diät halten ❷ (*riyazet*) Enthaltsamkeit *f;* **uçkur ~i** sexuelle Enthaltsamkeit ❸ REL (*Hristiyanlıkta*) **~ yapmak** fasten; **büyük ~** Fastenzeit *f;* **küçük ~** Advent *m* **perhiz çarşambası** *s* REL (*Hristiyanlıkta*) Aschermittwoch *m* **perhiz gecesi** *s ohne pl* REL (*Hristiyanlıkta*) Fastnacht *f*
perhizkâr [--kār] *adj* enthaltsam; **~ yaşamak** enthaltsam leben
perhizkârlık <-ğı> *s ohne pl* Enthaltsamkeit *f*
peri *s* Fee *f;* **iyilik ~si** die gute Fee
perine *s* ANAT Damm *m*
periskop <-bu> *s* Periskop *nt*
perişan *adj* ❶ (*dağınık*) unordentlich, durcheinander; (*fam: karmakarışık*) chaotisch; **~ etmek** durcheinanderbringen ❷ (*zavallı*) erbärmlich, armselig; (*acınacak durumda olan*) mitleiderregend, kläglich; **~ olmak** (*fam*) vor die Hunde gehen; **~ bir durumda bulunmak** sich in einem kläglichen Zustand befinden
periyodik **I.** *s* <-ği> (*süreli yayın*) Periodikum *nt* **II.** *adj* (*süreli*) periodisch
periyot <-du> *s* Periode *f*
perlon® *s ohne pl* Perlon *nt*
perma(nant) *s* Dauerwelle *f*
permalı *adj* mit Dauerwelle; **saçları ~ bir kadın** eine Frau mit Dauerwelle
permanganat *s* CHEM Permanganat *nt*
permiyen *s ohne pl* GEO Perm *nt*

P

peron *s* EISENB Bahnsteig *m*

personel *s ohne pl* Personal *nt*

perspektif *s* Perspektive *f*

perşembe *s* Donnerstag *m; s. a.* **cuma perşembe akşamları** *adv* donnerstagabends

perşembeleri *adv* donnerstags

pertavsız *s s.* **büyüteç** Lupe *f*

Peru **I.** *s* Peru *nt;* ~ **para birimi** die Währungseinheit Perus **II.** *adj* peruanisch; ~ **hükûmeti** die peruanische Regierung

peruk <-ğu> *n,* **peruka** *s* Perücke *f*

Perulu **I.** *s* Peruaner(in) *m(f)* **II.** *adj* peruanisch

perva *s ohne pl* (*çekinme*) Hemmung *f,* Bedenken *nt;* (*korku*) Furcht *f;* **~sı olmamak** (*çekinmemek*) keine Hemmungen haben; (*korkmamak*) keine Furcht haben

pervane [perva:nɛ] *s* ❶ ZOOL Nachtfalter *m;* **birinin etrafında ~ olmak** [*o* **gibi dönmek**] jdn umschwärmen ❷ AERO, NAUT Propeller *m;* (*uçak ~si*) Luftschraube *f;* (*vapur ~si*) Schiffsschraube *f*

pervasız *adj* (*çekinmez*) ungeniert, hemmungslos; (*korkusuz*) furchtlos

pervasızca *adv* ungeniert, hemmungslos

pervasızlık <-ğı> *s* Hemmungslosigkeit *f*

pervaz *s* ❶ (*pencerede, kapıda*) Rahmen *m* ❷ (*giysilerde*) falscher Saum ❸ (*uçuş*) Flug *m;* ~ **etmek** fliegen

pes[1] *interj* **~!** es reicht!; (*yeter*) genug!; ~ **demek/etmek** kapitulieren, aufgeben, sich geschlagen geben, das Handtuch werfen

pes[2] *adj* ~ **perdeden konuşmak** (*alçak ve kalın sesle*) mit gedämpfter Stimme sprechen; (*yumuşak bir dil kullanarak*) mit sanfter Stimme sprechen

pesek <-ği> *s* MED (*diş pası*) Zahnbelag *m*

peseta *s* HIST Peseta *f*

pesimist **I.** *s* Pessimist(in) *m(f);* (*karamsar*) Schwarzseher(in) *m(f)* **II.** *adj* pessimistisch; (*karamsar*) schwarzseherisch

pesimizm *s ohne pl* Pessimismus *m;* (*karamsarlık*) Schwarzseherei *f*

peso *s* Peso *m*

pespaye [pespa:-] *adj* gemein

pestil *s* ❶ *dünne Fladen aus getrocknetem Obstmus* ❷ **birinin ~ini çıkarmak** (*çok yormak*) jdn schlauchen; (*çok dövmek*) jdn windelweich schlagen

peş *s* **bir şeyin/kimsenin ~inde olmak** hinter etw/jdm her sein; **birinin ~inde dolaşmak** jdm nachstellen, jdn verfolgen; **birinin ~inde(n) gitmek** (*izlemek*) jdm folgen; (*düşünce ve görüşlerini benimsemek*) sich jdm anschließen; **birinin ~inden koşmak** hinter jdm herlaufen, jdm nachlaufen; **birinin ~ine takılmak** sich an jds Fersen heften; **~ine takmak** mitnehmen; **hayal ~inde koşmak** einem Hirngespinst hinterherjagen; (*fig fam*) Rosinen im Kopf haben; **polis ~indeydi** (*fam*) die Polizei war ihm hinterher

peşin **I.** *adj* ❶ bar; **bir şeyi ~ ödemek** etw in bar bezahlen ❷ vorgefasst; ~ **fikir** vorgefasste Meinung **II.** *adv* (*onceden*) im Voraus; **bir şeyi ~ ödemek** etw vorauszahlen

peşinat *s* ❶ Anzahlung *f* ❷ Vorauszahlung *f;* (*avans*) Vorschuss *m*

peşinatsız *adj* ohne Anzahlung

peşinen *adv* (*onceden*) im Voraus

peşin hüküm *s s.* **ön yargı** Vorurteil *nt;* **bir şeye ~ vermek** etw in Bausch und Bogen verurteilen **peşin satış** *s* COMM Barverkauf *m* **peşin yargı** *s s.* **ön yargı** Vorurteil *nt*

peşi peşine *adv* hintereinander

peşkeş *s* (*armağan*) Geschenk *nt;* ~ **çekmek** verschenken; **benim kimseye ~ çekecek malım yok!** Ich habe nichts zu verschenken!

peşkir *s* ❶ (*havlu*) Handtuch *nt* ❷ (*peçete*) Serviette *f*

peş peşe *adv* hintereinander

peşrev *s* ❶ MUS Präludium *nt* ❷ SPORT (*güreşte*) Vorspiel *nt* ❸ LIT Liedeinlage *f*

peştamal *s s.* **peştemal**

peştemal *s* Badeschurz *m*

peştemallık <-ğı> *s* COMM Abstand *m,* Abstandssumme *f*

Peştuca *s ohne pl* Paschtu *nt*

petek <-ği> *s* ❶ (*bal mumu yuvacıklar topluluğu*) Gewirk(e) *nt,* Waben *pl* ❷ (*kalorifer peteği*) Rippe *f* **petek göz** *s* ZOOL Facettenauge *nt,* Netzauge *nt,* Komplexauge *nt* **petek güvesi** *s* ZOOL (*bal kelebeği*) Wachsmotte *f*

petrifikasyon *s ohne pl* Versteinerung *f*

petrokimya *s ohne pl* CHEM Petrochemie *f*

petrol <-lü> *s ohne pl* ❶ *a.* WIRTSCH Erdöl *nt* ❷ Petroleum *nt* **petrol krizi** *s* WIRTSCH Ölkrise *f* **petrol lambası** *s* Petroleumlampe *f* **petrol rafinerisi** *s* Erdölraffinerie *f,* Ölraffinerie *f*

petunya *s* BOT Petunie *f*

pey *s* ❶ Anzahlung *f;* (~ *akçesi*) Angeld *nt,* Draufgabe *f* ❷ (*artırmada*) Gebot *nt;* ~ **sürmek** bieten **pey akçesi** *s* JUR Angeld *nt,* Draufgabe *f;* (*kaparo*) Anzahlung *f*

peyda [pejda:] *adj* (*belli*) offenbar, sichtbar; ~ **etmek** sichtbar machen, zum Vorschein bringen; (*oluşturmak*) entstehen lassen; ~ **olmak** sichtbar werden, zum Vorschein kommen; (*oluşmak*) entstehen; **sıhriyet ~ etmek** sich verschwägern

peydahlama *s Verbalsubstantiv zu* **peydahlamak**

peydahlamak *vt* ❶ (*edinmek*) sich aneignen ❷ (*fig*) **çocuk ~** (*gebe kalmak*) schwanger werden

peydahlanma *s Verbalsubstantiv zu* **peydahlanmak**

peydahlanmak *vt* (*oluşmak*) entstehen

peygamber *s* Prophet *m* **peygamber çiçeği** *s* BOT Kornblume *f*, Zyane *f* **peygamberdevesi** *s* ZOOL Gottesanbeterin *f*

peygambervari [----:-:] *adj* prophetisch

peyk *s s.* **uydu** Satellit *m*, Trabant *m* **peyk devlet** *s* POL Satellitenstaat *m*

peyleme *s* ❶ *Verbalsubstantiv zu* **peylemek** ❷ Reservierung *f* ❸ Bestellung *f*

peylemek *vt* ❶ (*yer*) reservieren ❷ (*ısmarlamak*) bestellen

peynir *s* Käse *m*; **bir kelle ~** ein Laib Käse; **~ ekmek gibi gitmek** (*fig fam*) weggehen wie warme Semmeln; **kediye ~ ısmarlamak** (*fam*) den Bock zum Gärtner machen

peynirci *s* Käser(in) *m(f)*

peynircilik <-ği> *s ohne pl* Käserberuf *m*

peynirhane *s* Käserei *f*

peynirleşme *s Verbalsubstantiv zu* **peynirleşmek**

peynirleşmek *vi* käsen, zu Käse werden

peyzaj *s* KUNST Landschaft *f*

peyzajcı *s* KUNST Landschaftsmaler(in) *m(f)*

pezevenk <-gi> *s* Zuhälter *m*

pezevenklik <-ği> *s* Zuhälterei *f*

pıhtı *s* Gerinnsel *nt*

pıhtılaşma *s* ❶ *Verbalsubstantiv zu* **pıhtılaşmak** ❷ Gerinnung *f*; **kanın ~sı** Gerinnung des Blutes

pıhtılaşmak *vi* gerinnen

pılı pırtı *s* ❶ (*pej: eski eşya*) Gerümpel *nt* ❷ (*fam*) Siebensachen *pl*, Habseligkeiten *pl*; **bütün ~yla** mit Sack und Pack; **pılıyı pırtıyı toplamak** seine Siebensachen packen

pınar *s* Quelle *f*

pırasa *s* BOT Porree *m*, Lauch *m*

pırıldama *s Verbalsubstantiv zu* **pırıldamak**

pırıldamak *vi* funkeln, glitzern

pırıl pırıl *adj* ❶ (*güneş*) strahlend; **~ parıldamak** kraftvoll leuchten ❷ (*tertemiz*) blitzsauber, blitzblank; **bir şeyi ~ parlatmak** etw auf Hochglanz bringen ❸ (*yepyeni*) funkelnagelneu ❹ (*fam*) astrein; (*kusursuz*) makellos

pırıltı *s* Glitter *m*, Flitter *m*

pırıltılı *adj* glitzerig, glitzernd, funkelnd

pırlama *s Verbalsubstantiv zu* **pırlamak**

pırlamak *vi* (*kuş için*) abschwirren; (*fig: insan için*) abschwirren; **pırla!** schwirr ab!

pırlangıç <-cı> *s* Brummkreisel *m*

pırlanta *s* Brillant *m*

pırnal *s* BOT Steineiche *f*

pısırık <-ğı> *adj* (*girgin karşıtı*) kontaktarm; (*tutuk*) gehemmt, verklemmt

pısırıklık <-ğı> *s ohne pl* Kontaktarmut *f*; (*tutukluk*) Verklemmtheit *f*

pıtır pıtır *adv* (*fam*) **~ düşmek** herunterpurzeln

piç *s* Bastard *m* **piç kurusu** *s* (*fam*) Lausebengel *m*

pide *s* Fladenbrot *nt*

pigme *s* Pygmäe, Pygmäin *m, f*

pigment *s* Pigment *nt*

pijama *s* Pyjama *m*

pik¹ *s ohne pl* Gusseisen *nt*

pik² *s s.* **maça** Pik *nt*

pikap <-bı> *s* ❶ MUS Plattenspieler *m* ❷ AUTO (*kamyonet*) Lieferwagen *m* **pikap kolu** *s* Tonarm *m*

pike¹ *s* (*kumaş*) Pikee *m*

pike² *s* ❶ AERO Sturzflug *m*; **~ yapmak** einen Sturzflug ausführen; (*saldırmak*) im Sturzflug angreifen ❷ (*suya dik olarak dalma*) Kopfsprung *m*; **~ yapmak** einen Kopfsprung machen

piknik <-ği> *s* Picknick *nt*; **~ yapmak** picknicken

piknometre *s* PHYS Pyknometer *nt*

piko *s* Zierstich *m*; **örtüye ~ çekmek** die Decke mit einem Zierstich versehen

piksel *s* INFORM Pixel *m*

pil *s* Batterie *f*

pilav *s* GASTR Reis *m*; **~ oldu mu?** ist der Reis fertig?

pile *s s.* **pili**

pili *s* Plissee *nt*, Falte *f*

piliç <-ci> *s* Hähnchen *nt* **piliç kızartması** *s* Brathähnchen *nt*

pilili *adj* plissiert, gefältelt, Falten- **pilili eteklik** <-ği> *s* Faltenrock *m*

piling [pi:ling] *s* Peeling *nt*

pilli *adj* Batterie-; **~ radyo** ein Radio mit Batteriebetrieb

pilot *s* Pilot(in) *m(f)*

pilotaj *s* AERO Steuerung *f*, Navigation *f* **pilotaj hatası** *s* AERO Navigationsfehler *m*

pilot ehliyeti *s* Flugschein *m* **pilot kabini** *s*, **pilot köşkü** *s* AERO Pilotenkanzel *f*; (*kokpit*) Cockpit *nt*

pilotluk <-ğu> *s ohne pl* Fliegerei *f*; **pilotluğu bırakmak** die Fliegerei aufgeben

pimpirik <-ği> *adj* ❶ (*çok yaşlı ve güçsüz*) gebrechlich, altersschwach ❷ (*gereksiz yere titizlik gösteren*) pedantisch, pingelig, zimperlich ❸ (*kuşkucu*) skeptisch ❹ (*fig:*

harap) heruntergekommen
pin *s* Splint *m*
pinekleme *s Verbalsubstantiv zu* **pineklemek**
pineklemek *vi* ❶ (*uyuklamak*) dösen ❷ (*pej fam: hiçbir iş yapmadan oturmak*) herumsitzen, herumhocken
pinel *s* Wetterfahne *f*
pingpong *s ohne pl* Pingpong *nt;* (*masa tenisi*) Tischtennis *nt* **pingpong maçı** *s* Tischtennisspiel *nt* **pingpong masası** *s* Tischtennisplatte *f* **pingpong raketi** *s* Tischtennisschläger *m*
pinpon *s s.* **pingpong**
pinti *adj* (*pej fam*) kleinlich, kleinkariert, knick(e)rig; (*cimri*) knauserig, geizig
pintilik <-ği> *s ohne pl* (*pej*) Knauserigkeit *f,* Geiz *m;* ~ **etmek** geizen
pipet *s* ❶ CHEM Pipette *f* ❷ (*kamış*) Strohhalm *m,* Trinkhalm *m*
pipi *s* (*çocuk dilinde*) Piephahn *m*
pipo *s* Pfeife *f,* Tabakspfeife *f;* ~ **içmek** Pfeife rauchen; ~**sunu yakmak** sich eine Pfeife anzünden **pipo çakmağı** *s* Pfeifenfeuerzeug *nt* **pipo lülesi** *s* Pfeifenkopf *m* **pipo tütünü** *s* Pfeifentabak *m*
pir **I.** *s* ❶ (*ihtiyar kimse*) Alte(r) *m* ❷ Patron *m,* Schutzpatron *m* ❸ (*kurucu*) Begründer *m;* (*tarikat kurucusu*) Sektengründer *m* ❹ (*fig: herhangi bir konuda deneyim kazanmış, eskimiş kimse*) alte(r) Hase **II.** *adv* (*iyice*) gründlich, richtig; (*adamakıllı*) ordentlich
piramit <-di> *s a.* MATH Pyramide *f*
piramitsi *adj* pyramidenförmig
pire *s* ZOOL Floh *m;* ~ **için yorgan yakmak** (*fig*) das Kind mit dem Bade ausschütten; ~**yi deve yapmak** (*fig fam*) aus einer Mücke einen Elefanten machen
pirelendirme *s Verbalsubstantiv zu* **pirelendirmek**
pirelendirmek *vt* ❶ (*fig: huylandırmak*) stutzig machen; (*işkillendirmek*) argwöhnisch [*o* misstrauisch] machen ❷ **birini** ~ (*fig fam*) jdm einen Floh ins Ohr setzen
Pireneler *pl* Pyrenäen *pl*
pire yeniği *s* Flohbiss *m*
pirinç[1] <-ci> *s* Reis *m;* **pirincin taşını ayıklamak** (**zorunda kalmak**) (*fig fam*) die Suppe auslöffeln (müssen)
pirinç[2] <-ci> *s ohne pl* Messing *nt*
pirinç lapası *s ohne pl* Reisbrei *m*
pirinç levha *s* Messingschild *nt*
pirinç nişastası *s ohne pl* Reisstärke *f* **pirinç tanesi** *s* Reiskorn *nt* **pirinç tarlası** *s* Reisfeld *nt* **pirinç unu** *s* Reismehl *nt*
pirüet *s* Pirouette *f*
pirzola *s* GASTR Kotelett *nt*
pis *s* (*pej fam*) dreckig, schmutzig; ~ **kokmak** übel riechen, stinken **pis bıyık** <-ğı> *s* (*pej fam*) Ferkel *nt*
pisboğaz *adj* (*pej*) gefräßig
pisboğazlık <-ğı> *s* (*pej*) Gefräßigkeit *f*
pis herif *s* (*pej fam*) Dreckskerl *m*
pisi *s* Miez *f,* Miezekatze *f;* ~**!** ~**!** miez! miez! **pisi balığı** *s* ZOOL Kliesche *f*
pisipisi *s* Miezekatze *f*
pisi pisine *adv* (*boşuna*) umsonst, vergebens
piskopos *s* Bischof *m*
piskoposhane *s* Bischofssitz *m*
piskoposluk <-ğu> *s* REL ❶ (*bölge*) Bistum *nt* ❷ (*görev*) Bischofsamt *nt* ❸ (*bina*) Bischofssitz *m*
pisleme *s Verbalsubstantiv zu* **pislemek**
pislemek *vi* hinmachen; **oraya köpek pislemiş** dort hat ein Hund hingemacht
pisletme *s Verbalsubstantiv zu* **pisletmek**
pisletmek *vt* dreckig machen, schmutzig machen; (*kirletmek*) beschmutzen; **havayı** ~ die Luft verpesten
pislik <-ği> *s* ❶ Schmutz *m,* Dreck *m;* **ev** ~ **içinde yüzüyor** die Wohnung ist völlig versifft ❷ (*hayvan pisliği*) Kot *m* ❸ (*pej fam*) Ferkelei *f*
pis su *s* Abwasser *nt* **pis su borusu** *s* Abwasserrohr *nt* **pis su tesisatı** *s* Abwasserleitung *f*
pist *s* ❶ SPORT (*kayak* ~*i*) Piste *f;* (*slalom* ~*i*) Kurs *m;* (*atlama* ~*i*) Schanze *f;* (*yarış* ~*i*) Strecke *f* ❷ AERO Rollbahn *f*
piston *s* TECH Kolben *m* **piston kolu** *s* TECH Kolbenstange *f;* AUTO (*biyel*) Pleuelstange *f*
pistonlu *adj* TECH Kolben- **pistonlu fren** *s* TECH Kolbenbremse *f* **pistonlu makine** *s* TECH Kolbenmaschine *f* **pistonlu motor** *s* TECH Kolbenmotor *m*
piston yatağı *s* AUTO Pleuellager *nt* **piston yolu** *s* TECH Hub *m*
pisuvar *s* Pissoir *nt*
pişdar *s* MIL (*öncü*) Vortrupp *m*
pişi *s* Eierkuchen *m,* Pfannkuchen *m*
pişik <-ği> *s ohne pl* MED Hautwolf *m,* Intertrigo *f*
pişirme *s Verbalsubstantiv zu* **pişirme**
pişirmek *vt* ❶ (*yemek*) kochen, garen; (*fırında*) backen ❷ (*tuğla*) brennen ❸ (*fig fam*) erlernen ❹ (*fig fam: olgunlaştırmak*) reif werden lassen; **pişirip kotarmak** (*sonuçlandırmak*) zum Abschluss bringen
pişman *adj* reuig; ~ **olmak** bereuen (-**e**); **anasından doğduğuna** ~ **olmak** (*fig*) seines Lebens nicht mehr froh werden; **bir şeye bin** ~ **olmak** etw bitter bereuen; **buna** (**daha sonra**) ~ **olacaksın!** das wirst

P

du (noch) bereuen!
pişmanlık <-ğı> *s ohne pl* Reue *f;* ~ **duy(ma)mak** (keine) Reue fühlen [*o* empfinden] **pişmanlık duygusu** *s* Reuegefühl *nt*
pişme *s Verbalsubstantiv zu* **pişmek**
pişmek *vi* ❶ kochen, garen ❷ (*meyve için*) reifen
pişmemiş *adj* ungekocht
pişmiş *adj* ❶ (*yemek*) gekocht, gar; ~ **kelle gibi sırıtmak** (*fig fam*) grinsen wie ein Honigkuchenpferd ❷ (*balçık*) gebrannt; ~ **balçıktan** aus gebranntem Lehm
piştov *s* Pistole *f*
Pitagor *s* Phytagoras *m*
pit kızı *s* AUTO, SPORT Boxenluder *nt*
piton *s* ZOOL Python *m*
pitoresk *adj* pittoresk, malerisch
piyade [pija:dɛ] *s* MIL Infanterie *f* **piyade eri** *s* MIL Infanterist *m*
piyango *s* Lotterie *f;* ~ **vurmak** (*a. fig*) das große Los ziehen **piyango bileti** *s* Lotterielos *nt;* **on üç numaralı ~ne bir milyon çıktı** auf die Losnummer dreizehn entfallen eine Million
piyanist *s* Klavierspieler(in) *m(f),* Pianist(in) *m(f)*
piyano *s* MUS Klavier *nt,* Piano *nt;* ~**da egzersiz yapmak** auf dem Klavier üben
piyanocu *s* Klavierstimmer(in) *m(f)*
piyano konçertosu *s* MUS Klavierkonzert *nt* **piyano menteşe** *s* TECH Scharnierband *nt,* Gelenkband *nt* **piyano öğretmeni** *s* Klavierlehrer(in) *m(f)*
piyasa *s* ❶ FIN, WIRTSCH Markt *m;* **durgun** ~ flauer Markt ❷ Promenade *f;* ~ **etmek** promenieren, flanieren
piyasacı *s* Flaneur *m*
piyasa ekonomisi *s* WIRTSCH Marktwirtschaft *f;* **serbest** ~ freie Marktwirtschaft; **sosyal** ~ soziale Marktwirtschaft **piyasa fiyatı** *s* (*rayiç fiyat*) Marktpreis *m*
piyata *adj* (*yassı*) flach **piyata eğe** *s* Flachfeile *f*
piyaz *s* ❶ (*salata*) Bohnensalat *m* ❷ GASTR Zwiebelbeilage *f* ❸ (*pej fam*) Schmeichelei *f;* **benim bu ~lara karnım tok** ich habe diese Schmeicheleien satt
piyazcı I. *s* (*pej fam*) Schmeichler(in) *m(f)* **II.** *adj* (*fig fam*) schmeichlerisch
piyazlama *s Verbalsubstantiv zu* **piyazlamak**
piyazlamak *vt* ❶ GASTR einlegen, marinieren ❷ (*fig fam*) schmeicheln; **birini** ~ jdm schmeicheln, jdm Honig um den Bart schmieren
piyes *s* Theaterstück *nt*
piyon *s* (*satrançta*) Bauer *m*

P

pizza *s* Pizza *f*
plaj [plãʒ] *s* Badestrand *m,* Strandbad *nt* **plaj havlusu** *s* Strandtuch *nt*
plak [plãk] *s* Schallplatte *f*
plaka [plãka] *s* ❶ AUTO Kennzeichen *nt,* Nummernschild *nt;* **tescil ~sı** amtliches Kennzeichen ❷ TECH, AUTO (*baskı ~sı*) Platte *f* **plaka numarası** *s* AUTO Kennzeichennummer *f*
plaket *s* Plakette *f*
plan [plãn] *s* ❶ Plan *m;* **her şey ~a göre yürüyor** es (ver)läuft alles nach Plan; ~**da olmak** auf dem Plan stehen; ~**lar yapmak/kurmak** Pläne machen/schmieden ❷ Vorhaben *nt;* **bu akşam bir ~ın var mı?** hast du heute Abend (schon) etwas vor?
plancı *s* Planer(in) *m(f)*
planet *s* ASTRON (*gezegen*) Planet *m*
planetaryum *s* Planetarium *nt*
plankton *s ohne pl* BIOL Plankton *nt*
planlama *s* ❶ *Verbalsubstantiv zu* **planlamak** ❷ Planung *f*
planlamacı *s* Planer(in) *m(f)*
planlamak *vt* planen
planlanma *s* ❶ *Verbalsubstantiv zu* **planlanma** ❷ Planung *f*
planlanmak *vi* ❶ *pass von* **planlamak** ❷ **her şey planlandığı gibi yürüdü** es lief alles wie geplant
planlayıcı *s* (*rota ~ sı*) Planer *m*
planlı *adj* planmäßig **planlı ekonomi** *s* WIRTSCH Planwirtschaft *f*
planör [plãnœr] *s* AERO Segelflugzeug *nt*
planörcü *s* Segelflieger(in) *m(f)*
planörcülük <-ğü> *s ohne pl* Segelfliegerei *f*
plansız *adj* planlos
plansızlık <-ğı> *s ohne pl* Planlosigkeit *f*
plantasyon *s* Plantage *f*
planya *s* Hobel *m*
planyalama *s Verbalsubstantiv zu* **planyalamak**
planyalamak *vt* (ab)hobeln
planya tezgâhı *s* Hobelbank *f*
plase *s* (*at yarışlarında bahis*) Platzwette *f*
plaselemek *vt* SPORT platzieren; **topu** ~ den Ball platzieren
plasenta *s* ❶ ANAT, MED Plazenta *f;* (*etene*) Mutterkuchen *m* ❷ BOT Plazenta *f*
plasman *s* WIRTSCH, FIN (*yatırım*) Anlage *f*
plaster *s* Pflaster *nt,* Heftpflaster *nt*
plastik I. *s* <-ği> *ohne pl* Plastik *f;* ~ **madde** Kunststoff *m* **II.** *adj* ❶ plastisch; ~ **ameliyat/cerrahî** plastische Operation/Chirurgie ❷ Kunststoff-, Plastik-
plastik cam *s ohne pl* Plexiglas® *nt* **plastik kap** <-bı> *s* Kunststoffbehälter *m*

plastik madde *s* Kunststoff *m* **plastik makara** *s* Kunststoffrolle *f* **plastik sanatlar** *pl* Plastik *f*

plastron *s* ❶ (*giyimde*) Plastron *m o nt* ❷ SPORT (*eskrimde*) Plastron *m o nt*

platform *s* ❶ Plattform *f*, Podium *nt* ❷ (*fig: politikada*) Plattform *f*

platin *s ohne pl* CHEM Platin *nt*

plato *s* GEO Plateau *nt;* (*yayla*) Hochebene *f*

Platonculuk <-ğu> *s ohne pl* PHILOS Platonismus *m*

platonik <-ği> *adj* platonisch

Platonizm *s ohne pl* PHILOS (*Platonculuk*) Platonismus *m*

play-back *s s.* **pleybek**

plazma *s* BIOL, MED, PHYS Plasma *nt* **plazma fiziği** *s ohne pl* Plasmaphysik *f* **plazma kimyası** *s ohne pl* Plasmachemie *f*

pleistosen *s ohne pl* GEO Pleistozän *nt*

pleksiglas *s ohne pl* Plexiglas *nt*

pleybek *s* FILM, TV Play-back *nt*

pli *s s.* **pili** Plissee *nt* **pli etek** <-ği> *s* Plisseerock *m*, Faltenrock *m*

plili *adj* plissiert, gefältelt, Falten- **plili eteklik** <-ği> *s* Faltenrock *m*

pliyosen *s ohne pl* GEO Pliozän *nt*

plonjon *s* SPORT Hechtsprung *m*

plöra *s* ANAT Pleura *f*

plutokrasi *s* SOZIOL Plutokratie *f*

plüralist **I.** *s* Pluralist(in) *m(f)* **II.** *adj* ❶ (*çoğulcu*) pluralistisch ❷ PHILOS (*çokçu*) pluralistisch

plüralizm *s ohne pl* ❶ (*çoğulculuk*) Pluralismus *m* ❷ PHILOS (*çokçuluk*) Pluralismus *m*

Plüton *s ohne pl* ASTRON Pluto *m*

plütonyum *s ohne pl* CHEM Plutonium *nt*

plüviyometre *s* Niederschlagsmesser *m*

pnömatik *adj* pneumatisch, Pressluft- **pnömatik çekiç** <-ci> *s* TECH Presslufthammer *m* **pnömatik matkap** <-bı> *s* TECH Pressluftbohrer *m*

podosüet *s* ❶ Veloursleder *nt*, Samtleder *nt* ❷ (*süet*) Wildleder *nt*

podyum *s* ❶ Podium *nt* ❷ PHYS Podest *m o nt* ❸ (*mankenlerin çıktığı yüksekçe yer*) Laufsteg *m*

pof *interj* puff

pogrom *s* Pogrom *m o nt*

pohpohlama *s Verbalsubstantiv zu* **pohpohlamak**

pohpohlamak *vt* verhätscheln, schmeicheln

poker *s ohne pl* Poker *m o nt;* ~ **oynamak** [*o* **çevirmek**] pokern

polargı *s,* **polarıcı** *s* PHYS Polarisator *m*

polarılma *s* ❶ *Verbalsubstantiv zu* **polarılmak** ❷ PHYS Polarisation *f*

polarılmak *vi* PHYS polarisiert werden; **polarılmış ışık** polarisiertes Licht

polariskop <-bu> *s* PHYS Polarisationsmikroskop *nt*

polarite *s a.* CHEM, PHYS Polarität *f*

polarizasyon *s* ❶ *a.* CHEM, PHYS Polarisation *f* ❷ (*kutuplanma*) Polarisierung *f*

polarma *s* ❶ *Verbalsubstantiv zu* **polarmak** ❷ PHYS Polarisation *f* **polarma düzlemi** *s* PHYS Polarisationsebene *f*

polarmak *vt* PHYS, CHEM polarisieren

polaroit® <-di> *s* FOTO ❶ Polarisationsfilter *m* ❷ (*fotoğraf makinesi*) Polaroidkamera *f*

polemik <-ği> *s* Polemik *f;* **polemiğe girmek** [*o* **girişmek**] polemisieren (**aleyhine** gegen)

poliçe *s* ❶ Wechsel *m* ❷ (*sigorta ~si*) Police *f* **poliçe keşidecisi** *s* Wechselaussteller(in) *m(f)*

polifon *adj* MUS polyphon

Polifoni *s ohne pl* MUS Polyphonie *f*

poligam *adj* polygam

Poligamie *s ohne pl* Polygamie *f*

poligon *s* MATH Polygon *nt;* (*çokgen*) Vieleck *nt*

polijini *s ohne pl* Polygynie *f;* (*çok karılılık*) Vielweiberei *f*

poliklinik <-ği> *s* MED Poliklinik *f*

polimer **I.** *s* CHEM Polymer(e) *nt* **II.** *adj* CHEM polymer; ~ **birleşikler** polymere Verbindungen

polimeri *s* CHEM Polymerie *f*

polimerleşme *s* ❶ *Verbalsubstantiv zu* **polimerleşmek** ❷ CHEM Polymerisierung *f*

polimerleşmek *vi* CHEM polymerisieren

polimerleştirme *s* ❶ *Verbalsubstantiv zu* **polimerleştirmek** ❷ CHEM Polymerisierung *f*

polimerleştirmek *vt* CHEM polymerisieren

polimerlik <-ği> *s* CHEM Polymerie *f*

Polinezya *s* Polynesien *nt*

polip *s* MED, ZOOL Polyp *m*

polis *s* Polizei *f* **polis arabası** *s* Streifenwagen *m* **polis denetimi** *s* Polizeikontrolle *f* **polis hafiyesi** *s* Zivilfahnder(in) *m(f)*

polisiye film *s* TV Kriminalfilm *m*, Krimi *m* **polisiye roman** *s* LIT Kriminalroman *m*, Krimi *m*, Detektivroman *m*

polis karakolu *s* Polizeiwache *f*, Polizeirevier *nt* **polis memuru** *s* Polizeibeamte(r), -beamtin *m, f* **polis noktası** *s* Polizeidienststelle *f* **polis radyosu** *s* Polizeifunk *m* **polis şiddeti** *s ohne pl* Polizeigewalt *f*

politeizm *s ohne pl* REL Polytheismus *m*

P

politika *s* Politik *f;* **iç/dış/uluslararası ~** die innere/auswärtige/internationale Politik; **yeni bir ~ gütmek** eine neue Politik verfolgen

politikacı *s* Politiker(in) *m(f)*

poliüretan *s* Polyurethan *nt*

polka *s* MUS Polka *f*

polo *s ohne pl* SPORT Polo *nt*

polonez *s* MUS Polonaise *f,* Polonäse *f;* **Chopin'in bir ~i** eine Polonaise von Chopin

Polonez *s* (*Polonyalı*) Pole, Polin *m, f*

Polonya *s* Polen *nt*

Polonyalı *s* Pole, Polin *m, f*

polonyum *s ohne pl* CHEM Polonium *nt*

polyester *s* CHEM, TECH Polyester *m*

pomat <-dı> *s* Pomade *f*

pompa *s* Pumpe *f*

pompalama *s Verbalsubstantiv zu* **pompalamak**

pompalamak *vt* ❶ pumpen ❷ (*fig: körüklemek*) anheizen

pompalı tüfek <-ği> *s* Luftgewehr *nt*

ponza *s* Bimsstein *m*

ponzalama *s Verbalsubstantiv zu* **ponzalamak**

ponzalamak *vt* poncieren

ponza taşı *s* Bimsstein *m*

poplin *s* Popelin *m*

pop müzik <-ği> *s ohne pl* Popmusik *f*

popo *s* (*fam*) Po *m,* Popo *m*

popülarite *s ohne pl* Popularität *f;* **~ kazanmak** an Popularität gewinnen

popüler *adj* populär, beliebt

popülerlik <-ği> *s ohne pl* Popularität *f,* Beliebtheit *f*

popüler müzik <-ği> *s ohne pl s.* **pop müzik**

popülist **I.** *s* Populist(in) *m(f)* **II.** *adj* populistisch

popülizm *s ohne pl s.* **halkçılık** POL Populismus *m*

porfir *s* GEO Porphyr *m*

porfirit *s* GEO Porphyrit *m*

porno **I.** *s* (*fam*) Porno *m* **II.** *adj* Porno-

pornografi *s ohne pl* Pornografie *f*

pornografik <-ği> *adj* pornografisch

porselen **I.** *s* Porzellan *nt* **II.** *adj* porzellanen, Porzellan- **porselen fincan** *s* Porzellantasse *f* **porselen pipo** *s* Porzellanpfeife *f* **porselen tabak** <-ğı> *s* Porzellanteller *m* **porselen vazo** <-ğı> *s* Porzellanvase *f*

porsiyon *s* Portion *f;* **çift/yarım ~** eine doppelte/halbe Portion

porsuk[1] <-ğu> *s* ZOOL Dachs *m*

porsuk[2] <-ğu> *adj* (*pörsük*) schlaff; (*pörsümüş*) erschlafft

porsuk ağacı *s* BOT Eibe *f* **porsuk zağarı** *s* (*köpek*) Dachshund *m,* Dackel *m*

porsuma *s* ❶ *Verbalsubstantiv zu* **porsumak** ❷ Erschlaffung *f*

porsumak *vi s.* **pörsümek** erschlaffen

port *s* INFORM Port *nt,* Schnittstelle *f*

portakal *s* Apfelsine *f,* Orange *f*

portakalcı *s* Apfelsinenverkäufer(in) *m(f)*

portakal kabuğu *s* Orangenschale *f* **portakal rengi** *adj* orange, orange(n)farben, orange(n)farbig **portakal sıkacağı** *s* Orangenpresse *f* **portakal suyu** *s* Orangensaft *m,* Apfelsinensaft *m*

portal <-li> *s* INFORM Portal *nt*

portatif *adj* tragbar, transportabel

portbagaj *s* ❶ AUTO Dachgepäckträger *m* ❷ (*bisiklette*) Gepäckträger *m*

portbebe *s* Babytragetasche *f*

porte *s* ❶ Tragweite *f;* (*etki alanı*) Einflussbereich *m* ❷ (*para tutarı*) Aufwand *m* ❸ MUS Notenlinien *pl,* Liniensystem *nt* ❹ (*değer, önem*) Wert *m*

Portekiz **I.** *s* Portugal *nt* **II.** *adj* portugiesisch **Portekizce** *s* (das) Portugiesisch(e) **Portekizli** **I.** *s* Portugiese, Portugiesin *m, f* **II.** *adj* portugiesisch

portföy *s* ❶ (*para cüzdanı*) Geldbörse *f,* Portmonee *nt* ❷ FIN, WIRTSCH Portefeuille *nt,* Depot *nt* **portföy yönetimi** *s* FIN (*hisse senetleri için*) Depotverwaltung *f*

portmanto *s* Garderobenständer *m*

portmone *s* Portmonee *nt,* Portemonnaie *nt*

porto *s* Portwein *m*

portre *s* Porträt *nt,* Bildnis *nt*

post *s* ❶ Fell *nt;* **~ sepilemek** Felle gerben; **~u sermek** (*pej*) sich einnisten; **ayıyı vurmadan ~unu satmak** (*fig*) das Fell des Bären verkaufen, ehe man ihn hat ❷ (*fig fam: makam*) Posten *m,* Amt *nt,* Stellung *f;* **~undan olmak** seine Stellung verlieren ❸ (*fig fam: can*) **~u kurtarmak** seine Haut retten, mit heiler Haut davonkommen

posta *s ohne pl* Post *f;* **~yla** mit der Post **posta adresi** *s* Postanschrift *f* **posta güvercini** *s* Brieftaube *f*

postahane *s s.* **postane**

posta havalesi *s* Postanweisung *f*

posta kartı *s* Postkarte *f* **posta kutusu** *s* Briefkasten *m;* (*postahanelerde*) Postfach *nt*

postal *s* ❶ Stiefel *m* ❷ (*fig*) Nutte *f*

postalama *s Verbalsubstantiv zu* **postalamak**

postalamak *vt* ❶ (*postaya vermek*) aufgeben, auf die Post bringen; (*postayla göndermek*) mit der Post verschicken ❷ (*fam*)

P

fortschicken, befördern; **birini öbür dünyaya** ~ jdn ins Jenseits befördern

postalanma *s Verbalsubstantiv zu* **postalanmak**

postalanmak *vi pass von* **postalamak**

posta müvezzii *s* Postbote, -botin *m, f*

postane [--:-] *s* Postamt *nt*

posta paketi *s* Päckchen *nt* **posta pulu** *s* Briefmarke *f,* Postwertzeichen *nt* **posta treni** *s* Postzug *m*

poster *s* Poster *nt*

post kavgası *s* Machtkampf *m*

postrestant *adj* postlagernd

postulat *s* MATH, PHILOS (*konut*) Postulat *nt*

poşetlemek *vt* einschweißen

pot *s* ❶ (*kumaşta*) Falte *f* ❷ (*iskambilde*) Jackpot *m* ❸ (*fig*) Fauxpas *m,* Ausrutscher *m;* ~ **kırmak** einen Bock schießen

pota[1] *s* TECH Schmelztiegel *m*

pota[2] *s* SPORT (*basketbolda*) Korb *m*

potansiyel I. *s* PHYS (*gizil güç*) Potenzial *nt* **II.** *adj* ❶ (*gizil*) potenziell ❷ JUR (*suçlu olduğu varsayılan*) mutmaßlich **potansiyel farkı** *s* PHYS Potenzialdifferenz *f,* Potenzialgefälle *nt*

potas *s* CHEM Kali *nt,* Kalisalz *nt*

potasyum *s ohne pl* CHEM Kalium *nt;* ~**u cıva ile alaşımlamak** Kalium amalgamieren **potasyum hidroksit** <-di> *s ohne pl* CHEM Kaliumhydroxid *nt* **potasyum klorür** *s ohne pl* CHEM Kaliumchlorid *nt* **potasyum nitrat** *s ohne pl* CHEM Kaliumnitrat *nt;* (*gülherçile*) Kalisalpeter *m* **potasyum sülfat** *s ohne pl* CHEM Kaliumsulfat *nt*

potin *s* Schnürstiefel *m*

potkal *s* Flaschenpost *f*

potpuri *s* MUS Potpourri *nt*

pound *s* Pfund *nt*

poyra *s* TECH (*bisiklet* ~*sı*) Nabe *f* **poyra kapağı** *s* Nabenkappe *f*

poyraz *s* ❶ (*kuzeydoğudan esen rüzgâr*) Nordostwind *m* ❷ (*kuzey yönü*) Norden *m*

poz *s* ❶ Pose *f;* ~ **vermek** posieren; ~**lara girmek** sich in Pose werfen ❷ FOTO Belichtungszeit *f*

pozisyon *s* ❶ (*konum*) Lage *f,* Stellung *f* ❷ (*fig*) Stellung *f,* Position *f,* Standpunkt *m;* ~ **almak** Stellung nehmen

pozitif *adj* positiv; ~ **hukuk** JUR positives Recht; ~ **sayı** MATH eine positive Zahl **pozitif film** *s* FOTO Positiv *nt* **pozitif kutup** <-tbu> *s* PHYS, ELEK Pluspol *m*

pozitivist I. *s* PHILOS Positivist(in) *m(f)* **II.** *adj* PHILOS positivistisch

pozitivizm *s ohne pl* PHILOS Positivismus *m*

pozitron *s* PHYS Positron *nt*

pozometre *s s.* **fotometre**

pöç <-cü> *s* REG (*kuyruk sokumu kemiği*) Steißbein *nt*

pöçük <-ğü> *s* REG (*kuyruk sokumu*) Steiß *m;* (*kuyruk*) Schwanz *m*

pöf *interj* igitt

pörsük <-ğü> *adj* schlaff

pörsüme *s ohne pl* ❶ *Verbalsubstantiv zu* **pörsümek** ❷ Erschlaffung *f*

pörsümek *vi* erschlaffen

pörtlek <-ği> *adj* REG (*dışarıya doğru çıkık*) hervortretend; (*patlak*) Glupsch- **pörtlek göz** *s* REG (*patlak göz*) Glupschauge *nt*

pösteki *s* Balg *m*

pötikare *adj* (*kumaş*) kleinkariert

pragmacı I. *s* Pragmatist(in) *m(f)* **II.** *adj* pragmatisch

pragmacılık <-ğı> *s ohne pl* PHILOS (*pragmatizm*) Pragmatismus *m*

pragmatist I. *s* Pragmatist(in) *m(f)* **II.** *adj* pragmatisch

pragmatizm <-ği> *s ohne pl* PHILOS (*pragmacılık*) Pragmatismus *m*

pranga *s* Fußfessel *f;* **birini ~ya vurmak** jdm Fußfessel anlegen

praseodim *s ohne pl* CHEM Praseodym *nt*

pratik I. *s* <-ği> *ohne pl* ❶ Praxis *f* ❷ (*uygulama*) Anwendung *f* **II.** *adj* <-ği> praktisch

pratisyen hekim *s* praktizierender Arzt

prediksiyon *s* Prädiktion *f;* (*ön deyi*) Vorhersage *f;* (*kehanet*) Weissagung *f,* Prophezeiung *f*

prefabrik *adj s.* **prefabrike**

prefabrikasyon *s ohne pl* Fertigbau *m,* Fertigbauweise *f*

prefabrike *adj* vorgefertigt, Fertig- **prefabrike konut** *s* Fertighaus *nt*

prehistorik *adj* prähistorisch

prehistorya *s ohne pl* Prähistorie *f;* (*tarih öncesi*) Vorgeschichte *f,* Urgeschichte *f*

prekambriyen *s ohne pl* GEO Präkambrium *nt*

prelüt <-dü> *s* MUS Präludium *nt*

prematüre *adj* (*vaktinden önce*) vorzeitig **prematüre bebek** <-ği> *s* Frühgeburt *f*

prens *s* Prinz *m,* Fürst *m*

prenses *s* Prinzessin *f*

prensip <-bi> *s* Prinzip *nt;* (*ilke*) Grundsatz *m* **prensip kararı** *s* Grundsatzentscheidung *f*

prenslik <-ği> *s* Fürstentum *nt*

preparat *s* BIOL, MED Präparat *nt*

pres *s* TECH Presse *f*

presleme *s Verbalsubstantiv zu* **preslemek**

preslemek *vt* pressen

preslenme *s Verbalsubstantiv zu* **preslenmek**

preslenmek *vi pass von* **preslemek**

prestij *s ohne pl* Prestige *nt*

prezantasyon *s* Präsentation *f*

prezante etmek *vt* präsentieren; (*takdim etmek*) vorstellen

prezervatif *s* Präservativ *nt*

prim *s* Prämie *f*, Beitrag *m*

primadonna *s* (*operada*) Primadonna *f*

primat *s* ZOOL Primat *m*

prim iadesi *s* Beitragsrückerstattung *f*

primitif **I.** *s* (*pej*) Primitivling *m* **II.** *adj* primitiv; *s. a.* **ilkel**

primitivizm *s ohne pl* KUNST (*ilkelcilik*) Primitivismus *m*

printer *s* INFORM (*yazıcı*) Drucker *m*

priz *s* ELEK Steckdose *f*; **fişi ~e sokmak** den Stecker in die Steckdose stecken **priz fişi** *s* ELEK Bananenstecker *m*

prizma *s* MATH, PHYS Prisma *nt*

probabilizm *s ohne pl* PHILOS (*olasıcılık*) Probabilismus *m*

problem **I.** *s* ❶ MATH (*çözülmesi istenen soru*) Aufgabe *f*, Rechenaufgabe *f*, Problem *nt* ❷ (*sorun*) Problem *nt* **II.** *adj* problematisch; (*çocuk*) schwer erziehbar

problematik **I.** *s* <-ği> *ohne pl* Problematik *f* **II.** *adj* problematisch **problem çocuk** <-ğu> *s* Problemkind *nt*, Sorgenkind *nt*

problemli *adj* problematisch

problemsiz *adj* problemlos

prodüktivite *s ohne pl* Produktivität *f*

prodüktör *s* ❶ FILM, TV (*yapımcı*) Produzent(in) *m(f)* ❷ WIRTSCH (*üretici*) Produzent(in) *m(f)*

profesör *s* Professor(in) *m(f)*

profesörlük <-ğü> *s* Professur *f*

profesyonel *adj* ❶ professionell, Berufs- ❷ berufsmäßig, erwerbsmäßig

profesyonelleşme *s ohne pl* Professionalisierung *f*

profesyonellik <-ği> *s ohne pl* Professionalität *f*

profesyonel oyuncu *s* Berufsspieler(in) *m(f)* **profesyonel sporcu** *s* Berufssportler(in) *m(f)*

profil *s* Profil *nt*

proforma fatura *s* WIRTSCH Pro-forma-Rechnung *f*

program *s* ❶ Programm *nt* ❷ SCHULE (*öğretim ~ı*) Plan *m*

programcı *s* ❶ Produzent(in) *m(f)* ❷ INFORM Programmierer(in) *m(f)*

programlama *s* ❶ *Verbalsubstantiv zu* **programlamak** ❷ INFORM Programmierung *f*

programlama dili *s* INFORM Programmiersprache *f*

programlamak *vt* programmieren

programlı *adj* programmgemäß

proje *s* Projekt *nt*, Vorhaben *nt*

projeksiyon *s* Projektion *f*

projektör *s* ❶ (*ışıldak*) Scheinwerfer *m*, Strahler *m* ❷ (*gösterici*) Projektor *m* **projektör ışığı** *s* Scheinwerferlicht *nt*; **~nda olmak** im Rampenlicht stehen

proje planlama *s* Bauplanung *f*

prolaps *s* MED Gebärmuttervorfall *m*

proletarya *s* Proletariat *nt*

proleter **I.** *s* Proletarier(in) *m(f)* **II.** *adj* proletarisch

prolog <-ğu> *s* Prolog *m*

promil *s* Promille *pl*

promosyon *s* WIRTSCH Promotion *f*, Absatzförderung *f*

promönat <-dı> *s* Promenade *f*

propaganda *s* Propaganda *f*

propagandacı *s* Propagandist(in) *m(f)*

prosedür *s* Prozedur *f*

prospektüs *s* (*tanıtmalık*) Prospekt *m*; (*tarife*) Beipackzettel *m*

prostat *s* ANAT Prostata *f* **prostat kanseri** *s* MED Prostatakrebs *m*

prostela [proste'lã] *s s.* **önlük** Schürze *f*

protein *s* CHEM Protein *nt*, Eiweiß *nt*

proteinli *adj* eiweißhaltig; **~ besin** eiweißhaltige Nahrung

protein maddesi *s* Eiweißstoff *m*

proteinsiz *adj* eiweißarm

Protestan **I.** *s* Protestant(in) *m(f)* **II.** *adj* protestantisch

Protestanlık <-ğı> *s ohne pl* Protestantismus *m*

protesto *s* Protest *m*

protez *s* MED Prothese *f*

protokol <-lü> *s* Protokoll *nt*

proton *s* PHYS Proton *nt*

protoplazma [protoplãzma] *s ohne pl* BIOL Protoplasma *nt*

prototip *s a.* TECH Prototyp *m*

prova *s* ❶ Probe *f* ❷ (*giyside*) Anprobe *f* ❸ TYPO Korrekturfahne *f*; (*basılı metin*) Abzug *m*

provizyon *s* FIN Deckung *f*

provizyonsuz *adj* FIN (*çek*) ungedeckt

provokasyon *s* Provokation *f*

provokatör **I.** *s* Provokateur *m* **II.** *adj* provokativ

provoke *adj* **~ etmek** provozieren

prömiyer *s* Premiere *f*

Prusya **I.** *s* HIST Preußen *nt* **II.** *adj* preußisch

Prusyalı **I.** *s* Preuße, Preußin *m, f* **II.** *adj* preußisch

pruva *s* NAUT Bug *m*

psikanaliz *s ohne pl* PSYCH Psychoanalyse *f*

psikanalizci *s* PSYCH Psychoanalytiker(in) *m(f)*
psikiyatr *s* Psychiater(in) *m(f)*
psikiyatri *s ohne pl* Psychiatrie *f*
psikiyatrist *s s.* **psikiyatr**
psikolog <-ğu> *s* Psychologe, -login *m, f*
psikoloji *s ohne pl* Psychologie *f*
psikolojik <-ği> *adj* ❶ psychologisch; ~ **savaş** psychologische Kriegführung ❷ psychisch, seelisch
psikopat *s* Psychopath(in) *m(f)*
psikoterapi *s* PSYCH, MED Psychotherapie *f*
psikoterapist *s* Psychotherapeut(in) *m(f)*
psikoz *s* MED, PSYCH Psychose *f*
psişik <-ği> *adj* psychisch
puan *s* Punkt *m;* ~ **hesabıyla yenmek/önde olmak** nach Punkten siegen/führen **puan cetveli** *s* Tabelle *f* **puan durumu** *s* Punktestand *m* **puan farkı** *s* Punkteabstand *m*
puanlama *s* ❶ *Verbalsubstantiv zu* **puanlamak** ❷ Punktwertung *f*
puanlamak *vt* nach Punkten werten
puan sayısı *s* Punktzahl *f*
puantaj *s* Wertung *f*
puanter *s* Pointer *m*
puantör *s* Stechuhr *f* **puantör kartı** *s* Stechkarte *f*
puding *s* GASTR Pudding *m*
pudra *s* Puder *m*
pudralama *s Verbalsubstantiv zu* **pudralamak**
pudralamak *vt* pudern
pudralık <-ğı> *s* Puderdose *f*
pudra şeker *s* Puderzucker *m*
pudriyer *s* Puderdose *f*
puf[1] *s* Puff *m*
puf[2] *interj* ~**!** puh!
pufla *s* ZOOL Eider *f*
puflama *s Verbalsubstantiv zu* **puflamak**
puflamak *vi* ächzen
pufla ördeği *s* ZOOL Eiderente *f* **pufla tüyü** *s* Eiderdaune *f*
pug *s* Mops *m*
puhu *s* ZOOL Uhu *m*
pul *s* ❶ (*posta ~u, damga ~u*) Marke *f;* (*posta ~u*) Briefmarke *f;* ~ **derlemek** Briefmarken sammeln ❷ (*metal levhacık*) Plättchen *nt;* (*giysilerde*) Flitter *m;* (*payet*) Paillette *f;* ~ **işlemeli bir akşam tuvaleti** ein Abendkleid bestickt mit Pailletten ❸ (*tavla oyununda*) Stein *m* ❹ TECH Unterlegring *m,* Unterlegscheibe *f* ❺ ZOOL Schuppe *f*
pulcu *s* ❶ (*pul satan kimse*) Briefmarkenverkäufer(in) *m(f)* ❷ Philatelist(in) *m(f)*
pulculuk <-ğu> *s ohne pl* Philatelie *f*
pul koleksiyoncusu *s* Briefmarkensammler(in) *m(f),* Philatelist(in) *m(f)*
pullama *s* ❶ *Verbalsubstantiv zu* **pullamak** ❷ Frankierung *f*
pullamak *vt* frankieren
pullanma *s* ❶ *Verbalsubstantiv zu* **pullanmak** ❷ Frankierung *f;* **zarfların ~sı gerekir** die Umschläge müssen frankiert werden ❸ (*dış deride*) Schuppung *f,* Schuppenbildung *f*
pullanmak *vi* ❶ *pass von* **pullamak** ❷ (*zarf*) frankiert werden ❸ (*pul pul olmak*) schuppig werden, Schuppen bilden
pullu *adj* ❶ (*zarf*) frankiert ❷ (*balık*) schuppig ❸ TECH ~ **cıvata** eine Schraube mit Unterlegscheibe
pulluk <-ğu> *s* AGR Pflug *m*
pulman *s* EISENB (*yatar koltuk*) Liegesitz *m*
pulsuz *adj* unfrankiert
puluç <-cu> *adj* impotent
puluçluk <-ğu> *s ohne pl* Impotenz *f*
puma *s* ZOOL Puma *m*
punç <-cu> *s ohne pl* Punsch *m*
pundu *s poss von* **punt**
punt <-du> *s* **punduna getirmek** den richtigen Augenblick abpassen, den richtigen Moment erwischen; **pundunu bulmak** den richtigen Augenblick abpassen, den richtigen Moment erwischen
punto *s* TYPO Schriftgrad *m;* **bu yazı 10 ~dur** diese Schrift hat die Größe von 10 Punkt(en)
pupa **I.** *s* NAUT Achterschiff *nt;* (*kıç*) Heck *nt* **II.** *adv* NAUT achtern
puro *s* Zigarre *f*
pus[1] *vi Imperativ von* **pusmak**
pus[2] *s ohne pl* ❶ (*hafif sis*) Dunst *m* ❷ (*meyvelerde*) Belag *m* ❸ (*ağaçlarda yosun*) Moos *nt*
pus[3] *s* MATH Zoll *m;* (*inç*) Inch *m o nt*
pusar *vi 3. Aorist von* **pusmak**
pusarık **I.** *s* <-ğı> (*yalgın*) Trugbild *nt;* (*serap*) Fata Morgana *f* **II.** *adj* (*puslu*) dunstig
puset *s* Buggy *m*
puslu *adj* dunstig
pusluk *adj* diesig
pusma *s Verbalsubstantiv zu* **pusmak**
pusmak <-ar> *vi* ❶ (*sinmek*) sich ducken ❷ (*kendine bir şeyi siper alarak saklanmak*) in Deckung gehen ❸ (*pusarmak*) sich in Dunst hüllen
pusu *s* Hinterhalt *m,* Lauer *f;* ~**da yatmak** (*fam*) auf der Lauer liegen; ~**ya yatmak** (*fam*) sich auf die Lauer legen; **birini ~ya düşürmek** jdn in einen Hinterhalt locken
pusula *s* ❶ Kompass *m;* ~**yı şaşırmak** (*fig fam*) die Orientierung verlieren; (*ne yapacağını bilememek*) nicht wissen, wie es

weitergehen soll; (*doğru tutum ve davranıştan ayrılmak*) die Haltung verlieren ❷ Zettel *m* **pusula gülü** *s* Kompassrose *f*
pusula ibresi *s*, **pusula iğnesi** *s* Kompassnadel *f*
puşt *s* ❶ Stricher *m*, Strichjunge *m* ❷ (*pej vulg*) Saukerl *m*, Scheißkerl *m*
put *s* Götze *m*, Abgott *m*, Götzenbild *nt*; ~ **gibi** (*fig*) wie ein Ölgötze; ~ **kesilmek** (*fig*) wie versteinert dastehen
putperest *s* Götzendiener(in) *m(f)*
putperestlik <-ği> *s ohne pl* Götzendienst *m*, Abgötterei *f*, Idolatrie *f*
putrel *s* ARCH Träger *m*
püfleme *s Verbalsubstantiv zu* **püflemek**
püflemek *vt, vi* pusten
püf noktası *s* ❶ Clou *m*; **işin** ~ der Clou des [*o* vom] Ganzen ❷ (*fam*) Knackpunkt *m*, der springende Punkt
püfür püfür *adv* ~ **esen rüzgâr** der säuselnde Wind; ~ **esmek** säuseln
pür[1] *adj* (*dolu*) voll; (*çok*) sehr; (*tam*) ganz
pür[2] *s* REG Nadel *f*; **ladin** ~**ü** Fichtennadel *f*
pürçüklü *s* REG (*havuç*) Möhre *f*
pürdikkat <-ti> *adj* ganz aufmerksam
püre *s* GASTR Püree *nt*; (*patates* ~*si*) Püree *nt*, Brei *m*
püriten **I.** *s* Puritaner(in) *m(f)* **II.** *adj* puritanisch
püritenlik <-ği> *s ohne pl* REL Puritanismus *m*
pürizm *s ohne pl* LIT Purismus *m*
pürneşe *adj* quietschvergnügt; (*neşeli*) fröhlich
pürtelaş **I.** *adj* ganz aufgeregt **II.** *adv* in heller Aufregung
pürüz *s* ❶ Unebenheit *f* ❷ (*fig fam*) Haken *m*; (*güçlük*) Schwierigkeit *f*; (*engel*) Hindernis *nt*; **meselenin yalnız bir** ~**ü var** die Sache hat nur einen Haken
pürüzalır *s* TECH (*rayba*) Reibahle *f*
pürüzlenme *s Verbalsubstantiv zu* **pürüzlenmek**
pürüzlenmek *vi* ❶ rau werden ❷ (*ses*) rau werden ❸ (*fig fam*) kniff(e)lig werden
pürüzlü *adj* ❶ rau ❷ (*ses*) rau ❸ (*fig fam*) kniff(e)lig; **mesele** ~**dür** die Sache ist kniff(e)lig
pürüzsüz *adj* ❶ glatt; ~ **bir cilt** eine glatte Haut ❷ reibungslos, glatt
pürüzsüzlük <-ğü> *s ohne pl* Glätte *f*
püskül *s* ❶ Quaste *f* ❷ Franse *f* ❸ (*mısır* ~*ü*) Stroh *nt*
püsküllü *adj* fransig; ~ **bela** (*fig fam*) großes Unheil [*o* Unglück] **püsküllü takke** *s* Zipfelmütze *f*
püskürme *s* ❶ *Verbalsubstantiv zu* **püskürmek** ❷ GEO (*indifa*) Eruption *f*, Ausbruch *m*
püskürmek **I.** *vt* ❶ speien; **ejderha ateş püskürdü** der Drache spie Feuer ❷ GEO speien; **yanardağ lav püskürüyor** der Vulkan speit Lava ❸ **ateş** ~ (*fam*) Gift und Galle spucken **II.** *vi* GEO (*indifa etmek*) eruptieren
püskürteç <-ci> *s* Zerstäuber *f*
püskürtme *s Verbalsubstantiv zu* **püskürtmek** **püskürtme beton** *s* Spritzbeton *m*
püskürtmek *vt* ❶ spritzen, verspritzen; (*su*) sprühen ❷ zerstäuben, versprühen
püskürtme tabancası *s* Spritzpistole *f*
püskürtü *s* GEO (*lav*) Lava *f*
püskürük taş *s* GEO Ergussgestein *nt*
püstül *s* MED Pustel *f*
püsür **I.** *s* ❶ (*kimse*) Quälgeist *m* ❷ (*bok* ~) **bütün boku** ~**ü** die ganze Scheiße, der ganze Mist, das ganze Drumherum **II.** *adj* REG ❶ (*tembel*) faul ❷ (*karışık*) vertrackt; (*dolaşık*) verwickelt
pütür *s* ❶ (*küçük kabarcık*) Bläschen *nt* ❷ (*pürüz*) Unebenheit *f*
pütürlü *adj* rau
pütürsüz *adj* glatt

P

Rr

R, r [re] *s* R, r *nt* (*21. Buchstabe des türk. Alphabets*); **Rize'nin ~'si** R wie Richard
Rab <-bbi> *s ohne pl* REL (*Tanrı*) Gott *m,* Herr *m;* **~bim** mein Gott [*o* Herr]
rabbanî [rabba:ni:] *adj* REL göttlich
Rabbena [---:] *s ohne pl* REL (*Tanrımız*) unser Gott; **~ hakkı için** bei Gott
rabıt <-ptı> *s* ❶ (*bağ*) Verbindung *f* ❷ LING (*bağlaç*) Konjunktion *f,* Bindewort *nt*
rabıta [ra:--] *s* ❶ Verbindung *f;* (*ilişki*) Beziehung *f* ❷ Zusammenhang *m*
rabıtalı *adj* ❶ zusammenhängend ❷ (*düzgün, düzenli*) ordentlich ❸ (*ağırbaşlı*) besonnen; (*tutarlı*) konsequent
rabıtasız **I.** *adj* ❶ (*bağlantısız*) zusammenhanglos ❷ (*tutarsız*) inkonsequent; **~ adam** ein inkonsequenter Mensch **II.** *adv* ohne Zusammenhang
rabıtasızlık <-ğı> *s ohne pl* Zusammenhanglosigkeit *f*
rabıt edatı *s* LING (*bağlaç*) Konjunktion *f,* Bindewort *nt*
racon *s* ❶ (*usul*) Brauch *m;* (*yöntem*) Methode *f* ❷ (*gösteriş*) Schau *f,* Angeberei *f;* **~ kesmek** (*görünüşe göre hüküm vermek*) nach dem Äußeren urteilen; (*gösteriş yapmak*) angeben, eine Schau abziehen
radansa *s* NAUT ❶ (*yelkende*) Legel *m o nt* ❷ (*halat ilmiğinde*) Kausch(e) *f*
radansa *s* NAUT (*yelkende*) Legel *m o nt*
radar *s* TECH Radar *m o nt*
radde *s* (*derece*) Grad *m;* **son ~ye gelmedikce ...** solange es nicht bis zum Äußersten kommt, ...; **son ~ye gelmesini bekle(me)mek** etw (nicht) bis zum Äußersten kommen lassen; **son ~ye vardırmak** bis zum Äußersten gehen
raddelerinde *adv* (*sularında*) etwa um, um ... herum; **sabah yedi ~** morgens um sieben herum
radika *s ohne pl* BOT Löwenzahn *m,* gemeiner Löwenzahn
radikal <-li> [radikãl] **I.** *s* (*köktenci*) Radikale(r) *f(m)* **II.** *adj* radikal
radikalizm *s* Radikalismus *m*
radon *s ohne pl* CHEM Radon *nt*
radyal karkas *s* AUTO Radialkarkasse *f*
radyal lastik <-ği> *s* AUTO Radialreifen *m*
radyan *s* MATH Radiant *m*
radyasyon *s* PHYS *s.* **ışınım** Strahlung *f*
radyatör *s* ❶ (*ısıtma aracı*) Radiator *m,* Heizkörper *m* ❷ AUTO (*soğutucu*) Kühler *m*
radyatör suyu *s ohne pl* AUTO Kühlwasser *nt*
radyo *s* ❶ Rundfunk *m;* (*polis ~ su*) Funk *m* ❷ Radio *nt* ❸ (*~ istasyonu*) Sender *m*
radyoaktif *adj* PHYS radioaktiv; **~ element** radioaktives Element **radyoaktiflik** <-ği> *s ohne pl* Radioaktivität *f* **radyoaktivite** *s ohne pl* PHYS Radioaktivität *f* **radyobiyoloji** *s ohne pl* Radiobiologie *f,* Strahlenbiologie *f*
radyo dalgaları *pl* Funkwellen *pl* **radyo etkinliği** *s ohne pl* PHYS (*radyoaktivite*) Radioaktivität *f* **radyo evi** *s* Rundfunkanstalt *f*
radyofonik oyun *s* Hörspiel *nt*
radyografi *s* PHYS, MED ❶ *ohne pl* (*yöntem*) Radiographie *f* ❷ (*fotoğraf*) Radiogramm *nt*
radyogram *s* Funktelegramm *nt*
radyo güdümlü *s* ferngelenkt, ferngesteuert
radyo istasyonu *s* Radiosender *m*
radyokimya *s ohne pl* PHYS, CHEM Radiochemie *f*
radyolog *s* MED Radiologe, -login *m, f* **radyoloji** *s ohne pl* MED Radiologie *f*
radyo taksi *s* Funktaxi *nt*
radyotelefon *s s.* **telsiz telefon** Funktelefon *nt*
radyoterapi *s* MED Radiotherapie *f*
radyum *s ohne pl* CHEM Radium *nt*
raf *s* ❶ Brett *nt,* Bord *nt* ❷ Regal *nt;* **bir şeyi ~a kaldırmak** (*fig*) etw zu den Akten legen
rafadan *adj* GASTR (*alâkok*) weich, weich gekocht; **~ yumurta** ein weiches [*o* weich gekochtes] Ei
rafinaj *s* Raffination *f*
rafinatör *s* Raffineur *m*
rafineri *s* Raffinerie *f*
rafya *s* Bast *m*
ragbi *s ohne pl* SPORT (*rugby*) Rugby *nt*
rağbet *s ohne pl* ❶ (*istek, arzu*) Begehren *nt;* COMM Interesse *nt;* **bir şeye ~ etmek** [*o* **göstermek**] einer Sache Interesse zeigen ❷ (*beğenme, itibar*) Anklang *m,* Zuspruch *m;* (*beğenilme*) Beliebtheit *f;* **bir kimse/şey çok ~ görmek** [*o* **kazanmak**] jd/etw ist sehr gefragt, jd/etw erfreut sich großer Beliebtheit, jd/etw erfreut sich großen Zuspruchs; **çok ~ görmek** großen Anklang [*o* Zuspruch] finden
rağbetli *adj* beliebt, begehrt, gefragt
rağbetsiz *adj* unbeliebt

rağbetsizlik <-ği> *s* ❶ (*istenilmeme*) Unbeliebtheit *f* ❷ (*rağbet edilememe*) Interesselosigkeit *f,* Desinteresse *nt*

rağm *s ohne pl* Trotz *m;* **bir şeyin ~ına** etw zum Trotz

rağmen *präp* trotz; **buna ~** trotzdem; **bütün bunlara ~** trotz alledem; **bütün iyi niyete ~** allem guten Willen zum Trotz; **her şeye ~** trotz allem

rahat **I.** *s ohne pl* Ruhe *f;* **beni ~ bırak!** lass mich in Ruhe!; **birini ~ bırakmamak** jdn nicht in Ruhe lassen; **~ yüzü görmemek** nicht zur Ruhe kommen; **~ı kaçmak** sich beunruhigen; **~ına bak!** mach's dir gemütlich!; **~ına bakmak** es sich bequem machen; **birinin ~ını kaçırmak** jdm die Ruhe rauben, jdn beunruhigen **II.** *adj* ❶ ruhig; **içim ~ etti** ich bin beruhigt ❷ bequem; (*oda*) gemütlich; **~ etmek** sich wohl fühlen; **basit, fakat ~ döşeli bir oda** ein einfach, aber gemütlich eingerichtetes Zimmer ❸ (*aldırmaz*) unbekümmert; **~ adam** ein unbekümmerter Mensch **III.** *interj* **~!** MIL rührt euch! **rahat adam** *s* (*fam*) Gemütsmensch *m;* **amma ~sın!** du bist ein Gemütsmensch!

rahatça *adv* gemütlich, bequem

rahatlama *s Verbalsubstantiv zu* **rahatlamak**

rahatlamak *vi* sich beruhigen, sich erleichtert fühlen; **miden şimdi rahatladı mı?** hat sich dein Magen jetzt beruhigt?; **rahatlamış görünüyordu** sie wirkte gelöst

rahatlatma *s Verbalsubstantiv zu* **rahatlatmak**

rahatlatmak *vt* beruhigen; (*ferahlatmak*) erleichtern; **vicdanını ~** sein Gewissen erleichtern [*o* entlasten]

rahatlık <-ğı> *s* Gemütlichkeit *f,* Bequemlichkeit *f*

rahat rahat *adv* in aller Ruhe, in aller Gemütlichkeit

rahatsız *adj* ❶ unbequem; **~ etmek** stören, belästigen; **~ edilmeyi hiç sevmez** er hat es überhaupt nicht gern, wenn man ihn stört; **bu koltuk çok ~** dieser Sessel ist sehr unbequem ❷ (*huzursuz*) unruhig ❸ (*keyifsiz, hasta*) unwohl, unpässlich; **kendisini ~ hissetmek** sich unwohl [*o* unpässlich] fühlen

rahatsızlanma *s* ❶ *Verbalsubstantiv zu* **rahatsızlanmak** ❷ Erkrankung *f*

rahatsızlanmak *vi* erkranken

rahatsızlık <-ğı> *s* ❶ (*tedirginlik*) Unruhe *f* ❷ (*hastalık*) Unpässlichkeit *f,* Unwohlsein *nt,* Leiden *nt*

rahibe [raː--] *s* Priesterin *f*

rahim <-hmi> *s* (*döl yatağı*) Gebärmutter *f*

rahip <-bi> [raː-] *s* Priester *m*

rahman *s* REL Allerbarmer *m*

rahmanî *adj* REL göttlich

rahmet *s* ❶ **zahmetsiz ~ olmaz** (*prov*) ohne Fleiß kein Preis ❷ REG (*yağmur*) Regen *m* ❸ **Allah ~ eylesin!** Gott hab ihn selig!

rahmetli *adj* ❶ (*merhum*) verstorben, abgeschieden; **~ olmak** versterben ❷ (*ölmüş bir kimse için*) selig; **~ pederi** sein seliger Vater

rahmi *s poss von* **rahim**

rahvan *s ohne pl* Passgang *m*

rakam *s* Ziffer *f,* Zahl *f;* **astronomik ~** eine astronomische Zahl

raket *s* SPORT Schläger *m*

rakı *s* ❶ Raki *m* ❷ (*erik ~sı*) Schnaps *m*

rakım [raː-] *s* (*yükselti*) Höhe *f;* **Ankara'nın ~ı 850 metredir** Ankara liegt 850 Meter über dem Meeresspiegel

rakip <-bi> *s* ❶ *a.* COMM Konkurrent(in) *m(f)* ❷ *a.* SPORT Gegner(in) *m(f);* (*ezelî ~*) Rivale, Rivalin *m, f;* **rakibini mat etmek** den Gegner mattsetzen **rakip oyuncu** *s* Gegenspieler(in) *m(f)*

rakipsiz *adj* konkurrenzlos

rakkas [-kaːs] *s* ❶ (*sarkaç*) Pendel *nt* ❷ (*dansör*) Tänzer *nt*

rakkase [-kaːsɛ] *s* (*dansöz*) Tänzerin *f*

rakor *s* TECH Muffe *f*

raks *s* (*dans*) Tanz *m*

ralli *s* Rallye *f*

rallici *s* Rallyeteilnehmer(in) *m(f),* Rallyefahrer(in) *m(f)*

ram *adj* gebändigt; **bir kimseyi/şeyi ~ etmek** jdn/etw bändigen; (*boyun eğdirmek*) jdn/etw unterwerfen; **birini (kendine) ~ etmek** sich jds bemächtigen

ramak *s* **düşmesine ~ kalmak** beinahe [*o* fast] hinfallen

Ramazan *s* REL Ramadan *m;* (*oruç tutulan ay*) Fastenmonat *m* **Ramazan Bayramı** *s* REL Ramadanfest *nt*

ramp *s* THEAT Rampe *f*

rampa *s* Rampe *f;* **~ etmek** NAUT anlegen

ramp ışığı *s* THEAT Rampenlicht *nt*

randasa *s* NAUT Kausch(e) *f*

randevu *s* ❶ Rendezvous *nt,* Verabredung *f,* Date *nt;* **~su olmak** eine Verabredung haben; **acaba kiminle ~su var?** mit wem mag sie eine Verabredung haben? ❷ (*doktorda*) Termin *m;* (*iş ~su*) Termin *m*

randevucu *s* Kuppler(in) *m(f)*

randevu evi *s* Bordell *nt,* Etablissement *nt*

randevulaşma *s* ❶ *Verbalsubstantiv zu* **randevulaşmak** ❷ Verabredung *f* ❸ Terminvereinbarung *f*

randevulaşmak *vi* ❶ sich verabreden, ein

Treffen ausmachen ❷ einen Termin vereinbaren
randevulu *adj* ❶ verabredet ❷ terminiert
randıman *s* Leistung *f;* **bir makineyi tam ~la çalıştırmak** eine Maschine auslasten
randımanı düşük *adj* leistungsschwach
randımanlı *adj* leistungsfähig
rant *s* Rente *f*
rantabilite *s ohne pl* Rentabilität *f*
rantabl *adj* rentabel; (*kâr sağlayan*) gewinnbringend
rantiye *s* Privatier *m*
ranza *s* Koje *f;* (*üst üste*) Etagenbett *nt*
rap *s* ~ **diye** ruckartig
rapor *s* ❶ Bericht *m;* **birine bir şey hakkında ~ vermek** jdm über etw Bericht erstatten ❷ Attest *nt;* **tıbbî ~** ärztliches Attest ❸ (*bilirkişi ~ u*) Gutachten *nt*
raportör *s* Berichterstatter(in) *m(f)*
rapsodi *s* ❶ LIT Rhapsode *m* ❷ MUS Rhapsodie *f*
raptiye *s* Reißzwecke *f*
rasat <-dı> *s s.* **gözlem** Beobachtung *f,* Observation *f*
rasathane *s s.* **gözlemevi** Sternwarte *f;* (*observatuvar*) Observatorium *nt*
raspa *s* TECH Raspel *f*
raspalama *s Verbalsubstantiv zu* **raspalamak**
raspalamak *vt* raspeln
rast **I.** *s* ❶ (*tesadüf*) Zufall *m;* ~ **gelmek** (zufällig) treffen ❷ (*hedefi vurma*) Treffen *nt;* ~ **gelmek** treffen; **hedefe ~ getir(eme)mek** das Ziel (nicht) treffen (können) **II.** *adj* (*doğru*) richtig; **işi ~ gidiyor** seine Geschäfte laufen gut; **işiniz ~ gitsin!** alles Gute!
rastgele **I.** *adj* x-beliebig; (*herhangi bir*) irgendeine(r) **II.** *adv* (*seçmeden*) wahllos **III.** *interj* ~**!** (*işiniz rast gitsin*) alles Gute!
rastgele biri *pron* irgendjemand **rastgele erişimli bellek** <-ği> *s* INFORM RAM-Speicher *m*
rastık <-ğı> *s* ❶ (*kaş boyamak için*) Augenbrauenstift *m* ❷ (*saç boyamak için*) Haarlack *m*
rastlama *s Verbalsubstantiv zu* **rastlamak**
rastlamak *vi* ❶ treffen (**-e** auf), begegnen (**-e**); **birine ~** jdm begegnen ❷ (*hedefi bulmak*) treffen (**-e**); **taş cama rastladı** der Stein hat die Scheibe getroffen ❸ (*bulmak*) finden (**-e**), stoßen (**-e** auf)
rastlanma *s Verbalsubstantiv zu* **rastlanmak**
rastlanmak *vi* ❶ *pass von* **rastlamak** ❷ (*bulunmak*) gefunden werden (**-e**); **... izine rastlanmadı** es wurden keine Spuren der/des ... gefunden
rastlantı *s* Zufall *m*
rastlantısal dostluk <-ğu> *s* Zufallsbekanntschaft *f*
rastlaşmak *vi* ❶ (*birbiriyle karşılaşmak*) zusammentreffen ❷ (*üst üste gelmek*) zusammentreffen
rasyon *s* Ration *f*
rasyonalist **I.** *s* Rationalist(in) *m(f)* **II.** *adj* rationalistisch
rasyonalite *s ohne pl* Rationalität *f*
rasyonalizm *s ohne pl* Rationalismus *m*
rasyonel *adj* ❶ (*ussal*) rational ❷ (*hesaplı, ölçülü*) rationell; ~ **çalışmak** rationell arbeiten ❸ MATH rational; ~ **sayılar** rationale Zahlen
rasyonelleştirme *s ohne pl* ❶ *Verbalsubstantiv zu* **rasyonelleştirmek** ❷ Rationalisierung *f*
rasyonelleştirmek *vt* rationalisieren
raşe [ra:-] *s ohne pl* Zittern *nt*
raşelenme *s ohne pl* ❶ *Verbalsubstantiv zu* **raşelenmek** ❷ (*titreme*) Zittern *nt*
raşelenmek *vi* (*titremek*) zittern; (*ürpermek*) schaudern
raşitik <-ği> *adj* MED rachitisch
raşitizm *s ohne pl* MED Rachitis *f*
rate *s* ZOOL Ratte *f*
ratıp <-bı> *adj* (*yaş*) nass; (*nemli*) feucht
raunt <-du> *s* Runde *f*
ravent [ra:-] *s ohne pl* BOT Rhabarber *m*
ray [raı] *s* ❶ Gleis *nt;* ~**dan çıkmak** (*fig*) aus dem Gleis geraten; **iş yine ~ına giriyor** (*fig*) die Sache kommt wieder ins rechte Gleis ❷ Schiene *f*
rayba *s* TECH (*pürüzalır*) Reibahle *f*
rayiç <-ci> *s* WIRTSCH Marktwert *m* **rayiç fiyat** *s* WIRTSCH Marktpreis *m*
rayiha *s* ❶ (*güzel koku*) Duft *m* ❷ (*buke*) Bukett *nt,* Blume *f*
razı [ra:-] *adj* einverstanden; **bir şeye ~ olmak** mit etw einverstanden sein; **birini bir şeye ~ etmek** jdn zu etw überreden; ~ **mısın?** bist du einverstanden?; ~**sın demek, öyle mi?** du bist also einverstanden, ja?
re[1] *Name des 21. Buchstaben des türk. Alphabets;* **Rize'nin ~'si** R wie Richard
re[2] *s* MUS D *nt*
reaksiyon *s* ❶ (*tepki*) Reaktion *f* ❷ CHEM (*tepkime*) Reaktion *f*
reaktör *s* Reaktor *m,* Meiler *m*
realist **I.** *s* Realist(in) *m(f)* **II.** *adj* realistisch
realizm *s ohne pl* PHILOS, LIT, KUNST (*gerçekçilik*) Realismus *m*
reasürans *s* Rückversicherung *f*
re bemol *s ohne pl* MUS Des *nt*
recim <-cmi> *s* HIST Steinigung *f*

R

recmetme *s* HIST ❶ *Verbalsubstantiv zu* **recmetmek** ❷ Steinigung *f*
recmetmek *vt* HIST steinigen
recmi *s poss von* **recim**
reçel *s* Konfitüre *f;* (*marmelât*) Marmelade *f* **reçel kavanozu** *s* Marmeladenglas *nt*
reçete *s* Rezept *nt*
reçeteli *adj* rezeptpflichtig
reçetesiz *adj* rezeptfrei
reçine *s* Harz *nt*
reçineli *adj* harzig
reçine yağı *s ohne pl* Harzöl *nt*
redaksiyon *s* Redaktion *f*
redaktör *s* Redakteur(in) *m(f)*
reddedilme *s ohne pl* ❶ *Verbalsubstantiv zu* **reddedilmek** ❷ Ablehnung *f*
reddedilmek *vi pass von* **reddetmek** abgelehnt werden
reddetme *s ohne pl* ❶ *Verbalsubstantiv zu* **reddetmek** ❷ Ablehnung *f* ❸ Abweisung *f*
reddetmek *vt* ❶ ablehnen; **bize yardım etmeyi reddetti** er lehnte es ab, uns zu helfen ❷ *a.* JUR abweisen; (*itiraz*) verwerfen
reddi *s poss von* **ret**
redevans *s* Lizenzgebühr *f*
redif *s* ❶ MIL Reservist *m* ❷ LIT (*yedek*) Refrainwort *nt*
reenkarnasyon *s* Reinkarnation *f*
refah *s ohne pl* Wohlstand *m*
referans *s* ❶ Referenzen *pl;* (*tavsiye mektubu*) Empfehlungsschreiben *nt* ❷ (*başvurulması gereken kaynak*) Referenz *f* ❸ (*tavsiye*) Referenz *f,* Empfehlung *f* **referans noktası** *s* Bezugspunkt *m*
referendum *s* Referendum *nt*
refik *s* ❶ (*dost*) Freund *m* ❷ (*koca*) Ehemann *m*
refleks *s* (*tepke*) Reflex *m*
reflektör *s* (*yansıtaç*) Reflektor *m;* AUTO Rückstrahler *m;* **arabanın ~leri çamurlanmış** die Rückstrahler des Autos sind verschmutzt
regresyon *s* Regression *f*
regülatör *s* TECH Regulator *m*
rehabilitasyon *s* Rehabilitation *f*
rehavet [reça:-] *s ohne pl* Trägheit *f,* Schlaffheit *f*
rehber *s* ❶ (*turist, turizm ~i*) Führer *m* ❷ (*telefon ~i*) Verzeichnis *nt* **rehber öğretmen** *s* SCHULE Vertrauenslehrer(in) *m(f)*
rehin *s* Pfand *nt;* **bir şeyi ~ etmek** etw verpfänden; **bir şeyi ~e koymak** etw verpfänden
rehine *s* Geisel *f* **rehine eylemi** *s* Geiselnahme *f*
reis *s* Oberhaupt *nt,* Präsident(in) *m(f)*
reisicumhur *s s.* **cumhurbaşkanı** Staatspräsident(in) *m(f)*
reji *s* Regie *f*
rejim *s* ❶ POL Regime *nt* ❷ (*perhiz*) Abmagerungskur *f,* Schlankheitskur *f*
rejisör *s* Regisseur(in) *m(f)*
rejisörlük <-ğü> *s* Regie *f;* **~ yapmak** Regie führen
rekabet *s* ❶ Wettbewerb *m;* **küresel ~** der globale Wettbewerb ❷ (*ohne pl*) Konkurrenz *f*
rekabetçi *s* Konkurrent(in) *m(f)*
reklam *s* Reklame *f,* Werbung *f* **reklam afişi** *s* Werbeplakat *nt* **reklam ajansı** *s* Werbeagentur *f*
reklamcı *s* (*erkek*) Werbemann *m;* (*kadın*) Werbefrau *f*
reklamcılık <-ğı> *s* Werbung *f,* Werbebranche *f*
reklam ışıntısı *s* Werbespot *m* **reklam kampanyası** *s* Werbekampagne *f* **reklam levhası** *s* Reklameschild *nt*
rekolte *s* AGR Jahresernte *f;* **bu yılın buğday ~si** die diesjährige Weizenernte
rekor *s* SPORT Rekord *m;* **~ kırmak** einen Rekord brechen
rekortmen *s* Rekordinhaber(in) *m(f),* Rekordhalter(in) *m(f)*
rekreasyon alanı *s* Erholungsgebiet *nt*
rektifiye *s* TECH Überholung *f;* **~ etmek** überholen
rektör *s* Rektor(in) *m(f)*
rektörlük <-ğü> *s* Rektorat *nt*
re majör *s ohne pl* MUS D-Dur *nt* **re minör** *s ohne pl* MUS d-Moll *nt*
remiz <-mzi> *s* Symbol *nt*
remzi *s poss von* **remiz**
Ren *s* Rhein *m*
rencide *adj* gekränkt; **~ etmek** kränken; **~ olmak** gekränkt sein
rençper *s* ❶ Landarbeiter(in) *m(f)* ❷ (*çiftçi*) Farmer(in) *m(f),* Bauer *m,* Bäuerin *f*
rençperlik <-ği> *s* Landarbeit *f*
rende *s* ❶ (*tahta için*) Hobel *m* ❷ GASTR (*mutfakta*) Reibe *f,* Hobel *m*
rendeleme *s Verbalsubstantiv zu* **rendelemek**
rendelemek *vt* ❶ (*tahtayı*) hobeln ❷ GASTR hobeln; (*peynir*) (zer)reiben
rendelenmiş *adj* gehobelt; (*peynir*) gerieben
rendeli *adj* gehobelt; (*peynir*) gerieben
rendesiz *adj* ungehobelt
rengârenk *adj* kunterbunt
Ren geyiği *s* ZOOL Ren *nt,* Rentier *nt*
rengi *s poss von* **renk**

R

renk <-gi> *s* Farbe *f;* ~ **gelmek** Farbe bekommen (-**e**); **bir şeye ~ vermek** [*o* **katmak**] (*fig: canlılık kazandırmak*) etw beleben, etw Schwung verleihen, etw in Schwung bringen; **bir şeye ~ ver(me)mek** (*fig*) sich etw (nicht) anmerken lassen; **~ten renge girmek** (*yüzünün rengi değişmek*) die Farbe wechseln; **rengi atmak** (*solmak*) verschießen, verblassen; (*benzi sararmak*) blass werden; **rengi kaçmak** die Farbe verlieren; **rengi uçmak** (*benzi sararmak*) blass werden; **bir şeyin rengini belli et(me)mek** (*fig*) sich etw (nicht) anmerken lassen **renk bilimi** *s ohne pl* Farbenlehre *f* **renk cümbüşü** *s* Farbenspiel *nt*

renkgideren *s* Entfärbungsmittel *nt*

renk kompozisyonu *s* Farbkomposition *f,* Farbkombination *f,* Farbzusammenstellung *f* **renk körlüğü** *s ohne pl* Farbenblindheit *f* **renk körü** *adj* farbenblind

renkleme *s* ① *Verbalsubstantiv zu* **renklemek** ② Färbung *f*

renklemek *vt* färben

renklendirme *s* ① *Verbalsubstantiv zu* **renklendirmek** ② Färbung *f*

renklendirmek *vt* ① färben ② (*fig: neşelendirmek*) beleben

renklenme *s Verbalsubstantiv zu* **renklenmek**

renklenmek *vi* ① sich färben ② Farbe bekommen ③ (*fig: neşelenmek*) sich beleben; (*hareket kazanmak*) Schwung bekommen

renkli *adj* ① farbig, Farb-, bunt ② (*fig*) bunt; ~ **bir gece** ein bunter Abend ③ (*fig*) profiliert; ~ **bir politikacı** ein profilierter Politiker **renkli basın** *s ohne pl s.* **boyalı basın** Regenbogenpresse *f,* Boulevardpresse *f* **renkli baskı** *s* Farbdruck *m* **renkli çamaşır** *s* Buntwäsche *f* **renkli ekran** *s* Farbbildschirm *m* **renkli film** *s* FILM, FOTO Farbfilm *m* **renkli fotoğraf** *s* FOTO Farbfoto *nt* **renkli kalem** *s* Buntstift *m*

renklilik <-ği> *s ohne pl* Farbigkeit *f,* Buntheit *f*

renkli şerit <-di> *s* INFORM Farbband *nt* **renkli televizyon** *s* Farbfernsehen *nt*

renkölçer *s* Kolorimeter *nt*

renk renk *adj* (*rengârenk*) kunterbunt; (*çok renkli*) vielfarbig, bunt; ~ **harelenmek** in vielen [*o* wechselnden] Farben schillern

renksemez *adj* PHYS, BIOL (*akromatik*) achromatisch

renkser *adj* PHYS (*kromatik*) chromatisch

renksiz *adj* (*a. fig*) farblos

renksizlik <-ği> *s ohne pl* (*a. fig*) Farblosigkeit *f*

renktaş *adj* gleichfarbig

renk tonu *s* Farbton *m* **renk yuvarı** *s* ASTRON (*kromosfer*) Chromosphäre *f*

Renli *s* Rheinländer(in) *m(f)*

Ren-Palatina *s* Rheinland-Pfalz *nt*

reosta *s* ELEK, PHYS (*dimmer*) Dimmer *m*

repertuar *s* THEAT, MUS Repertoire *nt;* **~ında her zaman birkaç fıkra bulunur** (*fam*) sie hat immer ein paar Witze auf Lager

replik <-ği> *s* ① THEAT Stichwort *nt* ② (*karşılık verme*) Erwiderung *f* ③ JUR Replik *f*

reprodüksiyon *s* Reproduktion *f*

resen *adv* von Amts wegen

resepsiyon *s* ① (*kabul*) Empfang *m* ② (*ziyafet*) Empfang *m* ③ Anmeldung *f*

resesif *adj* BIOL (*çekinik*) rezessiv

resesyon *s* WIRTSCH Rezession *f*

resif *s* Riff *nt*

resim <-smi> *s* ① Bild *nt,* Zeichnung *f;* (*boyalı*) Gemälde *nt;* ~ **gibi** bildschön, bildhübsch ② (*sanatı*) Malerei *f,* Zeichenkunst *f;* (*teknik* ~) Zeichnen *nt* ③ (*fotoğraf*) Foto *nt;* ~ **çekmek** fotografieren ④ JUR Abgabe *f;* (*damga resmi*) Steuer *f;* (*demir resmi*) Gebühr *f*

resimci *s* ① (*fotoğrafçı*) Fotograf(in) *m(f)* ② (*resim öğretmeni*) Zeichenlehrer(in) *m(f)* ③ (*nakkaş*) Dekorationsmaler(in) *m(f)*

resim çerçevesi *s* Bilderrahmen *m* **resim dersi** *s* SCHULE Zeichenunterricht *m* **resim galerisi** *s* Gemäldegalerie *f,* Bildergalerie *f*

resimleme *s* ① *Verbalsubstantiv zu* **resimlemek** ② Bebilderung *f,* Illustrierung *f*

resimlemek *vt* bebildern, illustrieren; **yazar kitabını resimledi** der Autor hat sein Buch illustriert

resimlendirme *s* ① *Verbalsubstantiv zu* **resimlendirmek** ② Bebilderung *f,* Illustrierung *f*

resimlendirmek *vt* bebildern, illustrieren

resimli *adj* bebildert, illustriert, Bilder-; ~ **dergiler/gazeteler** illustrierte Zeitschriften/Zeitungen **resimli bulmaca** *s* Bilderrätsel *nt* **resimli dergi** *s* Illustrierte *f* **resimli hikâye** *s* Bildergeschichte *f*

resimlik <-ği> *s* ① (*çerçeve*) Bilderrahmen *m* ② (*albüm*) Fotoalbum *nt* ③ ~ **bir manzara** ein Anblick zum Malen

resimli kartpostal *s* Ansichtskarte *f* **resimli öykü** *s* Bildergeschichte *f* **resimli röportaj** *s* Bildreportage *f*

resim öğretmeni *s* SCHULE Zeichenlehrer(in) *m(f)* **resim yazı** *s* Bilderschrift *f*

resital <-li> *s* MUS Recital *nt*

resmen *adv* ❶ amtlich, offiziell ❷ förmlich; (*açıkca*) eindeutig

resmi *s poss von* **resim**

resmî *adj* ❶ amtlich, offiziell; (*bayram günü*) gesetzlich; **bir ülkenin ~ dili** die offizielle Sprache eines Landes ❷ (*fig: samimi olmayan*) förmlich; **birine ~ davranmak** sich gegenüber jdm förmlich benehmen

Resmî Gazete *s* Amtsblatt *nt*

resmigeçit <-di> *s* Parade *f,* Defilee *nt;* **~ yapmak** defilieren

resmiyet *s* Förmlichkeit *f*

ressam *s* ❶ Maler(in) *m(f)* ❷ Zeichner(in) *m(f);* **teknik ~** technischer Zeichner; (*kadın*) technische Zeichnerin

ressamlık <-ğı> *s* Malerei *f*

rest *s* **~ çekmek** alles aufs Spiel setzen

restoran *s* Restaurant *nt*

restoratör *s* Restaurator(in) *m(f)*

restore *adj* **~ etmek** restaurieren

resul <-ü> *s* REL Apostel *m*

reşit *adj* JUR (*ergin*) volljährig, mündig; **~ olmak** volljährig werden

ret <-ddi> *s* Ablehnung *f*

retina *s* ANAT Retina *f;* (*ağ tabaka*) Netzhaut *f*

retorik <-ği> *s ohne pl* Rhetorik *f*

reva [reva:] *adj* angebracht; (*uygun*) angemessen; **bir şeyi ~ görmek** etw für angebracht halten, etw als angemessen erachten

revaç <-cı> *s* ❶ COMM (*sürüm*) Absatz *m;* **~ bulmak** Absatz finden; **~ta olmak** großen Absatz finden, hoch im Kurs stehen ❷ **~ta olmak** hoch im Kurs stehen

revak *s* Laubengang *m*

revalüasyon *s* WIRTSCH, FIN Revalvation *f*

revan *adj* **~ olmak** (*yola çıkmak*) sich auf den Weg machen; **kan ~ içinde** blutüberströmt

revani [reva:ni:] *s* GASTR *Süßspeise, gebacken aus Eiern und Grieß, serviert mit Sirup*

reverans *s* Verbeugung *f*

revir *s* Revier *nt,* Lazarett *nt,* Sanitätsraum *m*

revizyonculuk <-ğu> *s ohne pl* Revisionismus *m*

revizyonizm *s ohne pl* Revisionismus *m*

revolver *s* (*altıpatlar*) Revolver *m*

revü *s* THEAT Revue *f*

rey *s s.* **oy** Stimme *f,* Votum *nt*

reyhan *s* BOT (*fesleğen*) Basilienkraut *nt,* Basilikum *nt*

reyon *s* Abteilung *f*

reyting *s* ❶ Rating *nt;* **izleyici ~i** TV Einschaltquote *f* ❷ Hochrechnung *f* ❸ (*değerlendirme*) Bewertung *f;* (*takdir*) Beurteilung *f*

rezalet *s ohne pl* (*pej*) Schweinerei *f;* (*kepazelik*) Schande *f;* (*maskaralık*) Hohn *m;* **~ çıkarmak** Anstoß erregen; **bu, ~in dik âlâsı!** das ist doch der Gipfel!, das ist das Allerletzte!, das ist doch die Höhe!

reze *s* ❶ (*menteşe*) Angel *f,* Scharnier *nt* ❷ Riegel *m*

rezede *s* BOT Reseda *f,* Resede *f*

rezeksiyon *s* MED Resektion *f*

rezeleme *s* ❶ *Verbalsubstantiv zu* **rezelemek** ❷ Verriegelung *f*

rezelemek *vt* verriegeln

rezene *s* BOT Fenchel *m*

rezerv *s* ❶ Reserven *pl;* **kilit ~** eiserne Reserve ❷ (*demir, kömür, petrol ~i*) Vorkommen *nt* ❸ (*şarapta*) Auslese *f*

rezervasyon *s* Reservierung *f,* Buchung *f;* **~u iptal ettirmek** die Buchung stornieren

rezervuar *s* Wasserkasten *m*

rezidans *s* Residenz *f*

rezil *s* schändlich; (*alçak*) niederträchtig; **âleme ~ rüsva** [*o* **kepaze**] **olmak** zum Gespött der Leute werden, Spott und Hohn ernten

rezistans *s* PHYS, ELEK (*direnç*) Widerstand *m*

rezonans *s* PHYS Resonanz *f*

rıhtım *s* NAUT Kai *m*

rıza *s* Einverständnis *nt,* Einwilligung *f,* Zustimmung *f;* **bir şeye ~ göstermek** mit etw einverstanden sein, in eine Sache einwilligen, seine Einwilligung [*o* Zustimmung] zu etw geben

riayet [ri'a:jet] *s ohne pl* (*saygı*) Achtung *f,* Respekt *m;* (*uyma*) Befolgung *f,* Beachtung *f;* **~ etmek** beachten (**-e**), befolgen (**-e**); **~ etmemek** missachten (**-e**); **birinin tavsiyesine ~ etmek** jds Ratschlag befolgen [*o* beachten]; **trafik kurallarına ~** die Beachtung der Verkehrsregeln [*o* Verkehrsvorschriften]

riayetkâr *adj* respektvoll

riayetsiz *adj* (*saygısız*) respektlos

riayetsizlik <-ği> *s ohne pl* ❶ (*saygısızlık*) Respektlosigkeit *f* ❷ (*uymazlık*) Missachtung *f;* **trafik kurallarına ~ nedeniyle** wegen Nichtbeachtung der Verkehrsvorschriften

ribaunt *s* SPORT (*basketbolda*) Rebound *m*

rica [ridʒa:] *s* Bitte *f;* **~ ederim!** ich bitte Sie!; **~ etmek** bitten

rical <-li> *s* ❶ (*erkekler*) Männer *pl* ❷ (*devlet adamları*) Staatsmänner *pl*

ric'at *s* ❶ (*vazgeçme*) Verzicht *m* ❷ MIL Rückzug *m;* ~ **etmek** den Rückzug antreten

Richter ölçeği *s ohne pl* GEO Richterskala *f*

rimel *s* Wimperntusche *f*

rina *s* ZOOL (*tırpana*) Glattrochen *m*

ring *s* SPORT Ring *m,* Boxring *m*

ringa *s* ZOOL Hering *m;* **füme** ~ geräucherter Hering **ringa kızartması** *s* GASTR Brathering *m*

risale *s s.* **broşür** Broschüre *f*

risk *s* Risiko *nt,* Wagnis *nt;* ~**e gir**(**me**)**mek** (k)ein Risiko eingehen

risk grubu *s* MED Risikogruppe *f*

riskli *adj* riskant

risk sermayesi *s* FIN Risikokapital *nt;* FIN Wagniskapital *nt*

risling *s* Riesling *m*

ritm *s* MUS, LIT Rhythmus *m*

ritmik <-ği> *adj,* **ritmli** *adj* rhythmisch

rituel *s* Ritual *nt*

rivayet [riva:jet] *s s.* **söylenti** Gerücht *nt*

riya [rija:] *s s.* **ikiyüzlülük** Doppelzüngigkeit *f,* Scheinheiligkeit *f*

riyakâr [rija:kâ:r] *adj* doppelzüngig, scheinheilig, heuchlerisch

riyakârane [rija:kâ:ra:nɛ] *adv,* **riyakârca** [rija:kârdʒa] *adv* scheinheilig, heuchlerisch

riyakârlık <-ğı> *s s.* **ikiyüzlülük** Doppelzüngigkeit *f,* Scheinheiligkeit *f*

riyal <-li> *s* Rial *m*

riyaset [rija:-] *s s.* **başkanlık** Vorsitz *m*

riyaziye [rija:--] *s ohne pl s.* **matematik** Mathematik *f*

riyaziyeci *s s.* **matematikçi** Mathematiker(in) *m(f);* SCHULE Mathelehrer(in) *m(f)*

riziko *s* Risiko *nt; s. a.* **risk**

rizikolu *adj* riskant

roba *s* Robe *f*

robdöşambr *s s.* **ropdöşambr** Morgenmantel *m*

robot *s* Roboter *m* **robot resim** *s* Phantombild *nt*

rodaj *s* TECH Einfahren *nt*

rodeo *s* Rodeo *m o nt*

Rodezya *s* Rhodesien *nt*

Rodos *s* Rhodos *nt;* ~ **heykeli** HIST der Koloss von Rhodos

rodyum *s ohne pl* CHEM Rhodium *nt*

roka *s* BOT Rauke *f,* Rucola *f* **roka salatası** *s* GASTR Raukesalat *m,* Rucolasalat *m*

roket *s* Rakete *f*

roketatar *s* MIL Panzerfaust *f*

roket saldırısı *s* Raketenangriff *m*

rokfor *s* GASTR Roquefort *m* **rokfor peyniri** *s* GASTR Roquefortkäse *m*

rokoko *s ohne pl* KUNST Rokoko *nt*

rol <-lü> *s* ❶ FILM, THEAT Rolle *f;* ~ **almak** eine Rolle übernehmen; **belli bir kişinin** ~**üne çıkmak** in der Rolle einer bestimmten Person auftreten ❷ (*fig*) Rolle *f;* ~ **kesmek** sich verstellen; ~ **yapmak** so tun, als ob; **aktif/önemli bir** ~ **oynamak** eine aktive/wichtige Rolle spielen

rolcülük <-ğü> *s* ❶ Rollenspiel *nt* ❷ (*a. fig*) Schauspielerei *f*

rol çatışması *s* PSYCH, SOZIOL Rollenkonflikt *m*

rom *s* Rum *m*

Roma *s* Rom *nt;* ~ **İmparatorluğu** HIST das Römische Reich; ~ **tanrıçası** eine römische Göttin

Romalı *s* Römer(in) *m(f)*

roman *s* LIT Roman *m*

Roman **I.** *s* (*çingene*) Roma *m* **II.** *adj* romanisch; ~ **dilleri** romanische Sprachen

romancı *s* Romancier *m,* Romanschriftsteller(in) *m(f)*

romanesk *adj* romanhaft

Romanist *s* Romanist(in) *m(f)*

Romanoloji *s ohne pl* Romanistik *f*

romans *s* LIT, MUS Romanze *f*

romantik **I.** *s* <-ği> Romantiker(in) *m(f)* **II.** *adj* romantisch

romantiklik <-ği> *s ohne pl* Romantik *f*

romantizm *s ohne pl* LIT, KUNST Romantik *f*

Romanya *s* Rumänien *nt*

Romanyalı **I.** *s* Rumäne, Rumänin *m, f* **II.** *adj* rumänisch

roman yazarı *s* Romanschreiber(in) *m(f),* Romanschriftsteller(in) *m(f)*

romatizma *s* MED Rheumatismus *m;* (*fam*) Rheuma *nt*

Romen *adj* römisch; ~ **rakamları** römische Ziffern

rondela *s* TECH Scheibe *f*

ropdöşambr *s* Morgenmantel *m*

rosto *s* GASTR Braten *m*

rostoluk <-ğu> *adj* GASTR Braten-, zum Braten geeignet **rostoluk et** *s* GASTR Bratenfleisch *nt*

rot *s* AUTO, TECH Spurstange *f*

rota *s* AERO, NAUT Kurs *m,* Route *f;* (*uçuş* ~*sı*) Strecke *f,* Route *f;* ~**da kalmak** auf Kurs bleiben; ~**yı ayarlamak/değiştirmek** den Kurs korrigieren/ändern [*o* wechseln] **rota noktası** *s* NAUT Besteck *nt* **rota planlayıcısı** *s* AUTO Routenplaner *m*

rotasyon *s* Rotation *f,* Turnus *m*

rotatif *s* TYPO Rotationsmaschine *f*

rot ayarı *s* AUTO, TECH Spureinstellung *f*

rotil *s* AUTO Antriebswelle *f*

rotor <-ci> *s* TECH, ELEK Rotor *m;* (*döneç*) Läufer *m*

rozbif *s* GASTR Roastbeef *nt*
roze *s* (*gül şarabı*) Rosé *m,* Roséwein *m*
rozet *s* ❶ Anstecknadel *f,* Abzeichen *nt,* Button *m* ❷ ARCH Rosette *f*
rölanti [-lãn-] *s* AUTO Leerlauf *m;* **~ye almak** in den Leerlauf schalten
rölatif [-lã-] *adj* relativ
rölativist [-lã--] *s* PHILOS Relativist(in) *m(f)*
rölativite [-lã---] *s* PHILOS (*bağıntı*) Relativität *f*
rölativizm [-lã---] *s ohne pl* PHILOS (*bağıntıcılık*) Relativismus *m*
röle *s* ELEK Relais *nt*
rölyef *s* KUNST Relief *nt*
römork *s* Anhänger *m*
römorkör *s* NAUT Schlepper *m*
Rönesans *s ohne pl* HIST, KUNST Renaissance *f*
röntgen *s* ❶ PHYS Röntgen *nt* ❷ MED Röntgenbild *nt,* Röntgenaufnahme *f;* **kazadan sonra ~i çekildi** er wurde nach dem Unfall geröntgt
röntgenci *s* ❶ MED Röntgenologe, -login *m, f,* Röntgenarzt, -ärztin *m, f* ❷ (*fam: dikizci*) Voyeur *m,* Spanner *m*
röntgencilik <-ği> *s ohne pl* ❶ MED Röntgenologie *f* ❷ (*fam*) Voyeurismus *m*
röntgen ışınları *pl* PHYS Röntgenstrahlen *pl*
röportaj *s* Reportage *f* (**hakkında** über), Berichterstattung *f,* Bericht *m,* Tatsachenbericht *m;* **bir şey hakkında ~ yazmak** einen Bericht über etw abfassen
röportajcı *s* Reporter(in) *m(f)*
röprodüksiyon *s* ❶ (*çoğaltma*) Reproduktion *f* ❷ (*taklit, kopya*) Nachbildung *f*
rötar *s* EISENB, AERO Verspätung *f*
rötarlı *adj* EISENB verspätet, mit Verspätung, überfällig; **tren bir saat ~ geldi** der Zug kam mit einer Stunde Verspätung an
rötuş *s* ❶ Retusche *f* ❷ Überarbeitung *f;* **bir makaleyi/romanı ~ etmek** einen Artikel/Roman überarbeiten
rötuşçu *s* Retuscheur(in) *m(f)*
rötuşlama *s Verbalsubstantiv zu* **rötuşlamak**
rötuşlamak *vt* ❶ retuschieren ❷ überarbeiten
rötuşlu *adj* ❶ retuschiert ❷ überarbeitet
rövanş *s* Revanche *f* **rövanş maçı** *s* SPORT Rückspiel *nt*
röveşata *s* SPORT (*futbolda*) Rückzieher *m*
ruam *s ohne pl s.* **sakağı** Rotz *m*
rubaî *s* LIT (*dördül*) Vierzeiler *m*
ruble *s* Rubel *m*
rugan *s* Lackleder *nt* **rugan ayakkabı** *s* Lackschuh *m*
rugby *s ohne pl* SPORT Rugby *nt*

R

ruh *s* ❶ Geist *m,* Seele *f;* **~ çağırmak** Geister beschwören; **~unu teslim etmek** den Geist aufgeben; **Kutsal R~** der Heilige Geist ❷ CHEM (*nane ~u*) Öl *nt;* (*lokman ~u, sirke ~u*) Säure *f* ❸ (*öz*) Kern *m;* **meselenin ~u** der Kern der Frage [*o* Sache] ❹ (*hayalet*) Geist *m,* Gespenst *nt*
ruhanî *adj* geistlich, klerikal **ruhanî meclis** *s* REL Synode *f*
ruhban *s* REL (*rahipler*) Klerus *m,* Priesterschaft *f*
ruh bilimci *s* (*psikolog*) Psychologe, -login *m, f* **ruh bilimi** *s ohne pl* Seelenkunde *f;* (*psikoloji*) Psychologie *f* **ruh bilimsel** *s* (*psikolojik*) psychologisch **ruh çağırma** *s ohne pl* Geisterbeschwörung *f;* (*ispritizma*) Spiritismus *m* **ruh çöküntüsü** *s* PSYCH (*depresyon*) Depression *f* **ruh dinginliği** *s ohne pl* Seelenruhe *f* **ruh doktoru** *s s.* **ruh hekimi** **ruh durumu** *s* (*haletiruhiye*) Geisteszustand *m*
ruhen *adv* seelisch
ruh göçü *s* Seelenwanderung *f;* (*reenkarnasyon*) Reinkarnation *f* **ruh haleti** *s* Geisteszustand *m* **ruh hastası** *s* (*psikopat*) Psychopath(in) *m(f)* **ruh hekimi** *s* Neurologe, -login *m, f*
ruhi [ruxi:] *adj* ❶ seelisch; (*psişik*) psychisch ❷ (*psikolojik*) psychologisch **ruhi çöküntü** *s* PSYCH (*depresyon*) Depression *f* **ruhi çözümleme** *s ohne pl* PSYCH (*psikanaliz*) Psychoanalyse *f*
ruhiyat *s ohne pl* (*psikoloji*) Psychologie *f*
ruhiyatçı *s* (*psikolog*) Psychologe, -login *m, f*
ruh ötesi **I.** *s ohne pl* Parapsychologie *f,* Metapsychik *f* **II.** *adj* metapsychisch **ruh sağlığı** *s* Seelenheil *nt*
ruhsal *adj* ❶ seelisch; (*psişik*) psychisch; **~ bozukluklar** psychische Störungen; **~ sefalet** seelische Misere ❷ (*psikolojik*) psychologisch
ruhsat *s* ❶ (*izin*) Genehmigung *f,* Erlaubnis *f* ❷ (*izin belgesi*) Genehmigungsschein *m;* (*silah ~ı*) Schein *m*
ruhsatname *s* Genehmigungsschein *m*
ruhsatsız *adj* unerlaubt, ohne Genehmigung; **~ silah bulundurma** unerlaubter Waffenbesitz
ruhsuz *adj* seelenlos
ruhsuzluk <-ğu> *s ohne pl* Seelenlosigkeit *f*
ruj *s* Rouge *nt;* (*dudak boyası*) Lippenstift *m*
rulet *s* Roulette *nt;* **Rus ~i oynamak** russisches Roulette spielen
rulman *s* TECH Kugellager *nt*
Rum *s* ❶ Grieche, Griechin *m, f* ❷ HIST (*Anadolu*) Anatolien *nt*

rumuz *s* ❶ (*sembol*) Symbol *nt* ❷ (*simge*) Sinnbild *nt*
run *s* Rune *f*
runik *adj* runisch
run yazısı *s* Runenschrift *f*
Rus I. *s* Russe, Russin *m, f* **II.** *adj* russisch; ~ **ruleti oynamak** russisches Roulette spielen
rustik <-ği> *adj* rustikal
Rusya *s* Russland *nt*
rutin I. *s ohne pl* Routine *f* **II.** *adj* routiniert **rutin iş** *s* Routinearbeit *f*
rutubet *s ohne pl* (*nem*) Feuchtigkeit *f;* (*yaşlık*) Nässe *f*
rutubetlendirme *s* ❶ *Verbalsubstantiv zu* **rutubetlendirmek** ❷ Befeuchtung *f*
rutubetlendirmek *vt* befeuchten
rutubetlenme *s Verbalsubstantiv zu* **rutubetlenmek**
rutubetlenmek *vi* feucht werden
rutubetli *adj* feucht
ruzname *s* ❶ (*günlük defter*) Tagebuch *nt* ❷ (*gündem*) Tagesordnung *f*
ruzuşeb I. *adv* (*gece gündüz*) Tag und Nacht **II.** *adj* (*sürekli*) dauernd
rücu <-u> *s* ❶ JUR Regress *m* ❷ PHILOS (*kayıtım*) Regress *m*
rücua kefil *s* JUR Rückbürge *m*
rücu hakkı *s* JUR Regressanspruch *m,* Rückgriff *m* (**-e** auf)
rüçhan hakkı *s* JUR Vorzugsrecht *nt*
rün *s s.* **run** Rune *f*
rünik *adj s.* **runik** runisch
rün yazısı *s s.* **run yazısı** Runenschrift *f*
rüstik <-ği> *adj* rustikal
rüsumat *pl* Abgaben *pl*
rüşdü *s poss von* **rüşt**
rüşeym *s s.* **oğulcuk** BIOL Embryo *m*
rüşt <-dü> *s ohne pl* ❶ Reife *f* ❷ JUR (*erginlik*) Volljährigkeit *f,* Mündigkeit *f;* **rüşdünü isbat etmek** die Volljährigkeit erreichen
rüşvet *s* Bestechung *f;* ~ **almak** sich bestechen lassen; **birine ~ vermek** jdn bestechen
rüşvetçi *adj* bestechlich
rüşvetçilik <-ği> *s ohne pl* Bestechlichkeit *f*
rüşvet parası *s* Bestechungsgeld *nt*
rütbe *s* Rang *m,* Dienstgrad *m;* **birinin ~sini indirmek** *a.* MIL jdn degradieren
rüya *s* Traum *m;* ~ **görmek** träumen, Träume haben **rüya yorumu** *s* Traumdeutung *f*
rüzgâr *s* Wind *m;* ~ **eken fırtına biçer** (*prov*) wer Wind sät, wird Sturm ernten; **anabatik/fırtınamsı/sert** ~ METEO anabatischer/stürmischer/steifer Wind
rüzgâr altı *s ohne pl* NAUT (*boca*) Lee *f,* Windschatten *m* **rüzgâr darbesi** *s* Windstoß *m* **rüzgâr enerjisi** *s* Windenergie *f* **rüzgâr gücü** *s* Windkraft *f* **rüzgâr gülü** *s* Windrose *f* **rüzgâr kuvveti** *s* Windstärke *f*
rüzgârlı *adj* windig
rüzgârölçer *s* Wind(stärke)messer *m*
rüzgârsız *adj* windstill
rüzgârsızlık <-ğı> *s ohne pl* Windstille *f,* Flaute *f*
rüzgâr üstü *s ohne pl* NAUT (*orsa*) Luv *f* **rüzgâr yönü** *s* Windrichtung *f*

Ss

S, s [se] *s* S, *s nt* (*22. Buchstabe des türk. Alphabets*)*;* **Sinop'un ~'si** S wie Siegfried

saadet *s ohne pl* Glück *nt*

saat <-ti> *s* ❶ Uhr *f;* **~ 9'dan 11'e kadar** von 9 bis 11 Uhr; **akşamları/sabahları ~ sekizde** um acht Uhr abends/morgens ❷ Uhrzeit *f;* **bu ~te telefon edilmez** um diese Uhrzeit ruft man nicht an ❸ Stunde *f;* **~i ~ine** auf die Stunde genau, genau zur Stunde; **dün altı ~ çalıştı** gestern hat er sechs Stunden gearbeitet ❹ (*uyku, yaz ~ i*) Zeit *f* **saat açısı** *s* ASTRON, NAUT Stundenwinkel *m* **saat başı** *adv* stündlich; **~ telefon ediyor** er ruft stündlich an

saatçi *s* Uhrmacher(in) *m(f)*

saat farkı *s* Zeitunterschied *m* **saat ibresi** *s* Uhrzeiger *m* **saat kayışı** *s* Uhrarmband *nt*

saatlerce *adv* stundenlang

saatli ateşleme tertibatı *s* Zeitzünder *m* **saatli bomba** *s* Zeitbombe *f* **saatli kule** *s* Turmuhr *f*

sabah **I.** *s* Morgen *m;* **~ erkenden** früh am Morgen, frühmorgens **II.** *adj* morgendlich; **~ içtiması** MIL der morgendliche Appell **sabah güneşi** *s ohne pl* Morgensonne *f*

sabahın alaca karanlığı *s* Morgendämmerung *f;* **~nda** in der Morgendämmerung **sabahın körü** *s* Morgengrauen *nt;* **~nde kalkmak** beim Morgengrauen aufstehen

sabah içtiması *s* MIL Morgenappell *m,* der morgendliche Appell; **~nda** beim Morgenappell **sabah kahvaltısı** *s* Frühstück *nt*

sabahları *adv* morgens; **~ erken/geç kalkar** er steht morgens früh/spät auf; **~ erkenden** frühmorgens

sabahleyin *adv* morgens; **dördüncü günü ~** am Morgen des vierten Tages

sabahlık <-ğı> *s* Morgenmantel *m*

sabah namazı *s* REL Morgengebet *nt* **sabah sporu** *s ohne pl* Frühsport *m*

sabahtan *adv* morgens; **~ akşama** von morgens bis abends

sabah vardiyası *s* Frühschicht *f* **sabah yeli** *s* Morgenwind *m*

saban *s* AGR Pflug *m*

saba rüzgârı *s s.* **sabah yeli** Morgenwind *m*

sabık [sa:-] *adj* ehemalige(r, s); (*eski*) alt

sabıka [sa:--] *s* Vorstrafe *f*

sabıkalı *adj* vorbestraft

sabır <-brı> *s ohne pl* Geduld *f;* **sabrı olmamak** keine Geduld haben; **birinin sabrı taşmak** jdm reißt die Geduld; **birinin sabrı tükenmek** jds Geduld ist erschöpft, jds Geduld ist am Ende, jd hat keine Geduld mehr; (*sabrı kalmamak*) jd verliert die Geduld; **sabrın sonu selamettir** (*prov*) mit Geduld und Spucke fängt man eine Mucke **sabır işi** *s* Geduldsarbeit *f*

sabırla *adv* geduldig

sabırlı *adj* geduldig; **insan ~ olmalı** der Mensch sollte geduldig sein

sabırsız *adj* ungeduldig

sabırsızlanmak *vi* ungeduldig werden

sabırsızlık <-ğı> *s ohne pl* Ungeduld *f;* **~tan çatlamak** vor Ungeduld bersten [*o* platzen]

sabırsızlıkla *adv* ungeduldig

sabit *adj* ❶ konstant; (*yer değiştirmeyen*) stationär; (*yerinden oynamayan*) unbeweglich, starr ❷ *a.* JUR (*kanıtlanmış olan*) erwiesen, feststehend; **~ görülmek** als erwiesen gelten; **~ olmak** sich erweisen, feststehen; **aksi ~ oluncaya kadar** bis zum Beweis des Gegenteils, bis das Gegenteil erwiesen ist ❸ (*hep aynı kalan*) fest; **~ bir doğru** eine feste Gerade; **~ gelir** ein festes Einkommen ❹ fix; **~ bir fikir** eine fixe Idee **sabit bellek** <-ği> *s* INFORM Festspeicher *m* **sabit değerli** *adj* wertbeständig **sabit disk** *s* INFORM Festplatte *f,* Festplattenlaufwerk *nt,* Hard Disk *f*

sabite *s* ❶ MATH Konstante *f* ❷ ASTRON (*durağan yıldız*) Fixstern *m*

sabit faiz *s* FIN Festzins *m* **sabit faizli** *adj* FIN festverzinslich **sabit fikir** <-kri> *s* PSYCH (*idefiks*) fixe Idee; (*saplantı*) Zwangsvorstellung *f,* Fixierung *f* **sabit fiyat** *s* ❶ Festpreis *m* ❷ INFORM Flatrate *f*

sabitleme *s* ❶ *Verbalsubstantiv zu* **sabitlemek** ❷ Befestigung *f*

sabitlemek *vt* befestigen

sabitleme vidası *s* Befestigungsschraube *f*

sabitleştirme *s Verbalsubstantiv zu* **sabitleştirmek**

sabitleştirmek *vt* fixieren, festigen

sabit maliyet *s* WIRTSCH Fixkosten *pl* **sabit nokta** *s* Fixpunkt *m* **sabit ücret** *s* Fixum *nt*

sabotaj *s* Sabotage *f*

sabotajcı *s* Saboteur(in) *m(f)*

sabote *s* Sabotage *f;* **~ etmek** sabotieren

sabretme *s Verbalsubstantiv zu* **sabretmek**

sabretmek *vi* sich gedulden

sabrı *s poss von* **sabır**

sabuklanma *s* Delirium *nt*
sabun *s* Seife *f;* **bir kalıp ~** ein Stück Seife
sabunhane *s* Seifensiederei *f*
sabun kabarcığı *s* Seifenblase *f*
sabunlama *s* ❶ *Verbalsubstantiv zu* **sabunlamak** ❷ Einseifung *f*
sabunlamak *vt* einseifen
sabunlanma *s* ❶ *Verbalsubstantiv zu* **sabunlanmak** ❷ Einseifung *f*
sabunlanmak *vi* sich einseifen
sabunlu *adj* seifig
sabunluk <-ğu> *s* Seifenschale *f*
sabunlu su *s* Seifenwasser *nt*
sabun otu *s* BOT Seifenkraut *nt; s. a.* **çöven**
sabura *s* NAUT (*gemi safrası*) Schiffsballast *m*
sac *s* Blech *nt*
saç[1] *vt Imperativ von* **saçmak**
saç[2] *s* Haar *nt;* **~ ~a baş başa olmak** (*fam*) sich in den Haaren liegen; **~ sakala karışmış olmak** unrasiert sein; **~ını başını yolmak** (*fig fam*) sich die Haare raufen; **~ını taramak** sich die Haare kämmen; **~larını kestirmek** sich die Haare schneiden lassen; **ıslak/kuzgunî siyah ~** nasses/kohlrabenschwarzes Haar; **sağdan/soldan/ortadan ayrık ~lar** rechts/links/in der Mitte gescheiteltes Haar
saç[3] *s* ASTRON (*kuyruklu yıldızı saran*) Schweif *m*
saçak <-ğı> *s* ❶ Franse *f;* **halının ~ları** die Fransen des Teppichs ❷ ARCH Vordach *nt*
saçak bulut *s* METEO (*sirrus*) Zirrus *m,* Zirruswolke *f*
saçaklanma *s Verbalsubstantiv zu* **saçaklanmak**
saçaklanmak *vi* fransen, ausfransen
saçaklı *adj* fransig
saçaklık <-ğı> *s* ARCH Balkenwerk *nt,* Gebälk *nt*
saçar *vt 3. Aorist von* **saçmak**
saç bakımı *s ohne pl* Haarpflege *f* **saç baş** *s* Haare *pl;* **saçını başını yolmak** (*fig fam*) sich die Haare raufen **saç buklesi** *s* Haarlocke *f* **saç dökülmesi** *s ohne pl* Haarausfall *m;* **~ne karşı bir ilaç** ein Mittel gegen Haarausfall **saç fırçası** *s* Haarbürste *f* **saç filesi** *s* Haarnetz *nt* **saç jölesi** *s* Haargel *nt*
saçkıran *s* MED Bartflechte *f*
saç kurutucusu *s* Haartrockner *m,* Föhn *m,* Fön® *m*
saçlı *adj* haarig **saçlı meşe** *s* BOT Zerr-Eiche *f*
saç losyonu *s* Haarlotion *f*
saçma I. *s* ❶ *Verbalsubstantiv zu* **saçmak** ❷ (*fig*) Quatsch *m,* Unsinn *m* ❸ (*küçük ve yuvarlak kurşun tanesi*) Schrot *m o nt* ❹ (*serpme ağ*) Wurfnetz *nt* II. *adj* absurd, unsinnig, blöd; **~ tiyatro** absurdes Theater
saçmacı *s* (*pej*) Quatschkopf *m*
saçmak *vt* ❶ (*ortalığa dağıtmak*) zerstreuen; (*kıvılcım*) sprühen; **zehir ~** (*fam*) sein Gift zerspritzen ❷ (*ısı, ışık*) abstrahlen ❸ (*fig*) ausstreuen; (*yaymak*) verbreiten; **parasını saçıp savurmak** (*fam*) sein Geld verschleudern
saçmalama *s Verbalsubstantiv zu* **saçmalamak**
saçmalamak *vi* spinnen, Unsinn reden; (*fam*) blödeln, Blödsinn [*o* Quatsch] reden
saçmalık <-ğı> *s* Absurdität *f,* Unsinn *m;* (*fam*) Blödsinn *m,* Nonsens *m;* **bu tam ~** das ist barer Unsinn
saçma sapan *adj* unsinnig; (*fam*) blödsinnig; **~ konuşmak** Blödsinn [*o* Quatsch] reden, dummes Zeug quatschen; **~ konuşma!** red keinen Quatsch!
saçma tanesi *s* Schrotkorn *nt*
saç örgüsü *s* Haarzopf *m*
saç rengi *s* Haarfarbe *f*
saç saça *adv* (*fam*) **~ baş başa dövüşmek/gelmek/girmek** sich in die Haare fahren/geraten/kriegen; **~ baş başa olmak** sich in den Haaren liegen
saçsız *adj* haarlos **saç spreyi** *s* Haarspray *m o nt* **saç teli** *s* Haarsträhne *f* **saç tıraşı** *s* Haarschnitt *m* **saç tokası** *s* Haarspange *f* **saç tutamı** *s* Haarbüschel *m*
saçula *s* TECH Holzform *f*
sadak <-ğı> [sadak] *s* Köcher *m;* (*ok için*) Pfeilköcher *m*
sadaka *s* Almosen *nt,* milde Gabe; **verilmiş ~sı olmak** (*fig fam*) Schwein haben
sadakat <-ti> [sada:kāt] *s ohne pl* Treue *f,* Loyalität *f* **sadakatli** *adj* treu, loyal **sadakatsiz** *adj* treulos
sadakatsizlik <-ği> *s* Treulosigkeit *f*
sadakor I. *s* Rohseide *f* II. *adj* rohseiden
sadaret [--:-] *s* HIST Großwesirat *m*
sade [-:-] I. *adj* ❶ schlicht, einfach; **~ ve basit** schlicht und einfach; **~ yaşantı sürmek** ein einfaches Leben führen; **yalın, ~ ve açık bir anlam** eine schlichte, einfache und klare Bedeutung ❷ (*kahve için*) schwarz; **ben kahvemi ~ içerim** ich trinke meinen Kaffee schwarz II. *adv* (*yalnızca*) eigens; (*yalnız*) nur; (*sadece*) lediglich
sadece [-:--] *adv* nur, lediglich; **o ~ kendini düşünür** er denkt nur an sich
sadedi *s poss von* **sadet**
sadelik <-ği> *s* Schlichtheit *f*
sade suya *adj* GASTR **~ çorba** klare Suppe, Brühe *f*

sadet <-di> *s* **sadede gelmek** zur Sache kommen
sadık <-ğı> [sa:-] *adj* treu, loyal; **birine ~ kalmak** jdm treu bleiben, jdm die Treue halten
sadik *adj* sadistisch
sadist **I.** *s* Sadist(in) *m(f)* **II.** *adj* sadistisch
sadizm *s ohne pl* PSYCH Sadismus *m*
sadrazam [sadra:-] *s* HIST Großwesir *m*
saf[1] *s* (*dizi, sıra*) Reihe *f*; **~ bağlamak** sich in Reih und Glied aufstellen
saf[2] *adj* ❶ (*arı*) rein; (*katıksız*) unverfälscht ❷ (*fig: safdil*) naiv ❸ (*fig: iyi niyetli*) gutgläubig; (*art niyetsiz*) arglos
safari *s* Safari *f*
safderun *adj* (*saf*) naiv
safdil *adj* leichtgläubig; (*saf*) naiv
saffet *s* ❶ (*arılık*) Reinheit *f* ❷ (*temizlik*) Reinheit *f*, Sauberkeit *f*
safha *s* ❶ (*evre*) Phase *f* ❷ PHYS (*faz*) Phase *f*
safir *s* Saphir *m*
safiyet *s* ❶ (*saflık*) Reinheit *f*, Unverfälschtheit *f* ❷ (*temizlik*) Reinheit *f*, Sauberkeit *f*
saf kan *adj* **~ at** Vollblüter *m*
saflık <-ğı> *s* ❶ (*arılık*) Reinheit *f*, Unverfälschtheit *f* ❷ (*temizlik*) Reinheit *f*, Sauberkeit *f* ❸ (*fig*) Naivität *f*
safra *s* ❶ NAUT Ballast *m*; **~ atmak** Ballast abwerfen ❷ MED Galle *f* **safra kesesi** *s* ANAT (*öd kesesi*) Gallenblase *f*
safran *s* Safran *m*; **Hint ~ı** (*zerdeçal*) Kurkuma *f*, Gelbwurz *f*
safra taşı *s* MED Gallenstein *m* **safra taşı koliği** *s* MED Gallensteinkolik *f*
sağ[1] **I.** *s* ❶ Rechte *f*; **~a dönmek** rechts abbiegen; **~ı solu belli olmamak** unberechenbar sein; **~ında** zu seiner Rechten ❷ POL Rechte *f* ❸ SPORT (*boksta*) **~ çıkarmak** seine Rechte einsetzen **II.** *adj a.* POL rechte(r, s); **~ el/omuz** die rechte Hand/Schulter; **~ şerit** AUTO die rechte Spur; **birinin ~ kolu olmak** (*fig*) jds rechte Hand sein
sağ[2] *adj* ❶ (*sağlam*) gesund, heil ❷ (*katkısız*) rein ❸ (*yaşamakta olan*) lebend, lebendig, am Leben; **~ kalmak/olmak** am Leben bleiben/sein; **birini ~ koymak** jdn ungeschoren [*o* am Leben] lassen; **~ ol(un)!** danke!; **başın(ız) ~ olsun!** mein aufrichtiges Beileid! **sağ açık** <-ğı> *s* SPORT (*futbolda*) Rechtsaußen *m*; **sağ açığa pas vermek** den Rechtsaußen anspielen
sağaltım *s* ❶ (*tedavi*) Behandlung *f* ❷ PSYCH (*terapi*) Therapie *f*
sağaltma *s* ❶ *Verbalsubstantiv zu* **sağaltmak** ❷ Behandlung *f*
sağaltmak *vt* behandeln
sağanak <-ğı> *s* Platzregen *m*
sağdıç <-cı> *s* Brautführer *m*
sağduyu *s ohne pl* Vernunft *f*, der gesunde Menschenverstand
sağduyulu *adj* vernünftig *f*, mit gesundem Menschenverstand
sağgörü *s ohne pl* Scharfblick *m*
sağım makinesi *s* AGR Melkmaschine *f*
sağın *adj* exakt, präzise; **~ bilimler** exakte Wissenschaften
sağır *adj* ❶ (*işitmeyen*) taub, gehörlos; **~ doğmuş olmak** taub geboren sein; **~ edici gürültü** betäubender Lärm; **bunu Mısır'daki ~ sultan bile duydu** (*fam*) das pfeifen die Spatzen von den Dächern ❷ (*ses geçirmez*) schalldicht; (*yankı yapmayan*) schallschluckend; **~ duvar/kapı** eine schalldichte Wand/Tür **sağır dilsiz** *adj* taubstumm
sağırlaşma *s Verbalsubstantiv zu* **sağırlaşmak**
sağırlaşmak *vi* taub werden
sağırlık <-ğı> *s ohne pl* Taubheit *f*, Gehörlosigkeit *f*
sağır ve dilsiz *adj* taubstumm **sağır yılan** *s* ZOOL Aspisviper *f*
sağ iç *s* SPORT (*futbolda*) Halbrechte(r) *f(m)*
sağlam *adj* ❶ (*sağlıklı*) gesund, heil ❷ (*zarar görmemiş*) unversehrt ❸ WIRTSCH (*para*) hart; **~ para** harte Währung ❹ fest, solid(e); (*dayanıklı*) haltbar, robust ❺ sicher; **işi ~a bağlamak** (*fam*) auf Nummer sicher gehen; **~ pabuç** [*o* **ayakkabı**] **olmamak** (*fig*) windig sein, nicht zuverlässig sein
sağlama *s* ❶ *Verbalsubstantiv zu* **sağlamak** ❷ Verschaffung *f* ❸ MATH Probe *f* ❹ (*mizan*) Probebilanz *f*
sağlamak **I.** *vt* ❶ verschaffen; (*kâr*) bringen; **birine kalacak yer ~** jdm Obdach gewähren; **yiyecek ve içecek ~** für Essen und Trinken sorgen ❷ (*elde etmek*) erlangen **II.** *vi* AUTO rechts überholen
sağlamlaştırma *s* ❶ *Verbalsubstantiv zu* **sağlamlaştırmak** ❷ Befestigung *f*
sağlamlaştırmak *vt* befestigen
sağlamlık <-ğı> *s ohne pl* Robustheit *f*
sağlayıcı *s* INFORM (*servis ~*) Provider *m*
sağlığa zararlı *adj* gesundheitsschädlich
sağlık <-ğı> *s ohne pl* Gesundheit *f*; **~ olsun!** (*fam*) Schwamm drüber!; **sağlığı yerinde olmak** bei guter Gesundheit sein **sağlık bakanı** *s* Gesundheitsminister(in) *m(f)* **sağlık bakanlığı** *s* Gesundheitsministerium *m* **sağlık bilgisi** *s ohne pl* Gesundheitslehre *f*; (*hijyen*) Hygiene *f* **sağlık durumu** *s* Gesundheitszustand *m* **sağlık işleri** *pl* Gesundheitswesen *nt*
sağlıklı *adj* gesund; **~ beslenme** gesunde

Ernährung; ~ **bir yaşam** ein gesundes Leben

sağlık politikası *s* Gesundheitspolitik *f*

sağlıksız *adj* ungesund

sağlık sigortası *s* Krankenversicherung *f*

sağma *s Verbalsubstantiv zu* **sağmak**

sağmak <-ar> *vt* ❶ AGR melken ❷ (*fig fam*) **birini** ~ jdn melken ❸ (*yumak*) abwickeln ❹ (*bal*) herausnehmen

sağmal **I.** *s* Milchkuh *f* **II.** *adj* (*süt veren*) Milch gebend **sağmal inek** <-ği> *s* (*a. fig*) Milchkuh *f*

sağnak <-ğı> *s* Regenschauer *m*

sağ ol *interj* ~**!** danke (schön)!, ich danke dir! **sağ olun** *interj* ~**!** danke (schön)!, ich danke Ihnen!

sağrı *s* Kreuz *nt;* **atın ~sı** das Kreuz [*o* die Kruppe] des Pferdes **sağrı kemiği** *s* ANAT Kreuzbein *nt*

sağ salim *adv* heil und gesund, unversehrt

sağu *s* LIT (*ağıt*) Totenklage *f*

sağucu *s* Klageweib *nt; s. a.* **ağıtçı**

saha *s* ❶ Feld *nt* ❷ JUR (*hava ~sı*) Raum *m;* SPORT (*ceza ~sı*) Raum *m;* (*oyun ~sı*) Feld *nt;* (*spor ~sı*) Platz *m; s. a.* **alan** **saha avantajı** *s* SPORT Heimvorteil *m*

sahaf *s* Antiquar *m*

sahaflık <-ğı> *s* Antiquariat *nt*

sahan *s* Pfanne *f*

sahanda yumurta *s* GASTR Spiegelei *nt*

sahanlık <-ğı> *s* ❶ Sockel *m* ❷ (*merdiven sahanlığı*) Absatz *m* ❸ AUTO Trittbrett *nt*

sahın *s* ARCH (*camide*) Schiff *nt*

sahi [sa:hi] *adv* echt; (*gerçekten*) wirklich, tatsächlich; ~ **mi?** echt?, wirklich?, tatsächlich?

sahibe [sa:--] *s* Herrin *f*

sahibi *s poss von* **sahip**

sahici [sa:--] *adj* (*sahte olmayan*) echt; (*gerçek*) wirklich; ~ **bir elmas** ein echter Diamant

sahiden [sa:hidɛn] *adv* echt; (*gerçekten*) wirklich, tatsächlich; ~ **yorgundu** er war tatsächlich müde

sahife [sahi:fe] *s s.* **sayfa** Seite *f*

sahil [sa:hil] *s.* Küste *f;* **~den gitmek** an der Küste entlanggehen; (*arabayla*) an der Küste entlangfahren **sahil çizgisi** *s* NAUT Küstenstrich *m*

sahileşme *s* ❶ *Verbalsubstantiv zu* **sahileşmek** ❷ Verwirklichung *f*, Realisierung *f*

sahileşmek *vi s.* **gerçekleşmek** sich verwirklichen, sich realisieren

sahileştirme *s* ❶ *Verbalsubstantiv zu* **sahileştirmek** ❷ Verwirklichung *f*, Realisierung *f*

sahileştirmek *vt s.* **gerçekleştirmek** verwirklichen, realisieren

sahil halkı *s* Küstenbewohner *pl* **sahil koruma** *s* Küstenschutz *m* **sahil şeridi** *s* Küstenstreifen *m*

sahip <-bi> [sa:hip] *s* ❶ Inhaber(in) *m(f);* (*iye*) Eigentümer(in) *m(f);* **bir şeye ~ çıkmak** etw beanspruchen, einen Anspruch auf etw geltend machen; **bir şeye ~ olmak** etw besitzen, etw haben; **ev/araba/çocuk sahibi olmak** ein Haus/ein Auto/Kinder haben ❷ (*arazi, emlak sahibi*) Besitzer(in) *m(f)* ❸ (*rekor sahibi*) Inhaber(in) *m(f)*, Halter(in) *m(f)* ❹ (*ev, yapı sahibi*) Herr(in) *m(f)* ❺ (*fig: koruyan kimse*) Beschützer(in) *m(f);* **bir şeye ~ çıkmak** sich etw *gen* annehmen ❻ **deneyim sahibi olmak** über Erfahrung verfügen

sahiplenme *s Verbalsubstantiv zu* **sahiplenmek**

sahiplenmek *vt* ❶ **bir şeyi** ~ etw beanspruchen, einen Anspruch auf etw geltend machen ❷ (*fig*) **bir şeyi** ~ sich etw *gen* annehmen

sahiplik <-ği> *s* Eigentumsrecht *nt*

sahipsiz *adj* herrenlos

sahne *s* ❶ Bühne *f;* **~ye çıkmak** auftreten ❷ THEAT Szene *f;* **birinci perdenin üçüncü ~si** die dritte Szene des ersten Akt(e)s ❸ (*görünüm*) Anblick *m* ❹ Schauplatz *m;* **olaylara ~ olmak** zum Schauplatz der Ereignisse werden ❺ (*fig*) **politika ~si** die politische Bühne **sahne dekoratörü** *s* THEAT Bühnenbildner(in) *m(f)* **sahne dekoru** *s* THEAT Bühnenbild *nt* **sahne ışığı** *s* THEAT Bühnenlicht *nt*

sahneleme *s* THEAT ❶ *Verbalsubstantiv zu* **sahnelemek** ❷ Inszenierung *f*

sahnelemek *vt* THEAT inszenieren

Sahra *s ohne pl* Sahara *f*

sahra postası *s* MIL Feldpost *f*

sahte *adj* ❶ gefälscht, falsch, Falsch- ❷ (*fig: yapmacık*) gekünstelt; ~ **bir sessizlik** eine künstliche Stille; ~ **çıkmak** sich als Fälschung herausstellen

sahtekâr *s* Fälscher(in) *m(f)*

sahtekârlık <-ğı> *s* Fälschung *f*

sahte para *s* Falschgeld *nt;* (*fam: kâğıt para*) Blüte *f;* ~ **basmak** Blüten drucken

sahtiyan *s ohne pl* Saffian *m*, Saffianleder *nt*

sahur *s* REL *Mahlzeit der Fastenden vor Tagesanbruch während Ramadan*

saik [sa:ik] *s* Beweggrund *m*, Motiv *nt*

saikli *adj* motiviert; **ırkçı ~ suçlar** rassistisch motivierte Straftaten

sair [sa:ir] *adj* sonstige(r, s); (*diğer*) andere(r, s)

saka[1] *s* Wasserträger(in) *m(f)*

saka[2] *s* ZOOL Stieglitz *m*
sakağı *s ohne pl* Rotz *m*
saka kuşu *s* ZOOL (*saka*) Stieglitz *m*
sakal *s* Bart *m;* ~ **bırakmak/uzatmak** sich einen Bart wachsen lassen; **~ı ele vermek** (*fig fam*) sich gängeln [*o* bevormunden] lassen; **birinin ~ına göre tarak vurmak** (*fig*) jdn um den Bart gehen
sakallı *adj* ❶ (*sakalı olan*) bärtig, Bart- ❷ (*tıraşsız*) unrasiert, stopp(e)lig **sakallı kartal** *s* ZOOL (*Gypaetus barbatus*) Bartgeier *m;* (*kuzu kartalı*) Lämmergeier *m*
sakallı liken *s* BOT Bartflechte *f*
sakalsız *s* bartlos
sakar **I.** *s* ❶ (*hayvanda beyaz leke*) Blesse *f* ❷ Tollpatsch *m* **II.** *adj* tollpatschig, ungeschickt
sakarin *s ohne pl* ❶ CHEM Saccharin *nt* ❷ (*fam*) Süßstoff *m*
sakarlık <-ğı> *s* Tollpatschigkeit *f*
sakar meke *s* ZOOL (*yaban kazı*) Wildgans *f*
sakaroz *s ohne pl* CHEM Saccharose *f*
sakat **I.** *s* ❶ Krüppel *m* ❷ Behinderte(r) *f(m)* **II.** *adj* ❶ verkrüppelt, (körperlich) behindert ❷ (*fig: bozuk*) kaputt; (*anlatım*) entstellt; (*iş*) Pfusch-
sakatat *s* Innereien *pl*
sakat iş *s* Pfuscharbeit *f*
sakatlık <-ğı> *s* ❶ Behinderung *f;* (*maluliyet*) Invalidität *f* ❷ (*kaza, terslik*) Missgeschick *nt* ❸ (*fig: yanlış, hata*) Fehler *m*
sakın *interj* **~!** bloß nicht!; ~ **dışarı çıkma!** geh bloß nicht hinaus!; ~ **ha!** weh!; ~ **onu çalmış olmasın?** er wird es doch nicht gar [*o* ganz] gestohlen haben?; **buralarda ~ bir daha görünme** lass dich bloß [*o* ja] nicht mehr hier sehen
sakınca *s* Bedenken *nt*
sakıncalı *adj* bedenklich
sakıncasız *adj* unbedenklich, bedenkenlos
sakıngan *adj* behutsam
sakınganlık <-ğı> *s ohne pl* Behutsamkeit *f*
sakınma *s ohne pl Verbalsubstantiv zu* **sakınmak**
sakınmak *vi* ❶ sich enthalten (**-den**) ❷ sich hüten (**-den** vor); **korkmak ve ~** sich fürchten und hüten ❸ (*korumak*) behüten (**-den** vor), beschützen (**-den** vor)
sakırga *s* ZOOL (*kene*) Zecke *f*
sakır sakır *adv* REG ~ **titremek** wie Espenlaub zittern
sakıt *adj* ❶ weggefallen ❷ hinfällig; ~ **olmak** hinfällig werden
Sakıt *s* ASTRON (*Mars*) Mars *m*
sakız *s* ❶ Harz *nt* ❷ Mastix *m;* **ağızlara ~ oldu** (*fig*) sein Name war in aller Munde ❸ (*çiğneme ~ı*) Kaugummi *m o nt* ❹ (*fig fam*) ~ **gibi** (*çok beyaz*) blütenweiß; (*çok temiz*) blitzsauber; (*yapışkan*) wie eine Klette; **ona ~ gibi yapışıyor** er hängt an ihr wie eine Klette **sakız ağacı** *s* BOT Mastixstrauch *m* **sakız rakısı** *s* (*mastika*) Mastixschnaps *m*
sakin [saːkin] **I.** *s* Bewohner(in) *m(f),* Einwohner(in) *m(f);* **Antalya'da ~** er wohnt in Antalya; **bir yerde ~ olmak** an einem Ort wohnen **II.** *adj* ruhig; ~ **olmak** ruhig sein
sakinleşme *s ohne pl Verbalsubstantiv zu* **sakinleşmek**
sakinleşmek *vi* sich beruhigen, sich abregen
sakinleştirme *s ohne pl* ❶ *Verbalsubstantiv zu* **sakinleştirmek** ❷ Beruhigung *f*
sakinleştirmek *vt* beruhigen
sakinlik <-ği> *s ohne pl* Ruhe *f*
sakin sakin *adv* in aller Ruhe
saklama *s* ❶ *Verbalsubstantiv zu* **saklamak** ❷ Aufbewahrung *f*
saklamaca *s* Versteckspielerei *f*
saklamak *vt* ❶ behalten ❷ aufbewahren; **paralarını kasada saklıyor** er bewahrt sein Geld im Safe auf ❸ (*görünmesine engel olmak*) verstecken ❹ (*gizli tutmak*) geheim halten (**-den** vor), verbergen (**-den** vor), verstecken (**-den** vor); **bir şeyi birinden ~** etw vor jdm geheim halten ❺ (*fig: korumak*) bewahren; **Allah saklasın!** Gott bewahre!
saklambaç <-cı> *s* Versteckspiel *nt;* ~ **oynamak** Versteck spielen
saklanma *s* ❶ *Verbalsubstantiv zu* **saklanmak** ❷ Aufbewahrung *f*
saklanmak *vi* ❶ *pass von* **saklamak** ❷ sich verstecken (**-den** vor)
saklatma *s Verbalsubstantiv zu* **saklatmak**
saklatmak *vt Kausativ zu* **saklamak**
saklı *adj* ❶ (*gizli*) verborgen, versteckt ❷ heimlich; (*hafi*) geheim ❸ (*mahfuz*) vorbehalten, geschützt; ~ **kalmak üzere** unter Vorbehalt; **her hakkı ~dır** alle Rechte vorbehalten
saksağan *s* ZOOL Elster *f;* **dam üstünde ~, vur beline kazmayı!** papperlapapp!
saksı *s* ❶ Blumentopf *m* ❷ (*fig fam: baş, kafa*) Kopf *m* **saksı bitkisi** *s* Topfpflanze *f*
saksı çiçeği *s* Topfblume *f*
saksılık <-ğı> *s* Übertopf *m*
saksı toprağı *s* Blumenerde *f*
saksofon *s* MUS Saxophon *nt* **saksofoncu** *s* Saxophonist(in) *m(f)*
Saksonya *s* ❶ Sachsen *nt;* **Aşağı ~** Niedersachsen *nt* ❷ (*porselen*) Meißener Porzel-

S

lan

Saksonyalı *s* Sachse *m,* Sächsin *f*

sal¹ *vt Imperativ von* **salmak**

sal² *s* Floß *nt*

salâh *s* Besserung *f;* ~ **bulmak** sich bessern

salâhiyet *s s.* **yetki** Befugnis *f,* Zuständigkeit *f,* Vollmacht *f,* Kompetenz *f*

salâhiyetlendirme *s* ❶ *Verbalsubstantiv zu* **salâhiyetlendirmek** ❷ Ermächtigung *f*

salâhiyetlendirmek *vt s.* **yetkilendirmek** autorisieren (**-e** zu), ermächtigen (**-e** zu), bevollmächtigen

salâhiyetli <yetkili> *adj* befugt, zuständig, bevollmächtigt, kompetent; ~ **bir mahkeme** ein zuständiges Gericht

salak <-ğı> *s* (*pej fam*) Armleuchter *m,* Trottel *m*

salam *s* GASTR Salami *f;* **Macar ~ı** ungarische Salami

salamanje *s* (*yemek odası*) Esszimmer *nt*

salamura I. *s* Marinade *f* **II.** *adj* mariniert; ~ **balık** marinierter Fisch

salar *vt 3. Aorist von* **salmak**

salata *s* Salat *m*

salatalık <-ğı> *s* Gurke *f*

salâvat parmağı *s s.* **işaret parmağı** Zeigefinger *m*

salça *s ohne pl* Mark *nt*

saldırgan I. *s* (*devlet*) Aggressor *m* **II.** *adj* angriffslustig, aggressiv

saldırı *s* Angriff *m;* (*intihar ~ sı*) Attentat *nt;* (*soygun ~ sı*) Überfall *m*

saldırma *s Verbalsubstantiv zu* **saldırmak**

saldırmak *vi* angreifen, überfallen; **birine ~** jdn angreifen

saldırmazlık antlaşması *s,* **saldırmazlık paktı** *s* POL Nichtangriffspakt *m*

salep <-bi> [sa:lep] *s ohne pl* ❶ BOT (*Orchis*) Knabenkraut *nt* ❷ (*içecek*) *heißes Mixgetränk aus Milch, Zucker und den pulverisierten Wurzeln des Knabenkrauts*

salgı *s* MED, BIOL Sekret *nt,* Absonderung *f,* Ausscheidung *f*

salgılama *s* BIOL, MED ❶ *Verbalsubstantiv zu* **salgılamak** ❷ Absonderung *f,* Ausscheidung *f*

salgılamak *vt* BIOL, MED absondern, ausscheiden

salgın I. *s* ❶ Seuche *f* ❷ (*çekirge ~ ı*) Plage *f* **II.** *adj* ansteckend

salı *s* Dienstag *m;* ~ **akşamları** dienstags abends; *s. a.* **cuma**

salıları *adv* dienstags

salınım *s* PHYS Schwingung *f;* **sarkaç ~ yapıyor** das Pendel schwingt **salınım sönümü** *s* PHYS Schwingungsdämpfung *f*

salıverilme *s ohne pl* ❶ *Verbalsubstantiv zu* **salıverilmek** ❷ Freilassung *f*

salıverilmek *vi pass von* **salıvermek** freigelassen werden

salıverme *s ohne pl* ❶ *Verbalsubstantiv zu* **salıvermek** ❷ Freilassung *f*

salıvermek *vt* ❶ (*bırakmak*) loslassen; (*serbest bırakmak*) freilassen ❷ **dizginleri ~** die Zügel loslassen; **göbek ~** einen Bauch bekommen ❸ TECH (*gaz, toz*) abblasen, auslassen

salim [sa:lim] *adj* ❶ gesund; **sağ ~** heil und gesund, unversehrt ❷ (*sakin*) ruhig

salip <-bi> [sali:p] *s s.* **haç** Kreuz *nt*

salkım *s* ❶ Traube *f* ❷ BOT Glyzinie *f* **salkım söğüt** <-dü> *s* BOT Trauerweide *f*

sallama *s Verbalsubstantiv zu* **sallamak**

sallamak *vt* ❶ schaukeln ❷ (*baş*) nicken; (*başını*) schütteln; **birine baş ~** jdm zunicken; **şaşkın şaşkın başını ~** verwundert den Kopf schütteln ❸ (*sopa*) schwingen; (*bayrak*) schwenken, schwingen; **baltayı ~** die Axt schwingen ❹ wedeln; **kuyruğunu ~** mit dem Schwanz wedeln ❺ winken (mit); **el/mendil ~** mit der Hand/einem Taschentuch winken; **birine el ~** jdm zuwinken ❻ (*fig: savsaklamak*) **bir şeyi ~** etw vor sich her schieben

sallanan koltuk <-ğu> *s* Schaukelstuhl *m*

sallanma *s Verbalsubstantiv zu* **sallanmak**

sallanmak *vi* ❶ (*diş, masa*) wackeln ❷ (*salıncak, hamak*) schaukeln ❸ (*oyalanmak*) trödeln, bummeln ❹ (*fig*) wackeln

salma *s Verbalsubstantiv zu* **salmak**

salmak I. *vt* ❶ (*bırakmak*) lassen, loslassen; (*serbest kılmak*) freilassen; **kök ~** Wurzeln schlagen ❷ (*ağ, demir*) ausbringen **II.** *vi* (*saldırmak*) angreifen (**-e**)

salmonella *s* Salmonelle *f* **salmonella zehirlenmesi** *s* Salmonellenvergiftung *f*

salname *s s.* **yıllık** Jahrbuch *nt*

salon *s* ❶ (*toplantı ~ u*) Saal *m* ❷ (*spor ~ u*) Halle *f* **salon adamı** *s* Partylöwe *m*

salt *adj* absolut; ~ **çoğunluk** absolute Mehrheit; ~ **sıcaklık** PHYS absolute Temperatur; ~ **sıfır** PHYS absoluter Nullpunkt; *s. a.* **mutlak**

salta *s* (*köpek için*) Männchen *nt;* **köpek ~ duruyor** der Hund macht Männchen

saltanat *s* ❶ Herrschaft *f;* **~ı terk etmek** abdanken ❷ Sultanat *nt;* ~ **ve hilafetin kaldırılması** die Abschaffung des Sultanats und des Kalifats

saltçı *adj* absolutistisch

saltçılık <-ğı> *s ohne pl* Absolutismus *m*

salya *s* Speichel *m;* **~sı akmak** sabbern

salyangoz *s* ZOOL Schnecke *f* **salyangoz kabuğu** *s* Schneckengehäuse *nt*

sam *s* Samum *m;* (~ *yeli*) Wüstenwind *m*

saman *s ohne pl* ❶ (*agr*) Heu *nt*

S

❷ Stroh *nt;* ~ **gibi** fad(e) ❸ (*fig*) ~ **altından su yürütmek** unbemerkt Ränke schmieden **saman alevi** *s* Strohfeuer *nt;* ~ **gibi** wie ein Strohfeuer

samankapan *s* (*kehribar*) Bernstein *m*

samanlı gübre *s ohne pl* AGR Stallmist *m*

samanlık <-ğı> *s* ❶ Heuboden *m* ❷ Heuspeicher *m*

saman nezlesi *s* Heuschnupfen *m*

saman rengi *adj* strohblond

Samanuğrusu *s ohne pl s.* **Samanyolu**

saman yığını *s* AGR Heuhaufen *m*

Samanyolu *s ohne pl* ASTRON Milchstraße *f*

samba *s* Samba *m o f*

Samî I. *s* Semit(in) *m(f)* **II.** *adj* semitisch

samimi [sami:mi:] **I.** *adj* ❶ (*içten*) intim, innig, vertraut; ~ **bir arkadaş** ein intimer Freund ❷ (*candan*) herzlich; (*açık yürekle davranan*) offenherzig, aufrichtig, ehrlich; **bizimle niyeti ~dir** er meint es ehrlich mit uns **II.** *adv* (*açık yürekle*) **biriyle ~ konuşmak** offen mit jdm reden [*o* sprechen]; **birbiriyle ~ olmak** vertraut mit einander sein

samimileşme *s Verbalsubstantiv zu* **samimileşmek**

samimileşmek *vi* intim werden, vertraulich werden; **biriyle** ~ mit jdm intim werden

samimilik <-ği> *s ohne pl* ❶ Intimität *f,* Vertrautheit *f* ❷ (*hisler için*) Echtheit *f* ❸ (*niyet için*) Ehrlichkeit *f;* **davranışı samimiliğini belli ediyor** sein Verhalten zeugt von Ehrlichkeit

samimiyet *s s.* **samimilik**

samsun *s* Kampfhund *m*

samur *s* ZOOL ❶ (*Martes zibellina*) Zobel *m* ❷ **su ~u** Fischotter *m* **samur kürk** *s* Zobel *m*

sam yeli *s* Wüstenwind *m*

san¹ *vt Imperativ von* **sanmak**

san² *s* Titel *m;* **adı ~ı olan herkes** alles, was Rang und Namen hat

sana *pron dat von* **sen** ❶ dir; ~ **bir şey getirdim** ich habe dir etw mitgebracht ❷ zu dir; **yarın ~ geliyorum** morgen komme ich zu dir; ~ **ne!** was geht dich das an! ❸ dich; ~ **sormadım!** dich habe ich nicht gefragt! ❹ für dich; **mektup/telefon ~ mı?** ist der Brief/Anruf für dich?

sanal *adj* ❶ MATH imaginär ❷ INFORM virtuell; ~ **gerçeklik** virtuelle Realität

sanat *s* Kunst *f;* ~ **a istidadı olmak** künstlerisch begabt sein; **betimleyici** ~ die darstellende Kunst **sanat akademisi** *s* Kunstakademie *f,* Kunsthochschule *f* **sanat anlayışı** *s ohne pl* Kunstverständnis *nt*

sanatçı *s* Künstler(in) *m(f)*

sanat eseri *s* Kunstwerk *nt* **sanat galerisi** *s* Kunstgalerie *f*

sanatkâr [--kãr] *s* Künstler(in) *m(f)*

sanatkârhane *adv* künstlerisch

sanatlı *adj* kunstvoll

sanatoryum *s* Sanatorium *nt*

sanatsal *adj* künstlerisch

sanatsever *s* Kunstliebhaber(in) *m(f)*

sanat tarihçisi *s* Kunsthistoriker(in) *m(f)* **sanat tarihi** *s ohne pl* Kunstgeschichte *f* **sanat üslubu** *s* Kunststil *m*

sanayi <-i> *s* Industrie *f; s. a.* **endüstri** **sanayi bölgesi** *s* Industriegebiet *nt*

sanayici *s* Industrielle(r) *f(m)*

sanayicilik <-ği> *s ohne pl* Industrialismus *m*

sanayici toplum *s* Industriegesellschaft *f*

sanayi dalı *s* WIRTSCH Industriezweig *m* **sanayi elektriği** *s ohne pl* Industriestrom *m*

sanayileşme *s* ❶ *Verbalsubstantiv zu* **sanayileşmek** ❷ Industrialisierung *f*

sanayileşmek *vi* industrialisiert werden

sanayileştirme *s* ❶ *Verbalsubstantiv zu* **sanayileştirmek** ❷ Industrialisierung *f*

sanayileştirmek *vt* industrialisieren

sanayi odası *s* Industriekammer *f*

sanayi ülkesi *s* Industrieland *nt* **sanayi ürünü** *s* Industrieerzeugnis *nt*

sancak <-ğı> *s* ❶ (*liva*) Banner *m;* (*bayrak*) Fahne *f* ❷ HIST Sandschak *m* ❸ *ohne pl* NAUT (*iskele karşıtı*) Steuerbord *nt;* ~**, arkadan bakıldığında bir geminin sağ tarafıdır** das Steuerbord ist die rechte Seite eines Schiffes, von hinten gesehen

sancaktar *s* Bannerträger(in) *m(f)*

sancı *s* ❶ (*ağrı*) Schmerz *m;* (*batar gibi*) Stich *m* ❷ (*doğum ~sı*) Wehen *pl;* **~sı tutmak** in den Wehen liegen

sandal¹ *s* BOT Sandelbaum *m*

sandal² *s* (*kürekli tekne*) Ruderboot *nt*

sandal³ *s* (*açık ayakkabı*) Sandale *f*

sandalet *s* Sandalette *f*

sandalye *s* Stuhl *m;* **elektrikli** ~ elektrischer Stuhl

sandık <-ğı> *s* ❶ Truhe *f,* Kiste *f* ❷ (*oy sandığı*) Urne *f;* (*tasarruf sandığı*) Kasse *f* **sandık odası** *s* Abstellraum *m*

sandöviç *s s.* **sandviç**

sanduka *s* ❶ Schrein *m* ❷ Sarkophag *m*

sandviç *s* Sandwich *nt,* belegtes Brot

sandviççi *s* Sandwich-Verkäufer(in) *m(f)*

sanı *s* Vermutung *f*

sanık <-ğı> *s* JUR (*şikâyet üzerine hakkında kovuşturma yapılan kimse*) Beschuldigte(r) *f(m);* (*hakkında kamu davası açılan kimse*) Angeklagte(r) *f(m)*

saniye [sa:--] *s* Sekunde *f;* **~si ~sine** auf die Sekunde genau; **bir ~ lütfen!** (*fam*) eine Sekunde bitte!
saniyelerce *adv* sekundenlang
saniyelik <-ği> *adj* sekundenlang
saniyeli tapa *s* Zeitzünder *m*
sanki *adv* ❶ als ob; **~ gece olmuş gibi** als ob es (schon) Nacht wäre; **~ haberi yokmuş** als ob er keine Ahnung hätte; **~ kabahat benimmiş!** als ob es meine Schuld wäre!; **~ öğrenimini yapmış gibi akıllı konuştu** er sprach so klug, als ob er das studiert hätte; **bana öyle geldi ki, ~ ...** es kam mir so vor, als ob ... ❷ (*soruda*) denn; **~ bu da güzel mi?** soll das denn auch schön sein?; **ne olur ~?** was ist denn dabei? ❸ (*sözde*) angeblich; **~ haberi yokmuş** angeblich soll er es nicht gewusst haben ❹ gewissermaßen, quasi
sanma *s* ❶ *Verbalsubstantiv zu* **sanmak** ❷ Vermutung *f,* Annahme *f*
sanmak *vt* ❶ vermuten, annehmen ❷ (*inanmak*) glauben; (*düşünmek*) denken; **bazıları sandılar ki ...** einige glaubten [*o* dachten], dass ...; **geleceğini sanmıyorum** ich glaube nicht, dass er kommt; **her şeyi bildiğini ~** glauben, alles zu wissen ❸ **kendini ne/kim sanıyorsun?** wofür/für wen hältst du dich?
sanrı *s* PSYCH Halluzination *f*
sanrılama *s Verbalsubstantiv zu* **sanrılamak**
sanrılamak *vi* PSYCH halluzinieren
sanrısal *adj* PSYCH halluzinativ
sansar *s* ZOOL Marder *m*
sansasyon *s* Sensation *f,* Aufsehen *nt;* **~ yaratmak** Aufsehen erregen
sansasyonel *adj* sensationell, aufsehenerregend
Sanskeritçe *s ohne pl* Sanskrit *nt*
Sanskrit **I.** *s ohne pl* Sanskritistik *f* **II.** *adj* sanskritisch
sansüalizm *s ohne pl* PSYCH Sensualismus *m*
sansür *s* Zensur *f*
sansürcü *s* Zensor(in) *m(f)*
sansürleme *s* ❶ *Verbalsubstantiv zu* **sansürlemek** ❷ Zensierung *f*
sansürlemek *vt* zensieren
sansürlenme *s* ❶ *Verbalsubstantiv zu* **sansürlenmek** ❷ Zensierung *f*
sansürlenmek *vi pass von* **sansürlemek**
sansürlü *adj* zensiert
sansürsüz *adj* unzensiert
santigram *s* MATH Zentigramm *nt*
santigrat *s* PHYS Celsius; **30 derece ~** 30 Grad Celsius
santilitre *s* MATH Zentiliter *m o nt*
santim *s* ❶ Zentimeter *m o nt* ❷ (*yüzde biri*) Hundertstel *nt;* **~ kaçırmamak** (*fig*) peinlich genau sein
santimantal <-li> *adj* sentimental **santimantalite** *s ohne pl* Sentimentalität *f*
santimetre *s* MATH Zentimeter *m o nt* **santimetre kare** *s* MATH Quadratzentimeter *m o nt*
santra *s* SPORT (*orta*) Mitte *f;* (*orta alan*) Mittelfeld *nt;* **~da oynamak** im Mittelfeld spielen **santra çizgisi** *s* SPORT (*orta çizgi*) Mittellinie *f*
santral <-li> *s* ❶ Kraftwerk *nt;* **hidroelektrik ~** hydroelektrisches Kraftwerk, Wasserwerk *nt* ❷ TELEK Zentrale *f,* Vermittlung *f,* Fernmeldeamt *nt*
santra yuvarlağı *s* SPORT Mittelkreis *m*
santrfor *s* SPORT (*futbolda*) Mittelstürmer(in) *m(f),* Halbstürmer(in) *m(f);* (*ortada oynayan oyuncu*) Mittelfeldspieler(in) *m(f)*
santrhaf *s* SPORT Mittelläufer(in) *m(f)*
santrifüj **I.** *s* (*santrifüjör*) Zentrifuge *f* **II.** *adj* (*merkezkaç*) zentrifugal
santrifüjör *s* TECH Zentrifuge *f*
santrozom *s* BIOL Zentrosom *nt,* Zentralkörperchen *nt*
sap¹ *vi Imperativ von* **sapmak**
sap² *s* ❶ (*bitki ~ı*) Stängel *m,* Stiel *m;* (*ot ~ı*) Halm *m;* **~ına kadar** (*fig*) durch und durch ❷ (*bıçak ~ı*) Griff *m;* (*tava ~ı*) Stiel *m;* **bu valizin ~ı yok** dieser Koffer hat keinen Handgriff, an diesem Koffer fehlt der Griff; **valizin ~ı** der Griff des Koffers ❸ (*gözlük ~ı*) Bügel *m* ❹ (*balta ~ı*) Helm *m* ❺ MUS (*bir çalgının ~ı*) Hals *m*
sapa *adj* abgelegen
sapak **I.** *s* <-ğı> Abzweig *m,* Abzweigung *f* **II.** *adj* <-ğı> abnorm
sapaklık <-ğı> *s* Abnormität *f;* (*anomali*) Anomalie *f*
sapan **I.** *s* ❶ (*taş atma aracı*) Schleuder *m,* Steinschleuder *m* ❷ NAUT (*halattan yapılan çember*) Stropp *m* ❸ (*kar ~ı*) Pflug *m* **II.** *adj* abweichend
sapar *vi 3. Aorist von* **sapmak**
saparna *s* BOT Stechwinde *f*
saparta *s* ❶ NAUT Salvenfeuer *nt;* (*alabanda ateşi*) Breitseite *f* ❷ (*fig fam: azar, tersleme*) Rüffel *m;* **birine ~yı vermek** jdm einen Rüffel erteilen; **~yı yemek** einen Rüffel bekommen [*o* einstecken]
sapasağlam *adj* kerngesund
sapçık <-ğı> *adj* ❶ ANAT Plexus *m* ❷ BOT Stängel *m*
sapık <-ğı> *adj* pervers, abartig
sapıkça *adv* pervers, abartig
sapıklık <-ğı> *s* Perversität *f,* Abartigkeit *f*

sapınç <-cı> *s* ❶ Abweichung *f,* Abirrung *f;* (*aberasyon*) Aberration *f* ❷ ASTRON Abirrung *f;* (*aberasyon*) Aberration *f* ❸ Perversion *f*
saplama *s Verbalsubstantiv zu* **saplamak**
saplamak *vt* stoßen (**-e** in); **birinin bacağına bıçağı** ~ jdm das Messer ins Bein stoßen
saplanma *s Verbalsubstantiv zu* **saplanmak**
saplanmak *vi* ❶ dringen (**-e** in) ❷ (*batıp kalmak*) stecken bleiben, sich festfahren; **otomobille kuma/kara saplandılar** sie blieben mit dem Auto im Sand/Schnee stecken, sie fuhren sich mit dem Auto im Sand/Schnee fest ❸ (*fig: takılıp kalmak*) sich festbeißen
saplantı *s* PSYCH Zwangsvorstellung *f,* Fixierung *f*
sapma *s* ❶ *Verbalsubstantiv zu* **sapmak** ❷ Abweichung *f*
sapmak <-ar> *vi* ❶ (*yön değiştirmek*) abbiegen (**-e** nach), einbiegen (**-e** in); **yan sokağa saptı** er bog in die Seitenstraße ein ❷ abweichen (**-den** von), abkommen (**-den** von); **yanlış yola saptık** wir kamen vom Weg ab ❸ (*fig*) **kötü yola** ~ auf Abwege geraten
saprofit **I.** *s* BOT Saprophyt *m* **II.** *adj* BOT (*çürükçül*) saprophil
saptama *s* ❶ *Verbalsubstantiv zu* **saptamak** ❷ Feststellung *f* ❸ Fixierung *f*
saptamak *vt* feststellen
saptanma *s* ❶ *Verbalsubstantiv zu* **saptanmak** ❷ Feststellung *f*
saptanmak *vi pass von* **saptamak**
saptayıcı *s* Fixativ *nt*
saptırma *s Verbalsubstantiv zu* **saptırmak**
saptırmak *vt* PHYS (*ışınları*) ablenken
sar *vt Imperativ von* **sarmak**
sara [saːrˈa] *s* MED Epilepsie *f;* ~ **nöbeti tutmak** einen epileptischen Anfall bekommen
saraç <-cı> *s* Sattler(in) *m(f)*
saraçlık <-ğı> *s ohne pl* Sattlerhandwerk *nt*
saralı **I.** *s* Epileptiker(in) *m(f)* **II.** *adj* epileptisch
sarar[1] *vi Imperativ von* **sararmak**
sarar[2] *vt 3. Aorist von* **sarmak**
sararma *s Verbalsubstantiv zu* **sararmak**
sararmak *vi* gelb werden; **yapraklar sararıyor** die Blätter werden gelb
saray *s* Serail *nt,* Palast *m,* Schloss *nt;* (*belediye* ~*ı*) Haus *nt*
sardalye *s* ZOOL Sardine *f;* ~ **gibi istif olmak** (*fig*) zusammengedrängt wie die Sardinen sein
Sardinya *s* Sardinien *nt*
Sardinyalı **I.** *s* Sarde, Sardin *m, f* **II.** *adj* sardisch
sarf *s* Ausgabe *f;* (*tüketme*) Verbrauch *m;* (*kullanma*) Gebrauch *m,* Verwendung *f,* Benutzung *f;* ~ **etmek** (*harcamak*) ausgeben; (*tüketmek*) verbrauchen; (*kullanmak*) verwenden, benutzen
sarfiyat *s* ❶ (*harcamalar*) Ausgaben *pl* ❷ (*tüketim*) Verbrauch *m*
sargı *s* Binde *f,* Verband *m*
sarhoş **I.** *adj* betrunken, berauscht; ~ **etmek** berauschen; ~ **olmak** sich berauschen **II.** *s* Betrunkene(r) *f(m)*
sarhoşluk <-ğu> *s* Rausch *m*
sarı **I.** *s* Gelb *nt;* **açık/koyu bir** ~ ein helles/dunkles Gelb; **lamba ~ydı** die Ampel stand auf Gelb **II.** *adj* gelb; ~ **bir renk** eine gelbe Farbe
sarıasma *s* ZOOL Pirol *m*
sarı boya *s* BOT (*zerdeçal*) Kurkuma *f,* Gelbwurz *f*
sarıcalık <-ğı> *s ohne pl* MED, BOT Bleichsucht *f;* (*kloroz*) Chlorose *f*
sarıcık <-ğı> *s* ZOOL (*sarıasma*) Pirol *m*
sarıerik <-ği> *s* REG (*kayısı*) Aprikose *f*
sarı humma *s ohne pl* MED Gelbfieber *nt*
sarıkız *s* ❶ (*sl: esrar*) Haschisch *m o nt* ❷ (*fam: inek*) Kuh *f*
sarılaşma *s Verbalsubstantiv zu* **sarılaşmak**
sarılaşmak *vi* gelb werden
sarılık <-ğı> *s ohne pl* MED Gelbsucht *f*
sarılma *s Verbalsubstantiv zu* **sarılmak**
sarılmak *vi* ❶ *pass von* **sarmak** ❷ umarmen (**-e**); **birine** (**sımsıkı**) ~ jdn (ganz fest) umarmen; **bir şeye sımsıkı** ~ sich an etw festklammern ❸ greifen (**-e** zu)
sarımsak <-ğı> *s* Knoblauch *m* **sarımsak dişi** *s* Knoblauchzehe *f* **sarımsak soğanı** *s* Knoblauchzwiebel *f*
sarımsı *adj,* **sarımtırak** <-ğı> *adj* gelblich
sarıpapatya *s* BOT Gänseblümchen *nt*
sarısabır *s* BOT echte Aloe
sarı saçlı *adj* blond
sarısalkım *s* BOT Goldregen *m*
sarışın *adj* ❶ (*sarı saçlı*) blond ❷ (*sarıya yakın renkli*) gelblich
sari *s* Sari *m*
sâri [saːri] *adj* ansteckend
sarih meful *s s.* **belirtili nesne** LING Akkusativobjekt *nt*
sarkaç <-cı> *s* PHYS Pendel *nt;* ~ **salınım yapıyor** das Pendel schwingt
sarkar *vi 3. Aorist von* **sarkmak**
sarkık <-ğı> *adj* herunterhängend
sarkıntılık <-ğı> *s* Anmache *f;* (*rahatsız etme*) Belästigung *f;* ~ **etmek** belästigen;

(*laf atmak*) anmachen
sarkıt *s* GEOL (*stalagtit*) Stalagtit *m*
sarkıtma *s Verbalsubstantiv zu* **sarkıtmak**
sarkıtmak *vt* ❶ *Kausativ zu* **sarkmak** ❷ **bacaklarını ~** die Beine baumeln lassen ❸ (*fig fam: asmak*) aufhängen; (*darağacına çekmek*) baumeln lassen
sarkma *s Verbalsubstantiv zu* **sarkmak**
sarkmak <-ar> *vi* herunterhängen, herabhängen; **pencereden dışarı ~** sich aus dem Fenster hinauslehnen; **tavandan ~** von der Decke herabhängen [*o* herunterhängen]
sarma *s Verbalsubstantiv zu* **sarmak**
sarmak <-ar> *vt* ❶ umkreisen ❷ (*kuşatmak*) umzingeln, einkreisen ❸ (*ipliği makaraya*) aufwickeln; (*bebeği kundağa*) wickeln; **kâğıda ~** in Papier wickeln ❹ umhüllen (**-e** in); (*örtmek*) hüllen (**-e** in) ❺ (*sigara*) drehen ❻ (*fig: hoşuna gitmek*) gefallen; **bu film/roman beni sarmadı** dieser Film/Roman hat mir nicht gefallen
sarmal *adj* PHYS spiralförmig
sarmaş dolaş *adv* eng umschlungen
sarmaşık <-ğı> *s* BOT Schlingpflanze *f*; (*Hedera helix*) Efeu *m*
sarmaşma *s Verbalsubstantiv zu* **sarmaşmak**
sarmaşmak *vt* (*kucaklaşmak*) sich umarmen
sarnıç <-cı> *s* ❶ (*yer altı su deposu*) Zisterne *f* ❷ NAUT (*tatlı su deposu*) Süßwassertank *m* ❸ Kessel *m* **sarnıç gemisi** *s* NAUT Tanker *m* **sarnıç vagonu** *s* EISENB Kesselwagen *m*
sarp *adj* steil
sarplık <-ğı> *s ohne pl* Steilheit *f*, Steile *f*
sarraf *s* ❶ (*kuyumcu*) Juwelier(in) *m(f)*; (*altın ~ı*) Goldschmied(in) *m(f)* ❷ HIST Geldwechsler *m*
sars *vt Imperativ von* **sarsmak**
sarsak <-ğı> *adj* gebrechlich, klapp(e)rig
sarsaklık <-ğı> *s* Gebrechlichkeit *f*, Klapprigkeit *f*
sarsar *vt 3. Aorist von* **sarsmak**
sarsıcı *adj* erschütternd
sarsılma *s* ❶ *Verbalsubstantiv zu* **sarsılmak** ❷ Beben *nt*
sarsılmak *vi* ❶ schüttern; (*yer*) beben; **yer sarsıldı** die Erde bebte ❷ (*fig*) **hastalıktan çok sarsıldı** die Krankheit hat ihn sehr mitgenommen
sarsılmaz *adj* unerschütterlich
sarsılmazlık <-ğı> *s ohne pl* Unerschütterlichkeit *f*
sarsıntı *s* ❶ Erschütterung *f* ❷ (*deprem*) Beben *nt*
sarsma *s* ❶ *Verbalsubstantiv zu* **sarsmak** ❷ Erschütterung *f*
sarsmak <-ar> *vt* ❶ erschüttern; **birini sarsarak uyandırmak** jdn wachrütteln ❷ (*fig*) erschüttern; (*hastalık*) mitnehmen; **annesinin ölümü onu çok sarstı** der Tod seiner Mutter hat ihn sehr mitgenommen
sat *vt Imperativ von* **satmak**
satanist *s* Satanist(in) *m(f)*
satanizm *s ohne pl* Satanismus *m*
satar *vt 3. Aorist von* **satmak**
sataşkan *adj* aufdringlich
sataşma *s* ❶ *Verbalsubstantiv zu* **sataşmak** ❷ Belästigung *f*
sataşmak *vi* ❶ belästigen (**-e**); (*musallat olmak*) sich aufdrängen ❷ (*sarkıntılık etmek*) anmachen (**-e**) ❸ (*imalı sözlerle*) sticheln
saten *s* Satin *m*
sathı *s poss von* **satıh**
sathi [sathiː] *adj* ❶ (*yüzeysel*) oberflächlich ❷ (*üstünkörü*) oberflächlich, flüchtig
sathilik <-ği> *s ohne pl* Oberflächlichkeit *f*
satıcı *s* Verkäufer(in) *m(f)*; (*sokak ~sı*) Händler(in) *m(f)*
satıh <-thı> *s s.* **yüzey** Fläche *f*, Oberfläche *f*
satılık <-ğı> *adj* verkäuflich, zum Verkauf bestimmt; **~ mallar** käufliche Waren; **~ olmak** zum Verkauf stehen; **~ olmamak** nicht verkäuflich sein; **~tır** zu verkaufen
satılma *s* ❶ *Verbalsubstantiv zu* **satılmak** ❷ Verkauf *m*
satılmak *vi* ❶ *pass von* **satmak** ❷ sich verkaufen; **peynir ekmek gibi ~** (*fig fam*) weggehen wie warme Semmeln
satım *s* COMM Verkauf *m*
satımcı *s* Verkäufer(in) *m(f)*
satın alma *s* Kauf *m* **satın alma gücü** *s ohne pl* Kaufkraft *f*
satır¹ *s* Zeile *f*; **~ başı** neue Zeile, neuer Absatz
satır² *s* Hackbeil *nt*, Hackmesser *nt*
satır arası *s* Zeilenabstand *m* **satır satır** *adv* zeilenweise, Zeile für Zeile
satış *s* ❶ Verkauf *m*; **bir şeyi ~a sunmak** etw zum Verkauf anbieten, etw feilbieten ❷ (*~lar*) Absatz *m* **satış bedeli** *s* COMM ❶ (*satıcı için*) Verkaufspreis *m*; (*alıcı için*) Kaufpreis *m* ❷ Erlös *m* **satış fiyatı** *s* (*satıcı için*) Verkaufspreis *m*; (*alıcı için*) Kaufpreis *m* **satış furyası** *s* Kaufrausch *m* **satış hacmi** *s* COMM Absatzvolumen *nt* **satış mukavelesi** *s* Kaufvertrag *m* **satış yeri** *s* Verkaufsstelle *f*
satir *s* LIT (*yergi*) Satire *f*
satirik <-ği> *adj* LIT satirisch
satlıcan *s* REG (*zatülcenp*) Brustfellentzündung *f*; (*akciğer zarı iltihabı*) Rippenfellent-

S

zündung *f*

satma *s Verbalsubstantiv zu* **satmak**

satmak <-ar> *vt* verkaufen

satranç <-cı> *s ohne pl* Schach *nt;* **bir parti ~ oynamak** eine Partie Schach spielen

satranççı *s* Schachspieler(in) *m(f)*

satrançlı *adj* schachbrettartig; (*kareli*) kariert

satranç tahtası *s* Schachbrett *nt* **satranç takımı** *s* Schachspiel *nt* **satranç taşı** *s* Schachfigur *f*

satsuma *s* Satsuma *f;* **~ bir mandalina türüdür** die Satsuma ist eine Mandarinenart

Satürn *s* ASTRON Saturn *m*

sauna *s* Sauna *f*

sav[1] *vt Imperativ von* **savmak**

sav[2] *s* ❶ (*tez*) These *f;* (*iddia*) Behauptung *f* ❷ PHILOS These *f;* **~ ve karşı ~** These und Antithese ❸ *s.* **atasözü** Sprichwort *nt*

sava *s* ❶ (*haber*) Botschaft *f,* Nachricht *f* ❷ (*muştu*) Freudenbotschaft *f*

savana *s* Savanne *f*

savaş[1] *vi Imperativ von* **savaşmak**

savaş[2] *s* ❶ (*harp*) Krieg *m;* **bir ülkeye ~ açmak** [*o* **ilan etmek**] einem Land den Krieg erklären; **psikolojik ~** psychologische Kriegführung; **yıldız ~ı** Krieg *m* der Sterne ❷ (*kavga, mücadele*) Kampf *m* ❸ (*yok etmek amacıyla mücadele*) Kampf *m* (**-le** gegen), Bekämpfung *f* (**-le**) **savaş baltası** *s* Kriegsbeil *nt,* Streitaxt *f*

savaşçı *s* Krieger(in) *m(f),* Kämpfer(in) *m(f)*

savaş gemisi *s* Kriegsschiff *nt* **savaş hazırlığı** *s* Kriegsvorbereitung *f*

savaşım *s* Kampf *m;* (*terörle*) Bekämpfung *f*

savaşkan *adj* kriegerisch

savaşmak *vi* kämpfen

savaş tutsağı *s* Kriegsgefangene(r) *f(m)* **savaş uçağı** *s* MIL Kampfflugzeug *nt*

savca *s* JUR (*iddianame*) Anklageschrift *f*

savcı *s* JUR ❶ Staatsanwalt, -anwältin *m, f* ❷ Ankläger(in) *m(f)*

savcılık <-ğı> *s* JUR Staatsanwaltschaft *f*

savlet *s s.* **hamle** Zug *m*

savma *s Verbalsubstantiv zu* **savmak**

savmak <-ar> *vt* ❶ abweisen, wegschicken; (*istenmeyen birini*) abwimmeln; **birini başından ~** jdn loswerden ❷ abschütteln; (*atlatmak*) hinter sich bringen ❸ (*defetmek*) abwehren ❹ (*geçirmek*) verbringen, hinter sich bringen ❺ (*geçiştirmek*) überstehen, davonkommen

savruk <-ğu> *adj* liederlich; **~ bir çalışma** eine liederliche Arbeit

savrukluk <-ğu> *s ohne pl* Liederlichkeit *f*

savrulma *s Verbalsubstantiv zu* **savrulmak**

savrulmak *vi* ❶ *pass von* **savurmak** ❷ schleudern

savsak <-ğı> *adj* nachlässig

savsaklama *s ohne pl* ❶ *Verbalsubstantiv zu* **savsaklamak** ❷ Vernachlässigung *f;* (*ihmalkârlık*) Nachlässigkeit *f*

savsaklamak *vt* (*geciktirmek*) verzögern; (*ihmal etmek*) vernachlässigen

savsama *s ohne pl Verbalsubstantiv zu* **savsamak**

savsamak *vt s.* **savsaklamak**

savul *vi Imperativ von* **savulmak: ~(un)!** weg da!; (*yol ver*) mach(en Sie) Platz!; (*çekil*) geh(en Sie) zur Seite!

savulma *s ohne pl Verbalsubstantiv zu* **savulmak**

savulmak *vi* weggehen

savunma *s* ❶ *Verbalsubstantiv zu* **savunmak** ❷ Verteidigung *f,* Abwehr *f,* Defensive *f;* **~ya geçmek** in die Defensive gehen ❸ SPORT (*defans*) Abwehr *f;* (*adam adama ~*) Deckung *f* **savunma bakanı** *s* Verteidigungsminister(in) *m(f)* **savunma bakanlığı** *s* Verteidigungsministerium *nt* **savunma hattı** *s* MIL Verteidigungslinie *f*

savunmak *vt* ❶ verteidigen, sich wehren ❷ verfechten ❸ vertreten; **belli bir görüşü/tezi ~** eine bestimmte Ansicht/These vertreten

savunma maddesi *s* MED Abwehrsubstanz *f*

savunma oyuncusu *s* SPORT Abwehrspieler(in) *m(f)*

savunucu *s* ❶ JUR (*müdafi*) Verteidiger(in) *m(f);* (*hak ~su*) Vertreter(in) *m(f)* ❷ SPORT (*bek*) Verteidiger(in) *m(f)* ❸ *a.* POL Verfechter(in) *m(f)*

savurgan *adj* verschwenderisch

savurganlık <-ğı> *s* Verschwendung *f*

savurma *s Verbalsubstantiv zu* **savurmak**

savurmak *vt* ❶ schleudern; (*kılıç*) schwingen ❷ **küfür ~** einen Fluch loslassen; **paraları saçıp ~** mit Geld um sich werfen; **parasını har vurup harman ~** sein Geld auf den Kopf hauen; **parasını saçıp ~** sein Geld verschleudern

savuşturma *s ohne pl Verbalsubstantiv zu* **savuşturmak**

savuşturmak *vt* überstehen, davonkommen

say *vi, vt* ❶ *Imperativ von* **saymak** ❷ **üçe kadar ~!** zähle bis drei!

saya *s* ❶ (*ayakkabının üst bölümü*) Oberleder *nt* ❷ REG (*iş önlüğü*) Kittel *m* ❸ REG (*kadın giysisi*) Kleid *nt*

sayaç <-cı> *s* Zähler *m;* **sayacı okumak** den Zähler ablesen
sayar *vt 3. Aorist von* **saymak**
saydam **I.** *adj* ❶ durchsichtig, transparent ❷ (*fig: belirgin*) deutlich, klar **II.** *s* ❶ Klarsichtfolie *f* ❷ (*diyapozitif*) Dia *nt*
saydamlaşma *s Verbalsubstantiv zu* **saydamlaşmak**
saydamlaşmak *vi* ❶ durchsichtig werden, transparent werden ❷ (*fig: belirginleşmek*) deutlich [*o* klar] werden
saydamlaştırma *s Verbalsubstantiv zu* **saydamlaştırmak**
saydamlaştırmak *vt* ❶ durchsichtig machen, transparent machen ❷ (*fig: belirginleşmek*) transparent machen, deutlich machen
saydamlık <-ğı> *s ohne pl* Durchsichtigkeit *f,* Transparenz *f*
saydamsız *adj* undurchsichtig
saydamsızlık <-ğı> *s ohne pl* Undurchsichtigkeit *f*
saydam tabaka *s* ANAT Hornhaut *f;* (*kornea*) Cornea *f*
saydırma *s Verbalsubstantiv zu* **saydırmak**
saydırmak *vt* ❶ *Kausativ zu* **saymak**: **birine bir şeyi ~** jdm etw zählen lassen ❷ **kendini ~** sich Respekt verschaffen
saye[1] [sa:-] *s* (*gölge*) Schatten *m*
saye[2] [sa:-] *s ohne pl* (*fig*) ❶ (*koruma*) Schutz *m* ❷ (*yardım*) Hilfe *f*
sayesinde *adv* dank; (*sebebiyle*) wegen, auf Grund (**-in** von); (*yardımıyla*) mit Hilfe (**-in** von); **sayenizde buraya kadar gelebildim** mit Ihrer Hilfe konnte ich es bis hierher [*o* hierhin] schaffen
sayfa *s* Seite *f;* (*baş ~*) Blatt *nt;* **~yı çevirin!** bitte wenden!; **~yı çevirmek** umblättern
sayfalama *s* ❶ *Verbalsubstantiv zu* **sayfalamak** ❷ INFORM Paginierung *f*
sayfalamak *vt* INFORM paginieren
sayfalandırma *s* ❶ *Verbalsubstantiv zu* **sayfalandırmak** ❷ TYPO Umbruch *m*
sayfalandırmak *vt* TYPO umbrechen
sayfalarca *adv* seitenlang
sayfalık <-ğı> *adj* -seitig; **yüz ~ bir kitap** ein hundertseitiges Buch
sayfiye *s* Sommerhaus *nt*
saygı *s* Achtung *f,* Respekt *m*
saygıdeğer *adj* ehrwürdig
saygı duruşu *s* Schweigeminute *f*
saygılı *adj* achtungsvoll, respektvoll; **sessiz ve ~ onları dinliyordum** still und achtungsvoll hörte ich ihnen zu
saygın *adj* angesehen
saygınlık <-ğı> *s* ❶ (*itibar*) Ansehen *nt;* **saygınlığını yitirmek** an Ansehen verlieren ❷ Ehre *f;* **saygınlığın iadesi** Wiederherstellung der verletzten Ehre
saygısız *adj* respektlos
saygısızca *adv* respektlos
saygısızlık <-ğı> *s* Respektlosigkeit *f;* **~ etmek** sich respektlos verhalten
sayı *s* ❶ Zahl *f;* **çift/soyut/tek ~lar** gerade/abstrakte/ungerade Zahlen; **bir ~nın karekökünü almak** eine Zahl radizieren, die Wurzel aus einer Zahl ziehen ❷ Anzahl *f;* **~sını Allah bilir** weiß Gott wie viel; **bahçedeki ağaçların ~sı** die Anzahl der Bäume im Garten, der Baumbestand des Gartens; **üyelerin ~sı** die Anzahl der Mitglieder ❸ (*gazete, dergi*) Ausgabe *f;* (*özel ~*) Nummer *f* ❹ SPORT Punkt *m;* **~ hesabıyla bir galibiyet** ein Sieg nach Punkten
sayı boncuğu *s* Rechenbrett *nt;* (*abaküs*) Abakus *m*
sayıca *adv* zahlenmäßig; **~ üstün olmak** zahlenmäßig überlegen sein
sayı farkı *s* SPORT Punktzahl *f* **sayı göstergesi** *s* Anzeigetafel *f*
sayıklama *s Verbalsubstantiv zu* **sayıklamak**
sayıklamak *vi* ❶ (*uykuda*) im Schlaf reden ❷ (*hastalıkta*) fantasieren
sayı levhası *s* Anzeigetafel *f*
sayılı *adj* ❶ **on ~ bir kâğıt** eine Karte mit der Nummer Zehn ❷ abgezählt; **tabaklar ~dır** die Teller sind abgezählt ❸ (*mahdut*) begrenzt; **günleri ~** seine Tage sind gezählt ❹ (*fig fam*) selten; **böyle günler ~dır** solche Tage sind selten
sayılma *s Verbalsubstantiv zu* **sayılmak**
sayılmak *vi* ❶ *pass von* **saymak** ❷ **bu sayılmaz!** (*fam*) das zählt nicht!; **bu iş benim için bitti sayılır** die Sache ist für mich erledigt
sayım *s* Zählung *f*
sayımlama *s* Statistik *f*
sayımlamacı *s* Statistiker(in) *m(f)*
sayımsal *adj* statistisch
sayın *adj* (sehr) geehrt, verehrt; (*saygıdeğer*) ehrwürdig; **~ Bay X** sehr geehrter Herr X; **~ bayanlar, baylar** (meine) sehr geehrte(n) Damen und Herren, meine sehr verehrten Herrschaften; **~ konuklar!** verehrte Gäste!
sayısal *adj* ❶ numerisch; (*~ loto*) Zahlen- ❷ (*dijital*) digital; **~ telefon** digitales Telefon **sayısal çekim** *s* Digitalaufnahme *f*
sayısal gösterge *s* Digitalanzeige *f*
sayısallaştırma *s* ❶ *Verbalsubstantiv zu* **sayısallaştırmak** ❷ INFORM Digitalisierung *f*
sayısallaştırmak *vt* INFORM digitalisieren

sayısal lotto *s* Zahlenlotto *nt*
sayı sıfatı *s* LING Zahlwort *nt,* Numerale *f*
sayısız *adj* unzählig
sayısızlık <-ğı> *s ohne pl* Unzahl *f*
sayışma *s* ❶ *Verbalsubstantiv zu* **sayışmak** ❷ Aufrechnung *f*
sayışmak <-ır> *vt* aufrechnen
Sayıştay *s* Rechnungshof *m*
sayma *s Verbalsubstantiv zu* **saymak**
saymaca değer *s* FIN Nennwert *m*
saymak <-ar> **I.** *vi* zählen; **ona kadar ~** bis zehn zählen **II.** *vt* ❶ auszählen; **oyları ~** POL die Stimmen auszählen ❷ (*arka arkaya söylemek*) aufzählen ❸ (*fig: saygı göstermek*) achten, respektieren ❹ (*olarak görmek*) erachten (als), ansehen (als) ❺ (*fig: geçer tutmak*) gelten lassen; **bu sayılmaz!** das gilt nicht! [*o* zählt] ❻ (*fig: hesaba katmak*) mitrechnen, mitzählen, einbeziehen; (*dikkate almak*) berücksichtigen; **bayram günlerini de ~** die Feiertage mitzählen
saymamazlık <-ğı> *s ohne pl s.* **saymazlık** Respektlosigkeit *f*
sayman *s* ❶ (*muhasip*) Buchhalter(in) *m(f)*, Rechnungsführer(in) *m(f)* ❷ Schatzmeister(in) *m(f);* (*dernekte*) Kassenwart(in) *m(f)*, Kassierer(in) *m(f)*
saymanlık <-ğı> *s ohne pl* ❶ Buchhaltung *f,* Rechnungsführung *f* ❷ (*hesap işlerinin görüldüğü yer*) Buchhaltung *f*
saymazlık <-ğı> *s ohne pl* Respektlosigkeit *f*
sayrı I. *s s.* **hasta** Kranke(r) *f(m)* **II.** *adj s.* **hasta** krank
sayrılar evi *s s.* **hastane** Krankenhaus *nt*
sayrılık <-ğı> *s* ❶ (*hastalık*) Krankheit *f* ❷ (*fig: tutku*) Leidenschaft *f*
sayrımsak I. *s* <-ğı> Simulant(in) *m(f)* **II.** *adj* <-ğı> simulierend
sayrımsama *s Verbalsubstantiv zu* **sayrımsamak**
sayrımsamak *vi* (*temaruz etmek*) simulieren
sayvan *s* ❶ Baldachin *m;* **karyola ~ı** Himmel *m,* Betthimmel *m* ❷ ANAT (*kulak kepçesi*) Ohrmuschel *f*
saz[1] *s* BOT Schilf *nt*
saz[2] *s* MUS ❶ (*çalgı*) Musikinstrument *nt* ❷ (*bağlama*) Langhalslaute *f*
sazan *s* ZOOL Karpfen *m*
sazancık <-ğı> *s* ZOOL Kärpfling *m*
se *Name des 22. Buchstaben des türk. Alphabets;* **Sinop'un ~'si** S wie Siegfried
seans *s* ❶ Sitzung *f;* **iki ~ sonra portresi bitmişti** zwei Sitzungen später war sein Porträt fertig ❷ FILM, THEAT Vorstellung *f;* **sinemalarda günde üç ~ var** die Kinos haben täglich drei Vorstellungen ❸ (*aralıksız bir iş için harcanan süre*) Arbeitsgang *m*
sebat [seba:t] *s ohne pl* ❶ Ausdauer *f,* Beständigkeit *f,* Standhaftigkeit *f;* **~ göstermek** Ausdauer zeigen ❷ (*karardan dönmeme*) Beharrlichkeit *f,* Konsequenz *f;* **~ etmek** konsequent sein
sebatkâr [--kār] *adj,* **sebatlı** *adj* ❶ (*işinde*) ausdauernd, zäh, beständig, standhaft ❷ (*kararında*) beharrlich, konsequent
sebatsız *adj* ❶ (*işinde*) unbeständig ❷ (*kararında*) inkonsequent
sebatsızlık <-ğı> *s* ❶ (*işinde*) Unbeständigkeit *f* ❷ (*kararında*) Inkonsequenz *f*
sebebiyet *s* **bir şeye ~ vermek** etw verursachen
sebep <-bi> *s* Grund *m,* Ursache *f;* **bir şeye ~ olmak** etw verursachen; **hafifletici ~ler** JUR strafmildernde Gründe; **mücbir ~** JUR höhere Gewalt
sebepli sebepsiz *adv* ohne Grund
sebepsiz *adj* grundlos
sebil [sebi:l] *s* kostenloses(s) Trinkwasser
sebze *s* Gemüse *nt;* **taze ~** frisches Gemüse **sebze bahçesi** *s* Gemüsegarten *m*
sebzeci *s* Gemüsehändler(in) *m(f)*
sebze çorbası *s* Gemüsesuppe *f* **sebze ekimi** *s ohne pl* Gemüseanbau *m*
sebzelik <-ği> *s* ❶ (*bahçe*) Gemüsegarten *m* ❷ (*buzdolabında*) Gemüsefach *nt*
seccade [sedʒdʒa:-] *s* Gebetsteppich *m*
secde [sedʒde] *s* REL Kniefall *m*
seciye *s* Charakter *m*
seç *vt Imperativ von* **seçmek**
seçal *s ohne pl* (*selfservis*) Selbstbedienung *f*
seçenek <-ği> *s* Wahl *f,* Alternative *f;* **başka bir seçeneğim yok** ich habe keine andere Wahl; **başka bir seçeneğim kalmadı** mir bleibt keine andere Wahl
seçer *vt 3. Aorist von* **seçmek**
seçici *adj* wählerisch
seçilme *s Verbalsubstantiv zu* **seçilmek**
seçilmek *vi* ❶ *pass von* **seçmek** ❷ **yılın sporcusu ~** zum Sportler des Jahres gekürt werden
seçim *s* Wahl *f* **seçim çevresi** *s* (*geh*) Wahlkreis *m* **seçim dönemi** *s* Wahlperiode *f*
seçimlik *adj* fakultativ, Wahl- **seçimlik ders** *s* Wahlfach *nt*
seçki *s* (*güldeste*) Blütenlese *f;* (*antoloji*) Anthologie *f*
seçkin *adj* (*güzide*) erlesen, auserlesen; (*elit*) elitär
seçkincilik <-ği> *s ohne pl* elitäres Beneh-

S

men
seçkinler *pl* Elite *f*
seçkinlik <-ği> *s ohne pl* Erlesenheit *f*
seçme **I.** *s* ❶ *Verbalsubstantiv zu* **seçmek** ❷ Auswahl *f* **II.** *adj* ausgesucht
seçmek <-er> *vt* ❶ auswählen (**-den** aus), aussuchen, auserlesen; **seçeceğini ~** seine Auswahl treffen ❷ küren (zu); **birini yılın sporcusu ~** jdn zum Sportler des Jahres küren ❸ (*oy vererek göreve getirmek*) wählen ❹ (*yeğlemek*) bevorzugen, vorziehen ❺ (*fark etmek*) erkennen, ausmachen
seçmeler *pl* Auswahl *f;* **Schiller'in eserlerinden ~** eine Auswahl aus Schillers Werken
seçmeli ders *s* SCHULE Wahlfach *nt*
seçmen *s* Wähler(in) *m(f)* **seçmen kütüğü** *s* Wählerverzeichnis *nt* **seçmen listesi** *s* Wählerliste *f* **seçmen oyu** *s* Wählerstimme *f*
seçme takım *s* SPORT Auswahlmannschaft *f*
seda [-–:] *s* ❶ Laut *m* ❷ Stimme *f;* **çoktan beri senden ses ~ çıkmadı** du hast lange nichts mehr von dir hören lassen
sedasiz [-–:] *adj* lautlos; **sessiz ~** still und leise
sedef **I.** *s ohne pl* ❶ Perlmutt *nt,* Perlmutter *f o nt* ❷ MED (*~ hastalığı*) Schuppenflechte *f* **II.** *adj* perlmuttern
sedef düğme *s* Perlmuttknopf *m* **sedef hastalığı** *s* MED Schuppenflechte *f* **sedef otu** *s* BOT Raute *f*
sedimantasyon *s* ❶ GEO Sedimentation *f* ❷ MED Blutsenkung *f*
sedir[1] *s* (*divan*) Diwan *m*
sedir[2] *s* BOT Zeder *f*
sedye *s* Trage *f*
sefa [sefa:] *s* (*eğlence*) Vergnügen *nt;* (*neşe*) Freude *f;* (*içki ~ sı*) Gelage *nt;* **~ geldin(iz)! — ~(lar) bulduk!** (herzlich) willkommen! — danke schön!; **~ sürmek** dem Vergnügen nachgehen; **~ ve bolluk içinde yaşamak** im Überfluss schwelgen; **hayatın küçük ~ları** die kleinen Freuden des Lebens; **zevk ve ~ içinde yaşamak** in Saus und Braus leben
sefahat <-ti> *s* ❶ (*eğlence*) Vergnügen *nt* ❷ (*uçarılık*) Ausschweifung *f*
sefalet *s ohne pl* Misere *f,* Elend *nt;* **~ çekmek** in Elend leben; **ruhsal ~** seelische Misere
sefaret *s,* **sefarethane** *s* Botschaft *f*
sefer *s* ❶ Fahrt *f;* (*yolculuk*) Reise *f;* (*uçak ~ i*) Flug *m;* **~e çıkmak** abfahren ❷ MIL Feldzug *m;* (*haçlı ~ i*) Zug *m* ❸ (*kez, defa*) Mal *nt;* **birkaç ~** einige Male; **bu ~** dieses Mal, diesmal; **geçen ~** das vorige Mal
seferberlik <-ği> *s* ❶ (*savaşa hazırlanma*) Mobilmachung *f;* **~ ilan etmek** die Mobilmachung anordnen ❷ Kriegszustand *m*
seferî *adj* mobil; **~ durum** [*o* **hâl**] mobiler Zustand
sefer tası *s* Henkelmann *m;* **~ gibi ev** (*fig fam*) ein Haus wie ein Hühnerstall
sefih *adj* ausschweifend
sefil *adj* miserabel
sefillik <-ği> *s ohne pl* Misere *f,* Elend *nt*
sefine *s s.* **gemi** Schiff *nt*
sefir *s* (*elçi*) Gesandte(r) *m;* (*büyük elçi*) Botschafter *m*
sefire *s* (*bayan elçi*) Gesandte *f;* (*bayan büyük elçi*) Botschafterin *f*
sefirlik <-ği> *s s.* **elçilik** Gesandtschaft *f*
segman *s* AUTO Kolbenring *m*
seğirme *s* ❶ *Verbalsubstantiv zu* **seğirmek** ❷ Zuckung *f*
seğirmek *vi* zucken
sehim <-hmi> *s s.* **pay** Anteil *m*
sehiv <-hvi> *s s.* **yanıltı** Versehen *nt*
sehmi *s poss von* **sehim**
sehpa *s* ❶ Beistelltisch *m* ❷ (*işkence ~ sı*) Bank *f* ❸ (*idam ~ sı*) Schafott *nt;* (*darağacı*) Galgen *m;* **~ya çekmek** erhängen; **~yı boylamak** am Galgen enden
sehven *adv s.* **yanlışlıkla** versehentlich, irrtümlich
sehvi *s poss von* **sehiv**
sek *adj* pur; **~ viski** Whisky pur; **viskiyi ~ içmek** den Whisky pur trinken
sekant *s* MATH Sekante *f*
Sekendiz *s* ASTRON (*Satürn*) Saturn *m*
seki *s* Terrasse *f*
sekileme *s* ❶ *Verbalsubstantiv zu* **sekilemek** ❷ Abstufung *f*
sekilemek *vt* abstufen
sekincilik <-ği> *s ohne pl* PHILOS (*dingincilik*) Quietismus *m*
sekiz **I.** *s* Acht *f;* **~ bir daha dokuz eder** acht und eins macht neun; **bugün aralığın ~i** heute ist der achte Dezember **II.** *adj* ❶ acht; **~ aralıkta** am achten Dezember ❷ (*saati bildirirken*) **~e on (dakika) kala** um zehn (Minuten) vor acht; **~e on (dakika) var** es ist zehn (Minuten) vor acht; **~i on (dakika) geçe** um zehn (Minuten) nach acht; **~i on (dakika) geçiyor** es ist zehn (Minuten) nach acht; *s. a.* **altı** **sekiz buçuk** <-ğu> *adj* ❶ achteinhalb; **~ litre/kilometre** achteinhalb Liter/Kilometer; **~ saat önce/sonra** achteinhalb Stunden vorher/nachher ❷ (*saati bildirirken*) halb neun; **~ta** um halb neun; **saat ~** es ist halb neun; **sekiz buçuğa on (dakika) kala** um zehn (Minuten) vor halb neun; **sekiz buçuğa on (dakika) var** es ist zehn (Minuten) vor halb neun; **sekiz**

S

buçuğu on (**dakika**) **geçe** um zehn (Minuten) nach halb neun; **sekiz buçuğu on** (**dakika**) **geçiyor** es ist zehn (Minuten) nach halb neun

sekizer *adj* je acht; ~ **tane aldılar** sie haben je acht Stück bekommen; ~**den** zu je acht; *s. a.* **altışar** **sekizer sekizer** *adv* ~ **diz(il)mek** (sich) in Achterreihen aufstellen

sekizgen **I.** *s* MATH Achteck *nt,* Oktogon *nt* **II.** *adj* achteckig, oktogonal

sekizinci *adj* achte(r, s); ~ **katta** im achten Stock; *s. a.* **altıncı**

sekizincisi *adv* (*sayarken*) achtens; *s. a.* **altıncısı**

sekiz köşeli *adj* achteckig

sekizli **I.** *s* (*iskambil kâğıdı*) Acht *f* **II.** *adj* achtteilig

sekizlik <-ği> *adj* (*içinde sekiz tane bulunan*) achter **sekizlik nota** *s* MUS Achtelnote *f*

sekiz tek *s* SPORT (*kürekte*) Achter *m*

sekiz yüzlü *s* MATH Achtflach *nt,* Achtflächner *m,* Oktaeder *nt; s. a.* **altı yüzlü**

sekme *s* ❶ *Verbalsubstantiv zu* **sekmek** ❷ Abprall *m*

sekmek <-er> *vi* ❶ hüpfen ❷ (*mermi, top*) abprallen

sekretarya *s* Sekretariat *nt*

sekreter *s* Sekretär(in) *m(f)*

sekreterlik <-ği> *s* Sekretariat *nt*

seks *s ohne pl* Sex *m*

seksapel *s* Sexappeal *m*

seksek <-ği> *s* (*çocuk oyunu*) Himmel und Hölle

seksen **I.** *s* Achtzig *f* **II.** *adj* achtzig; ~ **yaşında öldü** er starb mit achtzig Jahren; ~**in altında/üstünde** unter/über achtzig; **aşağı yukarı ~ yaşında** er ist etwa achtzig Jahre alt; **saatte ~ kilometre hızla araba sürmek** mit achtzig Stundenkilometern fahren

seksener *adj* je achtzig; *s. a.* **altmışar**

sekseninci *adj* achtzigste(r, s); **bugün onun ~ yaş günü** heute ist sein achtzigster Geburtstag; *s. a.* **altmışıncı**

seksenli *adj* ~ **yıllar** die achtziger Jahre

seksenlik <-ği> *adj* ❶ (*içinde seksen tane bulunan*) achtziger ❷ (*seksen yaşında olan*) achtzigjährig; *s. a.* **altmışlık**

seks hayatı *s* ❶ Sexualleben *nt* ❷ Intimleben *nt*

seksi *adj* (*fam*) sexy

seksiyon *s* Sektion *f;* (*bölüm*) Abteilung *f*

seks manyağı *s* (*fam*) Lustmolch *m*

seksoloji *s ohne pl* Sexologie *f*

sekstant *s* NAUT Sextant *m*

seksüel *adj* sexuell; (*cinsî*) geschlechtlich

sekte *s* ❶ (*durma*) Stillstand *m;* ~**ye uğratmak** zum Stillstand bringen ❷ (*bozukluk*) Störung *f* ❸ (*felç*) Lähmung *f;* (*inme*) Schlaganfall *m*

sekteikalp <-bi> *s* MED Herzstillstand *m*

sekter **I.** *s* Sektierer(in) *m(f)* **II.** *adj* ❶ sektiererisch ❷ (*hoşgörüsüz*) intolerant

sektör *s* Sektor *m;* (*otomotiv ~ ü*) Branche *f*

sel *s* Flut *f,* Überschwemmung *f;* ~ **ile gelen yel ile gider** (*prov*) wie gewonnen, so zerronnen

selam [selâ:m] *s* Gruß *m;* ~**!** grüß dich!; **birine ~ durmak** vor jdm strammstehen; **birine ~ yollamak** jdm Grüße bestellen; **biriyle ~ı sabahı kesmek** mit jdm endgültig fertig sein, mit jdm Schluss machen; **annene babana çok ~(lar)!** viele Grüße an deine Eltern!; **babana bizden ~ söyle** grüß deinen Vater von uns

selamet [selâ:met] *s ohne pl* ❶ (*esenlik*) Wohl *nt,* Wohlergehen *nt;* **sabrın sonu ~tir** (*prov*) mit Geduld und Spucke fängt man eine Mucke ❷ (*güvenlik*) Sicherheit *f;* ~**e çıkmak** sich in Sicherheit bringen

selamlama *s Verbalsubstantiv zu* **selamlamak**

selamlamak *vt* grüßen

selamlaşma *s* ❶ *Verbalsubstantiv zu* **selamlaşmak** ❷ (*selamlaşma*) Begrüßung *f*

selamlaşmak *vi* (*esenleşmek*) sich begrüßen

selamlaşma sözü *s* Grußwort *nt,* Grußformel *f*

selam otu *s* BOT Liebstöckel *m o nt*

selamsız sabahsız *adv* ohne zu grüßen

selamünaleyküm [selâ:----] *interj* ~**!** Grüß Gott!

Selânik *s* Thessaloniki *nt*

sele *s* (*bisiklet ~ si*) Sattel *m*

selef *s s.* **öncel** Vorgänger(in) *m(f)*

selek <-ği> *adj* (*fam: cömert*) großzügig

seleksiyon *s* Selektion *f,* Auswahl *f,* Auslese *f*

selektör *s* ❶ AUTO Lichthupe *f* ❷ AGR Getreideschwinge *f*

selentere *s* ZOOL Nesseltier *nt*

selfdeterminasyon *s ohne pl* Selbstbestimmung *f*

sel felaketi *s* Flutkatastrophe *f*

selfservis *s ohne pl* (*seçal*) Selbstbedienung *f*

selofan® *s ohne pl* ❶ Cellophan® *nt* ❷ (*fam*) Klarsichtfolie *f*

seloteyp <-bi> *s ohne pl* Tesafilm® *m*

selüloit <-di> *s ohne pl a.* CHEM Zelluloid *nt*

selüloz *s* Zellulose *f*

S

selvi *s* BOT *s.* **servi** Zypresse *f*
selzede *s* Flutopfer *nt*
sema [sema:] *s s.* **gök, gökyüzü** Himmel *m*
semafor *s* NAUT, EISENB Semaphor *m o nt*
semantik **I.** *s* <-ği> *ohne pl* LING (*anlam bilimi*) Semantik *f* **II.** *adj* semantisch
semaver [sema:vɛr] *s* Samowar *m*
sembol <-ü> *s* Symbol *nt*
sembolik <-ği> *adj* symbolisch
sembolist **I.** *s* Symbolist(in) *m(f)* **II.** *adj* symbolistisch
sembolizm *s ohne pl a.* KUNST Symbolismus *m*
semender *s* ZOOL Salamander *m*
semere *s* (*meyve*) Frucht *f*
semih *adj s.* **cömert** großzügig
seminer *s* Seminar *nt;* **bir ~ yapmak** ein Seminar abhalten
semirgin *adj* ❶ verfettet ❷ behäbig
semirme *s Verbalsubstantiv zu* **semirmek**
semirmek *vi* fett werden; (*yağ bağlamak*) Fett ansetzen
semirtme *s* ❶ *Verbalsubstantiv zu* **semirtmek** ❷ Mast *f*
semirtmek *vt* mästen
semiyoloji *s ohne pl* MED Semiologie *f,* Symptomatologie *f*
semiyotik **I.** *s* <-ği> *ohne pl* Semiotik *f* **II.** *adj* semiotisch
semiz otu *s ohne pl* BOT Portulak *m,* Burzelkraut *nt*
sempati *s* Sympathie *f,* Zuneigung *f;* **birine ~ duymak** für jdn Sympathie [*o* Zuneigung] empfinden
sempatik <-ği> *adj* sympathisch
sempatizan *s* Sympathisant(in) *m(f)*
sempozyum *s* Symposium *nt*
semptom *s a.* MED Symptom *nt*
semptomatik *adj* symptomatisch
semt *s* ❶ Stadtviertel *nt;* **~imizde** in unserem Viertel ❷ Gegend *f;* **birinin ~ine uğramamak** den Kontakt zu jdm vermeiden
semtürreis *s s.* **başucu noktası** ASTRON Scheitelpunkt *m,* Zenit *m*
sen *pron* du; **~ bilirsin** wie du meinst [*o* willst], das musst du wissen; **~ misin?** bist du es?
sena *s s.* **övgü** Lob *m*
senarist *s* Drehbuchautor(in) *m(f)*
senaryo *s* ❶ THEAT, FILM, TV Szenarium *nt,* Szenario *nt,* Drehbuch *nt* ❷ (*fig*) Szenario *nt*
senaryocu *s* Drehbuchautor(in) *m(f)*
senato *s* ❶ HIST, POL Senat *m* ❷ UNIV Senat *m*
senatör *s* Senator(in) *m(f)*
Sen Bernar köpeği *s* Bernhardiner *m*
sende *pron Lokativ von* **sen** bei dir
sendeleme *s Verbalsubstantiv zu* **sendelemek**
sendelemek *vi* taumeln, wanken
sendik <-ği> *s* ❶ Syndikus *m* ❷ (*alacaklılar için*) Konkursverwalter(in) *m(f)*
sendika *s* Gewerkschaft *f*
sendikacı *s* Gewerkschaft(l)er(in) *m(f)*
sendikal *adj* gewerkschaftlich
sendikalar birliği *s* Gewerkschaftsbund *m*
sendikalı *s* Gewerkschaftsmitglied *nt*
sendika üyesi *s* Gewerkschaftsmitglied *nt*
sendrom *s* MED Syndrom *nt*
sene *s s.* **yıl** Jahr *nt*
senedi *s poss von* **senet**
Senegal **I.** *s* Senegal *nt* **II.** *adj* senegalesisch; **~ hükûmeti** die senegalesische Regierung
Senegalli **I.** *s* Senegalese, Senegalesin *m, f* **II.** *adj* senegalesisch; **~ erkekler/kadınlar** senegalesische Männer/Frauen
seneidevriye *s s.* **yıl dönümü** Jahrestag *m*
seneikebire *s s.* **artık yıl** Schaltjahr *nt*
senelik *adj s.* **yıllık** jährlich
senet <-di> *s* ❶ FIN, WIRTSCH, JUR (*hatır senedi*) Wechsel *m* ❷ (*emre, name muharrer ~*) Papier *nt* ❸ (*borç senedi*) Schuldschein *m*
senetli *adj* FIN, WIRTSCH, JUR tituliert; **~ alacaklar** titulierte Forderungen
senevî *adj s.* **yıllık** jährlich
senfoni *s* MUS Sinfonie *f*
senfonik <-ği> *adj* MUS sinfonisch
senfoni orkestrası *s* Sinfonieorchester *nt*
senin *pron* ❶ *gen von* **sen**: **~ arkanda/önünde/altında/üstünde** hinter/vor/unter/über dir; **~ bir dostun** ein Freund von dir; **~ yüzünden** deinetwegen; **bu ~, bu da benim** das gehört dir und das mir ❷ (*adjektivisch*) dein(e); **~ araban/dostun/evin** dein Wagen/Freund/Haus; **~ yerinde olsam** wenn ich an deiner Stelle wäre, wenn ich du wäre
seninki *pron* deine(r, s), deinige; **~ler** die deinigen
senkron *adj* (*eş zaman*) synchron
senkroni *s* Synchronie *f*
senkronik *adj* (*eş zamanlı*) synchronisch
senkronizasyon *s* FILM (*eşleme*) Synchronisation *f*
senkronize *adj* synchronisiert; **~ etmek** synchronisieren
senli benli *adv* per du; **biriyle ~ konuşmak** jdn duzen; **biriyle ~ olmak** mit jdm per du sein
sentagma *s* LING Syntagma *nt*
sentaks *s ohne pl* LING Syntax *f*
sentaktik *adj* LING syntaktisch

sentetik **I.** *s* <-ği> *ohne pl* Synthetik *nt* **II.** *adj* <-ği> (*bireşimli*) synthetisch

sentez *s a.* PHILOS, CHEM (*bireşim*) Synthese *f*

sepet *s* ❶ Korb *m;* **birine ~ havası çalmak** (*sl*) jdm einen Korb geben; (*işinden çıkarmak*) jdn rausschmeißen ❷ (*balonda*) Gondel *f;* (*motosiklette*) Beiwagen *m* ❸ SPORT (*basketbolda*) Korb *m*

sepetçi *s* ❶ (*sepet yapan*) Korbmacher(in) *m(f),* Korbflechter(in) *m(f)* ❷ (*sepet satan*) Korbverkäufer(in) *m(f)* ❸ REG (*çingene*) Zigeuner(in) *m(f)* **sepetçi söğüdü** *s* BOT Korbweide *f*

sepetkulpu *s* ARCH (*basık kemer*) Flachbogen *m*

sepetleme *s* ❶ *Verbalsubstantiv zu* **sepetlemek** ❷ (*fam*) Rausschmiss *m*

sepetlemek *vt* ❶ (*meyve, sebze*) in Körbe packen ❷ (*fam*) **birini ~** jdm einen Korb geben, jdm den Laufpass geben; (*işinden çıkarmak*) jdn rauswerfen

sepet topu *s ohne pl* SPORT ❶ Korbball *m* ❷ (*basketbol*) Basketball *m*

sepi *s ohne pl* Gerberei *f*

sepici *s* Gerber(in) *m(f)*

sepicilik <-ği> *s ohne pl* Gerberei *f*

sepileme *s ohne pl Verbalsubstantiv zu* **sepilemek**

sepilemek *vt* gerben; **deri/post ~** Häute/Felle gerben

sepilenme *s ohne pl Verbalsubstantiv zu* **sepilenmek**

sepilenmek *vi pass von* **sepilemek** gegerbt werden

sepili *adj* gegerbt; **~ deriler/postlar** gegerbte Häute/Felle

septik <-ği> *adj* PHILOS (*kuşkucu*) skeptisch

septisizm *s ohne pl* PHILOS (*kuşkuculuk*) Skeptizismus *m*

ser *s* (*kafa*) Kopf *m,* Haupt *m;* (*baş*) Chef(in) *m(f)*

sera *s* Treibhaus *nt,* Gewächshaus *nt* **sera etkisi** *s ohne pl* Treibhauseffekt *m*

seramik <-ği> *s* Keramik *f*

serap <-bı> *s* Fata Morgana *f*

serasker *s* HIST Kriegsminister *m*

serbest *adj* frei; **birini ~ bırakmak** jdn freilassen; **bir şey yapmakta ~ olmak** freie Hand zu etw haben **serbest atış** *s* SPORT Freiwurf *m* **serbest bölge** *s* WIRTSCH Freihandelszone *f* **serbest figürler** *pl* SPORT Kür *f*

serbesti *s* Freiheit *f*

serbest kart *s* Freikarte *f*

serbestlik <-ği> *s* Freiheit *f*

serbest meslek sahibi *s* Freiberufler *m* **serbest mıntıka** *s s.* **serbest bölge** WIRTSCH Freihandelszone *f* **serbest ticaret** *s* WIRTSCH Freihandel *m* **serbest ticaret bölgesi** *s* WIRTSCH (*serbest bölge*) Freihandelszone *f* **serbest vuruş** *s* SPORT (*frikik*) Freistoß *m*

serçe *s* ZOOL Sperling *m,* Spatz *m* **serçe parmak** <-ğı> *s* der kleine Finger

seremoni *s* ❶ (*tören*) Zeremonie *f* ❷ (*resmî işlerde uyulması gereken kural, yol ve yöntemlerin tümü*) Zeremoniell *nt*

seren *s* NAUT Rahe *f;* **~ altına istinga etmek** unter der Rahe zusammenziehen, aufgeien

serenat <-dı> *s* ❶ MUS Serenade *f* ❷ (*sevgi duyulan biri için*) Abendständchen *nt*

sergen *s* ❶ REG (*raf*) Regal *nt* ❷ (*camekân*) Schaufenster *nt;* (*vitrin*) Vitrine *f*

sergi *s* Ausstellung *f*

sergici *s* Aussteller(in) *m(f)*

sergileme *s* ❶ *Verbalsubstantiv zu* **sergilemek** ❷ Ausstellung *f* ❸ Zurschaustellung *f,* Präsentation *f*

sergilemek *vt* ❶ ausstellen ❷ zur Schau stellen ❸ (*fig: sunmak*) bieten; (*teşhir etmek*) präsentieren, darbieten; **yürekler acısı bir manzara ~** ein Bild des Jammers bieten

sergin *adj* ❶ ausgebreitet ❷ (*hasta*) bettlägerig; **~ vermek** das Bett hüten müssen

sergi salonu *s* Ausstellungshalle *f*

sergüzeşt *s s.* **macera** Abenteuer *f* **sergüzeştçi** *s* Abenteurer(in) *m(f)*

serhat <-ddi> *s* Grenzgebiet *nt*

seri[1] *s* Serie *f*

seri[2] *adj* (*hızlı*) schnell

serian *adv* (*çabuk*) schnell

seri imalât *s* Serienanfertigung *f,* Serienproduktion *f,* Serienfabrikation *f* **seri katil** *s* Serienkiller *m*

serili *adj* ausgebreitet

serilmek *vi* ❶ *pass von* **sermek** ❷ sich ausbreiten ❸ (*uzanmak*) sich lang ausstrecken, sich hinlegen

serin *adj* kühl, frisch; **~ bir rüzgâr** ein frischer Wind **serin kanlı** *adj* kaltblütig **serin kanlılık** <-ğı> *s ohne pl* Kaltblütigkeit *f*

serinleme *s* ❶ *Verbalsubstantiv zu* **serinlemek** ❷ Abkühlung *f*

serinlemek *vi* sich abkühlen

serinlenme *s Verbalsubstantiv zu* **serinlenmek**

serinlenmek *vi* sich erfrischen; **~ için bir şey içmek** etw trinken, um sich zu erfrischen

serinletici *adj* erfrischend

serinletme *s* ❶ *Verbalsubstantiv zu* **serinletmek** ❷ Erfrischung *f*

serinletmek *vt* erfrischen

serinlik <-ği> *s ohne pl* Frische *f,* Kühle *f;* **dışarıda hoş bir ~ var** es ist angenehm frisch draußen
serkeş *adj* renitent
serkeşlik <-ği> *s* Renitenz *f*
serlevha *s s.* **başlık** Überschrift *f,* Titel *m*
sermaye *s* WIRTSCH Kapital *nt;* **ölü ~** (*fig*) totes Kapital; **~yi kediye yüklemek** (*fig fam*) pleitegehen **sermaye artırımı** *s* WIRTSCH Kapitalerhöhung *f* **sermaye kaçışı** *s* WIRTSCH Kapitalflucht *f* **sermaye piyasası** *s* WIRTSCH Kapitalmarkt *m* **sermaye şirketi** *s* WIRTSCH Kapitalgesellschaft *f*
serme *s Verbalsubstantiv zu* **sermek**
sermek *vt* ausbreiten
sermuharrir *s s.* **başyazar** Chefredakteur(in) *m(f)*
serpantin *s* ❶ Papierschlange *f,* Luftschlange *f* ❷ GEOL (*yılan taşı*) Serpentin *m*
serpeleme *s Verbalsubstantiv zu* **serpelemek**
serpelemek *vi* (*yağmur*) rieseln
serpici *s* Rasensprenger *m*
serpilme *s Verbalsubstantiv zu* **serpilmek**
serpilmek *vi pass von* **serpmek**
serpiştirme *s Verbalsubstantiv zu* **serpiştirmek**
serpiştirmek I. *vi* (*kar*) rieseln **II.** *vt* verstreuen
serpme *s Verbalsubstantiv zu* **serpmek**
serpmek I. *vt* (*karabiber*) streuen (**-e** auf); **pastanın üzerine ceviz ~** Walnüsse auf die Torte streuen [*o* verteilen] **II.** *vi* (*kar*) rieseln
sersem *adj* ❶ benommen; **~ gibiyim** ich bin noch wie im Taumel, ich bin noch ganz benommen ❷ (*pej fam: düşünmeden hareket eden*) schusselig, fahrig
sersemle(ş)me *s ohne pl* ❶ *Verbalsubstantiv zu* **sersemle(ş)mek** ❷ Benommenheit *f*
sersemle(ş)mek *vi* benommen sein; **üç darbeden sonra büsbütün sersemledi** nach drei Schlägen war er ganz benommen
sersemletme *s ohne pl Verbalsubstantiv zu* **sersemletmek**
sersemletmek *vt* benommen machen
sersemlik <-ği> *s ohne pl* ❶ Benommenheit *f* ❷ (*pej fam: sersemce iş*) Schusseligkeit *f;* **sersemliği yüzünden bütün işler ters gitti** wegen seiner Schusseligkeit lief alles schief
serseri *s* (*pej*) ❶ Penner *m,* Stadtstreicher *m;* (*başıboş kimse*) Gammler *m,* Herumtreiber *m* ❷ (*kabadayı*) Strolch *m*
sert *adj* ❶ (*katı*) hart; **birine ~ davranmak** jdn hart anfassen; **~ ünsüz** LING ein harter Konsonant ❷ (*sıkı*) streng; **~ bir öğretmen** ein strenger Lehrer ❸ (*eleştiri*) scharf; **~ fren yapmak** scharf bremsen; **birini ~ biçimde eleştirmek** jdn scharf kritisieren ❹ (*rüzgâr*) steif
sertabip <-bi> *s* MED *s.* **başhekim** Chefarzt, -ärztin *m, f*
sert buğday *s* AGR Hartweizen *m*
sertleşme *s* ❶ *Verbalsubstantiv zu* **sertleşmek** ❷ Verhärtung *f*
sertleşmek *vi* härten, sich verhärten
sertleştirici *s* Härtemittel *nt*
sertleştirme *s* ❶ *Verbalsubstantiv zu* **sertleştirmek** ❷ Verhärtung *f*
sertleştirmek *vt* härten, verhärten
sertlik <-ği> *s* ❶ Härte *f* ❷ Strenge *f* **sertlik derecesi** *s* Härtegrad *m*
sert mısır *s* Hartmais *m* **sert tabaka** *s* ANAT (*göz akı*) Sklera *f* **sert tahta** *s* Hartholz *nt*
serum *s* MED Serum *nt*
serüven *s s.* **macera** Abenteuer *f*
serüvenci *s* Abenteurer(in) *m(f)*
serüvencilik <-ği> *s ohne pl* Abenteuerlust *f*
server *s* INFORM Server *m*
servet *s* Vermögen *nt* **servet vergisi** *s* Vermögen(s)steuer *f*
servi *s* BOT Zypresse *f*
servis [sɛrvis] *s* ❶ Service *m,* Bedienung *f* ❷ (*gizli ~, haberler ~i*) Dienst *m* ❸ SPORT Angabe *f;* (*teniste*) Aufschlag *m;* **~ atmak** angeben; (*teniste*) aufschlagen; **~ kimde?** wer hat Angabe?; (*teniste*) wer hat Aufschlag? **servis sağlayıcı** *s* INFORM Provider *m*
servo *s* AUTO (*fren ~su*) Kraftverstärker *m*
ses *s* ❶ Stimme *f;* **hoş bir ~i var** er hat eine angenehme Stimme; **vicdanımın ~i** (*fig*) die Stimme meines Gewissens; **~ini yükseltmek** die Stimme heben ❷ Laut *m;* **~ düşmesi** LING Ausfall *m* eines Lautes ❸ (*~ bandı, stüdyosu*) Ton *m* ❹ Lautstärke *f,* Ton *m;* **~ çıkarmamak** [*o* **etmemek**] keinen Ton sagen; **~ çıkmamak** (*haber gelmemek*) keine Nachricht bekommen; **~ etmek** (*seslenmek*) rufen; **~ ver(me)mek** (*çanlar*) (nicht) ertönen; (*bir çağrıya karşılık olarak*) (k)einen Ton von sich geben; **~i ayarlamak** die Lautstärke regeln, den Ton einstellen; **~ini açmak/kısmak** lauter/leiser stellen ❺ PHYS Schall *m* ❻ MUS Klang *m* ❼ Geräusch *nt;* **bir ~ duydum** ich habe ein Geräusch gehört **ses bandı** *s* Tonband *nt* **ses bilgisi** *s ohne pl* LING Lautlehre *f;* (*fonetik*) Phonetik *f* **ses bilimi** *s ohne pl* LING (*fonoloji*) Phonologie *f* **ses birimi** *s*

LING (*fonem*) Phonem *nt*

sesçil *adj* LING lautlich; (*fonetik*) phonetisch **sesçil yazım** *s* Lautschrift *f*

ses dalgası *s* PHYS Schallwelle *f* **ses dizisi** *s* MUS Tonleiter *f* **ses duvarı** *s ohne pl* PHYS Schallmauer *f*; ~**nı aşmak** die Schallmauer durchbrechen

seselim *s* PHYS (*rezonans*) Resonanz *f*

ses geçirmez *adj* schalldicht **ses hızı** *s ohne pl* Schallgeschwindigkeit *f* **ses kartı** *s* INFORM Soundkarte *f* **ses kaseti** *s* Audiokassette *f* **ses kaydı** *s* Tonaufnahme *f* **ses kirişi** *s* ANAT Stimmband *nt* **ses kirişleri** *pl* ANAT Stimmbänder *pl* **ses kuşağı** *s* FILM Tonspur *f*

seslem *s s.* **hece** Silbe *f*

seslendirme *s* ❶ *Verbalsubstantiv zu* **seslendirmek** ❷ Vertonung *f* ❸ MUS (*perdeli okuma*) Intonation *f*

seslendirmek *vt* ❶ vertonen ❷ MUS (*perdeli okumak*) intonieren

sesleniş *s* Zuruf *m*

seslenme *s* ❶ *Verbalsubstantiv zu* **seslenmek** ❷ Zuruf *m* ❸ Anrede *f*

seslenmek *vi* ❶ rufen (**-e**); **birine** ~ jdm zurufen ❷ (*fig: hitap etmek*) **birine** ~ jdn anreden

sesli *adj* laut, geräuschvoll **sesli film** *s* FILM Tonfilm *m* **sesli harf** *s s.* **ünlü** Vokal *m* **sesli kitap** <-bı> *s* Hörbuch *nt* **sesli uyumu** *s* LING Vokalharmonie *f*; **büyük/küçük** ~ große/kleine Vokalharmonie

ses perdesi *s* Geräuschkulisse *f*

sessiz *adj* lautlos, geräuschlos, still; ~ **ol!** sei still!

sessizce *adv* lautlos

sessiz film *s* Stummfilm *m* **sessiz harf** *s s.* **ünsüz** Konsonant *m*

sessizleşme *s* ❶ *Verbalsubstantiv zu* **sessizleşmek** ❷ Verstummung *f*

sessizleşmek *vi* ❶ still werden ❷ stumm werden, verstummen

sessizlik <-ği> *s ohne pl* ❶ Stille *f*, Ruhe *f*; **fırtınadan önce(ki)** ~ die Ruhe vor dem Sturm; **sessizliği bozmak** die Ruhe stören ❷ (*sükût*) Schweigen *nt*; **sessizliğe gömülmek** sich in Schweigen hüllen; **sessizliği bozmak** das Schweigen brechen

sessiz sedasız *adj* still und leise **sessiz yürüyüş** *s* Schweigemarsch *m*

ses stüdyosu *s* Tonstudio *nt*

sestaş I. *s* LING Homonym *nt* **II.** *adj* gleich lautend (**ile** mit); LING homonym

ses telleri *pl* Stimmbänder *pl*

sesteş *s s.* **sestaş**

ses yalıtımı *s ohne pl* Schallisolierung *f* **ses yansıma** *s* LING Lautmalerei *f* **ses yansımalı** *adj* LING lautmalend; ~ **kelimeler** lautmalende Wörter

set[1] <-ddi> *s* ❶ (*duvar*) Mauer *f*; **Çin Seddi** die Chinesische Mauer ❷ Damm *m*, Deich *m*; ~ **çekmek** eindämmen ❸ (*seki*) Terrasse *f* ❹ (*kum* ~ *i*) Bank *f*

set[2] *s* ❶ SPORT Satz *m* ❷ (*stereo* ~ *i*) Anlage *f*

seter *s* (*köpek*) Setter *m*

sev *vt Imperativ von* **sevmek**

sevap[1] <-bı> *s* REL gute(s) Werk; ~ **işlemek** ein gutes Werk tun

sevap[2] <-bı> *adj* (*doğru*) richtig

sevda [sevda:] *s* Liebe *f*; (*tutku*) Leidenschaft *f*; **o ~dan vazgeçsen iyi olur** (*fig fam*) da solltest du lieber die Finger von lassen

sevdalanma *s ohne pl Verbalsubstantiv zu* **sevdalanmak**

sevdalanmak *vi* sich verlieben

sevdalı I. *s* Liebhaber *m* **II.** *adj* verliebt

sevdirme *s ohne pl Verbalsubstantiv zu* **sevdirmek**

sevdirmek *vt* ❶ *Kausativ zu* **sevmek** ❷ **birine kendini** ~ sich bei jdm beliebt machen

sevecen *adj* ❶ barmherzig ❷ liebevoll

sevecenlik <-ği> *s ohne pl* Barmherzigkeit *f*

sever[1] *vt 3. Aorist von* **sevmek**

sever[2] **I.** *s* (*doğa*~) Freund *m*; (*sanat*~) Liebhaber(in) *m(f)* **II.** *adj* (*barış*~) liebend; (*konuk*~) freundlich

severlik <-ği> *s ohne pl* (*barış*~) Liebe *f*; (*konuk*~) Freundschaft *f*

seve seve *adv* (sehr) gern, liebend gern; (*memnuniyetle*) mit Vergnügen

sevgi *s* Liebe *f*

sevgili I. *s* Geliebte(r) *f(m)*; ~**m** mein Liebes **II.** *adj* lieb; ~ **Fatma(cığım)** meine liebe Fatma; ~ **Orhan** lieber Orhan

Sevgililer Günü *s* Valentinstag *m*

sevici I. *s* Lesbe *f* **II.** *adj* lesbisch

sevilme *s ohne pl* ❶ *Verbalsubstantiv zu* **sevilmek** ❷ Beliebtheit *f*

sevilmek *vi* ❶ *pass von* **sevmek** ❷ **bir kimse/şey çok** ~ jd/etw erfreut sich großer Beliebtheit

sevimli *adj* nett, freundlich, lieb, liebenswert

sevimlilik <-ği> *s ohne pl* Liebenswertigkeit *f*

sevinç <-ci> *s* Freude *f* **sevinç çığlığı** *s* Freudenschrei *m*

sevinçsiz *adj* freudlos

sevinçsizlik <-ği> *s ohne pl* Freudlosigkeit *f*

sevindirici *adj* erfreulich, freudig; ~ **bir haber** eine erfreuliche Nachricht; ~ **bir**

olay eine freudiges Ereignis
sevindirme *s Verbalsubstantiv zu* **sevindirmek**
sevindirmek *vt* erfreuen; **birini ~** jdn erfreuen, jdm eine Freude machen
sevinme *s Verbalsubstantiv zu* **sevinmek**
sevinmek *vi* sich freuen (**-e** über)
sevişme *s Verbalsubstantiv zu* **sevişmek**
sevişmek *vi* sich lieben
sevişme sahnesi *s* FILM, TV Liebesszene *f*
seviye *s* ❶ Niveau *nt;* **kültür ~si** das kulturelle Niveau ❷ (*deniz ~si*) Spiegel *m*
seviyesiz *adj* niveaulos
sevk *s* ❶ Abfuhr *f,* Abtransport *m;* **~ etmek** abführen, abtransportieren ❷ Einlieferung *f* ❸ Überführung *f,* Transport *m* ❹ Einweisung *f;* **~ eden hekim** der einweisende Arzt
sevkitabii *s s.* **içgüdü** Instinkt *m*
sevkitabii *adj s.* **içgüdülü** instinktiv
sevme *s Verbalsubstantiv zu* **sevmek**
sevmek <-er> *vt* ❶ lieben; **seni seviyorum!** ich liebe dich!; **Allah'ı(nı) seversen** um Gottes Willen ❷ (*hoşlanmak*) mögen, gernhaben; **bunu pek sever** das mag er allzu gern; **bunu pek sevmez** das mag er nicht allzu gern; **rahatsız edilmeyi hiç sevmez** er hat es überhaupt nicht gern, wenn man ihn stört
seyahat <-i> *s* Reise *f;* **~ etmek** reisen **seyahat acentesi** *s* Reisebüro *nt* **seyahat çantası** *s* Reisetasche *f*
seyahatname *s* Reisebeschreibung *f*
seyir <-yri> *s* ❶ Verlauf *m;* **hastalığın seyri** der Verlauf der Krankheit, Krankheitsbild *nt* ❷ NAUT (*gemi*) Fahrt *f* ❸ (*bakıp eğlenecek şey*) Schauspiel *nt*
seyirci *s* Zuschauer(in) *m(f)*
seyir defteri *s* NAUT Logbuch *nt*
seyis *s* Stallknecht *m*
Seylan *s* HIST Ceylon *nt*
seyrek <-ği> *adj* ❶ (*aralıklı*) licht, dünn; (*saç*) schütter; **~ ekilmiş olmak** dünn gesät sein; **burada ağaçlar (oradan) daha ~** die Bäume stehen hier lichter (als dort) ❷ (*az bulunur*) selten
seyrekleşme *s Verbalsubstantiv zu* **seyreltmek**
seyrekleşmek *vi* ❶ sich lichten; **saçları seyrekleşiyor** sein Haar lichtet sich ❷ (*yağmur*) nachlassen
seyreltik *adj* (*derişik karşıtı*) verdünnt
seyreltme *s Verbalsubstantiv zu* **seyreltmek**
seyreltmek *vt* verdünnen, strecken
seyretme *s Verbalsubstantiv zu* **seyretmek**
seyretmek **I.** *vt* ❶ zuschauen, zusehen; **onu ~ bir zevk** es ist ein Vergnügen [*o* Genuss], ihm zuzusehen ❷ (*film*) ansehen, anschauen; **bu filmi seyretmedim** ich habe diesen Film nicht gesehen ❸ **televizyon ~** fernsehen; **televizyon seyrediyor musun?** siehst du fern? **II.** *vi* ❶ (*hastalık için*) verlaufen ❷ (*gemi için*) fahren
seyri *s poss von* **seyir**
seyrüsefer *s* Verkehr *m*
seyyah *s s.* **gezgin** Reisende(r) *f(m)*
seyyar *adj* (*portatif*) tragbar
seyyare *s s.* **gezegen** Planet *m*
seyyar hastane *s* ❶ MIL Feldlazarett *nt* ❷ (*ilk yardım malzemesi*) Erste-Hilfe-Ausrüstung *f* **seyyar satıcı** *s* ❶ Hausierer *m* ❷ (*işportacı*) fliegender Händler
sez *vt Imperativ von* **sezmek**
sezdirme *s Verbalsubstantiv zu* **sezdirmek**
sezdirmek *vt Kausativ zu* **sezmek** merken lassen, spüren lassen
sezer *vt 3. Aorist von* **sezmek**
sezeryan *s* MED Kaiserschnitt *m*
sezgi *s* Intuition *f*
sezgisel *adj* intuitiv
sezinleme *s Verbalsubstantiv zu* **sezinlemek**
sezinlemek *vt* erahnen
sezme *s Verbalsubstantiv zu* **sezmek**
sezmek <-er> *vt* ❶ ahnen, spüren ❷ (*tehlikeyi*) wittern; **bir işin arkasında bir şeyin olduğunu ~** hinter einer Sache etwas wittern; **arkasında çok para olduğunu sezdi** er witterte viel Geld dahinter
sezon *s* ❶ Saison *f* ❷ THEAT Spielzeit *f* **sezon içi** *s* Hochsaison *f* **sezon öncesi** *s* Vorsaison *f* **sezon sonrası** *s* Nachsaison *f*
sezyum *s ohne pl* CHEM Cäsium *nt*
sfenks *s* Sphinx *f*
sıcağı sıcağına *adv* (*fam*) brühwarm; (*vakit geçirmeden*) unverzüglich; **birine bir haberi ~ anlatmak** jdm eine Nachricht brühwarm weitererzählen
sıcak **I.** *s* <-ğı> Hitze *f* **II.** *adj* <-ğı> ❶ (*a. fig*) warm ❷ (*çok ısınmış*) heiß; **~ basmak** [*o* **bastırmak**] heiß werden; **~ su** heißes Wasser ❸ **bir şeye ~ bakmak** etw positiv gegenüberstehen **sıcak dalgası** *s* METEO Hitzewelle *f* **sıcak hava** *s ohne pl* Heißluft *f*
sıcaklık <-ğı> *s* ❶ (*oda sıcaklığı*) Temperatur *f;* **salt ~** PHYS absolute Temperatur ❷ (*ısı derecesi*) Hitzegrad *m*
sıç *vi Imperativ von* **sıçmak**
sıçan *s* ❶ (*büyük fare*) Ratte *f* ❷ (*fare*) Maus *f*
sıçandişi *s* (*antika*) Hohlsaum *m*

sıçan otu *s ohne pl s.* **arsenik** Arsen *nt*
sıçar *vi 3. Aorist von* **sıçmak**
sıçma *s Verbalsubstantiv zu* **sıçmak**
sıçmak *vi* ❶ (*vulg*) scheißen, kacken ❷ (*fig, pej fam*) Mist bauen; **bir şeyin içine ~** etw versauen
sıçrama *s* ❶ *Verbalsubstantiv zu* **sıçramak** ❷ *a.* SPORT Sprung *m*
sıçramak *vi* ❶ springen; **havaya/yana ~** in die Höhe/zur Seite springen ❷ schrecken; **yataktan sıçrayarak uyanmak** aus dem Schlaf schrecken ❸ aufspringen ❹ schwappen (**-e** auf); (*kıvılcım*) überspringen (**-e** auf) ❺ (*fig*) übergreifen (**-e** auf)
sıçrama tahtası *s* SPORT Sprungbrett *nt*
sıçrayış *s* Sprung *m;* **bir ~ta** mit einem Sprung
sıfat *s* ❶ Eigenschaft *f;* **başkan sıfatıyla** in seiner Eigenschaft als Vorsitzender ❷ LING Adjektiv *nt,* Eigenschaftswort *nt* ❸ REG (*dış görünüş*) Aussehen *nt*
sıfat-fiil *s* LING (*ortaç*) Partizip *nt* **sıfat-fiil grubu** *s* LING Partizipialkonstruktion *f*
sıfatlandırma *s Verbalsubstantiv zu* **sıfatlandırmak**
sıfatlandırmak *vt* betiteln
sıfatlaştırma *s Verbalsubstantiv zu* **sıfatlaştırmak**
sıfatlaştırmak *vt* LING adjektivieren
sıfır **I.** *s* Null *f;* **~dan başlamak** bei null anfangen; **~ın altında yirmi derece(de)** (bei) zwanzig Grad unter null; **salt ~** PHYS absoluter Nullpunkt; **solda ~** (*fig*) eine absolute Null; **~a ~** null zu null; **~a ~, elde var ~** das Ergebnis ist gleich null **II.** *adj* null, Null-; **~ derece** null Grad **sıfır büyüme** *s ohne pl* WIRTSCH Nullwachstum *nt*
sıfırlama tuşu *s* INFORM Reset-Taste *f*
sıfır noktası *s* Nullpunkt *m*
sığ *s* ❶ (*akarsu, deniz, göl*) flach, seicht ❷ (*fig: yüzeyde kalan*) flach, seicht
sığa *s* PHYS (*kapasite*) Kapazität *f*
sığar *vi 3. Aorist von* **sığmak**
sığdırılma *s Verbalsubstantiv zu* **sığdırılmak**
sığdırılmak *vi pass von* **sığdırmak**
sığdırma *s Verbalsubstantiv zu* **sığdırmak**
sığdırmak *vt* unterbringen; (*içine aldırmak*) hineinkriegen; **bu bavula her şeyi sığdıramam** in diesem Koffer kann ich nicht alles unterbringen, in diesen Koffer kriege ich nicht alles hinein
sığın *s* ZOOL ❶ Elch *m* ❷ (*alageyik*) Damhirsch *m*
sığınak <-ğı> *s* ❶ Zuflucht *f,* Unterschlupf *m;* (*güneşten korunmak için*) Schutz *m* ❷ MIL Luftschutzbunker *m* ❸ (*fig*) Zufluchtsstätte *f*
sığınma *s ohne pl* ❶ *Verbalsubstantiv zu* **sığınmak** ❷ JUR, POL Asyl *nt*
sığınmacı *s* JUR, POL ❶ Asylant(in) *m(f),* Asylbewerber(in) *m(f)* ❷ Flüchtling *m*
sığınmacı kampı *s* Flüchtlingslager *nt*
sığınma hakkı *s* JUR, POL Asylrecht *nt*
sığınmak *vi* ❶ Zuflucht suchen (**-e** in/bei); (*yağmurdan, güneşten korunmak için*) Schutz suchen; **ağacın altına ~** Schutz unter einem Baum suchen; **birine ~** sich in jds Schutz begeben ❷ JUR, POL (*iltica etmek*) Asyl suchen (**-e** in/bei) ❸ (*fig: yardım istemek*) Hilfe suchen (**-e** in/bei); (*yardım ummak*) auf Hilfe hoffen; (*güvenmek*) vertrauen (**-e** auf), sich verlassen (**-e** auf)
sığır *s* ❶ Rind *nt* ❷ (*pej fam*) Rindvieh *nt*
sığırcık <-ğı> *s* ZOOL Star *m; s. a.* **çekirge kuşu**
sığır eti *s* Rindfleisch *nt*
sığırgözü *s* BOT Arnika *f*
sığır sineği *s* ZOOL Rinderbremse *f* **sığır şeridi** *s,* **sığır tenyası** *s* ZOOL, MED (*Taenia saginata*) Rinderbandwurm *m*
sığırtmaç <-cı> *s* Rinderhirt *m*
sığır vebası *s ohne pl* Rinderpest *f*
sığışma *s Verbalsubstantiv zu* **sığışmak**
sığışmak *vi* hineinpassen; **biraz daha sıkışırsak sığışırız** wenn wir noch etwas zusammenrücken, werden wir hineinpassen
sığla *s* BOT Amberbaum *m*
sığlık <-ğı> *s ohne pl* ❶ Seichtheit *f,* Seichtigkeit *f* ❷ (*fig*) Seichtheit *f*
sığma *s Verbalsubstantiv zu* **sığmak**
sığmak <-ar> *vi* ❶ (hinein)passen (**-e** in); **paket bavula sığmıyor** das Paket passt nicht in den Koffer hinein ❷ (*fig: uymak*) passen
sıhhat <-ti> *s* ❶ (*sağlık*) Gesundheit *f;* **~i yerinde olmak** bei guter Gesundheit sein ❷ (*esenlik*) Wohl *nt,* Wohlergehen *nt;* **~inize!** zum Wohl!, auf Ihre Gesundheit!; **~ler olsun!** wohl bekomm's! ❸ (*doğruluk*) Richtigkeit *f*
sıhhatli *adj* gesund
sıhhî *adj* sanitär **sıhhî tesisat** *pl* Sanitäranlagen *pl* **sıhhî tesisatçı** *s* Klempner(in) *m(f),* Installateur(in) *m(f)*
sıhhiye *s ohne pl* Sanitärwesen *nt;* (*sağlık işleri*) Gesundheitswesen *nt*
sıhhiyeci *s a.* MIL Sanitäter *m*
sıhrî *adj* verschwägert
sıhriyet *s ohne pl* Schwägerschaft *f;* **~ peyda etmek** sich verschwägern
sık[1] *vt Imperativ von* **sıkmak: ~ dişini!** (*fig fam*) beiß die Zähne zusammen!, reiß dich am Riemen!

S

sık² **I.** *adj* dicht; ~ **saç** dichtes Haar **II.** *adv* häufig, oft; **köpeği öyle ~ havlayan komşu** der Nachbar, dessen Hund so oft bellt; **oraya oldukça ~ giderim** ich gehe ziemlich oft dahin
sıkacak <-ğı> *s* Presse *f*
sıkar *vt, vi 3. Aorist von* **sıkmak**
sıkça *adv* häufiger, öfters; (*oldukça sık*) ziemlich häufig [*o* oft]
sıkı **I.** *adj* ❶ fest; ~ **durmak** (*fam*) die Ohren steifhalten; **bir şeyi ~ tutmak** etwas festhalten ❷ streng, straff; ~ **bir perhiz** eine strenge Diät ❸ (*dar*) eng; ~ **temas** ein enger Kontakt ❹ **~ysa gelsin!** wenn er sich traut, soll er kommen! **II.** *s ohne pl* Bedrängnis *nt;* **~ya gelmek** in Bedrängnis geraten **sıkı ağızlı** *adj* verschwiegen
sıkıca *adv* fest; **kapıyı ~ kapamak** die Tür fest schließen
sıkıcı *adj* ❶ langweilig ❷ (*iç sıkan*) bedrückend; (*tedirgin eden*) beunruhigend
sıkı denetim *s s.* **sansür** Zensur *f* **sıkı düzen** *s s.* **disiplin** Disziplin *f* **sıkı fıkı** *adj* intim; **biriyle ~ olmak** mit jdm intim werden **sıkı fıkılık** <-ğı> *s* Intimität *f*
sıkılama *s ohne pl Verbalsubstantiv zu* **sıkılamak**
sıkılamak *vt* ❶ festmachen ❷ (*sıkıştırmak*) anziehen ❸ (*ateşli silah*) laden ❹ (*iyice tembih etmek*) ausdrücklich sagen ❺ (*fig: zorlamak*) zwingen
sıkılgan *adj* verlegen; (*utangaç*) schüchtern
sıkılganlık <-ğı> *s ohne pl* Verlegenheit *f*
sıkılık <-ğı> *s ohne pl* (*fig: cimrilik*) Knickerigkeit *f*
sıkılma *s ohne pl* ❶ *Verbalsubstantiv zu* **sıkılmak** ❷ **portakalların ~sı üç saat sürdü** das Auspressen der Orangen dauerte drei Stunden
sıkılmak *vi* ❶ *pass von* **sıkmak** ❷ (*canı ~*) sich langweilen ❸ (*utanıp çekinmek*) sich genieren; **sıkılmayın!** genieren Sie sich nicht! ❹ (*sıkıntıya düşmek*) in Not geraten
sıkılmaz *adj* ungeniert
sıkım *s* (*ateşli silahlarda*) Schuss *m*
sıkınma *s* ❶ *Verbalsubstantiv zu* **sıkınmak** ❷ Selbstzwang *m*
sıkınmak *vi* sich anstrengen; (*kendini zorlamak*) sich zwingen
sıkıntı *s* ❶ Not *f;* ~ **çekmek** Not leiden; **~ya düşmek** in Not geraten ❷ (*parasızlık*) Geldnot *f* ❸ (*fig: problem*) Problem *nt;* **~da olmak** Schwierigkeiten haben ❹ (*darlık*) Knappheit *f;* (*yokluk*) Mangel *m*
sıkı sıkıya *adv* ganz fest
sıkışma *s ohne pl Verbalsubstantiv zu* **sıkışmak**
sıkışmak *vi* ❶ (*zor bir durumda kalmak*) in Bedrängnis geraten ❷ (*dar bir yerde*) zusammenrücken; **biraz daha sıkışırsak sığışırız** wenn wir noch etwas zusammenrücken, werden wir hineinpassen ❸ PHYS (*basınç odasında gazlar*) sich verdichten ❹ (*fam: tuvalet ihtiyacı gelmek*) müssen, Stuhldrang haben; (**çok fena**) **sıkıştım** ich muss mal (dringend) ❺ (*çarpıntı duymak*) Beklemmungen haben; **göğsü ~** Beklemmungen in der Brust haben
sıkıştırma *s ohne pl Verbalsubstantiv zu* **sıkıştırmak**
sıkıştırmak *vt* ❶ (*tıkmak*) stopfen (**-e** in); **çamaşırları bavula ~** die Wäsche in den Koffer stopfen ❷ (*kıstırmak*) einklemmen; **parmağını kapıya ~** sich den Finger in der Tür einklemmen; **bir şeyi kolunun altına ~** etw unter den Arm klemmen ❸ **birini ~** jdn in die Enge treiben; **birini köşeye ~** jdn in die Ecke drängen ❹ (*fig: zorlamak*) **birini ~** jdn bedrängen, jdn in die Zange nehmen; **borçlarını ödemesi için birini ~** jdn drängen, seine Schulden zu bezahlen ❺ (*tutuşturmak*) **birinin eline bir şey ~** jdm etw in die Hand drücken ❻ *a.* INFORM komprimieren, zippen ❼ TECH (*vida, cıvata*) anziehen
sıkı yönetim *s ohne pl* MIL Standrecht *nt;* ~ **ilan etmek** das Standrecht verhängen
sıklaşma *s ohne pl* ❶ *Verbalsubstantiv zu* **sıklaşmak** ❷ Häufung *f*
sıklaşmak *vi* sich häufen
siklet *s* SPORT (*ağırlık*) Gewicht *nt*
sıklık <-ğı> *s* Häufigkeit *f*
sıkma *s Verbalsubstantiv zu* **sıkmak**
sıkmak <-ar> *vt* ❶ **dişini ~** (*fig fam*) die Zähne zusammenbeißen, sich am Riemen reißen; **birinin elini ~** jdm die Hand drücken [*o* schütteln]; **birinin gırtlağını ~** jdm die Kehle zudrücken; **birinin/kendi kafasına bir kurşun ~** jdm/sich eine Kugel in den Kopf jagen; **kemerini ~** (*fig*) den Gürtel enger schnallen ❷ (*meyve*) auspressen ❸ (*yumruğunu*) ballen ❹ (*püskürtmek*) spritzen ❺ (*vida*) anziehen; **bir şeyin vidasını ~** etw fester schrauben
sık sık *adv* häufig, oft, öfters; **oraya ~ gideriz** wir gehen häufig dahin
sıla *s ohne pl* ❶ Heimkehr *f* ❷ Heimat *f;* **~ya gitmek** die Heimat besuchen
sılacı *s* Heimkehrer(in) *m(f)*
sıla özlemi *s ohne pl* Heimweh *nt;* ~ **çekmek** an [*o* unter] Heimweh leiden **sıla sıygası** *s s.* **zarf-fiil** LING Gerundium *nt*
sımsıkı *adv* ganz fest; **birine ~ sarılmak** jdn ganz fest umarmen; **bir şeye ~ sarılmak** sich an etw festklammern

S

sınaî *adj* industriell
sınama *s* ① *Verbalsubstantiv zu* **sınamak** ② Probe *f*, Versuch *m* ③ Prüfung *f*
sınamak *vt* ① prüfen; (*denemek*) probieren, versuchen, testen ② (*imtihan etmek*) prüfen
sınanma *s* ① *Verbalsubstantiv zu* **sınanmak** ② Probe *f*, Versuch *m* ③ Prüfung *f*
sınanmak *vi pass von* **sınamak**
sınav *s* Prüfung *f*; ~ **vermek** die Prüfung bestehen; ~**a çekilmek** geprüft werden; ~**a girmek** an einer Prüfung teilnehmen; **yazılı/sözlü** ~ schriftliche/mündliche Prüfung **sınav sonucu** *s* Prüfungsergebnis *nt*
sıncan *s* BOT Tragant *m*
sınıf *s* ① *a.* BIOL Klasse *f* ② (*toplumsal* ~) Klasse *f*, Schicht *f* **sınıf arkadaşı** *s* SCHULE Klassenkamerad(in) *m(f)* **sınıf bilinci** *s* POL Klassenbewusstsein *nt* **sınıf birincisi** *s* SCHULE Klassenbeste(r) *f(m)*, Klassenerste(r) *f(m)*
sınıflandırma *s* ① *Verbalsubstantiv zu* **sınıflandırmak** ② Klassifizierung *f*
sınıflandırmak *vt* klassifizieren (**-e göre** nach, **olarak** als)
sınıf mümessili *s* SCHULE Klassensprecher(in) *m(f)* **sınıf öğretmeni** *s* SCHULE Klassenlehrer(in) *m(f)*
sınıfsız *adj* klassenlos
sınır *s* ① (*hudut*) Grenze *f* ② (*fig: son*) Ende *nt* **sınır aşırı** *adj* grenzüberschreitend **sınır bölgesi** *s* Grenzgebiet *nt*
sınırdaş *adj* angrenzend; ~ **olmak** (an)grenzen (**-le** an)
sınır dışı *s* ~ **etmek** ausweisen; **birini** ~ **etmek** jdn über die Grenze abschieben **sınır kapısı** *s* Grenzübergang *m* **sınır kontrolü** *s* Grenzkontrolle *f*
sınırlama *s* ① *Verbalsubstantiv zu* **sınırlamak** ② Abgrenzung *f* ③ Beschränkung *f*, Limitation *f*
sınırlamak *vt* ① abgrenzen ② begrenzen, beschränken, limitieren
sınırlandırma *s* ① *Verbalsubstantiv zu* **sınırlandırmak** ② Begrenzung *f*
sınırlandırmak *vt* begrenzen
sınırlı *adj* ① begrenzt, limitiert ② beschränkt; ~ **sorumluluk** JUR beschränkte Haftung
sınırsız *adj* ① unbegrenzt, grenzenlos ② unbeschränkt; ~ **sorumluluk** JUR unbeschränkte Haftung ③ (*fig*) grenzenlos; (*sonsuz*) endlos, unendlich ④ MATH unendlich **sınırsız yetki** *s* Blankovollmacht *f*
sınır taşı *s* Grenzstein *m*
sıpa *s* Eselsfüllen *nt*
sır[1] <-rrı> *s* (*giz*) Geheimnis *nt*
sır[2] *s* Glasur *f*
sıra **I.** *s* ① (*dizi*) Reihe *f*; ~ **bende** ich bin an der Reihe, ich bin dran; ~ **ile** der Reihe nach; ~ **kimde?** wer ist an der Reihe?, wer ist dran?; **birinci/ikinci/üçüncü** ~**da** an erster/zweiter/dritter Stelle; **şimdi** ~ **onda** jetzt ist er dran; ~**sı gelmek** an der Reihe sein; ~**ya dizilmek** sich aufreihen; ~**ya girmek** sich einreihen ② Reihenfolge *f*; **alfabe** [*o* **abece**] ~**sı** alphabetische Reihenfolge ③ Abfolge *f*; **olayların kronolojik** ~**sı** die chronologische Abfolge der Ereignisse ④ (*oturulacak yer*) Bank *f* ⑤ (*zaman*) Moment *m*, Zeitpunkt *m*; **ara** ~ ab und zu, gelegentlich; (*zaman zaman*) von Zeit zu Zeit, hin und wieder; **beklenilmeyen bir** ~**da** in einem unerwarteten Moment **II.** *adv* **ardı** ~ hinterher; **arkası** ~ hinterher; **önü** ~ vornweg; **yanı** ~ nebenbei, nebenher
sıraca *s ohne pl* MED Skrofulose *f*
sıracagiller *pl* BOT Rachenblütler *pl*
sıraca otu *s* BOT Braunwurz *f*
sıradağ *s* GEO Kettengebirge *nt*; (*dağlar dizisi*) Bergkette *f*
sıradan *adj* gewöhnlich; (*bayağı*) ordinär
sıra dışı *adj* (*olağan dışı*) außergewöhnlich
sıra kemer *s* ARCH Arkade *f*
sıralaç <-cı> *s* Ordner *m*, Aktenordner *m*
sıralama *s Verbalsubstantiv zu* **sıralamak**
sıralamak *vt* ① ordnen ② der Reihe nach aufstellen, in einer Reihe aufstellen ③ (*küçük çocuk*) Gehversuche machen
sıralanma *s Verbalsubstantiv zu* **sıralanmak**
sıralanmak *vi* ① *pass von* **sıralamak** ② sich in einer Reihe aufstellen
sıra malı *s* COMM Massenware *f*, Massenartikel *m* **sıra sayı sıfatı** *s* LING Ordinalzahl *f*
sırasıyla *adv* der Reihe nach
Sırbistan *s* Serbien *nt*
sırça *s s.* **cam** Glas *nt*; ~ **köşkte oturan komşusuna taş atmamalı** (*prov*) wer im Glashaus sitzt, soll nicht mit Steinen werfen; ~**dan** aus Glas
sırdaş *s* ① Eingeweihte(r) *f(m)* ② Vertraute(r) *f(m)*, Intimus *m*
sırf *adv* bloß, nur; ~ **meraktan** aus bloßer Neugier; **bir şeyi** ~ **hatır için yapmak** etw aus reiner Gefälligkeit tun; **bir şeyi** ~ **kötülük etmek için yapmak** etw aus lauter Bosheit tun
sırık <-ğı> *s* ① Stab *m*; (*fasulye sırığı*) Stange *f* ② (*fig fam*) ~ **gibi** wie eine Bohnenstange
sırıkçı *s* SPORT Stabhochspringer(in) *m(f)*
sırıkla yüksek atlama *s ohne pl* SPORT

Stabhochsprung *m*

sırılsıklam *adj* durchnässt, klatschnass, klitschnass, patschnass, pitschnass, triefnass; ~ **etmek** durchnässen; ~ **oldum** ich bin klatschnass, ich bin völlig durchnässt; ~ **âşık olmak** (*fig fam*) bis über beide Ohren verliebt sein

sırıtma *s Verbalsubstantiv zu* **sırıtmak**

sırıtmak *vi* grinsen; **pişmiş kelle gibi** ~ (*fig fam*) grinsen wie ein Honigkuchenpferd

sırkat *s* MED Karbunkel *m*

sırma *s* Golddraht *m*

sırnaşık <-ğı> *adj* aufdringlich

sırnaşıklık <-ğı> *s* Aufdringlichkeit *f*

Sırp I. *s* Serbe, Serbin *m, f* **II.** *adj* serbisch

Sırpça *s* Serbisch *nt;* ~**da bu ne demek?** wie heißt das im Serbischen?; ~**dan Türkçeye** aus dem Serbischen ins Türkische; ~**ya** ins Serbische

sırrı *s poss von* **sır**

sırt *s* ❶ Rücken *m;* **birine ~ çevirmek** jdm den Rücken zukehren; **bir şeye ~ çevirmek** sich von etw abkehren [*o* abwenden] ❷ Hang *m* **sırt ağrısı** *s* Rückenschmerzen *pl* **sırt ipliği** *s* ZOOL Rückensaite *f* **sırt kalkanı** *s* ZOOL Rückenpanzer *m*

sırtlan *s* ZOOL Hyäne *f*

sırtlık <-ğı> *s* Rückenlehne *f*

sırtüstü *adv* ~ **yatmak** (*bir yerde*) auf dem Rücken liegen; (*bir yere*) sich auf den Rücken legen; (*fig: çalışmadan rahat bir yaşam sürmek*) ein unbeschwertes Leben führen

sırt yüzgeci *s* Rückenflosse *f*

sıtma *s ohne pl* MED Sumpffieber *nt;* (*malarya*) Malaria *f*

sıva *s ohne pl* ❶ Putz *m,* Verputz *m;* ~ **vurmak** verputzen (-**e**) ❷ (*kireçli harç*) Tünche *f*

sıvacı *s* Verputzer(in) *m(f),* Anstreicher(in) *m(f)* **sıvacı kuşu** *s* ZOOL Kleiber *m*

sıvalı[1] *adj* verputzt

sıvalı[2] *adj* aufgekrempelt, hochgekrempelt; **dirseklere kadar kolları ~ idi** seine Ärmel waren bis zum Ellbogen aufgekrempelt

sıvama I. *s Verbalsubstantiv zu* **sıvamak II.** *adj* randvoll **III.** *adv* **bardağı ~ doldurdu** er füllte das Glas bis zum Rand auf; **bardak ~ dolu** das Glas ist bis zum Rand voll

sıvamak[1] *vt* ❶ verputzen; **duvarı** ~ die Wand verputzen ❷ (*kireçli harç ile*) tünchen, anstreichen ❸ (*fig: okşamak*) streicheln

sıvamak[2] *vt* aufkrempeln, hochkrempeln; (*kıvırmak*) umkrempeln; **kolları** ~ (*a. fig*) die Ärmel hochkrempeln; **kollarını** ~ sich die Ärmel aufkrempeln; **suyu** [*o* **dereyi**] **görmeden paçaları** ~ (*fig fam*) über ungelegte Eier gackern, ungelegte Eier begackern

sıvaştırma *s Verbalsubstantiv zu* **sıvaştırmak**

sıvaştırmak *vt* beschmieren

sıvazlama *s Verbalsubstantiv zu* **sıvazlamak**

sıvazlamak *vt* ❶ streichen; **sakalını** ~ sich den Bart streichen ❷ (*okşamak*) streicheln

sıvı I. *s* Flüssigkeit *f* **II.** *adj* flüssig, Flüssig- **sıvı gaz** *s* Flüssiggas *nt* **sıvı kristal ekranı** *s* Flüssigkristallbildschirm *m*

sıvışma *s Verbalsubstantiv zu* **sıvışmak**

sıvışmak *vi* (*fam*) sich davonmachen [*o* davonstehlen], sich fortstehlen

sıyga *s s.* **kip** LING Modus *m,* Form *f;* **birini ~ya çekmek** jdn ausfragen

sıyırma *s* ❶ *Verbalsubstantiv zu* **sıyırmak** ❷ Abschürfung *f*

sıyırmak *vt* abschürfen, schrammen; **birinin yüzünden maskeyi** ~ (*fig*) jdm die Maske vom Gesicht reißen

sıyrık <-ğı> *s* Abschürfung *f,* Schürfwunde *f,* Schramme *f*

sıyrılma *s* ❶ *Verbalsubstantiv zu* **sıyrılmak** ❷ Abschürfung *f*

sıyrılmak *vi* sich schürfen; **dirseği** (**hafifçe**) **sıyrıldı** er hat sich am Ellbogen (leicht) geschürft

sız *vi Imperativ von* **sızmak**

sızar *vi 3. Aorist von* **sızmak**

sızdırma *s Verbalsubstantiv zu* **sızdırmak**

sızdırmak *vt* ❶ *Kausativ zu* **sızmak** ❷ (*suyu*) **bu kap suyu sızdırıyor** das Gefäß leckt [*o* ist undicht] ❸ (*haber*) durchsickern lassen; **basına bilgi** ~ der Presse Informationen zuspielen ❹ (*fig*) **birinden para** ~ jdm Geld abzapfen

sızı *s* Ziehen *nt;* (*ağrı*) Schmerz *m*

sızıcı ünsüz *s* LING Reibelaut *m,* Spirans *f,* Spirant *m*

sızıldanma *s* ❶ *Verbalsubstantiv zu* **sızıldanmak** ❷ (*sızlanma*) Klage *f,* Wehklage *f*

sızıldanmak *vi* (*sızlanmak*) jammern, klagen

sızılı *adj* schmerzend

sızıltı *s* ❶ Klage *f* ❷ (*hoşnutsuzluk*) Unzufriedenheit *f*

sızıltısız *adj* klaglos

sızıntı *s* Leck *nt*

sızlama *s* ❶ *Verbalsubstantiv zu* **sızlamak** ❷ Jammern *nt*

sızlamak *vi* ❶ schmerzen ❷ (*sızlanmak*) jammern, klagen

sızlanma *s* ❶ *Verbalsubstantiv zu* **sızlan-**

mak ❷ Klage *f*, Wehklage *f*

sızlanmak *vi* jammern; (*yakınmak*) klagen; (*şikâyet etmek*) sich beklagen [*o* beschweren]; **birine ~** jdm sein Leid klagen

sızma *s* ❶ *Verbalsubstantiv zu* **sızmak** ❷ Durchzug *m*

sızmak <-ar> *vi* ❶ (durch)sickern (**-den** durch); (*çıkmak*) austreten (**-den** aus), dringen (**-den** aus, **-den** durch) ❷ (*haber*) durchsickern ❸ unterwandern (**-e**) ❹ (*uyuyakalmak*) einnicken ❺ (*sıvışmak*) sich davonstehlen

siber kafe *s*, **siber kahve** *s* Cybercafé *nt*

sibernetik <-ği> *s ohne pl s.* **güdüm bilimi** Kybernetik *f*

siber uzay *s ohne pl* INFORM Cyberspace *m*

Sibirya *s* Sibirien *nt*

Sibiryalı I. *s* Sibirer(in) *m(f)* **II.** *adj* sibirisch

sicil *s* ADMIN ❶ Register *nt*; (*tapu ~i*) Buch *nt* ❷ Personalakte *f*

sicilli *adj* ❶ registriert ❷ (*fig: sabıkalı*) vorbestraft

Sicilya *s* Sizilien *nt*

Sicilyalı I. *s* Sizilianer(in) *m(f)* **II.** *adj* sizilianisch

sicim *s* ❶ Kordel *f* ❷ Bindfaden *m*; **~ gibi yağmur yağıyor** (*fig*) es regnet Bindfäden

sidik <-ği> *s* (*idrar*) Harn *m*, Urin *m* **sidik borusu** *s* ANAT Harnleiter *m* **sidik kavuğu** *s s.* **sidik torbası**

sidikli *adj* inkontinent

sidik torbası *s* ANAT (*mesane*) Harnblase *f*, Blase *f* **sidik torbası iltihabı** *s* MED Blasenentzündung *f*; (*sistit*) Zystitis *f* **sidik yolu** *s* ANAT Harnwege *pl* **sidik zoru** *s ohne pl* MED Harnzwang *m*

si diyez *s* MUS His *nt*

sif *Abk von* **malın bedeli, sigortası ve navlunu** cif (*Kosten, Versicherung, Fracht*)

sifilis *s ohne pl s.* **frengi** Syphilis *f*

sifon *s* ❶ (*sıvı aktarmaya yarayan boru*) Heber *m*; **~la doldurmak** [*o* **aktarmak**] mit einem Heber umfüllen ❷ (*kokuların yayılmasını önleyen araç*) Siphon *m*, Geruchverschluss *m* ❸ Abfluss *m*; (*kanal*) Kanal *m* ❹ Spülung *f*; **~u çekmek** die Spülung betätigen

siftah I. *s* COMM erste(s) Geschäft (am Tage); **~ etmek** das erste Geschäft machen; **sabahtan beri ~ım yok** seit heute Morgen habe ich kein Geschäft gemacht **II.** *adv* (*ilk kez olarak*) zum ersten Mal

sigar *s* Zigarre *f*; *s. a.* **puro**

sigara *s* Zigarette *f*; **~ içmek** rauchen; **"~ içmek yasaktır"** „Rauchen verboten"; **~ sarmak** eine Zigarette drehen; **~yı bırakmam lazım** ich muss das Rauchen aufgeben; **~yı tellendirmek** genussvoll eine rauchen **sigara ağızlığı** *s* Zigarettenspitze *f* **sigara böceği** *s* ZOOL Tabakkäfer *m*

sigaracı *s* Zigarettenverkäufer(in) *m(f)*

sigara dumanı *s ohne pl* Zigarettenrauch *m* **sigara içme yasağı** *s* Rauchverbot *nt* **sigara izmariti** *s* Zigarettenstummel *m* **sigara kâğıdı** *s* Zigarettenpapier *nt*, Blättchen *nt*

sigaralık <-ğı> *s* ❶ Zigarettendose *f* ❷ (*sigara ağızlığı*) Zigarettenspitze *f*

sigara reklamı *s* Zigarettenwerbung *f*, Zigarettenreklame *f* **sigara tablası** *s* Aschenbecher *m* **sigara tiryakisi** *s* Raucher(in) *m(f)* **sigara tütünü** *s* Zigarettentabak *m*

sigorta *s* ❶ Versicherung *f*; **~ etmek** versichern ❷ ELEK Sicherung *f*; **~ attı** die Sicherung ist durchgebrannt

sigortacılık <-ğı> *s ohne pl* Versicherungswesen *nt*

sigorta gözlüğü *s* Kassenbrille *f* **sigorta kumpanyası** *s* Versicherungsgesellschaft *f* **sigorta poliçesi** *s* Versicherungspolice *f* **sigorta primi** *s* Versicherungsbeitrag *m*, Versicherungsprämie *f*

sigortasız *adj* unversichert

sigortasızlık <-ğı> *s ohne pl* Unversichertsein *nt*

siğil *s* Warze *f*, Hautwarze *f*

Sih *s* Sikh *m*

sihir <-hri> *s ohne pl* Magie *f*, Zauber *m*

sihirbaz *s* Magier *m*, Zauberer *m*

sihirbazlık <-ğı> *s* Zauberei *f*

sihirli *adj* magisch

sik I. *vt Imperativ von* **sikmek II.** *s* (*vulg*) Schwanz *m*

sikatif *s* Sikkativ *nt*

sikişme *s* ❶ *Verbalsubstantiv zu* **sikişmek** ❷ (*vulg*) Fick *m*

sikişmek *vi* (*vulg*) ficken

sikke *s* ❶ (*madenî para*) Münze *f* ❷ (*damga*) Prägung *f*

siklamen I. *s* BOT Alpenveilchen *nt*, Zyklamen *nt*; *s. a.* **tavşankulağı, buhurumeryem II.** *adj* violett

siklememe *s Verbalsubstantiv zu* **siklememek**

siklememek *vt* (*vulg*) scheißen (auf); **bir şeyi ~** auf etw scheißen

siklon *s* Wirbelsturm *m*

siklop *s* MYTH Kyklop *m*

sikme *s* ❶ *Verbalsubstantiv zu* **sikmek** ❷ (*vulg*) Fick *m*

sikmek <-er> *vt* (*vulg*) ficken

siktir *interj* (*vulg*) **~!** hau ab!, verpiss dich!;

~ **et!** (*aldırma*) scheiß drauf!; (*kov, defet*) schmeiß ihn/sie raus!
siktirici *adj* (*vulg*) abgefuckt, scheiß
siktirme *s Verbalsubstantiv zu* **siktirmek**
siktirmek *vi* (*vulg*) abhauen; **siktirip gitmek** abhauen, sich verpissen
silah [silāh] *s* Waffe *f;* ~ **taşımak** eine Waffe tragen; ~(**lar**)**a davranmak** zu der/(den) Waffe(n) greifen; **kimyasal/konvensiyonel/nükleer ~lar** chemische/konventionelle/nukleare Waffen
silahaltı *s* (*askerlik görevi*) Militärdienst *m;* ~**na almak** zu den Waffen rufen, zum Militärdienst einziehen; ~**nda bulunmak** unter (den) Waffen sein [*o* stehen]
silah ambargosu *s* Waffenembargo *nt*
silah arkadaşı *s* Waffenbruder *m*
silahhane *s* Waffenlager *nt*
silah kaçakçılığı *s ohne pl* Waffenschmuggel *m*
silahlama *s* ❶ *Verbalsubstantiv zu* **silahlamak** ❷ Bewaffnung *f*
silahlamak *vt* bewaffnen
silahlandırma *s* ❶ *Verbalsubstantiv zu* **silahlandırmak** ❷ Bewaffnung *f*
silahlandırmak *vt* bewaffnen
silahlanma *s* ❶ *Verbalsubstantiv zu* **silahlanmak** ❷ Bewaffnung *f;* MIL Aufrüstung *f*
silahlanmak *vt* sich bewaffnen; MIL aufrüsten
silahlanma yarışı *s* Wettrüsten *nt*
silahlı *adj* bewaffnet **silahlı çatışma** *s* MIL Feuergefecht *nt* **silahlı kuvvetler** *pl* Streitkräfte *pl;* **Alman/Türk S~i** deutsche/türkische Streitkräfte
silah müfettişi *s* POL Waffeninspektor(in) *m(f)*
silahsız *adj* unbewaffnet
silahsızlandırma *s ohne pl* ❶ *Verbalsubstantiv zu* **silahsızlandırmak** ❷ Entwaffnung *f* ❸ POL Abrüstung *f*
silahsızlandırmak *vt* ❶ entwaffnen ❷ POL abrüsten
silahsızlanma *s ohne pl* ❶ *Verbalsubstantiv zu* **silahsızlanmak** ❷ POL Abrüstung *f*
silahsızlanma görüşmeleri *pl* POL Abrüstungsverhandlungen *pl*
silahsızlanmak *vi* POL abrüsten
silahsızlanma konferansı *s* POL Abrüstungskonferenz *f*
silahşör *s* ❶ Revolverheld *m* ❷ (*savaşçı*) Krieger(in) *m(f)* ❸ HIST, LIT Musketier *m*
silah taşıma ruhsatı *s* Waffenschein *m*
silah ticareti *s ohne pl* POL Waffenhandel *m*
silaj *s ohne pl* AGR Silage *f,* Ensilage *f*
silecek <-ği> *s* ❶ (*hamam havlusu*) Badetuch *nt* ❷ AUTO Scheibenwischer *m* ❸ (*paspas*) Fußmatte *f*
silgi *s* Radiergummi *m*
sili *adj* ❶ rein ❷ (*fig: iffetli*) keusch
silik <-ği> *adj* ❶ (*yazı*) verwischt; (*yazıt*) verwaschen ❷ (*fig: kendini gösteremeyen*) unscheinbar; (*dikkati çekmeyen*) unauffällig
silikat *s* CHEM Silikat *nt*
silikatlama *s* ❶ *Verbalsubstantiv zu* **silikatlamak** ❷ Silifikation *f,* Verkieselung *f*
silikatlamak *vt* silifizieren, verkieseln
silikleşme *s Verbalsubstantiv zu* **silikleşmek**
silikleşmek *vi* sich verwischen
silikleştirme *s Verbalsubstantiv zu* **silikleştirmek**
silikleştirmek *vt* verwischen
silikon *s* CHEM Silikon *nt*
Silikon Vadisi *s* INFORM Silicon Valley *nt*
silikoz *s* MED Silikose *f*
silindir *s* ❶ MATH, TECH Zylinder *m* ❷ (*istimli* ~) Walze *f* **silindir hacmi** *s* AUTO Hubraum *m*
silindirli *adj* **dört** ~ vierzylindrig; **sekiz** ~ achtzylindrig
silindirsel *adj* zylindrisch
silindir şapka *s* Zylinder *m*
silinme *s Verbalsubstantiv zu* **silinmek**
silinmek *vi pass von* **silmek**
silis *s ohne pl* CHEM Kieselerde *f*
silisik asit <-di> *s ohne pl* CHEM Kieselsäure *f*
silisiz *adj* unkeusch
silisizlik <-ği> *s ohne pl* Unkeuschheit *f*
silisyum *s ohne pl* CHEM Silicium *nt,* Silizium *nt*
silkeleme *s Verbalsubstantiv zu* **silkelemek**
silkelemek *vt* ❶ (*üstünü silkmek*) ausschütteln ❷ (*sarsmak*) schütteln ❸ (*fig: sarsmak, etkilemek*) erschüttern
silkelenme *s ohne pl Verbalsubstantiv zu* **silkelenmek**
silkelenmek *vi* ❶ *pass von* **silkelemek** ❷ (*silkinmek*) sich schütteln
silkinme *s Verbalsubstantiv zu* **silkinmek**
silkinmek *vi* ❶ (*üstünü silkmek*) sich schütteln ❷ **korkudan** ~ von Angst geschüttelt werden ❸ (*fig: üstünden atmak, ondan kurtulmak*) abschütteln (**-den**); **yorgunluktan** ~ die Müdigkeit abschütteln; **kederinden silkinip sıyrılmak** seine Sorgen abschütteln
silkme *s Verbalsubstantiv zu* **silkmek**
silkmek <-er> *vt* (*sarsmak*) schütteln; (*temizlemek için*) ausschütteln; **omuz** ~ mit den Schultern [*o* Achseln] zucken
sille *s* (*tokat*) Ohrfeige *f;* (*kaderin* ~*si*)

S

Schlag *m*

silme **I.** *s* ❶ *Verbalsubstantiv zu* **silmek** ❷ ARCH Stuck *m,* Gesims *nt* **II.** *adj* ❶ (*ağzına kadar dolu*) randvoll ❷ (*tam*) völlig **III.** *adv* vollkommen

silmece *adv* bis zum Rand; ~ **dolu bir yemek kaşığı un** ein gestrichener Esslöffel Mehl

silmeci *s* Stuckateur(in) *m(f)*

silmek *vt* ❶ (*yeri*) wischen ❷ abwischen; (*yaşlarını*) wegwischen ❸ (ab)putzen; **burnunu** ~ sich die Nase putzen; **ellerini** ~ sich die Hände abputzen ❹ ausradieren, löschen

silme tuşu *s* INFORM Löschtaste *f*

silo *s* AGR Silo *m o nt;* (*tahıl için*) Getreidesilo *m o nt*

silolama *s Verbalsubstantiv zu* **silolamak**

silolamak *vt* AGR in ein Silo einbringen

silsile *s* ❶ (*sıra*) Reihe *f;* (*dağ ~si*) Kette *f* ❷ (*aile sırası*) Ahnenreihe *f*

silsilename *s* Ahnentafel *f*

siluet *s* Silhouette *f;* (*gölge*) Schattenriss *m*

silüryen **I.** *s ohne pl* GEO Silur *nt* **II.** *adj* GEO silurisch

sim **I.** *s* ❶ (*ohne Pl, gümüş*) Silber *nt* ❷ (*iplik*) Silberfaden ❸ REG (*işaret*) Zeichen *nt* **II.** *adj* (*gümüş gibi parlayan*) silberglänzend

sima [siːmaː] *s* ❶ (*yüz, çehre*) Gesicht *nt* ❷ (*kimse, insan*) **eski tanıdık ~lar** altbekannte Gesichter

si majör *s ohne pl* MUS B-Dur *nt*

simetri *s a.* MATH (*bakışım*) Symmetrie *f* **simetri ekseni** *s* Symmetrieachse *f*

simetrik <-ği> *adj,* **simetrili** *adj* symmetrisch

simetrisiz *adj a.* MATH asymmetrisch

simetrisizlik <-ği> *s a.* MATH Asymmetrie *f*

simge *s* ❶ Symbol *nt* ❷ Sinnbild *nt*

simgeci **I.** *s* Symbolist(in) *m(f)* **II.** *adj* symbolistisch

simgecilik <-ği> *s ohne pl a.* KUNST (*sembolizm*) Symbolismus *m*

simgeleme *s* ❶ *Verbalsubstantiv zu* **simgelemek** ❷ Symbolisierung *f*

simgelemek *vt* symbolisieren

simgeleştirme *s* ❶ *Verbalsubstantiv zu* **simgeleştirmek** ❷ Versinnbildlichung *f*

simgeleştirmek *vt* versinnbildlichen

simgesel *adj* ❶ symbolisch ❷ sinnbildlich

si minör *s ohne pl* MUS h-Moll *nt*

simit <-di> *s* ❶ (*halka biçiminde çörek*) Kringel *m;* (*susamlı*) Sesamkringel *m* ❷ (*cankurtaran simidi*) Rettungsring *m;* (*direksiyon simidi*) Lenkrad *nt*

simitçi *s* Kringelverkäufer(in) *m(f)*

simpozyum *s s.* **sempozyum**

simsar *s* Makler(in) *m(f)*

simsariye *s* Maklerprovision *f*

simsiyah *adj* pechschwarz

simülasyon *s* Simulation *f*

simülatör *s* Simulator *m*

simültane *adj* simultan

simya *s ohne pl* (*alşimi*) Alchemie *f*

simyacı *s* (*alşimist*) Alchemist(in) *m(f)*

sin[1] *vi Imperativ von* **sinmek**

sin[2] *s s.* **mezar** Grab *nt*

sin[3] *s* (*yaş*) Alter *nt*

Sina *s* Sinai *f*

sinagog *s* Synagoge *f*

sinarit *s* ZOOL, GASTR Zahnbrasse *f*

sincap <-bı> *s* ZOOL Eichhörnchen *nt*

sindirim *s ohne pl* Verdauung *f;* **~i kolay/güç** leicht/schwer verdaulich **sindirim aygıtı** *s* MED (*sindirim sistemi*) Verdauungsapparat *m* **sindirim bilimi** *s ohne pl* MED (*gastroenteroloji*) Gastroenterologie *f* **sindirim organları** *pl* Verdauungsorgane *pl* **sindirim sistemi** *s* MED Verdauungsapparat *m*

sindirme *s ohne pl* ❶ *Verbalsubstantiv zu* **sindirmek** ❷ Verdauung *f*

sindirmek *vt* verdauen

sine *s* ❶ (*göğüs*) Busen *m* ❷ (*fig: yürek*) Herz *nt;* **~ye çekmek** wegstecken, hinnehmen; **hoş olmayan bir şeyi ~ye çekmek zorunda kalmak** eine bittere Pille schlucken müssen

sinek[1] <-ği> *s* Fliege *f;* ~ **avlamak** (*fig*) Daumen drehen; ~ **ufak, ama mide bulandırır** (*prov*) Kleinvieh macht auch Mist; **~ten yağ çıkarmak** (*fig*) aus der Not eine Tugend machen

sinek[2] <-ği> *s* (*iskambilde*) Kreuz *nt; s. a.* **karo, kupa, maça**

sinek ağırlık <-ğı> *s* SPORT Fliegengewicht *nt* **sinek bar** *s* Snackbar *f,* Imbissstand *m,* Imbissstube *f,* Schnellimbiss *m* **sinek birlisi** *s* (*iskambilde*) Kreuzass *nt*

sinekkapan *s* ❶ ZOOL (*ötücü kuş*) Fliegenfänger *m,* Fliegenschnäpper *m* ❷ BOT Fliegenfalle *f,* Venusfliegenfalle *f*

sinekkaydı *adj* ~ **tıraş olmak** sich glatt rasieren

sineklik <-ği> *s* ❶ Fliegenfänger *m* ❷ Fliegenklatsche *f*

sinek mantarı *s* BOT Fliegenpilz *m,* Fliegenschwamm *m* **sinek oğlanı** *s* (*iskambilde*) Kreuzbube *m* **sinek papazı** *s* (*iskambilde*) Kreuzkönig *m* **sinek sıklet** *s* SPORT Fliegengewicht *nt*

sinema *s* Kino *nt* **sinema bileti** *s* Kinokarte *f*

sinemacı *s* ❶ (*filmci*) Filmemacher(in) *m(f)* ❷ (*sinema işleten*) Kinobesitzer(in)

S

m(f)
sinema girişi *s* Kinoeingang *m* **sinema koltuğu** *s* Kinositz *m*
sinemasever *s* Cineast(in) *m(f)*
sinematek <-ği> *s* Kinemathek *f*
sinema tekniği *s ohne pl* Kinotechnik *f*
sinematograf *s* Kinematograph *m*
sinema yıldızı *s* Kinostar *m*
siner *vi 3. Aorist von* **sinmek**
sinestezi *s* PSYCH Synästhesie *f*
sinik **I.** *s* <-ği> Zyniker(in) *m(f)* **II.** *adj* zynisch
sinir *s* ❶ Nerv *m;* ~ **diye bir şey kalmamak** *(fam)* mit den Nerven fertig sein; **birinin ~ine dokunmak** *(fam)* jdm auf die Nerven gehen; **~lerim alt üst oldu!** *(fam)* ich bin total genervt!; **~lerine hâkim olmak** die Nerven behalten ❷ GASTR *(fam)* Sehne *f* **sinir ağrısı** *s* Nervenschmerz *m* **sinir argınlığı** *s* MED Nervenschwäche *f;* *(nevrasteni)* Neurasthenie *f* **sinir bozucu** *adj* nervenaufreibend **sinir buhranı** *s* Nervenzusammenbruch *m;* *(sinir krizi)* Nervenkrise *f*
sinirce *s* PSYCH *(nevroz)* Neurose *f*
sinir demeti *s* ANAT Nervenbündel *nt* **sinir doku** *s* ANAT Nervengewebe *nt* **sinir gazı** *s* MIL Nervengas *nt* **sinir gözesi** *s* ANAT Nervenzelle *f* **sinir harbi** *s* Nervenkrieg *m* **sinir hastalığı** *s* Nervenkrankheit *f* **sinir hastalıkları uzmanı** *s* Neurologe, -login *m, f* **sinir hastası** **I.** *s* Nervenkranke(r) *f(m)* **II.** *adj* nervenkrank **sinir hücresi** *s* ANAT Nervenzelle *f* **sinir ilacı** *s* MED, PSYCH Beruhigungsmittel *nt* **sinir kanatlılar** *pl* ZOOL Netzflügler *pl* **sinir küpü** *s (fam)* Nervenbündel *nt*
sinirlendirme *s Verbalsubstantiv zu* **sinirlendirmek**
sinirlendirmek *vt* ❶ *Kausativ zu* **sinirlenmek** ❷ nerven ❸ aufregen, ärgern
sinirlenme *s Verbalsubstantiv zu* **sinirlenmek**
sinirlenmek *vi* sich aufregen (**-e** über); *(öfkelenmek)* sich ärgern (**-e** über), sich empören (**-e** über)
sinirleri kuvvetli *adj* nervenstark **sinirleri zayıf** *adj* nervenschwach
sinirli *adj* ❶ nervig ❷ *(asabi)* nervös ❸ GASTR *(et)* sehnig, faserig
sinir merkezi *s* Nervenzentrum *nt* **sinir minir** *s (fam)* ~ **kalmamak** völlig entnervt sein, nervlich am Ende sein **sinir otu** *s* BOT Wegerich *m* **sinir savaşı** *s* Nervenkrieg *m*
sinirsel *adj* nervlich, nerval
sinir sistemi *s* ANAT, PSYCH Nervensystem *nt;* **parasempatik/yaşatkan** ~ das parasympathische/vegetative Nervensystem **sinir törpüsü** *s (fam)* Nervensäge *f*
sinizm *s ohne pl* Zynismus *m*
sinme *s Verbalsubstantiv zu* **sinmek**
sinmek <-er> *vi* ❶ sich ducken; *(saklanmak)* sich verkriechen ❷ *(nüfuz etmek)* **birine** ~ in jdn dringen; **birine** ~ auf jdn abfärben ❸ *(koku)* sich setzen (**içine/üstüne** in/auf) ❹ *(iyice yerleşmek)* sich festsetzen, haften
Sinolog <-ğu> *s* Sinologe, -login *m, f*
Sinoloji *s ohne pl* LING Sinologie *f*
sinonim **I.** *s* LING Synonym *nt* **II.** *adj* synonym
sinot *s* REL Synode *f*
sinsi *adj* hinterhältig, heimtückisch; ~ **bir hastalık** eine heimtückische Krankheit
sinsice *adv* hinterhältig, heimtückisch
sinsilik <-ği> *s ohne pl* Hinterhältigkeit *f,* Heimtücke *f*
sintesayzer *s* MUS Synthesizer *m*
sinüs *s* ❶ ANAT Sinus *m;* *(yüz ~ü)* Stirnhöhle *f* ❷ MATH Sinus *m*
sinüzit *s* MED Stirnhöhlenentzündung *f*
sinyal <-li> [sinjāl] *s* ❶ Signal *nt* ❷ TELEK Freizeichen *nt* **sinyal lambası** *s* AUTO Blinker *m*
sipahi [sipa:hi:] *s* HIST Lehensreiter *m*
sipariş [sipa:-] *s* ❶ *(ısmarlama)* Bestellung *f;* ~ **etmek** bestellen ❷ COMM Auftrag *m;* **birine bir şeyi ~ vermek** etw bei jdm in Auftrag geben
siparişçi *s* ❶ Besteller(in) *m(f)* ❷ COMM Auftraggeber(in) *m(f)*
sipariş defteri *s* COMM Auftragsbuch *nt*
siper **I.** *s* ❶ Schutz *m;* **ellerini gözlerine ~ etmek** sich die Hände schützend vor den [*o* die] Augen halten ❷ *(şapkada)* Krempe *f;* *(kaskette)* Schirm *m* ❸ MIL Deckung *f;* *(hendek)* Schützengraben *m;* **~e yatmak** in Deckung gehen; **bir şeyi ~ almak** etw als Deckung vor sich aufbauen, sich hinter etw verschanzen **II.** *adj* geschützt
siperisaika *s s.* **yıldırımsavar** Blitzableiter *m*
siperlenme *s ohne pl* ❶ *Verbalsubstantiv zu* **siperlenmek** ❷ Schutzsuche *f* ❸ Verschanzung *f*
siperlenmek *vi* Schutz suchen; **bir şeyin arkasına** ~ sich hinter etw verschanzen
siperlik <-ği> *s* ❶ Schirm *m* ❷ Schutz *m*
sipsi *s* REG *(düdük)* Pfeife *f*
sipsivri *adj* sehr spitz; ~ **kalmak** *(fig)* stehengelassen werden; **herkesin çekilmesiyle yalnız kalmak** von allen verlassen sein
sirayet *s* ❶ *(bulaşma)* Ansteckung *f,* Infektion *f;* **bir şeye/kimseye ~ etmek** etw/

jdn anstecken [*o* infizieren], übergreifen auf etw/jdn ❷ (*fig: yayılma*) Verbreitung *f*; ~ **etmek** sich verbreiten, sich ausbreiten
siren[1] *s* TECH (*canavar düdüğü*) Sirene *f*
siren[2] *s* MYTH (*yarı kuş, yarı kadın yaratık*) Sirene *f*
sirer *s* MYTH (*deniz kızı*) Meerjungfrau *f*, Nixe *f*
sirk *s* Zirkus *m*
sirkat *s s.* **hırsızlık** Diebstahl *m*
sirk cambazı *s* Zirkusakrobat(in) *m(f)*
sirke[1] *s* Nisse *f*
sirke[2] *s* Essig *m* **sirke ruhu** *s ohne pl* CHEM (*asetik asit*) Essigsäure *f* **sirke sineği** *s* ZOOL Essigfliege *f*
sirk numarası *s* Zirkusnummer *f*
sirküler *s s.* **genelge** Rundschreiben *nt*
siroko *s* Schirokko *m*
siroz *s* MED Zirrhose *f*
sirrus *s* METEO, GEO Zirrus *m*
sirtaki *s* Sirtaki *m*
sis *s* Nebel *m*; ~**te** bei Nebel; **dağlar ~e bürünmüş** die Berge sind in Nebel gehüllt **sis bombası** *s* Nebelbombe *f* **sis farı** *s* AUTO Nebelscheinwerfer *m* **sis lambası** *s* AUTO Nebelleuchte *f*
sislendirme *s* ❶ *Verbalsubstantiv zu* **sislendirmek** ❷ Vernebelung *f*
sislendirmek *vt* vernebeln
sislenme *s* ❶ *Verbalsubstantiv zu* **sislenmek** ❷ Nebelbildung *f*
sislenmek *vi* nebeln; **göl sisleniyor** der See nebelt
sisli *adj* neb(e)lig
sismik *adj* seismisch, seismologisch
sismograf *s* (*a. fig*) Seismograf *m*, Seismograph *m*
sismolog *s* Seismologe, -login *m, f*
sismoloji *s ohne pl* Seismologie *f*
sis perdesi *s* Nebelwand *f*
sistem *s* ❶ (*dizge*) System *nt* ❷ (*yol, yöntem*) Verfahren *nt* ❸ (*düzen*) Anlage *f* ❹ (*model*) Modell *nt*
sistematik *adj* systematisch
sistem geliştirici *s* INFORM Systementwickler(in) *m(f)*
sistemik *adj* systemisch
sistemleştirme *s* ❶ *Verbalsubstantiv zu* **sistemleştirmek** ❷ Systematisierung *f*
sistemleştirmek *vt* systematisieren
sistemli *adj* systematisch
sistemsiz *adj* systemlos, unsystematisch
sistemsizlik <-ği> *s* Systemlosigkeit *f*
sistem yazılımı *s* INFORM Systemsoftware *f*
sistit *s* MED Zystitis *f*; (*sidik torbası iltihabı*) Blasenentzündung *f*
sistol <-lü> *s* MED Systole *f*; *s. a.* **diyastol**
site *s* ❶ INFORM Homepage *nt*, Website *f*, Seite *f* ❷ Wohnanlage *f*, Wohnsiedlung *f*, Dorf *nt*; **olimpiyat ~si** das olympische Dorf
sitem *s* Vorwurf *m*; **birine bir şeyden dolayı ~ etmek** jdm wegen etw Vorwürfe machen
sitemli *adj* vorwurfsvoll
sitil *s* REG (*su kovası*) Wassereimer *m*
sitoloji *s ohne pl* BIOL, MED Zytologie *f*; (*hücre bilimi*) Zell(en)lehre *f*
sitoplazma *s* BIOL Zytoplasma *nt*
sitrik asit <-di> *s ohne pl* CHEM Zitronensäure *f*
sivilce *s* Pickel *m* **sivilceli** *adj* pickelig
sivri *adj* ❶ spitz ❷ (*fig fam*) exzentrisch **sivri akıllı** *s* Exzentriker(in) *m(f)* **sivri biber** *s* BOT, GASTR Peperoni *f* **sivri fare** *s* ZOOL Spitzmaus *f*
sivrileştirme *s Verbalsubstantiv zu* **sivrileştirmek**
sivrileştirmek *vt* spitzen
sivrilme *s Verbalsubstantiv zu* **sivrilmek**
sivrilmek *vi* ❶ sich verjüngen, spitz zulaufen ❷ (*fig fam*) aufsteigen, Karriere machen
sivriltme *s Verbalsubstantiv zu* **sivriltmek**
sivriltmek *vt* spitzen, zuspitzen
sivrisinek <-ği> *s* Mücke *f*, Stechmücke *f*, Moskito *m* **sivrisinek spreyi** *s* Mückenspray *m o nt*
sivritme *s* ❶ *Verbalsubstantiv zu* **sivritmek** ❷ Anspitzung *f*
sivritmek *vt* anspitzen
siyah *adj* ❶ schwarz ❷ TYPO fett
siyah beyaz *adj* schwarz-weiß **siyah ekmek** <-ği> *s* Schwarzbrot *nt* **siyah gözlü** *adj* schwarzäugig
siyahımsı *adj*, **siyahımtırak** <-ğı> *adj* schwärzlich
siyahlatma *s* ❶ *Verbalsubstantiv zu* **siyahlatmak** ❷ Schwärzung *f*
siyahlatmak *vt* schwärzen
siyahlık <-ğı> *s* Schwarzfärbung *f*, Schwärze *f*
siyah linyit *s* Gagat *m*, Jett *m o nt* **siyah saçlı** *adj* schwarzhaarig
Siyam *s* HIST Siam *nt*
Siyamlı I. *s* Siamese, Siamesin *m, f* **II.** *adj* siamesisch; ~ **ikizler** siamesische Zwillinge
siyanür *s* CHEM Zyanid *nt*
siyasa *s* Politik *f*
siyasal *adj* politisch
siyaset *s* Politik *f* **siyaset bilimi** *s* Politikwissenschaft *f*, Politologie *f*
siyasetçi *s* Politiker(in) *m(f)*
siyaset meydanı *s* ❶ HIST Richtplatz *m* ❷ die politische Bühne

S

siyasi [sijasiː] *adj* politisch; ~ **harita/parti** politische Karte/Partei **siyasi dürüstlük** <-ğü> *s ohne pl* POL Political Correctness *f*
siyatik <-ği> *s ohne pl* MED Ischias *m o nt*
siyek <-ği> *s* ANAT Harnröhre *f*
siyonizm *s ohne pl* Zionismus *m*
siz *pron* ① (*çokluk ikinci kişi zamiri*) ihr ② (*tek kişi için nezaketen seslenme*) Sie; ~ **bilirsiniz** wie Sie meinen [*o* wollen], das müssen Sie wissen
sizli bizli *adv* per Sie; **biriyle ~ konuşmak** jdn siezen; **biriyle ~ olmak** mit jdm per Sie sein
skandal *s* Skandal *m*
Skandinav *s s.* **İskandinav**
skeç <-çi> *s* Sketch *m*
ski *s s.* **kayak** SPORT Ski *m*
skif *s* SPORT (*yarış kayığı*) Skiff *m*, Einer *m*
skink *s* ZOOL Skink *m*
skleroz *s* MED Sklerose *f*
Skoç *s s.* **İskoç**
skor *s* SPORT Punkt *m*
skorbort *s* SPORT Anzeigetafel *f*
slalom *s* SPORT Slalom *m*
slalomcu *s* SPORT Slalomläufer(in) *m(f)*
Slav I. *s* Slawe, Slawin *m, f* **II.** *adj* slawisch; **o, ~ kökenlidir** er ist slawischer Abstammung
slayt <-dı> *s* FOTO Dia *nt* **slayt projektörü** *s* Diaprojektor *m*
slip *s* Slip *m*
slogan *s* Slogan *m*, Schlagwort *nt*, Parole *f*; **siyasal ~lar** politische Parolen
Slovak I. *s* Slowake, Slowakin *m, f* **II.** *adj* slowenisch
Slovakya *s* Slowakei *f*; ~ **Cumhuriyeti** die Slowakische Republik
Sloven I. *s* Slowene, Slowenin *m, f* **II.** *adj* slowenisch
Slovenya *s* Slowenien *nt*
smaç *s* SPORT (*voleybolda*) Schmetterschlag *m*
smog *s* Smog *m*
smokin *s* Smoking *m*
snack-bar *s s.* **sinek bar**
snobizm *s ohne pl* Snobismus *m*
snop I. *s* <-bu> Snob *m* **II.** *adj* snobistisch
snopluk <-ğu> *s ohne pl* Snobismus *m*
soba *s* Ofen *m* **soba borusu** *s* Ofenrohr *nt*
sobalı *adj* ofenbeheizt; ~ **bir oda** ein Zimmer mit Ofen, ein ofenbeheiztes Zimmer
soda *s* Soda *nt*; **maden ~sı** Mineralwasser mit Kohlensäure
sodalı *adj* kohlensäurehaltig, mit Kohlensäure
sodomi *s ohne pl* Sodomie *f*
sodyum *s ohne pl* CHEM Natrium *nt* **sodyum bikarbonat** *s ohne pl* CHEM Natriumbicarbonat *nt* **sodyum nitrat** *s* CHEM Natriumnitrat *nt* **sodyum sülfat** *s ohne pl* CHEM Natriumsulfat *nt*
sofa *s* Diele *f*, Vorraum *m*; (*hol*) Flur *m*
sofi *s* Sufi *m*
sofistike *adj* ① (*aşırı ölçüde yapmacıklı davranan*) affektiert; ~ **bir kimse** eine affektierte Person ② (*aşırı karmaşık olan*) äußerst kompliziert
sofra *s* Tisch *m*; (*yemek ~sı*) Esstisch *m*; **~yı kurmak** den Tisch decken **sofra duası** *s* Tischgebet *nt* **sofra örtüsü** *s* Tischdecke *f*
softa I. *s* REL, HIST (*medrese öğrencisi*) Medrese-Schüler *m* **II.** *s* (*fig, pej: bir inanışa körü körüne bağlanan*) blindgläubig, bigott
sofu *adj* fromm
sofuluk <-ğu> *s ohne pl* Frömmigkeit *f*; **~ taslamak** (*pej*) frömmeln
soğan *s* BOT ① (*Allium cepa*) Zwiebel *f*, Gartenzwiebel *f* ② (*lale ~ı*) Zwiebel *f*
soğancık <-ğı> *s* ① BOT Schnittlauch *m* ② (*sarımsak dişi*) Knoblauchzehe *f* ③ ANAT Myelenzephalon *nt*, Nachhirn *nt*, verlängertes Mark
soğan kubbeli kule *s* ARCH Zwiebelturm *m*
soğanlı bitki *s* BOT Zwiebelgewächs *nt*
soğrumsama *s s.* **yüze soğurma** CHEM, PHYS Adsorption *f*
soğuk I. *s* <-ğu> ① Kälte *f*; **~ almak** eine Erkältung bekommen; (*üşütmek*) sich erkälten, sich eine Erkältung holen; **bu ~ta** bei dieser Kälte; **~tan dişleri takırdıyordu** er klapperte vor Kälte mit den Zähnen; **kuru bir ~** eine trockene Kälte ② Frost *m*; **~ çalmak** durch den Frost leiden; **bitkileri ~ çalmış** die Pflanzen haben durch den Frost gelitten; **~ vurmak** [*o* **yakmak**] Frost (ab)bekommen; **bu bitkileri ~ vurmuş** [*o* **yakmış**] diese Pflanzen haben Frost (ab)bekommen **II.** *adj* ① (*sıcak karşıtı*) kalt ② (*fig*) **~ bir cevap** eine kaltschnäuzige Antwort; **~ duş etkisi** (**yapmak**) eine kalte Dusche (sein) ③ (*fig: duygudan yoksun olan*) gefühlskalt; (*içten olmayan*) kaltherzig **soğuk açış** *s* INFORM Kaltstart *m* **soğuk algınlığı** *s* Erkältung *f* **soğuk büfe** *s* GASTR kaltes Büfett **soğuk dalgası** *s* METEO Kältewelle *f* **soğuk hava** *s ohne pl* METEO Kaltluft *f* **soğuk hava cephesi** *s* METEO Kaltfront *f* **soğuk hava deposu** *s* Kühlhaus *nt* **soğuk ısırması** *s* Frostbeule *f*
soğukkanlı *adj* kaltblütig
soğukkanlılık <-ğı> *s ohne pl* Kaltblütig-

keit *f*
soğuklama *s* REG ❶ *Verbalsubstantiv zu* **soğuklamak** ❷ (*soğuk algınlığı*) Erkältung *f*
soğuklamak *vi* REG sich erkälten
soğukluk <-ğu> *s* ❶ Nachspeise *f*, Dessert *nt* ❷ (*ohne Pl, davranış*) Kälte *f*, Kühle *f* ❸ (*fig*) Entfremdung *f*; **aramıza ~ girdi** zwischen uns ist eine Entfremdung eingetreten ❹ (*fig*) Frigidität *f* **soğukluk derecesi** *s* Kältegrad *m*
soğulma *s Verbalsubstantiv zu* **soğulmak**
soğulmak *vi* austrocknen, vertrocknen
soğuma *s* ❶ *Verbalsubstantiv zu* **soğumak** ❷ Abkühlung *f*; **ekonomik ~** konjunkturelle Abkühlung
soğumak *vi* ❶ kalt werden, sich abkühlen; **hava soğuyor** es wird kalt; **çay/yemek soğuyor** der Tee/das Essen wird kalt ❷ (*fig*) **bir şeyden ~** die Lust an etw verlieren
soğurgan *adj* absorptiv
soğurma *s* ❶ *Verbalsubstantiv zu* **soğurmak** ❷ Absorption *f*
soğurmak *vt* absorbieren, aufsaugen; **yüze ~** adsorbieren
soğurucu *s* PHYS Absorbens *nt*
soğutma *s* ❶ *Verbalsubstantiv zu* **soğutmak** ❷ Kühlung *f* **soğutma düzeni** *s* Kühlanlage *f*
soğutmak *vt* ❶ *Kausativ zu* **soğumak** ❷ (ab)kühlen ❸ (*fig*) entfremden; **birini birinden ~** jdn jdm entfremden
soğutma suyu *s* Kühlwasser *nt*
soğutucu *s* Kühler *m*
sohbet *s* ❶ Unterhaltung *f*, Konversation *f*, Plauderei *f*; **~ etmek** sich unterhalten, Konversation machen, plaudern ❷ INFORM (*internette*) Chat *m*; **~ etmek** chatten
sok *vt Imperativ von* **sokmak**
sokağa çıkma yasağı *s* Ausgangssperre *f*, Ausgehverbot *nt*
sokağı *s poss von* **sokak**
sokak <-ğı> *s* ❶ Straße *f*; **~taki adam** der Mann auf der Straße ❷ (*ara, çıkmaz ~*) Gasse *f*; **karanlık ~larda** in den dunklen Gassen **sokak çetesi** *s* Straßenbande *f* **sokak çocuğu** *s* Straßenkind *nt* **sokak gürültüsü** *s* Straßenlärm *m* **sokak kadını** *s* Straßenmädchen *nt* **sokak kapısı** *s* Haustür *f* **sokak kızı** *s* Straßenmädchen *nt* **sokak köşesi** *s* Straßenecke *f* **sokak lambası** *s* Straßenlaterne *f* **sokak levhası** *s* Straßenschild *nt* **sokak satıcısı** *s* Straßenhändler(in) *m(f)* **sokak süpürgesi** *s* (*fig, pej fam: sürtük*) Flittchen *nt*, Schlampe *f*
sokar *vt 3. Aorist von* **sokmak**

soket *s* (*kısa çorap*) Socke *f*
sokma *s* ❶ *Verbalsubstantiv zu* **sokmak** ❷ (*böcek ~sı*) Stich *m*; (*yılan ~sı*) Biss *m* ❸ Einführung *f* ❹ (*yasak mal*) Einfuhr *f*
sokmak <-ar> *vt* ❶ einführen (**-e** in), hineinschieben (**-e** in) ❷ (hinein)stecken (**-e** in), (ein)stecken (**-e** in); **burnunu her (bir) boka ~** (*vulg*) seine Nase in jeden Dreck stecken; **cebine ~** in die Tasche stecken; **fişi prize ~** den Stecker in die Steckdose stecken ❸ (*böcek*) stechen; (*yılan*) beißen ❹ (*gizlice getirmek*) einschmuggeln, schleusen (**-e** in), (illegal) einführen; **ülkeye kaçak eşya ~** Schmuggelware ins Land einführen ❺ (*fig*) andrehen ❻ **araya ~** einschieben; **devreye ~** einschalten; **bir şeyi düzene ~** etw in Ordnung bringen; **hizmete ~** einsetzen; **komaya ~** ins Koma versetzen; **tehlikeye ~** gefährden, in Gefahr bringen
sokra *s* NAUT Fuge *f*
soku *s* REG ❶ (*taş dibek*) Steinmörser *m* ❷ (*tokmak*) Stößel *m*
sokulgan *adj* anschmiegsam; (*hayvan*) zutraulich
sokulganlık <-ğı> *s* Anschmiegsamkeit *f*; (*hayvan için*) Zutraulichkeit *f*
sokulma *s* ❶ *Verbalsubstantiv zu* **sokulmak** ❷ Annäherung *f*
sokulmak *vi* ❶ *pass von* **sokmak** ❷ (*yaklaşmak*) sich annähern; **fazla sokulma!** nicht so nah!
sokum *s* ❶ REG (*lokma*) Happen *m*, Bissen *m* ❷ GASTR (*dürüm*) Teigrolle *f* ❸ *s.* **kuyruk sokumu**
sokuşturma *s* ❶ *Verbalsubstantiv zu* **sokuşturmak** ❷ (*fig*) Stichelei *f*
sokuşturmak *vt* ❶ (*dar bir yere*) pferchen (**-e** in), (hinein)stopfen (**-e** in) ❷ (*fig*) **manav çürük elmaları sokuşturup çocuğa verdi** der Obsthändler hat dem Kind die faulen Äpfel angedreht ❸ (*fig: dokunaklı, acı söz söylemek*) sticheln
sol[1] *vi Imperativ von* **solmak**
sol[2] **I.** *s* ❶ Linke *f*; **~a dönmek** links abbiegen; **~da sıfır** (*fig*) eine absolute Null; **~unda** zu seiner Linken ❷ SPORT (*boksta*) Linke *f*; **~ çıkarmak** seine Linke einsetzen ❸ POL Linke *f*; **aşırı ~** die extreme Linke **II.** *adj a.* POL linke(r, s); **~ el/omuz/şerit** die linke Hand/Schulter/Spur
sol[3] *s* MUS G *nt* **sol açık** <-ğı> *s* SPORT (*futbolda*) Linksaußen *m*; **sol açığa pas vermek** den Linksaußen anspielen
solak **I.** *s* <-ğı> Linkshänder(in) *m(f)* **II.** *adj* linkshändig; **~ insanlar** linkshändige Menschen
sol anahtarı *s* MUS G-Schlüssel *m*, Violin-

schlüssel *m*
solar *vi 3. Aorist von* **solmak**
solaryum *s* Solarium *nt*
solcu **I.** *s* POL Linke(r) *f(m)* **II.** *adj* POL links orientiert
sol diyez *s* MUS Gis *nt*
soldurma *s Verbalsubstantiv zu* **soldurmak**
soldurmak *vt* ❶ *Kausativ zu* **solmak** ❷ ausbleichen; **güneş, boyaları soldurdu** die Sonne hat die Farben ausgebleicht
sol eğilimli *adj* POL linksgerichtet
solfej *s* MUS Solfeggio *nt*
solgun *adj* bleich, blass
solgunlaşma *s Verbalsubstantiv zu* **solgunlaşmak**
solgunlaşmak *vi* verblassen, verbleichen
sol iç *s* SPORT (*futbolda*) Halblinke(r) *f(m)*
solist *s* Solist(in) *m(f)*
sollama *s Verbalsubstantiv zu* **sollamak**
sollamak *vt* AUTO (links) überholen
sollama şeridi *s* AUTO Überholspur *f*
solma *s Verbalsubstantiv zu* **solmak**
sol majör *s ohne pl* MUS G-Dur *nt*
solmak <-ar> *vi* ❶ (*çiçek*) verblühen, verwelken ❷ (*rengi uçmak*) verblassen, verbleichen
solmaz *adj* (*rengini yitirmeyen*) farbecht
solmazlık <-ğı> *s ohne pl* Farbechtheit *f*
sol minör *s ohne pl* MUS G-Moll *nt*
solo *s* Solo *nt*
solocu *s* (*solist*) Solist(in) *m(f)*
solucan *s* ZOOL Wurm *m;* (*yer* ~*ı*) Regenwurm *m* **solucan düşürücü** *s* MED Wurmmittel *nt*
soluk¹ <-ğu> *s ohne pl* ❶ (*nefes*) Atem *m;* ~ **almadan dinlemek** atemlos lauschen; ~ **almak** einatmen, Atem holen; ~ **vermek** ausatmen; **soluğunu tutmak** den Atem anhalten ❷ Atemzug *m;* **bir** ~**ta** in einem Atemzug
soluk² *adj* ❶ (*cilt için*) blass ❷ (*ışık için*) schwach ❸ (*kumaş*) verblichen
soluk borusu *s* ANAT Luftröhre *f* **soluk darlığı** *s ohne pl* MED Atembeklemmung *f,* Atemnot *f* **soluk kesici** *adj* atemberaubend
soluklaşma *s Verbalsubstantiv zu* **soluklaşmak**
soluklaşmak *vi* verblassen
solukluk <-ğu> *s ohne pl* Blässe *f*
soluk soluğa *adv* atemlos, außer Atem; ~ **kalmak/olmak** außer Atem kommen/sein **soluk yüzlü** *adj* blass
soluma *s Verbalsubstantiv zu* **solumak**
solumak *vi* ❶ (*soluk alıp vermek*) atmen; **burnundan** ~ durch die Nase atmen ❷ (*sık ve kesik soluklar alıp vermek*) keuchen, schnaufen; **burnundan** ~ (*çok öfkelenmiş olmak*) vor Wut schnauben ❸ (*fig*) keuchen; **otomobil soluyarak yokuşu tırmanıyordu** keuchend fuhr das Auto den Berg hinauf
solungaç <-cı> *s* ZOOL Kieme *f*
solunma *s Verbalsubstantiv zu* **solunmak**
solunmak *vi* atmen
solunum *s ohne pl* ❶ Atmung *f* ❷ Beatmung *f;* **suni** ~ künstliche Beatmung
solunum aleti *s* Beatmungsgerät *nt*
solunum yolları *pl* Atemwege *pl*
solüsyon *s* CHEM (*çözelti*) Lösung *f*
som¹ *adj* massiv; ~ **altın** massives Gold
som² *s* Lachs *m*
soma¹ *s s.* **suma** Branntwein *m*
soma² *s* Körperzellen *pl*
Somali **I.** *s* Somalia *nt* **II.** *adj* somalisch
Somalili *s* Somalier(in) *m(f)*
som balığı *s* Lachsfisch *m*
somun¹ *s* Laib *m;* **bir** ~ **ekmek** ein Laib Brot
somun² *s* TECH Mutter *f;* (*terminal* ~*u*) Bolzen *m*
somurma *s Verbalsubstantiv zu* **somurmak**
somurmak *vt* saugen
somurtkan *adj* mürrisch, brummig
somurtma *s Verbalsubstantiv zu* **somurtmak**
somurtmak *vi* schmollend den Mund verziehen
somut **I.** *adj* konkret **II.** *s* LING Konkretum *nt* **somut isim** <-smi> *s* LING Konkretum *nt*
somutlaşma *s* ❶ *Verbalsubstantiv zu* **somutlaşmak** ❷ Konkretisierung *f*
somutlaşmak *vi* sich konkretisieren
somutlaştırma *s* ❶ *Verbalsubstantiv zu* **somutlaştırmak** ❷ Konkretisierung *f*
somutlaştırmak *vt* konkretisieren
somutluk <-ğu> *s* Konkretheit *f*
somya *s* Sprungfederrahmen *m*
son **I.** *s* ❶ Ende *nt,* Schluss *m,* Abschluss *m;* ~ **bulmak** ein Ende finden; **bir şeye** ~ **vermek** etw ein Ende machen, mit etw Schluss machen; **hayatına** ~ **vermek** mit dem Leben Schluss machen; ~**a ermek** zu Ende gehen; (*bitmek*) enden, aufhören; ~**u gelmemek/görünmemek** kein Ende finden/absehen; ~**u görünmek** seinem Ende zugehen; ~**u iyi/kötü bitmek** ein gutes/böses Ende nehmen; ~**una gelmek** zum Ende [*o* Abschluss] kommen; ~**una kadar kalmak** bis zum Ende [*o* Schluss] bleiben; ~**unu getirmek** zu Ende [*o* Abschluss] bringen; ~**unu getirememek** nicht zu Ende [*o* Abschluss] bringen können; ~ **saf-**

hasına gelmek kurz vor dem Ende [*o* Abschluss] stehen; **~a kalan dona kalır** (*prov*) die Letzten beißen die Hunde; **dünyanın ~una kadar** bis ans Ende der Welt; **şubat/mayıs ~u** Ende Februar/Mai; **yılın ~u** das Ende des Jahres; **yılın ~unda** (am) Ende des Jahres ❷ ANAT, MED (*döl eşi*) Mutterkuchen *m;* (*plasenta*) Plazenta *f* ❸ SPORT (*final*) Finale *nt* **II.** *adj* abschließend, letzte(r, s); **~ adam** (*futbolda*) letzter Mann, Ausputzer *m;* **~ çare** der letzte Ausweg; **~ damlasına kadar** bis auf den letzten Tropfen; **~ gülen iyi güler** (*prov*) wer zuletzt lacht, lacht am besten; **~ zamanda** in letzter Zeit **son adam** *s* SPORT (*futbolda*) Ausputzer *m*

sona erme *s ohne pl* Beendigung *f*

sonar *s* ❶ *ohne pl* TECH (*sistem*) Sonar *nt* ❷ (*aygıt*) Sonar *nt,* Sonargerät *nt,* Echolot *nt*

son aşama *s* Endphase *f,* Endstadium *nt*

sonat *s* MUS Sonate *f*

sonbahar *s* (*güz*) Herbst *m* **sonbahar akşamı** *s* Herbstabend *m* **sonbahar modası** *s* Herbstmode *f*

sonda *s* ❶ Sonde *f* ❷ MED Katheter *m*

son derece *adv* äußerst **son deyiş** *s* Epilog *m* **son dördün** *s* ASTRON abnehmender Mond **son durak** <-ğı> *s* Endstation *f;* (*tramvay, otobüs*) Endhaltestelle *f*

sone *s* LIT Sonett *nt*

son hesap *s* FIN Endabrechnung *f;* (*kapanış hesabı*) Abschlussrechnung *f,* Schlussabrechnung *f*

son kânun *s s.* **ocak** Januar *m*

sonlama *s* ❶ *Verbalsubstantiv zu* **sonlamak** ❷ Beendigung *f*

sonlamak *vt* beenden, abschließen

sonlu *adj* MATH endlich; **~ bir büyüklük/sayı** ein endliche Größe/Zahl

son nefes *s* ❶ **~ine kadar** bis zum letzten Atemzug ❷ (*fig: hayatın sonu*) Lebensende *nt*

sonra *adv* ❶ später; (*müteakiben*) nach; **ben ~ gelirim** ich komme später [*o* nach] ❷ nach; **az zaman ~** nach kurzer Zeit; **bir süre ~** nach einer Weile; **bundan ~** von nun [*o* jetzt] an [*o* ab]; **ondan ~** danach; **yoldan ~ orman başlar** nach dem Weg fängt der Wald an ❸ (*-dikten ~*) nachdem; **depoyu doldurduktan ~ yolumuza devam ettik** nachdem wir vollgetankt hatten, fuhren wir weiter ❹ (*yoksa*) sonst, andernfalls; **geç kalma, ~ azar işitirsin!** sei pünktlich, sonst gibt es Schelte!

sonradan *adv* nachher, hinterher; **~ gelmek** nachkommen **sonradan görme** *s,* **sonradan görmüş** *s* (*pej*) Neureiche(r) *f(m)*

son rakam *s* Endziffer *f*

sonraki *adj* später

sonraları *adv* später

sonrasız *adj s.* **sonsuz** unendlich

sonrasızlık <-ğı> *s s.* **sonsuzluk** Unendlichkeit *f*

sonsal *adj* PHILOS (*aposteriori*) a posteriori; *s. a.* **önsel**

son ses *s* LING Auslaut *m* **son soruşturma** *s* JUR Hauptverfahren *nt*

sonsuz *adj* unendlich, endlos; (*ebedî*) ewig

sonsuzluk <-ğu> *s ohne pl* ❶ Unendlichkeit *f,* Endlosigkeit *f* ❷ (*ebediyet*) Ewigkeit *f*

sonteşrin *s s.* **kasım** November *m*

sonuç <-cu> *s* ❶ Ergebnis *nt,* Resultat *nt,* Ausgang *m,* Fazit *nt;* **bir şeyden ~ çıkarmak** das Fazit aus etw ziehen; **iyi/kötü ~ almak** gut/schlecht abschneiden, ein gutes/schlechtes Ergebnis erzielen ❷ (*pl*) **hukuki ~lar** rechtliche Folgen ❸ (*bir sözün bitim bölümü*) Schluss *m*

sonuçlama *s* ❶ *Verbalsubstantiv zu* **sonuçlamak** ❷ Beendung *f,* Beendigung *f*

sonuçlamak *vt* (*sonuçlandırmak*) zum Abschluss bringen; (*sonuca ulaştırmak*) zu einem Ergebnis führen, ein Ergebnis erzielen; (*bitirmek*) abschließen, beenden, beendigen

sonuçlandırma *s* ❶ *Verbalsubstantiv zu* **sonuçlandırmak** ❷ Beendung *f,* Beendigung *f*

sonuçlandırmak *vt* (*bitirmek*) zum Abschluss bringen; (*sonuca ulaştırmak*) zu einem Ergebnis führen, ein Ergebnis erzielen, abschließen, beenden, beendigen

sonuçlanma *s Verbalsubstantiv zu* **sonuçlanmak**

sonuçlanmak *vi* ❶ *pass von* **sonuçlamak** zum Abschluss kommen; **başarıyla ~** zu einem erfolgreichen Abschluss kommen ❷ (*bitmek*) enden, ausgehen

sonuçsuz *adj* ergebnislos, resultatlos

sonuç yarışması *s* SPORT Entscheidungskampf *m*

sonunda *adv* letztlich, schließlich; **eninde ~** (*ne zaman olsa*) über kurz oder lang; (*en sonda*) schließlich

sonuşmaz *s* MATH (*asimptot*) Asymptote *f*

sopa *s* ❶ (*kalın değnek*) Stock *m;* **eline bir ~ aldı** er nahm einen Stock in die Hand ❷ (*yapılan vuruş*) Stockhieb *m;* **ceza olarak elli ~ attılar** als Strafe versetzten sie ihm fünfzig Stockhiebe; **iki ~ yedi** er hat zwei Stockhiebe bekommen ❸ (*fig: dayak*) Prügel *m;* **birine ~ atmak** [*o* **çekmek**] jdn (ver)prügeln; **~ yemek** Prügel bekommen

S

[*o* beziehen]
sopalama *s Verbalsubstantiv zu* **sopalamak**
sopalamak *vt* mit dem Stock schlagen, (jdm) Stockhiebe versetzen
soprano *s* MUS ❶ (*ses*) Sopran *m* ❷ (*sanatçı*) Sopranistin *f*
sor *vt Imperativ von* **sormak: bana ~(ma)!** frag mich (nicht)!
sorar *vt 3. Aorist von* **sormak**
sora sora *adv* fragend; **~ yolunu bulmak** sich durchfragen
sorgu *s* Verhör *nt,* Vernehmung *f;* **birini ~ya çekmek** jdn einem Verhör unterziehen, jdn vernehmen
sorguç <-cu> *s* ZOOL (*kuşlarda*) Haube *f*
sorgu hakimi *s* Vernehmungsrichter(in) *m(f)*
sorgulama *s* ❶ *Verbalsubstantiv zu* **sorgulamak** ❷ Vernehmung *f* ❸ INFORM Abfrage *f*
sorgulamak *vt* ❶ vernehmen ❷ INFORM abfragen
sorgulama ortamı *s* INFORM Abfragemedium *nt*
sorgu sual <-i> *s* Fragerei *f*
sorgusuz sualsiz *adv* ohne zu fragen
sorgu yargıcı *s* JUR Vernehmungsrichter(in) *m(f)*
sorma *s Verbalsubstantiv zu* **sormak**
sormaca *s* Umfrage *f,* Befragung *f*
sormak <-ar> *vt* ❶ fragen; **birine ahret sualleri ~** (*fam*) jdm Löcher in den Bauch fragen; **birine ~** jdn fragen; **birine bir soru ~** jdm eine Frage stellen ❷ (*sorarak öğrenmek*) erfragen; **müzeye giden yolu ~** den Weg zum Museum erfragen, nach dem Weg zum Museum fragen
sorti *s* ❶ ELEK Anschluss *m* ❷ (*çıkış*) Ausgang *m*
soru *s* Frage *f;* **birine ~ sormak** jdn fragen, jdm eine Frage stellen
soru cümlesi *s* LING Fragesatz *m* **soru işareti** *s* Fragezeichen *nt*
sorumlu *adj* ❶ verantwortlich ❷ verantwortungsvoll
sorumluluk <-ğu> *s* ❶ Verantwortung *f;* **~ üstlenmek** [*o* **yüklenmek**] Verantwortung übernehmen; **bir kimse/şey için ~ taşımak** die Verantwortung für jdn/etw tragen ❷ JUR Haftung *f;* **sınırlı/sınırsız ~** JUR beschränkte/unbeschränkte Haftung
sorumluluk duygusu *s ohne pl* Verantwortungsgefühl *nt*
sorumsuz *adj* ❶ unverantwortlich ❷ verantwortungslos
sorumsuzluk <-ğu> *s* Verantwortungslosigkeit *f*
sorun *s* Problem *nt;* **~ çıkmadı** es gab keine Probleme; **~larımızın çözümü** die Lösung unserer Probleme
sorunlu *adj* (*problemli*) problematisch
sorunsal *adj* (*problematik*) problematisch
sorunsuz *adj* problemlos
soruşturma *s* ❶ *Verbalsubstantiv zu* **soruşturmak** ❷ Befragung *f;* (*anket*) Umfrage *f* ❸ (*tahkikat*) Untersuchung *f,* Ermittlungen *pl;* **~ açmak** Ermittlungen einleiten
soruşturmak *vi* ❶ umfragen ❷ (*araştırmak*) nachforschen ❸ *a.* JUR Untersuchungen anstellen, Ermittlungen anstellen
soruşturma komisyonu/kurulu *s* Untersuchungsausschuss *m*
soru zamiri *s* LING Fragewort *nt,* Fragepronomen *nt,* Interrogativpronomen *nt* **soru zarfı** *s* LING Interrogativadverb *nt*
sos *s* GASTR Sauce *f*
sosis *s* GASTR Würstchen *nt*
sosyal <-li> *adj* sozial; (*toplumsal*) gesellschaftlich; **~ statü** soziale [*o* gesellschaftliche] Stellung **sosyal bünye** *s s.* **sosyal yapı** Sozialstruktur *f* **sosyal çalışmacı** *s* Sozialarbeiter(in) *m(f)* **sosyal demokrat** *s* Sozialdemokrat(in) *m(f)* **sosyal devlet** *s* Sozialstaat *m*
sosyalist I. *s* Sozialist(in) *m(f)* **II.** *adj* sozialistisch
sosyalistik *adj* sozialistisch
sosyalizasyon *s* Sozialisierung *f; s. a.* **toplumsallaştırma**
sosyalizm *s ohne pl* Sozialismus *m*
sosyal konut *s* Sozialwohnung *f*
sosyalleştirme *s* ❶ *Verbalsubstantiv zu* **sosyalleştirmek** ❷ Sozialisierung *f*
sosyalleştirmek *vt* sozialisieren
sosyal yapı *s* Sozialstruktur *f*
sosyete *s ohne pl* Schickeria *f;* **jet ~** Jetset *m;* **yüksek ~** High Society *f* **sosyete gülü** *s* Schickimicki *m*
sosyetik <-ği> *adj* (*pej*) **~ bir tip** ein Schickimicki-Typ
sosyolog *s* Soziologe, -login *m, f*
sosyoloji *s ohne pl* Soziologie *f*
sosyolojik *adj* soziologisch
sote *s* GASTR **ciğer ~si** geschmorte Leber
Sovyet I. *s* Sowjet *m* **II.** *adj* sowjetisch, Sowjet-
Sovyetler Birliği *s* HIST Sowjetunion *f*
Sovyet vatandaşı *s* HIST Sowjetbürger(in) *m(f)*
soy I. *s* ❶ (*sülâle*) Geschlecht *nt,* Familie *f,* Sippe *f;* (*atalar*) Ahnen *pl;* (*~ ağacı*) Stamm *m* ❷ (*cins*) Geschlecht *nt;* (*tür*) Art *f;* (*at, köpek ~u*) Rasse *f;* **~u tükenmek** aussterben; **~u tükenmeye yüz tutmuş bir tür** eine vom Aussterben bedrohte Art **II.** *adj* reinrassig

soya *s* Soja *f*
soya çekim *s* Vererbung *f*
soyadı *s* Familienname *m,* Zuname *m;* **~nız ne?** wie heißen Sie mit Familiennamen?; **adınızı ve ~nızı yazınız!** schreiben Sie Vor- und Zuname!
soya fasulyesi *s* Sojabohne *f*
soy ağacı *s* Stammbaum *m,* Ahnentafel *f*
soya sütü *s* Sojamilch *f* **soya unu** *s* Sojamehl *nt* **soya yağı** *s* Sojaöl *nt*
soy bilimi *s ohne pl* Ahnenforschung *f*
soydaş **I.** *s* Artgenosse, -genossin *m, f* **II.** *adj* artgleich
soy gaz *s s.* **asal gaz** Edelgas *nt*
soygun *s* ❶ Raub *m,* Überfall *m* ❷ (*vurgun*) Fischzug *m*
soyguncu **I.** *s* Räuber(in) *m(f)* **II.** *adj* räuberisch
soygunculuk <-ğu> *s* Raub *m,* Räuberei *f*
soy kırımı *s* Völkermord *m;* (*jenosit*) Genozid *m* **soy kütüğü** *s* Stammbaum *m*
soylu **I.** *s* Adelige(r) *f(m)* **II.** *adj* ❶ (*asil*) adelig ❷ edel **soylu erki** *s* (*aristokrasi*) Aristokratie *f* **soylu kadın** *s* HIST Edelfrau *f*
soyluluk <-ğu> *s* Adel *m,* Adelsstand *m* **soyluluk unvanı** *s* Adelstitel *m*
soyma *s Verbalsubstantiv zu* **soymak**
soymak <-ar> *vt* ❶ (*patates*) schälen; (*kabuğunu*) (ab)pellen ❷ (*banka*) ausrauben
soy oluş *s* BIOL (*filojenez*) Phylogenese *f*
soysuz *adj* (*dejenere*) degeneriert, entartet
soysuzlaşma *s* ❶ *Verbalsubstantiv zu* **soysuzlaşmak** ❷ Entartung *f;* (*dejenereleşme*) Degeneration *f*
soysuzlaşmak *vi* sich entarten; (*dejenereleşmek*) degenerieren
soytarı *s* ❶ Narr *m* ❷ Harlekin *m*
soy tükenmesi *s ohne pl* Aussterben *nt*
soyulma *s ohne pl Verbalsubstantiv zu* **soyulmak**
soyulmak *vi* ❶ *pass von* **soymak: sokağın ortasında soyuldu** er wurde mitten auf der Straße ausgeraubt ❷ (*derisi*) sich ablösen, sich häuten, sich pellen
soyunma *s Verbalsubstantiv zu* **soyunmak**
soyunmak *vi* ❶ sich ausziehen ❷ (*fig*) **yazarlığa soyundu** er versucht es mit der Schriftstellerei
soyu sopu *s ohne pl* (*pej fam*) Sippschaft *f,* Mischpoke *f*
soyut **I.** *adj* abstrakt **II.** *s* LING Abstraktum *nt* **soyut isim** <-smi> *s* LING Abstraktum *nt*
soyutlama *s* ❶ *Verbalsubstantiv zu* **soyutlamak** ❷ Abstraktion *f*
soyutlamak *vt* abstrahieren (**-den** von)
soyu tükenmiş *adj* ausgestorben
söbe *adj* oval, eiförmig
söğüt <-dü> *s* BOT Weide *f*
söğütgiller *pl* BOT Weidegewächse *pl*
söğüt tırtılsısı *s* BOT Weidenkätzchen *nt*
sök *vt Imperativ von* **sökmek**
söker *vi 3. Aorist von* **sökmek**
sökme *s ohne pl* ❶ *Verbalsubstantiv zu* **sökmek** ❷ Demontage *f,* Abbau *m*
sökmek **I.** *vt* ❶ demontieren, abmontieren, abbauen; (*parçalarına ayırmak*) auseinandernehmen ❷ (*karışık bir yazıyı okumak*) entziffern ❸ (*fam: zorlukları atlatmak*) bewältigen; **dört ayda okumayı söktü** in vier Monaten hat er das Lesen geschafft ❹ (*fam: vazgeçirmek*) abbringen (**-den** von) **II.** *vi* ❶ (*tan, şafak*) dämmern; **şafak söküyor** der Morgen dämmert ❷ (*çıkagelmek*) eintreffen ❸ (*fam*) ziehen; **bu bana sökmez** das zieht bei mir nicht; **bu oyun her zaman söker** dieser Trick zieht immer
söktürme *s Verbalsubstantiv zu* **söktürmek**
söktürmek *vt* ❶ *Kausativ zu* **sökmek** ❷ (*idrar*) treiben
söktürücü *adj* (*gaz, idrar~*) treibend
sökülme *s ohne pl* ❶ *Verbalsubstantiv zu* **sökülmek** ❷ Demontage *f,* Abbau *m;* **iskelenin ~si bir hafta sürdü** der Abbau des Gerüsts hat eine Woche gedauert
sökülmek **I.** *vi pass von* **sökmek** **II.** *vt* (*sl: paraları*) (he)rausrücken
sölom *s* ZOOL Zölom *nt*
sölpük <-ğü> *adj* schlaff
sölpüme *s* ❶ *Verbalsubstantiv zu* **sölpümek** ❷ Erschlaffung *f*
sölpümek *vi* erschlaffen
sömestir *s* Semester *nt;* **birinci/ikinci ~** erstes/zweites Semester
sömestr *s s.* **sömestir**
sömürge *s* Kolonie *f*
sömürgecilik <-ği> *s ohne pl* Kolonialismus *m*
sömürgeleştirme *s* ❶ *Verbalsubstantiv zu* **sömürgeleştirmek** ❷ Kolonialisierung *f*
sömürgeleştirmek *vt* kolonialisieren
sömürgen *s* (*pej*) Ausbeuter(in) *m(f)*
sömürme *s ohne pl* ❶ *Verbalsubstantiv zu* **sömürmek** ❷ Ausbeutung *f*
sömürmek *vt* ❶ ausbeuten ❷ (*yiyip bitirmek*) vertilgen, verschlingen ❸ (*soluğu ile çekip içmek*) aussaugen
sömürü *s ohne pl* Ausbeutung *f*
sömürücü *s* (*pej*) Ausbeuter(in) *m(f)*
söndürme *s* ❶ *Verbalsubstantiv zu* **söndürmek** ❷ Löschung *f*

söndürmek *vt* ❶ (*yangın*) löschen; **kireç ~** Kalk löschen ❷ (*ışığı*) ausmachen; **balonu ~** die Luft aus dem Ballon auslassen ❸ **bir şeyin üzerine basarak ~** etw austreten

söndürücü **I.** *s* (*yangın ~*) Löscher *m* **II.** *adj* Lösch-

sönme *s Verbalsubstantiv zu* **sönmek**

sönmek *vi* ❶ erlöschen, ausgehen; (*mum, ateş*) ausgehen, ausbrennen; **mum/ateş sönüyor** die Kerze/das Feuer brennt [*o* geht] aus ❷ (*balon*) zusammenfallen ❸ **gözü ~** das Augenlicht verlieren; **ümidi ~** die Hoffnung verlieren

sönük <-ğü> *adj* ❶ erloschen ❷ (*zayıf*) schwach; **~ ışık** ein schwaches Licht ❸ (*fig: silik*) unscheinbar

sönüm *s* ❶ WIRTSCH, FIN (*itfa*) Amortisation *f*, Tilgung *f*; **bir borcun ~ü** die Tilgung einer Schuld ❷ PHYS Dämpfung *f*

sönümleme *s* ❶ *Verbalsubstantiv zu* **sönümlemek** ❷ WIRTSCH, FIN Tilgung *f* ❸ PHYS Dämpfung *f*

sönümlemek *vt* ❶ WIRTSCH, FIN tilgen ❷ PHYS dämpfen

sör *s* ❶ Nonne *f* ❷ (*din uğruna hemşirelik yapan kadın*) Schwester *f*

sörf *s* Surfbrett *nt;* **~ yapmak** surfen

sörfçü *s* Surfer(in) *m(f)*

söve *s* ❶ (*kasa*) Zarge *f;* (*çerçeve*) Rahmen *m* ❷ (*eşik*) Schwelle *f*

sövgü *s* (*sövme*) Beschimpfung *f;* (*küfür*) Schimpfwort *nt*

sövme *s* ❶ *Verbalsubstantiv zu* **sövmek** ❷ Beschimpfung *f*

sövmek *vi* schimpfen, fluchen; **birine ~** jdn beschimpfen; **sövüp saymak** schimpfen und fluchen

söylem *s* ❶ (*telaffuz*) Aussprache *f* ❷ (*ifade*) Ausdruck *m*

söyleme *s* ❶ *Verbalsubstantiv zu* **söylemek** ❷ **~si kolay** leicht zu sagen; **benden ~si!** (*fam*) lass dir das gesagt sein!

söylemek *vt* ❶ sagen; **birine bir şey ~** jdm etw sagen; **söyleyeceği olmak** etw zu sagen haben ❷ singen; **millî marşı ~** die Nationalhymne singen; **şarkı ~** (ein Lied) singen

söylenegelmiş *adj* mündlich überliefert; **~ bir efsane** eine mündlich überlieferte Sage

söylenme *s Verbalsubstantiv zu* **söylenmek**

söylenmek *vi* ❶ *pass von* **söylemek** ❷ heißen, verlauten; **hasta olduğu söyleniyor** es heißt, er sei sehr krank; **heyecanlı olacağı söylendi** Spannung ist angesagt ❸ (*çıkışmak*) schimpfen (**-e** auf/mit); (*eleştirmek*) kritisieren (**-e**); (*sızlanmak*) jammern (**-e** über), meckern

söylenti *s* Gerücht *nt*

söyler *vt 3. Aorist von* **söylemek**

söyleşi *s* ❶ Gespräch *nt;* (*sohbet*) Plauderei *f*, Unterhaltung *f* ❷ Interview *nt*

söylev *s* Rede *f;* (*hitabe*) Ansprache *f*

söyleye söyleye *adv* **~ dilinde tüy bitmek** (*fam*) sich den Mund fuss(e)lig reden

söyleyiş biçimi *s* Sprechweise *f*

söz *s* ❶ Wort *nt;* **~ arasında** nebenbei bemerkt; **~ gümüşse sükût altındır** (*prov*) Reden ist Silber, Schweigen ist Gold; **bir şeyden ~ etmek** etw erwähnen; **birine bir şey ~ vermek** jdm etw versprechen; **~e karışmak** dazwischenreden; **~ü geçmek** das Sagen haben, den Ton angeben; **bir kimsenin/şeyin ~ünü etmek** jdn/etw erwähnen; **birinin ~ünü kesmek** jdn unterbrechen, jdm ins Wort fallen; **hiç ~ünü etmemek** kein Wort darüber verlieren; **uzun ~ün kısası** der langen Rede kurzer Sinn ❷ (*büyülü ~*) Spruch *m*, Formel *f* **söz dalaşı** *s* Wortgefecht *nt*

sözde **I.** *adj* angeblich **II.** *adv* angeblich

söz dizimi *s ohne pl* LING (*sentaks*) Syntax *f* **söz dizimsel** *s* LING (*sentaktik*) syntaktisch **söz gelimi** *adv*, **söz gelişi** *adv* beispielsweise **söz gösterisi** *s* TV (*tolkşov*) Talkshow *f* **söz götürmez** *adj* unbestritten, unumstritten; **bu ~** das steht außer Frage **söz karışıklığı** *s ohne pl* MED (*parafazi*) Paraphasie *f* **söz konusu** *s* ❶ Gesprächsthema *nt;* **~ nedir?** worum handelt es sich?, wovon ist die Rede?; **~ ol(ma)mak** (nicht) in Betracht kommen; **bir şeyi ~ yapmak** etw thematisieren; **bu, ~ olamaz!** das kommt nicht in Frage! ❷ (*sözü edilen*) **~ gün** der besagte Tag; **~ mektup** der betreffende Brief; **birçok eleman ~dur** betroffen sind verschiedene Mitarbeiter

sözleşme *s* Vertrag *m*, Übereinkommen *nt;* **Lahey ~si** Haager Übereinkommen

sözlük <-ğü> *s* Wörterbuch *nt;* **iki dilli ~** zweisprachiges Wörterbuch

sözlük bilimci *s* Lexikologe, -login *m, f*
sözlük bilimi *s ohne pl* Lexikologie *f*

söz oyunu *s* Wortspiel *nt*

sözsüz oyun *s* THEAT Mienenspiel *nt;* (*pantomim*) Pantomime *f*

sözün kısası *adv* kurzum

söz varlığı *s ohne pl* LING Wortgut *nt*

spagetti *s* GASTR Spagetti *pl*

spastik <-ği> *s* MED Spastiker(in) *m(f)*

spazm *s* MED Spasmus *m*

spektroskop <-bu> *s* PHYS (*tayfölçer*) Spektroskop *nt*, Spektrometer *nt*

spekülasyon *s* WIRTSCH Spekulation *f*
sperma *s* BIOL Sperma *nt*
spesifik *adj* spezifisch
spesiyal <-li> *adj* speziell
spesiyalist *s* Spezialist(in) *m(f)*
spesiyalite *s* Spezialität *f*
spiker *s* RADIO, TV Ansager(in) *m(f)*
spiral **I.** *s* MED Spirale *f;* **~ koydurtmak** sich eine Spirale einsetzen lassen **II.** *adj* spiralig
spiril *s* MED, BIOL Spirille *f*
spiritüalizm *s ohne pl* PSYCH (*tinselcilik*) Spiritualismus *m*
sponsor *s* Sponsor(in) *m(f)*
sponsorluk <-ğu> *s* ❶ Sponsorschaft *f* ❷ Sponsoring *nt;* **birine ~ etmek** jdn sponsern
spontane *adj* ❶ spontan ❷ (*çeviri*) simultan
spontaneizm *s ohne pl* Spontaneität *f*
spor[1] **I.** *s ohne pl* Sport *m;* **~ yapmak** Sport treiben **II.** *adj* sportlich, Sport-
spor[2] *s* BIOL, ZOOL, MED Spore *f*
spor araba *s* Sportwagen *m* **spor ayakkabı** *s* Sportschuh *m*
sporcu *s* Sportler(in) *m(f);* **yılın ~su seçilmek** zum Sportler des Jahres gekürt werden
spor federasyonu *s* Sportverband *m* **spor kesesi** *s* BOT Sporenbehälter *m,* Sporenträger *m* **spor kulübü** *s* Sportklub *m*
sporlanma *s Verbalsubstantiv zu* **sporlanmak**
sporlanmak *vi* BIOL Sporen bilden
sporlular *pl* ZOOL Sporentierchen *pl*
spor sahası *s* Sportplatz *m*
sportif *adj* sportlich
sportmen **I.** *s* Sportler(in) *m(f)* **II.** *adj* sportlich
sportmenlik <-ği> *s ohne pl* Sportlichkeit *f*
sportoto *s ohne pl* Sporttoto *nt,* Fußballtoto *nt*
spor türü *s* Sportart *f*
spot *s* ❶ TV, FILM Spot *m,* Werbespot *m* ❷ FILM Scheinwerferlicht *nt,* Flutlicht *nt* ❸ WIRTSCH Spotgeschäft *nt* **spot lambası** *s* THEAT Spotlight *nt*
sprey *s* Spray *m o nt*
stabilizatör *s* AUTO Stabilisator *m*
stadı *s poss von* **stat**
stadya *s* TECH Messlatte *f,* Messstock *m*
stadyum *s* Stadion *nt*
stagflasyon *s* WIRTSCH Stagflation *f*
staj *s* Praktikum *nt*
stajyer *s* Praktikant(in) *m(f)*
stalagmit *s* GEOL (*dikit*) Stalagmit *m*
stalagtit *s* GEOL (*sarkıt*) Stalagtit *m*
stand *s* (*sergilik*) Stand *m*
standart **I.** *s* <-dı> Standard *m,* Maßstab *m;* **yeni ~lar koymak** neue Maßstäbe setzen **II.** *adj* ❶ Standard- ❷ AUTO (*aksesuar*) serienmäßig **standart dil** *s* Standardsprache *f,* Hochsprache *f*
standartlaştırma *s* ❶ *Verbalsubstantiv zu* **standartlaştırmak** ❷ Standardisierung *f*
standartlaştırmak *vt* standardisieren
stand-bay *s,* **stand-by** *s* Stand-by *nt*
stant <-dı> *s* (*sergilik*) Stand *m*
star *s* FILM, MUS (*yıldız*) Star *m*
start *s* ❶ SPORT (*çıkış*) Start *m* ❷ **~ almak** anfangen, beginnen, starten; **~a geçmek** (*motor*) starten, anspringen **start yeri** *s* SPORT Start *m*
stat <-dı> *s s.* **stadyum** Stadion *nt*
statik **I.** *s* <-ği> ❶ PHYS Statik *f* ❷ PHYS (*stator*) Stator *m* **II.** *adj* ❶ (*duruk*) statisch ❷ (*fig*) statisch
stator *s* PHYS Stator *m*
statü *s* ❶ Status *m,* Stellung *f;* **sosyal ~** soziale Stellung ❷ (*tüzük*) Statut *nt;* (*Avrupa Konseyi ~ sü*) Satzung *f* ❸ (*heykel*) Statue *f*
statüko *s* Status quo *m*
statükoculuk <-ğu> *s* Besitzstandsdenken *nt*
stearik asit <-di> *s ohne pl* CHEM Stearinsäure *f*
steno *s* ❶ (*stenografi*) Steno *f,* Kurzschrift *f* ❷ (*stenograf*) Stenograf(in) *m(f)*
stenograf *s* Stenograf(in) *m(f)*
stenografi *s ohne pl* Kurzschrift *f*
step *s* Steppe *f; s. a.* **bozkır**
ster *s* Raummeter *m o nt*
steradyan *s* MATH Steradiant *m*
stereo *s ohne pl* Stereo *nt* **stereofoni** *s ohne pl* Stereophonie *f* **stereofonik** <-ği> *adj* stereophon, stereofon, stereophonisch, stereofonisch **stereoskop** *s* Stereoskop *nt*
stereotipi *s ohne pl* TYPO Stereotypie *f*
steril *adj* ❶ (*verimsiz*) steril, unfruchtbar ❷ (*mikroptan arınmış*) steril, keimfrei
sterilize *adj* steril, keimfrei; **bir şeyi ~ etmek** etw sterilisieren, etw keimfrei machen, etw entkeimen
sterin *s ohne pl,* **sterol** <-ü> *s ohne pl* MED Sterin *nt*
stetoskop <-bu> *s* MED Stethoskop *nt*
steyşın *s* AUTO Kombi *m,* Kombiwagen *m*
stil *s* Stil *m*
stilist *s* Stylist(in) *m(f),* Modeschöpfer(in) *m(f);* (*moda desinatörü*) Modedesigner(in) *m(f)*
stilistik <-ği> *s ohne pl* LING Stilistik *f*

stil mobilya *s* Stilmöbel *nt*

stilo *s* (*fam*) Füller *m*

stok *s* COMM ❶ Bestand *m*, Vorrat *m*; ~ **etmek** Vorräte ansammeln; **satışlar ~larımızla sınırlıdır** solange der Vorrat reicht ❷ Lager *nt*; **~ta** am Lager, auf Lager; **bir şeyi ~ta bulundurmak** etw auf Lager haben ❸ ~ **etmek** anhäufen

stoklama *s* ❶ *Verbalsubstantiv zu* **stoklamak** ❷ Bevorratung *f* ❸ Anhäufung *f*

stoklamak *vt* ❶ bevorraten ❷ anhäufen

stop *interj* stopp

stopaj *s* FIN Quellensteuer *f*

stop lambası *s* AUTO Bremslicht *nt*

stor *s* Store *m* **stor kapak** <-ğı> *s* Rollladen *m* **stor kapaklı dolap** <-bı> *s* Rollladenschrank *m*

stratej *s* Stratege, Strategin *m, f*

strateji *s* Strategie *f*

stratejik <-ği> *adj* strategisch; ~ **bir silah** eine strategische Waffe

stratejist *s s.* **stratej**

stratosfer *s ohne pl* ASTRON Stratosphäre *f*

streptomisin *s ohne pl* MED Streptomycin *nt*, Streptomyzin *nt*

stres *s* Stress *m*; **birini ~e sokmak** jdn stressen

stresli *adj* gestresst

striknin *s ohne pl* CHEM Strychnin *nt*

striptiz *s* Strip *m*, Striptease *m o nt*; ~ **yapmak** strippen, einen Striptease hinlegen

striptizci *s* Stripper(in) *m(f)*, Stripteasetänzer(in) *m(f)*

strüktür *s s.* **yapı** Struktur *f*

strüktüralist **I.** *s* Strukturalist *m* **II.** *adj* strukturalistisch

strüktüralizm *s ohne pl s.* **yapısalcılık** Strukturalismus *m*

strüktürel *adj s.* **yapısal** strukturell

stüdyo *s* Studio *nt*

su <-yu> *s* ❶ Wasser *nt*; **ağır** ~ CHEM schweres Wasser; **sıcak/soğuk** ~ heißes/kaltes Wasser; **~ya düşmek** (*a. fig*) ins Wasser fallen; **~ya göstermek** unters Wasser halten ❷ (*domates ~yu*) Saft *m* ❸ ~ **gibi** fließend; (*çok ıslak*) klatschnass; ~ **gibi okumak** fließend lesen; **bir şeyi ~ gibi bilmek** etw wie am Schnürchen können; **şarap ~ gibi aktı** [*o* **akardı**] der Wein floss in Strömen ❹ ~ **toplamak** Blasen bilden; **birinin eline ~ dökemez olmak** (*fig*) jdm nicht das Wasser reichen können; **~ya götürüp susuz getirir olmak** (*fam*) mit allen Wassern gewaschen sein; **~yu görmeden paçaları sıvama** (*prov*) man soll den Tag nicht vor dem Abend loben; **~yu görmeden paçaları sıvamak** (*fig fam*) ungelegte Eier begackern, über ungelegte Eier gackern

sual <-li> [suāl] *s s.* **soru** Frage *f*; **birine ahret ~leri sormak** (*fam*) jdm Löcher in den Bauch fragen

suare *s* ❶ THEAT, FILM Abendvorstellung *f*, Spätvorstellung *f* ❷ (*eğlence*) Abendveranstaltung *f*

su aygırı *s* ZOOL (*Hippopotamus*) Flusspferd *nt*; (*hipopotam*) Nilpferd *nt* **su baldıranı** *s ohne pl* BOT Wasserschierling *m*

su bardağı *s* Wasserglas *nt* **su basıncı** *s ohne pl* Wasserdruck *m* **su baskını** *s* Überschwemmung *f*

subay *s* MIL Offizier *m*

su bidonu *s* Wasserkanister *m* **su bilimi** *s ohne pl* Gewässerkunde *f* **su birikintisi** *s* Pfütze *f* **su biti** *s s.* **su piresi** ZOOL (*Daphnia*) Wasserfloh *m* **su bitkisi** *s* Wasserpflanze *f* **su borusu** *s* Wasserrohr *nt*

subra *s* Armblatt *nt*, Schweißblatt *nt*

subret *s* THEAT Soubrette *f*

su buharı *s* Wasserdampf *m*

sucuk <-ğu> *s* Wurst *f*, Knoblauchwurst *f*; ~ **gibi** patschnass

suç *s* ❶ Straftat *f*; (*basın ~u*) Delikt *nt*; (*disiplin ~u*) Vergehen *nt*; ~ **işlemek** eine Straftat begehen ❷ (*cürüm*) Verbrechen *nt*; **organize** ~ das organisierte Verbrechen ❸ (*fam*) Schuld *f*; **bu benim ~um değil** das ist nicht meine Schuld **suç çetesi** *s* Verbrecherbande *f* **suç duyurusu** *s* Strafanzeige *f*; **~unda bulunmak** eine Strafanzeige erstatten **suç faili** *s* Straftäter(in) *m(f)*

suçiçeği *s* MED Windpocken *pl*

suçlama *s* ❶ *Verbalsubstantiv zu* **suçlamak** ❷ Beschuldigung *f*

suçlamak *vt* beschuldigen, bezichtigen

suçla mücadele *s* Verbrechensbekämpfung *f*

suçlu **I.** *s* Straftäter(in) *m(f)* **II.** *adj* schuldig; ~ **ol(ma)mak** (nicht) schuldig sein

suçluluk duygusu *s* Schuldgefühl *nt*

suç ortağı *s* Komplize, Komplizin *m, f*, Mittäter(in) *m(f)* **suç ortaklığı** *s* Komplizenschaft *f*, Mittäterschaft *f*

suçsuz *adj* unschuldig

suçüstü *adv* auf frischer Tat, in flagranti; **birini ~ yakalamak** jdn auf frischer Tat ertappen **suçüstü mahkemesi** *s* Schnellgericht *nt*

suç zanlısı *s* Tatverdächtige(r) *f(m)*, der mutmaßliche Täter

suda çözünen *adj* wasserlöslich **suda çözünmeyen** *adj* wasserfest

su dağıtımı *s ohne pl* Wasserversorgung *f*

sudak <-ğı> *s* ZOOL Flussbarsch *m*

su dalgası *s* Wasserwelle *f* **su damarı** *s*

Wasserader *f* **su damlası** *s* Wassertropfen *m*

sudan *adj* ❶ (*önemsiz*) unbedeutend; (*baştan savma*) ~ **bir çalışma** eine schlampige Arbeit ❷ (*saçma*) ~ **mazeret** eine faule Ausrede

Sudan **I.** *s* Sudan *nt* **II.** *adj* sudanesisch; ~ **hükûmeti** die sudanesische Regierung

Sudanlı **I.** *s* Sudanese, Sudanesin *m, f* **II.** *adj* sudanesisch; ~ **kadınlar/erkekler** sudanesische Frauen/Männer

sudan ucuz *adj* spottbillig

su değirmeni *s* Wassermühle *f* **su deposu** *s* Wasserspeicher *m* **su dolabı** *s* Wasserrad *nt* **su düzeyi** *s* Pegelstand *m,* Wasserstand *m,* Wasserspiegel *m*

sufle[1] *s ohne pl* THEAT Soufflieren *nt;* ~ **etmek** soufflieren

sufle[2] *s* GASTR Soufflee *nt;* (*patates* ~) Auflauf *m*

suflör *s* THEAT Souffleur *m*

suflöz *s* THEAT Souffleuse *f*

su geçirir *adj* wasserdurchlässig **su geçirmeyen** *adj,* **su geçirmez** *adj* wasserundurchlässig; ~ **kumaş** wasserundurchlässiger Stoff **su götürmez** *adj* wasserdicht

suiistimal <-li> *s* (*kötüye kullanma*) Missbrauch *m;* ~ **etmek** missbrauchen

suikast *s* ❶ (*önemli kişileri plan kurarak öldürme*) Attentat *nt;* **birine** ~ **yapmak** ein Attentat auf jdn verüben ❷ (*gizlice cana kıymaya kalkışma*) Anschlag *m,* Mordanschlag *m;* **birine** ~ **yapmak** einen Anschlag auf jdn verüben; ~**a kurban gitmek** einem Anschlag zum Opfer fallen

suikastçı *s* Attentäter(in) *m(f)*

su kabağı *s* Flaschenkürbis *m* **su kayağı** *s* Wasserski *nt;* ~ **yapmak** Wasserski fahren **su kaynağı** *s* Wasserquelle *f* **su kazanı** *s* Wasserkessel *m* **su kemeri** *s* Aquädukt *m o nt* **su kesimi** *s* NAUT Wasserlinie *f* **su korkusu** *s ohne pl* Wasserscheu *f* **su kovası** *s* Wassereimer *m*

sukut *s* JUR ❶ Einstellung *f;* ~ **etmek** eingestellt werden; **davanın** ~**u** Einstellung des Verfahrens ❷ Erlöschen *nt;* **hakların** ~**u** das Erlöschen der Ansprüche

sukutuhayal *s s.* **düş kırıklığı** Enttäuschung *f*

sulama *s* ❶ *Verbalsubstantiv zu* **sulamak** ❷ Bewäss(e)rung *f* ❸ (*çimleri*) Berieselung *f*

sulamak *vt* ❶ bewässern ❷ (*çimleri*) berieseln; (*çiçekleri*) begießen

sulama kovası *s* Gießkanne *f*

sulandırma *s* ❶ *Verbalsubstantiv zu* **sulandırmak** ❷ Verdünnung *f*

sulandırmak *vt* (mit Wasser) verdünnen, strecken; **birinin ağzını** ~ (*fam*) jdm den Mund wässrig machen

sulanma *s* ❶ *Verbalsubstantiv zu* **sulanmak** ❷ Bewäss(e)rung *f* ❸ (*çimlerin* ~*sı*) Berieselung *f* ❹ (*sl*) Anmache *f*

sulanmak *vi* ❶ *pass von* **sulamak** ❷ wässerig werden ❸ (*göz*) feucht werden ❹ (*sl*) **birine** ~ jdn anmachen

sularında *adv* etwa um, um ... herum; **sabah yedi** ~ morgens um sieben herum

sulh *s ohne pl s.* **barış** Frieden *m*

sulta *s ohne pl* (*otorite*) Autorität *f*

sultan *s* ❶ Sultan *m;* **bunu Mısır'daki sağır** ~ **bile duydu** (*fam*) das pfeifen die Spatzen von den Dächern ❷ (*sultanın annesi veya eşi*) Sultanin *f*

sultani [sulta:ni:] **I.** *s* ❶ HIST, SCHULE Sultani *f* (*Vorgänger des heutigen Lyceums nach 1908 im osmanischen Reich*) ❷ HIST Sultani *f* (*osmanische Goldmünze aus den Münzprägeanstalten in Ägypten, Tripoli und Algerien*) ❸ BOT (*çekirdeksiz bir tür üzüm*) Sultanine *f* **II.** *adj* ❶ sultanenhaft, sultanisch; (*sultanlarla ilgili*) Sultans- ❷ (*fig*) fürstlich, kaiserlich **sultani tembel** *adj* stinkfaul

sultanlık <-ğı> *s* Sultanat *nt*

sulu *adj* ❶ (*içinde su bulunan*) wässerig ❷ (*limon, elma*) saftig ❸ (*pej*) schlüpfrig, anstößig **sulu boya** *s* Wasserfarbe *f,* Aquarellfarbe *f;* (*bu boya ile yapılan resim*) Aquarell *nt* **sulu göz(lü)** *s* (*fam*) Heulsuse *f*

suluk <-ğu> *s* ❶ Wassernapf *m* ❷ (*büyükbaş hayvanlar için*) Tränke *f* ❸ MED (*deri hastalığı*) Grind *m* ❹ REG (*gusülhane*) Waschecke *f*

sululaşma *s Verbalsubstantiv zu* **sululaşmak**

sululaşmak *vi* anzüglich werden

sululuk <-ğu> *s* ❶ Wässerigkeit *f* ❷ (*fig*) Anzüglichkeit *f*

sulu sepken (kar) *s* Schneeregen *m*

suma *s* Branntwein *m*

sumak <-ğı> *s* ❶ BOT Sumach *m* ❷ GASTR Sumach *m*

sumen *s* Schreibunterlage *f*

su mermeri *s* GEO (*albatr*) Alabaster *m*

sun *vt Imperativ von* **sunmak**

suna *s* ZOOL Enterich *m,* Erpel *m*

sunak <-ğı> *s* Altar *m* **sunak bezi** *s* Altartuch *nt* **sunak örtüsü** *s* Altardecke *f*

su nanesi *s* BOT Wasserminze *f*

sunar *vt 3. Aorist von* **sunmak**

sundurma *s* ❶ *Verbalsubstantiv zu* **sundurmak** ❷ Laube *f* **sundurma çatı** *s* ARCH Pultdach *nt*

sundurmak *vt* ❶ *Kausativ zu* **sunmak** ❷ REG (*vermek*) geben

suni [suniː] *adj* ❶ künstlich, Kunst-; ~ **böbrek/solunum** künstliche Niere/Beatmung; *s. a.* **yapay** ❷ (*fig: yapmacık*) gekünstelt **suni deri** *s* Kunstleder *nt* **suni gübre** *s* Kunstdünger *m* **suni ipek** <-ği> *s* Kunstseide *f* **suni kalp** <-bi> *s* Kunstherz *nt* **suni lif** *s* Kunstfaser *f*, Chemiefaser *f*

sunilik <-ği> *s* Künstlichkeit *f*

sunma *s* ❶ *Verbalsubstantiv zu* **sunmak** ❷ Präsentation *f*, Darbietung *f* ❸ Übersendung *f*

sunmak <-ar> *vt* ❶ präsentieren, darbieten ❷ anbieten; **birine bir şeyi** ~ jdm etw anbieten; **satışa** ~ zum Verkauf anbieten, feilbieten ❸ (*göndermek*) übersenden

sunta *s* Spanplatte *f*

sunu *s* WIRTSCH (*arz*) Angebot *nt;* ~ **ve istem** Angebot und Nachfrage

sunucu *s* ❶ RADIO, TV Moderator(in) *m(f)* ❷ INFORM (*server*) Server *m*

sunuculuk <-ğu> *s* RADIO, TV Moderation *f*

supap <-bı> *s* TECH (*vana*) Ventil *nt* **supap ayarı** *s* AUTO Ventileinstellung *f* **supap yayı** *s* AUTO Ventilfeder *f*

su piresi *s* ZOOL Wasserfloh *m* **su pompası** *s a.* AUTO Wasserpumpe *f*

supya *s* ZOOL (*mürekkep balığı*) Tintenfisch *m*

sur *s* Stadtmauer *f*

surat *s* ❶ Gesicht *nt;* ~ **asmak** ein langes Gesicht machen; ~**ını ekşitmek** eine sauere Miene machen [*o* ziehen]; **birinin** ~**ına tokadı çakmak** (*fig fam*) jdm eine kleben ❷ (*pej fam*) Visage *f* **surat düşkünü** *s* (*pej fam*) Fratze *f*

suratlı *adj* (*somurtkan*) mürrisch

suratsız *adj* ❶ brummig; (*somurtkan*) mürrisch ❷ (*çirkin*) hässlich

surdin *s* MUS Dämpfer *m*

surdinleme *s Verbalsubstantiv zu* **surdinlemek**

surdinlemek *vt* **birini** ~ jdn mundtot machen; (*sessiz hâle getirmek*) jdn zum Schweigen bringen

sure [suːre] *s* REL Sure *f*

suret [suːret] *s* ❶ (*biçim*) Form *f*, Gestalt *f* ❷ (*yazı kopyası*) Abschrift *f;* (*resim kopyası*) Abbild *nt,* Abzug *m;* **onaylı** ~ beglaubigte Abschrift ❸ (*tarz*) Weise *f*

suretiyle *adv* durch

su rezenesi *s ohne pl* BOT Wasserschierling *m*

Suriye *s* Syrien *nt*

Suriyeli I. *s* Syrer(in) *m(f)* **II.** *adj* syrisch

sus *vi Imperativ von* **susmak**

susa *vi Imperativ von* **susamak**

su saati *s s.* **su sayacı** Wasserzähler *m*

susam *s* BOT Sesam *m;* **açıl** ~**, açıl!** Sesam, öffne dich!

susama *s ohne pl Verbalsubstantiv zu* **susamak**

susamak *vi* ❶ Durst haben, dursten, dürsten; **susadım** mich dürstet, ich habe Durst ❷ Durst bekommen; **yavaş yavaş susuyorum** allmählich bekomme ich Durst, ich habe Durst ❸ (*fig: çok istemek*) dürsten (**-e** nach), Durst haben (**-e** nach)

susamış *adj* (*a. fig*) durstig (**-e** nach); ~ **olmak** durstig sein; **kana** ~ **olmak** blutdürstig sein

su samuru *s* ZOOL Fischotter *m*

susam yağı *s* Sesamöl *nt*

susar *vi* ❶ *3. Aorist von* **susamak** ❷ *3. Aorist von* **susmak**

susatma *s ohne pl Verbalsubstantiv zu* **susatmak**

susatmak *vt Kausativ zu* **susamak** Durst machen

su sayacı *s* Wasserzähler *m* **su sığırı** *s s.* **manda** ZOOL Wasserbüffel *m*

suskun *adj* schweigsam

suskunluk <-ğu> *s ohne pl* Schweigsamkeit *nt*

susma *s ohne pl Verbalsubstantiv zu* **susmak** **susma hakkı** *s* JUR Schweigerecht *nt*

susmak <-ar> *vi* schweigen

susmalık <-ğı> *s* Schweigegeld *nt*

sus payı *s* Schweigegeld *nt*

su sporu *s* Wassersport *m*

susta *s* ~ **durmak** Männchen machen

sustalı çakı *s* Springmesser *nt*

susturma *s Verbalsubstantiv zu* **susturmak**

susturmak *vt* ❶ *Kausativ zu* **susmak** ❷ zum Schweigen bringen

susturucu *s* Schalldämpfer *m*

susuş *s ohne pl* Schweigen *nt*

susuzluk <-ğu> *s ohne pl* ❶ Wassermangel *m;* (*kuraklık*) Trockenheit *f*, Dürre *f* ❷ Durst *m;* ~ **çekmek** Durst leiden, dursten; **susuzluğunu gidermek** seinen Durst löschen [*o* stillen]

su tabancası *s* Wasserpistole *f* **su taşkını** *s s.* **sel** Überschwemmung *f* **su tavuğu** *s* ZOOL Blässhuhn *nt* **su tedavisi** *s ohne pl* MED Wasserheilverfahren *nt* **su terazisi** *s* TECH Wasserwaage *f* **su teresi** *s* BOT Brunnenkresse *f* **su testisi** *s* Wasserkrug *m;* ~ **su yolunda kırılır** (*prov*) der Krug geht so lange zum Brunnen, bis er bricht

su topu *s ohne pl* SPORT Wasserball *m* **su tüketimi** *s ohne pl* Wasserverbrauch *m*

su türbini *s* TECH Wasserturbine *f*
sutyen *s* BH *m,* Büstenhalter *m*
suvare *s s.* **suare** THEAT, FILM Abendvorstellung *f*
suvarma *s Verbalsubstantiv zu* **suvarmak**
suvarmak *vt* tränken; **hayvanları ~** die Tiere tränken
suvat *s* Tränke *f*
su yatağı *s* ❶ Wasserbett *nt* ❷ (*su kaynağı*) Wasserquelle *f* **su yılanı** *s* ZOOL Ringelnatter *f* **su yosunu** *s* BOT Alge *f*
suyuk <-ğu> *s* Körperflüssigkeit *f*
su yüzeyi *s* Wasserspiegel *m,* Wasseroberfläche *f*
sübap <-bı> *s s.* **supap** TECH Ventil *nt*
sübjektif *adj* subjektiv
sübjektivist **I.** *s* Subjektivist(in) *m(f)* **II.** *adj* subjektivistisch
sübjektivizm *s ohne pl* PHILOS (*öznelcilik*) Subjektivismus *m*
sübyan *s* Knabe *m*
sübyancılık <-ğı> *s ohne pl* Pädophilie *f*
sübye *s* ❶ ZOOL (*mürekkep balığı*) Tintenfisch *m* ❷ Mandelmilch *f*
süet *s* Wildleder *nt;* (*podo~*) Veloursleder *nt*
süje *s* Sujet *nt;* **enteresan bir ~** ein interessantes Sujet
sükûnet *s ohne pl s.* **dinginlik** Ruhe *f*
sükût *s ohne pl* Schweigen *nt;* **söz gümüşse ~ altındır** (*prov*) Reden ist Silber, Schweigen ist Gold
sülfat *s* CHEM Sulfat *nt*
sülfürik asit <-di> *s ohne pl* CHEM Schwefelsäure *f*
süline *s* ZOOL (*deniz çakısı*) Scheidenmuschel *f*
sülüğen *s ohne pl* Mennige *f*
sülük <-ğü> *s* Blutegel *m*
sülün *s* ZOOL Fasan *m* **sülüngiller** *pl* ZOOL Fasanenvögel *pl*
S
sümbül *s* BOT Hyazinthe *f*
sümkürme *s Verbalsubstantiv zu* **sümkürmek**
sümkürmek *vi* sich schnäuzen; **mendile ~** sich in ein Taschentuch schnäuzen
sümsük[1] <-ğü> *adj* REG einfältig; (*uyuşuk, miskin*) schwerfällig
sümsük[2] <-ğü> *s* ZOOL Tölpel *m*
sümük <-ğü> *s* Schleim *m;* (*pej*) Rotz *m;* **sümüğünü çekmek** die Nase hochziehen **sümük doku** *s* ANAT, MED (*mukoza*) Schleimhaut *f*
sümüklü *adj* schleimig; (*pej*) rotzig **sümüklü böcek** <-ği> *s* ZOOL Schnecke *f,* Nacktschnecke *f*
sümüksü zar *s* ANAT, MED Nasenschleimhaut *f*

sünger *s* Schwamm *m* **sünger taşı** *s* Bimsstein *m*
süngü *s* Bajonett *nt;* **~ takmak** das Bajonett aufpflanzen
sünnet *s* MED, REL Beschneidung *f;* **~ etmek** beschneiden
sünnetçi *s* REL Beschneider *m*
sünnet çocuğu *s* Beschneidungskind *nt* **sünnet derisi** *s* ANAT Vorhaut *f*
sünnetli *adj* beschnitten
sünnetsiz *adj* unbeschnitten
Sünnî **I.** *s* Sunnit(in) *m(f)* **II.** *adj* sunnitisch
süper *adj* super **süper benzin** *s ohne pl* Superbenzin *nt* **süper çelik** <-ği> *s* Edelstahl *m* **süper çip** *s* INFORM Superchip *m* **süper form** *s ohne pl* Höchstform *f* **süper fosfat** *s ohne pl* Superphosphat *nt* **süper güç** <-cü> *s* (*fam*) Supermacht *f*
süpermarket *s* Supermarkt *m*
süpermen *s* (*fam*) Supermann *m*
süpersonik hız *s* Überschallgeschwindigkeit *f* **süpersonik uçak** <-ğı> *s* Überschallflugzeug *nt*
süper star *s* Superstar *m*
süprüntü *s* ❶ Kehricht *m o nt;* (*çöp*) Unrat *m,* Abfall *m,* Müll *m* ❷ (*fig: bayağı şey*) Unrat *m,* Schund *m*
süprüntülük <-ğü> *s* Müllkippe *f*
süpürge *s* Besen *m,* Kehrbesen *m,* Ausfeger *m*
süpürgelik <-ği> *s* Fußleiste *f*
süpürge otu *s* BOT Glockenheide *f,* Erika *f* **süpürge sapı** *s* Besenstiel *m*
süpürme *s Verbalsubstantiv zu* **süpürmek**
süpürmek *vt* auskehren, fegen
sür *vt, vi Imperativ von* **sürmek**
sürahi [syra:hi:] *s* Karaffe *f*
sürat <-ti> [syr'at] *s s.* **hız** Geschwindigkeit *f;* (*hızlılık*) Schnelligkeit *f* **sürat katarı** *s* EISENB (*ekspres tren*) Schnellzug *m*
süratle *adv* schnell
süratlendirme *s* ❶ *Verbalsubstantiv zu* **süratlendirmek** ❷ Beschleunigung *f*
süratlendirmek *vt s.* **hızlandırmak** beschleunigen
süratlenme *s* ❶ *Verbalsubstantiv zu* **süratlenmek** ❷ Beschleunigung *f*
süratlenmek *vi s.* **hızlanmak** (sich) beschleunigen
süratli *adj s.* **hızlı** schnell
sürçme *s* ❶ *Verbalsubstantiv zu* **sürçmek** ❷ Lapsus *m,* Versehen *nt,* Schnitzer *m*
sürçmek *vi* ❶ straucheln, stolpern ❷ (*fig*) **dil ~** sich versprechen, sich im Ausdruck vergreifen
sürçülisan *s* Versprecher *m,* Sprechfehler *m,* Lapsus Linguae *m*
sürdürme *s Verbalsubstantiv zu* **sürdür-**

mek

sürdürmek *vt* ❶ *Kausativ zu* **sürmek** ❷ fortsetzen, weiterführen

süre *s* ❶ (*zaman*) Zeit *f* ❷ (*üç yıllık ~*) Frist *f* ❸ Dauer *f;* **bir anlık/yıllık ~ için** für die Dauer eines Augenblicks/Jahres ❹ Weile *f;* **bir ~** (für) eine Weile; **bir ~ önce/sonra** vor/nach einer Weile **süre aşımı** *s* Verjährung *f*

süreç <-ci> *s* ❶ Prozess *m* ❷ Verlauf *m*

süreduran *adj* PHYS träge

süredurum *s ohne pl* PHYS Trägheit *f*

süregelen *adj* gleich bleibend

süregelme *s Verbalsubstantiv zu* **süregelmek**

süregelmek *vi* andauern; (*devam etmek*) weitergehen

süreğen *adj* schleichend; (*kronik*) chronisch

sürek avı *s* Kesseltreiben *nt;* (*sürgün avı*) Treibjagd *f*

sürekli **I.** *adj* ❶ (*kesintisiz*) stetig, andauernd, kontinuierlich ❷ (*devamlı*) ständig, dauernd, dauerhaft ❸ LING (*ötümlü*) stimmhaft **II.** *adv* (*daima*) dauernd, andauernd, immer

süreklilik <-ği> *s ohne pl* Stetigkeit *f;* (*devamlılık*) Kontinuität *f*

süreksizlik <-ği> *s ohne pl* Diskontinuität *f*

süreli *adj* periodisch **süreli yayın** *s* Periodikum *nt*

süre ölçen *s* SPORT Zeitnehmer *m*

süreölçer *s* TECH Zeitmesser *m;* (*kronometre*) Chronometer *m*

süre ölçümü *s* Zeitmessung *f*

sürer *vi, vt 3. Aorist von* **sürmek**

sürerlik <-ği> *s* Dauerhaftigkeit *f;* **~ fiili** LING duratives Verb

süresiz **I.** *adj* unbefristet **II.** *adv* auf unbestimmte Zeit

süre sonu *s* Fristablauf *m* **süre uzatımı** *s* Fristverlängerung *f*

süreyazar *s* Chronograf *m,* Chronograph *m*

sürfe *s* ZOOL (*kurtçuk*) Larve *f*

sürgen doku *s* BIOL Bildungsgewebe *nt;* (*meristem*) Meristem *nt*

sürgit *adv* auf ewig, für immer und ewig; **~ yapmak** in die Länge ziehen, hinauszögern

sürgü *s* ❶ Riegel *m,* Schieber *m* ❷ (*büyük mala*) Maurerkelle *f* ❸ MED Schieber *m,* Stechbecken *nt* ❹ TECH Schieber *m*

sürgüleme *s ohne pl* ❶ *Verbalsubstantiv zu* **sürgülemek** ❷ Verrieg(e)lung *f,* Abriegelung *f*

sürgülemek *vt* verriegeln; (*kapıyı*) abriegeln

sürgün *s* ❶ Verbannte(r) *f(m)* ❷ (*nefiy*) Verbannung *f* ❸ (*~ yeri*) Verbannung *f,* Verbannungsort *m,* Exil *nt;* **birini bir yere ~ etmek** jdn an einen Ort verbannen; **birini ~e göndermek** jdn in die Verbannung schicken ❹ BOT (*filiz*) Trieb *m,* Schössling *m* ❺ (*ishal*) Durchfall *m;* **~ olmak** Durchfall bekommen; **~ü olmak** Durchfall haben **sürgün avı** *s s.* **sürek avı** Treibjagd *f* **sürgün yeri** *s* Verbannungsort *m*

sürme[1] **I.** *s ohne pl* ❶ *Verbalsubstantiv zu* **sürmek** ❷ (*top ~*) Führung *f* ❸ (*sürgü*) Riegel *m,* Schieber *m* ❹ (*çekmece*) Schiebfach *nt,* Schubfach *nt* **II.** *adj* (*~ kapı*) Schiebe-

sürme[2] *s* ❶ Schminke *f;* **gözlerine/kirpiklerine ~ çekmek** sich die Augen/Wimpern schminken ❷ AGR Getreidebrand *m*

sürmek <-er> **I.** *vt* ❶ (*araba*) fahren ❷ (*gütmek*) treiben; **hayvanları meraya ~** das Vieh auf die Weide treiben; **topu ~** den Ball treiben ❸ (*dokundurmak, değdirmek*) **elini bir şeye ~** etw mit der Hand berühren [*o* anfassen] ❹ (*hayat, top*) führen; **topu ~** den Ball führen ❺ (*harç*) auftragen; **bir şeye yağ ~** etw mit Fett einschmieren; **ekmeğe tereyağı ~** das Brot mit Butter bestreichen; **yaraya merhem ~** eine Wunde mit Salbe einreiben, Salbe auf die Wunde auftragen ❻ (*piyasaya*) in Umlauf bringen; **piyasaya sahte para ~** Falschgeld in Umlauf bringen ❼ (*nefyetmek*) verbannen, deportieren ❽ AGR pflügen; **tarlayı (pullukla) ~** den Acker pflügen **II.** *vi* ❶ dauern; **çok sürmez** es dauert nicht lange; **(artık) fazla sürmez** es dauert nicht (mehr) lange; **uzun ~** lange dauern; **bu, aylarca/günlerce/yıllarca sürebilir** das kann monatelang/tagelang/jahrelang dauern; **daha sürecek mi?** dauert es noch lange?; **daha ne kadar sürecek?** wie lange dauert es noch?; **fazla sürmedi** es dauerte nicht lange; **gelmesi çok sürdü** es dauerte lange, bis er kam ❷ (*otlar*) treiben

sürme kapı *s* Schiebetür *f*

sürmenaj *s ohne pl* Überarbeitung *f;* **~ olmak** sich überarbeiten

sürpriz *s* Überraschung *f;* **~ yapmak** überraschen (**-e**); **bu ne ~!** das ist aber eine Überraschung!

sürtme *s* ❶ *Verbalsubstantiv zu* **sürtmek** ❷ Reibung *f*

sürtmek **I.** *vt* reiben; **ellerini birbirine ~** sich die Hände reiben **II.** *vi* (*fam*) (herum)lungern, sich (he)rumtreiben; **yine**

nerelerde sürttün? wo hast du dich wieder herumgetrieben?
sürtme telli çalgı *s* MUS Streichinstrument *nt*
sürtük <-ğü> *s* (*pej fam*) Schlampe *f,* Flittchen *nt*
sürtünme *s* ❶ *Verbalsubstantiv zu* **sürtünmek** ❷ PHYS (*kayma ~ si*) Reibung *f*
sürtünmek *vi* ❶ schleifen (**-e** an); **lastik çamurluğa sürtünüyor** der Reifen schleift am Radkasten ❷ reiben
sürtünme yüzü *s* PHYS Reibfläche *f*
sürtüşme *s* ❶ *Verbalsubstantiv zu* **sürtüşmek** ❷ (*~ ler*) Reibereien *pl*
sürtüşmek *vi* sich reiben
sürü *s* ❶ (*balık ~ sü*) Schwarm *m;* (*koyun ~ sü*) Herde *f;* (*köpek ~ sü*) Meute *f;* (*kurt ~ sü*) Rudel *nt* ❷ **bir ~ eşya** eine Menge Sachen
sürücü *s* ❶ (*şoför*) Fahrer(in) *m(f),* Führer(in) *m(f)* ❷ INFORM Laufwerk *nt* **sürücü belgesi** *s* Führerschein *m*
sürükleme *s Verbalsubstantiv zu* **sürüklemek**
sürüklemek *vt* ❶ (*çekerek götürmek*) schleppen, (mit)schleifen, mit (sich) reißen; **araba onu 10 metre sürükledi** der Wagen hat ihn 10 Meter mitgeschleift ❷ (*akarsu için*) mitreißen, mitführen ❸ (*fig*) schleppen, (mit)schleifen; **birini bir yere ~** jdn an einen Ort schleppen [*o* schleifen] ❹ (*fig*) führen, treiben; **birini kötü yola ~** jdn auf Abwege führen; **birini ölüme ~** jdn in den Tod treiben ❺ (*fig*) mitreißen
sürüklenme *s Verbalsubstantiv zu* **sürüklenmek**
sürüklenmek *vi* ❶ sich dahinschleppen ❷ sich dahinschleppen, sich hinziehen; **bu dava iki yıl sürüklendi** dieser Prozess schleppte sich über zwei Jahre dahin, dieser Prozess zog sich über zwei Jahre hin ❸ (*tekne*) abtreiben
sürükleyici *adj* mitreißend, fesselnd, packend
sürüm *s* ❶ Absatz *m* ❷ (*tedavül*) Umlauf *m,* Verkehr *m*
sürüme *s Verbalsubstantiv zu* **sürümek**
sürümek *vt* schleppen
sürüngen **I.** *s* Kriechtier *nt,* Reptil *nt* **II.** *adj* Kriech-
sürünme *s Verbalsubstantiv zu* **sürünmek**
sürünmek *vi* ❶ sich einreiben; (*fam*) sich einschmieren; **krem ~** sich mit Creme einreiben ❷ (*yerde*) kriechen
sürüş *s* Fahrweise *f* **sürüş keyfi** *s ohne pl* AUTO Fahrvergnügen *nt,* Fahrspaß *m*
sürütme *s* ❶ *Verbalsubstantiv zu* **sürütmek** ❷ (*ağ*) Schleppnetz *nt*
sürütmek *vt* schleppen lassen
süs *s* ❶ Verzierung *f,* Dekor *m* ❷ (*bezek*) Ornament *nt* ❸ **kendine ... ~ü vermek** sich den Anschein geben, als ...
süs ağacı *s* Zierbaum *m* **süs bitkisi** *s* Zierpflanze *f*
süsen *s* BOT Schwertlilie *f,* Iris *f*
süsengiller *pl* BOT Schwertliliengewächse *pl*
süsleme *s* ❶ *Verbalsubstantiv zu* **süslemek** ❷ Dekor *m,* Verzierung *f* ❸ (*bezek*) Ornament *nt*
süslemek *vt* ❶ schmücken, dekorieren, verzieren ❷ GASTR garnieren
süsleme sanatı *s ohne pl* Kunstgewerbe *nt*
süslenme *s Verbalsubstantiv zu* **süslenmek**
süslenmek *vi* sich schmücken
süsleyici *adj* schmückend
süslü *adj* geschmückt
süslü dikengöz *s* ZOOL Prachtschmerle *f*
süslü püslü *adj* (*fam*) aufgetakelt
süsme *s Verbalsubstantiv zu* **süsmek**
süsmek *vt* mit den Hörnern stoßen
süspansiyon *s* AUTO Federung *f*
süssüz *adj* schmucklos; (*süslenmemiş*) ungeschmückt
süs taşı *s* Schmuckstein *m*
süt *s* ❶ *a.* BOT, ZOOL Milch *f;* **~ten kesmek** AGR abbinden; **~ten ağzı yanan yoğurdu üfleyerek yer** (*prov*) gebranntes Kind scheut das Feuer ❷ (*fam: benzin*) Sprit *m*
süt ağacı *s* BOT Milchbaum *m*
sütana *s* Amme *f*
süt asidi *s ohne pl* Milchsäure *f* **süt beyaz** *adj* milchweiß, schneeweiß **süt çocuğu** *s* Säugling *m* **süt çorbası** *s* GASTR Milchsuppe *f* (*mit Milch, Salz, Fleischbrühe und Mehl vorbereitete Suppe*)
sütçü *s* Milchmann *m*
sütçülük <-ğü> *s ohne pl* Milchwirtschaft *f*
süt danası *s* Milchkalb *nt* **süt dişi** *s* Milchzahn *m*
süthane *s* Molkerei *f*
sütlâç <-cı> *s* GASTR Milchreis *m*
sütleğen *s ohne pl* BOT Wolfsmilch *f*
sütleğengiller *pl* BOT Wolfsmilchgewächse *pl*
sütliman *adj* ❶ windstill ❷ (*fig*) ganz ruhig
sütlimanlık <-ğı> *s ohne pl* Windstille *f,* Flaute *f*
sütlü *adj* ❶ milchig; **~ kahve** Kaffee mit Milch ❷ Milch- **sütlü cam** *s* Milchglas *nt* **sütlü çikolata** *s* Milchschokolade *f* **sütlü inek** <-ği> *s* Milchkuh *f*

sütlük <-ğü> *s* Milchkanne *f*
sütlü öz su *s* BOT Milchsaft *m;* **bir ağacın ~yu** der Milchsaft eines Baums
sütre *s* MIL Deckung *f*
süt şekeri *s ohne pl* Milchzucker *m;* (*laktoz*) Laktose *f*
süt tozu *s ohne pl* Milchpulver *nt*
sütun *s* ❶ ARCH Säule *f,* Kolonne *f* ❷ (*cıva ~u*) Säule *f* ❸ VERLAG Kolumne *f,* Spalte *f,* Druckspalte *f* **sütun başlığı** *s* ARCH Kapitell *nt,* Säulenknauf *m,* Säulenknopf *m* **sütun düzeni** *s* ARCH Säulenordnung *f* **sütun gövdesi** *s* ARCH Säulenschaft *f* **sütun kaidesi** *s* ARCH Säulenbasis *f*
süt ürünü *s* Milchprodukt *nt*
sütyen *s s.* **sutyen** BH *m,* Büstenhalter *m*
süvari **I.** *s* ❶ Reiter *m* ❷ HIST Kavalier *m* ❸ NAUT Schiffer *m* **II.** *adj* **~ polisi** die berittene Polizei
Süveyş Kanalı *s ohne pl* Sueskanal *m*
süyek <-ği> *s* MED Schiene *f*
süz *vt Imperativ von* **süzmek**
süzer *vt 3. Aorist von* **süzmek**
süzgeç <-ci> *s* Sieb *nt;* **bir şeyi ~ten geçirmek** etw durch ein Sieb gießen
süzme *s Verbalsubstantiv zu* **süzmek**
süzmek *vt* ❶ filtrieren, (durch)sieben ❷ (*gözle*) mustern
süzülme *s Verbalsubstantiv zu* **süzülmek**
süzülmek *vi* ❶ *pass von* **süzmek** ❷ (*kuş için*) schweben ❸ gleiten
svetşört *s* Sweatshirt *nt*

Ş ş

Ş, ş [ʃe] *s 23. Buchstabe des türk. Alphabets*

şa *interj* **ya ya ya ~ ~ ~!** hipp, hipp, hurra!

şaban *s* ❶ *der 8. Monat des Mondjahres* ❷ (*sl: budala*) blöd; (*aptal*) dumm

şabanlık <-ğı> *s* (*sl*) Blödheit *f;* (*aptallık*) Dummheit *f*

şablon *s* ❶ Schablone *f* ❷ (*fig, pej*) Schablone *f*

şabloncu *adj* schablonenhaft, schablonenmäßig

şadırvan *s* Springbrunnen *m*

şafak <-ğı> *s* Morgendämmerung *f;* **~ söküyor** der Morgen dämmert; **birinde ~ atmak** (*fig*) jdm geht ein Licht auf, jdm dämmert es

Şafiî I. *s* REL Schafiit *m* **II.** *adj* schafiitisch

Şafiîlik <-ği> *s ohne pl* REL Schafiitismus *m*

şaft *s* TECH Welle *f;* AUTO Antriebswelle *f*

şah¹ *s* ❶ Schah *m* ❷ (*satrançta*) König *m;* **~ demek** Schach sagen ❸ **~ iken ~baz olmak** (*fig fam*) sich in die Nesseln setzen; **ben ~ımı bu kadar severim** (*fig*) mehr kann ich nicht tun

şah² *s* **~a kalkmak** sich aufbäumen

şahadet [ʃaha:-] *s s.* **şehadet**

şahadetname [ʃaha:detna:me] *s s.* **şehadetname**

şahadet parmağı *s s.* **şehadet parmağı**

şahane *adj* ❶ herrschaftlich ❷ (*fig*) herrlich; (*çok güzel*) wunderschön; **~ eğlendik** wir haben uns prächtig [*o* herrlich] amüsiert; **bugün hava ~** heute ist das Wetter herrlich [*o* wunderschön]

şahap <-bı> *s* ASTRON (*akan yıldız*) Sternschnuppe *f*

şah damarı *s* Halsschlagader *f*

şaheser I. *s* Meisterwerk *nt;* **~ yaratmak** ein Meisterwerk schaffen **II.** *adj* herrlich

şahıs <-hsı> *s* Person *f; s. a.* **kişi**

şahika [ʃa:--] *s* (*doruk*) Gipfel *m*

şahin [ʃa:hın] *s* ❶ ZOOL Mäusebussard *m* ❷ POL (*fig*) Falke *m,* Hardliner *m*

şahit <-di> [ʃa:hit] *s s.* **tanık** Zeuge, Zeugin *m, f*

şahlanma *s Verbalsubstantiv zu* **şahlanmak**

şahlanmak *vi* sich aufbäumen, sich auf die Hinterbeine stellen; **at şahlandı** das Pferd bäumte sich auf

şahmerdan *s* ❶ (*makine*) Ramme *f,* Rammmaschine *f* ❷ (*araç*) Rammklotz *m,* Bär *m* ❸ (*çekiç*) Rammhammer *m*

şahsen *adv* ❶ (*bizzat*) persönlich; (*kendi*) selbst; **~ işitmedim** ich habe es selbst nicht gehört ❷ (*dış görünüşü ile*) vom Sehen; **birbirimizi ~ tanırız** wir kennen uns vom Sehen

şahsı *s poss von* **şahıs**

şahsî *adj s.* **kişisel** persönlich, privat

şahsiyat *s* (*kişiye ait işler*) private Angelegenheiten; **~ yapmak** persönlich werden; **işi ~a dökmeyin!** werden Sie nicht unsachlich!

şahsiyet *s* Persönlichkeit *f*

şahsiyetli *adj* charakterstark

şahsiyetsiz *adj* charakterlos

şahtere *s ohne pl* BOT Erdrauch *m,* Feldraute *f*

şaibe [-:--] *s* ❶ (*art düşünce*) Hintergedanke *m* ❷ (*kusur*) Makel *m;* (*eksiklik*) Mangel *m* ❸ (*leke*) Fleck *m*

şair *s* Dichter(in) *m(f),* Poet(in) *m(f)*

şairane *adj* dichterisch, poetisch

şaire *s* Dichterin *f,* Poetin *f*

şaka *s* ❶ Scherz *m;* **~ bir yana, ...** Scherz beiseite, ...; **eşek ~sı** ein grober Scherz ❷ Spaß *m;* **~ iken kaka olmak** (*fam*) über den Spaß gehen; **~ yapmak** Spaß machen; **bu iş ~ götürmez** mit dieser Sache ist nicht zu spaßen; **o ~ götürmez** er lässt nicht mit sich spaßen; **~dan anla(ma)mak** (keinen) Spaß verstehen; **bir şeyi ~ya vurmak** etw als Spaß abtun

şakacı I. *s* Spaßmacher(in) *m(f)* **II.** *adj* ❶ spaßig ❷ scherzhaft

şakacıktan *adv* aus Spaß, zum Spaß, spaßeshalber; **bir şeyi ~ söylemek** etw nur im Spaß sagen

şakadan *adv* aus Spaß, zum Spaß

şakak <-ğı> *s* Schläfe *f;* **şakağı atmak** (*fig*) außer sich geraten

şakalaşma *s Verbalsubstantiv zu* **şakalaşmak**

şakalaşmak *vi* scherzen; **çocuklarla ~** mit den Kindern scherzen

şakasız *adv* ohne Spaß

şakayık <-ğı> *s* BOT Pfingstrose *f*

şaka yollu *adj* scherzhaft

şakıma *s* ❶ *Verbalsubstantiv zu* **şakımak** ❷ (*bülbül*) Schlag *m*

şakımak *vi* (*bülbül*) schlagen; (*ötmek*) singen

şakırdama *s* ❶ *Verbalsubstantiv zu* **şakırdamak** ❷ (*yağmur, su*) Geplätscher *nt*

şakırdamak *vi* (*mahmuz*) klirren; (*yağmur*) plätschern; (*zincirler*) rasseln

şakırdatma *s Verbalsubstantiv zu* **şakır-**

datma
şakırdatmak *vt* klappern (mit); **takma dişlerini ~** mit dem Gebiss klappern
şakır şakır *adv* ❶ (*yağmur*) **yağmur hâlâ ~ yağıyor** es gießt immer noch in Strömen ❷ (*akıcı olarak*) fließend; **~ Almanca/Türkçe konuşuyor** er spricht fließend Deutsch/Türkisch
şakırtı *s* ❶ (*yağmur*) Plätschern *nt;* (*zincirler*) Rasseln *nt* ❷ Klappern *nt;* **atların sokakta nal ~ları** das Klappern der Hufeisen der Pferde auf der Straße
şakıt *s* ZOOL Muräne *f*
şaki *s* Räuber(in) *m(f),* Bandit(in) *m(f);* (*yolkesen*) Straßenräuber(in) *m(f)*
şakkadak *adv* plötzlich
şaklama *s* ❶ *Verbalsubstantiv zu* **şaklamak** ❷ Knall *m*
şaklamak *vi* (*kırbaç*) knallen
şaklatma *s Verbalsubstantiv zu* **şaklatmak**
şaklatmak *vt* **kırbacı ~** mit der Peitsche knallen [*o* schnalzen]
şakrak *adj* (*kahkaha*) herzhaft; (*insan*) lebenslustig, heiter **şakrak kuşu** *s* ZOOL Dompfaff *m,* Gimpel *m*
şakraklık <-ğı> *s ohne pl* Heiterkeit *f*
şakrama *s Verbalsubstantiv zu* **şakramak**
şakramak *vi s.* **şakımak** schlagen; (*ötmek*) singen
şakul <-ü> [ʃa:kul] *s s.* **çekül** Lot *nt,* Senkblei *nt*
şakulî [ʃa:ku:li:] *adj s.* **düşey** lotrecht, senkrecht, vertikal
şakulleme *s* ❶ *Verbalsubstantiv zu* **şakullemek** ❷ Lotung *f*
şakullemek *vt* ❶ loten ❷ (*fig: yoklamak*) ausloten
şal *s* Schal *m*
şale *s* Chalet *nt*
şalgam *s* BOT Kohlrübe *f,* Steckrübe *f*
şalter *s* ❶ TECH, ELEK (*çevirgeç*) Schalter *m* ❷ (*gişe*) Schalter *m*
şalupa *s* NAUT Schaluppe *f*
şalvar *s* Pumphose *f*
Şam *s* Damaskus *nt*
şaman *s* Schamane *m*
şamandıra *s* ❶ NAUT Boje *f* ❷ TECH Schwimmer *m*
şamandıralama *s ohne pl Verbalsubstantiv zu* **şamandıralamak**
şamandıralamak *vt* NAUT ausbojen
şamanizm *s ohne pl,* **şamanlık** <-ğı> *s ohne pl* Schamanismus *m*
şamar *s* Ohrfeige *f*
şamarlama *s Verbalsubstantiv zu* **şamarlamak**
şamarlamak *vt* ohrfeigen
şamar oğlanı *s* Prügelknabe *m*
şamata *s* Radau *m;* (*gürültü*) Krach *m;* (*gürültü patırtı*) Getöse *nt*
şambabası *s* ❶ GASTR *eine Art Süßspeise* ❷ (*fig: hayırsız baba*) Rabenvater *m*
şambrel *s* AUTO Schlauch *m,* Reifenschlauch *m*
şamdan *s* Kerzenständer *m;* (*birden fazla mum için*) Kerzenleuchter *m;* **kollu ~** Armleuchter *m*
Şam fıstığı *s* ❶ BOT (*ağacı*) Pistazie *f,* Pistazienbaum *m* ❷ (*kabuklu yemişi*) Pistazie *f,* Pistaziennuss *f; s. a.* **Antep fıstığı**
şampanya *s* Champagner *m* **şampanya bardağı** *s* Sektglas *nt,* Flöte *f*
şampiyon *s* SPORT Meister(in) *m(f),* Champion *m*
şampiyona *s* SPORT Meisterschaft *f*
Şampiyonlar Ligi *s* SPORT Champions League *f*
şampiyonluk <-ğu> *s* SPORT Meisterschaft *f;* **~ için oynamak** um die Meisterschaft spielen
şampuan *s* Shampoo *nt*
şampuanlama *s* ❶ *Verbalsubstantiv zu* **şampuanlamak** ❷ Shampoonierung *f,* Schamponierung *f*
şampuanlamak *vt* shampoonieren, schamponieren
şan *s* Glorie *f,* Ruhm *m*
şangırdama *s Verbalsubstantiv zu* **şangırdamak**
şangırdamak *vi* klirren
şangır şungur *adv* **bardaklar ~ yere düştü** die Gläser fielen klirrend zu Boden
şanjan *s ohne pl* Schiller *m*
şanjanlı *adj* schillernd
şanjman *s* AUTO Getriebe *nt*
şanlı *adj* ❶ (*ünlü*) ruhmreich; (*tanınmış*) berühmt ❷ (*yüce, ulu*) glorreich
şano *s* THEAT (*sahne*) Bühne *f*
şans *s ohne pl* ❶ Glück *nt;* **~ benden/bizden yana** das Glück ist auf meiner/unserer Seite; **birine ~ dilemek** jdm Glück wünschen; **~ getirmek** Glück bringen; **~ı döndü** (*fig*) für ihn hat sich das Blatt gewendet; **~ı ol(ma)mak** (kein) Glück haben; **~ı yaver gitmek/gitmemek** eine Glückssträhne/Pechsträhne haben; **~ına bir şey olmadı** zum Glück ist nichts passiert; **~ına imreniyorum** ich beneide dich um dein Glück; **~ını denemek** sein Glück versuchen; **bol ~lar!** viel Glück! ❷ (*fırsat, imkân*) Chance *f,* Gelegenheit *f;* **sana son bir ~ (daha) tanıyorum** ich gebe dir (noch) eine letzte Chance
şansız *adj* ruhmlos
şanson *s* MUS Chanson *nt*

şansonet *s* MUS Chansonette *f*
şans oyunu *s* Glücksspiel *nt*
şansölye *s* POL Kanzler(in) *m(f)* **şansölye adayı** *s* Kanzlerkandidat(in) *m(f)*
şansölyelik <-ği> *s ohne pl* Kanzleramt *nt*
şanssız *s* ~ **olmak** Pech haben, kein Glück haben
şanssızlık <-ğı> *s ohne pl* Unglück *nt,* Pech *nt;* (*şanssızlığa bak*) so ein Pech
şantaj *s* Erpressung *f;* **birine ~ yapmak** jdn erpressen
şantajcı *s* Erpresser(in) *m(f)*
şantiye *s* ❶ Baustelle *f* ❷ NAUT Werft *f* **şantiye şefi** *s* Bauleiter(in) *m(f)* **şantiye şefliği** *s* Bauleitung *m*
şantör *s* MUS Sänger *m*
şantöz *s* MUS Sängerin *f*
şanzıman *s s.* **şanjman** AUTO Getriebe *nt*
şap[1] *s* ❶ **birini ~ diye öpmek** jdm einen Schmatz geben ❷ (*yere düşmede çıkan ses*) Klacks *m;* **~ diye yere düşmek** mit einem Klacks zu Boden fallen
şap[2] *interj* platsch
şap[3] *s* CHEM Alaun *m;* **~a oturmak** (*fig fam*) sich in die Tinte setzen, in der Patsche sitzen; **gemisi ~a oturmak** (*fig*) Schiffbruch erleiden
şaperon *s* Anstandsdame *f*
şap hastalığı *s* Maul- und Klauenseuche *f*
şapırdama *s Verbalsubstantiv zu* **şapırdamak**
şapırdamak *vi* schmatzen
şapırtı *s* Schmatz *m*
şapka *s* ❶ Hut *m;* **~ çıkarmak** den Hut ziehen ❷ (*lamba ~sı*) Schirm *m* ❸ BOT (*mantarlarda*) Hut *m* ❹ LING Zirkumflex *m*
şapkacı *s* Hutmacher(in) *m(f)*
şapka işareti *s* LING (*şapka*) Zirkumflex *m*
şaprak <-ğı> *s* (*eyer örtüsü*) Satteldecke *f; s.* **çaprak**
şapşal *adj* ❶ (*pej fam: alık*) dämlich, blöd ❷ (*pej fam*) schlampig; (*giyecek için*) schlampig
şap taşı *s* Alaunstein *m*
şapur şupur *adv* (*fam*) **birini ~ öpmek** jdn abknutschen; **~ öpüşmek** sich abknutschen
şarabı *s poss von* **şarap**
şarampol <-lü> *s* Straßengraben *m*
şarap <-bı> *s* Wein *m* **şarap bardağı** *s* Weinglas *nt*
şarapçı *s* ❶ (*şarap yapan*) Winzer(in) *m(f)* ❷ (*satan*) Weinhändler(in) *m(f)* ❸ (*içen*) Weintrinker(in) *m(f)*
şarap fıçısı *s* Weinfass *nt*
şaraphane *s* Weinkellerei *f;* (*satış yeri*) Weinhandlung *f;* (*içilen yer*) Weinhaus *nt,* Weinlokal *nt*
şarapnel *s* MIL Schrapnell *nt*
şarap rengi *adj* weinrot **şarap şişesi** *s* Weinflasche *f*
şarbon *s ohne pl* MED Milzbrand *m,* Anthrax *m*
şarj *s* ❶ **~ etmek** (*yüklemek*) aufladen; **~ olmak** sich aufladen ❷ (*sl*) **~ etmek** kapieren
şarjör *s* Magazin *nt*
şark *s ohne pl s.* **doğu** Osten *m* **şark çıbanı** *s* MED Aleppobeule *f*
şarkıcı *s* Sänger(in) *m(f)* **şarkıcı ardıç** <-cı> *s* ZOOL Singdrossel *f*
şarkiyat *s ohne pl s.* **doğu bilimi** Orientalistik *f*
şarkiyatçı *s s.* **doğu bilimci** Orientalist(in) *m(f)*
şarklı **I.** *s* (*doğulu*) Orientale, Orientalin *m, f* **II.** *adj* orientalisch
şarküteri *s* Feinkostgeschäft *nt*
şarlatan *s* Charlatan *m,* Kurpfuscher(in) *m(f)*
Şarlman *s* HIST Karl der Große
şart *s* Bedingung *f,* Kondition *f;* **~ koşmak** eine Bedingung stellen; **bir şeyi ~ koşmak** etw zur Bedingung machen; **~ olsun** ich schwöre es; **uygun ~larla** zu günstigen Bedingungen [*o* Konditionen] **şart kipi** *s* LING Bedingungsform *f,* Konditional *m*
şartlandırma *s* ❶ *Verbalsubstantiv zu* **şartlandırmak** ❷ Konditionierung *f*
şartlandırmak *vt* konditionieren
şartlı *adj* ❶ bedingt, konditioniert ❷ LING konditional **şartlı birleşik cümle** *s* LING Bedingungssatz *m,* Konditionalsatz *m* **şartlı birleşik zaman** *s* LING Konditionalis *m* **şartlı refleks** *s* PSYCH (*koşullu tepke*) bedingter Reflex, konditionierter Reflex **şartlı yan cümle** *s s.* **şartlı birleşik cümle**
şartname *s* ❶ Ausschreibung *f* ❷ (*sözleşme*) Vertrag *m*
şartsız *adj* unbedingt **şartsız refleks** *s* PSYCH (*koşulsuz tepke*) unbedingter Reflex **şartsız şurtsuz** *adv* bedingungslos
şaryo *s* ❶ TECH (*hareketli parça*) Schlitten *m* ❷ (*daktiloda*) Schlitten *m* ❸ MIL, TECH, AERO (*fırlatma düzeni*) Katapult *m o nt*
şasi *s* AUTO Fahrgestell *nt*
şaşaa [ʃaːʃaa] *s ohne pl* ❶ Pracht *f* ❷ (*parlaklık*) Glanz *m*
şaşakalma *s ohne pl* ❶ *Verbalsubstantiv zu* **şaşakalmak** ❷ Verblüffung *f*
şaşakalmak *vi* (*fam*) baff sein, verblüfft sein, verdutzt sein
şaşar *vi 3. Aorist von* **şaşmak**
şaşı *adj* schielend; **sol gözü ~** er schielt auf

Ş

dem linken Auge
şaşılası *adj* erstaunlich
şaşılık <-ğı> *s ohne pl* Schieläugigkeit *f*
şaşırma *s Verbalsubstantiv zu* **şaşırmak**
şaşırmak I. *vi* (*hayret etmek*) sich wundern (-**e** über), (er)staunen (-**e** über) **II.** *vt* **feleğini** ~ die Welt nicht mehr verstehen; **sağını solunu** ~ nicht mehr wissen, wo rechts und links ist; **söyleyeceğini** ~ nicht mehr wissen, was man sagen soll; **yolumuzu şaşırdık** wir kamen vom Weg ab
şaşırtıcı *adj* erstaunlich, verblüffend
şaşırtma *s Verbalsubstantiv zu* **şaşırtmak**
şaşırtmak *vt* ❶ verblüffen, in Erstaunen versetzen ❷ überraschen; **bu derece kızması bizi şaşırttı** dass er sich derartig aufregte, hat uns überrascht ❸ (*yanıltmak*) irreführen, täuschen ❹ (*fidanları*) umpflanzen
şaşkın *adj* ❶ verwirrt ❷ fassungslos
şaşkınlık <-ğı> *s* ❶ Verwirrung *f* ❷ Fassungslosigkeit *f*
şaşkoloz *adj* (*pej fam*) schieläugig
şaşmak *vi* staunen (-**e** über), sich wundern (-**e** über); **bildiğinden şaşma!** lass dich nicht beirren!
şaşmaz *adj* unbeirrbar, unbeirrt
şatafat *s ohne pl* Pomp *m*
şatafatlı *adj* pompös
şato *s* Ritterburg *f*
şayan [ʃa:-] *konj* (*değer*) wert, -wert; (*layık*) würdig, -würdig; **takdire** ~ anerkennenswert, wert [*o* würdig], anerkannt zu werden
şayet [ʃa:ja:n] *adj* wenn, falls
şebabet [ʃeba:bet] *s* (*gençlik*) Jugend *f*
şebboy *s* BOT Goldlack *m*
şebek <-ği> *s* ZOOL Pavian *m*
şebeke *s* ❶ Netz *nt* ❷ UNIV Studentenausweis *m*
şebnem *s s.* **çiy** Tau *m*
şecere *s* Stammbaum *m;* (*soy ağacı*) Ahnentafel *f*
şecerename *s* Stammbuch *nt*
şef *s* Chef(in) *m(f);* (*bando* ~ *i*) Meister(in) *m(f);* (*istasyon* ~ *i*) Vorsteher(in) *m(f)*
şefaat <-ti> *s a.* REL Fürbitte *f;* ~ **etmek** fürbitten; **birisi için** ~**te bulunmak** für jdn Fürbitte einlegen
şefaatçi *s* Fürbitter(in) *m(f)*
şeffaf *adj s.* **saydam** transparent, durchsichtig
şeffaflaşma *s Verbalsubstantiv zu* **şeffaflaşmak**
şeffaflaşmak *vi s.* **saydamlaşmak** ❶ durchsichtig werden, transparent werden ❷ (*fig: belirginleşmek*) deutlich [*o* klar] werden
şeffaflık <-ğı> *s ohne pl s.* **saydamlık** Durchsichtigkeit *f,* Transparenz *f*
şefkat <-ti> *s ohne pl* ❶ Barmherzigkeit *f* ❷ Zärtlichkeit *f* ❸ Zuwendung *f;* **birinin** ~**ine ihtiyaç duymak** der Zuwendung jds bedürfen
şefkatli *adj* ❶ barmherzig ❷ liebevoll, zärtlich
şefkatsiz *adj* unbarmherzig
şefkatsizlik <-ği> *s ohne pl* Unbarmherzigkeit *f*
şeftali [ʃefta:li] *s* BOT (*Persica vulgaris*) Pfirsichbaum *m;* (*meyvesi*) Pfirsich *m* **şeftali ağacı** *s* Pfirsichbaum *m*
şehadet [ʃeha:-] *s* ❶ JUR (*tanıklık*) Zeugnis *nt,* Zeugenaussage *f;* ~ **etmek** Zeugnis ablegen, eine Zeugenaussage machen ❷ (*şehitlik*) Heldentod *m,* Märtyrertod *m* ❸ REL (*kelimei~*) Bekenntnis *nt;* ~ **getirmek** sich zum Glauben bekennen, das Glaubensbekenntnis aussprechen
şehadetname [ʃeha:detna:me] *s* Zeugnis *nt;* (*sertifika*) Zertifikat *nt;* (*belge*) Bescheinigung *f*
şehadet parmağı *s* Zeigefinger *m*
şehbender *s s.* **konsolos** Konsul(in) *m(f)*
şehevî *adj s.* **erotik** erotisch
şehir <-hri> *s* Stadt *f; s. a.* **kent**
şehirci *s* Städtebauer(in) *m(f)*
şehircilik <-ği> *s ohne pl* Städtebau *m*
şehir içi *adj* innerstädtisch; ~ **ulaşımı** innerstädtischer Verkehr **şehir kütüphanesi** *s* Stadtbibliothek *f*
şehirler arası *adj* interurban **şehirler arası otobüs** *s* Überlandbus *m* **şehirler arası telefon görüşmesi** *s* Ferngespräch *nt*
şehirleşme *s* ❶ *Verbalsubstantiv zu* **şehirleşmek** ❷ SOZIOL Verstädterung *f*
şehirleşmek *vi* SOZIOL verstädtern
şehirli *s* Städter *m,* Stadtmensch *m*
şehirlileşme *s Verbalsubstantiv zu* **şehirlileşmek**
şehirlileşmek *vi* zum Stadtmenschen werden
şehirlilik <-ği> *s ohne pl* Urbanität *f*
şehir manzarası *s* Stadtansicht *f* **şehir merkezi** *s ohne pl* Stadtzentrum *nt,* Stadtmitte *f* **şehir rehberi** *s* Stadtführer *m* **şehir tiyatrosu** *s* Stadttheater *nt* **şehir turu** *s* (*yürüyerek*) Stadtrundgang *m;* (*taşıtla*) Stadtrundfahrt *f*
şehit <-di> *s* ❶ (*savaşırken ölen*) Gefallene(r) *f(m);* ~ **düşmek** im Kampf fallen ❷ REL Märtyrer(in) *m(f);* ~ **düşmek** als Märtyrer sterben
şehlâ [ʃexlã:] *adj* leicht schielend
Şehrazat *s* HIST, LIT Scheherezade *f*

şehri *s poss von* **şehir**
şehriye *s* GASTR Nudeln *pl* **şehriye çorbası** *s* GASTR Nudelsuppe *f*
şehvet *s* Lust *f*, Wollust *f*
şehvetli *adj* lüstern, wollüstig
şeker[1] *s* ❶ Zucker *m;* **ben hiçbir zaman kahveme ~ almam** ich nehme nie Zucker in den Kaffee ❷ Süßigkeit *f;* (*nane ~ i*) Bonbon *nt;* **elma ~i** glasierte Äpfel
şeker[2] *s ohne pl* (*fam: ~ hastalığı*) Zucker *m;* **~i olmak** Zucker haben
Şeker Bayramı *s* Zuckerfest *nt*
şeker hastalığı *s ohne pl* MED (*diyabet*) Diabetes *m* **şeker hastası** *s* Zuckerkranke(r) *f(m)*, Diabetiker(in) *m(f)* **şeker kamışı** *s ohne pl* Zuckerrohr *nt*
şekerleme *s* ❶ *Verbalsubstantiv zu* **şekerlemek** ❷ Süßigkeit *f*
şekerlemek *vt* süßen
şekerli *adj* gezuckert; **~ kahve** Kaffee mit Zucker
şekerlik <-ği> *s* Zuckerdose *f*
şeker miktarı *s ohne pl* Zuckergehalt *m* **şeker pancarı** *s* AGR Zuckerrübe *f*
şekersiz *adj* ungezuckert; **~ kahve** Kaffee ohne Zucker
şekil <-kli> *s* ❶ (*biçim*) Form *f*, Gestalt *f;* **~ almak** Gestalt [*o* Formen] annehmen; (*biçimlenmek*) sich formen; **sualin şeklini değiştirmek** die Frage umformulieren ❷ (*resim*) Abbildung *f;* **bu kitapta çok ~ var** in diesem Buch sind viele Abbildungen ❸ (*tarz*) Weise *f;* (*davranış biçimi*) Art *f;* **benzer ~de** auf ähnliche (Art und) Weise; **bu ~de** auf diese (Art und) Weise; **esrarengiz bir ~de** auf mysteriöse Weise ❹ MATH Form *f* **şekil bilgisi** *s ohne pl* LING Formenlehre *f*, Gestaltlehre *f;* (*morfoloji*) Morphologie *f*
şekilci *adj* formalistisch
şekilcilik <-ği> *s ohne pl* Formalismus *m*
şekil değiştirme *s* Umformung *f*, Umgestaltung *f*
şekillendirme *s* ❶ *Verbalsubstantiv zu* **şekillendirmek** ❷ Formung *f*, Gestaltung *f*
şekillendirmek *vt* formen, gestalten
şekillenme *s* ❶ *Verbalsubstantiv zu* **şekillenmek** ❷ Formung *f*
şekillenmek *vi* sich formen, Gestalt annehmen
şekilperest *s* Formalist(in) *m(f)*
şekilsiz *adj* ❶ formlos ❷ (*biçimi bozuk*) unförmig
şekil ve şemail *s s.* **görünüş** Aussehen *nt*
şeklen *adv* formal
şekli *s poss von* **şekil**
şeklî [ʃekli:] *adj* formal, formell
şelale [ʃelā:le] *s* GEO (*çavlan*) Wasserfall *m*

şema *s* Schema *nt*
şemalaştırma *s* ❶ *Verbalsubstantiv zu* **şemalaştırmak** ❷ Schematisierung *f*
şemalaştırmak *vt* schematisieren
şematik *adj* schematisch
şempanze *s* ZOOL Schimpanse *m*
şemsiye *s* ❶ Regenschirm *m* ❷ (*plaj, bahçe ~si*) Schirm *m;* **~yi açmak** den Schirm aufspannen ❸ BOT Dolde *f* **şemsiye kuşu** *s* ZOOL Schirmvogel *m*
şemsiyelik <-ği> *s* Schirmständer *m*
şen *adj* ❶ (*neşeli*) fröhlich; **~ ve esen kalınız!** bleiben Sie fröhlich und gesund! ❷ (*eğlenceli*) lustig
şendere *s* (*fıçı kaburgası*) Daube *f*
şenlendirme *s* ❶ *Verbalsubstantiv zu* **şenlendirmek** ❷ Erheiterung *f*
şenlendirmek *vt* erheitern
şenlik <-ği> *s* ❶ Festlichkeit *f* ❷ Fest *nt*, Freudenfest *nt*
şen şakrak *adj* ❶ fröhlich und munter, gut gelaunt und lebhaft; (*fam*) aufgekratzt ❷ (*fam*) aufgedreht **şen şatır** *adj s.* **şen şakrak**
şer *s* Übel *nt;* **ehveni~** das kleinere Übel
şerbet *s* Sorbet(t) *m o nt*
şerbetçi otu *s* Hopfen *m*
şerç <-ci> *s* After *m;* (*anüs*) Anus *m*
şeref *s* (*onur*) Ehre *f;* **birine ~ vermek** jdm die Ehre geben [*o* erweisen]; **bu ne ~!** was für eine Ehre!; **~e!** zum Wohl!; **~ine!** auf dein Wohl!; **senin ~ine** dir zu Ehren **şeref belgesi** *s* Ehrenurkunde *f*
şerefe *s* Umgang *m*, Umlauf *m* (*eines Minaretts*)
şerefiye *s* Wertzuwachssteuer *f*
şeref kıt'ası *s* MIL Ehrenformation *f*, Ehrenkompanie *f* **şeref konuğu** *s* Ehrengast *m*
şereflendirme *s Verbalsubstantiv zu* **şereflendirmek**
şereflendirmek *vt* beehren
şerefli *adj* ehrenhaft, ehrbar
şereflilik <-ği> *s ohne pl* Ehrenhaftigkeit *f*
şeref misafiri *s s.* **şeref konuğu**
şerefsiz *adj* ehrlos
şerefsizlik <-ği> *s ohne pl* Ehrlosigkeit *f*
şeref sözü *s* (*namus sözü*) Ehrenwort *nt* **şeref tribünü** *s* Ehrentribüne *f* **şeref üyesi** *s s.* **onur üyesi** Ehrenmitglied *nt* **şeref yeri** *s* Ehrenplatz *m*
şerh *s* ❶ Vermerk *m;* **~ etmek** vermerken ❷ (*yorumlama*) Auslegung *f*, Interpretation *f* ❸ (*açımlama*) Kommentar *m;* **~ etmek** kommentieren
şeri *s* Sherry *m*
şer'î [ʃer'i:] *adj* Schariats-
şeriat [ʃeri:-] *s ohne pl* REL Scharia *f*

şeridi *s poss von* **şerit**

şerif¹ *adj* ❶ (*kutsal*) heilig ❷ (*şerefli*) ehrenhaft, ehrbar ❸ (*soylu*) edel ❹ (*temiz*) rein

şerif² *s* Sheriff *m*

şerik *s s.* **ortak** Gesellschafter(in) *m(f)*, Partner(in) *m(f)*

şerit <-di> *s* ❶ Band *nt* ❷ AUTO Streifen *m*, Fahrspur *f*; ~ **değiştirmek** die Fahrspur wechseln; **sağ/sol** ~ die rechte/linke Spur ❸ ZOOL, MED (*tenya*) Bandwurm *m* **şerit makarna** *s* Bandnudel *f* **şerit metre** *s* Bandmaß *nt*

şev *s* Böschung *f*

şey *s* Ding *nt*, Sache *f*; **bir** ~ ein Ding, etwas; **genç/güzel bir** ~ ein junges/schönes Ding; **imkânsız bir** ~ ein Ding der Unmöglichkeit; **beni kızdıran** ~, ... (das), was mich ärgert, ...

şeytan *s* Teufel *m*, Satan *m*, Dämon *m*; ~ **kulağına kurşun!** toi, toi, toi!; ~**a uymak** in Versuchung kommen; **acele işe** ~ **karışır** (*prov*) Eile mit Weile; **hay aksi** ~**!** (*fam*) Teufel noch mal!; **yüzünü** ~ **görsün!** scher dich zum Teufel!, fahr zur Hölle!

şeytanca *adv* teuflisch, dämonisch, satanisch, diabolisch

şeytan çekici *s* (*fig fam*) Satansbraten *m*, Teufelsbraten *m*

şeytanî *adj* dämonisch, teuflisch, satanisch, diabolisch

şeytaniğnesi *s* ZOOL Teufelsnadel *f*

şeytanlık <-ğı> *s* Teufelei *f*

şeytansaçı *s* BOT Teufelszwirn *m*

şeytan tırnağı *s* Niednagel *m*

şeytantırnağı *s* BOT Teufelskralle *f*

şezlong *s* Liege *f*, Liegestuhl *m*

şık¹ *adj* ❶ chick, schick, elegant ❷ (*fig: cevap*) treffend

şık² <-kkı> *s* (*alternatif*) Alternative *f*; **iki** ~**tan birini seçmek zorunda olmak** vor die Alternative gestellt sein

şıklaşma *s Verbalsubstantiv zu* **şıklaşmak**

şıklaşmak *vi* sich schick machen; **niçin bu kadar şıklaştın?** warum hast du dich so schick gemacht?

şıklık <-ğı> *s ohne pl* Schick *m*, Eleganz *f*

şımarık <-ğı> *adj* verwöhnt, verzogen; ~ **bir çocuk** ein verwöhntes [*o* verzogenes] Kind

şımarıklık <-ğı> *s* Verwöhntheit *f*

şımarır *vi 3. Aorist von* **şımarmak**

şımarma *s Verbalsubstantiv zu* **şımarmak**

şımarmak *vt* sich gehen lassen

şımartılma *s* ❶ *Verbalsubstantiv zu* **şımartılmak** ❷ Verwöhnung *f*

şımartılmak *vi pass von* **şımartmak**: **çok şımartılmış bir kadın** eine sehr verwöhnte Frau

şımartma *s* ❶ *Verbalsubstantiv zu* **şımartmak** ❷ Verwöhnung *f*

şımartmak *vt* verwöhnen, verziehen

şıngırdama *s Verbalsubstantiv zu* **şıngırdamak**

şıngırdamak *vi* klirren

şıngırtı *s* Klirren *nt*; **çay fincanının içindeki kaşığın** ~**sı** das Klirren des Löffels in der Teetasse

şıpın işi *s* (*fam*) Klacks *m*; **böyle şey bizim için** ~ für uns ist so was ein Klacks

şıra *s* Most *m*; (*üzümden*) Traubenmost *m*

şıracı *s* ❶ (*satan kimse*) Mostverkäufer(in) *m(f)* ❷ (*satılan yer*) Mostladen *m*

şıralık üzüm *s* Mosttraube *f*

şırınga *s* Injektionsspritze *f*; **bir şeyi** ~ **etmek** etw einspritzen

şırlağan *s* REG (*susam yağı*) Sesamöl *nt*

Şia [ʃi:a] *s ohne pl* REL Schia *f*

şiar [ʃia:r] *s* ❶ (*düstur*) Merkmal *nt* ❷ (*düstur*) Leitsatz *m*; (*ülkü*) Ideal *nt*; ~ **edinmek** zu eigen machen

şiddet *s* ❶ Heftigkeit *f* ❷ **ışık** ~**i** Stärke *f* ❸ Wucht *f*, Schlagkraft *f*; **yumruklarında korkunç bir** ~ **var** er hat eine ungeheure Schlagkraft in seinen Fäusten ❹ JUR Gewalt *f* ❺ Vehemenz *f* **şiddet eylemi** *s* Gewaltakt *m*

şiddetlenme *s* ❶ *Verbalsubstantiv zu* **şiddetlenmek** ❷ Eskalation *f*

şiddetlenmek *vi* ❶ heftiger werden ❷ eskalieren

şiddetli *adj* ❶ heftig, stark; ~ **ağrısı olmak** starke Schmerzen haben ❷ ~ **üşümek** bitterlich frieren ❸ vehement

şifa [ʃifa:] *s* Genesung *f*; ~ **bulmak** genesen, gesund werden; ~ **vermek** heilen, gesund machen; ~**yı bulmak** [*o* **kapmak**] (*fam: hastalanmak*) krank werden; (*hastalığı artmak*) richtig krank werden; **acil** ~**lar dilemek** rasche Genesung wünschen, gute Besserung wünschen

şifahane *s s.* **hastane** Krankenhaus *nt*

şifahen *adv* mündlich

şifahî *adj s.* **sözlü** mündlich; ~ **sınav** eine mündliche Prüfung

şifalı *adj* heilkräftig **şifalı bitki** *s* Heilpflanze *f* **şifalı ot** *s* Heilkraut *nt*; (*şifalı bitki*) Heilpflanze *f*

şifasız *adj* unheilbar

şifleme *s Verbalsubstantiv zu* **şiflemek**

şiflemek *vt* ❶ REG AGR (*pamuk*) egrenieren ❷ (*mısır*) entkörnen

şifon *s* Chiffon *m*

şifre *s* ❶ Chiffre *f*, Code *m*, Kennwort *nt*; (*gizli numara*) Geheimnummer *f*, Geheimzahl *f* ❷ INFORM Passwort *nt;* ~ **kırmak** hacken

şifreleme *s* ❶ *Verbalsubstantiv zu* **şifrelemek** ❷ Chiffrierung *f,* Verschlüsselung *f*

şifrelemek *vt* chiffrieren, verschlüsseln

şifreli *adj* verschlüsselt; ~ **bilgiler** verschlüsselte Informationen [*o* Daten]; ~ **kelime** ein verschlüsseltes Wort **şifreli hesap** <-bı> *s* FIN Nummernkonto *nt*

şifreli kilit <-di> *s* Zahlenschloss *nt,* Kombinationsschloss *nt*

Şii [ʃiˈiː] **I.** *s* REL Schiit(in) *m(f)* **II.** *adj* schiitisch

Şiilik <-ği> [ʃiˈiːlik] *s ohne pl* REL Schiismus *m*

şiir[1] [ʃiˈir] *s ohne pl* LIT Dichtung *f,* Poesie *f*

şiir[2] *s* Gedicht *nt;* ~ **gibi** (*fig fam*) wie ein Gedicht

şiirce *s* LIT (*mensur şiir*) Prosadichtung *f*

şiir defteri *s* Poesiealbum *nt*

şikâr [ʃikãr] *s ohne pl* ❶ (*av*) Beute *f,* Jagdbeute *f,* Raub *m* ❷ (*ganimet*) Beute *f,* Kriegsbeute *f,* Raub *m*

şikâyet [ʃikãjet] *s* ❶ *a.* JUR, ADMIN Beschwerde *f;* ~ **etmek** sich beschweren (über); ~**te bulunmak** Beschwerde anbringen, sich beschweren; **birine bir şeyi** ~ **etmek** sich bei jdm über etw beschweren; **daha yüksek makama** ~**te bulunmak** sich an höherer Stelle beschweren ❷ (*yakınma*) Klage *f;* ~ **edecek bir nedeni ol**(**ma**)**mak** (k)einen Grund zur Klage haben; ~**im yok** ich kann nicht klagen; **birine bir şeyi** ~ **etmek** sich bei jdm über etw beklagen; **hâlimden** ~**im yok**(**tur**) ich kann mich nicht beklagen; **yalnızlıktan** ~ **etmek** sich beklagen über das Alleinsein

şike *s* ❶ abgekartetes Spiel; ~ **yapmak** ein abgekartetes Spiel treiben ❷ SPORT Schiebung *f*

şikeli *adj* abgekartet

şile *s* BOT (*mercanköşk*) Majoran *m*

Şile *s Kleinstadt am Schwarzen Meer*

şilep <-bi> *s* Frachter *m;* (*yük gemisi*) Frachtschiff *nt*

Şili **I.** *s* Chile *nt* **II.** *adj* chilenisch; ~ **hükümeti/para birimi** die chilenische Regierung/Währungseinheit

Şilili **I.** *s* Chilene, Chilenin *m, f* **II.** *adj* chilenisch; ~ **erkekler/kadınlar** chilenische Männer/Frauen

şilin *s* Schilling *m*

şilte *s* Matratze *f*

şimal <-li> [ʃimãl] *s ohne pl s.* **kuzey** Norden *m*

şimdi *adv* ❶ jetzt, nun; (*şu anda*) derzeit; ~ **ise** und nun; ~ **sıra onda** jetzt ist er dran; ~**den sonra** von jetzt [*o* nun] an; ~**ye kadar/dek** bisher, bislang, bis jetzt; ~**ye kadarki** bisherige(r, s); ~**ye kadarki davranışı** sein bisheriges Verhalten; ~**ye kadar böyle bir şey ile hiç karşılaşmadım!** so etwas ist mir ja noch nie begegnet! ❷ (*az sonra*) gleich ❸ (*az önce*) eben; (*demin*) vorhin ❹ (*artık*) nun, nunmehr

şimdiki *adj* jetzige(r, s); (*bu zamandaki*) derzeitige(r, s)

şimdiki zaman *s ohne pl* ❶ Jetztzeit *f* ❷ LING Präsens *nt*

şimendifer *s* ❶ (*demir yolu*) Eisenbahn *f* ❷ (*tren*) Zug *m*

şimşek <-ği> *s* Blitz *m;* ~ **çakmak** blitzen; ~ **gibi** (*fig fam*) wie ein geölter Blitz, blitzartig; ~ **hızıyla** blitzschnell; **beyninde** ~**ler çakmak** (*fig fam*) wie vom Blitz getroffen sein

şimşeksavar *s* Blitzableiter *m*

şimşir *s* BOT Buchsbaum *m;* **kel başa** ~ **tarak** (*fig*) das passt wie die Faust aufs Auge

şintoizm *s ohne pl* REL Schintoismus *m*

şipşakçı *s* Straßenfotograf *m*

şiraze *s* TYPO Kapitalband *nt;* ~**sinden çıkmak** aus den Fugen geraten; **iş** ~**sinden çıktı** die Sache ist aus den Fugen geraten

şirden *s* ZOOL Labmagen *m*

şirket *s* (*ortaklık*) Gesellschaft *f;* **adi** ~ JUR Gesellschaft *f* bürgerlichen Rechts; **limitet** ~ Gesellschaft *f* mit beschränkter Haftung **şirket merkezi** *s* Gesellschaftssitz *m*

şirpençe *s* MED Karbunkel *m*

şiryan *s s.* **atardamar** Arterie *f,* Schlagader *f*

şiş[1] **I.** *s* Schwellung *f,* Beule *f;* ~ **indi** die Schwellung ist zurückgegangen **II.** *adj* geschwollen

şiş[2] *s* ❶ Spieß *m* ❷ **örgü** ~**i** Stricknadel *f* ❸ GASTR Spieß *m,* Bratspieß *m*

şişe *s* Flasche *f*

şişeleme *s Verbalsubstantiv zu* **şişelemek**

şişelemek *vt* **bira/şarap** ~ Bier/Wein in Flaschen abfüllen

şişelenme *s Verbalsubstantiv zu* **şişelenmek**

şişelenmek *vi pass von* **şişelemek**

şişer *vi 3. Aorist von* **şişmek**

şişe tapası *s* Flaschenverschluss *m*

şişinme *s Verbalsubstantiv zu* **şişinmek**

şişinmek *vi* REG (*kabarmak*) sich aufblasen

şişirilme *s Verbalsubstantiv zu* **şişirilmek**

şişirilmek *vi pass von* **şişirmek**

şişirme **I.** *s Verbalsubstantiv zu* **şişirmek** **II.** *adj* (*fig*) ~ **iş** Pfuscharbeit *f*

şişirmek *vt* (*balon*) aufblasen; **avurt** ~ die Backen aufblasen; **rüzgâr yelkenleri şişirdi** der Wind bauschte die Segel

şişkin *adj* ❶ (*şişirilmiş*) aufgeblasen ❷ (*şişmiş*) aufgedunsen, aufgeschwollen
şişkinlik <-ği> *s* Schwellung *f*
şişko *s* (*pej fam*) Fettwanst *m*
şişleme *s Verbalsubstantiv zu* **şişlemek**
şişlemek *vt* aufspießen
şişlik <-ği> *s* Schwellung *f,* Beule *f*
şişman *adj* dick
şişmanlama *s Verbalsubstantiv zu* **şişmanlamak**
şişmanlamak *vi* zunehmen, dick werden
şişmanlatma *s Verbalsubstantiv zu* **şişmanlatmak**
şişmanlatmak *vt Kausativ zu* **şişlamak** dick machen
şişmanlık <-ğı> *s ohne pl* ❶ Dicksein *nt* ❷ MED Fettsucht *f*
şişme *s* ❶ *Verbalsubstantiv zu* **şişmek** ❷ Schwellung *f*
şişmek <-er> *vi* ❶ schwellen ❷ anschwellen
şive [ʃiːve] *s* ❶ Akzent *m* ❷ (*ağız*) Mundart *f* ❸ (*naz, eda*) Getue *nt*
şizofren *adj* MED, PSYCH schizophren
şizofreni *s ohne pl* MED, PSYCH Schizophrenie *f*
şnitzel *s* GASTR Schnitzel *nt*
şnorkel *s* Schnorchel *m*
şofben *s* Durchlauferhitzer *m;* (*boyler*) Boiler *m*
şoför *s* Fahrer(in) *m(f),* Chauffeur(in) *m(f)*
şoför koltuğu *s* Fahrersitz *m*
şoförlük sınavı *s* Fahrprüfung *f*
şoför okulu *s* Fahrschule *f*
şok *s* Schock *m;* **anafilaksik ~** MED anaphylaktischer Schock
şoke *adj* schockiert; **birini ~ etmek** jdn schockieren; **~ olmak** schockiert sein
şokola *s* heiße Schokolade; **~ içmek** heiße Schokolade trinken
şok tedavisi *s* Schockbehandlung *f,* Schocktherapie *f*
şom *s ohne pl s.* **uğursuzluk** Unglück *nt,* Pech *nt*
şort *s* ❶ Shorts *pl,* Boxershorts *pl,* Boxer-Shorts *pl* ❷ (*yüzme ~ u*) Hose *f*
şose *s* Chaussee *f*
şov *s* Schau *f,* Show *f;* **~ yapmak** (*fam*) eine Schau abziehen
şovculuk <-ğu> *s* Showgeschäft *nt*
şoven I. *s* Chauvinist *m;* (*fam*) Chauvi *m* **II.** *adj* chauvinistisch
şovenizm *s ohne pl* Chauvinismus *m*
şovenlik <-ği> *s ohne pl* (*pej*) Chauvinismus *m*
şöhret *s* ❶ (*ohne pl*) Ruhm *m* ❷ (*ünlü kimse*) Berühmtheit *f*
şöhret hırsı *s ohne pl* Ruhmbegier *f,* Ruhmbegierde *f* **şöhret sahibi** *s* Berühmtheit *f*
şölen *s* ❶ Festessen *nt,* Festmahl *nt* ❷ (*kültür ~ i*) Fest *nt*
şömine *s* Kamin *m o nt*
şövale *s* KUNST (*ressam sehpası*) Staffelei *f*
şövalye *s* Ritter *m*
şöyle *adv* ❶ folgendermaßen ❷ kurz; **~ bir gözüküvermek** sich kurz blicken lassen **şöyle böyle** *adv* ❶ (*ne iyi ne kötü*) halbwegs gut, einigermaßen; (*orta derecede*) mittelprächtig; **nasılsın? — ~** wie geht es dir? — mittelprächtig [*o* leidlich] ❷ (*aşağı yukarı*) ungefähr, zirka
şteyşın *s* AUTO (*fam*) Kombi *m,* Caravan *m*
şu *pron* ❶ (*adjektivisch*) diese(r, s), jene(r, s); **~ ana kadar** bisher, bislang; **~ anda** in diesem Augenblick, momentan, im Moment, zurzeit; **~ anda meşgulüm** im Moment bin ich beschäftigt ❷ (*substantivisch*) der, die, das da; **~ masa** der Tisch da
şua [ʃuaː] *s s.* **ışın** Strahl *m*
şubat *s* Februar *m*
şube [ʃuːbe] *s* ❶ (*banka ~ si*) Filiale *f* ❷ SCHULE (Parallel)Klasse *f* **şube müdürü** *s* Filialleiter(in) *m(f)*
şu bu *pron* (*kimseler*) Hinz und Kunz; (*nesneler*) dies und das **şu denli** *adv* dermaßen
şufa hakkı *s* JUR, ADMIN (*ön alım hakkı*) Vorkaufsrecht *nt*
şundan *pron Ablativ von* **şu şundan bundan** *adv* **~ konuşmak** von diesem und jenem sprechen
şunu bunu *pron* (*substantivisch*) dies und jenes; **biz ~ almakla meşgulken ...** während wir beschäftigt waren, dies und jenes zu kaufen, ...; **~ bilmemek** (*itiraz dinlememek*) keine Widerrede dulden
şura [ʃura] *s* (*şu yer*) jener Ort, die Stelle da; **~sı güzel** da [*o* dort] drüben ist es schön
şûra [ʃuːraː] *s* Rat *m*
şuracıkta *adv* gleich dort [*o* da drüben]
şurada *adv* **~ burada** hier und da; (*rastgele yerde*) kreuz und quer
şurası *pron* **~nın manzarası daha güzel** dort drüben ist die Aussicht schöner
şurtsuz *adv* **şartsız ~** bedingungslos
şurup <-bu> *s* Sirup *m*
şut *s* SPORT Schuss *m;* **~ çekmek** schießen, abziehen; **otuz metreden kaleye ~ çekti** aus dreißig Metern schoss er aufs Tor
şutlama *s* ❶ *Verbalsubstantiv zu* **şutlamak** ❷ (*fig fam*) Rauswurf *m*
şutlamak *vt* (*fig fam*) hinauswerfen, rauswerfen
şuur *s s.* **bilinç** Bewusstsein *nt*

Ş

şuuraltı *s ohne pl s.* **bilinçaltı** Unterbewusstsein *nt*
şuursuz *adj s.* **bilinçsiz** unbewusst
şükran *s* (*minnettarlık*) Dankbarkeit *f;* **birine ~ duymak** jdm gegenüber Dankbarkeit fühlen
şükretme *s* ❶ *Verbalsubstantiv zu* **şükretmek** ❷ Danksagung *f*
şükretmek *vi,* **şükreylemek** *vi* ❶ (*Tanrı'ya*) danksagen ❷ (*minnet duymak*) **birine ~** jdm Dank schulden
şükür <-krü> *s* Dank *m;* **Tanrı'ya ~!** Gott sei Dank!
şümul <-ü> *s s.* **kapsam** Umfang *m*
şüphe *s* ❶ Verdacht *m* ❷ (*kuşku*) Zweifel *m;* **~ beslemek** [*o* **duymak**] Zweifel hegen; **~ bırakmamak** keinen Zweifel lassen, keine Zweifel aufkommen lassen; **bir şeye ~ etmek** an etw zweifeln, Zweifel an etw haben; **~ kurdu** (*fig*) bohrende Zweifel; **~ yok** ohne Zweifel; **bundan ~m yok** das bezweifele ich nicht
şüpheci *adj* skeptisch
şüphecilik <-ği> *s ohne pl* PHILOS (*kuşkuculuk*) Skeptizismus *m*
şüphelenme *s Verbalsubstantiv zu* **şüphelenmek**
şüphelenmek *vi* Verdacht schöpfen (**-den** gegen); **bir şeyden ~** etw in Zweifel ziehen
şüpheli *adj* ❶ verdächtig, suspekt; **bundan ~yim** das ist mir suspekt ❷ zweifelhaft; **~ alacaklar** zweifelhafte Forderungen; **olup olmayacağından ~yim** ich habe meine Zweifel, ob es klappen wird
şüphesiz *adv* zweifellos, zweifelsohne, ohne Zweifel
şvester *s* ❶ (*hemşire*) Krankenschwester *f* ❷ (*kız kardeş*) Schwester *f*

T t

T, t [te] *s* T, t *nt* (*24. Buchstabe des türk. Alphabets*); **Tokat'ın ~'si** T wie Theodor

ta¹ [taː] *adv* ~ **aşağılara kadar** bis ganz nach unten hin; ~ **başlangıçta** ganz am Anfang; **..., ~ ki herkes anlasın** ..., damit jeder es versteht

ta² [ta] *adv* ~ **kendisi** leibhaftig, wie er [*o* sie] leibt und lebt, niemand anders als er selbst

-ta <-da, -de, -te> *Lokativ-Suffix s.* **-da**

taahhüt <-dü> *s* ❶ Verpflichtung *f;* (*üstlenme*) Übernahme *f;* **bir şey yapmayı ~ etmek** etw übernehmen, etw auf sich nehmen ❷ FIN Zeichnung *f*

taahhütlü *adj* ❶ (*mektup*) eingeschrieben; **bir mektubu ~ göndermek** einen Brief als Einschreiben schicken; **iadeli ~** ein Einschreiben mit Rückschein ❷ FIN (*sermaye*) gezeichnet **taahhütlü mektup** <-bu> *s* Einschreibebrief *m,* Einschreiben *nt;* **iadeli ~** ein Einschreiben mit Rückschein

taalluk *s* (*ilinti*) Relation *f,* Verhältnis *nt,* Beziehung *f;* **~ etmek** sich beziehen (**-e** auf), betreffen (**-e**)

taallukat *pl* (*hısım ve yakınlar*) Angehörige *pl*

taam [taaːm] *s s.* **yemek** Essen *nt,* Speise *f;* **~ etmek** essen, speisen

taammüden [taˈammʏdɛn] *adv a.* JUR (*kasten*) vorsätzlich

taammüt <-dü> [taˈam-] *s a.* JUR Vorsatz *m*

taarruz *s s.* **saldırı** Angriff *m,* Offensive *f;* **~ etmek** angreifen

taassup <-bu> *s ohne pl s.* **bağnazlık** Fanatismus *m*

taba *adj* tabakfarben

tabaat *s ohne pl* TYPO (*basımcılık*) Druckwesen *nt*

tababet [tabaːbet] *s ohne pl s.* **hekimlik** Medizin *f*

tabak¹ <-ğı> *s* Teller *m;* **düz bir ~** ein flacher Teller

tabak² *s* (*sepici*) Gerber(in) *m(f)*

tabaka¹ *s* ❶ GEO (*kat, katman*) Schicht *f* ❷ ANAT (*ağ, saydam ~*) Haut *f* ❸ TYPO (*kâğıt*) Blatt *nt* ❹ (*fig: toplumda*) Schicht *f*

tabaka² *s* ❶ (*sigara kutusu*) Zigarettenetui *nt* ❷ (*tütün kutusu*) Tabaksdose *f*

tabakçı *s* ❶ (*satan kimse*) Tellerverkäufer(in) *m(f)* ❷ GASTR (*yıkayan kimse*) Tellerwäscher(in) *m(f)*

tabakhane *s* Gerberei *f*

tabaklama *s ohne pl Verbalsubstantiv zu* **tabaklamak**

tabaklamak *vt* gerben; **deri/post ~** Häute/Felle gerben; **tabaklanmış deri** gegerbtes Leder

tabaklık <-ğı> *s ohne pl* Gerberei *f;* (*tabaklama*) Gerben *nt*

taban *s* ❶ (*ayağın alt yüzü*) Fußsohle *f;* **~ları patlatmak** (*fig fam*) sich die Füße wund laufen; **~ları yağlamak** (*fam*) sich auf die Beine machen; (*kaçmak*) sich aus dem Staub machen ❷ (*tavan karşıtı*) Boden *m,* Fußboden *m* ❸ (*ayakkabının altı*) Schuhsohle *f;* **sol ayakkabımın ~ı delindi** (*fam*) die Sohle meines linken Schuhs ist durch ❹ (*duraç*) Sockel *m;* (*ayaklık*) Fuß *m* ❺ MATH (*kaide*) Grundseite *f,* Basis *f* ❻ INFORM (*veri ~ı*) Basis *f*

tabanca *s* Pistole *f;* **~ya davranmak** zur Pistole greifen

taban fiyatı *s* Mindestpreis *m*

tabanlık <-ğı> *s* ❶ EISENB Schwelle *f* ❷ (*ayakkabı için*) Einlage *f*

tabansız I. *s* Feigling *m* **II.** *adj* ❶ bodenlos ❷ (*pej*) feig(e)

taban ücret *s* Grundlohn *m*

tabanvay *s* (*fam*) per pedes; (*yayan*) zu Fuß; **~la gitmek** (*yayan gitmek*) zu Fuß gehen

tabela *s* ❶ (*levha*) Schild *nt* ❷ (*toplu yemek verilen yerlerde*) Speiseplan *m*

tabelacı *s* Schildermacher(in) *m(f)*

tabetme *s ohne pl Verbalsubstantiv zu* **tabetmek**

tabetmek <-der> *vt* TYPO, HIST (*basmak*) drucken

tabi¹ <-i> [taːbiː] *adj* ❶ (*bağlı*) abhängig (**-e** von); **~ kılmak** unterwerfen; **bir şeyi kalite kontrolüne ~ tutmak** etw einer Qualitätskontrolle unterziehen; **sansüre ~ olmak** der Zensur unterliegen ❷ **ücrete ~** gebührenpflichtig

tabi² <-i> [taːbiː] *s* TYPO (*basıcı*) Drucker(in) *m(f)*

tabi³ [tabiː] *adj s.* **tabii**

tabiat *s* ❶ (*doğa*) Natur *f* ❷ (*huy, karakter*) Naturell *nt* **tabiat bilgisi** *s ohne pl s.* **doğa bilgisi** SCHULE Naturkunde *f*

tabiatıyla *adv* naturgemäß

tabiatüstü *adj s.* **doğaüstü** übernatürlich

tabibi *s poss von* **tabip**

tabii [tabiːiː] **I.** *adj* ❶ (*tabiatta bulunan*) natürlich ❷ (*olağan, beklenildiği gibi*) natürlich, selbstverständlich ❸ (*yapmacık olmayan*) natürlich, unbefangen **II.** *adv* natürlich, selbstverständlich; **~ siz de**

geleceksiniz selbstverständlich werden Sie auch kommen

tabii afetler *pl* Naturgewalten *pl;* (*felaketler*) Naturkatastrophen *pl* **tabii hukuk** *s ohne pl* Naturrecht *nt*

tabiileşme *s ohne pl Verbalsubstantiv zu* **tabiileşmek**

tabiileşmek *vi* natürlich werden

tabiilik <-ği> *s ohne pl* Unbefangenheit *f,* Selbstverständlichkeit *f;* (*doğallık*) Natürlichkeit *f;* **davranışındaki ~** die Unbefangenheit seines Verhaltens

tabiiyet *s* ❶ (*bağımlılık*) Abhängigkeit *f* ❷ (*uyruk*) Staatsangehörigkeit *f*

tabiiyetsiz *adj* staatenlos

tabiiyetsizlik <-ği> *s ohne pl* Staatenlosigkeit *f*

tabildot *s* GASTR ❶ (*seçmesiz yemek*) Menü *nt;* **~ değil, alakart yedik** wir haben nicht das Menü, sondern à la carte gegessen ❷ (*ortaklık*) *Gemeinschaft von Leuten, die Lebensmittel besorgen und für sich kochen lassen*

tabip <-bi> *s s.* **hekim** Arzt *m,* Ärztin *f;* (*adli ~*) Mediziner *m*

tabipler odası *s* Ärztekammer *f*

tabir [ta:-] *s* ❶ (*ifade*) Ausdruck *m;* **başka bir ~le** anders ausgedrückt; **tabiri ~se** mit Verlaub ❷ (*deyim*) Idiom *nt,* Redewendung *f* ❸ (*rüya yorma*) Traumdeutung *f*

tabla *s* Tablett *nt;* (*kül ~sı*) Becher *m*

tabldot *s s.* **tabildot**

tablet *s* ❶ (*ilaç ~i*) Tablette *f* ❷ (*kilden yapılmış üstü yazılı belge*) Tontafel *f*

tablo *s* ❶ Gemälde *nt* ❷ *a.* THEAT Szenerie *f* ❸ (*logaritma ~*) Tafel *f*

tabu I. *s* Tabu *nt* **II.** *adj* tabu

tabulaştırma *s Verbalsubstantiv zu* **tabulaştırmak**

tabulaştırmak *vt* tabuisieren

tabur *s* ❶ MIL Bataillon *nt* ❷ Kolonne *f*

taburcu *s* MED (*hastaneden*) **~ edilmek/olmak** entlassen werden; **~ etmek** entlassen

tabure *s* Hocker *m*

tabut *s* ❶ Sarg *m* ❷ REG Eierkiste *f*

tabya *s* MIL Fort *nt*

tacı *s poss von* **taç**

Tacik [ta:dʒik] *s* Tadschike, Tadschikin *m, f*

Tacikçe [ta:--] *s* (das) Tadschikisch(e)

Tacikistan *s* Tadschikistan *nt*

tacil [ta:dʒi:l] *s* Beschleunigung *f*

tacir [ta:dʒir] *s* Kaufmann *m;* **Venedik T~i** LIT der Kaufmann von Venedig

taciz [ta:dʒi:z] *s* Störung *f,* Belästigung *f;* **~ etmek** belästigen, stören; **cinsel ~** sexuelle Belästigung; (*daha ağır*) sexuelle Nötigung **taciz ateşi** *s* MIL Störfeuer *nt*

tacizlik <-ği> *s* Belästigung *f,* Störung *f*

taç[1] <-cı> *s* ❶ Krone *f;* **~ giymek** sich die Krone aufsetzen, gekrönt werden; **birine ~ giydirmek** jdm die Krone aufsetzen, jdn krönen ❷ (*gelin başlığı*) Brautkranz *m* ❸ BOT (*çiçek tacı*) Korolla *f*

taç[2] *s* SPORT Seitenaus *nt;* **~a çıkmak** ins Seitenaus gehen **taç atışı** *s* SPORT Einwurf *m* **taç giyme töreni** *s* Krönung *f*

taçkapı *s* Portal *nt*

taçlandırma *s* ❶ *Verbalsubstantiv zu* **taçlandırmak** ❷ Krönung *f*

taçlandırmak *vt* krönen; **zaferini ~** (*fig*) seinen Sieg krönen, seinem Sieg ein Krönchen aufsetzen

taçlanma *s* ❶ *Verbalsubstantiv zu* **taçlanmak** ❷ Krönung *f*

taçlanmak *vi* gekrönt werden

taçlı *adj* gekrönt

taçsız *adj* ungekrönt; **pop müziğinin ~ kralı** der ungekrönte König der Popmusik

tadar *vt 3. Aorist von* **tatmak**

tadat <-dı> [ta:da:t] *s s.* **sayım** Zählung *f*

tadı *s poss von* **tat**

tadımlık <-ğı> *s* Kostprobe *f* **tadımlık lokma** *s* Appetithappen *m*

tadil [ta:dil] *s* Abänderung *f,* Änderung *f;* **~ etmek** abändern, ändern

tadilât [ta:di:lã:t] *s* Änderung *f,* Veränderung *f;* **elbisede yapılan ~** die vorgenommenen Änderungen am Kleid; **yapıda ~ yapmak** bauliche Veränderungen vornehmen

tadil teklifi *s s.* **değiştirge** Abänderungsvorschlag *m,* Änderungsvorschlag *m*

taflan *s* BOT Kirschlorbeer *m*

tafra *s* Angeberei *f;* (*yüksekten atma*) Großtuerei *f;* (*böbürlenme*) Prahlerei *f;* **~ satmak** angeben, (sich) großtun; (*böbürlenmek*) prahlen

tafracı *s* Angeber *m,* Aufschneider *m;* (*yüksekten atan kimse*) Großtuer *m*

tafsilat [tafsi:lã:t] *pl s.* **ayrıntılar** Einzelheiten *pl,* Details *pl;* **~a girmek** ins Detail gehen

tafsilatlı *adj s.* **ayrıntılı** detailliert, ausführlich

tafta *s* Taft *m*

tahaccüm *s s.* **büyüme** Wachstum *nt*

tahaccür *s s.* **taşlaşma** Versteinerung *f;* **~ etmek** versteinern

tahammül *s* Ausdauer *f;* **bir kimseye/şey ~ etmek** jdn/etw ertragen [*o* aushalten]

tahammür *s s.* **mayalanma** Gärung *f*

tahıl *s* AGR Getreide *nt* **tahıl tanesi** *s* Getreidekorn *m*

tahin *s* Sesamöl *nt*

tahkikat *s* Ermittlungen *pl;* (*soruşturmalar*) Untersuchung *f* **tahkikat evrakı** *s* JUR Ermittlungsakte *f* **tahkikat komisyonu** *s s.* **soruşturma kurulu** Untersuchungsausschuss *m*

tahkim *s* ❶ WIRTSCH (*konsolidasyon*) Konsolidation *f,* Konsolidierung *f* ❷ JUR (*hakem yoluyla çözülme yöntemi*) Schiedsverfahren *nt;* **~e gitmek** das Schiedsgericht anrufen ❸ (*sağlamlaştırma*) Befestigung *f;* **~ etmek** befestigen

tahkimat *s* MIL Befestigungswerk *nt,* Befestigungsanlage *f*

tahlil *s* (*analiz*) Analyse *f;* **~ etmek** analysieren

tahlilî *adj s.* **çözümsel** analytisch

tahlisiye *s* ❶ (*can kurtarma*) Rettung *f,* Bergung *f* ❷ NAUT Bergung *f,* Rettung *f* **tahlisiye sandalı** *s* NAUT Rettungsboot *nt*

tahliye *s* ❶ (*boşaltma*) Räumung *f;* **~ etmek** räumen, evakuieren ❷ (*tutuklu için*) Entlassung *f,* Freilassung *f;* **~ etmek** freilassen

tahmin *s* ❶ Prognose *f,* Voraussage *f;* (*hava ~i*) Vorhersage *f;* **~ etmek** prognostizieren, voraussagen ❷ Einschätzung *f,* Schätzung *f;* **~ etmek** (*kestirmek*) abschätzen, schätzen, einschätzen; **~imce** nach meiner Einschätzung [*o* Schätzung]; **~lere göre** Schätzungen zufolge ❸ (*önceden düşünülen şey*) Ahnung *f,* Vermutung *f;* **~ etmek** (*sezgiye dayanarak*) voraussehen, ahnen, vermuten, raten; (*sezinlemek*) erahnen, erraten; **~ edemezsin!** du errätst es nicht!; **~lerde bulunmak** Vermutungen anstellen; **yanlış/doğru ~ etmek** falsch/richtig raten; **neredeydin? — ~ et!** wo bist du gewesen? — rate mal! ❹ WIRTSCH (*maliyet ~i*) Voranschlag *m*

tahminen *adv* schätzungsweise

tahmin oyunu *s* Ratespiel *nt*

tahnit [taxni:t] *s* Einbalsamierung *f*

Tahran *s* Teheran *nt*

tahribat [taxri:ba:t] *s* Zerstörung *f*

tahrif *s* ❶ (*bozma*) Entstellung *f;* **~ etmek** entstellen ❷ JUR (*değiştirme*) Manipulation *f;* **~ etmek** manipulieren

tahrik *s* ❶ (*kışkırtma*) Provokation *f,* Aufwiegelung *f;* **~ etmek** aufwiegeln, aufstacheln ❷ TECH Antrieb *m;* **~ etmek** antreiben ❸ (*harekete geçirme*) Erregung *f;* **~ etmek** erregen; (*cinsel duyguları uyandırmak*) sexuell erregen **tahrik kayışı** *s* AUTO Keilriemen *m* **tahrik şaftı** *s* AUTO Antriebswelle *f;* (*vites kutusu ile diferansiyel arasında*) Kardanwelle *f*

tahrip <-bi> *s* Zerstörung *f;* **bir şeyi ~ etmek** etw zerstören

tahripkâr [--kär] *adj* destruktiv

tahrir *s* ❶ (*yazma*) Schreiben *nt* ❷ (*kompozisyon*) Aufsatz *m*

tahriren [taxri:rɛn] *adv* schriftlich

tahrirî [taxri:ri:] *adj s.* **yazılı** schriftlich

tahriş *s* MED Reizung *f;* **~ etmek** reizen **tahriş edici madde** *s* Reizstoff *m*

tahsil *s* ❶ FIN (*para alma*) Einnahme *f,* Einziehung *f,* Einzug *m,* Inkasso *nt;* **~ etmek** einnehmen, (ein)kassieren, einziehen ❷ UNIV (*öğrenim*) Studium *nt*

tahsilat [taxsi:lã:t] *pl* ❶ Einnahmen *pl;* **~ ve sarfiyat** Einnahmen und Ausgaben ❷ FIN (*enkasman*) Inkasso *nt*

tahsildar *s* ❶ Kassierer *m* ❷ HIST (*vergici*) Steuereinnehmer *m*

tahsis *s* Zuteilung *f,* Zuweisung *f;* **birine bir şeyi ~ etmek** jdm etw zuteilen [*o* zuweisen]

tahsisat *s* (bewilligte) Mittel *pl*

taht *s* Thron *m;* **~a çıkmak** den Thron besteigen; **~tan feragat etmek** auf den Thron verzichten, abdanken; **birini ~tan indirmek** jdn vom Thron absetzen; (*hal'etmek*) jdn entthronen

tahta *s* ❶ Holz *nt* ❷ (*ütü, satranç ~sı*) Brett *nt;* **birinin ~sı eksik olmak** (*fig fam*) bei jdm ist eine Schraube locker ❸ SCHULE (*kara tahta*) Tafel *f* **tahta bacak** <-ğı> *s* Holzbein *nt*

tahtaboş *s* (*taraça*) Terrasse *f*

tahtadan üflemeli çalgı *s* MUS Holzblasinstrument *nt*

tahta köprü *s* Holzbrücke *f* **tahta kurdu** *s* ZOOL Totenuhr *f*

tahtakurusu *s* ZOOL Wanze *f*

tahtalıköy *s* **~ü boylamak** (*fig fam*) ins Gras beißen

tahta merdiven *s* Holzleiter *f* **tahta parmaklı tekerlek** <-ği> *s* Holzspeichenrad *nt* **tahta perde** *s* Bretterzaun *m,* Bauzaun *m*

tahtelbahir <-hri> *s s.* **denizaltı** U-Boot *nt*

tahterevalli *s* Wippe *f*

tahteşşuur *s ohne pl s.* **bilinçaltı** Unterbewusstsein *nt*

tahtırevan *s* Sänfte *f*

tahvil *s* WIRTSCH, FIN Anleihe *f,* Schuldverschreibung *f*

taife *s s.* **tayfa**

tak[1] *vi, vt Imperativ von* **takmak**

tak[2] *s* **~ dedi** [*o* **etti**] **artık canıma!** (*sabrı kalmamak*) jetzt reißt mir aber der Geduldsfaden!; (*dayanamaz duruma gelmek*) jetzt halte ich es nicht mehr aus!; **tik ~!** (*saatin sesi*) ticktack!

takaddüm *s ohne pl* ❶ (*öncelik*) Vorrang *m;* **bir şeye ~ etmek** etw vorausgehen [*o* vorangehen]; **kavgaya ~ eden olayda ...** bei dem Vorfall, der dem Streit vorausgegangen war, ... ❷ (*önce davranma*) Zuvorkommenheit *f*

takanak <-ğı> *s* REG ❶ (*alacak*) Forderung *f;* (*borç*) Schuld *f* ❷ (*ilişki*) Beziehung *f,* Verhältnis *nt*

takar *vi 3. Aorist von* **takmak**

takas *s* ❶ Aufrechnung *f;* **~ etmek** aufrechnen ❷ (*kliring*) Verrechnung *f;* **~ etmek** verrechnen

takat <-i> *s ohne pl* Kraft *f;* **~i kalmamak** keine Kraft mehr haben; **bir şeye birinin ~i yetmemek** für etw reicht jds Kraft nicht aus; **~im kalmadı** ich habe keine Kraft mehr

takatli *adj* (*güçlü*) kräftig, stark; (*dayanıklı*) ausdauernd

takatsızlik <-ği> *s ohne pl* (*güçsüzlük*) Kraftlosigkeit *f*

takatsiz *adj* kraftlos; (*yorgun*) müde; (*takati kalmamış*) erschöpft

takatuka *s* ❶ *ohne pl* (*gürültü patırtı*) Gepolter *nt* ❷ TYPO Klopfholz *nt*

takbih *s* ❶ (*kınama*) Missbilligung *f* ❷ (*ayıplama*) Bemängelung *f,* Rüge *f*

takdim *s* ❶ Überreichung *f;* (*sunma*) Anbieten *nt;* **~ etmek** überreichen; (*sunmak*) anbieten, präsentieren ❷ (*tanıtma, tanıştırma*) Vorstellung *f;* **~ edilmek** vorgestellt werden, vorstellen; **~ etmek** vorstellen; **onu öğretmenine ~ etti** er stellte ihn seinem Lehrer vor ❸ (*öne, önceye alma*) Vorverlegung *f;* **~ etmek** vorverlegen **takdim tehir** *s* Umkehrung *f;* LING Inversion *f*

takdir *s ohne pl* ❶ Ermessen *nt;* **birinin ~ine kalmak** in jds Ermessen liegen ❷ Anerkennung *f,* Würdigung *f,* Schätzung *f;* **bir şeyi ~ etmek** etw würdigen [*o* schätzen], etw (lobend) anerkennen; **~ olunmak** Anerkennung finden, gewürdigt werden; **başarısı ~e layıktır** seiner Leistung gebührt Anerkennung ❸ (*değerlendirme*) Bewertung *f,* Beurteilung *f,* Einschätzung *f* ❹ (*kıymet ~ i*) Schätzung *f;* **bir şeyin nasıl biteceğini ~ etmek** abschätzen [*o* beurteilen], wie etw ausgehen wird ❺ Auswertung *f*

takdirde *konj* falls, für den Fall, gesetzt den Fall; **aksi ~** andernfalls, ansonsten, sonst, wenn nicht; **başıma bir şey** [*o* **hâl**] **geldiği ~** falls mir etwas zustößt, für den Fall, dass mir etwas zustößt; **geldiği ~** falls er kommen sollte, gesetzt den Fall, dass er kommt; **yağmur yağdığı ~** falls es regnet

takdir değeri *s* Schätzwert *m* **takdir hakkı** *s ohne pl* JUR Ermessensfreiheit *f*

takdis *s* Segnung *f;* **~ etmek** segnen

takı *s* ❶ Behang *m,* Gehänge *nt* ❷ LING Endung *f,* Suffix *nt*

takılgan *adj* neckisch; (*muzip*) schelmisch

takılganlık <-ğı> *s* Neckerei *f*

takılı *adj* behangen

takılma *s Verbalsubstantiv zu* **takılmak**

takılmak *vi* ❶ *pass von* **takmak** ❷ **birine ~** jdn necken ❸ **bir şeye ~** an etw hängen bleiben; **takılıp kalmak** hängen bleiben

takım *s* ❶ SPORT Mannschaft *f;* **karşı ~** die gegnerische Mannschaft ❷ (*kahve, çay ~ ı*) Service *nt;* (*çatal bıçak ~ ı*) Besteck *nt;* (*yemek odası ~ ı*) Einrichtung *f;* (*koltuk ~ ı*) Garnitur *f;* (*satranç ~ ı*) Spiel *nt* ❸ BIOL (*familya ile sınıf arasındaki birlik*) Ordnung *f* ❹ (*alet ~ ı*) Satz *m;* (*kromozom ~ ı*) Satz *m* ❺ AERO (*iniş ~ ı*) Gestell *nt,* Werk *nt* ❻ (*dikiş, yama ~ ı*) Zeug *nt* ❼ (*pej: yama ~ ı*) Volk *nt* ❽ (*benzer, gibi*) Sorte *f* ❾ (*trup*) Truppe *f;* (*ekip*) Team *nt;* **~ halinde çalışmak** im Team arbeiten ❿ (*~ giysi*) Anzug *m* ⓫ MUS (*boru ~ ı*) Register *nt;* **kırk boru ~lı bir org** eine Orgel mit vierzig Registern ⓬ MIL Zug *m*

takımada *s* GEO Archipel *m*

takım çalışması *s* Teamwork *nt* **takım erki** *s* (*oligarşi*) Oligarchie *f* **takım formasyonu** *s* SPORT Mannschaftsaufstellung *f* **takım giysi** *s* Anzug *m* **takım kaptanı** *s* SPORT Mannschaftskapitän *m* **takım oyunu** *s* SPORT Mannschaftsspiel *nt* **takım sporu** *s* SPORT Mannschaftssport *m* **takım taklavat I.** *s* (*fam*) Drum und Dran *nt,* das ganze Zeug; **~ıyla** mit allem, was drum und dran hängt **II.** *adv* (*hep birlikte*) alle zusammen

takınak <-ğı> *s* PSYCH Obsession *f,* Zwangsvorstellung *f*

takınaklı *adj* PSYCH obsessiv, zwanghaft **takınaklı davranış** *s* PSYCH Zwangshandlung *f*

takınma *s Verbalsubstantiv zu* **takınmak**

takınmak *vt* ❶ (*incilerini*) sich behängen (mit) ❷ (*tavır*) einnehmen; **bekler bir tavır ~** eine abwartende Haltung einnehmen; **ciddiliğini ~** eine ernste Miene aufsetzen

takıntı *s* ❶ REG (*takı*) Gehänge *nt* ❷ SCHULE Nachprüfungsfach *nt;* **öğrencinin bir ~sı var** der Schüler muss in einem Fach nachgeprüft werden ❸ (*sl: ilişki*) Verhältnis *nt* ❹ (*borç*) Verpflichtung *f*

takırdama *s Verbalsubstantiv zu* **takırdamak**

takırdamak *vi* klappern; **soğuktan dişleri takırdıyordu** er klapperte vor Kälte mit

den Zähnen
takırtı *s* Geklapper *nt*
takışma *s Verbalsubstantiv zu* **takışmak**
takışmak *vi* (*fam*) anbändeln (**-le** mit)
takıştırma *s Verbalsubstantiv zu* **takıştırmak**
takıştırmak *vi* sich mit Schmuck behängen; **takıp ~** sich schmücken
takibat [ta:ki:ba:t] *s* JUR Verfolgung *f*
takip <-bi> [ta:-] *s* Verfolgung *f;* **bir şeyi/kimseyi ~ etmek** etw/jdn verfolgen; (*arkasından gelmek*) etw/jdm folgen
takipçi *s* Verfolger(in) *m(f)*
takipçilik <-ği> *s* Verfolgung *f*
takipsizlik <-ği> *s* JUR Einstellung *f* **takipsizlik kararı** *s* JUR Einstellungsbeschluss *m*
takkadak *adv* ❶ (*birden*) plötzlich, auf einmal ❷ (*hemen*) sofort
takke *s a.* ARCH Kappe *f,* Mütze *f*
takla *s* ❶ (*başı ve elleri yere koyarak*) Rolle *f;* **öne ~** eine Rolle vorwärts ❷ (*oto*) Überschlag *m;* **~ atmak** sich überschlagen ❸ AERO Looping *m o nt,* Überschlag *m*
takla böceği *s* ZOOL Schnellkäfer *m,* Saatschnellkäfer *m*
taklavat *s s.* **takım taklavat**
taklit <-di> *s* ❶ Imitation *f,* Nachahmung *f;* **~ etmek** imitieren, nachahmen, nachmachen ❷ Fälschung *f,* Imitat *nt*
taklitçi I. *s* Imitator(in) *m(f)* **II.** *adj* imitatorisch, nachahmend
takma *s* ❶ *Verbalsubstantiv zu* **takmak** ❷ **~ kirpik** künstliche Wimpern **takma ad** *s* Deckname *m;* (*lakap*) Spitzname *m,* Beiname *m* **takma bacak** <-ğı> *s* (*fam*) Beinprothese *f* **takma diş** *s* Zahnprothese *f* **takma dişler** *pl* Gebiss *nt,* Zahnprothese *f*
takmak <-ar> **I.** *vi* ❶ einlegen (**-e**); **üçüncü vitese ~** den dritten Gang einlegen ❷ **bir şeye dişini tırnağını ~** (*fam*) sich die Zähne an etw ausbeißen **II.** *vt* ❶ anbringen, befestigen; (*dizgin*) anziehen; (*emniyet kemeri*) anschnallen; (*kemer, kelepçe*) anlegen; (*kılıç*) gürten; (*lastik*) aufziehen; (*yüzük*) anstecken; **bir çalgıya tel ~** Saiten auf ein Instrument ziehen ❷ einsetzen (**-e** in); **camı çerçeveye ~** die Scheibe in den Rahmen einsetzen ❸ (*takı için*) behängen (mit); (*kolye*) umlegen; (*küpe*) anlegen ❹ (*ad, lakap*) geben; **birine lakap ~** jdm einen Spitznamen geben ❺ (*süngü*) aufpflanzen ❻ (*gözlük*) aufsetzen; **birine boynuz ~** (*fig fam*) jdm die Hörner aufsetzen ❼ (*sl: borç bırakmak*) schuldig bleiben; **kirayı ~** die Miete nicht bezahlen ❽ (*fig fam*) **birine ~** jdn auf dem Kieker haben ❾ (*fig fam*) **bir şeyi kafasına ~** sich etw in den Kopf setzen ❿ (*sl: sınavını başaramamak*) durchfallen; **matematikten taktı** er ist in Mathe(matik) durchgefallen ⓫ TECH, MED implantieren ⓬ **birini peşine ~** jdn in Schlepp [*o* ins Schlepptau] nehmen ⓭ (*sl: olumsuz biçimde*) **o hiç kimseyi takmaz** dem sind alle schnuppe
takma kol *s* (*fam*) Armprothese *f* **takma saç** *s* Perücke *f*
takoğraf *s* AUTO Fahrtenschreiber *m*
takoz *s* ❶ (*kıskı*) Keil ❷ Hemmschuh *m*
takriben [-'ri:-] *adv* ungefähr, circa, zirka; (*yaklaşık olarak*) annähernd
takribî [-ri:bi:] *adj* ungefähr, annähernd
takrip <-bi> *s* Näherung *f*
takriz *s* LIT (*beğence*) Geleitwort *nt*
taksa *s* POST Nachgebühr *f*
taksi[1] *s* Taxi *nt*
taksi[2] *s* BIOL (*göçüm*) Taxie *f,* Taxis *f*
taksici *s* Taxifahrer(in) *m(f)*
taksi durağı *s* Taxistand *m*
taksimetre *s* Taxameter *m o nt*
taksir *s* JUR Fahrlässigkeit *f*
taksirli *adj* JUR fahrlässig
taksi şoförü *s* Taxifahrer(in) *m(f)*
taksit *s* Rate *f*
taksitle ödeme *s* Ratenzahlung *f*
taksit taksit *adv* ratenweise, in Raten
takt *s ohne pl* Takt *m,* Taktgefühl *nt*
taktik <-ği> *s* Taktik *f*
taktikçi *s* Taktiker(in) *m(f);* **maharetli bir ~** ein geschickter Taktiker
takunya *s* (hohe) Holzsandale *f*
takva *s ohne pl* REL ❶ (*Allah'tan korkma*) Gottesfurcht *f* ❷ (*züht*) Frömmigkeit *f*
takvim *s* Kalender *m* **takvim yaprağı** *s* Kalenderblatt *nt* **takvim yılı** *s* Kalenderjahr *nt*
takvin *s ohne pl* REL (*yaratılış*) Schöpfung *f*
takviye *s* ❶ Verstärkung *f;* **~ etmek** verstärken; **~ gelinceye kadar düşmanı oyalamak** den Feind hinhalten, bis Verstärkung kommt ❷ AUTO (*fren ~si*) Kraftverstärker *m*
talaş *s* Sägemehl *nt,* Sägespäne *pl*
talep <-bi> *s* ❶ Forderung *f* ❷ WIRTSCH (*istem*) Nachfrage *f;* **arz ve ~** Angebot und Nachfrage ❸ JUR (*istem*) Antrag *m;* **bir şeyi ~ etmek** etw beantragen
talih *s* Glück *nt* **talih kuşu** *s ohne pl* (*fig*) Fortuna *f;* **~ yüzüne güldü** Fortuna war ihm hold **talih oyunu** *s* Glücksspiel *nt*
talihsizlik <-ği> *s* Unglück *nt,* Pech *nt*
talil [ta:lıl] *s* PHILOS (*tümden gelim*) Deduktion *f; s. a.* **istikra**
talim [ta:lim] *s* ❶ Übung *f* ❷ *ohne pl* MIL

Drill *m;* **askerlere ~ yaptırmak** die Soldaten drillen **talim alanı** *s* MIL Truppenübungsplatz *m*

talimat [taːlimaːt] *s* ❶ MIL, JUR Weisung *f* ❷ **polis ~ı** polizeiliche Anordnung ❸ Anweisung *f,* Anleitung *f;* **birine ~ vermek** jdn anweisen

talimgâh *s* MIL Übungsplatz *m*

talip <-bi> [taː-] *s* ❶ (*istekli*) Interessent(in) *m(f)* (**-e/için** an/für) ❷ (*evlenmek isteyen erkek*) Bewerber *m*

talk *s* Talk *m* **talk pudrası** *s* Talkpuder *m,* Talkum *nt*

taltif *s* ❶ (*gönül alma*) Versöhnung *f;* **birini ~ etmek** jdn schmeicheln ❷ (*nişan, madalya*) Verleihung *f;* **~ etmek** verleihen

tam **I.** *adj* ❶ voll, ganz; **~ aksine** ganz im Gegenteil ❷ gänzlich, völlig, total, komplett; **~ kalp bloku** MED kompletter [*o* totaler] Herzblock; **bu ~ bir fiyaskoydu** das war ein glatter Reinfall ❸ genau, exakt; **~ adamını bulmak** den besten Mann aussuchen; (*iron*) den schlechtesten Mann aussuchen; **~ adamına çatmak** [*o* **düşmek**] bei jdm an den Falschen geraten; **bir şeyi ~ olarak bilmek** etw genau wissen; **~ tersi** genau das Gegenteil, genau umgekehrt; **~ üstüne basmak** (*fig fam*) den Nagel auf den Kopf treffen; **kelimenin ~ anlamıyla** im wahrsten Sinne des Wortes; **saat ~ 5** es ist genau 5 Uhr; **~ saat altıda** um Punkt sechs Uhr **II.** *adv* ❶ gerade; **~ gidecektim, ...** ich wollte gerade gehen, ... ❷ genau, exakt; **~ gelmek** genau passen; **saat ~ 12'de geldi** er kam exakt um 12 Uhr an

tamah *s ohne pl* Habgier *f,* Habsucht *f*

tamahkâr [tamaxkãr] *adv* habgierig, habsüchtig

tamam **I.** *interj* **~!** abgemacht!, alles klar!, in Ordnung!, o.k.!, okay!; (*bitti*) fertig!, erledigt! **II.** *adj* ❶ (*bütün*) ganz; **paranın ~ı** das ganze Geld ❷ (*eksiksiz*) vollständig, komplett; **biz ~mız** wir sind komplett ❸ (*bitmiş*) fertig; **ben ~ım!** ich bin fertig!

tamamen [tamaː-] *adv* gänzlich, vollkommen, völlig, total, komplett; **~ bittim** (*fam*) ich bin total alle

tamamıyla *adv* vollkommen, völlig, total, komplett, ganz

tamamlama *s* ❶ *Verbalsubstantiv zu* **tamamlamak** ❷ Fertigstellung *f* ❸ Ergänzung *f* ❹ Vervollständigung *f*

tamamlamak *vt* ❶ fertig stellen, erledigen ❷ ergänzen ❸ vervollständigen, komplettieren

tamamlanma *s* ❶ *Verbalsubstantiv zu* **tamamlanmak** ❷ Fertigstellung *f* ❸ Vervollständigung *f*

tamamlanmak *vi pass von* **tamamlamak**

tam bakım *s* MED Generaluntersuchung *f*

tambur *s* ❶ MUS Trommel *f;* (*Türk müziğinde*) Tambour *m* ❷ TECH (*çamaşır ~u*) Trommel *f*

tamburlu fren *s* AUTO Trommelbremse *f*

tambur majör *s* MIL, MUS Tambourmajor *m*

tam gaz *adv* mit Vollgas; **~ vermek** Vollgas geben

tamik *s s.* **derinleştirme** Vertiefung *f*

tamim *s* ❶ (*genelge*) Rundschreiben *nt* ❷ (*genelle(ştir)me*) Verallgemeinerung *f,* Generalisierung *f;* **~ etmek** verallgemeinern, generalisieren

tamir [taː-] *s* Reparatur *f;* **~ etmek** reparieren; **bir şeyi ~e vermek** etw in Reparatur geben

tamirat [taː--] *s* Reparatur *f;* **~ yapmak** Reparaturen vornehmen

tamirhane [taːmirhaːne] *s* Reparaturwerkstatt *f*

tam istihdam *s ohne pl* WIRTSCH Vollbeschäftigung *f*

tamlama *s* LING Zusammensetzung *f*

tamlanan *s* LING (*belirtilen*) Grundwort *nt*

tamlayan *s* LING (*belirten*) Bestimmungswort *nt* **tamlayan durumu** *s* LING Genitiv *m*

tamlık <-ğı> *s* Ganzheit *f*

tam mesai *s* Ganztagsbeschäftigung *f*

tampon *s* ❶ Tampon *m* ❷ Puffer *m* ❸ AUTO Stoßstange *f* ❹ TECH Stoßfänger *m* **tampon bellek** <-ği> *s* INFORM Pufferspeicher *m* **tampon bölge** *s* POL Pufferzone *f* **tampon devlet** *s* POL Pufferstaat *m*

tamponlama *s Verbalsubstantiv zu* **tamponlamak**

tamponlamak *vt* tamponieren, mit Tampons ausstopfen

tamtam *s* MUS Tamtam *nt*

tam üye *s* JUR Vollmitglied *nt* **tam üyelik** <-ği> *s* JUR Vollmitgliedschaft *f*

-tan <-dan, -den, -ten> *Ablativ-Suffix s.* **-dan**

tan *s* Morgendämmerung *f;* **~ ağarmak** der Morgen dämmert

tandem *s* Tandem *nt*

tane [taːnɛ] *s* ❶ Stück *nt* ❷ (*kum ~si, pirinç ~si*) Korn *m;* (*dolu ~si*) Korn *m* ❸ **o benim bir ~m** sie [*o* er] ist mein Ein und Alles ❹ (*fam*) **iki ~ bisikletim var** ich habe zwei Fahrräder; **üç ~ kitap aldım** ich habe drei Bücher gekauft

tanecik <-ği> *s* ❶ Stückchen *nt* ❷ (*parçacık*) Teilchen *nt*

tanen *s* Gerbstoff *m*

tango *s* Tango *m*

T

tanı[1] *vt Imperativ von* **tanımak**

tanı[2] *s* MED, PSYCH (*teşhis*) Diagnose *f*

tanıdık **I.** *s* <-ğı> Bekannte(r) *f(m)*; **benim iyi bir tanıdığım** ein guter Bekannter von mir **II.** *adj* bekannt **tanıdık çevresi** *s* Bekanntenkreis *m*

tanık <-ğı> *s* JUR Zeuge, Zeugin *m, f*; **bir şeye bizzat ~ olmak** etw selbst miterleben

tanıklıktan çekinme hakkı *s* JUR Zeugnisverweigerungsrecht *nt*

tanım *s* Definition *f*; (*açıklayan anlam*) Begriff *m*

tanıma *s* ❶ *Verbalsubstantiv zu* **tanımak** ❷ Anerkennung *f*

tanımak *vt* ❶ kennen; **onu tanı(mı)yorum** ich kenne ihn (nicht) ❷ (*görünce*) wiedererkennen (**-den** an); **birini bir şeyinden ~** jdn an etw wiedererkennen ❸ (*şans, fırsat*) geben

tanımlama *s* ❶ *Verbalsubstantiv zu* **tanımlamak** ❷ Definition *f*, Begriffsbestimmung *f*

tanımlamak *vt* definieren

tanımlık <-ğı> *s* LING Artikel *m*

tanınma *s Verbalsubstantiv zu* **tanınmak**

tanınmak *vi* ❶ *pass von* **tanımak** ❷ bekannt sein (**-le** für); **kabalığı ile tanınmıştır** er ist bekannt für seine Grobheit

tanınmış *adj* ❶ bekannt ❷ (*ünlü*) berühmt

tanısızlık <-ğı> *s ohne pl* MED, PSYCH (*agnozi*) Agnosie *f*

tanışık <-ğı> *s* Bekannte(r) *f(m)*

tanışıklık <-ğı> *s* Bekanntschaft *f*

tanışma *s Verbalsubstantiv zu* **tanışmak**

tanışmak *vi* sich kennen, sich kennen lernen (**-le**); **biriyle ~** jds Bekanntschaft machen; **biz tanışıyoruz** wir kennen uns, wir sind miteinander bekannt; **çoktan/yıllardan beri tanışıyorlar** sie kennen sich seit langem/Jahren

tanıştırma *s* ❶ *Verbalsubstantiv zu* **tanıştırmak** ❷ Bekanntmachung *f*

tanıştırmak *vt* bekannt machen (**-le** mit); **birini biriyle ~** jdn mit jdm bekannt machen; **sizi bayan X ile tanıştırabilir miyim?** darf ich Sie mit Frau X bekannt machen?

tanıt *s* PHILOS Beweis *m*

tanıtım *s* ❶ Vorstellung *f* ❷ Werbung *f* **tanıtım kampanyası** *s* Werbekampagne *f*

tanıtlama *s Verbalsubstantiv zu* **tanıtlamak**

tanıtlamak *vt* beweisen

tanıtma *s* ❶ *Verbalsubstantiv zu* **tanıtmak** ❷ Vorstellung *f*

tanıtma filmi *s* FILM Vorschau *f*

tanıtmak *vt* ❶ **bir şeyi ~** etw bekannt machen; **birine bir şeyi ~** jdn mit etw bekannt machen ❷ (*takdim etmek*) vorstellen; **kendini ~** sich vorstellen

tanıtma yazısı *s* FILM, TV Vorspann *m*

tank *s* ❶ MIL Panzer *m* ❷ Tank *m*

tanker *s* Tanker *m*

tan kızıllığı *s* Morgenrot *nt*, Morgenröte *f*

tanksavar *s* Panzerabwehrkanone *f*

tannanlık <-ğı> *s* PHYS (*rezonans*) Resonanz *f*

tanrı *s* (*ilah*) Gott *m*

Tanrı *s* ❶ (*Allah*) Gott *m*; **~ aşkına** um Gottes Willen; **~ korusun!** Gott beschütze [*o* behüte]!; **~'ya şükür!** Gott sei Dank! ❷ **~ misafiri** ein ungebetener Gast

tanrı bilimci *s* (*teolog*) Theologe, -login *m, f* **tanrı bilimi** *s ohne pl* (*teoloji*) Theologie *f*

tanrıcılık <-ğı> *s ohne pl* PHILOS (*teizm*) Deismus *m*

tanrıça *s* Göttin *f*

tanrılaştırma *s* ❶ *Verbalsubstantiv zu* **tanrılaştırmak** ❷ *ohne pl* Vergottung *f*

tanrılaştırmak *vt* vergotten, zum Gott machen

tanrıtanımaz **I.** *s* Atheist(in) *m(f)* **II.** *adj* atheistisch

tanrıtanımazlık <-ğı> *s ohne pl* (*ateizm*) Atheismus *m*

tansiyometre *s* TECH (*gerilimölçer*) Tensiometer *nt*

tansiyon *s ohne pl* ❶ MED (*kan basıncı*) Blutdruck *m*; **~u (çok) düşük/yüksek olmak** (sehr) niedrigen/hohen Blutdruck haben; **~u ölçmek** den Blutdruck messen ❷ TECH, PHYS Tension *f*; (*gerilim*) Spannung *f* **tansiyon aleti** *s* MED Blutdruckmessgerät *nt* **tansiyon düşürücü** *adj* blutdrucksenkend

tantana *s* ❶ Pomp *m* ❷ (*fam*) **~ yapma!** mach keinen Aufstand!; **~ yapmak** eine große Schau abziehen; **bir şey yüzünden korkunç ~ yapmak** ein furchtbares Theater wegen etw machen; **bu kadar da ~ yapma!** mach doch nicht solchen Zirkus!

tan vakti *s* Morgendämmerung *f*

tanzim *s* ❶ (*sıraya koyma*) Anordnung *f*; **~ etmek** anordnen ❷ (*evrak ~i*) Anfertigung *f*; **~ etmek** anfertigen ❸ (*bahçe ~i*) Gestaltung *f*; **~ etmek** gestalten

tapa *s* ❶ Verschluss *m*, Stöpsel *m*, Stopfen *m* ❷ (*saniyeli ~*) Zünder *m*

tapalı ateşleme *s* TECH Initialzündung *f*

tapan *s* AGR Egge *f*

tapanlama *s Verbalsubstantiv zu* **tapanlamak**

tapanlamak *vt* AGR eggen

taparcasına *adv* abgöttisch; **birini ~ sevmek** jdn abgöttisch lieben
tapınak <-ğı> *s* Tempel *m*
tapıncak <-ğı> *s s.* **fetiş** Fetisch *m*
tapıncakçılık <-ğı> *s ohne pl s.* **fetişizm** Fetischismus *m*
tapınırcasına *adv* abgöttisch; **birini ~ sevmek** jdn abgöttisch lieben
tapınma *s ohne pl* ❶ *Verbalsubstantiv zu* **tapınmak** ❷ (*a. fig*) Anbetung *f*
tapınmak *vi* ❶ anbeten (**-e**); **bir kimseye/şeye ~** jdn/etw anbeten ❷ (*ibadet etmek*) beten (**-e** zu) ❸ (*fig*) anbeten (**-e**), vergöttern (**-e**)
tapir *s* ZOOL Tapir *m*
tapma *s ohne pl* ❶ *Verbalsubstantiv zu* **tapmak** ❷ (*a. fig*) Anbetung *f*
tapmak <-ar> *vi* ❶ anbeten (**-e**); **bir kimseye/şeye ~** jdn/etw anbeten ❷ (*fig*) anbeten (**-e**)
tapon *adj* (*niteliği düşük*) minderwertig, billig **tapon mal** *s* Billigware *f*
taptaze *adj* taufrisch
tapu *s* ADMIN, JUR ❶ (*belge*) Grundbucheintragung *f* ❷ (*~ dairesi*) Grundbuchamt *nt* **tapu dairesi** *s* ADMIN, JUR Grundbuchamt *nt* **tapu kütüğü** *s* ADMIN, JUR Grundbuch *nt*
tapulama *s Verbalsubstantiv zu* **tapulamak**
tapulamak *vt* ADMIN, JUR in das Grundbuch eintragen
tapu sicili *s* ADMIN, JUR Grundbuch *nt*
tara *vt Imperativ von* **taramak**
taraça *s* Terrasse *f*
taraf *s* ❶ (*yan*) Seite *f*; **her ~ta** überall; **her ~tan** von allen Seiten, allseitig; **sağ/sol ~ta** auf der rechten/linken Seite ❷ Partei *f*; **hasım ~lar** JUR die gegnerischen Parteien ❸ (*pl*) Gegend *f*; **bu ~larda** in dieser Gegend
Taraf Devlet *s* JUR, POL Vertragsstaat *m*
tarafgir *adj* parteiisch, befangen
tarafgirlik <-ği> *s ohne pl* Befangenheit *f*
taraflı *adj* ❶ seitlich, lateral ❷ (*tek, iki ~*) -seitig ❸ parteiisch
tarafsız *adj a.* POL neutral **tarafsız bölge** *s* Niemandsland *nt*
tarafsızlaştırma *s Verbalsubstantiv zu* **tarafsızlaştırmak**
tarafsızlaştırmak *vt a.* POL neutralisieren
tarafsızlık <-ğı> *s ohne pl a.* POL Neutralität *f*
taraftar *s* ❶ Befürworter(in) *m(f)*; **bir şeye ~ olmak** etw befürworten; **buna ~ olamam** das kann ich nicht befürworten; **ben buna ~ım** ich bin dafür ❷ SPORT Fan *m*, Anhänger(in) *m(f)*
tarağımsı *adj* kammförmig; **~ duyarga** ZOOL kammförmige Antenne
tarak <-ğı> *s* ❶ Kamm *m*; **~ta bezi olmamak** (*fig*) mit der Sache nichts zu tun haben; (*bilgisi bulunmamak*) keine Ahnung haben; **kel başa şimşir ~** (*fig*) das passt wie die Faust aufs Auge ❷ (*bahçıvanlıkta*) Rechen *m* ❸ (*dokumacılıkta*) Weberkamm *m* ❹ ZOOL (*bazı kuşlarda tepelik*) Kamm *m* ❺ (*ayağın üst bölümü*) Mittelfuß *m* ❻ ZOOL (*solungaç*) Kieme *f* ❼ ZOOL (*Pecten*) Kammmuschel *f*
tarakçı *s* Kammmacher(in) *m(f)*
tarak otu *s* BOT Karde *f*, Kardendistel *f* **tarak otugiller** *pl* BOT Kardengewächse *pl*
taralı *adj* gekämmt
tarama *s* ❶ *Verbalsubstantiv zu* **taramak** ❷ GASTR Tarama *f* (*Vorspeise aus Fischrogen*)
taramak *vt* ❶ (*saç*) kämmen ❷ (*arazi*) durchkämmen ❸ (*fam*) abgrasen ❹ INFORM scannen
tarama resim <-smi> *s* TV Raster *nt*
taranma *s Verbalsubstantiv zu* **taranmak**
taranmak *vi* ❶ *pass von* **taramak** gekämmt werden ❷ sich kämmen
taravet [taraː-] *s ohne pl s.* **tazelik** Frische *f*
taravetli *adj s.* **taze** frisch
tarayıcı *s* INFORM Scanner *m* **tarayıcı elektron mikroskobu** *s* TECH Rastermikroskop *nt*
taraz *s* Fussel *m o f*
tarazlanma *s Verbalsubstantiv zu* **tarazlanmak**
tarazlanmak *vi* ❶ ausfasern ❷ fusseln
taraz taraz *adj* fuss(e)lig, ausgefranst
tarçın [tartʃən] *s* ❶ BOT (*Cinnamomum*) Zimt *m*, Zimtbaum *m* ❷ GASTR Zimt *m*
tarçıni [tartʃəːniː] *adj* zimtfarben, zimtfarbig
tarh *s* ❶ Auferlegung *f*; **vergi ~ı** Auferlegung von Steuern ❷ (*çiçek için*) Blumenbeet *nt*
tarhun *s ohne pl* BOT Estragon *m*
tarım *s ohne pl* Landwirtschaft *f* **tarım bakanı** *s* Landwirtschaftsminister(in) *m(f)* **tarım bakanlığı** *s* Landwirtschaftsministerium *nt*
tarımcı *s* Landwirt(in) *m(f)*
tarım ekonomisi *s ohne pl* Agrarwirtschaft *f* **tarım işletmesi** *s* Landwirtschaftsbetrieb *m* **tarım mühendisi** *s* Agraringenieur(in) *m(f)* **tarım politikası** *s* Agrarpolitik *f* **tarım reformu** *s* Agrarreform *f*
tarımsal *adj* landwirtschaftlich, Agrar-

tarımsal nüfus *s* Agrarbevölkerung *f*
tarım ülkesi *s* Agrarland *nt*, Agrarstaat *m*
tarif [taː-] *s* ❶ (*tanım*) Definition *f*; ~ **etmek** definieren ❷ Beschreibung *f*; ~ **etmek** beschreiben
tarife [taː--] *s* ❶ (*fiyat gösteren çizelge*) Tarif *m* ❷ Fahrplan *m* ❸ Gebrauchsanweisung *f*; **bir ilacın ~si** die Gebrauchsanweisung einer Arznei ❹ (*yemek ~si*) Rezept *nt*
tarifname *s* Beschreibung *f*, Gebrauchsanweisung *f*
tarifsiz [taː--] *adj* (*fig*) unbeschreiblich
tarih[1] [taːrix] *s* Datum *nt*; **bir şeye ~ atmak** [*o* **koymak**] etw datieren; **posta damgasının ~i** das Datum des Poststempels
tarih[2] [taːrix] *s ohne pl* Geschichte *f*; **~e karışmak** aussterben; **adı ~e geçmek** in die Geschichte eingehen; **beş senedir ~ okutuyor** seit fünf Jahren unterrichtet er Geschichte; **fi ~inde(n)** (von) anno dazumal
tarihçi *s* ❶ Historiker(in) *m(f)* ❷ SCHULE Geschichtslehrer(in) *m(f)*
tarih dersi *s* Geschichtsunterricht *m*
tarihî *adj* historisch, geschichtlich, Geschichts-
tarih kitabı *s* Geschichtsbuch *nt*
tarihli *adj* datiert; **10 Ekim ~ bir mektup** ein Brief mit Datum vom 10. Oktober
tarih öğretmeni *s* Geschichtslehrer(in) *m(f)* **tarih öncesi** **I.** *s ohne pl* Vorgeschichte *f*; (*prehistorya*) Prähistorie *f* **II.** *adj* vorgeschichtlich; (*prehistorik*) prähistorisch
tarihsel *adj* historisch, geschichtlich
tarihsiz *adj* undatiert
tarik [tariːk] *s s.* **yol** Weg *m*
tarikat *s* REL ❶ Orden *m* ❷ Sekte *f*
tarikatçı *s* Sektierer(in) *m(f)*
tarikatçılık <-ğı> *s* Sektierertum *nt*
tarikat kurucusu *s* Sektengründer(in) *m(f)*
tarla *s* AGR Feld *nt*, Acker *m*; **nadaslı(k) bir ~** ein brachliegendes Feld, ein bracher Acker
tarla böceği *s* ZOOL Schnellkäfer *m* **tarla faresi** *s* ZOOL Feldmaus *f* **tarla kuşu** *s* ZOOL Feldlerche *f* **tarla sıçanı** *s s.* **tarla faresi** ZOOL (*Microtus arvalis*) Feldmaus *f*
tart[1] *vt Imperativ von* **tartmak**
tart[2] <-dı> *s* ~ **etmek** verweisen (**-den** von), entfernen (**-den** von)
tart[3] *s* GASTR Obsttorte *f*
tartaklama *s Verbalsubstantiv zu* **tartaklamak**
tartaklamak *vt* (*fam*) vermöbeln, verprügeln
tartarik asit <-di> *s* CHEM Weinsäure *f*, Dioxykarbonsäure *f*
tartı *s* Waage *f*
tartım *s* (*ritm*) Rhythmus *m*
tartımlı *adj* (*ritmik*) rhythmisch
tartışılmaz *adj* indiskutabel
tartışma *s* ❶ *Verbalsubstantiv zu* **tartışmak** ❷ Diskussion *f*, Streitgespräch *nt*
tartışmak *vt* diskutieren
tartışmalı *adj* strittig, umstritten, kontrovers; ~ **bir sorun** eine kontroverse Frage
tartma *s Verbalsubstantiv zu* **tartmak**
tartmak *vt* (ab)wiegen; **kelimeleri tartarak konuşmak** (*fig*) jedes Wort auf die Goldwaage legen
tarz *s* ❶ (*biçim*) Art *f*, Weise *f*; **Batı ~ı yaşam biçimi** die westliche Lebensart ❷ (*stil*) Stil *m*
tarziye *s* ❶ Genugtuung *f*, Wiedergutmachung *f*; ~ **istemek/vermek** Genugtuung verlangen/geben ❷ (*özür dileme*) Abbitte *f*; **birine ~ vermek** jdm Abbitte leisten
tas *s* ❶ Napf *m* ❷ (*hamam ~ı*) Schale *f*; **~ı tarağı toplamak** (*fig*) seine Siebensachen packen ❸ (*başlık*) Helm *m*
tasa *s* Kummer *m*; **~sı sana mı düştü?** was kümmert dich das?; **ondan yana hiç ~ çekmem** darüber lasse ich mir keine grauen Haare wachsen
tasalanma *s Verbalsubstantiv zu* **tasalanmak**
tasalanmak *vi* sich Sorgen machen
tasarı *s* ❶ Vorhaben *nt* ❷ JUR (*kanun ~sı*) Entwurf *m*
tasarım *s* ❶ (*tasavvur*) Vorstellung *f* ❷ (*dizayn*) Design *nt*; **bilgisayar destekli ~** INFORM computerunterstütztes Design
tasarlama *s Verbalsubstantiv zu* **tasarlamak**
tasarlamak *vt* ❶ **bir şeyi ~** sich etw ausdenken; **inceden inceye ~** ausklügeln, bis in die letzten Feinheiten ausdenken ❷ (*ağaç, taş*) behauen
tasarruf *s* ❶ Ersparnis *f*; (*enerji ~u*) Sparen *nt* (**-den** an); ~ **etmek** (Geld) sparen; **bir şeyden ~ etmek** an etw sparen; **enerjiden/masraftan ~ etmek** an Energie/Kosten sparen ❷ (*istediği gibi kullanma yetkisi*) Verfügung *f*, Disposition *f* **tasarruf cüzdanı** *s* FIN Sparbuch *nt* **tasarruf mevduatı** *s* WIRTSCH, FIN Sparguthaben *nt*
tasarruf sandığı *s* Sparkasse *f*
tasasız *adj* unbesorgt
tasavvuf *s ohne pl* Sufismus *m*
tasavvur *s* Vorstellung *f*; **bir şeyi ~ etmek** sich etw vorstellen [*o* vergegenwärtigen], sich einen Begriff von etw machen; **bunu ~**

T

edemezsin! das kannst du dir nicht vorstellen!, du machst dir keinen Begriff davon!

tasdik *s* ❶ (*doğrulama*) Bestätigung *f;* ~ **etmek** bestätigen ❷ (*onay*) Beglaubigung *f* ❸ (*uluslararası sözleşmelerde*) Ratifizierung *f*

tasfiye *s* ❶ WIRTSCH Abwicklung *f,* Liquidation *f;* ~ **etmek** liquidieren, abwickeln ❷ (*temizleme*) Säuberung *f,* Reinigung *f;* (*arıtma*) Läuterung *f;* ~ **etmek** reinigen ❸ LING (*dilde* ~) Reinigung *f* ❹ (*fig: birçok kimsenin işine son verme*) Personalabbau *m,* Entlassungen *pl;* ~ **etmek** entlassen, abbauen

tasfiyecilik <-ği> *s ohne pl* LING (*özleştirmecilik*) Purismus *m*

tasfiyehane *s* (*rafineri*) Raffinerie *f*

tasfiye satışı *s* Ausverkauf *m*

tasım *s* PHILOS Syllogismus *m*

taslak <-ğı> *s* Entwurf *m,* Konzept *nt*

taslama *s Verbalsubstantiv zu* **taslamak**

taslamak *vt* markieren, vortäuschen; **beylik** ~ den großen Herrn markieren; **büyüklük** ~ sich großtun; **erkeklik** ~ den starken Mann spielen; **sofuluk** ~ (*pej*) frömmeln

tasma *s* Halsband *nt;* **köpeği ~yla gezdirmek** den Hund an der Leine ausführen

tasnif *s* ❶ Sortierung *f;* ~ **etmek** sortieren (**-e göre** nach) ❷ (*sınıflandırma*) Klassifizierung *f*

tasvip *s* ~ **etmek** (*onamak*) billigen, gutheißen

tasvir *s* Beschreibung *f,* Schilderung *f;* ~ **etmek** beschreiben, schildern

tasvirî *adj* deskriptiv, beschreibend

taş *s* ❶ Stein *m;* ~ **gibi** steinhart; **sırça köşkte oturan komşusuna ~ atmamalı** (*prov*) wer im Glashaus sitzt, soll nicht mit Steinen werfen; **bir ~la iki kuş vurmak** (*fig fam*) zwei Fliegen mit einer Klappe schlagen ❷ (*satranç* ~ *ı*) Figur *f* ❸ **birine ~ atmak** (*fig fam*) jdm einen Seitenhieb versetzen

taşak <-ğı> *s* (*vulg*) Sack *m,* Hodensack *m*

taş bilimi *s ohne pl* Gesteinskunde *f;* (*litoloji*) Lithologie *f*

taşçı *s* Steinmetz *m*

taş döşeme *s* Steinboden *m* **taş duvar** *s* Steinmauer *f*

taşeron *s* Subunternehmer(in) *m(f)*

taşıma *s Verbalsubstantiv zu* **taşımak**

taşıma aracı *s* Beförderungsmittel *nt;* **toplu taşıma araçları** die öffentlichen Verkehrsmittel

taşımacı *s* Spediteur *m*

taşımacılık <-ğı> *s* ❶ Spedition *f* ❷ (*transport*) Transport *m* ❸ Transportwesen *nt*

taşımak *vt* ❶ tragen ❷ befördern, transportieren; **deniz/kara yolu ile** ~ auf dem See-/Landweg befördern

taşımlık *adv* **sütü bir ~ kaynatmak** die Milch einmal aufkochen, die Milch nur einmal aufwallen lassen

taşınabilir I. *s* Fahrnis *f* **II.** *adj* beweglich, mobil, tragbar

taşınır I. *s a.* JUR Fahrnis *f* **II.** *adj a.* JUR beweglich, mobil, tragbar; ~ **eşya** bewegliche Sachen

taşınma *s* ❶ *Verbalsubstantiv zu* **taşınmak** ❷ Umzug *m* ❸ Auszug *m* (**-den** aus), Einzug *m* (**-e** in/nach)

taşınmak *vi* ❶ *pass von* **taşımak** ❷ umziehen ❸ ausziehen (**-den** aus), einziehen (**-e** in/nach)

taşırma *s Verbalsubstantiv zu* **taşırmak**

taşırmak *vt* ❶ *Kausativ zu* **taşmak** ❷ **bardağı** ~ (*fig fam*) dem Fass den Boden ausschlagen; (*sabrı tükenmek*) mit der Geduld am Ende sein

taşıt *s* Fahrzeug *nt;* (*taşıma aracı*) Beförderungsmittel *nt*

taşıyıcı I. *s* Träger *m* **II.** *adj* tragend, Träger-

taşıyıcı sinyal *s* INFORM Trägersignal *nt*

taşkırangiller *pl* BOT Steinbrechgewächse *pl*

taş kömürü *s* BERGB (*maden kömürü*) Steinkohle *f*

taşlama *s* ❶ *Verbalsubstantiv zu* **taşlamak** ❷ Steinigung *f* ❸ TECH (*madenleri* ~) Schleifen *nt* ❹ LIT (*yergi*) Satire *f* ❺ (*pej*) Stichelei *f*

taşlamacı *s* ❶ Schleifer(in) *m(f)* ❷ (*yergici*) Satiriker(in) *m(f)*

taşlamak *vt* ❶ steinigen ❷ TECH (*maden*) schleifen ❸ (*pej: iğneleyici söz söylemek*) sticheln (gegen)

taşlaşma *s* ❶ *Verbalsubstantiv zu* **taşlaşmak** ❷ Versteinerung *f*

taşlaşmak *vi* ❶ versteinern ❷ (*fig: donakalmak*) versteinern

taşlı *adj* steinig

taşlık I. *adj* <-ğı> (*taşlı*) steinig, Stein- **II.** *s* <-ğı> ❶ (*taşla döşenmiş avlu*) gepflasterter Innenhof ❷ ZOOL (*konsa*) Kropf *m*

taşma *s Verbalsubstantiv zu* **taşmak**

taşmak *vi* überlaufen

taş ocağı *s* Steinbruch *m* **taş pamuğu** *s* (*asbest*) Asbest *m*

taşra *s* Provinz *f*

taşra ağzı *s* Platt *nt;* **~yla** auf Platt; **~yla konuşmak** Platt sprechen

taşralı *adj* provinziell

taş yığını *s* Steinhaufen *m* **taş yuvarı** *s ohne pl s.* **litosfer** Lithosphäre *f*

T

tat¹ *vt Imperativ von* **tatmak**
tat² <-dı> *s* Geschmack *m;* **tadı hoşuma gitmedi** es schmeckt mir nicht; **bir şeyin tadına bakmak** etw abschmecken [*o* kosten]; **bir şeyin tadına varmak** einer Sache Geschmack abgewinnen, an einer Sache Geschmack finden; **bir şeyin tadını çıkarmak** etw genießen; **hayatın tadını çıkarmak** sich ausleben **tat alma duyusu** *s ohne pl* Geschmack(s)sinn *m*
Tatar *s* Tatar(in) *m(f)*
tatarcık <-ğı> *s* ZOOL Sandmücke *f*
tatbik *s* (*uygulama*) Anwendung *f;* (*pratik*) Praxis *f;* ~ **etmek** anwenden
tatbikat *s* ① (*uygulama*) Anwendung *f* ② MIL (*manevra*) Manöver *nt*
tat duyusu *s ohne pl s.* **tat alma duyusu** Geschmack(s)sinn *m*
tatil [ta:til] *s* Ferien *pl;* ~ **yapmak** Ferien machen; ~**de** in den Ferien; ~**e girmek** Ferien haben; ~**e gitmek** in die Ferien fahren **tatil evi** *s* Ferienhaus *nt* **tatil kampı** *s* Ferienlager *nt* **tatil köyü** *s* Feriendorf *nt* **tatil kursu** *s* Ferienkurs *m* **tatil yeri** *s* Ferienort *m* **tatil zamanı** *s ohne pl* Ferienzeit *f*
tatlandırıcı *s* GASTR Geschmacksverstärker *m*
tatlandırma *s Verbalsubstantiv zu* **tatlandırmak**
tatlandırmak *vt* (ver)süßen; (*tat vermek*) Geschmack verleihen
tatlı **I.** *s* GASTR Süßspeise *f* **II.** *adj* ① süß ② nett, freundlich; ~ **insanlar/sözler** nette Menschen/Worte
tatlıcı *s* ① (*tatlı yapan*) Süßspeisenhersteller *m;* (*tatlı satan*) Süßspeisenverkäufer *m* ② (*satış yeri*) Süßspeisenlokal *nt* (*türkische Konditorei für Süßspeisen*) ③ (*fam: tatlıyı seven kimse*) Schleckermaul *nt*
tatlılaştırma *s Verbalsubstantiv zu* **tatlılaştırmak**
tatlılaştırmak *vi* süßen
tatlılıkla *adv* freundlich
tatlımsı *adj* süßlich
tatlı su *s* Süßwasser *nt* **tatlı su kayası** *s* ZOOL (*yeşilsazan*) Schleie *f* **tatlı su levreği** *s s.* **sudak** ZOOL Flussbarsch *m*
tatma *s Verbalsubstantiv zu* **tatmak**
tatmak <-dar> *vt* kosten, probieren
tatmin *s* ① Zufriedenheit *f* ② (*doyum*) Sättigung *f* ③ Befriedigung *f,* Zufriedenstellung *f;* **birini ~ etmek** jdn befriedigen [*o* zufrieden stellen] **tatmin edici** *adj* befriedigend, zufrieden stellend; **bu soruların ~ bir yanıtı yok** es gibt keine befriedigende Antwort auf diese Fragen
tatminkâr [--kār] *adj* befriedigend, zufriedenstellend
tatminsiz *adj* unzufrieden
tatminsizlik <-ği> *s* Unzufriedenheit *f*
tatsız *adj* ① (*lezzetsiz*) geschmacklos ② (*fig fam: hoşa gitmeyen*) ärgerlich, unannehmlich
tatsızlık <-ğı> *s ohne pl* ① Geschmacklosigkeit *f* ② (*fig fam: hoşa gitmeyen durum*) Ärger *m,* Unannehmlichkeit *f;* ~ **çıkarmak** Ärger machen
tav *s* ① (die) richtige Feuchtigkeit; **ütülenecek çamaşırın ~ı** die richtige Feuchtigkeit der Bügelwäsche ② (die) richtige Temperatur; **demir ~ında dövülür** (*prov*) man muss das Eisen schmieden, solange es heiß ist
tava *s* GASTR Pfanne *f,* Bratpfanne *f;* **bir şeyi ~da kızartmak** etw in der Pfanne braten
tavan *s* ① (*odanın*) Decke *f;* (*yapının*) Dach *nt;* **birinin başına ~ çökmek** [*o* **yıkılmak**] (*fig fam*) jdm fällt die Decke auf den Kopf ② (*fig: en üst sınır*) Höchstgrenze *f;* (*en yüksek seviye*) Höchststand *m* ③ WIRTSCH Plafond *m* **tavan aralığı** *s,* **tavan arası** *s* Dachboden *m* **tavan penceresi** *s* Dachfenster *nt*
tava sapı *s* Pfannenstiel *m*
tavır <-vrı> *s* ① (*davranış*) Verhalten *nt,* Benehmen *nt,* Auftreten *nt* ② Haltung *f;* **bekler bir ~ takınmak** eine abwartende Haltung einnehmen ③ (*durum*) Zustand *m* ④ *ohne pl* (*yapma davranış*) Gehabe *nt*
taviz [ta:viz] *s s.* **ödün** Zugeständnis *nt;* **birine ~ vermek** jdm ein Zugeständnis machen
tavla¹ *vt Imperativ von* **tavlamak**
tavla² *s* (*at ahırı*) Pferdestall *m*
tavla³ *s* Backgammon *nt;* ~ **atmak** Backgammon spielen
tavlama *s Verbalsubstantiv zu* **tavlamak**
tavlamak *vt* ① (*gereken ısıyı sağlamak*) hinreichend erhitzen; (*gereken nemi sağlamak*) hinreichend befeuchten ② (*fam: karşı cinsin gönlünü çelmek*) abschleppen, aufreißen ③ (*fig fam: ümit vererek kandırmak*) rumkriegen ④ (*fam: dolandırmak*) **birini ~** jdn anschmieren
tavsama *s Verbalsubstantiv zu* **tavsamak**
tavsamak *vi* nachlassen, abflauen; (*hızını kaybetmek*) den Schwung verlieren; **çabalarımızda tavsamayalım!** wir sollten nicht nachlassen in unserem Streben!
tavsiye *s* Empfehlung *f*
tavsiye mektubu *s* Empfehlungsschreiben *nt*
tavşan *s* ① Hase *m;* **ada ~ı** Kaninchen *nt* ② SPORT Tempomacher *m* **tavşan anah-**

tarı *s s.* **maymuncuk** Dietrich *m* **tavşan dudağı** *s* MED Hasenscharte *f*
tavşankulağı *s* BOT Alpenveilchen *nt*
tavşan yürekli *adj* hasenherzig, hasenfüßig
tavuk <-ğu> *s* Huhn *nt;* **bugünkü ~ yarınki kazdan iyidir** (*prov*) besser ein Spatz in der Hand als eine Taube auf dem Dach **tavuk balığı** *s s.* **mezgit** ZOOL (*Gadus merlangus*) Merlan *m,* Wittling *m* **tavuk biti** *s* ZOOL Hühnerlaus *f* **tavuk budu** *s* Hühnerschlegel *m,* Hühnerbein *nt* **tavuk çiftliği** *s* Hühnerfarm *f*
tavukçuluk <-ğu> *s ohne pl* Hühnerzucht *f*
tavuk eti *s ohne pl* Hühnerfleisch *nt*
tavukgötü *s* (*vulg: siğil*) Warze *f,* Hautwarze *f*
tavukkarası *s* MED (*gece körlüğü*) Nachtblindheit *f*
tavuk kümesi *s* Hühnerstall *m* **tavuk suyu** *s* Hühnerbrühe *f* **tavuk yumurtası** *s* Hühnerei *nt*
tavus *s,* **tavus kuşu** *s* ZOOL Pfau *m*
tay *s* ❶ Fohlen *nt* ❷ Pony *nt*
tayf *s* ❶ (*görüntü*) Erscheinung *f;* (*ruh*) Geist *nt;* (*hayalet*) Gespenst *nt* ❷ PHYS Spektrum *nt*
tayfa *s* Matrose *m*
tayfölçer *s* PHYS (*spektroskop*) Spektroskop *nt,* Spektrometer *nt*
tayf rengi *s* PHYS Spektralfarbe *f*
tayfun *s* METEO Taifun *m*
tayın bedeli *s* MIL Sold *m*
tayin [ta:yi:n] *s* ❶ Bestimmung *f,* Festsetzung *f,* Festlegung *f* ❷ (*atama*) Anstellung *f*
taylama *s Verbalsubstantiv zu* **taylamak**
taylamak *vi* fohlen
tayming *s* Timing *nt; s. a.* **zamanlama**
tayt *s* Leggings *pl*
Tayvan **I.** *s* Taiwan *nt* **II.** *adj* taiwanisch; **~ hükûmeti** die taiwanische Regierung
Tayvanlı **I.** *s* Taiwaner(in) *m(f)* **II.** *adj* taiwanisch; **~ erkekler/kadınlar** taiwanische Männer/Frauen
tayyare [--:-] *s s.* **uçak** Flugzeug *nt*
tayyör *s* Kostüm *nt,* Jackenkleid *nt*
tazammun *s s.* **içerme** Implikation *f*
taze [ta:-] **I.** *adj* ❶ (*meyve, sebze*) frisch, jung ❷ (*fasulye, yapraklar*) grün ❸ (*dinç*) frisch; **yüzü ~ olmak** ein frisches Aussehen haben ❹ (*fig: yeni, son*) neuste(r, s); **en ~ haberler** die allerneu(e)sten Nachrichten **II.** *s* (*fig fam*) Krabbe *f;* (*genç kadın*) junge Frau
tazeleme *s Verbalsubstantiv zu* **tazelemek**
tazelemek *vt* ❶ (*a. fig: yeniden canlandırmak*) auffrischen ❷ (*boşalan bardakları*) auffüllen, nachfüllen
tazelenme *s Verbalsubstantiv zu* **tazelenmek**
tazelenmek <-ir> *vi pass von* **tazelemek**
tazelik <-ği> *s ohne pl* (*a. fig*) Frische *f;* **bütün tazeliği üstündeyken on sekiz yaşında öldü** sie starb im blühenden Alter von achtzehn Jahren
tazı *s* Windhund *m*
tazıcı *s* Windhundzüchter(in) *m(f)*
taziye [ta:zije] *s ohne pl* Kondolenz *f,* Anteilnahme *f* **taziye mektubu** *s* Kondolenzschreiben *nt*
taziyetname [ta:zijetna:me] *s* Kondolenzschreiben *nt*
taziye ziyareti *s* Kondolenzbesuch *m*
tazminat *s* ❶ Abfindung *f,* Entschädigung *f* ❷ JUR (*maddi*) Schadenersatz *m;* **manevi ~** Schmerzensgeld *nt;* (*İsviçrede*) Genugtuung *f*
tazyik *s* Druck *m*
TBMM *s ohne pl Abk von* **Türkiye Büyük Millet Meclisi** *Große Nationalversammlung der Türkei*
TC *s ohne pl Abk von* **Türkiye Cumhuriyeti** TR, Republik Türkei *f*
T cetveli *s* Reißschiene *f*
TDK *s ohne pl Abk von* **Türk Dil Kurumu** (*eskiden*) Türkischer Sprachverein; (*bugün*) *Gesellschaft für türkische Sprache*
te *Name des 24. Buchstaben des türk. Alphabets;* **Tokat'ın ~'si** T wie Theodor
-te <-da, -de, -ta> *Lokativ-Suffix s.* **-da**
teamül *s* ❶ Gepflogenheit *f,* Gewohnheit *f* ❷ CHEM (*tepkime*) Reaktion *f* **teamül hukuku** *s ohne pl* JUR Gewohnheitsrecht *nt*
teati *s* Austausch *m;* **~ etmek** austauschen
teavün *s s.* **yardımlaşma** gegenseitige Hilfeleistung
tebdil *s* Umwandlung *f;* (*değiştirme*) Veränderung *f,* Wechsel *m;* **~ gezmek** inkognito gehen
tebdilihava *s s.* **hava değişimi** Luftveränderung *f* **tebdilimekân** *s ohne pl* JUR Ortswechsel *m*
tebeddül *s s.* **değişme** Änderung *f,* Veränderung *f,* Wandel *m*
tebellüg *s* Empfang *m,* Entgegennahme *f;* **~ etmek** entgegennehmen, in Empfang nehmen
teber *s* ❶ (*balta*) Axt *f,* Streitaxt *f* ❷ (*keskisi ayça biçimde balta*) Hellebarde *f*
teberru *s* Zuwendung *f,* Schenkung *f*
tebessüm *s ohne pl s.* **gülümseme** Lächeln *nt;* **~ etmek** lächeln

T

tebeşir *s* Kreide *f*
tebligat *s* Zustellung *f*
tebliğ *s* Mitteilung *f*
tebrik <-ği> *s* Glückwunsch *m,* Gratulation *f;* **birini ~ etmek** jdm gratulieren, jdn beglückwünschen; **~ler!** gratuliere!, Glückwunsch!
Tebriz *s* Täbris *nt*
tecavüz [tedʒaː-] *s* ❶ Übergriff *m;* (*saldırı*) Angriff *m* ❷ (*aşma*) Überschreitung *f;* (*ötesine geçme*) Übertretung *f* ❸ (*sarkıntılık*) (sexuelle) Belästigung *f;* (*ırza* ~) (sexuelle) Nötigung *f;* **birine ~ etmek** sich an jdm vergreifen
tecdit <-di> *s* (*yenileme*) Erneuerung *f*
tecelli [tedʒelliː] *s* ❶ (*ortaya çıkma*) Entstehung *f;* (*görünme*) Erscheinung *f;* **~ etmek** entstehen; (*görünmek*) erscheinen, sich zeigen ❷ (*kader*) Schicksal *nt,* Los *nt* ❸ REL (*Tanrı'nın insanlarda ve doğada görünmesi*) Offenbarung *f;* **~ etmek** sich offenbaren
tecil [teːdʒiːl] *s* ❶ (*erteleme*) Verschiebung *f,* Vertagung *f,* Aufschub *m* ❷ JUR **~ etmek** zur Bewährung aussetzen; **ceza ~ edildi** die Strafe wurde zur Bewährung ausgesetzt
tecim *s ohne pl s.* **ticaret** Handel *m*
tecrit <-di> *s* ❶ Abtrennung *f;* (*ayırma*) Absonderung *f,* Isolation *f;* **~ etmek** isolieren, absondern ❷ PHILOS (*soyutlama*) Abstraktion *f* ❸ PHYS, ELEK (*yalıtım*) Isolierung *f,* Isolation *f;* **~ etmek** isolieren
tecrübe *s* ❶ (*deneyim*) Erfahrung *f;* **~si olmak** Erfahrung haben ❷ (*deney*) Experiment *nt;* (*deneme*) Versuch *m;* **~ yapmak** einen Versuch machen ❸ (*deneme*) Probe *f;* **~ etmek** probieren
tecrübeli *adj s.* **deneyimli** erfahren
tecrübelilik <-ği> *s ohne pl* Erfahrenheit *f*
tecrübesiz *adj s.* **deneyimsiz** unerfahren
tecrübesizlik <-ği> *s ohne pl s.* **deneyimsizlik** Unerfahrenheit *f*
tecrübe tahtası *s* Versuchskaninchen *nt;* **~na dönmek** (*pej fam*) zum Versuchskaninchen werden; **birini ~na çevirmek** (*pej fam*) jdn zum Versuchskaninchen machen
tecrübî *adj s.* **deneysel** experimentell, experimental
tecziye *s s.* **cezalandırma** Bestrafung *f;* **~ etmek** bestrafen
teçhizat *s s.* **donatı** Ausrüstung *f*
tedahül [tedaː-] *s s.* **geçişme** Vermischung *f*
tedai [tedaː-] *s s.* **çağrışım** Assoziation *f*
tedarik [tedaː-] *s* ❶ Anschaffung *f,* Besorgung *f,* Beschaffung *f;* **~ etmek** anschaffen, besorgen; (*bulmak*) auftreiben, beschaffen ❷ (*hazırlık*) Vorbereitung *f;* **~te bulunmak** (*hazırlık yapmak*) Vorbereitungen treffen
tedarikleme *s* ❶ *Verbalsubstantiv zu* **tedariklemek** ❷ Anschaffung *f,* Besorgung *f,* Beschaffung *f*
tedariklemek *vt* anschaffen, besorgen; (*bulmak*) auftreiben, beschaffen
tedarikli **I.** *adj* bereit, fertig **II.** *adv* vorbereitet
tedariksiz *adj* unvorbereitet
tedavi [tedaːviː] *s* MED ❶ Behandlung *f;* **birini ~ etmek** jdn behandeln; **ayakta/tıbbî/yatakta ~** ambulante/medizinische/stationäre Behandlung; **kendini ~ ettirmek** sich (ärztlich) behandeln lassen; **tıbbî ~ görmek** in medizinischer Behandlung sein ❷ (*terapi*) Therapie *f* **tedavi masrafları** *s* MED Behandlungskosten *pl*
tedavi yöntemi *s* MED Behandlungsmethode *f*
tedavül [tedaː-] *s ohne pl* WIRTSCH (*dolanım*) Umlauf *m;* **~de olmak** im Umlauf sein, sich im Umlauf befinden; **~e çıkarmak** in Umlauf bringen
tedbir *s s.* **önlem** ❶ Maßnahme *f;* **~ almak** Maßnahmen ergreifen [*o* treffen]; **ihtiyati ~** JUR einstweilige Verfügung ❷ Vorkehrung *f;* **~ almak** Vorkehrungen treffen
tedbirli *adj* bedacht, umsichtig; **~ davranmak** umsichtig handeln
tedbirlilik <-ği> *s ohne pl* Umsichtigkeit *f*
tedbirsiz *adj* unbedacht, leichtfertig; (*sürücü*) leichtsinnig
tedbirsizce *adv* unbedacht, leichtfertig; (*sürücü*) leichtsinnig
tedbirsizlik <-ği> *s ohne pl* Leichtsinn *m*
tedhiş *s ohne pl s.* **terör** Terror *m*
tedhişçi **I.** *s* (*terörist*) Terrorist(in) *m(f)* **II.** *adj* terroristisch
tedirgin *adj* beunruhigt; **~ etmek** beunruhigen; **bir şeyden ~ olmak** über etw beunruhigt sein
tedirginleşme *s* *Verbalsubstantiv zu* **tedirginleşmek**
tedirginleşmek *vi* sich beunruhigen
tedirginlik <-ği> *s* ❶ Beunruhigung *f* ❷ ASTRON Perturbation *f*
tediye *s s.* **ödeme** Zahlung *f,* Bezahlung *f;* **~ etmek** zahlen, bezahlen **tediye emri** *s s.* **ödeme emri** Zahlungsbefehl *m,* Mahnbescheid *m*
tedricî *adj* sukzessiv; **~ olarak** stufenweise
tedvin *s* Zusammenfassung *f;* **~ etmek** zusammenfassen
teehhür *s s.* **gecikme** Verspätung *f,* Verzug *m*

teemmül *s s.* **düşünüp taşınma** reifliche Überlegung
teessüf *s* Bedauern *nt;* ~ **etmek** bedauern; ~ **ederim!** ich bedauere!
tef *s* MUS Tamburin *nt*
tefe *s* (*dokuma tezgâhında*) Rahmen *m*
tefeci *s* COMM (*pej*) Wucherer *m*
tefecilik <-ği> *s ohne pl* Wucher *m;* ~ **yapmak** Wucher treiben
tefekkür *s* ❶ Meditation *f;* ~**e dalmak** meditieren ❷ (*düşünme*) Nachdenken *nt*
teferruat *s s.* **ayrıntılar** Einzelheiten *pl,* Details *pl*
teferruatlı *adj s.* **ayrıntılı** detailliert
tefhim [tefhi:m] *s* JUR Verkündung *f;* **hüküm** ~ **etmek** das Urteil verkünden; **hükmün** ~**i** Verkündung des Urteils
teflon® *s ohne pl* Teflon *nt* **teflon tava** *s* Teflonpfanne *f*
tefrik <-kı> *s* (*ayırma*) Trennung *f;* (*ayırt etme*) Unterscheidung *f*
tefrika *s* ❶ (*gazete veya dergilerde*) Fortsetzung *f* ❷ (*ikilik*) Zwietracht *f* **tefrika roman** *s* Fortsetzungsroman *m*
tefsir *s* ❶ (*yorumlama*) Interpretation *f,* Auslegung *f,* Deutung *f;* ~ **etmek** interpretieren, auslegen, deuten ❷ REL (*Kur'an'ın surelerini açıklayan eser*) Kommentar *nt*
teftiş *s* (*denetleme*) Inspektion *f;* ~ **etmek** inspizieren
teğelti *s* REG Satteldecke *f*
teğet *s* MATH Tangente *f;* **bir şeye** ~ **geçmek** etw tangieren
teğmen *s* MIL Leutnant *m*
tehcir *s* Aussiedlung *f;* ~ **etmek** aussiedeln
tehdit <-di> *s* Drohung *f* **tehdit mektubu** *s* Drohbrief *m*
tehir [te:hi:r] *s* ❶ (*sonraya bırakma*) Aufschub *m;* (*erteleme*) Verschiebung *f;* ~ **etmek** aufschieben ❷ (*geciktirme*) Verspätung *f*
tehiriicra *s* JUR Vollstreckungshemmung *f,* Aufschub der Vollstreckung
tehirli *adj* ❶ aufgeschoben, verschoben ❷ (*gecikmeli, rötarlı*) verspätet, mit Verspätung
tehlike *s* Gefahr *f;* ~**ye atılmak** sich in Gefahr begeben; **bir kimseyi/şeyi** ~**ye düşürmek** jdn/etw gefährden **tehlike çanları** *pl* Alarmglocken *pl*
tehlikeli *adj* gefährlich; ~ **maddeler** gefährliche Stoffe
tehlikesiz *adj* ungefährlich
tehzil *s* Hohn *m,* Spott *m*
tein *s ohne pl* Tein *nt*
teizm *s ohne pl* PHILOS (*tanrıcılık*) Deismus *m*
tek I. *s* ❶ **atların** ~**i** eins der Pferde; **kırk yılın** ~**inde** einmal in vierzig Jahren ❷ (*kadeh içki*) **iki** ~ **içmek** einen doppelten trinken II. *adj* ❶ (*yegâne*) einzig; ~ **bir kez** ein einziges Mal; ~ **korktuğum şey ...** das einzige, wovor ich mich fürchte, ... ❷ (*yalnız*) nur; ~ **başına** ganz allein ❸ (*bir*) ein; ~ **elden** unter einer Leitung; ~ **sözle** mit einem Wort ❹ (*ünik, eşi olmayan*) einzigartig, einmalig ❺ MATH ungerade; ~ **sayılar** ungerade Zahlen III. *adv* ❶ bloß; ~ **çalışsın da/yesin de ...** er soll bloß arbeiten/essen, (sonst) ... ❷ (*fig: hiç, hiçbir*) ~ **kelime konuşmamak** kein einziges Wort reden; **sokaklarda** ~ **kişi yok** auf den Straßen ist keine Seele vorhanden **tek adam gösterisi** *s* Einmann-Show *f* **tek anlamlı** *adj* PHILOS eindeutig; ~ **bir kavram** ein eindeutiger Begriff **tek anlamlılık** <-ğı> *s ohne pl* PHILOS Eindeutigkeit *f* **tek boyutlu** *adj* eindimensional
tekçi *s* PHILOS Monist(in) *m(f)*
tekçilik <-ği> *s ohne pl* PHILOS (*monizm*) Monismus *m*
tek delikliler *pl* ZOOL Kloakentiere *pl*
tekdir *s* Verweis *m*
tekdüze I. *adj* (*yeknesak*) eintönig; (*monoton*) monoton; ~ **bir ses** eine monotone Stimme II. *adv* (*değişmeyerek*) einförmig, eintönig
tekdüzeleşme *s Verbalsubstantiv zu* **tekdüzeleşmek**
tekdüzeleşmek *vi* eintönig werden
tekdüzelik <-ği> *s* (*yeknesaklık*) Eintönigkeit *f;* (*monotonluk*) Monotonie *f*
teke *s* ❶ Ziegenbock *m* ❷ (*karides*) kleine Garnele
tekeffül *s* Gewährleistung *f*
tekel *s* WIRTSCH Monopol *nt;* **bir şey** ~**inde olmak** ein Monopol haben auf etw; **bir şeyi** ~**ine almak** ein Monopol erwerben auf etw
tekelci I. *s* Monopolist(in) *m(f)* II. *adj* monopolistisch, Monopol- **tekelci anamalcılık** <-ğı> *s ohne pl* WIRTSCH Monopolkapitalismus *m*
tek elli *adj* einhändig
tekel maddesi *s* WIRTSCH Monopolartikel *m*
teker *s* AUTO Rad *nt;* **birinin** ~**ine çomak sokmak** [*o* **taş koymak**] (*fig*) jdm einen Knüppel zwischen die Beine werfen **teker aksamı** *s* AUTO Radaufhängung *f*
tekerçalar *s s.* **disk-player** CD-Player *m*
tekerçalarcı *s s.* **diskjokey** Diskjockey *m*
tek erkçi *s* (*monarşist*) Monarchist(in) *m(f)* **tek erkçilik** <-ği> *s ohne pl* (*monarşizm*) Monarchismus *m* **tek erklik** <-ği> *s* (*monarşi*) Monarchie *f*

T

tekerlek <-ği> *s* Rad *nt* **tekerlek çemberi** *s* AUTO Radkranz *m* **tekerlek göbeği** *s* AUTO (*poyra*) Radnabe *f* **tekerlek kilitleyici pençe** *s* AUTO Parkkralle *f*
tekerlekli koltuk *s*, **tekerlekli sandalye** *s* Rollstuhl *m*
tekerlek pabucu *s* Hemmschuh *m*
teker rulmanı *s* TECH, AUTO Radlager *nt*
tekerrür *s* Wiederholung *f;* ~ **etmek** sich wiederholen
teker teker *adv* einzeln
tek eşli *adj* monogam **tek eşlilik** <-ği> *s* Einehe *f;* (*monogami*) Monogamie *f*
teke tek *adv* ~ **dövüşmek** Mann gegen Mann kämpfen
tek evli *adj s.* **tek eşli tek evlilik** <-ği> *s s.* **tek eşlilik tek fazlı** *adj* ELEK einphasig **tek gözeli** *s* BIOL Einzeller *m* **tek gözlü** *adj* einäugig **tek haneli** *adj* einstellig **tek heceli** *adj* LING einsilbig **tek hörgüçlü** *adj* einhöckerig
tekil *s* LING Singular *m,* Einzahl *f;* **birinci/ikinci/üçüncü** ~ **kişi** erste/zweite/dritte Person Singular
tekin *adj* menschenleer; **burası** ~ **değil** hier ist es unheimlich
tekinsiz *adj* ❶ Unheil bringend ❷ tabu
tekir I. *adj* (*kedi*) getigert **II.** *s* ZOOL Streifenbarbe *f*
tekit *s* Bekräftigung *f;* ~ **etmek** bekräftigen
tekke *s* HIST, REL Derwischkloster *nt*
tek kişi *s* Einzelperson *f* **tek kişilik oda** *s* Einzelzimmer *nt* **tek kollu** *adj* einarmig **tek kullanımlık kamera** *s* Einwegkamera *f*
tekleme *s* ❶ *Verbalsubstantiv zu* **teklemek** ❷ TECH Fehlzündung *f*
teklemek *vi* ❶ (*motor*) aussetzen, bocken; **motor iki de bir tekliyor** der Motor setzt immer wieder aus ❷ (*tabanca*) eine Ladehemmung haben ❸ AGR (*sık fideleri*) pikieren ❹ (*sl: kekelemek*) stottern
teklif *s* ❶ Angebot *nt,* Anerbieten *nt;* (*evlenme* ~*i*) Antrag *m;* **birine bir şey için para** ~ **etmek** jdn für etw Geld anbieten ❷ (*öneri*) Vorschlag *m* ❸ (*resmî davranış*) Förmlichkeit *f*
teklifli *adj* förmlich; **biriyle** ~ **konuşmak** jdn mit Sie anreden, jdn siezen
teklifsiz *adj* familiär, ungezwungen **teklifsiz arkadaş** *s* Duzfreund *m* **teklifsiz arkadaşlık** <-ğı> *s* Duzfreundschaft *f*
teklifsizce *adv* ungezwungen; **biriyle** ~ **konuşmak** jdn duzen
teklifsiz dost *s* Duzfreund *m* **teklifsiz dostluk** <-ğu> *s* Duzfreundschaft *f*
teklif tekellüf *s* Förmlichkeit *f*
teklik[1] <-ği> *s ohne pl* Einmaligkeit *f,* Einzigartigkeit *f*
teklik[2] <-ği> *s* ❶ LING Singular *m;* ~ **birinci/ikinci/üçüncü kişi** erste/zweite/dritte Person Singular ❷ (*fam*) Ein-Lira-Stück *nt*
tekme *s* Fußtritt *m;* **birine** ~ **atmak** [*o* **vurmak**] jdm einen Fußtritt versetzen [*o* geben]
tekmeleme *s Verbalsubstantiv zu* **tekmelemek**
tekmelemek *vt* treten
tekmil I. *s* (*bitirme*) Fertigstellung *f,* Vollendung *f;* (*tamamlama*) Vervollständigung *f* **II.** *adj* ❶ (*bütün*) gesamt; (*tüm*) alle ❷ (*eksiksiz*) vollständig, vollkommen **tekmil haberi** *s a.* MIL Vollzugsmeldung *f*
tek motorlu *adj* AERO einmotorig
tekne *s* ❶ Bottich *m,* Trog *m;* (*duş* ~*si*) Wanne *f,* Tasse *f;* **ağaçtan/taştan bir** ~ ein Trog aus Holz/Stein ❷ Boot *nt;* (*balıkçı* ~*si*) Kutter *m* ❸ NAUT Schiffsrumpf *m* ❹ GEO Becken *nt*
teknik I. *s* <-ği> Technik *f* **II.** *adj* ❶ technisch; ~ **eğitim** technische Ausbildung, die Berufsausbildung in einem technischen Zweig; ~ **öğretim** technisches Studium; ~ **ressam** technischer Zeichner; (*kadın*) technische Zeichnerin; ~ **üniversite** technische Universität ❷ (*terim*) fachspezifisch, Fach-
teknikçi *s,* **tekniker** *s* Techniker(in) *m(f)*
teknik dil *s* Fachsprache *f* **teknik okul** *s* Technikum *nt* **teknik terim** *s* Fachausdruck *m,* Terminus technicus *m*
teknisyen *s* Techniker(in) *m(f)*
teknokrasi *s* Technokratie *f*
teknokrat *s* Technokrat(in) *m(f)*
teknoloji *s* Technologie *f*
teknolojik <-ği> *adj* technologisch
teknoloji transferi *s* Technologietransfer *m*
teknopark *s* Technologiepark *m*
tek örnek *adj* einheitlich
tek parmaklı(lar) *s* ZOOL Ungleichzeher *m*
tek partili sistem *s* POL Einparteiensystem *nt*
tekrar I. *s* Wiederholung *f* **II.** *adv* wieder; **bir şeyi** ~ **etmek** etw wiederholen
tekraren *adv* wiederholt
tekrarlama *s* ❶ *Verbalsubstantiv zu* **tekrarlamak** ❷ Wiederholung *f*
tekrarlamak *vt* wiederholen; **papağan gibi her şeyi** ~ alles nachplappern wie ein Papagei
tekrarlanma *s* ❶ *Verbalsubstantiv zu* **tekrarlanmak** ❷ Wiederholung *f*
tekrarlanmak *vi* ❶ *pass von* **tekrarlamak** ❷ sich wiederholen

tekrarlatma *s Verbalsubstantiv zu* **tekrarlatmak**

tekrarlatmak *vt Kausativ zu* **tekrarlamak**: **bir şeyi ~** etw wiederholen lassen

tekrar tekrar *adv* wiederholt, immer wieder, aber und abermals; (*defalarca*) mehrmals, mehrfach **tekrar tuşu** *s* INFORM Wiederholungstaste *f*

tek renkli *adj* ❶ einfarbig, uni ❷ PHYS einfarbig, monochrom

tekrir *s* Wiederholung *f*; **~ etmek** wiederholen

tek sesli *adj* ❶ MUS einstimmig ❷ LING (*eş sesli*) gleich lautend, homonym

teksir *s* TYPO (*çoğaltma*) Vervielfältigung *f*; **~ etmek** vervielfältigen **teksir makinesi** *s* TYPO (*çoğaltma makinesi*) Vervielfältigungsapparat *m*

tekst *s* (*metin*) Text *m*

tekstil *s* Textilien *pl* **tekstil endüstrisi** *s* Textilindustrie *f*

tek tanrıcı **I.** *s* Monotheist(in) *m(f)* **II.** *adj* monotheistisch **tek tanrıcılık** <-ğı> *s ohne pl* Monotheismus *m*

tek taraflı *adj* einseitig **tek tek** *adv* einzeln, eins nach dem anderen, eine nach der anderen

tektonik **I.** *s* <-ği> *ohne pl* GEO Tektonik *f* **II.** *adj* GEO tektonisch

tek toynaklı *adj* ZOOL einhufig **tek tük** *adj* vereinzelt

tekvando *s* SPORT Taekwondo *nt*

tek yanlı *adj* einseitig **tek yataklı** *adj* einbettig **tek yataklı oda** *s* Einbettzimmer *nt* **tek yönlü yol** *s* Einbahnstraße *f* **tek yumurta ikizleri** *pl* eineiige Zwillinge *pl*

tekzip <-bi> *s s.* **yalanlama** Dementi *nt*; **~ etmek** dementieren

tel *s* ❶ Draht *m*; **biriyle aynı ~den çalmak** (*fam*) mit jdm auf gleicher Wellenlänge sein, mit jdm ins gleiche Horn stoßen [*o* blasen] ❷ (*saç ~i*) Strähne *f* ❸ (*fren ~i*) Seil *nt*; (*jant ~i*) Speiche *f* ❹ (*bitki ~i*) Faser *f*

telaffuz [telâffuz] *s* ❶ (*söyleyiş, söyleniş*) Aussprache *f*; **~ etmek** aussprechen ❷ LING (*boğumlanma*) Artikulation *f*; **~ etmek** artikulieren

telafi [telâfi:] *s* Kompensation *f*, Ausgleich *m*; (*yerine koyma*) Ersatz *m*; **~ etmek** kompensieren, ausgleichen; (*yerini doldurmak*) ersetzen

telakki [telâkki:] *s ohne pl* ❶ (*anlayış*) Auffassung *f*; **~ etmek** auffassen ❷ (*görüş*) Ansicht *f*; **~ etmek** ansehen

telaş [telâʃ] *s ohne pl* ❶ (*acelecilik*) Hektik *f*, Unruhe *f*, Aufregung *f*; **~a düşmek** in Hektik geraten ❷ (*endişe*) Besorgnis *f*; (*sıkıntı*) Unruhe *f* ❸ (*kargaşa*) Unruhe *f*

telaşlandırma *s Verbalsubstantiv zu* **telaşlandırmak**

telaşlandırmak *vt* beunruhigen

telaşlı telaşlı *adv* hektisch

telaşsız *adj* ruhig, gelassen

telaşsızlık <-ğı> *s ohne pl* Gelassenheit *f*

tel cambazı *s* Seiltänzer(in) *m(f)*, Drahtseilkünstler(in) *m(f)*

tel çivi *s* Drahtnagel *m*, Drahtstift *m*

telef *s* Vernichtung *f*, Zerstörung *f*; **~ etmek** vernichten, zerstören; (*mahvetmek*) zugrunde richten; **~ olmak** (*ölmek*) sterben; (*mahvolmak*) zugrunde gehen

telefaks *s* Telefax *nt*

telefat *pl* Verluste *pl*

teleferik <-ği> *s* Seilbahn *f*, Drahtseilbahn *f*

telefon *s* ❶ Telefon *nt*, Fernsprecher *m*; **~ etmek** telefonieren ❷ Anruf *m*; **~ etmek** anrufen; **birine ~ açmak** jdn anrufen

telefon bağlantısı *s* Telefonverbindung *f*

telefon görüşmesi *s* Telefongespräch *nt*, Telefonat *nt* **telefon hattı** *s* Telefonleitung *f* **telefon kabini** *s* Telefonzelle *f*; (*kulübe*) Telefonhäuschen *nt* **telefon kartı** *s* Telefonkarte *f* **telefon konuşması** *s* Telefongespräch *nt*, Telefonat *nt* **telefon kulübesi** *s* Telefonhäuschen *nt*

telefonlaşma *s Verbalsubstantiv zu* **telefonlaşmak**

telefonlaşmak *vi* telefonieren (**-le** mit); **biriyle saatlerce ~** mit jdm stundenlang telefonieren

telefon numarası *s* Telefonnummer *f*, Rufnummer *f*

telefonometre *s* Anrufzähler *m*

telefon rehberi *s* Telefonbuch *nt* **telefon santrali** *s* Telefonzentrale *f*

telefotografi *s ohne pl* Telefotografie *f*

telek <-ği> *s* ZOOL Gefieder *nt*

telekart *s* Telefonkarte *f*

teleke *s* ZOOL Schwungfeder *f*

telekız *s* Callgirl *nt* **telekinezi** *s ohne pl* Telekinese *f* **telekomünikasyon** *s ohne pl* (*uz iletişim*) Telekommunikation *f* **telekonferans** *s* Telekonferenz *f* **teleks** *s* ❶ Telex *nt*; (*uzyazım*) Fernschreiben *nt* ❷ (*fam: telem*) Telex *nt*; (*uzyazar*) Fernschreiber *m*

telekulak <-ğı> *s* (*basın dilinde*) Lauschangriff *m*

telem *s* Telex *nt*; (*uzyazar*) Fernschreiber *m*

telemetre *s* Entfernungsmesser *m*

teleobjektif *s* FOTO Teleobjektiv *nt*

teleoğlan *s* Callboy *m*

teleoloji *s ohne pl* PHILOS (*erek bilimi*) Teleologie *f*

telepati *s ohne pl* Telepathie *f,* Gedankenübertragung *f*
telepatik <-ği> *adj* telepathisch
telesekreter *s* TELEK Anrufbeantworter *m;* **~i dinlemek** den Anrufbeantworter abhören
teleseks *s* Telefonsex *m*
telesime *s Verbalsubstantiv zu* **telesimek**
telesimek *vi* ❶ (*yorulmak*) ermüden ❷ (*zayıflamak*) abnehmen
telesiyej *s* Sessellift *m*
teleskop *s* Teleskop *nt*
teletekst *s* Bildschirmtext *m*
televizyon *s* ❶ (*ohne pl*) Fernsehen *nt;* **~ seyretmek** fernsehen; (*fam*) ferngucken ❷ (*alıcı*) Fernseher *m,* Fernsehgerät *nt* **televizyon alıcısı** *s* Fernsehempfänger *m,* Fernsehgerät *nt,* Fernsehapparat *m* **televizyon anteni** *s* Fernsehantenne *f* **televizyon cihazı** *s* Fernsehapparat *m,* Fernsehgerät *nt* **televizyon ekranı** *s* Fernsehschirm *m* **televizyon filmi** *s* Fernsehfilm *m* **televizyon kamerası** *s* Fernsehkamera *f* **televizyon kanalı** *s* Fernsehkanal *m* **televizyon kulesi** *s* Fernsehturm *m* **televizyon oyunu** *s* Fernsehspiel *nt* **televizyon programı** *s* Fernsehprogramm *nt* **televizyon stüdyosu** *s* Fernsehstudio *nt* **televizyon verici istasyonu** *s,* **televizyon vericisi** *s* Fernsehsender *m* **televizyon yayını** *s* Fernsehsendung *f,* Fernsehübertragung *f*
tel fırça *s* Drahtbürste *f*
telgraf *s* ❶ (*düzen*) Telegraf *m* ❷ (*haber*) Telegramm *nt;* **~ çekmek** telegrafieren, ein Telegramm aufgeben
telgraf çiçeği *s* BOT Tradeskantie *f* **telgraf üslubu** *s ohne pl* Telegrammstil *m*
tel halat *s* Drahtseil *nt* **tel ışın kablosu** *s* TECH Glasfaserkabel *nt*
telif hakkı *s* Urheberrecht *nt,* Copyright *nt;* **~ saklıdır** urheberrechtlich geschützt **telif ücreti** *s* Tantiemen *pl*
tel'in mitingi *s* Protestkundgebung *f*
tel kafes *s* ❶ Drahtkäfig *m* ❷ Drahtgitter *nt*
telkâri [telkāri] **I.** *s* Filigran *nt* **II.** *adj* filigran; **~ iş** eine filigrane Arbeit
telkin *s* ❶ (*aşılama*) Suggestion *f;* **~ etmek** suggerieren; **birine itimat ~ etmek** jdm Vertrauen einflößen ❷ REL (*mezar başında*) Grabrede *f*
tel kurdu *s* ZOOL (*Sporotrichum schenkii*) Drahtwurm *m*
tellâl <-i> *s* ❶ Ausrufer(in) *m(f);* (*pazarlarda*) Marktschreier(in) *m(f)* ❷ Makler(in) *m(f)*
tellâliye *s* Maklergebühr *f*
tellemek[1] *vt* verdrahten
tellemek[2] *vt* POST telegrafieren
telli çalgı *s* MUS Saiteninstrument *nt;* **sürtme ~** Streichinstrument *nt* **telli pullu** *adj* kitschig **telli tekerlek** <-ği> *s* AUTO Speichenrad *nt* **telli turna** *s* ZOOL Jungfernkranich *m*
tellür *s ohne pl* CHEM Tellur *nt*
telmih *s* Anspielung *f,* Andeutung *f;* **bir şeyi ~ etmek** etw andeuten, auf etw anspielen; **birine ~ yapmak** jdm Anspielungen machen
telmihen *adv* andeutungsweise
tel örgü *s* Maschendrahtzaun *m*
telsiz **I.** *s ohne pl* Funk *m* **II.** *adj* drahtlos; (*telefon*) schnurlos; **~ telgraf çekmek** drahtlos telegrafieren
telsiz telefon *s* schnurloses Telefon, Funktelefon *nt* **telsiz telgraf** *s* Funktelegramm *nt;* **~ çekmek** ein Funktelegramm abschicken, drahtlos telegrafieren
tel şehriye *s* Fadennudel *f* **tel tel** *adv* faserig
telve *s ohne pl* (*kahve ~ si*) Kaffeesatz *m*
telyazı *s* (*telgraf*) Telegramm *nt*
tema *s* ❶ (*konu*) Thema *nt* ❷ LIT Aussage *f;* **romanın ~sı** die Aussage des Romans
temaruz *s* **~ etmek** simulieren
temas *s* ❶ (*değme, dokunma*) Berührung *f,* Kontakt *m;* **bir şeye ~ etmek** (*dokunmak*) etw berühren, mit etw in Berührung kommen; (*sözünü etmek*) etw erwähnen ❷ (*ilişki, bağlantı*) Verbindung *f,* Kontakt *m;* **biriyle ~a geçmek** Kontakt mit jdm aufnehmen, sich mit jdm in Verbindung setzen; **biriyle ~ta bulunmak** mit jdm in Kontakt [*o* Verbindung] stehen; (*cinsel ilişkide bulunmak*) mit jdm sexuelle Kontakte haben **temas noktası** *s* Berührungspunkt *m,* Kontaktstelle *f*
temaşa *s* ❶ (*bakma*) Betrachtung *f;* **~ etmek** betrachten; (*seyretmek*) zuschauen ❷ (*oyun*) Schauspiel *nt*
temaşa sanatı *s* Schauspielkunst *f*
tematik <-ği> *adj* thematisch
temayül [tema:-] *s* ❶ Neigung *f* ❷ PSYCH (*yönseme*) Neigung *f,* Veranlagung *f* ❸ (*fig: ilgi duyma*) Zuneigung *f,* Vorliebe *f*
tembel **I.** *s* Faulenzer(in) *m(f),* Müßiggänger(in) *m(f)* **II.** *adj* faul, bequem
tembelleşme *s Verbalsubstantiv zu* **tembelleşmek**
tembelleşmek *vi* träge werden, bequem werden
tembellik <-ği> *s ohne pl* ❶ Faulheit *f,* Bequemlichkeit *f,* Müßiggang *m;* **~ etmek** faulenzen ❷ Faulenzerei *f,* Müßiggang *m*
tembel tembel *adv* müßig; **~ oturmak**

T

müßig dasitzen [*o* herumsitzen]

tembihleme *s ohne pl Verbalsubstantiv zu* **tembihlemek**

tembihlemek *vt* einschärfen; **birine bir şeyi ~ etmek** jdm etwas einschärfen

temcit <-di> [temdʒi:t] *s* REL Lobgesang *m;* **~ pilavı gibi ısıtıp ısıtıp öne sürmek** (*fig*) alte Geschichten immer wieder aufwärmen

temdit <-di> *s s.* **uzatma** Verlängerung *f*

temel I. *s* ❶ Fundament *nt;* **bir evin ~i** das Fundament eines Hauses; **bir şeyin ~ini atmak** das Fundament zu etw legen ❷ Basis *f,* Grundlage *f* **II.** *adj* ❶ fundamental ❷ elementar, grundlegend ❸ Grund-, Haupt-, Basis- **temel bilgiler** *s* Grundkenntnisse *pl,* Grundwissen *nt,* Basiswissen *nt* **temel cümle** *s* LING Hauptsatz *m* **temel direği** *s* ARCH Grundsäule *f* **temel direk** <-ği> *s* (*fig*) Grundsäule *f* **temel duruş** *s* SPORT Grundstellung *f* **temel duvarı** *s* Grundmauer *f* **temel düşünce** *s* Grundgedanke *m* **temel eğitim** *s* Grundausbildung *f* **temel haklar** *pl* Grundrechte *pl* **temel ilke** *s* Grundprinzip *nt* **temel kavram** *s* Grundbegriff *m*

temellendirme *s* ❶ *Verbalsubstantiv zu* **temellendirmek** ❷ (*a. fig*) Fundamentierung *f*

temellendirmek *vt* (*a. fig*) fundamentieren

temelli I. *adj* ❶ **sağlam ~ bir yapı** ein Bau mit solidem Fundament ❷ (*sürekli*) ständig, Dauer-; **~ bir işi olmamak** keine feste Arbeit haben **II.** *adv* ❶ (*sürekli olarak*) ständig, auf immer, für immer ❷ (*tamamen*) vollständig; (*büsbütün*) völlig

temel parçacık <-ğı> *s* Elementarteilchen *nt* **temel sayı** *s* MATH Grundzahl *f,* Kardinalzahl *f*

temelsiz *adj* grundlos

temel sorun *s* ❶ Grundfrage *f* ❷ Hauptproblem *nt* **temel taşı** *s* ❶ Grundstein *m* ❷ (*fig: dayanak*) Grundsäule *f* **temel tümce** *s* LING Hauptsatz *m*

temenni *s* Wunsch *m;* **bir şeyi ~ etmek** etw wünschen

temerküz *s* Konzentration *f;* **~ etmek** sich konzentrieren **temerküz kampı** *s* HIST (*toplama kampı*) Konzentrationslager *nt*

temerrüt <-dü> *s ohne pl* ❶ (*dik kafalılık*) Dickköpfigkeit *f,* Halsstarrigkeit *f* ❷ JUR, WIRTSCH (*direnim*) Verzug *m;* **temerrüde düşmek** in Verzug geraten **temerrüt faizi** *s* Verzugszinsen *pl*

temettü <-ü> *s* FIN, WIRTSCH Dividende *f;* **~ dağıtmak** Dividende ausschütten

temin [te:mi:n] *s* ❶ (*inanç verme*) Beteuerung *f,* Versicherung *f;* **bir şeyi ~ etmek** etw beteuern [*o* versichern] ❷ Zusicherung *f;* **bir şeyi ~ etmek** etw zusichern ❸ Sicherstellung *f* ❹ (*sağlama*) Beschaffung *f,* Besorgung *f,* Aufbringung *f,* Verschaffung *f;* **bir şeyi ~ etmek** etw beschaffen [*o* besorgen], sich etw verschaffen

teminat [te:mi:na:t] *s* ❶ (*garanti*) Garantie *f,* Gewähr *f* ❷ (*güvence*) Sicherheit *f;* **~ vermek** Sicherheit leisten; **~ varakası** JUR sicheres Geleit

teminatlı *adj* gesichert

temiz *adj* ❶ sauber, rein; **~ bir iş** eine saubere Arbeit; **bir şeyi ~e çekmek** etw ins Reine schreiben; **birini ~e çıkarmak** jdn entlasten; **kendini ~e çıkarmak** sich entlasten ❷ frisch; **~ hava almak** frische Luft schnappen **temiz iş kâğıdı** *s* Arbeitszeugnis *nt* **temiz kan I.** *s* MED Vollblut *nt* **II.** *adj* reinrassig, vollblütig, Vollblut-; **~ at** reinrassiges Pferd, Vollblut *nt,* Vollblüter *m*

temizleme *s* ❶ *Verbalsubstantiv zu* **temizlemek** ❷ Reinigung *f;* **kuru ~** chemische Reinigung

temizlemek *vt* ❶ reinigen, säubern, sauber machen, putzen ❷ (*sakıncalı bir işi*) bereinigen ❸ MED (*yarayı*) reinigen ❹ (*fig*) wegputzen; (*bitirmek*) erledigen; **hesabı ~** die Rechnung begleichen ❺ (*sl*) wegputzen, beseitigen; (*yok etmek*) vernichten; (*öldürmek*) erledigen ❻ (*kumarda*) ausnehmen

temizlenme *s* ❶ *Verbalsubstantiv zu* **temizlenmek** ❷ Reinigung *f*

temizlenmek *vi* ❶ *pass von* **temizlemek** ❷ **iş temizlendi** die Angelegenheit wurde bereinigt

temizletme *s* ❶ *Verbalsubstantiv zu* **temizletmek** ❷ Reinigung *f*

temizletmek *vt Kausativ zu* **temizlemek** reinigen lassen

temizleyici I. *s* ❶ Reiniger *m* ❷ (*yer*) Reinigung *f* **II.** *adj* Reinigungs- **temizleyici krem** *s* Reinigungscreme *f*

temizlik <-ği> *s* ❶ Sauberkeit *f* ❷ (*saffet*) Reinheit *f* ❸ (*temizleme işi*) Reinemachen *nt,* Putzen *nt* ❹ (*fig*) Bereinigung *f,* Säuberung *f;* (*yok etme*) Beseitigung *f*

temizlikçi *s* Putzer *m* **temizlikçi kadın** *s* Putzfrau *f,* Reinemachefrau *f*

temizlik hastalığı *s ohne pl* (*pej*) Sauberkeitsfimmel *m* **temizlik işleri** *pl* Aufräumarbeiten *pl* **temizlik malzemesi** *s* Putzmaterial *nt*

temiz para *s* Reinertrag *m,* Reinerlös *m* **temiz raporu** *s* Gesundheitszeugnis *nt*

temkin *s ohne pl* Besonnenheit *f*

temkinli *adj* besonnen

temkinlice *adv* besonnen

T

temkinsiz *adj* unbesonnen
temkinsizlik <-ği> *s ohne pl* Unbesonnenheit *f*
temlik <-ği> *s* Abtretung *f;* ~ **etmek** abtreten
temmuz *s* Juli *m*
tempo *s* MUS Takt *m*
temren *s* SPORT (*cirit ucu*) Speerspitze *f*
temsil *s* ❶ Vertretung *f,* Repräsentation *f;* **bir kimseyi/şeyi ~ etmek** jdn/etw vertreten [*o* repräsentieren] ❷ THEAT Aufführung *f*
temsilci *s* Repräsentant(in) *m(f),* Vertreter(in) *m(f),* Stellvertreter(in) *m(f)*
temsilciler meclisi *s* Repräsentantenhaus *nt*
temsilcilik <-ği> *s* Repräsentation *f,* Vertretung *f,* Stellvertretung *f*
temsilî *adj* repräsentativ
temsil yetkisi *s* Vertretungsbefugnis *f*
temyiz *s* JUR Revision *f;* ~ **etmek** revidieren
temyiz mahkemesi *s* Revisionsgericht *f*
-ten <-dan, -den, -tan> *Ablativ-Suffix s.* **-dan**
ten *s* ❶ Haut *f* ❷ Teint *m,* Hautfarbe *f* ❸ (*vücut*) Körper *m*
tenasüh *s* (*ruh göçü*) Seelenwanderung *f;* (*reenkarnasyon*) Reinkarnation *f*
tenazur *s s.* **bakışım** Ebenmaß *nt;* (*simetri*) Symmetrie *f*
tencere *s* Kochtopf *m;* ~ **yuvarlanmış, kapağını bulmuş** (*prov*) Gleich und Gleich gesellt sich gern
tender *s* EISENB Tender *m*
teneffüs *s* ❶ Atempause *f;* SCHULE Pause *f* ❷ (*solunum*) Beatmung *f;* **suni** ~ künstliche Beatmung
teneffüshane *s* SCHULE Pausenraum *m*
teneke I. *s* Blech *nt,* Weißblech *nt;* (*çöp ~si*) Eimer *m;* (*benzin ~si*) Kanister *m* **II.** *adj* blechern, Blech- **teneke kutu** *s* Blechdose *f* **teneke trampet** *s* Blechtrommel *f*
tenezzül *s ohne pl* Herablassung *f;* **birine bakmaya bile ~ etmemek** jdn keines Blickes würdigen; **bir şeye ~ etmek** sich zu etw herablassen [*o* bequemen]
tenha *adj* ❶ (*yalnız*) einsam ❷ menschenleer; (*ıssız*) verlassen, öde
tenhalaşma *s Verbalsubstantiv zu* **tenhalaşmak**
tenhalaşmak *vi* leerer (und ruhiger) werden
tenhalık I. *s* <-ğı> Öde *f* **II.** *adj* einsam, verlassen, öde; (*boş*) leer
tenis *s ohne pl* Tennis *nt* **tenis ayakkabısı** *s* Tennisschuh *m* **tenis kortu** *s* Tennisplatz *m* **tenis maçı** *s* Tennisspiel *nt* **tenis raketi** *s* Tennisschläger *m* **tenis takımı** *s* Tennismannschaft *f* **tenis topu** *s* Tennisball *m* **tenis turnuvası** *s* Tennisturnier *nt*
tenkit <-di> *s s.* **eleştiri** Kritik *f;* ~ **etmek** kritisieren
tenkitçi I. *s s.* **eleştirmen** Kritiker(in) *m(f)* **II.** *adj s.* **eleştirici** kritisch
tenkitli *adj s.* **eleştirmeli** kritisch
tenkiye *s* MED Darmspülung *f*
tenor *s* MUS Tenor *m*
ten rengi *s* Hautfarbe *f*
tente *s* ❶ Plane *f* ❷ Verdeck *nt*
tenteli araba *s* Planwagen *m*
tentene *s* REG (*dantel*) Spitze *f*
tentür *s* CHEM Tinktur *f*
tentürdiyot <-du> *s ohne pl* CHEM, MED (*iyot tentürü*) Jodtinktur *f*
tenya *s* ZOOL (*şerit*) Bandwurm *m*
tenzil *s* Ermäßigung *f;* ~ **etmek** ermäßigen
tenzilât *s* Ermäßigung *f,* Preisnachlass *m*
teokrasi *s ohne pl* Theokratie *f*
teokratik <-ği> *adj* theokratisch
teolog <-ğu> *s* Theologe, -login *m, f*
teoloji *s ohne pl* Theologie *f*
teolojik <-ği> *adj* theologisch
teorem *s* PHILOS Theorem *nt,* Lehrsatz *m*
teori *s s.* **kuram** Theorie *f*
teorik <-ği> *adj s.* **kuramsal** theoretisch
teorisyen *s* Theoretiker(in) *m(f)*
tep *vt Imperativ von* **tepmek**
tepe *s* ❶ Hügel *m* ❷ (*ağaç ~si*) Krone *f,* Wipfel *m* ❸ (*fam*) Kopf *m,* Scheitel *m;* (*baş ucu*) Kopfende *nt;* **~den tırnağa (kadar)** von Kopf bis Fuß, vom Scheitel bis zur Sohle, bis an die Zähne; **~si üstü** kopfüber ❹ **güneş tam ~mizdeydi** die Sonne war genau über uns ❺ Dach *nt;* **birinin ~sine binmek/çıkmak** (*fig fam*) jdm aufs Dach steigen ❻ **birine ~den bakmak** (*fig*) auf jdn herabblicken; **~si atmak** (*fig fam*) ausrasten, hochgehen **tepe camı** *s* Dachluke *f*
tepecik <-ği> *s* ❶ GEO Anhöhe *f* ❷ BOT Narbe *f*
tepegöz *s* ❶ Tageslichtprojektor *m,* Overheadprojektor *m* ❷ MYTH Scheitelauge *nt*
tepeleme I. *s Verbalsubstantiv zu* **tepelemek II.** *adj* ~ **dolu bir kaşık şeker** ein gehäufter Löffel Zucker
tepelemek *vt* ❶ (*ayakları altında ezmek*) zertreten ❷ (*dövmek*) prügeln
tepeli akbaba *s* ZOOL (*kondor*) Kondor *m*
tepelik I. *s* <-ği> ZOOL Haube *f,* Federhaube *f,* Schopf *m* **II.** *adj* hüg(e)lig
tepeli tavuk <-ğu> *s* ZOOL Schopfhuhn *nt*
tepetakla *adv* kopfüber
tepke *s* Reflex *m;* **koşullu/koşulsuz ~**

PSYCH bedingter/unbedingter Reflex
tepki *s* Reaktion *f;* ~ **göstermek** reagieren (**-e karşı** auf)
tepkili motor *s* Reaktionsmotor *m,* Reaktionstriebwerk *nt;* (*jet motoru*) Düsentriebwerk *nt* **tepkili uçak** <-ğı> *s* (*jet*) Düsenflugzeug *nt*
tepkime *s* ❶ *Verbalsubstantiv zu* **tepkimek** ❷ CHEM Reaktion *f*
tepkimek *vi* CHEM reagieren
tepme *s* ❶ *Verbalsubstantiv zu* **tepmek** ❷ Schlag *m,* Stoß *m*
tepmek <-er> *vt* treten, ausschlagen
tepsi *s* ❶ (*taşımak için*) Tablett *nt* ❷ (*pişirmek için*) Backblech *nt,* Küchenblech *nt*
ter *s ohne pl* Schweiß *m;* ~ **dökmek** ins Schwitzen kommen; **alın** ~**iyle** im Schweiße seines Angesichts; **kan** ~ **içinde** (**kalmak**) völlig durchgeschwitzt (sein)
terakki *s ohne pl* ❶ (*ilerleme*) Fortschritt *m;* ~ **göstermek** Fortschritte machen ❷ (*gelişme*) Entwicklung *f* ❸ (*yükselme*) Aufstieg *m*
terakkiperver *adj s.* **ilerici** fortschrittlich
teraküm [tera:-] *s s.* **birikme** Anhäufung *f*
terane [tera:ne] *s* ❶ (*ezgi*) Melodie *f* ❷ (*fig fam*) **onda hep aynı** ~ es ist immer das alte Lied mit ihm
terapi *s* MED, PSYCH Therapie *f*
terapist *s* MED, PSYCH Therapeut(in) *m(f)*
teraryum *s* Terrarium *nt*
teras *s* ❶ (*taraça*) Terrasse *f* ❷ (*seki*) Terrasse *f*
teraslama *s* ❶ *Verbalsubstantiv zu* **teraslamak** ❷ Abstufung *f*
teraslamak *vt* abstufen
terazi *s* ❶ Waage *f;* **bir şeyi** ~**ye vurmak** (*fam*) etw auf die Goldwaage legen ❷ (*dengeyi sağlamak için sırık*) Balancierstange *f* ❸ SPORT Waage *f*
Terazi *s* ASTROL Waage *f;* ~ **burcu/dönencesi** das Sternbild/der Wendekreis der Waage
terbiye *s* ❶ Erziehung *f* ❷ GASTR Einlauf *m;* ~ **etmek** abbinden
terbiyeleme *s Verbalsubstantiv zu* **terbiyelemek**
terbiyelemek *vt* ❶ (*eğitmek*) erziehen ❷ GASTR abschmecken, würzen; **tuz ve biberle** ~ mit Salz und Pfeffer abschmecken [*o* würzen]
terbiyeli *adj* ❶ wohlerzogen, gut erzogen ❷ GASTR (*çorba*) legiert **terbiyeli terbiyeli** *adv* artig, brav
terbiyesiz *adj* unerzogen, unhöflich
terbiyevî *adj* erzieherisch
ter boşaltımı *s* Schweißabsonderung *f*
tercih *s* ❶ Bevorzugung *f;* ~ **etmek** bevorzugen, vorziehen; **ben birayı şaraba** ~ **ederim** ich ziehe Bier dem Wein vor; **otobüsle gitmektense yayan gitmeyi** ~ **ederim** ich würde lieber zu Fuß gehen als den Bus zu nehmen ❷ Präferenz *f*
tercihan *adv* vorzugsweise
tercüman *s* ❶ (*çevirici*) Übersetzer(in) *m(f)* ❷ (*dilmaç, çevirmen*) Dolmetscher(in) *m(f)*
tercüme *s* ❶ (*çevirme*) Übersetzung *f;* **kitap** ~ **etmek** ein Buch übersetzen ❷ (*çeviri*) Übersetzung *f* **tercüme bürosu** *s* Übersetzungsbüro *nt*
tercümeihâl *s* (*öz geçmiş*) Lebenslauf *m;* (*biyografi*) Biografie *f*
ter damlacığı *s* Schweißtropfen *m*
tere *s* BOT Kresse *f;* **tereciye** ~ **satmak** (*fig*) Eulen nach Athen tragen
terebentin *s ohne pl* Terpentin *nt*
terebiyesizlik <-ği> *s ohne pl* Unerzogenheit *f;* ~ **etmek** [*o* **yapmak**] sich schlecht benehmen
tereddüt <-dü> *s* Zögern *nt,* Schwanken *nt;* ~ **etmek** zögern, schwanken; **hiç** ~ **etmeden** ohne zu zögern
tereddütlü *adj* zögerlich, zögernd, schwankend
tereddütsüz *adv* ohne zu zögern
tereke *s* JUR Nachlass *m,* Hinterlassenschaft *f*
terementi *s ohne pl s.* **terebentin** Terpentin *nt*
teres *s* (*vulg: pezevenk*) Zuhälter *m*
tereyağı *s* Butter *f;* ~ **gibi** butterweich
terfi *s* Beförderung *f;* **reyon şefliğine** ~ **edildi** er wurde zum Abteilungsleiter befördert
terhin *s* JUR Verpfändung *f;* ~ **etmek** verpfänden
terhis *s* MIL Entlassung *f;* ~ **etmek** entlassen
terim *s* ❶ Ausdruck *m,* Terminus *m* ❷ (*bilimsel, teknik* ~) Fachausdruck *m* **terim sözlüğü** *s* Fachwörterbuch *nt*
teriye *s* Terrier *m*
terk *s* ❶ (*bırakma*) Aufgabe *f,* Verlassen *nt;* ~ **etmek** aufgeben, verlassen; **fareler batan gemiyi** ~ **ediyor** die Ratten verlassen das sinkende Schiff; **kocasını** ~ **etti** sie hat ihren Mann verlassen; **mevzii** ~ **etmek** MIL das Feld räumen ❷ (*vazgeçme*) Verzicht *m;* ~ **etmek** (*vazgeçmek*) verzichten (auf); (*salıvermek*) aussetzen ❸ (*ihmal*) Vernachlässigung *f;* ~ **etmek** vernachlässigen
terki *s* Kruppe *f;* **birini** ~**sine almak** jdn hinten aufsitzen lassen
terkibî *adj* zusammengesetzt

T

terkin *s* JUR, ADMIN Löschung *f;* **bir kaydı ~ etmek** eine Eintragung löschen
terkip <-bi> *s* ❶ (*birleşim*) Zusammensetzung *f* ❷ LING (*tamlama*) Zusammensetzung *f*
terk mektubu *s* Abschiedsbrief *m*
terkos suyu *s* Leitungswasser *nt*
terleme *s Verbalsubstantiv zu* **terlemek**
terlemek *vi* schwitzen; (*ter dökmek*) ins Schwitzen kommen
terletici *adj* schweißtreibend
terli *adj* schweißnass
terlik <-ği> *s* Pantoffel *m*
terliksi *s* ZOOL Pantoffeltierchen *nt*
termal kamera *s* Wärmebildkamera *f*
termal kaynak <-ğı> *s* Thermalquelle *f*
termik <-ği> *adj* thermisch **termik santral** <-li> *s* Wärmekraftwerk *nt*
terminal <-li> [terminãl] *s* ❶ AERO Terminal *m o nt;* (*otobüs ~i*) Bahnhof *m* ❷ INFORM Terminal *nt* **terminal somunu** *s* TECH (*bujide*) Anschlussbolzen *m*
termit *s* ZOOL (*akkarınca*) Termite *f*
termofor *s* Wärmflasche *f*
termokimya *s ohne pl* Thermochemie *f*
termoplast I. *s* Thermoplast *m* **II.** *adj* thermoplastisch
termos *s* Isolierkanne *f*
termosifon *s* Heißwasserspeicher *m*
termostat *s* TECH (*ısıdenetir*) Thermostat *m*
terorist *s* Terrorist(in) *m(f)*
terorizm *s ohne pl* Terrorismus *m*
terör *s ohne pl* Terror *m*
terörcü *s* (*terörist*) Terrorist(in) *m(f)*
terör eylemi *s* Terrorakt *m,* Terroranschlag *m*
terörist I. *s* (*terörist*) Terrorist(in) *m(f)* **II.** *adj* terroristisch
terör kurbanı *s* Terroropfer *nt*
terörle mücadele *s* Terrorbekämpfung *f*
terör örgütü *s* Terrororganisation *f*
ters I. *s* ❶ (*bıçağın, elin ~i*) Rücken *m;* **elinin ~iyle bana vurdu** er schlug mich mit der Außenseite der Hand ❷ (*fig fam: karşıt*) Gegenteil *nt;* **bir şeyin ~ini ispatlamak** das Gegenteil von etw beweisen; **tam ~i** genau das Gegenteil, genau umgekehrt ❸ (*~ taraf*) Kehrseite *f;* **madalyanın** [*o* **madalyonun**] **~i** die Kehrseite der Medaille ❹ Kehrwert *m;* **bir açının kosinüsünün ~i** der Kehrwert des Kosinus eines Winkels **II.** *adj* ❶ (*yön*) verkehrt, entgegengesetzt, umgekehrt; **~ yönde** in entgegengesetzter [*o* umgekehrter] Richtung ❷ (*sol*) linke(r, s); **~** [*o* **sol**] **tarafından kalkmak** mit dem linken Bein zuerst aufstehen; **kumaşın ~ yüzü** die linke Seite eines Stoffes ❸ (*~ kanca*) Wider- **III.** *adv* ❶ **~ gitmek** (*fam*) schiefgehen; **birine ~ bakmak** (*fam*) jdn schief ansehen ❷ **birbirine ~ düşmek** sich widersprechen
ters akıntı *s* Gegenstrom *m,* Gegenströmung *f*
tersane *s* NAUT Werft *f*
tersine *adv* ❶ im Gegenteil; **bir şeyi ~ çevirmek** etw ins Gegenteil verkehren; **~ dönmek** ins Gegenteil umschlagen, sich ins Gegenteil wenden; **tam ~** ganz im Gegenteil ❷ im Gegensatz, entgegen; **senin ~** im Gegensatz zu dir; **saçları ~ fırçalamak/taramak** die Haare gegen den Strich bürsten/kämmen ❸ andersherum, umgekehrt; **~ çevirmek** umkehren, umdrehen **tersine taksim işareti** *s* INFORM Backslash *m*
tersiyer *adj* CHEM (*üçüncül*) tertiär
ters kanca *s* Widerhaken *m*
tersleme *s* ❶ *Verbalsubstantiv zu* **terslemek** ❷ Rüffel *m*
terslemek[1] *vt* (*sert söz söylemek*) anfahren; (*azarlamak*) ausschimpfen
terslemek[2] *vi* (*hayvanlar pislemek*) koten, Kot ausscheiden
terslik <-ği> *s* ❶ Widerspenstigkeit *f* ❷ Malheur *nt,* Missgeschick *nt* ❸ **bugün bütün tersliği üstünde** heute ist er übel gelaunt; **ne ~!** (*pej fam*) so ein Mist!, so (et)was Blödes!
ters yüz *adv* **~ etmek** die Innenseite nach außen kehren; **~ geri dönmek** mit leeren Händen zurückkehren
tertemiz *adj* blitzsauber
tertibat *s* ❶ TECH Vorrichtung *f* ❷ (*hazırlıklar*) Vorbereitungen *pl;* (*sakıncalı bir duruma karşı*) Maßnahmen *pl;* **~ almak** Maßnahmen treffen
tertip <-bi> *s* ❶ Anordnung *f,* Zusammenstellung *f;* (*sıralanış biçimi*) Anordnung *f;* **~ etmek** zusammenstellen ❷ (*düzenleme*) Ordnung *f;* (*hazırlama*) Vorbereitung *f;* **~ etmek** ordnen; (*hazırlamak*) vorbereiten ❸ TYPO (*dizgi*) Satz *m* ❹ MED (*doktorun verdiği ilaç düzeni*) Anordnung *f;* **doktorumun tertibine göre** auf Anordnung meines Arztes ❺ (*fig*) Intrige *f;* (*komplo*) Komplott *nt* ❻ JUR (*hacizde*) Teilungsplan *m;* (*iflastaki*) Rangordnung *f*
terzi *s* Schneider(in) *m(f)*
terzihane *s* Schneiderei *f*
terzilik <-ği> *s ohne pl* Schneiderhandwerk *nt*
tesadüf *s* Zufall *m;* **ne ~!** so ein Zufall!; **tuhaf bir ~** ein merkwürdiger Zufall
tesadüfen *adv* zufällig, zufälligerweise
tesadüfi *adj* zufällig
tesanüt *s ohne pl s.* **dayanışma** Solidari-

tät *f*

tescil *s* ❶ Eintragung *f* ❷ AUTO Zulassung *f;* ~ **plakası** amtliches Kennzeichen; **bir otomobili birinin adına ~ ettirmek** ein Auto auf jdn zulassen **tescil belgesi** *s* AUTO Fahrzeugschein *m,* KFZ-Schein *m;* (*fam*) Zulassung *f*

tescilli *adj* eingetragen, registriert; ~ **marka** eingetragenes Warenzeichen

teselli *s* ❶ (*avunç*) Trost *m;* ~ **bulmak** sich trösten; ~ **etmek** trösten ❷ (*avuntu*) Trostpflaster *nt* **teselli mükâfatı** *s* Trostpreis *m*

tesellüm *s* Entgegennahme *f;* **bir şeyi ~ etmek** etw entgegennehmen, etw in Empfang nehmen

tesir *s s.* **etki** Wirkung *f*

tesirli *adj s.* **etkili** wirkungsvoll

tesis *s* ❶ (*kurma*) Bildung *f;* (*temelini atma*) Gründung *f;* ~ **etmek** bilden, gründen ❷ (*kuruluş*) Anlage *f,* Einrichtung *f*

tesisat *s* ❶ (*döşenme*) Installation *f* ❷ (*döşem*) Anlage *f,* Einrichtung *f;* (*kalorifer ~ı*) Anlage *f*

tesisatçı *s* Installateur(in) *m(f)*

teskere *s s.* **sedye** Trage *f*

teslim *s* ❶ Ablieferung *f;* ~ **etmek** abliefern; **malların ~inde** bei Ablieferung der Waren ❷ **bir şeyi ~ almak** etw entgegennehmen, etw in Empfang nehmen ❸ Übergabe *f;* **anahtar ~i** Schlüsselübergabe *f* ❹ Aufgabe *f;* **ruhunu ~ etmek** den Geist aufgeben ❺ ~ **olmak** sich ergeben, kapitulieren; (*fam*) aufgeben; ~ **oluyorum** ich ergebe mich; (*fam*) ich gebe auf; **polise ~ oldu** er ergab sich der Polizei

teslimat *s* Lieferung *f* **teslimat adresi** *s* Lieferanschrift *f*

teslimatçı *s* Lieferant(in) *m(f)*

teslimat koşulları *pl* Lieferbedingungen *pl* **teslimat süresi** *s* Lieferfrist *f*

teslim ordinosu *s* COMM Lieferschein *m*

tespih *s* Rosenkranz *m* **tespih böceği** *s* ZOOL Kellerassel *f*

tespit *s* Feststellung *f;* ~ **etmek** feststellen; **kimlik ~i** Feststellung der Personalien

test *s* Test *m;* **bir şeyi ~ etmek** etw testen

testere *s* Säge *f;* ~ **ile kesmek** sägen, absägen **testere balığı** *s* ZOOL Sägefisch *m*

testereleme *s Verbalsubstantiv zu* **testerelemek**

testerelemek *vt* sägen, absägen

testereli bıçak <-ğı> *s* Sägemesser *nt*

testi *s* Tonkrug *m;* (*su ~si*) Krug *m;* **Kırık T~** LIT (*Heinrich v. Kleist*) Der zerbrochene Krug **testi kabağı** *s* Flaschenkürbis *m*

testis *s s.* **er bezi** Hoden *m*

testosteron *s* Testosteron *nt*

tesviye *s* ❶ (*düzleme*) Nivellierung *f;* (*düzeçleme*) Nivellement *nt;* ~ **etmek** einebnen, nivellieren ❷ (*ödeme*) Begleichung *f,* Tilgung *f;* ~ **etmek** begleichen, tilgen **tesviye aleti** *s s.* **düzeç** Nivelliergerät *nt,* Nivellierinstrument *nt* **tesviye ruhu** *s s.* **kabarcıklı düzeç** Libelle *f*

teşbih *s* LIT (*benzetme*) Vergleich *m*

teşci <-i> *s* ❶ (*cesaretlendirme*) Ermutigung *f;* ~ **etmek** ermutigen ❷ (*yüreklendirme*) Ermunterung *f;* ~ **etmek** ermuntern

teşebbüs *s* ❶ (*girişim*) Unternehmen *nt* ❷ Initiative *f;* **~ü ele almak** die Initiative ergreifen ❸ JUR (*adam öldürmeye ~*) Versuch *m*

teşekkür *s* Dank *m,* Danksagung *f;* ~ **ederim!** danke!, ich bedanke mich!; ~ **etmek** sich bedanken; **~ler!** danke!; **birine bir şey için ~ etmek** sich bei jdm für etw bedanken **teşekkür mektubu** *s* Dankschreiben *nt*

teşhir *s* Zurschaustellung *f;* **bir şeyi ~ etmek** etw zur Schau stellen

teşhirci *s* (*göstermeci*) Exhibitionist *m*

teşhircilik <-ği> *s ohne pl* (*göstermecilik*) Exhibitionismus *m*

teşhis *s* MED, PSYCH Diagnose *f;* ~ **etmek** diagnostizieren; ~ **koymak** eine Diagnose stellen

teşkil *s* ❶ (*oluşturma*) Bildung *f;* ~ **etmek** bilden ❷ (*örgütleme*) Organisation *f,* Aufbau *m*

teşkilat [teʃkiːlãːt] *s s.* **örgüt** Organisation *f*

teşkilatçı *s* Organisator(in) *m(f)*

teşkilâtıesasiye kanunu *s s.* **anayasa** Grundgesetz *nt,* Verfassung *f*

teşkilatlandırma *s Verbalsubstantiv zu* **teşkilatlandırmak**

teşkilatlandırmak *vt* organisieren

teşkilatlanma *s Verbalsubstantiv zu* **teşkilatlanmak**

teşkilatlanmak *vi* sich organisieren

teşkilatlı *adj* organisiert

teşkilatsız *adj* unorganisiert

teşri <-i> *s s.* **yasama** Gesetzgebung *f,* Legislatur *f*

teşrifat *s* ❶ Begrüßungszeremonie *f;* (*kabul*) Empfang *m* ❷ (*kurallara göre davranma*) Zeremoniell *nt,* Protokoll *nt*

teşrih *s* ❶ (*açımlama*) Erläuterung *f,* Kommentar *nt;* ~ **etmek** erläutern ❷ (*anatomi*) Anatomie *f;* (*otopsi*) Autopsie *f,* Obduktion *f* ❸ REG (*iskelet*) Skelett *nt,* Gerippe *nt*

teşriî *adj* gesetzgebend, legislativ; ~ **kuvvet** gesetzgebende Gewalt; ~ **masuniyet** parlamentarische Immunität

teşrik *s* Beteiligung *f;* **birini bir şeye ~ etmek** jdn an etw beteiligen
teşrikimesai *s ohne pl s.* **iş birliği** Zusammenarbeit *f,* Kooperation *f*
teşri kuvveti *s* JUR, POL (*yasama gücü*) Legislative *f,* Legislativgewalt *f*
teşrinievvel *s s.* **ekim** Oktober *m* **teşrinisani** *s s.* **kasım** November *m*
teşt *s* REG (*çamaşır leğeni*) Waschschüssel *f*
teşvik <-ki> *s* ❶ (*özendirme*) Förderung *f;* (*isteklendirme*) Anreiz *m;* **~ etmek** fördern; **fuhuşa ~** JUR Förderung der Prostitution; **devlet ~i** staatliche Förderung ❷ *a.* JUR Anstiftung *f* (**-e** zu); **~ etmek** anstiften; (*kışkırtmak*) aufstacheln (**-e** zu), aufwiegeln (**-e** zu)
teşvikçi *s* Förderer *m*
teşvik fonları *pl* WIRTSCH Fördermittel *pl*
tetanos *s ohne pl* MED Tetanus *m;* (*kazıklı humma*) Wundstarrkrampf *m* **tetanos aşısı** *s* MED Tetanusimpfung *f* **tetanos serumu** *s* MED Tetanusserum *nt*
tetik[1] <-ği> *s* Abzug *m;* **parmağı ~te olmak** den Finger am Abzug haben; **tetiğe basmak** auf den Abzug drücken, abdrücken; **tetiği çekmek** auf den Abzug drücken, abdrücken
tetik[2] <-ği> *adj* flink, gewandt; (*uyanık*) wachsam; **~ bulunmak** auf der Hut sein; **tetiğini bozmamak** die Haltung bewahren; (*telaş göstermemek*) keine Aufregung zeigen
tetikçi *s* (*kiralık katil*) Auftragskiller *m;* JUR gedungener Mörder
tetiklik <-ği> *s* Gewandtheit *f;* (*uyanıklık*) Wachsamkeit *f*
tetkik *s* ❶ (*inceleme*) Untersuchung *f,* Prüfung *f;* **~ etmek** untersuchen, prüfen ❷ (*evrakı, dosyayı*) Einsicht(nahme) *f;* **~ etmek** einsehen, Einsicht nehmen (in)
tevafuk *s* (*birbirine uyma*) Übereinstimmung *f*
tevakkuf *s* ❶ (*eğleşme*) Aufenthalt *m;* **~ etmek** sich aufhalten; (*durmak*) anhalten, Halt machen ❷ (*bağlı olma*) Abhängigkeit *f* **tevakkuf mahalli** *s s.* **durak** Haltestelle *f*
tevarüs [teva:-] *s* ❶ JUR (*mirasa konma*) Erbanfall *m* ❷ (*kalıtım yoluyla birinden diğerine geçme*) Vererbung *f;* **~ etmek** sich vererben
tevazu <-u> [teva:-] *s ohne pl* ❶ (*alçak gönüllülük*) Bescheidenheit *f* ❷ (*gösterişsizlik*) Schlichtheit *f*
tevazulu [teva:-:-] *adj s.* **alçak gönüllü** bescheiden
tevbih [tevbi:x] *s* Verweis *m,* Verwarnung *f*
tevcih [tevdʒi:x] *s* ❶ (*yöneltme*) Richten *nt* (**-e** an/auf); **~ etmek** richten (**-e** an/auf); **sözü birine ~ etmek** das Wort an jdn richten ❷ (*verme*) Verleihung *f* ❸ (*terfi ettirme*) Beförderung *f;* **~ etmek** befördern
tevdi <-i> [tevdi:] *s* ❶ (*verme*) Übergabe *f;* **~ etmek** übergeben ❷ (*bırakma*) Hinterlegung *f;* **~ etmek** hinterlegen (**-e** bei)
tevdiat *s* FIN Einlagen *pl,* Depositen *pl;* **~ta bulunmak** Einlagen machen **tevdiat hesabı** *s* FIN Depositenkonto *nt*
teveccüh *s* ❶ (*yüzünü çevirmek*) **~ etmek** sich wenden (**-e** zu) ❷ (*hoşlanma*) Zuneigung *f*
tevek <-ği> *s* REG ❶ (*sürgün*) Trieb *m,* Schössling *m* ❷ (*üzüm kütüğü*) Rebstock *f*
tevekkeli *adv* ohne Grund; **~ değil!** (*sebepsiz*) nicht ohne Grund!; (*boş yere*) nicht umsonst!
tevekkül *s ohne pl* (*Allah'tan bekleme*) Gottvertrauen *nt;* (*kadere boyun eğme*) Resignation *f;* **~ etmek** (*kadere boyun eğmek*) resignieren, sich in sein Schicksal ergeben; **bir şeyi ~le beklemek** etw gottergeben abwarten
tevil [te:vi:l] *s* Verdrehung *f;* **~ etmek** verdrehen
tevkif *s s.* **tutuklama** Verhaftung *f;* **~ etmek** verhaften **tevkif evi** *s,* **tevkifhane** *s s.* **tutuk evi** Haftanstalt *f*
Tevrat *s ohne pl* Thora *f*
tevsi <-i> [tevsi:] *s* (*genişletme*) Ausdehnung *f,* Erweiterung *f;* (*yayma*) Ausbreitung *f*
tevzi <-i> [tevzi:] *s* (*dağıtma*) Verteilung *f,* Distribution *f;* (*üleştirme*) Austeilung *f,* Zuteilung *f;* **~ etmek** austeilen
teyakkuz *s* Einsatzbereitschaft *f,* Alarmbereitschaft *f;* **~a geçmek** sich bereit [*o* fertig] machen zum Einsatz
teybi *s poss von* **teyp**
teyel *s* Heftnaht *f*
teyelleme *s Verbalsubstantiv zu* **teyellemek**
teyellemek *vt* heften
teyemmüm *s* REL Ersatzwaschung *f* (*Waschung mit Sand, Erde usw. wenn es kein Wasser gibt*)
teyit <-di> *s s.* **doğrulama** Bestätigung *f;* **~ etmek** bestätigen
teyp <-bi> *s* Tonbandgerät *nt;* **teybe almak** auf Band aufnehmen
teyze *s* (*annenin kız kardeşi*) Tante *f* (*Schwester der Mutter*) **teyze kızı** *s* Cousine *f* (*mütterlicherseits*) **teyze oğlu** *s* Cousin *m,* Vetter *m* (*mütterlicherseits*)
tez[1] *adj* rasch, schnell; **olabildiği kadar ~** so schnell wie möglich

tez² *s* ❶ (*sav*) These *f* ❷ UNIV (*diploma ~ i*) Arbeit *f*
tezahürat [--:--:] *s* ❶ Ovationen *pl;* **birine ~ yapmak** jdm Ovationen darbringen, jdm zujubeln ❷ MED (*belirtiler*) Anzeichen *pl*
tezat <-dı> *s* ❶ Gegensatz *m;* (*kontrast*) Kontrast *m* ❷ (*karşıtlık*) Gegensätzlichkeit *f;* (*çelişki*) Widerspruch *m;* **tezada düşmek** sich in Widersprüche verwickeln [*o* verfangen] ❸ (*antagonizma*) Antagonismus *m*
tez canlı *adj* (*aceleci*) hektisch
tezek <-ği> *s* Fladen *m*
tez elden *adv* kurzerhand; (*çabucak*) rasch
tezene *s* MUS Plektron *nt*
tezgâh *s* ❶ (*dükkânda*) Theke *f,* Ladentisch *m* ❷ (*kahvede, meyhanede*) Theke *f;* (*mutfak ~ ı*) Platte *f* ❸ **dokuma ~ı** Webstuhl *m;* **torna ~ı** Drehbank *f* ❹ NAUT (*tersane*) Werft *f*
tezgâhlama *s Verbalsubstantiv zu* **tezgâhlamak**
tezgâhlamak *vt* ❶ (*dokunacak bezi*) (in den Webstuhl) einlegen ❷ (*fig: plan yapmak*) schmieden; **kumpas ~** Ränke schmieden, ein Komplott schmieden
tezgâhtar *s* Verkäufer(in) *m(f)*
tezkere *s* ❶ Schein *m* ❷ SCHULE (*mazeret kâğıdı*) Entschuldigung *f*
tezleştirme *s* ❶ *Verbalsubstantiv zu* **tezleştirmek** ❷ Beschleunigung *f*
tezleştirmek *vt* beschleunigen
tezyinî *adj* (*dekoratif*) dekorativ; (*süsleyici*) schmückend **tezyinî sanat** *s ohne pl s.* **süsleme sanatı** Kunstgewerbe *nt*
tıbben *adv* medizinisch
tıbbı *s poss von* **tıp**
tıbbî *adj* ❶ (*hekimlikle ilgili*) ärztlich; **~ rapor** ärztliches Attest ❷ (*tıpla ilgili*) medizinisch; **~ tedavi görmek** in medizinischer Behandlung sein
tığ *s* ❶ Ahle *f;* **~ gibi** (*fig*) drahtig ❷ Häkelnadel *f;* **bir şeyi ~ ile örmek** etw häkeln
tık *s* **"~" yapmak** „klick" machen
tıka basa *adv* **~ doldurmak** hineinstopfen; **bir şeyi ~ doldurmak** etw vollstopfen; **~ yemek** in sich hineinstopfen; (*fam*) sich vollfressen; **salon ~ doluydu** der Saal war gepfropft [*o* gerammelt] voll
tıkaç <-cı> *s* ❶ Stöpsel *m,* Stopfen *m* ❷ Pfropfen *m*
tıkaçlama *s Verbalsubstantiv zu* **tıkaçlamak**
tıkaçlamak *vt* pfropfen
tıkalı *adj* verstopft
tıkama *s Verbalsubstantiv zu* **tıkamak**
tıkamak *vt* (ver)stopfen; **birinin ağzını ~** (*fam*) jdm das Maul stopfen
tıkanık <-ğı> *adj* verstopft
tıkanma *s* ❶ *Verbalsubstantiv zu* **tıkanmak** ❷ Verstopfung *f;* **atardamarın ~sı** die Verstopfung der Schlagader
tıkanmak *vi* ❶ verstopfen; **yol tıkandı** die Straße ist verstopft ❷ stocken; **trafik tıkanıyor** der Verkehr stockt
tıkınma *s* ❶ *Verbalsubstantiv zu* **tıkınmak** ❷ (*pej fam*) Fresserei *f*
tıkınmak *vi* (*pej fam*) fressen, mampfen, in sich hineinstopfen
tıkır *s* (*fam*) ❶ Geklapper *nt* ❷ (*para*) Moneten *pl* ❸ **~ı yolunda olmak** gut situiert sein; **~ında gitmek** klappen, glattgehen, flutschen, reibungslos verlaufen; **her şey ~ında** alles paletti; **her şey ~ında gidiyor** es läuft alles reibungslos, es klappt alles wie am Schnürchen
tıkırdama *s Verbalsubstantiv zu* **tıkırdamak**
tıkırdamak *vi* ❶ klappern ❷ ticken; **tıkırdayan bir saat** eine tickende Uhr
tıkırdatma *s Verbalsubstantiv zu* **tıkırdatmak**
tıkırdatmak *vt* ❶ *Kausativ zu* **tıkırdamak** ❷ **çorbayı ~** die Suppe nur einmal aufwallen lassen
tıkır tıkır *adv* (*fam*) wie am Schnürchen; (*aksamadan*) reibungslos
tıkışma *s Verbalsubstantiv zu* **tıkışmak**
tıkışmak *vi* sich (hinein)zwängen (**-e** in)
tıkış tıkış *adj* (*dopdolu*) gestopft voll
tıkıştırma *s Verbalsubstantiv zu* **tıkıştırmak**
tıkıştırmak *vt* ❶ *Kausativ zu* **tıkışmak** ❷ hineinstopfen, pfropfen; **bavula her şeyi tıkıştırdım** ich habe alles in den Koffer hineingestopft
tıkla(t)ma *s Verbalsubstantiv zu* **tıkla(t)mak**
tıkla(t)mak *vt* INFORM anklicken; **menüyü ~** das Menü anklicken
tıkma *s Verbalsubstantiv zu* **tıkmak**
tıkmak *vt* ❶ stopfen (**-e** in); **bavula her şeyi tıktım** ich habe alles in den Koffer gestopft ❷ (*fam*) stecken (**-e** in); **birini deliğe ~** jdn ins Loch stecken, jdn einlochen [*o* einbuchten]
tıknaz *adj* gedrungen, kompakt, untersetzt
tıknazlık <-ğı> *s ohne pl* Untersetztheit *f*
tıknefes *adj* kurzatmig
tıknefeslik <-ği> *s ohne pl* Kurzatmigkeit *f*
tılsım *s* ❶ Zauber *m* ❷ (*muska*) Talisman *m* ❸ (*kuvvet*) Zauberkraft *f*
tımar¹ *s* ❶ (*bakım*) Pflege *f* ❷ (*yara bakımı*) Wundbehandlung *f* ❸ (*binek hayvanlarını*) Striegeln *nt* ❹ (*ağaç bakımı*) Okulierung *f;*

T

~ **etmek** (*yaraları*) behandeln; (*binek hayvanlarını*) striegeln
tımar² *s* HIST Lehen *nt*
tımarhane *s* Irrenhaus *nt,* Irrenanstalt *f*
tımarhanelik *adj* irrenhausreif
tıngırdatma *s Verbalsubstantiv zu* **tıngırdatmak**
tıngırdatmak *vt* klimpern (an); **piyano ~** am Klavier klimpern
tıp <-bbı> *s ohne pl* Medizin *f;* **adli ~** forensische Medizin
tıpa *s* Stöpsel *m;* (*mantardan*) Korken *m*
tıpatıp *adv* genau, haargenau; **~ aynı** genau dasselbe; **~ uymak** haargenau passen
tıpış tıpış *adv* **~ gitmek** trippeln
tıpkı I. *s* Ebenbild *nt;* **bu masanın ~sı bizde de var** den gleichen Tisch haben wir auch **II.** *adv* genauso; **~ ~sına birbirine benzemek** sich gleichen wie ein Ei dem anderen; **çocuk ~ babasına benziyor** das Kind sieht genauso aus wie sein Vater
tıpkıçekim *s* (*fotokopi*) Fotokopie *f*
tır *s* (*fam*) Brummi *m*
tırabzan *s* Treppengeländer *nt;* **baba değil, ~ babası** Rabenvater *m*
tıraş *s* ❶ (*saç ~ı*) Haarschnitt *m;* **~ olmak** sich die Haare schneiden lassen ❷ (*sakal ~ı*) Rasur *f;* **birini ~ etmek** jdn rasieren; **~ olmak** sich rasieren **tıraş bıçağı** *s* ❶ (*ustura*) Rasiermesser *nt* ❷ (*jilet*) Rasierklinge *f*
tıraşlama *s Verbalsubstantiv zu* **tıraşlamak**
tıraşlamak I. *vt* ❶ abschleifen, abhobeln ❷ rasieren **II.** *vi* (*fam*) aufschneiden
tıraşlı *adj* ❶ rasiert ❷ (*yontulmuş*) abgeschliffen, abgehobelt
tıraş losyonu *s* Aftershavelotion *f,* Aftershave-Lotion *f,* Rasierwasser *nt* **tıraş makinesi** *s* Rasierapparat *m* **tıraş sabunu** *s* Rasierseife *f*
tıraşsız *adj* ❶ unrasiert ❷ ungeschliffen
tırhallı *adj* (*fig*) **~, hep bir hâlli olmak** alle in einem Boot sitzen
tırıs *s ohne pl* Trab *m;* **~ gitmek** traben; **atı ~a kaldırmak** das Pferd in Trab setzen; (**atla**) **hafif ~ gitmek** in leichtem Trab reiten
tırmalama *s Verbalsubstantiv zu* **tırmalamak**
tırmalamak *vt* kratzen
tırmanıcı bitki *s* BOT Kletterpflanze *f*
tırmanış *s* (*dağa*) Aufstieg *m* **tırmanış ekibi** *s* Klettermannschaft *f*
tırmanma *s Verbalsubstantiv zu* **tırmanmak** **tırmanma halatı** *s* Kletterseil *nt*
tırmanmak *vi* klettern (**-e** auf); **ağaçlara ~** auf Bäume klettern; **dağa ~** auf einen Berg klettern, einen Berg hinaufsteigen
tırmanma şeridi *s* AUTO Kriechspur *f*
tırmaşık kuşu *s* ZOOL Baumläufer *m*
tırmık <-ğı> *s* ❶ (*tırnak beresi*) Kratzer *m* ❷ (*tarak biçiminde araç*) Egge *f,* Harke *f*
tırmıklama *s Verbalsubstantiv zu* **tırmıklamak**
tırmıklamak *vt* ❶ (*tırmalamak*) zerkratzen ❷ (*tırmıkla toprağı işlemek*) eggen, harken
tırnak <-ğı> *s* Nagel *f* **tırnak cilası** *s* (*oje*) Nagellack *m* **tırnak işareti** *s* Anführungszeichen *nt;* (*fam*) Gänsefüßchen *nt;* **bir kelimeyi ~ içine almak** ein Wort in Anführungszeichen [*o* Gänsefüßchen] setzen **tırnak makası** *s* Nagelschere *f* **tırnak törpüsü** *s* Nagelfeile *f* **tırnak yeri** *s* Scharte *f*
tırpan *s* AGR Sense *f*
tırpana *s* ZOOL (*rina*) Glattrochen *m*
tırtık <-ğı> *s* (*çentik*) Scharte *f*
tırtıklama *s Verbalsubstantiv zu* **tırtıklamak**
tırtıklamak *vt* (*fam*) stibitzen; (*aşırmak*) klauen
tırtıklı *adj* schartig
tırtık tırtık *adv* schartig, voller Scharten
tırtıl *s* ❶ ZOOL Raupe *f* ❷ TECH (*palet*) Raupe *f,* Raupenkette *f* ❸ AUTO (*lastik ~ı*) Profil *nt*
tırtılımsı *adj* raupenartig, raupenähnlich
tırtıllı *adj* ❶ gezackt ❷ (*posta pulu*) gezähnt
tırtılsı I. *s* BOT Kätzchen *nt* **II.** *adj* (*tırtılımsı*) raupenartig, raupenähnlich
tıs *s* (*kaz, yılan için*) Zischen *nt;* **~ yok** es ist mucksmäuschenstill
tıslama *s Verbalsubstantiv zu* **tıslamak**
tıslamak *vi* ❶ (*kaz, yılan için*) zischen ❷ (*kedi için*) fauchen; **birine ~** jdn anfauchen ❸ (*fam*) schweigen, den Mund halten
Tibet *s* Tibet *nt*
Tibetli *s* Tibeter(in) *m(f)*
ticaret [tidʒaːret] *s ohne pl* ❶ Handel *m* ❷ Kommerz *m* **ticaret açığı** *s* WIRTSCH Handelsdefizit *nt* **ticaret ataşesi** *s* POL Handelsattaché *m* **ticaret bankası** *s* WIRTSCH Handelsbank *f* **ticaret borsası** *s* Handelsbörse *f* **ticaret filosu** *s* Handelsflotte *f*
ticaretgâh *s* Handelsplatz *m*
ticaret gemisi *s* Handelsschiff *nt*
ticarethane *s* Gewerbebetrieb *m* **Ticaret Hukuku** *s ohne pl* JUR Handelsrecht *nt* **ticaret işletmesi** *s* Handelsbetrieb *m* **Ticaret Kanunu** *s* Handelsgesetzbuch *nt* **ticaret limanı** *s* Handelshafen *m* **ticaret mahkemesi** *s* Handelsgericht *nt* **ticaret**

T

malı *s* Handelsware *f* **ticaret merkezi** *s* Handelszentrum *nt* **ticaret odası** *s* Handelskammer *f* **ticaret sicili** *s* JUR Handelsregister *nt*
ticari [tidʒa:ri:] *adj* kommerziell, Handels- **ticari ataşe** *s s.* **ticaret ataşesi ticari eşya** *s* Handelswaren *pl* **ticari ilişkiler** *pl* Handelsbeziehungen *pl* **ticari işletme** *s* Handelsbetrieb *m* **ticari mal** *s* Handelsware *f* **ticari ortaklık** <-ğı> *s* Handelsgesellschaft *f* **ticari unvan** *s* Handelsname *m* **ticari vekil** *s* Handlungsbevollmächtigte(r) *f(m)*
tifdruk <-ğu> *s ohne pl* TYPO Tiefdruck *m*
tifo *s ohne pl* MED Typhus *m*
tiftik <-ği> *s* Angorawolle *f;* (*moher*) Mohair *m* **tiftik keçisi** *s* Angoraziege *f*
tiftiklenme *s Verbalsubstantiv zu* **tiftiklenmek**
tiftiklenmek *vi* (sich) ausfransen
tiftik tiftik *adv* ausgefranst; **~ olmak** ausgefranst sein
tifüs *s ohne pl* MED Flecktyphus *m;* (*lekeli humma*) Fleckfieber *nt*
tik *s* ❶ Tick *m* ❷ Angewohnheit *f,* Eigenart *f*
tik ağacı *s* BOT Teakbaum *m*
tikel *adj* PHILOS partikular, Partikular- **tikel önerme** *s* PHILOS (*mantık*) Partikularaussage *f*
tiksindirici *adj* ekelhaft
tiksindirme *s Verbalsubstantiv zu* **tiksindirmek**
tiksindirmek *vt* anekeln
tiksinme *s Verbalsubstantiv zu* **tiksinmek**
tiksinmek *vi* sich ekeln (**-den** vor), verabscheuen (**-den**); **sinekten ~** sich ekeln vor Fliegen
tiksinti *s ohne pl* Ekel *m,* Abscheu *m o f*
tilki *s* ❶ ZOOL (*Vulpes*) Fuchs *m;* **~ gibi kurnaz olmak** schlau wie ein Fuchs sein ❷ (*bu hayvanın postu*) Fuchs *m* ❸ (*fig: insan*) Fuchs *m;* **onun ne ~ olduğunu bilmezsiniz** Sie wissen nicht, was für ein Fuchs er ist **tilki üzümü** *s* BOT Schwarzer Nachtschatten
tilt *s* (*fam*) Flipper *m;* **~ oynamak** flippern
tim *s* Einheit *f*
timsah *s* ZOOL Krokodil *nt*
timsal <-li> [timsă:l] *s* Symbol *nt,* Inbegriff *nt;* **atom bombası dehşetin ~i oldu** die Atombombe wurde zum Inbegriff des Schreckens
timüs *s* MED (*Glandula thymus*) Thymusdrüse *f*
tin *s ohne pl* PSYCH, PHILOS (*ruh*) Geist *m;* **~ ve özdek** Geist und Materie
tiner *s* Verdünner *m*
tinsel *adj* PHILOS (*özdeksel karşıtı*) spirituell
tinselcilik <-ği> *s ohne pl* PSYCH, PHILOS (*spiritüalizm*) Spiritualismus *m*
tip *s* ❶ Typ *m;* **o benim ~im değil** (*fam*) er ist nicht mein Typ ❷ (*fam*) Type *f*
tipi *s* Blizzard *m;* (*kar fırtınası*) Schneesturm *m*
tipik <-ği> *adj* typisch (**için** für)
tipleme *s* ❶ *Verbalsubstantiv zu* **tiplemek** ❷ FILM Typisierung *f,* Darstellung *f*
tiplemek *vt* FILM typisieren, als Typ darstellen
tipo baskı *s ohne pl* TYPO Hochdruck *m*
tipografi *s* Typografie *f*
tipografik *adj* typografisch
tipoloji *s* Typologie *f*
tipolojik *adj* typologisch
tiradı *s poss von* **tirat**
tiraj *s* Auflagenhöhe *f*
tirat <-dı> *s* ❶ KUNST Tirade *f* ❷ (*pej*) Tirade *f,* Wortschwall *m;* **yakınma tiradı** das Gejammer
tirbuşon *s* Korkenzieher *m*
tire[1] *s* (*pamuk ipliği*) Baumwollzwirn *m*
tire[2] *s* LING (*kısa çizge*) Trennungsstrich *m*
tirendaz *s* ❶ HIST (*okçu*) Bogenschütze *m* ❷ (*fig: becerikli*) tüchtig ❸ (*fig: giyimde*) adrett
tirfil *s ohne pl* Klee *m*
tirfillenme *s Verbalsubstantiv zu* **tirfillenmek**
tirfillenmek *vi* (*havı dökülmek*) den Flor verlieren
tirildeme *s Verbalsubstantiv zu* **tirildemek**
tirildemek *vi* REG (*titremek*) zittern
tiril tiril *adv* ❶ *s.* **tir tir** ❷ (*kumaş için*) schön fallend, schön fließend ❸ (*tertemiz*) blitzsauber
tirit I. *s* <-di> ❶ GASTR Brotsuppe *f* (*Fleischbrühe mit geröstetem Brot*) ❷ (*fam*) **~ gibi** alt und klapperig; **~i çıkmak** alt und klapperig werden **II.** *adj* (*fam: yaşlı ve zayıf*) alt und klapperig
tiritlenme *s Verbalsubstantiv zu* **tiritlenmek**
tiritlenmek *vi* (*fam: tiritleşmek*) alt und klapperig werden
tiritleşme *s Verbalsubstantiv zu* **tiritleşmek**
tiritleşmek *vi* (*fam*) alt und klapperig werden
tiriz *s* ❶ (*giyside*) Borte *f,* Besatz *m* ❷ (*ensiz tahta*) Leiste *f*
tirle *s* Milchpumpe *f*
tirlin *s* Reißfeder *f*
tiroit *s* ANAT, MED (*kalkan bezi*) Schilddrüse *f*
tirpidin *s* Hacke *f* (*kleine Gartenhacke*)
tirsi *s,* **tirsi balığı** *s* ZOOL Maifisch *m*
tirşe I. *s s.* **parşömen** Pergament *nt* **II.** *adj*

grünblau; ~ **gözlü kız** ein Mädchen mit grünblauen Augen

tir tir *adv* ~ **titremek** erschaudern; **bütün vücudu ~ titredi** [*o* **titriyordu**] er zitterte am ganzen Körper

tiryaki *s* (*sigara ~si*) Raucher(in) *m(f)*; (*kahve ~si*) Kaffeetrinker(in) *m(f)*; **ben çayın/kahvenin ~siyim** ich bin leidenschaftlicher Teetrinker/Kaffeetrinker

tişört *s* T-Shirt *nt*

titan *s ohne pl* CHEM Titan *nt*

titiz *adj* ❶ (*müşkülpesent*) pedantisch; (*çok dikkat ve özenle davranan*) genau, penibel, sehr sorgfältig; (*fam*) pingelig; **bir şeyde (çok) ~ olmak** es mit etw (sehr) genau nehmen; **her şeyde çok ~dir** er ist in allem sehr genau; **çok ~ çalışır** er arbeitet sehr gründlich ❷ (*temizliğe aşırı düşkün olan*) reinlich ❸ (*pej: huysuz*) zimperlich

titizce *adv* ❶ pedantisch, genau ❷ fein säuberlich, sorgfältig

titizlenme *s Verbalsubstantiv zu* **titizlenmek**

titizlenmek *vi* ❶ pedantisch [*o* genau] werden; (*fam*) pingelig werden ❷ (*pej*) zimperlich werden; **temizlik deyince çok titizlenir** wenn es um die Sauberkeit geht, wird er sehr zimperlich

titizlik <-ği> *s ohne pl* ❶ Pedanterie *f* ❷ Penibilität *f* ❸ Reinlichkeit *f*; **titizliği sinirime dokunuyor** seine Reinlichkeit geht mir auf die Nerven ❹ (*pej*) Zimperlichkeit *f*

titr *s* Bezeichnung *f*; (*unvan*) Titel *m*; (*etiket*) Etikette *f*

titrek <-ği> *adj* zitt(e)rig **titrek kavak** <-ğı> *s* BOT Zitterpappel *f*

titrem *s* Ton *m*

titreme *s* ❶ *Verbalsubstantiv zu* **titremek** ❷ (*nöbet ~si*) Schüttelfrost *m*; ~ **gelmek** Schüttelfrost bekommen

titremek *vi* zittern; **birinin üzerine ~** (*fig fam*) jdn wie ein rohes Ei behandeln

titremleme *s* ❶ *Verbalsubstantiv zu* **titremlemek** ❷ LING Intonation *f*

titremlemek *vt* LING intonieren

titreşim *s a.* PHYS Schwingung *f*, Vibration *f*

titreşimli *adj* ❶ PHYS Schwingungs- ❷ LING (*ötümlü*) stimmhaft

titreştirme *s Verbalsubstantiv zu* **titreştirmek**

titreştirmek *vt* **bir şeyi ~** etw in Schwingung versetzen

tiyatro *s* ❶ Theater *nt*; **epik/saçma ~** episches/absurdes Theater ❷ Bühne *f* **tiyatro bileti** *s* Theaterkarte *f* **tiyatro gişesi** *s* Theaterkasse *f* **tiyatro sahnesi** *s* Theaterbühne *f*

tiyers *s* MUS Terz *f*

tiz *adj* (*keskin*) schrill; (*ince*) hoch

tohum *s* Samen *m*

tohumlama *s* BIOL, BOT ❶ *Verbalsubstantiv zu* **tohumlamak** ❷ Befruchtung *f*

tohumlamak *vt* BIOL, BOT befruchten

tohumlu bitki *s* BOT Samenpflanze *f*

tok *adj* ❶ (*aç karşıtı*) satt; ~ **karnına** mit vollem Magen; **~um** ich bin satt; **aç gezmektense ~ ölmek yeğdir** besser satt sterben als hungrig herumlaufen ❷ (*ses için*) kräftig ❸ (*kumaş için*) dick; (*sık dokunmuş*) dicht ❹ (*fig*) saturiert, gesättigt

toka¹ *s* ❶ (*kemer ~sı*) Schnalle *f* ❷ (*saç ~sı*) Spange *f*

toka² *s* ❶ (*el sıkışma*) Handschlag *m*, Händedruck *m*; ~ **etmek** (*fam: vermek*) in die Hand drücken; **ona beş lira ~ etti** er drückte ihm fünf Lira in die Hand ❷ (*kadeh tokuşturma*) Anstoßen *nt*; ~ **etmek** anstoßen

tokaç <-cı> *s* Wäscheschlägel *m*

tokaçlama *s Verbalsubstantiv zu* **tokaçlamak**

tokaçlamak *vt* **çamaşırı ~** die Wäsche schlägeln

toka dili *s* Schnallendorn *m*

tokalaşma *s Verbalsubstantiv zu* **tokalaşmak**

tokalaşmak *vi* **biriyle ~** jdm die Hand schütteln

tokat <-dı> *s* Ohrfeige *f*; ~ **atmak** ohrfeigen (-**e**); ~ **yemek** eine Ohrfeige bekommen; **birinin suratına tokadı çakmak** (*fig fam*) jdm eine kleben

tokatlama *s Verbalsubstantiv zu* **tokatlamak**

tokatlamak *vt* ohrfeigen

tok gözlü *adj* genügsam **tok gözlülük** <-ğü> *s ohne pl* Genügsamkeit *f*

tokmak <-ğı> *s* ❶ Holzhammer *m* ❷ (*kapı tokmağı*) Knauf *m*, Klinke *f* ❸ (*havan tokmağı*) Stößel *m*

tokmakçı *s* REG (*jigolo*) Gigolo *m*

toksikolog <-ğu> *s* Toxikologe, -login *m, f*

toksikoloji *s ohne pl* MED Toxikologie *f*

toksikolojik *adj* toxikologisch

toksikoman *s* Rauschgiftsüchtige(r) *f(m)*

toksikomani *s ohne pl* Rauschgiftsucht *f*

toksin *s* MED, BIOL Toxin *nt*

tokuşturma *s Verbalsubstantiv zu* **tokuşturmak**

tokuşturmak *vt* gegeneinanderstoßen; **kadeh ~** mit den Gläsern anstoßen

tokyo *s* Badeschuh *m*; (*fam*) Flipflop *m*; **~ların yanında mı?** hast du deine Badeschuhe mit?

Tokyo *s* Tokio *nt*
tolerans *s* ❶ (*ohne Pl, hoşgörü*) Toleranz *f*, Duldsamkeit *f* ❷ TECH (*özür payı*) Toleranz *f*, Spielraum *m*
toleranslı *adj* tolerant
toleranssız *adj* intolerant
toleranssızlık <-ğı> *s ohne pl* Intoleranz *f*
tolkşov *s* TV Talkshow *f*
tomahavk *s* Tomahawk *m*
tomar *s* ❶ (*kâğıt, para ~ı*) Rolle *f* ❷ Bündel *m;* **bir ~ mektup** ein Pack Briefe; **bir ~ para** ein Bündel Geldscheine
tombak <-ğı> *s* Tombak *m*
tombala *s* ❶ Bingo *nt* ❷ Tombola *f*
tombaz *s* NAUT Ponton *m* **tombaz köprüsü** *s* Pontonbrücke *f*
tombik <-ği> *s* (*fam*) Dickerchen *nt*, Pummel *m*, Pummelchen *nt*
tombul *adj* rundlich; (*dolgun*) füllig, voll; (*şişman*) dick; **biçimli ~** vollschlank
tombulca *adj* dicklich
tombullaşma *s Verbalsubstantiv zu* **tombullaşmak**
tombullaşmak *vi* voll werden; (*şişmanlamak*) dick werden, zunehmen
tomografi *s* MED Tomographie *f*
tomruk <-ğu> *s* ❶ (*mermer tomruğu*) Block *m* ❷ (*tomurcuk*) Knospe *f* ❸ HIST (*tutuk evi*) Haftanstalt *f*
tomurcuk <-ğu> *s* BOT Knospe *f;* **~lar çatlıyor** die Knospen brechen auf
tomurcuklanma *s Verbalsubstantiv zu* **tomurcuklanmak**
tomurcuklanmak *vi* BOT knospen, Knospen treiben
ton¹ *s* Tonne *f*
ton² *s* ❶ *a.* MUS Ton *m;* **bir ~dan başka bir ~a geçiş** Übergang von einer Tonart in die andere ❷ Ton *m*, Klang *m;* **sesinin ~unu değiştirmek** einen anderen Ton anschlagen
tonaj *s* NAUT Tonnage *f*
ton balığı *s* ZOOL (*orkinos*) Thunfisch *m*
toner *s* INFORM Toner *m*
tonga *s* (*tuzak*) Falle *f;* **~ya basmak** in eine Falle tappen
tonik I. *s* <-ği> ❶ MED Tonikum *nt* ❷ GASTR Tonic *nt*, Tonicwater *nt* **II.** *adj* tonisch
tonilâto *s* NAUT Registertonne *f*
tonla *adv* tonnenweise; **bizde ondan ~ var** davon haben wir tonnenweise
tonlarca *adv* tonnenweise
tonlu *adj* LING (*ötümlü*) stimmhaft
tonmayster *s* TV, RADIO (*ses yönetmeni*) Toningenieur *m*
tonoz *s* ARCH Gewölbe *nt*
tonozlu *adj* gewölbt
ton stüdyosu *s* Tonstudio *nt*
tonsuz *adj* LING (*ötümsüz*) stimmlos
top I. *s* ❶ (*futbol ~u*) Ball *m;* **~u sürmek** den Ball führen ❷ (*bilardo ~u*) Kugel *f* ❸ (*kumaş ~u*) Ballen *m* ❹ MIL Kanone *f;* **~u atmak** (*iflas etmek*) pleitegehen; (*sınıfta kalmak*) sitzen bleiben; **haber ~ gibi patladı** die Nachricht schlug ein wie eine Bombe ❺ (*hepsi*) **gayretlerin ~u** all die Mühe ❻ (*sl*) Schwule(r) *m* **II.** *adj* (*toparlak*) rund; **~ gibi** kugelrund
topaç <-cı> *s* Kreisel *m*
topak <-ğı> *s* ❶ Bausch *m* ❷ (*hamurdan*) Rolle *f* ❸ Klumpen *m;* **bir ~ tereyağı** ein Klumpen Butter
topaklaşma *s* ❶ *Verbalsubstantiv zu* **topaklaşmak** ❷ Klumpenbildung *f* ❸ GEO Aggregat *nt*
topaklaşmak *vi* klumpen
topal *adj* hinkend
topallama *s Verbalsubstantiv zu* **topallamak**
topallamak *vi* hinken
toparlak I. *s* <-ğı> (*küre*) Kugel *f* **II.** *adj* <-ğı> kugelförmig; (*yuvarlak*) rund
toparlama *s Verbalsubstantiv zu* **toparlamak**
toparlamak *vt* ❶ einsammeln, zusammentragen ❷ (*düşünce için*) sammeln ❸ (*çeki düzen vermek*) aufräumen; **odayı toparladı** er hat das Zimmer aufgeräumt ❹ **kendini ~** sich aufraffen
topçeker *s* MIL (*gambot*) Kanonenboot *nt*
topçu *s* ❶ MIL Artillerist *m*, Kanonier *m* ❷ (*futbolcu*) Fußballer *m* ❸ SCHULE (*pej fam*) Sitzenbleiber *m*
topçuluk <-ğu> *s* MIL (*topçu sınıfı*) Artillerie *f*
topik <-ği> *s* GASTR *Vorspeise aus Sesamöl, Kichererbsen, Kartoffeln und Zwiebeln*
top kaybı *s* MIL Ballverlust *m*
toplaç <-cı> *s* ELEK (*kolektör*) Kollektor *m*
toplam I. *s* Summe *f*, Gesamtbetrag *m* **II.** *adj* Gesamt-
toplama *s* ❶ *Verbalsubstantiv zu* **toplamak** ❷ MATH Addition *f* ❸ INFORM (*veri*) Erfassung *f* **toplama işareti** *s* MATH Pluszeichen *nt*
toplamak I. *vt* ❶ sammeln, versammeln; (*bir araya getirmek*) zusammentragen; **çocukları etrafına ~** die Kinder um sich versammeln ❷ (*devşirmek*) einsammeln, ernten; (*çiçek*) pflücken; **alkış ~** Beifall ernten ❸ (*devşirip kaldırmak*) abräumen; **sofrayı ~** den Tisch abräumen ❹ (*dağınıklıktan kurtarmak*) aufräumen; **yatakları ~** die Betten machen ❺ (*irin*) bilden ❻ (*biriktirmek*) zusammensparen; **servet ~** Reichtümer ansammeln ❼ MATH addieren,

zusammenzählen, summieren ❽ (*hizmete çağırmak*) einberufen; **asker** ~ Soldaten einberufen ❾ (*bağış*) sammeln; (*vergi*) eintreiben ❿ INFORM (*veri*) erfassen ⓫ (*almak*) annehmen; **aklını başına** ~ Vernunft annehmen ⓬ (*saçlarını*) zusammenraffen **II.** *vi* ❶ (*şişmanlamak*) zunehmen ❷ (*irinlenmek*) eitern

toplama kampı *s* HIST (*temerküz kampı*) Konzentrationslager *f*

toplam maliyet *s* Gesamtkosten *pl* **toplam tutar** *s* Gesamtbetrag *m*, Gesamtsumme *f*

toplanık *adj* versammelt

toplanılma *s* Erhebung *f*; **delillerin ~sı** JUR Beweiserhebung *f*

toplanma *s* ❶ *Verbalsubstantiv zu* **toplanmak** ❷ Versammlung *f*

toplanmak *vi* ❶ *pass von* **toplamak** ❷ sich versammeln ❸ sich summieren ❹ zunehmen

toplanma özgürlüğü *s* Versammlungsfreiheit *f*

toplantı *s* ❶ Versammlung *f*; (*zirve ~sı*) Treffen *nt* ❷ (*kurul ~sı, meclis ~sı*) Sitzung *f* ❸ (*basın ~sı*) Konferenz *f* **toplantı salonu** *s* ❶ Sitzungssaal *m* ❷ Konferenzsaal *m*

toplar[1] *vt, vi 3. Aorist von* **toplamak**

toplar[2] *s pl von* **top**

toplardamar *s* ANAT, MED Vene *f*; *s. a.* **atardamar** **toplardamar iltihabı** *s* MED Venenentzündung *f*

toplaşma *s Verbalsubstantiv zu* **toplaşmak**

toplaşmak *vi* sich zusammenballen

toplayıcı *s* Sammler(in) *m(f)*

toplu *adj* ❶ (*bir arada*) zusammen; (*~ mezar*) Massen-; (*~ sipariş*) Sammel- ❷ (*düzene konmuş*) ordentlich, aufgeräumt; **~ bir oda** ein aufgeräumtes [*o* ordentliches] Zimmer ❸ (*bütününü içine alan*) gesamt ❹ **~ taşıma araçları** die öffentlichen Verkehrsmittel

toplu bakış *s* Gesamtübersicht *f*

topluca **I.** *adj* füllig, vollschlank **II.** *adv* versammelt

toplu çalışma *s* Arbeitsgemeinschaft *f*; (*seminer*) Workshop *m*, Seminar *nt* **toplu durum** *s* Gesamtlage *f*

toplu görüşmeler *pl* Tarifverhandlungen *pl*

toplu iğne *s* Stecknadel *f* **toplu iş mücadelesi** *s* Arbeitskampf *m*

topluluk <-ğu> *s* ❶ Gemeinschaft *f*; **Avrupa Topluluğu** HIST die Europäische Gemeinschaft; **Bağımsız Devletler Topluluğu** Gemeinschaft Unabhängiger Staaten ❷ (*kalabalık*) Ansammlung *f* ❸ MUS Gruppe *f* ❹ (*ansambl*) Ensemble *nt*

topluluk adı *s*, **topluluk ismi** *s* LING Sammelname *m*, Sammelbegriff *m*, Kollektivum *nt*

toplum *s ohne pl* Gesellschaft *f* **toplum bilimi** *s ohne pl* (*sosyoloji*) Soziologie *f*

toplum bilimsel *adj* soziologisch

toplumcu **I.** *s* Sozialist(in) *m(f)* **II.** *adj* sozialistisch

toplumculuk <-ğu> *s ohne pl* (*sosyalizm*) Sozialismus *m*

toplumdaş *s* Gesellschaftsmitglied *nt*

toplum düzeni *s* Gesellschaftsordnung *f*

toplu mezar *s* Massengrab *nt*

toplumlaştırma *s* ❶ *Verbalsubstantiv zu* **toplumlaştırmak** ❷ Vergesellschaftung *f*

toplumlaştırmak *vt* vergesellschaften

toplumsal *adj* gesellschaftlich; (*sosyal*) sozial; **~ davranış** soziales Verhalten **toplumsal bilim** *s* Sozialwissenschaft *f*

toplumsallaştırma *s* ❶ *Verbalsubstantiv zu* **toplumsallaştırmak** ❷ (*sosyalizasyon*) Sozialisierung *f*

toplumsallaştırmak *vt* sozialisieren

toplumsal sınıf *s* Gesellschaftsschicht *f*

toplumsal yapı *s s.* **sosyal yapı** Sozialstruktur *f* **toplumsal yardım** *s* Sozialhilfe *f*

toplu sipariş *s* Sammelbestellung *f* **toplu sözleşme** *s* Tarifvertrag *m*; **~ye göre ödeme yapılmak** nach Tarif bezahlt werden **toplu sözleşme ücreti** *s* Tariflohn *m* **toplu sözleşme üstü** *adj* WIRTSCH übertariflich **toplu tabanca** *s* Trommelrevolver *m* **toplu yaşama** *s ohne pl* Zusammenleben *nt*

top mermisi *s* Kanonenkugel *f* **top namlusu** *s* Kanonenrohr *nt*

topoğrafya *s* Topografie *f*

top oyunu *s* Ballspiel *nt*

toprak <-ğı> *s* ❶ Erde *f*; **birini toprağa vermek** (*fam*) jdn beerdigen, jdn unter die Erde bringen; **kısır ~** karge Erde ❷ ELEK Erde *f* ❸ Boden *m*; **kireçli ~** kalkhaltiger Boden ❹ (*kara*) Land *nt*; (*ülke*) Land *nt*; **~ bütünlüğü** POL territoriale Unversehrtheit **toprak altı servetleri** *pl*, **toprak altı zenginlikleri** *pl* Bodenschätze *pl*

toprak erozyonu *s* ÖKOL Bodenerosion *f*

toprak kayması *s* Erdrutsch *m*

topraklama *s* ELEK ❶ *Verbalsubstantiv zu* **topraklamak** ❷ Erdung *f*

topraklamak *vt* ELEK erden

topraklanmış *adj* ELEK geerdet **topraklanmış elektrot** <-du> *s* Masseelektrode *f*

toprak reformu *s* JUR Bodenreform *f*

T

toprak rengi *adj* erdfarben
top sürme *s ohne pl* SPORT Ballführung *f*
toptan I. *adj* ❶ pauschal ❷ Groß- II. *adv* en gros, in Bausch und Bogen **toptan alış veriş** *s* Großeinkauf *m*
toptancı *s* Großhändler(in) *m(f)* **toptancı hali** *s* Großmarkt *m*
toptancılık <-ğı> *s ohne pl* Großhandel *m*, Engroshandel *m*
top toplayıcı *s* SPORT Balljunge *m*
topuk <-ğu> *s* ❶ ANAT Ferse *f*; **~ vurmak** MIL die Hacken zusammenschlagen; **~ları üzerine oturmak** sich auf seine Fersen setzen; **öfke ~larına çıkmak** (*fam*) sich schwarzärgern ❷ (*ökçe*) Absatz *m*, Stöckelabsatz *m* **topuk kemiği** *s* ANAT Fersenbein *nt*
topuklu *adj* hochhackig **topuklu ayakkabı** *s* Stöckelschuh *m*
topuk teli *s* AUTO (*lastikte*) Wulstkern *m*
topu topu *adv* im Großen und Ganzen
topuz *s* ❶ Knauf *m* ❷ (*saçta*) Knoten *m*
torak <-ğı> *s* Kohlenmeiler *m*
torba *s* ❶ Sack *m*; (*buz ~sı*) Beutel *m*; (*kâğıt ~*) Tüte *f* ❷ ANAT (*sidik ~sı*) Blase *f*
tork *s* TECH Drehmoment *nt*
tornacı *s* ❶ (*ağaç için*) Drechsler(in) *m(f)* ❷ (*metal için*) Dreher(in) *m(f)*
tornavida *s* TECH Schraubendreher *m*, Schraubenzieher *m*
torpido *s*, **torpidobot** *s* Torpedoboot *nt* **torpido gözü** *s* AUTO Handschuhfach *nt*
torpil *s* ❶ MIL Torpedo *m* ❷ (*fig fam*) Bevorzugung *f*, Vitamin B; **~i olmak** Vitamin B haben **torpil balığı** *s* ZOOL Torpedofisch *m*
torpilleme *s Verbalsubstantiv zu* **torpillemek**
torpillemek I. *vt* MIL torpedieren II. *vi* (*fam: sınıfta kalmak*) sitzen bleiben
tortu *s* Ablagerung *f*
tortul kayaç <-cı> *s* GEO Sedimentgestein *nt*
torun *s* Enkel(in) *m(f)* **torun kızı** *s* Großenkelin *f* **torun oğlu** *s* Großenkel *m*
tost *s* Toast *m* **tost ekmeği** *s* Toastbrot *nt*
total *adj* total
totaliter *adj* totalitär
totem *s* Totem *nt*
toy *s* (*pej*) Dilettant(in) *m(f)*
toyca *adv* dilettantisch
toygar *s* ZOOL Lerche *f*, Feldlerche *f*
toynak <-ğı> *s* ZOOL Huf *m*
toynaklı *adj* ZOOL -hufig; **tek ~** einhufig
toynaklılar *pl* ZOOL Unpaarhufer *pl*
toz I. *s* ❶ Staub *m*; **~ ol!** (*fig fam*) verschwinde!; **~ olmak** (*fig fam*) sich aus dem Staub machen, verschwinden; **~ silmek** Staub wischen; **ona ~ kondurmuyor** (*fig fam*) sie lässt nichts auf ihn kommen; **~u dumana katmak** (*fig fam*) (viel) Staub aufwirbeln; **kitaplar ~ içinde yüzüyor** die Bücher sind ganz verstaubt ❷ Pulver *nt* II. *adj* pulverförmig; **~ deterjan** pulverförmiges Waschmittel **toz alerjisi** *s* Stauballergie *f* **toz bezi** *s* Staubtuch *nt* **toz bulutu** *s* Staubwolke *f*
tozlanma *s Verbalsubstantiv zu* **tozlanmak**
tozlanmak *vi* verstauben
tozlu *adj* staubig
tozluk <-ğu> *s* (*getr*) Gamasche *f*
tozpembe *adj* **dünyayı** [*o* **ortalığı**] **~ görmek** (*fig*) die Welt durch eine rosarote Brille sehen
toz süt *s* Trockenmilch *f* **toz tanesi** *s* Staubkorn *m*
töhmet *s* (*suçlama*) Beschuldigung *f*, Schuldzuweisung *f*
tökezleme *s Verbalsubstantiv zu* **tökezlemek**
tökezlemek *vi* stolpern
tömbeki *s* Wasserpfeifentabak *m*
töre *s* Brauch *m*, Sitte *f* **töre bilimi** *s ohne pl* Ethik *f* **töre cinayeti** *s* Ehrenmord *m*
tören *s* Feier *f*, Fest *nt* **tören salonu** *s* Festsaal *m*
töretanımazlık <-ğı> *s ohne pl* PHILOS (*immoralizm*) Immoralismus *m*
törpü *s* Feile *f*; **sinir ~sü** (*fam*) Nervensäge *f*
törpüleme *s Verbalsubstantiv zu* **törpülemek**
törpülemek *vt* ❶ feilen ❷ (*fig: inceltmek*) verfeinern
tövbe *s* **bir şey yapmamak için ~ etmek** hoch und heilig versprechen, etw nie wieder zu tun; **~ler olsun/~si!** nie wieder!; **alkole ~ etmek** dem Alkohol abschwören **tövbe günü** *s* REL Bußtag *m*
tövbekâr [--kār] *adj* bußfertig
Trablusgarp *s* Tripolis *nt*
Trabzon *s* Trabzon *nt*; HIST Trapezunt *nt*
trafik <-ği> *s ohne pl* Verkehr *m*, Straßenverkehr *m* **trafik akışı** *s* Verkehrsfluss *m* **trafik denetimi** *s* Verkehrskontrolle *f* **trafik durumu** *s* Verkehrslage *f* **trafik engeli** *s* Verkehrshindernis *nt* **trafik gürültüsü** *s ohne pl* Verkehrslärm *m* **trafik güvenliği** *s ohne pl* Verkehrssicherheit *f* **trafik işareti** *s* Verkehrszeichen *nt* **trafik keşmekeşi** *s ohne pl* Verkehrschaos *nt* **trafik kuralı** *s* Verkehrsvorschrift *f*, Verkehrsregel *f* **trafik lambası** *s* Verkehrsampel *f* **trafik levhası** *s* Verkehrsschild *nt* **trafik suçu** *s* Verkehrsdelikt *nt* **trafik yoğunluğu** *s ohne pl* Ver-

kehrsdichte *f*
trafo *s* Trafo *m*
trahom *s* MED Trachom *nt*
trajedi *s* LIT, THEAT Tragödie *f*
trajik <-ği> *adj* tragisch
trajikomedi *s* LIT, THEAT Tragikomödie *f* **trajikomik** <-ği> *adj* LIT, THEAT tragikomisch
trake *s* ❶ ZOOL Trachee *f* ❷ (*soluk borusu*) Luftröhre *f*
traksiyon *s* MED Trakt *m;* (*çekim*) Strang *m*
traktör *s* Traktor *m* **traktörcü** *s* Traktorfahrer(in) *m(f)*
trakunya *s* ZOOL Petermännchen *nt; s. a.* **çarpan balığı**
Trakya *s* Thrakien *nt*
trampa *s* Austausch *m*
trampet *s* Trommel *f;* ~ **çalmak** trommeln
trampetçi *s* Trommler(in) *m(f)*
trampete *s s.* **trampet**
tramplen *s* ❶ SPORT (*yüzme havuzunda*) Sprungbrett *nt* ❷ (*kayakta*) Sprungschanze *f* ❸ (*fig*) Sprungbrett *nt*
tramvay *s* Straßenbahn *f* **tramvay durağı** *s* Straßenbahnhaltestelle *f*
trans *s* Trance *f;* ~ **hâline girmek** in Trance fallen
transatlantik **I.** *s* <-ği> NAUT Ozeandampfer *m* **II.** *adj* transatlantisch
transept *s* ARCH Querschiff *nt* **transept kavuşağı** *s* ARCH Vierung *f*
transfer *s* ❶ *a.* SPORT Transfer *m* ❷ Überweisung *f* **transfer parası** *s* SPORT Ablösesumme *f*
transformatör *s* PHYS Transformator *m,* Trafo *m*
transfüzyon *s* MED Transfusion *f*
transistör *s* Transistor *m*
transistörlü radyo *s* Transistorenradio *nt*
transit *s* Transit *m,* Durchfuhr *f*
transit izni *s* WIRTSCH Durchfuhrerlaubnis *f* **transit yasağı** *s* WIRTSCH Durchfuhrverbot *nt*
transkripsiyon *s* Transkription *f*
transliterasyon *s* LING Transliteration *f*
transmisyon *s* LING Transmission *f*
transparan **I.** *adj* (*şeffaf*) transparent **II.** *s* (*pankart*) Transparent *m*
transplantasyon *s* MED Transplantation *f*
transport *s* Transport *m*
trapez *s* Trapez *nt*
trapezci *s* Trapezkünstler(in) *m(f)*
tras *s* GEO Trass *m*
travers *s* EISENB Schwelle *f,* Bahnschwelle *f*
traverten *s* Travertin *m*
travma *s* MED, PSYCH Trauma *nt*
travmatoloji *s ohne pl* MED Traumatologie *f*
tren *s* ❶ Zug *m* ❷ Bahn *f;* (*demir yolu*) Eisenbahn *f;* ~**le gitmek** mit der Bahn fahren **tren bileti** *s* Eisenbahnfahrkarte *f*
trençkot *s* Trenchcoat *m*
tren istasyonu *s* Eisenbahnstation *f,* Bahnhof *m* **tren yolu geçidi** *s* Bahnübergang *m*
treyler *s* AUTO Anhänger *m*
triatlon *s* SPORT Dreikampf *m*
triatloncu *s* SPORT Dreikämpfer(in) *m(f)*
tribün *s* Tribüne *f*
trigonometri *s ohne pl* Trigonometrie *f*
triko *s* Trikot *nt*
trikotaj *s* Strickwaren *pl* **trikotaj makinesi** *s* Strickmaschine *f*
triloji *s* LIT (*üçleme*) Trilogie *f*
trilyon *s* Billion *f*
trio *s* MUS (*üçlü*) Trio *nt*
tripleks *adj* (*üç katlı*) dreistöckig
triportör *s* Dreirad *nt*
triptik <-ği> *s* Triptyk *nt*
trişin *s* ZOOL Trichine *nt*
trol <-ü> *s* NAUT (*balıkçılık*) Trawl *nt,* Grundschleppnetz *nt*
troleybüs *s* Trolleybus *m,* Oberleitungsomnibus *m,* Obus *m*
trombon *s* MUS Posaune *f*
tromboncu *s* MUS Posaunist(in) *m(f)*
tropika *s* Tropen *pl*
tropikal <-li> *adj* GEO tropisch, Tropen- **tropikal bitki** *s* Tropenpflanze *f* **tropikal orman** *s* Urwald *m*
tropik kuşu *s* ZOOL Tropikvogel *m*
trotinet *s* Tretroller *m*
trotuvar *s* Bürgersteig *m*
tröst *s* WIRTSCH Trust *m*
TRT *s ohne pl Abk von* **Türkiye Radyo ve Televizyon Kurumu** *Rundfunk- und Fernsehanstalt der Türkei*
Truva *s* HIST Troja *nt*
Truvalı *s* HIST Trojaner(in) *m(f)*
tsunami *s* Tsunami *m*
tu [tuː] *interj* pfui
tual <-li> *s* (*resim için*) Leinwand *f*
tuba *s* MUS Tuba *f*
tufan *s* ❶ Sintflut *f* ❷ (*şiddetli yağmur*) sintflutartige Regenfälle ❸ (*fig: alkış ~ı*) Sturm *m*
tufeylî *s s.* **asalak** Schmarotzer *m*
tufeylîlik <-ği> *s ohne pl* Schmarotzertum *nt*
tugay *s* MIL Brigade *f*
tuğgeneral <-i> *s* MIL Brigadegeneral *m*
tuğla *s* Backstein *m,* Ziegelstein *m* **tuğla fabrikası** *s* Ziegelei *f*
tuğra *s* ❶ HIST Tugra *f* ❷ (*metal parada*) Kopf *m;* ~ **mı yazı mı?** Kopf oder Zahl?
tuğrul *s* ZOOL (*çakırdoğan*) Habicht *m*
tuh *interj* pfui

T

tuhaf *adj* merkwürdig, sonderbar, seltsam; ~ **bir tesadüf** ein merkwürdiger Zufall; ~ **bir insan** ein sonderbarer Mensch
tuhafiye *s* Kurzwaren *pl*
tuhafiyeci *s* Kurzwarenhändler(in) *m(f)*
tuhafiye dükkânı *s* Kurzwarengeschäft *nt*
tuhaflık <-ğı> *s* Merkwürdigkeit *f*
tulûat *s* THEAT Happening *nt;* ~ **yapmak** ein Happening veranstalten
tulûatçı *s* THEAT Happenist *m*
tulum *s* ❶ Overall *m,* Hemdhose *f;* (*fam: mavi iş tulumu*) Blaumann *m* ❷ (*uyku ~u*) Sack *m*
tulumba *s* Pumpe *f;* ~ **ile boşaltmak** auspumpen
tumturaklı *adj* schwülstig; ~ **bir üslup** ein schwülstiger Stil
Tuna *s* Donau *f*
tunç **I.** *s* <-cu> Bronze *f* **II.** *adj* bronzen; ~ **döküm** Abguss *m* in Bronze
Tunç Devri *s ohne pl* Bronzezeit *f*
tunç rengi *s* Bronzefarbe *f*
tundra *s* GEO Tundra *f*
Tunguz *s* Tunguse, Tungusin *m, f*
tunik <-ği> *s* Tunika *f*
tun tun *adv* (*gizlice*) (klamm)heimlich; ~ **kaçmak** sich heimlich davonmachen, klammheimlich verschwinden
Tunus **I.** *s* Tunesien *nt* **II.** *adj* tunesisch; ~ **hükûmeti** die tunesische Regierung
Tunuslu **I.** *s* Tunesier(in) *m(f)* **II.** *adj* tunesisch; ~ **erkekler/kadınlar** tunesische Männer/Frauen
tur *s* ❶ Reise *f,* Tour *f* ❷ Ausflug *m;* (*yürüyerek*) Wanderung *f* ❸ Runde *f;* **yeni arabayla bir ~ atmak** eine Runde mit dem neuen Wagen drehen; **~unu atmak** seine Runde machen ❹ (*şehir ~u*) Rundgang *m;* (*taşıtla*) Rundfahrt *f;* ~ **atmak** einen Rundgang machen
tura *s* (*metal parada*) Kopf *m;* ~ **mı yazı mı?** Kopf oder Zahl?; *s. a.* **tuğra**
turba *s* Torf *m*
turbalı bataklık <-ğı> *s* Moor *nt,* Riet *nt*
turbo fırın *s* Umluftherd *m*
turboşarjör *s* AUTO Turbolader *m*
turfanda *adj* AGR frühreif
turfandalık <-ğı> *s* AGR Frühbeet *nt*
turfanda meyve *s ohne pl* AGR Frühobst *nt* **turfanda sebze** *s ohne pl* AGR Frühgemüse *nt*
turist *s* Tourist(in) *m(f)*
turistik <-ği> *adj* touristisch
turizm *s ohne pl* Tourismus *m*
turkuaz *s s.* **türkuaz**
turna *s* ZOOL (*Grues*) Kranich *m;* (*Grus grus*) Grauer Kranich; **~yı gözünden vurmak** (*fig fam*) ins Schwarze treffen **turna balığı** *s* ZOOL Hecht *m* **turna katarı** *s* ~ **gibi** (*fig*) im Gänsemarsch
turne *s* Tournee *f;* **~ye çıkmak** auf Tournee gehen
turnike *s* Drehkreuz *nt*
turno *s* NAUT Haspel *f*
turnusol <-ü> *s ohne pl* CHEM Lackmus *m o nt* **turnusol kâğıdı** *s* CHEM Lackmuspapier *nt*
turnuva *s* Turnier *nt*
tur operatörü *s* Reiseveranstalter(in) *m(f)*
turp *s* BOT (*Raphanus*) Rettich *m;* (*kırmızı~*) Radieschen *nt;* ~ **gibi** (*fig*) kerngesund
turşu *s* **meyve/sebze ~su kurmak** [*o* **yapmak**] Obst/Gemüse einmachen **turşu kavanozu** *s* Einmachglas *nt*
turşuluk hıyar *s* Gewürzgurke *f*
turuncu *adj* orange
turunç <-cu> *s* BOT Pomeranze *f,* Bitterorange *f*
turunçgiller *pl* BOT (*narenciye*) Zitrusfrüchte *pl*
tuş[1] *s* ❶ Taste *f;* **~a basmak** eine Taste drücken ❷ KUNST Pinselstrich *m*
tuş[2] *s* SPORT ❶ (*güreşte*) Schulterniederlage *f;* **~a getirmek** auf die Schultern legen [*o* zwingen] ❷ (*eskrimde*) Treffer *m*
tuşe *s* Berührung *f;* ~ **etmek** berühren, touchieren
tuşlu çalgı *s* MUS Tasteninstrument *nt*
tut *vt Imperativ von* **tutmak**: **~!** fang!; **hacısından ~ hocasına kadar** von Hinz zu Kunz
tutacak <-ğı> *s* ❶ GASTR (*bez*) Topflappen *m* ❷ (*ataş*) Heftklammer *f,* Büroklammer *f* ❸ Haltegriff *m;* (*motor kaputu tutacağı*) Griff *m*
tutaç <-cı> *s* (*maşa*) Pinzette *f*
tutak <-ğı> *s* (*rehine*) Geisel *f*
tutam *s* Büschel *m* **tutam tutam** *adv* büschelweise
tutanak <-ğı> *s* Protokoll *nt;* ~ **düzenlemek** Protokoll führen
tutar[1] *vt 3. Aorist von* **tutmak**
tutar[2] *s* (*meblağ*) Betrag *m*
tutarak <-ğı> *s* MED (*sara*) Epilepsie *f*
tutarga *s* MED (*sara*) Epilepsie *f*
tutarlı *adj* konsequent, folgerichtig
tutarlılık <-ğı> *s* Konsequenz *f,* Folgerichtigkeit *f*
tutarsız *adj* inkonsequent, folgewidrig
tutarsızlık <-ğı> *s* Inkonsequenz *f,* Folgewidrigkeit *f*
tutkal *s* Leim *m*
tutkallama *s* ❶ *Verbalsubstantiv zu* **tutkallamak** ❷ Verleimung *f*
tutkallamak *vt* verleimen
tutku *s* Leidenschaft *f;* **~nun alevleriyle**

yanan genç kadın die in Leidenschaft entflammte junge Frau

tutkulu *adj* leidenschaftlich

tutkun *adj* süchtig

tutkunluk <-ğu> *s* Sucht *f*

tutma *s Verbalsubstantiv zu* **tutmak**

tutmak <-ar> **I.** *vt* ❶ anfassen, anpacken; (*ele almak*) in die Hand nehmen; **ateşi tutarsan elini yakarsın** wenn du das Feuer anfasst, verbrennst du dir die Hand ❷ (*yakalamak*) fangen; (*topu*) (ab)fangen; **tut!** fang! ❸ (*avlamak*) fangen ❹ erwischen, ertappen; **bir iki yalanını tuttum** ich habe ihn ein paar Mal beim Lügen erwischt ❺ (*elinde*) halten; (*aklında*) behalten; (*sözünü, vaadini*) (ein)halten; **gözlerini açık ~** (*a. fig*) die Augen offen halten; **spor insanı genç tutar** Sport hält jung ❻ (*soluk*) anhalten; (*zabıt*) führen ❼ abhalten; **annesi küçüğü aptese tuttu** die Mutter hielt das Kleine ab; **birini taşa ~** jdn mit Steinen bewerfen ❽ (*alıkoymak, bulundurmak*) zurückbehalten, behalten; **bir şeyi göz önünde ~** etw im Auge behalten ❾ (*hizmetine almak*) anstellen, engagieren; (*fam*) nehmen; (*kiralamak*) mieten; (*fam*) nehmen; **kendine bir avukat tuttu** er hat sich einen Anwalt genommen ❿ **kendini ~** sich zurückhalten; **kendimi tutamadım** ich konnte mich nicht zurückhalten ⓫ einschlagen; **yol ~** einen Weg einschlagen, gehen; **bu yolu tutarsak güneş batmadan oraya varırız** wenn wir diesen Weg gehen, werden wir vor Sonnenuntergang dort ankommen **II.** *vi* ❶ ansetzen; **kireç/pas ~** Kalk/Rost ansetzen ❷ **kabuk ~** Kruste bilden ❸ bekommen, kriegen; **çarpıntısı/hıçkırık ~** Herzklopfen/Schluckauf bekommen ❹ (*para toplamı*) kosten, betragen, sich belaufen (auf); **masraflar ... tutuyor** die Kosten belaufen sich auf ...; **hepsi ne kadar tuttu?** wie viel kostet alles?; **bu(nlar) ne kadar tuttu?** wie viel macht das? ❺ **duası tuttu** sein Gebet wurde erhört ❻ (*boya, çivi*) halten; **yapışkan tutmuyor** der Kleber hält nicht ❼ (*bir yüzeyde kalmak*) liegen bleiben; **kar tutmuyor** der Schnee bleibt nicht liegen ❽ (*sürmek*) dauern; **iki saat tuttu** es hat zwei Stunden gedauert

tutsak <-ğı> *s* Gefangene(r) *f(m)*; (*savaşta*) Kriegsgefangene(r) *f(m)*

tutsaklar kampı *s* Gefangenenlager *nt*

tutsaklık <-ğı> *s ohne pl* Gefangenschaft *f*

tuttur *vt Imperativ von* **tutturmak**

tutturma *s Verbalsubstantiv zu* **tutturmak**

tutturmak **I.** *vt* ❶ befestigen (**-e** an); **bir şeyi vidalarla ~** etw mit Schrauben befestigen ❷ verbinden; **~le birbirine tutturulmuş iki tel** zwei durch Lötung miteinander verbundene Drähte ❸ (*hedefi*) treffen; (*piyangoda*) Treffer landen; **kalitede optimumu ~** ein Optimum an Qualität erzielen; **lottoda üç tutturdu** er hat in Lotto drei Treffer gelandet **II.** *vi* (*ısrar etmek*) beharren (auf), bestehen (auf)

tutu *s* (*rehin*) Pfand *nt*; **~ya koymak** (*terhin etmek*) verpfänden; (*rehin olarak vermek*) als Pfand geben

tutucu **I.** *s* ❶ (*muhafazakâr*) Konservative(r) *f(m)* ❷ Halter *m* **II.** *adj* konservativ

tutuculuk <-ğu> *s ohne pl* Konservatismus *m*

tutuk **I.** *s* <-ğu> Häftling *m* **II.** *adj* <-ğu> ❶ (*kesik*) abgehackt; **~ konuşmak** abgehackt sprechen ❷ (*çekingen, sıkılgan*) gehemmt, verklemmt

tutuk evi *s* Haftanstalt *f*

tutuklama *s* ❶ *Verbalsubstantiv zu* **tutuklamak** ❷ Verhaftung *f*

tutuklamak *vt* verhaften

tutuklanma *s* ❶ *Verbalsubstantiv zu* **tutuklanmak** ❷ Verhaftung *f*

tutuklanmak *vi pass von* **tutuklamak**

tutuklu **I.** *s* Häftling *m* **II.** *adj* verhaftet

tutukluk <-ğu> *s ohne pl* ❶ Gehemmtheit *f*, Verklemmtheit *f* ❷ (*kaslarda*) Kater *m* ❸ **motor ~ yapıyor** der Motor setzt aus

tutukluluk <-ğu> *s* U-Haft *f*, Untersuchungshaft *f*

tutulma *s* ❶ *Verbalsubstantiv zu* **tutulmak** ❷ ASTRON Eklipse *f*; **Ay ~sı** Mondfinsternis *f*; **Güneş ~sı** Sonnenfinsternis *f*

tutulmak *vi* ❶ *pass von* **tutmak**: **verilen söz tutulur** was man verspricht, muss man auch halten ❷ sich verlieben (**-e** in); **birine ~** sich in jdn verlieben ❸ (*rağbet görmek*) ankommen, Anklang finden; **biri tarafından ~** bei jdm ankommen ❹ **birinin büyüsüne ~** in jds Bann geraten; **kapana ~** in eine Falle tappen ❺ **bir hastalığa ~** von einer Krankheit befallen sein; **kara sevdaya ~** in Melancholie verfallen ❻ (*uyuşmak*) einschlafen; **bacağım tutuldu** mein Bein ist eingeschlafen; **boynu ~** einen steifen Hals haben; **birinin dili** [*o* **nutku**] **~** (*fig*) jdm bleibt die Sprache weg; **korkudan dili** [*o* **nutku**] **tutuldu** der Schreck verschlug ihm die Sprache

tutulmaz *adj* unhaltbar

tutum *s ohne pl* ❶ Haltung *f*, Einstellung *f* ❷ (*davranış*) Betragen *nt*, Verhalten *nt* ❸ (*iktisat*) Wirtschaft *f*

tutumlu *adj* sparsam

tutumluluk <-ğu> *s ohne pl* Sparsamkeit *f*
tutumsuz *adj* (*savurgan*) verschwenderisch
tutumsuzluk <-ğu> *s ohne pl* Verschwendung *f*
tutun *Imperativ von* **tutunmak**: **~!** halt dich fest!
tutunma *s Verbalsubstantiv zu* **tutunmak**
tutunmak *vi* ❶ sich festhalten (**-e** an) ❷ sich halten
tutuşma *s Verbalsubstantiv zu* **tutuşmak**
tutuşmak **I.** *vi* ❶ (*birbirini tutmak*) sich halten ❷ (*girişmek*) anfangen (**-e**); **kavgaya/tartışmaya ~** einen Streit/eine Diskussion anfangen ❸ (*ateş almak*) Feuer fangen, sich anzünden; (*barut*) sich entzünden; (*yanmaya başlamak*) anbrennen **II.** *vt* (*bahis*) abschließen
tutuşturma *s Verbalsubstantiv zu* **tutuşturmak**
tutuşturmak *vt* ❶ anbrennen, anzünden, entzünden ❷ (*ansızın vermek*) **birinin eline bir şeyi ~** jdm etw in die Hand drücken ❸ (*coşturmak*) in freudige Erregung setzen; **birinin gönlünü ~** jds Herz höherschlagen lassen
tuval <-i> *s* (*resim için*) Leinwand *f*
tuvalet *s* ❶ (*yıkanma, süslenme, taranma işi*) Toilette *f*; **sabah ~ini yapmak** die morgendliche Toilette machen ❷ (*kadınlar için gösterişli giysi*) Toilette *f*; **hanımlar gran~ geldiler** die Damen erschienen in großer Toilette ❸ (*ayak yolu*) Toilette *f* **tuvalet kâğıdı** *s* Toilettenpapier *nt* **tuvalet malzemesi** *s* Toilettenartikel *m* **tuvalet masası** *s* Schminktisch *m* **tuvalet takımı** *s* Kulturbeutel *m*
tuz *s* Salz *nt*; **~u kuru olmak** (*fig fam*) sein(e) Schäfchen im Trockenen haben
tuzak <-ğı> *s* (*a. fig*) Falle *f*; **~ kurmak** eine Falle aufstellen; **birine ~ kurmak** jdm eine Falle stellen; **tuzağa düşmek** in die Falle gehen, in eine Falle tappen; **birini tuzağa düşürmek** jdn in eine Falle tappen lassen
tuzakçı *s* Fallensteller(in) *m(f)*
tuzcul bitki *s* BOT Salzpflanze *f*
tuz gölü *s* Salzsee *m*
tuzla *s* Saline *f*
tuzlama *s Verbalsubstantiv zu* **tuzlamak**
tuzlamak *vt* salzen
tuzlu *adj* ❶ (*tuzu olan*) salzig ❷ (*fig fam: fiyat*) saftig, gepfeffert **tuzlu çubuk** <-ğu> *s* (*batonsale*) Salzstange *f*
tuzluk <-ğu> *s* Salzstreuer *m*
tuzlu su *s* Salzwasser *nt* **tuzlu su balığı** *s* Salzwasserfisch *m*
tuz ruhu *s ohne pl* CHEM Salzsäure *f*
tuzsuz *adj* salzlos
tü *interj* pfui
tüberkülin *s ohne pl* MED Tuberkulin *nt*
tüberküloz *s* MED Tuberkulose *f*
TÜBİTAK *s ohne pl Abk von* **Türkiye Bilimsel ve Teknik Araştırma Kurumu** *Institut für wissenschaftliche und technische Forschung der Türkei*
tüfek <-ği> *s* Gewehr *nt*; (*kaval ~*) Flinte *f* **tüfek namlusu** *s* Gewehrlauf *m*
tükenme *s Verbalsubstantiv zu* **tükenmek**
tükenmek *vi* ❶ sich erschöpfen; (*nesli ~*) aussterben; (*umut*) schwinden; **sabrım tükendi** meine Geduld ist erschöpft, meine Geduld ist am Ende, ich habe keine Geduld mehr; **tükeninceye kadar çalışmak** bis zur Erschöpfung arbeiten ❷ (*fig fam*) abbauen; **çok çabuk tükendi** er hat sehr schnell abgebaut
tükenmez **I.** *adj* ❶ unerschöpflich ❷ (*fig: sonsuz*) unendlich **II.** *s* ❶ (*fam: ~ kalem*) Kuli *m*, Kugelschreiber *m* ❷ (*fam*) Käsesuppe *f* **tükenmez kalem** *s* Kugelschreiber *m*
tükenmezlik <-ği> *s ohne pl* Unerschöpflichkeit *f*
tüketici *s* Verbraucher(in) *m(f)*, Konsument(in) *m(f)* **tüketici fiyatları endeksi** *s* WIRTSCH Verbraucherpreisindex *m*
tüketiciyi koruma *s* Verbraucherschutz *m*
tüketilme *s* ❶ *Verbalsubstantiv zu* **tüketilmek** ❷ Erschöpfung *f*; **kaynakların ~si** Erschöpfung der Ressourcen
tüketilmek *vi pass von* **tüketmek**
tüketim *s ohne pl* Verbrauch *m*, Konsum *m* **tüketim malları** *pl* Konsumgüter *pl*; **~ üretmek** Konsumgüter produzieren
tüketme *s Verbalsubstantiv zu* **tüketmek**
tüketmek *vt* ❶ verbrauchen, konsumieren ❷ aufbrauchen ❸ (*bezdirmek*) erschöpfen
tükürme *s Verbalsubstantiv zu* **tükürmek**
tükürmek **I.** *vi* ❶ spucken; **yere ~** auf den Boden spucken; **birinin yüzüne ~** jdm ins Gesicht spucken ❷ (*fig fam*) **ağzına/içine ~** auf etw/jdn spucken; **tükürdüğünü yalamak** einen Rückzieher machen **II.** *vt* ❶ spucken; **kan ~** Blut spucken; **kiraz çekirdeklerini yere ~** die Kirschkerne auf den Boden spucken ❷ (*ağzından dışarı vermek*) ausspucken
tükürük <-ğü> *s* Spucke *f* **tükürük bezi** *s* ANAT Speicheldrüse *f* **tükürük hokkası** *s* Spucknapf *m*
tül *s* Tüll *m*
tülbent <-di> *s* ❶ (*pamuklu bez*) Baumwolltuch *nt* ❷ (*baş örtüsü*) Baumwollkopftuch *nt*

tül perde *s* Gardine *f*, Tüllgardine *f*
tüm[1] *s ohne pl* ❶ Ganze(s) *nt*; ~ **dünya** die ganze Welt; **parasının ~ünü kaybetti** er hat sein ganzes Geld verloren ❷ Gesamtheit *f*; **kural ve yöntemlerin ~ü** die Gesamtheit der Regeln und Verfahren
tüm[2] *s* MIL (*tümen*) *Division*
tüm[3] *s* REG ❶ (*tümsek*) Anhöhe *f*, Erhebung *f* ❷ (*tepe*) Hügel *m*
tümbek <-ği> *s* REG ❶ (*tümsek*) Anhöhe *f*, Erhebung *f* ❷ (*tepe*) Hügel *m*
tümce *s* LING (*cümle*) Satz *m*
tümden gelim *s* PHILOS (*dedüksiyon*) Deduktion *f*; *s. a.* **tüme varım** **tümden gelişimci** *adj* PHILOS deduktiv
tümel *adj* universal **tümel önerme** *s* PHILOS Universalaussage *f*
tümen *s* MIL Division *f*
tüme varım *s* PHILOS (*endüksiyon*) Induktion *f*; *s. a.* **tümden gelim** **tüme varımcı** *adj* PHILOS induktiv
tümleç <-ci> *s* ❶ Ergänzung *f* ❷ LING Objekt *nt*; **dolaylı ~** das indirekte Objekt
tümleme *s* ❶ *Verbalsubstantiv zu* **tümlemek** ❷ Ergänzung *f*
tümlemek *vt* ergänzen, komplementieren, vervollständigen
tümlenme *s* ❶ *Verbalsubstantiv zu* **tümlenmek** ❷ Ergänzung *f*
tümlenmek *vi pass von* **tümlemek**
tümler *vt 3. Aorist von* **tümlemek** **tümler açı** *s* MATH Komplementwinkel *m*, Ergänzungswinkel *m*
tümör *s* MED Tumor *m*
tümsek <-ği> *s* Anhöhe *f*, Erhebung *f*
tüm tanrıcı **I.** *s* Pantheist(in) *m(f)* **II.** *adj* pantheistisch
tüm tanrıcılık <-ğı> *s ohne pl* PHILOS Pantheismus *m*
tümür *s* ANAT Darmzotte *f*
tümüyle *adv* gänzlich
tün *s* (*gece*) Nacht *f*
tünaydın *interj* **~!** guten Abend!
tünek <-ği> *s* Hühnerstange *f*
tünel *s* Tunnel *m*
tüneme *s Verbalsubstantiv zu* **tünemek**
tünemek *vi* (*kuş*) sich niederlassen (**-e** auf), sich setzen (**-e** auf)
tüner *vi 3. Aorist von* **tünmek**
tünme *s Verbalsubstantiv zu* **tünmek**
tünmek *vi* (*fam: hava kararmak*) dunkel werden; (*gece olmak*) Nacht werden
tüp *s* ❶ Tube *f* ❷ (*gaz ~ü*) Flasche *f* ❸ (*neon ~ü*) Röhre *f*; **östaki ~ü** ANAT die Eustachische Röhre ❹ (*deney ~ü*) Reagenzglas *nt* **tüp bebek** <-ği> *s* (*fam*) Retortenbaby *nt*
tüpgaz ocağı *s* Gaskocher *m*
tür *s* ❶ BIOL Art *f*; **soyu tükenmeye yüz tutmuş bir ~** eine vom Aussterben bedrohte Art ❷ (*edebiyat ~ü*) Gattung *f*
türban *s* ❶ HIST Turban *m* ❷ POL (*baş örtüsü*) Kopftuch *nt* **türban yasağı** *s* POL Kopftuchverbot *nt*
türbe *s* Grabmal *nt*
türbin *s* PHYS, TECH Turbine *f* **türbin çarkı** *s* TECH Turbinenrad *nt*
türboşarjör *s* AUTO Turbolader *m*
türbülans *s* METEO, ASTRON Turbulenz *f*
türdeş *adj* artgleich, gleichartig
türdeşlik <-ği> *s* Gleichartigkeit *f*
türe *s s.* **adalet** Gerechtigkeit *f*
türedi *s* (*pej*) Emporkömmling *nt*, Parvenü *m o nt*
türeme *s Verbalsubstantiv zu* **türemek**
türemek *vi* ❶ (*oluşmak*) entstehen, sich bilden; (*ortaya çıkmak*) aufkommen ❷ sich ableiten (**-den** von)
türetme *s Verbalsubstantiv zu* **türetmek**
türetmek *vt* ❶ ableiten (**-den** von), herleiten (**-den** von); **fiilden türetilmiş bir kelime** von einem Verb abgeleitetes Wort ❷ (*yaratmak*) hervorbringen, erzeugen ❸ INFORM generieren
türev *s* ❶ MATH Ableitung *f* ❷ LING, CHEM Derivat *nt*
Türk **I.** *s* Türke, Türkin *m, f* **II.** *adj* türkisch
Türkçe *s ohne pl* Türkisch *nt*; **~ konuşmak/öğrenmek** Türkisch sprechen/lernen; **bir şeyi ~ye/~den çevirmek** etw ins Türkische/aus dem Türkischen übersetzen; **bu ~de ne demek?** wie heißt das auf Türkisch?
Türkçeci *s* (*fam: öğretmen*) Türkischlehrer(in) *m(f)*
Türkçeleştirme *s* ❶ *Verbalsubstantiv zu* **Türkçeleştirmek** ❷ Turkisierung *f*
Türkçeleştirmek *vt* turkisieren
Türkçesi *adv* (*fig*) auf gut Türkisch; (*açıkçası*) offen gestanden; **bunun ~ ne?** wie heißt das auf Türkisch?
Türk Dil Kurumu *s ohne pl* (*eskiden*) Türkischer Sprachverein; (*bugün*) Gesellschaft für türkische Sprache (*gegründet am 12.7.1932 mit Sitz in Ankara, um die Sprachreform zu beschleunigen*)
Türkî **I.** *s s.* **Türkçe** Türkisch *nt* **II.** *adj* türkisch
Türkiyat *s s.* **Türkoloji** Turkologie *f*
Türkiye *s* Türkei *f*; **~'nin batısında/doğusunda/güneyinde/kuzeyinde** im Westen/Osten/Süden/Norden der Türkei **Türkiye Büyük Millet Meclisi** *s* die Große Nationalversammlung der Türkei **Türkiye Cumhuriyeti** *s ohne pl* Republik Türkei

Türkleştirme *s* ❶ *Verbalsubstantiv zu* **Türkleştirmek** ❷ Turkisierung *f*
Türkleştirmek *vt* turkisieren
Türklük bilgisi *s s.* **Türkoloji** Turkologie *f*
Türkmen **I.** *s* Turkmene, Turkmenin *m, f* **II.** *adj* turkmenisch
Türkmence *s ohne pl* Turkmenisch(e) *nt*
Türkmenistan *s* Turkmenistan *nt*
Türkolog <-ğu> *s* Turkologe, -login *m, f*
Türkoloji *s* Turkologie *f*
türkuaz **I.** *s* ❶ (*mineral*) Türkis *m* ❷ (*renk*) Türkis *nt* **II.** *adj* türkis **türkuaz yeşili** *s* Türkis *nt*
türkü *s* Lied *nt;* ~ **okumak** Lieder singen
türüm *s* PHILOS Emanation *f*
tüt *vi Imperativ von* **tütmek**
tüter *vi 3. Aorist von* **tütmek**
tütme *s Verbalsubstantiv zu* **tütmek**
tütmek <-er> *vi* ❶ (*duman çıkarmak*) rauchen; (*buhar çıkarmak*) dampfen ❷ (*dumanı geri vermek*) qualmen
tütsü *s* Weihrauch *m*
tütsüleme *s* ❶ *Verbalsubstantiv zu* **tütsülemek** ❷ Beweihräucherung *f* ❸ (*et ve balıkları*) Räucherung *f*
tütsülemek *vt* ❶ beweihräuchern ❷ (*et ve balıkları*) räuchern ❸ (*sl*) sich besaufen
tütsülenme *s* ❶ *Verbalsubstantiv zu* **tütsülenmek** ❷ Beweihräucherung *f*
tütsülenmek *vi* ❶ beweihräuchert werden ❷ (*et ve balıklar*) geräuchert werden
tütsülük <-ğü> *s* Räuchergefäß *nt,* Räucherfass *nt;* (*buhurdan*) Weihrauchfass *nt*
tüttürme *s Verbalsubstantiv zu* **tüttürmek**
tüttürmek *vt* ❶ *Kausativ zu* **tütmek** ❷ (*sigara, pipo*) rauchen
tütün *s* ❶ BOT (*Nicotiana tabacum*) Tabak *m;* ~ **içmek/yetiştirmek** Tabak rauchen/anbauen ❷ REG (*duman*) Rauch *m* **tütün balığı** *s* ❶ (*tütsü ile kurutulmuş balık*) Räucherfisch *m* ❷ (*tütsü ile kurutulmuş ringa*) Bückling *m*
tütüncü *s* ❶ (*yetiştirici*) Tabakpflanzer(in) *m(f)* ❷ (*satıcı*) Tabakverkäufer(in) *m(f)*
tütüncülük <-ğü> *s* Tabakbau *m*
tütün harmanı *s* Tabakmischung *f* **tütün tekeli** *s* WIRTSCH Tabakmonopol *nt* **tütün yetiştiricisi** *s* Tabakpflanzer(in) *m(f)*
tüvit <-di> *s* Tweed *m*
tüy[1] *vi Imperativ von* **tüymek**
tüy[2] *s* ❶ Haar *nt;* ~ **atmak** (*hayvan*) sich haaren; ~**leri diken diken oldu** (*fig fam: korkudan*) ihm standen die Haare zu Berge; (*üşümekten*) er bekam eine Gänsehaut; ~**ü birine çekmek** (*fig fam*) ganz nach jdm schlagen; **birinin** ~**üne dokunmamak** jdm kein Haar krümmen; **söyleye söyleye dilinde** ~ **bitmek** (*fam*) sich den Mund fuss(e)lig reden ❷ (*kuş* ~*ü*) Feder *f;* ~ **atmak** (*kuş*) sich mausern **tüy ağırlık** <-ğı> *s ohne pl s.* **tüy sıklet** **tüy dökücü krem** *s* Enthaarungscreme *f*
tüydürme *s Verbalsubstantiv zu* **tüydürmek**
tüydürmek *vt* (*fam*) mitgehen lassen, klauen
tüyer *vi 3. Aorist von* **tüymek**
tüy gibi *adj* federleicht
tüylenme *s* ❶ *Verbalsubstantiv zu* **tüylenmek** ❷ Behaarung *f*
tüylenmek *vi* ❶ sich behaaren, Haare bekommen ❷ (*fig fam: para sahibi olmak*) zu Geld kommen
tüyler ürpertici *adj* haarsträubend
tüylü *adj* ❶ behaart; **sık** ~ dicht beharrt ❷ gefiedert, Feder- **tüylü meşe** *s* BOT Flaumeiche *f* **tüylü top** *s* SPORT Federball *m*
tüyme *s Verbalsubstantiv zu* **tüymek**
tüymek *vi* (*fam*) die Fliege machen; (*kaçmak*) abhauen
tüy sıklet *s ohne pl* SPORT Federgewicht *nt*
tüysü *adj* BOT (*yaprak*) gefiedert; ~ **yapraklı bitkiler** Pflanzen mit gefiederten Blättern
tüysüz **I.** *adj* ❶ unbehaart ❷ ungefiedert **II.** *s* (*fig, pej*) Milchbart *m,* Milchgesicht *nt*
tüze *s ohne pl* Recht *nt*
tüzel *adj* JUR juristisch; ~ **kişi** juristische Person; **kamu** ~ **kişisi** Körperschaft des öffentlichen Rechts
tüzük <-ğü> *s* Verordnung *f,* Rechtsverordnung *f;* (*statü*) Statut *m,* Satzung *f;* (*iç* ~) Ordnung *f*
tv [tivi] *s* (*televizyon*) Fernsehen *nt*
tvist *s* MUS Twist *m*
tv sunucusu *s* Fernsehmoderator(in) *m(f)*

U u

U, u *s* U, u *nt* (*25. Buchstabe des türk. Alphabets*)*;* **Uşak'ın ~'su** U wie Ulrich
ucu *s poss von* **uç**
ucube *s* (*fam*) Freak *m*
ucu ucuna *adv* gerade, knapp; **~ geldi** er kam gerade noch rechtzeitig
ucuz *adj* billig, preiswert, günstig; **~ atlatmak/kurtulmak** (*fam*) billig davonkommen, Glück im Unglück haben; **bir şeyi ~a vermek** etw billig abgeben
ucuzluk <-ğu> *s* Ausverkauf *m,* Sonderangebote *pl;* **bu ayakkabıları ~ta kaptım** diese Schuhe habe ich im Ausverkauf geschnappt
uç[1] *vi Imperativ von* **uçmak**
uç[2] <-cu> *s* ❶ Spitze *f;* (*kalemin ucu*) Spitze *f;* **bir şeyin ucunu açmak** etw anspitzen; **dilimin ucunda** (*fam*) es liegt mir auf der Zunge ❷ (*ayak, baş ucu*) Ende *nt;* **dünyanın öbür ucunda** am anderen Ende der Welt; **şehrin öteki ucunda** am anderen Ende der Stadt
uçak <-ğı> *s* ❶ Flugzeug *nt* ❷ Maschine *f;* **~ inişe geçti** die Maschine setzt zur Landung an **uçak bileti** *s* Flugticket *nt* **uçak enkazı** *s* Flugzeugwrack *nt* **uçak gemisi** *s* MIL Flugzeugträger *m*
uçaksavar *s ohne pl* MIL Luftabwehr *f,* Flugabwehr *f*
uçak seferi *s* Flug *m* **uçak şirketi** *s* Fluggesellschaft *f* **uçak yolculuğu** *s* Flugreise *f* **uçak yolcusu** *s* Fluggast *m*
uçan *adj* fliegend; **~ daire** fliegende Untertasse; **U~ Hollandalı** (*opera*) der Fliegende Holländer
uçar *vi 3. Aorist von* **uçmak**
uçarı *adj* ❶ leichtlebig ❷ ausschweifend
uçarılık <-ğı> *s* ❶ Leichtlebigkeit *f* ❷ Ausschweifung *f*
uçkur *s* Schnur *f,* Gürtelschnur *f;* **~ perhizi** (*fig*) sexuelle Enthaltsamkeit
uçma *s Verbalsubstantiv zu* **uçmak**
uçmak <-ar> *vi* fliegen; **havalarda ~** (*fig fam*) abheben; **havaya ~** in die Luft fliegen
uçma korkusu *s* Flugangst *f*
uçucu **I.** *adj* ❶ fliegend ❷ CHEM flüchtig; **~ yağlar** ätherische Öle **II.** *s* AERO (*pilot*) Flieger *m*
uçuculuk <-ğu> *s ohne pl* ❶ CHEM Flüchtigkeit *f* ❷ AERO (*pilotluk*) Fliegerei *f*
uçuç böceği *s* ZOOL Marienkäfer *m*
uçuk[1] *adj* ❶ (*soluk*) blass ❷ (*açık*) hell ❸ (*hafif*) leicht
uçuk[2] <-ğu> *s* MED Herpes *m*
uçulma *s Verbalsubstantiv zu* **uçulmak**
uçulmak *vi* **Viyana'dan Antalya'ya kaç saatte uçuluyor?** wie lange fliegt man von Wien nach Antalya?
uçurma *s Verbalsubstantiv zu* **uçurmak**
uçurmak *vt* ❶ *Kausativ zu* **uçmak** ❷ (*yolcu*) fliegen; (*balon, uçurtma*) steigen lassen, fliegen lassen ❸ (*kafa, kelle*) abschlagen; **birinin kellesini ~** jdn enthaupten ❹ (*havaya ~*) sprengen; **bir şeyi dinamitle havaya ~** etw mit Dynamit in die Luft sprengen
uçurtma *s* Drachen *m;* **~ uçurmak** einen Drachen steigen lassen
uçurum *s* ❶ Abgrund *m;* **~lara çekmek** zum Abgrund treiben ❷ (*büyük fark*) Kluft *f;* **aralarında derin bir ~ vardı** es bestand eine tiefe Kluft zwischen ihnen
uçuş *s* Flug *m* **uçuş çizelgesi** *s* Flugschreiber *m* **uçuş güvenliği** *s ohne pl* Flugsicherheit *f* **uçuş hızı** *s* Fluggeschwindigkeit *f* **uçuş rotası** *s* Flugstrecke *f* **uçuş yasağı** *s* Flugverbot *nt* **uçuş yüksekliği** *s* Flughöhe *f*
U dönüşü *s* AUTO Wenden *nt;* **~ yapmak** wenden
uf *interj* **~!** au!, aua!; **~, acıdı!** au, das tat weh!
ufacık <-ğı> *adj* winzig **ufacık tefecik** *adj* klitzeklein
ufak <-ğı> *adj* klein
ufaklık <-ğı> *s* ❶ Kleinsein *nt* ❷ (*bozuk para*) Kleingeld *nt* ❸ (*şaka olarak*) Laus *f* ❹ Kleine *nt*
ufak para *s* Kleingeld *nt* **ufak tefek** *adj* ❶ geringfügig; **bir şey üzerine ~ bilgisi olmak** über etw geringfügige Kenntnisse haben; **o, ~ şeylerle** [*o* **işlerle**] **uğraşmaz** er gibt sich nicht mit Kleinigkeiten ab ❷ schmächtig **ufak ufak** *adv* ❶ (*azar azar*) in kleinen Mengen ❷ (*yavaş yavaş*) allmählich
ufalama *s* ❶ *Verbalsubstantiv zu* **ufalamak** ❷ Zerkleinerung *f;* (*kırarak*) Zerbröck(e)lung *f*
ufalamak *vt* zerkleinern; (*kırarak*) zerbröckeln
ufalanma *s Verbalsubstantiv zu* **ufalanmak**
ufalanmak *vi pass von* **ufalamak**
ufalayıcı **I.** *s* Zerkleinerungsmaschine *f* **II.** *adj* zerkleinernd
ufalma *s Verbalsubstantiv zu* **ufalmak**
ufalmak *vi* sich verkleinern

U

ufaltma *s* ❶ *Verbalsubstantiv zu* **ufaltmak** ❷ Verkleinerung *f*
ufaltmak *vt* verkleinern
ufkî *adj s.* **yatay** waagerecht, horizontal
ufku *s poss von* **ufuk** **ufku dar** *adj* beschränkt; **~ olmak** einen engen [*o* beschränkten] Horizont haben **ufku geniş** *adj* weitblickend
uflama *s Verbalsubstantiv zu* **uflamak**
uflamak *vi* ächzen; **uflayıp puflamak** ächzen und stöhnen
ufuk <-fku> *s* (*a. fig*) Horizont *m;* **~ta** am Horizont; **ufku dar olmak** (*fig*) einen engen [*o* beschränkten] Horizont haben; **ufkunu genişletmek** seinen Horizont erweitern
ufunet *s ohne pl* ❶ (*pis koku*) Gestank *m* ❷ (*irin*) Eiter *m*
ufunetlenme *s* ❶ *Verbalsubstantiv zu* **ufunetlenmek** ❷ *s.* **irinlenme** Eiterung *f*
ufunetlenmek *vi s.* **irinlenmek** eitern
ufunetli *adj s.* **irinli** eit(e)rig
Uganda *s* Uganda *nt*
Ugandalı *s* Ugander(in) *m(f)*
uğrak <-ğı> *s* ❶ (*çok uğranılan yer*) Anlaufstelle *f;* **fırtına uğrağı** stürmische Gegend ❷ (*yolculukta*) Station *f,* Zwischenstation *f*
uğrama *s Verbalsubstantiv zu* **uğramak**
uğramak *vi* ❶ vorbeischauen (**-e** bei); **birine ~** bei jdm vorbeischauen, jdm einen Besuch abstatten ❷ (*hezimete, yenilgiye ~*) erleiden, einstecken ❸ (*kötü duruma*) geraten (**-e** in); **paniğe/tehlikeye ~** in Panik/Gefahr geraten ❹ NAUT **limana ~** einen Hafen anlaufen
uğraş[1] *vi Imperativ von* **uğraşmak**
uğraş[2] *s* Beschäftigung *f*
uğraşma *s* ❶ *Verbalsubstantiv zu* **uğraşmak** ❷ Beschäftigung *f*
uğraşmak *vi* sich beschäftigen (**-le** mit)
uğraştırma *s Verbalsubstantiv zu* **uğraştırmak**
uğraştırmak *vt Kausativ zu* **uğraşmak** beschäftigen
uğru *s s.* **hırsız** Dieb(in) *m(f)*
uğrun *adv s.* **gizlice** heimlich
uğuldama *s Verbalsubstantiv zu* **uğuldamak**
uğuldamak *vi* ❶ dröhnen; **kulaklarım uğulduyor** mir dröhnen die Ohren, ich habe Ohrensausen ❷ heulen
uğultu *s* Dröhnen *nt,* Sausen *nt*
uğur[1] *s ohne pl* ❶ (*talih*) Glück *nt;* **~ getirmek** Glück bringen; **birine ~lar dilemek** jdm Glück wünschen; **~lar olsun!** viel Glück! ❷ (*meymenet*) Segen *nt*
uğur[2] <-ğru> *s ohne pl* **bu ~da** dafür; **vatan uğrunda** für das Vaterland **uğur böceği** *s* ZOOL Marienkäfer *m*
uğurlama *s Verbalsubstantiv zu* **uğurlamak**
uğurlamak *vt* verabschieden
uğurlu *adj* glücklich, Glücks-
uğurluk <-ğu> *s* REG Glücksbringer *m;* (*maskot*) Maskottchen *nt*
uğursuz *adj* ❶ unglücklich, Unglücks- ❷ unselig, verhängnisvoll, unheilvoll
uğursuzluk <-ğu> *s* ❶ Unglück *nt,* Unheil *nt,* Pech *nt;* **bir kimse/şey birine ~ getirmek** jd/etw bringt jdm Unglück ❷ (*fatalite*) Fatalität *f,* Verhängnis *nt*
uğursuz sayı *s* Unglückszahl *f* **uğursuz uğursuz** *adv* auf unheilverkündende Weise
uhde *s* ❶ (*görev*) Aufgabe *f;* **~sine almak** übernehmen ❷ (*sorumluluk*) Verantwortung *f;* **bir şey birinin ~sinde olmak** jdm obliegt etw
uhrevî *adj* geistlich; **dünyevî ve ~ prensler** HIST weltliche und geistliche Fürsten
uhuvvet *s* Bruderschaft *f*
ukalâ *s* (*pej*) Besserwisser(in) *m(f)*
ukalâca *adj* besserwisserisch
ukalâ dümbeleği *s* (*pej fam*) Klugscheißer *m*
ukalâlık <-ğı> *s* (*pej*) Besserwisserei *f*
Ukrayna *s* Ukraine *f*
Ukraynalı **I.** *s* Ukrainer(in) *m(f)* **II.** *adj* ukrainisch
ulaç <-cı> *s* LING (*zarf-fiil, bağfiil*) Gerundium *nt*
ulak <-ğı> *s* Bote, Botin *m, f;* **~ çıkarmak** einen Boten schicken
ulam *s* Kategorie *f*
ulama *s* ❶ *Verbalsubstantiv zu* **ulamak** ❷ Hinzufügung *f*
ulamak *vt* hinzufügen; **bir şeyi (başka) bir şeye ~** eine Sache einer (anderen) Sache hinzufügen
ulantı *s* TECH Ansatz *m,* Ansatzstück *nt,* Verlängerungsstück *nt*
ulaşılmaz *adj* unerreichbar
ulaşım *s ohne pl* Verkehr *m;* **şehir içi ~ı** innerstädtischer Verkehr **ulaşım aracı** *s* Verkehrsmittel *nt* **ulaşım yolu** *s* Verkehrsweg *m*
ulaşma *s Verbalsubstantiv zu* **ulaşmak**
ulaşmak *vi* ❶ reichen (**-e** bis) ❷ (*erişmek, yetişmek*) erreichen (**-e**), gelangen (**-e** zu); **başarıya ~** zum Erfolg gelangen; **hedefe ~** das Ziel erreichen ❸ (*dökülmek*) münden (**-e** in); **nehirler denize ulaşıyor** die Flüsse münden ins Meer
ulaştırma *s* Verkehrswesen *nt* **ulaştırma**

bağlantısı *s* Verkehrsverbindung *f*
Ulaştırma Bakanlığı *s* Verkehrsministerium *nt*
ulu[1] *vi Imperativ von* **ulumak**
ulu[2] *adj* erhaben
ululuk <-ğu> *s ohne pl* Erhabenheit *f*
uluma *s Verbalsubstantiv zu* **ulumak**
ulumak *vi* heulen, jaulen
ulur *vi 3. Aorist von* **ulumak**
ulus *s* ❶ (*millet*) Nation *f* ❷ Volk *nt;* **U~ adına** JUR im Namen des Volkes
ulusal *adj* national, National- **ulusal bilinç** <-ci> *s* Nationalbewusstsein *nt*
ulusallaştırma *s* ❶ *Verbalsubstantiv zu* **ulusallaştırmak** ❷ Nationalisierung *f*
ulusallaştırmak *vt* nationalisieren
ulusçu **I.** *s* Nationalist(in) *m(f)* **II.** *adj* nationalistisch
ulusçuluk <-ğu> *s* Nationalismus *m*
uluslararası *adj* international; **~ politika** die internationale Politik
Uluslararası Af Örgütü *s ohne pl* Amnesty International *nt*
uluslararasıcılık <-ğı> *s ohne pl* Internationalismus *m*
ulvî *adj* erhaben; **~ bir manzara** ein erhabener Anblick; **~ düşünceler** erhabene Gedanken
ulviyet *s ohne pl* Erhabenheit *f*
umacı *s* (*fam*) Kinderschreck *m;* **~ geliyor!** der Buhmann kommt!; **~ gibi** wie ein Schreckgespenst
umar **I.** *vi 3. Aorist von* **ummak** **II.** *s ohne pl* (*çare*) Abhilfe *f*
umarsız *adj* hilflos, ratlos
umarsızlık <-ğı> *s ohne pl* Hilflosigkeit *f,* Ratlosigkeit *f*
umde *s s.* **ilke, prensip** Prinzip *nt,* Grundsatz *m*
umma *s Verbalsubstantiv zu* **ummak**
ummak <-ar> *vt* ❶ (*beklemek*) erwarten ❷ (*sanmak*) vermuten; **ummadığın taş baş yarar** (*prov*) kleine Ursache, große Wirkung ❸ (*umut etmek*) hoffen
umudu *s poss von* **umut**
umulan *adj* ❶ erwartet ❷ FIN, COMM (*kâr*) imaginär
umumî *adj s.* **genel** allgemein, generell; **~ efkâr** die öffentliche Meinung **umumî heyet** *s s.* **genel kurul** ❶ Generalversammlung *f* ❷ Hauptversammlung *f,* Vollversammlung *f*
umumiyetle *adv s.* **genellikle** im Allgemeinen, generell
umur [umuːr] *s* ❶ **bir şey birinin ~unda olmamak** etw ist jdm gleichgültig; **bu benim ~umda değil** das ist mir gleichgültig ❷ *s.* **işler** Angelegenheiten *pl*
umursama *s Verbalsubstantiv zu* **umursamak**
umursamak *vt* (*aldırış etmek*) sich kümmern (um); (*önem vermek*) für wichtig halten, Wert legen (auf)
umursamaz *adj* gleichgültig
umut <-du> *s* Hoffnung *f;* **~ beslemek** sich Hoffnungen machen; **birine ~ vermek** jdm Hoffnungen machen; **bir tek ~** die einzige Hoffnung **umut ışığı** *s* Hoffnungsschimmer *m*
umutsuz *adj* hoffnungslos
umutsuzca *adv* hoffnungslos
umutsuzluk <-ğu> *s ohne pl* Hoffnungslosigkeit *f*
un *s* Mehl *nt;* **kaba ~** grobes Mehl
-unca <-ınca, -ince, -ünce> *Suffix s.* **-ınca**
un fabrikası *s* Mehlfabrik *f* **un güvesi** *s* ZOOL Mehlmotte *f*
unlu *adj* mehlig
unsur *s* ❶ (*öge*) Komponente *f,* Bestandteil *m* ❷ (*a. pej: eleman*) Element *nt*
unut *vt Imperativ von* **unutmak**: **sen bunu ~!** vergiss es!
unutkan *adj* vergesslich
unutkanlık <-ğı> *s ohne pl* Vergesslichkeit *f*
unutma *s ohne pl Verbalsubstantiv zu* **unutmak**
unutmabeni *s* BOT Vergissmeinnicht *nt*
unutmak *vt* vergessen; **Almancamı unuttum** ich habe mein Deutsch verlernt
unutulma *s ohne pl* ❶ *Verbalsubstantiv zu* **unutulmak** ❷ Vergessenheit *f*
unutulmak *vi* ❶ *pass von* **unutmak**: **bizler unutulduk** wir wurden vergessen, uns hat man vergessen ❷ in Vergessenheit geraten
unutulmaz *adj* unvergesslich
unutulmazlık <-ğı> *s ohne pl* Unvergesslichkeit *f*
unutulmuşluk <-ğu> *s ohne pl* Vergessenheit *f*
unvan *s* ❶ (*ticari ~*) Name *m* ❷ (*soyluluk ~ı*) Titel *m;* (*meslek ~ı*) Bezeichnung *f*
ur *s* MED Geschwulst *f;* **iyicil/kötücül ~lar** gutartige/bösartige Geschwülste
urağan *s* METEO Hurrikan *m*
Uranüs *s* ASTRON Uranus *m*
uranyum *s ohne pl* CHEM Uran *nt;* **~ zenginleştirmek** Uran anreichern
urba *s* REG (*giysi*) Kleidung *f*
Urduca *s* Urdu *nt;* **Pakistan'da ~ konuşulur** Urdu wird in Pakistan gesprochen
urgan *s* Seil *nt*
Uruguay *s* Uruguay *nt*
Uruguaylı **I.** *s* Uruguayer(in) *m(f)* **II.** *adj* uruguayisch

Urus *s* REG (*Rus*) Russe, Russin *m, f*
us *s* Ratio *f*, Vernunft *f*; **kılgılı/kuramsal ~** PHILOS praktische/theoretische Vernunft
usanç <-cı> *s ohne pl* Überdruss *m*; **birine ~ vermek** jdn anöden
usanma *s Verbalsubstantiv zu* **usanmak**
usanmak *vi* **bir kimseden/şeyden ~** jds/etw überdrüssig werden; (*fam*) jdn/etw satthaben, von jdm/etw die Nase voll haben
usçu I. *s* Rationalist(in) *m(f)* **II.** *adj* rationalistisch
usçuluk <-ğu> *s ohne pl* Rationalismus *m*
us dışı *adj* irrational **us dışıcılık** <-ğı> *s ohne pl* PHILOS Irrationalismus *m*
uskumru *s* ZOOL Makrele *f*
uskur *s* Schiffsschraube *f*
uskuru *s* TECH Gewinde *nt*
uslanma *s ohne pl Verbalsubstantiv zu* **uslanmak**
uslanmak *vi* vernünftiger werden, zur Vernunft kommen; **yaşlandıkça uslanıyor** er wird vernünftiger, je älter er wird
uslu *adj* ❶ (*yaramaz karşıtı*) artig, brav ❷ (*uysal*) friedfertig
usluluk <-ğu> *s ohne pl* Artigkeit *f*
uslu uslu *adv* artig, brav
ussal *adj* rational, vernünftig
ussallaştırma *s ohne pl* ❶ *Verbalsubstantiv zu* **ussallaştırmak** ❷ Rationalisierung *f*
ussallaştırmak *vt* rationalisieren
ussallık <-ğı> *s ohne pl* Rationalität *f*
usta I. *s* ❶ Fachmann, -männin *m, f* ❷ Meister(in) *m(f)*; **~ elinden çıkmak** von Meisterhand geschaffen werden **II.** *adj* geschickt
ustaca *adv* meisterhaft, geschickt
usta işçi *s* Facharbeiter(in) *m(f)* **usta işi** *s* ❶ Facharbeit *f* ❷ Meisterstück *nt*, Meisterleistung *f*
ustunç <-cu> *s* MED Besteck *nt*
ustura *s* Rasiermesser *nt*; **~ gibi keskin** scharf wie ein Rasiermesser
usul¹ <-lü> [usu:l] *s* ❶ (*kökler*) Wurzeln *pl* ❷ (*ana, baba, dede ve nineler*) Aszendenz *f*, Aszendent *m*
usul² <-lü> [usu:l] *s* ❶ (*yöntem*) Verfahren *nt*; **~üle uygun olarak** ordnungsgemäß ❷ (*metot*) Methode *f* ❸ ADMIN, JUR Geschäftsordnung *f* ❹ JUR Verfahren *nt*; **ceza işlerindeki ~** das Verfahren in Strafsachen ❺ MUS (*tempo*) Takt *m*
usul³ *adv* (*yavaş olarak*) langsam; (*alçak olarak*) leise
usulca *adv* (*yavaşça*) langsam; (*sessizce*) leise
usulcacık *adv* (*belli etmeden*) unauffällig, unbemerkt
usul usul *adv* (*yavaşça*) langsam; (*sessizce*) leise
uşak <-ğı> *s* ❶ Diener *m* ❷ HIST Kammerdiener *m*
ut¹ *s* (*utanma duygusu*) Schamgefühl *nt*
ut² <-du> *s* MUS Laute *f* (*türkische Laute mit krummem Hals*)
ut açıcı *s* PSYCH Exhibitionist *m* **ut açıcılık** <-ğı> *s ohne pl* PSYCH Exhibitionismus *m*
utan *vi Imperativ von* **utanmak**: **~!** schäm dich!
utana sıkıla *adv* schüchtern und verlegen
utanç <-cı> *s* (*ohne pl*) Scham *f*; **~ duymak** Scham empfinden; **utancından yerin dibine geçmek** in den Erdboden versinken vor Scham, sich in Grund und Boden schämen
utanç duygusu *s ohne pl* Schamgefühl *nt*
utandırıcı *adj* beschämend, schändlich
utandırma *s ohne pl Verbalsubstantiv zu* **utandırmak**
utandırmak *vt* beschämen
utangaç *adj* schüchtern
utangaçlık <-ğı> *s ohne pl* Schüchternheit *f*
utanma *s ohne pl* ❶ *Verbalsubstantiv zu* **utanmak** ❷ Scham *f*; **bir şeyi ~dan yapmak/söylemek** etw ohne Scham tun/sagen **utanma duygusu** *s ohne pl* Schamgefühl *nt*; **onda hiç ~ yok** er hat überhaupt kein Schamgefühl
utanmak *vi* sich schämen
utanmaz *adj* unverschämt
Utarit *s ohne pl* ASTRON (*Merkür*) Merkur *m*
utku *s* Triumph *m*, Sieg *m*
utkulu *adj* siegreich
uvertür *s* MUS Ouvertüre *f*
uy *vi Imperativ von* **uymak**
uyak <-ğı> *s* LIT Reim *m*; *s. a.* **kafiye**
uyaklı *adj* **~ olmak** sich reimen (**-le** auf)
uyaksız *adj* reimlos
uyandırma *s Verbalsubstantiv zu* **uyandırmak**
uyandırmak *vt* ❶ (auf)wecken; **dışarıdaki gürültü onu uyandırdı** der Lärm draußen hat ihn geweckt; **birini dürtüşleyerek ~** jdn wachrütteln ❷ (*izlenim*) erwecken; (*anılar*) wachrufen; **ilgi ~** das Interesse (er)wecken; **önerisi geniş yankı uyandırdı** sein Vorschlag fand ein breites Echo ❸ (*derin acı*) verursachen; (*merak, ilgi*) erregen; (*nefret*) entfachen; (*şüphe, kuşku*) erregen, aufkommen lassen; (*tepki*) hervorrufen
uyanık <-ğı> *adj* ❶ wach ❷ wachsam ❸ (*fig fam*) aufgeweckt
uyanıklık <-ğı> *s ohne pl* ❶ Wachsamkeit *f* ❷ (*fig fam*) Aufgewecktheit *f*

uyanır *vi 3. Aorist von* **uyanmak** **uyanır uyanmaz** *adv* **~ kalkacak** sobald [*o* sowie] er wach ist, wird er aufstehen; **~ kalktı** sobald [*o* sowie] er wach wurde, ist er aufgestanden

uyanma *s Verbalsubstantiv zu* **uyanmak**

uyanmak *vi* (*a. fig*) aufwachen, erwachen, wach werden; **saat yedide uyanırım** um sieben Uhr werde ich wach

uyar[1] *vt Imperativ von* **uyarmak**

uyar[2] *vi 3. Aorist von* **uymak**

uyaran *adj* anregend; **kahve ~ bir maddedir** Kaffee ist ein anregender Stoff **uyaran madde** *s* Anregungsmittel *nt*

uyarı *s* ① Abmahnung *f;* (*ikaz*) Warnung *f* ② BIOL Reiz *m*

uyarıcı *adj a.* MED anregend; **~ bir öğüt** ein anregender Rat **uyarıcı ilaç** <-cı> *s,* **uyarıcı madde** *s* Anregungsmittel *nt;* (*doping*) Aufputschmittel *nt*

uyarım *s* ① BIOL Reiz *m;* **dış ~** äußerer Reiz ② Erregung *f;* **cinsel ~** geschlechtliche Erregung

uyarınca *adv* gemäß; **kanunun 5. maddesi ~** gemäß Artikel 5 des Gesetzes

uyarlaç <-cı> *s* Adapter *m*

uyarlama *s* ① *Verbalsubstantiv zu* **uyarlamak** ② Anpassung *f;* LIT (*adaptasyon*) Adaptation *f*

uyarlamak *vt* ① anpassen (**-e** an), angleichen; **bir şeyi diğer bir şeye ~** etw einer Sache anpassen ② (*edebî eseri*) adaptieren, umarbeiten

uyarma *s* ① *Verbalsubstantiv zu* **uyarmak** ② Warnung *f* ③ Anregung *f,* Stimulierung *f,* Stimulation *f*

uyarmak *vt* ① abmahnen; (*ikaz etmek*) warnen ② REG alarmieren ③ stimulieren, anregen, anreizen

uydu *s* ① ASTRON (*peyk*) Trabant *m,* Satellit *m* ② AERO Satellit *m* **uydu devlet** *s* Satellitenstaat *m* **uydu kent** *s* Trabantenstadt *f,* Satellitenstadt *f*

uydurma **I.** *s Verbalsubstantiv zu* **uydurmak** **II.** *adj* erfunden, ausgedacht

uydurmak *vt* ① *Kausativ zu* **uymak** passend machen ② anpassen (**-e** an) ③ abstimmen; **renkleri birbirine ~** die Farben aufeinander abstimmen ④ erdichten, ausdenken, erfinden

uygar *adj* zivilisiert

uygarlık <-ğı> *s* Zivilisation *f*

uygulama *s* ① *Verbalsubstantiv zu* **uygulamak** ② Anwendung *f,* Umsetzung *f* **uygulama alanı** *s* Anwendungsbereich *m*

uygulamak *vt* anwenden, umsetzen

uygulamalı *adj* angewandt; **~ matematik** angewandte Mathematik

uygulama yazılımı *s* INFORM Anwendersoftware *f*

uygulanabilir *adj* anwendbar; **~ bir hüküm** JUR eine anwendbare Vorschrift

uygulanabilirlik <-ği> *s ohne pl* Anwendbarkeit *f;* (*yapılabilirlik*) Machbarkeit *f*

uygulanma *s* ① *Verbalsubstantiv zu* **uygulanmak** ② Anwendung *f,* Umsetzung *f*

uygulanmak *vi* ① *pass von* **uygulamak** umgesetzt werden ② zur Anwendung kommen

uygun *adj* ① passend, geeignet; **birini bir şeye ~ görmek** jdn für etw geeignet halten ② günstig; **~ şartlarla** zu günstigen Bedingungen ③ adäquat ④ entsprechend

uygun adım *s* Gleichschritt *m;* **~ yürümek** im Gleichschritt marschieren **uygun katmanlaşma** *s* GEO Konkordanz *f*

uygunluk <-ğu> *s* ① Übereinstimmung *f* ② LING Kongruenz *f*

uygunsuz *adj* unpassend, unangebracht

Uygur **I.** *s* Uigure, Uigurin *m, f* **II.** *adj* uigurisch

Uygurca *s ohne pl* Uigurisch(e) *nt*

uyku *s ohne pl* Schlaf *m;* **~ bas(tır)mak** vom Schlaf befallen werden; **~ çekmek** ausgiebig schlafen; **~ tutmamak** nicht einschlafen können; **~sunu almak** (sich) ausschlafen; **~ya dalmak** einschlafen, in Schlaf fallen [*o* versinken]; **~ya yatmak** sich zum Schlafen hinlegen; **bu düşünce benim ~mu kaçırdı** dieser Gedanke raubte mir den Schlaf; **bütün gece gözüme ~ girmedi** (*fig*) ich habe die ganze Nacht kein Auge zugetan; **derin bir ~ya dalmak** in tiefen Schlaf fallen; **gözüne ~ girmemek** kein Auge zutun

uyku hapı *s* Schlaftablette *f* **uyku hastalığı** *s* Schlafkrankheit *f* **uyku ilacı** *s* Schlafmittel *nt*

uykulu *adj* ① schläfrig ② verschlafen; **~ bir yüz** ein verschlafenes Gesicht

uyku saati *s* Schlafenszeit *f* **uyku sersemliği** *s ohne pl* Schlaftrunkenheit *f*

uykusuz *adj* schlaflos

uykusuzluk <-ğu> *s ohne pl* Schlaflosigkeit *f*

uyku tulumu *s* Schlafsack *m*

uyluk <-ğu> *s* Oberschenkel *m* **uyluk kemiği** *s* ANAT Oberschenkelknochen *m*

uyma *s* ① *Verbalsubstantiv zu* **uymak** ② Anpassung *f* ③ BIOL (*adaptasyon*) Adaptation *f*

uymaca *adj* konformistisch

uymacılık <-ğı> *s ohne pl* SOZIOL (*konformizm*) Konformismus *m*

uymak <-ar> *vi* ❶ passen ❷ sich anpassen (**-e** an); **modaya/zamana ~** mit der Mode/Zeit gehen ❸ sich halten (**-e** an); **kurallara ~** sich an die Regeln halten; **birinin öğüdüne ~** jds Ratschlag befolgen [*o* beachten] ❹ folgen; **içinden gelen bir dürtüye/hisse ~** einem inneren Antrieb/Gefühl folgen ❺ entsprechen, übereinstimmen; **bu gerçeklere uymaz** das entspricht nicht den Tatsachen

uyruk <-ğu> *s* Staatsangehörigkeit *f*

uyruksuz *adj* staatenlos

uyruksuzluk <-ğu> *s ohne pl* Staatenlosigkeit *f*

uysal *adj* friedfertig

uysallık <-ğı> *s ohne pl* Friedfertigkeit *f*

uyuklama *s Verbalsubstantiv zu* **uyuklamak**

uyuklamak *vi* ❶ dösen, schlummern ❷ eindösen, eindämmern

uyum *s ohne pl* ❶ (*ahenk*) Harmonie *f,* Einklang *m* ❷ (*mutabakat*) Übereinstimmung *f* ❸ LING (*ünlü ~u*) Harmonie *f* ❹ Anpassung *f,* Akkommodation *f* ❺ (*entegrasyon*) Integration *f*

uyuma *s Verbalsubstantiv zu* **uyumak**

uyumak *vi* schlafen; **uyuyan yılanın kuyruğuna bas(ma)mak** (*fig fam*) (keine) schlafende(n) Hunde wecken; **bütün gece uyuyamadım** ich habe die ganze Nacht nicht schlafen können

uyumlu *adj* ❶ harmonisch ❷ *a.* INFORM kompatibel

uyumluluk <-ğu> *s a.* INFORM Kompatibilität *f*

uyum süreci *s* EU Integrationsprozess *m*

uyur[1] *vi 3. Aorist von* **uyumak**

uyur[2] *adj* ❶ (*uyuyan*) schlafend ❷ (*durgun*) stehend; **~ su(lar)** stehendes Gewässer

uyurgezer **I.** *s* Schlafwandler(in) *m(f)* **II.** *adj* schlafwandlerisch

uyurgezerlik <-ği> *s ohne pl* Schlafwandeln *nt,* Mondsüchtigkeit *f*

uyur uyanık **I.** *adj* <-ğı> halbwach **II.** *adv* halbwach; (*yarı uykulu bir biçimde*) im Halbschlaf

uyuşkan *adj* anpassungsfähig

uyuşma *s ohne pl* ❶ *Verbalsubstantiv zu* **uyuşmak** ❷ Einklang *m;* **bir şey ile ~ içinde olmak** in Einklang mit etw stehen ❸ (*uzlaşma*) Einigung *f*

uyuşmak[1] *vi* einschlafen

uyuşmak[2] *vi* ❶ harmonieren (**-le** mit) ❷ (*uzlaşmak*) sich einigen

uyuşmazlık <-ğı> *s* Streitigkeit *f,* Streit(fall) *m,* Konflikt *m*

uyuşturma *s* ❶ *Verbalsubstantiv zu* **uyuşturmak** ❷ Betäubung *f*

uyuşturmak[1] *vt* betäuben

uyuşturmak[2] *vt* versöhnen; **A'yı B ile ~** A und B versöhnen, zwischen A und B Frieden stiften

uyuşturucu **I.** *s* Betäubungsmittel *nt,* Rauschgift *nt* **II.** *adj* betäubend, Betäubungs-, Rauschgift- **uyuşturucu madde** *s* Betäubungsmittel *nt* **uyuşturucu satıcısı** *s* Drogendealer *m* **uyuşturucu ticareti** *s* Rauschgifthandel *nt* **uyuşturucu tutkunluğu** *s ohne pl* Rauschgiftsucht *f* **uyuşturucu tüccarı** *s* Rauschgifthändler *m*

uyuşturulma *s* ❶ *Verbalsubstantiv zu* **uyuşturulmak** ❷ Betäubung *f* ❸ Versöhnung *f*

uyuşturulmak[1] *vi pass von* **uyuşturmak**[1] betäubt werden

uyuşturulmak[2] *vi pass von* **uyuşturmak**[2] versöhnt werden

uyuşuk <-ğu> *adj* ❶ eingeschlafen ❷ (*fig fam*) lahm, dösig, träge; (*pej sl*) lahmarschig

uyutma *s ohne pl* ❶ *Verbalsubstantiv zu* **uyutmak** ❷ Einschläferung *f*

uyutmak *vt* ❶ einschläfern, zum Schlafen bringen ❷ (*fig: hafifletmek*) lindern ❸ (*fig: aldatmak*) reinlegen

uyutucu *adj* einschläfernd

uyuyakalma *s Verbalsubstantiv zu* **uyuyakalmak**

uyuyakalmak *vi* ❶ verschlafen ❷ einnicken; **oturduğu yerde uyuyakaldı** im Sitzen nickte er ein

Uyuyan Güzel *s ohne pl* LIT (*masal*) Dornröschen *nt*

uyuz *s ohne pl* MED Krätze *f;* **~ olmak** die Krätze haben; (*fig fam*) sich die Krätze an den Hals ärgern **uyuz böceği** *s* ZOOL Krätzmilbe *f*

uyuzlu *adj* krätzig

uz[1] *adj* (*iyi*) gut; (*güzel*) schön

uz[2] *adj* (*~ iletişim*) Tele-

uz[3] *adv* (*uzak*) weit

uza devim *s ohne pl* PSYCH (*telekinezi*) Telekinese *f* **uza duyum** *s ohne pl* PSYCH (*telepati*) Telepathie *f*

uzak **I.** *s* <-ğı> Ferne *f;* **~ta** in der Ferne; **~tan** aus der Ferne; **buradan 300 metre ~ta** 300 Meter von hier entfernt **II.** *adj* <-ğı> fern, entfernt, weit; **~ akrabalar** entfernte Verwandte; **~ durmak** sich fernhalten; **~ tutmak** fernhalten

Uzak Doğu *s* Fernost *m;* **~ ülkeleri** die fernöstlichen Länder; *s. a.* **Yakın Doğu**

uzak görüş *s ohne pl* Weitblick *m,* Fernblick *m* **uzak görüşlü** *adj* weit blickend, weit schauend **uzak görüşlülük** <-ğü> *s* *ohne pl* Weitblick *m*

uzaklaşma *s* ❶ *Verbalsubstantiv zu* **uzaklaşmak** ❷ (*yabancılaşma*) Entfremdung *f*

uzaklaşmak *vi* ❶ sich entfernen (**-den** von) ❷ (*yabancılaşmak*) sich entfremden

uzaklaştırma *s* ❶ *Verbalsubstantiv zu* **uzaklaştırmak** ❷ Entfernung *f*

uzaklaştırmak *vt* ❶ entfernen; (*uzağa götürmek*) wegbringen ❷ (*okuldan*) weisen (**-den** von); (*tart etmek*) verweisen (**-den** von) ❸ (*yabancılaştırmak*) entfremden

uzaklık <-ğı> *s* ❶ (*ıraklık*) Entfernung *f*, Distanz *f*, Weite *f* ❷ (*mesafe*) Abstand *m*; **açısal ~** ASTRON in Grad gemessener Abstand

uzaksama *s Verbalsubstantiv zu* **uzaksamak**

uzaksamak *vt* **bir şeyi ~** etw für unwahrscheinlich halten

uzaktaki *adj* weit entfernt

uzaktan kumandalı *adj* ferngesteuert **uzaktan uzağa** *adj* ❶ entfernt ❷ weitläufig

uzam *s* Ausdehnung *f*

uzama *s Verbalsubstantiv zu* **uzamak**

uzamak *vi* ❶ länger werden; **günler uzuyor** die Tage werden länger ❷ sich in die Länge ziehen, sich hinauszögern ❸ sich erstrecken ❹ (*saç*) wachsen

uzanma *s Verbalsubstantiv zu* **uzanmak**

uzanmak *vi* ❶ (*yatmak*) sich hinlegen ❷ (*gitmek*) gehen ❸ sich erstrecken ❹ (*ulaşmak*) langen (**-e** nach)

uzantı *s* ❶ Verlängerung *f* ❷ Fortsatz *m*; **protoplazmanın ince ~sı** feiner Fortsatz des Protoplasmas ❸ INFORM Endung *f*

uzatılma *s Verbalsubstantiv zu* **uzatılmak**

uzatılmak *vi pass von* **uzatmak** verlängert werden; **süre uzatılmadı** die Frist wurde nicht verlängert

uzatım *s* (*süre ~ı*) Verlängerung *f*

uzatma *s* ❶ *Verbalsubstantiv zu* **uzatmak** ❷ Verlängerung *f* **uzatma işareti** *s* LING (*düzeltme işareti*) Zirkumflex *m*

uzatmak *vt* ❶ *Kausativ zu* **uzamak** ❷ (*temdit etmek*) verlängern ❸ (*görüşmeleri*) in die Länge ziehen, hinauszögern; **uzatmayalım, ...** kurzum ... ❹ (*bacaklarını*) ausstrecken; **ayağını yorganına göre ~** (*fig*) sich nach der Decke strecken; **demir sacı çekiçleyerek/haddeleyerek ~** Eisenblech durch Hämmern/Walzen strecken ❺ **saç/sakal ~** sich die Haare/einen Bart wachsen lassen ❻ (*germek*) spannen ❼ (*vermek*) **birine bir şeyi ~** jdm etw überreichen; **birine elini ~** jdm die Hand reichen [*o* entgegenstrecken]

uzay *s* ❶ MATH Raum *m* ❷ ASTRON Raum *m*, Weltraum *m*, Weltall *nt* ❸ INFORM **siber ~** Cyberspace *m* **uzay açı** *s* MATH Raumwinkel *m* **uzay adamı** *s* Raumfahrer *m* **uzay aracı** *s* Raumfahrzeug *nt* **uzay araştırmaları** *s* Weltraumforschung *f*

uzaycılık <-ğı> *s ohne pl* Raumfahrt *f*

uzay çağı *s* Raumzeitalter *nt* **uzay eğrisi** *s* MATH Raumkurve *f* **uzay gemisi** *s* Raumschiff *nt*, Raumfähre *f* **uzay istasyonu** *s* Raumstation *f* **uzay kapsülü** *s* Raumkapsel *f*

uzaylı I. *s* Außerirdische(r) *f(m)*, Alien *m* **II.** *adj* außerirdisch; **~ bir yaratık** ein außerirdisches Wesen, eine außerirdische Kreatur

Uzay Mekiği *s* Spaceshuttle *f*

uzay modülü *s* Raumsonde *f* **uzay taşı** *s* ASTRON (*gök taşı*) Meteorit *m* **uzay uçuşu** *s* Weltraumflug *m* **uzay yolculuğu** *s* Raumfahrt *f*

uzgörür *adj* (*durendiş*) weitblickend

uz iletişim *s* Telekommunikation *f*

uzlaşı *s* ❶ Konsens *m*, Übereinstimmung *f*, Einigung *f*; **~ sağlamak** einen Konsens erzielen, eine Einigung erzielen, Übereinstimmung erzielen ❷ Kompromiss *m*

uzlaşma *s* ❶ *Verbalsubstantiv zu* **uzlaşmak** ❷ Konsens *m*, Übereinstimmung *f*, Einigung *f*; **~ya varmak** einen Konsens erzielen, eine Einigung erzielen, Übereinstimmung erzielen ❸ Kompromiss *m*; **biriyle ~ya varmak** mit jdm einen Kompromiss schließen

uzlaşmacı *adj* kompromissbereit

uzlaşmacılık <-ğı> *s ohne pl* Kompromissbereitschaft *f*

uzlaşmak *vi* sich einigen

uzlaşmaz *adj* kompromisslos

uzlaştırma *s* ❶ *Verbalsubstantiv zu* **uzlaştırmak** ❷ Schlichtung *f*

uzlaştırmak *vt* schlichten

uzlet *s ohne pl* Eremitendasein *nt*, Eremitenleben *nt*

uzman *s* ❶ Fachmann *m*, Spezialist(in) *m(f)* ❷ MED (*mütehassıs*) Spezialist(in) *m(f)*, Facharzt, -ärztin *m, f*; **deri hastalıkları ~ı** Spezialist [*o* Facharzt] für Hautkrankheiten **uzman doktor** *s*, **uzman hekim** *s* Facharzt, -ärztin *m, f*

uzmanlaşma *s* ❶ *Verbalsubstantiv zu* **uzmanlaşmak** ❷ Spezialisierung *f*

uzmanlaşmak *vi* sich spezialisieren

uzmanlık alanı *s* Fachgebiet *nt*, Spezialgebiet *nt*

uzun I. *adj* ❶ lang; **~ lafın** [*o* **sözün**] **kısası** der langen Rede kurzer Sinn, um es kurz zu sagen; **~ yıllardan beri** seit vielen

U

Jahren; ~ **zamandır** seit längerem ❷ weit, fern **II.** *adv* lang(e); ~ **sürmek** lange dauern; **o da benim kadar ~ konuştu** sie sprach ebenso lang(e) wie ich **uzun atlama** *s* SPORT Weitsprung *m* **uzun bacaklı** *adj* langbeinig

uzunçalar *s* MUS Langspielplatte *f*

uzun dalga *s* PHYS, RADIO Langwelle *f;* **~da** auf Langwelle **uzun erimli** *adj* weittragend **uzun far** *s* AUTO Fernlicht *nt* **uzun hayvan** *s* REG (*yılan*) Schlange *f*

uzun kollu *adj* langärm(e)lig **uzun kulaklı** *s* (*fam: eşek*) Esel *m*

uzunlamasına *adv* längs

uzun levrek <-ği> *s* ZOOL, GASTR Zander *m*

uzunluğuna *adv s.* **uzunlamasına** längs

uzunluk <-ğu> *s* Länge *f;* **on metre uzunluğunda bir duvar** eine Wand von zehn Meter Länge **uzunluk ölçü birimi** *s* Längeneinheit *f* **uzunluk ölçüsü** *s* Längenmaß *nt*

uzun menzilli *adj s.* **uzun erimli** weittragend **uzun mesafe** *s* Langstrecke *f* **uzun mesafeli uçuş** *s* AERO Fernflug *m* **uzun ömürlü** *adj* langlebig **uzun saçlı** *adj* langhaarig **uzun süreli** *adj* langfristig **uzun tüylü** *adj* langhaarig; **~ bir köpek** ein langhaariger Hund **uzun uzadıya** *adv* lang und breit; (*genişleterek*) weitschweifig; (*ayrıntılarıyla*) weitläufig, ausführlich **uzun uzun** *adv* lang; **~ ileri geri ettikten sonra** nach langem Hin und Her; **bir şeyi ~ anlatmak** etw lang und breit erzählen **uzun vadeli** *adj* langfristig **uzun vadeli hedef** *s* (*fig fam*) Fernziel *nt* **uzun yol sürücüsü** *s,* **uzun yol şoförü** *s* Fernfahrer(in) *m(f)*

uzviyet *s s.* **organizma** Organismus *m*

uzyazar *s* Fernschreiber *m*

uzyazım *s* Fernschreiben *nt;* (*teleks*) Telex *nt*

Ü ü

Ü, ü *s* Ü, ü *nt* (*26. Buchstabe des türk. Alphabets*); **Ünye'nin ~'sü** U-Umlaut
ücra *adj* abgelegen
ücret *s* ❶ Lohn *m* ❷ Gebühr *f* ❸ Gage *f*, Honorar *nt*
ücret-fiyat helezonu *s* WIRTSCH Lohn-Preis-Spirale *f*
ücretlendirme makinesi *s* POST Frankiermaschine *f*
ücretli **I.** *s* Lohnempfänger(in) *m(f)* **II.** *adj* gebührenpflichtig
ücret politikası *s* Lohnpolitik *f*
ücretsiz *adj* gebührenfrei; (*bedava*) unentgeltlich, kostenlos; **giriş ~dir** der Eintritt ist kostenlos
üç **I.** *s* Drei *f* **II.** *adj* drei; **~ aşağı beş yukarı** mehr oder weniger; **~e beş var** es ist fünf vor drei; *s. a.* **altı** **üç adım** *s* SPORT Dreisprung *m*
üçayak <-ğı> *s* Dreifuß *m*, Dreibein *nt*
üç aylar *s* REL die heiligen drei Monate **üç aylık** <-ğı> *s* Dreimonatsrente *f*, Vierteljahresrente *f* **üç başlı** *adj* dreiköpfig **üç beş** *adj* ein paar; **üçe beşe bakmamak** nicht auf den Pfennig achten **üç bin** *adj* dreitausend; *s. a.* **altı bin** **üç boyutlu** *adj* dreidimensional **üç boyutlu film** *s* 3-D-Film *m*, dreidimensionaler Film
üç buçuk <-ğu> *adj* ❶ dreieinhalb; **~ litre/kilometre** dreieinhalb Liter/Kilometer; **~ saat önce/sonra** dreieinhalb Stunden vorher/nachher ❷ (*saati bildirirken*) halb vier; **~ta** um halb vier; **saat ~** es ist halb vier; **üç buçuğa on (dakika) kala** um zehn (Minuten) vor halb vier; **üç buçuğa on (dakika) var** es ist zehn (Minuten) vor halb vier; **üç buçuğu on (dakika) geçe** um zehn (Minuten) nach halb vier; **üç buçuğu on (dakika) geçiyor** es ist zehn (Minuten) nach halb vier ❸ **~ atmak** (*fam: çok korkmak*) angst und bange sein **üç buutlu** *adj s.* **üç boyutlu**
üççatal *s* Dreizack *m* **üç dört** *adj* (*birkaç*) einige, ein paar
üçer *adj* je drei; **size ~ tane veriyorum** ich gebe euch je drei Stück **üçer üçer** *adv* **~ diz(il)mek** (sich) in Dreierreihen aufstellen
üçgen **I.** *s* MATH Dreieck *nt*; **eşkenar/ikizkenar/küresel ~** ein gleichseitiges/gleichschenk(e)liges/sphärisches Dreieck **II.** *adj* dreieckig
üç haneli *adj* dreistellig; **~ bir sayı** eine dreistellige Zahl
üçkâğıt <-dı> *s* **birini üçkâğıda getirmek** (*fig fam*) jdn austricksen, jdn hereinlegen
üçkâğıtçı *s* Falschspieler(in) *m(f)*, Mogler *m*
üç katlı *adj* dreistöckig **üç kollu** *adj* dreiarmig
üçleme *s* ❶ *Verbalsubstantiv zu* **üçlemek** ❷ LIT (*triloji*) Trilogie *f*
üçlemek *vt* ❶ verdreifachen ❷ AUTO (*fam*) in den Dritten schalten
üçleşme *s* *Verbalsubstantiv zu* **üçleşmek**
üçleşmek *vi* sich verdreifachen
üçlü **I.** *s* ❶ MUS (*trio*) Trio *nt* ❷ (*iskambil kâğıdı*) Drei *f* **II.** *adj* dreiteilig; (*priz*) dreifach; (*şamdan*) dreiarmig; (*grup*) Dreier-
üçlü grup <-bu> *s* Dreiergruppe *f*
üç nokta *s* LING Auslassungspunkte *pl* **üç parçalı** *adj* dreiteilig **üç sesli** *adj* MUS dreistimmig **üç şeritli** *adj* dreispurig
üçte iki oy çokluğu *s* Zweidrittelmehrheit *f*
üçteker *s* ❶ (*çocuklar için*) Dreirad *nt* ❷ (*triportör*) Dreirad *nt*
üç telli *adj* MUS dreisaitig
üçüncü *adj* dritte(r, s); **~ vitese geçirmek** in den dritten Gang schalten; **~ vitese takmak** den dritten Gang einlegen; *s. a.* **altıncı**
üçüncü çağ *s* *ohne pl* GEO Tertiär *nt*
üçüncü dünya ülkeleri *pl* die Dritte Welt
üçüncül *adj* CHEM (*tersiyer*) tertiär
üçüncü sınıf *adj* (*pej*) drittklassig; **~ öğrencisi** ein Schüler der dritten Klasse
üçüncüsü *adv* (*sayarken*) drittens; *s. a.* **altıncısı**
üçüncü zaman *s* *ohne pl* GEO Tertiär *nt*
üçüz *s* Drilling *m*
üç yıldızlı otel *s* Dreisternehotel *nt* **üç yıllık süre** *s* Dreijahresfrist *f*
üfleme *s* *Verbalsubstantiv zu* **üflemek**
üflemek **I.** *vt* ❶ (*yanmakta olan şeyi canlandırmak için*) anblasen; **mumu üfleyerek söndürdü** er hat die Kerze ausgepustet ❷ MUS (*çalmak*) blasen **II.** *vi* blasen, pusten
üflemeli çalgı *s* MUS Blasinstrument *nt*
üfunet *s* ❶ (*irin*) Eiter *m* ❷ (*pis koku*) Gestank *m*
üfürükçü *s* Wunderheiler(in) *m(f)*
üğrüm *s* ASTRON (*nütasyon*) Nutation *f*
üleş *s* (*pay*) Anteil *m*
üleştirim *s* Distribution *f*, Verteilung *f*

üleştirimli *adj* distributiv
üleştirme *s* ❶ *Verbalsubstantiv zu* **üleştirmek** ❷ Distribution *f*, Verteilung *f*, Austeilung *f* **üleştirme eki** *s* LING Distributivendung *f*
üleştirmek *vt* (*dağıtmak*) verteilen; (*bölüp dağıtmak*) austeilen, zuteilen
üleştirme sıfatı *s* LING Distributivum *nt*, Distributivzahl *f*
ülger *s* Flaum *m*
ülke *s* ❶ Land *nt*; ~ **açmak** ein Land erobern ❷ (*devlet*) Staat *m* **ülke çapında** *adv* landesweit **ülke genelinde** *adv* landesweit
ülkeler coğrafyası *s ohne pl* Länderkunde *f*
ülkü *s* Ideal *nt*
ülkücü **I.** *s* Idealist(in) *m(f)* **II.** *adj* idealistisch
ülkücülük <-ğü> *s ohne pl* Idealismus *m*
ülküleştirme *s* ❶ *Verbalsubstantiv zu* **ülküleştirmek** ❷ Idealisierung *f*
ülküleştirmek *vt* idealisieren
ülküsel *adj* ideal
ülser *s* MED Geschwür *nt*
ültimatom *s* Ultimatum *nt*; **birine ~ vermek** jdm ein Ultimatum stellen
ültimatomsu *adj* ultimativ
ültramodern *adj* hochmodern
ültrason *s ohne pl* PHYS Ultraschall *m*
ümidi *s poss von* **ümit**
ümit <-di> *s* Hoffnung *f*
Ümit Burnu *s* das Kap der Guten Hoffnung
ümitli *adj* hoffnungsvoll
ümitsiz *adj* hoffnungslos
ümitsizlik <-ği> *s ohne pl* Hoffnungslosigkeit *f*
ümmet *s* REL (*İslam topluluğu*) islamische Gemeinschaft; **Muhammet ~i** die Gemeinschaft Mohammeds
ümmîlik <-ği> *s ohne pl* Analphabetentum *nt*
ümük <-ğü> *s* REG *s.* **imik** Hals *m*; (*gırtlak*) Kehle *f*
ün *s ohne pl* Ruhm *m*
-ünce <-ınca, -ince, -unca> *Suffix s.* **-ınca**
üniforma *s* Uniform *f*
üniformalı **I.** *s* Uniformträger(in) *m(f)* **II.** *adj* uniformiert
ünik <-ği> *adj* einzigartig, einmalig
ünite *s a.* INFORM Einheit *f*
üniversal <-i> *adj* universal
üniversalizm *s ohne pl* Universalismus *m*
üniversel *adj s.* **üniversal**
üniversite *s* Universität *f*; **teknik ~** technische Universität
üniversiteli *s* Student(in) *m(f)*
üniversite öğrencisi *s* Student(in) *m(f)*
ünlem *s* LING Interjektion *f*
ünleme *s Verbalsubstantiv zu* **ünlemek**
ünlemek *vt* ❶ rufen ❷ REG ausrufen
ünlem işareti *s* LING Ausruf(e)zeichen *nt*
ünlü[1] *s* LING Vokal *m*; *s. a.* **ünsüz**
ünlü[2] *adj* ❶ berühmt ❷ prominent
ünlü uyumu *s* LING Vokalharmonie *f*; **büyük/küçük ~** große/kleine Vokalharmonie
ünsüz *s* LING Konsonant *m*; **ötümlü/ötümsüz/sert/yumuşak ~** ein stimmhafter/stimmloser/harter/weicher Konsonant; *s. a.* **ünlü** **ünsüz benzeşmesi** *s* LING Konsonantenassimilation *f*
ünvan *s s.* **unvan**
ürat *s* CHEM Urat *nt*
Ürdün **I.** *s* Jordanien *nt* **II.** *adj* jordanisch; ~ **hükûmeti** die jordanische Regierung
Ürdünlü **I.** *s* Jordanier(in) *m(f)* **II.** *adj* jordanisch; ~ **erkekler/kadınlar** jordanische Männer/Frauen
ürem *s* WIRTSCH (*getiri*) Ertrag *m*
üreme *s ohne pl* ❶ *Verbalsubstantiv zu* **üremek** ❷ Fortpflanzung *f*; **döllenmesiz ~** Jungfernzeugung *f*; **eşeyli ~** geschlechtliche Fortpflanzung **üreme hücresi** *s* Fortpflanzungszelle *f*; **dişi/erkek ~** weibliche/männliche Fortpflanzungszelle
üremek *vi* ❶ sich fortpflanzen ❷ (*çoğalmak*) sich vermehren ❸ (*yetişmek*) wachsen
üreme organları *pl* ❶ Fortpflanzungsorgane *pl* ❷ MED Genitalien *pl*
üremi *s* MED Harnvergiftung *f*
üremsel *adj* MED genital
üretici **I.** *s* Erzeuger(in) *m(f)*, Hersteller(in) *m(f)*, Produzent(in) *m(f)*; **~den tüketiciye** vom Erzeuger zum Verbraucher **II.** *adj* produktiv **üretici fiyatı** *s* Erzeugerpreis *m*
üretim *s* Produktion *f*; (*elektrik ~i*) Erzeugung *f* **üretim araçları** *pl* Produktionsmittel *pl* **üretim evi** *s* Produktionsstätte *f* **üretim ilişkileri** *pl* Produktionsverhältnisse *pl* **üretim kooperatifi** *s* Produktionsgenossenschaft *f*
üretimlik <-ği> *s* Produktionsstätte *f*
üretkenlik <-ği> *s ohne pl* Produktivität *f*
üretme *s ohne pl* ❶ *Verbalsubstantiv zu* **üretmek** ❷ Fortpflanzung *f* ❸ Erzeugung *f*, Herstellung *f* ❹ (*balık, gül*) Zucht *f*
üretmek *vt* ❶ fortpflanzen ❷ herstellen, erzeugen, produzieren; **çelik/elektrik ~** Stahl/Strom erzeugen; **tüketim malları ~** Konsumgüter produzieren ❸ (*balık, bitki*) züchten; **gül ~** Rosen züchten
ürkek <-ği> *adj* schreckhaft, scheu

ürkeklik <-ği> *s ohne pl* Schreckhaftigkeit *f*, Scheu *f*
ürker *vi 3. Aorist von* **ürkmek**
ürkme *s Verbalsubstantiv zu* **ürkmek**
ürkmek <-er> *vi* ❶ aufschrecken ❷ sich erschrecken (**-den** über/vor) ❸ (*çekinmek*) sich scheuen (**-den** vor)
ürküntü *s* Schrecken *m*
ürkütme *s Verbalsubstantiv zu* **ürkütmek**
ürkütmek *vt* ❶ aufschrecken ❷ erschrecken
ürolog *s* MED Urologe, -login *m, f*
üroloji *s* MED Urologie *f*
ürperme *s* ❶ *Verbalsubstantiv zu* **ürpermek** ❷ Schaudern *nt*
ürpermek *vi* ❶ schaudern ❷ sich sträuben; **korkudan tüyleri ürperdi** vor Angst sträubten sich ihm die Haare
ürperti *s* Schauder *m*
ürpertme *s Verbalsubstantiv zu* **ürpertmek**
ürpertmek *vt* **bakışı tüylerimi ürpertti** es schauderte mich beim Anblick
ürüme *s Verbalsubstantiv zu* **ürümek**
ürümek *vi* bellen; **ürüyen köpek ısırmaz** (*prov*) Hunde, die bellen, beißen nicht
ürün *s* Erzeugnis *nt*, Produkt *nt;* **bitkisel/hayvansal ~ler** pflanzliche/tierische Produkte
ürün yelpazesi *s* Produktpalette *f*
üs <-ssü> *s* ❶ *a.* MIL Basis *f*, Stützpunkt *m* ❷ (*uzay~sü*) Station *f* ❸ MATH Exponent *m*, Hochzahl *f;* **bir kuvvetin ~sü** der Exponent einer Potenz
üsbitken *s s.* **üst bitken**
üsdudak <-ğı> *s s.* **üst dudak**
Üsküdar *s* Üsküdar *nt;* HIST Skutari *nt*
Üsküp *s* Skopje *nt*
üslenme *s* ❶ *Verbalsubstantiv zu* **üslenmek** ❷ Stationierung *f*
üslenmek *vi* sich stationieren (**-e** in)
üslubu *s poss von* **üslup**
üslup <-bu> [ʏsluːp] *s* Stil *m*
üslupçu *s* Stilist(in) *m(f)*
üsluplaştırma *s* ❶ *Verbalsubstantiv zu* **üsluplaştırmak** ❷ Stilisierung *f*
üsluplaştırmak *vt* stilisieren
üsluplu *adj* stilvoll
üslupsuz *adj* stillos
üslupsuzluk <-ğu> *s* Stillosigkeit *f*
üssü *s poss von* **üs**
üst I. *s* ❶ **~e vermek** draufzahlen; **masanın ~ünde** auf dem Tisch ❷ (*giysi*) **~ünü değiştirmek** sich umziehen ❸ (*geriye kalan bölüm*) Rest *m* **II.** *adj* Ober-; **~ katta** im Obergeschoss; **köyün ~ tarafında** oberhalb des Dorfes
üstat <-dı> *s* Meister *m*
üst baş *s* (*giysiler*) Klamotten *pl* **üst bitken** *s* BOT Epiphyt *m* **üst çene** *s* ANAT Oberkiefer *m* **üst deri** *s* ANAT Oberhaut *f;* (*epiderm*) Epidermis *f* **üst dudak** <-ğı> *s* ANAT Oberlippe *f*
üste *adv* **~ vermek** dazugeben; **~ vurmak** (*fiyatı artırmak*) draufschlagen; (*katmak*) zufügen; **bir şeyin ~sinden gelmek** etwas bewältigen
üsteğmen *s* MIL Oberleutnant *m*
üstel *adj* MATH exponentiell
üsteleme *s Verbalsubstantiv zu* **üstelemek**
üstelemek I. *vt* (*tekit etmek*) bekräftigen **II.** *vi* ❶ (*direnmek, ısrar etmek*) insistieren, darauf bestehen; **o kadar üsteledi ki ...** er hat so sehr darauf bestanden, dass ... ❷ (*yeniden ortaya çıkmak*) wieder auftreten; (*depreşmek*) rückfällig werden ❸ (*katılmak*) dazukommen
üstelik I. *s* <-ği> Zugabe *f* **II.** *adv* obendrein; (*ayrıca*) noch dazu; (*bundan başka*) außerdem
üstenci *s* (*müteahhit*) Unternehmer(in) *m(f)*
üst geçiş *s* ASTRON (*yücelim*) Kulmination *f* **üst giysisi** *s* Oberbekleidung *f* **üst güverte** *s* NAUT Oberdeck *nt* **üst insan** *s* Übermensch *m* **üst kat** *s* Obergeschoss *nt* **üst küme** *s* SPORT Oberliga *f*
üstlenme *s Verbalsubstantiv zu* **üstlenmek**
üstlenmek *vt* übernehmen, auf sich nehmen; **sorumluluk ~** Verantwortung übernehmen
üstlük <-ğü> *s* Oberteil *nt*
üst sınıf *s* Oberklasse *f*
üstsüz *adj* oben ohne
üst tabaka *s* Oberschicht *f* **üst tarafı** *adv* (*netice itibarıyla*) im Endeffekt, letzten Endes, letztlich
üstten bakış *s*, **üstten görünüş** *s* Draufsicht *f*
üstübeç <-ci> *s ohne pl* Bleiweiß *m*
üstü çizili *adj* durchgestrichen **üstü kapalı** *adj* verhüllt; **bir şeyi ~ söylemek** etw verhüllt sagen
üstün *adj* überlegen (**-de** in); **Hasan matematikte benden ~** Hasan ist mir in Mathe überlegen **üstün başarı** *s* Spitzenleistung *f*
üstüne *adv* ❶ (*üzerine*) über; **bir şey ~ konuşmak** über etw sprechen ❷ auf, drauf; **~ çekmek** auf sich beziehen; **~ koymak** drauflegen, zuzahlen; **birinin ~ yürümek** auf jdn losgehen; **şarabın ~ bira içilmez** Bier auf Wein trinkt man nicht ❸ (*hesabına*) auf die Rechnung

(-**in** von); **içkiler benim üstüme!** die Getränke gehen auf mich! ❹ **ayak ayak ~ atmak** die Beine übereinanderschlagen ❺ **baş ~!** zu Befehl! ❻ **maaşının ~ bir de kiradan geliri var** außer dem Gehalt hat er noch Mieteinnahmen
üstünkörü *adj* flüchtig; (*yüzeysel*) oberflächlich
üstünlük <-ğü> *s ohne pl* Überlegenheit *f* (-**de** in) **üstünlük derecesi** *s* LING Superlativ *m*
üstüpü *s* Werg *nt*, Putzwolle *f*
üşengeç <-ci> *adj* (*pej*) bequem; (*tembel*) träge
üşengeçlik <-ği> *s ohne pl* (*pej*) Bequemlichkeit *f*; **~ten** aus Bequemlichkeit
üşengen *adj s.* **üşengeç**
üşenme *s Verbalsubstantiv zu* **üşenmek**
üşenmek *vi* zu bequem sein (-**e** zu), die Mühe scheuen (-**e** zu); **yürümeye üşenip yoldan bir taksi çevirdi** er war zu schlapp zu laufen und hielt ein Taxi an
üşniye *pl* BOT (*su yosunları*) Algen *pl*
üşüme *s Verbalsubstantiv zu* **üşümek**
üşümek *vi* frieren; **şiddetli ~** bitterlich frieren; **üşüyorsan** (**o zaman**) **üstüne bir şey giy!** wenn dir kalt ist, (dann) zieh dir etwas an!; **üşüyorum ama donmuyorum** mir ist kalt, aber ich friere nicht
üşüme nöbeti *s ohne pl* Schüttelfrost *m*
üşüntü *s* Auflauf *m*; (*toplanma*) Ansammlung *f*
üşürme *s Verbalsubstantiv zu* **üşürmek**
üşürmek *vt* hetzen; **köpekleri birinin üstüne ~** die Hunde auf jdn hetzen
üşütme *s Verbalsubstantiv zu* **üşütmek**
üşütmek *vi* ❶ sich erkälten ❷ (*fam*) spinnen
üşütük I. *s* (*fam*) Spinner(in) *m(f)* **II.** *adj* <-ğü> (*fam*) übergeschnappt, bescheuert
ütme *s* ❶ *Verbalsubstantiv zu* **ütmek** ❷ (*sl, fam: kumarda yenme*) Abzocke *f*
ütmek[1] <-er> *vt* ❶ flämmen ❷ REG (*tüylerini yakmak için*) (ab)sengen ❸ REG (*ateşe tutup pişirmek*) rösten; **buğday/mısır ~** Weizen/Mais rösten
ütmek[2] <-er> *vt* (*sl, fam: kumarda yenmek*) abzocken
ütopi *s* Utopie *f*; **bunların hepsi henüz ~dir** das alles ist noch Zukunftsmusik
ütopik <-ği> *adj* utopisch
ütopist *s* Utopist(in) *m(f)*
ütopya *s* Utopie *f*
ütopyacı *s* Utopist(in) *m(f)*
ütü *s* Bügeleisen *nt*
ütüleme *s Verbalsubstantiv zu* **ütülemek**
ütülemek *vt* bügeln
ütülenme *s Verbalsubstantiv zu* **ütülenmek**
ütülenmek *vi pass von* **ütülemek**
ütülü *adj* gebügelt
ütü makinesi *s* Bügelmaschine *f* **ütü masası** *s* Bügeltisch *m*
ütüsüz *adj* ungebügelt
ütü tahtası *s* Bügelbrett *nt*
üvey *adj* Stief- **üvey ana** *s*, **üvey anne** *s* Stiefmutter *f* **üvey baba** *s* Stiefvater *m* **üvey çocuk** <-ğu> *s* Stiefkind *nt* **üvey erkek kardeş** *s* Stiefbruder *m* **üvey evlat** <-dı> *s* Stiefkind *nt*
üveyik <-ği> *s* ZOOL Turteltaube *f*
üvey kız *s* Stieftochter *f* **üvey kız kardeş** *s* Stiefschwester *f*
üveyme *s Verbalsubstantiv zu* **üveymek**
üveymek *vi* (*güvercin*) gurren
üvey oğul <-ğlu> *s* Stiefsohn *m*
üvez *s* BOT Spierling *m*
üye *s* Mitglied *nt* **üye aidatı** *s* Mitgliedsbeitrag *m* **üye devlet** *s* Mitgliedsstaat *m*
üyelik <-ği> *s* Mitgliedschaft *f*; **~ için başvurmak** die Mitgliedschaft beantragen
üyelik aidatı *s* Mitgliedsbeitrag *m*
üye tam sayısı *s* Vollzähligkeit *f*
üzengi *s* Steigbügel *m* **üzengi kemiği** *s* ANAT Steigbügel *m*; **~, üç işitme kemikçiğinden biridir** der Steigbügel ist eines der Gehörknöchelchen
üzengileme *s Verbalsubstantiv zu* **üzengilemek**
üzengilemek *vt* spornen; **atı**(**nı**) **~** (s)ein Pferd spornen, (s)einem Pferd die Sporen geben
üzere *part* ❶ um ... zu; **gitmek ~ kalktı** er stand auf, um zu gehen ❷ **bir şeyi yapmak ~ olmak** dabei [*o* im Begriff] sein, etw zu tun; **konuklar gitmek ~** die Gäste sind im Aufbruch begriffen ❸ (*gibi*) wie ❹ **derhal geçerli olmak ~** mit sofortiger Wirkung; **saklı kalmak ~** unter Vorbehalt ❺ **görüşmek ~!** auf Wiedersehen!; **yakında görüşmek ~!** bis bald!
üzeri *s* Oberseite *f*; **masanın ~nde** auf dem Tisch; **odada bir masa duruyordu, ~nde kitaplar vardı** im Zimmer stand ein Tisch, darauf lagen Bücher
üzerine *part* ❶ (*üstüne*) auf; **bir şeyin ~ basarak söndürmek** etw austreten; **dikkati ~ çekmek** die Aufmerksamkeit auf sich ziehen; **öğüdü ~** auf seine Rat (hin); **sipariş ~** auf Bestellung ❷ (*dair*) über; **yazı dili ~ bir makale** ein Artikel über die Schriftsprache
üzerlik <-ği> *s* BOT Steppenraute *f*
üzgün *adj* traurig, unglücklich; (**çok**) **~üm, ama ...** ich bedauere (sehr), aber ...,

es tut mir (sehr) leid, aber ... **üzgün balığı** *s* ZOOL Leierfisch *m*

üzgünlük <-ğü> *s ohne pl* Traurigkeit *f*

üzme *s Verbalsubstantiv zu* **üzmek**

üzmek <-er> *vt* **birini ~** jdn bekümmern, jdn traurig machen, jdm Kummer [*o* Sorge] bereiten

üzülme *s Verbalsubstantiv zu* **üzülmek**

üzülmek *vi* ❶ *pass von* **üzmek** ❷ traurig sein ❸ **bir şeye ~** etw bedauern

üzülür *vi 3. Aorist von* **üzülmek**

üzüm *s* Traube *f,* Weintraube *f* **üzüm çekirdeği** *s* Traubenkern *m* **üzüm kütüğü** *s* Weinstock *m,* Rebstock *m,* Weinrebe *f* **üzüm mengenesi** *s* Weinpresse *f* **üzüm rakısı** *s* Traubenschnaps *m* **üzüm sirkesi** *s ohne pl* Weinessig *m* **üzüm suyu** *s* Traubensaft *m* **üzüm şekeri** *s ohne pl* Traubenzucker *m;* (*glikoz*) Glukose *f* **üzüm şırası** *s* Traubenmost *m*

üzüntü *s ohne pl* Trauer *f,* Betrübnis *f,* Kummer *f;* **~ duymak/vermek** Trauer empfinden/hervorrufen [*o* verursachen]

üzüntülü *adj* ❶ (*üzüntüsü olan*) traurig, betrübt; **bir kimseye/şeye ~ bir göz atmak** jdn/etw mit traurigen Augen anblicken ❷ (*üzüntü veren*) traurig

üzüntüsüz *adj* sorg(en)los, sorgenfrei

V v

V, v [ve] *s* V, v *nt* (*27. Buchstabe des türk. Alphabets*)*;* **Van'ın ~'si** V wie Viktor

V *Abk von* **volt** V, Volt *nt*

vaat <-di> [va'at] *s* Versprechung *f;* (*verilen söz*) Versprechen *nt,* Zusage *f;* **~te bulunmak** ein Versprechen geben, eine Zusage machen; **vaadini tutmak** sein Versprechen (ein)halten; **vaadinde durmak** ein Versprechen einlösen [*o* erfüllen]; **boş ~ler** leere Versprechungen

vaaz *s* REL Predigt *f;* **~ etmek** predigen; **~ vermek** eine Predigt halten

vacip <-bi> *adj* ① (*gerekli*) notwendig; **birine bir şey ~ olmak** jdm etw obliegen [*o* als Aufgabe zufallen] ② REL rituell vorgeschrieben

vade [va:de] *s* ① Frist *f,* Fälligkeit *f* ② FIN (*poliçede*) Verfall *m;* (*süre*) Verfallzeit *f* ③ FIN (*kredide*) Laufzeit *f* **vade bitimi** *s* Fristablauf *m* **vade günü** *s* FIN Verfalltag *m*

vadeli *adj* befristet **vadeli hesap** *s* FIN Festgeldkonto *nt* **vadeli mevduat** *s* FIN Termineinlage *f*

vade sonu *s* Fristablauf *m*

vadetme *s* ① *Verbalsubstantiv zu* **vadetmek** ② Versprechung *f*

vadetmek <-der> *vt* versprechen, zusagen

vadi [va:di:] *s* Tal *nt*

vaftiz *s* REL (*Hristiyan dininde*) Taufe *f;* **birini ~ etmek** jdn taufen **vaftiz adı** *s* Taufname *m* **vaftiz anası** *s* Taufpatin *f* **vaftiz babası** *s* Taufpate *m*

vaftizci *s* REL Täufer *m*

vaftiz evladı *s* Patenkind *nt*

vagina *s* ANAT Vagina *f*

vagon *s* EISENB Waggon *m,* Eisenbahnwagen *m*

vagonluk <-ğu> *s* Waggonladung *f;* **bir ~ kömür** eine Waggonladung Kohle

vagon restoran *s* EISENB Speisewagen *m*

vaha *s* Oase *f*

vahim *adj* (*ağır*) schwer; (*tehlikeli*) gefährlich; **durum çok ~** die Lage ist sehr ernst

vahiy <-hyi> *s* REL Offenbarung *f*

vahşet *s ohne pl* ① Wildheit *f* ② (*korku*) Horror *nt*

vahşi [--:] *adj* ① (*yabani*) wild; **~ bir hayvan** ein wildes Tier ② (*kaba*) brutal, grausam

vahşileşme *s* ① *Verbalsubstantiv zu* **vahşileşmek** ② Verwilderung *f*

vahşileşmek *vi* verwildern

vahşilik <-ği> *s* ① Wildheit *f* ② Grausamkeit *f,* Brutalität *f*

vahşi orman *s* Urwald *m*

vahyi *s poss von* **vahiy**

vajina *s* ANAT Vagina *f*

vajinal *adj* vaginal

vaka *s* Fall *m;* **umutsuz bir ~** ein hoffnungsloser Fall

vakfı *s poss von* **vakıf**

vakıa [-:--] **I.** *s* (*olgu*) Tatsache *f* **II.** *adv* (*gerçi*) zwar, wohl

vakıf <-kfı> *s* Stiftung *f*

vaki <-i> *adj* geschehen

vakit <-kti> *s* Zeit *f;* **~ kazanmak** Zeit gewinnen; **~ nakittir** (*prov*) Zeit ist Geld; **~ öldürmek** (*fig*) die Zeit totschlagen; **bugün (hiç) vaktim yok** heute habe ich (überhaupt) keine Zeit **vakit geçirme** *s* Zeitvertreib *m* **vakit vakit** *adv* von Zeit zu Zeit

vaks *s* Wachs *nt*

vakti *s poss von* **vakit**

vaktinde *adv* ① rechtzeitig; **~ hazır olacak mısın?** wirst du rechtzeitig fertig? ② pünktlich; **aman, ~ gel!** komm ja pünktlich!

vaktiyle *adv* seinerzeit, einst

vaktizamanında *adv s.* **vaktiyle**

vakum *s* PHYS Vakuum *nt*

vakumlama *s* Vakuumdestillation *f*

vakvak *s* (*çocuk dilinde*) Ente *f;* **V~ Amca** Onkel Dagobert

vak vak ~! quak!; **~ etmek** quaken

vakvaklama *s Verbalsubstantiv zu* **vakvaklamak**

vakvaklamak *vi* (*ördek*) quaken

vale *s* ① (*iskambil kâğıdı*) Bauer *m;* (*oğlan*) Bube *m* ② (*otelde*) Page *m,* Hotelpage *m*

valf *s* TECH Ventil *nt*

vali [va:li:] *s* ADMIN (*ilbay*) Gouverneur *m,* Provinzgouverneur(in) *m(f)*

valide [va:--] *s* Mutter *f* **valide sultan** *s* HIST Sultanmutter *f*

valiz *s* ① Koffer *m,* Reisekoffer *m* ② (*bagaj*) Gepäckstück *nt* **valiz sapı** *s* Koffergriff *m*

vallahi *s* **~!** bei Gott!; (*Tanrı'yı tanık tutarım*) Gott ist mein Zeuge!; **~ billahi!** (ich schwöre) bei Gott!; **~ bunu nasıl yaptığımı bilmiyorum** weiß Gott, wie ich das gemacht habe

valör *s* ① (*değer*) Wert *m* ② Valuta *f*

vals *s* MUS Walzer *m;* **~ yapmak/etmek** einen Walzer tanzen

vamp *s* Vamp *m*

vampir *s* Vampir *m*

vana *s* TECH Ventil *nt*
vanadyum *s ohne pl* CHEM Vanadium *nt*
vandalizm *s ohne pl*, **vandallık** <-ğı> *s ohne pl* Wandalismus *m*
vanilya *s ohne pl a.* BOT Vanille *f*
vantilatör [ventilã-] *s* Ventilator *m*, Gebläse *nt* **vantilatör kayışı** *s* AUTO Keilriemen *m*
vantrilok <-ğu> *s* Ventriloquist *m*, Bauchredner(in) *m(f)*
vantuz *s* MED Schröpfkopf *m*
vapur *s* ❶ Dampfer *m* ❷ (*arabalı* ~) Fähre *f*
var **I.** *s ohne pl* Habe *f*; **birinin ~ı yoğu** jds Hab und Gut; **bütün ~ımız** unsere gesamte Habe; **bütün ~ını harcadı** alles, was er hatte, hat er ausgegeben **II.** *adj* (*mevcut*) vorhanden; **~ gücüyle** mit aller Kraft **III.** ❶ **bugün balık ~** es gibt heute Fisch; **iş ~** es gibt Arbeit; **ne ~?** was gibt's?; **ne ~, ne yok** alles, was es gibt; **ne ~, ne yok?** wie geht's, wie steht's? ❷ **devamı ~** Fortsetzung folgt; **işim ~** ich habe zu tun; **nesi ~?** was hat er [*o* sie]? ❸ **param ~** ich habe Geld; **vaktin ~ mı?** hast du Zeit? **IV.** *vi Imperativ von* **varmak**
varak <-ğı> *s* Blatt *nt*
varan *adj* **~ bir** erstens
varda *interj* **~!** Achtung!; (*savul*) weg da!, mach Platz!
vardiya *s* Schicht *f*, Schichtarbeit *f* **vardiyacı** *s* Schichtarbeiter(in) *m(f)*
vargel tezgâhı *s* (*metal için*) Hobelbank *f*
vargı *s* PHILOS Schluss *m*, Schlussfolgerung *f*, Konklusion *f*
varış *s ohne pl* ❶ Ankunft *f* ❷ SPORT (*finiş*) Einlauf *m*; (*~ çizgisi*) Ziel *nt* **varış çizgisi** *s* SPORT Ziellinie *f* **varış saati** *s* Ankunftszeit *f*
varil *s* ❶ Fass *nt*, Tonne *f* ❷ (*petrol ölçü birimi*) Barrel *nt*
varis *s* MED Varize *f*, Krampfader *f*
vâris [va:ris] *s* Erbe, Erbin *m, f*; *s. a.* **mirasçı, kalıtçı**
vârissiz *adj* erbenlos
varit <-di> *adj* denkbar; **~ ol(ma)mak** (un)denkbar sein, (nicht) in Frage kommen
variyet *s* REG (*varlık*) Vermögen *nt*; (*zenginlik*) Reichtum *nt*
variyetli *adj* wohlhabend, vermögend; (*zengin*) reich
var kuvvetiyle *adv* mit aller Kraft
varlık <-ğı> *s* ❶ (*mevcudiyet*) Existenz *f*, Dasein *nt* ❷ (*var olan şey*) Wesen *nt*; (*canlı ~*) Wesen *nt* ❸ (*zenginlik*) Vermögen *nt*; **~ içinde yaşamak** im Wohlstand leben; **~ta darlık çekmek** seine Möglichkeiten nicht einsetzen können ❹ (*ömür*) Dasein *nt*
varlık bilimci *s* Ontologe, -login *m, f* **varlık bilimi** *s ohne pl* PHILOS (*ontoloji*) Ontologie *f*
varlıklı *adj* wohlhabend, vermögend; **~ bir aile** eine wohlhabende Familie
varlıklılık <-ğı> *s ohne pl* Wohlhabenheit *f*
varlıksal *adj* PHILOS (*ontik*) ontisch
varma *s* ❶ *Verbalsubstantiv zu* **varmak** ❷ Ankunft *f*
varmak <-ır> *vi* ❶ ankommen (**-e** in); **bir şeyin tadına ~** einer Sache Geschmack abgewinnen ❷ (*ulaşmak*) erreichen (**-e**); **birinin kâbına varamamak** (*fig*) jdm nicht das Wasser reichen können ❸ (*görüşe*) gelangen (**-e** zu); (*uzlaşmaya*) erzielen ❹ (*evlenmek*) **en sonunda bir kocaya vardı** endlich hat sie geheiratet ❺ (*fam*) **diş fırçasına varıncaya kadar dükkânda ne varsa aldı** bis zur Zahnbürste hat er alles im Geschäft gekauft
varma limanı *s* NAUT, JUR Bestimmungshafen *m*
varoluş *s* PHILOS Existenz *f*
varoluşçu *s* PHILOS Existenzialist(in) *m(f)*
varoluşçuluk <-ğu> *s ohne pl* PHILOS Existenzialismus *m*
varoş *s* Vorstadt *f*
varsayım *s* Hypothese *f*
varsayımlı *adj*, **varsayımsal** *adj* hypothetisch
varsayma *s* ❶ *Verbalsubstantiv zu* **varsaymak** ❷ Annahme *f*
varsaymak *vt* annehmen
varsıl *adj* vermögend; (*zengin*) reich **varsıl erki** *s* SOZIOL (*plutokrasi*) Plutokratie *f*
varsıllaşma *s Verbalsubstantiv zu* **varsıllaşmak**
varsıllaşmak *vi* reich werden
varsıllık <-ğı> *s* Reichtum *nt*
varta *s* Gefahr *f*; **~dan atlamak** eine Gefahr überstehen; **~yı atlatmak** die Gefahr überstehen
varyant *s* ❶ Umleitung *f* ❷ LIT Variante *f*
varyasyon *s* ❶ MUS (*çeşitleme*) Variation *f* ❷ BIOL (*değişim*) Variation *f*, Abart *f* ❸ (*değişiklik*) Veränderung *f*
varyemez *s* (*pej*) Geizhals *m*, Knauser(in) *m(f)*
varyete *s* Varietee *nt*, Varieté *nt*
vasal *s* HIST Vasall *m*
vasat *s* ❶ (*orta*) Mitte *f* ❷ (*ortam*) Umwelt *f*
vasati [vasati:] *adj* (*ortalama*) Durchschnitts- **vasati sürat** <-ti> *s s.* **ortalama hız** Durchschnittsgeschwindigkeit *f*
vasfı *s poss von* **vasıf**
vasıf <-sfı> *s s.* **nitelik** Qualität *f*, Eigenschaft *f*
vasıflandırma *s Verbalsubstantiv zu* **vasıf-**

landırmak

vasıflandırmak *vt* qualifizieren, kennzeichnen, bezeichnen

vasıflı *adj* qualifiziert, Fach- **vasıflı işçi** *s* Facharbeiter(in) *m(f)*

vasıl [va:-] *adj* (*ulaşmak*) ~ **olmak** erreichen (-**e**); (*varmak*) ankommen (-**e** in)

vasıta [va:--] *s* ❶ (*araç*) Mittel *nt,* Instrument *nt* ❷ (*aracı*) Vermittler *m*

vasıtalı *adj* ❶ mittelbar ❷ (*dolaylı*) indirekt; ~ **vergi** indirekte Steuer

vasıtasıyla *part* mittels; **Hasan'ın ~ Can ile tanıştım** durch Hasan habe ich Can kennengelernt

vasıtasız *adj* ❶ unmittelbar ❷ (*dolaysız*) direkt; ~ **vergi** direkte Steuer

vasilik <-ği> *s* JUR Vormundschaft *f*

vasistas *s* Oberlicht *nt*

vasiyet *s* ❶ Vermächtnis *nt;* **birine bir şeyi ~ etmek** jdm etw vermachen ❷ (*vasiyetname*) Testament *nt*

vasiyetname *s* JUR Testament *nt*

vaşak <-ğı> *s* ZOOL Luchs *m*

vat *s* PHYS Watt *nt*

vatan *s* Vaterland *nt;* (*yurt*) Heimat *f*

vatandaş *s* ❶ Staatsangehörige(r) *f(m)* ❷ Mitbürger(in) *m(f)*

vatandaşlık <-ğı> *s* Staatsangehörigkeit *f;* **çifte** ~ doppelte Staatsangehörigkeit

vatan haini *s* Vaterlandsverräter(in) *m(f)*

vatan hainliği *s ohne pl,* **vatan hıyaneti** *s ohne pl* Hochverrat *m,* Vaterlandsverrat *m*

vatanî *adj* vaterländisch **vatanî görev** *s ohne pl,* **vatanî vazife** *s ohne pl s.* **askerlik hizmeti** Militärdienst *m*

vatanperver *adj* patriotisch

vatanperverlik <-ği> *s ohne pl* Patriotismus *m*

vatansever **I.** *s* Patriot(in) *m(f)* **II.** *adj* patriotisch

vatanseverlik <-ği> *s ohne pl* Vaterlandsliebe *f,* Patriotismus *m*

vatansız *adj* heimatlos

vatansızlık <-ğı> *s ohne pl* Heimatlosigkeit *f*

vatka *s* Schulterpolster *nt*

vatman *s* Straßenbahnfahrer(in) *m(f)*

vay *interj* ~ **canına!** alle Achtung!

vazgeçilmez *adj* unverzichtbar

vazgeçirme *s Verbalsubstantiv zu* **vazgeçirmek**

vazgeçirmek *vt* ❶ *Kausativ zu* **vazgeçmek** ❷ abbringen (-**den** von); **birini sigara içmekten ~** jdn vom Rauchen abbringen

vazgeçme *s* ❶ *Verbalsubstantiv zu* **vazgeçmek** ❷ Verzicht *m*

vazgeçmek *vi* verzichten (-**den** auf); **direnmekten ~** den Widerstand aufgeben

vazıkanun [va:zə'əka:nu:n] *s s.* **yasa koyucu** Gesetzgeber *m*

vazife *s* ❶ Amt *nt,* Obliegenheit *f;* **hakemin/yargıcın ~i** das Amt des Schiedsrichters/Richters ❷ (*görev*) Dienst *m;* (*fonksiyon*) Funktion *f* ❸ (*ödev*) Aufgabe *f,* Pflicht *f,* Obliegenheit *f;* **ahlakî bir ~** eine moralische Pflicht; **...i ~m olarak görüyorum** ich sehe es als meine Pflicht an ...; **ona yardım etmek ahlaki ~dir** es ist deine moralische Pflicht, ihr zu helfen

vazifelendirme *s* ❶ *Verbalsubstantiv zu* **vazifelendirmek** ❷ Beauftragung *f*

vazifelendirmek *vt* beauftragen

vazifeli *adj* ❶ Dienst habend ❷ beauftragt

vazifeşinas *adj* plichtbewusst

vaziyet *s* ❶ Lage *f,* Situation *f* ❷ Stellung *f;* **yatar/çömelir ~te** in liegender/kniender Stellung

vazo *s* Vase *f*

vb. *Abk von* **ve benzerleri** usw., und so weiter

ve[1] *Name des 27. Buchstaben des türk. Alphabets;* **Van'ın ~'si** V wie Viktor

ve[2] *konj* und; ~ **benzerleri** und so weiter

veba *s ohne pl* Pest *f*

vebal <-li> [veba:l] *s s.* **günah** Sünde *f*

ve benzerleri *pl* und so weiter

veca <-ı> [vedʒa:] *s s.* **ağrı** Schmerz *m*

vecdi *s poss von* **vecit**

vecibe [vedʒi:be] *s* (*ödev*) Aufgabe *f;* (*boyun borcu*) Pflicht *f*

vecit <-cdi> *s s.* **esrime** Ekstase *f;* **vecde kapılmak** in Ekstase geraten

veciz [vedʒi:z] *adj* prägnant

vecize [vedʒi:ze] *s s.* **özdeyiş** Aphorismus *m*

veçhe *s* Aspekt *m;* (*yön*) Richtung *f;* **hukuki ~** zivilrechtlicher Aspekt

veda <-ı> [veda:] *s* Abschied *m;* **birine ~ etmek** von jdm Abschied nehmen

vedalaşma *s* ❶ *Verbalsubstantiv zu* **vedalaşmak** ❷ Verabschiedung *f*

vedalaşmak *vi* sich verabschieden (-**le** von)

vefa [vefa:] *s ohne pl* Treue *f*

vefakâr [vefa:kâ:r] *adj* treu

vefakârlık <-ğı> *s* Treue *f*

vefalı *adj* treu

vefasız *adj* treulos

vefasızlık <-ğı> *s ohne pl* Treulosigkeit *f*

vefat [vefa:t] *s s.* **ölüm** Tod *m;* ~ **etmek** sterben **vefat ilmühaberi** *s s.* **ölüm kâğıdı** Totenschein *m*

vehim <-hmi> *s ohne pl s.* **kuruntu** ❶ Trübsinn *m* ❷ Wahn *m,* Wahnvorstel-

lung *f*
vehimli *adj* trübsinnig
vejetaryen **I.** *s* Vegetarier(in) *m(f)* **II.** *adj* vegetarisch
vekâlet *s* ❶ Auftrag *m,* Mandat *nt* ❷ Vollmacht *f* ❸ HIST *s.* **bakanlık** Ministerium *nt*
vekâleten *adv* im Auftrag, stellvertretend
vekâletname *s* JUR Vollmacht *f;* ~ **düzenlemek** eine Vollmacht ausfertigen
vekâletsiz *adj* ~ **iş görme** JUR Geschäftsführung ohne Vollmacht
vekayiname *s s.* **kronik** Chronik *f*
vekil *s* ❶ Beauftragte(r) *f(m);* (*ticari* ~) Bevollmächtigte(r) *f(m)* ❷ Stellvertreter(in) *m(f)* ❸ HIST (*bakan*) Minister(in) *m(f)*
vektör **I.** *s* MATH, PHYS Vektor *m* **II.** *adj* MATH, PHYS vektoriell; ~ **niceliği** vektorielle Größe
velâdet *s s.* **doğum** Geburt *f*
velâyet *s ohne pl* ❶ JUR (*velilik*) elterliche Sorge *f* ❷ (*otorite*) Autorität *f*
veledizina *s* (*sl: piç*) Bastard *m*
velespit *s* ❶ (*fam*) Drahtesel *m* ❷ HIST (*bisiklet*) Fahrrad *nt*
velet <-di> *s* Bengel *m;* (*çocuk*) Kind *nt*
velev *konj* selbst wenn; (*hatta*) sogar
velhâsıl [--:-] *konj* kurz und gut; (*kısacası*) kurzum
veli [--:] *s* Erziehungsberechtigte(r) *f(m)*
veliaht [--:-] *s* Kronprinz *m*
veliler toplantısı *s* SCHULE Elternabend *m,* Elternsprechtag *m*
velilik <-ği> *s* Erziehungsberechtigung *f*
velinimet *s* Gönner(in) *m(f)*
velvele *s ohne pl* Gebrüll *nt*
Venedik *s* Venedig *nt;* ~ **Taciri** LIT der Kaufmann von Venedig
Venedikli **I.** *s* Venezianer(in) *m(f)* **II.** *adj* venezianisch
Venezuelâ **I.** *s* Venezuela *nt* **II.** *adj* venezolanisch; ~ **hükûmeti** die venezolanische Regierung
Venezuelâlı **I.** *s* Venezolaner(in) *m(f)* **II.** *adj* venezolanisch; ~ **erkekler/kadınlar** venezolanische Männer/Frauen
Venüs *s* ASTRON Venus *f*
ver *vt Imperativ von* **vermek** (*al karşıtı*) ~**!** gib!
veranda *s* Veranda *f*
veraset *s* Erbschaft *f* **veraset vergisi** *s* Erbschaftsteuer *f*
verem *s* Tuberkulose *f,* Schwindsucht *f*
veremli *adj* schwindsüchtig
vergi *s* Steuer *f;* ~ **kaçırmak** Steuern hinterziehen; **dolaylı/dolaysız** ~ indirekte/direkte Steuer **vergi beyannamesi** *s* Steuererklärung *f* **vergi iadesi** *s* Steuererstattung *f* **vergi kaçakçılığı** *s* Steuerhinterziehung *f* **vergi kesintisi** *s* Steuerabzug *m* **vergi mükellefi** *s* Steuerpflichtige(r) *f(m)* **vergi mükellefiyeti** *s* Steuerpflicht *f*
vergisiz *adj* steuerfrei
vergi yükümlüsü *s* Steuerpflichtige(r) *f(m)*
veri *s a.* INFORM Daten *pl;* **istatistik** ~**ler** statistische Daten **veri ağı** *s* INFORM Datennetz *nt* **veri akışı** *s* INFORM Datenfluss *m* **veri aktarımı** *s* INFORM Datenübertragung *f* **veri bankası** *s* INFORM Datenbank *f*
verici *s* ❶ TECH Sender *m* ❷ MED Spender(in) *m(f)* **verici istasyonu** *s* TV, RADIO Sender *m*
veri dosyası *s* INFORM Datei *f* **veri işlem** *s s.* **bilgi işlem** Datenverarbeitung *f*
verilme *s* ❶ *Verbalsubstantiv zu* **verilmek** ❷ (*nişan, ödül*) Verleihung *f*
verilmek *vi* ❶ *pass von* **vermek** ❷ **bugün kimyada bize çok ödev verildi** wir haben heute in Chemie sehr viel aufbekommen; **buna çok emek verilmiş** da steckt eine Menge Arbeit drin; **gece nöbetine verildi** er wurde zum Nachtdienst eingeteilt; **hemen cevabı verildi** die Antwort erfolgte sofort; **verilmiş sadakası olmak** (*fig fam*) Schwein haben
verimli *adj* ❶ produktiv ❷ (*bitek, mümbit*) fruchtbar, ergiebig, ertragreich
verimlilik <-ği> *s ohne pl* ❶ Produktivität *f* ❷ Fruchtbarkeit *f*
verimsiz *adj* unproduktiv
veri paketi *s* INFORM Datenpaket *nt* **veri portu** *s* INFORM Datenschnittstelle *f*
verit <-di> *s* ANAT, MED (*toplardamar*) Vene *f*
veri tabanı *s* INFORM Datenbasis *f,* Datenpool *m* **veri toplama** *s* INFORM Datenerfassung *f* **veri transferi** *s* INFORM Datentransfer *m*
verme *s ohne pl* ❶ *Verbalsubstantiv zu* **vermek** ❷ (*oy* ~) Abgabe *f;* **set** ~ die Abgabe eines Satzes ❸ (*ilan*) Aufgabe *f* ❹ (*kredi*) Gewährung *f*
vermek *vt* ❶ geben ❷ (*kredi*) gewähren; (*rapor*) erstatten ❸ (*söz, izin, öğüt*) erteilen; (*fam*) verpassen; **birinin dersini** ~ (*fig fam*) jdm eine Lektion erteilen, jdm einen Denkzettel verpassen ❹ (*avans, kaparo*) leisten ❺ (*oy*) abgeben; (*gazeteye ilan*) aufgeben; **bana yarısını verdi** er hat mir die Hälfte abgegeben ❻ (*dilekçe*) einreichen ❼ SPORT **seti** ~ den Satz abgeben ❽ (*unvan*) verleihen ❾ (*hesap*) ablegen ❿ (*önem*) beimessen ⓫ (*kan*) spenden ⓬ (*paniğe*) versetzen (**-e** in) ⓭ (*konferans, vaaz*) halten
vermut *s ohne pl* Wermut *m*

vernik <-ği> *s* ❶ Lack *m* ❷ Firnis *m*
vernikleme *s* ❶ *Verbalsubstantiv zu* **verniklemek** ❷ Lackierung *f*
verniklemek *vt* lackieren
veronika *s* BOT (*yavşan otu*) Männertreu *f*, Ehrenpreis *m*
versiyon *s* Version *f*, Fassung *f*
vesaik *pl* Dokumente *pl*
vesaire *s* und so weiter, et cetera; ~ ~ und so weiter und so fort, et cetera, et cetera
vesayet *s* JUR Vormundschaft *f*; **birini ~ altına almak** jdn unter Vormundschaft stellen **vesayet dairesi** *s* Vormundschaftsbehörde *f*
vesika *s s.* **belge** ❶ Bescheinigung *f*; (*doküman*) Dokument *nt*, Urkunde *f* ❷ (*kimlik ~si*) Ausweis *m* **vesika fotoğrafı** *s* Passfoto *nt*
vesikalık fotoğraf *s* Passfoto *nt* **vesikalık resim** <-smi> *s* Passbild *nt*
vesile *s* Anlass *m* (**için** zu); ~ **aramak** einen Anlass suchen; **bu ~yle** aus diesem Anlass
Vestfalya *s* Westfalen *nt*
vestiyer *s* Garderobe *f*
veston *s* Sakko *m*
veteriner *s* Veterinär(in) *m(f)*; (*hayvan hastalıkları hekimi*) Tierarzt, -ärztin *m, f*
veto *s* Veto *nt*; **bir şeyi ~ etmek** sein Veto gegen etw einlegen **veto hakkı** *s* Vetorecht *nt*
veya *konj*, **veyahut** *konj* oder
vezin <-zni> *s* LIT Versmaß *nt*
vezir *s* ❶ HIST Wesir *m* ❷ (*satrançta*) Dame *f*
vezni *s poss von* **vezin**
Vezüv *s* Vesuv *m*
vıcık *adj* wachsweich, matschig
vınlama *s Verbalsubstantiv zu* **vınlamak**
vınlamak *vi* sausen; **kulağı vınlıyor** es saust in seinem Ohr
vız *s* **bu bana ~ gelir** (*fam*) das ist mir schnuppe
vızıldama *s Verbalsubstantiv zu* **vızıldamak**
vızıldamak *vi* ❶ summen ❷ brummen ❸ surren
vibrasyon *s* (*titreşim*) Vibration *f*
vibratör *s* Vibrator *m*
vicdan *s* Gewissen *nt*; **~ı pak olmak** ein reines Gewissen haben **vicdan azabı** *s* Gewissensbisse *pl*; **~ azabı çekmek/duymak** Gewissensbisse haben/spüren
vicdanen *adv* **~ rahat/rahatsız olmak** ein gutes/schlechtes Gewissen haben
vicdanî *adj* gewissenhaft, Gewissens-
vicdanlı *adj* gewissenhaft; (*hak gözetir*) gerecht
vicdan meselesi *s* Gewissensfrage *f*
vicdan özgürlüğü *s ohne pl* Gewissensfreiheit *f*
vicdansız *adj* gewissenlos **vicdansızca** *adv* gewissenlos; **~ davranmak** gewissenlos handeln
vicdansızlık <-ğı> *s ohne pl* Gewissenlosigkeit *f*
vida *s* Schraube *f*; **~yı gevşetmek/sık(ıştır)mak** die Schraube lockern/anziehen; **bir şeyi ~larla tutturmak** etw mit Schrauben befestigen
vidalama *s Verbalsubstantiv zu* **vidalamak**
vidalamak *vt* festschrauben
video *s* Video *nt* **videokaset** *s* Videokassette *f* **videoteyp** <-bi> *s* Videorekorder *m*
Vietnam **I.** *s* Vietnam *nt* **II.** *adj* vietnamesisch; **~ hükümeti** die vietnamesische Regierung
Vietnamlı **I.** *s* Vietnamese, Vietnamesin *m, f* **II.** *adj* vietnamesisch; **~ bir kadın** eine vietnamesische Frau
viglâ *s* NAUT Ausguck *m*, Krähennest *nt*
vikont *s* (*İtalya'da*) Visconte *m*; (*İngiltere'de*) Viscount *m*
vikontes *s* (*İtalyada*) Viscontessa *f*; (*İngiltere'de*) Viscountess *f*
vilâyet *s* ❶ ADMIN (*il*) Provinz *f* ❷ HIST Provinz *f*
villâ *s* Villa *f*
vinç <-ci> *s* Kran *m* **vinç operatörü** *s* Kranführer(in) *m(f)*
vinyet *s* Vignette *f*
vira *adv* ❶ (*aralıksız*) ununterbrochen ❷ NAUT **demiri ~ etmek** den Anker lichten [*o* aufholen]
viraj *s* Kurve *f*; (*dönemeç*) Biegung *f*
virajlı *adj* kurvig, kurvenreich
viran [viːraːn] *adj* verfallen; **~ olmak** verfallen
virane [viːraːne] *s* ❶ Ruine *f*, Bauruine *f* ❷ (*ören*) Ruine *f*, Trümmer *pl*
viranelik <-ği> *s* Trümmerstätte *f*
viranlaşma *s ohne pl* ❶ *Verbalsubstantiv zu* **viranlaşmak** ❷ Verfall *m*
viranlaşmak *vi* verfallen
viranlık <-ğı> *s* ❶ Trümmerfeld *nt* ❷ (*pej fam*) Bruchbude *f*
virdi *s poss von* **virt**
virgül *s* LING Komma *nt*; (*österr*) Beistrich *m*; **buraya bir ~ koyun!** setzen Sie ein Komma hierhin!; **noktalı ~** Strichpunkt *m*, Semikolon *nt*
virman *s* FIN Überweisung *f*
virolog *s* MED Virologe, -login *m, f*
viroloji *s ohne pl* MED Virologie *f*
virt <-di> *s* REL ❶ *ständiges Wiederholen eines religiösen Wortes* ❷ (*fig fam*)

V

~ **etmek** immer dieselbe Litanei herbeten
virtüoz I. *s* MUS Virtuose, Virtuosin *m, f* **II.** *adj* MUS virtuos
virtüozluk <-ğu> *s ohne pl* MUS Virtuosität *f*
virüs *s* MED, INFORM Virus *nt o m* **virüs arama programı** *s* INFORM Virensuchprogramm *nt* **virüs programı** *s* INFORM Antivirenprogramm *nt* **virüs tarama programı** *s* INFORM Virenscanprogramm *nt*
viski *s* Whisky *m;* **~yi sek içmek** den Whisky pur trinken; **sek ~** Whisky pur
viskoz *s ohne pl* Viskose *f*
viskozite *s ohne pl* Viskosität *f*
vişnap <-bı> *s* Sauerkirschsirup *m*
vişne *s* BOT Sauerkirsche *f,* Schattenmorelle *f* **vişne reçeli** *s* Sauerkirschkonfitüre *f* **vişne suyu** *s* Sauerkirschsaft *m* **vişne şurubu** *s* Sauerkirschsirup *m*
vitamin *s* Vitamin *nt* **vitamin eksikliği** *s ohne pl* Vitaminmangel *m* **vitamin hapı** *s* Vitamintablette *f*
vitaminli *adj* vitaminreich
vitaminsiz *adj* vitaminarm
vitaminsizlik <-ği> *s ohne pl* Vitaminmangel *m*
vites *s* AUTO, TECH Gang *m,* Schaltung *f,* Gangschaltung *f;* **~ değiştirmek** schalten; **bisikletin ~i var** das Fahrrad hat eine Gangschaltung; **bisikletin üç ~i var** das Fahrrad hat drei Gänge; **üçüncü ~e geçirmek** in den dritten Gang schalten; **üçüncü ~e takmak** den dritten Gang einlegen **vites kolu** *s* Schalthebel *m;* (*yerden viteste*) Schaltknüppel *m* **vites kutusu** *s* AUTO, TECH Getriebe *nt*
vitrin *s* ❶ (*sergen*) Schaufenster *nt* ❷ (*camlı dolap*) Schaukasten *m,* Vitrine *f* **vitrin ışığı** *s* Schaufensterbeleuchtung *f* **vitrin mankeni** *s* Schaufensterpuppe *f*
viyadük *s* Viadukt *m o nt*
viyaklama *s Verbalsubstantiv zu* **viyaklamak**
viyaklamak *vi* plärren
Viyana *s* Wien *nt*
Viyanalı *s* Wiener(in) *m(f)*
viyola *s* MUS Viola *f;* (*alto*) Bratsche *f*
viyolacı *s* MUS Bratschist(in) *m(f)*
viyolonsel *s* MUS Violoncello *nt*
viyolonselist *s* MUS Violoncellist(in) *m(f)*
vize *s* ❶ Visum *nt* ❷ (*"görülmuştür" işareti*) Sichtvermerk *m* ❸ UNIV Klausur(arbeit) *f* **vize sınavı** *s* UNIV (*ara sınavı*) Zwischenprüfung *f*
vizite *s* MED ❶ Visite *f;* **~ye çıkmak** Visite machen ❷ (*muayene ücreti*) Untersuchungshonorar *nt*
viziyer *s* Visier *nt;* (*kaskette*) Schirm *m*
vizon *s* ZOOL Nerz *m* **vizon etol** *s* Nerzstola *f* **vizon kürk** *s* Nerz *m;* **üstünde ~ var** sie trägt einen Nerz **vizon manto** *s* Nerzmantel *m* **vizon yaka** *s* Nerzkragen *m*
vizör *s* FOTO Sucher *m*
vizyon *s* Vision *f* **vizyon sahibi I.** *s* Visionär(in) *m(f)* **II.** *adj* visionär; (*uzak görüşlü*) weitblickend
vodvil *s* Vaudeville *nt*
vokabüler *s ohne pl* LING (*söz varlığı*) Wortgut *nt;* (*kelime hazinesi*) Wortschatz *m*
vokal <-li> *s* ❶ LING (*ünlü*) Vokal *m* ❷ MUS vokaler Klang
vokalist *s* MUS Vokalist(in) *m(f)*
vokal müzik <-ği> *s ohne pl* Vokalmusik *f* **vokal uyumu** *s* LING (*ünlü uyumu*) Vokalharmonie *f*
volan *s* ❶ TECH Schwungrad *nt* ❷ (*etekteki süs*) Volant *m* **volan muhafazası** *s* AUTO Getriebeglocke *f*
vole *s* SPORT Volley *m*
voleybol *s ohne pl* SPORT Volleyball *m*
voleybolcu *s* Volleyballer(in) *m(f)*
voleybol takımı *s* Volleyballmannschaft *f* **voleybol topu** *s* Volleyball *m*
voli *s* ❶ Fischzug *m* (*das Ausbringen eines Zugnetzes*) ❷ (*fig fam: vurgun*) Fischzug *m;* **~ vurmak** einen Fischzug machen, Beute machen **voli ağı** *s* Zugnetz *nt*
volkan *s* GEO (*yanardağ*) Vulkan *m*
volkanik <-ği> *adj* vulkanisch; **~ kaya** ein vulkanisches Gestein
volontarizm *s ohne pl* PHILOS (*istençcilik*) Voluntarismus *m*
volt *s* PHYS, ELEK Volt *nt*
volta *s* ❶ NAUT **~ vurmak** kreuzen; (*rüzgâra karşı*) lavieren ❷ (*fam*) **~ atmak** [*o* **vurmak**] flanieren; (*bir aşağı bir yukarı gezinmek*) auf und ab schlendern
voltaj *s* PHYS, ELEK (*gerilim*) Spannung *f*
voltametre *s* PHYS Voltameter *nt*
voltamper *s* PHYS, ELEK Voltampere *nt*
voltmetre *s* PHYS Voltmeter *nt*
vombat *s* ZOOL Wombat *m*
vonoz *s* Fischbrut *f*
votka *s* Wodka *m*
vs. *Abk von* **vesaire** usw., und so weiter
vuku <-u> *s* Geschehnis *nt;* **~ bulmak** geschehen; (*ölüm*) eintreten; **~a gelmek** (*olmak*) geschehen, sich ereignen; (*meydana gelmek*) entstehen
vukuat *s* ❶ (*olanlar*) Ereignisse *pl* ❷ Vorkommnisse *pl;* **~ yok** keine besonderen Vorkommnisse
vulva *s* MED, ANAT Vulva *f*
vur *vi, vt Imperativ von* **vurmak**: **~ aşağı**

tut yukarı nach langem Feilschen

vuraç <-cı> *s* SPORT (*raket*) Schläger *m*

vurdulu kırdılı film *s* FILM, TV Actionfilm *m,* Actionthriller *m*

vurdumduymaz *adj* teilnahmslos; (*duygusuz*) stumpfsinnig, dickfällig

vurdumduymazlık <-ğı> *s* Teilnahmslosigkeit *f,* Stumpfsinn *m*

vurdurma *s Verbalsubstantiv zu* **vurdurmak**

vurdurmak *vt Kausativ zu* **vurmak**

vurgu *s* Betonung *f,* Akzent *m*

vurgulama *s* ❶ *Verbalsubstantiv zu* **vurgulamak** ❷ Betonung *f,* Akzentuierung *f* ❸ Akzentsetzung *f*

vurgulamak *vt* ❶ (*vurgu ile söylemek*) betonen, akzentuieren ❷ (*önemle belirtmek*) betonen, hervorheben; (*altını çizmek*) unterstreichen ❸ **bir şeyi ~** auf etw einen besonderen Akzent setzen; (*damgasını vurmak*) einer Sache seinen Stempel aufdrücken

vurgulu *adj* betont, akzentuiert **vurgulu hece** *s* LING betonte Silbe, Hebung *f*

vurgun I. *s* ❶ (*spekülasyon kârı*) Spekulationsgewinn *m;* (*fam: voli*) Fischzug *m,* Beute *f;* (**büyük**) **~ vurmak** einen (großen) Fischzug machen, (reiche) Beute machen ❷ (*dalgıçlarda*) Druckluftkrankheit *f,* Taucherkrankheit *f* **II.** *adj* ❶ (*yaralanmış olan*) angeschossen ❷ (*fam: âşık*) verknallt; **birine ~ olmak** in jdn verknallt sein

vurguncu *s* WIRTSCH (*spekülâtör*) Spekulant(in) *m(f)*

vurgunculuk <-ğu> *s* Spekulation *f*

vurgusuz *adj* unbetont **vurgusuz hece** *s* LING betonte Silbe, Senkung *f*

vurma *s Verbalsubstantiv zu* **vurmak** **vurma çalgı** *s* Schlaginstrument *nt*

vurmak <-ur> **I.** *vt* ❶ erschießen; (*av*) abschießen; **birini arkadan ~** (*fig*) jdm in den Rücken fallen ❷ schlagen; (*boynunu*) abschlagen; **bir taşla iki kuş ~** (*fam*) zwei Fliegen mit einer Klappe schlagen ❸ spannen; **birini boyunduruğa ~** jdn ins Joch spannen ❹ (*ayağını*) scheuern; **yeni ayakkabılar ayağımı vuruyor** die neuen Schuhe scheuern ❺ (*çarpmak*) stoßen; **kafasını köşeye ~** mit dem Kopf an eine Ecke stoßen ❻ (*fam*) **birinin parasını ~** jdn um sein Geld prellen ❼ MATH (*çarpmak*) **ikiyi dörde ~** die Zwei mit der Vier multiplizieren ❽ (*tekme*) **birine tekme ~** jdm einen Fußtritt geben [*o* versetzen] ❾ treffen; **birini kalbinden ~** jdn ins Herz treffen **II.** *vi* ❶ schlagen (-**e** auf); (*fam*) hauen (-**e** auf); **masaya ~** auf den Tisch schlagen ❷ schlagen (-**e**); (*fam*) hauen (-**e**); **anne, Hasan bana vurdu!** Mama, Hasan hat mich gehauen! ❸ zuschlagen (-**le** mit); **muşta ile ~** mit einem Schlagring zuschlagen ❹ (an)klopfen ❺ stoßen; **beynimden vurulmuşa döndüm** ich war wie vor den Kopf gestoßen ❻ **aptallığa ~** sich dumm anstellen

vurtut I. *s* Schießerei *f* **II.** *adv* (*pazarlık ederek*) durch Handeln; (*uzun uzun çekişerek*) nach langem Feilschen

vuru *s* BIOL Schlag *m*

vurucu *adj* treffsicher **vurucu güç** <-cü> *s a.* MIL Stoßtrupp *m*

vurulma *s Verbalsubstantiv zu* **vurulmak**

vurulmak *vi* ❶ *pass von* **vurmak** ❷ (*fig fam: âşık olmak*) sich verschießen (-**e** in), sich verknallen (-**e** in)

vuruş *s* Schlag *m,* Stoß *m;* **çift ~** SPORT indirekter Freistoß

vuruşma duruşu *s* SPORT (*eskrimde*) Auslage *f*

vücut <-du> *s* Körper *m* **vücut bakımı** *s* Körperpflege *f* **vücut boşluğu** *s* Körperhöhle *f,* Leibeshöhle *f* **vücut hareketi** *s* Körperbewegung *f* **vücut ısısı** *s ohne pl* Körpertemperatur *f,* Körperwärme *f* **vücut ölçüsü** *s* Körpermaß *nt* **vücut yapısı** *s ohne pl* Körperbau *m* **vücut yapma** *s ohne pl* Bodybuilding *nt*

Y y

Y, y [je] *s* Y, y *nt,* Ypsilon *nt* (*28. Buchstabe des türk. Alphabets*); **Yozgat'ın ~'si** Ypsilon

ya [ja] **I.** *interj* ❶ (*evet*) ja; **onun için soruyorum ~** deshalb frage ich ja ❷ **~ Rabbi!** allmächtiger Gott!; (*Tanrı'm*) mein Gott! **II.** *konj* ❶ und; **~ bu adam kim?** und wer ist dieser Mann?; **~ gelmezse?** und wenn er nicht kommt? ❷ entweder; **~ da** oder; **~ ... ~ (da)** entweder ... oder (auch); **~ hep ~ hiç** entweder ganz oder gar nicht; **~ olur ~ da olmaz!** kann sein, kann auch nicht sein! **III.** *adv* ❶ doch, gewiss; **gelin ~** kommt doch ❷ (*özellikle*) ganz besonders, und erst

yaba *s* AGR Heugabel *f*

yabalama *s Verbalsubstantiv zu* **yabalamak**

yabalamak *vt* AGR worfeln

yaban I. *s* ❶ Wildnis *f* ❷ (*yabancı*) Fremde(r) *f(m)* **II.** Wild-, Fremd- **yaban arısı** *s* ZOOL Wespe *f* **yaban armudu** *s* BOT Holzbirne *f,* Wilde Birne **yaban asması** *s* BOT Klematis *f*

yabancı I. *s* Ausländer(in) *m(f),* Fremde(r) *f(m);* **buranın ~sıyım** ich bin hier fremd **II.** *adj* ausländisch, fremd; **bu bana ~ gelmiyor** das kommt mir bekannt [*o* nicht fremd] vor **yabancı cisim** <-smi> *s* MED, BIOL Fremdkörper *m* **yabancı dil** *s* Fremdsprache *f;* **~ bilen eleman aranıyor** Mitarbeiter mit Fremdsprachenkenntnissen werden gesucht **yabancı dil dersi** *s* Fremdsprachenunterricht *m* **yabancı düşmanlığı** *s ohne pl* Ausländerfeindlichkeit *f,* Fremdenfeindlichkeit *f* **yabancı kelime** *s* Fremdwort *nt*

yabancıl *adj* fremdländisch; (*egzotik*) exotisch

yabancılaşma *s* ❶ *Verbalsubstantiv zu* **yabancılaşmak** ❷ Entfremdung *f*

yabancılaşmak *vi* sich entfremden

yabancılaştırma *s* ❶ *Verbalsubstantiv zu* **yabancılaştırmak** ❷ Entfremdung *f*

yabancılaştırmak *vt* entfremden

yabancılık <-ğı> *s ohne pl* Fremdheit *f;* **~ çekmek** sich fremd fühlen; **birine ~ duymak** Fremdheit gegenüber jdm empfinden

yabancı madde *s* Fremdstoff *m* **yabancı sermaye** *s* WIRTSCH Fremdkapital *nt*

yaban gülü *s* Heckenrose *f*

yabanıl *adj* wild

yabanıllaşma *s* ❶ *Verbalsubstantiv zu* **yabanıllaşmak** ❷ Verwilderung *f*

yabanıllaşmak *vi* verwildern

yabani *adj* wild

yabani koyun *s* Wildschaf *nt*

yabanileşme *s* ❶ *Verbalsubstantiv zu* **yabanileşmek** ❷ Verwilderung *f*

yabanileşmek *vi* verwildern

yabani mercanköşk *s* Oregano *m*

yaban kazı *s* ZOOL Wildgans *f* **yaban kedisi** *s* ZOOL Wildkatze *f* **yaban mersini** *s* BOT Heidelbeere *f; s. a.* **keçi yemişi**

yabansı *adj* fremdartig

yabansılık <-ğı> *s ohne pl* Fremdartigkeit *f*

yad *adj* (*yabancı*) fremd

yâd *s s.* **anma** Gedenken *nt;* **bir kimseyi/şeyi ~ etmek** jds/einer Sache gedenken

ya da *konj s.* **veya** oder

yad el *s* (*gurbet*) Fremde *f* **yad eller** *pl* ❶ (*gurbet*) Fremde *f* ❷ (*yabancılar*) Fremde *pl*

yadımlama *s* ❶ *Verbalsubstantiv zu* **yadımlamak** ❷ BIOL Dissimilation *f*

yadımlamak *vt* BIOL dissimilieren

yadın kurun *adj* PHYS (*asenkron*) asynchron

yadırgama *s ohne pl Verbalsubstantiv zu* **yadırgamak**

yadırgamak *vt* **bir şeyi ~** (*alışamamak*) sich an etw nicht gewöhnen können; (*ısınamamak*) sich mit etw nicht anfreunden können

yadırganma *s ohne pl Verbalsubstantiv zu* **yadırganmak** Befremden *nt*

yadırganmak *vi pass von* **yadırgatmak**

yadırgatıcı *adj* befremdend, befremdlich

yadırgatma *s ohne pl Verbalsubstantiv zu* **yadırgatmak** Befremden *nt*

yadırgatmak *vt* befremden; **bu beni yadırgatıyor** das befremdet mich

yadigâr [ya:digâ:r] *s* Andenken *nt,* Erinnerung *f*

yadsıma *s ohne pl* ❶ *Verbalsubstantiv zu* **yadsımak** ❷ Leugnen *nt* ❸ PHILOS Negation *f*

yadsımak *vt* ❶ (*inkâr etmek*) bestreiten, abstreiten, leugnen; **bir şeyi ~** etw leugnen, etw bestreiten [*o* abstreiten], etw in Abrede stellen ❷ verleugnen ❸ negieren, verneinen

yadsınma *s ohne pl Verbalsubstantiv zu* **yadsınma**

yadsınmak *vi* ❶ *pass von* **yadsımak** ❷ **... olduğu yadsınamaz** es ist nicht zu leugnen, dass ..., es lässt sich nicht von der

Hand weisen, dass ...
yafta *s* ❶ Aufschrift *f*, Beschriftung *f* ❷ (*etiket*) Etikett *nt*
yaftalama *s* ❶ *Verbalsubstantiv zu* **yaftalamak** ❷ Beschriftung *f*
yaftalamak *vt* beschriften; (*etiketlemek*) etikettieren
yağ *s* ❶ Fett *nt;* ~ **bağlamak** (*fam*) Fett ansetzen; ~ **çekmek/yapmak** (*pej fam*) schleimen; **birine ~ çekmek** (*fig fam*) jdm Honig um den Bart schmieren; **sinekten ~ çıkarmak** (*fig*) aus der Not eine Tugend machen ❷ TECH (*motor ~ı*) Öl *nt;* ~ **gibi işlemek** [*o* **gitmek**] (*fam or fig*) laufen wie geschmiert ❸ GASTR (*zeytin ~ı*) Öl *nt;* ~**da kızartmak** in Öl braten ❹ (*tere~ı*) Butter *f*
yağar[1] *vi 3. Aorist von* **yağmak**
yağar[2] *s* REG ❶ (*yağmur*) Regen *m* ❷ (*yağış*) Niederschlag *m*
yağ asidi *s* CHEM Fettsäure *f* **yağ basıncı** *s* TECH Öldruck *m* **yağ basıncı ikaz lambası** *s* TECH, AUTO Öldruckwarnleuchte *f* **yağ bezi** *s* ANAT Talgdrüse *f* **yağ borusu** *s* AUTO Ölschlauch *m* **yağ boşaltma cıvatası** *s* AUTO Ölablassschraube *f*
yağcı *s* (*pej*) Schleimer(in) *m(f)*
yağ çubuğu *s* AUTO Ölmessstab *m*
yağdanlık <-ğı> *s* ❶ Ölkanne *f* ❷ (*pej fam*) Schmierenkomödiant *m*
yağdırma *s Verbalsubstantiv zu* **yağdırmak**
yağdırmak *vt* ❶ regnen lassen ❷ (*fig: sorular*) bombardieren (**-e,** mit) ❸ WIRTSCH (*fig*) überschwemmen (**-e,** mit); **piyasaya lüks mallar ~** den Markt mit Luxusgütern überschwemmen
yağ doku *s* ANAT, MED Fettgewebe *nt* **yağ hücresi** *s* ANAT Fettzelle *f*
yağı *s* REG ❶ (*düşman*) Feind(in) *m(f)* ❷ (*hasım*) Gegner(in) *m(f)*
yağılaşma *s Verbalsubstantiv zu* **yağılaşmak**
yağılaşmak *vi* sich verfeinden (**-le** mit)
yağılık <-ğı> *s* Feindschaft *f;* (*hasımlık*) Gegnerschaft *f*
yağır *s* ❶ (*atın omuzları arasındaki yer*) Rist *m*, Widerrist *m* ❷ (*eyerin açtığı yara*) Satteldruck *m*
yağış *s* ❶ METEO Niederschlag *m* ❷ REG (*yağmur*) Regen *m* **yağış göstergesi** *s* METEO Niederschlagsmesser *m*, Regenmesser *m*
yağışlı *adj* METEO niederschlagsreich
yağış miktarı *s* METEO Niederschlagsmenge *f*
yağışölçer *s* METEO Niederschlagsmesser *m*
yağışsız *adj* METEO niederschlagsfrei
yağ karteri *s* AUTO Ölwanne *f* **yağ kutusu** *s* TECH, AUTO Ölwanne *f*
yağlama *s Verbalsubstantiv zu* **yağlamak**
yağlamak *vt* ❶ (ein)fetten ❷ (*gresle*) (ab)schmieren ❸ ölen ❹ **tabanları ~** (*fig fam*) das Weite suchen
yağ lambası *s* AUTO Ölkontrolllampe *f*, Ölkontrollleuchte *f*
yağlanma *s* ❶ *Verbalsubstantiv zu* **yağlanmak** ❷ Verfettung *f*
yağlanmak *vi* ❶ *pass von* **yağlamak** ❷ verfetten
yağlayıcı madde *s* Schmierstoff *m*
yağ lekesi *s* Fettfleck *m*, Ölfleck *m*
yağlı *adj* ❶ ölig ❷ (*bitki*) ölhaltig, Öl- ❸ (*besili*) fett, fetthaltig ❹ (*saçlar*) fettig; (*vücut*) fettleibig ❺ (*yağlanmış*) eingefettet; ~ **ip** eine eingefettete Schnur ❻ (*fig fam: iş*) lukrativ, einträglich; (*müşteri*) betucht, potent **yağlı bitki** *s* BOT Ölpflanze *f* **yağlı boya** *s* Ölfarbe *f* **yağlı boya resim** *s* Ölbild *nt* **yağlı kâğıt** <-dı> *s ohne pl* Ölpapier *nt*
yağlılık <-ğı> *s ohne pl* Fettleibigkeit *f*
yağma *s* ❶ *Verbalsubstantiv zu* **yağmak** ❷ Plünderung *f;* ~ **etmek** plündern
yağmak <-ar> *vi* fallen; **dolu yağıyor** es hagelt; **kar yağıyor** es schneit; **yağmur yağıyor** es regnet
yağmalama *s Verbalsubstantiv zu* **yağmalamak**
yağmalamak *vt* plündern
yağmur *s* ❶ Regen *m*, Schauer *m;* ~ **yağıyor** es regnet; ~ **yağmak** regnen; ~**dan kaçarken doluya tutulmak** (*fam*) vom Regen in die Traufe kommen ❷ (*fig: kurşun ~u*) Hagel *m* **yağmur bulutu** *s* Regenwolke *f*
yağmurca *s* REG (*alageyik*) Damhirsch *m*
yağmur cephesi *s* METEO Regenfront *f*
yağmurcun *s* ZOOL Regenpfeifer *m*
yağmur damlası *s* Regentropfen *m* **yağmur kuşağı** *s s.* **gökkuşağı** Regenbogen *m*
yağmurlayıcı *s* Rasensprenger *m*
yağmurlu *adj* ❶ regnerisch; ~ **bir gün** ein regnerischer Tag ❷ verregnet; ~ **bir gün** ein verregneter Tag **yağmurlu gün** *s* Regentag *m* **yağmurlu hava** *s ohne pl* Regenwetter *nt;* ~**da** bei Regenwetter
yağmurluk <-ğu> *s* Regenmantel *m*
yağmur mevsimi *s* Regenzeit *f* **yağmur oluğu** *s* ❶ Regenrinne *f* ❷ (*diklemesine*) Regenabflussrohr *nt* **yağmur ormanı** *s* Regenwald *m*
yağmurölçer *s s.* **yağışölçer** Niederschlagsmesser *m*

yağmur suyu *s* Regenwasser *nt*

yağmursuz *adj* regenfrei; ~ **bir gün** ein regenfreier Tag

yağrın *s* (*fam: kürek kemiği*) Schulterblatt *nt*

yağ soğutucusu *s* TECH, AUTO Ölkühler *m* **yağ tabakası** *s* ANAT Fettschicht *f* **yağ tulumu** *s* (*fam*) Dickerchen *nt* **yağ uru** *s* MED Fettgeschwulst *f* **yağ yakıt** *s ohne pl* Heizöl *nt*

yahu [ja:xu] *interj* (*fam*) ① (*bak, baksana*) schau (mal) ② **bu ne sıcak ~!** was für eine Hitze!, das ist ja eine Hitze! ③ **~, nerede kaldın?** wo bist du denn geblieben?; **~, hâlâ işin bitmedi mi?** bist du denn immer noch nicht fertig?

Yahudi I. *s* Jude *m*, Jüdin *f* II. *adj* jüdisch; **~ inanışı** der jüdische Glaube **Yahudi Almancası** *s ohne pl* Judendeutsch *nt* **Yahudi baklası** *s* BOT (*acı bakla*) Lupine *f*

Yahudice *adj* jüdisch

Yahudilik <-ği> *s ohne pl* Judentum *nt*

yahut *konj* oder

Yahya yortusu *s* REL Johannistag *m*

yak[1] *vt Imperativ von* **yakmak**

yak[2] *s* ZOOL Yak *m*

yaka *s* ① (*giysilerde*) Kragen *m*; **birini ~ paça dışarı atmak** (*fam*) jdn in hohem Bogen hinauswerfen; **~yı ele ver(me)mek** sich (nicht) erwischen lassen; **~yı kurtarmak** [*o* **sıyırmak**] davonkommen; **bir şey ile olaydan ~yı sıyırmak** sich mit etw aus der Affäre ziehen ② (*kıyı, kenar*) Seite *f*; **Anadolu ~sı** die anatolische Seite ③ (*sahil*) Ufer *nt*

yakacak <-ğı> *s* Heizmaterial *nt*, Brennmaterial *nt*; (*yakıt*) Brennstoff *m*

yakala *vt Imperativ von* **yakalamak**

yakalama *s* ① *Verbalsubstantiv zu* **yakalamak** ② Festnahme *f*

yakalamak *vt* ① fangen, erwischen; **beni öyle kolay kolay yakalayamazsınız** so leicht kriegt ihr mich nicht ② ertappen, ergreifen, packen; **birini burnundan ~** (*fig fam*) jdn festnageln; **birini yakasından ~** jdm am [*o* beim] Kragen packen; **birini suçüstü ~** jdn auf frischer Tat ertappen ③ festnehmen, fassen

yakalanma *s* ① *Verbalsubstantiv zu* **yakalanmak** ② Festnahme *f*

yakalanmak *vi pass von* **yakalamak**: **kapana ~** in eine Falle tappen; **yağmura ~** vom Regen überrascht werden

yakamoz *s ohne pl* Meeresleuchten *nt*; **bataklık ~u** Irrlicht *nt*

yaka paça *adv* (*fam*) **birini ~ götürmek** jdn beim Kragen packen und abführen; **birini ~ kapı dışarı etmek** jdn achtkantig hinauswerfen, jdn hochkant rauswerfen

yakar[1] *Imperativ von* **yakarmak**

yakar[2] *vt 3. Aorist von* **yakmak**

yakarca *s* REG (*tatarcık*) Sandmücke *f*

yakarma *s Verbalsubstantiv zu* **yakarmak**

yakarmak *vi* ① **birine ~** jdn anflehen ② REL (*niyaz etmek*) zu Gott flehen

yakasız *adj* kragenlos

yakı *s* Pflaster *nt*

yakıcı *adj* ① brennend ② CHEM ätzend

yakın I. *s ohne pl* Nähe *f*; **~da** in der Nähe; **~ımızda oturuyorlar** sie wohnen bei uns in der Nähe, sie wohnen in unserer Nachbarschaft II. *adj* ① nah(e); **~ akrabalar** nahe Verwandte; **~ gelecekte** in naher Zukunft ② knapp; **bir saate ~** eine knappe Stunde ③ **~ geçmişte** in der jüngsten Vergangenheit **yakın benzeşme** *s* LING Konsonantenassimilation *f*

Yakın Çağ *s ohne pl* Neuzeit *f*

yakında I. **~ mı oturuyorsunuz?** wohnen Sie in der Nähe? II. *adv* ① demnächst, in Kürze, bald; **~ gelecek** er wird bald kommen; **~ görüşmek üzere!** bis bald! ② (*son günlerde*) in letzter Zeit

yakından von nahem, aus nächster Nähe; **~ bakıldığında** bei näherer Betrachtung; **~ ve uzaktan** von nah und fern; **biriyle ~ akraba olmak** mit jdm nahe verwandt sein **yakından çekim** *s* FILM Nahaufnahme *f*, Großaufnahme *f*

Yakın Doğu *s ohne pl* der Nahe Osten; *s. a.* **Uzak Doğu**

yakın koruma *s* ① (*koruma işi*) Personenschutz *m* ② (*koruyan kimse*) Bodyguard *m*, Leibwächter *m*

yakınlarda *adv* ① in der Nähe ② (*son zamanlarda*) in letzter Zeit

yakınlaşma *s* ① *Verbalsubstantiv zu* **yakınlaşmak** ② Annäherung *f*

yakınlaşmak *vi* näher kommen; (*yaklaşmak*) sich (an)nähern

yakınlaştırma *s Verbalsubstantiv zu* **yakınlaştırmak**

yakınlaştırmak *vt Kausativ zu* **yakınlaşmak**

yakınlık <-ğı> *s ohne pl* ① Nähe *f*; **~ kurmak** sich näherkommen; **bir kişiye ~ duymak** jdm gegenüber Nähe empfinden ② Mitgefühl *nt*, Teilnahme *f*; **birine ~ duymak** für jdn Zuneigung empfinden; **birine ~ göstermek** für jdn Interesse zeigen ③ Verwandtschaft *f* **yakınlık derecesi** *s* ① Verwandtschaftsgrad *m* ② PHYS (*kohezyon*) Kohäsion *f*

yakınma *s* ① *Verbalsubstantiv zu* **yakınmak** ② Jammer *m*, Klage *f*

yakınmak[1] *vi* klagen, sich beklagen (**-den**

über)

yakınmak^{2} *vt* auftragen; **kına** ~ Henna auftragen

yakınma tiradı *s* Gejammer *nt*

yakınsak *adj* MATH, PHYS (*ıraksak karşıtı*) konvergent; ~ **çizgiler/ışınlar** konvergente Linien/Strahlen

yakınsaklık <-ğı> *s* MATH, PHYS Konvergenz *f*

yakınsama *s* ① *Verbalsubstantiv zu* **yakınsamak** ② PHYS, MATH Konvergenz *f*

yakınsamak **I.** *vt* **bir şeyi** ~ etw für wahrscheinlich halten **II.** *vi* PHYS, MATH konvergieren

yakışık <-ğı> *s* Angemessenheit *f;* **bir şey ~ al(ma)mak** etw gehört [*o* schickt] sich (nicht); ~ **alsın almasın** ob angebracht oder nicht

yakışıklı *adj* gut aussehend

yakışıksız *adj* ungehörig; (*uygunsuz*) unpassend, unangebracht, deplatziert; ~ **davranmak** sich ungehörig benehmen, sich danebenbenehmen

yakışıksızlık <-ğı> *s* Ungehörigkeit *f*

yakışma *s Verbalsubstantiv zu* **yakışmak**

yakışmak *vi* ① (*güzel durmak*) **ceket sana yakışmıyor** die Jacke steht dir nicht; **sakal sana yakışıyor/yakışmıyor** der Bart steht dir gut/schlecht ② (*uygun olmak*) passen; **birbirlerine yakışıyorlar** sie passen zueinander; **bu kumaş böyle bir koltuğa yakışmaz** dieser Stoff passt zu einem solchen Sessel nicht; **koltuk masaya yakışmadı** der Sessel passt nicht zum Tisch ③ **bu eser şanına yakışıyor** das Werk macht ihm alle Ehre

yakıt *s* ① Brennstoff *m* ② AUTO Kraftstoff *m* **yakıt-hava-karışımı** *s* AUTO, TECH Kraftstoff-Luft-Gemisch *nt* **yakıt hücresi** *s* Brennstoffzelle *f* **yakıt parası** *s* Heizkostenpauschale *f*

yaklaşık <-ğı> *adj* annähernd, ungefähr **yaklaşık değer** *s* MATH Näherungswert *m*

yaklaşım *s* ① Annäherung *f* ② (*sorunu ele alış*) Ansatz *m;* (*bakış biçimi*) Betrachtungsweise *f;* **her şeyi devletten/hükümetten bekleyen** ~ die Einstellung, alles vom Staat/von der Regierung zu erwarten

yaklaşma *s ohne pl* ① *Verbalsubstantiv zu* **yaklaşmak** ② Annäherung *f* ③ (*kışın ~sı*) Anrücken *nt,* Anzug *m*

yaklaşmak *vi* sich nähern, anrücken; (*sokulmak*) sich annähern (**-e** an); **~ta olan bir felaket** eine näherkommende Katastrophe; **~ta olmak** im Anzug sein; **boran ~ta** das Gewitter ist im Anzug

yaklaştırma *s Verbalsubstantiv zu* **yaklaştırmak**

yaklaştırmak *vt* ① *Kausativ zu* **yaklaşmak** ② annähern (**-e** an), anrücken

yakma *s* ① *Verbalsubstantiv zu* **yakmak** ② Verbrennung *f*

yakmak^{1} <-ar> *vt* ① verbrennen; **elimi yaktım** ich habe mir die Hand verbrannt ② (*sigara, pipo*) anzünden; (*fam*) anmachen; **mum** ~ eine Kerze anzünden ③ (*ışık*) anmachen

yakmak^{2} <-ar> *vt* (*sürmek*) auftragen

yakut *s* Rubin *m*

Yakut **I.** *s* Jakute, Jakutin *m, f* **II.** *adj* jakutisch

Yakutça *s ohne pl* Jakutisch *nt;* **~da** im Jakutischen; **~dan** aus dem Jakutischen; **~ya** ins Jakutische

yalak <-ğı> *s* Trog *m,* Tränke *f*

yalama **I.** *s Verbalsubstantiv zu* **yalamak** **II.** *adj* ausgeleiert; ~ **olmak** ausleiern

yalamak *vt* lecken, ablecken; **tükürdüğünü** ~ (*fig fam*) einen Rückzieher machen

yalan *s* Lüge *f;* ~ **dolan** Lug und Trug; ~ **söylemek** lügen; **birine ~ söylemek** jdn belügen [*o* anlügen]; **bir ayak üstünde kırk ~ın belini bükmek** (*fam*) lügen, dass sich die Balken biegen

yalancı **I.** *s* Lügner(in) *m(f);* **~nın mumu yatsıya kadar yanar** (*prov*) Lügen haben kurze Beine **II.** *adj* ① (*pej*) lügnerisch ② falsch, Pseudo-, Schein- **yalancı akasya** *s* BOT Robinie *f,* falsche Akazie **yalancı ayak** <-ğı> *s* ZOOL Pseudopodium *nt,* Scheinfüßchen *nt* **yalancı gebelik** <-ği> *s* MED Scheinschwangerschaft *f* **yalancı safran** *s* BOT Safflor *m,* Färberdistel *f*

yalan dolan *s* (*pej*) Humbug *m* **yalan haber** *s* Falschmeldung *f*

yalanlama *s* ① *Verbalsubstantiv zu* **yalanlamak** ② Dementi *nt*

yalanlamak *vt* dementieren

yalan makinesi *s* Lügendetektor *m*

yalçın *adj* steil

yaldızlama *s* ① *Verbalsubstantiv zu* **yaldızlamak** ② Beschönigung *f*

yaldızlamak *vt* beschönigen, schönfärben

yalgın *s* Trugbild *nt,* Fata Morgana *f*

yalıçapkını *s* ZOOL Eisvogel *m*

yalım *s* ① (*alev*) Flamme *f;* ~ **gibi kızarmış demiri örsün üstüne koymak** das glühende Eisen auf den Amboss legen ② (*kesici araçların keskin yüzü*) Schneide *f;* **bıçağın sırtı ve ~ı** der Rücken und die Schneide der Klinge

yalın *adj* ① (*sade*) schlicht; ~ **bir mantık** eine schlichte Logik; **~, sade ve açık bir anlam** eine schlichte, einfache und klare

Bedeutung ❷ (*çıplak*) nackt ❸ PHILOS (*mantıkta*) assertorisch; ~ **kiplik** assertorische Modalität **yalın ayak** I. *adj* barfüßig II. *adv* barfuß **yalın durum** *s* LING Werfall *m*, Nominativ *m* **yalın kelime** *s* LING Simplex *nt; s. a.* **birleşik kelime**

yalıtım *s* Isolierung *f;* (*izolasyon*) Isolation *f*

yalıtma *s* ❶ *Verbalsubstantiv zu* **yalıtmak** ❷ Isolierung *f*

yalıtmak *vt* isolieren, abdichten

yalı yar *s* GEO Steilküste *f*

yallah *interj* (*fam*) ~! los!; (*haydi, git*) geh schon!; **birini ~ etmek** jdn rausschmeißen

yalman I. *s* REG Schneide *f* II. *adj* REG (*sarp, dik*) steil

yalnız I. *adj* allein; (*ev*) alleinstehend, einsam II. *adv* ❶ allein ❷ (*sadece*) nur, lediglich; **hem ~ bu değil** und nicht nur das III. *konj* nur; (*ama*) aber, jedoch; **güzel, ~ biraz pahalı** es ist schön, nur [*o* jedoch] ein bisschen teuer **yalnız başına** *s* einsam, ganz allein; **~ yaşamak** einsam leben

yalnızca *adv* ❶ allein; (*tek başına*) einsam, ganz allein ❷ (*sırf*) bloß, nur; (*sadece*) lediglich; **~ bu yüzden** nur deshalb [*o* deswegen] ❸ (*ancak*) jedoch

yalnızcı I. *s* Isolationist(in) *m(f)* II. *adj* isolationistisch

yalnızcılık <-ğı> *s ohne pl* Isolationismus *m*

yalnızlık <-ğı> *s ohne pl* Einsamkeit *f*, Alleinsein *nt;* **~tan şikâyet etmek** sich beklagen über das Alleinsein **yalnızlık duygusu** *s* Einsamkeitsgefühl *nt*

yalpa *s* Schlingern *nt;* **~ vurmak** schlingern

yalpalama *s Verbalsubstantiv zu* **yalpalamak**

yalpalamak *vi* eiern; **teker yalpalıyor** das Rad eiert

yalpalanma *s Verbalsubstantiv zu* **yalpalamak**

yalpalanmak *vi* schlingern

yaltak <-ğı> *n*, **yaltakçı** *s* (*pej vulg*) Arschkriecher *m*

yaltaklanma *s Verbalsubstantiv zu* **yaltaklanmak**

yaltaklanmak *vi* einschmeicheln (-**e** bei), sich anbiedern (-**e** bei); (*fam*) Süßholz raspeln

yalvarma *s Verbalsubstantiv zu* **yalvarmak**

yalvarmak *vi* flehen (-**e** zu), anflehen (-**e**); **birine bir şey için ~** jdn um etw anflehen; **birine yalvarıp yakarmak** jdn anflehen

yama *s* ❶ Flicken *m* ❷ (*leke*) Fleck *m*

yamacı *s* ❶ *poss von* **yamaç** ❷ Flickschuster *m*

yamaç <-cı> *s* Hang *m*, Abhang *m*, Berghang *m* **yamaç paraşütü** *s* SPORT Hanggleiter *m*

yamak <-ğı> *s* Gehilfe *m*

yamaklık <-ğı> *s* Aushilfe *f;* **~ etmek** als Aushilfe arbeiten

yamalama *s Verbalsubstantiv zu* **yamamak**

yamalamak *vt* flicken; (*onarmak*) ausbessern

yamalanma *s Verbalsubstantiv zu* **yamalanmak**

yamalanmak *vi pass von* **yamalamak**

yamalı *adj* geflickt

yamama *s Verbalsubstantiv zu* **yamamak**

yamamak *vt* ❶ (*yamalamak*) flicken; (*onarmak*) ausbessern ❷ (*fig fam*) andrehen; **birine bir şeyi ~** jdm etw andrehen

yamanma *s Verbalsubstantiv zu* **yamanmak**

yamanmak *vi pass von* **yamamak**

yama takımı *s* Flickzeug *nt*

yamatma *s Verbalsubstantiv zu* **yamatmak**

yamatmak *vt Kausativ zu* **yamamak**

yamuk I. *s* MATH Trapez *nt* II. *adj* schief

yamyam *s* Kannibale, Kannibalin *m, f*

yamyamcılık <-ğı> *s ohne pl* Kannibalismus *m*

yan[1] *vi Imperativ von* **yanmak**

yan[2] I. *s* ❶ Seite *f;* **~ımda para yok** ich habe kein Geld bei mir; **benim ~ımda** (*oturmak*) neben mir; (*çalışmak*) bei mir; **her ~da** überall; **her ~dan** von allen Seiten, allseitig; **sağ/sol ~da** auf der rechten/linken Seite; **bir şeyin ~ı başında** (**olmak**) ganz in der Nähe von etw (sein), an etw sehr nah dran (sein); **~ına almak** zu sich nehmen; (*anahtar*) mitnehmen, einstecken; (*iş vermek*) einstellen; **~ına çağırmak** zu sich rufen; **paranı/gözlüğünü ~ına almayı unutma** vergiss nicht, dein Geld/deine Brille mitzunehmen [*o* einzustecken]; **~ına kâr kalmak** davonkommen ❷ (*-den ~a*) **biri/şans ondan ~a olmak** jdn/das Glück auf seiner Seite haben; **şans benden/bizden ~a** das Glück ist auf meiner/unserer Seite; **birinden ~a çıkmak** sich auf jds Seite stellen; **birinden ~a olmak** jdm zur Seite stehen; **bir şeyden ~a olmak** etw befürworten; **ben senden ~a olurum** ich bin [*o* stehe] auf deiner Seite; **bir şeyden ~a olduğunu açıkça söylemek** sich zu etw bekennen; **ben ondan ~ayım** ich bin dafür; **kim bundan ~a, kim buna karşı?** wer ist dafür und wer dagegen?; *s. a.* **yanında, yanından** II. *adj* Neben-, Seiten-; **birine ~**

gözle bakmak (~ *bakmak*) jdn schräg ansehen; (*göz ucuyla*) jdn aus den Augenwinkeln anschauen **III.** *adv* **birine ~ bakmak** (*fam*) jdn schief ansehen; **~ çizmek** (*fam*) einen Rückzieher machen; (*bir işten kaçmak*) kneifen; **battı balık ~ gider!** (*iron fam*) wird schon schiefgehen!

yanak <-ğı> *s* ❶ Backe *f*, Wange *f*; **~ yanağa** Wange an Wange ❷ AUTO (*lastik yanağı*) Flanke *f*

yanal yüzey *s* MATH Seitenfläche *f*

yanar[1] *vi 3. Aorist von* **yanmak**

yanar[2] *adj* brennbar

yanarca *s* (*meşale*) Fackel *f*

yanardağ *s* Vulkan *m;* **~ lav püskürüyor** der Vulkan speit Lava **yanardağ ağzı** *s* GEO (*krater*) Krater *m* **yanardağ patlaması** *s* Vulkanausbruch *m*

yanardöner *adj* schillernd

yan arsa *s* Nebengrundstück *nt*

yanaşık *adj* **~ düzen** [*o* **nizam**] geschlossene Formation

yanaşma *s* ❶ *Verbalsubstantiv zu* **yanaşmak** ❷ Gehilfe *m*

yanaşmak *vi* ❶ sich nähern, anrücken ❷ NAUT anlegen (**-e** an) ❸ (*fig fam*) sich einlassen (**-e** auf), sich hergeben (**-e** für); **ben böyle şeye (hiç) yanaşmam** auf so was lasse ich mich (überhaupt) nicht ein; **böyle işlere yanaşma!** gib dich für so etwas nicht her! ❹ (*fig fam*) **yanaşmamak** Abstand halten; **bir işe yanaşmamak** einer Sache unzugänglich sein

yanaştırma *s Verbalsubstantiv zu* **yanaştırmak**

yanaştırmak *vt* ❶ *Kausativ zu* **yanaşmak** ❷ anrücken

yan bakış *s* Seitenblick *m* **yan cümle** *s* LING Nebensatz *m* **yan çizgisi** *s* SPORT Seitenlinie *f*

yandan görünüş *s* Seitenansicht *f*

yandaş *s* Befürworter(in) *m(f)*

yan etki *s* Nebenwirkung *f*

yangı *s* MED Entzündung *f*

yangılanma *s* ❶ *Verbalsubstantiv zu* **yangılanmak** ❷ MED Entzündung *f*

yangılanmak *vi* MED sich entzünden

yangılı *adj* entzündet

yangın *s* Brand *m,* Feuer *nt;* **~ çıkarmak** ein Feuer entfachen, einen Brand entfachen; **~a körükle gitmek** (*fig*) Öl ins Feuer gießen; **~ı körüklemek** das Feuer schüren; (*fig*) Öl ins Feuer gießen **yangın bombası** *s* Brandbombe *f*

yangıncı *s* Feuerwehrmann *m*

yangın merdiveni *s* Feuerleiter *f* **yangın musluğu** *s* Hydrant *m*

yangın sigortası *s* Feuerversicherung *f*

yangın söndürücü *s* Feuerlöscher *m*

yangın tehlikesi *s* Feuergefahr *f,* Brandgefahr *f*

yan hakem *s* SPORT Linienrichter(in) *m(f)*

yanık **I.** *s* <-ğı> Verbrennung *f;* (*yara*) Brandwunde *f;* (*yanmış yer*) Brandstelle *f;* (*kalan iz*) Brandmal *nt* **II.** *adj* <-ğı> ❶ verbrannt, angebrannt; **~ kokmak** verbrannt [*o* angebrannt] riechen ❷ (*fig*) feurig, leidenschaftlich

yanıkara *s ohne pl* REG (*şarbon*) Milzbrand *m,* Anthrax *m*

yanık izi *s* Brandmal *nt* **yanık kabarcığı** *s* Brandblase *f* **yanık kokusu** *s* Brandgeruch *m* **yanık merhemi** *s* Brandsalbe *f*

yanılgı *s* Irrtum *m,* Fehlschluss *m;* **~ya düşmek** einem Irrtum erliegen

yanılma *s* ❶ *Verbalsubstantiv zu* **yanılmak** ❷ Täuschung *f*

yanılmak *vi* sich irren, sich täuschen; **yanılmıyorsam** wenn ich mich nicht irre

yanılsama *s* Sinnestäuschung *f;* (*illüzyon*) Illusion *f*

yanıltı *s* Versehen *nt*

yanıltıcı *adj* irreführend

yanıltma *s* ❶ *Verbalsubstantiv zu* **yanıltmak** ❷ Täuschung *f,* Irreführung *f*

yanıltmak *vt* ❶ *Kausativ zu* **yanılmak** ❷ täuschen, irreführen

yanında ❶ bei, neben; **~ durmak** dabeistehen; **ailesinin/babasının ~** bei seiner Familie/seinem Vater; **annemin ~ydım** ich war bei meiner Mutter; **onun ~ oturdum** ich saß bei [*o* neben] ihm; **onun sağ/sol ~** rechts/links daneben ❷ (*beraberinde olma*) bei sich, mit; **bir şey ~ olmak** etw mithaben; **~ oturan adam** der Mann, der neben ihm sitzt, sein Nebenmann; **~ oturduğu adam** der Mann, bei dem er wohnt; **~ taşımak** bei sich tragen; **yanımda (hiç) para(m) yok** ich habe (überhaupt) kein Geld dabei [*o* bei mir]

yanından vorbei; **bir şeyin ~ geçmek** an etw vorbeigehen; **yol gölün yanından geçer** der Weg führt an einem See vorbei

yanı sıra *adv* nebenbei, nebenher, nebstbei; (*beraberinde*) neben, nebst; **başka şeylerin ~** neben anderen Dingen; **bunun ~** daneben; **işin ~** neben der Arbeit

yanıt *s* Antwort *f; s. a.* **cevap**

yanıtlama *s* ❶ *Verbalsubstantiv zu* **yanıtlamak** ❷ Beantwortung *f*

yanıtlamak *vt* beantworten

yanıtlandırma *s* ❶ *Verbalsubstantiv zu* **yanıtlandırmak** ❷ Beantwortung *f,* Erwiderung *f*

yanıtlandırmak *vt* beantworten; (*karşılığını vermek*) antworten (auf), erwidern,

entgegnen
yanıtlanma *s* ❶ *Verbalsubstantiv zu* **yanıtlanmak** ❷ Beantwortung *f*
yanıtlanmak *vi pass von* **yanıtlamak**
yanıtsız *adj* unbeantwortet
yani [ja:ni] **I.** *konj* also; (*demek*) das heißt; **ne olmuş** [*o* **yapalım**] **~?** na und? **II.** *part* etwa; **hemen şimdi gidecek misin ~?** willst du etwa schon gehen?
yan kapı *s* Nebentür *f,* Seitentür *f*
yankesici *s* Taschendieb(in) *m(f)*
yankesicilik <-ği> *s* Taschendiebstahl *m*
yankı *s* Echo *nt;* **önerisi geniş ~ uyandırdı** sein Vorschlag fand ein breites Echo
yankılanım *s ohne pl* Akustik *f;* **iyi/kötü bir ~** eine gute/schlechte Akustik
yankılanma *s Verbalsubstantiv zu* **yankılanmak**
yankılanmak *vi* hallen
yanlış **I.** *s* Fehler *m;* **bir ~ yaptım** mir ist ein Fehler unterlaufen **II.** *adj* falsch; **bir şeyi ~ anlamak** etw falsch verstehen, etw missverstehen; **~ çıkmak** sich als falsch herausstellen; **~ numara çevirmek** (*fam*) sich verwählen; **~ saymak** (*fam*) sich verzählen
yanlışlık <-ğı> *s* ❶ Fehler *m;* **~ yapmak** einen Fehler machen ❷ Irrtum *m*
yanlışlıkla *adv* irrtümlich
yanma *s* ❶ *Verbalsubstantiv zu* **yanmak**: **~ya başlamak** zu brennen beginnen ❷ Verbrennung *f*
yanmak <-ar> *vi* ❶ brennen; **sütten ağzı yanan yoğurdu üfleyerek yer** (*prov*) gebranntes Kind scheut das Feuer ❷ **çocuk yanıyor** (*fam*) das Kind ist ganz heiß ❸ verbrennen ❹ (*fig fam: oyun dışı olmak*) ausscheiden ❺ (*fig fam: zarara uğramak*) geliefert sein; **bunu öğrenirse yandık** wenn er das erfährt, sind wir geliefert
yanma odası *s* Verbrennungskammer *f;* (*motorda*) Verbrennungsraum *m*
yan oda *s* Nebenzimmer *nt* **yan sahın** *s* ARCH (*camide*) Seitenschiff *nt* **yan sanayi** *s* Zulieferindustrie *f*
yansıma *s* ❶ *Verbalsubstantiv zu* **yansımak** ❷ Reflexion *f* ❸ LING (*ses ~*) Lautmalerei *f* **yansıma açısı** *s* PHYS Reflexionswinkel *m,* Ausfallwinkel *m*
yansımak *vi* reflektieren, widerspiegeln; **camda yansıyan kendi görüntüsünü seyretmek** sein Spiegelbild auf der Scheibe betrachten
yansımalı *adj* LING lautmalend; **~ kelimeler** lautmalende Wörter
yansıtaç <-cı> *s* (*reflektör*) Reflektor *m*
yansıtma *s Verbalsubstantiv zu* **yansıtmak**
yansıtmak *vt* ❶ projizieren ❷ reflektieren, widerspiegeln
yansoy *s* Seitenlinie *f*
yan şerit *s* Seitenstreifen *m* **yan tesir** *s s.* **yan etki** Nebenwirkung *f* **yan tümce** *s s.* **yan cümle** Nebensatz *m* **yan uğraş** *s* Nebenbeschäftigung *f* **yan ürün** *s* Nebenprodukt *nt* **yan yana** *adv* nebeneinander **yan yargıcı** *s s.* **yan hakem** SPORT Linienrichter(in) *m(f)*
yap *vt Imperativ von* **yapmak**
yapar *vt 3. Aorist von* **yapmak**
yapay *adj* künstlich; **~ böbrek** künstliche Niere; **~ dölleme** künstliche Befruchtung; **~ olarak döllemek** BIOL künstlich befruchten; **~ zekâ** INFORM künstliche Intelligenz; *s. a.* **suni**
yapayalnız *adj* mutterseelenallein, ganz allein; **babası ölünce ~ kalacak** wenn ihr Vater stirbt, wird sie ganz allein dastehen
yapay dil *s* Kunstsprache *f* **yapay gübre** *s* Kunstdünger *m*
yapaylık <-ğı> *s* Künstlichkeit *f*
yapboz *s* Puzzle *nt*
yapı *s* ❶ Bau *m;* (*strüktür*) Struktur *f* ❷ (*bina*) Gebäude *nt,* Bau *m* ❸ Konstruktion *f*
yapıcı **I.** *s* ❶ Konstrukteur(in) *m(f),* Erbauer(in) *m(f)* ❷ (*yapı ustası*) Baumeister(in) *m(f)* ❸ Macher(in) *m(f)* **II.** *adj* (*yıkıcı karşıtı*) konstruktiv; **~ eleştiri** eine konstruktive Kritik
yapı döküntüsü *s ohne pl* Bauschutt *m* **yapı elemanı** *s* Bauelement *nt* **yapı iskelesi** *s* Baugerüst *nt* **yapı işçisi** *s* (*ırgat*) Bauarbeiter(in) *m(f)* **yapı kooperatifi** *s* Baugenossenschaft *f*
yapılabilir *adj* machbar, durchführbar
yapılabilirlik <-ği> *s ohne pl* WIRTSCH Machbarkeit *f,* Durchführbarkeit *f;* (*uygulanabilirlik*) Anwendbarkeit *f*
yapılı *adj* gebaut; **ince ~** schlank gebaut; **zarif ~ bir kız** ein zierlich gebautes Mädchen
yapılış *s* Machart *f*
yapılma *s* ❶ *Verbalsubstantiv zu* **yapılmak** ❷ (*akdedilme*) Abschluss *m;* **bir sözleşmenin ~sı** Abschluss eines Vertrages
yapılmak *vi* ❶ *pass von* **yapmak** ❷ stattfinden; **düğün nerede yapıldı?** wo fand die Hochzeit statt?
yapım *s* ❶ (*inşa*) Bau *m;* (*imal*) Produktion *f,* Herstellung *f* ❷ (*konstrüksiyon*) Konstruktion *f* ❸ Anfertigung *f* ❹ FILM, TV (*prodüksiyon*) Produktion *f* ❺ BIOL (*özümleme*) Assimilation *f*
yapı malzemesi *s* Baumaterial *nt* **yapı market** *s* Baumarkt *m*

yapımcı *s* ❶ Produzent(in) *m(f)* ❷ FILM (*prodüktör*) Produzent(in) *m(f)* ❸ RADIO, TV (*programcı*) Programmdirektor(in) *m(f)*
yapım eki *s* LING Wortbildungssuffix *nt*
yapı ögesi *s* Bauelement *nt* **yapı projesi** *s* Bauvorhaben *nt*
yapısal *adj* strukturell
yapısalcı **I.** *s* Strukturalist *m* **II.** *adj* strukturalistisch
yapısalcılık *s ohne pl* (*strüktüralizm*) Strukturalismus *m*
yapışıcı *adj* klebend **yapışıcı sap** *s* BOT Ranke *f*
yapışık <-ğı> *adj* ❶ (an)geklebt ❷ zusammengewachsen; **~ ikizler** siamesische Zwillinge; **~ ikiz(ler) gibi birbirlerinden ayrılmazlar** sie halten zusammen wie siamesische Zwillinge ❸ (*değen, dokunan*) **bir şeye ~ olmak** an etw (an)stoßen
yapışkan **I.** *adj* klebrig **II.** *s* Kleber *m* **yapışkan otu** *s* BOT Glaskraut *nt*
yapışma *s* ❶ *Verbalsubstantiv zu* **yapışmak** ❷ TECH, PHYS Haftung *f*
yapışmak *vi* ❶ kleben (**-e** an); **gömlek vücuduna yapışmıştı** das Hemd klebte ihm am Körper ❷ haften (**-e** an) ❸ (*fig fam: sıkıca yakalamak*) krallen (**-e** an); **birinin yakasına ~** jdn beim [*o* am] Kragen packen; **tırabzana yapıştı** er krallte sich ans Geländer ❹ (*fig*) **birine ~** sich an jdn hängen; (*peşini bırakmamak*) sich an jds Fersen heften; **ona kene** [*o* **sakız**] **gibi yapışıyor** er hängt an ihr wie eine Klette
yapıştırıcı *s* Kleber *m;* (*madde*) Klebestoff *m*
yapıştırma *s ohne pl Verbalsubstantiv zu* **yapıştırmak**
yapıştırmak *vt* ❶ kleben; (*üzerine*) ankleben (**-e** an); (*içine*) einkleben (**-e** in); (*zarfı*) zukleben ❷ (*fig*) **birine bir tane ~** (*fam*) jdm eine kleben
yapış yapış *adj* ❶ klebrig ❷ (*rutubetli*) feuchtklebrig, schmierig; **~ hava** eine feuchte Luft
yapı tarzı *s* Bauweise *f* **yapı tasarruf sandığı** *s* Bausparkasse *f* **yapı ustası** *s* Baumeister(in) *m(f)* **yapı üslubu** *s* ARCH Baustil *m*
yapma **I.** *s ohne pl Verbalsubstantiv zu* **yapmak** **II.** *adj* künstlich; (*doğal olmayan*) unnatürlich; **~ çiçekler** künstliche Blumen
yapmacık <-ğı> *adj* gekünstelt
yapmak <-ar> *vt* ❶ machen, tun; **elinden geleni ~** alles tun, was in seiner Macht steht; **yatak ~** die Betten machen ❷ antun; **birine bir iyilik/kötülük ~** jdm etw Gutes/Böses antun; **yapma bunu bana!** tu mir das nicht an! ❸ (*yuva*) bauen ❹ vornehmen; **bütçede kesinti ~** Kürzungen im Etat vornehmen ❺ (*onarmak*) reparieren ❻ (*spor*) treiben ❼ (*suikast*) verüben ❽ (*yol açmak*) verursachen; **kaşıntı/masraf ~** Juckreiz/Kosten verursachen ❾ (*olmak*) **bu kış çok soğuk yaptı** dieser Winter war sehr kalt ❿ (*alıkoymak için*) **elini ayağını öpeyim, yapma bunu** ich flehe dich an, tu es nicht; **yapma çocuğum, saat bozulur!** lass das mein Kind, die Uhr geht kaputt! ⓫ (*şaşma bildirir*) **oraya iki saatte gitmişler — yapma!** sie sind in zwei Stunden dahingegangen — ist nicht möglich!
yaprak <-ğı> *s* Blatt *nt;* **~larını dökmek** das Laub abwerfen **yaprak ayası** *s* BOT Blattspreite *f* **yaprak biti** *s* ZOOL Blattlaus *f* **yaprak böceği** *s* ZOOL Laubkäfer *m* **yaprak dolması** *s* GASTR *mit Weinblättern umwickelte Füllung aus Gehacktem und Reis* **yaprak dökümü** *s* Laubfall *m* **yaprak kını** *s* BOT Blattscheide *f,* Spatha *f*
yapraklı *adj* **dört ~** vierblätt(e)rig **yapraklı ağaç** <-cı> *s* BOT Laubbaum *m* **yapraklı bitki** *s* BOT Blattpflanze *f* **yapraklı kara yosunları** *s* Laubmoos *nt* **yapraklı takvim** *s* Abreißkalender *m*
yaprak sapı *s* BOT Blattstiel *m*
yapraksı *adj* blattförmig; **~ duyarga** ZOOL blattförmige Antenne
yapraksız *adj* blattlos
yaprak sigarası *s* Zigarillo *f;* (*puro*) Zigarre *f* **yaprak yaprak** *adv* blätterig **yaprak yay** *s* TECH, AUTO Blattfeder *f*
yaptırım *s* JUR (*müeyyide*) Sanktion *f;* **bir şeyi ~ altına almak** etw sanktionieren
yaptırma *s Verbalsubstantiv zu* **yaptırmak**
yaptırmak *vt* ❶ *Kausativ zu* **yapmak** machen lassen; **birine bir şey ~** jdm etw machen lassen; **niçin bunu kendine yaptırıyorsun?** warum lässt du dir das machen?; **yeni bir banyo yaptırdılar** sie ließen ein neues Bad einbauen ❷ (*imkân vermek*) zulassen; **bunu yaptırmam** ich lass das nicht zu
yaptırtma *s Verbalsubstantiv zu* **yaptırtmak**
yaptırtmak *vt Kausativ zu* **yapmak** machen lassen; **birine bir şey ~** jdm etw machen lassen; **niçin bunu kendine yaptırtıyorsun?** warum lässt du das mit dir machen?
yapyakın *adv* sehr nah
yapyalnız *adj s.* **yapayalnız** mutterseelenallein
yar[1] *vt Imperativ von* **yarmak**
yar[2] *s* Steilhang *m;* **yalı ~** GEO Steilküste *f;*

(*uçurum*) Abgrund *m;* **birini ~dan atmak** (*fig*) jdn ins Verderben stürzen

yâr <-ri> [ja:r] *s* ① (*sevgili*) Geliebte(r) *f(m)* ② (*dost*) Freund(in) *m(f);* (*tanıdık*) Bekannte(r) *f(m)* ③ (*yardımcı*) Helfer *m;* **bekle ~in köşesini!** (*fam*) da kannst du lange warten!

yara *s* ① Wunde *f;* **açık bir ~** eine offene Wunde; **~sını deşmek** (*fig*) eine alte Wunde wieder aufreißen ② Verletzung *f;* **ağır ~ almak** schwere Verletzungen davontragen

yarabbi *interj* **~!** mein Gott!

Yaradan *s* Schöpfer *m*

yaradılıştan *adj* (*doğuştan*) angeboren

yara izi *s* Wundnarbe *f*

yaralama *s* ① *Verbalsubstantiv zu* **yaralamak** ② Körperverletzung *f*

yaralamak *vt* ① verwunden ② (*fig fam: incitmek*) verletzen

yaralanma *s* ① *Verbalsubstantiv zu* **yaralanmak** ② Verwundung *f*

yaralanmak *vi* ① *pass von* **yaralamak** ② sich verletzen

yaralı **I.** *s* ① Verwundete(r) *f(m)* ② Verletzte(r) *f(m)* **II.** *adj* ① verwundet ② verletzt; **hafif/ağır ~** leicht/schwer verletzt

yarama *s Verbalsubstantiv zu* **yaramak**

yaramak *vi* dienen, nutzen; **sağlığa ~** der Gesundheit dienen; **bu neye yarayacak ki?** wozu soll das nutzen [*o* gut sein]?; **bu ne işe ~?** wofür ist das gut?

yaramaz *adj* ① unnütz, nutzlos; (*bir işe ~*) unbrauchbar, ungeeignet (**-e** für), untauglich (**-e** für) ② (*çocuk için*) unartig

yaramazlık <-ğı> *s* ① Unfug *m;* **~ etme!** mach keinen Unfug!; **~ yapmak** Unfug machen [*o* treiben] ② REG (*kötü haber*) schlechte Nachrichten

yara merhemi *s* Wundsalbe *f*

yarar[1] *vi 3. Aorist von* **yaramak**

yarar[2] **I.** *adj* ① **sağlığa ~** der Gesundheit dienend ② (*elverişli*) tauglich (**-e** für); (*uygun*) geeignet; (*işe ~*) brauchbar **II.** *s* ① (*fayda*) Nutzen *m;* **birine ~ı olmak** jdm von Nutzen sein ② (*menfaat*) Interesse *nt;* **bu, senin kendi ~ınadır** es liegt in deinem eigenen Interesse; **kamu ~ına** im Interesse der Allgemeinheit ③ (*kâr*) Gewinn *m,* Profit *m;* (*çıkar*) Vorteil *m;* **bir şeyden ~ sağlamak** Profit aus etw schlagen/ziehen; **...in ~ ve zararları** die Vor- und Nachteile von ...

yararlanma *s* ① *Verbalsubstantiv zu* **yararlanmak** ② Nutzung *f* ③ Genuss *m*

yararlanmak *vi* ① (*faydalanmak*) nutzen (**-den**) ② (*kendine yarar sağlamak*) profitieren (**-den** von)

yararlı *adj* nützlich; (*yarar sağlayan*) nutzbringend; **~ olmak** sich nützlich machen; **kamuya ~** gemeinnützig; **olayın aydınlatılması için ~ bilgiler** sachdienliche Hinweise

yararlık <-ğı> *s* Verdienst *m*

yararlılık <-ğı> *s ohne pl* Nützlichkeit *f*

yararsız *adj* nutzlos

yararsızlık <-ğı> *s ohne pl* Nutzlosigkeit *f*

yarasa *s* ZOOL Fledermaus *f*

yaraşır *adj* zukommend; (*uygun*) passend, angemessen; (**bir**) **kadına ~** einer Frau zukommend

yaraşma *s ohne pl Verbalsubstantiv zu* **yaraşmak**

yaraşmak *vi* ① (*yakışmak*) zukommen; (*uymak*) passend ② (*uygun olmak*) passend sein, angemessen sein

yaratı *s* Schöpfung *f;* (*kreasyon*) Kreation *f*

yaratıcı *adj* schöpferisch, kreativ

yaratıcılık <-ğı> *s ohne pl* Kreativität *f*

yaratık <-ğı> *s* Geschöpf *nt,* Kreatur *f,* Wesen *nt*

yaratılış *s ohne pl* REL (*takvin*) Schöpfung *f*

yaratılma *s ohne pl* ① *Verbalsubstantiv zu* **yaratılmak** ② Erschaffung *f*

yaratılmak *vi pass von* **yaratmak**

yaratım *s* Schöpfung *f;* (*kreasyon*) Kreation *f*

yaratımcı *s* Schöpfer *m*

yaratış *s ohne pl* Erschaffung *f*

yaratma *s ohne pl* ① *Verbalsubstantiv zu* **yaratmak** ② Erschaffung *f*

yaratmak *vt* ① schaffen, erschaffen, kreieren; **birbiri için yaratılmış olmak** wie geschaffen füreinander sein ② (*fig*) auslösen; (*sebep olmak*) verursachen; (*sansasyon*) erregen

yarbay *s* MIL Oberstleutnant *m*

yardakçı *s* Komplize, Komplizin *m, f,* Mittäter(in) *m(f)*

yardakçılık <-ğı> *s ohne pl* Mittäterschaft *f*

yardım *s* Hilfe *f*

yardıma muhtaç *adj* hilfsbedürftig

yardımcı *s* Helfer(in) *m(f)* **yardımcı araç** <-cı> *s* Hilfsmittel *nt* **yardımcı eleman** *s* Hilfskraft *f* **yardımcı eylem** *s,* **yardımcı fiil** *s* LING Hilfsverb *nt*

yardımcılık <-ğı> *s ohne pl* Beihilfe *f*

yardımcı oyuncu *s* SPORT (*yedek oyuncu*) Ersatzspieler(in) *m(f),* Reservespieler(in) *m(f)*

yardım kampanyası *s* Hilfsaktion *f* **yardım kuruluşu** *s* Hilfswerk *nt*

yardımlaşma *s* ① *Verbalsubstantiv zu* **yardımlaşmak** ② gegenseitige Hilfeleistung

yardımlaşmak *vi* sich gegenseitig helfen

yardımsever *adj* hilfsbereit
yardımseverlik <-ği> *s ohne pl* Hilfsbereitschaft *f*
yargı *s* ❶ JUR Gerichtsbarkeit *f;* **adli ~** ordentliche Gerichtsbarkeit ❷ JUR Rechtsprechung *f;* **~ yetkisi** die rechtsprechende Gewalt ❸ (*değer ~ sı*) Urteil *nt*
yargı çevresi *s* Gerichtsbezirk *m* **yargı erki** *s* JUR Judikative *f,* richterliche Gewalt *f*
yargı evi *s s.* **mahkeme** Gericht *nt*
yargı gücü *s* JUR, POL Judikative *f; s. a.* **yasama gücü, yürütme gücü** **yargı kararı** *s* Rechtsprechung *f*
yargılama *s* Gerichtsverhandlung *f*
yargısal *adj* richterlich
Yargıtay *s* JUR Kassationshof *m*
yargı yeri *s* JUR Gerichtsstand *m* **yargı yolu** *s* JUR Rechtsweg *m*
yarı **I.** *s* ❶ Hälfte *f;* **onun ~sı** die Hälfte davon; **yarım elmanın ~sı o, ~sı bu** (*fig fam*) sich gleichen wie ein Ei dem anderen; **yolun ~sında** auf der Hälfte des Weges, auf halber Strecke ❷ SPORT Halbzeit *f;* **ilk/ikinci ~** die erste/zweite Halbzeit **II.** *adj* halb; (*~ final*) Halb-, Semi-; (*~ geçirgen*) halb-, semi-; **~ fiyatına** zum halben Preis **III.** *adv* halbwegs **yarı ağır sıklet** *s ohne pl* SPORT Halbschwergewicht *nt*
yarıçap *s* MATH Radius *m*
yarı çıplak <-ğı> *adj* halbnackt **yarı değerli taş** *s* Halbedelstein *m* **yarı final** <-li> *s* SPORT Halbfinale *nt,* Semifinale *nt* **yarı gece** *s ohne pl* Mitternacht *f* **yarı geçirgen** *adj* BIOL, PHYS semipermeabel, halbdurchlässig; **~ zarlar** semipermeable Membrane **yarı geçirgenlik** <-ği> *s ohne pl* BIOL, PHYS Semipermeabilität *f,* Halbdurchlässigkeit *f* **yarı gölge** *s* PHYS, ASTRON Halbschatten *m* **yarı iletken** *s* ELEK, PHYS, INFORM Halbleiter *m*
yarık **I.** *s* <-ğı> ❶ Ritze *f;* (*aralık*) Spalte *f;* (*dudak yarığı*) Scharte *f* ❷ (*yara*) Riss *m* ❸ (*fig: bölünme*) Spaltung *f* **II.** *adj* gespalten
yarı karanlık <-ğı> *s ohne pl* Dämmerlicht *nt* **yarı kurak** <-ğı> *adj* GEO semiarid
yarı küre *s* GEO Halbkugel *f,* Hemisphäre *f;* **kuzey/güney ~si** die nördliche/südliche Halbkugel [*o* Hemisphäre]
yarılama *s Verbalsubstantiv zu* **yarılamak**
yarılamak *vt* halbieren; **şişeyi ~** die Flasche zur Hälfte austrinken; **yolu ~** den Weg zur Hälfte zurücklegen
yarılma *s Verbalsubstantiv zu* **yarılmak**
yarılmak *vi* ❶ *pass von* **yarmak** ❷ sich spalten
yarım **I.** *s* ❶ Hälfte *f* ❷ (*saat için*) halb eins; **saat ~** es ist halb eins **II.** *adj* halb; **~ elmanın yarısı o, yarısı bu** (*fig fam*) sich gleichen wie ein Ei dem anderen; **~ porsiyon** eine halbe Portion
yarımada *s* GEO Halbinsel *f*
yarım ağız *adv* halbherzig
yarı mamul **I.** *s* <-lü> WIRTSCH Halbfabrikat *nt,* Halbprodukt *nt* **II.** *adj* (*tam işlenmemiş*) halbfertig
yarım ay *s* ASTRON Halbmond *m* **yarım baş ağrısı** *s* MED (*migren*) Migräne *f*
yarımca *s* REG (*migren*) Migräne *f*
yarım çember *s* Halbkreis *m* **yarım çember biçiminde** *adj* halbkreisförmig **yarım daire** *s* MATH Halbkreis *m* **yarım kubbe** *s* ARCH Halbkuppel *f* **yarım küre** *s* ❶ MATH Halbkugel *f* ❷ GEO (*yarı küre*) Halbkugel *f,* Hemisphäre *f*
yarımlama *s* ❶ *Verbalsubstantiv zu* **yarımlamak** ❷ Halbierung *f*
yarımlamak *vt* halbieren
yarım ton *s* MUS Halbton *m*
yarın *s* **~ akşam/sabah** morgen Abend/früh
yarınki *adj* morgige(r, s)
yarı otomatik **I.** *s* <-ği> Halbautomatik *f* **II.** *adj* <-ği> halbautomatisch **yarı ömür** <-mrü> *s* PHYS Halbwertzeit *f* **yarı son** *s* SPORT (*yarı final*) Halbfinale *f*
yarış *s* ❶ SPORT Rennen *nt;* (*kürek, yelken ~ı*) Regatta *f* ❷ (*yarışma*) Wettbewerb *m* **yarış arabası** *s* Rennwagen *m* **yarış atı** *s* Rennpferd *nt* **yarış bisikleti** *s* Rennrad *nt*
yarışçı *s* ❶ Wettkämpfer(in) *m(f)* ❷ Wettbewerber(in) *m(f)*
yarışım *s* Wettbewerb *m*
yarışımcı *s* Wettbewerber(in) *m(f)*
yarış kayığı *s* Rennboot *nt* **yarış lastiği** *s* Rennreifen *m;* **düz ~** Slick *m*
yarışma *s* ❶ Wettkampf *m* ❷ (*güzellik ~sı*) Wettbewerb *m* ❸ (*rekabet*) Wettbewerb *m*
yarış otomobili *s* Rennauto *nt;* (*yarış arabası*) Rennwagen *m* **yarış tabancası** *s* SPORT Startpistole *f* **yarış teknesi** *s* Rennboot *nt*
yarı ünlü *s* LING Halbvokal *m*
yarı yarıya *adv* ❶ um die Hälfte; (*yarıya kadar*) bis zur Hälfte ❷ **biriyle ~ bölüşmek** mit jdm halbe-halbe machen
yarıyıl *s* SCHULE Halbjahr *nt;* **ilk ~** das erste Halbjahr
yarkurul *s* POL Untersuchungsausschuss *m,* Untersuchungskommission *f*
yarma *s Verbalsubstantiv zu* **yarmak**
yarmak <-ar> *vt* ❶ spalten; **kılı kırk ~** (*pej fam*) Haarspalterei betreiben ❷ (*abluka*) brechen ❸ aufschlitzen; **bir bıçakla**

keçinin karnını yardı mit einem Messer schlitzte er den Bauch der Ziege auf
yarpuz *s* BOT Polei *m*
yas *s ohne pl* Trauer *f;* ~ **tutmak** trauern; ~**a bürünmek** die Trauer anlegen
yasa *s* ❶ Gesetz *nt;* ~ **çıkarmak/koymak** Gesetze erlassen ❷ Gesetzbuch *nt;* **Yurttaşlar Y~sı** Bürgerliches Gesetzbuch; *s. a.* **kanun**
yasa boşluğu *s* JUR Gesetzeslücke *f* **yasa dışı** *adj* ungesetzlich, illegal
yasak I. *s* <-ğı> Verbot *nt;* (*sokağa çıkma yasağı*) Sperre *f;* ~ **etmek** verbieten **II.** *adj* verboten; ~ **aşk** verbotene Liebe; ~ **olmak** verboten sein; **sola dönmek** ~**tır!** links abbiegen verboten! **yasak bölge** *s* Sperrgebiet *nt*
yasaklama *s ohne pl* ❶ *Verbalsubstantiv zu* **yasaklamak** ❷ Untersagung *f*
yasaklamak *vt* verbieten, untersagen
yasa koyucu *s* Gesetzgeber *m*
yasal *adj* gesetzlich, legal, gesetzmäßig
yasalaştırma *s* ❶ *Verbalsubstantiv zu* **yasalaştırmak** ❷ Legalisierung *f*
yasalaştırmak *vt* legalisieren
yasallık <-ğı> *s ohne pl* JUR Gesetzmäßigkeit *f*
yasama I. *s ohne pl* Gesetzgebung *f,* Legislatur *f;* ~ **dokunulmazlığı** parlamentarische Immunität **II.** *adj* gesetzgebend; ~ **meclisi** die gesetzgebende Versammlung **yasama dönemi** *s* POL Legislaturperiode *f* **yasama erki** *s,* **yasama gücü** *s* JUR, POL Legislative *f; s. a.* **yargı gücü, yürütme gücü** **yasama meclisi** *s* gesetzgebende Versammlung **yasama yetkisi** *s* Gesetzgebungskompetenz *f*
yasa önerisi *s* POL, JUR Gesetzesvorlage *f*
yasasız *adj* gesetzlos
yasasızlık <-ğı> *s* Gesetzlosigkeit *f;* (*yasaya aykırılık*) Gesetzwidrigkeit *f*
yasemin *s* BOT Jasmin *m*
yaslama *s Verbalsubstantiv zu* **yaslamak**
yaslamak *vt* lehnen (-**e** an)
yaslanma *s Verbalsubstantiv zu* **yaslanmak**
yaslanmak[1] *vi* sich lehnen (-**e** an); **duvara** ~ sich an die Wand lehnen
yaslanmak[2] *vi* (*yasa bürünmek*) die Trauer anlegen; (*yas içinde olmak*) Trauer tragen
yasmık <-ğı> *s* REG (*mercimek*) Linse *f*
yassı *adj* flach, platt **yassı balıklar** *pl* ZOOL Plattfische *pl*
yassıca *adj* abgeflacht; ~ **bir burnu vardı** er hatte eine platte Nase
yassı ekran *s* INFORM, TV Flachbildschirm *m*
yassılama *s Verbalsubstantiv zu* **yassılamak**
yassılamak *vt* abflachen
yassılanma *s Verbalsubstantiv zu* **yassılanmak**
yassılanmak *vi* sich abflachen
yassı solucan *s* ZOOL Plattwurm *m* **yassı solungaçlılar** *pl* ZOOL Plattenkiemer *pl*
yastık <-ğı> *s* ❶ Kissen *nt;* (*başının altına koymak için*) Kopfkissen *nt* ❷ (*fide için*) Beet *nt* ❸ AUTO **hava yastığı** Airbag *m* ❹ Sockel *m* **yastık kılıfı** *s* Kissenbezug *m*
yaş[1] *s* Alter *nt;* ~**ı ilerlemiş olmak** im fortgeschrittenen Alter sein; ~**ını (başını) almak** bejahrt sein; ~**ını (başını) almış bir adam** ein bejahrter Mann; **biz aynı** ~**tayız** wir sind gleich alt; **ileri** ~ hohes Alter; **kaç** ~**ındasın?** wie alt bist du?; **o senin** ~**ındadır** er ist in deinem Alter; **üç** ~**ında** im Alter von drei Jahren
yaş[2] *s* Träne *f;* ~ **akıtmak/dökmek** Tränen vergießen; **birinin gözlerinden** ~ **getirmek** jdm Tränen entlocken; ~**ını içine akıtmak** innerlich weinen; ~**lara boğulmak** in Tränen aufgelöst sein
yaş[3] *adj* ❶ (*ıslak*) nass; (*nemli*) feucht ❷ (*sl: kötü*) schlecht
yaşa *vi* ❶ *Imperativ von* **yaşamak** ❷ **çok** ~**!** Gesundheit *f*
yaşam *s* Leben *nt;* **sağlıklı bir** ~ ein gesundes Leben
yaşama *s Verbalsubstantiv zu* **yaşamak** **yaşama alanı** *s* Lebensraum *m*
yaşamaca *adv* auf Lebenszeit
yaşama çabası *s* Lebenskampf *m,* Daseinskampf *m* **yaşama gücü** *s* Lebenskraft *f* **yaşama işlevi** *s* Lebensfunktion *f*
yaşamak I. *vi* leben; (*sağ olmak*) am Leben sein; **elden ağıza** ~ von der Hand in den Mund leben **II.** *vt* ❶ führen; **göçebe hayatı** ~ ein Nomadenleben führen ❷ (*görüp geçirmek*) erleben; **onu hiç böyle yaşamadım** ich habe ihn noch nie so erlebt
yaşam alanı *s* Lebensraum *m*
yaşama sevinci *s* Lebensfreude *f,* Daseinsfreude *f* **yaşama uğraşısı** *s s.* **yaşama çabası**
yaşam biçimi *s* Lebensweise *f,* Lebensart *f;* **Batı tarzı** ~ die westliche Lebensart **yaşam felsefesi** *s* Lebensphilosophie *f* **yaşam koşulları** *pl* Lebensbedingungen *pl* **yaşam öyküsü** *s* Lebensgeschichte *f;* (*biyografi*) Biographie *f* **yaşam şekli** *s* Lebensweise *f,* Lebensart *f*
yaşantı *s* ❶ Erlebnis *nt* ❷ (*hayatın bir bölümü*) Lebensabschnitt *m* ❸ (*hayat*) Leben *nt*

yaşar *vi, vt 3. Aorist von* **yaşamak**
yaşarma *s Verbalsubstantiv zu* **yaşarmak**
yaşarmak *vi* feucht werden; **gözleri yaşardı** seine Augen wurden feucht
yaşatkan *adj* MED, BIOL vegetativ; ~ **sinir sistemi** das vegetative Nervensystem
yaşatkan sinir sistemi *s* ANAT Lebensnervensystem *nt* **yaşatkan sinir sistemi siniri** *s* ANAT Lebensnerv *m*
yaşatma *s Verbalsubstantiv zu* **yaşatmak**
yaşatmak *vt* ① *Kausativ zu* **yaşamak** ② am Leben halten
yaşayış *s* Leben *nt;* **günlük ~ta** im täglichen Leben
yaş başkanı *s* Alterspräsident *m* **yaş çamaşır** *s ohne pl* Nasswäsche *f* **yaş dönümü** *s* Wechseljahre *pl* **yaş farkı** *s* Altersunterschied *m* **yaş grubu** *s* Altersgruppe *f;* **oğlunuz hangi ~nda?** in welcher Altersgruppe ist Ihr Sohn? **yaş günü** *s* Geburtstag *m* **yaş haddi** *s* Altersgrenze *f,* Höchstalter *nt*
yaşıt **I.** *s* Altersgenosse, -genossin *m, f* **II.** *adj* gleichaltrig
yaşlanma *s ohne pl* ① *Verbalsubstantiv zu* **yaşlanmak** ② Alterung *f;* **nüfusun ~sı** Alterung der Bevölkerung
yaşlanmak *vi* (*ihtiyarlamak*) altern, alt werden, älter werden
yaşlanma süreci *s* Alterungsprozess *m*
yaşlı *adj* alt; **orta ~ bir bey** ein Herr mittleren Alters
yaşlık <-ğı> *s* Nässe *f*
yaşlılar yurdu *s* Altenheim *nt,* Altenwohnheim *nt*
yaşlılık <-ğı> *s ohne pl* Alter *nt;* **~ta** im Alter **yaşlılık belirtisi** *s* Alterserscheinung *f* **yaşlılık sigortası** *s* Altersversicherung *f*
yaş piramidi *s* Alterspyramide *f*
yat[1] *vi Imperativ von* **yatmak**
yat[2] *s* Yacht *f*
yatak <-ğı> *s* ① Bett *nt;* ~ **yapmak** das Bett machen; **~lara düşmek** das Bett hüten müssen; **~ta sabah kahvaltısı** Frühstück im Bett; **~ta yatmak** im Bett liegen; **yatağa düşmek** das Bett hüten müssen; **yatağa girmek** ins [*o* zu] Bett gehen; **birinin yatağına girmek** (*fam*) mit jdm schlafen [*o* ins Bett gehen]; **eli ayağı yatağa bağlı olmak** (*fig fam*) ans Bett gefesselt sein ② TECH (*bilyeli ~, krank yatağı*) Lager *nt* **yatak çarşafı** *s* Bettlaken *m*
yatakhane *s* Schlafsaal *m*
yatak odası *s* Schlafzimmer *nt* **yatak yorgan** *s* Bettzeug *nt*
yatalak <-ğı> *adj* bettlägerig

yatar *vi 3. Aorist von* **yatmak** **yatar koltuk** <-ğu> *s* Liegesitz *m*
yatay *adj* waagerecht, horizontal **yatay çizgi** *s* MATH Horizontale *f*
yatık <-ğı> *adj* schief, schräg
yatılı okul *s* Internat *nt,* Internatsschule *f* **yatılı öğrenci** *s* Internatsschüler(in) *m(f)*
yatırım *s* FIN Anlage *f,* Investition *f,* Investment *nt;* ~ **yapmak** investieren (**-e** in)
yatırımcı *s* FIN Anleger(in) *m(f);* WIRTSCH Investor(in) *m(f)*
yatırım danışmanlığı *s* FIN Anlageberatung *f* **yatırım fonu** *s* FIN Anlagefonds *m,* Investmentfonds *m* **yatırım malları** *pl* WIRTSCH Investitionsgüter *pl* **yatırım projesi** *s* WIRTSCH Investitionsvorhaben *nt*
yatırma *s Verbalsubstantiv zu* **yatırmak**
yatırmak *vt* ① hinlegen (**-e** in); (*yatağa*) einbetten (**-e** in); **çocuğu yatağa ~** das Kind ins Bett legen ② FIN (*hesaba para*) einzahlen ③ FIN investieren (**-e** in), anlegen (**-e** in); **sermayesini bir projeye ~** sein Kapital in ein Projekt investieren ④ GASTR einlegen (**-e** in) ⑤ (*hastaneye*) einweisen ⑥ (*eğmek*) umlegen ⑦ (*harcamak*) hineinstecken (**-e** in)
yatışma *s* ① *Verbalsubstantiv zu* **yatışmak** ② Beruhigung *f*
yatışmak *vi* sich beruhigen; **ortalık yatıştı** die Lage hat sich beruhigt
yatıştırıcı *s* Beruhigungsmittel *nt*
yatıştırma *s* ① *Verbalsubstantiv zu* **yatıştırmak** ② Beruhigung *f*
yatıştırmak *vt* ① (*ayaklanmayı*) niederschlagen ② (*yumuşatmak*) entschärfen; (*razı etmek*) besänftigen ③ (*sakinleştirmek*) beruhigen
yatkın *adj* ① (*yatık*) schief, schräg ② (*mal*) liegen geblieben; (*çürük*) vergammelt ③ (*fig: eğilimli*) geneigt (**-e** zu) ④ (*becerikli*) geschickt; (*dil öğrenmeye ~*) begabt; (*eli ~*) praktisch veranlagt ⑤ **akla ~** plausibel, einleuchtend; **ele ~** handlich
yat kulübü *s* Jachtklub *m* **yat limanı** *s* Jachthafen *m*
yatma *s* ① *Verbalsubstantiv zu* **yatmak** ② **hamurun ~sı lazım** der Teig muss ruhen
yatmak <-ar> *vi* ① sich hinlegen; **uykuya ~** sich zum Schlafen hinlegen ② (*yatağa girmek*) ins [*o* zu] Bett gehen ③ liegen; **arkaüstü/yatakta ~** auf dem Rücken/im Bett liegen; **hangi hastahanede yatıyor?** in welchem Krankenhaus liegt er?; **gemi limanda yatıyor** das Schiff liegt im Hafen; **yatıp kalkmak** (*geceleri geçirmek*) seine Nächte verbringen; **biriyle yatıp kalkmak** mit jdm verkeh-

ren, mit jdm Geschlechtsverkehr haben ❹ (*gecelemek*) übernachten ❺ (*fam*) platzen, scheitern ❻ ins Bett gehen (**-le** mit), schlafen (**-le** mit) ❼ **yatıp kalkmak** die Nächte verbringen; **biriyle yatıp kalkmak** mit jdm schlafen ❽ (*fam*) **kodeste ~** im Knast sitzen

yatsı *s ohne pl* **~ ezanı** REL der Ruf zum Nachtgebet **yatsı namazı** *s* REL Nachtgebet *nt*

yavan *adj* ❶ (*tatsız*) fad ❷ (*yoz*) roh; **~ duvarlar** rohe Wände ❸ (*fig: görgüsüz*) unkultiviert

yavanlık <-ğı> *s ohne pl* ❶ Fadheit *f* ❷ Rohheit *f*

yavaş *adj* ❶ langsam ❷ (*tütün*) mild

yavaşlama *s* ❶ *Verbalsubstantiv zu* **yavaşlamak** ❷ Verlangsamung *f*

yavaşlamak *vi* sich verlangsamen

yavaşlatılma *s* ❶ *Verbalsubstantiv zu* **yavaşlatılmak** ❷ Verlangsamung *f*

yavaşlatılmak *vi pass von* **yavaşlatmak** verlangsamt werden

yavaşlatılmış *adj* verlangsamt **yavaşlatılmış hareket** *s* FILM Zeitlupe *f*

yavaşlatma *s* ❶ *Verbalsubstantiv zu* **yavaşlatmak** ❷ Verlangsamung *f*

yavaşlatmak *vt* verlangsamen

yavaşlık <-ğı> *s ohne pl* Langsamkeit *f*

yavaş yavaş *adv* allmählich, langsam, aber sicher; **~ acıkıyorum** allmählich [*o* langsam, aber sicher] bekomme ich Hunger

yaver *s* ❶ (*yardımcı*) Helfer(in) *m(f)*, Gehilfe, Gehilfin *m, f* ❷ MIL (*emir subayı*) Adjutant *m* ❸ **şansı ~ gitmek/gitmemek** eine Glückssträhne/Pechsträhne haben

yaverlik <-ği> *s* Adjutantur *f*

yavru *s* ❶ Junge(s) *nt*; **~ atmak** werfen; **içinde iki ~ olan bir yuva** ein Nest mit zwei Jungen darin ❷ (*köpek ~ su*) Welpe *m* ❸ (*çocuk*) Kind *nt*

yavrukurt <-du> *s* Pfadfinder *m*

yavrulama *s Verbalsubstantiv zu* **yavrulamak**

yavrulamak *vt* gebären; (*hayvanlar*) werfen

yavru şirket *s* WIRTSCH Tochtergesellschaft *f*

yavşan otu *s* BOT Männertreu *f*, Ehrenpreis *m*

yavuklama *s* ❶ *Verbalsubstantiv zu* **yavuklamak** ❷ Verlobung *f*

yavuklamak *vt* REG (*nişanlamak*) verloben (**-e** mit); **kızını bir subaya yavukladı** er verlobte seine Tochter mit einem Offizier

yavuklanma *s* ❶ *Verbalsubstantiv zu* **yavuklanmak** ❷ Verlobung *f*

yavuklanmak *vi* REG (*nişanlanmak*) sich verloben (**-e** mit); **kızı bir subaya yavuklandı** seine Tochter verlobte sich mit einem Offizier

yavuklu I. *s* REG (*nişanlı*) Verlobte(r) *f(m)* II. *adj* verlobt

yay[1] *vt Imperativ von* **yaymak**

yay[2] *s* ❶ TECH Feder *f* ❷ (*ok atmak için*) Bogen *m*; **~ı germek** den Bogen spannen; **ok ve ~** Pfeil und Bogen ❸ MATH Bogen *m*, Kreisbogen *m*; **pergelle bir ~ çizmek** mit dem Zirkel einen Bogen beschreiben ❹ MUS Bogen *m* ❺ **~ ayraç** [*o* **parantez**] runde Klammer

Yay *s* ASTRON Schütze *m*; **~ burcu/dönencesi** das Sternbild/der Wendekreis des Schützen

yaya I. *s* Fußgänger(in) *m(f)*, Passant(in) *m(f)* II. *adv* (*yayan*) zu Fuß

yaya geçidi *s* Fußgängerüberweg *m* **yaya kaldırımı** *s* Bürgersteig *m* **yaya köprüsü** *s* Fußgängerbrücke *f*

yayan *adv* zu Fuß; **~ gitmek** zu Fuß gehen

yayar *vt 3. Aorist von* **yaymak**

yayçizer *s* (*pergel*) Zirkel *m*

yaygara *s* ❶ Lärm *m*; **~ koparmak** Lärm schlagen; (*bağırıp çağırmak*) herumschreien; **~yı basmak** Lärm schlagen; (*bağırıp çağırmak*) herumschreien ❷ Rummel *m*; **bir şey/kimse hakkında büyük ~ koparmak** großen Rummel um etw/jdn machen ❸ (*fig: sızlanma*) Jammer *m*

yaygın *adj* verbreitet

yayık ayranı *s* Buttermilch *f*

yayılma *s* ❶ *Verbalsubstantiv zu* **yayılmak** ❷ Ausbreitung *f*

yayılmacılık <-ğı> *s ohne pl s.* **emperyalizm** Imperialismus *m*

yayılmak *vi* ❶ *pass von* **yaymak** ❷ sich ausbreiten ❸ (*serilmek*) sich breitmachen

yayımcı *s* Herausgeber(in) *m(f)*

yayımcılık <-ğı> *s ohne pl* Verlagswesen *nt*

yayımlama *s* ❶ *Verbalsubstantiv zu* **yayımlamak** ❷ Veröffentlichung *f*

yayımlamak *vt* ❶ veröffentlichen, herausgeben ❷ herausbringen

yayın *s* ❶ TV, RADIO Sendung *f*, Übertragung *f* ❷ (*kitap*) Veröffentlichung *f*, Publikation *f* **yayın balığı** *s* ZOOL Wels *m*

yayıncı *s* Verleger(in) *m(f)*; (*yayımcı*) Herausgeber(in) *m(f)*

yayıncılık <-ğı> *s ohne pl* Verlagswesen *nt*

yayın evi *s* Verlag *m*

yay kirişi *s* Bogensehne *f*

yayla *s* Hochebene *f*; (*plato*) Plateau *nt* **yayla gülü** <-ğü> *s* BOT (*ölmez çiçek*) Immortelle *f*, Strohblume *f*

yaylana yaylana *adj* federnd

yaylandırma *s Verbalsubstantiv zu* **yaylandırmak**

yaylandırmak *vt* abfedern

yaylanma *s Verbalsubstantiv zu* **yaylanmak**

yaylanmak *vi* federn

yaylı çalgı *s* MUS Streichinstrument *nt*

yaylım ateş *s* MIL Trommelfeuer *nt*

yayma *s* ❶ *Verbalsubstantiv zu* **yaymak** ❷ Ausbreitung *f* ❸ Verbreitung *f*

yaymak *vt* ❶ ausbreiten ❷ verbreiten

yayvan *adj* (*kepçe, kâse*) flach

yaz[1] *vt Imperativ von* **yazmak**

yaz[2] *s* Sommer *m*

yazar[1] *vt 3. Aorist von* **yazmak**

yazar[2] *s* Schriftsteller(in) *m(f)*, Autor(in) *m(f)*

yazar kasa *s* Registrierkasse *f*

yazarlık <-ğı> *s ohne pl* Schriftstellerei *f*

yaz ayı *s* Sommermonat *m*

yazdırma *s* ❶ *Verbalsubstantiv zu* **yazdırmak** ❷ (*dikte*) Diktat *nt*

yazdırmak *vt* ❶ *Kausativ zu* **yazmak** ❷ (*dikte etmek*) diktieren; **birine bir şey ~** jdm etw diktieren

yaz dönemi *s ohne pl* Sommerzeit *f*

yazgı *s* Schicksal *nt;* **biriyle aynı ~yı paylaşmak** mit jdm das gleiche Schicksal teilen

yazgıcı **I.** *s* Schicksalsgläubiger(in) *m(f);* (*fatalist*) Fatalist(in) *m(f)* **II.** *adj* schicksalsgläubig; (*fatalist*) fatalistisch

yazgıcılık <-ğı> *s ohne pl* Schicksalsglaube *m;* (*fatalizm*) Fatalismus *m*

yazgısal *adj* schicksalhaft

yaz gün durumu *s* ASTRON Sommersonnenwende *f* **yaz günü** *s* Sommertag *m*

yazı *s* ❶ Schrift *f;* **okunaklı/okunaksız ~** eine leserliche/unleserliche Schrift ❷ Schreiben *nt* ❸ (*metal parada*) Zahl *f;* **tu(ğ)ra mı ~ mı?** Kopf oder Zahl? ❹ (*makale*) Artikel *m,* Beitrag *m*

yazıcı *s* ❶ MIL Schreiber *m* ❷ INFORM Drucker *m* **yazıcı kartuşu** *s* INFORM Druckerpatrone *f*

yazı çevrimi *s* Transkription *f* **yazı dili** *s* Schriftsprache *f* **yazı dizisi** *s* Schriftenreihe *f*

yazıhane *s* Praxis *f;* (*büro*) Büro *nt*

yazı işleri *s* Redaktion *f* **yazı işleri müdürü** *s* Chefredakteur(in) *m(f)*

yazık **I.** *s* <-ğı> *ohne pl* (*günah*) Sünde *f* **II.** *interj* ❶ (*acınma anlatır*) **~!** schade!; **bir kimseye/şeye ~ oldu** es ist schade um jdn/etw; **çok ~ olmak** sehr schade sein, jammerschade sein; **ah, ne ~!** ach, wie schade!; **ne ~ ki** bedauerlicherweise, leider; **paranıza ~** schade um Ihr Geld ❷ (*kınama anlatır*) **~!** Schande!; **~ günah** eine große Schande; **~lar olsun ona!** Schmach und Schande über ihn!

yazı kâğıdı *s* Schreibpapier *nt*

yazılı çıktı *s* INFORM Ausdruck *m*

yazılım *s* INFORM (*donanım karşıtı*) Software *f*

yazılış *s* Schreibweise *f*

yazım *s* (*imlâ*) Rechtschreibung *f,* Orthographie *f*

yazı masası *s* Schreibtisch *m*

yazım yanlışı *s* Rechtschreibfehler *m*

yazın[1] *s* (*edebiyat*) Literatur *f*

yazın[2] *adv* im Sommer

yazın[3] *s Genetiv von* **yaz**

yazın bilimci *s* Literaturwissenschaftler(in) *m(f)*

yazışma *s* Schriftwechsel *m* **yazışma adresi** *s* Kontaktadresse *f*

yazıt *s* (*kitabe*) Inschrift *f* **yazıt bilimi** *s ohne pl* Inschriftenkunde *f;* (*epigrafi*) Epigraphik *f*

yazı türü *s* Schriftart *f*

yaz koleksiyonu *s* Sommerkollektion *f*

yazlama *s Verbalsubstantiv zu* **yazlamak**

yazlamak *vi* ❶ (*yazı geçirmek*) den Sommer verbringen (**-de** in) ❷ (*fam: bahar gelmek*) Frühling werden

yazma *s ohne pl* ❶ *Verbalsubstantiv zu* **yazmak** ❷ **~ya devam etmek** weiterschreiben

yazmak <-ar> *vt* ❶ schreiben ❷ aufschreiben

yazman *s* Protokollführer(in) *m(f)*

yaz mevsimi *s ohne pl* Sommerzeit *f* **yaz saati** *s* Sommerzeit *f* **yaz sömestiri** *s* Sommersemester *nt* **yaz tatili** *s* Sommerferien *pl* **yaz yağmuru** *s* Sommerregen *m*

ye[1] *Name des 28. Buchstaben des türk. Alphabets;* **Yozgat'ın ~'si** Ypsilon

ye[2] *vt Imperativ von* **yemek**: **~ kürküm ~!** (*prov*) Kleider machen Leute

yedek <-ği> *s* Ersatz *m,* Reserve *f;* **yedeğinde götürmek** abschleppen; **yedeğe almak** in Reserve nehmen

yedek akçe *s* WIRTSCH Rücklage *f* **yedek çubuğu** *s* AUTO Abschleppstange *f* **yedek lastik** <-ği> *s* Ersatzreifen *m,* Reservereifen *m* **yedek oyuncu** *s* SPORT Ersatzspieler(in) *m(f),* Reservespieler(in) *m(f),* Auswechselspieler(in) *m(f)* **yedek parça** *s* Ersatzteil *nt* **yedek parçacı** *s* Ersatzteilhändler(in) *m(f)* **yedek subay** *s* Reserveoffizier *m* **yedek teker** *s* Ersatzrad *nt,* Reserverad *nt*

yedi **I.** *s* Sieben *f; s. a.* **altı** **II.** *adj* sieben; **dünyanın ~ harikası** die sieben Weltwunder; **üçe ~ var** es ist sieben vor drei; **~ kub-**

beli hamam kurmak (*fig*) Luftschlösser bauen; *s. a.* **altı**

yedi buçuk <-ğu> *adj* ❶ siebeneinhalb; ~ **litre/kilometre** siebeneinhalb Liter/Kilometer; ~ **saat önce/sonra** siebeneinhalb Stunden vorher/nachher ❷ (*saati bildirirken*) halb acht; ~**ta** um halb acht; **saat** ~ es ist halb acht; **yedi buçuğa on** (**dakika**) **kala** um zehn (Minuten) vor halb acht; **yedi buçuğa on** (**dakika**) **var** es ist zehn (Minuten) vor halb acht; **yedi buçuğu on** (**dakika**) **geçe** um zehn (Minuten) nach halb acht; **yedi buçuğu on** (**dakika**) **geçiyor** es ist zehn (Minuten) nach halb acht

yedigen **I.** *s* MATH Siebeneck *nt,* Heptagon *nt* **II.** *adj* siebeneckig, heptagonal

Yedigir *s s.* **Büyükayı** ASTRON der Große Bär

yedi göbek <-ği> *s* Stammvater *m*

yedili **I.** *s* (*iskambil kâğıdı*) Sieben *f* **II.** *adj* siebenteilig

yedinci *adj* siebte(r, s); *s. a.* **altıncı**

yedincisi *adv* (*sayarken*) siebtens; *s. a.* **altıncısı**

yedişer *adj* je sieben; ~ **tane aldılar** sie haben je sieben Stück bekommen **yedişer yedişer** *adv* ~ **diz**(**il**)**mek** (sich) in Siebenerreihen aufstellen

yediz *s* Siebenling *m*

yedme *s Verbalsubstantiv zu* **yedmek**

yedmek *vt* (*fam*) ❶ (*yedeğinde götürmek*) abschleppen ❷ (*fig*) **birini** ~ jdn ins Schlepptau nehmen

yegâne *adj s.* **tek** einzig

yeğ *adj* (*daha iyi*) besser; **bir şeyi/kimseyi** ~ **tutmak** etw/jdn bevorzugen [*o* vorziehen]; **aç gezmektense tok ölmek** ~**dir** besser satt sterben als hungrig herumlaufen

yeğen *s* ❶ (*kız*) Nichte *f* ❷ (*erkek*) Neffe *m*

yeğinlik <-ği> *s* Intensität *f;* **manyetik alanın yeğinliği** die Stärke eines Magnetfeldes

yeğleme *s* ❶ *Verbalsubstantiv zu* **yeğlemek** ❷ Bevorzugung *f*

yeğlemek *vt* bevorzugen, vorziehen

yeğlenme *s* ❶ *Verbalsubstantiv zu* **yeğlenmek** ❷ Bevorzugung *f*

yeğlenmek *vi pass von* **yeğlemek**

yeğnileme *s Verbalsubstantiv zu* **yeğnilemek**

yeğnilemek *vt* REG (*hafifsemek*) auf die leichte Schulter nehmen; (*önemsememek*) nicht ernst nehmen

yeis *s* Verzweiflung *f*

yeknesak *adj* (*tekdüze*) eintönig; (*monoton*) monoton

yeknesaklık <-ğı> *s* (*tekdüzelik*) Eintönigkeit *f;* (*monotonluk*) Monotonie *f*

yel *s* ❶ (*rüzgâr*) Wind *m* ❷ (*fam: bağırsaklardaki gaz*) Blähung *f*

yel değirmeni *s* Windmühle *f*

yele *s* ❶ Mähne *f* ❷ (*sırt yüzgeci*) Rückenflosse *f*

yeleç *adj* (*fam: havadar*) luftig

yelek <-ği> *s* ❶ Weste *f;* **kurşungeçirmez** ~ kugelsichere Weste ❷ (*fam: telek*) Schwungfeder *f* ❸ (*okta*) Befiederung *f*

yelekleme *s Verbalsubstantiv zu* **yeleklemek**

yeleklemek *vt* befiedern; **oku** ~ den Pfeil befiedern

yelelenme *s Verbalsubstantiv zu* **yelelenmek**

yelelenmek *vi* (*saç için*) sich wellen

yeleli kurt *s* REG (*sırtlan*) Hyäne *f*

yelken *s* Segel *nt;* ~ **açmak** die Segel setzen; ~ **basmak** unter Segel gehen; ~ **dikmek** die Segel aufziehen; ~**leri suya indirmek** (*fig*) die Segel streichen, die Flinte ins Korn werfen, klein beigeben

yelken bezi *s ohne pl* Segeltuch *nt*

yelkenci *s* Segler(in) *m(f)*

yelken gemisi *s* Segelschiff *nt* **yelken kulübü** *s* Segelklub *m*

yelkenleme *s Verbalsubstantiv zu* **yelkenlemek**

yelkenlemek *vi* unter Segel gehen

yelkenli gemi *s* Segelschiff *nt*

yelken yarışı *s* Segelregatta *f*

yelkovan *s* ❶ (*dakikaları gösteren ibre*) Minutenzeiger *m;* **akrep ve** ~ der Stundenzeiger und der Minutenzeiger ❷ (*yelin yönünü gösteren levha*) Windfahne *f,* Wetterfahne *f* ❸ ZOOL Sturmtaucher *m*

yelpaze **I.** *s* ❶ Fächer *m* ❷ (*fig: çeşitlilik*) Palette *f,* Vielfalt *f* ❸ NAUT (*dümen* ~*si*) Blatt *nt* **II.** *adj* fächerartig

yelpazeleme *s Verbalsubstantiv zu* **yelpazelemek**

yelpazelemek *vt* fächeln; **birini** ~ jdn fächeln, jdm Luft zufächeln

yelpazelenme *s Verbalsubstantiv zu* **yelpazelenmek**

yelpazelenmek *vi* sich fächeln

yeltek *adj* wankelmütig, unbeständig

yeltenme *s* ❶ *Verbalsubstantiv zu* **yeltenmek** ❷ Anmaßung *f*

yeltenmek *vi* sich anmaßen

yelve *s* ZOOL (*flûrya*) Grünfink *m*

yem *s ohne pl* ❶ Futter *nt* ❷ (*balık* ~*i*) Köder *m* **yem bitkisi** *s* AGR Futterpflanze *f*

yeme *s Verbalsubstantiv zu* **yemek**

yemek[1] <-ği> *s* ❶ Essen *nt;* ~ **hazır** das Essen ist fertig; ~ **pişirmek** kochen; ~ ~ essen ❷ (*hazır* ~) Gericht *nt,* Speise *f;* **Macar yemeği** ungarisches Gericht

Y

yemek[2] **I.** *vt* ❶ (*insan*) essen, verzehren; (*hayvan*) fressen ❷ (*tırnaklarını*) abkauen **II.** *vi* ❶ (*insan*) essen; (*hayvan*) fressen ❷ (*fam: dayak*) bekommen, kriegen, beziehen; (*gol*) kassieren; **bir tane ~** eins draufkriegen; **bir tokat ~** eine Ohrfeige bekommen; **üç yıl hapis/kodes yedi** er hat drei Jahre Gefängnis/Knast bekommen

yemek artıkları *pl* Essensreste *pl,* Speisereste *pl;* **~nı çöp tenekesine boşaltmak** die Essensreste in den Mülleimer leeren **yemek borusu** *s* ANAT Speiseröhre *f* **yemek duası** *s s.* **sofra duası** Tischgebet *nt*

yemekhane *s* ❶ Speisesaal *m* ❷ Kantine *f* ❸ UNIV Mensa *f*

yemek kaşığı *s* Esslöffel *m* **yemek kitabı** *s* Kochbuch *nt* **yemek kültürü** *s* Esskultur *f*

yemeklik yağ *s* Speiseöl *nt*

yemek listesi *s* Speisekarte *f*

yemekli vagon *s* EISENB Speisewagen *m*

yemek odası *s* Esszimmer *nt* **yemek sofrası** *s* Esstisch *m* **yemek tarifesi** *s* Kochrezept *nt* **yemek vakti** *s* Essenszeit *f* **yemek yağı** *s* Speiseöl *nt*

Yemen *s ohne pl* Jemen *nt*

Yemenli *s* Jemenit *m*

yemin *s* Eid *m* **yemin billâh** *adv* hoch und heilig; **bir şeye ~ ederek söz vermek** (*fam*) etw hoch und heilig versprechen

yem torbası *s* Futtersack *m*

yen[1] *vt Imperativ von* **yenmek**

yen[2] *s* Ärmel *m*

yen[3] *s* Yen *m*

yener *vt 3. Aorist von* **yenmek**[1]

yenge *s* ❶ Tante *f* ❷ Schwägerin *f*

yengeç <-ci> *s* ZOOL Krebs *m*

Yengeç *s* ASTROL Krebs *m;* **~ burcu/dönencesi** das Sternbild/der Wendekreis des Krebses

yeni *adj* ❶ neu ❷ frisch; **~ çiçeklenmiş bir tarh** ein frisch mit Blumen bepflanztes Beet; **duvarlar ~ boyandı** die Wände wurden frisch gestrichen **yeni ay** *s* Neumond *m*

yeniçeriler *pl* HIST Janitscharen *pl* **yeniçeri ocağı** *s* HIST Janitscharenkorps *nt*

yeniden *adv* erneut; (*tekrar*) wieder; **~ kullanılabilir** wiederverwendbar **yeniden işleme** *s ohne pl* Recycling *nt* **yeniden yeniden** *adv* **bir şeyi ~ hatırlamak** sich an etw immer und immer wieder erinnern

yeni doğan/doğmuş *adj* neugeboren

yenidünya *s* BOT (*Malta eriği*) Japanische Mispel *f*

Yeni Dünya aslanı *s* ZOOL Puma *m* **Yeni Gine** *s* Neuguinea *nt*

yeni gümüş *s ohne pl* Neusilber *nt*

yenik[1] **I.** *s* <-ği> Biss *m* **II.** *adj* (*yenmiş, aşınmış*) zerfressen, zernagt

yenik[2] *adj* besiegt; **~ düşmek** besiegt werden

yenilebilen *adj* essbar

yenileme *s* ❶ *Verbalsubstantiv zu* **yenilemek** ❷ Erneuerung *f*

yenilemek *vt* erneuern; (*aşı*) auffrischen

yenilenebilir *adj* erneuerbar

yenilenme *s* ❶ *Verbalsubstantiv zu* **yenilenmek** ❷ Erneuerung *f*

yenilenmek *vi pass von* **yenilemek** erneuert werden; **bütün mutfak yenilendi** die ganze Küche wurde erneuert

yenilerde *adv* neulich

yenileşme *s Verbalsubstantiv zu* **yenileşmek**

yenileşmek *vi* sich erneuern; (*yeni bir durum almak*) sich neu gestalten

yeniletme *s* ❶ *Verbalsubstantiv zu* **yeniletmek** ❷ Erneuerung *f*

yeniletmek *vt Kausativ zu* **yenilemek** erneuern lassen

yenilgi *s* Niederlage *f;* **~ye uğramak** eine Niederlage erleiden

yenilik <-ği> *s* ❶ Neuheit *f* ❷ (*yeni haber*) Neuigkeit *f* ❸ Innovation *f*

yenilikçi *adj* innovativ

yenilir *adj* essbar; **balık ~ yutulur gibi değil** der Fisch ist ungenießbar

yenilme[1] *s Verbalsubstantiv zu* **yenilmek**[1]: **elmaların çürümeden ~si lazım** die Äpfel müssen gegessen werden, bevor sie verfaulen

yenilme[2] *s* ❶ *Verbalsubstantiv zu* **yenilmek**[2] ❷ Niederlage *f*

yenilmek[1] *vi pass von* **yemek**[2] gegessen werden; **balık yenilir yutulur gibi değil** der Fisch ist ungenießbar

yenilmek[2] *vi pass von* **yenmek**[1] besiegt werden, unterliegen; (*kaybetmek*) verlieren (**-e** gegen); **yenilen takım** die unterlegene Mannschaft

yenilmez[1] *adj* **bir şey ~** etw ist nicht zum Verzehr geeignet

yenilmez[2] *adj* unbesiegbar

yenilmezlik <-ği> *s ohne pl* Unbesiegbarkeit *f*

yenimsi *adj* neuartig

yenir *adj* essbar; **bu, ~ yutulur gibi değil!** (*yiyecek*) das ist ungenießbar!; (*fig*) das ist unannehmbar [*o* inakzeptabel]!

yenirce *s ohne pl* MED ❶ Knochenfraß *m* ❷ (*frengi*) Syphilis *f*

yeni sene *s ohne pl s.* **yeni yıl** Neujahr *nt*

yeni yapım *s* Neuanfertigung *f* **yeni**

yeni *adv* neulich; (*çok yakınlarda*) vor kurzem **yeni yetme** *s* Halbwüchsige(r) *f(m)* **yeni yetmelik** <-ği> *s ohne pl* Pubertät *f* **yeni yıl** *s ohne pl* Neujahr *nt;* **~da en iyi dileklerimizle!** mit unseren besten Wünschen im neuen Jahr!

Yeni Zelanda *s* Neuseeland *nt* **Yeni Zelandalı** I. *s* Neuseeländer(in) *m(f)* II. *adj* neuseeländisch; **~ bir kadın** eine neuseeländische Frau

yenme[1] *s ohne pl Verbalsubstantiv zu* **yenmek**[1]

yenme[2] *s ohne pl Verbalsubstantiv zu* **yenmek**[2]

yenmek[1] <-er> *vt* ❶ besiegen, schlagen; **Alman takımını 3:1 yendiler** sie schlugen die deutsche Mannschaft mit 3:1 ❷ (*güçlükleri*) bewältigen, überwinden

yenmek[2] <-ir> *vi pass von* **yemek**[2] gegessen werden

yepelek <-ği> *adj* REG (*ince yapılı*) zierlich, fein

yepyeni *adj* brandneu, nagelneu

yer[1] *vt 3. Aorist von* **yemek**

yer[2] *s* ❶ Raum *m;* (*duracak, oturacak ~*) Platz *m;* (*oturma ~ı*) Ort *m;* **~ açmak** Platz schaffen; **~ almak** (*bulunmak*) sich befinden; (*bir projede*) teilnehmen; **~ etmek** (*iz bırakmak*) Spuren hinterlassen; (*iyice yerleşmek*) sich eingraben; **~imiz yok** wir haben keinen Platz; (*otelde*) wir sind ausgebucht; **~ine koymak** auf seinen Platz stellen; (*gibi görmek*) sehen als; (*saymak*) halten für; (*elden çıkan bir şeyin benzerini sağlamak*) ersetzen; **~ini almak** seinen [*o* ihren] Platz einnehmen; **fazla ~ kaplamak** zu viel Raum [*o* Platz] einnehmen ❷ Lage *f;* **kendini birisinin ~ine koymak** sich in jdn hineinversetzen; **kendini benim ~ime bir koysana!** versetz dich doch mal in meine Lage hinein! ❸ Stelle *f;* **bir şeyi ~inden oynatmak** etw von der Stelle bewegen; **birinin ~ine geçmek** an jds Stelle treten ❹ (*ohne pl*) Boden *m,* Erdboden *m,* Erde *f;* **~ yarılıp içine girmek** wie vom Erdboden verschluckt sein; **~e düşmek** auf den Boden fallen, auf die Erde fallen, zu Boden fallen; **~e tükürmek** auf den Boden spucken; **~i boylamak** hinfallen; **~in dibine geçmek** in den Erdboden versinken, sich in Grund und Boden schämen; **~le bir etmek** dem Erdboden gleichmachen; **mantar gibi ~den bitmek** wie Pilze aus dem Boden schießen ❺ wohin; **bastığın ~e dikkat et!** gib Acht, wohin du trittst!; **yarın gideceğim ~ ...** dort, wohin ich morgen gehe, ...

yer adı *s* Ortsname *m* **yer alıştırmaları** *pl* SPORT Bodenturnen *nt* **yer altı** *adj* unterirdisch; **~ dehlizi** ein unterirdischer Gang; **~ şehri** eine unterirdische Stadt

yeraltı dünyası *s* (*fig*) Unterwelt *f*

yer altı kaynakları *pl* Bodenschätze *pl* **yer altı suları** *pl* Grundwasser *nt* **yer altı treni** *s* (*metro*) Untergrundbahn *f,* U-Bahn *f* **yer atmosferi** *s* Erdatmosphäre *f*

yerberi *s ohne pl* ASTRON (*yeröte karşıtı*) Erdnähe *f,* Perigäum *nt*

yer bilimci *s* (*jeolog*) Geologe, -login *m, f* **yer bilimi** *s* (*jeoloji*) Geologie *f* **yer bilimsel** *adj* (*jeolojik*) geologisch **yer cilası** *s* Bohnerwachs *nt* **yer çekimi** *s ohne pl* Erdanziehung *f,* Gravitation *f* **yer çekimi alanı** *s* Gravitationsfeld *nt* **yer çekimi ivmesi** *s ohne pl* Fallbeschleunigung *f* **yer çekimsiz** *adj* schwerelos

yerdegezen *s* REG (*yılan*) Schlange *f*

yerden bitme *s* ❶ (*kısa boylu*) Wicht *m,* Wichtelmännchen *nt* ❷ (*türedi*) Emporkömmling *m,* Parvenü *m o nt* ❸ **mantar gibi ~k** wie Pilze aus dem Boden schießen **yerden vites** *s* AUTO Knüppelschaltung *f* **yerden yapma** *s* Wicht *m,* Wichtelmännchen *nt*

yer domuzu *s* ZOOL Erdferkel *nt*

yere[1] *s dat von* **yer**

yere[2] *part* **boş ~** umsonst, vergeblich, vergebens; **gereksiz ~** unnötigerweise, überflüssigerweise; **haksız ~** ungerechterweise, zu Unrecht; **nafile ~** vergebens

yeregeçen *s* REG (*havuç*) Möhre *f*

yer ekseni *s ohne pl* ASTRON Erdachse *f*

yerel *adj* örtlich, lokal **yerel anestezi** *s* MED Lokalanästhesie *f,* örtliche Betäubung

yer elması *s* BOT Topinambur *m o f,* Erdapfel *m*

yerel radyo *s* Lokalsender *m* **yerel saat** <-ti> *s* Ortszeit *f* **yerel yönetim** *s* Kommunalverwaltung *f*

yer fıstığı *s* BOT Erdnuss *f*

yergi *s* Satire *f*

yergici I. *s* Satiriker(in) *m(f)* II. *adj* satirisch

yerinde I. *adj* angebracht II. *adv* **keyfi ~ olmak/olmamak** gute/schlechte Laune haben, gut/schlecht gelaunt sein, gut/schlecht drauf [*o* aufgelegt] sein; **sağlığı ~ olmak** bei guter Gesundheit sein

yerine *adv* ❶ statt; **onun ~** stattdessen ❷ anstelle, anstatt; **onun ~ arkadaşı geldi** anstatt seiner kam sein Freund; **öğretmenin/paranın ~** anstelle des Lehrers/Geldes

Y

yer istasyonu *s* TELEK Bodenstation *f* **yer kabuğu** *s ohne pl* GEO Erdkruste *f*, Erdrinde *f* **yer kaplaması** *s* Bodenbelag *m* **yer katı** *s* ❶ GEO (*yer katmanı*) Erdschicht *f* ❷ (*zemin katı*) Erdgeschoss *nt* **yer katmanı** *s* GEO Erdschicht *f*

yerküre *s ohne pl* Erdkugel *f*, Erdball *m*

yerleşik *adj* ansässig; **Almanya'da ~ bir Türk ailesi** eine in Deutschland ansässige türkische Familie

yerleşim alanı *s* Siedlungsraum *m* **yerleşim merkezi** *s* Ortschaft *f*

yerleşke *s* Campus *m*

yerleşme *s Verbalsubstantiv zu* **yerleşmek**

yerleşmek *vi* sich niederlassen (**-e** in)

yerleştirme *s Verbalsubstantiv zu* **yerleştirmek**

yerleştirmek *vt* ❶ etablieren ❷ aufstellen; (*rafa*) einordnen; **kitapları rafa ~** die Bücher ins Regal einräumen ❸ einpassen, einsetzen

yerli **I.** *s* ❶ Einheimische(r) *f(m)* ❷ Eingeborene(r) *f(m)* **II.** *adj* ❶ einheimisch ❷ eingeboren **yerli dolap** <-bı> *s s.* **gömme dolap** Einbauschrank *m*

yer mantarı *s* BOT (*domalan*) Trüffel *m*

yerme *s Verbalsubstantiv zu* **yermek**

yermek <-er> *vt* ❶ (*kötülemek*) schlechtmachen, heruntermachen ❷ (*hicvetmek*) verspotten ❸ (*tiksinmek*) verabscheuen

yermeli *adj* abwertend; (*pejoratif*) pejorativ; **~ söz** pejoratives Wort **yermeli kelime** *s* LING Pejorativum *nt*

yer ölçümü *s* Erdmessung *f*

yeröte *s ohne pl* ASTRON (*yerberi karşıtı*) Erdferne *f*, Apogäum *nt*

yer özekçil *adj* ASTRON (*jeosantrik*) geozentrisch **yer personeli** *s ohne pl* AERO (*alan personeli*) Bodenpersonal *nt* **yer sakızı** *s ohne pl s.* **bitüm** Bitumen *nt* **yer sarsıntısı** *s* Erdstoß *m*; (*deprem*) Erdbeben *nt* **yer sıçanı** *s* ZOOL (*köstebek*) Maulwurf *m*

yersiz *adj* unangebracht, deplatziert

yersizlik <-ği> *s ohne pl* Platzmangel *m*

yer yağı *s s.* **petrol** Erdöl *nt*

yer yuvarı *s ohne pl*, **yer yuvarlağı** *s ohne pl* ASTRON, GEO (*yerküre*) Erdkugel *f*, Erdball *m*

yeryüzü *s ohne pl* ❶ Erdoberfläche *f* ❷ (*dünya*) Erde *f* **yeryüzü atmosferi** *s ohne pl* Erdatmosphäre *f*

yesyeni *adj* REG (*yepyeni*) brandneu

yeşerme *s Verbalsubstantiv zu* **yeşermek**

yeşermek *vi* grünen

yeşertme *s* ❶ *Verbalsubstantiv zu* **yeşertmek** ❷ Begrünung *f*

yeşertmek *vt* begrünen

yeşil **I.** *s* Grün *nt*; **açık/koyu bir ~** ein helles/dunkles Grün; **lamba ~dı** die Ampel stand auf Grün **II.** *adj* grün; **~ bir renk** eine grüne Farbe **yeşil alan** *s* Grünfläche *f* **yeşil gözlü** *adj* grünäugig **yeşil ışık** <-ğı> *s* **bir şey için ~ yakmak** (*fig*) für etw freie Fahrt geben

yeşilimsi *adj*, **yeşilimtırak** *adj* grünlich

yeşil kart *s* Krankenversichertenkarte *f* **yeşil kuşak** <-ğı> *s* Grüngürtel *m* **yeşil lahana** *s* GASTR Grünkohl *m*

yeşillenme *s Verbalsubstantiv zu* **yeşillenmek**

yeşillenmek *vi* grünen

Yeşiller *pl* POL die Grünen

yeşillik <-ği> *s* Grün *nt*; **~(ler) içinde** im Grünen

yeşil saat *s* Sprechstunde *f* **yeşil salata** *s* GASTR Blattsalat *m*, Kopfsalat *m*

yeşilsazan *s* ZOOL Schleie *f*

yeşim *s* Jade *m o f*

yetenek <-ği> *s* Fähigkeit *f*

yeter[1] *vi 3. Aorist von* **yetmek**

yeter[2] *adj* genug; **~!** genug!, es reicht!; **bu ~ de artar** (**bile**) das ist (sogar) mehr als genug; **~i kadar** genügend, ausreichend; **~inden fazla** mehr als genug

yeterli *adj* genügend, ausreichend, zulänglich

yeterlik <-ği> *s ohne pl* Eignung *f* **yeterlik sınavı** *s* Eignungsprüfung *f*

yeterlilik <-ği> *s ohne pl* Zulänglichkeit *f*

yeter sayı *s* POL (*nisap*) Beschlussfähigkeit *f*

yetersizlik <-ği> *s* MED Insuffizienz *f*, Mangel *m*

yeti *s ohne pl* PHILOS, PSYCH (*anlama ve kavrama ~si*) Vermögen *nt*, Gabe *f*; (*görme ~si*) Vermögen *nt*, Kraft *f*

yetik <-ği> *adj* REG ❶ (*yetişmiş*) erwachsen ❷ (*olgun*) reif

yetim *s* Halbwaise *f*

yetimhane *s* Waisenhaus *nt*

yetingen *adj* genügsam, anspruchslos, bescheiden

yetingenlik <-ği> *s ohne pl* Genügsamkeit *f*, Anspruchslosigkeit *f*, Bescheidenheit *f*

yetinme *s Verbalsubstantiv zu* **yetinmek**

yetinmek *vi* sich begnügen (**-le** mit), sich zufriedengeben (**-le** mit)

yetişkin **I.** *s* ❶ Erwachsene(r) *f(m)* ❷ (*genç*) Heranwachsende(r) *f(m)* **II.** *adj* ❶ erwachsen ❷ (*evlenme çağına gelmiş*) heiratsfähig ❸ (*olgunlaşmış*) ausgereift **yetişkin eğitimi** *s ohne pl* Erwachsenenbildung *f*

yetişme *s Verbalsubstantiv zu* **yetişmek**

yetişmek *vi* ❶ (*ulaşmak*) erreichen (**-e**);

Y

otobüse yetiştim ich habe den Bus noch erreicht ❷ (*bitki*) wachsen; **yabani olarak** ~ wild wachsen ❸ (*büyümek*) aufwachsen, heranwachsen ❹ (*sonradan katılmak*) einholen (**-e**) ❺ (*kâfi gelmek*) ausreichen, reichen (**-e** für); **bu para yetişir** das Geld reicht aus ❻ (*uzanıp dokunabilmek*) erreichen (**-e**), drankommen, herankommen ❼ (*öğrenmek*) lernen ❽ (*hazır olmak*) fertig sein; **bu giysi yarına yetişmeli** dieses Kleid soll bis morgen fertig sein ❾ (*yardımına koşmak*) **birinin imdadına** ~ jdm zu Hilfe eilen [*o* kommen]; **hızır gibi** ~ herbeieilen, als rettender Engel kommen

yetiştirici *s* ❶ Züchter(in) *m(f)* ❷ (*tütün ~si*) Pflanzer(in) *m(f)*

yetiştiricilik <-ği> *s ohne pl* Zucht *f*

yetiştirme *s ohne pl* ❶ *Verbalsubstantiv zu* **yetiştirmek** ❷ (*hayvan, bitki*) Aufzucht *f*, Zucht *f* ❸ (*tütün*) Anbau *m* ❹ Pflegekind *nt*

yetiştirmek *vt* ❶ (*götürmek*) (hin)bringen (**-e** zu); **hastayı doktora** ~ den Kranken zum Arzt bringen ❷ fertigstellen; (*bitirmek*) erledigen ❸ aufziehen; (*büyütmek*) großziehen ❹ (*üretmek*) züchten ❺ (*tütün*) anbauen ❻ (*geliştirmek*) ausbilden ❼ (*iletmek*) weitererzählen

yetiştirme yurdu *s* Erziehungsheim *nt*

yetke *s ohne pl* (*otorite*) Autorität *f*

yetkeli *adj* (*otoriter*) autoritär

yetketanımaz *adj* antiautoritär

yetki *s* Befugnis *f*, Zuständigkeit *f*, Vollmacht *f*, Kompetenz *f*; **bir şeye ~si olmamak** keine Befugnis zu etw haben **yetki alanı** *s* Zuständigkeitsbereich *m* **yetki gasbı** *s* JUR Amtsanmaßung *f*

yetkilendirme *s* ❶ *Verbalsubstantiv zu* **yetkilendirmek** ❷ Ermächtigung *f*

yetkilendirmek *vt* autorisieren (**-e** zu), ermächtigen (**-e** zu), bevollmächtigen

yetkili *adj* befugt, zuständig, autorisiert, ermächtigt; **bir şeye ~ ol(ma)mak** zu etw (nicht) befugt sein; **bir şeyi yapmaya ~ olmak** befugt sein, etw zu tun

yetkisiz *adj* unbefugt, unzuständig

yetkisizlik <-ği> *s ohne pl* Unzuständigkeit *f*, Inkompetenz *f*

yetme *s Verbalsubstantiv zu* **yetmek**

yetmek <-er> *vi* genügen (**-e** zu), (aus)reichen; **gücü yetmedi** seine Kraft reichte nicht

yetmiş *adj* siebzig; *s. a.* **altmış**

yetmişer *adj* je siebzig; *s. a.* **altışar**

yetmişinci *adj* siebzigste(r, s); *s. a.* **altmışıncı**

yetmişli *adj* ~ **yıllar** die siebziger Jahre; ~ **yıllarda** in den siebziger Jahren

yetmişlik *adj* ❶ (*içinde yetmiş tane bulunan*) siebziger ❷ (*yetmiş yaşında olan*) siebzigjährig; *s. a.* **altmışlık**

yevmiye **I.** *s* (*gündelik*) Tageslohn *m* **II.** *adv* (*her gün*) täglich, pro Tag

yevmiyeci *s* Tagelöhner *m*

yevmiye defteri *s* COMM (*günlük defter*) Tagebuch *nt;* WIRTSCH Journal *nt* **yevmiye numarası** *s* ADMIN Tagebuchnummer *f*

yığılma *s* ❶ *Verbalsubstantiv zu* **yığılmak** ❷ Anhäufung *f*; (*görevlerin ~sı*) Häufung *f* ❸ Ansammlung *f*

yığılmak <-ır> *vi* ❶ sich häufen ❷ sich anhäufen; (*toplanmak*) sich ansammeln; (*birikmek*) sich stauen; (*üst üste*) sich stapeln [*o* türmen] ❸ (*yıkılmak*) zusammenbrechen; **yığılıp kalmak** zusammenbrechen; **kapının önünde yığılıp kaldı** er brach vor der Tür zusammen

yığın *s* ❶ Haufen *m;* **bir ~ iş** ein Haufen Arbeit; **bir ~ zaman** eine Menge Zeit ❷ (*kitle*) Masse *f*

yığınla **I.** *adj* massenhaft **II.** *adv* massenweise, haufenweise, massig

yığışım *s* (*konglomera*) Konglomerat *nt*

yığma *s Verbalsubstantiv zu* **yığmak**

yığmak <-ar> *vt* ❶ (*üst üste koymak*) (auf)stapeln, (auf)türmen; (*toprak*) aufschütten ❷ (*biriktirmek*) anhäufen, ablagern ❸ (*toplamak*) zusammenziehen ❹ GEO aufschottern; **akarsu çakıl yığıyor** der Fluss schottert Geröll auf

yıkama *s* ❶ *Verbalsubstantiv zu* **yıkamak** ❷ (*para ~*) Wäsche *f*

yıkamak *vt* ❶ waschen; **ellerini/saçını** ~ sich die Hände/Haare waschen; **para** ~ (*fig*) Geld waschen ❷ (*bulaşık*) spülen, abwaschen

yıkanma *s Verbalsubstantiv zu* **yıkanmak**

yıkanmak *vr* sich waschen; **sıcak/soğuk suyla** ~ sich warm/kalt waschen

yıkatma *s Verbalsubstantiv zu* **yıkatmak**

yıkatmak *vt Kausativ zu* **yıkamak**

yıkıcı **I.** *adj* destruktiv, ruinös, zerstörerisch **II.** *s* Abbruchunternehmer(in) *m(f)*

yıkılma *s* ❶ *Verbalsubstantiv zu* **yıkılmak** ❷ Einsturz *m*, Zusammenbruch *m*

yıkılmak *vi* ❶ *pass von* **yıkmak** ❷ einstürzen ❸ zusammenbrechen; **dünya başına yıkıldı** (*fam*) eine Welt brach für ihn zusammen

yıkılma tehlikesi *s ohne pl* Einsturzgefahr *f*

yıkım *s ohne pl* ❶ Abbruch *m* ❷ Ruin *m;* **bu masraf onun için ~dır** diese Kosten sind sein Ruin ❸ Zerstörung *f*, Vernichtung *f* ❹ BIOL (*yadımlama*) Dissimilation *f*

yıkımcı *s* Abbruchunternehmer(in) *m(f)*

yıkım gücü *s ohne pl* Zerstörungskraft *f;* **nükleer silahların ~** die Zerstörungskraft von Kernwaffen

yıkma *s* ❶ *Verbalsubstantiv zu* **yıkmak** ❷ Zerstörung *f*

yıkmacı *s* Abbruchunternehmer(in) *m(f)*

yıkmak <-ar> *vt* ❶ (*bina*) abbrechen, abreißen, niederreißen; (*duvar*) umreißen, abtragen; (*tahrip etmek*) zerstören, demolieren; **çadır ~** seine Zelte abbrechen; **birinin gönlünü ~** jdm das Herz brechen ❷ (*devirmek*) umwerfen; (*bir yana eğmek*) kippen, umkippen ❸ (*ağaç*) umhauen ❹ (*fig fam: yıkımına yol açmak*) ruinieren; **bu acı onu yıkar** dieser Schmerz wirf ihn um ❺ (*yüklemek*) wälzen; **suçu birine ~** die Schuld auf jdn wälzen

yıktırma *s Verbalsubstantiv zu* **yıktırmak**

yıktırmak *vt Kausativ zu* **yıkmak: duvarı yıktırdı** er ließ die Mauer abreißen

yıl[1] *vi Imperativ von* **yılmak**

yıl[2] *s* Jahr *nt*

yılan *s* ZOOL Schlange *f;* (*su ~ı*) Natter *f;* **uyuyan ~ın kuyruğuna bas(ma)mak** (*fig fam*) (keine) schlafende(n) Hunde wecken **yılan balığı** *s* ZOOL Aal *m* **yılan gömleği** *s* Schlangenhaut *f* **yılan sokması** *s* Schlangenbiss *m* **yılan taşı** *s* GEOL Serpentin *m* **yılan zehiri** *s* Schlangengift *nt*

yılar *vi 3. Aorist von* **yılmak**

yıl başı *s* Jahresanfang *m,* Jahresbeginn *m*

yılbaşı *s* Silvester *m o nt* **yılbaşı akşamı** *s* Silvesterabend *m* **yılbaşı balosu** *s* Silvesterball *m* **yılbaşı eğlencesi** *s* Silvesterfeier *f* **yılbaşı gecesi** *s* ❶ Silvesternacht *f* ❷ Silvesterabend *m;* (*eğlence*) Silvesterfeier *f*

yıldırım *s* PHYS, METEO Blitz *m;* **~ gibi** (*fig fam*) blitzartig, wie ein geölter Blitz; **~ hızıyla** blitzschnell; **~la vurulmuşa dönmek** (*fig fam*) wie vom Blitz getroffen sein

yıldırımkıran *s s.* **yıldırımsavar** Blitzableiter *m*

yıldırımlık <-ğı> *s s.* **yıldırımsavar** Blitzableiter *m*

yıldırımsavar *s* Blitzableiter *m*

yıldırım savaşı *s* Blitzkrieg *m*

yıldırma *s* ❶ *Verbalsubstantiv zu* **yıldırmak** ❷ Entmutigung *f*

yıldırmak *vt* entmutigen, einschüchtern

yıldız *s* ❶ Stern *m;* **~ savaşı** Krieg der Sterne; **~ları saymak** (*fig*) nachts nicht schlafen können ❷ (*film ~ı*) Star *m* ❸ NAUT (*kuzey*) Norden *m;* **~ yeli** kalter Nordwind ❹ (*fig*) Glücksstern *m;* (*talih, baht*) Glück *nt* **yıldız başlı vida** *s* Kreuzschlitzschraube *f* **yıldız bilimi** *s ohne pl* Sternkunde *f;* (*astronomi*) Astronomie *f*

yıldızcık <-ğı> *s* Sternchen *nt*

yıldız çiçeği *s* BOT ❶ Sternblume *f,* Aster *f* ❷ (*dalya*) Dahlie *f* **yıldız evi** *s* (*planetaryum*) Planetarium *nt* **yıldız falcılığı** *s ohne pl* (*astroloji*) Astrologie *f* **yıldız falcısı** *s* (*astrolog*) Astrologe, -login *m, f* **yıldız falı** *s* Horoskop *nt;* **birinin ~na bakmak** jdm das Schicksal aus den Sternen deuten **yıldız günü** *s* ASTRON Sterntag *m*

yıldızlama *s Verbalsubstantiv zu* **yıldızlamak**

yıldızlamak *vi* ❶ sternenklar werden ❷ Nordwind aufkommen

yıldızlar arası *adj* interstellar

yıldızlı *adj* ❶ stern(en)klar ❷ **beş ~ otel** ein Hotel mit fünf Sternen **yıldızlı gökyüzü** *s ohne pl* Stern(en)himmel *m*

yıldızlık <-ğı> *s* (*planetaryum*) Planetarium *nt*

yıldızlı tornavida *s* Kreuzschlitzschraubenzieher *m*

yıldız saati *s ohne pl* ASTRON Sternzeit *f*

yıldızsız *adj* stern(en)los; **gece ~ idi** die Nacht war sternenlos

yıldız yılı *s* ASTRON Sternjahr *nt* **yıldız zamanı** *s ohne pl* ASTRON Sternzeit *f*

yıl dönümü *s* Jahrestag *m*

yılgı *s* ❶ MED, PSYCH (*fobi*) Phobie *f* ❷ (*dehşet*) Schrecken *m*

yılgın *adj* ❶ eingeschüchtert, entmutigt ❷ (*bıkmış, usanmış*) überdrüssig ❸ (*morali bozulmuş*) niedergeschlagen, geknickt

yıl halkası *s* (*ağaçta*) Jahresring *m*

yılışık *adj* (*pej*) ❶ aalglatt ❷ schleimig, schmierig

yılışkan *adj* (*pej*) ❶ allglatt ❷ schleimig, schmierig

yılışma *s Verbalsubstantiv zu* **yılışmak**

yılışmak *vi* (*pej*) schleimen

yıllarca *adv* jahrelang; **~ önce** Jahre zuvor; **bu, ~ sürebilir** das kann jahrelang dauern

yıllar yılı *adv* seit vielen Jahren

yıllık I. *s* <-ğı> Jahrbuch *nt* **II.** *adj* jährlich, Jahres-; **bir ~** einjährig **yıllık aidat** *s* Jahresbeitrag *m* **yıllık bütçe** *s* Jahreshaushalt *m* **yıllık izin** <-zni> *s* Jahresurlaub *m* **yıllık rapor** *s* Jahresbericht *m*

yılma *s* ❶ *Verbalsubstantiv zu* **yılmak** ❷ Resignation *f*

yılmak <-ar> *vi* ❶ resignieren ❷ zurückschrecken (**-den** vor); **o hiçbir şeyden yılmaz** er schreckt vor nichts zurück

yılmaz *adj* unerschrocken

yılmazlık <-ğı> *s ohne pl* Unerschrockenheit *f*

yıprak *adj* abgenutzt

yıpranma *s* ❶ *Verbalsubstantiv zu* **yıpran-**

Y

mak ❷ Abnutzung *f* ❸ MED (*lezyon*) Läsion *f*
yıpranmak *vi* ❶ (*aşınmak*) sich abnutzen ❷ (*çalışarak*) sich abarbeiten
yıpranmış *adj* zerschlissen
yıpratma *s* ❶ *Verbalsubstantiv zu* **yıpratmak** ❷ Abnutzung *f*
yıpratmak *vt* ❶ abnutzen ❷ (*fig*) zermürben
yırt *vt Imperativ von* **yırtmak**
yırtıcı *adj* Raub- **yırtıcı balık** <-ğı> *s* Raubfisch *m* **yırtıcı hayvan** *s* Raubtier *nt* **yırtıcı kuş** *s* Raubvogel *m*
yırtık **I.** *s* <-ğı> Riss *m* **II.** *adj* ❶ zerrissen ❷ aufgerissen ❸ (*fig: çekinmesi olmayan*) dreist; (*utanması olmayan*) unverschämt
yırtıklık <-ğı> *s* ❶ Zerrissenheit *f* ❷ (*fig*) Dreistigkeit *f*; (*utanmazlık*) Unverschämtheit *f*
yırtık pırtık *adj* zerlumpt
yırtılma *s* ❶ *Verbalsubstantiv zu* **yırtılmak** ❷ Riss *m*
yırtılmak *vi* ❶ *pass von* **yırtmak** ❷ (durch)reißen, zerreißen
yırtma *s Verbalsubstantiv zu* **yırtmak**
yırtmaç <-cı> *s* Schlitz *m*
yırtmak <-ar> *vt* ❶ (*parçalara ayırmak*) zerreißen; (*ortasından iki parçaya*) durchreißen; (*bir kısmını*) einreißen ❷ aufreißen; **kıçını ~** (*vulg*) den Arsch aufreißen
yiğit *s* Held *m*
yiğitçe *adv* heldenhaft, heldenmütig
yiğitleme *s ohne pl* LIT Heldendichtung *f*
yiğitlik <-ği> *s ohne pl* ❶ Heldenmut *m* ❷ Heldentat *f* ❸ Heldentum *nt*
yilbik *s* REG (*sara*) Epilepsie *f*
yine *adv* wieder
yineleme *s* ❶ *Verbalsubstantiv zu* **yinelemek** ❷ Wiederholung *f* ❸ LING Iteration *f*
yinelemek *vt* wiederholen
yinelemeli *adj* ❶ wiederholt ❷ LING wiederholend, iterativ
yinelenme *s* ❶ *Verbalsubstantiv zu* **yinelenmek** ❷ Wiederholung *f*
yinelenmek *vi* sich wiederholen
yineletme *s Verbalsubstantiv zu* **yineletmek**
yineletmek *vt* **bir şeyi ~** etw wiederholen lassen
yineleyiş *s* Wiederholung *f*
yirik <-ği> *adj* REG ❶ (*yarık*) gespalten; (*yırtık*) zerrissen ❷ (*üst dudağı yarık olan*) hasenschartig
yirmi **I.** *s* Zwanzig *f*; *s. a.* **altı** **II.** *adj* zwanzig; **sıfırın altında ~ derece(de)** (bei) zwanzig Grad unter null; *s. a.* **altmış**
yirmi bir **I.** *s* ❶ Einundzwanzig *f* ❷ (*iskambil oyunu*) Siebzehnundvier *nt* **II.** *adj* einundzwanzig
yirmili *adj* **~ yıllar** die zwanziger Jahre; **~ yıllarda** in den zwanziger Jahren
yirmilik **I.** *s* <-ği> (*fam: kâğıt para*) Zwanziger *m* **II.** *adj* ❶ (*içinde yirmi tane bulunan*) zwanziger ❷ (*yirmi yaşında olan*) zwanzigjährig; *s. a.* **altmışlık**
yirminci *adj* zwanzigste(r, s); *s. a.* **altmışıncı**
yirmişer *adj* je zwanzig; **~ tane aldılar** sie haben je zwanzig Stück bekommen; **~den** zu je zwanzig
yirmi yaş dişi *s* (*akıl dişi*) Weisheitszahn *m*
yitim *s* Verlust *m*, Schwund *m*
yitir *vt Imperativ von* **yitirmek**
yitirme *s Verbalsubstantiv zu* **yitirmek**
yitirmek *vt* ❶ verlieren, einbüßen; **aklını/yaşamını ~** den Verstand/das Leben verlieren; **gücünü ~** Kräfte einbüßen; **önemini/saygınlığını ~** an Bedeutung/Ansehen verlieren, sein Ansehen einbüßen ❷ **ormanda yolunu ~** sich im Wald verlaufen
yitme *s Verbalsubstantiv zu* **yitmek**
yitmek *vi* verloren gehen
yiv *s* ❶ TECH Gewinde *nt*; **~ açmak** ein Gewinde schneiden ❷ (*namluda*) Zug *m*
yivaçar *s* TECH Gewindeschneider *m*
yivleme *s Verbalsubstantiv zu* **yivlemek**
yivlemek *vt* REG ❶ (*koklayarak izlemek*) **köpek avı yivliyordu** der Hund hatte die Witterung aufgenommen ❷ (*bileyerek keskinleştirmek*) schleifen; (*sivriltmek*) spitzen
yivli *adj* **namlusu ~ bir tüfek** ein Gewehr mit gezogenem Lauf
yivsiz *adj* **namlusu ~ bir tüfek** ein Gewehr mit glattem Lauf
yiyici *adj* bestechlich
yiyicilik <-ği> *s ohne pl* Bestechlichkeit *f*
-yla <-yle, -le, -la> *Suffix s.* **ile**
-yle <-yla, -le, -la> *Suffix s.* **ile**
yobaz **I.** *s* ❶ Frömmler *m* ❷ REG Grobian *m* **II.** *adj* bigott; (*fig*) blindgläubig
yobazlık <-ğı> *s ohne pl* Bigotterie *f*, Frömmelei *f*
yoga *s ohne pl* Yoga *m o nt*
yogi *s* Yogi *m*
yoğaltım *s ohne pl s.* **tüketim** Verbrauch *m*, Konsum *m*
yoğaltma *s ohne pl Verbalsubstantiv zu* **yoğaltmak**
yoğaltmak *vt s.* **tüketmek** verbrauchen, konsumieren
yoğun *s* ❶ *a.* PHYS dicht; **~ sis** dichter Nebel ❷ intensiv; **~ koku** ein intensiver Geruch ❸ (*fig*) dicht; **~ nüfuslu** dicht bevölkert ❹ (*fig: sıkı*) intensiv; **~ bir çalışma** eine

intensive Arbeit ❺ (*fig fam: şişman*) dick, kompakt; ~ **kadınlar** dicke Frauen ❻ REG (*kaba*) grob; (*kalın*) dick **yoğun bakım** *s* MED ❶ Intensivpflege *f* ❷ (*hastanedeki özel bölüm*) Intensivstation *f* **yoğun disk** *s* INFORM Compact Disc *f*, Compact Disk *f*

yoğunlaç <-cı> *s* PHYS, ELEK (*kondansatör*) Kondensator *m*

yoğunlaşma *s ohne pl* ❶ *Verbalsubstantiv zu* **yoğunlaşmak** ❷ Intensivierung *f* ❸ *a.* PHYS Kondensation *f*

yoğunlaşmak *vi* ❶ sich intensivieren, sich verdichten ❷ *a.* PHYS kondensieren

yoğunlaştırma *s ohne pl* ❶ *Verbalsubstantiv zu* **yoğunlaştırmak** ❷ Intensivierung *f* ❸ *a.* PHYS Kondensation *f*

yoğunlaştırmak *vt* ❶ intensivieren ❷ *a.* PHYS kondensieren

yoğunluk <-ğu> *s* ❶ Intensität *f* ❷ *a.* PHYS Dichte *f*, Dichtigkeit *f*

yoğunlukölçer *s* PHYS (*dansimetre*) Densimeter *nt*

yoğun teker *s* INFORM (*yoğun disk*) Compact Disc *f*, Compact Disk *f*

yoğurma *s Verbalsubstantiv zu* **yoğurmak**

yoğurmak *vt* (*hamur*) kneten

yoğurt <-du> *s* Jogurt *m o nt;* **sütten ağzı yanan yoğurdu üfleyerek yer** (*prov*) gebranntes Kind scheut das Feuer **yoğurt çorbası** *s* GASTR Jogurtsuppe *f* **yoğurt otu** *s* BOT Labkraut *nt*

yoğurur *vt 3. Aorist von* **yoğurmak**

yok I. *s* <-u, -ğu> *ohne pl* ❶ Nichts *nt;* **bir kimseyi/şeyi ~ etmek** jdn/etw vernichten [*o* beseitigen], jdn/etw verschwinden lassen; ~ **olmak** fehlen; (*kaybolmak*) verschwinden; (*varlığı sona ermek*) nicht mehr existieren; ~ **pahasına (almak/satmak)** für Nichts (kaufen/verkaufen); **~tan var etmek/olmak** aus dem Nichts erschaffen/entstehen; **bugün okulda ~tu** heute war er nicht in der Schule, heute hat er in der Schule gefehlt; **burada kimse ~** hier ist niemand; **hiç ~tan** ohne jeden Grund ❷ **bu bıçağın sapı ~** dieses Messer hat keinen Griff, an diesem Messer fehlt der Griff; **üstünde av bıçağından başka silahı ~tu** außer einem Jagdmesser hatte er keine Waffe bei sich; **vaktim ~** ich habe keine Zeit ❸ (*yasaklanmış şey*) **sigara ~** Rauchen ist verboten **II.** *adv* ~ **canım!** (*hayır*) nichts da!; (*sahi mi*) ach was!; ~ **oğlu ~** überhaupt nichts; **darılmaca ~!** nichts für ungut!; **ya hep ya ~** alles oder nichts **III.** (*fam*) nee; (*hayır*) nein; **geldiler mi? — ~, daha gelmediler** sind sie gekommen? — nein, noch nicht

yokçu I. *s* PHILOS Nihilist(in) *m(f)* **II.** *adj* PHILOS nihilistisch

yokçuluk <-ğu> *s ohne pl* PHILOS (*nihilizm*) Nihilismus *m*

yoklama *s* ❶ *Verbalsubstantiv zu* **yoklamak** ❷ *a.* SCHULE Prüfung *f;* **sözlü/yazılı ~** mündliche/schriftliche Prüfung

yoklamak *vt* ❶ (*elle*) betasten ❷ (*kontrol etmek*) prüfen ❸ (*aramak*) suchen; (*araştırmak*) untersuchen ❹ **birinin ağzını ~** jdn aushorchen; **birinin nabzını ~** (*fig fam*) jdm auf den Zahn fühlen

yoklama listesi *s* Anwesenheitsliste *f*

yoklanma *s Verbalsubstantiv zu* **yoklanmak**

yoklanmak *vi pass von* **yoklamak**

yokluk <-ğu> *s ohne pl* ❶ (*bulunmama*) Abwesenheit *f* ❷ (*bulunmama, yok olma*) Mangel *m*, Fehlen *nt;* **delillerin yokluğundan beraat ettirmek** aus Mangel an Beweisen freisprechen ❸ (*fig: fakirlik*) Armut *f*, Not *f;* ~ **yüzü görmek** vor dem Nichts stehen ❹ PHILOS (*hiçlik*) Nichts *nt*

yok pahasına *adv* spottbillig, zu einem Spottpreis; **bir şeyi ~ almak/satın almak** etw spottbillig bekommen/kaufen; (*fam*) etw für ein Butterbrot bekommen/kaufen; **bir şeyi ~ satmak** etw verschleudern, etw spottbillig verkaufen; (*fam*) etw für ein Butterbrot verkaufen

yoksa *konj* ❶ sonst, andernfalls, ansonsten; **geç kalma, ~ azar işitirsin!** sei pünktlich, sonst gibt es Schelte! ❷ oder; **bugün mü ~ yarın mı?** heute oder morgen?; **gitmek istiyordu ~ istemiyor muydu?** er wollte gehen oder etwa nicht?

yoksul *adj* arm, mittellos

yoksullaşma *s* ❶ *Verbalsubstantiv zu* **yoksullaşmak** ❷ Verarmung *f*

yoksullaşmak *vi* (*fakirleşmek*) verarmen

yoksullaştırma *s Verbalsubstantiv zu* **yoksullaştırmak**

yoksullaştırmak *vt Kausativ zu* **yoksullaşmak**

yoksulluk <-ğu> *s ohne pl* Armut *f;* ~ **içinde ölmek/yaşamak** in Armut sterben/leben

yoksul mahalle *s* Armenviertel *nt*

yoksun *adj* ohne, bar; ~ **olmak** entbehren **(-den)**; **birini bir şeyden ~ bırakmak** [*o* **kılmak**] jdm etw versagen

yoksunluk <-ğu> *s* Entbehrung *f;* **~lara katlanmak** Entbehrungen auf sich nehmen **yoksunluk belirtisi** *s* MED Entzugserscheinung *f*

yokumsama *s* ❶ *Verbalsubstantiv zu* **yokumsamak** ❷ Leugnen *nt*, Verneinung *f*

yokumsamak *vt* leugnen, verneinen

yokuş *s* ❶ Anstieg *m*, Steigung *f;* ~ **çıkmak**

bergauf gehen; (*taşıtla*) bergauf fahren; **~ inmek** bergab gehen; (*taşıtla*) bergab fahren ❷ (*kent içinde sokak*) ansteigende Straße; **~ çıkmak** eine ansteigende Straße hinaufgehen; (*taşıtla*) eine ansteigende Straße hinauffahren **yokuş aşağı** *adv* (*a. fig*) bergab; **~ gitmek** bergab gehen **yokuş aşağı gidiş** *s* (*fig*) Talfahrt *f*

yokuşçu *s* SPORT (*bisiklet sporunda*) Bergfahrer(in) *m(f)*

yokuş yukarı *adv* bergauf

yok yere *adv* (*hiçbir gereği olmadan*) völlig nutzlos

yol[1] *vt Imperativ von* **yolmak**

yol[2] *s* ❶ Weg *m*; **~ açmak** einen Weg anlegen [*o* bahnen]; **birine ~ açmak** jdm den Weg freimachen; **bir şeye ~ açmak** (*fig*) zu etw führen, den Weg ebnen für etw, etw auslösen; **~ almak** zurücklegen; **~ aramak/bulmak** einen Weg suchen/finden; **~ iz bilmek** sich auskennen; **~ vermek** den Weg freimachen (**-e** für), durchlassen; (*işten çıkarmak*) entlassen (**-e**); **~ tutmak** einen Weg einschlagen, gehen; **~a düzülmek** sich auf den Weg machen, losgehen; **~a gelmek** zur Vernunft kommen; **birini ~a getirmek** jdn zur Vernunft bringen; **~a koyulmak** sich auf den Weg machen, losgehen; **~unda gitmek** gut gehen; **her şey ~unda giderse ...** wenn alles gut geht ... ❷ (*~ haritası*) Straße *f*; **~ yapmak** Straßen bauen ❸ (*yolculuk*) Reise *f*; **~a çıkmak** abreisen, abfahren; **~a çıkmamıza üç gün kaldı** es sind noch drei Tage bis zu unserer Abreise ❹ (*izlenen ~*) Route *f*, Strecke *f*; **~un yarısında** auf der Hälfte des Weges, auf halber Strecke ❺ INFORM Pfad *m* ❻ (*oto~*) Bahn *f* ❼ REG (*kez, defa*) Mal *nt* **yol ağzı** *s* Straßenmündung *f*

yolak <-ğı> *s* REG (*patika*) Pfad *m*, Feldweg *m*

yolar *vt 3. Aorist von* **yolmak**

yol ayrımı *s* ❶ Abzweigung *f* ❷ Scheideweg *m* **yol azığı** *s* Reiseproviant *m*

yolcu *s* ❶ Passagier *m*, Fahrgast *m* ❷ AUTO (*sürücünün yanındaki*) Beifahrer(in) *m(f)* ❸ (*fig fam*) **babası ~** sein Vater ist unheilbar krank **yolcu gemisi** *s* Passagierschiff *nt* **yolcu hava yastığı** *s* AUTO Beifahrerairbag *m*

yolculuk <-ğu> *s* Fahrt *f*, Reise *f*; **uzun bir ~tan sonra** nach langer Fahrt

yolcu otobüsü *s* Reisebus *m* **yolcu uçağı** *s* Passagierflugzeug *nt*

yoldaş *s* ❶ Mitreisende(r) *f(m)*; (*yol arkadaşı*) Weggefährte, -gefährtin *m, f* ❷ POL Genosse, Genossin *m, f* ❸ (*arkadaş*) Kamerad(in) *m(f)*, Gefährte, Gefährtin *m, f*

yoldaşlık <-ğı> *s* **birine ~ etmek** jdn begleiten; (*birlikte gitmek*) mit jdm mitfahren

yoldurma *s Verbalsubstantiv zu* **yoldurmak**

yoldurmak *vt Kausativ zu* **yolmak**

yoldüzler *s* Planierraupe *f*

yol halısı *s* Läufer *m* **yol haritası** *s* Straßenkarte *f*, Autoatlas *m* **yol işareti** *s* Wegweiser *m* **yol kenarı** *s* ❶ Wegerand *m* ❷ Straßenrand *m*

yolkesen *s* Straßenräuber(in) *m(f)*

yollama *s Verbalsubstantiv zu* **yollamak**

yollamak *vt* schicken, losschicken

yollanma *s Verbalsubstantiv zu* **yollanmak**

yollanmak *vi* ❶ *pass von* **yollamak** ❷ sich auf den Weg machen; (*yürümek*) gehen

yollu **I.** *adj* ❶ **bozuk ~ bir mahalle** ein Wohnviertel mit kaputten Straßen ❷ (*çizgili*) gestreift ❸ (*hızlı giden*) schnell ❹ (*fig: kuralına uygun*) korrekt; **bu hiç de ~ değildi** das war überhaupt nicht in Ordnung ❺ (*fig*) **şaka ~** scherzhaft; **sesinin tonunda hafif ~ bir tehdit vardı** seine Stimme hatte einen drohenden Unterton **II.** *s* (*sl*) Straßenmädchen *nt*

yolluk <-ğu> *s* ❶ Proviant *m* ❷ (*yol masrafı*) Reisespesen *pl*; (*parlamento üyeleri için*) Reisediäten *pl* ❸ (*halı*) Läufer *m*

yolma *s Verbalsubstantiv zu* **yolmak**

yolmak <-ar> *vt* ❶ rupfen; (*saçını*) ausreißen; (*tavuğun tüylerini*) rupfen; **saçını başını ~** (*fig fam*) sich die Haare raufen; **saçlarını ~** sich die Haare ausreißen ❷ (*ot*) jäten, rupfen ❸ (*fig, pej fam*) **birini ~** jdn rupfen, jdn ausnehmen; **adamcağızı iyice yoldular** sie haben den armen Mann ganz schön ausgenommen

yol parası *s ohne pl* Fahrgeld *nt*

yolsuz *adj* ❶ straßenlos; **~ köy** ein Dorf ohne Straßen ❷ unredlich ❸ (*fig fam*) korrupt; (*düzensiz*) unregelmäßig; (*kurallara aykırı*) regelwidrig

yolsuzluk <-ğu> *s* ❶ Mangel an Straßen ❷ Unredlichkeit *f* ❸ (*fig fam*) Korruption *f*; (*suiistimal*) Missbrauch *m*; (*nizamsızlık*) Unregelmäßigkeit *f*, Missstand *m*; **hafif ~lar** geringe Unregelmäßigkeiten; **eleştirisi ~ları hedef alıyordu** er zielte mit seiner Kritik auf die Missstände

yol tarifi *s* Wegbeschreibung *f* **yol tutuş** *s* AUTO Straßenlage *f*; **otomobilin ~u** die Straßenlage des Autos

yoluk *adj* gerupft, ausgerissen

yoluyla *adv* ❶ **kara ~** auf dem Landweg ❷ (*fig*) mithilfe, durch, per; (*aracılığıyla*)

mittels, per; **elektroliz ~** mithilfe der Elektrolyse; **e-posta ~ mesaj göndermek** eine Nachricht per E-Mail verschicken ❸ (*usulüne uygun olarak*) ordnungsgemäß
yol yapımı *s ohne pl* Straßenbau *m* **yol yapımı projesi** *s* Straßenbauprojekt *nt* **yol yapım makinesi** *s* Straßenbaumaschine *f* **yol yordam** *s* Verhaltensregeln *pl*
yonca *s ohne pl* BOT (*Trifolium*) Klee *m;* **dört yapraklı ~** ein vierblättriges Kleeblatt **yonca yaprağı** *s a.* AUTO Kleeblatt *nt*
yonga *s* Span *m*
yontma *s Verbalsubstantiv zu* **yontmak**
yontmak <-ar> *vt* ❶ (*taşı, ağacı*) behauen; (*keski ile*) meißeln; (*elmas*) (ab)schleifen; (*kalem*) anspitzen ❷ (*fig*) **birini ~** jdm Geld abzapfen
Yontma Taş Devri *s ohne pl* Mittelsteinzeit *f*
yontu *s* (*heykel*) Skulptur *f*
yontucu *s* (*heykel*) Bildhauer(in) *m(f)*
yontuculuk <-ğu> *s ohne pl* Bildhauerei *f*
yontuk düz *s* GEO Fastebene *f;* (*peneplen*) Peneplain *f*
yontulma *s Verbalsubstantiv zu* **yontulmak**
yontulmak *vi* ❶ *pass von* **yontmak** ❷ (*a. fig*) sich abschleifen; **yontulmamış elmaslar** ungeschliffene Diamanten
yor *vi, vt Imperativ von* **yormak**
yorar *vt, vi 3. Aorist von* **yormak**
yordam *s ohne pl* ❶ (*çeviklik*) Gewandtheit *f;* (*çabukluk*) Fertigkeit *f* ❷ (*yatkınlık*) Behändigkeit *f;* **el ~ıyla** durch Tasten; **el kol ~ıyla anlaşmak** (*fam*) sich mit Händen und Füßen verständigen ❸ INFORM Routine *f*
yordamlı *adj* gewandt; (*becerikli*) geschickt
yorgan *s* Decke *f,* Steppdecke *f;* **~ döşek yatmak** (*fam: hasta olmak*) flachliegen, das Bett hüten müssen; **ayağını ~ına göre uzatmak** (*fig*) sich nach der Decke strecken; **ayağını ~ına göre uzatmamak** über seine Verhältnisse leben; **pire için ~ yakmak** (*fig*) das Kind mit dem Bade ausschütten
yorgun *adj* müde; **~um** ich bin müde
yorgunluk <-ğu> *s ohne pl* Müdigkeit *f*
yorma *s Verbalsubstantiv zu* **yormak**
yormak¹ <-ar> *vt* ermüden, müde machen, anstrengen; **kafa ~** (*fam*) sich den Kopf zerbrechen
yormak² <-ar> *vt* (*yorumlamak*) auslegen, deuten, interpretieren; **bir şeyi kendi üstüne ~** etw auf sich beziehen; **rüya ~** Träume deuten
yortu *s* REL (*Hristiyan bayramı*) Fest *nt*
yorucu *adj* ermüdend, anstrengend
yorulma *s* ❶ *Verbalsubstantiv zu* **yorulmak** ❷ Ermüdung *f* ❸ Auslegung *f,* Interpretation *f*
yorulmak¹ *vi* ermüden, müde werden
yorulmak² *vi pass von* **yormak²**
yorum *s* ❶ Interpretation *f,* Auslegung *f,* Deutung *f* ❷ THEAT, MUS Interpretation *f*
yorumcu *s* Interpret(in) *m(f)*
yorumlama *s* ❶ *Verbalsubstantiv zu* **yorumlamak** ❷ Auslegung *f,* Interpretation *f*
yorumlamak *vt* ❶ auslegen, interpretieren, deuten; **bir şeyi yanlış ~** etw falsch auslegen ❷ MUS, THEAT interpretieren
yorumlanma *s* ❶ *Verbalsubstantiv zu* **yorumlanmak** ❷ Auslegung *f,* Interpretation *f*
yorumlanmak *vi pass von* **yorumlamak**
yorumlayıcı *adj* interpretatorisch
yosma **I.** *adj* hübsch **II.** *s* Modepuppe *f*
yosun *s* ❶ (*kara ~u*) Moos *nt* ❷ (*deniz ~u*) Tang *m;* (*su ~u*) Alge *f*
yosunlanma *s Verbalsubstantiv zu* **yosunlanmak**
yosunlanmak *vi* sich mit Moos bedecken
yosunlu *adj* moosig; (*yosunla kaplanmış olan*) bemoost, moosbedeckt
yoyo *s* Jo-Jo *nt*
yoz *adj* ❶ unkultiviert ❷ (*fig*) unkultiviert; (*kaba*) roh ❸ (*fig: dejenere*) degeneriert, entartet ❹ REG (*kısır*) karg
yozlaşma *s Verbalsubstantiv zu* **yozlaşmak**
yozlaşmak *vi* ausarten; (*dejenere olmak*) entarten, degenerieren
yön *s* Richtung *f;* **~ değiştirmek** die Richtung ändern **yön belirteci** *s* (*pusula*) Kompass *m* **yön değiştirme** *s* Richtungsänderung *f,* Richtungswechsel *m*
yönelik <-ği> *adj* gerichtet (**-e**/**-e** auf/gegen); **çabaları, kendini bağımsız yapmaya ~** sein Bestreben geht dahin, sich unabhängig zu machen; **geleceğe ~** zukunftsorientiert; **tüketime ~** konsumorientiert
yönelme durumu *s,* **yönelme hâli** *s* LING Dativ *m*
yönelteç *s* ❶ AUTO (*direksiyon*) Lenkung *f,* Steuer *nt* ❷ (*gidon*) Lenker *m,* Lenkstange *f*
yöneltme *s Verbalsubstantiv zu* **yöneltmek**
yöneltmek *vt* ❶ richten (**-e** auf); **bakışlarını bir kimseye/şeye ~** seinen Blick auf jdn/etw richten ❷ richten (**-e** an); **birine bir soru ~** eine Frage an jdn richten; **sözü birine ~** das Wort an jdn richten
yönetim *s* ❶ Verwaltung *f* ❷ Führung *f* ❸ (*kriz ~i*) Management *nt* **yönetim**

düzeyi *s* Führungsebene *f*
yönetime katılma *s ohne pl* Mitbestimmung *f*
yönetim kurulu *s* Vorstand *m,* Verwaltungsrat *m* **yönetim kurulu başkanı** *s* Vorstandsvorsitzende(r) *f(m)* **yönetim kurulu toplantısı** *s* Vorstandssitzung *f* **yönetim kurulu üyesi** *s* Vorstandsmitglied *nt*
yönetme *s Verbalsubstantiv zu* **yönetmek**
yönetmek *vt* ❶ führen, leiten ❷ verwalten ❸ (*orkestra*) dirigieren ❹ (*ülkeyi, devleti*) regieren
yönetmelik <-ği> *s* ADMIN Verordnung *f;* **inşaat yönetmeliği** Bauordnung *f*
yöneylem araştırması *s* Operationsforschung *f,* Operations-Research *nt*
yönlendirici *s* INFORM Router *m*
yönlendirme *s Verbalsubstantiv zu* **yönlendirmek**
yönlendirmek *vt* ❶ lenken ❷ umleiten
yönseme *s* Neigung *f* (**-e** zu), Veranlagung *f* (**-e** zu)
yöntem *s* Verfahren *nt;* (*metot*) Methode *f;* **matematiksel/bilimsel ~ler** mathematische/wissenschaftliche Methoden **yöntem bilgisi** *s ohne pl* Know-how *nt* **yöntem bilimi** *s ohne pl* Methodenlehre *f*
yöntemli *adj* (*metotlu*) methodisch
yöntemsiz *adj* unmethodisch
yöresel *adj* regional
yörünge *s* ASTRON Umlaufbahn *f,* Kreisbahn *f,* Bahn *f,* Orbit *m;* **Ay'ın ~si** Mondbahn *f*
yudum *s* Schluck *m;* **bir ~ almak** einen Schluck nehmen; **bir şeyi bir ~da içmek** etw in einem Schluck [*o* Zug] austrinken
yudumlama *s Verbalsubstantiv zu* **yudumlamak**
yudumlamak *vt* (*yudum yudum içmek*) schluckweise trinken
yudum yudum *adv* schluckweise, Schluck für Schluck; **~ içmek** schluckweise trinken
yuf *interj* pfui
yufka *s* Blätterteig *m* **yufka yürekli** *adj* (*fig*) weichherzig
Yugoslav **I.** *s* Jugoslawe, Jugoslawin *m, f* **II.** *adj* jugoslawisch
Yugoslavya *s* Jugoslawien *nt*
yuh *interj* buh; **~ çekmek** buhen
yuhalama *s Verbalsubstantiv zu* **yuhalamak**
yuhalamak *vt* ausbuhen
yukarı **I.** *s* der obere Teil; **~dan aşağıya** von oben nach unten; **sekiz yüz metre ~dan** aus einer Höhe von achthundert Metern **II.** *adj* obere(r, s) **III.** *adv* aufwärts, hinauf, nach oben; **~ çıkmak** hinaufgehen; (*asansörle*) hinauffahren, hochfahren; **bir aşağı bir ~ gezinmek/gitmek** auf und ab schlendern/gehen; **eller ~!** Hände hoch!
yulaf *s* ❶ BOT, GASTR (*Avena*) Hafer *m* ❷ (*tanesi*) Hafer *m,* Haferkorn *nt* **yulaf unu** *s* GASTR Hafermehl *nt*
yular *s* Halfter *m o nt*
yum *vi Imperativ von* **yummak**
yumak <-ğı> *s* Knäuel *m o nt*
yumar *vi 3. Aorist von* **yummak**
yumma *s Verbalsubstantiv zu* **yummak**
yummak <-ar> *vt* zudrücken; **göz ~** (*fam*) ein Auge zudrücken; **gözünü ~** (*fig*) die Augen schließen
yumru *s* ❶ BOT Knolle *f* ❷ Beule *f;* **alnında bir ~ var** er hat eine Beule an der Stirn
yumruk <-ğu> *s* Faust *f;* **boğazına bir ~ tıkanmak** [*o* **gelip oturmak**] (*fam*) einen Kloß im Hals haben; **yumruğunu sıkmak** die Faust ballen **yumruk darbesi** *s* Faustschlag *m*
yumruklama *s Verbalsubstantiv zu* **yumruklamak**
yumruklamak *vt* boxen
yumruklaşma *s Verbalsubstantiv zu* **yumruklaşmak**
yumruklaşmak *vi* sich gegenseitig boxen
yumruk oyuncusu *s* SPORT (*boksör*) Boxer(in) *m(f)* **yumruk oyunu** *s ohne pl* SPORT (*boks*) Boxen *nt*
yumru kök *s* BOT Knollenfrucht *f*
yumruk topu *s* SPORT Faustball *m;* (*boksta, armut top*) Punchingball *m*
yumrulu bitki *s* BOT Knollenpflanze *f*
yumru yanak <-ğı> *s* Pausbacke *f* **yumru yanaklı** *adj* pausbackig
yumurta *s* ❶ Ei *nt;* **~dan çıkmak** ausschlüpfen; **çiğ/katı ~** ein rohes/hartes Ei; **lop/rafada ~** ein hart/weich gekochtes Ei ❷ (*balık ~sı*) Ei *nt,* Rogen *m* **yumurta akı** *s* Eiweiß *nt;* **~nı sarısından ayırmak** das Eiweiß vom Dotter trennen; **yumurtanın akını dövmek** das Eiweiß schlagen **yumurta geçidi** *s* ANAT Eileiter *f* **yumurta hücresi** *s* Eizelle *f* **yumurta kabuğu** *s* Eierschale *f*
yumurtalık <-ğı> *s* ❶ ANAT Eierstock *m* ❷ Eierbecher *m*
yumurta likörü *s* Eierlikör *m* **yumurta sarısı** *s* Eigelb *nt,* Dotter *m o nt,* Eidotter *m o nt*
yumuşacık *adj* kuschelweich
yumuşak <-ğı> *adj* ❶ weich; **~ iniş** eine weiche Landung ❷ sanft; **~ bakışlar** sanfte Blicke
yumuşakça *adj* weichlich

yumuşakçalar *pl* ZOOL Weichtiere *pl*
yumuşaklık <-ğı> *s ohne pl* ❶ Weichheit *f* ❷ Sanftheit *f;* **sesinin yumuşaklığı** die Sanftheit seiner Stimme
yumuşak odun *s* Weichholz *nt* **yumuşak yüzlü** *adj* nachgiebig **yumuşak yüzlülük** <-ğü> *s ohne pl* Nachgiebigkeit *f*
yumuşama *s* ❶ *Verbalsubstantiv zu* **yumuşamak** ❷ POL (*detant*) Entspannung *f*
yumuşamak *vi* ❶ weich werden, aufweichen ❷ sich entspannen
yumuşatma *s* ❶ *Verbalsubstantiv zu* **yumuşatmak** ❷ SPORT Entspannungsübung *f*
yumuşatmak *vt* ❶ *Kausativ zu* **yumuşamak** aufweichen ❷ (*suyun sertliğini gidermek*) enthärten ❸ (*sarsıntıyı*) abschwächen; (*yaylarla*) abfedern
yumuşatmalık <-ğı> *s* TECH (*amortisör*) Stoßdämpfer *m*
yuna *s* (*fam: belleme*) Satteldecke *f*
Yunan I. *s* Grieche, Griechin *m, f* **II.** *adj* griechisch; **~ alfabesi** das griechische Alphabet; **~ mitolojisi/müziği** griechische Mythologie/Musik
Yunanistan *s* Griechenland *nt*
Yunanlı I. *s* Grieche, Griechin *m, f* **II.** *adj* (*fam: Yunan*) griechisch
yunus balığı *s* ZOOL Delfin *m*, Delphin *m*
yurdu *s* ❶ *poss von* **yurt** ❷ REG (*iğne deliği*) Nadelöhr *nt*
yurt <-du> *s* ❶ (*memleket*) Land *nt* ❷ (*vatan*) Vaterland *nt* ❸ (*insanın doğup büyüdüğü yer*) Heimat *f* ❹ (*yaşlılar yurdu*) Heim *nt;* (*öğrenci yurdu*) Wohnheim *nt* ❺ (*çadır*) Jurte *f*
yurt bilgisi *s ohne pl* Landeskunde *f;* (*yurttaşlık bilgisi*) Gemeinschaftskunde *f* **yurt dışı I.** *s ohne pl* Ausland *nt;* **~a** ins Ausland; **~nda** im Ausland; **~ndan** aus dem Ausland **II.** *adj* Auslands- **yurt içi I.** *s ohne pl* Inland *nt* **II.** *adj* Inlands-
yurtlandırma *s* ❶ *Verbalsubstantiv zu* **yurtlandırmak** ❷ Ansied(e)lung *f*
yurtlandırmak *vt* ansiedeln
yurt özlemi *s ohne pl* Heimweh *nt*
yurtsama *s ohne pl* Heimweh *nt*
yurtsamak *vi* Heimweh haben
yurttaş *s* Bürger(in) *m(f);* (*vatandaş*) Staatsbürger(in) *m(f);* **~lar yasası** Bürgerliches Gesetzbuch
yurttaşlık <-ğı> *s* Bürgerschaft *f* **yurttaşlık bilgisi** *s ohne pl* Gemeinschaftskunde *f* **yurttaşlık hakları** *pl* Bürgerrechte *pl*
yusufçuk <-ğu> *s* ZOOL Turteltaube *f*
Yusuf suresi *s* REL Josephs-Sure *f*
yusyuvarlak <-ğı> *adj* kugelrund

yutak <-ğı> *s* Schlund *m* **yutak hücre** *s* BIOL Fresszelle *f;* (*fagosit*) Phagozyt *m* **yutak iltihabı** *s* Halsentzündung *f*
yutar *vt 3. Aorist von* **yutmak**
yutkunma *s Verbalsubstantiv zu* **yutkunmak**
yutkunmak *vi* schlucken
yutma *s ohne pl Verbalsubstantiv zu* **yutmak**
yutmak <-ar> *vt* ❶ schlucken, herunterschlucken, hinunterschlucken ❷ verschlingen ❸ verschlucken; **bazı heceleri yutuyor** manche Silben verschluckt er ❹ (*fam: katlanmak*) schlucken, schweigend hinnehmen
yutturma *s Verbalsubstantiv zu* **yutturmak**
yutturmak *vt* ❶ *Kausativ zu* **yutmak** ❷ weismachen, aufbinden; **birine yalan ~** jdm eine Lüge aufbinden
yuva *s* ❶ (*kuş ~sı*) Nest *nt;* (*kartal ~sı*) Horst *m;* (*karınca, köstebek ~sı*) Haufen *m* ❷ (*göz ~sı*) Höhle *f* ❸ INFORM (*port*) Port *nt* ❹ (*fig*) Brutstätte *f*
yuvar *s* ❶ Sphäre *f* ❷ ANAT Blutkörperchen *nt;* **ak~/al~** weißes/rotes Blutkörperchen
yuvarlak I. *s* <-ğı> ❶ Kreis *m* ❷ (*küre*) Kugel *f* **II.** *adj* rund **yuvarlak masa toplantısı** *s* POL Round-Table-Konferenz *f*
yuvarlanma *s Verbalsubstantiv zu* **yuvarlanmak**
yuvarlanmak *vi* ❶ rollen; **yuvarlanıp gitmek** (*fam*) eine ruhige Kugel schieben ❷ sich wälzen; **çocuklar karda yuvarlanıyor** die Kinder wälzen sich im Schnee
yüce *adj* erhaben
yücelik <-ği> *s ohne pl* Erhabenheit *f*
yücelim *s* ASTRON (*üst geçiş*) Kulmination *f*
yük *s* ❶ Last *f;* **birine ~ olmak** jdm zur Last fallen ❷ (*hamule*) Fracht *f* ❸ *a.* PHYS Ladung *f;* **elektrik** elektrische Ladung **yük asansörü** *s* Lastenaufzug *m* **yük gemisi** *s* Frachtschiff *nt;* (*şilep*) Frachter *m* **yük hayvanı** *s* Lasttier *nt* **yük katarı** *s* EISENB Güterzug *m; s. a.* **marşandiz**
yükle *Imperativ von* **yüklemek**
yüklem *s* ❶ LING Prädikat *nt* ❷ PHILOS (*Logik*) Prädikat *nt*
yükleme *s ohne pl* ❶ *Verbalsubstantiv zu* **yüklemek** ❷ INFORM Laden *nt* **yükleme durumu** *s* LING (*belirtme durumu*) Akkusativ *m*
yüklemek *vt* ❶ aufladen, beladen (mit) ❷ **birine bir şey ~** jdm etw aufbürden; (*isnat etmek*) jdm etw anlasten ❸ (*fam*) **birine bir şeyin masraflarını ~** jdm die Kosten für etw aufbrummen ❹ (*işi*) abwäl-

zen (-**e** auf); **sorumluluğu başkasına ~** die Verantwortung auf einen anderen abwälzen ❺ (*suç*) belasten, zur Last legen ❻ INFORM laden; (*belleğe geçirmek*) abspeichern; **bir şeyi internetten ~** etw downloaden

yükleme terminali *s* Ladeterminal *m*

yüklenebilirlik <-ği> *s ohne pl* Zurechnung *f*

yüklenici <-di> *s* (*müteahhit*) Unternehmer(in) *m(f)*

yüklenme *s ohne pl* ❶ *Verbalsubstantiv zu* **yüklenmek** ❷ (*sorumluluk*) Übernahme *f*

yüklenmek I. *vi pass von* **yüklemek II.** *vt* übernehmen, auf sich nehmen

yüklü *adj* geladen; **elekrik ~** elektrisch geladen

yüksek <-ği> *adj* ❶ hoch, hohe(r, s); **~ bir bina** ein hohes Gebäude; **gözü ~lerde olmak** (*fig*) hoch hinauswollen ❷ **~ fiyat** überhöhte(r) Preis **yüksek atlama** *s ohne pl* SPORT Hochsprung *m* **yüksek basınç** <-cı> *s ohne pl* METEO Hochdruck *m* **yüksek faizli** *adj* FIN hochverzinslich **yüksek faiz politikası** *s* WIRTSCH Hochzinspolitik *f* **yüksek fırın** *s* TECH Hochofen *m* **yüksek gerilim** *s* ELEK Hochspannung *f*

yükseklik <-ği> *s* Höhe *f*; **bunun yüksekliği üç metredir** das ist drei Meter hoch; **on metre yüksekliğinde bir duvar** eine Wand von zehn Meter Höhe **yükseklik farkı** *s* Höhenunterschied *m* **yükseklik korkusu** *s* Höhenangst *f*

yükseklikölçer *s* Höhenmesser *m*

yüksek mühendis *s* Diplomingenieur(in) *m(f)*

yüksekokul *s* Hochschule *f* **yüksekokul mezunu** *s* Hochschulabsolvent(in) *m(f)* **yüksekokul öğrencisi** *s* Hochschüler(in) *m(f)*, Student(in) *m(f)*

yükseköğrenim *s ohne pl* Hochschulstudium *nt*

yüksek ökçeli *adj* hochhackig **yüksek rütbeli** *adj* hochrangig **yüksek sosyete** *s ohne pl* High Society *f* **yüksek tahsil** *s ohne pl s.* **yükseköğrenim** Hochschulstudium *nt* **yüksek teknoloji** *s* Hochtechnologie *f* **yüksek voltaj** *s* PHYS, ELEK (*yüksek gerilim*) Hochspannung *f* **yüksek yaylak** <-ğı> *s* Alm *f*

yükseliş *s* Aufstieg *m*

yükselme *s* ❶ *Verbalsubstantiv zu* **yükselmek** ❷ Anstieg *m;* **basıncın ~si** Anstieg des Druck(e)s

yükselmek *vi* ❶ steigen; (*basınç*) ansteigen ❷ (*hayatta*) aufsteigen, es weit bringen

yükselteç <-ci> *s* ELEK, PHYS (*amplifikatör*) Verstärker *m*

yükseltgeme *s* CHEM ❶ *Verbalsubstantiv zu* **yükseltgemek** ❷ Oxidierung *f*

yükseltgemek *vt* CHEM (*oksitlemek*) oxidieren

yükseltgenme *s* CHEM ❶ *Verbalsubstantiv zu* **yükseltgenmek** ❷ Oxidierung *f*

yükseltgenmek *vi* CHEM (*oksitlenmek*) oxidieren

yükselti *s* Höhe *f;* **Ankara'nın ~si 850 metredir** Ankara liegt 850 Meter über dem Meeresspiegel

yükseltme *s* ❶ *Verbalsubstantiv zu* **yükseltmek** ❷ Erhöhung *f*

yükseltmek *vt* erhöhen; (*sesini*) heben

yüksük <-ğü> *s* (*dikiş dikerken*) Fingerhut *m* **yüksük otu** *s* BOT Fingerhut *m*

yük treni *s* Güterzug *m; s. a.* **marşandiz**

yükün *s* PHYS, CHEM (*iyon*) Ion *nt*

yük vagonu *s* EISENB Güterwagen *m*

yün I. *s* Wolle *f* **II.** *adj* Woll- **yün çorap** <-bı> *s* Wollsocke *f*

yün kumaş *s* Wollstoff *m*

yünlü I. *s* ❶ Wollstoff *m* ❷ (*pl*) **~ler** Wollsachen *pl* **II.** *adj* wollen, Woll- **yünlü battaniye** *s* Wolldecke *f*

yün yumağı *s* Wollknäuel *m o nt*

yürek <-ği> *s* ❶ Herz *nt* ❷ (*fig fam*) **bunu yapmak epey ~ ister** es gehört schon einiges dazu; **yüreğim ağızıma geldi** mir fällt das Herz in die Hose; **yüreği/m kan ağlıyor** ihm/mir blutet das Herz **yürek çarpıntısı** *s ohne pl* Herzklopfen *nt*

yüreklendirme *s* ❶ *Verbalsubstantiv zu* **yüreklendirmek** ❷ Ermunterung *f*

yüreklendirmek *vt* ermuntern

yüreklenme *s Verbalsubstantiv zu* **yüreklenmek**

yüreklenmek *vi* sich ein Herz fassen

yürekli *adj* beherzt

yüreklilik <-ği> *s ohne pl* Beherztheit *f*

yürek paralayıcı *adj* herzzerreißend

yürümek *vi* marschieren; **uygun adım ~** im Gleichschritt marschieren

yürür *vi 3. Aorist von* **yürümek**

yürürçalar *s* Walkman® *m*

yürürlük <-ğü> *s ohne pl* Geltung *f;* **~te olan hukuk** das geltende Recht; **~te olmak** gelten, gültig sein, in Kraft sein; **~ten kaldırmak** außer Kraft setzen; **yürürlüğe girmek/koymak** in Kraft treten/setzen **yürürlük alanı** *s* JUR Geltungsbereich *m*

yürüteç <-ci> *s* ❶ (*örümcek*) Laufgitter *nt,* Laufstall *m* ❷ Gehhilfe *f*

yürütme *s* ❶ *Verbalsubstantiv zu* **yürütmek** ❷ Vollstreckung *f* **yürütme erki** *s ohne pl,* **yürütme gücü** *s ohne pl* JUR, POL

Y

Exekutive *f*, Exekutivgewalt *f*, ausübende Gewalt, ausführende Gewalt; *s. a.* **yargı gücü, yasama gücü**

yürütmek *vt* ❶ *Kausativ zu* **yürümek** ❷ exekutieren, vollziehen, ausführen ❸ (*muhakeme*) anstellen ❹ (*işleri*) führen ❺ (*sl*) mitgehen lassen, stibitzen, abstauben

yürüyen merdiven *s* Rolltreppe *f*

yürüyüş *s* ❶ Marsch *m;* **~e geçmek** abmarschieren ❷ Wanderung *f* ❸ Gehweise *f*

yürüyüş(çü) haritası *s* Wanderkarte *f*

yüz[1] **I.** *s* Hundert *f* **II.** *adj* einhundert; (*iki/üç* ~) hundert

yüz[2] *s* ❶ Gesicht *nt;* **~ çevirmek** sich abwenden (**-den** von); **birine ~ vermek** (*pej*) jdn hätscheln; **birinin ~üne karşı bir şey söylemek** jdm etw ins Gesicht sagen; **bir şey birinin ~ünden anlaşılmak** jdm etw ansehen; **~ünü karalamak** sich vermummen ❷ (*yan, taraf*) Seite *f;* **Ay'ın öteki ~ü** die andere Seite des Mondes ❸ (*cephe*) Front *f*

yüz[3] *vt, vi Imperativ von* **yüzmek**

yüz akı *s* Ehre *f*

yüzbaşı *s* MIL Hauptmann *m* **yüzbaşılık** <-ğı> *s* MIL (*rütbe*) Hauptmannsrang *m*

yüz bin *adj* hunderttausend **yüz binlerce** *adj* hunderttausend(e), abertausend(e); **~ çiçek** abertausend Blumen; **~ insan** abertausende von Menschen **yüz binlik** <-ği> *s* Hunderttausender *m*

yüzde I. *s* Prozent *nt;* **~ beş/yirmi/yüz** fünf/zwanzig/hundert Prozent; **o ~sini aldı bile** er hat schon seine Prozente bekommen **II.** *adj* **~ elli(lik bir) şansı olmak** eine fünfzigprozentige Chance haben; **oyunu kazanma şansı ~ seksendir** er hat eine achtzigprozentige Chance, das Spiel zu gewinnen

yüzde beşlik <-ği> *adj* fünfprozentig

yüzdelik <-ği> *s s.* **yüzde**

yüzde yüz *adj* hundertprozentig; **bu ~ doğru** das ist absolut richtig

yüzdürme *s ohne pl Verbalsubstantiv zu* **yüzdürmek**

yüzdürmek *vt* ❶ *Kausativ zu* **yüzmek** ❷ (*gemiyi*) flottmachen

yüze gülücü *adj* scheinheilig **yüze gülücülük** <-ğü> *s* Scheinheiligkeit *f*

yüz ellilik <-ği> *adj* fünfzigprozentig

yüzen ev *s* Hausboot *nt*

yüzer I. *vi 3. Aorist von* **yüzmek II.** *adj* je hundert; **size ~ tane veririm** ich gebe euch je hundert Stück; *s. a.* **altmışar**

yüzergezer I. *s* (*taşıt*) Amphibienfahrzeug *nt* **II.** *adj* amphibisch

yüzer havuz *s* Schwimmdock *nt*

yüze soğurma *s* CHEM, PHYS Adsorption *f*

yüzey *s* Fläche *f*, Oberfläche *f;* **bir kürenin ~i** die Oberfläche einer Kugel **yüzey gerilimi** *s* PHYS Oberflächenspannung *f* **yüzey ölçü birimi** *s* Flächenmaß *nt*

yüzeysel *adj* oberflächlich

yüzeysellik <-ği> *s ohne pl* Oberflächlichkeit *f*

yüzgeç <-ci> *s* Flosse *f*

yüz ger(dir)me *s* Facelifting *nt*

yüz hatları *pl* Gesichtszüge *pl;* **~nın düzgünlüğü** die Regelmäßigkeit seiner [*o* ihrer] Gesichtszüge **yüz ifadesi** *s* Gesichtsausdruck *m;* **birinin ~ni incelemek** jds Gesichtsausdruck studieren **yüz karası** *s ohne pl* Schmach *f;* (*fig, pej*) **insanlığın ~** der Abschaum der Menschheit **yüz kat I.** *s* Hundertfache *nt;* **bir şeyin ~ı** das Hundertfache von etw; **bir şeyi ~ına çıkarmak** etw um das Hundertfache erhöhen **II.** *adj* hundertfach; **~ daha iyi** hundertfach besser **yüz kızartıcı suç** *s* Schandtat *f*

yüzlerce *adj* aberhundert

yüzleştirme *s a.* JUR Gegenüberstellung *f*

yüzlük I. *s* <-ğü> ❶ (*fam: kâğıt para*) Hunderter *m* ❷ MATH Hunderter *m* **II.** *adj* ❶ (*içinde yüz tane bulunan*) hunderter ❷ (*yüz yaşında olan*) hundertjährig; *s. a.* **altmışlık**

yüzme *s ohne pl* ❶ *Verbalsubstantiv zu* **yüzmek** Schwimmen *nt*, Baden *nt* ❷ **~ye gitmek** schwimmen [*o* baden] gehen; **~yi bil(me)mek** (nicht) schwimmen können

yüzme havuzu *s* Schwimmbecken *nt*, Swimmingpool *m*

yüzmek[1] <-er> *vi* ❶ schwimmen, baden; **çocuklar ~ye gittiler** die Kinder sind schwimmen [*o* baden] gegangen; **para içinde ~** (*fig fam*) in Geld schwimmen ❷ (*bir şeye bulanmak*) **ev pislik içinde yüzüyor** die Wohnung ist völlig versifft; **kitaplar toz içinde yüzüyor** die Bücher sind ganz verstaubt

yüzmek[2] <-er> *vt* häuten

yüzme şortu *s* Badehose *f* **yüzme tekniği** *s* Schwimmtechnik *f*

yüznumara *s* WC *nt* **yüz ölçümü** *s* ❶ Flächeninhalt *m* ❷ Grundfläche *f*

yüz rengi *s* Gesichtsfarbe *f*

yüzsüz *adj* ❶ gesichtslos ❷ (*sıkılmaz, çekinmez*) ungeniert; (*utanmaz*) schamlos, unverschämt; (*arsız*) frech

yüzü ak *adj* **~ olmak** (*fig fam*) eine reine Weste haben

yüzük <-ğü> *s* Ring *m*

yüzüncü *adj* hundertste(r, s); *s. a.* **altmı-**

şıncı

yüzünden <yüzümden, yüzümüzden, yüzünüzden> *adv* ❶ (*sebebiyle*) wegen; **bunun ~** deswegen; **onun ~** deswegen; **senin ~** deinetwegen; **benim yüzümden** meinetwegen; **bizim yüzümüzden** unseretwegen ❷ (*olumsuzluk bildiren davranışta*) wegen; **ehemmiyetlice bir kasa açığı ~ mahkûm oldu** wegen eines erheblichen Fehlbetrags in der Kasse wurde er verurteilt

yüzüstü *adv* **bir iş ~ kalmak** etw bleibt liegen; **bir işi ~ bırakmak** etw liegen lassen; **birini ~ bırakmak** jdn im Stich stehen lassen

yüzyıl *s* Jahrhundert *nt;* **"~" kelimesi "yy." olarak kısaltılır** „Jahrhundert" wird durch „Jh." abgekürzt; **~lar önce/sonra** vor/nach Jahrhunderten; **~lardan beri** seit Jahrhunderten; **~lardır** seit Jahrhunderten; **19. ~ın başında/sonunda** (am) Anfang/Ende des 19. Jahrhunderts

yüzyıllık <-ğı> *adj* ❶ (*yüz yaşındaki*) hundertjährig ❷ (*yüz yıl süren*) hundertjährig, jahrhundertelang; **~ bir gelenek** eine hundertjährige Tradition

yüz yüze *adv* **~ gelmek** sich begegnen; (*birdenbire*) sich plötzlich gegenüberstehen

yy. *Abk von* **yüzyıl** Jh., *(Jahrhundert);* **"yüzyıl" kelimesi "~" olarak kısaltılır** „Jahrhundert" wird durch „Jh." abgekürzt

Z z

Z, z [ze] *s* Z, z *nt* (*29. Buchstabe des türk. Alphabets*); **Zonguldak'ın ~'si** Z wie Zeppelin

zaaf *s* ❶ (*zayıflık*) Schwäche *f;* (*eksiklik*) Manko *nt;* ~ **saymak** als Schwäche ansehen; **bir şeye ~ı olmak** eine Schwäche für etw haben ❷ (*irade zayıflığı*) Willensschwäche *f*

zabıt <-ptı> *s* ❶ (*zapt*) Beschlagnahme *f* ❷ (*tutanak*) Protokoll *nt,* Niederschrift *f;* ~ **tutmak** Protokoll führen

zabıta [za:--] *s* Polizei *f*

zabıtname *s* (*tutanak*) Protokoll *nt,* Niederschrift *f*

zabit [za:bit] *s* (*subay*) Offizier *m*

zabitan [za:bita:n] *pl s.* **subaylar** Offiziere *pl*

zaç yağı *s ohne pl* CHEM (*sülfürik asit*) Schwefelsäure *f*

zade [za:dɛ] **I.** *s* (*oğul*) Sohn *m* **II.** *adj* (*doğmuş*) geboren

zafer *s* ❶ (*utku*) Triumph *m* ❷ Sieg *m;* **~den ~e koşuşturmak** von Sieg zu Sieg führen **zafer alayı** *s* Triumphzug *m,* Siegeszug *m* **Zafer Bayramı** *s* Siegesfest *nt* (*Nationalfeiertag am 30. August*) **zafer heyecanı** *s* Siegesbegeisterung *f* **zafer işareti** *s* Siegeszeichen *nt* **zafer takı** *s* Triumphbogen *m* **zafer umudu** *s* Siegeshoffnung *f*

zafiyet [za:--] *s ohne pl* ❶ Magersucht *f* ❷ (*dermansızlık*) Schlaffheit *f,* Kraftlosigkeit *f*

zağar *s* Spürhund *m*

zahir **I.** *s* (*görünüş*) Aussehen *nt* **II.** *adj* klar; (*belli*) offenkundig **III.** *adv* ❶ REG (*kuşkusuz*) zweifellos ❷ (*görünüşe göre*) dem Anschein nach, anscheinend

zahire ambarı *s* AGR Getreidespeicher *m,* Kornspeicher *m*

zahmet *s* Mühe *f;* **~e değdi** die Mühe hat sich gelohnt; **birini ~e sokmak** jdm Mühe machen; **~ine değmek** sich lohnen

zahmetsiz *adj* mühelos; ~ **rahmet olmaz** (*prov*) ohne Fleiß kein Preis

zahmetsizce *adv* mühelos

zahter *s* BOT Feldthymian *m*

zakkum *s* BOT Oleander *m*

zakkumgiller *pl* BOT Hundsgiftgewächse *pl*

zalim [za:lim] *adj* grausam

zalimlik <-ği> *adj* Grausamkeit *f; s. a.* **zulüm**

zam <-mmı> *s* ❶ Zulage *f;* (*maaş ~mı*) Erhöhung *f* ❷ WIRTSCH (*fiyatta*) Preisaufschlag *m;* ~ **yapmak** die Preise erhöhen

zaman *s* ❶ (*vakit*) Zeit *f;* **az ~ sonra** nach kurzer Zeit; **hiçbir ~** zu keiner Zeit, nie, niemals; **~a uymak** mit der Zeit gehen; **uzun ~dır** seit längerem ❷ (*çağ*) Alter *nt;* (*mevsim*) Saison *f* ❸ (*-diği ~*) wenn; **köy ayaklandığı ~ ...** wenn das Dorf aufsteht, ...; **oraya gittiğim ~ onu bulamazsam, ...** falls ich ihn nicht finde, wenn ich dahingehe, ... **zaman aşımı** *s* Verjährung *f* **zaman bilimi** *s ohne pl* Zeitkunde *f;* (*kronoloji*) Chronologie *f* **zaman bölüşme** *s a.* INFORM Timesharing *nt*

zamandaş *adj* zeitgleich

zaman dilimi *s* Zeitabschnitt *m* **zaman dizini** *s* (*kronoloji*) Chronologie *f* **zaman dizinsel** *adj* chronologisch

zamanında *adv* ❶ (*eskiden*) früher; (*vakti~*) einst, seinerzeit ❷ (*fam: vaktinde*) rechtzeitig

zaman kuşağı *s* Zeitzone *f*

zamanlama *s* Timing *nt*

zaman yarışı *s* SPORT (*bisikletle*) Zeitrennen *nt* **zaman zaman** *adv* von Zeit zu Zeit, dann und wann, hin und wieder, gelegentlich

zambak <-ğı> *s* BOT Lilie *f*

zambakgiller *pl* BOT Liliengewächse *pl*

zamir *s* LING Pronomen *nt,* Fürwort *nt;* **iyelik ~i** besitzanzeigendes Fürwort, Possessivpronomen *nt*

zamk *s* ❶ *ohne pl* Gummiharz *nt* ❷ Klebstoff *m*

zamkıarabî *s ohne pl s.* **Arap zamkı** Gummiarabikum *nt*

zamkinos *s* (*fam*) ❶ Dingsbums *m o f o nt* ❷ (*dost*) Freundin *f;* (*metres*) Geliebte *f* ❸ (*kaçma*) ~ **etmek** abhauen, sich aus dem Staub machen

zan <-nnı> *s* Mutmaßung *f;* (*sanı*) Vermutung *f*

zanaat *s ohne pl* Handwerk *nt;* (*sanat*) Kunst *f;* **yemek pişirme ~ı** die Kunst des Kochens

zangır zangır *adv* **bütün vücudu ~ titriyordu** er schlotterte am ganzen Leib; **dizleri ~ titriyordu** die Knie schlotterten ihm

zangoç <-cu> *s* REL (*kilise hizmetlisi*) Küster(in) *m(f)*

zanlı *s* Verdächtige(r) *f(m);* **katil/suç zanlısı** der mutmaßliche Mörder/Täter

zannetme *s* ❶ *Verbalsubstantiv zu* **zannetmek** ❷ Mutmaßung *f,* Vermutung *f*

zannetmek *vt* mutmaßen; (*sanmak*) vermuten, annehmen

zaping *s ohne pl* TV (*geçgeç*) Zappen *nt*

zapt *s* ❶ Beschlagnahme *f;* **bir şeyi ~ etmek** etw beschlagnahmen ❷ (*hâkim olma*) Beherrschung *f;* **kendini ~ edememek** sich nicht beherrschen können, die Beherrschung verlieren ❸ (*yazıya geçirme*) Protokollierung *f;* **ifadesi poliste ~ edildi** seine Aussage wurde bei der Polizei protokolliert ❹ **~ etmek** (*anlamak*) verstehen; (*kavramak*) begreifen; **bütün ayrıntılarıyla bu sorunu ~ etmişti** er hatte dieses Problem in allen Einzelheiten begriffen

zar[1] *s* ❶ Membran *f;* **yarı geçirgen ~** BIOL semipermeable Membran ❷ ANAT (*akciğer, göğüs ~ı*) Fell *nt;* (*sümüksü ~ı*) Haut *f*

zar[2] *s* Würfel *m;* **~ almak** das Spiel gewinnen; **~ atmak** die Würfel werfen, würfeln

zarafet *s ohne pl* Eleganz *f*

zarar *s* ❶ Schaden *m;* **az bir ~la** ohne größeren Schaden, glimpflich; **manevi ~** immaterieller Schaden; **sağlığa ~ vermek** der Gesundheit schaden ❷ *a.* JUR **~ ve ziyan kendisine ait olmak üzere** auf eigene Gefahr ❸ Verlust *m;* **bir şeyi ~ına satmak** etw mit Verlust verkaufen

zararlı *adj* schädlich **zararlı madde** *s* Schadstoff *m;* **çevreye ~ atmak** Schadstoffe ausstoßen

zararsız *adj* unschädlich, harmlos

zarf *s* ❶ Umschlag *m;* **gri astarlı bir ~** ein Umschlag mit grauem Futter ❷ LING (*belirteç*) Adverb *nt*

zarf-fiil *s* LING (*ulaç*) Gerundium *nt*

zarfında *adv s.* **içinde** in, binnen, innerhalb

zarflama *s Verbalsubstantiv zu* **zarflamak**

zarflamak *vt* in einen Umschlag stecken

zargana *s* ZOOL Hornhecht *m*

zarif *adj* ❶ elegant ❷ zierlich; **~ yapılı bir kız** ein zierlich gebautes Mädchen

zariflik <-ği> *s ohne pl* ❶ Eleganz *f* ❷ Zierlichkeit *f*

zaruret <-ği> *s ohne pl* ❶ (*gereklilik*) Notwendigkeit *f* ❷ (*sıkıntı*) Not *f;* **~e düşmek** in Not geraten

zat *s s.* **kişi** Person *f*

zaten [za:-] *adv* ❶ ohnehin, sowieso, eh; **bunu ~ biliyor bile** das weiß er sowieso schon ❷ doch, ja; **böyle bir şeyi tahmin etmiştim ~** so etwas habe ich doch geahnt; **bu ~ bilinen bir şey** das ist doch bekannt; **bunun böyle olacağı belliydi ~** das musste ja so kommen; **bütün bunlar ~ istenilen sonucu vermez** all das fruchtet doch sowieso nichts ❸ (*aslında*) im Grunde (genommen), eigentlich; (*doğrusu*) in Wahrheit

zati [za:ti] *adv s.* **zaten**

zatî [za:ti:] *adj s.* **kişisel** persönlich

zatülcenp <-bi> *s* MED (*akciğer zarı iltihabı*) Rippenfellentzündung *f,* Brustfellentzündung *f*

zatürree *s* MED Lungenentzündung *f*

zavallı *adj* ❶ arm, armselig; (*acınacak durumda olan*) bedauernswert ❷ (*mutsuz*) erbärmlich, traurig ❸ (*âciz*) unfähig

zaviye [za:--] *s* ❶ (*köşe*) Ecke *f* ❷ REL (*küçük tekke*) Klosterzelle *f* ❸ (*fig: görüş*) Ansicht *f* ❹ MATH (*açı*) Winkel *m*

zayıf **I.** *adj* ❶ mager ❷ schwach **II.** *s* SCHULE mangelhaft

zayıflama *s* ❶ *Verbalsubstantiv zu* **zayıflamak** ❷ Abmagerung *f,* Abnahme *f*

zayıflamak *vi* ❶ abmagern, abnehmen ❷ schwächer werden

zayıflatma *s* ❶ *Verbalsubstantiv zu* **zayıflatmak** ❷ Abmagerung *f*

zayıflatmak *vt* ❶ *Kausativ zu* **zayıflamak** ❷ abmagern ❸ schwächen

zayıflık <-ğı> *s* Schwäche *f*

zayıf nokta *s* Schwachpunkt *m*

zayi [za:ji] **I.** *adj* <-i> verloren; **~ etmek** verlieren; **~ olmak** verloren gehen **II.** *s* <-i> (*kaybetme*) Verlust *m*

zayiat *pl* (*kayıplar*) Verluste *pl;* **düşmana (çok büyük) ~ verdirmek** dem Feind (sehr große) Verluste beibringen

ze *Name des 29. Buchstaben des türk. Alphabets;* **Zonguldak'ın ~'si** Z wie Zeppelin

zeban *s s.* **dil** Sprache *f*

zebani *s* ❶ (*cehennem bekçisi*) Zerberus *m* ❷ (*fam: zebellâ*) Monster *nt*

zebellâ *s* REG Monster *nt*

zebra *s* ZOOL Zebra *nt*

zecrî tedbir *s s.* **zorlayıcı önlem** Zwangsmaßnahme *f*

zedeleme *s* ❶ *Verbalsubstantiv zu* **zedelemek** ❷ Beschädigung *f*

zedelemek *vt* beschädigen, verletzen; **mühür zedelenmemişti** der Siegel war unversehrt

zehap <-bı> *s s.* **sanı** Vermutung *f*

zehir <-hri> *s* Gift *nt;* **~ gibi** (*çok acı*) sehr bitter; (*çok soğuk*) eiskalt; (*usta*) meisterhaft; (*çok üstün*) sehr scharf; **~ saçmak** (*fam*) sein Gift verspritzen

zehirleme *s* ❶ *Verbalsubstantiv zu* **zehirlemek** ❷ Vergiftung *f*

zehirlemek *vt* vergiften

zehirlenme *s* ❶ *Verbalsubstantiv zu* **zehirlenmek** ❷ Vergiftung *f*

zehirlenmek *vi* sich vergiften

zehirli *adj* giftig **zehirli gaz** *s* Giftgas *nt*

zehirli madde *s* Giftstoff *m* **zehirli mantar** *s* BOT Giftpilz *m* **zehirli yılan** *s* Giftschlange *f*
zehirsiz *adj* ungiftig; (*toksik olmayan*) atoxisch
zehri *s poss von* **zehir**
zekâ *s* ❶ Intelligenz *f;* **yapay ~** INFORM künstliche Intelligenz ❷ Verstand *m;* **keskin bir ~** ein scharfer Verstand
zekât *s* REL Almosen *nt*
zekâ testi *s* Intelligenztest *m* **zekâ yaşı** *s* Intelligenzalter *nt*
zeki *adj* intelligent
zelzele *s s.* **deprem** Erdbeben *nt*
zemberek <-ği> *s* TECH ❶ (*saatte*) Unruh *f* ❷ Sprungfeder *f;* (*kapıda*) Schließer *m*
zemberekotu *s* BOT (*atkuyruğu*) Ackerschachtelhalm *m,* Zinnkraut *nt*
zembil *s* Korb *m;* **gökten ~le inercesine** aus heiterem Himmel; **haber, gökten ~le inmiş gibi geldi** die Nachricht kam wie ein Blitz aus heiterem Himmel **zembil otu** *s* BOT (*Briza*) Zittergras *nt*
zemin *s* ❶ (*yer*) Boden *m,* Fußboden *m;* (*taban*) Grund *m* ❷ Grundton *m;* **halının açık/koyu/yeşilimsi ~i** der helle/dunkle/grünliche Grundton des Teppichs ❸ (*fig: temel, dayanak*) Grundlage *f,* Basis *f;* **~ ve zamana uygun olmak** auf dem Boden der Tatsachen stehen
zemin kat *s,* **zemin katı** *s* Erdgeschoss *nt*
zeminlik <-ği> *s* REG Luftschutzkeller *m*
zencefil *s ohne pl* BOT Ingwer *m*
zencefilgiller *pl* BOT Ingwergewächse *pl*
zenci **I.** *s* Schwarze(r) *f(m);* (*pej*) Neger *m,* Mohr *nt* **II.** *adj* negroid **zenci kadın** *s* Schwarze *f;* (*pej*) Negerin *f*
zengin *adj* ❶ (*varlıklı*) reich ❷ gehaltvoll; **~ bir kitap** ein gehaltvolles Buch **zengin erki** *s* SOZIOL (*plutokrasi*) Plutokratie *f* **zengin hovarda** *s* Playboy *m*
zenginleşme *s* ❶ *Verbalsubstantiv zu* **zenginleşmek** ❷ Bereicherung *f*
zenginleşmek *vi* sich bereichern
zenginleştirme *s* ❶ *Verbalsubstantiv zu* **zenginleştirmek** ❷ Bereicherung *f* ❸ (*uranyum ~si*) Anreicherung *f*
zenginleştirmek *vt* ❶ bereichern ❷ (*uranyum ~*) anreichern
zenginlik <-ği> *s* Reichtum *nt*
zenne *s* ❶ (*kadın*) Frau *f* ❷ THEAT **~ye çıkmak** als Frau auftreten
zeplin *s* AERO Zeppelin *m*
zeravent <-di> *s* BOT Biberwurz *f,* Osterluzei *f*
zerde *s ohne pl* GASTR Kurkumin *nt*
zerdeçal *s* BOT Gelbwurz *f,* Kurkuma *f*
zerdeva *s* ZOOL (*Martes martes*) Edelmarder *m;* (*ağaç sansarı*) Baummarder *m*
zerk *s* MED (*içitim*) Injektion *f,* Einspritzung *f* **zerk etmek** *vt* MED (*içitmek*) injizieren, einspritzen
zerre *s* (*çok küçük parçacık*) Winzigkeit *f;* **~ kadar acıması olmamak** kein bisschen Mitleid haben; **~ kadar aklı olmamak** keinen Funken Verstand haben; **~ kadar aklı olsaydı** wenn er einen Funken Verstand gehabt hätte
zerzevat *s* Gemüse *nt*
zerzevatçı *s* Gemüsehändler(in) *m(f)*
zevahir *s s.* **görünüş** Aussehen *nt,* Schein *m;* **~i kurtarmak** den Schein retten
zeval <-li> *s ohne pl* ❶ (*yok olma*) Untergang *m;* **~ olmak** untergehen; (*çökmek*) verfallen; **~e yüz tutmak** (*fam*) auf dem absteigenden Ast sein ❷ (*sorumluluk*) Haftung *f,* Verantwortung *f* ❸ (*zarar*) Schaden *m;* **~ vermek** Schaden zufügen ❹ (*öğle*) Mittag *m* ❺ JUR Wegfall *m;* **sebebin ~i** der Wegfall des Grundes
zevalsiz *adj s.* **kalımlı** unvergänglich
zeval vakti *s s.* **öğle vakti** Mittagszeit *f*
zeveban *s s.* **ergime** Schmelzen *nt;* PHYS Schmelzung *f;* **~ etmek** schmelzen
zevk *s* ❶ (*beğeni*) Geschmack *nt* ❷ Gefallen *nt,* Freude *f;* **bir şeyden ~ almak** an einer Sache Gefallen finden [*o* haben] ❸ (*eğlence*) Vergnügen *nt,* Genuss *m,* Spaß *m;* **bir şeyi ~ için yapmak** etw (nur) zum Spaß machen; **bir şeyin ~ini çıkarmak** etw genießen; **~ten dört köşe olmak** (*fam*) quietschvergnügt sein
zevke düşkün *adj* vergnügungssüchtig **zevke düşkünlük** <-ğü> *s ohne pl* Vergnügungssucht *f*
zevkle *adv* genüsslich
zevkli *adj* ❶ vergnüglich ❷ (*beğenisi olan*) geschmackvoll
zevk meselesi *s* Geschmack(s)sache *f*
zevksiz *adj* geschmacklos, abgeschmackt
zevksizlik <-ği> *s* Geschmacklosigkeit *f*
zevzek <-ği> *s* (*pej fam*) Quatschkopf *m*
zeytin *s* ❶ BOT (*ağacı*) Ölbaum *m,* Olivenbaum *m* ❷ (*meyvesi*) Olive *f* **zeytin çekirdeği** *s* Olivenkern *m* **zeytin dalı** *s* Ölzweig *m* **zeytin ezmesi** *s* Olivenpaste *f*
zeytingiller *pl* BOT Ölbaumgewächse *pl*
zeytin rengi *adj* olivgrün
zeytinsi meyve *s* BOT Steinobst *nt*
zeytinyağı *s* Olivenöl *nt*
zeytunî *adj* olivgrün
zıh *s* ❶ (*giyside*) Paspel *f;* (*pantolon ~ı*) Borte *f* ❷ (*kenar pervazı*) Bordüre *f,* Einfassung *f*
zıhlama *s Verbalsubstantiv zu* **zıhlamak**

zıhlamak *vt* ❶ einfassen ❷ paspeln, paspelieren, mit Borten besetzen
zıhlanma *s Verbalsubstantiv zu* **zıhlanmak**
zıhlanmak *vi pass von* **zıhlamak**
zıkkım *s* ❶ (*zehir*) Gift *nt* ❷ (*fig*) Gift *nt*
zıkkımlanma *s Verbalsubstantiv zu* **zıkkımlanmak**
zıkkımlanmak *vi* (*pej fam*) fressen, sich den Wanst vollschlagen
zılgıt *s* (*fam*) Rüffel *m*; ~ **yemek** einen Rüffel bekommen [*o* einstecken]
zılgıtlanma *s Verbalsubstantiv zu* **zılgıtlanmak**
zılgıtlanmak *vi* einen Rüffel bekommen [*o* einstecken]
zımba *s* ❶ (*delgeç*) Locher *m* ❷ (*açılan delik*) Lochung *f*
zımbalama *s* ❶ *Verbalsubstantiv zu* **zımbalamak** ❷ Lochung *f*; (*bilet*) Entwertung *f*
zımbalamak *vt* ❶ (*delik açmak*) lochen ❷ (*bilet*) entwerten ❸ (*sl: bıçaklamak*) erstechen
zımbalanma *s* ❶ *Verbalsubstantiv zu* **zımbalanmak** ❷ Lochung *f*; (*bilet*) Entwertung *f*
zımbalanmak *vi pass von* **zımbalamak**
zımbalatma *s Verbalsubstantiv zu* **zımbalatmak**
zımbalatmak *vt Kausativ zu* **zımbalamak**
zımbalı *adj* gelocht
zımbırdatma *s Verbalsubstantiv zu* **zımbırdatmak**
zımbırdatmak *vt* **gitarı** ~ auf der Gitarre klimpern
zımbırtı *s ohne pl* (*pej*) Geklimper *nt*, Klimperei *f*
zımnen *adv* stillschweigend
zımnî *adj* stillschweigend
zındık **I.** *s* <-ğı> Ketzer(in) *m(f)*, Gottesleugner(in) *m(f)* **II.** *adj* ketzerisch
zındıklık <-ğı> *s* Ketzerei *f*
zıpçıktı **I.** *s* (*pej*) Emporkömmling *m*, Parvenü *m* **II.** *adj* (*pej*) emporgekommen, arriviert
zıpkın *s* Harpune *f*
zıpkıncı *s* Harpunier *m*
zıpkınlama *s Verbalsubstantiv zu* **zıpkınlamak**
zıpkınlamak *vt* harpunieren
zıplama *s Verbalsubstantiv zu* **zıplamak**
zıplamak *vi* ❶ hüpfen ❷ springen; (*havaya doğru*) hochspringen
zıplatma *s Verbalsubstantiv zu* **zıplatmak**
zıplatmak *vt Kausativ zu* **zıplamak**: **taşı suyun üstünde üç kere zıplattı** er ließ den Stein dreimal über das Wasser springen
zıpzıp *s* Murmel *f*
zırcahil [--:-] *adj* (*pej fam*) strohdumm
zırdeli *adj* (*fam*) total verrückt; (*çılgın*) wahnsinnig
zırh *s* ❶ HIST Rüstung *f* ❷ (*çelik levha*) Panzer *m*, Panzerung *f*
zırhlandırma *s* ❶ *Verbalsubstantiv zu* **zırhlandırmak** ❷ Panzerung *f*
zırhlandırmak *vt* panzern
zırhlı **I.** *s* MIL Panzerschiff *nt*; (*kruvazör*) Panzerkreuzer *m* **II.** *adj* gepanzert **zırhlı balık** <-ğı> *s* ZOOL Panzerfisch *m* **zırhlı birlik** <-ği> *s* MIL Panzerverband *m*
zırıldama *s* ❶ *Verbalsubstantiv zu* **zırıldamak** ❷ Meckerei *f* ❸ Flennerei *f*, Geheul *nt*
zırıldamak *vi* (*fam*) ❶ meckern ❷ (*sürekli ağlamak*) flennen, heulen
zırıldanma *s Verbalsubstantiv zu* **zırıldanmak**
zırıldanmak *vi s.* **zırıldamak**
zırıl zırıl *adv* (*bolca*) reichlich, ziemlich viel
zırlama *s* ❶ *Verbalsubstantiv zu* **zırlamak** ❷ (*pej fam*) Flennerei *f*; **bırak** (**şu**) **~yı!** hör auf zu flennen!
zırlamak *vi* (*pej fam*) flennen, heulen
zırnık <-ğı> *s ohne pl* ❶ (*arsenik*) Arsen *nt* ❷ (*fam*) ~ (**bile**) **koklatmamak** nicht einmal dran riechen lassen; ~ **vermemek** nichts abgeben
zırva *adj* unsinnig
zırvalama *s ohne pl* ❶ *Verbalsubstantiv zu* **zırvalamak** ❷ (*pej fam*) Faselei *f*, Gefasel *nt*
zırvalamak *vi* (*pej fam*) faseln; (*saçmalamak*) blödeln, Blödsinn [*o* Quatsch] reden, dummes Zeug reden
zıt **I.** *s* <-ddı> Gegensatz *m*; **birinin zıddına gitmek** jdm auf die Nerven gehen; (*sinirlendirmek*) jdn nerven **II.** *adj* <-ddı> gegensätzlich; **tamamıyla ~ karakterlerdir** sie sind ganz gegensätzliche Charaktere **zıt anlamlı kelime** *s* LING (*karşıt anlamlı kelime*) Gegensatzwort *nt*, Antonym *nt* **zıt kutup** <-tbu> *s* Gegenpol *m*
zıvana *s* TECH Hülse *f*; ~ **dan çıkmak** (*fam*) fuchsteufelswild werden
zifirî karanlık **I.** *s* <-ğı> Finsternis *f* **II.** *adj* stockdunkel
zihin <-hni> *s ohne pl* ❶ Geist *m* ❷ (*bellek, hafıza*) Gedächtnis *nt*; **bir şey zihnine nakşolmak** (*fig*) etw gräbt sich ins Gedächtnis ein ❸ (*anlayış, kavrayış*) Auffassungsgabe *f* ❹ (*bilinç, dimağ*) Verstand *m* **zihin gücü** *s* Geisteskraft *f*, die Kraft des Geistes **zihin hesabı** *s ohne pl* Kopfrechnen *nt*
zihinsel *adj* geistig
zihni *s poss von* **zihin**

zihniye *s ohne pl s.* **entelektüalizm** Intellektualismus *m*
zihniyet *s* Gesinnung *f*
zikretme *s* ❶ *Verbalsubstantiv zu* **zikretmek** ❷ Erwähnung *f*
zikretmek <-der> *vt* ❶ (*adını söylemek*) nennen, bezeichnen, angeben ❷ (*anmak*) erwähnen
zikzak <-ğı> *s* Zickzack *m* **zikzak dikişi** *s* Zickzacknaht *f*
zil *s* Klingel *f* **zil butonu** *s* Klingelknopf *m*
zilyet <-di> *s* JUR Besitzer(in) *m(f)*; **bir şeye ~ olmak** etw besitzen
zilyetlik <-ği> *s ohne pl* JUR Besitz *m*
zilzurna *adj* sternhagelvoll
zimmet *s ohne pl* ❶ WIRTSCH, FIN (*borçlar*) Schulden *pl*, Verpflichtungen *pl*; **bir hesabı birinin ~ine geçirmek** jds Konto belasten; **~ kaydı** Abbuchung *f* ❷ JUR Unterschlagung *f*; **~(in)e geçirmek** unterschlagen; **~e para geçirme** Unterschlagung von Geldern
zina [zina:] *s* Ehebruch *m*; **~ işlemek** Ehebruch begehen, die Ehe brechen
zincir *s* ❶ Kette *f*; **birine ~ vurmak** (*elini ayağını bağlamak*) jdn an Händen und Füßen fesseln; (*fig: özgürlüğünü elinden almak*) jdn fesseln; **birini ~e vurmak** jdn in Ketten legen [*o* schlagen] ❷ (*fig*) Kette *f*; **olaylar ~i** eine Kette von Ereignissen
zincirleme **I.** *s Verbalsubstantiv zu* **zincirlemek** **II.** *adj* ❶ fortgesetzt, fortlaufend ❷ (*~ tepkime*) Ketten-
zincirlemek *vt* verketten, anketten (**-e** an)
zincirleme tepkime *s* CHEM Kettenreaktion *f*
zincirlenme *s* ❶ *Verbalsubstantiv zu* **zincirlenmek** ❷ Verkettung *f*
zincirlenmek *vi* ❶ *pass von* **zincirlemek** ❷ (*birbirine sıkıca bağlanmak*) sich verketten ❸ (*fig: peş peşe sıralanmak*) sich anreihen, nacheinander erscheinen
zincirli *adj* ❶ Ketten- ❷ (*zincirle bağlı*) angekettet (**-e** an) **zincirli kilit** <-di> *s* Kettenschloss *nt*
zindan *s* Kerker *m*
zindancı *s* Kerkermeister *m*
zinde *adj* fit, rüstig
zindeleştirme *s Verbalsubstantiv zu* **zindeleştirmek**
zindeleştirmek *vt* fit machen; **jogging insanı zindeleştirir** Joggen macht fit
zindelik <-ği> *s* Rüstigkeit *f*
zira [zi:ra:] *konj s.* **çünkü** weil, denn, da
ziraat [zira:at] *s ohne pl s.* **tarım** Landwirtschaft *f*
ziraatçı *s* Landwirt(in) *m(f)*
ziraî [zira:i:] *adj s.* **tarımsal** landwirtschaftlich, Landwirtschafts-, Agrar- **ziraî isletme** *s* Landwirtschaftsbetrieb *m*
zirkon *s* GEO Zirkon *m*
zirkonyum *s ohne pl* CHEM Zirkonium *nt*
zirve *s* Höhepunkt *m*, Gipfel *m*; **dağın ~si** der Gipfel des Berges; *s. a.* **doruk** **zirve konferansı** *s* POL Gipfelkonferenz *f* **zirve toplantısı** *s* POL Gipfeltreffen *nt*
zirzop *adj* REG flippig
zivircik <-ği> *s* BOT Stinkstrauch *m*
ziya [ziya:] *s* (*ışık*) Licht *nt*; (*aydınlık*) Helligkeit *f*
ziyadar [ziya:da:r] *adj* (*aydınlık*) hell
ziyade [ziya:de] *adv* mehr (**-den** als)
ziyafet *s* Festessen *nt*
ziyan *s* Verlust *m*; (*zarar*) Schaden *m*; **~ etmek** Verluste machen; (*boş yere harcamak*) vergeuden; **~ı yok!** (*fam*) macht nichts!, es ist nicht weiter schlimm!
ziyaret *s* Besuch *m*; **birini ~ etmek** jdn besuchen
ziyaretçi *s* Besucher(in) *m(f)*
ziyaret saatleri *pl* Besuchszeit *f* **ziyaret zamanı** *s* Besuchszeit *f*
zona *s ohne pl* MED Gürtelrose *f*
zonklama *s Verbalsubstantiv zu* **zonklamak**
zonklamak *vi* dröhnen; **başım zonkluyor** mir dröhnt der Kopf
zor **I.** *s ohne pl* ❶ Zwang *m*; **~ kullanmak** Zwang ausüben ❷ (*~ nda*) **bir şeyi yapmak ~nda olmak** gezwungen sein, etw zu tun, etw machen müssen **II.** *adj* ❶ schwer; **birine bir şey ~ gelmek** jdm etw schwerfallen ❷ schwierig; **~ duruma düşmek** in Schwierigkeiten geraten; **~ durumda olmak** in einer schwierigen Lage sein; **problemin çözülmesi ~** die Lösung des Problems ist schwierig
zoraki *adj* (*gülüş*) gequält
zorba *adj* gewalttätig
zorbalık <-ğı> *s* Gewalttätigkeit *f*
zorla *adv* (*metazori*) mit Gewalt, gewaltsam; **birine isteklerini ~ kabul ettirmek** jdm seine Wünsche aufzwingen
zorlama *s Verbalsubstantiv zu* **zorlamak**
zorlamak *vt* zwingen (**-e** zu); **bir şey yapmaya kendini ~** sich zwingen, etw zu tun
zorlanma *s Verbalsubstantiv zu* **zorlanmak**
zorlanmak *vi* ❶ *pass von* **zorlamak**: **kimse üye olmaya zorlanamaz** niemand kann gezwungen werden, Mitglied zu werden ❷ **borcunu geri ödemekte zorlandı** er hatte Schwierigkeiten, seine Schulden zurückzuzahlen
zorlayıcı önlem *s* Zwangsmaßnahme *f*
zorluk <-ğu> *s* Schwierigkeit *f*; **birine ~**

çıkarmak jdm Schwierigkeiten machen
zorlukla *adv* mit Mühe und Not
zorunlu *adj* ❶ notwendig; (*mecburî*) zwingend, obligatorisch; (~ *ders, sigorta*) Pflicht-; ~ **olarak** gezwungenermaßen, notwendigerweise; **bunun olması ~ mu?** muss das sein?, ist das notwendig? ❷ (*kaçınılmaz*) unerlässlich; **bir şeyi ~ kılmak** etw unerlässlich machen ❸ (*doğal olarak kaçınılması imkânsız olan*) zwangsläufig; ~ **olarak** zwangsläufig ❹ PHILOS (*mantıkta*) apodiktisch; ~ **önerme** eine apodiktische Aussage **zorunlu iniş** *s* AERO Notlandung *f;* ~ **yapmak** notlanden
zorunluluk <-ğu> *s* Zwang *m;* **toplumsal ~** gesellschaftlicher Zwang
zorunlu öğrenim *s ohne pl* Schulpflicht *f;* ~ **çağındaki çocuklar** Kinder im schulpflichtigen Alter **zorunlu sigorta** *s* Pflichtversicherung *f*
zuhur *s* Erscheinen *nt;* ~ **etmek** erscheinen
zulmetme *s Verbalsubstantiv zu* **zulmetmek**
zulmetmek *vi* quälen (**-e**)
zulmü *s poss von* **zulüm**
zulüm <-lmü> *s* Grausamkeit *f*
zum [zum] *s* FILM, FOTO Zoom *nt;* ~ **yapmak** zoomen
zumlama *s Verbalsubstantiv zu* **zumlamak**
zumlamak *vt* FILM, FOTO zoomen
zücaciye *s ohne pl* ❶ (*camdan yapılan şeyler*) Glaswaren *pl* ❷ (*porselenden yapılan şeyler*) Porzellanwaren *pl*
züğürt *adj* (*fam*) pleite, abgebrannt
Zühal <-i> [zyhāl] *s* ASTRON (*Satürn*) Saturn *m*
zümrüdi [zymrydiː] **I.** *s* Smaragdgrün *nt* **II.** *adj* smaragdgrün
Zümrüdüanka *s* Phönix *m*
zümrüt **I.** *s* Smaragd *m* **II.** *adj* smaragden, smaragd-, aus Smaragd
zümrütsü *adj* smaragden, wie ein Smaragd
zümrüt yeşili **I.** *s* Smaragdgrün *nt* **II.** *adj* smaragdgrün
züppe **I.** *s* (*pej*) Lackaffe *f,* Schnösel *f* **II.** *adj* (*pej*) affig, schnöselig
zürafa *s* ZOOL Giraffe *f*
zürriyet *s ohne pl* Nachkommenschaft *f,* Nachkommen *pl*

Aa

A

A, a <-, -> [aː] *nt* ❶ (*Buchstabe*) A, a; ~ **wie Anton** Adana'nın a'sı; **das ~ und O einer Sache** (*fam*) bir işin esası; **von ~ bis Z** (*fam*) a'dan z'ye kadar, baştan aşağı; **wer ~ sagt, muss auch B sagen** gülü seven dikenine katlanır, başladığın işin sonunu getir ❷ MUS la

a *Abk von* **Ar** *yüz metre karelik alan ölçüsü*

A ❶ *Abk von* **Ampere** A, *amper* ❷ *Abk von* **Autobahn** otoban

à [aː] *präp* her biri; **10 Stück ~ drei Euro** her biri üç eurodan 10 tane

Aa [a'a] *nt* (*Kindersprache*) kaka; ~ **machen** kaka yapmak

AA *nt Abk von* **Auswärtiges Amt** dış işleri (bakanlığı)

Aachen <-s> ['aːxən] *nt* Aachen

Aal <-(e)s, -e> [aːl] *m* ZOOL (*Anguilla vulgaris*) yılan balığı; **sich winden wie ein ~** kıvranıp durmak

aalen *vr* ■ **sich ~** (*fam*) leş gibi serilmek; (*sich behaglich ausgestreckt ausruhen*) rahatça uzanarak dinlenmek; **sich in der Sonne ~** güneş banyosu yapmak

aalglatt *adj* (*pej*) yılışkan

a.a.O. *Abk von* **am angegebenen Ort, am aufgeführten Ort** sözü edilen yerde

Aargau <-s> ['aːɐgaʊ] *m* (*Kanton der Schweiz*) Aargau

Aas <-es, -e/Äser> [aːs] *nt* ❶ (*Tierleiche*) leş ❷ (*fam*) cife; (*Luder*) çirkef

aasfressend *adj* leşcil

Aasfresser *m* leşcil **Aasgeier** *m* ❶ ZOOL leşcil akbaba ❷ (*fig, pej*) leş kargası **Aasgeruch** *m* leş kokusu **Aaskrähe** *f* ZOOL leş kargası

ab [ap] **I.** *präp* ❶ (*räumlich*) ~ **Hamburg** Hamburg'da(n); ~ **Werk** COMM fabrika teslimi, fabrikada teslim ❷ (*zeitlich*) -den itibaren; ~ **dem 28. November** 28 Kasım'dan itibaren; ~ **wann?** ne zamandan itibaren?; ~ **sofort** hemen; **von heute ~** bugünden itibaren; **von nun/jetzt ~** bundan sonra ❸ (*ebenso viel und mehr*) **Kinder ~ 12 Jahren** 12 yaşından büyük çocuklar **II.** *adv* ❶ (*räumlich*) **die dritte Straße rechts ~** üçüncü sokaktan sağa; **Stuttgart ~ 8.30 Uhr** (*Bus-, Bahnabfahrtszeit*) Stuttgart'tan hareket saat 8.30'da; **~!** çık!; ~ **nach links!** sola çık!; ~ **ins Bett!** haydi yatağa!; **auf und ~ gehen** bir yukarı bir aşağı gitmek ❷ (*zeitlich*) ~ **und zu** (*gelegentlich*) ara sıra, arada sırada; (*manchmal*) bazen ❸ (*fam*) ~ **sein** (*abgelöst*) bitmiş olmak; (*erschöpft*) bitik olmak

Abakus <-> *m* ❶ abaküs, sayı boncuğu; (*Rechenbrett*) çörkü ❷ ARCH (*Säulendeckplatte*) başlık tablası, abak(us)

ab|ändern *vt* değiştirmek, tadil etmek; **ein Gesetz ~** bir yasayı değiştirmek

Abänderung <-en> *f* değişiklik, tadil

Abänderungsantrag *m* POL değişiklik önergesi **abänderungsfähig** *adj* değişiklik yapılabilir **Abänderungsklage** *f* JUR değişiklik davası **Abänderungsvorschlag** *m* değiştirge

ab|arbeiten **I.** *vt* (*Pensum*) çalışarak bitirmek; **eine Schuld ~** bir borcu çalışarak ödemek **II.** *vr* ■ **sich ~** ❶ (*Material*) çalışmaktan yıpranmak ❷ (*Person*) çalışmaktan canı çıkmak

Abart *f* çeşit, değişik tür; (*Variation*) varyasyon, değişim

abartig *adj* ❶ (*anormal*) anormal; (*pervers*) sapık; **auf etw ~ reagieren** bir şeye anormal tepki göstermek ❷ (*fam: verrückt*) sapık

Abb. *Abk von* **Abbildung** illüstrasyon, şekil, resim

Abbau <-(e)s> *m kein pl* ❶ BERGB işlet(il)me ❷ COMM (*Preis~*) indir(il)me; (*Personal~*) azalt(ıl)ma, işten çıkar(ıl)ma, tasfiye; (*Zölle*) ortadan kaldır(ıl)ma ❸ CHEM çözünme ❹ (*Auseinandernehmen*) sökme; (*Demontage*) sökülme ❺ MED (*Verfall*) çözüşme; (*Knochen*) eriyip yok olma

abbaubar *adj* CHEM çözülür, bileşimi bozulur; **biologisch ~** çözüşebilir, çözüşüp çevrede kaybolan

ab|bauen **I.** *vt* ❶ BERGB işletmek ❷ COMM (*Preis*) indirmek; (*Personal*) azaltmak, işten çıkarmak; (*Zölle*) ortadan kaldırmak ❸ CHEM çözmek, çözündürmek ❹ (*demontieren*) sökmek ❺ (*Ängste*) yenmek **II.** *vi* (*erlahmen*) dermanı kesilmek; (*Kräfte einbüßen*) gücünü yitirmek; (*fig*) tükenmek

Abbauprodukt *nt* CHEM, BIOL katabolit

ab|beißen *irr* **I.** *vi* ısırmak; **beiß mal ab!** bir ısırsana! **II.** *vt* ısırıp koparmak; **ich beiße mir lieber die Zunge ab, als ...** ...ceğime dilimi yutarım

ab|beizen *vt* ilaçla boyasını kazımak (-in)

Abbeizmittel *nt* boya kazıma maddesi

ab|bekommen* *irr vt* ❶ (*Schaden*) hasar görmek; (*Teil*) payını almak, yemek; (*verletzt werden*) zarar görmek; **das Auto hat ganz schön was ~** oto(mobil) bayağı

A

[*o* epey] hasar gördü ❷ (*entfernen können*) çıkarabilmek

ab|bestellen* *vt* iptal etmek; (*Telefon*) kapattırmak; **eine Zeitung ~** bir gazete abonmanını iptal etmek

Abbestellung <-en> *f* iptal

ab|bezahlen* *vt* ❶ (**in Raten**) ~ (taksitle) ödemek ❷ (*völlig bezahlen*) tamamen ödemek

ab|biegen *irr* **I.** *vi sein* (*Richtung ändern*) yön değiştirmek; (*beim Fahren*) dönmek, sapmak; **nach rechts/links ~** sağa/sola dönmek; **links ~ verboten!** sola dönmek yasaktır! **II.** *vt haben* ❶ (*krümmen*) bükmek ❷ (*fam: verhindern*) önlemek; (*sich einer Aufgabe entziehen*) savuşturmak

Abbiegespur *f* AUTO dönme şeridi

Abbild <-(e)s, -er> *nt* ❶ (*Kopie*) kopya ❷ suret; (*fam*) resim

ab|bilden *vt* resmini yapmak (-in); (*darstellen*) göstermek; MATH (şeklini) çizmek (-in); **er ist in der Zeitschrift abgebildet** dergide resmi var; **auf Seite 15 ist ein Schloss abgebildet** 15nci sayfada bir şato gösterilmiştir, 15nci sayfada bir şatonun resmi var

Abbildung <-en> *f* ❶ (*das Abbilden*) illüstrasyon, resimlerle süsleme ❷ (*Bild*) illüstrasyon, resim, şekil; **mit ~en versehen** resimlerle süslemek; **in diesem Buch sind viele ~en** bu kitapta çok şekil var ❸ MATH şekil

ab|binden *irr* **I.** *vi* ARCH kasnak geçirmek **II.** *vt* ❶ (*losbinden*) çözmek; (*abnehmen*) çıkarmak ❷ MED (*Arterie*) damar sıkacı koymak (-e); (*Bein*) sıkıca sarmak ❸ GASTR (*Soße*) terbiye etmek; (*verdicken*) koyulaştırmak ❹ AGR (*Kalb*) sütten kesmek

Abbitte *f* özür dileme, tarziye; **jdm ~ leisten** birinden özür dilemek, birine tarziye vermek

ab|bitten *irr vt haben* **jdm etw ~** birinden bir şey için özür dilemek, birine bir şey için tarziye vermek

ab|blasen *irr vt* ❶ (*wegblasen*) üfleyerek uzaklaştırmak ❷ (*fam: absagen*) iptal etmek ❸ TECH salıvermek

ab|blättern *vi sein* (*Farbe*) pul pul olmak; (*Putz*) dökülmek

ab|blenden *vi* ❶ FOTO diyaframı küçültmek ❷ AUTO kısa far kullanmak ❸ (*Lampe*) göz almasını önlemek

Abblendlicht <-(e)s> *nt kein pl* AUTO kısa (huzmeli) far

ab|blitzen *vi sein* (*fam*) **jdn ~ lassen** birini ekmek [*o* atlatmak]

ab|blocken *vt* bloke etmek

ab|brausen **I.** *vt haben* (*Körperteil*) duşun altında yıkamak **II.** *vi sein* (*fam: sich eilig entfernen*) savuşmak, basıp gitmek **III.** *vr haben* duş yapmak

ab|brechen *irr* **I.** *vi sein* ❶ (*Stück*) kopmak ❷ (*unvermittelt aufhören*) kesilmek **II.** *vt haben* ❶ (*Zweig*) koparmak; (*durch Brechen abtrennen*) kırarak koparmak ❷ (*Gebäude*) yıkmak ❸ (*Gespräch, Beziehung*) kesmek ❹ (*Zelt*) toplamak, kaldırmak ❺ (*Reise*) yarıda bırakmak, devam etmemek ❻ INFORM (*Programm*) iptal etmek ❼ **brich dir** (**mal**) **keinen ab!** (*fam*) tantana yapma!; **sich einen ~** (*sl: Umstände machen*) zahmet etmek, zahmete girmek [*o* katlanmak]

ab|bremsen **I.** *vi* fren yaparak yavaşlamak **II.** *vt* frenlemek, fren yaparak yavaşlatmak

ab|brennen *irr* **I.** *vi sein* yanmak **II.** *vt haben* yakmak

ab|bringen *irr vt* ❶ (*vom Weg*) saptırmak (**von** -den); **jdn vom rechten Weg ~** birini doğru yoldan saptırmak, birini kötü yola saptırmak ❷ (*fig: vom Thema*) çıkarmak (**von** -den) ❸ (*vom Vorhaben*) vazgeçirmek (**von** -den), caydırmak (**von** -den); **jdn vom Rauchen ~** birini sigara içmekten vazgeçirmek; **jdn von seinem Vorsatz ~** birini niyetinden vazgeçirmek [*o* caydırmak]; **ich lasse mich von meiner Meinung nicht ~** fikrimden caydırtmam kendimi

ab|bröckeln *vi sein* (*Mauer*) parça parça yıkılmak; (*Verputz*) dökülmek; (*fig*) yavaş yavaş düşmek

Abbruch[1] <-(e)s> *m kein pl* (*zerlegen*) sök(ül)me; (*Lager*) toplama; (*Haus*) yık(ıl)ma; (*~arbeit*) yıkım; **das tut der Sache keinen ~** (*fam*) bu işe zarar vermez

Abbruch[2] <-(e)s, -brüche> *m* ❶ (*von Beziehungen*) kes(il)me ❷ (*Wettkampf, Spiel*) durdurulma, devam etmeme ❸ INFORM (*Programm*) iptal

abbruchreif *adj* yıkılacak

ab|brühen *vt* haşlamak

ab|brummen **I.** *vt haben* (*fam: verbüßen*) çekmek; **eine Strafe ~** ceza çekmek **II.** *vi sein* (*fam: weggehen*) çekip gitmek, basıp gitmek

ab|buchen *vt* FIN gider olarak kaydetmek

Abbuchung <-en> *f* FIN gider olarak kaydetme

ab|bürsten *vt* (*Kleider*) fırça ile temizlemek; **jdn ~** (*fam*) birini fırçalamak, birine fırça çekmek

ab|büßen *vt* ❶ (*Strafe*) çekmek ❷ REL çekmek

Abc <-, -> [a:be'tse:] *nt* abece

ab|checken *vt* (*kontrollieren*) kontrol

etmek, denetlemek
Abc-Schütze <-n, -n> *m* (*fam*) birinci sınıf öğrencisi, *ilkokula yeni başlayan öğrenci*
ABC-Waffen *pl* MIL A.B.C. Silahları *pl*
ab|danken *vi* ❶ POL (*Minister*) istifa etmek, görevden çekilmek [*o* ayrılmak] ❷ (*von einem Herrscheramt zurücktreten*) saltanatı terk etmek; (*auf den Thron verzichten*) tahttan feragat etmek
Abdankung <-en> *f* (*König*) tahttan feragat; (*Minister*) istifa
ab|decken *vt* ❶ (*wegnehmen*) almak ❷ (*freimachen*) boşaltmak; (*Tisch*) kaldırmak, toplamak; (*Dach*) kiremitlerini kaldırmak (-in) ❸ (*bedecken*) kaplamak, örtmek ❹ FIN (*Schulden*) kapamak; (*Risiko*) karşılamak
Abdeckmittel *nt* astar boyası
Abdeckung <-en> *f* örtü
ab|dichten *vt* (*eine Dichtung anbringen*) contalamak, conta koymak [*o* yerleştirmek]; (*Spalt*) tıkamak; **gegen Lärm ~** ses geçirmez duruma getirmek; **gegen Wasser ~** su geçirmez duruma getirmek
Abdichtung <-en> *f* (*Isolierung*) conta(lama); (*gegen Lärm*) ses geçirmez duruma getirme; (*gegen Feuchtigkeit*) su geçirmez duruma getirme
abdingbar *adj* JUR emredici olmayan, ihtiyari; **diese Bestimmungen sind ~** bu hükümler emredici değildir, bu hükümler ihtiyaridir
ab|drängen *vt* uzaklaştırmak
ab|drehen **I.** *vt* ❶ (*Hahn*) kapamak ❷ (*Licht*) söndürmek ❸ (*Gesicht*) çevirmek **II.** *vi* AERO (*den Kurs wechseln*) rotayı değiştirmek (**nach** -e doğru); (*eine andere Richtung einschlagen*) yön değiştirmek (**nach** -e doğru) **III.** *vr* ■ **sich ~** dönmek; **er/sie drehte sich ab** döndü
ab|driften *vi sein* rotadan ayrılmak; NAUT rüzgâr altına düşmek; (*abtreiben*) sürüklenmek; **nach rechts ~** sağa sürüklenmek; **in den Suff ~** (*fam*) kendini içkiye vermek
ab|drosseln *vt* TECH kısmak
Abdruck[1] <-(e)s, -e> *m* TYPO (*a. Vorgang*) bası; (*Kopie*) baskı
Abdruck[2] <-(e)s, -drücke> *m* bası; (*in etwas Weichem*) mulaj; (*Spur*) iz; (*Abguss*) kalıp
ab|drucken *vt* basmak; (*veröffentlichen*) yayımlamak
ab|drücken **I.** *vi* (*schießen*) tetiği çekmek **II.** *vt* ❶ (*nachbilden*) basarak kalıbını çıkarmak (-e) ❷ MED (*Arterie*) bastırarak kan akışını önlemek ❸ (*fam*) **Geld ~** para basmak **III.** *vr* ■ **sich ~** belirmek
ab|dunkeln *vt* karartmak; (*Farbe*) koyulaştırmak
ab|duschen *vt haben* duşun altında yıkamak
ab|ebben *vi sein* ❶ (*Meer*) çekilmek ❷ (*Wut*) sakinleşmek; (*Erregung*) yatışmak; (*Lärm*) azalmak
Abel *m* REL Habil; **~ und Kain** Habil ile Kabil
abend[ALT] *adv s.* **Abend 1.**
Abend <-s, -e> ['a:bənt] *m* ❶ akşam; **Heiliger ~** Noel arifesi; **am ~** akşamleyin; **am nächsten ~** ertesi günün akşamı; **am frühen ~** akşamın erken saatlerinde; **am selben ~** aynı günün akşamı; **am ~ des 23. März** 23 Mart akşamı; **gegen ~** akşama doğru, akşamüstü [*o* akşamüzeri]; **~ für ~** akşamdan akşama; **eines ~s** bir akşam; **heute/gestern/morgen ~** bu/dün/yarın akşam; **es wird ~** akşam oluyor; **zu ~ essen** akşam yemeği yemek; **guten ~!** iyi akşamlar!; **es ist noch nicht aller Tage ~** gün doğmadan neler doğar; **man soll den Tag nicht vor dem ~ loben** (*prov*) suyu görmeden paçaları sıvamamalı ❷ (*Veranstaltung*) gece; **ein bunter ~** renkli bir gece **Abendandacht** <-en> *f* akşam ibadeti **Abendanzug** *m* gece kostümü, gece kıyafeti **Abendbrot** *nt kein pl* akşam yemeği; **~ essen** akşam yemeği yemek **Abenddämmerung** *f* akşam(ın alaca) karanlığı **Abendessen** <-s, -> *nt kein pl* akşam yemeği **abendfüllend** *adj* bütün akşam boyunca süren **Abendkasse** *f* akşam gişesi **Abendkleid** *nt* abiye, tuvalet, gece kıyafeti **Abendkurs** *m* akşam kursu
Abendland <-(e)s> *nt* Batı (ülkeleri) **abendländisch** *adj* Batı (ülkeleri ile ilgili); **die ~e Kultur** Batı kültürü
abendlich *adj* akşam; **zu ~er Stunde** akşam saati [*o* vakti]
Abendmahl <-(e)s> *nt kein pl* ❶ REL (*Sakrament*) Aşâi Rabbanî sofrası ❷ REL (*Empfang des Sakraments*) kudas, liturya **Abendrot** <-(e)s> *nt kein pl* gurup rengi **Abendröte** *f s.* **Abendrot**
abends ['a:bənts] *adv* (*bis gegen 20 oder 21 Uhr*) akşamları, akşamleyin; (*ab etwa 20 oder 21 Uhr*) akşamları saat 20 veya 21'den itibaren; **um acht Uhr ~** akşamları saat sekizde; **spät ~** akşamleyin geç saatlerde; **dienstags ~** salı akşamları
Abendschule <-n> *f* akşam okulu **Abendsonne** *f kein pl* akşam güneşi **Abendständchen** *nt* serenat **Abendstern** *m* akşam yıldızı **Abendstunde** *f*

A

akşam saati; **in den frühen ~n** akşam erken saatlerde **Abendvorstellung** *f* THEAT, FILM suare **Abendzeitung** *f* akşam gazetesi

Abenteuer <-s, -> ['a:bəntɔɪɐ] *nt* ❶ (*Wagnis*) macera, serüven, sergüzeşt, avantür; ~ **suchen** macera aramak; **sich ins ~ stürzen** maceraya atılmak ❷ (*Liebesaffäre*) aşk macerası; **ein ~ mit jdm haben** (*kurzes Verhältnis*) biriyle aşk macerası olmak, biriyle kısa süre düşüp kalkmak **Abenteuerferien** *pl* maceralı tatil **Abenteuerfilm** *m* macera filmi

abenteuerlich *adj* ❶ (*abenteuerlustig*) maceracı ❷ (*unwahrscheinlich*) maceralı ❸ (*riskant*) maceracı

Abenteuerlust *f kein pl* maceracılık, serüvencilik **abenteuerlustig** *adj* maceracı, maceraperest **Abenteuerroman** *m* macera romanı **Abenteuerspielplatz** *m* maceralı çocuk bahçesi

Abenteurer(in) <-s, -; -nen> ['a:bəntɔɪrɐ] *m(f)* maceracı, serüvenci, sergüzeştçi

aber ['a:bɐ] **I.** *konj* ama, fakat **II.** *part* ❶ **~, ~, meine Herren!** beyler, yapmayın ama!; **~ so setzen Sie sich doch!** ama oturun bir hele!; **~ ja!** elbette!; **~ natürlich!** bittabi!; **~ sicher!** hay hay!, elbette! ❷ (*verstärkend*) amma da; **du kannst ~ gut Klavier spielen!** amma da güzel piyano çalıyorsun!; **ist sie ~ dick!** amma da şişman! **III.** *adv* **~ und abermals** tekrar tekrar

Aber <-s, - *fam* -s> *nt* ama; **kein ~!** aması maması yok!; **da gibt es kein Wenn und (kein) ~** bunun aması maması yok; **die Sache hat ein ~** bu işin aması var; **ohne Wenn und ~** amasız mamasız, lami cimi olmadan

Aberglaube(n) <-(n)s> *m kein pl* batıl inanç

abergläubisch *adj* batıl inançları olan

aberhundert *adj* yüzlerce

ab|erkennen* *irr vt* JUR **jdm Rechte ~** bir kimsenin haklarını kaldırmak [*o* elinden almak]

abermals ['a:bɐma:ls] *adv* tekrar

ab|ernten *vt* (ekin) biçmek, (ürün) kaldırmak

abertausend *adj* binlerce; **tausend und ~** yüz binlerce

aberwitzig *adj* (*Mensch*) çılgın; (*Vorhaben*) abuk sabuk, saçma sapan

Abf. *Abk von* **Abfahrt** hareket

abfahrbereit *adj s.* **abfahrtbereit**

ab|fahren *irr* **I.** *vi sein* (*wegfahren*) hareket etmek, yola çıkmak; **auf den Typ fahre ich ab** o tipe bitiyorum; **sie ließ ihn ~** gitsin diye bıraktı **II.** *vt haben o sein* (*Strecke*) gitmek **III.** *vr* ■ **sich ~** AUTO (*Reifen*) kabaklaşmak; **abgefahrene Reifen** kabak lastikler

Abfahrt <-en> *f* ❶ (*Zug*) hareket ❷ (*Abreise*) hareket, yola çıkma, kalkış ❸ SPORT (*beim Skifahren*) iniş ❹ (*Autobahn~*) çıkış **abfahrtbereit** *adj* harekete hazır **Abfahrtslauf** <-(e)s, -läufe> *m* SPORT (*Ski*) iniş, kayak iniş yarışı **Abfahrtstafel** *f* EISENB hareket cetveli **Abfahrt(s)zeit** *f* hareket saati [*o* zamanı], kalkış saati

Abfall[1] <-(e)s> *m kein pl* ❶ (*Lossagung*) ayrılma ❷ (*Abnahme*) azalma, düşme

Abfall[2] <-(e)s, -fälle> *m* (*Müll*) çöp, atık; **radioaktiver ~** radyoaktif atık **Abfallbeseitigung** *f kein pl* atıkların imhası **Abfalleimer** <-s, -> *m* çöp tenekesi

ab|fallen *irr vi sein* ❶ (*herunterfallen*) düşmek, dökülmek; **alle Furcht fiel von ihm ab** bütün korkusunu üstünden attı; **abgefallene Blätter** dökülmüş yapraklar ❷ (*Gelände*) inmek ❸ (*fam: übrig bleiben*) düşmek; **wie viel fällt für mich ab?** bana ne kadar düşüyor? ❹ (*von einer Partei*) çıkmak (**von** -den) ❺ (*von seinem Glauben*) dönmek (**von** -den) ❻ SPORT küme düşmek ❼ NAUT boca etmek

abfallend *adj* inişli

Abfallhaufen <-s, -> *m* çöp yığını

abfällig *adj* küçük düşürücü, hor görücü; **von jdm ~ sprechen** birinin hakkında küçük düşürücü biçimde konuşmak

Abfallprodukt *nt* yan ürün **Abfallsortierung** <-en> *f* atıkların ayıklanması **Abfallstoffe** *pl* atık ürünler *pl*, atıklar *pl* **Abfallvermeidung** <-en> *f* atıktan kaçınma **Abfallverwertung** *f* atık değerlendirme

ab|fangen *irr vt* ❶ (*Brief*) zapt etmek ❷ ARCH (*Bauwerk*) payandalamak, payanda vurmak (-e) ❸ (*unter Kontrolle bringen*) tutmak ❹ SPORT (*Gegner*) yakalamak; (*Ball*) tutmak **Abfangjäger** *m* MIL avcı uçağı

ab|färben *vi* (*Wäschestück*) boyası çıkmak; **auf jdn ~** (*fig*) birine sinmek, birini etkilemek

ab|fassen *vt* (*verfassen*) yazmak, kaleme almak

ab|faulen *vi sein* çürüyüp düşmek

ab|federn *vt* ❶ TECH yaylandırmak ❷ (*Stoß*) yumuşatmak

ab|fertigen *vt* ❶ işlemini yapmak (-in) ❷ (*versandfertig machen*) hazır etmek, gönderme işlemini yapmak (-in) ❸ (*Kundschaft*) hizmet etmek (-e), bakmak (-e); **jdn kurz ~** birine gereken ilgiyi göstermemek

ab|feuern *vt* (*Rakete*) fırlatmak; (*Schuss*) ateş etmek; **einen Schuss ~** bir el ateş etmek

ab|finden I. *vt* tazmin etmek; **mit leeren Versprechungen ~** boş sözlerle atlatmak **II.** *vr* ■**sich ~** kabul etmek, razı olmak; (*sich zufriedengeben*) yetinmek; **sich mit jdm ~** bir kimseyi istemeyerek de olsa kabul etmek; **sich mit etw schwer ~** bir şeyi zar zor kabul etmek, bir şeye zar zor razı olmak, bir şeyle yetinmek

Abfindung <-en> *f* (*Entschädigung*) tazminat, ödence

ab|flachen I. *vi sein* ❶ (*flacher werden*) düzleşmek, yassılaşmak ❷ (*Unterhaltung*) basitleşmek ❸ (*an Qualität abnehmen*) kalitesi düşmek **II.** *vt* düzletmek **III.** *vr* ■**sich ~** yassılaşmak

ab|flauen ['apflaʊən] *vi sein* ❶ (*Wind*) dinmek, durulmak ❷ (*Konjunktur*) durgunlaşmak ❸ (*fig: geringer werden*) azalmak; (*nachlassen*) tavsamak, yavaşlamak; (*sinken*) düşmek, inmek

ab|fliegen *irr* **I.** *vi sein* AERO (*starten*) kalkmak; (*anfangen zu fliegen*) uçmaya başlamak **II.** *vt haben* MIL (*Gebiet*) uçarak taramak

ab|fließen *irr vi sein* (*Wasser, Geld*) akmak

Abflug <-(e)s, -flüge> *m* AERO kalkış, gidiş **abflugbereit** *adj* AERO kalkışa hazır **Abflughalle** *f* AERO gidiş yolcu salonu **Abflugzeit** *f* AERO kalkış saati, gidiş saati

Abfluss[RR] <-es, -flüsse> *m*, **Abfluß**[ALT] <-sses, -flüsse> *m* ❶ (*Rohr*) akaç; (*Toilette*) taharet borusu; (*Plumpsklo*) kubur; (*Küche*) eviye sifonu ❷ (*das Abfließen*) akış; **den reibungslosen ~ des Verkehrs behindern** trafiğin akışını engellemek **abflusslos**[RR] *adj* akışsız; **~e Gebiete** GEO akışsız bölgeler **Abflussrinne**[RR] *f* (*Haus*) akaç; (*Straße*) akaç **Abflussrohr**[RR] <-(e)s, -e> *nt* akaç; (*Toilette*) taharet borusu; (*Plumpsklo*) kubur

Abfolge <-n> *f* sıra; **die chronologische ~ der Ereignisse** olayların kronolojik sırası

ab|fordern *vt* **jdm etw ~** birinden bir şey istemek

Abfrage <-n> *f* INFORM (*von Daten*) sorgulama **Abfragemedium** *nt* INFORM sorgulama ortamı

ab|fragen *vt* ❶ (*prüfen*) sınamak, imtihan etmek ❷ INFORM (*Daten*) sorgulamak

Abfuhr <-en> ['apfuːɐ] *f* ❶ (*Abtransport*) götürme, sevk; (*von Müll*) sevk ❷ (*Zurückweisung*) reddedilme; **jdm eine ~ erteilen** birini savmak, birinin isteğini reddetmek; **sich eine ~ holen** savılmak, reddedilmek ❸ SPORT (*Niederlage*) yenilgi

ab|führen I. *vi* MED (*den Darm leeren*) barsakları boşaltmak; **etw zum A~ verschreiben** barşakları boşaltacak bir şey için reçete yazmak **II.** *vt* ❶ (*Verbrecher*) götürmek, sevk etmek ❷ FIN (*Geld, Steuern*) ödemek (**an** -e) ❸ SPORT (*Fechten*) yenilmiş saymak ❹ (*a. fig: ableiten*) türetmek (**von** -den), çıkarmak (**von** -den)

Abführmittel *nt* MED müshil

ab|füllen *vt* ❶ doldurmak (**in** -e); **Wein in Flaschen ~** şişelere şarap doldurmak ❷ (*fam: betrunken machen*) sarhoş etmek

Abgabe[1] *f kein pl* (*Einreichung, Stimm~*) ver(il)me

Abgabe[2] <-n> *f* ❶ FIN resim; **öffentliche ~n** vergi ve resimler; **steuerähnliche ~n** vergi benzeri resimler *pl*, parafiskal resimler *pl* ❷ SPORT (*Ball~*) pas verme; **die ~ eines Satzes** bir seti verme

abgabenfrei *adj* FIN vergi ve resimlerden bağışık **abgabenpflichtig** *adj* FIN (vergi ödemekle) yükümlü

Abgang <-(e)s> *m kein pl* ❶ (*Verlassen einer Tätigkeit*) ayrılma ❷ (*Fortgehen*) ayrılma; THEAT çıkış, sahneden ayrılma; NAUT (*Schiff*) kalkma ❸ (*Absendung*) gönder(il)me, yollanma ❹ MED (*Absonderung*) düşürme; (*Fehlgeburt*) düşürme; **~ der Leibesfrucht** çocuk düşürme; **~ von Nierensteinen** böbrek taşı düşürme ❺ COMM (*Absatz*) satışlar *pl;* **guten ~ haben** (*Waren*) iyi satılmak, sürümü olmak ❻ SPORT iniş **Abgangshafen** *m* NAUT kalkma limanı **Abgangsprüfung** *f* bitirme sınavı

Abgangszeugnis *nt* SCHULE çıkış belgesi

Abgas <-es, -e> *nt* AUTO çürük gaz, egzoz gazı **abgasarm** *adj* AUTO egzoz emisyonu az olan **Abgaskatalysator** *m* AUTO egzoz katalizatörü **Abgas(sonder)untersuchung** *f* AUTO egzoz emisyon ölçümü

ab|geben *irr* **I.** *vt* ❶ (*zur Aufbewahrung*) vermek, bırakmak ❷ COMM (*verkaufen*) satmak ❸ (*Schuss*) etmek ❹ (*Meinung*) söylemek; (*Erklärung*) vermek; (*Urteil, Stimme*) vermek ❺ (*Wärme*) vermek ❻ (*teilen*) **er hat mir die Hälfte abgegeben** bana yarısını verdi ❼ (*überlassen*) bırakmak ❽ SPORT (*Punkte*) vermek; (*Ball*) pas vermek ❾ (*fam: Rolle spielen*) oynamak; (*etw sein*) olmak; **er gibt einen guten Familienvater ab** iyi bir aile babasıdır **II.** *vr* ■**sich ~** (*pej: sich befassen*) ilgilenmek; (*sich beschäftigen*) uğraşmak; (*sich einlassen*) haşır neşir olmak; **mit diesen Leuten geben wir uns nicht ab** biz

A

bu insanlarla haşır neşir olmayız
abgebrannt I. *pp von* **abbrennen** II. *adj* (*fam: pleite*) meteliksiz, züğürt
abgebrüht *adj* (*fig*) pişkin
abgedroschen *adj* (*fam*) basmakalıp, beylik
abgefeimt *adj* hin, anasının gözü, çok açıkgöz; **~er Bösewicht** hinoğluhin
abgefuckt ['apgəfakt] *adj* (*vulg*) siktirici, aynasız; **das ist aber ein ~es Lokal** amma da aynasız bir yermiş burası
abgehackt *adj* ❶ (*fig: Stil*) akıcı olmayan ❷ (*Sprache*) tutuk, kesik kesik
abgehangen *pp von* **abhängen**
abgehärtet *adj* ❶ (*körperlich*) dayanıklı ❷ (*unempfindlich geworden*) kaşarlanmış
ab|gehen *irr* I. *vi sein* ❶ (*sich entfernen*) ayrılmak, gitmek; (*Zug, Schiff*) kalkmak; THEAT çıkmak, sahneden ayrılmak; **von der Schule ~** okuldan ayrılmak; **nach links ~** sola gitmek [*o* çıkmak] ❷ (*Farbe*) çıkmak, atmak; (*Knopf*) kopmak ❸ (*fehlen*) eksiği olmak; **sich** *dat* **nichts ~ lassen** hiçbir eksiği olmamak; **es geht ihm nichts ab** (*fam*) hiçbir eksiği yok, her şeyi var ❹ (*abweichen*) **nicht von seinen Grundsätzen ~** prensiplerinden ayrılmamak; **von einer Meinung ~** fikrini değiştirmek ❺ (*verlaufen*) **alles ging gut ab** her şey iyi [*o* yolunda] gitti ❻ (*fam: nicht verstehen*) anlamamak; **das geht ihm ab** (*fam*) anlamıyor ❼ (*Sendung*) gönderilmek ❽ (*Waren*) satılmak ❾ (*sl: los sein*) **hier geht es ab!** burada curcuna var! ❿ (*vulg*) **ihm ging einer ab** boşaldı II. *vt* (*Grundstück, Platz*) dolaşmak
abgehoben *pp von* **abheben**
abgekämpft *adj* bitkin
abgekartet *adj* (*fam*) danışıklı, şikeli; **~es Spiel** danışıklı dövüş, şike, danışık(lı) spor karşılaşması; **ein ~es Spiel treiben** şike yapmak
abgeklärt ['pgəklɛːɐt] *adj* akıllanmış; (*ausgeglichen*) dengeli
abgelagert *adj* (*Wein*) depo edilmiş, eski, yıllanmış; (*Holz*) kuru, kurumuş
abgelaufen *adj* sona ermiş, bitmiş; (*Zeit*) süresi sona ermiş, süresi bitmiş
abgelegen *adj* (*entfernt*) uzak, ücra; (*schwer zugänglich*) sapa; (*einsam*) ıssız, tenha, kuytu
ab|gelten *vt* (*Schuld*) ödemek
abgemacht *interj* tamam!, anlaştık!, oldu!; **eine ~e Sache** kararlaştırılmış bir şey
abgeneigt *adj* karşı; (*keine Lust habend*) hevessiz, isteksiz; **etw/jdm ~ sein** bir şeye/kimseye karşı olmak; (**nicht**) **~ sein, etw zu tun** bir şeyi yapmaya karşı [*o* isteksiz] ol(ma)mak
abgenutzt *adj* aşınmış
Abgeordnete(r) <-n, -n; -n> *f(m)* (*im Parlament*) parlamenter, parlamento üyesi, milletvekili; (*Delegierter*) delege **Abgeordnetenhaus** *nt* parlamento
abgereichert *adj* (*Uran*) fakirleştirilmiş
abgerissen I. *pp von* **abreißen** II. *adj* ❶ (*zerlumpt*) yırtık pırtık ❷ (*unzusammenhängend*) konu dışı
abgerundet *adj* yuvarlak, bütüne tamamlanmış
Abgesandte(r) <-n, -n; -n> *f(m)* elçi
abgeschabt *adj* pejmürde
abgeschieden ['apgəʃiːdən] *adj* (*geh*) ❶ (*entlegen*) kuytu, ücra; (*einsam*) tenha, ıssız ❷ (*verstorben*) merhum, rahmetli ❸ (*zurückgezogen*) inzivaya çekilmiş
Abgeschiedenheit *f kein pl* inziva
abgeschlafft *adj* (*fam*) haşat, bitik [*o* bitkin]
abgeschlagen I. *pp von* **abschlagen** II. *adj* ❶ SPORT yenik; (*Partei*) hezimete uğrayan, büyük bir yenilgiye uğrayan ❷ DIAL (*erschöpft*) bitkin, bitik ❸ (*Geschirr*) kırık
abgeschlossen I. *pp von* **abschließen** II. *adj* ❶ (*verschlossen*) kilitli ❷ (*isoliert*) dünyadan elini eteğini çekmiş; **ein ~es Leben führen** dünyadan elini eteğini çekmiş bir yaşam sürmek ❸ (*Wohnung*) müstakil; **eine ~e Wohnung** müstakil bir daire ❹ (*vollendet*) tamam, tamamlanmış, bitmiş
abgeschmackt ['apgəʃmakt] *adj* zevksiz; (*dem Empfinden zuwider*) iğrenç; (*taktlos*) patavatsız; **ein ~es Grinsen** iğrenç bir sırıtış; **seine Worte waren äußerst ~** sözleri son derece patavatsızdı
abgeschnitten *pp von* **abschneiden**
abgesehen I. *pp von* **absehen** II. *adj* **~ von** -den başka, bir yana; **es auf jdn ~ haben** (*an jdn Interesse haben*) bir kimseye göz koymak; (*sich jdn merken*) birine kancayı takmak [*o* atmak]; **es auf etw ~ haben** bir şeye göz dikmek [*o* koymak], bir şeyde gözü olmak
abgespannt *adj* (*erschöpft*) bitkin; (*müde*) yorgun; **er sieht ~ aus** bitkin [*o* yorgun] görünüyor
abgestanden ['apgəʃtandən] I. *pp von* **abstehen** II. *adj* ❶ (*Flüssigkeit*) bozulmuş; (*Brot*) bayatlamış; (*Luft*) havasız ❷ (*fig: Redensart*) beylik, basmakalıp
abgestorben ['apgəʃtɔrbən] *pp von* **absterben**
abgestumpft *adj* ❶ (*stumpft geworden*)

kütleşmiş ❷ (*fig*) duyarlığını yitirmiş; (*teilnahmslos*) vurdumduymaz

abgetragen *pp von* **abtragen**

abgetreten *pp von* **abtreten**

abgetrieben *adj* (*Boot*) sürüklenen

abgewetzt *adj* (*Stoff*) aşınmış

ab|gewinnen* *irr vt* ❶ (*Geld*) kazanmak ❷ (*finden*) bulmak ❸ (*Gefallen finden*) **ich kann dieser Sache nichts ~** bu işte hoşuma gider hiçbir şey yok; **einer Sache Geschmack ~** bir şeyin zevkine varmak

abgewogen *pp von* **abwägen, abwiegen**

ab|gewöhnen* *vt* vazgeçirmek (-den), bıraktırmak; **jdm etw ~** birini bir şeyden vazgeçirmek, birine bir şeyi bıraktırmak; **sich** *dat* **etw ~** bir şeyden vazgeçmek, bir şeyi bırakmak; **ich muss mir das Rauchen ~** sigarayı bırakmam lazım

abgezehrt *adj* (*Gesicht, Körper*) çökkün

Abglanz <-es> *m kein pl* yansı; (*a. fig*) yansıma

Abgleich *m* karşılaştırılma

ab|gleichen *vt* ❶ (*Bau*) düzlemek ❷ ELEK ayarlamak ❸ (*fig*) koordine etmek

ab|gleiten *irr vi* ❶ (*abrutschen*) kaymak ❷ (*fig: absinken*) düşmek; **alle Ermahnungen gleiten an ihm ab** bütün uyarılar onu etkilemiyor

Abgott <-(e)s, -götter> *m* put; **jds ~ sein** birinin ilahı olmak, biri tarafından perestiş edilmek, biri tarafından taparcasına sevilmek

Abgötterei *f kein pl* putperestlik

abgöttisch ['apgœtɪʃ] **I.** *adj* perestişkâr **II.** *adv* taparcasına; **jdn ~ lieben** birini perestiş etmek, birini taparcasına sevmek

ab|graben *vt* **jdm das Wasser ~** birinin kuyusunu kazmak

ab|grasen *vt* ❶ (*Weide*) otlamak (-de); **das Thema ist abgegrast** (*fam*) konu hakkında söylenecek bir şey kalmadı ❷ (*fam: systematisch absuchen*) taramak, teker teker dolaşmak

ab|grenzen **I.** *vt* (*begrenzen*) sınırlamak, tahdit etmek (**gegen/von** -e karşı/-den); (*abtrennen*) ayırmak (**gegen/von** -e karşı/-den) **II.** *vr* ■**sich ~** uzak durmak (**von** -den); (*sich distanzieren*) mesafe bırakmak [*o* koymak] (**von** -den)

Abgrenzung <-en> *f* sınırlama, tahdit; (*eines Feldes*) çevreleme, tahdit

Abgrund <-(e)s, -gründe> *m* uçurum; (*a. fig*) sonsuz derinlik

abgrundhässlich[RR] *adj* (*fam*) son derece çirkin, gudubet

abgründig *adj* (*fig*) çok derin, sonsuz

abgrundtief *adj* çok derin

ab|gucken **I.** *vi* (*sl*) kopya çekmek; **bei jdm ~** birinden kopya çekmek **II.** *vt* (*fam*) **etw bei jdm ~** bir şeyi birinden bakarak öğrenmek

Abguss[RR] <-es, -güsse> *m*, **Abguß**[ALT] <-sses, -güsse> *m* ❶ KUNST (*abgegossenes Bild*) döküm; **~ in Bronze** tunç döküm; **~ in Gips** alçı döküm ❷ (*Gussstück*) döküm

ab|hacken *vt* kesmek, kesip atmak

ab|haken *vt* ❶ (*loshaken*) çözmek, çıkarmak ❷ (*markieren*) işaretlemek; (*in einer Liste*) işaret koymak; (*fig: als erledigt ansehen*) bitmiş gözüyle bakmak

ab|halten *irr vt* ❶ (*fernhalten*) uzak tutmak ❷ (*hindern*) alıkoymak, engel olmak (-e); **jdn davon ~, etw zu tun** birini bir şey yapmaktan alıkoymak, birinin bir şey yapmasına engel olmak; **lass dich nicht ~!** (*fam: beirren*) bildiğinden şaşma! ❸ (*Sitzung*) yapmak; **ein Seminar ~** bir seminer yapmak ❹ (*Unterricht*) yapmak ❺ NAUT (*wegsteuern*) rota değiştirerek uzaklaşmak; (*abfallen*) boca etmek ❻ **die Mutter hielt das Kleine ab** annesi küçüğü aptese tuttu

ab|handeln *vt* ❶ (*durch Herunterhandeln erhalten*) pazarlıkla almak ❷ (*Thema*) işlemek; (*erörtern*) görüşmek

abhanden|kommen[RR] [ap'handən-] *irr vi sein* elden çıkmak; (*fam*) kaybolmak; **gestohlene, verlorengegangene oder sonst abhandengekommene Sachen** çalınan, kaybolan veya diğer bir şekilde elden çıkan şeyler

Abhandlung <-en> *f* (*Aufsatz*) kompozisyon; (*wiss. Arbeit*) tez; (*Essay*) deneme (**über** üzerine)

Abhang <-(e)s, -hänge> *m* yamaç, bayır

ab|hängen[1] *irr vi* ❶ (*angewiesen sein*) bağlı olmak (**von** -e); **es hängt vom Wetter ab, ob wir fahren** gidip gitmememiz havaya bağlı ❷ GASTR (*Fleisch*) bayatlamak

ab|hängen[2] *vt* ❶ (*Bild*) asılı olduğu yerden almak; (*Decke*) kaldırmak ❷ (*abkoppeln*) ayırmak ❸ (*fig fam: abschütteln*) **jdn ~** birini atlatmak

abhängig *adj* bağlı (**von** -e); (*unselbstständig*) bağımlı (**von** -e); **~e Gesellschaft** COMM bağlı şirket; **~er Satz** LING bağımlı sıralı cümle

Abhängige(r) <-n, -n; -n> *f(m)* bağımlı (olan kimse) (**von** -e)

Abhängigkeit <-en> *f* (*Bedingtheit*) bağlılık (**von** -e); (*Sucht*) bağımlılık (**von** -); **gegenseitige ~** karşılıklı bağımlılık

Abhängigkeitsverhältnis *nt* bağımlılık ilişkisi

ab|härten **I.** *vi* alışmak (**gegen** -e) **II.** *vt*

A

(*Körper*) dayanıklılık kazandırmak (-e), alıştırmak (**gegen** -e), direncini artırmak (**gegen** -e karşı) **III.** *vr* ▪ **sich** ~ (*fig*) kaşarlanmak; (*Körper*) vücudunu alıştırmak (**gegen** -e)

Abhärtung <-en> *f* ❶ alışma (**gegen** -e); (*fig*) kaşarlanma ❷ (*des Körpers*) dinçleşme, alışma (**gegen** -e), dayanıklılık kazanma (**gegen** -e karşı)

ab|hauen[1] <haut ab, haute ab, abgehauen> *vi sein* (*fam: verschwinden*) tüymek, kirişi kırmak, defolmak; **hau ab!** defol, git!

ab|hauen[2] *irr vt haben* (*abschlagen*) keserek koparmak; (*Baum*) kesmek; (*Putz*) vurarak indirmek (-e)

ab|häuten *vt* derisini yüzmek (-in)

ab|heben *irr* **I.** *vi* ❶ AERO havalanmak, (yerden) kalkmak ❷ (*fig: realitätsfremd werden*) havalarda uçmak ❸ (*hinweisen*) işaret etmek (**auf** -e) **II.** *vt* ❶ (*herunternehmen*) indirmek; (*Deckel*) kaldırmak; (*Telefonhörer*) eline almak; (*Karten*) kesmek; (*Masche*) çıkarmak ❷ FIN (*Geld*) çekmek **III.** *vr* ▪ **sich** ~ ❶ (*sich ablösen*) kalkmak ❷ (*optisch hervortreten*) daha belirgin olmak (**von/gegen** -den/-e göre) ❸ (*unterscheiden*) farklı olmak (**von** -den), ayırt edilmek (**von** -den)

ab|heften *vt* (*Schriftstücke*) dosyalamak, dosyaya koymak

ab|heilen *vi* iyileşmek; (*Wunde*) kapanmak

ab|helfen *irr vi* çare bulmak (-e); **dem ist leicht abzuhelfen** ona çare bulmak kolay

ab|hetzen **I.** *vt* yoruncaya kadar kovalamak **II.** *vr* ▪ **sich** ~ koşuşturmak

Abhilfe *f kein pl* çare; **einer Situation ~ schaffen** bir duruma çare bulmak; **für ~ sorgen** çare bulmak

ab|hobeln *vt* rendelemek, planyalamak

ab|holen *vt* ❶ (*Gegenstand*) gidip almak; **etw ~ lassen** bir şeyi aldırtmak ❷ (*Person*) karşılamak; **jdn am Bahnhof ~** birini istasyonda karşılamak ❸ (*fig fam: verhaften*) alıp götürmek

ab|holzen *vt* ❶ (*Bäume*) (ağaç) kesmek ❷ (*Gebiet*) (orman) açmak

Abholzung <-en> *f* ❶ (*Bäume*) ağaç kesme ❷ (*Waldgebiet*) orman açma

Abhöraktion *f* gizli dinleme operasyonu

Abhöranlage *f* gizli dinleme düzeni

ab|horchen *vt* MED stetoskop ile dinlemek

ab|hören *vt* ❶ (*allg*) dinlemek ❷ (*Schule*) sözlüye kaldırmak; (*hersagen lassen*) anlattırmak ❸ MED stetoskop ile dinlemek ❹ (*Anrufbeantworter*) dinlemek ❺ (*Telefonleitung*) dinlemek; (*heimlich mit anhören*) gizlice dinlemek

Abhörgerät *nt* gizli dinleme aygıtı [*o* aleti]

abhörsicher *adj* dinlenemez

ab|hungern **I.** *vt* aç kalarak (kilo) vermek **II.** *vr* ▪ **sich** ~ ❶ açlık çekmek ❷ (*absparen*) boğazından kesmek

Abi <-s, -s> ['abi:] *nt* (*fam: Reifeprüfung*) olgunluk sınavı

Abitur <-s, -e> [abi'tu:ɐ] *nt* (*Reifeprüfung*) olgunluk sınavı

Abiturient(in) <-en, -en; -nen> [abitu-ri'ɛnt] *m(f)* lise mezunu (*Alman olgunluk sınavını başarmış kimse*)

Abiturzeugnis *nt* (Alman) lise diploması

ab|jagen **I.** *vt* **jdm etw ~** birinin elinden güç bela bir şey almak **II.** *vr* (*sich abhetzen*) koşuşturmak

Abk. *Abk von* **Abkürzung** kısaltma

ab|kapseln **I.** *vt* kapsül içine almak **II.** *vr* ▪ **sich** ~ kapsül içine çekilmek; (*fig*) kabuğuna [*o* kozasına] çekilmek, dünyadan elini ayağını çekmek

ab|kassieren* *vt* (*fam*) **die Getränke/den Gast ~** içkilerin/müşterinin hesabını almak; **er hat beim Poker richtig abkassiert** pokerde iyicene para yaptı

ab|kauen *vt* (*Fingernägel*) yemek; (*Bleistift*) çiğnemek

ab|kaufen *vt* ❶ (*Ware*) **jdm etw ~** birinden bir şeyi satın almak ❷ (*fam: glauben*) inanmak; **das kaufe ich dir nicht ab!** külahıma anlat!, beni kandıramazsın!, söylediklerine hiç inanmıyorum!

Abkehr ['apke:ɐ] *f kein pl* yüz çevirme (**von** -den), sırt çevirme (**von** -e)

ab|kehren **I.** *vt* ❶ (*abwenden*) çevirmek ❷ (*abfegen*) süpürmek **II.** *vr* ▪ **sich** ~ (*sich abwenden*) ▪ **sich ~ von** -e sırt çevirmek, -den yüz çevirmek; **sich von der Welt ~** (*fig*) dünyadan elini ayağını çekmek

ab|kippen **I.** *vi* devrilmek, dökülmek **II.** *vt* ❶ (*kippend fallen lassen*) devirmek ❷ (*abladen*) boşaltmak, dökmek; (*Müll*) dökmek

ab|klappern *vt* (*fig fam*) teker teker dolaşmak

ab|klären **I.** *vt* (*Flüssigkeiten*) durultmak, duru duruma getirmek **II.** *vr* ❶ (*Flüssigkeiten*) durulmak, duru duruma gelmek ❷ (*fig: Ansichten*) akıllanmak

Abklatsch <-(e)s, -e> *m* KUNST klişe; (*fig, pej*) basma kalıp, bozuntu, müsvedde

ab|klauben *vt* teker teker toplamak

ab|klemmen *vt* ❶ TECH çözmek ❷ MED (*Ader*) ayırmak

ab|klingen *irr vi sein* ❶ (*Krankheit*) hafiflemek; (*Fieber*) düşmek ❷ (*Wirkung*) giderek azalmak, yavaş yavaş kaybolmak

ab|klopfen *vt* ❶ (*säubern*) vurarak temizlemek ❷ MED vurarak muayene etmek

❸ (*fam: aufsuchen*) uğramak (-e)
ab|knallen *vt* (*fam*) **jdn ~** birini dan diye vurup öldürmek
ab|knapsen *vt* **jdm etw ~** birini bir şeyden yoksun bırakmak [*o* etmek]
ab|knicken I. *vi sein* ❶ (*Zweig*) bükülmek, eğrilmek ❷ (*Straße*) kıvrılmak **II.** *vt* ❶ (*abbrechen*) bükerek kırmak ❷ (*umknicken*) bükmek, kıvırmak
ab|knöpfen *vt* ❶ (*Angeknöpftes*) düğmesini açmak (-in) ❷ (*fam: Geld*) koparmak; **jdm Geld ~** birinden para koparmak
ab|knutschen I. *vt* (*fam o pej*) şapur şupur öpmek **II.** *vr* ■ **sich ~** (*fam o pej*) şapur şupur öpüşmek
ab|kochen *vt* ❶ (*kochen*) kaynatmak ❷ (*keimfrei machen*) sterilize etmek
ab|kommandieren* *vt* MIL özel göreve atamak, özel görevle göndermek
Abkommen <-s, -> *nt* anlaşma, antlaşma; (*Vertrag*) sözleşme; **ein ~ treffen mit** ile bir anlaşma yapmak
ab|kommen *irr vi sein* ❶ (*abweichen*) sapmak; **wir kamen vom Weg ab** yolumuzu şaşırdık, yanlış yola saptık; **vom Thema ~** konudan ayrılmak, konu dışına çıkmak ❷ (*aufgeben*) vazgeçmek (**von** -den), caymak (**von** -den); (*sich entfernen*) uzaklaşmak (**von** -den); **von seiner Meinung ~** fikrinden caymak ❸ (*aus der Mode kommen*) geçmek
abkömmlich ['apkœmlıç] *adj* boş [*o* vakti] olan; **nicht ~ sein** boş [*o* vakti] olmamak
Abkömmling <-s, -e> ['apkœmlıŋ] *m* ❶ *a.* JUR (*Nachkomme*) altsoy ❷ (*iron fam: Sprössling*) evlat, çocuk
ab|können *irr vt* NORDD (*mögen*) sevmek; (*vertragen*) geçinmek (ile)
ab|koppeln I. *vt* (*Fahrzeug*) ayırmak; (*Raumfähre*) çözmek **II.** *vr* ■ **sich ~** (*fam: Organisation*) ayrılmak
ab|kratzen I. *vi sein* (*fam: sterben*) gebermek, zıbarmak **II.** *vt* (*entfernen*) kazımak, kazıyarak çıkarmak
ab|kriegen *vt* (*fam*) ❶ (*erhalten*) (payını) almak (-den); (*fig*) yemek ❷ (*beschädigt werden*) hasar görmek; (*verletzt werden*) zarar görmek; **er hat ganz schön was abgekriegt** epey bir zarar gördü ❸ (*entfernen können*) çıkarabilmek
ab|kühlen I. *vr* ■ **sich ~** (*kühler werden*) soğumak; (*Wetter*) soğumak, serinlemek; (*Beziehungen*) soğumak, soğuklaşmak, bozulmaya yüz tutmak; (*Leidenschaft*) soğumak; (*fig*) yatışmak **II.** *vt* (*Speisen*) soğutmak
Abkühlung <-en> *f* soğuma; TECH soğutma; (*Wetter*) soğuma, serinleme; **konjunkturelle ~** WIRTSCH ekonomik soğuma
Abkunft ['apkʊnft] *f kein pl* (*geh: Herkunft*) köken; (*Abstammung*) soy; **er ist slawischer ~** o, Slav kökenlidir
ab|kürzen *vt* kısaltmak; (*Weg*) kısaltmak; (*Besuch, Verfahren*) kısaltmak; **„Jahrhundert" wird durch „Jh." abgekürzt** "yüzyıl" kelimesi "yy." olarak kısaltılır
Abkürzung <-en> *f* ❶ (*Weg*) kestirme, kısa yol; **eine ~ nehmen** kestirmeden gitmek ❷ (*von Verfahren*) kısaltma ❸ LING kısaltma **Abkürzungsverzeichnis** *nt* kısaltmalar listesi
ab|lachen *vt* **sich einen ~** katmerli katmerli gülmek; **sich einen Ast ~** gülmekten kırılmak [*o* katılmak], kahkahadan kırılmak
ab|laden *irr vt* ❶ (*Fahrzeug, Schiff*) boşaltmak; (*Fracht*) boşaltmak; (*Müll*) boşaltmak, dökmek; (*Kisten*) çıkarmak (**von** -den); (*fig: Ärger*) çıkarmak ❷ (*Arbeit, Schuld*) atmak (**auf** üstüne)
Ablage <-n> *f* ❶ (*Archiv*) arşiv; (*Vorrichtung*) göz, (eşya konulacak) yer ❷ (*Kleider~*) gardırop, vestiyer ❸ (*Akten~*) dosyalara geçirilen veya geçirilecek olan evrak
ab|lagern I. *vt* (*deponieren*) depolamak; (*anhäufen*) yığmak **II.** *vi* (*Wein*) **~ lassen** dinlenmeye bırakmak, mahzende [*o* fıçıda] bekletmek; (*Holz*) depo etmek; (*Tabak*) kurutmak **III.** *vr* (*niedersinken und liegenbleiben*) çökelmek, tortulaşmak; (*Sedimente bilden*) tortullaşmak
Ablagerung <-en> *f* ❶ (*Vorgang*) çökelme, tortu oluşması; (*das Abgelagerte*) çökelek, tortu; (*Kalk~*) kalıntılar *pl* ❷ GEO (*Vorgang*) tortullaşma; (*das Abgelagerte*) tortu, tortul kitle ❸ GASTR (*Wein*) tortu
ablandig *adj* NAUT karadan (denize doğru) esen
Ablass[RR] <-es, -lässe> *m* ❶ REL günah çıkarmaya bağlı af ❷ (*Öl~schraube*) boşaltma
ab|lassen *irr* **I.** *vi* (*nicht weiterverfolgen*) vazgeçmek (**von** -den), peşini bırakmak (**von** -in); **er lässt nicht von seinem Vorhaben ab** planından vazgeçmiyor **II.** *vt* ❶ (*Flüssigkeit*) akıtmak, boşaltmak; (*Dampf*) boşaltmak; (*Wasser*) işemek, dökmek; (*Behälter*) boşaltmak ❷ (*fam: nicht aufsetzen/anlegen*) üstelememek ❸ (*ermäßigen*) **jdm etwas vom Preis ~** birine fiyatta indirim yapmak
Ablativ *m* LING ablâtif, çıkma durumu [*o* hâli], -den hâli
Ablauf <-(e)s, -läufe> *m* ❶ (*Verlauf*) akış, seyir; (*von Ereignissen*) gidiş, seyir ❷ (*ei-

A

ner Frist, Gültigkeit) bitim, son; **nach ~ von zwei Stunden** iki saat sonunda ❸ (*Abflussrohr*) akaç ❹ GEO (*See*) akaç

ab|laufen I. *vi sein irr* ❶ (*Flüssigkeit*) akmak ❷ (*Frist*) bitmek, sona ermek; **die Frist ist abgelaufen** süre bitmiştir; **wie ist es abgelaufen?** nasıl geçti? II. *vt haben* (*Schuhe*) yürüye yürüye eskitmek; (*Geschäfte*) dolaşmak; **die Sohlen nach etw ~** bir şey için pabuç eskitmek [*o* paralamak]; **jdm den Rang ~** (*fig*) birinin pabucunu dama atmak

Ablaut *m* LING değişkin ünlü

Ableben *nt* (*Tod*) ölüm, vefat

ab|lecken *vt* yalamak, yalaya yalaya temizlemek

ab|legen I. *vt* ❶ (*ausziehen*) çıkarmak ❷ (*Gewohnheiten*) bırakmak, vazgeçmek (-den) ❸ (*hinlegen*) koymak; (*Karten*) açmak ❹ **Eid ~** yemin etmek, ant içmek; **Geständnis ~** itiraf etmek; **über etw Rechenschaft ~** bir şeyin hesabını vermek; **Prüfung ~** sınav vermek (**in** -de), sınava girmek (**in** -den) II. *vi* NAUT (*Schiff*) kalkmak, demir almak, iskele almak

Ableger <-s, -> *m* ❶ BOT daldırma ❷ WIRTSCH şube

ab|lehnen *vt* ❶ (*zurückweisen*) reddetmek; **er lehnte es ab, uns zu helfen** bize yardım etmeyi reddetti ❷ JUR (*Gesuch*) reddetmek; (*Zeugen*) reddetmek

ablehnend *adj* olumsuz, menfi; **etw** *dat* **eher ~ gegenüberstehen** bir şeye karşı daha ziyade olumsuz tavır almak [*o* takınmak]

Ablehnung <-en> *f* ret, reddetme [*o* reddedilme]; **auf ~ stoßen** kabul edilmemek **Ablehnungsgesuch** *nt* JUR ret isteği

ab|leisten *vt* **seinen Wehrdienst ~** askerlik hizmetini yapmak

ab|leiten I. *vt* ❶ (*umlenken*) saptırmak; (*Gewässer*) yatağını değiştirmek ❷ *a.* MATH (*herleiten*) türetmek (**aus** -den) II. *vr* ■ **sich ~** LING türemek (**aus/von** -den)

Ableitung <-en> *f* MATH türev; LING türev

ab|lenken I. *vi* **vom Thema ~** konuyu değiştirmek, asıl konu dışına çıkmak, konuyla ilgisiz sözler söylemek II. *vt* ❶ PHYS (*Strahlen*) saptırmak ❷ (*auf andere Gedanken bringen*) oyalamak, avutmak ❸ (*irreführen*) şaşırtmak

Ablenkung <-en> *f* ❶ (*Richtungsänderung*) sapma ❷ (*Zerstreuung*) avunma, oyalanma; **sich** *dat* **~ verschaffen** avunmak, oyalanmak **Ablenkungsmanöver** *nt* oyalama hareketi, şaşırtma manevrası; **~ betreiben** oyalamak, şaşırtmak

ab|lesen *irr* I. *vt* (*vorlesen*) okumak; **den Zähler ~** sayacı okumak II. *vi* ❶ (*lesen*) **vom Blatt ~** gazeteden [*o* yapraktan] okumak ❷ (*erkennen*) okunmak (**von** -den), anlaşılmak (**von** -den); **das konnte man ihr vom Gesicht ~** bu, onun yüzünden okunuyordu [*o* anlaşılıyordu]

ab|leugnen *vt* inkâr etmek

ab|lichten *vt* (*fotokopieren*) fotokopisini çekmek (-in); (*fotografieren*) fotoğrafını çekmek (-in)

Ablichtung *f* fotokopi

ab|liefern *vt* teslim etmek

Ablieferung *f* teslim; **bei ~** tesliminde

ab|lösen I. *vt* ❶ (*abmachen*) çıkarmak, sökmek; (*Aufgeklebtes*) çözmek ❷ (*Wachposten*) devralmak, yerine geçmek (-in); (*bei der Arbeit*) yerine geçmek (-in) ❸ JUR (*Grundlast*) iştira etmek; FIN (*Schulden*) ödemek II. *vr* ■ **sich ~** ❶ (*abgehen*) çıkmak, sökülmek; (*Haut*) soyulmak ❷ (*sich abwechseln*) nöbet değiştirmek, nöbetleşmek

Ablösesumme *f* SPORT (*für einen Spieler*) transfer parası

Ablösung *f* ❶ MIL nöbet devri ❷ FIN (*Schulden*) ödeme ❸ JUR (*Grundlast*) iştira **Ablösungssumme** *f s.* **Ablösesumme**

ab|luchsen ['aplʊksən] *vt* (*fam*) **jdm etw ~** birini üçkâğıda getirip elinden bir şey almak

Abluft *f* TECH çıkan hava

ABM <-(s)> [a:be:'ʔɛm] *f* WIRTSCH *Abk von* **Arbeitsbeschaffungsmaßnahme** iş yaratma programı, iş sağlama önlemi

ab|machen *vt* ❶ (*fam: entfernen*) çıkarmak; (*Aufgeklebtes*) çözmek ❷ (*vereinbaren*) kararlaştırmak; (*Termin, Preis*) kararlaştırmak; **abgemacht!** anlaştık!, tamam!

Abmachung <-en> *f* kararlaştır(ıl)ma; *a.* POL, WIRTSCH anlaşma; **mit jdm eine ~ treffen** biriyle bir anlaşmaya varmak

ab|magern I. *vi sein* zayıflamak; **bis auf die Knochen abgemagert sein** bir deri bir kemik kalmak II. *vt haben* zayıflatmak

Abmagerung *f* zayıflama

Abmagerungskur *f* perhiz, rejim; **eine ~ machen** perhiz yapmak, rejim yapmak

ab|mähen *vt* (*Feld*) biçmek; (*Getreide*) hasat etmek

ab|mahnen *vt* uyarmak, protesto çekmek (-e) **Abmahnung** *f* uyarı, protesto çekme

ab|malen *vt* (*abzeichnen*) çizmek, resmini yapmak (-in); (*porträtieren*) portresini yapmak (-in); (*kopieren*) kopya etmek

Abmarsch <-(e)s, -märsche> *m* MIL yürüyüşe başlama, yürüyüşe geçme; **~!** arş!, marş! **abmarschbereit** *adj*

yürüyüşe başlamaya hazır olan

ab|marschieren *vi sein* yürüyüşe başlamak [*o* geçmek]

ab|mehren *vi* SCHWEIZ (*abstimmen*) oy kullanmak [*o* vermek]

ab|melden **I.** *vt* kaydı silmek (**bei** -de); (*Zeitung*) abonesini sildirmek [*o* iptal ettirmek]; **das Telefon ~** telefonu kapattırmak **II.** *vr* **sich bei jdm ~** birine ayrılacağını [*o* ayrıldığını] bildirmek; **sich polizeilich ~** poliste kaydını sildirmek

Abmeldung <-en> *f* kaydı sildirme; (*einer Zeitung*) abonenin iptali; (*von der Schule*) kaydını sildirme; (*beim Einwohnermeldeamt*) ayrıldığını bildirme

ab|messen *irr vt* ❶ (*ausmessen*) ölçmek ❷ (*fig: abschätzen*) tartmak; **seine Worte genau ~** sözlerinin anlamını tam olarak tartmak

Abmessung <-en> *f* boyut, ebat *pl*

ABM-Kraft *f* WIRTSCH *iş yaratma programından yararlanan eleman*

ab|montieren* *vt* sökmek

ABM-Stelle *f* WIRTSCH *iş yaratma programı çerçevesi içinde oluşturulmuş iş yeri*

ab|mühen *vr* ■ **sich ~** zahmet etmek, çaba harcamak

ab|murksen *vt* (*fam*) gebertmek

ab|mustern **I.** *vt* NAUT terhis etmek **II.** *vi* NAUT terhis edilmek

ab|nabeln **I.** *vt* (*Neugeborenes*) göbeğini kesmek (-in) **II.** *vr* ■ **sich ~** (*fam: sich lösen*) ilişiğini kesmek; (*sich unabhängig machen*) bağlarını koparmak

ab|nagen *vt* kemirmek; **einen Knochen ~** bir kemiği kemirmek

ab|nähen *vt* (*Kleid*) daraltmak

Abnäher <-s, -> *m* (*am Kleid*) pens [*o* pense]

Abnahme[1] <-n> *f* ❶ (*das Abnehmen*) al(ın)ma, çıkar(ıl)ma; MED (*Amputation*) kesip alınma ❷ (*Entgegennahme*) teslim alma [*o* alınma] ❸ (*Anerkennung*) kabul; **~ der Güter** COMM malların teslim alınması; **~ des Werkes** JUR (*Werkvertrag*) işin kabulü ❹ (*Kauf*) alım; **bei ~ von 100 Stück** 100 tane alındığında; **~ finden** WIRTSCH alıcı bulmak

Abnahme[2] *f* ❶ (*Verringerung*) eksilme, azalma ❷ (*TÜV*) muayene ❸ (*des Mondes*) küçülme

ab|nehmen *irr* **I.** *vi* ❶ (*Macht, Kräfte*) azalmak; (*Interesse*) azalmak; (*Geschwindigkeit*) azalmak; (*Mond*) küçülmek; (*Fieber*) düşmek; (*Tage*) kısalmak; (*an Zahl*) eksilmek, azalmak ❷ (*Gewicht verlieren*) kilo vermek, zayıflamak ❸ TELEK cevap vermek; **es nimmt keiner ab** kimse cevap vermiyor **II.** *vt* ❶ (*Hut*) çıkarmak; (*Bart*) traş etmek; MED almak; (*Blut*) almak; (*abkaufen*) satın almak; (*wegnehmen*) elinden almak; (*im Spiel*) almak; (*abverlangen*) istemek; (*Maschen*) almak; **den Hörer ~** ahizeyi eline almak ❷ (*übernehmen*) devralmak; **jdm eine Arbeit ~** birinden bir işi devralmak ❸ (*Waren*) COMM teslim almak; (*Eid*) verdirmek; (*Beichte*) dinlemek; **jdm das Versprechen ~, zu ...** ... için birinden söz almak ❹ (*Gebäude, Fahrzeug*) muayene etmek; (*ein Werk*) kabul etmek; (*Prüfung*) yapmak, çekmek (-e) ❺ (*fam: glauben*) inanmak (-e); **das nehme ich dir nicht ab!** (*fam*) bu söylediğine inanmıyorum!

abnehmend *adj* eksilen, azalan; (*Mond*) küçülen

Abnehmer(in) <-s, -; -nen> *m(f)* COMM alıcı; **~ finden** alıcı bulmak

Abneigung <-en> *f* antipati, soğukluk, isteksizlik, gönülsüzlük, hoşlanmama

abnorm *adj* ❶ (*abweichend*) sapak ❷ (*ungewöhnlich*) anormal

abnormal ['---] *adj* anormal

Abnormität *f* ❶ sapaklık ❷ (*Wesen*) hilkat garibesi

ab|nötigen *vt* (*geh*) gerektirmek; **er nötigt mir Respekt ab** o, saygımı gerektirdi

ab|nutzen **I.** *vt* aşındırmak; (*strapazieren*) yıpratmak **II.** *vr* ■ **sich ~** aşınmak, yıpranmak

Abnutzung <-en> *f* aşınma, yıpranma

Abo <-s, -s> ['abo] *nt* (*fam*) abone, abonman

Abonnement <-s, -s> [abɔn(ə)'mɑ̃:] *nt* (*Zeitung*) abone; (*Konzertkarten*) abonman; **ein ~ für etw haben** bir şey için abonmanı olmak; **ein ~ abbestellen** abonmanı iptal etmek

Abonnent(in) <-en, -en; -nen> [abɔ'nɛnt] *m(f)* abone

abonnieren* [abɔ'ni:rən] *vt* abone etmek, abone olmak (-e)

ab|ordnen *vt* atamak, delege olarak atamak

Abordnung <-en> *f* delegasyon

Aborigines *pl* Aborijin halkları *pl*

Abort <-(e)s, -e> [a'bɔrt] *m* ❶ MED (*Fehlgeburt*) düşürülen çocuk ❷ (*Toilette*) helâ, ayakyolu, hacet yeri

ab|packen *vt* paketlemek

ab|passen *vt* bulmak; **den richtigen Augenblick ~** punduna getirmek, pundunu bulmak; **jdn ~** birini bulmak [*o* yakalamak]

ab|pausen *vt* saman kâğıdı ile aktarmak

A

ab|pfeifen *irr vt* SPORT **das Spiel ~** oyunu düdük çalarak durdurmak [*o* bitirmek]

Abpfiff <-(e)s, -e> *m* SPORT bitiş düdüğü

ab|pflücken *vt* koparmak, koparıp almak

ab|plagen *vr* ■ **sich ~** didişip durmak (**mit** ile), uğraşıp durmak (**mit** ile)

ab|platten *vt haben* düzleştirmek

ab|platzen *vi sein* pat diye kopmak

Abprall <-(e)s, -e> *m* sekme

ab|prallen *vi sein* (*Ball, Geschoss*) sekmek; **das prallt an ihm ab** (*fig*) bu onu ırgalamıyor

ab|pumpen *vt* ① (*Öl, Wasser*) tulumba ile boşaltmak ② (*fam: pumpen*) pompalamak

ab|putzen *vt* ① (*Schmutz*) temizlemek; (*gründlich putzen*) tertemiz etmek; **sich die Hände ~** ellerini silmek ② (*mit Putz versehen*) sıvamak; **die Wand ~** duvarı sıvamak, duvara sıva vurmak

ab|quälen *vr* ■ **sich ~** eziyet çekmek; **sich** *dat* **ein Lächeln ~** zorla gülümsemek, kendini gülümsemeye zorlamak

ab|qualifizieren* **I.** *vt* diskalifiye etmek **II.** *vr* ■ **sich ~** diskalifiye olmak (**mit/durch** ile/yoluyla)

ab|rackern *vr* ■ **sich ~** (*fam*) didinmek

ab|rahmen *vt* kaymağını almak

ab|rasieren* *vt* traş etmek; (*fam: zerstören*) mahvetmek

ab|raten *irr vi* **jdm von etw ~** birine bir şeyi yapmamasını tavsiye etmek; **der Arzt riet ihm ab, zu viel Sport zu treiben** doktor ona fazla spor yapmamasını tavsiye etti

Abraum <-(e)s, -räume> *m* BERGB madenin üzerindeki toprak tabakası; (*fig: Schutt*) döküntü, moloz

ab|räumen *vt* toplamak; (*Teller*) kaldırmak; SPORT (*Kegel*) temizlemek; **den Tisch ~** sofrayı kaldırmak [*o* toplamak]

ab|reagieren* **I.** *vt* (*Ärger*) (öfkesini) çıkarmak (**an** -den), (hıncını) çıkarmak (**an** -den) **II.** *vr* ■ **sich ~** deşarj olmak

ab|rechnen **I.** *vi* ① ((*Schluss*)*rechnung*) hesaplaşmak ② (*zur Rechenschaft ziehen*) hesap sormak; **mit ihm werde ich noch ~!** ondan ben hesap soracağım! **II.** *vt* (*abziehen*) hesaptan düşmek

Abrechnung <-en> *f* ① COMM (*an der Kasse*) hesabı ödeme ② (*Aufstellung*) bordro ③ (*Rechnung*) hesap; COMM fatura ④ (*Abzug*) **in ~ bringen** hesaptan düşmek ⑤ (*Rache*) hesaplaşma **Abrechnungszeitraum** *m* hesap(laşma) dönemi

Abrede *f kein pl* (*Vereinbarung*) anlaşma, sözleşme; **gegen eine ~ handeln** bir sözleşmeye [*o* anlaşmaya] aykırı davranmak [*o* harekette bulunmak]; **nach ~** anlaşmaya göre, sözleşmeye göre; **etw in ~ stellen** bir şeyi yadsımak [*o* inkâr etmek]

ab|regen *vr* (*fam*) ■ **sich ~** sakinleşmek

ab|reiben *irr vt* ① (*Schmutz*) ovmak; (*Schuhe, Hände*) silmek ② (*trockenreiben*) kuruyuncaya kadar ovmak ③ (*mit dem Reibeisen*) rendelemek

Abreibung <-en> *f* ① (*das Abreiben*) ovma; (*Frottieren*) keseleme ② (*fam: Prügel*) dayak; **eine ~ kriegen/verpassen** dayak yemek/atmak; (*scharfe Zurechtweisung*) papara; **eine ~ kriegen** (*fam*) papara yemek

Abreise <-n> *f* yola çıkma; **die ~ erfolgte wie vorgesehen** öngörüldüğü gibi yola çıkıldı

ab|reisen *vi sein* yola çıkmak (**nach** -e), yolculuğa çıkmak (**nach** -e)

ab|reißen *irr* **I.** *vi sein* ① (*sich lösen*) kopmak; (*abspringen*) yırtılmak; **mein Schnürsenkel ist abgerissen** ayakkabımın bağı koptu ② (*unterbrochen werden*) kesilmek; **es riss nicht ab** (*fig: es nahm kein Ende*) kesilmedi **II.** *vt haben* ① (*Papier, Heftpflaster*) koparmak; **ich habe mir einen Knopf abgerissen** bir düğmemi kopardım, düğmem koptu ② (*Gebäude*) yıkmak ③ (*fam: abnutzen*) yıpratmak

Abreißkalender *m* yapraklı takvim

ab|richten *vt* (*Tiere*) eğitmek

ab|riegeln *vt* ① (*Tür*) sürgülemek ② MIL (*Gebiet*) sürgülemek; (*durch die Polizei*) kordon altına almak; (*Straße*) kapamak

Abrieg(e)lung <-en> *f* (*Riegel*) sürgüleme; MIL sürgüleme; (*von Straßen*) kapatılma; (*durch die Polizei*) kordon altına alınma

ab|ringen *irr vt* (*Zugeständnis*) zar zor almak; **sich** *dat* **ein Lächeln ~** kendini gülümsemeye zorlamak

Abriss[RR1] <-es> *m kein pl* (*Abbruch*) yıkma

Abriss[RR2] <-es, -e> *m* ① (*von Eintrittskarten*) yırtma ② (*Übersicht*) özet; (*kurze Darstellung*) kroki

Abriß[ALT] *m s.* **Abriss**

ab|rollen **I.** *vt haben* ① (*Spule*) açmak, çözmek; **das Knäuel ~** yumağı açmak ② (*Waren*) (arabayla) taşımak **II.** *vi sein* ① SPORT takla atmak ② (*sich ereignen*) cereyan etmek, olmak

ab|rücken **I.** *vi sein* ① MIL harekete geçmek; (*abmarschieren*) yürüyüşe geçmek; (*abziehen*) geri çekilmek ② (*fig*) uzaklaşmak (**von** -den); **von einer Meinung ~** bir fikirden caymak **II.** *vt haben* (*Gegenstand*) iterek uzaklaştırmak [*o* ayırmak]

Abruf <-(e)s> *m kein pl* ❶ **auf ~** talep [*o* istek] üzerine; **auf ~ zur Verfügung stehen** istek üzerine hazır bulunmak [*o* olmak] ❷ INFORM (*Daten*) erişme **abrufbereit** *adj* ❶ (*Menschen*) emre amade, yapmaya hazır ❷ INFORM erişilir

ab|rufen *irr vt* ❶ COMM (*Waren*) istetmek, (-in) gönderilmesini emretmek ❷ (*Geld vom Konto*) çekmek ❸ INFORM (*Daten*) erişmek (-e) ❹ (*Zug*) hareket edeceğini duyurmak [*o* anons etmek] ❺ **abgerufen werden** (*poet: sterben*) emrihak vaki olmak

ab|runden *vt* ❶ (*rund machen*) yuvarlaklaştırmak ❷ FIN, MATH (*eine Summe*) aşağı doğru yuvarlak hesap yapmak, virgülün sağındaki rakamı sıfırlamak; (*eine Zahl*) bir alttaki bütüne tamamlamak

abrupt [ap'rʊpt] *adj* ani; (*unerwartet*) beklenmedik; (*plötzlich*) apansız

ab|rüsten **I.** *vt* ❶ POL silahsızlandırmak ❷ ARCH (*Gerüst wegnehmen*) iskeleyi kaldırmak **II.** *vi* POL silahsızlanmak

Abrüstung *f kein pl* POL silahsızlanma **Abrüstungskonferenz** *f* POL silahsızlanma konferansı **Abrüstungsverhandlungen** *pl* POL silahsızlanma görüşmeleri *pl*

ab|rutschen *vi sein* ❶ (*abwärtsrutschen*) aşağıya kaymak; (*seitwärtsrutschen*) yana kaymak ❷ (*fig*) düşmek (**in** -e)

Abs. ❶ *Abk von* **Absender** gönderici ❷ *Abk von* **Absatz** fıkra

ABS *nt Abk von* **Antiblockiersystem** AUTO kilitlenmeyi önleyici fren sistemi

ab|sacken *vi sein* (*fam*) ❶ (*sinken*) batmak; (*Boden*) çökmek; (*Blutdruck*) düşmek; (*Flugzeug*) hava boşluğuna girmek; FIN düşmek; (*schlechter werden*) kötüleşmek (**in** -de) ❷ (*fig: herunterkommen*) batmak, çökmek, düşmek

Absage <-n> ['apza:gə] *f* ret, olumsuz yanıt; **jdm eine ~ erteilen** birine olumsuz yanıt vermek

ab|sagen **I.** *vi* gelmeyeceğini bildirmek; **jdm ~** birine gelmeyeceğini bildirmek **II.** *vt* (*Treffen*) iptal etmek; (*Vorstellung*) olmayacağını bildirmek; (*Einladung*) gelmeyeceğini bildirmek, reddetmek, geri çevirmek, kabul etmemek

ab|sägen *vt* ❶ (*Ast*) testere ile kesmek; **den Ast ~, auf dem man sitzt** (*fig*) bindiği dalı kesmek ❷ **jdn ~** (*fig fam: kündigen*) birini işten atmak

ab|sahnen **I.** *vi* (*fig*) kaymağını almak **II.** *vt* (*Milch*) sütün kaymağını almak; (*fam: Profit*) konmak (-e)

ab|satteln *vi, vt* eyeri çıkarmak

Absatz <-(e)s, -sätze> *m* ❶ (*am Schuh*) ökçe, topuk; **auf dem ~ kehrtmachen** (*fig*) gerisingeri dönmek ❷ (*Abschnitt eines Textes*) paragraf; (*Zeileneinrückung*) satır başı; (**neuer**) **~** (*beim Diktieren*) satır başı; **kein ~** (*beim Diktieren*) satır başı yapmayın ❸ JUR (*Teil eines Paragraphen*) fıkra ❹ (*Treppe*) sahanlık ❺ COMM (*Verkauf*) satış, sürüm; **diese Güter haben keinen** (**guten**) **~** bu malların sürümü yok; **großen ~ finden** çok satılmak ❻ GEO (*Ablagerung*) çökel **Absatzflaute** *f* WIRTSCH piyasa durgunluğu **Absatzförderung** *f* WIRTSCH promosyon **Absatzgebiet** *nt* COMM satış bölgesi **Absatzgestein** *nt* GEO (*Sediment*) tortul **Absatzmarkt** *m* WIRTSCH pazar **Absatzvolumen** *nt* COMM satış hacmi

ab|saufen *irr vi* (*fam*) ❶ (*sinken*) batmak ❷ (*ertrinken*) boğulmak ❸ AUTO **den Motor ~ lassen** motoru ambale etmek

ab|saugen *vt* emerek almak; **Fett ~** emerek yağ almak

ab|schaben *vt* kazıyarak çıkarmak

ab|schaffen *vt* ❶ (*aufheben*) kaldırmak; (*Gesetz*) ortadan kaldırmak, ilga etmek ❷ (*fortgeben*) elden çıkarmak

Abschaffung <-en> *f* kaldır(ıl)ma; JUR kaldır(ıl)ma, ilga

ab|schalten **I.** *vi* (*fam*) ❶ (*unaufmerksam werden*) dinlememek, dikkati dağılmak ❷ (*sich entspannen*) kafa dinlemek **II.** *vt* ELEK (*ausmachen*) kapatmak

ab|schatten *vt* gölgelemek

ab|schätzen *vt* ❶ (*taxieren*) kestirmek, tahmin etmek; COMM değer biçmek ❷ (*beurteilen*) değerlendirmek, takdir etmek

abschätzig ['apʃɛtsɪç] *adj* küçümseyici, aşağılayıcı; **eine ~e Bemerkung** küçümseyici bir söz

ab|schauen **I.** *vi* (*fam*) **bei jdm ~** birinden kopya çekmek **II.** *vt* (*fam*) **etw von jdm ~** bir şeyi birinden bakarak öğrenmek

Abschaum <-(e)s> *m kein pl* (*fig, pej*) **der ~ der Menschheit/Gesellschaft** insanlığın/toplumun yüz karası

ab|schäumen *vt* köpüğünü almak

ab|schelfern *vi s.* **abschilfern**

ab|scheren *irr vt* makasla kesmek; (*abrasieren*) traş etmek; (*scheren*) kırkmak; **Schafe ~** koyun kırkmak; **Wolle ~** yün kırkmak

Abscheu <-(e)s> *m o f kein pl* (*Widerwille*) tiksinti; (*Ekel*) iğrenme; **vor jdm/etw ~ haben** bir kimseye/şeye (karşı) tiksinti duymak, bir kimseden/şeyden tiksinmek [*o* iğrenmek]; **jds ~ erregen** birini tiksindirmek

abscheulich [ap'ʃɔɪlɪç] *adj* ❶ (*ekelhaft*) iğrenç ❷ (*fam: unangenehm viel*) korkunç

ab|schicken *vt* göndermek, yollamak

Abschiebehaft *f s.* **Abschiebungshaft**

ab|schieben *irr* **I.** *vi sein* (*fam: weggehen*) çekip gitmek **II.** *vt* ❶ (*abrücken*) iterek uzaklaştırmak (**von** -den); (*Schuld*) atmak (**auf** -e); **die Verantwortung ~** sorumluluğu üzerinden atmak ❷ ülkeden sürmek; (*ausweisen*) sınır dışı etmek; **jdn über die Grenze ~** birini sınır dışı etmek; **unerwünschte Personen ~** istenmeyen kişileri sınır dışı etmek, istenmeyen kişileri ülkeden sürmek ❸ (*loswerden*) başından atmak

Abschiebestopp *m* POL ülkeden sürmeyi durdurma

Abschiebung <-en> *f* POL, JUR ülkeden sürme [*o* sürülme] **Abschiebungshaft** *f* JUR ülkeden sürme amaçlı tutukluluk

Abschied <-(e)s, -e> ['apʃiːt] *m* ❶ (*Trennung*) ayrılma, veda; **von jdm ~ nehmen** birine veda etmek, biriyle vedalaşmak [*o* esenleşmek] ❷ (*aus dem Amt*) ayrılma, istifa; (*Abdankung*) tahttan feragat **Abschiedsbesuch** *m* vedalaşma ziyareti **Abschiedsbrief** *m* (*fam*) veda mektubu, terk mektubu **Abschiedsfeier** *f* vedalaşma partisi **Abschiedsgesuch** *m* istifa dilekçesi **Abschiedsgruß** *m* veda **Abschiedsszene** *f* (*iron*) vedalaşma sahnesi

ab|schießen *irr vt* ❶ (*Geschoss*) ateş etmek; (*Rakete*) fırlatmak, atmak; (*Pfeil*) atmak ❷ (*Wild*) vurmak; (*Mensch*) vurmak; (*erschießen*) vurup öldürmek ❸ (*Flugzeug*) vurarak düşürmek; (*Panzer*) vurmak ❹ (*fam: entlassen*) atmak; (*durch Intrigen aus einer Stellung entfernen*) ayağını kaydırmak (-in)

ab|schilfern *vi* DIAL kepek kepek çözülmek

ab|schinden *vr* ■ **sich ~** (*fam*) angarya çekmek

ab|schirmen *vt* (*schützen*) korumak (**gegen** -e karşı); (*vor Strahlen*) ekranla korumak (**gegen** -e karşı)

Abschirmung <-en> *f* (*das Abschirmen*) ekranla koruma; (*Gerät*) koruyucu ekran

ab|schlachten *vt* ❶ (*Tiere*) kesmek ❷ (*fig: grausam töten*) canına kıymak; (*viele Menschen*) katletmek

ab|schlaffen **I.** *vi sein* (*fam*) gevşemek **II.** *vt* gevşetmek

Abschlag <-(e)s, -schläge> *m* ❶ (*Abholzung*) orman açma ❷ SPORT (*Bully*) kale vuruşu ❸ COMM (*Preisnachlass*) indirim ❹ FIN (*Abschlagsgeld*) disacyo ❺ (*Teilzahlung*) kısmî ödeme; (*Rate*) taksit; (*Vorschuss*) avans; **auf ~** taksitle

ab|schlagen *irr vt* ❶ SPORT kaleden vurmak ❷ (*Baum*) (vurup) kesmek; (*Kopf*) uçurmak ❸ MIL (*Angriff*) püskürtmek, defetmek ❹ (*ablehnen*) reddetmek, kabul etmemek; **jdm eine Bitte ~** birinin ricasını reddetmek [*o* kabul etmemek]

abschlägig ['apʃlɛːgɪç] *adj* (*form*) olumsuz, menfi; **jdm eine ~e Antwort geben** birine olumsuz yanıt vermek, birine menfi cevap vermek; **seine Bewerbung wurde ~ beschieden** başvurusu reddedildi

Abschlagszahlung *f* ❶ (*Ratenzahlung*) taksitle ödeme ❷ (*Vorauszahlung*) hesaba sayarak ödeme, alelhesap ödeme; (*Vorschuss*) avans

ab|schlecken *vt* yalamak, yalaya yalaya temizlemek

ab|schleifen *irr* **I.** *vt* yontmak; (*entfernen*) silmek; (*Edelsteine*) yontmak; (*Kristall*) kesmek **II.** *vr* ■ **sich ~** (*a. fig*) yontulmak

Abschleppdienst *m* AUTO (oto) kurtarma servisi

ab|schleppen *vt* ❶ (*Auto*) çekmek, çekerek [*o* yedeğinde] götürmek ❷ (*fam: Person*) tavlamak

Abschleppseil *nt* çekme halatı **Abschleppstange** *f* çekme [*o* yedek] çubuğu **Abschleppwagen** *m* AUTO çekici, kurtarma aracı

ab|schließen *irr* **I.** *vt* ❶ (*mit Schlüssel*) kilitlemek ❷ (*beenden*) bitirmek; (*Studium*) bitirmek ❸ (*Vertrag*) yapmak, akdetmek; **einen Vertrag ~** bir sözleşme yapmak ❹ FIN (*Bücher*) kapamak; (*Konto*) kapamak; (*Rechnung*) kapamak ❺ COMM (*Geschäftsjahr*) kapamak ❻ (*Wette*) girmek (-e), tutuşmak (-e); **Wette ~** bahse girmek, bahis tutuşmak, iddiaya girmek [*o* tutuşmak] **II.** *vi* **mit etw ~** bir şeyle bağlantısını kesmek; **mit jdm ~** biriyle ilişiğini kesmek **III.** *vr* ■ **sich ~** (*sich isolieren*) elini ayağını çekmek (**von** -den)

abschließend ['apʃliːsənt] **I.** *adj* son; **eine ~e Bemerkung** son bir söz **II.** *adv* son olarak; **~ möchte ich Folgendes sagen** son olarak şunu söylemek isterim

Abschluss[RR] <-es, -schlüsse> *m*, **Abschluß**[ALT] <-sses, -schlüsse> *m* ❶ (*Ende*) son; (*Beendigung*) bitirme; SCHULE bitirme, mezuniyet; **zum ~ kommen** sonuna gelmek; **etw zum ~ bringen** bir şeyi bitirmek [*o* sonuna getirmek], bir şeyi sonuçlandırmak; **kurz vor dem ~ stehen** son safhasına gelmek ❷ (*Vereinba-

rung) anlaşma, kararlaştırma; (*Vertrags~*) akdedilme, yapılma; **mit jdm zum ~ kommen** biriyle anlaşmak [*o* kararlaştırmak]; **~ eines Vertrages** bir sözleşmenin yapılması [*o* akdedilmesi] ❸ COMM (*Schlussabrechnung*) son hesap, kapanış hesabı ❹ (*Verschluss*) kapak, tıkaç

Abschlussball[RR] *m* SCHULE mezuniyet balosu

Abschlussprüfung[RR] *f* SCHULE bitirme sınavı, mezuniyet sınavı **Abschlusszeugnis**[RR] *nt* SCHULE diploma

ab|schmecken *vt* ❶ (*kosten*) tadına bakmak ❷ GASTR (*würzen*) terbiyelemek; **mit Salz und Pfeffer ~** tuz ve biberle terbiyelemek

ab|schmieren *vt* AUTO yağlamak

ab|schminken **I.** *vt* makyajı silmek [*o* çıkarmak]; **das kannst du dir ~!** (*fig*) bunu aklından çıkar! **II.** *vr* ■**sich ~** makyajı silmek [*o* çıkarmak]; **sich etw ~** (*fig*) bir şeyi aklından çıkarmak

ab|schnallen **I.** *vi* (*fam*) ❶ (*abschalten*) aklı dağılmak; (*müde werden*) ambale olmak ❷ (*fassungslos sein*) aklı durmak; **da schnallste ab!** (*fam*) aklın durur! **II.** *vt* (*abnehmen*) çıkarmak; (*losschnallen*) (tokasını) açmak [*o* çözmek] **III.** *vr* ■**sich ~** (*Gurt lösen*) kemerini çözmek

ab|schneiden *irr* **I.** *vi* ❶ (*Weg*) yolu kısaltmak; **wir schneiden ab, wenn wir hier gehen** buradan gidersek yolu kısaltırız ❷ (*Ergebnis erzielen*) **gut/schlecht ~** iyi/kötü sonuç almak; **bei einer Prüfung gut/schlecht ~** bir sınavda iyi/kötü sonuç almak **II.** *vt* ❶ (*abtrennen*) kesmek; MED kesmek, ameliyatla almak ❷ (*absperren*) kesmek; **jdm den Weg ~** birinin yolunu kesmek ❸ (*abkürzen*) kesmek; **jdm das Wort ~** birinin sözünü kesmek ❹ (*isolieren*) ilişiğini kesmek (-in, **von** -le); **von der Außenwelt abgeschnitten sein** dış dünya ile ilişiği kesilmiş olmak

Abschnitt <-(e)s, -e> *m* ❶ (*Sektion*) kesim ❷ (*im Buch*) bölüm; (*im Koran*) cüz ❸ JUR (*im Gesetzbuch*) fasıl ❹ (*Stück vom Ganzen*) cüz, parça; (*Teil*) cüz ❺ (*Zeit~*) dilim, dönem

ab|schöpfen *vt* ❶ (*obere Schicht*) (kepçe ile) almak; **Schaum ~** köpüğünü almak ❷ (*fig: Gewinn*) almak

ab|schotten ['apʃɔtən] **I.** *vt* ❶ NAUT su geçmez bölmelerle donatmak ❷ (*fig: isolieren*) **ein Land gegen Einflüsse von außen ~** bir ülkeye dıştan etkilere karşı kapamak **II.** *vr* ■**sich ~** (*fig*) elini ayağını çekmek (**von** -den)

ab|schrauben *vt* vidasını sökmek (-in); (*Deckel*) (çevirerek) açmak

ab|schrecken *vt* ❶ korkutmak; (*einschüchtern*) yıldırmak, gözdağı vermek ❷ (*Eier, Nudeln*) soğuk suya tutmak ❸ TECH, CHEM (*plötzlich abkühlen*) ivmeli soğutmak

abschreckend *adj* korkutucu; (*warnend*) uyarıcı; **ein ~es Beispiel** uyarıcı bir örnek

Abschreckung <-en> *f* korkutma, yıldırma; **nukleare ~** nükleer yıldırma; **Strafe zur ~** korkutma amacıyla verilen ceza **Abschreckungsmittel** *nt* korkutma [*o* yıldırma] aracı

ab|schreiben *irr* **I.** *vt* ❶ (*sauber schreiben*) temize çekmek; (*kopieren*) kopya etmek ❷ WIRTSCH aşınma payı olarak ayırmak [*o* hesaptan düşmek], amorti etmek ❸ (*Auftrag*) iptal etmek; (*streichen*) silmek ❹ **jdn ~** (*fig*) birini defterden silmek, birini gözden gönülden çıkarmak; **das können wir ~!** (*fam*) bunu aklımızdan çıkarabiliriz!; **sich die Finger ~** (*fig*) yazmaktan parmakları kopmak, yaza yaza bir hâl olmak **II.** *vi* (*in der Schule*) kopya çekmek (**von** -den)

Abschreibung <-en> *f* WIRTSCH ❶ (*steuerliche Absetzung*) amortisman ❷ (*Wertverminderung*) aşınma payı ayırma **Abschreibungsgesellschaft** *f* COMM amortisman şirketi

Abschrift <-en> *f* suret, kopya [*o* örnek]; **beglaubigte ~** onaylı suret

ab|schuppen *vr* ■**sich ~** pullarını dökmek

ab|schürfen *vt* sıyırmak

Abschürfung <-en> *f* MED sıyrık

Abschuss[RR] <-es, -schüsse> *m*, **Abschuß**[ALT] <-sses, -schüsse> *m* ❶ (*einer Waffe*) atış ❷ (*einer Rakete*) fırlatma, atış ❸ (*eines Flugzeugs*) vurup düşür(ül)me ❹ (*Treffer*) isabet, (hedefi) vurma ❺ (*bei der Jagd*) avlanma; **Tiere zum ~ freigeben** hayvanların avlanmasını serbest bırakmak

abschüssig ['apʃʏsɪç] *adj* (*Gelände*) meyilli; (*Küste*) sarp

Abschussliste[RR] *f* (*fig*) kara liste; **auf der ~ stehen** kara listede adı olmak **Abschussrampe**[RR] *f* atış rampası, fırlatma rampası

ab|schütteln *vt* ❶ (*entfernen*) silkmek (**von** -den), silkip atmak; (*das Tischtuch*) silkelemek ❷ (*Person*) baştan savmak, başından savmak, atlatmak ❸ (*sich von etw frei machen*) silkinmek (-den), silkinip sıyrılmak (-den); **die Müdigkeit ~** yorgunluktan silkinmek [*o* silkinip sıyrılmak]

ab|schwächen **I.** *vt* ❶ (*Wirkung*) hafiflet-

A

mek ❷ (*Eindruck, Formulierung*) yumuşatmak ❸ (*Stoß*) yumuşatmak, şiddetini [*o* etkisini] azaltmak (-in) ❹ FOTO (*die Dichte vermindern*) donuklaştırmak **II.** *vr* ■ **sich ~** yumuşamak, hafiflemek

ab|schwatzen *vt* (*fam*) kandırarak almak [*o* elde etmek]; (*Geld*) sızdırmak

ab|schweifen ['apʃvaɪfən] *vi sein* (*vom Weg*) ayrılmak (**von** -den); **vom Thema ~** konudan ayrılmak, konu dışına çıkmak

ab|schwellen *irr vi sein* ❶ (*Geschwulst*) küçülmek; **der Finger ist abgeschwollen** parmağın şişliği indi ❷ (*Lärm*) hafiflemek

ab|schwindeln *vt* **jdm etw ~** birinden bir şeyi dolanla elde etmek

ab|schwirren *vi* (*Vögel*) pır diye uçmak, pırlamak; (*fig*) pırlamak; **schwirr ab!** pırla!

ab|schwören *irr vi* ❶ **seinem Glauben ~** dinden imandan olmak, dinî inancını yitirmek ❷ (*dem Alkohol*) tövbe etmek (-e)

ab|segnen *vt* (*fam*) onaylamak

absehbar *adj* görülebilen, bilinebilen; **nicht ~** kestirilemez, bilinemez; **in ~er Zeit** yakın zamanda

ab|sehen *irr* **I.** *vi* (*nicht berücksichtigen*) hesaba katmamak (**von** -), saymamak (**von** -); (*verzichten*) vazgeçmek (**von** -den); (*nicht berücksichtigen*) hesaba katmamak (**von** -); **von einer Strafe ~** ceza vermemek; **ich will (mal) davon ~** (bu sefer) bunu hesaba katmayacağım; **abgesehen von ...** ...in dışında; **abgesehen davon** bunun dışında; **abgesehen davon, dass ...** ...diği sayılmazsa **II.** *vt* ❶ (*lernen*) bakarak öğrenmek; **jdm etw ~** bir şeyi birine bakarak öğrenmek ❷ (*voraussehen*) görmek; **es ist abzusehen, dass ...** görülüyor ki, ...; **ein Ende ist noch nicht abzusehen** henüz sonu görünmüyor ❸ **es auf jdn abgesehen haben** (*gern haben wollen*) birine göz koymak; (*schikanieren*) birine kancayı takmak

ab|seifen *vt* sabunlamak

ab|seigern *vt* MIN düşey açmak

ab|seihen *vt* süzmek, süzgeçten geçirmek

ab|seilen *vr* ■ **sich ~** ❶ SPORT iple inmek ❷ (*fam: verschwinden*) tüymek

ab|seinALT *irr vi s.* **ab II.3.**

abseits ['apzaɪts] **I.** *präp* uzağında; **~ der Straße** yolun uzağında **II.** *adv* ❶ (*fern*) uzakta; (*außerhalb*) dışında ❷ SPORT ofsayt

Abseits <-> *nt kein pl* SPORT ofsayt; **ins ~ geraten** (*fig*) gözden düşmek, pabucu dama atılmak

Abseitsfalle *f* SPORT ofsayt tuzağı

Abseitsregel *f* SPORT ofsayt kuralı

Abseitstor *nt* SPORT ofsayttan atılan gol

ab|senden *irr vt* (*Paket, Telegramm*) göndermek; (*Waren*) göndermek, irsal etmek

Absender(in) <-s, -; -nen> *m(f)* gönderici; (*~adresse*) gönderen; COMM gönderen

ab|sengen ['abzɛŋən] *vt* ütmek, alevden geçirmek

ab|servieren* *vt* ❶ (*Geschirr*) kaldırmak; (*Tisch*) toplamak ❷ (*fam: kaltstellen*) açığa almak; (*entlassen*) açığa çıkarmak ❸ (*fam: ermorden*) işini bitirmek (-in)

absetzbar *adj* ❶ (*Person*) işten çıkarılabilir ❷ COMM satılabilir ❸ FIN (*Betrag*) indirilebilir [*o* düşülebilir]

ab|setzen **I.** *vt* ❶ (*Gegenstand*) indirmek, yere koymak; (*hinstellen*) koymak (**auf** -e); (*Hut, Brille*) çıkarmak ❷ COMM (*verkaufen*) satmak ❸ (*entlassen*) işten çıkarmak, görevden almak; (*Herrscher*) tahttan indirmek ❹ (*aussteigen lassen*) indirmek (**an/in** -de) ❺ (*den Reiter abwerfen*) üstünden atmak ❻ THEAT (*Stück*) sahneden almak ❼ FIN (*Betrag*) indirmek, düşmek; **von der Steuer ~** vergiden düşmek [*o* indirmek] ❽ TYPO (*setzen*) dizmek; (*Zeile*) satırbaşı yapmak ❾ (*Säugetiere*) memeden kesmek ❿ (*absondern*) salgılamak ⓫ MED (*Behandlung*) son vermek (-e); (*Medikament*) bırakmak, kesmek **II.** *vr* ■ **sich ~** ❶ CHEM çökelmek ❷ (*fam: verschwinden*) savuşmak ❸ (*sich abheben*) belirginleşmek ❹ MIL geri çekilmek **III.** *vi* (*unterbrechen*) ara vermek

ab|sichern **I.** *vt* (*Unfallstelle*) emniyet altına almak **II.** *vr* ■ **sich ~** (*sich schützen*) kendini korumak

Absicht <-en> *f* niyet, maksat; (*Vorsatz*) kasıt; **gute/böse ~en haben** niyeti iyi/kötü olmak; **etw mit/ohne ~ tun** bir şeyi kasten yapmak/yapmamak; **es war ~** kasıtlıydı; **das war nicht meine ~** bu, benim niyetim değildi; **er hat die ~, zu verreisen** seyahat etmeye niyeti var; **in der ~, etw zu tun** bir şeyi yapmak niyetiyle; **die ~ haben, etw zu tun** bir şeyi yapmaya niyeti olmak

absichtlich **I.** *adj* kastî **II.** *adv* kasten; **das hast du ~ getan** bunu kasten yaptın

ab|sinken *irr vi sein* (*Niveau*) düşmek; (*Schiff*) batmak

Absinth *m* apsent

ab|sitzen *irr* **I.** *vi sein* (*vom Pferd*) inmek **II.** *vt* (*fam: Strafe*) çekmek; (*Dienstzeit*) geçirmek; **täglich 8 Stunden im Büro ~ müssen** günde 8 saat büroda geçirmek zorunda olmak

absolut [apzo'lu:t] **I.** *adj* salt, mutlak; **~e Mehrheit** salt çoğunluk **II.** *adv* mutlaka, kesinlikle; (*in negativen Sätzen*) katiyen, kesinlikle; **das ist ~ richtig** bu yüzde yüz doğru; **das ist ~ unmöglich** bu katiyen olamaz; **~ nichts** hiçbir şey

Absolution <-en> [apzolu'tsjo:n] *f* REL günahların affı; **die ~ erteilen** günahları affetmek

Absolutismus <-> [apzolu'tɪsmʊs] *m kein pl* saltçılık

absolutistisch [apzolu'tɪstɪʃ] *adj* saltçı

Absolvent(in) <-en, -en; -nen> [apzɔl'vɛnt] *m(f)* mezun

absolvieren* [apzɔl'vi:rən] *vt* ❶ (*Schule, Studium*) bitirmek, mezun olmak (-den); (*Prüfung*) vermek; (*ableisten*) yapmak ❷ REL bağışlamak, affetmek

absonderlich [ap'zɔndɐlɪç] *adj* tuhaf, garip; **ein ~es Benehmen** tuhaf bir davranış; **ein ~er Mensch** tuhaf bir insan

Absonderlichkeit <-en> *f* tuhaflık, gariplik

ab|sondern I. *vt* ❶ (*Kranke, Häftlinge*) tecrit etmek, ayırmak ❷ (*ausscheiden*) düşürmek, boşaltmak; (*Sekret*) salgılamak II. *vr* ■ **sich ~** elini ayağını çekmek (**von** -den)

Absonderung <-en> ['apzɔndərʊŋ] *f* ❶ (*Isolierung*) tecrit ❷ BIOL, MED (*Vorgang*) boşaltım; (*Sekret*) salgılama, salgı

absorbieren* [apzɔr'bi:rən] *vt* (*a. fig*) soğurmak, emmek

Absorption *f* soğurma

absorptiv *adj* soğurgan

ab|spalten I. *vt* ayırmak; CHEM ayırmak II. *vr* ■ **sich ~** ayrılmak (**von** -den)

ab|sparen *vt* **sich etw vom Munde ~** boğazından artırmak

ab|speichern *vt* INFORM yüklemek, belleğe geçirmek; **etw auf etw ~** bir şeyi bir şeye yüklemek

ab|speisen *vt* (*fam*) atlatmak; **jdn mit leeren Versprechungen ~** birini boş vaatlerle atlatmak

abspenstig ['apʃpɛnstɪç] *adj* **jdm etw ~ machen** birini bir şeyden soğutmak; **Kunden ~ machen** müşterileri kaçırtmak

ab|sperren *vt* ❶ (*Gebiet*) kamuya yasaklamak; (*Straße*) kapamak, barikat [*o* bariyer] koymak (-e) ❷ ÖSTERR, SÜDD (*abschließen*) kilitlemek ❸ TECH kesmek

Absperrkette *f* kordon

ab|spielen I. *vt* ❶ (*Tonmedien*) çalmak; (*nach Noten spielen*) notadan çalmak ❷ SPORT (*Ball*) pas vermek; (*Billardkugel*) oynamak II. *vr* ■ **sich ~** olmak, cereyan etmek

Absprache <-n> *f* anlaşma; **nach vorheriger/ohne vorherige ~** anlaşma yaparak/yapmaksızın; **eine ~ treffen** bir anlaşmaya varmak

ab|sprechen *irr* I. *vt* ❶ (*Termin*) kararlaştırmak ❷ (*aberkennen*) yoksun etmek (-den); **jdm etw ~** birini bir şeyden yoksun etmek [*o* kılmak] II. *vr* **sich mit jdm ~** biriyle anlaşmak

ab|springen *irr vi sein* ❶ (*herunterspringen*) aşağı atlamak (**von** -den), atlamak (**von** -den); SPORT atlamak; **mit dem Fallschirm ~** paraşütle atlamak; **vom Pferd ~** attan atlamak ❷ (*Fahrradkette*) çıkmak; (*Lack*) çıkmak ❸ (*fam: zurückziehen*) geri çekilmek (**von** -den), ayrılmak (**von** -den); (*Teilnehmer*) caymak (**von** -den); (*Vertragspartner*) caymak

ab|spritzen *vt* püskürtmek, fışkırtmak; (*mit Wasserstrahl*) su sıkmak, su sıkarak yıkamak

Absprung <-(e)s, -sprünge> *m* atlayış; (*Fallschirmspringen*) atlama; (*vom Turngerät*) atlayış, yüksekten atlama; **den ~ schaffen** (*fig fam*) başarmak

ab|spülen I. *vt* çalkalamak II. *vi* (*Geschirr*) yıkamak

ab|stammen *vi* soyundan olmak [*o* gelmek] (**von** -)

Abstammung *f kein pl* ❶ (*Herkunft*) köken, menşe ❷ (*Geschlecht*) soy ❸ (*Stammbaum*) soy ağacı

Abstand <-(e)s, -stände> *m* ❶ (*räumlich*) ara, aralık, mesafe ❷ (*zeitlich*) ara, aralık, fasıla; **in regelmäßigen Abständen** muntazam ara(lık)larla ❸ (*Distanz*) mesafe, uzaklık; **~ halten** mesafe bırakmak [*o* koymak], yanaşmamak; **davon ~ nehmen, etw zu tun** (*geh*) bir şeyi yapmaktan caymak [*o* vazgeçmek], bir şeye yanaşmamak ❹ (*Unterschied*) fark; (*im Sport*) fark; **mit großem ~ führen** açık farkla önde olmak ❺ (*fam: Abstandssumme*) hava parası

ab|statten ['apʃtatən] *vt* (*geh*) **jdm einen Besuch ~** birine uğramak, birini ziyaret etmek

ab|stauben ['apʃtaʊbən] *vt* ❶ (*putzen*) tozunu almak (-in) ❷ (*fam: mitgehen lassen*) yürütmek; (*nicht verdienen*) (beleşe) konmak; (*schnorren*) otlanmak

ab|stechen *irr* I. *vi* ❶ (*sich abheben*) daha belirgin olmak (**von** -den); (*Kontrast bilden*) aykırı düşmek (**von** -e) ❷ NAUT **vom Lande ~** denize açılmak II. *vt* ❶ (*Tier*) kesmek; (*sl: Menschen*) deşmek ❷ SPORT (*Fechten*) yenmek ❸ (*Torf, Rasen*) deşmek

Abstecher <-s, -> *m yolculuk sırasında yapılan kısa gezinti*

ab|stecken *vt* ❶ (*mit Pfählen*) dikmek (-e); (*Grenze*) belirlemek ❷ (*Saum*) iğnelerle işaretlemek ❸ (*Ziel*) belirlemek

ab|stehen *irr vi* (*Getränke*) dura dura ısın-

A

mak; (*einige Zeit stehen*) bir süre durmak; (*entfernt sein*) uzak olmak; (*verzichten*) caymak, vazgeçmek; **~de Ohren** kepçe kulak

Absteige <-n> ['apʃtaɪgə] *f* (*pej fam*) baş sokacak yer

ab|steigen *irr vi sein* ❶ (*abwärtsgehen*) inmek; **auf dem ~den Ast sein** (*fam*) zevale yüz tutmak, işleri kötüye gitmek; (*fig: an Ansehen verlieren*) ikbali sönmek, itibardan düşmek, saygınlığını yitirmek ❷ (*vom Pferd, Fahrrad*) inmek (**von** -den) ❸ (*übernachten*) **in einer Pension ~** konaklamak ❹ SPORT küme düşmek; **~de Linie** altsoy, füru

ab|stellen *vt* ❶ (*hinstellen*) koymak, yere koymak ❷ TECH (*Maschine*) durdurmak; (*ausmachen*) kapamak; (*Wasser*) kesmek; (*Strom*) kesmek ❸ (*Auto*) park etmek ❹ (*Missstände*) son vermek ❺ (*abkommandieren*) özel göreve atamak, özel görevle göndermek (**für** için)

Abstellgleis *nt* ❶ EISENB şube hattı, manevra için kullanılan yan hat ❷ (*fig*) **auf dem ~ stehen** askıda kalmak **Abstellraum** <-(e)s, -räume> *m* sandık odası

ab|stempeln *vt* ❶ (*Briefe, Urkunden*) damgalamak; (*Briefmarken*) damgalamak ❷ (*fig: bezeichnen*) damgalamak (**als** olarak), damgasını vurmak (-e, **zu** -); **jdn als Dieb/Geisteskranken ~** birini hırsız/akıl hastası olarak damgalamak; **jdn zum Geisteskranken ~** birine akıl hastası damgasını vurmak

ab|sterben *irr vi sein* ölmek

Abstieg <-(e)s, -e> ['apʃti:k] *m* ❶ iniş ❷ (*Niedergang*) çöküş; (*sozialer Aufund ~*) ikbal düşkünlüğü ❸ SPORT kümeden düşme **abstiegsgefährdet** *adj* SPORT kümeden düşme tehlikesi olan

ab|stillen *vi, vt* memeden kesmek

ab|stimmen **I.** *vi* (*Stimme abgeben*) oy vermek, oylamak (**über** -); **über etw ~ lassen** bir şeyi oya [*o* oylamaya] koymak, bir şeyi oya [*o* oylamaya] sunmak **II.** *vt* ❶ (*Musikinstrument*) akort etmek; (*Radio*) ayarlamak ❷ (*in Einklang bringen*) uymasını sağlamak (-in); (*passend machen*) uydurmak ❸ (*angleichen*) eşitlemek; (*koordinieren*) koordine etmek **III.** *vr* **sich mit jdm ~** biriyle uzlaşmak

Abstimmung <-en> *f* ❶ (*Wahl*) oylama; **geheime ~** gizli oylama; **zur ~ bringen** oylamaya koymak, oya sunmak ❷ (*Stimmabgabe*) oy verme ❸ (*Musikinstrument*) akort; (*Einstellung*) ayar, ayarla(n)ma ❹ (*Anpassung*) uyum sağlama [*o* sağlanma] ❺ (*Angleichung*) eş güdüm; (*Koordinierung*) koordinasyon

abstinent [apsti'nɛnt] *adj* ❶ (*enthaltsam*) perhizkâr, imsak yapan ❷ (*Alkohol meidend*) alkolden kaçınan, içki içmez ❸ (*auf Geschlechtsverkehr verzichtend*) uçkur perhizi yapan

Abstinenz [apsti'nɛnts] *f kein pl* imsak, perhiz

Abstinenzler(in) <-s, -; -nen> *m(f)* ❶ (*Abstinent*) perhizli ❷ içki içmez kimse; (*Antialkoholiker*) yeşilaycı

Abstoß *m* SPORT (*beim Fußball*) kale vuruşu, orta

ab|stoßen *irr* **I.** *vt* ❶ (*Boot*) itmek, iterek uzaklaştırmak [*o* ayırmak] (**von** -den) ❷ MED (*Organ*) atmak, kabul etmemek ❸ (*verkaufen*) elden çıkarmak ❹ (*beschädigen*) aşındırmak ❺ (*fig: anekeln*) tiksindirmek, iğrendirmek; **sich** *dat* **die Hörner ~** (*fig fam*) nefsini körletmek [*o* yatıştırmak] **II.** *vi* (*Schiffe*) avara etmek, kıyıdan açılmak

abstoßend *adj* (*ekelig*) iğrenç

ab|stottern *vt* (*fam*) taksitle ödemek

abstrahieren* [apstra'hi:rən] **I.** *vi* (*geh*) soyutlamak (**von** -den) **II.** *vt* soyutlamak (**aus** -den)

ab|strahlen *vt* ❶ (*Licht*) saçmak; (*Wärme*) yaymak, dışarı iletmek ❷ TECH püskürtme yoluyla temizlemek

abstrakt [ap'strakt] *adj* soyut

Abstraktion <-en> *f* soyutlama

ab|streifen *vt* ❶ (*entfernen*) çıkarmak ❷ (*Schmutz*) silmek ❸ (*ablegen*) vazgeçmek (-den), bırakmak ❹ (*absuchen*) taramak

ab|streiten *irr vt* (*leugnen*) yadsımak, inkâr etmek

Abstrich <-(e)s, -e> *m* ❶ (*Kürzung*) kesinti; (*Preise*) indirme; **wir müssen ~e machen** kesinti yapmamız gerekiyor ❷ MED (tahlil için alınan) örnek, *incelemek üzere alınan doku parçası*

ab|stufen *vt* ❶ (*stufenförmig gliedern*) kademelemek ❷ (*Farben*) nüanslamak ❸ (*Haare*) kat kat kesmek ❹ COMM, FIN derecelemek ❺ (*Gelände*) sekilemek, teraslamak

ab|stumpfen ['apʃtʊmpfən] **I.** *vi sein* ❶ (*stumpf werden*) körelmek ❷ (*fig: gleichgültig werden*) duyarlığını yitirmek, vurdumduymaz olmak, umursamaz [*o* aldırmaz] olmak **II.** *vt haben* (*stumpf machen*) köreltmek

Absturz <-(e)s, -stürze> *m* ❶ (*Fall*) düşme, düşüş; **der ~ des Flugzeuges** uçağın düşmesi ❷ INFORM (*System*) çökme

ab|stürzen *vi sein* ❶ düşmek; **das Flug-**

zeug stürzte ins Meer ab uçak denize düştü ❷ INFORM (*System*) çökmek; **das System ~ lassen** sistemi çökertmek ❸ (*steil abfallen*) diklemesine inmek; **der Hang stürzt fast senkrecht zum Meer ab** yamaç denize neredeyse tam diklemesine iniyor

ab|stützen I. *vt* payandalamak II. *vr* ■ **sich ~** dayanmak

ab|suchen *vt* ❶ (*Gelände*) iyice aramak ❷ MIL (*mit Scheinwerfern*) taramak

absurd [ap'zʊrt] *adj* saçma

Absurdität <-en> [apzʊrdi'tɛːt] *f* (*Unsinn*) saçmalık

Abszess[RR] <-es, -e> [aps'tsɛs] *m*, **Abszeß**[ALT] <-sses, -sse> *m* MED apse

Abt, **Äbtissin** <-(e)s, Äbte; -nen> [apt] *m, f* REL manastırın baş rahibi

ab|tasten *vt* ❶ (*befühlen*) yoklamak ❷ (*auf Waffen*) üstünü aramak ❸ ELEK taramak

ab|tauen I. *vt* ❶ (*Kühlschrank*) buzunu çözmek (-in) ❷ (*Eis*) eritmek II. *vi* erimek, buzu çözülmek

Abtauvorrichtung *f* (*Kühlschrank*) buzçözer, defroster

Äbte *pl von* **Abt**

Abtei <-en> [ap'taɪ] *f* REL manastır

Abteil <-(e)s, -e> [ap'taɪl] *nt* EISENB kompartıman

abteilen *vt* bölmek

Abteilung <-en> [-'--] *f* ❶ (*Abtrennung*) bölüm ❷ (*im Betrieb*) departman, bölüm; (*im Kaufhaus*) reyon; (*im Museum*) bölüm; (*im Krankenhaus*) bölüm ❸ MIL kıta

Abteilungsleiter(in) <-s, -; -nen> *m(f)* bölüm şefi; (*im Kaufhaus*) reyon şefi

Äbtissin <-nen> [ɛp'tɪsɪn] *f* manastırın baş rahibesi

ab|töten *vt* öldürmek

ab|tragen *irr vt* ❶ (*Gebäude, Mauer*) yıkmak ❷ (*Speisen, Teller*) kaldırmak ❸ (*Schuld*) (taksitle) ödemek ❹ (*Kleidung*) eskitmek

abträglich ['aptrɛːglɪç] *adj* (*geh*) zararlı

ab|transportieren* *vt* ❶ (*Güter*) taşımak ❷ (*Person*) taşımak, alıp götürmek

ab|treiben *irr* I. *vi* ❶ *sein* AERO, NAUT (*vom Kurs abkommen*) rotadan ayrılmak; (*Boot*) sürüklenmek ❷ (*Schwangerschaft abbrechen*) çocuk aldırmak II. *vt* ❶ (*weglenken*) sürüklemek ❷ *haben* MED **ein Kind ~** çocuk aldırmak

Abtreibung <-en> *f* MED çocuk aldırma; **eine ~ vornehmen (lassen)** çocuk aldırmak **Abtreibungspille** *f* çocuk düşürme hapı

ab|trennen *vt* ❶ (*Angenähtes*) kesip çıkarmak ❷ (*abteilen*) ayırmak

ab|treten *irr* I. *vt haben* ❶ (*abnutzen*) (basa basa) eskitmek ❷ JUR (*Ansprüche*) temlik etmek, devretmek ❸ (*säubern*) **sich die Schuhe ~** ayakkabıları paspasta temizlemek II. *vi sein* ❶ (*vom Amt*) istifa etmek, çekilmek ❷ THEAT çıkmak (**von** -den)

Abtreter <-s, -> *m* (*fam*) paspas

Abtretung <-en> *f* temlik

Abtrockentuch *nt* kurulama bezi

ab|trocknen I. *vt haben* kurulamak II. *vi sein* kurumak

ab|tropfen *vi sein* damla damla akmak

Abtropfgewicht *nt* suyu alınmış ağırlık

abtrünnig ['aptrʏnɪç] *adj* ❶ REL dönek, inancından [*o* dininden] dönen; **dem Glauben ~ werden** inancından [*o* dininden] dönmek ❷ POL sırt çeviren, ordubozan, dönek; (*rebellisch*) baş kaldıran; **er ist der Partei ~ geworden** partiye sırt çevirdi

Abtrünnige(r) <-n, -n; -n> *f(m)* ❶ REL mürtet ❷ POL dönek, ordubozan

ab|tun *irr vt* ❶ (*fam: Kleidung, Brille*) çıkarmak ❷ geçiştirmek; (*von sich schieben*) savsaklamak; **etw als belanglos ~** bir şeyi önemsiz diye geçiştirmek; **etw mit einem Achselzucken ~** bir şeyi omuz silkerek geçiştirmek; **das ist damit nicht abgetan** bu böyle bitmez

ab|tupfen *vt* ❶ (*Wunde*) tamponlamak, pansuman yapmak (-e) ❷ (*Stirn, Tränen*) hafifçe dokundurarak silmek

ab|urteilen *vt* **jdn ~** birisine hüküm giydirmek, birisini mahkûm etmek

Abverkauf *m* ÖSTERR (*Ausverkauf*) satışlar

ab|verlangen* *vt* istemek; **jdm etw ~** birinden bir şey istemek

ab|wägen ['apvɛːgən] *irr vt* (*fig: gegeneinander ~*) iyi ve kötü yönlerini karşılaştırmak; (*Worte*) tartmak

ab|wählen *vt* ❶ oylama ile görevden almak [*o* çıkarmak] ❷ SCHULE (*Fach*) seçmemek

ab|wälzen *vt* (*Arbeit*) yüklemek (**auf** -e); (*Schuld*) üstüne atmak (**auf** -in); FIN (*Kosten*) yansıtmak (**auf** -e); **die Verantwortung auf einen anderen ~** sorumluluğu başkasına yüklemek

ab|wandeln *vt* ❶ (*variieren*) değiştirmek ❷ MUS adapte etmek

ab|wandern *vi sein* göç etmek; **sie wanderten in die Stadt ab** kente [*o* şehre] göç ettiler **Abwanderung** *f* göç

Abwärme *f* TECH artık ısı

Abwart(in) <-s, -e> *m(f)* SCHWEIZ (*Hausmeister*) kapıcı

ab|warten I. *vt* beklemek; **die Ergebnisse ~** sonuçları beklemek II. *vi* beklemek; **warte nur ab!** bekle bakalım!; **~ und Tee trinken** (*fam*) gün doğmadan neler

A

doğar!, bekle bakalım, ne olacak!

abwartend *adj* bekler; **eine ~e Haltung einnehmen** bekler bir tavır takınmak

abwärts ['apvɛrts] *adv* aşağı(ya)

abwärts|gehenRR *irr vi sein* **es geht mit ihm abwärts** işleri kötüye gidiyor

Abwärtstrend <-(e)s, -s> *m* düşüş trendi [*o* eğilimi]

Abwasch[1] <-(e)s> ['apvaʃ] *m kein pl* (*fam*) ❶ (*das Abwaschen*) bulaşık yıkama; **den ~ machen** bulaşığı yıkamak; **alles in einem ~ erledigen** (*fam*) hepsini bir defada [*o* çırpıda] bitirmek ❷ (*Geschirr*) bulaşık

Abwasch[2] *f* ❶ AGR (*Becken für den Abwasch*) yıkama havuzu ❷ ÖSTERR (*Spülbecken*) eviye

abwaschbar *adj* yıkanır, yıkanabilir

ab|waschen *irr* **I.** *vt* yıkamak **II.** *vi* bulaşık yıkamak

Abwaschmaschine *f* (*Geschirrspüler*) bulaşık makinesi

Abwaschung *f* yıkama; REL abdest; (*fig: Abreibung*) abdestini verme, azarlama

Abwaschwasser *nt* bulaşık suyu

Abwasser <-s, -wässer> *nt* pis su, lağım suyu; TECH atık su **Abwasseraufbereitung** *f* pis su temizleme **Abwasserkanal** *m* kanalizasyon **Abwasserleitung** *f* pis su tesisatı **Abwasserrohr** *nt* pis su borusu

ab|wechseln *vi, vr* ■ **sich ~** değişmek; (*Personen*) nöbetleşmek

abwechselnd *adv* nöbetleşe, sıra ile, sırayla, değişerek, dönüşümlü; **sie passten ~ auf die Kinder auf** çocuklara nöbetleşe göz kulak oldular

Abwechs(e)lung <-en> *f* değişiklik; **zur ~** değişiklik olarak [*o* olsun diye]; **der ~ wegen** değişiklik olsun diye; **hier gibt es wenig ~** burada pek bir değişiklik olmuyor, burada pek eğlence yok **abwechslungsreich** *adj* çok değişik; (*ereignisreich*) olaylarla dolu, eğlenceli

Abwege ['apve:gə] *pl* **auf ~ geraten** kötü yola sapmak; **jdn auf ~ führen** birini kötü yola sürüklemek [*o* saptırmak]

abwegig ['apve:gɪç] *adj* saçma; (*sonderbar*) tuhaf

Abwehr ['pve:ɐ] *f kein pl* ❶ (*Verteidigung*) savunma; (*Schutz*) koruma [*o* korunma] ❷ MIL (*Widerstand*) savunma, karşı koyma; (*Abwehrdienst*) pasif karşı casusluk; **Flug~** uçaksavar ❸ (*ablehnende Haltung*) soğukluk, ilgisizlik; (*Zurückweisung*) savma, savuşturma, geri çevirme; **auf ~ stoßen** soğuklukla karşılanmak ❹ SPORT defans, savunma

ab|wehren **I.** *vi* savunma yapmak **II.** *vt* ❶ (*Angriff*) savmak, defetmek, tart eylemek; **einen Angriff ~** bir saldırıyı defetmek ❷ SPORT önlemek; (*Elfmeter ~*) çelmek ❸ (*erfolgreich abwenden*) önlemek; (*vereiteln*) savuşturmak, geçiştirmek, atlatmak; (*zurückweisen*) savmak, geri çevirmek; **eine Gefahr ~** bir tehlikeyi önlemek ❹ (*nicht zulassen*) kabul etmemek; (*verscheuchen*) defetmek; (*fernhalten*) uzak tutmak

Abwehrkräfte *pl* MED öz bağışıklık

Abwehrspieler *m* SPORT (*Verteidiger*) bek, savunucu, savunma oyuncusu, defans oyuncusu **Abwehrstoff** *m* MED (*Antikörper*) antikor **Abwehrsubstanz** *f* MED savunma maddesi **Abwehrsystem** *nt* MED bağışıklık sistemi

ab|weichen *irr vi sein* ❶ (*vom Kurs*) sapmak (**von** -den); (*vom Thema*) ayrılmak (**von** -den), dışına çıkmak (**von** -in) ❷ (*sich unterscheiden*) farklı olmak (**von** -den); (*Meinung*) değişik olmak, farklı olmak

abweichend *adj* sapan, farklı

Abweichung <-en> *f* ❶ (*das Abweichen*) sapma, ayrılma ❷ TECH sapınç, akortsuzluk ❸ (*Differenz*) fark, farklılık

ab|weisen *irr vt* ❶ (*Antrag*) reddetmek; (*Klage*) reddetmek ❷ (*wegschicken*) başından savmak

abweisend *adj* (*ablehnend*) reddedici; (*Antwort*) ters; (*Haltung*) soğuk

ab|wenden *irr* **I.** *vt* ❶ (*Blick*) ayırmak (**von** -den), çevirmek ❷ (*Gefahr*) önlemek **II.** *vr* ■ **sich ~** (*sich wegdrehen*) sırt çevirmek (**von** -e), yüz çevirmek (**von** -den)

ab|werben *irr vt* WIRTSCH ayartmak, elde etmek; **der Konkurrenz Mitarbeiter ~** rekabetin elemanlarını ayartmak [*o* elde etmek]

ab|werfen *irr* **I.** *vt* ❶ (*Reiter*) üzerinden atmak; (*Geweih*) düşürmek; (*Blätter*) dökmek; (*Bomben*) atmak ❷ (*Gewinn*) bırakmak ❸ (*Karten*) oynamak **II.** *vi* SPORT (*vom Tor*) kale vuruşu yapmak

ab|werten *vt* ❶ FIN değerini düşürmek (-in), devalüe etmek ❷ (*fig*) yermek

abwertend *adj* (*Wort*) yermeli, pejoratif; (*Kritik*) yerici

Abwertung <-en> *f* FIN devalüasyon, değer düşürümü

abwesend ['apve:zənt] *adj* ❶ (*nicht zugegen*) hazır bulunmayan, gaip ❷ (*fig: geistig*) aklı başka yerde olan; (*zerstreut*) dalgın, (kafası) dağınık **Abwesende(r)** <-n, -n; -n> *f(m)* hazır bulunmayan kimse, gaip olan kimse

Abwesenheit <-en> *f* ❶ (*körperlich*)

bulunmama, bulunmayış, yokluk, gaybubet, gıyap; **in ~ des Angeklagten** JUR sanığın yokluğunda [*o* gıyabında] ❷ (*fig: geistig*) boş bulunma, gaflet, aklının başka yerde olması

ab|wickeln *vt* ❶ (*Knäuel*) açmak, sağmak; (*Garn*) çözmek ❷ COMM (*Geschäft*) bitirmek ❸ JUR (*auflösen*) tasfiye etmek

Abwicklung *f* ❶ COMM (*eines Geschäftes*) bitirme ❷ JUR (*Auflösung*) tasfiye ❸ (*einer Kontrolle*) işlem, muamele

ab|wiegen *irr vt* tartmak

ab|wimmeln *vt* (*fam: Arbeit*) baştan savma yapmak; (*Besucher*) başından savmak, sepetlemek

ab|winken *irr* **I.** *vi* olmaz demek **II.** *vt* işaretle bitirmek [*o* durdurmak]

ab|wischen *vt* ❶ (*Staub, Schmutz*) silmek; **wisch dir den Mund mit der Serviette gut ab!** ağzını peçeteyle iyice sil! ❷ (*abtrocknen*) kurulamak, silmek

Abwurf <-(e)s, -würfe> *m* ❶ (*von Bomben*) at(ıl)ma ❷ SPORT atış

ab|würgen *vt* (*Person*) gırtlaklamak; (*fam: Motor*) boğmak, ambale etmek

ab|zahlen *vt* ödemek; (*in Raten*) taksitle ödemek

ab|zählen *vt* saymak

Abzahlung <-en> *f* ❶ (*Ratenzahlung*) taksitle ödeme; **etw auf ~ kaufen** bir şeyi taksitle (ödeme yoluyla) satın almak ❷ (*Rückzahlung*) geri ödeme **Abzahlungskredit** *m* taksitle geri ödeme şartlı kredi

ab|zapfen *vt* çekmek, almak; **jdm Blut ~** (*fam*) birinden kan almak; **jdm Geld ~** (*fig*) birinden para sızdırmak

Abzeichen <-s, -> *nt* ❶ MIL nişan ❷ (*Anstecknadel*) rozet

ab|zeichnen **I.** *vt* ❶ (*kopieren*) çizmek, resmini yapmak (-in) ❷ (*signieren*) parafe etmek **II.** *vr* ■ **sich ~** ❶ (*sich abheben*) kendini göstermek (**auf** -de), belirmek (**auf** -de) ❷ (*deutlich werden*) belirleşmek

Abziehbild *nt* çıkartma

ab|ziehen *irr* **I.** *vt haben* ❶ (*wegnehmen*) çekip almak (**von** -den); (*entfernen*) çıkarmak (**von** -den); **das Bett ~** yatağın çarşaflarını çıkarmak ❷ (*Haut*) yüzmek ❸ (*Pfirsiche*) soymak; (*Bohnen*) ayıklamak; **die Fäden von den Bohnen ~** fasulyenin kılçıklarını ayıklamak ❹ FOTO, TYPO (*Bild*) basmak; (*vervielfältigen*) çoğaltmak ❺ MATH (*Zahl*) çıkarmak ❻ COMM (*vom Preis*) ıskonto etmek, indirmek (**von** -den); (*vom Lohn*) kesmek (**von** -den) ❼ (*den Abzug einer Waffe*) tetiğini çekmek (-in) ❽ (*schärfen*) bilemek ❾ (*glätten*) düzlemek ❿ (*Suppe*) terbiye katmak (-e) ⓫ (*abfüllen*) doldurmak ⓬ MIL (*Truppen*) geri çekmek ⓭ **Schau ~** (*fam*) şov yapmak ⓮ SCHWEIZ (*ausziehen*) soymak **II.** *vi sein* ❶ (*Rauch, Nebel*) çekilmek, dağılmak; (*Gewitterfront*) geçmek ❷ MIL (*abrücken*) geri çekilmek; (*abmarschieren*) yürüyüşe geçmek ❸ (*fam: weggehen*) çekip gitmek ❹ (*Ballspiele*) şut çekmek **III.** *vr* ■ **sich ~** SCHWEIZ (*sich ausziehen*) soyunmak

ab|zielen *vi* ❶ (*anstreben*) amaçlamak; **~ auf etw** bir şeyi amaçlamak [*o* hedef almak] ❷ (*fig: Bemerkung*) kastetmek, amaçlamak; **~ auf etw** bir şeyi kastetmek

Abzocke *f* ütme

ab|zocken *vt* (*sl, fam: beim Glücksspiel*) ütmek, temizlemek

Abzug <-(e)s, -züge> *m* ❶ MIL harekete geçme; (*Abmarsch*) yürüyüşe geçme; (*Abrücken*) geri çekilme ❷ COMM ıskonto, indirim; (*vom Lohn*) kesinti; (*für Sozialabgaben*) kesenek; (*Steuer~*) kes(il)me, kesinti; **nach ~ der Kosten** masraflar çıktıktan sonra; **nach ~ der Steuern** vergi kesildikten sonra ❸ TYPO prova ❹ FOTO poz, pozitif, baskı ❺ (*Gewehr~*) tetik; **den Finger am ~ haben** parmağı tetikte olmak ❻ (*Luft*) aspiratör; (*Kamin*) davlumbaz

abzüglich ['aptsy:klıç] *präp* çıktıktan sonra; **~ der Kosten** masraflar çıktıktan sonra

abzugsfrei *adj* FIN kesintisiz

Abzugshaube *f* (*Dunst~*) davlumbaz etekliği; (*mit Saugvorrichtung in Küchen*) aspiratörlü mutfak bacası

ab|zweigen **I.** *vi sein* (*Weg*) ayrılmak **II.** *vt haben* (*Geld*) ayırmak

Abzweigung *f* ❶ ayrıç, kavşak ❷ EISENB şube hattı

Accessoire <-s, -s> [aksɛso'a:ɐ] *nt* aksesuar

Aceton <-s> [atse'to:n] *nt kein pl* CHEM aseton

ach [ax] *interj* ah, aman; **~ Gott!** aman Allah!; **~, du lieber Himmel!** hay Allah!; **~, so ist das!** vay, demek ki öyle!, öyle oldu ha!; **~ nee!** yok canım!, yok yahu!; **~ so!** demek öyle!, ha!; **~, wie schade/schön!** ah [*o* aman], ne yazık/güzel!, amma güzel ha!; **~ was!** (*fam*) haydi (canım) sen de!; **~ wo!** (*fam*) ne gezer!

Ach <-s, -(s)> *nt* (*fam*) **~ und Weh schreien** ah vah etmek, ahlamak; **mit ~ und Krach** zar zor, ıkına sıkına, güç bela

Achillesferse *f* püf noktası; (*verwundbare Stelle*) can damarı

Achillessehne *f* ANAT aşil kirişi

Achse <-n> ['aksə] *f* ❶ TECH, AUTO dingil, aks ❷ POL, MATH eksen; **sich um die**

A

eigene ~ drehen kendi ekseni etrafında dönmek; **immer** [*o* **ständig**] **auf ~ sein** (*fam*) devamlı yolda olmak

Achsel <-n> ['aksəl] *f* ❶ (*~höhle*) koltuk (altı) ❷ (*Schulter*) omuz; **mit den ~n zucken** omuz silkmek **Achselhöhle** *f* ANAT koltuk altı **Achselzucken** <-s> *nt kein pl* omuz silkme; **etw mit einem ~ abtun** bir şeyi omuz silkerek geçiştirmek

Achsenbruch *m* TECH dingil [*o* aks] kırılması

acht[1] [axt] *adj inv* sekiz; **es ist gleich ~ (Uhr)** neredeyse saat sekiz; **alle ~ Tage** (her) sekiz günde bir, haftada bir; **~ und eins ist/macht/gibt neun** sekiz bir daha dokuz eder; **um ~ (Uhr)** (saat) sekizde; **gegen ~ (Uhr)** (saat) sekize doğru; **er kommt gegen ~** sekize doğru gelir; **~ Jahre alt** sekiz yaşında; **mit ~ (Jahren)** sekiz yaşındayken; **zu je ~** sekizerden; **zu ~** sekizi (birden); **wir sind zu ~** sekiziz, sekiz kişiyiz; **vor ~ Tagen** sekiz gün önce, bir hafta önce; **heute in ~ Tagen** sekiz gün sonra bugün, bir hafta sonra bugün

acht[ALT2] *s.* **Acht**[2] **1.**

Acht[1] <-en> [axt] *f* ❶ (*Zahl*) sekiz ❷ (*Spielkarte*) sekizli

Acht[2] *f kein pl* ❶ (*Aufmerksamkeit*) dikkat; **~ geben** dikkat etmek (**auf** -e); (*auf Personen/die Gesundheit*) dikkat etmek (**auf** -e); **etw außer aller ~ lassen** bir şeye hiç dikkat etmemek, bir şeye uymamak [*o* riayet etmemek]; **sich (vor jdm) in ~ nehmen** (birinden) sakınmak; **gib ~!** dikkat et!; **gib ~, wohin du trittst!** bastığın yere dikkat et!; **gib auf dich ~!** kendine dikkat et! ❷ HIST **jdn in ~ und Bann tun** birini lanetlemek

achtbar *adj* saygıdeğer

achte(r, s) *adj* sekizinci; **der ~ Dezember** aralığın sekizi; **am ~n Dezember** sekiz aralıkta; **wir treffen uns Sonntag, den ~n Dezember** aralığın sekizinde pazar günü buluşuyoruz; **im ~n Stock** sekizinci katta; **das ~ Mal** sekizinci defa; **Heinrich der A~** VIII. Henry; **jeden ~n Tag** her sekiz günde bir

Achteck *nt* sekizgen, sekiz kenarlı çokgen

achteckig *adj* sekiz kenarlı, sekiz köşeli, sekizgen

achteinhalb [axtʔaɪn'halp] *adj inv* sekiz buçuk

achtel *adj inv* sekizde; **ein/drei ~ Liter** sekizde bir/üç litre

Achtel *nt* sekizde bir **Achtelnote** <-n> *f* MUS sekizlik nota

achten ['axtən] **I.** *vi* ❶ (*beachten*) dikkat etmek (**auf** -e), saygı göstermek (**auf** -e); (*auf den Weg*) dikkat etmek (**auf** -e) ❷ (*beaufsichtigen*) göz kulak olmak (**auf** -e), bakmak (**auf** -e) **II.** *vt* ❶ (*schätzen*) saymak, gözetmek; (*Ansichten*) dikkate almak ❷ (*befolgen*) uymak (-e), riayet etmek (-e)

ächten ['ɛçtən] *vt* HIST kanun dışı kılmak; (*verbannen*) sürmek; (*fig: ausstoßen*) lanetlemek

achtens ['axtəns] *adv* sekizinci olarak; (*bei einer Aufzählung*) sekizincisi

Achter *m* ❶ SPORT (*Rudern*) sekiz tek ❷ SPORT (*Figur*) sekiz figürü **Achterbahn** *f* (lunaparkta) eğlence treni **Achterdeck** *nt* NAUT kıç kasarası

achterlei *adj inv* sekiz çeşit, sekiz türlü; **es standen ~ Sorten Käse auf dem Tisch** masada sekiz çeşit peynir duruyordu; **auf ~ Weise** sekiz türlü biçimde

achtern *adv* NAUT kıçtan, pupa

achtfach **I.** *adj* sekiz (kat); **die ~e Menge** sekiz misli; **der Antrag muss in ~er Ausfertigung zugesandt werden** dilekçenin sekiz nüsha olarak gönderilmesi gerekmektedir **II.** *adv* sekiz kere

Achtflach <-s, -> *nt*, **Achtflächner** <-s, -> *m* MATH (*Oktaeder*) sekiz yüzlü

acht|geben *irr vi s.* **Acht**[2] **1.**

achthundert ['-'--] *adj inv* sekiz yüz; **dieser Baum ist mehr als ~ Jahre alt** bu ağacın yaşı sekiz yüz yılı aşkın

achtjährig *adj* sekiz yaşındaki [*o* yaşında olan]

achtjährlich *adj* sekiz yılda bir

achtkantig *adj* sekiz kenarlı; **jdn ~ hinauswerfen** (*fam*) birini yaka paça kapı dışarı etmek

achtlos *adj* ❶ (*unachtsam*) dikkatsiz ❷ (*gleichgültig*) kayıtsız ❸ (*rücksichtslos*) saygısız ❹ (*unbesonnen*) düşüncesiz, temkinsiz

Achtlosigkeit *f kein pl* dikkatsizlik, kayıtsızlık; (*Unbesonnenheit*) düşüncesizlik

achtmal *adv* sekiz kez [*o* kere] [*o* defa]; **~ so viel(e)** sekiz katı [*o* misli]; **~ täglich** günde sekiz kere [*o* defa]; **ich war schon ~ in Antalya** şimdiye kadar sekiz kere Antalya'daydım **achtmalig** *adj* sekiz kerelik [*o* defalık]

achtsam *adj* (*geh*) ❶ (*aufmerksam*) dikkatli ❷ (*sorgfältig*) özenli

Achtsamkeit *f kein pl* dikkat, özen, saygı

Achtstundentag <-(e)s, -e> ['-'---] *m* sekiz saatlik çalışma günü

achttägig *adj* sekiz günlük, sekiz gün süren

achttausend ['-'--] *adj inv* sekiz bin; **dieser Stein ist ~ Jahre alt** bu taş sekiz bin yaşındadır

Achtundsechziger(in) <-s, -; -nen> ['--'---] *m(f)* altmış sekizli, altmış sekiz yılı çıkışlısı, altmış sekiz yılı neşetlisi

Achtung ['axtʊŋ] *f kein pl* ❶ (*Aufmerksamkeit*) dikkat; **~ Stufe!** dikkat, basamak var! ❷ (*Wertschätzung*) saygı (**vor** -e); **sich** *dat* **~ verschaffen** kendini saydırmak; **alle ~!** vay canına!; **er ist in meiner ~ tief gesunken** gözümden çok düştü

Ächtung <-en> ['ɛçtʊŋ] *f* HIST kanun dışı kılma; (*Verbannung*) sürme; (*fig: Verdammung*) lanetleme

achtzehn *adj inv* on sekiz; **wann wirst du ~?** ne zaman on sekiz olacaksın?; **der Film ist erst ab ~** (**freigegeben**) film on sekiz yaşından büyüklere serbesttir, filme on sekiz yaşından aşağı olanlar giremez; *s. a.* **acht**[1] **achtzehnte** *adj* on sekizinci

achtzig ['axtsɪç] *adj inv* seksen; **mit ~ Stundenkilometern fahren** saatte seksen kilometre hızla gitmek [*o* araba sürmek]; **etwa ~** (**Jahre alt**) aşağı yukarı seksen yaşında; **mit ~** (**Jahren**) seksen yaşında; **über/unter ~** seksenin üstünde/altında; **jdn auf ~ bringen** (*fam*) birini çileden çıkarmak; **die ~er Jahre** seksenli yıllar

Achtzig *f* seksen

achtzigjährig *adj* seksenlik, seksen yaşındaki, seksen yaşında olan

achtzigste(r, s) *adj* sekseninci; **heute ist ihr ~r Geburtstag** bugün onun sekseninci yaş günü

ächzen ['ɛçtsən] *vi* uflamak, oflamak (**vor** -den)

Acker <-s, Äcker> ['akɐ] *m* tarla; **den ~ bestellen** tarlayı ekmek **Ackerbau** <-s> *m kein pl* çiftçilik **Ackerland** <-(e)s> *nt kein pl* tarıma elverişli arazi, tarıma elverişli topraklar *pl*

ackern *vi* ❶ AGR çift sürmek ❷ (*fam: arbeiten*) didinmek, eşek gibi çalışmak

Ackerschachtelhalm *m* BOT atkuyruğu, zemberekotu

Acryl <-s> [a'kry:l] *nt kein pl* CHEM (*in Zusammensetzungen*) akrilik **Acrylfarbe** *f* akrilik boya **Acrylglas** *nt* akrilik cam **Acrylsäure** *f* akrilik asit

Actionfilm <-(e)s, -e> *m* vurdulu kırdılı film

ADAC <-> [a:de:ʔa:'tse:] *m Abk von* **Allgemeiner Deutscher Automobil-Club** *Genel Alman Otomobil Kulübü*

ad acta [at 'akta] *adv* **etw ~ legen** bir şeyi dosyasına koymak

Adamsapfel ['a:damsapfəl] *m* Âdem elması **Adamskostüm** *nt* (*fam*) **im ~** anadan doğma, çırılçıplak

Adaptation *f* ❶ *a.* LIT adaptasyon, uyarlama ❷ BIOL adaptasyon, uyma

Adapter <-s, -> *m* adaptör, uyarlaç **adaptieren** *vt* adapte etmek, uyarlamak; ÖSTERR (*herrichten*) döşemek

adäquat [adɛ'kva:t] *adj* uygun

addieren* [a'di:rən] **I.** *vt* MATH (*zusammenzählen*) toplamak; PHYS (*Vektoren*) bileştirmek **II.** *vr* ■ **sich ~** (*summieren*) tutmak

Addition <-en> [adi'tsjo:n] *f* toplama (**zu** -e)

Additiv <-s, -e> [adi'ti:f] *nt* CHEM katkı; **bleihaltige ~e** kurşunlu katkılar

ade [a'de:] *interj* DIAL hoşça kal; (*Lebewohl*) elveda; **jdm ~ sagen** birine hoşça kal demek, birine elveda demek

Adel <-s> ['a:dəl] *m kein pl* ❶ (*Gesamtheit der Familien*) soylular; (*Klasse*) aristokrasi; **niedriger ~** alt sıradaki soylular; **von ~ sein** soylu [*o* soylulardan] olmak ❷ (*Adelsstand*) soyluluk

adelig ['a:dəlɪç] *adj* soylu [*o* asil]

Adelige(r) <-n, -n; -n> ['a:dəlɪgɐ] *f(m)* soylu, asilzade

adeln ['a:dəln] *vt* ❶ soyluluk unvanı vermek (-e) ❷ (*fig*) yüceltmek

Adelstitel <-s, -> *m* soyluluk unvanı

Ader <-n> ['a:dɐ] *f* ❶ ANAT (*Blutgefäß*) damar ❷ (*Anlage*) istidat; **eine musikalische/künstlerische ~ haben** müzikte/sanatta istidadı olmak ❸ (*von Gestein, Holz*) damar; (*Blatt*) damar

Äderchen *nt* ANAT damarcık

Aderlass[RR] <-es, -lässe> *m*, **Aderlaß**[ALT] <-sses, -lässe> *m* hacamat

ADFC <-> [a:de:ʔɛf'tse:] *m Abk von* **Allgemeiner Deutscher Fahrrad-Club** *Genel Alman Bisiklet Kulübü*

Adhäsionskraft *f* PHYS adezyon kuvveti

adieu [a'djø:] *interj* DIAL hoşça kal, elveda; **jdm ~ sagen** birine hoşça kal demek, birine elveda demek

Adieu <-s, -s> [a'djø:] *nt* hoşça kal (deme); (*Lebewohl*) elveda (deme); **jdm ~ sagen** birine hoşça kal demek, birine elveda demek

Adjektiv <-s, -e> ['atjɛkti:f] *nt* LING sıfat

Adjutant <-en, -en> *m* MIL yaver, emir subayı **Adjutantur** *f* yaverlik

Adler <-s, -> ['a:dlɐ] *m* ZOOL kartal **Adlerblick** *m* (*fig: eines Menschen*) şahin [*o* balaban] bakış **Adlerfarn** *m* BOT kartal eğrelti otu **Adlerhorst** <-n> *m* kartal yuvası **Adlernase** <-n> *f* (*fig: eines Menschen*) gaga burun **Adlerrochen** *m* ZOOL fulya balığı

adlig ['a:dlɪç] *adj s.* **adelig**

Adlige(r) <-n, -n; -n> ['a:dlɪgɐ] *f(m)* s. **Adelige(r)**
Administration <-en> [atminɪstra'tsjo:n] *f* ❶ (*Verwaltung*) idare ❷ SCHWEIZ (*einer Firma*) yönetim
administrativ [atminɪstra'ti:f] *adj* idarî, yönetimsel
Admiral(in) <-s, -e *o* -äle; -nen> [atmi'ra:l] *m(f)* MIL amiral **Admiralität** *f* amirallik
Adonisröschen *nt* BOT avcı otu
adoptieren* [adɔp'ti:rən] *vt* evlat edinmek
Adoption <-en> [adɔp'tsjo:n] *f* evlat edinme
Adoptiveltern *pl* evlat edinen ana baba **Adoptivkind** <-(e)s, -er> *nt* evlatlık, manevi evlat
Adr. *Abk von* **Adresse** adres
Adrenalin <-s> [adrena'li:n] *nt kein pl* MED adrenalin **Adrenalinspiegel** *m* adrenalin düzeyi
Adressat(in) <-en, -en; -nen> [adrɛ'sa:t] *m(f)* alıcı, adres sahibi
Adressatengruppe *f* (*fig*) hedef kitle
Adressatenkreis *m* *s.* **Adressatengruppe**
Adressbuch[RR] *nt*, **Adreßbuch**[ALT] *nt* adres kitabı
Adresse <-n> [a'drɛsə] *f* adres
Adressenverzeichnis *nt* adres defteri [*o* rehberi]
adressieren* *vt* ❶ (*Postsendung*) adres yazmak (-e) ❷ (*richten*) adresine yazmak (**an** -in); **einen Brief an jemanden ~** mektubu birinin adresine yazmak
Adressiermaschine *f* adres makinesi
Adria ['a:dria] *f* Adriyatik (denizi)
adriatisch *adj* Adriyatik; **A~es Meer** Adriyatik Denizi
Adsorbens <-, -benzien> *nt* CHEM, PHYS yüzde soğurucu madde
Adsorption <-en> *f* CHEM, PHYS yüze soğurma
A-Dur <-> *nt kein pl* MUS la majör
Advent <-(e)s, -e> [at'vɛnt] *m* REL küçük perhiz; (*Adventssonntag*) küçük perhizde pazar günü, Noel'den önceki pazar günü *fam;* **im ~** küçük perhizde; **erster ~** küçük perhizde birinci pazar günü *fam,* Noel'den önceki birinci pazar günü **Adventskalender** *m* küçük perhiz takvimi (*küçük perhizde çocuklar için hazırlanan 24 günlük resimli ve pencereli ve her penceresinin arkasında küçük bir armağan saklı olup çocukların her gün bir pencere açtıkları takvim*) **Adventskranz** *m* küçük perhiz çelenki (*üstünde 4 mum olup küçük perhizde her pazar günü bir mumun yakıldığı çelenk*) **Adventszeit** *f* küçük perhiz zamanı, Noel'den önceki dört haftalık süre *fam*
Adverb <-s, -verbien> [at'vɛrp] *nt* LING belirteç, zarf
adverbial [atvɛr'bja:l] *adj* LING **~e Ergänzung** ilgeçli tümleç
Advokat(in) <-en, -en; -nen> [atvo'ka:t] *m(f)* DIAL (*Anwalt*) avukat
Advokatur *f kein pl* SCHWEIZ ❶ (*Büro*) avukatlık bürosu ❷ (*Amt*) avukatlık
Aerobic <-s> [ɛə'rɔbɪk] *nt kein pl* aerobik
Aerodynamik [aerody'na:mɪk] *f kein pl* PHYS aerodinamik
aerodynamisch *adj* aerodinamik
Aeronautik *f kein pl* AERO (*Luftfahrt*) havacılık
Affäre <-n> [a'fɛ:rə] *f* ❶ (*unangenehme Angelegenheit*) tatsız mesele [*o* iş]; (*skandalöser Vorfall*) (skandallı) olay; **sich mit etw aus der ~ ziehen** bir şey ile olaydan yakayı sıyırmak; **in eine ~ verwickelt sein** bir işe adı karışmak; **das ist doch keine ~** bu bir mesele değil ki; **in dunkle ~n verwickelt sein** karanlık işlere bulaşmış olmak ❷ (*Liebesabenteuer*) aşk macerası
Affe ['afə] *m*, **Äffin** <-n, -n; -nen> *f* maymun; **mich laust der ~** (*fam*) vay canına, çok şaşırdım; **einen ~n (sitzen) haben** (*fig*) sarhoş olmak; **sich zum ~n machen** (*fam*) maymuna dönmek
Affekt <-(e)s, -e> [a'fɛkt] *m* duygulanım; **im ~ handeln** JUR, PSYCH duygusal davranmak, hislerine kapılarak hareket etmek **Affekthandlung** *f* JUR, PSYCH duygusal davranma
affektiert [afɛk'ti:ɐt] *adj* (*pej*) yapmacık, nazlı
affenartig *adj* (*fam: affenähnlich*) maymunsu; **mit ~er Geschwindigkeit fahren** (*fam*) yıldırım hızıyla araba sürmek
affengeil *adj* (*sl*) son derece çılgın
Affenhitze *f* (*fam*) boğucu sıcak, cehennem sıcağı **Affentempo** <-s> *nt kein pl* (*fam*) yıldırım hızı; **in einem ~** yıldırım gibi
Affiche <-n> [a'fɪʃə] *f* SCHWEIZ (*Plakat*) afiş
affig *adj* (*fam*) maymun gibi; (*pej*) züppe, yapmacık
Äffin *f s.* **Affe**
Affodill *m* BOT çiriş otu
Afghane, Afghanin <-n, -n; -nen> [af'ga:nə] *m, f* (*Person*) Afgan(lı)
Afghane <-n, -n> [af'ga:nə] *m* (*Hund*) Afgan tazısı
afghanisch *adj* Afgan

A

Afghanistan <-s> [afˈgaːnɪstaːn] *nt* Afganistan
Afrika <-s> [ˈa(ː)frika] *nt* Afrika
Afrikaner(in) <-s, -; -nen> [afriˈkaːnɐ] *m(f)* Afrikalı **afrikanisch** *adj* Afrikalı, Afrika (ile ilgili); **~e Länder/Regierungen** Afrika ülkeleri/hükümetleri
afroamerikanisch *adj* Afroamerikan
Afrolook <-s> *m kein pl* Afro saç
After <-s, -> [ˈaftɐ] *m* ANAT makat; (*Anus*) anüs **Afterflosse** *f* ZOOL anüs yüzgeci
Aftershave <-(s), -s> [aːftɐˈʃɛɪf] *nt* tıraş losyonu
AG <(-s)> [aːˈgeː] *f* ❶ *Abk von* **Aktiengesellschaft** anonim şirket ❷ *Abk von* **Arbeitsgruppe** çalışma grubu ❸ *Abk von* **Arbeitsgemeinschaft** araştırma grubu, çalışma grubu; (*Schule*) küme
Ägäis [ɛˈgɛːɪs] *f* Ege (denizi)
Agent(in) <-en, -en; -nen> [aˈgɛnt] *m(f)* ❶ COMM (*Handelsvertreter*) ajan, acente ❷ (*Spion*) ajan, casus
Agentur <-en> *f* acente; (*Presse~*) ajans
Agglomeration <-en> [aglomeraˈtsjoːn] *f* ❶ (*geh: Anhäufung*) yığışım; (*Zusammenballung*) kümeleşim ❷ SCHWEIZ (*Ballungsraum*) göç yerleşim merkezi, kentleşmiş bölge
Agglutination <-en> [aglutinaˈtsjoːn] *f* ❶ LING bitişkenlik ❷ MED, BIOL aglütinasyon, kümeleşim
agglutinierend *adj* LING bitişken; **die türkische Sprache ist eine ~e Sprache** Türk dili bitişken bir dildir
Aggregat <-(e)s, -e> [agreˈgaːt] *nt* ❶ TECH takım, batarya ❷ (*mehrgliedriges Ganzes*) katışmaç ❸ GEO topaklaşma **Aggregatzustand** *m* CHEM cismin durumu; **fester ~** cismin katı durumu; **flüssiger ~** cismin sıvı durumu
Aggression <-en> [agrɛˈsjoːn] *f* ❶ (*Angriff*) saldırı ❷ (*Angriffslust*) saldırganlık
aggressiv *adj* saldırgan
Aggressivität <-en> *f* saldırganlık
agieren* [aˈgiːrən] *vi* (*handeln*) hareket etmek (**als** olarak), harekette bulunmak; (*tätig sein*) faaliyet göstermek (**als** olarak), faaliyette bulunmak
agil [aˈgiːl] *adj* atik; (*geschickt*) becerikli
Agitation <-en> [agitaˈtsjoːn] *f* POL (*Hetze*) kışkırtma; (*Propaganda*) (kışkırtıcı) propaganda; **~ treiben** (kışkırtıcı) propaganda yapmak
Agitator(in) <-s, -en; -nen> [agiˈtaːtoːɐ] *m(f)* POL kışkırtıcı, propagandacı
agitatorisch [agitaˈtoːrɪʃ] *adj* POL kışkırtıcı; **~e Tätigkeit** propaganda faaliyeti; **eine ~e Rede** kışkırtıcı bir konuşma, propaganda konuşması
agitieren *vi* kışkırtmak, propaganda yapmak; **für Streik ~** grev için propaganda yapmak
Agonie <-n> [agoˈniː] *f* (*geh*) *a.* MED can çekişme
Agrarbevölkerung *f* tarımsal nüfus
Agrarfläche *f* tarımsal alan **Agrarmarkt** *m* tarım piyasası **Agrarpolitik** *f* tarım politikası; **Gemeinsame ~** EU ortak tarım politikası **Agrarreform** *f* tarım reformu **Agrarstaat** *m* tarım ülkesi **Agrarwirtschaft** *f kein pl* tarım ekonomisi
Ägypten <-s> [ɛˈgʏptən] *nt* Mısır
Ägypter(in) <-s, -; -nen> *m(f)* Mısırlı
ägyptisch *adj* Mısırlı, Mısır (ile ilgili); **eine ~e Frau** Mısırlı bir kadın; **die ~e Regierung** Mısır hükümeti
ah *interj* vay, bak hele
Ah *Abk von* **Amperestunde** amper saat
aha [aˈha(ː)] *interj* **~!** demekki öyle!; (*jetzt verstehe ich*) şimdi anladım! **Aha-Erlebnis** *nt* birdenbire kavrayıverme, kafasına dank etme [*o* deme] *fam*
Ahle <-, -n> *f* tığ; (*Schuster~*) biz
Ahn <-en, -en> *m* ata
ahnden [ˈaːndən] *vt* cezalandırmak
ähneln [ˈɛːnəln] *vi* **jdm ~** birine benzemek
ahnen [ˈaːnən] *vt* (*schwach erkennen*) sezmek, fark etmek, farkında olmak, içine doğmak; (*vermuten*) önceden kestirmek, tahmin etmek; **ich ahne nichts Gutes** içimde kötü bir his var; **das konnte ich doch nicht ~!** bunun farkında değildim ki!, bunun böyle olacağını bilemezdim ki!; **so etwas habe ich doch geahnt** böyle bir şeyi tahmin etmiştim zaten, böyle bir şey içime doğmuştu zaten; **sie lachten nichts ~d** hiçbir şeyden habersiz güldüler
Ahnen *pl* soy, atalar *pl* **Ahnenforschung** *f kein pl* soy bilimi, soyun incelenmesi
Ahnentafel *f* soy ağacı, şecere
ähnlich [ˈɛːnlɪç] *adj* benzer; **bei ~er Gelegenheit** benzer bir fırsatta; **das sieht ihm ~** (*fam*) bu, onun için tipiktir
Ähnlichkeit <-en> *f* benzerlik; **mit jdm/etw große ~ haben** bir kimse/şey ile benzerlik olmak
Ahnung <-en> *f* ❶ (*Vorgefühl*) sezi, ön sezi, his; **ich habe so eine ~, als ob es heute passiert** sanki bugün olacakmış gibi içimde bir his var ❷ (*fam: Wissen*) (olduğunu veya olacağını) bilme, haberi olma; **keine ~ von etw haben** bir şeyi bilmemek, bir şeyden haberi olmamak; **keine ~!** bilmem!, haberim yok! **ahnungslos I.** *adj*

❶ (*nichts ahnend*) farkında olmayan; **ich war völlig ~** hiç (bir şeyin) farkında değildim ❷ (*unwissend*) bîhaber, habersiz, bilgisiz; **ich war völlig ~** hiç (bir şeyden) haberim yoktu **II.** *adv* (*nichts ahnend*) farkında olmadan

Ahorn <-s, -e> ['a:hɔrn] *m* BOT akçaağaç; (*Holz*) akçaağaç, isfendan

Ähre <-n> ['ɛ:rə] *f* AGR başak; **~n lesen** başaklamak **Ährenlese** *f* AGR başaklama

Aids <-> [ɛɪts] *nt kein pl* MED aids **Aidshilfe** *f* MED aids yardımı **Aidskranke(r)** *f(m)* aids hastası **Aidstest** <-s, -s> *m* aids testi **Aidsübertragung** *f* aids bulaşması **Aidsvirus** <-, -viren> *nt* aids virüsü

Airbag <-s, -s> ['ɛɐbɛ:k] *m* AUTO hava yastığı

Airbus <-ses, -se> *m* AERO Airbus

Akademie <-n> [akade'mi:] *f* akademi

Akademiker(in) <-s, -; -nen> [aka'de:mikɐ] *m(f)* ❶ (*Mitglied einer Akademie*) akademisyen ❷ (*Hochschulabsolvent*) yüksekokul mezunu

akademisch *adj* akademik

Akazie <-n> [a'ka:tsiə] *f* BOT akasya; **falsche ~** (*Robinie*) yalancı akasya

akklimatisieren* [aklimati'zi:rən] **I.** *vt* ortama alıştırmak **II.** *vr* ■ **sich ~** ortama alışmak

Akklimatisierung *f kein pl* ortama alışma

Akkommodation *f kein pl* uyum

Akkord <-(e)s, -e> [a'kɔrt] *m* ❶ WIRTSCH (*Stücklohn*) parça başına ücret; **im ~ arbeiten** parça başına ücretle çalışmak ❷ MUS akort **Akkordarbeit** <-en> *f* WIRTSCH parça başına ücretle çalışma

Akkordeon <-s, -s> [a'kɔrdeɔn] *nt* MUS akordeon

akkreditieren *vt* POL güven mektubu vermek, itimatname vermek

Akkreditiv *nt* ❶ POL güven mektubu, itimatname ❷ FIN akreditif; (*Kreditbrief*) kredi mektubu

Akku(mulator) *m* ELEK akü(mülatör)

akkurat [aku'ra:t] *adj* (*sorgfältig*) titiz; (*genau*) tam

Akkusativ <-s, -e> ['akuzati:f] *m* LING belirtme durumu, i hâli

akkusativisch *adj* LING belirtili

Akkusativobjekt *nt* LING belirtili nesne

Akne <-n> ['a:knə] *f* MED ergenlik sivilcesi, sivilce

Akontozahlung *f* FIN (*Abschlagszahlung*) akont, hesaba sayarak ödeme, alelhesap ödeme

akribisch [a'kri:bɪʃ] *adj* (*geh*) titiz

Akrobat(in) <-en, -en; -nen> [akro'ba:t] *m(f)* akrobat, cambaz

Akrobatik *f kein pl* akrobasi, cambazlık

akrobatisch *adj* akrobatik

Akronym <-s, -e> [akro'ny:m] *nt* LING kısaltmalı kelime

Akt[1] <-(e)s, -e> [akt] *m* ❶ (*Handlung*) aksiyon, hareket, iş; (*Terror~*) eylem; **das ist doch kein ~** (*fam*) bu, (o kadar zor) bir iş değil ki ❷ THEAT perde; **die dritte Szene des ersten ~(e)s** birinci perdenin üçüncü sahnesi ❸ (*Darbietung*) gösteri; **ein akrobatischer ~** akrobatik bir gösteri ❹ KUNST (*Malerei*) nü, çıplak (vücut resmi); **einen ~ zeichnen** çıplak (vücut resmi) çizmek ❺ JUR (*Vorgang*) işlem, muamele ❻ (*Geschlechts~*) ilişki ❼ (*Zeremonie*) tören, merasim

Akt[2] <-(e)s, -en> *m* ÖSTERR *s.* **Akte**

Akte <-n> ['aktə] *f* (*Dokumentation*) evrak; (*in der Verwaltung*) dosya; **etw zu den ~n legen** (*fig*) bir şeyi dosyaya koymak, bir şeyi rafa kaldırmak **Aktendeckel** *m* dosya gömleği **Aktenkoffer** *m* evrak çantası **aktenkundig** *adj* dosyada mevcut [*o* bulunan] **Aktennotiz** *f* dosyaya eklenen not **Aktenordner** <-s, -> *m* klasör, cilbent **Aktenschrank** *m* evrak dolabı **Aktentasche** *f* evrak çantası **Aktenvernichtung** *f* evrakın imhası [*o* yok edilmesi] **Aktenzeichen** *nt* işlem sayısı, dosya numarası

Akteur *m* aktör

Aktfoto <-s, -s> *nt* çıplak fotoğraf

Aktie <-n> ['aktsjə] *f* FIN hisse senedi; **in ~n anlegen** hisse senedine yatırmak; **wie stehen die ~n?** (*fig*) işler nasıl gidiyor? **Aktienfonds** *m* FIN hisse senetleri fonu **Aktiengesellschaft** <-en> *f* FIN anonim şirket, anonim ortaklık **Aktienindex** *m* FIN hisse senetleri endeksi **Aktieninhaber** *m* hisse senedi sahibi **Aktienkapital** *nt* esas sermaye **Aktienkurs** *m* FIN hisse senedi fiyatı **Aktienmarkt** *m* FIN hisse senetleri piyasası **Aktienmarktindex** *m* FIN hisse senetleri piyasası endeksi

Aktinium <-s> *nt kein pl* CHEM aktinyum

Aktion <-en> [ak'tsjo:n] *f* ❶ (*Handlung*) eylem; (*Unternehmung*) girişim; (*Einsatz*) operasyon; **in ~ treten** eyleme geçmek ❷ (*das Tätigsein*) faaliyet; (*das Handeln*) hareket; **in ~ treten** faaliyete [*o* harekete] geçmek; **etw in ~ zeigen** bir şeyi hareket halinde göstermek ❸ (*Kampagne*) kampanya; COMM (*Sonderangebot*) özel indirim; (*Werbekampagne*) promosyon

Aktionär(in) <-s, -e; -nen> *m(f)* hissedar

Aktionspreis *m* COMM aksiyon [*o* kampanya] fiyatı, özel indirimli fiyat

Aktionsradius *m* erim

aktiv [ak'ti:f] *adj* ❶ faal, aktif, etkin; **sich ~ an etw beteiligen** bir şeye aktif olarak katılmak, bir işte aktif rol oynamak ❷ LING (*aktivisch*) aktif, etken

Aktiva [ak'ti:va] *pl* FIN, WIRTSCH aktif(ler); **~ und Passiva** aktif ve pasif(ler)

aktivieren [akti'vi:rən] *vt* ❶ FIN aktifleştirmek ❷ (*in Bewegung setzen*) etkinleştirmek, harekete geçirmek

Aktivierung <-en> *f* aktifleştirme, etkinleştirme, harekete geçirme

Aktivismus *m* ❶ (*aktives Handeln*) aktivizm, etkincilik ❷ (*zielstrebiges Handeln*) aktivizm, eylemcilik

Aktivist(in) <-en, -en; -nen> *m(f)* eylemci

Aktivität <-en> *f* aktivite, etkinlik

Aktmalerei *f* KUNST nü, çıplak resim **Aktmodell** *nt* KUNST çıplak model

aktualisieren* [aktuali'zi:rən] *vt* güncellemek, güncelleştirmek

Aktualisierung <-en> *f* güncelleme, güncelleştirme

Aktualität [aktuali'tɛ:t] *f kein pl* aktüalite, güncellik

Aktuar(in) <-s, -e> *m(f)* SCHWEIZ (*Schriftführer*) yazman

aktuell [aktu'ɛl] *adj* aktüel, güncel; **~e Mode** güncel moda; **das ist nicht mehr ~** artık bu güncel değildir, bu, güncelliğini yitirmiştir; **eine ~e Sendung** RADIO, TV güncel [*o* aktüel] bir yayın

Aktzeichnung *f* KUNST akademi (*çıplak modelden yapılmış insan resmi*)

Akupressur <-en> [akuprɛ'su:ɐ] *f* MED aküpresür

akupunktieren* [akupʊŋk'ti:rən] *vi, vt* aküpunktür yapmak (-e)

Akupunktur <-en> [akupʊŋk'tu:ɐ] *f* MED aküpunktür

Akustik [a'kʊstɪk] *f kein pl* ❶ PHYS akustik, yankı bilimi ❷ (*Klang*) akustik, yankılanım **Akustikkoppler** <-s, -> *m* INFORM akustik eşleyici

akustisch *adj* akustik (ile ilgili); (*den Schall betreffend*) ses ile ilgili; (*das Gehör betreffend*) işitme ile ilgili; (*mit dem Gehör wahrnehmbar*) kulakla algılanabilir; **ich habe Sie ~ nicht verstanden** ne dediğinizi duyamadım [*o* işitmedim]

akut [a'ku:t] *adj* ❶ MED akut, iveğen ❷ (*vordringlich*) acil, ivedili; (*hochaktuell*) gündemdeki

AKW <-s, -s> [a:ka:'ve:] *nt Abk von* **Atomkraftwerk** atom santrali

Akzent <-(e)s, -e> [ak'tsɛnt] *m* ❶ LING aksan, vurgu (**auf** -); **den ~ auf etw legen** bir şeyi vurgulamak; **mit deutschem/türkischem ~ sprechen** Alman/Türk aksanı ile konuşmak ❷ (*fig*) vurgu; **~e setzen** (*fig*) vurgulamak, damga(sını) vurmak **akzentfrei** *adj* aksansız

akzentuieren* *vt* (*geh*) vurgulamak

akzeptabel [aktsɛp'ta:bəl] *adj* kabul edilebilir

Akzeptanz *f* kabul, kabullenme

akzeptieren* *vt* kabul etmek, kabullenmek

Akzeptkredit <-s, -e> *m* FIN kabul kredisi

Akzidens <-, -denzien> *nt* PHILOS ilinek, araz

Alabaster <-s, -> [ala'bastɐ] *m* albatr, kaymak taşı, su mermeri

Alant <-(e)s, -e> *m* BOT andız otu

Alarm <-(e)s, -e> [a'larm] *m* alarm; **falscher ~** yanlış alarm; **~ auslösen** alarm vermek; **~ schlagen** alarma geçmek; (*fig*) ortalığı telaşa vermek **Alarmanlage** *f* alarm sistemi, alarm tesisatı **Alarmbereitschaft** *f kein pl* alarma geçmiş olma; **in ~ sein** alarma geçmiş olmak **Alarmglocke** *f* tehlike çanı

alarmieren* *vt* alarm vermek (-e), uyarmak

Alarmsignal *nt* alarm işareti **Alarmstufe** *f* **es ist ~ Rot** tehlike çanları çalıyor **Alarmzustand** *m* **in den ~ versetzen** alarma geçirmek

Alaska <-s> [a'laska] *nt* Alaska

Alaun <-s, -e> *m* CHEM şap **Alaunstein** *m* şap taşı

Albaner(in) <-s, -; -nen> [al'ba:nɐ] *m(f)* Arnavut

Albanien <-s> [al'ba:niən] *nt* Arnavutluk

albanisch *adj* Arnavut; **das A~e** Arnavutça

Albatros <-, -se> ['albatrɔs] *m* ZOOL albatros

Alben *pl von* **Album**

albern[1] ['albɐn] *adj* (*pej: kindisch*) çocuksu, çocukça, çocuk gibi; ■ **sich ~ benehmen** çocuk gibi davranışlarda bulunmak

albern[2] *vi* (*pej*) çocuklaşmak, çocukluk etmek, çocukluğu tutmak

Albernheit <-en> *f* (*pej*) ❶ (*alberne Art*) çocukluk; (*kindisches Benehmen*) çocukça davranış ❷ (*alberner Streich*) çocukluk

Albino <-s, -s> [al'bi:no] *m* akşın

Albtraum[RR] *m*, **Alptraum** *m* kâbus, karabasan; **zum ~ werden** kâbus hâline gelmek

Album <-s, Alben> ['albʊm, *pl* 'albən] *nt* albüm

Albumin <-s, -e> *nt* BIOL albümin

albuminös *adj* BIOL albüminli
Alchemie [alçe'miː] *f kein pl* alşimi, simya
Alchemist(in) *m(f)* alşimist, simyacı
Aleppo *nt* Halep **Aleppobeule** *f* MED Halep çıbanı
Alexander *m* HIST ~ **der Große** Büyük İskender
Alexandria *nt* İskenderiye
Alfagras *nt kein pl* BOT halfa
Alge <-n> ['algə] *f* alg, su yosunu
Algebra ['algebra] *f kein pl* MATH cebir
algebraisch *adj* cebirsel
Algenentwicklung *f* alg gelişmesi [*o* çoğalması]
Algerien <-s> [al'geːriən] *nt* Cezayir
Algerier(in) <-s, -; -nen> *m(f)* Cezayirli
algerisch *adj* Cezayirli, Cezayir (ile ilgili); **eine ~e Frau** Cezayirli bir kadın; **die ~e Regierung** Cezayir hükümeti
algorithmisch *adj* MATH, INFORM algoritmik
Algorithmus <-, Algorithmen> [algo'rɪtmʊs] *m* MATH, INFORM algoritma
alias ['aːlias] *adv* namıdiğer; **der Beschuldigte Müller ~ Meier ~ Möller** diğer [*o* başka bir] adı Meier veya Möller olan sanık Müller
Alibi <-s, -s> ['aːlibi] *nt* gaybubet, bulunmayış **Alibifunktion** *f* ~ **haben** bulunmayışı için bahane olmak
Alien <-, -s> ['ɛɪliən] *m* uzaylı
Alimente [ali'mɛntə] *pl* nafaka *sing*
Alkali <-s, -en> *nt* CHEM alkali
Alkalimetall <-(e)s, -e> *nt* CHEM alkali metal
alkalisch *adj* CHEM alkalik
Alkaloid <-(e)s, -e> *nt* CHEM alkaloit
Alkanna *f kein pl* BOT havacıva
Alkohol <-s, -e> ['alkohoːl] *m* alkol, ispirto **alkoholarm** *adj* alkolü az **Alkoholeinfluss**[RR] <-es> *m kein pl* alkol etkisi; **unter ~ stehen** alkol etkisi altında olmak, içkili olmak **Alkoholfahne** <-n> *f* (*fam*) alkollü ağız kokusu **alkoholfrei** *adj* alkolsüz; **~e Getränke** meşrubat **Alkoholgehalt** <-(e)s, -e> *m* grado, alkol miktarı, alkol oranı **alkoholhaltig** *adj* alkollü
Alkoholiker(in) <-s, -; -nen> [alko'hoːlikɐ] *m(f)* alkolik
alkoholisch [--'--] *adj* alkollü; **~e Getränke** alkollü içkiler, müskirat
Alkoholismus <-> *m kein pl* alkolizm
Alkoholmissbrauch[RR] <-es> *m kein pl* alkolü kötüye kullanma **Alkoholspiegel** *m* (kandaki) alkol seviyesi **Alkoholtest** *m* alkol testi **Alkoholverbot** *nt* alkol [*o* içki] yasağı **Alkoholvergiftung** *f* MED alkol zehirlenmesi **Alkoholwirkung** *f* alkol etkisi

all [al] *pron* bütün; **~ die Mühe** bütün çabalar; **nach ~ dem Geschehenen** bütün bu olanlardan sonra; *s. a.* **alle(r, s)**
All <-s> [al] *nt kein pl* uzay; PHILOS evren
allabendlich [al'aːbəntlɪç] *adj* her akşamki
allabends *adv* akşamdan akşama
alle ['alə] *adv* (*zu Ende*) bitti, tükendi, kalmadı; **~ sein** bitmek, tükenmek, bitmiş [*o* tükenmiş] olmak, kalmamak; **~ werden** (*nahezu verbraucht sein*) bitmek [*o* tükenmek] üzere olmak; (*zur Neige gehen*) bitmeye [*o* tükenmeye] yüz tutmak; **es ist ~** bitti, kalmadı; **das Benzin ist ~** benzin bitti; **ich bin total ~** (*fam*) tamamen bittim
alle(r, s) *pron* hepsi, cümlesi, bütün; **~s in ~m** (*insgesamt*) hepsi hepsi, tam tamına; (*im Großen und Ganzen*) topu topu; (*im Allgemeinen*) genel olarak; (*kurzum*) kısacası, hülasa; **~ auf einmal** hep birden, herkes birden; **~ beide/drei** her ikisi/üçü; **~, die dort sind** orada bulunan herkes; **~ zehn Minuten** (her) on dakikada bir; **~ zwei Tage** (her) iki günde bir; **auf ~ Fälle** kesinlikle, mutlaka; (*so oder so*) öyle veya böyle; **ein für ~ Mal** ilk ve son defa olmak üzere; **dies ~s** bütün bunlar, bunların hepsi; **~s auf einmal** hepsini birden; **~s, was du willst** her istediğini, ne istersen; **~s, was Sie wollen** her istediğinizi, ne isterseniz; **~s zu seiner Zeit!** her şeyin zamanı var!; **vor ~m** her şeyden önce; **für ~ Zeiten** ebediyen; **wer war ~s da?** kimler oradaydı?; **es waren ~ da** herkes oradaydı; **ist das ~s?** hepsi bu kadar mı?; **was soll das ~s?** bütün bunlar ne demek oluyor?; **in ~r Frühe** erkenden; **die schönste ~r Mädchen/Tage** kızların/günlerin en güzeli; **es ist noch nicht ~r Tage Abend** gün doğmadan neler doğar; **wir ~** hepimiz
Allee <-n> [a'leː, *pl* a'leːən] *f* hıyaban (*iki yanı ağaçlı yol veya bulvar*)
allein [a'laɪn] **I.** *adj* ❶ (*getrennt, für sich*) yalnız; **~ stehend** (*freistehend*) müstakil, tek (başına); **kann ich dich einen Augenblick ~ sprechen?** bir saniye seninle yalnız konuşabilir miyim? ❷ (*ohne Hilfe*) tek başına; **er macht das ganz ~** o, bunu tek başına yapar; **eine ~ erziehende Mutter** bekâr bir anne (*tek başına velâyet hakkına sahip olan anne*) ❸ (*einsam*) yapayalnız; **ich bin so oft ~** ben çoğu zaman yapayalnızım **II.** *adv* (*nur*) yalnızca, sadece; **du ~ bist schuld daran** bütün kabahat sende; **nicht ~ ..., sondern auch ...** sadece ... değil, o da ...; **einzig und ~** sadece; **~ schon die Vorstellung macht mir**

Angst sadece düşüncesi bile bana korku veriyor; **von ~** kendi kendine, kendiliğinden; **das weiß ich von ~!** bunu kendim de biliyorum! **III.** *konj* (*geh*) ancak

alleine ['alaɪnə] *adj, adv* (*fam*) *s.* **allein**

Alleinerbe(in) <-n, -n; -nen> *m(f)* tek mirasçı **alleinerziehend** *adj s.* **allein 2.** **Alleinerziehende(r)** <-n, -n; -n> *f(m)* (*Vater*) bekâr baba, *tek başına velâyet hakkına sahip olan baba;* (*Mutter*) bekâr anne, *tek başına velâyet hakkına sahip olan anne* **Alleingang** *m* **im ~** tek başına **Alleinherrschaft** *f* POL otokrasi **Alleinherrscher(in)** *m(f)* POL otokrat

alleinig *adj* (*einzig*) tek, biricik

Alleinlebende(r) <-n, -n> *f(m)* tek başına yaşayan kimse

Alleinsein <-s> *nt kein pl* yalnızlık, kimsesizlik **alleinstehend** *adj* (*unverheiratet*) bekâr; (*ohne Verwandte*) kimsesiz **Alleinvertretung** *f* ❶ COMM genel acentelik ❷ POL tek başına temsil

allemal ['aləˈmaːl] *adv* **~!** kesinlikle!; **ein für ~** ilk ve son defa olmak üzere

allenfalls ['alənˈfals] *adv* gerekirse, olmazsa; (*höchstens*) olsa olsa, haydi haydi

allenthalben *adv* her yerde

allerbeste(r, s) ['alɐˈbɛstə, -tɐ, -təs] *adj* en iyi; **meine ~ Freundin** en iyi dostum; **es wäre am ~n, wenn du nicht kommst** gelmemen en iyisi olacak

allerdings ['alɐˈdɪŋs] **I.** *adv* ❶ (*in der Tat*) gerçekten, hakikaten, nitekim ❷ (*zögernd zugestehend*) gerçi, her ne kadar ... ise de ❸ (*einschränkend*) ancak, lakin, bununla birlikte, mamafih **II.** *interj* (*bekräftigend*) **~!** elbette!; **bist du selbst da gewesen? — ~!** kendin mi oradaydın? — elbette!

allererste(r, s) ['--'--] *adj* en baştaki [*o* önceki]; **zu allererst** en [*o* ilk] önce

allerfrühestens *adv* en erken

Allergie <-n> [alɛrˈgiː] *f* MED alerji (**gegen** karşı) **Allergietest** <-(e)s, -s> *m* alerji testi

Allergiker(in) <-s, -; -nen> [aˈlɛrgikɐ] *m(f)* MED alerjik [*o* alerjisi] olan (kimse)

allergisch *adj* alerjik (**gegen** karşı)

Allergologe *m* MED alerji uzmanı

allerhand ['--'-] *adj inv* (*fam*) ❶ (*ziemlich viel*) oldukça çok, çokça, epey; **das ist ~ Geld** bu epey bir paradır ❷ (*allerlei*) her çeşitten; **dort gab es ~ Leute** orada her çeşitten insan vardı; **das ist ja ~!** bu olacak iş [*o* şey] değil!

Allerheiligen <-> [--'---] *nt kein pl* REL Azizler Yortusu

allerlei ['alɐˈlaɪ] *adj inv* her türlü, her çeşit; (*divers*) çeşitli, çeşit çeşit; **~ Tiere** her türden hayvan; **er hat ~ Unsinn im Kopf** aklında her türlü yaramazlık var; **es wird ~ geredet** ortalıkta çeşitli söylentiler var

allerletzte(r, s) ['--'--] *adj* en son(uncu); **das ist das A~!** bu, rezaletin dik âlâsı!

allerliebste(r, s) ['--'--] *adj* en sevdiği [*o* candan]; **das wäre mir am A~n** bence en iyisi böyle olur **allermeiste(r, s)** ['--'--] *adj* **die ~n Menschen** insanların çoğu; **am ~n** her şeyden çok; **die A~n** çoğu, çok kimse **allernächste** *adj* pek yakın; **in ~r Zeit** pek yakın zamanda **allerneueste(r, s)** ['--'--] *adj* en yeni [*o* son]; **die ~n Nachrichten** en yeni [*o* son] haberler, en taze havadisler; **auf dem ~n Stand sein** en yeni gelişmeleri göz önüne almak **allerneuste(r, s)** ['--'--] *adj s.* **allerneueste(r, s)**

Allerseelen <-> [--'--] *nt kein pl* REL Ölüler Günü

allerseits ['alɐˈzaɪts] *adv* ❶ (*alle zusammen*) hepsi; **guten Abend ~!** hepinize iyi akşamlar! ❷ (*allseits*) her tarafta

allerspätestens ['--'---] *adv* en geç

Allerweltsgesicht *nt* sıradan yüz **Allerweltskerl** *m* yaman herif **Allerweltswort** *nt* sıradan söz

allerwenigste(r, s) ['--'---] *adj* pek az(ı); **die ~n Menschen** pek az insan, insanların pek azı; **das wissen die A~n** bunu pek az kimse bilir; **das ist doch das A~, was ich für dich tun kann** senin için en azından bunu yapabilirim **allerwenigstens** *adv* en azından, hiç olmazsa

allesamt ['--'-] *adv* (*fam: alle miteinander*) hep (beraber); (*alle zusammen*) hep birden, cümleten; **wir standen ~ auf** hepimiz ayağa kalktık

Allesfresser <-s, -> ['----] *m* ZOOL hepçil

allfällig *adv* SCHWEIZ (*eventuell*) olası

allg. *Abk von* **allgemein** genel

Allgegenwart *f kein pl* her yerdelik

allgegenwärtig ['-----] *adj* her yerdeki; (*Gott*) kaim, her zaman var olan

allgemein ['algəˈmaɪn] **I.** *adj* ❶ (*Kenntnisse*) genel ❷ (*alle betreffend*) genel; (*allen gemeinsam*) herkesin; **im A~en** genellikle, genel olarak **II.** *adv* genellikle, genel olarak; **~ bildend**RR genel eğitim veren; **~ gültig** her yerde geçerli; **~ üblich/verbreitet** yaygın; **~ verständlich** anlaşılması kolay; **es ist ~ bekannt, dass ...** ... olduğu genellikle [*o* herkesçe] biliniyor **Allgemeinbefinden** [--'----] *nt* MED genel sağlık durumu **allgemeinbildend** [--'----] *adj s.* **allgemein II.** **Allgemeinbildung** [--'---] *f* genel kültür **allgemeingültig** [--'---] *adj s.* **allgemein II.**

A

Allgemeinheit [--'--] *f kein pl* kamu, amme; **im Interesse der ~** kamu yararına **Allgemeinmedizin** [--'----] *f kein pl* genel tıp **allgemeinverständlich** [--'----] *adj s.* **allgemein II. Allgemeinwissen** *nt* genel kültür **Allgemeinwohl** [--'--] *nt* kamu esenliği

Allheilmittel [al'haɪl-] *nt* her derde deva [*o* çare]

Allianz <-en> [ali'an(t)s] *f* ittifak, bağlaşım [*o* bağlaşma]; **strategische ~** COMM stratejik bağlaşım

Alligator <-s, -en> [ali'ga:to:ɐ] *m* alligator

alliiert [ali'i:ɐt] *adj* müttefik, bağlaşık

Alliierte(r) <-n, -n; -n> *f(m)* müttefik, bağlaşık; **die ~n** müttefikler

alljährlich [-'--] **I.** *adj* her yılki **II.** *adv* yıldan yıla, her yıl

Allmacht *f kein pl* kudret; **die ~ Gottes** ceberut, Tanrı'nın ezelî gücü

allmächtig [-'--] *adj* kadir (*her şeye gücü yeter*); **~er Gott!** (*fam*) yarabbi!

allmählich [al'mɛ:lɪç] **I.** *adj* yavaş yavaş olan; (*schrittweise*) adım adım yapılan **II.** *adv* yavaşça, yavaş yavaş; (*nach und nach*) gittikçe; **wir sollten ~ gehen** yavaş yavaş gitsek iyi olur

Allonge *f* COMM alonj

Allradantrieb *m* AUTO dört çeker

allseitig ['alzaɪtɪç] *adj* etraflı; (*von allen Seiten*) her yandan [*o* taraftan]; (*in jeder Beziehung*) her bakımdan; **~ interessiert sein** her bakımdan merakı olmak

allseits *adv* (*überall*) her tarafta [*o* yanda]; (*von allen Seiten*) her taraftan [*o* yandan]

allstündlich *adj* saatte bir

Alltag <-(e)s> ['alta:k] *m kein pl* ❶ (*Tagesablauf*) günlük yaşam [*o* hayat], gündelik hayat, hafta arası [*o* içi] ❷ (*tägliches Einerlei*) gündelik hayat, günlük işler; (*Routine*) rutin

alltäglich [-'--] *adj* ❶ (*jeden Tag*) her günkü, gündelik ❷ (*fig: gewöhnlich*) sıradan

alltäglich *adj* ❶ gündelik, her günkü ❷ (*fig: durchschnittlich*) sıradan

alltags ['--] *adv* hafta arasında [*o* içinde]

Allüren *pl* dengesizlikler, kaprisler; **merkwürdige ~** acayip tutum ve davranışlar

Alluvion *f* GEO alüvyon; (*Anlandung*) lığ

allwissend ['-'--] *adj* her şeyi bilen

Allwissenheit ['-'---] *f kein pl* REL, PHILOS ön bilim

allzu ['--] *adv* pek, fazla(sıyla); **~ häufig**[RR] pek sık; **~ oft**[RR] pek sık; **~ sehr**[RR] pek çok; **~ viel**[RR] gereğinden [*o* yeterinden] fazla; (*übertrieben*) aşırı; **~ viel**[RR] **ist ungesund** her şeyin fazlası [*o* aşırısı] sağlığa zararlıdır; **das mag er ~ gern** bunu pek sever; **das mag sie nicht ~ gern** bunu pek sevmez **allzuhäufig**[ALT] *adv s.* **allzu allzuoft**[ALT] *adv s.* **allzu allzusehr**[ALT] ['--'-] *adv s.* **allzu allzuviel**[ALT] ['--'-] *adv s.* **allzu**

Allzweckhalle *f* her işe elverişli salon **Allzweckreiniger** *m* her işte kullanılabilir arıtıcı

Alm <-en> [alm] *f* dağ merası, dağ otlağı, yüksek yaylak

Almosen <-s, -> ['almo:zən] *nt* sadaka

Aloe *f* BOT **echte ~** sarısabır, azvay

Alpaka <-s, -s> [al'paka] *nt* alpaka

Alpen ['alpən] *pl* GEO Alpler *pl* **Alpenflora** *f kein pl* BOT Alplerin bitki örtüsü **Alpenveilchen** *nt* BOT tavşankulağı, siklamen **Alpenverein** *m* dağcılık kulübü **Alpenvorland** *nt* Alplerin eteği

Alphabet <-(e)s, -e> [alfa'be:t] *nt* alfabe

alphabetisch *adj* alfabetik; **~e Reihenfolge** alfabe sırası; **~ ordnen** alfabe sırasına göre dizmek; **~ geordnet** alfabe sırasına göre dizilmiş

alphabetisieren* *vt* ❶ (*lesen lehren*) okuma yazma öğretmek (-e) ❷ (*alphabetisch ordnen*) alfabe sırasına göre dizmek

alphanumerisch [alfanu'me:rɪʃ] *adj* INFORM alfa sayısal

Alphastrahlen *pl* PHYS alfa ışınları *pl*

Alpinismus <-> [alpi'nɪsmʊs] *m kein pl* SPORT dağcılık **Alpinist** *m* alpinist, dağcı

Alptraum *m s.* **Albtraum**

Alraune *f* BOT adamotu, kankurutan; (*Alraunwurzel*) adamkökü

als [als] *konj* ❶ (*temporal*) iken, esnasında, -diği zaman, -diğinde; **~ der Krieg ausbrach, ...** savaş başladığında [*o* başlarken] ...; **~ ich nach Hause kam** eve geldiğimde; **gerade ~ wir losgehen wollten, begann es zu regnen** tam (biz) yola koyulurken yağmur yağmaya başladı ❷ (*vorzeitig, nachzeitig*) **es sieht so aus, ~ würde es regnen** yağmur yağacak gibi görünüyor ❸ (*~ ob*) sanki; **~ ob es meine Schuld wäre!** benim suçum, sanki!, sanki kabahat benimmiş!; **es sieht nicht so aus, ~ würden wir das Spiel verlieren** oyunu [*o* maçı] kaybedeceğimize benzemiyor, oyunu [*o* maçı] kaybedecekmişiz gibi görünmüyor; **er sprach so klug, ~ ob er das studiert hätte** sanki öğrenimini yapmış gibi akıllı konuştu; **er ist zu anständig, ~ dass er so etwas tun könnte** böyle bir şeyi yapmak için fazla dürüsttür; **tu nicht so, ~ ob dir das nicht gefiele!** bu hoşuna gitmiyormuş gibi (rol) yapma!

❹ (*bei Vergleichen*) -den (daha); **meine Schwester ist größer ~ ich** kız kardeşim benden (daha) büyük; **ich bin klüger ~ vorher** ben eskisinden daha akıllıyım ❺ (*in der Eigenschaft*) olarak, diye; **er kam ~ Freund zu uns** bize dost olarak geldi ❻ (*wie*) gibi; **sich ~ Cowboy verkleiden** kovboy gibi giyinmek, kovboy kılığına girmek

alsbald [-'-] *adv* (*sogleich*) hemen; (*kurz danach*) hemen sonra

alsbaldig [als'baldıç] *adj* (*form: sofortig*) acele; **zum ~en Gebrauch** hemen kullanılmak üzere

alsdann *adv* (*danach*) ondan sonra; (*dann*) o zaman; **~!** haydi! [*o* hadi!]

also ['alzo] **I.** *adv* ❶ (*folglich*) binaenleyh, bunun üzerine, bundan dolayı; (*als Füllwort*) işte; **hier bist du ~!** demek ki geldin!; **ich denke, ~ bin ich** düşünüyorum, öyleyse varım ❷ (*das heißt*) yani, demek (ki), öyleyse, o [*o* şu] hâlde; **das heißt ~, dass ...** yani, bu demek oluyor ki, ... **II.** *part* **~, so was!** olacak [*o* olur] şey değil!; **~ doch!** işte bak!; **na ~!** hah şöyle!, gördün mü işte!

Alsterwasser ['alstɐ-] *nt* GASTR limonatalı bira (*limonata ile birayı karıştırarak elde edilen içki*)

alt <älter, am ältesten> [alt] *adj* ❶ (*auf das Alter bezogen*) yaşındaki; (*bejahrt*) yaşlı, ihtiyar; **A~ und Jung** yaşlı ve genç; **wie ~ bist du?** kaç yaşındasın?; **ich bin 17 Jahre ~** 17 yaşındayım; **er war erst wenige Tage ~** henüz birkaç günlüktü; **sie ist doppelt so ~ wie ich** o, benden yaşça iki misli büyüktür; **wir sind gleich ~** biz aynı yaştayız; **~ werden** yaşlanmak, ihtiyarlamak; (*Sachen*) eskimek; **hier siehst du aber ~ aus** (*fam*) ayıkla şimdi bakalım pirincin taşını ❷ (*gebraucht*) eski, emektar; **zum ~en Eisen gehören** emektar olmak ❸ (*lange bestehend*) eski; **ein ~er Freund von mir** benim eski bir arkadaşım; **das A~e Testament** Ahdiatik; **die A~e Welt** Eski Dünya; **es bleibt alles beim A~en** her şey eskisi [*o* olduğu] gibi kalıyor; **alles beim A~en lassen** her şeyi eskisi [*o* olduğu] gibi bırakmak; **das Buch befindet sich am ~en Platz** kitap eski yerindedir ❹ (*klassisch*) eski ❺ (*ehemalig*) eski; **seine ~en Schüler** eski öğrencileri

Alt[1] <-s> *m kein pl* MUS (*Altistin*) alto; (*Altstimme*) kontralto

Alt[2] <-s, -> *nt* (*Altbier*) *üst mayalanma ürünü olan koyu Alman birası*

Altar <-s, Altäre> [al'taːɐ, *pl* al'tɛːrə] *m* REL sunak **Altardecke** *f* sunak örtüsü **Altartuch** *nt* sunak bezi

altbacken ['---] *adj* ❶ (*Brot*) bayat ❷ (*pej: altmodisch*) modası geçmiş

Altbau <-(e)s, -ten> *m* eski yapı [*o* bina] **Altbaumodernisierung** *f* eski yapıların [*o* binaların] modernize edilmesi **Altbausanierung** *f* eski yapıların [*o* binaların] onarımı

altbekannt ['--'-] *adj* eski tanıdık; **~e Gesichter** eski tanıdık simalar; **das ist doch ~** bu zaten bilinen bir şey **altbewährt** ['--'-] *adj* uzun süreden beri sınanmış

Altbier *nt üst mayalanma ürünü olan koyu Alman birası*

Altbundeskanzler *m* Almanya'nın eski şansölyesi

altdeutsch *adj* (*Möbel, Stil*) eski Alman (*15.-16. yüzyılları örnek alan*)

Alte(r) <-n, -n; -n> *f(m)* ❶ (*alter Mensch*) ihtiyar; (*pej*) moruk ❷ **mein ~r** (*fam*) bizim ihtiyar; (*Vater*) bizim peder; (*Mutter*) bizim valide ❸ (*fam o pej: Ehemann*) bizim moruk; (*Ehefrau*) bizim karı ❹ (*fam: Vorgesetzter*) patron

alteingesessen ['-'----] *adj* yerli

Alteisen <-s> *nt kein pl* hurda demir

Altenheim <-(e)s, -e> *nt* yaşlılar yurdu, huzur evi **Altenhilfe** *f* yaşlılar için sosyal yardım hizmetleri **Altenpflege** *f* yaşlıların bakımı **Altenpflegeheim** *nt* yaşlılar için bakım yurdu **Altenpfleger(in)** *m(f)* yaşlı bakıcısı **Altenwohnheim** *nt* yaşlılar yurdu, huzur evi

Alter <-s> ['altɐ] *nt kein pl* ❶ (*Lebensabschnitt*) yaşlılık, ihtiyarlık; (*Zeit~*) çağ; **im ~** yaşlılıkta ❷ (*Anzahl der Jahre*) yaş; **hohes ~** ileri yaş; **im ~ von drei Jahren** üç yaşında; **ein Herr mittleren ~s** orta yaşlı bir bey; **er ist in deinem ~** o, senin yaşındadır; **~ schützt vor Torheit nicht** (*prov*) akıl yaşta değil, baştadır

älter ['ɛltɐ] *adj komp von* **alt**

altern ['altɐn] *vi sein* yaşlanmak, ihtiyarlamak, kocamak

alternativ *adj* alternatif, almaşık

Alternative <-n> *f* alternatif, seçenek, şık; **vor die ~ gestellt sein** iki şıktan birini seçmek zorunda olmak **Alternativenergie** *f* alternatif enerji

Alternativreisende(r) <-n, -n; -n> *f(m)* alternatif yolculuk yapan (kimse)

alters *adv* **von ~ her** (*geh*) eskiden beri

Altersabstand *m* yaş farkı **Altersasyl** *nt* SCHWEIZ (*Altenheim*) yaşlılar yurdu **altersbedingt** *adj* ❶ (*durch das Lebensalter ~*) yaşa bağlı ❷ (*durch hohes Alter ~*) yaşlılığa bağlı **Altersbeschwerden** *pl* yaşlılıkta

A

ortaya çıkan şikâyetler *pl* **Alterserscheinung** *f* yaşlılık belirtisi **Altersgenosse(in)** *m(f)* yaşıt, akran **Altersgrenze** *f* yaş haddi; (*Rentenalter*) emeklilik yaşı **Altersgruppe** *f* yaş grubu; **die Kinder gehören alle der gleichen ~ an** çocukların hepsi aynı yaş grubunda **Altersheim** <-(e)s, -e> *nt* yaşlılar yurdu, huzur evi **Alterspräsident(in)** *m(f)* yaş başkanı **Alterspyramide** *f* yaş piramidi **Altersruhegeld** <-(e)s, -er> *nt* yaşlılık aylığı **altersschwach** *adj* ❶ (*Person*) öksürüklü tıksırıklı, pimpirik; (*senil*) bunak ❷ (*Gegenstand*) dayanma ömrü sona ermiş **Altersschwäche** *f kein pl* bunaklık **Altersstufe** *f* yaş kademesi **Altersteilzeit** *f* yaşlılıkta parttaym **Altersunterschied** *m* yaş farkı **Altersversicherung** *f* yaşlılık sigortası **Altersversorgung** <-en> *f* yaşlıların bakımı, emeklilik

Altertum <-s> ['altɐtu:m] *nt kein pl* İlk Çağ

Altertümer *pl* eski eserler *pl,* asarıatika *pl*

altertümlich ['altɐty:mlɪç] **I.** *adj* ❶ (*altmodisch*) demode, modası çoktan geçmiş olan, Nuh nebiden kalma ❷ (*veraltet*) arkaik, eskimiş **II.** *adv* (*in der Art früherer Zeiten*) eski tarzda

Altertumswert <-es> *m kein pl* antika değeri

Alterung *f kein pl* ❶ yaşlanma; **~ der Bevölkerung** nüfusun yaşlanması ❷ TECH eskime **Alterungsprozess**[RR] *m* yaşlanma süreci

älteste(r, s) *adj superl von* **alt**

Älteste(r) <-n, -n; -n> ['ɛltəstɐ] *f(m)* en yaşlı

Ältestenrat <-(e)s, -räte> *m* ihtiyar heyeti

altgedient *adj* uzun süre hizmet etmiş, emeği geçmiş, emektar

Altglas <-(e)s> *nt kein pl* eski cam, eski şişeler *pl*

altgriechisch *adj* Grek(lerle ilgili); (*Sprache*) Grekçe

althergebracht ['-'---] *adj* alışılmış

Althochdeutsch <-(s)> ['---] *nt kein pl* Eski Yüksek Almanca

Altjahresabend *m* SCHWEIZ (*Silvesterabend*) yılbaşı akşamı, yılbaşı gecesi

Altkanzler(in) *m(f)* eski şansölye, eski başbakan

Altkleidersammlung <-en> ['-'----] *f* eski giysi toplama

altklug *adj* büyümüş de küçülmüş

Altlasten *pl* çevreye zararlı eski atıklar *pl*

ältlich ['ɛltlɪç] *adj* yaşlıca, geçkin, ihtiyarlamaya yüz tutmuş

Altmaterial *nt* TECH hurda; (*noch brauchbar*) eski malzeme **Altmeister(in)** *m(f)* SPORT eski şampiyon **Altmetall** *nt* hurda (metal) **altmodisch** *adj* demode, modası geçmiş olan; (*rückständig*) eski [*o* geri] kafalı **Altöl** *nt* eski yağ **Altöltank** *m* eski yağ tankı

Altpapier <-s> *nt kein pl* eski kâğıt **Altpapiersammlung** *f* eski kâğıt toplama

Altruismus *m kein pl* özgecilik

Altruist(in) *m(f)* özgeci

altruistisch *adj* özgecil

Altschulden *pl* eski borçlar *pl*

Altstadt *f* kentin eski semti [*o* merkezi]

Altsteinzeit *f kein pl* GEO Eski Taş Çağı

Altstimme <-n> *f* MUS kontralto

Altwarenhandel *m kein pl* eskicilik **Altwarenhändler(in)** *m(f)* (*Trödler*) eskici

Altweiberfastnacht [-'----] *f* DIAL perhiz çarşambasından önceki perşembe **Altweibersommer** [-'----] *m* pastırma yazı

Alu <-(s)> ['a:lu] *nt kein pl Abk von* **Aluminium** alüminyum **Alufolie** ['a:lufo:liə] *f* alüminyum folyo (kâğıt)

Aluminium <-s> [alu'mi:niʊm] *nt kein pl* CHEM alüminyum

Alzheimer *m* MED Alzheimer (hastalığı)

Alzheimerkrankheit[RR] *f kein pl* MED Alzheimer hastalığı

am [am] *präp* (*Superlativbildung*) **~ besten** en iyisi; **~ meisten** en çok; **Lothar fährt ~ schnellsten** Lothar en hızlı araba sürer; **~ 1. November** 1 Kasım'da; **~ Abend** akşamleyin; **~ Anfang** başlangıçta; **~ Ende** sonunda; **~ Himmel** gökyüzünde, havada; **~ Tag** gündüzün; **~ Tag darauf** ertesi günü; **~ Lager** COMM stokta; (*Verlaufsform*) **ich bin ~ Arbeiten** çalışmaktayım, ben çalışıyorum; **ich war gerade ~ Weggehen** tam [*o* şu anda] gidiyordum; **~ Leben** hayatta

Amalgam <-s, -e> [amal'ga:m] *nt* (*fig*) *a.* CHEM amalgam, malgama

amalgamieren *vt* CHEM, TECH ❶ (*mit Quecksilber legieren*) cıva ile alaşımlamak; **Kalium/Zink/Zinn ~** potasyumu/çinkoyu/kalayı cıva ile alaşımlamak ❷ (*mit Quecksilber aus Erzen gewinnen*) cıva ile maden cevherinden kazanmak; **Gold/Silber ~** cıva ile maden cevherinden altın/gümüş kazanmak

Amaryllis <-len> *f* BOT nergis zambağı, güzelhatun çiçeği

Amateur(in) <-(e)s, -e; -nen> [ama'tø:ɐ] *m(f)* ❶ (*Nichtfachmann*) amatör ❷ (*pej: Dilettant*) acemi **Amateurfunker** *m* amatör telsizci, amatör radyocu **Amateurklasse** *f* SPORT amatörler klası, amatörler sınıfı **Amateurliga** *f* SPORT amatör-

ler ligi
Amazonas <-> [ama'tso:nas] *m* Amazon Irmağı
Amazone <-n> *f* ❶ (*griech. Myth.*) amazon ❷ (*Reiterin*) amazon ❸ (*Mannweib*) erkek fatma, erkek ayşe
Ambiente *nt* çevre, ortam
ambitioniert [ambitsjo'ni:ɐt] *adj* hırslı
ambivalent [ambiva'lɛnt] *adj* karşıt anlamlı iki bileşenden oluşmuş
AmbossRR <-es, -e> ['ambɔs] *m*, **Amboß**ALT <-sses, -sse> *m* ❶ TECH örs; **das glühende Eisen auf den ~ legen** yalım gibi kızarmış demiri örsün üstüne koymak ❷ ANAT, MED örs kemiği; **der ~ befindet sich zwischen Hammer und Steigbügel** örs kemiği, çekiç kemiği ile üzengi kemiği arasında bulunur; **der ~ ist eines der drei Gehörknöchelchen** örs kemiği, üç işitme kemikçiğinden biridir
ambulant [ambu'lant] *adj* ❶ (*wandernd*) gezgin, seyyar ❷ MED (*nicht stationär*) ayakta; **~e Behandlung** ayakta tedavi; **jdn ~ behandeln** birini ayakta tedavi etmek
Ambulanz <-en> [ambu'lants] *f* MED ❶ (*im Krankenhaus*) ayakta tedavi bölümü ❷ (*Krankenwagen*) ambulans, cankurtaran ❸ MIL (*bewegliches Feldlazarett*) seyyar hastane
Ameise <-n> ['a:maɪzə] *f* ZOOL (*Formica*) karınca **Ameisenbär** <-en, -en> *m* karıncayiyen **Ameisenhaufen** *m* karınca yuvası **Ameisensäure** *f kein pl* CHEM formik asit
amen ['a:mən] *adv* âmin
Amen ['a:mən] *nt* REL âmin; **das ist so sicher wie das ~ in der Kirche** (*fam*) bu hiç şüphe götürmez; **zu allem Ja und ~ sagen** (*fam*) her şeye amenna demek
Amerika <-s> [a'me:rika] *nt* Amerika; **die Vereinigten Staaten von ~** Amerika Birleşik Devletleri
Amerikaner(in) <-s, -; -nen> [ameri'ka:nɐ] *m(f)* Amerikalı **amerikanisch** *adj* Amerikan, Amerikanvarî
amerikanisieren* *vt* Amerikalılaştırmak
Amethyst <-(e)s, -e> [ame'tʏst] *m* GEO ametist
Aminosäure <-n> [a'minozɔɪrə] *f* CHEM aminoasit
Amitose <-n> *f* ZOOL amitoz
Ammann <-s, -männer> *m* SCHWEIZ muhtar
Amme <-n> ['amə] *f* sütana; (*Kinderfrau*) dadı **Ammenmärchen** *nt* (*fam*) kocakarı masalı
Ammoniak <-s> [amo'njak] *nt kein pl* CHEM amonyak
Amnestie <-n> [amnɛs'ti:] *f* JUR, POL af, genel af
amnestieren* [amnɛs'ti:rən] *vt* JUR, POL affetmek
Amnesty International *nt kein pl* Uluslararası Af Örgütü
Amöbe <-n> [a'mø:bə] *f* ZOOL amip
Amok <-s> ['a:mɔk] *m kein pl* kudurma, gözü dönme; **~ laufen** kudurmuşçasına sağa sola saldırmak, önüne gelene çılgınca saldırmak **Amokläufer(in)** <-s, -; -nen> *m(f)* kudurmuşçasına sağa sola saldıran kimse **Amokschütze** *m* kudurmuşçasına sağa sola ateş eden kimse, önüne gelene ateş eden çılgın
A-Moll <-> *nt kein pl* MUS la minör
amoralisch ['amora:lɪʃ] *adj* ahlak dışı, ahlaksız
Amoralismus *f kein pl* PHILOS amoralizm, ahlak dışılık
Amortisation <-en> [amɔrtiza'tsjo:n] *f* WIRTSCH itfa, sönüm
amortisieren* [amɔrti'zi:rən] **I.** *vt* WIRTSCH (*Schuld*) itfa etmek, sönümlemek **II.** *vr* ■ **sich ~** (*Investition*) amorti etmek
amourös [amu'rø:s] *adj* (*geh*) aşk (ile ilgili)
Ampel <-n> ['ampəl] *f* ❶ (*Verkehrs~*) lamba ❷ (*Blumen~*) asma saksı
Ampere <-(s), -> [am'pe:ɐ] *nt* PHYS, ELEK amper **Amperemeter** [--'--] *nt* PHYS, ELEK ampermetre, amperölçer **Amperestunde** *f* PHYS, ELEK amper saat
Amphetamin <-s, -e> [amfeta'mi:n] *nt* CHEM amfetamin
Amphibie <-n> [am'fi:biə] *f* ZOOL amfibyum **Amphibienfahrzeug** *nt* amfibi (taşıt), yüzergezer
amphibisch *adj* ❶ ZOOL amfibi, iki yaşamlı ❷ MIL amfibi, yüzergezer (*hem suda hem de karada hareket eden*)
Amphitheater <-s, -> *nt* amfiteatr, açık hava tiyatrosu
Amphora <-, -oren> *f* amfor(a)
Amplitude *f* genlik
Amplitudenmodulation *f* genlik modülasyonu
Ampulle <-n> [am'pʊlə] *f* MED ampul
Amputation <-en> [amputa'tsjo:n] *f* MED ampütasyon
amputieren* [ampu'ti:rən] *vt* MED (ameliyatla) kesip çıkarmak
Amsel <-n> ['amzəl] *f* ZOOL (*Schwarzdrossel*) karatavuk
Amt <-(e)s, Ämter> [amt, *pl* 'ɛmtɐ] *nt* ❶ (*offizielle Stellung*) makam, mevki; **ein hohes ~** yüksek bir makam [*o* mevki]; **im ~**

A

A

sein mevkii olmak ❷ (*übernommene Aufgabe*) görev, memuriyet, memurluk; **seines ~es walten** görevini ifa etmek; **sein ~ niederlegen** görevinden çekilmek [*o* istifa etmek] ❸ (*Behörde*) makam, memurluk; (*Gebäude*) daire, ofis; **Auswärtiges ~** POL dış işleri (bakanlığı); **Statistisches ~** POL istatistik ofisi; **zum zuständigen ~ gehen** yetkili [*o* görevli] makama gitmek; **von ~s wegen** resmen ❹ TELEK santral

Ämterhäufung <-en> *f* ADMIN görevlerin yığılması, görevlerin içtimaı

amtieren* *vi* görevde bulunmak; (*vorübergehend*) görevlenmek (**als** olarak)

amtlich *adj* (*behördlich*) resmî; **~es Kennzeichen** tescil plakası

Amtsanmaßung *f* resmî memuriyetin gasbı, yetki gasbı

Amtsantritt *m* göreve başlama; *a.* POL göreve başlama **Amtsarzt, -ärztin** *m, f* hükümet [*o* kamu] doktoru **Amtsblatt** *nt* Resmî Gazete **Amtsdeutsch** *nt* (*pej*) bürokrasi Almancası **Amtseid** *m* göreve başlama yemini, memuriyete giriş yemini **Amtsentsetzung** *f* ÖSTERR görevden uzaklaştırma [*o* alma] **Amtsgericht** *nt* asliye mahkemesi **Amtshandlung** *f* resmî muamele, göreve ait işlem **Amtsmissbrauch**[RR] <-(e)s> *m kein pl a.* JUR mevki ve nüfuzunu kötüye kullanma **Amtsrichter(in)** *m(f)* asliye (mahkemesi) hâkimi **Amtsschimmel** *m kein pl* kırtasiyecilik, bürokrasi; **den ~ reiten** bürokrasi yapmak **Amtssprache** *f* ❶ (*Verwaltungsjargon*) bürokrasi dili ❷ (*offizielle Landessprache*) resmî dil; EU resmî dil **Amtsübernahme** *f* görev üstlenme, göreve başlama **Amtsweg** *m* resmî işlem yolu; **den ~ beschreiten** resmî işlem yoluna başvurmak **Amtszeichen** *nt* TELEK santral [*o* çevir] sesi **Amtszeit** *f* görev süresi **Amtszimmer** *nt* makam odası, ofis

Amulett <-(e)s, -e> [amu'lɛt] *nt* muska

amüsant [amy'zant] *adj* ❶ (*unterhaltsam*) eğlendirici, eğlenceli ❷ (*lustig*) güldürücü

amüsieren* [amy'zi:rən] **I.** *vt* eğlendirmek **II.** *vr* ■ **sich ~** ❶ (*sich vergnügen*) eğlenmek, keyfetmek; **sich königlich ~** krallar gibi eğlenmek; **sich prächtig ~** şahane eğlenmek ❷ (*sich lustig machen*) eğlenmek (**über** ile), alaya almak (**über** -)

Amüsierviertel *nt* eğlence semti; (*Rotlichtviertel*) gece kulüplerinin bulunduğu semt

an [an] **I.** *präp* ❶ (*nahe bei*) **~ der Ecke** köşede; **~ der gleichen Stelle** aynı yerde; **am Fenster sitzen** pencerede oturmak; **er geht ~ mir vorbei** benim yanımdan geçiyor; **bis ~ den Rand** ağzına kadar ❷ (*geographisch gelegen*) **Frankfurt ~ der Oder/am Main** Oder/Main Irmağı üzerindeki Frankfurt ❸ (*zeitlich*) **~ diesem Abend** bu [*o* o] akşam; **am Abend** akşamleyin; **es ist ~ der Zeit** zaman [*o* vakit] geldi; **am Anfang** başlangıçta; **am 29. November 1991** 29 Kasım 1991'de ❹ (*weitere Verwendungen*) **jdn ~ etw erkennen** birini bir şeyden tanımak; **was haben Sie ~ Weinen da?** sizde hangi şaraplar var?; **~ etw schuld sein** bir şeyde suçu olmak; **ich habe eine Bitte ~ Sie** sizden bir ricam var; **das Entscheidende ~ der Sache ist, dass ...** işin esası ...; **das gefällt mir nicht ~ ihm** onda bu hoşuma gitmiyor; **es ist ~ dir, etw zu tun** bir şey yapmak sana bağlı; **reich ~ Phosphaten/Stickstoffen** fosfat/azot bakımından zengin **II.** *präp* ❶ (*in Richtung auf*) ■ **sich ~ die Wand lehnen** duvara yaslanmak; **sie ging ~s Fenster** pencereye gitti; **~s Telefon gehen** telefona gitmek [*o* cevap vermek]; **~ die Arbeit!** haydi iş başına! ❷ (*für*) **ein Brief ~ seinen Sohn** oğluna bir mektup; **ich habe eine Frage ~ dich** sana bir sorum var; **~ (und für) sich** aslında ❸ (*ungefähr, etwa*) aşağı yukarı, yaklaşık olarak; **sie verdient ~ die 4.000 Euro** aşağı yukarı 4.000 euro kazanıyor; **~ die 500 Schüler** 500'e yakın öğrenci **III.** *adv* ❶ (*beginnend*) **von ... ~** ...den itibaren; **von hier ~** buradan sonra; **von Anfang ~** başından beri/itibaren, başlangıçtan beri ❷ EISENB (*bei Ankunftszeiten*) **Stuttgart ~ 16.25** Stuttgart'a varış 16.25 ❸ (*eingeschaltet*) **~ sein** (*fam: Licht, Radio*) açık olmak; (*Motor*) çalışır olmak

Anabolikum <-s, Anabolika> *nt* MED, CHEM anabolik

Anachronismus *m* anakronizm, çağa uymama

anachronistisch *adj* anakronik

anal [a'na:l] *adj* MED, PSYCH anüsten

analog [ana'lo:k] *adj* analojik, benzeşmeye dayanan; INFORM analog, örneksel; **gelten die Bedingungen der ... für ... ~** ... için koşullar kıyasen geçerlidir

Analog-Digital-Wandler *m* INFORM örneksel sayısal çevirici

Analogie <-n> [analo'gi:] *f* analoji, benzeşim, benzeşme **Analogiebildung** *f* LING örnekseme **Analogieschluss**[RR] *m* PHILOS benzeşim yoluyla çıkarım

Analogrechner *m* örneksel hesap makinesi

Analphabet(in) <-en, -en; -nen> ['analfabe:t, ---'-] *m(f)* okuma yazma bilmez

Analphabetentum <-s> *nt kein pl* okuma yazma bilmemezlik
Analyse <-n> [ana'ly:zə] *f* analiz, çözümleme, tahlil
analysieren* [analy'zi:rən] *vt* analiz etmek, çözümlemek, tahlil etmek
Analyst(in) *m(f)* FIN analist
Analytiker(in) <-s, -; -nen> [ana'ly:tikɐ] *m(f)* analizci, analist
analytisch *adj* analitik, çözümlemeli
Anämie <-n> [anɛ'mi:] *f* MED anemi; (*Blutarmut*) kansızlık
anämisch [a'nɛ:mɪʃ] *adj* MED anemik; (*blutarm*) kansız
Ananas <-(se)> ['ananas] *f* ananas
anaphylaktisch *adj* MED anafilaksik; **~er Schock** anafilaksik şok
Anarchie <-n> [anar'çi:] *f* anarşi
Anarchist(in) <-en, -en; -nen> *m(f)* anarşist
anarchistisch *adj* anarşist
Anästhesie *f* MED anestezi
Anästhesist(in) <-en, -en; -nen> *m(f)* MED anestezist; (*Narkosearzt*) narkozcu
Anatolien <-s> [ana'to:liən] *nt* Anadolu
Anatolier(in) *m(f)* Anadolulu
anatolisch *adj* Anadolulu, Anadolu (ile ilgili)
Anatomie [anato'mi:] *f kein pl* anatomi
anatomisch [ana'to:mɪʃ] *adj* anatomik
an|bahnen **I.** *vt* (*beginnen*) başlatmak; (*den Weg bereiten*) başlamasına yol açmak (-in) **II.** *vr* ■ **sich ~** (*sich zu entwickeln beginnen*) gelişmeye başlamak; (*sich andeuten*) belirmek, kendini göstermek
an|bändeln ['anbɛndəln] *vi* (*fam*) ❶ (*flirten*) işi pişirmek (**mit** -le) ❷ (*Streit*) takışmak (**mit** -le)
Anbau[1] <-(e)s, -ten> *m* ARCH eklentiler *pl;* (*Nebengebäude*) ek yapı [*o* bina]
Anbau[2] <-s> *m kein pl* AGR (*von Nutzpflanzen*) ekim
an|bauen *vt* ❶ ARCH (*Gebäude*) eklemek (**an** -e) ❷ AGR (*Gemüse*) ekmek
Anbaufläche *f* AGR ekim alanı; (*bebaute Fläche*) ekinlik, ekin ekilmiş yer **Anbaugebiet** *nt* AGR ekim bölgesi
Anbaumöbel *pl* grup [*o* modüler] mobilya, parçalı sistem mobilya **Anbauwand** *f* modüler mobilya ile kaplama duvar, parçalı sistem mobilya ile kaplama duvar
anbei [-'-] *adv* (*form*) ilişik olarak
an|beißen *irr* **I.** *vi* ❶ (*Fisch*) oltaya vurmak ❷ (*fig fam: Person*) oltayı yutmak, yem olmak **II.** *vt* (*Brot*) ısırmak
anbelangen* ['nbəlaŋən] *vt* **was das/mich anbelangt ...** bunu/beni ilgilendirdiği kadarıyla ..., buna/bana gelince ...
an|bellen *vt* havlamak (-e)
an|beraumen* ['nbəraʊmən] *vt* (*form: Sitzung*) gün kararlaştırmak [*o* tayin etmek] (için); (*Termin*) kararlaştırmak, tayin etmek
an|beten *vt* ❶ REL tapmak (-e) ❷ (*Personen*) taparcasına sevmek, tapınmak (-e), perestiş etmek; **er betet seine Frau an** karısını taparcasına seviyor, karısına tapıyor
Anbetracht ['anbətraxt] **in ~** göz önüne alındığında; **in ~ dessen, dass ...** madem [*o* mademki] ..., -diğine göre ...
an|biedern *vr* ■ **sich ~** yaltaklanmak (**bei** -e), dalkavukluk etmek (**bei** -e)
an|bieten *irr* **I.** *vt* ❶ (*Kaffee*) ikram etmek; (*Hilfe*) teklif etmek; **darf ich Ihnen ein Glas Wein ~?** size bir bardak şarap ikram edebilir miyim?; **jdm seine Hilfe ~** birine yardım teklif etmek ❷ COMM (*Waren*) sunmak ❸ (*vorschlagen*) önermek, teklif etmek **II.** *vr* ■ **sich ~** ❶ (*zur Verfügung stellen*) hazır olduğunu bildirmek (**als** olarak, **zu** -e), kendini göstermek (**zu** -e); **sie bietet sich als Vermittlerin an** aracı olarak hazır olduğunu bildirdi; **sie bot sich an, ihm zu helfen** ona yardım etmek için hazır olduğunu bildirdi ❷ (*geeignet sein*) uygun olmak; (*naheliegen*) akla yatkın olmak; **diese Lösung bietet sich an** bu çözüm akla yatkındır
Anbieter <-s, -> *m* WIRTSCH sunucu; (*Ausschreibung*) teklifte bulunan
an|binden *irr vt* bağlamak; **kurz angebunden sein** (*fig*) soğuk davranmak
Anblick[1] <-(e)s> *m kein pl* (*das Anblicken*) bakış; **beim ersten ~** ilk bakışta
Anblick[2] <-(e)s, -e> *m* (*Aussehen*) görünüş; (*das sich bietende Bild*) görünüm, sahne; (*das, was man beim Anblicken sieht*) manzara; **ein ~ für die Götter** (*fam*) Allahlık bir manzara
an|blicken *vt* bakmak (-e); (*flüchtig*) göz atmak (-e)
an|bohren **I.** *vt* delgi ile işlemek, delik açmaya başlamak; (*eine Quelle*) sondaj yaparak kazanmak [*o* edinmek] **II.** *vi* (*fig*) ağız aramak [*o* yoklamak]
Anbot <-(e)s, -e> *nt* ÖSTERR (*Angebot*) sunu, arz, teklif
an|braten *irr vt* hafifçe kızartmak
an|brechen *irr* **I.** *vi sein* (*geh: Epoche*) açılmak; (*Tag*) doğmak, ağarmak; (*Nacht*) olmak; (*Dunkelheit*) basmak, çökmek **II.** *vt haben* ❶ (*Geld*) harcamaya başlamak; (*Vorrat*) yemeye başlamak; (*Packung*) açmak ❷ (*teilweise brechen*) bir parçasını kırmak

an|brennen *irr* **I.** *vi sein* tutuşmak, yanmaya başlamak; (*Speisen*) dibini tutmak; **angebrannt riechen/schmecken** yanık kokmak/bir tadı olmak; **nichts ~ lassen** (*fig*) hiçbir şey kaçırmamak **II.** *vt* (*anzünden*) yakmak, tutuşturmak **Anbrennholz** *nt* çıra

an|bringen *irr vt* ❶ (*herbeibringen*) getirmek ❷ (*befestigen*) takmak ❸ (*äußern*) söylemek; (*zur Sprache bringen*) dile getirmek; **Beschwerde ~** şikâyette bulunmak; (*Gründe*) göstermek; (*Änderungen*) yapmak; **seine Kritik ~** eleştiride bulunmak ❹ (*fam: unterbringen*) yer bulmak (-e) ❺ (*verkaufen*) satmak; (*Käufer finden*) alıcı bulmak (-e) ❻ (*anziehen können*) giyebilmek

Anbruch <-(e)s> *m kein pl* başlama; (*Tages~*) ağarma; **bei ~ des Tages** gün ağarmasıyla, günün başlamasıyla, gün doğarken; **bei ~ der Nacht** gece olmasıyla [*o* olurken]; **bei ~ der Dunkelheit** karanlık basarken [*o* çökerken]

an|brüllen *vt* kükremek (-e), bağırmak (-e), bağırıp çağırmak (-e)

Anchovis <-> *f s.* **Anschovis**

Andacht[1] <-en> ['andaxt] *f* (*Gottesdienst*) ibadet; (*ehrfürchtige Stimmung*) huşu; **mit ~ zuhören** huşu içinde dinlemek; **in ~ niederknien** huşu içinde diz çökmek

Andacht[2] *f kein pl* (*Versenkung*) istiğrak, içine gömülme

andächtig ['andɛçtɪç] *adj* REL huşu içindeki; (*im Gebet*) dua eden

Andalusien <-s> [anda'luːziən] *nt* Endülüs

Andalusier(in) <-s, -; -nen> *m(f)* Endülüslü

andalusisch *adj* Endülüslü, Endülüs (ile ilgili)

an|dauern *vi* olagelmek, süregelmek, sürmek; (*weitergehen*) olagelmek, devam etmek

andauernd *adj* sürekli, devamlı; **jdn ~ unterbrechen** birinin sürekli [*o* devamlı] sözünü kesmek

Anden ['andən] *pl* And Dağları *pl*

Andenken[1] <-s> *nt kein pl* (*Erinnerung*) anı (**an** -), hatıra (**an** -); **zum ~ an jdn** birinin anısına

Andenken[2] <-s, -> *nt* (*Gegenstand*) bergüzar, anmalık, hatıra, yadigâr; (*Souvenir*) andaç

an|denken *vt* **etw ~** (*fam*) bir şeyi düşünmeye başlamak

andere(r, s) *pron* ❶ (*verschieden*) başka, ayrı, diğer, öteki, öbür; **mit ~n Worten** yani, diğer bir deyişle; **~ Kleider anziehen** başka giysi giymek, üstünü değiştirmek; **ein ~s Mal** başka bir zaman; **das ist etw ~s** bu başka [*o* ayrı] (bir) şeydir; **kein ~r** başka hiç kimse; **nichts ~s als** -den başka (hiç) bir şey; **alles ~ als** -den başka her şey; **zum einen ..., zum ~n ...** bir yandan ..., diğer yandan ise ...; **ich bin ~r Meinung** ben başka fikirdeyim; **alle ~n** ötekilerin hepsi; **es blieb mir nichts ~s übrig** yapacak başka bir şeyim kalmadı; **es bleibt mir nichts ~s übrig, als selbst hinzugehen** oraya bizzat gitmekten başka çarem kalmadı; **unter ~m** bunlardan başka; **der eine oder ~** içlerinden biri; **der eine ..., der ~ ...** biri ..., diğeri ...; **und vieles ~ mehr** ve başka bir çok şey daha; **es kam eins zum ~n** bir olayı başka bir olay izledi, olaylar arka arkaya geldi; **jemand ~s** başka birisi; **einer nach dem ~n** teker teker; **eins nach dem ~n** sırayla; **~ Saiten aufziehen** (*fig*) gemini kısmak, sıkıya almak; **sich eines ~n besinnen** fikrini değiştirmek ❷ (*folgend*) **von einem Tag auf den ~n** bir günden ötekine; **am ~n Morgen/Tag** ertesi sabah/gün

anderenfalls *adv* yoksa, aksi hâlde, aksi takdirde, sonra

and(e)rerseits *adv* öte yandan, diğer taraftan; **einerseits ..., ~ ...** bir yanda(n) ..., bir yanda(n) ...

andermal *adv* **ein ~** başka bir sefer

ändern ['ɛndɐn] **I.** *vt* değiştirmek; **ich kann es nicht ~** onu değiştiremem; **daran lässt sich nichts ~** bunda yapılacak bir şey yok; **seine Meinung ~** fikrini değiştirmek **II.** *vr* ■ **sich ~** değişmek

andernfalls *adv s.* **anderenfalls**

anders ['andɐs] *adv* başka (**als** -den), ayrı (**als** -den); (*unterschiedlich*) değişik (**als** -den); (*im Gegensatz*) farklı (**als** -den); **~ ausgedrückt** başka bir deyişle; **~ denkend** farklı düşünen [*o* görüşe sahip olan]; **~ Denkender** farklı görüş sahibi; **jemand ~** bir başkası, başka birisi; **~ (als jd) gesinnt**[RR] **sein** (birinden) ayrı görüşte olmak; **sie sieht ~ aus als ihre Schwester** görünüşü kız kardeşinden farklıdır; **ich habe es nicht ~ erwartet** bunu [*o* onu] başka türlü beklemiyordum; **es geht nicht ~** başka türlü olmaz; **so und nicht ~** böyle olur da başka türlü olmaz; **es war nicht ~ möglich** başka türlü olamazdı [*o* olmadı]; **ich habe es mir ~ überlegt** ben fikrimi değiştirdim; **wie sollte es auch ~ sein?** başka nasıl olabilirdi ki?; **~ als sein Bruder, ...** erkek kardeşinden değişik olarak **andersartig** *adj* ayrı cinsten, başka türden **andersdenkend** *adj s.* **anders** **Andersdenkende(r)** <-n, -n; -n> *f(m)* farklı görüş sahibi

andersgesinnt *adj s.* **anders** **andersgläubig** *adj* farklı inanca sahip olan **andersherum** *adv* tersine, ters yöne; (*fig: homosexuell*) top **anderswo** ['--(')-] *adv* başka yerde **anderswoher** *adv* başka yerden **anderswohin** *adv* başka yere

anderthalb ['andɐt'halp] *adj inv* bir buçuk **anderthalbfach** *adj* bir buçuk katı [*o* misli]

Änderung <-en> ['ɛndərʊŋ] *f* ① (*Umgestaltung*) değişiklik ② (*Wechsel*) değiştir(il)me **Änderungsantrag** *m* POL değişiklik önergesi **Änderungsschneider(in)** <-s, -; -nen> *m(f)* terzi **Änderungsvorschlag** *m* değiştirge

anderweitig ['----] **I.** *adj* ① (*sonstig*) başka ② (*an anderer Stelle*) başka yerdeki **II.** *adv* (*woanders*) başka yerde; ~ **vergeben werden** başkasına [*o* başka yere] verilmek

an|deuten **I.** *vt* ① (*Wunsch*) belirtmek ② (*kurz erwähnen*) değinmek (-e); (*zu verstehen geben*) sezdirmek, ihsas etmek; (*anspielen*) anıştırmak, ima etmek, telmih etmek ③ (*skizzieren*) kaba taslak çizmek **II.** *vr* ■ **sich** ~ belirmek

Andeutung <-en> *f* ① (*Anspielung*) ima, kinaye, anıştırma, telmih; ~**en über etw machen** bir şeyi anıştırmak [*o* ima etmek] ② (*Anzeichen*) belirti; **versteckte** ~**n machen** üstü kapalı olarak belirtmek, dolaylı olarak anlatmak, imalı konuşmak **andeutungsweise** *adv* anıştırarak, ima ederek; (*indirekt*) telmihen, telmih yoluyla ima ederek

Andorn *m* BOT köpekayası

Andrang <-(e)s> *m kein pl* ① (*Gedränge*) izdiham, üşüşme ② (*Zuströmen*) akın (**auf** -e)

Andreas-Kreuz *nt* Aziz Andreas Haçı

an|drehen *vt* ① (*Wasser, Heizung, Radio*) açmak; (*Licht*) yakmak, açmak; (*Maschine*) düğmesine basarak çalıştırmak ② (*festdrehen*) sıkıştırmak ③ (*fam*) **jdm etw** ~ birine bir şey yamamak, birine bir şey kakalamak

an|drohen *vt* **jdm etw** ~ birine bir şey ile gözdağı vermek

Androide <-n, -n> *m* android

an|ecken *vi* (*fam*) **bei jdm** ~ birinin sinirine dokunmak

an|eignen *vr* ■ **sich** *dat* ~ ① (*nehmen*) kendine mal etmek ② JUR (*bewegliche Sachen*) ihraz etmek; (*unbewegliche Sachen*) işgal etmek ③ (*Wissen*) edinmek, öğrenmek; (*Meinung*) benimsemek; (*Gewohnheit*) edinmek

aneinander [--'--] *adv* birbirine, birbirini; ~ **denken** birbirini düşünmek; ■ **sich** ~ **gewöhnen** birbirine alışmak **aneinander|fügen** *vt* birbirine eklemek **aneinander|geraten*** *irr vi sein* **mit jdm** ~ biriyle birbirine girmek **aneinander|grenzen** *vi* birbirine bitişik olmak, ortak sınırları olmak **aneinander|reihen** **I.** *vt* birbirine dizmek **II.** *vr* ■ **sich** ~ art arda dizilmek **aneinander|stoßen** *irr vt sein* birbirine çarpmak

Anekdote <-n> [anɛk'do:tə] *f* anekdot, fıkra

an|ekeln *vt* tiksindirmek; **es ekelt mich an** ondan tiksiniyorum

Anemone <-n> [ane'mo:nə] *f* BOT anemon; (*Windröschen*) dağ lalesi

Anerbieten *nt* önerme [*o* öneri], teklif

anerkannt **I.** *pp von* **anerkennen** **II.** *adj* tanınmış, ünlü

an|erkennen* *irr vt* ① (*akzeptieren*) kabul etmek; (*Schuld*) ikrar etmek ② (*öffentlich bestätigen*) tanımak; (*gesetzlich*) tanımak; (*Vaterschaft*) tanımak ③ (*lobend*) takdir etmek

Anerkennung *f kein pl* ① kabul, tanı(n)ma ② (*Würdigung*) takdir; ~ **finden** takdir olunmak ③ (*Abschlüsse*) iftihar

an|fachen ['anfaxən] *vt* (*geh*) ① (*Feuer*) alevlendirmek ② (*fig: Leidenschaft*) alevlendirmek

an|fahren *irr* **I.** *vi sein* ① AUTO (*starten*) hareket etmek, kalkmak ② (*sich nähern*) yaklaşmak; **er kam in einem veralteten Auto angefahren** külüstür bir oto ile çıkageldi **II.** *vt* ① (*heranschaffen*) getirmek ② (*ansteuern*) yönelmek (-e); (*Hafen*) uğramak (-e); **er fuhr die Kurve falsch an** viraja yanlış girdi ③ (*anstoßen*) çarpmak (-e), tokuşmak (-le); (*Person*) çarpmak (-e) ④ (*schelten*) çıkışmak (-e), azarlamak, terslemek ⑤ TECH (*Maschine*) çalıştırmak; (*Fabrikanlage*) üretime geçirmek

Anfahrt <-en> *f* ① (*Strecke, Zeit*) yol, gidiş ② (*Ankunft*) geliş ③ (*Zufahrt*) giriş

Anfall <-(e)s, -fälle> *m* ① MED nöbet; (*Herz~*) kriz, akse; **in einem** ~ **von Zorn** öfkeden kriz geçirerek ② FIN (*von Kosten*) ortaya çıkma, türeme; (*von Zinsen*) tahakkuk, gerçekleşme ③ (*Ertrag*) verim

an|fallen *irr* **I.** *vt haben* saldırmak; (*Angst, Müdigkeit*) bastırmak **II.** *vi sein* ① (*sich ergeben*) ortaya çıkmak; (*Probleme*) ortaya çıkmak, türemek; **die** ~**de Arbeit** ortaya çıkan iş ② FIN (*Kosten*) ortaya çıkmak, türemek; (*Zinsen*) tahakkuk etmek, gerçekleşmek

anfällig ['anfɛlɪç] *adj* (*zu etw neigend*) yatkın (**für** -e), eğilimli (**für** -e); (*nicht widerstandsfähig*) dayanıksız, hassas; **für etw ~ sein** bir şeye yatkın [*o* eğilimi] olmak; **der wirtschaftlich ~e Mittelstand** ekonomik bakımdan hassas orta tabaka

Anfang <-(e)s, -fänge> ['anfaŋ] *m* baş, başlangıç; **~ Mai** mayıs başında; **am ~ des Jahres** yılın başında; **~ nächster Woche** gelecek haftanın başında; **er ist ~ fünfzig** ellilerin başındadır; **den ~ machen** başlamak; **einen neuen ~ machen** yeniden başlamak; **von ~ an** baştan, başından itibaren; **für den ~** başlangıç için; **das ist der ~ vom Ende** bu işin sonu belli oldu; **von ~ bis Ende** başından sonuna kadar, baştan başa; **aller ~ ist schwer** (*prov*) her işin başı zordur

an|fangen *irr* **I.** *vi* (*beginnen*) başlamak; **das fängt ja gut an!** (*iron*) aman, ne de iyi başladı!; **klein ~** küçükten başlamak **II.** *vt* ❶ (*beginnen*) başlamak (**mit** -le, **zu** -e); (*plötzlich*) başlayıvermek (**zu** -e); (*einleiten*) başlatmak; (*Gespräch*) açmak; **von vorn ~** başından başlamak; **es fing an zu regnen** yağmur yağmaya başladı; **fang nicht wieder damit an!** gene başlama!; **bei einer Firma ~** bir firmada (çalışmaya) başlamak; **Streit ~** kavga çıkarmak; (*verbal*) tartışmaya başlamak ❷ (*machen, tun*) yapmak; **was sollen wir jetzt nur ~?** şimdi biz ne yapalım!; **damit kann ich nichts ~** bununla bir şey yapamam; **ich weiß nicht, was ich damit ~ soll** onunla ne yapacağımı bilmiyorum

Anfänger(in) <-s, -; -nen> *m(f)* başlayıcı, yeni başlayan (kimse), acemi

anfänglich ['anfɛŋlɪç] *adj* baştaki, başlangıçtaki; **nach ~em Zögern/~en Schwierigkeiten** baş(langıç)taki tereddütten/güçlüklerden sonra

anfangs ['anfaŋs] **I.** *präp* (*fam*) baş; **~ des Monats** ayın başında; **~ der dreißiger Jahre** otuzlu yılların başında **II.** *adv* başta, başlangıçta, ilkin, önceleri **Anfangsbuchstabe** *m* baş [*o* ilk] harf; **mit großen ~n** büyük baş harflerle **Anfangsgehalt** *nt* ilk maaş **Anfangsgeschwindigkeit** *f* PHYS başlangıç hızı **Anfangskapital** *nt* FIN başlangıç sermayesi **Anfangsschwierigkeit** *f* başlangıçtaki zorluk **Anfangsstadium** *nt* başlangıç aşaması

an|fassen **I.** *vi* (*mithelfen*) yardım etmek **II.** *vt* ❶ (*berühren*) dokunmak (-e); (*greifen*) ele almak; (*stärker*) tutmak; **etw mit der Hand ~** (*berühren*) elini bir şeye dokundurmak [*o* değdirmek] [*o* sürmek]; (*greifen*) bir şeyi eline almak ❷ (*fig: behandeln*) davranmak (-e), muamele etmek (-e); (*Problem*) ele almak; **jdn hart ~** bir kimseye sert davranmak [*o* muamele etmek]; **eine Sache falsch ~** bir işi yanlış ele almak **III.** *vr* ■ **sich ~** ❶ (*bei der Hand nehmen*) el ele tutuşmak ❷ (*sich anfühlen*) **der Stoff fasst sich wie Seide an** kumaş, ipek olduğu hissini veriyor

an|fauchen *vt* (*Katze*) tıslamak (-e)

anfechtbar ['anfɛçtbaːɐ] *adj* JUR (*Testament, Urteil*) (aleyhine) itiraz edilebilir, feshi dava edilebilir

an|fechten *irr vt* ❶ (*bestreiten*) inkâr etmek; (*Urteil, Testament*) aleyhine itiraz etmek (-in), feshini dava etmek (-in); (*Recht*) reddetmek; (*Berufung einlegen*) istinaf yoluna başvurmak (-e karşı) ❷ (*bekümmern, beunruhigen*) tedirgin etmek, rahatını [*o* huzurunu] kaçırmak (-in)

an|feinden *vt* düşmanca davranmak, düşman kesilmek

an|fertigen *vt* ❶ (*machen*) yapmak; **etw ~ lassen** bir şey yaptırmak ❷ (*herstellen*) imal etmek, üretmek; (*Kleidung*) dikmek ❸ (*Schriftstück*) düzenlemek, tanzim etmek

Anfertigung <-en> *f* yapım; (*Schneider*) dikim; (*Schreiben*) düzenleme

an|feuchten ['anfɔɪçtən] *vt* nemlendirmek; (*stärker*) ıslatmak

an|feuern *vt* ❶ (*Ofen*) ateşlemek, tutuşturmak, yakmak ❷ (*fig: anspornen*) ateşlendirmek, coşturmak

an|flehen *vt* yakarmak (-e), yalvarmak (-e), yalvarıp yakarmak (-e); **ich flehe dich an, tu es nicht** elini ayağını öpeyim, yapma bunu; REL niyaz etmek

an|fliegen *irr* **I.** *vi sein* (*herankommen*) (uçarak) yaklaşmak [*o* gelmek] **II.** *vt* (*ansteuern*) uçmak (-e); (*zur Zwischenlandung*) uğramak (-e)

Anflug <-(e)s, -flüge> *m* ❶ AERO (*das Anfliegen*) (uçarak) yaklaşma; (*vor der Landung*) inişe geçme ❷ (*Spur*) iz ❸ (*Hauch*) küçük belirti, emarecik; **ein ~ von Spott** alayın bir emareciği

an|fordern *vt* istemek, talep etmek

Anforderung <-en> *f* ❶ (*das Anfordern*) isteme, talep; **hohe ~n an jdn stellen** bir kimseden çok şey istemek ❷ (*Bedürfnis*) gerek [*o* gereklik], icap; **den ~n genügen** gerekler için yeterli olmak

Anfrage <-n> *f* ❶ başvuru, müracaat ❷ POL soru ❸ INFORM sorgulama (*veri tabanından bilgi isteme*)

an|fragen *vi* başvurmak (**bei** -e), müracaat

etmek (**bei** -e); (*fragen*) soru sormak (**bei** -e); (*um Auskunft bitten*) bilgi istemek (**bei** -den)

an|freunden *vr* ▪ **sich ~** ❶ (*Freundschaft schließen*) dostluk kurmak (**mit** ile), dostluk etmek (**mit** ile); (*enger*) arkadaş olmak (**mit** ile) ❷ (*fam: sich gewöhnen*) alışmak (**mit** -e), ısınmak (**mit** -e), benimsemek (**mit** -)

an|fügen *vt* ❶ eklemek (**an** -e) ❷ INFORM (*Dateien*) iliştirmek (**an** -e)

an|fühlen **I.** *vt* dokunmak; (*fig: durch Gefühl merken*) hissetmek, sezmek **II.** *vr* ▪ **sich ~** hissini vermek, gibi gelmek, izlenimini uyandırmak; **sich hart/weich ~** sert/yumuşak olduğu hissini vermek

Anfuhr ['anfu:ɐ] *f kein pl* getirme; (*mit LKW*) kamyonla getirme; **die ~ von Holz und Kohle** odun ve kömür getirme

an|führen *vt* ❶ (*als Anführer*) önderlik [*o* liderlik] yapmak (-e); (*eine Bande*) elebaşılık yapmak (-e) ❷ (*zitieren*) alıntılamak; **ein Beispiel ~** bir örnek vermek

Anführer(in) <-s, -; -nen> *m(f)* önder; POL lider; (*einer Bande*) elebaşı

Anführungsstrich <-(e)s, -e> *m s.* **Anführungszeichen**

Anführungszeichen *nt meist pl* tırnak işareti; **ein Wort in ~ setzen** bir kelimeyi tırnak işareti içine almak

an|füllen *vt* doldurmak

Angabe[1] <-n> *f* ❶ **~n** (*Information*) bilgiler, malumat; **~n zur Person** kişi hakkında bilgiler; **nähere ~n zu etw machen** bir şey hakkında detaylı bilgi vermek ❷ (*Preis~*) göster(il)me ❸ (*Aussage*) beyan ❹ SPORT (*Aufschlag*) servis

Angabe[2] *f kein pl* (*Prahlerei*) yüksekten atma, gösteriş

an|geben[1] *irr vt* vermek; (*sagen*) söylemek; (*aussagen*) beyan etmek; (*mitteilen, melden*) bildirmek; (*Auskunft geben über*) hakkında bilgi vermek; (*zeigen*) göstermek; **seinen Namen ~** adını vermek; **Gründe ~** sebep göstermek; **sein Vermögen ~** varlığını bildirmek

an|geben[2] *irr vi* ❶ (*fam: prahlen*) övünmek, gösteriş yapmak, caka [*o* çalım] satmak; (*aufschneiden*) abartmak, mübalağa etmek, yüksekten atmak [*o* konuşmak]; **gib nicht so an!** öyle yüksekten atma [*o* konuşma]! ❷ (*beim Kartenspiel*) vermek, dağıtmak ❸ SPORT (*aufschlagen*) servis atmak

Angeber(in) <-s, -; -nen> *m(f)* (*fam: Prahler*) övüngen kimse, farfara (kimse), gösterişçi, cakacı, fiyakacı; (*Aufschneider*) abartıcı, mübalağacı

Angeberei <-en> *f* (*fam*) övünme, övüngenlik, kendi kendisini övme, gösteriş, fiyaka; (*Aufschneiderei*) abartı, mübalağa

angeblich ['ange:plɪç, -'--] **I.** *adj* sözde **II.** *adv* sözde, sözüm ona, güya

angeboren *adj* doğuştan, doğumsal, yaradılıştan; **~e Kurzsichtigkeit** doğumsal miyopluk

Angebot <-(e)s, -e> *nt* ❶ (*Vorschlag*) öneri, teklif ❷ WIRTSCH (*Waren~*) arz, sunu; **~ und Nachfrage** arz ve talep, sunu ve istem ❸ (*Auswahl*) çeşitler *pl*

angebracht ['angəbraxt] **I.** *pp von* **anbringen** **II.** *adj* yerinde, reva

angebrannt *adj* yanmış

angebunden ['angəbʊndən] *pp von* **anbinden**

angegossen ['angəgɔsən] *adj* (*fam*) **wie ~ sitzen** kalıp gibi oturmak, hokka gibi oturmak

angegriffen ['angəgrɪfən] **I.** *pp von* **angreifen** **II.** *adj* **~e Gesundheit** sarsılmış sağlık; **sie sieht ~ aus** hâlsiz görünüyor

angeheitert ['angəhaɪtɐt] *adj* çakırkeyf

an|gehen *irr* **I.** *vi sein* ❶ (*fam: beginnen*) başlamak ❷ (*fam: Licht*) yanmak ❸ (*bekämpfen*) mücadele etmek (**gegen** -le); (*sich widersetzen*) karşı koymak (**gegen** -e) ❹ (*möglich sein*) olabilmek; (*zulässig sein*) caiz olmak **II.** *vt* ❶ (*angreifen*) saldırmak (-e), atılmak (-e) ❷ (*in Angriff nehmen*) gir(iş)mek (-e); **der Reiter ging das letzte Hindernis im Galopp an** binici son engele dörtnala girdi ❸ (*betreffen*) ilgilendirmek; **das geht ihn gar nichts an** bu onu hiç ilgilendirmez; **was deine Frage angeht, ...** senin soruna gelince, ...; **was geht dich das an!** bundan sana ne!

angehende(r, s) *adj* geleceğin, müstakbel; **ein ~er Künstler** geleceğin bir sanatçısı

an|gehören* *vi* mensup olmak (-e), bağıntısı olmak (ile); (*als Mitglied*) üye olmak (-e)

Angehörige(r) <-n, -n; -n> *f(m)* ❶ (*der Familie*) mensup, akraba; **meine ~n** akrabalarım ❷ (*Mitglied*) üye, mensup

Angeklagte(r) <-n, -n; -n> *f(m)* JUR sanık

Angel <-n> ['aŋəl] *f* ❶ (*für Fischfang*) olta ❷ (*Türscharnier*) menteşe, reze; **die Tür quietscht in den ~n** kapının menteşeleri gıcırdıyor; **zwischen Tür und ~** (*fig: auf der Schwelle*) ayaküstü; (*in aller Eile*) kaşla göz arasında; **etw aus den ~n heben** bir şeyi yerinden oynatmak **Angelblei** *nt* kalay balık

Angelegenheit <-en> *f* (*Sache*) iş, mesele; (*Problem*) sorun, mesele; **das ist**

A

nicht deine ~! bu senin sorunun değil!; **kümmere dich um deine eigenen ~en!** sen kendi işine bak!; **das ist meine ~!** bu benim işim!; **sich in fremde ~en mischen** başkasının işine karışmak

angelernt *adj* ❶ (*Wissen*) çekirdekten yetişme ❷ (*Arbeiter*) yarı kalifiye

Angelhaken *m* olta iğnesi; (*größer*) zoka

angeln ['aŋəln] **I.** *vi, vt* (*Fische*) **~ gehen** balığa çıkmak, balık avlamaya gitmek **II.** *vr* ■ **sich** *dat* **~** (*fam: erwischen*) **sich** *dat* **jdn ~** (*fig*) birini tavlamak; **sich** *dat* **einen Mann ~** koca bulmak

angeloben *vt* ÖSTERR söz vermek, vaatte bulunmak

Angelobung *f* ÖSTERR söz verme, vaatte bulunma

Angelpunkt *m* mihver; **der Dreh- und ~ einer Sache sein** bir konunun en önemli noktası olmak

Angelrute *f* olta kamışı

angemessen *adj* uygun, münasip; **etw für ~ halten** bir şeyi uygun bulmak

angenehm ['angəne:m] *adj* hoş; **es ist ~ frisch draußen** dışarıda hoş bir serinlik var; **ist es Ihnen so ~?** sizin için iyi mi böyle?; **~e Reise!** iyi yolculuklar!; **~!** (*bei einer Begrüßung*) memnun oldum

angenommen ['angənɔmən] **I.** *pp von* **annehmen II.** *adj* **~er Name** takma ad **III.** *konj* **~, dass ...** farzımuhal ...; (*nehmen wir an*) farz edelim ki ...

angepasst[RR] ['angəpast] *adj,* **angepaßt**[ALT] *adj* (*Person*) uymuş

angeregt ['angəre:kt] *adj* (*lebhaft*) canlı; ■ **sich ~ unterhalten** yârenlik etmek

angesagt ['angəza:kt] *adj* (*fam*) söylenen; **heute ist Regen ~** bugün yağmur yağacağı söyleniyor

angeschlagen I. *pp von* **anschlagen II.** *adj* (*erschöpft*) bitkin; **seine Gesundheit ist ~** sağlığı bozulmuş, rahatsızlanmış

angesehen I. *pp von* **ansehen II.** *adj* saygın, itibarlı

Angesicht <-(e)s, -er> *nt* (*geh: Gesicht*) yüz, çehre; **im Schweiße seines ~s** alın teriyle; **von ~ zu ~** yüz yüze

angesichts *präp* (*geh*) ❶ (*beim Anblick*) karşısında ❷ (*hinsichtlich*) göre (-e), göz önünde tutulunca

angespannt ['angəʃpant] *adj* ❶ (*Lage*) gergin; (*Muskeln*) kasılmış ❷ (*intensiv*) sıkı

angestaubt ['angəʃtaʊpt] *adj* (*fig fam*) demode; **~e Ansichten** demode görüşler

Angestellte(r) <-n, -n; -n> *f(m)* ücretli memur, müstahdem

angetan ['angəta:n] **I.** *pp von* **antun II.** *adj* **von jdm ~ sein** birinden etkilenmek; **von etw ~ sein** bir şeyden etkilenmek

angetrunken *adj* hafif sarhoş, çakırkeyf

angewandt ['angəvant] **I.** *pp von* **anwenden II.** *adj* **~e Mathematik** uygulamalı matematik

angewiesen ['angəvi:zən] **I.** *pp von* **anweisen II.** *adj* **auf jdn ~ sein** bir kimsenin eline bakmak, bir kimseye muhtaç olmak; **auf etw ~ sein** bir şeye muhtaç olmak; **darauf bin ich nicht ~!** ona muhtaç değilim!

an|gewöhnen* *vt* **jdm etw ~** birini bir şeye alıştırmak; **sich** *dat* **etw ~** bir şeyi alışkanlık hâline getirmek, bir şeyi huy [*o* itiyat] edinmek

Angewohnheit <-en> *f* alışkanlık, huy; **die ~ haben, etw zu tun** bir şeyi yapma alışkanlığı [*o* huyu] olmak

angewurzelt *adj* **wie ~ stehen bleiben** çakılıp kalmak

Angina <Anginen> [aŋ'gi:na] *f* MED anjin; **eine ~ haben** anjin olmak **Angina pectoris** *f kein pl* MED göğüs darlığı

an|gleichen *irr* **I.** *vt* (*gleichmachen*) eşitlemek, denkleştirmek; (*ähnlich machen*) benzetmek; (*anpassen*) uyarlamak **II.** *vr* **sich jdm/etw ~** bir kimseye/şeye benzemek

Angler(in) <-s, -; -nen> ['aŋlɐ] *m(f)* oltacı

an|gliedern *vt* ❶ (*an eine Organisation*) bağlamak (**an** -e); (*hinzufügen*) katmak (**an** -e) ❷ (*Gebiet*) ilhak etmek (**an** -e)

Angliederung <-en> *f* bağlama (**an** -e), katma (**an** -e); POL ilhak (**an** -e)

anglikanisch [aŋgli'ka:nɪʃ] *adj* REL Anglikan

Anglist(in) *m(f)* İngiliz dil ve edebiyatçısı

Anglistik [aŋ'glɪstɪk] *f kein pl* İngiliz dil ve edebiyatı, İngiliz filolojisi

an|glotzen *vt* (*pej fam*) alık alık bakmak (-e)

Angola *nt* Angola

Angolaner(in) *m(f)* Angolalı

Angorakatze *f* Ankara kedisi **Angorawolle** *f* tiftik **Angoraziege** *f* tiftik keçisi

angreifbar *adj* (*fig*) eğreti; **diese Maßnahmen sind ~** bu tedbirler eğretidir

an|greifen *irr vt* ❶ MIL, SPORT akın etmek (-e), hücum etmek (-e); (*überfallen*) basmak; (*tätlich*) saldırmak (-e), hücum etmek (-e) ❷ (*kritisieren*) saldırmak (-e), hücum etmek (-e) ❸ (*beeinträchtigen*) etkilemek; (*schwächen*) zayıflatmak; (*ermüden*) yormak; (*Gesundheit*) sarsmak; (*psychisch*) sarsmak ❹ CHEM saldırmak (-e), etkisiyle eritmek; **Säuren greifen Metalle an** asitler madenlere saldırır ⑤ (*Vorräte*) el atmak (-e); (*Ersparnisse*) dokunmak (-e) ⑥ (*fig: in Angriff nehmen*) ele almak

Angreifer(in) <-s, -; -nen> *m(f)* akıncı; (*Angriffsspieler*) hücüm oyuncusu; (*Fußball*) akıncı, forvet

an|grenzen *vi* bitişik olmak (**an** -e), ortak sınırları olmak (**an** ile) **angrenzend** *adj* sınırdaş, bitişik

Angriff <-(e)s, -e> *m a.* MIL, SPORT akın, atak, hücum; (*Überfall*) saldırı, taarruz; **etw in ~ nehmen** (*fig*) bir şeyi ele almak; **zum ~ übergehen** saldırıya geçmek; (*Soldaten*) hücuma kalkmak **angriffslustig** *adj* saldırgan **Angriffspunkt** *m* ① (*Ziel*) hedef ② TECH (*Schwachstelle*) zayıf nokta **Angriffsspieler(in)** *m(f)* SPORT hücum oyuncusu; (*Fußball*) forvet, akıncı

an|grinsen *vt* sırıtmak (-e)

Angst <Ängste> [aŋst, *pl* 'ɛŋstə] *f* korku (**vor** -den); (*schwächer*) kaygı (**vor** için); (*stärker*) endişe; **vor jdm/vor etw ~ haben** bir kimseden/şeyden korkmak; **um jdn ~ haben** biri için endişeye düşmek, biri yüzünden kaygılanmak; **sie bekam ~** korktu; **keine ~!** korkma!; **jdm ~ einjagen** birini korkutmak; **sie hat ~, dass ...** ...den korkuyor **Angsthase** *m* (*fam*) ödlek tavşan, tavşan yürekli (kimse)

ängstigen ['ɛŋstɪgən] **I.** *vt* (*Angst einjagen*) korkutmak; (*beunruhigen*) kaygılandırmak **II.** *vr* ■ **sich ~** ① (*Angst haben*) korkmak (**vor** -den) ② (*sich sorgen*) kaygılanmak (**um** yüzünden), endişelenmek (**um** yüzünden); **sich wegen etw ~** bir şeyden dolayı endişelenmek [*o* kaygılanmak]; **sich zu Tode ~** (*fig*) ödü kopmak

ängstlich ['ɛŋstlɪç] *adj* ① (*verängstigt*) korkak, ödlek; (*schüchtern*) çekingen; **ein ~es Gesicht machen** beti benzi kireç kesilmek ② (*besorgt*) kaygılı, endişeli

Ängstlichkeit *f kein pl* korkaklık, ödleklik

Angstneurose *f* MED kaygı nevrozu; PSYCH kaygı sinircesi **Angstpsychose** *f* MED, PSYCH kaygı psikozu **Angstschweiß** <-sses> *m kein pl* (korkudan basan) soğuk ter; **mir brach der ~ aus** korkudan soğuk ter döktüm; **der ~ steht ihm auf der Stirn** korkudan alnını soğuk ter bastı

angstvoll *adj* korkulu

Angstzustände *pl* kaygılanma; **~ bekommen** dehşete kapılmak, paniğe kapılmak

an|gucken *vt* (*fam*) bakmak; **sich** *dat* **etw ~** bir şeye bakmak

an|gurten *vr* ■ **sich ~** AUTO kemerini takmak [*o* bağlamak]

an|haben *irr vt* ① (*Kleidung*) üstünde olmak, giyinmiş olmak ② (*Schaden zufügen*) zarar vermek; **jdm/etw nichts ~ können** bir kimseye/şeye hiç zarar verememek; **das kann mir nichts ~** bu bana hiç zarar veremez; **sie können mir nichts ~** onlar bana hiç zarar veremez

an|haften *vi* ① (*kleben*) yapışmak (**an** -e) ② (*zugehören*) **ein Risiko haftet dieser Sache an** bu işin bir riski var

Anhalt <-(e)s, -(e)> *m* (*~spunkt*) dayanak, ipucu; **jdm einen ~ gewähren** birine bir ipucu vermek; **ich habe keinen ~ dafür, dass ...** ... olduğuna dair hiçbir dayanağım yok

an|halten *irr* **I.** *vi* ① (*andauern*) sürmek, sürüp gitmek; (*weitergehen*) devam etmek ② (*stoppen*) durmak, duraklamak ③ (*werben*) teklifte bulunmak; **um jds Hand ~** birine evlenme teklifinde bulunmak **II.** *vt* ① (*Fahrzeug*) durdurmak, çevirmek; (*Uhr*) durdurmak; (*Atem, Luft*) tutmak; (*Ton*) kesmek ② (*anleiten*) göstermek (**zu** -e); (*erziehen*) eğitmek (**zu** -e); **das Kind zur Sauberkeit ~** çocuğu temizliğe eğitmek

anhaltend *adj* sürekli, devamlı

Anhalter(in) <-s, -; -nen> *m(f)* otostopçu; **per ~ fahren** otostopla gitmek, otostop yapmak

Anhaltspunkt *m* dayanak (noktası); (*Indiz*) ipucu

anhand [an'hant] *präp* (*mit Hilfe*) yardımıyla

Anhang <-(e)s, -hänge> *m* ① ek ② (*einer Partei*) taraftarlar, partililer ③ (*fam: Familie*) aile; **er ist samt ~ erschienen** maaile geldi

an|hängen **I.** *vi irr* ① (*anhaften*) yapışmak (-e); **das schlechte Image hing ihm noch lange an** kötü imajı uzun zaman peşini bırakmadı ② (*sich zugehörig fühlen*) yana olmak (-den) **II.** *vt* ① (*aufhängen*) asmak (**an** -e); **jdm etw ~** (*fam*) birinin üstüne bir şeyi atmak ② (*ankuppeln*) takmak (**an** -e) ③ (*anfügen*) eklemek (**an** -e) ④ INFORM (*an Datei*) eklemek

Anhänger(in)[1] <-s, -; -nen> *m(f)* (*Person*) taraftar, yandaş, yanlı; SPORT taraftar; (*einer Sekte*) mürit

Anhänger[2] <-s, -> *m* ① AUTO treyler, römork ② (*Schmuckstück*) pandantif ③ (*für Koffer*) etiket

Anhängerschaft <-en> *f* SPORT taraftarlar *pl;* (*einer Doktrin*) yanlılar *pl*

anhängig *adj* görülmekte olan

anhänglich *adj* sadık

Anhänglichkeit *f kein pl* sadakat, içten bağlılık

an|hauen *irr vt* **jdn ~** (*fam*) birinden dilenmek

A

an|häufen I. *vt* yığmak, biriktirmek; (*Waren*) istif [*o* stok] etmek II. *vr* ■ **sich ~** yığılmak; (*Menschen*) birikmek
Anhäufung <-en> *f* yığılma, birikme; (*von Waren*) istifleme, stoklama
an|heben *irr vt* ❶ (*hochheben*) kaldırmak ❷ (*erhöhen*) yükseltmek
an|heften *vt* tutturmak (**an** -e)
anheim|fallen [an'haɪm-] *irr vi sein* (*geh*) **der Vergessenheit ~** maziye karışmak **anheim|stellen** *vt* (*geh*) **jdm etw ~** bir şeyi birinin kararına bırakmak
an|heizen *vt* ❶ (*Kamin*) yakmak ❷ (*fig: positiv*) körüklemek; (*fig: negativ*) kızıştırmak
an|heuern ['anhɔɪɐn] I. *vi* NAUT tayfa yazılmak (**auf** -e) II. *vt* (*anwerben*) tayfa almak
Anhieb ['anhi:p] *m kein pl* **auf ~** (*fam*) hemencecik, ilk hamlede, bir çırpıda
an|himmeln ['anhɪməln] *vt* (*fam*) taparcasına sevmek, perestiş etmek, tapınmak (-e); (*mit Blicken*) hayran hayran bakmak (-e)
Anhöhe <-n> *f* tümsek, tepecik
an|hören I. *vt* JUR dinlemek; (*Gehör schenken*) kulak vermek (-e); **jdn ~** birini dinlemek; **etw ~** bir şeyi dinlemek II. *vr* ■ **sich gut ~** kulağa hoş gelmek; **das hört sich gut an!** bak, bu hoşuma gitti!
Anhörung <-en> *f* JUR, EU dinle(n)me; (*Experten*) dinle(n)me; **nach ~ der Parteien** taraflar dinlendikten sonra
Anilin <-s> *nt kein pl* CHEM anilin
animalisch *adj* hayvani, hayvanca
Animateur(in) <-s, -e; -nen> [anima'tø:ɐ] *m(f)* animatör
Animation *f a.* INFORM animasyon
Animierdame *f* konsomatris
animieren* [ani'mi:rən] *vt* (*anregen*) özendirmek (**zu** -e); (*in Stimmung bringen*) heveslendirmek (**zu** -e)
Anis <-(es), -e> [a'ni:s, 'a:nɪs] *m* anason **Anisbrot** *nt* anasonlu ekmek
Ank. *Abk von* **Ankunft** geliş
an|kämpfen *vi* mücadele etmek (**gegen** -le)
Ankauf <-(e)s, -käufe> *m* alım, satın alma
an|kaufen *vt* satın almak
Anker <-s, -> ['aŋkɐ] *m* ❶ NAUT demir, çapa, çipo; **den ~ auswerfen** demir atmak; **den ~ lichten** demiri almak [*o* toplamak]; **vor ~ gehen** demirlemek, fonda etmek ❷ ELEK armatür **Ankergebühr** *f* demir resmi; (*Hafengeld*) liman resmi **Ankerkette** *f* NAUT demir zinciri
ankern ['aŋkɐn] *vi* NAUT demir atmak
Ankerplatz <-es, -plätze> *m* NAUT demir yeri, fonda
an|ketten *vt* zincirle bağlamak (**an** -e), zincirlemek (**an** -e)
Anklage <-n> *f* JUR ❶ iddia, sav ❷ (*~vertretung*) savcı, iddia makamı ❸ (*~schrift*) iddianame ❹ (*öffentliche Klage*) kamu davası; **~ gegen jdn erheben** biri aleyhinde kamu davası açmak; **unter ~ stehen** hakkında kamu davası açılmış olmak
Anklagebank <-bänke> *f* sanık sırası, sanıkların oturduğu sıra; **auf der ~ sitzen** sanık sırasında oturmak **Anklagebehörde** *f* JUR iddia makamı
an|klagen *vt* ❶ JUR aleyhinde kamu davası açmak (**wegen** -den dolayı) ❷ (*Missstände*) yakınmak, sızlanmak ❸ (*beschuldigen*) suçlamak; **jdn ~, etw getan zu haben** birinin bir suç işlemiş olduğunu iddia etmek
Ankläger(in) <-s, -; -nen> *m(f)* JUR savcı
Anklageschrift *f* JUR iddianame
an|klammern I. *vt* (*mit Klammer*) tutturmak II. *vr* sıkı sıkıya sarılmak
Anklang <-(e)s, -klänge> *m* ❶ (*Zustimmung*) rağbet, tutulma; **bei jdm ~ finden** biri tarafından tutulmak; **großen ~ finden** çok tutulmak [*o* rağbet görmek] ❷ (*Ähnlichkeit*) çağrıştırma; **Anklänge an Wagner/an die Romantik** Wagner'i/romantizmi çağrıştırma
an|kleben *vt* yapıştırmak (**an** -e)
an|kleiden I. *vt* (*geh*) giydirmek II. *vr* ■ **sich ~** (*geh*) giyinmek
Ankleideraum <-(e)s, -räume> *m* (*Warenhaus*) giyinme kabini; THEAT giyinme odası; SPORT soyunma odası **Ankleidezimmer** *nt* giyinme odası
an|klicken *vt* INFORM tıklatmak; **das Menü ~** menüyü tıklatmak
an|klopfen *vi* ❶ kapıyı vurmak ❷ (*fam: bitten*) kapısını çalmak (**um** için)
an|knabbern *vt* kemirmek
an|knipsen *vt* (*fam: Licht*) açmak
an|knüpfen I. *vt* ❶ (*anknoten*) bağlamak (**an** -e) ❷ (*fig: beginnen*) başlatmak; **Beziehungen ~** ilişki kurmak II. *vi* **an etw ~** (*eine Verbindung mit etw herstellen*) bir şeyle bağlantı kurmak; (*etw als Ausgangspunkt benutzen*) bir şeyden yola çıkmak
an|kommen[1] *irr vi sein* ❶ (*eintreffen*) gelmek (**in**/**bei**/**auf** -e); (*Schiff*) varmak (**in** -e); **bist du gut angekommen?** sağ salim vardın mı? ❷ (*bei Bewerbungen*) alınmak ❸ (*Anklang finden*) tutulmak; **bei jdm ~** (*fam*) biri tarafından tutulmak; **er kommt bei seinen Schülern gut an** öğrencileri tarafından [*o* arasında] çok tutuluyor ❹ (*fam: sich wenden*) **jdm mit etw ~** birine bir şeyle gelmek, bir şeyi birinin

başına sarmak; **komm bloß nicht wieder damit an!** (*fam*) yine [*o* gene] başlama ona! ⑤ (*sich durchsetzen*) **gegen jdn ~** biriyle başa çıkmak

an|kommen^{2} *irr vi sein* ① (*wichtig sein*) önemli olmak; **es kommt mir nicht darauf an** benim için önemli değil; **es kommt d(a)rauf an, dass ...** önemli olan şey, ... ② (*abhängen*) bağlı olmak (**auf** -e); **es kommt d(a)rauf an** duruma bağlı; **es kommt d(a)rauf an, ob ...** ... olup olmamasına bağlıdır ③ (*riskieren*) **es auf etw ~ lassen** (*fam*) riske girmek; **es d(a)rauf ~ lassen** işi oluruna bırakmak; **lass es nicht d(a)rauf ~!** işi oluruna bırakma!; **es auf einen Prozess ~ lassen** mahkemelik olmak

Ankömmling <-s, -e> ['ankœmlɪŋ] *m* yeni gelen (kimse)

an|kotzen *vt* (*vulg: anekeln*) tiksindirmek; **das kotzt mich an!** (*sl*) bu beni hasta ediyor!

an|kreiden ['ankraɪdən] *vt* **jdm etw ~** birine bir şey isnat etmek

an|kreuzen *vt* işaretlemek, çarpı işareti koymak (-e)

an|kündigen I. *vt* bildirmek, tebliğ etmek **II.** *vr* ■ **sich ~** geleceğini bildirmek; (*spürbar sein*) kendini hissettirmek [*o* duyurmak]

Ankündigung <-en> *f* bildirme; (*Plakat*) bildiri; (*schriftlich*) tebliğ

Ankunft ['ankʊnft] *f kein pl* geliş; (*Schiff*) varış **Ankunftszeit** *f* geliş saati; (*Schiff*) varış zamanı

an|kurbeln *vt* ① TECH manivelâ ile çalıştırmak ② (*in Schwung bringen*) harekete geçirmek; (*Wirtschaft*) canlandırmak

Ankurb(e)lung <-en> *f* WIRTSCH canlandırma

an|lächeln *vt* gülümsemek (-e), gülümseyerek bakmak (-e); **jdn ~** birine gülümsemek, birine gülümseyerek bakmak

an|lachen *vt* gülerek bakmak; **sich** *dat* **jdn ~** (*fam*) birini tavlamak

Anlage <-n> *f* ① (*Fabrik~*) tesis ② (*Bau*) alan; (*Park*) park; (*Sportplatz*) saha ③ (*Beilage*) ek, ilişik; **als ~ erhalten Sie ...** ... ilişiktedir [*o* ektedir] ④ (*Entwurf*) taslak ⑤ ELEK döşem, tesisat ⑥ INFORM, RADIO (*Stereo~*) sistem, takım, set; (*Brems~, Alarm~*) sistem; (*Auspuff~*) sistem, düzen; (*Klima~*) cihaz, sistem ⑦ WIRTSCH, FIN yatırım, plasman ⑧ PSYCH (*Begabung*) istidat (**zu** -e); (*Veranlagung*) eğilim (**zu** -e)

Anlageberatung *f* FIN yatırım danışmanlığı **Anlagefonds** *m* FIN yatırım fonu

Anlandung *f* GEO lığ; (*Alluvion*) alüvyon

an|langen I. *vi sein* (*eintreffen*) varmak (**an/zu** -e) **II.** *vt* ① (*betreffen*) ilgilendirmek; **was mich/diese Sache anlangt, ...** bana/bu işe gelince, ... ② DIAL (*anfassen*) ellemek

Anlass^{RR} <-es, -lässe> ['anlas, *pl* 'anlɛsə] *m*, **Anlaß^{ALT}** <-sses, -lässe> *m* ① (*Grund*) vesile (**zu** için), sebep (**zu** için); (*Ursache*) neden (**zu** için); **aus diesem ~** bu vesileyle; **das gibt ~ zur Sorge** bu, insanı endişeye düşürüyor ② (*Gelegenheit*) fırsat, vesile; **bei diesem ~** bu vesileyle; **ein willkommener ~** uygun bir fırsat [*o* vesile]; **jdm ~ geben zu ...** birine ... için fırsat vermek

an|lassen *irr* **I.** *vt* ① (*Motor*) çalıştırmak ② (*Licht, Radio*) açık bırakmak, kapamamak ③ (*fam: Kleidung*) (üstünden) çıkarmamak; **du kannst deine Schuhe ruhig ~** ayakkabılarını çıkarmasan da olur **II.** *vr* ■ **sich ~** (*fam: sich entwickeln*) kendini göstermek; (*positiv*) iyi gitmek

Anlasser <-s, -> *m* AUTO marş (motoru)

anlässlich^{RR} ['anlɛslɪç] *präp*, **anläßlich^{ALT}** *präp* dolayısıyla, münasebetiyle, -den ötürü

an|lasten ['anlastən] *vt* **jdm etw ~** birine bir şey yüklemek [*o* isnat etmek]

Anlauf <-(e)s, -läufe> *m* ① SPORT (*beim Lauf*) depar; (*beim Sprung*) hız alma; **~ nehmen** hız almak; **ein Sprung mit ~** hız alarak atlama ② (*Versuch*) deneyiş; **erst beim zweiten ~** ancak ikinci deneyişte

an|laufen *irr* **I.** *vi sein* ① (*angelaufen kommen*) koşarak gelmek; **gegen die Parkuhr ~** yürürken park saatine çarpmak ② (*beginnen*) başlamak; (*Film*) başlamak; (*Motor*) çalışmak ③ (*sich verfärben: Silber*) meneviştenmek; **rot ~** kızarmak; **blau ~** morarmak ④ (*beschlagen*) buğulanmak ⑤ SPORT depara geçmek; (*Schwung holen*) hız almak **II.** *vt* NAUT **einen Hafen ~** bir limana uğramak

Anlauffarbe *f* meneviş

Anlaufstelle <-n> *f* ADMIN hükûmet kapısı, devlet dairesi

Anlaufzeit *f* (*fig*) **das braucht ein paar Wochen ~** yürümesi için birkaç hafta gerekiyor

Anlaut <-(e)s, -e> *m* LING ön ses **Anlautschwund** <-(e)s> *m kein pl* LING ön ses düşmesi

an|legen I. *vi* NAUT rampa etmek, yanaşmak; **längsseits ~** aborda etmek, karınlamak **II.** *vt* ① (*Maßstab*) koymak; (*Spielstein*) koymak ② (*anlehnen*) yaslamak; (*Leiter*) dayamak; **eine Leiter ~ an die**

A

Wand duvara bir merdiven dayamak ❸ (*Gewehr*) nişan almak ❹ (*geh: anziehen*) giyinmek; (*überziehen*) üstüne giymek; **die Trauer ~** yasa bürünmek ❺ (*einrichten*) yerleştirmek; (*Garten*) yapmak, donatmak; (*Straße, Liste, Vorräte*) yapmak; (*gründen*) kurmak; (*bauen*) yapmak; (*Akte*) açmak; BERGB (*Stollen*) açmak ❻ FIN (*investieren*) yatırmak (**in** -e) ❼ (*bezahlen*) ödemek ❽ (*absehen*) **du legst es wohl auf einen Streit mit mir an** anlaşılan benimle kavga etmeye niyetin var ❾ (*ausrichten*) **der Film ist auf drei Stunden angelegt** film üç saat için yapılmıştır ❿ (*anbringen*) **jdm einen Verband ~** birini bandajlamak; (*Fesseln*) takmak; **dem Pferd das Geschirr ~** ata koşum geçirmek ⓫ INFORM yaratmak **III.** *vr* ■ **sich ~** (*streiten*) kavga etmek

Anlegeplatz <-es, -plätze> *m* NAUT iskele

Anleger(in) *m(f)* FIN yatırımcı

Anlegesteg *m* NAUT iskele

an|lehnen **I.** *vt* (*Tür*) aralamak; (*aufstützen*) dayamak (**an** -e), yaslamak (**an** -e) **II.** *vr* ■ **sich ~** (*sich abstützen*) dayanmak (**an** -e); **sich an etw/jdn ~** (*a. fig*) bir şeye/kimseye dayanmak; (*zum Vorbild nehmen*) bir şeyi/kimseyi örnek almak

an|leiern ['anlaɪɐn] *vt* (*fam: in die Wege leiten*) başlatmak; **wer hat das angeleiert?** kim bunu başlattı?

Anleihe <-n> ['anlaɪə] *f* ❶ FIN (*Darlehen*) istikraz, borç alma; **eine ~ aufnehmen** istikraz etmek, borç almak; **bei jdm eine ~ machen** birinden borç almak ❷ FIN (*Schuldverschreibung*) tahvil

an|leimen *vt* tutkallamak, tutkal ile yapıştırmak

an|leiten *vt* ❶ (*unterweisen*) talimat vermek (-e) ❷ (*lehren*) öğretmek (-e); **jdn zu etw ~** birine bir şeyi öğretmek

Anleitung <-en> *f* ❶ (*Vorgang*) talimat verme, yol gösterme; **unter ~ (von)** (-in) yönetimi altında ❷ (*Text*) tarife; (*Betriebs~*) talimat; (*Lehrbuch*) kılavuz

an|lernen *vt* öğretmek, bilgi kazandırmak (-e)

an|lesen *irr vt* ❶ (*den Anfang lesen*) başını okumak (-in) ❷ (*sich aneignen*) **sich** *dat* **seine Kenntnisse ~** bilgisini okuyarak edinmek

an|liefern *vt* COMM teslim etmek

an|liegen *irr vi* ❶ (*fam: anstehen*) gündemde olmak; **was liegt heute an?** bugün gündemde ne var? ❷ (*Kleider*) üstüne olmak, oturmak

Anliegen <-s, -> *nt* (*Wunsch*) dilek, arzu; (*Bitte*) rica; **ich habe ein ~ an Sie** sizden bir ricam var

anliegend *adj* ❶ (*benachbart*) komşu ❷ **ein eng ~es Kleid** dar bir elbise ❸ (*beiliegend, beigefügt*) ekteki, ilişikteki

Anlieger <-s, -; -nen> *m* yolüstünde oturan (kimse), aynı sokakta oturan (kimse), kapı komşu; **~ frei** yolüstünde oturanlara serbest

an|locken *vt* kendine çekmek, cezbetmek

an|löten *vt* lehimlemek, lehimle tutturmak

an|lügen *irr vt* yalan söylemek (-e); **jdn ~** birine yalan söylemek

an|luven *vi* NAUT orsalamak

Anm. *Abk von* **Anmerkung** not

an|machen *vt* ❶ (*anbringen*) takmak ❷ (*fam: anschalten*) açmak; (*fam: anzünden*) yakmak; (**das**) **Licht ~** ışık (ışığı) açmak [*o* yakmak] ❸ (*fam: zubereiten*) hazırlamak; (*fam: mischend bereiten*) karıştırarak hazırlamak ❹ (*fam: ansprechen*) asılmak (-e), sataşmak (-e), sulanmak (-e) ❺ (*fam: erregen*) heyecanlandırmak; (*fam: zum Mitmachen animieren*) özendirmek ❻ (*fam: beschimpfen*) küfretmek (-e), sövmek

an|malen *vt* boyamak

Anmarsch *m* yürüyüş; **im ~ sein auf** MIL -e doğru ilerlemekte olmak; (*fig*) -e doğru yürümekte [*o* yolda] olmak

an|maßen ['anma:sən] *vr* ■ **sich** *dat* **~** (*Fähigkeiten*) yeltenmek; (*Rechte*) gaspetmek (*zorla, izinsiz almak*)

anmaßend ['anma:sənt] *adj* (*hochmütig*) kibirli; (*eingebildet*) kendini beğenmiş

Anmaßung <-en> *f* ❶ (*unberechtigter Anspruch*) gasp ❷ (*Überheblichkeit*) yeltenme; (*Unverschämtheit*) küstahlık

Anmeldeformular *nt* başvuru formu

Anmeldegebühr *f* kayıt ücreti, kaydiye

an|melden **I.** *vt* ❶ bildirmek; **Konkurs ~** iflas ilan etmek ❷ (*für Abgaben*) bildirmek, beyan etmek; (*für Zoll*) bildirmek, deklare etmek; (*Fahrzeug*) tescil ettirmek; **jdn bei einer Schule ~** birini okula kaydettirmek [*o* yazdırmak]; **jdn zu einem Kurs ~** birini bir kursa kaydetmek [*o* yazdırmak] **II.** *vr* ■ **sich ~** ❶ geldiğini bildirmek [*o* haber vermek] ❷ (*für einen Kurs*) kendini kaydettirmek [*o* yazdırmak]; **sich polizeilich ~** polise kaydını yaptırmak

anmeldepflichtig *adj* bildirilmesi zorunlu

Anmeldung <-en> *f* ❶ (*Ankündigung*) bildirme ❷ (*zu einem Kurs*) kaydolma; (*bei Polizei*) kaydını yaptırma ❸ (*fam: im Hotel*) resepsiyon ❹ (*Eintragung*) tescil; (*Eintragungsantrag*) tescil talebi

an|merken *vt* ❶ (*mit einem Zeichen versehen*) işaret etmek; (*ergänzend bemerken*) işaret etmek (-e) ❷ (*bemerken*) fark etmek; **jdm etw ~** bir kimsede bir şeyi fark etmek; **sich etw** (**nicht**) **~ lassen** bir şeyi belli et(me)mek, bir şeye renk ver(me)mek, bir şeyin rengini belli et(me)mek; **ich ließ mir nichts ~** bozuntuya vermedim ❸ (*schriftlich*) not düşmek

Anmerkung <-en> *f* ❶ (*schriftlich*) not ❷ (*Bemerkung*) not ❸ (*Fußnote*) dipnot; **~ des Übersetzers** çevirmenin dipnotu

Anmut ['anmu:t] *f kein pl* (*geh*) letafet, zarafet; (*der Landschaft*) latiflik

anmutig *adj* (*geh: Wesen, Landschaft*) latif; (*Bewegung*) zarif

an|nageln *vt haben* çakmak, çivi ile tutturmak

an|nähern I. *vt* yaklaştırmak (**an** -e) II. *vr* ■ **sich ~** yaklaşmak (**an** -e), sokulmak (**an** -e)

annähernd ['annɛ:ɐnt] I. *adj* (*ungefähr*) yaklaşık II. *adv* (*ungefähr*) yaklaşık olarak, aşağı yukarı; (*fast*) neredeyse; (*beinahe*) hemen hemen

Annäherung <-en> *f* yaklaşma, yakınlaşma; (*an einen Menschen*) sokulma

Annäherungsversuch *m* ilişki kurmaya çalışma

annäherungsweise *adv* yaklaşık olarak, aşağı yukarı

Annahme <-n> ['anna:mə] *f* kabul; (*Entgegennahme*) teslim alma; (*Vermutung*) sanı, varsayım; **in der ~, dass ...** farzımuhal ..., ... diye; **zu der ~ berechtigen** sandırmak, olabileceğine daha çok inandırmak

annehmbar *adj* kabul edilebilir; (*zulässig*) caiz; (*Preis*) uygun

an|nehmen *irr* I. *vt* ❶ kabul etmek; (*entgegennehmen*) teslim almak; **nimm doch endlich Vernunft an!** artık aklını başına al [*o* topla]! ❷ (*Auftrag*) almak; (*Rat*) dinlemek; (*Antrag*) kabul etmek ❸ (*Urteil*) kabul etmek ❹ (*Gewohnheit; Meinung, Kind*) edinmek; (*Umfang*) ulaşmak; **etw nimmt Gestalt an** bir şey biçim alıyor, bir şey biçimleniyor; **eine bestimmte Form ~** belli bir biçim almak ❺ (*vermuten*) sanmak, zannetmek, tahmin etmek, farz etmek, varsaymak; **das nehme ich nicht an** bunu sanmıyorum; **angenommen, dass ...** kabul edelim ki ..., farzımuhal ... II. *vr* **sich jds ~** biriyle ilgilenmek; **sich etw** *gen* **~** bir şeye sahip çıkmak

Annehmlichkeit <-en> *f* rahatlık, konfor; (*Vorteil*) avantaj

annektieren* [anɛk'ti:rən] *vt* POL ilhak etmek

anno *adv*, **Anno** *adv* (*im Jahre*) yılında; **es war Winter, ~ 1941, als ...** ... iken 1941 yılında kışındı; **von ~ dazumal** fi tarihinden; **~ dazumal** [*o* **dunnemals**] (*fam*) fi tarihinde; (*einstmals*) bir zamanlar

Annonce <-n> [a'nɔ̃sə] *f* (*Inserat*) ilan

annoncieren* [anɔ̃'si:rən] I. *vi* (*inserieren*) ilan vermek II. *vt* (*Stelle, Hochzeit*) ilan etmek

annullieren* [anʊ'li:rən] *vt* iptal etmek

Anode <-n> *f* PHYS anot

an|öden ['anø:dən] *vt* (*fam*) **jdn ~** birini bıktırmak, birine usanç vermek; (*langweilen*) birinin canını sıkmak

anomal ['anoma:l, --'-] *adj* anomalisi olan; (*nicht normal*) anormal

Anomalie <-n> [anoma'li:] *f* anomali; (*Abnormität*) anormallik

anonym [ano'ny:m] *adj* anonim, adı sanı bilinmeyen; **~ bleiben** anonim olmak, adı sanı bilinmemek; **~ veröffentlichen** anonim yayımlamak, yaratıcısının adı belirtilmeden yayımlamak; **~e Werke** anonim eserler, yazarı bilinmeyen eserler, yaratıcısının adı bilinmeyen eserler

anonymisieren *vt* (*Daten, Fragebögen*) adsızlandırmak, sahibinin adını belirtmemek

Anonymität *f kein pl* anonimlik, adı sanı bilinmeme

Anorak <-s, -s> ['anorak] *m* anorak

an|ordnen *vt* ❶ (*befehlen*) emretmek; (*verordnen*) talimat vermek (-e) ❷ (*aufstellen*) dizmek; (*in bestimmter Ordnung gliedern*) düzenlemek, düzene koymak, tanzim etmek; (*in bestimmter Reihenfolge gliedern*) sıralamak, sıraya koymak, tanzim etmek

Anordnung *f* ❶ düzen(leme), tanzim, tertip; (*Reihenfolge*) sıra; (*Gliederung*) dizin ❷ (*Befehl*) emir; (*Verordnung*) talimat; **auf ~ des Gerichts** mahkeme kararı üzerine; **auf ~ meines Arztes** doktorumun verdiği ilaç düzenine göre, doktorumun tertibine göre; **polizeiliche ~** polis talimatı

anorganisch ['anɔrga:nɪʃ] *adj* inorganik

anormal ['anɔrma:l] *adj* anormal

an|packen I. *vi* (*helfen*) yardım etmek II. *vt* ❶ (*anfassen*) tutmak ❷ (*handhaben*) ele almak; **ein Problem ~** bir sorunu ele almak; **eine Arbeit richtig/falsch ~** bir işi doğru/yanlış ele almak ❸ (*fam: behandeln*) davranmak (-e); **der Lehrer hat die Schüler hart angepackt** öğretmen öğrencilere sert davrandı

an|passen I. *vt* uydurmak (**an** -e); TECH uyarlamak (**an** -e); **etw einer Sache ~** bir şeyi diğer bir şeye uydurmak [*o* uyarlamak] II. *vr* ■ **sich ~** uymak (**an** -e), adapte olmak (**an** -e), intibak etmek (**an** -e)

A

Anpassung *f* uyarlama; (*Angleichung*) uyma, intibak **anpassungsfähig** *adj* uyuşkan, uyma yeteneği olan (**an** -e) **Anpassungsfähigkeit** <-en> *f* uyma yeteneği

an|peilen *vt* **etw** ~ kerteriz etmek [*o* almak]

an|pfeifen *irr* **I.** *vi, vt* SPORT başlatmak için düdük çalmak, düdük çalarak (oyunu) başlatmak; **die zweite Halbzeit wurde angepfiffen** ikinci yarıyı başlatmak için düdük çalındı **II.** *vt* (*fig fam*) azarlamak, terslemek, paylamak

Anpfiff <-(e)s, -e> *m* ❶ SPORT oyunu başlatma düdüğü, oyunu başlatmak için düdük çalma ❷ (*fam: Tadel*) azar(lama), paylama; **einen ~ bekommen** azar işitmek

an|pflanzen *vt* ekmek

Anpflanzung *f* (*das Anpflanzen*) ekim; (*Anbau*) ekinlik; (*gärtnerische Anlage*) bahçe

an|pirschen *vr* ■ **sich** ~ gizlice yanaşmak

an|prangern ['anpraŋɐn] *vt* (*fig: scharf kritisieren*) sert bir biçimde eleştirmek

an|preisen *irr vt* ❶ (*empfehlen*) tavsiye etmek ❷ (*loben*) övmek; ■ **sich ~ als** olarak övünmek

Anprobe <-n> *f* prova

an|probieren *vt* üstüne giyip denemek

an|pumpen *vt* (*fam*) **jdn um 100 Euro ~** birinden yüz euro koparmak [*o* sızdırmak]

Anrainer(in) <-s, -; -nen> *m(f)* ÖSTERR (*Anlieger*) komşu **Anrainerstaat** <-en> *m* (*benachbart*) komşu ülke; (*der an ein Meer grenzt*) kıyıdaş ülke

an|rechnen *vt* ❶ (*in Rechnung stellen*) hesaba yazmak ❷ (*gutschreiben*) hesaba geçirmek, mahsup etmek (**auf** -e) ❸ (*Studienzeiten*) saymak (**auf** -e) ❹ (*schätzen*) takdir etmek; **ich rechne es ihm hoch an, dass er mir geholfen hat** bana yardım ettiğinden dolayı onu çok takdir ediyorum

Anrecht <-(e)s, -e> *nt* hakkı olmak (**auf** -e)

Anrede <-n> *f* hitap; SCHWEIZ (*Ansprache*) nutuk; (*kurz*) konuşma

an|reden *vt* söz yöneltmek (-e), seslenmek (-e), hitap etmek (-e); **gegen den Lärm ~** gürültüye karşı seslenmek; **jdn mit Du/mit Sie ~** birine sen/siz diye hitap etmek

an|regen *vt* ❶ isteklendirmek, özendirmek; **jds Appetit ~** birinin iştahını açmak ❷ (*stimulieren*) uyarmak; (*beleben*) canlandırmak ❸ (*inspirieren*) esindirmek ❹ (*vorschlagen*) önermek

anregend *adj* (*Tee, Kaffee*) uyaran; *a.* MED uyarıcı; (*Gespräch*) esindirici

Anregung[1] <-en> *f* (*Vorschlag*) öneri, teklif; (*Inspiration*) esindirme; (*Stimulierung*) uyarma; **auf jds ~** birinin önerisi üzerine

Anregung[2] *f kein pl* isteklendirme, özendirme, teşvik; (*Belebung*) canlandırma

an|reichern ['anraɪçɐn] **I.** *vt* ❶ zenginleştirmek ❷ (*vermehren*) çoğaltmak; **spaltbares Uran ~** çekirdeği bölünebilen uranyumu zenginleştirmek **II.** *vr* ■ **sich ~** çoğalmak

Anreicherung *f* ❶ zenginleştir(il)me ❷ çoğal(t)ma

Anreise *f* (*Hinfahrt*) gidiş (yolculuğu); (*Ankunft*) geliş; (*erwartetes Eintreffen*) gelme

an|reisen *vi sein* (*fahren*) gitmek; (*ankommen*) gelmek; **mit dem Zug ~** trenle gitmek [*o* gelmek]

Anreiz <-es, -e> *m* teşvik, isteklendirme, özendirme; (*Antrieb*) güdü, dürtü, motor; (*finanziell*) teşvik

an|reizen *vt* ❶ teşvik etmek, isteklendirmek, özendirmek ❷ (*anregen*) uyarmak; (*wecken*) uyandırmak

an|rempeln ['anrɛmpəln] *vt* (*fam*) **jdn ~** birine çarpmak; (*böswillig*) birini itmek

an|rennen *irr* **I.** *vi sein* ❶ (*herbeieilen*) koşarak [*o* koşa koşa] gelmek ❷ (*anstürmen*) akın etmek (**gegen** -e) ❸ (*ankämpfen*) mücadele etmek (**gegen** ile); **gegen den Wind ~** rüzgâr ile mücadele etmek; **gegen die Zeit ~** (*fig*) zamanla yarışmak **II.** *vt* (*fam: anstoßen*) çarpmak (**an** -e); (*rennend anstoßen*) koşarak çarpmak (**an** -e); **an dieser Ecke renne ich mir immer wieder das Knie an** bu köşeye ikide bir dizimi çarpıyorum

Anrichte <-n> ['anrɪçtə] *f* büfe

an|richten *vt* ❶ (*Mahlzeit*) hazırlamak; **es ist angerichtet!** yemek hazır! ❷ (*verursachen*) neden [*o* sebep] olmak (-e), yol açmak (-e); **was hast du wieder angerichtet?** yine ne haltlar karıştırdın?

anrüchig ['anrʏçɪç] *adj* adı (kötüye) çıkmış, yakışıksız, çirkin

an|rücken **I.** *vt* yanaştırmak **II.** *vi* yanaşmak, yaklaşmak

Anruf <-(e)s, -e> *m* ❶ (*laute Anrede*) seslenme; (*Appell*) çağrı ❷ TELEK telefon **Anrufbeantworter** <-s, -> *m* telesekreter

an|rufen *irr vt* ❶ (*laut anreden*) seslenmek (-e) ❷ (*bitten*) yardım istemek (-den); (*flehend*) yalvarmak (-e), yardıma çağırmak; JUR başvurmak (-e); **das Gericht ~** mahkemeye başvurmak ❸ (*telefonieren*) telefon etmek (-e); **darf ich mal bei Ihnen ~?** sizden [*o* buradan] bir telefon edebilir miyim?

Anrufer(in) <-s, -; -nen> *m(f)* telefon eden (kimse)

an|rühren *vt* ❶ (*berühren*) dokunmak ❷ (*von etw essen*) ağzına koymak; **du hast das Essen kaum angerührt** ağzına doğru dürüst bir lokma bile koymadın ❸ (*Teig*) yoğurmak

anrührend *adj* dokunaklı

ans [ans] = **an das** *s.* **an**

Ansage <-n> ['anza:gə] *f* anons, duyuru; TV sunma; **die ~ machen** (programları veya haberleri) sunmak

an|sagen **I.** *vt* (*ankündigen*) anons etmek; TV (*Programm*) sunmak; **angesagt sein** söylenmek; (*modisch*) tutulmak, rağbet görmek; **Spannung ist angesagt** heyecanlı olacağı söylendi **II.** *vr* ■ **sich ~** geleceğini bildirmek

Ansager(in) <-s, -; -nen> *m(f)* RADIO, TV spiker, sunucu

an|sammeln **I.** *vt* toplamak, biriktirmek; **Vorräte ~** stok etmek **II.** *vr* ■ **sich ~** toplanmak, birikmek

Ansammlung <-en> *f* ❶ (*von Gegenständen*) koleksiyon ❷ (*von Menschen*) yığılma, toplanma, kalabalık

ansässig ['anzɛsɪç] *adj* (*wohnhaft*) oturan, mukim; (*beheimatet*) yerleşik; **eine lange in Deutschland ~e türkische Familie** çoktandır Almanya'da yerleşik [*o* oturan] bir Türk ailesi

Ansatz <-es, -sätze> *m* ❶ (*Beginn*) başlangıç, oluşmaya [*o* çıkmaya] başlama; (*Ausgangspunkt*) çıkış [*o* başlangıç] noktası; (*Anzeichen*) belirti, emare ❷ (*Keim*) filiz, sürgün ❸ TECH ek; (*Ansatzstück*) ek parça; (*Verlängerungsstück*) ulantı ❹ (*Ablagerung*) oluşum ❺ ANAT baş, bitişme yeri ❻ PHILOS yaklaşım ❼ MUS ton **Ansatzpunkt** *m* çıkış noktası, başlangıç noktası **Ansatzstück** *nt* TECH ek parça; (*Verlängerungsstück*) ulantı

ansatzweise *adv* **er hat es ~ verstanden** onu kaba hatlarıyla anladı; **das Problem konnte nur ~ gelöst werden** sorun ancak kaba hatlarıyla çözülebildi

an|saugen *vt* emmek, çekmek

Ansaugfilter *m* AUTO emme filitresi **Ansaugrohr** *nt* AUTO emme borusu

an|schaffen **I.** *vt* (*kaufen*) satın almak; (*beschaffen*) sağlamak, tedarik etmek **II.** *vi* (*fam: Prostituierte*) **~ gehen** orospuluk [*o* fahişelik] yapmak

Anschaffung <-en> *f* alım; (*Beschaffung*) sağlama, tedarik; (*Kauf*) satın alma; **~en machen** tedarikte bulunmak **Anschaffungswert** *m* alım değeri

an|schalten *vt* ❶ (*Licht, Fernseher*) açmak ❷ (*Atomkraftwerk*) devreye almak [*o* sokmak]

an|schauen *vt* bakmak (-e), seyretmek

anschaulich *adj* (*lebendig*) canlı; (*wirklichkeitsgetreu*) gerçeğe uygun; **ein ~es Beispiel** canlı bir örnek

Anschauung <-en> *f* ❶ *kein pl* (*das Anschauen*) bakma; (*Eindruck*) izlenim; **etw aus eigener ~ wissen** bir şeyi görmüş geçirmiş olduğu için bilmek ❷ (*Ansicht*) görüş, bakış; **nach meiner ~** benim görüşüme göre **Anschauungsmaterial** *nt* görsel gereçler *pl*

Anschein <-(e)s> *m kein pl* görünüş; **allem ~ nach** öyle görünüyor ki, görünüşe göre, galiba, anlaşılan; **es hat den ~, als ob ...** sanki ... imiş gibi görünüyor; **sich den ~ geben, als ...** kendine ... süsü vermek, kendini ... gibi göstermek

anscheinend *adv* galiba, görünüşe göre, görünürde, anlaşılan

an|schicken *vr* ■ **sich ~, etw zu tun** (*geh*) bir şeyi yapmak üzere olmak

an|schieben *irr vt* itmek

an|schießen *irr* **I.** *vi sein* (*fam*) **angeschossen kommen** yıldırım gibi gelmek **II.** *vt haben* (*verletzen*) ateş ederek vurmak [*o* yaralamak]

Anschlag <-(e)s, -schläge> *m* ❶ (*Plakat*) afiş ❷ (*Mord~*) suikast (**auf** -e); (*Terror~*) eylem; **einen ~ auf jdn verüben** birine bir suikast yapmak; **einem ~ zum Opfer fallen** bir suikasta kurban gitmek ❸ FIN, WIRTSCH tahmin ❹ (*an der Schreibmaschine*) tuşlama; (*am Klavier*) tuşa vuruş [*o* basma] ❺ TECH **dreh den Knopf bis zum ~!** düğmeyi sonuna kadar çevir! ❻ MIL darbe **Anschlagbrett** *nt* ilan tahtası [*o* panosu]

an|schlagen *irr* **I.** *vt* ❶ (*annageln*) çivilemek; (*ankleben*) yapıştırmak ❷ (*Plakat*) asmak (**an** -e) ❸ (*Vase, Teller*) çarpıp kırmak ❹ (*Taste*) basmak ❺ (*Fass*) açmak ❻ NAUT bağlamak (**an** -e) ❼ MUS **Akkorde ~** akort yapmak; (*Melodie*) vermek **II.** *vi* ❶ (*anprallen*) çarpmak (**an** -e); (*Brecher*) dövmek ❷ MED (*wirken*) cevap vermek, iyi sonuç vermek, etkisini göstermek ❸ SPORT servis atmak ❹ (*fam: dick machen*) şişmanlatmak ❺ (*Laut geben: Hund*) cevap vermek

an|schleichen *irr vr* ■ **sich ~** gizlice yaklaşmak (**an** -e)

an|schließen *irr* **I.** *vt* ELEK, TECH (*Waschmaschine, Telefon*) bağlamak (**an** -e) **II.** *vr* ■ **sich ~** ❶ (*sich zugesellen*) katılmak (-e), arkadaşlık etmek (-e) ❷ (*folgen*) **sich jdm ~** birinin peşinden gitmek ❸ (*bei-*

pflichten) katılmak (-e), iştirak etmek (-e); **ich schließe mich Ihrer Meinung an** sizin fikrinize katılıyorum, sizinle hemfikirim

anschließend **I.** *adj* (*folgend*) arkasından gelen **II.** *adv* arkasından, ondan sonra

Anschluss[RR] <-es, -schlüsse> *m*, **Anschluß**[ALT] <-sses, -schlüsse> *m* ❶ (*an eine Partei*) katılma (**an** -e), girme (**an** -e); POL bağlantı (**an** -e) ❷ (*an ein Netz*) abone (**an** -e); TELEK telefon (bağlantısı) (**an** -e); **einen ~ beantragen** TELEK telefon (bağlanması) için başvurmak ❸ (*Verkehr*) bağlantı; **den ~ verpassen** bağlantıyı kaçırmak ❹ (*Kontakt*) kontak, bağlantı, ilişki; **~ suchen/finden** kontak [*o* ilişki] aramak/kurmak; **~ haben nach ...** ...e bağlantısı olmak; **im ~ an ...** ...nin arkasından, ...den sonra **Anschlussbolzen**[RR] *m* TECH, AUTO (*Zündkerzen~*) terminal somunu **Anschlussflug**[RR] *m* uçak bağlantısı **Anschlusszug**[RR] *m* tren bağlantısı

an|schmiegen ['anʃmi:gən] *vr* ❶ (*Person*) sokulmak (**an** -e) ❷ (*Kleidung: eng anliegen*) üstüne kalıp gibi oturmak

anschmiegsam *adj* (*Person*) sokulgan; (*Material, Stoff*) yumuşak

an|schnallen **I.** *vt* (*festbinden*) bağlamak; **seine Skier ~** kayaklarını takmak **II.** *vr* ■ **sich ~** AERO, AUTO (emniyet) kemeri(ni) takmak [*o* bağlamak]

Anschnallpflicht *f kein pl* (emniyet) kemer(i) takma zorunluluğu

an|schnauzen *vt* **jdn ~** birine bağırmak

an|schneiden *irr vt* ❶ (*Brot*) kesmek ❷ (*Thema*) değinmek (-e) ❸ (*Kurve*) içten [*o* keserek] almak ❹ SPORT (*Ball*) falso vermek (-e)

Anschovis <-> [an'ʃo:vɪs] *f* ançüez

an|schrauben *vt* vidalamak (**an** -e)

an|schreiben *irr vt* ❶ (*nicht sofort bezahlen*) veresiye vermek; **~ lassen** (*fam*) veresiye almak ❷ (*Person*) yazmak (-e) ❸ (*an eine Tafel*) yazmak (**an** -e)

an|schreien *irr vt* bağırmak (-e)

Anschrift <-en> *f* adres

an|schuldigen ['anʃʊldɪgən] *vt* (*geh*) itham etmek (**wegen** -den dolayı), suçlamak (**wegen** -den dolayı)

Anschuldigung <-en> *f* suçlama, itham

an|schwärzen *vt* ❶ (*schwärzen*) karartmak, siyahlatmak; (*färben*) siyahlatmak, siyaha boyamak ❷ (*fig: verleumden*) karalamak, iftira etmek, kara çalmak (-e)

an|schweißen *vt* TECH kaynakla tutturmak

an|schwellen *irr vi sein* ❶ (*Körperteil*) şişmek ❷ (*Lärm*) çoğalmak; **lawinenartig ~** çığ gibi büyümek ❸ (*Fluss*) kabarmak

Anschwellung <-en> *f* ❶ MED şişik ❷ (*Lärm*) çoğalma ❸ (*Fluss*) kabarma

an|schwemmen **I.** *vt haben* karaya atmak **II.** *vi sein* karaya vurmak

an|schwindeln *vt* (*fam*) dolandırmak

an|sehen *irr vt* ❶ (*betrachten*) bakmak (-e); (*prüfend*) incelemek, gözden geçirmek; (*Film*) seyretmek; (*besichtigen*) gezmek; **jdn ~** birinin yüzüne bakmak; **das kann ich nicht länger mit ~!** buna ben daha fazla seyirci kalamayacağım!; **sieh mal (einer) an!** bak (bir) hele sen! ❷ (*erachten*) olarak görmek, saymak; **ich sehe es als meine Pflicht an ...** ...i vazifem olarak görüyorum ❸ (*anmerken*) belli etmek, yüzünden anlaşılmak; **das sieht man ihr nicht an** bunu hiç de belli etmiyor; **man sieht dir dein Alter nicht an** yaşını göstermiyorsun [*o* belli etmiyorsun]

Ansehen <-s> *nt kein pl* ❶ (*Aussehen*) görünüş; **dem ~ nach zu urteilen** görünüşe bakılırsa ❷ (*Achtung*) saygınlık, itibar, prestij; **zu ~ gelangen** saygınlık kazanmak; **an ~ verlieren** saygınlığını yitirmek, itibardan düşmek, prestijini kaybetmek; **großes ~ genießen** çok itibar görmek

ansehnlich ['anze:nlɪç] *adj* ❶ (*beträchtlich*) hatırı sayılır; **ein ~es Sümmchen** (*fam*) hatırı sayılır bir rakam ❷ (*gut aussehend*) yakışıklı, eli yüzü düzgün, yüzüne bakılır

an|seilen **I.** *vt* **jdn ~** birini iple bağlamak **II.** *vr* kendini iple bağlamak

an|sein[ALT] *irr vi s.* **an III.3.**

an|sengen ['anzɛŋən] *vt* hafifçe yakmak

an|setzen **I.** *vi* (*beginnen*) başlamak (**zu** -e), geçmek (**zu** -e); **die Maschine setzt zur Landung an** uçak inişe geçti; **zum Spurt ~** depara kalkmak **II.** *vt* ❶ (*in Position bringen*) yerleştirmek, takmak; (*anfügen*) eklemek; **eine Leiter an die Wand ~** bir merdiveni duvara dayamak ❷ (*Glas*) ağzına götürmek ❸ (*bilden*) yapmak, oluşturmak, tutmak; **Fett ~** (*fam*) yağ bağlamak; **Kalk/Rost ~** kireç/pas tutmak ❹ (*vorbereiten*) hazırlamak ❺ (*Termin, Kosten*) belirlemek (**für** için), tayin etmek; (*veranschlagen*) değer biçmek **III.** *vr* ■ **sich ~** (*Ablagerungen*) oluşmak

Ansicht <-en> *f* ❶ (*fig: Anschauung*) görüş; (*Meinung*) fikir (**über** hakkında); **meiner ~ nach** benim görüşümce [*o* fikrimce]; **der gleichen ~ sein** aynı görüşte olmak, hemfikir olmak; **der ~ sein, dass ...** ... olduğunun görüşünde olmak; **ich bin ganz Ihrer ~** sizinle aynı görüşteyim ❷ (*Abbildung*) resim ❸ (*Blick*) görünüm, görünüş, manzara; **zur ~** gözden geçirmek için, örnek olarak ❹ INFORM (*eines Dokuments*) görüntü **Ansichtskarte** *f* kartpostal **Ansichtssache** *f* görüş meselesi

an|siedeln **I.** *vt* ❶ (*Menschen*) yurtlandırmak, iskân etmek ❷ (*Tierart*) yurtlandırmak ❸ (*Industrie*) kurmak (-e) **II.** *vr* ■ **sich ~** yurtlanmak, yerleşmek

Ansied(e)lung <-en> *f* (*das Ansiedeln*) iskân, yurtlandırma, yerleştirme; (*Siedlung*) yerleşim alanı, yerleşim merkezi

ansonsten [an'zɔnstən] *adv* ❶ (*im Übrigen*) bundan başka ❷ (*andernfalls*) aksi takdirde; (*wenn nicht*) yoksa

an|spannen *vt* ❶ (*Seil*) germek; (*Muskeln*) sıkmak ❷ (*fig: anstrengen*) yormak; (*Nerven*) gerginleştirmek; (*zusammennehmen*) toplamak, konsantre etmek; **das spannt mich zu sehr an!** bu beni pek fazla yoruyor! ❸ (*Pferde*) arabaya koşmak

Anspannung <-en> *f* (*das Anspannen*) ger(il)me; (*Anstrengung*) sıkıntı; (*Spannung*) gerginlik, gerilim; (*das Zusammennehmen*) konsantre etme [*o* olma]; **unter ~ aller Kräfte** bütün gücünü toplayarak [*o* konsantre ederek]

Anspiel <-(e)s, -e> *nt* SPORT pas; (*bei Spielen*) oyuna başlama

an|spielen **I.** *vi* ❶ (*versteckt hinweisen*) ima etmek (**auf** -), anıştırmak (**auf** -), telmih etmek (**auf** -); **auf etw ~** bir şeyi anıştırmak [*o* ima etmek], bir şeyi telmih etmek; **worauf spielen Sie an?** neyi telmih ediyorsunuz? ❷ SPORT (*das Spiel beginnen*) oyuna başlamak **II.** *vt* SPORT pas vermek (-e); **den Linksaußen ~** sol açığa pas vermek; **Trumpf/Pik ~** koz/maça ile oyuna başlamak

Anspielung <-en> *f* ima, kinaye (**auf** -), anıştırma (**auf** -)

an|spitzen *vt* sivritmek, yontmak; **den Bleistift ~** kurşun kalemin ucunu açmak

Anspitzer *m* kalem açacağı, kalemtıraş

Ansporn <-(e)s> ['anʃpɔrn] *m kein pl* özendirme, isteklendirme

an|spornen *vt* ❶ (*fig*) teşvik etmek (**zu** -e), özendirmek (**zu** -e), kamçılamak; **jdn zu etw ~** birini bir şeye özendirmek [*o* isteklendirmek] ❷ (*Pferd*) mahmuzlamak

Ansprache <-n> *f* nutuk (**an** -e); (*kurz*) konuşma (**an** -e); (*feierlich*) söylev (**an** -e); **eine ~ halten** nutuk vermek, konuşma yapmak

ansprechbar *adj* (*Kranker*) konuşacak durumda olan; **nicht ~ sein** (*fam*) meşgul olmak

an|sprechen *irr* **I.** *vi* MED (*reagieren*) tepkimek (**auf** -e) **II.** *vt* ❶ (*erwähnen*) bahsetmek (-den), söz etmek (-den); (*Thema*) değinmek (-e) ❷ (*eine Gruppe*) hitap etmek (-e), söz yöneltmek (-e); (*Gespräch beginnen*) konuşmaya başlamak (ile); **jdn ~** birine söz yöneltmek ❸ (*gefallen*) hoşuna gitmek (-in)

ansprechend *adj* hoş; (*Person*) latif

Ansprechpartner(in) *m(f)* muhatap

an|springen *irr* **I.** *vi sein* ❶ AUTO (*Motor*) çalış(maya başla)mak, starta geçmek ❷ (*fam: auf ein Angebot*) üzerine atlamak (-in) **II.** *vt* (*anfallen*) üzerine atılmak (-in)

Anspruch <-(e)s, -sprüche> *m* ❶ (*Anrecht*) hak (**auf** -e); **auf etw ~ haben** bir şeye hakkı olmak ❷ (*Forderung*) talep (**auf** -); **hohe Ansprüche an jdn stellen** birinden çok şeyler istemek [*o* talep etmek]; **den Ansprüchen gerecht werden** istenilenleri karşılamak; **etw in ~ nehmen** bir şeyden yararlanmak; **das nimmt sehr viel Zeit in ~** bu çok fazla vakit alır; **er ist sehr in ~ genommen** çok meşgul; **jdn völlig in ~ nehmen** birini tamamıyla uğraştırmak [*o* meşgul etmek], birinin bütün vaktini almak

anspruchslos *adj* ❶ (*Mensch*) iddiasız, alçak gönüllü; (*bescheiden*) mütevazı ❷ (*Lektüre*) iddiasız

Anspruchslosigkeit *f kein pl* ❶ (*anspruchsloses Wesen*) iddiasızlık, alçak gönüllülük, tevazu, mütevazılık ❷ (*Trivialität*) değerli içerikten yoksunluk; (*Belanglosigkeit*) önemsizlik

anspruchsvoll *adj* (*viel verlangend*) çok şey isteyen, iddialı; (*hohe Ansprüche stellend*) titiz; (*unbescheiden*) kibirli

an|spucken *vt* tükürmek (-e)

an|stacheln ['anʃtaxəln] *vt* kışkırtmak (**zu** -e), tahrik etmek (**zu** -e)

Anstalt <-en> ['anʃtalt] *f* ❶ kurum; (*Einrichtung*) kuruluş; (*Pflege~, Haft~*) ev; (*Unterrichts~*) hane ❷ (*fam: Psychiatrie*) tımarhane ❸ *pl* **er machte keine ~en zu gehen** gitmek için hiçbir girişimde bulunmadı; **~en zu etw treffen** bir şey için önlemler almak

Anstand[1] <-(e)s> *m kein pl* (*gute Sitte*) edep; (*schickliches Benehmen*) görgü, terbiye, nezaket; **keinen ~ haben** görgüsü [*o* terbiyesi] olmamak

Anstand[2] <-(e)s, -stände> *m* ÖSTERR (*Schwierigkeit*) zorluk; **es hat keinen ~ gegeben** zorluk çıkmadı

anständig ['anʃtɛndɪç] *adj* ❶ (*Benehmen*) görgülü, terbiyeli; (*gesittet*) edepli, temiz ahlaklı, namuslu; (*ehrbar*) dürüst, doğru; **benimm dich ~!** terbiyeli ol! ❷ (*Kleidung*) düzgün ❸ (*ordentlich*) düzenli,

A

derli toplu; (*Arbeit*) doğru dürüst ❹ (*angemessen*) uygun, münasip ❺ (*fam: ziemlich heftig*) adamakıllı, iyice, epey; **eine ~e Tracht Prügel bekommen** adamakıllı [*o* iyice] bir dayak yemek; **~ draufzahlen müssen** üstüne epey ödemek zorunda kalmak ❻ (*fam: ordentlich*) doğru dürüst; **gibt es bei euch keinen ~en Wein?** sizde doğru dürüst şarap yok mu?

Anständigkeit *f kein pl* namusluluk, dürüstlük

Anstandsbesuch *m* nezaket ziyareti **Anstandsdame** <-n> *f* şaperon

anstandshalber *adv* (*um die Form zu wahren*) formalite gereği; (*nur aus Höflichkeit*) nezaketen

Anstandshappen <-s> *m* nezaket gereği tabakta kalan yemek

anstandslos *adv* zorluk çıkmadan, zorluk çıkarmadan **Anstandsregel** <-n> *f* adabımuaşeret, görgü kuralları *pl*

an|starren *vt* bakmak (-e)

anstatt [anˈʃtat] **I.** *präp* yerine; **~ seiner kam sein Freund** onun yerine arkadaşı geldi **II.** *konj* **~ etw zu tun** bir şey yapacağına; **~ dass er sofort zum Arzt ging, ...** hemen doktora gideceğine ...

an|stauen *vr* ■ **sich ~** toplanmak

an|stechen *irr vt* delmek; (*Fass*) açmak; **ein Fass Bier ~** bir fıçı bira açmak

an|stecken[1] *vt* ❶ (*mit Nadel*) iğneyle tutturmak ❷ (*Ring*) takmak

an|stecken[2] *vt* DIAL (*anzünden*) tutuşturmak, ateşe vermek; (*Zigarette*) yakmak; **ein Haus ~** bir evi kundaklamak

an|stecken[3] **I.** *vt* MED (*a. fig*) aşılamak, bulaştırmak (-e); **jdn mit etw ~** birine bir şey(i) aşılamak [*o* bulaştırmak] **II.** *vr* ■ **sich ~** yakalanmak; **sich mit etw ~** bir şeye yakalanmak **ansteckend** *adj* bulaşıcı; **~e Krankheit** bulaşıcı hastalık

Anstecknadel *f* rozet

Ansteckung <-en> *f* MED bulaşma **Ansteckungsgefahr** *f* bulaşma tehlikesi

an|stehen *irr vi* ❶ (*Schlange stehen*) kuyrukta durmak, kuyrukta sıra beklemek; (*nach Waren ~*) sıra olmak ❷ (*noch folgen*) sırada olmak

an|steigen *irr vi sein* ❶ (*aufwärtsführen*) yükselmek; **steil ~d** diklemesine yükselen ❷ (*Preis, Temperatur*) artmak

anstelle [anˈʃtɛlə] *präp* yerine; **~ des Lehrers** öğretmenin yerine

an|stellen **I.** *vt* ❶ TECH, AUTO (*Maschine*) çalıştırmak ❷ RADIO (*Fernseher*) açmak ❸ (*beschäftigen*) istihdam etmek ❹ (*anlehnen*) yaslamak (**an** -e), dayamak (**an** -e) ❺ (*vornehmen*) bulunmak; **Vermutungen ~** tahminlerde bulunmak ❻ (*fam: fertigbringen*) becermek; **ich weiß nicht, wie ich es ~ soll** onu nasıl becereceğimi bilmiyorum ❼ (*fam: anrichten*) halt karıştırmak [*o* yemek]; **was hast du da wieder angestellt?** yine orada ne halt karıştırdın?; **stell bloß keinen Unsinn an!** sakın bir saçmalık yapma! **II.** *vr* ■ **sich ~** ❶ (*fam: sich verhalten*) tavır takınmak; **sich dumm ~** aptallığa vurmak ❷ (*fam: sich zieren*) nazlanmak, kendini naza çekmek; **stell dich nicht so an!** nazlanma! ❸ (*an eine Reihe*) (sıraya) girmek; (*in eine Schlange*) kuyruğa girmek; (*Schlange stehen*) kuyruğa girip sırasını beklemek; **stell dich hinten an!** arkaya geç!

Anstellung <-en> *f* ❶ (*Amtsübertragung*) tayin, atama ❷ (*Amt*) görev; (*Posten, Stelle*) mevki; **eine feste ~** sağlam bir mevki

Anstich <-(e)s, -e> *m* (*eines Fasses*) açma

Anstieg[1] <-(e)s, -e> [ˈanʃtiːk] *m* (*Aufstieg*) yükseliş, yükselme

Anstieg[2] <-(e)s> *m kein pl* ❶ (*Steigung*) yokuş ❷ (*Zunahme*) artış

an|stiften *vt* azmettirmek; **jdn zu etw ~** birini bir şeye azmettirmek

Anstifter(in) <-s, -; -nen> *m(f)* (*Straftat*) azmettiren (kimse); (*Verschwörung*) fesatçı

Anstoß <-es, -stöße> *m* ❶ SPORT yerinde vuruş; (*Fußball*) başlama vuruşu ❷ (*Ruck*) ani hareket; (*Impuls*) darbe, tepi ❸ (*fig: Ärgernis*) gıcık; **~ erregen** rezalet çıkarmak; **bei jdm ~ erregen** birini gıcık etmek; **an etw ~ nehmen** bir şeyden gıcık almak ❹ (*fig: Anlass*) neden, sebep; (*Antrieb*) dürtükleme, dürtme; **jdm den ~ geben, etw zu tun** bir şey yapması için birini dürtüklemek; **den ~ zu etw geben** bir şeye neden olmak

an|stoßen *irr* **I.** *vi* ❶ *sein* (*gegenstoßen*) bitişik olmak (**an** -e), yapışık olmak (**an** -e) ❷ (*mit den Gläsern*) kadeh tokuşturmak (**auf** -in şerefine) ❸ SPORT yerinde vuruş yapmak; (*Fußball*) başlama vuruşu yapmak **II.** *vt* (*Stoß geben*) itmek, dürtmek, çarpmak (-e)

anstößig [ˈanʃtøːsɪç] *adj* yakışıksız, edebe aykırı, açık saçık, müstehcen

an|streben *vt* amaçlamak

an|streichen *irr vt* ❶ (*mit Farbe*) boyamak; (*mit Wandfarbe*) badanalamak; **etw gelb ~** bir şeyi sarıya boyamak ❷ (*tünchen*) sıvamak ❸ (*Fehler*) işaret koymak, altını çizmek

Anstreicher(in) <-s, -; -nen> *m(f)* badanacı, sıvacı; (*pej: Maler*) boyacı

an|strengen ['anʃtrɛŋən] **I.** *vi* (*ermüden*) (adamı) yormak; **diese Arbeit strengt sehr an** bu iş (adamı) çok yorar [*o* yoruyor] **II.** *vt* ❶ (*Verstand*) yormak; (*Gehör*) işitmeye çalışmak; **sein Gedächtnis ~** hafızasını yoklamak, hatırlamaya çalışmak; **sein Gehirn ~** aklını yormak ❷ JUR (*Verfahren*) açmak; **eine Klage ~** bir dava açmak **III.** *vr* **sich ~** (*sich bemühen*) gayret etmek [*o* göstermek], çaba [*o* emek] harcamak

anstrengend *adj* (*körperlich*) yorucu, zahmetli; (*geistig*) (kafa) yorucu; **das ist ~ für die Augen** bu gözleri yorar

Anstrengung <-en> *f* çaba, gayret; **große ~en machen** büyük çaba harcamak

Anstrich[1] <-(e)s, -e> *m* (*aufgetragene Farbe*) boya; (*Wandfarbe*) badana

Anstrich[2] <-(e)s> *m kein pl* ❶ (*das Anstreichen*) boyama, badanalama ❷ (*fig: Anschein*) görünüş

Ansturm <-(e)s, -stürme> *m* ❶ (*Angriff*) saldırı (**auf** -e); (*Sturm*) akın (**auf** -e), hücum (**auf** -e) ❷ (*Andrang*) izdiham, üşüşme

an|stürmen *vi sein* **gegen etw ~** bir şeyin üzerine saldırmak; **angestürmt kommen** fırtına gibi gelmek

an|suchen *vi* ÖSTERR (*förmlich bitten*) ricada bulunmak, talep etmek

Antagonismus <-en> *m* antagonizma

Antagonist(in) <-en, -en; -nen> [antago'nɪst] *m(f)* ❶ (*Gegner*) hasım ❷ CHEM antagonist

Antarktis [ant'arktɪs] *f* GEO Antarktika, antarktik kara **antarktisch** *adj* antarktik

an|tasten *vt* ❶ (*berühren*) dokunmak (-e), el sürmek (-e) ❷ (*Frage*) değinmek (-e)

Anteil <-(e)s, -e> *m* ❶ (*Teil*) pay, hisse ❷ (*Beteiligung*) katılım ❸ (*Interesse*) ilgi, alaka; **an etw (regen) ~ nehmen** bir şeyle (etkin bir biçimde) ilgilenmek ❹ (*Mitgefühl*) **herzlichen ~ an jds Schicksal nehmen** bir kimsenin kederini içten paylaşmak

anteilig ['antaɪlɪç] *adj* orantılı

Anteilnahme ['antaɪlna:mə] *f kein pl* ❶ (*Beteiligung*) ortak olma (**an** -e) ❷ (*Mitgefühl*) duygudaşlık (**an** -de), (duyulan) alaka, (gösterilen) yakınlık; **wir danken uns für Ihre ~** alakanıza teşekkür ederiz ❸ (*Beileid*) başsağlığı, taziye; **seine ~ aussprechen** başsağlığı dilemek

Antenne <-n> [an'tɛnə] *f* ❶ RADIO anten ❷ ZOOL anten; (*Fühler*) duyarga **Antennenwiderstand** *m* ELEK anten direnci

Anthologie *f* antoloji; (*Blütenlese*) güldeste

Anthrazit <-s, -e> [antra'tsi:t] *m* antrasit

Anthropoide *m* ZOOL antropoit

Anthropologe(in) <-n, -n; -nen> *m(f)* antropolog

Anthropologie *f* antropoloji

anthropologisch *adj* antropolojik

Anthroposoph(in) <-en, -en; -nen> [antropo'zo:f] *m(f)* antroposof

Anthroposophie [antropozo'fi:] *f kein pl* antroposofi

anthroposophisch *adj* antroposofik

Antialkoholiker(in) [antiʔalko'ho:likɐ] *m(f)* yeşilaycı, içki aleyhtarı

antialkoholisch *adj* yeşilaycı

antiautoritär *adj* yetketanımaz

Antibabypille *f* doğum kontrol hapı

Antibiotikum <-s, Antibiotika> [antibi'o:tikʊm] *nt* MED antibiyotik

Antiblockiersystem *nt* AUTO kilitlenmeyi önleyici fren sistemi

antidemokratisch *adj* antidemokratik

Antidepressivum <-s, -depressiva> [antidеprɛ'si:vʊm] *nt* MED depresyon önleyici ilaç

Antifaltencreme [--'---] *f* kırışıklık önleyici krem, fondöten, pata krem

Antifaschismus [---'--, '-----] *m kein pl* antifaşizm

Antifaschist(in) *m(f)* antifaşist

antifaschistisch *adj* antifaşist

Antigen <-s, -e> *nt* MED, BIOL antijen

Antihistamin <-s, -e> *nt* MED antihistamin(ik)

antik [an'ti:k] *adj* ❶ COMM antika ❷ (*aus der Antike*) antik

Antike [an'ti:kə] *f kein pl* **die ~** antik çağ

antiklerikal [----'-, '-----] *adj* kiliseye karşı

antikommunistisch *adj* antikomünist

Antikörper <-s, -> ['----] *m* MED antikor

Antikriegsbewegung *f* savaş karşıtları hareketi

Antillen [an'tɪlən] *pl* Antiller *pl*

Antilope <-n> [anti'lo:pə] *f* antilop

antimilitaristisch *adj* antimilitarist

Antimon <-s> *nt* CHEM antimon

Antipathie <-n> [antipa'ti:] *f* (*geh*) antipati

Antiquariat <-(e)s, -e> [antikvari'a:t] *nt* ❶ (*Geschäft*) sahaf dükkânı ❷ (*Abteilung*) eski kitaplar bölümü

antiquarisch *adj* (*Druckwerke*) eski; (*aus zweiter Hand*) ikinci elden

antiquiert *adj* (*pej*) antika, köhne

Antiquität <-en> *f* antika **Antiquitätengeschäft** <-(e)s, -e> *nt* antikacı (dükkânı) **Antiquitätenhändler** *m* antikacı **Antiquitätenschmuggel** *m* antika kaçakçılığı

Antischäummittel *nt* CHEM (*in Motoröl*) köpük önleyici

Antisemit(in) <-en, -en; -nen> *m(f)* antisemitist

antisemitisch *adj* antisemit

Antisemitismus <-> [antizemi'tɪsmʊs] *m kein pl* antisemitizm

Antiseptikum <-s, -ka> *nt* MED antiseptik

antiseptisch [anti'zɛptɪʃ] *adj* MED antiseptik

antistatisch *adj* statik elektriklenmeyi önleyici

Antiterror- *in Komposita* terörle mücadele

Antivirenprogramm [anti'vi:rən-] *nt* INFORM virüs programı

antiwestlich *adj* Batı aleyhtarı

Antlitz <-es, -e> ['antlɪts] *nt* (*geh*) yüz, çehre, sima

an|tönen *vt* ÖSTERR (*andeuten*) anıştırmak, ima etmek

Antonym <-s, -e> *nt* LING karşıt; (*Gegensatzwort*) karşıt anlamlı kelime

an|törnen ['antœrnən] *vt* (*sl*) mest etmek, kendinden geçirmek

Antrag <-(e)s, -träge> ['antra:k, *pl* 'antrɛ:gə] *m* ❶ (*Forderung*) istem (**auf** için), talep; **einen ~ auf etw stellen** bir şey için istemde bulunmak ❷ (*Formular*) başvuru, dilekçe ❸ POL önerge (**auf** için); **der ~ wurde mehrheitlich angenommen** önerge çoğunlukla kabul edildi ❹ (*Heirats~*) teklif

Antragsformular *nt* dilekçe; (*Vordruck*) başvuru formu

Antragsteller(in) <-s, -; -nen> *m(f)* başvurucu, dilekçe sahibi

Antragstellung <-en> *f* WIRTSCH başvurma

an|treffen *irr vt* bulmak; (*zufällig*) rastlamak (-e), karşılaşmak (-le)

an|treiben *irr* **I.** *vi sein* (*anschwimmen*) karaya vurmak **II.** *vt* ❶ TECH (*vorwärtstreiben*) devindirmek, hareket ettirmek ❷ (*anschwemmen*) kıyıya atmak, karaya sürüklemek ❸ (*drängen*) sıkıştırmak (**zu** için); **sie trieb ihn zur Eile an** onu acele etmesi için sıkıştırdı ❹ (*veranlassen*) neden [*o* sebep] olmak (**zu** -e), yol açmak (**zu** -e)

an|treten *irr* **I.** *vi sein* ❶ MIL içtima etmek, toplanmak; **in Zweierreihen ~** ikişer sıra olarak dizilmek; **zum Dienst ~** nöbete çıkmak ❷ SPORT karşılaşmak (**gegen** ile) **II.** *vt haben* ❶ (*Reise*) çıkmak (-e) ❷ (*Strafe*) çekmeye başlamak ❸ (*Erbe*) konmak (-e) ❹ (*Stelle*) girmek (-e) ❺ (*Amt*) başlamak (-e)

Antrieb <-(e)s, -e> *m* ❶ (*bewegende Kraft*) hareket ettiren güç, devindirici güç, itme gücü; AUTO çekiş; (*~swelle*) tahrik ❷ (*Beweggrund*) güdü; (*innere Triebfeder*) dürtü; (*Impuls*) içtepi; **aus eigenem ~** kendiliğinden; **aus innerem ~ heraus** içinden gelen dürtüye uyarak **Antriebskraft** *f* TECH itme gücü; AUTO çekiş gücü **Antriebswelle** *f* TECH devindirici mil; AUTO rotil, tahrik şaftı

Antritt <-(e)s> *m kein pl* ❶ (*Beginn*) başlama; **~ der Reise** yolculuğun başlaması ❷ (*eines Amtes*) başlama; (*einer Erbschaft*) konma **Antrittsbesuch** *m* (göreve başlama nedeniyle yapılan) ilk ziyaret **Antrittsrede** *f* (göreve başlama nedeniyle yapılan) ilk konuşma

an|tun *irr* **I.** *vt* (*zufügen*) **jdm etw Gutes/Böses ~** birine bir iyilik/kötülük yapmak [*o* etmek]; **tu mir das nicht an!** (*fam*) yapma bunu bana!; **tun Sie sich keinen Zwang an!** çekinmeyin!; **sich** *dat* **etwas ~** canına kıymak **II.** *vi* (*Sympathie erregen*) hoşuna gitmek; **diese Gegend hat es ihm angetan** burası onun hoşuna gitti

an|turnen *vt* (*sl*) mest etmek

Antwort <-en> ['antvɔrt] *f* cevap (**auf** -e), yanıt (**auf** -e); **keine ~ bekommen** cevap [*o* yanıt] almamak; **keine ~ ist auch eine ~!** sükût ikrardan gelir!; **jdm eine ~ geben** birine cevap [*o* yanıt] vermek; **jdm Rede und ~ stehen** birinin sorularını cevap vermek; **um ~ wird gebeten** cevap vermeniz rica olunur; **als ~ auf etw** bir şeye cevap [*o* yanıt] olarak

antworten ['antvɔrtən] *vt* cevaplandırmak, cevap [*o* yanıt] vermek (**auf** -e); **auf etw ~** bir şeye cevap [*o* yanıt] vermek; **jdm auf einen Brief ~** birinin mektubuna cevap vermek

Antwortschreiben *nt* cevap (yazısı)

an|vertrauen* **I.** *vt* ❶ (*überlassen*) emanet etmek ❷ (*vertraulich erzählen*) güvenerek anlatmak **II.** *vr* ■**sich ~** (*sich offenbaren*) içini dökmek, açılmak

an|visieren* ['anvizi:rən] *vt* ❶ (*ins Auge fassen*) göz önüne almak; (*sich als Ziel setzen*) hedef almak ❷ MIL nişanlamak

an|wachsen *irr vi sein* ❶ (*Wurzeln schlagen*) kök salmak ❷ MED (*Knochen, Haut*) birleşmek ❸ (*zunehmen*) çoğalmak, artmak, nemalanmak

Anwalt, -wältin <-(e)s, -wälte; -nen> ['anvalt, *pl* 'anvɛltə] *m, f* ❶ JUR avukat; **sich** *dat* **einen ~ nehmen** avukat tutmak ❷ (*Fürsprecher*) avukat **Anwältin** *f* bayan avukat **Anwaltsbüro** *nt* avukatlık bürosu

Anwaltschaft <-en> *f* JUR ❶ (*Vertretung eines Klienten*) avukatlık ❷ (*Gesamtheit der Anwälte*) baro **Anwaltskammer** *f*

baro **Anwaltskanzlei** *f* avukatlık bürosu
Anwaltskosten *pl* avukat masrafları *pl*
Anwandlung <-en> *f* **aus einer ~ heraus** hislerine kapılarak
Anwärter(in) <-s, -; -nen> *m(f)* aday (**auf** -e)
Anwartschaft <-en> *f* beklemece hak (**auf** üzerinde)
an|weisen *irr vt* ❶ FIN havale etmek ❷ (*anleiten*) yol göstermek, talimat vermek (-e) ❸ (*zuweisen*) **jdm einen Platz ~** birine yer göstermek ❹ (*befehlen*) emretmek
Anweisung <-en> *f* ❶ (*Befehl*) emir, komut ❷ (*Anleitung*) talimat; (*Gebrauchs~*) tarife, tarifname ❸ FIN havale
anwendbar *adj* uygulanabilir (**in** -de, **auf** -e), kullanışlı
an|wenden *irr vt* ❶ (*Technik*) uygulamak; (*Heilmittel*) kullanmak ❷ (*List, Gewalt*) kullanmak
Anwender(in) <-s, -; -nen> *m(f)* kullanıcı **anwenderfreundlich** *adj* kullanımı kolay **Anwenderprogramm** *nt* INFORM kullanıcı programı **Anwendersoftware** *f* INFORM kullanıcı yazılımı
Anwendung <-en> *f* ❶ kullanım ❷ (*Umsetzung in die Tat*) uygulama; **zur ~ kommen** uygulanmak ❸ MED (*Kur~*) tedavi **Anwendungsbereich** *m* uygulama alanı; (*Heilmittel*) kullanım alanı
an|werben *irr vt* hizmete almak; (*Soldaten*) silah altına almak; (*Arbeitskräfte*) işe almak
Anwerbestopp *m* iş gücü alımının durdurulması
Anwesen <-s, -> ['anve:zən] *nt* mülk, malikâne
anwesend *adj* hazır bulunan, var olan, mevcut; **bei einer Sitzung ~ sein** bir oturumda hazır bulunmak
Anwesende(r) <-n, -n; -n> *f(m)* hazır bulunan (kimse); **die hier ~n** burada hazır bulunanlar
Anwesenheit *f kein pl* ❶ (*von Personen*) huzur, bulunma; **in jds ~** birinin huzurunda [*o* önünde] ❷ (*Vorhandensein*) mevcudiyet, var olma **Anwesenheitsliste** *f* yoklama [*o* gelenlerin] listesi
an|widern ['anvi:dɐn] *vt* (*pej*) tiksindirmek, iğrendirmek; **es widert mich an** ondan tiksiniyorum [*o* iğreniyorum]
Anwohner(in) <-s, -; -nen> *m(f)* sakin
an|wurzeln *vi sein* **ich war wie angewurzelt** çakılıp kaldım
Anzahl *f kein pl* sayı; (*Menge*) miktar
an|zahlen *vt* (*die erste Rate zahlen*) ilk taksiti ödemek; (*einen Teilbetrag zahlen*) kısmen ödemek, peşinat vermek, kaparo olarak vermek
Anzahlung <-en> *f* ❶ (*erste Rate*) ilk taksit ❷ (*Teilbetrag*) kaparo, peşinat; **eine ~ leisten auf ...** ... için kaparo vermek
an|zapfen *vt* ❶ (*Fass*) delmek, açmak ❷ **jdn ~** (*fig*) birinden para sızdırmak
Anzeichen <-s, -> *nt* ❶ *a.* MED belirti; **die ersten ~ einer Krankheit** bir hastalığın ilk belirtileri ❷ (*Zeichen*) eser; **nicht einmal das geringste ~ von Reue** en küçük bir pişmanlık eseri bile
Anzeige <-n> ['antsaɪgə] *f* ❶ JUR (*bei der Polizei*) ihbar, bildirme; (*Straf~*) duyuru; **wegen etw ~ bei der Polizei erstatten** bir şeyden dolayı polise ihbarda [*o* suç duyurusunda] bulunmak ❷ (*Inserat*) ilan ❸ TECH gösterge ❹ INFORM (*Bildschirm~*) görüntüleme
an|zeigen *vt* ❶ JUR **jdn ~** birini ihbar etmek ❷ TECH (*auf Skala*) göstermek ❸ INFORM (*Datei*) görüntülemek ❹ COMM ilan etmek
Anzeigenblatt *nt* ilan gazetesi **Anzeigenkampagne** *f* COMM ilan kampanyası **Anzeigenteil** <-(e)s, -e> *m* ilanlar bölümü
Anzeigetafel *f* pano; TECH göstergeler; SPORT sayı levhası, sayı göstergesi, skorbort
an|zetteln *vt* (*pej*) düzenlemek
an|ziehen *irr* **I.** *vi* ❶ (*in Bewegung setzen*) hareket etmek ❷ (*den ersten Zug machen*) ilk hamleyi yapmak ❸ COMM (*Preise*) yükselmek ❹ AUTO **der Wagen zieht gut an** araba iyi çekiyor **II.** *vt* ❶ (*ankleiden*) giydirmek ❷ (*Kleidungsstück*) giymek ❸ (*Beine*) çekmek ❹ AUTO (*Handbremse*) çekmek ❺ TECH (*Schraube*) sıkmak ❻ (*aufsaugen*) emmek, çekmek, soğurmak ❼ (*a. fig: Anziehungskraft ausüben*) kendine çekmek, cezbetmek **III.** *vr* ■ **sich ~** giyinmek; **sich warm ~** (*a. fig*) kalın giyinmek; **ich ziehe mir den Mantel an** paltoyu giyiniyorum
anziehend *adj* (*attraktiv*) çekici; (*sympathisch*) hoş
Anziehsachen *pl* giysiler *pl*
Anziehung <-en> *f* ❶ (*das Anziehen*) çekme, çekiş; (*Anziehungskraft*) çekim ❷ (*Verlockung*) çekicilik, cazibe
Anziehungskraft[1] <-kräfte> *f* PHYS çekim [*o* çekiş] kuvveti; (*Schwerkraft*) çekme gücü; **die ~ zwischen Molekülen** moleküller arasındaki çekiş kuvveti
Anziehungskraft[2] *f kein pl* (*fig: Attraktivität*) çekicilik, cazibe
Anzug[1] <-(e)s, -züge> *m* (*Kleidung*) (takım) giysi, (takım) elbise; (*Herren~*) kostüm, (erkek) takım giysi(si)
Anzug[2] <-(e)s> *m kein pl* (*Anrücken*)

yaklaşma; **im ~ sein** yaklaşmakta olmak; **ein Gewitter ist im ~** boran yaklaşmakta

anzüglich ['antsy:klɪç] *adj* ❶ (*frech*) iğneli, kinayeli; **er lächelte ~** kinayeli kinayeli gülümsedi ❷ (*zweideutig, anstößig*) cinaslı; **~ werden** cinaslı sözler kullanmak ❸ (*gegenüber Frauen*) sulu; **~ werden** sululaşmak

Anzüglichkeit *f* ❶ (*gegenüber Frauen*) sululuk ❷ **seine Rede war voller ~en** konuşması cinas doluydu

Anzugskraft *f* AUTO (*Beschleunigungskraft*) çekiş

an|zünden *vt* (*Zigarette, Pfeife*) yakmak; (*Gebäude*) ateşe vermek, kundaklamak

an|zweifeln *vt* kuşkulanmak (-den), şüphelenmek (-den)

Aorist *m* LING geniş zaman

Aorta *f* ANAT aort

apart [a'part] *adj* orijinal

Apartheid [a'pa:ɐthaɪt] *f kein pl* aparthayt

Apartment <-s, -s> [a'partmənt] *nt* apartman dairesi

Apathie <-n> [apa'ti:] *f* duyumsamazlık

apathisch [a'pa:tɪʃ] *adj* duyumsamaz

aper *adj* SCHWEIZ (*schneefrei*) karsız

Aperitif <-s, -s *o* -e> [aperi'ti:f] *m* aperitif

Apfel <-s, Äpfel> ['apfəl, *pl* 'ɛpfəl] *m* elma; **in den sauren ~ beißen** (*fig*) kaderine boyun eğmek; **der ~ fällt nicht weit vom Stamm** (*prov*) bir elmanın yarısı o, yarısı bu **Apfelbaum** *m* elma ağacı **Apfelkuchen** *m* elmalı pasta **Apfelmost** *m* elma şırası **Apfelmus** <-es> *nt kein pl* elma ezmesi **Apfelsaft** *m* elma suyu

Apfelsine <-n> [apfəl'zi:nə] *f* portakal

Apfelwein <-(e)s, -e> *m* elma şarabı

Aphel <-s, -e> *nt*, **Aphelium** <-s, -ien> *nt* ASTRON (*Sonnenferne*) günöte

Aphrodisiakum <-s, -ka> *nt* afrodizyak

apolitisch ['apoli:tɪʃ, --'--] *adj* POL politikayla ilgilenmeyen

Apostel <-s, -> [a'pɔstəl] *m* REL (*Jünger Jesu*) havarî; (*Sendbote*) resul **Apostelgeschichte** <-n> *f* REL Resullerin İşleri *pl*

Apostroph <-s, -e> [apo'stro:f] *m* LING kesme işareti

Apotheke <-n> [apo'te:kə] *f* eczane, eczahane **apothekenpflichtig** *adj* reçeteli

Apotheker(in) <-s, -; -nen> [--'--] *m(f)* eczacı

App. *Abk von* **Appartement** D. (*daire*)

Apparat <-(e)s, -e> [apa'ra:t] *m* ❶ alet, aygıt ❷ (*Foto~*) makine; (*Verdauungs~*) aygıt, sistem ❸ (*Telefon*) telefon; **am ~!** TELEK buyrun, benim!; **bleiben Sie am ~!** TELEK bekleyin!, telefondan ayrılmayın!

Apparatur <-en> [apara'tu:ɐ] *f* ekipman

Appartement <-s, -s> [apartə'mɑ̃:] *nt* (apartmanda) daire

Appartementhaus *nt* apartman

Appell <-s, -e> [a'pɛl] *m* ❶ (*Aufruf*) çağrı, davet; **ein ~ zur Zusammenarbeit** iş birliğine çağrı; **einen ~ an jdn richten** birine çağrıda bulunmak ❷ MIL içtima; **der morgendliche ~** sabah içtiması; **zum ~ antreten** içtima etmek

Appellation <-, -en> *f* SCHWEIZ (*Berufung*) istinaf

appellieren* *vi* ❶ seslenmek (**an** -e), çağırmak (**an** -) ❷ JUR (*Berufung einlegen*) istinaf yoluna başvurmak

Appetit <-(e)s> [ape'ti:t] *m kein pl* iştah (**auf** -e), yemek yeme isteği; **~ bekommen/haben** iştahı açılmak/olmak; **jdm den ~ verderben** birinin iştahını bozmak [*o* kaçırmak]; **mir ist der ~ vergangen** iştahım kaçtı, iştahım kapandı; **guten ~!** afiyet olsun!; **worauf haben Sie ~?** neye iştahınız var?

appetitanregend *adj* iştah açıcı **Appetithappen** *m* çeşni, tadımlık lokma **appetithemmend** *adj* iştah kesici

appetitlich *adj* (*lecker*) lezzetli **appetitlos** *adj* iştahsız

Appetitlosigkeit *f kein pl* iştahsızlık

Appetitzügler <-s, -> [ape'ti:ttsy:glɐ] *m* MED iştah kesici

applaudieren* [aplaʊ'di:rən] *vi* alkışlamak

Applaus <-es, -e> [a'plaʊs] *m* (*Lob*) alkış

Après-Ski <-> [aprɛ'ʃi:] *nt kein pl* kayak sonrası giyimi

Aprikose <-n> [apri'ko:zə] *f* kayısı

Aprikosenbaum *m* BOT kayısı ağacı

April <-(s), -e> [a'prɪl] *m* nisan; **~, ~!** nisan bir!; **jdn in den ~ schicken** (*fig*) birine nisan balığı [*o* bir şakası] yapmak; *s. a.* **März** **Aprilschauer** *m* nisan yağmuru **Aprilscherz** *m* nisan balığı, nisan bir şakası **Aprilwetter** *nt* nisan havası

a priori [a: pri'o:ri] *adv* (*geh*) apriori, önsel

apropos [apro'po:] *adv* antrparantez, aklıma gelmişken; **~ Gesundheit, ...** sağlık derken, ...

Apsis <Apsiden> ['apsɪs] *f* ARCH apsid

Aquädukt <-(e)s, -e> [akvɛ'dʊkt] *m o nt* su kemeri

Aquamarin <-s, -e> [akvama'ri:n] *m* akvamarin **aquamarinblau** *adj* akvamarin mavisi

Aquaplaning <-(s)> [akva'pla:nɪŋ] *nt kein pl* AUTO ıslak yol kayganlığı

Aquarell <-s, -e> [akva'rɛl] *nt* KUNST akva-

rel, sulu boya resim; (*Wasserfarbe*) sulu boya
Aquarium <-s, Aquarien> [a'kva:riʊm] *nt* akvaryum
Äquator <-s> [ɛ'kva:to:ɐ] *m kein pl* GEO ekvator, eşlek
äquatorial *adj* ekvatoral, eşleksel
äquivalent [ɛkviva'lɛnt] *adj* eş değerli
Äquivalenz *f* eş değerlik
Ar <-s, -e> [a:ɐ] *nt o m* ar (*yüz metre karelik alan ölçüsü*)
Ära <Ären> ['ɛ:ra] *f* ❶ (*Zeitabschnitt*) devir; **die ~ Atatürk** Atatürk devri; **die Wilhelminische ~** II. Wilhelm devri ❷ (*Amtszeit*) dönem
Araber(in)[1] <-s, -; -nen> ['arabɐ] *m(f)* Arap
Araber[2] <-s> ['arabɐ] *m* (*Pferd*) Arap atı
Arabeske *f* ❶ MUS arabesk ❷ ARCH arabesk, girişik bezeme
Arabien <-s> [a'ra:biən] *nt* Arabistan
arabisch *adj* Arap, Arabî; **die ~e Welt** Arap dünyası
Arabisch(e) *nt* Arapça; **im ~en** Arapçada; **aus dem ~en ins Deutsche** Arapçadan Almancaya; **aus dem Deutschen ins ~e** Almancadan Arapçaya
Arabist(in) <-en, -en, -nen> *m(f)* Arabist
Arabistik *f kein pl* Arabistik
aragonesisch [arago'ne:zɪʃ] *adj* Aragon
Aragonien <-s> [ara'go:niən] *nt* Aragon
Aragonier(in) <-s, -; -nen> *m(f)* Aragonlu
Ararat *m* Ağrı Dağı
Arbeit <-en> ['arbaɪt] *f* ❶ (*Tätigkeit*) çalışma; (*Feld~, Hand~*) iş; (*Arbeitsplatz*) iş; **an die ~ gehen** işe başlamak, iş başı yapmak; **sich an die ~ machen** işe koyulmak; **viel ~ haben** işi çok olmak; **bei der ~ sein** işte [*o* çalışmakta] olmak; **einer ~ nachgehen** işi olmak, çalışmak; **zur ~ gehen** işe gitmek; **keine ~ haben** işi olmamak; **ohne ~ sein** işsiz olmak; ■**sich ~ suchend melden** kendini iş arıyor olarak kaydettirmek; **eine ~ suchen als ...** ... olarak iş aramak ❷ (*Mühe, Anstrengung*) zahmet; **jdm ~ machen** birini zahmete sokmak, birine iş çıkarmak; **das macht/kostet viel ~** bu çok zahmetlidir; **machen Sie sich keine ~!** zahmet etmeyin(iz)! ❸ SCHULE, UNIV (*Klassen~*) sınav, yazılı yoklama; (*Prüfung*) sınav, test; (*Diplom~*) tez; **eine ~ schreiben** yazılı sınava girmek
arbeiten ['arbaɪtən] **I.** *vi* ❶ (*tätig sein*) çalışmak; **er arbeitet als Rechtsanwalt/in einer Firma** avukat olarak/bir firmada çalışıyor; **die ~de Bevölkerung** çalışan nüfus; **die Zeit arbeitet für/gegen uns** zaman bizim lehimize/aleyhimizde çalışıyor ❷ (*Maschine*) çalışmak, bütün tesis(at) [*o* sistem] otomatik çalışır ❸ (*Holz*) esnemek, biçim değiştirmek **II.** *vt* (*herstellen*) yapmak, imal etmek **III.** *vr* **sich nach oben ~** (*fig*) çalışarak mesleğinde ilerlemek; **sich kaputt ~** (*fam*) çalışmaktan kendini mahvetmek
Arbeiter(in) <-s, -; -nen> ['arbaɪtɐ] *m(f)* işçi; (*Sozial~*) çalışmacı **Arbeiterbewegung** *f kein pl* POL işçi hareketi **Arbeiterfamilie** *f* işçi ailesi **Arbeitergewerkschaft** *f* işçi sendikası
Arbeiterin <-nen> *f s.* **Arbeiter** **Arbeiterklasse** *f* işçi sınıfı **Arbeiterpartei** *f* işçi partisi
Arbeiterschaft *f kein pl* işçiler *pl*
Arbeiterviertel *nt* işçi semti **Arbeiterwohlfahrt** *f* işçilere yardım kurumu
Arbeitgeber(in) <-s, -; -nen> ['arbaɪtge:bɐ] *m(f)* işveren, çalıştıran **Arbeitgeberanteil** *m* (*für Sozialbeiträge*) işveren payı
Arbeitgeberverband *m* işveren sendikası
Arbeitnehmer(in) <-s, -; -nen> ['arbaɪtne:mɐ] *m(f)* ❶ çalışan, işalan; (*Angestellter*) ücretli memur, müstahdem ❷ (*Arbeiter*) işçi, emekçi **Arbeitnehmeranteil** *m* işçi payı, işalan payı, çalışan payı
Arbeitsablauf *m* iş seyri
arbeitsam ['arbaɪtsza:m] *adj* çalışkan
Arbeitsamt *nt* iş ve işçi bulma kurumu
Arbeitsaufwand *m* emek; **das erfordert einen hohen ~** bu çok emek ister
Arbeitsausfall <-(e)s, -fälle> *m* iş kaybı
Arbeitsbedingungen *pl* çalışma koşulları *pl*, çalışma şartları *pl* **Arbeitsbelastung** *f* COMM iş yükü
Arbeitsbeschaffungsmaßnahme *f* iş yaratma programı, iş sağlama önlemi
Arbeitseifer *m kein pl* çalışkanlık
Arbeitseinstellung *f* ❶ (*Streik*) iş bırakımı ❷ (*Auffassung*) çalışma anlayışı
Arbeitserlaubnis *f* çalışma izni
Arbeitserleichterung *f* **das ist eine große ~ für mich** bu, işim için büyük bir kolaylıktır **Arbeitsessen** <-s, -> *nt* iş yemeği **arbeitsfähig** *adj* iş yapabilir, çalışabilir
Arbeitsfeld *nt* çalışma alanı
Arbeitsfrieden *m kein pl* çalışma barışı, iş barışı [*o* huzuru] **Arbeitsgang** <-(e)s, -gänge> *m* seans
Arbeitsgebiet *nt* çalışma alanı **Arbeitsgemeinschaft** *f* ❶ iş birliği ❷ çalışma grubu, araştırma grubu; (*Schule*) küme **Arbeitsgericht** *nt* JUR iş mahkemesi **Arbeitsgruppe** *f* çalışma grubu

arbeitsintensiv *adj* yoğun çalışma gerektiren, emek-yoğun **Arbeitskampf** *m* toplu iş mücadelesi **Arbeitskleidung** <-en> *f* iş elbisesi **Arbeitsklima** <-s> *nt kein pl* iş ortamı **Arbeitskollege(in)** *m(f)* iş arkadaşı

Arbeitskraft[1] <-kräfte> *f* (*Personal*) eleman

Arbeitskraft[2] *f kein pl* (*Leistungskraft*) iş gücü **Arbeitskräfte** *pl* iş gücü *sing* **Arbeitskräftemangel** *m* iş gücü kıtlığı, adamsızlık **Arbeitslager** *nt* çalışma kampı **Arbeitsleben** *nt* çalışma hayatı **Arbeitsleistung** *f* performans, başarım **Arbeitslohn** *m* iş ücreti

arbeitslos *adj* işsiz

Arbeitslose(r) <-n, -n; -n> *f(m)* işsiz **Arbeitslosengeld** *nt* işsizlik parası **Arbeitslosenhilfe** *f kein pl* işsizlik yardımı **Arbeitslosenquote** <-n> *f* işsizlik oranı

Arbeitslosenversicherung *f* işsizlik sigortası **Arbeitslosenziffer** *f* işsizlik oranı

Arbeitslosigkeit *f kein pl* işsizlik

Arbeitsmarkt *m* iş piyasası

Arbeitsminister *m* çalışma bakanı

Arbeitsminister *m* çalışma bakanlığı **Arbeitsniederlegung** *f* iş bırakımı **Arbeitspensum** *nt* iş yükü, yapılması gereken iş

Arbeitsplatz <-es, -plätze> *m* ❶ (*Platz*) iş yeri ❷ (*Arbeitsstätte*) iş yeri ❸ (*Stelle*) iş (yeri) **Arbeitsplatz-Gifte** *pl* iş yerindeki zehirler *pl* **Arbeitsplatzteilung** *f* iş yerini paylaşma **Arbeitsplatzwechsel** *m* iş yerini değiştirme **Arbeitsrecht** <-(e)s> *nt kein pl* iş hukuku **Arbeitsrichter(in)** *m(f)* iş mahkemesi hâkimi **arbeitsscheu** *adj* işten kaçınan, nanemolla **Arbeitsschutz** *m* iş güvenliği **Arbeitsspeicher** *m* INFORM geçici bellek **Arbeitsstätte** *f* iş yeri **Arbeitsstelle** *f* iş yeri **Arbeitsstunde** *f* adam saat **Arbeitssuche** *f kein pl* iş arama **Arbeitstag** *m* iş günü **Arbeitstagung** *f* konferans **Arbeitsteilung** *f kein pl* iş bölümü **arbeitsuchend** *adj s.* **Arbeit 1.** **Arbeitsuchende(r)** <-n, -n; -n> *f(m)* WIRTSCH iş arayan (kimse)

arbeitsunfähig *adj* iş göremez, çalışamaz; (*krank*) hasta

Arbeitsunfähigkeit *f* iş göremezlik **Arbeitsunfall** *m* iş kazası

Arbeitsverdienst *m* çalışma kazancı **Arbeitsverhältnis** *nt* ❶ (*im Betrieb*) işçi ile işveren arasındaki ilişki ❷ (*Dienstvertrag*) hizmet akdi; **in einem ~ stehen** hizmet akdi olmak **Arbeitsvermittlung** *f* ❶ (*Agentur*) iş ve işçi bulma acentesi ❷ (*im Arbeitsamt*) iş ve işçi bulma dairesi **Arbeitsvertrag** *m* COMM iş sözleşmesi **Arbeitsweise** *f* ❶ (*Mensch*) çalışma tarzı [*o* biçimi] ❷ (*Maschine*) işleyiş **arbeitswillig** *adj* çalışmaya istekli; (*beim Streik*) grev kırıcı **Arbeitswoche** *f* iş haftası

Arbeitszeit *f* iş süresi; (*Öffnungszeiten*) iş zamanı, mesai saati, iş saatleri *pl*, çalışma saatleri *pl*; **verkürzte ~** kısaltılmış iş süresi; **gleitende ~** kaygan iş süresi **Arbeitszeitverkürzung** *f* iş süresinin kısaltılması

Arbeitszeugnis *nt* bonservis **Arbeitszimmer** *nt* çalışma odası; (*Büro*) yazıhane

archaisch [ar'ça:ɪʃ] *adj* arkaik

Archäologe(in) <-n, -n; -nen> [arçɛo'lo:gə] *m(f)* arkeolog

Archäologie [arçɛolo'gi:] *f kein pl* arkeoloji

archäologisch *adj* arkeolojik

Arche <-n> ['arçə] *f* gemi; **die ~ Noah** Nuh'un gemisi

Archetyp [-çə-] *m* arketip, ilk örnek

Archipel *m* GEO takımada

Architekt(in) <-en, -en; -nen> [arçi'tɛkt] *m(f)* mimar

architektonisch [arçitɛk'to:nɪʃ] *adj* mimari

Architektur *f kein pl* mimari, mimarlık

Archiv <-s, -e> [ar'çi:f] *nt* arşiv

Archivar(in) <-s, -e; -nen> [arçi'va:ɐ] *m(f)* arşivci

archivieren* *vt* arşivlemek

Areal <-s, -e> [are'a:l] *nt* ❶ (*Fläche*) alan ❷ (*Bezirk*) bölge

Ären *pl von* **Ära**

Arena <Arenen> [a're:na, *pl* a're:nən] *f* ❶ (*Kampfplatz*) arena ❷ (*Stierkampf~*) arena ❸ (*Zirkus*) arena

arg <ärger, am ärgsten> [ark] **I.** *adj* DIAL ❶ (*schlimm*) kötü, fena; **der ärgste Feind** can düşmanı; **etw liegt im A~en** (*geh*) bir şeyde bozukluk var; **etw noch ärger machen** bir şeyi daha da kötü yapmak; **jdm ~ mitspielen** birine kötü bir oyun oynamak ❷ (*ernst*) ciddi; **in ~e Verlegenheit kommen** ciddi bir sıkıntıya girmek **II.** *adv* DIAL (*sehr*) pek; **es hat mir nicht so ~ gefallen** pek o kadar hoşuma gitmedi

Argentinien <-s> [argɛn'ti:niən] *nt* Arjantin

Argentinier(in) <-s, -; -nen> *m(f)* Arjantinli

argentinisch *adj* Arjantinli, Arjantin (ile ilgili); **eine ~e Frau** Arjantinli bir kadın; **die ~e Regierung** Arjantin hükümeti

ärger *adj komp von* **arg**

Ärger <-s> ['ɛrgɐ] *m kein pl* ❶ (*Wut*) kızgınlık; (*Zorn*) öfke; **aus ~** kızgınlıktan; **seinen ~ hinunterschlucken** (*fig*) öfkesini yenmek ❷ (*Schwierigkeiten*) bela, dert, sıkıntı; **~ bekommen** başı belaya [*o* derde] girmek, belasını bulmak; **~ suchen** bela aramak; **jdm ~ machen** birine bela olmak [*o* kesilmek], birinin canını sıkmak; **mit jdm ~ haben** biriyle başı belada olmak; **mach keinen ~!** sakin ol! ❸ (*Unannehmlichkeit*) tatsızlık

ärgerlich *adj* ❶ (*verärgert*) kızgın, canı sıkkın; **über jdn/über etw ~ sein** bir kimseye/şeye kızgın [*o* canı sıkkın] olmak ❷ (*Ärger erregend*) belalı, can sıkıcı ❸ (*unerfreulich*) hoş olmayan, nahoş, üzücü, tatsız; **das ist ~** bu hoş değil

ärgern ['ɛrgɐn] **I.** *vt* (*ärgerlich machen*) kızdırmak, öfkelendirmek, sinirlendirmek **II.** *vr* ■**sich ~** (*böse werden*) kızmak (**über** -e); **ich habe mich sehr über dich geärgert** ben sana çok kızdım

Ärgernis[1] <-ses, -se> *nt* (*Ärger*) kızgınlık; (*Unannehmlichkeit*) bela, sıkıntı, tatsızlık

Ärgernis[2] <-ses> *nt kein pl* (*Anstoß*) rezalet, kepazelik; **~ erregen** rezalet çıkarmak; **Erregung öffentlichen ~ses** JUR alenen hayâsızca vaz'ü hareketlerde bulunmak

Arglist *f kein pl* ❶ (*geh: Heimtücke*) iffet ve saflığından istifade; (*geh: Hinterlist*) sinsilik, art niyet ❷ JUR hile

arglistig *adj* ❶ (*hinterlistig*) sinsi, art niyetli; (*verschlagen*) saman altından su yürüten ❷ JUR hilekâr

arglos *adj* ❶ (*harmlos*) zararsız; (*naiv*) art niyetsiz ❷ (*ohne Argwohn*) işkilsiz, kuşkusu olmayan

Argon *nt kein pl* CHEM argon

ärgste(r, s) *adj superl von* **arg**

Argument <-(e)s, -e> [argu'mɛnt] *nt* ❶ kanıt, delil; (*Beweisgrund*) gerekçe ❷ MATH argüman ❸ PHILOS belgit

argumentieren* *vi* tartışmak (**für** lehinde, **gegen** aleyhinde); (*seine Argumente darlegen*) gerekçe göstermek; (*den Beweis führen*) kanıtlandırmak, delil göstermek (**für** lehinde, **gegen** aleyhinde)

Argwohn <-(e)s> ['arkvo:n] *m kein pl* (*geh*) işkil, kuşku; **jds ~ erregen** birini işkillendirmek; **~ gegen jdn schöpfen** birinden işkillenmek; **voller ~** işkil [*o* kuşku] içinde

argwöhnen *vt* işkillenmek (-den), kuşkulanmak (-den)

argwöhnisch **I.** *adj* (*geh*) işkilli, kuşkulu **II.** *adv* (*geh*) işkil [*o* kuşku] içinde

Arie <-n> ['a:riə] *f* MUS arya

Arier(in) <-s, -; -nen> ['a:riɐ] *m(f)* Ari

arisch ['a:rɪʃ] *adj* Ari

Aristokrat(in) <-en, -en; -nen> [arɪsto'kra:t] *m(f)* aristokrat

Aristokratie <-n> [arɪstokra'ti:] *f* aristokrasi **aristokratisch** *adj* aristokratik

Arithmetik [arɪt'me:tɪk] *f kein pl* MATH aritmetik; **~ der natürlichen Zahlen** doğal sayılar aritmetiği

arithmetisch *adj* MATH aritmetik(sel)

Arkade <-n> [ar'ka:də] *f* ARCH kemer tonoz; (*Reihe von Bogen*) sıra kemer

Arktis ['arktɪs] *f* GEO **die ~** Kuzey Kutbu

arktisch *adj* arktik

arm <ärmer, am ärmsten> [arm] *adj* ❶ (*bedürftig*) fakir, yoksul; (*mittellos*) fakir, fukara; **~ an etw sein** bir şey bakımından fakir olmak; **das Land ist ~ an Bodenschätzen** yer altı kaynakları bakımından ülke fakirdir; **die Armen** yoksullar, fakir fukara ❷ (*bedauernswert*) acınacak, zavallı; **ein ~er Irrer** zavallı bir deli; **~es Schwein** (*fam*) vah zavallı; **er ist ~ dran** (*fam*) acınacak durumda

Arm <-(e)s, -e> *m* ❶ (*Körperteil*) kol; **~ in ~ gehen** kol kola gitmek; **jdn in die ~e nehmen** birini kollarının arasına almak, birini kucaklamak; **jdn mit offenen ~en aufnehmen** birine kollarına açmak; **jdn auf den ~ nehmen** (*fig*) birini kafa kola [*o* gır gıra] almak, biriyle dalga [*o* matrak] geçmek; **jdn unter den ~ nehmen** (*fam*) birinin koluna girmek; **jds verlängerter ~ sein** (*fig*) birinin sağ kolu olmak; **jdm in die ~e laufen** birine rast gelmek; **jdm unter die ~e greifen** birine kol kanat olmak, birine yardım etmek; **einen langen ~ haben** kolu uzun olmak, sözü geçer olmak, nüfuzlu olmak ❷ TECH kol ❸ (*eines Flusses*) kol ❹ (*Ärmel*) kol

Armaturen [arma'tu:rən] *pl* TECH ❶ (*sanitär*) batarya; (*Wasserhahn*) musluk bataryası ❷ (*Schaltinstrumente*) armatür

Armaturenbrett *nt* pano

Armband <-(e)s, -bänder> *nt* ❶ (*Schmuckstück*) bilezik ❷ (*Uhr~*) kayış

Armbanduhr *f* kol saati, bilek saati

Armbinde <-n> *f* ❶ (*als Kennzeichen*) pazubent, kolçak ❷ (*Tragetuch*) kol askısı

Armblatt <-(e)s, -blätter> *nt* (*Schweißblatt*) koltukluk, subra **Armbrust** *f* arbalet

Armee <-n> [ar'me:, *pl* ar'me:ən] *f* ordu

Armeekorps <-, -> [ar'me:ko:ɐ] *nt* MIL kolordu

Ärmel <-s, -> ['ɛrməl] *m* yen, (giysi) kol(u); **die ~ hochkrempeln** (*a. fig*) kolları sıvamak; **etw aus dem ~ schütteln** (*fam*) bir şeyi kolaylıkla yapmak **Ärmelaufschlag** *m* kolağzı

Ärmelkanal <-s> *m* **der ~** Manş Denizi

ärmellos *adj* kolsuz

Armenhaus *nt* fakirhane, düşkünler evi, darülâceze

Armenien <-s> [ar'me:niən] *nt* Ermenistan

Armenier(in) <-s, -; -nen> *m(f)* Ermeni

armenisch *adj* Ermeni; **~e Sprache** Ermenice

Armenviertel *nt* kenar mahalle

ärmer *adj komp von* **arm**

Armfüßer *pl*, **Armfüßler** *pl* ZOOL kolsu ayaklılar *pl*

Armlehne *f* (*am Sessel*) kolçak; (*im Auto*) dirseklik **Armleuchter** *m* ❶ (*Kerzenhalter*) kollu şamdan; (*Kronleuchter*) avize ❷ (*pej fam: Dummkopf*) salak, hırbo

ärmlich ['ɛrmlɪç] *adj* ❶ (*arm*) fakir, yoksul ❷ (*elend*) sefil, yoksul ❸ (*Kleidung*) pejmürde

armselig ['armse:lɪç] *adj* ❶ *s.* **ärmlich** ❷ (*pej: unbedeutend*) biçare, gariban, zavallı

Armsessel *m* koltuk

ärmste(r, s) *adj superl von* **arm**

Armstuhl *m* kolçaklı sandalye

Armut ['armu:t] *f kein pl* fakirlik, yoksulluk **Armutszeugnis** *nt* fakirlik belgesi

Arnika *f kein pl* BOT arnika, öküzgözü

Aroma <-s, -s *o* Aromen *o* Aromata> [a'ro:ma, *pl* a'ro:mas, a'ro:mən, a'ro:mata] *nt* aroma **Aromastoff** <-(e)s, -e> *m* aroma

Aromata *pl von* **Aroma**

Aromatherapie *f* aroma terapisi

aromatisch [aro'ma:tɪʃ] *adj* aromatik, aromalı, hoş kokulu

aromatisieren* *vt* CHEM aromatize etmek

Aromen *pl von* **Aroma**

Aronstab *m kein pl* BOT danaayağı

Arrangement *nt* MUS aranjman

arrangieren* [arɑ̃'ʒi:rən] **I.** *vt* ❶ (*organisieren*) organize etmek, düzenlemek ❷ (*zusammenstellen*) aranje etmek ❸ MUS aranje etmek **II.** *vr* ■ **sich ~** (*sich einigen*) uzlaşmak, anlaşmak

Arrest <-(e)s, -e> [a'rɛst] *m* ❶ *a.* JUR (*Haft*) (kısa) hapis ❷ JUR (*Beschlagnahme*) haciz

arrogant [aro'gant] *adj* fodul, kibirli

Arroganz *f kein pl* fodulluk, kibir

Arsch <-(e)s, Ärsche> [arʃ, *pl* 'ɛrʃə] *m* (*vulg*) göt, kıç; **den ~ aufreißen** kıçını yırtmak; **du ~!** ulan, keriz!; **jdm in den ~ kriechen** birine yaltaklık etmek; **leck mich am ~!** (*vulg*) götümü [*o* kıçımı] yala!; **am ~ der Welt** (*fam*) cehennemin dibinde [*o* bucağında] **Arschficker** <-s, -> *m* (*vulg*) göt sikici **arschkalt** *adj* (*vulg*) bok gibi soğuk; **draußen ist es ~** dışarısı bok gibi soğuk **Arschkriecher** <-s, -> *m* (*pej vulg*) yaltak **Arschloch** <-(e)s, -löcher> *nt* (*vulg*) ❶ (*Körperteil*) göt deliği ❷ (*Schimpfwort*) keriz, dürzü; **du ~!** ulan keriz!

Arsen <-s> [ar'ze:n] *nt kein pl* CHEM arsenik

Arsenal <-s, -e> [arze'na:l] *nt* ❶ MIL (*Geräte- u. Waffenlager*) mühimmat [*o* savaş gereçleri] deposu ❷ (*Sammlung*) koleksiyon; (*Anhäufung*) yığın

Art¹ <-en> [art] *f* ❶ (*Sorte*) çeşit, cins; (*Typ*) tip; **alle ~en von Menschen** her çeşitten [*o* türlü] insan ❷ BIOL tür; **eine vom Aussterben bedrohte ~** soyu tükenmeye yüz tutmuş bir tür ❸ (*Benehmen*) tarz, davranış biçimi; **was ist denn das für eine ~!** bu ne biçim davranış! ❹ (*Methode*) usul, tarz; (*Weise*) suret, biçim, yol, tarz, şekil; **die einfachste ~, etw zu tun** bir şeyi yapmanın en kolay usulü [*o* yolu]; **~ und Weise** suret, tarz, şekil; **auf diese ~** bu türlü, bu biçimde [*o* şekilde]; **nach ~ des Hauses** evin usulüne göre

Art² *f kein pl* (*Wesens~*) huy, mizaç; **das ist nun mal meine ~** benim huyum böyle işte

Art. *a.* JUR *Abk von* **Artikel** md. (*madde*)

Artenschutz *m* türlerin korunması **Artenvielfalt** *f* türlerin çeşitliliği

Arterhaltung *f* BIOL türlerin korunması

Arterie <-n> [ar'te:riə] *f* MED atardamar, arter

Arterienverkalkung *f* MED damar sertliği

artfremd *adj* BIOL türdeş olmayan **Artgenosse(in)** *m(f)* BIOL türdeş **artgerecht** *adj* BIOL türdeş olan **artgleich** *adj* türdeş

Arthritis *f* MED artrit

Arthrose *f* MED artroz

artig ['artɪç] *adj* (*Kinder*) uslu, terbiyeli; **jetzt sei aber ~!** artık uslu dur ama!; **sei schön ~!** uslu ol!

Artikel <-s, -> [ar'ti:kəl, ar'tɪkəl] *m* ❶ COMM (*Ware*) mal; (*einzelner Posten*) kalem, çeşit ❷ LING tanımlık, harfitarif ❸ (*Zeitungs~*) makale ❹ JUR madde

Artikulation <-en> [artikula'tsjo:n] *f* ❶ LING (*Lautbildung*) boğumlanma ❷ (*Aussprache*) telaffuz, söyleyiş, söyleniş **Artikulationsstelle** *f* LING boğumlanma noktası

artikulieren* [artiku'li:rən] **I.** *vt* (*Laut*) telaffuz etmek; (*Gedanken*) ifade etmek, ifadelendirmek **II.** *vr* ■ **sich ~** (*ausdrücken*) meramını [*o* derdini] anlatmak

Artillerie <-n> [artɪlə'riː] *f* MIL topçu sınıfı
Artischocke <-n> [arti'ʃɔkə] *f* BOT enginar
Artist(in) <-en, -en; -nen> [ar'tɪst] *m(f)* ❶ (*im Varietee, Zirkus*) artist ❷ (*Akrobat*) akrobat
artistisch *adj* artistik
artverwandt *adj* türdeş
Arznei <-en> [arts'naɪ] *f* ecza, ilaç, müstahzar **Arzneibuch** *nt* kodeks **Arzneiflasche** *f* ilaç şişesi **Arzneiformel** *f* ilaç formülü **Arzneikunde** *f kein pl*, **Arzneilehre** *f kein pl* eczacılık **Arzneimittel** *nt* ilaç, ecza, müstahzar **Arzneimittelabhängigkeit** *f* MED ilaç bağımlılığı **Arzneimittelallergie** *f* ilaçlara karşı alerji **Arzneimittelentsorgung** *f* ilaçların toplanıp imha edilmesi **Arzneimittelmissbrauch**[RR] <-(e)s> *m kein pl* ilaçların kötüye kullanılması **Arzneimittelvergiftung** *f* ilaçla zehirlenme **Arzneischränkchen** *nt* ecza dolabı
Arzt, Ärztin <-es, Ärzte; -nen> [artst, *pl* 'ɛrtstə] *m, f* hekim, tabip, doktor *fam*; **praktischer ~** pratisyen hekim; **zum ~ gehen** hekime gitmek
Arztbesuch *m* hekim ziyareti
Ärztekammer *f* tabipler odası
Ärzteschaft *f kein pl* etıbba
Arzthelfer(in) *m(f)* hekim yardımcısı
Ärztin <-nen> ['ɛrtstɪn] *f s.* **Arzt** bayan hekim, kadın doktor *fam*
ärztlich *adj* tıbbî; **~es Attest** tıbbî rapor; **in ~er Behandlung sein** tıbbî tedavi görmek; ■ **sich ~ behandeln lassen** kendini tedavi ettirmek
Arztpraxis <-praxen> *f* hekim muayenehanesi
Arztwahl *f* hekim seçme
As[1] <-, -> [as] *nt* MUS la; **As-Dur** la majör; **As-Moll** la minör
As[ALT2] *nt s.* **Ass**
Asbest <-(e)s, -e> [as'bɛst] *m* asbest **asbesthaltig** *adj* asbestli, içinde asbest olan, içinde asbest bulunan
Asbeststaub <-(e)s> *m kein pl* asbest tozu
Asche ['aʃə] *f kein pl* kül; **zu ~ werden** kül olmak
Äsche *f* ZOOL gölge balığı **Aschenbahn** *f* SPORT atletizm pisti **Aschenbecher** *m* kül tablası
Aschenbrödel <-s, -> ['aʃənbrøːdəl] *nt*, **Aschenputtel** <-s, -> ['aʃənpʊtəl] *nt* külkedisi
Ascher <-s, -> ['aʃɐ] *m* küllük
Aschermittwoch [-'--] *m* REL perhiz çarşambası
aschfahl *adj* kül gibi
aschgrau *adj* kül rengi
ASCII-Code ['askikoːt] *m* INFORM ASCII kodu
Ascorbinsäure *f* CHEM askorbik asit
äsen *vi* otlamak
Aserbaidschan *nt* Azerbaycan
Aserbaidschaner(in) *m(f)* Azerbaycanlı, Azerî
aserbaidschanisch *adj* Azerî
asexuell ['aseksuɛl] *adj* ❶ (*ungeschlechtlich*) eşeysiz; (*geschlechtslos*) cinsliksiz ❷ (*gefühllos*) seksüel olmayan
Asiat(in) <-en, -en; -nen> *m(f)* Asyalı
asiatisch *adj* Asyalı, Asya (ile ilgili); **~e Länder** Asya ülkeleri
Asien <-s> ['aːziən] *nt* Asya
Askese [as'keːzə] *f kein pl* çile, çilecilik
Asket(in) <-en, -en; -nen> [as'keːt] *m(f)* çilekeş, çileye giren (kimse)
asketisch *adj* çilekeş, çile(cilik) ile ilgili
asozial ['azotsiaːl] *adj* asosyal
Aspekt <-(e)s, -e> [as'pɛkt] *m* ❶ (*Blickwinkel*) bakış [*o* görüş] açısı; (*Blickpunkt*) noktainazar, görüş; **unter diesem ~** bu noktainazardan [*o* bakımdan]; **etw unter einem bestimmten ~ betrachten** bir şeye belli bir açıdan bakmak ❷ JUR veçhe, yön; **zivilrechtlicher ~** hukuki veçhe ❸ LING görünüş, görünüm; **durativer ~** sürerlik görünümü
Asphalt <-(e)s, -e> [as'falt] *m* asfalt
asphaltieren* *vt* asfaltlamak
Aspirin® <-s, -> *nt* aspirin
Ass[RR] <-es, -e> *nt* (*Spielkarte, a. fig*) as
aß [aːs] *3. imp von* **essen**
Assel <-n> ['asəl] *f* ZOOL (*Roll~*) tespih böceği; (*Wasser~*) asellus; **~n** (*Ordnung*) eş bacaklılar
Assimilation <-en> *f* ❶ POL asimilasyon; (*Anpassung*) uyum ❷ BIOL asimilasyon, özümleme ❸ LING (*Angleichung*) benzeşme ❹ (*fig*) kendine uydurma [*o* benzetme], özümleme
assimilieren* [asimi'liːrən] *vt a.* BIOL (*geh*) asimile etmek; **sich an etw ~** kendini bir şeye asimile etmek
Assistent(in) <-en, -en; -nen> [asɪs'tɛnt] *m(f)* asistan, yardımcı
Assistenz *f* **unter der ~ von ...** ...in yardım etmesiyle
Assistenzarzt, -ärztin *m, f* asistan hekim [*o* doktor]
assistieren* *vi* yardım etmek (**bei** -de)
Assoziation <-en> [asotsia'tsjoːn] *f* ❶ çağrışım; **~en erwecken** çağrışım yapmak ❷ POL (*Vereinigung*) birlik **Assoziationsfreiheit** *f kein pl* dernek kurma özgürlüğü
assoziieren* [asotsi'iːrən] *vt* çağrıştırmak

A

Ast <-(e)s, Äste> [ast, *pl* 'ɛstə] *m* ❶ (*vom Baum*) dal; **sich einen ~ ablachen** (*fam*) gülmekten kırılmak [*o* katılmak]; **den ~ absägen, auf dem man sitzt** (*fig*) bindiği dalı kesmek ❷ (*verwachsener Rücken*) kambur; **einen ~ haben** kamburu olmak
Aster <-n> ['astɐ] *f* yıldız çiçeği
Astgabel *f* dalın çatalı [*o* çatallaştığı yer]
Ästhet(in) <-en, -en; -nen> [ɛs'te:t] *m(f)* estet
Ästhetik *f kein pl* estetik
ästhetisch *adj* estetik
Asthma <-s> ['astma] *nt kein pl* MED astım
Asthmatiker(in) <-s, -; -nen> *m(f)* MED astımlı
asthmatisch [ast'ma:tɪʃ] *adj* MED astımlı
astigmatisch *adj* MED astigmat
Astigmatismus *m kein pl* MED astigmatizm
Astloch *nt* budak deliği
astrein *adj* (*fam*) ❶ (*sehr schön*) çok güzel, şahane ❷ (*moralisch einwandfrei*) pırıl pırıl; **die Sache ist nicht ganz ~** bu iş pek harbi değil, bu işin içinde bir bit yeniği var
Astrologe(in) <-n, -n; -nen> [astro'lo:gə] *m(f)* astrolog
Astrologie *f kein pl* astroloji
astrologisch *adj* astrolojik **Astronaut(in)** <-en, -en; -nen> [astro'naʊt] *m(f)* astronot **Astronom(in)** <-en, -en; -nen> [astro'no:m] *m(f)* astronom
Astronomie *f kein pl* astronomi
astronomisch *adj* (*a. fig*) astronomik; **eine ~e Zahl** astronomik bir rakam
Astrophysik *f kein pl* PHYS astrofizik **Astrophysiker(in)** *m(f)* astrofizikçi
ASU <-> *f Abk von* **Abgassonderuntersuchung** AUTO egzoz emisyon ölçümü
Asyl <-(e)s, -e> [a'zy:l] *nt* ❶ POL sığınma, iltica ❷ (*fig: Schutzort*) sığınacak yer, yurt; **~ suchen** sığınmak
Asylant(in) <-en, -en; -nen> [azy'lant] *m(f)* sığınmacı, mülteci
Asylantenwohnheim <-(e)s, -e> *nt* sığınmacılar yurdu
Asylantrag *m* sığınma istemi **Asylbewerber(in)** *m(f)* sığınmacı **Asylrecht** <-(e)s> *nt kein pl* POL (*subjektives*) sığınma [*o* iltica] hakkı; JUR (*objektives*) iltica hukuku
Asymmetrie <-n> [azʏme'tri:] *f a.* MATH asimetri, bakışımsızlık
asymmetrisch ['azʏme:trɪʃ] *adj a.* MATH asimetrik, bakışımsız
Asymptote *f* MATH asimptot, sonuşmaz
Atavismus <-, -men> *m* atavizm, atacılık

Atelier <-s, -s> [atə'lje:] *nt* (*eines Künstlers*) atölye; (*eines Fotografen*) stüdyo
Atem <-s> ['a:təm] *m kein pl* soluk, nefes; **~ holen** soluk [*o* nefes] almak; **den ~ anhalten** soluğunu [*o* nefesini] tutmak; **außer ~ kommen** soluk soluğa kalmak, nefes nefese kalmak; **außer ~ sein** soluk soluğa olmak, nefes nefese olmak **atemberaubend** *adj* ❶ (*beeindruckend*) soluk kesici, nefes kesici ❷ (*spannend*) soluk kesici, nefes kesici ❸ (*sensationell*) sansasyonel **Atembeschwerden** *pl* tıkanıklık, nefes almada güçlükler *pl* **Atemgerät** <-(e)s, -e> *nt* MED oksijen aleti **atemlos** *adj* ❶ (*außer Atem*) soluk soluğa, nefes nefese ❷ (*ununterbrochen*) soluk aldırmadan ❸ (*voller Spannung*) soluk almadan, nefes almadan, soluk kesici, nefes kesici; **~ ankommen** soluk soluğa varmak; **~ lauschen** soluk almadan dinlemek; **eine ~e Stille** soluk kesici bir sessizlik
Atemnot *f kein pl* MED soluk darlığı, nefes darlığı **Atempause** *f* ❶ (*zum Atmen*) nefeslenme, nefes alacak kadar duraklama ❷ (*Ruhepause*) nefeslenme, dinlenme; **eine kurze ~ einlegen** biraz nefeslenmek [*o* dinlenmek], biraz nefes almak **Atemstillstand** *m* solunumun durması **Atemwege** *pl* solunum yolları *pl* **Atemzug** <-(e)s, -züge> *m* soluk, nefes; **in einem ~** bir solukta [*o* nefeste]; **den letzten ~ tun** (*sterben*) son nefesini vermek; **bis zum letzten ~** son nefesine kadar
Atheismus <-> [ate'ɪsmʊs] *m kein pl* ateizm, tanrıtanımazlık
Atheist(in) <-en, -en; -nen> *m(f)* ateist, tanrıtanımaz
atheistisch *adj* ate, tanrıtanımaz
Athen <-s> [a'te:n] *nt* Atina; **Eulen nach ~ tragen** (*fig*) tereciye tere satmak, körler mahallesinde ayna satmak
Athener(in) <-s, -; -nen> *m(f)* Atinalı
Äther <-s> ['ɛ:tɐ] *m kein pl* ❶ CHEM (*Ether*) eter ❷ MED (*als Narkosemittel*) lokman ruhu, eter ❸ RADIO hava ❹ (*Himmel*) gökyüzü
ätherisch [ɛ'te:rɪʃ] *adj* içinde eter bulunan, uçucu; **~e Öle** uçucu yağlar
ätherisieren *vt* MED eterlemek
Äthernarkose *f* MED eterleme
Äthiopien <-s> [ɛti'o:piən] *nt* Etiyopya; HIST (*Abessinien*) Habeşistan
Äthiopier(in) <-s, -; -nen> *m(f)* Etiyopyalı; HIST (*Abessinier*) Habeşli **äthiopisch** *adj* Etiyopyalı, Etiyopya (ile ilgili); HIST (*abessinisch*) Habeş; **eine ~e Frau** Etiyopyalı bir kadın; **die ~e Regierung** Etiyopya hükümeti

Athlet(in) <-en, -en; -nen> [at'le:t] *m(f)* atlet
athletisch *adj* atletik
Ätiologie *f kein pl* PHILOS, MED etiyoloji, neden bilimi
Atlanten *pl von* **Atlas**
Atlantik <-s> [at'lantɪk] *m kein pl* **der ~** Atlantik; (*Atlantischer Ozean*) Atlantik Okyanusu, Atlas Okyanusu
atlantisch *adj* Atlantik; **der A~e Ozean** Atlantik Okyanusu, Atlas Okyanusu
Atlas <-(ses), Atlanten> ['atlas, *pl* at'lantən] *m* atlas
atmen ['a:tmən] *vi, vt* ❶ solu(n)mak, soluk alıp vermek, nefes alıp vermek ❷ (*einatmen*) soluk almak, nefes almak; **tief ~** derin soluk almak
Atmosphäre <-n> [atmo'sfɛ:rə] *f* ❶ (*Lufthülle der Erde*) atmosfer ❷ (*Stimmung*) hava, ortam; **eine ~ des Friedens/der Kameradschaft** barış/arkadaşlık havası
atmosphärisch *adj* atmosferik
Atmung ['a:tmʊŋ] *f kein pl* solunum
Ätna <-s> ['ɛtna] *m* Etna
Atoll <-s, -e> [a'tɔl] *nt* atol, mercan ada
Atom <-s, -e> [a'to:m] *nt* atom
Atomangriff *m* nükleer saldırı
atomar [ato'ma:ɐ] *adj* atomik, nükleer; **~e Rüstung/Bedrohung** nükleer silahlar/tehdit; **~e Waffen** nükleer silahlar **Atombombe** *f* atom bombası **Atombombenexplosion** *f* atom bombasının patlaması **Atombombenversuch** *m* atom bombası denemesi **Atomenergie** *f kein pl* atom enerjisi, nükleer enerji **Atomexplosion** *f* atom bombasının patlaması **Atomforschungszentrum** *nt* PHYS nükleer araştırma merkezi **Atomgegner(in)** *m(f)* (*Kernkraftgegner*) nükleer enerji karşıtçısı, nükleer enerjiye karşı olan (kimse) **Atomgewicht** *nt* atom ağırlığı **Atomgruppe** *f* atom grubu **Atomindustrie** *f* WIRTSCH nükleer sanayi **atomisch** *adj* SCHWEIZ (*atomar*) atomik
Atomiseur *m* (*Zerstäuber*) pülverizatör, püskürteç, fısfıs *fam*
atomisieren* *vt* atomlarına ayırmak; (*völlig zerstören*) paramparça etmek
Atomismus *m* PHILOS atomculuk
Atomkern *m* atom çekirdeği
Atomkraft *f kein pl* atom enerjisi; (*Kernkraft*) nükleer enerji **Atomkraftwerk** *nt* atom santrali; (*Kernkraftwerk*) nükleer santral
Atomkrieg *m* nükleer silahlarla savaş **Atommacht** <-mächte> *f* nükleer güç **Atommeiler** *m* atom reaktörü
Atommüll *m* radyoaktif atıklar *pl* **Atommüllagerung**^ALT^ *f s.* **Atommülllagerung** **Atommülldeponie** *f* radyoaktif atıklar deposu **Atommülllagerung**^RR^ *f* radyoaktif atıkların depolanması
Atomphysik *f* atom fiziği **Atompilz** *m* *atom bombasının patlamasından sonra oluşan mantar biçimindeki bulut* **Atomrakete** <-n> *f* nükleer füze **Atomreaktor** *m* atom reaktörü, nükleer reaktör
Atomspaltung *f* PHYS çekirdek bölünmesi **Atomsprengkopf** *m* MIL nükleer savaş başlığı **Atomtest** *m* atom bombasının denenmesi, nükleer silah denemesi
Atomteststopp *m* nükleer silah denemelerinin durdurulması **Atom-U-Boot** *nt* nükleer denizaltı
Atomuhr *f* TECH atom saati, nükleer saat
Atomwaffe *f* nükleer silah **atomwaffenfrei** *adj* nükleer silahsız; **~e Zone** nükleer silahsız bölge **Atomwaffenversuch** *m* nükleer silah denemesi
Atomzeitalter <-s> *nt kein pl* atom çağı
Atomzerfall *m* PHYS çekirdek parçalanması
atoxisch ['atɔksɪʃ, -'--] *adj* zehirsiz
Atrium <-s, Atrien> ['a:triʊm] *nt* ARCH atriyum; (*Innenhof*) avlu
Atropin <-s> *nt kein pl* MED atropin
ätsch [ɛ:tʃ] *interj* (*fam: Schadenfreude*) canıma değsin!, oh olsun!
Attaché *m* POL ataşe
Attacke <-n> [a'takə] *f* ❶ (*Angriff*) saldırı (**auf/gegen** -e), akın (**auf/gegen** -e), atak ❷ MED (*Anfall*) nöbet; (*Herz~*) kriz
Attentat <-(e)s, -e> ['atənta:t] *nt* suikast (**auf** -e); **ein ~ auf jdn verüben** birine suikast yapmak
Attentäter(in) <-s, -; -nen> ['atəntɛ:tɐ, --'--] *m(f)* suikastçı
Attest <-(e)s, -e> [a'tɛst] *m* (*ärztliches*) rapor; **ein ~ ausstellen** rapor vermek
Attitüde <-n> [ati'ty:də] *f* ❶ (*Einstellung*) tutum ❷ (*körperliche Haltung*) tavır; **eine ~ annehmen/einnehmen** tavır almak/takınmak
Attraktion[1] <-en> [atrak'tsjo:n] *f* (*Glanznummer*) atraksiyon
Attraktion[2] *f kein pl* (*Anziehung*) cazibe, çekim
attraktiv [atrak'ti:f] *adj* çekici, cazip
Attraktivität [atraktivi'tɛ:t] *f kein pl* çekicilik, cazibe
Attrappe <-n> [a'trapə] *f* taklit; (*Schaustück, leere Packung*) model
Attribut <-(e)s, -e> [atri'bu:t] *nt* ❶ (*charakteristische Eigenschaft*) tipik özellik, nitelik; (*Sinnbild*) belirtken, simge; (*Merkmal*) karakteristik; **der Dreizack als ~ Neptuns** Neptün'ün simgesi olarak çatal

kargı ❷ PHILOS öz nitelik ❸ LING belirtme sıfatı

attributiv [atribu'ti:f, '----] *adj* LING belirtme sıfatı olarak

atypisch ['aty:pɪʃ, -'--] *adj* tipik olmayan (**für** için)

ätzen ['ɛtsən] *vi, vt* ❶ CHEM aşındırmak, asitle yakmak; (*einätzen*) aside yedirmek ❷ MED dağlamak **ätzend** *adj* ❶ aşındırıcı, yakıcı ❷ (*beißend*) tahriş eden ❸ (*sl, fam: furchtbar*) korkunç; (*nervtötend*) sinir edici; (*abscheulich*) iğrenç

au [aʊ] *interj* ❶ (*Schmerz*) uf, ay ❷ (*Begeisterung*) ay; ~ **ja!** ay, ne güzel!

Au <-, -en> *f* (*poet*) çayır

AU *f Abk von* **Abgasuntersuchung** AUTO egzoz emisyon ölçümü

aua ['aʊa] *interj* ~**!** ay!, uf!

Aubergine <-n> [obɛr'ʒi:nə] *f* BOT patlıcan

auch [aʊx] *adv* ❶ (*ebenfalls*) de; ~ **nicht** (bu) da değil; ~ **gut** (bu) da iyi; **ich** ~ ben de; ~ **das noch!** bir de bu eksikti!; **sowohl ... als** ~ hem ... hem de ❷ (*sogar*) bile; **ohne** ~ **nur zu fragen** bir kerecik sormadan bile; ~ **wenn es regnen sollte** yağmur yağacak olsa bile ❸ (*tatsächlich*) **das hat** ~ **niemand behauptet** kimse de böyle bir şeyi iddia etmedi ki ❹ (*außerdem*) **nicht nur ... sondern** ~ yalnızca ... değil aynı zamanda; ~ **wäre es falsch, zu glauben, dass ...** ... olduğuna inanmak da yanlış olur; ~ **das noch!** bir de bu eksikti!; **wo** ~ **immer** nerede olursa olsun; **wie dem** ~ **sei** nasıl olursa olsun; **solange ich** ~ **wartete ...** ne kadar bekledimse de ...

Audienz <-en> [aʊdi'ɛnts] *f* huzura kabul, görüşme; **um eine** ~ **bei ... bitten** ...in huzuruna kabul edilmek için ricada bulunmak, ... ile görüşmeyi dilemek; **jdm eine** ~ **geben** birini huzuruna kabul etmek

Audiokassette ['aʊdiokasɛtə] *f* ses kaseti

audiovisuell [aʊdiovizu'ɛl] *adj* görsel işitsel

Auditorium <-s, Auditorien> [aʊdi'to:riʊm] *nt* ❶ (*Räumlichkeit*) oditoryum ❷ (*geh: Zuhörer*) dinleyiciler

Aue <-n> ['aʊə] *f* ❶ (*geh: Gelände*) ova ❷ DIAL (*Insel*) ada

Auerhahn ['aʊɐha:n] *m* ZOOL çalı horozu

Auerochse *m* ilkin sığır

auf [aʊf] **I.** *präp* ❶ (*oben darauf*) üstünde, üzerinde; ~ **dem Tisch** masanın üstünde; ~ **dem Boden** yerde; **ich habe es** ~ **einem Bild gesehen** ben onu bir resimde gördüm ❷ (*darauf befindlich*) ~ **Zypern** Kıbrıs'ta; ~ **der Straße** yolda, sokakta; ~ **der Karte/Welt** haritada/dünyada; ~ **dem Markt** pazarda; COMM piyasada ❸ (*drinnen*) -de; ~ **der Bank/der Post/dem Polizeirevier** bankada/postada [*o* postanede]/karakolda; ~ **dem Land(e)** karada; ~ **meinem Konto** hesabımda ❹ (*während*) iken; ~ **Reisen** yolculuk yaparken; ~ **der Flucht** kaçarken; ~ **der Geburtstagsfeier** yaş günü partisinde **II.** *präp* ❶ **etw** ~ **etw legen (stellen)** bir şeyi bir şeyin üzerine koymak; **etw** ~ **einen Zettel schreiben** bir şeyi bir kâğıda yazmak; ~ **einen Berg steigen** bir dağa çıkmak; **sie setzte sich** ~ **die Bank** banka oturdu; ■**sich** ~ **den Boden setzen** yere oturmak ❷ (*hin zu*) ■**sich** ~ **den Weg machen** yola koyulmak; **ich muss noch** ~ **die Post** daha postaneye gitmem gerekiyor; ~ **die Erde fallen** yere [*o* yeryüzüne] düşmek; ~**s Land ziehen** karaya çekmek; **er kam** ~ **mich zu** bana doğru geldi ❸ (*zeitlich*) ~ **einmal** birdenbire; **Heiligabend fällt** ~ **einen Dienstag** Noel arifesi bir salıya rastlıyor; ~ **lange Sicht** uzun vadede; **die Sitzung wurde** ~ **morgen verschoben** oturum yarına [*o* ertesi güne] ertelendi; ~**s Neue!** haydi yeni baştan!; ~ **jeden Fall** her hâlde, kesinlikle; ~ **keinen Fall** hiç mi hiç, kesinlikle, katiyen ❹ (*in einer bestimmten Art*) ~ **diese Weise** böylece, bu biçimde [*o* şekilde]; ~ **Kredit kaufen** (*fam*) veresiye almak; ~ **gut Glück** şansına; ~ **Deutsch**[RR] Almancada ❺ (*infolge*) ~ **seinen Rat (hin)** öğüdü üzerine; ~ **Anfrage** başvuru üzerine; ~ **Grund dessen** nedeniyle, dolayısıyla ❻ (*im Hinblick* ~) ~ **Kosten von ...** ... hesabına; ~ **dein Wohl!** şerefine!; ~ **eigene Gefahr** zarar ve ziyanı kendisine ait olmak üzere ❼ (*sonstiger Gebrauch*) ~ **der Geige spielen** keman çalmak; **Einfluss**[RR] ~ **jdn haben** birine sözü geçmek **III.** *adv* ❶ (*hinauf*) ~ **und ab** bir aşağı bir yukarı; **er ist** ~ **und davon** (*fam*) toz oldu, tüydü, kirişi kırdı ❷ (*fam: wach*) uyanık; (*nicht im Bett*) yatmamış; ~ **sein** yatmamış [*o* uyanık] olmak ❸ (*fam: offen, geöffnet*) açık; **Fenster** ~**!** pencereyi aç! ❹ (*sonstiger Gebrauch*) **von klein** ~ çocukluğundan beri **IV.** *interj* ~**!** kalk!; (*los!*) haydi! [*o* hadi!]; ~ **geht's!** marş marş!

auf|arbeiten *vt* ❶ (*erledigen*) bitirmek, tamamlamak ❷ (*erneuern*) yenilemek ❸ (*zusammenfassend betrachten*) gözden geçirmek

auf|atmen *vi* ❶ (*einmal tief atmen*) derin bir nefes almak ❷ (*erleichtert sein*) geniş bir nefes almak, ferahlamak

auf|bahren ['aʊfba:rən] *vt* **einen Toten** ~

katafalka ölü koymak

Aufbau[1] <-(e)s, -ten> *m* (*das Aufgebaute*) yapı

Aufbau[2] <-(e)s> *m kein pl* ❶ (*Tätigkeit*) yap(ıl)ma, inşa; (*Errichtung*) kur(ul)ma ❷ (*Gliederung, Struktur*) yapı; (*eines Kunstwerkes*) kompozisyon; (*eines Theaterstücks*) çatı ❸ AUTO (*Karosserie*) karoser, kasa

auf|bauen I. *vt* ❶ (*errichten*) kurmak, yapmak, inşa etmek ❷ (*aufmuntern*) moral vermek (-e) ❸ (*fig*) kurmak; **jdn** ~ (*beruflich*) birine kariyer yaptırmak, birini meslekte yetiştirmek II. *vr* ■ **sich** ~ ❶ (*sich bilden, entstehen*) oluşmak ❷ (*fam: sich hinstellen*) dikilmek (**vor** önüne)

auf|bäumen ['aʊfbɔɪmən] *vr* ■ **sich** ~ ❶ (*Pferd*) şahlanmak, şaha kalkmak ❷ (*sich auflehnen*) ayaklanmak (**gegen** karşı)

auf|bauschen ['aʊfbaʊʃən] *vt* ❶ (*aufblähen*) şişirmek ❷ (*fig: übertreiben*) şişirmek, abartmak, dramatize etmek

Aufbaustudium *nt* lisansüstü eğitim

auf|begehren* *vi* karşı koymak (**gegen** -e); **er begehrte gegen sein Schicksal auf** kaderine boyun eğmedi

auf|behalten* *irr vt* (*fam*) ❶ (*Hut*) çıkarmamak ❷ (*Augen*) açık tutmak

auf|bekommen* *irr vt* (*fam*) ❶ (*öffnen können*) açabilmek ❷ (*Übung*) ödev verilmek (-e); **wir haben heute in Chemie sehr viel** ~ bugün kimyada bize çok ödev verildi

auf|bereiten* *vt* (*vorarbeiten*) hazırlamak; (*bearbeiten*) işlemek; (*auffrischen*) yeniden işlemek; (*Wasser*) arıtmak **Aufbereitungsanlage** *f* nükleer yakıtı yeniden işleme tesisi

auf|bessern *vt* **jds Gehalt** ~ birinin maaşını artırmak

auf|bewahren* *vt* saklamak; (*Wertsachen* ~) emaneten saklamak; **sein Gepäck ~ lassen** bagajını emanet bırakmak; **jds Dokumente** ~ birinin belgelerini saklamak

Aufbewahrung *f kein pl* ❶ (*das Aufbewahren*) saklama, muhafaza ❷ (*Bewachen*) emanet ❸ (*Ort*) emanet; (*für Garderobe*) vestiyer; (*für Gepäck*) emanet; **sein Gepäck zur ~ geben** bagajını emanete vermek [*o* bırakmak]

Aufbewahrungslösung *f* (*für Kontaktlinsen*) saklama sıvısı

auf|bieten *irr vt* ❶ (*einsetzen*) ortaya koymak; (*zusammenraffen*) bir araya getirmek; **alle Kräfte** ~ bütün gücünü ortaya koymak ❷ (*öffentlich durch Aushang*) askıya çıkarmak

auf|binden *irr vt* ❶ (*in die Höhe binden*) yukarı bağlamak ❷ (*öffnen*) açmak; (*Schnürsenkel, Schleife*) çözmek ❸ (*fig fam: weismachen*) **jdm einen Bären** ~ birini kafa kola almak, birine numara yapmak; **jdm eine Lüge** ~ birine yalan yutturmak

auf|blähen I. *vt* (*aufschwellen*) şişirmek II. *vr* ■ **sich** ~ ❶ (*Segel*) şişmek ❷ (*fig, pej: sich großtun*) kasınmak [*o* kasılmak]

aufblasbar *adj* şişer, şişme

auf|blasen *irr* I. *vt* ❶ (*mit Luft füllen*) hava basmak (-e), hava vermek (-e) ❷ (*hochblasen*) şişirmek II. *vr* ■ **sich** ~ (*fig fam: sich wichtigtun*) hava basmak

auf|bleiben *irr vi sein* ❶ (*Person*) uyanık kalmak, yatmamak ❷ (*Geschäft, Tür*) açık kalmak

auf|blenden *vi* ❶ AUTO uzun far(ları) kullanmak ❷ FILM, FOTO diyaframı büyütmek

auf|blicken *vi* ❶ (*hochschauen*) başını kaldırıp bakmak (**zu** -e) ❷ (*bewundernd*) hayranlık duymak (**zu** -e)

auf|blitzen *vi* ❶ *haben* (*Licht*) çakmak, parıldamak ❷ *sein* (*fig: Idee*) birdenbire aklına gelmek

auf|blühen *vi sein* ❶ (*Blumen*) çiçek açmak ❷ (*gedeihen*) gelişmek

auf|brauchen *vt* harcamak, tüketmek

auf|brausen *vi sein* ❶ galeyan etmek, köpürmek ❷ (*fig: wütend werden*) galeyana gelmek, parlamak, hiddetlenmek

auf|brechen *irr* I. *vi sein* ❶ (*Knospen*) çatlamak; (*Wunde*) açılmak ❷ (*weggehen*) yola çıkmak [*o* koyulmak] II. *vt* ❶ (*Straßendecke*) kırarak açmak ❷ (*Schloss, Auto*) kırarak [*o* zorla] açmak

auf|brennen *irr vt* **einem Tier ein Zeichen** ~ bir hayvanı dağlamak

auf|bringen *irr vt* ❶ (*Geld*) bulmak, temin etmek ❷ (*fam: Tür*) açabilmek ❸ (*Mut, Geduld*) göstermek; **Verständnis für etw** ~ bir şey için anlayış göstermek ❹ (*jdn reizen*) sinirlendirmek ❺ (*aufreizen*) kışkırtmak; **jdn gegen jdn** ~ birine fit vermek [*o* sokmak], birini başkasına karşı kışkırtmak

Aufbruch[1] <-(e)s, -brüche> *m* ❶ (*Riss*) çatlak ❷ (*geh: geistiges Erwachen*) uyanma, uyanış

Aufbruch[2] <-(e)s> *m kein pl* (*Abreise*) yola çıkma [*o* koyulma]

auf|brühen *vt* (*aufgießen*) üzerine kaynar su dökmek (-in); (*Tee*) demlemek

auf|brummen I. *vt* (*fam*) **jdm eine Strafe** ~ birini bir cezaya çarptırmak; **jdm die Kosten für etw** ~ birine bir şeyin mas-

A

raflarını yüklemek **II.** *vi* ❶ (*Nebelhorn*) ötüvermek ❷ (*fam: auffahren*) bindirmek (**auf** -e) ❸ NAUT (*auf Grund geraten*) karaya oturmak
auf|bürden ['aʊfbʏrdən] *vt* (*geh*) yüklemek (-e); **jdm etw ~** birine bir şey yüklemek
auf|decken *vt* ❶ (*Zusammenhänge*) ortaya [*o* meydana] çıkarmak ❷ (*Bett*) üzerini açmak (-in) ❸ **seine Karten ~** elini göstermek ❹ (*Topf*) üzerini açmak (-in) ❺ (*enthüllen*) ortaya [*o* meydana] çıkarmak, açığa vurmak
auf|donnern *vr* ■ **sich ~** (*fam o pej*) süslenip püslenmek
auf|drängen **I.** *vt* (*aufzwingen*) empoze etmek, zorla kabul ettirmek **II.** *vr* ■ **sich ~** ❶ (*Gedanke*) içine doğmak ❷ (*zudringlich sein*) (başına) musallat olmak
auf|drehen **I.** *vi* ❶ (*fam: Gas geben*) gazlamak; (*beschleunigen*) hızlanmak ❷ (*fam: in Stimmung kommen*) havasını bulmak, neşelenmek **II.** *vt* ❶ (*fam: Wasserhahn*) açmak ❷ (*Schraubverschluss*) gevşetmek ❸ (*Schraube*) gevşetmek ❹ (*fam: Radio*) sesini açmak (-in); **die Uhr ~** saati kurmak
aufdringlich ['aʊfdrɪŋlɪç] *adj* (*Person*) sırnaşık, laubali; (*lästig*) usandırıcı, musallat, sataşkan; (*Geruch*) keskin, boğucu, ağır; **~ bekleidet sein** göze batar biçimde giyinmiş olmak
Aufdringlichkeit <-en> *f* (*einer Person*) sırnaşıklık; (*eines Geruchs*) keskinlik
Aufdruck *m* antet; (*Stempel*) sürşarj
auf|drucken *vt* **etw auf etw ~** bir şeyi (başka) bir şeyin üzerine basmak
auf|drücken *vt* ❶ (*stempelnd*) **etw auf etw ~** bir şeyi (başka) bir şeyin üzerine vurmak; TYPO bir şeyi (başka) bir şeyin üzerine basmak ❷ (*öffnen*) basarak [*o* iterek] açmak ❸ (*Pickel*) sıkmak
aufeinander [aʊfaɪ'nandɐ] *adv* ❶ (*räumlich*) üst üste ❷ (*zeitlich*) birbiri; **~ folgen** birbirini izlemek, ardından gelmek; **~ folgend** birbirini izleyen, ardışık ❸ (*gegen*) birbirine
aufeinander|folgen *vi sein s.* **aufeinander 2.**
aufeinander|häufen *vt, vr* (**sich**) **~** üst üste yığ(ıl)mak **aufeinander|prallen** *vi sein* birbirine çarpmak, çarpışmak; (*Meinungen*) çatışmak **aufeinander|stoßen** *irr vi sein* birbirine çarpmak, çarpışmak; (*Meinungen*) çatışmak; (*sich zufällig begegnen*) karşılaşmak
Aufenthalt <-(e)s, -e> ['aʊfənthalt] *m* ❶ ikamet, (bir yerde) oturma [*o* eğleşme], kalma ❷ (*Aufenthaltsort*) ikametgâh, oturulan [*o* ikamet edilen] yer, konut ❸ EISENB (*kurze Unterbrechung*) durma; **der Zug hat 5 Minuten ~ in München** tren Münih'te 5 dakika durur; **wie lange haben wir hier ~?** burada ne kadar zaman duracağız? **Aufenthaltserlaubnis** *f s.* **Aufenthaltsgenehmigung** **Aufenthaltsgenehmigung** *f* oturma izni **Aufenthaltsort** *m* ikametgâh, oturulan [*o* ikamet edilen] yer **Aufenthaltsraum** <-(e)s, -räume> *m* dinlenme salonu; (*Warteraum*) bekleme yeri [*o* odası]
auf|erlegen* **I.** *vt* ❶ (*Strafe*) vermek, çarptırmak (-e) ❷ (*Steuern*) bağlamak (-e) **II.** *vr* **sich Zwang ~** kendini zorlamak
auf|erstehen* *irr vi sein* REL (ölümden sonra) dirilmek, (ölü iken) dirilip ayağa kalkmak
Auferstehung <-en> *f* REL basübadelmevt, ölümden sonra dirilme, kıyam, ölümden sonra yeniden dirilip ayağa kalkma
auf|essen *irr* **I.** *vi* yemeğini bitirmek **II.** *vt* yiyip bitirmek
auf|fahren *irr* **I.** *vi sein* ❶ (*aufprallen*) çarpmak (**auf** -e) ❷ (*dicht anschließen*) arkasına girmek ❸ (*aufschrecken*) ürkmek, (yerinden) sıçramak [*o* fırlamak] ❹ (*wütend werden*) öfkelenmek, tepesi atmak; (*aufbrausen*) galeyana gelmek ❺ (*emporsteigen*) (göğe) çıkmak; MIN (ocaktan) çıkmak ❻ NAUT oturmak (**auf** -e) ❼ (*vorbeifahren*) önünden geçmek **II.** *vt haben* ❶ MIL dizmek; **die Panzer sind aufgefahren** tanklar dizildiler ❷ (*fam: Speisen*) sofraya koymak
Auffahrt <-en> *f* ❶ (*das Hinauffahren*) yokuş çıkma ❷ (*Zufahrt*) giriş; (*Rampe*) rampa; (*zur Autobahn*) giriş ❸ (*Himmelfahrt*) göğe çıkma
Auffahrunfall *m* arkadan çarpma
auf|fallen *irr vi sein* göze çarpmak, dikkati (üzerine) çekmek; **unangenehm ~** göze batmak; **durch schlechtes Benehmen ~** kötü tavır ve hareketleri ile göze batmak; **was fällt dir an diesem Haus auf?** bu evde gözüne ne çarpıyor? **auffallend** **I.** *adj* (*auffällig*) göze çarpan, göz alıcı, dikkat çekici; (*beeindruckend*) etkileyici **II.** *adv* **~ gekleidet** gösterişli [*o* fiyakalı] giyinmiş
auffällig ['aʊffɛlɪç] *adj* göz alıcı, dikkat çekici, belirgin, frapan; **~e Farben** göz alıcı renkler, frapan renkler
auf|fangen *irr vt* ❶ (*Ball*) tutmak, yakalamak ❷ (*Gesprächsfetzen*) kapmak ❸ (*Schlag*) yemek ❹ (*Stoß, Aufprall*) önlemek ❺ (*Flüssigkeit*) toplamak ❻ (*zum Stehen bringen*) durdurmak; (*negative Aus-*

wirkungen) yumuşatmak

Auffanglager *nt* toplama kampı, geçici sığınmacı kampı

auf|fassen *vt* ❶ (*auslegen*) yorumlamak ❷ (*begreifen*) kavramak, anlamak; **etw falsch ~** bir şeyi yanlış anlamak; **etw schnell ~** bir şeyi çabuk kavramak

Auffassung <-en> *f* ❶ (*Ansicht*) görüş, anlayış; **nach meiner ~** bence, bana göre ❷ (*Deutung*) yorum

Auffassungsgabe *f kein pl* anlayış, anlama yeteneği, anlama ve kavrama yetisi

auf|finden *irr vt* (arayıp) bulmak

auf|fliegen *irr vi sein* ❶ (*Vogel*) havaya uçmak ❷ (*Tür*) açılıvermek ❸ (*fam: scheitern*) suya düşmek; (*Schmugglerring*) kendini ele vermek

auf|fordern *vt* istemek, talep etmek; (*einladen*) davet etmek; **jdn zum Tanzen ~** birini dansa kaldırmak **Aufforderung** *f* istek, talep; (*Einladung*) davet

auf|forsten ['aʊffɔrstən] *vt* ormanlaştırmak

Aufforstung <-en> *f* ormanlaştırma

auf|fressen *irr vt* (*Futter*) yiyip bitirmek

auf|frischen **I.** *vi* (*heftiger werden*) şiddetlenmek; (*stärker werden*) artmak; **der Wind frischte auf** rüzgâr şiddetlendi [*o* arttı] **II.** *vt* ❶ (*Farbe*) yenilemek, yeniden canlılık vermek ❷ (*Kenntnisse*) tazelemek, yeniden canlandırmak ❸ (*Impfung*) yenilemek **III.** *vr* ■ **sich ~** elini yüzünü yıkamak

auf|führen **I.** *vt* ❶ THEAT sahneye koymak, sahnelemek ❷ (*Film*) göstermek, oyna(t)mak; (*Beispiele*) vermek ❸ **dein Name ist in der Liste nicht aufgeführt** adın listede geçmiyor **II.** *vr* ■ **sich ~** (*sich benehmen*) davranmak, hareket etmek

Aufführung *f* THEAT (*das Spielen eines Stückes*) oynanma, sahneleyiş; THEAT, FILM (*Vorführung*) gösteri(m); (*Vorstellung*) seans; **eine gelungene ~** THEAT başarılı bir sahneleyiş

auf|füllen *vt* ❶ doldurmak; (*ganz füllen*) ağzına kadar doldurmak ❷ (*ergänzen*) tamamlamak, bütünlemek

Aufgabe <-n> ['aʊfga:bə] *f* ❶ ödev; (*Pflicht*) görev; **das ist nicht deine ~** bu senin görevin değil; **sich etw zur ~ machen** bir şeyi ödev bilmek [*o* saymak] ❷ SCHULE alıştırma; MATH problem; (*Haus~*) ev ödevi ❸ (*Verzicht*) vazgeçme (**von** -den) ❹ MIL teslim olma; SPORT pes etme ❺ (*von Gepäck*) (emanete) bırakma; (*eines Pakets*) (postaya) verme; (*einer Anzeige*) verme ❻ (*Aufhören*) bırakma, terk

auf|gabeln *vt* ❶ (*mit der Gabel*) çatala geçirmek ❷ (*fig*) bulmak; **wo hast du denn das Buch aufgegabelt?** bu kitabı da nereden buldun?

Aufgabenbereich *m* görev alanı **Aufgabenverteilung** *f* görev bölümü

Aufgang <-(e)s, -gänge> *m* ❶ (*eines Gestirns*) doğuş ❷ (*Aufstieg*) yükseliş (**zu** -e); (*Zugang*) giriş (**zu** -e); (*Treppe*) çıkış (**zu** -e)

auf|geben *irr* **I.** *vi* (*sich geschlagen geben*) pes etmek **II.** *vt* ❶ (*Telegramm*) çekmek; (*Brief*) postalamak; (*Paket*) postaya vermek; (*Annonce, Anzeige*) vermek; (*Gepäck*) teslim etmek; (*Hausaufgaben*) vermek; **den Geist ~** (*sterben*) ruhunu teslim etmek; (*fam: kaputtgehen*) bozulmak ❷ (*verzichten*) vazgeçmek (-den); (*Widerstand*) bırakmak; (*Hoffnung*) kesmek; (*Beruf*) terk etmek

aufgeblasen **I.** *pp von* **aufblasen** **II.** *adj* (*fig fam*) kasıntılı, burnu havada olan

Aufgebot <-(e)s, -e> *nt* ❶ (*von Menschen*) toplanma, kalabalık ❷ (*standesamtlich*) ilan, askıya alma

aufgebracht **I.** *pp von* **aufbringen** **II.** *adj* (*wütend*) öfkeli, kızgın

aufgedonnert *adj* (*fam o fig*) cafcaflı

aufgedreht *adj* (*fam*) şen şakrak

aufgedunsen ['aʊfgədʊnzən] *adj* şişik, kabarık

auf|gehen *irr vi sein* ❶ ASTRON (*Gestirn*) doğmak ❷ (*Tür, Vorhang, Reißverschluss*) açılmak; (*Knopf, Schnürsenkel*) çözülmek; (*Armband*) açılmak ❸ (*Saat*) sürmek, bitmek, yeşermek ❹ (*Rechnung*) tutmak ❺ (*Hefeteig*) kabarmak ❻ **in der Arbeit ~** kendini işe vermek; **in Flammen ~** alev alev yanmak; **jetzt geht mir ein Licht auf!** şimdi şarj ettim!, şimdi anlamaya başladım!

aufgehoben ['aʊfgeho:bən] *pp von* **aufheben**

aufgeklärt ['aufgəklɛ:ɐt] *adj* PHILOS, HIST aydın; **~ sein** (*sexuell*) cinsel konularda bilgili olmak

aufgekratzt *adj* (*fam: gut gelaunt und lebhaft*) şen şakrak

aufgelegt ['aʊfgəle:kt] *adj* **gut/schlecht ~ sein** keyfi yerinde olmak/olmamak; **~ sein, etw zu tun** bir şey yapmayı canı istemek

aufgelöst ['aʊfgəlø:st] *adj* ❶ (*verwirrt*) şaşkın; (*außer sich*) kendinden geçmiş, kendini kaybetmiş; **sie war über diese Nachricht ganz ~** bu haberi duyunca eli ayağı çözülmüştü ❷ (*erschöpft*) bitkin; (*benommen*) sersemlemiş

aufgeregt ['aʊfgəre:kt] *adj* heyecanlı; (*nervös*) sinirli; (*unruhig*) huzursuz

aufgeschlossen ['aʊfgəʃlɔsən] **I.** *pp von* **aufschließen II.** *adj* (*offen*) açık (fikirli); (*mitteilsam*) konuşkan

aufgeschmissen ['aʊfgəʃmɪsən] *adj* (*fam*) ~ **sein** hâli duman [*o* harap] olmak, çaresiz olmak; **ohne sie sind wir völlig ~** onsuz hâlimiz duman [*o* harap]

aufgesprungen *adj* çatlak, çatlamış olan; **~e Lippen** çatlamış dudaklar

aufgetakelt *adj* (*fam*) süslü püslü, süslenip püslenmiş; ~ **wie eine Fregatte** (*fig, pej*) kokona gibi süslenip püslenmiş [*o* süslü püslü]

aufgeweckt ['aʊfgəvɛkt] *adj* (*fig: geistig*) gözü açık, uyanık

auf|gießen *irr vt* ❶ (*Tee*) demlemek; (*Kaffee*) üzerine kaynar su dökmek (-in) ❷ (*Wasser*) üzerine kaynar su dökmek (-in)

auf|gliedern I. *vt* ayırmak **II.** *vr* ayrılmak

auf|greifen *irr vt* ❶ (*fig: Idee*) yeniden ele almak ❷ (*festnehmen*) yakalamak, tutmak

aufgrund [aʊfˈgrʊnt] *präp* dayanarak, müsteniden; (*wegen*) -den ötürü, -den dolayı, yüzünden, nedeniyle, sebebiyle, dolayısıyla

Aufguss[RR] <-es, -güsse> *m*, **Aufguß**[ALT] <-sses, -güsse> *m* ❶ (*Lösung*) demlendirme suyu ❷ (*fig, pej: Abklatsch*) klişe, basma kalıp **Aufgussbeutel** *m* (*Teebeutel*) çay torbası [*o* poşeti]

auf|haben *irr* **I.** *vi* (*Geschäfte*) açık olmak **II.** *vt* ❶ (*Hut*) başında olmak; (*Brille*) gözünde olmak; (*Augen, Mund*) açık olmak ❷ (*fam: Schulaufgaben*) (ev) ödevi olmak

auf|halten *irr* **I.** *vt* ❶ (*zurückhalten*) alıkoymak; (*Entwicklung*) durdurmak; (*Verkehr*) durdurmak ❷ (*hinhalten*) oyalamak; (*bei der Arbeit*) alıkoymak; **ich will Sie nicht länger ~** sizi işinizden daha fazla alıkoymak istemiyorum ❸ (*Tür*) açık tutmak **II.** *vr* ■**sich ~** ❶ bulunmak; (*bleiben*) kalmak; (*wohnen*) oturmak, ikamet etmek ❷ (*Zeit verschwenden*) oyalanmak, zaman harcamak; **sich mit etw ~** bir şeyle oyalanmak, bir şeye zaman harcamak

auf|hängen I. *vi* (*Telefongespräch beenden*) telefonu kapamak **II.** *vt* ❶ (*Bild, Mantel, Telefonhörer*) asmak (**an** -e); (*Wäsche*) asmak ❷ (*töten*) asmak **III.** *vr* ■**sich ~** kendini asmak

Aufhänger <-s, -> *m* ❶ (*für Kleider*) askı ❷ (*Anlass*) vesile, bahane

auf|heben *irr vt* ❶ (*hochheben*) kaldırmak; (*vom Boden*) almak (**von** yerden) ❷ (*aufbewahren*) saklamak; **gut aufgehoben sein** iyi saklanmış olmak; **kannst du das für mich ~?** bunu benim için saklar mısın? ❸ (*Gesetz*) yürürlükten kaldırmak, ilga etmek; (*Vertrag*) bozmak, feshetmek; (*Urteil*) bozmak, iptal etmek ❹ (*Sitzung*) iptal etmek; (*Verbot*) kaldırmak

Aufheben *nt kein pl* (*geh*) **viel ~(s) von etw machen** bir şeyi mesele yapmak

Aufhebung <-en> *f* ❶ (*Abschaffung*) ortadan kaldır(ıl)ma, iptal ❷ (*Beendigung*) kaldır(ıl)ma; (*eines Streiks*) son ver(il)me; (*einer Wirkung*) gider(il)me ❸ JUR (*eines Urteils*) boz(ul)ma; (*eines Gesetzes*) yürürlükten kaldır(ıl)ma

auf|heitern ['aʊfhaɪtɐn] **I.** *vt* (*Person*) neşelendirmek **II.** *vr* ■**sich ~** (*Himmel*) aç(ıl)mak

Aufheiterung <-en> *f* ❶ METEO açılma ❷ (*Erheiterung*) neşelen(dir)me

auf|hellen I. *vt* açmak, aydınlatmak, ağartmak **II.** *vr* ■**sich ~** ❶ (*Gesicht*) gülmek ❷ (*Himmel*) ağarmak, aydınlanmak

auf|hetzen *vt* (*fig*) kışkırtmak, fitil vermek (-e); **jdn gegen jdn ~** birine fit vermek [*o* sokmak], birini başkasına karşı kışkırtmak

auf|holen I. *vi* SPORT aradaki farkı kapatmak **II.** *vt* ❶ (*Zeitverlust*) telafi etmek; **ich muss noch in Latein ~** Latincede öbürlerine yetişmem gerekiyor ❷ NAUT (*Anker*) almak, toplamak, vira etmek

auf|horchen *vi* kulak kabartmak [*o* kesilmek]; **diese Nachricht ließ alle ~** bu habere herkes kulak kabarttı [*o* kesildi]

auf|hören *vi* durmak; (*enden*) bitmek, kesilmek, sona ermek; **hör doch endlich auf!** yeter [*o* kes] artık yahu!, dur hele bir!; **also, da hört bei mir der Spaß auf!** işte, şimdi bu işin şakası makası kalmadı!; **es hat aufgehört zu schneien** kar dindi

auf|kaufen *vt* bol miktarda satın almak

auf|keimen *vi sein* ❶ (*Saatgut*) filizlenmek, sürgün çıkmaya başlamak ❷ (*Hoffnung, Liebe*) filizlenmek

aufklappbar *adj* açılır

auf|klappen *vt* (*Koffer, Buch*) açmak; (*hochschlagen*) yukarıya doğru katlamak

auf|klaren *vi* METEO (*a. fig*) açılmak

auf|klären I. *vt* ❶ (*Missverständnis, Irrtum*) düzeltmek; (*Verbrechen*) aydınlatmak, açıklığa kavuşturmak ❷ (*belehren*) aydınlatmak, bilgi vermek (**über** üzerine); (*sexuell*) yüzünü gözünü açmak (-in); (*Mann durch Frau*) gözünü açmak (-in) ❸ MIL keşif yapmak **II.** *vr* ■**sich ~** ❶ aydınlanmak; (*Fall*) açığa çıkmak; (*Rätsel*) çözülmek ❷ (*Himmel*) açılmak

Aufklärer <-s, -> *m* MIL (*Kundschafter*) keşif kolu; (*Aufklärungsflugzeug*) keşif uçağı

Aufklärung[1] <-en> *f* ❶ (*völlige Klärung*) aydınlanma, aydınlatma; (*Fall, Verbrechen*) aydınlatılma ❷ MIL (*Erkundung*) keşif

Aufklärung[2] *f kein pl* ❶ PHILOS aydınlanma ❷ (*Belehrung*) aydınlatma, bilgi verme (**über** üzerine); **sexuelle ~** cinsel eğitim

Aufklärungsfilm *m* eğitici [*o* öğretici] film **Aufklärungsflug** *m* MIL keşif uçuşu **Aufklärungssatellit** *m* MIL keşif uydusu

aufklebbar *adj* yapışkan

auf|kleben *vt* yapıştırmak (**auf** üzerine)

auf|kleben *vt* üzerine yapıştırmak

Aufkleber <-s, -> *m* çıkartma

auf|knöpfen *vt* düğmesini çözmek (-in)

auf|knüpfen *vt* ❶ (*Knoten*) çözmek ❷ (*erhängen*) asmak

auf|kochen **I.** *vi sein* kaynamak **II.** *vt* ❶ (*zum Kochen bringen*) kaynatmak ❷ (*kurz kochen*) bir taşımlık kaynatmak

auf|kommen *irr vi sein* ❶ (*entstehen*) ortaya çıkmak; (*Gewitter, Wind*) çıkmak; **ein schwacher Wind ist aufgekommen** hafif bir rüzgâr çıktı; **Zweifel ~ lassen** şüpheye [*o* kuşkuya] düşürmek; **keine Zweifel ~ lassen** şüphe [*o* kuşku] uyandırmamak ❷ (*sich erheben*) kalkmak ❸ (*bezahlen*) ödemek (**für** -); (*unterhalten*) geçindirmek (**für** -); **sie muss für ihren Mann ~** kocasını geçindirmek zorunda ❹ (*haften*) sorumlu olmak (**für** -den) ❺ (*landen*) inmek

Aufkommen <-s, -> *nt* WIRTSCH gelir(ler), varidat

auf|kreischen *vi* cıyak cıyak bağırmak; (*Bremse*) cıyak cıyak ötmek

auf|krempeln *vt* **sich die Ärmel ~** kollarını sıvamak

auf|kreuzen *vi sein* (*fam*) çıkagelmek (**in/bei** -de/-e)

auf|kriegen *vt* (*fam*) açabilmek

Aufl. *Abk von* **Auflage** baskı

auf|lachen *vt* kahkaha atmak

auf|laden *irr* **I.** *vt* ❶ (*Batterie*) şarj etmek, doldurmak ❷ (*Ladegut*) yüklemek ❸ (*fam: aufbürden*) **jdm etw ~** birine bir şey yüklemek **II.** *vr* ■ **sich ~** (*sich elektrisch laden*) şarj olmak

Auflage <-n> *f* ❶ TYPO (*von Buch, Zeitung*) baskı ❷ (*~nhöhe*) tiraj ❸ (*Verpflichtung*) yüküm, mükellefiyet; **jdm etw zur ~ machen** birine bir şeyin yükümünü empoze etmek ❹ (*Bedingung*) şart; **jdm etw zur ~ machen** birine bir şeyi şart koşmak; **mit der ~, dass ...** ... şartına bağlı olarak; **es wurde ihm zur ~ gemacht, sein Haus nicht zu verlassen** evden dışarı çıkmaması şart koşuldu ❺ (*Überzug*) kaplama; **das Besteck hat eine ~ aus Silber** çatal bıçak takımı gümüş kaplamadır

Auflagenhöhe *f* tiraj, baskı, bas(k)ı sayısı

auf|lassen *irr vt* ❶ JUR ferağ etmek ❷ (*fam: offen lassen*) açık bırakmak; (*offen halten*) açık tutmak ❸ (*fam: Hut*) başında tutmak; (*nicht abnehmen*) çıkarmamak ❹ (*fam: nicht ins Bett schicken*) yatağa göndermemek, yatırmamak

auf|lauern *vi* **jdm ~** birine pusu kurmak

Auflauf <-(e)s, -läufe> *m* ❶ (*Menschen~*) toplanma ❷ (*Speise*) sufle

auf|laufen *irr* **I.** *vi sein* ❶ (*Zinsen*) birikmek ❷ NAUT karaya oturmak **II.** *vt haben* **sich die Füße ~** yürümekten ayakları şişmek

Auflaufform *f* sufle kabı

auf|leben *vi sein* canlanmak, canlılık kazanmak; **etw (wieder) ~ lassen** bir şeyi (yeniden) canlandırmak, bir şeye (yeniden) canlılık kazandırmak

auf|legen **I.** *vi* (*Telefongespräch beenden*) telefonu kapamak **II.** *vt* ❶ (*Tischdecke*) sermek; (*Schallplatte*) koymak ❷ (*Kompresse, Make-up*) yapmak ❸ (*Hörer*) (telefonu) kapamak ❹ (*Buch*) basmak; **neu ~** yayımlamak ❺ (*Aktien*) ihdas etmek

auf|lehnen **I.** *vt* dayamak, yaslamak **II.** *vr* ■ **sich ~** karşı koymak (**gegen** -e), direnmek

auf|lesen *irr vt* ❶ (*sammeln*) toplamak (**von** -den) ❷ (*fig: unfreiwillig bekommen*) kapmak (**von** -den); **den Schnupfen muss ich bei dir aufgelesen haben** nezleyi sende(n) kapmış olmam gerekir ❸ (*fam: finden und mitnehmen*) bulup almak [*o* getirmek] (**von** -den)

auf|leuchten *vi haben o sein* ışıldamak, parıldamak; (*Blitz*) çakmak; (*Augen*) parlamak

auf|listen ['aʊflɪstən] *vt* listelemek

auf|lockern **I.** *vt* ❶ (*Boden*) kabartmak ❷ (*Programm*) çeşitlendirmek ❸ (*Atmosphäre*) gevşetmek; **aufgelockerte Atmosphäre** (*fam*) gevşek hava **II.** *vr* ■ **sich ~** (*Bewölkung*) açılmak

Auflockerung <-en> *f* ❶ (*Boden*) kabartma ❷ (*Unterricht, Muskeln*) yumuşatma ❸ (*Bewölkung*) aç(ıl)ma

auflösbar *adj* (*in Flüssigkeit*) çözülür; (*Vertrag*) bozulabilir

auf|lösen **I.** *vt* ❶ MATH (*lösen*) çözmek ❷ (*in Flüssigkeiten*) eritmek; CHEM çözündürmek ❸ (*zerlegen*) ayrıştırmak ❹ (*Versammlung, Demonstration*) dağıtmak; (*Bundestag*) feshetmek ❺ (*Vertrag, Ehe*) bozmak, feshetmek; **sein Konto ~** hesabını kapatmak **II.** *vr* ■ **sich ~** ❶ (*Nebel*) dağılmak, çözülmek ❷ (*Menschenmenge*) dağılmak ❸ (*in Flüssigkeit*) erimek, çözünmek ❹ (*sich zersetzen*) dağılmak (**in** -de), çözülmek (**in** -de)

Auflösung <-en> *f* ❶ (*einer Versammlung*) dağıtılma; (*Selbst~*) dağılma; (*des Nebels*) dağılma ❷ (*einer Gesellschaft*) infisah; (*des Bundestags*) fesih ❸ (*eines Vertrages*) fesih ❹ (*eines Kontos*) kapatılma ❺ (*von Aufgabe, Rätsel*) çözüm ❻ (*Beendigung*) sona erme, bitim ❼ (*Zerlegung*) çözülüş, dağılış ❽ INFORM (*Bildschirm~*) çözünürlük

auf|machen **I.** *vi* (*fam: Geschäfte, Banken*) açılmak **II.** *vt* (*fam*) ❶ (*Tür, Geschenk*) açmak; (*Haarknoten*) açmak; (*Knoten*) çözmek ❷ (*gründen*) açmak ❸ (*gestalten*) biçimlendirmek; (*darstellen*) göstermek **III.** *vr* ■ **sich ~** (*aufbrechen*) yola çıkmak [*o* koyulmak] (**zu** -e doğru)

Aufmachung <-en> *f* ❶ (*einer Person*) kılık kıyafet; (*Aufputz*) giyim kuşam ❷ (*eines Buches*) prezantasyon ❸ TYPO (*einer Druckseite*) tertip

aufmerksam ['aʊfmɛrkza:m] *adj* ❶ (*konzentriert*) dikkatli; (*wachsam*) uyanık; **jdn auf jdn/etw ~ machen** birinin dikkatini bir kimseye/şeye çekmek; **~ zuhören** dikkatle dinlemek ❷ (*höflich*) nazik; **vielen Dank, sehr ~ von Ihnen!** teşekkür ederim, çok naziksiniz!

Aufmerksamkeit <-en> *f* ❶ ilgi; (*Wachsamkeit*) dikkat; **darf ich um Ihre ~ bitten!** dikkatinizi rica edebilir miyim!; **jds ~ erregen** birinin dikkatini çekmek ❷ (*Zuvorkommenheit*) nezaket; (*Geschenk*) armağan

auf|möbeln *vt* (*fig*) **jdn ~** birini canlandırmak

auf|mucken *vi* (*fam*) karşı gelmek, baş kaldırmak

auf|muntern ['aʊfmʊntɐn] *vt* (*fam*) **jdn ~** (*ermutigen*) birini cesaretlendirmek, birini isteklendirmek; (*ermuntern*) birine moral vermek; (*fröhlich machen*) birini neşelendirmek

Aufmunterung *f* neşelen(dir)me

aufmüpfig *adj* (*fam*) serkeş, kafa tutan, baş kaldıran

Aufnahme <-n> ['aʊfna:mə] *f* ❶ (*Empfang*) kabul ❷ (*Zulassung*) kabul, kayıt ❸ FOTO (*Vorgang*) fotoğraflama, çekim ❹ (*Foto*) fotoğraf, poz; **eine ~ machen** bir fotoğraf çekmek ❺ RADIO (*auf Tonband*) (banda) kayıt, ses kaydı ❻ FIN (*von Geldern*) alma ❼ (*das Festhalten, Aufschreiben*) geçirilme, yazılma; **~ diplomatischer Beziehungen** diplomatik ilişkilerin kurulması **Aufnahmebedingungen** *pl* kabul edilme koşulları *pl* **Aufnahmefähigkeit** *f* alırlık, idrak (kabiliyeti) **Aufnahmegebühr** *f* kayıt ücreti **Aufnahmegerät** *nt* kayıt cihazı **Aufnahmelager** *nt* toplama kampı **Aufnahmeland** *nt* konak ülke **Aufnahmeprüfung** *f* giriş sınavı

auf|nehmen *irr vt* ❶ (*beginnen*) başlamak (-e); **Verhandlungen ~** görüşmelere başlamak; **Kontakt mit jdm ~** biriyle temasa geçmek ❷ (*Gedanke*) kapmak ❸ (*aufsaugen*) içmek, emmek, soğurmak; (*Nahrung*) almak; (*geistig*) kavramak; **er kann alles sehr schnell ~** her şeyi çok çabuk kavrar ❹ (*Kredit*) almak ❺ (*hochnehmen*) kaldırmak (**von** -den) ❻ (*auf Tonband*) kaydetmek (**auf** -e), almak (**auf** -e) ❼ (*empfangen*) kabul etmek; (*über Nacht*) misafir etmek; (*im Krankenhaus*) yatırmak (**in** -e); (*im Verein*) kabul etmek (**in** -e); **wieder aufgenommen werden** tekrar alınmak [*o* kabul edilmek] ❽ (*sich messen*) **es mit jdm ~ können** biriyle boy ölçüşebilmek, biriyle aşık atabilmek ❾ (*einen Vorschlag*) karşılamak; **einen Vorschlag gut ~** bir öneriyi iyi karşılamak

auf|nötigen *vt* **jdm etw ~** birine bir şeyi empoze etmek, birine bir şeyi zorla benimsetmek [*o* kabul ettirmek]

auf|opfern **I.** *vr* ■ **sich ~** kendini feda etmek (**für** için) **II.** *vt* feda etmek (**für** için)

auf|passen *vi* ❶ (*aufmerksam sein*) dikkatli olmak; (*im Unterricht*) dinlemek; **aufgepasst!** dikkat!; **pass auf!**[RR] dikkatli ol!, dinle! ❷ (*beaufsichtigen*) gözetmek, bakmak [*o* göz kulak olmak]; **sie passten abwechselnd auf die Kinder auf** çocuklara nöbetleşe göz kulak oldular

Aufpasser(in) <-s, -; -nen> *m(f)* (*pej*) ❶ (*Spitzel*) erkete ❷ (*Wächter*) bekçi; (*Beobachter*) gözcü

auf|peitschen *vt* (*a. fig*) ❶ (*Meer*) kamçılamak ❷ (*Menschen, Sinne*) kırbaçlamak

auf|peppen *vt* (*fam*) neşelendirmek, şakraklık katmak (-e)

auf|pflanzen **I.** *vt* dikmek; **das Bajonett ~** süngüyü takmak **II.** *vr* (*fam*) **sich vor jdm ~** birinin önüne dikilmek

auf|platzen *vi sein* (*Naht*) patlamak, yırtılıp açılmak; (*Wunde*) açılmak

auf|plustern ['aʊfplu:stɐn] **I.** *vt* (*Gefieder*) kabartmak **II.** *vr* ■ **sich ~** (*Vogel*) kabarmak, tüyleri dikilmek; (*Truthahn*) gurklamak, kabarmak; (*pej: Mensch*) (hindi gibi) kabarmak, kasılmak

auf|polieren *vt* ❶ (*Möbel*) cilalamak ❷ (*fig: Kenntnisse*) tazelemek

Aufprall <-(e)s, -e> ['aʊfpral] *m* çarpma

(**auf** -e); (*Ball*) vurma (**auf** -e)

auf|prallen *vi sein* çarpmak (**auf** -e), vurmak (**auf** -e); **auf den Boden** ~ yere çarpmak [*o* vurmak]; **auf einen anderen Wagen** ~ başka bir arabaya çarpmak

Aufpreis <-es, -e> *m* zam, ekstra ücret; **gegen** ~ **von** ... ... ekstra bir ücret karşılığında

auf|pumpen *vt* (*Reifen*) şişirmek, hava basmak

auf|putschen *vt* ❶ (*erregen*) uyarmak ❷ (*aufhetzen*) kışkırtmak

Aufputschmittel *nt* uyaran madde

auf|putzen I. *vt* süsleyip püslemek II. *vr* ■ **sich** ~ süslenip püslenmek

auf|quellen *irr vi sein* (*Augen*) şişmek; (*Teig*) kabarmak; (*Zorn*) köpürmek

auf|raffen I. *vt* (*aufheben*) yerden almak [*o* kaldırmak] II. *vr* ■ **sich** ~ kendini toparlamak, kendine çeki düzen vermek; (*fig*) cesaretini toplamak

auf|ragen *vi sein* yükselmek

auf|räumen I. *vi* ❶ (*ordnen*) ortalığı toplamak ❷ (*fig: beenden*) **mit etw** ~ bir şeyi temizlemek II. *vt* (*Zimmer*) top(ar)lamak, çeki düzen vermek (-e)

Aufräumungsarbeiten *pl* temizlik işleri *pl*

auf|rechnen *vt* takas etmek, sayışmak

Aufrechnung *f* takas

aufrecht ['aʊfrɛçt] *adj* ❶ (*gerade*) dik; ~ **sitzen/stehen** dik oturmak/durmak ❷ (*fig: ehrlich*) doğru

aufrecht|erhalten* *irr vt* korumak; (*Verbindung, Kontakt*) devam ettirmek; (*Gebräuche, Urteil, Lehre*) olduğu gibi korumak

auf|regen I. *vt* (*empören, ärgern*) kızdırmak, sinirlendirmek; (*unruhig machen*) huzurunu kaçırmak, rahatsız etmek, telaşlandırmak; (*erregen*) heyecanlandırmak; **reg mich nicht auf!** kızdırma [*o* sinirlendirme] beni! II. *vr* ■ **sich** ~ kızmak [*o* sinirlenmek], heyecanlanmak, telaşlanmak

aufregend *adj* heyecanlı

Aufregung <-en> *f* heyecan; (*Sorge*) telaş; ~ **verursachen** ortalığı telaşa vermek; **nur keine ~!** heyecanlanma!, telaşlanma!

auf|reiben *irr* I. *vt* ❶ (*erschöpfen*) yıpratmak ❷ MIL (*vernichten*) telef etmek ❸ (*wundreiben*) ovuştura ovuştura yara etmek II. *vr* (*fig*) yıpranmak

aufreibend *adj* (*zermürbend*) yıpratıcı

auf|reihen I. *vt* (*Dinge*) dizmek, dizilemek II. *vr* ■ **sich** ~ (*Personen*) dizilmek, sıraya girmek

auf|reißen *irr vt* ❶ (*zerreißen*) yırtmak; **eine alte Wunde wieder** ~ (*fig*) yarasını deşmek ❷ (*öffnen*) açmak; (*Tür*) hızla açmak; (*Brief*) yırtarak açmak; (*Augen*) dört açmak ❸ **jdn** ~ (*fam*) birini tavlamak; **sich die Hand** ~ elini yırtmak

auf|reizen *vt* ❶ (*anstacheln*) kışkırtmak, tahrik etmek ❷ (*erregen*) baştan çıkarmak, tahrik etmek

auf|richten I. *vt* ❶ (*errichten*) dikmek ❷ (*gerade richten*) doğrultmak, düzeltmek ❸ **jdn** ~ (*fig: seelisch stärken*) birine moral vermek; (*trösten*) birini teselli etmek II. *vr* ■ **sich** ~ doğrulmak, dikelmek; **sich an etw** ~ bir şeyde teselli bulmak

aufrichtig *adj* (*ehrlich*) doğru, dürüst, namuslu; (*offen, freimütig*) samimi, açık yürekli, açık sözlü; **mein ~es Beileid** başın sağ olsun

Aufrichtigkeit *f kein pl* (*Ehrlichkeit*) doğruluk, dürüstlük; (*Offenheit, Freimut*) samimiyet, açık yüreklilik

AufrissRR *m* TECH cephe; **etw** (**von vorne/von der Seite**) **im ~ zeichnen** bir şeyin (önden/yandan) cephesini çizmek

auf|rollen I. *vt* ❶ (*zusammenrollen*) sarmak ❷ (*auseinanderrollen*) açmak ❸ (*Prozess, Problem*) açmak II. *vr* ■ **sich** ~ açılmak

auf|rücken *vi sein* ❶ (*zusammenrücken*) yanaşmak ❷ (*befördert werden*) yükselmek (**zu** -e)

Aufruf <-(e)s, -e> *m* ❶ (*das Aufrufen*) çağırma, çağrı, davet ❷ AERO, INFORM çağrı

auf|rufen *irr vt* ❶ (*Zeugen*) çağırmak; (*Schüler*) yoklamaya kaldırmak ❷ INFORM (*Programm*) çağırmak ❸ (*auffordern*) çağırmak (**zu** -e), davet etmek (**zu** -e); **zum Streik** ~ greve çağırmak

Aufruhr <-(e)s> ['aʊfruːɐ] *m kein pl* ❶ (*Revolte*) ayaklanma, isyan; (*Tumult*) kargaşalık, fesat ❷ (*Erregung*) heyecan, coşku, çalkantı; **in ~ geraten** coşmak, çalkanmak

auf|rühren *vt* (*umrühren*) karıştırmak; (*in Aufruhr versetzen*) fesata vermek, fesat çıkarmak [*o* karıştırmak]

Aufrührer *m* fesat kumkuması; (*Rebell*) asi

aufrührerisch *adj* ❶ (*aufständisch*) başkaldırıcı, isyankâr, isyancı ❷ (*Rede*) ordubozan, fesatçı

auf|runden *vt* (*Betrag*) bütüne tamamlamak

auf|rüsten I. *vt* ❶ (*Gerüst*) (iskeleyi) kurmak ❷ INFORM yükseltmek, terfi ettirmek II. *vi* MIL silahlanmak

Aufrüstung <-en> *f* MIL silahlanma

auf|rütteln *vt* ❶ (*durch Rütteln aufwecken*) sarsarak uyandırmak ❷ (*fig*) sertçe uyarmak

aufs [aʊfs] (*fam*) = **auf das** *s.* **auf**
auf|sagen *vt* (*rezitieren*) ezberden okumak [*o* söylemek]
auf|sammeln *vt* toplamak
aufsässig ['aʊfzɛsɪç] *adj* (*widerspenstig*) hırçın; (*trotzig*) inatçı, dik kafalı
Aufsatz <-es, -sätze> *m* ❶ (*in der Schule*) kompozisyon; (*Abhandlung*) deneme ❷ (*oberer Teil*) üst kısmı
auf|saugen *vt* soğurmak, içine çekmek; (*Flüssigkeit*) emmek; **etw in sich ~** (*fig: mit großem Eifer aufnehmen*) bir şeyi yutmak; (*fig: sich einprägen*) bir şeyi bellemek
auf|schauen *vi* (başını kaldırıp) yukarı(ya) bakmak; **zu jdm ~** (*fig: jdn bewundern*) birine hayran olmak
auf|scheuchen *vt* ürkütmek, korkutup kaçırmak
auf|schichten *vt* kat kat dizmek, istif etmek
auf|schieben *irr vt* ❶ (*öffnen*) iterek açmak ❷ (*fig: verzögern*) ertelemek
Aufschlag *m* ❶ (*Aufprall*) çarpma, vurma ❷ (*Ärmel~*) devrik ❸ (*beim Tennis*) servis; **wer hat ~?** servis kimde? ❹ COMM (*Preis~*) zam
auf|schlagen *irr* **I.** *vi* ❶ COMM (*Preise*) zam gelmek ❷ SPORT (*beim Tennis*) servis atmak ❸ (*aufprallen*) çarpmak, vurmak **II.** *vt* ❶ (*Ei, Nuss*) kırmak ❷ (*Buch, Augen*) açmak ❸ (*Zelt*) kurmak; **ein Zelt ~** bir çadır kurmak ❹ (*verwunden*) vurmak, çarpmak; **ich habe mir das Knie aufgeschlagen** dizimi vurdum [*o* çarptım] ❺ (*Ärmel*) sıvamak ❻ COMM (*hinzurechnen*) saymak (**auf** -e)
auf|schließen *irr* **I.** *vi* SPORT yanaşmak, yetişmek **II.** *vt* (*mit Schlüssel öffnen*) anahtarla açmak; (*fig: zugänglich machen*) açmak
auf|schlitzen ['aʊfʃlɪtsən] *vt* deşmek, yarmak
Aufschluss[RR] <-es, -schlüsse> *m*, **Aufschluß**[ALT] <-sses, -schlüsse> *m* bilgi; (*Erklärung*) açıklama, izah; **können Sie mir darüber ~ geben?** bana onun üzerine bilgi verebilir misiniz?
auf|schlüsseln ['aʊfʃlʏsəln] *vt* ayırmak
aufschlussreich[RR] *adj* bilgilendirici; (*lehrreich*) aydınlatıcı
auf|schnallen *vt* (*die Schnalle öffnen*) tokasını açmak
auf|schnappen *vt* (*fam: ein Wort*) kapmak
auf|schneiden *irr* **I.** *vi* (*fam o pej: prahlen*) övünmek; (*übertreiben*) abartmak, mübalağa etmek, abartarak konuşmak, palavra atmak [*o* sıkmak] [*o* savurmak], yüksekten atmak [*o* konuşmak] **II.** *vt* ❶ (*Verpackung*) kesip açmak; (*Geschwür*) deşmek ❷ (*Braten, Torte*) kesmek; (*in Scheiben schneiden*) dilim dilim kesmek
Aufschneider(in) <-s, -; -nen> *m(f)* abartıcı, abartmacı, mübalağacı, palavracı
Aufschnitt <-(e)s> *m kein pl* dilimlenmiş et; **kalter ~** dilimlenmiş soğuk et; **gemischter ~** dilimlenmiş karışık et
auf|schnüren *vt* bağını çözmek [*o* çözerek açmak]
auf|schottern *vt* GEO yığmak; **aufgeschotterte Schicht** lığlı katman
auf|schrauben *vt* ❶ (*öffnen: Gefäß*) açmak; (*Deckel*) döndüre döndüre açmak; (*losschrauben*) vidasını gevşetmek ❷ (*befestigen: Schild*) vidayla tutturmak; (*draufschrauben*) vidalamak
auf|schrecken[1] <schreckt *o* schrickt auf, schreckte *o* schrak auf, aufgeschreckt> *vi sein* ürkmek; **aus dem Schlaf ~** ürkerek uyanmak
auf|schrecken[2] *vt haben* ürkütmek
Aufschrei <-(e)s, -e> *m* çığlık, feryat
auf|schreiben *irr vt* ❶ (*notieren*) not etmek, kaydetmek ❷ (*verordnen*) yazmak
auf|schreien *irr vi* çığlık atmak [*o* koparmak], feryat etmek
Aufschrift <-en> *f* ❶ (*Etikett*) etiket, yafta; **etw mit einer ~ versehen** bir şeyi etiketlemek [*o* yaftalamak], bir şeye etiket koymak ❷ (*Beschriftung*) (üzerine yazılan) yazı; **etw mit einer ~ versehen** bir şeyin üzerine yazı yazmak ❸ (*Inschrift*) yazıt
Aufschub <-(e)s, -schübe> *m* ❶ (*Verzögerung*) geciktir(il)me; (*Verschiebung*) ertele(n)me, tehir ❷ (*einer Frist*) önel
auf|schütten *vt* ❶ (*Flüssigkeit*) dökmek; (*Erde*) yığmak ❷ (*Damm*) doldurmak
auf|schwatzen *vt* (*fam*) **jdm etw ~** birine bir şeyi kakalamak [*o* okutmak]
auf|schwingen *irr vr* (*fig*) **sich zu etw ~** (*sich mit Mühe entschließen, etw zu tun*) bir şey yapmaya güç bela karar vermek
Aufschwung <-(e)s, -schwünge> *m* ❶ (*innerer Antrieb*) moral; **das gibt mir (wieder) neuen ~** bu bana yeni(den) moral verdi ❷ WIRTSCH canlanma ❸ SPORT sarkaçlayarak yükselme
auf|sehen *irr vi* ❶ (*hochschauen*) başını kaldırıp bakmak (**zu** -e) ❷ (*fig: bewundernd*) hayranlıkla bakmak (**zu** -e), hayranlık duymak (**zu** -e)
Aufsehen <-s> *nt kein pl* sansasyon, ilgi ve heyecan; **~ erregen** sansasyon yaratmak; **~ erregend** sansasyon yaratıcı; **ohne großes ~** sessiz sedasız

Aufseher(in) <-s, -; -nen> *m(f)* ❶ (*Wächter*) gardiyan ❷ (*im Betrieb*) kontrolör, denetçi ❸ (*in Museen*) bekçi
auf|seinALT *irr vi s.* **auf III.1., III.2.**
aufseitenRR *adv* ~ **der Schwächeren** zayıfların tarafında
auf|setzen I. *vi* (*Flugzeug*) yere inmek, iniş yapmak **II.** *vt* ❶ (*Essen*) ateşe [*o* ocağa] koymak ❷ (*Hut* ~) giymek ❸ (*Brille* ~) takmak ❹ (*Kaffee* ~) yapmak ❺ (*Text* ~) kaleme almak; (*Urkunde*) düzenlemek ❻ **eine ernste Miene** ~ ciddiliğini takınmak; **eine unfreundliche Miene** ~ surat asmak ❼ (*Fuß*) basmak (**auf** -e) ❽ (*darauf bauen*) tutmak (**auf** -) ❾ (*aufnähen*) dikmek (**auf** -e) **III.** *vr* ■ **sich** ~ (*sich aufrichten*) doğrulmak
Aufsetzer *m* SPORT kalenin önünde seken top
Aufsicht1 *f kein pl* ❶ (*Überwachung*) gözetim; **unter** ~ **stehen** gözetim altında olmak ❷ (*Kontrolle*) denetim; (*Beaufsichtigung*) denetleme, teftiş; **über etw** ~ **führen** bir şeyi denetlemek
Aufsicht2 <-en> *f* ❶ (*Leitung*) denetim ❷ (*Person*) denetleyici; (*mit der* ~ *Beauftragter*) denetçi, denetimci, müfettiş; (*bei Prüfung*) gözcü ❸ (*Draufsicht: Perspektive*) üstten bakış **Aufsichtsbehörde** *f* denetleme [*o* denetim ve gözetim] makamı
Aufsichtsrat <-(e)s, -räte> *m* denetleme [*o* denetim] kurulu, teftiş kurulu **Aufsichtsratsvorsitzende(r)** *f(m)* denetleme [*o* denetim] kurulu başkanı
auf|sitzen *irr vi sein* ❶ (*aufsteigen*) binmek (**auf** -e) ❷ (*hereinfallen*) **einem Betrüger** ~ bir dolandırıcının kucağına düşmek
auf|spalten *vt* ❶ yarmak ❷ (*fig: aufteilen*) bölmek; (*trennen*) ayırmak; **die Partei hat sich in Gruppen aufgespalten** parti gruplara bölündü [*o* ayrıldı]
auf|spannen *vt* ❶ (*Schirm*) açmak; (*Saite*) çekmek ❷ (*Stoff*) açarak [*o* sererek] germek
auf|sparen *vt* (*Geld*) biriktirmek; (*Vorräte*) saklamak
auf|speichern *vt* depolamak, stok yapmak
auf|sperren *vt* (*aufschließen*) açmak; **sperr deine Ohren auf!** kulaklarını aç!, dikkatle dinle!
auf|spielen I. *vi* (*zum Tanz*) müzik yapmak **II.** *vr* ■ **sich** ~ (*fam: angeben*) caka [*o* çalım] satmak
auf|spießen *vt* şişlemek; (*mit der Gabel*) batırmak (-e); (*auf einen Spieß*) şişe geçirmek; (*Stier*) boynuzlarını geçirmek (-e)
auf|springen *irr vi sein* ❶ (*hochspringen*) sıçramak; (*vom Sitz*) ayağa fırlamak; (*Ball*) sekmek ❷ (*sich plötzlich öffnen*) açılıvermek ❸ (*auf ein Fahrzeug*) atlamak (**auf** -e) ❹ (*Haut, Knospen*) çatlamak
auf|spritzen *vi* fışkırmak
auf|spulen *vt* makaraya sarmak
auf|spüren *vt* izini bulmak (-in)
auf|stacheln ['aʊfʃtaxəln] *vt* ❶ (*aufwiegeln*) kışkırtmak (**zu** -e), tahrik etmek (**zu** -e); **jdn** ~**, etw zu tun** bir şey yapması için birini kışkırtmak ❷ (*anspornen*) teşvik etmek (**zu** -e)
Aufstand <-(e)s, -stände> *m* ayaklanma, isyan; **mach keinen** ~**!** (*fam*) tantana yapma!
Aufständische(r) <-n, -n; -n> *f(m)* POL asi, baş kaldıran
auf|stapeln *vt* istiflemek, üst üste yığmak
auf|stauen I. *vt* (*Fluss*) önüne bent yaparak suyunu toplamak (-in) **II.** *vr* ■ **sich** ~ birikmek; (*Wasser*) toplanmak
auf|stechen *vt* deşmek
auf|stecken *vt* ❶ (*Gegenstand*) takmak; (*mit Nadeln*) iğneyle tutturmak ❷ (*Haar*) kaldırmak ❸ (*fam: aufgeben*) vazgeçmek
auf|stehen *irr vi* ❶ *sein* (*sich erheben*) (ayağa) kalkmak; (*morgens aus dem Bett*) (yataktan) kalkmak; **mit dem linken Bein zuerst** ~ (*fam*) ters [*o* sol] tarafından kalkmak ❷ *haben* (*offen stehen*) açık bulunmak [*o* olmak]
auf|steigen *irr vi sein* ❶ (*auf Berg, Leiter*) tırmanmak ❷ (*Nebel, Rauch*) yükselmek, çıkmak; (*Gewitter*) çıkmak; (*Flugzeug*) havalanmak; (*Ballon, Vögel*) havalanmak ❸ (*beruflich*) sivrilmek, yükselmek (**zu** -e), terfi etmek (**zu** -e); SPORT bir üst kümeye çıkmak, yükselmek (**in** -e) ❹ (*auf ein Pferd, Fahrrad*) binmek (**auf** -e) ❺ (*Gedanken*) akla gelmek; (*Bedenken*) doğmak
Aufsteiger(in) *m(f)* türedi; SPORT bir üst kümeye çıkan takım
auf|stellen I. *vt* ❶ (*aufbauen*) kurmak; (*Denkmal*) dikmek; (*Zelt*) kurmak; (*Maschine*) yerleştirmek, koymak; (*in einer Reihe*) dizmek ❷ (*aufrichten*) dikmek ❸ (*Mannschaft, Regierung*) kurmak; (*Truppen*) çıkarmak; (*Liste, Bilanz*) yapmak ❹ (*Kandidat*) göstermek ❺ (*Rekord*) kırmak; (*Regel*) koymak; (*Theorie*) ortaya atmak; (*Bedingung*) koymak, koşmak; (*Behauptung*) ileri sürmek; (*Plan*) kurmak **II.** *vr* ■ **sich** ~ (*sich postieren*) dikilmek; (*in einer Reihe*) dizilmek; **sich hintereinander** ~ arka arkaya dizilmek
Aufstellung <-en> *f* ❶ (*Regel, Plan*) koy(ul)ma; (*Schild, Denkmal*) dik(il)me; (*Maschine*) yerleştirme ❷ (*Mannschafts*~)

A

formasyon ❸ (*Truppen~*) formasyon ❹ (*Kandidaten*) liste ❺ (*Liste*) liste, dizin; (*Tabelle*) çizelge

Aufstieg <-(e)s, -e> ['aʊfʃti:k] *m* ❶ (*das Aufsteigen*) yükselme; (*eines Ballons*) yükseliş; (*beim Bergsteigen*) tırmanış ❷ (*Weg*) rampa ❸ (*beruflich, sportlich*) yükseliş, ilerleme **Aufstiegschance** *f* ilerleme [*o* yükselme] fırsatı

auf|stöbern ['aʊfʃtø:bɐn] *vt* ❶ (*Wild*) izini bulmak (-in) ❷ (*entdecken*) bulmak

auf|stocken ['aʊfʃtɔkən] *vt* ❶ (*Vorräte*) yenilemek ❷ (*Kredit*) artırmak (**um** -); **sein Kapital ~** sermayesini artırmak ❸ (*Gebäude*) kat çekmek [*o* çıkmak] (-e)

auf|stoßen *irr* **I.** *vi* ❶ (*rülpsen*) geğirmek ❷ *sein* (*fam: begegnen*) rastlamak ❸ (*hart aufsetzen*) çarpmak (**auf** -e) **II.** *vt* ❶ (*öffnen*) iterek açmak ❷ (*verletzen*) **ich habe mir den Kopf aufgestoßen** başımı çarptım

auf|streichen *vt* üzerine sürmek

Aufstrich *m* (*Brotbelag*) ekmek üzerine sürülen şey; **was willst du als ~?** ekmeğinin üzerine ne sürülmesini istiyorsun?

auf|stülpen *vt* (*Hut*) kafasına [*o* başına] geçirmek

auf|stützen **I.** *vt* (*Ellbogen, Kopf*) dayamak (**auf** -e) **II.** *vr* ■ **sich ~** dayanmak (**auf** -e)

auf|suchen *vt* ❶ (*Bekannte*) uğramak (-e); (*Arzt*) gitmek (-e), başvurmak (-e); **sein Zimmer ~** odasına gitmek [*o* uğramak] ❷ **etw ~** bir şeye bakmak, bir şeyi aramak; **eine Stadt auf der Karte ~** haritada bir kenti aramak

auf|takeln **I.** *vt* NAUT arma donatmak (-e) **II.** *vr* ■ **sich ~** (*fam*) süslenip püslenmek

Auftakt <-(e)s, -e> *m* ❶ (*Beginn*) başlangıç; **den ~ zu etw bilden** bir şeyin başlangıcını oluşturmak ❷ MUS eksik ölçü

auf|tanken **I.** *vt* ❶ AUTO, AERO (*Auto, Flugzeug*) akaryakıt deposunu doldurmak (-in) ❷ (*fig: sammeln*) toplamak **II.** *vi* AUTO, AERO akaryakıt almak

auf|tauchen *vi sein* ❶ (*plötzlich erscheinen*) çıkagelmek ❷ NAUT (*Taucher, U-Boot*) suyun yüzüne çıkmak ❸ (*fig*) ortaya çıkmak; (*Gegenstand*) bulunmak; (*Zweifel*) doğmak

auf|tauen **I.** *vi sein* ❶ (*Eis, Schnee*) erimek; (*Fluss, See*) buzu çözülmek ❷ (*gesprächig werden*) dili çözülmek **II.** *vt haben* eritmek

auf|teilen *vt* ❶ (*verteilen*) bölüştürmek (**unter** arasında), paylaştırmak (**unter** arasında), pay etmek (**unter** arasında) ❷ (*unterteilen*) bölmek (**in** -e, **nach** -e göre)

Aufteilung <-en> *f* ❶ (*Verteilung*) bölüştürme, taksim ❷ (*Unterteilung*) bölüm

auf|tischen ['aʊftɪʃən] *vt* ❶ (*Speisen*) sofraya getirmek [*o* koymak], servis yapmak ❷ (*fam*) **jdm Lügen ~** birine palavra atmak

Auftrag <-(e)s, -träge> ['aʊftra:k, *pl* 'aʊftrɛ:gə] *m* ❶ (*Anweisung zur Ausführung einer Arbeit*) iş havalesi; (*Anweisung zur Lieferung usw.*) emir; **jdm den ~ geben, etw zu tun** birine bir iş havale etmek, bir şey yapması için birine emir vermek ❷ JUR vekâlet; **im ~ von** vekâleten; **in jds ~ handeln** biri için vekâleten iş görmek ❸ COMM (*Bestellung*) sipariş; **etw bei ... in ~ geben** ...e sipariş vermek ❹ (*Aufgabe*) görev, ödev ❺ (*Farbe*) sürülme

auf|tragen *irr* **I.** *vt* ❶ (*geh: Speisen: servieren*) sofraya getirmek [*o* koymak] ❷ (*Salbe*) sürmek (**auf** -e); (*Make-up*) yapmak (**auf** -e); **Farbe/Mörtel ~** boya/harç sürmek; **dick ~** (*fig: übertreiben*) abartmak, yüksekten atmak ❸ (*Kleidung*) eskiyinceye kadar giymek ❹ (*beauftragen*) **jdm etw ~** birine bir iş havale etmek **II.** *vi* (*Kleidungsstück*) şişman göstermek

Auftraggeber(in) <-s, -; -nen> *m(f)* ❶ müvekkil, vekâlet veren; (*beim Kreditvertrag*) amir ❷ COMM (*Kunde*) siparişçi, sipariş veren

Auftragnehmer(in) *m(f)* vekil; COMM sipariş alan

Auftragsbestätigung *f* COMM emrin [*o* siparişin] doğrulanması **Auftragsbuch** *nt* COMM sipariş defteri **Auftragseingang** *m* COMM sipariş girdisi

auftragsgemäß *adj* COMM siparişe [*o* emre] göre

auf|treiben *irr* **I.** *vt haben* (*ausfindig machen*) (arayıp) bulmak; (*besorgen*) sağlamak, temin [*o* tedarik] etmek **II.** *vi* MED gaz yapmak

auf|trennen *vt* ayırmak

auf|treten *irr vi sein* ❶ (*auf Fuß*) basmak ❷ (*erscheinen*) görünmek, ortaya çıkmak ❸ (*sich zeigen*) kendini göstermek, baş göstermek ❹ THEAT (*die Bühne betreten*) sahneye çıkmak ❺ (*sich verhalten*) tavır takınmak

Auftreten <-s> *nt kein pl* ❶ (*Erscheinung*) kendini gösterme, baş gösterme, ortaya çıkma; (*Schauspieler*) sahneye çıkma; **bei ~ von Schwierigkeiten** ortaya güçlük [*o* zorluk] çıktığında ❷ (*Benehmen*) tavır; **ein sicheres ~ haben** kendinden emin bir tavrı olmak

Auftrieb <-(e)s> *m kein pl* ❶ PHYS kaldırma gücü ❷ (*Schwung*) hız, güç; **das gibt mir wieder ~** bu bana yeniden güç verdi

Auftritt <-(e)s, -e> *m* ❶ (*Erscheinen*) ortaya çıkma ❷ THEAT sahneye çıkma ❸ (*fig: Streit*) kapışma, kavgaya tutuşma; (*Wortwechsel*) ağız kavgası

auf|trumpfen *vi* (*beim Kartenspiel*) kozlamak; **gegen jdn ~** birine büyüklük taslamak

auf|tun I. *vt* ❶ (*öffnen*) açmak ❷ (*fam: finden*) bulmak; (*fam: entdecken*) keşfetmek II. *vr* ▪ **sich ~** ❶ (*sich öffnen*) açılmak ❷ (*sich darbieten*) ortaya çıkmak; (*entstehen*) oluşmak

auf|türmen I. *vt* yığmak, kule yapmak II. *vr* ▪ **sich ~** yığılmak, kule olmak

auf|wachen *vi sein* uyanmak (**aus** -den)

auf|wachsen *irr vi sein* büyümek, yetişmek

auf|wallen ['aʊfvalən] *vi sein* ❶ taşım(lık) [*o* taşacak kadar] kaynamak ❷ (*fig*) coşmak, galeyan etmek; **die Milch wallt auf** süt taşımlık kaynıyor; **die Suppe nur einmal ~ lassen** çorbayı sadece bir taşım [*o* taşımlık] kaynatmak, çorbayı tıkırdatmak

Aufwand <-(e)s> ['aʊfvant] *m kein pl* ❶ harcama, gider; (*Arbeits~*) emek ❷ (*Verschwendung*) israf; **viel ~ mit etw treiben** bir şeyde israfa kaçmak, bir iş için masrafa girmek ❸ (*Kosten*) masraflar *pl*

aufwändigRR *adj* (*kostspielig*) masraflı, pahalı; (*luxuriös*) lüks

Aufwandsentschädigung *f* masrafların ödenmesi **Aufwandsteuer** *f* gider vergisi

auf|wärmen I. *vt* ❶ (*Essen*) (yeniden) ısıtmak ❷ (*fig: erneut zur Sprache bringen*) yeniden açmak [*o* dile getirmek]; **alte Geschichten immer wieder ~** (*fig*) temcit pilavı gibi ısıtıp ısıtıp öne sürmek II. *vr* ▪ **sich ~** ❶ SPORT ısınmak ❷ (*sich wärmen*) ısınmak

aufwärts ['aʊfvɛrts] *adv* yukarı(ya), yükseğe; **von einem bestimmten Betrag ~** belli bir bedelden yukarıya

aufwärts|gehenRR *irr vi sein* **es geht aufwärts** durum iyileşiyor

Aufwärtshaken *m* SPORT (*beim Boxen*) aparkat **Aufwärtstrend** *m* FIN yükseliş trendi, tırmanma

Aufwasch *m* **das geht in einem ~** bu, bir çırpıda [*o* defada] biter

auf|waschen *irr vt* (*abwaschen*) yıkamak **Aufwaschwasser** *nt* bulaşık; (*Spülwasser*) bulaşık suyu

auf|wecken *vt* uyandırmak

auf|weichen ['aʊfvaɪçən] I. *vi sein* (*weich werden*) yumuşamak II. *vt* (*Boden, Brot*) yumuşatmak

auf|weisen ['aʊfvaɪzən] *irr vt* ❶ (*erkennen lassen*) göstermek ❷ (*aufzeigen*) göstermek; **etw aufzuweisen haben** göstereceği bir şeyi olmak

auf|wenden *irr vt* (*Zeit, Kraft, Energie, Geld*) harcamak, sarf etmek

aufwendig *adj s.* **aufwändig**

auf|werfen *irr vt* ❶ (*in die Höhe werfen*) savurmak ❷ (*Damm*) yığmak ❸ (*Tür*) şiddetle açmak ❹ (*Frage*) ortaya atmak; (*Probleme*) çıkarmak

auf|werten *vt* ❶ FIN (*Währung*) yeniden değerlendirmek ❷ (*fig*) değer kazandırmak (-e), değerini artırmak [*o* yükseltmek] (-in)

Aufwertung <-en> *f* FIN yeniden değerlendirme, revalüasyon

aufwickeln *vt* ❶ (*aufrollen*) sarmak, dolamak ❷ (*loswickeln*) açmak

auf|wiegeln ['aʊfviːgəln] *vt* kışkırtmak (**gegen** -e karşı, **zu** -e); (*Truppen*) kışkırtmak, fesat karıştırmak (-e)

auf|wiegen *irr vt* karşılamak; (*ausgleichen*) telafi etmek

auf|wirbeln *vt* (*Staub*) tozutmak; **viel Staub ~** (*a. fig*) tozu dumana katmak; **das wird viel Staub ~** (*fig*) bu, ortalığı velveleye verecek

auf|wischen I. *vt* silmek II. *vi* yer silmek

auf|wühlen *vt* ❶ (*Erde*) deşelemek, kazıp karıştırmak; (*Meer*) dalgalandırmak ❷ (*erregen*) heyecana düşürmek

auf|zählen *vt* saymak; (*einzeln*) sayarak yoklama yapmak

Aufzählung <-en> *f* sayma, sayım

auf|zäumen ['aʊftsɔɪmən] *vt* gem vurmak (-e)

auf|zehren *vt* ❶ (*verzehren*) yiyip bitirmek ❷ (*fig: völlig verbrauchen*) yiyip bitirmek [*o* tüketmek]

auf|zeichnen *vt* ❶ (*Plan, Muster*) çizmek ❷ RADIO, TV (*Sendung*) kaydetmek

Aufzeichnung <-en> *f* ❶ kayıt; *pl* (*Notizen*) notlar *pl;* **magnetische ~** manyetik kayıt ❷ RADIO, TV paket program

auf|zeigen I. *vt* göstermek II. *vi* SCHULE el kaldırmak

auf|ziehen *irr* I. *vi sein* ❶ (*Gewitter*) çıkmak ❷ MIL (*Truppen*) yerini almak, yerine geçmek II. *vt* ❶ (*hochziehen*) yukarı çekmek; (*Flagge*) direğe çekmek ❷ (*öffnen*) açmak; (*Vorhang*) çekerek açmak ❸ (*Uhr*) kurmak ❹ (*Kind, Tier*) büyütmek, yetiştirmek; (*Pflanze*) yetiştirmek ❺ (*fam: organisieren*) organize etmek ❻ (*Foto*) germek (**auf** üzerine) ❼ (*Spritze, Serum*) doldurmak ❽ (*fam: verspotten*) **jdn ~** birini makaraya almak ❾ (*Reifen*) takmak (**auf** -e) III. *vr* açılmak

Aufzucht *f kein pl* ❶ (*von Tieren*) yetiştirme ❷ (*von Pflanzen*) yetiştirme

Aufzug <-(e)s, -züge> *m* ❶ (*das Aufmarschieren*) geçit töreni [*o* resmi] ❷ (*Lift*) asansör; (*Kran*) vinç ❸ (*pej: Kleidung*) kılık kıyafet ❹ THEAT (*Akt*) perde

auf|zwingen *irr vt* **jdm etw ~** birine bir şeyi empoze etmek, birine bir şeyi zorla kabul ettirmek

Augapfel <-s, -äpfel> *m* ❶ ANAT göz yuvarı ❷ (*fig*) göz bebeği; **etw wie seinen ~ hüten** bir şeyi göz bebeği gibi korumak

Auge <-s, -n> ['aʊgə] *nt* ❶ (*Sehorgan*) göz; (*Sehvermögen*) görme; **~ in ~ mit jdm** biriyle göz göze; **mit den ~n zwinkern** göz kırpmak; **ich habe es mit eigenen ~n gesehen** onu kendi gözümle gördüm; **etw im ~ haben** (*Staubkorn*) gözüne bir şey kaçmış olmak; (*fig*) bir şeyde gözü olmak; **ein blaues ~ haben** gözü morarmış olmak; **vor aller ~n** göz göre göre, herkesin gözü önünde; **ein ~ zudrücken** (*fam*) göz yummak, görmezden gelmek; **beide ~n zudrücken** (*fig*) görmezden gelmek; **die ~n offen halten** gözünü açık tutmak; **jdm die ~n öffnen** (*fig*) birinin gözünü açmak; **jdn aus den ~n verlieren** birini gözden kaybetmek; **jdn nicht aus den ~n lassen** birini gözünden kaçırmamak; **in meinen ~n ...** benim gözümde ...; **jdn unter vier ~n sprechen** biriyle ağız ağıza konuşmak, biriyle kulak kulağa konuşmak, biriyle baş başa vererek konuşmak; **ins ~ fallen** göze çarpmak; **etw springt ins ~** (*fig*) bir şey göze çarpar; **etw ins ~ fassen** (*fig*) bir şeyi göz önüne almak; **sich** *dat* **etw vor ~n führen** (*fig*) bir şeyi gözünün önüne getirmek; **gute/schlechte ~n haben** gözleri iyi görmek/görmemek; **große ~n machen** (*fam*) gözlerini belertmek; **kein ~ zutun** gözüne uyku girmemek; **mit bloßem ~** çıplak gözle; **so weit das ~ reicht** göz alabildiğine, göz görebildiği kadar; **sie traute ihren ~n nicht** gözlerine inanamadı; **ich habe die ganze Nacht kein ~ zugetan** (*fig*) bütün gece gözüme uyku girmedi; **mir wurde schwarz vor ~n** gözlerim karardı; **~ um ~, Zahn um Zahn** göze göz, dişe diş; **aus den ~n, aus dem Sinn** (*prov*) gözden ırak olan gönülden de ırak olur ❷ (*Punkt beim Spiel*) puan, sayı ❸ (*beim Würfel*) benek **Augenarzt, -ärztin** *m, f* göz hekimi **Augenbad** *nt* göz banyosu

Augenblick <-(e)s, -e> *m* an; **einen ~ bitte!** bir saniye lütfen!; **~ mal!** bir saniye!; **jeden ~** her an; **im letzten ~** son anda

augenblicklich **I.** *adj* ❶ (*gegenwärtig*) şu andaki ❷ (*unverzüglich*) anlık **II.** *adv* ❶ (*umgehend*) anında, göz açıp kapayıncaya kadar, hemen, derhal ❷ (*zurzeit*) şu anda, halen

Augenblickssache *f* anlık mesele

Augenbraue ['aʊgənbraʊə] *f* kaş **Augenbrauenstift** *m* rastık **Augenbutter** *f* çapak **Augenentzündung** *f* gözün yangılanması [*o* iltihaplanması]

augenfällig ['aʊgənfɛlɪç] *adj* göze çarpan, belli

Augenfarbe *f* gözlerin rengi **Augenheilkunde** ['aʊgənhaɪlkʊndə] *f kein pl* MED göz bilimi; (*Ophthalmologie*) oftalmoloji **Augenhöhe** *f kein pl* **in ~** göz hizasında **Augenhöhle** *f* ANAT göz yuvası, göz evi **Augenklappe** *f* göz klapası **Augenlicht** <-(e)s> *nt kein pl* (*geh: Sehkraft*) görüm, görme yetisi; (*Sehfähigkeit*) görme yeteneği, göz nuru; **das ~ verlieren** gözü sönmek **Augenlid** *m* göz kapağı **Augenlinse** *f* göz merceği **Augenmaß** <-es> *nt kein pl* **nach ~** göz kararıyla

Augenmerk <-(e)s> ['aʊgənmɛrk] *nt kein pl* **sein ~ auf etw/jdn richten** gözlerini bir şeye/kimseye dikmek

Augenringe *pl* gözaltı morlukları *pl* **Augenschein** <-(e)s> *m kein pl* ❶ (*Anschein*) görünüş; **dem ~ nach** görünüşüne bakılırsa ❷ JUR keşif; **etw in ~ nehmen** bir şeyin hakkında keşif yapmak; **durch ~ beweisen** JUR keşif yoluyla ispat etmek

augenscheinlich **I.** *adj* görünüşteki **II.** *adv* görünüşe göre

Augentropfen *pl* MED göz damlası **Augenweide** *f kein pl* gözlere ziyafet **Augenwimpern** *pl* kirpikler *pl* **Augenwinkel** *m* göz ucu; **jdn aus den ~n anschauen/beobachten** birine göz ucuyla bakmak **Augenwischerei** <-en> [aʊgənvɪʃə'raɪ] *f* göz boyama **Augenzeuge(in)** *m(f)* JUR görgü tanığı **Augenzwinkern** <-s> *nt kein pl* (göz) kıpıştırma

August[1] <-(e)s, -e> [aʊ'gʊst] *m* ağustos; *s. a.* **März**

August[2] *m* Augustus; **der dumme ~** Ogüst (adlı palyaço)

Auktion <-en> [aʊk'tsjoːn] *f* artırma (ile satış), mezat; **zur ~ bringen** mezata çıkarmak [*o* koymak]

Auktionator(in) <-s, -en; -nen> [aʊktsjo'naːtoːɐ] *m(f)* mezatçı

Aula <Aulen> ['aʊla] *f* konferans [*o* toplantı] salonu; (*einer Universität*) oditoryum

Aura ['aʊra] *f kein pl* (*geh*) albeni

Aurikel <-n> *nt* BOT ayıkulağı

aus [aʊs] **I.** *präp* ❶ (*örtlich, räumlich, zeitlich*) -den; **er sah ~ dem Fenster** pencereden baktı; ~ **der Flasche trinken** şişeden içmek; **trink bitte nicht ~ der Flasche!** lütfen şişeden içme!; ~ **der Mode kommen** modası geçmek; ~ **dem Gleichgewicht kommen** dengesi bozulmak; **ich komme ~ Deutschland** ben Almanya'dan geliyorum; **dieser Stuhl stammt ~ dem 18. Jahrhundert** bu sandalye 18. yüzyıldandır ❷ (*begründend*) ~ **Versehen** yanlışlıkla; ~ **Mitleid** acıyarak, merhameten; ~ **Angst** korkudan; ~ **diesem Anlass** bu vesileyle; **das weiß ich ~ Erfahrung** başımdan geçtiği için bunu biliyorum ❸ (*beschaffen*) -den; ~ **Glas** camdan ❹ (*sonstige*) ~ **der Sache ist nichts geworden** o işten bir şey çıkmadı; **was ist ~ ihr geworden?** ona ne oldu acaba?; **das ist doch ~ der Mode!** bunun modası geçti artık! **II.** *adv* ❶ (*fam: vorbei*) **das Spiel ist ~** oyun bitti; **zwischen ihnen ist es ~** onların ilişkisi bitti; **jetzt ist alles ~** artık her şey bitti ❷ (*ausgeschaltet*) kapalı; **das Licht ist ~** ışık kapalı; **Licht ~!** ışığı kapa! ❸ SPORT aut; **der Ball war ~** top auta çıkmıştı ❹ ~ **sein** (*fam: sich vergnügen*) dışarı çıkmış olmak; (*zu Ende sein*) bitmiş olmak; **auf etw ~ sein** bir şeye düşkün olmak; **von hier ~** buradan; **von sich** *dat* ~ kendiliğinden; **von mir ~!** (*fam: okay*) bana göre hava hoş!; **vom Turm ~ konnte man den Fluss sehen** kuleden ırmak görülüyordu

Aus <-> *nt kein pl* ❶ SPORT aut; (*Seiten~*) taç; **ins ~ gehen** auta çıkmak ❷ (*fig: Ende*) son

aus|arbeiten *vt* (*verbessern*) düzeltmek; (*vorbereiten*) hazırlamak

aus|arten ['aʊsartən] *vi sein* ❶ (*das rechte Maß verlieren*) çığırından çıkmak ❷ (*entarten*) yozlaşmak, dejenere olmak; **die Kinder arten aus** çocuklar dejenere oluyor ❸ (*umschlagen*) dönüşmek (**in** -e)

aus|atmen *vi, vt* soluk [*o* nefes] vermek

aus|baden *vt* (*fam*) **es ~ müssen** kabak başın(d)a patlamak

aus|baggern *vt* (*Baugrube*) ekskavatör ile kazmak

aus|baldowern *vt* (*fam*) **etw ~** bir şeyi gözetlemek [*o* kolaçan etmek]; **~, ob ...** ... olup olmadığını gözetlemek [*o* kolaçan etmek]

Ausbau <-(e)s> *m kein pl* ❶ (*Erweiterung*) genişlet(il)me ❷ TECH (*von Motor, Gerät*) sök(ül)me ❸ (*Intensivierung*) yoğunlaştır(ıl)ma, derinleştir(il)me

aus|bauen *vt* ❶ TECH (*herausmontieren*) sökmek ❷ (*Gebäude, Organisation*) büyütmek; (*verbreitern*) genişletmek ❸ (*weiterentwickeln*) geliştirmek; (*vertiefen*) derinleştirmek

aus|bedingen <ausbedungen> *irr vt* **ich muss mir ~, dass ...** şart olsun ki, ...

aus|beißen *irr vt* **sich einen Zahn ~** ısırarak bir diş kaybetmek [*o* kırmak]; **an dem wirst du dir noch die Zähne ~!** bak, ondan neler çekeceksin!

aus|bessern *vt* onarmak, tamir etmek; (*Fehler*) düzeltmek; (*Kleidung, Wäsche*) yamamak; (*Gemälde*) restore etmek

Ausbesserung *f* onarma, düzeltme

aus|beulen *vt* AUTO kaportadaki ezikleri düzeltmek

Ausbeute *f* ❶ kâr, kazanç ❷ (*Ertrag*) ürün, mahsul, hasılat ❸ (*Nutzen*) yarar, çıkar; ~ **an Erzen** maden cevheri istihsali

aus|beuten *vt* ❶ (*fördern und verwerten*) işletmek, istismar etmek; (*Nutzen ziehen*) yararlanmak ❷ **jdn ~** birini sömürmek

Ausbeuter(in) <-s, -; -nen> *m(f)* (*pej*) sömürgen, sömürücü, istismarcı

Ausbeutung *f kein pl* işlet(il)me, yararlanma, sömürme [*o* sömürü], istismar

aus|bezahlen* *vt* (*Geld*) parasını tamamıyla ödemek (-in); (*Miteigentümer*) parasını ödeyerek payını satın almak (-in)

aus|bilden **I.** *vt* ❶ (*Lehrling*) eğitmek ❷ (*Fähigkeiten, Stimme*) geliştirmek, yetiştirmek ❸ (*ausgestalten*) biçim vermek **II.** *vr* ■ **sich ~** (*entstehen*) oluşmak, ortaya çıkmak

Ausbilder(in) <-s, -; -nen> *m(f)* eğitmen

Ausbildung <-en> *f* (*beruflich*) eğitim; (*Lehrzeit*) çıraklık **Ausbildungsbeihilfe** *f* eğitim yardımı **Ausbildungsförderung** *f* eğitim teşviki, eğitimi özendirme **Ausbildungsplatz** <-es, -plätze> *m* eğitim [*o* çıraklık] yeri **Ausbildungsstand** *m* eğitim düzeyi

aus|bitten *irr vt* **sich etw von jdm ~** bir şeyi birinden istemek; **das bitte ich mir auch aus!** ben de bunu(n böyle olmasını) isterim!

aus|blasen *irr vt* üfleyerek söndürmek; **die Kerze ~** mumu üfleyerek söndürmek

Ausbleiben *nt* ❶ (*Fernbleiben*) gelmeme ❷ (~ *der Zahlung*) ödenmeme

aus|bleiben *irr vi sein* ❶ (*nicht eintreten*) olmamak ❷ (*fernbleiben*) gelmemek; **unsere Gäste sind ausgeblieben** misafirlerimiz [*o* konuklarımız] gelmedi; **die Nacht über ~** bütün gece eve gelmemek

aus|bleichen **I.** *vt* soldurmak; **die Sonne hat die Farben ausgebleicht** güneş, boyaları soldurdu **II.** *vi* solmak, rengini atmak, akçıllaşmak

aus|blenden *vt* FILM, RADIO kısmak

Ausblick <-(e)s, -e> *m* ❶ (*in die Ferne*)

A

manzara (**auf** -), görünüm (**auf** -) ② (*in die Zukunft*) bakış (**auf** -e)

Ausblühung <-en> *f* çiçeklenme

aus|bojen *vt* NAUT şamandıralamak

aus|borgen **I.** *vt* DIAL (*verleihen*) ödünç vermek **II.** *vr* **sich** *dat* **etw ~** DIAL (*sich ausleihen*) ödünç almak

aus|brechen *irr vi sein* ① (*aus dem Gefängnis*) kaçmak, firar etmek ② (*entstehen*) olmak, çıkmak, baş göstermek; (*plötzlich beginnen*) patlak vermek; (*Schweiß*) basmak, dökmek; (*Panik*) olmak; **in Tränen ~** gözyaşları boşanmak, hüngür hüngür ağlamaya başlamak; **in Gelächter ~** kahkahayı basmak [*o* koparmak] ③ GEO (*von einem Vulkan*) püskürmek, indifa etmek

Ausbrecher(in) <-s, -; -nen> *m(f)* (*fam: Gefangener*) firarî

aus|breiten **I.** *vt* ① (*Landkarte*) açmak; (*Decke*) sermek ② (*Arme*) açmak; (*Flügel*) açmak ③ (*einzelne Gegenstände*) yaymak; **sein Leben vor jdm ~** (*fig*) birine hayatını anlatmak **II.** *vr* ■ **sich ~** ① (*Nachricht, Feuer*) yayılmak; (*Erscheinung*) yaygınlaşmak ② (*sich erstrecken*) uzanmak

Ausbreitung <-en> *f* (*das Ausbreiten*) yayma; (*sich ausbreiten*) yayılma

aus|brennen *irr* **I.** *vt haben* ① yakmak, kavurmak; **die Sonne hat die Wiesen ausgebrannt** güneş çayırları yaktı [*o* kavurdu]; **die Kehle war ihm wie ausgebrannt** boğazı kavrulmuş gibiydi ② (*Wunden*) dağlamak **II.** *vi sein* ① (içi) yanmak; (*Feuer, Kerze*) sönmek ② (*fig fam*) **ausgebrannt sein** (*seelisch und körperlich*) pestil gibi olmak; SPORT (*erschöpft sein*) pestili çıkmak; (*kein Geld mehr haben*) meteliğe kurşun atmak

Ausbruch <-(e)s, -brüche> *m* ① (*Flucht*) firar (**aus** -den), kaçma (**aus** -den) ② (*Beginn*) başlama; (*plötzlicher Beginn*) patlak verme; **zum ~ kommen** patlak vermek ③ (*Eruption*) püskürme, indifa; (*Gefühlsentladung*) patlama

aus|brüten *vt* ① (*Eier*) kuluçkaya yatmak ② (*fam: Plan*) kurmak

aus|büchsen *vi sein* (*fam: ausreißen*) tüymek, kaçmak

aus|buddeln *vt* (*fam*) kazmak, kazarak çıkarmak

aus|buhen *vt* yuhalamak

Ausbund <-(e)s> *m kein pl* (*a. iron*) **ein ~ an etw sein** bir şeyin timsali olmak

aus|bürgern ['aʊsbʏrgən] *vt* vatandaşlıktan çıkarmak

Ausbürgerung <-en> *f* vatandaşlıktan çıkarılma

aus|bürsten *vt* fırçalamak; **sich** *dat* **die Haare ~** saçlarını fırçalamak

aus|büxen *vi* (*fam*) tüymek, kaçmak

Ausdauer *f kein pl* sebat, direşme

aus|dauern *vi* sebat etmek [*o* göstermek], direşmek

ausdauernd *adj* ① (*beharrlich*) sebatkâr, direşken ② BOT çok yıllık

aus|dehnen **I.** *vt* ① (*erweitern*) genişletmek; **seinen Einfluss ~** nüfuzunu [*o* forsunu] genişletmek ② PHYS (*das Volumen vergrößern*) genleştirmek; **die Hitze hat die Eisenbahnschienen ausgedehnt** sıcaklık demiryolu raylarını genleştirdi ③ (*verlängern*) uzatmak; **eine Reise übers Wochenende ~** bir geziyi haftanın sonuna değin uzatmak **II.** *vr* ■ **sich ~** ① (*größer werden*) büyümek, genişlemek ② PHYS genleşmek; **Metall dehnt sich durch Erwärmung aus** ısıtma yoluyla metal genleşir ③ (*zeitlich*) uzamak

Ausdehnung <-en> *f* ① (*das Ausdehnen*) genişletme; (*sich ausdehnen*) genişleme; (*räumliche Erstreckung*) uzam ② MATH (*Dimension*) boyut ③ PHYS genleşme **Ausdehnungskoeffizient** *m* PHYS genleşme katsayısı

aus|denken *irr vt* ① **sich etw ~** bir şeyi tasar(ım)lamak; (*vorstellen*) bir şeyi tasavvur etmek; (*erfinden*) bir şeyi icat etmek, bir şeyi uydurmak [*o* kafadan atmak] ② (*zu Ende denken*) sonuna kadar düşünmek

aus|dielen *vt* parke ile döşemek

aus|dienen *vi* hizmeti bitmek, miadı dolmak; (*fam: unbrauchbar werden*) battal olmak, kullanılamaz duruma gelmek

aus|diskutieren *vt* sonuna [*o* çözüm buluncaya] kadar tartışmak

aus|docken *vt* NAUT doktan çıkarmak

aus|dorren *vi* çoraklaşmak

aus|dörren **I.** *vt* çoraklaştırmak, kavurmak **II.** *vi* çoraklaşmak, kavrulmak

aus|drehen *vt* ① (*Gas*) kapamak; (*Licht*) söndürmek ② TECH (*mittels Drehbank*) torna ile açmak ③ (*auswringen, ausrenken*) burkmak

Ausdruck[1] <-(e)s, -drücke> *m* ① (*Wort*) söz, laf; (*Wendung*) terim, deyim; **sich im ~ vergreifen** yakışık almayan bir laf etmek, dil sürçmek; **was ist das für ein ~?** bu ne biçim söz [*o* laf]? ② MATH anlatım; **ein mathematischer ~** matematiksel anlatım

Ausdruck[2] <-(e)s, -e> *m* INFORM yazılı çıktı; TYPO baskı

Ausdruck[3] <-(e)s> *m kein pl* ① (*Stil*) ifade ② (*Bekundung*) ifade, anlatım; **etw zum ~ bringen** bir şey anlatmak, bir şeyi ifade etmek; **der ~ auf seinem Gesicht verriet seine Freude** yüzündeki ifade sevincini açığa vuruyordu ❸ PHILOS (*Expression*) dışa vurum

aus|drucken *vt* ❶ TYPO basmak ❷ INFORM (*Datei*) yazdırmak, yazıcı ile basmak, çıktı almak

aus|drücken I. *vt* ❶ (*Schwamm*) sıkmak; (*Frucht*) sıkmak ❷ (*Zigarette*) bastırarak söndürmek ❸ ifade etmek, anlatmak, dile getirmek; (*äußern*) söylemek **II.** *vr* ▪ **sich ~** (*sich äußern*) meramını [*o* derdini] anlatmak

ausdrücklich ['aʊsdrʏklɪç, -'--] **I.** *adj* açık, belgin, sarih; (*mit Nachdruck*) ısrarlı **II.** *adv* açıkça, sarahaten; (*besonders*) özellikle, bilhassa; **ich möchte ~ betonen, dass ...** ... diğini özellikle [*o* bilhassa] vurgulamak isterim

Ausdruckskraft *f* anlatım gücü

ausdruckslos *adj* ifadesiz, hiç bir şey anlatmayan

Ausdrucksvermögen *nt* anlatım yeteneği

ausdrucksvoll *adj* anlatımlı

Ausdrucksweise <-n> *f* deyiş, anlatım [*o* söyleme] biçimi; (*Diktion*) diksiyon; **was ist denn das für eine ~!** bu, ne biçim konuşma böyle!

auseinander [aʊsaɪ'nandɐ] *adv* birbirinden uzak, ayrı (olarak); **die beiden sind ein Jahr ~** (*vom Alter her*) ikisinin arasında bir yaş fark var

auseinander|brechen *irr* **I.** *vi sein* (*zerbrechen*) kırılmak; (*Partei*) parçalanmak **II.** *vt haben* (*zerbrechen*) kırmak; (*Partei*) parçalamak **auseinander|bringen** *irr vt* (*fam: trennen*) birbirinden ayırmak; (*entzweien*) aralarını bozmak **auseinander|fallen** *irr vi sein* (*zerfallen*) parçalanmak, dağılmak; (*Familie, Partei*) dağılmak **auseinander|falten** *vt* açmak **auseinander|gehen** *irr vi sein* (*sich trennen*) ayrılmak; (*Meinungen*) ayrı düşmek, birbirinden ayrı [*o* farklı] olmak; (*Gegenstand*) dağılmak; (*fam: kaputtgehen*) bozulmak; (*fam: dick werden*) kilo almak **auseinander|halten** *irr vt* ayrı tutmak; (*Zwillinge*) ayırt etmek **auseinander|liegen** *irr vi* **weit ~** birbirinden çok uzak olmak **auseinander|nehmen** *irr vt* (*Motor, Radio*) sökmek, parçalarına ayırmak **auseinander|schreiben** *irr vt* **etw ~** bir şeyi ayrı (olarak) yazmak **auseinander|setzen I.** *vt* (*erklären*) açıklamak **II.** *vr* **sich mit etw ~** (*beschäftigen*) bir şey ile uğraşmak, bir şey üstüne kafa yormak; (*streiten*) bir şey ile didişmek

Auseinandersetzung <-en> *f* ❶ (*Beschäftigung*) uğraşma (**mit** -le) ❷ (*Streit*) kavga; (*Diskussion*) tartışma ❸ (*Kampfhandlung*) çatışma ❹ JUR (*Liquidation*) tasfiye; (*Teilung*) taksim; (*Aufteilung vom Besitz*) paydaşlığın giderilmesi, izaleişüyu

auserlesen ['aʊsɛɐle:zən] *adj* (*geh*) seçkin

aus|erwählen* ['aʊsɛɐvɛ:lən] *vt* (*geh*) seçmek

aus|fahren *irr* **I.** *vi sein* (*hinausfahren*) arabayla gezmeye çıkmak; (*Schiff*) çıkmak; **das Schiff fuhr aus dem Hafen aus** gemi limandan çıktı **II.** *vt* ❶ (*verteilen*) arabayla dağıtmak ❷ (*spazieren fahren*) arabayla gezmeye çıkarmak ❸ TECH, AERO çıkarmak; **das Fahrgestell ~** AERO iniş takımını çıkarmak

Ausfahrt <-en> *f* ❶ (*für Kraftfahrzeuge*) çıkış ❷ (*Spazierfahrt*) arabayla gezmeye çıkma

Ausfall[1] <-(e)s> *m kein pl* ❶ (*Haare, Zähne*) dökülme ❷ TECH, AUTO (*Maschine*) işlememe, bozulma ❸ ELEK (*Strom~*) kesilme, kesinti ❹ LING (*Wegfall*) düşme

Ausfall[2] <-(e)s, -fälle> *m* ❶ MIL (*Verlust*) kayıp ❷ (*Veranstaltung*) olmama; (*Verdienst*) ödenmeme

aus|fallen *irr vi sein* ❶ (*herausfallen*) dökülmek ❷ (*nicht stattfinden*) olmamak; **die Schule fällt aus** okul yok ❸ (*fehlen*) **er ist wegen Krankheit eine Woche lang ausgefallen** hastalık yüzünden bir hafta boyunca yoktu [*o* gelmedi] ❹ AUTO, TECH (*nicht funktionieren*) işlememek, bozulmak; (*Strom*) kesilmek ❺ (*beschaffen sein*) olmak; **etw fällt gut/schlecht aus** bir şey iyi/kötü oldu; **der Aufsatz ist schlecht ausgefallen** kompozisyon notları kötü

ausfallend *adj* ❶ (*grob*) kaba ❷ (*beleidigend*) küstah; (*Sprache*) onur kırıcı; **~ werden** küstahlaşmak

Ausfallerscheinung *f* MED işlev yitimi belirtisi **Ausfallstraße** *f* anayola çıkış yolu **Ausfallwinkel** *m* PHYS (*Reflexionswinkel*) yansıma açısı **Ausfallzeit** *f* COMM işlememe süresi, işten kayıp zaman

ausfaltbar *adj* (*Karte*) açılır katlanır

aus|fasern *vi* tarazlanmak

aus|fechten *irr vt* karara bağlanıncaya kadar mücadele etmek (için)

aus|fegen *vt* süpürmek

Ausfeger *m* ❶ (*Kehrbesen*) süpürge ❷ (*fig: Kehraus*) son dans

aus|fertigen *vt* düzenlemek, tanzim etmek

Ausfertigung <-en> *f* ❶ (*Vorgang*) dü-

A

zenleme, tanzim ❷ (*Schriftstück*) nüsha; **in doppelter/dreifacher** ~ iki/üç nüsha olarak

ausfindig ['aʊsfɪndɪç] *adv* **jdn/etw ~ machen** bir kimseyi/şeyi arayıp bulmak; (*aufspüren*) bir kimsenin/şeyin izini bulmak

aus|flaggen *vt* NAUT flama çekmek

aus|fließen *irr vi sein* akmak

aus|flippen ['aʊsflɪpən] *vi sein* (*fam*) ❶ (*durch Drogen*) kafayı bulmak [*o* tütsümek] ❷ (*durchdrehen*) kafayı üşütmek

Ausflucht <-flüchte> ['aʊsflʊxt, *pl* 'aʊsflʏçtə] *f* kaçamak yol, bahane; **Ausflüchte machen** bahane bulmak

Ausflug <-(e)s, -flüge> *m* gezme, gezi, gezinti; **einen ~ machen** gezmeye çıkmak, gezinti yapmak

Ausflügler(in) <-s, -; -nen> ['aʊsfly:klɐ] *m(f)* gezinti yapan (kimse) **Ausflugsort** *m* gezinti yeri

AusflussRR <-es, -flüsse> *m*, **Ausfluß**ALT <-sses, -flüsse> *m* ❶ (*das Auslaufen*) akma ❷ (*Abfluss*) akış ❸ MED vaginal akıntı

aus|formulieren* *vt* dile getirmek

aus|fragen *vt* **jdn** (**über etw**) ~ (bir şey hakkında) birinin ağzını aramak [*o* yoklamak]

aus|fransen ['aʊsfranzən] *vi sein* saçaklanmak, tiftiklenmek, tiftik tiftik olmak, lime lime olmak

aus|fressen *irr vt* (*fam o fig*) **etw ~** halt yemek [*o* karıştırmak]

Ausfuhr <-en> ['aʊsfu:ɐ] *f* COMM ihraç; (*Export*) ihracat, dış satım

ausführbar *adj* ❶ yapılabilir ❷ INFORM **~e Datei** çalıştırılabilir dosya **Ausführbarkeit** *f* yapılabilirlik, fizibilite

Ausfuhrbestimmungen *pl* COMM ihracat hükümleri *pl*

aus|führen *vt* ❶ sokağa [*o* dışarıya] çıkarmak; (*spazieren führen*) gezdirmek ❷ (*exportieren*) ihraç etmek ❸ (*durchführen*) yapmak; (*Auftrag*) yerine getirmek, ifa etmek; (*Verbrechen*) icra etmek; (*Pläne*) uygulamak ❹ SPORT (*Ecke*) yapmak; (*Schuss*) yapmak ❺ (*darlegen*) göstermek; (*erklären*) açıklamak; (*im Einzelnen*) ayrıntılara inmek, ayrıntılarıyla açıklamak

ausführlich ['aʊsfy:ɐlɪç, -'--] **I.** *adj* ayrıntılı, detaylı **II.** *adv* ayrıntılarıyla, detaylı olarak; **etw sehr ~ erzählen** bir şeyi çok ince ayrıntıları ile anlatmak

Ausführlichkeit [-'---] *f kein pl* ayrıntılar; **in aller ~** bütün ayrıntılarıyla, en küçük ayrıntılarına kadar

Ausfuhrpapiere *pl* COMM çıkış belgeleri *pl*

Ausführung *f* ❶ (*von Aufträgen*) yerine getir(il)me, icra; (*von Plänen*) uygula(n)ma ❷ (*Bauplan*) dizayn, çizim; (*Typ*) model; COMM kalite ❸ (*Darlegung*) mütalâa(da bulunma); **die Unlogik seiner ~en** mütalâalarının mantıksızlığı, ileri sürdüğü görüş ve düşüncelerinin mantıksızlığı

Ausfuhrzoll <-(e)s, -zölle> *m* COMM ihracat resmi

aus|füllen *vt* ❶ (*Loch*) doldurmak ❷ (*Formular*) doldurmak ❸ (*befriedigen*) tatmin etmek, doyurmak

Ausgabe[1] *f kein pl* ❶ (*Austeilung*) çıkar(ıl)ma, ihraç; (*von Waren*) teslim ❷ (*von Banknoten*) emisyon

Ausgabe[2] <-n> *f* ❶ (*Ausgabestelle*) emisyon kurumu ❷ (*von Zeitungen, Schriftwerken*) baskı; (*einzelne Nummer der Zeitung*) sayı ❸ TV (*Sendung*) yayın ❹ INFORM (*Output*) çıktı; (*Daten*) dökme ❺ *pl* (*Kosten*) harcamalar *pl*

Ausgabedaten *pl* INFORM çıktı verileri *pl*

Ausgabegerät *nt* INFORM çıktı aygıtı

Ausgang[1] <-(e)s, -gänge> *m* ❶ (*Tür*) çıkış ❷ (*an einem Organ*) çıkış ❸ (*Spaziergang*) sokağa çıkma ❹ (*freier Tag*) izin; **~ haben** izinli olmak

Ausgang[2] <-(e)s> *m kein pl* ❶ (*Ergebnis*) sonuç, son ❷ (*Anfang*) başlangıç

Ausgangsbasis *f* başlangıç noktası **Ausgangspunkt** *m* hareket noktası, çıkış noktası **Ausgangssperre** *f* sokağa çıkma yasağı

aus|geben *irr* **I.** *vt* ❶ (*austeilen*) dağıtmak; (*Fahrkarten*) vermek; **einen ~** (*fam: spendieren*) ısmarlamak ❷ INFORM (*Daten*) dökmek ❸ FIN (*Aktien*) çıkarmak ❹ (*Befehl, Parole*) vermek ❺ (*Geld*) harcamak (**für** -e) **II.** *vr* **sich für etw ~** kendisine ... süsü vermek

ausgebrannt ['aʊsgəbrant] **I.** *pp von* **ausbrennen II.** *adj* (*körperlich erschöpft*) haşat, bitkin; (*geistig erschöpft*) ambale, kafası durmuş

ausgebucht ['aʊsgəbu:xt] *adj* dolu, boş yeri kalmayan; **wir sind ~** boş yerimiz kalmadı

ausgebufft *adj* (*fam*) pişkin

ausgedehnt *adj* ❶ (*umfassend*) geniş; **ein ~er Spaziergang** uzun bir yürüyüş ❷ (*Gummiband*) gerilmiş

ausgefallen **I.** *pp von* **ausfallen II.** *adj* (*ungewöhnlich, merkwürdig*) garip; (*nicht alltäglich*) alışılmamış

ausgeflippt *adj* (*sl*) üşütük

ausgefuchst *adj* (*fam*) açıkgöz

ausgeglichen ['aʊsgəglɪçən] **I.** *pp von* **ausgleichen II.** *adj* dengeli, denk; **~es**

Klima ılıman iklim

Ausgeglichenheit *f kein pl* denge; (*seelische*) ruhsal denge

aus|gehen *irr vi sein* ❶ (*weggehen*) çıkmak, sokağa çıkmak ❷ (*erlöschen*) sönmek ❸ (*Haare, Zähne*) dökülmek ❹ (*abzweigen*) çıkmak (**von** -den) ❺ (*seinen Ursprung nehmen*) kaynaklanmak (**von** -den), yola çıkmak (**von** -den); **wir können davon ~, dass ...** ...den yola çıkabiliriz ❻ (*enden*) bitmek; **leer ~** eli boş çıkmak, hava almak ❼ (*zu Ende gehen*) bitmek; **mir ging das Geld aus!** param bitti! ❽ (*Motor*) istop etmek

ausgehungert *adj* (*hungrig*) aç; (*Hunger leidend*) aç bülâç

ausgeklügelt ['aʊsgəkly:gəlt] *adj* (*fam*) inceden inceye tasarlanmış

ausgekocht *adj* (*fig*) pişkin

ausgelassen I. *pp von* **auslassen** II. *adj* (*fig*) ❶ (*lärmend*) şamatalı ❷ (*übermütig*) taşkın ❸ (*Stimmung*) curcunalı ❹ (*Kind*) haşarı

Ausgelassenheit *f kein pl* (*auf einem Fest*) şamata; (*der Stimmung*) curcuna

ausgemacht *adj* ❶ (*abgemacht*) kararlaştırılmış ❷ (*vollkommen*) tam

ausgemergelt ['aʊsgəmɛrgəlt] *adj* cılız

ausgenommen ['aʊsgənɔmən] I. *pp von* **ausnehmen** II. *präp* hariç; **Anwesende ~** hazır bulunanlar hariç; **wir alle, mich ~** benden başka herkes III. *konj* dışında; **er erinnert sich des Vorfalls genau, ~ der letzten Sekunde** son saniyesi dışında olayı tam olarak hatırlıyor

ausgepowert *adj* (*fam: erledigt, erschöpft*) bitik, hamur gibi, hoşaf gibi

ausgeprägt *adj* (*deutlich*) apaçık, aşikâr; **ein ~es Interesse** tipik bir merak

ausgerechnet ['--'--] *adv* aksi gibi; **muss das ~ heute sein?** aksi [o başka gün yokmuş] gibi bunun bugün mü olması gerekiyor?; **~ im Juni war das Schwimmbad geschossen** aksi gibi haziranda yüzme havuzu kapalıydı; **~ ich musste den Ausweis vergessen** aksi gibi bir tek ben kimliğimi unutmuşum

ausgeschlossen ['aʊsgəʃlɔsən] I. *pp von* **ausschließen** II. *adj* (*unmöglich*) imkânsız; **das ist ~!** imkânı yok!, olamaz!; **es ist nicht ~** imkânsız değil, olabilir

ausgeschnitten ['aʊsgəʃnɪtən] I. *pp von* **ausschneiden** II. *adj* (*dekolletiert*) dekolte

ausgesprochen ['aʊsgəʃprɔxən] I. *pp von* **aussprechen** II. *adj* (*ausgeprägt*) belirgin, aşikâr; (*besonders groß*) muazzam, fevkalâde III. *adv* (*sehr*) son derece

ausgestorben ['aʊsgəʃtɔrbən] I. *pp von* **aussterben** II. *adj* ❶ (*Volk, Pflanzen, Tiere*) soyu tükenmiş, nesli tükenmiş ❷ (*Ort*) tenha, ıssız; **die Straßen waren wie ~** (*fig*) sokaklarda in cin top oynuyordu

ausgesucht ['aʊsgəzu:xt] *adj* ❶ (*erlesen*) seçkin, güzide; (*hervorragend*) fevkalâde ❷ (*ausgesprochen*) fevkalâde

ausgewachsen I. *pp von* **auswachsen** II. *adj* ❶ (*voll entwickelt*) yetişkin; (*erwachsen*) büyük; **ein ~er Skandal** (*fig*) büyük bir skandal ❷ ZOOL erişkin; **~e Tiere** erişkin hayvanlar ❸ (*bucklig gewachsen*) kamburu çıkmış

ausgewogen ['aʊsgəvo:gən] *adj* ölçülü; (*ausgeglichen*) dengeli; (*harmonisch*) ahenkli

ausgezeichnet ['----, '--'--] *adj* (*hervorragend*) şahane, fevkalâde, enfes, nefis; **es geht mir ~!** kendimi şahane hissediyorum!

ausgiebig ['aʊsgi:bɪç] I. *adj* bol; (*Essen*) zengin; **einen ~en Mittagsschlaf halten** iyi bir öğle uykusu çekmek II. *adv* doyasıya, bol bol; **~en Gebrauch machen von etw** bir şeyden bol bol yararlanmak; **~ frühstücken** doyasıya kahvaltı etmek

aus|gießen *irr vt* ❶ (*Gefäß*) boşaltmak ❷ (*Fugen*) dökerek doldurmak ❸ (*verschütten*) dökmek

Ausgleich <-(e)s> ['aʊsglaɪç] *m kein pl* ❶ denkleştirme; (*Gleichgewicht*) denge, denklik ❷ (*Schulden*) ödeme, tesviye; (*Konto~*) bakiyeyi ödeme ❸ (*Entschädigung*) tazminat (**für** için); **er hat für den Schaden einen ~ erhalten** zarar için tazminat aldı ❹ SPORT (*Gleichstand*) beraberlik

aus|gleichen *irr* I. *vi* SPORT berabere kalmak II. *vt* ❶ (*Unterschiede*) kapamak ❷ **Gleichgewicht herstellen** dengelemek; (*Gewichtsunterschiede beseitigen*) denkleştirmek ❸ COMM (*Konto*) bakiyeyi ödemek ❹ (*ersetzen*) telafi etmek ❺ (*ebnen, glätten*) düzlemek, tesviye etmek III. *vr* ■ **sich ~** denkleşmek

aus|gleiten *irr vt* kaymak

aus|graben *irr vt* ❶ (*Loch*) kazarak açmak ❷ (*Altertümer, Schätze*) topraktan çıkarmak ❸ (*fig: Vergessenes*) bulup ortaya çıkarmak, keşfetmek

Ausgrabung <-en> *f* kazı, hafriyat

aus|grenzen *vt* dışlamak, yabancılamak

Ausguck <-(e)s, -e> *m* NAUT viglâ; (*Mastkorb*) çanaklık

AusgussRR <-es, -güsse> *m*, **Ausguß**ALT <-sses, -güsse> *m* ❶ (*Becken*) eviye ❷ DIAL (*Tülle*) emzik, ibik

aus|haben *irr* **I.** *vi* (*fam: Schluss haben*) işi bitmiş olmak **II.** *vt* (*fam*) ❶ (*Kleidung*) çıkarmış olmak ❷ (*Buch*) bitirmiş olmak

aus|halten *irr* **I.** *vi* (*durchhalten*) dayanmak, tahammül etmek **II.** *vt* ❶ (*ertragen*) dayanmak; **das ist ja nicht auszuhalten!** bu dayanılacak gibi değil! ❷ (*standhalten*) dayanmak, metanet göstermek; **er hält viel aus** o, çok dayanıklıdır [*o* metanetlidir] ❸ (*pej: Lebensunterhalt bezahlen*) geçindirmek; (*Geliebte*) kapatmak

aus|händigen ['aʊshɛndɪgən] *vt* (*Urkunde, Geld, Schreiben*) teslim etmek, (eline) vermek

Aushang <-(e)s, -hänge> *m* (*Bekanntmachung*) duyuru, ilan

aus|hängen[1] *irr vi* (*aufgehängt sein*) asılı olmak, askıda olmak, askıya çıkarılmış olmak

aus|hängen[2] *vt* ❶ (*aufhängen*) asmak ❷ COMM (*ins Schaufenster hängen*) vitrine asmak [*o* çıkarmak] ❸ (*bekannt machen*) askıya çıkarmak ❹ (*Tür, Fenster*) rezelerinden çıkarmak

Aushängeschild <-(e)s, -er> *nt* tabela

aus|harren ['aʊsharən] *vi* (*geh*) sabretmek; (*durchhalten*) dayanmak

aus|hauchen *vt* (*geh: Atem*) vermek; (*Rauch*) çıkarmak

aus|heben *irr vt* ❶ (*Graben*) kazmak, açmak ❷ (*Verbrechernest, Bande*) baskın yaparak ele geçirmek ❸ SCHWEIZ (*Truppen*) çıkarmak; (*Rekruten*) çağırmak

aus|hecken ['aʊshɛkən] *vt* (*fam: Pläne*) kurmak

aus|heilen *vi* iyileşmek

aus|helfen *irr vi* **jdm ~** birine yardım etmek, birine yardımda bulunmak; **sie half ihm mit Werkzeug aus** ona alet vererek yardım etti

aus|heulen *vr* ■**sich ~** (*fam*) iyicene [*o* adamakıllı] bir ağlamak; **sich die Augen ~** yaşlara boğulmak; **sich bei jdm ~** birine içini dökmek

Aushilfe <-n> *f* ❶ (*das Aushelfen*) yardım, yamaklık ❷ (*Person*) yardımcı; (*Aushilfskraft*) yamak, yardımcı [*o* geçici] eleman; **jdn zur ~ haben** yardımcı elemanı olmak, yamağı olmak; **als ~ arbeiten** yardımcı eleman olarak çalışmak, yamak olarak çalışmak

aushilfsweise *adv* yardımcı [*o* geçici] (eleman) olarak, yamak olarak

aus|hobeln *vt* rendelemek

aus|höhlen *vt* içini oymak (-in), içine oyuk açmak (-in); **ein ausgehöhlter Baumstamm** içi oyuk bir ağaç kütüğü

Aushöhlung *f* oyuk

aus|holen **I.** *vi* ❶ (*zum Schlag*) (el) kaldırmak; (*zum Wurf*) gerilmek, hız almak ❷ (*fig: beim Erzählen*) en başından başlamak **II.** *vt* (*fam*) **jdn ~** birinin ağzını aramak [*o* yoklamak]

aus|horchen *vt* **jdn ~** birinin ağzını aramak [*o* yoklamak]

aus|hungern *vt* aç bırakmak; **ausgehungert sein** aç olmak

aus|kehren *vt* süpürmek

aus|kennen *irr vr* ■**sich ~** bilmek; (*in einem Fach*) anlamak (**in/mit** -den); **ich kenne mich hier gut aus** ben buraları iyi bilirim; **damit kenne ich mich gar nicht aus** (*fig*) ben ondan hiç anlamam

aus|klammern *vt* ❶ MATH (*eine Zahl*) parantez dışına almak ❷ (*Frage, Thema*) es geçmek, dikkate almamak

aus|klamüsern *vt* (*fam*) uzun uzun düşünüp taşınıp bulmak

Ausklang <-(e)s, -klänge> *m* ❶ MUS (*letzter Ton*) (parçanın) son ton(u) ❷ (*fig: eines Festes*) yavaş yavaş sona erme

aus|klappen *vt* açmak

aus|klarieren *vt* NAUT çıkışta gümrüklemek

aus|kleben *vt* iç yüzünü kaplamak (-in)

aus|kleiden **I.** *vt* ❶ (*geh: entkleiden*) soymak ❷ (*Raum, Wand*) kaplamak (**mit** -le); (*mit Holz ~*) tahta kaplamak **II.** *vr* ■**sich ~** (*sich ausziehen*) soyunmak

aus|klingen *irr vi sein* ❶ (*Lied*) yavaş yavaş kaybolmak ❷ (*fig: Fest*) yavaş yavaş sona ermek; **die Feier klang aus in einem gemeinsamen Lied** birlikte söylenen bir şarkı ile eğlence yavaş yavaş sona erdi

aus|klopfen *vt* (*Kleidung*) tozunu silkmek [*o* silkelemek]; (*Teppich*) dövmek; (*Pfeife*) vurarak boşaltmak

aus|klügeln ['aʊskly:gəln] *vt* inceden inceye tasarlamak

aus|knipsen *vt* (*fam: Licht*) söndürmek

aus|knobeln *vt* (*fam*) inceden inceye düşünüp taşınıp yapmak

aus|kochen *vt* ❶ GASTR kaynatmak ❷ (*sterilisieren*) kaynatarak sterilize etmek

aus|kommen *irr vi sein* ❶ (*sich vertragen*) geçinmek; **wir kommen gut miteinander aus** biz iyi geçiniyoruz; **mit ihm kann man nicht ~** onunla geçinilemez ❷ (*mit etw zurechtkommen*) geçinmek; **ohne etw ~** parasız pulsuz geçinmek

Auskommen <-s> *nt kein pl* ❶ (*Lebensunterhalt*) geçim ❷ (*das Vertragen*) geçinme; **mit ihm ist kein ~ möglich** onunla geçinmek imkânsız

aus|kosten *vt* (*fig*) tadını [*o* zevkini] çıkar-

mak (-in)
aus|kratzen *vt* kazımak; (*Speisereste*) kazıyarak çıkarmak; MED (*ausschaben*) kazıyarak almak; **jdm die Augen ~** birinin gözlerini oymak
aus|kugeln *vt* yuvasından çıkarmak
aus|kundschaften ['aʊskʊntʃaftən] *vt* bilgi toplamak (hakkında); (*Gegend*) kolaçan etmek
Auskunft <-künfte> ['aʊskʊnft, *pl* 'aʊskʏnftə] *f* ❶ (*Information*) bilgi; (*über eine Person*) bilgi, bilgiler *pl* (**über** hakkında/üzerine); **jdm (eine) ~ geben** birine bilgi vermek ❷ (*Telefon~*) danışma; (*~sschalter*) danışma, enformasyon
Auskunftei *f* istihbarat bürosu [*o* dairesi]
Auskunftverweigerungsrecht *nt* JUR kendi veya hısımları aleyhine tanıklıktan çekinme hakkı
aus|kuppeln *vi* AUTO boşa [*o* rölântiye] almak; ■ **sich ~** (*fig*) boşlamak
aus|kurieren* **I.** *vt* (*fam*) iyileştirmek **II.** *vr* ■ **sich ~** (*fam*) iyileşmek
aus|lachen *vt* gülmek (-e), alaya almak; **lass dich nicht ~!** kendini gülünç duruma düşürme!
aus|laden *irr* **I.** *vt* ❶ (*entladen*) boşaltmak; (*abladen*) çıkarmak ❷ MIL (*aussteigen lassen*) indirmek ❸ (*fam: Gäste*) **jdn ~** birinin davetini iptal etmek **II.** *vi* ARCH (*auskragen*) taşmak
Auslage *f* ❶ sergile(n)me ❷ (*Schaufenster*) vitrin ❸ SPORT (*beim Fechten*) vuruşma duruşu ❹ **~n** masraf(lar) **Auslagenerstattung** *f* masrafların ödenmesi
Ausland <-(e)s> *nt kein pl* yurt dışı; **ins ~** yurt dışına; **im ~** yurt dışında; **aus dem ~** yurt dışından
Ausländer(in) <-s, -; -nen> *m(f)* yabancı, ecnebi **Ausländeramt** *nt* yabancılar dairesi **ausländerfeindlich** *adj* yabancı düşmanı **Ausländerfeindlichkeit** *f kein pl* yabancı düşmanlığı
ausländisch *adj* yabancı, dış; **die inländische und ~e Presse** iç ve dış basın
Auslandsaufenthalt *m* yurt dışında kalma **Auslandsbeziehungen** *pl* dış ilişkiler *pl* **Auslandsdeutsche(r)** *f(m)* ikametgâhı yurt dışında olan Alman **Auslandsgespräch** *nt* TELEK ülkelerarası telefon görüşmesi **Auslandskorrespondent(in)** *m(f)* dış muhabir **Auslandsmarkt** *m* WIRTSCH dış pazar, dış piyasa **Auslandsreise** *f* dış gezi **Auslandsverschuldung** *f* FIN dış borçlanma
aus|lassen *irr* **I.** *vt* ❶ (*herauslaufen lassen*) dışarı bırakmak, dışarı salmak ❷ (*herausfließen lassen*) akıttırmak ❸ (*weglassen*) es geçmek; (*nicht schreiben*) yazmamak; (*überspringen*) atlamak ❹ (*Butter*) eritmek ❺ (*Kleidung*) dikişini açmak (-in) ❻ RADIO açmamak ❼ **jdn ~** ÖSTERR (*in Ruhe lassen*) birini rahat bırakmak **II.** *vr* ■ **sich ~** (*sich mitteilen*) fikrini söylemek (**über** hakkında); (*lästern*) çekiştirmek (**an** -); **sich über etw ~** bir şey hakkında fikrini söylemek; **sich an jdm ~** birini çekiştirmek, birisi için demediğini bırakmamak
Auslassungspunkte *pl* LING üç nokta
Auslassungszeichen *nt* LING kesme işareti [*o* imi]; (*Apostroph*) apostrof
Auslassventil *nt* AUTO egzoz supabı; *s. a.* **Einlassventil**
aus|lasten *vt* ❶ (*Maschine*) tam randımanla çalıştırmak ❷ (*Person*) yeterince iş vermek (-e)
Auslauf <-(e)s, -läufe> *m* ❶ AGR (*der Tiere*) (çitle çevrili) salmalık; **das Pferd in den ~ bringen** atı kıra çıkarmak ❷ (*Ausfließen*) akma; (*Abflussöffnung*) ağız, mansap ❸ (*Bewegung*) hareket etme (olanağı), açık havaya çıkma ❹ SPORT (*Abschluss des Laufs*) finiş
aus|laufen *irr vi sein* ❶ (*Flüssigkeit*) akmak ❷ NAUT (*in See stechen*) alarga etmek ❸ (*Serie*) sona ermek, bitmek ❹ (*aufhören*) bitmek; (*Vertrag*) sona ermek, hitam etmek
Auslaufen <-s> *nt kein pl* ❶ NAUT (*von Schiffen*) avara ❷ (*von Programmen oder Serien*) sona erme, bitme
Ausläufer <-s, -> *m* ❶ BOT (*von Pflanzen*) (yandan çıkan) filiz ❷ GEO (*Berg~*) dağ kolu
Auslaufmodell *nt* COMM programdan alınmış model
aus|laugen *vt* (*herausziehen*) soğurmak; (*erschöpfen*) yiyip bitirmek, tüketmek
Auslaut <-(e)s, -e> *m* LING son ses
aus|lauten *vi* LING (harfi ile) bitmek; **das Wort lautet auf e aus** kelime e harfi ile biter
aus|leben *vr* ■ **sich ~** hayatın tadını çıkarmak
aus|lecken *vt* yalaya yalaya bitirmek
aus|leeren *vt* ❶ (*Gefäß*) boşaltmak ❷ (*Flüssigkeit*) dökmek, boşaltmak
aus|legen *vt* ❶ (*Köder*) koymak ❷ (*Leitungen, Kabel*) çekmek ❸ (*Waren im Schaufenster*) sergilemek, sermek ❹ (*Geld*) eğreti [*o* ödünç] olarak ödemek ❺ (*auskleiden*) kaplamak (**mit** -le); **ein Schubfach mit Papier ~** bir çekmecenin içini kâğıtla kaplamak ❻ (*bedecken*) kaplamak (**mit** -le), döşemek (**mit** -, -e); **einen Raum mit Teppich ~** bir odaya halı döşemek; **Minen im Meer ~** denize mayın döşemek

A

❼ (*Worte, Text*) yorumlamak; **etw falsch ~** bir şeyi yanlış yorumlamak

Ausleger *m* ❶ TECH (*von Kran*) vinç kolu ❷ NAUT (*von Boot*) dirsek

Auslegung <-en> *f* yorum

aus|leiern **I.** *vi sein* (*fam*) laçka olmak; (*Gewinde*) laçka olmak, yalama olmak **II.** *vt* (*fam*) laçka etmek; (*Gewinde*) laçka etmek

aus|leihen *irr vt* (*verleihen*) ödünç vermek; (*sich borgen*) ödünç almak; **jdm etw ~** birine bir şeyi ödünç vermek; **etw von jdm ~** birinden bir şeyi ödünç almak

aus|lernen *vi* öğrenip bitirmek; **man lernt nie aus** öğrenmenin sonu yoktur

Auslese <-n> ['aʊsle:zə] *f* ❶ (*Auswahl*) seçme; **natürliche ~** doğal ayıklanma ❷ (*Wein*) rezerv

aus|lesen *irr vt* ❶ (*fam: Buch*) okuyup bitirmek ❷ (*aussondern*) ayıklamak; (*entfernen*) ayırmak

aus|leuchten *vt* ışıklandırmak

aus|liefern *vt* ❶ (*übergeben*) devretmek ❷ (*Waren ~*) teslim etmek ❸ POL, JUR (*jdn ~*) birini geri vermek, birini iade etmek; **jdm ausgeliefert sein** bir kimsenin insafına maruz kalmak

Auslieferung *f* ❶ COMM teslim ❷ POL, JUR geri ver(il)me, iade **Auslieferungshaft** *f* JUR iade [*o* geri verme] amacı ile tutukluluk

aus|loben *vt* ilan yoluyla vadetmek

aus|löffeln *vt* (*fam o fig*) acısını çekmek (-in); **die Suppe ~ (müssen)** pirincin taşını ayıklamak (zorunda kalmak)

aus|loggen *vr* ■ **sich ~** INFORM sistemden çıkmak

aus|löschen *vt* ❶ (*Licht*) söndürmek; (*Feuer*) söndürmek ❷ (*Schrift, Spuren*) silmek ❸ (*geh: Menschenleben*) kıymak (-e)

aus|losen ['aʊslo:zən] *vt* kura çekerek seçmek; (*Preis*) kurada çekmek

aus|lösen *vt* ❶ TECH (*in Gang setzen*) (düğmeye basarak) çalıştırmak [*o* harekete geçirmek]; FOTO (deklanşöre basarak) çalıştırmak ❷ (*hervorrufen*) yol açmak (-e), yaratmak; **eine Wirkung ~** bir etki yaratmak ❸ (*Gefangene*) fidye ödeyerek kurtarmak; (*Pfand*) fiyatını ödeyerek kurtarmak

Auslöser <-s, -> *m* ❶ TECH deklanşör ❷ (*Anlass*) sebep (**für** için)

Auslosung <-en> *f* kura

aus|loten ['aʊslo:tən] *vt* (*a. fig*) şakullemek, iskandil etmek

aus|machen *vt* ❶ ELEK (*fam: Radio, Licht*) kapamak; (*Licht, Feuer*) söndürmek ❷ (*vereinbaren*) kararlaştırmak; **einen Termin ~** saat ve yerini kararlaştırmak; **ein Treffen ~** randevulaşmak ❸ (*ermitteln*) keşfetmek ❹ (*erkennen*) fark etmek, seçmek ❺ (*bilden*) oluşturmak; **ihm fehlt alles, was einen Wissenschaftler ausmacht** bir bilim adamını oluşturan niteliklerin hiçbiri onda yok ❻ (*betragen*) tutmak, etmek ❼ (*bedeuten*) fark etmek; **das macht nichts aus** fark etmez; **macht es Ihnen etwas aus, wenn ...?** -menin sizce bir sakıncası var mı?

aus|malen **I.** *vt* (*mit Farbe*) boyamak (**mit** ile), renklendirmek (**mit** ile) **II.** *vr* **sich** *dat* **etw ~** (*fig: sich vorstellen*) bir şeyi gözünün önüne getirmek, bir şeyi zihninde canlandırmak, bir şeyi düşlemek

Ausmaß <-es, -e> *nt* ❶ (*räumlich*) boyut ❷ (*Umfang*) kapsam, şümul; (*Grad*) derece, ölçü; (*fig*) boyut, çap; **bis zu einem gewissen ~** belli bir ölçüye kadar; **in geringem/großem ~** küçük/büyük ölçüde [*o* çapta]

aus|merzen ['aʊsmɛrtsən] *vt* ❶ (*Ungeziefer*) yok etmek, kökünü kazımak ❷ (*Fehler*) yok etmek, silmek ❸ (*Missstände*) yok etmek, ortadan kaldırmak

aus|messen *irr vt* ölçmek, çaplamak, enini boyunu ölçmek (-in)

aus|misten *vt* ❶ (*Stall*) kürelemek ❷ (*fig: Schrank, Zimmer*) pılı pırtıları kaldırmak, işe yaramaz şeyleri ayırmak

aus|mustern *vt* ❶ (*aussortieren*) çürüğe çıkarmak ❷ MIL çürüğe ayırmak

Ausnahme <-n> *f* istisna, ayrıklık; **mit ~ von ...** ...in dışında, ... hariç (olmak üzere); **eine ~ machen** bir istisna yapmak; **ohne ~** istisnasız; **~n bestätigen die Regel** istisnalar kaideyi [*o* kuralı] bozmaz **Ausnahmefall** <-(e)s, -fälle> *m* istisnaî [*o* olağanüstü] durum **Ausnahmezustand** *m* olağanüstü hâl

ausnahmslos *adv* istisnasız, ayrıksız

ausnahmsweise ['----, '--'--] *adv* müstesna [*o* bir istisna] olarak, bir defaya mahsus olarak

aus|nehmen *irr* **I.** *vt* ❶ (*Fisch, Geflügel*) içini temizlemek (-in) ❷ (*ausschließen*) çıkarmak (**von** -den) ❸ (*fam: Geld abnehmen*) yolmak **II.** *vr* ■ **sich ~** (*geh: wirken*) izlenim vermek

ausnehmend *adv* fevkalâde; **der Hut steht dir ~ gut** şapka sana fevkalâde yakıştı

aus|nutzen *vt* ❶ (*Gelegenheit*) kullanmak; (*Situation*) yararlanmak (-den) ❷ **jdn ~** birini istismar etmek

aus|packen **I.** *vt* ❶ (*Koffer*) boşaltmak ❷ (*Geschenk*) çıkarmak ❸ (*Waren, Paket*) açmak **II.** *vi* (*fam: Neuigkeiten*) laf çıkarmak; (*fam: sein Herz ausschütten*) içini

A

dökmek, derdini anlatmak
aus|peitschen *vt* kırbaçlamak, kamçılamak
aus|pfeifen *irr vt* ıslıklamak
aus|plaudern *vt* ağzından kaçırmak
aus|plündern *vt* ❶ (*Dorf, Laden*) yağma etmek ❷ (*fam: Kühlschrank*) silip süpürmek; **jdn ~** (*fam*) birini soymak
aus|posaunen* *vt* (*fig*) davul çalmak (için), davul dümbelek çalarak dünyaya ilan etmek
aus|pressen *vt* ❶ (*Saft*) basınçla çıkarıp akıtmak; (*Frucht*) sıkmak ❷ (*fig: ausbeuten*) sömürmek
aus|probieren* *vt* denemek
Auspuff <-(e)s, -e> ['aʊspʊf] *m* AUTO egzoz **Auspuffanlage** *f* TECH egzoz sistemi, egzoz düzeni **Auspuffgase** *pl* egzoz gazları **Auspuffkrümmer** *m* AUTO egzoz manifoltu **Auspuffrohr** <-(e)s, -e> *nt* AUTO egzoz borusu **Auspufftopf** *m* AUTO susturucu
aus|pumpen *vt* ❶ (*Wasser*) tulumba ile boşaltmak; (*leeren*) boşaltmak; **den Magen ~** (*fam*) mideyi yıkamak; **völlig ausgepumpt sein** (*fig fam*) canı çıkmak ❷ (*fam: ausleihen*) ödünç almak
aus|pusten *vt* üfleyerek söndürmek
Ausputzer *m* SPORT (*Fußball*) son adam
aus|quartieren* ['aʊskvarti:rən] *vt* (kaldığı yerden) çıkarmak
aus|quetschen *vt* ❶ (*Frucht*) (suyunu çıkarmak için) sıkmak ❷ (*fam: ausfragen*) (sorular sorarak) sıkıştırmak
aus|radieren* *vt* ❶ (*Geschriebenes*) (silgiyle) silmek ❷ (*dem Erdboden gleichmachen*) yerle bir etmek
aus|rangieren* ['aʊsraŋʒi:rən] *vt* (*fam*) çürüğe çıkarmak, ıskartaya çıkarmak [*o* ayırmak]
aus|rasten *vi sein* ❶ TECH yerinden çıkmak ❷ (*fam: zornig werden*) tepesi atmak, kafasının kontağı atmak
aus|rauben *vt* soymak
aus|räuchern *vt* tütsülemek, tütsüleyerek temizlemek
aus|räumen *vt* ❶ (*Schrank*) boşaltmak; (*Bücher*) çıkarmak; (*Zimmer*) toplamak ❷ (*Missverständnis*) düzeltmek ❸ (*Schwierigkeit*) ortadan kaldırmak ❹ (*Zweifel, Bedenken*) gidermek
aus|rechnen *vt* (*Summe*) hesaplamak
Ausrede <-n> *f* mazeret; (*Vorwand*) bahane; (*Ausflüchte*) kaçamak yollar; **faule ~** sudan mazeret
aus|reden **I.** *vi* (*zu Ende reden*) sözünü bitirmek; **jdm ~ lassen** birinin sözünü kesmemek; **lass mich doch erst ~!** bırak da önce bir sözümü bitireyim! **II.** *vt* (*umstimmen*) **jdm etw ~** birini bir şeyden caydırmak [*o* vazgeçirmek] **III.** *vr* ■ **sich ~** ÖSTERR (*sich aussprechen*) söz söylemek
aus|reichen *vi* yetmek, yetişmek, kâfi gelmek; **das Geld reicht aus** bu para yetişir
ausreichend *adj* ❶ (*genug*) yeterli, yeteri kadar ❷ (*Schulnote*) orta
aus|reifen *vi* olgunlaşmak
Ausreise <-n> *f* yurtdışına çıkma [*o* çıkış] (**aus** -den); **bei der ~** yurtdışına çıkarken
Ausreiseantrag *m* çıkış izni için dilekçe, yurtdışına çıkma dilekçesi **Ausreiseerlaubnis** <-se> *f s.* **Ausreisegenehmigung**
Ausreisegenehmigung *f* çıkış izni, yurtdışına çıkma izni
aus|reisen *vi sein* yurtdışına çıkmak (**aus** -den)
Ausreisevisum *nt* çıkış vizesi
aus|reißen *irr* **I.** *vi sein* ❶ (*einreißen*) yırtılmak; (*Stoff, Naht*) sökülmek ❷ (*fam: weglaufen*) kaçmak **II.** *vt haben* (*entfernen*) koparıp almak, (çekip) koparmak, yırtmak; (*Haare*) yolmak
Ausreißer(in) <-s, -; -nen> *m(f)* (*fam*) kaçak
aus|reiten *irr vi* atla gezmeye çıkmak
aus|renken ['aʊsrɛŋkən] *vt* burkarak yerinden çıkarmak; (*verrenken*) burkmak
aus|richten *vt* ❶ (*fig: bestellen*) söylemek; (*übermitteln*) iletmek; **jdm etw ~** birine bir şey söylemek [*o* iletmek]; **soll ich ihr etwas ~?** ona bir şey söyleyeyim mi? ❷ TECH (*gerade richten*) hizalamak, çırpıya getirmek; (*einstellen*) ayarlamak (**auf** -e) ❸ (*fig: erreichen*) elde etmek; (*durchsetzen*) söz geçirmek; **ich konnte bei ihm nichts ~** ondan bir şey elde edemedim, ona söz geçiremedim ❹ (*veranstalten*) düzenlemek, yapmak ❺ (*orientieren*) yöneltmek
Ausrichtung *f kein pl* ❶ (*sich einstellen*) ayarlanma (**auf** -e göre) ❷ TECH hiza(lama) ❸ (*Veranstalten*) düzenleme ❹ POL (*Orientierung*) yönelme
Ausritt <-(e)s, -e> *m* atla gezmeye çıkma
aus|rollen **I.** *vt haben* ❶ (*Teppich*) açmak ❷ (*Teig*) (oklava ile) açmak **II.** *vi sein* AERO, AUTO teker üzerinde duruncaya kadar yuvarlanmak [*o* ilerlemek]
aus|rotten ['aʊsrɔtən] *vt* ❶ (*Tiere, Volk*) neslini tüketmek (-in), kökünü kurutmak [*o* kazımak] ❷ (*Unsitte*) yok etmek
Ausrottung <-en> *f* ❶ (*Tiere*) neslini tüketme; (*Volk*) soy kırımı ❷ (*Unsitte*) yok etme
aus|rücken **I.** *vi sein* ❶ harekete geçmek,

A

yola çıkmak ② (*fam: ausreißen*) kaçmak; (*heimlich*) sıvışmak **II.** *vt haben* TYPO başa almak; TECH avaraya almak

Ausruf <-(e)s, -e> *m* haykırma; (*Bekanntmachung*) duyurma

aus|rufen *irr vt* ① (*rufend nennen*) adını okumak (-in), yüksek sesle bildirmek (-in); (*Abflug, Abfahrt*) duyurmak ② (*Streik*) ilan etmek ③ (*Notstand, Republik*) ilan etmek; **die Republik wurde ausgerufen** cumhuriyet ilan edildi

Ausrufezeichen *nt* LING ünlem işareti

aus|ruhen *vi, vr* ■ **sich** ~ dinlenmek (**von** -den sonra)

aus|rüsten *vt* ① (*Person*) donatmak (**mit** ile) ② (*Schiff, Expedition*) donatmak (**mit** ile), teçhiz etmek (**mit** ile)

Ausrüstung <-en> *f* (*das Ausrüsten*) donatma, donatım; (*die Gegenstände dazu*) donatı, teçhizat; **medizinische** ~ sağlık malzemesi

aus|rutschen *vi sein* ayağı kaymak

Ausrutscher <-s, -> *m* (*fam: Fauxpas*) pot, gaf; (*taktloses Benehmen*) patavatsızlık

Aussaat <-en> *f* ① (*das Säen*) ekim, ekme ② (*die Saat*) tohum

aus|säen *vt* ekmek

Aussage <-n> ['aʊsza:gə] *f* ① JUR ifade; (*Zeugen~*) tanıklık; **eine ~ machen** ifade vermek; **die ~ verweigern** ifade vermekten çekinmek ② anlatım, ifade; LIT tema; **die ~ des Romans** romanın teması ③ PHILOS (*Logik*) önerme **aussagekräftig** *adj* anlatımlı

aus|sagen **I.** *vi* JUR ifade vermek; **gegen jdn ~** birinin aleyhinde tanıklık etmek **II.** *vt* (*ausdrücken*) ifade etmek, anlatmak

Aussatz <-es> *m kein pl* MED cüzam

Aussätzige(r) <-n, -n; -n> ['aʊszɛtsɪgɐ] *f(m)* MED cüzamlı; (*fig*) miskin

aus|saufen *vt* içip bitirmek

aus|saugen *vt* ① (*Frucht, Wunde*) sonuna kadar emmek, sömürmek, dudaklarını yapıştırarak soluğu ile çekip içmek ② (*fig: Kolonie*) sömürmek

Ausschabung *f* MED kazıma; (*der Gebärmutter*) kürtaj

aus|schachten *vt* kazmak, kazarak açmak

aus|schalten *vt* ① ELEK (*Motor, Licht*) kapamak ② (*fig: Konkurrenz, Gegner*) bertaraf etmek; (*eliminieren*) elemek

Ausschank <-(e)s> *m kein pl* ① (*Lokal*) meyhane ② (*Tätigkeit*) içki satma [*o* satışı]; **heute kein ~** bugün içki satışımız yoktur

Ausschau *f kein pl* **nach jdm/etw** *dat* **~ halten** bir kimsenin/şeyin yolunu gözlemek, bir kimsenin/şeyin gelmesini beklemek

aus|schauen *vi* ① **nach jdm ~** birinin yolunu gözlemek, birinin gelmesini beklemek ② SÜDD, ÖSTERR (*Eindruck erwecken*) izlenim vermek, kanı uyandırmak; (*aussehen*) görünmek, gözükmek

aus|scheiden *irr* **I.** *vi sein* ① (*aus einem Amt, einer Firma*) ayrılmak (**aus** -den), çıkmak (**aus** -den) ② (*aus einem Club*) çıkmak (**aus** -den) ③ SPORT elenmek (**aus** -den) ④ (*Bewerber*) elenmek ⑤ (*Möglichkeit*) söz konusu olmamak **II.** *vt haben* ① MED çıkarmak, dışkılamak ② (*aussondern*) çıkarmak; (*Harn, Schweiß*) dökmek, boşaltmak, dışarıya atmak

Ausscheidung <-en> *f* ① SPORT eleme ② MED dışkılama; (*~sorgan*) boşaltım; **~en** çıkartı, dışkı, kazurat **Ausscheidungskampf** *m* SPORT eleme karşılaşması **Ausscheidungsorgan** *m* boşaltım organı

aus|schenken *vt* ① (*gießen*) dökmek ② (*im Lokal*) satmak

aus|scheren ['aʊsʃe:rən] *vi sein* (yana) kaçmak, yan çizmek

aus|schicken *vt* yollamak

aus|schildern *vt* işaret levhaları koymak

aus|schimpfen *vt* azarlamak

aus|schlachten *vt* ① (*Fahrzeug*) parçalarını kurtarmak, içini dışını sökmek ② (*fig*) içyüzünü göstermek

aus|schlafen *irr* **I.** *vi, vr* ■ **(sich) ~** uykusunu almak **II.** *vt* **seinen Rausch ~** sarhoşluğunu uyuyarak geçirmek

Ausschlag <-(e)s, -schläge> *m* ① MED (*Haut~*) döküntü; (*bei Masern, Scharlach*) indifa ② (*des Zeigers*) oynama; (*des Pendels*) hareket; (*der Magnetnadel*) oynama; **den ~ geben** (*entscheidend sein*) kesin etki yaratmak; (*die Entscheidung herbeiführen*) kararı verdirtmek [*o* aldırtmak]

aus|schlagen *irr* **I.** *vi* ① (*Pferd*) tepmek, çifte atmak ② *haben o sein* (*Bäume*) yeşillenmek ③ *haben o sein* (*Zeiger*) oynamak; (*Kompassnadel*) oynamak **II.** *vt* ① (*Angebot*) reddetmek, geri çevirmek ② (*Zahn*) (vurarak) kırmak ③ (*mit Bezugsstoff*) kaplamak (**mit** -le)

ausschlaggebend *adj* kesin etki yaratan (**für** için); **von ~er Bedeutung sein** son derece önemli olmak

aus|schließen *irr vt* ① (*durch Verschließen der Tür*) kapıyı üstüne kapamak, dışarıda bırakmak ② (*aus einer Gemeinschaft*) çıkarmak (**aus** -den) ③ JUR (*Öffentlichkeit*) yasaklamak; **der Rechtsweg ist ausgeschlossen** yargı yolu kapalıdır ④ (*im Widerspruch stehen*) ters düşmek (-e); **das**

eine schließt das andere nicht aus biri diğerine ters düşmez ❺ (*unmöglich machen*) olanaksız kılmak ❻ (*nicht teilhaben lassen*) dışlamak, yoksun etmek

ausschließlich **I.** *adj* (*alleinig*) tek, münhasır; (*uneingeschränkt*) sınırsız **II.** *adv* (*nur*) yalnız, özellikle, münhasıran **III.** *präp* (*außer*) hariç, dışında sayılmak üzere

aus|schlüpfen *vi sein* (*Küken*) yumurtadan çıkmak

Ausschluss[RR] <-es, -schlüsse> *m*, **Ausschluß**[ALT] <-sses, -schlüsse> *m* çıkarılma (**aus** -den), ihraç (**aus** -den); SPORT çıkarılma; **unter ~ der Öffentlichkeit stattfinden** JUR gizli yapılmak, kamuya kapalı olarak yapılmak

aus|schmücken *vt* süslemek

aus|schneiden *irr vt* ❶ (*Bild*) kesip çıkar(t)mak (**aus** -den) ❷ (*Büsche*) budamak

Ausschnitt <-(e)s, -e> *m* ❶ (*Teil*) kesim, kısım, bölüm, parça; **ein ~ aus einem Buch** kitaptan bir bölüm ❷ (*aus einem Film*) görümsetme ❸ (*bei Kleidung*) dekolte; **einen tiefen ~ haben** dekoltesi açık olmak ❹ (*Zeitungs~*) kesik, kupür

aus|schöpfen *vt* ❶ (*Flüssigkeit*) boşaltmak; (*Wasser aus einem Boot*) suyunu boşaltmak ❷ (*Gefäß*) boşaltmak ❸ (*Möglichkeiten*) kullanıp bitirmek; (*Reserven*) tüketmek

aus|schreiben *irr vt* ❶ (*Wort*) yazmak; (*Zahl*) yazı ile yazmak ❷ (*veröffentlichen*) ilan etmek; (*Bauvorhaben*) ihaleye çıkarmak ❸ (*Rechnung*) yazmak; (*Scheck*) keşide etmek

Ausschreibung <-en> *f* ❶ (*einer offenen Stelle*) ilan; (*eines Bauvorhabens*) ihale ❷ (*Text*) şartname

Ausschreitungen ['aʊsʃraɪtʊŋən] *pl* kargaşalıklar *pl*

Ausschuss[RR1] <-es, Ausschüsse> *m*, **Ausschuß**[ALT] <-sses, Ausschüsse> *m* yarkurul, encümen; (*Komitee*) komite; (*Kommission*) komisyon, kurul; **ständiger ~** daimî encümen; **~ für Angelegenheiten der Europäischen Union** Avrupa Birliği İşleri Komitesi

Ausschuss[RR2] <-es> *m kein pl*, **Ausschuß**[ALT] <-sses> *m kein pl* ❶ (*minderwertige Ware*) ıskarta; (*Abfall*) artık; (*Output*) çıktı ❷ (*Geschossaustrittsöffnung*) namlu ağzı **Ausschussware**[RR] *f* COMM ıskarta mal

aus|schütteln *vt* silkmek

aus|schütten *vt* ❶ (*Flüssigkeit*) dökmek, boşaltmak ❷ (*Gefäß*) boşaltmak; **jdm sein Herz ~** (*fig*) birine içini dökmek; **das Kind mit dem Bade ~** (*fig*) pire için yorgan yakmak ❸ FIN (*Dividende*) dağıtmak

Ausschüttung <-en> *f* FIN dağıtım

ausschweifend ['aʊsʃvaɪfənt] *adj* ❶ (*Leben*) uçarı, sefih ❷ (*Fantasie*) geniş

Ausschweifung <-en> *f* uçarılık

aus|schweigen *irr vr* ■ **sich ~** konuşmaktan kaçınmak (**über** hakkında)

aus|schwenken *vt* ❶ (*Kran*) çevirmek, çark ettirmek; **nach links ~** sola çevirmek [*o* çark ettirmek] ❷ (*Gläser*) çalkalamak; (*Wäsche*) durulamak, sudan geçirmek

aus|sehen *irr vi* ❶ görünmek; **gut ~** (*die Lage*) iyi görünmek; (*angezogenes Kleidungsstück*) iyi duruyor; **es sieht nicht gut aus** (*die Lage*) durum iyi görünmüyor; (*angezogenes Kleidungsstück*) iyi durmuyor; **gut ~d** yakışıklı; **es sieht nach Regen aus** yağmur yağacakmış gibi görünüyor; **wie sieht's aus?** (*fam*) işler nasıl?; **es sieht so aus, als ob ...** öyle görünüyor ki ..., sanki ...miş gibi görünüyor ❷ **~ wie jd** birine benzemek; **er sieht aus wie sein Vater** babasına benziyor; **nach nichts ~** hiçbir şeye benzememek

Aussehen <-s> *nt kein pl* görünüş

aus|sein[ALT] *irr vi s.* **aus II.**

außen ['aʊsən] *adv* dış, dışarı; **von ~** dıştan, dışarıdan; **den Schein nach ~ hin wahren** dış görünüşü korumak; **~ vor sein** dışında kalmak

Außenanstrich *m* dış boya **Außenantenne** *f* dış anten **Außenbezirk** *m* kenar mahalle, varoş

Außenbordmotor *m* dıştan takma motor

aus|senden *irr vt* ❶ (*Expedition, Boten*) yollamak ❷ (*Strahlen*) yaymak; (*Signale*) vermek

Außendienst <-(e)s> *m kein pl* dış hizmet; **im ~ tätig sein** dış hizmette çalışmak **Außendienstmitarbeiter(in)** *m(f)* dış hizmeti kadrosu elemanı **Außenhandel** *m kein pl* COMM dış ticaret **Außenhandelsbilanz** *f* dış ticaret dengesi **Außenminister(in)** *m(f)* POL dış işleri bakanı **Außenministerium** *nt* POL dış işleri bakanlığı **Außenpolitik** *f* POL dış politika **außenpolitisch** *adj* POL dış politika (ile ilgili) **Außenseite** *f* dış yüz **Außenseiter(in)** <-s, -; -nen> *m(f)* (*Eigenbrötler*) münzevi; (*Nichtfachmann*) uzman olmayan (kimse); SPORT favori olmayan (takım) **Außenspiegel** *m* AUTO dış ayna **Außenstände** *pl* WIRTSCH, FIN alacaklar *pl* **Außenstehende(r)** <-n, -n; -n> *f(m)* ilgili olmayan (kimse), işin içinde olmayan (kimse) **Außenstelle** *f* dış şube

A

Außenstürmer(in) *m(f)* SPORT (*Links~*) sol açık; (*Rechts~*) sağ açık **Außentemperatur** *f* dış sıcaklık **Außenwand** *f* dış duvar **Außenwelt** *f kein pl* dış dünya **Außenwinkel** *m* MATH dış açı **Außenwirtschaft** *f kein pl* WIRTSCH dış ekonomi

außer ['aʊsɐ] **I.** *präp* ❶ (*räumlich*) **~ Sicht sein** görünürde olmamak; **~ Haus sein** evde olmamak ❷ (*Zustand*) **~ Betrieb sein** bozuk olmak; **~ Gefahr sein** tehlikeyi atlamış olmak; **~ Dienst sein** emekli olmak; **~ Atem sein** nefes nefese olmak; **~ sich sein vor** -den kendini kaybetmek, ile kendinden geçmek ❸ (*ausgenommen*) dışında, -den başka; **alle ~ mir** benden başka herkes; **ich esse alles ~ Fisch** balıktan başka her şeyi yerim **II.** *präp* (*räumlich*) dışında; **~ Landes** yurt dışında **III.** *konj* **~ wenn** şayet, eğer; **ich komme, ~ wenn es regnet** yağmur yağmazsa [*o* yağmadığı takdirde] gelirim

außerdem ['aʊsɐde:m, --'-] *adv* ayrıca, bundan başka

außerdeutsch *adj* Almanya dışı [*o* dışında bulunan]; (*nicht deutsch*) Alman olmayan

außerdienstlich *adj* hizmet dışı

äußere(r, s) *adj* dış; **der ~ Durchmesser** dış çap; **das ~e Ohr** dış kulak

Äußere(s) <-n> *nt kein pl* dış; (*von Personen*) kılık, eşkâl; **Wert auf sein ~s legen** kılığına önem vermek; **Minister des ~n** dış işleri bakanı

außerehelich ['aʊsɐʔe:əlɪç] *adj* ❶ (*Beziehung*) evlilik dışı ❷ (*Kind*) nesebi sahih olmayan **außereuropäisch** *adj* Avrupa dışı **außergerichtlich** *adj* mahkeme dışı **außergewöhnlich I.** *adj* alışılmamış, olağan dışı, olağanüstü, fevkalâde; **eine ~e Leistung** olağanüstü bir başarı **II.** *adv* aşırı; **~ heiß** aşırı sıcak

außerhalb I. *präp* dışında; **~ der Stadt** kentin [*o* şehrin] dışında; **~ der Geschäftszeiten** iş saatleri dışında; **~ der Legalität** yasa [*o* kanun] dışı **II.** *adv* **~ wohnen** (*fam: auswärts wohnen*) dışarlıkta [*o* taşrada] oturmak

außerirdisch *adj* uzaylı **außerkirchlich** *adj* kilise dışı

äußerlich ['ɔɪsɐlɪç] *adj* ❶ (*außen*) dış(tan); **rein ~ betrachtet** dıştan bakıldığında ❷ (*oberflächlich*) yüzeysel ❸ (*scheinbar*) görünür

Äußerlichkeit <-en> *f* (*Formalität*) formalite; (*Oberflächlichkeit*) yüzeysellik

äußern ['ɔɪsɐn] **I.** *vt* ❶ (*sagen*) söylemek; **seine Meinung ~** fikrini söylemek; **seine Wünsche ~** neler istediğini söylemek ❷ (*offen zeigen*) göstermek, belirtmek, izhar etmek **II.** *vr* ■ **sich ~** ❶ (*seine Meinung sagen*) fikrini söylemek; **ich will mich nicht dazu ~** onun üzerine fikrimi söylemek istemiyorum ❷ (*sich zeigen*) kendini göstermek

außerordentlich I. *adj* olağanüstü; (*ungewöhnlich*) olağan dışı, alışılmadık; **A~es leisten** olağanüstü şeyler başarmak **II.** *adv* (*sehr*) pek; **etw ~ schätzen** bir şeyi pek beğenmek

außerorts *adv* SCHWEIZ, ÖSTERR dışarı; **von ~ kommen** dışarıdan gelmek

außerparlamentarisch *adj* POL parlamento dışı; **~e Opposition** parlamento dışı muhalefet

außerplanmäßig *adj* plan dışı, bütçe dışı

außerschulisch *adj* ders programı dışındaki, program dışı

äußerst ['ɔɪsɐst] *adv* pek; (*im höchsten Grade*) son derece

außerstande [aʊsɐ'ʃtandə] *adv* **~ sein, etw zu tun** bir şeyi yapacak durumda olmamak

äußerste(r, s) ['ɔɪsɐstə, -tɐ, -təs] *adj* ❶ (*weit entfernt*) en uzak(taki); (*Schicht*) en dış(taki) ❷ (*fig: der, die, das letzte*) en son; **am ~n Ende** en uçta(ki); **am ~n Ende der Stadt** kentin en ucunda; **im ~n Falle** en kötü durumda [*o* şartlar altında] ❸ (*im höchsten Grade*) son derece; **mit ~er Konzentration** son derece konsantre olarak, dikkatini son derece toplayarak; **mit ~r Kraft** son [*o* olanca] kuvvetiyle ❹ (*Termin, Preis*) en son **Äußerste** *nt* **sein ~s tun** elinden geleni yapmak; **bis zum ~n gehen** son raddeye vardırmak, her şeyi göze almak; **etw (nicht) bis zum ~n kommen lassen** son raddeye gelmesini bekle(me)mek

äußerstenfalls ['ɔɪsɐstən'fals] *adv* en fazla; (*im äußersten Fall*) en kötü durumda [*o* şartlar altında]

außertariflich *adj* WIRTSCH **~ bezahlt werden** toplu sözleşme dışı ücret almak

Äußerung <-en> ['ɔɪsərʊŋ] *f* ❶ (*Bemerkung*) söz, laf; (*Stellungnahme*) demeç, açıklama, izhar ❷ (*Ausdruck*) ifade

aus|setzen I. *vi* ❶ (*Atmung, Herz*) durmak; AUTO (*Motor*) teklemek ❷ (*unterbrechen*) ara vermek; **zwei Runden ~** iki el ara vermek; **ohne auszusetzen** ara vermeden **II.** *vt* ❶ (*Tier, Kind*) terk etmek ❷ JUR (*Verhandlung*) geriye bırakmak, ertelemek, talik etmek; **die Strafe wurde zur Bewährung ausgesetzt** ceza tecil edildi ❸ (*bemängeln*) kusur bulmak (-e); **was hast du daran auszusetzen?** onun nesi hoşuna gitmedi?, onun nesini beğenmedin? ❹ (*Belohnung, Preis*) ortaya koymak, vadetmek ❺ (*preisgeben*) **jdn etw** *dat* **~** birini bir şeye maruz bırakmak ❻ NAUT **ein Boot ~** bir kayığı suya indirmek

Aussetzer <-s> *m* AUTO tekleme; **einen ~ haben** (*fig*) kafası [*o* aklı] durmak

Aussicht <-en> *f* ❶ (*Ausblick*) görünüş (**auf** -), manzara (**auf** -); **jdm die ~ nehmen** birinin önünü [*o* önüne geçip manzarayı] kapamak ❷ (*fig: wahrscheinliche Zukunft*) ihtimal; (*begründete Hoffnung*) umut; **die ~, dass etw geschieht** bir şeyin olması ihtimali; **jdm etw in ~ stellen** biri için bir şeye ihtimal vermek; **etw in ~ haben** bir şeyi(n yakında gerçekleşeceğini) ummak [*o* beklemek]; **gute ~en haben** olma ihtimali büyük olmak; **das sind ja** (**feine**) **~en!** (*ironisch*) bekle yârin köşesini!

aussichtslos *adj* umutsuz, ümitsiz

Aussichtslosigkeit *f kein pl* umutsuzluk, ümitsizlik **aussichtsreich** *adj* ümit verici, olma ihtimali kuvvetli **Aussichtsturm** <-(e)s, -türme> *m* gözetleme kulesi

aus|sieben *vt* elekten geçirmek

aus|siedeln *vt* göç ettirmek, tehcir etmek

Aussiedler(in) <-s, -; -nen> *m(f)* göçmen, muhacir

Aussiedlung *f* göç ettirme, tehcir

aus|sitzen *irr vt* sonuna kadar oturmak

aus|söhnen ['auszø:nən] **I.** *vt* **jdn mit jdm ~** bir kimseyi diğer bir kimse ile barıştırmak **II.** *vr* ■ **sich ~** barışmak (**mit** ile)

Aussöhnung <-en> *f* barışma

aus|sondern *vt* ayıklamak, ayırmak, seçmek

aus|sortieren* *vt* elemek, seçip almak [*o* çıkarmak]

aus|spähen *vt* casusluk amacıyla elde etmek

aus|spannen **I.** *vi* (*sich erholen*) dinlenmek, başını dinlemek **II.** *vt* ❶ (*Wäscheleine, Netz*) germek; (*Tuch*) sermek ❷ (*Pferde*) koşumunu çıkarmak (-in) ❸ (*fam*) **jdm den Freund/die Freundin ~** birinin dostunu/kız arkadaşını ayartmak [*o* baştan çıkarmak]

aus|sparen *vt* ❶ (*freilassen*) boş [*o* yer] bırakmak ❷ (*vorläufig auslassen*) sonraya bırakmak

Aussparung *f* (*Lücke*) boşluk

aus|speien *vt* ❶ çıkartmak, kusmak ❷ (*fig: Lava, Feuer*) püskürtmek

aus|sperren **I.** *vt* ❶ (*aus der Wohnung*) kapıyı üstüne kilitlemek (-in, **aus** -) ❷ (*Arbeiter*) lokavt yoluyla işten uzaklaştırmak **II.** *vr* ■ **sich ~** (*aus der Wohnung*) kapıyı üstüne çekerek dışarıda kalmak (**aus** -)

Aussperrung <-en> *f* (*Arbeitskampf*) lokavt

aus|spielen **I.** *vt* ❶ (*Karte*) oynamak, çıkmak; **seinen letzten Trumpf ~** (*fig*) son kozunu oynamak ❷ SPORT (*Gegenspieler*) oyuna getirmek ❸ (*aufwiegeln*) **jdn gegen jdn ~** birine fit vermek [*o* sokmak], bir kimseyle diğer bir kimseyi birbirine düşürmek; **er hat** (**seine Rolle**) **ausgespielt** (*fig: er hat nichts mehr zu sagen*) artık borusu ötmüyor **II.** *vi* (*beim Kartenspiel*) oynamak; **wer spielt aus?** kim oynuyor?

aus|spionieren* *vt* ❶ espiyonlamak; (*aushorchen*) ağzını aramak [*o* yoklamak] (-in) ❷ (*entdecken*) keşfetmek

Aussprache <-n> *f* ❶ (*Artikulation*) telaffuz ❷ (*Akzent*) aksan ❸ (*Unterredung*) görüşme; **eine ~ mit jdm haben** biriyle görüşme yapmak

aus|sprechen *irr* **I.** *vi* (*zu Ende sprechen*) sözünü bitirmek; **lass mich ~!** bırak sözümü bitireyim! **II.** *vt* ❶ (*Wörter, Laute*) telaffuz etmek ❷ (*äußern*) söylemek, dile getirmek; (*Beileid*) dilemek; (*Glückwunsch*) etmek; (*Dank, Verdächtigung*) bildirmek; **sie sprachen der Regierung ihr Vertrauen aus** hükümete güvenoyu verdiler ❸ JUR tefhim etmek; (*Verbot*) koymak ❹ (*einen Satz*) bitirmek **III.** *vr* ■ **sich ~** ❶ (*sein Herz ausschütten*) içini dökmek (**bei** -e); **sich mit jdm über etw ~** biriyle bir şeyi görüşmek ❷ (*befürworten*) taraftar olduğunu söylemek (**für** -e), yana olduğunu söylemek (**für** -den)

Ausspruch <-(e)s, -sprüche> *m* (*Bemerkung*) söz; (*Sinnspruch*) özdeyiş, vecize

aus|spucken *vi, vt* tükürmek

aus|spülen *vt* çalkalamak

aus|staffieren* ['aʊsʃtafi:rən] *vt* (*etw ~*) döşemek (**mit** ile); (*jdn ~*) giydirip kuşatmak (**mit** ile)

Ausstand <-(e)s> *m kein pl* ❶ (*Streik*) grev; **im ~ sein** grevde olmak; **in den ~ treten** greve başlamak ❷ SCHWEIZ (*Ausscheiden*) ayrılış (**aus** -den); **seinen ~ geben** ayrılışını kutlamak

aus|stanzen *vt* (*Loch*) delmek

aus|statten ['aʊsʃtatən] *vt* donatmak (**mit** ile), döşemek (**mit** ile)

Ausstattung <-en> *f* ❶ donatım, donanım ❷ (*Aussteuer*) çeyiz

aus|stechen *irr vt* ❶ (*Auge*) oymak, çıkarmak; (*Rasen*) kazıp sökmek; (*Unkraut*) ayıklamak ❷ (*fig*) **jdn ~** bir kimseyi gölgede bırakmak

aus|stehen *irr* **I.** *vi* (*fehlen*) olmamak; (*nicht bezahlt sein*) ödenmemiş olmak; **die Antwort steht noch aus** cevabı henüz verilmedi; **Geld ~ haben** alacağı olmak **II.** *vt* (*ertragen*) çekmek, katlanmak (-e); **ich kann ihn nicht ~** onu çekemiyorum, ona katlanamıyorum

aus|steigen *irr vi sein* ❶ (*aus einem Fahrzeug*) inmek (**aus** -den) ❷ (*fam: aufhören*) çıkmak (**aus** -den); (*aus der Gesellschaft*) kendi içine çekilmek, inzivaya çekilmek, toplum hayatından kaçıp tek başına yaşamak

Aussteiger(in) *m(f)* münzevi, toplum hayatından kaçıp tek başına yaşayan (kimse)

aus|stellen *vt* ❶ (*Waren, Bilder*) sergilemek ❷ (*Bescheinigung, Zeugnis*) düzenlemek, vermek; (*Rezept*) yazmak; (*Rechnung, Quittung*) kesmek ❸ (*Scheck, Wechsel*) keşide etmek (**über** -lik) ❹ (*Gerät*) kapamak

Aussteller(in) <-s, -; -nen> *m(f)* ❶ (*bei Ausstellungen*) sergici ❷ JUR (*von Urkunden*) düzenleyen (kimse) ❸ COMM (*eines Schecks, Wechsels*) keşideci

Ausstellung <-en> *f* ❶ (*Veranstaltung*) sergi ❷ JUR (*von Schriftstücken*) düzenleme, tanzim ❸ COMM (*von Schecks, Wechseln*) keşide (**über** -)

Ausstellungsgelände *nt* sergi alanı **Ausstellungshalle** *f* sergi salonu, galeri

aus|sterben *irr vi sein* (*Pflanze, Tierart*) nesli tükenmek; (*Sprache*) ölmek; (*Brauch*) tarihe karışmak; **wie ausgestorben** (*Ort*) tenha(ca), ıssız; **die Straßen sind wie ausgestorben** sokaklarda in cin top oynuyor

Aussteuer *f kein pl* çeyiz

Ausstieg <-(e)s, -e> ['aʊsʃtiːk] *m* ❶ (*das Aussteigen*) çıkma, inme ❷ (*Ausgang*) çıkış; (*Tür*) çıkış kapısı

aus|stopfen *vt* içini doldurmak (-in)

Ausstoß <-es, -stöße> *m* ❶ TECH fırlatma, dışarı atma ❷ COMM çıktı

aus|stoßen *irr vt* ❶ (*Atem*) vermek; (*Dampf, Rauchwolken, Abgase*) çıkarmak, dışarı atmak; (*Lava*) püskürmek; (*Speichel*) dışarıya atmak; **ein Auge ~** göz(ünü) çıkarmak; **Schadstoffe ~** çevreye zararlı madde atmak ❷ (*Seufzer*) çekmek; (*Schrei*) atmak; (*Fluch*) okumak ❸ WIRTSCH (*produzieren*) üretmek ❹ (*ausschließen*) atmak (**aus** -den), kovmak (**aus** -den), çıkarmak (**aus** -den)

aus|strahlen *vt* ❶ (*Licht, Wärme*) yaymak; (*Ruhe, Heiterkeit*) vermek ❷ RADIO, TV yayınlamak

Ausstrahlung <-en> *f* ❶ ışınım ❷ RADIO, TV yayın ❸ (*fig: Charisma*) karizma

aus|strecken **I.** *vt* (*Beine*) uzatmak **II.** *vr* ■ **sich ~** uzanmak

aus|streichen *irr vt* ❶ (*Geschriebenes*) karalamak ❷ (*Teig*) yufka açmak

aus|streuen *vt* ❶ serpmek ❷ (*Gerüchte*) (ortalığa) yaymak

aus|strömen **I.** *vi sein* (*Wasser*) dışarı akmak; (*Gas, Dampf*) kaçmak **II.** *vt* (*Duft*) çıkarmak, saçmak; (*Wärme*) vermek

aus|suchen *vt* seçmek, seçip ayırmak, beğenmek; **wir werden eins der Hotels ~** otellerden bir otel beğeneceğiz; **darf ich mir was ~?** istediğimi seçebilir miyim?

aus|tarieren *vt* COMM darasını düşürmek (-in)

Austausch <-(e)s> *m kein pl* değiştir(il)me, değiş tokuş; (*von Informationen*) alıp ver(il)me; (*von Gedanken, Wärme*) alış veriş, teati; **im ~ für etw** bir şeyin yerine, bir şey ile değiştirmek üzere

austauschbar *adj* değiştirilebilir, değiş tokuş edilebilir; (*ersetzbar*) yerine konabilir

aus|tauschen *vt* değiştirmek, değiş tokuş etmek; (*wechselseitig geben*) karşılıklı alıp vermek; (*ersetzen*) ikame etmek, yerine koymak

aus|teilen *vt* dağıtmak (**an** -e, **unter** -in arasında); (*Ohrfeige*) atmak; (*Karten*) dağıtmak **Austeilung** *f* dağıtım

Auster <-, -n> ['aʊstɐ] *f* istiridye **Austernbank** *f* istiridye yatağı

aus|toben *vr* ■ **sich ~** (*Zorn, Wut*) içini dökmek, deşarj olmak; (*Leidenschaften*) kurtlarını dökmek; (*Sturm*) dinmek, yatışmak; (*Kinder*) azmak; **das Gewitter hat sich ausgetobt** fırtına dindi, fırtına hızını aldı

aus|tragen *irr* **I.** *vr* ❶ (*Briefe*) dağıtmak ❷ (*bis zur Geburt behalten*) **ein Kind ~** bir çocuğu karnında dokuz ay taşımak ❸ SPORT (*Kampf*) yapmak **II.** *vr* ■ **sich ~** (*aus einer Liste*) adını silmek

Austragung *f* SPORT **~ der Meisterschaft** şampiyonanın yapılması **Austragungsort** *m* SPORT karşılaşma yeri

Australien <-s> [aʊs'traːliən] *nt* Avustralya

Australier(in) <-s, -; -, -nen> *m(f)* Avustralyalı **australisch** *adj* Avustralyalı, Avustralya (ile ilgili); **eine ~e Frau** Avustralyalı bir kadın; **die ~e Regierung** Avustralya hükümeti

aus|träumen *vt* (*fig*) sevdadan vazgeçmek

aus|treiben *irr* **I.** *vt* ❶ (*Vieh*) sürmek ❷ (*Teufel*) kovmak ❸ (*Blüten*) vermek ❹ (*abgewöhnen*) **jdm etw ~** birini bir şeyden vazgeçirmek **II.** *vi* (*Pflanze*) filizlenmek, filiz vermek

Austreibung <-en> *f* ❶ (*von Menschen*) sürme ❷ (*vom Teufel*) kovma

aus|treten *irr* **I.** *vi sein* ❶ (*Gas*) kaçmak (**aus** -den); (*Flüssigkeit*) sızmak (**aus** -den); (*Blut*) akmak (**aus** -den) ❷ (*aus der Kirche, Partei*) ayrılmak (**aus** -den); (*aus einem Verein*) çıkmak (**aus** -den) ❸ (*fam: zur Toilette gehen*) tuvalete gitmek, abdest bozmak, hacet görmek, ayak yoluna gitmek ❹ (*ausschlagen*) çifte atmak **II.** *vt* ❶ (*Treppenstufen*) basa basa eskitmek, basa basa aşındırmak; (*Schuhe*) giye giye bollaştırmak ❷ (*Feuer, Zigarette*) üzerine basarak söndürmek

aus|tricksen *vt* (*fam*) üçkâğıda getirmek

aus|trinken *irr vi, vt* içip bitirmek; **etw in einem Schluck ~** bir şeyi bir yudumda içmek

Austritt <-(e)s, -e> *m* ❶ (*aus einer Organisation*) çıkma ❷ (*von Flüssigkeit*) sızma; (*von Gas*) kaçma

aus|trocknen **I.** *vi sein* kurumak, kupkuru kesilmek; (*Bach*) soğulmak; **meine Kehle ist (vor Durst) ganz ausgetrocknet** (susuzluktan) boğazım kurudu **II.** *vt haben* kurutmak, kupkuru etmek

aus|üben *vt* ❶ (*Rechte*) kullanmak; (*Beruf*) icra etmek, yürütmek; (*Amt*) ifa etmek, yerine getirmek ❷ (*Druck*) yapmak (**auf** -e); (*Zwang, Macht*) kullanmak

Ausübung *f kein pl* ❶ (*Beruf*) icra ❷ (*Dienst, Pflicht*) ifa

aus|ufern *vi sein* (*fig*) haddini aşmak

Ausverkauf <-(e)s, -käufe> *m* ❶ COMM ucuzluk; (*wegen Geschäftsaufgabe*) tasfiye satışı; **im ~** ucuzlukta ❷ (*fig: Scheitern*) boşa çıkma; **der ~ seiner Politik ist schon abzusehen** politikasının boşa çıkacağı şimdiden görülüyor

aus|verkaufen *vt* hepsini satmak

ausverkauft *adj* kapalı gişe, bütün biletleri satılmış olan

aus|wachsen *irr* **I.** *vr* ■ **sich zu etw ~** bir şey hâlini almak **II.** *vi sein* **aus den Kleidern ~** giysilerine sığmayacak kadar büyümek [*o* boy atmak]; **das ist ja zum A~!** (*fam*) ne sinir şey!

Auswahl[1] *f kein pl* (*Wahl*) seçme; **die (freie) ~ haben** (serbestçe) seçme olanağı olmak; **zur ~** seçmek için, seçmece; **drei Bücher stehen zur ~** seçmek için üç kitap var; **seine ~ treffen** seçeceğini seçmek

Auswahl[2] <-en> *f* ❶ (*Vielfalt*) çeşitler *pl*, seçmeler *pl*; **eine ~ aus Schillers Werken** Schiller'in eserlerinden seçmeler ❷ SPORT seçme takım

aus|wählen *vt* seçmek (**aus** -den), ayırmak (**unter** arasından)

Auswahlmannschaft *f* SPORT seçme takım **Auswahlverfahren** *nt* seçme yöntemi

aus|walzen *vt* ❶ (*Blech*) haddelemek ❷ (*fig: Thema*) haddeden geçirmek

Auswanderer(in) <-s, -; -nen> *m(f)* göçmen

aus|wandern *vi sein* göç etmek (**aus** -den, **nach** -e)

Auswanderung <-en> *f* göç (etme) (**aus** -den, **nach** -e)

auswärtig ['aʊsvɛrtɪç] *adj* ❶ (*nicht einheimisch*) dış; (*ausländisch*) yabancı ❷ (*das Ausland betreffend*) yurtdışı, dış; **der ~e Dienst** yurtdışı hizmeti; **~e Angelegenheiten** dış işleri, hariciye; **das A~e Amt** dış işleri bakanlığı

auswärts ['aʊsvɛrts] *adv* ❶ (*nach außen*) dışarıya ❷ (*außerhalb des Ortes*) dışarıda; **~ essen** dışarıda yemek yemek; **sie kommt von ~** dışarıdan geliyor; **~ spielen** SPORT deplasmana çıkıp oynamak

Auswärtsspiel *nt* SPORT deplasman maçı

aus|waschen *irr vt* ❶ yıkamak; (*Fleck*) suyla [*o* yıkayarak] çıkarmak; (*aufhellen*) ağartmak ❷ GEO (suyla) aşındırmak

Auswaschung *f* GEO su aşındırması

aus|wechseln *vt* değiştirmek; SPORT yerine getirmek **Auswechselspieler** *m* SPORT yedek oyuncu

Auswechslung *f* değiştirme

Ausweg <-(e)s, -e> *m* çıkar yol (**aus** -den); (*fig*) çare; **einen ~ suchen/wissen/finden** çıkar yol aramak/bilmek/bulmak; **der letzte ~** son çare; **ich weiß keinen ~ mehr** artık başka çare [*o* çıkar yol] bilmiyorum; **sich einen ~ offen halten** açık kapı bırakmak

ausweglos *adj* çıkar yolu olmayan, içinden çıkılmaz; (*fig: verzweifelt*) çaresiz; (*hoffnungslos*) ümitsiz; **sich in einer ~en Lage befinden** içinden çıkılmaz bir durumda bulunmak [*o* olmak], çaresiz bir durumda bulunmak [*o* olmak]

Ausweglosigkeit *f* çaresizlik

aus|weichen *irr vi sein* ❶ **jdm ~** birinden kaçmak, birinden gözlerini kaçırmak; **etw dat ~** (*fig*) bir şeyden kaç(ın)mak; (*Schlag, Geschoss*) bir şeyin önünden kaçmak; **auf etw anderes ~** başka bir şeyi seçmek ❷ (*fig: Ausflüchte machen*) hık mık etmek; **eine ~de Antwort geben** kaçamak bir cevap vermek **ausweichend** *adv* **~ antworten** kaçamak cevap vermek

Ausweichmöglichkeit <-en> *f* (*fig*) seçenek

aus|weinen *vr* ■ **sich ~** iyicene [*o* adamakıllı] bir ağlamak; **sich die Augen ~** yaşlara boğulmak, iki gözü iki çeşme ağlamak; **sich bei jdm ~** birine içini dökmek

Ausweis <-es, -e> ['aʊsvaɪs] *m* kimlik (belgesi), hüviyet (cüzdanı); (*Schüler~*) paso; (*Studenten~*) şebeke; (*Personal~*) kimlik (belgesi), hüviyet (cüzdanı); (*Presse~*) kart

aus|weisen ['aʊsvaɪzən] *irr* **I.** *vt* ❶ (*fortschicken*) sınır dışı etmek (**aus** -den) ❷ (*identifizieren*) kimliğini belirlemek (**als** olarak) **II.** *vr* ■ **sich ~** (*Ausweis zeigen*) kimliğni göstermek **Ausweiskontrolle** *f* kimlik kontrolü **Ausweispapiere** *pl* kimlik belgeleri *pl*

Ausweisung <-en> *f* POL sınır dışı edilme

aus|weiten **I.** *vt* genişletmek, bollaştırmak; (*vergrößern*) büyütmek, artırmak **II.** *vr* ■ **sich ~** ❶ (*weiter werden*) genişlemek, bollaşmak ❷ (*sich auswachsen*) büyümek, artmak

auswendig ['aʊsvɛndɪç] *adv* ezbere; **etw ~ können** bir şeyi ezbere bilmek; **~ lernen** ezberlemek; **das kenne ich schon ~!** bunları (dinleye dinleye) ezberledim artık!, bunların içini dışını biliyorum artık!

aus|werfen *irr vt* ❶ (*Anker, Netz*) atmak ❷ (*geh: Blut, Schleim*) çıkarmak, kusmak ❸ (*produzieren*) çıkarmak ❹ INFORM (*Daten*) çıkarmak

aus|werten *vt* ❶ (*analysieren*) çözümlemek ❷ (*verwerten*) değerlendirmek; (*dem Wert nach bestimmen*) değerini biçmek (-in)

Auswertung <-en> *f* değerlendirme

aus|wickeln *vt* açmak

aus|wirken *vr* ■ **sich ~** etki yapmak (**auf** -e), sonuç vermek (**auf** -e); **sich günstig ~** elverişli [*o* işe yarar] bir biçimde etki yapmak; **sich zu jds Vorteil ~** birinin yararına sonuç vermek

Auswirkung <-en> *f* ❶ (*Wirkung*) etki (**auf** üzerinde) ❷ (*Folge*) sonuç (**auf** üzerinde)

aus|wischen *vt* ❶ (*Staub*) almak ❷ (*Glas, Schrank*) silmek ❸ (*fam*) **jdm eins ~** (*einen bösen Streich spielen*) birine kötü bir oyun oynamak

aus|wringen ['aʊsvrɪŋən] *irr vt* burup sıkmak, burarak suyunu sıkmak

Auswuchs <-es, -wüchse> ['aʊsvu:ks, *pl* 'aʊsvy:ksə] *m* ❶ MED şişkinlik; (*Geschwulst*) ur ❷ *pl* (*Übersteigerung*) taşkınlık

aus|wuchten *vt* AUTO (*Räder*) balans ayarını yapmak (-in); **die Räder ~ lassen** balans ayarı yaptırmak

Auswuchtung *f* AUTO balans ayarı

Auswurf[1] <-(e)s> *m kein pl* (*das Auswerfen*) dışarı atma

Auswurf[2] <-(e)s, -würfe> *m* MED balgam

aus|zahlen **I.** *vt* ödemek, ödeme yapmak; **er bekommt ... ausgezahlt** ona ... ödeniyor [*o* ödeme yapılıyor] **II.** *vr* ■ **sich ~** (zahmete) değmek

aus|zählen *vt* ❶ SPORT (*im Boxkampf*) nakavt saymak ❷ POL (*Stimmen*) saymak

Auszahlung <-en> *f* ödeme (yapma); **zur ~ kommen** ödenmek, ödeme yapılmak

aus|zeichnen **I.** *vt* ❶ (*kennzeichnen, a. Waren*) etiketlemek, yaftalamak ❷ (*hervorheben*) belirtmek, vurgulamak ❸ (*ehren*) ödüllendirmek; **jdn mit einem Preis ~** birine ödül vermek **II.** *vr* ■ **sich ~** kendini göstermek (**durch** -erek)

Auszeichnung <-en> *f* ❶ (*das Auszeichnen*) etiketleme, yaftalama ❷ (*Ehrung*) ödüllendirme; SCHULE iftihar; **eine Prüfung mit ~ bestehen** sınavdan iftiharla geçmek ❸ MIL (*Orden*) nişan

Auszeit *f* SPORT (*Basketball, Volleyball*) mola, ara

ausziehbar *adj* açılır

aus|ziehen *irr* **I.** *vt haben* ❶ (*Schublade*) (çekerek) açmak; (*verlängern*) (çekerek) uzatmak; (*Zahn, Nagel*) çekmek, çekerek çıkarmak ❷ (*Kleider*) çıkarmak; **jdm die Jacke ~** birinin ceketini çıkarmak ❸ (*fig*) soymak; **jdn ~** birini soymak **II.** *vr haben* (*Kleider*) soyunmak; (*in Bar*) striptiz yapmak **III.** *vi sein* taşınmak; (*aus einem Haus*) (evden) çıkmak [*o* taşınmak]

Ausziehtisch *m* açılır masa

Auszubildende(r) <-n, -n; -n> ['aʊstsubɪldəndɐ] *f(m)* çırak

Auszug <-(e)s, -züge> *m* ❶ (*aus der Wohnung*) çıkma (**aus** -den), taşınma (**aus** -den) ❷ (*Weggang*) **der ~ aus Ägypten** Mısır'dan göç ❸ CHEM (*Extrakt*) ekstre, öz, hülasa ❹ (*eines Werkes*) özet ❺ JUR (*eines Schriftstückes*) suret ❻ COMM (*Konto~*) ekstre, hesap özeti [*o* dökümü]

auszugsweise *adv* suret olarak; (*zusammengefasst*) özet olarak

autark [aʊ'tark] *adj* otarşik

Autarkie <-n> *f* otarsi

authentisch [aʊ'tɛntɪʃ] *adj* otantik, gerçeğe ve aslına dayanan

Authentizität [aʊtɛntitsi'tɛ:t] *f kein pl* gerçeklik

Autismus *m* MED, PSYCH otizm, içe yöneliklik **Autist(in)** *m(f)* otist **autistisch** *adj* otistik, içe yönelik

Auto <-s, -s> ['aʊto] *nt* oto(mobil); (*fam:*

Wagen) araba; ~ **fahren** oto(mobil) sürmek [*o* kullanmak]; **mit dem ~ fahren** oto(mobil) ile gitmek **Autoabgase** *pl* egzoz gazları *pl* **Autoatlas** <-, -atlanten *o* -se> *m* yol haritası

Autobahn *f* otoyol; (*deutsche* ~) otoban; **gebührenpflichtige** ~ paralı otoyol [*o* otoban] **Autobahnauffahrt** *f* otoyol girişi **Autobahnausfahrt** *f* otoyol çıkışı **Autobahnbenutzungsgebühr** *f* otoyol ücreti **Autobahndreieck** *nt* otoyol üçgeni **Autobahneinfahrt** *f* otoyol girişi **Autobahngebühr** *f* otoban [*o* otoyol] ücreti **Autobahnkreuzung** *f* otoban kavşağı **Autobahnpolizei** *f* otoban polisi **Autobahnraststätte** *f* otobandaki [*o* otoyoldaki] dinlenme tesisi **Autobahnzubringer** *m* bağlantı yolu

Autobiografie[RR] <-n> [aʊtobiogra'fi:] *f* otobiyografi, öz yaşam öyküsü

autobiografisch[RR] *adj* otobiyografik

Autobiographie <-n> *f s.* **Autobiografie**

autobiographisch *adj s.* **autobiografisch**

Autobombe *f* (*sl*) araba bombası, otoya konan bomba **Autobus** ['aʊtobʊs] *m* otobüs **Autocar** <-s, -s> ['aʊtoka:ɐ] *m* SCHWEIZ otokar

Autodidakt(in) <-en, -en; -nen> [aʊtodi'dakt] *m(f)* otodidakt (kimse), öz öğrenimli (kimse)

autodidaktisch *adj* otodidakt, öz öğrenimli

Autodieb(in) *m(f)* oto(mobil) hırsızı **Autoerotik** *f kein pl* PSYCH otoerotizm, özün erosluk **Autofähre** *f* NAUT araba vapuru, arabalı vapur **Autofahrer(in)** *m(f)* oto sürücüsü, otomobil şoförü **Autofahrt** *f* otomobille gitme, otomobil yolculuğu **Autofriedhof** *m* (*fam*) araba mezarlığı

autogen [aʊto'ge:n] *adj* ❶ TECH ~**es Schweißen** gaz kaynağı ❷ MED ~**es Training** kendi kendine stresi giderme idmanı

Autogramm <-s, -e> [aʊto'gram] *nt* otograf **Autogrammjäger(in)** *m(f)* otograf avcısı

Autokarte *f* yol haritası **Autokino** *nt* sinemalı otopark **Autokolonne** *f* otomobil katarı

Autokrat(in) <-en, -en; -nen> [aʊto'kra:t] *m(f)* otokrat

Autokratie <-n> [aʊtokra'ti:] *f* otokrasi

autokratisch *adj* otokrat **Automarke** *f* otomobil markası

Automat <-en, -en> [aʊto'ma:t] *m* otomat; (*Getränke~, Tabak~*) otomat; (*Geld~*) paramatik **Automatenrestaurant** *nt* otomat servisli restoran **Automatentheorie** *f kein pl* MATH otomatlar kuramı **Automatenverkauf** *m* otomat servisli satış

Automatik <-en> [aʊto'ma:tɪk] *f* ❶ AUTO (~*getriebe*) otomatik şanjman [*o* vites kutusu] ❷ TECH (*System*) otomat; **ein Fotoapparat mit ~** otomatik fotoğraf makinesi **Automatikgurt** *m* AUTO otomatik kemer **Automatikschaltung** *f* AUTO otomatik vites **Automatikwagen** *m* AUTO otomatik vitesli araba

Automation *f* otomasyon

automatisch **I.** *adj* otomatik **II.** *adv* otomatikman, otomatik olarak

automatisieren* *vt* (*automatisch machen*) otomatik olarak yapmak, otomatikleştirmek; (*mit Automaten ausstatten*) otomatlarla donatmak

Automatisierung <-en> *f* otomasyon, otomatikleşme

Automatismus <-, -men> *m* otomatizm

Automobil <-s, -e> [aʊtomo'bi:l] *nt* otomobil **Automobilausstellung** *f* otomobil fuarı **Automobilbau** *m* otomobil yapımı, otomotiv sanayii **Automobilbranche** *f* otomotiv sektörü **Automobilindustrie** *f* otomotiv

autonom [aʊto'no:m] *adj* otonom, özerk

Autonome(r) <-n, -n; -n> *f(m)* POL bağımsız

Autonomie [aʊtono'mi:] *f kein pl* otonomi, özerklik **Autonomieverhandlungen** *pl* POL otonomi görüşmeleri *pl*

Autonummer <-n> *f* plaka numarası

Autopilot <-en, -en> *m* TECH oto(matik) pilot

Autopolitur *f* otomobil cilası

Autopsie <-n> [aʊtɔ'psi:] *f* MED otopsi

Autor(in) <-s, -en; -nen> ['aʊto:ɐ] *m(f)* yazar

Autoradio *nt* otomobil radyosu **Autoreifen** *m* otomobil lastiği **Autoreisezug** *m* araba treni, arabalı tren

Autorenlesung *f* yazar tarafından okuma **Autorennen** *nt* otomobil yarışı **Autoreparatur** *f* oto(mobil) tamiri **Autoreparaturwerkstatt** *f* oto tamirhanesi

autorisieren* *vt* yetkilendirmek (**zu** -e)

autoritär [aʊtori'tɛ:ɐ] *adj* otoriter, yetkeli

Autorität <-en> *f* otorite, yetke

Autoschalter *m* (*in Bank*) oto servisli bankamatik

Autoschlange *f* otomobil kuyruğu **Autoschlosser(in)** *m(f)* oto tamircisi **Autosport** *m* otomobil sporu **Autostopp** *m kein pl* otostop; **per ~ fahren** otostopla gitmek

A

Autosuggestion [aʊtozʊgɛs'tjo:n] *f kein pl* PSYCH kendi kendini telkin
Autotelefon *nt* otomobil telefonu **Autounfall** *m* otomobil kazası **Autoverkehr** *m* araba trafiği **Autoverleih** *m* oto kiralama **Autovermietung** *f* oto kiralama **Autowerkstatt** *f* oto tamirhanesi **Autozubehör** *nt* oto aksesuarı
autsch [aʊtʃ] *interj* ah
avancieren* [avɑ̃'si:rən] *vi sein* yükselmek (**zu** -e)
Avantgarde <-n> [avɑ̃'gardə] *f* avangart
avantgardistisch [avɑ̃gar'dɪstɪʃ] *adj* avangart
Aversion <-en> [avɛr'zjo:n] *f* nefret (**gegen** -den), antipati (**gegen** -e (karşı)); **~en hegen** nefret duymak
Aviatik *f kein pl* (*Flugwesen*) havacılık
avisieren *vt* bildirmek, haber vermek
Avocado <-s> [avo'ka:do] *f* BOT avokado
Axiom <-s, -e> [aksi'o:m] *nt* aksiyom, belit
Axt <Äxte> [akst, *pl* 'ɛkstə] *f* balta; **die ~ schwingen** baltayı sallamak **Axthelm** *m* balta sapı
Ayran *m* ayran
Azalee <-n> [atsa'le:ə] *f* açalya
Azeton <-s> *nt kein pl* CHEM aseton
Azetylen <-s> *nt* asetilen
Azoren [a'tso:rən] *pl* **die ~** Azor Adaları *pl*
Azteke(in) <-n, -n; -nen> [ats'te:kə] *m(f)* Aztek
Azubi <-s, -s> [a'tsu:bi, 'a(:)tsubi] *m*, **Azubi** <-, -s> [a'tsu:bi, 'a(:)tsubi] *f kurz für* **Auszubildende(r)** çırak
Azubine <-n> *f* (*fam*) kız çırak

Bb

B

B, b <-, -> [beː] *nt* ❶ (*Buchstabe*) B, b; **~ wie Berta** Bolu'nun be'si; **Vitamin ~ haben** (*fig*) torpili olmak ❷ MUS (*Ton*) si bemol ❸ MUS (*Erniedrigungszeichen*) bemol

B *f Abk von* **Bundesstraße** (*in Deutschland*) federal karayolu

Baby <-s, -s> ['beːbi, 'bɛɪbi] *nt* bebek; **ein ~ erwarten** bebek beklemek **Babyausstattung** *f* kırklık **Babynahrung** *f* çocuk maması **Babyschuhe** *pl* patik

babysitten ['beːbisɪtən] *vi* (*fam*) bebeğe [*o* çocuğa] bakmak

Babysitter(in) <-s, -; -nen> *m(f)* bebek [*o* çocuk] bakıcısı **Babytragetasche** *f* portbebe

Bach <-(e)s, Bäche> [bax, *pl* 'bɛçə] *m* dere, çay

Bache <-, -n> *f* dişi yaban domuzu

Bachforelle <-n> *f* ZOOL dere alabalığı

Bachstelze <-n> *f* ZOOL kuyruksallayan

Backblech <-(e)s, -e> *nt* tepsi

Backbone *m* INFORM omurga

Backbord <-(e)s> ['bakbɔrt] *nt kein pl* ❶ NAUT iskele; **das ~ ist die linke Seite eines Schiffes, von hinten gesehen** iskele, arkadan bakıldığında bir geminin sol tarafıdır; **das Ruder nach ~ herumwerfen** alabanda iskele etmek, dümeni sol yana doğru sonuna kadar çevirmek ❷ AERO uçağın sol yanı; *s. a.* **Steuerbord**

backbord(s) *adv* NAUT geminin sol yanında; AERO uçağın sol yanında

Backe <-n> ['bakə] *f* ❶ (*Wange*) yanak; **die ~n aufblasen** avurt şişirmek ❷ (*fam: Hinterbacke*) popo, kıç ❸ TECH (*eines Schraubstocks*) çene ❹ AUTO (*Brems~*) pabuç

backen <backt *o* bäckt, backte, gebacken> ['bakən] **I.** *vi* (*gar werden*) (fırında) pişmek; (*in der Pfanne*) kızarmak **II.** *vt* (*Brot, Kuchen*) (fırında) pişirmek; (*in der Pfanne*) kızartmak

Backenbart *m* favori sakal **Backenknochen** *m* elmacık kemiği **Backentasche** *f* ZOOL avurt kesesi **Backenzahn** *m* azı dişi

Bäcker(in) <-s, -; -nen> ['bɛkɐ] *m(f)* ❶ (*Person*) fırıncı ❷ (*Geschäft*) fırın

Bäckerei <-en> *f* fırın

Bäckermeister(in) *m(f)* fırıncı ustası

Backfisch *m* ❶ GASTR kızartılmış balık, balık kızartması ❷ (*junges Mädchen*) genç kız **Backform** <-en> *f* pasta kalıbı

Backgammon *nt* tavla

Backgroundmusik *f* fon müziği

Backobst *nt kein pl* kuru meyve **Backofen** *m* fırın

Backpfeife *f* DIAL tokat, şamar **Backpflaume** *f* kuru erik

Backpulver *nt kein pl* GASTR kabartma tozu

Backslash <-s, -s> ['bɛkslɛʃ] *m* INFORM geri eğim işareti, tersine taksim işareti

Backstagebereich *m* kulis, arka sahne (alanı)

Backstein *m* tuğla **Backstube** *f* fırın, (fırının) hamur odası

bäckt [bɛkt] *3. präs von* **backen**

Backup *m* INFORM yedekleme

Backwaren *pl* hamur işi *sing*

Bad <-(e)s, Bäder> [baːt, *pl* 'bɛːdɐ] *nt* ❶ (*in der Wanne*) banyo; **ein ~ nehmen** banyo almak; **das Kind mit dem ~e ausschütten** (*fig*) pire için yorgan yakmak ❷ (*Badewasser*) banyo suyu; **sich ein ~ einlassen** banyoya su doldurmak (için musluğu açmak) ❸ (*Badezimmer*) banyo ❹ (*Heil~*) kaplıca, ılıca; (*See~*) plaj; (*Frei~, Hallen~*) yüzme havuzu ❺ (*türkisches ~*) hamam ❻ CHEM banyo

Badeanstalt *f* hamam **Badeanzug** <-(e)s, -züge> *m* mayo, kadın mayosu **Badehose** *f* erkek mayosu, yüzme şortu **Badekappe** *f* bone **Bademantel** *m* bornoz **Badematte** *f* banyo takımı **Bademeister(in)** *m(f)* (*Schwimmbad*) havuz sorumlusu; (*Strand*) plaj sorumlusu

baden ['baːdən] **I.** *vi* ❶ (*schwimmen*) yüzmek ❷ (*ein Bad nehmen*) banyo yapmak [*o* almak]; (*im Meer*) denize [*o* suya] girmek; **~ gehen** yüzmeye gitmek; (*fig*) batmak **II.** *vt* (*waschen*) yıkamak

Baden-Württemberg <-s> ['baːdən-'vʏrtəmbɛrk] *nt* Baden-Württemberg

Badeofen *m* boyler **Badeort** *m* ❶ (*Heilbad*) kaplıca, ılıca ❷ (*Seebad*) plaj **Badeschuhe** *pl* tokyolar *pl;* **hast du deine ~ mit?** tokyoların yanında mı? **Badestrand** *m* plaj **Badetuch** <-(e)s, -tücher> *nt* banyo havlusu **Badewanne** <-n> *f* banyo küveti **Badewasser** <-s> *nt kein pl* banyo suyu **Badezimmer** *nt* banyo

Badminton <-> ['bɛtmɪntən] *nt kein pl* SPORT badminton

baff [baf] *adj* (*fam*) **~ sein** apışıp kalmak, şaşakalmak

Bafög ['baːføːk], **BAföG** <-(s)> *nt Abk*

von **Bundesausbildungsförderungsgesetz** Federal Meslek Eğitim Teşvik Yasası

Bagatelle <-n> [baga'tɛlə] *f* kolay iş

bagatellisieren* *vt* küçümsemek

Bagatellschaden *m* önemsiz zarar; JUR cüzi zarar

Bagdad <-s> ['bakdat] *nt* Bağdat

Bagger <-s, -> ['bagɐ] *m* kazaratar, ekskavatör

Baggersee <-s, -n> *m* gölek

Baguette <-s, -s> [ba'gɛt] *nt* baget, baston francala

Bahamas [ba'ha:mas] *pl* **die ~** Bahama adaları *pl*

Bahn <-en> [ba:n] *f* ❶ (*Weg*) yol; **freie ~ haben** yolu açık olmak; **etw verläuft in gewohnten ~en** bir şey yolunda gidiyor; **etw in die richtigen ~en lenken** bir şeyi yoluna koymak; **auf die schiefe ~ geraten** kötü yola düşmek, doğru yoldan ayrılmak; **~ frei!** yol ver(in)! ❷ (*Zug*) tren; (*Eisen~*) demir yolu; (*Straßen~*) tramvay; **mit der ~ fahren** trenle gitmek, tramvayla gitmek ❸ (*aus Stoff*) yol ❹ SPORT kulvar; (*Reit~*) parkur; (*Renn~*) pist ❺ ASTRON (*von Planeten*) yörünge ❻ (*einer Rakete*) izlediği yol **Bahnbeamte(r), -beamtin** *m, f* demir yolcu

bahnbrechend *adj* çığır açan, avangart, öncü **Bahnbrecher** *m* öncü

BahnCard *f yüzde elli indirimli demir yolu abonman kartı*

Bahndamm *m* demir yolu seddi

bahnen ['ba:nən] *vt* (*Weg*) yol açmak; **jdm den Weg ~** (*fig*) birine yol açmak; **einer Sache den Weg ~** bir işin yolunu yapmak

Bahnfahrt <-en> *f* tren yolculuğu **Bahngleis** *nt* tran rayı

Bahnhof *m* istasyon; **auf dem ~** istasyonda; **ich verstehe nur ~** (*fam*) hiçbir şey anlamamak **Bahnhofsgaststätte** *f* istasyon lokantası **Bahnhofshalle** *f* istasyon binasındaki hol [*o* yolcu salonu] **Bahnhofsvorsteher(in)** *m(f)* istasyon şefi

bahnlagernd *adj* COMM istasyondan alınmak üzere **Bahnlinie** *f* demir yolu hattı **Bahnpolizei** *f kein pl* demir yolu zabıtası **Bahnschranke** <-n> *f* hemzemin geçit bariyeri **Bahnschwelle** <-n> *f* travers **Bahnsteig** <-(e)s, -e> ['ba:nʃtaɪk] *m* peron **Bahntransport** *m* demir yolu ile taşıma **Bahnübergang** *m* demir yolu geçidi, hemzemin geçit **Bahnunterführung** *f* demir yolu alt geçidi **Bahnverbindung** *f* tren bağlantısı **Bahnverkehr** *m kein pl* demir yolu ulaşımı **Bahnwärter(in)** *m(f)* hat bekçisi, demir yolu bekçisi **Bahnwärterhäuschen** *nt* hat [*o* demir yolu] bekçi(si) külübesi

Bahrain <-s> *nt* Bahreyn

Bahrainer(in) *m(f)* Bahreynli

bahrainisch *adj* ASTRON Bahreyn (ile ilgili), Bahreynli

Bahre <-n> ['ba:rə] *f* ❶ (*Trage*) teskere, sedye ❷ (*für Tote*) katafalk

Bai <-en> [baɪ] *f* koy, küçük körfez

Baiser <-s, -s> [bɛ'ze:] *nt* GASTR beze

Baisse <-n> ['bɛ:s(ə)] *f* FIN fiyat düşüklüğü [*o* düşmesi]; **auf ~ spekulieren** fiyat düşüklüğü beklentisiyle vurgunculuk etmek

Bajonett <-(e)s, -e> [bajo'nɛt] *nt* süngü, kasatura

Bake <-n> *f* ❶ (*Verkehrs~*) uyarı levhası ❷ NAUT şamandıra

Bakelit <-s> *nt kein pl* CHEM bakalit

Bakterie <-n> [bak'te:riə] *f* BIOL, MED bakteri

bakteriell *adj* BIOL, MED bakteriyel

Bakterienkultur <-en> *f* BIOL, MED bakteri kültürü

Bakteriologe(in) <-n, -n; -nen> [bakterio'lo:gə] *m(f)* bakteriyolog

Bakteriologie *f kein pl* bakteriyoloji **bakteriologisch** *adj* bakteriolojik

bakterizid *adj* bakterisit

Balalaika *f* balalayka

Balance <-n> [ba'lã:s(ə)] *f* denge, muvazene; **die ~ behalten** (kendini) dengede tutmak **Balanceakt** *m* cambazlık

balancieren* **I.** *vi sein* denge kurmak, (kendini) dengede tutmak; (*ausgeglichen sein*) dengede olmak; **über etw ~** bir şeyin üzerinden dengesi bozulmadan geçmek **II.** *vt* (*im Gleichgewicht halten*) dengede tutmak

bald <eher, am ehesten> [balt] *adv* ❶ (*in Kürze*) yakında; **möglichst ~, so ~ wie möglich** olabildiğince çabuk, bir an önce, mümkün olduğu kadar kısa zamanda; **~ darauf** kısa bir zaman sonra, çok geçmeden, biraz sonra; **bis ~!** yakında görüşmek üzere!; **er wird ~ kommen** yakında gelecek; **wird's ~?!** (*fam*) daha sürecek mi? — haydi artık! ❷ (*fam: beinahe*) neredeyse, az kaldı, az kalsın; **ich wäre ~ hingefallen** neredeyse [*o* az kalsın] düşecektim ❸ (*einmal*) **~ regnete es, ~ schien die Sonne** bir yağmur yağdı, bir güneş açtı

Baldachin <-s, -e> ['baldaxi:n] *m* ❶ (*Schutzdach*) sayvan; (*Betthimmel*) (karyola) sayvan(ı) ❷ (*bei Prozessionen*) sayvan

baldig ['baldɪç] *adj* çabuk, tez **baldigst** ['baldɪkst] *adv*, **baldmöglichst** *adv* bir an önce, olabildiği kadar tez, olabildiğince çabuk; COMM ilk fırsatta, size uygun en yakın zamanda

Baldrian <-s> ['baldria:n] *m kein pl* BOT kedi otu

Balearen [bale'a:rən] *pl* GEO **die ~** Balear Adaları

Balg[1] <-(e)s, Bälge> [balk, *pl* 'bɛlgə] *m* ❶ (*Fell*) post; (*bei Schaf, Ziege*) pösteki ❷ (*Blase~*) *a.* FOTO körük

Balg[2] <-(e)s, Bälger> [balk, *pl* 'bɛlgɐ] *m o nt* (*pej fam: Kind*) yumurcak, piç kurusu

balgen ['balgən] *vr* ■ **sich ~** dalaşmak; (*Kinder*) itişip kakışmak; **die Hunde balgten sich** köpekler dalaştı

Balgerei <-en> *f* dalaş

Balkan <-s> ['balka:n] *m* GEO **der ~** Balkanlar *pl;* **auf dem ~** Balkanlarda **Balkanländer** *pl* GEO Balkan ülkeleri *pl*

Balken <-s, -> ['balkən] *m* ❶ (*vierkantig gesägtes Bauholz*) mertek; (*Holz~*) (ahşap) kiriş, kalas; **lügen, dass sich die ~ biegen** (*fam*) bir ayak üstünde bin yalan söylemek, bir ayak üstünde kırk yalanın belini bükmek ❷ (*Stütz~*) payanda ❸ SPORT (*Schwebe~*) kalas ❹ TYPO (*dicker Strich*) kalın çizgi **Balkendecke** *f* ahşap kirişli tavan **Balkenkode** *f* çizgi kodu **Balkenkonstruktion** *f* ahşap iskeletli yapı **Balkenwaage** *f* (kollu) terazi **Balkenwerk** *nt* ARCH saçaklık

Balkon <-s, -e *o* -s> [bal'kɔŋ, bal'ko:n] *m* ❶ ARCH balkon ❷ THEAT balkon **Balkontür** *f* balkon kapısı

Ball <-(e)s, Bälle> [bal, *pl* 'bɛlə] *m* ❶ SPORT top; **~ spielen** top oynamak; **am ~ bleiben** SPORT topu tutmak; (*fam*) peşini [*o* ipin ucunu] bırakmamak ❷ (*Tanzveranstaltung*) balo

Ballade <-n> [ba'la:də] *f a.* LIT balat

Ballast <-(e)s, -e> ['balast, -'-] *m* ❶ AERO, NAUT safra; **~ abwerfen** safra atmak ❷ (*fig*) yük, ağırlık **Ballaststoffe** [-'---] *pl* MED kaba madde *sing*

ballen ['balən] **I.** *vt* (*Faust*) sıkmak; **die Faust ~** yumruğunu sıkmak **II.** *vr* ■ **sich ~** ❶ (*Menschenmenge*) toplaşmak ❷ (*Wolken*) kümeleşmek ❸ (*Verkehr*) sıkışmak

Ballen <-s, -> *m* ❶ (*Stoff~*) top, balya, denk; **in ~ verpackte Ware** COMM denk yapılmış mal ❷ ANAT küre, yuvarlak

Ballerina <Ballerinen> [balə'ri:na] *f* balerin

ballern ['balɐn] **I.** *vi* (*fam: mehrmals schießen*) üstüste ateş etmek **II.** *vt* (*fam*) **jdm eine ~** birine bir tane patlatmak

Ballett <-(e)s, -e> [ba'lɛt] *nt* bale **Balletttänzer**[RR] *m* balet **Balletttänzerin**[RR] *f* balerin

Ballführung *f kein pl* SPORT top sürme

Ballistik *f kein pl* balistik

ballistisch *adj* balistik

Balljunge <-n, -n> *m* SPORT top toplayıcı, iki buçukluk

Ballkleid *nt* balo elbisesi

Ballon <-s, -s *o* -e> [ba'lɔŋ, ba'lo:n] *m* ❶ AERO balon ❷ (*große, bauchige* (*Korb*)*flasche*) damacana; CHEM (*Glaskolben*) balon ❸ (*fam: Kopf*) kafa

Ballsaal *m* balo salonu

Ballspiel *nt* top oyunu

Ballung <-en> ['balʊŋ] *f* yoğunlaşma **Ballungsgebiet** *nt* yoğun nüfuslu bölge

Ballwechsel *m* SPORT paslaşma

Balsam <-s> ['balza:m] *m kein pl* ❶ (*Ölmischung*) balsam; (*arabischer*) pelesenk ❷ (*fig: Linderung*) deva, ilaç **Balsamapfel** *m* BOT kudret narı **Balsambaum** *m* BOT pelesenk ağacı

balsamieren* *vt* balsam sürmek; (*einsalben*) merhem sürmek

balsamisch *adj* balsamlı; **~e Dufte** balsamlı kokular

Balsamtanne *f* BOT Kanada köknarı

Balte(in) <-n, -n; -nen> ['baltə] *m(f)* Baltık

Baltikum <-s> ['baltikʊm] *nt* Baltık

baltisch *adj* Baltık; **das ~e Meer** Baltık Denizi

Balustrade <-n> [balʊs'tra:də] *f* parmaklık, korkuluk, tırabzan

balzen ['baltsən] *vi* çiftleşmek

Bambus <-(ses), -se> ['bambʊs] *m* bambu, Hint kamışı **Bambusrohr** <-(e)s, -e> *nt* bambu kamışı **Bambussprossen** *pl* GASTR Hint kamışı filizleri [*o* sürgünleri] *pl*

Bammel <-s> ['baməl] *m kein pl* (*fam*) **~ vor etw haben** bir şeyden korkmak

banal [ba'na:l] *adj* banal

Banalität <-en> [banali'tɛ:t] *f* banallık

Banane <-, -n> [ba'na:nə] *f* BOT muz **Bananenrepublik** *f* (*pej*) muz cumhuriyeti **Bananenschale** *f* muz kabuğu **Bananenstecker** *m* ELEK priz fişi

Banause <-n, -n> [ba'naʊzə] *m* (*pej*) kültürsüz, cahil

band [bant] *3. imp von* **binden**

Band[1] <-s> [bant] *f* (*Musikgruppe*) orkestra; (*in Kennerkreisen*) grup; (*für Jazz*) cazbant

Band[2] <-(e)s, Bände> [bant, *pl* 'bɛndə] *m* (*Buch*) cilt; **dein Gesicht spricht Bände** (*fam*) durum yüzünden okunuyor

Band[3] <-(e)s, Bänder> [bant, *pl* 'bɛndɐ] *nt* ❶ (*Stoff~*) şerit, kurdele; (*Aus-*

B

zeichnung) kordon ❷ (*Fließ~*) bant, montaj hattı; **am ~ arbeiten** bantta çalışmak; **am laufenden ~** (*fam: ohne Unterbrechung*) aralıksız, ara vermeden ❸ TECH (*Ton~*) bant; (*Farb~*) şerit; (*Maß~*) mezura, şerit metre; (*Klebe~*) teyp; (*Magnet~*) bant, şerit; **etw auf ~ aufnehmen** bir şeyi banda almak; **etw auf ~ sprechen** bir şeyi konuşarak banda almak ❹ MED (*am Gelenk*) bağ; ANAT (*Stimm~*) kiriş, tel ❺ (*Frequenzbereich*) dalga kuşağı

Bandage <-n> [ban'da:ʒə] *f* bandaj, sargı

bandagieren* [banda'ʒi:rən] *vt* bandajlamak, sargı ile sarmak

Bandaufnahme *f* kayıt, banda alma

Bandbreite *f* ❶ RADIO dalga kuşağı ❷ (*fig: Vielfalt*) çeşitler *pl*

Bande[1] <-n> ['bandə] *f* SPORT (*am Billardtisch*) bant

Bande[2] <-n> ['bandə] *f* ❶ (*Verbrecher~*) çete; (*Diebes~*) şebeke ❷ (*pej: Gruppe*) güruh, sürü

Banderole <-n> [bandə'ro:lə] *f* bandrol

Bänderriss[RR] ['bɛndɐrɪs] *m* MED bağ kopması [*o* yırtılması]

bändigen ['bɛndɪgən] *vt* ❶ terbiye etmek ❷ (*zum Gehorsam bringen*) itaat ettirmek, söz dinletmek (-e) ❸ (*beruhigen*) sakinleştirmek; (*Wut*) yenmek

Bandit(in) <-en, -en; -nen> [ban'di:t] *m(f)* haydut, eşkıya, şaki

Bandlaufwerk *nt* INFORM bant sürücü

Bandmaß <-es, -e> *nt* şerit metre, mezura **Bandnudel** *f* şerit makarna

Bandsäge *f* şerit testere

Bandscheibe *f* ANAT, MED disk; (*Zwischenwirbelscheibe*) omurlar arası disk, intervertebral disk **Bandscheibenentzündung** *f* MED (omurlar arası) disk iltihabı **Bandscheibenschaden** *m* MED (omurlar arası) disk lezyonu **Bandscheibenvorfall** *m* MED (omurlar arası) disk kayması, bel fıtığı

Bandwurm *m* şerit, tenya

bang(e) [baŋ(ə)] *adj* DIAL korkak, endişeli; **es ist mir ~ (zumute)** korkuyorum, endişeliyim; **sei nicht ~!** endişelenme!, korkma!; **jdm ~ machen** birini korkutmak; **eine ~ Ahnung** kötü bir his

Bange *f kein pl* DIAL korkma (**vor** -den), korku (**vor** -den), çekinme (**vor** -den); **nur keine ~!** hiç korkma!, hiç çekinme!; **jdm ~ machen** birini korkutmak

bangen ['baŋən] *vi* (*geh*) ❶ (*Angst haben*) korkmak (**vor** -den), çekinmek (**vor** -den) ❷ (*sich sorgen*) endişelenmek (**um** -e) ❸ *unpers* **mir bangt davor** ondan korkuyorum

Banjo <-s, -s> [banjo, 'bɛndʒo] *nt* MUS banço

Bank[1] <Bänke> [baŋk, *pl* 'bɛŋkə] *f* ❶ (*Sitz~*) bank; SPORT sıra ❷ (*Schul~*) sıra; **durch die ~** (*fam: ohne Ausnahme*) istisnasız, ayırım gözetmeksizin; **etw auf die lange ~ schieben** bir işi rafa kaldırmak ❸ (*Dreh~, Hobel~*) tezgâh ❹ (*Untiefe*) sığlık; (*Sand~*) kumla; (*Austern~*) yatak

Bank[2] <-en> [baŋk, *pl* 'baŋkən] *f* ❶ (*Kreditinstitut*) banka; **ein Konto bei einer ~ eröffnen** bir bankada bir hesap açmak ❷ (*beim Spiel*) kasa; **wer hat die ~?** kasa kim?

Bankangestellte(r) *f(m)* banka memuru **Bankanweisung** *f* banka havalesi **Bankautomat** *m* bankamatik **Bankdirektor(in)** *m(f)* banka müdürü

Bankenkonsortium <-s, -konsortien> *nt* COMM bankalar konsorsiyumu

Banker <-s, -; -nen> ['bɛŋkɐ] *m* WIRTSCH ❶ (*fam: Bankkaufmann*) bankacı ❷ (*Bankier*) banker

Bankett <-(e)s, -e> [baŋ'kɛt] *nt* şölen, ziyafet

Bankette *f* banket

Bankgeheimnis *nt* FIN banka(cılık) sırrı, banka işlemlerine ait sır **Bankgeschäft** <-(e)s, -e> *nt* banka işlemi **Bankguthaben** *nt* bankadaki mevduat

Bankier <-s, -s> [baŋ'kje:] *m* FIN banker

Bankkauffrau *f* kadın bankacı **Bankkaufmann** *m* bankacı **Bankkonto** *nt* FIN banka hesabı **Bankkredit** *m* banka kredisi **Bankleitzahl** *f* FIN banka kod numarası **Banknote** <-n> *f* banknot **Bankraub** <-(e)s, -e> *m* banka soygunu **Bankräuber(in)** *m(f)* banka soyguncusu

bankrott [baŋk'rɔt] *adj* batkın, batmış, iflas etmiş

Bankrott <-(e)s, -e> *m* iflas; **~ machen** iflas etmek

Bankschließfach *nt* kiralık kasa **Banküberfall** *m* banka soygunu **Banküberweisung** *f* banka transferi **Bankverbindung** *f* banka bağlantısı **Bankwesen** <-s> *nt kein pl* WIRTSCH bankacılık

Bann <-(e)s, -e> [ban] *m* ❶ REL (*aus der kirchlichen Gemeinschaft*) aforoz; (*aus der islamischen Gemeinschaft*) lanetleme ❷ (*fig: Zauber*) büyü; **er ist ganz in ihrem ~** tamamıyla onun büyüsü altında; **jdn in seinen ~ ziehen** birini büyülemek [*o* esir etmek]; **in jds ~ geraten** birinin büyüsüne kapılmak [*o* tutulmak] **Bannbruch** *m kein pl* JUR gümrükten mal kaçırma, kaçakçılık

bannen ['banən] *vt* ❶ (*Geister*) kovmak, defetmek; (*Gefahr*) atlatmak ❷ (*Zuschauer*) büyülemek; **wie gebannt zuhören** büyülenmiş gibi dinlemek, kulak kesilmek ❸ (*festhalten*) tutmak (**auf** -de) ❹ (*den Bann aussprechen*) aforoz etmek; (*Islam*) lanetlemek, dinden kovmak

Banner <-s, -> ['banɐ] *nt* sancak

Bannerträger(in) *m(f)* sancaktar

Bannmeile *f* açık baraj **Bannwald** *m* ÖSTERR muhafaza ormanı **Bannware** *f* (*Schmuggelware*) kaçak mal **Bannwart** *m* SCHWEIZ korucu

Bantamgewicht *nt kein pl* SPORT horoz ağırlık

bar [baːɐ] *adj* ❶ FIN nakdî, nakit; **etw in ~ bezahlen** bir şeyi nakden [*o* para olarak] ödemek, bir şeyi peşin (para ile) ödemek; **~ auf die Hand** nakden ve peşin olarak; **etw für ~e Münze halten** bir şeye inanmak ❷ (*bloß*) yalın, çıplak ❸ (*völlig*) tam, sırf; **das ist ~er Unsinn** bu tam saçmalık ❹ (*ohne*) -sız/-siz/-suz/-süz, yoksun

Bar[1] <-s> [baːɐ] *f* ❶ (*Lokal*) bar; (*Nachtlokal*) gece kulübü, pavyon ❷ (*Theke*) bar

Bar[2] <-s, -s> *nt* PHYS bar

Bär(in)[1] <-en, -en; -nen> [bɛːɐ] *m(f)* ayı; **der Große/Kleine ~** ASTRON Büyükayı/Küçükayı; **jdm einen ~en aufbinden** (*fig fam*) birini kafa kola almak, birine numara yapmak; **das Fell des ~en verkaufen, ehe man ihn hat** (*fig*) ayıyı vurmadan postunu satmak

Bär[2] <-s, -en> [bɛːɐ] *m* TECH (*Rammhammer*) şahmerdan

Baracke <-n> [ba'rakə] *f* baraka

Barbar(in) <-en, -en; -nen> [bar'baːɐ] *m(f)* barbar

Barbarei <-en> [barba'raɪ] *f* barbarlık **barbarisch** *adj* barbar, barbarca

Barbe <-n> ['barbə] *f* ZOOL bıyıklı balık

Barbestand *m* FIN nakit mevcudu

Barbier <-s, -e> [bar'biːɐ] *m* berber

Barbiturat <-s, -e> *nt* PHARM barbitürat

Barcode <-s> *m* barkod

Bardame <-n> *f* bar tezgâhtarı bayan, barda servis yapan bayan

Barde <-n, -n> *m* (*Sänger*) muganni; (*Dichter*) ozan

Bärendreck *m* SCHWEIZ (*Lakritze*) meyan balı **Bärenfang** *m* bal likörü **Bärenfell** *nt* ayı postu **Bärenklau** *f* BOT ayı pençesi

bärenstark ['-'-] *adj* (*fam*) çok kuvvetli

Barett <-(e)s, -e *o* -s> [ba'rɛt] *nt* baret; (*Geistlicher*) baret; (*Richter, Professor*) barata

barfuß *adj* yalın ayak

barg [bark] *3. imp von* **bergen**

Bargeld *nt* FIN nakit (para)

bargeldlos *adj* FIN nakit olmayan; **~er Zahlungsverkehr** nakit olmayan transferler

Barhocker <-s, -> *m* tabure

Bärin *f* dişi ayı

Bariton <-s, -e> ['baːritɔn, *pl* 'baːritoːnə] *m* MUS bariton

Barium <-s> ['baːriʊm] *nt kein pl* CHEM baryum

Barkasse <-n> [bar'kasə] *f* NAUT şalupa; (*größtes Beiboot von Kriegsschiffen*) işkampaviye

Barkauf <-(e)s, -käufe> *m* peşin alım

Barke <-n> ['barkə] *f* ❶ NAUT barka ❷ (*poet*) sandal

Barkeeper <-s, -> ['baːɐkiːpɐ] *m* barmen

barmherzig [barm'hɛrtsɪç] *adj* merhametli, sevecen, şefkatli; **der ~e Samariter** şefkatli [*o* hastalara yardım eden] kimse

Barmherzigkeit *f kein pl* merhamet, sevecenlik, şefkat

Barmixer *m* kokteyl yapan barmen

barock *adj* ❶ ARCH barok ❷ (*fig: verschnörkelt*) cafcaflı

Barock <-s> [ba'rɔk] *m o nt kein pl* barok; **das Zeitalter/die Kirchen/die Musik/die Sprache des ~s** barok çağı/kiliseleri/müziği/dili **Barockmusik** *f* barok müzik **Barockstil** <-s> *m kein pl* barok uslûbu

Barometer <-s, -> [baro'meːtɐ] *nt* barometre, basınçölçer

Baron(in) <-s, -e; -nen> [ba'roːn] *m(f)* baron; (*Baronin*) barones

Barrel *nt* varil

Barren <-s, -> ['barən] *m* ❶ (*Edelmetall~*) külçe ❷ SPORT (*zum Turnen*) barparalel **Barrengold** *nt kein pl* külçe altın

Barriere <-n> [ba'rjeːrə] *f* ❶ (*Hindernis*) bariyer ❷ SCHWEIZ (*Bahnschranke*) bariyer

Barrikade <-n> [bari'kaːdə] *f* barikat; **~n bauen** barikat kurmak; **für etw auf die ~n gehen** (*fig*) bir şey için ayaklanmak [*o* isyan etmek]

barsch [barʃ] *adj* kaba, sert, haşin; **jdn ~ anfahren** birine sert bir şekilde çıkışmak

Barsch <-(e)s, -e> [barʃ] *m* ZOOL, GASTR levrek

Barscheck <-s, -s> *m* para çeki

Barsortiment *nt* COMM kitap toptancılığı [*o* toptancısı]

barst [barst] *3. imp von* **bersten**

Bart[1] <-(e)s, Bärte> [baːɐt, *pl* 'bɛrtə] *m* ❶ (*bei Männern*) sakal; **sich einen ~ wachsen lassen** sakal bırakmak [*o* uzatmak]; **etw in den ~ murmeln** (*fam*) mırıldanmak; **der ~ ist ab!** (*fam*) dananın kuyruğu koptu!; (*nun ist es aber genug*)

B

artık yeter!; **jdm um den ~ gehen** (*fig*) birinin sakalına göre tarak vurmak; **das hat so einen ~!** bunu duymayan kalmadı!, bunu Mısır'daki sağır sultan bile duydu! ❷ (*Katze, Robbe*) bıyık

Bart² <-(e)s, Bärte> [baːɐt, *pl* 'bɛrtə] *m* (*Schlüssel~*) dil

Bartel *f* ZOOL (*bei Fischen*) bıyık

Bartflechte *f* ❶ MED saçkıran, kılkıran ❷ (*Pflanze*) sakallı liken **Bartgeier** *m* ZOOL (*Gypaetus barbatus*) sakallı kartal; (*Lämmergeier*) kuzu kartalı

bärtig ['bɛrtɪç, 'bɛːɐtɪç] *adj* sakallı

bartlos *adj* köse

Bartnelke *f* BOT hüsnüyusuf

Barysphäre *f kein pl* GEO barisfer, ağır küre

Baryt <-(e)s, -e> *m* CHEM barit

Barzahlung *f* peşin [*o* nakden] ödeme

Basalt <-(e)s, -e> *m* bazalt

Basar <-s, -e> [ba'zaːɐ] *m* pazar, çarşı

Base <-n> ['baːzə] *f* ❶ SÜDD (*Cousine*) kuzin ❷ SCHWEIZ, ÖSTERR (*Vatersschwester, Tante*) hala ❸ CHEM baz

Baseball¹ <-s> *m kein pl* SPORT (*Spiel*) beysbol; **~ spielen** beysbol oynamak

Baseball² <-s, -s> *m* SPORT (*Ball*) beysbol topu

Basel <-s> ['baːzəl] *nt* Basel

Bas(e)ler(in) <-s, -; -nen> *m(f)* Baselli

Basen *pl von* **Base, Basis**

basieren* [ba'ziːrən] *vi* dayanmak (**auf** -e), istinat etmek (**auf** -e)

Basilie *f kein pl,* **Basilienkraut** *nt* BOT (*Ocimum basilicum*) fesleğen

Basilika <Basiliken> [ba'ziːlika, *pl* ba'ziːlikən] *f* bazilika

Basilikum <-s> [ba'ziːlikʊm] *nt kein pl* GASTR fesleğen

Basis <Basen> ['baːzɪs] *f* ❶ (*Grundlage*) temel, esas, baz, zemin ❷ POL, MATH taban ❸ ARCH ayaklık, kaide; **die ~ einer Säule** bir sütunun kaidesi ❹ MIL üs

basisch *adj* CHEM bazik

Basiswissen <-s> *nt kein pl* temel bilgiler *pl*

Baske(in) <-n, -n; -nen> ['baskə] *m(f)* Bask **Baskenland** <-(e)s> *nt* Bask ülkesi **Baskenmütze** *f* bere

Basketball¹ <-(e)s> ['baːskətbal] *m kein pl* (*Sportart*) basketbol

Basketball² <-(e)s, -bälle> *m* (*Ball*) basketbol topu

baskisch *adj* Bask (ile ilgili); (*Sprache*) Baskça

Basler(in) <-s, -; -nen> ['baːzlɐ] *m(f) s.* **Bas(e)ler**

Bass[RR] <-es, Bässe> [bas, *pl* 'bɛsə] *m,* **Baß**[ALT] <-sses, Bässe> *m* ❶ (*Stimmlage*) bas(so); (*Sänger*) bas ❷ (*Instrument*) bas(so); (*elektrisch verstärkt*) elektrobas **Bassgeige**[RR] *f* kontrbas **Bassgitarre**[RR] *f* basgitar

Bassin <-s, -s> [ba'sɛ̃ː] *nt* havuz

Bassist(in) <-en, -en; -nen> [ba'sɪst] *m(f)* ❶ (*Sänger*) bas ❷ (*Bassspieler*) bas (çalgıcısı); (*elektrisch verstärkt*) elektrobas

Bassschlüssel[RR] *m* MUS fa anahtarı

Bast <-(e)s, -e> [bast] *m* ❶ (*Faserstoff*) rafya ❷ (*am Hirschgeweih*) kadifemsi deri

basta ['basta] *interj* **und damit ~!** yeter artık!, işte bu kadar!

Bastard <-(e)s, -e> ['bastart] *m* piç; BIOL melez

Bastei *f* HIST burç

basteln ['bastəln] *vi* **ich bastle gern** kendi ellerimle iş yapmayı severim; **an etw ~** (*arbeiten*) bir şey üzerinde çalışmak; **an etw (herum)~** bir şeyle boşuna uğraşmak

Bastion <-en> [bas'tjoːn] *f* burç

Bastler(in) <-s, -; -nen> ['bastlɐ] *m(f)* amatör usta (*amatör olarak el işleri yapan kimse*)

Bastonade *f* falaka

bat [baːt] *3. imp von* **bitten**

Bataillon <-s, -e> [batal'joːn] *nt* MIL tabur

Batik <-en> ['baːtɪk] *f* ❶ (*Verfahren*) batik ❷ *kein pl* (*Stoff*) batik

Batist <-(e)s, -e> [ba'tɪst] *m* patiska

Batterie <-n> [batə'riː] *f* ❶ (*Stromspeicher*) pil; (*Akkumulatoren~*) akü ❷ AUTO, MIL batarya **Batteriebetrieb** *m* pille [*o* akü ile] çalışma **batteriebetrieben** *adj* pilli, pille [*o* akü ile] çalışan; **ein ~es Radiogerät** pilli radyo **Batterieladegerät** *nt* pil [*o* akü] şarj aygıtı

Batzen *m* **das wird einen schönen ~ Geld kosten** bu büyük [*o* epey(ce)] paraya mal olacak

Bau¹ <-(e)s> [baʊ] *m kein pl* ❶ (*das Bauen*) yapım, inşa(at); (*Bebauung*) imar; **sich im ~ befinden** inşa halinde bulunmak, yapılmakta olmak ❷ (*fam: Baustelle*) şantiye, inşaat; **auf dem ~ arbeiten** şantiyede [*o* inşaatta] çalışmak ❸ (*sl: Gefängnis*) kodes ❹ (*Konstitution*) yapı

Bau² <-(e)s, Bauten> *m* (*Gebäude*) bina, yapı

Bau³ <-(e)s, -e> *m* (*Erdhöhle*) in; (*Kaninchen~*) yuva **Bauamt** *nt* imar dairesi **Bauarbeiten** *pl* inşaat, yapı işleri *pl* **Bauarbeiter(in)** *m(f)* ırgat, yapı işçisi **Bauart** *f* ❶ ARCH üslup ❷ TECH yapı; (*Typ*) model **Baubeginn** *m* inşaata başlama

Bauch <-(e)s, Bäuche> [baʊx, *pl* 'bɔɪçə] *m* ❶ (*bei Mensch, Tier*) karın;

(*Fett~*) göbek; **mein Vater hat einen ~ bekommen** babam göbeklendi; **mir tut der ~ weh** karnım ağrıyor; **sich** *dat* **den ~ mit etw vollschlagen** (*fam*) karnını bir şeyle tıka basa doyurmak; **aus dem hohlen ~** (*fig fam*) doğaçtan, içine doğduğu gibi; **auf dem ~ liegen** yüzükoyun yatmak; **mit etw auf den ~ landen** bir şeyde başarısızlığa [*o* hezimete] uğramak ② (*bei Flasche, Vase*) karın; (*bei Schiff, Flugzeug*) karın

Bauchfell *nt* ANAT karın zarı **Bauchfellentzündung** *f* MED karın zarı iltihabı [*o* yangısı], peritonit **Bauchflosse** *f* ZOOL karın yüzgeci **bauchfrei** *adj* göbeği açık

Bauchfüß(l)er *pl* ZOOL karından ayaklılar *pl*, karından bacaklılar *pl*

Bauchgefühl *nt birinin içindeki his;* **mein Bauchgefühl sagt mir, ...** içimdeki his diyor ki, ... **Bauchhöhle** <-n> *f* ANAT karın boşluğu **Bauchhöhlenschwangerschaft** *f* MED dış gebelik

bauchig ['baʊxɪç] *adj* göbekli; (*Gefäß*) karınlı; **~e Flasche** karınlı şişe

Bauchladen *m* işporta **Bauchlandung** *f* AERO karın üstü iniş **Bauchnabel** <-s, -> *m* göbek **Bauchredner(in)** *m(f)* vantrilok, karnından konuşan kimse **Bauchschmerzen** *pl* karın ağrısı *sing;* **ich habe ~** karnım ağrıyor **Bauchspeicheldrüse** <-n> *f* ANAT pankreas bezi **Bauchtanz** *m* göbek dansı **Bauchtänzerin** <-nen> *f* göbek dansözü **Bauchweh** <-s> *nt kein pl* (*fam*) karın ağrısı

Baudenkmal *nt* mimari anıt

Bauelement *nt* ① ARCH yapı bileşeni [*o* öğesi] ② TECH yapı elemanı

bauen ['baʊən] **I.** *vt* ① (*errichten*) kurmak, tesis etmek; (*Gebäude*) yapmak, inşa etmek; (*Nest*) yapmak, kurmak; **hier wird viel gebaut** burada çok inşaat var ② (*fam: verursachen*) sebep olmak; (*Unfall*) yapmak; **da hast du Mist gebaut** (*fam*) işi bok ettin **II.** *vi* ① (*vertrauen*) güvenmek (**auf** -e) ② (*sich verlassen*) bel bağlamak (**auf** -e)

Bauer, Bäuerin[1] <-n *o* -s, -; -nen> ['baʊɐ] *m, f* ① (*Landwirt*) çiftçi; (*Landarbeiter*) rençper ② (*pej: ungebildeter Mensch*) köylü ③ (*Schachfigur*) piyon, paytak ④ (*Spielkarte*) bacak, vale

Bauer[2] <-s, -> *m o nt* (*Vogelkäfig*) kuş kafesi

Bäuerchen <-s, -> ['bɔɪɐçən] *nt* (*fam: Luftaufstoßen*) geğirme; **ein ~ machen** geğirmek

Bäuerin <-nen> ['bɔɪərɪn] *f s.* **Bauer**[1]

bäuerlich *adj* köy, köylü; (*pej*) kaba

Bauernaufstand *m* köylülerin isyanı **Bauernbub** *m* ÖSTERR köy(lü) çocuğu **Bauernfänger(in)** <-s, -; -nen> *m(f)* (*pej*) dubaracı, mantarcı **Bauernhaus** *nt* köy evi **Bauernhof** *m* çiftlik **bauernschlau** *adj* (*pej*) çarıklı erkânıharp gibi **Bauernschläue** *f kein pl* (*pej*) çarıklı erkânıharp **Bauernverband** *m* çiftçiler birliği **Bauernverstand** *m* köylü kafası

baufällig *adj* viran, yıkılmaya yüz tutmuş

Baufirma *f* inşaat firması, inşaat şirketi **Bauführer** *m* şantiye şefi **Baugelände** <-s, -> *nt* inşaat alanı; (*Bauland*) arsa **Baugenehmigung** *f* inşaat izni [*o* ruhsatı] **Baugenossenschaft** *f* yapı kooperatifi **Baugerüst** *nt* yapı iskelesi **Baugesellschaft** <-en> *f* inşaat şirketi **Baugewerbe** <-s> *nt kein pl* inşaatçılık **Baugrube** *f* inşaat çukuru **Baugrundstück** *nt* arsa **Bauherr(in)** <-(e)n, -(e)n; -nen> *m(f)* yapı [*o* inşaat] sahibi **Bauholz** <-es, -hölzer> *nt* inşaat kerestesi **Bauingenieur(in)** *m(f)* inşaat mühendisi **Baujahr** *nt* ① (*von Gebäuden*) (binanın) yapım yılı ② (*von Fahrzeugen*) model **Baukasten** *m* inşaat kutusu **Baukastensystem** *nt* modüler sistem **Bauklotz** *m* yapı taşı; **Bauklötze staunen** (*fam*) şaşakalmak **Baukonjunktur** *f* inşaat konjonktürü **Baukosten** *pl* inşaat masrafları [*o* maliyeti] **Bauland** <-(e)s> *nt kein pl* arsa **Bauleiter(in)** <-s, -; -nen> *m(f)* şantiye şefi **Bauleitung** *f* ① şantiye şefliği ② (*Büro*) şantiye binası

baulich *adj* yapısal; **in gutem ~en Zustand** yapısal olarak [*o* bakımdan] iyi durumda; **~e Veränderungen vornehmen** yapıda değişiklikler [*o* tadilât] yapmak

Baum <-(e)s, Bäume> [baʊm, *pl* 'bɔɪmə] *m* ① BOT ağaç; **auf dem ~** ağaçta; **auf einen ~ steigen** bir ağaca tırmanmak; **stark wie ein ~** (*fig*) çok kuvvetli; **Bäume ausreißen können** (*fig*) tuttuğunu koparabilmek ② INFORM (*Struktur*) ağaç ③ NAUT (*Mast*) direk ④ TECH, AUTO (*Kabel~*) demet

Baumarkt *m* yapı market, yapı malzemesi marketi **Baumaterial** <-s, -ien> *nt* yapı malzemesi

Baumbestand <-(e)s, -stände> *m* ağaç mevcudu

Baumblüte *f* ağaçların çiçeklenmesi

Baumeister(in) *m(f)* (*Erbauer*) yapıcı; (*Beruf*) yapı ustası

baumeln ['baʊməln] *vi* (*fam*) sallanmak

Baumfalle *f* üstü dal ve yapraklarla örtülü tuzak

Baumgrenze *f* ağaç sınırı **Baumharz** *nt*

ağaç sakızı, reçine **Baumkrone** *f* ağaç tepesi **Baumlaus** *f* ZOOL ağaç biti **baumlos** *adj* ağaçsız **Baummarder** *m* ZOOL (*Martes martes*) ağaç sansarı; (*Edelmarder*) zerdeva **Baumnuss** *f* SCHWEIZ (*Walnuss*) ceviz **Baumrinde** *f* ağaç kabuğu **Baumschule** <-n> *f* (*gärtnerische Anlage*) fidanlık, dikmelik; (*forstwirtschaftliche Anlage*) orman dikmeliği **Baumschwamm** *m* ağaç mantarı **Baumstamm** <-(e)s, -stämme> *m* ağaç gövdesi **Baumsterben** <-s> *nt kein pl* (*Umwelt*) ağaçların ölmesi **Baumstruktur** *f* INFORM ağaç yapısı **Baumstumpf** *m* çotuk; (*Ballen*) çotuk **Baumwipfel** *m* ağaç tepesi

Baumwolle *f kein pl* pamuk **baumwollen** *adj* pamuklu **Baumwollzwirn** <-(e)s, -e> *m* pamuk ipliği, tire

Baumzucht *f kein pl* AGR ağaççılık

Bauordnung <-en> *f* ADMIN inşaat yönetmeliği **Bauplan** *m* ❶ (*Entwurf*) yapı planı, imar planı ❷ (*Bauvorhaben*) inşaat [*o* yapı] projesi **Bauplanung** *f* proje planlama **Bauplatz** <-es, -plätze> *m* şantiye, inşaat yeri **Baurecht** *nt kein pl* imar hukuku **Bauruine** *f* (*fam*) harabe

Bausch <-(e)s, -e *o* Bäusche> [baʊʃ] *m* topak, yumak; **in ~ und Bogen** toptan; **etw in ~ und Bogen verurteilen** bir şeye peşin hüküm vermek

bauschen **I.** *vr* şişmek **II.** *vt* **der Wind bauscht die Segel** rüzgâr yelkenleri şişiriyor

bauschig *adj* ❶ (*weich, füllig*) şişko, toplu, dolgun ❷ (*weit, gewölbt*) şiş(kin), kabarık

Bauschlosser *m* çilingir

Bauschutt <-(e)s> *m kein pl* moloz, yapı döküntüsü

bausparen *vi* konut yapımı için tasarruf etmek

Bausparkasse *f* yapı tasarruf sandığı **Bausparvertrag** *m* yapı tasarrufu sözleşmesi

Baustein *m* ❶ ARCH yapı taşı ❷ (*Bestandteil*) öge, parça; **elektronischer ~** INFORM çip **Baustelle** *f* şantiye; (*Straßen~*) yol yapımı, inşaat yeri; **Betreten der ~ verboten!** şantiyeye girmek yasaktır! **Baustil** *m* ARCH mimarlık üslubu, yapı üslubu **Baustoff** <-(e)s, -e> *m* yapı malzemesi **Bauteil** <-(e)s, -e> *nt* (*Teil zum Bauen*) yapı bileşeni; (*Teil einer Maschine*) prefabrike parça

Bauten ['baʊtən] *pl von* **Bau**[2]

Bauunternehmen *nt* inşaat şirketi **Bauunternehmer(in)** *m(f)* yapı [*o* inşaat] müteahhidi **Bauvorhaben** *nt* inşaat projesi, yapı projesi **Bauweise** *f* yapı tarzı; (*Stil*) üslup **Bauwerk** *nt* yapı **Bauwirtschaft** *f* inşaat sanayii

Bauxit <-s, -e> [baʊ'ksiːt] *m* boksit, korindon

Bauzaun *m* tahta perde

Bayer(in) <-n, -n; -nen> ['baɪɐ] *m(f)* Bavyeralı

bay(e)risch ['baɪ(ə)rɪʃ] *adj* Bavyera (ile ilgili), Bavyera(lı)

Bayern <-s> ['baɪɐn] *nt* Bavyera

Bazillus <-, Bazillen> [ba'tsɪlʊs] *m* basil

Bd. *Abk von* **Band** bant, cilt

B-Dur <-s> *nt kein pl* MUS si majör

beabsichtigen* *vt* tasarlamak, niyeti olmak (-e); **das war nicht so beabsichtigt!** bu böyle tasarlanmamıştı!, maksat bu değildi!

beachten* *vt* ❶ (*Aufmerksamkeit schenken*) dikkat etmek (-e); **nicht ~** dikkat etmemek ❷ (*berücksichtigen*) dikkate almak, göz önünde bulundurmak, itibar etmek (-e) ❸ (*befolgen*) uymak (-e), riayet etmek (-e), saygı göstermek (-e); **jds Ratschlag ~** birinin öğüdüne uymak **beachtenswert** *adj* dikkate değer, kayda değer

beachtlich *adj* ❶ (*beträchtlich*) hatırı sayılır; (*ziemlich groß*) oldukça [*o* hayli] büyük ❷ (*wichtig*) önemli

Beachtung *f kein pl* dikkate al(ın)ma; (*der Gesetze*) uyma, riayet; **die ~ der Verkehrsregeln** trafik kurallarına uyma [*o* riayet]; **~ finden** itibar görmek, dikkate alınmak; **jdm (keine) ~ schenken** birini dikkate al(ma)mak, birine itibar et(me)mek

Beamte(r), **Beamtin** [bə'ʔamtə, -'ʔamtɐ] *m, f dekl wie adj* memur; (*Staats~*) devlet memuru **Beamtenanwärter(in)** *m(f)* memur adayı **Beamtenbeleidigung** *f* memura hakaret **Beamtendeutsch** *nt* bürokrasi Almancası **Beamtenlaufbahn** *f* ADMIN memurluk; **die ~ einschlagen** memurluğa girmek

Beamtentum <-s> *nt kein pl* memurluk, memuriyet **beamtet** *adj* memurluğa alınmış [*o* atanmış]

beängstigen* [bə'ʔɛŋstɪgən] *vt* korkutmak, endişe vermek (-e)

beängstigend *adj* korkutucu, endişe verici

beanspruchen* [bə'ʔanʃprʊxən] *vt* ❶ (*fordern*) istemek, talep etmek ❷ (*Zeit*) almak; (*Platz*) sahip çıkmak (-e) ❸ (*Hilfe*) gereksemek, ihtiyacı olmak (-e); **jds Hilfe ~** birinin yardımına ihtiyacı olmak ❹ (*Geduld*) tüketmek; (*Maschine*) aşındırmak; (*Person*) uğraştırmak, meşgul etmek; **ich bin zurzeit sehr beansprucht** şu anda çok meşgulüm [*o* işim var]

Beanspruchung <-en> *f* ❶ (*die Inanspruchnnahme*) isteme, talep etme; (*Benutzung*) kullanma ❷ (*eines Menschen*) uğraştırma, meşgul etme ❸ (*Abnutzung*) aşın(dır)ma; (*Belastung*) yük

beanstanden* *vt* ❶ (*Einspruch erheben*) itiraz etmek (-e); (*reklamieren*) kusurlu olduğunu bildirmek (-in) ❷ (*rügen*) kınamak

Beanstandung <-en> *f* ❶ (*Einspruch*) itiraz ❷ (*Rüge*) kınama

beantragen* *vt* ❶ (*Erlaubnis*) başvurmak (için), dilekçe vermek (için) ❷ (*fordern*) istemek, talep etmek ❸ (*vorschlagen*) önermek

beantworten* [bəˈʔantvɔrtən] *vt* cevaplandırmak, yanıtlamak; (*Brief*) cevaplandırmak, cevap vermek (-e); **leicht zu ~** kolay yanıtlanabilir, cevabı kolay

bearbeiten* *vt* ❶ (*arbeiten an*) üzerinde çalışmak (-in), işlemek ❷ (*sich befassen mit*) ilgilenmek (ile); (*Fall, Antrag*) işlemini yapmak (-in) ❸ (*Buch*) gözden geçirerek düzeltmek; (*Thema, Rohstoffe*) işlemek; (*Musikstück*) aranje etmek ❹ (*Land*) sürüp ekmek ❺ INFORM işlemek ❻ (*schlagen*) vurmak (-e) ❼ (*Form geben*) işlemek, şekil [*o* biçim] vermek (-e); **etw mit dem Hammer ~** bir şeyi çekiçle işlemek ❽ (*fam: einreden*) **jdn ~** birini kandırmak

Bearbeitung *f* ❶ (*Neu~*) düzeltilmiş baskı ❷ (*das Bearbeiten*) işle(n)me; ADMIN işlem

Bearbeitungsgebühr *f* ADMIN işlem harcı

beargwöhnen* [bəˈʔarkvøːnən] *vt* (*geh*) işkillenmek (-den), kuşkulanmak (-den)

Beat <-(s)> [biːt] *m kein pl* MUS tempo; (*Schlagrhythmus*) vuruş ritmi

beatmen* *vt* MED **jdn künstlich ~** birine yapay solunum yaptırmak

Beatmungsgerät *nt* solunum aleti

Beatnik <-s, -s> *m* bitnik

beaufsichtigen* *vt* ❶ (*Kinder*) gözetmek, bakmak (**auf** -e); (*Schüler*) gözetmenlik yapmak (**auf** -e) ❷ (*Arbeit, Bau*) denetlemek

Beaufsichtigung *f* denetleme, gözetmenlik

beauftragen* *vt* ❶ (*mit Auftrag versehen*) vekil etmek ❷ (*anweisen*) görevlendirmek, memur etmek; **jdn mit etw ~** birini bir şeyle görevlendirmek

Beauftragte(r) <-n, -n; -n> *f(m)* vekil, görevli

bebauen* *vt* ❶ (*mit Gebäuden*) imar etmek, bayındırlaştırmak ❷ (*Acker*) sürüp ekmek

Bebauung <-en> *f* imar, geliştirme

Bebauungsplan *m* imar planı

Bébé <-s, -s> *nt* SCHWEIZ (*Baby*) bebek

beben [ˈbeːbən] *vi* sarsılmak

Beben <-s, -> *nt* sarsıntı; (*Erd~*) deprem

bebildern* *vt* resimle(ndir)mek

Becher <-s, -> [ˈbɛçɐ] *m* kap, kadeh, kupa; (*Glas~*) bardak; (*Ton~*) maşrapa; (*Aschen~*) tabla; (*Joghurt~*) pet şişe; (*Eier~*) yumurtalık

bechern [ˈbɛçɐn] *vi* (*fam*) kafayı çekmek

Becken <-s, -> [ˈbɛkən] *nt* ❶ (*Schwimm~*) havuz; (*Schale*) tekne; (*Spül~*) eviye; (*Wasch~*) lavabo; (*im türk. Bad*) kurna ❷ ANAT basen, leğen, havsala, pelvis ❸ GEO tekne, havza ❹ MUS büyük zil

Beckenknochen *m* ANAT (*Hüftbein*) kalça kemiği **Becquerel** <-, -> *nt* bekerel

bedacht [bəˈdaxt] *adj* (*umsichtig*) dikkatli, özen gösteren, tedbirli; (*überlegt*) düşünülmüş; **wohl ~** iyi düşünülmüş; **~ handeln** düşünerek [*o* özen göstererek] davranmak, tedbirli davranmak; **auf etw ~ sein** bir şeye dikkat etmek, bir şeye özen göstermek; **wohl ~** iyi düşünülmüş

Bedacht *m kein pl* (*geh*) **etw mit ~ tun** (*überlegt*) bir şeyi düşünerek yapmak; (*vorsichtig*) bir şeyi dikkatli yapmak

bedächtig [bəˈdɛçtɪç] *adj* ❶ (*langsam*) yavaş, ağır, aheste ❷ (*vorsichtig*) dikkatli, temkinli; (*besonnen*) ağırbaşlı

Bedächtigkeit *f* dikkat, temkin; (*Besonnenheit*) ağırbaşlılık

bedanken* *vr* ■ **sich bei jdm für etw ~** birine bir şey için teşekkür etmek; **ich möchte mich bei Ihnen für ... ~** ... için size teşekkür etmek istiyorum; **ich bedanke mich** teşekkür ederim

Bedarf <-(e)s> [bəˈdarf] *m kein pl* ❶ (*Bedürfnis*) gereksinme, gerekseme, ihtiyaç; **bei ~** gerekirse, gerektiğinde; (**je**) **nach ~** ihtiyaca göre; **danke, kein ~!** (*fam*) teşekkürler, gerekmez [*o* ihtiyaç yok!]! ❷ COMM (*Nachfrage*) talep; **den ~ an etw decken** bir şeyde talebi karşılamak **Bedarfsanalyse** *f* talep analizi **Bedarfsartikel** *m* ihtiyaç maddesi **Bedarfsbestimmung** *f* talebin belirlenmesi **Bedarfsdeckung** *f* talebi [*o* ihtiyaçları] karşılama **Bedarfsfall** <-(e)s, -fälle> *m* **im ~** icabında **Bedarfsgüter** *pl* ana mallar **Bedarfshaltestelle** *f* ihtiyari durak **Bedarfsrechnung** *f* talep değerlendirmesi

bedauerlich [bəˈdaʊɐlɪç] *adj* (*beklagenswert*) acınacak, esefli; (*unerfreulich*) üzücü, esef verici; **wie ~!** ne yazık!

bedauerlicherweise [-ˈ----ˈ--] *adv* maatteessüf, ne yazık ki, üzülerek; (*leider*) maa-

B

lesef
bedauern* [bəˈdaʊɐn] *vt* ❶ (*etw*) üzülmek (-e), yerinmek (-e) ❷ (*jdn*) acınmak (-e); **bedaure!** maalesef!
Bedauern <-s> *nt kein pl* esef, acınma; (*Trauer*) üzüntü; (*Reue*) yerinme, keder; **zu meinem (größten) ~** maalesef
bedauernswert *adj* ❶ (*Sache, Zustand*) acınacak ❷ (*Mensch*) acınılacak, zavallı
bedecken* **I.** *vt* örtmek (**mit** ile), kapamak; **mit etw bedeckt sein** bir şey ile örtülü olmak **II.** *vr* ■ **sich ~** örtünmek, kapanmak; **der Himmel bedeckt sich** gökyüzü bulutlanıyor
bedeckt *adj* örtülü; (*mit Schnee*) kaplı; (*Himmel*) kapalı, bulutlu; **sich bedeckt halten** kendini göstermemek
Bedecktsamer *pl* BOT kapalı tohumlular *pl*
Bedeckung <-en> *f* örtü; (*Schutz*) korunma; MIL siper, muhafız, koruyucu; (*Leibwache*) koruma
bedenken* *irr vt* ❶ (*überlegen*) düşünmek; **wenn man es recht bedenkt** iyice düşünülürse; **man muss ~, dass ...** ...i düşünmek gerekir ❷ **jdn ~** birini düşünmek [*o* gözetmek]
Bedenken[1] <-s> *nt kein pl* (*das Überlegen*) düşünme; **nach kurzem ~** kısaca düşündükten sonra; **nach reiflichem ~** iyice düşündükten sonra, düşünüp taşındıktan sonra; **ohne ~** düşünmeden
Bedenken[2] *pl* (*Zweifel*) tereddüt, kuşku, şüphe; (*Einwand*) sakınca; **ohne ~** sakınmadan **bedenkenlos** **I.** *adj* ❶ (*ohne Bedenken*) sakıncasız ❷ (*skrupellos*) düşüncesiz **II.** *adv* ❶ (*ohne zu zögern*) sakınmadan; **da kannst du ~ hingehen** sakınmadan oraya gidebilirsin ❷ (*ohne Überlegung*) düşünmeden; (*blindlings*) körü körüne; **~ zustimmen** düşünmeden kabul etmek
bedenklich *adj* ❶ (*Besorgnis erregend*) endişe verici, düşündürücü; (*besorgt*) endişeli; **der Zustand des Patienten ist ~** hastanın durumu endişe verici; **das stimmt mich ~** bu beni düşündürüyor ❷ (*Zweifel erregend*) kuşkulandıran, sakıncalı ❸ (*zweifelhaft*) şüpheli, kuşkulu
Bedenkzeit *f kein pl* **können Sie mir einen Tag ~ geben?** düşünmem için bana bir gün süre verebilir misiniz?
bedeuten* *vt, vi* demek, anlamı olmak; (*gleichzusetzen sein mit*) anlamına gelmek, ifade etmek; (*wichtig sein*) önemli olmak; **was soll das ~?** bu ne demek?, bunun anlamı nedir?, bu ne anlama geliyor?; **was soll denn das ~?** bu da ne demek?, bu ne demek oluyor?; **das hat nichts zu ~** bunun hiçbir önemi yok, bu hiç önemli değil **bedeutend** **I.** *adj* ❶ (*wichtig*) önemli; (*gewichtig*) hatırı sayılır ❷ (*groß*) büyük; (*beachtlich*) hatırı sayılır **II.** *adv* (*erheblich, beträchtlich*) epeyce, önemli [*o* hatırı sayılır] derecede **bedeutsam** *adj* ❶ (*bedeutungsvoll*) anlamlı ❷ (*wichtig*) önemli
Bedeutung[1] <-en> *f* (*Sinn*) anlam; **in übertragener ~** mecazî anlamda; **in wörtlicher ~** kelimenin tam anlamıyla
Bedeutung[2] *f kein pl* (*Wichtigkeit*) önem; **an ~ verlieren** önemini yitirmek; **etw ist von ~** bir şeyin önemi var; **von großer ~ sein** çok önemi olmak; **nichts von ~** önemsiz
Bedeutungserweiterung *f* LING anlam genişlemesi **bedeutungslos** *adj* ❶ (*ohne Bedeutung*) anlamsız ❷ (*unwichtig*) önemsiz
Bedeutungslosigkeit *f kein pl* önemsizlik
Bedeutungsunterschied *m* anlam farkı
Bedeutungsverengung *f* LING anlam daralması
bedienen* **I.** *vi, vt* ❶ hizmet etmek, servis yapmak; **hier wird man gut bedient** burada servis iyi; **ich bin bedient!** (*fam*) pes artık! ❷ (*beim Kartenspiel*) aynı renk kâğıt oynamak ❸ TECH (*Apparate, Maschinen*) işletmek, çalıştırmak **II.** *vr* ■ **sich ~** ❶ (*beim Essen*) (seçip) almak; **bitte ~ Sie sich!** lütfen, buyurun alın! ❷ (*benutzen*) kullanmak; **sich einer Sache ~** bir şeyi kullanmak **Bediener(in)** *m(f)* INFORM kullanıcı
bedienerfreundlich *adj* INFORM kullanışlı
Bedienerin *f* ÖSTERR (*Putzfrau*) hizmetçi
bedienstet *adj* ÖSTERR (*angestellt*) **~ sein** memur olmak, hizmetli olmak, bir işte çalışıyor olmak
Bedienstete(r) <-n, -n; -n> *f(m)* ❶ ADMIN (*Beschäftigter*) hizmetli, müstahdem; (*Beamter*) memur ❷ (*Dienstbote*) hademe, uşak, hizmetçi
Bedienung[1] <-en> *f* GASTR (*Kellner*) garson; **~!** garson!
Bedienung[2] *f kein pl* ❶ (*eines Gastes*) servis ❷ TECH (*eines Gerätes*) işletme, kullanım **Bedienungsanleitung** *f* işletme [*o* servis] talimatı, kullanım kılavuzu
Bedienungsfehler *m* kullanım hatası
Bedienungsgeld *nt* servis ücreti
Bedienungskomfort *m* kullanım rahatlığı
bedingen* [bəˈdɪŋən] **I.** *vt* ❶ (*ausmachen*) kararlaştırmak; **der bedungene**

Lohn kararlaştırılan ücret ❷ (*voraussetzen*) varsaymak, farz etmek ❸ bewirken, neden [*o* sebep] olmak, yol açmak ❹ (*erfordern*) gerektirmek, icap ettirmek **II.** *vr* **sich** *dat* ~ kendine şart koşmak

bedingt **I.** *adj* ❶ (*an Bedingungen geknüpft*) koşullu, şartlı, şarta bağlı; **~er Reflex** PSYCH koşullu tepke ❷ (*beschränkt*) sınırlı; **~ tauglich** MIL arızalı sağlam **II.** *adv* ❶ (*teilweise*) kısmen; **das ist nur ~ richtig** bu sadece kısmen doğrudur ❷ JUR şartla

Bedingung <-en> *f* ❶ (*Voraussetzung*) şart, koşul; **etw zur ~ machen** bir şeyi şart koşmak; **unter der ~, dass …** … şartıyla; **unter keiner ~ werde ich das tun** bunu asla [*o* hiçbir şartla] yapmam; **nur unter einer ~** ancak bir şart ile ❷ (*Forderung*) şartlar *pl*; **~en stellen** şartlar koymak [*o* koşmak] ❸ *pl* (*Umstände*) koşullar *pl*, şartlar *pl*; **zu günstigen ~en** uygun şartlarla; **unter erschwerten ~en arbeiten** ağır koşullar [*o* şartlar] altında çalışmak **Bedingungsform** *f* LING şart kipi

bedingungslos *adj* (*ohne Bedingung*) koşulsuz, şartsız; (*ohne jede Einschränkung*) kayıtsız şartsız, şartsız şurtsuz **Bedingungssatz** *m* LING şartlı birleşik cümle

bedrängen* *vt* ❶ (*belästigen*) rahatsız etmek, sıkıntı vermek (-e), başına bela olmak [*o* kesilmek] (-in) ❷ (*unter Druck setzen*) sıkıştırmak, zorlamak

Bedrängnis <-se> *f* **in ~ geraten** sıkışmak, zor bir durumda kalmak; **jdn in ~ bringen** birinin iki ayağını bir pabuca sokmak

bedrohen* *vt* tehdit etmek, gözdağı vermek; **eine vom Aussterben bedrohte Art** soyu tükenmeye yüz tutmuş bir tür **bedrohlich** *adj* tehdit dolu [*o* edici]; (*gefährlich*) tehlikeli

Bedrohung <-en> *f* tehdit, gözdağı

bedrucken* *vt* basmak (**mit** -); **ein mit Blumen bedruckter Stoff** çiçekli bir emprime

bedrücken* *vt* ❶ (*traurig machen*) üzmek, kederlendirmek ❷ (*seelisch belasten*) bunaltmak, sıkıntı [*o* kasvet] vermek (-e)

bedrückend *adj* kasvetli, iç sıkıcı, sıkıntılı; (*beklemmend*) bunaltıcı, boğucu

bedrückt *adj* kaygılı, gamlı

Beduine(in) <-n, -n; -nen> [bedu'i:nə] *m(f)* bedevî **beduinisch** *adj* bedevî

bedürfen* *irr vi* (*geh*) gerektirmek; **es bedarf einiger Mühe** biraz efor [*o* emek] gerektirir; **das bedarf keiner weiteren Erklärung** bunu daha fazla açıklamaya gerek yoktur; **der Zuwendung jds bedürfen** birinin şefkatine ihtiyaç duymak

Bedürfnis <-ses, -se> *nt* ihtiyaç, gerekseme, gereksinme; **ein ~ verspüren, etw zu tun** bir şey yapmaya ihtiyaç duymak; **jds ~se befriedigen** birinin ihtiyacına cevap vermek **Bedürfnisanstalt** *f* **öffentliche ~** umumî helâ

bedürftig *adj* muhtaç, yoksul

Bedürftigkeit *f* muhtaçlık; (*Armut*) yoksulluk

Beefsteak <-s, -s> ['bi:fste:k] *nt* biftek

beehren* **I.** *vt* (*geh*) onur [*o* şeref] vermek (-e); **jdn mit einem Besuch ~** birine ziyareti ile onur [*o* şeref] vermek **II.** *vr* ■ **sich ~, etw zu tun** bir şeyi yapmayı göze almak

beeiden* [bə'ʔaɪdən] *vt* (*Aussage*) yeminle doğrulamak

beeidigen* [bə'ʔaɪdɪgən] *vt* JUR yemin ettirmek **beeidigt** *adj* JUR **~e Aussage** yeminli ifade

beeilen* *vr* ■ **sich ~** acele etmek; **beeil dich!** acele et!, çabuk ol! **Beeilung** *f* **~!** çabuk ol(un)!

beeindrucken* *vt* etkilemek, etkisi altında bırakmak; **davon lasse ich mich nicht ~** bunun beni etkilemesine [*o* etkisi altında bırakmasına] izin vermem **beeindruckend** *adj* etkileyici; **eine ~e Rede** etkileyici bir konuşma

beeinflussbar[RR] *adj*, **beeinflußbar**[ALT] [bə'ʔaɪnflʊsba:ɐ] *adj* (*Person*) kapılgan, (kolayca) etkilenen

beeinflussen* [bə'ʔaɪnflʊsən] *vt* etkilemek, kandırmak, etkisi altında bulundurmak; **kannst du sie nicht ~?** onu kandıramaz mısın?, onu ikna edemez misin?, onun fikrini çelemez misin?

Beeinflussung <-en> *f* etkileme, kandırma

beeinträchtigen* [bə'ʔaɪntrɛçtɪgən] *vt* ❶ (*vermindern, schmälern*) azaltmak; **den Wert/Wirkung von etw ~** bir şeyin değerini/etkisini azaltmak ❷ (*stören*) bozmak, halel vermek (-e); **die Sicherheit des Straßenverkehrs ~** trafiğin güvenliğini bozmak

Beeinträchtigung <-en> *f* bozma, halel; (*Verminderung*) azaltma

beelenden* *vt* SCHWEIZ (*traurig stimmen*) üzmek, kederlendirmek

Beelzebub *m* iblis; **den Teufel mit dem ~ austreiben** dinsizin hakkından imansız gelir

beenden* *vt* ❶ bitirmek, sona erdirmek, son vermek (-e) ❷ INFORM (*erfolgreich*) çıkmak (-den); (*nicht erfolgreich*) yarıda kesmek

Beendigung *f kein pl* bitim, bitirme, sona erme; **nach ~ des Kurses** kursu bitirdikten sonra

beengen* [bə'ɛŋən] *vt* (*Kleidung*) sıkmak, dar gelmek (-e); (*Umgebung*) sıkmak; (*fig*) ket vurmak, engel olmak; **~de Kleidung** dar (gelen) giysi; **sich beengt fühlen** sıkılmak

beengt *adj* daracık

beerben* *vt* **jdn ~** birinden kalan mirasa konmak

beerdigen* [bə'ʔeːɐdɪgən] *vt* gömmek, defnetmek, toprağa vermek

Beerdigung <-en> *f* gömme, defin **Beerdigungsfeier** *f* cenaze

Beere <-n> ['beːrə] *f* tane, üzüm (tanesi), (üzümsü) meyve **Beerenauslese** *f* (*Weinart*) seçme üzümden en iyi cins şarap

Beet <-(e)s, -e> [beːt] *nt* (*mit Gemüse*) ocak, yastık; (*mit Blumen*) tarh

Beete <-n> *f* **Rote ~** pancar

befähigen* [bə'fɛːɪgən] *vt* erkli [*o* muktedir] kılmak (**zu** -e)

befähigt *adj* yetenekli, kabiliyetli

Befähigung <-en> *f* ❶ (*Fähigkeit*) yetenek, kabiliyet; (*Qualifikation*) ehliyet, yeterlik; **dazu fehlt ihr die ~** ona yeteneği yoktur ❷ (*Begabung*) istidat

befahl *3. imp von* **befehlen**

befahrbar *adj* trafiğe açık; **nicht ~ sein** trafiğe kapalı olmak

befahren* *irr vt* (*Straße*) taşıtla geçmek (-den); **diese Straße ist wenig/stark ~** bu sokaktan [*o* yoldan] az/çok taşıt geçer

Befall <-(e)s> *m kein pl* (*Krankheit*) bulaşma; (*mit Schädlingen*) istila

befallen* *irr vt* ❶ (*geh: Angst*) almak ❷ (*geh: Krankheit*) yakalamak, tutmak; (*Hunger, Müdigkeit*) bas(tır)mak; **von einer Krankheit ~ sein** bir hastalığa tutulmak [*o* yakalanmak]; **vom Schlaf ~ werden** uyku basmak [*o* bastırmak] ❸ (*Schädlinge*) basmak, istila etmek

befangen *adj* ❶ (*scheu, schüchtern*) utangaç, çekingen, sıkılgan ❷ (*voreingenommen*) tarafgir, bir tarafı tutan

Befangenheit *f kein pl* ❶ (*Schüchternheit*) utangaçlık, çekingenlik, sıkılganlık ❷ JUR tarafgirlik, bir tarafı tutma; **jdn wegen ~ ablehnen** bir tarafı tutmadan dolayı birini reddetmek

befassen* **I.** *vr* ■ **sich ~** ❶ (*Angelegenheit*) ilgilenmek (**mit** -le), uğraşmak (**mit** -le) ❷ (*handeln von*) ele almak (**mit** -), ilgili olmak (**mit** -le) **II.** *vt* (*beauftragen*) görevlendirmek (**mit** -le)

Befehl <-(e)s, -e> [bə'feːl] *m* ❶ emir, buyruk; (*Kommando*) kumanda, komuta; MIL emir; INFORM komut; **den ~ haben über ...** ...e kumanda etmek; **~ ist ~** emir emirdir; **den ~ geben zu ...** ... emrini vermek; **zu ~!** emredesin(iz)!, başüstüne! ❷ JUR (*Haft~*) müzekkere

befehlen <befiehlt, befahl, befohlen> *vi, vt* emretmek, buyurmak, emir vermek; **du hast mir gar nichts zu ~!** sen bana emir veremezsin!

befehlend *adj,* **befehlerisch** *adj* buyurgan

befehligen* *vt* MIL kumanda etmek (-e)

Befehlsfolge *f* INFORM komut sırası

Befehlsform <-en> *f* LING emir kipi **Befehlsgewalt** *f kein pl* kumanda, komuta, emir verme yetkisi **Befehlshaber(in)** <-s, -; -nen> *m(f)* MIL komutan, kumandan **Befehlskode** *m* INFORM komut kodu **Befehlssatz** *m* LING emir cümlesi **Befehlssprache** *f* INFORM komut dili **Befehlsverweigerung** *f* MIL itaatsizlik **Befehlszeile** *f* INFORM komut satırı

befeinden* [bə'faɪndən] *vt* düşman kesilmek (-e)

befestigen* *vt* ❶ (*Haken*) tutturmak (**an** -e), sabitlemek, iliştirmek, bağlamak ❷ (*Straße*) takviye etmek ❸ MIL tahkim etmek, sağlamlaştırmak

Befestigung <-en> *f* ❶ sabitleme; (*einer Straße, eines Dammes*) takviye ❷ MIL istihkâm, tahkimat *pl* ❸ (*Vorrichtung*) tutturaç **Befestigungsanlage** *f* MIL tahkimat **Befestigungsschraube** *f* sabitleme vidası **Befestigungswerk** *nt* MIL tahkimat

befeuchten* *vt* nemlendirmek, ıslatmak

befiedern* *vt* **einen Pfeil ~** oku yeleklemek; **der Kopf des Vogels ist nicht befiedert** kuşun başı tüylü değil

befiehlt [bə'fiːlt] *3. präs von* **befehlen**

befinden* *irr* **I.** *vr* ■ **sich ~** bulunmak, yer almak; (*sein*) olmak; **die Abbildung befindet sich auf der nächsten Seite** resim [*o* şekil] daha sonraki sayfada bulunur; **meine Wohnung befindet sich im zweiten Stock** evim ikinci katta bulunuyor; **sich auf dem Weg der Besserung ~** iyileşmekte olmak **II.** *vi* (*entscheiden*) karar vermek (**über** -e) **III.** *vt* (*geh: erachten*) bulmak (**für** -); **etw für gut/schlecht/richtig ~** bir şeyi iyi/kötü/doğru bulmak; **jdn für schuldig ~** bir kimseyi suçlu bulmak

Befinden <-s> *nt kein pl* ❶ hatır; (*Gesundheitszustand*) sağlık durumu; **nach jds ~ fragen** birinin hatırını sormak, birine hâl hatır sormak; **wie ist das ~ des Patienten?** hastanın (sağlık) durumu nasıl? ❷ (*geh: Meinung*) fikir

befindlich [bəˈfɪntlɪç] *adj* (*Ort, Zustand*) bulunan; **ein in Haft ~er Mann** hapiste bulunan bir adam

Befindlichkeit <-en> *f* (*seelischer Zustand*) ruhsal durum, ruh durumu, haletiruhiye

beflaggen* *vt* bayraklarla donatmak

beflecken* *vt* ❶ (*mit Flecken*) lekelemek, leke etmek [*o* yapmak] ❷ (*fig: entehren*) leke sürmek (-e); **jds Ehre/Ruf ~** birinin namusuna/şerefine leke sürmek

befleißigen* *vr* ■ **sich ~** gayret etmek; **Sie sollten sich größerer Zurückhaltung ~** daha sakıngan olmaya gayret ederseniz iyi olur

befliegen *irr vt* AERO (*Strecke*) uçmak

beflissen [bəˈflɪsən] *adj* gayretli, gayretkeş, çaba gösteren; **~ sein, etw zu tun** bir şeyi yapmak için gayret [*o* çaba] göstermek

Beflissenheit *f kein pl* gayretkeşlik

beflügeln* *vt* kanatlandırmak; **die Angst/Freude beflügelte seine Schritte** LIT yürürken korkudan/sevinçten kanatlanmış gibiydi

befohlen [bəˈfoːlən] *pp von* **befehlen**

befolgen* *vt* ❶ (*Rat*) dinlemek; **befolge meinen Rat!** nasihatimi [*o* sözümü] dinle! ❷ (*Vorschrift*) uymak (-e); (*Befehl*) yerine getirmek; **jds Beispiel ~** bir kimseyi örnek almak

befördern* *vt* ❶ (*Waren*) taşımak; **jdn an die frische Luft ~** (*fam*) birini kapı dışarı etmek; **jdn ins Jenseits ~** birini öbür dünyaya postalamak ❷ (*im Beruf*) terfi ettirmek (**zu** -e); **sie wurde zur Abteilungsleiterin befördert** bölüm şefliğine terfi edildi; (*im Kaufhaus*) reyon şefliğine terfi edildi

Beförderung <-en> *f* ❶ (*von Waren*) taşı(n)ma, nakil ❷ (*beruflich*) terfi **Beförderungsmittel** *nt* taşıma aracı, nakil vasıtası

befrachten* *vt* ❶ (*Schiff*) yüklemek; (*mit Fracht beladen*) yük yüklemek (-e) ❷ (*fig*) yüklemek

Befrachter *m* COMM taşıtan

befragen* *vt* ❶ soru sormak (-e) ❷ (*Arzt, Karten*) danısmak (-e, **wegen** için); **jdn um Rat ~** birinden nasihat [*o* öğüt] istemek

Befragte(r) <-n, -n; -n> *f(m)* soru sorulan (kimse)

Befragung <-en> *f* ❶ (*das Befragen*) soru sorma ❷ (*Umfrage*) anket, soruşturma

befreien* **I.** *vt* ❶ kurtarmak (**aus/von** -den/-den); **jdn aus einer schwierigen Lage ~** birini zor bir durumdan kurtarmak ❷ (*Gefangene*) firar etmesine yardım etmek (-in, **aus/von** -den/-den) ❸ (*freistellen*) muaf tutmak (**von** -den); (*vom Militärdienst*) muaf tutmak ❹ (*von Schmutz*) temizlemek **II.** *vr* ■ **sich ~** ❶ (*Volk*) kurtulmak ❷ (*entkommen*) kaçıp kurtulmak, paçayı kurtarmak

Befreier(in) <-s, -; -nen> *m(f)* kurtarıcı

Befreiung <-en> *f* ❶ (*das Befreien*) kurtarma; (*Befreitwerden*) kurtarılma ❷ (*das Freiwerden von Unterdrückung*) kurtuluş; **etw als ~ empfinden** bir şeyi kurtuluş olarak görmek; **die ~ der Frau** kadının kurtuluşu ❸ (*Dispens*) muaf tutulma (**von** -den), muafiyet (**von** -den) **Befreiungsbewegung** *f* kurtuluş hareketi **Befreiungskampf** *m* kurtuluş mücadelesi **Befreiungskrieg** *m* kurtuluş savaşı **Befreiungsorganisation** *f* kurtuluş örgütü **Befreiungsversuch** *m* kurtarma teşebbüsü, kurtarmaya [*o* kurtulmaya] kalkışma

befremden* [bəˈfrɛmdən] *vt* yadırgatmak; (*in Erstaunen setzen*) hayrette bırakmak; **das befremdet mich** bu beni yadırgatıyor

Befremden <-s> *nt kein pl* yadırganma; **~ erregen** yadırgatmak

befremdend *adj* yadırgatıcı

befremdlich *adj* (*geh*) yadırgatıcı; (*erstaunlich*) şaşılacak, tuhaf; (*ungewöhnlich*) alışılmamış

befreunden* [bəˈfrɔɪndən] *vr* ■ **sich mit jdm ~** biriyle dostluk [*o* arkadaşlık] kurmak **befreundet** *adj* **miteinander ~ sein** birbiriyle dost [*o* arkadaş] olmak; **gut ~ sein** yakın dost [*o* arkadaş] olmak

befrieden* [bəˈfriːdən] *vt* ❶ (*ein Land*) barış sağlamak (-de) ❷ (*beruhigen*) yatıştırmak ❸ (*einfrieden*) hail koymak (-e)

befriedigen* [bəˈfriːdɪgən] **I.** *vt* tatmin etmek, doyurmak; (*Forderungen nachkommen*) alacaklarını ödemek (-in); **jds Ansprüche ~** birinin isteklerini yerine getirmek **II.** *vr* ■ **sich ~** tatmin olmak, cinsî doygunluk sağlamak; (*masturbieren*) mastürbasyon yapmak **befriedigend** *adj* ❶ doyurucu, tatmin edici, tatminkâr ❷ SCHULE (*Schulzensur*) orta

Befriedigung <-en> *f* ❶ (*der Bedürfnisse*) tatmin, doyum; (*der Forderungen*) alacakların ödenmesi; (*sexuelle*) doygunluk ❷ (*Zufriedenheit*) memnuniyet, hoşnutluk

befristen* *vt* süre koymak (-e); (*zeitlich begrenzen*) zamanla sınırlamak; **etw ~** bir şeyin süresini belirlemek [*o* sınırlamak] **befristet** *adj* süreli; FIN vadeli; **~er Vertrag** (belirli) süreli sözleşme

Befristung <-en> *f* sürenin belirlenmesi,

süre koyma

befruchten* *vt* ① BIOL döllemek; **künstlich ~** yapay olarak döllemek ② (*Blüten*) tohumlamak ③ (*fig: geistig anregen*) kamçılamak

Befruchtung <-en> *f* BIOL tohumlama, dölleme; **künstliche ~** yapay dölle(n)me

Befruchtung *f* tohumlama, dölle(n)me

Befugnis <-se> [bəˈfuːknɪs] *f* yetki; **keine ~ zu etw haben** bir şeye yetkisi olmamak

befugt *adj* **zu etw (nicht) ~ sein** bir şeye yetkili olmak/olmamak; **~ sein, etw zu tun** bir şeyi yapmaya yetkili olmak

befühlen* *vt* yoklamak

Befund <-(e)s, -e> *m* MED bulgu; **klinischer ~** klinik bulgu; **ohne ~** normal

befürchten* *vt* korkmak; **das ist nicht zu ~** bunda korkulacak bir şey yok

Befürchtung <-en> *f* **die schlimmsten ~en haben** en kötü şeyleri aklından geçirmek; **ihre ~en haben sich bewahrheitet** korktuğu başına geldi

befürworten* [bəˈfyːɐvɔrtən] *vt* (*dafür sein*) yana olmak (-den); (*empfehlen*) tavsiye etmek

Befürworter(in) <-s, -; -nen> *m(f)* yandaş, taraftar, lehdar

begabt [bəˈgaːpt] *adj* istidatlı, istidadı olan; **hoch ~** son derece istidatlı; (*Wunderkind*) harika; **für etw ~ sein** bir şeye istidadı olmak; **durchschnittlich/vielseitig ~ sein** istidadı ortalama/çok yönlü olmak

Begabung <-en> [bəˈgaːbʊŋ] *f* ① (*Anlage*) istidat, yetenekler *pl* ② (*begabter Mensch*) istidat

begann [bəˈgan] *3. imp von* **beginnen**

begatten* *vt, vr* ■ **sich ~** ZOOL çiftleşmek

Begattung <-en> *f* (*Paarung*) çiftleşme

begeben* *irr* **I.** *vr* ■ **sich ~** ① (*geh: stattfinden*) olmak ② (*geh: beginnen*) başlamak (**an** -e), koyulmak (**an** -e); **sich an die Arbeit ~** işe koyulmak ③ (*geh: gehen*) gitmek (**zu/in** -e/-e); **sich zu Bett ~** yatağa yatmak; **sich in ärztliche Behandlung ~** tedavi olmak; **sich auf den Heimweg ~** eve doğru yola koyulmak; **sich in Gefahr ~** tehlikeye atılmak **II.** *vt* FIN (*Wertpapiere*) tedavüle çıkarmak

Begebenheit <-en> *f* olay

begegnen* [bəˈgeːgnən] *vi sein* ① (*treffen*) **jdm ~** birine rastlamak; **einander ~** karşılaşmak; **ihre Blicke begegneten sich** göz göze geldiler ② (*stoßen auf*) **etw dat ~** bir şeye rastlamak [*o* rast gelmek] ③ (*widerfahren*) başına gelmek, karşılaşmak; **so etwas ist mir ja noch nie begegnet!** şimdiye kadar böyle bir şey hiç başıma gelmedi!, şimdiye kadar böyle bir şey ile hiç karşılaşmadım!; **Schwierigkeiten ~** güçlüklerle karşılaşmak ④ (*geh: behandeln*) karşılamak; **man begegnete ihr mit Achtung** o, saygı ile karşılandı

Begegnung <-en> *f a.* SPORT karşılaşma

Begegnungsstätte <-n> *f* buluşma yeri

begehen* *irr vt* ① (*Weg*) gitmek (-den); **eine Baustelle ~** bir şantiyeyi gezmek ② (*Fehler*) işlemek; (*tun, machen*) etmek; **einen Fehler ~** bir hata işlemek [*o* etmek]; **eine Dummheit ~** bir aptallık etmek, cahillik etmek; **Selbstmord ~** intihar etmek; **ein Verbrechen/einen Mord ~** suç/cinayet işlemek ③ (*geh: Jubiläum*) kutlamak

begehren* [bəˈgeːrən] *vt* (*geh*) ① (*wünschen*) istemek, arzu etmek; (*habgierig*) göz dikmek (-e) ② (*fordern*) istemek, talep etmek

Begehren <-s> *nt kein pl* (*geh*) istem, talep; (*Wunsch*) istek, arzu; **auf mein ~** isteğim üzerine **begehrenswert** *adj* istek [*o* arzu] uyandıran

begehrlich *adj* (*geh: heftig wünschend*) arzu dolu

begehrt *adj* (*Person*) gözde, beğenilen; (*Freundschaft*) arzu edilen; (*Ware*) rağbet gören, revaçta olan; (*Ferienort*) rağbet gören

begeistern* [bəˈgaɪstɐn] **I.** *vt* heyecanlandırmak, hayran etmek, coşturmak; (*inspirieren*) esindirmek **II.** *vr* ■ **sich ~** (*Begeisterung empfinden*) heyecan duymak, hayranlık duymak; (*in Begeisterung geraten*) heyecana kapılmak; (*Interesse entwickeln*) merak sarmak (**für** -e); **er begeisterte sich für die Malerei** ressamlığa merak sardı

begeistert *adj* ① coşkun, coşkulu; **das Publikum war begeistert** seyirciler coşmuştu, seyirciler hayran olmuştu; **~er Beifall** alkış tufanı; **ich bin ~ von ihr** ona hayranım ② (*leidenschaftlich*) tutkun

Begeisterung *f kein pl* coşku; (*Erregung*) heyecan, coşuntu; (*Leidenschaft*) tutku, hayranlık; **in ~ geraten** heyecana kapılmak; (*Interesse entwickeln*) merak sarmak; **etw mit ~ tun** bir şeyi coşku ile yapmak

Begierde <-n> [bəˈgiːɐdə] *f* ihtiras, hırs, aşırı istek

begierig *adj* ihtiraslı, hırslı, aşırı istekli; (*gierig*) açgözlü; **auf etw ~ sein** bir şeye aşırı istekli olmak, bir şeye çok düşkün olmak

begießen* *irr vt* ① (*Pflanzen*) sulamak

❷ *(fam: feiern)* ıslatmak; **das müssen wir begießen!** bunu ıslatmamız gerekiyor!
Beginn <-(e)s> [bəˈgɪn] *m kein pl* başlangıç, baş; **zu ~** başta, başlangıçta
beginnen <beginnt, begann, begonnen> **I.** *vi* başlamak; **es beginnt zu regnen** yağmur yağmaya başlıyor **II.** *vt* başlamak (-e)
beglaubigen* [bəˈglaʊbɪgən] *vt* ❶ *(Urkunde, Kopie)* onaylamak, tasdik etmek; **etw ~ lassen** bir şeyi onaylatmak [*o* tasdik ettirmek] ❷ POL *(Diplomaten)* akredite etmek, güven mektubu vermek (-e)
Beglaubigung <-en> *f* ❶ *(Schriftstück)* onay(lama), tasdik ❷ POL akredite edilme, güven mektubu ver(il)me **Beglaubigungsschreiben** *nt* POL güven [*o* itimat] mektubu
begleichen* *irr vt* *(geh: bezahlen)* ödemek; **die Rechnung ~** hesabı kapamak [*o* temizlemek], faturayı ödemek; **mit jdm eine alte Rechnung ~** *(fig)* biriyle eski bir hesabı kapamak; **mit jdm eine Rechnung zu ~ haben** biriyle görülecek hesabı olmak
Begleitbrief <-(e)s, -e> *m* WIRTSCH ek mektup
begleiten* *vt* arkadaşlık etmek (-e); *(auf einer Reise)* yoldaşlık etmek (-e); *a.* MUS eşlik etmek (-e), refakat etmek (-e)
Begleiter(in) <-s, -; -nen> *m(f)* eşlik eden (kimse); *(Gefährte)* refik, arkadaş; *(Weggefährte)* yoldaş; MUS akompanyatör, eşlik eden
Begleiterscheinung *f* gölge olay **Begleitinstrument** *nt* eşlik eden çalgı **Begleitmusik** *f* fon müziği **Begleitperson** *f* arkadaş, eşlik eden kimse **Begleitschreiben** *nt* COMM gönderiye ilişik mektup [*o* yazı]
Begleitung <-en> *f* ❶ *a.* MUS eşlik, refakat; **sie kam in ~ eines Freundes** yanında [*o* beraberinde] bir dostu ile geldi ❷ *(Begleiter)* yanındaki; *(Gefolge)* maiyet
Beglerbeg <-s, -s> *m* HIST beylerbeyi
beglücken* *vt* *(geh)* mut(lu)landırmak, mutlu etmek (**mit** -le), mutluluk vermek (-e); **ein ~des Gefühl** mutlu [*o* mutluluk veren] bir duygu; **beglückt über etw sein** bir şeyden dolayı mutlu olmak
beglückwünschen* *vt* kutlamak, tebrik etmek (**zu** -den dolayı); **er beglückwünschte sie zum Geburtstag/zur bestandenen Prüfung** yaş gününden/geçtiği sınavdan dolayı onu kutladi [*o* tebrik etti]
begnadet [bəˈgna:dət] *adj* **ein ~er Künstler** yetenekli [*o* tanrı vergisine sahip] bir sanatçı
begnadigen* *vt* JUR affetmek
Begnadigung <-en> *f* JUR, POL af **Begnadigungsgesuch** *nt* JUR af dilekçesi; **ein ~ einreichen** af dilekçesi vermek
begnügen* [bəˈgny:gən] *vr* ■ **sich ~** yetinmek (**mit** -le)
Begonie <-, -n> [beˈgo:niə] *f* BOT begonya
begonnen [bəˈgɔnən] *pp von* **beginnen**
begraben* *irr vt* ❶ gömmek ❷ *(fig: Hoffnung)* kesmek
Begräbnis <-ses, -se> [bəˈgrɛ:pnɪs] *nt* ❶ *(Tätigkeit)* gömme ❷ *(Feier)* cenaze
begradigen* [bəˈgra:dɪgən] *vt* doğrultmak, düzeltmek, düzlemek, tesviye etmek
begrapschen* *vt* ellemek; **jdn/etw ~** bir kimseyi/şeyi ellemek
begreifbar *adj* anlaşılır; **wie kann ich es dir ~ machen?** sana bunu nasıl anlatabilirim?
begreifen* *irr* **I.** *vt* akıl erdirmek, anlamak, kavramak; **es ist kaum zu ~** anlaşılacak gibi değil **II.** *vr* ■ **sich ~** *(sich auffassen)* kendini görmek (**als** olarak); **er begreift sich als Experte** kendini uzman olarak görüyor
begreiflich *adj* anlaşılır; **jemandem etw ~ machen** birine bir şeyi anlatmak; **es ist einfach nicht ~, wie er so etwas tun konnte** böyle bir şeyi nasıl yaptığına akıl kolay ermiyor
begreiflicherweise [-ˈ---ˈ--] *adv* açıkça(sı), kolay anlaşılır bir biçimde
begrenzen* *vt* sınırla(ndır)mak, tahdit etmek; **begrenzt haltbare Waren** dayanıksız mallar
begrenzt *adj* sınırlı; **er hat einen ~en Horizont** ufku dardır
Begrenztheit <-en> *f* *(Möglichkeiten)* sınırlı olma, kısıtlılık
Begrenzung <-en> *f* ❶ *(das Begrenzen)* sınırlama, tahdit ❷ *(Grenze)* sınır
Begriff <-(e)s, -e> *m* ❶ *(Ausdruck)* deyim, kavram ❷ *(Bedeutungsinhalt)* tanım ❸ *(Vorstellung)* fikir, tasavvur; **du machst dir keinen ~ davon** bunu tasavvur edemezsin; **sich einen ~ von etw machen** bir şeyi tasavvur etmek, bir şey hakkında fikir edinmek; **für meine ~e** benim fikrime göre; **im ~ sein, etw zu tun** bir şeyi yapmak üzere olmak; **schwer von ~ sein** *(pej)* mankafa [*o* kalın kafalı] olmak
begriffen I. *pp von* **begreifen II.** *adj* üzere olan (**zu** -mek); **die Gäste sind im Aufbruch ~** konuklar gitmek üzere
begrifflich *adj* kavramsal
Begriffsbestimmung *f* belirlenim, kavram belirlenmesi
begriffsstutzig *adj*, **begriffsstützig** *adj* ÖSTERR *(pej)* anlayışı kıt olan, anlayışsız,

ahmak, kalın kafalı; **er ist etwas ~** onun anlayışı biraz kıttır

Begriffsstutzigkeit *f kein pl,* **Begriffsstützigkeit** *f kein pl* ÖSTERR anlayış kıtlığı, anlayışsızlık, ahmaklık, kalın kafalılık

Begriffsvermögen *nt kein pl* anlayış, anlama yeteneği, anlama ve kavrama yetisi

begründen* *vt* ❶ (*Gründe aufführen*) gerekçe göstermek, gerekçelendirmek; **wie willst du das ~?** bunu nasıl gerekçelendireceksin?; **womit willst du das ~?** buna ne gerekçe göstereceksin?; **können Sie Ihr Verhalten ~?** davranışınız için gerekçe gösterebilir misiniz? ❷ (*gründen*) kurmak

Begründer(in) <-s, -; -nen> *m(f)* kurucu

begründet *adj* gerekçeli; (*berechtigt*) haklı; **nicht ~ sein** gerekçesiz olmak; **wohl ~** [RR] gerekçeli, esas itibarıyla yerinde olan

Begründung <-en> *f* ❶ (*Grund*) gerekçe, gerektirici sebep; **etw als ~ anführen** bir şeyi gerekçe [*o* gerektirici sebep] olarak göstermek ❷ (*Gründung*) kurma

begrünen* *vt* yeşertmek; (*beim Straßenbau*) çimlendirmek **Begrünung** *f* çimlendirme

begrüßen* *vt* ❶ (*Gast*) karşılamak; (*beim Kommen grüßen*) geldiğinde esenlemek [*o* selamlamak]; (*willkommen heißen*) hoş geldin(iz) demek (-e) ❷ (*fig: billigen, gutheißen*) onamak, uygun bulmak; (*für richtig halten*) doğru bulmak; (*freudig zur Kenntnis nehmen*) memnuniyetle karşılamak; **wir ~ es sehr, dass ...** ...diğini çok doğru buluyoruz **begrüßenswert** *adj* memnuniyet verici, sevindirici

Begrüßung <-en> *f* (*Empfang*) karşılama; (*Gruß bei jds Kommen*) geldiğinde esenleme [*o* selamlama]

begünstigen* [bəˈgʏnstɪgən] *vt* ❶ (*förderlich sein*) yaramak (-e), lehine olmak (-in); (*positiv beeinflussen*) olumlu şekilde etkilemek; **er war vom Schicksal begünstigt** kısmeti açıktı ❷ JUR (*Verbrechen*) suç işlendikten sonra suçluya [*o* faile] yardım etmek ❸ (*bevorzugen*) kayırmak, gözetmek

Begünstigung <-en> *f* ❶ (*Förderung*) özendirme, teşvik ❷ JUR suç işlendikten sonra suçluya [*o* faile] yardım ❸ (*Bevorzugung*) kayırma

begutachten* *vt* ❶ mütalâada bulunmak (hakkında), görüş ve düşünce ileri sürmek (hakkında); (*prüfen*) mütâala etmek, irdelemek ❷ (*schriftlich*) ekspertizini yapmak (-in), bilirkişi raporu düzenlemek [*o* hazırlamak] (hakkında); **etw ~ lassen** bir şey hakkında bilirkişi raporu düzenletmek [*o* hazırlamak]

Begutachtung <-en> *f* ekspertiz, bilirkişi raporu düzenleme [*o* hazırlama]; (*Untersuchung*) keşif, muayene, inceleme

begütert [bəˈgyːtɐt] *adj* malı mülkü olan, varlıklı; (*reich*) zengin

behaart [bəˈhaːɐt] *adj* saçlı, kıllı; (*Tiere*) tüylü

behäbig [bəˈhɛːbɪç] *adj* ❶ (*beleibt*) semirgin ❷ (*phlegmatisch*) semirgin; (*fig*) rahat ❸ SCHWEIZ (*stattlich*) zengin

behaftet [bəˈhaftət] *adj* **mit etw** *dat* **~ sein** bir şeye tutulmuş olmak, bir şey ile dolu olmak

behagen* [bəˈhaːgən] *vi* hoşa gitmek; **etw behagt jdm** bir şey herkesin hoşuna gitmek

Behagen <-s> *nt kein pl* keyif; **mit ~ essen** keyifle yemek

behaglich [bəˈhaːklɪç] *adj* (*angenehm*) hoş; (*gemütlich*) rahat; **der Ofen verbreitet eine ~e Wärme** soba ortalığa hoş bir sıcaklık yayıyor

Behaglichkeit *f kein pl* rahatlık

behalten* *irr vt* ❶ (*nicht wegwerfen*) (elinde) tutmak, saklamak ❷ (*Glanz, gute Laune, Wert*) korumak; (*Geheimnis*) saklamak, tutmak; **die Nerven ~** sinirlerine hâkim olmak ❸ (*sich merken*) akılda tutmak, hatırında tutmak; **im Auge ~** göz önünde tutmak [*o* bulundurmak] ❹ (*nicht abgeben*) tutmak, alıkoymak, vermemek; (*Hut*) çıkarmamak; **der Kranke kann nichts bei sich ~** hasta yanında hiçbir şey tutamaz [*o* bulunduramaz]; **etw für sich ~** bir şeyi başkasına söylememek; **~ Sie (doch) Platz!** kalkmayınız!

Behälter <-s, -> [bəˈhɛltɐ] *m* kap; (*größer*) depo

behämmert [bəˈhɛmɐt] *adj* (*fam*) dangalak

behänd(e)[RR] [bəˈhɛnt, bəˈhɛndə] *adj* ❶ (*flink*) atik, çevik ❷ (*gewandt und geschickt*) becerikli

behandeln* *vt* ❶ (*Mensch*) davranmak (-e); (*Thema, Material*) işlemek; (*Problem*) ele almak; **er behandelt sie gut/schlecht** ona iyi/kötü davranıyor ❷ (*handhaben*) kullanmak ❸ MED (*Krankheit*) tedavi etmek; **der ~de Arzt** tedavi eden hekim; **seine Zähne ~ lassen** dişlerini baktırmak

behändigen* [bəˈhɛndɪgən] *vt* SCHWEIZ (*ergreifen*) ele geçirmek

Behandlung <-en> *f* ❶ (*Umgang*) muamele; **diese ~ hat er (nicht) verdient** bu muameleyi hak etti (etmedi) ❷ (*Therapie*) tedavi; **ambulante/stationäre ~** ayakta/yatakta tedavi; **bei wem sind Sie in ~?**

kimde tedavi görüyorsunuz?; **ich war früher in ~ bei Dr. X wegen ...** bundan önce ... yüzünden Dr. X beni tedavi ediyordu ❸ (*eines Themas*) işleme ❹ TECH işleme

Behandlungskosten *pl* MED tedavi masrafları *pl* **Behandlungsmethode** *f* MED tedavi yöntemi

behängen* **I.** *vt* takmak (-e, **mit** -) **II.** *vr* ■ **sich ~** (*pej fam*) takınmak (**mit** -), takıp takıştırmak (**mit** -); **sich mit Schmuck ~** takıştırmak

beharren* [bə'harən] *vi* ısrar etmek (**auf** -de), ayak diremek (**auf** -de); **auf seiner Meinung ~** fikrinde [*o* düşüncesinde] ısrar etmek; **auf seinen Grundsätzen ~** prensiplerinden dönmemek; **in seinem Trotz ~** inat etmek, inadı tutmak

beharrlich *adj* ❶ (*ausdauernd*) sebatlı, direşken; (*standhaft*) metin, metanetli ❷ (*hartnäckig, nachdrücklich*) ısrarlı, inatçı

Beharrlichkeit *f* ❶ (*Ausdauer*) sebat, direşme ❷ (*Hartnäckigkeit*) ısrar, direnme

behauen <behaut, behaute, behauen> *vt* (*Steinblöcke, Baumstämme*) tasarlamak (*bir taşın, bir ağacın kaba bölümlerini, çıkıntılarını almak*)

behaupten* [bə'haʊptən] **I.** *vt* ❶ (*These*) iddia etmek, ileri sürmek; (*fig*) dayatmak, kabul ettirmek; **er behauptete, mich (nicht) gesehen zu haben** beni gördüğünü (görmediğini) iddia etti ❷ (*Platz, Stelle*) korumak **II.** *vr* ■ **sich ~** ❶ (*sich durchsetzen*) kendini kabul ettirmek; **sich gegen jdn ~** kendini birine kabul ettirmek ❷ (*Preise*) yerini korumak

Behauptung <-en> *f* ❶ iddia, sav; **eine ~ aufstellen** bir savı öne sürmek, bir iddiayı ileri sürmek ❷ MATH önerme; **diese ~ ist umkehrbar** bu önerme evrişiktir

Behausung <-en> [bə'haʊzʊŋ] *f* (*geh*) konut, mesken

beheben* *irr vt* ❶ (*beseitigen*) yok etmek, ortadan kaldırmak; (*Missstand, Schaden*) gidermek ❷ ÖSTERR (*vom Konto abheben*) çekmek

beheimatet [bə'haɪma:tət] *adj* memleketi ... olan (**in** -); **er ist in Berlin ~** onun memleketi Berlin'dir, o, Berlinlidir

beheizen* *vt* ısıtmak

Behelf <-(e)s, -e> [bə'hɛlf] *m* geçici çare; (*Rechts~*) yol

behelfen* *irr vr* ■ **sich ~** ❶ (*sich mit einem (unzureichenden) Ersatz helfen*) idare etmek (**mit** ile, **ohne** -siz) ❷ (*ohne Hilfe fertig werden*) başının çaresine bakmak

behelfsmäßig *adj* palyatif, geçici; (*vorläufig*) eğreti, geçici

behelligen* [bə'hɛlɪgən] *vt* rahatsız etmek (**mit** ile)

behend(e)ALT *adj s.* **behänd(e)**

beherbergen* [bə'hɛrbɛrgən] *vt* barındırmak; **Gäste ~** misafir [*o* konuk] etmek

beherrschen* **I.** *vt* ❶ (*Macht haben*) hâkim olmak (-e); (*regieren*) hükmetmek (-e) ❷ (*zügeln*) tutmak, hâkim olmak (-e) ❸ (*Handwerk, Sprache, Instrument*) iyi bilmek; (*Situation*) hâkim olmak (-e) **II.** *vr* ■ **sich ~** (*sich zügeln*) kendini tutmak, kendine hâkim olmak

beherrschend *adj* hâkim, egemen

beherrscht *adj* kendine hâkim, ölçülü

Beherrschung *f kein pl* ❶ (*Selbst~*) kendine hâkim olma, kendine tutma; **die ~ verlieren** kendini tutamamak, kendine hâkim olamamak ❷ (*Wissen, Können*) iyi bilme

beherzigen* [bə'hɛrtsɪgən] *vt* dinlemek, ciddiye alarak ona göre hareket etmek

Beherzigung *f* dinleme

beherzt [bə'hɛrtst] *adj* yürekli, koçak, cesur

Beherztheit *f kein pl* yüreklilik, yiğitlik

behilflich *adj* **jdm (bei etw) ~ sein** birine (bir şeyde) yardımcı olmak

behindern* *vt* ❶ engel olmak (-e); (*Verkehr*) engellemek; **jds Sicht ~** birinin görmesine engel olmak ❷ (*verhindern*) önlemek

behindert *adj* (*körperlich*) sakat, engelli; (*geistig*) özürlü

Behinderte(r) <-n, -n; -n> *f(m)* engelli, sakat, özürlü

Behindertensport *m kein pl* engelli sporu

Behinderung <-en> *f* ❶ (*des Verkehrs*) engelleme; (*einer Sache*) engelleme ❷ MED sakatlık, özür

Behörde <-n> [bə'hø:ɐdə] *f* ❶ (*Amt*) makam; **die zuständige ~** yetkili makam ❷ (*Gebäude*) resmî daire **behördenübergreifend** *adj* birden fazla makamı ilgilendiren

behördlich [bə'hø:ɐtlɪç] *adj* resmî

behüten* *vt* (*schützen*) korumak (**vor** -den); **Gott behüte!** Tanrı [*o* Allah] korusun! **behütet** *adj* **~ aufwachsen** himaye altında büyümek

behutsam [bə'hu:tza:m] **I.** *adj* (*sorgsam-vorsichtig*) sakıngan, ihtiyatlı (*achtsam*) dikkatli, özenli **II.** *adv* dikkatle, özen göstererek; **mit etw ~ umgehen** bir şeyi dikkatle [*o* özen göstererek] kullanmak

bei [baɪ] *präp* ❶ (*räumlich*) **in Unna ~ Dortmund** Dortmund yakınındaki Unna'da; **die Schlacht ~ Leipzig** Leipzig civarındaki muharebe; **dicht ~ der Fabrik** fabrikanın hemen yanında; **ich war ~ meinem Onkel** (*Bruder der Mutter*) dayımın yanındaydım; (*Bruder des Vaters*) amcamın yanındaydım; **ich saß ~ ihm** (onun) yanında oturdum; **~ Tisch** sofrada; **~m Bäcker** ekmekçide ❷ (*für Firmen*) -de; **sie arbeitet ~ der Bahn** demir yollarında çalışıyor; **ein Konto ~ der Bank haben** bankada bir hesabı olmak ❸ (*für Wohnbereich*) **wir sind ~ Susanne zum Abendessen eingeladen** biz Suzanne'ye akşam yemeğine davetliyiz; **er wohnt ~ seinen Eltern** anne ve babasının yanında oturuyor; **~ jdm zu Hause sein** birinin evinde olmak, birinin yanında kalmak; **~ mir zu Hause** benim evimde ❹ (*zeitlich*) **~ den schweren Regenfällen** şiddetli yağışlar sırasında; **~ Tag** gündüzün; **~ Nacht** gece(leyin); **~ beginn der Vorstellung** gösterinin [*o* programın] başında ❺ (*an sich tragend*) **hast du etwas Geld ~ dir?** yanında biraz para var mı?; **ich habe kein Geld ~ mir** yanımda hiç para yok ❻ (*während*) **~ der Arbeit** işte; **~m Arbeiten sah er ...** çalışırken [*o* iş başında] ...i gördü; **~ Nacht** geceleyin; **Vorsicht ~m Aussteigen!** inerken dikkat ediniz!; **~ Gelegenheit** fırsat düşünce; **~m Lesen des Artikels** makaleyi okurken; **~ näherer Betrachtung** yakından bakıldığında, daha yakından bakınca ❼ (*falls*) **~ Nebel** siste; **„~ Feuer Scheibe einschlagen"** "yangın halinde camı kırınız" ❽ (*sonstiger Gebrauch*) **~ guter Gesundheit sein** sağlığı [*o* sıhhati] yerinde olmak; **~ reiflicher Überlegung** iyice düşünüp taşındıktan sonra; **~ zwanzig Grad unter null** sıfırın altında yirmi derecede; **~ offenem Fenster schlafen** pencere açık olarak uyumak; **~ aller Vorsicht** bütün dikkatine karşın; **es geht ~m besten Willen nicht!** bütün iyi niyetime rağmen olamaz!; **~ Gott!** vallahi!; **~ seinen Fähigkeiten** onun yetenekleriyle

bei|behalten* *irr vt* saklamak, sürdürmek; **seine Gewohnheit ~** alışkanlığını bırakamamak

Beiboot *nt* NAUT filika

bei|bringen *irr vt* ❶ (*lehren*) **jdm etw ~** birine bir şey öğretmek ❷ (*mitteilen*) haber vermek ❸ (*beschaffen*) tedarik etmek; (*herbeiholen*) getirmek; **Dokumente ~** belgeler getirmek [*o* tedarik etmek] ❹ (*zufügen*) **jdm eine Niederlage ~** birini hezimete [*o* yenilgiye] uğratmak, birini yenmek; **jdm eine Wunde ~** birini yaralamak

Beichte <-n> ['baɪçtə] *f a.* REL günah çıkarma; **zur ~ gehen** günah çıkarmaya gitmek

beichten **I.** *vi* günah çıkarmak **II.** *vt* (*fig*) itiraf etmek

Beichtgeheimnis *nt* REL günah çıkarma sırrı **Beichtstuhl** *m* REL günah çıkarma hücresi **Beichtvater** *m* REL günah çıkaran papaz

beide ['baɪdə] *adj* (her) iki; **ihr ~n** ikiniz; **ihr habt ~ Recht** ikiniz de haklısınız; **wie geht es euch ~n?** ikiniz nasılsınız?; **alle ~** (her) ikisi de; **die ~n anderen** diğer ikisi; **ihre ~n Schwestern** iki kız kardeşi; **einer von ~n** ikisinden biri; **keiner von ~n** ikisi de değil; **wir ~** ikimiz (de); **~s** ikisi de; **~ Mal** her iki defasında, iki defasında da

beidemal[ALT] *adv s.* **beide**

beiderlei ['baɪdɐlaɪ, '--'-] *adj inv* her iki; **~ Geschlechts** her iki cinsten **beiderseitig** *adj* ❶ (*auf beiden Seiten*) (her) iki yandaki [*o* taraftaki]; (*von beiden Seiten ausgehend*) (her) iki yandan [*o* taraftan] ❷ (*gegenseitig*) karşılıklı; **in ~em Einvernehmen** karşılıklı anlaşma ile

beiderseits **I.** *präp* (her) iki tarafında [*o* yanında]; **~ des Rheins** Ren'in iki yakasında **II.** *adv* (her) iki taraftan [*o* yandan]; (*gegenseitig*) karşılıklı olarak; **sie haben ~ versprochen, nichts zu sagen** hiçbir şey söylemeyeceklerine karşılıklı olarak söz verdiler

beidhändig *adj* iki eli hünerli, her iki elini de maharetle kullanabilen

beidseitig ['baɪtzaɪtɪç] *adj* her iki taraftaki; MED her iki yandaki; **zur ~en Zufriedenheit** her iki tarafı da memnun edecek biçimde

beieinander [--'--] *adv* bir arada, birlikte

beieinander|haben *irr vt* **du hast wohl nicht alle beieinander!** (*fam*) sen kendinde değilsin galiba!

Beifahrer(in) <-s, -; -nen> *m(f)* (şoförün yanındaki koltukta oturan) yolcu **Beifahrerairbag** *m* AUTO yolcu hava yastığı **Beifahrersitz** *m* AUTO yolcu koltuğu

Beifall <-(e)s> *m kein pl* ❶ (*Applaus*) alkış, el çırpma; (*Akklamation*) alkışlama; **viel ~ ernten/bekommen** çok alkış toplamak/almak; **der ~ brach los** alkış koptu; **jdm ~ spenden** birini alkışlamak; **~ klatschen** alkış tutmak, alkışlamak ❷ (*Bejahung, Zustimmung*) alkışlama, beğenme, takdir etme; **jds ~ finden** biri tarafından beğenilmek

beifällig ['baɪfɛlɪç] *adj* **~ aufnehmen** onayarak [*o* tasvip ederek] kabul etmek; **~ nicken** onayarak [*o* tasvip ederek] baş sallamak

Beifallssturm *m* alkış tufanı
bei|fügen *vt* ❶ (*Unterlagen*) eklemek, ilave etmek ❷ (*dazusagen*) ilave etmek
Beifügung *f* ❶ FIN **unter ~ eines Verrechnungsschecks** hesaba geçirilmek üzere çekilen bir çek ekleyerek ❷ LING niteleme sıfatı
Beigabe <-n> *f* COMM (*Zugabe*) armağan, ilave; **unter ~ von** (*beim Kochen*) katarak, ilave ederek
beige [beːʃ] *adj* bej
Beige <-n> *f* ÖSTERR (*Stapel*) yığın
bei|geben *irr* **I.** *vi* (*geh: sich fügen*) boyun eğmek (-e); **klein ~** pes etmek, yelkenleri suya indirmek **II.** *vt* (*geh: hinzufügen*) **etw** *dat* **etw ~** eklemek, katmak, ilave etmek
Beigeschmack <-(e)s> *m kein pl* asıl tadın yanındaki tat, asıl tadı bastıran tat; **einen unangenehmen ~ haben** hoş olmayan bir tadı daha olmak; **das hat einen ~ von ...** (*fig*) bunun ...i andıran bir özelliği daha var
Beiheft <-(e)s, -e> *nt* ilave
Beihilfe[1] <-n> *f* ❶ (*Unterstützung*) destek görme; (*finanzielle Unterstützung*) mali [*o* parasal] yardım ❷ (*staatliche*) devlet yardımı, ödenek
Beihilfe[2] *f kein pl* JUR yardımcılık; **~ zum Mord** adam öldürmeye yardımcılık
bei|kommen *irr vi sein* ❶ (*zu fassen bekommen*) **jdm ~** birine diş geçirmek; **ihr ist einfach nicht beizukommen** ona diş geçirmek kolay değil ❷ (*bewältigen*) **etw** *dat* **~** bir şeyle başa çıkmak
beil. *Abk von* **beiliegend** ilişik olan
Beil <-(e)s, -e> [baɪl] *nt* ❶ (*Axt*) balta; (*kleines ~*) keser; (*Hack~*) satır ❷ (*Fall~*) giyotin
Beilage <-n> *f* ❶ (*in Zeitung*) ek, ilave ❷ GASTR (*Essen~*) garnitür
beiläufig ['baɪlɔɪfɪç] **I.** *adj* ❶ (*Frage*) söz arasında geçen ❷ ÖSTERR (*etwa*) yaklaşık **II.** *adv* söz arasında, sırası gelmişken; **~ gesagt** antrparantez
bei|legen *vt* ❶ (*aus der Welt schaffen*) ortadan kaldırmak, son vermek (-e); (*schlichten*) uzlaştırmak, ara bulmak ❷ (*einer Sendung*) ek [*o* ilave] olarak koymak; (*einem Briefe*) ilişik olarak sunmak ❸ (*zuschreiben*) vermek; **etw** *dat* **Gewicht/Wert ~** bir şeye ağırlık/değer vermek
Beilegung *f* (*von Streit*) uzlaşma
beileibe [baɪ'laɪbə] *adv* **~ nicht!** kesinlikle!, katiyen!; **~ kein Held** hiç de kahraman değil
Beileid <-(e)s> *nt kein pl* başsağlığı, taziye; **mein aufrichtiges ~!** başın(ız) sağ olsun!; **jdm sein ~ aussprechen** birine başsağlığı dilemek
Beileidskarte *f* başsağlığı kartı, taziye kartı
bei|liegen *irr vi* (*in Brief*) ilişik olmak; (*einer Zeitung*) ekte olmak
beiliegend *adj* ilişik olan; **~ sende ich ...** ...i ilişik olarak gönderiyorum
beim [baɪm] = **bei dem** *s.* **bei**
bei|mengen *vt* katmak
bei|messen *irr vt* **einer Sache Bedeutung ~** bir şeye önem vermek
bei|mischen *vt* katmak
Beimischung *f* katma, katkı
Bein <-(e)s, -e> [baɪn] *nt* ❶ (*Körperteil*) bacak; **die ~e übereinanderschlagen** ayak ayak üstüne atmak; **er stellt ihm ein ~** (*a. fig*) ayağına çelme takıyor, ona çelme takıyor [*o* atıyor]; **sich** *dat* **(k)ein ~ ausreißen** (*fig fam*) fazla emek ver(me)mek; **mit einem ~ im Grab stehen** (*fig fam*) bir ayağı çukurda olmak; **sich** *dat* **die ~e in den Bauch stehen** (*fig fam*) ayaklarına [*o* ayağına] kara su inmek; **mit beiden ~en im Leben stehen** (*fig fam*) işini bilmek; **jdm ~e machen** (*fig fam: jdn fortjagen*) birini kov(ala)mak; (*jdn antreiben*) birinin iki ayağını bir pabuca sokmak; **die ~e in die Hand nehmen** (*fig fam*) çok acele etmek; **etw auf die ~e stellen** (*fig fam*) bir şeyi yoluna koymak; **er ist schon wieder auf den ~en** (*fam*) tekrar ayağa kalktı bile; **immer wieder auf die ~e fallen** (*fig*) hep dört ayağının üstüne düşmek; **mit dem linken ~ zuerst aufgestanden sein** (*fam*) ters [*o* sol] tarafından kalkmış olmak; **Lügen haben kurze ~e** (*prov*) yalancının mumu yatsıya kadar yanar ❷ (*Tisch~, Stuhl~*) ayak ❸ (*geh: Knochen*) kemik; **etw geht jdm durch Mark und ~** (*fig fam*) bir şey iliğini kemiğini kurutmak
beinah(e) ['baɪnaː(ə), '-'-(-)] *adv* neredeyse, hemen hemen, az kaldı, az kalsın; **ich hätte ~ ... gesagt** az kalsın ... diyecektim
Beiname <-ns, -n> *m* (*Spitzname*) lakap
Beinbruch *m* bacak (kemiğinin) kırılması; **das ist doch kein ~!** (*fam*) bu o kadar kötü değil ki!; **Hals- und ~!** başarılar!
beinern *adj* kemik(ten yapılmış)
Beinfreiheit *f* bacaklar için rahatça hareket edilebilecek yer
beinhalten* [bə'ɪnhaltən] *vt* içermek, ihtiva etmek, kapsamak, içine almak
Beinprothese <-n> *f* MED bacak protezi; (*fam*) takma bacak
bei|ordnen *vt* ❶ LING eklemek ❷ (*beigeben*) yanına vermek
Beipackzettel *m* prospektüs

bei|pflichten ['baɪpflɪçtən] *vi* **jdm in etw ~** birine bir şeyde hak vermek; **einem Vorhaben ~** bir projeye katılmak

Beirat <-(e)s, -räte> ['baɪra:t] *m* ❶ (*Person*) danışman, müşavir ❷ (*Körperschaft*) danışma kurulu

Beiried <-(e)s> *nt* ÖSTERR biftek

beirren* [bə'ɪrən] *vt* şaşırtmak; **sich durch nichts ~ lassen** bildiğinden şaşmamak

Beirut <-s> [baɪ'ru:t, '--] *nt* Beyrut

beisammen [baɪ'zamən] *adv* ❶ (*zusammen*) birlikte, beraber ❷ (*in guter Verfassung*) **~ sein** (*körperlich*) eli ayağı tutar olmak; (*geistig*) aklı başında olmak **beisammen|haben** *irr vt* **nicht alle ~** (*fam*) aklı başında olmamak, aklını kaçırmış olmak **beisammen|sein**[ALT] *irr vi s.* **beisammen 2.**

Beisammensein <-s> *nt kein pl* birlikte [*o* beraber] olma

Beischlaf <-(e)s> *m kein pl* (*geh*) *a.* JUR cima, cinsel ilişki(de bulunma); **außerehelicher ~** evlilik dışı ilişkide bulunma, birinin yatağına girme

Beisein ['baɪzaɪn] *nt* **in/ohne jds ~** biri varken/yokken; **in meinem ~** ben varken, benim yanımda

beiseite [baɪ'zaɪtə] *adv* ❶ (*auf der Seite*) (bir) kenarda, (bir) yanda ❷ (*auf die Seite*) (bir) kenara, (bir) yana; **Scherz ~, ...** (*fam*) şaka bir yana [*o* tarafa], ...

beiseite|legen[RR] *vt* **Geld ~** para biriktirmek **beiseite|nehmen**[RR] *irr vt* **jdn ~** birini bir kenara çekmek **beiseite|schaffen**[RR] *vt* **jdn ~** birinin işini bitirmek; **etw ~** bir şeyi kaçırmak **beiseite|stehen** *irr vi* **er stand beiseite** bir kenarda durdu

Beisel <-s, -(n)> *nt* meyhane

bei|setzen *vt* ❶ (*beerdigen*) gömmek, defnetmek, toprağa vermek ❷ NAUT (*Segel*) açmak

Beisetzung <-en> *f* (*geh*) gömülme, defnedilme, toprağa verilme; (*Urnen~*) ölü küllerinin saklandığı kabın toprağa verilmesi

Beisitzer(in) <-s, -; -nen> *m(f)* ❶ (*am Gericht*) üye (yargıç), naip ❷ (*eines Ausschusses*) komite üyesi

Beispiel <-(e)s, -e> *nt* örnek, misal; **(wie) zum ~** örneğin, meselâ; **jdm ein ~ geben** birine bir örnek vermek; **an ihm kannst du dir ein ~ nehmen** onu kendine örnek alabilirsin; **mit gutem ~ vorangehen** davranışlarıyla başkalarına örnek olmak **beispielhaft** *adj* örnek (olacak nitelikte)

beispiellos *adj* emsalsiz, eşsiz; (*unerhört*) duyulmamış; (*unvergleichbar*) kıyas edilemez

beispielsweise *adv* söz gelişi, söz gelimi, örneğin, meselâ

beißen <beißt, biss, gebissen> ['baɪsən] **I.** *vi, vt* ❶ (*zubeißen*) ısırmak; **in den sauren Apfel ~** (*fig*) ister istemez yapmak zorunda kalmak; **ich habe mir auf die Zunge gebissen** dilimi ısırdım; **nichts zu ~ haben** (*fam*) ağzına koyacak bir şeyi olmamak; **Hunde, die bellen, ~ nicht** (*prov*) ürüyen köpek ısırmaz; **den Letzten ~ die Hunde** (*prov*) sona kalan dona kalır; **ins Gras ~** (*fig fam*) tahtalıköyü boylamak ❷ (*Schlange, Insekt*) sokmak **II.** *vi* (*Geruch, Geschmack*) yakmak; **der Rauch beißt in den Augen** duman gözleri yakıyor **III.** *vr* ■ **sich ~** (*fam*) **die Farben ~ sich** renkler uyuşmuyor **beißend** *adj* (*fig*) ❶ (*Kälte*) keskin, sert; (*Rauch*) yakan, yakıcı; (*Geschmack*) acı ❷ (*Bemerkung, Spott*) iğneleyici, kırıcı, dokunaklı

Beißzange *f* kerpeten, kıskaç

Beistand <-(e)s, -stände> *m* ❶ (*geh: Hilfe*) yardım; (*Unterstützung*) desteklеme; **jdm ~ leisten** birine yardım etmek ❷ JUR kayyım [*o* kayyum]; (*Berater*) müşavir; (*Beratung*) müşavirlik; **rechtlicher ~** hukuki müşavir(lik) **Beistandspakt** *m* POL karşılıklı yardım antlaşması

bei|stehen *irr vi* **jdm ~** birine yardım etmek, birine destek olmak

Beistelltisch *m* sehpa, iskemle

bei|steuern *vt* katkıda bulunmak (-e, **zu** için)

bei|stimmen *vi* düşüncesine katılmak (-in)

Beistrich <-(e)s, -e> *m* ÖSTERR (*Komma*) virgül

Beitrag <-(e)s, -träge> ['baɪtra:k] *m* ❶ (*Anteil, Mitwirkung*) katkı; **seinen ~ zu etw leisten** bir şeye katkı yapmak, bir şeye [*o* şey için] katkıda bulunmak ❷ (*Geldbetrag*) meblağ, katkı payı, ödenti; (*Mitglieds~*) aidat, ödenti; (*Versicherungs~*) prim ❸ (*Aufsatz, Artikel*) makale

bei|tragen *irr vt* katkıda bulunmak (**zu** için)

beitragspflichtig *adj* prim ödemek zorunda olan **Beitragsrückerstattung** *f* prim iadesi **Beitragssatz** <-es, -sätze> *m* FIN aidat [*o* prim] oranı **Beitragszeit** *f* prim ödenen süre

bei|treten *irr vi sein* ❶ (*sich beteiligen*) katılmak (-e) ❷ (*einer Organisation*) girmek (-e); (*einer Partei, einem Verein*) üye olmak (-e)

Beitritt <-(e)s, -e> *m* katılma (**zu** -e), katılım (**zu** -e), iştirak (**zu** -e), girme (**zu** -e); **seinen ~ erklären** katıldığını beyan etmek **Beitrittserklärung** <-en> *f* katılma beyanı **Beitrittsgespräche** *pl* POL katılım görüşmeleri **Beitrittskandidat** *m* EU aday ülke

Beiwagen <-s, -> *m* (*von Motorrad*) sepet, motosiklet sepeti

Beiwerk <-(e)s, -e> *nt* (*geh: schmückende Zutat*) garnitür; (*Beigabe*) ilave, aksesuar

bei|wohnen *vi* (*geh*) hazır bulunmak (-de), katılmak (-e); **einer Sache ~** bir işte hazır bulunmak; **einem Treffen ~** bir toplantıya katılmak

Beize <-n> ['baɪtsə] *f* ❶ (*für Holz*) tahta boyası ❷ (*zum Gerben*) palamut maddesi ❸ GASTR salamura

beizeiten [baɪ'tsaɪtən] *adv* vaktinde, zamanında

beizen ['baɪtsən] *vt* ❶ (*Holz*) tahta boyasıyla boyamak ❷ GASTR (*Speisen*) salamura yapmak

bejahen* [bə'ja:ən] *vt* ❶ (*Frage*) evetlemek; (*ja sagen zu*) evet demek (-e) ❷ (*Leben, Vorschlag*) iyi bulmak, olumlu karşılamak

bejahend *adj* olumlu, müspet; **eine ~e Antwort** olumlu bir cevap

bejahrt [bə'ja:ɐt] *adj* (*geh*) yaşını (başını) almış, yaşı ilerlemiş; **ein ~er Mann** yaşını (başını) almış bir adam

Bejahung <-en> *f* evetleme

bejammern* *vt* **etw ~** bir şeye acınmak; **jdn ~** birine acımak

bejammernswert *adj* acınacak, acıklı

bejubeln* *vt* sevinçle karşılamak

bekämpfen* *vt* mücadele etmek (-le); **Schädlinge ~** haşaratla mücadele etmek

Bekämpfung <-en> *f* mücadele (**von** -le)

bekannt [bə'kant] **I.** *pp von* **bekennen** **II.** *adj* ❶ (*Person*) tanınan; (*Sache*) bilinen; **~ geben**[RR] bildirmek, tebliğ etmek; (*veröffentlichen*) yayınlamak; **etw ~ machen**[RR] bir şeyi duyurmak [*o* ilan etmek], bir şeyi tanıtmak [*o* lanse etmek]; **jdn mit jdm ~ machen**[RR] birini biriyle tanıştırmak; **jdn mit etw ~ machen** birine bir şeyi tanıtmak; **wie ist das ~ geworden?** bu nasıl belli oldu?; **das ist mir ~** bunu biliyorum; **wohl ~** (*geh*) maruf, herkesçe bilinen [*o* tanınan], belli; **das kommt mir ~ vor** bu bana yabancı gelmiyor; **wir sind miteinander ~** biz tanışıyoruz; **darf ich Sie mit Herrn X ~ machen?** sizi Bay X ile tanıştırabilir miyim? ❷ (*berühmt*) ünlü, meşhur; **ein ~er Künstler** ünlü bir sanatçı

Bekannte(r) <-n, -n; -n> *f(m)* tanıdık, bildik; **ein ~r von mir** benim bir tanıdığım **Bekanntenkreis** *m* muhit, (tanıdık) çevre(si)

Bekanntgabe <-n> *f* bildirme, tebliğ; (*in einer Zeitung*) ilan

bekannt|geben *irr vt s.* **bekannt II.1.**

bekanntlich *adv* bilindiği gibi

bekannt|machen *vt s.* **bekannt II.1.**

Bekanntmachung <-en> *f* ❶ (*Veröffentlichung*) ilan, duyurma; (*eines Gesetzes*) yayımlama ❷ (*amtlicher Anschlag*) ilan, duyuru

Bekanntschaft <-en> *f* ❶ (*persönliche Beziehung*) tanışıklık; **jds ~ machen** biriyle tanışmak; **mit etw ~ machen** bir şey hakkında bilgi edinmek ❷ (*Bekannter*) tanışık, tanıdık

bekannt|werden *irr vi sein s.* **bekannt II.1.**

Bekassine <-n> *f* ZOOL (*Sumpfschnepfe*) batak çulluğu

bekehren* **I.** *vt* ❶ REL (*zum Christentum*) Hristiyanlaştırmak (**zu** -); (*zum Islam*) Müslümanlaştırmak (**zu** -) ❷ (*zu einer Ansicht*) inandırmak (**zu** -e) **II.** *vr* ■**sich ~** (*zum Christentum*) Hristiyanlaşmak (**zu** -); (*zum Islam*) Müslümanlaşmak (**zu** -)

Bekehrung <-en> *f* REL (*zum Christentum*) Hristiyanlaş(tır)ma; (*zum Islam*) Müslümanlaş(tır)ma

bekennen* *irr* **I.** *vt* (*aussprechen*) açıkça söylemek, bildirmek, ikrar etmek; (*eingestehen*) kabul etmek, ikrar etmek; **Farbe ~** (*fam*) rengini belli etmek **II.** *vr* ■**sich ~** ❶ (*eintreten für*) **sich zu etw ~** bir şeyden yana olduğunu açıkça söylemek; **sich zur Demokratie ~** demokrasiden yana olduğunu bildirmek [*o* açıkça söylemek] ❷ (*einstehen für*) kabul etmek, ikrar etmek; **sich schuldig ~** suçlu olduğunu kabul etmek, suçunu kabullenmek **Bekennerbrief** *m* sorumluluğu üstlenen mektup

Bekenntnis <-ses, -se> *nt* ❶ ikrar, kabul; (*Erklärung*) ikrar, bildirme, açıkça söyleme ❷ REL (*Konfession*) mezhep

beklagen* **I.** *vt* (*Unglück, Schaden*) acı(n)mak (-e), yerinmek (-e); **jds Tod ~** birisi için yas [*o* matem] tutmak **II.** *vr* ■**sich ~** sızlanmak; (*sich beschweren*) yakınmak (**über** -den), şikâyet etmek (**über** -); **sich bei jdm über etw ~** birine bir şeyi şikâyet etmek; **ich kann mich nicht ~** hâlimden şikâyetim yok(tur); **Sie können sich nicht ~!** hâlinizden yakınmanıza hiçbir neden yoktur!

beklagenswert *adj* acınacak, acıklı; **ein ~er Unfall** acıklı bir kaza

Beklagte(r) <-n, -n; -n> [bə'kla:ktɐ] *f(m)* JUR (*im Zivilprozess*) davalı

beklauen* *vt* (*fam*) aşırmak (-den); **jdn**

um 100 Euro ~ birinden 100 euro aşırmak

bekleben *vt* ❶ (*mit Klebstoff*) yapıştırmak ❷ (*mit Gegenständen*) **etw mit etw ~** bir şeye [*o* şeyin üzerine] bir şey yapıştırmak

bekleckern* **I.** *vt* (*fam*) leke etmek (**mit** ile); (*beschmieren*) sürmek (**mit** -), sıvaştırmak **II.** *vr* ■ **sich ~** üstünü kirletmek (**mit** ile), üstünü leke etmek (**mit** ile); **ich habe mich bekleckert** üstümü kirlettim [*o* leke ettim]; **ich habe mir das Hemd** (**mit Soße**) **bekleckert** gömleğimi (sos ile) leke ettim; **er hat sich nicht gerade mit Ruhm bekleckert** (*iron*) bu işten pek yüz akı ile çıkmış sayılmaz

beklecksen* **I.** *vt* leke etmek (**mit** ile); **etw mit Farbe ~** bir şeyi boya ile leke etmek **II.** *vr* ■ **sich ~** üstünü kirletmek (**mit** ile), üstünü leke etmek (**mit** ile)

bekleiden* *vt* ❶ (*geh: Amt, Rang*) haiz olmak ❷ (*anziehen*) giydirmek; **leicht bekleidet** hafif giyinmiş ❸ (*bedecken*) örtmek (**mit** -le)

Bekleidung[1] *f kein pl* (*eines Amtes*) haiz olma

Bekleidung[2] <-en> *f* ❶ (*Kleidung*) giyim; (*~sstück*) giysi ❷ (*Bedeckung*) örtü **Bekleidungsindustrie** *f* giyim sanayii **Bekleidungsstück** *nt* giysi

beklemmen *vt* sıkıntı vermek, bunaltmak; (*ersticken*) boğmak

beklemmend *adj* boğucu, bunaltıcı; (*bedrückend*) sıkıntılı

Beklemmung <-en> *f* sıkıntı, sıkışma; (*Atem~, Brust~*) darlık

beklommen [bə'klɔmən] *adj* sıkıntılı; (*bedrückt*) kaygılı, gamlı

Beklommenheit <-en> *f* sıkıntı

bekloppt [bə'klɔpt] *adj* (*fam*) budala; (*geistig nicht normal*) kafası çatlak, kafadan kontak

Bekloppte(r) *f(m)* (*fam*) budala, kafası çatlak

beknackt *adj* (*fam*) kafası çatlak, kafası kontak

beknien* *vt* (*fam*) ayağına [*o* ayaklarına] kapanmak (-in)

bekommen* *irr* **I.** *vt haben* ❶ **was ~ Sie** (**dafür**)? (*im Laden*) ne kadar tuttu?, borcum(uz) ne (kadar)?; **eine Chance ~** eline fırsat geçmek; **sie bekommt 20 Euro** (**für**) **die Stunde** saatine 20 euro alır; **jdn dazu ~, etw zu tun** birine bir şey yaptırtmak; **Flecken ~** lekelenmek; **etw zu essen ~** yiyecek bir şey bulmak; **es mit jdm zu tun ~** biriyle başı derde girmek; **eine Ohrfeige ~** bir tokat yemek; **er bekam ein Jahr Gefängnis** bir yıl hapis yedi; **ich habe es geschenkt ~** o bana hediye edildi ❷ (*Zug*) yetişmek (-e); **wenn ich ihn zu fassen bekomme** onu bir yakalarsam, onu bir elime geçirirsem ❸ (*Krankheit*) olmak; **Appetit ~** iştahı açılmak; **Zähne ~** diş çıkarmak, dişleri çıkmak; **ein Kind ~** bir çocuğu olmak; **graue Haare ~** saçları kırlaşmak; **eine Glatze ~** dazlaklaşmak; **Hunger/Angst ~** acıkmak/korkmak; **wir ~ anderes Wetter** hava değişiyor; **wir ~ bald Regen** birazdan yağmur yağacak; **er bekam Lust, schwimmen zu gehen** canı yüzmeye gitmek istedi **II.** *vi* ❶ (*bedient werden*) servis yapılmak ❷ *sein* (*bekömmlich sein*) **jdm gut ~** birine yaramak [*o* iyi gelmek]; **jdm schlecht ~** birine dokunmak; **wohl bekomm's!** yarasın!, afiyet olsun!

bekömmlich [bə'kœmlɪç] *adj* (*Speisen*) **leicht ~** sindirimi kolay; **schwer ~** sindirimi güç; **fette Speisen sind schwer ~** yağlı yemeklerin sindirimi güçtür

beköstigen* [bə'kœstɪgən] *vt* yedirip içirmek; (*geh*) ağırlamak

Beköstigung *f* yedirip içirme, iaşe; (*geh*) ağırlama, ikram

bekräftigen* *vt* (*in etw bestärken*) pekiştirmek, tekit etmek; (*nachdrücklich bestätigen*) doğrulamak, teyit etmek

Bekräftigung <-en> *f* pekiştirme, doğrulama

bekränzen* [bə'krɛntsən] *vt* çelenk ile süslemek

bekreuzigen* *vr* ■ **sich ~** REL haç çıkarmak

bekriegen* *vt* savaşmak (ile)

bekritteln* *vt* (*pej fam*) eleştirmek

bekritzeln* *vt* karalamak

bekümmern* *vt* (*besorgt machen*) kaygılandırmak; (*beunruhigen*) tedirgin etmek

bekunden* [bə'kʊndən] *vt* ❶ (*geh: Absicht, Mitgefühl*) göstermek ❷ JUR beyan etmek; (*bezeugen*) doğrulamak

belächeln* *vt* gülümsemek (-e)

beladen* *irr* **I.** *vt* yüklemek (**mit** -) **II.** *vr* ■ **sich ~** yüklenmek (**mit** -i), üstüne almak (**mit** -i) **III.** *adj* yüklü; (*Mensch*) dolu

Belag <-(e)s, -läge> [bə'la:k, *pl* bə'lɛ:gə] *m* (*Zungen~*) pas; (*Zahn~*) pas; (*Straßen~*) kaplama; (*Fußboden~*) döşeme, kaplama; (*Brems~*) balata

belagern* [bə'la:gɐn] *vt* ❶ MIL kuşatmak ❷ (*fam: sich drängen*) etrafını sarmak (-in)

Belagerung <-en> *f* MIL kuşatma **Belagerungszustand** *m* JUR sıkıyönetim

belämmert[RR] [bə'lɛmɐt] *adj* (*fam*) ❶ (*von Personen*) süt dökmüş kedi gibi ❷ (*sl: von Sachen*) boktan, fena; **ein ~es**

B

Wetter boktan bir hava

Belang <-(e)s> [bəˈlaŋ] *m kein pl* (*Bedeutung*) önem; **nicht von ~** önemi olmayan, önemli değil; **etw ist von/ohne ~ für jdn/etw** bir şey bir kimse/şey için önemli/önemsiz olmak

Belange *pl* (*Interessen*) (haklı) menfaatler *pl;* (*Angelegenheiten*) (önemli) işler *pl;* **auswärtige ~ der Türkei** Türkiye'nin dış menfaatleri

belangen* *vt* ❶ JUR (*verklagen*) dava etmek ❷ (*betreffen, angehen*) ilgilendirmek ❸ (*zur Rechenschaft ziehen*) hesap sormak (-den)

belanglos *adj* önemi olmayan, önemsiz, ilgisiz

Belanglosigkeit <-en> *f* önemsiz şey; **über ~en sprechen** havadan sudan konuşmak

belassen* *irr vt* bırakmak; **wir wollen es dabei ~** bunu böylece bırakalım artık!; **alles beim Alten ~** her şeyi eskisi [*o* olduğu] gibi bırakmak; **etw an seinem Ort ~** bir şeyi yerinde bırakmak

belasten* **I.** *vt* ❶ JUR (*zur Last legen*) isnat etmek, (suç) yüklemek; (*beschuldigen*) suçlamak; **~des Material** isnat edici belgeler ❷ (*mit Gewicht*) ağırlaştırmak; (*Fahrzeug*) yüklemek (-e); **den Körper ~** vücuda yüklenmek ❸ (*bedrücken*) bunaltmak, başını ağrıtmak (-in); (*nervlich*) sıkıntı vermek (-e) ❹ ÖKOL kirletmek; **die Atmosphäre ~** havayı kirletmek ❺ FIN (*Grundstück*) takyit etmek; (*Konto*) borç kaydetmek (-e) **II.** *vr* ■ **sich ~** ❶ JUR kendi kendini suçlamak ❷ (*sich aufbürden*) **sich mit etw ~** bir şeyi yüklenmek

belästigen* [bəˈlɛstɪgən] *vt* ❶ (*lästig sein*) rahatsız etmek, sıkıntı vermek (-e) ❷ (*zudringlich werden*) rahatsız [*o* taciz] etmek, sataşmak (-e), sarkıntılık etmek

Belästigung <-en> *f* rahatsız etme, sıkıntı verme, sarkıntılık, sataşma, taciz; **etw als ~ empfinden** bir şeyi taciz olarak görmek; **sexuelle ~** cinsel taciz

Belastung *f* ❶ (*fig*) yük olma; (*Gewicht*) ağırlık ❷ (*von Fahrzeug*) yük; **höchstzulässige ~** azami ağırlık ❸ FIN (*Bankkonto*) borç kaydı ❹ (*Verpflichtung*) yüküm(lülük), mükellefiyet **Belastungsfähigkeit** *f* (*durch Stress*) stresi kaldırma gücü **Belastungsgrenze** *f* ❶ (*durch Gewicht*) istiap haddi, yükleme sınırı ❷ (*fig*) had, sınır **Belastungsmaterial** <-s> *nt kein pl* JUR sanık aleyhindeki belgeler *pl* **Belastungszeuge, -zeugin** *m, f* JUR kamu tanığı

belaubt [bəˈlaʊpt] *adj* yapraklı

belauern* *vt* gözetlemek

belaufen* *irr vr* ■ **sich ~** baliğ olmak (**auf** -e), bulmak (**auf** -i), tutmak (**auf** -)

belauschen* *vt* kulak kabartmak (-e); (*spionieren*) gizlice dinlemek

beleben* **I.** *vt* canlandırmak; **wieder ~** (*Wirtschaft*) canlandırmak; **jds Hoffnungen ~** bir kimsede umut uyandırmak **II.** *vr* ■ **sich ~** (*Straße*) canlanmak

belebend *adj* canlandırıcı; (*stärker*) diriltici

belebt *adj* ❶ (*lebendig*) canlı, hareketli ❷ (*Straße*) işlek

Belebung <-en> *f* canlandırma

Beleg <-(e)s, -e> [bəˈleːk] *m* ❶ FIN (*Quittung*) makbuz, alındı; (*Kassen~*) fiş ❷ (*Beweis*) belgit, (ispat edici) belge ❸ (*~stelle*) alıntı yeri

belegen* *vt* ❶ (*Platz*) tutmak, ayırmak ❷ (*Seminar*) yazılmak (-e) ❸ SPORT almak; **er belegte den zweiten Platz** ikinciliği aldı ❹ (*Behauptung*) belgelemek ❺ (*Fußboden*) döşemek (**mit** -le); (*Brot*) koymak (**mit** -) ❻ (*mit Zoll*) koymak (**mit** -); (*mit Bußgeld*) vermek (**mit** -)

Belegexemplar *nt* (*Zeitschrift, Buch*) doküman nüsha

Belegschaft <-en> *f* personel

belegt *adj* ❶ (*Hotel, Zimmer*) dolu; (*Platz*) dolu, tutulmuş ❷ (*Stimme*) **~e Stimme** kısık [*o* boğuk] ses ❸ (*Brot*) **~e Brote** dilim sandviçler; **~es Brötchen** sandviç ❹ (*Zunge*) paslı

belehren* *vt* öğretmek (**über** -), bilgi [*o* akıl] vermek (-e), anlatmak; **jdn eines Besseren ~** birinin gözünü açmak, birine akıl vermek

belehrend *adj* öğretici

Belehrung <-en> *f* ❶ (*Erklärung*) öğret(il)me, anlat(ıl)ma; (*Auskunft*) bilgi ❷ (*Zurechtweisung*) **ich verbitte mir deine ~en!** bana akıl vermeye kalkma! ❸ JUR hak ve görevlerin öğretilmesi [*o* anlatılması]

beleibt [bəˈlaɪpt] *adj* cüsseli, iri yarı; (*dickbäuchig*) göbekli

beleidigen* [bəˈlaɪdɪgən] *vt* hakaret etmek (-e); (*kränken*) gücendirmek, incitmek; **ich wollte Sie nicht ~** sizi gücendirmek istemedim; **bist du jetzt beleidigt?** şimdi bana gücendin mi?

beleidigend *adj* gücendirici, incitici

Beleidigung <-en> *f* hakaret

beleihen* *irr vt* ikraz etmek, ödünç vermek

belemmert[ALT] *adj s.* **belämmert**

belesen *adj* (*Person*) okumuş

Belesenheit *f kein pl* okumuşluk

B

beleuchten* *vt* ❶ (*mit Licht*) aydınlatmak, ışık tutmak (-e); (*festlich*) ışıklandırmak; **durch Kerzen ~** mum ile aydınlatmak ❷ (*fig: Frage*) aydınlatmak, ışık tutmak (-e)
Beleuchtung <-en> *f* ❶ (*Lichtanlage*) ışıklandırma, ışık(lar) *(pl)*; (*Kerzen~*) aydınlatma; **die ~ einschalten** ışıkları açmak ❷ (*fig*) ışık tutma [*o* tutulması] **Beleuchtungsanlage** *f* ışıklandırma düzeni **Beleuchtungskörper** *m* lamba
beleumundet *adj* **gut ~** iyi bir sanı olan
Belgien <-s> ['bɛlgiən] *nt* Belçika
Belgier(in) <-s, -; -nen> *m(f)* Belçikalı
belgisch *adj* Belçika (ile ilgili), Belçikalı; **die ~e Regierung** Belçika hükümeti; **~e Frauen/Männer** Belçikalı kadınlar/erkekler
Belgrad <-s> ['bɛlgra:t] *nt* Belgrad
belichten* *vt* FOTO ışıklamak
Belichtung <-en> *f* FOTO ışıklama **Belichtungsautomatik** *f* FOTO otomatik ışıklama **Belichtungsmesser** *m* FOTO fotometre, ışıkölçer **Belichtungszeit** *f* FOTO poz, ışıklama süresi
belieben* *vi* (*geh*) **wie es Ihnen beliebt ist** nasıl isterseniz; **wann es Ihnen beliebt** ne zaman canınız isterse
Belieben <-s> *nt kein pl* **nach ~** istenildiği gibi [*o* kadar]; **ganz nach Ihrem ~** istediğiniz gibi [*o* kadar]
beliebig **I.** *adj* herhangi bir, gelişigüzel; **zu jeder ~en Zeit** ne zaman olursa olsun; **von ~er Größe** her boyda; **in ~er Reihenfolge** gelişigüzel dizilerek; **jede ~e Arbeit annehmen** istenilen her işi kabul etmek **II.** *adv* nasıl istenilirse, gelişigüzel
beliebt *adj* (*Person*) sevilen, gözde, popüler; (*Ware*) rağbet gören, revaçta olan; (*Thema*) revaçta olan, sevilen; **sich bei jdm ~ machen** birine kendini sevdirmek
Beliebtheit *f kein pl* rağbet, sevilme, popülarite; **jd/etw erfreut sich großer ~** bir kimse/şey çok rağbet görmek [*o* kazanmak], bir kimse/şey çok sevilmek [*o* popüler olmak]
beliefern* *vt* göndermek (**mit** -)
Belieferung <-en> *f* gönder(il)me
bellen ['bɛlən] *vi* havlamak, ürümek; **Hunde, die ~, beißen nicht** ürüyen köpek ısırmaz
Belletristik [bɛle'trɪstɪk] *f kein pl* gökçe yazın, edebiyat **belletristisch** *adj* **~e Literatur** gökçe yazın, edebiyat; **~e Zeitschrift** edebiyat [*o* yazın] dergisi
belohnen* *vt* ❶ (*mit einem Preis*) ödüllendirmek (**für** için), mükâfatlandırmak (**für** için) ❷ (*anerkennen*) takdir etmek (**für** için); (*vergelten*) hakkını vermek (-in, **für** için); **belohnt werden für etw** bir şeyin mükâfatını görmek
Belohnung <-en> *f* ödül, mükâfat; **zur ~ für ...** ... için ödül olarak
belüften *vt* havalandırmak
Belüftung <-en> *f* ❶ havalandırma ❷ (*Anlage*) havalandırıcı **Belüftungsschacht** *m* BERGB baca
belügen* *irr vt* **jdn ~** birine yalan söylemek
belustigen* **I.** *vt* (*zum Lachen bringen*) güldürmek, eğlendirmek **II.** *vr* ■ **sich ~** (*geh: sich lustig machen*) gülmek (**über** -e); **sich mit etw ~** bir şeyle eğlenmek
Belüstigung *f* eğlenme; **zu meiner ~** eğlenmem için
bemächtigen* [bə'mɛçtɪgən] *vr* (*geh*) **sich etw** *gen* **~** bir şeyi ele geçirmek; **sich jds ~** (*fig*) birini (kendine) ram etmek, birine boyun eğdirmek
bemalen* **I.** *vt* boyamak **II.** *vr* ■ **sich ~** yüzünü boyamak, makyajını yapmak
bemängeln* [bə'mɛŋəln] *vt* ❶ (*etw*) kusur bulmak (-e) ❷ (*jds Verhalten*) kınamak, ayıplamak
bemannt [bə'mant] *adj* (*Raumschiff*) insan taşıyan
bemerkbar *adj* fark edilebilir, göze çarpar, hissedilir; ■ **sich ~ machen** kendini hissettirmek [*o* belli etmek]; (*durch Gesten*) kaş göz işareti yapmak
bemerken* *vt* ❶ (*merken*) fark etmek, farkına varmak (-in); (*wahrnehmen*) algılamak ❷ (*äußern*) söylemek, demek; (*erwähnen*) sözünü etmek (-in), söz etmek (-den); **nebenbei bemerkt** antrparantez, söz arasında, sırası gelmişken **bemerkenswert** *adj* ilgi çekici, dikkati üzerinde toplayan; (*Aufmerksamkeit verdienend*) dikkate [*o* kayda] değer
Bemerkung <-en> *f* söz, laf; (*Anmerkung*) not
bemessen* *irr* **I.** *vt* (*zumessen*) tayin etmek, belirlemek; (*abmessen*) ölçmek; **meine Zeit ist knapp ~** zamanım sınırlı, pek az vaktim var **II.** *vr* ■ **sich ~** (*sich bestimmen*) belirlenmek (**nach** -e göre)
Bemessungsgrundlage *f* matrah, temel olarak alınan değer
bemitleiden* [bə'mɪtlaɪdən] *vt* acımak (-e); **sich selbst ~** kendine acımak **bemitleidenswert** *adj* acınacak
bemittelt *adj* paralı
bemoost *adj* yosunlu
bemühen* [bə'my:ən] **I.** *vr* ■ **sich ~** (*sich Mühe geben*) uğraşmak (**um** için), gayret göstermek (**um** için), çaba harcamak (**um** için); **bitte ~ Sie sich nicht!** lütfen zahmet

etmeyin!; **sich um etw ~** bir şey için uğraşmak [*o* gayret göstermek]; **sich um eine Stelle ~** bir iş yeri bulmak için uğraşmak; **sich um jdn ~** biri için zahmete girmek [*o* katlanmak]; **wärst du so freundlich, dich zu mir zu ~?** zahmet olmazsa bana gelebilir misin? **II.** *vt* (*geh: bitten*) rica etmek; (*in Anspruch nehmen*) zahmete sokmak; **jdn zu sich ~** birinin yanına gelmesini rica etmek

bemüht *adj* **~ sein, etw zu tun** bir şey yapmak için gayret göstermek; **um etw ~ sein** bir şey için uğraşmak [*o* gayret göstermek]; **um jdn ~ sein** biri için zahmete girmek [*o* katlanmak]

Bemühung <-en> *f* ❶ zahmet; (*Anstrengung*) gayret, çaba; **vielen Dank für Ihre ~en** zahmetinize çok teşekkür ederim ❷ *pl* (*Dienstleistungen*) hizmetler *pl*

bemuttern* [bəˈmʊtɐn] *vt* **jdn ~** birine analık etmek

benachbart [bəˈnaxbaːɐt] *adj* komşu; **das ~e Haus** yandaki ev

benachrichtigen* [bəˈnaːxrɪçtɪgən] *vt* haberdar etmek (**von** -den), haber vermek (-e, **von** -)

Benachrichtigung <-en> *f* haber ver(il)me; (*Nachricht*) haber; **eine ~ erhalten** bir haber almak

benachteiligen* [bəˈnaːxtaɪlɪgən] *vt* mağdur etmek, zarara uğratmak, haksızlık etmek (-e), hakkını yemek (-in, **wegen** -den dolayı); **diese Bestimmung benachteiligt Ausländer** bu hüküm yabancıları mağdur eder, bu hüküm yabancıların hakkını yer; **ein wirtschaftlich benachteiligtes Gebiet** ekonomik bakımdan geri kalmış bir bölge

Benachteiligte(r) *f(m)* kıygın (kimse), mağdur (kimse)

Benachteiligung <-en> *f* ❶ (*das Benachteiligen*) haksızlık etme; (*das Benachteiligtwerden*) haksızlığa uğrama ❷ (*Zustand*) kıygınlık, mağdurluk, haksızlığa uğramış olma

benebelt *adj* (*fam: vom Alkohol*) kafası dumanlı

Benediktenkraut *nt kein pl* BOT mübarek otu

Benefizkonzert <-(e)s, -e> [beneˈfiːts-] *nt* hayır amacıyla düzenlenen konser

benehmen* *irr vr* ■ **sich ~** davranmak, tavır takınmak (**wie** gibi); **benimm dich!** terbiyesizlik etme [*o* yapma]!

Benehmen <-s> *nt kein pl* ❶ (*Verhalten*) davranış, tavır ❷ (*Manieren*) görgü, terbiye, tavır ve davranıslar *pl;* **kein ~ haben** görgüsü olmamak

beneiden* [bəˈnaɪdən] *vt* **jdn um etw ~** birinin bir şeyine imrenmek [*o* gıpta etmek]; **er ist nicht zu ~** (durumu) imrenilecek gibi değil, ona imrenmiyorum; **ich beneide dich um dein Glück** şansına imreniyorum **beneidenswert** *adj* imrenilecek

Beneluxländer *pl* POL Benelüks ülkeleri *pl*

benennen* *irr vt* ❶ (*Namen geben*) adlandırmak, adını vermek [*o* koymak] (-e, **nach** -in); **er wurde nach seinem Onkel benannt** ona dayısının adını verdiler [*o* koydular] ❷ (*Kandidaten*) adını bildirmek [*o* vermek] (-in)

Benennung <-en> *f* ❶ (*das Benennen*) adlandırma ❷ (*Name, Bezeichnung*) ad

benetzen* *vt* (*geh*) hafifçe ıslatmak

Bengel <-s, -(s)> [ˈbɛŋəl] *m* (*fam*) ❶ (*frecher Bursche*) yumurcak, afacan ❷ (*kleiner Junge*) oğlan, velet

benommen [bəˈnɔmən] **I.** *pp von* **benehmen II.** *adj* sersem; (*verwirrt*) şaşkın; (*vom Alkoholgenuss*) mahmur

benoten* *vt* not vermek (-e)

benötigen* [bəˈnøːtɪgən] *vt* gereksemek, gereksinmek (-e), ihtiyacı olmak (-e); **dringend ~** acilen ihtiyacı olmak; **ich benötige deine Hilfe** yardımına ihtiyacım var

benutzen* *vt* ❶ (*gebrauchen, verwenden*) kullanmak; (*Zug, Bus*) gitmek (ile) ❷ (*ausnutzen*) kullanmak; **er benutzte die Gelegenheit, um zu fliehen** kaçmak için fırsatı kullandı; **etw als Vorwand ~** bir şeyi bahane etmek; **ich fühle mich (von ihr) benutzt** beni kullanıyormuş gibi bir his var içimde

benützen* *vt* DIAL *s.* **benutzen**

Benutzer(in) <-s, -; -nen> *m(f) a.* INFORM kullanıcı **benutzerfreundlich** *adj* kullanımı kolay **Benutzerhandbuch** *nt* INFORM, TECH kullanıcı el kitabı, kullanıcı kılavuzu **Benutzerkonto** *nt* INFORM kullanıcı hesabı **Benutzername** <-ns, -n> *m* INFORM kullanıcı adı **Benutzeroberfläche** <-n> *f* INFORM kullanıcı yüzeyi [*o* arabirimi]

Benutzung <-en> *f* kullan(ıl)ma, kullanım; **etw in ~ haben** bir şeyi kullanıyor [*o* kullanmakta] olmak

Benzin <-s, -e> [bɛnˈtsiːn] *nt* benzin **Benzinfeuerzeug** *nt* benzinli çakmak **Benzinkanister** <-s, -> *m* benzin bidonu **Benzinpumpe** *f* AUTO akaryakıt pompası **Benzintank** *m* AUTO benzin deposu

Benzinuhr *f* benzin göstergesi, akaryakıt göstergesi **Benzinverbrauch** *m* AUTO

benzin sarfiyatı
Benzoe [bɛn'tso:e:] *f* aselbent **Benzoebaum** *m* BOT aselbent ağacı
B
Benzol <-s, -e> [bɛn'tso:l] *nt* CHEM benzol
beobachten* [bə'ʔo:baxtən] *vt* ❶ (*betrachten*) gözlemek, gözlemlemek, bakmak (-e) ❷ (*überwachen*) gözetlemek ❸ (*bemerken*) fark etmek (**an** -de), görmek (**an** -de) ❹ (*befolgen, einhalten*) uymak (-e), riayet etmek (-e)
Beobachter(in) <-s, -; -nen> *m(f)* gözlemci
Beobachtung <-en> *f* gözlem, gözetleme; **~en anstellen** gözlemde bulunmak **Beobachtungssatellit** *m* MIL keşif uydusu
beordern* *vt* **jdn an einen Ort ~** bir yere gelmesi için birine emir vermek
bepacken* *vt* yüklemek (**mit** -le)
bepflanzen* *vt* dikmek (-e, **mit** -)
bequatschen* *vt* (*fam*) ❶ (*besprechen*) konuşmak ❷ (*überreden*) kandırmak, razı etmek
bequem [bə'kve:m] *adj* ❶ (*komfortabel*) rahat; ■ **es sich ~ machen** rahatına bakmak ❷ (*pej: Person*) miskin, tembel, üşengeç, üşengen ❸ (*fig: einfach*) kolay
bequemen* *vr* ■ **sich ~** lütfetmek (**zu** -e), tenezzül etmek (**zu** -e)
Bequemlichkeit[1] <-en> *f* (*Komfort*) konfor, rahat(lık)
Bequemlichkeit[2] *f kein pl* (*Trägheit*) miskinlik; (*Faulheit*) tembellik, üşengeçlik, üşengenlik; **aus** (**purer**) **~** (sırf) tembellikten, (sırf) üşengeçlikten
berappen* *vt* (*fam: bezahlen*) (para) bayılmak, ödemek
beraten* *irr* **I.** *vt* ❶ (*Rat geben*) öğüt [*o* nasihat] vermek (-e), akıl vermek (-e) ❷ (*beratschlagen*) danışmak (**über** -), görüşmek (**über** -); **sich von jdm ~ lassen** birine akıl danışmak, birinin görüşünü almak; **sich von einem Anwalt ~ lassen** bir avukata danışmak **II.** *vr* ■ **sich ~** (*sich besprechen*) görüşmek (**mit** -le); (*Ärzte über Diagnose*) konsültasyon yapmak; **sich mit jdm ~ über etw** biriyle bir şey hakkında görüşmek
beratend *adj* danışma
Berater(in) <-s, -; -nen> *m(f)* danışman, müşavir
beratschlagen* [-'---] *vi, vt* danışmak (**über** -), görüşmek (**über** -)
Beratung <-en> *f* ❶ (*Ratschlag*) öğüt ver(il)me; (*Tätigkeit eines Beraters*) danışmanlık ❷ (*Besprechung*) görüşme, danış(ma); (*von Ärzten über Diagnose*) konsültasyon ❸ (*Auskunft, Beratungsstelle*) danışma **Beratungsstelle** <-n> *f* danışma bürosu **Beratungsvertrag** *m* WIRTSCH danışmanlık sözleşmesi
berauben* *vt* yoksun etmek [*o* bırakmak]; **jdn einer Sache ~** birini bir şeyden yoksun etmek [*o* bırakmak]
berauschen* **I.** *vt* (*geh*) ❶ (*Alkohol, Droge*) sarhoş etmek ❷ (*fig*) mest etmek **II.** *vr* ■ **sich ~** ❶ (*sich betrinken*) sarhoş olmak (**an** -den) ❷ (*fig*) mest olmak (**an** -den)
berauschend *adj* (*Alkohol, Droge*) sarhoş [*o* mest] edici; **das war nicht sehr ~!** (*fam*) pek ahım şahım (bir şey) değildi, pek de şahane değildi!
Berber(in)[1] <-s, -; -nen> ['bɛrbɐ] *m(f)* ❶ (*Volkszugehöriger*) Berberi ❷ (*fam: Nichtsesshafte*) berduş
Berber[2] <-s, -> *m* (*Teppich*) Berberi halısı
berechenbar [bə'rɛçənba:ɐ] *adj* ❶ FIN (*Kosten*) hesaplanabilir, hesap (kitap) edilebilir ❷ (*fig: voraussehbar*) önceden tahmin edilebilir
berechnen* *vt* ❶ (*Preis, Zinsen, Entfernung*) hesaplamak, hesap etmek ❷ (*kalkulieren*) hesaplamak, hesap etmek ❸ (*in Rechnung stellen*) hesap çıkarmak (**für** -e); **Sie haben mir das zu teuer berechnet** bunun için bana fazla hesap çıkardınız
berechnend *adj* (*pej: eigennützig*) çıkarcı, menfaatçi; (*die Vorteile bedenkend*) çıkarını düşünen, çıkarını kollayan
Berechnung <-en> *f* ❶ (*von Kosten*) hesap; **nach meiner ~** benim hesabıma göre ❷ (*pej: Eigennutz*) çıkar; **etw aus ~ tun** bir işi çıkarı için yapmak
berechtigen *vt* yetkilendirmek, yetkili kılmak; **zu der Annahme ~** (*fig*) sandırmak, olabileceğine daha çok inandırmak; **zu den größten Hoffnungen ~** (*fig*) en büyük umut kapısını açmak
berechtigt *adj* haklı, yetkili, hak sahibi olan; **~ sein, etw zu tun** bir şeyi yapmaya yetkili olmak **berechtigterweise** *adj* haklı olarak
Berechtigung *f* ❶ (*Recht*) hak; (*Befugnis*) yetki ❷ (*Rechtmäßigkeit*) meşruiyet
bereden* **I.** *vt* ❶ (*besprechen*) konuşmak (**mit** ile), görüşmek (**mit** ile); **ich habe etw mit dir zu ~** seninle konuşacağım bir şey var ❷ (*übel nachreden*) **jdn ~** birini çekiştirmek, biri hakkında kötü konuşmak ❸ (*überreden*) kandırmak, ikna etmek; **jdn ~, etw zu tun** birini bir şey yapmaya razı etmek **II.** *vr* ■ **sich ~** (*beratend besprechen*) görüşmek; **wir müssen uns ~** görüşmemiz gerek(li) [*o* lazım]; **sich mit jdm über etw ~** biriyle bir şeyi görüş-

mek

Beredsamkeit *f kein pl* belagat

beredt [bə'reːt] *adj* (*Person*) belagatli, beliğ

Bereich <-(e)s, -e> [bə'raɪç] *m* ❶ (*Gebiet*) bölge, alan ❷ (*Sachgebiet*) alan, dal, bölüm; (*Sektor*) sektör, kesim ❸ (*Aufgabengebiet, Zuständigkeit*) alan; **das fällt nicht in meinen ~** bu benim alanıma girmez; **im ~ des Möglichen liegen** imkân dâhilinde olmak

bereichern* **I.** *vt* zenginleştirmek (**mit** ile) **II.** *vr* ■ **sich ~** zenginleşmek (**an** -le)

Bereicherung <-en> *f* zenginleşme

bereifen* *vt* AUTO lastik takmak (-e)

Bereifung <-en> *f* AUTO lastik donanımı, lastikler *pl*

bereinigen* *vt* (*Missverständnis*) temizlemek; (*Angelegenheit*) halletmek, yoluna koymak; ■ **sich ~** hallolmak

bereisen *vt* gezmek; **die Türkei ~** Türkiye'yi gezmek

bereit *adj* hazır; **~ sein, etw zu tun** bir şeyi yapmaya hazır olmak

bereiten* *vt* ❶ (*zubereiten*) hazırlamak ❷ (*verursachen*) neden [*o* sebep] olmak (-e), yol açmak (-e); (*Schwierigkeiten*) çıkarmak; **jdm Kummer ~** birine dert olmak, birine sıkıntı vermek; **Vergnügen ~** zevk vermek; **etw** *dat* **ein Ende ~** bir şeye son vermek

bereit|halten *irr* **I.** *vt* alesta tutmak, hazır bulundurmak **II.** *vr* ■ **sich ~** alesta [*o* hazır durumda] beklemek **bereit|legen** *vt* hazır etmek **bereit|liegen** *irr vi* hazır olmak **bereit|machen** **I.** *vt* hazırlamak **II.** *vr* ■ **sich ~** hazırlanmak (**für** için)

bereits [bə'raɪts] *adv* (*schon*) bile, artık; **ich habe ~ gegessen** yemek yedim bile; **~ am nächsten Tag** hemen ertesi günü; **diese Geschichte höre ich ~ zum hundertsten Mal** bu hikâyeyi artık yüzüncü defa dinliyorum; **die ~ vorhandenen Systeme** önceden mevcut sistemler

Bereitschaft <-en> *f* ❶ hazır olma [*o* bulunma]; (*Kriegs~*) seferberlik; **etw in ~ haben** bir şeyi hazır bulundurmak ❷ (*~sdienst*) nöbet; **welcher Arzt hat heute ~?** bugün hangi hekim nöbetçi?; **welche Apotheke hat heute ~?** bugün nöbetçi eczane hangisi? **Bereitschaftsarzt, -ärztin** *m, f* nöbetçi hekim **Bereitschaftsdienst** *m* nöbet; **~ haben** nöbeti olmak **Bereitschaftspolizei** *f* nöbetçi kolluk

bereit|stehen *irr vi* hazır bulunmak **bereit|stellen** *vt* ❶ (*vorbereiten*) hazır etmek ❷ (*zur Verfügung stellen*) hazır bulundurmak; (*zur Lieferung*) stokta bulundurmak

Bereitstellungskosten *pl* stokta bulundurma maliyeti

bereitwillig *adj* istekli, gönüllü; **~ Auskunft erteilen** isteyerek bilgi vermek

bereuen* [bə'rɔɪən] *vt* pişman olmak (-e); **das wirst du (noch) ~!** buna (daha sonra) pişman olacaksın!; **etw bitter ~** bir şeye bin pişman olmak

Berg <-(e)s, -e> [bɛrk] *m* ❶ dağ; (*Hügel*) yokuş; **~e versetzen (können)** (*fig fam*) dağları devir(ebil)mek; **über den ~ sein** (*fig*) paçayı kurtarmak; **längst über alle ~e sein** (*fig fam*) çoktan tüymüş olmak, çoktan kayıplara karışmış olmak; **jdm stehen die Haare zu ~e** (*fig fam*) birinin tüyleri diken diken olmak; **der ~ kreißt und gebiert eine Maus** (*prov*) dağ doğura doğura bir fare doğurmuş; **wenn der ~ nicht zum Propheten kommen will, muss der Prophet zum Berge gehen** (*prov*) dağ yürümezse, abdal yürür ❷ (*fig*) yığın

bergab [bɛrk'ʔap] *adv* yokuş aşağı; **~ gehen** (*Weg*) yokuş inmek; (*Geschäft*) yokuş aşağı gitmek; **es geht ~ mit ihm** (*fam*) durumu kötüleşiyor

Bergamotte <-n> [bɛrga'mɔtə] *f* BOT bergamot

Bergarbeiter(in) *m(f)* maden işçisi, madenci **Bergarbeiterstreik** *m* madencilerin grevi

bergauf [bɛrk'ʔaʊf] *adv* yokuş yukarı; **~ gehen** yokuş çıkmak; **es geht steil ~** yokuş diklemesine çıkıyor; **langsam geht es wieder ~ mit ihm** (*fam*) yavaş yavaş durumu iyileşiyor

Bergbahn *f* dağ treni; (*Seilbahn*) teleferik

Bergbau <-(e)s> *m kein pl* madencilik

Bergbesteigung <-en> *f* dağa tırmanma **Bergbewohner(in)** *m(f)* dağlı **Bergdorf** *nt* dağ köyü

bergen <birgt, barg, geborgen> ['bɛrgən] *vt* ❶ (*retten*) kurtarmak ❷ (*geh: enthalten*) içine almak, ihtiva etmek; (*verbergen*) saklamak; **das birgt natürlich die Gefahr, dass ...** doğal olarak bu ... tehlikesini de içine alır ❸ (*schützen*) korumak (**vor** -den)

Bergführer(in) <-s, -; -nen> *m(f)* dağ kılavuzu **Berggipfel** *m* dağ doruğu, dağ başı **Berghang** *m* dağ yamacı **Berghuhn** *nt* ZOOL kınalı keklik **Berghütte** *f* dağ evi; (*Schutzhütte*) cankurtaran kulübesi **bergig** *adj* dağlık

Bergingenieur(in) *m(f)* maden mühendisi **Bergkette** *f* dağlar dizisi; (*Gebirge*) sıra-

B

dağ **Bergkristall** *m* MIN Necef taşı **Bergland** <-(e)s, -länder> *nt* dağlık bölge **Bergmann** <-(e)s, -leute> *m* madenci **Bergpredigt** *f kein pl* REL Hazreti İsa'nın dağ vaazı **Bergrücken** *m* dağ sırtı **Bergrutsch** *m* kayşa, heyelân **Bergschuh** *m* dağcı botu [*o* ayakkabısı] **Bergsteigen** <-s> *nt kein pl* dağcılık, alpinizm **Bergsteiger(in)** <-s, -; -nen> *m(f)* dağcı, alpinist **Bergtour** *f* dağ turu **Berg-und-Tal-Bahn** *f* (lunaparkta) eğlence treni

Bergung <-en> ['bɛrgʊŋ] *f* kurtarma **Bergungsarbeiten** *pl* kurtarma işleri *pl* **Bergungsmannschaft** *f* kurtarma ekibi **Bergungstrupp** *m* kurtarma ekibi

Bergwacht *f kein pl* dağ kurtarma ekibi **Bergwand** *f* dağ yamacı **Bergwanderung** *f* dağ turu

Bergwerk *nt* BERGB maden ocağı

Bericht <-(e)s, -e> [bə'rɪçt] *m* ❶ rapor; **jdm über etw ~ erstatten** birine bir şey hakkında rapor vermek; **einen ~ über etw abfassen** bir şeyi raporlamak ❷ RADIO, TV (*Tatsachen~*) röportaj; **einen ~ über etw abfassen** bir şey hakkında röportaj yazmak

berichten *vt, vi* rapor vermek; **er berichtete, dass ...** ...ni bildirdi [*o* haber verdi]; **gibt es Neues zu ~?** yenilik var mı?, yeni bir haber var mı?

Berichterstatter(in) <-s, -; -nen> *m(f)* ❶ raportör, sözcü ❷ (*Presse*) röportajcı ❸ (*Korrespondent*) muhabir; **auswärtiger ~** dış muhabir

Berichterstattung *f* röportaj(cılık)

berichtigen* [bə'rɪçtɪgən] *vt* düzeltmek

Berichtigung <-en> *f* düzeltme

berieseln* *vt* (*Rasen*) sulamak

Berieselung *f* (*mit Wasser*) sulama; **die ~ durch etw** (*fig*) bir şeyin sürekli etkisi altında kalma **Berieselungsanlage** *f* sulama düzeni

Beringmeer *nt* Bering Denizi

Beringstraße *f* Bering Boğazı

beritten [bə'rɪtən] *adj* MIL (*a. Polizei*) atlı, süvari; **die ~e Polizei** atlı polis, süvari polisi

Berlin <-s> [bɛr'li:n] *nt* Berlin

Berliner[1] <-s, -> [bɛr'li:nɐ] *m* (*Gebäck*) *Berliner adlı içi reçelli puf çöreği*

Berliner(in)[2] <-s, -; -nen> [bɛr'li:nɐ] *m(f)* Berlinli

berlinerisch *adj* (*fam*) Berlin şivesi, Berlin ağzı

berlinern *vi* Berlin şivesiyle [*o* ağzıyla] konuşmak

Bermudas [bɛr'mu:das] *pl* ❶ (*Inselgruppe*) Bermuda ❷ (*Hose*) bermuda

Bern <-s> [bɛrn] *nt* Bern

Berner(in) <-s, -; -nen> *m(f)* Bernli

Bernhardiner <-s, -> [bɛrnhar'di:nɐ] *m* ❶ (*Mönch*) Sen Bernar keşişi ❷ (*Hund*) Sen Bernar köpeği

Bernstein <-(e)s, -e> ['bɛrnʃtaɪn] *m* kehribar

bersten <birst, barst, geborsten> ['bɛrsten] *vi sein* (*a. fig: auf~*) çatlamak, yarılmak; (*platzen*) patlamak; **zum B~ voll sein** patlayacak kadar dolu olmak; **vor Ungeduld ~** sabırsızlıktan çatlamak

berüchtigt [bə'rʏçtɪçt] *adj* adı çıkmış

berücksichtigen* [bə'rʏkzɪçtɪgən] *vt* ❶ (*in Betracht ziehen*) dikkate [*o* göz önüne] almak, gözetmek, göz önünde bulundurmak; **etw nicht ~** bir şeyi dikkate [*o* göz önüne] almamak ❷ (*in Rechnung stellen*) hesaba katmak; **etw nicht ~** bir şeyi hesaba katmamak

Berücksichtigung *f kein pl* dikkate alınma; **unter ~ der Tatsache, dass ...** ... olduğu dikkate alındığında

Beruf <-(e)s, -e> [bə'ru:f] *m* meslek; **einen ~ ausüben** bir meslekte çalışmak; **was sind Sie von ~?** mesleğiniz nedir?; **von ~s wegen** meslek icabı, mesleğinin gereği olarak

berufen[1] *adj* atanmış; **sich zu etw ~ fühlen** bir şeyi iliklerinde duymak, bir şeye özel yeteneği olduğunu duymak; ■ **sich ~ fühlen zu helfen** yardım etmeyi kendine görev saymak

berufen*[2] *irr* **I.** *vt* ❶ (*ernennen*) atamak; (*in ein Amt*) atamak; **sie haben ihn zum Minister ~** bakan olarak atandı ❷ (*beschwören*) çağırmak **II.** *vr* ■ **sich ~** (*sich stützen*) dayanmak (**auf** -e)

beruflich *adj* meslekî, mesleksel, mesleğe ilişkin, meslekle ilgili olan; **~e Probleme** meslekî sorunlar; ■ **sich ~ weiterbilden** meslekle ilgili olarak bilgisini ilerletmek; **~ unterwegs sein** meslekle ilgili olarak yolda olmak; **was macht er ~?** meslek olarak ne yapıyor?

Berufsarmee *f* MIL profesyonel ordu **Berufsausbildung** <-en> *f* meslek eğitimi **Berufsberater(in)** *m(f)* meslek danışmanı **Berufsberatung** *f* meslek danışmanlığı **Berufsbezeichnung** *f* meslek adı, meslek unvanı **Berufsbild** *nt* meslek tanımı **berufserfahren** *adj* meslek deneyimi olan **Berufserfahrung** *f* meslek deneyimi **Berufsgeheimnis** *nt* meslek sırrı **Berufsgenossenschaft** *f* meslek sendikası **Berufsgruppe** *f* meslek grubu **Berufskleidung** *f* iş kıyafeti **Berufskrankheit** *f* meslek hastalığı **Berufsleben** <-s> *nt kein pl* meslek yaşamı, meslek hayatı

berufsmäßig *adj* profesyonel; **etw ~ betreiben** bir şeyi profesyonel olarak yapmak

Berufsoffizier <-s, -e> *m* muvazzaf subay **Berufspendler(in)** *m(f) iş yerine ancak bir taşıt ile varabilen kimse* **Berufsrisiko** <-s, -risiken> *nt* meslek riski **Berufsschule** <-en> *f* meslek okulu **Berufsschullehrer** *m* meslek okulu öğretmeni **Berufssoldat(in)** *m(f)* MIL muvazzaf **Berufsspieler(in)** *m(f)* profesyonel oyuncu **Berufssportler(in)** *m(f)* profesyonel sporcu **berufstätig** *adj* meslek sahibi olan; **~ sein** meslek sahibi olmak; **halbtags ~ sein** parttaym çalışmak **Berufstätige(r)** <-n, -n; -n> *f(m)* meslek sahibi **berufsunfähig** *adj* meslekte iş göremez **Berufsunfähigkeit** <-en> *f* meslekte iş göremezlik, mesleği icra edemezlik **Berufsunfall** *m* meslek kazası **Berufsverband** *m* meslek birliği **Berufsverbot** *nt* mesleğin icrası yasağı **Berufsverkehr** *m* iş zamanı trafiği **Berufswahl** *f kein pl* meslek seçimi **Berufswechsel** *m* meslek değiştirme

Berufung <-en> [bəˈruːfʊŋ] *f* ❶ (*Ernennung*) ata(n)ma ❷ (*fig: besondere Befähigung*) özel yetenek; REL (*innerer Auftrag*) Allah'ın takdir ettiği görev ❸ (*das Sichberufen*) **unter ~ auf ...** ...in hatırlatılması yoluyla, ...i kaynak göstermek yoluyla ❹ JUR istinaf; **er legte gegen das Urteil ~ ein** hükme karşı istinaf yoluna başvurmak; **in die ~ gehen** istinaf talebinde bulunmak **Berufungsgericht** *nt* JUR istinaf mahkemesi **Berufungsinstanz** *f* JUR istinaf mercii **Berufungsklage** *f* JUR istinaf davası

beruhen* *vi* dayanmak (**auf** -e); (*folgen aus*) ileri gelmek (**auf** -den); **unser Vertrauen beruht auf Gegenseitigkeit** itimadımız karşılıklıdır; **etw auf sich ~ lassen** bir şeyi olduğu gibi bırakmak

beruhigen* [bəˈruːɪgən] **I.** *vt* rahatlatmak, yatıştırmak, sakinleştirmek, teskin etmek; (*trösten*) teselli etmek; **na, dann bin ich beruhigt!** öyleyse içim rahat etti! **II.** *vr* ■ **sich ~** rahatlamak, yatışmak, sakinleşmek; (*Meer*) durgunlaşmak; (*Sturm*) dinmek; (*Lage*) yatışmak; **hat sich dein Magen jetzt beruhigt?** miden şimdi rahatladı mı?

Beruhigung <-en> *f* yatıştırma; (*der Lage*) yatışma; **zu Ihrer ~ kann ich sagen, dass ...** ...diğini size temin edebilirim **Beruhigungsmittel** *nt* MED yatıştırıcı, müsekkin, sinir ilacı

berühmt [bəˈryːmt] *adj* ünlü, meşhur, şöhretli, tanınmış (**für** -le); **über Nacht ~ werden** birdenbire şöhret kapısı açılmak, birdenbire meşhur olmak, birdenbire ün kazanmak; **deine Leistungen waren nicht gerade ~** (*fam*) randımanın öyle ahım şahım değildi **berühmt-berüchtigt** [-ˈ--ˈ--] *adj* adı (kötüye) çıkmış

Berühmtheit[1] *f kein pl* (*das Berühmtsein*) meşhurluk, ünlülük, tanınmışlık; (*großer Ruf*) ün, şöhret

Berühmtheit[2] <-en> *f* (*bekannte Person*) meşhur, şöhret sahibi

berühren* *vt* ❶ (*anfassen*) dokunmak (-e); (*streifen*) değmek (-e); **etw mit der Hand ~** elini bir şeye dokundurmak [*o* değdirmek] [*o* sürmek] ❷ (*flüchtig erwähnen*) değinmek (-e) ❸ (*Gefühle erwecken*) duygulandırmak ❹ (*fig: betreffen*) ilgilendirmek, ırgalamak; **das berührt mich nicht** bu beni ırgalamaz [*o* ilgilendirmez]

Berührung <-en> *f* ❶ (*das Anfassen*) dokunma; (*Streifen*) değme ❷ (*Kontakt*) temas; **mit etw** *dat* **in ~ kommen** bir şeye temas etmek, bir şeye değinmek; **mit jdm in ~ kommen** *dat* biriyle temasta bulunmak **Berührungsangst** *f* PSYCH dokunma korkusu **Berührungsbildschirm** *m* TECH, INFORM dokunmatik ekran **Berührungspunkt** *m* değme noktası, temas noktası

bes. *Abk von* **besonders** özellikle, özel olarak, bilhassa, hele, pek

besagen* *vt* ❶ (*zum Ausdruck bringen*) ifade etmek ❷ (*bedeuten*) demek, anlamına gelmek; **das hat nichts zu ~** bu hiçbir şey demek değil, bu hiçbir şey ifade etmez

besagte(r, s) *adj* sözü geçen, söz konusu

besaiten* *vt* kiriş takmak (-e); **zart besaitet sein** (*Person*) ince duygulu olmak

besamen* *vt* döllemek

besänftigen* [bəˈzɛnftɪgən] *vt* yatıştırmak, teskin etmek

Besänftigung <-en> *f* yatıştırma, teskin

Besanmast *m* NAUT mizana (direği)

besät *adj* **mit Blumen ~** çiçeklerle kaplı, çiçek ekili

Besatz <-es, -sätze> *m* (*Borte*) tiriz

Besatzung <-en> *f* ❶ (*Garnison*) garnizon; (*Truppen*) işgal kuvvetleri *pl* ❷ NAUT, AERO mürettebat **Besatzungsarmee** *f* işgal ordusu **Besatzungsgebiet** *nt* MIL işgal bölgesi **Besatzungsmacht** <-mächte> *f* işgalci güç **Besatzungsstreitkräfte** *pl* işgal kuvvetleri *pl* **Besatzungszone** <-n> *f* MIL işgal bölgesi

besaufen* *irr vr* ■ **sich ~** (*fam*) kafayı çek-

mek

Besäufnis <-ses, -se> [bəˈzɔɪfnɪs] *nt* (*fam*) kafa çekme

beschädigen* *vt* zedelemek, zarar vermek (-e), hasara uğratmak

Beschädigung *f* zedeleme, zarar verme, hasar, hasara uğrama

beschaffen*[1] *vt* sağlamak, tedarik [*o* temin] etmek

beschaffen[2] *adj* **so ~ sein, wie ...** ... gibi (niteliği) olmak

Beschaffenheit *f kein pl* nitelik, mahiyet; (*Zustand*) durum; **undankbare ~** nankör olma durumu

Beschaffung *f kein pl* sağlama, tedarik **Beschaffungskriminalität** *f* uyuşturucu tedariki için işlenen suçlar **Beschaffungspreis** *m* maliyet; (*Kaufpreis*) alış fiyatı

beschäftigen* [bəˈʃɛftɪgən] **I.** *vt* ❶ meşgul etmek, uğraştırmak ❷ (*Arbeit geben*) iş vermek, çalıştırmak; (*im Arbeitsverhältnis haben*) istihdam etmek ❸ (*ablenken, unterhalten*) oyalamak (**mit** -le); (*mit einer Aufgabe*) uğraştırmak (**mit** -le) ❹ (*gedanklich*) meşgul etmek **II.** *vr* ■ **sich ~** (*sich befassen*) uğraşmak (**mit** -le), ilgilenmek (**mit** -le); **sich mit etw ~** bir şey ile uğraşmak [*o* meşgul olmak]; **sich mit jdm ~** bir kimse ile meşgul olmak, bir kimse ile ilgilenmek; **ich beschäftige mich gerade mit meiner Arbeit** şu anda işimle uğraşıyorum

beschäftigt *adj* ❶ (*befasst*) meşgul (**mit** ile), uğraşan (**mit** ile), işi olan; **viel ~** çok meşgul [*o* işi olan]; **er ist ~** meşguldür; **er ist ~ mit ...** ... ile uğraşıyor ❷ (*angestellt*) çalışıyor olmak (**bei** -de); **er ist ~ bei ...** ...de çalışıyor

Beschäftigte(r) *f(m)* çalışan (kimse)

Beschäftigung <-en> *f* ❶ (*Tätigkeit*) uğraşı, meşgale; (*das Beschäftigtsein*) meşgul olma, meşguliyet ❷ (*berufliche Arbeit*) iş güç; (*Anstellung*) istihdam; (*Betätigung*) çalıştırma; **ohne ~ sein** işi gücü olmamak **Beschäftigungslage** *f* WIRTSCH istihdam durumu **Beschäftigungspolitik** *f* istihdam politikası

beschämen* *vt* utandırmak; (*demütigen*) mahcup etmek [*o* çıkarmak]; **das beschämt mich sehr** bu beni çok mahcup etti

beschämend *adj* ayıp; (*demütigend*) utandırıcı

beschämt *adj* mahcup

Beschämung *f* (*das Beschämen*) utandırma, mahcup etme [*o* çıkarma]; (*das Beschämtsein*) utanmış olma, mahcup kalma; (*Scham*) utanç

beschatten* *vt* gölge etmek; (*fig*) gözetlemek

Beschattung <-en> *f* ADMIN, MIL gözetleme

beschauen* *vt* DIAL bakmak (-e); (*genau*) yoklamak

beschaulich *adj* ❶ (*geruhsam*) rahat, huzurlu ❷ (*in sich gekehrt*) dalgın, düşüncelere dalmış; **in ~er Ruhe** düşünüp taşınarak

Beschaulichkeit *f kein pl* ❶ (*Geruhsamkeit*) rahatlık, huzur ❷ (*in sich gekehrt*) REL murakabe

Bescheid <-(e)s, -e> [bəˈʃaɪt] *m* ❶ (*Auskunft*) bilgi; (*Nachricht*) haber; (*Antwort*) cevap; **ich warte noch auf ~** hâlâ cevabını bekliyorum; **jemandem über etw ~ geben** birine bir konuda haber [*o* bilgi] vermek; **über etw ~ wissen** bir şeyden haberi olmak, bir şey hakkında haberi [*o* bilgisi] olmak; (*alle Kniffe kennen*) avucunun içi gibi bilmek; **weißt du darüber ~?** bundan haberin var mı?, bunu biliyor musun? ❷ ADMIN (*Entscheidung*) karar; (*Mahn~*) emir

bescheiden[1] *adj* ❶ (*anspruchslos*) mütevazı, iddiasız; (*genügsam*) yetingen, kanaatkâr, alçak gönüllü; **eine ~e Frage** mütevazı bir soru; **~es Auftreten** iddiasız [*o* mütevazı] tutum ve davranış ❷ (*einfach*) mütevazı, gösterişsiz; **er lebt sehr ~** çok mütevazı yaşıyor ❸ (*nicht genügend*) yetersiz; (*gering*) az ❹ (*fam: beschissen*) berbat

bescheiden*[2] *irr* **I.** *vt* ❶ ADMIN (*mitteilen*) bildirmek, cevap vermek; **jdn abschlägig ~** birine olumsuz cevap vermek; **das Gesuch wurde abschlägig beschieden** dilekçe reddedildi ❷ (*beordern*) emretmek; (*an einen Ort kommen lassen*) çağırmak **II.** *vr* ■ **sich ~** (*geh: sich begnügen*) yetinmek (**mit** -le)

Bescheidenheit *f kein pl* (*Genügsamkeit*) yetingenlik, kanaatkârlık; (*Anspruchslosigkeit*) iddiasızlık, alçak gönüllülük, tevazu; **bei aller ~** övünmek gibi olmasın (ama); **nur keine falsche ~!** çekinmeyiniz!

bescheinigen* [bəˈʃaɪnɪgən] *vt* belgelemek, onaylamak, tasdik etmek; **den Eingang von etw ~** bir şeyin alındığını onaylamak; **hiermit wird bescheinigt, dass ...** (işbu) ... olduğu onaylanır; **können Sie mir ~, dass ...?** ... olduğunu bana belgeleyebilir misiniz?

Bescheinigung <-en> *f* ❶ (*Vorgang*) onaylama, tasdik ❷ (*Schriftstück*) belge; (*Quittung*) alındı

bescheißen* *irr vt* (*fam*) **jdn ~** birini aldatmak [*o* faka bastırmak], birini üçkâğıda getirmek; **wir sind ganz schön beschissen worden** biz iyicene aldatıldık [*o* faka bastık]

beschenken* *vt* **jdn mit etw ~** birine bir şeyi armağan [*o* hediye] olarak vermek; **sich gegenseitig ~** birbirine armağan [*o* hediye] vermek

bescheren* [bəˈʃeːrən] *vt* **die Kinder ~** çocuklara Noel armağanlarını [*o* hediyelerini] vermek

Bescherung <-en> *f* ❶ (*zu Weihnachten*) Noel armağanlarının [*o* hediyelerinin] verilmesi ❷ (*iron fam: Missgeschick*) **eine schöne ~!** al başına belayı!, belalar mübareği!, rezaletin dik âlası!; **da haben wir die ~!** al başına belayı!, buyurun cenaze namazına!, öp babanın elini!

bescheuert [bəˈʃɔɪɐt] *adj* (*fam*) manyak(ça); **eine ~e Situation** manyakça bir durum

beschichten* *vt* TECH kaplamak (**mit** -le)

beschichtet *adj* TECH kaplamalı

Beschichtung <-en> *f* TECH kaplama

beschicken *vt* ❶ (*hinsenden*) göndermek ❷ TECH (*chargieren*) doldurmak, yedirmek

beschießen* *irr vt* ❶ ateşe tutmak; (*durch Geschütze*) topa tutmak, bombardıman etmek ❷ (*fig*) bombardıman etmek

Beschießung *f* ❶ (*mit Geschossen*) ateşe tutma; (*durch Geschütze*) topa tutma ❷ PHYS bombardıman

beschildern* *vt* levha koymak (-e)

Beschilderung <-en> *f* ❶ levha ile gösterme ❷ (*Gesamtheit der Schilder*) işaretler *pl*

beschimpfen* *vt* sövmek (-e), küfretmek (-e)

Beschimpfung <-en> *f* (*das Beschimpfen*) sövme, küfretme; (*Schimpfwort*) sövgü, küfür

beschirmen *vt* korumak

beschissen [bəˈʃɪsən] **I.** *pp von* **bescheißen II.** *adj* (*sl*) bombok, boktan, berbat; **so ein ~es Wetter!** ne (kadar) boktan [*o* berbat] bir hava!; **gestern ging es mir ~** dün bomboktum

Beschlag <-(e)s, -schläge> *m* ❶ (*Metallstück*) demir ❷ (*Hufeisen*) nal ❸ (*Hauch auf Metallflächen*) matlık; (*Überzug auf Fensterscheiben*) buğu; (*auf Speisen*) küf; **jdn/etw in ~ nehmen** bir kimseyi/şeyi işgal etmek; **etw mit ~ belegen** bir şeyi işgal etmek

beschlagen[1] *adj* (*fam*) bilgili (**in** -de), bilgi sahibi olan (**in** -de)

beschlagen*[2] *irr* **I.** *vi sein* (*Glas*) buğulanmak; (*Metall*) matlaşmak **II.** *vt* ❶ (*Möbel*) demir çakmak (-e) ❷ (*Huftiere*) nallamak

Beschlagnahme *f* JUR zapt, haciz

beschlagnahmen* *vt* JUR zapt etmek, haczetmek, el koymak

Beschlagnahmung <-en> *f* JUR, ADMIN zapt, haciz

beschleunigen* [bəˈʃlɔɪnɪgən] **I.** *vi* hızlanmak **II.** *vt* ❶ (*Tempo*) hızlandırmak, çabuklaştırmak; **den Schritt ~** adımlarını hızlandırmak ❷ (*Entwicklung*) hızlandırmak, hız vermek (-e) **III.** *vr* **sich ~** (*Tempo*) hızlanmak

Beschleunigung <-en> *f* hızlan(dır)ma; PHYS ivme

Beschleunigungskraft *f*, **Beschleunigungsvermögen** *nt* AUTO hızlanma gücü; (*Anzugskraft*) çekiş

beschließen* *irr vt* ❶ karar vermek (-e); (*gemeinsam*) karar almak (-e); POL (*Gesetz*) (tasarısını) kabul etmek ❷ (*beenden*) bitirmek, son vermek (-e); **über etw ~** bir şey hakkında [*o* üzerine] karar vermek

Beschluss[RR] <-es, -schlüsse> *m*, **Beschluß**[ALT] <-sses, -schlüsse> *m* karar; **einen ~ fassen** bir karar almak

beschlussfähig[RR] *adj* JUR, POL **~ sein** karar için gereken çoğunluğa sahip olmak, (karar için) yeter sayıyı haiz olmak

Beschlussfähigkeit[RR] *f* karar için gereken çoğunluk, (karar) yeter sayı(sı), nisap

beschlussunfähig[RR] *adj* JUR **~ sein** karar için gereken çoğunluğa sahip olmamak, (karar için) yeter sayıyı haiz olmamak

beschmieren* **I.** *vt* ❶ (*beschmutzen*) kirletmek, pisletmek; (*mit Fett*) yağlamak; (*bestreichen*) sürmek (-e), sıvaştırmak; **eine Wunde mit Salbe ~** bir yaraya merhem sürmek ❷ (*pej: vollschreiben*) karalamak **II.** *vr* **sich ~** üzerini kirletmek [*o* pisletmek], üzerine sürmek

beschmutzen* *vt* kirletmek (**mit** -le), pisletmek (**mit** -le); **jds Namen ~** birinin adını kirletmek [*o* lekelemek]

beschneiden* *irr vt* ❶ (*stutzen*) kesmek; (*Bäume*) budamak ❷ (*fig: Löhne*) budamak; (*Ausgaben*) kısmak; (*Freiheit*) kısıtlamak ❸ MED, REL (*Vorhaut*) sünnet etmek

Beschneidung <-en> *f* ❶ BOT budama ❷ (*von Rechten*) kısıtla(n)ma; (*von Ausgaben*) kısma, kısıntı (yapılması) ❸ MED, REL (*der Vorhaut*) sünnet

beschnüffeln* *vt* koklamak; **jdn ~** (*fig: untersuchen*) birini yoklamak

beschnuppern* *vt s.* **beschnüffeln**

beschönigen* [bəˈʃøːnɪgən] *vt* (*schönfärben*) olduğundan daha iyi [*o* güzel] göstermek, yaldızlamak

beschränken* [bəˈʃrɛŋkən] **I.** *vt* sınırla(ndır)mak (**auf** ile), kısıtlamak (**auf** ile) **II.** *vr* ■ **sich ~** yetinmek (**auf** ile); **sich auf das Notwendigste ~** en gerekli şeyle yetinmek

beschrankt *adj* (*Bahnübergang*) bariyerli

beschränkt *adj* ❶ (*eingeschränkt*) sınırlı, kısıtlı; (*knapp*) kıt; **einen ~en Horizont haben** ufku dar olmak; **Gesellschaft mit ~er Haftung** limited şirket ❷ (*pej: dumm*) anlayışı kıt ❸ (*nicht weitblickend*) ufku dar; (*engstirnig*) dar kafalı; **einen ~en Horizont haben** ufku dar olmak

Beschränktheit *f* ❶ sınırlılık, kıtlık ❷ (*geistige*) dar kafalılık

Beschränkung <-en> *f* sınırlama, kısıtlama, takyit; **jdm ~en auferlegen** birinin davranışını kısıtlamak

beschreibbar *adj* tarif edilebilir; INFORM (*Diskette*) kaydedilebilir, üzerine kayıt yapılabilir

beschreiben* *irr vt* ❶ (*schildern*) betimlemek, tasvir etmek; (*erläutern*) tarif etmek; **nicht zu ~ sein** tarif edilemez olmak ❷ (*Papier*) yazmak ❸ MATH (*Kreis*) çizmek ❹ INFORM (*Diskette*) kaydetmek

Beschreibung <-en> *f* ❶ (*Schilderung*) betimleme, tasvir; (*Weg~*) tarif ❷ (*Funktionsdarstellung*) tarif, tarifname

beschreiten* *irr vt* (*geh*) **den Rechtsweg ~** JUR yargı yoluna başvurmak; **neue Wege ~** yeni yollara başvurmak

beschriften* [bəˈʃrɪftən] *vt* ❶ (*mit Schrift versehen*) üzerine yazı yazmak ❷ (*etikettieren*) etiketlemek, yaftalamak

Beschriftung <-en> *f* yaz(ıl)ma; (*Aufschrift*) yafta, (üzerine yazılan) yazı; (*mit Etikett*) etiketleme, yaftalama

beschuldigen* [bəˈʃʊldɪgən] *vt* suçlamak, isnat etmek; **er wurde des Diebstahls beschuldigt** ona hırsızlık suçu isnat edildi

Beschuldigte(r) <-n, -n; -n> *f(m)* JUR sanık (*şikâyet üzerine hakkında kovuşturma yapılan kimse*)

Beschuldigung <-en> *f* suçlama

beschummeln *vi* (*fam*) hile yapmak

BeschussRR <-es> *m kein pl*, **Beschuß**ALT <-sses> *m kein pl* ❶ MIL atış, ateş etme; **jdn unter ~ nehmen** birini ateş altına almak; (*fig*) birine şiddetli bir biçimde saldırmak; **unter ~ geraten** (*fam*) saldırıya uğramak ❷ PHYS (*durch Neutronen*) bombardıman

beschützen* *vt* korumak (**vor** -den)

Beschützer(in) <-s, -; -nen> *m(f)* koruyucu

beschwatzen* *vt* (*fam*) ❶ (*überreden*) **jdn ~** birine dil(ler) dökmek [*o* dökerek kandırmak]; **jdn zu etw ~** birine dil dökerek bir şeyi [*o* istediğini] yaptırmak ❷ (*Thema*) **etw ~** bir şeyi tartışmak

Beschwerde <-n> [bəˈʃveːɐdə] *f* ❶ *pl* MED şikâyet; (*körperliches Leiden*) rahatsızlık; **mit etw ~n haben** bir şeyden yakınmak [*o* şikâyeti olmak] ❷ JUR (*Einspruch*) itiraz; (*Klage an eine höhere Stelle*) şikâyet; **~ einlegen** itirazda bulunmak; **~ einreichen** itiraz dilekçesi vermek

beschweren* [bəˈʃveːrən] **I.** *vt* (*mit Gewicht*) ağırlaştırmak **II.** *vr* ■ **sich ~** (*sich beklagen*) yakınmak (**über** -den), şikayet etmek (**über** -); **sich bei jdm über etw ~** birine bir şeyi şikayet etmek, birine bir şeyden yakınmak; (*protestieren*) itiraz etmek (**über** -e)

beschwerlich *adj* (*mühsam*) eziyetli, zahmetli; (*lästig*) külfetli; (*ermüdend*) yorucu; **jdm ~ fallen** birine külfet olmak

beschwichtigen* [bəˈʃvɪçtɪgən] *vt* yatıştırmak, sakinleştirmek

beschwindeln* *vt* (*fam*) ❶ (*belügen*) yalan söylemek (-e) ❷ (*betrügen*) dolandırmak; **jdn um etw ~** birinin bir şeyini dolandırmak

beschwingt [bəˈʃvɪŋt] *adj* ❶ (*lebhaft, munter*) şakrak, şen şakrak ❷ (*rasch*) uçar; **~en Schrittes** uçar adım, uçarcasına

beschwipst [bəˈʃvɪpst] *adj* (*fam*) çakırkeyf

beschwören* *irr vt* ❶ (*beeiden, durch Schwur bekräftigen*) yeminle doğrulamak ❷ (*anflehen*) yalvarıp yakarmak (-e) ❸ (*heraufbeschwören*) (büyü yaparak) çağırmak ❹ (*bannen*) kovmak

Beschwörung *f* ❶ (*durch Zauberer*) büyü yapma ❷ (*ständiges Bitten*) yalvarıp yakarma

beseelen* *vt* canlandırmak; (*innerlich erfüllen*) esindirmek

besehen* *irr vt* bakmak (-e); **sich etw aus der Nähe ~** bir şeye yakından bakmak

beseitigen* [bəˈzaɪtɪgən] *vt* ❶ (*Gegenstand*) yok etmek, ortadan kaldırmak, bertaraf etmek; (*Schmutz*) temizlemek; (*Verdacht, Zweifel*) gidermek ❷ (*fam: umbringen*) yok etmek, temizlemek, öldürmek

Beseitigung <-en> *f* ❶ yok etme, ortadan kaldırma, giderme ❷ (*Ermordung*) yok etme, temizleme, öldürme

Besen <-s, -> [ˈbeːzən] *m* süpürge; **ich fresse einen ~, wenn das stimmt** (*fam*) bu doğruysa Arap olayım **Besenstiel** *m* süpürge sapı

besessen [bə'zɛsən] **I.** *pp von* **besitzen** **II.** *adj* ❶ (*fig: von einer Idee*) kendini kaptırmış, tutkun; **wie ~ arbeiten** tutkun(lar) gibi çalışmak ❷ REL (*von bösen Geistern*) cin tutmuş; **wie vom Teufel ~** çılgınlar gibi

Besessenheit *f kein pl* tutku, tutkunluk

besetzen* *vt* ❶ (*Stelle*) *a.* MIL işgal etmek; (*Sitzplatz*) tutmak; **besetzt!** meşgul!; **es ist besetzt** TELEK hat meşgul; **ist dieser Platz besetzt?** bu yer tutuldu [*o* dolu] mu? ❷ (*Haus*) işgal etmek ❸ (*Amt, Rolle*) vermek (**mit** -e) ❹ (*verzieren*) süslemek (**mit** -le), donatmak (**mit** -le)

besetzt *adj* ❶ (*Platz, Fahrzeug*) tutulmuş, dolu; (*Toilette*) meşgul, dolu ❷ TELEK meşgul ❸ (*ausgebucht*) dolu

Besetztzeichen *nt* TELEK meşgul sesi

Besetzung <-en> *f* ❶ (*Zustand*) işgal ❷ MUS çalgıların terkibi ❸ THEAT rollerin dağılımı ❹ SPORT (*Mannschaft*) takım

besichtigen* [bə'zɪçtɪgən] *vt* (yerinde) incelemek; (*Wohnung*) bakmak (-e); (*Stadt*) gezmek, dolaşmak

Besichtigung <-en> *f* ❶ (*von Sehenswürdigkeiten*) gezme, dolaşma ❷ (*Inspektion, Begutachtung*) (yerinde) inceleme, keşif

besiedeln* *vt* iskân etmek, yerleştirmek, yurt kazandırmak (-e)

besiedelt *vt* **dicht/dünn ~** yoğun/dağınık nüfuslu

Besied(e)lung <-en> *f a.* GEO iskân, yerleş(tir)me, yurtlan(dır)ma; **dünne ~** dağınık nüfus

besiegeln* *vt* mühürlemek; **damit war ihr Schicksal besiegelt** böylece yazgısı belirlenmişti [*o* belli olmuştu]

besiegen* *vt* ❶ (*Gegner, Feind*) yenmek ❷ (*fig: Müdigkeit*) yenmek; (*Schwierigkeiten*) yenmek, hakkından gelmek

Besiegte(r) <-n, -n; -n> *f(m)* yenilen (kimse), yenik (kimse)

besinnen* *irr vr* ■ **sich ~** ❶ (*überlegen*) düşünmek, düşünüp taşınmak, aklından geçirmek; **sie besann sich eines Besseren** aklı başına geldi; **sich eines anderen ~** fikrini değiştirmek; **ohne sich lange zu ~** fazla düşünmeden ❷ (*sich erinnern*) aklına gelmek (**auf** -), hatırlamak, anımsamak; **sich eines Besseren ~** aklına daha iyi bir şey gelmek, daha iyisini düşünüp bulmak; **wenn ich mich recht besinne** hatırladığım kadarıyla

besinnlich *adj* düşünceyle dolu; (*nachdenklich*) düşünceli

Besinnung *f kein pl* ❶ (*Verstand*) akıl; (*Bewußtsein*) bilinç; **die ~ verlieren** bayılmak, kendinden geçmek, kendini kaybetmek; **wieder zur ~ kommen** ayılmak; (*fig*) kendine gelmek, aklı başına gelmek; **jdn zur ~ bringen** birini ayıltmak; (*fig*) birinin aklını başına getirmek ❷ (*Nachdenken*) düşünme

besinnungslos *adj* baygın, kendini kaybetmiş; **~ vor Wut** öfkeden kudurmuş [*o* çıldırmış gibi]

Besinnungslosigkeit *f kein pl* MED baygınlık

Besitz <-es> *m kein pl* JUR zilyetlik; **von etw ~ ergreifen** bir şeye el koymak; **etw in ~ nehmen** bir şeyi ihraz [*o* elde] etmek; **wir sind im ~ von Dokumenten** elimizde dokümanlar [*o* belgeler] var **besitzanzeigend** *adj* **~es Fürwort** LING (*Possessivpronomen*) iyelik zamiri

besitzen* *irr vt* (*haben*) sahip olmak (-e); JUR zilyet olmak (-e); **jds Vertrauen ~** birinin güvenini kazanmış olmak

Besitzer(in) <-s, -; -nen> *m(f)* (*von Immobilien*) sahip; JUR zilyet, eldeci; (*von Aktien, Werten*) sahip; **den ~ wechseln** el değiştirmek

besitzergreifend *adv* el koyan

Besitzergreifung *f* el koyma

besitzlos *adj* malı mülkü olmayan

Besitzstandsdenken *nt* (*Festhalten am Status Quo*) statükoculuk

Besitztum <-s, -tümer> *nt* ❶ (*Eigentum*) mal varlığı, mamelek, mallar *pl* ❷ (*Landgut*) emlak **Besitzung** *f* zilyetlik; (*Land~*) emlak

besoffen [bə'zɔfən] **I.** *pp von* **besaufen** **II.** *adj* (*fam*) zom, çok sarhoş

besohlen* [bə'zo:lən] *vt* pençe vurmak (-e)

besolden* [bə'zɔldən] *vt* (*Beamten*) maaş vermek [*o* bağlamak]; (*Soldaten*) tayın bedelini vermek

Besoldung <-en> *f* ❶ (*das Besolden*) barem, maaş verilmesi [*o* bağlanması] ❷ (*das Gehalt*) maaş ❸ (*Dienstbezug eines Soldaten*) tayın bedeli **Besoldungsgruppe** *f* barem grubu

besondere(r, s) [bə'zɔnderə, -rɐ, -rəs] *adj* ❶ (*speziell*) özel, hususî; **im B~n** özellikle; **wir legen ~n Wert auf ...** ...e özellikle [*o* bilhassa] önem veririz ❷ (*eigentümlich*) kendini özgü, kendine mahsus ❸ (*außergewöhnlich*) olağan dışı; (*hervorragend*) olağanüstü

Besonderheit <-en> *f* özellik, hususiyet

besonders [bə'zɔndɐs] *adv* ❶ (*außerordentlich*) pek; **wie geht es dir? — nicht ~** nasılsın? — pek o kadar iyi değilim; **das ist nicht ~ lustig!** bu, pek o kadar komik değil!; **das Essen ist nicht ~** yemek pek ahım şahım bir şey değil ❷ (*vor allem*) özellikle, özel olarak, bilhassa, hele

besonnen [bəˈzɔnən] **I.** *pp von* **besinnen II.** *adj* ağırbaşlı, ölçülü; (*vorsichtig*) dikkatli, temkinli; (*rücksichtsvoll*) düşünceli, saygılı

Besonnenheit *f kein pl* ağırbaşlılık; (*Vorsicht*) dikkat, temkin; (*Umsicht*) temkin, tedbirli davranma

besorgen* *vt* ❶ (*beschaffen*) sağlamak, temin [*o* tedarik] etmek; (*kaufen*) (satın) almak ❷ (*erledigen*) görmek, yapmak

Besorgnis <-se> [bəˈzɔrknɪs] *f* endişe, tasa, kaygı; **es besteht kein Grund zur ~** endişe edecek hiçbir sebep yok **besorgniserregend** *adj* endişe verici; **höchst ~** son derece endişe verici

besorgt [bəˈzɔrkt] *adj* endişeli (**um** -den); **um seine Sicherheit ~ sein** güvenliğinden endişeli olmak; **er ist sehr ~ um ihre Gesundheit** sağlığından çok endişelidir **Besorgtheit** *f s.* **Besorgnis**

Besorgung[1] <-en> *f* (*Einkauf*) alış veriş; **~en machen** alış veriş yapmak; **für jdn eine ~ machen** birisi için bir şey sağlamak [*o* tedarik etmek]

Besorgung[2] *f kein pl* (*von Geschäften*) görme

bespannen* *vt* (*mit Stoff*) geçirmek (-e, **mit** -); (*mit Saiten*) germek (**mit** -e) **Bespannung** *f* (*Bespannmaterial*) kılıf

bespielbar *adj* (*Platz*) üzerinde oynanabilir; INFORM (*Kassette*) üzerine kayıt yapılabilir

bespielen* *vt* ❶ (*Kassette*) kaydetmek [*o* kayıt yapmak] (-e) ❷ THEAT oynamak (-de); (*Sportplatz*) oynamak (-de)

bespitzeln* *vt* gözlemek, ispiyonlamak

Bespitzelung *f* gözleme, ispiyonlama

besprechen* *irr* **I.** *vt* ❶ (*Angelegenheit*) görüşmek, müzakere etmek; **wie besprochen** görüşüldüğü gibi ❷ (*Film, Theaterstück, Buch*) eleştirmek ❸ (*Tonband*) kaydetmek ❹ (*durch Zauberworte*) okuyup üflemek, nefes etmek (-e) **II.** *vr* ▪ **sich ~** (*sich beraten*) görüşmek (**mit** -le)

Besprechung <-en> *f* ❶ (*Unterredung*) görüşme; (*Gespräch*) (karşılıklı) konuşma ❷ (*Rezension*) eleştirme, eleştiri **Besprechungszimmer** *nt* görüşme [*o* danışma] odası

bespritzen* *vt* (*nass machen*) (püskürterek) ıslatmak (**mit** ile); (*schmutzig machen*) (sıçratarak) pisletmek (**mit** ile)

besser [ˈbɛsɐ] *adj komp von* **gut** (daha) iyi (**als** -den), yeğ; **noch viel ~** çok daha iyi; **jdn eines B~en belehren** birine akıl öğretmek, birinin gözünü açmak; **hast du nichts B~es zu tun?** (*fam*) başka yapacak işin gücün yok mu?; **das solltest du ~ nicht tun** bunu yapmasan daha iyi olur; **das gefällt mir ~** bu, benim daha çok hoşuma gitti; **~ gehen** kendini daha iyi hissetmek; **~ werden** düzelmek, iyileşmek; **~ spät als nie** (*prov*) geç olsun da güç olmasın; **alles ~ wissen** her şeyi daha iyi bilmek; **es kommt noch ~** dahası da var; **das ist auch ~ so** böylesi daha iyi, böyle olması da daha iyi; **~ als nichts** hiç yoktan iyi; **~ gesagt** daha doğrusu; **umso ~!** daha iyi ya!; **desto ~** o kadar daha iyi **besser|gehen** *irr vi sein unpers s.* **besser**

bessern **I.** *vt* (*besser machen*) daha iyi yapmak, düzeltmek, iyileştirmek **II.** *vr* ▪ **sich ~** (*moralisch*) düzelmek, uslanmak; (*Wetter*) iyileşmek

Besserung *f kein pl* düzeltme, iyileştirme; (*gesundheitlich*) iyileşme, düzelme; **er befindet sich auf dem Wege der ~** iyileşiyor, düzeliyor; **gute ~!** geçmiş olsun!

Besserwisser(in) <-s, -; -nen> *m(f)* (*pej*) ukalâ, bilgiç, çokbilmiş

Besserwisserei *f kein pl* (*pej*) ukalâlık, bilgiçlik, çokbilmişlik

besserwisserisch *adj* (*pej*) ukalâca

Bessrung[RR] *f kein pl*, **Beßrung**[ALT] *f kein pl s.* **Besserung**

Bestand[1] <-(e)s> [bəˈʃtant] *m kein pl* ❶ (*Bestehen*) mevcudiyet, varlık; (*Fortdauer*) devam; **~ haben** kalıcı olmak; **von ~ sein** kalıcı olmak ❷ (*das Vorhandene*) mevcut

Bestand[2] <-(e)s, -stände> *m* ❶ COMM (*Vorrat*) stok, stoklar *pl* (**an** -); (*Kassen~*) mevcut; **~ aufnehmen** stok saymak, envanter çıkarmak ❷ **eiserner ~** demirbaş

bestanden **I.** *pp von* **bestehen II.** *adj* SCHULE, UNIV geçti

beständig *adj* ❶ (*ständig, dauernd*) devamlı, sürekli, kalıcı ❷ (*gleichbleibend*) kararlı, istikrarlı; (*Wetter*) değişmez ❸ (*ausdauernd, beharrlich*) sebatlı, direşken; **er ist sehr ~ in seiner Arbeit** işinde çok sebatlıdır [*o* direşkendir] ❹ (*widerstandsfähig*) dayanıklı; (*Farbe*) solmaz

Beständigkeit *f kein pl* ❶ (*Standfestigkeit*) kararlılık, istikrar ❷ (*Ausdauer, Beharrungsvermögen*) sebat, direşme ❸ TECH (*Widerstandsfähigkeit*) dayanıklılık

Bestandsaufnahme *f a.* COMM stok sayımı, envanter çıkarma **Bestandskontrolle** *f* stok denetimi [*o* kontrolü] **Bestandsmaterial** *nt* stoklar *pl*

Bestandteil <-(e)s, -e> *m* bileşen, öge, unsur; (*Einzelteil*) parça; (*fig*) ayrılmaz [*o* tamamlayan] parça; **in seine ~e zerle-**

gen parçalamak, parçalara ayırmak; **sich in seine ~e auflösen** parçalanmak, paramparça olmak

bestärken* *vt* ❶ (*unterstützen*) desteklemek, arka çıkmak (-e); **jdn in seinem Vorhaben ~** birinin planını [*o* niyetini] desteklemek ❷ (*bestätigen*) doğrulamak

bestätigen* [bəˈʃtɛːtɪgən] **I.** *vt* ❶ (*These*) doğrulamak, teyit etmek; (*Urteil*) tasdik etmek ❷ (*amtlich*) onaylamak, tasdik etmek; **hiermit wird bestätigt, dass ...** işbu ... ile onaylanır ❸ **den Empfang ~** teslim alındığını teyit etmek **II.** *vr* ■ **sich ~** doğru çıkmak

Bestätigung <-en> *f* ❶ (*einer These*) doğrulama, teyit ❷ (*Bescheinigung*) onay(lama); (*Empfangs~*) alındı

bestatten* [bəˈstatən] *vt* (*geh*) (ölüyü) gömmek, defnetmek

Bestattung <-en> *f* (*geh*) (ölüyü) gömme, defin; (*Feier*) cenaze

bestäuben* [bəˈʃtɔɪbən] *vt* BIOL (*von Blüten*) polen yaymak (-e), çiçek tozu ile döllemek

Bestäubung <-en> *f* BOT polen yayma, çiçek tozu ile dölleme

bestaunen* *vt* hayretle bakmak (-e)

beste(r, s) [ˈbɛstə, -tɐ, -təs] *adj superl von* **gut** en iyi; **am ~n** en iyi(si); **~n Dank!** çok teşekkürler!; **es ist zu deinem B~n** senin için en iyisidir; **sein B~s geben** elinden geleni yapmak; **ich werde mein B~s tun** elimden geleni yapacağım; **der/die/das erste B~** herhangi [*o* rastgele] birisi, kim olusa olsun; **mit den ~n Wünschen** en iyi dileklerle; **ich halte es für das B~, du kommst gleich mit** en iyisi, hemen benimle gelmen, hemen benimle gelmen en iyisi olur bence

bestechen* *irr* **I.** *vt* (*mit Geld*) (para) yedirmek (-e); (*Beamte*) rüşvet vermek (-e); ■ **sich ~ lassen** rüşvet almak **II.** *vi* (*beeindrucken*) etkilemek (**durch** ile); (*faszinieren*) hayran etmek (**durch** ile)

bestechlich [bəˈʃtɛçlɪç] *adj* rüşvetçi, yiyici

Bestechlichkeit *f kein pl* rüşvetçilik, yiyicilik

Bestechung <-en> *f* rüşvet, yedirme; (*von Beamten*) rüşvet verme; (*Annahme von Bestechungsgeldern*) rüşvet alma **Bestechungsgeld** <-(e)s, -er> *nt* rüşvet parası

Besteck <-(e)s, -e> [bəˈʃtɛk] *nt* ❶ (*Ess~*) çatal bıçak takımı; **silbernes ~** gümüş çatal bıçak takımı ❷ MED ustunç ❸ NAUT rota noktası

bestehen* *irr* **I.** *vi* ❶ (*existieren*) var [*o* mevcut] olmak; **es besteht keine Möglichkeit** imkânı yok; **es besteht kein Zweifel** hiç kuşkusuz; **~ bleiben** baki kalmak, varlığını korumak [*o* sürdürmek] ❷ (*sich zusammensetzen*) oluşmak (**aus** -den), (ibaret) olmak (**in** -den); **unsere Artikel ~ alle aus natürlichen Materialien** mallarımızın hepsi doğal malzemedendir; **worin besteht das Problem?** sorun nedendir? ❸ (*beharren*) ısrar etmek (**auf** -de), ayak diremek (**auf** -de) **II.** *vt* ❶ (*Prüfung*) geçmek (-den), vermek, başarmak; **nicht ~** geçememek (-den), başaramamak, verememek; **eine Prüfung mit 'befriedigend' ~** bir sınavdan 'orta' ile geçmek ❷ (*Gefahr, Krise*) atlatmak

Bestehen <-s> *nt kein pl* ❶ (*Vorhandensein*) var olma [*o* oluş], varlık, mevcudiyet; **seit ~ der Firma** firmanın kuruluşundan beri ❷ (*einer Prüfung*) geçme

bestehen|bleiben^ALT *irr vi sein s.* **bestehen I.1.**

bestehend *adj* mevcut, var olan

bestehlen* *irr vt* çalmak (-den); **jdn um 100 Euro ~** birinden 100 euro çalmak

besteigen* *irr vt* ❶ (*Berg*) tırmanmak (-e) ❷ (*Fahrrad, Pferd*) binmek (-e); **den Thron ~** tahta çıkmak **Besteigung** *f* ❶ (*Berg*) tırmanış ❷ (*Thron*) çıkma

bestellen* *vt* ❶ (*Waren*) ısmarlamak, sipariş etmek; (*Essen*) söylemek; **haben Sie schon bestellt?** ne istediğinizi söylediniz mi? ❷ (*kommen lassen*) çağırmak; (*mit Termin*) randevu vermek (-e); **ich bin für zehn Uhr bestellt** saat onda randevum var; **dastehen wie bestellt und nicht abgeholt** bekleye bekleye ağaç olmak; **er hat hier nichts zu ~!** (*fam*) burada onun borusu ötmez!, burada onun sözü geçmez! ❸ (*reservieren*) ayırtmak ❹ (*ausrichten*) **jdm Grüße ~** birine selam söylemek ❺ (*Acker*) ekmek, ekip biçmek ❻ (*ernennen*) atamak

Bestellnummer <-n> *f* sipariş numarası **Bestellschein** <-(e)s, -e> *m* sipariş formu

Bestellung <-en> *f* (*Auftrag*) sipariş, ısmarlama; (*bestellte Ware*) sipariş; **eine ~ aufgeben/aufnehmen** bir sipariş vermek/almak

besten *adv superl von* **gut**: **am ~** en iyisi; **am ~ würden wir gleich gehen** en iyisi hemen gitmemiz [*o* gitsek]

bestenfalls *adv* en iyi şartlarda; (*höchstens*) olsa olsa

bestens [ˈbɛstəns] *adv* en iyi şekilde, çok iyi

besteuern* *vt* WIRTSCH vergilendirmek

Besteuerung <-en> *f* WIRTSCH vergilen-

B

dirme
Bestform *f kein pl* SPORT kıvam, tam form
bestialisch [bɛs'tja:lɪʃ] *adj* hayvanca, hayvanî
Bestialität <-en> [bɛstjali'tɛ:t] *f* hayvanlık, canavarlık
besticken* *vt* nakışlamak, nakışla bezemek, nakışla işlemek
Bestie <-n> ['bɛstjə] *f* ❶ (*Tier*) canavar ❷ (*pej: Unmensch*) canavar
bestimmen* I. *vi* ❶ (*entscheiden*) karar(ları) vermek; (*befehlen*) emir vermek; **du hast hier nichts zu ~** burada senin sözün geçmez ❷ (*verfügen*) tasarruf etmek (**über** üzerinde), istediği gibi kullanmak II. *vt* ❶ (*Termin*) belirlemek, tayin etmek ❷ (*Preis*) biçmek ❸ (*ernennen*) atamak, tayin etmek ❹ (*Stadtbild, Epoche*) etkilemek ❺ (*ausersehen*) öngörmek (**für/zu** için/için); **wir sind füreinander bestimmt** kader bizi birbirimiz için öngörmüş, biz birbirimiz için yaratılmışız ❻ (*Begriff*) tanımlamak; (*festlegen*) belirlemek
bestimmt I. *adj* ❶ (*feststehend*) belli, belirli; (*sicher*) kesin; **niemand weiß etwas B~es** hiç kimse kesin bir şey bilmiyor; **ich suche eine ~e Ausgabe** belli bir baskıyı arıyorum ❷ (*entschieden*) kararlaştırılan, kararlı II. *adv* (*sicherlich*) kesinlikle, muhakkak, mutlaka; **das ist ~ für dich!** bu kesinlikle [*o* mutlaka] senin içindir!
Bestimmtheit *f kein pl* ❶ (*Gewissheit*) kesinlik; **das kann ich nicht mit ~ sagen** bunu kesinlikle söyleyemem ❷ (*Entschiedenheit*) kararlılık ❸ (*Festigkeit*) bellilik
Bestimmung <-en> *f* ❶ (*Festsetzung*) belirleme, tayin ❷ (*Vorschrift*) hüküm; **gesetzliche ~en** mevzuat; **nach den geltenden ~en** mevzuata göre ❸ LING (*eines Begriffes*) belirleme ❹ (*Schicksal*) yazgı, kader, alın yazısı **Bestimmungsort** *m* varma yeri **Bestimmungswort** *nt* LING belirten, tamlayan
Bestleistung *f* SPORT en iyi başarı, rekor
bestmögliche(r, s) ['-'---] *adj* mümkün olduğu kadar iyi; **sein B~s tun** elinden geleni yapmak
Bestnoten *pl* en iyi notları
bestrafen* *vt* cezalandırmak (**mit** ile, **wegen** -den dolayı)
Bestrafung <-en> *f* cezalandır(ıl)ma, ceza ver(il)me
bestrahlen* *vt* ❶ (*beleuchten*) aydınlatmak, ışıklandırmak ❷ (*mit Strahlen bescheinen*) ışınlamak; (*Strahlen aussetzen*) ışınlandırmak ❸ MED ışınla tedavi etmek, radyoterapi yapmak (-e)
Bestrahlung <-, -en> *f* ❶ (*Bühne*) ışıklandırma ❷ MED radyoterapi; (*mit Röntgenstrahlen*) ışınlandırma
Bestreben <-s> *nt kein pl* çaba, gayret; **das ~ haben, etw zu tun** bir şey yapmak için çaba [*o* gayret] göstermek
bestrebt [bə'ʃtre:pt] *adj* **~ sein, etw zu tun** bir şeyi yapmaya gayret etmek; **wir sind ~, unser Bestmögliches zu tun** elimizden geleni yapmak için gayret ediyoruz
Bestrebung <-, -en> *f* gayret; **es sind ~en im Gange** gayret gösterilmektedir, girişimler vardır
bestreichen* *irr vt* (*mit Butter*) sürmek (**mit** -); (*mit Farbe*) boyamak (**mit** -); **das Brot mit Butter ~** ekmeğe tereyağı sürmek; **die Wunde mit Salbe ~** yaraya merhem sürmek
bestreiken* *vt* **dieser Betrieb wird bestreikt** bu işletmede [*o* iş yerinde] grev var
bestreiten* *irr vt* ❶ (*leugnen*) inkâr etmek, yadsımak; **das will ich nicht ~** bunu inkâr etmek istemiyorum; **es lässt sich nicht ~, dass ...** ... olduğu inkâr edilemez ❷ (*Unterhalt*) finanse etmek; **sie bestreitet ihren Unterhalt selbst** geçimini kendisi finanse ediyor ❸ (*Gespräch*) sürdürmek
bestreuen* *vt* serpmek (-e, **mit** -)
Bestseller <-s, -> ['bɛstsɛlɐ] *m* bestseller, çoksatar
bestsituiert *adj* ÖSTERR (*gut situiert*) hâli vakti yerinde, tıkırı yolunda
bestücken *vt* donatmak
Bestückung *f* donatım
bestürmen* *vt* ❶ (*Festung*) saldırmak (-e), hücum etmek (-e) ❷ (*bedrängen*) musallat olmak (-e, **mit** -), sürekli rahatsız etmek (**mit** -le), başına bela olmak [*o* kesilmek] (-in, **mit** -le); **jdn mit Fragen ~** birini soru yağmuruna tutmak
bestürzt [bə'ʃtʏrtst] *adj* telaşlı; (*verblüfft*) şaşkın, şaşkına dönmüş
Bestürzung *f kein pl* (*Fassungslosigkeit*) şaşkınlık; (*Schrecken*) telaş
Bestzeit *f* SPORT rekor; **er lief seine persönliche ~** koşarak rekorunu egale etti
Besuch <-(e)s, -e> [bə'zu:x] *m* ❶ (*das Besuchen*) ziyaret; (*der Schule*) gitme; (*im Krankenhaus, in der Vollzugsanstalt*) görüş; **jdm einen ~ abstatten** birini ziyaret etmek; **bei jdm zu ~ sein** birinin yanında ziyaretçi [*o* konuk] olmak ❷ (*Teilnahme*) katılma ❸ (*Person*) ziyaretçi; **~ haben/bekommen** ziyaretçisi olmak/gelmek
besuchen* *vt* ❶ (*Person*) ziyaret etmek,

görüşmeye gitmek (ile); (*Ort*) ziyaret etmek; (*im Krankenhaus, in der Vollzugsanstalt*) görüşe gitmek ❷ (*Veranstaltung*) gitmek (-e), katılmak (-e); **gut besucht** ziyaretçisi bol; **eine Schule ~** bir okula gitmek

Besucher(in) <-s, -; -nen> *m(f)* ziyaretçi **Besucherzahl** *f* ziyaretçi sayısı

Besuchszeit *f* ziyaret zamanı, ziyaret saatleri *pl*, görüşme saatleri *pl* **Besuchszimmer** *nt* görüşme odası

besudeln* [bəˈzuːdəln] *vt* kirletmek (**mit** ile), pisletmek (**mit** ile); (*fig*) lekelemek (**mit** ile)

Betablocker <-s, -> *m* MED beta engelleyici

betagt [bəˈtaːkt] *adj* (*geh*) yaşlı

betasten* *vt* elle yoklamak, dokunmak (-e)

Betastrahlung *f* PHYS beta ışınları *pl*

betätigen* [bəˈtɛːtɪgən] **I.** *vt* (*Hebel, Maschine*) çalıştırmak; **die Bremsen ~** fren yapmak **II.** *vr* (*tätig sein*) **sich literarisch ~** edebiyatla uğraşmak, yazarlık yapmak; **sich politisch ~** politikada aktif [*o* faal] olmak, siyasi faaliyette bulunmak; **sich als Künstlerin/Sportler ~** sanatçı/sporcu olarak aktif [*o* faal] olmak

Betätigung[1] *f kein pl* (*einer Maschine*) çalıştırma

Betätigung[2] <-en> *f* (*Tätigkeit*) faaliyet, etkinlik

Betätigungsfeld *nt* faaliyet alanı; (*Wirkungskreis*) etkinlik alanı

Betatron *nt* PHYS betatron

betäuben* [bəˈtɔɪbən] *vt* ❶ MED (*narkotisieren*) narkoz vermek (-e); (*Schmerz*) uyuşturmak ❷ (*benommen machen*) sersemletmek, bayıltmak, uyuşturmak; **~der Lärm** sağır edici gürültü; **ein ~der Duft** bayıltıcı bir koku; **er betäubte seinen Kummer mit Alkohol** derdini [*o* acısını] alkolle uyuşturdu

Betäubung <-en> *f* ❶ MED duyum yitimi; (*Anästhesie*) anestezi; **örtliche ~** lokal anestezi ❷ (*Benommenheit*) sersemlik **Betäubungsmittel** *nt* anestezik; (*a. Rauschgift*) narkotik, uyuşturucu (madde)

Bete <-n> [ˈbeːtə] *f* **Rote**[RR] **~** pancar

beteilen *vt* ÖSTERR armağan [*o* hediye] vermek (-e)

beteiligen* [bəˈtaɪlɪgən] **I.** *vt* (*teilhaben lassen*) ortak etmek (**an/bei** -e/-e); **jdn an etw ~** birini bir şeye ortak etmek, birinin bir şeye katılmasını kabul etmek **II.** *vr* **sich ~** (*teilnehmen*) katılmak (**an** -e), iştirak etmek (**an** -e); (*finanziell*) ortak olmak (**an** -e); **sich an den Kosten ~** masraflara katılmak [*o* ortak olmak]

beteiligt *adj* ❶ ilgili (**an** ile), ilgisi bulunan [*o* olan], katılan (**an** -e); (*Unfall*) karışmış bulunan [*o* olan] (**an** -e); **an etw ~ sein** bir şeye karışmış olmak, bir şeyle ilgili olmak ❷ (*Konzern, Umsatz*) ortak; **an etw ~ sein** FIN bir şeye ortak olmak; **sie ist mit 49% an seiner Firma ~** firmasının yüzde 49'una ortaktır

Beteiligte(r) <-n, -n; -, -n> *f(m)* iştirakçi, ortaklık eden (kimse), ortak olan (kimse); (*an Verbrechen*) ilgisi bulunan (kimse), katılan (kimse); JUR ilgili olan (kimse); (*Verfahrens~*) katılan (kimse)

Beteiligung <-en> *f* ❶ katılma, iştirak ❷ (*Teilhaberschaft*) ortaklık, paydaşlık ❸ (*Anteil*) pay, hisse ❹ (*an einer Veranstaltung*) gelenler(in sayısı), katılanlar(ın sayısı); (*Mitwirken, Einsatz*) katılma; **die ~ war gering** katılanların sayısı azdı

beten [ˈbeːtən] *vi* dua etmek (**für** için, **um** için, **zu** -e)

beteuern* [bəˈtɔɪɐn] *vt* temin etmek; (*erklären*) beyan etmek; **er beteuerte hoch und heilig, es nicht getan zu haben** yapmadığını yemin billâh ederek temin [*o* beyan] etti

Bethlehem <-s> [ˈbeːtlehɛm] *nt* Be(y)tlehem, Beytüllahim

betiteln* *vt* ❶ (*mit Titel versehen*) başlık koymak (-e) ❷ (*anreden*) hitap etmek (-e, **mit** diye) ❸ (*fam: nennen*) sıfatlandırmak, demek (-e, **mit** diye), adlandırmak (**mit** diye), ad koymak [*o* takmak] (-e, **mit** diye)

Beton <-s, -s *o* ÖSTERR -e> [beˈtɔŋ] *m* beton

betonen* [bəˈtoːnən] *vt* ❶ (*Silbe, Note*) vurgulamak; **auf der zweiten Silbe ~** ikinci heceyi vurgulamak [*o* vurgu ile söylemek] ❷ (*fig: nachdrücklich*) vurgulamak; (*hervorheben*) vurgulamak

betonieren* [betoˈniːrən] *vt* betonlamak, beton dökmek (-e)

Betonklotz *m* (*pej*) beton yığını **Betonmischer** <-s, -> *m* TECH betoniyer **Betonmischmaschine** <-, -n> *f* TECH beton karma makinesi, betoniyer **Betonschwelle** *f* EISENB beton tabanlık

betont [bəˈtoːnt] *adj* vurgulu; **~e Silbe** vurgulu hece; **er verhält sich ihr gegenüber ~ höflich** onun karşısında belirgin [*o* göze çarpan] bir şekilde nazik davranıyor

Betonung <-en> *f* ❶ (*von Wort*) vurgu ❷ (*fig: Nachdruck*) vurgulama

betören* [bəˈtøːrən] *vt* (*geh*) ❶ (*entzücken*) hayran bırakmak; (*bezaubern*) büyülemek ❷ (*verführen*) ayartmak, baştan çıkarmak

betr. COMM *Abk von* **betreffs, betreffend** söz konusu, ilgili

Betr. COMM *Abk von* **Betreff** konu, ilgi

Betracht [bə'traxt] *m* **etw in ~ ziehen** bir şeyi göz önüne almak, bir şeyi dikkate almak; **etw außer ~ lassen** bir şeyi göz ardı etmek; (**nicht**) **in ~ kommen** söz konusu ol(ma)mak

betrachten* *vt* ❶ (*anschauen*) bakmak (-e); (*genau*) gözden geçirmek, dikkatle bakmak (-e); **genau betrachtet** dikkatle bakıldığında; **etw aus der Nähe ~** bir şeye yakından bakmak; **etw näher ~** bir şeye alıcı gözüyle bakmak; **sich im Spiegel ~** kendine aynada bakmak ❷ (*fig: ansehen, einschätzen*) görmek (**als** olarak)

Betrachter(in) <-s, -; -, -nen> *m(f)* gözlemci

beträchtlich [bə'trɛçtlɪç] *adj* oldukça çok [*o* büyük], büyükçe, hatırı sayılır

Betrachtung[1] *f kein pl* (*eines Bildes*) bakma; **bei näherer/flüchtiger ~** yakından/şöyle bir bakıldığında

Betrachtung[2] <-en> *f* (*Überlegung*) gözlem; **philosophische ~en anstellen** felsefi gözlemler yapmak

Betrachtungswinkel *m* bakış açısı

Betrag <-(e)s, -träge> [bə'tra:k, *pl* bə'trɛ:gə] *m* tutar, meblağ; (*Gesamtbetrag*) toplam; **~ dankend erhalten** bedeli alındı; **ein Scheck über den ~ von 300 Euro** 300 euroluk bir çek

betragen* *irr* **I.** *vi* (*sich belaufen auf*) bulmak; (*Rechnung*) tutmak **II.** *vr* ■ **sich ~** (*sich benehmen*) davranmak, hareket etmek

Betragen <-s> *nt kein pl* davranış, tutum, hâl ve hareket

betrauen* *vi* **jdn mit etw ~** birine bir şeyi havale etmek

betrauern* *vt* **jdn ~** biri için yas tutmak

Betreff <-(e)s, -e> [bə'trɛf] *m* (*Briefkopf*) konu, ilgi

betreffen* *irr vt* ❶ (*angehen*) ilgilendirmek; **was mich betrifft ...** bana gelince ... ❷ (*seelisch*) etkilemek

betreffend *adj* ilişkin, ilgili, söz konusu; **der ~e Brief** söz konusu mektup; **der oder die B~e möge sich bitte melden** ilgili bay veya bayanın kendini bildirmesi rica olunur; **unser letztes Schreiben ~ ...** ... ile ilgili son yazımız [*o* mektubumuz]

betreffs *präp* ile ilgili olarak

betreiben* *irr vt* ❶ (*Politik*) gütmek ❷ (*Studien*) yapmak; **Weinbau ~** bağcılık yapmak ❸ SPORT yapmak ❹ (*Handwerk*) uğraşmak (ile) ❺ (*Geschäft*) işletmek ❻ JUR **einen Prozess ~** dava takibinde bulunmak ❼ (*Angelegenheit*) yürütmek; **auf jds B~ hin** birinin ısrarı üzerine

Betreiber(in) <-s, -; -nen> *m(f)* işletici, (tesisi çalıştırmakla sorumlu) operatör

betreten[1] *adj* (*verlegen*) mahcup; **über etw sehr ~ sein** bir şeye çok mahcup olmak

betreten*[2] *irr vt* (*Raum, Gebäude*) girmek (-e), ayak basmak (-e); (*Rasen*) basmak (-e); (*Podium*) çıkmak (-e); (*Spielfeld*) çıkmak (-e); **B~ verboten!** girmek yasaktır!, girilmez!

betreuen* [bə'trɔɪən] *vt* (*Kranke*) bakmak (-e); (*Reisegruppe*) kılavuzluk etmek (-e); **ein Projekt ~** bir projeye danışmanlık yapmak

Betreuer(in) <-s, -; -nen> *m(f)* bakıcı; (*Assistent*) asistan; (*Berater*) danışman, müşavir

Betreuung *f kein pl* danışmanlık, müşavirlik

Betrieb[1] <-(e)s, -e> *m* ❶ (*Unternehmen*) işletme ❷ (*handwerklich*) atölye, iş yeri ❸ (*Gewerbe~*) ticarethane ❹ (*Belegschaft*) personel

Betrieb[2] <-(e)s> *m kein pl* ❶ (*Tätigkeit*) faaliyet; (*das Arbeiten*) çalışma; **in ~ sein** çalışmakta [*o* işler durumda] olmak; **etw in ~ nehmen** bir şeyi faaliyete geçirmek, bir şeyi çalıştırmak; **außer ~ sein** bozuk [*o* işlemez] olmak; (*Automat*) servis dışı olmak ❷ (*fam*) kalabalık; (*reger Verkehr*) işleklik, gelen geçen [*o* giden]; (*lebhaftes Treiben*) hareket; **in der Stadt war viel ~** şehir ana baba günüydü

betrieblich *adj* işletme [*o* iş yeri] ile ilgili

betriebsam *adj* ❶ faal, çalışkan ❷ (*unternehmend*) girişken

Betriebsamkeit <-en> *f* ❶ faaliyet, çalışma; **fieberhafte ~** hummalı çalışma ❷ (*Unternehmungsgeist*) girişkenlik

Betriebsanleitung *f* işletme talimatı, servis talimatı, kullanım kılavuzu **Betriebsarzt, -ärztin** *m, f* işletmenin hekimi **Betriebsausflug** *m* personel ile yapılan gezi **betriebsblind** *adj* (*pej*) çalıştığı yerdeki eksiklikleri görmeyen **betriebseigen** *adj* işletmeye ait **Betriebsferien** *pl* işletme tatili, iş yerinin tatili **Betriebsgeheimnis** *nt* işletme sırrı **betriebsintern** *adj* işletme içi **Betriebskapital** *nt* WIRTSCH (*Umlaufvermögen*) cari varlıklar **Betriebsklima** <-s> *nt kein pl* çalışma ortamı **Betriebskosten** *pl* ❶ TECH işletme masrafları *pl* ❷ WIRTSCH işletme maliyeti **Betriebsleitung** *f* WIRTSCH işletme müdürlüğü, işletmenin yönetimi **Betriebsprüfung** *f* WIRTSCH iş yeri denetimi

Betriebsrat, -rätin[1] <-(e)s, -räte; -nen> *m, f* WIRTSCH (*Mitglied*) işyeri işçi temsilcisi

Betriebsrat[2] <-(e)s, -räte> *m* WIRTSCH (*Organ*) işyeri işçi temsilciliği

Betriebsschließung *f* WIRTSCH iş yerinin kapatılması **Betriebsschluss**RR <-es> *m kein pl* paydos vakti; **nach ~** paydos vaktinden sonra **Betriebsstilllegung**RR *f* WIRTSCH iş yerinin durdurulması **Betriebsstörung** *f* TECH arıza **Betriebssystem** *nt* INFORM işletim sistemi **Betriebstemperatur** *f* TECH çalışma sıcaklığı **Betriebsunfall** *m* iş yerinde kaza **Betriebsverfassungsgesetz** *nt* İşletmelerin Esas Teşkilatı Hakkındaki Kanun **Betriebsversammlung** *f* personel toplantısı **Betriebswirt(in)** *m(f)* işletmeci

Betriebswirtschaft *f kein pl* işletme ekonomisi, işletmecilik

betriebswirtschaftlich *adj* işletmecilik (ile ilgili)

Betriebswirtschaftslehre *f kein pl* işletmecilik bilimi

betrinken* *irr vr* ■ **sich ~** içki içmek

betroffen [bəˈtrɔfən] **I.** *pp von* **betreffen: ~ sind verschiedene Mitarbeiter** birçok eleman söz konusudur **II.** *adj* ❶ ilgili; (*von Maßnahmen*) maruz kalan (**von** -e) ❷ (*verwirrt*) şaşkın, şaşkına dönmüş; (*bestürzt*) telaşlı; (*berührt*) duygulanmış

Betroffene(r) <-n, -n; -, -n> *f(m)* maruz kalan (kimse)

Betroffenheit *f kein pl* şaşkınlık

betrüben* *vt* (*traurig machen*) üzmek; (*traurig stimmen*) üzüntü vermek

betrüblich [bəˈtry:plɪç] *adj* üzücü

Betrübnis <-se> *f* üzüntü

betrübt *adj* (*geh*) üzüntülü, tasalı, kasavetli, üzgün (**über** -e); **ein ~es Gesicht** kasavetli bir yüz; **tief ~** RR ıstırap çeken

Betrug <-(e)s> [bəˈtru:k] *m kein pl* aldatma; JUR dolandırıcılık; (*beim Spiel*) hile; **das ist ~!** bu, hiledir!

betrügen* [bəˈtry:gən] *irr* **I.** *vt* aldatmak, dolandırmak, hile yapmak (-e); **sich um etw betrogen fühlen/sehen** bir şeyde aldatılmış olduğunu hissetmek/görmek; **jahrelang betrog sie ihn mit ihrem Zahnarzt** onu yıllarca dişçisiyle aldattı **II.** *vr* ■ **sich (selbst) ~** (kendi) kendini aldatmak

Betrüger(in) <-s, -; -nen> *m(f)* dolandırıcı; (*beim Spiel*) hileci, hilebaz, hilekâr

Betrügerei <-en> *f* dolandırıcılık, hilekârlık

betrügerisch *adj* aldatıcı, dolanlı, hileli; **in ~er Absicht** dolandırma niyetiyle; **~er Bankrott** JUR dolanlı iflas

betrunken [bəˈtrʊŋkən] **I.** *pp von* **betrinken II.** *adj* içkili, sarhoş; **in ~em Zustand Auto fahren** içkili durumda otomobil kullanmak

Betrunkene(r) <-n, -n; -n> *f(m)* sarhoş

Bett <-(e)s, -en> [bɛt] *nt* ❶ yatak, döşek; **das ~ machen** yatağı [*o* yatak] yapmak; **Frühstück im ~** yatakta sabah kahvaltısı; **im ~ liegen** yatakta yatmak; **ans ~ gefesselt sein** eli ayağı yatağa bağlı olmak, yatağa bağlanmak; **ins** [*o* **zu**] **~ gehen** (yatağa) yatmak, yatağa girmek; **das ~ hüten müssen** yatağa [*o* yataklara] düşmek, sergin vermek; **mit jdm ins ~ gehen** (*fam*) biriyle yatmak [*o* yatağa girmek], birinin yatağına girmek; **an jds ~ sitzen** birinin yatak başında oturmak; **er macht ins ~** (*fam*) yatağa yapar; **sich ins gemachte ~ legen** (*fig*) hazıra konmak ❷ (*Fluss~*) yatak ❸ (*Feder~*) yorgan **Bettanzug** <-(e)s, -züge> *m* SCHWEIZ (*Bettbezug*) nevresim, yorgan kılıfı, yorgan çarşafı **Bettbank** *f* ÖSTERR (*Bettcouch*) çekyat **Bettbezug** <-(e)s, -züge> *m* nevresim, yorgan kılıfı, yorgan çarşafı **Bettcouch** *f* çekyat **Bettdecke** *f* ❶ (*Tagesdecke*) yatak örtüsü ❷ (*Federbett*) yorgan

bettelarm [ˈ--ˈ-] *adj* pek fakir

Bettelei <-en> *f* (*pej*) dilencilik, dilenme; **hör endlich auf mit der ~!** dilenciliği bırak artık!

Bettelmönch *m* dilenci keşiş

betteln *vi* dilenmek; **bei jdm um etw ~** birinden bir şey dilenmek

betten *vt* (*geh*) yatırmak; **jdn zur letzten Ruhe ~** birini toprağa vermek

Bettflasche <-, -n> *f* SCHWEIZ (*Wärmflasche*) termofor **Bettgeher(in)** *m(f)* ÖSTERR (*Schlafwandler*) uyurgezer **Bettgestell** *nt* karyola **Betthupferl** <-s, -> [ˈbɛthʊpfɐl] *nt* DIAL *yatmadan önce çocuklara verilen şeker gibi şeyler* **Bettkante** *f* yatağın kenarı

bettlägerig [ˈbɛtlɛ:gərɪç] *adj* yatalak

Bettlaken *nt* yatak çarşafı **Bettlektüre** *f* yatakta okuma (*uyumadan önce yatakta okunan şeyler*)

Bettler(in) <-s, -; -, -nen> [ˈbɛtlɐ] *m(f)* dilenci

Bettnässer(in) <-s, -; -nen> *m(f)* (*fam*) yatağını ıslatan (kimse)

bettreif *adj* (*fam*) **er ist ~** onu yatak çekiyor

Bettruhe *f* yatak istirahati; **jdm ~ ordnen** birine yatak istirahati vermek **Betttuch**RR

B

<-(e)s, -tücher> ['bɛttu:x] *nt* yatak çarşafı
Bettwäsche *f* yatak takımı, çarşaflar *pl*
Bettzeug *nt* (*fam*) yatak takımı, yatak yorgan, çarşaflar *pl*
betucht [bəˈtu:xt] *adj* (*fam*) hâli vakti yerinde, tıkırı yolunda, varlıklı; **gut ~ sein** hâli vakti çok yerinde
betulich [bəˈtu:lɪç] *adj* (*pej*) vesveseli
beugbar *adj* ❶ bükülgen ❷ LING (*flektierbar*) bükünlü
Beugehaft *f* JUR tanıklığa veya yemine zorlamak için hapis
Beugemuskel *m* ANAT, MED büken
beugen ['bɔɪgən] **I.** *vt* ❶ (*Arm*) bükmek; **den Kopf ~** başını eğmek; **vor Kummer gebeugt sein** dertten boynu bükük olmak ❷ LING (*flektieren*) bükünlemek; (*deklinieren*) (isim) çekmek; (*konjugieren*) (fiil) çekmek **II.** *vr* ■ **sich ~** ❶ (*sich neigen*) eğilmek, bükülmek (**über** üzerine); **er beugte sich leicht nach vorn/zu mir** hafifçe öne/bana doğru eğildi, öne/bana doğru hafif eğildi ❷ (*sich fügen*) boyun eğmek (-e)
Beuger *m* ANAT, MED büken
Beugung <-en> *f* ❶ ANAT bükülme ❷ LING (*Flexion*) bükün ❸ PHYS (*Licht*) kırınım
Beule <-n> ['bɔɪlə] *f* ❶ yumru, kabartı; **er hat eine ~ an der Stirn** alnında bir yumru var ❷ (*Delle*) ezik ❸ MED (*Schwellung*) şişlik; (*Eiter~*) kabarcık **Beulenpest** *f* MED hıyarcıklı veba
beunruhigen* [bəˈʔʊnru:ɪgən] **I.** *vt* tedirgin etmek, rahatını [*o* huzurunu] kaçırmak (-in) **II.** *vr* ■ **sich ~** tedirgin olmak (**über** -den), rahatı [*o* huzuru] kaçmak, endişelenmek (**über** -den); **bitte ~ Sie sich nicht!** lütfen endişelenmeyin!
beunruhigend *adj* tedirgin edici, endişe verici
Beunruhigung <-en> *f* endişelenme, tedirginlik; **es besteht kein Grund zur ~** endişelenmeye hiç gerek yok
beurkunden* *vt* düzenlemek, tanzim etmek
beurlauben* *vt* ❶ (*Urlaub geben*) izin vermek (-e); MIL izin vermek (-e) ❷ (*von Amtspflichten*) açığa almak; **beurlaubt sein** açığa alınmış olmak ❸ UNIV ■ **sich ~ lassen** izin almak
beurteilen* *vt* ❶ (*sich ein Urteil bilden*) yargıya [*o* hükme] varmak (hakkında), anlam vermek (-e) ❷ (*begutachten*) mütalâada bulunmak (hakkında), görüş ve düşünce ileri sürmek (hakkında) ❸ (*bewerten, abschätzen*) değerlendirmek, takdir etmek; **etw falsch ~** bir şeyi yanlış değerlendirmek [*o* takdir etmek]
Beurteilung <-en> *f* ❶ (*Bewertung, Einschätzung*) değerlendirme, takdir; **eine gute ~ bekommen** iyi not almak ❷ (*Begutachtung*) mütâala
Beute ['bɔɪtə] *f kein pl* ❶ (*Kriegs~*) ganimet; (*Jagd~*) av, şikâr; (*Diebes~*) çalıntı; (*bei Plünderung*) çalıntı, ganimet, yağma malı; **reiche ~ machen** (*fam*) yağma etmek, vurgun vurmak ❷ (*geh: Opfer*) kurban; **leichte ~ für jdn sein** birisi için kurbanlık koyun olmak, birisi için kolay av olmak
Beutel <-s, -> ['bɔɪtəl] *m* ❶ (*Behältnis*) kese, torba; (*Tee~*) poşet ❷ ZOOL (*des Kängurus*) kese ❸ (*fig: Geld~*) kese; **seinen ~ füllen** (*fig*) kesesini doldurmak; **tief in den ~ greifen** kesenin ağzını açmak **Beutelmarder** *m* ZOOL keseli sansar **Beutelmeise** *f* ZOOL çulha kuşu **Beuteltiere** *pl* ZOOL keseliler *pl*
bevölkern* [bəˈfœlkɐn] *vt* iskân etmek; **ein dicht bevölkertes Gebiet** GEO yoğun nüfuslu bölge
Bevölkerung <-en> *f* toplum, nüfus, ahali; (*Zivil~*) halk; **die einheimische/ländliche ~** yerli/kırsal nüfus **Bevölkerungsdichte** *f kein pl* nüfus yoğunluğu **Bevölkerungsexplosion** *f* nüfus patlaması **Bevölkerungsrückgang** <-(e)s> *m kein pl* nüfus azalması **Bevölkerungsschicht** *f* toplum tabakası **Bevölkerungszuwachs** <-es> *m kein pl* nüfus artışı
bevollmächtigen* [bəˈfɔlmɛçtɪgən] *vt* yetkili kılmak (**zu** için), yetkilendirmek (**zu** için), vekil [*o* tevkil] etmek (**zu** -e), vekil olarak atamak (**zu** için)
Bevollmächtigte(r) <-n, -n; -n> *f(m)* vekil
Bevollmächtigung <-en> *f* yetkilendirme, temsil için yetki verme, tevkil, vekil etme
bevor [bəˈfo:ɐ] *konj* -meden önce; **gieß bitte die Blumen, ~ du gehst** gitmeden önce lütfen çiçekleri sulayıver; **ich will mit dem Essen fertig sein, ~ sie kommen** onlar gelmeden önce yemeğimi bitirmek istiyorum
bevormunden* [bəˈfɔ:ɐmʊndən] *vt* **jdn ~** birine akıl öğretmek [*o* hocalığı yapmak]
Bevormundung <-en> *f* **ich lasse mir diese ~ nicht gefallen** bunun akıl hocalığından bıktım artık
bevorraten *vt* stok etmek, stoklamak
Bevorratung <-> *f* stoklama
bevorrechtigt *adj* ❶ (*privilegiert*) ayrıcalıklı, imtiyazlı ❷ (*vorrangig*) öncelikli

bevor|stehen *irr vi* beklenmek; (*zu erwarten sein*) olması beklenmek; (*unmittelbar drohend*) pek yakında olmak; **wer weiß, was ihr noch bevorsteht** kim bilir, onu daha neler bekliyor, kim bilir, onun başına daha neler gelecek; **es steht uns noch sehr viel Arbeit bevor** önümüzde daha pek çok iş var; **die Wahlen stehen unmittelbar bevor** seçimler pek yakında olacak, seçimler hemen önümüzde **bevorstehend** *adj* **der ~e Winter** önümüzdeki kış; **der ~e Krieg** önümüzdeki [*o* olması beklenen] savaş

bevorzugen* [bə'fo:ɐtsu:gən] *vt* ① (*vorziehen*) yeğlemek, tercih etmek ② (*bevorrechten*) ayrıcalık tanımak (-e), ayrıcalık göstermek (-e), imtiyaz tanımak (-e); (*begünstigen*) kayırmak **Bevorzugung** <-en> *f* (*das Bevorzugen*) yeğleme, ayrıcalık tanıma; (*das Bevorzugtwerden*) yeğlenme

bewachen* *vt* beklemek, gözetmek, kollamak, bekçilik etmek (-e); **der Hund bewacht das Haus** köpek evi bekliyor; **ein bewachter Parkplatz** bekçili otopark; **den Torschützen ~** golcüyü kollamak

bewachsen* [bə'vaksən] *adj* üstü örtülü (**mit** ile)

Bewachung <-en> *f* ① bekçilik (etme), gözetim ② (*Wache*) bekçi ③ SPORT (*Ballspiele*) **sich der ~ entziehen** kendini göstermek (*pas alabilmek için boş alana kaçmak*)

bewaffnen* [bə'vafnən] *vt* silahlandırmak (**mit** -le), silahlamak (**mit** -le); **er war bis an die Zähne bewaffnet** tepeden tırnağa (kadar) silahlanmıştı

Bewaffnung <-en> *f* ① (*das Bewaffnen*) silahlandırma, silahlama; (*das Bewaffnetwerden*) silahlanma ② (*Waffen*) silahlar *pl*

bewahren* [bə'va:rən] *vt* ① (*beschützen*) korumak (**vor** -den) ② (*aufbewahren*) saklamak; **Gott bewahre!** Allah saklasın!

bewähren* [bə'vɛ:rən] *vr* ■ **sich ~** (*Person*) liyakat göstermek; (*Sache*) güvenilir olduğunu göstermek

bewahrheiten* [bə'va:ɐhaɪtən] *vr* ■ **sich ~** doğru çıkmak, gerçek olduğu anlaşılmak; **ihre Befürchtungen haben sich bewahrheitet** korktuğu başına geldi

bewährt [bə'vɛ:ɐt] *adj* liyakatli, değimli; (*Mittel, Methode*) güvenilir (olduğnu göstermiş)

Bewährung <-en> *f* JUR tecil; **er bekam drei Jahre mit/ohne ~** tecilli/tecilsiz üç yıllık ceza aldı; **eine Strafe zur ~ aussetzen** cezayı tecil etmek **Bewährungsfrist** *f* JUR tecil süresi **Bewährungshelfer(in)** *m(f)* JUR tecil yardımcısı

bewaldet *adj* ormanlık

bewältigen* [bə'vɛltɪgən] *vt* ① (*meistern*) becermek, üstesinden gelmek (-in) ② (*überwinden*) başarmak, başarı ile sona erdirmek, hakkından gelmek (-in)

bewandert [bə'vandɐt] *adj* uzman (**in** -de), bilgi sahibi olan (**in** -de); **in etw gut ~ sein** bir şeyde iyi uzman [*o* bilgi sahibi] olmak, bir işi iyi bilmek

Bewandtnis <-se> [bə'vantnɪs] *f* mahiyet; **damit hat es folgende ~** onun mahiyeti şöyledir

bewässern* [bə'vɛsɐn] *vt* AGR sulamak

Bewässerung <-en> *f* AGR sulama

Bewässrung[RR] <-en> *f,* **Bewäßrung**[ALT] <-en> *f s.* **Bewässerung**

bewegen*[1] [bə've:gən] **I.** *vt* ① (*Arm, Lippen*) kımıldatmak, kıpırdatmak, oynatmak; (*in Gang setzen*) hareket ettirmek, devindirmek; **er konnte den Koffer kaum von der Stelle ~** bavulu yerinden güç bela kımıldattı ② (*innerlich*) duygulandırmak **II.** *vr* ■ **sich ~** ① hareket etmek, kımılda(n)mak, kıpırda(n)mak; PHYS devinmek; **es bewegt sich etwas!** (*fig*) bir şeyler oluyor! ② (*schwanken*) dalgalanmak (**um** düzeyinde), oynamak (**zwischen** arasında); **die Preise ~ sich um die 100 Euro** fiyatlar 100 euro düzeyinde dalgalanıyor ③ (*Erde, Sonne*) devinmek (**um** -in çevresinde)

bewegen[2] <bewegt, bewog, bewogen> *vt* **jdn zu etw ~** birine bir şey yaptırtmak; **können Sie ihn dazu ~?** onu ona yaptırtabilir misiniz?; **was hat dich dazu bewogen?** bunu sana ne yaptırdı?

Beweggrund <-(e)s, -gründe> *m* güdü, saik

beweglich [bə've:klɪç] *adj* ① hareketli, mobil, oynak, devingen ② (*flink*) çevik; (*geistig*) canlı ③ (*transportierbar*) taşınır, portatif, menkul

Beweglichkeit *f* hareketlilik, devingenlik; (*Agilität*) çeviklik

bewegt [bə've:kt] *adj* ① (*See, Wasser*) dalgalı, çalkantılı ② (*fig*) **seine Worte haben uns tief bewegt**[RR] sözlerinden çok duygulandık ③ (*Leben, Zeiten*) hareketli, heyecanlı

Bewegung <-en> *f* ① hareket, devinim; **politische ~** siyasi hareket; **etw in ~ bringen/setzen** bir şeyi harekete getirmek/geçirmek; **sich** *dat* **~ verschaffen** hareket etmek; **keine ~!** kımıldama!; **in ~ sein** harekette olmak; **alle Hebel in ~ setzen** bütün olanakları kullanmak ② (*seelisch*) duygulanma; (*Erregung*) heyecan

B

Bewegungsablauf *m* program **Bewegungsenergie** *f* PHYS kinetik enerji **Bewegungsfreiheit** *f kein pl* hareket serbestisi [*o* özgürlüğü]; (*Platz*) rahatça hareket edilebilecek yer **bewegungslos** *adj* hareketsiz **Bewegungslosigkeit** *f* hareketsizlik **bewegungsunfähig** *adj* hareket edemeyen

beweihräuchern* [bə'vaɪrɔɪçɐn] **I.** *vt* ❶ (*mit Weihrauch umgehen*) (buhurdanla) tütsülemek ❷ (*verherrlichen*) pohpohlamak **II.** *vr* ■ **sich selbst ~** (*pej fam*) kendi kendini pohpohlamak

Beweihräucherung *f* tütsüle(n)me

beweinen* *vt* göz yaşları dökmek (için)

Beweis <-es, -e> [bə'vaɪs] *m* ❶ *a.* JUR (*Nachweis*) delil, kanıt; (*~last*) ispat; **den ~ erbringen** delil irat etmek; **aus Mangel an ~en** delillerin yokluğundan; **als ~** delil olarak; **den ~ antreten/erheben** delil göstermek/ikame etmek ❷ PHILOS tanıt ❸ (*Ausführen*) ispat, tanıtlama; **bis zum ~ des Gegenteils** aksi sabit [*o* kesin olarak belli] oluncaya kadar **Beweisaufnahme** *f* JUR delillerin toplanması **beweisbar** *adj* kanıtlanabilir

beweisen* *irr vt* kanıtlamak, ispat etmek; **man konnte ihm die Tat nicht ~** eylemi onun yaptığı kanıtlanamadı

Beweisführung <-en> *f* JUR delil gösterme, delillerin sunulması **Beweiskraft** *f kein pl* JUR ispat kuvveti **beweiskräftig** *adj* JUR ispat kuvveti olan **Beweislast** *f* JUR ispat yükü **Beweismittel** *pl* ispat araçları *pl,* deliller *pl* **Beweisstück** *nt* JUR delil

bewenden *vi* **es bei etw ~ lassen** bir şeyle yetinmek; **lassen wir es dabei ~!** bunu böylece bırakalım artık!, bu kadarı yeter [*o* yetişir] artık!

bewerben* *irr* **I.** *vr* ■ **sich ~** başvurmak (**um** için, **bei** -e), müracaat etmek; **sich bei jdm um eine Stelle ~** birine bir iş için başvurmak **II.** *vt* COMM (*Produkt*) tanıtmak

Bewerber(in) <-s, -; -nen> *m(f)* ❶ başvurucu, müracaatçı ❷ (*um eine Frau*) talip ❸ **die ~ auf der Submission** eksiltmedeki istekliler

Bewerbung <-en> *f* başvuru, müracaat; **eine schriftliche ~** yazılı bir başvuru; **seine ~ einreichen** başvurusunu vermek **Bewerbungsgespräch** *nt* mülâkat **Bewerbungsschreiben** *nt* başvuru mektubu

bewerfen* *irr vt* atmak (**mit** -); **jdn mit Schmutz ~** (*fig*) birine çamur atmak

bewerkstelligen* [bə'vɛrkʃtɛlɪgən] *vt* becermek

bewerten* *vt* değerlendirmek; (*schätzen auf*) değer biçmek (-e); **etw zu hoch/niedrig ~** bir şeye fazla/az değer biçmek; SPORT derecelendirmek

Bewertung <-en> *f* değer biçme; (*einer Arbeit*) değerlendirme; SPORT derecelendirme

Bewertungsnote *f* başarı notu

bewilligen* [bə'vɪlɪgən] *vt* izin vermek (-e); (*Kredit*) kabul ve tahsis etmek; (*Antrag*) kabul etmek

Bewilligung <-en> *f* izin; FIN (*eines Antrags*) kabul (ve tahsis)

bewirken* *vt* ❶ (*verursachen*) neden [*o* sebep] olmak (-e), yol açmak (-e) ❷ (*hervorbringen*) getirmek; (**k**)**eine Änderung ~** bir değişiklik getir(me)mek

bewirten* [bə'vɪrtən] *vt* ağırlamak, misafir etmek; **wir wurden fürstlich bewirtet** krallara layık biçimde ağırlandık

bewirtschaften* *vt* ❶ (*Gaststätte, Hof*) işletmek ❷ AGR (*bestellen*) ekip biçmek ❸ (*kontrollieren*) denetlemek

Bewirtschaftung <-en> *f* ❶ WIRTSCH (*Nutzung*) işletme; (*Verwaltung*) yönetim ❷ AGR (*Anbau*) ekim

Bewirtung <-en> *f* (*das Bewirten*) ağırlama, misafir etme

bewog [bə'vo:k] *3. imp von* **bewegen²**

bewogen [bə'vo:gən] *pp von* **bewegen**

bewohnbar *adj* içinde oturulabilir

bewohnen* *vt* oturmak (-de), sakin olmak (-de)

Bewohner(in) <-s, -; -nen> *m(f)* ❶ oturan, sakin ❷ (*Bevölkerung*) nüfus

bewölken* [bə'vœlkən] *vr* ■ **sich ~** METEO bulutlanmak; (*mit dunklen Wolken*) kapanmak

bewölkt *adj* METEO bulutlu

Bewölkung *f kein pl* ❶ (*Sichbewölken*) bulutlanma ❷ (*Wolken*) bulutlar

Bewunderer(in) <-s, -; -nen> *m(f)* hayran

bewundern* *vt* hayran olmak (**wegen** -e); (*anstaunen*) hayret etmek **bewundernswert, bewundernswürdig** *adj* insanı hayran bırakan

Bewunderung *f kein pl* hayranlık; (*Anstaunen*) hayret; **voller ~** hayranlıkla, hayran hayran

bewusst^RR [bə'vʊst], **bewußt**^ALT **I.** *adj* ❶ (*wissend*) bilinçli, şuurlu; (**sich** *dat*) **~ machen** bilinçlenmek; **sich** *dat* **etw** *gen* **~ sein** bir şeyin bilincinde olmak; **sich** *dat* **etw** *gen* **~ werden** bir şeyin bilincine varmak; **ich bin mir keiner Schuld ~** bir suç işlediğimin bilincinde değilim ❷ (*besagt*) sözü geçen, söz konusu; **es war an**

jenem ~en Tag o söz konusu gündeydi ❸ (*absichtlich*) kastî, kasıtlı **II.** *adv* ❶ (*absichtlich*) bilinçli olarak, bile bile, kasten; **~ machen** bile bile [*o* kasten] yapmak ❷ (*überlegt*) düşünülerek

bewusstlos[RR] *adj*, **bewußtlos**[ALT] *adj* bilinçsiz, şuursuz, kendinden geçmiş; **~ werden** bayılmak, kendinden geçmek

Bewusstlosigkeit[RR] *f kein pl*, **Bewußtlosigkeit**[ALT] *f kein pl* bilinçsizlik, şuursuzluk; (*Ohnmacht*) baygınlık

bewusst|machen[RR], **bewußt|machen**[ALT] **I.** *vt s.* **bewusst I.1. II.** *vr* ■ **sich** *dat* **~** *s.* **bewusst I.1.**

Bewusstsein[RR] <-s> *nt kein pl*, **Bewußtsein**[ALT] <-s> *nt kein pl* bilinç, şuur; **in dem ~ ...** ... bilincinde; **mir ist erst jetzt zum ~ gekommen, dass ...** ancak şimdi ... bilincine vardım ki; **jdm etw zum ~ bringen** birini bir şey hakkında bilinçlendirmek, birini bir şeyin bilincine vardırmak; **sich** *dat* **etw ins ~ rufen** bir şeyin bilincine varmak; **das ~ verlieren** kendini kaybetmek, bayılmak; **wieder zu ~ kommen** tekrar kendine gelmek, ayılmak **Bewusstseinsschwelle**[RR] *f* PSYCH bilincin eşiği **Bewusstseinsstörung**[RR] *f* PSYCH bilinç bozukluğu **Bewusstseinsveränderung**[RR] *f* PSYCH bilinç değişikliği

bez. ❶ *Abk von* **bezahlt** ödendi ❷ *Abk von* **bezüglich** ilgili

bezahlen* *vt* ödemek; **gut bezahlt** ücreti iyi; **hoch bezahlt** ücreti yüksek; **sich (nicht) bezahlt machen** parasını çıkar(ma)mak; (*fig*) değ(me)mek

Bezahlung *f kein pl* ❶ (*einer Rechnung*) ödeme ❷ (*Lohn*) ücret; (*Vergütung*) ödeme; **gegen ~** ücret karşılığı(nda)

bezähmen* **I.** *vt* (*Hunger, Neugier*) yenmek **II.** *vr* ■ **sich ~** (*sich zurückhalten*) kendini tutmak

bezaubern* *vt* büyülemek (**durch** ile); **ein ~des Mädchen** alımlı bir kız; **ein ~des Kleid** enfes bir giysi

bezeichnen* *vt* ❶ (*markieren*) işaretlemek, (işaretle) belirtmek; (*beschreiben*) tanımlamak, tarif etmek; (*zeigen*) göstermek, nitelemek; (*kennzeichnen*) nitelendirmek; **ein Kreuz bezeichnet die Stelle** bir çapraz yerini işaretliyor; **er bezeichnete mir die Stelle** bana yerini tarif etti ❷ ((*be*)*nennen*) demek (**als** -); (*benennen*) adlandırmak (**als** diye); **wie bezeichnet man ...?** ... nasıl denir?

bezeichnend *adj* tipik (**für** için), karakteristik (**für** için)

Bezeichnung <-en> *f* ❶ (*Name*) ad, isim ❷ (*Ausdruck*) deyim, tabir

bezeugen* [bəˈtsɔɪgən] *vt* (*bestätigen*) doğrulamak; JUR tanıklık [*o* şahitlik] etmek

bezichtigen* [bəˈtsɪçtɪgən] *vt* suçlamak; **jdn ~, etw zu tun** birini bir şey yapmakla suçlamak

beziehen* *irr* **I.** *vt* ❶ (*überziehen*) kaplamak (**mit** -le); (*Bett*) çarşaf geçirmek (-e), kaplamak; **das Bett neu ~** yatağın çarşaflarını değiştirmek ❷ (*Wohnung, Haus*) taşınmak (-e) ❸ (*Einkommen*) almak; **Ohrfeige/Prügel ~** (*fam*) tokat/dayak yemek ❹ (*kaufen*) almak; (*Waren*) getirtmek; (*Zeitung*) abone olarak almak ❺ (*in Beziehung setzen*) ilişki kurmak (**auf** -le), bağlantı sağlamak (**auf** -e); ■ **etw auf sich ~** bir şeyi kendi üstüne yormak; **diese Bemerkung brauchst du nicht auf dich zu ~** bu sözü kendi üstüne yormana gerek yok, bu söze alınmana gerek yok ❻ (*Posten*) almak **II.** *vr* ■ **sich ~** ❶ (*Himmel*) bulutlanmak; (*mit dunklen Wolken*) kararmak ❷ (*sich berufen*) dayanmak (**auf** -e); (*als Beweis anführen*) delil olarak göstermek

Bezieher(in) <-s, -; -nen> *m(f)* (*Einkommen*) alan; (*Zeitung*) abone; (*Ware*) alıcı

Beziehung <-en> *f* ❶ *pl* ilişkiler *pl*, münasebetler *pl*; **gute ~en haben** iyi ilişkileri olmak, torpili olmak; **seine ~en spielen lassen** (*fam*) ilişkilerini kullanmak; **diplomatische ~en** diplomatik ilişkiler ❷ (*Hinsicht*) yön, bakım; **er hat in mancher/jeder ~ Recht** bazı/her bakımdan haklı ❸ (*Verhältnis*) münasebet (**zwischen** arasında), ilişki (**zwischen** arasında), ilgi (**zwischen** arasında); (*Liebes~*) münasebet; **in ~ stehen zu etw** bir şeyle ilgili olmak; **zwei Dinge zueinander in ~ setzen** iki şey arasında münasebet [*o* ilişki] kurmak; **eine ~ eingehen** ilişki kurmak; **er hat keine ~ zur Literatur** edebiyatla hiç ilişkisi yok, edebiyata hiç ilgi duymuyor

beziehungslos *adj* ilişkisiz

beziehungsweise *konj* ❶ (*genauer gesagt*) yani, yahut, daha doğrusu ❷ (*oder, und*) yahut, ya da; **die Karten zu 50 ~ zu 30 Euro sind schon ausverkauft** 50 euroluk yahut 30 euroluk biletler satıldı bile

beziffern* [bəˈtsɪfɐn] **I.** *vt* ❶ (*nummerieren*) numaralamak ❷ (*schätzen*) tahmin etmek (**auf** civarında) **II.** *vr* ■ **sich ~** (*sich belaufen*) tutmak (**auf** -)

Bezirk <-(e)s, -e> [bəˈtsɪrk] *m* ❶ (*Gebiet*) bölge ❷ (*Stadtbezirk*) semt ❸ ADMIN **Regierungs~** il; (*Gemeinde~*) mahalle

bezug[ALT] *s.* **Bezug² 2.**

Bezug¹ <-(e)s, -züge> [bəˈtsuːk] *m* ❶ (*Überzug*) kılıf ❷ *pl* (*Gehalt*) maaş; (*Einkommen*) gelir

Bezug² <-(e)s> *m kein pl* ❶ (*Kauf*) alım; (*von Zeitschriften*) abone ❷ ilgi; **in ~ auf** ile ilgili olarak, hakkında, üzerine; **mit ~ auf Ihr Schreiben vom ...** WIRTSCH ... tarihli yazınızla ilgili olarak; **auf etw ~ nehmen** bir şeye dayanmak [*o* istinat etmek]; (*auf etw verweisen*) bir şeye işaret etmek

bezüglich [bəˈtsyːklɪç] **I.** *adj* ilgili, dair, ilişkin; **~es Fürwort** ilgi zamiri; **alle darauf ~en Fragen** onunla ilgili bütün sorular, ona dair bütün sorular **II.** *präp* ilgili olarak; **~ Ihres Schreibens vom ...** ... tarihli yazınız ile ilgili olarak

Bezugnahme <-n> [bəˈtsuːknaːmə] *f* **unter ~ auf** -e istinaden, -e dayan(ıl)arak

bezugsfertig *adj* (*Wohnung*) anahtar teslimi

Bezugspreis *m* abonman fiyatı; (*Zeitung*) abone fiyatı **Bezugspunkt** *m* referans noktası **Bezugsquelle** *f* WIRTSCH (*Gelegenheit zum Kauf*) alım fırsatı

bezuschussen* [bəˈtsuːʃʊsən] *vt* para yardımı yapmak (-e)

bezwecken* [bəˈtsvɛkən] *vt* amaçlamak; (*einen Zweck verfolgen*) amaç gütmek; **was willst du damit ~?** bununla neyi amaçlıyorsun?, bununla ne amaç güdüyorsun?

bezweifeln* *vt* şüphe etmek (-den), şüphelenmek (-den), şüphesi olmak (-den); **das bezweifle ich nicht im Mindesten** bundan hiç şüphem yok

bezwingen* *irr vt* (*besiegen*) yenmek, alt etmek, sırtını yere getirmek (-in); (*fertigwerden mit*) başa çıkmak (ile); (*zügeln*) yenmek; (*bewältigen*) hakkından gelmek (-in); (*Festung*) zapt etmek; (*Berg*) tepesine çıkmak (-in); **sich kaum ~ können** kendini tutamamak

BGB <-> [beːgeːˈbeː] *nt kein pl Abk von* **Bürgerliches Gesetzbuch** Yurttaşlar yasası, Medeni Kanun

BH <-s, -s> [beːˈhaː] *m* (*fam*) *Abk von* **Büstenhalter** sutyen

Bhagvan <-s> [ˈbakvan] *m kein pl*, **Bhagwan** <-s> *m kein pl* Bhagvan

Bhf. *Abk von* **Bahnhof** tren istasyonu

bi [biː] *adj* (*fam*) çift cinsel

Biathlon <-s, -s> [ˈbiːatlɔn] *nt* SPORT biatlon

bibbern [ˈbɪbɐn] *vi* (*fam*) tir tir titremek

Bibel <-n> [ˈbiːbəl] *f* İncil **Bibelstelle** <-n> *f* İncil'deki metnin yeri

Biber <-s, -> [ˈbiːbɐ] *m* ❶ ZOOL (*Castor*) kunduz ❷ (*Pelz*) kastor

BibliografieRR <-n> [bibliograˈfiː] *f* bibliyografi, kaynakça

Bibliographie <-n> [bibliograˈfiː] *f s.* **Bibliografie**

Bibliothek <-en> [biblioˈteːk] *f* kütüphane

Bibliothekar(in) <-s, -e; -nen> [biblioteˈkaːɐ] *m(f)* kütüphaneci

Bibliothekskunde *f kein pl*, **Bibliothekslehre** *f kein pl* kütüphanecilik (öğrenimi)

Bibliothekswesen *nt kein pl* kütüphanecilik **Bibliothekswissenschaft** *f kein pl* kitaplık bilimi

biblisch [ˈbiːblɪʃ] *adj* İncil (ile ilgili); **ein ~es Alter haben** güngörmüş olmak

Bidet <-s, -s> [biˈdeː] *nt* bide

bieder [ˈbiːdɐ] *adj* ❶ (*rechtschaffen*) namuslu, dürüst ❷ (*fam: spießig*) dar kafalı

Biedermann *m* dar kafalı (kimse)

biegen <biegt, bog, gebogen> [ˈbiːgən] **I.** *vi sein* (*Kurve machen*) kıvrılmak, bükülmek; (*mit dem Auto*) dönmek; **um die Ecke ~** köşeyi [*o* köşeden] dönmek; **auf B~ und Brechen** (*fam*) ne yapıp edip **II.** *vt* ❶ (*Zweige, Glieder*) bükmek, kıvırmak ❷ ÖSTERR (*flektieren*) bükünlemek; (*deklinieren, konjugieren*) çekmek **III.** *vr* ■ **sich ~** (*krumm werden*) bükülmek; **sie bog sich vor Lachen** (*fam*) gülmekten katıldı

biegsam *adj* bükülgen; (*elastisch*) esnek

Biegsamkeit *f kein pl* bükülgenlik, esneklik

Biegung <-en> *f* büküntü; (*Kurve*) dönemeç, viraj

Biene <-n> [ˈbiːnə] *f* arı

Bienenfresser *m* ZOOL arı kuşu **Bienenhonig** *m* bal **Bienenkönigin** <-nen> *f* arı beyi **Bienenmotte** *f* ZOOL bal kelebeği **Bienenschwarm** *m* arı oğlu **Bienenstich** <-(e)s, -e> *m* ❶ (*Verletzung*) arı sokması ❷ GASTR *içi kremalı, üstü kesme badem, tereyağı ve şekerle kaplı bir çeşit pasta* **Bienenstock** <-(e)s, -stöcke> *m* arı kovanı **Bienenvolk** <-(e)s, -völker> *nt* arı oğlu **Bienenwabe** *f* arı dalağı, bal peteği **Bienenwachs** <-es> *nt kein pl* bal mumu **Bienenzucht** *f kein pl* arıcılık **Bienenzüchter(in)** *m(f)* arıcı

Biennale <-n> [biɛˈnaːlə] *f* KUNST, FILM bienal

Bier <-(e)s, -e> [biːɐ] *nt* bira; **dunkles/helles ~** siyah/beyaz bira; **das ist nicht mein ~** (*fig fam*) bu beni ilgilendirmez, bu benim derdim değil **Bierbrauerei** *f* bira fabrikası **Bierdeckel** *m* bira bardağı altlığı **Bierdose** *f* bira kutusu **bierernst** [ˈ-ˈ-] *adj* (*fam*) çok ciddi **Bierfass**RR *nt* bira fıçısı **Bierflasche** *f* bira şişesi

Biergarten *m* bira bahçesi **Bierhefe** *f kein pl* bira mayası **Bierkasten** *m* bira kasası **Bierkneipe** *f* birahane **Bierkrug** *m* bira maşrapası

Bierlokal *nt* birahane **Bierschaum** <-(e)s> *m kein pl* bira köpüğü **Bierzelt** *nt şenliklerde kurulup içinde bira içilen çadır*

Biest <-(e)s, -er> [biːst] *nt* (*fam*) ❶ (*Tier*) hayvan ❷ (*Mensch*) hayvan

bieten <bietet, bot, geboten> [biːtən] **I.** *vt* ❶ (*Anblick*) sunmak, sergilemek; (*Gelegenheit, Chance*) vermek; (*geben, gewähren*) vermek; (*zeigen*) göstermek; **wie viel bietest du mir dafür?** bana onun için kaç para verirsin?; **das lasse ich mir nicht ~** buna izin vermem; **jdm die Stirn ~** birinin alnını karışlamak ❷ (*anbieten*) önermek (**für** için), teklif etmek (**für** için) **II.** *vi* (*bei Versteigerung*) pey sürmek; **wer bietet mehr?** başka artıran var mı? **III.** *vr* ■ **sich ~** (*sich anbieten*) kendini göstermek, ortaya çıkmak; **bei der nächsten sich ~den Gelegenheit** ortaya çıkan ilk fırsatta

Bigamie [biga'miː] *f kein pl* bigami, iki evlilik

bigott [bi'gɔt] *adj* (*frömmig*) yobaz; (*scheinheilig*) ikiyüzlü

Bigotterie *f kein pl* yobazlık

Bikini <-s, -s> [bi'kiːni] *m* bikini

Bilanz <-en> [bi'lants] *f a.* WIRTSCH bilanço; **die ~ ziehen** bilançosunu çıkarmak; **~ machen** bilanço yapmak

bilanzieren* *vt* FIN (*Konto*) bilançolamak

Bilanzprüfer(in) <-s, -; -nen> *m(f)* WIRTSCH bilanço denetçisi

bilateral ['biːlateraːl, ---'-] *adj* iki taraflı, ikili

Bild <-(e)s, -er> [bɪlt] *nt* ❶ (*Gemälde*) resim, tablo, manzara; (*Abbildung*) resim; (*im Spiegel*) görüntü; **ein ~ von einem Mann/einer Frau** resim gibi bir erkek/kadın; **ein ~ für die Götter** (*fam*) Allahlık bir manzara; **ein ~ des Jammers bieten** yürekler acısı bir manzara sergilemek ❷ TV resim, görüntü; (*Bildnis*) portre; (*Bühnen~*) dekor; FOTO (*Licht~*) fotoğraf, resim; **ein ~ machen** bir resim [*o* fotoğraf] çekmek ❸ (*fig: Vorstellung*) fikir; **sich** *dat* **ein ~ von etw machen** bir şey hakkında fikir edinmek ❹ (*Ansicht*) görünüm, görünüş ❺ (*Metapher*) metafor, istiare ❻ (*auf dem Laufenden*) **im ~e sein** (bir konuda) bilgi sahibi olmak; **jdn ins ~ setzen über etw** birine bir şey hakkında bilgi vermek

Bildauflösung *f* INFORM, TV çözünürlük

Bildband <-(e)s, -bände> *m* resim albümü

bilden **I.** *vt* ❶ (*gestalten*) biçimlendirmek, şekil vermek (-e) ❷ (*darstellen, sein*) oluşturmak ❸ (*belehren*) eğitmek ❹ (*Eiter*) toplamak; (*Kruste*) bağlamak, tutmak **II.** *vr* ■ **sich ~** oluşmak

bildend *adj* eğitici, öğretici; **die ~en Künste** güzel sanatlar **Bilderbuch** *nt* resimli kitap; **ein Wetter wie im ~** mükemmel bir hava **Bildergalerie** *f* resim galerisi **Bildergeschichte** <-n> *f* resimli öykü **Bilderrahmen** <-s, -> *m* resim çerçevesi **Bilderrätsel** *nt* resimli bulmaca **Bilderschrift** *f* resim yazı **Bildfläche** *f* **auf der ~ erscheinen** (*fam*) ortaya çıkmak; **von der ~ verschwinden** (*fam*) ortadan [*o* ortalıktan] kaybolmak **Bildfunk** *m* TELEK görüntülü telefon, videofon, ekranlı telefon

bildhaft *adj* tasvirî, betimsel; (*anschaulich*) canlı

Bildhauer(in) <-s, -; -nen> ['bɪlthaʊɐ] *m(f)* heykeltıraş

Bildhauerei *f kein pl* heykeltıraşlık

bildhübsch ['-'-] *adj* resim gibi

bildlich *adj* ❶ (*Darstellung*) betili ❷ (*Sinn*) mecazî; (*Ausdruck*) mecazlı

Bildnis <-ses, -se> ['bɪltnɪs] *nt* (*geh*) portre; (*Foto*) portre **Bildreportage** *f* resimli röportaj **Bildschärfe** <-n> *f* TV görüntü netliği

Bildschirm *m a.* INFORM ekran; (*Monitor*) monitör **Bildschirmarbeit** *f* INFORM, TELEK ekranda çalışma **Bildschirmschoner** *m* INFORM ekran koruyucu **Bildschirmtext** <-(e)s> *m kein pl* INFORM ekran metni, videotekst; TV teletekst

bildschön ['-'-] *adj* biblo gibi **Bildstörung** *f* TV parazit **Bildtelefon** *nt* TELEK videofon, ekranlı telefon, görüntülü telefon

Bildung *f* ❶ oluşma, kuruluş ❷ (*Schaffung*) oluşturma, yaratma, kurma ❸ (*Wissen*) bilgi, görgü, kültür ❹ (*Schul~*) eğitim **Bildungseinrichtung** <-en> *f* eğitim kuruluşu **Bildungslücke** *f* kültür eksikliği **Bildungsniveau** *nt* eğitim düzeyi [*o* seviyesi] **Bildungspolitik** *f* POL eğitim politikası **Bildungsreise** *f* kültür gezisi **Bildungssystem** *nt* POL öğretim ve eğitim sistemi **Bildunterschrift** *f* alt yazı

Bildverarbeitung *f* INFORM görüntü işleme

bilingual ['biːlɪnguaːl, ---'-] *adj* iki dilli

Billard <-s> ['bɪljart] *nt kein pl* bilardo; **~ spielen** bilardo oynamak **Billardkugel** *f* bilardo topu **Billardstock** <-(e)s, -stöcke> *m* isteka **Billardtisch** *m* bilardo masası

Billett <-(e)s, -e *o* -s> [bɪl'jɛt] *nt* ❶ SCHWEIZ (*Fahr- oder Eintrittskarte*) bilet ❷ ÖSTERR

B

(*Brief*) mektup
Billiarde <-n> [bɪ'ljardə] *f* bin trilyon
billig ['bɪlɪç] *adj* ❶ (*preiswert*) ucuz; ~ **abgeben** ucuza vermek; ~ **davonkommen** (*fam*) ucuz atlatmak, ucuz kurtulmak ❷ (*pej: minderwertig*) tapon, niteliği düşük; (*Ausrede*) sıradan; **das ist ein ~er Trost** bu zayıf bir teselli ❸ (*angemessen*) uygun, yerinde; (*berechtigt*) haklı
billigen ['bɪlɪgən] *vt* ❶ (*gutheißen*) onamak, tasvip etmek ❷ (*genehmigen*) izin vermek; **etw stillschweigend** ~ bir şeye zımnen razı olmak
Billigflug <-(e)s, -flüge> *m* ucuz uçak seferi
Billigkeit *f kein pl* hakkaniyet; **nach Recht und** ~ hukuka ve hakkaniyete göre
Billigware *f* tapon mal
Billion <-en> [bɪ'ljo:n] *f* trilyon
Bimbam ['bɪm'bam] *m* (**ach**) **du heiliger ~!** vay canına!
Bimmel <-n> ['bɪməl] *f* (*fam*) çıngırak
bimmeln *vi* (*fam: Glocke*) çıngırdamak; (*Telefon*) çalmak
Bimsstein *m* sünger taşı, ponza taşı
bin [bɪn] *1. präs von* **sein**
binär [bi'nɛ:ɐ] *adj* MATH, INFORM ikili
Binde *f* ❶ (*Band*) bağ, bant ❷ (*Verband*) sargı
Bindegewebe *nt* ❶ ANAT katılgan doku ❷ BOT, ZOOL bağ doku
Bindehaut *f* MED konjonktif tabaka **Bindehautentzündung** *f* MED konjonktivit
binden <bindet, band, gebunden> ['bɪndən] **I.** *vt* ❶ (*zusammenbinden*) bağlamak; (*Strauß*) bağlamak; (*Buch*) ciltlemek; **mir sind die Hände gebunden** (*fig*) elim kolum bağlı ❷ (*befestigen*) bağlamak; (*Krawatte*) bağlamak ❸ GASTR koyulaştırmak, terbiye katmak (-e); **eine Suppe mit Mehl** ~ bir çorbayı unla koyulaştırmak ❹ (*verpflichten*) bağlamak ❺ CHEM, PHYS bileştirmek ❻ (*Laute*) bağlamak **II.** *vr* ■ **sich** ~ (*fig*) bağlanmak (**an** -e), kendini adamak (**an** -e)
bindend *adj* (*fig*) bağlayıcı
Bindestrich <-(e)s, -e> *m* birleştirme çizgisi **Bindewort** <-(e)s, -wörter> *nt* LING bağlaç
Bindfaden *m* sicim, kınnap; **es regnet Bindfäden** (*fig*) sicim gibi yağmur yağıyor
Bindung *f* (*fig*) ❶ (*Verbundenheit*) bağlılık ❷ (*Ski-*) bağlama tertibatı
Bingo *nt kein pl* tombola
binnen ['bɪnən] *präp* (*innerhalb*) içinde, zarfında; ~ **kurzem** kısa zamanda; ~ **einiger Stunden** birkaç saat içinde
Binnengewässer *nt* iç sular *pl* **Binnenhafen** *m* iç liman **Binnenhandel** *m kein pl* iç ticaret **Binnenland** <-(e)s, -länder> *nt* iç bölge **Binnenmarkt** *m* iç pazar [*o* piyasa]; **Europäischer** ~ Avrupa iç pazarı **Binnenmeer** *nt* iç deniz
Binnenschifffahrt[RR] *f* iç sularda ulaşım
Binnensee *m* iç deniz
Binom *nt* MATH iki terimli
Binsenweisheit <-en> *f* herkesin bildiği gerçek, apaçıklık
Biobrennstoff ['bi:o-] *m* ÖKOL organik yakıt **Biochemie** [bioçe'mi:] *f kein pl* CHEM biyokimya **biochemisch** *adj* CHEM biyokimyasal **Biogas** <-es, -e> ['---] *nt* ÖKOL biyogaz
Biografie[RR] <-n> [biogra'fi:] *f* biyografi, yaşam öyküsü
biografisch[RR] *adj* biyografik
Biographie <-n> *f s.* **Biografie**
biographisch *adj s.* **biografisch**
Biokost ['---] *f* biyolojik gıda **Bioladen** <-s, -läden> ['----] *m* (*fam*) biyolojik gıda pazarı **Biolandbau** *m* biyolojik tarım [*o* çiftçilik]
Biologe(in) <-n, -n; -nen> [bio'lo:gə] *m(f)* biyolog
Biologie [biolo'gi:] *f kein pl* biyoloji, dirimbilim
biologisch *adj* biyolojik, dirimbilimsel; ~ **abbaubar** çözüşebilir, çözüşüp çevrede kaybolan
Biomasse *f* biokütle **Biomechanik** *f kein pl* biomekanik **Biomüll** <-s> ['---] *m kein pl* ÖKOL organik atık **Bionik** *f kein pl* biyonik, dirim kurgu **bionisch** *adj* biyonik, dirim kurgusal **Biophysik** [---'-] *f* PHYS biyofizik
Bioprodukt *nt* biyolojik ürün **Biosphäre** [--'--] *f kein pl* GEO, BIOL biyosfer **Biotechnologie** *f* biyoteknoloji
Biotop <-s, -e> [bio'to:p] *nt o m* BIOL biyotop
Biotreibstoff ['----] *m* ÖKOL organik akaryakıt **Biowaffe** *f* biyolojik silah **Biowaschmittel** ['-----] *nt* ÖKOL biyolojik deterjan
BIP <-> [be:ʔi:'pe:] *nt kein pl Abk von* **Bruttoinlandsprodukt** gayrisafi yurtiçi hasıla
birgt [bɪrkt] *3. präs von* **bergen**
Birke <-n> ['bɪrkə] *f* BOT huş
Birkhuhn *nt* ZOOL kayın tavuğu
Birma <-s> ['bɪrma] *nt* Birmanya **Birmane(in)** <-n, -n; -nen> [bɪr'ma:nə] *m(f)* Birmanyalı
Birnbaum *m* armut ağacı
Birne <-n> ['bɪrnə] *f* ❶ (*Frucht*) armut ❷ (*Glüh~*) ampul ❸ (*fam: Kopf*) kafa

birnenförmig *adj* armudî, armut biçiminde olan
birst [bɪrst] *3. präs von* **bersten**
bis [bɪs] **I.** *präp* ❶ (*räumlich, zeitlich*) kadar, değin, dek; **von ... ~ ...** ...den ...e kadar; **~ wohin fahren Sie?** nereye kadar gidiyorsunuz?; **~ Seite 30** sayfa 30'a kadar; **ich habe ~ drei Uhr gewartet** saat üçe kadar bekledim; **von Freitag ~ Sonntag** cumadan pazara kadar; **von 9 ~ 11 Uhr** saat 9'dan 11'e kadar; **~ morgen/Montag!** yarın/pazartesi görüşmek üzere!; **~ bald/später!** yakında/sonra görüşmek üzere!; **~ jetzt** şimdiye kadar; **~ dahin** oraya kadar; **noch fünf Minuten ~ zur Pause** araya beş dakika kaldı; **Jugendliche ~ zu 18 Jahren** 18 yaşına kadar gençler ❷ (*außer*) **~ auf** dışında, hariç; **~ auf ihren Bruder waren alle da** erkek kardeşi dışında herkes oradaydı ❸ (*nicht mehr als*) **~ zu** -e yakın; **~ zu 50.000 Menschen passen in das Stadion** stada [*o* stadyuma] 50.000'e yakın insan sığar ❹ (*Zahlenangabe*) **das kostet zwei- ~ dreihundert Euro** bunun fiyatı iki yüz ile üç yüz euro arasında; **drei ~ vier Tage** üç dört gün **II.** *konj* (*~ zu einem Zeitpunkt*) (-inceye [*o* -ene]) kadar; **ich sage lieber nichts, ~ ich ihn persönlich kennen lerne** onunla bizzat tanışıncaya kadar bir şey söylemesem iyi olacak; **ich warte, ~ er zurückkommt** o gelinceye [*o* gelene] kadar bekleyeceğim **III.** *adv* ❶ kadar, değin, dek ❷ (*spätestens*) en geç
Bisam <-s, -e *o* -s> ['biːzam] *m* ❶ (*Moschus*) misk ❷ (*Pelz der Bisamratte*) maskret **Bisamratte** *f* misk sıçanı
Bischof, Bischöfin <-s, Bischöfe; -nen> ['bɪʃɔf, *pl* 'bɪʃøːfə] *m, f* piskopos
Bischofsamt <-(e)s, -ämter> *nt* REL piskoposluk **Bischofssitz** *m* piskoposluk, piskoposhane **Bischofsstab** *m* REL piskoposun asası
Bisexualität ['biːsɛksualitɛːt, 'biːzɛksualitɛːt] *f kein pl* çift cinsellik
bisexuell ['biːsɛksuɛl, 'biːzɛksuɛl] *adj* çift cinsel
bisher [bɪs'heːɐ] *adv* şimdiye kadar, şimdiye dek, şu ana kadar
bisherige(r, s) [bɪs'heːrɪgə, -gɐ, -gəs] *adj* şimdiye kadarki; **der ~ Minister** eski bakan; **sein ~s Verhalten** şimdiye kadarki davranışı
Biskuit <-(e)s, -e *o* -s> [bɪs'kviːt] *nt o m* bisküvi
bislang [bɪs'laŋ] *adv s.* **bisher**
Bison <-s, -s> ['biːzɔn] *m* bizon
biss[RR] [bɪs] *3. imp von* **beißen**
Biss[RR] <-es, -e> [bɪs] *m* ❶ (*das Zubeißen*) ısırma; (*von Insekten, Schlange*) sokma; (*Floh~*) yenik ❷ (*Bisswunde*) ısırık, yenik
biß[ALT] *s.* **biss**
Biß[ALT] <-sses, -sse> *m s.* **Biss**
bisschen[RR] ['bɪsçən] *adj inv,* **bißchen**[ALT] *adj inv* **ein ~** biraz; **ein kleines ~** birazcık; **ich habe kein ~ Zeit für dich** senin için birazcık olsun vaktim yok; **es geht mir kein ~ besser** birazcık olsun düzelmedim [*o* iyileşmedim]; **das ist ein ~ wenig** bu biraz az; **ach du liebes ~!** aman tanrım!
Bissen <-s, -> ['bɪsən] *m* lokma
bissig *adj* ❶ (*Hund*) ısır(g)an ❷ (*fig: Bemerkung*) iğneleyici, acı
Bisswunde[RR] *f* (*von einer Schlange*) sokma; (*von einem Hund*) ısırık
bist [bɪst] *2. präs von* **sein**
Bistum <-s, Bistümer> ['bɪstuːm, *pl* 'bɪstyːmɐ] *nt* piskoposluk
bisweilen [bɪs'vaɪlən] *adv* ara sıra; (*manchmal*) bazen; (*hin und wieder*) zaman zaman
Bit <-(s), -(s)> [bɪt] *nt* INFORM bit
bitte *adv* lütfen; **~ sehr** [*o* **schön**]**!** (*anbietend*) (lütfen) buyurun!; (*auf Dank*) bir şey değil, rica ederim; **Entschuldigung! — ~!** affedersiniz! — rica ederim!; (**wie**) **~?** (nasıl) efendim?, buyur?; **ja, ~?** evet efendim?; **~ nach Ihnen!** rica ederim, önce siz buyurun!; **zahlen ~!** hesabı lütfen!; **na ~!** al işte!; **~, wie du willst** rica ederim, nasıl istersen
Bitte <-n> *f* rica, dilek; (*Ersuchen*) istek; **auf ihre ~ hin** ricası üzerine; **ich habe eine große ~ an dich** senden büyük bir ricam var; **ich habe nur die eine ~, dass ...** tek bir ricam var, o da ...
bitten <bat, gebeten> *vt* ❶ (*Bitte aussprechen*) rica etmek; **darf ich Sie um die Milch ~?** sizden sütü rica edebilir miyim? ❷ (*wünschen*) dilemek ❸ (*zu Tisch*) buyur etmek
bitter *adj* (*a. fig*) acı
bitterböse ['--'--] *adj* çok kötü **bitterernst** ['--'-] *adj* çok ciddi
Bitterholzbaum *m* BOT acı ağaç
bitterkalt ['--'-] *adj* acı soğuk, şiddetli soğuk
Bitterkeit *f kein pl* ❶ (*Geschmack*) acı(lık) ❷ (*Verbitterung*) küskünlük
Bitterklee *m* acı yonca
bitterlich **I.** *adj* (*Beigeschmack*) acımsı, acımtırak **II.** *adv* **~ weinen** acı acı ağlamak; (*Kind*) hüngür hüngür ağlamak; **~ frieren** şiddetli üşümek

Bitterling *m* ZOOL acı balık, gördek
Bittermandelöl *nt* acı badem yağı
Bitternis <-se> *f* acılık
Bitterorange <-n> *f* BOT turunç; *s. a.* **Pomeranze**
bittersüß ['--'-] *adj* acı tatlı
Bittschrift *f* dilekçe
Bittsteller(in) <-s, -; -nen> *m(f)* dilekçe sahibi
Bitumen <-s> *nt kein pl* bitüm
Biwak <-s, -s *o* -e> ['bi:vak] *nt* MIL (*Bergsteigen*) açıkta kamp, açık ordugâh
bizarr [bi'tsar] *adj* garip, tuhaf, acayip
Bizeps <-(es), -e> ['bi:tsɛps] *m* pazı
BKA <-> [be:ka:'ʔa:] *nt kein pl Abk von* **Bundeskriminalamt** Alman Suç Kolluğu Dairesi
Blabla <-s> [bla'bla:] *nt kein pl* (*fam*) boş laf
Blackbox *f* AERO (*im Flugzeug*) kara kutu
Black-out[RR], **Blackout** <-(s), -s> [blɛk'ʔaʊt, '--] *nt o m* ❶ MED (*Gedächtnisverlust*) bellek yitimi [*o* kaybı], hafıza kaybı; **ein ~ haben** belleğini yitirmek, bellek kaybına uğramak ❷ (*Stromausfall*) kesilme, kesinti ❸ THEAT sahne ışıklarını söndürme
blähen ['blɛ:ən] **I.** *vt* şişirmek **II.** *vr* ■ **sich ~** şişmek **III.** *vi* MED gaz yapmak
Blähung <-en> *f* (bağırsaklardaki) gaz
blamabel [bla'ma:bəl] *adj* utandırıcı
Blamage <-n> [bla'ma:ʒə] *f* bozum, mahcupluk, rezil olma
blamieren* **I.** *vt* bozum etmek, mahcup etmek, rezil etmek, kepaze etmek **II.** *vr* ■ **sich ~** bozum olmak, mahcup olmak, rezil olmak, kepaze olmak
blank [blaŋk] *adj* ❶ (*glänzend*) parlak ❷ (*unbedeckt*) açık, çıplak; **ich bin völlig ~** (*fam*) hiç param kalmadı; **auf dem ~en Boden schlafen** çıplak yerin üstünde uyumak ❸ (*rein*) **das ist ~er Unsinn** bu düpedüz saçmalık
Blankoscheck ['blaŋko-] *m* açık çek **Blankovollmacht** *f* sınırsız yetki; **jdm ~ erteilen** birine sınırsız yetki vermek, birine açık bono vermek
Bläschen *nt* ❶ kabarcık, pütür ❷ (*Lungen~*) kesecik
Blase <-n> [bla:zə] *f* ❶ (*Luft~*) kabarcık ❷ (*Haut~*) fiske, kabartı; **~n bilden** fiske fiske kabarmak [*o* olmak], su toplamak ❸ MED (*Frucht~*) kese; (*Harn~*) sidik torbası, mesane; (*Lungen~*) kesecik
Blasebalg <-(e)s, -bälge> *m* körük
blasen <bläst, blies, geblasen> ['bla:zən] **I.** *vi* (*Wind*) esmek **II.** *vt* ❶ üflemek; (*Glas*) üfleyerek biçim vermek (-e) ❷ MUS üflemek, üfürmek, üfleyerek çalmak, öttürmek ❸ (*fam*) **jdm was ~** (*jdm die Meinung sagen*) birine haddini bildirmek ❹ (*vulg*) **jdm einen ~** birinin sikini emmek
Blasenentzündung *f*, **Blasenkatarrh** *m* MED sistit, sidik torbası iltihabı **Blasenkirsche** *f* BOT (*Judenkirsche*) güveyfeneri, gelin otu **Blasenwurm** *m* ZOOL keseli kurt
Blasinstrument ['bla:s-] *nt* MUS üflemeli çalgı **Blaskapelle** *f* MUS fanfar **Blasmusik** *f kein pl* fanfar **Blasphemie** *f* Tanrı'ya küfür
blass[RR] [blas] *adj*, **blaß**[ALT] *adj* ❶ donuk, soluk, solgun; **~ werden** (*vor Schreck*) beti benzi solmak [*o* uçmak], beti benzi kireç kesilmek, sararmak ❷ (*schwach*) hayal meyal, belli belirsiz; **eine ~e Erinnerung an etw haben** bir şeyi hayal meyal hatırlamak; **keinen ~en Schimmer von etw haben** (*fam*) bir şeyden hiç mi hiç anlamamak ❸ (*im Farbton nicht kräftig*) donuk, solgun; (*farblos*) renksiz; (*matt*) mat ❹ (*rein, pur*) katıksız, tam; **~e Furcht befiel ihn** onu tam bir korku aldı
Blässe ['blɛsə] *f kein pl* donukluk, solukluk, solgunluk
blässlich[RR] *adj*, **bläßlich**[ALT] *adj* biraz solgun
bläst [blɛ:st] *3. präs von* **blasen**
Blastula <-, -lae> *f* BIOL blastula
Blatt <-(e)s, Blätter> [blat, *pl* 'blɛtɐ] *nt* ❶ BOT yaprak; **kein ~ vor den Mund nehmen** (*fig fam*) dobra dobra söylemek, sözünü esirgememek ❷ (*Papier*) kâğıt, yaprak; (*Buchseite*) sayfa; **lose Blätter** kâğıt; **das steht auf einem anderen ~** (*fam*) o mesele başka mesele; **ein unbeschriebenes ~ sein** (*fig*) adı sanı bilinmemek; **vom ~ spielen/singen** notadan çalmak/şarkı söylemek ❸ (*Zeitung*) gazete; (*Zeitschrift*) dergi ❹ (*Spielkarten*) kâğıtlar *pl*; **ein gutes ~ (auf der Hand) haben** (elindeki) kâğıtları iyi olmak, iyi bir eli olmak ❺ (*von einer Säge*) namlu ❻ (*an Ruder*) pala; (*an Propeller*) kanat
Blättchen <-s, -> ['blɛtçən] *nt* (*Zigarettenpapier*) sigara kâğıdı
blättern ['blɛtɐn] *vi* ❶ (*die Seiten umblättern*) sayfaları karıştırmak; **in einem Buch ~** bir kitabın sayfalarını karıştırmak ❷ (*einzeln nacheinander hinlegen*) teker teker koymak
Blätterteig <-(e)s> *m kein pl* yufka **Blattfeder** *f* AUTO, TECH makas, yaprak yay **Blattgrün** *nt kein pl* BOT klorofil **Blattlaus** *f* ZOOL yaprak biti, fidan biti
blattlos *adj* yapraklısız
Blattpflanze *f* BOT yapraklı bitki

Blattsalat <-(e)s, -e> *m* GASTR yeşil salata **Blattscheide** *f* BOT (*Spatha*) yaprak kını **Blattspreite** *f* BOT yaprak ayası **Blattstiel** *m* BOT yaprak sapı

blau [blaʊ] *adj* ❶ (*Farbe*) mavi; (*Lippen*) morarmış; **~es Auge** morarmış göz; **~er Fleck** çürük, morartı; **du wirst noch dein ~es Wunder erleben** (*fam*) göreceksin gününü ❷ (*fam: betrunken*) zom, fitil [*o* bulut] gibi

blauäugig ['blaʊʔɔɪgɪç] *adj* ❶ (*mit blauen Augen*) mavi gözlü ❷ (*leichtgläubig*) safdil; (*naiv*) saf

Blaubarsch *m* ZOOL mavi levrek

Blaubeere *f* BOT yaban mersini

Blaue <-n> ['blaʊə] *nt* **das ~** mavi; **jdm das ~ vom Himmel versprechen** (*fam*) birine olmayacak şeyler söz vermek; **eine Fahrt ins ~ machen** (*fam*) hedefi belli olmayan bir gezi yapmak; **ins ~ hinein reden** (*fam*) gelişigüzel konuşmak, havadan sudan konuşmak, dereden tepeden konuşmak

Bläue <-> ['blɔʏə] *f* mavilik

Blaufuchs *m* ZOOL kutup tilkisi **blaugrau** *adj* mavimsi gri **blaugrün** *adj* mavimsi yeşil

Blauhelm *m* (*UNO-Soldat*) mavi miğferli

Blaukraut <-(e)s> *nt kein pl* SÜDD, ÖSTERR (*Rotkohl*) kırmızı lahana

bläulich ['blɔɪlɪç] *adj* mavimsi, mavimtrak

Blaulicht *nt* mavi tepe lambası **blau|machen** *vi* (*fam: Schule*) okulu [*o* dersi] asmak; (*Arbeit*) (işi) kaytarmak, kaçamak yapmak, işe gitmemek **Blaumann** *m* (*fam: Arbeitsanzug*) mavi iş tulumu **Blaumeise** *f* ZOOL mavi [*o* gök] baştankara **Blauracke** *f* ZOOL gökkuzgun **Blausäure** *f kein pl* CHEM hidrosiyanik asit

Blauschimmel <-s> *m kein pl* mavi küf

Blauschimmelkäse <-s, -> *m* GASTR mavi küflü peynir **Blaustrumpf** *m* (*pej*) entel kadın **Blauwal** *m* ZOOL gök balina

Blazer <-s, -> ['ble:zɐ, 'blɛɪzɐ] *m* spor ceket

Blech[1] <-(e)s> [blɛç] *nt kein pl* (*fam: Unsinn*) zırva; **red kein ~!** zırvalama!

Blech[2] <-(e)s, -e> *nt* ❶ (*Metallplatte*) sac; (*Weiß~*) teneke ❷ (*Back~*) tepsi

Blechdose *f* teneke kutu

blechen ['blɛçən] *vi, vt* (*fam: bezahlen*) (paraları) bayılmak, ödemek

blechern ['blɛçɐn] *adj* ❶ (*Material*) teneke ❷ (*Klang*) teneke gibi **Blechschaden** *m* AUTO kaportada hasar **Blechschere** *f* kesme **Blechtrommel** *f* teneke trampet

Blei[1] <-(e)s> [blaɪ] *nt kein pl* CHEM kurşun; **es liegt mir wie ~ im Magen** mideme oturdu; (*fig*) kurşun gibi içime çöktü

Blei[2] <-(e)s, -e> *m* ZOOL (*Abramis brama*) çapak

Bleibe <-n> ['blaɪbə] *f* kalacak yer; **(k)eine ~ haben** kalacak yeri ol(ma)mak; **eine ~ suchen** kalacak bir yer aramak

bleiben <bleibt, blieb, geblieben> ['blaɪbən] *vi sein* ❶ (*nicht weggehen*) kalmak; (*sich aufhalten*) kalmak; **~ Sie am Apparat!** telefondan ayrılmayın!; **hängen ~** [*o* **hängenbleiben**] (*an einem Ort*) takılıp kalmak; (*Wissen*) aklında kalmak; (*Schüler*) sınıfta kalmak; **an etw hängen ~** (*kleben*) bir şeye yapışıp kalmak; (*sich verhaken*) takılmak; **bei jemandem ~** birinin yanında kalmak; **wo bleibt er nur so lange?** bu kadar uzun (zaman) nerede kaldı?; **das bleibt unter uns!** bu aramızda kalsın!; **sieh zu, wo du bleibst!** nerede kalacaksan kal!; **wo bleibt er nur?** nerede kaldı ki? ❷ (*nicht ändern*) değiştirmemek; (*beharren*) ısrar etmek; **gleich ~** değişmemek; **gleich ~d** değişmeyen; (*beständig*) kalıcı; **es bleibt dabei!** tamam!, anlaştık!; **hier ist alles beim Alten geblieben** burada her şey eskisi [*o* olduğu] gibi, burada her şey eski haman eski tas; **die Frage blieb unbeantwortet** soru cevapsız [*o* yanıtsız] kaldı; **er ist derselbe geblieben** onda hiç değişiklik yok; **am Leben ~** hayatta kalmak; **liegen ~** [*o* **liegenbleiben**] (*fig: nicht verkauft werden*) satılmamak; (*Auto*) yolda kalmak; (*Arbeit*) yüzüstü kalmak; **liegen ~** (*Person*) kalkmamak; (*Schnee*) tutmak; **offen ~** (*Tür, Fenster*) açık kalmak; **~ Sie doch sitzen!** kalkmayınız!; **stehen ~** istop etmek; (*anhalten*) durmak; **stecken ~** [*o* **steckenbleiben**] (*fam: beim Sprechen*) dili durmak; **stecken ~** (*festsitzen*) takılmak; (*im Sand/Schlamm/Schnee*) saplanmak, batıp kalmak ❸ (*anhalten*) durmak; **das bleibt abzuwarten** bekleyelim bakalım, ne olacak; **es bleibt mir nichts weiter zu tun, als zu warten** beklemekten başka çarem kalmadı

bleibend *adj* sürekli, kalıcı, devamlı

bleiben|lassen *irr vt s.* **lassen [2] 3.**

bleich [blaɪç] *adj* soluk, solgun

bleichen **I.** *vt* (*Wäsche*) beyazlatmak; (*entfärben*) ağartmak; (*Haare*) ağartmak **II.** *vi* (*seine Farbe verlieren*) solmak

Bleichgesicht *nt* (*fam: blasser Mensch*) soluk yüzlü kimse; (*Weißer*) beyaz adam **Bleichmittel** *nt* açmalık **Bleichsucht** *f kein pl* MED, BOT sarıcalık; (*Chlorose*) kloroz

bleiern ['blaɪɐn] *adj* ❶ (*Material*) kurşun ❷ (*Langeweile*) kurşun gibi ❸ (*geh: blei-*

B

farben) kurşunî, kurşun rengi

bleifarben *adj* kurşun rengi, kurşunî

bleifrei *adj* kurşunsuz; **~es Benzin** kurşunsuz benzin; **Super ~** kurşunsuz süper

Bleigießen *nt* kurşun dökme **Bleiglätte** *f kein pl* CHEM (*Massicot*) masiko

bleigrau *adj* kurşun grisi

Bleiguss <-es, -güsse> *m* kurşun döküm

bleihaltig *adj* kurşunlu

Bleikristall <-s> *nt kein pl* kurşunlu kristal **Bleioxid** *nt kein pl* CHEM kurşun oksit **bleischwer** *adj* kurşun gibi

Bleistift <-(e)s, -e> *m* kurşun kalem **Bleistiftspitzer** *m* kalemtıraş, kalem açacağı **Bleistiftzeichnung** *f* kara kalem **Bleiweiß** *nt kein pl* üstübeç

Blend <-en> *m o nt* harman

Blende *f* ❶ (*Vorrichtung*) diyafram ❷ (*~ nzahl*) açıklık

blenden ['blɛndən] **I.** *vi* (*Licht, Sonne*) göz almak, göz kamaştırmak; **das Licht/die Sonne blendet** ışık/güneş gözleri kamaştırıyor **II.** *vt* ❶ (*beeindrucken*) kamaştırmak, hayran bırakmak ❷ (*blind machen*) gözlerine mil çekmek (-in)

blendend *adj* ❶ (*großartig*) şahane; ▪**sich ~ amüsieren** şahane eğlenmek ❷ (*strahlend*) parlak, göz kamaştırıcı; **~ weiß** bembeyaz

Blendlaterne <-n> *f* hırsız feneri

Blendung <-en> *f* (*das Blenden*) kamaştırma; (*das Geblendetwerden*) kamaşma

Blesse <-n> ['blɛsə] *f* (*weißer Streifen*) akıtma; (*weißer Fleck*) sakar, küçük akıtma

Blick[1] <-(e)s, -e> [blɪk] *m* (*Hinsehen, Ausdruck*) bakış; (*kurz*) bakış [*o* göz] atma; **auf den ersten ~** ilk bakışta; **mit einem ~** bir bakışta; **einen ~ auf etw werfen** bir şeye göz atmak; **jdn keines ~es würdigen** birine bakmaya bile tenezzül etmemek; **sie erwiderte seine ~e** bakışına karşılık verdi; **Liebe auf den ersten ~** ilk bakışta aşık olma

Blick[2] <-(e)s> *m kein pl* (*Aussicht*) görünüş, manzara; **ein Zimmer mit ~ auf den Park/Dom** parka/katedrale bakan [*o* manzarası olan] bir oda; **ein Zimmer mit ~ aufs Meer** deniz manzaralı oda

blicken ['blɪkən] *vi* bakmak; **er lässt sich gar nicht mehr bei uns ~** bize artık gelmez oldu; **lassen Sie sich (bloß) nicht mehr ~!** burada bir daha görünmeyin (sakın)!; ▪**sich ~ lassen** görünmek; **weit ~d** (*fig*) sağgörülü, basiretli, uzağı görebilen

Blickfang <-(e)s, -fänge> *m* göz alıcı şey

Blickfeld *nt* görüş alanı **Blickkontakt** *m* göz göze gelme **Blickpunkt** *m* bakış [*o* görüş] açısı; (*Gesichtspunkt*) noktainazar, görüş (açısı); **im ~ stehen** herkesin ilgisini toplamak, dikkati üzerinde toplamak; **vom juristischen/politischen ~ aus gesehen** hukuki/politik açıdan bakıldığında **Blickwinkel** *m* (bakış) açı(sı); **etw aus einem anderen ~ betrachten** bir şeye başka bir açıdan bakmak

blieb [bli:p] *3. imp von* **bleiben**

blies [bli:s] *3. imp von* **blasen**

blind [blɪnt] *adj* ❶ (*a. fig: ohne Sehvermögen*) kör, gözü görmez; **~ werden** kör olmak; **auf einem Auge ~** bir gözü kör; **~er Gehorsam** körü körüne itaat; **jdm ~ vertrauen** birine körcesine güvenmek; **~ vor Wut** öfkeden gözü dönmüş; **~ vor Eifersucht/Hass** kıskançlıktan/nefretten gözü görmez; **Liebe macht ~** âşığın gözü kördür ❷ (*maßlos*) körkütük ❸ (*Spiegel*) donuk ❹ **~er Passagier** kaçak yolcu

Blinddarm *m* ANAT kör bağırsak; (*Wurmvorsatz*) apandis **Blinddarmentzündung** *f* MED apandisit **Blinddarmoperation** *f* MED apandisit ameliyatı

Blind Date <-(s), -s> [blaɪnt dɛɪt] *nt* tanışıksız buluşma, tanışıksız randevu

Blinde(r) <-n, -n; -n> *f(m)* kör, görmez, âmâ

Blindekuh ['---] *f kein pl* körebe; **~ spielen** körebe oynamak

Blindenhund *m* kılavuz köpek **Blindenschrift** *f kein pl* körler alfabesi **Blindenstock** *m* beyaz baston

Blindflug *m* kör uçuş **Blindgänger** <-s, -> ['blɪntgɛŋɐ] *m* ❶ (*Geschoss*) patlamayan mermi [*o* bomba] ❷ (*fam: Versager*) başarısız (kimse)

Blindheit *f kein pl* körlük, âmâlık; **mit ~ geschlagen sein** kör olmak

blindlings ['blɪntlɪŋs] *adv* (*unüberlegt*) gözü kapalı, körü körüne; (*ins Ungewisse*) körcesine

Blindschleiche <-n> ['blɪntʃlaɪçə] *f* babaköş **Blindstopfen** <-s, -> *m* TECH kör tapa

blinken ['blɪŋkən] *vi* ❶ (*funkeln*) parıldamak, pırıldamak; (*Stern*) parlamak ❷ (*Blinkzeichen geben*) pırıldak ile işaret vermek ❸ AUTO sinyal vermek

Blinker <-s, -> *m* AUTO sinyal lambası; (*zum Angeln*) kaşık

Blinklicht *nt* sinyal lambası

blinzeln ['blɪntsəln] *vi* kırpışmak

Blitz <-es, -e> [blɪts] *m* ❶ PHYS, METEO yıldırım; (*zwischen Wolken*) şimşek; **wie vom ~ getroffen** (*fig fam*) yıldırımla vurulmuşa dönmek, beyninde şimşekler çakmak; **wie ein geölter ~** (*fig fam*) şim-

şek [*o* yıldırım] gibi ❷ FOTO flaş **Blitzableiter** <-s, -> *m* yıldırımsavar
blitzartig *adj* yıldırım [*o* şimşek] gibi
blitzblank ['-'-] *adj* pırıl pırıl
blitzblau *adj* (*Himmel*) masmavi
blitzen *vi* ❶ (*strahlen*) parlamak, parıldamak, pırıldamak ❷ (*beim Gewitter*) şimşek çakmak; **es blitzt und donnert** şimşek çakıyor ve gök gürlüyor
Blitzgerät <-(e)s, -e> *nt* FOTO flaş **Blitzlicht** *nt* FOTO flaş
blitzsauber ['-'--] *adj* (*fam*) tertemiz
Blitzschlag *m* yıldırım çarpması
blitzschnell ['-'-] **I.** *adj* (*fam*) şimşek [*o* yıldırım] gibi **II.** *adv* şimşek hızıyla, çabucak, hemencecik
Blizzard <-s, -s> ['blɪzɐt] *m* tipi
Block[1] <-(e)s, Blöcke> [blɔk, *pl* blœkə] *m* ❶ (*Stein*) blok ❷ POL blok
Block[2] <-(e)s, -s *o* Blöcke> *m* ❶ (*Häuser~*) blok, blok inşaat ❷ (*Schreib~*) bloknot ❸ SPORT (*beim Basketball*) blok
Blockade <-n> [blɔ'ka:də] *f* abluka; **die ~ aufheben/brechen** ablukayı kaldırmak/yarmak
blocken *vi, vt* SPORT bloke etmek
Blockflöte <-n> *f* çığırtma
blockfrei *adj* POL bloksuz, blok dışı; **~e Länder** blok dışı ülkeler
Blockfreiheit *f kein pl* POL bloksuzluk
Blockhütte *f* çantı ev, kütük ev
blockieren* [blɔ'ki:rən] **I.** *vi* (*Räder, Bremsen*) bloke olmak, kilitlenmek **II.** *vt* (*Verkehr*) durdurmak, bloke etmek; (*Zugang*) kapatmak, bloke etmek
Blocksatz <-es> *m kein pl* TYPO bütün satırları aynı uzunlukta yapma **Blockschrift** *f kein pl* kalın karakterli yazı
blöd(e) [blø:t, 'blø:də] *adj* (*fam*) ❶ (*dumm*) aptal, alık, ahmak, bön, enayi ❷ (*unsinnig*) saçma; **eine ~e Frage** saçma bir soru ❸ (*unangenehm*) can sıkıcı; **lass dich nicht ~ anmachen!** (*fam*) üzme tatlı canını!
blödeln ['blø:dəln] *vi* (*Unsinn reden*) saçmalamak
blöderweise ['blø:dɐ'vaɪzə] *adj* (*fam: dummerweise*) aptal gibi
Blödheit <-en> *f* aptallık, salaklık
Blödmann *m* budala; (*Schimpfwort*) aptal, sersem **Blödsinn** <-(e)s> *m kein pl* (*fam*) saçmalık; **~ reden** saçmalamak, saçma sapan konuşmak; **mach keinen ~!** saçmalık etme!
blödsinnig *adj* ❶ (*schwachsinnig*) saçma sapan ❷ (*fam: blöd*) aptalca
Blog *m o nt* INFORM blog
bloggen *vi* INFORM blog yazmak
blöken ['blø:kən] *vi* (*Schaf*) melemek; (*Rind*) böğürmek
blond [blɔnt] *adj* sarı saçlı, sarışın
blondieren* *vt* sarartmak
Blondine <-n> [blɔn'di:nə] *f* sarışın (kız [*o* kadın])
bloß [blo:s] **I.** *adj* ❶ (*unbedeckt*) açık; (*nackt*) çıplak, yalın ❷ (*Worte*) kuru; **mit ~en Füßen** yalınayak; **mit ~em Auge** çıplak gözle; **der ~e Gedanke macht mich nervös** düşüncesi bile sinirimi bozuyor; **aus ~er Neugier** sırf meraktan **II.** *adv* (*fam: nur*) yalnız, sade(ce), sırf; **lass das ~!** sakın yapma!; **was hast du ~?** neyin var ki?; **sag ~!** deme!; **~ nicht!** sakın ha!, aman derim!; **sei ~ ruhig!** sakin ol hele!
Blöße <-n> ['blø:sə] *f* ❶ (*geh: Nacktheit*) çıplaklık ❷ **sich eine ~ geben** açık vermek
bloß|legen *vt* ortaya koymak; (*enthüllen*) açığa vurmak, ortaya çıkarmak **bloß|stellen** **I.** *vt* (*Person*) bozum etmek, mahcup etmek, rezil etmek, kepaze etmek **II.** *vr* ▪ **sich ~** bozum olmak, mahcup olmak [*o* mahcup], rezil olmak, kepaze olmak
Bluejeans ['blu:'dʒi:ns] *pl* blûcin
Blues <-, -> [blu:s] *m* MUS blues
Bluff <-s, -s> [blʊf] *m* (*pej*) blöf, kuru sıkı
bluffen ['blʊfən, 'blœfən] *vi* (*pej*) blöf yapmak
blühen ['bly:ən] *vi* ❶ (*Pflanzen*) çiçek açmak, çiçeklenmek ❷ (*Geschäft*) gelişip büyümek, çok iyi gitmek ❸ (*fam: bevorstehen*) başa gelmek; **das kann mir auch noch ~** bu benim de başıma gelebilir
blühend ['bly:ənt] *adj* ❶ (*Pflanze*) çiçek açan; (*Sprache*) zengin; (*jung und frisch*) genç ve sağlıklı; (*Gesichtsfarbe*) kanlı canlı ❷ (*Geschäft, Stadt*) gelişen; (*Fantasie*) zengin; **sie starb im ~en Alter von achtzehn Jahren** bütün tazeliği üstündeyken on sekiz yaşında öldü
Blümchen *nt* çiçekçik
Blume <-n> ['blu:mə] *f* ❶ BOT çiçek; **~n pflanzen/pflücken/säen** çiçek dikmek/koparmak/ekmek; **er hat es ihr durch die ~ gesagt** onu ona kinayeli kinayeli söyledi ❷ (*von Wein*) buke, rayiha ❸ (*auf Bier*) köpük **Blumenbeet** *nt* çiçek tarhı, çiçeklik **Blumengarten** *m* çiçek bahçesi
Blumengeschäft *nt* çiçekçi (dükkânı) **Blumenkasten** *m* çiçeklik **Blumenkohl** *m kein pl* BOT karnabahar **Blumenladen** <-s, -läden> *m* çiçekçi (dükkânı) **Blumenmuster** <-s> *m* çiçekli desen **Blumenstrauß** <-es, -sträuße> *m* çiçek demeti; (*Bukett*) buket **Blumentopf** *m*

B

saksı **Blumenvase** *f* çiçek vazosu **Blumenzwiebel** *f* çiçek soğanı
blumig ['blu:mɪç] *adj* ❶ (*Wein*) bukesi olan ❷ (*Stil*) tumturaklı; (*pej*) ağdalı
Bluse <-n> ['blu:zə] *f* blûz
Blut <-(e)s> [blu:t] *nt kein pl* kan; **ich kann kein ~ sehen** beni kan tutuyor, kan görünce bayılıyorum; **blaues ~ haben** asil kanlı olmak; **jdm ~ abnehmen** birinden kan almak; **ruhig ~ bewahren** kanını içine akıtmak; **nur ruhig ~!** (*fam*) sinirlenme!, patlama!; **~ vergießen** kan dökmek; **jdn bis aufs ~ reizen** (*fam*) birinin kanına dokunmak; **~ und Wasser schwitzen** (*fam*) anasından emdiği süt burnundan gelmek, kan ter içinde kalmak; **jdm gefriert das ~ in den Adern** (*fig*) birinin kanı donmak; **er hat ~ geleckt** (*fam*) tadını aldı **blutarm** *adj* MED kansız **Blutarmut** *f kein pl* MED kansızlık **Blutbad** *nt* **ein ~ anrichten** ortalığı kana bulamak, çok kan dökmek **Blutbank** <-en> *f* MED kan bankası **Blutbild** *nt* MED kan sayımı
Blutdruck <-(e)s> *m kein pl* MED kan basıncı, tansiyon; (**sehr**) **hohen/niedrigen ~ haben** tansiyonu (çok) yüksek/düşük olmak, hipertansiyonu/hipotansiyonu olmak; **den ~ messen** tansiyon ölçmek **Blutdruckmessgerät**[RR] <-(e)s, -e> *nt* MED tansiyon aleti **blutdrucksenkend** *adj* tansiyon düşürücü
blutdürstig *adj* kana susamış; (*blutrünstig*) hunhar
Blüte[1] <-n> ['bly:tə] *f* ❶ BOT çiçek ❷ (*fam: falsche Banknote*) kalp akçe, sahte para [*o* banknot]; **~n drucken** kalpazanlık yapmak, sahte para basmak; **~n in Umlauf bringen** piyasaya sahte para sürmek
Blüte[2] *f kein pl* ❶ (*das Blühen*) çiçek açma [*o* verme], çiçeklenme; **er starb in der ~ seiner Jahre** çiçeği burnundayken öldü, gencecik yaşta öldü ❷ (*Höhepunkt*) zirve, doruk; **eine Zeit der wirtschaftlichen ~** ekonominin en parlak bir dönemi ❸ (*fam: Pickel*) sivilce
Blutegel <-s, -> ['blu:tʔe:gəl] *m* sülük
bluten ['blu:tən] *vi* kanamak; **mir/ihm blutet das Herz** (*fig*) yüreğim/yüreği kan ağlıyor
Blütenblatt *nt* BOT çiçek yaprağı **Blütenkelch** *m* BOT çanak **Blütenlese** *f* gül-deste, seçki **Blütenstand** *m* BOT çiçek durumu **Blütenstaub** <-(e)s> *m kein pl* BOT çiçek tozu
Blutentnahme *f* MED kan alma
blütenweiß *adj* bembeyaz, sakız gibi **Blütenzweig** *m* BOT çiçek sapı
Bluter(in) <-s, -; -nen> ['blu:tɐ] *m(f)* MED hemofil
Bluterguss[RR] ['blu:tʔɛɐgʊs] *m* MED (*Hämatom*) hematom
Bluterkrankheit ['blu:tɐ-] *f kein pl* MED hemofili
Blütezeit *f* çiçeklenme dönemi; (*fig*) (en) parlak dönem **Blutfarbstoff** *m kein pl* BIOL (*Hämoglobin*) hemoglobin **Blutfleck** *m* kan lekesi **Blutgefäß** *nt* ANAT damar **Blutgeld** *nt kein pl* HIST kan parası **Blutgerinnsel** *nt* MED kan pıhtısı **Blutgerinnung** *f kein pl* MED kan(ın) pıhtılaşması **Blutgruppe** *f* MED kan grubu
Bluthochdruck *m kein pl* yüksek tansiyon, hipertansiyon **Bluthund** *m* ❶ (*Hunderasse*) kanizler ❷ (*fig*) hunhar (insan)
blutig *adj* ❶ (*blutbefleckt*) kanlı ❷ (*Kampf*) kanlı ❸ (*verstärkend*) **ein ~er Anfänger** tam bir acemi
blutjung ['-'-] *adj* gep(e)genç, gepegencecik
Blutkonserve *f* MED kan konservesi **Blutkörperchen** <-s, -> ['blu:tkœrpɐçən] *nt* MED kan küreciği; **rotes ~** alyuvar; **weißes ~** akyuvar **Blutkrebs** *m* MED kan kanseri **Blutkreislauf** *m* MED kan dolaşımı **Blutlache** <-n> *f* kan birikintisi **blutleer** *adj* kansız **Blutorange** *f* kan portakalı **Blutplasma** *nt* MED kan plazması **Blutplättchen** <-s, -> ['blu:tplɛtçən] *nt* MED trombosit, pıhtı göze **Blutprobe** *f* MED kan numunesi; (*Blutuntersuchung*) kan muayenesi **Blutrache** *f* kan davası **blutrot** ['-'-] *adj* kan kırmızı
blutrünstig ['blu:trʏnstɪç] *adj* hunhar, kan dökücü; (*blutdürstig*) kana susamış
Blutsauger *m* ❶ ZOOL sivrisinek ❷ (*Vampir*) vampir ❸ (*fig, pej: Mensch*) sömürücü
Blutsbruder *m* kan [*o* ant] kardeşi
Blutschande *f* fücur, yakın akrabalar arasında zina [*o* cinsel ilişki] **Blutsenkung** *f* MED sedimantasyon **Blutspende** *f* MED kan bağışı **Blutspender(in)** <-s, -; -nen> *m(f)* kan verici **Blutspur** *f* kan izi
blutstillend *adj* kan kesici
Blutstropfen *m* MED kan damlası **blutsverwandt** *adj* kandaş **Blutsverwandte(r)** *f(m)* kandaş **Blutsverwandtschaft** *f kein pl* kan hısımlığı, kandaşlık, kan bağı
Bluttat ['blu:tta:t] *f* kanlı eylem; (*Mord*) cinayet
Bluttransfusion *f* MED kan aktarımı [*o* nakli], transfüzyon **blutüberströmt** ['blu:ty:bɐ(')strø:mt] *adj* kan revan içindeki
Blutung <-en> *f* kanama; **die monatliche ~** dem, âdet, aybaşı

blutunterlaufen ['blu:tʊntɐ(')laʊfən] *adj* kan çanağı gibi; **seine Augen waren ~** gözleri kan çanağına dönmüştü **Blutuntersuchung** *f* MED kan muayenesi **Blutvergießen** <-s> *nt kein pl* (*geh*) kan dökme **Blutvergiftung** *f* MED kan zehirlenmesi **Blutverlust** <-(e)s> *m kein pl* MED kan kaybı **Blutwäsche** <-n> *f* MED kan diyalizi

Blutwurst *f* kan sucuğu **Blutzucker** <-s> *m kein pl* MED kandaki şeker

BLZ [be:ʔɛl'tsɛt] FIN *Abk von* **Bankleitzahl** banka kod numarası

b-Moll <-s> *nt kein pl* MUS bemol

Bö <-en> [bø:] *f* ani rüzgâr

Boa <-s> ['bo:a] *f a.* ZOOL boa

Bob <-s, -s> [bɔp] *m* yarış kızağı

Bock <-(e)s, Böcke> [bɔk, *pl* 'bœkə] *m* ❶ ZOOL (*männliches Tier*) erkek hayvan; (*Schaf~*) koç; (*Ziegen~*) teke, erkeç; (*Ried~*) antilop; **einen ~ schießen** (*fig*) gaf yapmak, pot kırmak, çam devirmek; **den ~ zum Gärtner machen** (*fig fam*) kediye ciğer ısmarlamak ❷ (*fam: Mensch*) **geiler ~** zampara; **er ist ein sturer ~** çok keçidir [*o* inatçıdır]; **einen ~ haben** keçi inadı olmak ❸ (*fam: Lust*) heves (**auf** -e); (**k**)**einen ~ haben, etw zu tun** bir şeyi yapmaya hevesi ol(ma)mak ❹ SPORT kasa ❺ (*Gestell*) sehpa, ayaklık ❻ AUTO takoz, destek ❼ (*Kutsch~*) arabacı yeri

Bockbier *nt* sert bira

bocken *vi* ❶ (*nach dem Bock verlangen*) koçsamak ❷ (*ausschlagen*) tepmek, çifte atmak ❸ (*fig: trotzen*) inadı tutmak ❹ (*Motor*) teklemek

bockig *adj* keçi, inatçı

Bockshorn[1] ['bɔkshɔrn] *m* (*bauchige Flasche*) karınlı şişe

Bockshorn[2] <-s> *nt kein pl* (*fam*) **jdn ins ~ jagen** birinin gözünü korkutmak

Bockshornklee *m* BOT boy otu

Bockspringen <-s> *nt kein pl* ❶ SPORT kasadan atlama ❷ (*Spiel*) birdirbir

Bockwurst *f sığır ve domuz etinden yapılan ve haşlanarak yenilen bir tür sosis*

Boden <-s, Böden> ['bo:dən, *pl* 'bø:dən] *m* ❶ (*Erd~*) toprak, kara, zemin; (*Fuß~*) yer, zemin; (*Meeres~*) taban; (*Teppich~, Stein~*) döşeme; (*Gelände*) arazi; **auf türkischem/deutschem ~** Türk/Alman topraklarında; **zu** [*o* **auf den**] **~ fallen** yere düşmek; **an ~ gewinnen** (*sich ausbreiten*) yayılmak; (*zunehmen*) artmak; **festen ~ unter den Füßen haben** (*fig*) ekmek kapısı olmak; **den ~ unter den Füßen verlieren** ekmeğinden olmak; **jdm den ~ unter den Füßen wegziehen** birini ekmeğinden etmek, birinin ayağını kaydırmak; **am ~ zerstört sein** (*fam*) canı çıkmış olmak; **Handwerk hat goldnen ~** (*prov*) kolunda [*o* bileğinde] altın bileziği var; **wie Pilze aus dem ~ schießen** mantar gibi yerden bitmek ❷ (*von Gefäß, Meer*) dip; **ein Fass ohne ~** (**sein**) (*fig*) dipsiz kile, boş ambar (olmak) ❸ (*Dach~*) çatı [*o* tavan] arası; (*Dachwohnung*) çatı katı ❹ (*Grundlage*) zemin, temel; **auf dem ~ der Tatsachen stehen** zemin ve zamana uygun olmak **Bodenabwehr** *f kein pl* MIL uçaksavar **Bodenbearbeitung** *f kein pl* toprağı işleme **Bodenbelag** *m* yer kaplaması

Boden-Boden-Rakete <-n> *f* MIL karadan karaya füze

Bodenerosion *f* ÖKOL toprak erozyonu **Bodenhaftung** *f kein pl* AUTO zeminde yol tutma [*o* tutuş]

bodenlos *adj* ❶ (*tief*) çok derin ❷ (*fam: unerhört*) duyulmamış; **eine ~e Frechheit** duyulmamış bir küstahlık

Bodenpersonal <-s> *nt kein pl* AERO yer [*o* alan] personeli **Bodenprobe** *f* AGR, ÖKOL topraktan alınan örnek **Bodenrecht** *nt* JUR toprak hukuku **Bodenreform** *f* JUR toprak reformu **Bodenschätze** *pl* yer altı kaynakları *pl,* toprak altı servetleri *pl,* toprak altı zenginlikleri *pl*

Bodensee <-s> *m* Konstanz Gölü

Bodenstation *f* TELEK yer istasyonu **Bodenstreitkräfte** *pl* MIL kara kuvvetleri *pl* **Bodenturnen** <-s> *nt kein pl* SPORT yer alıştırmaları *pl*

Bodybuilding <-s> ['bɔdibɪldɪŋ] *nt kein pl* vücut yapma

Bodyguard *m* koruma, fedaî

bog [bo:k] *3. imp von* **biegen**

Bogen <-s, - *o* SÜDD, ÖSTERR Bögen> ['bo:gən, *pl* 'bø:gən] *m* ❶ (*Kurve*) kavis; **einen ~ machen** (*fam*) kavis çizmek; **er hat den ~ raus** (*fam*) yolunu biliyor; **jdn in hohem ~ hinauswerfen** (*fam*) birini yaka paça dışarı atmak ❷ (*Sportgerät*) yay; **den ~ überspannen** (*fam: zu weit gehen*) aşırı [*o* fazla ileri] gitmek, ölçüyü kaçırmak ❸ ARCH kemer; MUS yay; (*Geigen~*) arşe, yay; MATH yay; **mit dem Zirkel einen ~ beschreiben** pergelle bir yay çizmek ❹ (*Blatt Papier*) tabaka; (*Druck~*) forma; (*Frage~*) form ❺ (*Regen~*) kuşak

bogenförmig ['bo:gənfœrmɪç] *adj* kemerli

Bogengang <-(e)s, -gänge> *m* ARCH kemer altı **Bogenschießen** <-s> *nt kein pl* SPORT okçuluk **Bogenschütze(in)** <-n, -n; -nen> *m(f)* SPORT okçu **Bogensehne**

<-n> *f* yay kirişi, çile
Böhmen <-s> ['bø:mən] *nt* Bohemya
böhmisch ['bø:mɪʃ] *adj* Bohemya (ile ilgili); **das sind ~e Dörfer für mich** (*fam*) bunlara benim hiç aklım ermez
Bohne <-n> ['bo:nə] *f* ❶ BOT fasulye; **grüne ~n** taze fasulye; **weiße ~n** kuru fasulye; **dicke ~n** bakla ❷ (*Kaffee~*) çekirdek; **nicht die ~!** (*fam: überhaupt nicht*) kesinlikle!, katiyen! **Bohnenkaffee** <-s> *m kein pl* çekirdek kahve **Bohnenstange** *f* ❶ fasulye sırığı ❷ (*fig fam*) sırık gibi kimse
bohnern ['bo:nɐn] *vi, vt* cilalamak
Bohnerwachs *nt* yer cilası
bohren ['bo:rən] **I.** *vt* ❶ (*Loch*) delmek; (*Brunnen*) açmak; **ein Loch ~** bir delik açmak ❷ (*mit Bohrer in Material*) burgulamak, burgu ile delmek, matkapla delik açmak ❸ (*bohrend in etw drücken*) burgu gibi batırmak; **jdm ein Messer in den Leib ~** birinin vücuduna burgu gibi bıçak batırmak; **er bohrte seinen Blick in meine Augen** (*fig*) bakışını burgu gibi gözlerime batırdı ❹ **in der Nase ~** burnunu karıştırmak; **~de Zweifel** şüphe kurdu **II.** *vi* ❶ (*fam: drängen*) ısrar etmek; (*hartnäckig forschen, fragen*) kurcalamak ❷ (*Öl, Wasser*) sondaj yapmak (**nach** için) ❸ (*Zahnarzt*) delmek
Bohrer <-s, -> *m* burgu; TECH (*Drill~*) delgi, matkap
Bohrinsel ['bo:ɐʔɪnzəl] *f* sondaj adası **Bohrmaschine** *f* elektrikli matkap **Bohrturm** *m* sondaj kulesi
Bohrung <-en> *f* ❶ (*das Bohren*) delme ❷ (*Bohrloch*) sondaj kuyusu
Boiler <-s, -> ['bɔɪlɐ] *m* boyler
Boje <-n> ['bo:jə] *f* NAUT şamandıra, duba
Bolero <-s, -s> [bo'le:ro] *m* ❶ (*Tanz*) bolero ❷ (*Jäckchen*) bolero
Bolivianer(in) <-s, -; -nen> [boli'vja:nɐ] *m(f)* Bolivyalı
bolivianisch *adj* Bolivya (ile ilgili), Bolivyalı; **eine ~e Frau** Bolivyalı bir kadın; **die ~e Regierung** Bolivya hükümeti
Bolivien <-s> [bo'li:viən] *nt* Bolivya
Böller *m* kestane fişeği
Bollerwagen *m* çekçek
Bollwerk <-(e)s, -e> ['bɔlvɛrk] *nt* ❶ NAUT (*Kai*) rıhtım; **die Schiffe legten am ~ an** gemiler rıhtıma rampa etti ❷ (*fig: Festung*) kale
Bolschewismus <-> [bɔlʃe'vɪsmʊs] *m kein pl* Bolşeviklik
bolschewistisch *adj* Bolşevik
Bolzen <-s, -> ['bɔltsən] *m* cıvata; (*Anschluss~*) somun
Bombardement <-s, -s *o* SCHWEIZ -e> [bɔmbardə'mã:] *nt* MIL bombardıman
bombardieren* [bɔmbar'di:rən] *vt* ❶ MIL (*mit Artillerie beschießen*) bombardıman etmek; (*Fliegerbomben werfen*) bombalamak ❷ (*fam: überhäufen*) bombardıman etmek (**mit** -le)
bombastisch [bɔm'bastɪʃ] *adj* (*pej*) tumturaklı, şatafatlı
Bombe <-n> ['bɔmbə] *f* bomba; **eine ~ legen** bomba koymak; **die Nachricht schlug ein wie eine ~** haber top gibi patladı **Bombenangriff** *m* MIL bombalama **Bombenanschlag** *m* bombalı suikast **Bombenerfolg** ['---'-] *m* (*fam*) parlak başarı
Bombengehalt *nt* (*fig*) yüksek maaş
Bombengeschäft *nt* (*fig*) bomba (gibi) iş
Bombenleger(in) *m(f)* bombacı
bombensicher *adj* bombaya dayanıklı; (*fig*) şüphe götürmez **Bombenstimmung** ['--'--] *f kein pl* (*fam*) curcunalı hava
Bomber <-s, -> ['bɔmbɐ] *m* MIL bombardıman uçağı
bombig *adj* (*fam*) bomba gibi
Bon <-s, -s> [bɔŋ, bõ:] *m* ❶ (*Gutschein*) kupon ❷ (*Kassenzettel*) fiş
Bonbon <-s, -s> [bɔŋ'bɔŋ, bõ'bõ:] *m o nt* şeker(leme)
Bongo <-, -s> ['bɔŋgo] *f*, **Bongotrommel** <-, -n> *f* ikili dümbelek
Boni *pl von* **Bonus**
Bonn <-s> [bɔn] *nt* Bonn
Bonner(in) <-s, -; -nen> *m(f)* Bonnlu
Bonsai <-(s), -s> ['bɔnzaɪ] *m* bodur ağaç
Bonus <- *o* Bonusses, - *o* Bonusse *o* Boni> ['bo:nʊs] *m* COMM ikramiye
Bonze <-n, -n> ['bɔntsə] *m* ❶ REL (*buddhistischer Priester*) Buddhist rahibi ❷ (*pej*) kodaman
Bookmark *f* INFORM işaret
Boom <-s, -s> [bu:m] *m* ❶ WIRTSCH (*fam*) patlama; (*Hochkonjunktur*) yüksek konjonktür ❷ (*Börse*) patlama, fiyatların tavana vurması ❸ (*fam: gesteigertes Interesse*) rağbet
boomen ['bu:mən] *vi* WIRTSCH (*fam*) patlama olmak; (*Literatur, Mode*) rağbet görmek [*o* kazanmak]
Boot <-(e)s, -e> [bo:t] *nt* kayık, sandal, tekne; (*Torpedo~*) bot; (*Bei~*) filika; **in einem/im gleichen ~ sitzen** (*fam*) aynı yolun yolcusu olmak
booten *vt* INFORM boot etmek; **etw von etw ~** bir şeyi bir şeyden boot etmek **Bootsbauer** *m* tekneci
Boot-Sektor *m* INFORM boot sektörü
Bootsfahrt *f* kayıkla [*o* tekneyle] gezme

B

Bootshaus *nt* kayıkhane **Bootsmann** <-(e)s, -leute> *m* ❶ NAUT (*auf Handelsschiffen*) lostromo ❷ MIL, NAUT denizci astsubay **Bootsverleih** *m* kayık [*o* tekne] kiralama

Bor <-s> [boːɐ] *nt kein pl* CHEM bor

Bord[1] <-(e)s> [bɔrt] *m kein pl* NAUT (*Schiffsdeck*) güverte; (*äußerlich*) gemi; **an ~** (*Schiff, Raumschiff*) gemide; (*Flugzeug*) uçakta; **alle Mann an ~!** herkes güverteye!; **Mann über ~!** NAUT denize adam düştü!; **über ~ gehen** denize düşmek; **von ~ gehen** gemiden inmek; (*Flugzeug*) uçaktan inmek; **an ~ gehen** gemiye binmek; (*Flugzeug*) uçağa binmek

Bord[2] <-(e)s, -e> *nt* ❶ (*Wandbrett*) raf ❷ SCHWEIZ (*Rand, Böschung*) kenar

bordeauxrot *adj* bordo

Bordell <-s, -e> [bɔr'dɛl] *nt* genelev

Bordkarte *f* AERO (uçağa) biniş kartı **Bordpersonal** *nt* AERO hava personeli

Bordstein *m* bordür taşı

borgen ['bɔrgən] *vt* ❶ (*ausleihen, entleihen*) ödünç almak ❷ (*verleihen*) ödünç vermek

Borke <-n> ['bɔrkə] *f* NORDD ❶ (*Rinde*) kabuk ❷ (*Kruste einer Wunde*) kabuk **Borkenkäfer** <-s, -> *m* kabuk böceği

borniert [bɔr'niːɐt] *adj* (*pej*) dar görüşlü, dar kafalı, bağnaz

Borsäure *f* borik asit, asit borik

Börse <-n> ['bœrzə] *f* ❶ FIN borsa ❷ (*Geldbeutel*) para kesesi **Börsenbericht** *m* FIN borsa bülteni **Börsenkurs** *m* FIN borsa değeri

Börsenmakler(in) *m(f)* borsa simsarı **Börsenspekulant(in)** *m(f)* FIN acyocu

Börsianer(in) <-s, -; -nen> [bœr'zjaːnɐ] *m(f)* (*fam*) borsacı

Borste <-n> ['bɔrstə] *f* ZOOL domuz kılı; (*künstlich*) kıl; **sich die ~n schneiden lassen** (*fam*) saçını sakalını kestirmek

borstig *adj* kıllı

Borte <-n> ['bɔrtə] *f* tiriz

Borwasser *nt* borikli su

bösartig ['bøːsʔaːɐtɪç] *adj* ❶ (*Mensch*) kötü, habis; (*Tier*) kötü huylu; (*Bemerkung*) kötü ❷ (*Krankheit*) kötücül, habis; (*Geschwulst*) kötücül, kötü huylu, habis; (*Fieber, Husten*) fena, kötü

Böschung <-en> ['bœʃʊŋ] *f* ❶ (*an der Straße*) şev ❷ (*Abhang*) yamaç, bayır

böse ['bøːzə] **I.** *adj* ❶ (*schlecht*) kötü; (*schlimm*) fena; (*Kind*) yaramaz ❷ (*unangenehm*) tatsız, kötü, fena; **ein ~s Erwachen geben** acı gerçeğin farkına varmak; **das wird ~ Folgen haben** bunun sonu kötü olacak ❸ (*verärgert*) kızgın (**auf/mit** -e/-e), dargın (**auf/mit** -e/-e); **im B~n auseinandergehen** kavgalı [*o* dargın] ayrılmak; **ich bin** (**mit**) **ihm** [*o* **auf ihn**] **~** ona kızgınım; **seien Sie** (**mir**) **nicht ~, aber ...** bana kızmayın ama ... **II.** *adv* kötü; **es wird ~ enden** sonu kötü olacak; **das sieht ~ aus** bu kötü görünüyor; **er meinte es nicht ~** bunu [*o* onu] kötü niyetle söylemedi **Bösewicht** <-(e)s, -e *o* -er> ['bøːzəvɪçt] *m* ❶ kötü adam ❷ (*fam*) kötü çocuk

boshaft ['boːshaft] *adj* (*böse*) kötü; (*Bemerkung*) kötüleyici

Boshaftigkeit <-en> *f* kötülük

Bosheit <-en> *f* (*das Bösesein*) kötü olma; (*Schlechtigkeit*) kötülük, fenalık, kemlik, şer; (*üble Gesinnung*) kötülükçülük; **etw aus lauter ~ tun** bir şeyi sırf kötülük [*o* fenalık] etmek için yapmak

Bosnien <-s> ['bɔsniən] *nt* Bosna **Bosnien-Herzegowina** <-s> ['bɔsniən hɛrtse'goːvina] *nt* Bosna-Hersek

Bosnier(in) <-s, -; -nen> ['bɔsniɐ] *m(f)* Boşnak

Bosporus *m* Boğaz, Boğaziçi

Boss[RR] <-es, -e> [bɔs] *m,* **Boß**[ALT] <-sses, -sse> *m* patron

böswillig **I.** *adj* kötü niyetli **II.** *adv* kötü niyetle

Böswilligkeit <-en> *f* kötü niyet

bot [boːt] *3. imp von* **bieten**

Botanik [bo'taːnɪk] *f kein pl* botanik, bitki bilimi

Botaniker(in) *m(f)* botanikçi, bitki bilimci

botanisch *adj* botanik, bitki bilimsel; **~er Garten** botanik bahçesi

Bote(in) <-n, -n; -nen> ['boːtə] *m(f)* ulak, haberci, kurye **Botengang** <-(e)s, -gänge> *m* kuryelik

Botschaft <-en> ['boːtʃaft] *f* ❶ (*geh: Nachricht*) mesaj, haber; (*Hiobs~*) haber ❷ POL büyük elçilik

Botschafter(in) <-s, -; -nen> *m(f)* POL büyük elçi

Bottich <-(e)s, -e> ['bɔtɪç] *m* tekne

Bouillon <-s> [bʊl'jɔŋ, bʊl'jõː] *f* GASTR et suyu

Boulevard <-s, -s> [bulə'vaːɐ] *m* bulvar **Boulevardpresse** *f kein pl* fısıltı basın, boyalı basın

Bourgeoisie <-n> [bʊrʒoa'ziː] *f* (*geh*) burjuvazi

Boutique <-n> [bu'tiːk] *f* butik

Bowle <-n> ['boːlə] *f* GASTR bol

Box *f* (*Lautsprecher*) hoparlör

boxen ['bɔksən] **I.** *vi* SPORT boks etmek **II.** *vt* (*schlagen*) yumruklamak **III.** *vr* **sich gegenseitig ~** yumruklaşmak

B

Boxen <-s> *nt kein pl* SPORT boks
Boxengasse *f* süper hizla tamirat yeri
Boxenluder *nt* AUTO, SPORT pit kızı
Boxer(in)[1] <-s, -; -nen> *m(f)* (*Sportler*) boksör
Boxer[2] *m* (*Hund*) bokser
Boxershorts *pl,* **Boxer-Shorts** *pl* şort
Boxhandschuh *m* boks eldiveni **Boxkampf** *m* boks maçı
Boxsport *m kein pl* boks sporu
Boykott <-(e)s, -e *o* -s> [bɔɪ'kɔt] *m* boykot
boykottieren* *vt* boykot etmek
BPS *pl Abk von* **Bits pro Sekunde** saniyedeki bit sayısı
brach [bra:x] **I.** *3. imp von* **brechen II.** *adj* nadaslı(k); **~ liegen** (*Acker*) nadasa bırakılmış olmak; (*Talent*) kullanılmamak; **ein ~ liegendes Feld** nadaslı(k) bir tarla
Brachland <-(e)s> *nt kein pl* AGR hozan
brach|liegenALT *irr vi s.* **brach II.**
Brachschwalbe *f* ZOOL bataklık kırlangıcı
Brachse <-, -n> *f,* **Brachsen** <-s, -> *m* ZOOL çapak
brachte ['braxtə] *3. imp von* **bringen**
Braindrain <-s> ['brɛɪndrɛɪn] *m kein pl* (*Abwanderung von Wissenschaftlern ins Ausland*) beyin göçü **Brainstorming** <-s> ['brɛɪnstɔ:mɪŋ] *nt kein pl* yaratıcı tartışma
Bramsegel *nt* NAUT babafingo yelkeni
Branche <-n> ['brã:ʃə] *f* ❶ WIRTSCH (*Geschäftszweig*) iş kolu; (*Automobil~*) sektör ❷ (*fam: Fachgebiet*) branş, alan, kol, dal **Branchenverzeichnis** *nt* TELEK iş kolları rehberi
Brand[1] <-(e)s, Brände> [brant, *pl* 'brɛndə] *m* (*Feuer*) yangın; **in ~ geraten** ateş almak, alevlenmek; **etw in ~ setzen/stecken** bir şeyi kundaklamak, bir şeyi ateşe vermek, bir şeyi tutuşturmak
Brand[2] <-(e)s> *m kein pl* ❶ (*fam: Durst*) çok susama ❷ MED (*Gangrän*) kangren ❸ BOT buğday pası
brandaktuell ['---'-] *adj* güpgüncel, son derece aktüel **Brandanschlag** *m* kundaklama **Brandblase** *f* yanık kabarcığı **Brandbombe** *f* yangın bombası **Brandeisen** *nt* dağlağı
branden ['brandən] *vi* (*geh: Wellen*) çarparak kırılmak (**an/gegen** -e/-e)
Brandenburg <-s> ['brandənbʊrk] *nt* Brandenburg
Brandgefahr *f* yangın (çıkma) tehlikesi **Brandgeruch** *m* yanık kokusu **Brandherd** *m* yangının çıktığı yer **Brandmal** <-(e)s, -e *o* -mäler> *nt* (*geh*) yanık izi; (*bei Zuchtvieh*) dağ
brandmarken ['brantmarkən] *vt* dağlamak
brandneu ['-'-] *adj* (*fam*) yepyeni
Brandsalbe *f* yanık merhemi **Brandsatz** <-es, -sätze> *m* kundak **Brandschaden** *m* yangın zararı **Brandschutz** *m* yangın çıkmasına karşı korunma **Brandstifter(in)** *m(f)* kundakçı **Brandstiftung** *f* kundaklama, kundakçılık
Brandung <-en> ['brandʊŋ] *f* sahile çarparak kırılan dalgalar *pl*
Brandwunde <-n> *f* yanık
brannte ['brantə] *3. imp von* **brennen**
Branntwein <-(e)s, -e> *m* kanyak; (*Wacholder~*) rakı
Brasilianer(in) <-s, -; -nen> [brazi'lja:nɐ] *m(f)* Brezilyalı
brasilianisch *adj* Brezilya (ile ilgili), Brezilyalı; **~e Frauen/Männer** Brezilyalı kadınlar/erkekler; **die ~e Regierung** Brezilya hükûmeti
Brasilien <-s> [bra'zi:liən] *nt* Brezilya
brät [brɛ:t] *3. präs von* **braten**
braten <brät, briet, gebraten> ['bra:tən] *vt* kızartmak; (*braun*) kavurmak; (*in der Pfanne*) kızartmak, tavasını yapmak (-in)
Braten <-s, -> *m* GASTR rosto
Brathähnchen *nt* piliç [*o* tavuk] kızartması **Brathering** *m* ringa kızartması **Bratkartoffeln** *pl* patates kızartması **Bratpfanne** <-n> *f* tava **Bratrost** <-(e)s, -e> *m* ızgara
Bratsche <-n> ['bra:tʃə] *f* MUS viyola, alto
Bratspieß *m* kebap şişi
Bratwurst *f kızartılarak yenen sosis*
Brauch <-(e)s, Bräuche> [braʊx, *pl* 'brɔɪçə] *m* örf ve âdet, töre
brauchbar *adj* (*Sachen*) işe yarar; (*Person*) yetenekli
brauchen ['braʊxən] *vt* ❶ (*benötigen*) ihtiyacı olmak (-e), gereksinmek; (*Zeit*) almak, istemek; **wie lange brauchst du dafür** [*o* **dazu**]**?** o ne kadar zamanını alır?, onun için ne kadar zamana ihtiyacın var? ❷ (*fam: gebrauchen*) kullanmak; **kannst du die Sachen ~?** bu eşyayı kullanabilir misin? ❸ (*verbrauchen*) kullanmak, harcamak, tüketmek ❹ (*müssen*) gerek olmak (**zu** -e), gerekmek (**zu** -), lazım olmak; **du brauchst nicht gleich zu schreien** hemen feryadı basmana gerek yok; **ich brauche heute nicht zu arbeiten** bugün çalışmam gerekmiyor, bugün çalışmama gerek yok
Brauchtum <-s, -tümer> *nt* gelenek
Braue <-n> ['braʊə] *f* kaş
brauen ['braʊən] *vt* ❶ (*Bier*) yapmak

❷ (*fam: Kaffee*) yapmak, kavurmak
Brauer(in) <-s, -; -nen> *m(f)* biracı
Brauerei <-en> *f*, **Brauhaus** *nt* bira fabrikası
braun [braʊn] *adj* ❶ (*Farbe*) kahve rengi; (*Haare*) kumral, kestane rengi; (*Augen*) kestane rengi; (*Teint*) esmer; **~ werden** esmerleşmek, abanozlaşmak ❷ (*pej: nationalsozialistisch*) nasyonal sosyalist
Braunalge <-n> *f* BOT laminarya **Braunbär** <-en, -en> *m* ZOOL bozayı
Bräune ['brɔɪnə] *f kein pl* esmerlik
bräunen **I.** *vt* ❶ (*Körper*) esmerletmek ❷ GASTR kavurmak **II.** *vr* ■ **sich ~** (*sich sonnen*) güneşlenmek, güneş banyosu yapmak
Braunkohle *f kein pl* linyit (kömürü) **Braunwurz** *f* BOT (*Scrophularia*) sıraca otu
Brause <-n> ['braʊzə] *f* ❶ (*Dusche*) duş ❷ (*Limonade*) gazoz
brausen *vi* ❶ (*Wind*) uğuldamak; (*Bach, Fluss*) çağlamak, çağıldamak; (*Meer*) çalkanmak; **~der Beifall** alkış tufanı ❷ *sein* (*rasen*) **um die Ecke ~** son hızla köşeyi dönmek; **über die Autobahn ~** otobanda çılgınca araba sürmek
Braut <-, Bräute> [braʊt, *pl* 'brɔɪtə] *f* gelin; **~ in Haaren** BOT çörek otu **Brautführer** <-s, -> *m* sağdıç
Bräutigam <-s, -e> ['brɔɪtigam] *m* güvey
Brautjungfer <-n> *f* yenge **Brautkleid** *nt* gelinlik **Brautkranz** *m* taç
Brautleute *pl*, **Brautpaar** *nt* (*verlobt*) nişanlılar *pl*; (*am Hochzeitstag*) gelin ile güvey; (*verheiratet*) yeni evliler *pl* **Brautschleier** *m* duvak
brav *adj* (*artig*) uslu, terbiyeli
bravo ['bra:vo] *interj* bravo, aferin
BRD [be:ʔɛr'de:] *f* POL *Abk von* **Bundesrepublik Deutschland** AFC (*Almanya Federal Cumhuriyeti*)
Break *nt* SPORT (*beim Tennis*) servis kırma
brechen <bricht, brach, gebrochen> ['brɛçən] **I.** *vi* ❶ *sein* (*zerbrechen*) kırılmak; (*in Stücke*) parçalanmak; **mir bricht das Herz** (*fig*) kalbim kırıldı; **auf Biegen und B~** (*fam*) ne yapıp edip ❷ (*Freundschaft*) bozuşmak (**mit** ile) ❸ (*fam: erbrechen*) kusmak **II.** *vt* ❶ (*durchbrechen*) kırmak; **in Stücke ~** parçalamak; **sich** *dat* **einen Arm/ein Bein ~** kolunu/bacağını kırmak; **den Waffenstillstand ~** ateşkesi bozmak; **das Eis ist gebrochen** (*fig*) buzlar çözüldü ❷ (*Widerstand, Rekord*) kırmak; (*Blockade*) yarmak ❸ (*nicht einhalten*) tutmamak; (*Gesetz*) ihlâl etmek; (*Streik*) kırmak; **die Ehe ~** zina işlemek; **sein Wort ~** sözünü tutmamak ❹ (*Wellen, Licht*) kırmak **III.** *vr* ■ **sich ~** ❶ (*Licht*) kırılmak ❷ (*Wellen*) kırılmak
Brecher <-s, -> ['brɛçɐ] *m* ❶ (*Welle*) kırılan dalga ❷ kırma makinesi
Brechmittel *nt* kusturucu, bulandırıcı ilaç **Brechreiz** *m* bulantı, mide bulantısı; **~ verspüren** midesi bulanmak, kusacak gibi olmak; **~ verursachen** bulantı yapmak, mide bulantısı yapmak, mide bulandırmak
Brechstange *f* kaldıraç
Brechung <-en> *f* PHYS (*von Strahlen*) kırılma, kırılım
Brei <-(e)s, -e> [braɪ] *m* (*für Kinder*) lapa; (*Kartoffel~*) püre; (*Grieß~*) bulamaç; **jdn zu ~ schlagen** (*fam*) birinin pastırmasını çıkarmak; **um den heißen ~ herumreden** (*fam*) bin dereden su getirmek, sözü döndürüp dolaştırmak, sadede gelmemek; **viele Köche verderben den ~** (*prov*) bir çöplükte iki horoz ötmez, horozu çok olan köyde sabah geç olur
breiig ['braɪɪç] *adj* lapa gibi
breit [braɪt] *adj* geniş, enli; **fünf Meter ~** beş metre genişliğinde [*o* eninde], genişliği [*o* eni] beş metre; **wie ~ ist ...?** ...in genişliği [*o* eni] ne kadar?; **~ sein** DIAL (*fam*) kafayı bulmuş olmak
breitbeinig *adj* ayrık bacaklı, apışak
Breite <-n> ['braɪtə] *f* ❶ en, genişlik; **etw der ~ nach falten** bir şeyi enlemesine katlamak; **in die ~ gehen** (*fam: dick werden*) kilo almak, şişmanlamak ❷ GEO enlem
Breitengrad *m* GEO enlem, arz derecesi **Breitenkreis** *m* GEO enlem dairesi, arz dairesi
Breitling *m* ZOOL (*Sprotte*) çaça balığı
breit|machen *vr* ■ **sich ~** (*sich ausbreiten*) yayılmak; (*fam: Platz beanspruchen*) yayılmak, kurulmak, serilmek; (*sich niederlassen*) postu sermek, yerleşmek
breitrandig *adj* geniş kenarlı
breitschult(e)rig *adj* geniş omuzlu
breit|treten *irr vt* ❶ (*fam: Thema*) enine boyuna tartışmak ❷ (*pej fam: weiterverbreiten*) ortalığa yaymak, el âleme anlatmak
Bremer(in) <-s, -; -nen> ['bre:mɐ] *m(f)* Bremenli
Bremsbacke <-n> *f* AUTO fren pabucu
Bremsbelag <-(e)s, -beläge> *m* AUTO fren balatası; **den ~ erneuern** fren balatalarını yenilemek
Bremse[1] <-n> ['brɛmzə] *f* AUTO fren; **die ~n nachstellen** fren ayarı yapmak, frenleri ayarlamak; **die ~n entlüften** frenlerin havasını almak
Bremse[2] <-n> ['brɛmzə] *f* ZOOL (*Rinder~*) sığır sineği

bremsen **I.** *vi* (*Fahrzeug*) fren yapmak; **scharf ~** sert fren yapmak **II.** *vt* (*fig: Entwicklung*) frenlemek, gemlemek; **er ist nicht zu ~** onu frenlemek [*o* gemlemek] imkânsız, durmak bilmiyor

Bremsflüssigkeit <-en> *f* AUTO fren yağı, hidrolik yağ **Bremshauptzylinder** *m* AUTO fren ana [*o* merkez] silindiri **Bremsklotz** *m* AUTO fren balatası, fren pabucu **Bremskraftverstärker** *m* fren takviyesi [*o* servosu] **Bremslicht** *nt* stop lambası, fren ışığı **Bremspedal** *nt* fren pedalı **Bremssattel** *m* AUTO fren semeri **Bremsschlauch** *m* AUTO fren hortumu **Bremsseil** *nt* fren teli **Bremsspur** *f* fren izi **Bremstrommel** *f* AUTO fren tamburu, fren kampanası

Bremsung <-en> *f* frenleme, fren yapma

Bremsweg *m* fren mesafesi

brennbar *adj* yanıcı; (*leicht entzündbar*) yanıcı, kolay yanar

brennen <branne, gebrann> **I.** *vt* yakmak; (*Kaffee*) kavurmak; (*Ziegel*) pişirmek; (*Alkohol*) damıtmak **II.** *vi* (*Feuer, Licht*) yanmak; (*Sonne*) yakmak, parlamak; (*Augen, Wunde*) acımak, yanmak

brennend *adj* yakıcı; (*fig: Wunsch*) şiddetli

Brenner <-s, -> *m* (*Gas~*) havagazı memesi

Brennerei <-en> *f* (*Alkohol*) içki fabrikası; (*Ziegel*) kiremit ocağı

BrennesselALT <-n> *f s.* **Brennnessel**

Brennglas <-es, -gläser> *nt* büyüteç **Brennholz** <-es> *nt kein pl* (yakacak) odun **Brennmaterial** *nt* yakacak **Brennnessel**RR <-n> ['brɛnnɛsəl] *f* ısırgan

Brennpunkt *m* odak (noktası) **Brennschere** <-n> *f* maşa **Brennspiritus** <-> *m kein pl* yakılacak ispirto **Brennstoff** <-(e)s, -e> *m* yakıt; (*flüssiger*) akaryakıt **Brennstoffzelle** <-n> *f* yakıt hücresi **Brennweite** *f* PHYS, FOTO odak uzaklığı

Bresche <-n> ['brɛʃə] *f* gedik; **eine ~ schlagen** gedik açmak

Bretagne [bre'tanjə] *f* GEO Bretanya

Bretone(in) [bre'to:nə] *m(f)* Bretanyalı

bretonisch *adj* Bretanya (ile ilgili)

Brett <-(e)s, -er> [brɛt] *nt* ❶ (*aus Holz*) tahta; **schwarzes ~** kara tahta; (*Schaukasten*) ilan tahtası, pano; **ein ~ vor dem Kopf haben** (*fam*) tahtası eksik olmak, kafasının bir tahtası noksan olmak ❷ (*Spiel~*) tahta ❸ *pl* (*Skier*) kayaklar *pl*

Bretterzaun *m* tahta perde

Brettspiel *nt* tahta üzerinde oynanan oyun

Brezel <-n> ['bre:tsəl] *f* *Bavyera usulü simit*

bricht [brɪçt] *3. präs von* **brechen**

Bridge <-> [brɪtʃ] *nt kein pl* briç

Brief <-(e)s, -e> [bri:f] *m* mektup; **etw als ~ schicken** bir şeyi mektup postasıyla göndermek; **ein offener/versiegelter ~** açık/mühürlü bir mektup; **einen ~ zustellen/aufgeben** bir mektubu elden teslim etmek/postaya vermek **Briefablage** *f* mektup gözü **Briefbeschwerer** <-s, -> ['bri:fbəʃve:rɐ] *m* baskılık **Briefblock** <-s, -s *o* -blöcke> *m* bloknot **Briefbogen** *m* mektup kâğıdı **Briefbombe** *f* bombalı mektup **Brieffreund(in)** *m(f)* mektup arkadaşı **Briefgeheimnis** <-ses> *nt kein pl* mektubun gizliliği

Briefing <-s, -s> ['bri:fɪŋ] *nt* ❶ MIL durum üzerine kısa bilgi verme ❷ (*Informationsgespräch*) brifing

Briefkasten *m* posta kutusu; **elektronischer ~** INFORM elektronik posta kutusu **Briefkastenfirma** *f* paravan şirket

Briefkopf *m* antet, mektup başlığı

brieflich **I.** *adj* mektuplu, yazışmalı; **~er Verkehr** yazışmalar *pl* **II.** *adv* mektupla, yazı ile; **mit jdm ~ verkehren** biriyle mektuplaşmak

Briefmarke *f* pul, posta pulu **Briefmarkenautomat** *m* posta pulu otomatı **Briefmarkensammler(in)** *m(f)* pul koleksiyoncusu, filatelist **Briefmarkensammlung** *f* pul koleksiyonu

Brieföffner *m* mektup açacağı **Briefpapier** *nt* mektup kâğıdı **Brieftasche** *f* cüzdan **Brieftaube** *f* posta güvercini

Brieftelegramm *nt telgrafla gönderilen fakat normal posta ile teslim edilen telgraf*

Briefträger(in) <-s, -; -nen> *m(f)* postacı **Briefumschlag** <-(e)s, -schläge> *m* mektup zarfı **Briefwaage** *f* mektup [*o* kağıt] terazisi **Briefwahl** *f* mektupla seçim **Briefwechsel** *m* mektuplaşma, yazışma; **in ~ mit jdm stehen** biriyle mektuplaşmakta olmak

briet [bri:t] *3. imp von* **braten**

Brigade <-n> [bri'ga:də] *f* MIL tugay

Brigadegeneral *m* MIL tuğgeneral

Brigg *f* NAUT brik

Brikett <-s, -s> [bri'kɛt] *nt* briket

brillant [brɪ'ljant] *adj* parlak, harika, mükemmel

Brillant <-en, -en> [brɪ'ljant] *m* pırlanta

Brillantine <-n> [brɪljan'ti:nə] *f* briyantin

Brillanz [brɪ'ljants] *f kein pl* parlaklık, harikalık, mükemmellik

Brille <-n> ['brɪlə] *f* (*Augenglas*) gözlük; **die Welt durch eine rosarote ~ sehen** (*fig*) ortalığı tozpembe görmek

Brillenetui *nt* gözlük kılıfı
Brillenfassung *f*, **Brillengestell** *nt* gözlük çerçevesi **Brillenglas** <-es, -gläser> *nt* gözlük camı **Brillenschlange** *f* ❶ ZOOL gözlüklü yılan, kobra ❷ (*pej fam: Brillenträger*) dört göz **Brillenträger(in)** <-s, -; -nen> *m(f)* gözlüklü
bringen <bringt, brachte, gebracht> ['brɪŋən] *vt* ❶ (*herbringen*) getirmek; (*hinbringen*) götürmek; (*befördern, begleiten*) götürmek; **das Essen auf den Tisch ~** yemeği sofraya getirmek; **etw in Ordnung ~** bir şeyi yoluna koymak; **jdn vor Gericht ~** biriyle mahkemelik olmak; **Glück ~** şans getirmek; **jdn in Verlegenheit ~** birini bozmak [*o* mahcup etmek]; **etw an den Tag ~** bir şeyi ortaya çıkarmak; **jdn auf die Palme ~** (*fig*) birini çileden [*o* zıvanadan] çıkarmak; **jdn auf Touren ~** birini harekete geçirmek; **jdn auf etw ~** birinin aklına bir şey getirmek; **jdn aus dem Konzept ~** birinin aklını karıştırmak; **etw zur Sprache ~** bir şeyi dile getirmek; **etw zu Papier ~** bir şeyi kâğıda dökmek; **etw auf den Markt ~** bir şeyi pazara çıkarmak; **ein Kind zur Welt ~** dünyaya bir çocuk getirmek; **es weit ~** (hayatta) yükselmek; **etw an sich ~** üstüne geçirmek; **etw mit sich ~** (*zur Folge haben*) bir şeyi beraberinde getirmek, bir şeyi doğurmak [*o* neden olmak]; **etw hinter sich ~** bir şeyi bitirmek, bir işi hâlletmek; **sie wollen sie unbedingt unter die Haube ~** onun başını ille bağlamak istiyorlar, onu ille baş göz etmek istiyorlar; **seine Schäfchen ins Trockene ~** (*fig*) küpünü doldurmak; **jdn um die Ecke ~** (*fam*) birini öldürmek ❷ (*Ertrag, Gewinn*) getirmek; **was bringt das?** bu ne getirir?; **das bringt doch überhaupt nichts!** bu hiçbir şey getirmez ki! ❸ (*fam: veröffentlichen*) yayımlamak; (*Wetterbericht, Nachrichten*) vermek ❹ (*wegnehmen*) **jdn um etw ~** birini bir şeyden etmek; **jdn ums Leben ~** birinin canına kıymak; **jdn um den Verstand ~** birinin aklını başından almak ❺ **jdn zum Lachen ~** birini güldürmek; **etw nicht übers Herz ~** bir şeye gönlü razı olmamak, bir şeye kıyamamak; **du bringst mich nicht dazu, das zu tun** bunu bana yaptırtamazsın
brisant [bri'zant] *adj* patlayıcı; **ein ~es Thema** çok güncel bir konu
Brisanz[1] [bri'zants] *f kein pl* (*Aktualität*) güncellik
Brisanz[2] <-en> *f* (*Sprengkraft*) tahrip gücü
Brise <-n> ['bri:zə] *f* esinti, hafif yel, hafif rüzgâr
Britannien <-s> [bri'tanjən] *nt* Britanya
Brite(in) <-n, -n; -nen> ['brɪtə, 'bri:tə] *m(f)* Britanyalı
britisch ['brɪtɪʃ] *adj* Britanya (ile ilgili)
bröckelig *adj* gevrek
Brocken <-s, -> ['brɔkən] *m* parça; **ein paar ~ Türkisch verstehen** (*fig*) bir parça Türkçe anlamak, çat pat [*o* tek tük] Türkçe anlamak; **die Prüfung ist ein harter ~ für ihn** (*fig*) sınav onun için demirleblebi
bröcklig *adj s.* **bröckelig**
brodeln ['bro:dəln] *vi* ❶ (*Wasser*) fokurdamak, (fokur fokur) kaynamak ❷ ÖSTERR (*fam: trödeln*) sallanmak, dalga geçmek
Brokat <-(e)s, -e> [bro'ka:t] *m* brokar
Broker(in) <-s, -; -nen> ['bro:kɐ] *m(f)* FIN simsar
Brokkoli ['brɔkoli] *pl* BOT brokoli
Brom <-s> [bro:m] *nt kein pl* CHEM brom
Brombeere <-n> ['brɔmbe:rə] *f* böğürtlen
Brombeerstrauch <-(e)s, -sträucher> *m* böğürtlen çalısı
Bronchialkatarr(h) <-s, -e> *m* MED bronşit
Bronchie <-n> ['brɔnçiə] *f* ANAT bronş
Bronchitis <Bronchitiden> [brɔn'çi:tɪs] *f* MED bronşit
Bronze <-n> ['brõ:sə] *f* tunç, bronz
bronzefarben *adj* tunç rengi
Bronzemedaille *f* SPORT bronz madalya
bronzen *adj* tunç, bronz
Bronzezeit *f kein pl* Tunç Devri
Brosche <-n> ['brɔʃə] *f* broş, iğne
broschiert *adj* ciltsiz
Broschüre <-n> [brɔ'ʃy:rə] *f* broşür
Brösel <-s, -> ['brø:zəl] *m* kırıntı
Brot <-(e)s, -e> [bro:t] *nt* ekmek; **ein Laib ~** bir somun ekmek; **belegtes ~** sandviç; **sich** *dat* **sein ~ verdienen** ekmeğini kazanmak
Brötchen <-s, -> ['brø:tçən] *nt* küçük somun [*o* ekmek]; **seine ~ verdienen** *fam* ekmeğini kazanmak; **kleine ~ backen (müssen)** (*fig*) kemerini sıkmak (zorunda kalmak) **Brötchengeber(in)** <-s, -; -nen> *m(f)* (*fam: Arbeitgeber*) iş veren
Brotfruchtbaum *m* BOT ekmek ağacı
Brotkasten *m* ekmek kutusu **Brotkorb** *m* ekmek sepeti **Brotkrume** *f* ekmek parçası **Brotkrümel** *m* ekmek kırıntısı
brotlos *adj* **eine ~e Kunst** ekmeğini çıkarmayan bir sanat, karın doyurmayan bir sanat

Brotmesser *nt* ekmek bıçağı **Brotneid** *m* (birinin) ekmeğine göz koyma [*o* dikme] **Brotrinde** *f* ekmek kabuğu **Brotschneidemaschine** <-n> *f* ekmek kesme makinesi **Brotzeit** *f* DIAL kahvaltı; ~ **machen** kahvaltı etmek

Browser <-s, -> ['braʊzɐ] *m* INFORM, TELEK göz atıcı, gezgin

Bruch <-(e)s, Brüche> [brʊx, *pl* 'brʏçə] *m* ❶ (*das Brechen, Zerbrechen*) kır(ıl)ma; (*das Auseinanderbrechen*) kırılma, kopma; (*Rohr~*) patlama; **zu ~ gehen** kırılmak; **in die Brüche gehen** (*Vase*) kırılmak; (*Freundschaft*) bozulmak; **ihre Ehe ging in die Brüche** evlilikleri bozuldu ❷ (*Zerbrochenes*) kırık ❸ MED (*Knochen~*) kırık, çatlak; (*Eingeweide~*) patlama; (*Leisten~*) fıtık, çatlak; **sich** *dat* **einen ~ heben** kasığını çatlatmak; **sich** *dat* **einen ~ lachen** gülmekten katılmak ❹ MATH kesir; **echter/unechter ~** bayağı/bileşik kesir ❺ (*eines Verhältnisses, Vertrages*) bozma; (*Gesetz*) ihlâl; (*Eid*) bozma; (*Vertrauen*) kötüye kullanma ❻ (*Stein~*) ocak **Bruchbude** *f* (*pej fam*) izbe, virane **bruchempfindlich** *adj* kırılgan **bruchfest** *adj* kırılmaz

brüchig ['brʏçɪç] *adj* ❶ (*leicht brechend, mürbe*) gevrek, kolayca kırılıp ufalanan; (*von Metallen*) pürüzlü; (*spröde*) gevrek; (*Glas*) çatlak ❷ (*Stimme*) çatallı, çatlak; (*Stoff*) pürüzlü

Bruchlandung *f* arızalı iniş

Bruchrechnen <-s> *nt kein pl* MATH kesir hesabı

bruchsicher *adj* kırılmaz

Bruchstrich *m* MATH bölme işareti

Bruchstück *nt* ❶ bölüntü, bölünmüş parça ❷ (*fig: übriggebliebener Teil*) geriye kalan parça

bruchstückhaft *adj* parça halinde

Bruchteil <-(e)s, -e> *m* ❶ (*Teil eines Ganzen*) şayi cüz; **im ~ einer Sekunde** (*fig*) bir saniye bile geçmeden ❷ JUR (*eines Grundstücks*) hisseişayia **Bruchzahl** *f* MATH kesirli sayı

Brücke <-n> ['brʏkə] *f* ❶ ARCH, NAUT köprü; **alle ~n hinter sich abbrechen** (*fig*) köprüleri atmak ❷ (*Teppich*) yolluk **Brückenbau** <-s> *m kein pl* köprü yapımı **Brückengeländer** *nt* köprü korkuluğu **Brückenkopf** <-s> *m* MIL köprü başı **Brückenpfeiler** *m* köprü ayağı

Bruder <-s, Brüder> ['bru:dɐ, *pl* 'bry:dɐ] *m* ❶ (*Verwandter*) (erkek) kardeş, birader; **mein großer ~** ağabeyim; **mein kleiner ~** (erkek) kardeşim ❷ (*Glaubens~*) kardeş; (*Ordens~*) frer; (*vor dem Namen*) frer ❸ (*fam: Kerl*) herif **Bruderkrieg** *m* kardeş kavgası

brüderlich *adj* kardeşçe, kardeşe yaraşır

Brüderlichkeit *f kein pl* kardeşlik

Bruderliebe *f* kardeş sevgisi

Brudermord *m* kardeş öldürme

Bruderschaft <-en> *f* kardeşlik, uhuvvet; REL ihvan

Brüderschaft *f kein pl* (*Duzfreundschaft*) senli benli olma; **mit jdm ~ trinken** *biriyle senli benli olmanın şerefine kadehleri tokuşturmak*

Brühe <-n> ['bry:ə] *f* ❶ GASTR (*klare Suppe*) sade suya çorba ❷ (*pej: Schmutzwasser*) bulaşık suyu; (*für Kaffee*) kestane suyu

brühen *vt* GASTR haşlamak

brühwarm ['-'-] *adj* **jdm eine Nachricht ~ weitererzählen** (*fam*) birine bir haberi sıcağı sıcağına anlatmak

brüllen ['brʏlən] *vi* ❶ (*Stier*) böğürmek; (*Raubtier*) kükremek; (*Affe*) çığırmak ❷ (*sehr laut sprechen*) bağırmak, dangırdamak, bağıra bağıra konuşmak; (*schreien*) bar bar bağırmak, nara atmak; **brüll nicht so!** öyle bar bar bağırma!

Brummbär <-en, -en> *m* (*fam*) suratsız (kimse), somurtkan [*o* asık suratlı] (kimse)

brummen ['brʊmən] **I.** *vi* ❶ (*Mensch*) homurdanmak; (*Fliege*) vızıldamak; (*Motor*) homurdanmak; **mir brummt der Schädel** kafam kazan oldu ❷ (*fam: in Haft sein*) yatmak **II.** *vt* (*fam*) mırıldamak

Brummer <-s, -> *m* (*fam*) ❶ (*Fliege*) mavi at sineği ❷ (*LKW*) tır

Brummi <-s, -s> *m* (*fam*) tır

brummig *adj* suratsız, huysuz, somurtkan

Brummkreisel <-s, -> *m* pırlangıç

Brummschädel <-s, -> *m* (*fam*) mahmurluk

Brunch <-(e)s, -(e)s *o* -e> [brantʃ] *m* branç, kuşluk yemeği

brünett [bry'nɛt] *adj* (*Mensch*) kumral

Brunnen <-s, -> ['brʊnən] *m* ❶ pınar, çeşme; (*Schöpf~*) kuyu; **den ~ zudecken, wenn das Kind hineingefallen ist** (*prov*) geçmiş yağmura şemsiye açmak; **der Krug geht so lange zum ~, bis er bricht** (*prov*) su testisi su yolunda kırılır ❷ (*Spring~*) fıskiye ❸ (*Heilquelle*) artezyen **Brunnenkresse** *f* BOT su teresi **Brunnenschacht** *m* kuyu

Brunst <Brünste> [brʊnst, *pl* 'brʏnstə] *f* (*Paarungszeit der Tiere*) çiftleşme zamanı; (*Paarungsbereitschaft*) kızgınlık, çiftleşme isteği

brünstig ['brʏnstɪç] *adj* kızgın, eş arayan, kösnük

brüsk [brʏsk] *adj* sert; (*unhöflich*) kaba, nezaketsiz
brüskieren* *vt* kabaca davranmak (-e); (*vor den Kopf stoßen*) kabalık [*o* nezaketsizlik] ederek birinin kalbini kırmak
Brüssel <-s> ['brʏsəl] *nt* Brüksel
Brüsseler *adj inv*, **Brüssler**[RR] *adj inv*, **Brüßler**[ALT] *adj inv* Brükselli; ~ **Salat** Frenk salatası
Brust <Brüste> [brʊst, *pl* 'brʏstə] *f* göğüs, bağır; (*Busen*) göğüs, meme; (*Geflügel~*) göğüs; **mit** (**vor Stolz**) **geschwellter ~** (gururdan) göğsü kabarmış olarak; **jdn an die ~ drücken** birini bağrına basmak, birini kucaklamak; **aus voller ~ singen** göğsünü yırtarak şarkı söylemek; **dem Säugling die ~ geben** bebeğe meme vermek **Brustbein** *nt* ANAT göğüs kemiği, göğüs tahtası **Brustbeutel** *m* koyun kesesi **Brustdrüse** *f* ANAT meme bezi
brüsten ['brʏstən] *vr* ▪ **sich ~** (*pej*) böbürlenmek (**mit** ile)
Brustfell *nt* ANAT göğüs zarı
Brustfellentzündung *f* göğüs zarı iltihabı **Brusthöhle** *f* ANAT göğüs boşluğu **Brustkasten** *m* ANAT göğüs kafesi **Brustkorb** *m* ANAT göğüs kafesi **Brustkrebs** *m* göğüs kanseri **Brustmuskel** *m* ANAT göğüs kası **Brustschwimmen** <-s> *nt kein pl* SPORT kurbağalama yüzme **Bruststück** *nt* göğüs eti **Brusttasche** *f* iç cep **Brustumfang** *m* göğüs genişliği
Brüstung <-en> ['brʏstʊŋ] *f* ❶ (*Balkon~, Brücken~*) korkuluk ❷ (*Fenster~*) parapet
Brustwarze *f* ANAT meme başı **Brustwehr** *f* (*bei Burgen*) barbata, kale korkuluğu
Brut[1] <-en> ['bru:t] *f* ❶ (*das Brüten*) kuluçka ❷ (*Vogeljunge, Fische*) yavrular *pl*
Brut[2] *f kein pl* (*pej: Gesindel*) güruh, ayak takımı
brutal [bru'ta:l] *adj* zorba, hayvanca, vahşi
Brutalität <-en> [brutali'tɛ:t] *f* zorbalık, hayvanlık, vahşilik
Brutapparat *m* AGR kuluçka makinesi; MED kuvöz
brüten ['bry:tən] *vi* ❶ (*Vögel*) kuluçkaya oturmak [*o* yatmak] ❷ (*geh: Sonne*) kavurmak; **~de Hitze** kavurucu sıcak ❸ (*grübeln*) kafa yormak (**über** üstüne), çokça düşünmek (**über** üzerinde)
brütendheiß[ALT] *adj s.* **heiß 1.**
Brüter <-s, -> *m* TECH (*Brutreaktor*) **schneller ~** kuluçka reaktör
Brutkasten *m* MED kuvöz **Brutstätte** *f* (*fig*) yuva, kaynak
brutto ['brʊto] *adv* brüt, kesintisiz, gayrisafi **Bruttoeinkommen** *nt* WIRTSCH gayrisafi hasılât **Bruttogehalt** <-(e)s, -hälter> *nt* WIRTSCH kesintisiz maaş
Bruttogewicht *nt* brüt ağırlık **Bruttogewinn** <-(e)s, -e> *m* WIRTSCH gayrisafi hasılât **Bruttoinlandsprodukt** *nt* WIRTSCH gayrisafi yurtiçi hasıla **Bruttolohn** *m* WIRTSCH brüt ücret, kesintisiz ücret **Bruttosozialprodukt** *nt* WIRTSCH gayrisafi milli hasıla
Brutzeit *f* kuluçka dönemi
brutzeln ['brʊtsəln] **I.** *vi* cızırdamak, cızır cızır kızarmak **II.** *vt* (*fam*) cızırdatmak, cızır cızır kızartmak
BSE [be:ʔɛs'ʔe:] *f Abk von* **Bovine Spongiforme Encephalopathie** (**Rinderwahnsinn**) deli dana hastalığı, delibaş
BSP <-> [be:ʔɛs'pe:] *nt kein pl* WIRTSCH *Abk von* **Bruttosozialprodukt** GSMH (*gayrisafi milli hasıla*)
bt INFORM *Abk von* **Bit** bit
btto *Abk von* **brutto** brüt, gayrisafi
Btx <-> [be:te:'ʔɪks] *nt kein pl* INFORM *Abk von* **Bildschirmtext** ekran metni
Bub <-en, -en> [bu:p] *m* SÜDD, ÖSTERR, SCHWEIZ oğlan
Bube <-n, -n> ['bu:bə] *m* (*Junge*) oğlan; (*Spielkarte*) bacak, vale, oğlan
Bubikopf *m* alagarson
Buch <-(e)s, Bücher> [bu:x, *pl* 'by:çɐ] *nt* ❶ LIT kitap; (*Dreh~*) senaryo; **ein Gentleman wie er im ~e steht** kendisi tipik bir centilmen; **er ist ein ~ mit sieben Siegeln für mich** (*fig*) o, benim için bir muammadır; **das ~ der Bücher** Kitabı Mukaddes; **er redet wie ein ~** (*fam*) durmadan konuşuyor ❷ FIN defter *pl;* **über etw ~ führen** bir şeyin defterini tutmak; **zu ~e schlagen** (*fig: sich bemerkbar machen*) kendini belli etmek; (*ins Gewicht fallen*) ağır basmak **Buchbinder(in)** <-s, -; -nen> *m(f)* ciltçi, mücellit **Buchbinderei** <-en> *f* ❶ (*Betrieb*) cilt evi ❷ *kein pl* (*Herstellung*) ciltçilik
Buchdeckel *m* kitap kapağı **Buchdruck** <-(e)s> *m kein pl* basımcılık **Buchdrucker(in)** <-s, -; -nen> *m(f)* basıcı
Buchdruckerei *f* ❶ (*Betrieb*) basımevi, matbaa ❷ (*Gewerbe*) basımcılık
Buche <-n> ['bu:xə] *f* kayın
Buchecker <-n> ['bu:xʔɛkɐ] *f* kayın fıstığı
buchen ['bu:xən] *vt* ❶ (*Reise, Platz*) ayırtmak ❷ COMM deftere geçirmek ❸ (*fig*) **das kannst du als Erfolg für dich ~** bunu bir başarı olarak görebilirsin
Buchengewächse *pl* BOT kayıngiller *pl*
Buchenholz <-es, -hölzer> *nt* kayın
Buchenwald *m* kayın ormanı
Bücherbrett *nt* kitap rafı, kitaplık

B

Bücherei <-en> *f* kitaplık, kütüphane
Bücherregal *nt* kitaplık, kitap rafı **Bücherschrank** *m* kitap dolabı **Bücherstand** *m* kitap standı **Bücherwand** *f* ❶ (*Möbelstück*) duvardan duvara kitaplık ❷ (*Wand mit Büchern*) kitapla dolu duvar **Bücherwurm** *m* (*fam*) kitap kurdu
Buchfink *m* ZOOL ispinoz
Buchführung <-en> *f* COMM defter tutma, muhasebe; **doppelte ~** çift girişli muhasebe
Buchgemeinschaft *f* okuyucu birliği **Buchgewerbe** *nt kein pl* kitapçılık
Buchhalter(in) <-s, -; -nen> *m(f)* COMM muhasebeci, muhasip, sayman
buchhalterisch *adj* COMM muhasebe (ile ilgili)
Buchhaltung *f kein pl* COMM ❶ muhasebe ❷ (*Abteilung*) muhasebe, saymanlık
Buchhandel *m kein pl* kitapçılık; **im ~ erhältlich** kitapçılarda bulunur **Buchhändler(in)** *m(f)* kitapçı **Buchhandlung** *f* kitapçı (dükkânı), kitabevi, kitap evi **Buchladen** *m* kitapçı (dükkânı)
Buchmacher(in) <-s, -; -nen> *m(f)* müşterek bahisçi
Buchmesse *f* kitap fuarı **Buchprüfer(in)** *m(f)* muhasebe denetçisi **Buchprüfung** *f* defterlerin denetimi **Buchrücken** *m* kitap sırtı
Buchsbaum <-(e)s, -bäume> ['bʊksbaʊm] *m* şimşir
Buchse <-n> ['bʊksə] *f* ❶ TECH yuva ❷ ELEK priz
Büchse <-n> ['bʏksə] *f* ❶ (*Behälter*) kutu ❷ (*Konservendose*) konserve (kutusu) ❸ (*fam: Sammel~, Spar~*) kumbara ❹ (*Gewehr*) tüfek **Büchsenmilch** *f* konserve süt **Büchsenöffner** *m* konserve açacağı
Buchstabe <-n, -n> ['bu:xʃta:bə] *m* harf; **nach dem ~n des Gesetzes handeln** kanunlara harfi harfine uyarak hareket etmek; **~ für ~** harf harf; **großer ~** büyük harf, majüskül (harf); **kleiner ~** küçük harf, minüskül (harf); **in ~n** (*Zahl*) yazı ile **buchstabengetreu** *adj* harfiyen olan, harfi harfine olan, aynen olan
Buchstabenwort <-es, -wörter> *nt* kısaltmalı kelime
buchstabieren* [bu:xʃta'bi:rən] *vi, vt* harflemek, (yazılışını) harf harf söylemek
buchstäblich ['bu:xʃtɛ:plɪç] **I.** *adj* harfiyen olan, harfi harfine olan **II.** *adv* (*im wahrsten Sinne des Wortes*) kelimenin tam anlamıyla; (*regelrecht*) adamakıllı, iyice; **ich war ~ in Schweiß gebadet** kelimenin tam anlamıyla kan ter içinde kalmıştım
Buchstütze *f* kitap dayanağı
Bucht <-en> [bʊxt] *f* GEO koy; (*Meerbusen*) körfez
Buchung <-en> ['bu:xʊŋ] *f* ❶ FIN deftere geçirme ❷ (*Reservierung*) rezervasyon
Buchweizen <-s> *m kein pl* karabuğday
Buckel <-s, -> ['bʊkəl] *m* ❶ (*fam: Rücken*) sırt, arka; **er kann mir den ~ runterrutschen** (*fig fam*) dedikleri bana vız gelir; **seine 80 Jahre auf dem ~ haben** (*fig fam*) 80 yaşını bulmuş olmak; **den ~ hinhalten** (*fam*) boyun eğmek ❷ ANAT kambur
buck(e)lig *adj* ❶ (*Mensch*) kambur, kamburu olan ❷ (*Oberfläche*) engebeli
Buckelige(r) <-n, -n; -n> *f(m)* kambur
buckeln **I.** *vi* (*fam*) ❶ (*Katze*) kamburunu çıkarmak ❷ (*pej: unterwürfig sein*) boyun eğmek (**vor** önünde) **II.** *vt* sırtlamak
bücken ['bʏkən] *vr* ■ **sich ~** eğilmek; **sich nach etw zur Erde ~** bir şey için yere eğilmek
bucklig *adj s.* **buckelig**
Bucklige(r) <-n, -n; -n> *f(m) s.* **Buckelige(r)**
Bückling <-s, -e> *m* ❶ (*geräucherter Hering*) füme [*o* tütsü ile kurutulmuş] ringa, tütün balığı ❷ (*fam: Verbeugung*) reverans
Budapest <-s> ['bu:dapɛst] *nt* Budapeşte
buddeln ['bʊdəln] *vt* (*fam*) kazmak
Buddhismus <-> [bʊ'dɪsmʊs] *m kein pl* Buddhizm
Buddhist(in) <-en, -en; -nen> *m(f)* Buddhist
buddhistisch *adj* Buddhizm (ile ilgili)
Bude <-n> ['bu:də] *f* ❶ (*Kiosk*) satış kulübesi, büfe ❷ (*fam o pej: Laden*) dükkân; (*baufälliges Haus*) virane; **die ~ zumachen** dükkânı kapamak ❸ (*fam: Zimmer*) oda; (*Heim*) ev, kulübe; **jdm die ~ einlaufen/einrennen** (*fig fam*) birinin kapısını aşındırmak
Budget <-s, -s> [by'dʒe:, bʏ'dʒe:] *nt* POL, WIRTSCH bütçe
budgetieren* [bydʒe'ti:rən, bʏdje'ti:rən] *vi, vt* POL, WIRTSCH bütçelemek
Budgetierung <-en> *f* POL, WIRTSCH bütçeleme
Büfett <-s, -s> *nt*, **Bufett** <-s, -s> *nt* ÖSTERR, SCHWEIZ *s.* **Büfett**
Büfett <-(e)s, -e *o* -s> [bʏ'fɛt, bʏ'fe:] *nt* ❶ (*Anrichte*) büfe; **kaltes ~** soğuk büfe ❷ (*Schanktisch*) bar
Büffel <-s, -> ['bʏfəl] *m* (*Wasser~*) manda
büffeln ['bʏfəln] *vi, vt* (*fam*) ineklemek
Bug[1] <-(e)s, -e> [bu:k] *m* ❶ NAUT pruva,

baş; **der ~ des Schiffes dreht nach Lee/Luv** geminin başı bocaya/orsaya kaçıyor ❷ AERO burun

Bug[2] <-s, -s> [bak] *m* INFORM hata, arıza

Bügel <-s, -> ['by:gəl] *m* ❶ (*Kleider~*) askı ❷ (*Griff*) sap ❸ (*Brillen~*) sap ❹ (*Steig~*) üzengi ❺ (*Geldbörse, Reisetasche*) sap ❻ (*Gewehr*) sap ❼ (*an der Straßenbahn*) arşe

Bügelbrett *nt* ütü tahtası **Bügeleisen** *nt* ütü **Bügelfalte** <-n> *f* ütü çizgisi

bügelfrei *adj* ütü istemeyen

bügeln I. *vi* ütü yapmak **II.** *vt* (**glatt**) ~ ütülemek

Bugspriet *m* NAUT cıvadra

buh [bu:] *interj* yuh

buhen ['bu:ən] *vi* (*fam*) yuh çekmek

buhlen ['bu:lən] *vi* **um jds Gunst ~** (*pej*) birine kur yapmak

Buhmann ['bu:man] *m* (*fam*) kötü adam; (*Schreckgespenst*) karakoncolos, umacı, öcü

Bühne <-n> ['by:nə] *f* ❶ THEAT sahne ❷ (*Schauspielhaus*) tiyatro; **die städtischen ~n** kent tiyatrosu ❸ (*fig*) sahne, meydan; **die politische ~** politika sahnesi, siyaset meydanı **Bühnenbearbeitung** *f* sahneleme **Bühnenbild** *nt* sahne dekoru **Bühnenbildner(in)** <-s, -; -nen> ['by:nənbɪltnɐ] *m(f)* sahne dekoratörü **bühnenreif** *adj* sahneye konacak duruma gelmiş; **dein Auftritt war wirklich ~** (*iron*) ortaya çıkışın gerçekten komikti **Bühnenstück** *nt* sahne oyunu **bühnenwirksam** *adj* dramatik

Buhruf <-(e)s, -e> ['bu:ru:f] *m* yuhalama

Bukarest <-s> ['bu:karɛst] *nt* Bükreş

Bukett <-(e)s, -e *o* -s> [bu'kɛt] *nt* ❶ (*geh: Blumenstrauß*) buket ❷ (*von Wein*) buke

Bulette <-n> [bu'lɛtə] *f* DIAL köfte

Bulgare(in) <-n, -n; -nen> [bʊl'ga:rə] *m(f)* Bulgar, Bulgaristanlı

Bulgarien <-s> [bʊl'ga:riən] *nt* Bulgaristan

bulgarisch *adj* (*Art, Herkunft*) Bulgar; (*Sprache*) Bulgarca

Bullauge <-s, -n> ['bʊlʔaʊgə] *nt* NAUT lomboz, ispiralya

Bulldogge <-n> *f* ZOOL buldok (köpeği)

Bulldozer <-s, -> ['bʊldo:zɐ] *m* buldozer

Bulle <-n, -n> ['bʊlə] *m* ❶ (*männliches Rind*) boğa ❷ (*fam: bulliger Mann*) çam yarması ❸ (*fam: Polizist*) aynasız

Bullenhitze ['--'-] *f* (*fam*) boğucu sıcak, cehennem sıcağı

bullenstark ['--'-] *adj* (*fam*) boğa gibi

Bulletin <-s, -s> [bʏl'tɛ̃:] *nt* bülten

bum *interj* **~!** güm!

Bumerang <-s, -s *o* -e> ['bʊməraŋ, 'bu:məraŋ] *m* bumerang

Bummel <-s, -> ['bʊməl] *m* (*fam*) gezinti; **einen kleinen ~ durch die Stadt machen** şehrin içinde küçük bir gezinti yapmak

Bummelei <-en> *f* (*fam*) ❶ (*Trödelei*) dalga geçme, sallanma, oyalanma ❷ (*Faulenzerei*) dalga geçme, tembellik

bummeln *vi* ❶ *sein* (*fam: spazieren gehen*) gezinmek, dolaşmak ❷ (*fam o pej: trödeln*) dalga geçmek, sallanmak, oyalanmak

Bummelstreik *m* işi yavaşlatma grevi **Bummelzug** <-(e)s, -züge> *m* (*fam*) dilenci treni (*dilenci vapuru gibi her istasyona uğrayan tren*)

Bummler(in) <-s, -; -nen> *m(f)* (*pej: Trödler*) dalgacı

bums [bʊms] *interj* çat

bumsen ['bʊmzən] *vi* ❶ *sein* (*anprallen*) çarpmak (**gegen** -e) ❷ (*schlagen, klopfen*) vurmak (**gegen** -e) ❸ (*dumpf dröhnen*) **an der Ecke hat es gebumst** (*fam*) köşe başında kaza oldu ❹ (*vulg: Geschlechtsverkehr haben*) sikişmek, çüküşmek

Bund[1] <-(e)s, Bünde> [bʊnt, *pl* 'bʏndə] *m* ❶ (*Vereinigung*) birlik, federasyon; (*Pakt*) pakt, antlaşma; (*Bündnis*) ittifak; **den ~ fürs Leben schließen** (*geh*) dünya evine girmek, evlenmek; **mit jdm im ~e sein** biriyle birlik olmak ❷ (*an Hosen*) uçkur

Bund[2] <-(e)s, -e> [bʊnt] *m* (*Karotten*) demet

Bund[3] <-(e)s> *m kein pl* ❶ POL federasyon; (*Bundesstaat*) federal devlet; **~ und Länder** federasyon ve eyaletler, federal devlet ve eyaletler ❷ (*fam: Bundeswehr*) asker; **beim ~ sein** askerde olmak; **zum ~ gehen** askere gitmek

BUND <-> [be:ʔu:ʔɛn'de:] *m kein pl Abk von* **Bund für Umwelt und Naturschutz Deutschland** Almanya Çevre ve Doğa Koruma Federasyonu

Bündel <-s, -> ['bʏndəl] *nt* ❶ (*Packen*) paket; (*Wäsche~*) çıkın, denk; (*Ballen*) balya, denk; (*von Holz, Stroh*) demet; **ein ~ an Maßnahmen** önlemler demeti; **jeder hat sein ~ zu tragen** herkesin kendine göre derdi vardır ❷ (*Geldscheine*) tomar, deste

bündeln *vt* ❶ (*zusammenschnüren*) bağlamak, çıkın etmek; (*Stroh*) demetlemek ❷ (*Strahlen*) demetlemek

Bundesamt <-(e)s, -ämter> *nt* federal ofis; **das ~ für Statistik** SCHWEIZ Federal İstatistik Ofisi; **Statistisches ~ Deutschland** Almanya Federal İstatistik Ofisi

B

Bundesanstalt *f* federal kurum; **die ~ für Arbeit** Federal İş ve İşçi Bulma Kurumu **Bundesausbildungsförderungsgesetz** *nt* JUR Federal Meslek Eğitim Teşvik Yasası **Bundesbahn** *f* EISENB Federal (Almanya) Demir Yolları *pl* **Bundesbank** *f kein pl* ADMIN, FIN Federal Merkez Bankası; (*Deutsche ~*) Alman Merkez Bankası **Bundesbürger(in)** *m(f)* Alman vatandaşı **Bundesgebiet** <-(e)s> *nt kein pl* Alman toprakları **Bundesgenosse** <-n, -n> *m* POL müttefik

Bundesgericht *nt* SCHWEIZ ADMIN, JUR federal mahkeme **Bundesgerichtshof** <-(e)s> [---'--] *m kein pl* ADMIN, JUR Federal Yargıtay

Bundesgesetzblatt *nt* ADMIN, JUR Federal Gazete **Bundesgrenzschutz** *m* ADMIN Federal Sınır Koruma Teşkilatı **Bundeshauptstadt** *f* ADMIN federal başkent **Bundesinnenminister(in)** [--'-----] *m(f)* ADMIN federal iç işleri bakanı

Bundeskanzler(in) *m(f)* ADMIN federal başbakan; (*Deutschland*) Almanya şansölyesi **Bundeskanzleramt** <-(e)s> *nt kein pl* ADMIN Federal Başbakanlık

Bundeskartellamt *nt* ADMIN federal kartel dairesi **Bundesland** <-(e)s, -länder> *nt* ADMIN (federal) eyalet **Bundesliga** ['bʊndəsli:ga] *f* SPORT millî lig, Federal Almanya ligi **Bundesminister(in)** *m(f)* ADMIN federal bakan **Bundesministerium** *nt* ADMIN federal bakanlık **Bundespräsident(in)** *m(f)* ADMIN ❶ (*in Deutschland*) Federal Almanya'nın cumhurbaşkanı; (*in Österreich*) Avusturya cumhurbaşkanı ❷ (*Vorsitzender des Bundesrates in der Schweiz*) Federal Konsey başkanı **Bundesrat** <-(e)s> *m kein pl* ADMIN ❶ (*in Deutschland, Österreich*) Federal Konsey, Eyalet Temsilcileri Meclisi ❷ (*zentrale Regierung in der Schweiz*) Federal Konsey ❸ ÖSTERR, SCHWEIZ (*Mitglied des Rates*) Federal Konsey üyesi **Bundesregierung** *f* ADMIN federal hükümet **Bundesrepublik** *f kein pl* ADMIN federal cumhuriyet; **~ Deutschland** Almanya Federal Cumhuriyeti **Bundesstaat** *m* ADMIN ❶ (*Mitgliedsstaat in einem Bund*) federal devlet ❷ (*Staatenbund*) konfederasyon **Bundesstraße** *f* federal karayolu

Bundestag <-(e)s> *m kein pl* ADMIN federal parlamento; **der deutsche ~** (Federal) Alman(ya) Parlamentosu

Bundestagsabgeordnete(r) *f(m)* milletvekili, parlamenter, Alman parlamento üyesi **Bundestagswahl** *f* ADMIN (federal) parlamento seçimi

Bundestrainer(in) <-s, -; -nen> *m(f)* SPORT Alman millî takım antrenörü **Bundesverfassungsgericht** <-(e)s> [---'----] *nt kein pl* ADMIN, JUR Federal Anayasa Mahkemesi **Bundesversammlung** *f kein pl* ADMIN ❶ *Almanya Federal Cumhuriyeti cumhurbaşkanını seçen meclis* ❷ SCHWEIZ Federal Meclis **Bundeswehr** *f kein pl* MIL Alman Silahlı Kuvvetleri, Almanya Federal Cumhuriyeti Silahlı Kuvvetleri **bundesweit** *adj* Almanya genelinde

Bundfaltenhose *f* paçası kıvrık pantalon

Bündnis <-ses, -se> [bʏntnɪs] *nt* POL ittifak, pakt, anlaşma, bağlaşma

Bündnispartner *m* POL müttefik, bağlaşık

Bungalow <-s, -s> ['bʊŋgalo] *m* bungalov

Bunker <-s, -> ['bʊnkɐ] *m* ❶ (*Behälter*) depo, ambar ❷ MIL (*Schutzanlage*) korugan; (*Luftschutz~*) sığınak ❸ (*Gefängnis*) hapis

bunkern *vt* depolamak

bunt [bʊnt] *adj* ❶ (*farbig*) renkli; (*mehrfarbig*) alaca(lı), rengârenk; **~ kariert** ekose ❷ (*abwechslungsreich*) **~ gemischt** değişik; **in ~er Reihenfolge** bir erkek bir kadın sıralanmış olarak; **das wird ein ~er Abend** çok eğlenceli, renkli bir akşam olacak ❸ (*wirr*) karmakarışık; **jetzt wird's mir aber zu ~!** (*fam*) artık bu bana fazla gelmeye başladı!; **es zu ~ treiben** (*fam*) fazla ileri gitmek **Buntbarsch** *m* ZOOL çiklit, alaca levrek **buntgemischt** *adj s.* **bunt 2. buntkariert** *adj s.* **bunt 1.**

Buntspecht *m* ZOOL alaca ağaçkakan **Buntstift** <-(e)s, -e> *m* renkli (kurşun) kalem **Buntwäsche** *f kein pl* renkli çamaşır

Bürde <-n> ['bʏrdə] *f* (*geh*) yük

Burg <-en> [bʊrk] *f* kale, hisar; (*Ritter~*) şato

Bürge(in) <-n, -n; -nen> ['bʏrgə] *m(f)* kefil

bürgen *vi* (*für etw*) garanti etmek, kefil olmak; **ich bürge für ihn** JUR ben ona kefil oluyorum

Bürger(in) <-s, -; -nen> ['bʏrgɐ] *m(f)* ❶ (*Staats~*) yurttaş, vatandaş ❷ (*Einwohner*) sakin; (*Stadtbewohner*) şehirli, kentli ❸ (*Bourgeois*) burjuva **Bürgeramt** *nt* nüfus memurluğu **Bürgerkrieg** *m* iç savaş

bürgerlich *adj* ❶ (*Schicht, Einstellung*) burjuva, kent soylu; **~e Küche** *geleneksel ve lezzetli yemekleri içeren mutfak* ❷ JUR medeni; **~e Rechte** medeni haklar; **das ~e Recht** medeni hukuk; **B~es Gesetzbuch**

Medeni Kanun, Yurttaşlar Yasası
Bürgermeister(in) *m(f)* (*Stadt*) belediye başkanı; (*Dorf*) muhtar **bürgernah** *adj* halka yakın, halkla yakından ilgilenen **Bürgernähe** *f* halka yakınlık, halkla yakından ilgilenme **Bürgerrecht** <-(e)s, -e> *nt* yurttaşlık hakları *pl* **Bürgersteig** <-(e)s, -e> ['bʏrgɐʃtaɪk] *m* kaldırım, yaya kaldırımı, trotuvar
Bürgertum <-(e)s> *nt kein pl* burjuvazi, kent soyluluk **Bürgerwehr** *f* milis (teşkilatı)
Burgruine <-n> *f* kale harabesi
Bürgschaft <-en> ['bʏrkʃaft] *f* JUR kefalet, kefillik; **für jdn eine ~ leisten** birine kefil olmak
Burgund <-s> [bʊr'gʊnt] *nt* Burgonya **Burgunder** *m* (*Wein*) Burgonya şarabı **burgundisch** *adj* Burgonya (ile ilgili)
burlesk [bʊr'lɛsk] *adj* burlesk
Büro <-s, -s> [by'ro:] *nt* büro, ofis, yazıhane **Büroangestellte(r)** *f(m)* memur, yazıhane memuru **Bürobedarf** *m* kırtasiye **Bürohaus** *nt* işhanı **Büroklammer** *f* tutturgaç, ataş
Bürokrat(in) <-en, -en; -nen> [byro'kra:t] *m(f)* (*pej*) bürokrat
Bürokratie [bʏrokra'ti:] *f kein pl* bürokrasi
bürokratisch *adj* bürokratik
Bürokratismus *m kein pl* (*pej*) kırtasiyecilik, bürokrasi
Bürostunden *pl* çalışma saatleri *pl*
Bursche <-n, -n> ['bʊrʃə] *m* ❶ (*Halbwüchsiger*) oğlan, delikanlı ❷ (*Kerl*) herif
Burschenschaft <-en> *f* (*Studentenverbindung*) üniversiteliler derneği
burschikos [bʊrʃi'ko:s] *adj* (*Person*) oğlan gibi; (*ungezwungen*) teklifsiz
Bürste <-n> ['bʏrstə] *f* fırça
bürsten *vt* fırçalamak; **sich** *dat* **die Haare ~** saçlarını fırçalamak
Bürstenschnitt *m* alabros tıraş
Burzelkraut <-s> *nt kein pl* BOT semiz otu
Bus <-ses, -se> [bʊs] *m* ❶ (*Fahrzeug*) otobüs ❷ INFORM taşıt **Busbahnhof** *m* otogar, otobüs terminali
Busch <-(e)s, Büsche> [bʊʃ, *pl* 'bʏʃə] *m* ❶ (*Strauch*) çalı; **hier ist etwas im ~** (*fam*) burada bir şeyler dönüyor; **sich in die Büsche schlagen** (*fam*) sıvışmak; **jdm auf den ~ klopfen** (*fam*) birinin ağzını aramak; **mit etw hinterm ~ halten** (*fam*) dilinin altında bir şey olmak, ağzından baklayı çıkarmamak ❷ (*Dickicht*) çalılık **Buschbohne** *f* BOT çalı fasulyesi
Büschel <-s, -> ['bʏʃəl] *nt* (*Gras, Heu*) demet; (*Haare*) tutam
büschelweise *adv* (*Gras, Heu*) demet demet; (*Haare*) tutam tutam; **die Haare sind ihm ~ ausgegangen** saçları tutam tutam döküldü
buschig *adj* ❶ (*Gelände*) çalılık ❷ (*Augenbrauen*) gür, orman gibi
Busen <-s, -> ['bu:zən] *m* (*Brust*) göğüs, bağır; (*Inneres*) can, iç, koyun; **am ~ der Natur** (*fig*) doğanın bağrında; **eine Natter am ~ nähren** koynunda yılan beslemek **Busenfreund(in)** *m(f)* can dostu
Busfahrer(in) *m(f)* otobüs şoförü **Bushaltestelle** *f* otobüs durağı
Business Class *f* busines klas, işlik orun
Buslinie *f* otobüs hattı
Bussard <-s, -e> ['bʊsart] *m* şahin
Buße <-n> ['bu:sə] *f* ❶ REL (*Bußsakrament*) kefaret; (*Reue*) nedamet, pişmanlık; **~ tun** kefaretini ödemek ❷ *a.* SCHWEIZ (*Geld~*) para cezası
Bussel <-s, - *o* -n> ['bʊsəl] *nt* SÜDD, ÖSTERR *s.* **Busserl**
büßen ['by:sən] *vt* ❶ REL kefaretini ödemek (-in) ❷ (*Tat*) cezasını çekmek (-in); **das wirst du mir ~** bunu sana ödeteceğim ❸ SCHWEIZ (*mit Geldbuße belegen*) para cezası vermek (-e)
Büßer(in) <-s, -; -nen> *m(f)* REL tövbekâr (kimse)
Busserl <-s, -(n)> ['bʊsɐl] *nt* SÜDD, ÖSTERR öpücük
Bußgeld <-(e)s, -er> ['bu:s-] *nt* JUR (hafif) para cezası **Bußgeldbescheid** *m* JUR para cezasını ödeme emri
Bussi <-s, -s> ['bʊsi] *nt* (*fam*) öpücük
Bußtag *m* REL tövbe günü; **Buß- und Bettag** tövbe ve dua günü
Büste <-n> ['bʏstə] *f* ❶ büst ❷ (*weibliche Brustpartie*) göğüs
Büstenhalter <-s, -> *m* sutyen
Bustier <-s, -s> [bys'tje:] *nt* sutyen korse
Butan <-s, -e> [bu'ta:n] *nt* bütan
Butangas <-es> [bu'ta:n-] *nt kein pl* bütan gazı
Butt <-(e)s, -e> [bʊt] *m* (*Scholle*) yaldızlı pisi balığı; (*Stein~*) kalkan balığı
Bütte <-n> ['bʏtə] *f* ❶ (*für Wäsche*) tekne ❷ (*Trag~*) küfe **Büttenrede** *f* DIAL karnaval nutku
Butter ['bʊtɐ] *f kein pl* tereyağı; **es ist alles in ~** (*fam*) her şey yolunda, her şey güllük gülistanlık; **jdm nicht die ~ auf dem Brot gönnen** (*fam*) birinden bir dilim ekmeği kıskanmak, birine bir dilim ekmeği çok görmek
Butterblume *f* BOT (*Hahnenfuß*) düğün çiçeği
Butterbrot *nt* tereyağlı ekmek; **etw für ein ~ bekommen** (*fam*) bir şeyi yok paha-

B

sına almak; **für ein ~ arbeiten** (*fam*) boğaz tokluğuna çalışmak **Butterbrotpapier** <-s, -e> *nt* parşömen kâğıdı, yağlı kâğıt
Buttermilch *f* yayık ayranı
Button <-s, -s> ['batən] *m* düğme, rozet; INFORM düğme
Button-down-Kragen *m* düğmeli yaka
BVG <-> [be:faʊ'ge:] *nt kein pl* JUR *Abk von* **Bundesverfassungsgericht** Federal Anayasa Mahkemesi
b. w. *Abk von* **bitte wenden** lütfen (sayfayı) çeviriniz
BWL [be:ve:'ʔɛl] *Abk von* **Betriebswirtschaftslehre** işletmecilik bilimi
Bypass *m* MED baypas, bypass, damar aktarma
Bypassoperation *f* MED baypas ameliyatı
Byte <-s, -s> [baɪt] *nt* INFORM bayt
byzantinisch [bytsan'ti:nɪʃ] *adj* HIST Bizanslı, Bizans (ile ilgili)
Byzanz <-> [by'tsants] *nt* HIST Bizans
bzw. *Abk von* **beziehungsweise** yani, yahut, daha doğrusu

C c

C, c [tseː] *nt* <-, -> ❶ (*Buchstabe*) C, c; ~ **wie Cäsar** Ceyhan'ın ce'si ❷ MUS do
ca. *Abk von* **circa** aşağı yukarı, yaklaşık olarak
Cabriolet <-s, -s> [kabrio'leː] *nt* üstü açılıp kapanır araba
Café <-s, -s> [ka'feː] *nt* kahve
Cafeteria <Cafeterien> [kafete'riːa] *f* kafeterya
Calcium <-s> ['kaltsiʊm] *nt kein pl* CHEM kalsiyum **Calciumsulfat** *nt* CHEM kalsiyum sülfat
Callboy <-s, -s> ['kɔːlbɔɪ] *m* teleoğlan **Callgirl** <-s, -s> ['kɔːlgœːl] *nt* telekız
Camcorder <-s, -> ['kɛmkɔrdɐ] *m* camcorder (*portatif resim kaydedici*)
Camembert <-s, -s> ['kamɑ̃bɛːɐ, 'kaməmbeːɐ] *m* GASTR Kamember peyniri
Camion <-s, -s> [ka'mjɔ̃] *m* SCHWEIZ kamyon
Camp <-s, -s> [kɛmp] *nt* kamp
campen ['kɛmpən] *vi* kamp yapmak
Camping <-s> ['kɛmpɪŋ] *nt kein pl* kampçılık **Campingplatz** <-es, -plätze> *m* kamping
Campus ['kampʊs] *m kein pl* kampus, yerleşke
Canasta <-s> [ka'nasta] *nt kein pl* (*Kartenspiel*) kanasta
Cannabis <-> ['kanabɪs] *m kein pl* BOT Hint keneviri, esrar otu; (*sl: Haschisch*) esrar, keyif
Car <-s, -s> [kaːɐ] *m* SCHWEIZ otokar
Carabiniere *m* karabinyer
Caravan <-s, -s> ['karavan] *m* ❶ (*Kombiwagen*) steyşın ❷ (*Wohnwagen*) karavan
Cartoon <-(s), -s> ['kaːɐtuːn] *m* ❶ (*Karikatur*) karikatür ❷ (*Bildgeschichte*) karton
Cashewnuss *f* BOT Amerika elması
Casino <-s, -s> [ka'ziːno] *nt* kumarhane
Cäsium <-s> ['tseːsiʊm] *nt kein pl* CHEM sezyum
Cayennepfeffer [ka'jɛn-] *m kein pl* kırmızı (toz) biber, Hint biberi
CB-Funk [tseː'beːfʊnk] *m* kişisel bant (*yakın mesafe haberleşmesine ayrılmış radyo frekansı bandı*)
CD <-(s)> [tseː'deː] *f Abk von* **Compact Disk** CD (*kompakt disk*) **CD-Brenner** *m* INFORM CD yazıcı **CD-Laufwerk** *nt* CD sürücüsü **CD-Player** <-s, -> [tseː'deːplɛɪɐ] *m* CD çalar, tekerçalar, diskplayer
CD-ROM <-s> [tseː'deːrɔm] *f* INFORM CD-ROM **CD-ROM-Laufwerk** *nt* INFORM CD-ROM sürücü **CD-Spieler** *m* CD çalar
CDU [tseːdeː'ʔuː] *f Abk von* **Christlich Demokratische Union** (**Deutschlands**) (Almanya) Hristiyan Demokrat Partisi
C-Dur <-> *nt kein pl* MUS do majör
Cellist(in) <-en, -en; -nen> [tʃɛ'lɪst] *m(f)* MUS çellist
Cello <-s, -s *o* Celli> ['tʃɛlo, *pl* 'tʃɛlos, 'tʃɛli] *nt* MUS çello
Cellophan® <-s> [tsɛlo'faːn] *nt kein pl* selofan
Celsius ['tsɛlziʊs] **30 Grad** ~ 30 derece santigrat
Cembalo <-s, -s *o* Cembali> ['tʃɛmbalo, *pl* 'tʃɛmbalos, 'tʃɛmbali] *nt* klavsen
Cent [tsent] *m* (*Hundertstel eines Euro*) cent, sent
Ces <-, -> [tsɛs] *nt* MUS do bemol
Ceylon <-s> ['tsaɪlɔn] *nt* HIST Seylan
Chalet [ʃa'leː] *nt* şale
Chamäleon <-s, -s> [ka'mɛːleɔn] *nt* ZOOL (*a. fig*) bukalemun
Champagner <-s, -> [ʃam'panjɐ] *m* şampanya
Champignon <-s, -s> ['ʃampɪnjɔŋ] *m* mantar
Champion <-s, -s> ['tʃɛmpjən] *m* SPORT şampiyon
Champions League *f* SPORT Şampiyonlar Ligi
Chance <-n> ['ʃɑ̃ːs(ə)] *f* ❶ (*Gelegenheit*) fırsat (**zu** için), şans (**zu** için); **eine ~ bekommen** eline fırsat geçmek; **eine ~ wahrnehmen** bir fırsattan istifade etmek; **ich gebe dir noch eine letzte ~** sana son bir fırsat daha veriyorum, sana son bir şans daha tanıyorum ❷ (*Aussicht*) şans (**auf/zu** -); (*Möglichkeit*) şans (**auf/zu** -); **~n auf einen Gewinn** kâr şansı **Chancengleichheit** *f kein pl* fırsat eşitliği
Chanson <-s, -s> [ʃɑ̃'sõː] *nt* MUS şanson
Chansonette *f* MUS şansonet
Chaos <-> ['kaːɔs] *nt kein pl* ❶ kaos, kargaşa ❷ (*Durcheinander*) karışıklık; (*Verkehrs~*) keşmekeş
chaotisch *adj* dağınık, karmakarışık, perişan
Charakter <-s, -e> [ka'raktɐ, *pl* karak'teːrə] *m* karakter, ıra, seciye; **er hat ~** karakteri var; **sie sind ganz gegensätzliche ~e** tamamıyla zıt karakterlerdir **Charaktereigenschaft** *f* karakteristik **charakterfest** *adj* karakterli

charakterisieren* [karakteri'zi:rən] *vt* karakterize etmek (**als** olarak), ıralamak (**als** olarak); **dieser Film charakterisiert das 18. Jahrhundert** bu film 18. Yüzyılı karakterize eder; **Stress und Lärm ~ charakterisiert das Stadtleben** stres ve gürültü kent yaşamını karakterize eder

Charakterisierung <-en> *f* karakterize etme, ıralama

Charakteristik <-en> [karakte'rɪstɪk] *f* karakteristik

Charakteristikum <-s, Charakteristika> [karakte'rɪstɪkʊm] *nt* (*geh*) karakteristik

charakteristisch *adj* karakteristik (**für** için); (*typisch*) tipik (**für** için), özgü (**für** -e); **für Jugendliche ~** gençlere özgü

charakterlich *adj* karakter yönünden olan; **er hat einige ~e Schwächen** karakter yönünden bazı zayıf tarafları var

charakterlos *adj* karaktersiz

Charakterzug <-(e)s, -züge> *m* karakteristik

Charisma *nt* karizma

charismatisch *adj* karizmatik

charmant [ʃar'mant] *adj* çekici; (*Frau*) dilber, alımlı

Charme <-s> [ʃarm] *m kein pl* (*Anziehungskraft*) çekicilik, cazibe, alımlılık; **seinen ganzen ~ aufbieten** bütün çekiciliğini ortaya koymak

Charta <-s> ['karta] *f* POL antlaşma

Charter <-s, -s> *m a.* WIRTSCH çarter **Charterflug** ['tʃa:ɐtɐ-] *m* AERO çarter uçuşu [*o* uçak seferi] **Charterflugzeug** *nt* AERO çarter uçağı, dolmuş uçak

chartern ['tʃa:ɐtɐn] *vt* kiralamak

Chassis *nt* şasi

Chat <-s, -s> [tʃɛt] *m* INFORM, TELEK (*im Internet*) chat, sohbet

chatten *vi* INFORM, TELEK (*im Internet*) chat yapmak, sohbet etmek

Chauffeur(in) <-s, -e; -nen> [ʃɔ'fø:ɐ] *m(f)* şoför

Chaussee <-n> *f* şose

Chauvi <-s, -s> ['ʃo:vi] *m* (*fam*) şoven

Chauvinismus <-> [ʃovi'nɪsmʊs] *m kein pl* (*pej*) ❶ (*Nationalismus*) şovenizm ❷ (*Sexismus*) şovenlik

chauvinistisch *adj* (*pej*) ❶ (*nationalistisch*) şoven ❷ (*frauenfeindlich*) şoven

checken ['tʃɛkən] *vt* ❶ (*überprüfen*) kontrol etmek ❷ (*fam: kapieren*) şarj etmek ❸ (*Eishockey*) bloke etmek

Checkliste <-n> *f a.* AERO kontrol listesi

Check-up *m* MED çekap

Cheeseburger *m* GASTR çizburger, peynirli burger

Chef(in) <-s, -s; -nen> [ʃɛf] *m(f)* şef, patron **Chefarzt, -ärztin** *m, f* MED başhekim **Chefkoch, -köchin** *m, f* aşçıbaşı **Chefredakteur(in)** *m(f)* yazı işleri müdürü

Chemie [çe'mi:] *f kein pl* kimya **Chemiemüll** *m* kimyasal atıklar *pl*

Chemikalie <-n> [çemi'ka:liə] *f* kimyasal madde

Chemiker(in) <-s, -; -nen> ['çe:mikɐ] *m(f)* kimyager

chemisch *adj* kimyevî; **~e Reinigung** kuru temizleme

Chemotherapie <-n> [çemotera'pi:] *f* MED kemoterapi

chic [ʃɪk] *adj* şık; ▪ **sich ~ machen** şıklaşmak, süslenip püslenmek; **es gilt als ~, in dieses Lokal zu gehen** bu lokale gitmek şık sayılıyor

Chicorée <-s> ['ʃikore] *m kein pl* Frenk salatası

Chiffre <-n> ['ʃɪfrə] *f* şifre

chiffrieren* [ʃɪ'fri:rən] *vt* şifrelemek

Chile <-s> ['çi:le, 'tʃi:le] *nt* Şili

Chilene(in) <-n, -n; -nen> [çi'le:nə] *m(f)* Şilili

chilenisch *adj* Şili (ile ilgili), Şilili; **die ~e Regierung** Şili hükümeti; **eine ~e Frau** Şilili bir kadın

China <-s> ['çi:na] *nt* Çin; **Volksrepublik ~** Çin Halk Cumhuriyeti **Chinakohl** *m* Çin lahanası **Chinarinde** *f* BOT kınakına

Chinchilla [çin'çilla] *f* ZOOL çinçilya

Chinese(in) <-n, -n; -nen> [çi'ne:zə] *m(f)* Çinli

chinesisch *adj* Çinli, Çin (ile ilgili); **eine ~e Frau** Çinli bir kadın; **~e Musik** Çin müziği; **die C~e Mauer** Çin Seddi

Chinin *nt kein pl* kinin

Chip <-s, -s> [tʃɪp] *m* ❶ (*Spielmarke*) fiş ❷ *pl* (*gebackene Kartoffelscheiben*) cips ❸ INFORM çip **Chipkarte** *f* INFORM çip kartı

Chirurg(in) <-en, -en; -nen> [çi'rʊrk] *m(f)* cerrah, operatör; (*~in*) operatris

Chirurgie[1] [çirʊr'gi:] *f kein pl* (*Fach*) cerrahi

Chirurgie[2] <-n> *f* (*Abteilung*) cerrahiye

chirurgisch *adj* cerrahi

Chlor <-s> [klo:ɐ] *nt kein pl* CHEM klor

chloren ['klo:rən] *vt* klorlamak

Chlorid <-(e)s, -e> *nt* CHEM klorhidrat

Chloroform <-s> [kloro'fɔrm] *nt kein pl* CHEM kloroform

Chlorophyll <-s> [kloro'fʏl] *nt kein pl* BOT klorofil

Chlorsäure *f kein pl* CHEM klorik asit

Chlorwasserstoff *m kein pl* CHEM klorhidrik asit

Choke <-s, -s> [tʃoːk] *m* AUTO jikle; **den ~ ziehen** jikleyi çekmek
Cholera ['koːlera, 'kɔləra] *f kein pl* MED kolera
Choleriker(in) <-s, -; -nen> [ko'leːrikɐ] *m(f)* asabi (kimse), hırçın (kimse)
cholerisch *adj* asabi; (*jähzornig*) hırçın; **ein ~es Temperament** asabi mizaç
Cholesterin <-s> [kolɛste'riːn] *nt kein pl* MED kolesterin, kolestrol
Chor <-(e)s, Chöre> [koːɐ, *pl* 'køːrə] *m* MUS koro; ARCH koro yeri; **im ~ sprechen/singen** koro hâlinde söz/şarkı söylemek
Choral <-s, Choräle> [ko'raːl, *pl* ko'rɛːlə] *m* MUS koral
Chorda *f* ZOOL korda; (*Rückensaite*) sırt ipliği
Choreograf(in)[RR] <-en, -en; -nen> [koreo'graːf] *m(f)* kore(o)graf
Choreografie[RR] <-n> [koreogra'fiː] *f* kore(o)grafi
choreografisch[RR] *adj* kore(o)grafi (ile ilgili)
Choreograph(in) <-en, -en; -nen> *m(f)* *s.* **Choreograf**
Choreographie <-n> *f s.* **Choreografie**
choreographisch *adj s.* **choreografisch**
Chr. *Abk von* **Christus, Christi** İsa, İsa'nın
Christ(in) <-en, -en; -nen> [krɪst] *m(f)* Hristiyan, İsevî
Christbaum *m* Noel ağacı
Christenheit *f kein pl* Hristiyanlık, Hristiyan âlemi
Christentum <-s> *nt kein pl* Hristiyanlık, İsevîlik
Christi *gen von* **Christus** İsa'nın; **vor ~ Geburt** İsa'nın doğumundan önce, milâttan önce
christianisieren *vt* Hristiyanlaştırmak
christlich *adj* Hristiyan, İsevî
Christmesse *f,* **Christmette** <-n> ['krɪstmɛtə] *f* REL Noel ibadeti
Christrose *f* BOT karaca ot
Christus <Christi> ['krɪstʊs] *m* İsa; **vor/nach ~** İsa'dan önce/sonra
Chrom <-s> [kroːm] *nt kein pl* CHEM krom
chromatisch *adj* ❶ PHYS kromatik, renkser ❷ MUS kromatik
Chromosom <-s, -en> [kromo'zoːm] *nt* BIOL kromozom
Chronik <-en> ['kroːnɪk] *f* kronik
chronisch *adj* kronik, süreğen
Chronist(in) <-en, -en; -nen> [kro'nɪst] *m(f)* kronikçi, kronik yazarı
Chronologie <-n> [kronolo'giː] *f* ❶ (*Zeitkunde*) kronoloji, zaman bilimi ❷ (*zeitliche Abfolge*) kronoloji, zaman dizini
chronologisch [krono'loːgɪʃ] *adj* kronolojik, zaman dizinsel; **in ~er Reihenfolge** kronolojik [*o* zaman dizinsel] sırada
Chronometer <-s, -> *m* TECH kronometre, süreölçer
Chrysantheme <-n> [kryzan'teːmə] *f* BOT krizantem, kasımpatı
Chylus *m kein pl* MED kilüs, keylus
cif *Abk von* **Kosten, Versicherung, Fracht** sif (*malın bedeli, sigortası ve navlunu*)
Cineast(in) *m(f)* ❶ (*Filmemacher*) sinemacı ❷ (*Kinofreund*) sinemasever
circa ['tsɪrka] *adv* aşağı yukarı, yaklaşık olarak; **~ drei Stunden/150 Euro** aşağı yukarı üç saat/150 euro; **~ ein km** aşağı yukarı bir km
Cis <-, -> [tsɪs] *nt* MUS do diyez
cl *Abk von* **Zentiliter** cl (*santilitre*)
Clan <-s, -s> *m* klan
Clearing *nt* COMM (*im Außenhandel*) kliring
Client *m* INFORM istemci
Client/Server-Modell *nt* INFORM istemci/sunucu modeli
Clinch <-(e)s> [klɪntʃ] *m kein pl* (*fam: Auseinandersetzung*) kavga; **mit jdm im ~ liegen** (*fam*) biriyle kavgalı olmak
Clip <-s, -s> [klɪp] *m* ❶ (*Schmuck*) klips ❷ (*Verschluss*) pens ❸ (*Video~*) klip, görüntüleme
Clique <-n> ['klɪkə] *f* ❶ (*Freunde*) grup ❷ (*pej: in der Politik*) klik, hizip
Clou <-s, -s> [kluː] *m* (*fam*) ❶ (*Kernpunkt*) **der ~ (des Ganzen)** (işin) püf noktası ❷ (*Glanzpunkt*) **das war der ~ des Abends** gecenin en ilginç olayı buydu
Clown <-s, -s> [klaʊn] *m* palyaço; **den ~ spielen** (*fam*) palyaçoluk yapmak
Clownerie *f* palyaçoluk
Club <-s, -s> [klʊp] *m* kulüp
cm *Abk von* **Zentimeter** cm (*santimetre*)
c-Moll <-> *nt kein pl* MUS do minör
Coach <-(s), -s> [kɔʊtʃ] *m* antrenör
Cockpit <-s, -s> ['kɔkpɪt] *nt* AERO, AUTO kokpit
Cocktail <-s, -s> ['kɔktɛɪl] *m* (*Party*) kokteyl; (*Getränk*) kokteyl **Cocktailbar** <-s> *f* kokteyl bar
Code <-s, -s> [koːt] *m* kot, kod, şifre
codieren* [ko'diːrən] *vt* ❶ TECH kotlamak, kodlamak ❷ LING şifrelemek
Codierung <-en> *f* kodlama, şifreleme
Cognac® <-s, -s> *m* konyak
Coiffeur, -euse <-s, -e; -n> [koa'føːɐ] *m, f* SCHWEIZ kuaför
Collage <-n> [kɔ'laːʒə] *f* kolaj
College <-(s), -s> *nt* SCHULE, UNIV kolej
Collier *nt* kolye
Come-back[RR] <-(s), -s> [kam'bɛk] *nt,*

Comeback <-(s), -s> *nt* sahneye dönüş; **sie feiert ihr ~** sahneye dönüşünü kutluyor

Comedy *f* TV komedi programı

Comicheft *nt* çizgi roman

Compact Disc <-s> [kɔm'paktdɪsk] *f* kompakt disk, yoğun teker

Compiler *m* INFORM derleyici

COM-Port *nt* INFORM iletişim yuvası

Computer <-s, -> [kɔm'pju:tɐ] *m* bilgisayar; **auf ~ umstellen** bilgisayara geçmek **Computerfehler** *m* bilgisayar arızası **computergesteuert** *adj* bilgisayar kumandalı **computergestützt** *adj* bilgisayar destekli; **~es Lernen** bilgisayar destekli öğrenim

computerisieren* *vt* INFORM bilgisayarla donatmak

computerlesbar *adj* bilgisayarla okunur **Computerlinguist(in)** *m(f)* bilgisayar dilbilimcisi **Computerlinguistik** *f* bilgisayar dil bilimi **Computerprogramm** *nt* bilgisayar programı **Computerspiel** *nt* bilgisayar oyunu **Computersystem** *nt* INFORM bilgisayar düzeni **computerunterstützt** *adj* bilgisayar destekli **Computervirus** *m* INFORM bilgisayar virüsü

Comtesse <-n> [kɔm'tɛs] *f* kontes

Container <-s, -> [kɔn'te:nɐ] *m* konteyner **Containerschiff** *nt* konteyner gemisi

cool [ku:l] *adj* (*fam*) ① (*die Ruhe bewahrend*) serin kanlı, sakin; (*sich nicht aus der Fassung bringen lassend*) gamsız; **bleib ~!** ağır ol! ② (*sicher*) emin ③ (*in Ordnung*) iyi ④ (*in hohem Maße gefallend*) kıyak, kral; (*der Idealvorstellung entsprechend*) kıyak, mükemmel

Copilot(in) <-en, -en; -nen> ['ko:pilo:t] *m(f)* ikinci pilot

Copyright <-s, -s> ['kɔpiraɪt] *nt* telif hakkı

Cord <-(e)s, -e *o* -s> [kɔrt] *m* kot; **eine Hose aus ~** kot pantolon

Cornea *f* ANAT kornea

Corner <-s, -> ['kɔ:nɐ] *m* SCHWEIZ, ÖSTERR (*Eckstoß im Fußball*) korner (atışı)

Cornflakes ['kɔ:nflɛɪks] *pl* mısır gevreği

Cornichon <-s, -s> [kɔrni'ʃɔ̃:] *nt* GASTR kornişon

Cortison <-s> [kɔrti'zo:n] *nt kein pl* MED kortizon

Costa Rica <-s> ['kɔsta 'ri:ka] *nt* Kosta Rika

Costaricaner(in) <-s, -; -nen> [kɔsta-ri'ka:nɐ] *m(f)* Kosta Rikalı

costaricanisch *adj* Kosta Rika (ile ilgili), Kosta Rikalı; **das ~e Klima** Kosta Rika iklimi; **~e Frauen/Männer** Kosta Rikalı kadınlar/erkekler

Couch <-s *o* -en> [kaʊtʃ] *f* kanape

Count-down[RR] <-s, -s> ['kaʊnt'daʊn] *m*, **Countdown** <-s, -s> *m* geriye (doğru) sayma; **der ~ läuft** geriye doğru saymaya başlanıldı

Coupé <-s, -s> [ku'pe:] *nt* ① AUTO coupe, iki kapılı oto(mobil) ② ÖSTERR (*Zugabteil*) kompartıman

Coupon <-s, -s> [ku'põ:] *m* ① (*Beleg*) kupon ② FIN kupon ③ (*Stoffabschnitt*) kupon

Cousin, Cousine <-s, -s; -n> [ku'zɛ̃:, ku'zi:nə] *m, f* kuzen; (*weiblich*) kuzin

Couvert <-s, -s> [ku've:ɐ] *nt* ① (*Bettbezug*) kılıf ② DIAL (*Briefumschlag*) zarf ③ (*geh: Gedeck*) servis

Cover <-s, -> ['kavɐ] *nt* (*Schallplatte, Buch, Zeitschrift*) kılıf, kapak

Cowboy <-s, -s> ['kaʊbɔɪ] *m* kovboy

Cowboyfilm <-s, -e> *m* TV, FILM kovboy filmi

CPU *f* INFORM merkezî işlem birimi

Creme <-s> *f* krem; GASTR krema

Crème de la Crème *f kein pl* kaymak tabakası

cremefarben *adj* krem rengi

Cremetorte *f* GASTR kremalı pasta

cremig ['kre:mɪç] *adj* kremalı

Crêpe[1] <-s> [krɛp] *f* GASTR krep

Crêpe[2] <-s, -> *m* (*Stoff*) krep; **~ de Chine** krepdöşin

Crew <-s> [kru:] *f* NAUT, AERO mürettebat

Croissant <-s, -s> [kroa'sɔ̃:] *nt* kru(v)asan, ay çöreği

Croupier <-s, -s> [kru'pje:] *m* krupiye

C-Schlüssel *m* MUS do anahtarı

CSU [tse:ʔɛs'ʔu:] *f Abk von* **Christlich Soziale Union** (**Deutschlands**) (Almanya) Hıristiyan Sosyal Birliği

Cup <-s, -s> [kap] *m* SPORT kupa

Curaçao[1] <-s> *nt* GEO Küraso

Curaçao®[2] <-(s), -s> *m* GASTR (*Getränk*) küraso

Cursor <-s, -s> ['kœ:zɐ] *m* INFORM imleç, ekran konum göstergesi

Cutter(in) <-s, -; -nen> ['katɐ] *m(f)* FILM kurgucu

CVP [tse:faʊ'pe:] *f* POL (*in der Schweiz*) *Abk von* **Christlichdemokratische Volkspartei** Hristiyan Demokrat Halk Partisi

Cybercafé <-s, -s> ['saɪbɐ-] *nt* siber kafe [*o* kahve] **Cybergeld** <-(e)s> *nt kein pl* INFORM siber para **Cyberspace** <-> ['saɪbɐspɛɪs] *m kein pl* INFORM siber uzay

D d

D, d <-, -> [deː] *nt* ❶ (*Buchstabe*) D, d; **~ wie Dora** Denizli'nin de'si ❷ MUS re

da [daː] **I.** *adv* ❶ (*dort*) orada; (*hier*) burada; **~ draußen** dışarıda; **~ kommt er** işte geliyor; **~, wo ...** ... bulunan yerde; **~ drüben** şurada; **~ oben/unten** orada yukarıda/aşağıda; **gehen sie ~ herum** oradan gidiniz; **~ ist/sind ...** orada ... var; **gibst du mir bitte mal das Buch? — ~!** kitabı lütfen bana bir verir misin? — işte! ❷ (*zeitlich*) **es ist zwei Jahre her, ~ haben sie die Kirche restauriert** kiliseyi restore edeli iki yıl oldu; **als ich das machte, ~ war ich noch ein Kind** bunu yaptığımda henüz bir çocuktum; **~ fällt mir gerade ein, ...** aklıma gelmişken ...; **von ~ an** ondan sonra ❸ (*in diesem Falle*) bu durumda; **~ haben Sie aber nicht Recht** ama bunda haklı değilsiniz; **und ~ wagst du es noch zu kommen?** ve bu durumda gelmeyi göze alıyor musun?; **~ kannst du lange warten!** (*fam*) bekle yârin köşesini!, daha çok beklersin! ❹ (*vorhanden*) **~ sein** olmak; (*vorrätig*) bulunmak; **es ist niemand ~** burada kimse yok; **ich bin gleich wieder ~** hemen geri geliyorum; **war Thomas gestern ~** Thomas dün burada mıydı?; **ist noch Milch ~?** (biraz) daha süt var mı?; **das stellt alles ~ Gewesene in den Schatten** bu, şimdiye kadar gelmiş geçmiş her şeyi gölgede bırakır; **~ ist er** işte orada ❺ (*zur Verfügung*) **~ sein für jdn** birisi için hazır bulunmak; **er ist immer für mich ~** onun benim için her zaman vakti var **II.** *konj* ❶ (*weil*) çünkü, -diği için; **es geht nicht, ~ die Zeit nicht reicht** olmaz, çünkü vakit yetmez, vakit yetmediği için olmaz, vakit yetmediğine göre olmaz ❷ (*geh: als, wenn*) **sehnsüchtig erwartet er die Stunde, ~ sie bei ihm sein wird** yanında olacağı saati hasretle [*o* dört gözle] bekliyor

dabei [daˈbaɪ, ˈdaːbaɪ] *adv* ❶ (*örtlich*) yanında; **sind die Lösungen ~?** çözümleri de var mı? ❷ (*währenddessen*) iken; **er arbeitete und hörte ~ Radio** çalışırken radyo dinledi; **sie fühlt sich wohl ~** bu arada kendini iyi hissediyor ❸ (*bei dieser Sache*) **ich bleibe ~, dass es so ist** bunun böyle olduğuna dair kararım kesin; **wichtig ~ ist, dass ...** işin önemli tarafı şu ki, ...; **was hast du dir denn ~ gedacht?** hangi akla hizmet bunu yaptın?; **~ darf man nicht vergessen, dass ...** ... olduğunu unutmamak gerekir ❹ (*außerdem*) ayrıca; (*gleichzeitig*) aynı zamanda, yanı sıra; **sie ist reich und ~ bescheiden** zengin ve de alçak gönüllü ❺ (*obgleich*) oysa, hâlbuki, -diği hâlde; **er ist traurig, ~ hat er gar keinen Grund dazu** üzgün, hâlbuki buna hiç bir neden yok, üzgün olduğu hâlde buna hiç bir neden yok ❻ **bei etw ~ sein** (*anwesend sein*) bir şeyde bulunmak; (*mitmachen*) bir şeye katılmak; **~ sein, etw zu tun** bir şeyi yapmak üzere olmak **dabei|bleiben** *irr vi* (*Tätigkeit*) devam etmek (**bei** -e); (*Mitgliedschaft*) kalmak (**bei** -de) **dabei|sein**[ALT] *irr vi sein s.* **dabei 6.** **dabei|stehen** *irr vi* yanında durmak

da|bleiben *irr vi sein* orada kalmak

Dach <-(e)s, Dächer> [dax, *pl* ˈdɛçɐ] *nt* çatı; (*Ziegel~*) dam; AUTO dam; **unterm ~ wohnen** çatı altında oturmak; **etw unter ~ und Fach bringen** (*fig*) bir işi bitirmek; **ein ~ über dem Kopf haben** (*fig*) başını sokacak bir yeri olmak; **mit jdm unter einem ~ wohnen** (*fig*) biriyle aynı çatı altında oturmak; **eins aufs ~ kriegen** (*fig fam*) kafasına bir tane yemek; **jdm aufs ~ steigen** (*fig fam*) birinin tepesine binmek [*o* çıkmak], birinin başına binmek [*o* çıkmak] **Dachbalken** *m* ARCH çatı kirişi **Dachboden** <-s, -böden> *m* çatı arası, tavan arası **Dachdecker(in)** <-s, -; -nen> *m(f)* aktarıcı, çatı kaplayıcı, kiremitçi **Dachfenster** *nt* çatı penceresi **Dachfirst** *m* ARCH mahya **Dachgepäckträger** <-s, -> *m* AUTO portbagaj **Dachgeschoss**[RR] *nt* çatı katı **Dachgesims** *nt* çatı eteği **Dachkammer** *f* çatı arası **Dachluke** *f* tepe camı **Dachrinne** *f* oluk, çatı oluğu

Dachs <-es, -e> [daks] *m* ZOOL porsuk

Dachsattel <-s> *m* ARCH (*Dachfirst*) mahya

Dachschaden <-s> *m kein pl* **einen ~ haben** (*fam*) kafadan kontak olmak **Dachsparren** *m* ARCH çatı merteği, baba **Dachstuhl** *m* çatı makası

dachte [ˈdaxtə] *3. imp von* **denken**

Dachverband *m* çatı örgütü, konfederasyon **Dachwohnung** *f* çatı katı **Dachziegel** *m* kiremit, dam kiremidi

Dackel <-s, -> [ˈdakəl] *m* porsuk zağarı

Dadaismus <-> [dadaˈɪsmʊs] *m kein pl* KUNST Dadaizm

dadurch [ˈdaːdʊrç] *adv* ❶ (*örtlich*) oradan

❷ (*auf diese Weise*) böylece, böylelikle; **~, dass der Zug Verspätung hatte, konnte er nicht rechtzeitig kommen** tren rötar yaptı, böylece vaktinde gelemedi

dafür ['da:fy:ɐ, da'fy:ɐ] *adv* ❶ (*für das*) onun için, bunun için; **wir haben kein Geld ~** onun için paramız yok; **der Grund ~ ist ...** onun nedeni ...dir; **ich bin ~** ben ondan yanayım, ben buna tarafım; **alles spricht ~** her şey ondan yana; **wie lange brauchst du ~?** o ne kadar zamanını alır?, onun için ne kadar zamana ihtiyacın var? ❷ (*zum Ausgleich*) **in Englisch ist sie schlecht, ~ ist sie gut in Mathematik** İngilizcesi kötü, buna karşı matematiği iyi ❸ (*in Hinblick darauf*) **~, dass er so klein ist, spielt er ganz gut Basketball** öyle küçük olmasına bakılırsa, bayağı iyi basketbol oynuyor ❹ (*weil*) çünkü; **sie kannte sich in Grammatik aus, ~ war sie ja Linguistin** gramer hakkında bilgisi vardı, çünkü dil bilimcisiydi

dafür|können *irr vi* **etwas/nichts ~** elinde olmak/olmamak; **ich kann nichts dafür** bunda benim suçum yok

dagegen ['da:ge:gən, da'ge:gən] *adv* ❶ (*räumlich*) ona karşı, buna karşı ❷ (*ablehnend*) **haben Sie was ~, wenn ich rauche?** sigara içmeme bir şey der misiniz?; **~ ist nichts einzuwenden** ona denilecek bir şey yok; **wer ist dafür und wer ~?** kim bundan yana, kim buna karşı? ❸ (*als Gegenmaßnahme*) ona karşı, buna karşı; **es gibt kein Mittel ~** ona [*o* buna] karşı çare yok ❹ (*verglichen mit*) kıyasla; (*im Gegensatz*) karşısında; **es war dort unglaublich kalt, der Winter hier ist nichts ~** oranın inanılmaz soğuğu karşısında burada kış hiçbir şey değil **dagegen|halten** *irr vt* **da kann man nichts ~** buna karşı hiçbir şey denilemez

daheim [da'haɪm] *adv* SÜDD evde; **bei uns ~** bizim evde

daher ['da:he:ɐ, da'he:ɐ] *adv* ❶ (*von dorther*) oradan; **von ~ muss er gekommen sein** oradan gelmiş olacak; **~ weht also der Wind!** (*fig*) demek işler öyle! ❷ (*deshalb*) onun için; **von ~** onun için, bundan dolayı; **er hat viel gelesen, ~ weiß er das** çok okumuş, onun için bunu biliyor, çok okumuş olduğundan dolayı bunu biliyor **daher|reden** *vi, vt* (*fam*) düşünmeden konuşmak, aklına estiği gibi konuşmak; **red doch nicht so blöd daher!** öyle saçma sapan düşünmeden konuşma!

dahin ['da:hɪn, da'hɪn] *adv* ❶ (*an diesen Ort*) oraya; **~ gehe ich nie wieder** oraya bir daha gitmem ❷ (*in diese Richtung*) bu yöne, -e yönelik; (*in diesem Sinne*) bu anlamda; **sein Bestreben geht ~, sich unabhängig zu machen** çabaları, kendini bağımsız yapmaya yönelik; **~ hat er sich geäußert** bu anlamda konuştu ❸ (*so weit*) buraya; (*in diesen Zustand*) bu duruma; **~ hat ihn der Alkohol gebracht** alkol onu bu duruma getirdi ❹ (*zeitlich*) **bis ~** o zamana kadar ❺ (*fam*) **~ sein** bitmiş olmak, sona ermiş olmak; **mein ganzes Geld ist ~** bütün param bitti; **sein Leben ist ~** hayatı sona erdi **dahingestellt** [-'---] *adj* **~ sein/bleiben** kesin olmamak; **etw ~ sein lassen** bir şeyi bir tarafa bırakmak [*o* koymak]; **es bleibt ~, ob das der Wahrheit entspricht** bunun doğru olup olmadığı kesin değildir; **lassen wir es ~ (sein), ob er es wirklich getan hat** onu gerçekten yapıp yapmadığını bir tarafa bırakalım **dahin|raffen** *vt* (*geh*) öldürmek **dahin|sagen** [-'---] *vt* **etw nur so ~** bir şeyi düşünmeden söylemek **dahin|schleppen** [-'---] *vr* ■ **sich ~** sürüklenmek; (*Verhandlungen*) sürüklenmek

dahinten [da'hɪntən] *adv* şurada, orada, geride

dahinter [da'hɪntɐ] *adv* arkasında; **da ist nichts ~** (*fig fam*) bunda bir şey yok **dahinter|kommen** *irr sein vi, vt* (*fam: herausfinden*) ortaya çıkarmak; (*verstehen*) anlamak **dahinter|stecken** *vi* (*fam*) **er steckt dahinter** bu işte onun parmağı var; **es wird vermutet, dass die Mafia dahintersteckt** bunun arkasında mafyanın olduğu sanılıyor; **er redet viel, aber es steckt nichts dahinter** çok konuşur ama boş konuşur; **da steckt doch was dahinter** (*fig*) bu işin içinde bir iş var, bu işin içinde bir bit yeniği var

Dahlie <-n> ['da:liə] *f* BOT dalya

Dalai-Lama *m* Dalay Lama

da|lassen *irr vt* (*fam*) bırakmak; (*hier*) burada bırakmak; (*dort*) orada bırakmak

Dalmatien *nt* Dalmaçya

Dalmatiner(in)[1] *m(f)* (*Einwohner*) Dalmaçyalı

Dalmatiner[2] *m* (*Hunderasse*) Dalmaçya köpeği

damalige(r, s) *adj* o zamanki

damals ['da:ma:ls] *adv* o zaman; **seit ~** o zamandan beri; **~, als ich in die Schule ging** okula gittiğim zamanlar

Damaskus *nt* Şam

Damast <-(e)s, -e> [da'mast] *m* damasko

Dame[1] ['da:mə] *f kein pl* (*Brettspiel*) dama

Dame[2] <-n> *f* ❶ (*Frau*) kadın, bayan; **meine ~n und Herren!** bayanlar, baylar!; **die ~ des Hauses** hanım ❷ (*im Schach*)

vezir; (*beim Damespiel*) dama; (*Spielkarte*) dam, kız
Damebrett *nt* dama tahtası
Damenbinde *f* âdet bezi, (kadın) ped(i)
Damenfahrrad *nt* kadın bisikleti
damenhaft *adj* hanımsı
Damenmode *f* kadın modası, bayanlar için moda **Damensitz** <-es> *m kein pl* kadın eyeri; **im ~ reiten** kadın eyerine binmek **Damentoilette** <-n> *f* bayanlar tuvaleti **Damenwahl** *f kein pl kadınların erkekleri dansa kaldırması*
Damespiel *nt* dama (oyunu) **Damestein** *m* dama taşı
Damhirsch <-(e)s, -e> ['damhɪrʃ] *m* ZOOL alageyik
damisch ['daːmɪʃ] *adj* SÜDD, ÖSTERR ❶ (*fam: dumm*) aptal, budala ❷ (*fam: schwindlig*) **mir ist ganz ~** başım dönüyor
damit ['daːmɪt, da'mɪt] **I.** *adv* bununla, onunla; **was soll ich ~?** onu ne yapayım?; **~ befasse ich mich nicht** onunla ilgilenmiyorum [*o* uğraşmıyorum]; **es fing ~ an, dass er mich schlug/belog** olay bana vurmasıyla/yalan söylemesiyle başladı; **weg ~!** at onu!; **hör ~ auf!** bırak onu!; **ich bin ~ zufrieden** ondan memnunum **II.** *konj* -sin diye, -mesi için; **~ du es nicht vergisst** unutmayasın diye, unutmaman için, ta ki unutmayasın; **~ Wahlen durchgeführt werden können, ...** seçimler yapılabilsin diye ..., seçimlerin yapılabilmesi için ...
dämlich ['dɛːmlɪç] *adj* (*pej fam: dumm*) aval, aptalca; **ein ~es Gesicht machen** aval aval bakmak, aptal aptal bakmak
Dämlichkeit *f* aptallık, alıklık
Damm <-(e)s, Dämme> [dam, *pl* 'dɛmə] *m* ❶ (*Bahn~, Straßen~*) set; (*Stau~*) baraj; **wieder auf dem ~ sein** (*fig*) iyileşmek ❷ (*Deich*) set ❸ ANAT perine
dämmen *vt* ❶ (*geh: aufstauen*) set çekmek (-e) ❷ TECH (*Schall*) susturmak, kesmek
dämmerig *adj* alaca karanlık; **es wird ~** (*morgens*) ortalık [*o* tan] ağarıyor, şafak söküyor; (*abends*) ortalık kararıyor
Dämmerlicht <-(e)s> ['dɛmɐ-] *nt kein pl* yarı karanlık, loşluk
dämmern ['dɛmɐn] **I.** *vi* ❶ (*anbrechen*) **der Abend dämmert** akşam olmaya başlıyor, ortalık kararıyor; **der Morgen dämmert** sabah olmaya başlıyor, gün [*o* tan] ağarıyor, şafak söküyor ❷ (*fam: bewusst werden*) şafak atmak, (yavaş yavaş) anlamak; **dämmert's endlich?** nihayet [*o* en sonunda] anladın mı? **II.** *vi unpers* **es dämmert** (*morgens*) gün [*o* tan] ağarıyor, şafak söküyor; (*abends*) ortalık kararıyor
Dämmerung <-en> ['dɛmərʊŋ] *f* alaca karanlık; (*Abend~*) akşamın alaca karanlığı; (*Morgen~*) tan, sabahın alaca karanlığı; **in der ~** alaca karanlıkta
dämmrig *adj s.* **dämmerig**
Dämon <-s, -en> ['dɛːmɔn, *pl* dɛ'moːnən] *m* cin
dämonisch *adj* (*teuflisch*) şeytanî
Dampf <-(e)s, Dämpfe> [dampf, *pl* 'dɛmpfə] *m* buhar, istim; **~ ablassen** (*fig fam*) deşarj olmak; **jdm ~ machen** (*fam*) birini dürtüklemek **Dampfbad** *nt* sauna, Fin hamamı **Dampfbügeleisen** <-s, -> *nt* buharlı ütü **Dampfdruck** <-(e)s, -drücke> *m* buhar basıncı
dampfen ['dampfən] *vi* ❶ (*Speisen*) tütmek, buhar çıkarmak ❷ *sein* (*fahren*) istim üstünde kalkmak
dämpfen ['dɛmpfən] *vt* ❶ GASTR buğulamak ❷ (*Licht*) kısmak; (*Lärm*) kesmek; (*Schall*) susturmak; (*Schwingung*) sönümlemek; (*Stoß*) yumuşatmak; (*Stimme*) kısmak; **mit gedämpfter Stimme sprechen** pes perdeden konuşmak ❸ (*Ärger*) yenmek; (*Schmerzen*) kesmek
Dampfer <-s, -> ['dampfɐ] *m* vapur; **auf dem falschen/richtigen ~ sein** (*fig fam*) yanlış/doğru yolda olmak
Dämpfer <-s, -> ['dɛmpfɐ] *m* ❶ MUS surdin ❷ (*Stoß~*) amortisör, yumuşatmalık ❸ (*Schall~ bei Schusswaffe*) susturucu; (*Schall~ an Auspuff*) susturucu; **einen ~ bekommen** (*fam: Rüge*) paylanmak; (*bei Freude*) hevesi kırılmak
Dampfheizung *f* buharlı ısıtma **Dampfkessel** *m* buhar kazanı **Dampfkochtopf** *m* düdüklü tencere **Dampfkraft** *f* buhar gücü **Dampflokomotive** *f* EISENB buharlı tren **Dampfmaschine** *f* TECH buhar makinesi, buharlı makine **Dampfschiff** *nt* NAUT buharlı gemi; (*Dampfer*) vapur **Dampfturbine** *f* TECH buhar türbini **Dampfventil** *nt* TECH buhar valfı **Dampfwalze** *f* istimli silindir
danach ['daːnaːx, da'naːx] *adv* ❶ (*zeitlich*) ondan sonra; (*später*) sonra; (*anschließend*) sonradan; **~ bin ich dran** ondan sonra sıra bende; **eine halbe Stunde ~** ondan yarım saat sonra ❷ (*räumlich*) ona; **ohne ~ zu schauen** ona bakmadan ❸ (*dementsprechend*) ona göre; **es sieht ganz ~ aus, als ob ...** öyle görünüyor ki, sanki ...; **richte dich bitte ~!** lütfen ona göre hareket et!
Däne(in) <-n, -n; -nen> ['dɛːnə] *m(f)* Danimarkalı
daneben [da'neːbən, 'daːneːbən] *adv* ❶ (*räumlich*) onun yanında; **links/**

rechts ~ onun sol/sağ yanında; **im Haus** ~ onun yanındaki evde ❷ (*verglichen mit*) bunun yanında ❸ (*außerdem*) bunun yanı sıra; (*gleichzeitig*) aynı zamanda **daneben|benehmen*** *irr vr* **sich** ~ (*fam*) yakışıksız davranmak **daneben|gehen** [-'----] *irr vi sein* ❶ (*Schuss*) isabet etmemek ❷ (*fam: fehlschlagen*) tutmamak, sonuç vermemek **daneben|liegen** *irr vi* (*fam*) yanılmak

Dänemark <-s> ['dɛːnəmark] *nt* Danimarka

dänisch *adj* Danimarka (ile ilgili)

Dänisch *nt* Danimarkaca; ~ **können/lernen** Danimarkaca bilmek/öğrenmek; **aus dem ~en** Danimarkacadan; **ins ~e** Danimarkacaya

dank [daŋk] *präp* sayesinde

Dank <-(e)s> *m kein pl* şükür, teşekkürler *pl*; **besten ~!** çok teşekkürler!; **zum ~ für ...** ... için teşekkür olarak; **jdm ~ schulden** birine minnettar kalmak, birine minnet duymak, birine şükretmek; **ich bin Ihnen zu ~ verpflichtet** size minnettarım; **Gott sei ~!** Tanrı'ya şükür!, hamdolsun!

dankbar *adj* ❶ (*Mensch*) müteşekkir, minnettar; **ich bin Ihnen sehr** ~ size çok minnetarım ❷ (*Aufgabe*) tatmin edici ❸ (*fam: strapazierfähig*) dayanıklı

Dankbarkeit *f kein pl* minnettarlık, şükran

danke *interj* teşekkürler *pl*, teşekkürler ederim; (*per du*) sağ ol!; (*per Sie*) sağ olun!; ~ **schön/vielmals!** pek çok/çok teşekkürler!; **nein, ~!** hayır, teşekkür ederim!

danken I. *vi* (*Dank aussprechen*) teşekkür etmek (**für** için); **wir ~ für die Einladung** davet için teşekkür ederiz; **~d annehmen/ablehnen** teşekkür ederek kabul etmek/etmemek; **nichts zu ~!** bir şey değil! **II.** *vt* teşekkür etmek (-e), şükretmek (-e); **die ganze Mühe dankt dir keiner** zahmetine kimse şükretmez **dankenswert** *adj* (*lohnend*) zahmetine değer; (*nützlich*) yararlı

Dankesrede <-n> *f* teşekkür konuşması

Danksagung <-en> *f* teşekkür, şükretme

Dankschreiben *nt* teşekkür mektubu

dann [dan] *adv* ❶ (*danach*) ondan sonra; (*später*) sonra; (*Zeitpunkt*) o zaman; ~ **und wann** zaman zaman, ara sıra, kimi zaman; **und was ~?** o zaman ne olacak?; **bis ~!** görüşmek üzere! ❷ (*zu dem Zeitpunkt*) o zaman; **das Telefon klingelt immer ~, wenn ich gerade dusche** ne zaman duş yaparsam, o zaman telefon çalar ❸ (*außerdem*) ayrıca, üstelik ❹ (*unter diesen Umständen*) ~ **eben nicht!** o zaman olmaz!; **wenn nicht, ~ nicht!** olmazsa olmaz!; **wenn nicht er, wer ~?** o değilse, o zaman kim?

daran [da'ran, 'daːran] *adv* ❶ (*räumlich*) **nahe** ~ oraya yakın, oranın yakınında; **wir kommen häufig ~ vorbei** oradan sık sık geçeriz; **du kannst dich ~ lehnen** oraya yaslanabilirsin ❷ (*zeitlich*) **im Anschluss** ~ onun arkasından; **er war nahe ~, das zu tun** az kalsın onu yapacaktı ❸ (*an dieses, an diesem*) **ich hatte nicht ~ gedacht** bunu düşünmemiştim; **ich muss immer ~ denken** hep bunu düşünüyorum, hiç aklımdan çıkmıyor; **~ wird sich nichts ändern** onda [*o* bunda] bir değişiklik olmaz; **er ist ~ schuld** onun bunda suçu [*o* kabahati] var; **was ist ~ schön?** bunun neresi [*o* nesi] güzel?; **was hast du ~ auszusetzen?** onun nesi hoşuna gitmedi?, onun nesini beğenmedin? **daran|gehen** [-'---] *irr vi sein* başlamak (**zu** -e) **daran|machen** [-'---] *vr* **sich** ~ (*fam*) başlamak (**zu** -e) **daran|setzen** [-'---] **I.** *vt* (*einsetzen*) göze almak; **du musst alles ~, um ...** ... için her şeyi göze almalısın; **seinen Kopf** ~ kelleyi koltuğa almak; **sein Leben** ~ ölümü göze almak **II.** *vr* **sich** ~ (*fam: in Angriff nehmen*) ele almak (**zu** -), çalışmaya başlamak (**zu** üzerinde)

darauf ['daːraʊf, da'raʊf] *adv* ❶ (*räumlich*) üzerinde; **im Zimmer stand ein Tisch, ~ lagen Bücher** odada bir masa duruyordu, üzerinde kitaplar vardı ❷ (*zeitlich*) sonra; (*danach*) ondan sonra, bundan sonra; **bald** ~ kısa bir zaman sonra; **am ~ folgenden Tag** ertesi günü; **eine Woche** ~ bir hafta sonra; ~ **sagte er ...** ondan sonra ... dedi ❸ (*auf dieses*) ~ **freue ich mich schon** buna şimdiden sevindim; ~ **steht Gefängnis** bunun cezası hapistir; **ich bin stolz** ~ ondan gurur duyuyorum; **Sie können sich ~ verlassen** ona güvenebilirsiniz; **das kommt ~ an** bu, duruma bakar; **lasst uns ~ anstoßen** bunun şerefine kadehleri tokuşturalım **darauffolgende(r, s)** *adj s.* **darauf 2. daraufhin** ['---] *adv* ❶ (*danach*) ondan sonra ❷ (*infolgedessen*) bunun üzerine, bundan dolayı, bundan ötürü, binaenaleyh

daraus ['daːraʊs, da'raʊs] *adv* bundan; ~ **folgt, dass ...** bundan şu anlaşılıyor ki, ...; **mach dir nichts ~!** boş ver!; **was soll ~ werden?** bunun sonu ne olacak?

dar|bieten ['daːɐbiːtən] *irr* **I.** *vt* (*geh: vorführen*) göstermek, sunmak **II.** *vr* **sich** ~ (*geh: Gelegenheit*) çıkmak, düşmek; (*sich

zeigen) kendini göstermek
Darbietung <-en> *f* ❶ (*geh: das Darbieten*) gösterme ❷ (*Darstellung*) temsil, oyun; (*Vorstellung*) seans
Dardanellen *pl* Çanakkale Boğazı
darf [darf] *3. präs von* **dürfen**
darin ['daːrɪn, da'rɪn] *adv* ❶ (*räumlich*) içinde; **ein Nest mit zwei Jungen ~** içinde iki yavru olan bir yuva ❷ (*hierin*) bunda; (*in diesem Punkt*) bu noktada; **~ irrst du dich!** bu noktada yanılıyorsun!
dar|legen ['daːɐleːgən] *vt* ❶ (*Plan, Ansichten*) açıklamak ❷ (*Gründe*) göstermek
Darlehen <-s, -> ['daːɐleːən] *nt* ödünç, ödünç para; **ein ~ aufnehmen/gewähren** ödünç (para) almak/vermek, istikraz/ikraz etmek
Darm <-(e)s, Därme> [darm, *pl* 'dɛrmə] *m* bağırsak **Darmentzündung** *f* MED bağırsak iltihabı **Darmgrippe** *f* MED bağırsak ingini **Darminfektion** *f* MED bağırsak iltihabı **Darmkrankheit** *f* MED bağırsak hastalığı **Darmspülung** *f* MED lavman **Darmzotte** *f* ANAT tümür
dar|reichen ['daːɐraɪçən] *vt* (*geh: Speisen*) ikram etmek, uzatmak; (*anbieten*) ikram etmek; (*Hand*) uzatmak
dar|stellen ['daːɐʃtɛlən] **I.** *vt* ❶ (*schildern*) betimlemek, tasvir etmek; (*beschreiben*) tarif etmek; (*schematisch*) çizmek; (*durch Symbole*) göstermek; **die ~de Kunst** betimleyici sanat ❷ (*abbilden*) resimle göstermek ❸ THEAT temsil etmek; FILM (*Charakter*) tiplemek ❹ (*bedeuten*) anlama gelmek **II.** *vr* ■ **sich ~** (*zeigen*) görünmek
Darsteller <-s, -> *m* aktör, erkek oyuncu
Darstellerin <-nen> *f* aktris, kadın oyuncu
Darstellung <-en> *f* ❶ THEAT (*Wiedergabe*) temsil, oyun; FILM (*eines Charakters*) tipleme ❷ (*Schilderung*) betim(leme), tasvir; (*Beschreibung*) betim(leme)
darüber ['daːrybɐ, da'ryːbɐ] *adv* ❶ (*räumlich*) onun üstünde, onun üzerinde; **die Wohnung ~ steht leer** onun üstündeki daire boş ❷ (*mehr*) daha fazla; **~ hinaus möchte ich noch Folgendes bemerken** ayrıca şunu da söylemek isterim; **ich bin ~ hinaus** (*fam*) bu artık beni ilgilendirmiyor ❸ (*zeitlich*) üzerinden; **~ verging die Zeit** üzerinden zaman geçti ❹ (*über eine Angelegenheit*) **~ weiß ich Bescheid** ondan haberim var; **er hat sich ~ beschwert** ondan yakındı; **~ lasse ich mir keine grauen Haare wachsen** ondan yana hiç tasa çekmem; **~ nachdenken** üzerinde düşünmek **darüber|stehen** *irr vi* (*fig: überlegen sein*) üstün olmak
darum ['daːrʊm, da'rʊm] *adv* ❶ (*deshalb*) onun için; **warum? — ~!** niçin? — onun için! ❷ (*räumlich*) etrafında ❸ (*um diese Angelegenheit*) **es handelt sich ~, dass ...** bahis konusu olan şey şudur ki ...; **red nicht lange ~ herum!** bırak artık muammalı konuşmayı!; **ich bitte dich ~** senden bunu rica ediyorum
darunter ['daːrʊntɐ, da'rʊntɐ] *adv* ❶ (*räumlich*) onun altında; **die Wohnung ~ steht leer** onun altındaki daire boş ❷ (*weniger*) ondan aşağı ❸ (*dabei, dazwischen*) aralarında, içlerinde; **es waren viele Kinder ~** içlerinde çok çocuk vardı ❹ (*unter dieser Angelegenheit*) **was versteht man ~?** bundan ne anlaşılır?
darunter|setzen *vt* **er setzte seine Unterschrift darunter** imzasını altına attı
Darwinismus *m kein pl* PHILOS, BIOL Darvincilik
das [das] *pron, art def s.* **der, die, das**
da|sein ['daːzaɪn] *irr vi sein s.* **da I.4., I.5.**
Dasein <-s> ['daːzaɪn] *nt kein pl* ❶ (*Vorhandensein*) varoluş, mevcudiyet ❷ (*Leben*) yaşama ❸ (*Anwesenheit*) orada bulunma **Daseinsform** *f* yaşam biçimi **Daseinsfreude** *f* yaşama sevinci **Daseinskampf** *m* yaşama çabası; (*Lebenskampf*) hayat mücadelesi
da|sitzen *irr vi* orada oturmak
dasjenige ['dasjeːnɪgə] *pron s.* **derjenige, diejenige, dasjenige**
dass[RR] [das] *konj*, **daß**[ALT] *konj* ki; **bis ~** -e kadar; **ohne ~** -meksizin; **er spielte so gut, ~ er nicht zu schlagen war** o kadar iyi oynadı ki, onu yenmek imkânsızdı; **~ er nicht zur Hilfe kam, ist nicht zu entschuldigen** yardıma gelmemesi affedilemez; **~ er mit sich zufrieden ist, sieht man ihm an** hâlinden memnun olduğu yüzünden anlaşılıyor; **alles begann damit, ~ er krank wurde** her şey hastalanmasıyla başladı; **~ du mir pünktlich nach Hause kommst!** vaktinde de eve geleceksin!
dasselbe [das'zɛlbə] *pron s.* **derselbe, dieselbe, dasselbe**
da|stehen *irr vi* ❶ (*örtlich*) orada durmak ❷ (*in einer Situation*) **mit offenem Mund ~** ağzı açık bakakalmak; **wie versteinert ~** taş kesilmek, donakalmak; **gut/schlecht ~** (*Geschäft*) işler iyi/kötü; **er steht gut da** durumu iyi; **wenn der Vater stirbt, wird sie ganz allein ~** babası ölünce yapayalnız [*o* tek başına] kalacak
Date <-(s), -s> [dɛɪt] *nt* randevu
Datei <-en> [da'taɪ] *f* INFORM dosya, veri

dosyası **Dateiname** *m* INFORM dosya adı **Dateiverwaltung** *f* INFORM dosya yönetimi

Daten ['da:tən] *pl* ❶ *pl von* **Datum** ❷ (*Angaben*) *a.* INFORM veriler *pl,* veri *sing*

Datenabruf *m* INFORM veri erişimi **Datenaufbereitung** *f* INFORM veri hazırlama **Datenaustausch** <-es> *m kein pl* INFORM veri alıp verme, veri değiş tokuşu **Datenautobahn** <-en> *f* INFORM veri otobanı **Datenbank** <-en> *f* INFORM veri bankası **Datenbasis** *f* INFORM veri tabanı **Dateneingabe** *f* INFORM veri girişi **Datenerfassung** <-en> *f* INFORM veri toplama **Datenfernübertragung** *f* INFORM, TELEK veri uz aktarımı **Datenfluss** *m* INFORM veri akışı **Datenmissbrauch**[RR] *m* INFORM bilgilerin kötüye kullanılması **Datennetz** *nt* INFORM veri ağı **Datenpaket** *nt* INFORM veri paketi **Datenpool** *m* INFORM veri tabanı **Datenschnittstelle** *f* INFORM veri portu **Datenschutz** *m* JUR veri koruma **Datentransfer** *m* INFORM veri transferi **Datentypist(in)** <-en, -en; -nen> *m(f)* INFORM operatör **Datenübertragung** *f* INFORM veri aktarımı **Datenverarbeitung** <-en> *f* INFORM bilgi işlem; **elektronische ~** elektronik bilgi işlem

datieren* [da'ti:rən] **I.** *vt* tarih koymak (-e), tarih atmak (-e); **datiert sein auf ...** ... tarihli olmak **II.** *vi* kalmak (**aus** -den)

Dativ <-s, -e> ['da:ti:f] *m* LING yönelme durumu

dato ['da:to] *adv* **bis ~** bugüne kadar

Dattel <-n> ['datəl] *f* BOT, GASTR hurma **Dattelpalme** *f* BOT hurma ağacı

Datum <-s, Daten> ['da:tʊm] *nt* tarih; **das Werk ist jüngeren ~s** yapıt yakın zamandan kalmadır; **welches ~ haben wir heute?** bugün ayın kaçı?; **mit ~ vom 10. Oktober** 10 Ekim tarihli; **~ des Poststempels** posta damgasının tarihi

Daube *f* şendere

Dauer ['daʊɐ] *f kein pl* devam; (*Zeitspanne*) süre; **für die ~ eines Augenblicks/Jahres** bir anlık/yıllık süre için, bir an/yıl için; **das war nicht von ~** bu devamlı değildi; **auf die ~ ist das unerträglich** devamlı olarak bu çekilmez; **das kann auf die ~ nicht so weitergehen** bu böyle devam edemez **Dauererfolg** *m* uzun süren başarı

dauerhaft *adj* devamlı, sürekli; (*beständig*) kalıcı; (*widerstandsfähig*) dayanıklı

Dauerkarte *f* abonman kartı **Dauerkunde(in)** <-n, -n; -nen> *m(f)* (*Stammkunde*) devamlı müşteri **Dauerlauf** <-(e)s, -läufe> *m* SPORT mukavemet koşusu

dauern ['daʊɐn] **I.** *vi* sürmek; (*lange*) uzamak; **das dauert und dauert** bu uzadı da uzadı; **das dauert wieder!** bu iş yine uzadı!; **wie lange dauert es denn noch?** daha ne kadar sürecek ki?; **es dauerte nicht lange, bis sie zurückkehrte** geri dönmesi fazla sürmedi; **die Verhandlungen ~ schon drei Tage** görüşmeler üç gündür sürüyor **II.** *vt* (*geh: leidtun*) üzülmek

dauernd ['daʊɐnt] *adv* sürekli olarak, devamlı olarak, temelli; (*unaufhörlich*) durmadan

Dauerschaden *m* MED kalıcı hasar **Dauerwelle** *f* perma(nant) **Dauerwirkung** *f* kalıcı etki **Dauerzustand** *m* süreğen durum

Daumen <-s, -> ['daʊmən] *m* başparmak; **am ~ lutschen** başparmağını emmek; **~ drehen** (*fig*) dalga saymak, sinek avlamak; **jdm die ~ drücken** (*fam*) birine şans dilemek

Daune <-n> ['daʊnə] *f* kuş tüyü **Daunendecke** *f* kuş tüyü yorgan

Daviscup[RR] <-s> *m kein pl* SPORT Davis Kupası

Davit <-s, -s> *m o nt* NAUT (*Kranbalken für Lasten*) dikme; (*für Rettungsboote*) matafora

davon ['da:fɔn, da'fɔn] *adv* ❶ (*räumlich*) **nicht weit ~** oradan uzakta değil; **einige Meter ~ entfernt** oraya birkaç metre uzakta; **links/rechts ~** onun solunda/sağında; **er ist auf und ~** (*fam*) toz oldu, tüydü, kirişi kırdı ❷ (*Anteil*) **die Hälfte ~** onun yarısı; **genug ~!** bu kadarı yeter! ❸ (*damit*) **~ kann man eine Suppe kochen** onunla bir çorba yapılabilir ❹ (*Angelegenheit*) **hast du dich ~ erholt?** ondan kendini toparladın mı?; **das hängt ~ ab, ob er kommt** bu onun gelip gelmemesine bağlıdır; **was habe ich denn ~?** bundan bana ne?; **wir können ~ ausgehen, dass ...** ...den yola çıkabiliriz; **jdn ~ abhalten, etw zu tun** bir kimseyi bir şey yapmaktan alıkoymak; **~ Abstand nehmen, etw zu tun** (*geh*) bir şeyi yapmaktan caymak [*o* vazgeçmek] ❺ (*dadurch*) **~ kannst du krank werden** ondan hastalanabilirsin; **ich bin ~ aufgewacht** ondan uyandım **davon|fliegen** [-'---] *irr vi* uçmak

davon|jagen **I.** *vi sein* (*sich entfernen*) kaçmak **II.** *vt* (*vertreiben*) kovmak

davon|kommen *irr vi sein* kurtulmak, yakayı kurtarmak; (*mit dem Leben*) paçayı kurtarmak; **billig ~** (*fam*) ucuz kurtulmak [*o* atlatmak]; **mit einem blauen Auge ~**

(*fig*) ucuz kurtulmak [*o* atlatmak]; **mit dem Schrecken ~** korkusu yanına kâr kalmak; **du kommst mir nicht ungeschoren davon** sen benim elimden kurtulamazsın **davon|laufen** *irr vi sein* ❶ (*weglaufen*) kaçmak ❷ (*fam: verlassen*) kaçmak; **von zu Hause ~** evden kaçmak **davon|machen** *vr* ■ **sich ~** (*fam*) sıvışmak **davon|tragen** *irr vt* ❶ (*Dinge*) götürmek ❷ (*geh: Sieg*) almak ❸ (*Verletzungen*) almak; **schwere Verletzungen ~** ağır yara almak

davor ['da:fo:ɐ, da'fo:ɐ] *adv* ❶ (*räumlich*) onun önünde, bunun önünde ❷ (*zeitlich*) ondan önce; **kurz ~** ondan biraz önce ❸ (*im Hinblick auf*) **er hat mich ~ gewarnt** beni o bakımdan uyardı; **sie hat keine Angst ~** o bakımdan korkusu yok, ondan korkusu yok

dazu ['da:tsu, da'tsu:] *adv* ❶ (*räumlich*) neye; **wozu gehört das? — ~** bu neye ait? — ona ❷ (*außerdem*) ayrıca ❸ (*dafür*) onun için, bunun için; **ich brauche ~ einen Hammer** bunun için bir çekice ihtiyacım var; **er/das ist ~ da, um ...** o/bu ... içindir; **ich habe keine Lust ~** ona [*o* buna] hevesim yok ❹ (*darüber*) buna, ona; **was meinst du ~?** buna ne diyorsun [*o* dersin]? ❺ **das führt ~, dass es Krach gibt** bunun sonunda kavga çıkar; **wie komme ich denn ~?** (*warum bekomme ich das?*) bunu niçin bana veriyorsun ki?; (*warum sollte ich es tun?*) bunu niçin yapayım ki? **dazu|geben** [-'---] *irr vt* üstüne koymak **dazu|gehören*** *vi* ona ait olmak; **das gehört eben auch dazu** bu da ona ait işte; **es gehört schon einiges dazu** bunu yapmak epey yürek ister

dazugehörige(r, s) *adj* buna ait olan, ona ait olan

dazu|gesellen* *vr* ■ **sich ~** katılmak (**zu** -e) **dazu|kommen** *irr vi sein* ❶ (*ankommen*) (üstüne) gelmek ❷ (*hinzugefügt werden*) üstüne gelmek (**zu** -in), eklenmek (**zu** -e); **dazu kommt noch, dass er gelogen hat** bunun üstüne bir de yalan söylemiş olduğu geliyor, bu yetmiyormuş gibi bir de yalan söylemiş **dazu|lernen** *vt* **man kann immer noch etw ~** insan her zaman yeni bir şeyler daha öğrenebilir **dazumal** *adv* (*damals*) o zamanlar; **anno ~** fi tarihinde; (*einstmals*) bir zamanlar **dazu|tun** *irr vt* katmak, üstüne koymak

dazwischen ['da:tsvɪʃən, da'tsvɪʃən] *adv* ❶ (*räumlich*) aralarında ❷ (*zeitlich*) arada **dazwischen|kommen** *irr vi sein* ❶ (*hineinreichen*) arasına girmek; **mit der Hand komme ich dazwischen** elimle arasına girerim ❷ (*Ereignis, Problem, Aufgabe*) araya girmek; **mir ist leider etwas dazwischengekommen** maalesef araya bir iş girdi **dazwischen|liegen** *irr vi* **es liegen einige Jahre dazwischen** aradan birkaç yıl geçti **dazwischen|reden** *vi* lafa karışmak, söze karışmak **dazwischen|treten** *irr vi sein* (*eingreifen*) araya girmek

DB [de:'be:] *f Abk von* **Deutsche Bahn** Almanya Demir Yolları *pl*

DDR [de:de:'ʔɛr] *f* HIST *Abk von* **Deutsche Demokratische Republik** Almanya Demokratik Cumhuriyeti

D-Dur <-> *nt kein pl* MUS re majör

Deal <-s, -s> ['di:l] *m* (*sl*) ticaret; (*Geschäft*) iş

dealen ['di:lən] *vi* uyuşturucu madde alıp satmak

Dealer(in) <-s, -; -nen> *m(f)* (*fam: Drogen~*) torbacı, uyuşturucu satıcısı

Debatte <-n> [de'batə] *f* tartışma; POL görüşme; **etw zur ~ stellen** bir şey tartışma konusu olmak; **was steht zur ~?** neyi görüşüyoruz?

debattieren* *vi, vt* görüşmek (**über** -), tartışmak (**über** -)

debil *adj* MED debil

Debilität *f kein pl* MED debillik

Debüt <-s, -s> [de'by:] *nt* sahneye ilk çıkış, halkın önüne ilk çıkış; **sein ~ geben** halkın önüne ilk kez çıkmak

dechiffrieren* [deʃɪ'fri:rən] *vt* deşifre etmek

Deck <-(e)s, -s> [dɛk] *nt* ❶ NAUT güverte; **alle Mann an ~!** herkes güverteye! ❷ (*Parkhaus~*) kat

Deckblatt *nt* ❶ (*Titelblatt*) baş sayfa ❷ BOT gonca yaprağı ❸ (*von Zigarre*) puronun en üst yaprağı ❹ (*Spielkarte*) destenin en üst kâğıdı

Decke <-n> ['dɛkə] *f* ❶ (*Woll~*) battaniye; (*Bett~*) yorgan; (*Tages~*) örtü; (*Pferde~*) örtü; **mit jdm unter einer ~ stecken** (*fig fam*) biriyle danışık dövüşlü olmak ❷ (*Tisch~*) örtü ❸ (*Zimmer~*) tavan; **an die ~ gehen** (*fig fam*) küplere binmek; **jdm fällt die ~ auf den Kopf** (*fig fam*) birine sıkıntı basmak ❹ (*Asphalt~*) kaplama ❺ (*Mantel eines Autoreifens*) kaplama

Deckel <-s, -> ['dɛkəl] *m* ❶ (*von Gefäßen*) kapak ❷ (*Buch~*) kapak, kılıf ❸ (*fam: Hut*) kafalık; **eins auf den ~ kriegen** (*fig fam*) kafasına bir tane yemek

decken ['dɛkən] **I.** *vt* ❶ (*be~*) örtmek; (*zu~*) örtmek; **ein Tuch über etw ~** bir şeyi bezle örtmek ❷ (*Bedarf*) karşılamak; (*Nachfrage*) karşılamak ❸ (*Tisch*) kurmak; **den Tisch ~** sofrayı kurmak ❹ (*Dach*) aktarmak, döşemek, kaplamak; **ein Dach mit Ziegeln ~** bir çatıya kiremit döşemek, bir çatıyı kiremitle kaplamak ❺ SPORT marke etmek ❻ (*ein Verbrechen*) örtbas etmek ❼ FIN (*Scheck*) **der Scheck ist nicht gedeckt** çekin karşılığı yoktur, çek açıktır ❽ ZOOL (*weibliche Tiere*) erkeğiyle çiftleştirmek; (*Kühe*) keleye çekmek, boğaya çekmek; (*Stuten*) aygırla çiftleştirmek; **dem Bullen zum D~ zuführen** boğaya çekmek **II.** *vr* ■ **sich ~** (*übereinstimmen*) örtüşmek, birbirini tutmak; (*kongruieren*) çakışmak

Deckenbeleuchtung *f* tavan ışığı

Deckflügel *m* ZOOL kın kanat **Deckglas** *nt* lamel **Deckmantel** *m* kisve; **unter dem ~ der Demokratie/Hilfsbereitschaft** demokrasi/hayırseverlik kisvesi altında **Deckname** *m* takma ad **Deckstation** *f* hayvan aşım istasyonu

Deckung ['dɛkʊŋ] *f kein pl* ❶ MIL siper, sütre; **jdm ~ geben** birini korumak; **in ~ gehen** sipere yatmak, pusmak ❷ (*von Bedarf, Scheck*) karşılık, provizyon; **der Scheck hat keine ~** çekin karşılığı yok, çek provizyonsuz ❸ (*Übereinstimmung*) uyum; **unterschiedliche Standpunkte zur ~ bringen** farklı görüşlerde uyum sağlamak ❹ SPORT (*der Spieler*) markaj; (*Verteidigung*) defans, savunma **deckungsgleich** *adj* MATH (*kongruent*) çakışık

Decoder <-s, -> [di'kɔʊdɐ] *m* INFORM, TV dekoder

Deduktion *f* PHILOS tümden gelim

deduktiv *adj* tümden gelişimci

defekt [de'fɛkt] *adj* bozuk; (*nicht funktionstüchtig*) bozuk, arızalı

Defekt <-(e)s, -e> *m* ❶ TECH bozukluk ❷ MED bozukluk

defensiv [defɛn'zi:f] *adj* **~ fahren** rizikoya girmeden araba sürmek; **~ spielen** defansta oynamak

Defensive <-n> [defɛn'zi:və] *f* savunma; SPORT defans; **in die ~ gehen** savunmaya geçmek

Defilee *nt* resmigeçit, geçit töreni

defilieren* [defi'li:rən] *vi* resmigeçit yapmak

definieren* [defi'ni:rən] *vt* tanımlamak

Definition <-en> [defini'tsjo:n] *f* tanım

definitiv [defini'ti:f] *adj* kesin

Defizit <-s, -e> ['de:fitsɪt] *nt* ❶ WIRTSCH açık ❷ (*Mangel*) eksiklik (**an** -de); **die Partei hat ein ~ an Popularität** partinin popülarite eksikliği var

Deflation <-en> [defla'tsjo:n] *f* WIRTSCH deflasyon

Deformation <-en> *f* PHYS, MED deformasyon

deformieren* [defɔr'mi:rən] *vt* deforme etmek, biçimini bozmak (-in)

Defroster *m* defroster, buzçözer

deftig ['dɛftɪç] *adj* ❶ (*Essen*) besleyici; (*Ohrfeige*) okkalı ❷ (*Spaß*) kaba saba

Degen <-s, -> ['de:gən] *m* ❶ epe ❷ SPORT (*Fechten*) kılıç

degenerieren* [degene'ri:rən] *vi sein a.* BIOL, MED dejenere olmak, soysuzlaşmak

degradieren* [degra'di:rən] *vt a.* MIL rütbesini indirmek (-in, **zu** -e)

dehnbar ['de:nba:ɐ] *adj* ❶ (*Material*) esnek, elastiki; (*in die Länge*) uzar; PHYS genişler ❷ (*Begriff*) lastikli

dehnen ['de:nən] **I.** *vt* ❶ (*Material*) genişletmek; PHYS genleştirmek; MED (*Bänder*) esnetmek ❷ (*Laute*) uzatmak **II.** *vr* ■ **sich ~** ❶ (*weiter werden*) genişlemek; PHYS genleşmek ❷ (*sich recken*) gerinmek ❸ (*lange dauern*) uzamak

Dehnungszeichen *nt* LING uzatma işareti

Deich <-(e)s, -e> [daɪç] *m* set, bent

Deichsel <-n> ['daɪksəl] *f* arış, ok

dein, deine, dein [daɪn] *pron* (*adjektivisch*) (senin) ...in; **~ Mantel/Buch** (senin) palton/kitabın; **~e Freunde/Eltern** (senin) dostların/annen baban; **viele Grüße, ~ Peter** selamlar, (senin) Peter(in); **du rauchst wohl auch so ~e drei Schachteln am Tag** sen de günde üç paket içiyorsundur

deine(r, s) ['daɪnə, -nɐ, -nəs] *pron* (*substantivisch*) seninki; **die ~n** seninkiler; **der Wagen in der Einfahrt, ist das ~r?** girişteki araba seninki mi?; *s. a.* **dein, deine, dein**

deiner *pron gen von* **du** seni; **wir werden stets ~ gedenken** (*geh*) seni her zaman anacağız

deinerseits ['daɪnɐzaɪts] *adv* senden, senin tarafından; **du musst auch ~ etw tun** senden de bir şeyler gelmesi gerekiyor, sen de bir şeyler yapmak zorundasın

deinesgleichen ['daɪnəs'glaɪçən] *pron* senin gibiler; **~ kenne ich schon allzu gut** senin gibileri ben çok iyi bilirim

deinetwegen *adv* senin için; (*negativ*) senin yüzünden

deinetwillen ['daɪnət'vɪlən] *adv* **um ~** senin için

deinige ['daɪnɪgə] *pron* (*geh*) **der/die/das ~** seninki; **die ~n** seninkiler

deins *pron s.* **deine(r, s)**

Deismus *m kein pl* PHILOS teizm, tanrıcılık
Dekade <-n> [de'ka:də] *f* on günlük süre
dekadent [deka'dɛnt] *adj* dejenere
Dekadenz *f kein pl* dejenerelik, yozluk; LIT dekadanlık
Dekan(in)[1] <-s, -e; -nen> [de'ka:n] *m(f)* UNIV dekan
Dekan[2] <-s, -e> *m* REL baş papaz
Dekanat <-(e)s, -e> [deka'na:t] *nt* UNIV dekanlık; REL baş papazlık
deklamieren* [dekla'mi:rən] *vt* inşat etmek, yüksek sesle okumak
deklarieren* [dekla'ri:rən] *vt* deklare etmek
deklinabel *adj* LING çekimli
Deklination <-en> [deklina'tsjo:n] *f* LING çekim **Deklinationsendung** <-en> *f* LING çekim eki
deklinierbar *adj* LING çekimli
deklinieren* [dekli'ni:rən] *vt* LING çekmek
dekodieren* [deko'di:rən] *vt* INFORM dekode etmek
Dekolletee[RR] <-s, -s> [dekɔl'te:] *nt*, **Dekolleté** <-s, -s> *nt* dekolte
Dekor[1] <-s, -s *o* -e> [de'ko:ɐ] *m* (*Verzierung*) süsleme
Dekor[2] <-s> [de'ko:ɐ] *nt kein pl* THEAT dekor
Dekorateur(in) <-s, -e; -nen> [dekora'tø:ɐ] *m(f)* dekoratör
Dekoration <-en> [dekora'tsjo:n] *f* dekorasyon, süs
Dekorationsmaler(in) *m(f)* bezekçi, nakkaş
dekorativ [dekora'ti:f] *adj* dekoratif
dekorieren* [deko'ri:rən] *vt* dekore etmek, süslemek, bezemek
Dekret <-(e)s, -e> [de'kre:t] *nt* resmî karar, kararname, resmî emir(name), buyruk
Delegation <-en> [delega'tsjo:n] *f* delegasyon
delegieren* [dele'gi:rən] *vt* delege olarak atamak (**an** -e)
Delegierte(r) <-n, -n; -n> [dele'gi:ɐtɐ] *f(m)* delege
Delfin[RR] <-s, -e> *m s.* **Delphin** yunus balığı
delikat [deli'ka:t] *adj* (*geh*) ❶ (*Speisen*) lezzetli; (*Mensch*) nazik, narin ❷ (*heikel*) nazik
Delikatesse <-n> [delika'tɛsə] *f* ❶ (*Leckerbissen*) **das Gericht war eine ~** yemek enfesti ❷ *kein pl* (*geh: Behutsamkeit*) özen; (*Zartgefühl*) naziklik
Delikt <-(e)s, -e> [de'lɪkt] *nt* JUR suç; (*unerlaubte Handlung*) haksız fiil
Delinquent(in) <-en, -en; -nen> [delɪŋ'kvɛnt] *m(f)* (*geh*) suçlu, fail
Delirium <-s, Delirien> [de'li:riʊm] *nt* sabuklanma, hezeyan
Delle <-n> *f* (*fam: Druckstelle*) ezik
Delphin <-s, -e> [dɛl'fi:n] *m* ZOOL yunus balığı
Delta[1] <-s, -s *o* Delten> ['dɛlta] *nt* GEO delta, çatal ağız
Delta[2] <-(s), -s> *nt* (*griechischer Buchstabe*) delta
Deltamuskel *m* ANAT delta kası
Delten *pl von* **Delta**[1]
dem [de:m] *pron, art def dat von* **der, das** *s.* **der, die, das**
Demagoge(in) <-n, -n; -nen> [dema'go:gə] *m(f)* demagog; (*pej*) halk dalkavuğu, halk avcısı
Demagogie <-n> [demago'gi:] *f* demagoji; (*pej*) halk avcılığı
demagogisch *adj* (*pej*) demagojik
demaskieren* [demas'ki:rən] *vt* maskesini düşürmek (-in); **jdn ~** birinin maskesini kaldırmak; ▪ **sich ~** (kendi) maskesini atmak
Dementi <-s, -s> [de'mɛnti] *nt* yalanlama
dementieren* *vt* yalanlamak
dementsprechend ['de:mʔɛnt'ʃprɛçənt] **I.** *adj* ona uygun **II.** *adv* ona göre; **sie wurden ~ behandelt** ona göre muamele gördüler
demgegenüber ['---'--] *adv* buna karşılık (olarak); (*andererseits*) öte yandan, diğer taraftan
Demission <-en> [demɪ'sjo:n] *f* POL (*Rücktritt*) istifa
demnach ['--] *adv* demek ki, şu hâlde, öyle ise, buna göre; **~ warst du gestern dort** demek ki dün oradaydın
demnächst [de:m'nɛ:kst] *adv* yakında
Demo <-s> ['de:mo] *f* ❶ (*fam: Demonstration*) gösteri ❷ INFORM (*Demonstrationsprogramm*) demo
Demokrat(in) <-en, -en; -nen> [demo'kra:t] *m(f)* demokrat
Demokratie <-n> [demokra'ti:] *f* demokrasi
demokratisch [demo'kra:tɪʃ] *adj* demokratik; (*Person*) demokrat
demokratisieren* [demokrati'zi:rən] *vt* demokratikleştirmek
Demokratisierung <-en> *f* demokratikleşme
demolieren* [demo'li:rən] *vt* yıkmak, kırıp dökmek, tahrip etmek
Demonstrant(in) <-en, -en; -nen> [demɔn'strant] *m(f)* gösterici
Demonstration <-en> [demɔnstra'tsjo:n] *f* ❶ (*Protestmarsch*) gösteri

D

yürüyüşü (**für** için, **gegen** karşı) ❷ (*geh: Bekundung*) gösteri, gösterme

demonstrativ [demɔnstra'ti:f] **I.** *adj* gösterici **II.** *adv* göstere göstere **Demonstrativpronomen** *nt* LING gösterme zamiri, işaret zamiri

demonstrieren* **I.** *vi* (*protestieren*) gösteri (yürüyüşü) yapmak (**für** için, **gegen** -e karşı) **II.** *vt* (*bekunden*) göstermek

demontieren* *vt* sökmek

demoralisieren* [demorali'zi:rən] *vt* moralini bozmak (-in)

demselben *pron dat von* **derselbe, dasselbe** *s.* **derselbe, dieselbe, dasselbe**

Demut ['de:mu:t] *f kein pl* alçak gönüllülük, huşu; **in ~** huşu içinde [*o* ile]

demütig ['de:my:tɪç] *adj* alçak gönüllü

demütigen *vt* küçük düşürmek; (*beschämen*) utandırmak

Demütigung <-en> *f* küçük düşürme

demzufolge ['--'--] *adv* (*folglich*) ondan dolayı, bundan dolayı, dolayısıyla, bu yüzden

den *pron, art def akk von* **der** *dat von pl* **die** *s.* **der, die, das**

denen *pron, pron dat von pl* **die** *s.* **der, die, das**

Den Haag <-s> *nt* Lahey

denkbar I. *adj* düşünülebilecek, akla gelebilecek **II.** *adv* (*äußerst*) son derece; (*möglichst*) mümkün mertebe; **ein ~ günstiges Angebot** son derece uygun bir teklif

denken <denkt, dachte, gedacht> ['dɛŋkən] **I.** *vi* ❶ (*überlegen*) düşünmek (**an** -, **über/von** -); **laut ~** (*fam*) içinden konuşmak; **das gibt mir zu ~** bu beni düşündürüyor; **solange ich ~ kann** bildim bileli; **ich denke nicht daran, das zu tun!** bunu yapmayı düşünmüyorum!; **ich darf gar nicht daran ~** onu hiç düşünmek [*o* aklıma getirmek] istemiyorum; **wie denkst du darüber?** sen buna [*o* bu işe] ne diyorsun? ❷ (*sich erinnern*) düşünmek (**an** -), aklından geçirmek (**an** -); **denk daran!** hatırında tut!, unutma onu!, aklından çıkarma!; **wenn ich so an früher denke** eski günleri aklımdan geçirdiğim zaman ❸ (*annehmen*) **wer hätte das gedacht** kim düşünürdü bunu, kimin aklına gelirdi bu; **ich denke schon** olabilir; **denkste!** (*fam*) sen öyle zannet! ❹ (*wollen*) istemek; **ganz wie Sie ~** nasıl isterseniz!; **wo ~ Sie hin!** bir düşünsenize! **II.** *vt* (*sich vorstellen*) düşünmek, aklından geçirmek, göz önüne getirmek; **was denkst du gerade?** şu anda ne düşünüyorsun?; **das hätte ich nicht von ihm gedacht!** bunu ondan beklemezdim!, onun bunu yapacağını aklımdan geçirmezdim!; **wie hast du dir das gedacht?** bunu nasıl düşünüyorsun?; **das kann ich mir ~** bunu düşünebiliyorum, bunu gözümün önüne getirebiliyorum; **ich habe mir nichts Böses dabei gedacht** onu yaparken hiçbir kötülük düşünmedim; **für jdn/etw gedacht sein** bir kimse/şey için düşünülmüş olmak

Denken <-s> *nt kein pl* ❶ (*Nach~*) düşünme ❷ (*logisches ~*) mantıksal düşünme; **positives ~** olumlu düşünme

Denker(in) <-s, -; -nen> *m(f)* düşünür

Denkfehler *m* mantık hatası

Denkmal <-s, -mäler *o* -e> ['dɛŋkma:l] *nt* anıt; **jdm ein ~ setzen** birini anıtlaştırmak **Denkmal(s)schutz** <-es> *m kein pl* anıtların korunması; **etw unter ~ stellen** bir şeyi anıt olarak korumak

Denksportaufgabe *f* bilmece, akıl oyunu

denkwürdig *adj* anılmaya değer **Denkzettel** *m* ibret, ders; **jdm einen ~ verpassen** birine gününü göstermek, birine ders vermek

denn [dɛn] **I.** *part* ki; **was ist ~ passiert?** ne oldu ki?; **warum/wo ~?** neden/nerede ki?; **wieso ~ nicht?** niçin olmasın ki?; **kannst du ~ nicht aufpassen?** dikkat edemez misin ki?; **geschweige ~** şöyle dursun, nerde kaldı ki, bir yana; **was soll ~ das heißen?** bu da ne demek? **II.** *konj* ❶ (*weil*) çünkü; **ich wollte gehen, ~ es wurde schon dunkel** gitmek istedim, çünkü hava kararmaya başlamıştı; **es sei ~, dass ...** meğerki ... ❷ (*geh: als*) -den; **mehr ~ je** herşeyden çok

dennoch ['dɛnɔx] *adv* bununla birlikte, gene de, rağmen; **er war schwer krank, ~ wollte er aufstehen** ağır hasta idi, gene de (ayağa) kalkmak istedi

denselben *pron, pron akk von* **derselbe** *dat von* **dieselben** *s.* **derselbe, dieselbe, dasselbe**

Denunziant(in) <-en, -en; -nen> [denʊn'tsjant] *m(f)* (*pej*) jurnalci, gammaz

denunzieren* [denʊn'tsi:rən] *vt* (*pej*) gammazlamak, jurnal etmek

Deo <-s, -s> ['de:o] *nt* (*fam*) deodoran

Deodorant <-s, -e *o* -s> [deodo'rant] *nt* deodoran **Deoroller** *m* sürtop deodoran **Deospray** *m* deodoran spreyi

Departement <-s, -s> [departə'mã:] *nt* ADMIN (*Frankreich, Schweiz*) departman

Depesche <-n> [de'pɛʃə] *f* telgraf

deplatziert *adj* yersiz, yerinde olmayan; (*unangebracht*) yakışıksız

Deponie <-n> [depo'ni:] *f* (*Müll~*) çöplük

deponieren* *vt* bırakmak, tevdi etmek

Deportation <-en> [depɔrta'tsjo:n] *f* sürgün; (*Deportierung*) sürme, sürülme, sürgüne gönderme

deportieren* [depɔr'ti:rən] *vt* sürmek, sürgüne göndermek

Depot <-s, -s> [de'po:] *nt* ❶ (*für Waren*) depo, ardiye; (*Aktien~*) portföy ❷ (*Fahrzeugpark*) depo ❸ GASTR (*bei Wein*) tortu ❹ SCHWEIZ (*Flaschenpfand*) depozito

Depotverwaltung *f* FIN (*für Aktien*) portföy yönetimi

Depression <-en> [deprɛ'sjo:n] *f* ❶ PSYCH depresyon, ruhi çöküntü, ruh çöküntüsü; (*Niedergeschlagenheit*) çöküntü, can bunaltısı ❷ WIRTSCH bunalım; (*Tiefstand*) çöküntü ❸ METEO alçak basınç ❹ GEO çöküntü alanı

depressiv *adj* ❶ PSYCH depresif; (*Stimmung*) kasvetli ❷ WIRTSCH bunalımlı

deprimieren* [depri'mi:rən] *vt* kasvet vermek (-e)

Deputierte(r) <-n, -n; -n> [depu'ti:ɐtɐ] *f(m)* POL delege

der *pron, art def gen/dat von* **die** *gen von pl* **die** *s.* **der, die, das**

der, die, das <die> [de:ɐ, di:, das] **I.** *art def* o, bu, onlar *pl,* bunlar *pl* **II.** *pron* ❶ (*adjektivisch: hier*) buradaki, buradakiler *pl;* (*da*) oradaki, oradakiler *pl;* **das Kind dort** oradaki çocuk ❷ (*substantivisch*) bu, o, bunlar *pl,* onlar *pl;* **was ist das?** bu ne(dir)?, bunlar ne(dir)?; **das hier/da** buradaki/oradaki; **~/die dort** oradaki/oradakiler; **das bin ich** bu benim; **~ mit dem Koffer** bavullu olanı; **ist das Ihr Auto?** bu sizin otomobiliniz mi?; **wie dem auch sei** her nasılsa; **ich bin mir dessen bewusst** ben bunun farkındayım; **nach dem, was ich gehört habe** duyduklarımdan sonra; *s. a.* **diese(r, s), jene(r, s), derjenige III.** *pron* **der Mensch, ~ das getan hat** bunu yapan insan; **der Mann, bei dem er wohnt** yanında oturduğu adam; **der Nachbar, dessen Hund so oft bellt** köpeği öyle sık havlayan komşu

derart ['--] *adv* öylesine; **~, dass ...** öylesine ki ...

derartig I. *adj* öyle **II.** *adv* öyle(sine); **er schnarchte ~, dass ...** öyle bir horladı ki ...

derb [dɛrp] *adj* ❶ (*kräftig*) kuvvetli ❷ (*stabil*) sert ❸ (*Ausdruck*) kaba ❹ (*Person*) kaba

Derby <-s, -s> ['dɛrbi] *nt* SPORT derbi

deren ['de:rən] *pron gen von* **die** *s.* **der, die, das**

derentwegen ['de:rənt've:gən] *adv* (*relativisch*) onların yüzünden; (*demonstrativisch*) onlar için

derentwillen ['de:rənt'vɪlən] *adv* **um ~** (*ihr zuliebe*) onun hatırı için; (*ihnen zuliebe*) onların hatırı için

derer ['de:rɐ] *pron gen von pl* **die** *s.* **der, die, das**

dergestalt ['---] *adv* (*geh*) o kadar; (*so*) öyle; **~, dass ...** o kadar ki ..., öyle ki ...

dergleichen ['-'--] *pron* ona benzer, onun gibi; **und ~ mehr** ve benzerleri

derjenige, **diejenige**, **dasjenige** <diejenigen> ['de:ɐje:nɪgə, 'di:je:nɪgə, 'dasje:nɪgə] *pron* (*hier*) bu; (*weiter entfernt*) o, şu; **~, der am lautesten schreit** en yüksek sesle bağıran kimse; **~ Schüler, der das getan hat** bunu yapmış olan öğrenci; **ist das ~, welcher es gemacht hat?** (*fam*) onu yapan bu mu?

derjenigen *pron dat/gen von* **diejenige** *gen von* **diejenigen** *s.* **derjenige, diejenige, desjenige**

derlei ['de:ɐ'laɪ] *pron inv s.* **dergleichen**

dermaßen ['de:ɐ'ma:sən] *adv* o kadar, o denli, öyle(sine); **~, dass ...** o kadardı ki ...; **die Freude war ~ groß** sevinci o kadar büyüktü ki

Dermatitis *f* MED dermatit

Dermatologe(in) *m(f)* dermatolog

Dermatologie *f kein pl* dermatoloji

derselbe, **dieselbe**, **dasselbe** <dieselben> [de:r'zɛlbə, di:'zɛlbə, das'zɛlbə] *pron* aynı; **auf dasselbe herauskommen** [*o* **herauslaufen**] aynı kapıya çıkmak; **er ist immer noch ganz ~** hâlâ aynı, hiç değişmemiş; **das ist doch ein und dasselbe** bu başka bir şey değil ki, bu aynı şey işte, ha böyle olmuş ha öyle

derweil(en) ['de:ɐ'vaɪl(ən)] **I.** *adv* bu arada **II.** *konj* bu arada

derzeit ['--] *adv* şu anda, hâlen; **die ~ beste Methode** şu anda en iyi yöntem

derzeitig *adj* şimdiki; **der ~e Regierungschef** şimdiki hükümet başkanı

des [dɛs] *art def gen von* **der, das** *s.* **der, die, das**

Des <-> [dɛs] *nt kein pl* MUS re bemol

Desaster <-s, -> [de'zastɐ] *nt* felaket

Deserteur(in) <-s, -e; -nen> [dezɛr'tø:ɐ] *m(f)* asker kaçağı

desertieren* *vi haben o sein* askerden kaçmak

desgleichen [dɛs'glaɪçən] *adv* aynısı

deshalb ['--] *adv* bu yüzden, onun için, bundan dolayı; **ich habe das ~ getan, weil ich es für richtig halte** bunu doğru bulduğum için yaptım; **~ frage ich ja** bu yüzden soruyorum ya, onun için soruyorum ya; **gerade ~!** bu yüzden işte!, onun için işte!, bundan dolayı işte!; **gerade ~ ...** işte bu yüzden ..., işte onun için ..., işte bundan dolayı ...

Design <-s, -s> [di'zaɪn] *nt* dizayn, tasarım; **computerunterstütztes ~** INFORM bilgisayar destekli tasarım

Designer(in) <-s, -; -nen> *m(f)* dizaynci; (*Mode~*) desinatör, stilist

Desinfektion <-en> [dezɪnfɛk'tsjo:n] *f* dezenfektasyon **Desinfektionsmittel** *nt* dezenfektan

Desinfiziens <-, -zienzien *o* -zientia> [dezɪnfɛk'tsjo:n] *nt* dezenfektan

desinfizieren* *vt* dezenfekte etmek

Desinteresse <-s> ['dɛsʔɪntərɛsə] *nt kein pl* meraksızlık (**an/für** -e/-e), ilgisizlik (**an/für** -e/-e)

desinteressiert ['dɛsʔɪntərɛsi:ɐt] *adj* meraksız (**an/für** -e/-e), ilgisiz (**an/für** -e/-e); **ich bin an dieser Sache völlig ~** ben bu işe hiç meraklı değilim, benim bu işe hiç merakım yok

Desktoppublishing *nt kein pl* INFORM masaüstü yayıncılık

desorientiert *adj* yönsüz, yönünü şaşırmış, şaşkın

Despot(in) <-en, -en; -nen> [dɛs'po:t] *m(f)* despot

despotisch *adj* despotik

desselben [-'--] *pron gen von* **derselbe, dasselbe** *s.* **derselbe, dieselbe, dasselbe**

dessen ['dɛsən] *pron, pron gen von* **der, das** *s.* **der, die, das**

dessenungeachtetALT ['dɛsənʔʊngə'ʔaxtət] *adv s.* **ungeachtet**

Dessert <-s, -s> [dɛ'sɛ:ɐ] *nt* soğukluk

Dessous <-, -> [dɛ'su:] *nt* kadın iç çamaşırı

Destillat <-(e)s, -e> [dɛstɪ'la:t] *nt* CHEM damıtık madde

destillieren* [dɛstɪ'li:rən] *vt* CHEM damıtmak

Destillierkolben *m* CHEM damıtıcı, imbik

desto ['dɛsto] *konj* daha, ne kadar; **~ besser!** (çok) daha iyi!; **je mehr ... ~ mehr ...** ne kadar ... ise o kadar ...; **je früher, ~ besser** ne kadar erken olursa, o kadar iyi

destruktiv [destrʊk'ti:f, '---] *adj* yıkıcı

deswegen ['dɛs've:gən] *adv s.* **deshalb**

Detail <-s, -s> [de'taɪ] *nt* detay, ayrıntı; **ins ~ gehen** ayrıntılara inmek, detaya girmek

detaillieren* [de'taɪ'li:rən] *vt* detaylandırmak

detailliert **I.** *adj* detaylı, ayrıntılı; **~e Suche** INFORM detaylı arama **II.** *adv* detaylı olarak, ayrıntılı olarak

Detektei <-en> *f* dedektif bürosu

Detektiv(in) <-s, -e; -nen> [detɛk'ti:f] *m(f)* dedektif, hafiye

Detektivroman *m* LIT dedektif romanı, polisiye roman

Detektor <-s, -en> *m* dedektör, detektör

Determinante <-n> *f* MATH determinant

determinieren* [determi'ni:rən] *vt* belirlemek

Determinismus *m kein pl* PHILOS determinizm, belirlenimcilik

Detonation <-en> [detona'tsjo:n] *f* patlama

detonieren* *vi sein* patlamak

deuten ['dɔɪtən] **I.** *vi* ❶ (*zeigen*) işaret etmek (**auf** -e) ❷ (*hinweisen*) göstermek (**auf** -); **alles deutet darauf hin, dass ...** her şey şunu gösteriyor ki ... **II.** *vt* (*Text*) anlam çıkarmak (-den); (*Sterne*) yorumlamak; (*Träume*) yormak

Deuterium <-s> *nt kein pl* CHEM döteryum

deutlich ['dɔɪtlɪç] **I.** *adj* ❶ (*klar*) açık, belirgin; (*Handschrift*) okunaklı; **jdm etw ~ machen** birine bir şeyi açıklamak [*o* belirtmek]; **jdm etw klar und ~ sagen** birine bir şeyi açık ve seçik söylemek ❷ (*eindeutig*) apaçık, besbelli **II.** *adv* (*spürbar*) açıkça; **hier ist es ~ kälter** burası açıkça daha soğuk, buranın daha soğuk olduğu belli oluyor

Deutlichkeit *f kein pl* ❶ (*Klarheit*) açıklık, belirginlik ❷ (*Nachdruck*) kesinlik; **etw mit aller ~ sagen** bir şeyi kesinlikle söylemek

deutsch [dɔɪtʃ] *adj* Alman; **D~e Mark** HIST Alman markı

Deutsch(e) *nt dekl wie adj* Almanca; **~ sprechen/lernen** Almanca konuşmak/öğrenmek; **etw ins ~e/aus dem ~en übersetzen** bir şeyi Almancaya/Almancadan çevirmek; **wir haben uns auf ~ unterhalten** biz Almanca konuştuk; **auf gut ~ gesagt** kaba Almancası, açıkçası

Deutschamerikaner(in) *m(f)* Alman kökenli Amerikalı

Deutsche(r) <-n, -n; -n> *f(m)* Alman

Deutschland <-s> *nt* Almanya; **das vereinte/vereinigte ~** birleşik/birleşmiş Almanya

Deutschländer(in) *m(f)* Almancı (*Bezeichnung für Türken, die in Deutschland leben*)

deutschsprachig ['dɔɪtʃʃpra:xɪç] *adj* Almanca konuşulan, Almanca dilindeki

deutschsprachlich *adj* Almanca dilinde olan, Almanca dilinde yapılan; **~er Unterricht** Almanca (dilinde yapılan) ders

deutschsprechend *adj* Almanca konuşan **deutschstämmig** *adj* Alman kökenli
Deutung <-en> *f* yorum
Deuxpièces <-, -> [dø'piɛ:s] *nt* döpiyes
Devise <-n> [de'vi:zə] *f* ❶ (*Wahlspruch*) parola ❷ *pl* (*Währung*) döviz **Devisenhandel** *m* FIN kambiyo, döviz alım satımı
Dezember <-(s)> [de'tsɛmbɐ] *m* aralık; *s. a.* **März**
dezent [de'tsɛnt] *adj* ❶ (*feinfühlig*) nazik; (*vornehm, zurückhaltend*) kibar; **die Räume sind ~ eingerichtet** odalar kibarca döşenmiş ❷ (*Farbe*) göze batmayan; (*Musik*) kulağa hoş gelen
Dezernat <-(e)s, -e> [detsɛr'na:t] *nt* şube, masa; (*Rauschgift~*) büro
Dezernent(in) <-en, -en; -nen> [detsɛr'nɛnt] *m(f)* şube başkanı, masa başkanı
Dezigramm *nt* desigram
Deziliter <-s, -> ['de:tsili:tɐ, detsi'li:tɐ] *m o nt* desilitre
dezimal [detsi'ma:l] *adj* ondalık **Dezimalbruch** *m* MATH ondalık kesir **Dezimalstelle** *f* MATH ondalık sayı **Dezimalsystem** <-s> *nt kein pl* MATH ondalık sayı sistemi **Dezimalzahl** <-en> *f* MATH ondalık sayı
Dezimeter <-s, -> ['de:tsime:tɐ, detsi'me:tɐ] *m o nt* desimetre
dezimieren* [detsi'mi:rən] *vt* kırıp geçirmek, büyük bir kısmını yok etmek
DFÜ [de:ʔɛf'ʔy:] *f* INFORM, TELEK *Abk von* **Datenfernübertragung** veri uz aktarımı
DGB <-> [de:ge:'be:] *m Abk von* **Deutscher Gewerkschaftsbund** Alman Sendikalar Birliği
d. h. *Abk von* **das heißt** yani
Dia <-s, -s> ['di:a] *nt* diyapozitif, slayt
Diabetes [dia'be:tɛs] *m kein pl* MED diyabet; (*Zuckerkrankheit*) şeker hastalığı
Diabetiker(in) <-s, -; -nen> [dia'be:tikɐ] *m(f)* MED şeker hastası
diabolisch [dia'bo:lɪʃ] *adj* (*geh*) şeytanî, şeytanca
Diadem <-s, -e> [dia'de:m] *nt* alınlık
Diagnose <-n> [dia'gno:zə] *f* MED, PSYCH teşhis, tanı; **eine ~ stellen** teşhis koymak
diagnostizieren* [diagnɔsti'tsi:rən] *vt* teşhis etmek, teşhis koymak (-e)
diagonal [diago'na:l] *adj* diyagonal, köşegen
Diagonale <-n> *f* MATH köşegen
Diagramm <-s, -e> [dia'gram] *nt* diyagram
Diakon[1] <-s *o* -en, -e *o* -en> *m* (*katholisch, orthodox, anglikanisch*) diyakoz
Diakon(in)[2] <-s *o* -en, -e *o* -en; -nen> [dia'ko:n] *m(f)* (*evangelisch*) diyakoz
Diakonie *f kein pl* REL diyakozluk, cemaat çalışması
Diakonissin <-nen> *f* cemaat hemşiresi
Dialekt <-(e)s, -e> [dia'lɛkt] *m* lehçe
dialektal *adj* LING lehçel
Dialektik *f kein pl* PHILOS diyalektik, eytişim
Dialektiker(in) *m(f)* ❶ lehçeci ❷ PHILOS diyalektikçi
dialektisch *adj* eytişimsel
Dialog <-(e)s, -e> [dia'lo:k] *m a.* INFORM diyalog
Dialyse *f* diyaliz **Dialyseapparat** *m* MED diyaliz makinesi
Diamant <-en, -en> [dia'mant] *m* elmas **Diamantring** *m* elmas yüzük
Diaprojektor ['-----] *m* FOTO slayt projektörü
Diaspora *f kein pl* diaspora
Diät <-en> [di'ɛ:t] *f* ❶ (*Abmagerungskur*) perhiz, rejim, diyet; **streng ~ leben** sıkı perhiz yapmak; **strenge ~ halten** sıkı perhiz yapmak; **eine ~ machen** rejim yapmak, perhiz yapmak; **jdn auf ~ setzen** birine rejim yaptırmak ❷ *pl* (*Parlament*) ödenek; POL huzur hakkı
Diätkur *f* MED rejim
diatonisch *adj* MUS diyatonik
Diavortrag *m* slaytlı konferans
dich [dɪç] **I.** *pron pers akk von* **du** seni; (*betont*) sen; **ich sehe ~ nachher** sonra görüşürüz; **~ wollte ich fragen** sana sormak istiyordum; **es geht um ~** bu seni ilgilendiriyor; **pass auf ~ auf!** kendine dikkat et! **II.** *pron refl akk von* **du**: **benimm ~!** uslu ol!
dicht [dɪçt] **I.** *adj* ❶ (*Verkehr*) yoğun; (*Nebel*) kalın, yoğun; (*Haar*) sık; (*Wald*) deli, çok sık ve gür; **~ gedrängt** sıkışık ❷ (*undurchlässig*) geçirmez; (*wasser~*) su geçirmez ❸ (*fam: geschlossen*) kapalı ❹ (*fig fam*) **nicht ganz ~ sein** kafadan hafif çatlak olmak **II.** *adv* (*nahe*) **~ an** [*o* **bei**] hemen yanında **~ an ~ stehen** yanyana durmak; **~ davor/daneben** hemen önünde/yanında
Dichte <-n> *f a.* PHYS yoğunluk
dichten ['dɪçtən] *vi, vt* ❶ (*verfassen*) kaleme almak; (*Gedichte*) şiir yazmak ❷ (*Leck*) tıkamak; (*Wasserhahn*) contalamak
Dichter(in) <-s, -; -nen> *m(f)* şair
dichterisch *adj* şairane
dichtgedrängt *adj s.* **dicht I.1.**
dicht|halten *irr vi* (*fam*) ağzını (sıkı) tutmak, çenesini tutmak; **er hat nicht dichtgehalten** çenesini tutamadı **dicht|machen** *vi, vt* (*fam: Laden, Fabrik*) kapamak;

(*Grenze, Strecke*) kapamak

Dichtung <-en> *f* ❶ (*Gattung*) şiir, nazım ❷ (*Gedicht*) şiir, manzume ❸ TECH conta

dick [dɪk] *adj* ❶ (*von großer Masse*) kalın; (*beleibt*) şişman; (*umfangreich*) çok; ~ **werden** şişmanlamak; **ein ~es Fell haben** (*fig*) vurdumduymaz olmak; ~ **auftragen** (*pej fam: übertreiben*) abartmak ❷ (*fam: geschwollen*) şiş ❸ (*Flüssigkeit*) koyu; (*Qualm, Nebel*) sık; **es herrscht ~e Luft** (*fig fam*) havada gerginlik var; **das ist ein ~er Hund!** (*fig fam*) bu ne boktan iş!; **sie sind ~ befreundet** (*fam*) sıkı fıkı dostlar, çok içli dışlılar **dickbäuchig** ['dɪkbɔɪçɪç] *adj* göbekli **Dickdarm** *m* ANAT kalın bağırsak

Dicke <-n> ['dɪkə] *f* (*von Feststoffen*) kalınlık; (*von Flüssigkeiten*) koyuluk

Dickerchen *nt* tombik

dickfellig ['dɪkfɛlɪç] *adj* (*fam: unempfindlich*) vurdumduymaz, duygusuz; (*gleichgültig*) ilgisiz, aldırmaz

dickflüssig *adj* koyu

Dickicht <-s, -e> ['dɪkɪçt] *nt* çalılık; (*Wald mit dichtem Unterholz*) kapuz, içine girilmeyen sık orman

Dickkopf *m* (*fam: Mensch*) dik başlı [*o* kafalı]; **einen ~ haben** dik başlı [*o* kafalı] olmak

dickköpfig *adj* (*fam*) dik başlı, dik kafalı

Dickköpfigkeit *f kein pl* dik kafalılık

dicklich *adj* şişmanca

Dickwanst *m* (*pej fam*) şişko

Didaktik [di'daktɪk] *f kein pl* didaktik

didaktisch *adj* didaktik, öğretici

die [di(:)] *pron, art def s.* **der, die, das**

Dieb(in) <-(e)s, -e; -nen> [di:p, 'di:bɪn] *m(f)* hırsız; **haltet den ~!** tutun hırsızı!

diebisch *adj* ❶ (*Mensch*) hırsız ❷ (*Vergnügen*) pek

Diebstahl <-(e)s, -stähle> *m* hırsızlık

Dieffenbachie <-n> *f* BOT (*Pflanze*) difenbahya

diejenige(n) *pron s.* **derjenige, diejenige, dasjenige**

Diele <-n> ['di:lə] *f* ❶ (*Brett*) döşeme tahtası ❷ (*Vorraum*) hol, sofa

dienen ['di:nən] *vi* ❶ (*nützlich sein*) yaramak (**zu** -e); (*benutzt werden*) kullanılmak (**als** olarak); **das dient einem guten Zweck** bu iyi bir işe yarar; **damit ist mir nicht gedient** bu benim işime yaramaz; **womit kann ich ~?** size nasıl yararlı olabilirim?, size nasıl yararım dokunabilir?; **ich weiß nicht, wozu das ~ soll** bunun ne işe yarayacağını bilmiyorum ❷ MIL askerlik yapmak

Diener[1] <-s, -> *m* (*fam: Verbeugung*) eğilme, reverans

Diener(in)[2] <-s, -; -nen> *m(f)* hademe, hizmetli; (*Hausangestellte*) hizmetçi, uşak; (*Gerichts~*) mübaşir; (~ *Gottes*) kul

Dienerschaft <-en> *f* uşaklar *pl;* (*Hausangestellte*) hizmetçiler *pl*

dienlich *adj* yararlı; **jdm/etw ~ sein** bir kimseye/şeye yaramak

Dienst <-(e)s, -e> [di:nst] *m* hizmet; (*Amt*) görev, vazife; (*Aufgabe*) ödev, vazife; (*Arbeitsschicht*) vardiya; MIL nöbet; **öffentlicher ~** kamu hizmeti; **außer ~** emekli; **zum ~ gehen** işe gitmek; **~ haben** nöbetçi olmak, nöbet beklemek [*o* tutmak]; **~ habend** MIL nöbetçi, vazifeli; (*Arzt*) nöbetçi; **den ~ antreten** (*Schicht*) vardiyaya başlamak; (*Amt*) göreve başlamak; **den ~ quittieren** görevinden istifa etmek; **in jds ~en stehen** birinin hizmetinde bulunmak; **jdm einen schlechten ~ erweisen** birine kötülük etmek; **sich in den ~ einer Sache stellen** kendini bir işe adamak; **seine Beine versagten ihm den ~** bacakları tutmadı [*o* tutmaz oldu]

Dienstag <-(e)s, -e> ['di:nsta:k] *m* salı; *s. a.* **Montag**

dienstagabends[RR] *adv* salı akşamları

dienstags *adv* salı günleri

Dienstalter <-s> *nt kein pl* kıdem

Dienstanweisung *f* talimat, direktif

Dienstausweis *m* çalışma karnesi

Dienstbarkeit *f* JUR irtifak hakkı

Dienstbote(in) *m(f)* uşak **dienstfrei** *adj* izinli **Dienstgeheimnis** *nt* memurluk sırrı **Dienstgrad** *m* MIL rütbe

diensthabend ['di:nstha:bənt] *adj s.* **Dienst** **Dienstleistung** *f* hizmet

Dienstmädchen *nt* hizmetçi kız **Dienstpersonal** *nt* hizmet personeli **Dienstreise** *f* çalışma gezisi, iş seyahati **Dienststelle** *f* büro, daire, makam; **die zuständige ~** yetkili daire **Dienstwagen** *m* (*einer Firma*) şirket arabası, firma arabası; (*für höhere Beamten*) makam arabası

Dienstzeit *f* ❶ (*Arbeitszeit*) hizmet süresi ❷ (*Amtsdauer*) hizmet süresi

dies [di:s] *pron s.* **diese(r, s)**

diesbezüglich ['----] **I.** *adj* bununla ilgili **II.** *adv* bununla ilgili olarak

diese(r, s) <diese> ['di:zə, -zɐ, -zəs] *pron* ❶ (*adjektivisch*) bu; (*weiter entfernt*) o, şu; **Anfang ~s Jahres** bu yılın başında ❷ (*substantivisch*) bu, bunlar *pl;* (*weiter entfernt*) o, onlar *pl,* şu, şunlar *pl;* **~r hier** buradaki; **dies und das** şu bu; **~s und jenes** şunu bunu

Diesel[1] <-s> ['di:zəl] *m kein pl* (*fam: Kraftstoff*) mazot

Diesel[2] <-(s), -> *m* (*fam: Motor, Auto*) dizel
dieselbe(n) *pron s.* **derselbe, dieselbe, dasselbe**
Dieselmotor *m* dizel **Dieselöl** *nt* mazot
diesig ['di:zɪç] *adj* puslu
diesjährige(r, s) *adj* bu yılki
diesmal *adv* bu sefer, bu defa
diesmalig *adj* bu seferki, bu defaki
diesseits ['di:szaɪts] **I.** *präp* beride; (*bei Flüssen*) bu yakada **II.** *adv* beride
Diesseits <-> *nt kein pl* bu dünya, fâni dünya
Dietrich <-s, -e> ['di:trɪç] *m* TECH maymuncuk
Differential <-s, -e> [dɪfərɛn'tsja:l] *nt s.* **Differenzial** **Differentialrechnung** *f s.* **Differenzialrechnung**
Differenz <-en> [dɪfə'rɛnts] *f* ❶ (*Unterschied*) fark, ayrım; COMM fark ❷ (*Meinungsverschiedenheit*) anlaşmazlık; (*Unstimmigkeit*) uyuşmazlık; **zwischen den beiden Schwestern kam es zu ~en** iki kız kardeş arasında anlaşmazlık çıktı
Differenzial[RR] <-s, -e> [dɪfərɛn'tsja:l] *nt* MATH diferansiyel; TECH (*Differenzialgetriebe*) diferansiyel **Differenzialgleichung**[RR] *f* MATH diferansiyel denklem **Differenzialrechnung**[RR] *f* MATH diferansiyel hesap
differenzieren* *vt, vi a.* MATH (değişkenlerin) sonsuz küçük farklarındaki artma değerlerini bulmak
differenziert *adj* (*geh: fein unterscheidend*) ayrıntılı
Diffraktion *f* PHYS difraksiyon; (*Beugung*) kırınım
Diffusion *f* PHYS, CHEM difüzyon
digital [digi'ta:l] *adj* dijital, sayısal
Digitalanzeige *f* sayısal gösterge **Digitalaufnahme** *f* sayısal ses kaydı; FOTO dijital çekim, sayısal çekim
digitalisieren* *vt* INFORM sayısallaştırmak
Digitalkamera *f* dijital kamera
Diktaphon *nt* diktafon
Diktat <-(e)s, -e> [dɪk'ta:t] *nt* ❶ (*Ansage*) dikte; (*Nachschrift*) dikte; **nach ~ schreiben** dikteye göre yazmak, söylendikten sonra yazmak ❷ (*fig: Befehl*) dikta; POL dikta
Diktator(in) <-s, -en; -nen> [dɪk'ta:to:ɐ] *m(f)* diktatör
diktatorisch *adj* diktacı, körü körüne uyulması gereken
Diktatur <-en> [dɪkta'tu:ɐ] *f* diktatörlük
diktieren* *vt* ❶ (*Text*) dikte etmek, yazdırmak için söylemek ❷ (*geh: aufzwingen*) dikte etmek
Diktiergerät <-(e)s, -e> *nt* diktafon
Diktion *f kein pl* diksiyon
Dilemma <-s, -s *o* Dilemmata> [di'lɛma] *nt* ikilem
Dilettant(in) <-en, -en; -nen> [dilɛ'tant] *m(f)* ❶ (*Laie*) acemi, toy ❷ (*pej: Pfuscher*) şarlatan; (*Stümper*) beceriksiz, çolpa
Dill <-s, -e> [dɪl] *m* BOT, GASTR dereotu
Dimension <-en> [dimɛn'zjo:n] *f* boyut
Dimmer *m* dimmer, reosta
DIN [di:n, dɪn] *f Abk von* **Deutsche Industrie-Norm(en)** Alman Sanayi Standardı
Dinar <-s, -e> [di'na:ɐ] *m* dinar
Ding[1] <-(e)s, -e> [dɪŋ] *nt* ❶ (*Gegenstand*) nesne; (*Sache*) şey; **aller guten ~e sind drei** (*prov*) Allah'ın hakkı üçtür; **ein ~ der Unmöglichkeit** imkânsız bir şey; **vor allen ~en** her şeyden önce ❷ (*Angelegenheit*) iş; **guter ~e sein** (*geh*) keyfi yerinde olmak; **das geht nicht mit rechten ~en zu** bu işte bir sakatlık var; **das ist ein ~ der Unmöglichkeit** (bu) olacak (bir) iş değil, bu imkânsız bir şey; **so wie die ~e liegen ...** işler öyle ki ...
Ding[2] <-(e)s, -er> *nt* (*fam: unbestimmte Sache*) şey; **ein junges ~** genç bir şey
dingen *vt* (*Mörder*) kiralamak
dingfest *adj* **jdn ~ machen** birini tutuklamak
dinglich *adj* JUR ayni; **~er Anspruch** ayni hak
Dings[1] <-> [dɪŋs] *m o f kein pl* (*fam: Person*) falan(ca)
Dings[2] <-> *nt kein pl* (*fam: Sache*) şey, falan fıstık, falan filan
Dingsbums <-> ['dɪŋsbʊms] *m o f o nt kein pl,* **Dingsda** <-> ['dɪŋsda:] *m o f o nt kein pl s.* **Dings**
Dinkelweizen *m* BOT kaplıca
Dinosaurier <-s, -> [dino'zaʊriɐ] *m* dinozor
Diode <-n> [di'o:də] *f* ELEK diyot
Dioptrie <-n> [diɔp'tri:, *pl* diɔp'tri:ən] *f* (*Optik*) diyoptri
Diphtherie <-n> [dɪfte'ri:] *f* MED difteri, kuşpalazı
Diphthong <-s, -e> [dɪf'tɔŋ] *m* LING diftong; (*Doppellaut*) ikili ünlü
Dipl. *Abk von* **Diplom** diploma
Dipl.-Ing. *Abk von* **Diplomingenieur(in)** yüksek mühendis
Diplom <-s, -e> [di'plo:m] *nt* diploma; **sein ~ machen (in etw)** (bir şeyde) diplomasını yapmak
Diplomat(in) <-en, -en; -nen> [diplo'ma:t] *m(f)* diplomat
Diplomatie [diploma'ti:] *f kein pl* diplomasi

diplomatisch *adj* diplomatik; **~e Beziehungen zu ... unterhalten** ... ile diplomatik ilişkileri olmak
Diplomingenieur(in) *m(f)* yüksek mühendis
dir [diːɐ] **I.** *pron pers dat von* **du** sana; (*betont*) sana; (*mit Präposition*) senin; **ich habe ~ etwas mitgebracht** sana bir şey getirdim; **~ verrate ich nicht, was ich vorhabe!** niyetimi sana söylemem!; **hinter/vor/unter/über ~** senin arkanda/önünde/altında/üstünde; **ein Freund von ~** senin bir dostun **II.** *pron dat von* **du** (*dir selbst*) kendine; **was hast du ~ gekauft?** kendine ne aldın?
direkt [di'rɛkt] **I.** *adj* ❶ (*ohne Umweg, unmittelbar*) dolaysız; (*Frage*) direkt; **~e Rede** LING dolaysız söz; **~ am Bahnhof** hemen istasyonda; **~ vor dem Haus** evin hemen önünde ❷ (*unverzüglich*) hemen **II.** *adv* ❶ (*ohne Umweg*) doğrudan doğruya, dosdoğru; **die Straße führt ~ ins Zentrum** cadde doğrudan doğruya merkeze gider; **~ übertragen** RADIO, TV canlı yayın yapmak ❷ (*unverzüglich*) hemen ❸ (*fam: ausgesprochen*) düpedüz; **das ist ja ~ gefährlich, was du machst** yaptığın iş düpedüz tehlikeli
Direktflug *m* direkt uçuş, doğrudan uçuş, duraksız uçuş, nonstop uçuş
Direktion <-en> [dirɛk'tsjoːn] *f* ❶ (*Leitung*) müdürlük ❷ SCHWEIZ (*kantonales Ministerium*) direksiyon
Direktor(in) <-s, -en; -nen> *m(f)* direktör, müdür
Direktorium <-s, Direktorien> [dirɛk'toːriʊm, *pl* dirɛk'toːriən] *nt* direktörlük, müdürlük
Direktsendung *f*, **Direktübertragung** <-en> *f* canlı yayın
Dirigent(in) <-en, -en; -nen> [diri'gɛnt] *m(f) a.* MUS orkestra şefi, maestro
dirigieren* *vt a.* MUS yönetmek
Dirigismus <-> [diri'gɪsmʊs] *m kein pl* POL güdümcülük
Dirndl <-s, -> ['dɪrnd(ə)l] *nt* ÖSTERR, SÜDD (*Mädchen*) genç kız; (*~ kleid*) *kız ve kadınların giydiği töresel giysi*
Dirne <-n> ['dɪrnə] *f* fahişe
Dis <-, -> [dɪs] *nt* MUS re diyez; (*Dis-Dur*) re diyez majör
Disco <-s> *f* disko
Disken *pl von* **Diskus**
Diskette <-n> [dɪs'kɛtə] *f* INFORM disk(et), tekercik **Diskettenlaufwerk** *nt* INFORM disk sürücü
Diskjockey ['dɪskdʒɔki] *m* diskjokey
Disko <-s> ['dɪsko] *f* disko
Diskont <-s, -e> [dɪs'kɔnt] *m* FIN ıskonto
Diskontsatz <-es, -sätze> *m* FIN ıskonto haddi
Diskothek <-en> [dɪsko'teːk] *f* diskotek
Diskrepanz <-en> [dɪskre'pants] *f* (*Widerspruch*) çelişki; (*Unstimmigkeit*) uyumsuzluk
diskret [dɪs'kreːt] *adj* ketum
Diskretion [dɪskre'tsjoːn] *f kein pl* ketumiyet
diskriminieren* [dɪskrimi'niːrən] *vt* ay(ı)rımlamak, ay(ı)rım yapmak (-e), fark gözetmek
diskriminierend *adj* ay(ı)rımcı
Diskriminierung <-en> *f* ay(ı)rım, ay(ı)rımlama, ay(ı)rım yapma, fark gözetme
Diskus <- *o* -ses, -se *o* Disken> ['dɪskʊs] *m* SPORT disk
Diskussion <-en> [dɪskʊ'sjoːn] *f* tartışma, münakaşa; **ein Thema zur ~ stellen** bir konuyu gündeme getirmek
Diskuswerfen <-s> *nt kein pl* SPORT disk atma
diskutieren* [dɪsku'tiːrən] *vi, vt* tartışmak (**über** üzerinde), münakaşa etmek
Display <-s, -s> [dɪs'plɛɪ] *nt* INFORM görüntü, ekran
disponieren* [dɪspo'niːrən] *vi* (*geh*) tasarruf etmek (**über** üzerinde), istediği gibi kullanmak (**über** -i)
Disposition <-en> [dɪspozi'tsjoːn] *f* (*geh*) ❶ (*Verwendung*) tasarruf, kullanım; (**jdm**) **zur ~ stehen** birinin kullanımı için hazır bulunmak ❷ (*Planung*) planlama ❸ MED (*Verfassung*) bedensel ve ruhsal durum
Disput <-(e)s, -e> [dɪs'puːt] *m* (*geh*) tartışma
Disqualifikation <-en> [dɪskvalifika'tsjoːn] *f a.* SPORT diskalifiye olma
disqualifizieren* [dɪskvalifi'tsiːrən] *vt a.* SPORT diskalifiye etmek
Dissertation <-en> [dɪsɛrta'tsjoːn] *f* doktora tezi
dissertieren* *vi* doktora tezi yazmak; **über ein Problem ~** bir sorun üzerine doktora tezi yazmak
Dissident(in) <-en, -en; -nen> [dɪsi'dɛnt] *m(f)* muhalif
Dissimilation *f* BIOL yadımlama
dissimilieren *vt* BIOL yadımlamak
Dissonanz <-en> [dɪso'nants] *f* MUS (*Missklang*) falso; (*fig: Unstimmigkeit*) uyumsuzluk
Distanz <-en> [dɪs'tants] *f* mesafe, uzaklık; **~ wahren** mesafe bırakmak
distanzieren* *vr* ■ **sich ~** uzak durmak
Distel <-n> ['dɪstəl] *f* BOT diken

Distribution <-en> *f* üleştirim, üleştirme; (*Verteilung*) dağıtma

Distributivum <-s, -va> *nt*, **Distributivzahl** <-en> *f* LING üleştirme sıfatı

Distrikt <-(e)s, -e> [dɪs'trɪkt] *m* ilçe

Disziplin <-en> [dɪstsi'pli:n] *f* ❶ disiplin, sıkı düzen ❷ (*Fachgebiet*) disiplin, bilim dalı

Disziplinarkommission *f* disiplin kurulu **Disziplinarmaßnahme** *f* inzibati tedbir **Disziplinarstrafe** *f* disiplin cezası **Disziplinarvergehen** *nt* disiplin suçu

disziplinieren* *vt* disipline etmek

diszipliniert *adj* disiplinli; **~ werden** disipline edilmek

disziplinlos *adj* disiplinsiz

Diva <-s *o* Diven> ['di:va] *f* yıldız

divergent *adj a.* MATH, PHYS (*nicht konvergent*) ıraksak, birbirinden gittikçe uzaklaşan; **~e Linien/Strahlen** ıraksak çizgiler/ışınlar

Divergenz <-en> *f a.* MATH, PHYS ıraksama

divergieren* [divɛr'gi:rən] *vi a.* MATH, PHYS (*nicht konvergieren*) ıraksamak, birbirinden gittikçe uzaklaşmak

divers(e) *adj* (*geh*) ❶ (*mehrere*) çeşitli ❷ (*verschiedene*) farklı; **~er Ansicht sein** farklı görüşte olmak

Dividend <-en, -en> [divi'dɛnd] *m* MATH bölünen

Dividende <-n> [divi'dɛndə] *f* FIN, WIRTSCH temettü; **eine ~ ausschütten** temettü dağıtmak

dividieren* *vt* MATH bölmek (**durch** -e)

Division <-en> [divi'zjo:n] *f* ❶ MATH bölme (**durch** -e) ❷ MIL tümen

Divisor <-en, -en> *m* MATH bölen

Diwan <-s, -e> ['di:va:n] *m* ❶ (*Staatsrat*) divan ❷ (*Gedichtsammlung*) divan ❸ (*Liegesofa*) divan, sedir

DJ *m Abk von* **Diskjockey** diskcokey

DKP [de:ka:'pe:] *f Abk von* **Deutsche Kommunistische Partei** Alman Komünist Partisi

dm *Abk von* **Dezimeter** dm (*desimetre*)

DM *f inv Abk von* **Deutsche Mark** HIST Alman markı

d-Moll *nt* MUS re minör

DNS [de:ʔɛn'ʔɛs] *f Abk von* **Desoxyribonukleinsäure** DNA (*dezoksiribonükleik asit*)

DNS-Test *m* DNA testi

Dobermann *m* doberman

doch [dɔx] **I.** *adv* ❶ (*dennoch*) gene de, bununla birlikte; **er hatte ~ Recht** gene de haklıymış ❷ (*aber*) ama, fakat, ne var ki; **du weißt ~, wie ich das meine** bunu nasıl demek istediğimi anlıyorsun ama; **das habe ich mir ~ gedacht** ne var ki bunu tahmin etmiştim ❸ (*denn*) için; **er sagte nichts, wusste er ~, dass sie Recht hatte** haklı olduğunu bildiği için bir şey demedi ❹ (*Antwort*) **kommst du nicht mit? — ~!** gelmiyor musun? — elbette! ❺ (*Betonung*) **es schmeckt ~** nasıl da lezzetli **II.** *part* ❶ (*verstärkend*) **gewiss ~!** elbette!; **das ist ~ die Höhe!** bu, rezaletin dik âlâsı!; **nehmen Sie ~ Platz!** otursanıza!; **wie hieß er ~ gleich?** neydi adı canım? ❷ (*auffordernd*) **gib ~ mal her!** versene!; **soll er ~!** hele bir yapsın!; **sieh ~ mal!** bir bak hele! ❸ (*Zustimmung fordernd*) **hier darf man ~ rauchen?** burada sigara içiliyordu, değil mi? **III.** *konj* (*aber*) ama, fakat, lakin, ne var ki; **ich würde es gern tun, ~ ich traue mich nicht** onu yapmayı isterdim, ama kendime güvenim yok

Docht <-(e)s, -e> [dɔxt] *m* fitil

Dock <-(e)s, -s> [dɔk] *nt* NAUT dok; (*als Becken*) havuz; **das Schiff liegt im ~** gemi dokta yatıyor

Docke *f* çile

Dogma <-s, Dogmen> ['dɔgma] *nt* dogma

Dogmatiker(in) *m(f)* dogmacı

dogmatisch *adj* dogmatik

dogmatisieren *vt* dogmalaştırmak

Dogmatismus *m kein pl* dogmatizm, dogmacılık

Dogmen *pl von* **Dogma**

Dohle <-n> ['do:lə] *f* ZOOL küçük karga

Doktor(in) <-s, -en; -nen> ['dɔkto:ɐ] *m(f)* doktor; *a.* MED doktor; **Herr/Frau ~** bay/bayan doktor, doktor bey/hanım; **sie ist ~ der Philosophie** o, felsefe doktorudur; **den ~ machen** doktora yapmak

Doktorand(in) <-en, -en; -nen> [dɔkto'rant] *m(f)* doktora öğrencisi

Doktorarbeit *f* doktora tezi **Doktortitel** *m* doktor unvanı; **den ~ erwerben** doktor unvanını almak

Doktrin <-en> [dɔk'tri:n] *f* doktrin; (*Lehre, Lehrsatz*) öğreti

doktrinär *adj* doktrinci

Dokument <-(e)s, -e> [doku'mɛnt] *nt* doküman, belge; INFORM doküman

Dokumentarfilm <-(e)s, -e> *m* dokümanter film, belgesel (film)

dokumentarisch *adj* dokümanter, belgesel

Dokumentation <-en> [dokumɛnta'tsjo:n] *f* dokümantasyon, belgele(n)me

dokumentieren* *vt* belgelemek

Doku-Soap *f* dokümanter pembe dizi

Dolch <-(e)s, -e> [dɔlç] *m* hançer

D

D

Dolde *f* BOT şemsiye
Dollar <-(s), -s> ['dɔlaːɐ] *m* dolar **Dollarkurs** *m* FIN dolar kuru, dolar fiyatı
dolmetschen ['dɔlmɛtʃən] **I.** *vi* (sözlü) çeviri yapmak, çevirmenlik yapmak **II.** *vt* çevirmek
Dolmetscher(in) <-s, -; -nen> *m(f)* çevirmen, tercüman
Dolomiten [dolo'miːtən] *pl* **die** ~ Dolomitler *pl*
Dom <-(e)s, -e> [doːm] *m* (*Kathedrale*) katedral
Domäne <-n> [do'mɛːnə] *f* ❶ (*Staatsgut*) devlet malı, mirî mal ❷ (*Betätigungsfeld*) nüfus alanı; (*Spezialgebiet*) uzmanlık alanı
domestizieren *vt* evcilleştirmek
dominant [domi'nant] *adj a.* BIOL (*nicht rezessiv*) dominant, başat, hâkim
Dominanz <-en> [domi'nants] *f a.* BIOL başatlık, hâkimiyet
dominieren* **I.** *vi* (*vorherrschen*) hâkim olmak, başta gelmek; **Grau dominiert in der neuen Herbstmode** yeni güz modasında gri renkler hâkimdir [*o* başta geliyor] **II.** *vt* (*beherrschen*) hâkim olmak (-e)
Dominikanische Republik *f* Dominik Cumhuriyeti
Dominium <-s, -s/-ien> *nt* POL dominyon
Domino <-s, -s> ['doːmino] *nt* domino **Dominostein** *m* domino taşı
Domizil <-s, -e> [domi'tsiːl] *nt* (*geh*) ikametgâh
Dompfaff <-s *o* -en, -en> ['doːmpfaf] *m* ZOOL şakrak kuşu
Donau ['doːnaʊ] *f* **die** ~ Tuna
Döner *m* GASTR döner **Dönerkebab** *m* GASTR döner kebap
Donner <-s, -> ['dɔnɐ] *m* gök gürlemesi, gök gürültüsü; **er war wie vom ~ gerührt** yıldırımla vurulmuşa döndü
donnern ['dɔnɐn] **I.** *vi unpers* METEO gök gürlemek; **es donnert** gök gürlüyor **II.** *vi* (*lärmen*) gürlemek
Donnerstag <-(e)s, -e> ['dɔnɐstaːk] *m* perşembe; *s. a.* **Montag**
donnerstagabendsRR *adv* perşembe akşamları
donnerstags *adv* perşembeleri, perşembe günleri
Donnerwetter <-s, -> ['-'--] *nt* (*fam*) fırtına; **zum ~!** vay canına!; **~, das ist eine Leistung!** bre, bu ne büyük başarı!; **das ~ soll ihn holen!** cehenneme kadar yolu var!; **wenn du nach Hause kommst, gibt's ein ~** eve geldiğinde fırtına kopacak
doof <doofer *o* döfer, am doofsten *o* döfsten> [doːf] *adj* (*fam*) aptal, salak; **so was D~es!** ne aksilik! **Doofmann** *m* (*fam*) aptal adam, salak adam
Dope <-s> *nt kein pl* (*sl: Haschisch*) keyif
dopen ['doːpən] **I.** *vt* SPORT doping vermek (-e) **II.** *vi, vr* ▪ **sich** ~ SPORT doping yapmak
Doping <-s, -s> ['doːpɪŋ] *nt* SPORT doping
Doppel <-s, -> ['dɔpəl] *nt* ❶ (*Kopie*) suret, nüsha; (*Duplikat*) ikinci nüsha ❷ SPORT ikili; **gemischtes ~** karışık ikili
Doppelbelastung *f* çifte vergi yükü
Doppelbett *nt* ikili yatak
doppeldeutig ['dɔpəldɔɪtɪç] *adj* ❶ (*mit zwei Bedeutungen*) ikiz anlamlı ❷ (*mit zwei Auslegungsmöglichkeiten*) ikircil, ikizli
Doppelfenster *nt* çift pencere **Doppelgänger(in)** <-s, -; -nen> *m(f)* dublör, benzer **Doppelkinn** *nt* gerdan **Doppelklick** *m* INFORM çift tıklama **Doppelkonsonant** *m* LING ikiz ünsüz **doppelläufig** *adj* (*Gewehr*) iki namlulu **Doppellaut** *m* LING (*Doppelvokal*) ikili ünlü **Doppelmoral** *f kein pl* çifte standart **Doppelmord** *m* çifte cinayet (**an** -in) **Doppelnaht** *f* çift dikiş **Doppelpunkt** *m* iki nokta (üst üste) **doppelseitig** *adj* iki taraflı **Doppelsinn** *m kein pl* ikiz anlam **doppelsinnig** *adj* ikiz anlamlı **Doppelstecker** *m* ELEK çift fiş **Doppelstern** *m* ASTRON çift yıldız
doppelt ['dɔpəlt] **I.** *adj* çifte; **~e Staatsangehörigkeit** çifte vatandaşlık; **in ~er Ausführung** iki nüsha olarak; **ich bin ~ so alt wie Hans** ben Hans'tan iki kat yaşlıyım; **auf das D~e steigen** iki katına [*o* misline] çıkmak; **um das D~e erhöhen** iki katına [*o* misline] çıkarmak; **ein ~es Spiel treiben** (*fig*) ikili oynamak **II.** *adv* **die Briefmarke habe ich ~** bende o puldan iki tane var; **~ so viel** iki misli; **~ sehen** çift görmek, iki görmek, çatal görmek; **alles ~ und dreifach sagen müssen** her şeyi iki üç kere tekrarlamak zorunda kalmak
Doppeltür *f* çift kapı **Doppelverdiener(in)** <-s, -; -nen> *m(f)* ❶ (*Einzelperson*) çifte kazanç sahibi ❷ *pl* (*Paar*) kazanç sahibi karı koca **Doppelvierer** *m* SPORT (*Rudern*) dört çifte **Doppelvokal** *m* LING ikiz ünlü **Doppelzentner** *m* yüz kilo **Doppelzimmer** <-s, -> *nt* iki kişilik oda
doppelzüngig *adj* ikiyüzlü
Doppelzüngigkeit *f kein pl* ikiyüzlülük
Dorf <-(e)s, Dörfer> [dɔrf, *pl* 'dœrfɐ] *nt* köy; **das olympische ~** olimpiyat sitesi; **auf dem ~ wohnen** köyde oturmak; **vom ~ kommen** köyden gelmek **Dorfbewohner(in)** *m(f)* köylü, köy sakini
Dorfsame *f* SCHWEIZ köy kooperatifi
Dorfschönheit *f* köy güzeli
Dorn[1] <-(e)s, -en> [dɔrn] *m* BOT diken;

keine Rose ohne ~en (*prov*) dikensiz gül olmaz; **er war dem Chef schon lange ein ~ im Auge** (*fig*) o çoktan beridir patronun baş belasıydı

Dorn² <-(e)s, -e> *m* TECH (*Metallstift*) kalem; (*Werkzeug*) biz; (*zum Lochen*) delgeç, zımba

Dornbusch *m* dikenli çalı

Dornenkrone *f* dikenli taç

Dornfortsatz *m* ANAT dikensi çıkıntı

Dorngrasmücke *f* ZOOL (*Sylvia communis*) çalı bülbülü

dornig *adj* dikenli

Dornröschen <-s> [dɔrn'rø:sçən] *nt kein pl* LIT (*Märchengestalt*) Uyuyan Güzel

dörren ['dœrən] *vt* kurutmak

Dörrobst *nt* GASTR kuru meyve, kuru yemiş

Dorsch <-(e)s, -e> [dɔrʃ] *m* ZOOL küçük morina

dort [dɔrt] *adv* orada; **der Mann ~** oradaki adam; **~ oben/hinten** oranın yukarısında/arkasında; **ich komme gerade von ~** şimdi oradan geliyorum **dorther** ['-'-] *adv* **von ~** oradan **dorthin** ['-'-] *adv* oraya **dorthinaus** ['--'-] *adv* **bis ~** (*fam*) oraya kadar **dorthinein** ['--'-] *adv* oranın içine

dortige(r, s) *adj* oradaki

Dose <-n> ['do:zə] *f* ❶ (*mit Keksen*) kutu; (*Bier*) konserve; (*Konserven~*) konserve ❷ (*Steck~*) priz

Dosen *pl von* **Dosis, Dose**

dösen ['dø:zən] *vi* (*fam: schlummern*) uyuklamak; (*halb schlafen*) ımızganmak

Dosenmilch *f* konserve süt **Dosenöffner** *m* konserve açacağı

dosieren* [do'zi:rən] *vt* düzemek, dozunu ayarlamak (-in), dozunu belirlemek (-in)

Dosierung¹ *f kein pl* (*das Dosieren*) dozaj, düzem, düzeme

Dosierung² <-en> *f* (*Dosis*) doz, düze

dösig *adj* uyuşuk

Dosis <Dosen> ['do:zɪs, *pl* 'do:zən] *f* doz, düze

Dossier <-s, -s> [dɔ'sje:] *nt* dosya

dotieren* [do'ti:rən] *vt* belirlemek (**mit** olarak); **der Literaturpreis ist mit 1000 Dollar dotiert** edebiyat ödülü 1000 dolar olarak belirlenmiştir; **gut dotiert** (*Stellung*) ücreti iyi

Dotter <-s, -> ['dɔtɐ] *m* ❶ (*Ei~*) yumurta sarısı; **das Eiweiß vom ~ trennen** yumurta akını sarısından ayırmak ❷ BOT (*Lein~*) ketencik

Dotterblume *f* BOT nergis

doubeln ['du:bəln] *vi, vt* FILM dublör olmak

Double <-s, -s> ['du:b(ə)l] *nt* FILM dublör, benzer

Download <-(s), -s> ['daʊnlɔʊt] *nt* INFORM indirme (*internetten yükleme veya çekme*)

downloaden ['daʊnlɔʊdən] *vt* INFORM (*herunterladen*) indirmek (*internetten yüklemek veya çekmek*)

Downsyndrom <-s, *kein Pl*> ['daʊnzʏndro:m] *nt* MED Down Sendromu; (*Mongolismus*) mongolizm

Dozent(in) <-en, -en; -nen> [do'tsɛnt] *m(f)* doçent

dozieren* [do'tsi:rən] *vi* ❶ ders vermek (**über** üzerine), konferans vermek ❷ (*fig*) konferans çekmek

Dr. <Dres.> *Abk von* **Doktor** Dr.; **Herr/Frau ~ Müller** Bay/Bayan Dr. Müller

Drache <-n, -n> ['draxə] *m* ejderha

Drachen <-s, -> *m* ❶ (*aus Papier*) uçurtma; **~ steigen lassen** uçurtma uçurmak ❷ (*pej fam: zänkische Frau*) cadaloz (kadın), şirret karı **Drachenkopf** *m* ZOOL iskorpit; **Großer ~** (*Scorpaena scrofa*) iskorpit; **Kleiner ~** (*Scorpaena porcus*) lipsos

Drachme <-, -n> ['draxmə] *f* FIN drahmi

Dragee <-s, -s> [dra'ʒe:] *nt*, **Dragée** <-s, -s> *nt* MED draje

Draht <-(e)s, Drähte> [dra:t, *pl* 'drɛ:tə] *m* tel; **einen ~ zu jdm haben** (*fam*) biriyle (iyi) anlaşmak; **auf ~ sein** (*fam*) tetikte olmak **Drahtauslöser** *m* FOTO deklanşör **Drahtbürste** *f* tel fırça **Drahtesel** <-s, -> *m* (*fam*) velespit **Drahtgitter** *nt* tel kafes

drahtig *adj* (*fig: Figur*) tığ gibi

drahtlos I. *adj* telsiz **II.** *adv* **~ telegrafieren** telsiz telgraf çekmek **Drahtnagel** *m* tel çivi

Drahtseil *nt* tel halat **Drahtseilbahn** *f* teleferik **Drahtseilkünstler(in)** *m(f)* tel cambazı **Drahtstift** *m* tel çivi **Drahtwurm** *m* ZOOL tel kurdu **Drahtzieher(in)** <-s, -; -nen> *m(f)* perde arkasından yürüten kimse

drall [dral] *adj* (*Person*) gürbüz; (*Körperteil*) dolgun

Drama <-s, Dramen> ['dra:ma, *pl* 'dra:mən] *nt* dram, acıklı olay

Dramatiker(in) <-s, -; -nen> [dra'ma:tikɐ] *m(f)* oyun yazarı, tiyatro yazarı

dramatisch *adj* acıklı; THEAT, LIT dramatik

dramatisieren* *vt* ❶ (*Roman*) dramatize etmek ❷ (*aufbauschen*) dramatize etmek

Dramaturg(in) <-en, -en; -nen> [drama'tʊrk] *m(f) a.* THEAT dramaturg

Dramen *pl von* **Drama**

dran [dran] *adv* (*fam*) **du bist ~** sıra sende; **jetzt ist er ~** şimdi sıra onda; **sind Sie noch ~?** (*Telefon*) hâlâ hatta mısınız?; **er ist schlecht/gut ~** durumu kötü/iyi; **früh/spät ~ sein** sırası erken/geç gelmek; **ich bin spät ~** geç kaldım; **da ist was ~** bunda bir iş var; **an dem Radio ist alles ~, was man braucht** radyoda ne ararsan var; *s. a.* **daran** **dran|bleiben** *irr vi sein* (*fam*) ❶ (*verfolgen*) peşini bırakmamak (**an** -in); **am Gegner ~** rakibinin peşini bırakmamak ❷ (*Telefon*) beklemek (**an** -de)

drang [draŋ] *3. imp von* **dringen**

Drang <-(e)s> [draŋ] *m kein pl* ❶ (*innerer Antrieb*) içtepi, güçlü istek, aşk; **aus innerem ~** canı çekerek, aşka gelerek; **einen plötzlichen ~ nach etw verspüren** ansızın canı bir şey çekmek ❷ (*Druck*) baskı

Drängelei <-en> [drɛŋəˈlaɪ] *f* (*pej*) ❶ (*Schubsen*) itişme ❷ (*fam: lästiges Drängeln*) sık boğaz etme

drängeln [ˈdrɛŋəln] *vi, vt* (*fam*) ❶ (*schieben*) itmek; **nur nicht ~!** itmeyelim!; **sich nach vorn ~** itiş kakış ilerlemek ❷ (*fig: auf etw dringen*) sık boğaz etmek

drängen [ˈdrɛŋən] **I.** *vi* ❶ (*eilen*) acele etmek; **es drängt nicht** acelesi yok ❷ (*schieben*) abanmak; (*schieben und drücken*) itişip kakışmak; **die Menschen drängten zu den Ausgängen** insanlar itiş kakış çıkışlara doğru ilerlediler ❸ (*fordern*) istemek; (*mit Nachdruck fordern*) ısrarla istemek, ısrar etmek (**auf** -de); **er drängt zur Eile** acele edilmesini istiyor ❹ SPORT (*Ballspiele*) sıkıştırmak **II.** *vt* ❶ (*schieben*) itmek; **jdn an die Wand/in die Ecke ~** birini duvara/köşeye sıkıştırmak ❷ (*antreiben*) itelemek (**zu** -e), sık boğaz etmek (**zu** için); **jdn ~, seine Schulden zu bezahlen** borçlarını ödemesi için birini sıkıştırmak **III.** *vr* ■ **sich ~** itişip kakışmak; **die Menschen drängten sich in den Hallen** insanlar salonlarda itişip kakıştı

Drangsal <-e> [ˈdraŋzaːl] *f* (*geh*) cefa, eziyet

drangsalieren* [draŋzaˈliːrən] *vt* cefa etmek (-e), eziyet etmek (-e)

dran|halten *irr* **I.** *vt* (*fam: zum Vergleich*) üstüne tutmak **II.** *vr* ■ **sich ~** (*sich beeilen*) acele etmek **dran|hängen** **I.** *vt* (*fam: an etw befestigen*) asmak (**an** -e); (*verlängern*) uzatmak, eklemek (-e); **wir können an unseren Urlaub noch eine Woche ~** iznimize bir hafta daha ekleyebiliriz, iznimizi bir hafta daha uzatabiliriz **II.** *vi irr* (*fam: an etw hängen*) asmak (**an** -e), takmak (**an** -e) **III.** *vr* ■ **sich ~** (*fam*) asılmak (**an** -e); (*verfolgen*) peşine takılmak (**an** -in)

dran|kommen *irr vi sein* (*fam*) ❶ (*an die Reihe kommen*) sırası gelmek; **du kommst als Nächste dran** şimdi sıra sende ❷ SCHULE (*aufgerufen werden*) derse kalkmak, sırası gelmek ❸ (*abgefragt werden*) **welches Thema kommt denn dran?** hangi konu gelecek ki? ❹ (*erreichen*) ulaşmak, erişmek, yetişmek

dran|nehmen *irr vt* (*fam: Schüler*) derse kaldırmak; (*Kunden*) bakmak (-e); (*Patienten*) içeri almak

drapieren* [draˈpiːrən] *vt* (*Gardine*) kıvrımlar yapacak biçimde düzenlemek; **einen Schal um den Ausschnitt ~** eşarbı dekoltenin etrafına sardı

drastisch [ˈdrastɪʃ] *adj* çok etkili, köklü, kökten

drauf [ˈdraʊf] *adv* (*fam*) **schlecht ~ sein** aksiliği üstünde olmak; **gut ~ sein** keyfi yerinde olmak; **wie ist der denn ~?** keyfi nasıl ki?; **~ und dran sein, etw zu machen** bir şeyi yapmak üzere olmak

Draufgänger(in) <-s, -; -nen> [ˈdraʊfgɛŋɐ] *m(f)* deli fişek (kimse)

draufgängerisch *adj* deli fişek

Draufgängertum <-s> *nt kein pl* deli fişeklik

drauf|gehen *irr vi sein* (*fam*) ❶ (*sterben*) can vermek, güme gitmek ❷ (*Geld*) harcanmak, gitmek; **all mein Geld ist draufgegangen** bütün param gitti ❸ (*Sache*) harcanmak **drauf|haben** *irr vt* (*fam*) ❶ (*gelernt haben*) **etw ~** bir şeyi bilir olmak ❷ (*Geschwindigkeit*) **er hatte 120 Sachen drauf** 120 ile gidiyordu

drauf|kommen *irr vi sein* (*sich einfallen lassen*) aklına gelmek; **ich komme nicht drauf!** aklıma gelmiyor! **drauf|kriegen** *vi* (*fam*) **eins ~** bir tane yemek **drauf|legen** *vt* (*fam*) ❶ (*Betrag*) üstüne koymak; **du musst noch ein paar Euro ~** üstüne birkaç euro daha koyacaksın [*o* koyman gerekiyor] ❷ (*hinlegen*) üstüne koymak (**auf** -in), üstüne yatırmak (**auf** -in)

drauflos [-ˈ-] *adv* düşünmeden, düşünüp taşınmadan **drauflos|reden** *vi* (*fam: unüberlegt*) düşünmeden konuşmak, düşünmeden konuşmaya başlamak

drauf|machen *vt* (*fam*) **einen ~** uzun uzun kutlamak **Draufsicht** <-en> *f* üstten görünüş; (*Zeichnung*) iz düşümü

drauf|zahlen **I.** *vi* (*fam*) üste vermek, fazladan ödemek **II.** *vt* (*fam*) ekstra ödemek, fazladan ödemek, üstüne vermek

draus [draʊs] *adv* (*fam*) *s.* **daraus**

draußen [ˈdraʊsən] *adv* ❶ (*außerhalb*) dışarı(sı); (*im Freien*) dışarıda; **nach ~** dışarıya; **von ~** dışarıdan ❷ (*weit entfernt*)

das Boot ist ~ tekne açıklarda; **~ auf dem Lande** dışarlıkta, taşrada

drechseln ['drɛksəln] *vi, vt* tornalamak

Drechsler(in) <-s, -; -nen> ['drɛkslɐ] *m(f)* tornacı

Dreck <-(e)s> [drɛk] *m kein pl* ❶ (*fam: Schmutz*) kir, pislik; (*Schlamm*) çamur; (*Abfall*) çöp; **jdn wie den letzten ~ behandeln** (*fam*) birine eşek muamelesi yapmak; **jdn in den ~ ziehen** (*fig fam*) birine çamur atmak ❷ (*pej fam: Kleinigkeit*) **sich einen ~ um etw kümmern** bir şeyle hiç mi hiç ilgilenmemek; **die Nase in jeden ~ stecken** (*vulg*) burnunu her bir boka sokmak; **das geht dich einen ~ an!** (*vulg*) burnunu her boka sokma!

Dreckarbeit *f* (*fam*) *s.* **Drecksarbeit**

Dreckfink *m* (*fam*) pis çocuk

dreckig *adj* (*fam*) ❶ (*schmutzig*) pis, kirli; ■ **sich ~ machen** üzerini kirletmek ❷ (*unanständig*) pis ❸ (*fam*) **es geht mir ~** hâlim harap, çok kötü durumdayım

Dreckkerl *m* (*pej fam*) *s.* **Dreckskerl**

Drecksarbeit *f* (*fam: die dreckig macht*) pis iş; (*pej: die verabscheut wird*) pis iş

Dreckschaufel *f* (*fam*) faraş

Dreckskerl *m* (*pej fam*) pis herif

Dreh <-(e)s, -s *o* -e> [dre:] *m* (*fam*) püf noktası; **den ~ heraushaben** püf noktasını bilmek

Drehachse *f* dönme ekseni **Dreharbeiten** *pl* FILM çevirim **Drehbank** <-bänke> *f* torna (tezgâhı)

drehbar *adj* döner

Drehbuch *nt* senaryo, çevirim senaryosu **Drehbuchautor(in)** *m(f)* senarist, senaryocu

Drehbühne *f* THEAT döner sahne

drehen ['dre:ən] **I.** *vt* ❶ (*um die Achse*) döndürmek; (*Schraube*) döndürmek; **den Kopf ~** başını döndürmek [*o* çevirmek]; **das Radio (etwas) leiser ~** (*fam*) radyoyu (biraz) kısmak, radyonun sesini (biraz) kısmak; **wie man es auch dreht und wendet** neresinden bakarsan bak ❷ (*Faden*) bükmek, burarak sarmak; (*Pillen*) imâl etmek; (*Zigarette*) sarmak ❸ FILM çevirmek ❹ (*fam: aussehen lassen*) kitabına uydurmak; **vielleicht können wir die Sache so ~, dass ...** belki bu işi öyle bir kitabına uydurabiliriz ki ... ❺ (*pej*) **ein Ding ~** dolap çevirmek [*o* döndürmek] ❻ (*fam*) **eine Runde mit dem neuen Wagen ~** yeni arabayla bir tur atmak **II.** *vi* ❶ (*Wind, Schiff, Auto*) dönmek ❷ (*am Schalter, Steuerrad*) çevirmek (**an** -) **III.** *vr* ■ **sich ~** ❶ (*rotieren*) dönmek; **mir dreht sich alles im Kopf** başım dönüyor; **er drehte sich auf den Rücken** sırt üstü döndü ❷ (*betreffen*) söz konusu olmak (**um** -)

Dreher(in) <-s, -; -nen> *m(f)* tornacı

Drehkreuz <-es, -e> *nt* turnike **Drehorgel** *f* laterna **Drehort** *m* FILM çekim yeri **Drehrestaurant** *nt* döner lokanta **Drehscheibe** *f* ❶ EISENB döndürme köprüsü ❷ (*des Töpfers*) döner tezgâh **Drehtür** <-en> *f* döner kapı

Drehung <-en> *f* dönüş; (*Umdrehung*) devir; (*um die Achse*) dönme; **eine ~ um 180 Grad** 180 derecelik bir dönüş

Drehwurm *m* **einen ~ kriegen** başı dönmek

Drehzahl *f* devir (sayısı); **bei hoher ~** yüksek devirde **Drehzahlmesser** *m* AUTO devir göstergesi

drei [draɪ] *adj inv* üç; **~ Viertel** dörtte üç; **es ist ~ viertel zwei** SÜDD ikiye çeyrek var; **er tut so, als könne er nicht bis ~ zählen** (*fam*) saymasını bilmiyormuş gibi yapıyor; **aller guten Dinge sind ~** (*prov*) Allah'ın hakkı üçtür; *s. a.* **acht**[1]

Drei <-en> *f* ❶ (*Zahl*) üç ❷ (*Spielkarte*) üçlü

dreiarmig *adj* üç kollu **dreidimensional** ['draɪdimɛnzjona:l] *adj* üç boyutlu

Dreieck <-(e)s, -e> ['draɪʔɛk] *nt* üçgen; **gleichschenk(e)liges ~** eşkenar üçgen

dreieckig *adj* üçgen

Dreiecksverhältnis *nt* üçlü ilişki

dreieinhalb [draɪʔaɪn'halp] *adj inv* üç buçuk; *s. a.* **achteinhalb**

Dreieinigkeit [-'---] *f kein pl* REL teslis, üçleme

dreierlei ['draɪɐ'laɪ] *adj inv* üç türlü; *s. a.* **achterlei**

dreifach ['draɪfax] **I.** *adj* **in ~er Ausfertigung** üç nüsha olarak; **dieser Wagen kostet das D~e von jenem** bu arabanın fiyatı şununkinin üç katıdır, bu araba şundan üç misli pahalı **II.** *adv* üç kere; *s. a.* **achtfach**

Dreifaltigkeit [draɪ'faltɪçkaɪt] *f kein pl* REL teslis, üçleme

Dreifuß *m* üçayak

dreihundert ['-'--] *adj inv* üç yüz; *s. a.* **achthundert**

Dreijahresfrist *f* üç yıllık süre

dreijährig *adj* üç yaşındaki

Dreikampf *m* SPORT triatlon

Dreikäsehoch <-s, -s> [-'---] *m* (*fam*) bastıbacak

Dreikönige [-'---] *pl* REL Müneccim Krallar *pl;* **nach ~** Müneccim Krallar Yortusu'ndan sonra

Dreiländereck <-(e)s> [-'---] *nt kein pl* üç ülke sınırının birleştiği nokta

dreimal *adv* üç kere; **etw ~ sagen/tun/**

D

wiederholen bir şeyi üç kere söylemek/yapmak/tekrarlamak; *s. a.* **achtmal**

drein [draɪn] *adv (fam) s.* **darein**

drein|blicken *vi* **finster/freundlich ~** asık suratla/güler yüzle bakmak

Dreirad *nt* ❶ *(für Kinder)* üçteker ❷ *(Lieferwagen)* triportör **Dreisatz** <-es, -sätze> *m* MATH orantı

Dreisprung *m* SPORT üç adım

dreispurig *adj* üç şeritli

dreißig ['draɪsɪç] *adj inv* otuz; *s. a.* **achtzig**

dreißigjährig ['draɪsɪçjɛːrɪç] *adj* otuz yıllık, otuzluk; **der D~e Krieg** HIST Otuz Yıl Savaşları

dreißigste(r, s) *adj* otuzuncu; *s. a.* **achtzigste(r, s)**

dreist [draɪst] *adj* pervasız; *(frech)* arsız, yüzsüz

dreistellig *adj* üç rakamlı, üç haneli

Dreisternehotel *nt* üç yıldızlı otel

Dreistigkeit <-en> ['draɪstɪçkaɪt] *f* pervasızlık, yüzsüzlük

dreistimmig *adj* MUS üç sesli

dreistöckig *adj* üç katlı

Dreitagebart [-'---] *m* üç günlük sakal

dreitausend ['-'--] *adj inv* üç bin; *s. a.* **achttausend**

dreiteilig *adj (Service)* üçlü, üç parçalı; *(Fernsehserie)* üç bölümlü

dreiviertel[ALT] ['draɪ'fɪrtəl] *adj inv s.* **drei** **Dreiviertelmehrheit** *f* dörtte üç oy çokluğu, dörtte üç çoğunluk **Dreiviertelstunde** ['draɪvɪrtəl'ʃtʊndə] *f* kırk beş dakika; **in einer ~** kırk beş dakikada

Dreizack <-(e)s, -e> ['draɪtsak] *m* üççatal, çatallı kargı

dreizehn ['--] *adj inv* on üç; **jetzt schlägt's aber ~** *(fam)* yeter ama artık; *s. a.* **acht**[1]

dreizehnte(r, s) *adj* on üçüncü; *s. a.* **achte(r, s)**

Dreizimmerwohnung [-'----] *f* üç odalı daire

Dresche *f kein pl (fam)* patak, dayak, kötek

dreschen <drischt, drosch, gedroschen> *vt* ❶ *(Getreide)* (harman/ekin) dövmek; **Phrasen ~** *(fam)* edebiyat yapmak ❷ *(verprügeln)* pataklamak, dövmek

Dreschmaschine *f* AGR harman makinesi, harman dövme makinesi, batöz

Dresden <-s> ['dreːsdən] *nt* Dresden

dressieren* [drɛ'siːrən] *vt (Tier)* eğitmek, terbiye etmek

Dressing *nt* GASTR salata sosu

Dressman <-s, -men> ['drɛsmən] *m* erkek manken

Dressur <-en> [drɛ'suːɐ] *f* eğitim; *(Pferde~)* manej

dribbeln ['drɪbəln] *vi* SPORT dripling yapmak

Dribbling *nt* SPORT dripling

driften ['drɪftən] *vi sein a.* NAUT sürüklenmek (**nach** -e)

Drill <-(e)s> [drɪl] *m kein pl* MIL talim

Drillbohrer *m* TECH cırcır delgi

drillen ['drɪlən] *vt* ❶ TECH delgi ile delmek ❷ MIL talim yaptırmak (-e)

Drilling <-s, -e> ['drɪlɪŋ] *m (Kind)* üçüz

drin [drɪn] *adv (fam)* **es ist noch alles ~** *(fig)* daha her şey olabilir; **das ist nicht ~** *(fig)* olmaz; *s. a.* **darin**

dringen <dringt, drang, gedrungen> ['drɪŋən] *vi* ❶ *sein* **durch etw ~** bir şeyin içinden geçmek; **in etw ~** bir şeyin içine geçmek, bir şeye işlemek; *(Pfeil)* bir şeye saplanmak; **aus etw ~** *(Flüssigkeit, Gas)* bir şeyden sızmak; *(Geräusch)* bir şeyden gelmek; **in jdn ~** birine sinmek; **bis zu etw ~** bir şeye kadar gelmek; **der Lärm drang bis zu uns** gürültü bize kadar duyuldu; **an die Öffentlichkeit ~** açığa çıkmak; **es dringt mir durchs Herz** *(fig)* yüreğime işledi ❷ *(verlangen)* **auf etw ~** bir şeyde direnmek

dringend *adj* ❶ *(eilig)* acil, acele, ivedi ❷ *(sehr wichtig)* çok önemli; *(nachdrücklich)* ısrarlı; **~ davon abraten, etw zu tun** bir şeyi yapmamasını ısrarla tavsiye etmek; **~ er Verdacht** ağır şüphe

dringlich *adj* ivedi(li)

Dringlichkeit <-en> *f* ivedilik

drinnen ['drɪnən] *adv* içeride; **~ und draußen** içeride ve dışarıda; **ich gehe nach ~** ben içeri giriyorum

drin|stecken *vi (fam)* ❶ *(beschäftigt sein)* meşgul olmak (**in** ile) ❷ *(investiert sein)* yatırılmış olmak; **da steckt eine Menge Arbeit drin** buna çok emek verilmiş ❸ *(verwickelt sein)* parmağı olmak (**in** -de)

drin|stehen *irr vi haben o* SÜDD, ÖSTERR, SCHWEIZ *sein (fam: in Raum)* içinde olmak (**in** -in); *(in Buch)* yazmak (**in** -de), yazılı olmak (**in** -de)

drischt [drɪʃt] *3. präs von* **dreschen**

dritt [drɪt] *adv* **zu ~** üçü

dritte(r, s) ['drɪtə, -tɐ, -təs] *adj* üçüncü; **D~ Welt** üçüncü dünya ülkeleri *pl*; **die ~en Zähne** *(fam)* takma diş(ler) *(pl); s. a.* **achte(r, s)**

drittel *adj inv* üçte (bir); *s. a.* **achtel**

Drittel *nt* üçte bir; *s. a.* **Achtel**

dritteln *vt* üçe bölmek

drittens ['drɪtəns] *adv* üçüncü olarak; *(bei Aufzählung)* üçüncüsü; *s. a.* **achtens**

Dritte-Welt-Laden <-s, -Läden> ['--'---] *m* üçüncü dünya ülkeleri ürünleri-

nin satıldığı mağaza
drittklassig *adj* (*pej*) üçüncü sınıf; (*Beschaffenheit*) kalitesiz, kalitesi düşük
DRK <-> [deːʔɛrˈkaː] *nt Abk von* **Deutsches Rotes Kreuz** Alman Kızıl Haçı
droben [ˈdroːbən] *adv* (*geh*) yukarıda; **da ~** oranın yukarısında
Droge <-n> [ˈdroːgə] *f* ❶ drog ❷ (*fam: Rauschmittel*) uyuşturucu
drogenabhängig *adj* uyuşturucu bağımlısı **Drogenabhängige(r)** *f(m)* uyuşturucu bağımlısı **Drogenabhängigkeit** *f kein pl* uyuşturucu bağımlılığı **Drogendealer(in)** *m(f)* (*fam*) torbacı, uyuşturucu satıcısı **Drogenhandel** *m* uyuşturucu alım satımı, uyuşturucu ticareti **Drogenszene** *f* uyuşturucu çevresi
Drogerie <-n> [drogəˈriː] *f* eczane, aktar
Drogist(in) <-en, -en; -nen> *m(f)* eczacı, aktar
Drohbrief *m* tehdit mektubu
drohen [ˈdroːən] *vi* ❶ (*einschüchtern*) tehdit etmek, gözünü korkutmak (-in); **sie drohte ihm mit der Polizei** onu polisle tehdit etti ❷ (*bevorstehen*) beklemek; **ihm droht Gefängnis** onu hapis bekliyor ❸ (*zu befürchten sein*) **er drohte einzuschlafen** uyumak üzereydi
drohend *adj* ❶ (*Gebärde*) tehdit dolu, tehditkâr, tehdit edici ❷ (*Gefahr*) yaklaşan
Drohne <-n> [ˈdroːnə] *f* ZOOL erkek arı
dröhnen [ˈdrøːnən] *vi* (*Geräusch*) gürlemek; (*Lautsprecher*) ötmek; (*Ohren*) uğuldamak; **mir dröhnt der Kopf** beynim uğulduyor
Drohung <-en> [ˈdroːʊŋ] *f* tehdit
drollig [ˈdrɔlɪç] *adj* ❶ (*Geschichte*) eğlendirici ❷ (*niedlich*) cici
Dromedar <-s, -e> [ˈdroːmedaːɐ, dromeˈdaːɐ] *nt* ZOOL hecin; (*einhöckeriges Kamel*) hacı devesi, tek hörgüçlü deve
Drops <-, -> [drɔps] *m* draje
drosch [drɔʃ] *3. imp von* **dreschen**
Droschke <-n> [ˈdrɔʃkə] *f* fayton
Drossel <-n> [ˈdrɔsəl] *f* ZOOL ardıç kuşu
drosseln [ˈdrɔsəln] *vt* ❶ (*würgen*) boğmak ❷ (*Tempo*) kesmek; (*Inflation*) bastırmak ❸ (*Ausgaben*) kısmak
drüben [ˈdryːbən] *adv* karşıda; **hier/da ~** burada/orada
drüber [ˈdryːbɐ] *adv* (*fam*) *s.* **darüber**
Druck[1] <-(e)s> [drʊk, *pl* ˈdrʊkə] *m kein pl* ❶ (*das Drücken*) basma; (*Beklemmung*) sıkışma; **durch einen ~ auf den Knopf** düğmeye basarak ❷ (*Zwang*) baskı; **~ hinter etw machen** bir işin yapılması için baskı yapmak; **unter ~ stehen** baskı altında olmak; **jdn unter ~ setzen** birine baskı yapmak ❸ (*das Drucken*) basım; **in ~ gehen** basımına başlamak
Druck[2] <-(e)s, Drücke> *m* ❶ PHYS basınç ❷ (*sl: Schuss Rauschgift*) doz
Druck[3] <-(e)s, -e> *m* KUNST baskı resim
Druckabfall *m* basıncın düşmesi
Druckanstieg *m* basıncın yükselmesi
Druckbuchstabe *m* matbaa harfi
Drückeberger(in) <-s, -; -nen> [ˈdrʏkəbɛrgɐ] *m(f)* (*pej fam*) kaytarıcı
drucken [ˈdrʊkən] *vt* TYPO basmak (**auf** -e); **klein gedruckt** küçük puntolu; **das klein Gedruckte** küçük puntolu yazı
drücken [ˈdrʏkən] **I.** *vt* ❶ (*pressen*) sıkmak; (*Schalter*) basmak (-e); **jdm die Hand ~** birinin elini sıkmak; **jdm etw in die Hand ~** birinin eline bir şey sıkıştırmak ❷ (*wegschieben*) itmek; **er drückte sie zur Seite** onu kenara itti; **„~"** (*an einer Tür*) "itiniz" ❸ (*Kleidung*) dar gelmek (-e) ❹ (*umarmen*) kucaklamak ❺ (*Preise*) kırmak **II.** *vi* (*Kleidung, Last*) sıkmak; (*Hitze*) sıkıntı vermek; **das trübe Wetter drückt auf die Stimmung** kapalı hava insana sıkıntı veriyor **III.** *vr* ■ **sich ~** (*fam*) kaçmak (**vor** -den), kaçınmak (**vor** -den); **sie hat sich vor der** [*o* **um die**] **Arbeit gedrückt** işten kaçtı, işi yapmaktan kaçındı
drückend *adj* (*Sorgen, Last*) sıkıcı; (*Wetter*) bunaltıcı; (*Hitze*) boğucu
Drucker(in)[1] <-s, -; -nen> *m(f)* baskıcı; (*Buch~*) baskıcı
Drucker[2] <-s, -> *m* INFORM yazıcı
Drücker <-s, -> *m* ❶ (*Klinke*) kol ❷ (*Tür~*) elektrikli basaç ❸ (*am Gewehr*) tetik; **am ~ sitzen** (*fam*) tetikte olmak; **auf den letzten ~** (*fam*) son anda
Druckerei <-en> *f* basmahane; (*für Bücher*) basımevi, matbaa
Druckerlaubnis *f* TYPO basıla
Druckerpatrone *f* INFORM yazıcı kartuşu **Druckerschwärze** [ˈdrʊkɐʃvɛrtsə] *f kein pl* TYPO baskı mürekkebi
Druckfehler *m* TYPO baskı yanlışı, baskı hatası **Druckform** *f* baskı kalıbı **druckfrisch** *adj* TYPO basıdan yeni çıkmış **Druckknopf** *m* TECH elektrik düğmesi; (*zweiteiliger Knopf zum Zudrücken*) çıtçıt **Druckluft** *f kein pl* PHYS basınçlı hava **Druckmesser** *m* PHYS basınçölçer **Druckmittel** *nt* (*Maßnahme*) baskı aracı **druckreif** *adj* basıma uygun **Drucksache** *f a.* TYPO matbua **Druckschrift** <-en> *f* TYPO basılmış yazı, basma, matbua
drucksen [ˈdrʊksən] *vi* (*fam*) kem küm etmek
Druckstelle *f* ezik **Druckstock** *m* TYPO

(*Klischee*) klişe **Druckwelle** *f* PHYS basınç dalgası **Druckwesen** *nt kein pl* TYPO basımcılık

drum [drʊm] *adv* (*fam*) **sei's ~!** haydi öyle olsun!; (*es macht nichts*) fark etmez!; **mit allem D~ und Dran** her şeyi ile birlikte; *s. a.* **darum**

Drumherum <-s> [-ˈ-] *nt kein pl* (*fam*) **das ganze ~** bütün boku püsürü

drunten [ˈdrʊntən] *adv* SÜDD, ÖSTERR aşağıda, altta

drunter [ˈdrʊntɐ] *adv* (*fam*) **es ging alles ~ und drüber** her şey altüst oldu; *s. a.* **darunter**

Drüse <-n> [ˈdryːzə] *f* ANAT gudde, beze; (*Brust~, Speichel~, Talg~*) bez

Dschihad <-s, -> [dʒiˈhad] *m kein pl* cihat

Dschungel <-s, -> [ˈdʒʊŋəl] *m* cengel; (*fig*) cangıl

dt. *Abk von* **deutsch** Almanca

du [duː] *pron pers, 2. sing* sen; **bist ~ es?** sen misin?; **wenn ich ~ wäre** senin yerinde olsam; **mit jdm per D~ sein** biriyle teklifsiz [*o* senli benli] olmak

Dübel <-s, -> [ˈdyːbəl] *m* dübel

ducken [ˈdʊkən] **I.** *vt* (*pej: demütigen*) sindirmek **II.** *vr* ■**sich ~** ❶ (*sich bücken*) başını eğmek; (*niederkauern*) sinmek ❷ (*unterwürfig sein*) sinmek, boyun eğmek

Duckmäuser <-s, -> [ˈdʊkmɔɪzɐ] *m* (*fam*) evet efendimci

dudeln [ˈduːdəln] *vi* (*fam*) ❶ RADIO çalmak ❷ (*musizieren*) gayda çalmak

Dudelsack <-(e)s, -säcke> [ˈduːdəlzak] *m* gayda

Duell <-s, -e> [duˈɛl] *nt* ❶ (*mit Waffen*) düello; **jdn zum ~ fordern** birini düelloya davet etmek ❷ SPORT karşılıklı yarışma

duellieren* *vr* ■**sich ~** düello etmek

Duett <-(e)s, -e> [duˈɛt] *nt* MUS düet

Duft <-(e)s, Düfte> [dʊft, *pl* ˈdʏftə] *m* koku; (*angenehm*) güzel koku; (*unangenehm*) pis koku

duften [ˈdʊftən] *vi* kokmak (**nach** -)

duftend *adj* kokan; (*parfümiert*) güzel kokulu

Duftstoff <-(e)s, -e> *m* koku

dulden [ˈdʊldən] *vt* ❶ (*zulassen*) göz yummak (-e), hoş görmek; **die Sache duldet keinen Aufschub** mesele ertelenemez ❷ (*geh: ertragen*) katlanmak (-e), tahammül etmek (-e), çekmek

duldsam [dʊltzaːm] *adj* (*voller Geduld*) sabırlı; (*tolerant*) hoşgörülü (**gegen** -e)

Duldsamkeit *f kein pl* hoşgörü

Duldung <-en> *f* göz yumma, müsamaha; **stillschweigende ~** JUR zımnî müsamaha

DumdumgeschossRR <-es, -e> *nt*, **Dumdumgeschoß**ALT <-sses, -sse> *nt* dumdum, domdom kurşunu

dumm <dümmer, am dümmsten> [dʊm] *adj* ❶ (*einfältig*) aptal, alık, ahmak; **~es Zeug reden** aptal aptal konuşmak; **red kein ~es Zeug!** aptal aptal konuşma!; ■**sich ~ anstellen** aptallığa vurmak; **ein ~es Gesicht machen** (*fam*) aptal aptal bakmak; **~ aus der Wäsche gucken** (*fam*) apışmak, apışıp kalmak, ahmaklaşmak; **das ist gar nicht so ~** bu hiç de fena bir fikir değil; **jdn für ~ verkaufen** (*fam*) birini aptal [*o* ahmak] yerine koymak ❷ (*unwissend*) cahil; ■**sich ~ stellen** bilmezlenmek, bilmezlikten gelmek, bilmiyor (gibi) görünmek ❸ (*unangenehm*) **jdm ~ kommen** (*fam*) birine aksilenmek; **so etwas D~es!** ne kadar aksilik!

dummerweise *adv* aptalca, aptal gibi; (*ärgerlicherweise*) aksi gibi

Dummheit[1] *f kein pl* (*Mangel an Intelligenz*) aptallık; (*Unwissenheit*) cahillik

Dummheit[2] <-en> *f* (*Handlung*) aptallık, ahmaklık, akılsızlık; **eine ~ machen** aptallık etmek, cahillik etmek

Dummkopf *m* (*pej*) aptal, mankafa, budala, enayi

dumpf [dʊmpf] *adj* ❶ (*Geräusch*) boğuk ❷ (*stumpfsinnig*) vurdumduymaz, tekdüze ❸ (*Ahnung, Schmerz*) belirsiz ❹ (*muffig*) bunaltıcı; **das Mehl/Brot riecht ~** un/ekmek küf kokuyor

Dumping *nt* damping

Düne <-n> [ˈdyːnə] *f* kumul

Dung <-(e)s> [dʊŋ] *m kein pl* gübre

Düngemittel *nt* gübre

düngen [ˈdʏŋən] *vt* gübrelemek

Dünger <-s, -> [ˈdʏŋɐ] *m* gübre; **künstlicher ~** suni gübre

Dungkäfer *m* ZOOL bok böceği; *s. a.* **Mistkäfer**

dunkel [ˈdʊŋkəl] *adj* ❶ (*finster*) karanlık; **es wird ~** hava kararıyor ❷ (*Farbe*) koyu; (*Hautfarbe*) esmer ❸ (*Ton*) alçak; (*Stimme*) kalın ❹ (*unbestimmt*) hayal meyal, belli belirsiz; ■**sich ~ an etw erinnern** bir şeyi hayal meyal hatırlamak ❺ (*rätselhaft*) muammalı; (*ungewiss*) meçhul ❻ (*pej: zwielichtig*) karanlık; (*verdächtig*) şüpheli; **eine dunkle Vergangenheit haben** karanlık bir mazisi olmak

Dunkel <-s> *nt kein pl* (*a. fig*) karanlık; **im ~n** karanlıkta; **im D~n tappen** (*fig: keinen Anhaltspunkt haben*) ipucu bulamamak; **etw liegt noch im ~n** bir şey hâlâ karanlıkta kalmak

Dünkel <-s> *m kein pl* (*pej*) benlik davası

dunkelblau *adj* koyu mavi **dunkelblond** *adj* koyu sarı **dunkelgrün** *adj* koyu yeşil
dunkelhaarig *adj* esmer saçlı
dunkelhäutig ['dʊnkəlhɔɪtɪç] *adj* esmer tenli
Dunkelheit *f kein pl* karanlık; **bei Einbruch der ~** karanlık çökerken [*o* basarken]
Dunkelkammer *f* FOTO karanlık oda
dunkelrot *adj* koyu kırmızı **Dunkelziffer** *f* meçhul olayların sayısı
dünn [dʏn] *adj* ❶ (*Ast, Scheibe*) ince; **ein ~es Buch** ince bir kitap ❷ (*schlank*) ince; (*mager*) sıska; **sie ist sehr ~ geworden** çok inceldi ❸ (*Haar*) seyrek; **Butter ~ auftragen** tereyağını incecik sürmek ❹ (*fein, zart*) ince; (*Stimme*) ince ❺ (*Suppe*) ince; (*Kaffee*) sulu, kestane suyu gibi
Dünndarm *m* ANAT ince bağırsak **Dünndarmentzündung** *f* MED ince bağırsak iltihabı
dünnflüssig *adj* ince
Dunst[1] <-(e)s, Dünste> [dʊnst, *pl* 'dʏnstə] *m* (*Dampf*) buhar; (*Ausdünstung*) koku; (*Rauch*) duman
Dunst[2] <-(e)s> *m kein pl* (*Nebel*) pus
Dunstabzugshaube *f* davlumbaz eteklîği; (*mit Saugvorrichtung in Küchen*) aspiratörlü mutfak bacası
dünsten ['dʏnstən] *vt* GASTR haşlamak
dunstig ['dʊnstɪç] *adj* ❶ (*neblig*) puslu ❷ (*verräuchert*) havasız
Dunstwolke *f* (*Ausdünstung*) koku; (*Rauchwolke*) duman
Duo <-s, -s> ['du:o] *nt* MUS ikili
Duplikat <-(e)s, -e> [dupli'ka:t] *nt* ikinci nüsha
Dur <-> [du:ɐ] *nt kein pl* MUS majör
durch [dʊrç] **I.** *präp* ❶ (*örtlich*) -den; **~ eine Straße gehen** bir sokaktan geçmek; **~ das Fenster schauen** pencereden bakmak ❷ (*mittels*) ile; **~ Zufall** kazara, tesadüfen ❸ (*infolge von*) -den (dolayı), yüzünden; **~ das viele Rauchen** çok sigara içmekten; **~ den Unfall wurde der gesamte Verkehr lahmgelegt** kazadan dolayı bütün trafik felce uğradı ❹ (*zeitlich*) boyunca; **die ganze Nacht ~** bütün gece boyunca ❺ *a.* MATH (*teilen*) -e; **~ drei teilen** üçe bölmek ❻ (*Agens*) ile, -yle; **das Fahrzeug wird ~ Motoren getrieben** taşıt motor gücüyle hareket eder **II.** *adv* (*fam*) **es ist schon drei Uhr ~** saat üçü geçti bile; **der Zug ist gerade ~** tren şu anda geçti; **das Fleisch ist ~** et pişmiş; **ich hab das Buch ~** kitabı bitirdim; **die Sohle ist ~** (ayakkabının) tabanı delindi; **~ und ~** tamamen, her bakımdan, sapına kadar; (*bis ins Innerste*) iliğine kadar, iliklerine kadar; **ich bin ~ und ~ nass** iliğime kadar ıslandım
durch|arbeiten **I.** *vt* ❶ (*Buch*) başından sonuna kadar gözden geçirmek ❷ (*Teig*) yoğurmak **II.** *vi* (*ohne Pause*) aralıksız çalışmak, ara vermeden çalışmak **III.** *vr* ■ **sich ~** güç bela kendine yol açarak ilerlemek (**durch** içinden); (*Dschungel*) güçlükle ilerlemek (**durch** -de) **durch|atmen** *vi* derin nefes alıp vermek; (*fig*) nefes almak, ferahlamak, rahatlamak
durchaus ['--, -'-] *adv* ❶ (*völlig*) tamamıyla, büsbütün, pekâlâ; **~ nicht** hiç de değil; **das ist ~ möglich** bu pekâlâ olabilir; **das ist ~ nicht leicht** bu hiç de öyle kolay değil ❷ (*unbedingt*) mutlaka
durch|blättern *vt* sayfalarını karıştırmak (-in), sayfalarına göz gezdirmek (-in)
Durchblick <-(e)s, -e> *m* (*fam: Überblick*) anlayabilme, akıl erdirme; **den ~ haben** anlayabilmek, aklı ermek **durch|blicken** *vi* ❶ (*durchschauen*) bakmak (**durch** -den) ❷ (*fam: verstehen*) anlayabilmek, aklı ermek; (*erkennen*) görmek; **etw ~ lassen** (*andeuten*) anıştırmak, çıtlatmak, çaktırmak; (*zu verstehen geben*) sezdirmek, ihsas etmek; **da blicke ich nicht (ganz) durch** buna [*o* bu işe] aklım (pek) ermiyor **durchbluten*** *vt* kanla beslemek; **gut durchblutet werden** dolaşımı iyi olmak
Durchblutung <-en> *f* dolaşım, kan dolaşımı **Durchblutungsstörung** *f* dolaşım bozukluğu
durch|bohren[1] *vt* (*Loch bohren*) delik açmak (-e)
durchbohren*[2] *vt* (*durchdringen*) deşmek; **von Kugeln durchbohrt** kurşunla delik deşik edilmiş
durch|braten *irr vt* GASTR iyice kızartmak
durchbrechen*[1] *irr vt* ❶ (*Blockade, Deich*) yarmak; (*Hindernis, Schallmauer*) aşmak ❷ (*fig: Prinzip*) çiğnemek
durch|brechen[2] *irr* **I.** *vi sein* ❶ (*entzweigehen*) ortasından kırılmak ❷ (*Zähne, Sonne*) çıkmak; (*Blindarm*) patlamak ❸ (*fig: Hass*) uyanmak; (*Wut*) kabarmak **II.** *vt* (*zerbrechen*) ortasından kırmak
durch|brennen *irr vi sein* ❶ (*Birne*) yanmak; (*Sicherung*) atmak; **die Sicherung ist durchgebrannt** sigorta attı ❷ (*fam: ausreißen*) kaçmak **durch|bringen** *irr vt* ❶ (*Kranke*) kurtarmak ❷ (*Prüfling*) **jdn ~** birini geçirmek ❸ (*ernähren*) geçindirmek; (*Familie*) geçindirmek ❹ (*vergeuden*) çarçur etmek **durchbrochen** **I.** *pp von*

durchbrechen[1] II. *adj* (*Spitze*) kırık

Durchbruch <-(e)s, -brüche> ['--] *m* ❶ (*eines Zahns*) çıkma; (*des Blinddarms*) patlama ❷ MIL yarma; (*Stelle*) gedik ❸ (*Erfolg*) başarı; **jdm/etw zum ~ verhelfen** bir kimseye/şeye başarı kazanmasında yardımcı olmak, bir kimseye/şeye başarı kazandırmak ❹ (*Stelle*) yarık, gedik; **einen ~ durch die Wand machen** duvara gedik açmak

Durchbrucharbeit *f* ajur işi

durchdenken* *irr vt* düşünüp taşınmak, iyice düşünmek; **wohl durchdacht** (*geh*) iyice düşünülmüş **durch|drehen I.** *vi* ❶ *sein* (*Räder*) patinaj yapmak ❷ *haben o sein* (*fam: den Verstand verlieren*) fırttırmak, aklını kaçırmak; (*die Nerven verlieren*) sinirleri boşanmak **II.** *vt* **das Fleisch durch den Wolf ~** eti makineyle kıymak

durch|dringen[1] *irr vi sein* ❶ (*Flüssigkeit*) içine geçmek, sızmak; (*Kälte*) iliğine işlemek; (*Gerücht*) duyulmak, kulağına gelmek, kulağına çalınmak; (*Stimme*) duyulmak, işitilmek; (*Sonne*) çıkmak; **die Nachricht ist bis zu uns durchgedrungen** haber kulağımıza geldi; **ein ~der Schmerz/Geruch/Verstand** keskin bir ağrı/koku/zekâ ❷ (*hingelangen*) kendini kabul ettirmek (**bis zu** -e kadar)

durchdringen*[2] *irr vt* ❶ (*durchstoßen*) deşmek; (*eindringen in*) içine işlemek (-in), içine geçmek (-in) ❷ (*innerlich erfüllen*) nüfuz etmek; **diese Idee hat ihn völlig durchdrungen** bu fikir onun tamamıyla içine işlemişti, bu fikir bütün varlığına nüfuz etti

durch|drücken *vt* ❶ (*Knie*) germek ❷ (*fam: durchsetzen*) kabul ettirmek ❸ (*durch ein Sieb*) elekten geçirmek (**durch** -den)

durcheinander [dʊrç?aɪ'nandɐ] *adv* (*unordentlich*) darmadağınık, karmakarışık, karman çorman; (*verwirrt*) şaşkın

Durcheinander <-s> ['----] *nt kein pl* ❶ (*Unordnung*) dağınıklık, karışıklık, keşmekeş ❷ (*Verwirrung*) şaşkınlık

durcheinander|bringen *irr vt* (*in Unordnung bringen*) altüst etmek, darmadağın etmek, karmakarışık etmek, karman çorman etmek; (*verwechseln*) karıştırmak; (*verwirren*) şaşırtmak **durcheinander|essen** *irr vi, vt* abur cubur yemek **durcheinander|laufen** *irr vi sein* koşuşmak **durcheinander|reden** *vi* saçma sapan konuşmak

durch|fahren[1] *irr vi sein* ❶ (*ohne Pause*) durmadan gitmek, direkt gitmek; **die ganze Nacht ~** bütün gece durmadan gitmek; **bis zur nächsten Ampel ~** gelecek lambaya kadar durmadan gitmek ❷ (*durchqueren*) geçmek (**durch** -den); **durch einen Tunnel ~** bir tünelden geçmek

durchfahren*[2] *irr vt* ❶ (*bereisen*) gezmek ❷ (*durchqueren*) transit geçmek (-den) ❸ (*durchzucken*) **ein Schreck/Gedanke durchfuhr ihn** içini bir korku aldı

Durchfahrt <-en> ['--] *f* geçit; (*das Durchfahren*) geçme; **~ freihalten!** geçidin önünü kapamayınız!; **~ verboten!** geçilmez!; **wir sind hier nur auf der ~** biz buradan sadece geçiyoruz **Durchfahrtsrecht** *nt* JUR geçit hakkı **Durchfahrtsstraße** *f* ana yol

Durchfall <-(e)s> *m kein pl* MED ishal, amel, sürgün; **~ bekommen** ishal [*o* sürgün] olmak; **~ haben** ishali [*o* sürgünü] olmak

durch|fallen *irr vi sein* ❶ (*durch ein Loch*) düşmek (**durch** içinden) ❷ (*fam: keinen Erfolg haben*) çakmak, başarı gösterememek, başarısızlığa uğramak, fiyasko vermek ❸ (*durch eine Prüfung*) kalmak, geçememek (**durch** -den) **durch|feiern** *vi* (*fam: ohne Pause feiern*) sabaha kadar eğlenmek; **die ganze Nacht ~** bütün gece eğlenmek

durch|fließen[1] *irr vi sein* akmak (**durch** -den), akmak (**durch** içinden)

durchfließen*[2] *irr vt* ortasından geçmek (-in)

durchforschen* *vt* ❶ (*wissenschaftlich*) araştırıp incelemek ❷ (*Taschen*) aramak ❸ (*Land*) açınsamak **durch|fragen** *vr* ■ **sich ~** sora sora yolunu bulmak

Durchfuhr *f* WIRTSCH transit

durchführbar *adj* yapılabilir **Durchführbarkeit** *f* yapılabilirlik

durch|führen I. *vi* (*Weg*) geçmek (**durch** -den); (*verlaufen*) geçmek (**durch** -den) **II.** *vt* ❶ (*ausführen*) yapmak, yürütmek, icra etmek; (*verwirklichen*) uygulamak, tatbik etmek ❷ (*veranstalten*) düzenlemek ❸ (*geleiten*) geçirmek (**durch** -den)

Durchfuhrerlaubnis *f* WIRTSCH transit izni

Durchführung <-en> *f* ❶ yapma, yürütme, icra; (*Verwirklichung*) uygulama; **zur ~ gelangen** icraatına geçilmek, uygulanmaya başlanmak ❷ MUS icra

Durchfuhrverbot *nt* WIRTSCH transit yasağı

Durchgang[1] <-(e)s> *m kein pl* (*das Durchgehen*) geçme; **~ verboten!** geçilmez!

Durchgang[2] <-(e)s, -gänge> *m* ❶ (*Weg*) geçit; **den ~ versperren** geçidin önünü kapamak ❷ (*einer Wahl, eines Wettkampfs*) aşama; (*Fußball*) yarı

durchgängig **I.** *adj* (*allgemein geltend*) genel **II.** *adv* genellikle
Durchgangslager *nt* sığınmacı kampı
durch|geben *irr vt* bildirmek (**durch** -le); (*übermitteln*) iletmek (**durch** -le)
durchgefroren *adj* tamamen donmuş
durch|gehen *irr sein* **I.** *vi* ❶ (*durch Tür*) geçmek (**durch** -den); **der Zug geht durch** tren aktarmasızdır, tren durmadan geçiyor ❷ (*Gesetz, Antrag*) kabul edilmek ❸ (*toleriert werden*) hoş görülmek; **wir lassen das nicht länger ~** buna artık göz yummayacağız ❹ (*weglaufen*) kaçmak; (*Pferd*) gemi azıya almak ❺ (*gehalten werden für*) yerine geçmek (**für** -in) ❻ (*fam: dazwischenpassen*) geçmek (**durch/unter** içinden/altından) **II.** *vt* (*Text: prüfen*) gözden geçirmek; (*überarbeiten*) revize etmek
durchgehend *adj* (*Zug*) aktarmasız; (*Öffnungszeiten*) sürekli; **die Geschäfte sind ~ geöffnet** dükkânlar sürekli açıktır
durch|greifen *irr vi* ❶ (*einschreiten*) (duruma) müdahale etmek; (*drastische Maßnahmen ergreifen*) zorlayıcı önlem(ler) almak ❷ (*mit der Hand*) elini geçirmek (**durch** içinden)
durchgreifend *adj* (*Maßnahmen*) sert; (*Änderungen*) kökten
durch|halten *irr vi, vt* dayanmak
Durchhaltevermögen <-s> *nt kein pl* dayanma gücü, dayanıklılık
Durchhänger <-s, -> *m* (*fam*) bezginlik
durch|kämmen[1] *vt* (*Haare*) taramak
durchkämmen*[2] *vt* (*Gelände*) taramak
durch|kommen *irr vi sein* ❶ (*durch einen Ort, die Menge*) geçmek (**durch** içinden) ❷ (*fam: bei einer Prüfung*) geçmek; (*Antrag*) geçmek ❸ (*durchpassen*) geçmek (**durch** -den) ❹ (*fam: überleben*) iyileşmek; (*sich retten*) kendini kurtarmak; (*auskommen*) geçinip gitmek ❺ (*Erfolg haben*) başarılı olmak (**mit** ile), amacına ulaşmak (**mit** ile); **damit kommst du bei mir nicht durch** (*fam*) bununla benden istediğini alamazsın **durchkreuzen*** *vt* ❶ (*durchstreichen*) çarpma işareti ile üstünü çizmek (-in), üstüne kalem çekmek (-in), kalem çekmek (-e) ❷ (*Pläne*) baltalamak, bozmak ❸ (*Meere*) gezmek **durch|lassen** *irr vt* ❶ (*Person, Licht*) geçirmek ❷ (*fam: Taten*) göz yummak (-e); (*tolerieren*) hoş görmek; **das kann ich ihm nicht ~** (*fam*) bunu yapmasına göz yumamam
durchlässig ['dʊrçlɛsɪç] *adj* (*für Flüssigkeiten*) geçirgen, gözenekli; (*für Licht*) geçirgen, geçirir
Durchlässigkeit *f kein pl* geçirgenlik
durch|laufen[1] *irr* **I.** *vi sein* ❶ (*durch Tür, Ort*) geçmek (**durch** -den) ❷ (*ohne Unterbrechung*) durmadan koşmak ❸ (*Flüssigkeit*) akmak; (*durchsickern*) sızmak **II.** *vt* (*Schuhe*) eskitmek
durchlaufen*[2] *irr vt* ❶ (*Strecke*) koşmak ❷ (*absolvieren: Schule*) mezun olmak (-den); (*Lehre*) yapmak
Durchlauferhitzer *m* şofben, sıcak su otomatı
durchleben* *vt* görüp geçirmek **durchleiden*** *irr vt* (*geh*) geçirmek **durch|lesen** *irr vt* baştan aşağı okumak **durchleuchten*** *vt* ❶ (*Licht*) ışıkla aydınlatmak ❷ MED röntgenini çekmek (-in), röntgenle filmini çekmek (-in) ❸ (*Angelegenheit*) ışık tutmak (-e) **durchlöchern*** *vt* delik deşik etmek **durch|machen** **I.** *vi* (*fam*) ❶ (*durcharbeiten*) **ich muss das ganze Wochenende ~** bütün haftasonu çalışmam gerekiyor ❷ (*durchfeiern*) sabahlara kadar eğlenmek **II.** *vt* (*fam*) ❶ (*erleiden*) çekmek, (görüp) geçirmek; **er hat eine schlimme Krankheit durchgemacht** kötü bir hastalık geçirdi ❷ (*Kurs*) yapmak **Durchmarsch** <-(e)s, -märsche> *m* ❶ MIL yürüyüş; **auf dem ~ sein** yürüyüşte olmak ❷ (*fam: Durchfall*) sürgün, ishal; **~ haben** sürgün olmak, içi sürmek **durch|marschieren*** *vi sein* yürüyüş kolu halinde geçmek (**durch** -den)
Durchmesser <-s, -> *m* MATH çap; **ein Meter im ~** çapı bir metre
durch|mogeln *vr* ■ **sich ~** (*fam*) yolunu bulmak **durchnässen*** *vt* sırılsıklam etmek; **ich bin völlig durchnässt** sırılsıklam oldum, su içinde kaldım **durch|nehmen** *irr vt* (*Lektion, Thema*) işlemek, ele almak **durch|nummerieren***RR *vt* baştan sona numaralamak **durch|pausen** ['dʊrçpaʊzən] *vt* saydam kâğıtla örneğini çıkarmak (-in) **durchqueren*** [dʊrç'kveːrən] *vt* geçmek **durch|rasseln** *vi sein* (*fam: bei einer Prüfung*) çakmak, gümlemek **durch|rechnen** *vt haben* inceden inceye hesaplamak
Durchreise <-n> ['---] *f* geçme (**durch** -den); **wir sind hier nur auf der ~** biz buradan sadece geçiyoruz
durch|reisen[1] *vi sein* geçmek (**durch** -den); **er ist durch München durchgereist** Münih'ten geçti
durchreisen*[2] *vt* gezmek; **er hat die halbe Welt durchreist** dünyanın yarısını gezdi
durch|reißen *irr* **I.** *vi sein* (*Seil*) kopmak; (*Papier, Stoff*) yırtılmak **II.** *vt* (*Seil*) kopar-

D

mak; (*Papier, Stoff*) yırtmak **durch|ringen** *irr vr* ■ **sich zu einem Entschluss ~** nefsini yenerek bir karara varmak **durch|rosten** *vi sein* paslanmak **durch|rühren** *vt* karıştırmak **durch|rütteln** *vt* sarsmak

durchs [dʊrçs] = **durch das** *s.* **durch**

Durchsage <-n> ['dʊrçza:gə] *f* anons, duyuru; (*Mitteilung*) bildiri

durch|sagen *vt* anons etmek; (*im Radio*) duyurmak **durch|sägen** *vt* testereyle kesmek

durchschaubar [-'--] *adj* (*verständlich*) anlaşılır; **ein schwer/leicht ~er Mensch** anlaşılması güç/kolay bir insan

durchschauen*[1] *vt* **eine Sache ~** bir işin içyüzünü anlamak; **jds Absichten** [*o* **jdn**] **~** birinin niyetini anlamak; **du bist durchschaut** niyetin anlaşıldı

durch|schauen[2] *vi, vt* DIAL *s.* **durchsehen**

durchscheinen*[1] *vt* aydınlatmak

durch|scheinen[2] *irr vi* (*Sonne*) görünmek (**durch** arasından), açmak (**durch** arasından); **die Tinte/Schrift scheint auf der Rückseite des Papiers durch** mürekkep/yazı kâğıdın arkasından görünüyor **durch|schlafen** *irr vi* deliksiz uyumak

Durchschlag <-(e)s, -schläge> ['--] *m* ❶ (*Kopie*) kopya ❷ (*Sieb*) süzgeç, kevgir, kalbur

durch|schlagen[1] *irr* **I.** *vi sein* ❶ (*Sicherung*) atmak ❷ (*Feuchtigkeit*) geçmek ❸ (*Eigenschaft*) kendini göstermek **II.** *vt* ❶ (*entzweischlagen*) yarmak ❷ (*durch ein Sieb*) geçirmek (**durch** -den) ❸ (*Wand*) gedik açmak (-e) **III.** *vr* ■ **sich ~** (*durchkommen*) geçinip gitmek

durchschlagen*[2] *irr vt* vurarak parçalamak

durchschlagend *adj* (*entscheidend*) kesin; (*wirksam*) etkili; (*Erfolg, Sieg*) üstün; (*Maßnahme*) etkili

Durchschlagpapier *nt* kopya kâğıdı, karbon kâğıdı, pelür

Durchschlagskraft *f* (*Geschoss*) delme gücü; (*Argument*) etkililik

durch|schleusen *vt* ❶ (*Schiff*) loktan geçirmek ❷ (*durch eine Kontrolle*) geçirmek (**durch** -den)

durch|schmuggeln *vt* kaçırmak (**durch** -den)

durch|schneiden[1] *irr vt* (ortadan) kesmek; **er schnitt das Blatt in der Mitte durch** yaprağı ortasından kesti

durchschneiden*[2] *irr vt* ❶ (*geh: Meer*) geçmek ❷ (*mit einem Messer*) kesmek

Durchschnitt <-(e)s, -e> ['dʊrçʃnɪt] *m* ortalama; **im ~** ortalama olarak; **über/unter dem ~ liegen** ortalamanın üstünde/altında olmak

durchschnittlich ['dʊrçʃnɪtlɪç] **I.** *adj* ❶ (*im Durchschnitt*) ortalama ❷ (*mittelmäßig*) orta ❸ (*gewöhnlich*) sıradan **II.** *adv* ortalama; **er arbeitet ~ acht Stunden am Tag** günde ortalama sekiz saat çalışıyor

Durchschnittsalter <-s, -> *nt* yaş ortalaması **Durchschnittseinkommen** *nt* ortalama gelir **Durchschnittsgeschwindigkeit** *f* ortalama hız, vasati sürat **Durchschnittstemperatur** *f* ortalama sıcaklık

Durchschreibeblock <-s> *m* kopya defteri

Durchschrift <-en> *f* kopya, suret

Durchschuss[RR] <-es, -schüsse> *m* ❶ (*Kugel*) delip geçme; (*Verletzung*) mermi yarası ❷ TYPO (*Zeilenzwischenraum*) satır arası mesafe ❸ (*Schussfaden*) atkı, argaç

durch|schütteln *vt* (*Kissen, Person*) iyice silkelemek; (*Mischung*) iyice çalkalamak **durch|schwitzen** *vt* tere bulamak, ter içinde bırakmak; **ich bin ganz durchgeschwitzt** kan ter içinde kaldım **durch|sehen** *irr* **I.** *vi* (*hindurchschauen*) bakmak (**durch** -den) **II.** *vt* ❶ (*überprüfen*) gözden geçirmek, incelemek ❷ (*durchblättern*) göz gezdirmek (-e)

durch|setzen[1] **I.** *vt* (*verwirklichen*) gerçekleştirmek; (*erzwingen*) kabul ettirmek, empose etmek; (*Willen*) (istediğini [*o* dediğini]) yaptırmak; **sie muss immer ihren Kopf ~** her zaman onun dediği olması gerekiyor **II.** *vr* ■ **sich ~** (*Person, Trend*) kendini kabul ettirmek; **du musst dich gegen ihn ~** ona kendini kabul ettirmen gerekiyor

durchsetzen*[2] *vt* (*vermischen*) karıştırmak (**mit** ile)

Durchsetzungsvermögen <-s> *nt kein pl* istediğini yaptırabilme gücü

Durchsicht *f kein pl* gözden geçirme

durchsichtig *adj* ❶ (*Material*) saydam, şeffaf ❷ (*Lügen*) apaçık

durch|sickern *vi sein* ❶ (*Nachricht*) sızmak ❷ (*Flüssigkeit*) sızmak (**durch** -den)

durch|spielen *vt* (*von Anfang bis Ende*) başından sonuna kadar oynamak; (*bis zum Ende*) sonuna kadar oynamak; (*sich genau vorzustellen versuchen*) gözünün önünden geçirmek **durch|sprechen** *irr vt* konuşmak, görüşmek **durchstechen*** *irr vt* delmek, deşmek **durch|stehen** *irr vt* ❶ (*Prüfung, Krankheit*) atlatmak ❷ (*Qualen*) çekmek, katlanmak (-e) **durch|stellen** *vi, vt* (*verbinden*) bağlamak; **einen**

Moment noch, ich stelle Sie durch bir saniye, bağlıyorum

durch|stöbern*[1] *vt* köşe bucak aramak

durchstöbern*[2] *vt* (*fam: durchsuchen*) aramak

durch|stoßen[1] *irr* **I.** *vi sein* MIL ilerlemek (**zu** -e) **II.** *vt* (*Gegenstand*) delip geçirmek (**durch** -den)

durchstoßen*[2] *irr vt* (*stoßend durchdringen*) yarmak

durch|streichen[1] *irr vt* üzerini çizmek (-in), üstüne kalem çekmek (-in), kalem çekmek (-e)

durchstreichen*[2] *vt* (*geh*) *s.* **durchstreifen**

durchstreifen* *vt* ❶ (*wandern*) dolaşmak ❷ (*Polizei*) kol gezmek **durchströmen*** *vt* (*geh*) akmak (-den); (*Gefühl, Energie*) içini doldurmak (-in) **durchsuchen*** [dʊrç'zu:xən] *vt* ❶ (*Person*) üstünü aramak (-in) ❷ (*Gebäude*) aramak; (*Gepäck*) muayene etmek

Durchsuchung <-en> ['-‐-] *f* ❶ (*von Personen*) üst arama ❷ (*von Gebäuden*) arama

Durchsuchungsbefehl *m* JUR arama emri

durchtrainiert ['dʊrçtrɛni:ɐt] *adj* antremanlı, idmanlı

durch|treten *irr* **I.** *vi sein* ❶ (*Gas, Flüssigkeit*) sızmak (**durch** -den) ❷ (*fam: hineingehen*) girmek **II.** *vt* (*Pedal*) dibine kadar basmak (-e)

durchtrieben [dʊrç'tri:bən] *adj* hin; (*schlau*) kurnaz, cin fikirli; **~er Kerl** hinoğlu(hin)

Durchtriebenheit *f kein pl* hinlik

durchwachsen [dʊrç'vaksən] *adj* ❶ (*durchsetzt*) bürünmüş; **das Feld ist mit Unkraut ~** tarlayı otlar bürümüş ❷ (*fam: mittelmäßig*) şöyle böyle

Durchwahl *f kein pl* TELEK ❶ (*Möglichkeit*) otomatik arama ❷ (*fam: ~nummer*) direkt bağlantı

durch|wählen *vi* TELEK otomatik olarak aramak

durchweg ['--, -'-] *adv* tamamen, istisnasız

durchwegs *adv* ÖSTERR (*fam*) *s.* **durchweg**

durch|wühlen[1] **I.** *vt* (*Zimmer, Haus*) karıştırmak, didik didik etmek **II.** *vr* ■ **sich ~** (*fam: sich durcharbeiten*) kazarak (kendine) yol açmak (**durch** -den)

durchwühlen*[2] *vt* ❶ (*Erde*) didik didik etmek, altını üstüne getirmek (-in) ❷ (*durchsuchen*) didiklemek, karıştırarak aramak

durch|zählen **I.** *vi* (*abzählen*) saymak **II.** *vt* (*zählen*) saymak

durch|ziehen[1] *irr* **I.** *vt* ❶ (*hindurchziehen*) geçirmek (**durch** -den) ❷ (*fam: beenden*) bitirmek **II.** *vi sein* ❶ (*durchqueren*) geçmek (**durch** -den); **~ lassen** havalandırmak ❷ GASTR çekmek

durchziehen*[2] *irr vt* ❶ (*Land*) içinden geçmek (-in); (*durchqueren*) geçmek ❷ (*sich erstrecken*) boydan boya kaplamak; **etw mit etw ~** bir şeyi bir şeyin içinden geçirmek

durchzucken* *vt* ❶ (*Blitz*) **Blitze durchzuckten den Himmel/die Wolken** gökyüzünde/bulutların arasında şimşekler çakıyordu ❷ (*Gedanke*) kafasına dank etmek (-in); **ein Schmerz durchzuckte mich** sancılandım, birdenbire bana bir ağrı geldi

Durchzug[1] <-(e)s, -züge> *m* (*das Durchqueren*) geçme

Durchzug[2] <-(e)s> *m kein pl* (*Luftzug*) havalandırma

dürfen[1] <darf, durfte, dürfen> ['dʏrfən] *modal vb* ❶ (*Erlaubnis haben*) **darf ich etwas fragen?** bir şey sorabilir miyim?; **darf man hier rauchen?** burada sigara içilir mi?; **darf ich um das Salz bitten?** tuzu rica edebilir miyim?; **wenn ich bitten darf** rica ederim ❷ (*sollen*) **was darf es sein?** ne arzu edersiniz?; **du darfst ihm das nicht übel nehmen** bu yüzden ona gücenmemelisin; **das darf doch nicht wahr sein!** olamaz!, olacak iş değil!; **das dürfte wohl das Beste sein** en iyisi bu olacak

dürfen[2] <darf, durfte, gedurft> ['dʏrfən] *vi* **ich darf es** ben onu yapabilirim, onu yapmama izin var; **ich habe nicht gedurft** bana izin yoktu

durfte ['dʊrftə] *3. imp von* **dürfen**

dürftig ['dʏrftɪç] *adj* ❶ (*ärmlich*) yoksul, fakir; (*armselig*) fakirane; (*knapp*) kıt; **~ gekleidet** pejmürde kıyafetli ❷ (*Beweis, Kenntnisse, Beleuchtung*) yetersiz, eksik; (*Rede*) kıt; (*Unterkunft*) fakirane

dürr [dʏr] *adj* ❶ (*trocken*) kuru; (*vertrocknet*) kurak ❷ (*Boden*) çorak, kurak ❸ (*mager*) cılız, sıska

Dürre <-n> ['dʏrə] *f* çoraklık; (*Trockenheit*) kuraklık

Durst <-(e)s> [dʊrst] *m kein pl* susuzluk; **ich habe ~** susadım; **seinen ~ löschen/stillen** hararetini söndürmek/kesmek, susuzluğunu gidermek; **einen über den ~ trinken** (*fam*) kafayı çekmek

dursten *vi* (*Durst haben*) susamak; (*Durst leiden*) susuzluk çekmek

dürsten ['dʏrstən] *vt, vi unpers* ❶ (*Durst haben*) susamak; **mich dürstet** susadım

D

❷ (*fig: heftig verlangen*) susamak (**nach** -e)

durstig *adj* susamış (**nach** -e); **~ sein** susamış olmak

durstlöschend *adj,* **durststillend** *adj* susuzluğu giderici, hararet kesici **Durststrecke** *f* sıkıntılı dönem

D

Dusche <-n> ['du:ʃə, 'dʊʃə] *f* duş; **unter die ~ gehen** duşun altına girmek; **eine ~ nehmen** duş yapmak; **eine kalte ~** (*fig*) soğuk duş etkisi

duschen ['du:ʃən, 'dʊʃən] **I.** *vi, vr* ■ **sich ~** duş yapmak **II.** *vt* duşun altında yıkamak

Duschkabine *f* duş kabini **Duschtasse** *f,* **Duschwanne** *f* duş teknesi

Düse <-n> ['dy:zə] *f* (*beim Flugzeug*) jet; (*Rohrstück*) meme

Dusel <-s> ['du:zəl] *m kein pl* (*fam*) ❶ (*Schwindelgefühl*) sersemlik ❷ (*fig: Glück*) şans

düsen *vi sein* (*fam*) uçmak, koşuşturmak

Düsenantrieb *m* jet motoru; **mit ~** jet motorlu, tepkili **Düsenflugzeug** *nt* jet, tepkili uçak **Düsentriebwerk** *nt* jet motoru

dusselig ['dʊsəlɪç] *adj,* **dusslig**[RR] *adj,* **dußlig**[ALT] *adj* (*fam*) ❶ (*einfältig*) ahmak; (*dumm*) aptal, salak ❷ DIAL (*benommen*) sersem

düster ['dy:stɐ] *adj* ❶ (*dunkel*) karanlık ❷ (*Ort*) loş; (*Zukunft*) kara(nlık) ❸ (*Blick*) kötü; (*Stimmung*) kasvetli

Dutzend <-s, -e> ['dʊtsənt] *nt* düzine; **ein halbes ~** yarım düzine; **~e von Büchern** düzinelerce kitap

dutzendmal *adv* ❶ (*zwölfmal*) on iki kere ❷ (*fam: sehr oft*) defalarca; (*immer wieder*) tekrar tekrar

dutzendweise *adv* ❶ (*im Dutzend*) düzinelerce ❷ (*fam: in Mengen*) düzine

duzen ['du:tsən] **I.** *vt* teklifsiz konuşmak; **ich duze sie** onunla teklifsiz konuşuyorum, onunla senli benliyim **II.** *vr* ■ **sich ~** teklifsiz konuşmak; **ich duze mich mit ihm** onunla teklifsiz konuşuyorum, onunla senli benliyim

Duzfreund *m* teklifsiz dost

DV [de:'faʊ] *f* INFORM *Abk von* **Datenverarbeitung** bilgi işlem

Dynamik [dy'na:mɪk] *f kein pl* dinamik; PHYS dinamik, devim bilimi

dynamisch *adj* dinamik; PHYS dinamik, devimli

Dynamit <-s> [dyna'mi:t, dyna'mɪt] *nt kein pl* dinamit **Dynamitpatrone** *f* dinamit lokumu

Dynamo <-s, -s> ['dy:namo] *m* dinamo

Dynastie <-n> [dynas'ti:] *f* hanedan

D-Zug <-(e)s, -Züge> ['de:tsu:k] *m* ekspres tren

Ee

E, e <-, -> [eː] *nt* ❶ (*Buchstabe*) E, e; **~ wie Emil** Edirne'nin e'si ❷ MUS mi

Eau de Cologne <-, Eaux de Cologne> [oː də ko'lɔnjə] *nt o f* kolonya

Ebbe <-n> ['ɛbə] *f* GEO inik deniz, cezir, denizde su düzeyinin alçalması; **der Wechsel von ~ und Flut** gelgit olayı, meddücezir; **es ist ~** deniz iniktir; *s. a.* **Flut**

eben ['eːbən] **I.** *adj* ❶ (*flach*) düz, yassı; *a.* MATH düzlem(sel) ❷ (*glatt*) dümdüz **II.** *adv* ❶ (*in diesem Augenblick*) şimdi, şu anda; **ich wollte dich ~ anrufen** şimdi [*o* şu anda] sana telefon edecektim ❷ (*gerade vorhin*) demin(cek), az önce; **sie sind ~ angekommen** demin geldiler ❸ (*kurz*) bir; **hilfst du mir ~ mal?** bana bir yardım eder misin? ❹ (*knapp*) ancak; **mit seinem Lohn kommt er so ~ aus** ücretiyle ancak geçinebiliyor ❺ (*nun mal*) **~!** işte!; **das ist ~ so** bu böyledir işte; **er ist ~ ein Idiot** aptalın teki işte; **gut, dann ~ nicht** iyi, o zaman olmasın işte

Ebenbild *nt* tıpkı, tam benzeri; **dein Sohn ist wirklich dein ~** oğlun hık demiş burnundan düşmüş

ebenbürtig ['eːbənbʏrtɪç] *adj* dengi olan; **sie ist ihm an Ausdauer ~** dayanıklılık bakımından onun dengidir

ebenda ['eːbən'daː] *adv* (*in Verweisen*) aynı yerde; (*geh: genau dort*) işte (tam) orada **ebendarum** ['eːbənda'rʊm] *adv* işte bu nedenle **ebender**, **ebendie**, **ebendas** <ebendie> *pron* (*genau der/die/das*) işte o, sözü edilen **ebendeshalb** ['---'-] *adv s.* **ebendarum** **ebendie** ['--'-] *pron s.* **ebender, ebendie, ebendas** **ebendiese(r, s)** *pron* (*geh: genau dieser/diese/dieses: adjektivisch*) işte bu; (*substantivisch*) işte bu kimse

Ebene <-n> ['eːbənə] *f* ❶ GEO (*Flachland*) ova ❷ (*Niveau*) düzey; **auf gleicher ~** aynı düzeyde; **auf nationaler/internationaler ~** ulusal/uluslararası düzeyde ❸ MATH düzlem; **schiefe ~** PHYS eğik düzlem

ebenfalls *adv* de, da; **danke, ~!** ben de teşekkür ederim!

Ebenholz *nt* abanoz

Ebenmaß <-es, -e> *nt* bakışım, simetri

ebenmäßig *adj* bakışımlı, simetrik

ebenso ['---] *adv* (*in der gleichen Weise*) aynı şekilde; **er geht ~ gern(e) ins Kino wie ich** o da benim kadar sinemaya gitmesini seviyor; **~ gut** pek âla; **er ist ~ gut/schnell wie ich** o da benim kadar iyidir/hızlıdır; **er ist ~ groß wie ich** o da benim kadar uzun, benimle aynı boyda; **sie sprach ~ lang(e) wie ich** o da benim kadar uzun konuştu; **~ oft wie** aynı şekilde sık sık; **hier ist es ~ schön wie dort** burası da orası kadar güzel; **~ sehr für Sprachen wie für Mathematik begabt sein** matematiğe olduğu kadar dillere de istidadı var; **er aß ~ viel wie ich** o da benim kadar yedi, benim yediğim kadar o da yedi; **~ wenig wie** aynı derecede az

ebensogern[ALT] ['----] *adv s.* **ebenso**

ebensogroß[ALT] ['----] *adv s.* **ebenso**

ebensogut[ALT] *adv s.* **ebenso** **ebensolang(e)**[ALT] *adv s.* **ebenso** **ebensooft**[ALT] *adv s.* **ebenso** **ebensosehr**[ALT] *adv s.* **ebenso** **ebensoviel**[ALT] *adv s.* **ebenso** **ebensowenig**[ALT] *adv s.* **ebenso**

Eber <-s, -> ['eːbɐ] *m* erkek domuz

ebnen ['eːbnən] *vt* düzlemek, tesviye etmek; **jdm den Weg ~** (*fig*) birinin işini kolaylaştırmak

Echo <-s, -s> ['ɛço] *nt* yankı; **sein Vorschlag fand ein breites ~** önerisi geniş yankı uyandırdı **Echolot** <-(e)s, -e> *nt* NAUT sonar

Echse <-n> ['ɛksə] *f* ZOOL keler

echt [ɛçt] **I.** *adj* ❶ (*Dokument, Geldschein*) hakiki; (*Haar, Perle*) hakiki, sahici; (*Kunstwerk*) orijinal; (*Farbe*) solmaz; **~es Gold** hakikî altın ❷ (*Freundschaft, Problem*) gerçek, hakiki ❸ (*typisch*) tipik ❹ MATH **ein ~er Bruch** bayağı kesir **II.** *adv* (*fam*) gerçekten, hakikaten, sahiden; **~?** sahi mi?, gerçekten mi?

Echtheit *f kein pl* ❶ (*von Dokument*) doğruluk ❷ (*von Gefühlen*) samimilik ❸ (*von Farben*) solmazlık

Echtzeit *f* INFORM gerçek zaman

Eck <-(e)s, -e> [ɛk] *nt* ❶ ÖSTERR, SÜDD (*Ecke*) köşe; **über ~** köşeleme ❷ SPORT (*des Tores*) köşe

Eckball *m* SPORT korner atışı, köşe atışı; **einen ~ treten** köşe atışı yapmak; **einen ~ verwandeln** köşe atışından gol atmak

Eckbrett *nt* köşe rafı

Ecke <-n> ['ɛkə] *f* ❶ (*außen*) köşe; (*Straßenecke*) köşe başı; **er wohnt gleich um die ~** hemen köşe başında oturuyor; **jdn um die ~ bringen** (*fam*) birini öldürmek; **an allen ~n und Enden sparen** dişinden tırnağından artırmak ❷ SPORT korner, köşe ❸ DIAL (*Gegend*) köşe

E

eckig *adj* ❶ (*Gegenstand*) köşeli; (*Gesicht*) dört köşe ❷ (*Bewegungen*) sarsak sarsak [*o* sursak]
Eckkneipe *f* köşe başı meyhanesi **Eckstein** *m* köşe taşı **Eckstoß** *m* SPORT (*Fußball*) korner atışı, köşe atışı **Eckwurf** *m* SPORT (*Handball*) köşe atışı **Eckzahn** *m* köpek dişi
E-Commerce *m* elektronik ticaret, e-ticaret

E

Ecstasy *f* (*Droge*) ekstasi
Ecu, ECU <-(s), -(s)> *m* FIN *Abk von* **European Currency Unit** (**europäische Währungseinheit**) ekü (*Avrupa para birimi*)
Ecuador <-s> [ekua'do:ɐ] *nt* Ekvador
Ecuadorianer(in) <-s, -; -nen> [ekuadori'a:nɐ] *m(f)* Ekvadorlu
ecuadorianisch *adj* Ekvadorlu, Ekvador (ile ilgili); **die ~e Regierung** Ekvador hükümeti; **eine ~e Frau** Ekvadorlu bir kadın
edel ['e:dəl] *adj* ❶ (*Tier*) cins; (*Pferd*) saf kan ❷ (*geh: Mensch, Tat*) asil, soylu ❸ (*Stein, Holz*) değerli, kıymetli **Edelfrau** *f* HIST soylu kadın **Edelgas** <-es, -e> *nt* CHEM asal gaz **Edelkastanie** *f* BOT (*Baum*) kestane; (*Frucht*) kestane **Edelmann** <-(e)s, -leute> *m* HIST asilzade **Edelmarder** *m* ZOOL (*Martes martes*) zerdeva; (*Baummarder*) ağaç sansarı **Edelmetall** *nt* değerli maden **Edelmut** *m* (*geh*) âlicenaplık
edelmütig ['e:dəlmy:tıç] *adj* âlicenap
Edelstahl *m* arıtılmış çelik, süper çelik **Edelstein** *m* değerli taş **Edelweiß** <-(es), -e> *nt* BOT aslanpençesi
Edikt <-(e)s, -e> [e'dıkt] *nt* HIST buyrultu; (*Erlass*) irade
editieren* [edi'ti:rən] *vt* INFORM edit etmek
Edition <-en> [edi'tsjo:n] *f* edisyon, basım
Editor(in)[1] <-s, -en; -nen> ['e:dito:ɐ] *m(f)* (*Herausgeber*) editör, yayımcı
Editor[2] <-s, -en> *m* INFORM editör
E-Dur <-> *nt kein pl* MUS mi majör
Edutainment <-s> ['ɛdjutɛınmənt] *nt kein pl* INFORM (*kurz für: education + entertainment*) eğitim ve eğlence
EDV [e:de:'faʊ] *f kein pl* INFORM *Abk von* **elektronische Datenverarbeitung** elektronik bilgi işlem **EDV-gestützt** *adj* INFORM bilgisayar destekli
Efeu <-s> ['e:fɔı] *m kein pl* BOT sarmaşık
Effeff [ɛf'ʔɛf] *nt* (*fam*) **etw aus dem ~ können** bir şeyi ezbere bilmek
Effekt <-(e)s, -e> [ɛ'fɛkt] *m* ❶ etki; (*Ergebnis*) sonuç ❷ FILM, TV, INFORM efekt
Effekten [ɛ'fɛktən] *pl* FIN menkul kıymetler *pl*
effektiv [ɛfɛk'ti:f] *adj* ❶ (*wirksam*) etkili ❷ (*tatsächlich*) gerçek
effektvoll *adj* etkileyici
effizient [ɛfi'tsjɛnt] *adj* (*geh*) etkili
EG [e:'ge:] *f* HIST *Abk von* **Europäische Gemeinschaft** AT (*Avrupa Topluluğu*)
egal [e'ga:l] *adj* aynı; **das ist mir ganz ~** (*fam*) benim için hiç fark etmez, bana göre hava hoş; **~ wie** (*fam*) nasıl olursa olsun; **~ wer** (*fam*) kim olursa olsun; **~ was** (*fam*) ne olursa olsun
Egge <-n> ['ɛgə] *f* AGR tırmık
Egoismus <-> [ego'ısmʊs] *m kein pl* ❶ egoistlik, bencillik ❷ PHILOS egoizm, bencillik
Egoist(in) <-en, -en; -nen> *m(f)* egoist, bencil
egoistisch *adj* egoist, bencil
Egotismus <-> *m kein pl* egotizm, benlikçilik
Egozentrik <-> *f kein pl* egosantrizm, beniçincilik, benmerkezcilik
Egozentriker(in) *m(f)* egosantrik, beniçinci, benmerkezci
egozentrisch *adj* egosantrik, beniçinci, benmerkezci
egrenieren *vt* AGR şiflemek
EG-Staat *m* HIST AT ülkesi
eh [e:] **I.** *konj s.* **ehe II.** *adv* ❶ (*schon immer*) **seit ~ und je** kalubeladan beri, bildik [*o* bildim] bileli ❷ ÖSTERR, SÜDD (*fam: sowieso*) zaten **III.** *interj* (*fam*) **~, Sie!** ey, siz!; **~, was soll das?** bu ne be?
ehe ['e:ə] *konj* -den (önce); **~ ich es vergesse** unutmadan (önce)
Ehe <-n> *f* evlilik; **meine Kinder aus erster ~** birinci evliliğimden olan çocuklarım; **in wilder ~ leben** nikâhsız yaşamak; **mit jdm die ~ schließen** biriyle evlenmek; **die ~ brechen** zina işlemek **eheähnlich** *adj* JUR evlilik benzeri; **~e Gemeinschaft** evlilik benzeri birlik **Ehebett** *nt* gelin yatağı; (*Doppelbett*) ikili yatak
Ehebrecher(in) <-s, -; -nen> *m(f)* zina işleyen erkek; (*Frau*) zina işleyen kadın
Ehebruch *m* zina; **~ begehen** zina işlemek **Ehefrau** *f* evli kadın, karı, eş **Ehegatte(in)** *m(f)* (*geh*) eş; JUR eş **Eheleben** <-s> *nt kein pl* evlilik yaşamı, evlilik hayatı **Eheleute** *pl* karı koca, eşler *pl*
ehelich *adj* JUR evlilik (ile ilgili); (*Kind*) nesebi sahih; **nicht ~** nesebi sahih olmayan
ehelos *adj* bekâr; **~ leben** evlenmeden [*o* bekâr] yaşamak
ehemalige(r, s) ['e:əma:lıç] *adj* sabık, önceki, eski
ehemals ['e:əma:ls] *adv* eskiden, vaktiyle,

bir zamanlar
Ehemann *m* koca **Ehepaar** *nt* çift, karı koca
eher ['e:ɐ] *adv* ❶ (*früher*) (daha) önce (**als** -den), erken; **komm doch ein paar Minuten ~** birkaç dakika önce gel; **je ~ du kommst, ...** ne kadar erken gelirsen ...; **je ~, desto besser** ne kadar erken olursa o kadar iyi olur ❷ (*lieber*) **ich würde ~ zu Fuß gehen, als den Bus zu nehmen** otobüsle gitmektense yayan gitmeyi tercih ederim ❸ (*vielmehr*) daha çok, daha ziyade
Ehering *m* nikâh yüzüğü **Ehescheidung** *f* JUR boşanma **Eheschließung** *f* evlenme, nikâh
ehest ['e:əst] *adv* ÖSTERR (*baldigst*) olabildiğince çabuk, bir an önce
ehesten *superl von* **bald: am ~** (*frühestmöglich*) en erken; (*am wahrscheinlichsten*) en iyi ihtimalle; (*am liebsten*) en iyisi
ehestens ['e:əstəns] *adv* (*frühestens*) en erken, ancak
Ehevermittlung *f* evlendirme bürosu **Eheversprechen** *nt* evlenme vaadi
ehrbar ['e:ɐba:ɐ] *adj* ❶ (*ehrenhaft*) onurlu, şerefli ❷ (*achtbar*) saygıdeğer; (*ehrlich*) namuslu
Ehre <-n> ['e:rə] *f* onur, şeref, namus; (*Ruhm*) şan, şeref; **das Werk macht ihm alle ~** bu eser şanına yakışıyor; **auf ~ und Gewissen** şeref ve vicdanım üzerine; **es ist mir eine große ~, Sie kennen zu lernen** sizinle tanışmaktan şeref duyuyorum; **dir zu ~n** senin şerefine; **mit wem habe ich die ~?** kiminle teşerrüf ediyorum?; **jdm die letzte ~ erweisen** biri için son görevini yerine getirmek; **was verschafft mir die ~?** bu ne şeref?
ehren *vt* şereflendirmek, şeref vermek (-e); (*achten*) saymak, saygı göstermek (-e); **sehr geehrte Damen und Herren** sayın bayanlar ve baylar; **ich fühle mich sehr geehrt** müşerref oldum
Ehrenamt *nt* fahrî görev **ehrenamtlich** *adj* fahrî, onursal **Ehrenbürger(in)** *m(f)* fahrî hemşehri **Ehrendoktor** <-s, -en> *m* fahrî doktora **Ehrenformation** <-s, -en> *f* şeref kıtası, ihtiram birliği **Ehrengast** *m* şeref konuğu, şeref misafiri **Ehrengericht** *nt* onur kurulu, haysiyet divanı
ehrenhaft *adj* şerefli, onurlu
Ehrenhaftigkeit *f kein pl* şereflilik, onurluluk **Ehrenkompanie** <-, -n> *f* şeref kıtası, ihtiram birliği **Ehrenkränkung** *f* hakaret
Ehrenmal <-(e)s, -e *o* -mäler> *nt* anıt, şehitler anıtı **Ehrenmann** *m* namuslu adam **Ehrenmitglied** *nt* onur üyesi **Ehrenmord** *m* töre cinayeti, namus cinayeti **Ehrenplatz** <-es, -plätze> *m* başköşe, şeref yeri **Ehrenpreis** *m* BOT yavşan otu **Ehrenrunde** *f* SPORT şeref turu; **eine ~ drehen** (*die Schulklasse wiederholen*) çift dikiş gitmek **Ehrensache** *f* onur meselesi, haysiyet meselesi, namus davası **Ehrenschuld** *f* namus borcu **Ehrentag** *m* anma günü **Ehrentribüne** *f* şeref tribünü **ehrenvoll** *adj* onurlu, şerefli, şanlı **Ehrenvorsitzender** *m* onursal başkan **ehrenwert** *adj* saygıdeğer **Ehrenwort** <-(e)s, -e> *nt* namus sözü, şeref sözü
ehrerbietig ['e:ɐʔɛɐbi:tɪç] *adj* saygılı, saygı gösteren
Ehrfurcht *f kein pl* (*Achtung*) derin saygı (**vor** -e); (*Verehrung*) huşu (**vor** -e); **vor etw** *dat* **~ haben** bir şeye derin saygı duymak
ehrfürchtig ['e:ɐfʏrçtɪç] *adj*, **ehrfurchtsvoll** *adj* saygılı
Ehrgefühl <-(e)s> *nt kein pl* onur duygusu, haysiyet duygusu; **jds ~ verletzen** birinin onuruna dokunmak
Ehrgeiz *m* hırs **ehrgeizig** *adj* hırslı
ehrlich *adj* namuslu; (*aufrichtig*) dürüst, doğru; **er meint es ~ mit uns** bizimle niyeti samimidir; **~ gesagt** doğrusu; **ich war krank, ~** (*fam*) hastaydım, gerçekten; **wir haben ~ geteilt** biz namuslu bölüştük; **~ verdientes Geld** helâl kazanılmış para
Ehrlichkeit *f kein pl* namusluluk; (*Aufrichtigkeit*) dürüstlük, doğruluk
ehrlos *adj* şerefsiz, onursuz, namussuz
Ehrlosigkeit *f kein pl* şerefsizlik, onursuzluk, namussuzluk
Ehrung <-en> ['e:rʊŋ] *f* törenle anma
ehrwürdig *adj* sayın, muhterem; (*achtbar*) saygıdeğer
Ei <-(e)s, -er> [aɪ] *nt* ❶ (*Vogel~, Hühner~*) yumurta; **ein hartes/weiches ~** lop/rafadan yumurta; **wie aus dem ~ gepellt** (*fam*) yarım elmanın yarısı o, yarısı bu; **jdn wie ein rohes ~ behandeln** (*fig*) birinin üzerine titremek; **sich** *dat* **gleichen wie ein ~ dem anderen** tıpkı tıpkısına benzemek ❷ (*Eizelle*) yumurta hücresi ❸ *pl* (*vulg: Hoden*) taşaklar *pl* ❹ *pl* (*fam: Geld*) mangır, mangiz
Eibe <-n> ['aɪbə] *f* BOT porsuk ağacı
Eibisch ['aɪbɪʃ] *m* ❶ BOT, MED **Echter ~** (*Althaea officinalis*) hatmi ❷ BOT **Roter ~** (*Althaea rosea*) gülhatmi
Eiche <-n> ['aɪçə] *f* BOT meşe

E

Eichel <-n> ['aɪçəl] *f* ❶ BOT palamut, pelit ❷ ANAT kamış başı ❸ (*Spielkarte*) ispati

eichen ['aɪçən] *vt* (*Maße*) denetleyip ayarlamak; (*Instrumente*) ayar etmek

Eichenwald *m* meşe ormanı

Eichhörnchen *nt* ZOOL sincap

Eid <-(e)s, -e> [aɪt] *m* yemin, ant; **an ~es statt erklären** JUR yemin yerine beyan etmek; **unter ~ stehen** yemin etmiş olmak; **einen ~ ablegen** yemin etmek, ant içmek **eidbrüchig** *adj* andını bozan; **~ werden** andını bozmak

Eidechse <-n> ['aɪdɛksə] *f* ZOOL kertenkele

Eider <-n> *f* ZOOL pufla

Eiderdaune <-n> *f* pufla tüyü

Eiderente *f*, **Eidergans** *f* ZOOL pufla ördeği

eidesstattlich *adj* JUR yemin yerine; **~e Erklärung** yemin yerine temin; **etw ~ erklären** bir şeyi yemin yerine temin etmek

Eidgenosse(in) *m(f)* ant kardeşi; (*Schweizer Bürger*) İsviçre vatandaşı

Eidgenossenschaft *f* konfederasyon; **Schweizerische ~** İsviçre Konfederasyonu

eidlich **I.** *adj* yeminli **II.** *adv* yeminle

Eidotter ['aɪdɔtɐ] *nt* yumurta sarısı

Eierbecher *m* yumurtalık **Eierkuchen** *m* (*Pfannkuchen*) pişi, gözleme, krep; (*Omelett*) omlet **Eierlikör** *m* yumurta likörü

eiern ['aɪɐn] *vi* (*fam*) ❶ *sein* (*Person*) yalpalamak ❷ (*Sache*) **das Rad eiert** teker yalpalıyor

Eierschale *f* yumurta kabuğu

Eierstock <-(e)s, -stöcke> *m* ANAT yumurtalık

Eieruhr *f* yumurta saati (*yumurta pişirirken kullanılan kum saati*)

Eifer <-s> ['aɪfɐ] *m kein pl* gayret; (*Streben*) çaba; **im ~ des Gefechts** aceleden

eifern ['aɪfɐn] *vi* ❶ (*geh: streben*) gayret etmek (**nach** için) ❷ (*sich erregen*) kızmak (**gegen** -e); **gegen eine Angelegenheit ~** bir işe kızmak

Eifersucht *f kein pl* kıskançlık; **aus ~** kıskançlıktan **eifersüchtig** *adj* kıskanç; **jdn ~ machen** birini kıskandırmak; **auf jdn ~ sein** birini kıskanmak

Eiffelturm <-(e)s> ['aɪfəl-] *m* Eyfel Kulesi

eifrig ['aɪfrɪç] **I.** *adj* (*emsig*) gayretli, çaba gösteren; (*fleißig*) çalışkan **II.** *adv* gayretle

Eigelb <-s, -e *o bei Zahlenangabe* -> *nt* yumurta sarısı

eigen ['aɪgən] *adj* ❶ (*zugehörig*) kendi; **etw mit ~en Augen gesehen haben** bir şeyi kendi gözüyle görmüş olmak; **etw sein E~ nennen** (*geh*) bir şeye kendisinin demek; **in ~er Person** asaleten, kendi adına hareket ederek ❷ (*persönlich*) kişisel, öz, kendine özgü; (*unabhängig*) özgür; (*gesondert*) özel; **eine ~e Meinung haben** kendine özgü bir düşüncesi olmak; **sein ~er Herr sein** kendi başına buyruk olmak, kendi kanatlarıyla uçmak; **ich habe es aus ~er Tasche bezahlt** ben onu kendi cebimden ödedim ❸ (*charakteristisch*) karakteristik (için); (*typisch*) tipik (için); **mit dem ihm ~en Zynismus** kendine özgü bir kinizmle ❹ (*wunderlich*) tuhaf

Eigenart[1] *f kein pl* (*Eigentümlichkeit*) özgülük

Eigenart[2] <-en> *f* ❶ (*Besonderheit*) özellik ❷ (*Wesenszug*) tik

eigenartig *adj* tuhaf

Eigenbedarf *m* (*an Gütern*) şahsî ihtiyaç; (*einer Wohnung*) kişisel gereksinim

Eigenbrötler(in) <-s, -; -nen> ['aɪgənbrøːtlɐ] *m(f)* (*pej: Sonderling*) gariban

eigenhändig ['aɪgənhɛndɪç] **I.** *adj* (*Testament, Unterschrift*) el yazısı **II.** *adv* kendi eliyle

Eigenheim <-(e)s, -e> *nt* kendi evi **Eigenkapital** *nt* FIN özsermaye **Eigenliebe** *f kein pl* benlikçilik **eigenmächtig** **I.** *adj* kendiliğinden **II.** *adv* hodbehot, kendiliğinden, kendi kendine, kimseye danışmadan; **~ handeln** hodbehot [*o* kimseye danışmadan] hareket etmek **Eigenname** *m* özel ad, özel isim

Eigennutz <-es> ['aɪgənnʊts] *m kein pl* kişisel çıkar

eigennützig ['aɪgənnʏtsɪç] **I.** *adj* çıkarcı, menfaatçi, menfaatperest, kendi çıkarını düşünen; (*egoistisch*) egoist, bencil **II.** *adv* kendi yararına

Eigennützigkeit *f kein pl* çıkarcılık, menfaatçilik, menfaatperestlik

eigens *adv* özel olarak, bilhassa, mahsus; (*nur*) sırf

Eigenschaft <-en> *f* ❶ özellik; (*Merkmal*) nitelik ❷ (*fam*) **in seiner ~ als Vorsitzender** başkan sıfatıyla **Eigenschaftswort** <-(e)s, -wörter> *nt* LING (*Adjektiv*) sıfat

eigensinnig *adj* dik kafalı

eigenständig *adj* kendine özgü; (*unabhängig*) özgür, bağımsız

eigentlich ['aɪgəntlɪç] **I.** *adj* ❶ (*wirklich*) gerçek; (*eigen*) asıl; **sein ~er Name** asıl adı ❷ (*ursprünglich*) asıl **II.** *adv* (*tatsächlich*) gerçekten; (*ehrlich gesagt*) doğrusu; (*im Grunde genommen*) aslında, esasen;

was willst du ~? sen gerçekten ne istiyorsun?; **wer ist ~ Paul?** Paul da kim oluyormuş?

Eigentor <-(e)s, -e> *nt* SPORT kendi kalesine gol

Eigentum <-s> *nt kein pl* mülkiyet, iyelik; **geistiges ~** fikrî mülkiyet

Eigentümer(in) <-s, -; -nen> ['aɪgəntyːmɐ] *m(f)* malik, iye, mal sahibi

eigentümlich *adj* ❶ kendine özgü; (*charakteristisch*) karakteristik; (*typisch*) tipik ❷ (*sonderbar*) tuhaf

Eigentümlichkeit[1] <-en> *f* özgülük; (*Charakteristikum*) karakteristik

Eigentümlichkeit[2] *f kein pl* (*Sonderbarkeit*) tuhaflık

Eigentumswohnung *f* apartman dairesi

eigenwillig *adj* ❶ (*egoistisch*) bencil ❷ (*sonderbar*) tuhaf; (*unkonventionell*) gelenek dışı ❸ (*eigensinnig*) dik kafalı ❹ (*störrisch*) aksi

eignen ['aɪgnən] *vr* ■ **sich für etw** [*o* **zu etw** *dat*] **~** (*Person*) bir şey için yeterli olmak; (*Sache*) bir şey için elverişli olmak, bir şey için işe yaramak

Eignung *f kein pl* yeterlik

Eignungsprüfung *f*, **Eignungstest** *m* yeterlik sınavı

Eilbote(in) *m(f)* ulak, kurye; **per ~** kurye ile **Eilbrief** *m* ekspres mektup, özel ulak

Eile ['aɪlə] *f kein pl* (*Hast*) acele; (*Dringlichkeit*) acele, ivecenlik; **in ~ sein** acelesi olmak; **ich bin in ~** acelem var; **das hat keine ~** bunun acelesi yok; **in aller ~** acele acele, çabuk çabuk; **~ mit Weile** (*prov*) acele işe şeytan karışır

Eileiter <-s, -> *m* ANAT yumurta geçidi

eilen ['aɪlən] *vi* ❶ (*dringend sein*) acele olmak; **eilt!** acele!; **damit eilt es nicht** acelesi yok ❷ *sein* (*Mensch*) koşmak (**zu** -e); (*sich beeilen*) acele etmek; **jdm zu Hilfe ~** birine imdadına koşmak

Eilgut *nt* ekspresle gönderilen eşya

eilig ['aɪlɪç] *adj* ❶ (*schnell*) acele, çabuk; **es ~ haben** acelesi olmak ❷ (*dringend*) acele, ivedi

Eilpost *f kein pl* acele posta **Eilzug** <-(e)s, -züge> *m* ekspres

Eimer <-s, -> ['aɪmɐ] *m* ❶ kova; (*Abfall~*) teneke; (*Schöpf~*) bakraç ❷ (*fig fam*) **im ~ sein** mahvolmak, ayvayı yemek; **wenn ich die Prüfung nicht schaffe, bin ich im ~** sınavı veremezsem, ayvayı yedim

eimerweise *adv* kova kova, kovalar dolusu

ein [aɪn] *adv* **E~/Aus** (*auf Geräten*) açık/kapalı, aç/kapa; **bei jdm ~ und aus gehen** birine sık sık uğramak; **nicht mehr ~ noch aus wissen** ne yapacağını bilmemek

ein, eine, ein **I.** *adj* (*Zahlwort*) bir; **das kostet ~ Euro** bunun fiyatı bir euro; **es ist ~ Uhr** saat bir; **sie ist mein E~ und Alles** o benim bir tanem; **das ist doch ~ und dasselbe** bu başka bir şey değil ki, bu aynı şey işte; **~ für allemal** ilk ve son defa olmak üzere; **in ~em fort** aralıksız, durmadan, sürekli **II.** *art indef* **~es Tages** günün birinde; **was für ~e Hitze!** ne biçim sıcak!

Einakter <-s, -> ['aɪnʔaktɐ] *m* bir perdelik oyun

einander [aɪ'nandɐ] *pron* birbiri; (*wechselseitig*) karşılıklı; **sie helfen ~** yardımlaşıyorlar, karşılıklı yardımda bulunuyorlar; **zwei ~ widersprechende Aussagen** birbirine zıt iki ifade

ein|arbeiten **I.** *vt* ❶ (*Mitarbeiter*) işe alıştırmak (**in** -e) ❷ (*einfügen*) işlemek (**in** -e), eklemek (**in** -e), katmak (**in** -e) **II.** *vr* ■ **sich ~** alışmaya çalışmak (**in** -e), kanat alıştırmak

einarmig *adj* tek kollu

ein|äschern ['aɪnʔɛʃɐn] *vt* (*Leichnam*) yakmak

ein|atmen **I.** *vi* soluk almak, nefes almak **II.** *vt* içine çekmek; MED soluk almak, teneffüs etmek

einäugig ['aɪnʔɔɪgɪç] *adj* tek gözlü

Einbahnstraße *f* tek yönlü yol

ein|balsamieren* *vt* (*Leiche*) mumyalamak

Einband <-(e)s, -bände> *m* cilt

einbändig ['aɪnbɛndɪç] *adj* tek ciltli

Einbau[1] <-(e)s> ['aɪnbaʊ] *m kein pl* (*Montage*) montaj, kurgu; (*Installation*) takma, döşeme, döşenme

Einbau[2] <-(e)s, -ten> *m* (*Teil*) aksam

ein|bauen *vt* ❶ (*hineinmontieren*) gömmek (**in** -e), yerleştirmek (**in** içine); (*eingliedern*) entegre etmek (**in** -e); (*installieren*) döşemek (**in** -e), takmak (**in** -e), monte etmek (**in** -e) ❷ (*einfügen*) eklemek (**in** -e), katmak (**in** -e)

Einbaugerät *nt* ankastre cihaz **Einbauherd** *nt* ankastre fırın, ankastre ocak **Einbauküche** *f* ankastre mutfak, gömme mutfak **Einbauschrank** *m* gömme dolap

ein|behalten* *irr vt* alıkoymak

ein|berufen* ['aɪnbəruːfən] *irr vt* ❶ (*Versammlung*) davet etmek (**zu** -e), çağırmak (**zu** -e) ❷ MIL celp etmek, askere çağırmak, askerlik ödevini yapmaya çağırmak

Einberufung <-en> *f* ❶ (*einer Versammlung*) davet (**zu** -e) ❷ MIL celp, askerlik ödevini yapmaya çağırma

ein|betten *vt* yatırmak (**in** -e)

einbettig *adj* tek yataklı

Einbettzimmer <-s, -> *nt* tek yataklı oda
ein|beziehen* *irr vt* katmak (**in** -e), dahil etmek (**in** -e); (*daran teilnehmen lassen*) katılmasına izin vermek (-in), muhatap almak; (*dazurechnen*) hesaba katmak
ein|biegen *irr vi sein* sapmak; (*beim Fahren*) sapmak; **nach links/rechts ~** sola/sağa sapmak
ein|bilden *vr* ■ **sich ~** ❶ (*sich vorstellen*) **sich** *dat* **etw ~** bir şeyi imgelemek; **was bildest du dir eigentlich ein?** (*fam*) kendini ne sanıyorsun ki? ❷ (*stolz sein*) **sich** *dat* **etwas ~ auf** bir şeyin hayaline kapılmak
Einbildung¹ <-en> *f* (*Trugbild*) hayal, imge
Einbildung² *f kein pl* ❶ (*Vorstellung*) tahayyül, imgeleme ❷ (*Überheblichkeit*) kibir, kendini büyük görme; (*Dünkel*) benlik davası
Einbildungskraft *f kein pl* hayal gücü, düş gücü, imgelem
ein|binden *vt* (*Bücher*) ciltlemek
Einblick <-(e)s, -e> *m* ❶ (*Aussicht*) bakış ❷ (*prüfendes Einsehen*) inceleme; **jdm ~ in etw gewähren** birinin bir şeyi incelemesine izin vermek ❸ (*fig: Kenntnis*) bilgi; **einen ~ in etw gewinnen** bir şey hakkında bilgi edinmek
ein|brechen *irr vi* ❶ *sein* (*zu Bruch gehen*) kırılmak; (*stürzen*) çökmek; **sie ist auf dem Eis eingebrochen** buz kırılıp suyun içine düştü ❷ *sein* (*Dunkelheit*) bastırmak ❸ *haben o sein* (*eindringen*) (zorla) girmek, (hırsızlık amacıyla) girmek
Einbrecher(in) <-s, -; -nen> *m(f)* (zorla bir yere giren) hırsız
ein|bringen *irr* **I.** *vt* ❶ (*Ernte*) derlemek ❷ (*Gewinn, Zinsen*) getirmek; (*Werte*) getirmek (**in** -e) ❸ (*Antrag*) vermek; (*Vorschläge, Ideen*) vermek (**in** -e) ❹ **die Abkürzung hat mir 5 Minuten eingebracht** kestirmeden gitmem bana 5 dakika kazandırdı; **die verlorene Zeit ist nicht wieder einzubringen** kaybedilen zaman telafi edilemez **II.** *vr* ■ **sich ~** duygularını dile getirmek (**in** -de)
ein|brocken ['aɪnbrɔkən] *vt* (*fam*) başına bela açmak, başına dert açmak; **jdm etwas ~** birinin başına bir şeyi dert etmek
Einbruch <-(e)s, -brüche> *m* ❶ (*in Gebäude*) bina içinde hırsızlık ❷ (*Beginn*) bastırma; **bei ~ der Dämmerung** alaca karanlık bastırdığında ❸ (*Einsturz*) çökme; (*des Bodens*) çöküntü ❹ (*Eindringen*) (zorla) girme
einbuchten *vt* (*fam*) deliğe tıkmak
ein|bürgern **I.** *vt* ❶ (*Person*) vatandaşlığa almak ❷ (*Tiere, Pflanzen*) yerlileştirmek ❸ (*Brauch*) yerleştirmek **II.** *vr* ■ **sich ~** (*Brauch, Fremdwort*) yerleşmek
Einbuße <-n> *f* kayıp, yitim
ein|büßen *vt* kaybetmek (**an** -), yitirmek (**an** -)
ein|cremen ['aɪnkreːmən] **I.** *vt* kremlemek **II.** *vr* ■ **sich ~** kremlenmek
ein|dämmen *vt* ❶ (*beschränken*) set çekmek (-e) ❷ (*Fluss*) set çekmek (-e)
ein|decken **I.** *vt* ❶ (*Dach*) kaplamak; (*Tisch*) kurmak ❷ (*fam: überhäufen, überschütten*) yağdırmak (**mit** -); **jdn mit Fragen ~** birini soru yağmuruna tutmak **II.** *vr* ■ **sich ~** (*versorgen*) tedarik etmek (**mit** -); **wir sind gut eingedeckt** her şeyimiz var
eindeutig ['aɪndɔɪtɪç] *adj* ❶ (*unmissverständlich*) kesin ❷ (*deutlich*) açık, apaçık, besbelli
ein|deutschen *vt* (*Begriff*) Almancalaştırmak
ein|dicken **I.** *vt* GASTR (*sämiger machen*) koyulaştırmak, terbiye etmek **II.** *vi sein* (*zähflüssiger werden*) koyulaşmak
eindimensional ['aɪndimɛnzjonaːl] *adj* tek boyutlu
ein|dösen *vi sein* (*fam*) ımızganmak, uyuklamak
ein|dringen ['aɪndrɪŋən] *irr vi sein* girmek (**in** -e); MIL girmek (**in** -e); **der Dieb drang durch das Fenster in das Haus ein** hırsız eve [*o* evin içine] pencereden girdi; **auf jdn ~** birinin üzerine saldırmak
Eindringling <-s, -e> *m* davetsiz misafir
Eindruck <-(e)s, -drücke> *m* ❶ (*Wirkung*) etki, izlenim, intiba; **ich habe den ~, dass ...** bana öyle geliyor ki ...; **den ~ erwecken, dass ...** ... olduğu izlenimini uyandırmak; **~ (auf jdn) machen** (birine) izlenim vermek, (birini) etkilemek ❷ (*Druckstelle*) ezik; (*Spur*) iz
ein|drücken *vt* basmak (-e); (*Blech*) ezmek; (*Scheibe*) içeri bastırmak; **die Reifen hatten eine Spur in den Boden eingedrückt** lastikler yerde iz bırakmıştı
eindrücklich *adj* SCHWEIZ etkileyici
eindrucksvoll *adj* etkileyici
eine ['aɪnə] **I.** *adj, art indef s.* **ein, eine, ein** **II.** *pron s.* **eine(r, s)**
eine(r, s) *pron* biri; **weder der ~ noch der andere** ne biri ne de öteki; **das ~ sag' ich dir** (*fam*) sana şunu bir söylemiş olayım
ein|ebnen *vt* düzlemek, tesviye etmek
eineiig ['aɪnʔaɪɪç] *adj* tek yumurta; **~e Zwillinge** tek yumurta ikizleri
eineinhalb ['aɪnʔaɪn'halp] *adj inv* bir buçuk; **es hat ~ Stunden gedauert** bir buçuk saat sürdü

ein|engen *vt* ❶ (*Kleidung*) sıkmak ❷ (*beschränken*) kısıtlamak; (*einschränken*) sınırlamak

einer **I.** *art indef gen/dat von* **eine** *s.* **ein, eine, ein** **II.** *pron gen/dat von* **eine** *s.* **eine(r, s)**

Einer <-s, -> *m* ❶ MATH birler *pl* ❷ SPORT (*Skiff*) skif, tek kişilik

einerlei *adj inv* ❶ (*gleichgültig*) **das ist mir ganz ~** benim için hepsi bir, benim için hiç fark etmez ❷ (*gleichartig*) aynı; **Kleider von ~ Farbe** aynı renkten giysiler; *s. a.* **achterlei**

Einerlei <-s> ['aɪnɐ'laɪ] *nt kein pl* tekdüzelik, yeknesaklık, monotonluk

einerseits *adv* bir yanda(n); **~ bin ich neugierig, andererseits habe ich Angst davor** bir yanda(n) merak ediyorum, bir yanda(n) korkuyorum

einfach ['aɪnfax] **I.** *adj* ❶ (*nur einmal*) tek; (*Knoten*) basit; **eine ~e Fahrkarte** (sadece) gidiş bileti ❷ (*leicht*) kolay, basit; **du machst es dir zu ~** işin kolayına kaçıyorsun ❸ (*schlicht*) sade, bayağı, basit **II.** *adv* **das ist ~ unmöglich** bu düpedüz imkânsız; **das wäre ~ herrlich** bu gerçekten şahane olur; **es klappt ~ nicht** bir türlü olmuyor

ein|fädeln ['aɪnfɛːdəln] **I.** *vt* ❶ (*Nadel*) iplik geçirmek (-e); (*Faden*) iğneden geçirmek; (*Film*) sarmak ❷ (*fig: vorbereiten*) hazırlamak; (*Intrigen*) çevirmek **II.** *vr* ■ **sich ~** (*im Verkehr*) girmek (**in** -e)

ein|fahren *irr* **I.** *vi sein* (*Zug, Schiff*) girmek (**in** -e) **II.** *vt* ❶ (*beschädigen*) çarpmak (-e) ❷ (*Ernte*) kaldırmak; (*Fahrwerk*) toplamak ❸ (*Auto*) rodaj yapmak **III.** *vr* ■ **sich ~** (*sich einspielen*) alışmak

Einfahrt[1] *f kein pl* (*eines Zuges*) giriş (**in** -e)

Einfahrt[2] <-en> *f* (*Weg*) giriş; **~ verboten!** giriş yasak!, girilmez!

Einfall <-(e)s, -fälle> *m* ❶ (*Idee*) fikir, düşün, ide ❷ (*von Licht*) düşme ❸ MIL baskın (**in** -e)

ein|fallen *irr vi sein* ❶ (*in den Sinn kommen*) aklına gelmek; **was fällt Ihnen ein!** size ne oluyor!, siz ne karışıyorsunuz!; **du musst dir etwas ~ lassen** bir şeyler düşünmen gerekiyor ❷ (*in Erinnerung kommen*) aklına gelmek ❸ (*zusammenstürzen*) çökmek, yıkılmak ❹ (*Gesicht, Wangen*) çökmek ❺ MIL baskın yapmak (**in** -e), basmak (**in** -) ❻ (*einstimmen*) katılmak (**in** -e) ❼ (*Licht*) düşmek; **die früh ~de Dunkelheit** erken çöken karanlık

einfallslos *adj* esprisiz; (*langweilig*) can sıkıcı

Einfalt ['aɪnfalt] *f kein pl* bönlük, enayilik; (*Naivität*) saflık, enayilik; (*Dummheit*) budalalık, aptallık

einfältig ['aɪnfɛltɪç] *adj* ❶ (*töricht*) bön, enayi; (*Dummkopf*) budala, enayi ❷ (*naiv*) saf, enayi

Einfaltspinsel *m* (*pej fam*) enayi dümbeleği

Einfamilienhaus *nt* tek ailelik ev

einfarbig *adj* tek renkli, düz

ein|fassen *vt* ❶ (*Gebiet*) çevirmek ❷ (*mit Borte*) zıhlamak ❸ (*Edelstein*) kaşlamak

ein|fetten *vt* yağlamak

ein|finden *irr vr* ■ **sich ~** gelmek (**in** -e)

ein|flößen *vt* ❶ (*Medizin*) içirmek ❷ (*Bewunderung*) etmek; (*Furcht, Vertrauen*) vermek, telkin etmek

Einfluss[RR] <-es, -flüsse> *m,* **Einfluß**[ALT] <-sses, -flüsse> *m* ❶ (*Einwirkung*) nüfuz (**auf** -e) ❷ (*Wirkung*) etki; **unter dem ~ von Alkohol stehen** alkolün etkisi altında olmak ❸ (*Ansehen*) prestij, fors

Einflussbereich[RR] *m,* **Einflußbereich**[ALT] *m* etki alanı, porte

einflussreich[RR] *adj,* **einflußreich**[ALT] *adj* nüfuzlu, forslu

ein|fordern *vt* (*geh*) istemek, talep etmek

einförmig ['aɪnfœrmɪç] *adj* tekdüze, yeknesak; (*monoton*) monoton

ein|frieden ['aɪnfriːdən] *vt* sınır yapıları dikmek (-e); (*mit Mauer*) duvarla çevirmek; (*mit Grenzstein*) sınır taşları koymak (-e)

ein|frieren *irr* **I.** *vi sein* (*Wasserrohr*) donmak **II.** *vt* (*Lebensmittel, Löhne*) dondurmak

ein|fügen **I.** *vt* ❶ eklemek (**in** -e), ilave etmek (**in** -e) ❷ katmak (**in** -e), ilave etmek (**in** -e) **II.** *vr* ■ **sich ~** (*anpassen*) uymak (**in** -e), intibak etmek (**in** -e)

ein|fühlen *vr* ■ **sich ~** (*in eine Situation*) kendini görmek (**in** -de); **er konnte sich gut in sie ~** onun duygularını çok iyi anlıyabiliyordu

einfühlsam *adj* (*Mensch*) duyarlı; (*Worte*) duygusal

Einfühlungsvermögen <-s> *nt kein pl* duyarlık

Einfuhr <-en> ['aɪnfuːɐ] *f* dış alım, ithalat

ein|führen *vt* ❶ (*beginnen lassen*) başlatmak ❷ (*hineinschieben*) sokmak (**in** -e) ❸ COMM ithal etmek (**nach** -e) ❹ (*bekannt machen*) takdim etmek (**bei** -e), tanıtmak (**bei** -e) ❺ (*etw Neues*) sunmak (**in** -e); (*Ware*) sunmak (**in** -e); (*System*) uygulamak (**in** -e) ❻ **wieder ~** (*Brauch*) yeniden başlatmak; (*Ware*) yeniden sunmak

Einführung <-en> *f* ❶ (*Hineinschieben*)

sokma ❷ (*von Maßnahmen*) koyma; (*von Steuern*) salma ❸ (*Anleitung*) giriş ❹ (*Vorstellung*) sunuş

Einfuhrzoll <-(e)s, -zölle> *m* COMM ithalat resmi

Eingabe <-n> *f* ❶ (*Antrag*) dilekçe ❷ INFORM girdi **Eingabedaten** *pl* INFORM girdi verileri *pl* **Eingabetaste** *f* INFORM girdi tuşu

Eingang[1] <-(e)s, -gänge> *m* ❶ (*Tür*) giriş ❷ *pl* (*Geld*) girişler *pl;* (*Post*) alınma tarihi

Eingang[2] <-(e)s> *m kein pl* (*von Post*) alınma; (*von Geld*) girme

eingängig ['aɪngɛŋɪç] *adj* (*Erklärung*) anlaşılır; (*Melodie*) kolay

eingangs ['aɪngaŋs] **I.** *präp* başında **II.** *adv* başta, başlangıçta

Eingangstür *f* giriş kapısı

ein|geben *irr vt* ❶ INFORM girmek (**in** -e) ❷ (*Arznei*) içirmek ❸ (*geh: Idee*) aşılamak

eingebildet *adj* (*pej*) ❶ (*hochmütig*) kibirli; (*eitel*) kendini beğenmiş ❷ (*nicht wirklich*) imgeli, imgesel, hayalî

eingeboren *adj* yerli

Eingeborene(r) <-n, -n; -n> *f(m)* yerli

Eingebung <-en> ['aɪnge:bʊŋ] *f* (*geh*) esin, ilham

eingefallen *adj* çukur; **~e Wangen** içe çökük yanaklar

eingefleischt ['aɪngəflaɪʃt] *adj* ıslah olmaz; **ein ~er Junggeselle** müzmin bekâr

ein|gehen *irr sein* **I.** *vi* ❶ (*Verständnis zeigen*) anlayış göstermek (**für** -e); **auf diese Frage gehe ich später näher ein** bu soruna sonra değineceğim; **auf jds Fragen ~** birinin sorularını yanıtlamak ❷ (*zustimmen*) kabul etmek (**auf** -); **auf einen Vorschlag ~** bir öneriyi kabul etmek ❸ (*Post*) gelmek ❹ (*Kleidung*) çekmek, daralmak ❺ (*fam: sterben*) ölmek; (*Betrieb*) kapanmak ❻ (*fam: verstehen*) aklı almak; **es geht mir nicht ein** aklım almıyor ❼ (*Aufnahme finden*) **in die Geschichte ~** adı tarihe geçmek **II.** *vt* ❶ (*Vertrag*) imzalamak ❷ (*Risiko*) girmek; **ich gehe jede Wette ein, dass er gewinnt** kazanacağına dair her bahse girerim ❸ (*Ehe*) **mit jdm die Ehe ~** biriyle evlenmek

eingehend *adj* (*ausführlich*) ayrıntılı, etraflı; (*in allen Einzelheiten*) inceden inceye; **etw ~ untersuchen** bir şeyi bütün ayrıntılarıyla incelemek

Eingemachte(s) <-n> *nt kein pl* konserve; **ans ~ gehen** (*fig fam*) hazırdan yemek

eingeschnappt *adj* (*fam*) gücenik, küskün

eingeschrieben *adj* (*Brief*) taahhütlü

eingespannt *adj* (*beschäftigt*) meşgul

Eingeständnis <-ses, -se> *nt* itiraf

ein|gestehen* *irr vt* kabul etmek; (*zugeben*) itiraf etmek

eingetragen *adj* (*Mitglied, Verein*) kayıtlı; (*Warenzeichen*) tescilli

Eingeweide ['aɪngəvaɪdə] *pl* bağır, ahşa *pl*

Eingeweihte(r) <-n, -n; -n> ['aɪngəvaɪtɐ] *f(m)* sırdaş

eingleisig ['aɪnglaɪzɪç] *adj* tek hatlı

ein|gliedern *vt* katmak (**in** -e); (*integrieren*) entegre etmek (**in** -e), birleştirmek (**in** ile)

ein|graben *irr* **I.** *vt* (*vergraben*) gömmek (**in** -e) **II.** *vr* ■**sich ~** (*Tier*) kendini gömmek; **etw gräbt sich ins Gedächtnis ein** (*fig*) bir şey aklına yer etmek, bir şey zihnine nakşolmak

ein|gravieren* *vt* kazımak (**in** -e), hakketmek (**in** -e)

ein|greifen *irr vi* ❶ (*Einfluss nehmen*) el atmak (**in** -e) ❷ TECH geçmek (**in** -e)

Eingriff <-(e)s, -e> *m* ❶ MED müdahale; (*Operation*) ameliyat; **ein chirurgischer ~** cerrahi müdahale ❷ (*Übergriff*) el atma (**in** -e)

ein|haken **I.** *vi* (*fam: in Gespräch*) lafa karışmak **II.** *vt* (*befestigen*) kanca ile tutturmak (**in** -e) **III.** *vr* **sich bei jdm ~** birinin koluna girmek

Einhalt *m* (*geh*) **jdm/etw** *dat* **~ gebieten** bir kimseyi/şeyi durdurmak

ein|halten *irr* **I.** *vt* (*befolgen*) uymak (-e), riayet etmek (-e); (*Bedingung*) yerine getirmek; (*Versprechen*) tutmak, yerine getirmek; (*Richtung, Kurs*) kalmak (-de); (*Diät*) yapmak; (*Abstand*) tutmak **II.** *vi* (*geh: aufhören*) ara vermek; **mit der Arbeit ~** işe ara vermek

ein|handeln *vr* (*fam*) **sich eine gelbe Karte ~** sarı kart görmek; **sich ein paar Ohrfeigen ~** birkaç tokat yemek

einhändig ['aɪnhɛndɪç] *adj* tek elli

ein|hängen **I.** *vi* (*Hörer*) yerine koymak **II.** *vt* (*Tür, Fenster*) takmak **III.** *vr* **sich bei jdm ~** birinin peşine takılmak

ein|heften *vt* dosyalamak

einheimisch ['aɪnhaɪmɪʃ] *adj* (*Bevölkerung, Pflanzen*) yerli; (*Produkt*) yerli

Einheimische(r) <-n, -n; -n> *f(m)* yerli

ein|heimsen *vt* (*fam*) iç etmek

ein|heiraten *vi* güvey girmek (**in** -e)

Einheit <-en> ['aɪnhaɪt] *f* ❶ *a.* MIL birlik; (*Maß~, Währungs~*) birim ❷ TELEK birim; INFORM ünite

einheitlich *adj* ❶ tek bir, tekdüze; (*homogen*) homojen, bağdaşık ❷ (*genormt*) standart; **~e Kleidung** tek örnek giyim
Einheitspreis *m* birim fiyat, standart fiyat; (*festgelegt*) maktu fiyat **Einheitswährung** *f* FIN, POL tek para
einhellig ['aɪnhɛlɪç] **I.** *adj* her noktada uyuşan **II.** *adv* oy birliği ile
ein|holen *vt* ❶ (*erreichen*) yetişmek (-e) ❷ (*wettmachen*) telafi etmek ❸ (*Netz*) toplamak; (*Fahne*) indirmek; (*Segel*) toplamak ❹ (*Auskunft*) almak; **eine Erlaubnis/Genehmigung ~ für ...** ... için izin/olur almak ❺ (*fam: einkaufen*) almak
Einhorn <-(e)s, -hörner> *nt* tek boynuzlu at
einhufig *adj* ZOOL tek toynaklı
ein|hüllen *vt* sarmak (**in** -e)
einhundert ['-'--] *adj inv* yüz; *s. a.* **achthundert**
einig ['aɪnɪç] *adj* ❶ (*geeint*) birleşik ❷ (*einer Meinung*) hemfikir, oydaş; **sich** *dat* **über etw ~ sein/werden** bir şeyde hemfikir olmak
einige(r, s) ['aɪnɪgə, -gɐ, -gəs] *pron* birkaç, birkaçı, bazı(ları) *(pl)*; **~ von uns** birkaçımız; **~ Sachen sind nicht fertig geworden** bazı işler bitmedi; **in ~n Tagen** birkaç gün içinde; **nach ~r Zeit** bir süre sonra; **in ~r Entfernung** epeyce uzakta; **~ glaubten, dass ...** bazıları sandılar ki ...; **das wird ~s kosten** bu epeyce pahalıya mal olacak
einigen ['aɪnɪgən] **I.** *vt* (*einig machen*) uzlaştırmak; (*aussöhnen*) barıştırmak **II.** *vr* ▪ **sich ~** uzlaşmak (**über** -e)
einigermaßen ['aɪnɪgɐ'maːsən] *adv* şöyle böyle; (*leidlich*) iyi kötü; (*ziemlich*) oldukça
Einigkeit *f kein pl* birlik; (*Übereinstimmung*) uzlaşma, uyuşma; **~ macht stark** (*prov*) birlikten kuvvet doğar; **in diesem Punkt herrschte ~** bu noktada birlik vardı
Einigung <-en> *f* ❶ (*Übereinstimmung*) uzlaşı, uzlaşma, uyuşma; (*Versöhnung*) barışma; **zu einer ~ kommen** uzlaşmaya varmak ❷ (*Vereinigung*) birlik
ein|impfen *vt* (*fam*) **jdm etw ~** birine bir şeyi aşılamak [*o* telkin etmek]
ein|jagen *vt* **jdm Angst ~** birini korkutmak
einjährig ['aɪnjɛːrɪç] *adj* ❶ (*Kind*) bir yaşındaki; (*Kurs*) bir yıllık ❷ (*Pflanze*) bir yıllık
ein|kalkulieren* *vt* hesaba katmak
ein|kassieren* *vt* ❶ (*Geld*) tahsil etmek ❷ (*fam: festnehmen*) tutmak ❸ (*fam: wegnehmen*) almak
Einkauf <-(e)s, -käufe> *m* (*Kauf*) alım, satın alma, alış veriş; **Einkäufe machen** alış veriş yapmak
ein|kaufen **I.** *vi, vt* (*Waren*) satın almak; **~ gehen** alış verişe gitmek **II.** *vr* ▪ **sich ~** (*Teilhaber werden*) ortak olmak (**in** -e)
Einkäufer(in) <-s, -; -nen> *m(f)* alıcı
Einkaufsbummel *m* alış veriş; **einen ~ machen** alış verişe çıkmak **Einkaufsnetz** *nt* file **Einkaufspreis** *m* alış fiyatı **Einkaufswagen** *m* alış veriş arabası **Einkaufszentrum** *nt* alış veriş merkezi
ein|kehren *vi sein* ❶ (*geh: Ruhe, Friede*) gelmek (**bei** -e) ❷ (*in Gasthof*) uğramak (**in** -e)
Einkesselung *f* MIL çevirme, çember içine alma
ein|klagen *vt* JUR dava etmek
ein|klammern *vt* parantez içine almak
Einklang <-(e)s> *m kein pl* ❶ MUS ahenk ❷ (*geh: Harmonie*) ahenk, uyum, uyuşma; **in ~ bringen** bağdaştırmak; **in ~ mit etw** *dat* **stehen** bir şey ile uyuşma içinde olmak
ein|kleben *vt* yapıştırmak (**in** -e)
ein|kleiden *vt* giydirmek
ein|klemmen *vt* sıkıştırmak, kıstırmak; **sich den Finger in der Tür ~** parmağını kapıya sıkıştırmak
ein|kochen **I.** *vi sein* (*Soße*) kaynamak **II.** *vt* (*Obst*) konserve yapmak
Einkommen <-s, -> *nt* gelir **einkommensschwach** *adj* WIRTSCH dar gelirli **einkommensstark** *adj* WIRTSCH yüksek gelirli **Einkommen(s)steuer** <-n> *f* gelir vergisi **Einkommensverteilung** *f* gelir dağılımı
ein|kreisen *vt* ❶ (*einen Kreis um etw ziehen*) çember içine almak, çembere almak ❷ (*umzingeln*) kuşatmak, etrafını almak (-in)
Einkünfte ['aɪnkʏnftə] *pl* gelir
ein|laden *irr vt* ❶ (*Gäste*) davet etmek (**zu** -e) ❷ (*Ladung*) yüklemek (**in** -e)
einladend *adj* davetkâr; (*verlockend*) cazip, çekici; (*verführerisch*) insanı baştan çıkaran
Einladung <-en> *f* davet (**zu** -e)
Einlage <-n> *f* ❶ (*im Schuh*) tabanlık, mantar taban ❷ (*Zahn~*) (geçici) dolgu ❸ (*Slip~*) ped ❹ (*in der Zeitung*) ek ❺ THEAT ara oyun ❻ FIN tevdiat; (*Spar~*) mevduat; (*Kapital~*) yatırım
ein|lagern *vt* depolamak
Einlass[RR] <-es> ['aɪnlas] *m kein pl*, **Einlaß**[ALT] <-sses> *m kein pl* içeri alma; (*Zutritt*) giriş; **sich** *dat* **~ in etw verschaffen** bir yere girmeyi başarmak
ein|lassen *irr* **I.** *vt* ❶ (*hereinlassen*) içeri almak; **sie öffnete das Fenster, um Luft/**

E

Licht einzulassen hava/ışık girsin diye pencereyi açtı ❷ **sich** *dat* **ein Bad ~** banyoya su doldurmak (için musluğu açmak) ❸ (*einpassen*) yerleştirmek (**in** -e) ❹ SÜDD, ÖSTERR (*einwachsen*) cilalamak **II.** *vr* ■ **sich ~** ❶ (*Umgang pflegen*) arkadaşlık etmek (**mit** ile); (*pej*) düşüp kalkmak (**mit** ile) ❷ (*mitmachen*) girmek (**auf** -e); **ich lasse mich auf keine Diskussion ein** ben hiçbir tartışmaya girmem

Einlassventil *nt* AUTO emme supabı; *s. a.* **Auslassventil**

Einlauf <-(e)s, -läufe> *m* ❶ MED lavman ❷ SPORT finiş ❸ GASTR terbiye

ein|laufen *irr* **I.** *vi sein* ❶ (*Schiff, Zug*) *a.* SPORT girmek (**in** -e) ❷ (*Kleidung*) çekmek **II.** *vt* (*Schuhe*) açılmak **III.** *vr* ■ **sich ~** SPORT ısınma koşusu yapmak

ein|leben *vr* ■ **sich ~** alışmak (**in** -e)

Einlegearbeit *f* KUNST kakma

ein|legen *vt* ❶ (*hineintun*) koymak; (*Film*) makineye koymak; **den Rückwärtsgang ~** geri vitese takmak ❷ FIN yatırmak ❸ (*Berufung*) etmek; (*Protest*) çekmek, etmek; (*Pause*) yapmak ❹ (*Haare*) yapmak ❺ GASTR piyazlamak; (*marinieren*) salamuraya yatırmak; (*in Tunke, Essig*) yatırmak ❻ KUNST (*intarsieren*) kakmak

ein|leiten *vt* ❶ (*beginnen*) başlatmak; (*Maßnahmen*) almak; (*Schritte*) atmak ❷ (*Verhandlungen*) başlatmak; (*Prozess, Untersuchung*) açmak ❸ (*Flüssigkeit*) akıtmak (**in** -e)

einleitend *adj* başlatıcı; (*einführend*) giriş niteliğinde; **einige ~e Worte sagen** giriş niteliğinde birkaç söz söylemek

Einleitung <-en> *f* ❶ (*eines Textes, im Buch*) giriş, başlangıç ❷ (*Eröffnung*) açılma ❸ (*das Ingangsetzen*) başlatma

ein|lenken *vi* (*nachgeben*) imana gelmek, (sonunda) razı olmak

ein|leuchten *vi* (*fig*) akla yatmak; **das will mir nicht ~** buna aklım yatmıyor

einleuchtend *adj* (*überzeugend*) akla yakın

ein|liefern *vt* vermek; (*Person*) teslim etmek (**in** -e); (*ins Krankenhaus*) kaldırmak (**in** -e); (*ins Gefängnis*) sevk etmek (**in** -e)

Einlieferung <-en> *f* verme; (*ins Krankenhaus*) kaldırma (**in** -e); (*ins Gefängnis*) sevk (**in** -e)

ein|lochen *vt* ❶ (*einsperren*) deliğe tıkmak ❷ SPORT (*Golf*) deliğe sokmak

ein|loggen ['aɪnlɔgən] *vr* ■ **sich ~** INFORM (sisteme) girmek (**in** -e)

ein|lösen *vt* ❶ (*Pfand*) (bedelini ödeyip) kurtarmak ❷ (*Scheck*) ödemek; (*Gutschein*) bozdurmak ❸ (*geh: Versprechen*) tutmak, yerine getirmek

ein|machen *vt* turşu kurmak, turşu yapmak; **Gemüse/Obst ~** sebze/meyve turşusu kurmak [*o* yapmak]

Einmachglas <-es, -gläser> *nt* (turşu) kavanoz(u)

einmal ['aɪnma:l] *adv* ❶ (*ein Mal*) bir kere, bir defa, bir kez; **noch ~** bir kere daha; **~ eins ist eins** bir kere bir bir eder; **auf ~** birden; **ich möchte erst ~ hierbleiben** ilkönce burada kalmak istiyorum ❷ (*früher*) eskiden; **es war ~ ...** eskiden ... varmış, bir varmış ... ❸ (*irgendwann*) bir zamanlar; **es war ~, es war keinmal** bir varmış, bir yokmuş ❹ (*verstärkend*) **er hat sie nicht ~ besucht** onu bir kere olsun [*o* bile] ziyaret etmedi; **nicht ~ piep sagen** (*fam*) gık bile dememek; **das ist nun ~ so** bu böyle işte; **wieder ~** bir daha

Einmaleins <-> [aɪnma:l'ʔaɪns] *nt kein pl* çarpım tablosu

einmalig ['---, -'--] *adj* ❶ (*Gelegenheit, Chance*) eşsiz, eşi benzeri olmayan, eşi görülmemiş ❷ (*einzigartig*) tek, ünik, eşi benzeri olmayan, emsalsiz

Einmaligkeit *f kein pl* ❶ eşsizlik, emsalsizlik ❷ (*Einzigartigkeit*) teklik, tek olma

Einmannbetrieb <-(e)s, -e> ['----, -'---] *m* WIRTSCH tek kişilik işletme **Einmann-Show** *f* tek adam gösterisi

Einmarsch <-(e)s, -märsche> *m a.* MIL giriş (**in** -e) **ein|marschieren*** *vi sein* (*hineingehen*) girmek (**in** -e)

ein|mischen *vr* ■ **sich ~** karışmak (**in** -e); **misch dich nicht ein!** karışma! **Einmischung** <-en> *f* karışma

einmotorig ['aɪnmoto:rɪç] *adj* AERO tek motorlu

ein|münden *vi haben o sein* kavuşmak **Einmündung** <-en> *f a.* GEO kavşak

einmütig ['aɪnmy:tɪç] **I.** *adj* ağzı bir **II.** *adv* oy birliği ile

Einnahme[1] ['aɪnna:mə] *f kein pl* MIL fetih, ele geçirme; MED alma

Einnahme[2] <-n> *f* (*Geld*) gelir; **~n und Ausgaben** gelir gider, tahsilat ve sarfiyat

Einnahmequelle *f* gelir kaynağı

ein|nehmen *irr vt* ❶ (*Geld, Steuern*) tahsil etmek ❷ (*Arznei*) (dâhilen) almak; (*Hustensaft*) içmek; (*Mahlzeit*) yemek ❸ (*Standpunkt*) almak, takınmak; (*Stellung, Posten*) geçmek; **seinen Platz ~** yerini almak, yerine geçmek ❹ (*erobern*) ele geçirmek ❺ (*beanspruchen*) kaplamak; **zu viel Raum ~** fazla yer kaplamak ❻ ■ **jdn für sich ~** birinin sempatisini kazanmak; **von sich** *dat*/**jdm eingenom-**

men sein kendini beğenmiş olmak
ein|nicken *vi sein* (*fam*) sızmak, kendinden geçmek, uykuya dalmak
ein|nisten *vr* MED ana rahmine düşmek; (*pej: Person*) postu sermek (**bei** -e), çöreklenmek, yerleşmek
Einöde <-n> ['aɪnʔø:də] *f* ıssızlık, tenhalık
ein|ordnen I. *vt* sıraya koymak, yerli yerine koymak; (*in Regal*) dizmek, yerleştirmek; (*in Gruppen*) ayırmak; (*alphabetisch*) sırasına göre dizmek; (*einfügen*) yerleştirmek (**in** -e) II. *vr* ■**sich** ~ ① (*sich unterordnen*) uymak (**in** -e) ② AUTO sıraya girmek; **sich links/falsch** ~ sol/yanlış sıraya girmek
ein|packen I. *vt* ① (*Koffer*) koymak (**in** -e); (*in Papier*) sarmak (**in** -e); (*zum Versand*) paket yapmak, ambalajlamak ② (*fam: warm anziehen*) iyice giydirmek II. *vi* (*fig fam*) **dann können wir** ~ o zaman bu işi unutabiliriz
ein|parken *vt, vi* park etmek
ein|passen *vt* (*einsetzen*) yerleştirmek (**in** -e); (*passend machen*) sığdırmak (**in** -e)
ein|pendeln *vr* ■**sich** ~ düzene girmek
ein|pferchen ['aɪnpfɛrçən] *vt* (*Schafe*) ağıla kapamak
ein|pflanzen *vt* ① (*Pflanze*) dikmek ② MED aktarmak
einphasig *adj* ELEK tek fazlı
ein|prägen I. *vt* (*ins Bewusstsein*) nakşetmek; **sich** *dat* **etw** ~ bir şeyi ezberlemek II. *vr* ■**sich** ~ (*Eindruck hinterlassen*) izlenim bırakmak, nakşolmak, yer etmek
einprägsam ['aɪnprɛ:kza:m] I. *adj* akılda kalıcı; (*Melodie*) kolayca hatırlanabilir II. *adv* akılda kalacak biçimde
ein|quartieren* ['aɪnkvarti:rən] I. *vt* ① MIL konak yeri sağlamak (-e) ② (*unterbringen*) yerleştirmek (**bei** -e), konuk olarak vermek (**bei** yanına) II. *vr* ■**sich** ~ konaklamak (**bei** -de)
ein|rahmen *vt* çerçevelemek
ein|rasten *vi sein* yerine oturmak, birbirine geçmek, kilitlenmek
ein|räumen *vt* ① (*Bücher*) yerleştirmek (**in** -e); (*Wohnung, Zimmer*) toplamak ② (*zugestehen*) kabul etmek; (*Kredit*) vermek
ein|reden I. *vi* **auf jdn** ~ birine söyleyip durmak II. *vt* **jdm etw** ~ birini bir şeye inandırmak; **sich** *dat* **etw** ~ kendi kendini kandırmak
ein|reiben *irr vt* ovmak; **jdn mit etw** *dat* ~ birini bir şey ile ovmak; **eine Wunde mit Salbe** ~ yaraya merhem sürmek
ein|reichen *vt* (*Unterlagen*) sunmak, arz etmek; (*übergeben*) vermek; (*Scheidung*) dava(sı) açmak
ein|reihen I. *vt* sıralamak, dizmek II. *vr* ■**sich** ~ sıralanmak, dizilmek
Einreise <-n> *f* giriş **Einreisegenehmigung** *f* giriş izni
ein|reisen *vi sein* girmek (**in/nach** -e/-e)
Einreisevisum *nt* giriş vizesi
ein|reißen *irr* I. *vi sein* ① (*Papier*) yırtılmak ② (*Übel*) başa bela olmak; (*um sich greifen*) yayılmak; **wir wollen das nicht ~ lassen** bunun yayılmasını istemiyoruz II. *vt* ① (*Papier*) yırtmak ② (*Haus*) yıkmak
ein|renken ['aɪnrɛŋkən] *vt* ① MED düzeltmek ② (*fam: in Ordnung bringen*) düzeltmek
ein|richten I. *vt* ① (*gründen*) kurmak, tesis etmek; (*Konto*) açmak ② (*Wohnung*) döşemek ③ (*einstellen*) ayarlamak (**auf** -e) ④ (*arrangieren*) düzenlemek, ayarlamak; (*Termin*) yapmak ⑤ MED düzeltmek II. *vr* ■**sich** ~ (*sich anpassen*) uymak (**auf** -e); (*sich einstellen*) hazırlanmak (**auf** -e)
Einrichtung[1] <-en> *f* ① (*Mobiliar*) döşeme, mobilya; (*Esszimmer~*) takım; (*Ausrüstung*) donatım ② (*Institution*) kuruluş, kurum, müessese ③ (*Anlage*) tesis; **technische ~en** teknik düzenekler
Einrichtung[2] *f kein pl* (*Gründung*) kurma, tesis; (*einer Verkehrslinie*) tesis; **für die ~ eines Kontos** bir hesabın açılması için
Einrichtungshaus <-häuser> *nt* mobilya mağazası
ein|rosten *vi sein* ① (*Schraube*) paslanmak ② (*fam: körperlich*) hamlamak ③ (*fam: geistig*) kafası paslanmak
ein|rücken I. *vi sein* MIL ① (*einmarschieren*) girmek (**in** -e) ② (*eingezogen werden*) askere alınmak II. *vt* ① TYPO, INFORM satırbaşı yapmak ② (*Anzeige*) basmak
eins [aɪns] *adj inv* ① (*Zahl*) bir; **Punkt** ~ nokta bir; **es steht ~ zu ~/zwei** durum bir bir/iki; *s. a.* **acht**[1] ② (*Uhrzeit*) **sie kam um (Punkt)** ~ (tam) birde geldi; *s. a.* **acht**[1] ③ (*zusammen*) **sich mit jdm ~ wissen** biriyle düşündeş [*o* hemfikir] olmak ④ (*einerlei*) **es ist mir alles** ~ (*fam*) benim için hepsi bir ⑤ (*fam*) ~ **A** üstün kalite
Eins <-en> *f* ① bir; **wie eine ~ stehen** (*fam*) dimdik durmak ② (*Schulnote*) pekiyi ③ (*Spielkarte*) birli ④ (*fam*) **die ~ nehmen** bir numarayla gitmek
ein|sacken *vt* ① çuvallamak ② (*in die Tasche stecken*) cebine indirmek [*o* atmak]
einsam ['aɪnza:m] *adj* ① (*allein*) yalnız, kimsesiz; (*verlassen*) terk edilmiş, metrûk; ~ **leben** yalnız başına yaşamak; ■**sich ~ fühlen** kendini yalnız hissetmek ② (*verstärkend*) **~e Spitze sein** üstüne olmamak ③ (*menschenleer*) kimsesiz, ıssız
Einsamkeit *f kein pl* (*Mensch*) yalnızlık,

E

kimsesizlik; (*Gegend*) ıssızlık
ein|sammeln *vt* toparlamak; (*Spenden, Geld*) toplamak
Einsatz <-es, -sätze> *m* ❶ (*Teil*) parça ❷ (*Spiel~*) miza, ortaya konulan para ❸ MUS giriş ❹ MIL harekât, hareket; **zum ~ kommen** harekete geçmek ❺ (*von Polizei*) operasyon ❻ (*Gebrauch, Anwendung*) kullanma, kullanım; **zum ~ kommen** kullanılmak ❼ (*Engagement*) **unter ~ seines Lebens** ölümü göze alarak, canını dişine takarak
einsatzbereit *adj a.* TECH hazır (olan), hazır (bulunan), hemen kullanabilecek durumda olan [*o* bulunan]; MIL hazır; **~e Truppe** hazır kıta **Einsatzbereitschaft** *f kein pl* hazır olma durumu
ein|saugen *irr vt* (*Luft, Flüssigkeit*) emmek, içine çekmek
ein|schalten **I.** *vt* ❶ (*Radio*) açmak; (*Maschine*) çalıştırmak; (*Licht*) yakmak, açmak ❷ (*hinzuziehen*) devreye sokmak **II.** *vr* ■ **sich ~** ❶ (*angehen*) çalışmak; (*Licht*) yanmak ❷ (*sich einmischen*) devreye girmek, karışmak (**in** -e)
Einschaltquote <-n> *f* RADIO, TV izleyici reytingi
ein|schärfen *vt* sıkı sıkı tembih etmek, sıkı sıkı uyarmak
ein|schätzen *vt* (*schätzen*) tahmin etmek, kestirmek; (*bewerten*) takdir etmek, değer biçmek; **etw/jdn hoch ~** bir şeyi/kimseyi çok takdir etmek **Einschätzung** <-en> *f* ❶ (*Meinung*) tahmin; **nach meiner ~** tahminimce ❷ (*Bewertung*) takdir
ein|schenken *vt* doldurmak
ein|schicken *vt* göndermek (**an** -e)
ein|schieben *vt* araya sokmak; **können Sie mich ~?** beni araya alabilir misiniz?
ein|schiffen **I.** *vt* gemiye yüklemek **II.** *vr* ■ **sich ~** gemiyle gitmek (**nach** -e)
einschl. *Abk von* **einschließlich** dâhil
ein|schlafen *irr vi sein* ❶ (*Person*) uyumak; (*Gliedmaßen*) uyuşmak, tutulmak; **nicht ~ können** uyku tutmamak, uyuyamamak ❷ (*Freundschaft*) araya soğukluk girmek
ein|schläfern ['aɪnʃlɛːfɐn] *vt* ❶ (*zum Schlafen bringen*) uyutmak ❷ (*narkotisieren*) narkoz vermek (-e) ❸ (*Tier*) iğne yaparak ıstırap çektirmeden öldürmek
einschläfernd *adj* ❶ (*Geräusch*) uyutucu, insanın uykusunu getiren, uyku getirici; (*Substanz*) uyutucu, uyku veren ❷ MED uyutucu, uyku veren
Einschlag <-(e)s, -schläge> *m* ❶ (*eines Geschosses, Blitzes*) isabet ❷ (*Anteil*) pay
ein|schlagen *irr* **I.** *vi* ❶ (*Blitz, Bombe*) düşmek; (*Geschoss*) isabet etmek; **auf jdn ~** birine vurmak; **die Nachricht schlug ein wie eine Bombe** haber bomba gibi patladı ❷ (*Anklang finden*) rağbet görmek, tutulmak ❸ (*Lenkrad*) çevirmek **II.** *vt* ❶ (*Tür*) vurarak kırmak; (*Zähne, Schädel*) kırmak ❷ (*Nagel*) çakmak (**in** -e), geçirmek (**in** -e) ❸ (*einwickeln*) sarmak (**in** -e) ❹ (*Lenkrad*) döndürmek ❺ (*Richtung*) tutmak; **einen Weg ~** yol tutmak ❻ (*Stoff*) kıvırmak
ein|schleppen *vt* ❶ (*Krankheit*) getirmek ❷ NAUT çekmek
ein|schließen *irr* **I.** *vt* ❶ (*einsperren*) hapsetmek (**in** -e), kapatmak (**in** -e); (*Gegenstand*) kilitlemek ❷ (*umgeben*) çevrelemek, kapsamak, içine almak; (*umzäunen*) çeper çekmek (-e), sınırları içine almak ❸ (*mit einbeziehen*) katmak, dâhil etmek (**in** -e) **II.** *vr* ■ **sich ~** kapanmak
einschließlich ['---] **I.** *präp* dâhil, içinde; **~ Frank/seines Vaters** Frank/babası dâhil; **~ Büchern und Briefen** kitap ve mektuplar dâhil **II.** *adv* **geöffnet vom 3. bis 8. Mai ~** 3 Mayıs'tan 8 Mayıs'ın sonuna kadar açık; **bis Nr. 50 ~** 50 numaranın sonuna kadar
ein|schmeicheln *vr* ■ **sich ~** yaltaklanmak (**bei** -e)
einschmeichelnd *adj* hoş
ein|schmieren **I.** *vt* (*fam: mit Fett*) (yağ) sürmek (-e) **II.** *vr* **sich** (**mit Creme**) **~** (*fam*) (krem) sürünmek
ein|schnappen *vi sein* ❶ (*Tür*) kapanıvermek ❷ (*pej fam: beleidigt sein*) gücenmek
ein|schneiden *irr* **I.** *vi* (*in Haut*) kesmek (**in** -) **II.** *vt* (*schneiden*) kesmek
einschneidend *adj* köklü, kökten
Einschnitt <-(e)s, -e> *m* ❶ (*Schnitt*) kertik; MED kesik ❷ (*im Leben*) dönüm noktası
ein|schränken ['aɪnʃrɛŋkən] **I.** *vt* sınırlamak; (*reduzieren*) kısıntı yapmak (-de); (*Freiheit*) sınırlamak, kısıtlamak **II.** *vr* ■ **sich ~** (*sparsam leben*) kısıntı yapmak
Einschränkung <-en> *f* ❶ (*Verringerung*) kısma; (*von Rechten*) kısıtlama ❷ (*das Einsparen*) kısıntı ❸ (*Vorbehalt*) sınırlama, kayıt; **ohne/mit ~** kayıtsız/kayıtlı
Einschreib(e)brief <-(e)s, -e> *m* taahhütlü mektup
ein|schreiben *irr* **I.** *vt* (*eintragen*) kaydetmek (**in** -e); (*in Liste*) yazmak (**in** -e) **II.** *vr* ■ **sich ~** SCHULE, UNIV kaydını yaptırmak (**in** -e), kaydolmak (**für** -e), yazılmak (**für** -e)
Einschreiben <-s, -> *nt* taahhütlü (mektup); **etw per ~ schicken** bir şeyi taahhütlü göndermek; **ein ~ mit Rückschein**

iadeli taahhütlü bir mektup

Einschreibung <-en> *f* kayıt; SCHULE, UNIV kayıt, yazılma

ein|schreiten *irr vi sein* karışmak, müdahale etmek

ein|schüchtern *vt* yıldırmak, gözdağı vermek (-e), gözünü korkutmak (-in)

ein|schulen *vt* okula yazdırmak

Einschuss[RR] <-es, -schüsse> *m,* **Einschuß**[ALT] <-sses, -schüsse> *m* (*von Geschoss*) giriş yeri

ein|schweißen *vt* (*in Folie*) poşetlemek; TECH kaynakla tutturmak

ein|sehen *irr vt* ❶ (*Raum*) gözden geçirmek ❷ (*Schriftstücke*) incelemek, tetkik etmek ❸ (*verstehen*) anlamak, görmek; (*Irrtum, Notwendigkeit*) kabul etmek; **ich sehe nicht ein, warum ich das tun soll** niçin bunu yapmam gerektiğini anlamıyorum; **(k)ein E~ (für jdn/etw) haben** (bir kimse/şey için) anlayış göster(me)mek

ein|seifen *vt* (*mit Seife*) sabunlamak

einseitig ['aɪnzaɪtɪç] *adj* ❶ POL tek taraflı; (*nur eine Person betreffend*) tek ❷ (*Muster, Lähmung*) tek taraflı ❸ (*parteiisch*) tek yanlı; **eine ~e Sicht der Dinge** gerçekleri tek yanlı görme ❹ (*Ernährung*) tek taraflı

Einseitigkeit <-en> *f* tek taraflı olma, tek taraflılık

ein|senden *irr vt* göndermek (**an** -e), yollamak (**an** -e)

Einsender(in) <-s, -; -nen> *m(f)* gönderici, gönderen

Einsendeschluss[RR] <-es> *m kein pl* en son gönderme tarihi, gönderme süresinin sonu

ein|setzen I. *vi* (*beginnen*) başlamak **II.** *vt* ❶ (*einfügen*) takmak (**in** -e); (*Pflanze*) yerleştirmek (**in** -e) ❷ (*ernennen*) atamak; (*als Erben*) atamak; (*in ein Amt*) atamak (**in** -e); (*Ausschuss*) atamak; **wieder ~** eski hâle getirmek ❸ (*Hilfsmittel, Maschine*) kullanmak; (*Bus, Zug*) hizmete sokmak; (*Boxen*) **seine Linke/Rechte ~** solunu/sağını kullanmak ❹ (*Polizei*) harekete geçirmek ❺ (*Geld*) ortaya koymak; (*Leben*) ortaya koymak **III.** *vr* ■ **sich ~** (*sich anstrengen*) çaba harcamak, gayret göstermek; **sich für etw ~** bir şeyi savunmak; **sich für jdn ~** birini desteklemek

Einsicht[1] *f kein pl* (*in Akten*) inceleme (**in** -); (*Einsichtnahme*) inceleme (**in** -); **jdm ~ in etw gewähren** birine bir şeyi incelemesine izin vermek

Einsicht[2] <-en> *f* ❶ (*Verständnis*) anlayış; (*Klugheit*) akıllılık ❷ (*Erkenntnis*) **ich bin zu der ~ gekommen, dass ...** ...e kanaat getirdim, ... kanısına vardım; **neue ~en gewinnen** yeni yeni kanılar edinmek

einsichtig *adj* (*klug*) akıllı; (*vernünftig*) akıllıca, aklı başında; (*verständnisvoll*) anlayışlı

Einsichtnahme <-n> ['aɪnzɪçtna:mə] *f* (*form*) inceleme (**in** -)

Einsiedler(in) <-s, -; -nen> *m(f)* münzevi

einsilbig ['aɪnzɪlbɪç] *adj* ❶ LING tek heceli ❷ (*wortkarg*) lakırdısı az, az konuşan

ein|sinken *irr vi sein* ❶ (*in Sumpf*) batmak (**in** -e) ❷ (*von Boden*) çökmek

ein|spannen *vt* ❶ (*Blatt*) koymak (**in** -e); (*Werkstück*) takmak ❷ (*Zugtiere*) arabaya koşmak ❸ (*fam: arbeiten lassen*) işe koşmak

ein|sparen *vt* tasarruf etmek (-den)

ein|sperren *vt* ❶ (*einschließen*) kapamak (**in** -e) ❷ (*fam: ins Gefängnis*) hapsetmek

ein|spielen I. *vt* ❶ FILM, THEAT (*Geld*) getirmek ❷ RADIO, TV (*Beitrag*) kaydetmek **II.** *vr* ■ **sich ~** ❶ SPORT ısınmak ❷ (*zur Gewohnheit werden*) alışkanlık hâlini almak ❸ (*nach einer Anlaufzeit funktionieren*) yoluna girmek

einsprachig *adj* (*Wörterbuch*) tek dilli

ein|springen *irr vi sein* **für jdn ~** birinin yerine geçmek

ein|spritzen *vt* içitmek, zerk etmek, şırınga etmek

Einspruch <-(e)s, -sprüche> *m a.* JUR itiraz (**gegen** -e); **~ erheben** itiraz etmek; **~ einlegen** itirazda bulunmak; **einem ~ stattgeben** bir itirazı kabul etmek

einspurig ['aɪnʃpu:rɪç] *adj* ❶ (*Eisenbahn*) tek hatlı; (*Straße*) tek şeritli ❷ (*pej: Denken*) dar görüşlü

einst ['aɪnst] *adv* (*geh*) ❶ (*früher*) bir zamanlar, vaktiyle ❷ (*künftig*) günün birinde

Einstand[1] <-(e)s, -stände> *m* (*Arbeitsstelle*) göreve başlamayı kutlama; **seinen ~ geben** göreve başlamasını kutlamak

Einstand[2] *m kein pl* SPORT (*Tennis*) beraberlik, berabere

Einstandspreis *m* COMM maliyet fiyatı

ein|stecken *vt* ❶ (*hineinstecken*) sokmak (**in** -e); (*Stecker*) sokmak; (*in die Tasche*) cebine koymak ❷ (*fam: Profit, Geld*) cebine indirmek [*o* atmak] ❸ (*fam: mitnehmen*) yanına almak; **vergiss nicht, dein Geld/deine Brille einzustecken** paranı/gözlüğünü yanına almayı unutma ❹ (*fam: Brief*) postaya vermek ❺ (*fam: einsperren*) tıkmak ❻ (*fig fam: ertragen*) kaldırmak

ein|stehen *irr vi* ❶ (*verantworten*) sorumluluğu üstlenmek (**für** için) ❷ (*sich verbürgen*) **für etw/jdn ~** bir şey/kimse için kefil olmak

ein|steigen *irr vi sein* ❶ (*in Fahrzeug*) binmek (**in** -e); (*in Wohnung*) girmek; **die Diebe sind über den Balkon eingestiegen** hırsızlar balkondan girdiler ❷ (*fam: sich beteiligen*) girmek (**in** -e), ortak olmak (**in** -e) ❸ (*anfangen*) girmek (**in** -e); **er ist in die Politik eingestiegen** politikaya girdi, politikaya adımını attı

ein|stellen I. *vt* ❶ (*hineinstellen*) koymak (**in** içine) ❷ (*anstellen*) işe almak, hizmete almak ❸ (*beenden*) bitirmek; (*Kämpfe*) durdurmak, son vermek (-e); (*Zahlung*) durdurmak; (*Arbeit*) bırakmak; JUR (*Verfahren*) vazgeçmek (-den); **die Arbeit ~** bırakmak; **das Feuer ~** kesmek ❹ (*regulieren*) ayarlamak; FOTO odaklamak ❺ SPORT (*Rekord*) yenilemek II. *vr* ■ **sich ~** ❶ (*erscheinen*) ortaya çıkmak; (*Folgen*) baş göstermek; (*Personen*) gelmek ❷ (*sich richten nach*) kendisini ayarlamak (**auf** -e göre) ❸ (*sich vorbereiten*) hazırlanmak (**auf** -e)

einstellig *adj* tek haneli

Einstellschraube *f* ayar vidası

Einstellung <-en> *f* ❶ (*Anstellung*) işe al(ın)ma ❷ (*Beendigung*) durdurma ❸ JUR (*Verfahren*) takipsizlik; (*nach Klageerhebung*) düşme, sukut ❹ (*Regulierung*) ayar ❺ FILM, FOTO odaklama ❻ (*Gesinnung*) zihniyet, yaklaşım, görüş; (*Haltung*) tutum

Einstich <-(e)s, -e> *m* batırma; (*~stelle*) iğne yeri; **er hat den ~ der Nadel nicht gespürt** iğnenin battığını hissetmedi

Einstieg <-(e)s, -e> ['aɪnʃtiːk] *m* ❶ (*das Einsteigen*) girme (**in** -e); (*in den Zug*) binme (**in** -e) ❷ (*in ein Thema*) girme (**in** -e)

einstige(r, s) ['aɪnstɪɡə, -ɡɐ, -ɡəs] *adj* eski

ein|stimmen I. *vi* MUS akort yapmak II. *vt* ❶ (*Instrument*) akort etmek ❷ (*vorbereiten*) hazırlamak (**auf** -e)

einstimmig I. *adj* ❶ MUS tek sesli ❷ (*ohne Gegenstimme*) oy birliği ile alınan II. *adv* ❶ MUS tek sesle; **die ganze Klasse antwortete ~** bütün sınıf (hep) bir ağızdan cevap verdi ❷ (*ohne Gegenstimme*) oy birliği ile

Einstimmigkeit *f kein pl* oy birliği

einstöckig [aɪnʃtœkɪç] *adj* tek katlı

ein|streuen *vt* serpmek; (*Bemerkungen*) ortaya atmak

ein|studieren *vt* (*Rolle, Antwort*) öğrenmek

ein|stufen *vt* derecele(ndir)mek, sınıfla(ndır)mak

einstündig ['aɪnʃtʏndɪç] *adj* bir saatlik

Einsturz <-es, -stürze> *m* yıkılma, çökme; **zum ~ bringen** çökertmek, göçürmek **ein|stürzen** *vi sein* (*Gebäude*) yıkılmak; (*Dach, Mauer*) çökmek, göçmek, yıkılmak; **auf jdn ~** (*Ereignisse*) birinin başına gelmek

Einsturzgefahr *f kein pl* yıkılma tehlikesi, çökme tehlikesi

einstweilen ['aɪnst'vaɪlən] *adv* ❶ (*vorläufig*) geçici olarak, muvakkaten; (*im Moment*) şimdilik ❷ (*unterdessen*) bu arada

einstweilig ['aɪnst'vaɪlɪç] *adj* (*provisorisch*) geçici, muvakkat; **~e Verfügung** JUR ihtiyati tedbir

eintägig ['aɪntɛːɡɪç] *adj* bir günlük, bir gün süren

Eintagsfliege ['----] *f* ❶ ZOOL gün sineği ❷ (*fam: von kurzer Dauer*) bir günlük olay

ein|tauchen I. *vi sein* (*untertauchen*) dalmak (**in** -e) II. *vt* daldırmak (**in** -e); (*eintunken*) banmak (**in** -e), batırmak (**in** -e)

ein|tauschen *vt* değiştirmek (**gegen** ile)

eintausend ['-'--] *adj inv* bin; *s. a.* **achttausend**

ein|teilen *vt* ❶ (*untergliedern*) bölmek (**in** -e); (*in Klassen*) ayırmak (**in** -e); **eine Torte in gleich große Stücke ~** bir pastayı eşit büyüklükteki parçalara bölmek; **Pflanzen in Gattungen/Arten ~** bitkileri cinslere/türlere ayırmak; **Pflanzen nach Gattungen/Arten ~** bitkileri cinslerine/türlerine göre ayırmak ❷ (*für Aufgabe*) vermek (**zu** -e); **er wurde zum Nachtdienst eingeteilt** gece nöbetine verildi ❸ (*Arbeit*) bölmek; (*Geld, Zeit*) ayırmak

Einteilung <-en> *f* ❶ (*Untergliederung*) bölüm; (*Einsortierung*) ayırma ❷ (*von Vorräten*) ayırma; (*Verteilung*) dağıtma ❸ (*für Arbeit*) verilme

eintönig ['aɪntøːnɪç] *adj* tekdüze, yeknesak, monoton

Eintönigkeit *f kein pl* tekdüzelik, yeknesaklık, monotonluk

Eintopf <-(e)s, -töpfe> *m* GASTR türlü

Eintracht ['aɪntraxt] *f kein pl* ❶ barışıklık ❷ (*Harmonie*) ahenk, anlaşma

einträchtig ['aɪntrɛçtɪç] *adj* ❶ (*friedlich*) barışık ❷ ahenkli

Eintrag <-(e)s, -träge> ['aɪntraːk, *pl* 'aɪntrɛːɡə] *m* ❶ (*in Liste*) kayıt ❷ (*Vermerk*) kayıt

ein|tragen *irr* I. *vt* ❶ (*einschreiben*) kaydetmek (**in** -e); (*in eine Liste*) yazmak (**in** -e); (*einzeichnen*) çizmek (**in** -e) ❷ ADMIN tescil etmek, yazmak (**in** -e), kütüğe geçirmek; **eingetragener Verein** kayıtlı dernek; **eingetragenes Warenzeichen** tescilli marka ❸ (*Gewinn*) getirmek; (*Kritik*) toplamak II. *vr* ■ **sich ~** adını yazmak (**in** -e)

einträglich ['aɪntrɛːklɪç] *adj* kârlı

Eintragung <-en> *f* ❶ (*das Eintragen*) kaydetme; ADMIN tescil ❷ (*Vermerk*) kayıt

ein|treffen *irr vi sein* ❶ (*ankommen*) gelmek (**in** -e) ❷ (*sich bewahrheiten*) gerçekleşmek

ein|treiben *irr vt* ❶ (*Geld*) tahsil etmek; (*Steuern*) toplamak ❷ (*hineinschlagen*) çakmak (**in** -e)

ein|treten *irr* **I.** *vi sein* ❶ (*hineingehen*) girmek (**in** -e); **er trat unversehens ein** beklenmedik bir anda içeri girdi; (*durch die Tür*) çat kapı içeri girdi ❷ (*Ereignis*) olmak, vuku bulmak, vukua gelmek ❸ (*Mitglied werden*) üye olmak (**in** -e) ❹ (*sich einsetzen*) arka çıkmak (**für** -e) **II.** *vt* (*zertrümmern*) tekmeleyerek kırmak

ein|trichtern *vt* (*fam*) **jdm etw ~** birine bir şeyi ezberletmek

Eintritt <-(e)s, -e> *m* ❶ (*in Zimmer*) girme ❷ (*in Armee*) alınma; (*in Verein*) üye olma ❸ (*Beginn*) başlama ❹ (*~sgebühr*) giriş; **~ frei!** giriş ücretsizdir [*o* serbesttir]! **Eintrittskarte** *f* giriş kartı, giriş bileti

ein|trudeln *vi sein* (*fam*) sallana sallana gelmek

ein|tunken *vt* DIAL batırmak (**in** -e)

ein|üben *vt* çalışarak öğrenmek; THEAT, MUS öğrenmek

ein|verleiben* ['aɪnfɛɐlaɪbən] *vr* ■ **sich** *dat* **~** ❶ (*Gebiet*) egemenliği altına almak, ilhak etmek ❷ (*Speisen*) yemek

Einvernehmen <-s> ['aɪnfɛɐne:mən] *nt kein pl* anlaşma, uyuşma; **im ~ mit jdm** biriyle anlaşarak

einverstanden ['aɪnfɛɐʃtandən] *adj* razı (**mit** -e), kabul eden (**mit** -); **~!** kabul!, olur!; **mit etw ~ sein** bir şeye razı olmak, bir şeyi kabul etmek

Einverständnis <-ses, -se> ['aɪnfɛɐʃtɛntnɪs] *nt* ❶ (*Billigung*) onama, tasvip, rıza; **in gegenseitigem ~** karşılıklı anlaşma ile ❷ (*Übereinstimmung*) uzlaşma

Einwand <-(e)s, -wände> ['aɪnvant, *pl* 'aɪnvɛndə] *m* (*Einwendung*) itiraz (**gegen** -e); (*Gegenargument*) iddia, sav (**gegen** karşı); **Einwände gegen etw erheben** bir şeye karşı iddia ileri sürmek, bir şeye itiraz etmek

Einwanderer, -wanderin <-s, -; -nen> *m, f* göçmen

ein|wandern *vi sein* göç etmek

Einwanderung <-en> *f* göç **Einwanderungsgesetz** *nt* göç yasası

einwandfrei *adj* ❶ (*fehlerlos*) kusursuz, doğru, sahih ❷ (*tadellos*) doğru dürüst, eksiksiz, kusursuz ❸ (*eindeutig*) kesin

Einwandrerin <-nen> ['aɪnvandrərɪn] *f s.* **Einwanderer**

einwärts ['aɪnvɛrts] *adv* içe doğru, içeri(ye) doğru

Einwegflasche *f* depozitosuz şişe **Einwegkamera** *f* tek kullanımlık kamera

ein|weichen *vt* suya bastırmak, iyice ıslatmak

ein|weihen *vt* ❶ (*eröffnen*) (törenle) açmak ❷ (*fam: erstmalig benutzen*) ilk defa kullanmak; (*Kleid*) ilk defa giymek ❸ (*vertraut machen*) öğretmek (**in** -), göstermek (**in** -); (*in Pläne*) anlatmak (**in** -); **sie ist eingeweiht** haberi var

Einweihung <-en> *f* ❶ (*Eröffnung*) açım, açılış; (*~sfeier*) açılış töreni ❷ (*in Geheimnis*) öğrenme

Einweihungsfeier *f* açılış töreni

ein|weisen *irr vt* ❶ (*in amtlicher Funktion*) atamak; (*in Tätigkeit*) göstermek (**in** -); (*anweisen*) talimat vermek (-e) ❷ (*Fahrzeug*) göndermek (**in** -e) ❸ (*ins Krankenhaus*) kaldırmak, yatırmak, sevk etmek; (*ins Erziehungsheim*) göndermek, sevk etmek

ein|wenden *irr vt* itiraz etmek (**gegen** -e); (*entgegenhalten*) karşı çıkmak (**gegen** -e); **dagegen ist nichts ~** buna bir şey denilemez

ein|werfen *irr* **I.** *vt* ❶ (*Brief*) postalamak, postaya vermek; (*Geld*) atmak (**in** -e) ❷ (*Scheibe*) (taş) atarak kırmak ❸ (*fig: Bemerkung*) ortaya atmak **II.** *vi* ❶ SPORT (*Fußball*) taç atışı yapmak ❷ (*in ein Gespräch*) söze karışmak

ein|wickeln *vt* ❶ (*einpacken*) sarmak (**in** -e) ❷ (*fam: überreden*) kandırmak

ein|willigen ['aɪnvɪlɪgən] *vi* razı olmak (**in** -e)

Einwilligung <-en> *f* rıza (**in** -e)

ein|wirken *vi* etkilemek (**auf** -); (*beeinflussen*) nüfuz etmek (**auf** -e)

Einwirkung <-en> *f* etkileme, nüfuz (**auf** -e)

Einwohner(in) <-s, -; -nen> *m(f)* sakin, (bir yerde) oturan, nüfus **Einwohnermeldeamt** ['---'---] *nt* nüfus memurluğu **Einwohnerzahl** *f* nüfus

Einwurf <-(e)s, -würfe> *m* ❶ (*das Hineinwerfen*) içeri atma ❷ (*fig: Einwand*) itiraz; (*Bemerkung*) ara söz ❸ (*für Münzen*) delik ❹ SPORT atış; (*Fußball*) taç atışı

Einzahl <-en> *f* LING tekil

ein|zahlen *vt* ödemek (**auf** -e); (*überweisen*) yatırmak (**auf** -e); **Geld aufs Konto ~** hesaba para yatırmak

Einzahlung <-en> *f* ödeme (**auf** -e); (*Überweisung*) yatırma (**auf** -e)

ein|zäunen ['aɪntsɔɪnən] *vt* çitlemek, çitle çevirmek

E

Einzel <-s, -> ['aɪntsəl] *nt* SPORT tek **Einzelfahrschein** *m* gidiş bileti **Einzelfall** <-(e)s, -fälle> *m* ❶ (*konkreter Fall*) somut olay ❷ (*Ausnahme*) özel durum
Einzelgänger(in) <-s, -; -nen> ['aɪntsəlgɛŋɐ] *m(f)* tek başına yaşayan kimse
Einzelhaft *f* hücre hapsi **Einzelhandel** *m kein pl* perakende
Einzelhändler(in) *m(f)* perakendeci
Einzelheit <-en> *f* ❶ (*einzelnes Teil*) tek parça ❷ (*Detail*) ayrıntı, detay; **in allen ~en** ayrıntılara inerek
Einzelkind *nt* tek çocuk
Einzeller <-s> *m* BIOL tek gözeli
einzeln ['aɪntsəln] *adv* teker teker; (*getrennt*) ayrı ayrı; **~ aufführen** teker teker göstermek; **etw im E~en besprechen** bir şeyi ayrıca görüşmek
einzelne(r, s) *adj* ❶ (*allein*) tek, bir; **jeder/jede E~** her biri; **jede ~ Schülerin** her bir öğrenci ❷ (*verschieden*) tek tük; **die ~n Teile** tek tük parçalar ❸ (*speziell*) özel ❹ (*separat*) ayrı ❺ *pl* (*einige*) bazıları, bazısı, kimisi
Einzelperson *f* tek kişi **Einzelstück** *nt* tek parça **Einzelteil** <-(e)s, -e> *nt* tek parça; (*Bestandteil*) parça; **etw in seine ~e zerlegen** bir şeyi parçalara ayırmak **Einzelzimmer** *nt* tek kişilik oda
ein|ziehen *irr* **I.** *vi sein* ❶ (*beziehen*) taşınmak (**in** -e) ❷ (*Einzug halten*) girmek (**in** -e); **ins Parlament ~** parlamentoya girmek ❸ (*Creme*) işlemek (**in** -e); (*Flüssigkeit*) işlemek (**in** -e) **II.** *vt* ❶ (*Faden, Gummiband*) geçirmek ❷ (*Segel, Flagge*) indirmek; (*Fahrgestell*) toplamak; (*Kopf*) çekmek; (*Bauch*) içine çekmek; (*Fühler, Krallen*) geri çekmek; (*Papier*) çekmek; **den Schwanz ~** (*a. fig*) kuyruğunu apış arasına almak ❸ (*Geld, Schulden*) tahsil etmek; (*Steuern*) kesmek ❹ (*beschlagnahmen*) el koymak (-e), müsadere etmek; (*Führerschein*) geri almak; (*Geld*) müsadere etmek ❺ (*Wand, Decke, Balken*) çekmek ❻ (*Rekruten*) celp etmek, silah altına almak ❼ (*Erkundigungen*) toplamak
einzig ['aɪntsɪç] *adj* tek, biricik; **~ und allein** tek, sadece, başlı başına; **ein ~es Mal** tek bir kere
einzigartig *adj* eşsiz, emsalsiz, eşi benzeri olmayan, ünik, tek
Einzigartigkeit *f kein pl* eşsizlik, emsalsizlik, teklik, tek olma
Einzug <-(e)s, -züge> *m* ❶ tahsil; (*von Steuern*) kesme, alma ❷ (*das Hineingehen*) girme (**in** -e); (*ins Parlament*) girme (**in** -e); **beim ~ in die neue Wohnung** yeni eve taşınırken ❸ (*Papier*) çekme
ein|zwängen ['aɪntsvɛŋən] **I.** *vt* tıkmak **II.** *vr* ■ **sich ~** zar zor girmek, zorla girmek
Eis <-es> [aɪs] *nt kein pl* ❶ (*gefrorenes Wasser*) buz; **etw auf ~ legen** (*fig fam*) bir şeyi dondurmak, bir şeyi rafa kaldırmak; **das ~ ist gebrochen** (*fig*) buzlar çözüldü ❷ (*Speise~*) dondurma; **ein ~ am Stiel** çubuklu dondurma **Eisbahn** *f* buz pisti **Eisbank** *f* GEO buzla, bankiz **Eisbär** <-en, -en> *m* kutup ayısı **Eisbecher** *m* ❶ (*kelchartiges Gefäß*) dondurma kupası ❷ (*Portion Speiseeis*) kupada dondurma **Eisbein** *nt* GASTR domuz paça **Eisberg** *m* GEO aysberg, buz dağı **Eisbeutel** *m* MED buz torbası **Eisbrecher** *m* buzkıran **Eiscafé** *nt* dondurmacı
Eischnee *m* GASTR çırpılmış yumurta akı
Eiscreme *f* dondurma **Eisdiele** *f* dondurmacı
Eisen <-s, -> ['aɪzən] *nt* demir; **zwei ~ im Feuer haben** (*fam o fig*) elinde iki imkân bulunmak; **zum alten ~ gehören** (*fig fam*) emektar [*o* demirbaş] olmak; **ein heißes ~ anfassen** (*fig*) nazik bir meseleye el atmak; **man muss das ~ schmieden, solange es heiß ist** (*prov*) demir tavında dövülür
Eisenbahn <-en> *f* demir yolu, demir yolları, tren; **es ist höchste ~** (*fig*) vakit çoktan geldi
Eisenbahner(in) <-s, -; -nen> *m(f)* demir yolcu **Eisenbahnfahrkarte** *f* tren bileti **Eisenbahnnetz** *nt* demir yolu şebekesi **Eisenbahnschaffner(in)** *m(f)* kondüktör **Eisenbahnschranke** *f* hemzemin geçit bariyeri **Eisenbahnstation** *f* tren istasyonu **Eisenbahnwagen** *m* vagon **Eisenblech** *nt* demir sac
eisenhaltig ['aɪzənhaltɪç] *adj* (*Flüssigkeit*) demirli; (*Feststoff*) demirli **Eisenindustrie** *f* demir sanayii **Eisenmangel** <-s> *m kein pl* MED demirsizlik **Eisenschlacke** *f* demir boku **Eisenschwelle** *f* EISENB demir tabanlık **Eisenspan** *m* demir yongası **Eisenstange** *f* demir çubuk **Eisenträger** <-s, -> *m* demir kiriş
Eisenwaren *pl* hırdavat *pl* **Eisenwarenhandlung** *f* hırdavatçı
eisern ['aɪzɐn] *adj* ❶ (*aus Eisen*) demir; **E~er Vorhang** HIST, POL Demir Perde ❷ (*fig: hart*) sert; (*streng*) sıkı; **~e Disziplin** sert disiplin; **~es Training** sıkı antreman; **~e Reserve** kilit rezerv
Eisfach *nt* buzluk **Eisfeld** *nt* GEO buzla, bankiz
Eisfläche *f* buz alanı **eisgekühlt** *adj*

buzlu **Eisheiligen** *pl* **die** (**drei**) ~ kocakarı soğuğu (*mayısın ortasında don olan üç günün adı*) **Eishockey** ['aɪshɔki] *nt* SPORT buz hokeyi

eisig ['aɪzɪç] *adj* (*Wasser*) buz gibi; (*a. fig: Kälte*) buz gibi **eiskalt** ['-'-] **I.** *adj* (*a. fig*) buz gibi **II.** *adv* hiç acımadan, gözünün yaşına bakmadan; **jdm ~ die Meinung sagen** (*fam*) birine hiç çekinmeden fikrini söylemek; **mir lief es ~ über den Rücken** (*fam*) tüylerim diken diken oldu

Eiskonditor(in) *m(f)* dondurmacı

Eiskunstlauf <-(e)s> *m kein pl* SPORT artistik patinaj

eis|laufen *irr vi sein* buz pateni yapmak

Eisläufer(in) <-s, -; -nen> *m(f)* patenci **Eispickel** *m* buz kazması

Eisprung *m* ZOOL, MED yumurta bırakımı; (*Ovulation*) ovulasyon

Eisscholle <-n> *f* buz kütlesi **Eisschrank** *m* buzdolabı **Eistorte** *f* dondurmalı pasta **Eisvogel** *m* ZOOL yalıçapkını, emircik, iskele kuşu **Eiszeit** *f* buzul çağı

eitel ['aɪtəl] *adj* ❶ (*pej: selbstgefällig*) kendini beğenmiş, benci, hodpesent ❷ (*rein*) saf, som, katıksız, katışıksız

Eiter <-s> ['aɪtɐ] *m kein pl* irin, cerahat; **~ bilden** irin [*o* cerahat] toplamak

Eiterbeule *f* çıban

eiterig ['aɪt(ə)rɪç] *adj* irinli, cerahatli

eitern ['aɪtɐn] *vi* irinlenmek, irin toplamak, cerahatlenmek

Eiterung <-en> *f* irinlenme, irin toplama, cerahatlenme

eitrig *adj* irinli, cerahatli

Eiweiß <-es, -e *bei Zahlenangabe* -> *nt* ❶ (*vom Ei*) yumurta akı; **das ~ schlagen** yumurtanın akını dövmek ❷ CHEM protein ❸ BIOL protein; (*Hühner~*) albümin

eiweißhaltig *adj* proteinli; **~e Nahrung** proteinli besin **eiweißreich** *adj* proteini yüksek

Eizelle *f* yumurta hücresi

Ejakulation <-en> [ejakula'tsjo:n] *f* belin gelmesi, boşalma

ejakulieren* [ejaku'li:rən] *vi* beli gelmek, boşalmak

Ejektor <-en> *m* TECH ejektör, fışkırtıcı

Ekel[1] <-s> ['e:kəl] *m kein pl* iğrenme (**vor** -den); (*Widerwille*) tiksinme (**vor** -den); **~ erregen** tiksindirmek, iğrendirmek; **~ erregend** tiksindirici, iğrenç

Ekel[2] <-s, -> *nt* (*fam: Person*) illet

ekelerregend *adj s.* **Ekel**[1]

ekelhaft *adj*, **ekelig** ['e:k(ə)lɪç] *adj* iğrenç, tiksindirici, tiksindiren

ekeln **I.** *vr* ■**sich ~** tiksinmek (**vor** -den); **er ekelt sich vor Ratten** fareden tiksinir **II.** *vt unpers* **es ekelt mich davor** ondan iğreniyorum

EKG <-s, -s> [e:ka:'ge:] *nt* MED *Abk von* **Elektrokardiogramm** elektrokardiyogram

eklatant *adj* aşikâr, apaçık

eklig *adj s.* **ekelig**

Eklipse <-n> [ɛk'lɪpsə, e'klɪpsə] *f* ASTRON tutulma

Ekstase <-n> [ɛk'sta:zə] *f* esrime, vect; (*übermäßige Begeisterung*) cezbe; **in ~ geraten** cezbeye tutulmak [*o* kapılmak], kendinden geçmek, vecde kapılmak

ekstatisch *adj* cezbeli

Ekzem <-s, -e> [ɛk'tse:m] *nt* MED egzama, mayasıl

ekzematös *adj* MED egzamalı

Elan <-s> [e'la:n] *m kein pl* (*geh*) şevk, heves

elastisch [e'lastɪʃ] *adj* elastik, elastiki, esnek

Elastizität [elastitsi'tɛ:t] *f kein pl* elastikiyet, esneklik

Elch <-(e)s, -e> [ɛlç] *m* ZOOL sığın

Elefant <-en, -en> [ele'fant] *m* fil

elegant [ele'gant] *adj* zarif, şık

Eleganz *f kein pl* zarafet, zariflik, şıklık

Elegie *f* LIT ağıt

Elektrifikation *f kein pl* elektrifikasyon

elektrifizieren* [elɛktrifi'tsi:rən] *vt* elektriklendirmek

Elektrik <-en> [e'lɛktrɪk] *f* elektrik

Elektriker(in) <-s, -; -nen> [e'lɛktrikɐ] *m(f)* elektrikçi

elektrisch [e'lɛktrɪʃ] *adj* elektrikli; **~ geladen** elektrik yüklü; **~er Strom** elektrik akımı

elektrisieren* [elɛktri'zi:rən] *vt* elektriklemek; (*a. fig*) elektriklendirmek

Elektrizität [elɛktritsi'tɛ:t] *f kein pl* elektrik **Elektrizitätserzeugung** *f* elektrik üretimi **Elektrizitätswerk** *nt* elektrik santralı, elektrik fabrikası

Elektroauto *nt* elektromobil

Elektrode <-n> [elɛk'tro:də] *f* elektrot

Elektrogerät <-(e)s, -e> *nt* elektrikli alet; (*Haushaltsgerät*) beyaz eşya **Elektrogitarre** *f* MUS elektogitar **Elektroherd** *m* elektrik ocağı **Elektroingenieur(in)** *m(f)* elektrik mühendisi **Elektroinstallateur(in)** *m(f)* elektrik tesisatçısı **Elektrokardiogramm** <-s, -e> [------'-] *nt* MED elektrokardiyogram **Elektrolok** [e'lɛktrolɔk] *f* EISENB elektrikli lokomotif

Elektrolyse <-n> *f* PHYS, CHEM elektroliz

Elektrolyt <-en, -e> *m* PHYS, CHEM elektrolit

Elektromagnet [-'----] *m* elektromıknatıs

elektromagnetisch ['-–'--] *adj* elektromanyetik **Elektromotor** ['-'---] *m* TECH elektrik motoru

Elektron <-s, -en> ['e:lɛktrɔn, elɛk'tro:n] *nt* PHYS elektron **Elektronenmikroskop** *nt* elektron mikroskobu **Elektronenvervielfacher** *m* TECH elektron çoğaltıcı

Elektronik [elɛk'tro:nɪk] *f kein pl* elektronik

elektronisch [elɛk'tro:nɪʃ] *adj* elektronik; **~e Musik** elektronik müzik

Elektrorasierer *m* elektrikli tıraş makinesi **Elektroschock** *m* MED elektroşok **Elektroschweißung** *f* TECH elektrik kaynağı **Elektrotechnik** *f kein pl* elektroteknik **Elektrotechniker(in)** *m(f)* elektrik teknisyeni

Element <-(e)s, -e> [ele'mɛnt] *nt* ❶ eleman, öge ❷ CHEM (*Grundstoff*) element; **radioaktives ~** radyoaktif element ❸ MATH eleman; **die ~e einer Menge** bir kümenin elemanları ❹ (*pej*) unsur

elementar [elemɛn'ta:ɐ] *adj* ilkel; (*grundlegend*) temel

Elementarteilchen *nt* temel parçacık

elend *adj* ❶ (*armselig*) sefil, yoksul, düşkün ❷ (*pej: gemein*) sefil, alçak ❸ (*krank*) hasta

Elend <-(e)s> ['e:lɛnt] *nt kein pl* sefalet, sefillik, yoksulluk, düşkünlük; **das heulende ~ haben** (*fam*) sefilleri oynamak

Elendsviertel *nt* kenar mahalle

Elephantiasis *f* MED fil hastalığı

elf [ɛlf] *adj inv* on bir; *s. a.* **acht**[1]

Elf <-en> *f* (*Zahl*) on bir; (*Fußballmannschaft*) takım

Elfe <-n> ['ɛlfə] *f* peri, cin

Elfenbein <-(e)s> ['ɛlfənbaɪn] *nt kein pl* fildişi; **wie ~** fildişi gibi **elfenbeinfarben** *adj* fildişi rengi

Elfmeter <-s, -> [ɛlf'me:tɐ] *m* SPORT penaltı **Elfmeterschießen** <-s> *nt kein pl* SPORT penaltı atışı

elfte(r, s) *adj* on birinci; *s. a.* **achte(r, s)**

Elias *m* REL **der Prophet ~** İlyas peygamber

eliminieren* [elimi'ni:rən] *vt* elemek

elitär [eli'tɛ:ɐ] *adj* elit, seçkin

Elite <-n> [e'li:tə] *f* elit, seçkinler *pl*

Elixier <-s, -e> [elɪ'ksi:ɐ] *nt* iksir

Ellbogen <-s, -> ['ɛl-] *m* dirsek; **die ~ aufstützen** dirseklerini dayamak

Elle <-n> ['ɛlə] *f* ❶ ANAT dirsek kemiği; **~ und Speiche** dirsek kemiği ve ön kol kemiği ❷ (*Maß*) arşın, endaze

Ellenbogen <-s, -> ['ɛlən-] *m s.* **Ellbogen**

ellenlang *adj* (*fam*) arşınlık

Ellipse <-n> [ɛ'lɪpsə] *f* ❶ MATH elips ❷ LING eksilti

elliptisch [ɛ'lɪptɪʃ] *adj* ❶ MATH eliptik ❷ LING eksiltili

E-Lok <-s> ['e:lɔk] *f* EISENB *Abk von* **elektrische Lokomotive** elektrikli lokomotif

El Salvador <-s> [ɛl zalva'do:ɐ] *nt* El Salvador

ElsassRR <-(es)> ['ɛlzas] *nt,* **Elsaß**ALT <-(sses)> *nt* Elsas, Alsas

Elsässer(in) <-s, -; -nen> ['ɛlzɛsɐ] *m(f)* Elsaslı, Alsaslı

elsässisch ['ɛlzɛsɪʃ] *adj* Elsaslı, Alsaslı, Elsas (ile ilgili)

Elsass-LothringenRR <-s> ['ɛlzas 'lo:trɪŋən] *nt* Elsas-Lotringen, Alsas-Loren

Elster <-n> ['ɛlstɐ] *f* ZOOL saksağan

elterlich ['ɛltɐlɪç] *adj* **~e Sorge** velâyet

Eltern ['ɛltɐn] *pl* anne (ve) baba, ana (ve) baba, ebeveyn **Elternabend** *m* SCHULE veliler toplantısı **Elterngeld** *nt* ebeveyn parası **Elternhaus** *nt* aile ocağı, baba evi

Email <-s, -s> [e'maɪ] *nt* emay; (*Emaille*) emaye

E-Mail <-s> ['i:mɛɪl] *f* INFORM e-posta, elektronik posta; **~-Adresse** e-posta adresi; **eine Nachricht per ~ verschicken** [*o* **übermitteln**] e-posta yoluyla mesaj göndermek

Emaille <-n> [e'maljə, e'maɪ] *f s.* **Email**

emaillieren *vt* emaylamak

Embargo <-s, -s> [ɛm'bargo] *nt* ambargo; **ein ~ verhängen** ambargo koymak; **das ~ aufheben** ambargoyu kaldırmak

Emblem <-s, -e *o* Emblemata> [ɛm'ble:m] *nt* amblem, belirtke

Embolie <-n> [ɛmbo'li:] *f* MED amboli

Embryo <-s, -nen *o* -s> ['ɛmbryo] *m* ❶ MED embriyon; (*Fetus*) dölüt ❷ BIOL embriyon, oğulcuk

embryonal *adj* MED, BIOL embriyon (ile ilgili); **~es Leben** embriyon yaşantısı

Embryonen *pl von* **Embryo**

Emigrant(in) <-en, -en; -nen> [emi'grant] *m(f)* göçmen

Emigration <-en> [emigra'tsjo:n] *f* göç

emigrieren* *vi sein* göç etmek

Emirat <-(e)s, -e> [emi'ra:t] *nt* emirlik; **Vereinigte Arabische ~e** Birleşik Arap Emirlikleri

Emission <-en> [emɪ'sjo:n] *f* FIN, PHYS emisyon

e-Moll <-> *nt kein pl* MUS mi minör

Emotion <-en> [emo'tsjo:n] *f* duygu

emotional [emotsjo'na:l] *adj* duygusal, hissî

empfahl [ɛm'pfa:l] *3. imp von* **empfehlen**

empfand [ɛm'pfant] *3. imp von* **empfin-**

den

Empfang <-(e)s, -fänge> [ɛm'pfaŋ, *pl* ɛm'pfɛŋə] *m* ❶ (*im Hotel*) resepsiyon ❷ TECH, RADIO, TV alma ❸ (*von Waren*) **etw in ~ nehmen** bir şeyi teslim almak, bir şeyi kabul etmek; **den ~ bestätigen** teslim alındığını teyit etmek ❹ (*Feier*) kabul töreni, davet, resepsiyon ❺ (*Begrüßung*) karşılama; (*Aufnahme*) kabul

empfangen <empfängt, empfing, empfangen> *vt* ❶ (*Waren*) teslim almak; *a.* RADIO, TV almak ❷ (*Gast*) karşılamak; (*aufnehmen*) kabul etmek

Empfänger(in)[1] <-s, -; -nen> [ɛm'pfɛŋɐ] *m(f)* alıcı; (*von Post*) alıcı; (*von Waren*) gönderilen

Empfänger[2] <-s, -> *m* RADIO, TV alıcı

empfänglich *adj* açık (**für** -e), yatkın (**für** -e)

Empfängnis *f kein pl* gebe kalma **Empfängnisverhütung** *f* gebeliği önleme

Empfangsbescheinigung *f* makbuz, alındı **Empfangschef(in)** *m(f)* resepsiyon şefi **Empfangsdame** <-n> *f* resepsiyonist **Empfangsraum** *m*, **Empfangszimmer** *nt* kabul odası, arz odası

empfängt [ɛm'pfɛŋt] *3. präs von* **empfangen**

empfehlen <empfiehlt, empfahl, empfohlen> [ɛm'pfe:lən] **I.** *vt* (*raten*) tavsiye etmek **II.** *vr* ■ **sich ~** ❶ (*geh: sich verabschieden*) veda edip ayrılmak, esenlik dileyerek ayrılmak ❷ (*geeignet sein*) uygun olmak (**als/für** olarak/için); **es empfiehlt sich, das zu tun** bunu yapmak uygun olur **empfehlenswert** *adj* tavsiye olunur

Empfehlung <-en> *f* ❶ (*Fürsprache*) tavsiye; **auf ~ von jdm** birinin tavsiyesi üzerine ❷ (*geh: Gruß*) selam; **eine ~ an Ihren Vater!** babanıza selamlar! **Empfehlungsschreiben** *nt* tavsiye mektubu, referans

empfiehlt [ɛm'pfi:lt] *3. präs von* **empfehlen**

empfinden <empfindet, empfand, empfunden> [ɛm'pfɪndən] *vt* (*fühlen*) duymak, hissetmek; **das empfinde ich nicht so** ben bunu böyle görmüyorum

empfindlich [ɛm'pfɪntlɪç] *adj* ❶ (*Person*) duyarlı (**gegen** karşı); (*krankheitsanfällig*) çabuk hastalanan; (*zerbrechlich*) çıtkırıldım; (*Gerät, Haut*) hassas; **sie hat eine (sehr) ~e Haut** (çok) hassas bir cildi var ❷ (*reizbar*) alıngan, hassas; **sei nicht so ~!** o kadar alıngan olma! ❸ (*Kälte, Verlust*) acı

Empfindlichkeit *f kein pl* ❶ (*Feinfühligkeit*) duyarlılık ❷ (*Reizbarkeit*) alınganlık ❸ (*Anfälligkeit*) hassasiyet (**gegen** -e)

empfindsam [ɛm'pfɪntza:m] *adj* duyarlı, duyarlıklı

Empfindung <-en> *f* ❶ (*Wahrnehmung*) duyum ❷ (*Gefühl*) duygu

empfing [ɛm'pfɪŋ] *3. imp von* **empfangen**

empfohlen [ɛm'pfo:lən] *pp von* **empfehlen**

empfunden [ɛm'pfʊndən] *pp von* **empfinden**

empor [ɛm'po:ɐ] *adv* (*geh*) yukarı(ya)

empor|arbeiten *vr* ■ **sich ~** (*geh*) çalışarak mesleğinde yükselmek (**zu** -e)

Empore <-n> [ɛm'po:rə] *f* (*in Kirchen*) galeri

empören* [ɛm'pø:rən] **I.** *vt* sinirlendirmek, kızdırmak; **ich bin empört** çok kızdım **II.** *vr* ■ **sich ~** ❶ (*sich aufregen*) sinirlenmek (**über** -e); (*wütend werden*) kızmak (**über** -e), öfkelenmek (**über** -e) ❷ (*sich auflehnen*) karşı gelmek (**gegen** -e); (*rebellieren*) isyan etmek (**gegen** -e)

empörend *adj* çirkin; (*skandalös*) yüz kızartıcı, utanç verici, rezilce; (*unerhört*) görülmemiş; **ein ~es Benehmen** çirkin bir davranış

Emporkömmling <-s, -e> [ɛm'po:ɐkœmlɪŋ] *m* (*pej*) zıpçıktı, türedi, sonradan görme, buldumcuk

empor|ragen *vi* (*geh*) **die Bäume ragen zum Himmel empor** ağaçlar göklere çıkıyor **empor|steigen** *irr* **I.** *vi sein* (*Rauch*) yükselmek **II.** *vt sein* (*Stufen*) tırmanmak

empört [ɛm'pø:rt] *adj* kızgın, öfkeli

Empörung[1] [ɛm'pø:rʊŋ] *f kein pl* (*Entrüstung*) kızma (**über jdn** birine, **über etw** bir şeye)

Empörung[2] <-en> *f* (*Aufstand*) isyan (**gegen** -e)

emsig ['ɛmzɪç] *adj* (*tätig*) aktif, faal; (*fleißig*) gayretli, çalışkan; (*unermüdlich*) yorulmak bilmez

Emu <-s, -s> ['e:mu] *m* ZOOL emu

Endabrechnung *f* FIN (*endgültige Abrechnung*) kesin hesap; (*Schlussabrechnung*) son hesap

Ende[1] ['ɛndə] *nt kein pl* ❶ (*Endpunkt*) son; (*Abschluss*) son; (*Film, Buch*) son; **bis ans ~ der Welt** dünyanın sonuna kadar ❷ (*zeitlich*) son; **~ des Jahres** yıl(ın) sonu; **~ Mai** mayıs sonu ❸ **zu ~** bitti; **zu ~ gehen** sona ermek, bitmek; **der Film ist zu ~** film bitti; **ein Buch zu ~ lesen** kitabı sonuna kadar okumak, kitabı okuyup bitirmek; **er ist ~ vierzig** ellisine merdiven dayadı; **am ~ sein** (*fam*) bitik olmak; **letzten ~s** sonuç olarak, üst tarafı, netice itibarıyla; **bis zum bitteren ~** en sonuna kadar; **ein gutes/böses ~ nehmen** sonu iyi/kötü bitmek; **am ~ seiner Kräfte sein** gücü kalmamak; **etw** *dat* **ein ~ machen** (*geh*) bir şeye son vermek; **kein ~ finden** sonu gelmemek; **kein ~ absehen** sonu görünmemek; **seinem ~ zugehen** sonu görünmek; **das dicke ~ kommt noch** (*fam*) bunun altından çapanoğlu çıkar

Ende² <-s, -n> *nt* (*Endstück*) uç; (*Geweihspitze*) uç; **am vorderen/hinteren ~ der Reihe** sıranın [*o* dizinin] ön/arka ucunda; **am anderen ~ der Stadt** şehrin öteki ucunda

Endeffekt *m* sonuç, netice; **im ~** sonuç olarak, netice itibarıyla, nitekim, üst tarafı

enden ['ɛndən] *vi* sona ermek, son bulmak; (*Frist*) bitmek; **nicht ~ wollender Beifall** bitmek bilmeyen alkış; **wie wird das mit ihm ~?** bu gidişle sonu ne olacak?; **am Galgen ~** darağacını boylamak

Endergebnis *nt* sonuç **endgültig** *adj* kesin **Endhaltestelle** *f* son durak

Endivie <-n> [ɛn'di:viə] *f* BOT hindiba

Endkampf *m* SPORT final

endlich ['ɛntlɪç] **I.** *adj* ① (*begrenzt*) sınırlı ② MATH sonlu; **eine ~e Größe/Zahl** sonlu bir büyüklük/sayı **II.** *adv* en sonunda; (*schließlich*) nihayet; **hör ~ damit auf!** bırak artık şunu!

endlos *adj* sonsuz, sonu gelmez; (*unbegrenzt*) sınırsız, bitmez tükenmez, uçsuz bucaksız

Endlosigkeit *f kein pl* (*räumlich*) sonsuzluk; (*zeitlich*) sonsuzluk, ebediyet

Endogamie *f* SOZIOL endogami, iç evlilik

Endoskop <-s, -e> *nt* MED endoskop

Endoskopie <-, -n> *f* MED endoskopi

endotherm *adj* PHYS, CHEM endotermik

Endphase *f* son aşama **Endprodukt** *nt* nihai ürün **Endrunde** *f* SPORT son raunt **Endsilbe** *f* LING son ek **Endspiel** *nt* SPORT final **Endspurt** <-(e)s, -s *o* -e> *m* SPORT finişe kalkma; **zum ~ ansetzen** finişe kalkmak **Endstadium** *nt* son aşama **Endstation** *f* son durak

Endung <-en> *f* LING takı, ek

Endurteil *nt* JUR nihai karar **Endziffer** *f* son rakam

Energie <-n> [enɛr'gi:] *f* enerji; **alternative ~n** alternatif enerjiler; **erneuerbare ~n** yenilenebilir enerjiler; **~ sparen** enerjiden tasarruf etmek **Energiebedarf** *m* enerji ihtiyacı **Energiegewinnung** <-en> *f* enerji kazanma **Energiekrise** *f* WIRTSCH enerji krizi **Energiequelle** *f* enerji kaynağı **Energiesparen** <-s> *nt kein pl* enerji tasarrufu **Energieverbrauch** *m* enerji tüketimi **Energievorkommen** *nt* enerji kaynakları *pl* **Energievorräte** *pl* enerji stokları *pl;* **nicht erneuerbare ~** yenilenemez enerjiler

energisch [e'nɛrgɪʃ] *adj* enerjik; (*entschlossen*) kararlı, azimli

eng [ɛŋ] **I.** *adj* ① (*Straße*) dar ② (*Kleidung*) dar; **~ anliegend** (*Kleid*) dar gelmek; **sich** *dat* **ein Kleid ~er machen** giysisini darlaştırmak ③ (*dicht*) sıkışık; (*gedrängt*) dirsek dirseğe ④ (*eingeschränkt*) kısıtlı; (*begrenzt*) sınırlı; **im ~eren Sinne** dar anlamda; **in die ~ere Wahl kommen** son adaylar arasına girmek ⑤ (*Beziehung*) sıkı fıkı; (*nah*) yakın; **~ befreundet sein** yakın dost olmak, sıkı fıkı olmak **II.** *adv* **die Hose sitzt sehr ~** pantolon çok dar geliyor; **sie sitzen ~ beieinander** dirsek dirseğe oturuyorlar; **sieh das doch nicht so ~** (*fam*) bunu hoşgörüyle karşılaman gerekir

Engagement¹ [ãgaʒə'mã:] *nt kein pl* angajman; (*Begeisterung*) tutku

Engagement² <-s, -s> *nt* THEAT angajman

engagieren* [ãga'ʒi:rən] **I.** *vt* (*Künstler*) angaje etmek; (*Privatlehrer*) tutmak **II.** *vr* ■ **sich ~** angaje olmak (**in** -de); (*sich einsetzen*) angaje olmak (**für** -e); **sich politisch ~** siyasetle uğraşmak

engagiert *adj* angaje

enganliegend ['ɛŋʔanli:gənt] *adj s.* **eng I.2.**

Enge ['ɛŋə] *f kein pl* (*räumlich*) darlık; **jdn in die ~ treiben** birini kapana sıkıştırmak

Engel <-s, -> ['ɛŋəl] *m* melek **Engelfisch** *m,* **Engelhai** *m* ZOOL keler balığı

England <-s> ['ɛŋlant] *nt* İngiltere

Engländer(in) <-s, -; -nen> ['ɛŋlɛndɐ] *m(f)* İngiliz

englisch ['ɛŋlɪʃ] *adj* İngiliz

engmaschig *adj* dar örgülü

Engpass[RR] *m,* **Engpaß**[ALT] *m* ① (*Stelle*) dar boğaz, kısık ② (*in Versorgung*) dar boğaz

en gros *adv* toptan

Engroshandel <-s> *m kein pl* toptancılık

engstirnig *adj* (*pej*) dar kafalı, anlayışı kıt

Enkel(in) <-s, -; -nen> ['ɛŋkəl] *m(f)* torun **Enkelkind** *nt* torun

enorm [e'nɔrm] *adj* muazzam

entarten* [ɛnt'ʔartən] *vi sein* dejenere olmak, yozlaşmak

entbehren* [ɛnt'be:rən] **I.** *vt* ① (*geh: vermissen*) yoksun olmak (-den), yokluğunu çekmek (-in); **etw/jdn (nicht) ~ können** bir şeyin/kimsenin yokluğunu (çekememek) çekebilmek, bir şeysiz/kimsesiz (yapamamak) yapabilmek ② (*verzichten*) vazgeçmek (-den); **etw/jdn (nicht) ~ können** bir şeyden/kimseden (vazgeçememek) vazgeçebilmek, bir şeysiz/kimsesiz (yapamamak) yapabilmek **II.** *vi* (*geh: fehlen*) olmamak; **diese Behauptung entbehrt jeder Grundlage** bu iddia temelsizdir

entbehrlich [ɛntˈbeːɐlɪç] *adj* olmasa da olur; (*überflüssig*) lüzumsuz, gereksiz

Entbehrung <-en> *f* yoksunluk; **~en auf sich nehmen** yoksunluklara katlanmak

entbinden* *irr* **I.** *vi* (*gebären*) doğum yapmak, doğurmak **II.** *vt* ❶ (*von einer Pflicht*) kurtarmak (**von** -den) ❷ (*Frau*) doğurtmak

Entbindung <-en> *f* MED doğum, doğurtma **Entbindungsstation** *f* MED doğumhane

entblößen* [ɛntˈbløːsən] **I.** *vt* (*Körperteil*) açıp göstermek **II.** *vr* ■ **sich ~** (*sich ausziehen*) soyunmak

entbrannt *pp von* **entbrennen**

entbrennen* *irr vi sein* (*geh: Kampf, Streit*) çıkmak

entbunden *pp von* **entbinden**

entdecken* *vt* ❶ (*Unbekanntes*) keşfetmek ❷ (*finden*) bulmak

Entdecker(in) <-s, -; -nen> *m(f)* kâşif, bulucu

Entdeckung <-en> *f* keşif **Entdeckungsreise** *f* keşif gezisi

Ente <-n> [ˈɛntə] *f* ❶ ZOOL (*Anas*) ördek ❷ (*Zeitungs~*) asparagas, uydurma haber ❸ AUTO döşovo

entehren* [ɛntˈʔeːrən] *vt* namusunu lekelemek; (*herabwürdigen*) küçük düşürmek

enteignen* [ɛntˈʔaɪgnən] *vt* kamulaştırmak, istimlâk etmek

Enteignung <-en> *f* kamulaştırma, istimlâk

enterben* *vt* mirastan yoksun kılmak

Enterich <-s, -e> [ˈɛntərɪç] *m* suna

entern [ˈɛntɐn] **I.** *vi* NAUT (*klettern*) tırmanmak **II.** *vt* NAUT rampa ile ele geçirmek

Enter-Taste [ˈɛntɐtastə] *f* INFORM enter tuşu

entfachen* [ɛntˈfaxən] *vt* (*geh*) ❶ (*Feuer*) çıkarmak ❷ (*Leidenschaft, Hass*) uyandırmak; (*Streit*) çıkarmak

entfahren* *irr vi sein* (*Worte*) ağzından çıkmak

entfallen* *irr vi sein* ❶ (*wegfallen*) düşmek ❷ (*erhalten*) almak; (*zukommen*) çıkmak; **auf die Losnummer 113 ~ 100.000 Euro** 113 numaralı piyango biletine 100.000 euro çıktı ❸ (*vergessen*) aklından çıkmak

entfalten* **I.** *vt* ❶ (*Serviette*) açmak ❷ (*Plan*) açıklamak ❸ (*Talent*) geliştirmek, inkişaf ettirmek; (*beweisen*) ortaya koymak ❹ (*zeigen*) göstermek **II.** *vr* ■ **sich ~** ❶ (*Knospe, Fallschirm*) açılmak ❷ (*Fähigkeiten*) gelişmek, inkişaf etmek

Entfaltung <-en> *f* geliştirme; (*das Sichentfalten*) gelişme; **die freie ~ seiner Persönlichkeit** kişiliğini serbestçe geliştirme

entfärben* *vt* rengini çıkarmak (-in)

entfernen* [ɛntˈfɛrnən] **I.** *vt* ❶ uzaklaştırmak (**aus** -den) ❷ (*Schmutz*) çıkarmak (**aus** -den) ❸ MED almak ❹ **jdn aus einem Amt ~** birini görevden almak [*o* çıkarmak] **II.** *vr* ■ **sich ~** ❶ (*weggehen*) uzaklaşmak; (*verlassen*) ayrılmak; **die Schritte entfernten sich langsam** adımlar yavaş yavaş uzaklaştı ❷ (*vom Thema*) ayrılmak; (*abkommen*) dışına çıkmak

entfernt [ɛntˈfɛrnt] *adj* ❶ (*fern*) uzak; **300 Meter von hier ~** buradan 300 metre uzakta; **nicht im E~esten** hiç mi hiç ❷ (*weitläufig*) uzaktan; **er ist ~ mit mir verwandt** o benim uzaktan akrabam olur ❸ (*Ähnlichkeit*) uzaktan

Entfernung <-en> *f* ❶ (*das Entfernen*) uzaklaştırma ❷ (*Abstand*) uzaklık, mesafe; (*Ferne*) uzak; **aus der ~** uzaktan ❸ (*Wegnahme*) alma, alınma; (*aus dem Amt*) alma, alınma, çıkarma, çıkarılma

Entfernungsmesser *m* telemetre

entfesseln* *vt* ❶ (*lösen*) çözmek ❷ (*fig: zum Ausbruch bringen*) çıkarmak

entflammen* **I.** *vi sein* ❶ (*Streit*) patlak vermek ❷ (*sich begeistern*) yanıp tutuşmak (**für** için), alev almak **II.** *vt* (*Hass*) uyandırmak **III.** *vr* ■ **sich ~** (*Gas*) tutuşmak

entfliehen* *irr vi sein* kaçmak (**aus** -den); **entflohene Sträflinge** kaçmış olan hükümlüler

entflohen *pp von* **entfliehen**

entfremden* [ɛntˈfrɛmdən] **I.** *vt* ❶ (*Beziehung*) soğutmak; (*fremd machen*) yabancılaştırmak ❷ **etw seinem Zweck ~** bir şeyi amaç dışı kullanmak **II.** *vr* ■ **sich ~** yabancılaşmak

Entfremdung <-en> *f* ❶ soğukluk; **zwischen uns ist eine ~ eingetreten** aramıza soğukluk girdi ❷ PHILOS yabancılaşma

entfrosten* *vt* buzlarını çözmek (-in)

Entfroster *m* defroster, buzçözer

entführen* *vt* kaçırmak

Entführer(in) <-s, -; -nen> *m(f)* kaçıran (kimse)

Entführung <-en> *f* kaçırma

entgangen *pp von* **entgehen**

entgegen [ɛntˈgeːgən] **I.** *adv* ❶ (*Richtung*) doğru; **der Zukunft ~** geleceğe

E

doğru ❷ (*zuwider*) aykırı, karşı **II.** *präp* (*im Gegensatz*) tersine, aksine
entgegen|bringen *irr vt* (*Interesse*) göstermek **entgegen|fiebern** *vi* dört gözle beklemek, dört gözle bakmak **entgegen|gehen** *irr vi sein* (*einer Person*) karşılamaya gitmek; **er ging ihr entgegen** ona doğru yürüdü; **dem Ende ~** sona ermek; **der Krieg geht seinem Ende entgegen** savaş sona eriyor
entgegengesetzt *adj* ❶ (*Richtung*) ters; **in ~er Richtung** ters yönde; **am ~en Ende der Stadt** kentin öbür ucunda ❷ (*fig: Meinung*) karşı
entgegen|halten *irr vt* ❶ (*darbieten*) göstermek; (*entgegenstrecken*) uzatmak; **jdm die Hand ~** (*a. fig*) birine elini uzatmak ❷ (*fig: einwenden*) itiraz etmek (-e) **entgegen|kommen** *irr vi sein* ❶ (*sich nähern: Person*) yaklaşmak (-e); (*Fahrzeug*) karşıdan gelmek ❷ (*nachgeben*) ikram etmek ❸ (*entsprechen*) kolaylık göstermek
entgegenkommend *adj* ❶ ikramcı; (*gefällig*) iyiliksever, iyilikçi; (*zuvorkommend*) nazik ❷ (*aufmerksam*) nazik ❸ (*Fahrzeug*) karşıdan gelen
entgegen|nehmen *irr vt* kabul etmek; (*Waren*) teslim almak; (*Aufgabe*) almak **entgegen|sehen** *irr vi* (*erwarten*) beklemek **entgegen|setzen** *vt* karşı koymak (-e) **entgegen|stehen** *irr vi* ❶ (*hinderlich sein*) engel olmak ❷ (*im Gegensatz stehen*) aykırı düşmek (-e), aykırı olmak (-e); **dem steht nichts entgegen** buna denecek bir şey yok **entgegen|wirken** *vi* karşı çıkmak
entgegnen* [ɛnt'ge:gnən] *vt* yanıtlamak, cevap vermek (-e); (*schärfer*) karşılık vermek (-e)
entgehen* *irr vi sein* ❶ (*einer Strafe*) kurtulmak (-den) ❷ (*unbemerkt bleiben*) gözünden kaçmak; **ihm entgeht nichts** gözünden hiçbir şey kaçmaz ❸ (*versäumen*) **sich** *dat* **etw** (**nicht**) **~ lassen** bir şeyi kaçır(ma)mak
entgeistert [ɛnt'gaɪstɐt] *adj* şaşkın; **er starrte ihn ~ an** ona afal afal baktı
Entgelt <-(e)s, -e> [ɛnt'gɛlt] *nt* ❶ (*Gegenleistung*) karşılık, ivaz; **ohne/gegen ~** ivazsız/ivazlı, karşılıksız/karşılığı olan ❷ (*Entschädigung*) ödün ❸ (*Gebühr*) ücret
entgiften* *vt* zehirsizleştirmek; (*reinigen*) arıtmak, temizlemek
entgleisen* [ɛnt'glaɪzən] *vi sein* ❶ (*Zug*) ray(ın)dan çıkmak ❷ (*Mensch*) doğru yoldan ayrılmak
entgleiten* *irr vi sein* (*geh*) ❶ kaymak ❷ **jdm entgleitet die Kontrolle über etw** bir şeyin kontrolü birinin elinden çıkmak
entglitten *pp von* **entgleiten**
entgräten* *vt* kılçıklarını ayıklamak (-in)
enthaaren* [ɛnt'ha:rən] **I.** *vt* tüylerini almak (-in) **II.** *vr* ■ **sich ~** tüy dökmek
Enthaarung <-en> *f* tüy dökme **Enthaarungscreme** *f* tüy dökücü krem
enthalten* *irr* **I.** *vt* (*beinhalten*) içermek; (*einschließen*) dahil olmak; **Frühstück ist im Preis ~** kahvaltı fiyata dahildir **II.** *vr* ■ **sich ~** (*geh*) *a.* POL çekimser kalmak; (*verzichten*) çekinmek, kaçınmak; **sie enthielt sich** (**der Stimme**) çekimser kaldı
enthaltsam [ɛnt'haltza:m] *adj* perhizkâr; (*vom Alkohol*) alkolden uzak duran; (*sexuell*) uçkur perhizi yapan
Enthaltsamkeit *f kein pl* perhizkârlık; (*sexuell*) uçkur perhizi
Enthaltung <-en> *f* çekimserlik
enthärten* *vt* (*Wasser*) yumuşatmak
enthaupten* [ɛnt'haʊptən] *vt* kellesini uçurmak (-in)
entheben* *irr vi* (*geh*) **jdn seines Amtes ~** birini görevinden almak [*o* çıkarmak]
enthemmen* *vt* ❶ PSYCH kurtarmak (**von** -den) ❷ TECH açmak
enthoben *pp von* **entheben**
enthüllen* *vt* ❶ (*Denkmal*) örtüsünü kaldırmak (-in) ❷ (*geh: Geheimnis*) ifşa etmek, açığa vurmak; (*Skandal*) afişe etmek, açığa vurmak, ortaya çıkarmak
Enthüllung <-en> *f* (*fig: von Geheimnis*) ifşa, açığa vurma, açıklanma
Enthusiasmus <-> [ɛntuzi'asmʊs] *m kein pl* tutku
enthusiastisch *adj* tutkulu
Enthymem [ɛntʏ'me:m] *nt* PHILOS entimem
entjungfern* *vt* kızlığını bozmak (-in), bekâretini bozmak (-in)
entkalken* *vt* kireçsizleştirmek, kireçten arıtmak
Entkalkung <-en> *f* kireçsizleştirme
entkernen* *vt* (*Kirschen*) çekirdeklerini çıkarmak (-in); (*Wassermelone*) çekirdeklerini ayıklamak (-in)
entknoten* *vt* düğümünü çözmek (-in)
entkoffeiniert [ɛntkɔfei'ni:ɐt] *adj* kofeinsiz
entkommen* *irr vi sein* kaçıp kurtulmak (**aus** -den); (*fliehen*) kaçmak (**aus** -den); **jdm ~** birinin elinden kaçmak; **aus der Lage gab es kein E~** (o) durumdan kurtuluş yoktu

entkorken* *vt* mantarını çıkarmak (-in)

entkräften* [ɛntˈkrɛftən] *vt* ❶ *(Person)* kuvvetten düşürmek, gücünü azaltmak (-in); **völlig entkräftet sein** dermanı kesilmek ❷ *(Verdacht, Behauptung)* çürütmek

entladen* *irr* **I.** *vt* *(LKW, Schiff)* boşaltmak **II.** *vr* ■**sich ~** *(Batterie, Zorn)* deşarj olmak

entlang [ɛntˈlaŋ] **I.** *präp* boyunca; **~ des Weges** [*o* **dem Weg**] yol boyunca **II.** *präp* boyunca; **die Wand ~** duvar boyunca **III.** *adv* **einen Weg am Ufer ~ verfolgen** kıyıdaki yolu takip etmek, kıyıdaki yoldan gitmek; **hier ~** buradan **entlang|gehen** *irr* **I.** *vi sein* **an etw** *dat* **~** bir şey boyunca gitmek **II.** *vt sein* *(Straße)* geçmek (-den); *(folgen)* takip etmek

entlarven* [ɛntˈlarfən] *vt* maskesini kaldırmak (-in), ortaya çıkarmak

entlassen* *irr vt* ❶ *(kündigen)* işten çıkarmak, yol vermek (-e), çıkış vermek (-e); **er wurde fristlos ~** ihbarsız işten çıkarıldı ❷ *(aus Krankenhaus)* taburcu etmek; *(aus Gefängnis)* tahliye etmek, salıvermek, serbest bırakmak; *(aus Armee)* terhis etmek; *(aus Schule)* çıkarmak

Entlassung <-en> *f* ❶ *(aus Arbeitsverhältnis)* işten çıkarma; *(aus Armee)* terhis ❷ *(aus Gefängnis)* tahliye; *(aus Krankenhaus)* taburcu etme [*o* edilme]

entlasten* *vt* ❶ *(Achse)* üzerinden yükünü almak (-in); *(Balken)* takviye etmek; *(Telefonleitung, Verkehr)* hafifletmek; *(Person)* aklandırmak, temize çıkar(t)mak, ibra etmek; *(Gewissen)* rahatlatmak; *(Vorstand)* ibra etmek, aklamak; **er sollte den Chef etwas ~** patrona biraz yardım ederse iyi olur ❷ *(Angeklagte)* temize çıkar(t)mak, kuşkudan kurtarmak, lehine tanıklık yapmak (-in)

Entlastung <-en> *f* ❶ JUR *(des Vorstands)* ibra, aklama ❷ *(des Verkehrsaufkommens)* hafifletme

entlaufen* *irr vi sein* kaçmak

entlausen* *vt* bitten kurtarmak

entledigen* [ɛntˈleːdɪgən] *vr* *(geh)* **sich etw** *gen* **~** bir şeyden kurtulmak; *(einer Verpflichtung)* üzerinden atmak

entleeren* *vt* boşaltmak

entlegen [ɛntˈleːgən] *adj* *(entfernt)* uzak; *(abgelegen)* ücra

entleihen* *irr vt* ödünç olarak almak, ariyeten almak

entliehen *pp von* **entleihen**

entlocken* *vt* **jdm etw ~** birine bir şey söyletmek; **er konnte dem Instrument keinen einzigen Ton ~** *(fig)* çalgıdan tek bir ses çıkaramadı; **jdm Tränen ~** birinin gözlerinden yaş getirmek

entlohnen* *vt* ödemek

Entlohnung <-en> *f* ❶ *(das Entlohnen)* ödeme ❷ *(Lohn)* ücret

entlüften* *vt* TECH *(Heizung)* havasını almak (-in)

Entlüftungsventil *nt* TECH hava musluğu

entmachten* [ɛntˈmaxtən] *vt* iktidardan düşürmek

entmannen* *vt* hadımlaştırmak

entmilitarisieren* *vt* askerden arındırmak

entmündigen* [ɛntˈmʏndɪgən] *vt* JUR kısıtlamak, kısıt altına almak, hacir altına almak

Entmündigung <-en> *f* JUR kısıt(lama), hacir

entmutigen* [ɛntˈmuːtɪgən] *vt* yıldırmak

Entnahme <-n> [ɛntˈnaːmə] *f* alma

entnehmen* *irr vt* ❶ *(herausnehmen)* almak ❷ *(folgern)* çıkarmak, anlamak

entnommen *pp von* **entnehmen**

Entomologie *f kein pl* ZOOL entomoloji

entpuppen* [ɛntpʊpən] *vr* ■**sich ~** ❶ BIOL pupadan çıkmak ❷ *(fig)* ortaya çıkmak (**als** -), meydana çıkmak (**als** -); **er hat sich als Betrüger entpuppt** dolandırıcı olduğu ortaya [*o* meydana] çıktı

entrahmen* *vt* GASTR kaymağını almak (-in)

Entrecote *nt* GASTR antrkot

entreißen* *irr vt* ❶ *(wegreißen)* **jdm etw ~** birinin elinden bir şey kapmak ❷ *(geh: retten)* kurtarmak; **jdn einer Gefahr ~** birini tehlikeden kurtarmak

entrichten* *vt* ödemek

entrinnen* *irr vi sein* *(geh: sich retten)* kurtulmak (-den); *(entfliehen)* kaçmak (-den); **dem Tod entrinnen** ölüm tehlikesini atlatmak; **einer Gefahr ~** tehlike atlatmak; **es gibt kein E~** kurtuluş yok, kaçış yok

entrissen *pp von* **entreißen**

entronnen *pp von* **entrinnen**

entrümpeln* [ɛntˈrʏmpəln] *vt* eski püsküleri atmak (-deki); **die Wohnung/das Zimmer ~** evdeki/odadaki eski püsküleri atmak

entrüsten* [ɛntˈrʏstən] **I.** *vt* öfkelendirmek **II.** *vr* ■**sich ~** öfkelenmek (**über** -e)

entrüstet *adj* öfkeli (**über** -e)

Entrüstung <-en> *f* öfke (**über** -e); *(Ärger)* kızgınlık (**über** -e)

entsagen* *vi* *(geh)* vazgeçmek (-den), feragat etmek (-den)

entsandt *pp von* **entsenden**

entschädigen* *vt* tazmin etmek (**für** için)

Entschädigung <-en> *f* tazminat (**für**

için)

entschärfen* *vt* ❶ (*Bombe*) etkisiz hâle getirmek ❷ (*Streit, Krise*) yatıştırmak

entscheiden* *irr* **I.** *vi, vt* (*bestimmen*) karar vermek (**über** -e); **ich habe das nicht zu ~** buna ben karar veremem **II.** *vi* JUR karar vermek **III.** *vr* ■ **sich ~** karar almak (**für** için, **gegen** karşı)

entscheidend *adj* kesin; (*wichtig*) önemli; **im ~en Augenblick** son anda

Entscheidung <-en> *f a.* JUR karar; **eine ~ treffen/fällen** bir karar vermek; **vor einer ~ stehen** karar vermek zorunda olmak

Entscheidungskampf *m* sonuç yarışması

entschieden [ɛnt'ʃi:dən] **I.** *pp von* **entscheiden** **II.** *adj* (*entschlossen*) kararlı; (*nachdrücklich*) kesin

Entschiedenheit <-en> *f* kesinlik; **etw mit aller ~ zurückweisen** bir şeyi kesinlikle geri çevirmek

entschließen* *irr vr* ■ **sich ~** karar vermek (**zu** -e), karar kılmak (**zu** -de); **sich anders ~** kararını değiştirmek

Entschließung <-en> *f* karar

entschlossen [ɛnt'ʃlɔsən] **I.** *pp von* **entschließen** **II.** *adj* azimli, kararlı; **kurz ~** fazla düşünmeden; **fest ~ sein** kesin karar vermiş olmak; **sie war zu allem ~** her şeyi yapmaya kararlıydı

Entschlossenheit *f kein pl* azim; (*Entschiedenheit*) kararlılık

entschlüpfen* *vi sein* kaçmak; (*fig*) çıkmak

Entschluss[RR] <-es, -schlüsse> *m*, **Entschluß**[ALT] <-sses, -schlüsse> *m* karar; **einen ~ fassen** karar almak

entschlüsseln* *vt* deşifre etmek

entschuldbar *adj* affedilebilir, bağışlanabilir

entschuldigen* [ɛnt'ʃʊldɪɡən] **I.** *vt* (*verzeihen*) affetmek, bağışlamak, mazur görmek; **~ Sie!** affedersiniz! **II.** *vr* ■ **sich ~** (*um Verzeihung bitten*) özür dilemek (**bei** -den, **für** için) özür dilemek (**für** için, **bei** -den)

Entschuldigung <-en> *f* ❶ mazeret, özür; (*Vorwand*) mazeret, bahane; **~!** özür dilerim!; **jdn für etw um ~ bitten** birinden bir şey için özür dilemek; **was haben Sie zu Ihrer ~ vorzubringen?** ne mazeretiniz var? ❷ SCHULE (*Bescheinigung*) mazeret kâğıdı, tezkere

entschwinden* *irr vi sein* (*geh*) ❶ (*Person*) kaybolmak; (*aus dem Blickfeld*) gözden kaybolmak; **sein Name ist mir entschwunden** adını unuttum ❷ (*Zeit*) geçmek

entschwunden *pp von* **entschwinden**

entsenden* *irr vt* (*geh*) göndermek

entsetzen* *vt* dehşete düşürmek; **ich war völlig entsetzt** tüylerim diken diken oldu

Entsetzen <-s> *nt kein pl* korku, dehşet; **ich habe mit ~ vernommen, dass ...** ... olduğunu dehşetle gördüm

entsetzlich [ɛnt'zɛtslɪç] **I.** *adj* korkunç, dehşetli **II.** *adv* (*fam: sehr*) korkunç, dehşetli; **er hat ~ viel Geld** korkunç parası var; **draußen war es ~ kalt** dışarısı dehşetli soğuktu

entsichern* *vt* (*Waffe*) emniyet pimini açmak (-in)

entsinnen* [ɛnt'zɪnən] *irr vr* **sich (jds) ~** birini anımsamak, birini hatırlamak

entsonnen *pp von* **entsinnen**

entsorgen* *vt* (*beseitigen*) toplayıp imha etmek, toplayıp yok etmek; (*Fabrik*) atıklardan temizlemek

entspannen* **I.** *vt* ❶ (*Körper*) dinlendirmek ❷ (*Lage*) yatıştırmak, yumuşatmak **II.** *vr* ■ **sich ~** ❶ (*Mensch*) başını dinlemek, yorgunluğunu gidermek; (*sich ausruhen*) dinlenmek, istirahat etmek ❷ (*Lage*) yatışmak, yumuşamak ❸ (*Muskeln*) yumuşamak

Entspannung <-en> *f* ❶ gevşeme, yatışma, yumuşatma ❷ POL detant, yumuşama **Entspannungspolitik** *f* detant politikası, yumuşama politikası **Entspannungsübung** <-en> *f* SPORT yumuşatma

entsprechen* *irr vi* ❶ (*übereinstimmen*) uymak; (*angemessen sein*) uygun olmak; **das entspricht nicht den Tatsachen** bu gerçeklere uymaz ❷ (*Bitte*) yerine getirmek; (*Anforderungen*) karşılamak

entsprechend **I.** *adj* ❶ (*angemessen*) uygun ❷ (*zuständig*) yetkili **II.** *adv* gereğince; (*angemessen*) uygun **III.** *präp* göre, uygun olarak

Entsprechung <-en> *f* (*Übereinstimmung*) uyma, uygunluk; (*Analogie*) analoji; (*Äquivalent*) denk; **die deutsche/türkische ~** Almanca/Türkçe karşılığı

entspringen* *irr vi sein* ❶ (*Fluss*) çıkmak (**in** -den) ❷ (*herrühren*) çıkmak (-den)

entsprochen *pp von* **entsprechen**

entsprungen *pp von* **entspringen**

entstammen* *vi sein* kökenli olmak, çıkmak (-den); (*einer Familie*) gelmek (-den)

entstanden *pp von* **entstehen**

entstehen* *irr vi sein* ❶ oluşmak, teşekkül etmek, ortaya çıkmak, türemek; (*Gerücht*) doğmak (**aus** -den); (*Streit*) çıkmak (**aus** -den); (*Gebäude*) yapılmak; (*Feuer*) çıkmak; **es werden für Sie keine Kosten**

daraus ~ bundan size masraf çıkmaz; **für den entstandenen Schaden** ortaya çıkan zarar için ❷ (*sich herleiten*) ileri gelmek (**aus** -den), kaynaklanmak (**aus** -den)

Entstehung <-en> *f* ❶ (*Ursprung*) var oluş; (*Anfang*) doğum, doğma ❷ (*das Werden*) oluşum, oluşma, teşekkül

entsteigen* *irr vi sein* inmek (-den); (*dem Wasser*) çıkmak (-den)

entstellen* *vt* ❶ (*verunstalten*) bozmak, değiştirmek, tahrif etmek; (*hässlich machen*) çirkinleştirmek; **bis zur Unkenntlichkeit entstellt** tanınmayacak derecede bozulmuş [*o* deforme olmuş] ❷ (*Text, Sinn*) bozmak, değiştirmek, tahrif etmek

Entstellung <-en> *f* ❶ (*von Menschen*) deformasyon, biçimsizleşme ❷ (*von Sachverhalten*) bozma, değiştirme, tahrif

entstiegen *pp von* **entsteigen**

entstören* *vt* RADIO, TELEK, TECH parazitini gidermek (-in)

entströmen* *vi sein* (*geh: Flüssigkeit*) akmak (-den); (*Gas*) sızmak (-den); (*Menschen*) sel gibi dışarı akmak (-den)

enttäuschen* *vt* (*desillusionieren*) düş [*o* hayal] kırıklığına uğratmak; (*Hoffnung*) umudunu kırmak (-in)

enttäuscht *adj* umudu kırılmış; (*desillusioniert*) düş [*o* hayal] kırıklığına uğramış

Enttäuschung <-en> *f* hüsran; (*Desillusion*) düş kırıklığı, hayal kırıklığı; **jdm eine ~ bereiten** birini düş [*o* hayal] kırıklığına uğratmak

entthronen* *vt* (*geh*) tahttan indirmek

entwaffnen* [ɛnt'vafnən] *vt* (*a. fig*) silahsızlandırmak

Entwarnung <-en> *f* tehlikenin geçtiğini bildirme

entwässern* [ɛnt'vɛsɐn] *vt* ❶ (*Gelände*) akaçlamak ❷ MED (*Körper*) su almak, drenaj yapmak (-e)

Entwässerung <-en> *f* ❶ akaçlama ❷ MED (*des Körpers*) drenaj

Entwässrung[RR] <-en> *f*, **Entwäßrung**[ALT] <-en> *f s.* **Entwässerung**

entweder [ɛnt've:dɐ] *konj* **~ ... oder ...** ya ... ya da ...

entweichen* *irr vi sein* (*Person, Gas*) kaçmak (**aus** -den)

entweihen* *vt* kutsallığını bozmak (-in)

entwenden* *vt* (*geh*) çalmak

entwerfen* *irr vt* ❶ (*in Gedanken*) tasarlamak, tasarımlamak; (*zeichnerisch*) tasar çizmek; (*Plan*) tasarımlamak, dizayn etmek ❷ (*flüchtig zeichnen*) taslak olarak çizmek; (*schriftlich*) taslak olarak yazmak, karalamak; (*skizzieren*) karalamak

entwerten* *vt* ❶ (*ungültig machen*) iptal etmek, zımbalamak ❷ (*im Wert mindern*) değerini düşürmek (-in)

Entwertung <-en> *f* ❶ (*Wertminderung*) değer düşürme, değer düşürümü ❷ (*von Fahrkarten*) iptal etme, zımbalama

entwichen *pp von* **entweichen**

entwickeln* **I.** *vt* ❶ (*Theorie*) geliştirmek ❷ FOTO basmak **II.** *vr* ■ **sich ~** çıkmak (**aus** -den); (*sich fort~*) gelişmek (**aus** -den); (*Rauch*) oluşmak

Entwickler <-s, -> *m* FOTO developman; INFORM (*System~*) geliştirici

Entwicklung <-en> *f* ❶ (*Wachstum*) kalkınma; (*Fort~*) gelişme; **sich in der ~ befinden** gelişmekte olmak ❷ (*von Rauch*) oluşma ❸ (*einer Theorie*) geliştirme ❹ FOTO basma ❺ (*neues Produkt*) geliştirme; (*Herstellung*) üretme **Entwicklungshelfer(in)** *m(f)* kalkınma yardımcısı **Entwicklungshilfe** *f kein pl* kalkınma yardımı **Entwicklungsland** <-(e)s, -länder> *nt* gelişmekte olan ülke **Entwicklungspolitik** *f* kalkınma politikası **Entwicklungsprozess**[RR] *m* gelişme süreci; WIRTSCH (*Wachstumsprozess*) kalkınma süreci

entwirren* [ɛnt'vɪrən] *vt* (*geh*) ❶ (*Fäden*) çözmek ❷ (*Unklarheiten*) çözmek

entwischen* [ɛnt'vɪʃən] *vi sein* (*fam*) sıvışmak

entwöhnen* [ɛnt'vø:nən] *vt* ❶ (*Säugling*) sütten kesmek ❷ (*geh: abbringen*) alışkanlığını bıraktırmak (-e)

entwürdigend *adj* haysiyet kırıcı, küçük düşürücü

Entwurf <-(e)s, -würfe> *m* ❶ (*Konzept*) taslak, tasar; (*Projekt*) tasarı, proje ❷ (*Zeichnung*) tasar çizim, şema ❸ (*Skizze*) kroki

entwurzeln* *vt* kökünden sökmek

entziehen* *irr* **I.** *vt* ❶ (*Erlaubnis*) geri almak; (*Rechte*) nez'etmek, yoksun bırakmak; (*Wort, Führerschein*) geri almak ❷ (*Nährstoffe*) çekmek ❸ (*Hand*) geri çekmek **II.** *vr* ■ **sich ~** ❶ (*einer Verpflichtung*) kaçmak (-den), kaçınmak (-den) ❷ (*einer Person*) kaçmak (-den); (*einer Umarmung*) kaçınmak (-den); (*fernhalten*) uzak durmak (-den) ❸ (*verborgen bleiben*) **das entzieht sich meiner Kenntnis** bunun hakkında bilgim yok, bundan haberim yok **III.** *vi* (*fam: Süchtige*) tecrit kurumunda tedavi görmek

Entziehungskur *f* tecrit kürü

entziffern* [ɛnt'tsɪfɐn] *vt* deşifre etmek; (*lesen*) sökmek

entzücken* *vt* hayran etmek

Entzücken <-s> [ɛn'tsʏkən] *nt kein pl*

(*geh*) hayranlık, hayran olma; **jdn in ~ versetzen** birini hayran etmek

entzückend *adj* çok hoş

Entzug <-(e)s> *m kein pl* ❶ (*von Rauschgift*) yoksunluk ❷ (*des Führerscheins*) geri alma; (*von Unterstützung*) durdurma ❸ (*von Flüssigkeit*) çekme **Entzugserscheinung** *f* yoksunluk belirtisi

entzündbar [ɛnt'tsʏntbaːɐ] *adj* tutuşur, yanar

entzünden* **I.** *vr* ■ **sich ~** ❶ (*Feuer fangen*) tutuşmak, ateş almak ❷ MED yangılanmak, iltihaplanmak ❸ (*hervorgerufen werden*) çıkmak (**an** -den) **II.** *vt* (*geh: Feuer, Kerze, Leidenschaft*) yakmak, tutuşturmak

entzündet *adj* yangılı, iltihaplı

entzündlich *adj* ❶ MED (*Krankheit*) yangılı, iltihaplı ❷ (*Brennstoff*) parlayıcı

Entzündung <-en> *f* MED yangı, iltihap

entzwei [ɛnt'tsvaɪ] *adj inv* (*kaputt*) kırık

entzweien* **I.** *vt* (*Freunde*) aralarını açmak (-in) **II.** *vr* ■ **sich ~** (*uneins werden*) arası açılmak (**mit** ile); **sie haben sich entzweit** araları açıldı

entzwei|gehen *irr vi sein* kırılmak, parçalanmak

Enzian <-s, -e> ['ɛntsiaːn] *m* ❶ BOT kızılkantaron ❷ (*Schnaps*) kızılkantarondan yapılan içki

Enzyklopädie <-n> [ɛntsyklopɛ'diː] *f* ansiklopedi

enzyklopädisch [ɛntsyklo'pɛːdɪʃ] *adj* ansiklopedik

Enzym <-s, -e> [ɛn'tsyːm] *nt* enzim

Epen *pl von* **Epos**

Ephesos *nt*, **Ephesus** *nt* Efes

Epidemie <-n> [epide'miː] *f* MED epidemi

Epigramm <-s, -e> *nt* LIT epigram

Epik *f* epik

Epilepsie <-n> [epilɛ'psiː] *f* MED sara

Epileptiker(in) <-s, -; -nen> [epi'lɛptikɐ] *m(f)* saralı

epileptisch [epi'lɛptɪʃ] *adj* saralı; **einen ~en Anfall bekommen** sara nöbeti tutmak

Epilog <-s, -e> [epi'loːk] *m* epilog, son deyiş

Epiphyt <-en, -en> *m* BOT epifit, üst bitken

episch ['eːpɪʃ] *adj* epik; **~es Theater** epik tiyatro

Episode <-n> [epi'zoːdə] *f* epizot

Epithel <-s, -e> *nt*, **Epithelium** <-s, -ien> *nt* BIOL epitel, epitelyum

Epizentrum [epi'tsɛntrʊm] *nt* GEO episantır, deprem ortası, merkez üssü

Epoche <-n> [e'pɔxə] *f* çığır; **~ machen** çığır açmak

Epos <-, Epen> ['eːpɔs] *nt* LIT destan

er [eːɐ] *pron pers 3. sing m* o; **da ist ~ ja!** geldi işte!; **wenn ich ~ wäre** onun yerinde olsam

erachten* [ɛɐ'ʔaxtən] *vt* (*geh*) görmek (**für/als** -/olarak), saymak

Erachten <-s> *nt kein pl* **meines ~s** bence, bana göre

erahnen* *vt* sezinlemek; (*erraten*) tahmin etmek

erarbeiten* *vt* ❶ (*erstellen*) yapmak ❷ (*erlangen*) **sich** *dat* **~** (*Position*) çalışarak gelmek; (*Wissen*) çalışarak elde etmek

Erbanlage *f* BIOL kalıtımsal yetenek, irsî istidat

erbarmen* [ɛɐ'barmən] *vr* ■ **sich** (**jds**) **~** birine acımak [*o* merhamet etmek]; **Gott, erbarme dich unser!** Tanrım, bize merhamet et!

Erbarmen <-s> [ɛɐ'barmən] *nt kein pl* acıma, merhamet; **mit jdm ~ haben** birine acımak [*o* merhamet etmek]

erbärmlich [ɛɐ'bɛrmlɪç] *adj* ❶ (*elend*) sefil, perişan; (*jämmerlich*) zavallı, acıklı ❷ (*schlecht*) fena, feci; **es tat ~ weh** çok fena [*o* feci] acıdı ❸ (*gemein*) alçak

erbarmungslos *adj* acımasız, merhametsiz

erbauen* **I.** *vt* ❶ (*Gebäude*) inşa etmek, yapmak ❷ (*geh: das Gemüt erheben*) gönlünü hoş etmek (-in) **II.** *vr* ■ **sich ~** (*geh: erfreuen*) sevinmek (**an** -e)

Erbauer(in) <-s, -; -nen> *m(f)* yapıcı

erbaulich *adj* **es war ein nicht gerade ~er Anblick** pek hoş bir manzara değildi

Erbe(in)[1] <-n, -n; -nen> ['ɛrbə] *m(f)* mirasçı; **jdn als ~n einsetzen** birini mirasçı olarak atamak

Erbe[2] <-s> *nt kein pl* miras; **das ~ antreten** mirasa konmak

erbeben* [-'--] *vi sein* sarsılmak

erben ['ɛrbən] *vi, vt* miras kalmak (**von** -den)

erbeuten* [ɛɐ'bɔɪtən] *vt* yağma etmek; MIL ganimet olarak ele geçirmek

Erbfaktor *m* BIOL kalıtımsal etken **Erbfehler** *m* BIOL kalıtımsal kusur **Erbfolge** *f* mirastaki tertip sırası **Erbgut** <-(e)s> *nt kein pl* BIOL kalıtım

erbittert *adj* (*Kampf*) amansız; (*Diskussion*) şiddetli

Erbitterung *f kein pl* (*Groll*) garaz

Erbkrankheit *f* irsî hastalık, kalıtsal hastalık

erblassen* *vi sein* sararmak (**vor** -den)

Erblasser(in) <-s, -; -nen> ['ɛrplasɐ] *m(f)* JUR miras bırakan

erbleichen* *vi sein* beti benzi uçmak

erblich ['ɛrplɪç] *adj* irsî, kalıtsal
erblicken* *vt* (*geh*) görmek; **das Licht der Welt ~** dünyaya gelmek
erblinden* *vi sein* kör olmak
Erblindung <-en> *f* kör olma
Erbmasse ['ɛrpmasə] *f* ❶ JUR tereke, bırakıt *pl* ❷ BIOL kalıtımsal etkenlerin tümü
erbracht *pp von* **erbringen**
erbrechen* *irr* **I.** *vi* kusmak; **bis zum E~** (*pej fam*) gına [*o* bıkkınlık] gelinceye kadar **II.** *vt* (*geh: Siegel*) fek; (*Schloss*) kırmak
Erbrecht <-(e)s, -e> *nt* JUR miras hukuku
erbringen* *irr vt* (*Gewinne*) getirmek; JUR (*Beweise*) irat etmek
erbrochen *pp von* **erbrechen**
Erbschaft <-en> *f* miras; **eine ~ machen** mirasa konmak
Erbschleicher(in) <-s, -; -nen> *m(f)* miras avcısı
Erbse <-n> ['ɛrpsə] *f* bezelye
Erbsünde <-n> *f* REL (*im Christentum*) irsî günahkârlık
Erdachse ['e:ɐtʔaksə] *f kein pl* yer (yuvarlağının) ekseni
erdacht *pp von* **erdenken**
Erdanziehung *f kein pl* yer çekimi **Erdapfel** *m* ❶ ÖSTERR, SÜDD (*Kartoffel*) patates ❷ BOT (*Topinambur*) yer elması **Erdatmosphäre** *f kein pl* yeryüzü atmosferi **Erdball** <-(e)s> *m kein pl* yerküre **Erdbeben** *nt* deprem **Erdbebengebiet** *nt* deprem bölgesi **Erdbebenherd** *m* deprem merkezi **Erdbebenopfer** *nt* depremzede **Erdbeerbaum** *m* BOT koca yemiş **Erdbeere** *f* çilek **Erdbeereis** *nt* çilekli dondurma **Erdbewohner(in)** *m(f)* dünyalı **Erdboden** <-s> *m kein pl* yer, toprak; **wie vom ~ verschluckt** yer yarılıp içine girmek; **eine Stadt dem ~ gleichmachen** bir kenti yerle bir etmek
Erde[1] ['e:ɐdə] *f kein pl* ❶ (*Welt*) dünya; **auf der ~** dünyada ❷ (*Boden*) yer, zemin, toprak; **auf die ~ fallen** yere düşmek; **karge ~** kısır toprak; **unter der ~** yerin altında, toprak altında
Erde[2] <-n> *f* ❶ (*Erdreich*) toprak; **jdn unter die ~ bringen** (*fam*) birini toprağa vermek ❷ ELEK toprak
erden *vt* ELEK topraklamak
erdenken* *irr vt* tasavvur etmek; (*erfinden*) uydurmak
erdenklich *adj* akla gelebilecek; (*vorstellbar*) tasavvur edilebilir; **sich** *dat* **alle ~e Mühe geben** akla gelebilecek bütün çabayı göstermek
erdfarben ['e:ɐtfarbən] *adj* toprak rengi
Erdferkel <-s> *nt* ZOOL yer domuzu
Erdgas <-es, -e> *nt* doğal gaz
Erdgeschoss[RR] *nt* yer katı, zemin katı, giriş katı
erdichten* *vt* (*geh*) uydurmak
erdig ['e:ɐdɪç] *adj* ❶ (*erdhaltig*) topraklı ❷ (*Geschmack, Geruch*) toprak gibi
Erdkruste *f* GEO yer kabuğu **Erdkugel** *f kein pl* yerküre **Erdkunde** *f kein pl* coğrafya **Erdmandel** *f* BOT abdülleziz **Erdnähe** *f kein pl* ASTRON yerberi **Erdnuss**[RR] *f* BOT yer fıstığı **Erdoberfläche** *f kein pl* yeryüzü
Erdöl *nt a.* WIRTSCH petrol
Erdrauch *m kein pl* BOT şahtere
Erdreich *nt* toprak
erdröhnen* *vi sein* gürlemek, uğuldamak
erdrosseln* *vt* boğmak
Erdross(e)lung *f kein pl* boğma
erdrücken* *vt* ❶ (*zu Tode*) ezmek, çiğnemek ❷ (*Sorgen*) ezmek; **~de Beweise** ağır basan deliller
Erdrutsch ['e:ɐtrʊtʃ] *m* toprak kayması **Erdstoß** *m* yer sarsıntısı **Erdteil** <-(e)s, -e> *m* kıta
erdulden* *vt* hoş görmek; (*aushalten*) çekmek, katlanmak (-e)
Erdumdrehung *f* yer yuvarlağının kendi ekseni etrafında dönmesi **Erdumkreisung** <-en> *f* dünyanın etrafında dönme **Erdumlaufbahn** *f* dünyanın yörüngesi **Erdumsegelung** <-en> *f* yelkenli ile dünyayı dolaşma
Erdung <-en> ['e:ɐdʊŋ] *f* ELEK topraklama
ereignen* [ɛɐ'ʔaɪgnən] *vr* ■ **sich ~** olmak
Ereignis <-ses, -se> *nt* olay; **ein freudiges ~** sevindirici bir olay
ereignisreich *adj* olaylı; (*bewegt*) hareketli
Erektion <-en> [erɛk'tsjo:n] *f* dikilme
Eremit(in) <-en, -en; -nen> [ere'mi:t] *m(f)* münzevi, ahret adamı
Eremitendasein <-s> *nt kein pl* (*geh*) uzlet **Eremitenleben** <-s> *nt kein pl s.* **Eremitendasein**
erfahren[1] **I.** *pp von* **erfahren**[2] **II.** *adj* deneyimli, tecrübeli; (*auf einem Fachgebiet*) deneyimli (**in** -de)
erfahren*[2] *irr vt* ❶ (*Nachricht*) öğrenmek, haber almak; **wir haben ~, dass Sie gestern Abend/Morgen gekommen sind** dün akşam/sabah geldiğinizi öğrendik [*o* haber aldık] ❷ (*geh: erleben*) görüp geçirmek, yaşamak, başına gelmek; (*durchleben*) geçirmek; (*Leid*) görmek; **Böses/Gutes ~** kötülük/iyilik görmek
Erfahrung <-en> *f* öğrenme; (*praktische*) deneyim, tecrübe; **etw aus (eigener) ~ wissen** bir şeyi (bizzat) yaşamış olduğu için bilmek; **etw in ~ bringen** bir şeyi

öğrenmek

erfassen* *vt* ❶ (*mit Händen*) ele almak; (*ergreifen*) yakalamak; **die Scheinwerfer eines Wagens erfassten uns** (*fig*) bir arabanın farları bizi yakaladı ❷ (*mitreißen*) sürüklemek; **er wurde von einem Auto erfasst** bir otomobil tarafından sürüklendi ❸ **Angst/Zweifel erfasste ihn** korkuya/şüpheye kapıldı ❹ (*begreifen*) kavramak; (*verstehen*) anlamak ❺ (*registrieren*) kaydetmek; (*Daten*) toplamak; (*statistisch*) sayımlamak ❻ (*einbeziehen*) dahil etmek; (*berücksichtigen*) dikkate almak

Erfassung <-en> *f* ❶ (*das Verstehen*) anlama ❷ (*das Registrieren*) kaydetme; (*von Bewohnern*) sayımlama ❸ INFORM (*von Daten*) toplama

erfinden* *irr vt* icat etmek

Erfinder(in) <-s, -; -nen> *m(f)* mucit

erfinderisch *adj* icatçı

Erfindung <-en> *f* icat, buluş; (*Produkt*) icat, buluş; **eine ~ machen** bir şey icat etmek; **eine geniale ~** dâhice bir buluş

Erfolg <-(e)s, -e> [ɛɐ'fɔlk] *m* başarı; (*Ergebnis*) sonuç, netice; (*Wirkung*) etki; **~ versprechend** başarı vadeden; **ein voller ~** tam bir başarı

erfolgen* *vi sein* (*geschehen*) olmak; (*stattfinden*) olmak, vuku bulmak; (*Zahlung*) yapılmak; **die Antwort erfolgte sofort** ardından hemen cevabı geldi, hemen cevabı verildi; **Ihr Eintritt kann sofort ~** hemen girebilirsiniz

erfolglos **I.** *adj* (*ohne Erfolg*) başarısız; (*ohne Ergebnis*) sonuçsuz, neticesiz; (*vergeblich*) boş **II.** *adv* başarısız; (*vergeblich*) boşuna, nafile

Erfolglosigkeit *f kein pl* başarısızlık, sonuçsuz kalma

erfolgreich **I.** *adj* (*Person*) başarılı; (*Maßnahme*) etkili **II.** *adv* başarılı

Erfolgsaussicht *f* başarma ihtimali **Erfolgsbilanz** *f* ❶ WIRTSCH kâr bilançosu ❷ başarımlar *pl* **Erfolgserlebnis** *nt* başarılı olma duygusu

erfolgversprechend *adj* başarı vadeden; **höchst ~e Maßnahmen** son derece etkili önlemler

erforderlich [ɛɐ'fɔrdɐlɪç] *adj* gerekli; **für ~ halten** gerekli bulmak; **unbedingt ~** mutlaka olması gerekli

erfordern* *vt* gerektirmek, icap ettirmek

Erfordernis <-ses, -se> *nt* gerek; (*Voraussetzung*) koşul, şart

erforschen* *vt* araştırmak; GEO açınsamak

Erforschung <-en> *f* araştırma; GEO (*von Land*) açınsama

erfragen* *vt* sorarak öğrenmek; **den Weg zum Museum ~** müzeye giden yolu sormak

erfreuen* **I.** *vt* (*Freude bereiten*) sevindirmek, memnun etmek; **sehr erfreut!** (çok) memnun oldum!; **über jdn/etw erfreut sein** bir kimseye/şeye sevinmek **II.** *vr* ▪ **sich ~** ❶ (*sich freuen*) sevinmek (**an** -e) ❷ (*geh: genießen*) keyiflenmek (-den)

erfreulich *adj* sevindirici; (*Nachricht*) sevinçli; (*befriedigend*) memnun edici

erfreulicherweise [-'---'--] *adv* neyse, çok şükür

erfrieren* *irr vi sein* ❶ (*Person, Tier*) donarak ölmek ❷ (*Körperteil*) donmak; (*Pflanze*) donmak

erfrischen* **I.** *vi, vt* serinletmek **II.** *vr* ▪ **sich ~** serinlenmek

erfrischend *adj* (*Brise*) serinletici; (*Getränk*) hararet kesici; (*Naivität*) iç açıcı

Erfrischung <-en> *f* ❶ (*das Erfrischen*) serinleme ❷ (*Getränk*) soğuk içecek; (*Speise*) soğuk yiyecek **Erfrischungsstand** *m* büfe **Erfrischungstuch** <-(e)s, -tücher> *nt* soğuk bez

erfroren *pp von* **erfrieren**

erfüllen* **I.** *vt* ❶ (*aus-, anfüllen*) doldurmak (**mit** -le) ❷ (*Bedingung*) yerine getirmek; (*Schuld*) ödemek; (*Versprechen*) tutmak; (*Wunsch*) yerine getirmek; (*Aufgabe*) yapmak, ifa etmek **II.** *vr* ▪ **sich ~** (*wahr werden*) yerine gelmek, gerçekleşmek

Erfüllung <-en> *f* ❶ (*Befriedigung*) ödeme, ifa ❷ (*einer Aufgabe*) yerine getirme, ifa; (*eines Vertrages*) yerine getirme; (*einer Pflicht*) yapma, ifa, yerine getirme; **in ~ gehen** yerine gelmek, gerçekleşmek; **sein Wunsch ist in ~ gegangen** arzusu yerine geldi, dileği gerçekleşti, muradına erdi

Erfüllungsort *m* JUR ifa yeri

erfunden *pp von* **erfinden**

ergangen *pp von* **ergehen**

ergänzen* [ɛɐ'gɛntsən] **I.** *vt* (*vervollständigen*) bütünlemek, tamamlamak, tümlemek; (*hinzufügen*) eklemek, ilave etmek **II.** *vr* ▪ **sich ~** (*zusammenpassen*) birbirine uymak; (*das Fehlende ausgleichen*) birbirini tamamlamak

Ergänzung <-en> *f* ❶ (*Vervollständigung*) bütünleme, tamamlama, tümleme ❷ (*Zusatz*) ek, ilave ❸ LING tümleç

Ergänzungswinkel *m* MATH tümler açı

ergattern* [ɛɐ'gatɐn] *vt* (*fam*) kapmak, ele geçirmek

ergeben[1] **I.** *pp von* **ergeben**[2] **II.** *adj* ❶ (*hingebungsvoll*) özverili, fedakâr; (*demütig*) alçak gönüllü ❷ (*treu*) sadık, vefalı

ergeben*2 *irr* **I.** *vt* (*Ergebnis*) vermek, çıkmak; MATH etmek; (*Untersuchungen*) göstermek **II.** *vr* ■ **sich ~** ❶ (*kapitulieren*) teslim olmak; **er ergab sich der Polizei** polise teslim oldu ❷ (*sich herausstellen*) ortaya çıkmak; (*Schwierigkeit*) ortaya çıkmak ❸ (*folgen*) sonuç olarak çıkmak (**aus** -den); (*sich ableiten*) türemek (**aus** -den) ❹ (*sich hingeben*) boyun eğmek (-e); **sich etw** *dat*/**jdm ~** kendini bir şeye/kimseye vermek; **sich in sein Schicksal ~** kadere boyun eğmek

Ergebenheit *f kein pl* ❶ (*Anhänglichkeit*) sadakat, içten bağlılık ❷ (*Treue*) vefa ❸ (*Fügsamkeit*) uysallık

Ergebnis <-ses, -se> [ɛɐ'ge:pnɪs] *nt* sonuç, netice; **wir sind zu dem ~ gekommen, dass ...** ... olduğu sonucuna vardık

ergebnislos *adj* sonuçsuz, neticesiz

ergehen* *irr* **I.** *vi sein* (*geh: Gesetz, Befehl*) çıkmak **II.** *vi unpers sein* (*geschehen*) **ihr ist es dort schlecht ergangen** orada durumu kötüydü; **etw über sich ~ lassen** bir şeye katlanmak **III.** *vr* ■ **sich ~** (*im Freien*) dolaşmak (**in** -de); **sich an der Luft ~** hava almak, açık havada dolaşmak; **sich über ein Thema ~** bir konu üzerine uzun uzadıya konuşmak

ergiebig [ɛɐ'gi:bɪç] *adj* verimli; (*Geschäft*) kârlı; (*Boden*) verimli, bitek, mümbit

ergießen* *irr vr* ■ **sich ~** dökülmek (**auf**/**aus** -e/-den, **über** üzerine); (*münden*) dökülmek (**in** -e); (*ins Meer*) akmak (**in** -e)

ergossen *pp von* **ergießen**

ergrauen* [ɛɐ'graʊən] *vi sein* ağarmak, kırçıllanmak, kırçıllaşmak, ak düşmek (-e); **sein Haar ist vorzeitig ergraut** saçı erken ağardı

ergreifen* *irr vt* ❶ (*fassen*) yakalamak; (*Furcht, Ahnung*) almak; (*Maßnahmen*) almak; (*Partei*) tutmak; (*Gelegenheit*) yararlanmak (-den); (*Initiative*) ele almak; **sie ergriff das Wort** söz aldı; **die Flammen ergriffen das Haus** (*fig*) alevler evi sardı ❷ (*in die Hand nehmen*) eline almak ❸ (*festnehmen*) tutmak ❹ (*erschüttern*) sarsmak ❺ (*Beruf*) seçmek

ergreifend *adj* etkileyici

Ergreifung <-en> *f* yakalama

ergriffen [ɛɐ'grɪfən] **I.** *pp von* **ergreifen** **II.** *adj* sarsılmış, etkilenmiş

ergründen* *vt* ayrıntılara inerek araştırmak, inceden inceye araştırmak; **ein schwer zu ~des Geheimnis** çözülmesi güç bir sır

Erguss[RR] <-es, -güsse> [ɛɐ'gʊs, *pl* ɛɐ'gʏsə] *m*, **Erguß**[ALT] <-sses, -güsse> *m* ❶ MED (*Blut~*) hematom ❷ (*fig, pej: Ausbruch*) patlama; (*Redeschwall*) makineli tüfek gibi konuşma ❸ (*Samen~*) gelme, boşalma ❹ GEO püskürük külte **Ergussgestein**[RR] *nt* GEO püskürük taş

erhaben [ɛɐ'ha:bən] *adj* ❶ (*erhöht*) yüksek, yüce, ulu; **~e Arbeit** kabartma ❷ (*überlegen*) üstün (**über** -den); **über jeden Verdacht ~ sein** alnı açık yüzü ak olmak ❸ (*großartig*) yüce, ulvî; **ein ~er Anblick** ulvî bir manzara

Erhabenheit *f kein pl* yücelik, ululuk, ulviyet

Erhalt <-(e)s> *m kein pl* (*form*) ❶ (*Empfang*) alma, teslim alma ❷ (*Instandhaltung*) koruma, muhafaza

erhalten* *irr vt* ❶ (*bekommen*) almak; (*Genehmigung, Gehalt*) almak; (*Geldstrafe*) almak; **er erhielt drei Jahre Gefängnis** üç yıl hapis giydi ❷ (*bewahren*) korumak, tutmak; (*aufrechterhalten*) korumak; **etw ist gut ~** bir şey iyi durumda; **sich fit ~** kendini zinde tutmak

erhältlich [ɛɐ'hɛltlɪç] *adj* bulunur; (*käuflich*) satılır

Erhaltung *f kein pl* ❶ koruma, muhafaza ❷ (*Unterhaltung*) bakma, geçindirme

erhängen* **I.** *vt* ipe çekmek **II.** *vr* ■ **sich ~** kendini asmak

erhärten* *vt* ❶ (*Material*) sertleştirmek ❷ (*Vermutung*) kuvvetlendirmek

erheben* *irr* **I.** *vt* ❶ (*hochheben*) kaldırmak; (*aufrichten*) doğrultmak; **er erhob sein Glas** bardağını kaldırdı; **ein ~der Augenblick** heyecanlı bir an ❷ (*Steuern*) almak, toplamak; (*Eintritt*) almak ❸ (*Geschrei, Protest*) çekmek; **die Stimme ~** (*geh*) yükseltmek ❹ (*Daten*) derlemek, toplamak ❺ (*Einwände*) etmek (**gegen** -e); (*Klage*) açmak **II.** *vr* ■ **sich ~** ❶ (*aufstehen*) kalkmak; (*sich aufrecht halten*) doğrulmak ❷ (*Flugzeug, Vogel*) kalkmak; **der Vogel/das Flugzeug erhob sich in die Luft** kuş/uçak havalandı ❸ (*geh: Sturm*) doğmak; (*Frage*) doğmak ❹ (*sich auflehnen*) baş kaldırmak (**gegen** -e)

erheblich [ɛɐ'he:plɪç] **I.** *adj* (*beträchtlich*) hatırı sayılır, oldukça çok; (*wichtig*) önemli **II.** *adv* epeyce, bir hayli, önemli [*o* hatırı sayılır] derecede; **~ besser** oldukça daha iyi

Erhebung <-en> *f* ❶ (*Anhöhe*) tümsek; (*Hügel*) tepe ❷ (*Aufstand*) ayaklanma, baş kaldırma ❸ FIN (*von Abgaben*) al(ın)ma, tahsil ❹ (*Umfrage*) sormaca, anket ❺ JUR (*Klage~*) aç(ıl)ma, ikame; (*Beweis~*) toplan(ıl)ma, ikame

erheitern* [ɛɐ'haɪtɐn] **I.** *vt* (*geh*) neşelendirmek, şenlendirmek, keyiflendirmek

II. *vr* ■ **sich ~** (*geh*) neşelenmek, şenlenmek, keyiflenmek

erhellen* **I.** *vt* ❶ (*Raum*) aydınlatmak ❷ (*Situation*) aydınlatmak **II.** *vr* ■ **sich ~** ❶ (*Himmel*) aydınlanmak ❷ (*fig*) **sein Gesicht erhellte sich** yüzü güldü [*o* nurlandı]

erhitzen* [ɛɐ'hɪtsən] **I.** *vt* ❶ (*Speisen*) ısıtmak ❷ (*erregen*) hararetlendirmek; (*in Zorn bringen*) kızdırmak **II.** *vr* ■ **sich ~** ❶ (*Speisen*) ısınmak ❷ (*sich erregen*) hararetlenmek; (*in Zorn geraten*) kızışmak

erhoben *pp von* **erheben**

erhoffen* *vt* umut etmek, ümit etmek

erhöhen* [ɛɐ'hø:ən] **I.** *vt* ❶ (*Mauer*) yükseltmek (**um** -), kaldırmak (**um** -) ❷ (*Spannung*) artırmak ❸ (*Geschwindigkeit*) artırmak; (*Preis*) artırmak, çıkarmak; **etw um das Hundertfache ~** bir şeyi yüz katına çıkarmak; **den Preis um/auf vier Euro ~** fiyatını dört euro/euroya artırmak, fiyatını dört euroya çıkarmak, dört euro zam yapmak ❹ MUS (*um einen Halbton*) yarım ton inceltmek **II.** *vr* ■ **sich ~** (*Gehalt, Spannung*) artmak

erhöht *adj* (*Wert, Blutdruck*) artmış

Erhöhung <-en> *f* ❶ (*einer Mauer*) yükseltme ❷ (*der Preise*) artırma, zam; (*der Geschwindigkeit*) artırma; (*Kapital~*) artırım ❸ MUS (*Ton*) inceltme; **~ um einen Halbton** yarım ton inceltme

erholen* *vr* ■ **sich ~** ❶ (*ausspannen*) dinlenmek, istirahat etmek, başını dinlemek; (*von Krankheit*) onmak (**von** -den); (*von Erschöpfung, Schrecken*) kendine gelmek, kendini toparlamak ❷ COMM toparlanmak; (*besser werden*) düzelmek

erholsam [ɛɐ'ho:lza:m] *adj* dinlendirici

Erholung *f kein pl* ❶ (*Ruhe*) dinlenme, istirahat ❷ (*Genesung*) onma, iyileşme

Erholungsgebiet *nt* rekreasyon alanı

Erholungspause *f* mola

erhören* *vt* (*geh: Bitte*) icabet etmek

Erhörung *f kein pl* icabet

Erika *f* erika

erinnern* [ɛɐ'ʔɪnɐn] **I.** *vi, vt* anımsatmak (**an** -i), hatırlatmak (**an** -); **jdn an etw ~** birine bir şeyi anımsatmak [*o* hatırlatmak] **II.** *vr* ■ **sich ~** aklına gelmek, anımsamak, hatırlamak (**an** -i); **soweit ich mich ~ kann** hatırlayabildiğim kadarıyla; **wenn ich mich recht erinnere** hatırladığım kadarıyla

Erinnerung <-en> *f* ❶ (*Gedächtnis*) hatır, akıl; **etw in ~ behalten** bir şeyi hatırında [*o* aklında] tutmak ❷ (*Zurückdenken*) hatırlama (**an** -), anımsama (**an** -) ❸ (*Mahnung*) ihtar ❹ (*Andenken*) anı, hatıra; **zur ~ an jdn** birinin anısı olarak

Eristik *f kein pl* PHILOS eristik, didişim

erkälten* [ɛr'kɛltən] *vr* ■ **sich ~** üşütmek, soğuk almak

erkältet *adj* üşütmüş

Erkältung <-en> *f* soğuk algınlığı; **eine ~ bekommen** soğuk almak, üşütmek

erkämpfen* *vt* mücadele ederek elde etmek

erkannt *pp von* **erkennen**

erkennbar *adj* fark edilir (**an** -den); (*wahrnehmbar*) görülür

erkennen* *irr* **I.** *vt* ❶ (*wahrnehmen*) algılamak; (*ausmachen*) seçmek, fark etmek ❷ (*identifizieren*) tanımak (**an** -den); **sich zu ~ geben** kendini tanıtmak ❸ (*Irrtum*) görmek **II.** *vi* JUR hüküm vermek (**auf** -e)

erkenntlich [ɛɐ'kɛntlɪç] *adj* **sich** (**bei jdm**) **~ zeigen** (birinin iyiliğine karşı) karşılık olarak iyilikte bulunmak, (birine karşı) minnet altında kalmamak; **wie kann ich mich Ihnen ~ zeigen?** bana yapmış olduğunuz iyiliğe karşılık size ne yapabilirim?

Erkennungsmarke *f* künye

Erker <-s, -> ['ɛrkɐ] *m* cumba

erklärbar [ɛɐ'klɛ:ɐba:ɐ] *adj* açıklanabilir

erklären* **I.** *vt* ❶ (*erläutern*) açıklamak, izah etmek ❷ (*begründen*) gerekçelendirmek, gerekçe göstermek (-e); (*deuten*) yorumlamak ❸ (*sagen*) söylemek; (*mitteilen*) bildirmek, beyan etmek; **an Eides statt ~** JUR yemin yerine beyan etmek ❹ (*Krieg*) ilan etmek; (*Rücktritt*) vermek ❺ karar vermek; **jdn für tot ~** birinin gaipliğine karar vermek; **etw für ungültig ~** bir şeyi hükümsüz kılmak, bir şeyi iptal etmek **II.** *vr* ■ **sich ~** ❶ (*folgen*) **das erklärt sich aus sich selbst** bu kendiliğinden anlaşılır ❷ (*sagen*) söylemek, bildirmek; **er hat sich ihr erklärt** ona aşkını ilan etti; **sich einverstanden ~** razı olduğunu bildirmek

Erklärung <-en> *f* ❶ (*Erläuterung*) açıklama, izah; (*Deutung*) yorum; (*Grund*) neden ❷ (*Verlautbarung*) demeç, beyanat; **eine ~ abgeben** demeç vermek ❸ (*Steuer~, Zoll~*) beyanname

erklingen* *irr vi sein* çınlamak

erkranken* *vi sein* hastalanmak, rahatsızlanmak, yakalanmak (**an** -e)

Erkrankung <-en> *f* hastalanma, rahatsızlanma

erkunden* [ɛɐ'kʊndən] *vt* (*auskundschaften*) bilgi toplamak (hakkında); (*Gegend, Gelände*) kolaçan etmek; (*Lage*) araştırmak

erkundigen* [ɛɐ'kʊndɪgən] *vr* ■ **sich ~** bilgi almak (**nach/über** hakkında/üzerine); (*nach dem Weg*) sormak (**nach/**

über -)

Erkundung <-en> *f* keşif

erlangen* [ɛɐ'laŋən] *vt* (*bekommen*) almak; (*gewinnen*) kazanmak, elde etmek; (*erreichen*) kavuşmak, erişmek; **die Freiheit ~** özgürlüğe kavuşmak

ErlassRR <-es, -e> [ɛɐ'las] *m*, **Erlaß**ALT <-sses, -sse> *m* ❶ (*Verfügung*) kararname; (*eines Gesetzes*) çıkarma ❷ (*von Schulden*) ibra ❸ (*einer Strafe*) af

erlassen* *irr vt* ❶ (*Gesetz, Amnestie*) çıkarmak; (*Haftbefehl*) kesmek, vermek ❷ (*Strafe*) affetmek, ortadan kaldırmak; (*Schulden*) ibra etmek; (*befreien von*) kurtarmak, muaf tutmak (-den); **jdm etw ~** (*Pflicht*) birini bir şeyden kurtarmak [*o* muaf tutmak]

erlauben* [ɛɐ'laʊbən] *vt* ❶ (*a. behördlich*) izin vermek (-e), müsaade etmek (-e); **~ Sie mal!** (*fam*) müsaade buyurun!, rica ederim! ❷ **er kann sich alles ~** her şeyi yapabilir; **jetzt kann ich mir ein Auto ~** kendime şimdi bir araba alabilirim; **wenn ich mir die Bemerkung ~ darf** kerem buyurun

Erlaubnis <-se> *f* (*a. behördlich*) izin, müsaade; **jdn um ~ bitten** birinden izin istemek

erlaucht [ɛɐ'laʊxt] *adj* (*Gesellschaft*) güzide

erläutern* [ɛɐ'lɔɪtɐn] *vt* açımlamak

Erläuterung <-en> *f* açıklama, izah; (*Kommentar*) açımlama

Erle <-n> ['ɛrlə] *f* BOT kızılağaç

erleben* *vt* ❶ yaşamak, görüp geçirmek; (*Freude*) duymak; (*Niederlage*) uğramak (-e); (*Enttäuschung*) uğramak (-e) ❷ (*mit~*) başına gelmek, başından geçmek; **wenn du das tust, kannst du was ~!** (*fam*) bunu yaparsan, başına gelecekleri görürsün! ❸ (*kennen lernen*) yaşamak; **so habe ich ihn noch nie erlebt** onu hiç böyle yaşamadım

Erlebnis <-ses, -se> *nt* yaşantı; (*Erfahrung*) deneyim; (*Ereignis*) yaşanan olay

erledigen* [ɛɐ'le:dɪgən] **I.** *vt* ❶ (*Auftrag*) yerine getirmek; (*Angelegenheit*) bitirmek, tamamlamak; **ich habe noch etwas zu ~** bitirmem [*o* tamamlamam] gereken bir şey daha var; **die Sache ist für mich erledigt** bu iş benim için bitti sayılır ❷ (*sl: töten*) işini bitirmek (-in), icabına bakmak (-in); (*ruinieren*) haklamak **II.** *vr* ■ **sich ~** hallolunmak, sonuca bağlanmak

Erledigung[1] <-en> *f* (*Besorgung*) yapılması gereken işler; **ich habe noch einige ~en zu machen** yapılması gereken bazı işlerim daha var

Erledigung[2] *f kein pl* (*das Erledigen*) bitirme, tamamlama, yerine getirme, halletme

erlegen[1] *pp von* **erliegen**

erlegen*[2] [ɛɐ'le:gən] *vt* (*geh*) öldürmek

erleichtern* [ɛɐ'laɪçtɐn] *vt* (*um Gewicht*) hafifletmek; (*Arbeit, Verständnis*) kolaylaştırmak; **sein Herz ~** yüreğini hafifletmek [*o* ferahlatmak]; **die Nachricht erleichterte ihn** haber onu ferahlattı; **jdn um 100 Euro ~** (*fam*) birinden 100 euro tırklamak

Erleichterung *f kein pl* ❶ ferahlık; **~ empfinden** ferahlık duymak ❷ kolaylık; **jdm ~en gewähren** birine kolaylık göstermek

erleiden* *irr vt* (*Schmerzen*) çekmek; (*Niederlage*) uğramak (-e)

erlernen* *vt* öğrenmek

erlesen *adj* seçkin, güzide

Erlesenheit *f kein pl* seçkinlik

erleuchten* *vt* aydınlatmak

Erleuchtung <-en> *f* ❶ aydınlatma ❷ (*Inspiration*) esin, ilham

erliegen* *irr vi sein* ❶ (*besiegt werden*) yenilmek; (*einer Versuchung*) uymak (-e); (*einem Irrtum*) düşmek (-e) ❷ (*sterben*) ölmek ❸ **etw zum E~ bringen** bir şeyi felce uğratmak; **der Frost hat den Verkehr zum E~ gebracht** don trafiği felce uğrattı; **zum E~ kommen** durmak, felce uğramak

erlischt *3. präs von* **erlöschen**

erlitten *pp von* **erleiden**

Erlös <-es, -e> [ɛɐ'lø:s] *m* satış bedeli

erlosch *3. imp von* **erlöschen**

erloschen *pp von* **erlöschen**

erlöschen* <erlischt, erlosch, erloschen> *vi sein* ❶ (*Feuer, Vulkan*) sönmek ❷ (*Anspruch*) düşmek; (*Interesse*) geçmek, sona ermek; (*Mitgliedschaft*) sona ermek ❸ (*aussterben*) nesli tükenmek

erlösen* *vt* kurtarmak (**von** -den)

Erlösung <-en> *f* kurtuluş; (*Rettung, Befreiung*) kurtarma

ermächtigen* [ɛɐ'mɛçtɪgən] *vt* yetkilendirmek (**zu** -e), yetkili kılmak (**zu** -e)

Ermächtigung <-en> *f* JUR yetki (**zu** -); **er hat keine ~, den Vertrag zu unterschreiben** sözleşmeyi imzalama yetkisi yoktur

ermahnen* *vt* uyarmak (**zu** için), ihtar etmek (**zu** için)

Ermahnung <-en> *f* uyarı, uyarma, ihtar

ermäßigen* [ɛɐ'mɛ:sɪgən] *vt* indirmek, tenzil etmek; **die Preise um 10% ~** fiyatlarda %10 indirim yapmak

Ermäßigung <-en> *f* ❶ (*Senkung*)

indirme, tenzil ❷ (*Preisnachlass*) indirim, tenzilât
ermatten* *vt* mat etmek
ermattet [ɛɐ'matət] *adj* mat, bitkin; **ich bin ~** mat oldum, bittim
ermessen* *irr vt* değerlendirmek, takdir etmek; (*schätzen*) değer biçmek (-e)
Ermessen <-s> *nt kein pl* takdir; **richterliches ~** hâkimin takdiri; **nach menschlichem ~** büyük bir olasılıkla; **in jds ~ liegen** birinin takdirine kalmak
Ermessensfreiheit *f kein pl* JUR takdir hakkı
ermitteln* [ɛɐ'mɪtəln] **I.** *vi* JUR soruşturma yapmak (**gegen** hakkında) **II.** *vt* ❶ (*Täter*) bulmak ❷ (*Sieger*) belirlemek, tespit etmek ❸ MATH bulmak
Ermittlung <-en> *f* ❶ (*polizeilich*) soruşturma, tahkikat; **~en einleiten** soruşturma açmak ❷ (*Feststellung*) belirleme, tespit **Ermittlungsverfahren** *nt* JUR hazırlık soruşturması
ermöglichen* [ɛɐ'mø:klɪçən] *vt* mümkün kılmak, olanak sağlamak (-e), imkân vermek (-e)
ermorden* *vt* öldürmek, katletmek
Ermordung <-en> *f* öldürme, katil, katletme, katledilme
ermüden* [ɛɐ'my:den] **I.** *vi sein* ❶ (*Person*) yorulmak ❷ TECH dayanma ömrünü yitirmek **II.** *vt* (*Person*) yormak
ermüdend *adj* yorucu
Ermüdung <-en> *f* yorulma, yorgunluk; TECH dayanma ömrünü yitirme **Ermüdungserscheinung** *f* yorgunluk belirtisi
ermuntern* [ɛɐ'mʊntɐn] *vt* yüreklendirmek (**zu** için); (*aufmuntern*) moral vermek (-e, **zu** için)
Ermunterung *f* yüreklendirme
ermutigen* [ɛɐ'mu:tɪgən] *vt* cesaretlendirmek (**zu** için), isteklendirmek (**zu** -e), özendirmek (**zu** -e)
Ermutigung *f* cesaretlendirme
ernähren* **I.** *vt* ❶ (*mit Nahrung*) beslemek ❷ (*sorgen für*) bakmak (-e); (*unterhalten*) geçindirmek **II.** *vr* ■ **sich ~** beslenmek (**von** ile); **sich gesund/ungesund ~** sağlıklı/sağlıksız beslenmek
Ernährung *f kein pl* ❶ beslenme; (*Nahrung*) besin; **gesunde ~** sağlıklı beslenme ❷ (*Unterhalt*) geçindirme **Ernährungsstörung** *f* beslenme bozukluğu **Ernährungswissenschaft** *f kein pl* beslenme eğitimi **Ernährungswissenschaftler(in)** *m(f)* beslenme eğitimcisi
ernannt *pp von* **ernennen**
ernennen* *irr vt* atamak, tayin etmek, nasbetmek
Ernennung <-en> *f* atama (**zu** -e), tayin (**zu** -e)
erneuern* [ɛɐ'nɔɪɐn] *vt* ❶ (*Vertrag, Pass*) uzatmak; (*Maschinenteil*) yenilemek ❷ (*Gebäude*) onarmak ❸ (*Freundschaft*) tazelemek
erneut [ɛɐ'nɔɪt] *adv* yeniden
erniedrigen* [ɛɐ'ni:drɪgən] **I.** *vt* ❶ (*demütigen*) küçük düşürmek ❷ (*Druck*) indirmek; (*Preise*) indirmek ❸ MUS yarım ton kalınlaştırmak **II.** *vr* ■ **sich ~** küçük düşmek (**vor** önünde)
Erniedrigung <-en> *f* ❶ (*Demütigung*) küçük düşür(ül)me ❷ MUS bemol
ernst [ɛrnst] *adj* ❶ (*Mensch*) ciddi; (*Absicht*) ciddi; **jdn/etw ~ nehmen** bir kimseyi/şeyi ciddiye almak; **etw ~ meinen** bir şeyi ciddi demek ❷ (*Lage, Krankheit*) ciddi ❸ (*feierlich*) ciddi
Ernst <-es> *m kein pl* ❶ (*Strenge*) ciddilik ❷ (*ernster Wille*) **das ist mein voller ~** (*fam*) çok ciddiyim; **im ~** cidden; **allen ~es** cidden ❸ (*Gewichtigkeit*) ciddiyet, ciddilik; **der ~ der Lage** durumun ciddiliği
Ernstfall <-(e)s, -fälle> *m* ciddi durum
ernsthaft *adj* ❶ (*Verletzung*) ciddi ❷ (*Miene, Angebot*) ciddi
Ernsthaftigkeit *f kein pl* ciddilik
ernstlich **I.** *adj* ❶ (*Bedenken*) ciddi; (*Gefahr*) ciddi ❷ (*Absicht*) ciddi **II.** *adv* ❶ (*ermahnen*) ciddi ciddi, ciddi olarak; **jdm ~ böse sein** birine cidden kızgın olmak ❷ (*krank sein*) ciddi bir biçimde
Ernte <-n> ['ɛrntə] *f* ❶ (*Vorgang*) hasat, ürün kaldırma; (*von Mais*) toplama ❷ (*das Geerntete*) hasat; (*Jahres~*) rekolte
Erntedankfest [--'--] *nt* hasat bayramı
ernten ['ɛrntən] *vt* (*a. fig*) kaldırmak, toplamak; (*Mais*) toplamak; (*Getreide*) biçmek; **Beifall ~** alkış toplamak; **wer Wind sät, wird Wind ~** (*prov*) rüzgâr eken fırtına biçer
ernüchtern* [ɛɐ'nʏçtɐn] *vt* ❶ (*Betrunkene*) ayıltmak ❷ (*enttäuschen*) aklını başına getirmek (-in)
Ernüchterung <-en> *f* ayılma
Eroberer(in) <-s, -; -nen> [ɛɐ'ʔo:bərɐ] *m(f)* fatih
erobern* [ɛɐ'ʔo:bɐn] *vt* (*a. fig*) fethetmek, ele geçirmek
Eroberung <-en> *f* fetih
eröffnen* **I.** *vt* ❶ (*Konto, Geschäft*) açmak; (*einweihen*) açmak; (*Verhandlung, Sitzung*) açmak ❷ (*Testament*) açmak ❸ JUR (*Verfahren*) açmak ❹ MIL (*das Feuer*) açmak ❺ (*mitteilen*) **jdm etw ~** birine bir şey açıklamak **II.** *vr* ■ **sich ~** (*Möglichkei-*

ten, Wege) doğmak
Eröffnung <-en> *f* ❶ (*Öffnung*) açılış; (*Einweihung*) açım ❷ (*Mitteilung*) açıklama
Eröffnungszug *m* açılış hamlesi
erörtern* [ɛɐ'œrtɐn] *vt* görüşmek
Erörterung <-en> *f* ❶ (*das Erörtern*) görüşme ❷ (*Text*) konuşma
Eros <-ten> *m* ❶ MYTH Eros ❷ *kein pl* PHILOS eros
Erosion <-en> [ero'zjo:n] *f* GEO erozyon
Erotik [e'ro:tɪk] *f kein pl* erotizm
erotisch *adj* erotik, kösnül
Erpel <-s, -> ['ɛrpəl] *m* suna, erkek ördek
erpicht [ɛɐ'pɪçt] *adj* **auf etw ~ sein** bir şeye (çok) düşkün olmak, bir şeye can atmak; **eine auf Neuigkeiten ~e Dame** yeniliklere çok düşkün bir bayan
erpressen* *vt* ❶ (*Person*) şantaj yapmak (-e, **mit** ile) ❷ (*Lösegeld*) istemek; (*Geständnis*) ettirmek
Erpresser(in) <-s, -; -nen> *m(f)* şantajcı
Erpressung <-en> *f* şantaj
erproben* *vt* denemek, test etmek
erprobt *adj* denenmiş, denemesi yapılmıs; **das Gerät ist noch nicht ~** aygıtın henüz denemesi yapılmamıştır; **er ist in solchen Dingen ~** böyle işlerde deneyimlidir
Erprobung <-en> *f* deneme
erquicklich *adj* (*geh: angenehm*) hoş
erraten* [ɛɐ'ra:tən] *irr vt* tahmin etmek
errechnen* *vt* hesaplamak
erregbar [ɛɐ're:kba:ɐ] *adj* asabi, sinirli
erregen* [ɛɐ're:gən] **I.** *vt* ❶ (*emotional, sexuell*) tahrik etmek ❷ (*hervorrufen*) yol açmak (-e); (*Interesse*) uyandırmak; (*Ärger*) sinirlendirmek; (*Appetit*) açmak; **jds Aufmerksamkeit ~** birinin dikkatini çekmek ❸ (*Fantasie*) harekete geçirmek **II.** *vr* ■ **sich ~** sinirlenmek (**über** -e)
Erreger <-s, -> *m* MED (*Krankheits~*) mikrop
erreichbar *adj* erişil(ebil)ir; **das Dorf ist leicht ~** o köye kolay gidilir
erreichen* *vt* ❶ (*Person*) ulaşmak (-e) ❷ (*Zug*) yetişmek (-e); (*Ort, Alter*) varmak (-e) ❸ (*erlangen*) elde etmek, erişmek (-e)
errichten* *vt* ❶ (*Gebäude*) yapmak, inşa etmek; (*bauen*) yapmak; (*Denkmal*) dikmek ❷ (*gründen*) kurmak
erringen* *irr vt* kazanmak; (*Erfolg*) elde etmek
erröten* [ɛɐ'rø:tən] *vi sein* yüzü kızarmak, kıpkırmızı kesilmek; **vor Freude/Scham/Verlegenheit tief ~** sevinçten/utançtan/mahcubiyetten kıpkırmızı kesilmek
errungen *pp von* **erringen**
Ersatz <-es> [ɛɐ'zats] *m kein pl* ❶ (*Auswechselung*) yedek ❷ (*Entschädigung*) tazminat **Ersatzdienst** *m* (askerlik yerine) sivil hizmet **Ersatzmann** *m a.* SPORT yedek **Ersatzreifen** *m* stepne, yedek lastik **Ersatzteil** <-(e)s, -e> *nt* yedek parça
ersatzweise [ɛɐ'zatsvaɪzə] *adv* yerine
ersaufen* *irr vi sein* (*fam*) boğulmak
erschaffen* *irr vt* (*geh*) yaratmak
Erschaffung *f kein pl* (*geh*) yaratma
erschaudern* *vi sein* (*geh*) tir tir titremek
erscheinen* *irr vi sein* ❶ (*sichtbar werden*) belirmek ❷ (*sich einfinden*) gelmek ❸ (*Buch*) yayımlanmak, çıkmak; **die Anzeige erschien (in der Zeitung) vor zwei Tagen** ilan iki gün önce (gazetede) çıktı ❹ (*sich darstellen, scheinen*) görünmek
Erscheinen <-s> *nt kein pl* ❶ (*Gäste*) gelme ❷ (*das Sichtbarwerden*) belirme, görünme ❸ (*Buch*) yayımlanma
Erscheinung <-en> *f* ❶ (*Tatsache*) olgu; (*Ermüdungs~*) belirti; **in ~ treten** belirmek, ortaya çıkmak ❷ (*Gestalt*) kılık, eşkâl; (*äußere*) görünüm, görünüş; **seiner äußeren ~ nach** görünümüne bakılırsa, görünüşüne göre ❸ (*Natur~*) görüngü; (*Geister~*) görüntü **Erscheinungsbild** *nt* görünüm, manzara; (*Aussehen*) görünüş; **das ~ einer Stadt** bir kentin görünümü **Erscheinungsjahr** *m* yayımlanma yılı **Erscheinungsort** *m* yayımlanma yeri
erschienen *pp von* **erscheinen**
erschießen* *irr vt* ateş ederek öldürmek; (*hinrichten*) kurşuna dizmek
Erschießung <-en> *f* ateş ederek öldürme; (*Hinrichtung*) kurşuna dizme
erschlaffen* [ɛɐ'ʃlafən] *vi sein* hamlamak, pörsümek; (*Muskeln*) gevşemek
erschlagen[1] **I.** *pp von* **erschlagen**[2] **II.** *adj* (*fam*) ❶ (*erschöpft*) bitkin ❷ (*fassungslos*) **er war (wie) ~, als er das hörte** bunu duyunca beyninden vurulmuşa döndü
erschlagen*[2] *irr vt* vurarak öldürmek
erschleichen* *irr vt* hile ile elde etmek
erschlichen *pp von* **erschleichen**
erschließen* *irr vt* ❶ (*Land*) bayındırlaştırmak; (*Märkte*) açmak; (*Baugelände*) ifraz etmek ❷ (*folgern*) (sonuç) çıkarmak
Erschließung <-en> *f* ❶ (*von Bodenschätzen*) yararlanmak ❷ (*von Märkten*) (pazarlar) açma ❸ (*von Baugelände*) ifraz
erschlossen *pp von* **erschließen**
erschöpfen* **I.** *vt* ❶ (*verbrauchen*) tüketmek; (*aufbrauchen*) kullanarak bitirmek; **meine Geduld ist erschöpft** sabrım tükendi ❷ (*ermüden*) yormak ❸ (*Thema*) inceden inceye ele almak **II.** *vr* ■ **sich ~**

❶ (*Gesprächsstoff*) tükenmek ❷ (*beschränkt sein*) sınırlı olmak (**in** -le)
Erschöpfung <-en> *f* ❶ (*das Erschöpfen*) tüketilme; **~ der Ressourcen** kaynakların tüketilmesi ❷ (*Ermüdung*) tükenme; **bis zur ~ arbeiten** tükeninceye kadar çalışmak
erschossen *pp von* **erschießen**
erschrak *3. imp von* **erschrecken[2], [3]**
erschrecken*[1] *vt* korkutmak, ürkütmek; **jdn ~** birini korkutmak
erschrecken[2] <erschrickt, erschrak, erschrocken> *vi sein* korkmak, ürkmek (**über/vor** -den)
erschrecken[3] <erschreckt *o* erschrickt, erschreckte *o* erschrak, erschreckt *o* erschrocken> *vr* ■ **sich ~** (*fam*) korkmak, ürkmek (**über/vor** -den)
erschreckend *adj* korkutucu; (*Angst einflößend*) korkunç
erschrickt *3. präs von* **erschrecken[2], [3]**
erschrocken [ɛɐ'ʃrɔkən] **I.** *pp von* **erschrecken[2], [3]** **II.** *adj* korkan, ürken
erschüttern* [ɛɐ'ʃʏtɐn] *vt* ❶ (*Erdbeben, Explosion*) sarsmak ❷ (*Glauben, Gesundheit*) sarsmak; (*Vertrauen*) sarsmak ❸ (*Nachricht*) sarsmak; (*stärker*) çok heyecanlandırmak
erschütternd *adj* sarsıcı
erschüttert *adj* sarsılan
Erschütterung <-en> *f* ❶ (*Beben*) sarsıntı ❷ (*Ergriffenheit*) sarsılma
erschweren* [ɛɐ'ʃve:rən] *vt* ❶ (*schwerer machen*) güçleştirmek ❷ (*verschlimmern*) ağırlaştırmak; **unter erschwerten Bedingungen** güç [*o* ağır] koşullar altında
erschwinglich [ɛɐ'ʃvɪŋlɪç] *adj* kesesine göre, mali imkânlarına göre
ersehen* *irr vt* görmek (**aus** -den); **wie aus meinem Bericht zu ~ ist** raporumdan görüldüğü gibi; **soviel ich aus dem Bericht ersehe ...** raporundan gördüğüm kadarıyla ...
ersehnen* *vt* yürekten istemek, göreceği gelmek, özlemek, özlemini çekmek (-in); **der lang ersehnte Augenblick** uzun zamandır özlemi çekilen an
ersetzen* *vt* ❶ (*Teil*) **alte Reifen durch neue ~** eski lastiklerin yerine yenilerini takmak ❷ (*Person*) **sie ersetzt dem Kind die Mutter** çocuğa annelik ediyor ❸ (*auswechseln*) değiştirmek (**durch** -le), ikame etmek (**durch** -le), ornatlamak (**durch** -le) ❹ (*Ausgaben*) ödemek ❺ *a.* FIN (*Verlust*) telafi etmek, tazmin etmek (**durch** -le); **jdm einen Schaden ~** birinin zararını ödemek [*o* tazmin etmek]
ersichtlich [ɛɐ'zɪçtlɪç] *adj* görünür; **ohne ~en Grund** görünürde bir sebep olmaksızın; **hieraus ist ~, dass ...** buradan belli ki ...
ersoffen *pp von* **ersaufen**
ersparen* *vt* ❶ (*Mühe*) sokmamak; **erspar mir den Ärger** başımı derde sokma; **ihr bleibt aber auch nichts erspart** (*fam*) başına gelmedik şey kalmadı ❷ (*Geld*) biriktirmek, tasarruf etmek; **von seinem Ersparten leben** hazırdan yemek
Ersparnis <-se> *f* tasarruf (**an** -den)
erst [e:ɐst] **I.** *adv* ❶ (*zuerst*) ilkin, önce ❷ (*zu Beginn*) ilkin, başta, önceleri ❸ (*nicht früher als*) **er wird ~ morgen kommen** ancak yarın gelir; **er kam ~ gestern** daha dün geldi ❹ (*nur*) sadece **II.** *part* **jetzt ~** ancak şimdi; **~ gestern fragte sie ...** daha dün ... sordu; **wenn sie ~ weg sind** hele bir gitsinler
erstanden *pp von* **erstehen**
erstarren* *vi sein* ❶ (*vor Kälte*) donmak, buz kesilmek ❷ (*Lava*) katılaşmak; (*das Wasser erstarrte zu Eis*) su buz tuttu ❸ (*vor Schreck*) donakalmak; (*Blut*) donmak
erstatten* [ɛɐ'ʃtatən] *vt* ❶ (*vergüten*) ödemek ❷ (*Bericht*) vermek; **wegen etw Anzeige bei der Polizei ~** bir şeyden dolayı polise ihbarda bulunmak
Erstattung <-en> *f* ödeme, verme
Erstaufführung *f* THEAT gala
erstaunen* **I.** *vi sein* şaş(ır)mak (**über** -e), hayret etmek (**über** -e); **nein, wirklich? da bin ich aber erstaunt!** olamaz, gerçekten mi? hayret [*o* şaştım doğrusu]!; **guck nicht so erstaunt!** öyle şaşkın şaşkın bakma! **II.** *vt* hayrette bırakmak, şaşırtmak
Erstaunen <-s> *nt kein pl* hayret, şaşırma; **jdn in ~ setzen** birini hayrete düşürmek, birini hayrette bırakmak; **zu meinem größten ~ ist er noch hier** hâlâ burada olmasına hayret ediyorum
erstaunlich *adj* (*verwunderlich*) hayret verici, şaşılası, şaşılacak, müthiş; (*merkwürdig*) tuhaf
erstbeste(r, s) *adj* **die ~ Gelegenheit** ilk fırsat; **der/die/das E~** ilk
erste(r, s) ['e:ɐstə, -tɐ, -təs] *adj* ilk, birinci; **als E~s muss ich sagen ...** ilk planda şunu söylemeliyim ...; **an ~er Stelle** ilk başta; **das ~ Mal** ilk defa; **zum ~n Mal** ilk defa; **fürs E~** şimdilik; **~ Hilfe** ilk yardım; **~ Klasse** birinci sınıf, birinci mevki; *s. a.* **achte(r, s)**
erstechen* *irr vt* **mit einem Messer ~** bıçakla öldürmek, bıçaklayarak öldürmek
erstehen* *irr vt* almak; (*erwerben*) iktisap etmek

Erste-Hilfe-Kasten [--'----] *m* MED ilk yardım kutusu
ersteigern* *vt* artırma ile almak, müzayade ile almak
erstellen* *vt* ❶ (*bauen*) yapmak, imal etmek ❷ (*Gutachten*) yazmak; (*Plan*) kurmak
erstemalALT ['e:ɐstəma:l] *adv s.* **erste(r, s)**
erstenmalALT ['e:ɐstən'ma:l] *adv s.* **erste(r, s)**
erstens ['e:ɐstəns] *adv* ilkin; (*bei Aufzählung*) birincisi; *s. a.* **achtens**
erster ['e:ɐstɐ] *adj s.* **erste(r, s)**
erstere(r, s) ['e:ɐstərə, -rɐ, -rəs] *adj* (*erstgenannt*) başta söylenen; **der/die/das E~** birincisi, ilki
erstes *adj s.* **erste(r, s)**
ersticken* [ɛɐ'ʃtɪkən] **I.** *vi sein* (*Person*) boğulmak, havasızlıktan ölmek **II.** *vt* ❶ (*töten*) boğmak ❷ (*Aufruhr*) bastırmak ❸ (*Feuer*) söndürmek
Erstickung <-en> *f* MED boğulma
erstklassig ['e:ɐstklasɪç] *adj* ❶ (*ausgezeichnet*) şahane, mükemmel; (*hervorragend*) bir numaralı ❷ SPORT birinci, bir numaralı, başta gelen
erstmalig ['e:ɐstma:lɪç] **I.** *adj* ilk defa olan **II.** *adv* ilk kez [*o* defa]
erstmals ['e:ɐstma:ls] *adv* ilk kez, ilk defa olarak
erstochen *pp von* **erstechen**
erstrangig ['e:ɐstraŋɪç] *adj* ❶ (*Problem*) son derece önemli, başta gelen; (*erstklassig*) bir numaralı ❷ JUR (*im Grundbuch*) birinci sıradaki
erstreben* *vt* (*geh*) elde etmeye çalışmak, peşine düşmek (-in); (*eine Stellung*) peşinde olmak
erstrecken* *vr* ■**sich ~** ❶ (*betreffen*) kapsamak (**auf** -) ❷ (*räumlich*) kapsamak (**über** -) ❸ (*zeitlich*) sürmek (**über** -)
ersuchen* *vt* **jdn um etw ~** birine bir şey için istekte bulunmak
ertappen* *vt* yakalamak, tutmak; **jdn auf frischer Tat ~** birini suçüstü yakalamak
erteilen* *vt* (*Erlaubnis*) vermek; (*Rat*) vermek; (*Unterricht, Befehl*) vermek; **sie erteilte ihm das Wort** ona sözü verdi
ertönen* [ɛɐ'tø:nən] *vi sein* (sesi) duyulmak [*o* işitilmek]; **der Dampfer ließ seine Sirene ~** vapur canavar düdüğünü öttürdü
Ertrag <-(e)s, -träge> [ɛɐ'tra:k, *pl* ɛɐ'trɛ:gə] *m* ❶ (*Produktmenge*) verim ❷ (*Gewinn*) kazanç, hasılat, getiri, irat, gelir ❸ AGR ürün, mahsul
ertragen* *irr vt* çekmek; (*aushalten*) dayanmak (-e), katlanmak (-e), tahammül etmek (-e)
erträglich [ɛɐ'trɛ:klɪç] *adj* ❶ (*zu ertragen*) katlanılır, katlanılabilir, çekilir ❷ (*fam: recht gut*) oldukça iyi
ertragreich *adj* verimli, kazançlı
ertränken* *vt* (suda) boğmak
erträumen* *vr* ■**sich ~** hayalinden geçirmek
ertrinken* *irr vi sein* (suda) boğulmak
ertrunken *pp von* **ertrinken**
erübrigen* [ɛɐ'y:brɪgən] **I.** *vt* ❶ (*einsparen*) biriktirmek, tasarruf etmek ❷ (*haben*) olmak; **können Sie etw Zeit für mich ~?** benim için biraz vaktiniz var mı? **II.** *vr* ■**sich ~** (*überflüssig sein*) hacet kalmamak, gereği olmamak; **das hat sich jetzt alles erübrigt** bütün bunlara artık hacet kalmadı
Eruption *f* ❶ GEO (*von einem Vulkan*) erupsiyon, püskürme, indifa, püskürme ❷ MED (*Hautausschlag*) indifa
eruptiv *adj* GEO, MED indifaî
erwachen* *vi sein* (*geh*) uyanmak; **das wird ein böses E~ geben** bunun sonu kötü olacak; **aus dem Koma ~** komadan çıkmak; **vom Tode ~** hortlamak
erwachsen[1] [ɛɐ'vaksən] **I.** *pp von* **erwachsen**[2] **II.** *adj* yetişkin
erwachsen[2] *irr vi sein* (*entstehen*) oluşmak, çıkmak; (*hervorgehen*) doğmak (**aus** -den); **er ist zum Manne ~** kocaman adam oldu
Erwachsene(r) <-n, -n; -n> *f(m)* yetişkin, büyük
Erwachsenenbildung *f kein pl* yetişkin eğitimi
erwägen <erwägt, erwog, erwogen> [ɛɐ'vɛ:gən] *vt* düşünmek
Erwägung <-en> *f* **nach reiflicher ~** iyice düşünüp taşındıktan sonra; **etw in ~ ziehen** bir şeyi düşünmek
erwähnen* [ɛɐ'vɛ:nən] *vt* anmak, zikretmek, sözünü etmek (-in), bahsetmek (-den), söz etmek (-den); **unten/oben erwähnt** aşağıda/yukarıda adı geçen
Erwähnung <-en> *f* anma
erwärmen* **I.** *vt* ısıtmak **II.** *vr* ■**sich ~** ❶ (*warm werden*) ısınmak ❷ (*sich begeistern*) ısınmak (**für** -e)
Erwärmung <-en> *f* ısınma
erwarten* *vt* ❶ (*warten, hoffen*) beklemek, ummak; **sie kann es kaum noch ~** dört gözle bekliyor, bekleyecek hâli kalmadı; **das war zu ~** bu bekleniyordu ❷ (*verlangen*) istemek ❸ (*erhoffen*) beklemek, umut etmek; **er erwartet von uns, dass wir gehorchen** bizden itaat etmemizi bekliyor; **es wurde wider E~ ein schöner Tag** beklentilerin aksine güzel bir

gün oldu
Erwartung <-en> *f* beklenti; (*Hoffnung*) umut; **den ~en entsprechen** beklentileri karşılamak **erwartungsgemäß** *adv* beklendiği gibi, umulduğu gibi **erwartungsvoll I.** *adj* umutlu **II.** *adv* umutla
erwecken* *vt* ❶ (*geh: aufwecken*) uyandırmak ❷ (*hervorrufen*) uyandırmak; (*Zweifel*) uyandırmak, düşürmek (-e); (*Vertrauen*) vermek; **Vertrauen ~d** güven verici; **das erweckte den Anschein, als ob ...** sanki ... imiş gibi göründü
erweichen* [ɛɐ'vaɪçən] **I.** *vt* yumuşatmak; **jds Herz ~** birinin kalbini eritmek **II.** *vi* yumuşamak
erweisen* [ɛɐ'vaɪzən] *irr* **I.** *vt* ❶ (*nachweisen*) kanıtlamak; **als erwiesen gelten** sabit görülmek ❷ (*Gefallen*) etmek, yapmak; (*Ehre*) vermek; (*Aufmerksamkeit*) göstermek **II.** *vr* ■ **sich ~** (*sich zeigen*) (kendini) göstermek; (*sich herausstellen*) sabit olmak, kesin olarak belli olmak; **sie hat sich als sehr zuverlässig erwiesen** çok güvenilir olduğunu gösterdi
erweitern* [ɛɐ'vaɪtɐn] **I.** *vt* ❶ (*Anlage*) genişletmek; (*Straße*) genişletmek (**um** -) ❷ (*fig: Kenntnisse*) artırmak; **seinen Horizont ~** ufkunu genişletmek ❸ (*vergrößern*) büyütmek (**um** -) **II.** *vr* ■ **sich ~** genişlemek (**um** -); (*Straße*) genişlemek; (*Blutgefäße, Pupille*) büyümek
Erweiterung <-en> *f* ❶ genişletme; (*Kenntnisse*) artırma ❷ (*Kapazität*) artırım ❸ (*Pupillen, Gefäße*) büyüme
Erwerb <-(e)s, -e> [ɛɐ'vɛrp] *m* ❶ iktisap, kazanma, edinme ❷ (*Verdienst*) kazanç; (*Lohn*) ücret ❸ (*Arbeit*) iş, çalışma; (*Beruf*) meslek
erwerben* *irr vt* ❶ (*Waren, Kenntnisse*) edinmek, iktisap etmek; (*einen Titel*) almak; **etw käuflich ~** bir şeyi satın almak ❷ (*Anerkennung*) kazanmak; **seinen Lebensunterhalt durch Klavierunterricht ~** piyano dersi vererek geçinmek
erwerbsfähig *adj* iş görebilir, iş yapabilir
Erwerbsleben *nt kein pl* (*Berufsleben*) meslek yaşamı, meslek hayatı
erwerbslos *adj* işsiz
Erwerbsquelle *f* geçim kapısı; (*Verdienstquelle*) gelir kaynağı
erwerbstätig *adj* kazanç sahibi; **~ sein** kazanç sahibi olmak
Erwerbstätigkeit *f* çalışma **erwerbsunfähig** *adj* iş göremez
erwidern* [ɛɐ'vi:dɐn] *vt* ❶ (*antworten*) cevap [*o* yanıt] vermek (**auf** -e); (*entgegnen*) karşılık vermek (**auf** -e) ❷ (*Gruß, Besuch*) karşılık vermek
Erwiderung <-en> *f* ❶ (*Antwort*) cevap, yanıt ❷ (*von Gefühlen*) karşılık
erwiesen *pp von* **erweisen**
erwiesenermaßen [ɛɐ'vi:zənɐ'ma:sən] *adv* kanıtlanmış olduğu gibi, sabit olduğu üzere; **er ist ~ dort gewesen** kanıtlanmış olduğu gibi orada bulunmuştur
erwirtschaften* *vt* **Gewinn ~** kâr getirmek
erwischen* *vt* (*fam*) ❶ (*ergreifen*) tutmak; **es muss ausgerechnet immer mich ~** bula bula hep beni buluyor ❷ (*ertappen*) yakalamak; **die Kinder beim Lügen ~** çocukların yalanını yakalamak
erwog [ɛɐ'vo:k] *3. imp von* **erwägen**
erwogen [ɛɐ'vo:gən] *pp von* **erwägen**
erworben [ɛɐ'vɔrbən] **I.** *pp von* **erwerben II.** *adj* kazanılmış, edinilmiş, müktesep; **~e Rechte** müktesep haklar
erwünscht [ɛɐ'vʏnʃt] *adj* istenilen; **Deutschkenntnisse ~** Almanca bilen aranıyor
erwürgen* [ɛɐ'vʏrgən] *vt* boğmak
Erz <-es, -e> [e:ɐts, ɛrts] *nt* cevher
erzählen* *vt* anlatmak; **etw wieder ~** bir şeyi tekrar anlatmak; **mir kannst du nichts ~** (*fam*) sen onu külahıma anlat
Erzähler(in) <-s, -; -nen> *m(f)* anlatıcı; (*Geschichten~*) hikâyeci
Erzählung <-en> *f* LIT anlatı
Erzbischof, -bischöfin ['ɛrts-] *m, f* başpiskopos **Erzengel** *m* başmelek; **der ~ Gabriel** başmelek Cebrail
erzeugen* *vt* ❶ (*herstellen*) üretmek; (*fertigen*) yapmak, imal etmek; CHEM, PHYS üretmek ❷ (*Angst*) vermek; (*Kind*) yapmak
Erzeuger(in) <-s, -; -nen> *m(f)* ❶ (*Vater*) baba ❷ (*Hersteller*) üretici; **vom ~ zum Verbraucher** üreticiden tüketiciye
Erzeugerpreis *m* üretici fiyatı
Erzeugnis <-ses, -se> *nt* ürün
Erzeugung <-en> *f* üretim
Erzfeind(in) ['ɛrts-] *m(f)* can düşmanı
Erzherzog <-s, -zöge> ['ɛrts-] *m* HIST arşidük **Erzherzogin** <-nen> ['ɛrts-] *f* HIST arşidüşes **Erzherzogtum** *nt* arşidüklük
erziehbar *adj* **schwer ~es Kind** problem çocuk
erziehen* *irr vt* eğitmek, terbiye etmek
Erzieher(in) <-s, -; -nen> *m(f)* eğitici; (*Pädagoge*) eğitimci, pedagog
erzieherisch *adj* eğitici
Erziehung *f kein pl* eğitim, terbiye **erziehungsberechtigt** *adj* veli olan **Erziehungsberechtigte(r)** <-n, -n; -n> *f(m)* veli **Erziehungsgeld** *nt* (*Elterngeld*) ebeveyn parası **Erziehungsheim** *nt*

yetiştirme yurdu **Erziehungswissenschaft** *f kein pl* eğitim bilimi, pedagoji **Erziehungswissenschaftler(in)** *m(f)* pedagog

erzielen* *vt* elde etmek; (*Tor*) atmak; **eine Einigung ~** uzlaşmaya varmak

erzogen *pp von* **erziehen**

Erzrivale(in) <-n, -n; -nen> *m(f)* ezelî rakip

erzürnen* [ɛɐ'tsʏrnən] *vt* (*geh: zornig machen*) öfkelendirmek

erzwingen* *irr vt* zorlamak; (*Entscheidung*) zorla verdirmek

erzwungen *pp von* **erzwingen**

es [ɛs] *pron 3. sing nt* ❶ *nom* o ❷ *akk* onu; **ich weiß ~ nicht** bilmiyorum ❸ *unpers* **~ gibt nichts mehr zu tun** yapacak başka bir şey kalmadı; **ihr wurde ~ schlecht** fenalaştı; **~ wurde getanzt** dans edildi; **~ ist vier Uhr** saat dört; **~ hat geläutet** zil çaldı; **~ regnet** yağmur yağıyor; **ich bin ~** benim

Es <-, -> *nt* MUS es

Esche <-n> ['ɛʃə] *f* BOT dişbudak

Esel(in) <-s, -; -nen> ['e:zəl] *m(f)* ❶ ZOOL eşek ❷ (*fam: Mensch*) eşek; **schreien wie ein ~** eşek gibi anırmak **Eselsdistel** <-n> *f* BOT diken **Eselsohr** *nt* (*fig fam*) kıvrık kitap sayfası

eskalieren* [ɛska'li:rən] *vi sein* kızışmak, şiddetlenmek; (*anwachsen*) büyümek; (*zunehmen*) artmak

Eskimo <-s, -s> ['ɛskimo] *m* Eskimo **Eskimofrau** *f* eskimo kadını

Eskorte <-n> [ɛs'kɔrtə] *f* eskort

Esoterik [ezo'te:rɪk] *f kein pl* içrekçilik

esoterisch *adj* içrek; **~e Literatur** içrek edebiyat

Espe <-n> ['ɛspe] *f* BOT (*Populus tremula*) acı kavak; (*Zitterpappel*) titrek kavak

Esperanto <-(s)> [ɛspe'ranto] *nt kein pl* Esperanto

Espresso <-(s), -s *o* Espressi> [ɛs'prɛso, *pl* ɛs'prɛsi] *m* espresso

Esprit <-s> [ɛs'pri:] *m kein pl* espri

Essay <-s, -s> ['ɛse, 'ɛsɛɪ] *m o nt* LIT deneme

Essayist(in) *m(f)* LIT denemeci, deneme yazarı

essbar[RR] ['ɛsba:ɐ] *adj,* **eßbar**[ALT] *adj* yenir, yenen; **~e Pilze** yenen mantarlar

Essbesteck <-(e)s, -e> [bə'ʃtɛk] *nt,* **Eßbesteck**[ALT] <-(e)s, -e> *nt* çatal bıçak takımı

essen <isst, aß, gegessen> ['ɛsən] **I.** *vi* (yemek) yemek; **hast du schon gegessen?** yemek yedin mi?; **zu Mittag/Abend ~** öğlen/akşam yemeği yemek; **~ gehen** yemeğe gitmek **II.** *vt* yemek; (*Suppe*) içmek

Essen <-s, -> *nt* yemek **Essen(s)marke** *f* yemek fişi **Essenszeit** *f* yemek vakti

essentiell [ɛsɛn'tsjɛl] *adj s.* **essenziell**

Essenz <-en> [ɛ'sɛnts] *f* ❶ esans ❷ (*Wesen*) öz

essenziell[RR] [ɛsɛn'tsjɛl] *adj* özlü

Essgewohnheiten[RR] *pl,* **Eßgewohnheiten**[ALT] *pl* yemek yeme alışkanlıkları *pl*

Essig <-s, -e> ['ɛsɪç] *m* sirke **Essigfliege** *f* ZOOL (*Drosophila*) sirke sineği **Essiggurke** *f* turşuluk hıyar **Essigsäure** *f kein pl* sirke ruhu, asetik asit

Esskastanie[RR], **Eßkastanie**[ALT] <-n> *f* (yenir) kestane

Esskultur[RR] *f,* **Eßkultur**[ALT] *f* yemek kültürü

Esslöffel[RR] *m,* **Eßlöffel**[ALT] *m* çorba kaşığı; **ein ~ Mehl** bir çorba kaşığı un

Esswaren[RR] *pl,* **Eßwaren**[ALT] *pl* yiyecekler *pl*

Esszimmer[RR] *nt,* **Eßzimmer**[ALT] *nt* ❶ (*Zimmer*) yemek odası ❷ (*Einrichtung*) yemek odası takımı

Este(in) <-n, -n; -nen> ['e:stə] *m(f)* Estonyalı

Ester *m* CHEM ester

Estland <-s> ['ɛstlant] *nt* Estonya

estnisch ['ɛstnɪʃ] *adj* Estonyalı, Estonya (ile ilgili)

Estragon <-s> ['ɛstragɔn] *m kein pl* BOT tarhun

etablieren* [eta'bli:rən] **I.** *vt* kurmak **II.** *vr* ■ **sich ~** kurulmak, yerleşmek, yerini almak

etabliert *adj* kurulu, yerleşmiş, yerleşik, oturmuş; (*namhaft*) namlı; **die ~e Ordnung** kurulu düzen

Etablissement *nt* (*Bordell*) randevu evi

Etage <-n> [e'ta:ʒə] *f* kat **Etagenbett** *nt* iki katlı yatak **Etagenheizung** *f* kat kaloriferi **Etagenwohnung** *f* apartman dairesi

Etappe <-n> [e'tapə] *f* ❶ (*räumlich, zeitlich*) aşama; (*Entwicklungsabschnitt*) evre; SPORT etap ❷ MIL cephe gerisi, menzil

Etat <-s, -s> [e'ta:] *m* bütçe

Etatismus *m kein pl* POL devletçilik

etc. [e:te:'tse:] *Abk von* **et cetera** vb. (*ve benzerleri*)

Ethik ['e:tɪk] *f kein pl* etik

ethisch *adj* etik

ethnisch ['ɛtnɪʃ] *adj* etnik, budunsal

Ethnologe(in) <-n, -n; -nen> [ɛtno'lo:gə] *m(f)* etnolog

Ethnologie [ɛtnolo'gi:] *f kein pl* etnoloji

E

E

Etikett <-(e)s, -e(n)> [eti'kɛt] *nt* etiket
Etikette <-n> [eti'kɛtə] *f* etiket, teşrifat
etikettieren* *vt* (*Dosen, Flaschen*) etiketlemek
etliche(r, s) ['ɛtlɪçə, -çɐ, -çəs] *pron* (*geh: ein paar*) birkaç, birkaçı; (*einiges*) epeyce; **~ unter den Zuschauern** seyircilerin birçoğu; **nach ~n Stunden** birkaç saat sonra; **er ist um ~s älter als ich** benden epeyce daha yaşlı
Etui <-s, -s> [ɛt'vi:, ety'i:] *nt* kılıf; (*Zigaretten~*) tabaka
etwa ['ɛtva] **I.** *adv* ❶ (*ungefähr*) aşağı yukarı, yaklaşık olarak ❷ (*beispielsweise*) söz gelişi; **wie ~ in diesem Fall** söz gelişi, bu durumda olduğu gibi ❸ SCHWEIZ (*ab und zu*) arada sırada **II.** *part* **willst du ~ schon gehen?** hemen şimdi gidecek misin yani?; **er wollte gehen oder ~ nicht?** gitmek istiyordu yoksa istemiyor muydu?
etwaige(r, s) ['ɛtva:ɪç, -'--] *adj* olası
etwas ['ɛtvas] *pron* bir şey; (*ein bisschen*) biraz, bir parça; **hast du noch ~ Geld?** biraz daha paran var mı?; **ohne ~ zu sagen** bir şey söylemeden; **das ist ~ anderes** bu biraz başka; **sie hat ~ mit ihm** (*fam*) onunla bir şeyler pişiriyor, onunla arasında bir şeyler dönüyor
Etymologe(in) <-n, -n; -nen> [etymo'lo:gə] *m(f)* etimolog
Etymologie <-n> [etymolo'gi:] *f* etimoloji
etymologisch [etymo'lo:gɪʃ] *adj* etimolojik
EU [e:'ʔu:] *f Abk von* **Europäische Union** AB (*Avrupa Birliği*)
EU-Beitritt *m* AB'ye üye olma **EU-Bürger(in)** *m(f)* AB yurttaşı
euch [ɔɪç] **I.** *pron pers dat/akk von* **ihr** size, sizi (*betont*) sizlere, sizleri; (*mit Präp.*) sizin; **wie habt ihr ~ in China verständigt?** Çin'de nasıl anlaştınız?; **~ würde es gefallen** bu sizin hoşunuza gider, bunu beğenirsiniz; **Blumen für ~!** size çiçek var!; **ein Freund von ~** sizin bir dostunuz; **gehören ~ die Räder?** tekerler size mi ait? **II.** *pron refl dat/akk von* **ihr** size, sizi; **setzt ~!** oturun!
Eudämonismus *m kein pl* PHILOS evdemonizm, mutçuluk
euer ['ɔɪɐ] *pron pl gen von* **ihr** sizin
euer *pron* (*adjektivisch*) sizin, sizlerin *pl;* **~ Sohn** (sizin) oğlunuz; **eure Wohnung/Freunde/Blumen** (sizin) eviniz/dostlarınız/çiçekleriniz
euere(r, s) *pron* (*substantivisch*) sizin, sizlerin *pl;* **das große Stück ist eures** [*o* **euers**] büyük parça sizin; *s. a.* **euer**
EU-Gipfel <-s, -> *m* AB zirvesi
Eukalyptus <-, Eukalypten *o* -> [ɔɪka'lʏptʊs] *m* BOT okaliptüs
EU-Kommission *f kein pl* AB komisyonu
EU-Land *nt* AB ülkesi
Eule <-n> ['ɔɪlə] *f* ZOOL baykuş; **E~n nach Athen tragen** (*fig*) tereciye tere satmak, körler mahallesinde ayna satmak
EU-Minister(in) *m(f)* AB bakanı
EU-Mitgliedsland <-(e)s, -länder> *nt* AB üyesi ülke
Eunuch <-en, -en> [ɔɪ'nu:x] *m* hadım; HIST (*im Harem*) hadım ağası, harem ağası
Euphorie <-n> [ɔɪfo'ri:] *f* coşku
euphorisch [ɔɪ'fo:rɪʃ] *adj* coşkulu
Euphrat <-s> *m* Fırat
Eurasien *nt* Avrasya
Euratom [ɔɪra'to:m] *f Abk von* **Europäische Atomgemeinschaft** Euratom (*Avrupa Atom Enerjisi Topluluğu*)
eure(r, s) ['ɔɪrə, -rɐ, -rəs] *pron, pron s.* **euer**
eurer ['ɔɪrɐ] *pron, pron s.* **euer**
eurerseits ['ɔɪrɐzaɪts] *adv* (sizin) tarafınızdan
eures ['ɔɪrəs] *pron, pron s.* **euer**
euresgleichen ['--'--] *pron* sizin gibiler
euretwegen ['ɔɪrətve:gən] *adv* sizin için; (*negativ*) sizin yüzünüzden
euretwillen ['ɔɪrətvɪlən] *adv* **um ~** hatırınız için
eurige(r, s) ['ɔɪrɪgə, -gɐ, -gəs] *pron* (*geh*) **der/die/das ~** sizinkisi; **die ~n** sizinkiler
Euro <-(s), -(s)> ['ɔɪro] *m* EU euro
Eurocheque <-s, -s> *m* euroçek
Europa <-s> [ɔɪ'ro:pa] *nt* Avrupa
Europäer(in) <-s, -; -nen> [ɔɪro'pɛ:ɐ] *m(f)* Avrupalı
Europafrage *f* POL Avrupa sorunu
europäisch *adj* Avrupa (ile ilgili); **E~e Kommission** Avrupa Komisyonu; **E~e Union** Avrupa Birliği; **E~e Währungseinheit** Avrupa Para Birimi; **E~er Gerichtshof** Avrupa Adalet Divanı; **E~es Währungssystem** Avrupa Para Sistemi
Europameister(in) *m(f)* SPORT Avrupa şampiyonu **Europameisterschaft** <-en> *f* SPORT Avrupa Şampiyonası **Europaparlament** <-(e)s> *nt kein pl* Avrupa Parlamentosu **Europapokal** *m* SPORT Avrupa Kupası **Europarat** <-(e)s> *m kein pl* Avrupa Konseyi **Europawahlen** *pl* Avrupa seçimleri *pl*
Eurovision [---'-] *f kein pl* Örovizyon
EU-Staat *m* AB devleti
Euter <-s, -> ['ɔɪtɐ] *m* meme
Euthanasie [ɔɪtana'zi:] *f kein pl* otonazi, ötanazi

ev. REL *Abk von* **evangelisch** Protestan

e. V., E. V. *Abk von* **eingetragener Verein** kayıtlı dernek

Eva *f* Havva; **Adam und ~** Âdem ve Havva

evakuieren* [evaku'i:rən] *vt* boşaltmak, tahliye etmek

Evakuierung <-en> *f* boşaltma, tahliye

Evangelien *pl von* **Evangelium**

evangelisch [evaŋ'ge:lɪʃ] *adj* Protestan

Evangelium <-s, Evangelien> [evaŋ'ge:liʊm] *nt* İncil

Eventualität <-en> [evɛntuali'tɛ:t] *f* olasılık, ihtimal

eventuell [evɛntu'ɛl] **I.** *adj* olası **II.** *adv* belki, bir ihtimal; **~ komme ich** belki gelirim

Evolution <-en> [evolu'tsjo:n] *f* evrim

evtl. *Abk von* **eventuell** olası

E-Werk ['e:vɛrk] *nt Abk von* **Elektrizitätswerk** elektrik santralı, elektrik fabrikası

ewig ['e:vɪç] *adj* ❶ (*unendlich*) sonsuz, ebedî; **für immer und ~** ebediyen, ilelebet ❷ (*fig fam: sehr lange*) çoktandır; (*endlos*) bitmez tükenmez

Ewiggestrige(r) *f(m)* (*fam*) dinozor

Ewigkeit <-en> *f* sonsuzluk, ebediyet; **bis in alle ~** (*fam*) sonsuzluğa kadar, ebediyen, ebediyete kadar; **von ~ zu ~** ezelden ebede kadar; **von ~en her** ezelden beri

EWS <-> [e:ve:'ʔɛs] *nt kein pl Abk von* **Europäisches Währungssystem** Avrupa Para Sistemi

EWU [e:ve:'ʔu:] *f kein pl Abk von* **Europäische Währungsunion** Avrupa Para Birliği

ex [ɛks] *adv* (*fam*) **etw auf ~ trinken** bir şeyi fondip yapmak, bir şeyi bir dikişte içmek; **sie tranken auf ~** bardaklarını devirdiler [*o* bir dikişte içtiler]

exakt [ɛ'ksakt] *adj* ❶ (*präzise*) belgin, sağın; **~e Wissenschaften** sağın bilimler ❷ (*Uhrzeit*) tam; **er kam ~ um 12 Uhr an** saat tam 12'de geldi ❸ (*sorgfältig*) titiz

Examen <-s, - *o* Examina> [ɛ'ksa:mən, *pl* ɛ'ksa:mina] *nt* sınav; **~ machen** sınavı kazanmak [*o* başarmak]

Examina *pl von* **Examen**

exekutieren* [ɛkseku'ti:rən] *vt* ❶ (*hinrichten*) idam etmek ❷ (*ausüben*) icra etmek, yapmak; (*vollziehen*) infaz etmek, yerine getirmek

Exekution <-en> [ɛkseku'tsjo:n] *f* infaz; (*Hinrichtung*) idam

Exekutive <-n> [ɛkseku'ti:və] *f* JUR, POL yürütme gücü, yürütme erki; *s. a.* **Judikative, Legislative**

Exemplar <-s, -e> [ɛksɛm'pla:ɐ] *nt* (*Muster*) örnek; (*Frei~*) nüsha; (*Einzelstück*) tane, adet

exemplarisch [ɛksɛm'pla:rɪʃ] *adj* (*geh*) örnek (olacak nitelikte); (*als warnendes Beispiel*) ibretlik

exerzieren* [ɛksɛr'tsi:rən] *vi* MIL talim yapmak

Exhibitionismus <-> [ɛkshibitsjo'nɪsmʊs] *m kein pl* göstermecilik, ut açıcılık, teşhircilik

Exhibitionist(in) <-en, -en; -nen> *m(f)* göstermeci, ut açıcı, teşhirci

Exil <-s, -e> [ɛ'ksi:l] *nt* sürgün; **ins ~ gehen** sürgün gitmek; **ins ~ schicken** sürgüne göndermek

Existentialismus <-> [ɛksɪstɛntsja'lɪsmʊs] *m kein pl s.* **Existenzialismus**

existentiell [ɛksɪstɛn'tsjɛl] *adj s.* **existenziell**

Existenz[1] [ɛksɪs'tɛnts] *f kein pl* ❶ (*Dasein*) varoluş, mevcudiyet, varlık ❷ (*Leben*) hayat, yaşam

Existenz[2] <-en> *f* ❶ (*Lebensunterhalt*) geçim; (*Auskommen*) geçim kapısı, ekmek kapısı ❷ (*pej: Mensch*) insan; **eine gescheiterte ~** hayatta başarı kazanamamış bir insan

Existenzangst *f* can korkusu **Existenzberechtigung** <-en> *f* yaşama hakkı **Existenzgrundlage** *f* geçim kaynağı

Existenzialismus <-> [ɛksɪstɛntsja'lɪsmʊs] *m kein pl* PHILOS varoluşçuluk

existenziell [ɛksɪstɛn'tsjɛl] *adj* ❶ **eine Frage von ~er Bedeutung** hayat memat meselesi ❷ PHILOS varoluşçu

Existenzkampf *m* hayat mücadelesi, geçim savaşı, ekmek kavgası, boğaz kavgası

Existenzminimum <-s> *nt kein pl* asgari geçim düzeyi; (*Mindesteinkommen*) asgari ücret

existieren* [ɛksɪs'ti:rən] *vi* ❶ (*vorhanden sein*) var olmak ❷ (*auskommen*) geçinmek (**von** -le)

Exitus *m kein pl* MED ölüm

exklusiv [ɛksklu'zi:f] *adj* özel

exkommunizieren* *vt* REL aforoz etmek

Exkremente [ɛkskre'mɛntə] *pl* (*geh*) dışkı, kazurat *pl*

Exkurs <-es, -e> [ɛks'kʊrs] *m* antrparantez, istitrat; **einen ~ einschalten** antrparantez açmak

Exmatrikulation <-en> [ɛksmatrikula'tsjo:n] *f* (öğrenci) kaydın(ın) silinmesi

exmatrikulieren* *vt* kaydını silmek (-in)

Exogamie *f* dış evlilik

Exot(in) <-en, -en; -nen> [ɛ'kso:t] *m(f)* (*Tier*) egzotik hayvan; (*Pflanze*) egzotik bitki; (*Mensch*) egzotik insan

exotisch [ɛ'kso:tɪʃ] *adj* egzotik, yabancıl

expandieren* [ɛkspan'di:rən] *vi* COMM genişlemek; PHYS genleşmek
Expansion <-en> [ɛkspan'zjo:n] *f a.* POL, WIRTSCH genişleme
Expedition <-en> [ɛkspedi'tsjo:n] *f* ❶ keşif gezisi ❷ (*Güter*) sevk
Experiment <-(e)s, -e> [ɛksperi'mɛnt] *nt* deney
experimentell [ɛksperimen'tɛl] *adj* deneysel
experimentieren* *vi* deney yapmak (**mit** ile)
Experte(in) <-n, -n; -nen> [ɛks'pɛrtə] *m(f)* eksper, uzman; (*Sachkundige*) bilirkişi
Expertise <-n> [ɛkspɛr'ti:zə] *f* ekspertiz raporu
explizit [ɛkspli'tsi:t] *adj* belirtik
explodieren* [ɛksplo'di:rən] *vi sein* ❶ (*a. fig: Bombe*) patlamak ❷ (*Preise, Kosten*) patlamak; (*Bevölkerungszahl*) patlamak
Explosion <-en> [ɛksplo'zjo:n] *f* (*a. fig*) patlama
explosionsartig *adj* ❶ (*einer Explosion ähnlich*) patlar gibi ❷ (*rapide*) bomba gibi patlayan
Explosionsgefahr *f* patlama tehlikesi
explosiv [ɛksplo'zi:f] *adj* patlayıcı
Exponat <-(e)s, -e> [ɛkspo'na:t] *nt* KUNST sergilenen parça
Exponent <-en, -en> [ɛkspo'nɛnt] *m* MATH üs; **der ~ einer Potenz** bir kuvvetin üssü
exponentiell *adj* MATH üstel
Export <-(e)s, -e> [ɛks'pɔrt] *m a.* INFORM ihracat **Exportartikel** <-s, -> *m* ihraç malı
Exporteur(in) <-s, -e; -nen> [ɛkspɔr'tø:ɐ, *pl* ɛkspɔr'tø:rə] *m(f)* ihracatçı
Exportfirma <-firmen> *f* ihracat firması
exportieren* [ɛkspɔr'ti:rən] *vt* ihraç etmek, yurt dışına satmak
Exposé [ɛkspɔ'ze:] *nt,* **Exposee** *nt* ekspoze
Express^RR <-es> [ɛks'prɛs] *m kein pl,* **Expreß**^ALT <-sses> *m kein pl* ekpres; **per ~** ekspres ile
Expressionismus <-> [ɛksprɛsjo'nɪsmʊs] *m kein pl* KUNST, MUS, LIT ekspresyonizm, dışa vurumculuk
expressionistisch *adj* KUNST, MUS, LIT ekspresyonist, dışa vurumcu
Expressstraße^RR *f* SCHWEIZ (*Schnellstraße*) ekspres yol
exquisit [ɛkskvi'zi:t] *adj* (*erlesen*) seçkin
extern [ɛks'tɛrn] *adj* dış
extra ['ɛkstra] **I.** *adj inv* (*fam*) ❶ (*zusätzlich*) ekstra, fazladan; **eine ~ Belohnung** ekstra bir ödül ❷ (*gesondert*) ayrı; **auf einem ~ Blatt** ayrı bir kâğıtta **II.** *adv* ❶ (*gesondert*) özel olarak, ayrıca, ayrı olarak ❷ (*zusätzlich*) ekstra, ayrıca ❸ (*eigens*) mahsus; **das hast du ~ gemacht** (*fam*) bunu mahsus yaptın
Extra <-s, -s> *nt* aksesuar
Extrablatt *nt* özel sayı
extrafein *adj* ekstra
Extrakt <-(e)s, -e> [ɛks'trakt] *m o nt* ekstre, öz, hülasa
extravertiert [ɛkstravɛr'ti:ɐt] *adj* PSYCH *s.* **extrovertiert**
extrem [ɛks'tre:m] **I.** *adj* aşırı; **die ~e Linke** aşırı sol **II.** *adv* aşırı
Extrem <-s, -e> *nt* ifrat; **etw ins ~ treiben** bir şeyi ifrata vardırmak; **die äußersten ~e** ifrat tefrit
Extremismus <-, Extremismen> [ɛkstre'mɪsmʊs] *m a.* POL aşırıcılık
Extremist(in) <-en, -en; -nen> *m(f)* (*Links~*) aşırı solcu; (*Rechts~*) aşırı sağcı
extremistisch *adj* aşırı
Extremitäten [ɛkstremi'tɛ:tən] *pl* ekstremiteler *pl,* eller ve ayaklar *pl*
extrovertiert [ɛkstrovɛr'ti:ɐt] *adj* dışa dönük
exzellent [ɛkstsɛ'lɛnt] *adj* mükemmel
Exzellenz <-en> [ɛkstsɛ'lɛnts] *f* cenap; (**Euer**) ~ ekselâns
exzentrisch [ɛks'tsɛntrɪʃ] *adj* MATH dış merkezli, eksantrik; (*fig*) ayrıksı, eksantrik
Exzentrizität <-> *f kein pl* dış merkezlik; (*fig*) ayrıksılık
Exzess^RR <-es, -e> [ɛks'tsɛs] *m,* **Exzeß**^ALT <-sses, -sse> *m* ifrat, taşkınlık; **etw bis zum ~ treiben** bir şeyi ifrata vardırmak
exzessiv [--'-] *adj* (*geh*) aşırı, taşkın, müfrit
EZU [e:tsɛt'ʔu:] *f kein pl* POL, WIRTSCH *Abk von* **Europäische Zahlungsunion** Avrupa Ödemeler Birliği

Ff

F, f <-, -> [ɛf] *nt* ❶ (*Buchstabe*) F, f; **~ wie Friedrich** Fatsa'nın fe'si ❷ MUS fa

Fabel <-n> ['fa:bəl] *f* LIT fabl, öykünce

fabelhaft *adj* şahane

Fabelwesen <-s, -> *nt* efsanevî yaratık

Fabrik <-en> [fa'bri:k] *f* fabrika

Fabrikant(in) <-en, -en; -nen> [fabri'kant] *m(f)* fabrikatör

Fabrikarbeiter(in) *m(f)* fabrika işçisi

Fabrikat <-(e)s, -e> [fabri'ka:t] *nt* fabrika malı, mamul

Fabrikation <-en> [fabrika'tsjo:n] *f* WIRTSCH fabrikasyon **Fabrikationsfehler** *m* WIRTSCH fabrikasyon hatası

fabrikneu *adj* fabrikadan yeni çıkmış, yepyeni; (*fam*) gıcır gıcır

fabrizieren* [fabri'tsi:rən] *vt* (*fam*) imal etmek

fabulieren* [fabu'li:rən] *vi* ❶ (*erzählen*) masal anlatmak, masal okumak ❷ (*lügen*) masal anlatmak, masal okumak

Facelifting *nt* yüz ger(dir)me

Facette <-n> [fa'sɛtə] *f* faseta, façeta

Facettenauge *nt* ZOOL petek göz

Fach <-(e)s, Fächer> [fax, *pl* 'fɛçɐ] *nt* ❶ (*in einer Tasche*) göz; (*im Schrank*) bölme; (*Schublade*) göz; (*Handschuh~*) göz; (*Post~*) kutu ❷ (*Berufszweig*) kol, dal; (*Wissensgebiet*) dal, branş; (*Unterrichts~*) ders; **vom ~ sein** branştan olmak **Facharbeiter(in)** *m(f)* usta işçi, kalifiye işçi **Facharzt, -ärztin** *m, f* uzman hekim, uzman doktor **Fachausbildung** *f* ihtisas **Fachausdruck** <-(e)s, -drücke> *m* (teknik) terim

fächeln ['fɛçəln] **I.** *vt* yelpazelemek **II.** *vr* ■ **sich ~** yelpazelenmek

Fächer[1] <-s, -> ['fɛçɐ] *m* yelpaze

Fächer[2] *pl von* **Fach**

Fachfrau *f* uzman kadın **Fachgebiet** *nt* uzmanlık alanı, ihtisas dalı **Fachgeschäft** <-(e)s, -e> *nt* özel mağaza (**für** için) **Fachhochschule** *f* meslek yüksekokulu **Fachidiot(in)** *m(f)* (*pej*) bir fende kazık kakmış olan kimse **Fachkenntnisse** *pl* uzmanlık alanında bilgiler *pl* **Fachkraft** *f* uzman eleman, kalifiye eleman **fachkundig** ['faxkʊndɪç] *adj* uzman **Fachlehrer(in)** *m(f)* branş öğretmeni **Fachmann** <-(e)s, -leute *o* -männer> *m* erbap, uzman **Fachrichtung** *f* bölüm; (*Zweig*) dal, branş; **die ~ Physik an der Universität Köln** Köln Üniversitesi'nde fizik bölümü

Fachschaft <-en> *f* ❶ UNIV fakülte ❷ (*Berufsgruppe*) meslek grubu

Fachschule <-n> *f* teknik okul **fachsimpeln** ['-zɪmpəln] *vi* (*fam*) iş hakkında konuşmak **Fachsprache** <-n> *f* teknik dil **Fachwerk** *nt kein pl* ARCH ahşap (iskeletli) yapı **Fachwort** <-(e)s, -wörter> *nt* teknik terim

Fackel <-n> ['fakəl] *f* meşale, yanarca

fackeln *vi* (*fam*) duraksamak, tereddüt etmek

Fackelzug *m* fener alayı

fad(e) [fa:t, 'fa:də] *adj* ❶ (*Speise*) tatsız, yavan ❷ (*langweilig*) saman gibi, can sıkıcı

Faden <-s, Fäden> ['fa:dən, *pl* 'fɛ:dən] *m* ❶ (*Näh~*) iplik; **der rote ~** (*fig*) bağlayıcı çizgi; **die Fäden in der Hand halten** (*fig*) dizginleri elinde tutmak; **sein Leben hängt am seidenen ~** (*fig*) hayatı tehlikede olmak; **den ~ verlieren** (*fig*) ipin ucunu kaçırmak; **nach Strich und ~** (*fig fam*) evire çevire, adamakıllı, iyice ❷ (*Gold~, Silber~*) sırma ❸ MED (*Katgut*) katgüt ❹ (*Bohnen*) kılçık

Fadenfisch *m* ZOOL gurami

fadenförmig *adj* ipliksi; **~e Antenne** ZOOL ipliksi duyarga

Fadennudel *f* tel şehriye **Fadenwurm** <-s, -würmer> *m* ZOOL ipsi solucan

Fadheit *f kein pl* yavanlık

Fading *nt* RADIO feding

Fagott <-(e)s, -e> [fa'gɔt] *nt* (*Instrument*) fagot

fähig ['fɛ:ɪç] *adj* ❶ (*imstande*) muktedir (**zu** -e); **er ist zu allem ~** ondan her şey beklenir ❷ (*begabt*) istidatlı ❸ (*geschickt*) becerikli ❹ (*befähigt*) yetenekli (**zu** -e), kabiliyetli (**zu** -e)

Fähigkeit[1] *f kein pl* (*das Imstandesein*) yetenek (**zu** -e); (*Geschicklichkeit*) beceriklilik (**zu** -e)

Fähigkeit[2] <-en> *f* (*Begabung*) istidat; (*geistig*) yeti

fahl [fa:l] *adj* (*Farbe*) donuk; (*Licht*) donuk

Fähnchen *nt* flama

fahnden ['fa:ndən] *vi* **nach etw** *dat*/**jdm ~** bir şeyi/kimseyi aramak

Fahndung <-en> *f* arama (**nach** -)

Fahne[1] <-n> ['fa:nə] *f* ❶ (*Flagge*) bayrak; NAUT bandıra; **die ~ hissen** bayrağı açmak [*o* asmak]; **die ~ auf Halbmast setzen** bayrağı yarıya indirmek ❷ TYPO prova

Fahne[2] *f kein pl* (*fam: Atem*) nefes, ağız kokusu; **eine ~ haben** ağzı alkol kokmak,

nefesi içki kokmak
Fahnenappell *m* MIL bayrak töreni **Fahnenflucht** *f kein pl* MIL askerden kaçma **fahnenflüchtig** *adj* MIL askerden kaçan, asker kaçağı olan; ~ **werden** askerden kaçmak [*o* firar etmek], asker kaçağı olmak **fahnengeschmückt** *adj* bayraklı **Fahnenmast** <-(e)s, -e(n)> *m* bayrak direği **Fahnenstange** <-n> *f* gönder
Fahnenträger(in) *m(f)* bayraktar
Fahrausweis *m* ❶ (*Fahrkarte*) bilet ❷ SCHWEIZ (*Führerschein*) sürücü belgesi, ehliyet
Fahrbahn *f* yol, taşıt yolu; **von der ~ abkommen** yoldan çıkmak
Fähre <-n> ['fɛːrə] *f* vapur, feribot
fahren <fährt, fuhr, gefahren> ['faːrən] **I.** *vi sein* ❶ (*los~*) kalkmak; **der Zug fährt in 5 Minuten** tren 5 dakika sonra kalkıyor ❷ (*sich fortbewegen*) gitmek (**mit** -le); (*Fahrzeug*) gitmek (**mit** -le); **mit dem Motorrad** ~ motosiklet sürmek, motosikletle gitmek; **Rollschuh** ~ paten kaymak; **Ski** ~ kayak kaymak; **Karussell/Riesenrad** ~ atlıkarıncaya/dönme dolaba binmek; **geradeaus** ~ dümdüz gitmek ❸ (*verkehren*) **die Züge ~ nicht am Wochenende** hafta sonları tren seferi yok ❹ (*reisen*) seyahat etmek (**nach** -e) ❺ (*fam*) **einen ~ lassen** yellenmek, osurmak ❻ (*fam: zurechtkommen*) geçinmek; **er ist mit ihm immer gut ge~** onunla her zaman iyi geçindi ❼ **was ist in dich gefahren?** sana ne oldu?; **er fuhr in die Höhe** ayağa sıçradı **II.** *vt* ❶ *haben o sein* (*Straße, Umleitung*) gitmek (-den) ❷ (*befördern*) götürmek; (*Personen*) götürmek; **ich fahre dich nach Hause** seni eve götürürüm; **ein Baby spazieren** ~ bir bebeği arabayla gezdirmek ❸ (*steuern*) sürmek; **Auto** ~ otomobil kullanmak [*o* sürmek]; **lass mich** ~ bırak ben süreyim ❹ SPORT **ein Rennen** ~ yarış yapmak
Fahrenheit PHYS fahrenhayt
Fahrer(in) <-s, -; -nen> ['faːrɐ] *m(f)* (*Auto~, Bus~*) sürücü; (*Chauffeur*) şoför; (*Motorrad~*) sürücü; (*Fahrrad~*) bisikletli
Fahrerairbag <-s, -s> *m* AUTO sürücü hava yastığı **Fahrerflucht** *f kein pl* kaza yerinden kaçma [*o* sıvışma]; ~ **begehen** kaza yerinden kaçmak [*o* sıvışmak]
Fahrerlaubnis <-se> *f* (*form*) ❶ (*Genehmigung*) sürücü belgesi ❷ (*Führerschein*) ehliyet
Fahrersitz *m* şoför koltuğu **Fahrgast** *m* yolcu **Fahrgeld** <-(e)s> *nt kein pl* yol parası **Fahrgestell** *nt* ❶ AUTO şasi ❷ AERO iniş takımı
fahrig ['faːrɪç] *adj* ❶ (*unkontrolliert*) kontrolsüz ❷ (*zerstreut*) kafası dağınık, dalgın
Fahrkarte *f* bilet; **eine ~ hin und zurück** gidiş dönüş için bir bilet **Fahrkartenautomat** *m* bilet otomatı **Fahrkartenkontrolleur(in)** *m(f)* kontrolör **Fahrkartenschalter** *m* (bilet) gişe(si)
fahrlässig ['faːɐlɛsɪç] *adj* taksirli; (*nachlässig*) savsak, ihmalci, ihmalkâr; **~e Tötung** JUR taksirli (adam) öldürme
Fahrlässigkeit <-en> *f* taksir; (*Nachlässigkeit*) ihmal, savsa(k)lama; JUR taksir, ihmal; **grobe** ~ ağır ihmal
Fahrlehrer(in) *m(f)* şoför okulu öğretmeni
Fahrplan *m* tarife
fahrplanmäßig *adj* tarifeli
Fahrpreis *m* bilet fiyatı **Fahrpreiserhöhung** *f* biletlere yapılan zam **Fahrpreisermäßigung** *f* biletlere yapılan indirim
Fahrprüfung *f* şoförlük sınavı
Fahrrad ['faːɐraːt] *nt* bisiklet **Fahrradfahrer(in)** *m(f)* bisikletli **Fahrradkette** *f* bisiklet zinciri **Fahrradweg** *m* bisiklet yolu
Fahrschein <-(e)s, -e> *m s.* **Fahrkarte**
Fahrscheinautomat *m* bilet otomatı
Fahrschule <-n> *f* şoför okulu **Fahrschüler(in)** *m(f)* şoför okulu öğrencisi
Fahrspur *f* AUTO şerit
Fahrstuhl *m* asansör **Fahrstuhlführer** *m* asansörcü **Fahrstuhlschacht** *f* asansör boşluğu
Fahrstunde *f* şoför okulunda ders saati
Fahrt <-en> [faːɐt] *f* ❶ (*Reise*) yolculuk; (*Ausflug*) gezi, tur, dolaşma; (*Strecke*) yol; (*~richtung*) gidiş; **auf der ~** yolda; **eine ~ antreten** yola çıkmak; **eine ~ Fahrt ins Blaue machen** (*fam*) hedefi belli olmayan bir gezi yapmak; **gute ~!** iyi yolculuklar!; **freie ~ haben** yolu açık olmak ❷ NAUT (*Schiff*) seyir; **in voller ~** tam seyir halinde ❸ (*Geschwindigkeit*) hız; **in voller ~** tam hız; **er kommt richtig in ~** (*fig fam*) iyice hızlanıyor
fährt [fɛːɐt] *3. präs von* **fahren**
Fährte <-n> ['fɛːɐtə] *f* iz
Fahrtenbuch *nt* AUTO seyir defteri **Fahrtenschreiber** <-s, -> *m* AUTO takoğraf
Fahrtkosten *pl* yol masrafları *pl*
Fahrtrichtung *f* gidiş yönü [*o* istikameti]; **in ~ Süden** güney yönüne [*o* istikametine]
fahrtüchtig *adj* ❶ (*Person*) araç sürmesinde sakınca olmayan ❷ (*Fahrzeug*) trafiğe elverişli, teknik bakımdan sürülmesinde sakınca olmayan
Fahrtwind *m* (*Gegenwind*) karşıdan esen rüzgâr
Fahrverbot *nt* araç sürme yasağı

Fahrverhalten *nt* ❶ (*Person*) araba sürüş ❷ (*Fahrzeug*) yol tutuşu **Fahrwasser** <-s> *nt kein pl* (gemilerin) seyir yolu *pl;* (*Durchfahrt*) geçit; **die Unterhaltung geriet in ein politisches ~** (*fig*) sohbet ederken araya politikaya girdi **Fahrwerk** *nt* AERO iniş takımı **Fahrzeit** *f* gidiş süresi; **nach einer ~ von drei Stunden** üç saat süren bir yolculuktan sonra

Fahrzeug <-(e)s, -e> *nt* taşıt, araç **Fahrzeughalter(in)** *m(f)* taşıtçı, araç işleten (kimse) **Fahrzeugschein** <-(e)s, -e> *m* trafik belgesi, (aracın) tescil belgesi

Faible <-s, -s> ['fɛːbəl] *nt* (*geh*) zaaf (**für** -e); (*Neigung*) eğilim (**für** -e)

fair [fɛːɐ] *adj* (*anständig*) dürüst; (*gerecht*) adilâne; SPORT dürüst, faulsüz

Fairplay *nt* SPORT fair-play, dürüst oyun, faulsüz oyun

Fakir <-s, -e> [fa'kiːɐ] *m* fakir

Faksimile <-s, -s> [fak'ziːmile] *nt* faksimile, tıpkıbasım

Fakten ['faktən] *pl von* **Faktum**

faktisch ['faktɪʃ] **I.** *adj* (*wirklich*) gerçek; (*tatsächlich*) fiilî **II.** *adv* gerçekten, fiilen

Faktor <-s, -en> ['faktoːɐ] *m* (*Umstand*) *a.* MATH faktör

Faktum <-s, Fakten> ['faktʊm] *nt* olgu, vakıa; **sich auf die Fakten stützen** olgulara dayanmak

Fakultät <-en> [fakʊl'tɛːt] *f* UNIV fakülte

fakultativ [fakʊlta'tiːf] *adj* (*geh*) isteğe bağlı, ihtiyari, seçimlik; **~e Fächer** seçimlik dersler

falb *adj* kula; **ein ~es Pferd** kula bir at

Falke <-n, -n> ['falkə] *m* ❶ ZOOL doğan ❷ POL (*fig: Hardliner*) şahin

Fall[1] <-(e)s> [fal] *m kein pl* ❶ (*das Fallen*) *a.* PHYS düşme; **zu ~ kommen** (*fig*) düşmek ❷ (*Laub~*) döküm

Fall[2] <-(e)s, Fälle> [fal, *pl* 'fɛlə] *m* ❶ (*Umstand*) *a.* MED, LING, JUR durum, hâl; **für den ~, dass es regnet** yağmur yağdığı takdirde; **gesetzt den ~, dass er kommt** geldiği takdirde, gelmesi durumunda; **auf gar keinen ~** asla; **auf jeden ~** kesinlikle, her hâlde, mutlaka; **im schlimmsten/günstigsten ~** en kötü/iyi durumda; **er ist ein hoffnungsloser ~** onun için umut yok; **in diesem ~** bu durumda; **von ~ zu ~** durumdan duruma; **auf alle Fälle** her durumda, kesinlikle, mutlaka; **für alle Fälle** her ihtimale karşı, ne olur ne olmaz ❷ JUR (*Rechtssache*) olay, vaka, hâdise

Fallbeil *nt* giyotin

Fallbeschleunigung *f kein pl* PHYS yer çekimi ivmesi

Falle <-n> ['falə] *f* ❶ (*Hinterhalt*) tuzak; (*Fanggerät*) kapan; **in der ~ sitzen** kapana kısılmak; **in die ~ gehen** tuzağa düşmek; **in eine ~ tappen** faka basmak, tongaya basmak, tuzağa düşmek, kapana tutulmak [*o* yakalanmak]; **jdm eine ~ stellen** birine tuzak kurmak ❷ SCHWEIZ (*Türklinke*) kapı kolu ❸ (*fam: Bett*) döşek, yatak; **sich in die ~ hauen** kafayı (yere) vurmak

fallen <fällt, fiel, gefallen> ['falən] *vi sein* ❶ (*hinab~, sich stürzen*) *a.* MIL düşmek; **~ lassen** (*Dinge*) düşürmek; (*Plan*) bırakmak; (*Person*) düşmek; **es fällt Regen/Schnee** yağmur/kar yağıyor; **ins Koma ~** komaya girmek; **sie fiel in tiefen Schlaf** derin uykuya daldı; **jdm um den Hals ~** birinin boynuna sarılmak; **er fiel ihr ins Wort** sözünü kesti ❷ (*sinken*) düşmek; **die Temperatur ist um 10 Grad ge~** ISI [*o* sıcaklık] 10 derece düştü; **im Preis ~** fiyatı düşmek ❸ (*sich richten, treffen*) düşmek (**auf** -e, **an** -e); **die Wahl fiel auf ihn** o seçildi ❹ (*erfasst werden*) toplamak (**in/unter** -de/-de); **das fällt auch in diese Kategorie** bunu da bu kategoride toplayabiliriz, bu da bu kategoriye girer ❺ (*Licht*) düşmek; (*Blätter*) dökülmek; **ein Schatten fällt auf die Wand** duvara gölge düşüyor ❻ (*Entscheidung, Urteil*) verilmek ❼ (*verlauten*) **eine Bemerkung ~ lassen** söz söylemek, laf etmek; **sein Name ist nicht ge~** adı geçmedi ❽ (*sich ereignen*) **fünf Minuten später fiel das Tor zum 3:0** beş dakika sonra atılan gol ile durum 3:0 oldu; **sein Geburtstag fällt auf einen Montag** yaş günü pazartesiye rastlıyor [*o* tesadüf ediyor]; **es fielen drei Schüsse** üç el ateş edildi

fällen ['fɛlən] *vt* ❶ (*Baum, Holz*) kesmek ❷ (*Entscheidung*) vermek; **ein Urteil über jdn ~** biri hakkında hüküm vermek ❸ MATH (*Lot*) indirmek; **das Lot auf einer Geraden ~** bir doğruya dikme indirmek

fallen|lassen *irr vt s.* **fallen 1., 7.**

Fallensteller(in) <-s, -; -nen> *m(f)* tuzakçı

Fallgeschwindigkeit *f* PHYS düşme hızı

Fallgrube *f* tuzak çukuru

fällig ['fɛlɪç] *adj* ❶ FIN (*Zinsen*) vadesi gelen, muaccel; **morgen wird die Zahlung ~** yarın ödemenin yapılması gerekiyor; **am** [*o* **zum**] **20. Oktober ~ sein** 20 Ekim'de muaccel olmak, 20 Ekim'de vadesi gelmek ❷ (*notwendig*) gerekli; **der Wagen ist zur Inspektion ~** arabanın bakımı geldi

Fälligkeit <-en> *f* FIN vade; **bei ~** vadesi geldiğinde; **nach/vor ~** vadesinden sonra/önce

Fallobst *nt* ağaçtan düşen meyveler *pl*
Fallrohr *nt* kolon
falls [fals] *konj* (*wenn*) eğer, şayet; (*für den Fall*) takdirde; ~ **er kommen sollte** geldiği takdirde, eğer gelirse
Fallschirm *m* paraşüt; **mit dem ~ abspringen** paraşütle atlamak **Fallschirmjäger(in)** <-s, -; -nen> *m(f)* MIL paraşütçü **Fallschirmspringen** <-s> *nt kein pl* paraşüt ile atlama, paraşütçülük **Fallschirmspringer(in)** <-s, -; -nen> *m(f)* paraşütçü **Fallschirmtruppe** <-n> *f* MIL paraşüt kıtası
fällt [fɛlt] *3. präs von* **fallen**
Falltür *f* kapak (biçiminde kapı)
falsch [falʃ] **I.** *adj* ❶ yanlış; (*verkehrt*) ters; **~er Alarm** yanlış alarm; **bei jdm an den F~en geraten** tam adamına çatmak [*o* düşmek]; **etw in den ~en Hals bekommen** bir şeyi ters anlamak ❷ (*gefälscht*) sahte, yalancı, taklit; (*Schmuck*) sahte, yalancı; (*Zähne*) takma ❸ (*unpassend*) yanlış, uygun olmayan, aksi ❹ (*hinterhältig*) yalan; **~e Versprechungen machen** yalan yere söz vermek **II.** *adv* yanlış; **Sie sind ~ verbunden** TELEK yanlış bağlandınız; **das hast du ~ verstanden** bunu yanlış anladın; **~ parken** yanlış yere park etmek
Falschaussage *f* JUR yalan yere tanıklık
fälschen [ˈfɛlʃən] *vt* taklit etmek, sahtesini yapmak (-in)
Fälscher(in) <-s, -; -nen> *m(f)* sahtekâr; (*Geld~*) kalpazan
Falschgeld *nt* kâlp para
Falschheit <-en> *f* sahtelik; (*Hinterhältigkeit*) kalleşlik
fälschlich [ˈfɛlʃlɪç] *adj* yanlışlıkla; **~ beschuldigt werden** yanlışlıkla suçlanmak
falsch|liegen *irr vi* **damit liegst du falsch** bunda yanılıyorsun
Falschmeldung *f* yalan haber, uydurma haber **Falschmünzer(in)** <-s, -; -nen> [ˈfalʃmʏntsɐ] *m(f)* JUR kalpazan **falsch|spielen** *vi* (*betrügen*) oyunda hile yapmak **Falschspieler(in)** *m(f)* hile yapan oyuncu, üçkâğıtçı
Fälschung <-en> [ˈfɛlʃʊŋ] *f* taklit
faltbar *adj* katlanır
Falte <-n> [ˈfaltə] *f* ❶ (*in Stoff*) pili; (*in Papier*) büküm ❷ (*Haut~*) kırışık(lık); **die Stirn in ~n legen** alın kırıştırmak ❸ GEO kıvrım; **die ~ ist aus Sattel und Mulde zusammengesetzt** kıvrım, kemer ve tekneden oluşur
falten [ˈfaltən] *vt* ❶ (*Papier*) katlamak; (*Stoff*) devşirmek ❷ (*Stirn*) kırıştırmak; (*Hände*) kenetlemek, kavuşturmak
faltenfrei *adj* (*Gesicht*) kırışıksız; (*Stoffart*) buruşmaz **Faltenrock** <-(e)s, -röcke> *m* pli etek
Falter <-s, -> [ˈfaltɐ] *m* ZOOL kelebek
faltig *adj* ❶ (*Gesicht*) kırışık ❷ (*Stoff*) kırmalı, plili; (*zerknittert*) buruşuk
Falz <-es, -e> *m* (*Holz*) kiniş
falzen [ˈfaltsən] *vt* ❶ (*Papier*) kırmak ❷ (*Holz*) kiniş açmak (-e)
Famagusta *nt* Magosa
familiär [famiˈljɛːɐ] *adj* ailevî
Familie <-n> [faˈmiːljə] *f* ❶ aile; **eine ~ gründen** bir aile kurmak ❷ BIOL familya ❸ LING (*Sprach~*) öbek **Familienangehörige(r)** *f(m)* aile mensubu, aile üyesi **Familienglück** *nt kein pl* aile saadeti **Familienleben** <-s> *nt kein pl* aile hayatı **Familienmitglied** *nt* aile mensubu, aile üyesi **Familienname** *m* soyadı **Familienoberhaupt** *nt* aile reisi **Familienplanung** *f kein pl* aile planlaması **Familienrat** *m kein pl* aile meclisi **Familienrecht** <-(e)s> *nt kein pl* JUR aile hukuku **Familienstand** <-(e)s> *m kein pl* medeni hâl **Familienvater** *m* aile babası
Fan <-s, -s> [fɛn, fɛːn] *m* hayran, meraklı, taraftar; (*Fußball~*) futbol meraklısı
Fanatiker(in) <-s, -; -nen> [faˈnaːtikɐ] *m(f)* fanatik, bağnaz, softa; (*religiös*) yobaz
fanatisch [faˈnaːtɪʃ] *adj* fanatik, bağnaz; (*religiös*) yobaz(ca)
Fanatismus <-> [fanaˈtɪsmʊs] *m kein pl* fanatizm, bağnazlık; (*religiös*) yobazlık
Fanclub *m* hayranlar kulübü
fand [fant] *3. imp von* **finden**
Fanfare <-n> [fanˈfaːrə] *f* fanfar
Fang <-(e)s> [faŋ] *m kein pl* ❶ (*von Vierbeinern*) avlama; (*von Fischen*) avlama, tutma ❷ (*Beute*) av; **einen guten ~ machen** voli vurmak
Fangarm *m* BIOL (*Tentakel*) dokunaç
Fänge [ˈfɛŋə] *pl* (*Fangarme*) dokunaçlar *pl;* (*Krallen*) pençeler *pl;* (*Reißzähne*) (köpek) dişler(i) *pl;* **in jds ~ geraten** (*fam*) birinin pençesine düşmek
fangen <fängt, fing, gefangen> [ˈfaŋən] **I.** *vt* ❶ (*Ball*) tutmak, yakalamak; **jdn durch Versprechungen ~** birini vaatlerde bulunarak kafa kola almak; **du wirst dir gleich eine ~** (*fig fam*) bir tane yemene fazla kalmadı ❷ (*Tier*) yakalamak; (*Fisch*) tutmak ❸ (*Verbrecher*) tutmak, yakalamak **II.** *vr* ▪ **sich ~** (*Gleichgewicht wiederfinden*) dengesini bulmak; (*seelisch*) kendine gelmek
Fangflotte *f* NAUT balıkçı filosu

Fangleine *f* NAUT palamar
fängt [fɛŋt] *3. präs von* **fangen**
Fanklub *m* hayranlar klübü
Fantasie^RR <-n> [fanta'zi:] *f* hayal; (*Vorstellungskraft*) hayal gücü; **seine ~ spielen lassen** hayal gücünü kullanmak **fantasielos**^RR *adj* fantezisiz, hayal gücünden yoksun **Fantasielosigkeit**^RR *f kein pl* fantezisizlik, hayal gücünden yoksunluk
fantasieren*^RR [fanta'zi:rən] *vi* hayal etmek; (*träumen*) hayale dalmak; MED sayıklamak, sabuklanmak, hezeyan etmek
fantasievoll^RR *adj* fantezi dolu
Fantast(in)^RR <-en, -en; -nen> [fan'tast] *m(f)* (*pej*) fantezist, hayalperest
Fantasterei^RR <-en> *f* (*pej*) hayalperestlik
fantastisch^RR *adj* ❶ (*nicht realistisch*) fantezi, hayalî ❷ (*fam: großartig*) şahane; (*unglaublich*) akıl almaz
Farbabzug *m* FOTO renkli baskı
Farbband <-(e)s, -bänder> *nt* (*für Schreibmaschine*) daktilo şeridi; INFORM renkli şerit
Farbbildschirm *m* INFORM, TV renkli ekran **Farbdruck** <-(e)s, -e> *m* TYPO renkli baskı
Farbe <-n> ['farbə] *f* ❶ (*Farbton*) renk; (*Gesichts~*) ten; **~ bekommen** renklenmek, renk gelmek (-e) ❷ (*zum Anstreichen*) boya ❸ (*zum Färben*) boya ❹ (*Spielkarten~*) renk; **~ bekennen** (*fig: sich entscheiden*) karar vermek; (*gestehen*) gerçeği söylemek
farbecht *adj* solmaz
Färbemittel *nt* boyar madde
färben ['fɛrbən] **I.** *vi* (*ab~*) rengi çıkmak **II.** *vt* renklendirmek; (*Stoff, Haare*) boyamak; **rot ~** kırmızıya boyamak **III.** *vr* ■ **sich ~** (*Laub, Himmel*) renklenmek; **die Pflaumen ~ sich schon** erikler kızarıyor
farbenblind *adj* renk körü
Farbenblindheit *f kein pl* renk körlüğü **Farb(en)kasten** *m* boya kutusu **Farb(en)lehre** <-n> *f* KUNST, PHYS renk bilimi **Farbenpracht** *f* renklilik **Farbenspiel** *nt* renk cümbüşü
Färber(in) <-s, -; -nen> ['fɛrbɐ] *m(f)* renkçi
Färberdistel <-s, -e> *m* BOT yalancı safran
Färberei <-en> *f* ❶ boyama ❷ (*Betrieb*) boyahane
Färberröte *f kein pl* kök boyası
Farbfernsehen *nt* renkli televizyon **Farbfilm** <-(e)s, -e> *m* FILM renkli film; FOTO renkli film **Farbfoto** <-s, -s> *nt* renkli fotoğraf
farbig ['farbɪç] *adj* ❶ (*bunt*) renkli ❷ (*Hautfarbe*) esmer ❸ (*lebhaft*) renkli
Farbige(r) <-n, -n; -n> ['farbɪgɐ] *f(m)* zenci
Farbigkeit *f kein pl* renklilik
Farbkopierer <-s, -> *m* renkli fotokopi makinesi
farblos *adj* ❶ (*ohne Farbe*) renksiz; (*blass*) soluk; (*Lack*) boyasız ❷ (*langweilig*) renksiz
Farblosigkeit *f kein pl* renksizlik **Farbstift** <-(e)s, -e> *m* boya kalemi **Farbstoff** <-(e)s, -e> *m* boyar madde, boya cevheri **Farbton** <-(e)s, -töne> *m* renk tonu
Färbung <-en> ['fɛrbʊŋ] *f* ❶ (*das Färben*) boyama; (*das Gefärbtwerden*) boyanma ❷ (*Tönung*) renk, renk tonu ❸ (*fig: Tendenz*) eğilim
Farce <-n> [fars] *f* THEAT fars
Farm <-en> [farm] *f* çiftlik
Farmer(in) <-s, -; -nen> *m(f)* çiftçi, rençper
Farn <-(e)s, -e> [farn] *m* BOT eğrelti otu
Fasan <-s, -e *o* -en> [fa'za:n] *m* sülün
Fasching <-s, -s *o* -e> ['faʃɪŋ] *m* ÖSTERR, SÜDD faşing
Faschismus <-> [fa'ʃɪsmʊs] *m kein pl* POL faşizm
Faschist(in) <-en, -en; -nen> [fa'ʃɪst] *m(f)* faşist
faschistisch *adj* faşist
Faselei <-en> [fa:zə'laɪ] *f* (*pej fam*) saçmalama *pl*
faseln ['fa:zəln] **I.** *vi* (*pej fam*) saçmalamak (**von/über** -), zırvalamak (**von/über** -), saçma sapan konuşmak (**von/über** hakkında/üzerine), abuk sabuk konuşmak (**von/über** hakkında/üzerine) **II.** *vt* (*pej fam*) **dummes Zeug ~** saçma sapan sözler söylemek
Faser <-n> ['fa:zɐ] *f* lif; (*Pflanzen~*) tel
faserig *adj* ❶ (*voller Fasern*) lifli; (*Fleisch*) sinirli ❷ (*zerfasert*) lif lif, tel tel
fasrig *adj s.* **faserig**
Fass^RR <-es, Fässer> [fas, *pl* 'fɛsɐ] *nt,* **Faß**^ALT <-sses, Fässer> *nt* fıçı; (*größer*) varil; (*kleiner*) kap; (*für Chemikalien*) kap; **Bier vom ~** fıçıdan bira, fıçı birası; **ein ~ ohne Boden (sein)** (*fig*) dipsiz kile, boş ambar (olmak); **voll wie ein ~ sein** (*fig fam*) dut gibi olmak; **das schlägt dem ~ den Boden aus!** bardağı taşırdı!, artık bu kadarı yeter!
Fassade <-n> [fa'sa:də] *f* cephe, yüz, alnaç
fassbar^RR *adj,* **faßbar**^ALT *adj* akıl alır, akla uygun; (*verständlich*) anlaşılır; **das ist nicht ~** bu anlaşılmaz bir şey; **das ist**

kaum ~ anlaşılacak gibi değil

fassen ['fasən] **I.** *vt* ❶ (*ergreifen*) tutmak, yakalamak; **jdn bei der Hand** ~ birini elinden tutmak ❷ (*festnehmen*) yakalamak ❸ (*aufnehmen*) (içine) almak; **der Tank fasst 50 Liter** depo (içine) 50 litre alır ❹ **Mut** ~ cesaret almak ❺ (*Vorsatz, Entschluss*) almak; **ich kann keinen klaren Gedanken** ~ doğru dürüst düşünemiyorum; **etw ins Auge** ~ bir şeyi göz önüne almak ❻ (*begreifen*) aklı almak, akıl erdirmek (-e), kavramak, anlamak; **es ist nicht zu ~!** akıl ermez [*o* almaz] bir şey! ❼ (*Edelstein*) kaşlamak; (*Bild*) çerçevelemek ❽ (*ausdrücken*) ifade etmek (**in** -de), dile getirmek (**in** -de) **II.** *vr* ■ **sich** ~ (*sich beruhigen*) yatışmak, sakinleşmek

Fassette[RR] <-n> *f s.* **Facette**

Fasson <-s> [fa'sɔ̃:] *f* (*normale Form*) fason, biçim; (*Machart*) fason

Fassreifen[RR] *m,* **Faßreifen**[ALT] *m* fıçı çemberi

Fassung[1] <-en> ['fasʊŋ] *f* ❶ (*eines Edelsteins*) kaş; (*Brille*) çerçeve ❷ ELEK (*Glühbirne*) duy ❸ (*Text, Buch*) versiyon

Fassung[2] *f kein pl* (*Beherrschung*) itidal; **die ~ verlieren/bewahren** itidalini kaybetmek/muhafaza etmek, kendini kaybetmek/tutmak; **etw mit ~ tragen** bir şey karşısında itidalini muhafaza etmek, bir şey karşısında soğukkanlılığını korumak; **jdn aus der ~ bringen** birini çileden çıkarmak; **völlig außer ~ geraten** çileden çıkmak

fassungslos *adj* akıl almaz; (*verwirrt*) şaşkın; **ein ~es Gesicht machen** şaşkın şaşkın bakmak

Fassungslosigkeit *f kein pl* şaşkınlık

Fassungsvermögen <-s> *nt kein pl* ❶ (*Auffassungsgabe*) kapasite, kavrama gücü ❷ (*räumlich*) kapasite, kapsama gücü

fast [fast] *adv* neredeyse, nerede ise, az kaldı, az kalsın, hemen hemen; ~ **nie** neredeyse [*o* hemen hemen] hiç; ~ **nichts** neredeyse [*o* hemen hemen] hiç; ~ **alle** neredeyse [*o* hemen hemen] hepsi

Fastebene *f* GEO yontuk düz, peneplen

fasten ['fastən] *vi* REL (*im Islam*) oruç tutmak; (*im Christentum*) perhiz tutmak, perhiz yapmak

Fastenmonat *m* REL (*im Christentum*) perhiz tutulan ay; (*im Islam*) oruç tutulan ay; (*Ramadan*) ramazan

Fastenzeit *f* REL (*im Islam*) oruç zamanı; (*im Christentum*) büyük perhiz zamanı

Fastfood[RR] <-, -(s)> [fa:st fu:t] *nt* fast food, festfut, ayaküstü atıştırma

Fastnacht *f kein pl* perhiz gecesi

Faszination [fatsina'tsjo:n] *f kein pl* büyü

faszinieren* [fastsi'ni:rən] *vt* büyülemek

faszinierend *adj* büyüleyici

fatal [fa'ta:l] *adj* uğursuz; (*unangenehm*) nahoş, hoş olmayan; (*schlimm*) kötü

Fatalismus <-s> [fata'lɪsmʊs] *m kein pl* fatalizm, yazgıcılık, kadercilik

Fatalist(in) [fata'lɪst] *m(f)* fatalist, yazgıcı, kaderci

fatalistisch [fata'lɪstɪʃ] *adj* fatalist, yazgıcı, kaderci

Fata Morgana *f* ılgım, yalgın, serap

Fatwa *f* REL fetva

fauchen ['faʊxən] *vi* ❶ (*Katze*) tıslamak ❷ (*pej: Mensch*) hırlamak

faul [faʊl] *adj* ❶ (*verdorben*) çürük; (*verwesend*) kokmuş; (*Zahn*) çürük ❷ (*träge*) tembel, miskin; **sich auf die ~e Haut legen** (*fig*) yan gelip yatmak ❸ (*pej fam: zweifelhaft*) şüpheli, sakıncalı; **an der Sache ist was ~** bu işte bir bit yeniği var, bu işte bir sakatlık var; **eine ~e Ausrede** sudan bahane ❹ FIN (*Wechsel*) çürük

Fäule ['fɔɪlə] *f kein pl* (*geh*) çürüklük, çürüme

faulen ['faʊlən] *vi haben o sein* çürümek; (*Zahn*) çürümek

faulenzen ['faʊlɛntsən] *vi* tembellik etmek, avarelik etmek

Faulenzer(in) <-s, -; -nen> *m(f)* tembel, haylaz, avare

Faulenzerei *f kein pl* tembellik

Faulheit *f kein pl* tembellik; **aus ~ etw nicht tun** tembellikten bir şeyi yapmamak

faulig *adj* kokmuş; (*Obst*) çürük

Fäulnis ['fɔɪlnɪs] *f kein pl* çürüklük, çürüme

Faulpelz *m* (*pej fam*) tembel, haylaz

Faultier *nt* ❶ ZOOL tembel hayvan ❷ (*fam: Faulpelz*) tembel

Fauna <Faunen> ['faʊna] *f* ZOOL fauna, direy

Faust <Fäuste> [faʊst, *pl* 'fɔɪstə] *f* yumruk; **die ~ ballen** yumruğunu sıkmak; **auf eigene ~ handeln** kendi başına davranmak; **das passt wie die ~ aufs Auge** (*fam*) kel başa şimşir tarak

Fäustchen <-s, -> ['fɔɪstçən] *nt* yumrukçuk; **sich** *dat* **ins ~ lachen** bıyık altından gülmek

faustdick ['-'-] *adj* (*fig fam*) **es ~ hinter den Ohren haben** anasının gözü olmak; **eine ~e Lüge** kuyruklu [*o* katmerli] bir yalan

Fausthandschuh *m* kolçak

Faustregel *f* basit kural **Faustschlag** *m* yumrukla vuruş, yumruk darbesi

Fauxpas *m* gaf, pot, patavatsızlık

Favorit(in) <-en, -en; -nen> [favo'ri:t] *m(f)* favori

Fax <-, -(e)> ['faks] *nt* TELEK faks

Faxen *pl* maskaralık(lar) *(pl)*; **~ machen** maskaralık etmek [*o* yapmak]

faxen I. *vi* TELEK fakslamak **II.** *vt* TELEK fakslamak

Faxgerät *nt* TELEK faks, belgegeçer **Faxmodem** *nt* TELEK, INFORM faks modemi, belgegeçer çevirgesi

Fazit <-s, -s> ['fa:tsɪt] *nt* (*Ergebnis*) sonuç; **das ~ aus etw ziehen** bir şeyden sonuç çıkarmak

FDP [ɛfde:'pe:] *f Abk von* **Freie Demokratische Partei** Hür Demokrat Parti

F-Dur <-> ['ɛf'du:ɐ] *nt kein pl* MUS fa majör

Februar <-(s), -e> ['fe:brua:ɐ] *m* şubat; *s. a.* **März**

fechten <ficht, focht, gefochten> ['fɛçtən] *vi* ❶ SPORT eskrim yapmak ❷ (*kämpfen*) savaşmak (**gegen** -e karşı)

Fechter(in) <-s, -; -nen> *m(f)* eskrimci

Fechtmeister(in) *m(f)* SPORT eskrim şampiyonu

Feder <-n> ['fe:dɐ] *f* ❶ (*eines Vogels*) tüy; **~n lassen** (*fig fam*) zarar görmek; **in den ~n liegen** (*fam*) yatakta yatmak; **sich mit fremden ~n schmücken** (*fig*) el kazanıyla aş kaynatmak ❷ (*Schreibgerät*) kalem (ucu) ❸ TECH yay; (*Sprung~*) zemberek

Federball[1] <-(e)s> *m kein pl* SPORT badminton

Federball[2] <-(e)s, -bälle> *m* (*Ball*) tüylü top

Federbett *nt* kuş tüyü yorgan **Federbusch** *m* sorguç **federführend** *adj* sorumlu; (*kompetent*) yetkili; **~ in etw sein** (*fig*) bir şeyde öncü olmak, bir şeyde öncülük [*o* bayraktarlık] etmek, bir şeyin bayraktarlığını yapmak **Federgewicht** <-(e)s> *nt kein pl* tüy sıklet **Federhalter** <-s, -> *m* kalem sapı **Federkissen** *nt* kuş tüyü yastık **federleicht** ['--'-] *adj* tüy gibi

federn I. *vi* (*schwingen*) yaylanmak **II.** *vt* ❶ AUTO yay takmak (-e) ❷ (*rupfen*) yolmak

federnd *adj* yaylanan; (*Gang*) yaylana yaylana

Federung <-en> *f* ❶ (*bei Möbeln*) yaylar *pl* ❷ AUTO süspansiyon

Federvieh *nt* (*fam*) kümes hayvanları *pl*

Federzeichnung *f* kara kalem resim

Fee <-n> [fe:, *pl* 'fe:ən] *f* peri; **die gute ~** iyilik perisi

Feedback <-s, -s> *nt*, **Feed-back**[RR] <-s, -s> [fi:t'bɛk] *nt* geri bildirim

Fegefeuer <-s> ['fe:gə-] *nt kein pl* REL (*Purgatorium*) Araf

Fehde <-n> ['fe:də] *f* düşmanlık

fehl [fe:l] *adv* **~ am Platz sein** (*Person*) ortama uymamak; (*Bemerkung*) yerinde olmamak, yersiz olmak

Fehlalarm *m* yanlış alarm **Fehlanzeige** *f* (*fam*) **hast du sie gefunden? — nein, ~!** onu bulabildin mi? — hayır, bulamadım! **Fehlbetrag** *m* açık **Fehlbildung** <-en> *f* BIOL deformasyon **Fehldiagnose** *f* yanlış teşhis **Fehleinschätzung** *f* yanlış değerlendirme

fehlen ['fe:lən] **I.** *vi* ❶ (*abwesend sein*) bulunmamak ❷ (*nicht vorhanden sein, mangeln*) eksik olmak; **es fehlte nicht viel, und ...** az kaldı, ... ❸ (*vermisst werden*) **du hast mir sehr gefehlt** seni çok göreceğim gelmişti; **das hat uns gerade noch gefehlt!** (*fam*) aksi gibi bir (tek) bu eksikti! ❹ (*gesundheitlich*) **was fehlt dir?** neyin var? ❺ (*geh*) **weit gefehlt!** tamamen yanlış! **II.** *vi unpers* **es fehlt an allen Ecken und Kanten** her şeyde bir eksiklik var, hiçbir şey tam değil; **es soll ihr an nichts ~** (*geh*) hiçbir şeyi eksik olmasın

Fehlentscheidung *f* hatalı karar

Fehler <-s, -> ['fe:lɐ] *m* ❶ (*Irrtum*) yanılgı, yanlış(lık), hata; (*Tipp~, Rechtschreib~*) yanlış, hata; **einen ~ machen** hata etmek, yanlışlık yapmak ❷ (*Mangel*) eksik, noksan; (*in Stoffen, Kleidung*) defo ❸ (*Schuld*) kusur, hata; **das war nicht dein ~** bu, senin kusurun [*o* hatan] değildi **fehlerfrei** *adj* hatasız, eksiksiz, noksansız; (*makellos*) kusursuz; (*Stoff, Kleidung*) defosuz

fehlerhaft *adj* ❶ hatalı, eksik ❷ (*falsch*) yanlış ❸ (*Stoff, Kleidung*) defolu **fehlerlos** *adj* hatasız, eksiksiz, noksansız; (*makellos*) kusursuz **Fehlersuche** <-n> *f a.* INFORM hata arama

Fehlfunktion *f* hatalı işleme, doğru dürüst işlememe

Fehlgeburt *f* düşük; **eine ~ haben** düşük yapmak, çocuk düşürmek

fehl|gehen *irr vi sein* (*geh*) hataya düşmek, yanılmak

Fehlgriff <-(e)s, -e> *m* hata **Fehlinformation** *f* yanlış bilgi **Fehlinterpretation** *f* yanlış yorum **Fehlinvestition** *f* WIRTSCH hatalı yatırım **Fehlkonstruktion** *f* (*pej*) hatalı yapım **Fehlplanung** *f* yanlış planlama **Fehlschlag** *m* ❶ (*Misserfolg*) başarısızlık, hezimet ❷ SPORT (*Ballspiele*) ıska(lama) **fehl|schlagen** *irr vi sein* boşa gitmek, işe yaramamak **Fehlschuss** *m* karavana **Fehlstart** *m* TECH başarısız atış; SPORT hatalı çıkış, yanlış çıkış **Fehltritt** *m* ❶ yanlış adım ❷ (*fig: Verfeh-*

lung) hata; (*Sünde*) günah; **einen ~ begehen/tun** hata işlemek/etmek **Fehlurteil** *nt* JUR adli hata **Fehlverhalten** *nt* hatalı davranış, yanlış davranış **Fehlzündung** *f* TECH tekleme

Feier <-n> ['faɪɐ] *f* ① kutlama; **zur ~ des Tages** bu günü kutlamak için ② (*Zeremonie*) tören, merasim

Feierabend *m* paydos; (*von Geschäften*) kapanış saati; **~ machen** paydos etmek; **am ~** iş bittikten sonra; **~ haben** işi bitmiş olmak

feierlich *adj* törenli, törensel; (*förmlich*) resmî

Feierlichkeit <-en> *f* (*Fest*) şenlik; (*Feier*) tören, merasim; (*feierlich sein*) resmiyet

feiern ['faɪɐn] **I.** *vt* ① (*Party, Weihnachten*) kutlamak ② (*umjubeln*) kutlamak **II.** *vi* eğlenmek, bayram yapmak, şenlik yapmak

Feiertag <-(e)s, -e> *m* bayram günü

feiertags *adv* bayram günleri; **sonn- und ~** pazar ve bayram günleri

feig(e) [faɪk, 'faɪgə] *adj* (*pej: ohne Mut*) korkak, yüreksiz, tabansız, ödlek

Feige <-n> ['faɪgə] *f* incir **Feigenbaum** *m* BOT incir ağacı **Feigenblatt** *nt* BOT incir yaprağı **Feigenmotte** *f* ZOOL incir güvesi

Feigheit ['faɪkhaɪt] *f kein pl* korkaklık, yüreksizlik

Feigling <-s, -e> ['faɪklɪŋ] *m* (*pej*) korkak (kimse), tabansız (kimse), ödlek (kimse)

feil|bieten *vt* satışa sunmak

Feile <-n> ['faɪlə] *f* eğe; (*Nagel~*) törpü

feilen ['faɪlən] *vt* eğelemek; (*Nägel*) törpülemek; (*vervollkommnen*) yontmak

feilschen ['faɪlʃən] *vi* pazarlık etmek (**um** için)

Feilspäne *pl* TECH eğinti

fein [faɪn] *adj* ① (*zart*) ince yapılı, inceden, narin; (*empfindlich*) hassas; (*Strich, Gewebe*) ince; (*Sieb*) küçük delikli ② (*Sand, Staub*) ince; (*Regen*) küçük taneli ③ (*vorzüglich*) şahane; (*hochwertig*) üstün nitelikli; (*erlesen*) seçkin; (*Silber*) has; **dieser Wein ist vom F~sten** bu şarap en seçkinlerden biri ④ (*feinsinnig*) ince duygulu; (*vornehm*) kibar; (*elegant*) zarif ⑤ ince; (*empfindlich*) hassas; (*scharf*) keskin; **~ säuberlich** inceden inceye, titizce, titizlikle; **ein ~es Gehör haben** hassas kulakları olmak; **eine ~e Nase haben** hassas bir burnu olmak ⑥ (*fam: erfreulich, schön*) **~!** şahane!, güzel!; **~, dass du wieder da bist** döndüğüne çok sevindim ⑦ (*fam*) **wer damals in dieser Branche investiert hat, ist heute ~ raus** o zamanlar bu dalda yatırım yapanlar bugün köşeyi döndü; **er ist wirklich ein ~er Kerl** kendisi gerçekten hoş bir adam

Feinabstimmung *f* TECH hassas ayar

Feinarbeit <-en> *f* ince iş

Feind(in) <-(e)s, -e; -nen> [faɪnt] *m(f)* düşman, hasım; **sich** *dat* **jdn zum ~ machen** birini kendine düşman etmek

Feindbild *nt* düşman kavramı; (*Vorstellung vom Feind*) düşman hakkındaki fikir

Feindeshand *f kein pl* düşman eli

feindlich *adj* düşman, düşmanca

Feindschaft *f kein pl* düşmanlık

feindselig ['-ze:lɪç] *adj* düşman, düşmanca; **~e Blicke** düşmanca bakışlar

Feindseligkeit *f kein pl* düşmanlık, husumet

Feindseligkeiten *pl* düşmanlıklar *pl*

Feineinstellung *f* TECH hassas ayar

feinfühlig *adj* duygulu

Feingefühl <-(e)s> *nt kein pl* duygululuk

feinglied(e)rig ['faɪngli:d(ə)rɪç] *adj* ince yapılı, inceden

Feinheit[1] *f kein pl* ① (*Beschaffenheit, Qualität*) incelik ② (*Vornehmheit*) incelik, zarafet

Feinheit[2] <-en> *f* ① (*Nuance*) nüans, ince ayrım ② (*Subtilität*) incelik

feinkörnig *adj* ince taneli

Feinkostgeschäft <-(e)s, -e> *nt* şarküteri **Feinschmecker(in)** <-s, -; -nen> *m(f)* gurme **Feinsilber** *nt kein pl* has gümüş **Feinstaub** *m kein pl* ince toz

feist [faɪst] *adj* (*fett, dick*) şişman

feixen ['faɪksən] *vi* (*fam*) oh çekmek

Feld <-(e)s, -er> [fɛlt] *nt* ① (*Acker*) tarla; (*Bereich*) alan, saha; **auf freiem ~** açık alanda; **das ist ein weites ~** (*fig*) bu geniş bir alandır ② MIL (*Schlacht~*) meydan; (*Front*) cephe; **das ~ räumen** mevzii terk etmek ③ (*auf einem Spielbrett, Formular*) hane; (*auf dem Schachbrett*) kare ④ SPORT (*Spiel~*) saha ⑤ ELEK, PHYS alan; **ein elektromagnetisches ~** elektromanyetik bir alan **Feldarbeit** *f* AGR tarım **Feldbett** *nt* portatif karyola; MIL portatif çadır karyolası **Feldflasche** *f* matara **Feldforschung** *f* alan araştırması **Feldfrucht** <-früchte> *f* AGR tarla ürünü **Feldherr** <-n, -en> *m* komutan; (*Stratege*) stratej **Feldlager** *nt* MIL açık ordugâh **Feldlazarett** *nt* MIL seyyar hastane, gezgin hastane **Feldmarschall** *m* MIL feldmareşal **Feldmaus** *f* ZOOL tarla faresi [*o* sıçanı] **Feldpost** *f* MIL sahra postası **Feldspat** *m* GEO feldspat **Feldstecher** <-s, -> ['fɛltʃtɛçɐ] *m* el dürbünü **Feldwebel** <-s, -> ['fɛltve:bəl] *m*

MIL başçavuş **Feldweg** *m* patika, keçi yolu
Feldzug <-(e)s, -züge> *m* ❶ MIL sefer ❷ (*fig: Kampagne*) kampanya; **einen ~ gegen etw/jdn unternehmen** bir şeye/kimseye karşı kampanyaya girişmek
Felge <-n> ['fɛlgə] *f* AUTO (*vom Rad*) jant
Fell <-(e)s, -e> [fɛl] *nt* ❶ post; (*von Pferd*) don; **ein dickes ~ haben** (*fig fam*) vurdumduymaz olmak; **jdm das ~ über die Ohren ziehen** (*fig fam*) birini yolmak; **das ~ des Bären verkaufen, ehe man ihn hat** (*fig*) ayıyı vurmadan postunu satmak ❷ ANAT (*Brust~, Rippen~*) zar
Fellatio [fɛ'la:tsjo] *f kein pl erkeklik organını ağza alarak yapılan seks*
Fels[1] <-ens, -en> [fɛls] *m* (*geh: Felsen*) kaya; (*größer*) iri kaya
Fels[2] [fɛls] *m kein pl* (*Gestein*) kayaç
Felsblock <-(e)s, -blöcke> *m* kayaç
Felsen <-s, -> ['fɛlzən] *m s.* **Fels felsenfest** ['--'-] *adj* (*fig: unerschütterlich*) sarsılmaz; **ich bin ~ davon überzeugt, dass ...** bundan yüzde yüz eminim ki ...
Felsenhahn *m* ZOOL kaya horozu **Felsentaube** *f* ZOOL kaya güvercini
felsig ['fɛlzıç] *adj* kayalık **Felsvorsprung** *m* taşlık burun, kayalık çıkıntı; (*steiler Hang*) korniş; (*am Meer*) kerempe **Felswand** *f* sarp kaya
feminin [femi'ni:n] *adj* dişi, kadınsı; **ein ~er Mann** kadınsı bir erkek
Feminismus <-> [femi'nısmʊs] *m kein pl* feminizm
Feminist(in) <-en, -en; -nen> [femi'nıst] *m(f)* feminist
feministisch *adj* feminist
Fenchel <-s, -> ['fɛnçəl] *m* BOT rezene
Fenster <-s, -> ['fɛnstɐ] *nt* ❶ (*in Gebäuden*) *a.* INFORM pencere; (*an Fahrzeugen*) cam; **zum ~ hinausschauen** pencereden dışarı bakmak; **weg vom ~ sein** (*fig*) pabucu dama atılmak ❷ (*eines Briefumschlags*) pencere **Fensterbank** <-bänke> *f*, **Fensterbrett** *nt* denizlik **Fensterbriefumschlag** <-(e)s, -schläge> *m* pencereli zarf **Fensterbrüstung** <-en> *f* parapet **Fensterflügel** *m* pencere kanadı **Fensterglas** <-es> *nt kein pl* pencere camı **Fensterkitt** *m kein pl* cam macunu **Fensterladen** <-s, -läden> *m* panjur **Fensterleder** *nt* cam silmek için güderi
fensterln ['fɛnstɐln] *vi* SÜDD, ÖSTERR *gece pencereden sevgilinin yatak odasına girmek*
Fensterplatz <-es, -plätze> *m* camın önündeki yer **Fensterputzer(in)** <-s, -; -nen> *m(f)* pencere temizleyicisi **Fensterrahmen** <-s, -> *m* (*innerer*) pencere çerçevesi; (*äußerer*) pencere sövesi, pencere pervazı **Fensterscheibe** *f* pencere camı; (*Auto, Schaufenster*) cam; (*Schaufenster*) vitrin, camekân **Fenstersturz** *m* pencere lentosu **Fensterzarge** *f* pencere kasası, pencere sövesi
Ferien ['fe:riən] *pl* tatil; **die großen ~** yaz tatili; **in die ~ fahren** tatile gitmek; **~ machen** tatil yapmak; **~ haben** tatile girmek **Ferienanlage** *f* tatil tesisi **Feriendorf** *nt* tatil köyü **Ferienhaus** *nt* tatil evi **Ferienkurs** *m* tatil kursu **Ferienlager** *nt* tatil kampı **Ferienort** *m* tatil yeri **Ferienwohnung** *f* tatil evi **Ferienzeit** *f kein pl* tatil zamanı
Ferkel <-s, -> ['fɛrkəl] *nt* ❶ ZOOL domuz yavrusu ❷ (*fam: Mensch*) pis bıyık
Ferkelei <-en> *f* (*pej fam*) pislik
Ferman <-s, -e> *m* HIST ferman
Ferment <-(e)s, -e> [fɛr'mɛnt] *nt* BIOL ferment; (*Enzym*) enzim
fern [fɛrn] **I.** *adj* (*räumlich, zeitlich*) uzak; (*räumlich*) ırak; **der F~e Osten** Uzak Doğu; **in ~er Zukunft** uzak bir gelecekte **II.** *adv* uzak; **von ~** uzaktan; **von ~ betrachtet, sieht das ganz anders aus** uzaktan bakılınca bu çok değişik görünüyor; **~ von hier** buradan uzakta **Fernbedienung** <-en> *f* uzaktan kumanda
fern|bleiben *irr vi sein* (*geh*) katılmamak (-e); **unentschuldigt ~** mazeretsiz gelmemek [*o* gitmemek] **Fernblick** <-(e)s> *m kein pl* uzak görüş
Ferne ['fɛrnə] *f kein pl* ❶ (*räumlich*) uzak; **aus der ~ betrachtet** uzaktan bakılınca ❷ (*zeitlich*) **das Ereignis liegt schon in weiter ~** olay artık çok geride kaldı; **in weiter ~ liegen** çok ileride olmak
ferner ['fɛrnɐ] **I.** *konj* (*außerdem*) ayrıca **II.** *adv* (*künftig*) bundan sonra
Fernfahrer(in) *m(f)* uzun yol sürücüsü, uzun yol şoförü **Fernflug** *m* AERO uzun mesafeli uçuş **ferngelenkt** *adj* (radyo) güdümlü **Ferngespräch** *nt* (*Inland*) şehirler arası telefon görüşmesi; (*Ausland*) uluslararası telefon görüşmesi **ferngesteuert** ['fɛrngeʃtɔɪɐt] *adj* uzaktan kumandalı; (*ferngelenkt*) radyo güdümlü **Fernglas** <-es, -gläser> *nt* dürbün
fern|gucken *vi* (*fam*) televizyon seyretmek
fern|halten *irr vr* **sich von jdm/etw ~** (*geh*) bir kimseden/şeyden uzak durmak **Fernheizung** <-en> *f* uzaktan ısıtma **Fernkopie** *f* TELEK telefaks **Fernkursus** *m* SCHULE açık öğretim kursu **fern|lenken** *vt* uzaktan kumanda etmek

F

Fernlenkung <-en> *f* ❶ uzaktan kumanda ❷ MIL (*von Flugkörpern*) radyo güdümü **Fernlicht** <-(e)s> *nt kein pl* AUTO uzun far **fern|liegen** *irr vi* **etwas liegt jdm fern** bir şey birine uzak düşmek; **es liegt mir fern, zu ...** ...mek aklıma bile gelmez

Fernmeldeamt *nt* TELEK santral **Fernmeldewesen** <-s> *nt kein pl* TELEK telekomünikasyon **Fernost** [fɛrnˈʔɔst] *m* Uzak Doğu **fernöstlich** [ˈ-ˈ--] *adj* Uzak Doğu (ile ilgili); **die ~en Länder** Uzak Doğu ülkeleri **Fernrohr** <-(e)s, -e> *nt* teleskop **Fernschreiben** *nt* (*Text*) uzyazım, teleks

Fernschreiber <-s, -> *m* (*Apparat*) uzyazar, telem; COMM teleks **fernschriftlich** *adj* TELEK teleksle gönderilen

Fernsehansager(in) *m(f)* TV sunucusu **Fernsehantenne** *f* televizyon anteni **Fernsehapparat** *m* televizyon cihazı, televizyon alıcısı

fern|sehen *irr vi* televizyonu izlemek, televizyon seyretmek; **siehst du fern?** televizyon seyrediyor musun?, televizyonu izliyor musun?

Fernsehen <-s> *nt kein pl* televizyon; **im ~ übertragen** televizyonda yayın yapmak

Fernseher <-s, -> *m* (*fam: Gerät*) televizyon (alıcısı)

Fernsehfilm <-(e)s, -e> *m* televizyon filmi **Fernsehgebühr** *f* televizyon vergisi **Fernsehgerät** <-(e)s, -e> *nt* televizyon cihazı, televizyon alıcısı **Fernsehkamera** *f* televizyon kamerası **Fernsehkanal** *m* televizyon kanalı **Fernsehprogramm** *nt* televizyon programı **Fernsehschirm** *m* televizyon ekranı **Fernsehsender** *m* televizyon vericisi, televizyon verici istasyonu **Fernsehsendung** *f* televizyon yayını **Fernsehspiel** <-(e)s, -e> *nt* televizyon oyunu **Fernsehturm** *m* televizyon kulesi **Fernsehübertragung** *f* televizyon yayını

Fernsicht *f* perspektif, uzaktan görünüş

Fernsprechanlage *f* telefon düzeni

Fernsprecher <-s, -> *m* telefon **Fernsprechteilnehmer(in)** *m(f)* telefon abonesi; (*in der Türkei*) PTT abonesi

fern|stehen *irr vi* **etw** *dat* **~** bir şeye uzak durmak; **jdm ~** biriyle uzaktan merhabalı olmak **fern|steuern** *vt* uzaktan kumanda etmek **Fernsteuerung** <-en> *f* ❶ uzaktan kumanda ❷ MIL (*von Flugkörpern*) radyo güdümü **Fernstudium** <-s, -studien> *nt* açık öğretim **Fernuniversität** *f* açık öğretim üniversitesi

Fernwärme *f* uzaktan ısıtma

Fernweh <-(e)s> [ˈfɛrnveː] *nt kein pl* (*geh*) uzak ülkelerin özlemi **Fernziel** *nt* (*fig*) uzun vadeli hedef

Ferse <-n> [ˈfɛrzə] *f* ANAT topuk; (*Strumpf~*) ökçe; **jdm (dicht) auf den ~n sein** birinin peşinde olmak

Fersenbein *nt* ANAT topuk kemiği

fertig [ˈfɛrtɪç] *adj* ❶ (*beendet*) bitmiş; (*vollendet*) tamam, olmuş; **halb ~** yarı mamul; **das Essen ist ~** yemek hazır; **ist der Reis ~?** pilav oldu mu?; **mit jdm endgültig ~ sein** (*fam*) biriyle ilgisini kesmek; **etw ~ bekommen** [*o* **bringen**] (*fam: vollenden*) tamamlamak; **etw ~ machen** (*beenden*) bir şeyi bitirmek; **etw ~ stellen** bir şeyi tamamlamak [*o* bitirmek]; **wirst du rechtzeitig ~?** vaktinde hazır olacak mısın?; **mit jdm/etw ~ werden** (*fam*) bir kimseyle/şeyle baş edebilmek, bir kimseyle/şeyle başa çıkmak; **sieh zu, wie du damit ~ wirst** (*fig fam*) bak bakalım, onunla nasıl başa çıkacaksın ❷ (*bereit*) hazır (**zu** -e); (**sich**) **~ machen** (*fam*) hazırlanmak ❸ (*fam: erschöpft*) bitik, bitkin, hoşaf gibi; **mit den Nerven ~ sein** sinir diye bir şey kalmamak; **ich bin völlig** [*o* **fix und**] **~** hoşaf gibiyim, canım çıktı

Fertigbau <-(e)s, -ten> *m*, **Fertigbauweise** *f kein pl* prefabrikasyon

fertig|bekommen* *irr vt* (*fam: vollenden*) *s.* **fertig 1. fertig|bringen** *irr vt* (*fam*) ❶ (*vollenden*) *s.* **fertig 1.** ❷ (*sich trauen*) **der bringt es nicht fertig, ihm das zu sagen** bunu ona söylemekten çekiniyor, bunu ona söylemeye yüzü tutmuyor

fertigen [ˈfɛrtɪgən] *vt* imal etmek

Fertiggericht *nt* hazır yemek **Fertighaus** *nt* prefabrike konut

Fertigkeit <-en> *f* ❶ (*Geschicklichkeit*) beceri(klilik), hüner, maharet ❷ *pl* (*Fähigkeit*) yetenekler *pl*

fertig|machen I. *vt* ❶ (*beenden*) *s.* **fertig 1., 2.** ❷ (*zermürben*) **jdn ~** birinin canını okumak **II.** *vr* ■ **sich ~** *s.* **fertig 2. Fertigprodukt** <-(e)s, -e> *nt* WIRTSCH mamul **fertig|stellen** *vt s.* **fertig 1.**

Fertigstellung *f* tamamlama

Fertigteil <-(e)s, -e> *nt* bitmiş parça

Fertigung <-en> *f* yapım, imal

Fes[1] <-, -> [fɛs] *nt* MUS fa bemol

Fes[2] <-es, -e> [fɛs] *m* (*Kopfbedeckung*) fes

Fessel <-n> [ˈfɛsəl] *f* ❶ (*zum Festbinden*) bağ; (*Kette*) zincir; **jdm ~n anlegen** birini bağlamak, birini zincire vurmak ❷ (*Kette oder Strick um Füße von Tieren*) köstek ❸ ANAT (*vom Pferd*) bilek; **ein schwarzes**

Pferd mit weißen ~n bilekleri beyaz olan siyah bir at, bukağılı siyah bir at ④ ANAT (*beim Menschen*) bıcıl

fesseln ['fɛsəln] *vt* ① (*festbinden*) bağlamak; **jdn an Händen und Füßen ~** birinin elini ayağını bağlamak; **ans Bett gefesselt sein** (*fig*) eli ayağı yatağa bağlı olmak, esirifiraş olmak ② (*faszinieren*) büyülemek, sarmak

fest [fɛst] *adj* ① (*kompakt*) sıkı; (*hart*) katı, sert; (*Stoff*) sık dokunmuş ② (*stabil*) sağlam ③ (*stark, kräftig*) **die Tür ~ schließen** kapıyı sıkıca kapamak; **~ schlafen** deliksiz uyumak ④ (*unerschütterlich*) kesin; **sie ist ~ entschlossen** kesin karar vermiş; **sich** *dat* **etw ~ vornehmen** bir şeyi yapmaya kesin niyeti olmak; **etw ~ versprechen** bir şeyi kesin olarak söz vermek ⑤ (*ständig*) sürekli, daimî; (*dauerhaft*) devamlı, temelli; **~ angestellt** kadrolu; **einen ~en Wohnsitz haben** daimî ikametgâhı olmak; **keine ~e Arbeit haben** temelli bir işi olmamak; **es gibt dafür keine ~en Regeln** onun için belirli bir kural yoktur ⑥ (*feststehend*) sabit

Fest <-(e)s, -e> [fɛst] *nt* bayram, şenlik; (*Feier*) şölen, tören; **Frohes ~!** bayramın(ız) kutlu olsun!

Festakt *m* tören **Festangebot** *nt* WIRTSCH kesin teklif

festangestellt *adj s.* **fest 5.**

fest|beißen *irr vr* ■ **sich ~** ① (*Hund*) dişlerini geçirmek (**an** -e) ② (*fig: nicht weiterkommen*) takılıp kalmak (**an** -de), saplanmak (**an** -e)

fest|binden *irr vt* bağlamak (**an** -e), sıkıca bağlamak (**an** -e)

Festessen *nt* şölen, ziyafet

fest|fahren *irr vr* ■ **sich ~** ① (*stecken bleiben*) saplanmak (**in** -e); (*Schiff*) karaya oturmak; **sie fuhren sich mit dem Auto im Sand/Schnee fest** otomobille kuma/kara saplandılar ② (*Verhandlungen*) çıkmaza girmek

Festgeld <-(e)s, -er> *nt* FIN sabit faizli vadeli mevduat

fest|halten *irr* **I.** *vi* direnmek (**an** -de), ısrar etmek (**an** -de); **er hält an seiner Meinung fest** düşüncesinde direniyor **II.** *vt* ① (*halten*) tutmak ② (*zurückhalten*) tutmak ③ (*aufzeichnen*) kaydetmek; (*mit Kamera, Tonband*) çekmek **III.** *vr* ■ **sich ~** tutunmak (**an** -e)

festigen ['fɛstɪgən] **I.** *vt* pekiştirmek, pekleştirmek, sağlamlaştırmak; **ein gefestigter Charakter** sağlam bir karakter **II.** *vr* ■ **sich ~** pekişmek, sağlamlaşmak; (*Glauben*) pekleşmek

Festiger <-s, -> *m* (*Haar~*) losyon

Festigkeit *f kein pl* ① (*Widerstandsfähigkeit*) dayanıklılık, peklik; (*Stabilität*) sağlamlık, istikrar, kararlılık ② (*Entschlossenheit*) azim ③ (*Standhaftigkeit*) sebat

Festival <-s, -s> ['fɛstivəl] *nt* festival

fest|klammern *vr* ■ **sich ~** sımsıkı sarılmak (**an** -e)

fest|kleben **I.** *vi sein* yapışmak (**an** -e) **II.** *vt* yapıştırmak (**an** -e)

Festland[1] <-(e)s, -länder> *nt* (*Kontinent*) kıta

Festland[2] <-(e)s> *nt kein pl* (*im Gegensatz zum Meer*) kara

Festland(s)sockel *m* GEO, POL kıta sahanlığı

fest|legen **I.** *vt* ① (*bestimmen*) belirlemek, tayin etmek ② FIN vadeli yatırmak **II.** *vr* ■ **sich ~** (*sich binden*) bağlanmak (**auf** -e); (*sich verpflichten*) taahhüt etmek (**auf** -)

festlich ['fɛstlɪç] *adj* ① şen, neşeli; (*feierlich*) törenli, törensel; **etw ~ begehen** bir şeyi törenle kutlamak ② bayramlık; **~ geschmückt** bayram dolayısıyla donatılmış

Festlichkeit <-en> *f* şenlik

fest|liegen *irr vi* ① (*bestimmt sein*) belirlenmiş olmak ② NAUT karaya oturmak ③ FIN vadeli yatırılmış olmak **fest|machen** **I.** *vi* NAUT (*Schiff*) palamarla bağlanmak **II.** *vt* ① (*vereinbaren*) kararlaştırmak ② (*befestigen*) bağlamak (**an** -e), tutturmak (**an** -e)

Festmahl *nt* (*geh*) şölen, ziyafet

fest|nageln *vt* ① (*Bretter*) çivilemek (**an** -e) ② (*fam*) **jdn ~** birini burnundan yakalamak

Festnahme <-n> ['fɛstna:mə] *f* yakalama; **vorläufige ~** muvakkaten yakalama

fest|nehmen *irr vt* yakalamak; **jdn vorläufig ~** birini muvakkaten yakalamak

Festplatte *f* INFORM sabit disk, iç bellek **Festplattenlaufwerk** *nt* INFORM sabit disk

Festplatz *m* bayram yeri

Festpreis *m* maktu fiyat, kesin fiyat **Festsaal** *m* tören salonu

fest|schnallen *vr* ■ **sich ~** emniyet kemerini takmak **fest|schrauben** *vt* vidalamak, vida ile tutturmak; (*Mutter*) sıkıştırmak

Festschrift *f* armağan

fest|setzen **I.** *vt* ① (*bestimmen*) belirlemek, tayin etmek ② (*in Haft nehmen*) tutuklamak **II.** *vr* ■ **sich ~** ① (*Schmutz*) toplanmak (**auf** -de, **in** -de) ② (*fig: Gedanke*) aklına takılmak; (*sich einnisten*) çöreklenmek, yerleşmek **fest|sitzen** *irr vi* ① (*befestigt sein*) sıkı olmak, iyice sıkıştırıl-

F

mış olmak ❷ (*Schmutz*) yapışıp kalmak (**auf** -de) ❸ (*Fahrzeug*) yolda kalmak; (*Schiff*) karaya oturmak; (*Person*) takılıp kalmak

Festspiele *pl* festival **Festspielhaus** *nt* festival binası

fest|stehen *irr vi* ❶ (*festgelegt sein*) sabit olmak ❷ (*sicher sein*) kesin olmak; **fest steht, dass ...** şu kesindir ki ...

fest|stellen *vt* ❶ (*arretieren*) tespit etmek, oynamaz duruma getirmek ❷ (*ermitteln*) saptamak, tespit etmek; (*Personalien*) belirlemek, tespit etmek; (*Krankheit*) teşhis etmek; ■ **das wird sich ~ lassen** bu tespit edilecektir ❸ (*bemerken*) fark etmek ❹ (*sagen*) demek

Festtag *m* bayram günü **Festtagsstimmung** *f* bayram havası

Festung <-en> ['fɛstʊŋ] *f* kale

Festungshaft *f kein pl* HIST kalebentlik

festverzinslich ['fɛstfɛɐtsɪnslɪç] *adj* FIN sabit faizli **Festzins** <-es, -en> *m* FIN sabit faiz

Festzug <-(e)s, -züge> *m* geçit töreni

Fete *f* (*fam*) parti; (*Fest*) şölen

Fetisch <-(e)s, -e> ['fe:tɪʃ] *m* fetiş, tapıncak

Fetischismus <-> *m kein pl* fetişizm

Fetischist(in) <-en, -en; -nen> *m(f)* fetişist

fetischistisch *adj* fetişist

fett *adj* ❶ (*Speisen*) yağlı; **~ essen** yağlı yemek ❷ (*Mensch*) şişman ❸ (*ertragreich*) **~e Beute machen** (*fig fam*) vurgun vurmak ❹ TYPO siyah

Fett <-(e)s, -e> *nt* ❶ yağ; **sein ~ abkriegen** (*fam*) ağzının payını almak; **~ ansetzen** (*fam*) yağ bağlamak ❷ (*Schmier~*) gres **fettarm** *adj* yavan, yağı az

fetten I. *vi* yağlanmak **II.** *vt* yağlamak

Fettfleck *m* yağ lekesi

Fettgehalt <-(e)s, -e> *m* yağ miktarı **Fettgeschwulst** *f* MED yağ uru **Fettgewebe** *nt* ANAT, MED yağ doku

fetthaltig *adj* yağlı

Fetthenne *f* BOT dam koruğu

fettig *adj* yağlı; (*schmierig*) yağlı

Fettkloß *m* (*fam*) şişko

fettleibig ['fɛtlaɪbɪç] *adj* yağlı

Fettleibigkeit *f kein pl* yağlılık

fettlöslich *adj* yağ çözer **Fettnäpfchen** <-s, -> ['fɛtnɛpfçən] *nt* (*fam*) **ins ~ treten** bam teline basmak [*o* dokunmak] **Fettsäure** <-n> *f* yağ asidi **Fettschicht** *f a.* ANAT yağ tabakası **Fettsucht** *f kein pl* MED şişmanlık **Fettwanst** ['fɛtvanst] *m* (*pej fam*) şişko

Fetus <-(ses), -se *o* Feten> ['fe:tʊs] *m* MED fetüs, dölüt, cenin

Fetzen <-s, -> ['fɛtsən] *m* ❶ (*Stoff~*) paçavra, çaput; (*Papier~*) parça; **in ~ reißen** parça parça etmek ❷ (*Gesprächs~*) parça

fetzen ['fɛtsən] **I.** *vt* (*fam: abreißen*) yırtmak (**von** -den) **II.** *vr* ■ **sich ~** (*fam: sich streiten*) kavga etmek

feucht [fɔɪçt] *adj* nemli; **~ werden** nemlenmek; **ihre Augen waren ~** gözleri nemliydi; **ein ~er Abend** (*fig fam*) çok içki içilen bir gece

Feuchtigkeit *f kein pl* nem, rutubet **Feuchtigkeitscreme** *f* nemlendirici krem **Feuchtigkeitsgehalt** <-(e)s, -e> *m* nem(lilik) derecesi, nem miktarı **Feuchtigkeitsgrad** *m* nem(lilik) derecesi **Feuchtigkeitslotion** *f* nemlendirici losyon

feuchtkalt ['-'-] *adj* nemli ve soğuk, rutubetli ve soğuk

feudal [fɔɪ'da:l] *adj* ❶ POL feodal ❷ (*fam: prächtig*) muhteşem **Feudalherr** <-n, -en> *m* HIST derebeyi **Feudalherrschaft** *f kein pl* HIST derebeylik

Feudalismus <-> [fɔɪda'lɪsmʊs] *m kein pl* HIST feodalizm; (*Lehnswesen*) derebeylik sistemi

Feuer[1] <-s> ['fɔɪɐ] *nt kein pl* ❶ MIL ateş; **das ~ eröffnen/einstellen** ateş açmak/kesmek ❷ (*Temperament*) **dieses Pferd hat viel ~** bu at çok ateşli

Feuer[2] <-s, -> *nt* ❶ (*vom Menschen kontrolliert*) ateş; **das olympische ~** Olimpiyat Ateşi; **~ speiend** (*Drache, Vulkan*) alev püsküren; **~ fangen** ateş almak, tutuşmak; **haben Sie ~?** ateşiniz var mı?; **jdm ~ geben** birine ateş vermek; **mit dem ~ spielen** (*fig*) ateşle oynamak; **für jdn durchs ~ gehen** biri için kendini ateşe atmak, biri için canını vermek; **jdm ~ unterm Hintern machen** (*fam*) birini dürtüklemek; **Öl ins ~ gießen** (*fig*) yangına körükle gitmek ❷ (*Brand*) yangın, ateş; **~ an etw legen** bir şeye kundak koymak, yangın çıkarmak için bir şeyi tutuşturmak; **~ und Flamme für etw/jdn sein** (*fam*) bir şey/kimse için yanıp tutuşmak; **~ fangen** (*in Brand geraten*) yanmaya başlamak, tutuşmak; (*sich begeistern*) ateşlenmek; **gebranntes Kind scheut das ~** (*prov*) sütten ağzı yanan yoğurdu üfleyerek yer

Feueralarm *m* yangın alarmı **Feuerbefehl** *m* MIL ateş etme komutu **feuerbeständig** *adj* ateşe dayanıklı **Feuerbestattung** *f* ölüyü (krematoryumda) yakma **Feuereifer** *m* ateşlilik, hararet; **etw mit ~**

tun bir şeyi hararetle yapmak **feuerfest** *adj* yanmaz; (*feuerbeständig*) ateşe dayanıklı **Feuergefahr** *f* yangın tehlikesi **feuergefährlich** *adj* yanar **Feuergefecht** *nt* MIL silahlı çatışma **Feuerleiter** <-n> *f* ❶ (*am Haus*) yangın merdiveni ❷ (*der Feuerwehr*) itfaiye merdiveni **Feuerlöscher** <-s, -> *m* yangın söndürücü **Feuermelder** <-s, -> *m* yangın detektörü

feuern I. *vi* ❶ (*schießen*) ateş etmek ❷ (*heizen*) ateşlemek II. *vt* ❶ (*einheizen*) ateşlemek ❷ (*fam: entlassen*) işten atmak ❸ (*fam: hinschleudern*) fırlatmak ❹ (*fam*) **jdm eine ~** birine bir tane yapıştırmak [*o* geçirmek]

Feuerpause *f* MIL ateşkes **feuerrot** ['--'-] *adj* ateş kırmızısı; **er wurde ~** yüzü ateş kırmızısı oldu

Feuerschlucker(in) <-s, -; -nen> *m(f)* ateşbaz **Feuerschwamm** *m* BOT ❶ (*Polyporus igniarius*) katranköpüğü ❷ *s.* **Zunderschwamm** (*Fomes fomentarius*) kav mantarı **feuersicher** *adj* ❶ (*feuerfest*) yanmaz, ateşe dayanıklı ❷ (*geschützt*) yangına karşı güvenli **feuerspeiend** *adj* *s.* **Feuer**² **1.** **Feuerstein** *m* ❶ GEO (*Gesteinsart*) çakmak taşı ❷ (*im Feuerzeug*) çakmak taşı **Feuerstelle** *f* ateşlik; (*am Herd*) ateş **Feuertaufe** *f* MIL ilk savaş deneyimi

Feuerung *f kein pl* ateşleme

Feuerversicherung *f* yangın sigortası, yangına karşı sigorta **Feuerwache** *f* itfaiye binası **Feuerwaffe** <-n> *f* ateşli silah

Feuerwehr <-en> ['fɔɪɐveːɐ] *f* ❶ (*Institution*) itfaiye ❷ (*fam: ~einheit*) itfaiye **Feuerwehrauto** *nt* itfaiye arabası **Feuerwehrfrau** *f* itfaiyeci kadın **Feuerwehrleiter** <-n> *f* itfaiye merdiveni **Feuerwehrmann** <-(e)s, -männer *o* -leute> *m* itfaiyeci

Feuerwerk *nt* havaî fişek eğlenceleri *pl* **Feuerwerkskörper** *m* (*Rakete*) havaî fişek; (*Knallkörper*) kestane fişeği **Feuerzange** *f* maşa

Feuerzeug <-(e)s, -e> *nt* çakmak

Feuilleton <-s, -s> [fœjə'tõː] *nt* ❶ (*Zeitungsteil*) kültür ve edebiyat sayfası ❷ (*Artikel*) fıkra, köşe yazısı

feurig ['fɔɪrɪç] *adj* ❶ (*temperamentvoll*) ateşli; (*leidenschaftlich*) ateşli ❷ (*Rede*) ateşli ❸ (*Augen*) alev gibi

FH [ɛf'haː] *f Abk von* **Fachhochschule** meslek yüksekokulu

Fiasko <-s, -s> ['fjasko] *nt* fiyasko

Fibrin <-s> *nt kein pl* BIOL fibrin

Fibrinogen <-s> *nt kein pl* BIOL fibrinojen

ficht [fɪçt] *3. präs von* **fechten**

Fichte <-n> ['fɪçtə] *f* BOT (*Picea*) ladin; (*Rottanne*) kızılçam

Fick <-s, -s> [fɪk] *m* (*vulg*) sikişme

ficken ['fɪkən] I. *vt* (*vulg*) sikmek II. *vi* (*vulg*) sikişmek

fidel [fi'deːl] *adj* (*fam*) neşeli

Fidschiinseln ['fɪtʃiʔɪnzəln] *pl* Fiji Adaları *pl*

Fieber <-s, -> ['fiːbɐ] *nt* ❶ ateş; **~ bekommen** ateşlenmek, ateşi çıkmak; (**40 Grad**) **~ haben** (40 derece) ateşi olmak ❷ (*Fleck~, Gelb~, Wochenbett~*) humma ❸ (*Reise~*) heyecan **Fieberanfall** *m* nöbet

fieberhaft *adj* ateşli, hummalı; **~e Betriebsamkeit** hummalı çalışma; **wir haben ~ nach ihm gesucht** onu fellek fellek aradık

fieb(e)rig ['fiːb(ə)rɪç] *adj* ateşli, hummalı

fiebern *vi* ❶ (*Fieber haben*) ateşi olmak ❷ (*verlangen*) can atmak (**nach** -e)

fiebersenkend *adj* ateş düşürücü **Fieberthermometer** *nt* termometre

Fiedel <-n> ['fiːdəl] *f* MUS (*Geige*) keman; (*pej*) gıygıy

fiedeln *vi, vt* (*pej*) gıygıy etmek

fiel [fiːl] *3. imp von* **fallen**

fieren *vt* NAUT mayna etmek; **die Segel ~** yelkenleri indirmek [*o* mayna etmek]

fies [fiːs] *adj* (*fam*) ❶ (*abstoßend*) iğrenç; **das schmeckt ~** bunun tadı iğrenç ❷ (*charakterlich*) aşağılık, adi; (*lästig*) belalı

Figur <-en> [fi'guːɐ] *f* ❶ (*Gestalt*) figür; **auf seine ~ achten** kilosuna dikkat etmek ❷ (*Persönlichkeit*) *a.* LIT karakter, kişi ❸ (*Spielstein*) taş ❹ (*Abbildung*) şekil

figurativ [figura'tiːf] *adj* mecazî; KUNST figüratif, betili

Fiktion <-en> [fɪk'tsjoːn] *f* kurgu

fiktiv [fɪk'tiːf] *adj* fiktif, itibarî

Filet <-s, -s> [fi'leː] *nt* GASTR fileto, bonfilelik **Filetsteak** *nt* GASTR bonfile

Filiale <-n> [fi'ljaːlə] *f* şube **Filialleiter(in)** <-s, -; -nen> *m(f)* şube müdürü

filigran *adj* telkâri

Filigran *nt* telkâri

Film¹ <-(e)s, -e> [fɪlm] *m* ❶ (*dünne Schicht*) film ❷ FOTO film ❸ TV film; **in einen ~ gehen** filme gitmek; **einen ~ vorführen/anschauen** film oynatmak/seyretmek

Film² <-(e)s> *m kein pl* (*~industrie*) sinema endüstrisi; **sie ist beim ~** kendisi sinema artisti

Filmarchiv *nt* film arşivi, sinematek

Filmatelier *nt* film atölyesi **Filmaufnahme** *f* film çekme
Filmemacher(in) <-s, -; -nen> *m(f)* filmci, sinemacı
filmen ['fɪlmən] **I.** *vi* film çekmek **II.** *vt* filme almak
Filmfestival *nt* film festivali **Filmfestspiele** *pl* film festivali **Filmgeschäft** <-s> *nt kein pl* filmcilik, sinemacılık
filmisch *adj* filme ait; **etw ~ darstellen** bir şeyi film olarak göstermek
Filmkamera *f* film kamerası, film alıcısı **Filmmusik** *f* film müziği **Filmplakat** *nt* film afişi **Filmproduzent(in)** *m(f)* film prodüktörü, film yapımcısı **Filmprojektor** *m* film projektörü **Filmregisseur(in)** *m(f)* film rejisörü **Filmriss**RR *m* ❶ TV film kopması ❷ (*Black-out*) bellek yitimi; **einen ~ haben** (*fam*) birdenbire hiçbir şeyi hatırlamamak **Filmstar** <-s, -s> *m* film yıldızı **Filmtheater** *nt* sinema
Filter <-s, -> ['fɪltɐ] *m* filtre, süzgeç **Filteranlage** *f* TECH filtre düzeni **Filterkaffee** <-s> *m kein pl* filtre kahve **filterlos** *adj* filtresiz **Filtermundstück** *nt* filtreli ağızlık
filtern *vt* süzmek
Filterpapier *nt* filtre kâğıdı **Filterzigarette** <-n> *f* filtreli sigara
filtrieren* [fɪl'triːrən] *vt* TECH filtrelemek
Filz <-es, -e> [fɪlts] *m* ❶ (*Gewebe*) fötr; (*gröber*) aba, keçe ❷ POL kayırıcılık
filzen ['fɪltsən] **I.** *vi* (*Wolle*) keçeleşmek **II.** *vt* (*fam*) ❶ (*durchsuchen*) aramak ❷ (*bestehlen*) aşırmak
Filzhut <-(e)s, -hüte> *m* fötr şapka **Filzlaus** *f* ZOOL kasık biti **Filzpantoffel** *m* aba terlik, pantufla
Fimmel <-s, -> ['fɪməl] *m* (*fam*) düşkünlük; (*Sauberkeits~*) hastalık; (*fixe Idee*) saplantı
Finale <-s, -> [fi'naːlə] *nt* final
Finalist(in) *m(f)* finalist
Finanzamt [fi'nants-] *nt* maliye, vergi dairesi **Finanzbeamte(r), -beamtin** *m, f* FIN maliye memuru **Finanzberater(in)** *m(f)* mali danışman
Finanzen [fi'nantsən] *pl* (*öffentliches Geldwesen*) maliye; (*Finanzlage*) mali durum
Finanzgericht <-(e)s, -e> *nt* JUR maliye mahkemesi, vergi mahkemesi
Finanzhilfe *f* mali yardım
finanziell [finan'tsjɛl] *adj* mali
Finanzier <-s, -s> [finan'tsjeː] *m* FIN finanse eden (kimse)
finanzieren* [finan'tsiːrən] *vt* FIN finanse etmek
Finanzierung <-en> *f* FIN finansman
finanzkräftig *adj* mali gücü olan **Finanzmarkt** *m* finansal piyasa **Finanzminister(in)** *m(f)* maliye bakanı **Finanzministerium** *nt* maliye bakanlığı **Finanzplanung** *f* mali planlama **Finanzpolitik** <-en> *f a.* WIRTSCH mali politika **finanzschwach** *adj* mali gücü olmayan
Findelkind ['fɪndəlkɪnt] *nt* buluntu
finden <findet, fand, gefunden> ['fɪndən] **I.** *vt* ❶ (*allgemein*) bulmak; (*unvermutet*) bulmak; **er war nirgends zu ~** hiçbir yerde bulunamadı; **ihr Haus ist gut/schlecht zu ~** evini bulmak kolay/zor; **Anklang ~** rağbet görmek, tutulmak; **Beachtung ~** saygı görmek; **ich muss zu mir selbst ~** kendimi toparlamam gerekiyor; **sie findet Freude an der Arbeit** çalışmaktan sevinç duyuyor; **ich finde nichts Schlimmes dabei** ben bunda kötü bir şey görmüyorum; **kein Ende ~** son bulmamak; **Verwendung ~** kullanılmak; **wer sucht, der findet** (*prov*) arayan derviş muradına ermiş ❷ (*meinen*) bulmak; **wie findest du das?** bunu nasıl buluyorsun?; **ich finde das gut** ben bunu iyi buluyorum **II.** *vr* ■ **sich ~** ❶ (*zum Vorschein kommen*) bulunmak, ortaya çıkmak; **der Schlüssel wird sich schon (wieder) ~** anahtar (tekrar) ortaya çıkacaktır ❷ (*in Ordnung kommen*) hallolunmak; **das wird sich alles ~** bütün bunlar hallolunacaktır
Finder(in) *m(f)* (kaybolan şeyi) bulan (kimse) **Finderlohn** <-(e)s> *m kein pl* (kaybolan şeyi) bulana verilen ödül
findig *adj* becerikli
fing [fɪŋ] *3. imp von* **fangen**
Finger <-s, -> ['fɪŋɐ] *m* parmak; **der kleine ~** serçe parmak, serçe parmağı, küçük parmak; **mit dem ~ auf jdn zeigen** birini parmakla göstermek; **jdm auf die ~ klopfen** (*fig fam*) birine haddini bildirmek; **das kann man sich doch an den (fünf) ~n abzählen!** (*fam*) bu parmakla bile sayılabilir!; **~ weg!** çek parmağını!; **er hat überall die ~ drin** (*fig fam*) onun her yerde parmağı var; **da solltest du lieber die ~ von lassen** (*fig fam*) ondan [*o* o sevdadan] vazgeçsen iyi olur; **jdm (genau) auf die ~ schauen** (*fig*) birini yakın takibe almak; **jdn in die ~ bekommen** birini eline geçirmek; **sich** *dat* **etw aus den ~n saugen** bir şeyi uydurmak, bir şeyi kafadan atmak; **jdn um den ~ wickeln** (*fam*) birini parmağında oynatmak; **sich** *dat* **die ~ nach etw lecken** (*fam*) bir şey için içi gitmek; (*beim Essen*) parmaklarını bir-

likte yemek; **keinen ~ krumm machen** (*fam*) parmağını bile kıpırdatmamak [*o* oynatmamak] **Fingerabdruck** <-(e)s, -drücke> *m* parmak izi; **genetischer ~** genetik tanı

Fingerbreit <-, -> *m* **keinen ~ nachgeben** bir adım bile geri çekilmemek

fingerdick ['--'-] *adj* parmak kalınlığında

fingerfertig *adj* eli çabuk

Fingerfertigkeit *f kein pl* el çabukluğu

Fingerhut <-(e)s, -hüte> *m* ❶ (*beim Nähen*) yüksük ❷ BOT yüksük otu **Fingerkuppe** *f* parmak ucu

Fingerling *m* (*als Schutz*) parmaklık

fingern I. *vi* oynamak (**an** -le), elle karıştırmak (**an** -i) **II.** *vt* (*fam*) halletmek

Fingernagel *m* tırnak

Fingerspitze *f* parmak ucu **Fingerspitzengefühl** <-(e)s> *nt kein pl* duyarlık, hassasiyet; (*Diplomatie*) hassasiyet

Fingerzeig <-s, -e> ['fɪŋɐtsaɪk] *m* parmak işareti, parmakla gösterme

fingieren* [fɪŋ'giːrən] *vt* uydurmak, düzmek

Fink <-en, -en> [fɪŋk] *m* ZOOL ispinoz

Finne(in) <-n, -n; -nen> ['fɪnə] *m(f)* Fin(landiyalı)

finnisch *adj* Fin

finnisch-ugrisch *adj* LING Fin-Ugor

Finnland <-s> ['fɪnlant] *nt* Finlandiya

finster ['fɪnstɐ] *adj* ❶ (*dunkel*) karanlık; (*böse*) kötü; **das scheint eine ~e Angelegenheit zu sein** (*fig*) bu karanlık bir işe benziyor; **jdm ~e Blicke zuwerfen** birine kötü kötü bakmak; **~e Wege gehen** (*fig*) karanlık işler çevirmek, kötü yola sapmak; **es sieht ~ aus** durum karanlık görünüyor; **im F~n tappen** ipucu bulamamak ❷ (*anrüchig*) adı (kötüye) çıkmış ❸ (*mürrisch*) somurtkan

Finsternis <-se> *f* karanlık; (*stärker*) zifirî karanlık; (*Mond~, Sonnen~*) tutulma; **eine ägyptische ~** zifirî karanlık

Finte <-n> ['fɪntə] *f* ❶ (*Vorwand*) bahane ❷ SPORT oyun

firm [fɪrm] *adj* **in etw ~ sein** bir şeyde bilgili olmak

Firma <Firmen> ['fɪrma, *pl* 'fɪrmən] *f* WIRTSCH firma

Firmament <-(e)s> [fɪrma'mɛnt] *nt kein pl* (*geh: Himmel*) gökyüzü

firmen ['fɪrmən] *vt* REL kilise cemaatine törenle kabul etmek

firmeneigen *adj* firmaya ait **Firmeninhaber(in)** *m(f)* WIRTSCH firma sahibi **Firmenleitung** *f* firma yönetimi **Firmenzeichen** *nt* firma amblemi

Firn <-(e)s> [fɪrn] *m kein pl* buzul kar

Firnis <-ses, -se> ['fɪrnɪs] *m* vernik

First <-(e)s, -e> [fɪrst] *m* ❶ ARCH (*Dach~*) mahya ❷ (*Gipfel*) doruk, zirve; (*Bergkamm*) dağ sırtı

Fis <-, -> [fɪs] *nt* MUS fa diyez

Fisch <-(e)s, -e> [fɪʃ] *m* ❶ ZOOL balık; (*Ware, Gericht*) balık; **stumm sein wie ein ~** (*fig fam*) dut yemiş bülbüle dönmek; **das sind kleine ~e für mich** (*fam*) bunlar benim için önemsiz şeyler ❷ ASTROL Balık; **Sternbild der ~e** Balık burcu **Fischadler** *m* ZOOL balık kartalı **Fischauge** *nt* ❶ ZOOL balık gözü ❷ FOTO balıkgözü objektif

fischen *vi, vt* balık avlamak, balık tutmak; **im Trüben ~** (*fam*) bulanık suda balık avlamak, karışık durumdan yararlanarak çıkar sağlamak

Fischer(in) <-s, -; -nen> *m(f)* balıkçı **Fischerboot** *nt* balıkçı teknesi **Fischerdorf** *nt* balıkçı köyü

Fischerei *f kein pl* balıkçılık

Fischerhafen *m* balıkçı limanı

Fischernetz *nt* balıkçı ağı

Fischfang *m* balık avı; **auf ~ gehen** balık avına çıkmak **Fischgräte** *f* balık kılçığı **Fischgrätenmuster** *nt* balıksırtı **Fischgründe** *pl* balıklava **Fischhändler(in)** *m(f)* balıkçı **Fischköder** *m* balık yemi **Fischkonserve** *f* balık konservesi **Fischkutter** *m* balıkçı teknesi **Fischmehl** *nt* balık unu **Fischmesser** *nt* balık bıçağı **Fischotter** <-s, -> *m* ZOOL su samuru **fischreich** *adj* bol balıklı **Fischreiher** *m* ZOOL balıkçıl **Fischrestaurant** *nt* balık lokantası **Fischsterben** <-s> *nt kein pl* balıkların ölmesi **Fischsuppe** *f* balık çorbası **Fischzucht** *f kein pl* balık üretme, balıkçılık

Fis-Dur <-> *nt kein pl* MUS fa diyez majör

Fisimatenten *pl* **~ machen** estek köstek etmek

fiskalisch [fɪs'kaːlɪʃ] *adj* mirî, hazinenin malı olan

Fiskus ['fɪskʊs] *m kein pl* hazine

fis-Moll <-> *nt kein pl* MUS fa diyez minör

Fisolen [fi'zoːlən] *pl* ÖSTERR (*grüne Bohnen*) taze fasulye

Fistel ['fɪstəl] *f* fistül

fit [fɪt] *adj* zinde; **Joggen macht ~** jogging insanı zindeleştirir

Fitness[RR] ['fɪtnɛs] *f kein pl*, **Fitneß**[ALT] *f kein pl* fitnes, kondisyon **Fitnesscenter**[RR] <-s, -> ['fɪtnɛssɛntɐ] *nt* SPORT fitnes kulübü

Fittich <-(e)s, -e> ['fɪtɪç] *m* (*geh*) kanat; **jdn unter seine ~e nehmen** birini kanadı [*o* kanatlarının] altına almak

fix [fɪks] *adj* ① (*Gehalt, Kosten*) sabit; **eine ~e Idee** sabit bir fikir ② (*fam: schnell*) eli çabuk; (*gewandt*) becerikli; **jdn ~ und fertig machen** birinin canını okumak; **ich bin ~ und fertig** (*erschöpft*) bitkinim; (*erledigt*) bittim, canım çıktı; (*mit der Arbeit*) bittim, bitirdim, tamamım ③ DIAL (*pej: bei Verstand*) **nicht ganz ~ sein** pek uyanık olmamak

Fixativ <-s, -e> *nt* saptayıcı

fixen ['fɪksən] *vi* (*sl*) eroin kullanmak, eroin zerk etmek

F

Fixer(in) <-s, -; -nen> *m(f)* (*sl*) eroinci, eroinman

fixieren* [fɪ'ksi:rən] *vt* ① *a.* FOTO saptamak (**an** -e) ② (*schriftlich festhalten*) kaydetmek, saptamak, tespit etmek; **jdn ~** birine gözlerini dikmek ③ (*festmachen*) tutturmak ④ PSYCH **auf etw fixiert sein** bir şeye saplanmış olmak

Fixierung <-en> *f* saptama; PSYCH saplantı

Fixkosten *pl* sabit maliyet **Fixpunkt** *m* sabit nokta **Fixstern** *m* ASTRON durağan yıldız

Fixum <-s, Fixa> ['fɪksʊm, *pl* 'fɪksa] *nt* sabit ücret

Fjord <-(e)s, -e> [fjɔrt] *m* GEO fiyort

FKK [ɛfka:'ka:] *Abk von* **Freikörperkultur** doğacılık, natürizm **FKK-Strand** *m* doğacılar plajı

flach [flax] *adj* ① (*eben*) düz; **ein ~es Gelände** düz arazi; **mit der ~en Hand** avucuyla, avuç içiyle ② (*niedrig*) alçak; (*platt*) yassı; (*Gewässer*) sığ; (*Teller*) düz; (*Gesicht, Stirn*) basık ③ (*fig: oberflächlich*) sığ, yüzeyde kalan, yüzeysel **Flachbildschirm** *m* INFORM, TV yassı ekran, düz ekran **Flachdruck** *m* TYPO düz baskı

Fläche <-n> ['flɛçə] *f* ① (*Gebiet*) bölge; (*Bauwesen*) alan ② MATH (*Grund~*) alan; (*Ober~*) yüzey; (*Seiten~*) yüzey **Flächeninhalt** *m* yüz ölçümü; MATH alan **Flächenmaß** <-es, -e> *nt* MATH yüzey ölçü birimi

Flachfeile *f* piyata eğe, yassı eğe

flächig ['flɛçɪç] *adj* (*zweidimensional*) iki boyutlu

Flachland <-(e)s> *nt kein pl* ova

flach|legen *vt* ① **jdn ~** birini düşürmek ② (*vulg*) düzmek **flach|liegen** *irr vi* (*fam: krank sein*) yorgan döşek yatmak, yataklara düşmek

Flachs <-es> [flaks] *m kein pl* ① BOT keten ② (*fam: Spaß*) şaka **flachsblond** ['-'-] *adj* açık sarışın **Flachsbreche** *f* filariz

flackern ['flakɐn] *vi* ① (*Feuer*) titreyerek yanmak ② (*Licht*) kırpışmak, pır pır etmek [*o* edip durmak]

Fladen <-s, -> ['fla:dən] *m* ① GASTR lavaş; (*als Süßspeise*) gözleme ② (*Kuhdung*) tezek **Fladenbrot** *nt* lavaş ekmeği, pide

Flagge <-n> ['flagə] *f* bayrak; NAUT bandıra; **das Schiff fährt unter türkischer ~** gemi Türk bandıralı

flaggen *vi* **halbmast ~** bayrağı yarıya indirmek

Flair <-s> [flɛ:ɐ] *nt o m kein pl* (*von Menschen*) hava; (*von Sachen*) hava; **die Frau ist nicht schön, aber sie hat ~** kadın güzel değil ama havası var; **das Zimmer hat ein solches ~ von Luxus, dass ...** odanın öyle lüks bir havası var(dır) ki, ...

Flame(in) <-n, -n; -nen> ['fla:mə] *m(f)* Flaman **Flämin** <-nen> ['flɛ:mɪn] *f* Flaman

Flamingo <-s, -s> [fla'mɪŋgo] *m* ZOOL flamingo

flämisch ['flɛ:mɪʃ] *adj* Flaman

Flämisch(e) *nt dekl wie adj* Flamanca

Flamme <-n> ['flamə] *f* ① (*vom Feuer*) alev; **in ~n aufgehen** yanıp kül olmak; **in ~n stehen** alev alev yanmak; **Feuer und ~ für etw/jdn sein** (*fam*) bir şey/kimse için yanıp tutuşmak ② (*Gas~*) ateş, alev; **etw auf kleiner ~ kochen** bir şeyi kısık ateşte pişirmek ③ (*am Gasherd*) alev ④ (*fam: Liebe*) alev, aşk ateşi; **er ist eine alte ~ von mir** o benim eski alevimdir

flammend *adj* (*Worte, Blicke*) alevli; **ein ~es Rot** alev kırmızısı; **ein ~es Inferno** cehennem ateşi

Flammenwerfer <-s, -> *m* MIL alev makinesi

Flandern <-s> ['flandɐn] *nt* Flandra

Flanell <-s, -e> [fla'nɛl] *m* flanel

Flaneur <-s, -e> *m* piyasacı

flanieren* [fla'ni:rən] *vi haben o sein* piyasa etmek; (*bummeln*) gezinmek, dolaşmak; (*auf und ab schlendern*) bir aşağı bir yukarı gezinmek, volta atmak [*o* vurmak]

Flanke <-n> ['flaŋkə] *f* ① ANAT böğür; (*Pferd*) böğür ② MIL kanat, cenah ③ SPORT (*Sprung*) yanlamasına sıçrama; (*Pass*) ortalama; **eine ~ schlagen** topu ortalamak ④ SPORT (*rechter o. linker Sturmteil*) kanat; **über die rechte/linke ~ stürmen** sağ/sol kanattan hücüm etmek ⑤ AUTO (*Reifen~*) yanak

flankieren* *vt* (*stehen*) yanında durmak; (*gehen*) yanında gitmek

Flansch <-(e)s, -e> [flanʃ] *m* TECH flanş

Flaps *m* (*fam*) ham ervah, çiğ adam

flapsig ['flapsɪç] *adj* (*fam*) hamhalat, görgüsüz

Flasche <-n> ['flaʃə] *f* ① (*Gefäß*) şişe; (*Gas~*) tüp; (*für Babys*) biberon; **aus der ~**

trinken şişeden içmek; **zur ~ greifen** (*fig*) kafayı çekmek ❷ (*fam: Versager*) beceriksiz (kimse) **Flaschenbier** *nt* şişe birası **Flaschengärung** *f* şişede mayalanma **Flaschengestell** <-(e)s, -e> *nt* şişelik **Flaschenhals** *m* şişe boynu **Flaschenkürbis** <-ses, -se> *m* su kabağı, testi kabağı **Flaschenöffner** *m* şişe açacağı **Flaschenpfand** <-(e)s> *nt kein pl* şişe depozitosu **Flaschenpost** *f* potkal **Flaschenverschluss** <-es, -schlüsse> *m* şişe tapası **Flaschenzug** <-(e)s, -züge> *m* palanga

Flaschner(in) <-s, -; -nen> ['flaʃnɐ] *m(f)* SÜDD, SCHWEIZ (*Klempner*) sıhhî tesisatçı

Flatrate *f* INET sabit fiyat

Flattergeist *m* (*fam*) gelgeççi

flatterhaft *adj* (*pej*) hercai, yeltek

Flatterhaftigkeit *f kein pl* hercailik

flattern ['flatɐn] *vi* ❶ *sein* (*Tier*) uçuşmak ❷ (*Hände*) titremek ❸ *sein* (*Fahne*) dalgalanmak; (*Papier*) uçuşmak

flau [flaʊ] *adj* ❶ (*schwach*) halsiz; (*Brise*) hafif; **mir ist ~ im Magen** midem hafifçe bulanıyor ❷ FIN, COMM durgun, kesat; **die Geschäfte gehen ~** işler durgun

Flaum <-(e)s> [flaʊm] *m kein pl* ❶ (*Federn*) tüyler ❷ (*feiner, zarter Haarwuchs*) ince tüyler, tüylenme; (*Bartwuchs*) sakallanma ❸ (*eines Pfirsichs*) ülger **Flaumeiche** *f* BOT tüylü meşe

Flausch <-(e)s, -e> [flaʊʃ] *m* havlı çuha

flauschig *adj* havlı

Flaute <-n> ['flaʊtə] *f* ❶ NAUT (*Windstille*) rüzgârsızlık, sütlimanlık ❷ FIN durgunluk ❸ (*fam*) **die Party war eine ~** (*fam*) parti bir fiyaskoydu

Flechte <-n> ['flɛçtə] *f* ❶ (*Zopf*) örgü, belik ❷ BOT liken ❸ MED liken

flechten <flicht, flocht, geflochten> ['flɛçtən] *vt* örmek; (*Haare*) beliklemek, örmek; **einen Blumenkranz ~** çiçekli bir çelenk yapmak

Flechtwerk *nt* ❶ örgü ❷ ARCH bağdadî duvar

Fleck <-(e)s, -e> [flɛk] *m* ❶ (*Schmutz~*) leke; (*Farb~*) benek; (*Sonnen~*) gözenek; **ein blauer ~** morartı ❷ (*fam: Stelle*) yer; **er rührte sich nicht vom ~** yerinden kımıldamadı; **nicht vom ~ kommen** yerinde saymak; **vom ~ weg** hemen

Flecken <-s, -> ['flɛkən] *m* ❶ (*Schmutz~, Farb~*) leke ❷ (*Dorf*) köy **Fleckenentferner** *m*, **Fleckenentfernungsmittel** *nt* leke çıkarıcı ilaç, leke giderici madde **Fleckenfieber** *nt* lekeli humma **Fleckenwasser** <-s, -wässer> *nt* leke çıkarıcı sıvı, leke giderici su

fleckig ['flɛkɪç] *adj* lekeli; (*Tierfell*) benekli

Fledermaus ['fle:dɐmaʊs] *f* yarasa

flehen ['fle:ən] *vi* yalvarmak, yalvarıp yakarmak, niyaz etmek; **um Gnade ~** aman dilemek

flehentlich ['fle:əntlɪç] *adv* (*geh*) yalvararak; **jdn ~ bitten** birine yalvarıp yakarmak

Fleisch <-(e)s> [flaɪʃ] *nt kein pl* et; (*Frucht~*) et; **~ fressend** etçil, et obur, etle beslenen; **rohes ~** çiğ et; **vom ~ fallen** (*fam*) zayıflamak; **sich** *dat/akk* **ins eigene ~ schneiden** (*fig*) kendi kendine zarar vermek

Fleischbrühe *f* GASTR et suyu

Fleischer(in) <-s, -; -nen> *m(f)* kasap

Fleischerei <-en> *f* kasap (dükkânı)

fleischfarben *adj* ten rengindeki

Fleischfliege *f* et sineği

fleischfressend *adj s.* **Fleisch**

Fleischfresser *m* etçil, et obur **Fleischgericht** <-(e)s, -e> *nt* GASTR etli yemek

fleischig *adj* etli; (*Frucht*) etli; (*Person*) etli butlu

Fleischklößchen <-s, -> ['flaɪʃklø:sçən] *nt* GASTR köfte

fleischlich *adj* ❶ (*Kost*) etli ❷ (*Begierde*) şehvetli

fleischlos *adj* ❶ (*Kost*) etsiz ❷ (*Gesicht*) etsiz

Fleischmehl *nt kein pl* AGR et unu

Fleischpastete *f* GASTR etli börek **Fleischspieß** *m* GASTR şiş, şiş kebap **Fleischwolf** <-(e)s, -wölfe> *m* kıyma makinesi

Fleiß <-es> [flaɪs] *m kein pl* çalışkanlık; (*Eifer*) gayret; (*~arbeit*) emek; **ohne ~ kein Preis** (*prov*) zahmetsiz rahmet olmaz, ekmeden biçilmez

fleißig **I.** *adj* ❶ (*arbeitsam*) çalışkan; **eine ~e Arbeit** emek işi ❷ (*fam: regelmäßig*) düzenli **II.** *adv* ❶ (*arbeitsam*) çalışkan ❷ (*fam: regelmäßig*) düzenli olarak; (*häufig*) sık sık

flektierbar *adj* LING (*Sprache*) bükünlü, bükülgen; (*deklinabel*) çekimli

flennen ['flɛnən] *vi* (*pej fam*) zırlamak; **hör auf zu ~!** bırak (şu) zırlamayı!

fletschen ['flɛtʃən] *vt* **die Zähne ~** dişlerini göstermek

flexibel [flɛ'ksi:bəl] *adj* esnek

Flexibilität [flɛksibili'tɛ:t] *f kein pl* esneklik

Flexion <-en> [flɛ'ksjo:n] *f* LING bükün

flicht [flɪçt] *3. präs von* **flechten**

flicken ['flɪkən] *vt* (*Reifen*) yamamak; (*Kleidung*) yamamak

Flicken <-s, -> *m* yama

Flickwerk <-(e)s> *nt kein pl* (*pej*) derme çatma iş **Flickzeug** *nt* (*Fahrrad, Reifen*)

yama takımı

Flieder <-s, -> ['fliːdɐ] *m* BOT leylâk

fliederfarben *adj,* **fliederfarbig** *adj* leylâkî

Fliege <-n> ['fliːgə] *f* ❶ ZOOL sinek; **er tut keiner ~ was zuleide** [*o* **zu Leide**] karıncayı bile ezmez [*o* incitmez]; **zwei ~n mit einer Klappe schlagen** (*fam*) bir taşla iki kuş vurmak; **die ~ machen** (*fam*) tüymek ❷ (*Krawatte*) papyon

fliegen <fliegt, flog, geflogen> ['fliːgən] **I.** *vi sein* ❶ uçmak; **wie lange fliegt man von Wien nach Antalya?** Viyana'dan Antalya'ya kaç saatte uçuluyor? ❷ (*Ball, Stein*) uçmak; (*geworfen werden*) atılmak; **der Ball flog über das Tor** top kalenin üstünden uçtu; **in die Luft ~** havaya uçmak; **sie flog ihm um den Hals** boynuna sarıldı ❸ (*fam: hinausgeworfen werden*) **ich bin geflogen** atıldım ❹ (*fam: durchfallen*) **durchs Examen ~** sınavı geçememek ❺ (*fam: angezogen werden*) bayılmak (**auf** -e); **er fliegt auf neue Autos** otolara bayılır [*o* deli olur] **II.** *vt* ❶ (*Flugzeug*) kullanmak ❷ (*Güter, Passagiere*) uçurmak ❸ (*Route*) uçmak

fliegend *adj* uçan; **in ~er Eile** alelacele; **~e Händler** işportacılar; **~e Untertasse** (*tellerförmiges Ufo*) uçan daire; **der F~e Holländer** (*Sage, Oper*) Uçan Hollandalı

Fliegenfänger <-s, -> *m* ❶ ZOOL (*Vogel*) sinekkapan ❷ (*Klebestreifen*) sineklik

Fliegengewicht <-(e)s, -e> *nt* SPORT sinek sıklet, sinek ağırlık **Fliegenklatsche** <-n> ['fliːgənklatʃə] *f* sineklik **Fliegenpilz** *m* BOT sinek mantarı

Flieger <-s, -> ['fliːgɐ] *m* ❶ (*Pilot*) uçucu ❷ (*fam: Flugzeug*) uçak **Fliegeralarm** *m* hava alarmı

Fliegerei *f kein pl* uçuculuk, pilotluk; (*Flugwesen*) havacılık; **die ~ aufgeben** pilotluğu bırakmak

Fliegerhorst *m* MIL hava üssü

fliehen <flieht, floh, geflohen> ['fliːən] *vi sein* kaçmak (**vor** -den); (*aus dem Gefängnis*) firar etmek (**aus** -den); **zu jdm ~** birine kaçmak

Fliehkraft *f kein pl* PHYS merkezkaç kuvvet

Fliese <-n> ['fliːzə] *f* fayans **Fliesenleger(in)** <-s, -; -nen> *m(f)* fayansçı

Fließband <-(e)s, -bänder> *nt* hareketli bant, yürüyen bant, montaj hattı

fließen <fließt, floss, geflossen> ['fliːsən] *vi sein* (*Fluss, Gelder, Spenden, Verkehr*) akmak; (*Tränen*) akmak, dökülmek; (*heraus~*) akmak; **die Elbe fließt in die Nordsee** Elbe Kuzey Denizi'ne dökülür; **der Sekt floss in Strömen** köpüklü şarap su gibi aktı [*o* akardı], su gibi köpüklü şarap içildi; **es ist genug Blut geflossen** yeter kan aktı

fließend **I.** *adj* ❶ akan; **~er Verkehr** akan trafik; **~es Wasser** akar su ❷ (*Grenze, Übergang*) belirsiz; **die Grenze zwischen Physik und Chemie ist ~** fizik ile kimya arasındaki sınır belirsizdir **II.** *adv* su gibi, şakır şakır; **~ lesen** su gibi okumak; **sie spricht ~ Türkisch** şakır şakır Türkçe konuşuyor

flimmerfrei *adj* (*Bildschirm*) titreşimsiz **Flimmerkiste** *f* (*fam: Fernsehgerät*) tv, televizyon

flimmern ['flɪmɐn] *vi* titremek; (*Sterne*) ışıldamak

flink [flɪŋk] *adj* ❶ (*schnell*) atik, çevik ❷ (*geschickt*) becerikli

Flinte <-n> ['flɪntə] *f* ❶ (*Gewehr mit Feuersteinschloss*) filinta, çakmaklı tüfek ❷ (*Jagdgewehr mit glattem Lauf*) kaval tüfek, namlusu yivsiz tüfek; **die ~ ins Korn werfen** (*fig*) yelkenleri suya indirmek

Flipper <-s, -> ['flɪpɐ] *m* (*fam*) tilt

flippern *vi* (*fam*) tilt oynamak

flippig ['flɪpɪç] *adj* (*fam*) zirzop

Flirt <-s, -s> [flɪrt, flœrt] *m* flört

flirten ['flɪrtən, 'flœrtən] *vi* flört etmek

Flittchen <-s, -> ['flɪtçən] *nt* (*pej fam*) sürtük, sokak süpürgesi

Flitter[1] <-s, -> ['flɪtɐ] *m* (*Paillette*) payet, pırıltılı pul

Flitter[2] <-s> *m kein pl* (*pej: Tand*) incik boncuk

Flitterwochen *pl* balayı

flitzen ['flɪtsən] *vi sein* (*fam*) ok gibi fırlamak

flocht [flɔxt] *3. imp von* **flechten**

Flocke <-n> ['flɔkə] *f* ❶ (*Schnee~*) (kar) tane(si); **der Schnee fiel in dicken ~n** lapa lapa kar yağdı ❷ (*Hafer~, Mais~*) gevrek

flockig *adj* top top olan

flog [floːk] *3. imp von* **fliegen**

floh [floː] *3. imp von* **fliehen**

Floh <-(e)s, Flöhe> [floː, *pl* 'fløːə] *m* ❶ ZOOL pire; **jdm einen ~ ins Ohr setzen** (*fam*) birini pirelendirmek; **die Flöhe husten hören** (*fig fam*) ukalâlık etmek, kendini fasulye gibi nimetten saymak ❷ *pl* (*fam: Geld*) para **Flohbiss** *m* pire yeniği **Flohmarkt** *m* bitpazarı

Flop <-s, -s> [flɔp] *m* fiyasko

Floppydisk[RR] <-s> *f* INFORM esnek disket

Flor[1] *m* ❶ (*Blütenfülle*) çiçekler; **im ~ stehen** çiçeklenmek ❷ (*fig*) **im ~ sein** (*in Mode sein*) modası olmak

Flor[2] *m* ❶ (*dünner Seidenstoff*) tül ❷ (*haarige Oberschicht von Samt*) hav; **den ~ verlieren** havı dökülmek
Flora <Floren> ['flo:ra, *pl* 'flo:rən] *f* flora, bitey, bitki örtüsü
Florenz <-> [flo'rɛnts] *nt* Floransa
Florett <-(e)s, -e> [flo'rɛt] *nt* flöre; **~ fechten** flöre ile eskrim yapmak
florieren* [flo'ri:rən] *vi* gelişip büyümek
Florist(in) <-en, -en; -nen> [flo'rɪst] *m(f)* çiçekçi
Floskel <-n> ['flɔskəl] *f* tumturaklı söz
floss[RR] [flɔs], **floß**[ALT] *3. imp von* **fließen**
Floß <-es, Flöße> [flo:s, *pl* 'flø:sə] *nt* sal
Flosse <-n> ['flɔsə] *f* ❶ (*vom Fisch*) yüzgeç; (*vom Taucher*) palet ❷ NAUT kanat ❸ (*fam: Hand*) el
Flöte <-n> ['flø:tə] *f* ❶ MUS flüt ❷ (*Sektglas*) şampanya bardağı
flöten *vi* ❶ (*Flöte spielen*) flüt çalmak; (*Vogel, Mensch*) ötmek ❷ (*fam: verloren gehen*) **~ gehen** kaybolmak, kaybolup gitmek ❸ (*pfeifen*) ıslık çalmak **flöten|gehen**[ALT] *irr vi s.* **flöten I.2.** **Flötenspieler(in)** *m(f)* flütçü
Flötist(in) <-en, -en; -nen> [flø'tɪst] *m(f)* MUS flütçü
flott [flɔt] *adj* ❶ (*fam: rasch*) çabuk, tez, hızlı; **aber ein bisschen ~!** biraz çabuk ol ama! ❷ (*fam: Person*) şık; (*Kleidung*) şık; (*Musik*) canlı ❸ (*Leben*) **ein ~es Leben führen** keyfince yaşamak, dilediğince yaşamak ❹ (*fahrbereit*) **ist der Wagen wieder ~?** araba yine çalışıyor mu?
Flotte <-n> ['flɔtə] *f* donanma; (*Handels~*) filo **Flottenstützpunkt** *m* MIL donanma üssü
flott|machen *vt* ❶ (*Schiff*) yüzdürmek; **das Schiff wieder ~** gemiyi yüzdürmek ❷ (*fam: Fahrzeug*) çalıştırmak
Flöz <-es, -e> [flø:ts] *nt* BERGB katman, tabaka
Fluch <-(e)s, Flüche> [flu:x, *pl* 'fly:çə] *m* ❶ (*Verwünschung*) beddua, lanet, ilenç, ilenme; **einen ~ ausstoßen** beddua etmek, lanet okumak ❷ (*Schimpfwort*) küfür
fluchen ['flu:xən] *vi* küfretmek, sövmek, sövüp saymak
Flucht[1] [flʊxt] *f kein pl* (*das Fliehen*) kaçma (**aus/vor** -den), kaçış (**aus** -den), firar (**aus** -den); **vor jdm/etw** *dat* **die ~ ergreifen** bir kimseden/şeyden kaçmak; **jdn in die ~ schlagen** birini kaçırmak; **auf der ~ sein** kaçmakta olmak
Flucht[2] <-en> *f* ARCH (*Reihe*) sıra, dizi
fluchtartig **I.** *adj* acele **II.** *adv* acele acele
flüchten ['flʏçtən] **I.** *vi sein* kaçmak (**aus/vor** -den); (*aus dem Gefängnis*) firar etmek (**aus** -den) **II.** *vr* ■ **sich ~** (*Schutz suchen*) sığınmak (**in** -e); **sich in den Alkohol ~** kendini alkole vermek
Fluchtgefahr *f kein pl* kaçma tehlikesi
Fluchthilfe *f* kaçmaya yardım (etme)
flüchtig ['flʏçtɪç] *adj* ❶ (*flüchtend*) kaçak ❷ (*kurz*) kısa; **einen ~en Blick auf jdn/etw werfen** birine/bir şeye kısaca bir göz atmak ❸ (*oberflächlich*) üstünkörü, gelişigüzel, sathi; **etw ~ lesen** bir şeyi üstünkörü okumak ❹ CHEM uçucu
Flüchtigkeit *f* ❶ (*Kürze*) kısalık ❷ (*Oberflächlichkeit*) üstünkörülük, gelişigüzellik, sathilik ❸ (*Nachlässigkeit*) ihmalkârlık, savsaklama ❹ CHEM uçuculuk ❺ (*~sfehler*) dikkatsizlik **Flüchtigkeitsfehler** *m* dikkatsizlik hatası
Flüchtling <-s, -e> *m* sığınmacı, mülteci; **politischer ~** siyasi sığınmacı **Flüchtlingslager** *nt* sığınmacı kampı **Fluchtversuch** *m* kaçmaya kalkışma **Fluchtweg** *m* ❶ (*Verbrecher*) kaçış yolu ❷ (*in Schulen, Firmen*) (imdat) kaçış yolu
Flug <-(e)s, Flüge> [flu:k, *pl* 'fly:gə] *m* uçuş, uçak seferi; **die Zeit verging wie im ~(e)** zaman uçar gibi geçti
Flugabwehr *f kein pl* MIL uçaksavar **Flugabwehrrakete** *f* MIL uçaksavar füzesi
Flugangst *f* uçma korkusu **Flugaufkommen** <-s> *nt kein pl* AERO hava trafiği
Flugbahn *f* uçak pisti **Flugbegleiter(in)** *m(f)* hostes **Flugblatt** *nt* ❶ el ilanı, el afişi ❷ (*Mitteilungsblatt*) bildiri; **Flugblätter verteilen** bildiri dağıtmak **Flugdatenschreiber** <-s, -> *m* AERO kara kutu
Flugdauer *f* uçuş süresi
Flügel <-s, -> ['fly:gəl] *m* ❶ (*eines Vogels, Flugzeugs*) kanat; **mit den ~n schlagen** kanat çırpmak; **etw verleiht jdm ~** (*fig*) bir şey birini kanatlandırmak ❷ (*von Gebäude, Truppe, Spielfeld, Partei*) kanat ❸ (*einer Windmühle*) kanat; (*eines Propellers*) kanat ❹ (*Fenster~, Tür~*) kanat ❺ MUS (*Konzert~*) kuyruklu piyano; **auf dem ~ spielen** kuyruklu piyano çalmak
Flügelmutter <-n> *f* kulaklı somun **Flügelschlag** *m* kanat çırpışı, kanat çırpma
Flügelschraube *f* kanatlı vida **Flügeltür** *f* iki kanatlı kapı
Fluggast *m* uçak yolcusu
flügge ['flʏgə] *adj* ❶ (*Vogel*) kanatlanmış, uçmaya başlamış ❷ (*fig fam: Kind*) **~ werden** bağımsız olmak
Fluggeschwindigkeit *f* uçuş hızı **Fluggesellschaft** <-en> *f* uçak şirketi **Flughafen** *m* hava limanı; **auf dem ~** hava limanında **Flughafenbus** *m* hava alanı

otobüsü **Flughöhe** *f* uçuş yüksekliği **Flugkapitän** <-s, -e> *m* kaptan pilot **Flugkörper** *m* uçan cisim, füze; **ein gelenkter ~** güdümlü füze **Fluglehrer(in)** *m(f)* uçuş öğretmeni **Flugleitung** *f* hava alanı yönetimi **Fluglinie** *f* hava yolu **Fluglotse(in)** *m(f)* uçak kılavuzu **Flugobjekt** *nt* uçan daire **Flugplan** *m* uçuş tarifesi **Flugplatz** <-es, -plätze> *m* uçak alanı, hava alanı **Flugreise** *f* uçak yolculuğu

flugs [flu:ks] *adv* (*geh*) çarçabuk, çabucacık, hemencecik

Flugschein <-(e)s, -e> *m* ❶ (*Lizenz*) pilot ehliyeti ❷ (*Flugticket*) uçak bileti **Flugschreiber** <-s, -> *m* AERO (*Blackbox*) kara kutu **Flugsicherheit** *f kein pl* uçuş güvenliği **Flugsicherung** <-en> *f* hava yolu ulaşımının güvenliğini sağlama **Flugsimulator** *m* uçuş simülatörü **Flugstrecke** *f* uçuş rotası **flugtauglich** *adj* uçmaya elverişli **Flugticket** <-s, -s> *nt* uçak bileti **Flugverbindung** <-en> *f* AERO uçak bağlantısı

Flugverbot *nt* uçuş yasağı

Flugverkehr *m kein pl* hava (yolu) ulaşımı **Flugwaffe** *f* SCHWEIZ (*Luftwaffe*) hava kuvvetleri *pl* **Flugwesen** *nt kein pl* havacılık **Flugzeit** *f* uçuş süresi

Flugzeug <-(e)s, -e> ['flu:ktsɔɪk] *nt* uçak; **mit dem/im/per ~** uçakla **Flugzeugabsturz** *m* uçak düşmesi **Flugzeugbau** <-(e)s> *m kein pl* uçak yapımı **Flugzeugbesatzung** *f* uçak mürettebatı **Flugzeugentführer(in)** *m(f)* hava korsanı **Flugzeugentführung** *f* uçak kaçırma **Flugzeughalle** *f* uçak hangarı **Flugzeugträger** <-s, -> *m* uçak gemisi **Flugzeugverband** *m* hava birliği

Fluidität *f kein pl* akışkanlık

Fluktuation <-en> [flʊktua'tsjo:n] *f* (*Schwankung*) dalgalanma; (*Änderung*) değişme

fluktuieren* [flʊktu'i:rən] *vi* (*schwanken*) dalgalanmak; (*sich ändern*) değişmek

Flunkerei <-en> [flʊŋkə'raɪ] *f* (*fam*) martavalcılık; (*Lügengeschichte*) martaval, palavra

Flunkerer *m* (*fam*) palavracı, tıraşçı

flunkern ['flʊŋkɐn] *vi* (*fam*) palavra atmak [*o* savurmak] [*o* sıkmak], martaval atmak [*o* okumak]

Fluor <-s> ['flu:oɐ] *nt kein pl* CHEM flüor

Fluoreszenz [fluorɛs'tsɛnts] *f kein pl* flüoresans

fluoreszierend *adj* CHEM flüoresan, flüorışıl

Fluorid <-(e)s, -e> [fluo'ri:t] *nt* flüorit

Flur¹ <-(e)s, -e> [flu:ɐ] *m* (*im Haus*) koridor, hol

Flur² <-en> *f* (*geh: Land*) arazi **Flurbereinigung** <-en> *f* arazi toplulaştırması

Fluse <-n> ['flu:zə] *f* tüy, hav

Fluss^RR1^ <-es, Flüsse> [flʊs, *pl* 'flʏsə] *m* (*Gewässer*) akarsu, ırmak, nehir

Fluss^RR2^ <-es> *m kein pl* (*das Fließen*) akma; (*Verlauf*) akış; **in ~ bringen** harekete geçirmek; **in ~ kommen** harekete geçmek

Fluß^ALT^ *m s.* **Fluss**

flussabwärts^RR^ [-'--] *adv* akış aşağı, ırmağın aktığı yönde **Flussarm**^RR^ *m* ırmak kolu **flussaufwärts**^RR^ [-'--] *adv* akış yukarı **Flussbarsch**^RR^ *m* ZOOL tatlı su levreği, sudak **Flussbett**^RR^ *nt* akak, akarsu yatağı

Flussdiagramm^RR^ *nt* INFORM akış diyagramı

Flüsse *pl von* **Fluss¹**

Flussfisch^RR^ *m* tatlı su balığı

flüssig ['flʏsɪç] *adj* ❶ (*nicht fest*) sıvı, likit; **~ machen** sıvılaştırmak ❷ (*Stil, Verkehr*) akıcı ❸ (*Kapital*) nakit; **ich bin im Moment nicht ~** (*fam*) şu anda param yok **Flüssiggas** <-es, -e> *nt* likit gaz, sıvı gaz

Flüssigkeit¹ <-en> *f* (*Stoff*) sıvı

Flüssigkeit² *f kein pl* (*Zustand*) sıvı

Flüssigkristallbildschirm *m* sıvı kristal ekranı

flüssig|machen *vt* ❶ (*verflüssigen*) *s.* **flüssig 1.** ❷ (*Kapital*) paraya çevirmek **Flüssigseife** *f* sıvı el sabunu **Flüssigwaschmittel** *nt* çamaşır suyu

Flusskrebs^RR^ *m* ZOOL kerevit, kerevides, tatlı su ıstakozu **Flusslauf**^RR^ <-(e)s, -läufe> *m* akak, akarsu yatağı **Flussmündung**^RR^ *f* ırmak ağzı, mansap **Flusspferd**^RR^ *nt* su aygırı **Flussufer**^RR^ *nt* ırmak kenarı

flüstern ['flʏstɐn] *vi, vt* fısıldamak; **das kann ich dir ~!** (*fam*) bundan emin olabilirsin!

Flüsterpropaganda <-> *f kein pl* fısıltı gazetesi

Flüsterton <-(e)s> *m kein pl* fısıltı; **im ~ reden** fısıltı ile konuşmak, fısıl fısıl konuşmak

Flut¹ [flu:t] *f kein pl* GEO (*im Gezeitenwechsel*) kabarık deniz, met, denizin kabarması; **es ist ~** deniz kabardı; **die ~ geht zurück** deniz çekiliyor; **der Wechsel von Ebbe und ~** gelgit olayı, meddücezir; **mit der ~ steigen** metle yükselmek; *s. a.* **Ebbe**

Flut² <-en> *f* ❶ (*geh: Wassermassen*) sel; (*Wellen*) dalgalar *pl* ❷ (*Menge*) sel; **eine ~**

von Briefen mektup seli [*o* yağmuru]
fluten **I.** *vi sein* (*geh: Wasser, Licht*) dolmak **II.** *vt* NAUT (suyla) doldurmak; **die Schleuse/Tanks ~** loku/tankları (suyla) doldurmak
Fluthilfe *f* selzedelere yardım **Flutkatastrophe** *f* sel felaketi **Flutlicht** <-(e)s> *nt kein pl* dağınık ışık **Flutopfer** *nt* selzede
flutschen ['flʊtʃən] *vi sein* (*fam*) ❶ (*Tätigkeit*) tıkır tıkır yürümek ❷ (*Gegenstand*) **aus der Hand ~** elinden kaçıvermek
Flutwelle *f* met dalgası
f-Moll <-> *nt kein pl* MUS fa minör
fob *Abk von* **free on board** WIRTSCH fob
focht [fɔxt] *3. imp von* **fechten**
föderal *adj* POL federal
Föderalismus <-> [fødera'lɪsmʊs] *m kein pl* POL federalizm
Föderalist(in) *m(f)* POL federalist
föderalistisch *adj* POL federalist
Föderation <-en> [fødera'tsjo:n] *f* POL federasyon
föderativ *adj* POL federatif, federal
föderiert *adj* POL federe
fohlen ['fo:lən] *vi* ZOOL kulunlamak, taylamak; (*ab~*) kulun atmak
Fohlen <-s, -> ['fo:lən] *nt* (*neugeborenes Pferd, Esel*) kulun; (*sehr junges Pferd*) tay
Föhn <-(e)s, -e> [fø:n] *m* ❶ METEO *Alplerin kuzey veya güneyinden esen sıcak ve kuru lodos benzeri bir rüzgâr* ❷ (*Haartrockner*) saç kurutucusu
föhnenRR ['fø:nən] *vt* saç kurutucusu ile kurutmak
Fokus <-, -se> ['fo:kʊs] *m* (*Brennpunkt*) odak; (*Krankheitsherd*) mikrop yuvası
fokussieren [fo:kʊ'si:rən] *vt* odaklamak, odaklaştırmak
Folge <-n> ['fɔlgə] *f* ❶ (*Ergebnis*) sonuç, netice; **an den ~n einer Krankheit sterben** hastalık sonucu ölmek; **einem Befehl ~ leisten** (*form*) emre itaat etmek, emri yerine getirmek ❷ RADIO, TV dizi; (*Zeitung*) sayı; (*Fortsetzung*) tefrika ❸ (*Aufeinander~*) devam, izleme; **in rascher ~** ardı ardına **Folgeerscheinung** *f* ardıl görüntü, ardışık görüntü; MED ardışık olgular *pl*
folgen ['fɔlgən] *vi* ❶ *sein* (*nachgehen*) izlemek, takip etmek; **können Sie mir (geistig) ~?** beni anlıyor musunuz? ❷ *sein* (*zeitlich*) izlemek, takip etmek; **dem** [*o* **auf den**] **Winter folgte ein nasses Frühjahr** kışı yağmurlu bir bahar izledi; **Fortsetzung folgt** devamı var; **wie folgt** şöyle, aşağıdaki gibi ❸ *sein* (*sich ergeben*) çıkmak (**aus** -den) ❹ (*gehorchen*) itaat etmek, uymak; **er folgte ihrem Rat** öğüdüne uydu
folgend *adj* ❶ arkadan gelen, ardı sonra gelen, müteakip; **am ~en Tag** ertesi günü; **es handelt sich um F~es** konu şöyle [*o* şudur]; **abschließend möchte ich F~es sagen** son olarak şunu söylemek isterim ❷ (*im Text*) aşağıdaki
folgendermaßen ['fɔlgəndɐ(')ma:sən] *adv* şöyle, şu şekilde; **ich habe mir das ~ überlegt** ben bunu şöyle düşündüm
folgenlos *adj* sonuçsuz, neticesiz
folgerichtig *adj* tutarlı; (*logisch*) mantıklı, mantıki
folgern ['fɔlgɐn] *vi* sonuç çıkarmak (**aus** -den), istidlâl etmek (**aus** -den)
Folgerung <-en> *f* çıkarım (**aus** -den), çıkan sonuç (**aus** -den)
folglich ['fɔlklɪç] *adv* binaenleyh, bunun üzerine, bundan dolayı, dolayısıyla, demek ki, yani
folgsam ['fɔlkza:m] *adj* (*gehorsam*) söz dinler, itaatkâr; (*artig*) uslu
Folie <-n> ['fo:liə] *f* folyo kâğıdı; (*Frischhalte~*) selofan; (*Klarsicht~*) saydam; (*Plastik~*) naylon; **etw mit ~ abdecken** bir şeyi naylonla kaplamak
Folklore [fɔlk'lo:rə] *f kein pl* folklor
Folklorist(in) *m(f)* folklorcu
Folkloristik *f kein pl* folklorculuk
folkloristisch [fɔlklo'rɪstɪʃ] *adj* folklorik
Folter <-n> ['fɔltɐ] *f* işkence; **jdn auf die ~ spannen** (*fig*) birini meraktan çatlatmak **Folterbank** <-bänke> *f* işkence sehpası
Folterer *m* işkenceci
Foltergerät *nt*, **Folterinstrument** *nt* işkence aleti **Folterkammer** *f* işkence odası
foltern *vt* işkence etmek [*o* yapmak] (-e)
Folterung <-en> *f* işkence
Folterwerkzeug *nt* işkence aleti
FonRR <-s, -s> *nt s.* **Phon**
Fön® <-(e)s, -e> *m* saç kurutma makinesi
Fonds <-, -> [fõ:(s)] *m* WIRTSCH, FIN (*Geldreserve*) fon
fönenALT *vt s.* **föhnen**
Fonotypist(in)RR <-en, -en; -nen> *m(f)* *s.* **Phonotypist**
Font <-s, -s> [fɔnt] *m* INFORM, TYPO yazı tipi, yazı karakteri seti
Fontäne <-n> [fɔn'tɛ:nə] *f* ❶ (*Wasserstrahl*) fıskiye ❷ (*Springbrunnen*) fıskiye, şadırvan
Fontanelle *f* ANAT bıngıldak
foppen ['fɔpən] *vt* takılmak (-e)
forcieren* [fɔr'si:rən] *vt* ❶ (*steigern*) artırmak ❷ (*erzwingen*) zorlamak
Förderband <-(e)s, -bänder> *nt* TECH konveyör
Förderer(in) <-s, -; -nen> *m(f)* teşvikçi

F

Förderkorb *m* BERGB kafes
förderlich *adj* yararlı (-e), faydalı (-e)
Fördermittel *pl* WIRTSCH teşvik fonları *pl*
fordern ['fɔrdɐn] *vt* ❶ (*verlangen*) istemek (**von** -den), talep etmek (**von** -den); **der Unfall forderte fünf Menschenleben** kaza beş kişinin canını aldı ❷ (*zum Duell*) davet etmek ❸ (*Rechte*) istemek (**von** -den), talep etmek (**von** -den)
fördern ['fœrdɐn] *vt* ❶ (*Bodenschätze, Kohle*) çıkarmak ❷ (*unterstützen*) desteklemek; (*Talent, Künstler, Umsatz*) teşvik etmek, özendirmek, isteklendirmek; (*Umsatz*) kayırmak
Forderung <-en> *f* ❶ (*Anspruch*) talep, istem; **hohe ~en an etw/jdn stellen** bir şeyden/kimseden çok şey istemek ❷ FIN, WIRTSCH, JUR (*Betrag*) alacak; **noch bestehende/titulierte/zweifelhafte ~en** kalan/senetli/şüpheli alacaklar ❸ (*von Rechten*) talep, istem ❹ (*Auf~*) davet
Förderung <-en> *f* ❶ (*von Bodenschätzen*) istihsal, çıkarma, elde etme ❷ (*Unterstützung*) destek; (*finanziell*) teşvik, özendirme; (*Verkaufs~*) özendirme, promosyon
Forelle <-n> [fo'rɛlə] *f* ZOOL alabalık
forensisch *adj* JUR adli; **~e Medizin** (*Gerichtsmedizin*) adli tıp
Form[1] <-en> [fɔrm] *f* ❶ (*Gestalt*) biçim, şekil; **etw in ~ bringen** bir şeye biçim vermek; **aus der ~ geraten** biçimi bozulmak, deforme olmak; **das Projekt nimmt feste ~en an** proje biçim almaya başladı ❷ (*Art und Weise*) biçim, tarz ❸ (*Back~, Gieß~, Kuchen~*) kalıp ❹ (*Umgangs~*) formalite, nezaket; **die ~ wahren** istifini bozmamak; **der ~ halber** formalite gereği, nezaket icabı; **in aller ~** resmen
Form[2] *f kein pl* (*Kondition*) form; **in ~ kommen** forma girmek; **in ~ sein** formda olmak
formal [fɔr'mɑːl] *adj* formel, biçimsel
Formaldehyd *m kein pl* CHEM formaldehit
Formalie <-n> *f* formalite; **die notwendigen ~n erledigen** gerekli formaliteleri tamamlamak
Formalismus *m kein pl* formalizm, biçimcilik
Formalist(in) *m(f)* formalist, formaliteci, şekilperest
Formalität <-en> [fɔrmali'tɛːt] *f* formalite
Format[1] <-(e)s, -e> [fɔr'maːt] *nt* (*Größe*) format
Format[2] <-(e)s> *nt kein pl* ❶ (*Persönlichkeit*) karakter; **sie hat ~** karakteri var ❷ (*Niveau*) seviye; (*Bedeutung*) önem
formatieren* [fɔrma'tiːrən] *vt* INFORM formatlamak **Formatierung** <-en> *f* INFORM formatlama
Formation <-en> [fɔrma'tsjoːn] *f* formasyon; GEO oluşuk, katmanlar dizisi; **geschlossene ~** MIL yanaşık nizam [*o* düzen]
formbar *adj* istenilen şekle sokulabilen
formbeständig *adj* şekli bozulmaz
Formel <-n> ['fɔrməl] *f a.* MATH, CHEM formül; (*Redewendung*) formül; (*Zauber~*) söz; **etw auf eine ~ bringen** (*fig*) bir şeyi formüle etmek
Formel-1 *f kein pl* AUTO formüla 1
Formel-1-Rennen *nt* formüla 1 yarışı
Formel-1-Wagen *m* formüla 1 arabası
formell [fɔr'mɛl] *adj* formel, biçimsel, şeklî
formen ['fɔrmən] *vt* biçimlendirmek, şekillendirmek
Formenlehre <-n> *f* LING, MUS morfoloji, biçim bilgisi; BIOL biçim bilimi
Formfehler *m* şekil hatası **Formfrage** <-n> *f* formalite sorusu
formieren* [fɔr'miːrən] *vt* biçimlendirmek, biçim vermek (-e); (*bilden*) kurmak, oluşturmak; (*organisieren*) örgütlemek
Formierung <-en> *f* formasyon, biçimlenme, oluşum
förmlich ['fœrmlɪç] **I.** *adj* ❶ (*offiziell*) resmî ❷ (*steif*) merasimli **II.** *adv* (*regelrecht*) resmen
Förmlichkeit <-en> *f* formalite, resmiyet, merasim, resmî işler; **bitte nur keine ~en!** lütfen resmiyeti bir yana bırakalım!
formlos *adj* ❶ (*ohne Form*) biçimsiz ❷ (*zwanglos*) serbest; (*Antrag*) şekle bağlı olmayan
Formsache *f* formalite işi; **das ist reine ~** bu sırf formalite işidir **formschön** *adj* biçimi güzel, güzel biçimli
Formular <-s, -e> [fɔrmu'laːɐ] *nt* form
formulieren* [fɔrmu'liːrən] *vt* formüle etmek
Formulierung <-en> *f* ❶ (*Vorgang*) formüle etme ❷ (*Ergebnis*) ibare; **einige ~en wurden geändert** bazı ibareler değiştirildi
formvollendet *adj* mükemmel
forsch [fɔrʃ] *adj* atılgan, enerjik
forschen ['fɔrʃən] *vi* araştırmak; **nach etw ~** bir şeyi araştırmak
Forscher(in) <-s, -; -nen> *m(f)* araştırmacı, araştırman
Forschung <-en> *f* (bilimsel) araştırma
Forschungsergebnis *nt* araştırma sonucu **Forschungslabor** *nt* araştırma laboratuvarı **Forschungsreise** *f* keşif seyahati, bilimsel araştırma amaçlı gezi
Forschungszentrum *nt* araştırmalar merkezi
Forst <-(e)s, -e(n)> [fɔrst] *m* orman

Förster(in) <-s, -; -nen> ['fœrstɐ] *m(f)* ormancı, orman koruma memuru **Forsthaus** *nt* orman evi **Forstwirt(in)** *m(f)* ormancı, orman mühendisi **Forstwirtschaft** *f kein pl* AGR ormancılık

fort [fɔrt] *adv* ❶ (*weg*) gitti; (*verschwunden*) yok; (*verloren*) kayıp; **das Buch ist ~** kitap yok; **~ mit ihm!** gitsin!; **seine Freunde sind schon ~** dostları gittiler bile ❷ (*weiter*) **und so ~** ve benzerleri, vesaire; **in einem ~** hiç durmadan

Fort <-s, -s> [fo:ɐ] *nt* MIL tabya

fortan [fɔrt'ʔan] *adv* bundan böyle

Fortbestand <-(e)s> *m kein pl* devam; (*der Arten*) tükenmeme

fort|bestehen* *irr vi* devam etmek

fort|bewegen* **I.** *vt* hareket ettirmek, yerinden oynatmak **II.** *vr* ■ **sich ~** hareket etmek, gitmek

Fortbewegung *f* hareket

Fortbildung <-en> *f* meslek içi eğitim; **die ~ der Beamten** memurların meslek içi eğitimi **Fortbildungskurs** *m* meslek içi eğitim kursu

fort|bleiben *irr vi* gittiği yerde kalmak, dönmemek

fort|bringen *irr vt* alıp götürmek, yerinden oynatmak

Fortdauer *f kein pl* devam, sürme, sürüp gitme

fort|dauern *vi* devam etmek, sürüp gitmek

fortdauernd *adv* devamlı, sürekli

forte ['fɔrtə] *adv* MUS forte

Fortentwicklung *f kein pl* ilerleme

fort|fahren *irr* **I.** *vi sein* ❶ (*wegfahren*) gitmek ❷ (*weitermachen*) devam etmek **II.** *vt* (*wegtransportieren*) götürmek

fort|fallen *irr vi sein* ortadan kalkmak

fort|führen *vt* ❶ (*wegbringen*) alıp götürmek ❷ (*fortsetzen*) devam ettirmek **Fortgang** *m kein pl* ❶ (*das Weggehen*) gitme, ayrılma ❷ (*der Verlauf*) cereyan, gidişat

fort|gehen *irr vi sein* ❶ (*weggehen*) gitmek ❷ (*sich fortsetzen*) devam etmek; **es hätte noch eine Zeit lang so ~ können** bir süre daha böyle devam edebilirdi

fortgeschritten ['fɔrtgəʃrɪtən] **I.** *pp von* **fortschreiten II.** *adj* ileri; (*entwickelt*) ilerlemiş; **Deutschkurs für F~e** ilerlemişler için Almanca kursu; **zu ~er Stunde** geç saatte

fortgesetzt ['fɔrtgəsɛtst] *adj* devam ettirilen; **~ den Unterricht stören** dersi bozmaya devam etmek

fort|jagen *vt* ❶ (*Person*) kovmak, kovalamak ❷ (*Tier*) ürkütüp kaçırmak

fort|kommen *irr vi sein* ❶ (*wegkommen*) çekip gitmek; **mach, dass du fortkommst!** çek git buradan! ❷ (*weggebracht werden*) götürülmek ❸ (*Fortschritte machen*) ilerlemek ❹ (*abhandenkommen*) elden çıkmak, kaybolmak

Fortkommen <-s> *nt kein pl* **berufliches ~** mesleğinde ilerleme

fort|lassen *irr vt* ❶ (*weggehen lassen*) bırakmak ❷ (*auslassen, weglassen*) es geçmek; (*nicht erwähnen*) sözünü etmemek (-in); (*im Brief*) yazmamak

fort|laufen *irr vi sein* ❶ (*weglaufen*) kaçmak ❷ (*ausreißen*) kaçmak (**von** -den)

fortlaufend I. *adj* (*aufeinander folgend*) ardışık; (*ununterbrochen*) devamlı, sürekli, aralıksız **II.** *adv* (*ständig*) sürekli olarak, ha bire, durmadan, mütemadiyen; (*eins auf das andere folgend*) art arda, peş peşe

fort|leben *vi* yaşamaya devam etmek

fort|pflanzen *vr* ■ **sich ~** ❶ (*Menschen, Tiere*) üremek, çoğalmak ❷ (*Schall, Gedanke*) yayılmak

Fortpflanzung *f kein pl* üreme, çoğalma; **geschlechtliche ~** eşeyli üreme; **ungeschlechtliche ~** eşeysiz çoğalma **Fortpflanzungsorgan** *m* üreme organı **Fortpflanzungszelle** *f* üreme hücresi; **weibliche/männliche ~** dişi/erkek üreme hücresi

F

Fortsatz *m* çıkıntı, uzantı; **feiner ~ des Protoplasmas** protoplazmanın ince uzantısı

fort|schicken *vt* (*Person*) postalamak; (*Post*) postalamak, postaya vermek

fort|schreiten *irr vi sein* ❶ (*vorangehen*) ilerlemek; (*Zeit*) ilerlemek ❷ (*Verschmutzung*) artmak

Fortschritt *m* ilerleme; **~e machen** ilerleme kaydetmek

fortschrittlich *adj* ileri

fortschrittsfeindlich *adj* gerici

fort|setzen I. *vt* (*weitermachen*) devam etmek (-e) **II.** *vr* ■ **sich ~** (*sich räumlich ausdehnen*) devam etmek; (*zeitlich*) devam etmek; **das Muster setzt sich auf der anderen Seite fort** desen arka yüzde de devam ediyor

Fortsetzung <-en> *f* ❶ (*nach Unterbrechung*) devam; **~ folgt** devamı var ❷ (*Abschnitt eines Romans in Zeitung/Zeitschrift*) tefrika **Fortsetzungsroman** *m* tefrika roman

fort|stehlen *irr vr* ■ **sich ~** sıvışmak

fort|tragen *irr vt* alıp götürmek

Fortuna *f kein pl* (*Glück*) talih kuşu; **~ war ihm hold** talih kuşu yüzüne güldü

fortwährend I. *adj* devamlı, sürekli **II.** *adv* sürekli olarak

Forum <-s, Foren *o* Fora> ['fo:rʊm] *nt*

forum
fossil [fɔ'siːl] *adj* GEO fosil
Fossil <-s, -ien> [fɔ'siːl, *pl* fɔ'siːljən] *nt* ❶ GEO fosil ❷ (*fig fam*) **altes ~** fosil
Foto¹ <-s, -s> ['foːto] *nt* (*Bild*) fotoğraf
Foto² <-s, -s> *m* (*fam:* ~*apparat*) fotoğraf makinesi
Fotoalbum *nt* fotoğraf albümü **Fotoapparat** *m* fotoğraf makinesi **Foto-CD** *f* foto-CD **Fotofinish** *nt* SPORT fotofiniş
fotogen [foto'geːn] *adj* fotojenik
Fotograf(in) <-en, -en; -nen> [foto'graːf] *m(f)* fotoğrafçı
Fotografie <-n> [fotogra'fiː] *f* fotoğrafçılık
fotografieren* **I.** *vi* fotoğraf çekmek **II.** *vt* fotoğrafını almak
Fotohandy *nt* TELEK foto makineli cep (telefonu)
Fotokopie [fotoko'piː] *f* fotokopi **fotokopieren*** *vi, vt* fotokopi çekmek **Fotokopierer** *m* fotokopi makinesi **Fotolabor** *nt* fotoğrafhane **Fotomodell** *nt* fotomodel **Fotomontage** [---'--] *f* fotomontaj
Fötus <-(ses), -se *o* Föten> ['føːtʊs] *m* MED dölüt, cenin
Fotze <-n> ['fɔtsə] *f* (*vulg*) am
Foul <-s, -s> [faʊl] *nt* SPORT faul
foulen ['faʊlən] *vt, vi* SPORT **jdn ~** birine faul yapmak
Foxtrott *m* fokstrot
Foyer <-s, -s> [fo̯a'jeː] *nt* fuaye
Fr. *Abk von* **Frau** bayan
Fracht <-en> [fraxt] *f* ❶ (*Ladung*) yük, kargo; NAUT navlun ❷ (*Gebühr*) navlun **Frachtbrief** *m* ❶ taşıma senedi ❷ NAUT (*Konnossement*) konşimento
Frachter <-s, -> *m* şilep, yük gemisi
Frachtgut *nt* WIRTSCH kargo, yük; **etw als ~ schicken** bir şeyi kargo ile göndermek **Frachtraum** <-(e)s> *m kein pl* ambar **Frachtschiff** *nt* şilep, yük gemisi **Frachtvertrag** *m* yük [*o* eşya] taşıma mukavelesi; NAUT navlun mukavelesi
Frack <-(e)s, Fräcke> [frak, *pl* 'frɛkə] *m* frak
Frage <-n> ['fraːgə] *f* soru; (*Problem*) sorun, mesele; **eine ~ der Zeit** zaman meselesi; **eine ~ zu etw haben** bir şey hakkında bir sorusu olmak; **jdm eine ~ stellen** birine soru sormak; **etw in ~ stellen** bir şeyin doğruluğundan şüphe etmek; **auf eine ~ antworten** bir soruya yanıt [*o* cevap] vermek; **eine ~ beantworten** bir soruyu yanıtlamak [*o* cevaplamak]; **das kommt nicht in ~!** bu söz konusu olamaz!; **das ist die (große) ~** işte (asıl) sorun bu; **das steht außer ~** bu söz götürmez; **gibt es noch ~n?** başka soru var mı?; **eine gute ~!** iyi bir soru!; **~ und Antwort stehen** sorulan sorulara yanıt [*o* cevap] vermek; **das ist eine ~ des Geldes** bu bir para sorunudur; (**das ist**) **ohne ~ eine gute Idee!** bu şüphesiz iyi bir fikir! **Fragebogen** *m* cevap kâğıdı
fragen ['fraːgən] **I.** *vt, vi* (soru) sormak (**nach** -); **jdn nach dem Weg ~** birisine yolu sormak; **um Erlaubnis/Rat ~** izin/öğüt istemek; **sie warf mir einen ~den Blick zu** bana sorarcasına bir göz attı; **ohne viel zu ~** fazla soru sormadan [*o* sormaksızın]; **~ kostet nichts** soru sormak bedava; **da fragst du mich zu viel** (*fam: das weiß ich auch nicht*) bunu ben de bilmiyorum, bu soruna cevap veremem; **jdm Löcher in den Bauch ~** birini soru yağmuruna tutmak; **sein Typ ist sehr gefragt** tipi çok rağbet görüyor **II.** *vr* ■ **sich ~ ich frage mich, wie er das gemeint hat** bununla ne demek istediğini düşünüyorum; **es fragt sich, ob das richtig ist** bunun doğru olup olmadığı şüpheli
Fragepronomen *nt* LING soru zamiri
Fragerei <-en> [fraːgə'raɪ] *f* (*pej*) sorgu sual
Fragesatz <-es, -sätze> *m* soru cümlesi **Fragestellung** *f* ❶ (*Formulierung*) ibare ❷ (*Problem*) sorun, problem **Fragewort** <-(e)s, -wörter> *nt* soru zamiri **Fragezeichen** *nt* soru işareti
fragil [fra'giːl] *adj* (*zerbrechlich*) çıtkırıldım, kırılgan; (*zart*) narin
Fragilität *f kein pl* çıtkırıldımlık
fraglich ['fraːklɪç] *adj* ❶ (*zweifelhaft*) kuşkulu, şüpheli; (*ungewiss*) bilinmez; **es ist noch sehr ~, ob er kommt** gelip gelmeyeceği daha hiç de belli değil ❷ (*betreffend*) söz konusu
fraglos *adv* (*zweifellos*) kuşkusuz, şüphesiz; **so ist es ~ am besten** böyle olması kuşkusuz en iyisidir
Fragment <-(e)s, -e> [fra'gmɛnt] *nt* parça
fragmentarisch [fragmɛn'taːrɪʃ] *adj* parça hâlinde olan, tamamlanmamış, bitmemiş
fragwürdig *adj* düşündürücü; (*verdächtig*) kuşkulu
Fraktion <-en> [frak'tsjoːn] *f* ❶ CHEM (*Destillat*) damıtık madde ❷ POL fraksiyon **Fraktionsvorsitzende(r)** *f(m)* fraksiyon başkanı
Frame [frɛːm] *m* INFORM çatı
Franc <-(s), -s> [frãː] *m* frank
frank [fraŋk] *adv* **~ und frei** açıkça ve samimi (olarak)
Franke, Fränkin <-n, -n; -nen> ['fraŋkə,

'frɛŋkın] *m, f* Frenk

Franken¹ <-s> ['fraŋkən] *nt* Franken, Frankonya

Franken² <-s, -> ['fraŋkən] *m* (*Währung*) frank

Frankfurt <-s> ['fraŋkfʊrt] *nt* Frankfurt

frankieren* [fraŋ'kiːrən] *vt* ❶ (*mit Briefmarken*) pullamak, üzerine pul yapıştırmak (-in) ❷ (*mit Frankiermaschine*) ücretlendirmek

Frankiermaschine *f* ücretlendirme makinesi

Frankierung <-en> *f* ❶ (*mit Briefmarken*) pullama, pullanma ❷ (*mit Frankiermaschine*) ücretlendirme

Fränkin <-nen> *f s.* **Franke**

fränkisch ['frɛŋkɪʃ] *adj* Frenk

franko ['fraŋko] *adv* COMM franko, masrafsız

Frankreich <-s> ['fraŋkraɪç] *nt* Fransa

Franse <-n> ['franzə] *f* püskül; (*von Tüchern, Teppichen*) saçak; **die ~n des Teppichs** halının saçakları

fransig *adj* ❶ (*mit Fransen*) püsküllü, saçaklı ❷ (*ausgefranst*) saçaklanmış, lime lime

Franzose, -zösin <-n, -n; -nen> [fran'tsoːzə] *m, f* Fransız

französisch [fran'tsøːzɪʃ] *adj* Fransız

Französisch(e) *nt dekl wie adj* Fransızca; **aus dem ~en/ins ~e übersetzen** Fransızca'dan/Fransızca'ya çevirmek

frappieren* [fra'piːrən] *vt* ❶ (*überraschen*) şaşırtmak ❷ GASTR buzda çevire çevire soğutmak

Fräse *f* freze

fräsen ['frɛːzən] *vt* frezelemek

Fräser(in) *m(f)* frezeci

Fräsmaschine *f* freze

fraß [fraːs] *3. imp von* **fressen**

Fraß <-es, -e> [fraːs] *m* ❶ (*für Tiere*) yem ❷ (*pej fam: Essen*) kötü yemek

Fratze <-n> ['fratsə] *f* (*fam*) ❶ (*pej: Gesicht*) surat ❷ (*Grimasse*) yüz buruşturma [*o* ekşitme]; **eine ~ schneiden** yüz buruşturmak [*o* ekşitmek] ❸ (*Mensch*) çehre züğürdü

frau [fraʊ] *pron* bir kadın; **da braucht ~ nichts mehr dazu zu sagen** bir kadının buna başka diyeceği bir şey yoktur

Frau <-en> [fraʊ] *f* ❶ (*allgemein*) kadın ❷ (*Ehe~*) eş, karı, zevce, refika ❸ (*Anrede: vor dem Nachnamen*) bayan; (*nach dem Vornamen*) hanım; **~ Doktor** doktor hanım **Frauenarzt, -ärztin** *m, f* jinekolog **Frauenbewegung** <-en> *f* POL kadın hareketi **frauenfeindlich** *adj* kadınlara karşı olan, kadın karşıtı **Frauengruppe** *f* (*Verband*) kadınlar grubu **Frauenhaus** *nt* kadın evi **Frauenheilkunde** *f* MED jinekoloji **Frauenheld** <-en, -en> *m* kadın avcısı **Frauenklinik** *f* kadınlar kliniği **Frauenrechtler(in)** <-s, -; -nen> ['fraʊənrɛçtlɐ] *m(f)* kadın hakları savunucusu **Frauentaxi** *nt* kadınlar için taksi **Frauenwahlrecht** *nt* kadınların oy hakkı **Frauenzimmer** <-s, -> *nt* (*pej*) kadın, karı

Fräulein <-s, -> ['frɔɪlaɪn] *nt* bayan

fraulich *adj* kadınsı

Freak <-s, -s> [friːk] *m* (*fam*) ucube; (*Musik~*) deli

freakig *adj* (*fam*) ucube gibi; (*exzentrisch*) eksantrik; (*seltsam*) tuhaf, garip

frech [frɛç] *adj* ❶ (*respektlos*) küstah, arsız, yüzsüz; **~ werden** küstahlaşmak; ■ **sich ~ benehmen** küstahlık etmek ❷ (*keck*) pervasız **Frechdachs** *m* (*fam*) afacan, kerata

Frechheit <-en> *f* küstahlık, arsızlık; **das ist der Gipfel der ~** bu küstahlığın daniskasıdır; **die ~ besitzen zu ...** ...i yapma küstahlığında bulunmak

Freeclimbing *nt* serbest tırmanış

Fregatte <-n> [fre'gatə] *f* ❶ MIL firkateyn ❷ (*fig, pej*) kokona; **aufgetakelt wie eine ~** kokona gibi süslenip püslenmiş [*o* süslü püslü]

Fregattvogel *m* ZOOL fregat kuşu

frei [fraɪ] *adj* ❶ (*unabhängig*) serbest; (*in Freiheit*) özgür, hür; **~er Mitarbeiter** serbest eleman; **das ist alles ~ erfunden** bunların hepsi palavradır; **jdm ~e Hand lassen** birini hareketlerinde serbest bırakmak; **aus ~en Stücken** kendi isteğiyle; **~ sprechen** serbest konuşmak, rahat konuşmak, sıkılmadan konuşmak; **sie kann ~ wählen** istediği gibi seçebilir; **~ laufende Hühner** serbest dolaşan tavuklar; **der Verbrecher läuft noch ~ herum** cani hâlâ ortalıkta dolaşıyor, cani henüz yakalanmadı; **~ für Kinder ab 12 Jahren** 12 yaşından büyük çocuklara serbesttir; **sich** *dat* **einen Tag ~ nehmen** bir gün için işten izin almak ❷ (*befreit*) **sie ist ~ von Vorurteilen** ön yargısı yoktur; **jdn auf ~en Fuß setzen** (*fig*) birini serbest bırakmak; **für etw ~e Fahrt geben** (*fig*) bir şey için yeşil ışık yakmak; **den Dingen ~en Lauf lassen** iş(ler)i oluruna bırakmak ❸ (*offen*) açık; **~e Fahrt haben** yolu açık olmak; **unter ~em Himmel** açıkta, açık havada; **~ lassen** (*nicht besetzen*) boş bırakmak; (*nicht beschreiben*) boş bırakmak; **~ stehen** (*Haus*) müstakil olmak; (*Baum*) tek başına durmak; (*Spieler*) boşta durmak ❹ (*Stuhl*) boş; (*Arbeits-*

stelle) boş; **ist hier ~?** burası boş mu?; **Zimmer ~!** boş odamız var!; **einen Platz ~ machen** bir yeri boşaltmak ❺ WIRTSCH (*unentgeltlich*) ücretsiz; (*kostenlos*) bedava; **Eintritt ~** giriş ücretsiz; **~ Haus** eve teslim; **~e Marktwirtschaft** serbest piyasa ekonomisi; **~er Mitarbeiter** sözleşmesiz eleman ❻ CHEM, PHYS serbest; **~e Elektronen** serbest elektronlar ❼ (*Ansichten*) serbest, hür, bağımsız ❽ (*verfügbar*) **~e Zeit haben** boş zamanı olmak; **sind Sie ~?** boş musunuz? ❾ (*~mütig*) açık sözlü; **ich bin so ~** müsaadenizle

Freibad *nt* açık yüzme havuzu

Freiberufler(in) <-s, -; -nen> *m(f)* serbest meslek sahibi

freiberuflich *adj* serbest çalışan **Freibetrag** *m* (*bei Steuern*) (vergiden) muaf meblağ **freibleibend** *adj* (*unverbindlich*) bağlayıcı olmayan; **~es Angebot** kabul edilinceye kadar açık tutulan teklif **Freibrief** *m* **(k)ein ~ für etw sein** bir şey için lisans ol(ma)mak

Freie <-n, -n> ['fraɪə] *nt* **das ~e** açık hava; (*Landschaft, Natur*) kır; **im ~n** açık havada; (*in der Natur*) kırda

Freier <-s, -> ['fraɪɐ] *m* ❶ (*Bewerber*) talip ❷ (*fam: Kunde einer Dirne*) hovarda

Freiexemplar *nt* bedava nüsha

Freifrau *f* barones

Freigänger(in) <-s, -; -nen> ['fraɪgɛŋɐ] *m(f)* JUR gündüzleri izinli olan mahpus

frei|geben *irr* **I.** *vt* ❶ (*Gefangene*) izin vermek (-e) ❷ (*Guthaben*) debloke etmek ❸ (*Straße*) açmak; **den Weg ~** yolu açmak ❹ (*Arzneimittel*) kullanılmasına ruhsat vermek (-in); (*Film*) gösterilmesine izin vermek (-in); **etw zum Verkauf ~** bir şeyin satışına izin vermek ❺ (*Preise*) serbest bırakmak **II.** *vi* **jdm ~** birine izin vermek

freigebig ['fraɪge:bɪç] *adj* açık elli, eli açık, cömert

Freigebigkeit *f kein pl* açık ellilik, cömertlik

Freigelassene(r) *f(m)* azatlı

frei|haben *irr vi* (*fam*) izinli olmak

Freihafen *m* serbest liman

frei|halten *irr vt* ❶ (*reservieren*) boş tutmak, ayırtmak ❷ (*Durchgang*) kapamamak ❸ (*Zeche*) hesabını ödemek (-in)

Freihandel *m* WIRTSCH serbest ticaret **Freihandelszone** *f* WIRTSCH serbest ticaret bölgesi, serbest bölge

freihändig ['fraɪhɛndɪç] *adj* ❶ (*ohne technische Hilfsmittel*) teknik araç kullanmadan yapılan ❷ (*Fahrrad fahren*) gidonu tutmadan; (*schießen*) desteksiz ❸ ADMIN (*Verkauf*) pazarlıkla

Freiheit <-en> ['fraɪhaɪt] *f* özgürlük, hürriyet; (*Unabhängigkeit*) serbesti, serbestlik; **~ der Meere** denizlerin serbestisi; **alle ~en haben** her türlü özgürlüğe sahip olmak; **sich** *dat* **die ~ nehmen, etw zu tun** bir şeyi yapmaya cüret etmek

freiheitlich *adj* özgürlükçü

Freiheitsberaubung <-en> *f* JUR özgürlükten yoksun kılma suçu **Freiheitskampf** *m* özgürlük mücadelesi **Freiheitsstatue** *f* **die (amerikanische) ~** Özgürlük Heykeli **Freiheitsstrafe** *f* JUR hürriyeti bağlayıcı ceza; (*Gefängnisstrafe*) hapis cezası; **er muss eine ~ von drei Jahren abbüßen** üç yıllık hapis cezası çekmesi gerekiyor

Freiherr *m* baron

Freikarte *f* parasız bilet, bedava bilet

frei|kaufen *vt* fidye ödeyerek kurtarmak

Freikörperkultur *f kein pl* doğacılık, natürizm; (*Nudismus*) nüdizm

Freilandgemüse *nt* AGR mevsimde sebze

frei|lassen *irr vt* ❶ serbest bırakmak, salıvermek ❷ (*loslassen*) bırakmak ❸ (*aus der Sklaverei*) azat etmek

Freilassung *f kein pl* ❶ serbest bırakma, salıverme, tahliye ❷ (*aus der Sklaverei*) azat, serbest bırakma

Freilauf <-(e)s, -läufe> *m* TECH (*Maschinen, Auto*) avara

freilaufend *adj s.* **frei 1.**

frei|legen *vt* (kazı ile) ortaya çıkarmak

freilich ['fraɪlɪç] *adv* ❶ (*allerdings*) ancak ❷ SÜDD (*selbstverständlich*) elbette, pekâlâ, mis gibi

Freilichtbühne <-n> *f* açık hava tiyatrosu **Freilichtmuseum** *nt* açık hava müzesi **Freilichtspiele** *pl* açık hava festivali **Freilichttheater** <-s> *nt* açık hava tiyatrosu

Freilos <-es, -e> *nt* ❶ SPORT karşılaşmasız tur atlama ❷ (*Lotterielos*) bedava piyango bileti

frei|machen **I.** *vt* ❶ (*frankieren*) pul yapıştırmak (-e) ❷ (*fam: nicht arbeiten*) çalışmamak; **eine Woche ~** bir hafta çalışmamak ❸ (*fam: Platz, Tisch*) boşaltmak **II.** *vr* ■ **sich ~** (*beim Arzt*) soyunmak

Freimaurer <-s, -> *m* mason, farmason

Freimaurerei *f kein pl* masonluk, farmasonluk

Freimaurerloge *f* mason locası

freimütig ['fraɪmy:tɪç] **I.** *adj* açık sözlü, açık yürekli **II.** *adv* açık olarak

Freimütigkeit *f kein pl* açık sözlülük, açık yüreklilik

freischaffend *adj* serbest çalışan

frei|schwimmen *irr vr* ■ **sich ~** (*fig: selb-*

ständig werden) kendi kanatlarıyla uçmak
frei|sprechen *irr vt* JUR beraat ettirmek, beraatine karar vermek (-in)
Freispruch <-(e)s, -sprüche> *m* beraat
Freistaat *m* (*Republik*) cumhuriyet
frei|stehen *irr vi* ① (*leer stehen*) boş olmak; (*unbewohnt*) boş olmak ② (*überlassen sein*) kalmak; **es steht Ihnen frei, das zu tun** bunu yapıp yapmamak size kaldı
frei|stellen *vt* ① (*befreien*) kurtarmak (**von** -den), muaf tutmak (**von** -den) ② (*anheimstellen*) **jdm ~, etw zu tun** bir şeyi yapmayı birinin kararına bırakmak **Freistoß** *m* SPORT serbest vuruş, frikik; **indirekter ~** çift vuruş
Freitag <-(e)s, -e> ['fraɪta:k] *m* ① (*Wochentag*) cuma; *s. a.* **Montag** ② SCHWEIZ (*Feiertag*) bayram günü
freitags *adv* cumaları, cuma günleri
Freitod *m* intihar **Freitreppe** *f* ARCH dış merdiven **Freiwild** *nt* av
freiwillig *adj* gönüllü, isteğe bağlı, ihtiyari; **etw ~ tun** bir şeyi gönüllü yapmak
Freiwillige(r) <-n, -n; -n> ['fraɪvɪlɪgɐ] *f(m)* gönüllü
Freiwilligkeit *f kein pl* gönüllülük **Freiwurf** *m* SPORT serbest atış **Freizeichen** *nt* TELEK sinyal, çevir sesi [*o* sinyali]
Freizeit[1] *f kein pl* (*arbeitsfreie Zeit*) boş zaman
Freizeit[2] <-en> *f* (*Zeltlager*) dinlenme **Freizeitgestaltung** *f* rekreasyon **Freizeitpark** *m* eğlence parkı
freizügig ['fraɪtsy:gɪç] *adj* ① (*großzügig*) bonkör, serbest ② (*Film, Buch*) açık (saçık)
fremd [frɛmt] *adj* ① (*ausländisch*) yabancı; (*aus anderem Ort*) yabancı; ■ **sich ~ fühlen** yabancılık çekmek; **ich bin hier ~** ben buranın yabancısıyım ② (*anderen gehörend*) başkasının; **sich in ~e Angelegenheiten einmischen** başkasının işine karışmak; **ohne ~e Hilfe** başkasının yardımı olmadan ③ (*unbekannt*) yabancı, tanınmayan; **das ist mir ~** bu bana yabancıdır, bunu tanımıyorum ④ (*~artig*) yabansı
fremdartig ['frɛmta:ɐtɪç] *adj* (*ungewöhnlich*) yabansı, garip, acayip, tuhaf; (*fremd*) yabansı
Fremdartigkeit *f kein pl* yabansılık
Fremde[1] ['frɛmdə] *f kein pl* (*geh: Land*) gurbet, yad el; **in der ~** gurbette
Fremde(r)[2] <-n, -n; -n> *f(m)* ① (*aus einem anderem Land*) yabancı, ecnebî, el; (*aus einem anderem Ort*) yabancı, el ② (*Unbekannter*) yabancı
fremdenfeindlich *adj* yabancı düşmanı **Fremdenfeindlichkeit** *f kein pl* yabancı düşmanlığı
Fremdenführer(in)[1] <-s, -; -nen> *m(f)* (*Person*) turist rehberi
Fremdenführer[2] <-s, -> *m* (*Buch*) turizm rehberi
Fremdenlegion *f kein pl* yabancılar lejyonu
Fremdenverkehr *m kein pl* turizm **Fremdenverkehrsverein** *m* turizm derneği **Fremdenverkehrszentrale** *f* turizm merkezi
Fremdenzimmer *nt* misafirhane
fremd|gehen *irr vi sein* (*fam*) eşini aldatmak, başka kadınlarla yatıp kalkmak
Fremdheit *f kein pl* yabancılık; **~ gegenüber jdm empfinden** birine yabancılık duymak **Fremdkapital** *nt* WIRTSCH yabancı sermaye **Fremdkörper** *m* MED, BIOL yabancı cisim
fremdländisch ['frɛmtlɛndɪʃ] *adj* yabancıl; (*exotisch*) egzotik
Fremdsprache <-n> *f* yabancı dil **Fremdsprachenkorrespondent(in)** *m(f)* yabancı dil muhabiri **Fremdsprachensekretär(in)** <-s, -e; -nen> *m(f)* yabancı dil bilen sekreter **Fremdsprachenunterricht** <-(e)s, -e> *m* yabancı dil dersi
fremdsprachig *adj* (*Literatur*) yabancı dildeki; (*Mensch*) yabancı dil konuşan; (*Unterricht*) yabancı dilde yapılan **fremdsprachlich** *adj* (*Wort*) yabancı; **~er Unterricht** yabancı dil dersi **Fremdstoff** *m* yabancı madde **Fremdverschulden** <-s> *nt kein pl* JUR başkasının kusuru **Fremdwort** <-(e)s, -wörter> *nt* yabancı kelime; **Höflichkeit ist für ihn ein ~** (*fig*) nezaket bilmez
frequentieren* [frekvɛn'ti:rən] *vt* (*geh*) sık (sık) uğramak
Frequenz <-en> [fre'kvɛnts] *f* ① PHYS, MED frekans ② (*einer Veranstaltung*) konuk sayısı
Frequenzzuweisung <-en> *f* RADIO, INFORM frekans tahsisi
Fresko <-s, Fresken> ['frɛsko] *nt* KUNST fresk
Fressalien [frɛ'sa:liən] *pl* (*fam*) azıklık, yiyecekler *pl*
Fresse <-n> ['frɛsə] *f* (*fam: Mund*) ağız; (*Gesicht*) surat, yüz; **die ~ halten** (*fig*) ağzını tutmak, çenesini tutmak; **eine große ~ haben** (*fig*) ağız satmak; **jdm die ~ polieren** birinin çenesini dağıtmak
fressen <frisst, fraß, gefressen> ['frɛsən] **I.** *vi, vt* ① (*Tier*) yemek; (*fam: Mensch: gierig*) tıkınmak, zıkkımlanmak; **jdn/etw ge~ haben** (*fig fam*) bir kimseye/şeye

sinir olmak; **jdn zum F~ gernhaben** (*fam*) birini canının içine sokacağı gelmek, birine delicesine tutkun olmak ❷ (*Benzin, Zeit, Geld*) yemek **II.** *vr* ■ **sich ~** (*Bohrer*) delerek geçmek (**in** -e, **durch** içinden); (*Säure, Rost*) aşındırmak (**durch** -), kemirmek (**durch** -)

Fressen <-> ['frɛsən] *nt kein pl* ❶ (*Futter*) yem; **das ist ein gefundenes ~ für ihn** (*fig fam*) bu onun için kaçırılmaz bir fırsat ❷ (*pej fam: Essen*) zıkkımlanma

Fresserei <-en> *f* (*pej fam: Gelage*) tıkınma, tıka basa yeme

Fressgier[RR] ['frɛs-] *f*, **Freßgier**[ALT] *f* oburluk

Fresskorb[RR] ['frɛs-] *m*, **Freßkorb**[ALT] *m* (*fam: Picknick*) piknik sepeti; (*Geschenk*) yiyecek ve içeceklerle dolu hediye sepeti **Fressnapf**[RR] *m*, **Freßnapf**[ALT] *m* tas **Fresssack**[RR] *m*, **Freßsack**[ALT] *m* (*pej fam*) pisboğaz **Fresszelle**[RR] *f*, **Freßzelle**[ALT] *f* BIOL yutar hücre; (*Phagozyt*) fagosit

Frettchen <-s, -> ['frɛtçən] *nt* dağ gelinciği

Freude ['frɔɪdə] *f kein pl* (*Fröhlichkeit*) sevinç (**über** -e), memnuniyet, kıvanç; (*innere ~*) haz, keyif, zevk; **~ an etw haben** bir şeyin keyfini çıkarmak, bir şeyden haz almak; **jdm eine ~ bereiten/machen** birini sevindirmek [*o* zevk vermek]; **vor ~ an die Decke springen** (*fam*) sevinçten uçmak; **jdm die ~ verderben** birinin keyfini bozmak [*o* kaçırmak]; **aus Spaß an der ~** (*fam*) sırf sevinçten, sırf zevk için; **es wird mir eine ~ sein, Sie zu begleiten** size memnuniyetle eşlik ederim

Freuden *pl* (*geh: Vergnügung*) sefa, eğlence; **die kleinen ~ des Lebens** hayatın küçük sefaları; **mit ~** memnuniyetle, seve seve

Freudenbotschaft *f* müjde, muştu, sevindirici haber **Freudengeschrei** *nt* sevinç çığlıkları **Freudenhaus** *nt* genelev **Freudenmädchen** *nt* (*geh*) yosma, sokak kızı, sokak kadını, fahişe **Freudenschrei** *m* sevinç çığlığı **Freudensprung** *m* sevinçten zıplama **Freudentanz** *m* **einen ~ aufführen** sevinçten zıp zıp hoplamak **Freudentränen** *pl* sevinç (göz) yaşları *pl*

freudestrahlend *adj* **jdn ~ ansehen** sevinçten ağzı kulaklarına vararak birine bakmak

freudig ['frɔɪdɪç] *adj* ❶ (*froh*) sevinçli; (*fröhlich*) şen ❷ (*erfreulich*) sevindirici; **eine ~e Nachricht** sevindirici bir haber

freudlos ['frɔɪtlo:s] *adj* sevinçsiz

freuen ['frɔɪən] **I.** *vr* ■ **sich ~** sevinmek; **ich freue mich sehr über dein Geschenk** armağanına [*o* hediyene] çok sevindim; **ich freue mich, dass du kommst** geleceğine sevindim; **ich freue mich darauf, dich wiederzusehen** seni tekrar göreceğime seviniyorum; **sich seine Lebens ~** hayatın zevkini çıkarmak, hayatını yaşamak **II.** *vt* (*erfreuen*) sevindirmek; **es freut mich, Sie kennen zu lernen** sizinle tanıştığıma çok memnun oldum

Freund(in) <-(e)s, -e; -nen> [frɔɪnt] *m(f)* ❶ dost, ahbap; (*Kamerad*) arkadaş; **~ und Feind** dost düşman; **ein guter ~ von mir** benim iyi bir dostum; **unter ~en** arkadaşlar arasında; **~e werden** arkadaş olmak, ahbap olmak; **jdn zum ~ gewinnen** birini arkadaş olarak kazanmak; **ein schöner ~!** (*iron*) arkadaş değil, arka taşı ❷ (*fester ~*) dost, erkek arkadaş; (*~in*) kız arkadaş ❸ SPORT, KUNST, MUS dost (**von** -) ❹ (*Anrede*) **wie geht's, alter ~?** nasılsın ahbap?; **mein lieber ~!** (*iron*) aziz dostum!

Freundeskreis ['frɔɪndəs-] *m* dost çevresi, arkadaş çevresi; **einen großen ~ haben** geniş bir dost çevresi olmak; **wir feiern nur im engsten ~** biz sadece kendi aramızda eğleniyoruz

freundlich ['frɔɪntlɪç] *adj* ❶ (*liebenswürdig*) dost, dostça; (*herzlich*) candan, içten, samimi; **~ zu jdm sein** birine dostça davranmak; **~e Grüße** dostça [*o* içten] selamlar; **das sind ~e Menschen** bunlar dost insanlar; **ein ~er Empfang** dostane bir kabul; **wir wurden sehr ~ empfangen** çok dostane kabul edildik; **seien Sie bitte so ~ und kommen Sie zu mir** lütfen bana geliniz; **das ist sehr ~ von Ihnen** çok naziksiniz ❷ (*angenehm*) hoş; (*Zimmer, Gegend*) sevimli; (*Wetter, Himmel*) açık

freundlicherweise ['---'--] *adv* lütfen; **sie kam mich ~ besuchen** lütfedip beni ziyaret etti

Freundlichkeit[1] *f kein pl* (*Verhalten*) dostluk, lütuf; **jdn mit ~ empfangen** birini dostane kabul etmek; **hätten Sie die ~, mir zu helfen?** (*würden Sie mir bitte helfen?*) lütfen bana yardım eder misiniz?; **würden Sie (wohl) die ~ haben, das zu tun?** (acaba) bunu yapmak lütfunda bulunur musunuz?

Freundlichkeit[2] <-en> *f* ❶ (*Handlung*) lütuf; **jdn um eine ~ bitten** birinden lütuf dilemek ❷ (*Bemerkung*) muhabbet, yârenlik

Freundschaft <-en> *f* dostluk, ahbaplık, arkadaşlık; **mit jdm ~ schließen** biriyle dostluk kurmak; **jdm die ~ kündigen** biriyle dostluğu bitirmek

freundschaftlich *adj* dostça, dostane, ahbapça, arkadaşça; **mit jdm ~ verbunden sein** biriyle dost olmak

Freundschaftsdienst *m* arkadaş olarak yardım; **jdm einen ~ erweisen** birine arkadaş olarak yardım etmek **Freundschaftspreis** *m* dostlar arasındaki fiyat **Freundschaftsspiel** *nt* SPORT dostluk maçı

Frevel <-s, -> ['fre:fəl] *m* (*geh*) suç; REL günah; **einen ~ begehen** günah işlemek

Frieden <-s> *m kein pl* barış; **~ schließen** barış yapmak; **~ stiften** barıştırmak; **in ~ leben** barış içinde yaşamak; **lasst mich doch in ~!** (*fam*) beni rahat bıraksana! **Friedensbewegung** *f* barış hareketi **Friedensbruch** *m* barışı bozma **Friedensgespräche** *pl* barış görüşmeleri *pl* **Friedenskonferenz** *f* barış konferansı **Friedensmarsch** <-es, -märsche> *m* barış yürüyüşü **Friedensnobelpreis** *m* barış dalında Nobel Ödülü **Friedenspfeife** *f* barış çubuğu **Friedenspolitik** <-en> *f* barış politikası **Friedensprozess**^RR^ *m* barış süreci **Friedensrichter(in)** *m(f)* ❶ JUR sulh hâkimi ❷ SCHWEIZ (*Laienrichter*) sulh hâkimi **Friedenstruppe** *f* barış gücü **Friedensverhandlung** *f* barış görüşmesi **Friedensvertrag** *m* barış antlaşması **Friedenszeit** *f* barış zamanı; **in ~en** barış zamanında

friedfertig ['fri:tfɛrtɪç] *adj* uysal

Friedfertigkeit *f kein pl* uysallık

Friedhof ['fri:tho:f] *m* mezarlık

friedlich *adj* ❶ barışçı, kavgasız; **~e Koexistenz** barış içinde birlikte yaşama ❷ (*ruhig*) sakin; **sie führen ein ~es Miteinander** kavgasız yaşıyorlar, kavgasız gürültüsüz bir arada hayat sürüyorlar

friedliebend ['fri:tli:bənt] *adj* barışsever

frieren <friert, fror, gefroren> [fri:rən] **I.** *vi* ❶ *sein* (*Wasser*) donmak ❷ (*Mensch*) donmak, üşümek; **ich friere** donuyorum, çok üşüyorum **II.** *vi haben unpers* donmak; **mich friert** donuyorum; **es hat heute Nacht gefroren** bu gece ortalık dondu

Fries <-es, -e> [fri:s] *m* ARCH friz

Friese(in) <-n, -n; -nen> ['fri:zə] *m(f)* Friz

Friesel ['fri:zəl] *m o nt* MED isilik

friesisch *adj* Friz

Friesisch(e) *nt dekl wie adj* Frizce

Friesland <-s> ['fri:slant] *nt* Frizya

frigid(e) [fri'gi:t, fri'gi:də] *adj* MED frijid

Frikadelle <-n> [frika'dɛlə] *f* GASTR köfte

frisch [frɪʃ] **I.** *adj* ❶ (*Lebensmittel, Erinnerung*) taze; (*Wind*) serin; **~e Luft schnappen** temiz hava almak, temiz havaya çıkmak, açık havada gezmek; **~ und munter sein** (*fam*) dipdiri olmak ❷ (*sauber*) temiz; **ein ~es Handtuch nehmen** temiz bir havlu almak; **das Bett ~ beziehen** yatağın çarşaflarını değiştirmek; ■ **sich ~ machen** tuvaletini tazelemek, serinlemek için yüzünü yıkamak ❸ (*fam: unbenutzt*) yeni ❹ (*Farbe*) canlı **II.** *adv* (*eben erst*) yeni; **~ gebackenes Brot** fırından yeni çıkmış ekmek

Frische ['frɪʃə] *f kein pl* ❶ (*Kühle*) serinlik ❷ tazelik; (*von Farben*) canlılık

Frischfleisch *nt* taze et

frischgebacken *adj* ❶ (*Brot*) *s.* **frisch II.** ❷ (*fig fam*) çiçeği burnunda

Frischgemüse *nt* taze sebze **Frischhaltefolie** *f* selofan

Frischkäse *m* taze peynir, yeni peynir **Frischmilch** *f* taze süt **frischweg** *adv* dobra dobra, çekinmeden, sakınmadan

Friseur(in) <-s, -e; -nen> [fri'zø:ɐ] *m(f)* berber, kuaför; **zum ~ gehen** berbere [*o* kuaföre] gitmek

Friseuse <-n> [fri'zø:zə] *f* kadın berber, kadın kuaför

frisieren* [fri'zi:rən] *vt* ❶ (*kämmen*) taramak ❷ (*fam: ändern*) kesmek ❸ AUTO (*fam*) tıraş etmek

frisst^RR^ [frɪst], **frißt**^ALT^ *3. präs von* **fressen**

Frist <-en> [frɪst] *f* ❶ (*Zeitraum*) süre, müddet; **Sie haben eine ~ von sieben Tagen** yedi günlük bir süreniz var; **eine ~ festsetzen / verlängern / verstreichen lassen** bir süreyi belirlemek/uzatmak/ geçirmek; **innerhalb kürzester ~** en kısa süre içinde ❷ (*Aufschub*) önel, mehil, mühlet ❸ (*Zeitpunkt*) tarih; FIN vade

fristen ['frɪstən] *vt* **sein Leben ~** kıt kanaat geçinmek, ekmeğini çıkarmak

fristlos *adj* hemen; **jdn ~ entlassen** birini ihbarsız işten çıkarmak

Frisur <-en> [fri'zu:ɐ] *f* saç modeli, saç biçimi

Friteuse *f* fritöz

fritieren*^ALT^ *vt s.* **frittieren**

Fritten ['frɪtən] *pl* (*fam: Pommes frites*) patates kızartması, kızarmış patates

frittieren*^RR^ [fri'ti:rən] *vt* GASTR yağda kızartmak

frivol [fri'vo:l] *adj* ❶ (*leichtfertig*) hoppa; (*bedenkenlos*) düşüncesiz ❷ (*anzüglich*) cinaslı

Frl. *Abk von* **Fräulein** bayan

froh [fro:] *adj* ❶ (*fröhlich*) neşeli; (*glücklich*) mutlu, kutlu; **F~e Weihnachten!** Noelin(iz) kutlu olsun! ❷ (*fam: zufrieden*) memnun; ~ **über etw sein** bir şeye şükretmek; **du kannst ~ sein, dass du nicht dabei warst** orada bulunmadığına şükret; **seines Lebens nicht mehr ~ werden** anasından doğduğuna pişman olmak ❸ (*erfreulich*) sevindirici

fröhlich ['frø:lɪç] *adj* neşeli, şen

Fröhlichkeit *f kein pl* neşe

Frohsinn <-(e)s> *m kein pl* neşe

fromm <frommer *o* frömmer, am frommsten *o* frömmsten> [frɔm] *adj* sofu

Frömmelei <-en> [frœmə'laɪ] *f* (*pej*) sofuluk, sofuluk taslama; (*stärker*) yobazlık

frömmeln ['frœməln] *vi* (*pej*) sofuluk taslamak

frömmer *adj komp von* **fromm**

Frömmigkeit ['frœmɪçkaɪt] *f kein pl* sofuluk

frömmste(r, s) *adj superl von* **fromm**

Fron [fro:n] *f kein pl* ❶ (*geh: Arbeit*) angarya ❷ HIST angarya **Fronarbeit** *f kein pl* HIST angarya; (*fig*) angarya

frönen ['frø:nən] *vi* (*geh*) kapılmak (-e), düşkün olmak (-e); **einer Leidenschaft ~** tutkuya kapılmak

Front <-en> [frɔnt] *f* ❶ ARCH alnaç, yüz, cephe; **die vordere/hintere ~** ön/arka cephe ❷ MIL, METEO cephe ❸ SPORT **in ~ gehen/liegen** önde gitmek/olmak ❹ **gegen jdn ~ machen** birine cephe almak; **gegen etw ~ machen** bir şeye karşı cephelenmek ❺ *pl* **klare ~en schaffen** cepheleşmek

frontal [frɔn'ta:l] *adj* ❶ cepheden; **einen ~en Angriff starten** cepheden hücuma geçmek ❷ (*von vorn*) önden; **ein ~er Zusammenstoß** önden çarpışma **Frontalangriff** *m* cepheden hücum; **zum ~ übergehen** cepheden hücuma geçmek **Frontalzusammenstoß** *m* önden çarpışma

Frontantrieb *m* AUTO önden çekiş **Frontscheibe** *f* AUTO ön cam

Frontwechsel *m* POL cephe değiştirme

Frontzahn *m* MED ön diş

fror [fro:ɐ] *3. imp von* **frieren**

Frosch <-(e)s, Frösche> [frɔʃ, *pl* 'frœʃə] *m* kurbağa; **einen ~ im Hals haben** (*fam*) boğazı gıcıklanmak, gıcık tutmak; **sei kein ~!** (*fam*) oyunbozanlık etme! **Froschmann** <-es, -männer> *m* kurbağa adam, balık adam **Froschschenkel** *m* GASTR kurbağa bacağı **Froschtest** *m* MED kurbağa testi

Frost <-(e)s, Fröste> [frɔst, *pl* 'frœstə] *m* don; **die Pflanzen haben durch den ~ gelitten** bitkileri soğuk çalmış; **diese Pflanzen haben ~ (ab)bekommen** bu bitkileri kırağı çalmış [*o* vurmuş], bu bitkileri soğuk vurmuş [*o* yakmış] **Frostbeule** *f* soğuk ısırması **Frostboden** *m* buzlu zemin

frösteln ['frœstəln] *vi* **es fröstelt** (hava) dona çekiyor; **mich fröstelt** hafiften üşüyorum

frostig *adj* ❶ (*Wetter*) soğuk; (*zu Frost neigend*) dona çeken ❷ (*fig: unfreundlich*) soğuk

Frostschutzmittel *nt* antifriz

Frotté <-(s), -s> *m o nt*, **Frottee** <-(s), -s> ['frɔte:] *m o nt* havlu kumaş

frottieren* [frɔ'ti:rən] *vt* keselemek

frotzeln ['frɔtsəln] *vi* (*fam*) **jdn ~** birine takılmak

Frucht <Früchte> [frʊxt, *pl* 'frʏçtə] *f* ❶ BOT yemiş; (*Obst*) meyve; **Früchte tragen** meyve vermek ❷ (*Ergebnis*) semere, meyve, sonuç

fruchtbar *adj* ❶ verimli, mümbit, bitek; **~e Erde** bitek toprak ❷ (*Mensch*) doğurgan

Fruchtbarkeit *f kein pl* ❶ verimlilik ❷ (*eines Menschen*) doğurganlık

Fruchtblase *f* ANAT amnios, döl kesesi

fruchten ['frʊxtən] *vi* semeresini vermek, istenilen sonucu vermek; (*nützen*) yaramak; (*bewirken*) kâr etmek; **all das fruchtet doch sowieso nichts** bütün bunlar zaten istenilen sonucu vermez; **alle seine Ratschläge haben nichts gefruchtet** verdiği bütün öğütler kâr etmedi

Fruchtfleisch *nt* meyvenin etli kısmı **Fruchtfliege** *f* ZOOL meyve sineği

fruchtig *adj* meyveli

fruchtlos *adj* (*nutzlos*) yararsız; (*keinen Erfolg bringend*) sonuçsuz, sonuç vermeyen

Fruchtsaft *m* meyve suyu

fruchttragend *adj* meyveli; **ein ~er Baum** meyveli ağaç

Fruchtwasser <-s> *nt kein pl* MED çağnak, amnios suyu

Fruchtzucker <-s, -> *m* meyve şekeri

früh [fry:] **I.** *adj* ❶ (*nicht spät*) erken; **in ~ester Kindheit** çocukluğunun ilk yıllarında; **~ am Morgen** sabah erkenden; **es ist noch ~** daha erken; **~er geht's nicht** daha erken olmaz; **so ~ wie möglich** mümkün olduğu kadar erken ❷ (*~zeitig*) vaktinden önce; **ein ~er Tod** vakitsiz bir ölüm; **~er oder später** er geç **II.** *adv* erkenden; (*morgens*) sabah; **heute ~** bugün erkenden; **Dienstag ~** salı sabahı erkenden; **um 6 Uhr ~** sabah saat 6'da

Frühaufsteher(in) <-s, -; -nen> *m(f)* erkenci **Frühbeet** *nt* AGR turfandalık

Frühdiagnose *f* MED erken teşhis
Frühe ['fry:ə] *f kein pl* **in aller ~** erkenden
früher ['fry:ɐ] I. *komp von* **früh** II. *adj* ❶ (*ehemalig*) eski; (*vorhergehend*) önceki; **seine ~en Freunde** eski dostları [*o* arkadaşları] ❷ (*vergangen*) geçmiş, eski; **in ~en Zeiten** eskiden; **wie ~** eskisi gibi III. *adv* ❶ (*vorher*) önceden; **wir kennen uns von ~** önceden tanışıklığımız var ❷ (*ehemals*) eskiden, vaktiyle
frühestens ['fry:əstəns] *adv* en erken, ancak; **~ in einer Woche** en erken bir hafta içinde
frühestmöglich ['fry:əstmø:klɪç] *adj* (*Termin*) en yakın tarihteki
Frühgeburt *f* ❶ (*Geburt*) erken doğum ❷ (*Kind*) prematüre bebek
Frühgemüse *nt kein pl* AGR turfanda sebze
Frühgymnastik *f kein pl* sabah jimnastiği
Frühjahr *nt* bahar, ilkbahar **Frühjahrsmüdigkeit** *f* ilkbahar yorgunluğu **Frühkartoffel** *f* AGR erkenci patates
Frühling <-s, -e> ['fry:lɪŋ] *m* ilkbahar, bahar **Frühlingsgefühl** *nt* (*fam*) **~e bekommen** baharı başına vurmak
frühmorgens [fry:'mɔrgəns] *adv* sabah(ları) erkenden **Frühobst** *nt kein pl* AGR turfanda meyve **Frühpensionierung** *f* erken emeklilik **frühreif** *adj* ❶ (*Kind*) fenlenmiş ❷ (*Obst*) erkenci, turfanda **Frührentner(in)** *m(f)* erken emekli **Frühschicht** *f* erken vardiya, sabah vardiyası **Frühsport** *m* sabah sporu **Frühstart** *m* SPORT erken çıkış
Frühstück *nt* kahvaltı, sabah kahvaltısı
frühstücken *vi, vt* kahvaltı etmek
frühzeitig I. *adj* ❶ (*früh*) erken ❷ (*vorzeitig*) erken; (*zeitig*) zamanında II. *adv* ❶ (*vorzeitig*) erken; **~ aufstehen** erken kalkmak ❷ (*zeitig*) zamanında; **~ aufstehen** zamanında kalkmak
Frust <-(e)s> [frʊst] *m kein pl* ❶ (*fam: Gefühl der Depression*) moral bozukluğu; **einen ~ haben** morali bozuk olmak ❷ (*Frustration*) hüsran, hayal [*o* düş] kırıklığı
Frustration <-en> [frʊstra'tsjo:n] *f* hüsran; (*Enttäuschung*) hayal [*o* düş] kırıklığı
frustrieren* [frʊs'tri:rən] *vt* (*enttäuschen*) hayal [*o* düş] kırıklığına uğratmak
F-Schlüssel <-s, -> ['ɛfʃlʏsəl] *m* MUS fa anahtarı
Fuchs <-es, Füchse> [fʊks, *pl* 'fʏksə] *m* ❶ ZOOL tilki ❷ (*Pelz*) tilki ❸ (*fam: Person*) tilki; **ein alter ~ sein** eski tilkilerden olmak; **schlau wie ein ~ sein** tilki gibi kurnaz olmak ❹ (*Pferd*) al don **Fuchsbau** <-(e)s, -e> *m* tilki ini
fuchsen ['fʊksən] I. *vt* (*fam: ärgern*) gıcık etmek, kızdırmak; **seine Bemerkungen haben mich sehr gefuchst** sözleri beni çok gıcık etti II. *vr* ■ **sich ~** kızmak (**über** -e), gıcık olmak (**über** -e)
Fuchsie ['fʏksɪe] *f* BOT küpe çiçeği
fuchsrot *adj* kıpkızıl **Fuchsschwanz** *m* ❶ (*eines Fuchses*) tilki kuyruğu ❷ (*Säge*) el testeresi ❸ BOT (*Amaranthus*) horozibiği; (*Amaranthus lividus*) tilkikuyruğu, hoşkuran
fuchsteufelswild ['-'--'-] *adj* (*fam*) zıvanadan çıkmış; **~ werden** zıvanadan çıkmak, ifrit olmak [*o* kesilmek]
Fuchtel ['fʊxtəl] *f kein pl* (*fam*) **unter jds ~ stehen** birinin nüfuzu altında bulunmak
fuchteln *vi* (*fam*) sallayıp durmak; **mit den Armen ~** ellerini kollarını sallayıp durmak
Fug [fu:k] *m* **mit ~ und Recht** haklı olarak
Fuge <-n> ['fu:gə] *f* ❶ ek yeri; (*Ritze*) çatlak; (*Spalt*) aralık; (*zwischen Mauersteinen*) derz; **aus den ~n geraten sein** dağılmış olmak, düzeni bozulmuş olmak, düzenini kaybetmiş olmak, çığırından [*o* şirazesinden] çıkmış olmak ❷ MUS füg
fügen ['fy:gən] I. *vr* ■ **sich ~** ❶ (*unterordnen*) boyun eğmek (-e) ❷ (*passen*) uymak (**in** -e), intibak etmek (**in** -e) ❸ (*geh: geschehen*) olmak II. *vt* eklemek (**an/in** -e); (*ineinander*) geçirmek
fügsam *adj* (*gehorsam*) söz dinler, itaatkâr
Fügung <-en> *f* kadere boyun eğme; (*göttlich*) tevekkül; **das war eine ~ des Schicksals** bu kısmetti
fühlbar *adj* ❶ (*merklich*) hissedilir, sezilir ❷ (*spürbar*) hissedilir, duyulur
fühlen ['fy:lən] I. *vt, vi* ❶ (*empfinden*) duymak, hissetmek, fark etmek; (*spüren*) hissetmek, sezmek ❷ (*tasten*) elle yoklamak, duyumsamak II. *vr* ■ **sich ~** ❶ (*empfinden*) duymak, hissetmek; **sich besser/schlechter ~** kendini daha iyi/daha kötü hissetmek; **sich für jdn/etw verantwortlich ~** bir kimse/şey için sorumluluk duymak ❷ (*sich halten für*) kendini görmek (**als** olarak)
Fühler <-s, -> *m* duyarga
fuhr [fu:ɐ] *3. imp von* **fahren**
Fuhre <-n> ['fu:rə] *f* ❶ (*Ladung*) kafile ❷ (*Taxieinsatz*) kafile
führen ['fy:rən] I. *vi* ❶ (*in Führung liegen*) iler(i)de olmak; SPORT önde olmak, başta gitmek; **X führt 1:0 (gegen Y)** X (Y'e karşı) 1:0 iler(i)de; **mit großem Abstand ~** açık farkla önde olmak ❷ (*verlaufen*) gitmek; **diese Straße führt nach Münster** bu yol Münster'e gider ❸ (*ergeben*) yol açmak

(**zu** -e), olmak (**zu** -); **das führt doch zu nichts** bu hiç de bir şey getirmez; **das führt zu weit** bu fazla olur **II.** *vt* ❶ (*leiten*) yönetmek; (*Mannschaft*) yönetmek; (*Gruppe*) rehberlik etmek (-e) ❷ (*geleiten*) götürmek; (*begleiten*) eşlik etmek (-e) ❸ (*Auto*) sürmek, kullanmak; (*Leben*) sürmek; **sie ~ ein friedliches Miteinander** kavgasız yaşıyorlar, kavgasız gürültüsüz bir arada hayat sürüyorlar ❹ (*hinbewegen*) götürmek (**zu/in** -e/-e); **in den Ruin ~** yıkıma yol açmak; **etw mit sich** *dat* **~** bir şeyi yanında taşımak ❺ (*Namen, Titel*) kullanmak ❻ (*Geschäftsbücher, Tagebuch*) tutmak; **Protokoll ~** zabıt tutmak, tutanak düzenlemek ❼ (*Waren*) satmak ❽ (*Gespräch*) yapmak; **Verhandlungen ~** görüşme yapmak; (**bei etwas**) **Regie ~** bir şeyin rejisini yapmak, bir şeyi yönetmek **III.** *vr* ■ **sich ~** (*sich benehmen*) davranışta bulunmak

führend *adj* öncü, ileri gelen; **~e Persönlichkeiten** eşraf, ileri gelenler; **unsere Firma ist ~ auf ihrem Gebiet** firmamız branşında öncüdür

Führer(in)[1] <-s, -; -nen> ['fy:rɐ] *m(f)* ❶ (*Leiter*) lider, önder ❷ (*Fremden~*) rehber; (*Fahrzeug~*) sürücü, şoför

Führer[2] <-s, -> *m* (*Buch*) rehber

Führerhaus *nt* şoför mahalli

Führerschein <-(e)s, -e> *m* sürücü belgesi, ehliyet; **den ~ machen** ehliyet yapmak **Führerscheinentzug** *m* sürücü belgesinin geri alınması

Fuhrpark *m* taşıt filosu

Führung[1] ['fy:rʊŋ] *f kein pl* ❶ (*Leitung*) yönetim, önderlik; **unter jds ~** birinin önderliği [*o* yönetimi] altında ❷ SPORT **in ~ liegen** ileride olmak; **in ~ gehen** öne geçmek; (*Ball~*) sürme ❸ (*Benehmen*) davranış

Führung[2] <-en> *f* (*Besichtigung*) rehberli tur

Führungsebene *f* yönetim düzeyi **Führungskraft** *f* yönetici eleman **Führungsspitze** *f* ❶ (*Unternehmen*) üst düzey yöneticileri *pl* ❷ (*Partei*) yönetim **Führungsstil** *m* yönetim stili **Führungszeugnis** *nt* iyi hâl belgesi

Fuhrunternehmen *nt* nakliye şirketi, nakliyat şirketi **Fuhrwerk** *nt* ❶ atlı araba ❷ ÖSTERR kamyon

Fülle ['fʏlə] *f kein pl* ❶ (*Körper~*) dolgunluk ❷ (*Menge*) bolluk, gürlük, bol miktar; **in Hülle und ~** bol bol, gani gani

füllen ['fʏlən] **I.** *vt* ❶ (*vollmachen*) doldurmak (**mit** ile) ❷ GASTR doldurmak (**mit** ile) ❸ (*ein~*) doldurmak (**in** -e); **Wein in Flaschen ~** şişelere şarap doldurmak ❹ (*Zahn*) doldurmak **II.** *vr* ■ **sich ~** (*voll werden*) dolmak (**mit** -le)

Füllen *nt* (*fam: Fohlen*) kulun

Füller <-s, -> ['fʏlɐ] *m* (*fam*) stilo, dolma kalem

Füllfederhalter *m* dolma kalem

Fullhouse [fulhaʊs] *nt* (*bei Poker*) ful

füllig *adj* dolgun, topluca; (*Haar*) gür

Füllmaterial *nt* dolgu malzemesi

Füllsel <-s, -> ['fʏlzəl] *nt* ❶ (*Material*) doldurma; **Handtücher als ~ in den Koffer tun** doldurmak için bavula mendil koymak ❷ (*Wort*) doldurma

Füllung <-en> *f* ❶ (*Zahn~*) dolgu ❷ GASTR iç ❸ (*für Polster*) iç ❹ (*bei Türen*) ayna

fummeln ['fʊməln] *vi* ❶ (*fam: herumtasten*) oynayıp durmak (**an** -le) ❷ (*fam: streicheln*) elleşmek, oynaşmak

Fund[1] <-(e)s, -e> [fʊnt] *m* (*~stück*) buluntu; **einen ~ machen** bir şey bulmak

Fund[2] <-(e)s> *m kein pl* (*das Finden*) bulma; (*Entdecken*) buluş

Fundament <-(e)s, -e> [fʊnda'mɛnt] *nt* ❶ ARCH temel ❷ (*Grundlage*) temel, esas; **die ~e für etw schaffen/zu etw legen** bir şeyin temelini oluşturmak/atmak

fundamental *adj* temel

Fundamentalismus <-s> [fʊndamɛnta'lɪsmʊs] *m kein pl* kökten dincilik

Fundamentalist(in) *m(f)* kökten dinci

fundamentalistisch *adj* kökten dinci

Fundbüro *nt* kayıp eşya bürosu

fundieren* [fʊn'di:rən] *vt* ❶ (*festigen*) pekiştirmek, sağlamlaştırmak, esaslandırmak ❷ FIN konsolide etmek ❸ **ein fundiertes Wissen** esaslı [*o* köklü] bilgi

fündig ['fʏndɪç] *adj* BERGB, GEO zengin; **~ werden** keşfetmek

Fundsache *f* bulunan şey

fünf [fʏnf] *adj inv* beş; **es ist ~ (Minuten) vor zwölf** saat on ikiye beş (dakika) var; (*fig: fast schon zu spät*) yumurta kapıya dayandı [*o* geldi]; **~(e) gerade sein lassen** (*fam*) fazla önem vermemek; **das kannst du dir an deinen ~ Fingern abzählen** (*fam*) bunu parmakla bile sayabilirsin!; *s. a.* **acht**[1]

Fünf <-, -en> *f* ❶ (*Zahl*) beş; (*Buslinie*) beş numara ❷ (*Spielkarte*) beşli ❸ SCHULE (*mangelhaft*) zayıf

Fünfeck *nt* beşgen, beş kenarlı çokgen

fünfeckig *adj* beş kenarlı, beş köşeli, beşgen

Fünfer <-s, -> ['fʏnvɐ] *m* (*fam*) ❶ (*Fünfcentstück*) beş sentlik ❷ (*Fünfeuroschein*) beş euroluk ❸ (*beim Würfelspiel*) **~ Pasch** dübeş

fünferlei ['fʏnvɐlaɪ] *adj inv* beş çeşit, beş türlü; *s. a.* **achterlei**
fünffach **I.** *adj* beş (kat); **die ~e Menge** beş misli; **in ~er Ausfertigung** beş nüsha olarak **II.** *adv* beş kere; *s. a.* **achtfach**
Fünfflach *nt* MATH beş yüzlü
fünfhundert ['-'--] *adj inv* beş yüz; *s. a.* **achthundert**
Fünfkampf *m kein pl* SPORT pentatlon
Fünfling <-s, -e> *m* beşiz
fünfmal *adv* beş kere, beş defa; *s. a.* **achtmal**
Fünfprozenthürde ['--'---] *f* POL yüzde beş barajı
Fünfsternehotel *nt* beş yıldızlı otel
fünfstöckig *adj* beş katlı
Fünftagewoche [-'----] *f* beş günlük çalışma haftası
fünftausend ['-'--] *adj inv* beş bin; *s. a.* **achttausend**
fünfte(r, s) *adj* beşinci; **das ~ Rad am Wagen sein** (*fig fam*) pabucu dama atılmış olmak; (*überflüssig sein*) gereksiz [*o* fuzulî] olmak; *s. a.* **achte(r, s)**
fünftel *adj inv* beşte bir; *s. a.* **achtel**
Fünftel *nt* beşte bir; *s. a.* **Achtel**
fünftens ['fʏnftəns] *adv* beşinci olarak; (*bei einer Aufzählung*) beşincisi; *s. a.* **achtens**
Fünfunddreißigstundenwoche [----'----] *f* otuz beş saatlik çalışma haftası
fünfzehn *adj inv* on beş; *s. a.* **acht**[1]
fünfzehnte(r, s) *adj* on beşinci; *s. a.* **achte(r, s)**
fünfzig ['fʏnftsɪç] *adj inv* elli; *s. a.* **achtzig**
Fünfzigcentstück [--'---] *nt* elli sentlik (*madenî para*)
Fünfziger <-s, -> ['fʏnftsɪgɐ] *m* (*fam*) ❶ (*Fünfzigeuroschein*) elli euroluk ❷ (*Fünfzigcentstück*) elli sentlik
Fünfzigeuroschein <-(e)s, -e> [--'--] *m* elli euroluk banknot
fünfzigste(r, s) *adj* ellinci; *s. a.* **achtzigste(r, s)**
fungieren* [fʊŋ'giːrən] *vi* görev yapmak (**als** olarak)
Funk <-s> [fʊŋk] *m kein pl* telsiz; (*Rund~*) radyo **Funkamateur(in)** <-s, -e; -nen> *m(f)* amatör telsizci
Funke <-ns, -n> ['fʊŋkə] *m* ❶ kıvılcım; **~n sprühen** kıvılcım saçmak ❷ (*fig*) **ein ~ Hoffnung** zerre kadar umut; **keinen ~n Verstand haben** bir dirhem aklı olmamak, zerre kadar aklı olmamak
funkeln ['fʊŋkəln] *vi* pırıldamak
funkelnagelneu ['--'--'-] *adj* (*fam*) pırıl pırıl, gıcır gıcır, yepyeni
funken ['fʊŋkən] **I.** *vt* (*Nachricht*) telsizle bildirmek **II.** *vi* ❶ (*Funken sprühen*) kıvılcım saçmak ❷ (*fam: verstehen*) çakmak; **endlich hat es bei ihm gefunkt** en sonunda çaktı [*o* kafasına dank etti]
Funker(in) <-s, -; -nen> *m(f)* telsizci
Funkgerät <-(e)s, -e> *nt* telsiz **Funkhaus** *nt* radyo evi **Funkloch** *nt* TELEK iletişim olmayan alan **Funksignal** *nt* mors işareti **Funksprechgerät** <-(e)s, -e> *nt* telsiz **Funkstörung** *f* parazit **Funkstreife** *f* telsizli polis **Funkstreifenwagen** *m* telsizli polis arabası **Funktaxi** *nt* radyo taksi **Funktelefon** *nt* telsiz telefon, radyotelefon **Funktelegramm** *nt* radyogram, telsiz telgraf
Funktion[1] [fʊŋk'tsjoːn] *f kein pl* (*einer Maschine*) işleme; **in ~ treten** işlemeye başlamak
Funktion[2] <-en> *f* ❶ (*Amt, Aufgabe*) görev, vazife; (*Ausübung eines Amtes*) fonksiyon, işlev; **eine ~ haben/ausüben** görevi/fonksiyonu olmak ❷ (*Zweck, Leistungsmerkmal*) *a.* TECH, INFORM, MATH fonksiyon, işlev
funktional [fʊŋktsjo'naːl] *adj* fonksiyonel, işlevsel
Funktionalismus *m kein pl* fonksiyonalizm, işlevcilik, görevcilik
Funktionär(in) <-s, -e; -nen> [fʊŋktsjo'nɛːɐ] *m(f)* görevli
funktionell *adj a.* MED fonksiyonel, işlevsel
funktionieren* *vi* işlemek
Funktionsfähigkeit *f* işlerlik **Funktionsstörung** *f* MED işlev bozukluğu **Funktionstaste** *f* INFORM fonksiyon tuşu, işlev tuşu **funktionstüchtig** *adj* (iyi) işler **Funktionsweise** *f* işleyiş biçimi
Funkturm *m* radyo kulesi **Funkverbindung** *f* telsiz bağlantısı **Funkwellen** *pl* radyo dalgaları *pl* **Funkzeichen** *nt* mors işareti
für [fyːɐ] *präp* ❶ (*zugunsten von*) için; **~ dich/mich** senin/benim için; **kann ich noch etw ~ Sie tun?** sizin için bir şeyler daha yapabilir miyim?; **ich bin ~ deine Idee** düşüncenden yanayım; **ich bin ~ den Frieden** barıştan yanayım; ■**sich ~ etw entscheiden** bir şey için karar vermek; **~ sich** (*allein*) tek başına; **das F~ und Wider** lehte ve aleyhte ❷ (*im Verhältnis zu*) **er ist sehr groß ~ sein Alter** yaşına göre boyu çok uzun; **das ist eine Sache ~ sich** bu kendi çapında bir iş, bu başlı başına bir iş ❸ (*zeitlich*) için; **~ einige Wochen** birkaç haftalığına [*o* hafta için]; **ich gehe ~ zwei Jahre ins Ausland** iki yıllığına [*o* yıl için] yurt dışına gidiyorum; **~ immer** ilelebet; **~s Erste** ilk başta

4 **Jahr ~ Jahr** yıldan yıla; **Tag ~ Tag** her Allahın günü; **Schritt ~ Schritt** adım adım; **Wort ~ Wort** kelimesi kelimesine **5** (*wegen*) için; **ich ~ meine Person** benim için, bana göre, kendi payıma **6** (*zum Zweck*) için; **ein Mittel ~ Kopfschmerzen** (*fam*) baş ağrısı için ilaç; **~ nichts und wieder nichts** boşu boşuna **7** (*anstelle von*) yerine; **ich bin ~ ihn eingesprungen** onun yerine geçtim; **was verlangen Sie ~ den Anzug?** elbiseye ne istiyorsunuz? **8** (*mit Fragepronomen*) **was ~ eine Frage ist das?** bu ne biçim soru?; **was ~ ein Pilz ist das?** bu ne mantarı?; **was ~ eine komische Idee!** ne komik bir düşünce!; **aus was ~ Gründen auch immer** her ne sebepten olursa olsun

Fürbitte ['---] *f a.* REL şefaat (**für** için); **für jdn ~ einlegen** birisi için şefaatte bulunmak

Fürbitter(in) *m(f)* şefaatçi

Furche <-n> ['fʊrçə] *f* **1** (*Acker~*) evlek, karık **2** (*im Gesicht*) kırışık

furchen *vt* (*geh: Boden*) evleklemek

Furcht [fʊrçt] *f kein pl* korku (**vor** -); (*stärker*) dehşet (**vor** -); **~ erregend** korkulu; **jdm ~ einflößen** birini korkutmak

furchtbar **I.** *adj* **1** (*schrecklich*) feci, korkunç, dehşetli **2** (*fam: sehr groß*) korkunç, müthiş; **eine ~e Hitze** müthiş bir sıcak **II.** *adv* (*fam: sehr*) çok, korkunç, müthiş

fürchten ['fʏrçtən] **I.** *vi* (*sich sorgen*) endişelenmek (**um/für** için/için); **ich fürchte um sein Leben** onun hayatı için endişeleniyorum, onun hayatından endişe ediyorum; **zum F~ aussehen** korkunç görünmek **II.** *vr* ■ **sich ~** korkmak; **ich fürchte, (dass)** ... korkarım (ki) ...

fürchterlich ['fʏrçtɐlɪç] *adj s.* **furchtbar**

furchterregend *adj s.* **Furcht**

furchtlos *adj* korkusuz

Furchtlosigkeit *f kein pl* korkusuzluk

furchtsam *adj* korkak, korkakça

Furchtsamkeit *f kein pl* korkaklık

füreinander [fy:ɐʔaɪ'nandɐ] *adv* birbiri için, biri diğeri için

Furie <-n> ['fu:riə] *f* (*fig, pej: Frau*) şirret karı; **die ~n des Krieges** savaşın dehşeti

Furnier <-s, -e> [fʊr'ni:ɐ] *nt* kaplama

furnieren* [fʊr'ni:rən] *vt* kaplamak; **der Tisch ist mit Mahagoni/Nussbaum furniert** masa maun/ceviz kaplamalıdır

Furore [fu'ro:rə] *f kein pl* **mit etw ~ machen** bir şeyle büyük başarıya ulaşmak

Fürsorge ['---] *f kein pl* **1** (*Betreuung*) bakım **2** (*fam: finanzielle Unterstützung*) sosyal yardım; **von der ~ leben** sosyal yardımdan yaşamak **3** (*Sorgfalt*) özen **Fürsorgepflicht** *f kein pl* JUR yardım ve bakım yükümlülüğü

fürsorglich *adj* özenli

Fürsprache <-n> *f* tavsiye, kayırma; **für jdn ~ einlegen** birinin kayırılmasını istemek

Fürsprecher(in) *m(f)* kayırıcı

Fürst(in) <-en, -en; -nen> [fʏrst] *m(f)* **1** prens **2** (*Herrscher*) hükümdar

Fürstenhaus <-es, -häuser> *nt* (*Dynastie*) hanedan

Fürstentum <-s, -tümer> *nt* prenslik

fürstlich *adj* **1** (*prächtig*) görkemli, muhteşem; (*Essen*) şahane **2** (*einen Fürsten betreffend*) prens [*o* hükümdar] ile ilgili

Furt <-en> [fʊrt] *f* ırmağın sığ olan geçit yeri

Furunkel <-s, -> [fu'rʊŋkəl] *m o nt* çıban

Fürwort *nt* LING (*Pronomen*) zamir; **besitzanzeigendes ~** LING (*Possessivpronomen*) iyelik zamiri

Furz <-es, Fürze> [fʊrts, *pl* 'fʏrtsə] *m* (*vulg, fam*) osuruk, carta

furzen *vi* (*vulg, fam*) osurmak

füsilieren *vt* kurşuna dizmek

Fusion <-en> [fu'zjo:n] *f* füzyon, birleşme

fusionieren* [fuzjo'ni:rən] *vi* birleşmek

Fuß <-es, Füße> [fu:s, *pl* 'fy:sə] *m* **1** ayak; **am ~ des Berges** dağın eteğinde; **zu ~ gehen** yürüyerek [*o* yayan] gitmek; **gut zu ~ sein** ayağına çabuk olmak; **von Kopf bis ~** baştan aşağı; **auf großem ~ leben** bol keseden yaşamak; **auf eigenen Füßen stehen** (*fig*) kendi yağıyla kavrulmak; **mit jdm auf gutem ~e stehen** biri ile iyi anlaşmak; **~ fassen** ayak uydurmak; **jdn auf freien ~ setzen** birini serbest bırakmak **2** (*einer Säule*) kaide

Fußball[1] <-(e)s> *m kein pl* SPORT futbol; **~ spielen** futbol oynamak

Fußball[2] <-(e)s, -bälle> *m* (*Ball*) futbol topu

Fußballer *m* (*fam*) futbolcu

Fußballfan *m* futbol meraklısı

Fußballklub *m* futbol kulübü **Fußballmannschaft** *f* futbol takımı **Fußballmatch** *nt* futbol maçı **Fußballnationalmannschaft** <-en> *f* SPORT millî futbol takımı **Fußballplatz** <-es, -plätze> *m* futbol sahası **Fußballspiel** *nt* futbol maçı **Fußballspieler(in)** *m(f)* futbol oyuncusu, futbolcu **Fußballstadion** *nt* futbol stadı **Fußballverein** *m* futbol kulübü **Fußballweltmeisterschaft** <-en> *f* dünya futbol şampiyonası

Fußbank <-bänke> *f* ayaklık

Fußboden *m* yer, zemin, taban; (*Mosaik~*)

döşeme **Fußbodenbelag** *m* döşeme, taban döşemesi

Fußbreit <-> *m kein pl* **um jeden ~ Boden kämpfen** her karış toprak için savaşmak; **er wich keinen ~ zurück** bir karış (bile) geri çekilmedi

Fußbremse *f* ayak freni

Fussel <-s, -> ['fʊsəl] *m,* **Fussel** <-n> *f* taraz

fusselig *adj* ❶ (*fusselnd*) tarazlanan ❷ (*voller Fusseln*) taraz taraz ❸ (*ausgefranst*) taraz taraz, lime lime; **sich** *dat* **den Mund ~ reden** (*fam*) söyleye söyleye dilinde tüy bitmek

fusseln *vi* tarazlanmak

fußen ['fuːsən] *vi* (*sich stützen*) dayanmak (**auf** -e); (*basieren*) dayanmak (**auf** -e)

Fußende <-s, -n> *nt* ayak ucu; **am ~** ayak ucunda

Fußgänger(in) <-s, -; -nen> ['fuːsgɛŋɐ] *m(f)* yaya **Fußgängerüberweg** *m* yaya geçidi **Fußgängerunterführung** *f* yaya alt geçidi **Fußgängerzone** *f* yayalara ayrılmış bölge

Fußgelenk *nt* ayak bileği **Fußleiste** <-n> *f* süpürgelik

fusslig[RR] *adj,* **fußlig**[ALT] *adj s.* **fusselig**

Fußmarsch <-(e)s, -märsche> *m* yürüyüş **Fußmatte** *f* paspas **Fußnagel** *m* ayak tırnağı **Fußnote** <-n> *f* dipnot **Fußpflege** *f* ayak bakımı **Fußschweiß** *m kein pl* ayak teri **Fußsohle** *f* taban, ayak tabanı **Fußspitze** *f* ayak ucu **Fußspur** *f* ayak izi **Fußstapfen** <-s, -> *m* ayak izi; **in jds ~ treten** birinin izinden yürümek

Fußtritt *m* (*von Menschen*) tekme; (*von Tieren*) tepme **Fußvolk** <-(e)s> *nt kein pl* ❶ MIL piyade ❷ (*pej: breite Masse*) ayak takımı **Fußweg** *m* ❶ (*Weg*) patika; (*Bürgersteig*) yaya yolu ❷ (*Entfernung*) yürüyüş mesafesi; **15 Minuten ~** 15 dakikalık yürüyüş mesafesi

Fustanella <-len> *f* fistan

futsch [fʊtʃ] *adj inv,* **futschikato** *adj inv* (*fam: verloren*) nanay, mafiş, yok; **das ganze Geld ist ~** paralar nanay

Futter[1] <-s> ['fʊtɐ] *nt kein pl* (*Nahrung*) yem, mama

Futter[2] <-s, -> *nt* ❶ (*in Kleidung, Briefumschlag*) astar; **das ~ in den Mantel knöpfen** astarı [*o* muflonu] pardösüye düğmelemek ❷ (*Tür~*) iç kaplama

Futteral <-s, -e> [fʊtə'raːl] *nt* kılıf

füttern ['fʏtɐn] *vt* ❶ (*Tier, Baby*) yedirmek (-e) ❷ (*Kleidung*) astar geçirmek

futtern ['fʊtɐn] **I.** *vt* (*fam*) yemek **II.** *vi* (*fam*) yemek yemek

Futternapf *m* tas **Futterpflanze** *f* AGR yem bitkisi, yemlik ot **Futtersack** *m* yem torbası **Futterstoff** *m* astarlık (kumaş)

Fütterung[1] <-en> ['fʏtərʊŋ] *f* (*Tier~*) yem verme

Fütterung[2] *f kein pl* (*das Auskleiden*) astarlama, astar geçirme

Futur <-s, -e> [fu'tuːɐ] *nt* LING gelecek zaman

Futurismus <-> [futu'rɪsmʊs] *m kein pl* LIT, KUNST, POL fütürizm, gelecekçilik

futuristisch *adj* fütürist, gelecekçi

Gg

G, g <-, -> [geː] *nt* ❶ G, g; **~ wie Gustav** Giresun'un ge'si ❷ MUS sol

g *Abk von* **Gramm** gr, *gram*

gab [gaːp] *3. imp von* **geben**

Gabe <-n> ['gaːbə] *f* ❶ (*Geschenk*) armağan, bağış; **milde ~** sadaka ❷ (*Talent*) istidat, vergi; (*Auffassungs~*) yeti ❸ MED (*Dosis*) doz ❹ SCHWEIZ (*Preis*) ödül

Gabel <-n> ['gaːbəl] *f* ❶ (*vom Besteck*) çatal ❷ (*vom Telefon*) çatal; (*vom Fahrrad*) maşa ❸ AGR çatal, dirgen

Gabelbein *nt* ZOOL (*von Vögeln*) lades kemiği

gabeln ['gaːbəln] *vr* ■ **sich ~** çatallanmak

Gabelschlüssel *m* çatal anahtar

Gabelstapler <-s, -> *m* forklift

Gabelung <-en> *f* (*das Sichgabeln*) çatallanma; (*Stelle*) çatal

Gabelweihe *f* ZOOL kızıl çaylak

gackern ['gakɐn] *vi* ❶ (*Huhn*) gıdaklamak ❷ (*fam: Mensch*) tavuk gibi gıdaklayıp durmak; **über ungelegte Eier ~** (*fig fam*) suyu [*o* dereyi] görmeden paçaları sıvamak

gaffen ['gafən] *vi* (*pej*) alık alık bakmak

Gag <-s, -s> [gɛk] *m* ❶ FILM, THEAT gülüt ❷ (*Witz*) espri

Gagat <-(e)s, -e> *m* kara kehribar, oltu taşı, oksidiyon taşı

Gage <-n> ['gaːʒə] *f* ücret

Gagman *m* FILM, THEAT gülütçü

gähnen ['gɛːnən] *vi* esnemek

Gala ['gaːla] *f kein pl* (*~vorstellung*) gala; **sich in ~ werfen** giyinip kuşanmak

galaktisch [ga'laktɪʃ] *adj* ASTRON galaksi (ile ilgili), gök adası (ile ilgili)

galant [ga'lant] *adj* centilmene yakışır

Galaxie <-n> [gala'ksiː] *f* ASTRON galaksi, gök adası

Galeere <-n> [ga'leːrə] *f* kadırga

Galeerenstrafe *f* HIST kürek cezası **Galeerensträfling** *m* HIST forsa

Galeone <-n> *f* NAUT kalyon

Galeote <-n> *f* NAUT galyot

Galerie <-n> [galə'riː] *f* galeri

Galerist(in) <-en, -en; -nen> [galə'rɪst] *m(f)* galerici

Galgen <-s, -> ['galgən] *m* darağacı; **am ~ enden** darağacını boylamak **Galgenfrist** <-en> *f* son mühlet **Galgenhumor** *m* yapmacık neşe

Galicien <-s> [ga'liːtsiən] *nt* Galiçe

Galicier(in) <-s, -; -nen> *m(f)* Galiçeli

galicisch *adj* Galiçe (ile ilgili)

Galiläa <-s> [gali'lɛːa] *nt* HIST Galile

Galione <-n> *f* NAUT kalyon

Galle <-n> ['galə] *f* ❶ (*~nflüssigkeit*) safra, öd ❷ ANAT (*~nblase*) safra kesesi, öd kesesi

Gallenblase *f* ANAT safra kesesi, öd kesesi **Gallenstein** <-(e)s, -e> *m* safra taşı, öd [*o* safra] kesesinde oluşan taş **Gallensteinkolik** *f* MED safra taşı koliği

gallertartig ['galɐtʔaːɐtɪç] *adj* jelatinsi

Gallien <-s> ['galjən] *nt* HIST Galya

gallisch ['galɪʃ] *adj* Galya (ile ilgili)

Gallium <-s> ['galjʊm] *nt kein pl* CHEM galyum

Galopp <-s, -e *o* -s> [ga'lɔp] *m* dörtnal; **im ~** dörtnala; **der Reiter ging das letzte Hindernis im ~ an** binici son engele dörtnala girdi

galoppieren* *vi haben o sein* dörtnal koşmak

galt [galt] *3. imp von* **gelten**

galvanisch [gal'vaːnɪʃ] *adj* TECH galvanize; **~es Bad** galvaniz banyosu

galvanisieren* [galvani'ziːrən] *vt* TECH galvanizlemek

Galvanokauter <-s, -> *m* MED galvanokoter

Gamander *m* BOT dalak otu

Gamasche <-, -n> *f* getr, tozluk

Gameboy® <-s, -s> ['gɛɪmbɔɪ] *m* gameboy **Gameshow** <Gameshows> *f* TV oyun programı; **eine ~ leiten** oyun programı yönetmek

Gamma <-(s), -s> ['gama] *nt* gama **Gammastrahlung** <-en> *f* PHYS gama ışını

gamm(e)lig ['gam(ə)lɪç] *adj* (*fam*) ❶ (*Nahrungsmittel*) bozulmuş; (*Brot*) bayat ❷ (*Kleidung*) pejmürde, eski püskü

gammeln ['gaməln] *vi* (*fam*) ❶ (*Lebensmittel*) bozulmak; (*Brot*) bayatlamak ❷ (*Person*) aylaklık etmek, işsiz güçsüz dolaşmak

GämseRR <-n> ['gɛmzə] *f* ZOOL dağ keçisi, elik

gang [gaŋ] *adj* **~ und gäbe** alışılmış, mutat

Gang[1] <-(e)s, Gänge> [gaŋ, *pl* 'gɛŋə] *m* ❶ (*Gehweise*) yürüyüş; (*eines Reittiers*) koşma ❷ (*Spazier~*) yürüyüş; (*Weg*) yol; **auf ihrem ~ zum Arzt sah sie ...** doktora giderken ... gördü ❸ (*Betrieb*) **eine Maschine in ~ setzen** makineyi işletmek; **Verhandlungen in ~ bringen** görüşmeleri başlatmak ❹ (*Ablauf*) gidiş, gidişat, seyir; **der ~ der Ereignisse** olayların gidişatı; **es ist etwas im ~e** bir şeyler dönüyor; **die Verhandlungen sind in vollem ~(e)** görüşmeler bütün hızıyla devam ediyor ❺ TECH, AUTO vites; **im zweiten ~ fahren** ikinci viteste gitmek ❻ (*Flur*) koridor ❼ GASTR servis, tabak, kap

Gang[2] <-s> [gɛŋ] *f* çete

Gangart *f* gidiş; (*eines Pferdes, Kamels*) koşma biçimi

gangbar *adj* (*Weg*) geçilebilir; (*Münze*) geçer

gängeln ['gɛŋəln] *vt* (*pej fam*) çocuk gibi yürütmek, çocuk muamelesi yapmak (-e); ■ **sich ~ lassen** (*fig fam*) sakalı ele vermek

gängig ['gɛŋɪç] *adj* ❶ (*üblich*) alışılmış, mutat; (*gebräuchlich*) kullanılan, geçer; (*geläufig*) bilinen; (*gültig*) geçerli ❷ (*viel gekauft*) sürümü olan, geçerli ❸ (*funktionstüchtig*) (iyi) işler

Gangschaltung *f* (*Auto, Fahrrad*) vites

Gangster <-s, -> ['gɛŋstɐ] *m* (*pej*) gangster

Gangway <-s> *f* iskele

Ganove(in) <-n, -n; -nen> [ga'no:və] *m(f)* (*pej fam*) dolandırıcı, sahtekâr

Gans <Gänse> [gans, *pl* 'gɛnzə] *f* ZOOL kaz; **blöde ~!** kaz kafalı!

Gänseblümchen <-s, -> ['gɛnzəbly:mçən] *nt* BOT sarıpapatya **Gänsefüßchen** <-s, -> ['gɛnzəfy:sçən] *nt* (*fam: Anführungszeichen*) tırnak (işareti); (*als Wiederholungszeichen*) denden (işareti); **in ~** tırnak içinde **Gänsehaut** *f kein pl* (*fig*) **eine ~ bekommen** tüyleri diken diken olmak

Gänseleberpastete *f* GASTR kaz ciğeri ezmesi

Gänsemarsch <-(e)s> *m kein pl* **im ~** turna katarı gibi

Gänserich <-s, -e> ['gɛnzərɪç] *m* ZOOL erkek kaz

ganz [gants] **I.** *adj* ❶ (*gesamt*) tam; (*vollständig*) bütün; **mit ~er Kraft** bütün gücüyle; **die ~e Zeit über** bütün süre boyunca; **die ~e Wahrheit** bütün gerçek; **die ~e Welt** bütün dünya, dünya âlem; **eine ~e Zahl/Note** tam sayı/nota; **eine ~e Drehung** tam bir dönüş; **eine ~e Menge** epeyce; **eine ~e Weile** uzun bir süre; **das dauert eine ~e Weile** bu oldukça uzun sürüyor; **wo warst du denn die ~e Zeit?** bunca zaman neredeydin?; **im Großen und G~en war ich dreimal hier** topu topu üç kere buradaydım ❷ (*fam: unbeschädigt*) **etw wieder ~ machen** bir şeyi eski hâline sokmak ❸ (*fam: bloß*) sadece; **das Buch hat ~e drei Euro gekostet** kitap sadece üç euro tuttu **II.** *adv* ❶ (*völlig*) tam, tamamıyla; **~ allein** yapayalnız; **das ist ~ meine Meinung** bu tam düşündüğüm gibi; **das ist etwas ~ anderes** bu apayrı [*o* bambaşka] bir şeydir; **~ und gar** hiç de değil; **~ im Gegenteil** bilakis, tam aksine [*o* tersine]; **entweder ~ oder gar nicht** ya hep ya hiç; **er ist ~ sein Vater** tıpkı babasına benziyor ❷ (*vollständig*) tamamen; **~ oder zum Teil** tamamen veya kısmen; **etw ~ aufessen** bir şeyi tamamen yiyip bitirmek; **~ hinten/vorn** en arkada/önde; **~ wie Sie meinen/wünschen** nasıl derseniz/arzu ederseniz; **~ gleich, wie es ist** nasıl olusa olsun; **du hast ~ Recht** tamamen haklısın ❸ (*ziemlich*) bayağı, oldukça; **das gefällt mir ~ gut** bu bayağı [*o* oldukça] hoşuma gitti ❹ (*sehr*) pek; **~ klein** pek küçük; **ein ~ klein wenig** birazcık; **~ viel** pek çok

Ganze(s) <-n> *nt kein pl* hepsi, tamamı; **aufs ~ gehen** (*fam*) hepsini istemek; **es geht ums ~** tamamı söz konusudur; **im Großen und G~n** topu topu

Ganzheit <-en> *f* tamlık, bütünlük, bütünsellik

ganzheitlich *adj* bütünsel

gänzlich ['gɛntslɪç] **I.** *adj* tam **II.** *adv* tamamen, tümüyle, bütünü ile

ganztägig ['gantstɛ:gɪç] **I.** *adj* tam günlük **II.** *adv* tam gün

Ganztagsschule *f* tam gün okul sistemi

gar [ga:ɐ] **I.** *adj* (*Speise*) pişmiş **II.** *adv* ❶ (*überhaupt*) **~ nichts** hiçbir şey; **~ keiner** hiç kimse; **auf ~ keinen Fall** asla; **das ist ~ nicht schlecht** bu hiç de fena değil; (**das ist**) **besser als ~ nichts** (bu) hiç yoktan iyi(dir); **entweder ganz oder ~ nicht** ya hep ya hiç ❷ (*verstärkend*) sakın; **er wird es doch nicht ~ gestohlen haben?** sakın onu çalmış olmasın?

Garage <-n> [ga'ra:ʒə] *f* garaj

Garagentor *nt* garaj kapısı

Garant(in) <-en, -en; -nen> [ga'rant] *m(f)* garantör

Garantie <-n> [garan'ti:] *f* garanti; **ein Jahr ~** bir yıl(lık) garanti; **mit/ohne ~** garantili/garantisiz

Garantiefrist <-en> *f* garanti süresi

garantieren* *vi, vt* garanti vermek (**für** için), garantilemek; **glaubst du er kommt? — garantiert!** inanıyor musun geleceğine? — garanti gelecek! **Garantieschein** <-(e)s, -e> *m* garanti belgesi

Garaus *m* **jdm den ~ machen** (*fam*) birinin işini bitirmek

Garbe <-n> ['garbə] *f* AGR (*von Korn*) demet; **~n binden** demet yapmak

Garde <-n> ['gardə] *f* muhafız alayı
Gardenie <-n> *f* BOT gardenya
Garderobe¹ [gardə'ro:bə] *f kein pl* (*Kleidung*) gardırop
Garderobe² <-n> *f* ❶ (*Kleiderablage*) gardırop ❷ (*Raum*) vestiyer ❸ (*Ankleideraum*) gardırop
Garderobenständer *m* portmanto
Gardine <-n> [gar'di:nə] *f* tül perde; **hinter schwedischen ~n** (*fam*) hapiste
Gardinenstange <-n> *f* korniş
garen ['ga:rən] **I.** *vt* pişirmek **II.** *vi* pişmek
gären <gärt, gärte *o* gor, gegärt *o* gegoren> ['gɛ:rən] **I.** *vi haben o sein* mayalanmak **II.** *vt* mayalamak, mayalandırmak
Garn <-(e)s, -e> [garn] *nt* iplik
Garnele <-n> [gar'ne:lə] *f* ZOOL karides; (*kleiner*) teke
garnieren* [gar'ni:rən] *vt* GASTR süslemek
Garnison <-en> *f* MIL garnizon
Garnitur <-en> [garni'tu:ɐ] *f* ❶ (*Verzierung*) garnitür ❷ (*Satz*) takım
garstig ['garstɪç] *adj* ❶ (*Kind*) arsız, terbiyesiz ❷ (*hässlich*) çirkin; (*abstoßend*) iğrenç
Garten <-s, Gärten> ['gartən, *pl* 'gɛrtən] *m* bahçe; (*Nutz~*) bostan; **botanischer/zoologischer ~** botanik/hayvanat bahçesi **Gartenampfer** *m* BOT labada **Gartenarbeit** *f* bahçecilik, bahçıvanlık **Gartenarchitekt(in)** *m(f)* bahçe mimarı **Gartenbau** <-(e)s> *m kein pl* bahçecilik **Gartenfest** *nt* gardenparti **Gartenhaus** *nt* bahçe kulübesi **Gartenlaube** *f* çardak **Gartenlokal** *nt* bahçe gazinosu **Gartenpflege** *f kein pl* bahçe bakımı **Gartenschere** <-n> *f* bahçe makası **Gartenzaun** *m* bahçe çiti **Gartenzwiebel** <-n> *f* BOT soğan
Gärtner(in) <-s, -; -nen> ['gɛrtnɐ] *m(f)* bahçıvan
Gärung <-en> ['gɛ:rʊŋ] *f* mayalanma
Gas¹ <-es, -e> [ga:s] *nt* CHEM gaz, hava gazı; **das ~ andrehen** hava gazını açmak
Gas² <-es> *nt kein pl* AUTO **~ geben** gaz vermek, gazlamak; **~ wegnehmen** gazdan ayağını çekmek
Gasbombe <-n> *f* gaz bombası **Gasbrenner** <-s, -> *m* TECH bek, hava gazı beki **Gasfeuerzeug** *nt* gazlı çakmak **Gasflamme** *f* gaz alevi **Gasflasche** *f* gaz tüpü
gasförmig *adj* gaz durumundaki, gaz hâlindeki
Gasgeruch *m* gaz kokusu **Gashahn** *m* gaz ibiği **Gashebel** *m* gaz kolu; AUTO jigle **Gasheizung** *f* gazla ısıtma, gaz kaloriferi, gazlı radyatör **Gasherd** *m* gaz ocağı **Gashülle** *f* gaz yuvarı **Gaskammer** *f* gaz odası, gaz hücresi **Gaskocher** *m* tüpgaz ocağı **Gaslampe** *f* gaz lambası **Gaslaterne** *f* gazlı sokak lambası **Gasleitung** *f* gaz hattı **Gasmann** *m* (*fam*) hava gazı memuru; (*Ableser*) hava gazı saatlerini okuyan memur **Gasmaske** *f* gaz maskesi **Gasofen** <-s, -öfen> *m* gaz sobası
Gasometer *m* gazometre
Gaspedal *nt* gaz pedalı **Gaspistole** *f* gaz tabancası **Gasrohr** *nt* gaz borusu
Gasse <-n> ['gasə] *f* ❶ (*kleine Straße*) ara sokak; (*Sack~*) sokak ❷ ÖSTERR (*Straße*) sokak
Gasspürgerät *nt* gaz detektörü
Gast <-(e)s, Gäste> [gast, *pl* 'gɛstə] *m* ❶ konuk, misafir; (*eingeladener*) davetli; (*von Lokal*) müşteri; **ungebetene Gäste** Tanrı misafirleri *pl*, davetsiz gelen misafirler *pl*; **bei jdm zu ~ sein** birine misafir [*o* konuk] olmak, birinin misafiri [*o* konuğu] olmak ❷ (*auf fremder Bühne spielender Schauspieler*) konuk sanatçı **Gastarbeiter(in)** *m(f)* konuk işçi, misafir işçi; (*ausländischer Arbeitnehmer*) yabancı işçi
Gästebuch *nt a.* INFORM ziyaretçi defteri **Gästehaus** *nt* konuk evi, misafirhane **Gästezimmer** *nt* misafir odası
gastfreundlich *adj* misafirperver, konuksever **Gastfreundschaft** *f kein pl* misafirperverlik, konukseverlik; **jdm ~ gewähren** birini misafir etmek **Gastgeber(in)** <-s, -; -nen> *m(f)* (*Einladender*) çağırıcı; (*Hausherr*) ev sahibi **Gasthaus** *nt*, **Gasthof** *m* ❶ (*zum Übernachten*) misafirhane; (*höhere Kategorie*) otel ❷ (*nur Essen*) lokanta
gastieren* [gas'ti:rən] *vi* konuklamak, misafir kalmak
Gastland <-(e)s, -länder> *nt* konuk ülke
gastlich *adj* konuksever, misafirperver; **jdn ~ aufnehmen** birini misafir gibi ağırlamak
Gastmahl *nt* ziyafet
Gastritis <Gastritiden> [gas'tri:tɪs] *f* gastrit
Gastroenterologie *f kein pl* MED gastroentereloji, sindirim bilimi
Gastrolle *f* konuk sanatçı rolü
Gastronomie [gastrono'mi:] *f kein pl* gastronomi
gastronomisch [gastro'no:mɪʃ] *adj* gastronomi (ile ilgili) **Gaststätte** <-n> *f* lokanta
Gasturbine *f* TECH gaz türbini
Gastwirt(in) <-(e)s, -e; -nen> *m(f)* lokantacı, lokanta sahibi **Gastwirtschaft** <-en> *f* lokanta, içkili lokanta

Gasvergiftung *f* gazdan zehirlenme **Gasversorgung** *f kein pl* gaz dağıtımı **Gaswerk** *nt* gazhane **Gaszähler** <-s, -> *m* gaz sayacı, hava gazı saati

Gatte(in) <-n, -n; -nen> ['gatə] *m(f)* (*geh*) eş

Gatter <-s, -> ['gatɐ] *nt* parmaklık

Gattung <-en> ['gatʊŋ] *f* ① BIOL cins ② MUS, LIT tür; KUNST dal

Gaudi ['gaʊdi] *f kein pl* (*fam: Vergnügen*) eğlence; (*Lärm*) curcuna

Gaukler(in) <-s, -; -nen> ['gaʊklɐ] *m(f)* hokkabaz; (*Akrobat*) cambaz; (*Betrüger*) cambaz, üç kâğıtçı, hileci, dolandırıcı

Gaul <-(e)s, Gäule> [gaʊl, *pl* 'gɔɪlə] *m* (*pej*) beygir; **einem geschenkten ~ schaut man nicht ins Maul** (*prov*) beleş [*o* bahşiş] atın dişine [*o* yaşına] bakılmaz

Gaumen <-s, -> ['gaʊmən] *m* ANAT, MED (*Palatum*) damak; **einen feinen ~ haben** damak zevki olmak **Gaumenfreude** <-n> *f* damak tadı, damak zevki **Gaumenlaut** *m* LING damaksıl ses **Gaumensegel** *nt* ANAT damak eteği **Gaumenzäpfchen** *nt* ANAT (*Uvula*) küçük dil

Gauner(in) <-s, -; -nen> ['gaʊnɐ] *m(f)* ① (*pej: Betrüger*) dolandırıcı; (*Dieb*) hırsız ② (*fam: durchtriebener Mensch*) hinoğlu(hin)

Gaunerei <-en> *f* (*Betrügerei*) dolandırıcılık, düzenbazlık

Gaunersprache *f* kayış dili

Gazastreifen *m kein pl* POL Gazze Şeridi

Gazelle <-n> [ga'tsɛlə] *f* ZOOL ceylan

GbR *f Abk von* **Gesellschaft bürgerlichen Rechts** adi ortaklık, adi şirket

G-Dur <-> ['ge:'du:ɐ] *nt kein pl* MUS sol majör

Geäst <-(e)s> [gə'ʔɛst] *nt kein pl* dallar *pl*

geb. *Abk von* **geboren** doğmuş, doğan

Gebäck <-(e)s, -e> [gə'bɛk] *nt* (*Kekse*) çörek

gebacken [gə'bakən] *pp von* **backen**

Gebälk <-(e)s, -e> [gə'bɛlk] *nt* ARCH saçaklık

gebar [gə'ba:ɐ] *3. imp von* **gebären**

Gebärde <-n> [gə'bɛ:ɐdə] *f* tavır

gebärden* *vr* ■ **sich ~** tavır takınmak

gebären* <gebärt *o* gebiert, gebar, geboren> [gə'bɛ:rən] *vt* yavrulamak; (*Mensch*) doğurmak; (*Katze, Hund*) eniklemek; **lebend ~d** ZOOL canlı yavrulayan; **wo sind Sie geboren?** nerede doğdunuz?

Gebärmutter <-mütter> *f* döl yatağı, rahim, ana rahmi

Gebäude <-s, -> [gə'bɔɪdə] *nt* ① (*Bauwerk*) bina ② (*Gefüge*) yapı

gebefreudig *adj* eli açık

Gebeine [gə'baɪnə] *pl* (*geh*) kemikler *pl*

Gebell <-(e)s> [gə'bɛl] *nt kein pl* (*pej fam*) (devamlı) havlama, havlayıp durma

geben <gibt, gab, gegeben> ['ge:bən] **I.** *vt* ① vermek; (*aushändigen*) vermek; (*schenken*) vermek; (*beim Telefonieren*) vermek; **ich gab nichts auf sein Gerede** konuşmasına önem vermedim; **jdm etw zu verstehen ~** birine anladığını göstermek [*o* belli etmek]; **etw von sich** *dat* **~** kendinden bir şey vermek ② (*gewähren*) vermek; (*Kredit*) vermek; **jdm Recht ~** birine hak vermek ③ (*ergeben*) vermek; **das gibt keinen Sinn** bu hiç anlam vermiyor ④ (*veranstalten*) vermek; TV göstermek ⑤ (*unterrichten*) vermek **II.** *vt unpers* (*existieren*) olmak; **was gibt's?** (*fam*) ne var?; **es gibt heute Fisch** bugün balık var; **das gibt's doch gar nicht!** olacak şey değil!, haydi canım sen de!; **das hat es ja noch nie ge~!** şimdiye kadar hiç böyle bir şey olmamıştı! **III.** *vi* ① (*bei Kartenspiel*) vermek ② SPORT (*Aufschlag haben*) vermek **IV.** *vr* ■ **sich ~** ① (*nachlassen*) geçmek ② (*sich benehmen*) oynamak (**als** -) ③ (*sich ergeben*) çıkmak

Gebet <-(e)s, -e> [gə'be:t] *nt* dua

Gebetbuch *nt* dua kitabı

gebeten [gə'be:tən] *pp von* **bitten**

Gebetsteppich *m* seccade, namazlık

gebiert [gə'bi:ɐt] *3. präs von* **gebären**

Gebiet <-(e)s, -e> [gə'bi:t] *nt* ① bölge, toprak, ülke, topraklar *pl*; **ein annektiertes/besetztes ~** ilhak/işgal edilmiş bölge [*o* topraklar]; **feindliches ~** düşman toprakları [*o* ülkesi] ② (*Sachbereich*) alan, dal; **auf diesem ~** bu alanda [*o* dalda]

gebieten* [gə'bi:tən] *irr* **I.** *vt* (*geh*) ① (*befehlen*) emretmek, buyurmak ② (*verlangen*) istemek; (*erfordern*) gerektirmek; **etw gebietet besondere Aufmerksamkeit** bir şey özel dikkat gerektirir [*o* ister] **II.** *vi* (*geh*) ① (*Herrschaft ausüben*) hükmetmek (**über** -e); (*in der Gewalt haben*) hâkim olmak (**über** -e) ② (*befehlen*) emretmek (**über** -e)

Gebieter(in) <-s, -; -nen> *m(f)* (*Herr*) amir; HIST (*Regent*) hükümdar

gebieterisch *adj* (*geh*) amir, buyuran, buyurgan, emreden

Gebilde <-s, -> [gə'bɪldə] *nt* ① (*Bild*) tablo ② (*Form*) biçim, şekil ③ (*Schöpfung*) eser ④ (*Gefüge*) yapı ⑤ (*der Fantasie*) ürün

gebildet [gə'bɪldət] *adj* kültürlü

Gebimmel <-s> *nt kein pl* cangıl cungul

Gebirge <-s, -> [gə'bɪrgə] *nt* dağlar, dağ silsilesi

G

gebirgig *adj* dağlık
Gebirgskette *f* dağ silsilesi
Gebiss[RR] <-es, -e> [gəˈbɪs] *nt,* **Gebiß**[ALT] <-sses, -sse> *nt* dişler; (*künstliches*) takma dişler; **mit dem ~ klappern** takma dişlerini şakırdatmak
gebissen [gəˈbɪsən] *pp von* **beißen**
Gebläse [gəˈblɛːzə] *nt* TECH vantilâtör
geblasen [gəˈblaːzən] *pp von* **blasen**
geblieben [gəˈbliːbən] *pp von* **bleiben**
Geblöke <-s> *nt kein pl* (*fam: von Rind*) böğürme; (*von Schaf*) meleme
gebogen [gəˈboːgən] **I.** *pp von* **biegen** **II.** *adj* bükük; (*krumm*) eğri
geboren [gəˈboːrən] **I.** *pp von* **gebären** **II.** *adj* **ich wurde 1949 ~** ben 1949'da doğdum, 1949 doğumluyum; **Dorothee Brandi, ~ Schlemmer** Dorothee Brandi, kızlık adı Schlemmer; **ein tot ~es Kind** ölü doğmuş çocuk; **er ist der ~e Lehrer/Wissenschaftler** o doğuştan öğretmendir/bilim adamıdır; **taub ~ sein** sağır doğmuş olmak; **ich bin ein ~er Dortmunder** ben doğma büyüme Dortmundluyum
geborgen [gəˈbɔrgən] **I.** *pp von* **bergen** **II.** *adj* emin
Geborgenheit *f kein pl* emniyet, güvenlik
geborsten [gəˈbɔrstən] *pp von* **bersten**
Gebot <-(e)s, -e> [gəˈboːt] *nt* ❶ (*Befehl*) emir, buyruk; **die Zehn ~e** On Emir; **jdm zu ~e stehen** birinin emrine amade olmak ❷ (*verbindliche Vorschrift*) şart; REL (*Vorschrift*) farz ❸ (*Erfordernis*) gerek; **das ~ der Stunde** şimdi yapılması gereken şey ❹ (*bei Auktion*) pey, teklif; **das geringste ~** en düşük teklif
gebracht [gəˈbraxt] *pp von* **bringen**
gebrannt [gəˈbrant] **I.** *pp von* **brennen** **II.** *adj* ❶ (*Mandel*) kavrulmuş; (*Lehm, Ton*) pişmiş ❷ (*prov*) **~es Kind scheut das Feuer** sütten ağzı yanan yoğurdu üfleyerek yer
gebraten [gəˈbraːtən] *pp von* **braten**
Gebrauch[1] <-(e)s> [gəˈbraʊx] *m kein pl* (*Benutzung*) kullanma, kullanım; (*Verwendung*) kullanma; **von etw** *dat* **~ machen** bir şeyden yararlanmak; **vor ~ gut schütteln** kullanmadan önce iyice sallayınız
Gebrauch[2] <-(e)s, -bräuche> *m* (*Brauch*) âdet, görenek; (*Gewohnheit*) alışkı
Gebräuche [gəˈbrɔɪçə] *pl* âdetler *pl;* **Sitten und ~** gelenek ve görenekler, örf ve âdetler
gebrauchen* [gəˈbraʊxən] *vt* ❶ (*Werkzeug*) kullanmak; (*Verstand*) kullanmak; **Gewalt ~** zor kullanmak ❷ (*nützlich sein*) **das kann ich gut/gar nicht ~** bunu kullanabilirim/kullanamam, bu işime yarar/hiç işime yaramaz
gebräuchlich [gəˈbrɔɪçlɪç] *adj* kullanılan; **nicht mehr ~** artık kullanılmayan
Gebrauchsanweisung *f* kullanım talimatı, tarif(e), tarifname; (*einer Arznei*) tarife, prospektüs **Gebrauchsgegenstand** <-(e)s, -stände> *m* (her gün) kullanılan şey
gebraucht [gəˈbraʊxt] *adj* kullanılmış; (*aus zweiter Hand*) ikinci elden **Gebrauchtwagen** *m* kullanılmış araba **Gebrauchtwagenmarkt** *m* ikinci el otomobil pazarı
Gebrechen <-s, -> [gəˈbrɛçən] *nt* (*geh*) sakatlık, malullük
gebrechlich [gəˈbrɛçlɪç] *adj* (*schwach*) zayıf; (*altersschwach*) öksürüklü tıksırıklı, pimpirik; (*zerbrechlich*) çıtkırıldım, kırılgan
gebrochen [gəˈbrɔxən] **I.** *pp von* **brechen** **II.** *adj* (*Mensch*) ruhen çökmüş, çökkün; **~ deutsch/türkisch sprechen** çat pat Almanca/Türkçe konuşmak, yarım yamalak Almanca/Türkçe konuşmak
Gebrüder [gəˈbryːdɐ] *pl* (erkek) kardeşler *pl*
Gebrüll <-(e)s> [gəˈbrʏl] *nt kein pl* (*von Menschen*) nara, haykırma, bar bar bağırma, velvele; (*von Tieren*) kükreme
Gebühr <-en> [gəˈbyːɐ] *f* ücret; (*Abgabe*) harç; (*Telefon~*) para; (*Vermittlungs~*) komisyon; (*Autobahn~, Anmelde~*) ücret; **eine ~ erheben** ücret almak, harç almak; **~ zahlt Empfänger** ücreti alıcı öder
gebühren* [gəˈbyːrən] **I.** *vi* (*geh*) layık olmak; **seiner Leistung gebührt Anerkennung** başarısı takdire layıktır; **~d** layıkıyla; **jdm die ~de Achtung entgegenbringen** birine layık olduğu saygıyı göstermek **II.** *vr* ▪ **sich ~** (*geh*) yakışık almak; **wie es sich gebührt** nasıl yakışık alıyorsa öyle
gebührenfrei *adj* ücretsiz **gebührenpflichtig** *adj* ücretli; (*Autobahn*) paralı
gebunden [gəˈbʊndən] **I.** *pp von* **binden** **II.** *adj* ❶ (*einer Sache verpflichtet*) bağlı (**an** -e); (*an einen Ort*) bağlanmış (**an** -e) ❷ (*Preise*) maktu
Geburt <-en> [gəˈbuːɐt] *f* ❶ (*Entbindung*) doğum ❷ (*das Geborenwerden*) doğma; **blind von ~ an** doğuştan kör; **vor/nach Christi ~** İsa'nın doğumundan önce/sonra, milâttan önce/sonra ❸ (*Abstammung*) soy; **von hoher ~** soylu **Geburtenkontrolle** *f kein pl* doğum kontrolü **Geburtenrückgang** *m* doğum oranında azalma **geburtenschwach** *adj* doğum sayısı az **geburtenstark** *adj* doğum sayısı

çok **Geburtenziffer** *f* doğum oranı

gebürtig [gə'bʏrtɪç] *adj* doğumlu (**aus** -); **die ~en Kölner** Köln doğumlular

Geburtsdatum <-s, -daten> *nt* doğum tarihi **Geburtsjahr** *nt* doğum yılı **Geburtsort** *m* doğum yeri **Geburtsstation** *f* doğumhane, doğum odası

Geburtstag *m* ❶ yaş günü, doğum günü; (*Jahrestag*) yıl dönümü; **~ feiern** yaş günü kutlamak; **herzlichen Glückwunsch zum ~!** yaş [*o* doğum] günün(üz) kutlu olsun!; **heute ist ihr achtzigster ~** bugün onun sekseninci yaş günü; **sein ~ fällt auf einen Montag** yaş günü pazartesiye rastlıyor ❷ (*Tag der Geburt*) doğum günü **Geburtstagsgeschenk** *nt* yaş günü armağanı [*o* hediyesi] **Geburtstagskind** *nt* yaş günü kutlanan çocuk **Geburtsurkunde** *f* doğum ilmühaberi **Geburtswehen** *pl* doğum sancısı **Geburtszange** *f* MED forseps

Gebüsch <-(e)s, -e> [gə'bʏʃ] *nt* çalılık

gedacht [gə'daxt] *pp von* **denken, gedenken**

Gedächtnis <-ses, -se> [gə'dɛçtnɪs] *nt* ❶ hafıza, bellek; (*Erinnerungsvermögen*) bellem; **aus dem ~** ezbere; **ein gutes/schlechtes ~ haben** (**für etw**) (bir şey için) iyi/kötü bir hafızası olmak; **jdn/etw im ~ behalten** bir kimseyi/şeyi hatırında tutmak; **sich** *dat* **etw ins ~ zurückrufen** bir şeyi hatırlamak [*o* anımsamak]; **sein ~ verlieren** hafızasını kaybetmek ❷ (*Gedenken*) anma (**an** -), anılma (**an** -in); **ein Mahnmal zum ~ an die Toten** ölenleri anmak için bir anıt, ölülerin anılması için bir anıt

Gedächtnisschwund *m*, **Gedächtnisverlust** *m* hafıza kaybı, bellek yitimi

gedämpft [gə'dɛmpft] *adj* (*Geräusch*) kısık; (*Licht*) loş; **mit ~er Stimme** kısık (bir) sesle

Gedanke <-ns, -n> [gə'daŋkə] *m* ❶ (*Absicht*) düşünce; (*Einfall*) fikir; **sich mit dem ~n tragen, etw zu tun** (*geh*) bir şeyi yapmayı aklından geçirmek; **sie kam auf den ~n, dass ...** ... aklına esti; **mit dem ~n spielen zu ...** ...meyi aklından geçirmek; **jdn auf einen ~n bringen** birinin aklına getirmek; **auf dumme ~n kommen** aklına aptal aptal şeyler gelmek ❷ (*Überlegung*) düşünce; **sich** *dat* **~n machen** düşüncedir almak; **in ~n vertieft** düşünceye dalmış; **jdn auf andere ~n bringen** birinin aklını çelmek ❸ (*Idee*) fikir, ide

Gedankenaustausch *m* düşünce alış verişi, fikir teatisi **Gedankenblitz** *m* (*iron*) ani düşünce, çakıntı **Gedankenfreiheit** *f kein pl* düşünce özgürlüğü

gedankenlos *adj* ❶ (*unüberlegt*) düşüncesiz; **etw ~ sagen** bir şeyi düşünmeden söylemek ❷ (*zerstreut*) dalgın; **~ vor sich hinstarren** dalgın dalgın önüne bakmak

Gedankenstrich <-(e)s, -e> *m* uzun çizgi, tire **Gedankenübertragung** *f kein pl* telepati **Gedankenwelt** *f kein pl* düşünce âlemi

gedanklich *adj* düşünsel, fikrî

Gedärm <-(e)s, -e> [gə'dɛrm] *nt* bağırsaklar *pl;* (*Eingeweide*) bağır, ahşa *pl*

Gedeck <-(e)s, -e> [gə'dɛk] *nt* menü; (*Kaffee~*) takım

gedeckt [gə'dɛkt] *adj* (*Farbe*) mat

gedeihen <gedeiht, gedieh, gediehen> [gə'daɪən] *vi sein* ❶ (*Pflanze, Kinder*) büyümek ❷ (*vorankommen*) ilerlemek; **gutes G~!** başarılar!, kolay gelsin!

gedenken* *irr vi* (*geh*) ❶ (*erinnern*) hatırlamak; (*feierlich*) anmak; **der Toten ~** ölüleri anmak ❷ (*vorhaben*) (yapmayı) düşünmek, niyeti olmak (-e); **ich gedenke, morgen abzureisen** yarın yola çıkmayı düşünüyorum

Gedenken <-s> *nt kein pl* anma (**an** -)

Gedenkfeier *f* anma töreni **Gedenkstätte** *f* anma yeri **Gedenktag** *m* anma günü

Gedicht <-(e)s, -e> [gə'dɪçt] *nt* şiir

gediegen [gə'di:gən] *adj* ❶ (*von guter Qualität*) kaliteli ❷ (*Charakter*) sağlam ve güvenilir; (*Kenntnisse*) sağlam ❸ (*rein*) saf; (*Gold*) som

gedieh [gə'di:] *3. imp von* **gedeihen**

gediehen [gə'di:ən] *pp von* **gedeihen**

Gedränge <-s> [gə'drɛŋə] *nt kein pl* ❶ (*Drängelei*) itiş kakış; **ins ~ kommen** [*o* **geraten**] iki ayağı bir pabuca sokulmak, çok sıkışmak ❷ (*Menschenmenge*) kalabalık, izdiham

gedroschen [gə'drɔʃən] *pp von* **dreschen**

gedrückt *adj* (*fig*) yılgın, morali bozuk

gedrungen [gə'drʊŋən] **I.** *pp von* **dringen II.** *adj* (*Körperbau*) tıknaz

Geduld [gə'dʊlt] *f kein pl* sabır; **die ~ verlieren** sabrı tükenmek; **jdm reißt die ~** birinin sabrı taşmak; **mit jdm/etw ~ haben** bir kimseye/şeye sabır göstermek

gedulden* [gə'dʊldən] *vr* ■ **sich ~** sabretmek

geduldig I. *adj* sabırlı **II.** *adv* sabırla

Geduldsarbeit *f* sabır işi **Geduldsfaden** *m* **jetzt reißt mir aber der ~!** (*fam*) artık sabrım tükendi!, tak dedi artık canıma!

gedurft [gəˈdʊrft] *pp von* **dürfen**

geehrt [gəˈʔeːɐt] *adj* (*in Briefen*) sayın; **sehr ~er Herr X** sayın Bay X; (**meine**) **sehr ~e(n) Damen und Herren** sayın bayanlar, baylar

geeignet [gəˈʔaɪgnət] *adj* ❶ (*Mensch*) uygun (**für** için); **jdn für ~ halten** birini uygun görmek ❷ (*Material*) elverişli (**für** için) ❸ (*zweckmäßig*) uygun, elverişli

Gefahr <-en> [gəˈfaːɐ] *f* tehlike (**für** için); (*Wagnis*) riziko, risk; **in ~ schweben** tehlikede bulunmak [*o* olmak]; **außer ~ sein** tehlikeyi atlatmış olmak; **auf eigene ~** tehlike [*o* rizikosu] kendisine ait olmak üzere, zarar ve ziyan kendisine ait olmak üzere; **bei ~ im Verzuge** gecikmesinde tehlike varsa, gecikmesinde zarar umulan durumlarda; **der ~ aussetzen** tehlikeye maruz bırakmak; **~ laufen, etw zu tun** bir şeyi yapmayı göze almak

gefährden *vt* tehlikeye sokmak, tehlikeye maruz bırakmak

Gefährdung <-en> *f* tehlike (**für** için)

gefahren [gəˈfaːrən] *pp von* **fahren**

Gefahrenquelle *f* tehlike kaynağı

Gefahrenzulage *f* itibarî hizmet zammı

gefährlich [gəfɛːɐlɪç] *adj* tehlikeli; (*gewagt*) rizikolu; (*Krankheit*) tehlikeli

gefahrlos *adj* tehlikesiz, rizikosuz

Gefährte(in) <-n, -n; -nen> [gəˈfɛːɐtə] *m(f)* (*geh*) arkadaş

Gefälle <-s, -> [gəˈfɛlə] *nt* ❶ (*Neigung*) eğim ❷ (*Unterschied*) fark

Gefällemesser *m* eğimölçer

gefallen[1] [gəˈfalən] **I.** *pp von* **fallen, gefallen II.** *adj* (*gestorben*) şehit düşen

gefallen[*2] *irr vi* hoşa gitmek, hoşlanmak, beğenmek; **es gefällt mir gar nicht, dass ... ...** olması hiç hoşuma gitmiyor; **euch würde es ~** bu sizin hoşunuza gider, bunu beğenirsiniz; **sich** *dat* **etw ~ lassen** (*fam*) nazını çekmek, ağzının kokusunu çekmek

Gefallen[1] <-s> *nt kein pl* (*Freude*) hoşlanma; (*Geschmack*) zevk; **an jdm/etw** *dat* **~ finden** bir kimseden/şeyden hoşlanmak [*o* zevk almak]

Gefallen[2] <-s, -> *m* (*Gefälligkeit*) iyilik, lütuf; **jdm einen ~ tun** birine iyilik etmek [*o* yapmak], birine lütufta bulunmak

Gefallene(r) <-n, -n; -n> *f(m)* şehit

gefällig [gəˈfɛlɪç] *adj* ❶ (*hilfsbereit*) yardımcı; **jdm ~ sein** birine yardımcı olmak ❷ (*ansprechend*) hoş, gönül okşayıcı ❸ (*erwünscht*) **ein Stück Kuchen ~?** bir parça pasta arzu eder misiniz?

Gefälligkeit[1] <-en> *f* iyilik, lütuf; **jdm eine ~ erweisen** birine bir iyilik etmek [*o* yapmak]

Gefälligkeit[2] *f kein pl* hatır; **etw aus reiner ~ tun** bir şeyi sırf hatır için yapmak

Gefälligkeitswechsel *m* FIN hatır senedi

gefälligst [gəˈfɛlɪçst, gəˈfɛlɪkst] *adv* (*fam*) **lass mich ~ in Ruhe!** lütfen beni rahat bırak!

gefälscht *adj* sahte

gefangen [gəˈfaŋən] **I.** *pp von* **fangen II.** *adj* ❶ (*in Gefangenschaft*) **~ halten** esir etmek; **~ nehmen** tutmak; (*Kriegsgefangene*) esir almak ❷ (*fig*) **die Musik nahm mich ~** müzik beni büyüledi

Gefangene(r) <-n, -n; -n> *f(m)* ❶ (*Kriegs~*) tutsak, esir ❷ (*Straf~*) mahpus; (*Untersuchungs~*) tutuklu

Gefangenenlager *nt* MIL esir kampı

gefangen|halten[ALT] *irr vt s.* **gefangen II.1.**

Gefangennahme [gəˈfaŋənnaːmə] *f kein pl* tutulma, esir alınma

gefangen|nehmen[ALT] *irr vt s.* **gefangen II.1., II.2.**

Gefangenschaft <-en> *f* esaret, tutsaklık

Gefängnis <-ses, -se> [gəˈfɛŋnɪs] *nt* ❶ (*Gebäude*) hapis(hane); **ins ~ kommen** hapse girmek; **im ~ sitzen** hapiste yatmak ❷ (*Strafe*) hapis; **ein Jahr ~ bekommen** bir yıl hapis yemek **Gefängnisstrafe** <-n> *f* hapis cezası; **jdn zu einer ~ verurteilen** birini hapis cezasına mahkûm etmek **Gefängniswärter(in)** <-s, -; -nen> *m(f)* gardiyan

Gefasel <-s> *nt kein pl* (*pej*) saçma sapan konuşma, zırvalama

Gefäß <-es, -e> [gəˈfɛːs] *nt* ❶ (*Behälter*) kap ❷ MED (*Ader*) damar; **die ~e erweitern/verengen** damarları genişletmek/daraltmak

gefasst[RR] [gəˈfast], **gefaßt**[ALT] *adj* ❶ (*beherrscht*) serin kanlı, sakin ❷ (*eingestellt*) hazır olmak (**auf** -e); **du kannst dich auf was ~ machen!** (*fam*) şimdi göreceksin gününü!

Gefäßverkalkung *f* MED damar kireçlenmesi, damar sertliği

Gefecht <-(e)s, -e> [gəˈfɛçt] *nt* çatışma; (*Wort~*) dalaş; **außer ~ setzen** saf dışı etmek, ekarte etmek

gefeit [gəˈfaɪt] *adj* (*geh*) **gegen etw ~ sein** bir şeye karşı bağışık olmak

Gefieder <-s, -> [gəˈfiːdɐ] *nt* tüyler

gefiedert *adj* ❶ tüylü ❷ BOT (*Blatt*) tüysü; **Pflanzen mit ~en Blättern** tüysü yapraklı bitkiler

Geflecht <-es, -e> [gəˈflɛçt] *nt* (*Netz*) ağ; (*Korb~*) örgü

gefleckt *adj* benekli

geflochten [gəˈflɔxtən] *pp von* **flechten**

geflogen [gəˈflo:gən] *pp von* **fliegen**
geflohen [gəˈflo:ən] *pp von* **fliehen**
geflossen [gəˈflɔsən] *pp von* **fließen**
Geflügel <-s> *nt kein pl* (*als Haustiere*) kümes hayvanları *pl*
geflügelt *adj* ❶ kanatlı ❷ (*fig*) **ein ~es Wort** özdeyiş, vecize
Geflüster <-s> [gəˈflʏstɐ] *nt kein pl* fısıltı
gefochten [gəˈfɔxtən] *pp von* **fechten**
Gefolge <-s, -> *nt* maiyet
Gefolgschaft[1] *f kein pl* (*Treue*) sadakat
Gefolgschaft[2] <-en> *f* (*Anhänger*) taraftarlar *pl*
gefragt [gəˈfra:kt] *adj* (*Künstler*) rağbet gören, rağbet edilen; (*Ware*) rağbet gören, aranan
gefräßig [gəˈfrɛ:sɪç] *adj* (*pej*) obur, pisboğaz
Gefräßigkeit *f kein pl* (*pej*) oburluk, pisboğazlık
Gefreite(r) *m* MIL onbaşı
gefressen [gəˈfrɛsən] *pp von* **fressen**
gefrieren* [gəˈfri:rən] *irr vi sein* donmak, buz kesilmek
Gefrierfach *nt* buzluk **gefriergetrocknet** *adj* dondurulup kurutulmuş **Gefrierpunkt** *m* donma noktası **Gefrierschrank** *m* buz dolabı
gefroren [gəˈfro:rən] **I.** *pp von* **frieren, gefroren II.** *adj* donmuş
Gefühl[1] <-(e)s, -e> [gəˈfy:l] *nt* ❶ (*körperlich*) his; **ohne ~** hissiz; **kein ~ in den Fingern haben** parmaklarında his kalmamak ❷ (*seelisch*) his, duygu; **das ist das höchste der ~e** (*fam*) elimden başka bir şey gelmiyor, yapacağım başka bir şey kalmadı; **sie erwiderte seine ~e nicht** duygularını yanıtlamadı; **sich von seinen ~en hinreißen lassen** hislerine kapılmak, duygusal davranmak
Gefühl[2] <-(e)s> *nt kein pl* ❶ (*Ahnung*) his, duygu, sezgi; (*Eindruck*) his, duygu; **ein ~ als ob ...** sanki ... imiş gibi (içinde) bir his olmak; **etw im ~ haben** içinde bir his olmak, bir şeyi hissetmek ❷ (*Sinn*) duygu; **ein ~ für Gerechtigkeit/Schönheit** adalet/güzellik duygusu
gefühllos *adj* duygusuz, hissiz; (*hartherzig*) katı yürekli
Gefühllosigkeit *f kein pl* duygusuzluk, hissizlik; (*Hartherzigkeit*) katı yüreklilik
Gefühlsausbruch *m* duygu patlaması
gefühlsbetont *adj* duygusal, hissî; **ein ~er Mensch** duygusal bir insan; **~ handeln** duygularıyla davranmak **Gefühlsduselei** <-en> [gəfy:lsdu:zəˈlaɪ] *f* (*pej fam*) duygululuk; (*Sentimentalität*) santimantalite
gefühlskalt *adj* soğuk
Gefühlskälte *f kein pl* soğukluk
Gefühlsregung *f* heyecan
gefühlvoll *adj* duygusal; (*empfindsam*) duygulu; (*liebevoll*) içli
gefunden [gəˈfʊndən] *pp von* **finden**
gegangen [gəˈgaŋən] *pp von* **gehen**
gegeben [gəˈge:bən] **I.** *pp von* **geben II.** *adj* ❶ (*vorhanden*) mevcut, var olan; **unter den ~en Umständen** mevcut şartlarda ❷ (*geeignet*) uygun, münasip; **zu ~er Zeit** uygun bir zamanda
gegebenenfalls [gəˈge:bənənfals] *adv* gerekince, gerekirse, icabında
gegen [ˈge:gən] **I.** *präp* ❶ (*entgegen*) karşı, aykırı; **ich habe nichts ~ dich** ben sana karşı değilim; **das ist ~ das Gesetz** bu kanuna aykırıdır ❷ (*in Richtung auf*) karşı (-e), yönelik (-e); **~ die Wand** duvara karşı [*o* yönelik] ❸ (*zur Bekämpfung von*) karşı; **etwas ~ Kopfschmerzen** baş ağrısına karşı ❹ (*Richtung*) karşı ❺ (*verglichen mit*) **~ dich bin ich noch ein Anfänger** senin karşında ben henüz bir acemiyim ❻ (*im Austausch für*) karşı; **Lieferung nur ~ bar** tesliminde peşin ödeme yapılır; **~ Vorlage des Personalausweises** kimliğin ibrazı karşılığında ❼ (*zeitlich*) doğru; **~ Abend** akşama doğru; **er kommt ~ acht** sekize doğru gelir **II.** *adv* (*etwa*) sularında
Gegenangebot *nt* karşı teklif **Gegenangriff** *m* ❶ MIL karşı akın, karşı saldırı ❷ SPORT kontratak, karşı akın **Gegenbehauptung** *f* karşı sav **Gegenbesuch** *m* iadeiziyaret **Gegenbeweis** *m* karşi delil; **den ~ erbringen** karşı delil irat etmek
Gegenbitte *f* ricaya karşı rica
Gegend <-en> [ˈge:gənt] *f* ❶ (*Gebiet*) yöre, civar, dolay; **in der ~ von Hamburg** Hamburg civarında [*o* yöresinde] ❷ (*Umgebung*) çevre, etraf; **die ~ um Bursa** Bursa'nın çevresi ❸ (*fam*) **durch die ~ laufen** ortalıkta dolaşmak
Gegendarstellung *f* cevap ve düzeltme
gegeneinander [ge:gənʔaɪˈnandɐ] *adv* birbirine karşı
Gegenfahrbahn *f* karşı(dan gelen) yol
Gegengewicht *nt* karşı ağırlık **Gegengift** *nt* panzehir **Gegenkandidat(in)** *m(f)* karşı tarafın adayı
gegenläufig *adj* (*Entwicklung*) ters giden; TECH ters giden
Gegenleistung *f* karşılık; **als ~ für etw** bir şeye karşılık olarak **Gegenliebe** *f* **mein Vorschlag fand keine ~** önerim beğenilmedi; **auf (wenig) ~ stoßen** (pek) beğenilmemek **Gegenmaßnahme** *f* karşı önlem, aykırı tedbir

Gegenmeinung *f* karşı düşünce, karşı görüş **Gegenpartei** *f* ❶ POL karşı parti ❷ JUR, SPORT hasım; (*Gegenseite*) karşı taraf **Gegenrede** *f* ❶ (*Erwiderung*) karşılık ❷ (*Widerrede*) itiraz **Gegenrichtung** *f* karşı yön, karşı istikamet

Gegensatz <-es, -sätze> *m* ❶ (*Verschiedenheit*) karşıt(lık); **im ~ zu etw** *dat* **stehen** bir şeye karşıt olmak; **im ~ zu dir** senin tersine ❷ (*Unterschied*) **einen ~ zu etw** *dat* **bilden** bir şeye tezat düşmek; **Gegensätze ziehen sich an** zıt kutuplar birbirini çeker ❸ (*Widerspruch*) karşıtlık (**zu** -e), tezat

gegensätzlich ['--zɛtslɪç] *adj* (*entgegengesetzt*) karşıtlı, zıt; (*widersprüchlich*) çelişik, çelişkili, tezatlı

Gegensätzlichkeit *f kein pl* karşıtlık

Gegensatzwort *nt* LING karşıt anlamlı kelime

Gegenseite *f* ❶ (*räumlich*) karşı taraf ❷ POL muhalif taraf, karşı parti ❸ JUR hasım (taraf)

gegenseitig ['ge:gənzaɪtɪç] *adj* karşılıklı; **in ~em Einverständnis** karşılıklı anlaşma ile; **sich** *dat* **~ helfen** karşılıklı yardımda bulunmak, yardımlaşmak

Gegenseitigkeit *f kein pl* karşılıklı olma, karşılıklılık; **das beruht auf ~** bu karşılıklılığa dayanır

Gegenspieler(in) *m(f)* hasım, rakip oyuncu, karşı takımın oyuncusu

Gegenstand <-(e)s, -stände> *m* ❶ (*Körper*) cisim, nesne; (*Ding*) şey ❷ (*Thema*) konu, mevzu

gegenstandslos *adj* ❶ önemsiz; (*überflüssig*) yersiz, gereksiz, fuzulî ❷ (*unbegründet*) konusuz, konu dışı ❸ KUNST (*abstrakt*) soyut

Gegenstimme *f* karşı oy

Gegenstrom *m* ters akıntı **Gegenströmung** *f* ❶ (*Gegenstrom*) ters akıntı ❷ POL (*Opposition*) karşı akım

Gegenstück <-(e)s, -e> *nt* karşılık, eş **Gegenteil** <-(e)s, -e> *nt* akis (**von** -in), karşıt; (**ganz**) **im ~!** bilakis!, (tam) aksine [*o* tersine]!; **ins ~ umschlagen** tersine dönmek

gegenteilig *adj* karşıt, ters, aksi, aykırı

gegenüber [gegən'ʔy:bɐ] **I.** *präp* ❶ (*örtlich*) karşı; **das Haus ~** karşıdaki ev; **er sitzt mir ~** (benim) karşımda oturuyor; **er wohnt mir ~** benim evi(mi)n karşısında oturuyor ❷ (*einer Person*) karşısında; (*in Gegenwart*) huzurunda; (*angesichts*) karşısında; **das wäre ihm ~ unfair** bu ona karşı doğru olmaz ❸ (*im Vergleich zu*) karşısında **II.** *adv* karşı

Gegenüber <-s, -> *nt* karşı(sı); **jds ~** birinin karşısındaki; **mein ~ in der Straßenbahn** tramvayda karşımdaki

gegenüberliegend *adj* karşı; **auf der ~en Seite** karşı tarafta **gegenüber|stehen** *irr vi* **jdm positiv/negativ ~** birine sıcak/soğuk bakmak; **etw** *dat* **positiv/negativ ~** bir şeye olumlu/olumsuz bakmak, bir şeye sıcak/soğuk bakmak

gegenüber|stellen *vt* ❶ karşısına koymak (-in); JUR yüzleştirmek (ile) ❷ (*vergleichen*) karşılaştırmak (ile) **Gegenüberstellung** *f* ❶ *a.* JUR (*von Personen*) yüzleştirme ❷ (*Vergleich*) karşılaştırma

Gegenverkehr *m* karşıdan gelen trafik **Gegenvorschlag** *m* karşı öneri

Gegenwart ['ge:gənvart] *f kein pl* ❶ (*Jetztzeit*) günümüz; **die Kunst der ~** günümüzün sanatı ❷ LING şimdiki zaman ❸ (*Anwesenheit*) huzur, bulunma

gegenwärtig ['ge:gənvɛrtɪç] **I.** *adj* ❶ şu andaki; (*aus dieser Zeit*) günümüzdeki ❷ (*anwesend*) hazır bulunan, mevcut **II.** *adv* ❶ (*zurzeit*) şu anda, hâlihazırda ❷ **etw ~ haben** bir şey aklında olmak; **jdm ~ sein** birinin aklında olmak; **sich** *dat* **etw ~ halten** bir şeyi aklında [*o* göz önünde] tutmak

Gegenwehr *f* karşı koyma, dayanma; (*Verteidigung*) savunma **Gegenwert** *m* bedel **Gegenwind** *m* karşıdan esen rüzgâr **Gegenwirkung** *f* karşı etki **Gegenwort** *nt* karşıt kelime; (*Gegensatzwort*) karşıt anlamlı kelime **gegen|zeichnen** *vt* tasdiken imza etmek, onaylamak üzere imzalamak

gegessen [gə'gɛsən] *pp von* **essen**

geglichen [gə'glɪçən] *pp von* **gleichen**

geglitten [gə'glɪtən] *pp von* **gleiten**

geglommen [gə'glɔmən] *pp von* **glimmen**

Gegner(in) <-s, -; -nen> ['ge:gnɐ] *m(f)* ❶ karşıtçı, aleyhtar ❷ (*Prozess~*) hasım; (*Opponent*) muhalif ❸ SPORT (*Konkurrent*) rakip, hasım; **den ~ mattsetzen** rakibini mat etmek

gegnerisch *adj* karşı; **die ~e Mannschaft** karşı takım; **die ~en Parteien** hasım taraflar

Gegnerschaft <-en> *f* ❶ karşıtçılık, aleyhtarlık ❷ JUR (*Prozess~*) husumet ❸ (*Opposition*) muhalefet

gegolten [gə'gɔltən] *pp von* **gelten**

gegoren [gə'go:rən] *pp von* **gären**

gegossen [gə'gɔsən] *pp von* **gießen**

gegraben [gə'gra:bən] *pp von* **graben**

gegriffen [gə'grɪfən] *pp von* **greifen**

Gehabe <-s> [gə'ha:bə] *nt kein pl* (*pej*)

tavır, yapma davranış; (*Gestik*) yapmacık

Gehackte(s) <-n> [gə'haktəs] *nt kein pl* kıyma

Gehalt[1] <-(e)s, -e> [gə'halt] *m* ❶ (*Anteil*) pay (**an** -de); (*prozentual*) oran; CHEM nicelik; (*Feuchtigkeits~*) derece ❷ (*Alkohol~*) miktar; (*Gold~*) ayar ❸ (*geistig*) içerik

Gehalt[2] <-(e)s, Gehälter> [gə'halt, *pl* gə'hɛltɐ] *nt* maaş; (*Monats~*) aylık

gehalten [gə'haltən] *pp von* **halten**

gehaltlos *adj* ❶ (*Metall*) ayarsız ❷ (*Essen*) besin değeri düşük ❸ (*oberflächlich*) üstünkörü; (*nichts sagend*) boş

Gehaltsabrechnung *f* maaş bordrosu **Gehaltsempfänger(in)** <-s, -; -nen> *m(f)* maaşlı, aylıklı, aylıkçı **Gehaltserhöhung** *f* maaş zammı

gehaltvoll *adj* ❶ (*Essen*) besleyici ❷ (*Buch*) zengin

gehangen [gə'haŋən] *pp von* **hängen**

geharnischt *adj* sert; **~ antworten** sert bir biçimde cevap vermek

gehässig [gə'hɛsɪç] *adj* (*pej: boshaft*) kötü; (*gemein*) adi

Gehässigkeit *f* (*Boshaftigkeit*) kötülük; (*Gemeinheit*) adilik

gehauen [gə'haʊən] *pp von* **hauen**

gehäuft [gə'hɔɪft] *adj* ❶ (*häufig*) sık ❷ (*voll*) dolu, tepeleme dolu; **ein ~er Löffel Zucker** bir kaşık dolusu şeker, tepeleme dolu bir kaşık şeker

Gehäuse <-s, -> [gə'hɔɪzə] *nt* ❶ (*Schnecken~*) kabuk ❷ AUTO (*Getriebe~*) kutu ❸ INFORM kasa ❹ (*Kern~*) kabuk

gehbehindert ['geːbəhɪndɐt] *adj* topal

geheim [gə'haɪm] *adj* gizli; (*vertraulich*) gizli, mahrem; **etw ~ halten** bir şeyi gizli tutmak, bir şeyi saklamak; **etw vor jdm ~ halten** bir şeyi birinden gizli tutmak, bir şeyi birinden saklamak **Geheimabkommen** *nt* gizli anlaşma **Geheimagent(in)** *m(f)* ajan, casus **Geheimbund** *m* gizli cemiyet **Geheimdienst** *m* gizli servis **Geheimfach** *nt* gizli çekmece **geheim|halten**[ALT] *irr vt s.* **geheim** **Geheimlehre** *f* gizli din

Geheimnis <-ses, -se> *nt* giz, sır; (*Unerforschtes*) gizem, esrar; **jdm ein ~ anvertrauen** birine sır vermek; **ein ~ verraten** bir sırrı ifşa etmek, bir sırrı açığa vurmak; **ein offenes ~** herkesin bildiği sözde sır; **ein ~ vor jdm haben** birinden bir şey gizlemek

geheimnisvoll *adj* gizemli, esrarengiz

Geheimnummer *f* gizli numara, şifre **Geheimpolizei** *f* gizli polis **Geheimschrift** *f* kripto **Geheimsprache** *f* gizli dil **Geheimtür** *f* gizli kapı **Geheimzahl** *f* şifre

Geheiß <-es> [gə'haɪs] *nt kein pl* (*geh*) sözlü buyruk, sözlü emir; **etw auf jds ~ tun** birinin sözlü buyruğu [*o* emri] üzerine bir şey yapmak

geheißen *pp von* **heißen**

gehen <geht, ging, gegangen> ['geːən] **I.** *vi sein* ❶ (*allgemein*) gitmek; (*zu Fuß*) yürümek; **zu Fuß ~** yayan gitmek; **ich gehe jetzt zum Arzt** şimdi doktora gidiyorum; **es geht immer geradeaus** dümdüz gider; **aufs Gymnasium/in die Schule ~** liseye/okula gitmek; **sie ging zum Film** sinemaya gitti; **ins Bett ~** yatağa yatmak; **tanzen/schwimmen/schlafen ~** dansa/yüzmeye/yatmaya gitmek; **an Land ~** karaya çıkmak; **an die Arbeit ~** iş başı yapmak; **das geht zu weit** bu fazla oldu; **wie war der Film? — es geht** (*fam*) film nasıldı? — idare eder; **bist du wieder gesund? — es geht** (*fam*) iyileştin mi? — şöyle böyle; **darum geht es mir nicht** bu beni ilgilendirmez; **wie geht's?** nasılsın?; **es geht mir gut** iyiyim; **lass es dir gut ~!** kendine iyi bak!; (*bleib gesund und fröhlich*) şen ve esen kal!; **sie ließen es sich** *dat* **gut ~** keyiflerini baktılar; **es geht mir schlecht** (*körperlich*) iyi değilim; (*finanziell*) işler kötü; **wie ~ die Geschäfte?** işler nasıl gidiyor?; **mir ist es genauso gegangen** bana da aynı şey oldu; **ich hörte, wie die Tür ging** kapının kapanışını duydum; **so geht das nicht weiter** bu böyle devam edemez; **das geht über meine Kräfte** buna benim gücüm yetmez; **mir geht nichts über meinen Urlaub** iznimin üstüne bir şey yoktur; **das geht in die Tausende** bu, binlere varır; **in Stücke ~** parçalanmak; **mit der Zeit ~** zamana uymak; **er ist von uns gegangen** (*geh*) o bizden gitti; **das Essen geht auf mich** yemeğin hesabını ben ödüyorum; **das Fenster geht aufs Meer** pencere denize bakıyor; **wenn es nach mir ginge, ...** bana kalsa, ...; **gehst du noch mit ihm?** (*fam*) onunla hâlâ çıkıyor musun?; **wo sie geht und steht** (*fam*) nereye giderse gitsin; **vor sich ~** (*fam*) olmak ❷ (*weg~*) gitmek; (*Zug*) gitmek (**um** -de, **nach** -e) ❸ (*funktionieren*) işlemek; (*Uhr*) gitmek; **die Uhr geht (falsch)** saat yanlış gidiyor; **gut ~** iyi gitmek [*o* işlemek]; **ich zeige dir, wie das geht** bunun nasıl işlediğini sana göstereyim; **kann ich helfen? — danke, es geht schon** yardım edebilir miyim? — sağ ol, gerek yok; **hoffentlich geht das gut!** inşallah iyi gider; **wenn alles gut geht, ...** her şey yolunda giderse ... ❹ (*sich* *gut verkaufen*) satılmak; **gut ~d** iyi satılan ❺ (*Wind*) esmek ❻ (*reichen*) yetmek (**bis** -e kadar) ❼ (*hindurchpassen*) girmek (**durch** -den, **in** -e); **das geht nicht in meinen Kopf** bunu aklım almıyor ❽ (*andauern*) devam etmek ❾ (*möglich sein*) olmak; **es wird schon ~** olur ❿ (*betreffen*) söz konusu olmak (**um** -); **es geht um mich/dich/uns** söz konusu benim/sensin/biziz; **worum geht's denn?** söz konusu nedir ki? ⓫ gitmek (**nach** -e göre); **danach kann man nicht ~** buna göre gidilmez ⓬ **~ lassen** (*fam: in Ruhe lassen*) oluruna bırakmak; ■ **sich ~ lassen** kendini koyuvermek **II.** *vt* ❶ *sein* (*Strecke*) gitmek ❷ (*fam*) **sie ist gegangen worden** işten atıldı

gehen|lassen *irr* **I.** *vr* ■ **sich ~** *s.* **gehen I.12. II.** *vt s.* **gehen I.12.**

geheuer [gəˈhɔɪɐ] *adj* **nicht (ganz) ~ sein** (*verdächtig*) (pek) güvenilir olmamak, (oldukça) şüpheli olmak; **hier ist es mir nicht (ganz) ~** (*unheimlich*) burasını (pek) gözüm tutmadı, bana burası (pek) tekin değilmiş gibi geliyor

Gehhilfe *f* yürüteç

Gehilfe(in) <-n, -n; -nen> [gəˈhɪlfə] *m(f)* ❶ (*nach der Lehrprüfung*) kalfa ❷ (*Helfer*) yardımcı, yamak ❸ JUR yardakçı

Gehirn <-(e)s, -e> [gəˈhɪrn] *nt* ❶ beyin ❷ (*fam: Verstand*) akıl; **sein ~ anstrengen** aklını yormak **Gehirnchirurgie** *f kein pl* MED beyin cerrahisi **Gehirnerschütterung** <-en> *f* MED beyin sarsıntısı **Gehirnhautentzündung** *f* MED (*Meningitis*) menenjit **Gehirntumor** <-s, -e> *m* MED beyin tümörü **Gehirnwäsche** <-n> *f* beyin yıkama

gehoben [gəˈhoːbən] **I.** *pp von* **heben II.** *adj* ❶ (*Stellung*) yüksek ❷ (*Ausdrucksweise*) kibar, saygılı ❸ (*Stimmung*) neşeli

Gehöft <-(e)s, -e> [gəˈhøːft] *nt* çiftlik

geholfen [gəˈhɔlfən] *pp von* **helfen**

Gehör <-(e)s> [gəˈhøːɐ] *nt kein pl* ❶ (*Hörvermögen*) işitme; **nach dem ~ spielen** kulaktan çalmak ❷ (*Aufmerksamkeit*) dinleme, kulak verme; **jdm ~ schenken** birini dinlemek; **sich** *dat* **~ verschaffen** kendini dinletmek

gehorchen* *vi* söz dinlemek, itaat etmek; **jdm nicht ~** birinin sözünü dinlememek, birine itaat etmemek

gehören* **I.** *vi* ❶ (*als Eigentum*) ait olmak (-e), olmak (-in); **das Auto gehört ihm** otomobil ona aittir ❷ (*zugewandt sein*) **sein Herz gehört dem Rennsport** onun yüreği yarış sporu için atıyor ❸ (*zählen zu*) sayılmak (**zu** -den); **er gehört jetzt zur Familie** şimdi [*o* artık] aileden sayılır ❹ (*seinen Platz haben*) ait olmak (**in** -e); **wo gehört das hin?** bu nereye aittir?, bu nerenindir? ❺ (*nötig sein*) gerekmek, lazım olmak; **dazu gehört Mut** onun için cesaret gerekir; **er gehört verprügelt** onu dövmek gerekir, ona dayak lazım **II.** *vr* ■ **sich ~** yakışık almak; **das gehört sich nicht** bu yakışık almaz; **wie es sich gehört** nasıl yakışık alıyorsa öyle

Gehörgang *m* ANAT, MED kulak yolu

gehörig I. *adj* ❶ (*gehörend*) ait (**zu** -e); **nicht zur Sache ~** konu dışı olan ❷ (*angemessen*) uygun; (*erforderlich*) gerekli, gereken ❸ (*fam: gründlich*) adamakıllı, iyice; **eine ~e Tracht Prügel** adamakıllı bir dayak **II.** *adv* ❶ (*gebührend*) gereği gibi, gerektiği gibi, layıkıyla, hakkıyla; **ich habe ihm ~ die Meinung gesagt** ona gerektiği gibi fikrimi söyledim ❷ (*gründlich*) adamakıllı, hakkıyla; **er wurde ~ verprügelt** adamakıllı bir dayak yedi

Gehörknöchelchen *nt* ANAT, MED işitme kemikçiği

gehörlos *adj* sağır

Gehörlose(r) <-n, -n; -n> *f(m)* sağır

Gehörlosigkeit *f kein pl* sağırlık

gehorsam *adj* itaatkâr, söz dinler

Gehorsam <-s> [gəˈhoːɐzaːm] *m kein pl* itaat, söz dinleme

Gehsteig <-(e)s, -e> [ˈgeːʃtaɪk] *m* kaldırım

Gehupe <-s> [gəˈhuːpə] *nt kein pl* korna çalma

Gehweg *m* ❶ (*Bürgersteig*) kaldırım ❷ (*Fußweg*) yaya yolu

Gei [gaɪ] *f* NAUT istinga

geien *vt* NAUT istinga etmek

Geier <-s, -> [ˈgaɪɐ] *m* ZOOL akbaba

Geige <-n> [ˈgaɪgə] *f* keman; **~ spielen** keman çalmak; **die erste ~ spielen** (*fig fam*) başrolü oynamak

geigen *vi* (*fam*) keman çalmak; **jdm seine Meinung ~** birine sözünü esirgemeden fikrini söylemek

Geigenbogen *m* keman yayı, arşe

Geiger(in) <-s, -; -nen> *m(f)* kemancı

Geigerzähler <-s, -> [ˈgaɪgɐ-] *m* PHYS Geiger sayacı

geil [gaɪl] *adj* ❶ (*fam*) bitirim; (*großartig*) şahane; (*toll*) kıyak; **eine ~e Musik** kıyak bir müzik ❷ (*vulg: lüstern*) abazan, azgın; **~ werden/machen** azgınlaşmak/azgınlaştırmak; **der ist doch bloß ~ auf dich** sana sadece sulanıyor [*o* yeşilleniyor]

Geisel <-n> [ˈgaɪzəl] *f* rehine; **~n nehmen** rehine almak **Geiselnahme** <-n> [ˈ--naːmə] *f* rehine alma

Geiselnehmer(in) <-s, -; -nen> *m(f)* rehine alan (kimse)
Geiser *m* GEO gayzer, kaynaç
Geisha <-s> ['ge:-] *f* geyşa
Geiß <-en> [gaɪs] *f* SÜDD, ÖSTERR, SCHWEIZ (*Ziege*) keçi
Geißbart *m* BOT keçisakalı, erkeçsakalı
Geißbock *m* SÜDD, ÖSTERR, SCHWEIZ (*Ziegenbock*) teke, erkeç
Geißel <-n> ['gaɪsəl] *f* ❶ kamçı ❷ (*fig*) baş belası
geißeln **I.** *vt* ❶ kamçılamak ❷ (*fig*) **die Pest geißelte das Volk** veba halkı kırdı **II.** *vr* ■ **sich** ~ kendini kamçılamak
Geißeltierchen *pl* BIOL kamçılılar *pl*
Geist[1] <-(e)s, -er> [gaɪst] *m* ❶ (*Denker*) düşünür ❷ (*Gespenst*) ruh, hortlak, hayalet; **von allen guten ~ern verlassen sein** (*fam*) aklı başında olmamak
Geist[2] <-(e)s> *m kein pl* ❶ (*Verstand*) akıl, zihin; **die Kraft des ~es** zihin gücü; **etw im ~e vor sich** *dat* **sehen** bir şeyi zihninde canlandırmak, bir şeyi aklından geçirmek ❷ (*Scharfsinn*) zekâ; (*Witz*) espri ❸ (*Seele*) ruh; **der Heilige ~** Kutsal Ruh; **den ~ aufgeben** (*sterben*) ruhunu teslim etmek; (*fam: kaputtgehen*) bozulmak ❹ PHILOS, PSYCH tin; **~ und Materie** tin ve özdek
Geisterbahn *f* korku treni **Geisterfahrer(in)** *m(f)* ters istikamette araç süren kimse **Geisterglaube** *m kein pl* ruhlara inanma
geisterhaft *adj* hortlak gibi
Geisterstadt *f* hayal kent
geistesabwesend ['gaɪstəs-] *adj* dalgın, gafil **Geistesabwesenheit** *f kein pl* dalgınlık, gaflet **Geistesblitz** *m* (*fam*) çakıntı, ani düşünce, birdenbire akla gelen fikir **geistesgestört** *adj* kaçık, akıl hastası **Geistesgestörte(r)** *f(m)* akıl hastası, ruh hastası **Geisteskraft** *f* zihin gücü **geisteskrank** *adj* akıl hastası olan, ruh hastası olan **Geisteskranke(r)** *f(m)* akıl hastası, ruh hastası **Geisteskrankheit** *f* akıl hastalığı, ruh hastalığı **Geistesschwäche** *f* akıl zayıflığı **Geistesstörung** *f* akıl bozukluğu **geistesverwandt** *adj* ruhi yakınlık olan **Geisteszustand** <-(e)s> *m kein pl* ruh durumu, haletiruhiye
geistig ['gaɪstɪç] *adj* ❶ ruhi, ruhsal, zihinsel; **~ behindert** ruhi yetersizliği olan, zihinsel özürlü olan ❷ (*Mensch*) akıllı; **~ ist sie mir überlegen** zekâca benden üstündür ❸ (*Eigentum*) fikrî
geistlich ['gaɪstlɪç] *adj* dinî; (*klerikal*) ruhanî; (*kirchlich*) kilise (ile ilgili); **~e Musik** kilise müziği; **weltliche und ~e Fürsten** HIST dünyevî ve uhrevî prensler
Geistliche(r) <-n, -n> *m* rahip
geistlos *adj* ruhsuz; (*einfallslos*) esprisiz
geistreich *adj* esprili
Geiz <-es> [gaɪts] *m kein pl* cimrilik, pintilik, hasislik
geizen *vi* cimrilik etmek (**mit** ile), pintilik etmek (**mit** ile), hasislik etmek (**mit** ile)
Geizhals *m* (*pej*) varyemez, cimrinin teki, pintinin teki
geizig *adj* cimri, pinti, hasis
Gejammer <-s> [gə'jamɐ] *nt kein pl* (*pej fam*) (sürekli) yakınma, yakınma tiradı
gekannt [gə'kant] *pp von* **kennen**
Gekicher <-s> [gə'kɪçɐ] *nt kein pl* (*fam o pej*) (sürekli) kıkırdama, fıkır fıkır gülüşler [*o* gülmeler]
Gekläff(e) <-(e)s> *nt kein pl* (*pej fam*) (sürekli) havlama
Geklapper <-s> [gə'klapɐ] *nt kein pl* (*pej fam*) takırtı
geklungen [gə'klʊŋən] *pp von* **klingen**
geknickt [gə'knɪkt] *adj* (*fam: niedergeschlagen*) yılgın
gekniffen [gə'knɪfən] *pp von* **kneifen**
gekommen [gə'kɔmən] *pp von* **kommen**
gekonnt [gə'kɔnt] **I.** *pp von* **können** **II.** *adj* usta, becerikli, mahir
gekränkt [gə'krɛŋkt] **I.** *pp von* **kränken** **II.** *adj* rencide, incinmiş; **~ sein** rencide olmak
Gekritzel <-s> [gə'krɪtsəl] *nt kein pl* (*pej*) karalama
gekrochen [gə'krɔxən] *pp von* **kriechen**
gekünstelt [gə'kʏnstəlt] *adj* (*pej*) yapmacık; (*Stil*) yapma(cık); (*Lächeln*) yapmacık
Gel <-s, -e> [ge:l] *nt* jöle
Gelächter <-s, -> [gə'lɛçtɐ] *nt* kahkaha, gülüşme; **schallendes ~** çıngıraklı kahkaha; **in ~ ausbrechen** kahkahayı basmak [*o* koparmak]
gelackmeiert [gə'lakmaɪɐt] *adj* (*fam*) aldatılmış
geladen [gə'la:dən] **I.** *pp von* **laden** **II.** *adj* (*fam: zornig*) elektrikli, sinirli ve gergin; **eine ~e Atmosphäre** elektrikli bir hava [*o* ortam]
Gelage <-s, -> [gə'la:gə] *nt* ziyafet; (*Sauf~, Zech~*) içki âlemi, içki sefası, işret meclisi
gelähmt [gə'lɛ:mt] *adj* felçli, inmeli; **linksseitig ~ sein** sol yanı felçli olmak
Gelände <-s, -> [gə'lɛndə] *nt* arazi; (*Ausstellungs~*) alan
Geländelauf *m* SPORT kros
Geländer <-s, -> [gə'lɛndɐ] *nt* korkuluk; (*Treppen~*) korkuluk, tırabzan

Geländewagen *m* arazi arabası
gelang [gəˈlaŋ] *3. imp von* **gelingen**
gelangen* [gəˈlaŋən] *vi sein* ❶ (*ankommen*) varmak (**zu/nach/an** -e/-e/-e) ❷ (*erreichen*) varmak (**zu** -e); **jdm zu Ohren ~** kulağına gelmek ❸ SCHWEIZ (*sich wenden*) baş vurmak (**an** -e)
Gelärme <-s> *nt kein pl* (*pej fam*) gürültü patırtı
gelassen [gəˈlasən] **I.** *pp von* **lassen** **II.** *adj* (*ruhig*) sakin, serin kanlı, telaşsız; (*maßvoll*) ölçülü; **~ bleiben** sinirlenmemek
Gelatine [ʒelaˈtiːnə] *f kein pl* jelatin
Gelaufe <-s> *nt kein pl* (*pej fam*) koşuş(tur)ma
gelaufen [gəˈlaʊfən] *pp von* **laufen**
geläufig [gəˈlɔɪfɪç] *adj* ❶ (*bekannt*) bilinen, malum; **dieses Wort ist mir nicht ~** bu kelimeyi bilmiyorum ❷ (*fließend*) akıcı; (*perfekt*) mükemmel; **~ Klavier spielen** mükemmel piyano çalmak
gelaunt [gəˈlaʊnt] *adj* **heute ist er übel ~** bugün bütün aksiliği üstünde; **gut/schlecht ~ sein** keyifli/keyifsiz olmak
Geläut(e) <-(e)s> [gəˈlɔɪt(ə)] *nt kein pl* (*der Glocken*) çan sesleri; (*der Hunde*) köpeklerin havlamaları
gelb [gɛlp] *adj* sarı; **~ werden** sarılaşmak, sararmak; **die Blätter werden ~** yapraklar sararıyor
Gelb <-s, -> *nt* sarı; **die Ampel stand auf ~** lamba sarıydı; **das ist nicht das ~e vom Ei** (*fam*) bu öyle dört dörtlük bir çözüm yolu değil **Gelbfieber** <-s> *nt kein pl* MED sarı humma
gelblich *adj* sarımsı
Gelbsucht *f kein pl* MED sarılık **Gelbwurz** *f kein pl* BOT zerdeçal
Geld <-(e)s> [gɛlt] *nt kein pl* para; **etw zu ~ machen** bir şeyi paraya çevirmek; **um ~ spielen** parasına oynamak; **das geht ganz schön ins ~** bu, bayağı masraflı oluyor; **im ~ schwimmen** (*fig fam*) para içinde yüzmek; **das ~ zum Fenster rauswerfen** (*fig fam*) parasını sokağa atmak; **jdm das ~ aus der Tasche ziehen** (*fig fam*) birinden para sızdırmak [*o* koparmak]; **~ waschen** (*fig*) para yıkamak; **sie hat ~ wie Heu** (*fig fam*) denizde kum, onda para; **Zeit ist ~** (*prov*) vakit nakittir **Geldangelegenheit** *f* para işi **Geldanweisung** *f* para havalesi **Geldautomat** *m* paramatik **Geldbetrag** *m* meblağ, tutar, para miktarı **Geldbeutel** *m* para kesesi; **tief in den ~ greifen** (*fam*) kesenin ağzını açmak **Geldbörse** *f* para cüzdanı **Geldbuße** *f* para cezası **Geldentwertung** *f* para değerinin düşmesi, paranın değerini düşürme
Gelder *pl* (*Mittel*) paralar *pl*; **gesperrte ~** bloke paralar; **öffentliche ~** kamu fonları
Geldgeber(in) <-s, -; -nen> *m(f)* finansör
geldgierig *adj* (*pej*) para canlısı, paragöz
Geldinstitut <-s, -e> *nt* FIN, WIRTSCH kredi kurumu **Geldmangel** <-s> *m kein pl* parasızlık **Geldmarkt** <-es, -märkte> *m* FIN, WIRTSCH para piyasası **Geldmenge** *f* para miktarı, meblağ **Geldpolitik** *f* para politikası **Geldquelle** *f* para kaynağı **Geldrolle** *f* para tomarı **Geldschein** <-(e)s, -e> *m* banknot, kâğıt para **Geldschrank** *m* para kasası **Geldsorgen** *pl* para sıkıntısı *sing* **Geldspielautomat** *m* kumar makinesi **Geldstrafe** *f* para cezası; **zu einer ~ verurteilen** para cezasına mahkûm etmek **Geldstück** *nt* (*Münze*) sikke **Geldwäsche** *f* kara para aklama; (*fam*) para yıkama **Geldwechsel** <-s, -> *m* FIN para değişimi **Geldwert** <-(e)s> *m kein pl* paranın değeri
Gelee <-s, -s> [ʒeˈleː] *m o nt* pelte
gelegen [gəˈleːgən] **I.** *pp von* **liegen** **II.** *adj* ❶ (*örtlich*) bulunan; **zentral ~** merkezî ❷ (*passend*) uyugun, münasip **III.** *adv* **Ihr Angebot kommt mir sehr ~** teklifiniz çok işime geldi
Gelegenheit <-en> *f* fırsat, vesile; **die ~ haben, etw zu tun** bir şey yapma fırsatı olmak; **die ~ nutzen** fırsattan istifade etmek; **bei dieser ~** bu vesileyle; **wenn sich die ~ bietet** fırsat çıkarsa, vesile olursa; **die ~ beim Schopfe fassen** fırsat bu fırsat demek, fırsatı ganimet bilmek
Gelegenheitsarbeit *f* aylakçılık **Gelegenheitsarbeiter(in)** *m(f)* aylakçı **Gelegenheitskauf** *m* COMM fırsat üzerine satın alma, kelepire konma
gelegentlich **I.** *adj* ara sıra yapılan **II.** *adv* ❶ (*bei Gelegenheit*) fırsat çıktığında, uygun bir zamanda ❷ ara sıra; (*manchmal*) bazen; (*von Zeit zu Zeit*) zaman zaman **III.** *präp* (*anlässlich*) dolayısıyla
gelehrig [gəˈleːrɪç] *adj* çabuk öğrenen
gelehrt [gəˈleːɐt] *adj* bilgin
Gelehrte(r) <-n, -n; -n> *f(m)* bilgin; (*Wissenschaftler*) bilim adamı
Geleit <-(e)s, -e> [gəˈlaɪt] *nt* ❶ (*geh: Begleitung*) refakat; **jdm das letzte ~ geben** birinin cenazesini kaldırmak ❷ (*Eskorte*) eskort, muhafız alayı ❸ JUR **freies/sicheres ~** teminat varakası
geleiten* *vt* (*geh: begleiten*) eşlik etmek (-e), refakat etmek (-e); (*eskortieren*) eskortla götürmek

G

Geleitschutz *m* eskort; ~ **geben** yanına eskort vermek **Geleitwort** *nt* LIT beğence, övücü tanıtma yazısı, takriz **Geleitzug** *m* maiyet alayı

Gelenk <-(e)s, -e> [gə'lɛnk] *nt* ANAT, TECH eklem, mafsal; (*Fuß~, Hand~*) bilek **Gelenkentzündung** *f* MED eklem iltihabı

gelenkig *adj* (*Person*) kıvrak

Gelenkrheumatismus *m kein pl* eklem romatizması **Gelenkschmerzen** *pl* MED eklem ağrıları *pl*

gelesen [gə'le:zən] *pp von* **lesen**

Geliebte(r) <-n, -n; -n> [gə'li:ptɐ] *f(m)* sevgili

geliehen [gə'li:ən] *pp von* **leihen**

gelind(e) [gə'lɪnt, ge'lɪndə] *adj* ❶ (*geh: mild*) ılıman ❷ (*fam: Wut*) hafif; ~**e gesagt** en hafif deyimle

gelingen <gelingt, gelang, gelungen> [gə'lɪŋən] *vi sein* başarmak, başarılı olmak; **es ist mir (nicht) gelungen** başar(ama)dım; **gut gelungen** iyi olmuş

Gelingen <-s> *nt kein pl* başarma, başarı, başarılı olma; **auf gutes ~!** iyi başarılar!

gelitten [gə'lɪtən] *pp von* **leiden**

gell(e) [gɛl, 'gɛlə] *interj* SÜDD, SCHWEIZ değil mi

gellen ['gɛlən] *vi* çınlamak

geloben* *vt* (*geh: versprechen*) söz vermek (-e), vaat etmek (-e); (*schwören*) ahdetmek (-e), yemin etmek (-e)

Gelöbnis <-ses, -se> [gə'lø:pnɪs] *nt* (*geh*) ant, ahit; **ein ~ ablegen** ahdetmek; MIL (*von Rekruten*) ant içmek

gelogen [gə'lo:gən] *pp von* **lügen**

gelöst [gə'lø:st] *adj* ferahlamış, hafiflemiş, rahatlamış; **sie wirkte ~** rahatlamış görünüyordu

gelten <gilt, galt, gegolten> ['gɛltən] *vi* ❶ (*gültig sein*) geçerli olmak; JUR yürürlükte olmak; **etw ~ lassen** bir şeyi kabul etmek; **das gilt nicht!** bu geçerli değil!, bu sayılmaz! ❷ (*zutreffen*) geçerli olmak (**für** için) ❸ (*eingeschätzt werden*) görülmek (**als** olarak); **das gilt als sicher** bunun böyle olduğu kesin ❹ (*bestimmt sein*) için olmak; **das gilt dir** bu senin içindi; **~ für jdn/für etw** (*betreffen*) bir kimse/şey için geçerli olmak; **und das gilt auch für dich** ve bu senin için de geçerlidir

geltend *adj* (*üblich*) geçerli; JUR yürürlükteki, yürürlükte olan; **das ~e Recht** yürürlükte olan hukuk; **Forderungen ~ machen** alacakları iddia etmek; **etw gerichtlich ~ machen** bir şeyi dava yolu ile dermeyan etmek

Geltung *f kein pl* ❶ (*Gültigkeit*) geçerlik, yürürlük, yürürlükte olma, geçerlilik; **~ haben** geçerliği olmak ❷ (*Beachtung*) dikkate al(ın)ma; (*Wert(schätzung)*) takdir; (*Ansehen*) itibar, prestij; **sich** *dat* **~ verschaffen** takdir kazanmak; **das Bild kommt hier besser zur ~** resim burada daha iyi görünüyor; **an ~ verlieren** itibardan düşmek

Geltungsbereich *m* JUR yürürlük alanı

Gelübde <-s, -> [gə'lʏpdə] *nt* (*geh*) adak; **ein ~ tun** adak adamak; **sein ~ brechen/erfüllen** adağını bozmak/yerine getirmek

gelungen [gə'lʊŋən] **I.** *pp von* **gelingen** **II.** *adj* (*erfolgreich*) başarılı

GEMA ['ge:ma] *f Abk von* **Gesellschaft für musikalische Aufführungen und mechanische Vervielfältigungsrechte** *Müzik Gösteri ve Mekanik Çoğaltma Hakları Kurumu*

gemächlich [gə'mɛ(:)çlɪç] *adj* (*ruhig*) rahat; (*langsam*) yavaş, ağır

Gemahl(in) <-(e)s, -e; -nen> [gə'ma:l] *m(f)* (*geh*) eş

gemahlen [gə'ma:lən] *pp von* **mahlen**

Gemälde <-s, -> [gə'mɛ:ldə] *nt* resim, tablo **Gemäldegalerie** *f* resim galerisi

gemäß [gə'mɛ:s] **I.** *präp* uyarınca, gereğince, mucibince; (*nach*) göre; **~ der Information** bilgiye göre; **~ Art. 5 des Gesetzes** kanunun 5. maddesi uyarınca **II.** *adj* uygun, yakışır, yakışan

gemäßigt [gə'mɛ:sɪçt] *adj* ılımlı; (*Klima*) ılımlı

Gemäuer <-s, -> [gə'mɔɪɐ] *nt* (*geh*) duvarlar *pl*, surlar *pl*

Gemecker <-(e)s> [gə'mɛkɐ] *nt kein pl* ❶ (*pej fam: von Mensch*) dırıltı, (sürekli) dırdır (etme) ❷ (*von Ziege*) (sürekli) meleme

gemein [gə'maɪn] *adj* ❶ (*niederträchtig*) adi, bayağı; (*hinterhältig*) alçak; **so ein ~er Kerl!** öyle adî bir herif ki! ❷ (*gemeinsam*) ortak(laşa), kolektif; **etw mit jdm ~ haben** biriyle ortak bir yanı olmak ❸ (*sehr*) çok; **das hat ~ weh getan** bu çok acıttı ❹ (*allgemein*) genel ❺ BIOL bayağı

Gemeinde <-n> [gə'maɪndə] *f* ❶ ADMIN belediye ❷ REL cemaat; (*Menschen*) cemaat **Gemeindeordnung** *f* belediyeler kanunu

Gemeinderat, -rätin[1] <-(e)s, -räte; -nen> *m, f* (*Person*) belediye meclisi üyesi, belediye encümeni üyesi

Gemeinderat[2] <-(e)s, -räte> *m* belediye meclisi, belediye encümeni **Gemeindeverwaltung** *f* belediye yönetimi

Gemeineigentum *nt* POL, WIRTSCH kolektif mülkiyet

G

gemeingefährlich *adj* genel tehlike yaratan, kamuya zarar verici
Gemeingut <-(e)s> *nt kein pl* (*geh*) kamu malı
Gemeinheit[1] *f kein pl* (*Gesinnung*) adîlik
Gemeinheit[2] <-en> *f* (*Handlung*) alçaklık, adîlik; **so eine ~!** ne kadar adîlik!
gemeinhin [-'--] *adv* genellikle
gemeinnützig *adj* kamuya yararlı
Gemeinplatz <-es, -plätze> *m* (*pej*) basmakalıp, çürük sakız
gemeinsam **I.** *adj* ortak; **~e Interessen** ortak çıkarlar [*o* menfaatler]; **~er Markt** ortak pazar **II.** *adv* ortaklaşa, kolektif; (*zusammen*) birlikte, beraberce; **etw ~ benutzen** bir şeyi ortaklaşa kullanmak; **sie haben viel ~** birçok ortak yönleri var
Gemeinsamkeit <-en> *f* ❶ ortak nitelik ❷ beraberlik
Gemeinschaft <-en> *f* ❶ birlik; **in ~ mit jdm** biriyle birlikte, biriyle ortaklaşa; **eheliche ~** evlilik birliği ❷ topluluk; **die Europäische ~** Avrupa Topluluğu
gemeinschaftlich **I.** *adj* ortak, müşterek, kolektif **II.** *adv* ortaklaşa, kolektif
Gemeinschaftsarbeit *f* kolektif çalışma **Gemeinschaftserziehung** *f kein pl* (*Koedukation*) karma eğitim **Gemeinschaftskunde** *f kein pl* yurttaşlık bilgisi **Gemeinschaftsproduktion** *f* eş yapım; **der Film ist eine deutsch-türkische ~** film Türk-Alman eş yapımıdır
Gemeinwohl *nt* (*Wohl der Allgemeinheit*) kamu esenliği; (*öffentliches Interesse*) kamu yararı
Gemenge <-s, -> [gə'mɛŋə] *nt* karışım; (*von Menschen*) kalabalık
gemessen [gə'mɛsən] **I.** *pp von* **messen** **II.** *adj* (*geh*) ağırbaşlı; **~en Schrittes trat er zu mir** ağırbaşlılıkla yanıma geldi
Gemetzel <-s, -> [gə'mɛtsəl] *nt* (*pej*) katliam, kırım
gemieden [gə'mi:dən] *pp von* **meiden**
Gemisch <-(e)s, -e> [gə'mɪʃ] *nt* karışım
gemischt [gə'mɪʃt] *adj* karışık; **~es Doppel** SPORT karışık ikili; **mit ~en Gefühlen** huzursuzca
gemocht [gə'mɔxt] *pp von* **mögen**
gemolken [gə'mɔlkən] *pp von* **melken**
Gemse[ALT] <-n> *f s.* **Gämse**
Gemurmel <-s> [gə'mʊrməl] *nt kein pl* mırıldanma
Gemüse <-s, -> [gə'my:zə] *nt* sebze, zerzevat **Gemüsegarten** *m* sebze bahçesi, sebzelik, çeper, bostan **Gemüsehändler(in)** *m(f)* sebzeci, manav **Gemüsesuppe** *f* sebze çorbası
gemusst[RR] [gə'mʊst], **gemußt**[ALT] *pp von* **müssen**
gemustert [gə'mʊstɐt] *adj* desenli
Gemüt <-(e)s, -er> [gə'my:t] *nt* ❶ (*Psyche*) ruh; **ein kindliches ~ haben** çocuk ruhlu olmak; **die Entscheidung erregte die ~er** karar insanların rahatını kaçırdı ❷ (*Charakter*) huy, mizaç ❸ (*Seele*) gönül; (*Herz*) yürek, iç; **das ist ihm aufs ~ geschlagen** bu içine oturdu; **sich** *dat* **etw zu ~e führen** (*fam: ein Stück Kuchen*) afiyetle yemek; (*ein Buch*) zevkle okumak
gemütlich **I.** *adj* ❶ (*angenehm*) hoş; (*bequem*) rahat; **mach's dir ~!** rahatına bak! ❷ (*gemächlich*) rahat **II.** *adv* rahatça, rahat rahat
Gemütlichkeit *f kein pl* (*Bequemlichkeit*) rahat; (*Behaglichkeit*) rahatlık; **in aller ~** rahat rahat **Gemütsmensch** *m* (*fam*) rahat adam; **du bist ein ~!** amma rahat adamsın!
Gen <-s, -e> [ge:n] *nt* BIOL gen
genannt [gə'nant] *pp von* **nennen**
genas [gə'na:s] *3. imp von* **genesen**
genau [gə'naʊ] **I.** *adj* ❶ (*exakt*) belgin, tam; **auf den Millimeter ~** milimi milimine ❷ (*sorgfältig*) titiz; **er ist in allem sehr ~** her şeyde çok titizdir ❸ (*ausführlich*) ayrıntılı, detaylı; **ich weiß nichts G~eres darüber** onun hakkında tam bir şey bilmiyorum **II.** *adv* (*exakt*) tam, tıpatıp; **~ dasselbe** tıpatıp aynı; **~ das Gegenteil** tam tersi; **ihn kenne ich ~** onun içini dışını bilirim; **es ist ~ 10 Uhr** saat tam 10; **so ~ wollte ich es nicht wissen!** bu kadar da ayrıntılı bilmek istemiyordum bunu!; **es mit etw (sehr) ~ nehmen** bir şeyde (çok) titiz olmak; **~ genommen ist das nicht richtig/wichtig** esasen bu doğru/önemli değildir
genaugenommen[ALT] *adv s.* **genau II.**
genauso [gə'naʊzo:] *adv* ❶ (*in derselben Weise*) aynı biçimde, aynı şekilde, keza, aynen; (*in demselben Maße*) aynı ölçüde; **~ aussehen** tıpkı (tıpkısına) benzemek; **er geht ~ gern(e) ins Kino wie ich** o da benim kadar sinemaya gitmesini seviyor; **~ gut/viel wie er** onun kadar iyi/çok; **sie verdient ~ viel/wenig wie ich** o da benim kadar çok/az para kazanıyor; **er ist ~ groß wie ich** o da benim kadar uzun, benimle aynı boyda; **hier ist es ~ schön wie dort** burası da aynen orası kadar güzel ❷ **~ gut** (*auch*) de; **du hättest ~ gut zu Hause bleiben können** evde de kalabilirdin; **du kannst ~ gut die Bahn nehmen** trenle de gidebilirsin **genausogut**[ALT] *adv s.* **genauso** **genausoviel**[ALT] *adv s.* **genauso** **genausowenig**[ALT] *adv s.*

genauso
Gendarm <-en, -en> [ʒan'darm] *m* ÖSTERR jandarma eri
Gendarmerie <-n> [ʒandarmə'ri:] *f* ÖSTERR jandarma
genehm [gə'ne:m] *adj* (*geh*) **jdm etw ~ sein** birinin bir şey hoşuna gitmek, birinin bir şey işine gelmek, birine bir şey uygun gelmek
genehmigen* [gə'ne:mɪgən] *vt* izin vermek (-e); (*Antrag*) onaylamak
Genehmigung <-en> *f* (*Erlaubnis*) izin; (*eines Antrags*) onay, olur; **die ~ einholen für ...** ... için olur almak
geneigt [gə'naɪkt] *adj* **zu etw** *dat* **~ sein** bir şeye eğilimli olmak
General(in) <-s, -e *o* -räle; -nen> [genə'ra:l] *m(f)* general
Generalamnestie *f* JUR genel af **Generaldirektor(in)** *m(f)* genel müdür **Generalkonsul** *m* POL başkonsolos **Generalkonsulat** *nt* POL başkonsolosluk **Generalprobe** *f* THEAT genel prova **Generalsekretär(in)** <-s, -e; -nen> *m(f)* POL genel sekreter **Generalstaatsanwalt, -anwältin** *m, f* JUR başsavcı **Generalstab** *m* MIL genel kurmay **Generalstreik** *m* genel grev **Generaluntersuchung** *f* MED çekap, tam bakım **Generalversammlung** *f* genel kurul
Generation <-en> [genəra'tsjo:n] *f* kuşak, nesil, göbek **Generationenvertrag** <-(e)s> *m kein pl* kuşaklar arası sözleşme
Generationskonflikt *m* kuşak farkı, nesil farkı
Generator <-s, -en> [genə'ra:to:ɐ] *m* jeneratör, üreteç
generell [genə'rɛl] **I.** *adj* genel **II.** *adv* genellikle, genel olarak
generieren* *vt* INFORM (*hervorbringen*) türetmek
genesen <genest, genas, genesen> [gə'ne:zən] *vi sein* (*geh*) şifa bulmak, onmak, iyileşmek
Genesung <-en> *f* (*geh*) şifa, onma, iyileşme
Genetik [ge'ne:tɪk] *f kein pl* BIOL genetik; (*Vererbungslehre*) kalıtım bilimi
genetisch [ge'ne:tɪʃ] *adj* BIOL kalıt(ım)sal, genetik
Genetiv <-s, -e> *m* LING tamlayan durumu, -in hâli
Genf <-s> [gɛnf] *nt* Cenevre
Genforscher(in) *m(f)* gen araştırmacı **Genforschung** *f kein pl* gen araştırması
genial [ge'nja:l] *adj* dâhice
Genialität *f kein pl* dâhilik, deha, ökelik
Genick <-(e)s, -e> [gə'nɪk] *nt* (*Nacken*) ense; **jdm das ~ brechen** (*fam*) birini mahvetmek **Genickstarre** *f kein pl* MED ense katılaşması
Genie <-s, -s> [ʒe'ni:] *nt* dâhi, deha
genieren* [ʒe'ni:rən] *vr* ■ **sich ~** sıkılmak, çekinmek
genießbar *adj* yenir, yenilir; **etw ist nicht ~** bir şey yenilir [*o* yenir] yutulur gibi değil
genießen <genießt, genoss, genossen> [gə'ni:sən] *vt* ❶ (*auskosten*) zevkini [*o* tadını] çıkarmak (-in); **etw in vollen Zügen ~** bir şeyin doya doya tadını çıkarmak, bir şeyin keyfini çıkarmak; **jds Vertrauen ~** birinin güvenini kazanmış olmak ❷ (*essen*) yemek; (*trinken*) içmek; (*mit Genuss*) afiyetle yemek; (*trinken*) afiyetle içmek ❸ (*Erziehung*) görmek
Genießer(in) <-s, -; -nen> *m(f)* ehlikeyf, keyif sahibi
genital [geni'ta:l] *adj* MED üremsel
Genitalien [geni'ta:liən] *pl* MED üreme organları *pl*
Genitiv <-s, -e> ['ge:niti:f] *m* LING tamlayan durumu
Genmanipulation *f* BIOL gen manipülasyonu
Genom *nt* BIOL genom
genommen [gə'nɔmən] *pp von* **nehmen**
genormt [gə'nɔrmt] *adj* normlu
genoss[RR] [gə'nɔs], **genoß**[ALT] *3. imp von* **genießen**
Genosse(in) <-n, -n; -nen> [gə'nɔsə] *m(f)* ❶ POL yoldaş ❷ (*Kamerad, Gefährte*) arkadaş
genossen [gə'nɔsən] *pp von* **genießen**
Genossenschaft <-en> *f* ❶ kooperatif ❷ (*Schicksals~*) birlik
Genozid *m o nt* jenosit
Genre <-s, -s> ['ʒã:rə] *nt* janr
Gentechniker(in) *m(f)* BIOL gen teknisyeni **Gentechnologie** *f kein pl* BIOL gen teknolojisi, genetik mühendislik
Gentleman's Agreement, Gentlemen's Agreement *nt* centilmenlik antlaşması
Genua *nt* Cenova
Genuese(in) *m(f)* Cenovalı
genug [gə'nu:k] *adv* yeterince; **es ist ~ Platz** yeterince yer var; **jetzt ist es aber ~!** artık yetti ama!; **ich habe ~ von der ewigen Schufterei** devamlı eşek gibi çalışmaktan bıktım
Genüge [gə'ny:gə] **einer Sache ~ tun** bir şeyin hakkını vermek; **zur ~** yeterince, yeteri kadar
genügen* [gə'ny:gən] *vi* yetmek; **zwei**

Meter Stoff ~ nicht iki metre kumaş yetmez

genügend *adj* yeterli, yeteri kadar

genügsam *adj* yetingen, kanık, kanaatkâr

Genügsamkeit *f kein pl* yetingenlik, kanıklık, kanaatkârlık

Genugtuung <-en> [gə'nu:ktu:ʊŋ] *f* ❶ (*Wiedergutmachung*) tarziye; **~ geben/verlangen** tarziye vermek/istemek ❷ SCHWEIZ (*Schmerzensgeld*) manevi tazminat; **~ geben/verlangen** manevi tazminat vermek/istemek ❸ (*Befriedigung*) haz; **~ empfinden** haz duymak

Genus <-, Genera> ['gɛnʊs, 'ge:nʊs] *nt* LING cins

Genuss[RR1] <-es> *m kein pl* ❶ (*Konsum*) tüketim ❷ (*Nutznießung*) yararlanma, istifade, intifa; **in den ~ von etw** *dat* **kommen** bir şeyden yararlanmak

Genuss[RR2] <-es, -nüsse> [gə'nʊs, *pl* gə'nʏsə] *m* (*Vergnügen*) haz, zevk; (*stärker*) keyif

Genuß[ALT] [gə'nʊs] *m s.* **Genuss**

genüsslich[RR], **genüßlich**[ALT] **I.** *adj* zevkli **II.** *adv* zevkle, keyifli keyifli

Genussmittel[RR] *nt* keyif verici madde

genussvoll[RR] *adj* keyifli; **~ Stunden verbringen** keyifli saatler geçirmek

Geodreieck *nt* MATH iletki

Geograf(in)[RR] <-en, -en; -nen> *m(f) s.* **Geograph**

Geografie[RR] *f kein pl s.* **Geographie**

geografisch[RR] *adj s.* **geographisch**

Geograph(in) <-en, -en; -nen> [geo'gra:f] *m(f)* coğrafyacı

Geographie [geogra'fi:] *f kein pl* coğrafya

geographisch *adj* coğrafi

Geologe(in) <-n, -n; -nen> [geo'lo:gə] *m(f)* jeolog

Geologie [geolo'gi:] *f kein pl* jeoloji

geologisch *adj* jeolojik

Geometrie [geome'tri:] *f kein pl* geometri

geometrisch [geo'me:trɪʃ] *adj* geometrik

Geophysik *f* PHYS jeofizik

Georgien <-s> [ge'ɔrgiən] *nt* Gürcistan

Georgier(in) <-s, -; -nen> *m(f)* Gürcü

georgisch *adj* Gürcü

Geothermik *f kein pl* GEO jeotermi

Gepäck <-(e)s> [gə'pɛk] *nt kein pl* bagaj; (*Hand~*) valiz; **sein ~ aufgeben** bagajını teslim etmek

Gepäckabfertigung <-en> *f* bagaj kaydı **Gepäckaufbewahrung** *f* emanet **Gepäckkontrolle** *f* bagaj kontrolü **Gepäcknetz** *nt* fileli bagaj rafı **Gepäckstück** *nt* bagaj, valiz

Gepäckträger(in)[1] <-s, -; -nen> *m(f)* (*Person*) hamal, taşıyıcı

Gepäckträger[2] <-s, -> *m* (*am Fahrrad*) portbagaj

Gepäckwagen *m* ❶ (*im Bahnhof*) bagaj taşıma arabası ❷ (*des Zuges*) furgon

Gepard <-s, -e> ['ge:part] *m* ZOOL çita

gepfeffert [gə'pfɛfɐt] *adj* ❶ biberli ❷ (*fam: Preise*) tuzlu; (*Strafe*) çok ağır

gepfiffen [gə'pfɪfən] *pp von* **pfeifen**

gepflegt [gə'pfle:kt] *adj* bakımlı; (*Ausdrucksweise*) zarif

Gepflogenheit <-en> *f* teamül; (*Gewohnheit*) alışkanlık

Geplapper <-s> [gə'plapɐ] *nt kein pl* (*fam*) gevezelik, boşboğazlık

Geplätscher <-s> [gə'plɛtʃɐ] *nt kein pl* (*des fließenden Wassers*) fışırdama; (*des Regens*) şakırdama

Gepolter <-s> *nt kein pl* gürültü patırtı

gepriesen [gə'pri:zən] *pp von* **preisen**

gepunktet [gə'pʊŋktət] *adj* (*Linie*) noktalı; (*Muster*) noktalı

gequält [gə'kvɛ:lt] *adj* (*Lächeln*) zoraki

gequollen [gə'kvɔlən] *pp von* **quellen**

gerade [gə'ra:də] **I.** *adj* ❶ (*geradlinig*) düz ❷ (*aufrecht*) dik; **~ stehen** dik durmak ❸ (*Charakter*) doğru ❹ MATH çift; **die ~n Zahlen** çift sayılar **II.** *adv* ❶ (*in diesem Augenblick, soeben*) şu anda; **er ist ~ eben gekommen** şu anda gelmiş bulunuyor; **sie duscht ~** şu anda duş yapıyor; **wo Sie ~ da sind ...** siz hazır gelmişken ... ❷ (*unmittelbar, direkt*) hemen; **er wohnt ~ um die Ecke** hemen köşede oturuyor ❸ (*knapp*) ancak, ucu ucuna; **er kam ~ noch rechtzeitig** ucu ucuna geldi; **mein Türkisch reicht ~ für den Hausgebrauch** (*fam*) Türkçemle ancak idare edebiliyorum ❹ (*ausgerechnet, genau*) **das hat mir ~ noch gefehlt!** (*fam*) aksi gibi bir (tek) bu eksikti!; **er ist nicht ~ eine Schönheit** (*fam*) o kadar da güzel değil; **warum ~ ich?** (başkası yokmuş gibi) neden ben?

Gerade <-n> [gə'ra:də] *f* ❶ MATH doğru ❷ SPORT doğru

geradeaus [---'-] *adv* dümdüz; **immer ~** dosdoğru

geradeheraus [-'---'-] *adv* (*fam*) açıkça; **etw ~ sagen** bir şeyi açıkça söylemek

gerade|stehen *irr vi* **für etw ~** bir şey için sorumluluk üstlenmek

geradewegs [-'---] *adv* doğrudan doğruya

geradezu [-'---] *adv* düpedüz; (*offen*) açıkça; (*beinahe*) neredeyse, hemen hemen

Geradflügler *pl* ZOOL düz kanatlılar *pl*

Geradheit *f kein pl* doğruluk; (*Aufrichtigkeit*) dürüstlük

geradlinig [gəˈraːtliːnɪç] *adj* (*Straße*) düz; (*aufrichtig*) dürüst

gerammelt *adv* ~ **voll** tıka basa dolu

Geranie <-n> [geˈraːniə] *f* BOT ıtır çiçeği

gerann [gəˈran] *3. imp von* **gerinnen**

gerannt [gəˈrant] *pp von* **rennen**

gerät [gəˈrɛːt] *3. präs von* **geraten**

Gerät[1] <-(e)s, -e> [gəˈrɛːt] *nt* ❶ (*allgemein*) alet, cihaz ❷ TECH (*Apparat*) aygıt, cihaz; (*Instrument*) aygıt ❸ SPORT alet

Gerät[2] <-(e)s> *nt kein pl* levazım, araç ve gereçler *pl;* (*Ausrüstung*) donatı, teçhizat

geraten[1] [gəˈraːtən] *pp von* **geraten**[2], **raten**

geraten[2] <gerät, geriet, geraten> *vi sein* ❶ **in Gefahr** ~ tehlikeye uğramak; **in Verlegenheit** ~ mahcup bir duruma düşmek; **in Schwierigkeiten** ~ zor duruma düşmek; **unter ein Auto** ~ bir otonun altına girmek; **er ist an den Falschen** ~ tam adamına çattı; **in Not** ~ başı dara düşmek, zarurete düşmek, sıkıntıya girmek; **in Panik** ~ paniğe kapılmak; **in Verruf** ~ adı çıkmak; **außer sich** *dat/akk* ~ kendini kaybetmek ❷ (*beginnen*) **in Brand** ~ yanmaya başlamak; **in Vergessenheit** ~ unutulmaya başlanmak; **ins Stocken** ~ (*beim Sprechen*) kekelemeye başlamak; (*Verkehr*) tıkanmak ❸ (*gelingen*) olmak; **gut/schlecht** ~ iyi/kötü olmak; **das ist etwas lang/kurz** ~ bu biraz uzun/kısa kaçtı; **nach jdm** ~ birine çekmek

Geräteturnen *nt kein pl* SPORT aletli jimnastik

Geratewohl [gəˈraːtəvoːl, ---ˈ-] *nt* (*fam*) **aufs** ~ gelişigüzel, baştan savma; (*ohne zu überlegen*) düşünmeden

geraum *adj* **es dauerte eine ~e Weile, bis er zurückkam** neden sonra geri geldi, aradan bir süre geçince geri geldi

geräumig [gəˈrɔɪmɪç] *adj* geniş, ferah

Geräusch <-(e)s, -e> [gəˈrɔɪʃ] *nt* ses **Geräuschkulisse** *f* ses perdesi **geräuschlos** *adj* sessiz **geräuschvoll** *adj* sesli

gerben [ˈgɛrbən] *vt* sepilemek, tabaklamak; **sein Gesicht war von Wind und Sonne gegerbt** (*fig*) yüzü rüzgâr ve güneşten kösele gibi olmuştu

Gerber(in) <-s, -; -nen> *m(f)* sepici, tabak

Gerberei <-en> *f* tabakhane

Gerbstoff <-(e)s, -e> *m* tanen

gerecht [gəˈrɛçt] **I.** *adj* (*Person*) adil; (*Urteil*) adaletli; (*Strafe*) adalete uygun; **seine ~e Strafe bekommen** hak ettiği cezayı almak [*o* görmek], cezasını bulmak, belasını bulmak **II.** *adv* adilâne, adalete uygun olarak, hakça; **jdm/etw** *dat* ~ **werden** bir kimseye/şeye hakkını vermek

Gerechtigkeit *f kein pl* adalet; **jdm ~ widerfahren lassen** birinin hakkını tanımak; **das ist ausgleichende ~** bu denkleştirici adalettir

Gerede <-s> [gəˈreːdə] *nt kein pl* ❶ (*Geschwätz*) gevezelik ❷ (*Klatsch*) dedikodu

gereizt [gəˈraɪtst] *adj* kızgın; (*nervös*) sinirli

Gericht <-(e)s, -e> [gəˈrɪçt] *nt* ❶ (*Speise*) yemek ❷ (*Institution*) mahkeme; **das Jüngste** ~ REL mahşer günü ❸ (*Gebäude*) adliye

gerichtet *adj* yönelik (**auf/gegen** -e/-e)

gerichtlich *adj* mahkemelik; **jdn ~ verfolgen** biriyle mahkemelik olmak

Gerichtsakte *f* mahkeme dosyası

Gerichtsbarkeit *f kein pl* JUR yargı; **ordentliche ~** adli yargı

Gerichtsbeschluss[RR] *m* mahkeme kararı

Gerichtsbezirk *m* yargı çevresi

Gerichtsdiener(in) <-s, -; -nen> *m(f)* mübaşir **Gerichtshof** *m* adalet divanı, yargıtay; **der Europäische ~** Avrupa Adalet Divanı; **der Oberste ~** Yüce Divan **Gerichtskosten** *pl* mahkeme masrafı **Gerichtsmedizin** *f kein pl* adli tıp **Gerichtssaal** *m* mahkeme salonu **Gerichtsstand** <-(e)s, -stände> *m* JUR yargı yeri **Gerichtsverfahren** *nt* yargısal işlem; **gegen jdn ein ~ einleiten** birine karşı yargısal işlem başlatmak **Gerichtsverhandlung** *f* yargılama **Gerichtsvollzieher(in)** <-s, -; -nen> *m(f)* icra memuru

gerieben [gəˈriːbən] *pp von* **reiben**

geriet [gəˈriːt] *3. imp von* **geraten**

gering [gəˈrɪŋ] *adj* ❶ (*klein*) küçük, ufak; (*wenig*) az; (*knapp*) kıt; (*beschränkt*) sınırlı; (*Preis, Temperatur*) düşük; (*Entfernung*) kısa; **von ~er Qualität** kalitesi düşük; **etw/jdn ~ schätzen** bir şeyi/kimseyi aşağısamak [*o* hafifsemek]; (*verachten*) bir şeyi/kimseyi aşağılamak [*o* hor görmek] ❷ (*unbedeutend*) **~e Unregelmäßigkeiten** hafif yolsuzluklar; **die ~ste Kleinigkeit regt ihn auf** en ufak şey onu sinirlendiriyor; **das stört mich nicht im G~sten** bu beni hiç rahatsız etmiyor

geringfügig [gəˈrɪŋfyːgɪç] *adj* ufak tefek, önemsiz

gering|schätzen *vt s.* **gering 1.**

geringschätzig *adj* aşağılayan, küçük gören, küçümseyen

gerinnen <gerinnt, gerann, geronnen> [gəˈrɪnən] *vi sein* (*Milch*) kesilmek; (*Blut*) pıhtılaşmak

Gerinnsel <-s, -> [gəˈrɪnzəl] *nt* pıhtı

Gerinnung <-en> *f* pıhtılaşma

Gerippe <-s, -> [gəˈrɪpə] *nt* ❶ (*Skelett*) iskelet; **zum ~ abmagern** iskeleti çıkmak ❷ (*von Schiff, von Flugzeug*) iskelet ❸ (*fig fam*) iskelet

gerippt *adj* nervürlü

gerissen [gəˈrɪsən] **I.** *pp von* **reißen** **II.** *adj* (*fam: schlau*) hin, çok kurnaz, cin fikirli, anasının gözü; **~er Hund** hinoğlu, hinoğluhin

Gerissenheit *f kein pl* hinlik

geritten [gəˈrɪtən] *pp von* **reiten**

Germane(in) <-n, -n; -nen> [gɛrˈmaːnə] *m(f)* Cermen

germanisch *adj* HIST, LING Cermen

Germanist(in) [gɛrmaˈnɪst] *m(f)* Germanist

Germanistik [gɛrmaˈnɪstɪk] *f kein pl* Germanistik

gern(e) <lieber, am liebsten> [ˈgɛrn(ə)] *adv* **~ lesen/singen/tanzen** okumayı/şarkı söylemeyi/dans etmeyi sevmek; **jdn ~ haben** birini sevmek; **sehr ~!** seve seve!; **sie liest ~** o, okumayı sever; **ein ~ gesehener Gast** sevilen bir konuk; **~ geschehen!** rica ederim!; **das glaube ich ~** buna inanırım, buna inanıyorum; **du kannst ~ mitkommen** istersen gelebilirsin; **ich hätte ~ den Chef gesprochen** şefle görüşmeyi isterdim

gerochen [gəˈrɔxən] *pp von* **riechen**

Geröll <-(e)s, -e> [gəˈrœl] *nt* çakıllar *pl;* (*Reste*) döküntü, moloz

geronnen [gəˈrɔnən] *pp von* **gerinnen, rinnen**

Gerste <-n> [ˈgɛrstə] *f* arpa **Gerstenkorn** <-(e)s, -körner> *nt* ❶ BOT arpa tanesi ❷ MED arpacık **Gerstensaft** *m kein pl* arpa suyu

Gerte <-n> [ˈgɛrtə] *f* (*Stock*) değnek

gertenschlank *adj* değnek gibi

Geruch <-(e)s, Gerüche> [gəˈrʊx, *pl* gəˈrʏçə] *m* koku (**nach** -)

geruchlos *adj* kokusuz

Geruchssinn <-(e)s> *m kein pl* koku alma duyusu

Gerücht <-(e)s, -e> [gəˈrʏçt] *nt* söylenti, rivayet, şayia; **es geht das ~, dass ...** söylentiye göre ...

Geruchverschluss *m* sifon

gerufen [gəˈruːfən] *pp von* **rufen**

geruhsam [gəˈruːzaːm] *adj* rahat, huzurlu

Gerümpel <-s> [gəˈrʏmpəl] *nt kein pl* (*pej*) eski püskü, pılı pırtı

Gerundium <-s, Gerundien> [geˈrʊndiʊm, *pl* geˈrʊndiən] *nt* LING ulaç, bağfiil, zarf-fiil

gerungen [gəˈrʊŋən] *pp von* **ringen**

Gerüst <-(e)s, -e> [gəˈrʏst] *nt* ❶ çatkı; (*Bau~*) iskele ❷ (*Knochen~*) çatı ❸ (*fig fam: Grundplan*) iskelet

Ges <-, -> [gɛs] *nt* MUS sol bemol

gesalzen [gəˈzaltsən] **I.** *pp von* **salzen** **II.** *adj* (*fam*) ❶ (*mit Salz*) tuzlu ❷ (*Preis*) tuzlu

gesamt [gəˈzamt] *adj* bütün, tüm, toplam

Gesamtansicht *f* genel görünüm **Gesamtausgabe** <-n> *f* külliyat **Gesamtbetrag** *m* toplam tutar **gesamtdeutsch** *adj* Almanya genelindeki **Gesamteindruck** *m* genel izlenim **Gesamtergebnis** *nt* toplam; **im ~** toplam olarak

Gesamtheit *f kein pl* bütün, tüm; **in seiner/ihrer ~** bütünüyle **Gesamtsumme** *f* toplam tutar **Gesamtübersicht** *f* toplu bakış **Gesamtwerk** *nt* **das ~ eines Künstlers/Schriftstellers** bir sanatkârın/yazarın bütün eserleri

gesandt [gəˈzant] *pp von* **senden**

Gesandte(r) <-n, -n; -n> [gəˈzantɐ] *f(m)* elçi

Gesandtschaft <-en> *f* elçilik

Gesang[1] <-(e)s> [gəˈzaŋ] *m kein pl* (*das Singen*) şarkı söyleme; (*eines Vogels*) ötme

Gesang[2] <-(e)s, -sänge> [gəˈzaŋ, *pl* gəˈzɛŋə] *m* ❶ (*Lied*) şarkı; REL (*Lob~*) ilahi; **gregorianische Gesänge** Gregoryen ilahileri ❷ (*der Vogel*) ötüş

Gesangbuch *nt* ilahiler kitabı

Gesäß <-es, -e> [gəˈzɛːs] *nt* ❶ (*Hinterteil*) kıç, kaba et ❷ ANAT oturga; (*Gesäßbacken*) oturga yanakları

Geschädigte(r) <-n, -n; -n> *f(m)* JUR mağdur, kıygın

geschaffen [gəˈʃafən] *pp von* **schaffen**[1]

Geschäft[1] <-(e)s, -e> [gəˈʃɛft] *nt* ❶ (*Handel*) iş, ticaret; **wie gehen die ~e?** işler nasıl gidiyor?; **mit jdm ~e machen** biriyle iş yapmak; **dunkle ~e treiben** karanlık işler yapmak ❷ (*Firma*) iş, işletme; **morgen gehe ich nicht ins ~** (*fam*) yarın işe gitmiyorum ❸ (*Laden*) dükkân; (*Schuh~*) mağaza ❹ (*Aufgabe*) iş; **seinen ~en nachgehen** işine bakmak; **er versteht sein ~** işinden anlıyor ❺ (*Rechts~*) işlem, muamele ❻ (*fam: Notdurft*) abdest; **sein großes/kleines ~ verrichten** [*o* **machen**] büyük/küçük abdestini bozmak [*o* yapmak]

Geschäft[2] <-(e)s> *nt kein pl* ❶ (*Verkauf, Absatz*) satışlar *pl* ❷ (*Gewinn*) kâr, kazanç **Geschäftsbericht** *m* bülten; (*Tätigkeitsbericht*) faaliyet raporu; (*mit Bilanz*) mali rapor **Geschäftsbrief** *m* ticari mektup **Geschäftsbücher** *pl* defterler *pl* **Geschäftsessen** <-s, -> *nt* iş yemeği **Geschäftsfrau** <-en> *f* iş kadını **Geschäftsfreund(in)** *m(f)* iş arkadaşı, partner **Geschäftsführer(in)** <-s, -; -nen> *m(f)* ❶ (*von Unternehmen*) genel müdür ❷ (*von Organisation*) genel müdür **Geschäftsführung** *f kein pl* ❶ (*Vorgang*) işlerin yönetilmesi, iş görme; ~ **ohne Vollmacht** JUR vekâletsiz iş görme ❷ (*Personal*) yönetim, genel müdürler *pl* **Geschäftshaus** *nt* iş hanı **Geschäftsjahr** *nt* mali yıl **Geschäftsleben** <-s> *nt kein pl* iş yaşamı **Geschäftsleitung** *f* işlerin yönetilmesi **Geschäftsmann** <-(e)s, -leute *o* -männer> *m* iş adamı **Geschäftsordnung** *f* iç tüzük **Geschäftspartner(in)** <-s, -; -nen> *m(f)* ❶ (*Beteiligter*) partner, iş ortağı ❷ (*Handelspartner*) partner **Geschäftsreise** *f* iş seyahati **geschäftsschädigend** *adj* işe zarar veren **Geschäftsschluss**[RR] <-es> *m kein pl* iş yerlerinin kapanış saati **Geschäftsstelle** *f* ❶ (*Büro*) büro; (*Filiale*) şube ❷ ADMIN kalem; (*Gericht*) kalem, yazı işleri **Geschäftsstunden** *pl* iş saatleri *pl* **Geschäftsträger(in)** *m(f)* işgüder, maslahatgüzar **Geschäftsverbindung** <-en> *f* WIRTSCH ticari ilişki **Geschäftsviertel** *nt* iş semti [*o* merkezi] **Geschäftswelt** *f* iş dünyası **Geschäftszeit** *f* iş zamanı

geschah [gəˈʃaː] *3. imp von* **geschehen**

geschehen <geschieht, geschah, geschehen> [gəˈʃeːən] *vi sein* olmak; **als ob nichts ~ wäre** hiçbir şey olmamış gibi; **was geschieht mit diesen Flaschen?** bu şişelere ne olacak?; **es ist um jdn ~** birine bir şey olmak; **er wusste nicht, wie ihm geschah, als ...** ... diği zaman neye uğradığını anlamadı; **was ~ ist, ist ~** olan olmuş

Geschehen <-s, -> *nt* (*geh*) olaylar *pl*

gescheit [gəˈʃaɪt] *adj* kafalı; (*intelligent*) zeki; (*vernünftig*) aklı başında

Geschenk <-(e)s, -e> [gəˈʃɛŋk] *nt* armağan, hediye **Geschenkartikel** <-s, -> *m* hediyelik eşya

Geschichte[1] [gəˈʃɪçtə] *f kein pl* (*Entwicklungsprozess*) tarih

Geschichte[2] <-n> *f* ❶ (*Erzählung*) öykü, hikâye ❷ (*fam: Angelegenheit*) iş; **was machst du für ~n?** ne biçim işler yapıyorsun? ❸ (*fam: Dummheiten*) **mach keine ~n!** aptallık etme!

geschichtlich *adj* tarihsel, tarihî

Geschichtsbuch *nt* tarih kitabı

Geschick[1] [gəˈʃɪk] *nt kein pl* beceri; (*Geschicklichkeit*) beceriklilik, maharet

Geschick[2] <-(e)s, -e> [gəˈʃɪk] *nt* (*geh: Schicksal*) yazgı, alın yazısı, kader

Geschicklichkeit *f kein pl* beceriklilik, maharet

geschickt *adj* ❶ becerikli, maharetli; ■ **sich ~ verteidigen** kendini ustaca savunmak ❷ SÜDD (*praktisch*) pratik; (*tauglich*) elverişli; (*passend*) uygun

geschieden [gəˈʃiːdən] *pp von* **scheiden**

geschieht [gəˈʃiːt] *3. präs von* **geschehen**

geschienen [gəˈʃiːnən] *pp von* **scheinen**

Geschirr[1] <-(e)s, -e> [gəˈʃɪr] *nt* ❶ (*Ess~, Kaffee~*) takım ❷ (*Pferde~*) koşum; **dem Pferd das ~ anlegen** ata koşum geçirmek

Geschirr[2] <-(e)s> *nt kein pl* (*Gesamtheit*) kap kacak; (*schmutzig*) bulaşık

Geschirrspülmaschine *f* bulaşık makinesi **Geschirrspülmittel** *nt* bulaşık deterjanı **Geschirrtuch** <-(e)s, -tücher> *nt* bulaşık bezi

geschissen [gəˈʃɪsən] *pp von* **scheißen**

geschlafen [gəˈʃlaːfən] *pp von* **schlafen**

geschlagen [gəˈʃlaːgən] *pp von* **schlagen**

Geschlecht[1] <-(e)s> [gəˈʃlɛçt] *nt kein pl* BIOL eşey; **beiderlei ~s** iki eşeyli

Geschlecht[2] <-(e)s, -er> *nt* ❶ cinsiyet; **das andere ~** kadın kısmı; **das schwache/starke ~** (*fam*) kadın/erkek milleti; **das schöne ~** cinsilâtif ❷ (*Gattung*) *a.* LING cins ❸ (*Familie*) soy, sülâle ❹ (*Generation*) döl, nesil

geschlechtlich *adj* cinsel, cinsî, eşeysel; **~e Erregung/Vereinigung** cinsel uyarım/birleşme

Geschlechtsakt <-(e)s, -e> *m* cinsel ilişki **Geschlechtshormon** *nt* cinsiyet hormonu **Geschlechtskrankheit** *f* zührevî hastalık **Geschlechtsorgan** *nt* eşeylik organı, cinsel organ **geschlechtsreif** *adj* erin, baliğ **Geschlechtsreife** *f* erinlik, bulûğ **Geschlechtstrieb** *m* cinsel güdü **Geschlechtsverkehr** *m* cinsel ilişki, cinsî münasebet; **mit jdm ~ haben** biriyle cinsel ilişkide bulunmak **Geschlechtszelle** *f* eşeylik hücresi

geschlichen [gəˈʃlɪçən] *pp von* **schleichen**

geschliffen [gəˈʃlɪfən] **I.** *pp von* **schleifen II.** *adj* (*Ausdrucksweise*) ince, zarif

geschlossen [gəˈʃlɔsən] **I.** *pp von* **schließen II.** *adj* ❶ kapalı; **~e Formation** yanaşık nizam; **~e Gesellschaft** özel topluluk; **innerhalb ~er Ortschaften** yerleşim merkezlerinde ❷ LING (*Silbe*) kapalı **III.** *adv* (*einheitlich*) hep birlikte; **wir standen ~ hinter ihm** hep birlikte ona arka çıktık; **~ für/gegen etw stimmen** hep birlikte bir şeye beyaz/kırmızı oy vermek

G

geschlungen [gəˈʃlʊŋən] *pp von* **schlingen**

Geschmack[1] <-(e)s> [gəˈʃmak] *m kein pl* (*~ssinn*) tat alma duyusu

Geschmack[2] <-(e)s, -schmäcke *o fam* -schmäcker> *m* ❶ (*einer Speise*) tat, lezzet (**nach** -e benzeyen) ❷ (*ästhetisches Empfinden*) zevk; **für meinen ~** benim zevkim için; **das ist nicht nach meinem ~** bu, benim zevkime göre değil; **an etw** *dat* **~ finden** bir şeyin tadına varmak; **über ~ lässt sich (nicht) streiten** (*prov*) zevk konusu tartışma (götürmez) götürür

geschmacklos *adj* ❶ (*Speisen*) tatsız, lezzetsiz ❷ zevksiz; (*fig: häßlich*) çirkin

G

Geschmacklosigkeit[1] <-en> *f* (*Bemerkung*) zevksizlik; **das ist der Gipfel der ~!** zevksizliğin daniskasıdır bu!

Geschmacklosigkeit[2] *f kein pl* (*Eigenschaft*) tatsızlık

Geschmack(s)sache *f* zevk meselesi; **das ist reine ~** bu sırf zevk meselesidir **Geschmack(s)sinn** *m kein pl* tat alma duyusu **Geschmacksverstärker** *m* GASTR tatlandırıcı

geschmackvoll **I.** *adj* zevkli **II.** *adv* zevkli

geschmeidig [gəˈʃmaɪdɪç] *adj* ❶ (*biegsam*) esnek, oynak; (*weich*) yumuşak ❷ (*Körper*) kıvrak

geschmissen [gəˈʃmɪsən] *pp von* **schmeißen**

geschmolzen [gəˈʃmɔltsən] *pp von* **schmelzen**

geschnitten [gəˈʃnɪtən] *pp von* **schneiden**

geschoben [gəˈʃoːbən] *pp von* **schieben**

gescholten [gəˈʃɔltən] *pp von* **schelten**

Geschöpf <-(e)s, -e> [gəˈʃœpf] *nt* yaratık

geschoren [gəˈʃoːrən] *pp von* **scheren**

Geschoss[RR] <-es, -e> [gəˈʃɔs] *nt*, **Geschoß**[ALT] <-sses, -sse> *nt* ❶ (*von Waffen*) mermi ❷ (*Etage*) kat

geschossen [gəˈʃɔsən] *pp von* **schießen**

geschraubt [gəˈʃraʊpt] *adj* (*pej fam: Stil*) yapma(cık)

Geschrei <-s> *nt kein pl* feryat figan, bağrışma, çığlıklar *pl*

geschrieben [gəˈʃriːbən] *pp von* **schreiben**

geschrie(e)n [gəˈʃriː(ə)n] *pp von* **schreien**

geschritten [gəˈʃrɪtən] *pp von* **schreiten**

geschunden [gəˈʃʊndən] *pp von* **schinden**

Geschütz <-es, -e> [gəˈʃʏts] *nt* top; **schweres ~ auffahren** (*fam*) sert bir biçimde karşılık vermek

Geschwaderführer *m* NAUT (*Kommodore*) komodor

Geschwätz <-es> [gəˈʃvɛts] *nt kein pl* (*pej fam*) ❶ (*Gerede*) gevezelik ❷ (*Klatsch*) dedikodu

geschwätzig *adj* (*pej*) geveze

geschweige [gəˈʃvaɪgə] *konj* **~ denn** şöyle dursun, nerde kaldı ki, bir yana; **ich glaube nicht, dass er anruft, ~ (denn,) dass er kommt** gelmesi şöyle dursun, telefon edeceğine bile inanmıyorum; **es gibt nicht einmal einen Baum, ~ denn Gras** ağaç değil a, ot bile yok

geschwiegen [gəˈʃviːgən] *pp von* **schweigen**

geschwind [gəˈʃvɪnt] *adj* DIAL hızlı, çabuk

Geschwindigkeit <-en> [gəˈʃvɪndɪçkaɪt] *f* hız, sürat **Geschwindigkeitsbeschränkung** *f* hız sınırlaması, sürat tahdidi

Geschwister [gəˈʃvɪstɐ] *pl* kardeşler *pl;* (*Schwestern*) kız kardeşler *pl*

geschwollen [gəˈʃvɔlən] **I.** *pp von* **schwellen** **II.** *adj* (*pej: Stil*) tumturaklı

geschwommen [gəˈʃvɔmən] *pp von* **schwimmen**

geschworen [gəˈʃvoːrən] *pp von* **schwören**

Geschworene(r) <-n, -n; -n> [gəˈʃvoːrənɐ] *f(m)* jüre, juri üyesi

Geschwulst <-schwülste> [gəˈʃvʊlst] *f* ur, tümör; (*Schwellung*) şişkinlik

geschwunden [gəˈʃvʊndən] *pp von* **schwinden**

geschwungen [gəˈʃvʊŋən] *pp von* **schwingen**

Geschwür <-(e)s, -e> [gəˈʃvyːɐ] *nt* MED ülser

gesehen [gəˈzeːən] *pp von* **sehen**

Geselle(in) <-n, -n; -nen> [gəˈzɛlə] *m(f)* (*Handwerker*) kalfa

gesellen* [gəˈzɛlən] *vr* ■ **sich ~** katılmak (**zu** -e)

Gesellenprüfung *f* kalfalık sınavı

gesellig *adj* (*Mensch*) hoşsohbet, arkadaş canlısı

Geselligkeit *f kein pl* (*eines Menschen*) hoşsohbet olma, arkadaş canlısı olma, toplum hayatından hoşlanma

Gesellschaft <-en> [gəˈzɛlʃaft] *f* ❶ SOZIOL toplum ❷ WIRTSCH şirket, ortaklık ❸ (*Organisation*) kurum; **~ für deutsche/türkische Sprache** Alman/Türk Dil Kurumu ❹ (*Begleitung*) arkadaşlık, eşlik; **jdm ~ leisten** birine arkadaşlık [*o* eşlik] etmek; **er ist in schlechte ~ geraten** kötü arkadaşlar arasına düşmüş ❺ (*Fest*) eğlence; (*Gäste*) topluluk, meclis

Gesellschafter(in) <-s, -; -nen> *m(f)*

WIRTSCH ortak
gesellschaftlich *adj* toplumsal, sosyal
Gesellschaftsordnung *f* sosyal düzen, toplum düzeni **Gesellschaftsschicht** *f* toplum tabakası **Gesellschaftsvertrag** *m* WIRTSCH, JUR ortaklık [*o* şirket] sözleşmesi
gesessen [gəˈzɛsən] *pp von* **sitzen**
Gesetz <-es, -e> [gəˈzɛts] *nt* yasa, kanun **Gesetzbuch** *nt* yasa, kanun; **Bürgerliches ~** yurttaşlar yasası, medeni kanun **Gesetzentwurf** *m* kanun tasarısı, yasa tasarısı
Gesetzesvorlage *f* yasa önerisi
gesetzgebend [gəˈzɛtsge:bənt] *adj* yasama; **die ~e Versammlung** yasama meclisi **Gesetzgeber** <-s, -> *m* yasa koyucu **Gesetzgebung** *f kein pl* yasama; (*Rechtsvorschriften*) mevzuat
gesetzlich *adj* yasal, kanunî; (*rechtmäßig*) meşru; **~er Feiertag** resmî bayram günü
gesetzlos *adj* yasasız, kanunsuz
gesetzmäßig *adj* ❶ (*gesetzlich*) yasal, kanunî; (*rechtmäßig*) meşru ❷ (*regelmäßig*) düzenli, muntazam
Gesetzmäßigkeit[1] *f kein pl* JUR yasallık, kanunîlik
Gesetzmäßigkeit[2] <-en> *f* (*Regelmäßigkeit*) düzenlilik
gesetzt [gəˈzɛtst] *adj* ❶ (*ruhig*) sakin, ağır başlı; (*ernst*) ciddi ❷ (*angenommen, ...*) **~ den Fall, dass ...** diyelim ki ...
gesetzwidrig *adj* kanuna aykırı
gesichert [gəˈzɪçɐt] *adj* güvenceli, teminatlı
Gesicht <-(e)s, -er> [gəˈzɪçt] *nt* ❶ (*Körperteil, Miene*) yüz, surat, çehre; **sein wahres ~ zeigen** gerçek yüzünü göstermek; **jdm nicht ins ~ sehen können** birinin yüzüne bakamamak; **das ~ wahren** saygınlığını korumak, itibarını korumak; **sein ~ verlieren** saygınlığını yitirmek; **es steht ihm ins ~ geschrieben** yüzünden okunuyor, yüzünden akıyor; **jdm etw ins ~ sagen** birinin yüzüne karşı bir şey söylemek, bir şeyi birinin yüzüne vurmak; **jdm wie aus dem ~ geschnitten sein** hık demiş birinin burnundan düşmüş olmak; **der Realität ins ~ sehen** gerçekleri kabul etmek; **ein ~ machen** surat etmek; **ein langes ~ machen** surat asmak ❷ (*Anblick*) çehre, sima; **das ~ der Stadt hat sich verändert** kentin çehresi değişti, şehrin siması değişti ❸ (*fig: Leute, Menschen*) **altbekannte ~er** eski tanıdık simalar; **es waren lauter fremde ~er** bir sürü yabancı simalar vardı **Gesichtsausdruck** <-(e)s, -drücke> *m* yüz ifadesi **Gesichtsfarbe** *f* yüz rengi, beniz; (*Teint*) ten **Gesichtspunkt** *m* görüş (açısı), noktainazar; **unter diesem ~** bu bakımdan [*o* açıdan] **Gesichtszüge** *pl* yüz hatları *pl*, çehre hatları *pl*
Gesims <-es, -e> [gəˈzɪms] *nt* ARCH silme
Gesindel <-s> [gəˈzɪndəl] *nt kein pl* (*pej*) ayak takımı, güruh
gesinnt [gəˈzɪnt] *adj* **gleich ~** kafa dengi, oydaş, aynı görüşü paylaşan, aynı düşüncede/inançta olan; **jdm freundlich/übel ~ sein** birine iyi/kötü gözle bakmak
Gesinnung <-en> [gəˈzɪnʊŋ] *f* (*Denkart*) düşünüş biçimi, zihniyet; (*Überzeugung*) görüş ve anlayışlar *pl*; **politische ~** siyasi zihniyet
gesittet [gəˈzɪtət] *adj* (temiz) ahlaklı, nezih; (*anständig*) edepli; (*gut erzogen*) terbiyeli; (*zivilisiert*) uygar, medeni
gesoffen [gəˈzɔfən] *pp von* **saufen**
gesogen [gəˈzo:gən] *pp von* **saugen**
gesondert [gəˈzɔndɐt] **I.** *adj* ayrı **II.** *adv* ayrıca, ayrı olarak
gesonnen [gəˈzɔnən] **I.** *pp von* **sinnen** **II.** *adj* **~ sein, etw zu tun** bir şeyi yapmak niyetinde olmak
gesotten [gəˈzɔtən] *pp von* **sieden**
gespalten [gəˈʃpaltən] *pp von* **spalten**
Gespann <-(e)s, -e> [gəˈʃpan] *nt* ❶ (*Wagen*) araba; (*Ochsen und Joch*) koşum; **ein ~ mit vier Pferden** dört atlı bir araba ❷ (*Personen*) çift; **diese beiden sind ein merkwürdiges ~** bu ikisi tuhaf bir çift
gespannt [gəˈʃpant] *adj* ❶ (*neugierig*) meraklı (**auf** -e); **ich bin ~, was daraus wird** ne olacağını merakla bekliyorum ❷ (*aufmerksam*) pürdikkat ❸ (*Lage*) gergin
Gespenst <-(e)s, -er> [gəˈʃpɛnst] *nt* hayalet, hortlak
gespenstisch *adj* tekinsiz, tekin olmayan
gespie(e)n [gəˈʃpi:(ə)n] *pp von* **speien**
gespielt [gəˈʃpi:lt] *adj* (*vorgetäuscht*) yapmacık
gesponnen [gəˈʃpɔnən] *pp von* **spinnen**
Gespött <-(e)s> [gəˈʃpœt] *nt kein pl* maskara; **jdn zum ~ machen** birini maskara etmek; **zum ~ der Leute werden** insanların maskarası olmak
Gespräch <-(e)s, -e> [gəˈʃprɛ:ç] *nt* ❶ (*Unterhaltung*) konuşma (**über** üzerine), söyleşi (**über** üzerine); (*Plauderei*) sohbet; (*Vorstellungs~*) görüşme, mülâkat; (**mit jdm**) **ein ~ führen** (biriyle) görüşmek; **mit jdm ins ~ kommen** biriyle sohbet etmek; **im ~ sein** görüşmekte olmak ❷ TELEK konuşma
gesprächig *adj* konuşkan; **~ werden** dili

G

açılmak

Gesprächsgegenstand *m* söz konusu

Gesprächspartner(in) *m(f)* muhatap

Gesprächsthema *nt* söz konusu

gesprenkelt [gəˈʃprɛŋkəlt] *adj* benekli, çil

gesprochen [gəˈʃprɔxən] *pp von* **sprechen**

gesprossen [gəˈʃprɔsən] *pp von* **sprießen**

gesprungen [gəˈʃprʊŋən] *pp von* **springen**

Gespür <-s> [gəˈʃpyːɐ] *nt kein pl* duyarlık (**für** -e); (*Gefühl*) his (**für** için)

Gestalt <-en> [gəˈʃtalt] *f* ❶ (*äußere Erscheinung*) görünüm; (*Wuchs*) endam, boy bos ❷ (*Form*) biçim, şekil, kılık, eşkâl; **~ annehmen** biçim almak, kılığa girmek; **in ~ von** kılığında ❸ (*Persönlichkeit*) karakter; **eine düstere ~** karanlık bir karakter ❹ (*Person*) kişi

gestalten* **I.** *vt* ❶ biçim vermek (-e); (*Unterricht, Freizeit*) düzenlemek; (*Wohnung*) dayayıp döşemek ❷ ARCH, KUNST dizayn etmek; (*Entwurf*) tasarımlamak; **~de Künste** plastik sanatlar **II.** *vr* ■ **sich ~** (*geh: werden*) olmak; **das wird sich folgendermaßen ~** bu şöyle olacak; **der Abstieg gestaltete sich weit schwieriger als der Aufstieg** iniş çıkıştan çok daha zor oldu

gestalterisch *adj* yenilik doğurucu, yaratıcı

Gestaltung <-en> *f* (*Wohnung*) dayayıp döşenme; (*von Thema*) kompozisyon; (*Freizeit*) rekreasyon; (*Aufbau*) yapı; (*schöpferisch*) kompozisyon

gestand [gəˈʃtant] *3. imp von* **gestehen**

gestanden [gəˈʃtandən] **I.** *pp von* **stehen, gestehen II.** *adj* kelli felli; **ein ~er Mann** kelli felli bir adam

geständig [gəˈʃtɛndɪç] *adj* itirafçı; **~ sein** itiraf etmek; **ein ~er Angeklagter** itirafçı sanık

Geständnis <-ses, -se> [gəˈʃtɛntnɪs] *nt* ikrar, itiraf; **ein ~ ablegen** ikrar etmek, ikrarda bulunmak

Gestank <-(e)s> [gəˈʃtaŋk] *m kein pl* (*pej*) pis koku, leş gibi koku, ufunet

Gestapo *f kein pl* HIST gestapo

gestatten* [gəˈʃtatən] *vt* izin vermek (-e), müsaade etmek (-e); **Sie ~?** müsaade eder misiniz?

Geste <-n> [ˈgeːstə, ˈgɛstə] *f* ❶ (*Bewegung*) jest, el kol hareketi ❷ (*Höflichkeit*) jest

gestehen <gesteht, gestand, gestanden> *vt* ❶ JUR ikrar etmek, itiraf etmek ❷ (*zugeben*) itiraf etmek; **offen gestanden weiß ich es nicht** açıkçası bunu bilmiyorum

Gestehungskosten *pl* WIRTSCH maliyet fiyatı

Gestein <-(e)s, -e> [gəˈʃtaɪn] *nt* külte; (*Fels*) kayaç; (*Sediment~*) kayaç

Gesteinskunde *f kein pl* taş bilimi

Gestell <-(e)s, -e> [gəˈʃtɛl] *nt* ❶ (*Unterbau*) sehpa; (*Bett~*) karyola; (*Bücher~*) raf ❷ AUTO şasi ❸ (*Brillen~*) çerçeve ❹ (*Person*) iskelet

Gestellungsbefehl *m* MIL celpname, celp kararı

gestern [ˈgɛstɐn] *adv* dün; **~ Abend/Morgen** dün akşam/sabah; **~ vor einer Woche** bir hafta önce dün; (**nicht**) **von ~ sein** (*fam*) geri kafalı ol(ma)mak

gestiegen [gəˈʃtiːgən] *pp von* **steigen**

gestikulieren* [gɛstikuˈliːrən, gestikuˈliːrən] *vi* jestler yapmak

Gestirn <-(e)s, -e> [gəˈʃtɪrn] *nt* ❶ (*Himmelskörper*) gök cismi ❷ (*Stern*) yıldız ❸ (*Sternbild*) burç

gestoben [gəˈʃtoːbən] *pp von* **stieben**

gestochen [gəˈʃtɔxən] **I.** *pp von* **stechen II.** *adj* (*sorgfältig*) titiz; (*Handschrift*) inci gibi; **~ scharf** (*Foto*) çok net

gestohlen [gəˈʃtoːlən] *pp von* **stehlen**

gestorben [gəˈʃtɔrbən] *pp von* **sterben**

gestört [gəˈʃtøːɐt] *adj* PSYCH (*Verhältnis*) bozuk

gestoßen [gəˈʃtoːsən] *pp von* **stoßen**

Gestotter <-s> *nt kein pl* (*pej fam*) (sürekli) kekeleme

gestreift [gəˈʃtraɪft] *adj* çizgili

gestresst[RR] [gəˈʃtrɛst] *adj,* **gestreßt**[ALT] *adj* stresli

gestrichen [gəˈʃtrɪçən] **I.** *pp von* **streichen II.** *adj* (*Maßangabe*) **ein ~er Teelöffel voll Zucker** silmece dolu bir çay kaşığı şeker; **ich hab die Schnauze ~ voll** (*fam*) bıktım, usandım

gestrig [ˈgɛstrɪç] *adj* dünkü

gestritten [gəˈʃtrɪtən] *pp von* **streiten**

Gestrüpp <-(e)s, -e> [gəˈʃtrʏp] *nt* çalılık

gestunken [gəˈʃtʊŋkən] *pp von* **stinken**

Gestüt <-(e)s, -e> [gəˈʃtyːt] *nt* hara, aygır deposu

Gesuch <-(e)s, -e> [gəˈzuːx] *nt* dilekçe; **ein ~ einreichen** dilekçe vermek

gesucht [gəˈzuːxt] *adj* ❶ (*gekünstelt*) yapmacık ❷ (*begehrt*) rağbet gören, aranan

gesund [gəˈzʊnt] *adj* sağlam, sağlıklı, sıhhatli; **~e Ernährung** sağlıklı beslenme; **wieder ~ werden** iyileşmek; **ich bin ~ und munter** sapasağlamım; **Vitamin C ist ~** vitamin c sağlıklıdır; **~ aussehen** sağlıklı görünmek; **der ~e Menschenver-**

stand sağduyu; **ein ~es Leben** sağlıklı yaşam

gesunden* [gə'zʊndən] *vi sein* (*geh*) iyileşmek

Gesundheit *f kein pl* sağlık, sıhhat; **auf Ihre ~!** sağlığınıza!, sıhhatinize!; **bei guter ~ sein** sağlığı yerinde olmak; **~!** (*beim Niesen*) çok yaşa!; (*beim zweiten Mal*) bin yaşa!

gesundheitlich *adj* ❶ (*die Gesundheit betreffend*) sağlık (ile ilgili), sıhhî; **aus ~en Gründen** sağlığı yüzünden ❷ (*der Gesundheit dienend*) sağlığa yarar, sıhhî

Gesundheitsamt *nt* sağlık dairesi **Gesundheitsminister(in)** *m(f)* sağlık bakanı **Gesundheitsministerium** *nt* sağlık bakanlığı **Gesundheitspolitik** *f* sağlık politikası **gesundheitsschädlich** *adj* sağlığa zararlı **Gesundheitswesen** <-s> *nt kein pl* sıhhiye, sağlık işleri *pl* **Gesundheitszeugnis** *nt* temiz raporu **Gesundheitszustand** *m* sağlık durumu

gesungen [gə'zʊŋən] *pp von* **singen**

gesunken [gə'zʊŋkən] *pp von* **sinken**

getan *pp von* **tun**

getigert *adj* (*Katze*) tekir

Getobe <-s> [gə'tø:bə] *nt kein pl* azma

Getöse <-s> [gə'tø:zə] *nt kein pl* gürültü patırtı, takatuka, şamata

getragen [gə'tra:gən] **I.** *pp von* **tragen** **II.** *adj* ❶ (*Musik*) ağır ❷ (*Kleidung*) giyilmiş

Getränk <-(e)s, -e> [gə'trɛŋk] *nt* içecek

getrauen* *vr* ■**sich ~** cesaret etmek (**zu** -e)

Getreide <-s, -> [gə'traɪdə] *nt* tahıl, hububat **Getreidemühle** <-n> *f* tahıl değirmeni **Getreidesieb** *nt* kalbur **Getreidesilo** *m o nt* tahıl silosu **Getreidespeicher** *m* zahire ambarı

getrennt [gə'trɛnt] **I.** *adj* ayrı **II.** *adv* ayrı; **~ bezahlen** Alman usulü yapmak; **~ leben** ayrı yaşamak; **schreibt man das ~?** bu ayrı mı yazılır?

getreten *pp von* **treten**

getreu [gə'trɔɪ] **I.** *adj* (*geh*) sadık, vefalı; (*Wiedergabe*) aslına uygun **II.** *präp* **~ den Regeln** kurallara bağlı olarak

Getriebe <-s, -> [gə'tri:bə] *nt* (*an Maschine*) vites kutusu; AUTO şanjman, şanzıman **Getriebeglocke** *f* volan muhafazası

getrieben *pp von* **treiben**

getroffen *pp von* **treffen**

getrogen *pp von* **trügen**

getrost [gə'tro:st] *adv* ❶ (*vertrauensvoll*) güvenle; **der Zukunft ~ ins Auge blicken** geleceğe güvenle bakmak ❷ (*ruhig*) huzur içinde; **~ sterben** huzur içinde ölmek

getrübt [gə'try:pt] *adj* kapalı, bulutlu

getrunken *pp von* **trinken**

Getto <-s, -s> ['gɛto] *nt* getto

gettoisieren* *vt* ❶ (*zum Getto machen*) gettolaştırmak ❷ (*geh: isolieren*) yalıtlamak

Getue <-s> [gə'tu:ə] *nt kein pl* (*pej fam*) cilve, naz, işve, kırıtma; **ein zimperliches ~** cilveler *pl*, nazlanmalar *pl*, kırıtmalar *pl*; **sein albernes ~** çocuk gibi davranışları, çocuksulukları

Getümmel *nt kein pl* hengâme

geübt [gə'ʏ:pt] *adj* idmanlı; (*erfahren*) deneyimli, yeterince deneyimi olan; (*geschickt*) becerikli

Gewächs <-es, -e> [gə'vɛks] *nt* ❶ (*Pflanze*) bitki ❷ (*Geschwulst*) ur; **ein bösartiges/gutartiges ~** kötücül/iyicil ur

gewachsen [gə'vaksən] **I.** *pp von* **wachsen[1]** **II.** *adj* **jdm** *dat* **~ sein** birisiyle boy ölçüşebilmek; **etw** *dat* **~ sein** bir şeyle başa çıkabilmek

Gewächshaus *nt* sera

gewagt [gə'va:kt] *adj* ❶ (*riskant*) riskli ❷ (*moralisch bedenklich*) açık saçık

gewählt [gə'vɛ:lt] *adj* seçilmiş, seçme, seçkin

Gewähr [gə'vɛ:ɐ] *f kein pl* inanca, güvence, garanti, teminat; **das erfolgt ohne ~** bunun garantisi yoktur; **es ist die ~ gegeben, dass ...** ... garantisi verilmiştir

gewähren* [gə'vɛ:rən] **I.** *vt* (*bewilligen*) izin vermek (-e); (*geben*) vermek; (*erfüllen*) yerine getirmek; **jdm einen Nachlass ~** birine indirim yapmak **II.** *vi* **jdn ~ lassen** birini engellememek

gewährleisten* *vt* garanti etmek, tekeffül etmek, kefil olmak (-e)

Gewährleistung <-en> *f* ❶ garanti ❷ JUR (*Mängelhaftung*) ayıba karşı tekeffül

Gewahrsam <-s> [gə'va:ɐza:m] *m kein pl* ❶ (*Obhut*) muhafaza; **etw in ~ nehmen** bir şeyi muhafaza altına almak ❷ (*Haft*) gözaltı, nezaret; **jdn in ~ nehmen** birini gözaltına almak

Gewährung <-en> *f* verme

Gewalt[1] <-en> [gə'valt] *f* ❶ (*Macht*) erk; (*Kraft*) kuvvet, güç, iktidar; **sich in der ~ haben** kendine hâkim olmak, kendini tutmak; **jdn in seiner ~ haben** birini nüfuzu altında tutmak, birini elinde tutmak; **in jds ~ geraten** birinin eline düşmek; **er verlor die ~ über seinen Wagen** arabası üzerindeki kontrolü kaybetti; **mit aller ~** var gücüyle; **rohe ~ anwenden** kaba kuv-

vet kullanmak ❷ JUR **elterliche ~** velâyet hakkı; **höhere ~** mücbir sebep(ler); **ausführende / gesetzgebende / richterliche ~** yürütme/yasama/yargı gücü [*o* erki] ❸ (*Befehls~*) yetki
Gewalt[2] *f kein pl* ❶ (*~ tätigkeit*) zor, cebir, şiddet; **mit ~** zorla, metazori; **~ anwenden** zor [*o* cebir] kullanmak; **sich** *dat* **~ antun** kendini zorlamak ❷ (*Heftigkeit*) şiddet
Gewaltakt *m* şiddet eylemi
Gewaltenteilung *f kein pl* kuvvetler ayrılığı
Gewaltherrschaft *f* despotluk
gewaltig **I.** *adj* ❶ (*mächtig*) güçlü ❷ (*riesig*) muazzam, koskocaman **II.** *adv* (*fam: sehr*) muazzam; **der Fortschritt der letzten Jahre ist ~** son yıllardaki ilerleme muazzam
gewaltlos *adj* barışçı yollarla yapılan
Gewaltmarsch *m* cebrî yürüyüş
gewaltsam **I.** *adj* cebrî, zorla yapılan **II.** *adv* zorla, cebren; **eine Tür ~ öffnen** bir kapıyı zorla açmak
Gewalttat *f* şiddet eylemi **Gewalttäter(in)** *m(f)* şiddet eyleminin faili
gewalttätig *adj* zorba
Gewalttätigkeit *f kein pl* zorbalık
Gewaltverbrechen *nt* cebir ve şiddet kullanarak işlenen suç
Gewand <-(e)s, -wänder> [gəˈvant, *pl* gəˈvɛndɐ] *nt* ❶ (*geh: Kleidungsstück*) kisve, esvap ❷ SCHWEIZ (*Kleidung*) giysi, esvap
gewandt [gəˈvant] **I.** *pp von* **wenden**[2] **II.** *adj* becerikli; (*Bewegungen*) çevik, atik; (*Stil*) kıvrak
gewann [gəˈvan] *3. imp von* **gewinnen**
gewaschen [gəˈvaʃən] *pp von* **waschen**
Gewässer <-s, -> [gəˈvɛsɐ] *nt* su(lar) *(pl)*
Gewässerkunde *f kein pl* su bilimi
Gewässerreinhaltung *f* ÖKOL suları temiz tutma
Gewebe <-s, -> [gəˈveːbə] *nt* ❶ (*Stoff*) dokuma ❷ MED, BIOL doku
Gewehr <-(e)s, -e> [gəˈveːɐ] *nt* tüfek
Gewehrkolben *m* dipçik **Gewehrlauf** <-(e)s, -läufe> *m* tüfek namlusu
Geweih <-(e)s, -e> [gəˈvaɪ] *nt* boynuz, geyik boynuzu
Gewerbe[1] <-s, -> [gəˈvɛrbə] *nt* (*Tätigkeit*) iş, sanat; (*im Handel*) esnaflık; **ein ~ (be)treiben** esnaflık yapmak
Gewerbe[2] <-s> *nt kein pl* (*Betrieb*) ticarethane, ticari işletme **Gewerbegebiet** *nt* ticaret bölgesi **Gewerbeschein** <-(e)s, -e> *m* ruhsatname **Gewerbesteuer** <-n> *f* ticari kazançlar vergisi
Gewerbetreibende(r) <-n, -n; -n> *f(m)* esnaf
gewerblich [gəˈvɛrplɪç] *adj* ticari; (*industriell*) sınaî, endüstriyel; (*beruflich*) profesyonel
Gewerkschaft <-en> [gəˈvɛrkʃaft] *f* sendika
Gewerkschaft(l)er(in) <-s, -; -nen> *m(f)* sendikacı
gewerkschaftlich *adj* sendikal
Gewerkschaftsbund <-(e)s, -e> *m* sendikalar birliği **Gewerkschaftsmitglied** *nt* sendika üyesi, sendikalı
gewesen [gəˈveːzən] *pp von* **sein**
gewichen [gəˈvɪçən] *pp von* **weichen**
Gewicht[1] <-(e)s> [gəˈvɪçt] *nt kein pl* ❶ (*Schwere*) *a.* PHYS ağırlık, tartı; **sein ~ halten** ağırlığını korumak; **spezifisches ~** PHYS özgül ağırlık ❷ (*Bedeutung*) önem; **(nicht) ins ~ fallen** önemi ol(ma)mak; **auf etw ~ legen** bir şeye önem vermek
Gewicht[2] <-(e)s, -e> *nt* (*für Waage*) SPORT sıklet, ağırlık
gewichten* *vt* (*Bedeutung beimessen*) ağırlık vermek (-e), önem vermek (-e), önemsemek
Gewichtheben <-s> *nt kein pl* SPORT ağırlık kaldırma, halter
Gewichtheber(in) <-s> *m(f)* SPORT halterci
gewichtig *adj* ❶ (*bedeutungsvoll*) önemli ❷ (*iron: dick*) kilolu
Gewichtseinheit *f* ağırlık ölçüsü birimi
Gewichtsverlust *m* ağırlık yitimi [*o* kaybı]; COMM (*Gewichtsschwund*) fire
Gewichtszunahme *f* ağırlaşma
gewieft [gəˈviːft] *adj* (*fam*) anasının gözü
gewiesen [gəˈviːzən] *pp von* **weisen**
gewillt [gəˈvɪlt] *adj* **~ sein, etw zu tun** bir şeyi yapmaya istekli olmak
Gewimmel <-s> *nt kein pl* kalabalık, izdiham
Gewinde <-s, -> [gəˈvɪndə] *nt* TECH uskuru, vida dişi
Gewinn[1] <-(e)s, -e> [gəˈvɪn] *m* ❶ WIRTSCH kâr, kazanç, hasılat; **~ bringen/machen** kâr getirmek/etmek ❷ (*in Lotterie*) kazanılan para
Gewinn[2] <-(e)s> *m kein pl* (*Nutzen*) kâr, kazanç, yarar, fayda; **~ bringend** kâr getiren, kazanç getiren; (*vorteilhaft*) yarar sağlayan; **aus etw** *dat* **~ schlagen** bir şeyden kâr etmek
Gewinnanteil <-s, -e> *m* kâr payı
Gewinnbeteiligung <-en> *f* kâra iştirak
gewinnbringend *adj* kârlı; (*vorteilhaft*) kazançlı, yararlı
gewinnen* <gewinnt, gewann, gewonnen> [gəˈvɪnən] **I.** *vt* ❶ (*Spiel*) kazanmak

❷ (*erhalten*) elde etmek; **Zeit/Abstand/Boden ~** vakit/mesafe/yer kazanmak; **jdn zum Freund ~** birini dost olarak kazanmak; **jdn für etw ~** birini bir şey için kazanmak [*o* kendinden yana çekmek] [*o* elde etmek]; **wie gewonnen, so zerronnen** (*prov*) haydan gelen huya gider ❸ (*Rohstoff*) işletmek; (*erzeugen*) üretmek; (*Energie*) üretmek; (*Kohle*) işletmek; **aus diesen Trauben wird Wein gewonnen** bu üzümlerden şarap elde edilir **II.** *vi* ❶ (*siegen*) kazanmak; **die Mannschaft gewann 3:1** takım 3:1 kazandı ❷ (*besser werden*) kazanmak (**an** -); **an Bedeutung ~** önem kazanmak; **an Höhe ~** yükselmek ❸ (*besser wirken*) kazanmak (**durch** ile)

gewinnend *adj* (*Wesen*) albenili

Gewinner(in) <-s, -; -nen> *m(f)* kazanan; (*Sieger*) galip, yenen **Gewinnmarge** *f* WIRTSCH kâr marjı **Gewinnnummer**[RR] *f* kazanan numara **Gewinnummer**[ALT] *f s.* **Gewinnnummer**[RR]

Gewinnung <-en> *f* ❶ kazanma; (*von Rohstoffen*) yararlanma; (*von Kohle*) işletme ❷ (*Erzeugung*) üretim; **~ von Energie** enerji üretimi

Gewinsel <-s> *nt kein pl* (*pej*) yalvarıp yakarma, sızlanma

gewiss[RR], **gewiß**[ALT] [gə'vɪs] **I.** *adj* ❶ (*sicher*) emin; **sich** *dat* **einer Sache ~ sein** (*geh*) bir şeyden emin olmak ❷ (*bestimmt*) belli; **ein ~er Herr Müller** Bay Müller adında biri; **in ~em Maße** belli bir ölçüde; **bis zu einem ~en Grade** belli bir dereceye kadar **II.** *adv* (*mit Sicherheit*) elbette, kesinlikle, mutlaka; (*zweifellos*) şüphesiz; **aber ~!** ama gerçekten bu böyle!; **~ hat er es gehört** onu kesinlikle [*o* mutlaka] duymuştur; **~ doch!** elbette!

Gewissen <-s, -> [gə'vɪsən] *nt* vicdan; **ein gutes/schlechtes ~ haben** vicdanen rahat/rahatsız olmak, vicdanı rahat olmak/rahat olmamak; **ein reines ~ haben** vicdanı pak olmak; **jdn/etw auf dem ~ haben** bir kimse/şey yüzünden vicdan azabı çekmek [*o* duymak]; **jdm ins ~ reden** birine vaaz etmek; **sein ~ erleichtern** vicdanını rahatlatmak, içini dökmek

gewissenhaft *adj* vicdanî, vicdanlı; (*penibel*) titiz

gewissenlos *adj* vicdansız; **~ handeln** vicdansızca davranmak

Gewissenlosigkeit *f kein pl* vicdansızlık

Gewissensbisse *pl* vicdan azabı; **~ haben/spüren** vicdan azabı çekmek/duymak **Gewissensfrage** *f* vicdan meselesi **Gewissensfreiheit** *f kein pl* vicdan özgürlüğü

gewissermaßen ['-'--'--] *adv* sanki, âdeta, beinahe, hemen hemen; **~ aus heiterem Himmel** sanki gökten zembille inmiş gibi

Gewissheit[RR] <-en> *f,* **Gewißheit**[ALT] <-en> *f* kesin bilgi; **~ haben über etw** bir şey hakkında [*o* üzerine] kesin bilgisi olmak; **sich** *dat* **~ über etw verschaffen** bir şey hakkında kesin bilgi edinmek

Gewitter <-s, -> [gə'vɪtɐ] *nt* boran

gewitt(e)rig *adj* boranlı

gewittern* *vi unpers* boran olmak

Gewitterregen <-s, -> *m* boran yağmuru **Gewittersturm** *m* boran fırtınası **Gewitterwolke** *f* boran bulutu

G

gewitzt [gə'vɪtst] *adj* açıkgöz

gewoben [gə'vo:bən] *pp von* **weben**[2]

gewogen [gə'vo:gən] **I.** *pp von* **wiegen** **II.** *adj* (*geh*) **etw** *dat* **~ sein** bir şeye sıcak bakmak; **jdm ~ sein** birine dostça davranmak

gewöhnen* [gə'vø:nən] **I.** *vt* alıştırmak (**an** -e) **II.** *vr* ■ **sich ~** alışmak (**an** -e)

Gewohnheit <-en> [gə'vo:nhaɪt] *f* alışkanlık; **aus (alter) ~** alışkanlıktan

Gewohnheitsmensch *m* alışkanlıklarından vazgeçemeyen kimse **Gewohnheitsrecht** <-(e)s> *nt kein pl* JUR örf ve âdet hukuku, teamül hukuku

gewöhnlich [gə'vø:nlɪç] **I.** *adj* ❶ (*gewohnt*) alışılmış, mutat, olağan ❷ (*normal*) normal, olağan; **im ~en Leben** normal yaşamda; **unter ~en Umständen** normal şartlar altında; **ein ~er Lauf der Dinge** işlerin normal yürümesi ❸ (*schlicht*) adî, sıradan, alelade; (*ordinär*) âdi; **er ist ein ziemlich ~er Mensch** kendisi oldukça sıradan bir insandır **II.** *adv* (*normalerweise*) normalen; **wie ~** her zamanki gibi

gewohnt [gə'vo:nt] *adj* ❶ (*daran gewöhnt*) alışık; **ich bin es ~, lange zu arbeiten** ben uzun çalışmaya alışığım ❷ (*vertraut*) alışık

Gewöhnung [gə'vø:nʊŋ] *f kein pl* alışma (**an** -e)

Gewölbe <-s, -> [gə'vœlbə] *nt* tonoz

gewölbt [gə'vœlpt] *adj* bombeli, tonozlu; (*Decke*) tonoz biçimindeki

gewonnen [gə'vɔnən] *pp von* **gewinnen**

geworben [gə'vɔrbən] *pp von* **werben**

geworden [gə'vɔrdən] *pp von* **werden**[1]

geworfen [gə'vɔrfən] *pp von* **werfen**

gewrungen [gə'vrʊŋən] *pp von* **wringen**

Gewühl <-(e)s> [gə'vy:l] *nt kein pl* (*Gedränge*) kalabalık, izdiham

gewunden [gə'vʊndən] **I.** *pp von* **winden** **II.** *adj* (*Flusslauf, Straße*) kıvrımlı, dolambaçlı; (*Ausdrucksweise*) dolambaçlı

gewunken [gə'vʊŋkən] *pp von* **winken**

Gewürz <-es, -e> [gə'vʏrts] *nt* bahar, baharat *pl* **Gewürzgurke** *f* turşuluk hıyar

gewusstRR [gə'vʊst], **gewußt**ALT *pp von* **wissen**

Geysir *m* GEO gayzer, kaynaç

gez. *Abk von* **gezeichnet** imzalı

gezackt [gə'tsakt] *adj* tırtıllı; TECH, BOT dişli

gezeichnet [gə'tsaɪçnət] *adj* ① (*im Brief*) imzalı ② FIN taahhütlü; **~es Kapital** taahhütlü sermaye

Gezeiten [gə'tsaɪtən] *pl* GEO gelgit, meddücezir **Gezeitenwechsel** <-s, -> *m* GEO gelgit olayı

Gezeter <-s> [gə'tse:tɐ] *nt kein pl* (*pej*) vaveylâlar *pl*, çığlık çığlığa bağırmalar *pl*

gezielt [gə'tsi:lt] *adj* amaçlı

geziemen* [gə'tsi:mən] *vr* ■ **sich ~** yakışık almak; **das geziemt sich nicht!** bu yakışık almaz!

geziert [gə'tsi:ɐt] *adj* (*pej*) yapmacık(lı)

Gezirp <-s> *nt kein pl* cırıltı; **das ~ der Grillen** cırcır böceklerinin cırıltısı

gezogen [gə'tso:gən] *pp von* **ziehen**

Gezwitscher <-s> [gə'tsvɪtʃɐ] *nt kein pl* cıvıldama, cıvıltı, ötüşme

gezwungen [gə'tsvʊŋən] **I.** *pp von* **zwingen II.** *adj* zoraki

gezwungenermaßen [-'---'--] *adv* zorunlu olarak, mecburen

ggf. *Abk von* **gegebenenfalls** gerekince, gerekirse, icabında

Ghana <-s> ['ga:na] *nt* Gana

Ghanaer(in) <-s, -; -nen> ['ga:naɐ] *m(f)* Ganalı

ghanaisch ['ga:naɪʃ] *adj* Ganalı, Gana (ile ilgili)

Ghetto <-s, -s> ['gɛto] *nt s.* **Getto**

ghettoisieren* *vt s.* **gettoisieren**

Gibraltar <-s> [gi'bralta:ɐ, --'-] *nt* Cebelitarık; **die Straße von ~** Cebelitarık Boğazı

Gibraltarer(in) <-s, -; -nen> [gibral'ta:rɐ] *m(f)* Cebelitarıklı

gibt [gi:pt] *3. präs von* **geben**

Gicht [gɪçt] *f kein pl* MED gut

Giebel <-s, -> ['gi:bəl] *m* ARCH alınlık, üçgen çatı **Giebeldach** *nt* ARCH beşik çatı

Gier [gi:ɐ] *f kein pl* aç gözlülük (**nach** -de), hırs (**nach** -); (*Fress~*) oburluk; **die ~ nach Macht/Geld** iktidar/para hırsı

gieren ['gi:rən] *vi* (*geh*) hırsı olmak (**nach** -); **er giert nach Ruhm und Macht** onda şöhret ve iktidar hırsı var

gierig *adj* (*hab~*) aç gözlü, tamahkâr; (*gefräßig*) obur; **~ essen** oburca yemek; **~ trinken** kana kana içmek

gießen <gießt, goss, gegossen> ['gi:sən] **I.** *vt* ① (*Pflanzen*) sulamak ② (*Metall*) dökmek ③ (*Kerzen*) dökmek ④ (*hinein~*) dökmek ⑤ (*verschütten*) dökmek **II.** *vi unpers* (*fam: regnen*) yağmak; **es gießt in Strömen** bardaktan boşanırcasına (yağmur) yağıyor, şakır şakır (yağmur) yağıyor

Gießerei <-en> *f* dökümhane

Gießkanne <-n> *f* sulama kovası

Gift <-(e)s, -e> [gɪft] *nt a.* MED zehir; **darauf kannst du ~ nehmen** (*fam*) buna emin olabilirsin; **sein ~ verspritzen** (*fam*) zehir saçmak; **~ und Galle spucken** (*fam*) ateş püskürmek **Giftgas** <-es, -e> *nt* zehirli gaz

giftig *adj* ① (*Substanz*) zehirleyici, zehirli, ağılı; MED zehirli ② (*fam: boshaft*) garazlı

Giftmüll *m* ÖKOL zehirli atıklar *pl*, zehirli çöpler *pl* **Giftpilz** *m* BOT zehirli mantar **Giftschlange** *f* zehirli yılan **Giftstoff** <-(e)s, -e> *m* zehirli madde **Giftwolke** <-, -n> *f* zehirli bulut

Gigabyte <-(s), -(s)> ['gi:gabaɪt] *nt* INFORM gigabayt

Gigant(in) <-en, -en; -nen> [gi'gant] *m(f)* dev

gigantisch *adj* devasa; (*gewaltig*) muazzam

Gigolo <-s, -s> *m* jigolo

Gilde *f* lonca

gilt [gɪlt] *3. präs von* **gelten**

Gimpel *m* ZOOL şakrak kuşu

Gin <-s> *m* cin

ging [gɪŋ] *3. imp von* **gehen**

Ginster <-s, -> ['gɪnstɐ] *m* BOT katırtırnağı

Gipfel <-s, -> ['gɪpfəl] *m* ① (*von Berg*) tepe, doruk, zirve ② (*Höhepunkt*) dik âlâsı, daniska; **das ist doch der ~!** bu, rezaletin dik âlâsı!, bu, saygısızlığın daniskası! ③ POL doruk, zirve **Gipfelkonferenz** *f* POL zirve konferansı, doruk konferansı

Gipfelpunkt *m* doruk, zirve **Gipfeltreffen** *nt* POL zirve toplantısı, doruk toplantısı

Gips <-es, -e> [gɪps] *m* ① GEO alçı taşı, jips ② (*Baumaterial*) alçı ③ MED alçı; **den rechten Arm/Fuß in ~ haben** sağ kolu/ayağı alçıda olmak **Gipsabdruck** <-(e)s, -drücke> *m* alçı kalıp **Gipsbein** *nt* (*fam*) alçılı bacak

gipsen *vt* alçılamak

Gipsverband *m* alçılı sargı

Giraffe <-n> [gi'rafə] *f* zürafa

Girlande <-n> [gɪr'landə] *f* kırlent

Girobank *f* kliring bankası **Girokonto** ['ʒi:rokɔnto] *nt* cari hesap

Gis <-, -> [gɪs] *nt* MUS sol diyez

Gitarre <-n> [gi'tarə] *f* gitar

Gitarrist(in) <-en, -en; -nen> *m(f)* gita-

rist, gitarcı
Gitter <-s, -> ['gɪtɐ] *nt* (*Fenster~, Tür~*) kafes; (*für Pflanzen*) çit; **hinter ~ kommen** (*fam*) kafese girmek **Gitterfenster** *nt* kafesli pencere **Gitterleiter** *f* SPORT (*Turngerät*) çerçeve **Gitterrost** <-(e)s, -e> *m* (*an Ofen*) ızgara; (*Abdeckung*) ızgara
Glace <-n> [gla:s] *f* SCHWEIZ (*Speiseeis*) dondurma
GlaceehandschuhRR <-(e)s, -e> *m*, **Glacéhandschuh** <-(e)s, -e> [gla'se:hantʃu:] *m* glase eldiven; **jdn mit ~en anfassen** (*fig fam*) birine tatlılıkla muamele etmek
Gladiole *f* BOT glâyöl, kuzgunkılıcı
Glanz <-es> [glants] *m kein pl* ❶ (*von Fläche, Haaren*) parlaklık; (*von Augen*) fer, parlaklık; (*Schimmer*) parıltı; **der ~ seiner Augen** gözlerinin feri ❷ (*Pracht*) görkem
glänzen ['glɛntsən] **I.** *vi* ❶ parlamak ❷ (*in einem Fach*) parlamak (**durch** -le) **II.** *vt* SCHWEIZ (*zum G~ bringen*) parlatmak
glänzend **I.** *adj* ❶ (*Lack, Augen*) parlak; (*Foto*) parlak ❷ (*fam: sehr gut*) enfes **II.** *adv* **mir geht es ~** çok iyiyim; **wir haben uns ~ amüsiert** nefis eğlendik
Glanzleistung *f* parlak başarı **Glanznummer** *f* atraksiyon
glanzvoll *adj* ❶ (*ausgezeichnet*) parlak ❷ (*prunkhaft*) görkemli
Glanzzeit <-en> *f* parlak dönem
Glas1 <-es> [gla:s] *nt kein pl* (*Material*) cam; **Vorsicht ~!** dikkat kırılır!
Glas2 <-es, Gläser> [gla:s, *pl* 'glɛ:zɐ] *nt* ❶ (*Trinkgefäß*) bardak; (*mit Stiel*) kadeh; (*Einmach~*) kavanoz; (*Schnaps~*) kadeh; **das ~ heben** kadeh kaldırmak ❷ (*Fern~*) dürbün ❸ (*Brillen~*) cam
Glasauge *nt* cam göz **Glasbläser(in)** *m(f)* cam ustası
Glaser(in) <-s, -; -nen> *m(f)* camcı
Glaserdiamant *m* camcı elması
Glaserei <-en> *f* ❶ (*Betrieb*) camcı (dükkânı), cam evi ❷ *kein pl* (*Handwerk*) camcılık
Glaserkitt *m* camcı macunu
gläsern ['glɛ:zɐn] *adj* cam(dan); (*feiner*) cam gibi; (*fig: transparent*) cam gibi, saydam
Glasfaser <-n> *f* cam elyafı, cam lifi **Glasfaserkabel** <-s, -> *nt* TECH tel ışın kablosu
Glasglocke *f* fanus **Glashaus** *nt* **wer im ~ sitzt, soll nicht mit Steinen werfen** (*prov*) sırça köşkte oturan komşusuna taş atmamalı **Glashütte** *f* cam imalâthanesi, cam fabrikası
glasieren* [gla'zi:rən] *vt* (*Keramik*) sırlamak
glasig ['gla:zɪç] *adj* (*Blick*) cam gibi, donuk
Glasindustrie *f* cam sanayii
Glaskasten *m* cam kutu; (*fam: verglaster Raum*) camekân **glasklar** ['-'-] *adj* ❶ (*durchsichtig*) cam gibi, saydam ❷ (*fig: eindeutig*) apaçık, besbelli **Glaskörper** *m* ANAT, MED (*im Auge*) billûr cisim **Glaskraut** *nt kein pl* BOT yapışkan otu **Glasmalerei** *f kein pl* cam resim
Glasnost ['glasnɔst] *f kein pl* POL glasnost
Glasperle <-n> *f* boncuk **Glasscheibe** *f* cam, pencere camı **Glasschrank** *m* camlı dolap **Glastür** *f* camlı kapı, camekânlı kapı
Glasur <-en> [gla'zu:ɐ] *f* (*auf Keramik*) sır
Glaswolle *f kein pl* cam yünü
glatt [glat] **I.** *adj* ❶ (*eben*) düz; (*nicht rau*) pürüzsüz; (*Haut*) pürüzsüz, pütürsüz, duru; (*Haare*) düz; **ein Gewehr mit ~em Lauf** namlusu yivsiz tüfek ❷ (*rutschig*) kaygan, kaypak ❸ (*reibungslos*) düzgün, pürüzsüz ❹ (*fam: eindeutig*) **das ist eine ~e Lüge** bu düpedüz yalandır; **das macht ~e 1000 Euro** bu tam 1000 euro tutar ❺ (*Typ*) kaypak **II.** *adv* ❶ (*problemlos*) sorunsuz, problemsiz ❷ (*rundweg*) düpedüz; (*einfach*) düpedüz; **das hatte ich ~ vergessen** bunu düpedüz unutmuştum
glatt|bügeln *vt s.* **bügeln**
Glätte ['glɛtə] *f kein pl* ❶ (*Ebenheit*) düzlük; (*nicht rau*) pürüzsüzlük ❷ (*von Straßen*) kayganlık
Glatteis *nt* donmuş kırağı; **jdn aufs ~ führen** (*fig*) birini faka bastırmak
glätten ['glɛtən] **I.** *vt* ❶ (*eben machen*) düzletmek; **die Wogen ~** (*fig*) yatıştırmak ❷ SCHWEIZ (*bügeln*) ütülemek **II.** *vr* ■ **sich ~** (*Meer*) sakinleşmek; (*Sturm*) durulmak, dinmek
glattrasiert *adj s.* **rasieren I.**
glatt|streichen *irr vt s.* **streichen I.5.**
Glatze <-n> ['glatsə] *f* ❶ kellik, dazlaklık; **eine ~ haben** başı dazlak olmak, başında kellik olmak; **eine ~ bekommen** kelleşmek, dazlaklaşmak ❷ (*sl: Skinhead*) dazlak
Glatzkopf *m* (*fam*) dazlak
glatzköpfig ['glatskœpfɪç] *adj* kel, dazlak
Glaube <-ns> ['glaʊbə] *m kein pl* ❶ REL iman, inanç (**an** -), inanış; (*Aber~*) inanç, itikat; **der christliche ~** Hristiyan inanışı; **jüdischen ~ns** Yahudi inanışından olan ❷ (*Vertrauen*) güven, itimat; (*Meinung*) görüş; (*Überzeugung*) inanç; **den ~n an etw verlieren** bir şeye güveni sarsılmak;

in dem ~n sein, dass ... ...in inancında olmak; **lass sie doch in dem ~n!** inanacaksa bırak inansın!; **etw** *dat* **~n/keinen ~n schenken** bir şeye inanmak/inanmamak; **in gutem ~n handeln** iyi niyetle hareket etmek ❸ (*Zuversicht*) güven (**an** -e)

glauben ['glaʊbən] **I.** *vt* ❶ (*meinen*) sanmak; **ich glaube nicht, dass das geht** bunun olabileceğini sanmıyorum [*o* sanmam], olabileceğine inanmıyorum; **sie glaubte ihn in Schwierigkeiten** (*geh*) onun sıkıntıda olduğunu sanıyordu; **einer musste daran ~** (*fam*) kabak birinin başın(d)a patlamak, kabak birinin başına patlaması gerekiyordu ❷ (*für wahr halten*) inanmak; **das glaubst du doch selber nicht** sen de buna inanmıyorsun ki; **es ist nicht zu ~!** inanılacak şey değil!; **ich glaube dir** sana inanıyorum; **ob du es glaubst oder nicht, ich habe gewonnen** ister inan ister inanma, ben kazandım **II.** *vi a.* REL inanmak (**an** -e); **ich glaube an Gott** Tanrı'ya [*o* Allah'a] inanıyorum

Glauben <-s> *m kein pl s.* **Glaube** **Glaubensbekenntnis** *nt* ❶ REL (*Zugehörigkeit zu einer Konfession*) mezhep ❷ REL (*formelhafte Zusammenfassung*) amentü; (*in Islam*) kelimeişahadet; **das Apostolische ~** Havarîlerin Amentüsü ❸ POL (*Überzeugung*) inanç **Glaubensfreiheit** *f kein pl* inanç özgürlüğü **Glaubensgemeinschaft** *f* cemaat **Glaubenskrieg** *m* gazve, din uğruna yapılan savaş

glaubhaft *adj* inandırıcı; (*glaubwürdig*) güvenilir; **jdm etw ~ machen** birini bir şeye inandırmak

Glaubhaftigkeit *f kein pl* inanırlık

gläubig ['glɔɪbɪç] *adj* REL imanlı, inançlı

Gläubige(r) <-n, -n; -n> *f(m)* REL iman sahibi

Gläubiger(in) <-s, -; -nen> *m(f)* WIRTSCH alacaklı **Gläubigerbank** *f* alacaklı banka **Gläubigerland** *f* WIRTSCH alacaklı ülke **Gläubigkeit** *f kein pl* inançlılık

glaubwürdig *adj* güvenilir **Glaubwürdigkeit** *f kein pl* güvenilirlik

gleich [glaɪç] **I.** *adj* ❶ *a.* MATH (*~wertig*) eşit; (*identisch*) aynı, özdeş; **der/die/das G~e** aynı(sı), tıpkı(sı); **aufs** [*o* **auf das**] **G~e hinauslaufen** aynı kapıya çıkmak; **zu ~en Teilen** eşit olarak; **in ~er Weise** aynı biçimde; **zur ~en Zeit** aynı zamanda; **G~es mit G~em vergelten** kısasa kısas etmek, kısasa kısasla karşılık vermek; **zwei mal zwei (ist) ~ vier** iki kere iki dörde eşittir, iki kere iki dört eder ❷ (*ähnlich*) benzer; **G~ und G~ gesellt sich gern** (*prov*) tencere yuvarlanmış, kapağını bulmuş ❸ (*~gültig*) **ist mir ganz ~!** bana göre hava hoş!, umurumda değil!; **ganz ~, was er sagt** ne derse desin **II.** *adv* ❶ (*sofort*) hemen, şimdi; (*demnächst*) birazdan; **ich komme ~** hemen geliyorum, birazdan geliyorum; **bis ~** birazdan görüşmek üzere; **~ darauf** ondan hemen sonra; **~ heute** hemen bugün; **wie hieß sie doch ~?** adı neydi ki? ❷ (*dicht daneben*) hemen; **der Schrank steht ~ neben der Tür** dolap kapının hemen yanında duruyor; **~ hier** hemen burada, buracıkta ❸ (*ebenso*) aynı; **~ schnell** aynı hızda; **~ groß** aynı boyda; **~ viel** eşit miktarda; **du musst sie beide ~ behandeln** ikisine eşit muamele yapman gerekiyor, ikisine aynı muameleyi yapman gerekiyor **III.** *präp* (*geh: wie*) gibi; **~ einem Schmetterling** bir kelebek gibi

gleichaltrig ['glaɪçaltrɪç] *adj* akran, yaşıt

gleichartig *adj* türdeş

Gleichartigkeit *f* türdeşlik

gleichbedeutend *adj* eş anlamlı (**mit** -le)

gleichberechtigt *adj* eşit haklara sahip olan **Gleichberechtigung** *f kein pl* eşitlik

gleich|bleiben^ALT *irr vi sein s.* **bleiben 2.**

gleichbleibend *adj s.* **bleiben 2.**

gleichen <gleicht, glich, geglichen> ['glaɪçən] *vi* benzemek (-e); **sich** *dat* **~ wie ein Ei dem anderen** tıpkı tıpkısına benzemek

gleichermaßen ['--'--] *adv* aynı suretle

gleichfalls *adv* keza; **danke ~!** bilmukabele!

gleichfarbig *adj* renktaş

gleichförmig *adj* ❶ aynı biçimdeki, düzgün ❷ (*fig: eintönig*) tekdüze, hep aynı biçimde olan, aynı biçimde tekrarlanan

gleichgeschlechtlich *adj* ❶ (*vom gleichem Geschlecht*) aynı cinsten olan ❷ (*homosexuell*) eş cinsel **gleichgesinnt** ['glaɪçgəzɪnt] *adj s.* **gesinnt**

Gleichgewicht <-(e)s> *nt kein pl* denge; PSYCH iç denge; **aus dem ~ kommen/bringen** dengesini kaybetmek/kaybettirmek; **das ~ stören** dengeyi bozmak; **im ~ sein** dengede olmak; **labiles/stabiles ~** PHYS kararsız/kararlı denge **Gleichgewichtsstörung** *f* MED denge bozukluğu

gleichgültig *adj* ❶ (*ohne Anteilnahme*) neme lazımcı, kayıtsız, ilgisiz, umursamaz, aldırmaz (**gegenüber** -e karşı) ❷ (*unwichtig*) **das ist mir ~** neme lazım, bu benim umurumda değil

Gleichgültigkeit *f kein pl* neme lazımcılık, kayıtsızlık, aldırmazlık (**gegenüber** -e karşı); (*Desinteresse*) ilgisizlik (**gegen-**

über -e karşı)
Gleichheit *f kein pl* eşitlik **Gleichheitszeichen** *nt* eşit işareti
gleich|kommen *irr vi sein* ❶ (*gleichen*) eşit olmak (-e) ❷ (*mit Leistung*) **niemand kommt ihm an Schnelligkeit gleich** hiç kimse onun kadar hızlı değildir **gleichlautend** *adj s.* **lauten** **gleich|machen** *vt* eşitlemek; **etw dem Erdboden ~** bir şeyi yerle bir etmek
gleichmäßig *adj* ❶ (*gleichförmig*) düzgün ❷ (*regelmäßig*) düzenli ❸ (*ausgeglichen*) dengeli; **~e Verteilung** eşit olarak dağıtılma
Gleichmäßigkeit *f kein pl* ❶ (*Gleichförmigkeit*) düzgünlük ❷ (*Regelmäßigkeit*) düzenlilik ❸ (*Ausgeglichenheit*) denge ❹ (*in der Form*) düzgünlük
Gleichnis <-ses, -se> *nt* mesel
gleichrangig ['glaɪçraŋɪç] *adj* aynı derecedeki, aynı sıradaki, aynı rütbedeki
gleichsam *adv* (*geh*) âdeta, sanki; (*wie*) gibi; **~ als ob ...** sanki ...miş gibi ...
gleichschenk(e)lig *adj* MATH ikizkenar; **~es Dreieck** ikizkenar üçgen
Gleichschritt <-(e)s> *m kein pl* uygun adım; **im ~ marschieren** uygun adım yürümek
gleich|sehen *irr vi sein* çok benzemek; **er sieht seinem Vater gleich** babasına çok benziyor **gleichseitig** *adj* MATH eşkenar; **ein ~es Dreieck** eşkenar üçgen **Gleichstand** <-(e)s> *m kein pl* SPORT beraberlik, berabere kalma **Gleichstellung** *f kein pl* eşitlik; **die ~ der Frau mit dem Mann** kadın ile erkek arasındaki eşitlik **Gleichstrom** <-(e)s> *m kein pl* ELEK doğru akım **gleich|tun** *irr vt* **es jdm ~** (*nachahmen*) birisini taklit etmek; (*in Leistung*) birinin yaptığını tekrarlamak
Gleichung <-en> *f* MATH denklem
gleichwertig *adj* eş değerli
Gleichwertigkeit *f kein pl* eş değerlik
gleichwohl ['-'-] *adv* bununla birlikte, mamafih
gleichzeitig **I.** *adj* eş zamanlı **II.** *adv* aynı zamanda
Gleis <-es, -e> [glaɪs] *nt* ray; (*Rangier~*) hat; **auf ~ zehn** on numaralı peronda; **aus dem ~ geraten** (*fig*) raydan [*o* rayından] çıkmak; **die Sache kommt schon wieder ins rechte ~** iş yine rayına giriyor
Gleiskettenfahrzeug *nt* paletli taşıt
gleiten <gleitet, glitt, geglitten> ['glaɪtən] *vi* ❶ *sein* (*fliegen*) süzülmek ❷ *sein* (*rutschen*) kaymak ❸ *sein* (*sich bewegen*) süzülmek, süzülerek geçmek (**über** -den)
Gleitflug *m* süzülme; **im ~ landen** süzülerek yere inmek, süzüle süzüle yere inmek
Gleitflugzeug *nt* planör **Gleitklausel** *f* eşelmobil kaydı **Gleitreibung** *f* PHYS, TECH kayma sürtünmesi
Gletscher <-s, -> ['glɛtʃɐ] *m* buzul **Gletscherbach** *m* buzul kaynağı **Gletscherspalte** *f* buzul yarığı
glich [glɪç] *3. imp von* **gleichen**
Glied <-(e)s, -er> [gli:t] *nt* ❶ (*Körperteil*) organ, uzuv; **der Schreck saß ihm in den ~ern** korku iliğine işlemişti ❷ (*Finger~*) boğum ❸ (*Penis*) **das männliche ~** erkeklik organı ❹ (*Ketten~*) bakla, halka ❺ (*Teil*) unsur
Gliederfüßer *pl* ZOOL eklem bacaklılar *pl*
gliedern ['gli:dɐn] **I.** *vt* ❶ (*ordnen*) düzenlemek, tertip etmek ❷ (*unterteilen*) bölümlemek (**in** -e) **II.** *vr* ■ **sich ~** (*sich teilen*) bölünmek (**in** -e)
Gliederung <-en> *f* ❶ (*das Gliedern*) bölüm; (*Einteilung*) ayırma (**in** -e) ❷ (*Aufbau*) yapı; **~ der Bilanz** bilanço tablosu
Gliedmaßen ['gli:tma:sən] *pl* kol ve bacaklar *pl*
glimmen <glimmt, glomm, geglommen> ['glɪmən] *vi* için için yanmak
Glimmer *m* mika
glimmern ['glɪmɐn] *vi* parıldamak
Glimmstengel *m* (*fam*) cıgara
glimpflich ['glɪmpflɪç] **I.** *adj* (*mild*) yumuşak; (*Strafe*) hafif; (*Urteil*) insaflı **II.** *adv* (*ohne größeren Schaden*) hafif, az bir zararla; **wir sind noch ~ davongekommen** onu hafif [*o* az bir zararla] atlattık, ondan az bir zararla kurtulduk, onu geçiştirdik
glitschig ['glɪtʃɪç] *adj* (*fam*) kaygan, kaypak
glitt [glɪt] *3. imp von* **gleiten**
glitzern ['glɪtsɐn] *vi* parıldamak
global [glo'ba:l] *adj* global, küresel; **~e Erwärmung** küresel ısınma
globalisieren *vt* küreselleştirmek
Globalisierung <-en> *f* ❶ (*das Globalisieren*) globalleştirme, küreselleştirme ❷ (*das Globalisiertwerden*) globalleşme, küreselleşme
Globalisierungskritiker(in) *m(f)* globalleşme eleştiricisi
Globus <-(ses), -se *o* Globen> ['glo:bʊs] *m* küre
Glocke <-n> ['glɔkə] *f* ❶ (*in Kirchen*) çan; (*Schiffs~*) kampana, çan; **etwas an die große ~ hängen** (*fig fam*) davul çalmak, bir şeyi herkesin duyabileceği biçimde ortalığa yaymak ❷ DIAL (*Klingel*) zil ❸ (*Käse~*) fanus **Glockenblume** *f* BOT çan çiçeği **glockenförmig** *adj* çan biçimindeki

Glockengeläut(e) <-s> *nt kein pl* çan sesi **Glockenrock** *m* kloş etek **Glockenschlag** *m* çan vuruşu **Glockenspiel** <-(e)s, -e> *nt* çanların oyunu **Glockenturm** *m* çan kulesi

Glöckner *m* çancı, zangoç

glomm [glɔm] *3. imp von* **glimmen**

Glorie ['glo:riə] *f kein pl* (*geh: Ruhm*) şan

glorreich ['glo:ɐraɪç] *adj* şanlı

Glossar <-s, -e> [glɔ'sa:ɐ] *nt* ek sözlük, küçük sözlük, lügatçe

Glosse <-n> ['glɔsə] *f* ❶ (*Randbemerkung*) derkenar ❷ (*Kommentar*) kısa (ve sert) yorum ❸ HIST, LING, LIT haşiye

glotzen ['glɔtsən] *vi* (*fam*) ❶ (*schauen*) bakmak; (*anstarren*) dik dik bakmak (**auf** -e) ❷ (*fernsehen*) bakmak

Glück <-(e)s> [glʏk] *nt kein pl* şans, talih, uğur; (*Glücklichsein*) mutluluk, saadet; **~ haben** şansı olmak, şansı yaver gitmek; **kein ~ haben** şansı olmamak [*o* yaver gitmemek]; **sein ~ versuchen** şansını denemek; **jdm ~ bringen** birine şans [*o* uğur] getirmek; **das ~ ist auf unserer Seite** şans bizden yana; **sie kann von ~ sagen, dass nichts passiert ist** şansına bir şey olmadı; **zum ~** şansına; **~ auf!** (*Bergarbeitergruß*) şansın yaver gitsin!; **viel ~!** bol şanslar!; **ein ~!** (*fam*) ne şanş!; **sie weiß noch nichts von ihrem ~** henüz şansından haberi yok; **~ im Unglück haben** ucuz atlatmak [*o* kurtulmak]; **auf gut ~** (*fam*) şansına; **jeder ist seines ~es Schmied** (*prov*) her koyun kendi bacağından asılır; **Unglück im Spiel, ~ in der Liebe** (*prov*) kumarda kaybeden aşkta kazanır

Glucke <-n> ['glʊkə] *f* kuluçka

glücken ['glʏkən] *vi sein* başarılı olmak, başarılmak

gluckern ['glʊkɐn] *vi* gluk gluk etmek

glücklich **I.** *adj* ❶ (*vom Glück begünstigt*) şanslı, talihli, uğurlu, kısmetli, bahtı açık ❷ (*froh*) mutlu, mes'ut; **ein ~er Mensch** mutlu bir insan **II.** *adv* ❶ mutlu; **jdn ~ machen** birini mutlu etmek ❷ (*gut*) iyi; **die Geschichte endete ~** hikâyenin sonu iyi bitti

glücklicherweise ['---'--] *adv* iyi ki, bereket, Allah'tan

Glücksbringer <-s, -> *m* uğurluk, maskot

glückselig *adj* mutlu, bahtiyar

Glückseligkeit *f kein pl* mutluluk, bahtiyarlık

Glücksfall <-(e)s, -fälle> *m* şans eseri; **im ~ können wir ...** kısmet olursa ...ebiliriz **Glücksfee** *f* talih kuşu **Glückskind** *nt* şanslı çocuk **Glückspilz** *m* (*fam*) bahtı açık; **du bist ein ~** çok şanslısın, çok talihlisin, çok kısmetlisin **Glückssache** *f kein pl* baht işi, şans meselesi **Glücksspiel** <-(e)s, -e> *nt* kumar, talih oyunu **Glückssträhne** *f* **~ haben** bahtı açık olmak, şansı yaver gitmek **Glückstreffer** *m* düşeş

Glückwunsch *m* (*~karte*) tebrik; (*als Wunsch*) dilek; **herzlichen ~!** kutlu olsun!, tebrikler!; **herzlichen ~ zum Geburtstag!** yaş günün(üz) kutlu olsun! **Glückwunschkarte** *f* tebrik kartı

Glucose *f kein pl s.* **Glukose** glikoz

Glühbirne *f* ampul, elektrik ampulü

glühen ['gly:ən] *vi* ❶ (*Kohlen*) korlaşmak ❷ (*Metall*) kızmak, tavında olmak; (*Körper*) yanmak ❸ (*geh: erregt sein*) yanıp tutuşmak (**vor** -den)

glühend *adj* (*Metall*) kızgın, tavlı; (*Wangen*) kıpkırmızı; (*Hass, Verehrer*) ateşli; **~ heiß** ateş gibi

Glühfaden *m* ELEK filaman

Glühwein <-(e)s, -e> *m şeker ve baharatla çeşnilenmiş şarap* **Glühwürmchen** <-s, -> ['-vʏrmçən] *nt* (*Leuchtkäfer*) ateş böceği

Glukose *f kein pl* glikoz

Glupschauge *nt* (*fam*) patlak göz

Glut <-en> [glu:t] *f* (*von Kohlen*) kor; (*von Zigarette*) ateş **glutrot** ['-'-] *adj* kor gibi, kıpkırmızı; **sie wurde ~ vor Scham** utancından kıpkırmızı kesildi

Glyzerin <-s> [glytse'ri:n] *nt kein pl* CHEM gliserin

Glyzinie [gly'tsiniə] *f* BOT salkım

GmbH <-s> [ge:ʔɛmbe:'ha:] *f Abk von* **Gesellschaft mit beschränkter Haftung** Ltd Şti (*limited şirket*)

g-Moll <-> ['ge:'mɔl] *nt kein pl* MUS sol minör

Gnade <-n> ['gna:də] *f* ❶ *a.* REL ihsan, inayet, rahmet; (*Mitleid*) insaf ❷ (*Barmherzigkeit*) merhamet; **für jdn um ~ bitten** biri için aman dilemek; **~ vor Recht ergehen lassen** adalete merhamet katmak; **von Gottes ~n** Allah'ın inayetiyle ❸ (*Strafnachlass*) af **Gnadenerlass** *m* genel af **Gnadenfrist** *f* **eine ~ geben/gewähren** son bir süre [*o* mühlet] vermek **gnadenlos** *adj* amansız, merhametsiz

gnädig ['gnɛ:dɪç] *adj* ❶ (*gütig*) iyi yürekli; (*barmherzig*) merhametli, râhim ❷ (*veraltend: verehrt*) **~es Fräulein/~e Frau/~er Herr** küçük hanım [*o* hanımefendi]/hanımefendi/beyefendi

Gneis *m* GEO gnays; **der ~ ist ein Gestein aus Feldspat, Quarz und Glimmer** gnays, feldspat, kuvars ve mikadan birleşmiş bir kayaçtır

Gnom <-en, -en> [gnoːm] *m* (yer altı) cüce(si)

Gnu <-s, -s> [gnuː] *nt* ZOOL gnu

Goal <-s, -s> [goːl] *nt* ÖSTERR, SCHWEIZ (*Tor*) kale

Gobelin *m* KUNST goblen

Gockel <-s, -> ['gɔkəl] *m* SÜDD (*fam*) horoz

Gold <-(e)s> [gɔlt] *nt kein pl* altın; **~ wert sein** altın değerinde olmak; **Morgenstunde hat ~ im Munde** (*prov*) erken kalkan işine, altın takar dişine, erken kalkan yol alır, er evlenen döl alır **Goldader** *f* altın damarı **Goldauflage** *f* altın kaplama **Goldbarren** *m* altın külçesi, külçe altın **Golddoublé** <-s, -s> ['gɔltdubleː] *nt*, **Golddublee** <-s, -s> *nt* altın kaplama

golden ['gɔldən] *adj* ❶ (*aus Gold*) altın; **~e Hochzeit** altın yıl; **das ~e Zeitalter** altın çağ; **~er Käfig** (*fig*) altın kafes; **ein ~es Herz haben** altın yürekli [*o* kalpli] olmak; **Handwerk hat ~en Boden** (*prov*) kolunda altın bileziği var ❷ (*goldfarben*) altunî

Goldesel *m* (*fig fam*) altın yumurtlayan tavuk **Goldfaden** *m* altın sırma

goldfarben *adj*, **goldfarbig** *adj* altunî

Goldfisch *m* ZOOL Japon balığı **Goldgehalt** <-(e)s, -e> *m* altın ayarı **goldgelb** *adj* altın sarısı **Goldgräber(in)** <-s, -; -nen> ['-grɛːbɐ] *m(f)* altın arayıcısı **Goldgrube** *f* (*a. fig fam*) altın madeni **Goldhamster** *m* avurtlak

goldig *adj* (*fam: niedlich*) cici

Goldklumpen <-s, -> *m* altın keseği

Goldkurs <-es, -e> *m* FIN altın fiyatı

Goldlack *m* BOT şebboy **Goldmedaille** *f* SPORT altın madalya **Goldmine** <-n> *f* altın madeni **Goldmünze** *f* altın sikke **Goldpreis** *m* altın fiyatı **Goldregen** <-s, -> *m* BOT sarısalkım **Goldreif** <-s, -> *m* altın bilezik **goldrichtig** ['-'--] *adj* (*fam*) tam kıvamında **Goldschmied(in)** <-(e)s, -e; -nen> *m(f)* kuyumcu **Goldschmiedekunst** *f kein pl* kuyumculuk **Goldschnitt** *m* altın yaldız, yaldızlama **Goldstück** *nt* ❶ (*Münze*) altın ❷ (*fam: Mensch*) **mein ~!** bir tanem! **Goldwaage** *f* hassas terazi; **jedes Wort auf die ~ legen** (*fig*) her kelimeyi tartarak söylemek, kelimeleri tartarak konuşmak **Goldwährung** *f* WIRTSCH altın para standardı

Golf[1] <-(e)s, -e> [gɔlf] *m* GEO (*Meerbusen*) körfez

Golf[2] <-s> *nt kein pl* SPORT golf

Golfplatz <-es, -plätze> *m* golf alanı, golf sahası **Golfschläger** *m* golf sopası **Golfspieler(in)** *m(f)* golfçü

Golfstaat *m* körfez ülkesi **Golfstrom** <-(e)s> *m kein pl* GEO golfstrim **Golfturnier** *nt* golf turnuvası

Gondel <-n> ['gɔndəl] *f* ❶ (*Boot*) gondol ❷ (*am Ballon*) sepet

Gong <-s, -s> [gɔŋ] *m* kampana; (*beim Boxen*) gonk

gönnen ['gœnən] *vt* **das gönne ich ihm** helâl olsun ona; **jdm etw nicht ~** birine bir şeyi çok görmek; **sich** *dat* **etw ~** paraya kıyıp kendisine bir şey almak; **sein Gewissen wird ihm keine Ruhe ~** vicdanı onu rahat bırakmayacaktır

Gönner(in) <-s, -; -nen> *m(f)* velinimet, hami

gönnerhaft *adj* (*pej*) tepeden bakan

gor [goːɐ] *3. imp von* **gären**

Göre <-n> ['gøːrə] *f* NORDD ❶ (*Kind*) yumurcak ❷ (*freches Mädchen*) arsız kız

Gorilla <-s, -s> [go'rɪla] *m* ZOOL goril

Gospel <-s, -s> ['gɔspəl] *m o nt* REL, MUS ilahî

goss[RR] [gɔs], **goß**[ALT] *3. imp von* **gießen**

Gosse <-n> ['gɔsə] *f* su yolu; **in der ~ landen** sokakta kalmak

Gotik ['goːtɪk] *f kein pl* Gotik, gotik sanat

gotisch *adj* gotik

Gott[1] <-es> [gɔt] *m kein pl* (*monotheistisch*) Tanrı, Allah; **mit ~es Hilfe** Tanrı'nın yardımıyla; **grüß ~!** DIAL selamünaleyküm!; **mein ~!** Allah'ım!; **um ~es willen!** aman Allahım!, Tanrı aşkına!, Allah aşkına!, Allah rızası için!, Allah'ını seversen!; **~ sei Dank!** (*fam*) Tanrı'ya şükür(ler)!, Allah'a şükür!, hamdolsun!; **~ hab ihn selig** Allah rahmet eylesin; **ich schwöre bei ~** vallahi billâhi; **weiß ~** (*fam*) alimallah, Allah bilir; **in ~es Namen** (*fam*) Tanrı adına; **~ bewahre!** (*fam*) Allah korusun!; **über ~ und die Welt reden** havadan sudan konuşmak; **leben wie ~ in Frankreich** (*fam*) kont gibi yaşamak, krallar gibi yaşamak

Gott, Göttin[2] <-es, Götter; -nen> [gɔt, *pl* 'gœtɐ] *m, f* (*polytheistisch*) tanrı, ilah; (*weiblich*) tanrıça, ilahe; **die griechischen/römischen Götter** Yunan/Roma tanrıları; **ein Bild für die Götter** (*fam*) allahlık bir manzara

Götterbaum *m* BOT aylandız, kokar ağaç

Gottesanbeterin <-nen> *f* ZOOL peygamber devesi **Gottesdienst** <-(e)s, -e> *m* ibadet, ayin

gottesfürchtig *adj* Tanrı'dan korkan

Gotteshaus *nt* REL ibadethane; (*Kirche*) kilise; (*Moschee*) cami

Gotteslästerung *f* Tanrı'ya küfür
Gottheit <-en> *f* tanrı, ilah
Göttin <-nen> *f* tanrıça, ilahe
göttlich *adj* ❶ (*von Gott ausgehend*) rabbanî, Tanrı'dan gelen ❷ (*auf Gott bezogen*) tanrısal, lahuti, ilahî; **die G~e Komödie** İlahî Komedya
gottlob ['gɔtlo:p] *adv* Tanrı'ya şükür, Allah'a şükür
gottlos *adj* ❶ (*Gott nicht achtend*) allahsız ❷ (*atheistisch*) tanrıtanımaz **gottverlassen** *adj* (*fam*) kuş uçmaz, kervan geçmez
Gottvertrauen *nt kein pl* tevekkül
Götze <-n, -n> ['gœtsə] *m* put **Götzendiener(in)** *m(f)* REL putperest **Götzendienst** <-(e)s> *m kein pl* REL putperestlik
Gouvernante *f* mürebbiye
Gouverneur(in) *m(f)* vali
GPS *nt Abk von* **Global Positioning System** Küresel Konumlandırma Sistemi
Grab <-(e)s, Gräber> [gra:p, *pl* 'grɛ:bɐ] *nt* mezar, gömüt; (*~mal*) türbe; **jdn zu ~e tragen** (*geh*) birini toprağa vermek; **verschwiegen wie ein ~ sein** (*fam*) ağzı kenetli olmak; **mit einem Bein im ~ stehen** (*fig fam*) bir ayağı çukurda olmak; **sich** *dat* **sein eigenes ~ schaufeln** (*fig*) kendi kuyusunu kendi kazmak
graben <gräbt, grub, gegraben> ['gra:bən] **I.** *vi* ❶ (*um~*) yeri kazmak; **sie grub ihre Zähne in den Apfel** dişlerini elmaya geçirdi ❷ (*nach Gold*) aramak (**nach** -) **II.** *vt* (*ausheben*) açmak; (*Brunnen*) kazmak, açmak; **ein Loch ~** delik açmak, çukur kazmak **III.** *vr* **sich jdm ins Gedächtnis ~** bir şey aklına saplanıp kalmak
Graben <-s, Gräben> ['gra:bən] *m* ❶ (*für Rohr*) çukur; (*Bewässerungs~*) ark; (*Straßen~*) şarampol ❷ GEO çöküntü hendeği; (*Tiefsee~*) abis ❸ (*Burg~, Wasser~*) hendek; (*Orchester~*) yer ❹ (*Schützen~*) kazamat
Grabkammer *f* mezar odası **Grabmal** <-(e)s, -e *o* -mäler> *nt* türbe, kabristan, kabir **Grabräuber** *m* mezar soyguncusu **Grabrede** *f* ölüyü gömerken yapılan konuşma **Grabschändung** *f* mezarları tahrip etme **Grabstein** *m* mezar taşı
gräbt [grɛ:pt] *3. präs von* **graben**
Grad <-(e)s, -e> [gra:t] *m* derece; **akademischer ~** akademik derece; **ein Winkel von 60 ~** 60 derecelik bir açı; **bei fünf ~ Kälte** beş derece soğukta; **Verwandte zweiten ~es** ikinci dereceden hısımlar; **er war im höchsten ~ nervös** son derece sinirliydi; **bis zu einem gewissen ~** belli bir dereceye kadar **Gradmesser** <-s, -> *m* ölçek; **die Popularität ist kein ~ für Qualität** popülarite kalite için bir ölçek değildir
Graf <-en, -en> [gra:f] *m* kont
Grafik[1] ['gra:fɪk] *f kein pl* KUNST grafik sanatlar *pl*
Grafik[2] <-en> *f* ❶ (*Kunstwerk*) grafik ❷ (*Schaubild*) grafik, çizge
Grafikbildschirm *m* INFORM grafik ekran
Grafiker(in) <-s, -; -nen> ['gra:fikɐ] *m(f)* çizimci, teknik ressam
Grafikkarte <-n> *f* INFORM grafik kartı
Gräfin <-nen> *f* kontes
grafisch *adj* grafik
Grafit[RR] <-s, -e> *m s.* **Graphit**
Grafschaft <-en> *f* kontluk
Gram <-(e)s> [gra:m] *m kein pl* (*geh*) keder, dert, tasa, gam
grämen ['grɛ:mən] *vr* ■ **sich ~** (*geh*) kederlenmek (**über** -e), gamlanmak (**über** -e)
Gramm <-s, -e *o bei Zahlenangaben* -> [gram] *nt* gram
Grammatik <-en> [gra'matɪk] *f* LING gramer, dil bilgisi; **kontrastive ~** karşılaştırmalı dil bilgisi
grammatikalisch [gramati'ka:lɪʃ] *adj* LING gramatikal
grammatisch *adj* LING gramatikal; **~ richtig** gramatikal olarak doğru; **~e Kategorie** gramer kategorisi
Grammofon[RR] <-s, -e> *nt*, **Grammophon**® <-s, -e> [gramo'fo:n] *nt* gramofon
Granat <-(e)s, -e> [gra'na:t] *m* ❶ (*Garnele*) karides ❷ GEO (*Mineral*) grena
Granatapfel *m* BOT nar
Granatapfelbaum *m* BOT nar ağacı
Granate <-n> [gra'na:tə] *f* MIL humbara; (*Hand~*) bomba
Granatfeuer <-s> *nt kein pl* MIL humbara ateşi
grandios [gran'djo:s] *adj* görkemli, muhteşem
Granit <-s, -e> [gra'ni:t] *m* granit
Granulat *nt* granül
Granulit *m* granülit
Grapefruit <-s> ['gre:pfru:t, 'grɛɪpfru:t] *f* BOT greyfurt; (*Pampelmuse*) altıntop
Graphik ['gra:fɪk] *f s.* **Grafik**
graphisch *adj s.* **grafisch**
Graphit <-s, -e> [gra'fi:t] *m* grafit
Graphologie *f kein pl* grafoloji
Gras[1] <-es, Gräser> [gra:s, *pl* 'grɛ:zɐ] *nt* ❶ (*Pflanze*) ot ❷ (*Marihuana*) marihuana
Gras[2] <-es> *nt kein pl* (*Wiese*) çayır; (*Rasen*) çimen; **das ~ wachsen hören** (*fig fam*) ukalâlık etmek, kendini fasulye gibi

nimetten saymak; **ins ~ beißen** (*fig fam*) tahtalıköyü boylamak

grasen ['gra:zən] *vi* otlamak

grasgrün ['-'-] *adj* yemyeşil **Grashalm** *m* ot sapı **Grashüpfer** <-s, -> ['gra:shʏpfɐ] *m* (*fam*) çekirge **Grasmücke** <-n> *f* ZOOL ötleğen

grassieren* [gra'si:rən] *vi* (*sich ausbreiten*) yayılmak; (*um sich greifen*) ortalığı kasıp kavurmak; (*Gerücht*) ortalıkta dolaşmak, herkesin dilinde dolaşmak; **die Seuche grassiert immer mehr** salgın gittikçe yayılıyor

grässlich[RR] ['grɛslɪç] *adj*, **gräßlich**[ALT] *adj* feci; (*schrecklich*) korkunç; **ich war ~ müde** müthiş yorgundum

Grat <-(e)s, -e> [gra:t] *m* ❶ (*Kammlinie*) sırt ❷ TECH çapak

Gräte <-n> ['grɛ:tə] *f* kılçık

grätenlos *adj* kılçıksız

Gratifikation *f* ikramiye

gratis ['gra:tɪs] *adv* bedava **Gratisprobe** <-n> *f* bedava örnek, eşantiyon

grätschbeinig *adj* apışak, ayrık bacaklı

Gratulant(in) <-en, -en; -nen> [gratu'lant] *m(f)* tebrik eden (kimse)

Gratulation <-en> [gratula'tsjo:n] *f* tebrik

gratulieren* *vi* tebrik etmek (**zu** -); **gratuliere!** tebrikler!

grau [graʊ] *adj* ❶ (*Farbe*) gri, kül rengi; (~*weide*) boz; **~e Haare** kır saçlar *pl;* **~er Wolf** bozkurt ❷ (*ungewiss*) **in ~er Vorzeit** evvel zaman içinde

Grau *nt* gri, kül rengi, kır; **ein helles/dunkles ~** açık/koyu bir gri **Graubrot** *nt* DIAL kepekli ekmek

Gräuel[RR] <-s, -> ['grɔɪəl] *m* (*geh*) ❶ (*Abscheu*) tiksinme, nefret; **mir ist der Kerl ein ~** içimde bu herife karşı bir tiksinme var ❷ (*Tat*) dehşet **Gräuelmärchen**[RR] *nt* korku masalı **Gräueltat**[RR] <-en> *f* dehşet eylemi; (*Gewalttat*) şiddet eylemi

grauen[1] ['graʊən] *vi* (*dämmern*) **der Abend graut** ortalık kararıyor; **der Morgen graut** gün ağarıyor

grauen[2] ['graʊən] *vi unpers* **mir graut vor der Prüfung** sınavdan çok korkuyorum

Grauen[1] <-s> ['graʊən] *nt kein pl* dehşet; **~ erregend** dehşetli, korku veren; **ein ~ erfasst jdn** biri dehşete kapılmak [*o* düşmek]

Grauen[2] <-s, -> *nt* dehşet olayı; **die ~ des Krieges** savaşın dehşet olayları

grauenerregend *adj* dehşetli, korku veren

grauenhaft *adj*, **grauenvoll** *adj* ❶ (*Anblick*) korkunç, dehşetli ❷ (*fam: unangenehm*) korkunç, dehşetli

Graugans *f* ZOOL boz kaz; (*Wildgans*) yaban kazı

grauhaarig *adj* kır saçlı

gräulich[1] ['grɔɪlɪç] *adj* kırca

gräulich[RR2] *adj s.* **grässlich**

Graupel <-n> ['graʊpəl] *f* kırcı **Graupelschauer** *m* ebebulguru

grausam ['graʊza:m] *adj* ❶ zalim, gaddar, acımasız ❷ (*fam*) dehşetli, korkunç; ■ **sich ~ langweilen** dehşetli canı sıkılmak

Grausamkeit <-en> *f* zulüm, zalimlik, gaddarlık, vahşilik

grausen ['graʊzən] *vi unpers* ürkekliği olmak; **es graust ihn vor Ratten/Spinnen** farelere/örümceklere karşı ürkekliği vardır

Grausen <-s> ['graʊzən] *nt kein pl* dehşet

Grauweide *f* BOT bozsöğüt

Graveur *m* kazıcı, oymacı, hakkâk

gravieren* [gra'vi:rən] *vt* hakketmek (**in** -e)

Gravierung <-en> *f* ❶ (*das Gravieren*) kazı, hak ❷ (*Verzierung*) oyma; (*Schrift*) oyma yazı

Gravitation [gravita'tsjo:n] *f kein pl* PHYS çekim; (*Erdanziehung*) yer çekimi **Gravitationsfeld** *nt* yer çekimi alanı **Gravitationsgesetz** *nt kein pl* PHYS cazibe kanunu

Gravur <-en> [gra'vu:ɐ] *f* oyma

Grazie ['gra:tsjə] *f kein pl* letafet, latiflik, zarafet, zariflik

grazil [gra'tsi:l] *adj* latif, zarif

graziös [gra'tsjø:s] **I.** *adj* zarif **II.** *adv* zarifçe, zarifane

Greenfee *nt* (*Golf*) alan ücreti

gregorianisch [gregori'a:nɪʃ] *adj* MUS Gregoryen

greifbar *adj* ❶ (*zur Hand*) elde bulunan, hazırdaki ❷ (*konkret*) somut ❸ (*deutlich erkennbar*) elle tutulur gözle görülür

greifen <greift, griff, gegriffen> ['graɪfən] **I.** *vi* ❶ TECH kavramak ❷ (*wirksam werden*) etki göstermek; **tief ~d** esaslı, geniş ölçüde etkili; ■ **um sich ~** yayılmak ❸ elini uzatmak (**nach** -e); (*zu bestimmten Mitteln*) başvurmak (**zu** -e); **zu einem Buch ~** eline bir kitap almak; **zu den Waffen ~** silahlara davranmak; **das ist aus der Luft gegriffen** bu kafadan atma **II.** *vt* (*nehmen*) almak; (*packen*) tutmak; (*fangen*) tutmak, yakalamak

Greis(in) <-es, -e; -nen> [graɪs] *m(f)* (*geh*) ihtiyar

grell [grɛl] *adj* (*Stimme*) cırlak, tiz; (*Farbe*) çiğ, göze batan; (*Licht*) çiğ, gözü rahatsız eden

Gremium <-s, Gremien> ['gre:miʊm] *nt* kurul, heyet

Grenze <-n> ['grɛntsə] *f* ❶ (*Staats~*) sınır (**zu** -), hudut (**zu** -); **die ~ zu Belgien** Belçika sınırı; **jdn über die ~ abschieben** birini sınır dışı etmek ❷ (*Begrenzung*) **etw** *dat* **~n setzen** bir şeye sınır çekmek; **jdn in seine ~n verweisen** birine haddini bildirmek

grenzen *vi* ❶ (*Grenze haben*) sınırı olmak (**an** -e); (*an~*) sınırdaş olmak (**an** -le) ❷ (*fig: ist fast schon*) neredeyse ... olmak (**an** -)

grenzenlos *adj* ❶ (*räumlich*) sınırsız, hudutsuz ❷ (*sehr groß*) sınırsız, sonsuz, pek çok

Grenzfall <-(e)s, -fälle> *m* özel durum **Grenzgänger(in)** <-s, -; -nen> ['-gɛŋɐ] *m(f)* pasavan sahibi **Grenzgebiet** *nt* sınır bölgesi **Grenzkontrolle** *f* sınır kontrolü **Grenzlinie** *f* sınır çizgisi; SPORT kenar çizgisi **Grenzposten** *m* sınır karakolu **Grenzschutz** *m* sınır koruma **Grenzsituation** *f* (*fig*) olağan üstü durum **Grenzstein** *m* sınır taşı **Grenzübergang** <-(e)s, -gänge> *m* sınır geçme; (*Stelle*) sınır kapısı **grenzüberschreitend** *adj* sınır aşırı **Grenzübertritt** *m* sınır geçme **Grenzwert** *m* MATH limit

Greuel[ALT] <-s, -> *m s.* **Gräuel** **Greueltat**[ALT] *f s.* **Gräueltat**

greulich[ALT] *adj s.* **gräulich**[2]

Greyerzer Käse *m* GASTR gravyer peyniri

Grieche(in) <-n, -n; -nen> ['gri:çə] *m(f)* Yunan, Yunanlı, Rum

Griechenland <-s> *nt* Yunanistan

griechisch *adj* Yunan, Rum; **~e Musik** Yunan müziği

Griesgram <-(e)s, -e> ['gri:sgra:m] *m* (*pej*) aksi adam

Grieß <-es, -e> [gri:s] *m* irmik **Grießbrei** *m* irmik bulamacı

griff [grɪf] *3. imp von* **greifen**

Griff <-(e)s, -e> [grɪf] *m* ❶ (*das Greifen*) **etw im ~ haben** bir şeyi iyi bilmek, bir şeye hâkim olmak; **etw in den ~ bekommen** (*fam*) bir şeyi kontrol altına almak ❷ (*Messer~*) sap, kabza; (*Fenster~, Tür~*) kol; (*Klinke*) kol; (*Henkel*) kulp; (*Knauf*) tokmak; (*Fahrrad~*) elcik ❸ (*Hand~*) tutuş ❹ MUS (*Fingerstellung*) tutuş ❺ SPORT tutuş

griffbereit *adj* hazırdaki, el altındaki

Grill <-s, -s> [grɪl] *m* ❶ maltız; (*Bratrost*) ızgara, gril, mangal ❷ AUTO (*Kühler~*) ızgara

Grillanzünder *m* ızgara kavı

Grille <-n> ['grɪlə] *f* ZOOL cırcır böceği

grillen ['grɪlən] **I.** *vt* ızgarada kızartmak **II.** *vi* ızgara yapmak

Grillrestaurant *nt* kebapçı

Grimasse <-n> [gri'masə] *f* yüz buruşturma [*o* ekşitme]; **~n schneiden** yüzünü, gözünü oynatmak

grimmig *adj* ❶ (*Person*) kızgın, öfkeli; (*stärker*) hiddetli ❷ (*Kälte*) şiddetli

grinsen ['grɪnzən] *vi* sırıtmak; **~ wie ein Honigkuchenpferd** (*fig fam*) pişmiş kelle gibi sırıtmak

Grippe <-n> ['grɪpə] *f* grip; (*Darm~*) ingin; (**die**) **~ haben** grip olmak **Grippeimpfung** *f* grip aşısı **Grippewelle** *f* grip dalgası, grip salgını

Grips <-es, -e> [grɪps] *m* (*fam*) akıl, kafa; **seinen ~ anstrengen** aklını [*o* kafasını] yormak

grob <gröber, am gröbsten> [gro:p] *adj* ❶ (*Sand, Kaffee*) iri; (*Papier, Gewebe*) kaba; (*Sieb*) büyük delikli; **~ gemahlen** iri taneli çekilmiş; **~es Mehl** kaba un ❷ (*Gesichtszüge*) kaba; (*Arbeit*) kaba ❸ (*Fehler*) ağır ❹ (*ungefähr*) kaba taslak ❺ (*pej: barsch*) kaba, ters; **sei nicht so ~ zu mir** bana böyle kaba davranma, bana böyle kabalık etme

grobgemahlen *adj s.* **grob 1.**

Grobheit[1] <-en> *f* (*Äußerung*) kaba söz; (*Benehmen*) kaba davranış; **jdm ~en ins Gesicht sagen** birinin yüzüne karşı kaba sözler söylemek

Grobheit[2] *f kein pl* (*Art*) kabalık; **er ist bekannt für seine ~** kabalığı ile tanınmıştır

Grobian <-(e)s, -e> ['gro:bia:n] *m* (*pej*) kaba adam, hödük, odun, ahlat

grobkörnig *adj* iri taneli

gröblich ['grø:plɪç] *adj* (*geh*) kaba bir biçimdeki, ağır bir biçimdeki; **jdn ~ beleidigen** birine ağır bir biçimde hakaret etmek

Groll <-(e)s> [grɔl] *m kein pl* (*geh*) garaz, garez, kin; **einen ~ gegen jdn hegen** birine garezi olmak, birine karşı kin beslemek

grollen *vi* (*geh*) ❶ (*Donner*) gürüldemek ❷ (*Person*) garazı olmak (-e); (*ärgerlich sein*) kızgın olmak (-e); **er grollt** (**mit**) **ihrem Vater** babasına kızgın

Grönland <-s> ['grø:nlant] *nt* Grönland

Grönländer(in) <-s, -; -nen> ['grø:nlɛndɐ] *m(f)* Grönlandlı

grönländisch *adj* Grönlandlı, Grönland (ile ilgili); **~e Frauen/Männer** Grönlandlı kadınlar/erkekler; **das ~e Klima** Grönland iklimi

Gros[1] <-, -> [gro:] *nt* **das ~ der Spieler** oyuncuların çoğu

Gros[2] <-ses, -se> *nt* grosa

Groschen <-s, -> ['grɔʃən] *m* ❶ ÖSTERR *bir şilinin yüzde biri* ❷ (*Zehnpfennigstück*) on feniklik ❸ (*fam*) metelik; **ist der ~ (endlich) gefallen?** (*fam*) (en sonunda) jeton düştü mü?

groß <größer, am größten> [gro:s] *adj* ❶ (*allgemein*) büyük; (*Fläche*) geniş; (*hoch*) yüksek, yüce, âli; **eine ~e Koalition** büyük koalisyon; **mit ~em Abstand führen** açık farkla önde olmak; **mit dem größten Vergnügen** seve seve; **~en Wert auf etw legen** bir şeye çok önem vermek; **sie war seine ~e Liebe** o, onun büyük aşkıydı; **~ in Mode sein** çok moda olmak; **ich habe ~e Lust zu gehen** gitmeye çok hevesliyim; **was soll ich ~ dazu sagen?** (*fam*) buna başka ne diyebilirim?; **er hat es mir ~ und breit erzählt** (*fam*) bana onu enine boyuna anlattı ❷ (*hoch, hochgewachsen*) boylu; **er ist fast zwei Meter ~** boyu neredeyse iki metre ❸ (*zeitlich*) **die ~en Ferien** büyük tatil ❹ (*älter, erwachsen*) büyük; **meine ~e Schwester** benim ablam; **wenn ich ~ bin** büyüdüğüm zaman; **ein Vergnügen für G~ und Klein** büyük ve küçüklere bir eğlence ❺ (*Menge*) **eine ~e Familie** büyük bir aile; **im G~en und Ganzen** topu topu ❻ (*bedeutend, wichtig*) **~e Reden schwingen** (*fam: angeben*) yüksekten atıp tutmak; (*versprechen*) büyük konuşmak; **Karl der G~** Şarlman

großartig *adj* wunderbar, harika; (*ausgezeichnet*) şahane; (*prächtig*) muhteşem; **~!** harika!, şahane!

Großaufnahme *f* ❶ FOTO büyük boy fotoğraf ❷ FILM yakından çekim **Großbaum** *m s.* **Großmast** **Großbetrieb** <-(e)s, -e> *m* ❶ WIRTSCH büyük (ölçekli) işletme ❷ AGR büyük çiftlik **Großbildschirm** <-(e)s, -e> *m* INFORM büyük ekran

Großbritannien [gro:sbri'tanjən] *nt* Büyük Britanya

Großbuchstabe *m* büyük harf; **in ~n** büyük harflerle **Großbürgertum** *nt* büyük burjuvazi

Größe <-n> ['grø:sə] *f* ❶ büyüklük; (*Format*) ebat, boyutlar *pl;* (*Rauminhalt*) hacim; **das hängt von der ~ der Gruppe ab** bu grubun büyüklüğüne bağlıdır ❷ (*Höhe*) boy; (*Körper~*) boy; **eine Frau mittlerer ~** orta boylu bir kadın; **in voller ~** (*Mensch*) tam boy ❸ (*für Kleidung*) boy, beden; (*Schuhe*) numara ❹ PHYS, MATH nicelik; **endliche ~** sonlu büyüklük; **unbekannte ~** bilinmeyen; **vektorielle ~** vektör niceliği ❺ (*Bedeutsamkeit*) önem; (*Großartigkeit*) ihtişam, büyüklük, ululuk; **~ zeigen** büyüklük göstermek ❻ (*Persönlichkeit*) kapasite

Großeinkauf <-(e)s, -käufe> *m* toptan alış veriş **Großeltern** *pl* büyük anne ve büyük baba **Großenkel** *m* torun oğlu **Großenkelin** *f* torun kızı

Größenordnung <-en> *f* boyutlar *pl*

großenteils ['gro:sən(')taɪls] *adv* büyük bir kısmı, çoğunlukla

Größenwahn *m* (*pej*) büyüklük hastalığı, megalomani **größenwahnsinnig** *adj* megaloman

Großfamilie *f* büyük aile **Großformat** *nt* büyük boy **Großgrundbesitzer(in)** [-'----] *m(f)* büyük arazi sahibi **Großhandel** *m* toptancılık **Großhändler(in)** *m(f)* toptancı

großherzig *adj* (*geh*) yüce gönüllü, gönlü yüce, âlicenap

Großherzigkeit *f kein pl* gönül yüceliği, âlicenaplık

Großherzog(in) *m(f)* grandük

Großherzogtum *nt* grandüklük

Großhirn *nt* ANAT beyin **Großhirnrinde** *f* ANAT beyin kabuğu **Großindustrie** *f* WIRTSCH büyük sanayi

Großkind <-(e)s, -er> *nt* SCHWEIZ (*Enkelkind*) torun

großkotzig ['gro:skɔtsɪç] *adj* (*pej fam*) yüksekten atıp tutan

Großmacht <-mächte> *f* büyük devlet **Großmarkt** <-(e)s, -märkte> *m* hal, toptancı hali **Großmast** *m* NAUT grandi (direği) **Großmaul** *nt* (*pej fam*) palavracı **Großmut** *f* âlicenaplık, cömertlik

großmütig ['gro:smy:tɪç] *adj* âlicenap, cömert

Großmutter <-mütter> *f* büyük anne, nine **Großneffe** *m* yeğen oğlu **Großnichte** *f* yeğen kızı **Großonkel** *m* ❶ (*Bruder der Großmutter*) büyük dayı; (*Bruder des Großvaters*) büyük amca ❷ (*Ehemann der Großtante*) büyük enişte

Großraum <-(e)s, -räume> *m* yöre; **im ~ Köln** Köln yöresinde **Großreinemachen** <-s> [-'----] *nt kein pl* (*fam*) büyük temizlik yapma **groß|schreiben**[1] *irr vt* **etw ~** (*fig: für wichtig halten*) bir şeyi büyük harflerle yazmak **groß|schreiben**[RR2] *irr vt* (*mit großem Anfangsbuchstaben*) büyük harflerle yazmak **Großsegel** *nt* NAUT mayistra

großspurig ['gro:sʃpu:rɪç] *adj* (*pej*) kasıntılı, büyüklenen; (*eingebildet*) kendini beğenmiş

Großstadt *f* ana kent, büyük şehir **Großtante** *f* ❶ (*Schwester der Großmutter*) büyük teyze; (*Schwester des Großvaters*)

büyük hala ❷ (*Ehefrau des Großonkels*) büyük yenge **Großteil** <-(e)s, -e> *m* çoğu, büyük bir kısmı

größtenteils ['grø:stən(')taɪls] *adv* büyük ölçüde, büyük bir kısmı, çoğunlukla

Großtrappe *f* ZOOL baklan

Großtuerei [gro:stu:ə'raɪ] *f kein pl* (*pej*) büyüklenme, yüksekten atma, kurum; (*Angeberei*) gösterişçilik

groß|tun *irr* **I.** *vi* (*pej*) büyüklenmek, büyüklük taslamak, böbürlenmek, kurum satmak **II.** *vr* ■ **sich** ~ (*pej*) böbürlenmek (**mit** -le), büyüklük taslamak, tafra satmak

G

Großunternehmen *nt* WIRTSCH büyük işletme, büyük şirket **Großvater** *m* büyük baba, dede **Großwesir** *m* HIST sadrazam

groß|ziehen *irr vt* büyütmek, yetiştirmek

großzügig ['gro:stsʏ:gɪç] *adj* ❶ (*freigebig*) cömert, bonkör, eli açık ❷ (*tolerant*) hoşgörülü ❸ (*weiträumig*) ferah

Großzügigkeit *f kein pl* ❶ (*Freigebigkeit*) cömertlik, bonkörlük, eli açıklık ❷ (*Toleranz*) hoşgörü

grotesk [gro'tɛsk] *adj* grotesk

Grotte <-n> ['grɔtə] *f* mağara

grub [gru:p] *3. imp von* **graben**

Grübchen <-s, -> ['gry:pçən] *nt* (*in der Wange*) gamze; (*im Kinn*) gamze, çene çukuru

Grube <-n> ['gru:bə] *f* çukur; BERGB ocak, maden (ocağı); (*Kalk~*) kuyu; (*Gold~*) maden; **wer anderen eine ~ gräbt, fällt selbst hinein** (*prov*) el için çukur [*o* kuyu] kazan, kendisi içine düşer, kazma elin kuyusunu, kazarlar kuyunu

Grübelei <-en> *f* kuruntu

grübeln ['gry:bəln] *vi* kafa yormak (**über** üstüne)

Grubenarbeiter(in) *m(f)* BERGB maden işçisi **Grubengas** *nt* maden gazı **Grubenunglück** *nt* maden kazası **Grubenwurm** *m* kancalı kurt

grüezi ['gry:ɛtsi] *interj* SCHWEIZ selam, merhaba

grün [gry:n] *adj* ❶ (*Farbe*) *a.* POL yeşil; **G~er Punkt** ÖKOL yeşil nokta; **jdn ~ und blau schlagen** (*fam*) birinin ağzını burnunu dağıtmak; ■ **sich ~ und blau ärgern** (*fam*) son derece kızmak [*o* öfkelenmek]; **~es Licht geben** (*fig fam*) yeşil ışık yakmak; **auf keinen ~en Zweig kommen** (*fig*) belini doğrultamamak ❷ (*unreif*) ham; (*frisch, jung*) taze; **~e Bohnen** taze fasulye ❸ (*pej: unerfahren*) toy, cahil; **ein ~er Junge** dünkü çocuk ❹ (*fam*) **sie sind sich nicht ~** birbirinden hoşlanmazlar

Grün¹ <-s, -> *nt* (*Farbe*) yeşil; **die ~en** POL Yeşiller; **die Ampel steht auf ~** trafik lambası yeşil; (**das ist**) **dasselbe in ~** aynısının tıpkısı

Grün² <-s> *nt kein pl* ❶ (*Pflanzen*) yeşillik; (*~fläche*) yeşil alan ❷ (*junge Triebe*) yeşerti

Grünanlage *f* çimenlik

grünblau ['-'-] *adj* boncuk mavisi

Grund¹ <-(e)s> [grʊnt] *m kein pl* ❶ (*Erdboden*) arazi; **~ und Boden** arsa; **jdn in ~ und Boden reden** birinin lafını ağzına tıkamak; **sich in ~ und Boden schämen** yerin dibine geçmek ❷ (*eines Gewässers*) dip; **auf ~ laufen** karaya oturmak; **im ~e** (**genommen**) aslında, esasen; **zu ~e gehen** batmak, mahvolmak; **etw** *dat* **auf den ~ gehen** bir işin aslını araştırmak; **jdn/etw zu ~e richten** bir kimseyi/şeyi mahvetmek ❸ (*Grundlage*) temel, esas, zemin, taban; **den ~ zu etw** *dat* **legen** bir şeyin temelini atmak, bir şeye zemin oluşturmak; **von ~ auf** temelinden; **etw zu ~e legen** bir şeyi esas almak; **zu ~e liegen** esas olmak

Grund² <-(e)s, Gründe> [grʊnt, *pl* 'grʏndə] *m* (*Ursache*) neden, sebep; **es besteht kein ~ zur Klage** yakınmak için hiçbir neden yok; **aus gesundheitlichen Gründen** sağlık nedeniyle; **ohne ~** nedenli nedensiz, neden olmadan, sebepli sebepsiz, sebep olmaksızın; **ohne jeden ~** hiç yoktan, hiçbir sebep yokken; **auf ~ von** dayanarak, müsteniden; (*wegen*) nedeniyle, sebebiyle, yüzünden, dolayısıyla; **strafmildernde Gründe** hafifletici sebepler

Grundausbildung *f* MIL temel eğitim **Grundbegriff** *m* temel kavram

Grundbesitz *m* emlak **Grundbesitzer(in)** *m(f)* emlak sahibi, arazi sahibi **Grundbuch** *nt* ADMIN, JUR tapu, tapu kütüğü, tapu sicili; **in das ~ eintragen** tapu siciline tescil etmek **Grundbuchamt** *nt* ADMIN, JUR tapu dairesi

Grundel *f*, **Gründel** *f* ZOOL kaya balığı

gründen ['grʏndən] **I.** *vt* ❶ (*Institution*) kurmak ❷ (*stützen*) dayamak (**auf** -e) **II.** *vr* ■ **sich ~** dayanmak (**auf** -e)

Gründer(in) <-s, -; -nen> *m(f)* kurucu

Grunderwerb(s)steuer *f* emlak alım vergisi

Grundfläche *f* (*eines Körpers*) taban; (*eines Gebietes*) taban alanı, yüz ölçümü **Grundform** <-en> *f* ❶ (*elementare Form*) esas biçim ❷ LING (*des Verbes*) mastar **Grundgedanke** *m* asli düşünce, ana düşünce, ana fikir **Grundgehalt** *nt* asli maaş

Grundgesetz <-es> *nt kein pl* POL (*Verfassung*) anayasa
Grundhaltung <-en> *f* temel duruş
grundieren* [grʊn'di:rən] *vt* astarlamak, astar sürmek (-e), astar vurmak (-e), astar çekmek (-e)
Grundierung <-en> *f* (*Grundfarbe*) astar
Grundkenntnisse *pl* temel bilgiler *pl*
Grundlage *f* temel, esas, dayanak; **die ~ für etw schaffen** bir şey için temel oluşturmak, bir şeyin esasını oluşturmak
grundlegend ['grʊntle:gənt] *adj* temel, köklü, esaslı
gründlich ['grʏntlɪç] **I.** *adj* (*sorgfältig*) özenli; (*eingehend*) inceden inceye yapılan; (*gewissenhaft*) titiz; (*Kenntnisse*) sağlam **II.** *adv* ❶ titiz; **er arbeitet sehr ~** çok titiz çalışır ❷ (*fam: sehr*) iyice; **sie hat sich ~ getäuscht** iyicene yanıldı
Gründlichkeit *f kein pl* titizlik; (*Sorgfalt*) özen, itina
Grundlinie *f* ❶ SPORT (*Tennis, Volleyball*) ana çizgi ❷ (*Geometrie*) taban çizgisi
Grundlohn *m* taban ücret
grundlos *adj* ❶ temelsiz ❷ (*keine Ursache habend*) nedensiz, sebepsiz
Grundmauer <-n> *f* ana duvar, temel duvarı **Grundnahrungsmittel** *nt* temel gıda maddesi **Grundprinzip** <-s, -ien *o* -e> *nt* temel ilke **Grundproblem** *nt* ana sorun
Grundrechenart *f* MATH temel işlem **Grundrecht** <-(e)s, -e> *nt* temel hak **Grundregel** *f* ana kural **Grundsatz** <-es, -sätze> *m* ilke, prensip; **sich** *dat* **etw zum ~ machen** bir şeyi kendine ilke [*o* prensip] edinmek **Grundsatzentscheidung** <-en> *f* prensip kararı
grundsätzlich ['grʊntzɛtslɪç] **I.** *adj* ❶ (*Frage*) asal, esasî ❷ (*aus Prinzip*) ilkesel **II.** *adv* (*in der Regel*) kural olarak; (*eigentlich*) esasen, esas itibarıyla
Grundsäule <-n> *f* ❶ ARCH temel direği ❷ (*fig*) temel direk
Grundschule <-n> *f* ilkokul **Grundschullehrer(in)** *m(f)* SCHULE ilkokul öğretmeni
Grundstein *m* temel taşı; **den ~ zu etw** *dat* **legen** bir şeye temel atmak **Grundstellung** *f* SPORT temel duruş **Grundsteuer** <-n> *f* FIN emlak vergisi **Grundstoff** <-(e)s, -e> *m* (*Rohstoff*) hammadde; (*Element*) element; (*Zutaten*) malzeme
Grundstück *nt* gayrimenkul, emlak **Grundstücksmakler(in)** *m(f)* emlakçı
Grundton <-(e)s, -töne> *m* ❶ MUS esas perde ❷ (*Farbe*) zemin; **der dunkle/helle/grünliche ~ eines Teppichs** halının koyu/açık/yeşilimsi zemini
Gründung <-en> ['grʏndʊŋ] *f* ❶ (*das Gründen*) kurma; (*das Gegründetwerden*) kurulma ❷ (*Grundbau*) kuruluş, tesis
Gründungskapital *nt* WIRTSCH kuruluş sermayesi
grundverschieden ['--'--] *adj* çok farklı, taban tabana zıt
Grundwasser <-s> *nt kein pl* yer altı suları *pl* **Grundwasserkunde** *f* hidrojeoloji **Grundwasserspiegel** *m* yer altı suları düzeyi **Grundwissen** *nt kein pl* temel bilgi **Grundwort** *nt* LING belirtilen, tamlanan **Grundzug** <-(e)s, -züge> *m* ana hat
Grüne(r) <-n, -n; -n> *f(m)* POL Yeşil; **die ~n** Yeşiller
Grüne(s) <-n> *nt kein pl* ❶ (*fam: Rohkost*) yeşillik ❷ (*Natur*) yeşillik; **ins ~ fahren** kıra çıkmak
grünen *vi* (*geh*) yeşillenmek, yeşermek
Grünfink *m* ZOOL yelve, flûrya **Grünfläche** *f* yeşil alan **Grünfutter** <-s> *nt kein pl* AGR yeşillik **Grüngürtel** <-s> *m* yeşil kuşak **Grünkohl** <-(e)s, -e> *m* GASTR yeşil lahana
grünlich *adj* yeşilimsi, yeşilimtırak
Grünschnabel *m* (*pej*) acemi çaylak, toy
Grünspan <-(e)s> *m kein pl* bakır pası
grunzen ['grʊntsən] *vi* (*a. Mensch*) homurdanmak
Grünzeug *nt* (*fam*) ❶ (*Kräuter*) baharat ❷ (*Rohkost*) yeşillik
Gruppe <-n> ['grʊpə] *f* (*von Leuten*) grup, küme; (*Arbeits~*) posta **Gruppenarbeit** *f kein pl* küme çalışması **Gruppenbild** *nt* grup resmi **Gruppensex** *m* grup seksi **Gruppentherapie** *f* PSYCH, MED grup terapisi **gruppenweise** *adv* grup grup
gruppieren* [grʊ'pi:rən] **I.** *vt* gruplandırmak **II.** *vr* ■ **sich ~** gruplaşmak
Gruppierung <-en> *f* ❶ gruplaşma ❷ (*Gruppe*) grup
grus(e)lig ['gru:z(ə)lɪç] *adj* tüyler ürpertici, korkutucu
Gruß <-es, Grüße> [gru:s, *pl* 'gry:sə] *m* selam, esenleme; **jdm die Hand zum ~ reichen** esenlemek için birine elini uzatmak; **viele Grüße an deine Eltern!** annene babana çok selamlar!; **jdm Grüße bestellen** birine selam söylemek; **mit freundlichen Grüßen** dostça selamlar
grüßen ['gry:sən] *vt* esenlemek, selamlamak; **grüß deinen Vater von uns** babana bizden selam söyle; **grüß dich!** selam!, merhaba!; **sie lässt (dich) schön ~** sana selam söyledi

G

Grußformel *f* esenle(ş)me sözü, selamla(ş)ma sözü
Grußwort <-(e)s, -e> *nt* esenle(ş)me sözü
G-Schlüssel *m* MUS sol anahtarı
Guatemala <-s> [guate'maːla] *nt* Guatemala
Guatemalteke(in) <-n, -n; -nen> [guatemal'teːkə] *m(f)* Guatemalalı
guatemaltekisch *adj* Guatemalalı, Guatemala (ile ilgili)
gucken ['gʊkən, 'kʊkən] **I.** *vi* (*fam*) bakmak; (*hervor~*) bakmak; **guck mal!** bir baksana!; **was guckst du?** ne bakıyorsun? **II.** *vt* (*fam*) **Fernsehen ~** televizyon seyretmek
Guckloch *nt* gözetleme deliği
Guerilla <-s> [ge'rɪlja] *f* gerilla **Guerillakämpfer(in)** *m(f)* gerillacı
Guillotine <-n> [gɪljo'tiːnə, gijo'tiːnə] *f* giyotin
Guinea <-s> [gi'neːa] *nt* Gine
Guineer(in) [gi'neːɐ] *m(f)* Gineli
guineisch [gi'neːɪʃ] *adj* Gineli, Gine (ile ilgili)
Gulasch <-(e)s, -e *o* -s> ['gʊlaʃ] *m o nt* GASTR gulaş **Gulaschkanone** *f* karavana **Gulaschsuppe** *f* gulaş çorbası
Gulden <-s, -> ['gʊldən] *m* HIST gulden, florin
Gully <-s, -s> ['gʊli] *m o nt* (*Abwasserkanal*) lağım; (*Einlaufschacht*) lağım çukuru **Gullydeckel** *m* lağım kapağı, kanalizasyon kapağı
gültig ['gʏltɪç] *adj* geçerli; (*Gesetz*) geçerli, yürürlükte olan; (*Münze*) geçer(li); **~ sein** geçerli olmak; **die Fahrkarte ist nicht mehr ~** bilet artık geçerli değildir
Gültigkeit *f kein pl* ❶ (*von Geld, Fahrkarte*) geçerlik ❷ (*von Gesetz*) geçer(li)lik; (*von Vertrag*) sıhhat, geçerli olma
Gummi[1] <-s, -(s)> ['gʊmi] *m o nt* (*Material*) lastik
Gummi[2] <-s, -s> *m o nt* (*fam: Kondom*) kaput
Gummi[3] <-s, -s> *m* (*Radier~*) lastik, silgi
Gummi[4] <-s, -s> *nt* (*fam: ~band*) lastik
Gummiarabikum <-s> *nt kein pl* Arap zamkı **Gummiband** <-(e)s, -bänder> *nt* lastik, lastikli şerit **Gummibaum** *m* ❶ (*Kautschukbaum*) kauçuk ağacı ❷ (*Zierpflanze*) lastik ağacı **Gummibegriff** *m* lastikli söz **Gummihandschuh** *m* lastik eldiven **Gummiharz** *nt kein pl* zamk **Gummiknüppel** *m* cop **Gummimantel** *m* muşamba **Gummireifen** *m* AUTO lastikli tekerlik; (*Voll~*) dolma lastik **Gummistiefel** *m* lastik çizme **Gummizug** <-(e)s, -züge> *m* lastikli şerit

Günsel <-s, -> *m* BOT mayasıl otu
Gunst [gʊnst] *f kein pl* kayra; **zu ~en ...** ...in lehine; (**hoch**) **in jds ~ stehen** biri tarafından (çok) kayrılmak; **die ~ der Stunde erkennen** (*fig*) karşısına çıkan fırsatı görmek, fırsat bu fırsat demek
günstig ['gʏnstɪç] *adj* uygun, elverişli, müsait; (*Augenblick*) uygun; **~e Gelegenheit/Umstände** uygun fırsat/koşullar; **im ~sten Fall** en elverişli durumda
Günstling <-s, -e> ['gʏnstlɪŋ] *m* (*pej*) gözde (kimse), kayırılan (kimse)
Günstlingswirtschaft *f kein pl* kayırıcılık
Gurgel <-n> ['gʊrgəl] *f* gırtlak; **jdm an die ~ springen** (*fig fam*) birinin gırtlağına atlamak
gurgeln *vi* ❶ (*Wasser*) gurul gurul akmak ❷ (*Person*) gargara yapmak
Gurke <-n> ['gʊrkə] *f* BOT hıyar, salatalık; **saure ~n** hıyar turşusu
gurren ['gʊrən] *vi* (*Taube*) üveymek; (*fam*) kuğurmak
Gurt <-(e)s, -e> [gʊrt] *m* (*Riemen*) kayış; (*Sicherheits~*) kemer; (*Sattel~*) kayış; **den ~ anlegen** kemeri/kayışı takmak
Gürtel <-s, -> ['gʏrtəl] *m* ❶ (*an Kleidung*) kemer, bel kemeri; **den ~ enger schnallen** (*fam*) kemerini sıkmak ❷ SPORT (*Karate, Judo*) kuşak ❸ (*Zone*) kuşak **Gürtellinie** *f kein pl* bel hizası **Gürtelrose** *f kein pl* MED zona **Gürtelschnalle** *f* kemer tokası **Gürteltier** *nt* ZOOL kemerli hayvan
Guru <-s, -s> ['guːru] *m* ❶ REL guru ❷ (*fig fam*) guru, pir
GUS *f Abk von* **Gemeinschaft Unabhängiger Staaten** BDT (*Bağımsız Devletler Topluluğu*)
Guss[RR] <-es, Güsse> [gʊs, *pl* 'gʏsə] *m*, **Guß**[ALT] <-sses, Güsse> *m* ❶ (*von Metall*) döküm; **wie aus einem ~** bir kalıptan çıkmış gibi ❷ (*fam: Regen~*) sağnak **Gusseisen**[RR] <-s> *nt kein pl* dökme demir, pik **Gussform**[RR] <-en> *f* kalıp
gut <besser, am besten> [guːt] **I.** *adj* ❶ (*allgemein*) iyi; **ein ~er Freund** iyi bir dost; **~e Besserung!** acil şifalar dilerim!, geçmiş olsun!; **er ist in Mathe sehr ~** mathematikte çok iyi; **das ist ja alles ~ und schön, aber ...** (*fam*) bunların hepsi iyi hoş, ama ...; **G~ und Böse auseinanderhalten** iyi ve kötüyü birbirinden ayırt etmek; **die G~en und die Bösen** iyiler ve kötüler; **findest du Strandurlaub ~?** plajda izin yapmayı iyi buluyor musun?; **lassen wir es damit ~ sein** (*fam*) bu meseleyi kapatalım artık ❷ (*Mensch*) iyi; **sei so ~ und ...** bir iyilik yapıver de ...; **~ zu**

jdm sein birine karşı iyi davranmak ❸ (*richtig*) iyi, doğru ❹ (*nützlich*) **wer weiß, wozu das ~ ist?** kim bilir, bu ne işe yarar? ❺ (*für Gesundheit*) iyi (**für** için); **das ist ~ gegen Husten** bu öksürüğe karşı iyi gelir ❻ (*vorteilhaft*) iyi, yararlı, avantajlı ❼ (*angemessen*) iyi, yerinde; **er hat ~e Laune** keyfi yerinde; **das ist (nicht) ~ so** bu iyi [*o* yerinde] (değil) böyle ❽ (*reichlich*) iyi, bol; **eine ~e Stunde** tam bir saat ❾ SCHULE (*Note*) iyi **II.** *adv* iyi; **schon ~!** peki!, peki peki; **das schmeckt ~** bunun tadı iyi; **sein Geschäft geht nicht ~** işi iyi gitmiyor; **etw ~ können** bir şeyi iyi yapabilmek; **er hat es dort ~** orada durumu iyi; **~ so!** iyi böyle!; **~ gemacht!** iyi yaptın!; **du bist ~!** âlemsin!, ömürsün!; **das kann ~ sein** olabilir; **so ~ wie nichts** (*fam*) neredeyse [*o* hemen hemen] hiçbir şey; **mach's ~!** kendine iyi bak!; **er stellt sich ~ mit dir, weil er dein Auto braucht** seninle iyi geçiniyor, çünkü otona ihtiyacı var; **du tust ~ daran, hier erst mal zu verschwinden** iyisi mi, buradan önce bir yok ol

Gut <-(e)s, Güter> *nt* ❶ (*Besitz*) mülk, mallar *pl;* **mein Hab und ~** malım mülküm ❷ (*Land~*) çiftlik ❸ (*Ware*) mal

Gutachten <-s, -> ['gu:tʔaxtən] *nt* rapor, ekspertiz raporu; **ein ~ erstellen** rapor düzenlemek

Gutachter(in) <-s, -; -nen> *m(f)* bilirkişi

gutartig *adj* ❶ (*Wesen, Tier*) iyi huylu ❷ MED iyicil **gutaussehend** *adj s.* **aussehen** **gutbezahlt** *adj s.* **bezahlen** **gutdotiert** *adj s.* **dotieren**

Gutdünken <-s> ['gu:tdʏŋkən] *nt kein pl* **nach ~ (verfahren)** keyfine göre (hareket etmek)

Gute(s) <-n> *nt kein pl* iyilik, hayır; **~s tun** iyilik etmek, hayır işlemek; **das ~ daran** bunun iyiliği, bunun iyi tarafı; **alles ~!** işiniz rast gitsin!, esen kal!; **jdm alles ~ wünschen** birine esenlik dilemek

Güte ['gy:tə] *f kein pl* ❶ (*Freundlichkeit*) lütuf, dostluk, iyilikçilik, iyilikseverlik; **ach du liebe ~!** (*fam*) aman tanrım! ❷ (*Qualität*) kalite; **das war ein Reinfall erster ~** (*fam*) bu birinci kalite bir fiyaskoydu

Güterbahnhof *m* yük istasyonu, marşandiz istasyonu **Gütergemeinschaft** *f* JUR mal ortaklığı **Gütertrennung** *f* JUR mal ayrılığı **Güterverkehr** *m* mal ulaşımı **Güterwagen** *m* yük vagonu **Güterzug** <-(e)s, -züge> *m* yük treni, yük katarı, marşandiz

Gütezeichen *nt* marka

gut|gehenALT *irr vi sein s.* **gehen I.1., I.3.**

gutgehend *adj s.* **gehen I.4.** **gutgelaunt** *adj s.* **gelaunt** **gutgemeint** ['gu:tgəmaɪnt] *adj s.* **meinen 5.** **gutgläubig** *adj* iyi niyetli **Gutgläubigkeit** *f kein pl* iyi niyet **Guthaben** <-s, -> ['gu:tha:bən] *nt* FIN alacak; (*Bank~*) mevduat; **er hat ein ~ bei mir** benden alacağı var **gut|heißen** *irr vt* onamak, tasvip etmek **gutherzig** *adj* iyi yürekli

gütig ['gy:tɪç] *adj* iyilikçi, iyiliksever; (*freundlich*) sevecen

gütlich ['gy:tlɪç] *adj* dostça; **eine ~e Regelung der Sache** meselenin dostane çözümlenmesi; ■ **sich ~ einigen** dostça uzlaşmak

Gutsbesitzer(in) *m(f)* çiftlik sahibi

Gutschein <-(e)s, -e> *m* kupon, fiş, bono

gut|schreiben *irr vt* alacak olarak kaydetmek **Gutschrift** *f* alacak kaydı

Gutsherr(in) <-en, -en; -nen> *m(f)* çiftlik sahibi **Gutshof** *m* büyük çiftlik

gutsituiert ['gu:tzitu'i:ɐt] *adj s.* **situieren**

Gutsverwalter(in) *m(f)* kâhya, çiftlik kâhyası

gut|tun *irr vi* iyi etmek

gutwillig **I.** *adj* iyi niyetli **II.** *adv* iyi niyetle

Gymnasiallehrer(in) [gʏmnazi'a:l-] *m(f)* SCHULE lise öğretmeni

Gymnasiast(in) <-en, -en; -nen> [gʏmnazi'ast] *m(f)* lise öğrencisi

Gymnasium <-s, Gymnasien> [gʏm'na:ziʊm] *nt* lise

Gymnastik [gʏm'nastɪk] *f kein pl* jimnastik

Gymnosperme <-n> *f* BOT (*Nacktsamer*) açık tohumlular *pl*

Gynäkologe(in) <-n, -n; -nen> [gynɛko'lo:gə] *m(f)* MED jinekolog

Gynäkologie [gynɛkolo'gi:] *f kein pl* MED jinekoloji

gynäkologisch *adj* MED jinekoloji (ile ilgili)

Hh

H, h <-, -> [haː] *nt* ❶ (*Buchstabe*) H, h; ~ **wie Heinrich** Hatay'ın he'si ❷ MUS si
ha¹ [ha, haː] *interj* vay
ha² *Abk von* **Hektar** ha, *hektar*
Haar <-(e)s, -e> [haːɐ] *nt* ❶ (*Kopf~*) saç; (*Körper~, Tier~*) tüy, kıl; **blondes/schwarzes ~ haben** saçları sarı/siyah olmak; **sich** *dat* **die ~e kämmen** saçlarını taramak; **sich** *dat* **die ~e schneiden lassen** saçlarını kestirmek; **mir stehen die ~e zu Berge** (*fig fam*) tüylerim diken diken oldu; **kein gutes ~ an jdm lassen** (*fam*) birinin arkasından söylemediğini bırakmamak; **sich** *dat* **in den ~en liegen** (*fam*) saç saça baş başa olmak; **sich** *dat* **in die ~e fahren/geraten/kriegen** (*fam*) saç saça baş başa dövüşmek/gelmek/girmek; **sich** *dat* **aufs ~ gleichen** (*fam*) tıpkı tıpkısına benzemek; **sich** *dat* **die ~e raufen** (*fam*) saçını başını yolmak; **deswegen lasse ich mir keine grauen ~e wachsen** (*fam*) bunun için saç sakal ağartmam; **jdm kein ~ krümmen** (*fam*) birinin kılına [*o* tüyüne] dokunmamak; **immer ein ~ in der Suppe finden** (*fam*) her şeyde bir kusur bulmak ❷ (*fig*) **(um) kein ~** (*fam*) hiç; **er hat sich (um) kein ~ geändert** hiç değişmemiş; **um ein ~** (*fam: beinahe*) az kalsın **Haarausfall** <-(e)s> *m kein pl* saç dökülmesi **Haarbürste** *f* saç fırçası **Haarbüschel** *nt* saç tutamı
haaren ['haːrən] *vi, vr* ■ **sich ~** (*Tier*) tüy atmak
Haaresbreite *f* ramak; **um ~** kıl payı
Haarfarbe *f* saç rengi **Haarfestiger** *m* saç losyonu **Haargel** <-s, -e> *nt* saç jölesi **haargenau** ['--'-] *adv* (*fam*) tıpkı tıpkısına, milimi milimine; (*ausführlich*) inceden inceye; ~ **passen** tıpatıp uymak; **stimmt ~!** tastamam! **Haargummi** *m* saç lastiği
haarig ['haːrɪç] *adj* ❶ (*behaart*) kıllı, tüylü, saçlı ❷ (*fig fam: heikel*) güç, çetin; (*schlimm*) kötü, tatsız
Haarklammer *f* saç tokası
haarklein ['-'-] *adv* **etw ~ erzählen** bir şeyi kılı kırk yararak anlatmak **Haarlack** *m* rastık **Haarlocke** *f* saç buklesi **Haarnadel** *f* firkete **Haarnetz** *nt* saç filesi **Haarpflege** *f* saç bakımı **haarscharf** ['-'-] **I.** *adj* (*genau*) tam, sağın **II.** *adv* ❶ (*sehr nah*) çok yakından ❷ (*präzise*) tam, sağın **Haarschnitt** *m* saç tıraşı **Haarspalterei** <-en> [---'-] *f* (*pej*) kılı kırk yarma; ~ **betreiben** kılı kırk yarmak **Haarspange** *f* saç tokası **Haarspray** *m o nt* saç spreyi **Haarsträhne** *f* saç teli **haarsträubend** ['haːɐʃtrɔɪbənt] *adj* tüyler ürpertici **Haartrockner** *m* saç kurutucusu **Haarwaschmittel** *nt* şampuan **Haarwasser** <-s, -wässer> *nt* saç losyonu
Haarwuchs <-es> *m kein pl* ❶ (*das Wachsen*) saçların büyümesi ❷ (*Haare*) saçlar, saç baş **Haarwuchsmittel** *nt* saç ilacı
Haarwurzel *f* ANAT saç kökü
Hab [haːp] ~ **und Gut** mal mülk, varı yoğu, nesi var nesi yok
Habe ['haːbə] *f kein pl* (*geh*) mal (varlığı); **meine gesamte ~** bütün malım
haben <hat, hatte, gehabt> ['haːbən] **I.** *vt* ❶ (*besitzen*) sahip olmak (-e), olmak (-i); (*erhalten*) almak (**von** -den); **ein Haus/ein Auto/Kinder ~** evi/arabası/çocukları olmak, ev/araba/çocuk sahibi olmak; **ich habe zwei Kinder** (benim) iki çocuğum var; **lieber ~** tercih etmek; **hier hast du das Buch** al işte kitabı; **er hat außergewöhnliche Fähigkeiten** olağanüstü yetenekleri var, olağanüstü yeteneklere sahiptir; **Zeit ~** vakti olmak; **Hunger/Durst ~** aç/susamış olmak; **Fieber ~** ateşi olmak; **kann ich bitte den Zucker ~?** şekeri alabilir miyim?; **ich habe (überhaupt) kein Geld dabei** yanımda (hiç) para(m) yok; **wir ~ heute schönes Wetter** bugün hava güzel; **den Wievielten ~ wir heute?** bugün ayın kaçı?; **morgen ~ wir Mittwoch** yarın çarşamba; **sie hat es weit nach Hause** eve kadar yolu uzundur; **sie hat es nicht leicht mit ihm** onunla işi kolay değildir; **das Haus hat was von einem Schloss** evin sarayımsı bir havası var; **und was habe ich davon?** benim bundan çıkarım ne?; **was hast du?** neyin var?; **dafür ist er nicht zu ~** öyle işlere yanaşmaz; **da ~ wir den Salat/die Bescherung** (*fam*) ayıkla pirincin taşını!, öp babanın elini!, buyurun cenaze namazına!; **etw dagegen ~** bir şeye karşı olmak; **nichts dagegen ~** bir şeye karşı olmamak, bir şeye diyeceği olmamak; **etw ~ wollen** bir şeyi canı istemek, bir şeyi elde etmek istemek; **was hat es damit auf sich?** bu ne anlama geliyor?; **ich kann das nicht ~** (*fam*) ben buna gelemem; **etw hinter sich ~** bir şey arkasında olmak; **ich habe**

noch viel vor mir daha yapacağım çok işler var; **sie hat etwas mit dem Tennislehrer** (*fam*) tenis öğretmeniyle ilişkisi var; **ich hab's!** buldum! ❷ (*müssen, sollen*) **ich habe noch sehr viel zu tun** daha yapacak çok işim var; **hier hat er nichts zu suchen** burada işi yok; **jetzt hast du zu schweigen** şimdi susman gerekli **II.** *vr* ■ **sich ~** (*fam: sich anstellen*) hava basmak; **hab dich nicht so!** öyle nazlanmasana!; **damit hat sich die Sache** (*fam*) bu iş böylece kapandı

Haben <-s> *nt kein pl* WIRTSCH alacak

Habenichts <-(es), -e> ['ha:bənɪçts] *m* (*pej*) yoksul, meteliksiz

Habgier *f kein pl* (*pej*) tamah, aç gözlülük **habgierig** *adj* (*pej*) tamahkâr, aç gözlü

habhaft *adj* (*geh*) **etw** *gen* **~ werden** bir şeyi ele geçirmek

Habicht <-s, -e> ['ha:bɪçt] *m* ZOOL çakırdoğan, tuğrul

Habsburger(in) <-s, -; -nen> ['ha:psbʊrgɐ] *m(f)* HIST Habsburglu

Habseligkeiten ['ha:pze:lɪçkaɪtən] *pl* pılı pırtı

Habsucht *f kein pl* (*pej*) tamah, aç gözlülük **habsüchtig** *adj* (*pej*) tamahkâr, aç gözlü

Hackbeil *nt* satır

Hacke <-n> ['hakə] *f* ❶ (*Gartengerät*) çapa; (*klein*) tirpidin ❷ DIAL (*Ferse*) topuk; **die ~n zusammenschlagen** MIL topuk vurmak ❸ DIAL (*am Schuh, Strumpf*) ökçe

hacken ['hakən] **I.** *vt* ❶ (*Holz*) kesmek, kırmak; (*Zwiebeln*) doğramak ❷ (*Garten, Erde*) çapalamak **II.** *vi* ❶ (*Vogel*) gagalamak ❷ INFORM şifre kırmak

Hacker(in) <-s, -; -nen> ['hɛkɐ] *m(f)* INFORM şifre kırıcı, bilgisayar korsanı

Hackfleisch *nt* kıyma **Hackmesser** *nt* satır

hadern ['ha:dɐn] *vi* (*geh*) ❶ (*streiten*) çekişmek (**mit** -le) ❷ (*unzufrieden sein*) **mit seinem Schicksal ~** talihine [*o* bahtına] küsmek

Hadsch *m kein pl* REL hac

Hadschi <-s, -s> *m* REL hacı

Hafen <-s, Häfen> ['ha:fən, *pl* 'hɛ:fən] *m* NAUT liman; **in den ~ einlaufen** limana girmek; **aus dem ~ auslaufen** limandan çıkmak **Hafenarbeiter(in)** *m(f)* liman işçisi **Hafenbehörde** *f* liman idaresi **Hafeneinfahrt** *f* liman girişi **Hafengebühr** *f* liman ücreti, liman resmi; (*Ankergebühr*) demir resmi **Hafenmeister** *m* liman reisi **Hafenrundfahrt** *f* liman turu **Hafenstadt** *f* liman kenti [*o* şehri]

Hafer <-s, -> ['ha:fɐ] *m* BOT, GASTR yulaf **Hafermehl** *nt* yulaf unu

Haft [haft] *f kein pl* (hafif) hapis; (*Untersuchungs~*) tutukluluk; **in ~ sein/nehmen** tutuklamak; **jdn aus der ~ entlassen** birini tahliye etmek **Haftanstalt** *f* tutuk evi

haftbar *adj* sorumlu; **beschränkt/persönlich/unmittelbar ~** sınırlı/şahsen/doğrudan doğruya sorumlu; **jdn für etw ~ machen** birini bir şey için sorumlu tutmak

Haftbefehl *m* JUR tutuklama emri, tutuklama müzekkeresi; **einen ~ ausstellen/erlassen** tutuklama müzekkeresi kesmek/vermek

haften ['haftən] *vi* ❶ (*kleben*) yapışmak (**an** -e) ❷ JUR (*aufkommen*) sorumlu olmak (**für** için, **mit** ile)

Haftentlassung *f* tutukluluktan tahliye

Häftling <-s, -e> ['hɛftlɪŋ] *m* tutuklu

Haftpflicht *f kein pl* mali sorumluluk

Haftpflichtversicherung *f* mali sorumluluk sigortası

Haftrichter(in) *m(f)* tutuklama müzekkeresi veren [*o* kesen] hâkim

Haftschale *f* lens

Haftstrafe *f* JUR hafif hapis cezası

Haftung[1] *f kein pl* TECH, PHYS yapışma

Haftung[2] <-en> *f* JUR sorumluluk; **die ~ übernehmen** sorumluluğu üstlenmek

Hagebutte <-n> ['ha:gəbʊtə] *f* BOT kuşburnu

Hagedorn <-(e)s, -e> *m* BOT (*Crataegus*) alıç; *s. a.* **Weißdorn**

Hagel <-s, -> ['ha:gəl] *m* dolu; (*Schauer*) dolu; (*Kugel~*) yağmur **Hagelkorn** <-(e)s, -körner> *nt* ❶ METEO dolu tanesi ❷ MED (*Geschwulst*) arpacık

hageln ['ha:gəln] **I.** *vi unpers* dolu yağmak; **es hagelt** dolu yağıyor **II.** *vt unpers* (*Vorwürfe*) yağmak

hager ['ha:gɐ] *adj* sıska

haha [ha'ha(:)] *interj* (*Lachen*) hahha

Hahn <-(e)s, Hähne> [ha:n, *pl* 'hɛ:nə] *m* ❶ (*Tier*) horoz; **er ist der ~ im Korb** (*fam*) gözde olan tek erkek o; **nach jdm/etw** *dat* **kräht kein ~ mehr** (*fam*) bir kimseyi/şeyi arayıp soran kalmamak ❷ (*Wasser~*) musluk; (*Gas~*) ibik ❸ (*an Schusswaffen*) horoz; **den ~ spannen** horozu çekmek

Hähnchen <-s, -> ['hɛ:nçən] *nt* piliç, tavuk

Hahnenfuß <-es> *m kein pl* BOT düğün çiçeği **Hahnenfußgewächse** *pl* BOT düğün çiçeğigiller *pl* **Hahnenkamm** *m a.* BOT horoz ibiği **Hahnenkampf** <-(e)s, -kämpfe> *m* horoz dövüşü

Hahnrei <-s, -e> *m* (*pej*) kerata

H

Hai <-(e)s, -e> [haɪ] *m*, **Haifisch** <-(e)s, -e> *m* ZOOL köpek balığı
Hain <-(e)s, -e> [haɪn] *m* (*geh*) koru; (*Wäldchen*) ağaçlık **Hainbuche** *f* BOT gürgen
Haiti <-s> [ha'iːti] *nt* Haiti
Haitianer(in) <-s, -; -nen> [hai'tjaːnɐ] *m(f)* Haitili
haitianisch *adj* Haitili, Haiti (ile ilgili)
häkeln ['hɛːkəln] **I.** *vi* dantel örmek **II.** *vt* tığ ile örmek
Häkelnadel *f* tığ
Haken <-s, -> ['haːkən] *m* ❶ (*zum Aufhängen*) kanca; (*spitz zulaufend*) çengel; (*Zeichen*) agraf; **einen ~ schlagen** (*Hase*) birdenbire yön değiştirmek; (*fig*) yan çizmek ❷ (*Boxen*) kroşe ❸ (*fam: Schwierigkeit*) pürüz, engel; **die Sache hat nur einen ~** meselenin yalnız bir pürüzü var **Hakenkreuz** <-es, -e> *nt* gamalı haç **Hakennase** <-n> *f* gaga burun **Hakenwurm** *m* kancalı kurt
halb [halp] **I.** *adj* ❶ yarım, yarı; **eine ~e Stunde** yarım saat; **eine ~e Note** MUS ikilik; **ein ~er Ton** yarım ses; **zum ~en Preis** yarı fiyatına; **~ Hamburg** Hamburg'un yarısı; **nichts H~es und nichts Ganzes** (*fam*) ne hesaba gelmek, ne de kantara; **keine ~en Sachen machen** (*fam*) yarım yamalak iş yapmamak; **~ und ~** yarı yarıya; **mit jdm ~e-~e machen** (*fam*) biriyle yarı yarıya bölüşmek ❷ (*Zeitansage*) buçuk; **es ist ~ drei** saat iki buçuk; **es ist ~ eins** saat yarım; **um ~ drei** iki buçukta; **es ist zehn (Minuten) vor ~ drei** iki buçuğa on (dakika) var; **um zehn (Minuten) vor ~ drei** iki buçuğa on (dakika) kala; **es ist zehn (Minuten) nach ~ drei** iki buçuğu on (dakika) geçiyor; **um zehn (Minuten) nach ~ drei** iki buçuğu on (dakika) geçe **II.** *adv* **nur ~ zuhören** pek dinlememek; **~ öffnen** aralamak; **das Zimmer ist ~ so groß/so teuer wie das andere** bu odanın büyüklüğü/fiyatı ötekinin yarısı; **das ist ~ so schlimm** bu pek o kadar kötü değil; **sie ist ~ taub** bir kulağı duymaz, ağır işitir; ■ **sich ~ totlachen** gülmekten katılmak **halbamtlich** *adj* POL yarı resmî **halbautomatisch** *adj* yarı otomatik **Halbblut** *nt*, **Halbblüter** *m* (*Pferd*) kırma **Halbbruder** *m* (*mütterlicherseits*) ana bir erkek kardeş; (*väterlicherseits*) baba bir erkek kardeş **halbdunkel** *adj* loş, yarı karanlık **Halbdunkel** *nt kein pl* loşluk **Halbedelstein** *m* yarı değerli taş; (*Schmuckstein*) süs taşı
halber ['halbɐ] *präp* (*geh*) gereği, icabı
Halberzeugnis *nt s.* **Halbfabrikat**
Halbfabrikat *nt* COMM yarı mamul
halbfertig *adj s.* **fertig 1.** **Halbfinale** *nt* SPORT yarı final **Halbgeschwister** *pl* üvey kardeşler *pl* **Halbgott** <-(e)s, -götter> *m* (*a. fig*) yarı tanrı, yarı ilah **Halbgöttin** <-nen> *f* (*a. fig*) yarı tanrıça, yarı ilahe
halbherzig *adj* gönülsüz, isteksiz
halbieren* [hal'biːrən] *vt* ❶ (*teilen*) ikiye ayırmak; (*halbe-halbe machen*) yarı yarıya bölüşmek ❷ (*reduzieren*) yarılamak
Halbinsel *f* yarımada **Halbjahr** *nt* yarıyıl; **das erste ~** ilk yarıyıl
halbjährig *adj* (*ein halbes Jahr dauernd*) altı aylık; (*ein halbes Jahr alt*) altı aylık
halbjährlich *adj* altı aylık **Halbkreis** *m* yarım daire **Halbkugel** *f* ❶ MATH yarım küre ❷ GEO yarı küre, yarım küre; **die nördliche/südliche ~** kuzey/güney yarı küresi, kuzey/güney yarım küre **halblang** *adj* yarı boyda olan; (*Rock*) midi; **mach mal ~!** (*fam*) yavaş gel! **halblaut** *adj* yavaş **Halbleiter** <-s, -> *m* ELEK, PHYS, INFORM yarı iletken **Halblinke(r)** *f(m)* SPORT (*Fußball*) sol iç **halbmast** *adv* **auf ~** bayraklar yarıda; **~ flaggen** bayrağı yarıya indirmek **Halbmesser** <-s, -> *m* (*Radius*) yarıçap **Halbmond** *m* ❶ ASTRON yarım ay ❷ (*im Wappen*) hilal ❸ (*Hilfsorganisation*) **Roter ~** Kızılay **halbnackt** ['-'-] *adj s.* **nackt** **halboffen** ['-'--] *adj s.* **offen 1.** **Halbpension** *f kein pl* yarım pansiyon **Halbprodukt** *nt* COMM yarı mamul **Halbrechte(r)** *f(m)* SPORT (*Fußball*) sağ iç **halbrund** *adj* yarım daire biçimindeki **Halbschatten** *m a.* ASTRON yarı gölge **Halbschlaf** *m* uyuklama; **im ~ liegen** yatakta uyuklamak, tavşan uykusu yapmak **Halbschuh** *m* iskarpin **Halbschwergewicht** *nt* SPORT yarı ağır sıklet **Halbschwester** *f* (*mütterlicherseits*) ana bir kız kardeş; (*väterlicherseits*) baba bir kız kardeş
halbstündig ['halpʃtʏndɪç] *adj* yarım saatlik
halbstündlich ['halpʃtʏntlɪç] *adj* her yarım saatte bir
halbtags ['halptaːks] *adv* yarım gün; **~ arbeiten** yarım gün çalışmak **Halbtagskraft** *f* yarım günlük eleman
Halbton <-(e)s, -töne> *m* MUS yarım ton [*o* ses] **halbtot** ['-'-] *adj s.* **tot** **halbtrocken** *adj* (*von Wein, Sekt*) dömisek **Halbvokal** *m* LING yarı ünlü **halbvoll** ['-'-] *adj s.* **voll I.1.** **halbwach** *adj* uyur uyanık **Halbwaise** *f* öksüz; (*Vater gestorben*) yetim
halbwegs ['halpveːks] *adv* (*fig*) ❶ (*teil-*

weise) yarı ❷ (*ein bißchen*) yarı buçuk
Halbwertszeit *f* PHYS yarı ömür
Halbwüchsige(r) <-n, -n; -n> ['-vy:ksɪgɐ] *f(m)* yeni yetme, ergen
Halbzeit *f* SPORT ❶ (*Hälfte der Spielzeit*) yarı; **erste/zweite ~** ilk/ikinci yarı ❷ (*Pause*) ara, haftaym; **in der ~** haftaymda
Halde <-n> ['haldə] *f* ❶ (*Bergabhang*) yamaç, bayır ❷ (*Abraum~, Müll~*) yığın; (*Kohle~*) yığınlar *pl*
half [half] *3. imp von* **helfen**
Hälfte <-n> ['hɛlftə] *f* yarısı; **um die ~ größer/kleiner** yarısından büyük/küçük; **auf der ~ des Weges** yolun yarısında
Halfter[1] <-s, -> ['halftɐ] *m o nt* (*für Pferd, Rind*) yular
Halfter[2] <-s, -> *nt,* <-n> *f* (*für Pistole*) tabanca kılıfı, kuburluk
Hall <-(e)s, -e> [hal] *m* (*Klang, Echo*) yankı
Halle <-n> ['halə] *f* (*großer Raum*) hol; (*Bahnhofs~*) yolcu salonu; (*Hangar*) hangar; (*Ausstellungs~*) salon; (*Markt~*) hal; (*Messe~*) pavyon; (*Hotel~*) lobi; (*Turn~*) kapalı salon
hallen ['halən] *vi* yankılanmak
Hallenbad *nt* kapalı yüzme havuzu **Hallensport** <-(e)s, -e> *m* kapalı salonda spor
hallo ['halo, ha'lo:] *interj* ❶ (*Gruß*) merhaba ❷ (*am Telefon*) alo ❸ (*Zuruf*) hey; **~, Sie!** baksanıza!
Halluzination <-en> [halutsina'tsjo:n] *f* sanrı, birsam
halluzinieren *vi* sanrılamak
Halm <-(e)s, -e> [halm] *m* sap
Halogenbirne *f* halojen ampul
Hals <-es, Hälse> [hals, *pl* 'hɛlzə] *m* ❶ ANAT boğaz; (*Kehle*) gırtlak; **~ über Kopf** (*fam: plötzlich*) palas pandıras, yaka paça, apar topar; **jdm um den ~ fallen** birinin boynuna sarılmak; **sich jdm an den ~ werfen** (*fam*) birinin başına ekşimek; **sich** *dat* **den ~ brechen** (*fam*) kafasını gözünü yarmak; (*fig*) kellesinden olmak; **sich** *dat* **jdn/etw vom ~ schaffen** (*fam*) bir kimseyi/şeyi başından atmak; **aus vollem ~** avazı çıktığı kadar; **das Wort blieb ihm im ~(e) stecken** sözü boğazında düğümlendi; **er hat viel am ~** (*fam*) işi başından aşkın; **bis zum ~ in Schulden stecken** boğazına [*o* gırtlağına] kadar borç içinde olmak; **ihr steht das Wasser bis zum ~** (*fig fam*) o, boğazına kadar borç içinde; **bleib mir mit deinen Problemen vom ~!** (*fam*) sorunlarınla başımı ağrıtma!; **das hängt mir zum ~ heraus** (*fam*) bundan bıktım, usandım artık; **einen Frosch im ~ haben** (*fam*) boğazı gıcıklanmak, gıcık tutmak; **einen Kloß im ~ haben** (*fam*) boğazına bir yumruk tıkanmak [*o* gelip oturmak]; **etw in den falschen ~ bekommen** (*fam*) bir şeyi ters anlamak; **sie kann den ~ nicht vollkriegen** (*fam*) doymak bilmiyor ❷ (*Flaschen~*) boğaz ❸ (*von Instrument*) sap
Halsabschneider(in) <-s, -; -nen> *m(f)* (*pej fam*) pahacı, kazıkçı
Halsband <-(e)s, -bänder> *nt* ❶ (*für Hunde, Katzen*) tasma ❷ (*Samt~*) gerdanlık **Halsentzündung** *f* yutak iltihabı
Halskette *f* gerdanlık; (*Kollier*) kolye
Hals-Nasen-Ohren-Arzt, -Ärztin [---'---] *m, f* kulak, burun, boğaz hekimi
Halsschlagader *f* şah damarı
Halsschmerzen *pl* boğaz ağrısı *sing;* **ich habe ~** boğazım ağrıyor
halsstarrig *adj* (*pej*) dik kafalı, inatçı
Halsstarrigkeit *f kein pl* dik kafalılık
Halstuch <-(e)s, -tücher> *nt* eşarp; (*Foulard*) fular **Halswirbel** *m* ANAT boyun omuru
halt [halt] **I.** *adv* SCHWEIZ, ÖSTERR, SÜDD (*eben*) işte; **das ist ~ so** bu böyledir işte; **wir müssen es ~ versuchen** bunu denemek zorundayız işte; **solche Dinge passieren ~** böyle şeyler olur işte **II.** *interj* ❶ (*zum Anhalten*) dur, stop ❷ (*zum Aufhören*) dur, stop
Halt[1] <-(e)s> *m kein pl* (*Stütze*) destek, dayanak; **~ suchen/finden** destek aramak/bulmak
Halt[2] <-(e)s, -e *o* -s> *m* ❶ (*Stopp*) durma; **~ machen** durmak, mola vermek; **vor nichts ~ machen** (*fam*) gözünün yaşına bakmamak ❷ SCHWEIZ (*Flächeninhalt*) alan
hält [hɛlt] *3. präs von* **halten**
haltbar *adj* ❶ (*Lebensmittel*) dayanıklı; **mindestens ~ bis 10. August** son kullanma tarihi 10 Ağustos ❷ (*strapazierfähig*) dayanıklı, sağlam; (*beständig*) kalıcı ❸ (*Theorie, These*) savunulur ❹ SPORT (*Schuss*) tutulur
Haltbarkeit *f kein pl* ❶ (*von Lebensmitteln*) dayanıklılık ❷ (*Strapazierfähigkeit*) dayanıklılık, sağlamlık **Haltbarkeitsdatum** *nt* son kullanma tarihi
Haltelinie *f* AUTO (*vor Ampeln*) durma çizgisi
halten <hält, hielt, gehalten> ['haltən] **I.** *vi* ❶ (*anhalten*) durmak; (*stehen bleiben*) durmak ❷ (*festsitzen*) tutmak ❸ (*widerstandsfähig sein*) dayanıklı olmak, sağlam olmak; **Sport hält jung** spor insanı

genç tutar ❹ (*dauern*) devam etmek, sürmek; (*Stoff, Konserven*) dayanmak; (*Wetter*) devam etmek; **zu jdm ~** birini tutmak **II.** *vt* ❶ (*fest~*) tutmak; **die Beine ins Wasser ~** bacaklarını suya tutmak; **etw offen ~** (*a. fig*) bir şeyi açık tutmak; **halt den Mund!** (*fam*) çeneni tut! ❷ (*zurück~*) tutmak; (*auf~*) durdurmak; SPORT tutmak ❸ (*besitzen*) sahip olmak (-e) ❹ (*Rekord, Gebiet*) elinde tutmak; **ein Land besetzt ~** bir ülkeyi işgal altında tutmak ❺ (*Versprechen*) tutmak; (*Rede*) yapmak; (*Unterricht*) yapmak, vermek; **sein Wort ~** sözünü tutmak, sözünde durmak; **was man verspricht, muss man auch ~** verilen söz tutulur ❻ (*gestalten*) **das Zimmer ganz in Weiß ~** odayı bembeyaz yapmak ❼ (*erachten*) **etw/jdn für etw ~** bir şeyi/kimseyi bir şey sanmak; **jdn für blöd ~** birini enayi yerine koymak; **etw für gut/richtig ~** bir şeyi iyi/doğru bulmak; **ich halte ihn für ziemlich intelligent** onun oldukça zeki olduğunu sanıyorum; **viel/nichts von jdm ~** birini gözü çok tutmak/hiç tutmamak; **wofür ~ Sie mich?** beni ne sanıyorsunuz?; **was ~ Sie davon?** buna ne diyorsunuz? **III.** *vr* ■ **sich ~** ❶ (*bleiben*) kalmak; (*haltbar sein*) dayanmak ❷ (*sich orientieren*) tutmak (**an** -); **~ Sie sich links/Richtung Norden** solu/kuzey yönünü tutunuz; **sich an die Regeln ~** kurallara uymak ❸ (*fest~*) tutunmak; (*sich aufrecht ~*) kendini dik tutmak; **sich auf den Beinen ~** kendini ayakta tutmak

Halter(in) <-s, -; -nen> *m(f)* ❶ (*Fahrzeug~*) işleten ❷ (*Tier~*) sahip ❸ (*Griff, Stiel*) tutucu

Haltestelle *f* durak **Halteverbot** *nt* durma yasağı

haltlos *adj* ❶ (*Mensch*) dengesiz ❷ (*Argument*) temelsiz; (*Behauptung*) dayanaksız, dayanağı olmayan, mesnetsiz

halt|machen *vi s.* **Halt² 1.**

Haltung¹ *f kein pl* ❶ (*Fassung*) itidal; **~ bewahren** itidalini muhafaza etmek, kendini tutmak, istifini bozmamak; **die ~ verlieren** itidalini kaybetmek ❷ (*Tierzucht*) yetiştirme

Haltung² <-en> *f* ❶ (*Körper~*) duruş; (*Stellung*) durum, vaziyet ❷ (*Einstellung*) tavır, vaziyet; **eine klare ~ zu einer Frage einnehmen** bir sorun karşısında kesin tavır takınmak ❸ (*Benehmen*) tutum, davranış

Haltungsfehler *m* ❶ SPORT duruş hatası ❷ MED duruş bozukluğu

Halunke <-n, -n> [ha'lʊŋkə] *m* (*a. pej fam*) alçak herif; (*Schlingel*) kerata; (*Lausbub*) afacan

Hämatit *m* GEO hematit

Hamburg <-s> ['hambʊrk] *nt* Hamburg

Hamburger(in)¹ <-s, -; -nen> ['hambʊrgɐ] *m(f)* Hamburglu

Hamburger² <-s, -> *m* GASTR hamburger

hämisch ['hɛːmɪʃ] *adj* **~ grinsen/lachen** pis pis sırıtmak/gülmek

Hammel <-s, -> ['haməl] *m* ❶ (*Schafbock*) koyun ❷ (*vulg: Mensch*) budala

Hammelfleisch *nt* koyun eti

Hammer <-s, Hämmer> ['hamɐ, *pl* 'hɛmɐ] *m* ❶ (*Werkzeug*) *a.* SPORT çekiç; **unter den ~ kommen** açık artırma ile satılmak ❷ ANAT çekiç kemiği; **der ~ ist eines der drei Gehörknöchelchen** çekiç kemiği, üç işitme kemikçiğinden biridir ❸ MUS tokmak ❹ (*fam: Fehler*) hata ❺ (*fam: Zumutung*) **das ist ja der ~!** olacak şey değil!

hämmern ['hɛmɐn] **I.** *vi* ❶ (*Maschine, Person*) çekiçle vurmak ❷ (*Herz*) çarpmak ❸ (*mit den Fäusten*) yumrukla vurmak **II.** *vt* çekiçlemek

Hammerwerfen <-s> *nt kein pl* SPORT çekiç atma

Hämoglobin <-s> *nt kein pl* BIOL hemoglobin **Hämophilie** *f kein pl* MED hemofili

Hämorrhoiden [hɛmoro'iːdən] *pl*, **Hämorriden**^RR *pl* MED hemoroit, basur

Hampelmann ['hampəlman] *m* ❶ (*Spielzeug*) sıçrayan bebek ❷ (*pej fam: Mensch*) kukla

Hamster <-s, -> ['hamstɐ] *m* ZOOL hamster

hamstern *vt* istif etmek

Hand <Hände> [hant, *pl* 'hɛndə] *f* el; **an ~ von** yoluyla; **aus erster/zweiter ~** birinci/ikinci elden; **von ~** elden; **jdm die ~ geben** birine elini vermek; **jdm die ~ schütteln** birinin elini sıkmak, biriyle tokalaşmak; **linker/rechter ~** sol/sağ elde; **linker/rechter ~ sehen Sie ...** sol/sağ elde ... görüyorsunuz; **eine ~ voll** bir tutam [*o* avuç dolusu]; **alle Hände voll zu tun haben** (*fam*) işi başından aşkın olmak; **etw aus der ~ legen** bir şeyi elinden bırakmak; **etw in die ~ nehmen** bir şeyi eline almak; (*fig*) bir şeyi ele almak; **in die Hände klatschen** el çırpmak; **etw zur ~ haben** bir şeyi el altında bulundurmak, bir şey elinde bulunmak; **jds rechte ~ sein** (*fig*) birinin sağ kolu olmak; **zwei linke Hände haben** (*fam*) elinden bir şey gelmemek; **sich mit Händen und Füßen verständigen** (*fam*) el kol yordamıyla anlaşmak; **sich mit Händen und Füßen gegen etw wehren** (*fam*) bir şeye canla başla karşı koymak; **mit leeren Händen**

eli boş olarak, elini kolunu sallaya sallaya; **ein gutes Blatt auf der ~ haben** eli iyi olmak; **~ und Fuß haben** tutarlı olmak; **die ~ im Spiel haben** bir işte parmağı olmak; **es lässt sich nicht von der ~ weisen, dass ...** ... olduğu yadsınamaz; **~ in ~** el ele; **~ in ~ mit jdm arbeiten** biriyle el ele çalışmak; **freie ~ zu etw haben** bir şey yapmakta serbest olmak; **das liegt auf der ~** bu elle tutulur gözle görülür; **von der ~ in den Mund leben** elden ağıza yaşamak; **er ist bei ihnen in guten Händen** onların yanında iyi ellerdedir; **in festen Händen sein** (*fam*) sözlü olmak; **etw von langer ~ planen** bir şeyi uzun uzadıya planlamak; **etw unter der ~ verkaufen** bir şeyi el altından satmak; **mit etw** *dat* **schnell bei der ~ sein** (*fam*) bir şeyde elini çabuk tutmak; **jdm etw zu treuen Händen übergeben** birine bir şeyi emanet vermek; **jdm etw in die ~ drücken** birinin eline bir şey sıkıştırmak; **jdm in die Hände fallen** birinin eline düşmek; **etw aus der ~ geben** bir şeyi elinden çıkarmak; **jdn in der ~ haben** birini avcunun içinde tutmak; **jdm aus der ~ lesen** birinin el falına bakmak; **zu jds Händen** birinin eline, birine verilmek üzere; **Hände hoch!** eller yukarı!; **Hände weg!** çek elini!; **eine ~ wäscht die andere** (*prov*) bir el bir eli yıkar, iki el bir yüzü yıkar

Handarbeit[1] *f kein pl* (*Tätigkeit*) el emeği, elde yapılan iş, el yapımı; **etw in ~ anfertigen** bir şeyi elde yapmak; **dieser Tisch ist ~** bu masa el yapımı, bu masa elde yapılmıştır

Handarbeit[2] <-en> *f* ❶ (*Gegenstand*) el işi; (*kunstgewerblich*) el işi ❷ (*textile ~*) el işi

Handball <-(e)s> *m kein pl* (*Spiel*) hentbol, el topu **Handbewegung** *f* el hareketi **Handbrause** <-n> *f* el duşu **Handbreit** <-> *f* karış **Handbremse** *f* AUTO el freni; **die ~ ziehen** el frenini çekmek **Handbuch** *nt* el kitabı **Handcreme** *f* el kremi **Handdeutung** *f kein pl* el falı

Händedruck <-(e)s, -drücke> *m* el sıkma **Händeklatschen** <-s> *nt kein pl* alkışlama, el çırpma

Handel <-s> ['handəl] *m kein pl* ❶ (*Gewerbe*) ticaret; (*Markt*) piyasa; (*verbotener ~*) yasak ticaret; **etw in den ~ bringen** bir şeyi piyasaya sürmek; **etw aus dem ~ ziehen** bir şeyi piyasadan çekmek; **mit etw** *dat* **~ treiben** bir şeyin ticaretini yapmak; **mit jdm ~ treiben** biriyle ticaret yapmak; **im ~ sein** piyasada olmak ❷ (*Geschäft*) alım satım

handeln ['handəln] **I.** *vi* ❶ (*agieren*) davranmak, hareket etmek ❷ (*Handel treiben*) ticaretini yapmak (**mit** -in); (*unerlaubt*) alıp satmak (**mit** -); **er handelt mit Drogen** uyuşturucu alıp satıyor ❸ (*feilschen*) pazarlık etmek; **da lasse ich nicht mit mir ~** pazarlık yok ❹ (*Buch*) ele almak (**von** -, **über** -) **II.** *vr unpers* ■ **sich ~** söz konusu olmak (**um** -); **worum handelt es sich?** söz konusu ne(dir)? **III.** *vt* işlem görmek; **diese Aktien werden nicht an der Börse gehandelt** bu hisse senetleri borsada işlem görmüyor; **der Spinat wird für vier Euro gehandelt** ıspanak dört eurodan işlem görüyor

Handelsabkommen *nt* ticaret antlaşması **Handelsakademie** *f* ÖSTERR ticaret akademisi **Handelsartikel** *m* ticaret malı, meta **Handelsattaché** *m* ticaret ataşesi **Handelsbank** <-en> *f* WIRTSCH ticaret bankası **Handelsbetrieb** *m* ticaret işletmesi, ticari işletme **Handelsbeziehungen** *pl* ticarî ilişkiler *pl* **Handelsbilanz** *f* ticaret bilançosu **Handelsdefizit** *nt* WIRTSCH ticaret açığı **handelseinig** *adj* **~ sein** anlaşmak; **~ werden** anlaşmaya varmak **Handelsflotte** *f* ticaret filosu **Handelsfreiheit** *f* WIRTSCH ticaret serbestisi **Handelsgericht** *nt* ticaret mahkemesi **Handelsgesellschaft** <-en> *f* ticaret şirketi, ticari ortaklık; **offene ~** kolektif şirket [*o* ortaklık] **Handelsgesetzbuch** *nt* Ticaret Kanunu **Handelshafen** *m* ticaret limanı **Handelskammer** *f* ticaret odası; **Industrie- und ~** sanayi ve ticaret odası **Handelsmarke** *f* ticaret markası **Handelsname** *m* ticari unvan **Handelsplatz** *m* ticaret yeri, ticaretgâh **Handelsrecht** <-(e)s> *nt kein pl* ticaret hukuku **Handelsregister** *nt* ticaret sicili; **Eintragung ins ~** ticaret siciline kayıt [*o* tescil] **Handelsschiff** *nt* ticaret gemisi **Handelsschule** <-n> *f* ticaret okulu **handelsüblich** *adj* ticarette olağan **Handelsvertrag** *m* ticaret sözleşmesi **Handelsvertreter(in)** *m(f)* acente **Handelsware** *f* ticaret malı, meta **Handelszentrum** *nt* ticaret merkezi

Handeltreibende(r) <-n, -n; -n> *f(m)* WIRTSCH tüccar

händeringend ['ɛndərɪŋənd] *adj* ❶ ellerini ovuşturan ❷ (*verzweifelt*) **~ bitten** yalvarıp yakarmak; (*fam: dringend*) acilen

Handfertigkeit *f* el uzluğu, el alışkanlığı **handfest** *adj* ❶ (*Mensch*) kuvvetli ❷ (*Mahlzeit*) karın doyurucu; (*nahrhaft*) besleyici ❸ (*Argument*) ağır basan, esaslı;

H

(*Krach*) şiddetli ❹ (*Vorschlag*) sağlam **Handfeuerwaffe** *f* taşınabilir ateşli silah **Handfläche** *f* avuç (içi), el ayası **handgearbeitet** ['hantgəʔarbaɪtət] *adj* elle yapılmış **Handgelenk** *nt* bilek; **etw aus dem ~ schütteln** (*fam*) bir şeyi parmağının ucuyla [*o* ucunda] çevirmek **Handgemenge** *nt* boğuşma, itişip kakışma **Handgepäck** *nt* el bagajı **handgeschrieben** *adj* el yazması **Handgranate** *f* el bombası

handgreiflich *adj* ❶ (*gewalttätig*) zorba; **~ werden** zorbalaşmak ❷ (*sichtbar vor Augen liegend*) aşikâr, apaçık; (*konkret fassbar*) gözle görülür, elle tutulur

Handgriff <-(e)s, -e> *m* ❶ (*zum Festhalten, Tragen*) tutamaç; (*Stiel*) sap ❷ (*Bewegung*) el hareketi; **mit ein paar ~en** birkaç el hareketiyle

Handhabe <-n> *f* (*fig: Möglichkeit*) olanak, imkân

handhaben ['hantha:bən] *vt* ❶ (*Vorschriften*) uygulamak ❷ (*bedienen, gebrauchen*) kullanmak

Handhabung <-en> *f* ❶ (*Bedienung*) kullanım ❷ (*Anwendung*) uygulama

Handicap <-s, -s> *nt*, **Handikap** <-s, -s> ['hɛndikɛp] *nt* handikap

Handkuss[RR] *m* el öpme; **mit ~** (*fam*) seve seve

Handlanger(in) <-s, -; -nen> ['-laŋɐ] *m(f)* ❶ (*Hilfsarbeiter*) yardımcı işçi, el ulağı, yamak ❷ (*pej: Verbündeter*) hempa

Händler(in) <-s, -; -nen> ['hɛndlɐ] *m(f)* tüccar, tacir; (*Verkäufer*) satıcı; (*Ladeninhaber*) dükkân sahibi; **fliegender ~** seyyar satıcı

Handlesekunst *f kein pl* el falı

handlich ['hantlɪç] *adj* ele yatkın, kullanışlı, pratik

Handlung <-en> ['handlʊŋ] *f* ❶ hareket; (*Tat*) eylem, fiil; (*Geschäft*) iş ❷ THEAT aksiyon; (*von Buch, Film*) konu ❸ (*Laden*) dükkân **Handlungsbevollmächtigte(r)** *f(m)* ticari vekil **handlungsfähig** *adj* JUR medeni hakları kullanma yeteneğinde bulunan **Handlungsfähigkeit** *f kein pl* JUR medeni hakları kullanma yeteneği **Handlungsfreiheit** *f kein pl* hareket serbestisi **Handlungsweise** *f* ❶ (*Art und Weise zu handeln*) hareket tarzı ❷ (*Vorgehensweise*) davranış

Handpflege *f kein pl* manikür **Handrücken** *m* elin tersi **Handschellen** *pl* kelepçe *sing;* **jdm ~ anlegen** birine kelepçe takmak **Handschlag** *m* tokalaşma, el sıkışma; **keinen ~ tun** (*fam*) parmağını bile oynatmamak **Handschrift** *f* ❶ (*von Person*) el yazısı ❷ (*Text*) müsvedde **handschriftlich** I. *adj* elle yazılan II. *adv* el yazısı ile

Handschuh *m* eldiven **Handschuhfach** *nt* AUTO torpido gözü

Handstand <-(e)s, -stände> *m* SPORT amut; **einen ~ machen** amuda kalkmak **Handtasche** *f* el çantası **Handteller** *m* el ayası **Handtuch** <-(e)s, -tücher> *nt* el bezi, havlu; **das ~ werfen** (*fam*) pes etmek **Handumdrehen** *nt* **im ~** bir iki demeden [*o* demeye kalmadan], çarçabuk, göz açıp kapayıncaya kadar, kaşla göz arasında **Handvoll** <-> *f s.* **Hand Handwäsche** *f* (*Waschen*) elle yıkama; (*Wäsche*) elle yıkanacak çamaşır

Handwerk[1] <-(e)s, -e> *nt* (*Beruf*) sanat; **jdm das ~ legen** birinin işine son vermek; **jdm ins ~ pfuschen** birinin işine karışmak

Handwerk[2] <-(e)s> *nt kein pl* (*~ erschaft*) zanaat; **~ hat gold(e)nen Boden** (*prov*) kolunda altın bileziği var

Handwerker(in) <-s, -; -nen> *m(f)* esnaf, zanaatçı, zanaatkâr; (*Kunst~*) sanatkâr **Handwerkskammer** *f* esnaf odası **Handwerkszeug** *nt* avadanlık; **er trägt sein ~ bei sich** avadanlığını yanında taşır **Handwurzel** *f* ANAT bilek kemikleri *pl* **Handy** <-s, -s> *nt* cep telefonu **Handzeichen** *nt* el işareti **Handzettel** *m* el afişi

hanebüchen ['ha:nəby:çən] *adj* (*fig geh: unglaublich*) inanılmaz

Hanf <-(e)s> [hanf] *m kein pl* BOT (*Cannabis sativa*) kenevir, kendir **Hanfgewächse** *pl* BOT kendirgiller *pl* **Hanföl** *nt kein pl* kenevir yağı

Hang[1] <-(e)s, Hänge> [haŋ, *pl* 'hɛŋə] *m* sırt; (*Abhang*) yamaç

Hang[2] <-(e)s> *m kein pl* (*Tendenz, Neigung*) eğilim; **einen ~ zu etw** *dat* **haben** bir şeye eğilimi olmak

Hangar *m* hangar

Hängeboden *m* asma kat **Hängebrücke** *f* asma köprü **Hängelampe** *f* tavan lambası **Hängematte** *f* hamak; (*auf Schiffen*) branda

hangen ['haŋən] *vi* SCHWEIZ *s.* **hängen**

hängen[1] <hängt, hing, gehangen> ['hɛŋən] *vi* ❶ (*herunter~*) asılmak (**an** -e), sarkmak (**an** -den); **Spannung hing in der Luft** ortam elektrikliydi; **an der Flasche/vor dem Fernseher ~** (*fam*) devamlı içki içmek/televizyon karşısında oturmak ❷ (*haften*) yapışmak (**an** -e); **an jdm ~** birine düşkün olmak; **sich an jdn ~** birine yapışmak ❸ (*schief sein*) kaymış olmak (**nach** -e)

hängen[2] *vt* ① (*auf~*) asmak ② (*befestigen*) takmak; (*an Haken*) asmak ③ (*Verbrecher*) asmak
hängen|bleiben[1] *irr vi sein s.* **bleiben 1.**
hängen|bleiben[ALT2] *irr vi sein s.* **bleiben 1.**
hängen|lassen* *irr* **I.** *vt s.* **lassen** [2] **3. II.** *vr* ■**sich ~** *s.* **lassen** [2] **3.**
Hängeschloss *nt* asma kilit **Hängeschulter** *f* düşük omuz
Hannover <-s> [ha'no:fɐ] *nt* Hannover
hänseln ['hɛnzəln] *vt* **jdn ~** birini alaya almak
Hansestadt ['hanzə-] *f* Hanse kenti
Hanswurst <-(e)s, -e *o* -würste> [-'-, '--] *m* ① THEAT Hanswurst ② (*Narr*) soytarı
Hantel <-n> ['hantəl] *f* halter
hantieren* [han'ti:rən] *vi* çalışmak (**mit** -le), iş görmek (**mit** -le)
hapern ['ha:pɐn] *vi* ① (*fehlen*) eksik olmak (**an** -); (*nicht klappen*) aksamak; **woran hapert es?** aksaklık nereden geliyor? ② (*schlecht sein*) kötü olmak (**mit** -); **in Latein hapert es bei ihm** Latincede kötüdür
Häppchen ['hɛpçən] *nt* atıştırmalık
häppchenweise ['hɛpçənvaɪzə] *adv* (*fam*) azar azar
Happen <-s, -> ['hapən] *m* (*fam*) lokma
Happening <-s, -s> ['hɛpənɪŋ] *nt* THEAT tulûat; **ein ~ veranstalten** tulûat yapmak
Happenist <-en, -en> *m* tulûatçı
happig ['hapɪç] *adj* (*fam*) aşırı, çok fazla; (*Preis*) fahiş
Happy End[RR] <-(s), -s> *nt*, **Happyend**[RR] <-(s), -s> [hɛpi'ʔɛnt] *nt* mutlu son
Harakiri *nt* harakiri; **~ machen** harakiri yapmak
Hard Disk[RR] <-s> *f*, **Harddisk**[RR] <-s> ['ha:tdɪsk] *f* INFORM sabit disk, iç bellek **Hardware** <-s> ['ha:twɛ:ɐ] *f* INFORM donanım
Harem <-s, -s> ['ha:rɛm] *m* harem
Harfe <-n> ['harfə] *f* harp, arp
Harfenist(in) *m(f)* arpçı
Harke <-n> ['harkə] *f* tırmık
harken ['harkən] *vt* tırmıklamak
Harlekin <-s, -e> ['harleki:n] *m* soytarı
harmlos ['harmlo:s] *adj* zararsız; (*arglos*) art niyetsiz; (*Tier*) zararsız, tehlikeli olmayan; (*Medikament, Krankheit*) zararsız
Harmonie <-n> [harmo'ni:] *f* uyum, ahenk; MUS armoni
Harmonien *pl von* **Harmonie, Harmonium**
harmonieren* *vi* uyuşmak (**mit** -le)
Harmonika <-s *o* Harmoniken> [har'mo:nika] *f* MUS (*Mund~*) armonika, mızıka; (*Zieh~*) armonika, akordeon
harmonisch [har'mo:nɪʃ] *adj* ① MUS armonik ② (*zusammenpassend*) ahenkli, uyumlu
Harmonium <-s, -s *o* Harmonien> [har'mo:niʊm] *nt* MUS armonyum
Harn <-(e)s, -e> [harn] *m* idrar, sidik **Harnblase** *f* ANAT sidik torbası, idrar torbası, mesane, sidik kavuğu **Harnentleerung** *f* idrar boşaltımı **Harnleiter** <-s, -> *m* ANAT sidik borusu **Harnröhre** <-n> *f* ANAT siyek **Harnsäure** <-n> *f* sidik asidi, ürik asit **harntreibend** *adj* sidik söktürücü, idrar söktürücü **Harnvergiftung** *f* MED üremi **Harnwege** *pl* ANAT idrar yolu, sidik yolu **Harnzwang** *m kein pl* MED sidik zoru, idrar zoru
Harpune <-n> [har'pu:nə] *f* zıpkın
harpunieren* [harpu'ni:rən] *vt* zıpkınlamak
harren ['harən] *vi* (*geh*) beklemek (-); **neue Aufgaben ~ seiner** onu yeni ödevler [*o* görevler] bekliyor
hart <härter, am härtesten> [hart] **I.** *adj* ① (*nicht weich*) sert, katı; **~e Drogen** sert [*o* kuvvetli] uyuşturucular; **~ werden** sertleşmek; (*Brot*) bayatlamak; (*Mensch*) katılaşmak, sertleşmek ② (*Währung*) sağlam ③ (*Wasser, Wetter*) sert; **ein ~er Winter** sert bir kış ④ (*widerstandsfähig*) dayanıklı, metanetli; **~ im Nehmen sein** metanetli olmak ⑤ (*schwer*) ağır; (*Aufprall*) sert, şiddetli; **das war ein ~er Schlag für ihn** bu onun için ağır bir darbe oldu ⑥ (*~herzig*) katı (yürekli); **ein ~es Herz haben** katı yürekli olmak, yüreği katı olmak; **jdn ~ anfassen** bir kimseye sert davranmak [*o* muamele etmek] ⑦ LING (*Konsonant*) sert ⑧ (*streng*) sert; **~ durchgreifen** sert önlemler almak; **~ bleiben** ödün vermemek, taviz vermemek **II.** *adv* (*nahe*) **das Haus liegt ~ an der Straße** ev yolun hemen yanındadır
Härte <-n> ['hɛrtə] *f* ① (*Festigkeit*) katılık, sertlik ② (*Stabilität*) sağlamlık ③ (*Kalkgehalt*) sertlik ④ (*Widerstandfähigkeit*) dayanıklılık ⑤ (*Ungerechtigkeit*) adaletsizlik; **soziale ~n** sosyal adaletsizlikler ⑥ (*Strenge*) sertlik ⑦ (*Gefühllosigkeit*) kalp katılığı, katı yüreklilik; (*Grausamkeit*) katılık ⑧ (*Heftigkeit*) şiddet, sertlik **Härtefall** <-(e)s, -fälle> *m* zaruret durumu **Härtegrad** *m* katılık derecesi, sertlik derecesi **Härtemittel** *nt* sertleştirici
härten ['hɛrtən] **I.** *vt* sertleştirmek, katılaştırmak **II.** *vi* sertleşmek, katılaşmak **III.** *vr* ■**sich ~** direncini artırmak

härter ['hɛrtɐ] *adj komp von* **hart**
härteste(r, s) ['hɛrtəstə, -tɐ, -təs] *adj superl von* **hart**
hartgefroren *adj s.* **gefroren II.** **hartgekocht** *adj s.* **kochen I.2.** **Hartgeld** *nt* metal para, meskûkât *pl*
hartgesotten ['hartgəzɔtən] *adj* ❶ (*unsensibel*) vurdumduymaz ❷ (*verstockt, unbelehrbar*) akıllanmaz, ıslah olmaz
hartherzig *adj* katı yürekli
Hartherzigkeit *f kein pl* katı yüreklilik
Hartholz *nt* sert tahta
hartnäckig ['hartnɛkɪç] *adj* ❶ (*stur*) inatçı, direngen ❷ (*ausdauernd*) sebatkâr, direşken ❸ (*Krankheit*) tedavisi zor
Hartnäckigkeit *f kein pl* ❶ (*Sturheit*) inatçılık, direngenlik ❷ (*Ausdauer*) sebat, direşme ❸ (*von Krankheit*) tedavi zorluğu
Hartweizen *m* sert buğday
Harz[1] <-es, -e> [haːɐts] *nt* reçine; (*Tannen~*) sakız
Harz[2] <-es> *m* GEO **der ~** Harz
harzig *adj* ❶ (*Harz enthaltend*) reçineli ❷ SCHWEIZ (*mühsam*) zahmetli
haschen ['haʃən] *vi* (*fam*) esrar içmek, esrar çekmek
Haschisch <-(s)> ['haʃɪʃ] *m o nt kein pl* haşiş, esrar; **~ rauchen** haşiş [*o* esrar] içmek
Haschmich *m* (*fam*) **einen ~ haben** kafadan kaçık olmak
Hase <-n, -n> ['haːzə] *m* tavşan; **falscher ~** (*Hackbraten*) rulo köfte; **wissen, wie der ~ läuft** (*fam*) işini bilmek; **da liegt der ~ im Pfeffer** (*fam*) işin püf noktası bu; **ein alter ~** (*fig*) eski kurt
Haselhuhn *nt* ZOOL çil
Haselmaus *f* fındık faresi
Haselnuss[RR] <-nüsse> ['haːzəlnʊs] *f* fındık **Haselnussbohrer**[RR] *m* fındık biti
Hasenfuß *m* tavşan yürekli (kimse) **hasenfüßig** *adj* tavşan yürekli
Hasenherz *nt* tavşan yürekli (kimse) **hasenherzig** *adj* tavşan yürekli
Hasenscharte *f* MED tavşan dudağı
Häsin <-nen> ['hɛːzɪn] *f* dişi tavşan
Haspel *f* ❶ TECH bocurgat; NAUT turno ❷ (*Garnwinde*) elemge
Hass[RR] <-es> [has] *m kein pl*, **Haß**[ALT] <-sses> *m kein pl* nefret; **~ auf jdn haben** birinden nefret etmek
hassen ['hasən] *vt* nefret etmek (-den) **hassenswert** *adj* nefret uyandırıcı
hässlich[RR] ['hɛslɪç] *adj*, **häßlich**[ALT] *adj* ❶ (*Aussehen*) çirkin, suratsız; (*Wetter*) berbat ❷ (*gemein*) çirkin; **~ von jdm sprechen** birinin hakkında çirkince konuşmak ❸ (*unangenehm*) çirkin
Hässlichkeit[RR1] *f kein pl*, **Häßlichkeit**[ALT] *f kein pl* (*von Aussehen*) çirkinlik
Hässlichkeit[RR2] <-en> *f*, **Häßlichkeit**[ALT] <-en> *f* (*Gemeinheit*) çirkince davranış
Hast [hast] *f kein pl* (*Eile*) acele; (*Überstürzung*) acelecilik, telaş
hasten ['hastən] *vi sein* (*geh*) acele etmek
hastig **I.** *adj* (*eilig*) acele; (*überstürzt*) aceleci, telaşlı **II.** *adv* (*schnell*) acele acele; (*überstürzt*) apar topar, telaş ve acele ile; **nicht so ~!** o kadar acele etme!
hat [hat] *3. präs von* **haben**
hätscheln ['hɛ(ː)tʃəln] *vt* ❶ (*liebkosen*) okşamak ❷ (*pej: bevorzugen*) yüz vermek (-e)
hatschi [ha'tʃi(ː), 'hatʃi] *interj* hapşu
hatte ['hatə] *3. imp von* **haben**
Haube <-n> ['haʊbə] *f* ❶ (*Kopfbedeckung*) bone, başlık; **jdn unter die ~ bringen** (*fam*) birinin başını bağlamak, birini baş göz etmek ❷ AUTO (*Motor~*) kaput; (*Kofferraum~*) kapak ❸ (*von Vögeln*) sorguç ❹ (*Trocken~*) başlık; (*Abzugs~, Dunst~*) eteklik
Haubitze *f* obüs
Hauch <-(e)s, -e> [haʊx] *m* (*geh*) ❶ (*Atem*) soluk, nefes; **der letzte ~** son nefes ❷ (*Luftzug*) esinti ❸ (*Anflug*) nebze, emarecik; (*leise Spur*) eser
hauchdünn ['-'-] *adj* ipince
hauchen ['haʊxən] **I.** *vi* (*ausatmen*) hohlamak **II.** *vt* (*Worte*) fısıldamak
Haue[1] ['haʊə] *f kein pl* (*fam: Schläge*) dayak; **~ kriegen** dayak yemek
Haue[2] <-n> *f* SÜDD, ÖSTERR, SCHWEIZ (*Hacke*) kazma
hauen[1] <haut, haute *o* hieb, gehauen> ['haʊən] **I.** *vt* ❶ (*fam: schlagen*) vurmak; (*verprügeln*) dövmek ❷ (*fam: schmeißen*) atmak, savurmak; **jdn übers Ohr ~** birine kazık atmak; **jdm eine ~** birine tokat atmak; **sein Geld auf den Kopf ~** parasını har vurup harman savurmak **II.** *vi* (*schlagen*) **mit der Faust auf den Tisch ~** yumruğunu masaya vurmak
hauen[2] <haut, haute, gehauen> ['haʊən] **I.** *vi* **auf die Pauke ~** (*fig*) davul çalmak **II.** *vt* ❶ (*meißeln*) hakketmek ❷ (*fam: Nagel*) çakmak (**in** -e) ❸ BERGB (*Kohle*) kazmak; MIN (*Steine*) kırmak ❹ (*Holz, Fleisch*) kesmek **III.** *vr* ■ **sich ~** (*fam*) dövüşmek (**mit** ile); **sich in die Falle ~** (*fam*) kendini yatağa atmak
Hauer <-s, -> *m* ❶ (*Bergmann*) kazmacı ❷ (*Eckzahn*) kazma diş
Haufen <-s, -> ['haʊfən] *m* ❶ (*Anhäufung*) yığın, küme; (*Stapel*) istif; **jdn über**

den ~ rennen/fahren (*fam*) birini çiğneyip geçmek; **etw über den ~ werfen** (*fam*) bir şeyi altüst etmek ❷ (*fam: Menge*) yığın, sürü; **einen ~ Arbeit haben** bir yığın işi olmak ❸ (*Schar*) sürü; (*Gruppe*) küme

häufen ['hɔɪfən] **I.** *vt* kümelemek, yığmak; (*ansammeln*) biriktirmek; **zwei gehäufte Esslöffel Zucker** iki yemek kaşığı dolusu şeker, tepeleme dolu iki yemek kaşığı şeker **II.** *vr* ■ **sich ~** kümelenmek, yığılmak; (*sich ansammeln*) birikmek

haufenweise *adv* (*fam*) yığınla, yığınlarca, küme küme

Haufenwolke *f* küme bulut

häufig ['hɔɪfɪç] **I.** *adj* sık; (*wiederholt*) tekrarlanan **II.** *adv* sık sık, sık olarak

Häufigkeit <-en> *f* sıklık

Haupt <-(e)s, Häupter> [haʊpt, *pl* 'hɔɪptɐ] *nt* (*geh*) ❶ (*Kopf*) baş; **gesenkten/erhobenen ~es** başı önünde/dimdik ❷ (*Anführer*) elebaşı **Hauptaltar** *m* ana sunak **Hauptausgang** <-(e)s, -gänge> *m* ana çıkış kapısı **Hauptbahnhof** *m* gar, merkez istasyonu **hauptberuflich** *adj* **~ ist er Lehrer** asıl mesleği öğretmenliktir **Hauptbuch** *m* COMM ana defter, defterikebir **Hauptdarsteller** *m* başaktör, başoyuncu **Hauptdarstellerin** *f* başaktris, kadın başoyuncu **Haupteingang** <-(e)s, -gänge> *m* ana giriş kapısı **Hauptfach** *nt* SCHULE, UNIV ana öğrenim dalı **Hauptfigur** *f* başkişi, başkahraman **Hauptfilm** <-(e)s, -e> *m* ana film **Hauptgebäude** *nt* ana yapı **Hauptgericht** *nt* baş yemek **Hauptgewinn** <-(e)s, -e> *m* büyük ikramiye **Haupthahn** *m* ana musluk **Hauptkommissar(in)** *m(f)* başkomiser

Häuptling <-s, -e> ['hɔɪptlɪŋ] *m* kabile reisi

Hauptmann <-(e)s, -leute> *m* ❶ MIL yüzbaşı ❷ SCHWEIZ (*Gemeindevorsteher*) muhtar **Hauptmenü** *nt* INFORM ana menü **Hauptperson** *f* başkişi **Hauptpost** *f* merkez postanesi **Hauptquartier** *nt* MIL genel karargâh; (*Sitz des Befehlshabers*) ordu merkezi **Hauptrolle** *f* başrol **Hauptsache** *f* en önemli şey; **Geld war für ihn die ~** para onun için en önemli şeydi; **~ du bist gesund** en önemlisi senin sağlıklı olman; **es wurden in der ~ folgende Bücher benutzt** birinci planda şu kitaplardan yararlanıldı

hauptsächlich ['haʊptzɛçlɪç] **I.** *adj* başlıca; (*wesentlich*) esas; **die ~ste Frage** (*fam*) en önemli soru **II.** *adv* esasen, birinci planda; (*vor allem*) her şeyden önce, en başta

Hauptsaison *f* sezon, ana mevsim **Hauptsatz** <-es, -sätze> *m* LING temel cümle, temel tümce **Hauptschalter** *m* ELEK ana şalter **Hauptschlagader** *f* ANAT aort **Hauptsegel** *nt s.* **Großsegel** NAUT mayistra **Hauptsendezeit** *f* TV altın saatler *pl* **Hauptstadt** *f* başkent **Hauptstraße** *f* ana yol, ana cadde **Hauptthema** *nt* asıl konu **Haupttreffer** *m s.* **Hauptgewinn** **Hauptverfahren** *nt* JUR son soruşturma **Hauptverhandlung** *f* JUR duruşma

Hauptverkehrsstraße *f* ana cadde **Hauptverkehrszeit** *f* trafiğin sıkışık olduğu saat

Hauptversammlung *f* genel kurul **Hauptverwaltung** *f* genel müdürlük **Hauptwort** <-(e)s, -wörter> *nt* LING (*Substantiv*) isim

Haus <-es, Häuser> [haʊs, *pl* 'hɔɪzɐ] *nt* ❶ (*Wohn~, Heim*) ev, konut, hane; (*Gebäude*) bina; **von ~ zu ~ gehen** evden eve dolaşmak, kapı kapı dolaşmak; **wir wohnen ~ an ~** biz yanyana oturuyoruz; **aus dem ~ gehen** evden çıkmak; **der Herr des ~es** ev sahibi; **außer ~ essen** dışarıda yemek yemek; **etw steht ins ~** (*fam*) bir şey beklenmek; **~ und Hof verspielen** malını mülkünü kumarda kaybetmek; **nirgendwo zu ~e sein** evsiz barksız olmak; **fühlen Sie sich wie zu ~e!** rahatınıza bakın!, kendi evinizde imiş gibi davranın!; **nach ~e kommen** eve gelmek; **er ist nicht zu ~e** evde değil; **bei uns zu ~e** bizim evimizde; **in etw** *dat* **zu ~e sein** (*fam*) bir işi avucunun içi gibi bilmek; **vor ausverkauftem ~ spielen** bütün biletleri satılmış koltuklar önünde oynamak; **frei ~** COMM masrafsız eve teslim; **hallo, altes ~!** (*fam*) merhaba ahbap! ❷ (*geh: Herkunft*) **er ist aus gutem ~e** kendisi iyi [*o* soylu] bir ailedendir; **von ~e aus** aileden ❸ (*Unternehmen*) işletme; **das erste ~ am Platz** meydandaki bir numaralı işletme ❹ (*Dynastie*) hanedan ❺ (*Schnecken~*) kabuk ❻ ASTROL alan ❼ POL kamara ❽ (*Haushalt*) **~ halten** (*veraltend*) ev idare etmek, ev geçindirmek **Hausangestellte(r)** *f(m)* hizmetçi **Hausapotheke** *f* ecza dolabı **Hausarbeit** *f* ❶ (*im Haushalt*) ev işi ❷ SCHULE, UNIV ev ödevi **Hausarrest** *m* evde göz hapsi **Hausarzt, -ärztin** *m, f* aile doktoru [*o* hekimi] **Hausaufgabe** *f* **~n** SCHULE ev ödevi

hausbacken *adj* ❶ (*Hausmittel*) ev tipi ❷ (*pej: bieder*) dar kafalı; (*langweilig*) can sıkıcı

Hausbesetzer(in) <-s, -; -nen> *m(f)* haneyi fuzulî işgal eden (kimse) **Hausbesetzung** <-en> *f* hanenin fuzulî işgali **Hausbesitzer(in)** <-s, -; -nen> *m(f)* ev sahibi **Hausbewohner(in)** *m(f)* evin sakini, evde oturan (kimse); (*alle* ~) ev halkı **Hausboot** *nt* yüzen ev

Häuschen <-s, -> ['hɔɪsçən] *nt* evcik, kulübe; **(ganz) aus dem ~ geraten** (*fig fam*) aşka gelmek, (sevincinden) kendinden geçmek

Hauseingang <-(e)s, -gänge> *m* evin girişi; **im ~ stehen** evin girişinde durmak

hausen ['haʊzən] *vi* (*fam*) ❶ (*pej: wüten*) etrafı kasıp kavurmak (**in** -de) ❷ (*wohnen*) oturmak (**in** -de)

Häuserblock <-(e)s, -s *o* -blöcke> *m* blok, blok inşaat

Hausflur <-(e)s, -e> *m* (*Diele*) hol; (*Gang*) koridor **Hausfrau** *f* ❶ (*Haushalt führende Frau*) ev kadını ❷ ÖSTERR, SÜDD (*Zimmerwirtin*) ev sahibesi **Hausfreund** <-(e)s, -e> *m* ❶ (*der Familie*) aile dostu ❷ (*Geliebter*) dost, sevgili

Hausfriedensbruch <-(e)s, -brüche> *m* JUR konut dokunulmazlığını bozma

Hausgebrauch *m* evde kullanma; **für den ~** evde kullanmak için; **mein Türkisch reicht gerade für den ~** (*fam*) Türkçemle ancak idare edebiliyorum **Hausgeburt** *f* evde doğum **Hausgenosse(in)** *m(f)* evdeş

Haushalt <-(e)s, -e> ['haʊshalt] *m* ❶ (*Hausgemeinschaft*) hane, ev halkı; **ein ~ mit fünf Personen** beş kişilik bir hane; **jdm den ~ führen** biri için ev yönetmek, birinin ev işlerine bakmak; **einen ~ gründen** ev bark düzmek, yuva kurmak; **einen ~ auflösen** yuvasını bozmak; **im ~ helfen** evde yardım etmek ❷ (*Familie*) ev, aile; **die privaten ~e** hane halkları ❸ POL (*Etat*) bütçe

haus|halten *irr vi* ev geçindirmek (**mit** ile), idare etmek (**mit** ile), idareli kullanmak

Haushälterin <-nen> ['haʊshɛltərɪn] *f* kâhya kadın, evin işlerini yöneten kadın

Haushaltsabfall <-(e)s, -fälle> *m* evsel atık **Haushaltsdebatte** *f* POL bütçenin görüşülmesi **Haushaltsgeld** *nt* ev(i) geçindirme parası **Haushaltsgerät** <-(e)s, -e> *nt* ev aleti **Haushaltsjahr** *m* POL bütçe yılı **Haushaltsplan** *m* POL bütçe

Hausherr <-(e)n, -en> *m* ev sahibi

Hausherrin <-nen> *f* ev sahibesi

haushoch ['-'-] *adj* (*groß*) büyük; **jdm ~ überlegen sein** birini cebinden çıkarmak, birinden çok [*o* kat kat] üstün olmak; **den Gegner ~ schlagen** rakibini hezimete uğratmak

hausieren* [haʊ'zi:rən] *vi* ayak satıcılığı yapmak; **mit etw** *dat* **~ gehen** (*fam*) bir şeyi her yerde anlatmak

Hausierer(in) <-s, -; -nen> *m(f)* ayak satıcısı, gezginci esnaf, gezgin satıcı, seyyar satıcı

Hauslehrer(in) <-s, -; -nen> *m(f)* (*Privatlehrer*) özel öğretmen

häuslich ['hɔɪslɪç] *adj* ❶ (*Arbeiten, Pflichten*) evle ilgili; (*Familie betreffend*) evcimen ❷ (*Familienleben liebend*) evcimen; ■ **sich ~ niederlassen** (*fam*) demir atmak

Hausmädchen *nt* ortalık hizmetçisi

Hausmann *m* ev adamı **Hausmannskost** *f* ev yemeği

Hausmarke *f* ❶ (*einer Einzelhandelsfirma*) kendi markası ❷ (*fam: bevorzugte Marke*) tercih edilen marka **Hausmeister(in)** *m(f)* ❶ (*in Wohnhaus*) kapıcı; (*in öffentlichen Gebäuden*) kapıcı ❷ SCHWEIZ (*Hausbesitzer*) ev sahibi **Hausmittel** *nt* ev ilacı, kocakarı ilacı; **pflanzliche ~** bitkisel ev ilaçları **Hausmüll** *m* evsel atık **Hausnummer** *f* evin numarası **Hausordnung** <-en> *f* evin kuralları

Hausrat <-(e)s> *m kein pl* ev eşyası **Hausratversicherung** *f* ev eşyası sigortası

Hausrecht *nt* JUR evde söz hakkı, bina içinde söz hakkı

Hausschlüssel *m* ev anahtarı **Hausschuh** *m* terlik

Haussuchung <-en> *f* JUR evlerde arama **Haustier** *nt* evcil hayvan **Haustür** *f* ev kapısı, sokak kapısı **Hausverbot** *nt* eve girme yasağı **Hauswirt(in)** *m(f)* ev sahibi **Hauswirtschaft** *f kein pl* ev ekonomisi

Haut <Häute> [haʊt, *pl* 'hɔɪtə] *f* ❶ (*von Mensch*) cilt, deri; (*von Tier*) deri; (*von Schlange*) gömlek; (*von Obst*) kabuk; (*Gesichts~*) ten; **nur ~ und Knochen sein** (*fam*) bir deri bir kemik olmak; **versuchen, seine ~ zu retten** (*fig fam*) postu [*o* pöstekiyi] kurtarmaya çalışmak; **aus der ~ fahren** (*fig fam*) çileden çıkmak, zıvanadan çıkmak; **nicht aus seiner ~ (heraus)können** (*fig fam*) huyundan vazgeçememek; (*sich nicht ändern können*) kendini değiştirememek; **ihm ist nicht wohl in seiner ~** (*fig fam*) durumundan memnun olmamak; **in ihrer ~ möchte ich nicht stecken** (*fig fam*) onun yerinde olmak istemem; **mit heiler ~ davonkommen** (*fig fam*) postu kurtarmak; **mit ~ und Haaren** (*fig fam*) yaka paça; **das geht (mir) unter die ~** (*fig fam*) bu bana çok dokundu, bu içime işledi; **auf der faulen ~ liegen** (*fig fam*) ense yapmak, miskin miskin yatmak, minder çürütmek; **eine ehrliche ~** (*fig fam*) namuslu bir adam ❷ (*auf Flüssigkeit*) tabaka ❸ MED, ANAT (*Schleim~*) doku; (*Ader~, Horn~*) tabaka **Hautabschürfung** *f* sıyrık **Hautarzt, -ärztin** *m, f* cildiyeci **Hautausschlag** *m* döküntü **Hautcreme** *f* cilt kremi

häuten ['hɔɪtən] **I.** *vt* yüzmek, derisini soymak (-in) **II.** *vr* ■ **sich ~** (*Reptilien*) gömlek değiştirmek; (*fam: Mensch*) soyulmak

hauteng ['-'-] *adj* daracık; **eine ~e Hose** daracık bir pantolon **Hautfarbe** *f* ten rengi; (*Teint*) ten **Hautkrankheit** *f* deri hastalığı **Hautkrebs** *m kein pl* deri kanseri **Hautpflege** *f* cilt bakımı, deri bakımı

Häutung <-en> *f* ZOOL deri değiştirme

Hautwolf *m kein pl* pişik

Havarie <-n> [hava'riː] *f* AERO, NAUT avarya

Hbf. *Abk von* **Hauptbahnhof** gar, merkez istasyonu

H-Bombe *f* (*Wasserstoffbombe*) hidrojen bombası

H-Dur ['haː'duːɐ] *nt* MUS si majör

he [heː] *interj* hey

Header *m* INFORM başlık

Headhunter(in) <-s, -; -nen> ['hɛthantɐ] *m(f)* WIRTSCH kafa avcısı, teknik eleman avcısı

Hebamme <-n> ['heːbamə] *f* ebe

Hebebühne *f* TECH rampa

Hebel <-s, -> ['heːbəl] *m* kaldıraç, manivela, levye; (*Schalt~*) kol; **alle ~ in Bewegung setzen** (*fam*) allem etmek kallem etmek, her türlü (kurnazca) çareye başvurmak; **am längeren ~ sitzen** (*fam*) dizginleri elinde tutmak **Hebelwirkung** *f* kaldıraç etkisi

heben <hebt, hob, gehoben> ['heːbən] **I.** *vt* ❶ kaldırmak; (*Schatz*) meydana çıkarmak; (*Wrack*) su yüzüne çıkarmak; **den Arm ~** kolunu kaldırmak; **die Stimme ~** sesini yükseltmek; **einen ~** (*fam*) bir tek içmek, içki içmek ❷ (*steigern*) artırmak, yükseltmek; (*verbessern*) kalkındırmak ❸ SÜDD (*halten*) tutmak **II.** *vr* ■ **sich ~** ❶ kalkmak, yükselmek ❷ (*sich verbessern*) düzelmek **III.** *vi* SÜDD (*haltbar sein*) dayanmak

Heber <-s, -> ['heːbɐ] *m* sifon; **mit einem ~ umfüllen** sifonla aktarmak [*o* doldurmak]

Hebräer(in) <-s, -; -nen> [he'brɛːɐ] *m(f)* İbranî

hebräisch [he'brɛːɪʃ] *adj* İbranî, İbranilerin

Hebräisch(e) [he'brɛːɪʃ] *nt* İbranîce; **er kann ~** o, İbranîce biliyor

Hebung <-en> ['heːbʊŋ] *f* ❶ (*das Hinaufbefördern*) yükseltme; (*Anstieg*) yükselme ❷ LIT, LING (*betonte Silbe*) vurgulu hece ❸ GEO yükselme

hecheln ['hɛçəln] *vi* (*Hund*) solumak

Hecht <-(e)s, -e> [hɛçt] *m* ❶ ZOOL turna balığı ❷ (*fam: Bursche, Kerl*) **ein toller ~!** çakı gibi delikanlı!

Hechtsprung *m* SPORT (*Turnen*) kaplan atlaması; (*eines Torwarts*) plonjon

Heck <-(e)s, -e *o* -s> [hɛk] *nt* NAUT kıç, pupa; AUTO arka; AERO kuyruk

Hecke <-n> ['hɛkə] *f* çit **Heckenrose** *f* yaban gülü **Heckenschere** *f* bahçıvan makası **Heckenschütze(in)** <-n, -n; -nen> *m(f)* pusuya yatan nişancı

Heckklappe *f* AUTO arka kapak **Heckmotor** *m* TECH arkada yer alan motor **Heckscheibe** *f* AUTO arka cam

heda ['heːda] *interj* hu

Hedschra *f kein pl* REL, HIST hicret

Heer <-(e)s, -e> [heːɐ] *nt* ❶ MIL ordu; (*Landstreitkräfte*) kara kuvvetleri *pl* ❷ (*fig: Unmenge*) ordu **Heerlager** *nt* ordugâh

Hefe <-n> ['heːfə] *f* maya **Hefeteig** *m* mayalı hamur

Heft <-(e)s, -e> [hɛft] *nt* ❶ (*Schreib~*) defter ❷ (*einer Zeitschrift*) sayı ❸ (*Broschüre*) broşür ❹ (*geh: von Waffen*) kabza; **das ~ in die Hand nehmen** (*fig*) dizginleri ele almak

heften ['hɛftən] **I.** *vt* ❶ (*anbringen*) tutturmak (**an** -e), raptetmek (**an** -e); (*mit Heftklammer*) tutturmak, zımbalamak ❷ (*Buch*) dikmek ❸ (*Stoffe*) oyulgalamak, teyellemek ❹ (*Blick, Augen*) dikmek (**auf** -e) ❺ SCHWEIZ (*Wunde: nähen*) dikmek; (*verbinden*) bağlamak; (*pflastern*) yapıştırmak **II.** *vr* ■ **sich ~** (*Blick*) dikilmek (**auf** -e); **sich an jds Fersen ~** birinin peşine takılmak, birinin arkasına düşmek [*o* takılmak]

Hefter <-s, -> *m* ❶ (*Mappe*) dosya ❷ (*Heftmaschine*) tel zımbası

heftig ['hɛftɪç] *adj* ❶ (*stark*) kuvvetli, güçlü; (*gewaltig*) şiddetli; (*Leidenschaft*) güçlü; (*Kälte*) şiddetli; (*Sehnsucht, Abneigung*) şiddetli; (*Widerstand, Kampf*) şiddetli ❷ (*unbeherrscht*) sinirli; (*Ton*) sert

Heftigkeit *f kein pl* şiddet, sertlik

Heftklammer *f* ❶ (*für Heftmaschine*) zımba teli, tutturgaç ❷ (*Büroklammer*) tutturgaç, ataş **Heftpflaster** *nt* plaster

Heftstich *m* oyulga

Hegemonie <-n> [hegemo'niː] *f* hegemonya

hegen ['heːgən] *vt* ❶ (*Wild, Pflanzen*)

H

korumak, muhafaza etmek ❷ (*geh*) beslemek, duymak; **Groll ~** kin beslemek; **Misstrauen ~** güvensizlik duymak; **Zweifel/Hoffnungen ~** kuşku/umut beslemek; **für etw/jdn Achtung ~** bir şey/kimse için saygı duymak [*o* beslemek]

Hehl [he:l] *m o nt* **kein(en) ~ aus etw** *dat* **machen** bir şeyi gizlememek

Hehler(in) <-s, -; -nen> *m(f)* yataklık eden (kimse)

Hehlerei <-en> *f* yataklık

Heide(in)[1] <-n, -n; -nen> ['haɪdə] *m(f)* REL kâfir, pagan

Heide[2] <-n> *f* (*Landschaft*) fundalık

Heidekraut <-(e)s> *nt kein pl* BOT süpürge otu

Heidelbeere ['haɪdəlbe:rə] *f* BOT yaban mersini, keçi yemişi

Heidenangst ['--'-] *f kein pl* (*fam*) müthiş korku **Heidengeld** <-(e)s> ['--'-] *nt kein pl* (*fam*) çok para **Heidenlärm** ['--'-] *m* (*fam*) çok gürültü **Heidenspaß** <-es> ['--'-] *m kein pl* (*fam*) çok eğlenme; **einen ~ haben** çok eğlenmek, müthiş eğlenmek

Heidentum <-s> *nt kein pl* (*Paganismus*) paganizm, çok tanrıcılık

heidnisch ['haɪdnɪʃ] *adj* münkir, pagan

heikel ['haɪkəl] *adj* ❶ (*Angelegenheit*) nazik ❷ DIAL (*wählerisch*) titiz; (*schwer zufrieden zu stellen*) müşkülpesent

heil [haɪl] *adj* ❶ (*unverletzt*) sağ; (*unversehrt*) salim, sağlam; **~ ankommen** salimen varmak; **mit ~er Haut davonkommen** sağ salim çıkmak [*o* kurtulmak] ❷ (*geheilt*) iyileşmiş; **mein Bein ist wieder ~** bacağım iyileşti ❸ (*intakt*) sağlam; **etw wieder ~ machen** bir şeyi onarmak, bir şeyin sakatlığını gidermek

Heil <-(e)s> *nt kein pl* ❶ (*Wohlergehen*) esenlik, selamet; (*Glück*) talih, baht ❷ REL (*Erlösung*) necat, kurtuluş

Heiland <-(e)s> ['haɪlant] *m kein pl* REL mesih, kurtarıcı

Heilanstalt *f* ❶ (*Sanatorium*) sanatoryum ❷ (*Irrenanstalt*) tımarhane, akıl hastanesi **Heilbad** *nt* ❶ (*medizinisches Bad*) tedavi gücü olan banyo ❷ (*Kurort*) ılıca, kaplıca

heilbar *adj* iyileşir, tedavi edilebilir

Heilbutt ['haɪlbʊt] *m* ZOOL halibut, yassı balık

heilen ['haɪlən] **I.** *vi sein* iyileşmek; (*Wunde*) kapanmak; (*Verletzung*) iyileşmek **II.** *vt* ❶ (*Verletzung*) iyileştirmek; (*Patient, Krankheit*) tedavi etmek (**mit** ile) ❷ (*befreien*) kurtarmak (**von** -den)

Heilfasten <-s> *nt kein pl* MED sıkı perhiz

heilfroh ['-'-] *adj* (*fam*) çok memnun

Heilgymnast(in) *m(f)* fizyoterapist

Heilgymnastik *f* fizyoterapi, fizik tedavisi

heilig ['haɪlɪç] *adj* (*Person*) aziz, hazret, evliya; (*Ort*) kutsal, mukaddes; **die H~e Jungfrau** REL Kutsal Bakire Meryem; **Vater, Sohn und der H~e Geist** REL Baba, Oğul ve Kutsal Ruh; **etw hoch und ~ versprechen** (*fam*) bir şeye yemin billâh ederek söz vermek **Heiligabend** <-s, -e> [haɪlɪç'ʔa:bənt] *m* Noel arifesi; **~ fällt auf einen Dienstag** Noel arifesi bir salıya rastlıyor

Heilige(r) <-n, -n; -n> *f(m)* aziz

heiligen ['haɪlɪgən] *vt* kutsamak, kutsallaştırmak; **der Zweck heiligt die Mittel** amaç araçları meşru kılar

Heiligenschein <-(e)s, -e> *m* hale

heilig|sprechen *irr vt* REL azizliğe çıkarmak

Heiligtum <-(e)s, -tümer> *nt* kutsal yer; (*Reliquie*) kutsal şey

Heilkraft *f* iyileştirme gücü

heilkräftig *adj* şifalı **Heilkraut** *nt* şifalı ot; (*Heilpflanze*) şifalı bitki **Heilkunde** *f kein pl* tıp, hekimlik

heillos *adj* (*sehr schlimm*) çok kötü; (*ungeheuer*) müthiş

Heilmethode *f* tedavi yöntemi, tedavi metodu

Heilmittel *nt* çare; (*Medizin*) ilaç **Heilpflanze** *f* şifalı bitki **Heilquelle** *f* içmeler *pl*

heilsam *adj* (*Methode*) faydalı

Heilung <-en> *f* iyileşme

Heilwasser *nt* şifalı su

heim [haɪm] *adv* (*nach Hause*) eve

Heim <-(e)s, -e> *nt* ❶ (*Zuhause*) ev, konut ❷ (*Studenten~, Alters~*) yurt; (*Obdachlosen~*) ev, yurt

Heimat <-en> ['haɪma:t] *f* ❶ (*~land*) vatan; (*~region*) yurt, memleket ❷ (*Herkunftsland*) vatan, memleket **Heimatfilm** <-(e)s, -e> *m* memleketi konu alan film **Heimathafen** *m* NAUT bağlama limanı **Heimatland** <-(e)s, -länder> *nt* memleket, yurt

heimatlich *adj* ❶ (*aus der Heimat*) memleketten, yurttan ❷ (*an Heimat erinnernd*) memleketi hatırlatan

heimatlos *adj* yurtsuz, yersiz yurtsuz, vatansız

Heimatlose(r) <-n, -n; -n> *f(m)* haymatloz

Heimatort *m* memleket **Heimatstadt** *f* memleket

Heimcomputer *m* INFORM ev bilgisayarı

heim|fahren *irr* **I.** *vi sein* eve gitmek; (*zurückfahren*) eve dönmek **II.** *vt* eve götürmek **Heimfahrt** *f* eve dönüş

heim|gehen *irr vi sein* eve gitmek; (*sterben*) vefat etmek

heimisch *adj* ❶ (*einheimisch*) yerli ❷ (*vertraut*) ■ **sich ~ fühlen** yabancılık çekmemek

Heimkehr ['haɪmkeːɐ] *f kein pl* sıla, yuvaya dönüş, yurda dönüş

heim|kehren *vi sein* yuvaya dönmek, yurda dönmek, yurda dönüş yapmak

Heimkehrer(in) *m(f)* sılacı

heim|kommen *irr vi sein* eve dönmek

heimlich ['haɪmlɪç] **I.** *adj* gizli, saklı; (*unerlaubt*) gizli; (*verstohlen*) kaçamak **II.** *adv* gizlice, gizli gizli; (*versteckt*) saklayarak

Heimlichkeit[1] <-en> *f* (*Geheimnis*) giz, sır

Heimlichkeit[2] *f kein pl* (*Verborgenheit*) gizlilik

Heimlichtuerei <-en> [----'-] *f* (*pej*) esrarlı tavırlar takınma

heimlich|tun *irr vt* esrarlı tavırlar takınmak, gizli kapaklı bir tarafı varmış gibi havalara girmek

Heimreise *f* eve dönüş yolculuğu; **die ~ antreten** eve doğru yola çıkmak **Heimspiel** *nt* SPORT kendi sahasında oynanan maç

heim|suchen *vt* ❶ (*Geister*) dadanmak (-e), musallat olmak (-e) ❷ (*Ungeziefer*) basmak ❸ (*Krieg, Seuche*) kırıp geçirmek **Heimtrainer** <-s, -> *m* SPORT kondisyon aleti, kondisyon bisikleti

heimtückisch *adj* sinsi, sinsice; **eine ~e Krankheit** sinsi bir hastalık

Heimvorteil *m* SPORT (*Ballspiele*) saha avantajı

heimwärts ['haɪmvɛrts] *adv* eve doğru

Heimweg *m* eve dönüş yolu; **auf dem ~** eve dönerken; **sich auf den ~ machen** eve doğru yola çıkmak **Heimweh** <-s> *nt kein pl* yurtsama (**nach** -), sıla özlemi, yurt özlemi, gurbet acısı; **an/unter ~ leiden** sıla özlemi çekmek, gurbet çekmek **Heimwerker(in)** <-s, -; -nen> *m(f)* evinde onarım işlerini bizzat yapan (kimse)

heim|zahlen *vt* **jdm etw ~** birinden bir şeyin acısını çıkarmak; **das zahl ich dir heim!** alacağın olsun!; **jdm etw mit Zins und Zinseszins ~** (*fig*) birine bir şeyi faiziyle [*o* fazlasıyla] ödetmek, birinden bir şeyin acısını kat kat çıkarmak; **es jdm mit gleicher Münze ~** kısasa kısas uygulamak

Heirat <-en> ['haɪraːt] *f* evlenme; (*Hochzeit*) düğün

heiraten ['haɪraːtən] *vi, vt* evlenmek (ile); **kirchlich ~** kilise nikâhı ile evlenmek

Heiratsalter *nt kein pl* evlenme çağı

Heiratsantrag *m* evlenme teklifi **Heiratsanzeige** *f* ❶ (*Bekanntgabe*) evlenme ilanı ❷ (*für Partnersuche*) evlenme ilanı, evlenmek için eş arama ilanı **heiratsfähig** *adj* gelinlik; **im ~en Alter sein** gelinlik çağında olmak **Heiratsurkunde** *f* evlenme kâğıdı **Heiratsvermittler(in)** *m(f)* çöpçatan

heiser ['haɪzɐ] *adj* kısık, boğuk

Heiserkeit *f kein pl* kısıklık, boğukluk

heiß [haɪs] *adj* ❶ (*sehr warm*) çok sıcak; (*Wetter*) sıcak; **~es Wasser** sıcak su; **das Kind ist ganz ~** (*fam*) çocuğun ateşi var, çocuk yanıyor; **draußen ist es drückend/brütend ~** (*fam*) dışarıda boğucu/yakıcı bir sıcak var; **draußen ist es glühend ~** (*fam*) dışarısı ateş gibi; **mir ist ~** piştim; **Vorsicht, das ist ~!** dikkat, bu çok sıcak!; **das Essen ~ machen** yemeği ısıtmak; **es wird nichts so ~ gegessen, wie es gekocht wird** (*prov*) hiçbir şey başta göründüğü kadar kötü değildir; **~ laufen** TECH aşırı ısınmak; **man muss das Eisen schmieden, solange es ~ ist** (*prov*) demir tavında dövülür ❷ (*Kampf*) çetin; (*Debatte*) ateşli, hararetli ❸ (*leidenschaftlich*) tutkun; **jdn ~ und innig lieben** (*fam*) birine tutkun olmak, biri için yanıp tutuşmak, birini kerem gibi sevmek; **er ist ganz ~ darauf, diesen Film zu sehen** (*fam*) bu filmi görmek için can atıyor ❹ (*fam: heikel*) nazik; (*gefährlich*) tehlikeli; **~e Ware** (*fig*) çalınmış mal; **ein ~es Eisen anfassen** (*fig*) nazik bir meseleye el atmak, nazik bir meseleyi ele almak ❺ (*fam: läufig*) kösnük ❻ (*fam: großartig*) şahane, harika; **etw ~ finden** bir şeyi harika bulmak ❼ (*fam: von Hunden und Katzen*) kızana gelen; **die Katze war ~** dişi kedi kızana gelmişti

heißblütig ['haɪsblyːtɪç] *adj* (*leidenschaftlich*) tutkulu, ateşli; (*impulsiv*) tez canlı

heißen <heißt, hieß, geheißen> ['haɪsən] **I.** *vi* ❶ (*Namen haben*) adı olmak; **wie ~ Sie mit Vornamen/Nachnamen?** ön adınız/soyadınız nedir?; **wie er auch heißen mag** adı ne olursa olsun; **was heißt das?** bunun adı ne? ❷ (*bedeuten*) demek; **was heißt das?** bu ne demek?; **was soll das ~?** bu ne demek oluyor?; **„guten Tag" heißt auf Türkisch „iyi günler"** "guten Tag" Türkçede "iyi günler" demektir ❸ (*geh: behauptet werden, verlauten*) denilmek, söylenmek; (*zu lesen sein*) yazılı olmak; **es heißt, er sei sehr krank** hastaymış deniliyor, hasta olduğu söyleniyor; **auf Seite acht heißt es: „..."** sekinci sayfada şu yazılı: "..." **II.** *vt* (*geh*) ❶ (*nennen*) demek;

H

sie hieß ihn einen Lügner ona yalancısın dedi ❷ (*befehlen*) söylemek; **sie hieß ihn schweigen** ona susmasını söyledi **III.** *vi unpers* (*geh: nötig sein*) gerekmek, gerekli olmak; **nun heißt es schnell handeln** şimdi acele etmek gerekiyor

Heißhunger *m* şiddetli açlık **heiß|laufen**ALT *irr vi sein* TECH *s.* **heiß 1. Heißluft** *f kein pl* sıcak hava **Heißwasserspeicher** *m* termosifon

heiter ['haɪtɐ] *adj* ❶ (*fröhlich*) neşeli; (*lebensfroh*) şakrak; (*lustig*) eğlenceli; **das kann ja ~ werden** (*fam*) bakalım başımıza neler gelecek ❷ (*erheiternd*) iç açıcı; (*Tag, Himmel*) açık; **~ bis wolkig** parçalı bulutlu; **die Nachricht kam wie ein Blitz aus ~em Himmel** haber, gökten zembille inmiş gibi geldi

Heizanlage *f* ısıtma tesisatı, kalorifer tesisatı

heizen ['haɪtsən] **I.** *vi* ısıtmak; **wir ~ mit Gas** biz gazla ısıtıyoruz **II.** *vt* (*Raum*) ısıtmak

Heizer *m* ❶ (*in Kraftwerken, Schiffen*) ateşçi ❷ (*einer Heizanlage*) kaloriferci

Heizkessel *m* kalorifer kazanı **Heizkörper** *m* radyatör **Heizkosten** *pl* ısınma giderleri *pl,* ısıtma masrafları *pl* **Heizkostenpauschale** *f* yakıt parası **Heizlüfter** *m* üflemeli ısıtıcı **Heizmaterial** *nt* yakıt **Heizöl** <-(e)s> *nt kein pl* fuel oil, yağ yakıt **Heizstrahler** *m* elektrikli ısıtıcı

Heizung1 *f kein pl* (*das Heizen*) ısıtma

Heizung2 <-en> *f* ❶ (*fam: Heizkörper*) radyatör, kalorifer ❷ *s.* **Heizanlage**

Heizungsanlage *f* kalorifer tesisatı **Heizungsinstallateur(in)** <-s, -; -nen> *m(f)* kaloriferci **Heizungsrohr** <-(e)s, -e> *nt* kalorifer borusu

Hektar <-s, -e *o bei Maßangabe* -> ['hɛkta:ɐ] *nt o m* hektar

Hektare <-, -n> ['hɛkta:rə] *f* SCHWEIZ hektar

Hektik ['hɛktɪk] *f kein pl* telaş, acele, acelecilik, ivecenlik; **nur keine ~!** telaşlanma!, acele yok!

hektisch ['hɛktɪʃ] *adj* (*unruhig*) telaşlı, aceleci, tez canlı, ivecen; (*nervös*) sinirli; **nicht so ~!** o kadar acele etme!; **er ist ein sehr ~er Mensch** çok aceleci bir insandır

Hektogramm <-s, -e *o bei Zahlenangaben* -> ['hɛktogram] *nt* hektogram **Hektoliter** <-s, -> ['hɛktoli:tɐ] *m o nt* hektolitre **Hektometer** <-s, -> *m o nt* hektometre

Held(in) <-en, -en; -nen> [hɛlt] *m(f)* kahraman, yiğit; **~ des Tages** günün kahramanı; **den ~en spielen** kahraman rolünü oynamak, yiğitlik etmek

heldenhaft *adj* kahramanca, yiğitçe **Heldenmut** *m kein pl* yiğitlik **heldenmütig** *adj* yiğitçe, kahramanca **Heldenrolle** *f* THEAT kahraman rolü **Heldensage** *f* yiğitlik destanı **Heldentat** *f* kahramanlık, yiğitlik **Heldentod** *m kein pl* şehitlik; **den ~ sterben** şehit düşmek

Heldentum <-s> *nt kein pl* kahramanlık, yiğitlik

helfen <hilft, half, geholfen> ['hɛlfən] *vi* ❶ (*Hilfe leisten*) yardım etmek (-e, **bei** -de); (*in Not*) imdadına koşmak [*o* yetişmek] (-in); (*beistehen*) yardımcı olmak (-e); **kann ich Ihnen ~?** size yardım edebilir miyim?; **ihm ist nicht zu ~** ona ne yaparsan boşuna; **die Ärzte können ihr nicht ~** hekimlerin onu kurtarması imkânsız; **man muss sich** *dat* **zu ~ wissen** insan, başının çaresine bakması gerekir; **dir werde ich ~!** şimdi sana gösteririm! ❷ (*heilsam sein*) iyi gelmek (**gegen** -e karşı) ❸ (*nützen*) **es hilft nichts, wir müssen jetzt anfangen** başka çaremiz yok, artık başlamamız gerekiyor; **es hilft alles nichts** her şey boşuna

Helfer(in) <-s, -; -nen> *m(f)* yardımcı

Helikopter <-s, -> [heli'kɔptɐ] *m* helikopter

Helium <-s> ['he:liʊm] *nt kein pl* CHEM helyum

hell [hɛl] *adj* ❶ (*Licht, Farbe, Haut*) açık; (*Augen*) açık renkli; **es wird ~** hava [*o* ortalık] aydınlanıyor ❷ (*voller Licht*) aydınlık; (*erleuchtet*) aydın, parlak; **ein ~es Zimmer** aydınlık bir oda ❸ (*Ton*) ince ❹ (*klug*) akıllı; **ein ~er Kopf** akıllı bir kimse ❺ (*fam: völlig*) **das ist der ~e Wahnsinn** bu düpedüz çılgınlıktır, bu çılgınlıktan başka bir şey değildir; **in ~en Scharen** akın akın

hellblau ['-'-] *adj* açık mavi **hellblond** ['-'-] *adj* açık sarı saçlı

Helle1 ['hɛlə] *f kein pl* (*geh*) aydınlık, parlaklık

Helle(s)2 <-n, -n *o bei Zahlenangaben* -> *nt* GASTR (açık renk) bira

hellhäutig ['-hɔɪtɪç] *adj* açık tenli

hellhörig *adj* ❶ (*Raum*) ses geçirmez özellikte yalıtılmamış ❷ (*Mensch*) kulağı keskin; **~ werden** kulak kesilmek

hellichtALT *adj s.* **helllicht**

Helligkeit *f kein pl* ❶ (*Helle*) aydınlık ❷ (*Lichtstärke*) parlaklık

helllichtRR ['hɛlɪçt] *adj* **am ~en Tag** güpegündüz

hellsehen *vi* kehanette bulunmak **Hellseher(in)** *m(f)* kâhin

Helm <-(e)s, -e> [hɛlm] *m* (*Schutz~,*

Sturz~) kask; MIL (*Stahl~*) miğfer; (*Axt~*) sap

Helminthologie *f kein pl* ZOOL helmintoloji, kurt bilimi

Helvetien <-s> [hɛlˈveːtsiən] *nt* İsviçre

Hemd <-(e)s, -en> [hɛmt] *nt* gömlek

hemdsärmelig *adj* ❶ yenli ❷ (*fig fam*) laubali, laubalice; **eine ~e Redeweise** laubalice konuşma biçimi; **er ist mir etwas zu ~** benim için biraz fazla laubali

Hemisphäre <-n> [hemiˈsfɛːrə] *f* yarı küre; **die nördliche/südliche ~** kuzey/güney yarı küre

hemmen [ˈhɛmən] *vt* ❶ (*verlangsamen*) yavaşlatmak; (*bremsen*) frenlemek; (*aufhalten*) durdurmak; (*Appetit*) kesmek ❷ (*hindern*) engellemek; **jdn in seiner Arbeit ~** birinin işine engel olmak

Hemmnis <-ses, -se> *nt* engel

Hemmschuh *m* takoz, tekerlek pabucu

Hemmung <-en> *f* ❶ (*das Hemmen*) engelleme; (*das Gehemmtwerden*) engellenme ❷ PSYCH ketleme ❸ (*Bedenken*) perva, çekinme; (**keine**) **~en haben** pervası ol(ma)mak, çekin(me)mek

hemmungslos *adj* ❶ (*zügellos*) dizginsiz ❷ (*skrupellos*) pervasız, çekinmez

Hemmungslosigkeit *f kein pl* pervasızlık, çekinmezlik

Hengst <-(e)s, -e> [hɛŋst] *m* aygır

Henkel <-s, -> [ˈhɛŋkəl] *m* kulp

Henkelmann *m* (*fam*) sefer tası

Henker <-s, -> [ˈhɛnkɐ] *m* cellat

Henna [ˈhɛna] *f kein pl* ❶ BOT (*Strauch*) kına ağacı ❷ (*Farbstoff*) kına

Henne <-n> [ˈhɛnə] *f* tavuk

Hepatitis <Hepatitiden> [hepaˈtiːtɪs, *pl* hepatiˈtiːdən] *f* MED hepatit

her [heːɐ] *adv* ❶ (*räumlich*) **von weit ~** uzaklardan; **komm ~!** gel buraya!; **gib ~!** ver bana [*o* buraya]!; **Geld ~!** (*fam*) ver paraları!; **~ damit!** (*fam*) onu ver bana!; **niemand weiß, ob er wirklich dort ~ ist** gerçekten oradan gelip gelmediğini kimse bilmiyor ❷ (*zeitlich*) **von meiner Kindheit ~** çocukluğumdan bu yana; **ich kenne ihn von früher ~** onu daha eskiden beri tanıyorum; **das ist schon lange ~** bu olalı aradan çok zaman geçti ❸ **hinter jdm ~ sein** (*fam*) birinin peşinde olmak; **von ... ~** (*betreffend*) bakımından; **von der Idee ~ ist das nicht schlecht** fikir olarak hiç de fena değil

herab [hɛˈrap] *adv* (*geh*) aşağı(ya); **von oben ~** (*fig*) küçümseyerek, tepeden bakarak **herab|blicken** *vi* (*geh*) aşağıya bakmak; **auf jdn ~** (*fig*) birine tepeden bakmak **herab|lassen** *irr* **I.** *vt* (*geh*) aşağı bırakmak; (*an Seil*) aşağı sarkıtmak **II.** *vr* ■ **sich ~** ❶ (*an Seil*) aşağı sarkmak ❷ (*sich bereit erklären*) gönül indirmek (**zu** -e); (*sich bequemen*) tenezzül etmek (**zu** -e)

herablassend *adj* kibirli

herab|sehen *vi s.* **herabblicken**

herab|setzen *vt* ❶ (*reduzieren*) azaltmak; (*senken*) düşürmek ❷ (*schmälern*) aşağılamak, hor görmek **herab|würdigen** *vt* aşağılamak, hor görmek, küçük düşürmek

heran [hɛˈran] *adv* **rechts/links ~** sağa/sola, sağ/sol yana; **er ist bis auf einen halben Meter ~** yarım metreye kadar yaklaştı **heran|bringen** *irr vt* (*Dinge*) yaklaştırmak **heran|gehen** *irr vi sein* başlamak (**an** -e), atılmak (**an** -e)

heran|kommen *irr vi sein* ❶ (*sich nähern*) yaklaşmak (**an** -e); **etw an sich ~ lassen** (*a. fig*) bir şeyin olmasını acele etmeden beklemek; **nichts an sich ~ lassen** (*a. fig*) hiçbir şeyi yanına yaklaştırmamak, hiçbir şeye aldırış etmemek ❷ (*heranreichen*) erişmek, yetişmek ❸ (*Zugang haben*) ulaşmak (**an** -e); (*kaufen*) (satın) almak **heran|machen** *vr* ■ **sich ~** ❶ (*fam: beginnen*) başlamak (-e) ❷ (*fam: an Person*) sataşmak (-e), asılmak (-e)

heran|reichen *vi* ❶ (*an Regal*) yetişmek ❷ (*gleichkommen*) erişmek (**an** -e)

heran|wachsen *irr vi sein* yetişmek

Heranwachsende(r) <-n, -n; -n> *f(m)* genç yetişkin, 18 yaşını doldurup 21 yaşını bitirmemiş genç

heran|wagen *vr* ■ **sich ~** ❶ (*räumlich*) yaklaşmaya cesaret etmek (**an** -e) ❷ (*an Problem, Aufgabe*) ele almaya cesaret etmek (**an** -) **heran|ziehen** *irr* **I.** *vi sein* (*näher kommen*) yaklaşmak **II.** *vt* ❶ (*näher holen*) kendine (doğru) çekmek; **er zog den Hocker zu sich heran** tabureyi kendine çekti ❷ (*Sachverständige*) görevlendirmek; (*Sache*) celp etmek, getirtmek; (*Quellen*) başvurmak (-e); **etw zum Vergleich ~** bir şeyi karşılaştırmak için kullanmak ❸ (*Kind, Tier, Pflanze*) yetiştirmek ❹ (*ausbilden*) (öğreterek) yetiştirmek

herauf [hɛˈraʊf] *adv* yukarı(ya); **hier ~!** buradan yukarı! **herauf|beschwören*** *irr vt* ❶ (*Erinnerung*) hatırlatmak ❷ (*verursachen*) çıkarmak, yol açmak (-e), sebebiyet vermek (-e) **herauf|kommen** *irr vi sein* (*Person*) yukarı çıkmak; **der Mond/die Sonne kommt herauf** ay/güneş çıkıyor **herauf|ziehen** *irr* **I.** *vi sein* (*Gewitter*) çıkmak **II.** *vt* yukarı çekmek

heraus [hɛˈraʊs] *adv* -den; **~ da!** çık oradan!; **~ mit ihm!** çıkarın onu!; **von**

innen ~ içinden; ~ **mit der Sprache!** çıkar baklayı ağzından!; **das ist noch nicht** ~ bu henüz belli olmadı **heraus|bekommen*** *irr vt* ❶ (*Wechselgeld*) **Sie bekommen noch 80 Cent heraus** 80 sent daha alacağınız var ❷ (*Rätsel, Aufgabe*) çözmek; (*Geheimnis*) keşfetmek; MATH (*fam*) bulmak ❸ (*Fleck, Nagel*) çıkarmak ❹ (*erfahren*) öğrenmek **heraus|bilden** *vr* ■ **sich** ~ oluşmak (**aus** -den) **heraus|bringen** *irr vt* ❶ (*nach draußen bringen*) çıkarmak ❷ (*Buch*) yayımlamak; (*Ware*) piyasaya çıkarmak; **jdn/etw ganz groß** ~ (*fam*) büyük bir reklâm kampanyasıyla bir kimseyi/şeyi tanıtmak ❸ (*erfahren*) öğrenmek; **aus ihm war nichts herauszubringen** ondan bir şey öğrenmek mümkün değildi **heraus|fallen** *irr vi* (*Haare, Zähne*) dökülmek **heraus|finden** *irr* **I.** *vt* arayıp bulmak; (*entdecken*) keşfetmek **II.** *vi* (*aus Gebäude, Ort*) dışarıya giden yolu bulmak

Herausforderer(in) <-s, -; -nen> *m(f)* meydan okuyan (kimse); (*Provokateur*) kışkırtıcı

heraus|fordern *vt a.* SPORT meydan okumak; (*provozieren*) kışkırtmak (**zu** -e) **herausfordernd** *adj* meydan okuyan; (*provozierend*) kışkırtıcı **Herausforderung** *f a.* SPORT çelenç, meydan okuma; (*Provokation*) kışkırtma

Herausgabe *f kein pl* ❶ (*Übergabe*) teslim ❷ (*eines Buches*) yayım ❸ (*von Aktien*) çıkarma ❹ JUR iade, geri ver(il)me

heraus|geben *irr vt* ❶ (*herausreichen*) dışarı vermek ❷ (*aushändigen*) teslim etmek ❸ (*Wechselgeld*) üstünü vermek (-in); **sie haben mir falsch herausgegeben** paranın üstünü yanlış verdiniz ❹ (*Buch*) yayımlamak ❺ (*Aktien*) çıkarmak ❻ JUR iade etmek, geri vermek

Herausgeber(in) <-s, -; -nen> *m(f)* (*von Buch, Zeitung*) yayımcı

heraus|gehen *irr vi sein* (*Person, Fleck*) çıkmak (**aus** -den); (*Fenster*) açılmak (**auf** -e) **heraus|greifen** *irr vt* seçmek **heraus|haben** *irr vt* (*fam: Splitter, Trick, Lösung*) çıkarmak; **ich habe es heraus!** çıkardım! **heraus|halten** *irr* **I.** *vt* ❶ (*nach draußen halten*) dışarı tutmak ❷ (*fam: fernhalten*) uzak tutmak, sokmamak **II.** *vr* ■ **sich** ~ uzak durmak (**aus** -den); **sich aus etw** *dat* ~ bir şeye [*o* işe] karışmamak **heraus|hängen** *vt* (*fam*) **etw** ~ bir şeyi dışarı asmak **heraus|heben** *irr vt* ❶ çıkarmak (**aus** -den) ❷ (*hervorheben*) belirginleştirmek **heraus|holen** *vt* ❶ (*nach draußen holen, befreien*) çıkarmak (**aus** -den); **das Letzte aus sich** *dat* ~ nesi varsa vermek ❷ (*Vorteil ziehen*) elde etmek (**aus** -den) ❸ (*fam: erfahren*) çıkarmak (**aus** -den) ❹ SPORT (*Zeit*) kazanmak; (*guten Platz*) elde etmek **heraus|kommen** *irr vi sein* ❶ (*aus Haus, Krankenhaus*) çıkmak (**aus** -den); **sie kam aus dem Lachen nicht mehr heraus** gülmekten kendini alamadı ❷ (*fam: Resultat sein*) çıkmak (**bei** -den); (*sich ergeben*) sonuç olarak çıkmak (**bei** -den); **was soll dabei ~?** bundan sonuç olarak ne çıkar?; **es kommt nichts dabei heraus** bu işten bir şey çıkmaz; **es kommt auf dasselbe heraus** bu aynı kapıya çıkar ❸ (*fam: Geheimnis*) ortaya çıkmak; **wenn das herauskommt, ...** bu ortaya çıkarsa ...; **mit der Sprache** ~ baklayı ağzından çıkarmak ❹ (*Modell, Buch*) (piyasaya) çıkmak ❺ (*Kartenspiel*) çıkmak **heraus|kriegen** *vt* (*fam*) *s.* **herausbekommen** **heraus|lesen** *irr vt* (*aus Text, Miene*) okumak (**aus** -den) **heraus|nehmen** *irr vt* almak (**aus** -den); **sich** *dat* **den Blinddarm ~ lassen** apandisini aldırtmak; **sich** *dat* **~, etw zu tun** bir şey yapmaya yeltenmek **heraus|putzen** **I.** *vt* (*schmücken*) süslemek **II.** *vr* ■ **sich** ~ süslenmek, süslenip püslenmek **heraus|ragen** *vi* yükselmek (**aus** -den), dışarı çıkmak (**aus** -den); (*in seiner Bedeutung*) üstünde olmak (**aus** -in) **heraus|reden** *vr* ■ **sich** ~ (*fam*) **er redete sich auf das schlechte Wetter heraus** kötü havayı bahane etti **heraus|reißen** *irr vt* ❶ (çekip) koparmak; (*Unkraut*) yolmak; **eine Seite aus dem Heft** ~ defterden bir sayfa koparmak; **jdm einen Zahn** ~ birinin dişini çekmek ❷ (*fig fam: befreien*) kurtarmak **heraus|rücken** **I.** *vi sein* (*fam: zugeben*) itiraf etmek; **rück endlich mit der Wahrheit heraus!** gerçeği itiraf et artık! **II.** *vt* (*fam: hergeben*) vermek, bayılmak, sökülmek, uçlanmak; **rück mal etwas Geld heraus!** biraz para sökül! **heraus|rutschen** *vi sein* içinden çıkmak; (*Wort*) ağzından kaçırmak; **das ist mir nur so herausgerutscht** (*fam*) bu, ağzımdan kaçıverdi **heraus|schauen** *vi* ❶ (*aus Fenster*) dışarı(ya) bakmak (**aus** -den) ❷ (*fam: bei Geschäft*) kâr beklenmek (**bei** -den); **was schaut für mich dabei heraus?** bundan benim kârım ne? **heraus|schlagen** *irr vt* ❶ vura vura çıkarmak ❷ (*fam: Vorteil*) sağlamak **heraus|schneiden** *irr vt* kesip almak **heraus|schreien** *irr vt* bağırarak dile getirmek; **seinen Schmerz/seinen Hass** ~ acısını/nefretini bağırarak dile

getirmek
heraußen [hɛ'raʊsən] *adv* SÜDD, ÖSTERR (*hier draußen*) burada dışarıda
heraus|springen *irr vi sein* ❶ (*nach draußen springen*) dışarı(ya) atlamak; **aus dem Fenster ~** pencereden dışarı(ya) atlamak ❷ (*Sicherung*) atmak ❸ (*fam: Gewinn*) kâr kalmak (**bei** -den); **und was springt dabei für mich heraus?** bundan da bana ne kâr kalır? **heraus|stellen I.** *vt* ❶ (*nach draußen stellen*) dışarı(ya) çıkarmak ❷ (*hervorheben*) ortaya koymak **II.** *vr* ■ **sich ~** (*sich erweisen*) ortaya çıkmak, belli olmak, anlaşılmak; **es hat sich als falsch/richtig ausgestellt, dass ...** ... doğru/yanlış çıktı [*o* olduğu anlaşıldı]; **in der Verhandlung hat sich seine Unschuld herausgestellt** duruşmada masum olduğu ortaya çıktı; **es wird sich herausstellen, ob du Recht hast** haklı olup olmadığın ortaya çıkacaktır **heraus|strecken** *vt* **jdm die Zunge ~** birine dil çıkarmak **heraus|streichen** *irr vt* ❶ çıkarmak; **einige Sätze aus dem Text ~** birkaç cümleyi metinden çıkarmak ❷ (*loben*) göklere çıkarmak **heraus|treten** *irr vi sein* çıkmak (**aus** -den) **heraus|werfen** *irr vt* ❶ atmak ❷ (*hinauswerfen*) dışarı atmak; **das ist doch herausgeworfenes Geld** (*fig*) bu, parayı sokağa atmaktan başka bir şey değil **heraus|ziehen** *irr vt* (*aus dem Wasser*) çekip çıkarmak (**aus** -den); (*aus einem Gebiet*) çekmek (**aus** -den)
herb [hɛrp] *adj* ❶ (*Geschmack*) kekre; (*Wein*) buruk ❷ (*Verlust*) acı ❸ (*Charakter*) soğuk ❹ (*Kritik*) sert
herbei [hɛɐ'baɪ] *adv* buraya; **alles ~!** herkes buraya! **herbei|eilen** *vi sein* koşarak gelmek, hızır gibi yetişmek **herbei|führen** *vt* ❶ getirmek ❷ (*den Tod*) sebebiyet vermek (-e), sebep olmak (-e); **eine Entscheidung ~** karar verdirmek **herbei|rufen** *irr vt* çağırmak; (*kommen lassen*) getirtmek
Herberge <-n> ['hɛrbɛrgə] *f* konak; (*Jugend~*) hostel
Herbst <-(e)s, -e> [hɛrpst] *m* güz, sonbahar
Herbstferien *pl* SCHULE güz tatili, sonbahar tatili
herbstlich *adj* güzlük
Herbstmode *f* sonbahar modası, güz modası **Herbst-Tagundnachtgleiche** *f* güzün gün-tün eşitliği
Herbstzeitlose <-n> *f* BOT güz çiğdemi, acı çiğdem
Herd <-(e)s, -e> [heːɐt] *m* ❶ (*in Küche*) ocak ❷ GEO (*Erdbeben~*) merkez ❸ (*der Unruhe*) ocak, yuva, yatak
Herde <-n> ['heːɐdə] *f* sürü
herein [hɛ'raɪn] *adv* içeri(ye); **~!** buyurun! **herein|bekommen*** *irr vt* (*fam: Ware, Sender*) almak **herein|brechen** *irr vi sein* ❶ (*Wassermassen*) basmak ❷ (*geh: Unglück*) çökmek (**über** üzerine); (*Nacht*) bastırmak **herein|fallen** *irr vi sein* ❶ (*in Loch*) düşmek (**in** içine); (*Licht*) girmek (**in** -e) ❷ (*fam: sich täuschen lassen*) aldanmak (**auf** -e), kanmak (**auf** -e) **herein|holen** *vt* (*Gewinne*) getirmek; **jdn ~** birini içeri almak **herein|kommen** *irr vi sein* **die Sommerkollektion kommt im März herein** yaz koleksiyonu martta gelecek; **bitte kommen Sie doch herein!** lütfen içeri buyurunuz! **herein|lassen** *irr vt* (*fam*) içeri(ye) almak; **lass ihn herein!** al onu içeri!, bırak girsin! **herein|legen** *vt* ❶ (*nach drinnen legen*) dışarıdan içeriye almak ❷ (*fam: betrügen*) aldatmak, kandırmak, dolandırmak, kazıklamak **herein|platzen** *vi sein* (*fam*) çat kapı gelmek (**in** -e), pat diye girmek (**in** -e) **herein|schießen** *irr vi sein* (*fam: hereinrennen*) **sie schoss herein** ok gibi içeri girdi
Herfahrt <-en> ['heːɐ-] *f* geliş; **auf der ~** gelişte, buraya gelirken
her|fallen *irr vi sein* (*a. fig: angreifen*) çullanmak (**über** üzerine); (*mit Fragen*) saldırmak (**über** üzerine); **über etw ~** bir şeyin üzerine saldırmak
Hergang <-(e)s, -gänge> ['heːɐ-] *m* olan bitenler *pl*, olup bitenler *pl*; **den ~ schildern** olan [*o* olup] bitenleri anlatmak
her|geben *irr* **I.** *vt* ❶ (*herausgeben*) vermek; **gib her!** versene! ❷ (*taugen*) **diese Geschichte gibt viel her** bu öykü insana çok şey veriyor; **diese Geschichte gibt nichts her** bu öykü insana hiçbir şey vermiyor **II.** *vr* ■ **sich ~** yanaşmak (**für** -e); **gib dich für so etwas nicht her!** böyle işlere yanaşma!
hergebracht ['heːɐgəbraxt] *adj* alışılmış, geleneksel
her|gehen *irr vi sein* ❶ (*begleiten*) **neben/vor/hinter jdm ~** birinin yanından/önünden/arkasından gitmek; **es ging laut/lustig/toll her** gürültülü/neşeli/şahane geçti ❷ SÜDD, ÖSTERR *s.* **herkommen** **her|halten** *irr* **I.** *vt* uzatmak **II.** *vi* ileri sürülmek (**als** olarak); **er muss immer ~** devamlı alay konusu oluyor **her|holen** *vt* (gidip) getirmek; **etw weit hergeholt sein** bir şey tutarlı olmamak
Hering <-s, -e> ['heːrɪŋ] *m* ❶ ZOOL ringa;

geräucherter ~ füme ringa ❷ (*Zeltpflock*) çadır kazığı

herinnen [hɛˈrɪnən] *adv* SÜDD, ÖSTERR (*drinnen, innen*) içeride

her|kommen *irr vi sein* ❶ (*hierher kommen*) buraya gelmek; **komm bitte mal her!** lütfen buraya bir gel! ❷ (*stammen*) gelmek (**aus** -den); **wo kommen Sie her?** nereden geliyorsunuz? ❸ (*herrühren*) gelmek (**von** -den)

herkömmlich [ˈheːɐkœmlɪç] *adj* basmakalıp, harcıâlem; (*konventionell*) geleneksel

Herkunft [ˈheːɐkʊnft] *f kein pl* köken, menşe; **arabischer ~** Arap kökenli; **die ~ dieses Wortes ist unklar** bu kelimenin kökeni belli değil **Herkunftsland** <-(e)s, -länder> *nt* menşe ülkesi, kaynak ülke

her|leiten I. *vt* (*ableiten*) türetmek (**aus** -den), çıkarmak (**aus** -den) **II.** *vr* ■ **sich ~** (*herrühren*) ileri gelmek (**aus** -den)

her|machen I. *vi* fark edilmek; **das macht viel/wenig her** bu çok/az fark ediliyor **II.** *vr* ■ **sich ~** (*fam*) atılmak (**über** -e); **sich über die Arbeit ~** işe atılmak; **sich über das Essen ~** yemeğe saldırmak

Hermelin <-s, -e> [hɛrməˈliːn] *m* ZOOL kakım

hermetisch [hɛrˈmeːtɪʃ] *adj* ❶ sımsıkı, hava geçirmez bir şekilde; **~ verschlossene Ampullen** hava geçirmez bir şekilde kapalı ampuller ❷ **ein Gebäude ~ abriegeln** bir binayı kimsenin girip çıkamayacağı şekilde kapamak

her|nehmen *irr vt* almak, bulmak

Heroin <-s> [heroˈiːn] *nt kein pl* eroin

heroinsüchtig *adj* eroinman

heroisch [heˈroːɪʃ] *adj* (*geh*) kahramanca

Herold <-(e)s, -e> [ˈheːrɔlt] *m a.* HIST münadi

Herpes *m* MED uçuk

Herr(in)[1] <-(e)n, -en; -nen> [hɛr] *m(f)* (*Gebieter*) bey; (*Haus~*) sahip; (*Dienst~*) amir; (*Arbeitgeber*) patron; **~ im Hause sein** evde sözü geçmek, evin amiri olmak; **er war nicht ~ der Lage** duruma hâkim değildi; **~ seiner Sinne sein** sesine hâkim olmak; **sein eigener ~ sein** karışanı görüşeni olmamak; **aus aller ~en Länder** dünyanın bütün ülkelerinden

Herr[2] <-(e)n, -en> *m* ❶ (*Mann*) bey; (*beim Tanz*) kavalye; **Alter ~** (*fam*) peder bey; **den großen ~n markieren** beylik taslamak; **„Herren"** erkekler ❷ (*Anrede*) bay; **~ Meier** bay Meier; **der ~ wünschen?** beyefendi, arzunuz?, buyrun beyim!; **~ Ober!** garson bey!; **meine ~en!** beyler! ❸ REL **der ~ Jesus** Hazreti İsa

Herrenabend *m* erkekler akşamı **Herrenanzug** *m* erkek takım giysisi **Herrenausstatter** <-s, -> *m* erkek giyim evi **Herrenbekleidung** <-en> *f* erkek giyimi **Herrenfahrrad** *nt* erkek bisikleti **Herrenhaus** *nt* ❶ (*herrschaftliches Wohnhaus*) malikâne, yurtluk ❷ HIST senato

herrenlos *adj* sahipsiz

Herrenmode *f* erkek modası **Herrentoilette** <-n> *f* erkek tuvaleti

Herrgott <-(e)s> [ˈ-ˈ-] *m* Allah, Tanrı, Cenabıhak; **~ noch mal!** (*fam*) hay Allah! **Herrgottsfrühe** *f* **in aller ~** (*fam*) sabahın köründe, horoz vaktinde

her|richten *vt* ❶ (*vorbereiten*) hazırlamak ❷ (*reparieren*) onarmak, tamir etmek

Herrin <-; -nen> *m* hanımefendi; (*Haus~*) sahibe

herrisch *adj* hâkim; (*despotisch*) despotik; **etw in ~em Ton sagen** bir şeyi hâkim sesle söylemek; **sie forderte ~ ihr Recht** hakkını hükmedercesine istedi

herrje(h) [hɛrˈjeː] *interj* aman Allah

herrlich *adj* şahane; (*wunderbar*) harika; (*ausgezeichnet*) fevkalâde, enfes, nefis

Herrlichkeit <-en> *f* (*Pracht*) görkem; (*Großartigkeit*) fevkalâdelik; (*Erhabenheit*) yücelik

Herrschaft *f kein pl* ❶ (*Macht*) egemenlik, hâkimiyet; (*Befehlsgewalt*) kumanda, komuta; (*Regierung*) iktidar ❷ (*Kontrolle*) hâkim olma (**über** -e)

Herrschaften *pl* bayanlar, baylar *pl;* **meine sehr verehrten ~!** pek sayın bayanlar, baylar!

herrschen [ˈhɛrʃən] *vi* ❶ (*Macht haben*) hâkim olmak (**über** -e), hükmetmek (**über** -e), egemenliği altında bulundurmak; (*regieren*) iktidarda olmak; (*König*) hüküm sürmek, hâkim olmak (**über** -e) ❷ (*bestehen*) mevcut olmak, var olmak; (*Freude, Angst, Chaos*) olmak; (*Meinung*) hüküm sürmek; **seit Tagen herrscht in diesem Gebiet Nebel** günlerdir bu bölgede sis var; **im Zimmer herrschte bedrückende Stille** odada iç sıkıcı bir sessizlik vardı

herrschend *adj* hâkim olan; (*Meinung*) hüküm süren; (*Partei*) iktidarda olan

Herrscher(in) <-s, -; -nen> *m(f)* hâkim, hükümdar **Herrscherhaus** *nt* POL, HIST hanedan

Herrschsucht *f kein pl* iktidar hırsı, iktidar düşkünlüğü **herrschsüchtig** *adj* iktidar düşkünü

her|rühren *vi* ileri gelmek (**von** -den)

her|stellen *vt* ❶ (*erzeugen*) üretmek; (*in*

Fabrik) imal etmek, yapmak ❷ (*schaffen*) sağlamak; (*Verbindung*) kurmak ❸ (*an einen Ort*) koymak
Hersteller(in) <-s, -; -nen> *m(f)* üretici; (*in Fabrik*) imalâtçı, yapımcı
Herstellung *f kein pl* üretim; (*in Fabrik*) imal, yapım **Herstellungsland** <-(e)s, -länder> *nt* üretici ülke **Herstellungspreis** <-es, -e> *m* maliyet fiyatı
Hertz <-, -> [hɛrts] *nt* PHYS hertz
herüben [hɛ'ry:bən] *adv* SÜDD, ÖSTERR (*auf dieser Seite*) burada
herüber [hɛ'ry:bɐ] *adv* buraya
herum [hɛ'rʊm] *adv* ❶ (*rings*) etrafta, çevrede; **um ... ~ ...** çevresinde; **die Gegend um Berlin ~** Berlin'in çevresi; **hier ~** buralarda; **links/rechts ~** sola/sağa doğru ❷ (*fam: ziellos*) ortalıkta ❸ (*fam*) **um ... ~** (*ungefähr*) ... civarında; (*Menge*) ... kadar; (*Alter*) ... yaşlarında; (*Uhrzeit*) ... sularında **herum|bummeln** *vi* (*fam*) ❶ *sein* (*spazieren*) gezinmek, ortalıkta dolaşmak ❷ (*faulenzen*) işsiz güçsüz dolaşmak **herum|drehen** **I.** *vt* (*wenden*) döndürmek; (*Kopf*) çevirmek; **den Schlüssel zweimal ~** anahtarı iki kere çevirmek **II.** *vr* ■ **sich ~** dönmek **herum|drucksen** *vi* mırın kırın etmek **herum|fahren** *irr* **I.** *vi sein* ❶ (*umfahren*) arabayla geçmek (**um** -den); (*um eine Ecke*) dönmek, sapmak ❷ (*fam: ziellos*) arabayla dolaşmak; **mit der Hand im Gesicht ~** elini yüzünün üstünde gezdirmek; **mit den Armen in der Luft ~** el kol hareketleri yapmak, ellerini kollarını oynatmak ❸ (*sich umdrehen*) dönüvermek **II.** *vt* (*fam: umherfahren*) (arabayla) gezdirmek (**in** -de) **herum|fuchteln** *vi* (*fam*) sallayıp durmak; **mit etw** *dat* **~** bir şeyi sallayıp durmak, bir şeyle oynayıp durmak; **mit den Armen ~** ellerini kollarını sallayıp durmak, el kol hareketleri yapmak **herum|führen** **I.** *vi* (*Straße, Mauer*) dışından geçmek (**um** -in) **II.** *vt* **jdn ~** (*als Führer*) gezdirmek, dolaştırmak; **jdn an der Nase ~** (*fam*) birini işletmek **herum|gehen** *irr vi sein* ❶ (*herumspazieren*) etrafında dönmek (**um** -in), etrafında tur atmak (**um** -in); (*fam: ziellos*) gezinmek, dolanmak, dönmek, dolaşmak; **das geht mir schon lange im Kopf herum** bu benim başımda çoktandır dolaşıyor, bu benim çoktandır zihnimi kurcalıyor ❷ (*fam: Zeit*) geçmek ❸ (*fam: Gerücht*) gezmek **herum|hängen** *irr vi* (*fam*) sallanmak; **in der Gegend ~** ortalıkta sallanmak **herum|irren** *vi sein* şaşkın şaşkın dolaşmak **herum|kommen** *irr vi sein* (*fam*) ❶ (*reisen*) gezip dolaşmak; **sie ist viel in der Welt herumgekommen** dünyayı epey gezip dolaştı ❷ (*vermeiden können*) kaçınabilmek (**um** -den); **darum ~, etw zu tun** bir şeyi yapmaktan kaçınabilmek ❸ (*umgehen*) **um die Ecke ~** köşeyi dönmek **herum|kriegen** *vt* (*fam*) ❶ (*Zeit*) geçirmek ❷ (*überreden*) ayarlamak, kandırmak; **jdn ~** birini ayarlamak ❸ (*verführen*) ayartmak; **sie hat ihn gleich herumgekriegt** onu hemen ayarttı **herum|laufen** *irr vi sein* ❶ (*fam: ziellos*) ortalıkta dolaşmak; (*spazieren gehen*) gez(in)mek, dolaşmak; **besser satt sterben als hungrig ~** aç gezmektense tok ölmek yeğdir; **so kannst du doch nicht ~!** (*fam*) ortalıkta böyle dolaşamazsın [*o* gezemezsin] ki! ❷ (*um etw*) etrafında dönmek (**um** -in), etrafında tur atmak (**um** -in) **herum|liegen** *irr vi* (*fam*) ❶ (*Sache*) yerlerde olmak; **lass deine Sachen nicht ~!** eşyanı ortalıkta bırakma! ❷ (*Person*) yan gelip yatmak **herum|lungern** [-'-lʊŋɐn] *vi* (*fam*) avare dolaşmak, sürtmek **herum|reden** *vi* lafı eveleyip gevelemek; **um den heißen Brei ~** (*fam*) bin dereden su getirmek, sözü döndürüp dolaştırmak, sadede gelmemek **herum|reichen** *vt* elden ele geçirmek; (*Speisen*) dolaştırmak **herum|reiten** *irr vi sein* (*fam*) ❶ (*ziellos*) atla dolaşmak ❷ (*auf etw bestehen*) ısrar etmek (**auf** -de); **auf jdm dauernd ~** birinin devamlı başının etini yemek **herum|schlagen** *irr vr* (*fam*) **sich mit jdm/etw** *dat* **~** bir kimse/şey ile didişip [*o* uğraşıp] durmak **herum|schnüffeln** *vi* (*pej fam*) öteyi beriyi karıştırmak **herum|schreien** *vi* (*fam*) bağırıp çağırmak **herum|sitzen** *irr vi* ❶ **um etw/jdn ~** bir şeyin/kimsenin etrafında oturmak ❷ (*pej fam: müßig dasitzen*) tembel tembel oturmak, boş boş oturmak, aylak oturmak, pineklemek **herum|spielen** *vi* (*fam*) oynamak (**mit** -le) **herum|sprechen** *irr vr* ■ **sich ~** (*Nachricht*) ağızdan ağza dolaşmak **herum|stehen** *irr vi* (*fam*) ayak altında durmak, etrafında durmak (**um** -in), boş boş dikilmek; **um jdn ~** birinin etrafında durmak **herum|suchen** *vi* (*fam*) aranmak; **ich habe schon überall herumgesucht** her yeri aradım bile **herum|treiben** *irr vr* ■ **sich ~** (*pej fam*) sürtmek (**auf/in** -de/-de), başıboş gezmek (**auf/in** -de/-de); **wo hast du dich wieder herumgetrieben?** yine nerelerde sürttün? **herum|werfen** *irr vt* ❶ (*Dinge*) sağa sola atmak ❷ (*Kopf*) çevirmek; **das Ruder/Steuer ~** dümeni/direksiyonu kırmak

H

herum|ziehen *irr vi sein* (*fam: ziellos*) göçebe bir hayat yaşamak; **in der Welt ~** dünyayı dolaşmak

herunten [hɛˈrʊntən] *adv* SÜDD, ÖSTERR (*hier unten*) burada aşağıda

herunter [hɛˈrʊntɐ] *adv* aşağı(ya); **den Berg ~** dağdan aşağı **herunter|bringen** *irr vt* ❶ (*Gegenstand*) aşağı(ya) getirmek ❷ (*fam: ruinieren*) mahvetmek, harap etmek **herunter|fallen** *irr vi sein* düşmek, dökülmek **herunter|gehen** *irr vi sein* (*a. Preis, Temperatur*) düşmek

heruntergekommen *adj* (*fam*) harap, viran; (*moralisch*) harap, perişan

herunter|handeln *vt* (*fam*) pazarlık ederek fiyatı düşürmek [*o* indirmek] **herunter|hängen** *irr vi* (*Lampe*) asılı olmak; (*Haare*) dökülmek **herunter|hauen** <haut herunter, haute *o* hieb herunter, heruntergehauen> *vi* (*fam*) **jdm eine ~** birine bir tane geçirmek **herunter|klappen** *vt* aşağı doğru katlamak **herunter|kommen** *irr vi sein* ❶ (*nach unten kommen*) aşağı gelmek ❷ (*fam: verwahrlosen*) harap olmak; (*Person*) harap olmak, perişan olmak; (*Gesundheit*) harap olmak **herunter|laden** *irr vt* INFORM (*downloaden*) indirmek **herunter|machen** *vt* (*fam: kritisieren*) yermek, kınamak; (*schlechtmachen*) kötülemek; **jdn ~** birini yermek **herunter|purzeln** *vi sein* (*fam*) pıtır pıtır düşmek **herunter|putzen** *vi sein* (*fam*) **jdn ~** birine fırça cekmek **herunter|reißen** *irr vt* yırtarak indirmek **herunter|schlucken** *vt* (*fam*) ❶ (*Bissen*) yutmak ❷ (*Wut*) içine atmak **herunter|springen** *irr vi sein* aşağı atlamak (**von** -den) **herunter|werfen** *irr vt* aşağı(ya) atmak **herunter|wirtschaften** *vt* (*pej fam: Firma, Staat*) kötü yönetimle harap etmek

hervor [hɛɐ̯ˈfoːɐ̯] *adv* (*geh*) **~ mit euch!** çıkın oradan! **hervor|bringen** *irr vt* ❶ (*erzeugen*) vermek, yaratmak, türetmek; **viele Blüten ~** çok çiçek vermek ❷ (*Wort, Töne, Melodie*) çıkarmak **hervor|gehen** *irr vi sein* (*geh*) ❶ çıkmak (**aus** -den); **mehrere bedeutende Künstler und Politiker gingen aus dieser Stadt hervor** bu kentten birçok namlı sanatçı ve politikacı çıkmıştır ❷ çıkmak (**aus** -den); **sie ging als Siegerin aus dem Wettkampf hervor** yarışmadan şampiyon olarak çıktı ❸ (*aus einem Brief*) anlaşılmak (**aus** -den) **hervor|gucken** *vi* (*fam*) bakmak; **das Hemd guckt aus der Hose hervor** gömlek pantolondan çıkmış; **das Kind guckt hinter seiner Mutter hervor** çocuk annesinin arkasından bakıyor **hervor|heben** *irr vt* vurgulamak **hervor|holen** *vt* çıkarmak (**aus** -den) **hervor|kommen** *irr vi sein* çıkmak; **unter dem Tisch ~** masanın altından çıkmak **hervor|ragen** *vi* ❶ (*räumlich*) dışarı çıkmak, ileri doğru çıkmak, dışarıya doğru çıkık olmak ❷ (*Person*) sivrilmek (**durch** -le); (*auffallen*) göze çarpmak

hervorragend *adj* (*ausgezeichnet*) şahane

hervor|rufen *irr vt* (*bewirken*) yol açmak (-e); (*Bewunderung*) uyandırmak; (*Protest*) neden olmak (-e); **diese Krankheit wird durch einen Virus hervorgerufen** bu hastalık bir virüsten ileri geliyor **hervor|treten** *irr vi sein* ❶ (*heraustreten*) çıkmak (**hinter** arkasından) ❷ (*Kontraste*) ortaya çıkmak; (*Umrisse*) görünmek; (*Ader*) kabarmak; **~de Augen** patlak gözler **hervor|tun** *irr vr* ▪ **sich ~** ❶ (*durch Leistung*) sivrilmek ❷ (*angeben*) gösteriş yapmak (**mit** -le) **hervor|wagen** *vr* ▪ **sich ~** ortaya çıkmaya cesaret etmek

Herz[1] <-ens, -en> [hɛrts] *nt* ❶ (*Organ*) yürek, kalp; (*Seele*) can, gönül; **im Grunde seines ~ens** esasında, aslında; **von ~en gern** canı gönülden [*o* yürekten]; **mir blutet das ~** (*fig*) yüreğim kan ağlıyor; **ich tue es leichten ~ens** onu gönül ferahlığı [*o* rahatlığı] ile yapıyorum; **schweren ~ens** istemeye istemeye; **aus seinem ~en keine Mördergrube machen** dobra dobra konuşmak; **ein ~ und eine Seele sein** (*fig*) can ciğer (kuzu sarması) olmak; **ein gutes/goldenes ~ haben** iyi/altın kalpli olmak; **sich** *dat* **etw zu ~en nehmen** (*fam*) bir şey yüreğine dokunmak; **etw nicht übers ~ bringen** bir şeye gönlü razı olmamak, bir şeye kıyamamak; **etw auf dem ~en haben** derdi olmak; **etw auf ~ und Nieren prüfen** (*fam*) bir şeyin içini dışını gözden geçirmek; **jdm sein ~ ausschütten** (*fig*) birine içini dökmek; **jdm das ~ brechen** (*geh*) birinin kalbini kırmak; **jdm das ~ zerreißen** birinin yüreğini parçalamak; **aus ganzem ~en** canı gönülden; **jds ~ erweichen** birinin kalbini eritmek; **jds ~ höherschlagen lassen** birinin gönlünü tutuşturmak; **mir ist ein Stein vom ~en gefallen** (*fig*) yüreğime su serpildi; **mir fällt das ~ in die Hose** (*fig fam*) yüreğim ağzıma geldi; **sich** *dat* **ein ~ fassen** yüreklenmek; **jdn ins ~ schließen** birine içi ısınmak, birine kanı kaynamak ❷ (*Zentrum*) merkez, orta, göbek; (*Inneres*) iç, kalp, yürek; **im ~en Anatoliens/Europas** Türkiye'nin/Avrupa'nın göbeğinde

Herz[2] <-ens, -> *nt* (*Kartenspiel*) kupa; ~ **ist Trumpf** kupa kozdur

Herzanfall *m* MED kalp krizi **Herzbeschwerden** *pl* MED kalp rahatsızlığı **Herzblock** *m* MED kalp bloku **Herzblume** *f* BOT kızkalbi **Herzbräune** *f* MED (*Angina pectoris*) anjina pektoris **Herzbube** *m* (*Spielkarte*) kupa oğlanı, kupa bacağı, kupa valesi **Herzdame** *f* (*Spielkarte*) kupa kızı

herzensgut ['--'-] *adj* (*fam*) altın kalpli, çok iyi kalpli, yüreği temiz **Herzenslust** *f kein pl* **nach** ~ gönlünce, canı istediği gibi **Herzenswunsch** *m* içten arzu

herzerfreuend *adj* iç ısıtıcı

herzerfrischend *adj* iç açıcı, gönlü ferahlatıcı **herzergreifend** *adj* dokunaklı, insanın içine işleyen **herzerquickend** *adj* iç açıcı, gönlü ferahlatıcı

herzhaft *adj* ❶ (*unerschrocken*) yürekli ❷ GASTR (*gehaltvoll*) besleyici ❸ (*kräftig*) kuvvetli; (*ordentlich*) adamakıllı

her|ziehen *irr* **I.** *vi sein* ❶ (*umziehen*) buraya taşınmak; **sie sind vor ein paar Jahren hergezogen** birkaç yıl önce buraya taşındılar ❷ (*gehen*) **hinter/vor/neben jdm/etw** *dat* ~ bir kimsenin/şeyin arkasından/önünden/yanından gitmek ❸ (*fam: reden über*) **über jdn** ~ birini çekiştirmek [*o* fitnelemek] **II.** *vt* (*fam: heranziehen*) çekmek (**zu** -e); **sich den Stuhl/Tisch** ~ sandalyeyi/masayı kendine çekmek; **etw hinter sich** *dat* ~ bir şeyi arkasına çekmek

herzig ['hɛrtsɪç] *adj* cici

Herzinfarkt *m* MED kalp enfarktüsü **Herzinsuffizienz** *f* MED kalp yetersizliği [*o* kifayetsizliği] **Herzkammer** *f* ANAT kalp karıncığı

Herzklappe *f* ANAT kalp kapakçığı

Herzklopfen <-s> *nt kein pl* kalp çarpıntısı, yürek çarpıntısı, palpitasyon; ~ **haben** kalp [*o* yürek] çarpıntısı olmak **Herzkönig** *m* (*Spielkarte*) kupa papazı **herzkrank** *adj* kalp hastası **Herzleiden** *nt* MED kalp hastalığı

herzlich **I.** *adj* içten, yürekten; (*Gruß*) candan, içten; ~**en Dank** candan teşekkürler! **II.** *adv* ~ **willkommen!** hoş geldiniz!; ~ **gern!** seve seve!

Herzlichkeit *f kein pl* içtenlik

herzlos *adj* kalpsiz; (*gefühllos*) duygusuz; (*kein Mitleid zeigend*) merhametsiz

Herzlosigkeit *f kein pl* kalpsizlik, duygusuzluk, merhametsizlik

Herzmuskel *m* ANAT kalp kası

Herzog <-s, -zöge> ['hɛrtso:k] *m* dük

Herzogin <-nen> ['hɛrtso:gin] *f* düşes

Herzogtum <-s, -tümer> *nt* düklük

Herzrhythmusstörungen *pl* MED aritmi

Herzschlag *m* ❶ (*einzelner Schlag*) kalp vuruşu, kalp atışı ❷ (*Herzstillstand*) kalp sektesi **Herzschrittmacher** *m* MED kalp pili **Herzstillstand** *m* MED kalp sektesi

Herztod *m* MED kalp sektesinde ölme **Herzton** <-(e)s, -töne> *m* MED kalp sesi **Herztransplantation** *f* MED kalp nakli **Herzversagen** *nt* MED kalp aksesi

herzzerreißend **I.** *adj* yürek paralayıcı **II.** *adv* yürekler acısı

Hesse(in) <-n, -n; -nen> ['hɛsə] *m(f)* Hessenli

Hessen <-s> *nt* Hessen

hessisch *adj* Hessenli, Hessen (ile ilgili)

heterodox *adj* heterodoks

heterogen [hetero'ge:n] *adj* heterojen

heterosexuell *adj* heteroseksüel

heterotroph *adj* BIOL heterotrof

Hethiter *m* HIST Hitit, Eti

Hetze ['hɛtsə] *f kein pl* ❶ (*Eile*) acele ❷ (*pej: Hetzkampagne*) kışkırtma

hetzen ['hɛtsən] **I.** *vi* ❶ *sein* (*sich beeilen*) acele etmek ❷ (*pej: aufwiegeln*) kışkırtmak (**gegen** -e karşı) **II.** *vt* ❶ (*jagen*) kovalamak ❷ (*antreiben*) koşturmak **III.** *vr* ■ **sich** ~ koşuşturmak

Hetzjagd *f* ❶ (*Verfolgung*) takip ❷ (*Jagd*) sürgün avı ❸ (*große Eile*) koşuşturma

Heu <-(e)s> [hɔɪ] *nt kein pl* AGR saman **Heuboden** <-s, -böden> *m* AGR samanlık

Heuchelei <-en> [hɔɪçə'laɪ] *f* (*pej: Scheinheiligkeit*) iki yüzlülük, yüze gülücülük, riyakârlık

heucheln ['hɔɪçəln] *vi, vt* iki yüzlülük etmek, riyakârlık etmek

Heuchler(in) <-s, -; -nen> ['hɔɪçlɐ] *m(f)* iki yüzlü (kimse), yüze gülücü (kimse), riyakâr (kimse)

heuchlerisch **I.** *adj* iki yüzlü, yüze gülücü, riyakâr **II.** *adv* iki yüzlülükle, yüze gülerek, riyakârca, riyakârane

heuer ['hɔɪɐ] *adv* SCHWEIZ, ÖSTERR, SÜDD tayfa ücreti

Heugabel *f* AGR dirgen, çatal

Heuhaufen *m* AGR saman yığını; **eine Nadel im ~ suchen** (*fig*) saman yığınında iğne aramak

heulen ['hɔɪlən] *vi* ❶ (*fam: weinen*) hüngür hüngür ağlamak ❷ (*Tier*) ulumak; (*Fuchs, Schakal*) pavkırmak, ulumak; (*Motor, Sirene, Wind*) uğuldamak

Heulsuse *f* (*fam*) sulu göz(lü), mızmız tavşan

Heuschnupfen *m* saman nezlesi **Heu-**

H

schrecke <-n> ['hɔɪʃrɛkə] *f* ZOOL çekirge

Heuspeicher *m* samanlık

heute ['hɔɪtə] *adv* bugün; (*heutzutage*) bugünkü günde; ~ **Morgen/Abend** bu sabah/akşam; ~ **Nacht habe ich schlecht geträumt** bu gece kötü rüyalar gördüm; ~ **Nacht soll es regnen** bu akşam yağmur yağacakmış; **Schluss für** ~ bugün için yeter artık; ~ **in/vor acht Tagen** haftaya/geçen hafta bugün; **von** ~ **auf morgen** bugünden yarına; **lieber** ~ **als morgen** bugünden tezi yok

heutig ['hɔɪtɪç] *adj* bugünkü; (*gegenwärtig*) şimdiki; **unser** ~**es Schreiben** bugünkü yazımız [*o* mektubumuz]; **am** ~**en Tag** bugün; **am** ~**en Abend** bu akşam; **in der** ~**en Zeit** bugünkü günde, içinde bulunduğumuz zamanda; **mit dem** ~**en Datum** bugünkü tarihle

heutzutage ['hɔɪttsuta:gə] *adv* günümüzde

Hexaeder <-s, -> [hɛksa'ʔe:dɐ] *nt* MATH altı yüzlü

Hexe <-n> ['hɛksə] *f* ❶ cadı ❷ büyücü

hexen ['hɛksən] *vi* (*zaubern*) büyü yapmak

Hexenkessel *m* (*fam*) cadı kazanı

HexenschussRR <-es> *m kein pl* (*fam*) lumbago

Hexerei <-en> *f* büyücülük, sihirbazlık

hieb [hi:p] *3. imp von* **hauen**

Hieb <-(e)s, -e> [hi:p] *m* ❶ (*Schlag*) vuruş, darbe; (*mit Peitsche, Faust*) vuruş; **auf einen** ~ (*fam*) bir çırpıda ❷ (*Wunde*) darbe ❸ *pl* (*fam: Prügel*) dayak, kötek; ~**e bekommen** kötek [*o* dayak] yemek ❹ (*Bemerkung*) taş

hieb- und stichfest *adj* (*fig*) su götürmez

hielt [hi:lt] *3. imp von* **halten**

hier [hi:ɐ] *adv* ❶ (*räumlich*) burada; (*bei Aufruf*) burada(yım); ~ **bin ich!** ben buradayım!; ~ **entlang** buradan; **das Haus** ~ buradaki ev; ~ **in der Nähe** yakınlarda, bu yakında; ~ **und da** burada şurada; **dieser** ~ buradaki; ~ **oben/unten/hinten** burada yukarıda/aşağıda/arkada; **ich bin nicht von** ~ ben buradan [*o* buralı] değilim ❷ (*zeitlich*) **von** ~ **an** bundan sonra ❸ (*an diesem Punkt*) bu noktada, burada; ~ **muss ich dir Recht geben** bu noktada sana hak veriyorum

hieran ['hi:ran, '-'-] *adv* ❶ (*an dieser Stelle*) burada; (*an diese Stelle*) buraya ❷ (*an dieser Sache*) **im Anschluss** ~ bunun arkasından; ~ **sieht man, dass ...** bununla görülüyor ki ...; ~ **werde ich mich noch lange erinnern** bunu uzun zaman hatırlayacağım

Hierarchie <-n> [hierar'çi:] *f* hiyerarşi

hierarchisch [hie'rarçɪʃ] *adj* hiyerarşik

hierauf ['hi:raʊf, '-'-] *adv* ❶ (*auf dieser Stelle*) bunun üzerinde, bunun üstünde ❷ (*auf diese Stelle*) bunun üzerine, bunun üstüne ❸ (*sodann*) bunun üzerine, bunun üstüne

hieraus ['hi:raʊs, '-'-] *adv* ❶ (*räumlich*) buradan ❷ (*aus dieser Sache*) bundan

hierbei ['hi:ɐbaɪ] *adv* ❶ (*währenddessen*) bu arada ❷ (*in diesem Fall*) burada

hier|bleiben *irr vi sein* burada kalmak

hierdurch ['hi:ɐdʊrç, '-'-] *adv* ❶ (*räumlich*) buradan ❷ (*auf Grund*) bundan

hierfür ['hi:ɐfy:ɐ, '-'-] *adv* ❶ (*zu diesem Zweck*) bunun için ❷ (*als Gegenwert*) bunun için

hierher ['hi:ɐhe:ɐ, '-'-] *adv* buraya; ~**!** gel buraya!; **bis** ~ buraya kadar; **bis** ~ **und nicht weiter!** buradan öteye geçiş yok!; **das gehört nicht** ~ bu, buraya ait değildir

hierherum ['hi:ɐhɛrʊm, '--'-] *adv* buralarda

hierhin ['hi:ɐhɪn, '-'-] *adv* buraya; **bis** ~ buraya kadar

hierin ['hi:rɪn, '-'-] *adv* ❶ (*örtlich*) burada ❷ (*in dieser Beziehung*) bu bakımdan

hiermit ['hi:ɐmɪt, '-'-] *adv* bununla; (*im Brief*) işbu

hierüber ['hi:ry:bɐ, '-'--] *adv* ❶ (*örtlich*) burada; (*Richtung*) buraya ❷ (*ein Thema betreffend*) bunun üzerine, bunun hakkında

hierunter ['hi:rʊntɐ, '-'--] *adv* ❶ (*örtlich*) bunun altında ❷ (*wegen*) bundan ❸ (*in dieser Gruppe*) içinde ❹ ~ **versteht man ...** bundan ... anlaşılıyor

hiervon ['hi:ɐfɔn, '-'-] *adv* bundan

hierzu ['hi:ɐtsu:, '-'-] *adv* ❶ (*für diesen Zweck*) bunun için ❷ (*betreffend*) bunun hakkında, buna dair, buna ilişkin olarak ❸ (*zugehörig*) bunun

hierzulande ['hi:ɐtsu(')landə] *adv* bu ülkede

hiesig ['hi:zɪç] *adj* buradaki

hieß [hi:s] *3. imp von* **heißen**

Hi-Fi-Anlage ['haɪfiʔanla:gə] *f* stereo takımı [*o* seti]

high [haɪ] *adj inv* (*berauscht*) kafası iyi, sarhoş, mest; (*mit Drogen*) kafası iyi, mest, kafayı bulmuş **High Society**RR [haɪ sə'saɪəti] *f kein pl* yüksek sosyete

HightechRR, **High-Tech**ALT <-(s)> ['haɪ'tɛk] *nt kein pl* yüksek teknoloji

hihi [hi'hi:, 'hi'hi] *interj* kıhkıh

Hilfe <-n> ['hɪlfə] *f* yardım; (*Not~*) imdat; (*~leistung*) yardım; ~**!** imdat!; **erste** ~ ilk yardım; **jdn um** ~ **bitten** birinden yardım istemek; ~ **leisten** yardım etmek; **jdm zu** ~ **eilen** birinin imdadına koşmak; **etw**

zu ~ nehmen bir şeyi araç [*o* destek] olarak kullanmak, bir şeyden yararlanmak [*o* faydalanmak]; **um ~ rufen** istimdat etmek, yardıma çağırmak, imdat diye bağırmak; **du warst mir eine große ~** bana çok yardımın dokundu; **du warst mir keine große ~** bana pek yardımın dokunmadı; **mit ~ von** yardımıyla **Hilferuf** <-(e)s, -e> *m* istimdat, imdat isteme, yardıma çağırma, imdat diye bağırma

hilflos *adj* âciz; (*ratlos*) çaresiz; (*unbeholfen*) beceriksiz

Hilflosigkeit *f kein pl* âcizlik; (*Ratlosigkeit*) çaresizlik

hilfreich *adj* (*geh*) ❶ (*hilfsbereit*) yardımsever ❷ (*nützlich*) yararlı; **er/es war uns sehr ~** bize çok yararlı oldu

Hilfsaktion *f* yardım kampanyası **Hilfsarbeiter(in)** *m(f)* yardımcı işçi, düz işçi **hilfsbedürftig** *adj* yardıma muhtaç **hilfsbereit** *adj* yardıma hazır, yardımsever **Hilfsbereitschaft** *f kein pl* yardıma hazır olma, yardımseverlik **Hilfskraft** *f* yardımcı eleman **Hilfsmittel** *nt* yardımcı araç **Hilfsprogramm** *nt* yardım programı **Hilfsverb** *nt* LING yardımcı fiil **Hilfswerk** *nt* yardım kuruluşu, sosyal yardım kurumu

hilft [hɪlft] *3. präs von* **helfen**

Himbeere <-n> ['hɪmbeːrə] *f* ahududu **Himbeersirup** *m* ahududu şerbeti **Himbeerstrauch** *m* BOT ahududu

Himmel <-s, -> ['hɪməl] *m* ❶ METEO, ASTRON gök, gökyüzü; REL (*Paradies*) cennet; **am ~** gökyüzünde, havada; **im ~** cennette; **der Opa ist im ~** (*Kindersprache*) dede cennette; **in den ~ kommen** cennetlik olmak; **~ und Hölle** (*Kinderspiel*) seksek; **~ und Hölle in Bewegung setzen** (*fam*) yeri göğü yerinden oynatmak; **aus heiterem ~** gökten zembille inercesine, gökten zembille inmiş gibi; **jdn/etw in den ~ heben** (*fam*) bir kimseyi/şeyi göklere çıkarmak; **unter freiem ~** açık havada; **im siebten ~ sein** (*fam*) dünyayı pespembe görmek; **dieses Unrecht schreit zum ~** bu haksızlığım diye bar bar bağırıyor, bu haksızlığın daniskasıdır; **um ~s willen!** aman tanrım!; **dem ~ sei Dank!** tanrıya şükürler olsun!; **~, Arsch und Zwirn!** (*vulg*) Allah kahretsin! ❷ (*beim Bett, Thron*) sayvan **Himmelbett** *nt* sayvanlı karyola **himmelblau** ['--'-] *adj* havaî mavi, gökçe, gök rengi; (*hellblau*) gökyüzü mavisi **Himmelfahrt** *f kein pl* REL miraç, göğe çıkma; **Christi ~** İsa'nın göğe çıkması; **Maria ~** Meryem Ana'nın göğe çıkması **Himmelreich** <-(e)s> *nt kein pl* REL (*Paradies*) cennet

Himmelsachse *f kein pl* ASTRON gök ekseni **Himmelsäquator** *m kein pl* ASTRON gök eşleği

Himmelsblau *nt* gök rengi, havaî mavi

himmelschreiend *adj* ayyuka çıkan; **ein ~es Unrecht** ayyuka çıkan bir haksızlık, haksızlığın daniskası

Himmelsglobus *m kein pl* ASTRON gök küresi **Himmelsgucker** *m* ZOOL (*Sterngucker*) kurbağa balığı **Himmelskörper** *m* ASTRON gök cismi **Himmelspforte** *f* cennet kapısı **Himmelspol** *m* ASTRON gök kutbu **Himmelsrichtung** *f* ana yön **Himmelstor** *nt*, **Himmelstür** *f* cennet kapısı

himmlisch ['hɪmlɪʃ] *adj* cennet gibi; (*göttlich*) ilahî; (*wunderbar*) harikulâde

hin [hɪn] **I.** *adv* ❶ (*in Richtung auf*) -e doğru; (*entlang*) boyunca; **bis zu dieser Stelle ~** buraya kadar; **zum Haus ~** eve doğru; **~ und zurück** (*Fahrkarte*) gidiş dönüş; **~ und her** bir o yana, bir bu yana; **es war ein dauerndes H~ und Her** devamlı bir gelip gitme vardı; **die Schlafzimmer liegen zur Straße ~** yatak odaları sokağa bakar; **wo ist sie ~?** (*fam*) nereye gitti? ❷ (*zeitlich*) **das ist noch lange ~** buna daha çok var; **zum Frühjahr/Jahresende ~** bahara/yıl sonuna doğru; **~ und wieder** arada bir, ara sıra ❸ (*daraufhin*) **auf einen Verdacht ~** şüphe üzerine; **auf die Gefahr ~, dass ...** ... tehlikesini göze alarak **II.** *adj* (*fam: kaputt*) **ich bin ganz ~** öldüm, bittim, mahvoldum; **sein guter Ruf ist ~** itibarı gitti

Hin [hɪn] *nt* **~ und Her** ileri geri etme; (*Hickhack*) ileri geri etme; **nach langem ~ und Her** uzun uzun ileri geri ettikten sonra

hinab [hɪ'nap] *adv* aşağı(ya); **den Berg ~** dağdan aşağı

hin|arbeiten *vi* **auf etw ~** bir şeye ulaşmaya çalışmak

hinauf [hɪ'naʊf] *adv* yukarı(ya); **da ~!** oradan yukarı!; **den Fluss ~** ırmaktan yukarı **hinauf|fahren** *irr* **I.** *vi sein* çıkmak; **mit dem Lift ~** asansörle çıkmak **II.** *vt* yokuş yukarı sürmek **hinauf|führen** **I.** *vi* (*Weg*) çıkmak **II.** *vt* çıkarmak **hinauf|gehen** *irr vi sein* çıkmak **hinauf|steigen** *irr vi sein* üstüne çıkmak; (*die Treppe*) çıkmak

hinaus [hɪ'naʊs] *adv* dışarı(ya); **~ mit dir!** çık dışarı!; **zur Tür ~** kapıdan dışarı(ya); **wo geht es ~?** dışarıya nereden çıkılıyor?; **auf Jahre ~** yıllar için; **über die Dreißig ~** otuzunu geçmiş; **darüber ~** ayrıca **hinaus|begleiten*** *vt* birlikte dışarı çıkmak (ile) **hinaus|fliegen** *irr vi sein* ❶ (*Vogel*) dışarı(ya) uçmak (**aus** -den) ❷ (*fam: Person*) atılmak (**aus** -den) **hinaus|gehen** *irr vi sein* ❶ (*aus Raum*) çıkmak (**aus** -den) ❷ (*Zimmer, Fenster*) açılmak (**auf** -e) ❸ (*überschreiten*) aşmak (**über** -) **hinaus|laufen** *irr vi sein* ❶ (*nach draußen laufen*) dışarı koşmak (**aus** -den) ❷ (*als Ergebnis haben*) sonuca varmak (**auf** -), sonuçlanmak (**auf** ile); **das läuft auf dasselbe ~** bu aynı kapıya çıkar **hinaus|lehnen** *vr* ■ **sich ~** dışarı sarkmak (**aus** -den) **hinaus|schicken** *vt* **jdn ~** birini dışarı göndermek **hinaus|schieben** *vt* dışarı(ya) itmek; (*Entscheidung*) ertelemek **hinaus|schwimmen** *irr vi* yüzerek açılmak [*o* kıyıdan uzaklaşmak] **hinaus|stürzen** *vi* ■ **sich ~** hürya dışarı çıkmak **hinaus|werfen** *irr vt* ❶ (*Sache*) dışarı atmak (**zu/aus** -e/-den); **einen Blick ~** dışarıya bir göz atmak; **Geld zum Fenster ~** (*fam*) parayı sokağa atmak ❷ (*Person*) kapı dışarı etmek (**aus** -den), dışarı atmak **hinaus|wollen** *irr vi* (*fam*) ❶ (*abzielen*) kastetmek (**auf** -); **worauf willst du hinaus?** ne demek istiyorsun?, neyi kastediyorsun?; **hoch ~** gözü yükseklerde olmak ❷ (*nach draußen wollen*) dışarı çıkmak istemek (**aus** -den) **hinaus|zögern** **I.** *vt* uzatmak **II.** *vr* ■ **sich ~** uzamak

hin|bekommen* *irr vt s.* **hinkriegen**

Hinblick *m* **im ~ auf ...** (*in Bezug auf*) ... bakımından; (*angesichts*) ... karşısında; (*wegen*) ... yüzünden

hin|bringen *irr vt* (*Waren*) götürmek; (*Zeit*) geçirmek

hinderlich ['hɪndɐlɪç] *adj* engel olan; **~ sein** engel olmak (**für** için)

hindern ['hɪndɐn] *vt* ❶ (*abhalten*) alıkoymak; **jdn am Gehen/Schreiben ~** birini gitmekten/yazmaktan alıkoymak ❷ (*behindern*) engel olmak (-e)

Hindernis <-ses, -se> ['hɪndɐnɪs] *nt a.* SPORT engel; **ein ~ überwinden** bir engeli aşmak; **jdm ~se in den Weg legen** birine zorluk çıkarmak **Hindernislauf** <-(e)s, -läufe> *m* SPORT engelli koşu

Hinderungsgrund <-(e)s, -gründe> *m* engelleyici neden

hin|deuten *vi* ❶ (*zeigen*) göstermek (**auf** -) ❷ (*hinweisen*) işaret etmek (**auf** -e), delalet etmek (**auf** -e)

Hindu <-(s), -(s)> ['hɪndu] *m* Hindu

Hinduismus <-> [hɪndu'ɪsmʊs] *m kein pl* Hinduizm

hinduistisch *adj* Hindu

Hindukusch *m* Hindukuş Dağları

hindurch [hɪn'dʊrç] *adv* ❶ (*räumlich*) içinden; **durch den Wald ~** ormanın içinden; **mitten ~** ortasından ❷ (*zeitlich*) boyunca

hinein [hɪ'naɪn] *adv* içeri(ye), içine; **zur Tür ~** kapıdan içeri(ye); **bis tief in die Nacht ~** gece geç vakitlere kadar **hinein|bekommen** *irr vt haben* sokabilmek; **ich bekomme den Schlüssel nicht ins Schloss hinein** anahtarı kilide sokamıyorum **hinein|fallen** *irr vi sein* içine düşmek; **er fiel mitten in die Pfütze hinein** su birikintisinin tam içine düştü; **wer andern eine Grube gräbt, fällt selbst hinein** (*prov*) el için çukur [*o* kuyu] kazan, kendisi içine düşer, kazma elin kuyusunu, kazarlar kuyunu **hinein|gehen** *irr vi sein* ❶ (*eintreten*) girmek (**in** -e) ❷ (*hineinpassen*) girmek (**in** -e), sığmak (**in** -e) **hinein|kriegen** *vt* sığdırmak (**in** -e); **in diesen Koffer kriege ich nicht alles hinein** bu bavula her şeyi sığdıramam **hinein|legen** *vt* ❶ (*nach innen legen*) koymak (**in** içine) ❷ (*fam: betrügen*) aldatmak ❸ (*Gefühl*) koymak **hinein|passen** *vi* ❶ (*Platz haben*) sığmak (**in** -e) ❷ (*passend sein*) uymak (**in** -e) ❸ (*in Gruppe, Umgebung*) uymak (**in** -e) **hinein|stecken** *vt* (*fam*) ❶ sokmak (**in** -e); (*hineinlegen, -stellen*) koymak (**in** -e) ❷ (*investieren*) yatırmak (**in** -e) **hinein|steigern** *vr* ■ **sich ~** (*in Kummer, Wut*) kapılmak (**in** -e); (*in Vorstellung*) kapılmak (**in** -e), kendini kaptırmak (**in** -e) **hinein|stopfen** *vt* ❶ tıka basa doldurmak, tıkıştırmak ❷ (*fam*) ■ **in sich ~** tıka basa yemek, tıkınmak **hinein|stürzen** *vi* ■ **sich ~** hürya içeri girmek **hinein|versetzen*** *vr* **sich in jdn ~** kendini birinin yerine koymak; **versetz dich doch mal in meine Lage hinein!** kendini benim yerime bir koysana!

hin|fahren *irr* **I.** *vi sein* gitmek **II.** *vt* götürmek **Hinfahrt** <-en> *f* gidiş; **Hin- und Rückfahrt** gidiş geliş; **auf der ~** gidişte

hin|fallen *irr vi sein* yere düşmek, yeri boylamak; **er fiel der Länge nach hin** boylamasına düştü, yüzükoyun yere düştü

hinfällig *adj* ❶ (*gebrechlich*) öksürüklü tıksırıklı; (*schwach*) güçsüz, zayıf ❷ (*ungültig*) kadük, geçersiz; (*gegenstandslos*) konusuz, konu dışı

Hinflug <-(e)s, -flüge> *m* (uçakla) gidiş

hin|führen *vi, vt* (*Straße*) gitmek; **wo soll das ~?** bunun sonu ne olacak?

hing [hɪŋ] *3. imp von* **hängen**

Hingabe *f kein pl* ❶ (*Begeisterung*) düşkünlük ❷ (*Selbstlosigkeit*) özveri, fedakârlık

hin|geben *irr* I. *vt* (*geh: opfern*) kurban etmek, feda etmek II. *vr* ■ **sich ~** (*sich widmen*) kendini adamak, kendini vermek; **sich (falschen) Hoffnungen ~** (boşu boşuna) umuda kapılmak

hingebungsvoll *adj* (*selbstlos*) özverili, fedakâr

hingegen [-'--] *adv* ise, diğer taraftan

hin|gehen *irr vi sein* ❶ (*an Ort*) gitmek (**zu** -e); **wo geht es hier hin?** burası nereye gider? ❷ (*Zeit*) geçmek

hingerissen ['hɪngərɪsən] *adj* hayran; **er war ganz ~** hayran kaldı

hin|halten *irr vt* ❶ (*Gegenstand*) tutmak; (*Hand*) uzatmak; **sie hielt mir die Hand hin** bana elini uzattı ❷ (*warten lassen*) bekletmek **hin|hauen** <haut hin, haute hin, hingehauen> I. *vi* (*fam: klappen*) olmak II. *vt* (*pej fam: Arbeit*) derme çatma yapmak, baştan savma yapmak III. *vr* ■ **sich ~** (*fam: schlafen legen*) kafayı vurmak **hin|hocken** *vr* ■ **sich ~** çömelmek

hin|hören *vi* kulak asmak **hin|kauern** *vr* ■ **sich ~** çömelmek

hinken ['hɪŋkən] *vi* topallamak, aksamak; **er hinkt auf dem linken Fuß** sol ayağından hafif topallıyor

hin|knien *vi, vr* ■ **sich ~** diz çökmek (**auf** -e, **vor** önünde) **hin|kriegen** *vt* (*fam*) ❶ (*fertigbringen*) becermek; **das hast du toll hingekriegt!** bunu çok iyi becerdin! ❷ (*in Ordnung bringen*) yoluna koymak **hin|kritzeln** *vt* çiziktirmek

hinlänglich *adj* yeterli; **~ bekannt sein** yeterince bilinmek

hin|legen I. *vt* ❶ (*Dinge*) koymak ❷ (*Kind*) yatırmak ❸ (*fam: darbieten*) sunmak; **sie hat einen tollen Tanz hingelegt** şahane bir dans sundu II. *vr* ■ **sich ~** ❶ (*auf Boden*) uzanmak (**auf** -e) ❷ (*ins Bett gehen*) yatmak; **sich zum Schlafen ~** uykuya yatmak ❸ (*fam: hinfallen*) düşmek **hin|machen** I. *vt* ❶ (*kaputtmachen*) kırmak ❷ (*sl: töten*) gebertmek II. *vi* pislemek **hin|nehmen** *irr vt* (*Tatsache*) kabul etmek; (*erdulden*) katlanmak (-e); (*tolerieren*) hoş görmek

hinreichend ['hɪnraɪçənt] *adj* yeterli, kâfi

Hinreise <-n> *f* gidiş, gidiş yolculuğu

hin|reißen *irr vt* coşturmak; **sich dazu ~ lassen, etw zu tun** kendini tutamayıp bir şey yapmak, bir şey yapmaktan kendini alamamak

hinreißend *adj* harikulâde; **~ schön** harika güzel

hin|richten *vt* idam etmek

Hinrichtung <-en> *f* idam

hin|scheiden *irr vi sein* (*geh*) ölmek

hin|schmeißen *irr vt* (*fam*) ❶ (*hinwerfen*) atmak ❷ (*aufgeben*) bırakmak

hin|sehen *irr vi* bakmak (**zu** -e); **bei genauerem H~** yakından bakıldığında

hin|setzen I. *vt* ❶ (*abstellen*) koymak ❷ (*Kind*) oturtmak II. *vr* ■ **sich ~** oturmak; **setz dich gerade hin!** dik otur!

Hinsicht <-en> *f* **in ~ auf ...** (*hinsichtlich*) ... bakımından [*o* yönünden]; **in dieser ~** bu bakımdan; **in dieser/jeder/vieler ~** bu/her/birçok bakımdan; **in gewisser ~** bir bakıma; **in finanzieller/beruflicher ~** mali/meslekî bakımdan; **in vielerlei ~** birçok bakımdan [*o* yönden]

hinsichtlich *präp* bakımından

hin|stellen I. *vt* ❶ (*Gegenstand*) koymak ❷ (*bezeichnen*) göstermek (**als** olarak), yerine koymak (**als** -); **jdn als Vorbild ~** birini örnek olarak göstermek; **jdn als Dummkopf ~** birini aptal yerine koymak II. *vr* ■ **sich ~** dikilmek; **stell dich gerade hin!** dik dur!

hinten ['hɪntən] *adv* arkada; (*im Hintergrund*) arka planda; **ein Schlag von ~** arkadan bir darbe; **von ~ anfangen** arkadan başlamak; ■ **sich ~ anstellen** (kuyrukta) arkaya geçmek; **ganz ~ im Buch** kitabın en sonunda **hintendran** [--'-] *adv* (*fam: hinten an etw*) arkasına **hintendrauf** [--'-] *adv* (*fam: hinten auf etw*) arkasında; **er kriegte noch eins ~** arkasından [*o* üstüne] bir tane daha yedi **hintenherum** ['----] *adv* ❶ (*gehen, kommen*) arkadan ❷ (*fam: heimlich*) arkadan arkaya; (*illegal*) el altından **hintenrum** ['---] *adv* (*fam*) *s.* **hintenherum**

hinter ['hɪntɐ] I. *präp* ❶ (*da~*) arkasında; **~ jdm sitzen** birinin arkasında oturmak; **drei Kilometer ~ Muğla** Muğla'nın üç kilometre arkasında; **das Schlimmste hast du schon ~ dir** işin en kötü tarafını atlattın artık; **~ etw kommen** (*fam*) bir şeyi ortaya çıkarmak; (*verstehen*) bir şeyi anlamak ❷ (*zeitlich*) **zehn Minuten ~ der Zeit sein** on dakika gecikmiş olmak ❸ (*Reihenfolge*) geride; **er ließ ihn weit ~ sich** *dat* onu çok geride bıraktı ❹ (*~ ... her*) peşinde; **~ jdm herlaufen** birinin peşinden koşmak II. *präp* arkasına; **stell das Buch ~ die anderen** kitabı ötekilerin arkasına koy; **etw ~ sich bringen** bir şeyi bitirmek, bir işi hâlletmek **Hinterachse** *f* AUTO arka dingil **Hinterausgang** <-(e)s, -gänge> *m* arka çıkış kapısı **Hinterbacke** *f* (*fam*) kaba et **Hinterbein** <-(e)s, -e> *nt* arka ayak, art bacak; **sich auf die ~e stellen** (*fig fam: sich widersetzen*)

karşı koymak, ayaklanmak; (*sich Mühe geben*) çaba harcamak, gayret göstermek
Hinterbliebene(r) <-n, -n; -n> [hɪnˈtɐˈbliːbənɐ] *f(m)* arkada kalan, geride kalan; **wir ~n** arkada kalan bizler
hintere(r, s) [ˈhɪntərə, -rɐ, -rəs] *adj* arka, art; **die ~e Tür** arka kapı; **in der hintersten Reihe sitzen** en arka sırada oturmak
hintereinander [hɪntɐʔaɪˈnandɐ] *adv* ❶ (*räumlich*) art arda, peş peşe ❷ (*zeitlich*) arka arkaya; **vier Wochen ~** arka arkaya dört hafta
hinterfragen* *vt* soruşturmak
hintergangen *pp von* **hintergehen**
Hintergaumen *m* ANAT, MED art damak
Hintergedanke <-ns, -n> *m* art düşünce, art niyet
hintergehen* *irr vt* aldatmak; **er hat seine Frau hintergangen** karısını aldattı
Hintergrund <-(e)s, -gründe> *m* ❶ arka (plan); THEAT fon; (*fig: verborgener Zusammenhang*) içyüz; **in den ~ treten** arkaya kalmak; **im ~ bleiben/stehen** (*fig*) arka planda kalmak/bulunmak; **der politische/soziale ~** (işin) siyasi/toplumsal içyüz(ü); **vor dem ~ dieser Ereignisse** bu olayların karşısında ❷ INFORM arka fon, art alan
Hinterhalt <-(e)s, -e> *m* pusu; **jdn in einen ~ locken** birine pusuya düşürmek
hinterhältig [ˈhɪntɐhɛltɪç] *adj* sinsi
hinterher [--ˈ-, ˈ---] *adv* ❶ (*räumlich*) arkasından; **die Polizei war ihm ~** (*fam*) polis peşindeydi ❷ (*zeitlich*) sonradan **hinterher|jagen** *vi sein* peşinde koşmak; **einem Hirngespinst ~** hayal peşinde koşmak **hinterher|laufen** *irr vi sein* (*dahinter gehen*) arkasından gitmek (-in); (*folgen*) arkasına düşmek (-in); (*rennen*) arkasından koşmak (-in)
Hinterhof *m* arka avlu **Hinterkopf** *m* başın arkası; **etw im ~ haben/behalten** bir şey aklında olmak/tutmak **Hinterland** <-(e)s> *nt kein pl* hinterlant, art bölge
hinterlassen* *irr vt* bırakmak, arkada bırakmak; **~e Werke** arkada bıraktığı eserler; **einen guten Eindruck ~** iyi bir izlenim bırakmak
Hinterlassenschaft <-en> *f* tereke
Hinterlauf *m* arka ayak
hinterlegen* *vt* vermek, bırakmak, tevdi etmek
Hinterlist *f kein pl* desise, hile, oyun **hinterlistig** *adj* hileci
hinterm [ˈhɪntɐm] (*fam*) = **hinter dem** arkasında
Hintermann <-(e)s, -männer> *m* ❶ (*räumlich*) arkadaki (kimse); SPORT son adam ❷ (*Drahtzieher*) elebaşı ❸ FIN (*bei Wechsel*) sonraki ciranta
hintern [ˈhɪntɐn] (*fam*) = **hinter den** arkasına
Hintern <-s, -> [ˈhɪntɐn] *m* (*fam*) kıç, kaba et; **jdm in den ~ kriechen** birine yaltaklık etmek
Hinterpfote *f* arka ayak
Hinterrad *nt* arka teker; (*Fahrrad*) art teker **Hinterradantrieb** *m* AUTO arkadan çekiş
hinterrücks [ˈhɪntɐrʏks] *adv* (*pej*) arkadan
hinters [ˈhɪntɐs] (*fam*) = **hinter das** arkasına
Hintersitz *m* AUTO arka koltuk
hinterste(r, s) *adj superl von* **hintere(r, s)**
Hinterteil <-(e)s, -e> *nt* ❶ (*fam: Gesäß*) kıç ❷ (*Teil*) arka
Hintertreffen *nt* (*fam*) **ins ~ geraten** arka plana düşmek; **sich im ~ befinden** arka planda kalmak, gölgede kalmak
Hintertreppe *f* arka merdiven **Hintertür** *f* ❶ (*Tür*) arka kapı; **durch die ~ hinausgehen** arka kapıdan çıkmak ❷ (*Ausweg*) açık kapı; **sich** *dat* **eine ~ offen halten** kendine açık kapı bırakmak; **durch die ~** (*auf illegalen Umwegen*) arkadan arkaya **Hinterwäldler** *m* (*pej fam*) dağ adamı, dağ ayısı
hinterziehen* *irr vt* (*Steuern*) kaçırmak
Hinterzimmer *nt* arka oda
hinterzogen *pp von* **hinterziehen**
hin|tun *irr vt* (*fam*) **wo soll ich das Buch ~?** kitabı nereye koyayım?; **wo soll ich ihn bloß ~?** onu nereden tanıyorum ki?
hinüber [hɪˈnyːbɐ] *adv* ❶ (*gegenüber*) karşıda; (*nach dort*) karşıya; **da ~!** oraya! ❷ (*fam*) **~ sein** (*verdorben*) bozulmuş olmak; (*kaputt*) mahvolmak, bozulmuş olmak, gitmiş olmak, kullanılamaz hale gelmek; (*ganz hingerissen sein*) hayran kalmak; (*tot sein*) ölmüş olmak **hinüber|sein**ALT *irr vi sein s.* **hinüber 2.**
hinunter [hɪˈnʊntɐ] *adv* aşağı(ya); **die Straße ~ begegnete ihnen niemand** yol boyunca karşılarına kimse çıkmadı; **den Berg ~** dağdan aşağı(ya) **hinunter|fahren** *irr* **I.** *vi sein* inmek **II.** *vt* indirmek **hinunter|fallen** *irr vi sein* aşağı düşmek; **die Treppe ~** merdivenden aşağı düşmek **hinunter|gehen** *irr vi sein* inmek **hinunter|schlucken** *vt* ❶ (*Speise*) yutmak ❷ (*Kritik*) yutmak **hinunter|springen** *vi* aşağı(ya) atlamak **hinunter|spülen** *vt* (*fam: hinunterschlucken*) yutmak; (*Ärger*) yenmek; **etw den Ausguss ~** bir şeyi eviyeye dökmek **hinunter|werfen**

irr vt yukarıdan aşağı(ya) atmak **hinunter|würgen** *vt* (*Essen*) zorla yutmak

hinweg [hɪn'vɛk] *adv* (*geh*) ❶ (*räumlich*) ~ **mit euch!** gidin!; ~ **damit!** götür onu buradan!; **über jdn/etw ~** bir kimseye/şeye aldırmayarak, bir kimseyi/şeyi es geçerek ❷ (*zeitlich*) **über etw ~ sein** bir şeyi arkada bırakmış olmak

Hinweg <-(e)s, -e> ['hɪnveːk] *m* gidiş, gidiş yolu; **auf dem ~** oraya giderken

hinweg|gehen *irr vi sein* **über etw ~** bir şeyi görmezlikten gelmek **hinweg|helfen** *irr vi* **jdm über etw ~** birine bir şeyde yardımcı olamak **hinweg|kommen** *irr vi sein* **über etw ~** bir şeyi unutabilmek **hinweg|sehen** *irr vi* ❶ (*schauen*) **über etw ~** bir şeyin üzerinden bakmak ❷ (*nicht beachten*) aldırmamak **hinweg|setzen** *vr* **sich über etw ~** bir şeye aldırmamak [*o* aldırış etmemek]

Hinweis <-es, -e> ['hɪnvaɪs] *m* ❶ (*Angabe*) ayrıntılı bilgi; (*Bemerkung, kurze Mitteilung*) not; **gestatten Sie mir einen ~ auf ...?** ... hakkında ayrıntılı bilgi vermeme müsaade eder misiniz? ❷ (*Anzeichen*) işaret ❸ (*Anhaltspunkt*) ipucu; **es gibt nicht den geringsten ~ dafür, dass ...** ...e dair en ufak bir ipucu yoktur

hin|weisen *irr* **I.** *vi* işaret etmek; **er wies** (**mit der Hand**) **auf das Gelände hin** (eliyle) araziye işaret etti **II.** *vt* **jdn auf etw ~** birinin dikkatini bir şeye çekmek

Hinweisschild <-(e)s, -er> *nt* işaret levhası

hin|werfen *irr* **I.** *vt* ❶ (*wegwerfen*) sokağa atmak ❷ (*fam: aufgeben*) vazgeçmek (-den) ❸ (*Blick*) atmak; (*Bemerkung*) ortaya atmak ❹ (*Zeichnung*) kabataslak çizmek **II.** *vr* ■ **sich ~** kendini yere atmak

Hinz *m* (*fam*) **~ und Kunz** hacısı hocası, kilimci ile kör hacı, öteki beriki; **von ~ zu Kunz** hacısından tut hocasına kadar

hin|zählen *vt* (*Geld, Spielkarten*) teker teker sayarak önüne koymak **hin|ziehen** *irr* **I.** *vt* ❶ (*heranziehen*) çekmek (**zu** -e); ■ **die Blicke zu sich ~** bakışları üstüne çekmek; **sich zu jdm hingezogen fühlen** birine meyli olmak ❷ (*verzögern*) uzatmak **II.** *vr* ■ **sich ~** ❶ (*andauern*) uzamak, sürmek ❷ (*sich erstrecken*) uzayıp gitmek (**bis** -e), uzanmak (**bis** -e) **III.** *vi sein* (*umziehen*) taşınmak (-e) **hin|zielen** *vi* amaçlamak (**auf** -)

hinzu [hɪn'tsuː] *adv* ayrıca, buna ek olarak, buna ilaveten; (*überdies*) bunun üstüne; **~ kommt, dass ...** ayrıca şu da var ki ...

hinzu|fügen *vt* eklemek (**zu** -e), ilave etmek (**zu** -e), katmak (**zu** -e) **hinzu|kommen** *irr vi sein* ❶ (*Person*) (daha) gelmek; (*sich beteiligen*) katılmak ❷ (*Sache*) eklenmek (**zu** -e); **kommt noch etwas hinzu?** buna bir şey daha eklenecek mi? **hinzu|zählen** *vt* saymak, katmak **hinzu|ziehen** *irr vt* (*zurate ziehen*) görüşünü almak (**zu** için); (*um Rat fragen*) danışmak (-e)

Hiobsbotschaft ['hiːɔps-] *f* kara haber

Hip-Hop <-s> ['hɪphɔp] *m kein pl* MUS hiphop

Hippie <-s, -s> ['hɪpi] *m* hippi

Hirn <-(e)s, -e> [hɪrn] *nt* ❶ GASTR beyin *pl* ❷ (*fam: Verstand*) akıl

Hirngespinst <-(e)s, -e> ['hɪrngəʃpɪnst] *nt* (*pej*) hayal, kuruntu; **einem ~ hinterherjagen** hayal peşinde koşmak

Hirnhaut *f* ANAT beyin zarı **Hirnhautentzündung** *f* MED (*Meningitis*) menenjit

hirnlos *adj* beyinsiz

Hirntod *m* beyin ölümü

hirnverbrannt *adj* (*pej*) beyinsiz, akılsız, saçma sapan

Hirsch <-(e)s, -e> [hɪrʃ] *m* ZOOL geyik **Hirschgeweih** *nt* geyik boynuzu **Hirschkäfer** *m* ZOOL geyik böceği **Hirschkuh** <-kühe> *f* ZOOL dişi geyik, meral

Hirse <-n> ['hɪrzə] *f* darı

Hirte(in) <-n, -n; -nen> ['hɪrtə] *m(f)* çoban **Hirtenbrief** <-(e)s, -e> *m* REL genelge **Hirtenhund** <-(e)s, -e> *m* çoban köpeği **Hirtenstab** *m* REL asa

his *nt*, **His** <-, -> [hɪs] *nt* MUS si diyez

Hispanist(in) <-en, -en; -nen> [hɪspa'nɪst] *m(f)* İspanyol dilleri uzmanı

Hispanistik *f kein pl* İspanyol dili ve edebiyatı

hissen ['hɪsən] *vt* göndere çekmek

Histamin <-s, -e> [hɪsta'miːn] *nt* MED histamin

Histologie *f kein pl* MED histoloji

Historiker(in) <-s, -; -nen> [hɪs'toːrikɐ] *m(f)* tarihçi

historisch [hɪs'toːrɪʃ] *adj* tarihî

Hit <-(s), -s> [hɪt] *m* (*fam*) hit; **sein Schlager wurde zum ~** şarkısı hit oldu **Hitliste** *f* hit listesi **Hitparade** *f* (*Musiksendung*) hitler programı; (*Hitliste*) hit listesi

Hitze ['hɪtsə] *f kein pl* ❶ (*Temperatur*) sıcak, ısı, hararet; **eine drückende ~** boğucu bir sıcak; **eine feuchte ~** nemli bir sıcak, rutubetli bir hararet ❷ (*Erregung*) hararet ❸ (*Läufigkeit*) kızan **hitzebeständig** *adj* sıcağa dayanıklı **Hitzebläschen** *nt* MED isilik **Hitzeschild** *m* TECH ısı kalkanı **Hitzewallung** *f* MED hararet basma **Hitzewelle** *f* sıcak dalgası

hitzig ['hɪtsɪç] *adj* ❶ (*leidenschaftlich*) hararetli; (*jähzornig*) hırçın; (*heftig*) hararetli ❷ (*Debatte*) hararetli, ateşli ❸ (*läufig*) kızana gelen

Hitzkopf *m* çabuk parlayan (kimse), öfkeli (adam)

Hitzschlag *m* MED güneş çarpması

HIV <-(s)> [ha:ʔi:'faʊ] *nt kein pl* MED *Abk von* **human immunodeficiency virus** HIV enfeksiyonu **HIV-negativ** *adj* MED HIV negatif **HIV-positiv** *adj* MED HIV pozitif

Hiwi <-s, -s; -s> ['hi:vi] *m* UNIV (*fam*) *Abk von* **Hilfswissenschaftler(in)** asistan

Hl. *Abk von* **Heilige(r)** aziz

h-Moll ['ha:'mɔl] *nt* MUS si minör

HNO-Arzt, -Ärztin [ha:ʔɛn'ʔo:-] *m, f* kulak, burun, boğaz hekimi

hob [ho:p] *3. imp von* **heben**

Hobby <-s, -s> ['hɔbi] *nt* hobi

Hobel <-s, -> ['ho:bəl] *m* (*für Holz*) planya; GASTR rende **Hobelbank** <-bänke> *f* (*für Holz*) planya tezgâhı; (*für Metall*) vargel tezgâhı

hobeln ['ho:bəln] *vi, vt* ❶ (*Bretter*) planyalamak ❷ GASTR rendelemek

hoch <höher, am höchsten> [ho:x] **I.** *adj* ❶ (*räumlich, Geschwindigkeit, Temperatur, Lebensstandard*) yüksek; **das ist drei Meter ~** bunun yüksekliği üç metredir; **ein hohes Amt** yüksek bir makam; **ein hoher Beamter** yüksek mevkiide bir memur; **im hohen Norden** uzak kuzeyde; **das hohe Haus** yüksek ev; **ein hohes Tier** (*fam*) önemli birisi; **das ist mir zu ~** (*fam*) buna aklım ermez ❷ (*Ton*) yüksek, ince ❸ (*Zahl, Preis*) yüksek; (*Alter*) ileri; **in hohem Alter sein** ileri yaşta olmak; (*Geldstrafe*) ağır; **hohe Steuern** ağır vergiler ❹ (*Bedeutung*) önemli; **hohe Ehre** büyük şeref ❺ **in hohem Maß** büyük ölçüde **II.** *adv* ❶ (*nach oben*) yukarı; **Hände ~!** eller yukarı!; **~ hinauswollen** (*fam*) yükseklerde dolaşmak, gözü yükseklerde olmak; **wenn es ~ kommt** (*fam*) haydi haydi, olsa olsa ❷ (*in einiger Höhe*) yüksek; **~ am Himmel** yükseklerde; **~ oben** yükseklerde; **es geht ~ her** cümbüş var; **~ pokern** (*fig*) yüksek oynamak; **~ setzen** yüksek bir yere oturtmak ❸ (*sehr*) çok; (*äußerst*) son derece; **etw jdm ~ anrechnen** bir şeyden dolayı birini çok takdir etmek; **etw ~ und heilig versprechen** (*fam*) bir şeye yemin billâh ederek söz vermek ❹ MATH üs; **drei ~ sieben** üç üssü yedi

Hoch <-s, -s> *nt* ❶ (*~ruf*) aferin, yaşa(sın) diye seslenme; **ein ~ auf jdn ausbringen** birine yaşa(sın) diye seslenmek [*o* bağırmak]; **ein dreifaches ~ für ...** ya ya ya, şa şa şa, ... çok yaşa ❷ METEO yüksek basınç merkezi

Hochachtung *f* (*Respekt*) saygı, hürmet; **mit vorzüglicher ~** derin saygılarımla **hochachtungsvoll** *adv* (*im Brief*) saygılarımla

hochaktuell ['---'-] *adj* güpgüncel, son derece güncel

Hochamt *nt kein pl* REL (*katholische Messe*) kudas ayini

Hochantenne *f* çatı anteni

hoch|arbeiten *vr* ■ **sich ~** çalışarak mesleğinde ilerlemek

hochauflösend *adj* INFORM yüksek çözünürlükteki

Hochbau[1] <-(e)s> *m kein pl* (*Bauwesen*) inşaat mühendisliği

Hochbau[2] <-(e)s, -ten> *m* (*Bauwerk*) yüksek bina

hochbegabt ['--'-] *adj s.* **begabt** **hochberühmt** ['--'-] *adj* çok ünlü **hochbetagt** ['--'-] *adj* yaşı ilerlemiş **Hochbetrieb** <-(e)s> *m kein pl* (*fam*) hummalı faaliyet; **es herrschte ~** ortalıkta hummalı bir faaliyet vardı **hochbezahlt** ['--'-] *adj s.* **bezahlen** **Hochburg** <-en> *f* merkez

hochdeutsch *adj* ❶ standart Almanca ❷ (*Ober~*) Yüksek Almanca

Hochdeutsch *nt kein pl* ❶ standart Almanca ❷ (*Ober~*) Yüksek Almanca

Hochdruck <-(e)s> *m kein pl* ❶ TYPO (*Verfahren*) tipo baskı ❷ PHYS yüksek basınç ❸ METEO yüksek basınç, antisiklon **Hochebene** *f* yayla

hocherfreut ['--'-] *adj* son derece sevinçli

hoch|fahren *irr* **I.** *vi sein* ❶ (*fam: nach oben fahren*) (yukarıya) çıkmak; **mit dem Fahrstuhl in den vierten Stock ~** asansörle dördüncü kata çıkmak ❷ (*aufbrausen*) galeyana gelmek ❸ (*aufschrecken*) ürkmek **II.** *vt* ❶ TECH (*Temperatur*) yükseltmek; INFORM (*booten*) boot etmek ❷ (*fam: zur Berghütte*) çıkarmak; (*an einen nördlich gelegenen Ort*) (kuzey yönünde olan bir yere) götürmek

hochfahrend *adj* büyüklenen, kendini büyük gören

hochfein *adj* üstün kaliteli

Hochform *f kein pl* formun zirvesi; **in ~ sein** formunun zirvesinde olmak **Hochformat** <-(e)s, -e> *nt* dik format **Hochfrequenz** *f* PHYS yüksek frekans **Hochgarage** *f* çok katlı otopark **Hochgebirge** *nt* yüksek dağlar

hoch|gehen *irr vi sein* ❶ (*Vorhang*) açılmak; (*Person, Preise*) çıkmak; **die Treppe ~** merdivenden çıkmak ❷ (*fam: in Wut, in Zorn*) tepesi atmak ❸ (*Bombe*) patlamak ❹ (*fam: gefasst werden*) ele geçmek **Hochgenuss**RR <-es, -nüsse> *m* **es ist mir ein ~** bu benim için büyük bir zevk **Hochglanz** *m kein pl* **etw auf ~ bringen** bir şeyi pırıl pırıl parlatmak **hochgradig** ['ho:xgra:dıç] *adj* son derece **hochhackig** ['ho:xhakıç] *adj* yüksek ökçeli, topuklu
hoch|halten *irr vt* ❶ (*in die Höhe halten*) yukarı kaldırmak; (*hochheben*) kaldırmak ❷ (*schätzen*) üstün tutmak; (*bewahren*) korumak
Hochhaus *nt* kule bina, yüksek bina; (*Wolkenkratzer*) gökdelen
hoch|heben *irr vt* kaldırmak
hochintelligent ['----'-] *adj* üstün zekâlı **hochinteressant** ['----'-] *adj* çok ilginç [*o* enteresan]
hochkant ['ho:xkant] *adv* diklemesine; **jdn ~ rauswerfen** (*fam*) birini yaka paça dışarı atmak
Hochkonjunktur *f* WIRTSCH yüksek konjonktür
hoch|krempeln *vt* sıvamak; **die Ärmel ~** (*a. fig*) kolları sıvamak
Hochkultur *f* yüksek kültür **Hochland** <-(e)s, -länder> *nt* yayla
Hochleistung *f* yüksek performans **Hochleistungssport** <-(e)s, -e> *m* yüksek performans sporu
hochmodern ['--'-] *adj* çok modern
Hochmut *m kein pl* azamet; (*Arroganz*) kibir
hochmütig ['-my:tıç] *adj* azametli; (*herablassend*) kibirli
hochnäsig *adj* burnu havada, burnu Kafdağı'nda olan
hoch|nehmen *irr vt* ❶ (*heben*) kaldırmak; (*vom Boden aufnehmen*) yerden almak ❷ (*fam: necken*) takılmak (-e)
Hochofen *m* TECH yüksek fırın
hochprozentig *adj* (*Alkohol*) yüksek dereceli
hochqualifiziert ['----'-] *adj s.* **qualifizieren I.1.**
hochrangig *adj* yüksek rütbeli **Hochrechnung** *f* reyting
Hochsaison *f* sezon içi
HochschulabschlussRR *m* yüksekokul diploması **Hochschulabsolvent(in)** *m(f)* yüksekokul mezunu, üniversite mezunu
Hochschule <-n> *f* yüksekokul **Hochschüler(in)** *m(f)* yüksekokul öğrencisi
Hochschullehrer(in) *m(f)* öğretim üyesi **Hochschulreife** *f* yüksek öğrenime yeterlik belgesi **Hochschulstudium** <-s> *nt kein pl* yüksek öğrenim [*o* tahsil]
hochschwanger *adj* ağır ayak, karnı burnunda
Hochsee *f kein pl* açık deniz **Hochseefischerei** *f* açık deniz balıkçılığı **Hochsommer** *m* yaz ortası
Hochspannung *f* ELEK yüksek gerilim, yüksek voltaj **Hochspannungsleitung** *f* ELEK yüksek gerilim hattı **Hochspannungsmast** <-(e)s, -e(n)> *m* ELEK yüksek gerilim direği
Hochsprache <-n> *f* LING standart dil **Hochsprung** <-(e)s> *m. kein pl* SPORT yüksek atlama
höchst [hø:kst, hø:çst] *adv* (*sehr*) pek; (*äußerst*) son derece **Höchstalter** <-s, -> *nt* yaş haddi
Hochstapler(in) <-s, -; -nen> *m(f)* (*Betrüger*) dolandırıcı
Höchstbetrag *m* azami para miktarı, azami meblağ
höchste(r, s) ['hø:kstə, -tɐ, -təs, 'hø:çstə, -tɐ, -təs] *adj* ❶ (*räumlich*) en yüksek; **am ~n** en yükseği ❷ (*in Hierarchie*) en yüksek, en üst; **die ~ Instanz** en yüksek kademeli merci, en üst [*o* yüksek] makam ❸ (*äußerst*) pek; **in ~m Maß(e)** son derece; **mit ~r Wahrscheinlichkeit** büyük bir olasılıkla; **das ist das H~ der Gefühle** elimden başka bir şey gelmiyor, yapacağım başka bir şey kalmadı
hoch|steigen *irr vi sein* tırmanmak; (*in die Luft*) yükselmek, havalanmak; (*die Treppe*) çıkmak
höchstens ['hø:kstəns, 'hø:çstəns] *adv* ❶ haydi haydi, olsa olsa; (*nicht mehr als*) en çok, en fazla; **es waren ~ zehn Minuten** en fazla on dakika sürdü, on dakikadan fazla sürmedi ❷ (*außer*) dışında; **er geht nicht aus, ~ gelegentlich ins Kino** sinema dışında pek sokağa çıkmaz **Höchstform** *f* formun zirvesi, süper form **Höchstgebot** *nt* en yüksek teklif **Höchstgeschwindigkeit** *f* son hız, en yüksek hız, maksimum hız, azami sürat **Höchstgrenze** *f* azami had, en üst sınır **Höchstleistung** *f* en yüksek verim, maksimum randıman, maksimum performans **Höchstmaß** <-es, -e> *nt* son derece (**an** -); (*Maximum*) maksimum (**an** -) **höchstpersönlich** ['--'--] *adv* bizzat **Höchstpreis** *m* tavan fiyatı **Höchststand** <-(e)s, -stände> *m* en yüksek düzey **Höchststrafe** *f* en ağır ceza **Höchsttemperatur** *f* en yüksek sıcaklık

höchstwahrscheinlich ['--'--] *adv* büyük bir olasılıkla, büyük bir ihtimalle, her hâlde **Höchstzahl** *f* en yüksek sayı
höchstzulässig ['-'---] *adj* **~es Gesamtgewicht** istiap haddi
Hochtechnologie *f* TECH yüksek teknoloji
hochtrabend ['-tra:bənt] *adj* (*pej*) tumturaklı
hochverehrt *adj* pek muhterem
Hochverrat *m* JUR vatana ihanet
hochverzinslich *adj* FIN yüksek faizli **Hochwasser** *nt* ① (*bei Flut*) met, kabarık deniz ② (*eines Flusses*) kabarık su; **der Fluss führt ~** ırmak kabardı ③ (*Überschwemmung*) sel, su baskını
hochwertig *adj* yüksek kaliteli, üstün nitelikli
Hochzahl *f* MATH (*Exponent*) üs
Hochzeit <-en> ['hɔxtsaɪt] *f* ① (*Heirat*) düğün; **papierene ~ feiern** birinci evlilik yılını kutlamak, evlenmenin birinci yıl dönümünü kutlamak; **kupferne ~ feiern** yedinci evlilik yılını kutlamak; **hölzerne ~ feiern** onuncu evlilik yılını kutlamak; **silberne ~ feiern** gümüş yıl kutlamak, yirmi beşinci evlilik yılını kutlamak; **goldene ~ feiern** altın yıl kutlamak, ellinci evlilik yılını kutlamak; **diamantene ~ feiern** altmışıncı evlilik yılını kutlamak ② (*geh: Blütezeit*) (en) parlak dönem **Hochzeitsfeier** *f* düğün **Hochzeitsgeschenk** *nt* düğün armağanı **Hochzeitskleid** *nt* gelinlik **Hochzeitsnacht** *f* düğün gecesi **Hochzeitsreise** *f* balayı **Hochzeitstag** *m* ① (*Tag der Heirat*) nikâh günü ② (*Jahrestag*) evlenme yıl dönümü
hoch|ziehen *irr vt* ① (*emporziehen*) yukarı çekmek; (*Nase*) çekmek ② (*fam: Gebäude*) çıkmak; (*Wand*) çekmek
Hochzinspolitik *f* yüksek faiz politikası
Hocke <-n> ['hɔkə] *f* çömelme; **in die ~ gehen** çömelmek
hocken ['hɔkən] *vi* ① (*in Hocke*) çömelmiş vaziyette oturmak ② (*fam: sitzen*) pineklemek
Hocker <-s, -> ['hɔkɐ] *m* tabure
Höcker <-s, -> ['hœkɐ] *m* ① (*bei Kamelen*) hörgüç ② (*im Gelände*) hörgüç
Hockey <-s> ['hɔki] *nt kein pl* hokey
Hoden <-s, -> ['ho:dən] *m* er bezi **Hodenentzündung** *f* MED (*Orchitis*) orkit **Hodensack** *m* er bezi torbası
Hof <-(e)s, Höfe> [ho:f, *pl* 'hø:fə] *m* ① (*Innen~, Hinter~*) avlu; (*Schul~*) avlu, bahçe ② (*Bauern~*) çiftlik ③ (*Gerichts~*) divan; (*Königs~*) saray ④ (*um Mond*) ayla, hale ⑤ **jdm den ~ machen** birine kur yapmak
Hofdame *f* nedime
hoffen ['hɔfən] *vi, vt* umut etmek, ummak; (*vertrauen*) güvenmek (**auf** -e), itimat etmek (**auf** -e); **wir ~, dass ...** umarız ki ...
hoffentlich ['hɔfəntlɪç] *adv* inşallah; **du bist mir doch ~ nicht böse?** bana inşallah kızgın değilsindir?
Hoffnung <-en> ['hɔfnʊŋ] *f* umut; **in der ~, dass ...** ...mek umuduyla; **jdm ~en machen** birine umut vermek, birini umutlandırmak [*o* ümitlendirmek]; **sich** *dat* **~en machen** umut beslemek, umutlanmak, ümitlenmek; **mach dir keine ~en** umutlanma, ümitlenme; **die ~ aufgeben** umudunu [*o* ümidini] kesmek; **die ~ verlieren** ümidi sönmek; **seine ~en auf jdn/etw setzen** bir kimseye/şeye ümit bağlamak; **sich falschen ~en hingeben** boşuna ümide kapılmak; **du bist meine einzige/letzte ~** sen benim tek/son umudumsun
hoffnungslos *adj* ① (*verzweifelt*) umutsuz, ümitsiz; (*aussichtslos*) çaresiz ② (*fam: unverbesserlich*) **du bist ~** sen adam olmazsın
Hoffnungslosigkeit *f kein pl* umutsuzluk, ümitsizlik
Hoffnungsschimmer *m* umut ışığı **hoffnungsvoll** *adj* ① (*zuversichtlich*) umutlu, ümitli ② (*Erfolg versprechend*) umut verici
höflich ['hø:flɪç] *adj* terbiyeli; (*liebenswürdig*) nazik
Höflichkeit <-en> *f* nezaket; **aus reiner ~** nezaketen
Hofnarr <-en, -en> *m* HIST nedim; (*fam*) kralın soytarısı
hohe(r, s) ['ho:ə, 'ho:ɐ, 'ho:əs] *adj s.* **hoch**
Höhe <-n> ['hø:ə] *f* ① (*räumlich*) yükseklik; **an ~ gewinnen/verlieren** yükseklik kazanmak/kaybetmek, yükselmek/açalmak; **auf gleicher ~** aynı yükseklikte, aynı hizada; **in die ~ gehen** (*Preise*) yükselmek; (*fam*) çıkmak; **~n und Bässe** tizler ve baslar; **auf der ~ der Zeit sein** çağcıl olmak; **auf der ~ sein** (*fam*) formda olmak; **das ist doch die ~!** (*fam*) pes doğrusu! ② (*über dem Meeresspiegel*) yükselti, rakım ③ (*An~*) tepecik ④ (*Betrag*) **bis zur ~ von 1.000 Euro** 1.000 euroya kadar ⑤ (*~punkt*) doruk, zirve
Hoheit ['ho:haɪt] *f kein pl* ① (*Staatsgewalt*) egemenlik; (*Würde*) yücelik ② (*Anrede*) cenapları; **Königliche ~** altes **Hoheitsgebiet** *nt* devlet ülkesi **Hoheitsgewässer** *pl* kara suları *pl* **Hoheitsrecht** <-(e)s, -e> *nt* egemenlik hakkı
Höhenangst *f* yükseklik korkusu

Höhenlinie *f* GEO doruk çizgisi **Höhenmesser** <-s, -> *m* yükseklikölçer, barograf **Höhensonne** *f* ültraviyole lambası, mor ötesi lambası **Höhenunterschied** *m* yükseklik farkı **höhenverstellbar** *adj* AUTO yükseklik ayarlı

Höhepunkt *m* ❶ (*allgemein*) en yüksek nokta; (*Gipfel*) doruk, zirve; **den ~ erreichen** doruğa ulaşmak ❷ (*Orgasmus*) orgazm; **zum ~ kommen** beli gelmek

höher ['hø:ɐ] *adj komp von* **hoch** daha yüksek (**als** -den); (*Stellung*) üstün (**als** -den)

hohl [ho:l] *adj* ❶ (*leer*) içi boş; **das ist gerade etwas für den ~en Zahn** (*fig fam*) bu, dişinin kovuğuna bile gitmez ❷ (*konkav*) obruk, içbükey; (*Wangen*) çökük ❸ (*Klang, Stimme*) boğuk ❹ (*pej: geistlos*) esprisiz; (*leer*) boş; **~es Geschwätz** boş laflar

Höhle <-n> ['hø:lə] *f* ❶ (*in Felsen*) mağara; (*Grotte*) kovuk; (*Hohlraum*) boşluk ❷ ANAT (*Augen~*) ev, yuva; (*Bauch~, Brust~*) boşluk ❸ (*Tier~*) in; **sich in die ~ des Löwen begeben** (*fam*) doğrudan doğruya müdüre çıkmak **Höhlenforscher** *m* mağara bilimci **Höhlenmalerei** *f* mağara resmi **Höhlenmensch** *m* HIST mağara adamı

Hohlkopf *m* (*pej*) mankafa **Hohlkörper** *m* oyuk cisim **Hohlmaß** <-es, -e> *nt* oylum [*o* hacim] ölçüsü **Hohlraum** <-(e)s, -räume> *m* boşluk; **innere Hohlräume** iç boşlukları **Hohlsaum** *m* antika, sıçandişi **Hohlspiegel** *m* içbükey ayna

Hohn <-(e)s> [ho:n] *m kein pl* (*Spott*) alay, istihza; (*Verachtung*) hor görme; **das ist der reinste ~** (*absurd*) bu, tamamen saçmalıktır; (*taktlos, rücksichtslos*) bu, tam bir rezalet [*o* maskaralık]; **Spott und ~ ernten** rezil rüsva [*o* kepaze] olmak

höhnen ['hø:nən] **I.** *vi* (*geh*) nispet yapmak **II.** *vt* (*geh: verspotten*) alaya almak, alay etmek (-le)

höhnisch ['hø:nɪʃ] *adj* alaylı, istihzalı; **~ lachen** kıs kıs gülmek

hoi [hɔɪ] *interj* SCHWEIZ (*hallo*) merhaba

Hokuspokus <-> [ho:kʊs'po:kʊs] *m kein pl* ❶ (*Zauberwort*) okus pokus ❷ (*Trick*) ham hum şaralop; (*Gaukelei*) hokkabazlık ❸ (*pej: Unfug*) yaramazlık

Holdinggesellschaft <-en> ['hɔʊldɪŋ-] *f* WIRTSCH holding

holen ['ho:lən] *vt* ❶ (*herbringen*) getirmek; (*herbeischaffen*) sağlamak, tedarik etmek; (*wegschaffen*) alıp götürmek; (*einkaufen*) almak; (*herausholen*) çıkarmak; (*Arzt, Polizei*) çağırmak; **jdn aus dem Bett ~** birini yataktan kaldırmak; **Luft ~** hava almak; **sich** *dat* **bei jdm einen Rat ~** birinden akıl almak ❷ (*fam: Preis, Medaille*) almak; **sich eine Erkältung ~** soğuk almak; **sich die Grippe/einen Schnupfen ~** grip/nezle olmak

Holland <-s> ['hɔlant] *nt* Hollanda

Holländer(in) <-s, -; -nen> ['hɔlɛndɐ] *m(f)* Hollandalı

holländisch *adj* Hollanda (ile ilgili)

Hölle ['hœlə] *f kein pl* cehennem; **die ~ auf Erden** cehennem hayatı; **in die ~ kommen** cehennemi boylamak; **es war die (reinste) ~** kızılca kıyamet gibiydi; **jdm das Leben zur ~ machen** birinin hayatını zehir etmek; **jdm die ~ heißmachen** (*fam*) birinin canına okumak; **fahr zur ~!** canın cehenneme!, cehennem ol!, yüzünü şeytan görsün! **Höllenangst** *f kein pl* (*fam*) müthiş korku **Höllenhund** *m* cehennem zebanisi **Höllenlärm** ['--'-] *m kein pl* (*fam*) kıyamet; **einen ~ machen** kıyametleri koparmak **Höllenmaschine** *f* (*Sprengkörper mit Zeitzünder*) saatli bomba **Höllenpein** *f kein pl* (*fig fam*) cehennem azabı **Höllenqual** *f* (*fig fam*) cehennem azabı; **~en ausstehen** cehennem azabı çekmek **Höllenstein** *m* CHEM cehennem taşı

höllisch *adj* ❶ (*die Hölle betreffend*) cehennemî; **eine ~e Hitze** cehennem sıcağı; **das tut ~ weh** (*Schmerz*) müthiş; **~e Angst haben** müthiş korkmak, ödü patlamak ❷ (*fam: sehr groß*) çok büyük; **~ aufpassen** çok dikkat etmek

Holunder <-s, -> [ho'lʊndɐ] *m* BOT mürver

Holz <-es, Hölzer> [hɔlts, *pl* 'hœltsɐ] *nt* (*Material*) tahta, ağaç; (*Bau~*) kereste; (*Brenn~*) odun

Holzbein *nt* tahta bacak **Holzbiene** *f* ZOOL ağaç arısı **Holzblasinstrument** *nt* MUS tahtadan üflemeli çalgı

hölzern ['hœltsɐn] *adj* ❶ (*aus Holz*) ahşap, tahtadan, ağaçtan ❷ (*fig: steif*) odun gibi

Holzfäller(in) <-s, -; -nen> ['hɔltsfɛlɐ] *m(f)* oduncu **Holzfaser** <-n> *f* odun lifi **Holzhammer** *m* tokmak

holzig ['hɔltsɪç] *adj* (*Gemüse*) odunsu

Holzklotz *m* kütük **Holzkohle** *f kein pl* odun kömürü, mangal kömürü **Holzkopf** *m* (*fig fam*) mankafa **Holzschuh** *m* nalın, takunya **Holzspan** *m* ağaç yongası **Holzweg** *m* **auf dem ~ sein** yanlış yolda olmak **Holzwurm** *m* ZOOL ağaç kurdu

Homebanking *nt* ev bankacılığı

Homecomputer ['hɔʊmkɔmpju:tɐ] *m* INFORM ev bilgisayarı **Homepage** <-, -s>

['hoʊmpeɪdʒ] *f* INFORM ana sayfa **Hometrainer** <-s, -> *m* SPORT kondisyon aleti
homogen [homo'ge:n] *adj* homojen; (*einheitlich*) bağdaşık
homogenisieren* [homogeni'zi:rən] *vt* homojenleştirmek; (*vereinheitlichen*) bağdaşıklaştırmak
Homogenität *f kein pl* homojenlik
homonym *adj* LING eş sesli, eştaş
Homonym *nt* LING eş sesli, eştaş
Homöopath(in) <-en, -en; -nen> [homøo'pa:t] *m(f)* homeopat
Homöopathie [homøopa'ti:] *f kein pl* homeopati
homöopathisch [homøo'pa:tɪʃ] *adj* homeopatik
Homosexualität *f* homoseksüalite, eşcinsellik **homosexuell** *adj* homoseksüel, eşcinsel
Homosexuelle(r) <-n, -n; -n> *f(m)* homoseksüel
Honduraner(in) <-s, -; -nen> [hɔndu'ra:nɐ] *m(f)* Honduraslı
honduranisch *adj* Honduras (ile ilgili)
Honduras <-> [hɔn'du:ras] *nt* Honduras
Honig <-s, -e> ['ho:nɪç] *m* bal; **jdm ~ um den Bart schmieren** (*fig fam*) birine yağ çekmek, birini piyazlamak, birinin ağzına bir parmak bal çalmak **Honigbiene** *f* ZOOL bal arısı **Honigkuchen** *m* ballı çörek **Honiglecken** *nt* **etw ist kein ~** (*fam*) bir şey hiç de kolay olmamak **Honigmelone** <-n> *f* kavun **Honigmotte** *f* ZOOL bal kelebeği **honigsüß** ['--'-] *adj* bal gibi; (*Stimme*) çok tatlı **Honigwabe** *f* bal peteği
Honorar <-s, -e> [hono'ra:ɐ] *nt* ücret; **gegen ~ arbeiten** ücret karşılığı çalışmak
Honoratioren *pl* eşraf *pl*
honorieren* [hono'ri:rən] *vt* ❶ (*anerkennen*) takdir etmek ❷ (*bezahlen*) ücretini ödemek
Hooligan <-s, -s> *m* holigan
Hopfen <-s, -> ['hɔpfən] *m* şerbetçi otu; **bei jdm ist ~ und Malz verloren** (*fam*) birinde verilen emekler boşa gitmiş olmak
hopp [hɔp] *interj* (*fam: los, rasch*) hop, hadi; **~, ~!** hadi hadi!
hoppeln ['hɔpəln] *vi sein* (*Hase*) hoplamak
hoppla ['hɔpla] *interj* (*beim Stolpern*) hoppala
hopsen ['hɔpsən] *vi sein* hoplamak
hops|gehen *irr vi sein* (*fam: sterben*) güme gitmek; (*verloren gehen*) güme gitmek
hops|nehmen *irr vt haben* (*fam: festnehmen*) yakalamak
hörbar ['ø:ɐba:ɐ] *adj* işitilir
Hörbuch *nt* sesli kitap
horchen ['hɔrçən] *vi* dinlemek (**an** arkasından); (*angestrengt*) kulak vermek
Horde <-n> ['hɔrdə] *f* (*wilde Schar*) güruh, derinti; (*Tiere*) sürü
hören ['hø:rən] **I.** *vi, vt* ❶ (*allgemein*) işitmek, duymak; **hör mal, ...** dinle, ...; **er hört gut/schlecht** kulakları iyi duyar/duymaz; **wie ich höre, sind Sie auch eingeladen** duyduğuma göre siz de davetliymişsiniz ❷ (*zu~, hin~*) dinlemek; **Radio ~** radyo dinlemek; **eine Vorlesung ~** konferans dinlemek ❸ (*erfahren*) duymak; **du hast lange nichts mehr von dir ~ lassen** çoktan beri senden ses seda çıkmadı; **von etw** *dat* **nichts ~ wollen** bir şeyi duymak istememek **II.** *vi* (*gehorchen*) söz dinlemek; (*auf Rat*) dinlemek (**auf** -); **der Hund hört auf den Namen Bello** köpek, Bello adını duydu mu gelir; **wenn du auf mich gehört hättest** beni dinleseydin
Hörensagen ['----] *nt kein pl* kulak dolgunluğu; **vom ~** kulaktan dolma, gıyaben
Hörer(in)[1] <-s, -; -nen> *m(f)* dinleyici; (*Radio~*) dinleyici
Hörer[2] <-s, -> *m* ahize, alıcı; **den ~ abnehmen/auflegen** ahizeyi eline almak/yerine koymak
Hörerschaft <-en> *f* dinleyiciler *pl* **Hörfunk** *m* radyo **Hörgerät** <-(e)s, -e> *nt* işitme cihazı, kulaklık **hörgeschädigt** *adj* işitme özürlüsü
hörig *adj* **jdm ~ sein** birine kul köle olmak; (*sexuell*) birinin zebunu olmak
Horizont <-(e)s, -e> [hori'tsɔnt] *m* ufuk (çizgisi); **am ~** ufukta; **einen engen ~ haben** (*fig*) ufku dar olmak; **das geht über meinen ~** (*fig*) bu benim ufkumu aşar
horizontal [horitsɔn'ta:l] *adj* yatay
Horizontale <-n> *f* ❶ MATH yatay çizgi ❷ **sich in die ~ begeben** (*ins Bett gehen*) yatmak
Hormon <-s, -e> [hɔr'mo:n] *nt* hormon
Hörmuschel *f* kulaklık
Horn[1] <-(e)s, Hörner> [hɔrn, *pl* 'hœrnɐ] *nt* ❶ (*beim Tier*) boynuz; **jdm Hörner aufsetzen** (*fig fam*) birine boynuz takmak; **sich** *dat* **die Hörner abstoßen** (*fig fam*) nefsini körletmek [*o* yatıştırmak] ❷ MUS korno; **ins gleiche ~ stoßen** [*o* **blasen**] (*fam*) birinin borusunu çalmak, biriyle aynı telden çalmak ❸ AUTO korna, klakson; (*Martins~*) düdük ❹ **das Goldene ~** Haliç
Horn[2] <-(e)s, -e> *nt* (*Material*) boynuz
Hornbrille *f* bağa gözlük
Hörnchen <-s, -> ['hœrnçən] *nt* ❶ (*Ge-*

bäck) ay çöreği ❷ ZOOL (*Eich~*) sincap
Hornhaut *f* ❶ (*Schwiele*) nasır ❷ ANAT (*am Auge*) saydam tabaka **Hornhecht** *m* ZOOL zargana
hornig *adj* nasırlı
Hornisse <-n> [hɔr'nɪsə] *f* ZOOL eşek arısı
Hornochse *m* (*sl*) enayi dümbeleği
Horntier *nt* boynuzlu hayvan
Horoskop <-s, -e> [horo'sko:p] *nt* burç, yıldız falı
Horror <-s> ['hɔro:ɐ] *m kein pl* korku (**vor** -den), vahşet **Horrorfilm** <-(e)s, -e> *m* korku filmi
Hörsaal *m* derslik, dershane, amfi **Hörspiel** *nt* radyofonik oyun
Horst <-(e)s, -e> [hɔrst] *m* ❶ (*Gehölz*) ağaçlık ❷ (*Greifvogelnest*) yuva ❸ GEO horst
Hort <-(e)s, -e> [hɔrt] *m* ❶ (*geh: Zufluchtsort*) sığınak ❷ (*Kinder~*) kreş
horten ['hɔrtən] *vt* istif etmek
Hortensie <-n> [hɔr'tɛnzjə] *f* BOT ortanca
Hörweite *f* kulak erimi; **sich in/außer ~ befinden** kulak erimi içinde/dışında bulunmak
Höschen *nt* külot
Hose <-n> ['ho:zə] *f* pantolon; (*Pump~*) şalvar; (*Unter~*) don; **kurze ~n** kısa pantolon; **sie hat die ~n an** (*fam*) evde onun sözü geçer; **jdm geht die ~ mit Grundeis** (*fam*) birinin ödü bokuna karışmak; **etw geht in die ~** (*fam*) bir şey havaya gitmek; **sich** *dat* **vor Angst in die ~ machen** (*fam*) korkusundan donuna etmek; **das ist Jacke wie ~** (*fam*) ha Hoca Ali, ha Ali Hoca, hiç fark etmez **Hosenanzug** <-(e)s, -züge> *m* kostüm **Hosenbein** *nt* paça **Hosenboden** <-s, -böden> *m* pantolonun kıçı; **sich auf den ~ setzen** (*fam*) kıçüstü oturmak **Hosenrock** <-(e)s, -röcke> *m* pantolon etek **Hosenscheißer** <-s, -> *m* (*vulg*) boktanlık **Hosenschlitz** *m* pantolon ön yırtmacı **Hosentasche** *f* pantolon cebi **Hosenträger** *pl* pantolon askısı
Hospital <-s, -e *o* Hospitäler> [hɔspi'ta:l, *pl* hɔspi'tɛ:lɐ] *nt* hastane
Hostess <-en> [hɔs'tɛs] *f*, **Hosteß**ALT <-ssen> *f* hostes
Hotel <-s, -s> [ho'tɛl] *nt* otel **Hotelbesitzer(in)** <-s, -; -nen> *m(f)* otelci **Hotelfachschule** *f* otelcilik okulu **Hotelgewerbe** <-s, -> *nt* otelcilik
Hotelier <-s, -s> [hotə'lje:, hotɛ'lje:] *m* otelci
Hotelzimmer *nt* otel odası
Hotline <-s> ['hɔtlaɪn] *f* tüketici danışma hattı
hott *interj* **~!** (*vorwärts*) deh!
Hottepferd *nt* (*Kindersprache*) dahdah
Hr. *Abk von* **Herr** bay
Hrsg. *Abk von* **Herausgeber(in)** yayımcı
hü *interj* (*vorwärts*) deh; (*halt*) dur; **einmal ~ und einmal hott sagen** (*fam*) sözü sözüne uymamak, deli bozuk konuşmak, durmadan fikir değiştirmek
Hub <-(e)s, Hübe> [hu:p, *pl* 'hy:bə] *m* TECH ❶ (*das Heben*) kaldırma ❷ (*Weg der Kolben*) piston yolu
Hubraum <-(e)s, -räume> *m* AUTO silindir hacmi
hübsch [hʏpʃ] **I.** *adj* ❶ (*Aussehen*) hoş; (*schön*) güzel; (*niedlich*) cici; ■**sich ~ machen** süslenip püslenmek ❷ (*fam: beträchtlich*) büyükçe, oldukça çok [*o* büyük], hatırı sayılır; **ein ~es Sümmchen** büyükçe bir miktar ❸ (*iron: unangenehm*) **eine ~e Bescherung!** belalar mübareği!, al başına belayı! **II.** *adv* (*ziemlich*) güzelce; **sei ~ artig!** uslu uslu otur bakayım!; **das wirst du ~ bleiben lassen!** (*fam*) bunu aklından çıkar!
Hubschrauber <-s, -> *m* helikopter
huch [hʊx, hu(:)x] *interj* öf
huckepack ['hʊkəpak] *adv* (*fam*) **jdn/etw ~ nehmen** bir kimseyi/şeyi sırtlamak
Huf <-(e)s, -e> [hu:f] *m* (*der Pferde*) tırnak; (*der Unpaarhufer*) toynak
Hufeisen *nt* nal **hufeisenförmig** *adj* nal biçimindeki
Huflattich *m* BOT öksürük otu **Hufnagel** *m* nal çivisi **Hufschmied** *m* nalbur, nalbant
Hüfte <-n> ['hʏftə] *f* kalça
Hüftgelenk *nt* ANAT kalça eklemi **Hüfthalter** <-s, -> *m* korse
Huftiere *pl* ZOOL toynaklılar
Hüftweh *nt kein pl* MED (*Ischias*) siyatik
Hügel <-s, -> ['hy:gəl] *m* tepe
hüg(e)lig *adj* tepelik
Huhn <-(e)s, Hühner> [hu:n, *pl* 'hy:nɐ] *nt* ❶ (*Gattung, Gericht*) tavuk; **mit den Hühnern aufstehen/zu Bett gehen** tavuk gibi kalkmak/yatmak ❷ (*Henne*) tavuk; **freilaufende Hühner** serbest dolaşan tavuklar
Hühnchen <-s, -> ['hy:nçən] *nt* GASTR piliç; **mit jdm ein ~ rupfen** (*fam*) biriyle görülecek hesabı olmak
Hühnerauge *nt* MED nasır; **jdm auf die ~n treten** (*fam*) birinin bam teline basmak **Hühneraugenpflaster** *nt* nasır plasteri **Hühnerbein** *nt* tavuk budu **Hühnerbrühe** *f* GASTR tavuk suyu, tavuk suyuna çorba **Hühnerbrust** *f* GASTR tavuğun göğüs eti **Hühnerei** ['hy:nɐʔaɪ] *nt* GASTR

tavuk yumurtası **Hühnerfarm** *f* tavuk çiftliği **Hühnerfleisch** *nt kein pl* tavuk eti **Hühnerlaus** *f* ZOOL tavuk biti **Hühnerschlegel** *m* tavuk budu **Hühnerstall** *m* tavuk kümesi **Hühnerstange** *f* tünek **Hühnerzucht** *f kein pl* tavukçuluk, tavuk yetiştiriciliği

hui [hʊɪ] *interj* **~!** vay!; **oben ~, unten pfui** (*fam*) dışı kalaylı, içi alaylı

huldigen ['hʊldɪgən] *vi* (*geh*) ❶ (*sich unterwerfen*) biat etmek ❷ (*frönen*) düşkün olmak (-e); **er huldigt dem Alkohol** alkole düşkündür

Huldigung <-en> *f* biat

Hülle <-n> ['hʏlə] *f* kılıf; (*Gas~, Luft~*) yuvar; **die ~n fallen lassen** (*fam*) maskesini atmak; **die sterbliche ~** naaş, ceset; **in ~ und Fülle** (*fam*) bol bol, gani gani

hüllen ['hʏlən] *vt* (*geh*) sarmak (**in** -e); **die Berge sind in Nebel gehüllt** dağlar sise bürünmüş; **sich in Schweigen ~** sessizliğe gömülmek

hüllenlos *adj* (*fam*) açık

Hülse <-n> ['hʏlzə] *f* ❶ (*Schale*) kabuk; (*Hülle*) kılıf ❷ TECH zıvana; (*Geschoss~*) kovan ❸ BOT badıç **Hülsenfrucht** *f* (*Pflanze*) baklagil; (*Frucht*) baklamsı meyve

human [hu'ma:n] *adj* insani

Humanismus <-> [huma'nɪsmʊs] *m kein pl* hümanizm

humanistisch *adj* hümanist

humanitär [humani'tɛ:ɐ] *adj* insancıl, insani; **~e Hilfe** insani yardım; **eine ~e Organisation** hayır örgütü

Humanität *f kein pl* insaniyet

Human Resources *pl* insan kaynakları *pl*

Humbug <-s> ['hʊmbu:k] *m kein pl* (*pej fam: Unsinn*) yalan dolan; (*Schwindel*) yalan dolan

Hummel <-n> ['hʊməl] *f* yaban arısı

Hummer <-s, -> ['hʊmɐ] *m* ıstakoz

Humor <-s> [hu'mo:ɐ] *m kein pl* mizah, gülmece; **schwarzer ~** kara mizah; **er hat (keinen) Sinn für ~** (hiç) espri anlayışı yok

humoristisch [humo'rɪstɪʃ] *adj* mizahî, gülmeceli

humorlos *adj* esprisiz

humorvoll *adj* mizahî, gülmeceli; (*witzig*) esprili

humpeln ['hʊmpəln] *vi sein* topallamak

Humus <-> ['hu:mʊs] *m kein pl* humus

Hund, Hündin <-(e)s, -e; -nen> [hʊnt] *m, f* köpek, it; **Vorsicht, bissiger ~!** dikkat, ısırgan köpek var!; **sie sind wie ~ und Katze** (*fam*) kedi ile köpek gibiler; (**keine**) **schlafende(n) ~e wecken** (*fig fam*) uyuyan yılanın kuyruğuna bas(ma)mak; **auf den ~ gekommen sein** (*fam*) perişan durumda olmak; **vor die ~e gehen** (*fam*) perişan olmak; **das ist ja ein dicker ~!** (*fam*) bu büyük bir rezalet!; **ein feiger ~** (*fam*) korkak köpek; **~e, die bellen, beißen nicht** (*prov*) ürüyen köpek ısırmaz; **den Letzten beißen die ~e** (*prov*) sona kalan dona kalır

hundeelend ['--'--] *adj* (*fam*) **mir ist ~** kendimi berbat hissediyorum **Hundefutter** <-s> *nt kein pl* köpek maması **Hundehütte** *f* köpek külübesi **Hundekuchen** *m* köpek bisküvisi **Hundeleben** <-s> *nt kein pl* (*pej fam*) sefil hayat **Hundeleine** *f* köpek kayışı **hundemüde** ['--'--] *adj* (*fam*) it gibi çalışmaktan yorulmuş olan; **ich bin ~** turşu gibiyim **Hunderasse** *f* köpek ırkı, köpek soyu, köpek cinsi

hundert ['hʊndɐt] *adj inv* yüz; **einige ~ Menschen** birkaç yüz insan; **einer unter ~** yüzde bir; **da war ich auf ~** (*fam*) tepem atmıştı; *s. a.* **achthundert**

Hundert <-s, -> *nt* (*Maßeinheit*) yüz; **zehn vom ~** yüzde on

Hunderte *pl* (*große Anzahl*) yüzler *pl*; **~ von Menschen** yüzlerce insan; **sie kamen zu ~n** yüzlerce geldi

Hunderter <-s, -> *m* ❶ MATH yüzlük ❷ (*fam: Geldschein*) yüzlük

Hunderteuroschein <-(e)s, -e> [--'--] *m* yüz euroluk banknot

hundertfach *adj* yüz kat, yüz misli

Hundertfache *nt* yüz kat, yüz misli; **das ~ von etw** bir şeyin yüz katı; **etw um das ~ erhöhen** bir şeyi yüz katına çıkarmak

Hundertjahrfeier [--'---] *f* yüzüncü yıl şenliği

hundertjährig *adj* (*hundert Jahre alt*) yüzyıllık, yüz yaşındaki; (*hundert Jahre dauernd*) yüzyıllık, yüzyıl süren; **eine ~e Tradition** yüzyıllık bir gelenek

hundertmal *adv* yüz kere [*o* defa]

hundertprozentig ['---(')--] **I.** *adj* ❶ (*als Anteil*) yüzde yüz; (*Alkohol*) yüzde yüz ❷ (*fam: völlig*) tamamen, dört dörtlük ❸ (*typisch*) tipik **II.** *adv* yüzde yüz; **du kannst dich ~ darauf verlassen** buna yüzde yüz güvenebilirsin, bundan yüzde yüz emin olabilirsin

Hundertschaft *f* yüz kişilik birlik

hundertste(r, s) *adj* yüzüncü; *s. a.* **achte(r, s)**

Hundertstel <-s, -> *nt* yüzde bir **Hundertstelsekunde** ['----(')--] *f* saniyenin yüzde biri

hunderttausend ['--'--] *adj inv* yüz bin

Hundeschlitten <-s, -> *m* köpekli kızak

Hundesohn *m* (*pej*) köpoğlu köpek gibi yapmak

Hundewetter *nt kein pl* (*fam*) çepel, berbat hava

Hündin <-nen> ['hʏndɪn] *f* dişi köpek

Hundstage *pl* kızıl ısı **Hundszahn** *m kein pl* BOT domuz ayrık otu

Hüne <-n, -n> ['hy:nə] *m* ❶ adam azmanı; (*Riese*) dev; **ein ~ von Mann** dev gibi bir adam ❷ (*großer und starker Mann*) pehlivan

hünenhaft *adj* dev gibi

Hunger <-s> ['hʊŋɐ] *m kein pl* açlık; **~ haben** aç [*o* acıkmış] olmak; **ich habe ~ auf Schokolade** canım çikolata çekti; **~ wie ein Wolf haben** kurt gibi aç olmak; **ich bekomme ~** acıkıyorum; **seinen ~ stillen** açlığını öldürmek, açlık hissini geçiştirmek [*o* yatıştırmak]; **ich sterbe vor ~** açlıktan ölüyorum; **~ leiden** açlık çekmek

Hungergefühl *nt* açlık hissi **Hungerkur** *f* açlık rejimi **Hungerlohn** *m* (*pej*) **für einen ~ arbeiten** boğaz tokluğuna çalışmak

hungern ['hʊŋɐn] *vi* ❶ (*Hunger leiden*) açlık çekmek ❷ (*fasten*) perhiz yapmak; (*um abzunehmen*) rejim yapmak ❸ (*geh: sich sehnen*) aç olmak (**nach** -e), teşne olmak (**nach** -e); **er hungert nach Anerkennung** tanınmanın açlığını çekiyor

Hungersnot <-nöte> *f* açlık, kıtlık

Hungerstreik *m* açlık grevi; **in den ~ treten** açlık grevi yapmak **Hungertuch** <-(e)s, -tücher> *nt* **am ~ nagen** (*fam*) açlıktan imanı gevremek

hungrig ['hʊŋrɪç] *adj* (karnı) aç; **~ nach etw** *dat* **sein** bir şeye aç olmak

Hupe <-n> ['hu:pə] *f* korna, klakson

hupen ['hu:pən] *vi* korna çalmak, klakson çalmak

hupfen ['hupfən] *vi* NORDD (*hüpfen*) **es ist gehupft wie gesprungen** (*fig fam*) ha Hoca Ali, ha Ali Hoca

hüpfen ['hʏpfən] *vi sein* hoplamak

Hürde <-n> ['hʏrdə] *f* SPORT (*a. fig*) engel; (*Fünfprozent~*) baraj; **eine ~ nehmen** engeli geçmek; (*fig*) barajı aşmak **Hürdenlauf** <-(e)s, -läufe> *m* SPORT engelli koşu

Hure <-n> ['hu:rə] *f* (*vulg*) orospu **Hurensohn** *m* (*vulg*) orospu çocuğu

hurra [hu'ra:, hʊ'ra:] *interj* hurra, yaşa; **hipp, hipp, ~!** ya ya ya, şa şa şa!

Hurrikan <-s, -e *o* -s> ['hʊrika(:)n] *m* uragan

huschen ['hʊʃən] *vi sein* tıslamak

hüsteln ['hy:stəln] *vi* (*schwach husten*) hafifçe öksürmek; (*absichtlich*) öksürür gibi yapmak

husten ['hu:stən] *vi* öksürmek; **denen werde ich was ~** (*fam*) daha çok beklerler; **die Flöhe ~ hören** (*fig fam*) ukalâlık etmek, kendini fasulye gibi nimetten saymak

Husten <-s, -> ['hu:stən] *m* öksürük; **ich habe ~** öksürüğüm var **Hustenanfall** *m* öksürük nöbeti **Hustenbonbon** *nt* öksürük şekeri **Hustenreiz** <-es> *m kein pl* gıcık **Hustensaft** *m* öksürük şurubu

Hut[1] <-(e)s, Hüte> [hu:t, *pl* 'hy:tə] *m* ❶ (*Kopfbedeckung*) şapka; **mir geht der ~ hoch** (*fam*) tepem atıyor; **seinen ~ nehmen** (*fam*) görevden ayrılmak; **unter einen ~ bringen** (*fam*) uzlaştırmak; **mit etw** *dat*/**jdm nichts am ~ haben** (*fam*) bir şeyle/kimseyle alıp vereceği olmamak; **das kannst du dir an den ~ stecken** (*fam*) al bunu başına çal ❷ (*von Pilzen*) şapka; (*Zucker~*) kelle

Hut[2] [hu:t] *f kein pl* (*geh: Schutz*) koruma; **vor jdm/etw** *dat* **auf der ~ sein** bir kimseye/şeye karşı tetikte olmak

Hutablage *f* şapkalık

hüten ['hy:tən] **I.** *vt* (*Vieh*) gütmek; (*Kinder*) bakmak (-e), göz kulak olmak (-e); (*Geheimnis*) saklamak; **das Bett ~** yorgan döşek yatmak; **das Haus ~** evi beklemek; **Gott hüte uns!** Tanrı bizleri korusun!, Allah korusun!, hafazanallah! **II.** *vr* ■ **sich ~** (*sich vorsehen*) sakınmak (**vor** -den); **hüte dich, das zu tun!** bunu yapmaktan sakın!, sakın bunu yapma!; **ich werde mich ~!** (*fam: keineswegs*) haşa!

Hüter(in) <-s, -; -nen> *m(f)* ❶ (*Schützer*) koruyucu; (*Wächter*) bekçi ❷ SPORT (*Tor~*) kaleci

Hutgeschäft <-(e)s, -e> *nt* şapkacı **Hutkrempe** *f* şapka kenarı **Hutmacher(in)** <-s, -; -nen> *m(f)* şapkacı

Hütte <-n> ['hʏtə] *f* ❶ (*Haus*) kulübe; (*Ski~*) ev ❷ (*Industrieanlage*) demir çelik fabrikası

Hüttenkunde *f kein pl* metal bilimi; (*Metallurgie*) metalürji

Hyäne <-n> [hy'ɛ:nə] *f* ZOOL sırtlan

Hyazinthe <-n> [hya'tsɪntə] *f* BOT sümbül

Hydra *f* hidra

Hydrant <-en, -en> [hy'drant] *m* yangın musluğu

Hydrat <-(e)s, -e> [hy'dra:t] *nt* CHEM hidrat

Hydraulik [hy'draʊlɪk] *f kein pl* TECH hidrolik

hydraulisch *adj* TECH hidrolik

Hydrodynamik ['hy:drodyna:mɪk, hydrody'na:mɪk] *f* PHYS hidrodinamik

hydrodynamisch *adj* PHYS hidrodinamik
hydroelektrisch *adj* PHYS, TECH hidroelektrik; **~es Kraftwerk** hidroelektrik santral
Hydrokultur ['----, ---'-] *f* hidrokültür
hydrophil *adj* ❶ BIOL hidrofil, nemcil ❷ CHEM nemçeker
Hydrotherapie ['-----, ----'-] *f* MED hidroterapi, su tedavisi
Hygiene [hy'gje:nə] *f kein pl* hijyen, sağlık koruma; (*Gesundheitslehre*) sağlık bilgisi
hygienisch *adj* hijyenik
Hygroskop *nt* METEO higroskop
hygroskopisch *adj* CHEM higroskopik, nemçeker
Hymne <-n> ['hʏmnə] *f* marş
Hyperbel <-n> [hy'pɛrbəl] *f* ❶ MATH hiperbol ❷ *a.* LING abartma **hyperbolisch** *adj* ❶ MATH hiperbolik ❷ *a.* LING abartılı **Hyperboloid** *nt* MATH hiperboloit **Hyperlink** <-s, -s> ['haɪpɐlɪŋk, 'hy:pɐ-] *m* INFORM, TELEK bağlantı noktası **Hypermedia** ['haɪpɐmi:dia] *nt* INFORM hipermedya **hypermodern** [hypɐmo'dɛrn, 'hy:pɐmodɛrn] **I.** *adj* (*fam*) hipermodern, son derece modern **II.** *adv* (*fam*) son moda; **ihr seid wirklich ~ eingerichtet!** eviniz son moda döşeli!
Hypertonie *f* MED (*Bluthochdruck*) hipertansiyon
Hypnose <-n> [hʏp'no:zə] *f* (h)ipnoz, (h)ipnotizma; **unter ~ stehen** (h)ipnoz altında bulunmak
hypnotisch [hʏp'no:tɪʃ] *adj* ipnotize
Hypnotiseur <-s, -e> *m* ipnotizmacı
hypnotisieren* [hʏpnoti'zi:rən] *vt* ipnotize etmek
Hypochonder <-s, -> [hypo'xɔndɐ] *m* hastalık hastası
Hypophyse <-n> [hypo'fy:zə] *f* ANAT hipofiz
Hypotenuse *f* MATH hipotenüs
Hypothek <-en> [hypo'te:k] *f* FIN ipotek; **eine ~ aufnehmen** ipotek almak; **das Haus mit einer ~ belasten** evi ipotek etmek **Hypothekenbank** <-en> *f* ipotek bankası **Hypothekenbrief** *m* ipotekli rehin senedi
Hypothese <-n> [hypo'te:zə] *f* varsayım
hypothetisch [hypo'te:tɪʃ] *adj* varsayımsal
Hysterie <-n> [hʏste'ri:] *f* (h)isteri
hysterisch [hʏs'te:rɪʃ] *adj* (h)isterik; **~er Anfall** isteri nöbeti
Hz *Abk von* **Hertz** hertz

H

I i

I, i <-, -> [iː] *nt* İ, i; ~ **wie Ida** Izmir'in i'si
i [iː] *interj* ay; ~ **wo!** ne gezer!
i. A. *Abk von* **im Auftrag** vekâleten
iberisch [iˈbeːrɪʃ] *adj* İber; **die I~e Halbinsel** İber Yarımadası
Ibis <-es, -e> *m* ZOOL ibis, Mısır turnası
IC <-(s), -s> [iːˈtseː] *m Abk von* **Intercityzug** şehirler arası tren
ICE <-(s), -s> [iːtseːˈʔeː] *m Abk von* **Intercityexpress** şehirler arası ekspres
ich [ɪç] *pron pers 1. sing* ben; ~ **Idiot!** ne aptalmışım!; **immer ~!** hep ben!
ichbezogen *adj* beniçinci
Ichbezogenheit *f kein pl* beniçincilik
Ich-Erzählung *f,* **Icherzählung**RR *f* LIT ben-anlatım **Ichform** <-en> *f* LING, LIT tekil birinci kişi
Ichneumon *m o nt* ZOOL firavun faresi
ideal [ideˈaːl] *adj* ideal, ülküsel; **eine ~e Ehe** ideal evlilik
Ideal <-s, -e> *nt* ideal, ülkü
Idealfall *m* ideal durum, idealize **Idealgewicht** <-(e)s, -e> *nt* ideal kilo
idealisieren* [idealiˈziːrən] *vt* idealize etmek, idealleştirmek
Idealisierung <-en> *f* idealleştirme
Idealismus <-> [ideaˈlɪsmʊs] *m kein pl* ❶ idealizm, idealistlik, ülkücülük ❷ PHILOS idealizm
Idealist(in) <-en, -en; -nen> *m(f)* idealist, ülkücü
idealistisch *adj* idealist, ülkücü
Idealkonkurrenz *f* JUR fikrî içtima
Idealvorstellung *f* ideal hayal
Idee <-n> [iˈdeː, *pl* iˈdeːən] *f* ❶ (*Einfall*) fikir; **gute ~!** iyi fikir!; **wie kommst du denn auf die ~?** bu fikir nereden aklına geldi ki?; **ich habe eine ~** benim bir fikrim var; **jdn auf die ~ bringen, etw zu tun** birinin aklına bir şey yapma fikrini getirmek; **ich habe nicht die leiseste ~ davon** (*fam*) onun hakkında en ufak bir fikrim yok; **das ist bei ihm eine fixe ~** bu, onda bir saplantıdır [*o* idefikstir], bu, onda sabit bir fikirdir ❷ (*fam: ein bisschen*) birazcık ❸ PHILOS ide, idea, düşünce
ideell [ideˈɛl] *adj* düşüncel, ideal; (*geistig*) tinsel, manevi; **jdn/etw ~ unterstützen** bir kimseye/şeye manen destek olmak
ideenreich [iˈdeːən-] *adj* fikirden yana zengin **Ideenreichtum** <-s> *m kein pl* fikirden yana zenginlik
Identifikation <-en> [idɛntifikaˈtsjoːn] *f* PSYCH özdeşleştirme
identifizieren* [idɛntifiˈtsiːrən] **I.** *vt* ❶ (*die Identität feststellen*) kimliğini belirlemek (-in) ❷ özdeşlemek (**mit** ile), özdeştirmek (**mit** ile) **II.** *vr* ■ **sich ~** özdeşleşmek (**mit** ile)
Identifizierung <-en> *f* özdeşleme, özdeştirme; (*das Sichidentifizieren*) özdeşleşme
identisch [iˈdɛntɪʃ] *adj* ❶ özdeş (**mit** -le), aynı (**mit** -le) ❷ MATH identik (**mit** -le), özdeş (**mit** -le)
Identität <-en> [idɛntiˈtɛːt] *f* ❶ kimlik; **jds ~ feststellen** birinin kimliğini belirlemek ❷ PHILOS özdeşlik **Identitätskarte** *f* SCHWEIZ (*Personalausweis*) kimlik kartı **Identitätskrise** *f* kimlik bunalımı, benliğini bulma bunalımı
Ideogramm *nt* LING fikir simge
Ideologe(in) <-n, -n; -nen> [ideoˈloːgə] *m(f)* ideolog
Ideologie <-n> [ideoloˈgiː] *f* ideoloji
ideologisch *adj* ideolojik
Idioblast <-en, -en> *m* BIOL farklı göze
Idiom <-s, -e> [iˈdjoːm] *nt* deyim
idiomatisch [idjoˈmaːtɪʃ] *adj* LING deyimsel
idiomatisieren* *vt* deyimselleştirmek
Idiot(in) <-en, -en; -nen> [iˈdjoːt] *m(f)* (*pej fam*) budala, enayi
Idiotie <-n> [idjoˈtiː] *f* ❶ MED zekâ geriliği; (*Schwachsinn*) akıl zayıflığı ❷ (*pej fam: Dummheit*) aptallık
idiotisch *adj* (*pej fam*) budala, budalaca
Idol <-s, -e> [iˈdoːl] *nt* ❶ (*Götzenbild*) put ❷ (*fig fam*) ilah; **zum ~ werden** ilahlaşmak; **er wurde zum ~ der Jugend** gençliğin ilahı oldu
Idolatrie *f kein pl* putperestlik
idolisieren* *vt* ilahlaştırmak
Idololatrie *f kein pl s.* **Idolatrie**
Idylle <-n> [iˈdʏlə] *f* ❶ LIT idil ❷ (*Idyll*) sade ve huzurlu hayat
idyllisch *adj* ❶ idil gibi ❷ sade ve huzurlu
Igel <-s, -> [ˈiːgəl] *m* ZOOL kirpi
Igelschnitt *m* (*fam: Bürstenschnitt*) alabros tıraş
igitt(igitt) [iˈgɪt(igɪt)] *interj* DIAL pöf, ö, aman
Iglu <-s, -s> [ˈiːglu] *m o nt* Eskimo evi
Ignorant(in) <-en, -en; -nen> [ignoˈrant, ɪgnoˈrant] *m(f)* (*pej*) cahil
Ignoranz *f kein pl* (*pej*) cehalet, bilgisizlik, bilmezlik
ignorieren* *vt* (*nicht wissen wollen*) bil-

I

mezlikten gelmek, bilmezlenmek, umursamamak; (*absichtlich übersehen, übergehen*) gör(me)mezlikten gelmek; (*nicht beachten*) göz ardı etmek, aldırmamak (-e), aldırış etmemek (-e), kulak asmamak (-e)

Iguana [iˈgu̯aːna] *f* ZOOL iguana, Hint kertenkelesi

IHK [iːhaːˈkaː] *f Abk von* **Industrie- und Handelskammer** sanayi ve ticaret odası

ihm [iːm] *pron pers dat von* **er, es** ona; (*mit Präposition: Mensch*) onun; **sie hat ~ nichts gesagt** ona bir şey söylemedi; **hinter/vor/unter/über ~** onun arkasında/önünde/altında/üstünde; **ein Freund von ~** onun bir dostu

ihn [iːn] *pron pers, 3. sing m akk von* **er** onu; **ich treffe ~ heute Abend** onunla bu akşam buluşacağım; **das ist für ~** bu, onun için

ihnen [ˈiːnən] *pron pers dat von* **sie** onlara; (*mit Präposition: Menschen*) onların; **niemand half ~** onlara (hiç) kimse yardım etmedi; **~ wäre das zu teuer** bu, onlar için fazla pahalı olur; **hinter/vor/unter/über ~** arkalarında/önlerinde/altlarında/üstlerinde, onların arkasında/önünde/altında/üstünde; **ein Freund von ~** onların bir dostu, bir dostları

Ihnen *pron pers dat von* **Sie** size *sing,* sizlere *pl;* (*mit Präposition*) sizin; **wir wollten ~ eine Freude machen** sizi sevindirmek istedik; **~ hätte es bestimmt auch gefallen** kesinlikle sizin de hoşunuza giderdi; **hinter/vor/unter/über ~** (sizin) arkanızda / önünüzde / altınızda / üstünüzde; **ein Freund von ~** (sizin) bir dostunuz

ihr [iːɐ] **I.** *pron pers* ① *2. pl m/f* siz *sing,* sizler *pl;* **~ beiden/drei** ikiniz/üçünüz; **~ habt kein Recht, das zu tun** bunu yapmaya hakkınız yok ② *dat von sg* **sie** ona; (*mit Präposition: Mensch*) onun; **ich habe ~ noch nichts gegeben** ona henüz bir şey vermedim; **~ solltest du was Besseres anbieten** ona daha iyi bir şey sunarsan iyi olur; **hinter/vor/unter/über ~** (onun) arkasında/önünde/altında/üstünde; **ein Freund von ~** (onun) bir dostu **II.** *pron s.* **ihr**

ihr *pron poss, adjektivisch* onun *sing,* onların *pl;* (*einer Frau*) onun; (*mehrerer Menschen*) onların; **~ Unterricht/Projekt** onların dersi/projesi; **~e Tochter/Bekannten** onunların kızı/tanıdıkları

Ihr *pron poss, adjektivisch* sizin *sing,* sizlerin *pl;* **~ Beruf/Kind** (sizin) mesleğiniz/çocuğunuz; **~e Zeit/Schuhe** (sizin) vaktiniz/ayakkabılarınız

ihre(r, s) [ˈiːrə, -rɐ, -rəs] *pron poss, substantivisch* onunki, onunkiler *pl;* (*mehrerer Menschen*) onlarınki; **dieses Geschenk ist ~s** bu armağan [*o* hediye] onunkidir; *s. a.* **ihr, ihre, ihr**

Ihre(r, s) *pron poss, substantivisch* sizinki, sizinkiler *pl;* (*einer Person*) sizinki; (*mehrerer Menschen*) sizlerinki, sizinki; **ist dieser Wagen ~r?** bu araba sizinki mi?; *s. a.* **Ihr, Ihre, Ihr**

ihrer [ˈiːrɐ] *pron pers* ① *gen von sing* **sie** onun ② *pl gen von pl* **sie** onların

Ihrer *pron pers gen von* **Sie** sizin *sing,* sizlerin *pl*

ihrerseits [ˈiːrɐzaɪts] *adv* ① *sing* (onun) tarafından, (onun) açısından ② *pl* (onların) tarafından, (onların) açısından

ihresgleichen [ˈ--ˈ--] *pron* onun gibisi; **er hatte noch nie ~ kennen gelernt** (şimdiye kadar) hiç onun gibisine rastlamamıştı

Ihresgleichen *pron* sizin gibisi, sizin gibiler; **Leuten wie ~ ist nicht zu trauen** sizin gibi insanlara güvenilmez

ihretwegen [ˈiːrətˈveːgən] *adv* ① *sing* onun yüzünden; (*ihr zuliebe*) onun hatırı için ② *pl* onların yüzünden; (*ihnen zuliebe*) onların hatırı için

Ihretwegen *adv* ① *sing* (sizin) hatırınız için ② *pl* (sizin) hatırınız için

ihretwillen [ˈiːrətˈvɪlən] *adv* ① *sing* **um ~** onun hatırı için ② *pl* **um ~** onların hatırı için

Ihretwillen *adv* ① *sing* **um ~** (sizin) hatırınız için ② *pl* **um ~** (sizin) hatırınız için

ihrige(r, s) *pron* (*geh*) **der/die/das ~** onunki; (*mehrerer Menschen*) onlarınki; **die ~n** onunkiler; (*mehrerer Menschen*) onlarınkiler

Ihrige(r, s) *pron* (*geh*) **der/die/das ~** sizinki *sing,* sizinkiler *pl;* **die ~n** sizinkiler

Ikone <-n> [iˈkoːnə] *f* ikon

illegal [ˈɪlegaːl] *adj* illegal; (*ungesetzlich*) yasa dışı; (*gesetzwidrig*) yasaya aykırı

Illegalität *f kein pl* (*Ungesetzlichkeit*) yasa dışılık; (*Gesetzwidrigkeit*) yasaya aykırılık

illegitim [ˈɪlegitiːm] *adj* (*unrechtmäßig*) gayrimeşru; (*außerehelich*) evlilik dışı

illoyal [ˈɪlɔɪaːl] *adj* sadık olmayan

illuminieren* *vt a.* KUNST ışıklandırmak

Illusion <-en> [ɪluˈzjoːn] *f* ① (*Selbsttäuschung*) hayal, kuruntu; **sich der ~ hingeben, dass es wahr ist** gerçek olduğunun hayaline kapılmak ② PSYCH illüzyon, yanılsama ③ (*Täuschung*) illüzyon, yanılsama

illusionär [ɪluzjoˈnɛːɐ] *adj* illüzyonist, göz bağcı

illusorisch [ɪluˈzoːrɪʃ] *adj* hayalî; (*trüge-*

risch) aldatıcı; (*vergeblich*) boş; **unsere Verabredung ist ~ geworden** buluşmamıza gerek kalmadı

Illustration <-en> [ɪlʊstraˈtsjoːn] *f* illüstrasyon

illustrieren* [ɪlʊsˈtriːrən] *vt* resimlerle süslemek

Illustrierte <-n> [ɪlʊsˈtriːɐtə] *f* magazin, resimli dergi

Iltis <-ses, -se> [ˈɪltɪs] *m* ZOOL kokarca

im [ɪm] = **in dem** -de; *s. a.* **in**

Image <-(s), -s> [ˈɪmɪtʃ] *nt* imaj, imge **Imagepflege** *f* imaj bakımı

imaginär [imagiˈnɛːɐ] *adj* hayalî; **~er Gewinn** COMM umulan kâr

ImbissRR <-es, -e> [ˈɪmbɪs] *m,* **Imbiß**ALT <-sses, -sse> *m* ❶ (*Häppchen*) atıştırmalık ❷ (*Verkaufsstelle*) atıştırma yeri, sinek bar **Imbissstand**RR <-(e)s, -stände> *m,* **Imbissstube**RR <-, -n> *f* sinek bar, büfe

Imitation <-en> [imitaˈtsjoːn] *f* taklit

Imitator(in) <-s, -en; -nen> [imiˈtaːtoːɐ] *m(f)* taklitçi

imitatorisch *adj* taklitçi

imitieren* [imiˈtiːrən] *vt* taklit etmek

Imker(in) <-s, -; -nen> [ˈɪmkɐ] *m(f)* arıcı

immanent *adj a.* PHILOS içkin, mündemiç

Immanenz *f kein pl a.* PHILOS içkinlik

Immatrikulation <-en> [ɪmatrikulaˈtsjoːn] *f* ❶ kayıt ❷ SCHWEIZ (*Fahrzeug*) tescil

immatrikulieren* [ɪmatrikuˈliːrən] **I.** *vt* ❶ UNIV (*einschreiben*) kaydetmek (**für** için) ❷ SCHWEIZ (*Fahrzeug zulassen*) tescil etmek **II.** *vr* ■ **sich** ~ UNIV kaydını yaptırmak (**in** -e), kaydolmak (**für** -e), yazılmak (**für** -e)

immens [ɪˈmɛns] *adj* muazzam

immer [ˈɪmɐ] *adv* ❶ her zaman, hep, daima; (*unaufhörlich*) durmadan, boyuna; **es ist ~ dasselbe** hep aynı şey; **~ ich!** hep ben!; **~ mit der Ruhe!** sakin ol(un)!; **~ geradeaus** dosdoğru; **er ist ~ noch nicht da** hâlâ gelmedi; **~ wenn ...** ne zaman ...; **wie ~** her zamanki gibi; **wer auch ~ ...** kim olursa olsun; **was auch ~** ne olursa olsun; **wo/wie auch ~** nerede/nasıl olursa olsun ❷ **~ wieder** tekrar tekrar, ikide bir; **alte Geschichten ~ wieder aufwärmen** (*fig*) temcit pilavı gibi ısıtıp ısıtıp öne sürmek; **an dieser Ecke renne ich mir ~ wieder das Knie an** bu köşeye ikide bir dizimi çarpıyorum; **der Motor setzt ~ wieder aus** motor ikide bir tekliyor ❸ (*zunehmend*) gittikçe; **~ mehr/weniger** gittikçe daha çok/az; **~ schöner/schwieriger werden** gittikçe güzelleşmek/zorlaşmak ❹ (*fam*) **für ~** (*für ewig*) ebediyen; (*endgültig*) temelli, sürekli olarak

immergrün *adj* yaprakları yaz kış yeşil kalan, kışın yaprak dökmeyen

immerhin [ˈ--ˈ-] *adv* ne de olsa

immerzu [ˈ--ˈ-] *adv* (*fam*) hep, sürekli olarak

Immigrant(in) <-en, -en; -nen> [ɪmiˈgrant] *m(f)* göçmen

Immigration <-en> [ɪmigraˈtsjoːn] *f* göç

immigrieren* *vi sein* göç etmek

Immission [ɪmɪˈsjoːn] *f* ❶ ADMIN (*Amtseinsetzung*) göreve atanma ❷ JUR (*Einwirkung auf das benachbarte Grundstück*) komşu gayrimenkulü etkileme ❸ (*von Schadstoffen auf die Umwelt*) zararlı maddelerin çevreyi etkilemesi

Immissionsschutz *m kein pl* hava kalitesinin korunması

Immobilien [ɪmoˈbiːliən] *pl* emlak, taşınmazlar *pl* **Immobilienhandel** *m kein pl* emlakçılık **Immobilienhändler(in)** *m(f)* emlakçı **Immobilienmakler(in)** *m(f)* emlakçı, emlak komisyoncusu

Immoralismus *m kein pl* PHILOS immoralizm, töretanımazlık

Immortalität *f kein pl* ölümsüzlük

Immortelle *f* BOT ölmez çiçek

immun [ɪˈmuːn] *adj* ❶ MED bağışık (**gegen** -e karşı) ❷ JUR bağışık (**gegen** -den), muaf (**gegen** -den)

immunisieren [ɪmuniˈsiːrən] *vt* bağışık yapmak (**gegen** -e karşı)

Immunität <-en> *f* ❶ MED bağışıklık (**gegen** -e karşı) ❷ JUR bağışıklık (**gegen** -den), muafiyet (**gegen** -den); **diplomatische ~** diplomatik dokunulmazlık, yasama dokunulmazlığı; **parlamentarische ~** yasama dokunulmazlığı

Immunologie *f kein pl* immünoloji, bağışıklık bilimi **Immunschwächekrankheit** *f* MED aids

Immunserum <-s, -sera *o* -seren> *nt* MED antikorlu serum

Immunsystem *nt* MED bağışıklık sistemi

Imperativ <-s, -e> [ˈɪmperatiːf] *m* LING emir kipi; PHILOS buyruk

Imperator <-s, -en> [ɪmpeˈraːtoːɐ] *m* HIST imparator, ilhan

Imperfekt <-s, -e> [ˈɪmpɛrfɛkt] *nt* LING (*Präteritum*) belirsiz geçmiş

Imperialismus <-> [ɪmperiaˈlɪsmʊs] *m kein pl* emperyalizm

imperialistisch *adj* emperyalist

Imperium <-s, Imperien> [ɪmˈpeːriʊm, *pl* ɪmˈpeːriən] *nt* (*geh*) imparatorluk

impfen [ˈɪmpfən] *vt* aşılamak (**gegen** -e karşı), aşı yapmak (-e)

ImpfpassRR *m* MED aşı kâğıdı **Impfstoff** <-(e)s, -e> *m* aşı
Impfung <-en> *f* aşı
implantieren* [ɪmplan'tiːrən] *vt* TECH, MED takmak
Implikation *f* içerme
implizieren* [ɪmpli'tsiːrən] *vt* içermek
implizit [ɪmpli'tsiːt] *adj* içerik
imponieren* [ɪmpo'niːrən] *vi* etkilemek, hayran etmek
Imponiergehabe [ɪmpo'niːɐ-] *nt kein pl* gövde gösterisi; (*Angeberei*) göstermecilik
Import <-(e)s, -e> [ɪm'pɔrt] *m* (*Wareneinfuhr*) ithalat, dış alım
Importeur <-s, -e> *m* ithalatçı, dış alımcı
importieren* [ɪmpɔr'tiːrən] *vt* ithal etmek
importiert *adj* ithal
Importware *f* ithal malı
imposant *adj* heybetli
impotent ['ɪmpotɛnt] *adj* puluç, iktidarsız
Impotenz ['ɪmpotɛnts] *f kein pl* puluçluk, iktidarsızlık
imprägnieren* [ɪmprɛ'gniːrən] *vt* (*durchtränken*) doyurmak; (*wasserdicht machen*) su geçirmez yapmak
Impressario <-s, -s *o* -ri> *f* THEAT, MUS emprezaryo
Impressen *pl von* **Impressum**
Impressionismus <-> [ɪmprɛsjo'nɪsmʊs] *m kein pl* KUNST empresyonizm, izlenimcilik
impressionistisch *adj* KUNST izlenimci
Impressum <-s, Impressen> [ɪm'prɛsʊm] *nt* impressum
Imprimatur *f o nt kein pl* TYPO basıla; **die** [*o* **das**] **~ erteilen** basıla vermek
Improvisation <-en> [ɪmproviza'tsjoːn] *f a.* MUS doğaç, doğaçlama
improvisieren* [ɪmprovi'ziːrən] *vt* doğaçlamak
Impuls <-es, -e> [ɪm'pʊls] *m* ❶ PHYS momentum ❷ ELEK (*Strom~*) darbe ❸ (*innere Regung*) tepi, içtepi
impulsiv [ɪmpʊl'ziːf] *adj* tez canlı
imstande [ɪm'ʃtandə] *adv* durumda; **~ sein, etw zu tun** bir şeyi yapabilecek durumda olmak
in [ɪn] **I.** *präp* ❶ (*wo*) -de; (*darin*) içinde; **~ Magdeburg/~ diesem Buch** Magdeburg'da/bu kitapta; **~ der Hand** elde; **~ der Schule** okulda; **~ Mathe ist er schwach** matematikte zayıftır; **~ einer bestimmten Absicht** belli bir niyetle; **~ dieser Situation** bu durumda ❷ (*zeitlich: während*) -de; (*binnen*) içinde; **~ den Ferien** tatilde; **~ drei Tagen kommt ihr Mann wieder** üç gün sonra kocası dönüyor; **~ der nächsten Woche** gelecek hafta içinde; **~ vierzehn Tagen** on dört gün içinde, iki hafta içinde; **im Jahr(e) 1977** 1977 yılında; **~ der Nacht** geceleyin; **im Januar** ocakta **II.** *präp* (*Richtung*) -e; **~ die Schweiz/~s Ausland fahren** İsviçre'ye/yurt dışına gitmek; **wir ziehen ~ eine andere Stadt** biz başka bir şehre taşınıyoruz; **sie geht ~ den Garten/~s Kino** bahçeye/sinemaya gidiyor; **ich gehe jetzt ~s Bett** ben şimdi yatmaya gidiyorum; **~ (den) Urlaub fahren** izne gitmek; **~ Gefahr/~ eine Falle geraten** tehlikeye/tuzağa düşmek; **~s Rutschen geraten** kaymaya başlamak **III.** *adj* (*fam*) **~ sein** moda olmak
inaktiv ['ɪnʔaktiːf] *adj* pasif
inakzeptabel *adj* kabul edilemez
Inangriffnahme *f* ele alma, başlama
Inanspruchnahme <-n> [-'----] *f* (*eines Gerätes*) kullanma; (*eines Hilfsmittels*) kullanma; (*eines Menschen*) uğraştırma, meşgul etme
Inbegriff <-(e)s, -e> ['ɪnbəgrɪf] *m* ❶ timsal; (*vollkommene Ausprägung eines Typs*) özbeöz; **die Atombombe wurde zum ~ des Schreckens** atom bombası dehşetin timsali oldu; **er ist der ~ eines Gelehrten** o, özbeöz bilim adamıdır ❷ PHILOS (*Wesen*) öz
inbegriffen ['----] *adj* dahil olan
Inbetriebnahme <-n> [--'---] *f* açış; (*einer Maschine*) çalışmaya başlatma
Inbrunst ['ɪnbrʊnst] *f kein pl* (*geh*) tutku, heyecan
inbrünstig ['ɪnbrʏnstɪç] *adj* (*geh*) tutkulu, hararetli, heyecanlı
Inbusschlüssel *m* TECH alyan anahtarı
Inch *m* inç
indeklinabel *adj* LING çekimsiz
indem [ɪn'deːm] *konj* ❶ (*während*) -erken; **~ er sprach, öffnete sich die Tür** o konuşurken kapı açıldı ❷ (*dadurch dass*) -erek; **sie spart Geld, ~ sie ihre Kleidung selbst macht** giysilerini kendisi yaparak tasarruf ediyor
Inder(in) <-s, -; -nen> ['ɪndɐ] *m(f)* Hintli
indessen [ɪn'dɛsən] *adv* ❶ (*inzwischen*) bu arada ❷ (*jedoch*) oysa, hâlbuki
Indeterminismus *m kein pl* PHILOS indeterminizm, belirlenmezcilik
Index[1] <-(es), -e *o* Indizes> ['ɪndɛks, *pl* 'ɪnditseːs] *m* (*Register*) indeks, dizin
Index[2] <-(es), Indizes> ['ɪndɛks, *pl* 'ɪnditseːs] *m* ❶ WIRTSCH endeks, indeks; **~ der Lebenshaltungskosten** geçinme endeksi, geçim indeksi ❷ MATH, PHYS, LING indis
Index[3] <-(es), -e> ['ɪndɛks] *m* REL yasak yayın listesi; **auf dem ~ stehen** (*a. fig*)

yasak yayın listesinde olmak
indexieren* *vt* endekslemek
Indexierung <-en> *f* endeksleme
Indexwährung *f* WIRTSCH endeksli para
Indianer(in) <-s, -; -nen> [ɪndi'anɐ] *m(f)* Kızılderili
indianisch *adj* Kızılderili (ile ilgili)
Indien <-s> ['ɪndiən] *nt* Hindistan
Indigo *nt* çivit
indigoblau ['---'-] *adj* çividî, çivit mavisi
Indigopflanze *f* BOT (*Indigofera*) çivit otu
Indikativ <-s, -e> ['ɪndikati:f] *m* LING bildirme kipi
Indikator *m* indikatör, gösterge
indirekt ['ɪndirɛkt] *adj* dolaylı; **~er Freistoß** SPORT çift vuruş
indisch ['ɪndɪʃ] *adj* Hint
indiskret ['ɪndɪskre:t] *adj* patavatsız
Indiskretion <-en> ['----, ---'-] *f* patavatsızlık
indiskutabel *adj* tartışma [*o* söz] götürmez, münakaşa götürmez
Individualismus <-> [ɪndividua'lɪsmʊs] *m kein pl* bireycilik
Individualist(in) <-en, -en; -nen> [ɪndividua'lɪst] *m(f)* bireyci
individualistisch *adj* bireyci
Individualität <-en> *f* bireysellik
individuell [ɪndividu'el] *adj* bireysel
Individuum <-s, Individuen> [ɪndi'vi:duʊm, *pl* ɪndi'vi:duən] *nt* birey
Indiz <-es, -ien> [ɪn'di:ts] *nt* belirti (**für** için), ipucu (**für** için), emare (**für** için)
Indizes *pl von* **Index**[1], [2]
indoeuropäisch *adj* **~e Sprachen** Hint-Avrupa dilleri
indoktrinieren* *vt* aşılamak
Indologe(in) *m(f)* Hindolog
Indologie *f kein pl* Hindoloji
Indonesien <-s> [ɪndo'ne:ziən] *nt* Endonezya
Indonesier(in) <-s, -; -nen> *m(f)* Endonezyalı
indonesisch *adj* Endonezya (ile ilgili)
Indossament *nt* WIRTSCH ciro
indossieren *vt* ciro etmek
Induktion [ɪndʊk'tsjo:n] *f* ❶ PHYS indükleme ❷ PHILOS endüksiyon, tüme varım **Induktionsfluss** *m* PHYS indükleme akışı **Induktionsmaschine** *f* PHYS indükleme makinesi **Induktionsofen** *m* PHYS, TECH indükleme fırını **Induktionsstrom** *m* PHYS indükleme akımı
induktiv *adj* PHILOS tüme varımcı
Induktor <-s, -en> *m* PHYS indükleç
industrialisieren* [ɪndʊstriali'zi:rən] *vt* sanayileştirmek
Industrialisierung <-en> *f* sanayileşme
Industrie <-n> [ɪndʊs'tri:] *f* sanayi, endüstri **Industriebetrieb** <-(e)s, -e> *m* sanayi işletmesi **Industrieerzeugnis** *nt* sanayi ürünü **Industriegebiet** *nt* sanayi bölgesi **Industriegesellschaft** <-en> *f* ❶ WIRTSCH sanayi şirketi, sanayi ortaklığı ❷ SOZIOL sanayici toplum **Industrieland** <-(e)s, -länder> *nt* sanayi ülkesi
industriell [ɪndʊstri'ɛl] *adj* endüstriyel, sınaî
Industrielle(r) <-n, -n; -n> [ɪndʊstri'ɛlɐ] *f(m)* sanayici
Industriemüll *m* endüstri atıkları *pl* **Industrieprodukt** *nt* sanayi ürünü **Industriestrom** *m kein pl* sanayi elektriği
Industrie- und Handelskammer *f* WIRTSCH sanayi ve ticaret odası
Industriezweig *m* WIRTSCH sanayi dalı, endüstri kolu
induzieren *vt* ❶ PHILOS tüme varmak ❷ PHYS endüklemek
ineffektiv ['ɪn-] *adj* etkisiz
ineffizient *adj* etkisiz
ineinander [ɪn(ʔ)aɪ'nandɐ] *adv* birbirine; ■ **sich ~ verlieben** birbirine aşık olmak
ineinander|greifen *irr vi* birbirini kavramak
infam [ɪn'fa:m] *adj* (*pej*) haysiyetsiz; (*niederträchtig*) alçak, aşağılık; (*gemein*) adî; **eine ~e Lüge** adî bir yalan
Infanterie <-n> [ɪnfantə'ri:, '----] *f* MIL piyade
Infanterist <-en, -en> [ɪnfantə'rɪst] *m* MIL piyade eri
infantil [ɪnfan'ti:l] *adj* PSYCH yetenekleri gelişmemiş, çocuk kalmış; (*pej*) çocuk gibi, çocukça, çocuksu
Infarkt <-(e)s, -e> [ɪn'farkt] *m* MED enfarktüs
Infektion <-en> [ɪnfɛk'tsjo:n] *f* MED enfeksiyon; (*Darm~*) iltihap **Infektionskrankheit** *f* MED bulaşıcı hastalık
Inferno <-s> *nt kein pl* cehennem
Infinitiv <-s, -e> ['ɪnfiniti:f] *m* LING mastar
Infix <-es, -e> *nt* LING iç ek
infizieren* [ɪnfi'tsi:rən] **I.** *vt* MED bulaştırmak; INFORM aşılamak (*bilgisayar programlarını bozmak için virüs aşılamak*) **II.** *vr* ■ **sich ~** ❶ (*krank werden*) tutulmak (**mit** -e) ❷ (*sich anstecken*) kapmak; **sie hat sich mit Aids infiziert** o aids kaptı
in flagranti [ɪn fla'granti] *adv* suçüstü
Inflation <-en> [ɪnfla'tsjo:n] *f* WIRTSCH enflasyon
Inflationsrate *f* WIRTSCH enflasyon oranı
infolge [ɪn'fɔlgə] *präp* -in sonucunda; (*aufgrund von*) nedeniyle, -den dolayı; **eine**

I

Krankheit ~ Mangels von Vitamin C C vitamini eksikliğinden ileri gelen bir hastalık

infolgedessen [---'--] *adv* bundan dolayı, bundan ötürü, binaenaleyh

Informant(in) <-en, -en; -nen> [ɪnfɔr'mant] *m(f)* ihbarcı, muhbir, haberci

Informatik [ɪnfɔr'ma:tɪk] *f kein pl* bilişim

Informatiker(in) <-s, -; -nen> [ɪnfɔr'ma:tikɐ] *m(f)* bilişimci

Information <-en> [ɪnfɔrma'tsjo:n] *f* ❶ (*Nachricht*) bilgi (**über** üzerine/hakkında); **zu Ihrer ~** bilginize ❷ (*Empfang*) enformasyon, danışma; **wenden Sie sich bitte an die ~** lütfen enformasyona [*o* danışmaya] başvurunuz

Informationsaustausch *m* bilgi alış verişi; INFORM iki yönlü bilgi aktarımı **Informationstechnologie** *f* bilişim teknolojisi **Informationszeitalter** *nt* bilgi çağı, bilişim çağı

informativ [---'-] *adj* bilgilendirici, aydınlatıcı

informieren* [ɪnfɔr'mi:rən] **I.** *vt* bilgilendirmek (**über** hakkında), haberdar etmek (**über** hakkında) **II.** *vr* ■ **sich ~** bilgi edinmek (**über** hakkında); **ich werde mich darüber ~** onun hakkında bilgi edineceğim

infrage[RR] **~ kommen** söz konusu olmak; **das kommt nicht ~** (*ist ungeeignet*) bu, söz konusu olamaz

infrarot [ɪnfra'ro:t] *adj* PHYS enfraruj, kızıl ötesi

Infrarot [ɪnfra'ro:t] *nt kein pl* PHYS enfraruj, kızıl ötesi **Infrarotlicht** <-(e)s> *nt kein pl* enfraruj [*o* kızıl ötesi] ışık **Infrarotstrahlen** *pl* enfraruj [*o* kızıl ötesi] ışınlar *pl*

Infrastruktur ['----] *f* alt yapı

Infusion <-en> [ɪnfu'zjo:n] *f* MED içitim, içitme, zerk

Ing. *Abk von* **Ingenieur(in)** mühendis

Ingenieur(in) <-s, -e; -nen> [ɪnʒe'njø:ɐ] *m(f)* mühendis **Ingenieurbüro** *nt* mühendislik bürosu

Ingwer <-s> ['ɪŋvɐ] *m kein pl* zencefil

Inh. ❶ *Abk von* **Inhaber(in)** sahip ❷ *Abk von* **Inhalt** içerik, kapsam

Inhaber(in) <-s, -; -nen> ['ɪnha:bɐ] *m(f)* (*Eigentümer*) malik; (*eines Kontos, Amtes, Passes*) sahip; (*von Aktien*) hissedar; (*eines Wechsels, Schecks*) hamil

Inhaberpapiere *pl* FIN hamile yazılı senetler *pl*

inhaftieren* [ɪnhaf'ti:rən] *vt* tutuklamak

Inhaftierung *f* (*das Inhaftieren*) tutuklama; (*das Inhaftiertwerden*) tutuklanma

inhalieren* [ɪnha'li:rən] **I.** *vt* ❶ içine çekmek ❷ (*fam: trinken*) içmek **II.** *vi* soluk almak, nefes almak

Inhalt <-(e)s, -e> ['ɪnhalt] *m* ❶ (*allgemein*) içerik, kapsam ❷ (*von Buch, Film*) konu; (*Sinn, Bedeutung: des Lebens*) anlam ❸ MATH (*Fläche*) alan; (*Raum*) hacim

inhaltlich **I.** *adj* içerikli **II.** *adv* içerik olarak

Inhaltsangabe <-n> *f* (*Zusammenfassung*) özet **inhaltslos** *adj* ❶ (*leer*) boş ❷ (*fig: bedeutungslos*) önemsiz **Inhaltsstoff** <-(e)s, -e> *m* içindeki madde **Inhaltsverzeichnis** *nt* içindekiler, fihrist

Initiale <-n> [initsj'a:lə] *f* inisyal, baş harf, adın ilk harfi

Initialwort *nt* kısaltmalı kelime

Initialzündung *f* ❶ TECH tapalı ateşleme ❷ (*zündende Idee*) başlatan fikir

Initiative <-n> [initsja'ti:və] *f* ❶ (*allgemein*) inisiyatif, teşebbüs; **die ~ ergreifen** inisiyatifi [*o* teşebbüsü] ele almak; **etw aus eigener ~ tun** bir şeyi inisiyatifini kullanarak yapmak ❷ SCHWEIZ (*Volksbegehren*) referendum

Initiativrecht *nt* POL (*des Parlaments*) yasa önerme hakkı

Initiator *m* bilgi babası

Initiatorin *f* bilgi annesi

initiieren* [initsi'i:rən] *vt* harekete geçirmek

Injektion <-en> [ɪnjɛk'tsjo:n] *f* MED enjeksiyon, içitim

Injektionsspritze <-n> *f* MED şırınga

Injektor <-s, -en> *m* enjektör

injizieren* [ɪnji'tsi:rən] *vt* MED içitmek, zerk etmek, enjeksiyon yapmak

Inka <-(s), -(s); -(s)> ['ɪŋka] *m* HIST İnka

Inkasso <-s, -s *o* Inkassi> [ɪn'kaso] *nt* FIN tahsilat, enkasman

inkl. *Abk von* **inklusive** dâhil

inklusive [ɪnklu'zi:və] **I.** *präp* dâhil **II.** *adv* dâhil, içinde olmak üzere; **bis 28. November ~** 28 Kasım'ın sonuna kadar; **alles ~** her şey dâhil [*o* içinde]

inkognito [ɪn'kɔgnito] *adv* kimliğini gizleyerek; (*mit fremden Namen*) başka ad altında

Inkognito <-s, -s> [ɪn'kɔgnito] *nt* (*geh*) kimliğini gizleme

inkompatibel ['-----, ---'--] *adj* INFORM, JUR birleşmez, bağdaşmaz

inkompetent ['ɪnkɔmpetɛnt] *adj* yetkisiz

Inkompetenz <-en> ['ɪnkɔmpetɛnts] *f* yetkisizlik

inkonsequent *adj* tutarsız, sebatsız

Inkonsequenz <-en> ['----, ---'-] *f* tutarsızlık, sebatsızlık

inkorrekt ['---] *adj* yanlış

Inkraftsetzung *f* yürürlüğe konma

In-Kraft-Treten <-s> *nt kein pl* yürürlüğe girme

Inkret <-(e)s, -e> *nt* MED, BIOL iç salgı

Inkubationszeit *f* MED kuluçka dönemi

Inland <-(e)s> ['ɪnlant] *nt kein pl* ❶ (*Gegensatz zu Ausland*) yurt içi; **im In- und Ausland** yurt içinde ve dışında ❷ (*Gegensatz zu Küste*) iç bölge **Inlandflug** *m* iç hatlarda uçuş

inländisch ['ɪnlɛndɪʃ] *adj* iç; (*Waren*) yerli; **die ~e und ausländische Presse** iç ve dış basın

Inlandsmarkt *m* WIRTSCH iç pazar

Inlaut *m* LING iç ses

inmitten [ɪn'mɪtən] *präp* (*geh*) arasında

innelhaben ['ɪnə-] *irr vt* (*Amt*) haiz olmak; (*geh: besitzen*) haiz olmak, elinde bulundurmak

innelhalten *irr vi* (*in Bewegung*) duraklamak, duralamak

innen ['ɪnən] *adv* iç; **~ drin** içeride; **~ und außen** içeride ve dışarıda; **die Tür geht nach ~ auf** kapı içeriye doğru açılır **Innenansicht** *f* iç görünüş **Innenarchitekt(in)** *m(f)* iç mimar **Innenarchitektur** *f* iç mimari, iç mimarlık **Innenbeleuchtung** *f* iç ışık **Inneneinrichtung** <-en> *f* döşeme **Innenfläche** <-n> *f* iç yüzey **Innenhof** *m* avlu **Innenleben** <-s> *nt kein pl* ❶ (*eines Menschen*) iç dünya ❷ (*fam: eines Gerätes*) iç donanım **Innenminister(in)** *m(f)* POL iç işleri bakanı **Innenministerium** *nt* POL iç işleri bakanlığı **Innenpolitik** <-en> *f* iç politika **innenpolitisch** *adj* iç politika ile ilgili **Innenraum** <-(e)s, -räume> *m* içerisi **Innenseite** *f* iç yüz, iç taraf **Innenspiegel** *m* AUTO dikiz aynası **Innenstadt** *f* kent merkezi **Innentemperatur** *f* iç ısı; (*im Zimmer*) oda sıcaklığı **Innenverkleidung** *f* AUTO iç döşeme **Innenwelt** *f* iç dünya

innerbetrieblich ['ɪnɐ-] *adj* işletme içi **innerdienstlich** *adj* hizmet içi

innere(r, s) ['ɪnərə, -rɐ, -rəs] *adj* ❶ (*räumlich*) iç; **Einmischung in die ~n Angelegenheiten** iç işlerine karışma ❷ MED iç (hastalıkları); **Spezialist für ~ Krankheiten** iç hastalıkları uzmanı ❸ (*geistig, seelisch*) iç

Innere(s) <-n> ['ɪnərəs] *nt kein pl* iç

Innereien [ɪnə'raɪən] *pl* iç organlar *pl*, sakatat *pl*

innerhalb ['ɪnɐhalp] **I.** *präp* ❶ (*örtlich*) içinde, dâhilinde; **~ geschlossener Ortschaften** yerleşim merkezlerinde ❷ (*zeitlich*) içinde, zarfında **II.** *adv* içinde; **~ von Berlin** Berlin içinde; **~ von drei Jahren** üç yıl içinde

innerlich *adj* ❶ (*innen*) iç; **~ anzuwenden** MED dâhilen kullanılacaktır ❷ (*geistig, seelisch*) içten

Innerlichkeit *f kein pl* içtenlik

innerorts *adj* SCHWEIZ yerleşim merkezlerindeki

innerparteilich *adj* parti içi **innerstädtisch** *adj* şehir içi, kent içi

innerste(r, s) ['ɪnɐstə, -tɐ, -təs] *adj superl von* **innere(r, s)** en iç

innelwohnen ['ɪnə-] *vi* (*geh*) **jdm/etw** *dat* **~** bir kimsede/şeyde içkin olmak, bir kimsenin/şeyin varlığının içinde bulunmak

innig ['ɪnɪç] *adj* (*tief*) derin; (*herzlich*) candan, içten; **jdn heiß und ~ lieben** (*fam*) biri için yanıp tutuşmak, birini kerem gibi sevmek

Innovation <-en> [ɪnova'tsjo:n] *f* yenilik

innovativ [ɪnova'ti:f] *adj* (*Denken*) yenilikçi

Innung <-en> ['ɪnʊŋ] *f* lonca

Innungsmeister *m* lonca ustası

inoffiziell ['ɪnʔɔfitsjɛl] *adj* resmî olmayan

Input <-s, -s> ['ɪnpʊt] *m o nt* INFORM girdi; *s. a.* **Output**

Inquisition <-en> [ɪnkvizi'tsjo:n] *f* HIST engizisyon

ins [ɪns] = **in das** -e; *s. a.* **in**

Insasse(in) <-n, -n; -nen> ['ɪnzasə] *m(f)* (*eines Fahrzeugs*) yolcu; (*eines Heims*) oturan, sakin; (*eines Gefängnisses*) mahpus

insbesondere [ɪnsbə'zɔndərə] *adv* özellikle

Inschrift <-en> ['--] *f* yazıt, kitabe

Insekt <-(e)s, -en> [ɪn'zɛkt] *nt* böcek

Insektenstich <-(e)s, -e> *m* böcek sokması

Insektenvernichtungsmittel *nt*, **Insektizid** <-s, -e> [ɪnzɛkti'tsi:t] *nt* flit, böceksavar

Insel <-n> ['ɪnzəl] *f* ada; **die Kanarischen ~n** Kanarya Adaları

Inserat <-(e)s, -e> [ɪnze'ra:t] *nt* ilan; **ein ~ aufgeben** ilan vermek

Inseratenteil *m* ilanlar bölümü

inserieren* [ɪnze'ri:rən] *vi* ilan vermek (**in** -e); **in allen Zeitungen ~** bütün gazetelere ilan vermek

insgeheim ['--'-] *adv* gizlice, gizli gizli

insgesamt ['--'-] *adv* toplam olarak

Insider(in) <-s, -; -nen> ['ɪnsaɪdɐ] *m(f)* işin içyüzünü bilen kimse

insistieren* [ɪnzɪs'ti:rən] *vi* (*geh*) ısrar etmek (**auf** -de)

inskünftig ['ɪnskʏnftɪç] *adv* SCHWEIZ (*künftig*) gelecekte

insofern [--'-, -'--] **I.** *adv* (*in diesem Punkt*) bu noktada; (*in dieser Hinsicht*) bu açıdan, bu yönden, bu bakımdan; ~ **hat er Recht** bu noktada haklı **II.** *konj* ❶ (*wenn*) eğer; ~ **es seine Zeit erlaubt, wird er kommen** (eğer) vakti olursa gelir, zaman bulabilirse gelir ❷ (*in dem Maß*) kadar(ıyla)

Insolvenz *f* JUR aciz

insoweit [--'-, -'--] *adv, konj s.* **insofern**

Inspektion <-en> [ɪnspɛk'tsjo:n] *f* ❶ (*allgemein*) denetleme, teftiş ❷ AUTO bakım; **der Wagen ist zur ~ fällig** arabanın bakımı geldi

Inspektor(in) <-s, -en; -nen> [ɪn'spɛktɔ:ɐ] *m(f)* müfettiş

Inspiration <-en> [ɪnspira'tsjo:n] *f* esin, ilham

inspirieren* [ɪnspi'ri:rən] *vt* esindirmek, ilham vermek (-e); ■ **sich ~ lassen** esinlenmek

inspizieren* [ɪnspi'tsi:rən] *vt* denetlemek, teftiş etmek

instabil ['---, --'-] *adj* istikrarsız

Installateur(in) <-s, -; -nen> [ɪnstala'tø:ɐ] *m(f)* tesisatçı, döşemci, döşeyici; (*Klempner*) sıhhî tesisatçı; (*Heizungs~*) kaloriferci

Installation <-en> [ɪnstala'tsjo:n] *f* ❶ TECH tesisat, döşem; (*das Einrichten*) döşeme, döşenme ❷ INFORM kurulum

installieren* [ɪnsta'li:rən] *vt* ❶ TECH döşemek; (*einbauen*) takmak (**in** -e) ❷ INFORM kurulumunu yapmak (-in)

instand [ɪn'ʃtant] *adv* **etw ~ halten** bir şeyin bakımını yapmak; **etw ~ setzen** bir şeyi onarmak; **gut ~ sein** bakımlı durumda olmak

inständig ['ɪnʃtɛndɪç] **I.** *adj* ❶ (*dringlich*) ivedi ❷ (*nachdrücklich*) ısrarlı **II.** *adv* ısrarla

Instantkaffee *m* hazır kahve, neskafe

Instanz <-en> [ɪn'stants] *f* ❶ (*Behörde*) merci; **bis zur letzten ~ gehen** en yüksek kademeli merciye kadar gitmek ❷ JUR derece; **in erster/zweiter ~** birinci/ikinci derecede

Instinkt <-(e)s, -e> [ɪn'stɪŋkt] *m* içgüdü

instinktiv [ɪnstɪŋk'ti:f] *adj* içgüdüsel

Institut <-(e)s, -e> [ɪnsti'tu:t] *nt* enstitü

Institution <-en> [ɪnstitu'tsjo:n] *f* kurum; (*Einrichtung*) kuruluş

institutionalisieren **I.** *vt* kurumlaştırmak **II.** *vr* ■ **sich ~** kurumlaşmak

Institutionalisierung <-en> *f* kurumlaştırma

institutionell *adj* kurumsal

Instruktion <-en> [ɪnstrʊk'tsjo:n] *f* ❶ (*Anweisung*) talimat, yönerge, direktif ❷ (*Unterweisung*) eğitim ve öğretim; MIL talim ve terbiye

instruktiv [ɪnstruk'ti:f] *adj* eğitici, öğretici

Instrument <-(e)s, -e> [ɪnstru'mɛnt] *nt* ❶ alet ❷ MUS çalgı, enstrüman, alet ❸ WIRTSCH araç ❹ AUTO gösterge

instrumental [ɪnstrumɛn'ta:l] *adj* aletli; MUS enstrümantal

instrumentalisieren *vt* alet etmek; **jdn/etw ~** bir kimseyi/şeyi alet etmek

Instrumentalmusik *f kein pl* enstrümantal müzik

Instrumententafel *f* AUTO gösterge paneli

Insuffizienz *f* MED yetersizlik, kifayetsizlik

Insulaner(in) <-s, -; -nen> [ɪnzu'la:nɐ] *m(f)* adalı

Insulin <-s> [ɪnzu'li:n] *nt kein pl* MED ensülin

inszenieren* [ɪnstse'ni:rən] *vt* THEAT sahnelemek, sahneye koymak

Inszenierung <-en> *f* THEAT sahneleme

intakt [ɪn'takt] *adj* sağlam

Integral *nt* MATH integral

Integralgleichung *f* MATH integral denklemi **Integralrechnung** *f* MATH integral hesapları *pl*

Integration <-en> [ɪntegra'tsjo:n] *f* ❶ entegrasyon, bütünleşme, birleşme ❷ MATH integrasyon **Integrationsprozess** *m* EU integrasyon [*o* uyum] süreci

integrieren* [ɪnte'gri:rən] *vt a.* MATH entegre etmek; **wieder in die Gesellschaft ~** yeniden topluma kazandırmak

Intellekt <-(e)s> [ɪntɛ'lɛkt] *m kein pl* entelekt, zihin, anlık

Intellektualismus *m kein pl* PHILOS entelektüalizm, anlıkçılık

intellektuell [ɪntɛlɛktu'ɛl] *adj* entelektüel, aydın

Intellektuelle(r) <-n, -n; -n> *f(m)* entelektüel, aydın

intelligent [ɪntɛli'gɛnt] *adj* zeki, anlaklı

Intelligenz [ɪntɛli'gɛnts] *f kein pl* ❶ (*Denkfähigkeit*) zekâ, anlak; **künstliche ~** INFORM yapay zekâ ❷ (*Gebildete*) aydınlar *pl*

Intelligenzler(in) *m(f)* (*pej*) entel **Intelligenzquotient** *m* zekâ oranı, genel zekâ

Intendant(in) <-en, -en; -nen> [ɪntɛn'dant] *m(f)* RADIO, TV, THEAT müdür

Intensität <-en> [ɪntɛnzi'tɛ:t] *f* yeğinlik, şiddet

intensiv [ɪntɛn'zi:f] *adj* ❶ yoğun ❷ (*Schmerz*) şiddetli; (*Farbe*) çarpıcı

intensivieren* [ɪntɛnzi'vi:rən] *vt* yoğunlaştırmak; (*verstärken*) pekiştirmek

Intensivkurs *m* hızlı kurs **Intensivpflege** *f* yoğun bakım **Intensivstation** *f*

MED yoğun bakım servisi

interagieren *vi* etkileşmek

Interaktion *f* etkileşim

interaktiv [ɪntɐʔak'ti:f] *adj a.* INFORM etkileşimli

Intercity <-s, -s> [ɪntɐ'sɪti] *m* EISENB şehirler arası tren **Intercityexpress**[RR] <-es, -e> *m* EISENB şehirler arası ekspres

interdisziplinär *adj* disiplinlerarası

interessant [ɪnt(ə)rɛ'sant] *adj* ilginç, ilgi çekici, enteresan

Interesse <-s, -n> [ɪntə'rɛsə, ɪn'trɛsə] *nt* ❶ (*Aufmerksamkeit*) ilgi (**an/für** -e/-e); **~ haben/zeigen** ilgi duymak/göstermek; **jds ~ wecken** birinin ilgisini uyandırmak; **für jdn nicht von ~ sein** biri için ilginç olamamak; **mit wachsendem ~** gittikçe artan bir ilgiyle; **jds ~ für etw gewinnen** birinin ilgisini bir şey için uyandırmak ❷ (*Vorteil*) yarar, çıkar, menfaat; **es liegt in deinem eigenen ~** bu, senin kendi yararınadır; **im ~ des Friedens** barış yararına; **im öffentlichen ~** kamu yararına; **jds ~n vertreten/wahrnehmen** birinin menfaatlerini temsil etmek/gözetmek ❸ (*Neigung, Vorliebe*) merak, heves; **gemeinsame ~n haben** ortak merakları olmak ❹ (*Neigung zum Kauf*) rağbet; **haben Sie ~, den Wagen zu kaufen?** arabayı almaya niyetiniz var mı? ❺ (*Nachfrage*) talep

interesselos *adj* ilgisiz, kayıtsız

Interesselosigkeit *f kein pl* ilgisizlik

Interessengebiet *nt* ilgi alanı

Interessengemeinschaft *f* çıkar topluluğu **Interessengruppe** *f* menfaat grubu, çıkar grubu **Interessenkonflikt** *m* menfaat uyuşmazlığı

Interessent(in) <-en, -en; -nen> [ɪnt(ə)rɛ'sɛnt] *m(f)* talip (**an/für** -e/için); (*Kauflustiger*) alıcı

interessieren* [ɪnt(ə)rɛ'si:rən] **I.** *vr* ■**sich ~** ilgi duymak (**für** -e), merak duymak (**für** -e (karşı)) **II.** *vt* ilgilendirmek, ilgisini çekmek (-in); **jdn für etw ~** birinin ilgisini bir şeye çekmek, birinin ilgisini bir şey için uyandırmak

interessiert [ɪnt(ə)rɛ'si:ɐt] **I.** *adj* meraklı; **kulturell ~ sein** kültüre meraklı olmak; **an etw** *dat*/**jdm ~ sein** bir şeye/kimseye ilgi duymak; ■**sich ~ zeigen** ilgi göstermek **II.** *adv* ilgiyle

Interface <-, -s> ['ɪntɐfɛɪs] *nt* INFORM arabirim

Interferenz <-en> [ɪntɐfe'rɛnts] *f* PHYS, TECH girişim

Interferon *nt* MED interferon

Interieur <-s, -s *o* -e> [ɛ̃te'rjøːɐ] *nt* içerisi

Interim *nt* geçicilik

interindividuell *adj* PSYCH bireyler arası

Interjektion <-en> [ɪntɐjɛk'tsjo:n] *f* LING ünlem

interkontinental [ɪntɐ-] *adj* kıtalar arası

interkulturell *adj* kültürler arası

Intermezzo <-s, -s *o* -mezzi> [ɪntɐ'mɛtso] *nt* THEAT aralık oyunu; MUS intermezzo

intern [ɪn'tɛrn] *adj* iç, dâhilî; **~e Medizin** dâhiliye; **auf der ~en Station liegen** dâhiliyede yatmak

Internat <-(e)s, -e> [ɪntɐ'na:t] *nt* yatılı okul

international [ɪntɐnatsjo'na:l] *adj* uluslararası, milletler arası

Internationalismus *m kein pl* enternasyonalizm, uluslararasıcılık

Internatsschule *f* yatılı okul **Internatsschüler(in)** *m(f)* yatılı öğrenci

Internet <-s, -s> ['ɪntɐnɛt] *nt* INFORM internet **Internetadresse** <-, -n> *f* INFORM internet adresi **Internetbanking** *nt* INFORM internet bankacılığı **Internetbenutzer(in)** <-s, -; -, -nen> *m(f)* INFORM internet kullanıcısı **Internetcafé** <-s, -s> *nt* internet kafe [*o* kahve] **Internetforum** *nt* INFORM internet forumu **internetsüchtig** *adj* internet bağımlısı **Internetsurfer(in)** <-s, -; -, -nen> *m(f)* INFORM internet gezicisi, internet sörfçüsü **Internetzugang** <-(e)s, -gänge> *m* INFORM internet erişimi

internieren* [ɪntɐ'ni:rən] *vt* enterne etmek, gözaltına almak

Internist(in) <-en, -en; -nen> [ɪntɐ'nɪst] *m(f)* MED dâhiliyeci, iç hastalıkları uzmanı

Interpellation *f* POL gensoru

interplanetar *adj*, **interplanetarisch** *adj* gezegenler arası

Interpol ['ɪntɐpo:l] *f* İnterpol

Interpret(in) <-en, -en; -nen> [ɪntɐ'pre:t] *m(f)* MUS yorumcu

Interpretation <-en> [ɪntɐpreta'tsjo:n] *f* yorum(lama)

interpretatorisch [ɪntɐpreta'to:rɪʃ] *adj* yorumlayıcı

interpretieren* [ɪntɐpre'ti:rən] *vt* yorumlamak

Interpunktion [ɪntɐpʊŋk'tsjo:n] *f kein pl* LING noktalama **Interpunktionszeichen** *nt* noktalama işareti

Interrogativadverb *nt* LING soru zarfı **Interrogativpronomen** *nt* LING soru zamiri

Intertrigo *f kein pl* pişik

Intervall <-s, -e> [ɪntɐ'val] *nt* ara(lık), fasıla; MUS enterval, aralık

intervenieren* [ɪntɐve'ni:rən] *vi* MIL, POL

müdahale etmek, karışmak, araya girmek
Interview <-s, -s> [ɪntɐˈvjuː, ˈɪntɐvju] *nt* mülâkat, görüşme; **ein ~ geben** demeç vermek; **ein ~ (mit jdm) machen** biriyle mülâkat yapmak
interviewen* [ɪntɐˈvjuːən] *vt* mülâkat yapmak (ile), görüşme yapmak (ile)
Interviewer(in) <-s, -; -nen> [ɪntɐˈvjuːɐ] *m(f)* röportajcı
interzellular *adj*, **interzellulär** *adj* BIOL, MED gözeler arası, hücre arası
Interzellularraum *m* BIOL, MED gözeler arası boşluk
intim [ɪnˈtiːm] *adj* ❶ (*sehr nahe und vertraut*) sıkı fıkı, içli dışlı; (*innig*) içten, samimi; **ein ~er Freund** samimi bir arkadaş; **mit jdm ~ werden** biriyle sıkı fıkı olmak, biriyle samimileşmek ❷ (*sexuell*) **mit jdm ~ sein** biriyle aşna fişne olmak, biriyle yatıp kalkmak, biriyle cinsel ilişkide bulunmak **Intimbereich** *m* ❶ (*Intimsphäre*) mahremiyet ❷ (*Geschlechtsorgane*) cinsel organlar **Intimfeind** *m* can düşmanı
Intimität <-en> [ɪntimiˈtɛːt] *f* (*Vertrautheit*) samimiyet; (*Intimsphäre*) mahremiyet; **wir besprachen ~en** özel meseleler görüştük
Intimleben *nt* seks hayatı
Intimsphäre *f* özel hayatın gizliliği, mahremiyet; **in jds ~ eindringen** birinin mahremiyetine girmek
Intimus <-, -mi> *m* (*engster Freund*) en yakın arkadaş, en samimi arkadaş; (*Vertrauter*) sırdaş
Intimverkehr *m* cinsel ilişki
intolerant [ˈ----] *adj* hoşgörüsüz
Intoleranz [ˈ----] *f kein pl* hoşgörüsüzlük
Intonation <-en> [ɪntonaˈtsjoːn] *f* ❶ MUS seslendirme, perdeli okuma ❷ LING titremleme
intonieren* *vt* ❶ MUS seslendirmek, perdeli okumak ❷ LING titremlemek
Intranet <-, *kein Pl*> [ˈɪntranɛt] *nt* INFORM intranet
intransitiv [ˈ----] *adj* LING (*Verb*) geçişsiz
intrazellulär *adj* BIOL, MED hücre içi
intrigant [ɪntriˈgant] *adj* entrikacı
Intrigant(in) <-en, -en; -nen> [--ˈ-] *m(f)* entrikacı
Intrige <-n> [ɪnˈtriːgə] *f* entrika; **~n spinnen** [*o* **einfädeln**] entrika çevirmek
intrigieren* [ɪntriˈgiːrən] *vi* entrika çevirmek
introvertiert [ˈɪntrovɛrtiːɐt] *adj* içe dönük
Introvertiertheit *f* içe dönüklük
Intuition <-en> [ɪntuiˈtsjoːn] *f* (*Eingebung*) sezgi
intuitiv [ɪntuiˈtiːf] *adj* sezgisel
intus [ˈɪntʊs] *adj inv* (*fam*) **etw ~ haben** (*auswendig können*) ezbere bilmek; (*verstanden haben*) bir şeyi anlamış olmak; (*zu sich genommen haben*) bir şeyi almış olmak
invalid(e) [ɪnvaˈliːt, ɪnvaˈliːdə] *adj* malul, sakat
Invalide(r) <-n, -n; -n> *f(m)* malul, sakat
Invalidität [ɪnvalidiˈtɛːt] *f kein pl* maluliyet, malullük, sakatlık
invariabel [ˈɪnvariaːbəl] *adj* değişmez
Invasion <-en> [ɪnvaˈzjoːn] *f* istila
Inventar <-s, -e> [ɪnvɛnˈtaːɐ] *nt* ❶ COMM (*Firmenvermögen*) varlık; (*Gegenstände*) eşya; **lebendes ~** COMM hayvan varlığı; **totes ~** COMM demirbaş (eşya) ❷ (*Verzeichnis*) defter, demirbaş listesi; **etw ins ~ aufnehmen** bir şeyi deftere [*o* demirbaş listesine] geçirmek
Inventur <-en> [ɪnvɛnˈtuːɐ] *f* envanter, stok sayımı; **~ machen** envanter çıkarmak
investieren* [ɪnvɛsˈtiːrən] *vt* ❶ (*Geld*) yatırım yapmak (**in** -e), yatırmak (**in** -e); **sein Kapital in ein Projekt ~** sermayesini bir projeye yatırmak ❷ (*Zeit, Kraft*) harcamak
Investition <-en> [ɪnvɛstiˈtsjoːn] *f* yatırım **Investitionsgüter** *pl* WIRTSCH yatırım malları *pl* **Investitionsvorhaben** *nt* WIRTSCH yatırım projesi
Investment <-s, -s> [ɪnˈvɛstmənt] *nt* FIN yatırım **Investmentfonds** *m* FIN yatırım fonu
Investor(in) <-s, -en; -nen> [ɪnˈvɛstoːɐ] *m(f)* WIRTSCH yatırımcı
involvieren* [ɪnvɔlˈviːrən] *vt* dâhil etmek (**in** -e)
inwendig [ˈɪnvɛndɪç] **I.** *adj* iç; **eine ~e Tasche** iç cep **II.** *adv* **die Frucht war ~ faul** meyvenin içi çürüktü; **etw/jdn in- und auswendig kennen** (*fam*) bir şeyin/kimsenin içini dışını bilmek
inwiefern [--ˈ-], **inwieweit** [--ˈ-] *adv* ne dereceye kadar
Inzest <-(e)s, -e> [ˈɪntsɛst] *m* fücur, yakın akrabalar arasında zina [*o* cinsel ilişki]
Inzucht <-en> [ˈɪntsʊxt] *f* iç damızlanma, eş soylaşma
inzwischen [-ˈ--] *adv* bu arada
Ion <-s, -en> [iˈoːn] *nt* PHYS, CHEM iyon
Ionisation *f* PHYS, CHEM iyonlanma
ionisch [iˈoːnɪʃ] *adj* PHYS, CHEM iyonik
ionisieren* [ioniˈziːrən] **I.** *vt* PHYS, CHEM iyonlaştırmak **II.** *vi* PHYS, CHEM iyonlaşmak
Ionisierung *f* PHYS, CHEM (*das Ionisieren*) iyonlaştırma; (*das Ionisiertwerden*) iyonlaşma

Ionosphäre *f kein pl* ASTRON iyon yuvarı
IP-Nummer *f* sayısal adres
i-Punkt[RR] ['i:pʊŋkt] *m* LING i üzerindeki nokta; **bis auf den ~** en ince noktasına kadar
IQ <-(s), -(s)> [i:'ku:] *m Abk von* **Intelligenzquotient** zekâ oranı
Irak <-s> [i'ra:k] *m* Irak
Iraker(in) <-s, -; -nen> *m(f)* Iraklı
irakisch *adj* Irak (ile ilgili)
Iran <-s> [i'ra:n] *m* İran
Iraner(in) <-s, -; -nen> *m(f)* İranlı
iranisch *adj* İran (ile ilgili)
irden ['ɪrdən] *adj* toprak; **ein ~es Gefäß** toprak kap
irdisch ['ɪrdɪʃ] *adj* ❶ (*zur Erde gehörend*) dünyalı; **~e Freuden** dünya nimeti; **die ~en Güter** dünya malı ❷ (*Gegensatz zum Himmel*) dünyevî
Ire(in) <-n, -n; -nen> ['i:rə] *m(f)* İrlandalı
irgend ['ɪrgənt] *adv* herhangi; **... oder ~ so etwas** ... veya öyle herhangi bir şey; **wenn ~ möglich** eğer mümkünse **irgendein** ['---] *pron s.* **irgendeine(r)** **irgendeine(r)** ['--'--] *pron* ❶ (*einer*) bir ... falan, herhangi bir; **haben Sie noch ~n Wunsch?** başka herhangi bir isteğiniz var mı?, başka bir isteğiniz falan var mı? ❷ (*ein beliebiges*) herhangi bir, rastgele bir, falan(ca); **ich gehe nicht mit ~m aus** ben falancayla [*o* herhangi biriyle] sokağa çıkmam; **aus ~ Grund** her nedense **irgendetwas**[RR] ['--'--] *pron* herhangi bir şey; **bei der Sache ist ~ nicht in Ordnung** bu işin içinde bir iş var **irgendjemand**[RR] ['--'--] *pron* herhangi biri, rastgele biri **irgendwann** ['--'-] *adv* **~ einmal** günün birinde; **~ nächste Woche** gelecek hafta falan **irgendwas** ['--'-] *pron* (*fam*) ❶ (*etwas*) bir şey; **fällt dir noch ~ ein?** aklına başka bir şey geliyor mu? ❷ (*Beliebiges*) herhangi bir şey **irgendwelche** ['--'--] *pron* ❶ (*manche*) bazıları *pl*, birileri *pl*; **~ Leute** bazı insanlar ❷ (*beliebige*) herhangi bir; **solltest du ~ Probleme haben ...** herhangi bir sorunun olursa ... **irgendwer** ['--'-] *pron* ❶ (*jemand*) biri, birisi ❷ (*eine beliebige Person*) herhangi biri, sıradan biri; **er ist schließlich nicht ~** esasen öyle sıradan biri değil **irgendwie** ['--'-] *adv* (her) nedense, herhangi bir şekilde **irgendwo** ['--'-] *adv* (herhangi) bir yerde **irgendwoher** ['---'-] *adv* (herhangi) bir yerden **irgendwohin** ['---'-] *adv* (herhangi) bir yere
Iriden, Irides *pl von* **Iris**[2]
Iris[1] <-> ['i:rɪs] *f* BOT (*Schwertlilie*) süsen
Iris[2] <- *o* Iriden *o* Irides> *f* MED (*des Auges*) iris
irisch ['i:rɪʃ] *adj* İrlanda (ile ilgili), İrlandalı
Irland <-s> ['ɪrlant] *nt* İrlanda
Ironie <-n> [iro'ni:] *f* alaysılama; LIT ironi; **eine ~ des Schicksals** (*fig*) kaderin bir cilvesi
ironisch [i'ro:nɪʃ] *adj* ironik, alaysılamalı
irr *adj s.* **irre**
irrational ['----, ---'-] *adj* akıl dışı; PHILOS us dışı, irrasyonel
Irrationalismus *m kein pl* irrasyonalizm, akıl dışıcılık, us dışıcılık
irre ['ɪrə] *adj* ❶ (*verwirrt*) şaşkın; **ein ~r Blick** şaşkın bir bakış ❷ (*geistesgestört*) deli; **du machst mich ganz ~** (*fam*) beni deli ediyorsun; **jdn für ~ halten** birine deli gözüyle bakmak ❸ (*fam: toll*) şahane, müthiş; (*komisch*) acayip; **~ gut/hübsch** (*sehr*) çok iyi/güzel
Irre[1] ['ɪrə] *f kein pl* **jdn in die ~ führen** (*betrügen*) birini aldatmak; (*falschen Weg angeben*) birine yolu yanlış tarif etmek
Irre(r)[2] <-n, -n; -n> ['ɪrɐ] *f(m)* (*Geistesgestörte*) akıl hastası, deli; **wie ein ~r** deli gibi
irreal ['---, --'-] *adj* gerçek dışı
irre|führen ['ɪrə-] *vt* yanıltmak, aldatmak, şaşırtmak **irreführend** *adj* yanıltıcı; (*betrügerisch*) aldatıcı **Irreführung** <-en> *f* aldatma
irregulär ['ɪregulɛ:ɐ, ---'-] *adj* düzensiz, kuralsız, kural dışı
irrelevant ['ɪrelevant] *adj* önemsiz
irren ['ɪrən] **I.** *vr* ■ **sich ~** yanılmak, şaşırtmak; **ich habe mich im Tag geirrt** günümü şaşırdım; **Sie ~ sich** yanılıyorsunuz; **wenn ich mich nicht irre** yanılmıyorsam; **I~ ist menschlich** (*prov*) hatasız kul olmaz **II.** *vi sein* (*umherstreifen*) dolanmak (**durch** -de), gelişigüzel gezmek (**durch** -i)
Irrenanstalt *f*, **Irrenhaus** *nt* tımarhane
irreparabel ['ɪrepara:bəl] *adj* onarılamaz, tamir edilemez
Irrfahrt ['ɪr-] *f* dolanıp durma **Irrgarten** *m* labirent **Irrglaube(n)** *m* ❶ (*falsche Auffassung*) kuruntu, yanlış ve yersiz düşünce ❷ REL hurafe
irritieren* [ɪri'ti:rən] *vt* şaşırtmak; (*stören*) rahatsız etmek; (*ärgern*) kızdırmak
Irrläufer <-s, -> *m* ❶ yanlış adrese giden posta ❷ MIL kaza kurşunu **Irrlicht** *nt* bataklık yakamozu **Irrsinn** <-s> *m kein pl* delilik
irrsinnig *adj* ❶ (*verrückt*) deli ❷ (*fam: groß*) müthiş; (*toll*) şahane
Irrtum <-s, -tümer> *m* yanılgı, hata, yanlış(lık); **einen ~ einsehen/erkennen**

hatasını kabul etmek/görmek; **einem ~ unterliegen** hataya düşmek, yanılgıya düşmek; **ihr ist ein ~ unterlaufen** bir hata işledi, yanlışlık yaptı; **sich im ~ befinden** yanılmak

irrtümlich ['ɪrty:mlɪç] **I.** *adj* hatalı **II.** *adv* yanlışlıkla

Irrweg *m* yanlış yol

Ischias <-> ['ɪʃias] *m o nt kein pl* MED siyatik

ISDN [i:ʔɛsde:'ʔɛn] *f* TELEK *Abk von* **Integrated Services Digital Network** *Entegre Servisler Dijital Şebekesi*

Islam <-(s)> [ɪs'la:m] *m kein pl* REL İslam

islamisch *adj* REL İslam, İslami

islamisieren *vt* İslamlaştırmak

Islamisierung *f* İslamlaştırma

Islamismus *m kein pl* İslamcılık

Islamist(in) *m(f)* İslamcı

islamistisch *adj* İslamcı

Island <-s> ['i:slant] *nt* İzlanda

Isländer(in) <-s, -; -nen> ['i:slɛndɐ] *m(f)* İzlandalı

isländisch *adj* İzlanda (ile ilgili), İzlandalı; **eine ~e Frau** İzlandalı bir kadın; **die ~e Regierung** İzlanda hükümeti

Isolation <-en> [izola'tsjo:n] *f* (*allgemein*) izolasyon, yalıtım; (*von Gefangenen*) ayırma, tecrit

Isolationshaft *f kein pl* hücre hapsi; **in ~ sein** hücre hapsi giymiş olmak

Isolierband <-(e)s, -bänder> [izo'li:ɐ-] *nt* izole bant

isolieren* [izo'li:rən] *vt* ❶ (*absondern*) ayırmak (**von** -den); (*Häftlinge*) ayırmak, tecrit etmek ❷ (*abdichten*) izole etmek (**gegen** -e karşı), yalıtmak (**gegen** -e karşı)

Isolierkanne *f* termos **Isoliermaterial** *nt* yalıtma malzemesi

Isolierung <-en> *f* izolasyon (**gegen** -e karşı), yalıtım (**gegen** -e karşı); (*von Gefangenen*) ayırma, tecrit

Isotop <-s, -e> *nt* izotop

ISP <-s, -s> *m Abk von* **Internet Service Provider** internet servis sağlayıcısı

Israel <-s> ['i:srae:l, 'ɪsrae:l] *nt* İsrael

Israeli <-[s], -[s]> [ɪsra'e:li] *m,* **Israeli** <-s, -[s]> *f* İsraelli

israelisch [ɪsra'e:lɪʃ, ɪsra'e:lɪʃ] *adj* İsrael

Israelit(in) <-en, -en; -nen> [israe'li:t, ɪsrae'li:t] *m(f)* İsrailoğlu

ISS <-s, -s> *m Abk von* **International Space Station** UUİ (*Uluslararası Uzay İstasyonu*)

isst[RR] [ɪst], **ißt**[ALT] *3. präs von* **essen**

ist [ɪst] *3. präs von* **sein**

Isthmus <-, -men> *m* GEO (*Landenge*) kıstak, berzah

Italien <-s> [i'ta:liən] *nt* İtalya

Italiener(in) <-s, -; -nen> [ita'lje:nɐ] *m(f)* İtalyan

italienisch *adj* İtalyan

Iteration <-en> *f* LING yineleme

iterativ *adj* LING yinelemeli

i-Tüpfelchen[RR] <-s, -> ['i:tʏpfəlçən] *nt* (*fig: letzter Schliff*) son rötuş; (*Krönung*) daniska

i. V. *Abk von* **in Vertretung** vekâleten

IWF <-(s)> [i:ve:'ʔɛf] *m Abk von* **Internationaler Währungsfonds** Uluslararası Para Fonu

J j

J, j <-, -> [jɔt] *nt* J, j; **~ wie Julius** jandarma'nın je'si

ja [ja:] *adv* ❶ (*zustimmend*) evet, öyledir; **zu etw** *dat* **~ sagen** bir şeye evet demek; **ich glaube ~** öyle sanıyorum; **wenn ~, dann ...** öyleyse, o zaman ...; **ach ~** evet, öyle; **aber ~** ama öyle; **~ doch!** öyle işte!; **zu allem ~ und amen sagen** (*fam*) her şeye amenna demek ❷ (*fragend*) öyle mi?; **du bist also einverstanden, ~?** razısın demek, öyle mi? ❸ (*doch*) **da kommt er ~** geliyor işte ❹ (*aber*) ama; **das ist ~ fürchterlich** bu feci bir şey ama; **es ist ~ noch früh** daha erken ama ❺ (*bloß*) **komm ~ pünktlich!** aman vaktinde gel!; **lass dich ~ nicht mehr hier sehen** (*fam*) buralarda sakın bir daha görünme

Ja <-(s), -(s)> *nt* evet; **eine Frage mit ~ beantworten** bir soruyu evet ile cevaplandırmak, bir soruya evet ile cevap vermek

Jacht <-en> [jaxt] *f* yat

Jachtklub *m* yat kulübü

Jacke <-n> ['jakə] *f* ceket; (*Strick~*) hırka

Jackett <-s, -s> [ʒa'kɛt] *nt* ceket

Jackpot <-s, -s> ['dʒɛkpɔt] *m* (*im Kartenspiel*) pot; (*im Lotto*) büyük ikramiye

Jade *m o f* yeşim

Jagd <-en> [ja:kt] *f* ❶ (*a. fig: von Wild*) av; **auf die ~ gehen** ava çıkmak ❷ *s.* **Jagdrevier**

jagdbar *adj* avlanabilir

Jagdbeute *f* av **Jagdflugzeug** *nt* MIL avcı uçağı **Jagdgewehr** *nt* av tüfeği **Jagdgrund** *m* (*fig fam*) **in die ewigen Jagdgründe eingehen** eşek cennetini boylamak **Jagdhaus** *nt* av kulübesi **Jagdhund** <-(e)s, -e> *m* av köpeği **Jagdhütte** *f* avcı kulübesi **Jagdmesser** *nt* av bıçağı **Jagdrevier** *nt* avlak **Jagdschein** <-(e)s, -e> *m* av tezkeresi **Jagdzeit** <-en> *f* av dönemi, av mevsimi

jagen ['ja:gən] **I.** *vt* ❶ avlamak; **sich** *dat* **eine Kugel durch den Kopf ~** (*fam*) kafasına bir kurşun sıkmak ❷ (*ver~*) kovalamak; **jdn aus dem Haus ~** birini evden kovmak; **mit Fleisch kann man ihn ~** (*fam*) eti görünce kaçar **II.** *vi* ❶ (*auf Jagd gehen*) ava çıkmak, avlanmak ❷ *sein* (*rasen*) deli gibi gitmek ❸ (*gierig streben*) **nach Geld/Ruhm ~** paranın/şöhretin peşinden koşmak

Jäger(in)[1] <-s, -; -nen> ['jɛ:gɐ] *m(f)* (*Person*) avcı

Jäger[2] <-s, -> *m* MIL avcı eri

Jägerei *f* avcılık

Jägerschnitzel <-s, -> *nt* GASTR *mantar soslu domuz şnitzeli*

Jaguar <-s, -e> ['ja:gua:ɐ] *m* jaguar

jäh [jɛ:] *adj* (*geh*) ❶ (*plötzlich*) ani, apansız; (*Entschluss*) ani ❷ (*steil*) yalçın, dik, sarp

Jahr <-(e)s, -e> [ja:ɐ] *nt* yıl, sene; **das alte/neue ~** eski/yeni yıl; **die neunziger ~e** doksanlı yıllar; **alle ~e wieder** her yıl yeniden; **einmal im ~** yılda bir kere [*o* defa]; **jedes zweite/dritte ~** her iki/üç yılda (bir); **das ganze ~** (**über**) bütün yıl boyunca; **nächstes/vergangenes ~** gelecek/geçen yıl; **von ~ zu ~** yıldan yıla; **vor einem ~** bir yıl önce; **jdm ein frohes neues ~ wünschen** birine yeniyıl dilemek; **in jungen ~en** genç yaşlarda; **sie ist 18 ~e alt** o, 18 yaşında; **mit 30 ~en** 30 yaşında; **in die ~e kommen** yaşlanmak; **in den besten ~en sein** en iyi yaşta olmak; **seit vielen ~en** uzun yıllardan beri, yıllar yılı

jahraus [ja:ɐ'ʔaʊs] *adv* **~, jahrein** yıldan yıla

Jahrbuch *nt* yıllık

jahrelang ['ja:rəlaŋ] **I.** *adj* yıllar boyu **II.** *adv* yıllarca

jähren ['jɛ:rən] *vr* ■ **sich ~** yılı dolmak; **der Tag seines Todes jährt sich zum zehnten Male** ölümünün onuncu yılı doluyor

Jahresanfang *m*, **Jahresbeginn** *m* yıl başı **Jahresbeitrag** *m* yıllık aidat **Jahresbericht** *m* yıllık rapor **Jahresdurchschnitt** *m* yıllık ortalama **Jahreseinkommen** *nt* yıllık gelir **Jahresende** <-s> *nt kein pl* yıl sonu **Jahresfrist** *f kein pl* JUR bir yıllık süre **Jahresring** *m* BOT yıl halkası **Jahrestag** *m* yıl dönümü **Jahresurlaub** *m* yıl izini **Jahreswechsel** *m* yıl değişimi **Jahreszeit** *f* mevsim

Jahrgang <-(e)s, -gänge> *m* ❶ (*Geburtsjahr*) doğum yılı; **er ist ~ 1970** o 1970 doğumludur; **er ist mein ~** o, benimle aynı yılda doğmuş; **wir sind ein ~** biz aynı yılda doğmuşuz; **welcher ~ sind Sie?** kaçlısınız?, kaç doğumlusunuz? ❷ (*von Wein*) şişelenme yılı ❸ (*von Zeitschrift*) baskı yılı ❹ UNIV mezun; **welcher ~ sind Sie?** kaçlısınız?, kaç mezunusunuz?

Jahrhundert <-s, -e> [-'--] *nt* yüzyıl, asır; **„~" wird durch „Jh." abgekürzt** "yüzyıl" kelimesi "yy." olarak kısaltılır; **Anfang/Ende des 19. ~s** 19. yüzyılın başında/sonunda; **nach/vor ~en** yüzyıllar sonra/önce; **seit ~en** yüzyıllardır, yüzyıllardan beri

jahrhundertelang *adj* yüzlerce yıl süren

Jahrhundertwende *f* yüzyıl başı

jährlich ['jɛːɐlɪç] *adj* yıllık, yıldan yıla, her yıl

Jahrmarkt *m* panayır

Jahrtausend <-s, -e> [-'--] *nt* binyıl, bin yıllık süre, milenyum **Jahrtausendwende** *f* binyıl dönümü, milenyum

Jahrzehnt <-s, -e> [jaːɐ'tseːnt] *nt* on yıl, on yıllık süre; **drei ~e später** otuz yıl sonra

Jähzorn <-(e)s> ['jɛːtsɔrn] *m kein pl* ❶ (*Eigenschaft*) hırçınlık ❷ (*Anfall*) hırçınlaşma **jähzornig** *adj* hırçın, osuruğu cinli olan, çabuk kızıp öfkelenen

Jak [jak] *m* ZOOL yak

Jalousie <-n> [ʒalu'ziː, *pl* ʒalu'ziːən] *f* jalûzi

J

Jammer <-s> ['jamɐ] *m kein pl* ❶ (*Wehklagen*) sızlanma, yakınma ❷ (*Elend*) sefalet; **es ist ein ~!** (*fam*) yazık!

jämmerlich ['jɛmɐlɪç] *adj* (*Zustand*) acıklı, zavallı; (*elend*) sefil; (*herzzerreißend*) yürekler acısı

jammern ['jamɐn] *vi* sızlanmak (**über** -e); (*klagen*) yakınmak (**über** -den)

jammerschade ['--'--] *adj* **~ sein** (*fam*) çok yazık olmak

Jänner <-s, -> ['jɛnɐ] *m* ÖSTERR (*Januar*) ocak; *s. a.* **März**

Januar <-(s), -e> ['januaːɐ] *m* ocak; *s. a.* **März**

Japan <-s> ['jaːpan, 'jaːpaːn] *nt* Japonya

Japaner(in) <-s, -; -nen> [ja'paːnɐ] *m(f)* Japon

japanisch *adj* Japon

Jargon <-s, -s> [ʒar'gõː] *m* jargon, argo

Jasager(in) <-s, -; -nen> ['jaːzaːgɐ] *m(f)* (*pej*) evet efendimci

Jasmin <-s, -e> [jas'miːn] *m* yasemin

Jastimme ['jaːʃtɪmə] *f* beyaz oy

jäten ['jɛːtən] *vt* **Unkraut ~** ot yolmak

jauchzen ['jaʊxtsən] *vi* sevinçten bağırmak

jaulen ['jaʊlən] *vi* (*Hund*) ulumak

jawohl [ja'voːl] *adv* başüstüne

Jawort <-(e)s, -e> ['jaːvɔrt] *nt* **jdm das ~ geben** birinin evlenme teklifini kabul etmek

Jazz <-> [dʒɛːs] *m kein pl* caz; **~ spielen** caz çalmak **Jazzband** *f* cazbant **Jazzmusik** *f kein pl* caz müziği **Jazzmusiker(in)** *m(f)* cazcı

je [jeː] **I.** *adv* ❶ (*jemals*) **wer hätte das ~ gedacht!** bu hiç kimsenin aklına gelir miydi!; **es ist schlimmer denn ~** eskisinden daha beter; **seit eh und ~** kalubeladan beri, bildik [*o* bildim] bileli ❷ (*jeweils*) -er, -ar, -şer, -şar; **ich gebe euch ~ zwei/drei/vier/sechs/neunzig Stück** size ikişer/üçer/dörder/altışar/doksanar tane veriyorum, her birinize iki/üç/dört/altı/doksan tane veriyorum; **es können ~ zwei Personen eintreten** her defasında iki kişi girilebilir, ikişer ikişer girilebilir; **~ beteiligter Student** katılan her öğrenci başına **II.** *präp* (*pro*) başına; **~ Kopf/Person/Stück** adam/kişi/tane başına; **~ zur Hälfte** yarı yarıya **III.** *konj* **er wird vernünftiger, ~ älter er wird** yaşlandıkça uslanıyor; **~ nachdem, ob er Zeit hat ...** zamanı [*o* vakti] olup olmamasına göre ...; **~ nach Größe** boya göre; **~ eher ihr kommt, desto** [*o* **umso**] **besser** ne kadar erken gelirseniz, o kadar iyi olur; **~ eher, desto** [*o* **umso**] **lieber** ne kadar çabuk olursa, o kadar iyi; **willst du mitgehen? — ~ nachdem** (*fam: vielleicht*) gelecek misin? — belki; (*das hängt noch davon ab*) gelecek misin? — duruma bağlı; **wir entscheiden uns ~ nachdem, ob es uns gefällt** hoşumuza gidip gitmemesine göre karar vereceğiz **IV.** *interj* **oh ~!** ne yazık!, vah vah!

Jeans [dʒiːns] *f inv* blûcin **Jeanshemd** *nt* blûcin gömlek **Jeanshose** *f* blûcin pantolon **Jeansjacke** *f* blûcin ceket

jede(r, s) ['jeːdə, -dɐ, -dəs] *pron* ❶ (*substantivisch*) her; **~r von uns** her birimiz; **~s einzelne Fenster** her (bir) pencere; **~r Zweite/Dritte** her iki/üç kişiden biri; **~r für sich** herkes kendi başına; **hier kennt ~r ~n** burada herkes herkesi tanır ❷ (*adjektivisch*) her; (*ein beliebiges*) herhangi; **auf ~n Fall** kesinlikle, mutlaka; **ohne ~n Grund** hiç yoktan, hiçbir sebep yokken; **um ~n Preis** (her) ne pahasına olursa olsun; **es kann ~n Augenblick passieren** her an olabilir; **ohne ~ Hoffnung** hiç umut kalmadan

jedenfalls ['jeːdənfals] *adv* ❶ (*auf jeden Fall*) her hâlde, kesinlikle, mutlaka ❷ (*wenigstens*) en azından; (*was mich betrifft*) bana gelince

jedermann ['---] *pron* herkes; **das ist nicht ~s Sache** bu, herkesin işi değildir

jederzeit ['--'-] *adv* her zaman; **sie können ~ kommen** ne zaman isterseniz gelin

jedesmal[ALT] ['--'-] *adv s.* **Mal**[1] **1.**

jedoch [je'dɔx] *konj* oysa, hâlbuki, ne var ki, ancak, lakin

jedweder *pron* her

Jeep® <-s, -s> [dʒiːp] *m* cip

jegliche(r, s) ['jeːklɪçə, -çɐ, -çəs] *pron* her

jeher ['je:he:ɐ, '-'-] *adv* **von** [*o* **seit**] ~ öteden beri, oldum olası
Jelängerjelieber *m o nt* BOT hanımeli
jemals ['je:ma:ls] *adv* hiç; **hat man ~ so etwas gesehen?** hiç böyle bir şey görülmüş müdür?
jemand ['je:mant] *pron* biri, birisi; (*verneint*) kimse; **ist hier ~?** burada kimse var mı?; ~ **anderes** başka birisi
Jemen <-s> *nt kein pl* Yemen
Jemenit <-en, -en> *m* Yemenli
jene(r, s) ['je:nə, -nɐ, -nəs] *pron* (*geh*) ❶ (*adjektivisch*) **in ~n Tagen** o günlerde; **seit ~n Tagen** o günlerden beri ❷ (*substantivisch*) şu
jenseits ['je:nzaɪts] **I.** *präp* (*auf der anderen Seite*) karşı yakada; (*außerhalb*) dışında; **er ist schon ~ der vierzig** kırkını geçti bile **II.** *adv* karşıda, karşı yakada, ötesinde; **~ von Gut und Böse** iyinin ve kötünün ötesinde
Jenseits <-> *nt kein pl* ahiret, ahret, öbür dünya, gaip; **jdn ins ~ befördern** birini öbür dünyaya postalamak; **Stimmen aus dem ~ hören** gaipten sesler duymak
Jerewan <-s> *nt* Erivan
Jericho <-s> *nt* Eriha
Jerusalem <-s> [je'ru:zalɛm] *nt* Kudüs
Jesuit <-en, -en> [jezu'i:t] *m* REL cizvit
Jesuitenorden *m kein pl* REL cizvit tarikatı, İsa Derneği
Jesuitentum *nt kein pl* REL cizvitlik
Jesus <Jesu> ['je:zʊs] *m* REL İsa; **~ Christus** Hazreti İsa
Jet <-(s), -s> [dʒɛt] *m* jet
Jet-set[ALT] <-s, -s> *m,* **Jetset**[RR] <-s, -s> ['dʒɛtsɛt] *m* jet sosyete
Jett [dʒɛt, jɛt] *m o nt* kara kehribar, oltu taşı, oksidiyon taşı
jetzige(r, s) *adj* şimdiki
jetzt [jɛtst] *adv* şimdi; **~ gleich** hemen şimdi; **bis ~** şimdiye kadar; **~ oder nie** ya şimdi ya hiç; **von ~ an** şimdiden sonra
Jetztzeit *f kein pl* şimdiki zaman
jeweilige(r, s) *adj* ilgili; (*augenblicklich*) şimdiki
jeweils ['je:vaɪls] *adv* her; **~ am Monatsersten** her ayın birinde; **die ~ Größten aus jeder Gruppe** her gruptan en büyükler; **~ vier Personen** dörder kişi
Jh. *Abk von* **Jahrhundert** yy. (*yüzyıl*); **„Jahrhundert" wird durch „~" abgekürzt** "yüzyıl" kelimesi "yy." olarak kısaltılır
JH *Abk von* **Jugendherberge** hostel
Jiu-Jitsu <-(s)> *nt kein pl* jiujitsu
Job <-s, -s> [dʒɔp] *m* ❶ (*fam: Arbeit*) iş; (*Arbeitsplatz*) iş yeri ❷ INFORM iş
jobben ['dʒɔbən] *vi* (*fam*) çalışmak (**als** olarak); (*Geld verdienen*) para kazanmak
Jobsharing[RR] <-(s)> ['dʒɔpʃɛ:rɪŋ] *nt kein pl* iş yerini paylaşma
Joch <-(e)s, -e> [jɔx] *nt* (*a. fig*) boyunduruk; **einem Ochsen das ~ auflegen** öküze boyunduruk geçirmek; **jdn ins ~ spannen** birini boyunduruğa vurmak
Jochalge <-n> *f* BOT kavuşur su yosunu
Jochbein *nt* ANAT elmacık kemiği
Jockei <-s, -s> *m,* **Jockey** <-s, -s> ['dʒɔki] *m* SPORT cokey
Jod <-(e)s> [jo:t] *nt kein pl a.* CHEM iyot
jodhaltig *adj* iyotlu
Jodsalz <-es> *nt kein pl* iyotlu tuz **Jodtinktur** *f kein pl* CHEM, MED iyot tentürü, tentürdiyot
Joga <-(s)> ['jo:ga] *m o nt kein pl* yoga; *s. a.* **Yoga**
joggen ['dʒɔgən] *vi sein* jogging yapmak
Jogging <-s> ['dʒɔgɪŋ] *nt kein pl* jogging **Jogginganzug** <-(e)s, -züge> *m* jogging takımı
Joghurt <-(s), -(s)> ['jo:gʊrt] *m o nt,* **Jogurt**[RR] <-(s), -(s)> *m o nt* yoğurt
Jogi <-s> ['jo:gi] *m* yogi
Johannisbeere <-n> [jo'hanɪsbe:rə] *f* Frenk üzümü **Johannisbrot** *nt kein pl* BOT keçi boynuzu **Johannisnacht** *f* REL ateş gecesi **Johannistag** *m* REL Yahya yortusu
johlen ['jo:lən] *vi* (*pej*) bağırıp çağırmak
Joint <-s, -s> [dʒɔɪnt] *m* (*fam*) esrarlı (sigara)
Jo-jo <-s, -s> ['jo:jo] *nt* yoyo
Joker <-s, -> ['dʒo:kɐ] *m* coker
Jongleur(in) <-s, -e; -nen> [ʒõ'glø:ɐ, ʒɔŋ'lø:ɐ] *m(f)* cambaz, hokkabaz
jonglieren* **I.** *vt* cambazlık yapmak (ile) **II.** *vi* (*a. fig*) cambazlık yapmak; **mit Begriffen ~** söz cambazlığı yapmak
Jordanien <-s> [jɔr'da:niən] *nt* Ürdün
Jordanier(in) <-s, -; -nen> *m(f)* Ürdünlü
jordanisch *adj* Ürdünlü, Ürdün (ile ilgili); **eine ~e Frau** Ürdünlü bir kadın; **die ~e Regierung** Ürdün hükümeti
Joule <-(s), -> [dʒu:l, dʒaʊl] *nt* PHYS jul
Journal <-s, -e> [ʒʊr'na:l] *nt* ❶ (*geh*) dergi ❷ NAUT gemi jurnali ❸ WIRTSCH günlük defter, yevmiye defteri
Journalismus <-> [ʒʊrna'lɪsmʊs] *m kein pl* gazetecilik
Journalist(in) <-en, -en; -nen> *m(f)* gazeteci
journalistisch *adj* gazeteciliğe özgü
Joystick <-s, -s> ['dʒɔɪstɪk] *m* INFORM kumanda kolu
jr. *Abk von* **junior** oğul, genç
Jubel <-s> ['ju:bəl] *m kein pl* (*Jauchzen*)

sevinçten bağırmak; (*Schreien*) bağrış çağrış
jubeln ['ju:bəln] *vi* düğün bayram etmek
Jubiläen *pl von* **Jubiläum**
Jubilar(in) <-s, -e; -nen> [jubi'la:ɐ] *m(f)* yıl dönümü kutlanan (kimse)
Jubiläum <-s, Jubiläen> [jubi'lɛ:ʊm] *nt* jübile; (*Jahrestag*) yıl dönümü; **zehnjähriges/fünfzigjähriges ~** onuncu/ellinci yıl dönümü
juchzen ['jʊxtsən] *vi* (*fam*) sevinçten bağırmak
jucken ['jʊkən] **I.** *vi* ❶ (*Juckreiz verursachen*) kaşıntı yapmak; **mir juckt die Nase** burnum kaşınıyor ❷ (*fam: reizen*) içi gitmek **II.** *vt* (*fam: reizen*) kaşındırmak; (*kümmern*) ırgalamak **III.** *vr* ■ **sich ~** (*fam*) kaşınmak **IV.** *vt unpers* **dich juckt wohl das Fell?** (*fig fam*) sen kaşınıyorsun galiba?
Juckreiz <-es, -e> *m* kaşıntı
Judasbaum *m* BOT erguvan
Jude, Jüdin <-n, -n; -nen> ['ju:də] *m, f* Yahudi
Judenbaum *m* BOT erguvan **Judendorn** *m* BOT hünnap **Judenkirsche** *f* BOT (*Blasenkirsche*) güveyfeneri, gelin otu
Judentum <-s> *nt kein pl* Yahudilik
Judenverfolgung *f* HIST Yahudileri hedef alan pogrom
Judikative <-n> [judɪka'ti:və] *f* JUR, POL yargı gücü, yargı erki; *s. a.* **Exekutive, Legislative**
Jüdin <-nen> ['jy:dɪn] *f s.* **Jude**
jüdisch ['jy:dɪʃ] *adj* Yahudi
Judo <-(s)> ['ju:do] *nt kein pl* SPORT judo
Jugend ['ju:gənt] *f kein pl* ❶ (*Altersstufe*) gençlik; (*~ alter*) genç yaş; **von ~ an** genç yaştan beri; **seine früheste ~** gençliğinin ilk yılları ❷ (*junge Leute*) gençlik; **die heutige ~** bugünkü gençlik **Jugendamt** *nt* gençlik dairesi **Jugenderinnerung** *f* gençlik anısı **jugendfrei** *adj* gençlere göre; FILM gençlere serbest **Jugendfreund(in)** *m(f)* gençlik arkadaşı **jugendgefährdend** *adj* gençlere zararlı **Jugendherberge** *f* hostel
jugendlich *adj* ❶ (*Altersstufe*) genç; **die ~en Zuschauer** genç seyirciler; **in ~em Alter sterben** genç yaşta ölmek ❷ (*für Jugendliche charakteristisch*) gençlere özgü ❸ (*jung wirkend*) genç, gençler gibi; ■ **sich ~ kleiden** gençler gibi giyinmek; **sie wirkt noch sehr ~** hâlâ çok genç görünüyor
Jugendliche(r) <-n, -n; -n> *f(m)* genç; (*Heranwachsende*) erişkin genç; **~ unter 16 Jahren** 16 yaşından küçük gençler
Jugendliebe <-n> *f* gençlik aşkı
Jugendschutz *m* gençliğin korunması
Jugendzeit *f kein pl* gençlik **Jugendzentrum** *nt* gençlik merkezi
Jugoslawe(in) <-n, -n; -nen> [jugo'sla:və] *m(f)* Yugoslav
Jugoslawien <-s> [jugo'sla:viən] *nt* Yugoslavya
jugoslawisch *adj* Yugoslav
Juli <-(s), -s> ['ju:li] *m* Temmuz; *s. a.* **März**
jun. *Abk von* **junior** oğul, genç
jung <jünger, am jüngsten> [jʊŋ] *adj* ❶ genç; **J~ und Alt** genç ve ihtiyar; **von ~ auf** gençliğinden beri; **sie ist 18 Jahre ~** henüz 18 yaşında ❷ (*frisch*) taze, körpe
Junge[1] <-n, -n> ['jʊŋə] *m* ❶ (*Knabe*) oğlan, erkek çocuk; **mein ~** oğlum ❷ (*junger Mann*) genç, delikanlı; **wie geht's dir, alter ~?** (*fam*) nasılsın, delikanlı?; **~, ~!** (*fam*) vay canına!
Junge(s)[2] <-n, -n> *nt* yavru; (*von Hunden, Raubtier*) yavru; (*von Vögeln*) yavru; (*von Gänsen, Enten, Tauben*) palaz; **ein Nest mit zwei ~n darin** içinde iki yavru olan bir yuva
jünger ['jʏŋɐ] *adj komp von* **jung** (daha) genç; (*Geschwister*) (daha) küçük; **~ sein als** -den (daha) genç olmak; **ihr ~er Bruder** erkek kardeşi; ■ **sich ~ machen** gençleşmek
Jünger(in) <-s, -; -nen> ['jʏŋɐ] *m(f)* havarî
Jüngerschaft *f* havarîlik
Jungfer *f* kız; **alte ~** kız kurusu
Jungfernfahrt ['jʊŋfɐn-] *f* ilk sefer **Jungfernhäutchen** <-s, -> [-hɔɪtçən] *nt* ANAT kızlık zarı **Jungfernkranich** *m* ZOOL telli turna **Jungfernzeugung** *f* BIOL döllenmesiz üreme, partojenez
Jungfrau <-en> *f* ❶ (*Frau*) bakire ❷ ASTROL Başak; **das Sternbild/der Wendekreis der ~** Başak burcu/dönencesi
jungfräulich ['jʊŋfrɔɪlɪç] *adj* (*a. fig*) bakir; (*unberührt*) el değmemiş
Jungfräulichkeit *f kein pl* erdenlik, bakirelik, kızlık, bekâret; (*Reinheit*) bekâret, saflık; (*Unberührtheit*) bakirlik, el değmemişlik
Junggeselle(in) *m(f)* bekâr; **eingefleischter ~** müzmin bekâr
Jüngling <-s, -e> ['jʏŋlɪŋ] *m* (*pej*) toy
jüngst [jʏŋst] *adv* (*geh*) geçenlerde
jüngste(r, s) *adj superl von* **jung** en genç, en son; **die ~n Entwicklungen zeigen, dass ...** en son gelişmeler gösteriyor ki ...; **das J~ Gericht** REL mahşer günü; **der J~ Tag** kıyamet günü; **in der ~n Vergangenheit** yakın geçmişte

Jungsteinzeit *f kein pl* HIST Cilalı Taş Devri
jungverheiratet *adj* (*seit kurzem*) yeni evli
Juni <-(s), -s> ['ju:ni] *m* haziran; *s. a.* **März**
junior ['ju:nio:ɐ, 'ju:njo:ɐ] *adj* (*geh*) genç, küçük; **Peter Müller ~** küçük Peter Müller
Junior(in) <-s, -en; -nen> *m(f)* ❶ (*fam: Sohn*) oğul ❷ SPORT genç **Juniorchef(in)** *m(f)* küçük şef
Juniorenmeisterschaft *f* SPORT gençler şampiyonası
Junkfood <-s> ['dʒankfu:t] *nt kein pl* abur cubur
Junkie <-s, -s> ['dʒaŋki] *m* (*fam*) esrarkeş
Junkmail ['dʒankfu:t] *f* istenmeyen e-postalar
Jupiter <-s> ['ju:pitɐ] *m a.* ASTRON Jüpiter
Jura[1] <-s> ['ju:ra] *m kein pl* ❶ GEO (*Formation*) Jura (Dönemi) ❷ (*Schweizer Kanton*) Jura (kantonu); (*Gebirge*) Jura (Dağları)
Jura[2] JUR hukuk; **~ studieren** hukuk öğrenimi yapmak
Jurisprudenz [ju:rɪspru'dɛnts] *f kein pl* (*geh*) hukuk bilimi
Jurist(in) <-en, -en; -nen> [ju'rɪst] *m(f)* hukukçu
Juristerei *f kein pl* (*iron: Rechtswissenschaft*) hukukçuluk
juristisch [ju'rɪstɪʃ] *adj* hukuki; **die ~e Fakultät** hukuk fakültesi; **~e Person** tüzel kişi
Juror(in) <-s, -en; -nen> ['ju:ro:ɐ] *m(f)* jüre
Jury <-s> [ʒy'ri:, 'ʒy:ri] *f* jüri
just [jʊst] *adv* tam
Justiz [jʊs'ti:ts] *f kein pl* adliye **Justizbeamte(r), -beamtin** *m, f* adliyeci **Justizbehörde** *f* adli makam **Justizgebäude** *nt* adliye binası **Justizirrtum** *m* adli hata **Justizminister(in)** *m(f)* adalet bakanı **Justizministerium** *nt* adalet bakanlığı **Justizvollzugsanstalt** *f* cezaevi
Jute ['ju:tə] *f kein pl* jüt
Juwel <-s, -en> [ju've:l] *m o nt* mücevher
Juwelier(in)[1] <-s, -e; -nen> [juve'li:ɐ] *m(f)* kuyumcu
Juwelier[2] <-s, -e> *m* (*Geschäft*) kuyumcu (dükkânı)
Jux <-es, -e> [jʊks] *m* (*fam*) şaka; **aus ~ und Tollerei** şakacıktan; **er hat es nur aus ~ gesagt** o, bunu sırf şakadan söyledi
Juxta *f* dip koçanı

Kk

K, k <-, -> [kaː] *nt* K, k; ~ **wie Kaufmann** Kars'ın ke'si
Kaaba *f kein pl* Kâbe
Kabarett <-s, -s> [kaba'rɛt, kaba'reː] *nt* kabare
Kabarettist(in) <-en, -en; -nen> [kabarɛ'tɪst] *m(f)* kabare oyuncusu
Kabel <-s, -> ['kaːbəl] *nt* kablo **Kabelbaum** *m* TECH, AUTO kablo demeti **Kabelfernsehen** <-s> *nt kein pl* kablolu televizyon
Kabeljau <-s, -s *o* -e> ['kaːbəljaʊ] *m* morina
Kabine <-n> [ka'biːnə] *f* kabin; (*Umkleide~*) kabin(e); (*Schiffs~*) kabin, kamara; AERO kabin
Kabinett <-s, -e> [kabi'nɛt] *nt* POL kabine
Kabriolett <-s, -s> ['kaːbriole, kabrio'leː, kabrio'lɛt] *nt* üstü açılır araba
Kabul *nt* Kâbil
Kachel <-n> ['kaxəl] *f* (*für Öfen*) çini; (*als Wandverkleidung*) fayans
kacheln *vt* fayans döşemek (-e)
Kachelofen *m* çini soba
Kacke ['kakə] *f kein pl* (*vulg*) ❶ (*Kot*) bok ❷ (*Angelegenheit*) boktanlık
kacken *vt* (*vulg*) sıçmak
Kadaver <-s, -> [ka'daːvɐ] *m* kadavra
Kader <-s, -> ['kaːdɐ] *m o* SCHWEIZ *nt* POL, SPORT kadro
Kadmium <-s> ['katmiʊm] *nt kein pl* CHEM kadmiyum
Käfer <-s, -> ['kɛːfɐ] *m* ❶ ZOOL böcek ❷ AUTO (*fam*) kaplumbağa
Kaff <-s, -s *o* -e> [kaf] *nt* (*pej fam: abgelegene Ortschaft*) dağ başı
Kaffee <-s, -s> ['kafe, ka'feː] *m* kahve; ~ **kochen** kahve pişirmek; (**einen**) ~ **trinken** (bir) kahve içmek; **schwarzer/dünner** ~ sade/sulu kahve; ~ **mit Milch/ohne Zucker** sütlü/şekersiz kahve; **das ist kalter** ~ (*fam*) bunu bilmeyen kalmadı **Kaffeebohne** *f* kahve çekirdeği **kaffeebraun** *adj* kahverengi **Kaffeefilter** *m* kahve filtresi **Kaffeehaus** *nt* kahvehane **Kaffeekanne** *f* kahve güğümü **Kaffeeklatsch** <-(e)s, -e> *m* (*fam*) kabul günü **Kaffeelöffel** *m* kahve kaşığı **Kaffeemaschine** *f* kahve makinesi **Kaffeemühle** <-n> *f* kahve değirmeni **Kaffeesatz** <-es> *m kein pl* telve; **aus dem ~ lesen** kahve falına bakmak **Kaffeeservice** <-(s), -> *nt* kahve takımı **Kaffeesieder** <-s> *m* ÖSTERR (*Kaffeehausbesitzer*) kahvehaneci **Kaffeetasse** <-n> *f* kahve fincanı
Käffer *pl von* **Kaff**
Käfig <-s, -e> ['kɛːfɪç] *m* kafes; **goldener** ~ (*fig*) altın kafes
Kaftan *m* kaftan
kahl [kaːl] *adj* ❶ (*ohne Haar*) kel, cavlak; ~ **geschoren** dipten kazınmış ❷ (*ohne Vegetation, Wand*) çıplak ❸ (*ohne Blätter*) çıplak, kel **kahlgeschoren** ['kaːlgəʃoːrən] *adj s.* **kahl 1. Kahlkopf** *m* (*fam*) damdazlak
kahlköpfig ['kaːlkœpfɪç] *adj* damdazlak, kel
Kahn <-(e)s, Kähne> [kaːn, *pl* 'kɛːnə] *m* ❶ (*kleines Boot*) sandal ❷ (*Lastschiff*) mavna
Kai <-s, -s> [kaɪ] *m* rıhtım
Kaiman <-s, -e> ['kaɪman] *m* alligator, Güney Amerika alligatoru
Kain *m* REL Kabil; **Abel und ~** Habil ile Kabil
Kairo *nt* Kahire
Kaiser(in) <-s, -; -nen> ['kaɪzɐ] *m(f)* imparator; (*Kaiserin*) imparatoriçe
Kaiserkrone *f* ❶ (*Krone des Kaisers*) imparatorun tacı ❷ BOT gelin çiçeği
Kaiserreich *nt* imparatorluk
Kaiserschmarr(e)n *m* ÖSTERR GASTR *pudra şekerli üzümlü bir tür kek*
Kaiserschnitt *m* MED sezeryan
Kajak <-s, -s> ['kaːjak] *m o nt* SPORT kano
Kajalstift *m* göz boyası kalemi
Kajüte <-n> [ka'jyːtə] *f* kamara
Kakao <-s, -s> [ka'kaʊ] *m* ❶ (*Pulver*) kakao; (*Pflanze*) kakao, Hint bademi ❷ (*Getränk*) kakao; **jdn durch den ~ ziehen** (*fam*) birini gır gıra almak **Kakaobohne** *f* kakao çekirdeği
Kakerlak <-s *o* -en, -en> ['kaːkɐlak] *m* (*Küchenschabe*) hamam böceği
Kaktus <-ses, Kakteen> ['kaktʊs, *pl* kak'teːən] *m* kaktüs
Kalaschnikow *f* (*Gewehr*) kalaşnikof
Kalb <-(e)s, Kälber> [kalp, *pl* 'kɛlbɐ] *nt* dana; (*Milch~*) buzağı
kalben ['kalbən] *vi* (*Kuh*) buzağılamak
Kalbfleisch *nt* dana eti
Kalbsbraten *m* GASTR dana rostosu **Kalbskotelett** *nt* GASTR dana pirzolası **Kalbsleder** *nt kein pl* dana derisi **Kalbsschnitzel** <-s, -> *nt* GASTR dana şnitzeli
Kaldaunen [kal'daʊnən] *pl* GASTR (*Kutteln*) işkembe
Kaleidoskop <-(e)s, -e> [kalaɪ-

K

do'sko:p] *nt* kaleydoskop, çiçek dürbünü

Kalender <-s, -> [ka'lɛndɐ] *m* takvim **Kalenderjahr** *nt* takvim yılı

kalfatern *vt* NAUT kalafatlamak

Kalfathammer *m* NAUT kalafatçı tokmağı

Kali <-s, -s> ['ka:li] *nt* CHEM (*Kalisalz*) potas

Kaliber <-s, -> [ka'li:bɐ] *nt* (*a. fig*) kalibre, çap

Kalif <-en, -en> [ka'li:f] *m* REL halife **Kalifat** *nt* halifelik, hilafet

Kalisalpeter <-s> *m kein pl* CHEM güherçile; (*Kaliumnitrat*) potasyum nitrat

Kalium <-s> ['ka:liʊm] *nt kein pl* CHEM potasyum; ~ **amalgamieren** potasyumu cıva ile alaşımlamak **Kaliumnitrat** <-s> *nt kein pl* CHEM potasyum nitrat

Kalk <-(e)s, -e> [kalk] *m* ❶ (*~stein, Baustoff*) kireç; ~ **löschen** kireç söndürmek; **gebrannter/gelöschter** ~ yanmış/sönmüş kireç ❷ (*Kalzium*) kalsiyum **Kalkablagerung** <-en> *f* ❶ MED kireçlenme ❷ kireç kalıntısı, kefeki; **den Wasserkessel von den ~en befreien** su kazanını kireç kalıntılarından kurtarmak **Kalkboden** <-s, -böden> *m* kireçli toprak

kalken *vt* ❶ (*tünchen*) kireçlemek ❷ (*düngen*) kireçlemek

Kalkgrube *f* kireç kuyusu

kalkhaltig *adj* kireçli, kalkerli; ~**es Wasser** kireçli su

Kalkmangel *m kein pl* MED kalsiyum eksikliği

Kalkstaub *m kein pl* kireç tozu **Kalkstein** *m* GEO kireç taşı, kalker

Kalkulation <-en> [kalkula'tsjo:n] *f* hesap; **nach meiner** ~ benim hesabıma göre

kalkulieren* [kalku'li:rən] *vt* hesaplamak

Kalkwasser *nt kein pl* kireç suyu

kalkweiß *adj* kireç gibi; ~ **sein/werden** kireç gibi olmak/ağarmak

Kalligrafie^RR *f kein pl*, **Kalligraphie** *f kein pl* kaligrafi, güzel yazı sanatı

Kalligraphie <-n> *f s.* **Kalligrafie**

Kalmar *m* ZOOL kalamar

Kalorie <-n> [kalo'ri:, *pl* kalo'ri:ən] *f* kalori **kalorienarm** *adj* kalorisi az **Kaloriengehalt** <-(e)s, -e> *m* kalori niceliği **kalorienreich** *adj* kalorisi zengin

Kalpak *m* kalpak

kalt <kälter, am kältesten> [kalt] *adj* ❶ (*allgemein*) soğuk; (*eis~*) buz gibi (soğuk); **mir ist/wird** ~ üşüdüm/üşüyorum; **es ist** ~ hava soğuk; **abends essen wir** ~ akşamları soğuk yiyecekler yeriz; **das Essen wird** ~ yemek soğuyor; **es überlief ihn** ~ (*fam*) onu soğuk ter bastı; **mit der Frage hat er mich ~ erwischt** (*fam*) sorusuyla beni gafil avladı ❷ (*gefühllos*) soğuk; (*gleichgültig*) soğuk, ilgisiz

Kaltblut *nt* (*Pferd*) kadana

Kaltblüter *m* ZOOL soğukkanlı hayvan

kaltblütig [-bly:tɪç] **I.** *adj* ❶ (*unerschrocken*) soğukkanlı, serin kanlı; (*skrupellos*) vicdansız ❷ ZOOL soğukkanlı **II.** *adv* **jdn ~ ermorden** birini gözünün yaşına bakmadan öldürmek

Kaltblütigkeit *f kein pl* soğukkanlılık, serin kanlılık

Kälte ['kɛltə] *f kein pl* ❶ (*Temperatur*) soğuk; **bei dieser** ~ bu soğukta; **es herrschte eine eisige** ~ buz gibi bir soğuk vardı ❷ (*Gefühlsarmut*) soğukluk; (*Gleichgültigkeit*) soğukluk **kältebeständig** *adj* TECH soğuğa dayanıklı **Kälteeinbruch** *m* METEO soğuma, havanın soğuması **Kältegrad** *m* ❶ soğukluk derecesi ❷ (*fam*) sıfırın altında derece

Kälteschutzmittel *nt* TECH antifriz **Kältewelle** *f* METEO soğuk dalgası

Kaltfront *f* METEO soğuk hava cephesi

kaltherzig *adj* soğuk **Kaltherzigkeit** *f kein pl* soğukluk **kalt|lassen** *irr vt* ilgilendirmemek, ırgalamamak **Kaltluft** *f kein pl* METEO soğuk hava **kalt|machen** *vt* (*sl*) gebertmek **Kaltmiete** *f* çıplak kira **Kaltschale** *f* GASTR hoşaf

kaltschnäuzig ['kaltʃnɔɪtsɪç] *adj* (*fam*) soğuk; (*gleichgültig*) soğuk; (*frech*) yüzsüz; **eine ~e Antwort** soğuk bir cevap

Kaltstart *m* ❶ AUTO motoru soğukken çalıştırma ❷ INFORM soğuk açış **kalt|stellen** *vt* (*fam: Person*) kızağa çekmek

kalvinisch *adj* Kalvenci

Kalvinismus *m kein pl* Kalvencilik, Kalvenizm

Kalvinist(in) <-en, -en; -innen> *m(f)* Kalvenci

kalvinistisch *adj* Kalvenci

Kalzium <-s> ['kaltsiʊm] *nt kein pl* CHEM kalsiyum

kam [ka:m] *3. imp von* **kommen**

Kamarilla <-, -lien> *f* POL kamarilla

Kambium <-s, -ien> *nt* BOT kambiyum

Kambodscha *nt* Kamboçya

Kambodschaner(in) <-s, -; -nen> *m(f)* Kamboçyalı

Kambrium <-s> *nt kein pl* GEO kambriyen

Kamel <-(e)s, -e> [ka'me:l] *nt* ❶ (*Tier*) deve ❷ (*pej fam: Mensch*) dangalak **Kamelfohlen** <-s, -> *nt* deve yavrusu **Kamelhaar** <-(e)s> *nt kein pl* deve tüyü

Kamelie <-n> [ka'me:ljə] *f* BOT kamelya

Kamelstute <-n> *f* dişi deve

Kameltreiber(in) <-s, -; -nen> *m(f)*

deveci
Kamera <-s> ['kamәra] *f* ❶ FILM, TV kamera, alıcı ❷ FOTO fotoğraf makinesi
Kamerad(in) <-en, -en; -nen> [kamә'ra:t] *m(f)* arkadaş, yoldaş
Kameradschaft *f* arkadaşlık
kameradschaftlich *adj* arkadaşça; **ein ~es Verhältnis** arkadaşça bir ilişki
Kamerafrau *f* FILM alıcı yönetmeni
Kameramann <-(e)s, -männer *o* -leute> *m* FILM kameraman, çekimci, alıcı yönetmeni
Kamerun <-s> ['kamәru:n, --'-] *nt* Kamerun
Kameruner(in) <-s, -; -nen> ['----, --'--] *m(f)* Kamerunlu
kamerunisch ['----, --'--] *adj* Kamerunlu, Kamerun (ile ilgili)
Kamikaze *m* kamikaze
Kamille <-n> [ka'mɪlә] *f* BOT papatya
Kamillentee *m* papatya çayı
Kamin <-s, -e> [ka'mi:n] *m o* SCHWEIZ *nt* (*Schornstein*) baca; (*offene Feuerstelle im Zimmer*) şömine **Kaminfeger(in)** <-s, -; -nen> *m(f)* DIAL baca temizleyicisi
Kamm <-(e)s, Kämme> [kam, *pl* 'kɛmә] *m* ❶ (*zum Kämmen*) tarak ❷ (*Hahnen~*) ibik; (*Gebirgs~, Wellen~*) sırt ❸ GASTR (*Nackenstück*) boyun
kämmen ['kɛmәn] *vt* taramak
Kammer <-n> ['kamɐ] *f* ❶ (*für Vorräte*) kiler ❷ POL meclis ❸ JUR (*Anwalts~*) baro; (*Handels~*) oda ❹ MED (*Ärzte~*) oda; (*Herz~*) karıncık **Kammerdiener(in)** <-s, -; -nen> *m(f)* HIST uşak **Kammermusik** *f* oda müziği **Kammerton** <-(e)s, -töne> *m* MUS a normal **Kammerzofe** *f* HIST oda hizmetçisi
Kampagne <-n> [kam'panjә] *f* kampanya
Kampf <-(e)s, Kämpfe> [kampf, *pl* 'kɛmpfә] *m* ❶ (*allgemein*) mücadele, savaşım; **ein ~ auf Leben und Tod** ölüm kalım mücadelesi; **der ~ ums Überleben** boğaz kavgası; **der ~ für/gegen etw** bir şey için/ile mücadele; **jdm/etw** *dat* **den ~ ansagen** bir kimseye/şeye meydan okumak ❷ (*~handlung*) savaş; **auf in den ~!** haydi savaşa!; **er ist im ~ gefallen** savaşta şehit düştü [*o* oldu] ❸ (*Box~*) maç; (*Wett~*) yarışma; (*Stier~*) güreş; (*Hahnen~*) dövüş **Kampfansage** *f* meydan okuma
kämpfen ['kɛmpfәn] *vi* mücadele etmek (**um/für** için, **gegen** -le); MIL savaşmak; SPORT yarışmak; (*Boxen*) dövüşmek; **Mann gegen Mann ~** teke tek dövüşmek; **sie kämpfte mit dem Tod** can çekişti
Kampfer <-s> ['kampfɐ] *m kein pl* CHEM kâfur
Kämpfer(in) <-s, -; -nen> *m(f)* ❶ MIL savaşçı ❷ SPORT (*a. fig*) yarışmacı
Kampferbaum *m* BOT kâfur ağacı
kämpferisch *adj* savaşçı, savaşkan, cengâver; POL mücadeleci
kampferprobt *adj* MIL savaş deneyimli
Kampfflugzeug *nt* MIL savaş uçağı
Kampfgeist <-(e)s> *m kein pl* mücadele ruhu **Kampfhahn** <-(e)s, -hähne> *m* dövüşçü horoz **Kampfhandlung** *f* MIL savaşma, çarpışma; **die ~en einstellen** çarpışmaya son vermek **Kampfhund** <-(e)s, -e> *m* samsun
kampflos *adj* ❶ mücadelesiz; (*widerstandslos*) karşı koymadan ❷ SPORT karşılaşmasız; **die Mannschaft kam ~ eine Runde weiter** takım karşılaşma olmadan tur atladı
Kampfplatz <-es, -plätze> *m* MIL savaş meydanı **Kampfrichter(in)** *m(f)* SPORT hakem **Kampfsport** <-(e)s, -e> *m* dövüş sporu **kampfunfähig** *adj* ❶ MIL savaşamaz durumda olan ❷ SPORT abandone, dövüşmeyecek duruma gelen; **der Boxer schlug seinen Gegner ~** boksör rakibini abandone etti
kampieren* [kam'pi:rәn] *vi* ❶ kamp kurmak ❷ (*fam: übernachten*) gecelemek, geceyi geçirmek
Kanada <-s> ['kanada] *nt* Kanada
Kanadier(in) <-s, -; -nen> [ka'na:diɐ] *m(f)* Kanadalı
kanadisch *adj* Kanadalı, Kanada (ile ilgili); **eine ~e Frau** Kanadalı bir kadın; **die ~e Regierung** Kanada hükümeti
Kanake(in) <-n, -n; -nen> [ka'na:kә] *m(f)* ❶ (*Südseeinsulaner*) Polinezya yerlisi ❷ (*pej fam*) kanak, kara kafalı (*Almanya'da Türklere takılan lakap*)
Kanal <-s, Kanäle> [ka'na:l, *pl* ka'nɛ:lә] *m* ❶ (*Wasserlauf*) kanal; **der ~** (*Ärmelkanal*) Manş Denizi ❷ (*Abwasser~*) kanalizasyon; (*Bewässerungs~*) ark, kanal ❸ RADIO, TV kanal **Kanaldeckel** *m* kanalizasyon kapağı **Kanalinseln** *pl* GEO Manş Denizi Adaları *pl*
Kanalisation <-en> [kanaliza'tsjo:n] *f* (*für Abwässer*) kanalizasyon
kanalisieren* *vt* kanalize etmek
Kanaren [ka'na:rәn] *pl* **die ~** Kanarya Adaları *pl*
Kanarienvogel [ka'na:riәnfo:gәl] *m* ZOOL kanarya
kanarisch [ka'na:rɪʃ] *adj* **die K~en Inseln** Kanarya Adaları
Kandare <-n> *f* gem; **dem Pferd die ~ anlegen** ata gem vurmak; **jdn an die ~**

nehmen birine gem vurmak; **jdm die ~ anziehen** birinin gemini kısmak

Kandidat(in) <-en, -en; -nen> [kandi'da:t] *m(f)* aday; **jdn (für etw) als ~en aufstellen** birini (bir şey için) aday göstermek

Kandidatenstatus *m* POL adaylık statüsü

Kandidatur <-en> [kandida'tu:ɐ] *f* adaylık; **seine ~ anmelden/zurückziehen** adaylığını koymak/geri çekmek

kandidieren* [kandi'di:rən] *vi* aday olmak

kandiert [kan'di:ɐt] *adj* üzeri şeker şerbeti ile kaplı; **~e Früchte** şekerlemeler

Kandiszucker <-s, -> ['kandɪs-] *m* esmer şeker

Känguru[RR] <-s, -s> ['kɛŋguru] *nt*, **Känguruh**[ALT] <-s, -s> *nt* kanguru

Kaninchen <-s, -> [ka'ni:nçən] *nt* ZOOL ada tavşanı

Kanister <-s, -> [ka'nɪstɐ] *m* bidon

kann [kan] *3. präs von* **können**

Kännchen <-s, -> ['kɛnçən] *nt* küçük çaydanlık

Kanne <-n> ['kanə] *f* ibrik, güğüm, testi; (*Milch~*) sütlük; (*Tee~*) çaydanlık; (*Gieß~*) kova; **es gießt wie aus** [*o* **mit**] **~n** (*fam*) bardaktan boşanırcasına yağmur yağıyor

Kannibale(in) <-n, -n; -nen> [kani'ba:lə] *m(f)* yamyam

Kannibalismus <-> [kaniba'lɪsmʊs] *m kein pl* yamyamcılık

kannte ['kantə] *3. imp von* **kennen**

Kanon <-s, -s> ['ka:nɔn] *m a.* MUS kanon

Kanone <-n> [ka'no:nə] *f* ❶ (*Geschütz*) top; **mit ~n auf Spatzen schießen** (*fig fam*) kantarın topunu kaçırmak ❷ (*fam: Könner*) as; **er ist eine ~ im Tennis** o, teniste bir as ❸ (*fam: Revolver*) altıpatlar ❹ (*fam*) **unter aller ~ sein** on para etmez olmak, pek kötü durumda olmak

Kanonenboot *nt* MIL, NAUT gambot

Kanonendonner *m* topların gürlemesi **Kanonenkugel** *f* top mermisi, gülle **Kanonenrohr** <-(e)s, -e> *nt* top namlusu

Kanonier <-s, -e> *m* ❶ MIL topçu ❷ SPORT (*fam*) golcü

Kante <-n> ['kantə] *f* ❶ (*Rand*) kenar; (*Ecke*) köşe; **Geld auf die hohe ~ legen** (*fam*) para biriktirmek ❷ MATH ayrıt; **ein Würfel hat zwölf ~n** bir küpün on iki ayrıtı vardır

Kantianer(in) *m(f)* Kantçı

Kantine <-n> [kan'ti:nə] *f* kantin

Kantinenwirt(in) *m(f)* kantinci

Kanton <-s, -e> [kan'to:n] *m* kanton

Kanu <-s, -s> ['ka:nu, ka'nu:] *nt* SPORT kano

Kanüle <-n> [ka'ny:lə] *f* MED şırınga, kanül

Kanzel <-n> ['kantsəl] *f* ❶ (*in Kirche*) kürsü; (*in der Moschee*) minber ❷ AERO pilot kabini

Kanzlei <-en> [kants'laɪ] *f* (*Büro*) büro, ofis; (*von Rechtsanwalt*) büro; (*von Notar*) noterlik

Kanzler(in) <-s, -; -nen> ['kantslɐ] *m(f)* ❶ POL şansölye; (*Ministerpräsident*) başbakan ❷ UNIV idare müdürü **Kanzleramt** <-(e)s> *nt kein pl* şansölyelik, başbakanlık **Kanzlerkandidat(in)** *m(f)* şansölye adayı, başbakan adayı

Kap <-s, -s> [kap] *nt* burun; **das ~ der Guten Hoffnung** Ümit Burnu

Kapazität <-en> [kapatsi'tɛ:t] *f* ❶ (*Fassungsvermögen*) *a.* WIRTSCH kapasite ❷ (*Experte*) uzman

Kapazitätsauslastung *f* kapasiteyi kullanma **Kapazitätserweiterung** *f* kapasiteyi genişletme

Kapelle <-n> [ka'pɛlə] *f* ❶ (*Bau*) küçük kilise ❷ MUS bando

Kapellmeister(in) *m(f)* MUS bando şefi

Kaper[1] <-n> ['ka:pɐ] *f* GASTR kapari, gebre

Kaper[2] <-s, -> *m* NAUT (*Freibeuter*) korsan

kapern ['ka:pɐn] *vt* NAUT zapt etmek

Kapernstrauch *m* BOT kebere, gebre otu

Kaperwal *m* ZOOL buzul balinası

kapieren* [ka'pi:rən] *vt* (*fam*) şarj etmek; **kapiert?** şarj ettin mi?

kapillar *adj* kılcal

Kapillare <-n> *f* ❶ ANAT, MED, BIOL kılcal damar ❷ PHYS kılcal boru

Kapillarität *f kein pl* PHYS kılcallık

Kapital <-s, -e *o* -ien> [kapi'ta:l, *pl* kapi'ta:liən] *nt* FIN sermaye, ana mal, kapital; **~ aus etw** *dat* **schlagen** bir şeyden sermayeyi doğrultmak; **totes ~** (*fig*) ölü sermaye **Kapitalabwanderung** *f* FIN sermayenin (yurt dışına) göçü **Kapitalanlage** *f* FIN sermaye yatırımı **Kapitalanleger(in)** *m(f)* FIN sermaye yatırımcısı **Kapitalbuchstabe** *m* büyük harf **Kapitalertrag** *m* FIN sermaye kazancı **Kapitalgesellschaft** <-en> *f* FIN sermaye şirketi

Kapitalien *pl von* **Kapital**

Kapitalisierung <-en> *f* WIRTSCH kapitalizasyon

Kapitalismus <-> [kapita'lɪsmʊs] *m kein pl* WIRTSCH kapitalizm

Kapitalist(in) [kapita'lɪst] *m(f)* WIRTSCH kapitalist

kapitalistisch *adj* WIRTSCH kapitalist

kapitalkräftig *adj* sermayeli

Kapitalmarkt *m* FIN sermaye piyasası

Kapitalmehrheit *f* FIN sermaye çoğunluğu

Kapitalverbrechen *nt* JUR ağır suç

Kapitän(in) <-s, -e; -nen> [kapi'tɛːn] *m(f)* ① NAUT, SPORT kaptan ② AERO kaptan pilot

Kapitel <-s, -> [ka'pɪtəl] *nt* ① (*Abschnitt*) bölüm; **das erste/zweite ~ des Romans** romanın birinci/ikinci bölümü; **ein ~ für sich** başlı başına bir konu; **dieses ~ ist für mich erledigt** bu mesele benim için bitti sayılır ② REL kilise konseyi

Kapitell <-s, -e> [kapi'tɛl] *nt* ARCH başlık; (*Säulenknauf, -knopf*) sütun başlığı

Kapitulation <-en> [kapitula'tsjoːn] *f a.* MIL teslim olma

kapitulieren* [kapitu'liːrən] *vi* ① *a.* MIL teslim olmak; **die Armee hat kapituliert** ordu teslim oldu ② (*resignierend aufgeben*) pes demek, pes etmek

Kaplan <-s, Kapläne> [ka'plaːn, *pl* ka'plɛːnə] *m* papaz yardımcısı

Kapo <-s, -s> ['kapo] *m* SÜDD (*fam: Vorarbeiter*) ırgatbaşı

Kappe <-n> ['kapə] *f* ① (*Kopfbedeckung*) takke, kep; **etw auf seine ~ nehmen** (*fam*) bir şeyin sorumluluğunu üstlenmek; **das geht auf ihre ~** bu, onun başının altından çıktı ② (*Verschluss*) kapak; (*von Flaschen*) kapsül, kapak; (*Rad~*) AUTO kapak; (*Verteiler~*) AUTO kafa ③ ARCH takke ④ (*vorne am Schuh*) maskarata

kappen ['kapən] *vt* ① (*Seil*) kesmek; (*Zweig*) budamak ② (*kastrieren*) iğdiş etmek, hadım etmek, enemek

Käppi <-s, -s> ['kɛpi] *nt* kasket

Kapriole <-n> [kapri'oːlə] *f* ① (*Luftsprung*) sıçrama; (*Sprung auf der Stelle*) yerinde sıçrama ② (*Streich, Laune*) muziplik

kapriziös [kapri'tsjøːs] *adj* (*geh*) kaprisli

Kapsel <-n> ['kapsəl] *f* ① (*Behälter*) kapsül ② BOT, MED kapsül; (*Baumwoll~*) koza ③ (*Raumfahrt*) kapsül ④ (*Umhüllung für Medikamente*) kaşe

kaputt [ka'pʊt] *adj* (*fam*) ① (*entzwei*) kırık; (*nicht mehr funktionsfähig*) bozuk ② (*erschöpft*) bitkin; **ein ~er Typ** (*sl*) hayatı kaymış bir tip **kaputt|gehen** *irr vi sein* ① (*fam: entzweigehen*) kırılmak; (*nicht mehr funktionieren*) bozulmak ② (*fam: Beziehung*) bozulmak (**an** yüzünden); (*Nerven*) mahvolmak (**an** yüzünden); (*Pflanze*) ölmek (**an** -den) ③ (*fam: Firma*) batmak ④ (*sl: sich psychisch erschöpfen*) helâk olmak, mahvolmak **kaputt|lachen** *vr* ■ **sich ~** gülmekten katılmak (**über** -e) **kaputt|machen** I. *vt* (*fam*) ① (*zerbrechen*) kırmak; (*zerstören*) bozmak, kırıp dökmek ② (*ruinieren*) mahvetmek ③ (*psychisch erschöpfen*) mahvetmek; **der Stress macht ihn kaputt** stres onu mahvediyor II. *vr* ■ **sich ~** (*fam*) mahvolmak, kendini mahvetmek

Kapuze <-n> [ka'puːtsə] *f* kapüşon, kukuleta

Kapuzenmantel *m* kapüşonlu manto, kukuletalı palto

Kapuziner(in)[1] <-s, -; -nen> [kapu'tsiːnɐ] *m(f)* REL Kapuçin

Kapuziner[2] <-s, -> *m* ÖSTERR (*Milchkaffee*) sütlü kahve

Kapuzineraffe <-n, -n> *m* ZOOL kapuçin maymunu **Kapuzinerkresse** *f kein pl* BOT Latin çiçeği **Kapuzinerorden** <-s> *m kein pl* REL Kapuçin tarikatı

Kar *nt* GEO buz yalağı

Karaffe <-n> [ka'rafə] *f* sürahi

Karakal *m* ZOOL (*Wüstenluchs*) karakulak

Karakalpake(in) *m(f)* Karakalpak

Karambolage <-n> [karambo'laːʒə] *f* karambol

KaramelALT <-s> *m o* SCHWEIZ *nt kein pl*, **Karamell**RR <-s> [kara'mɛl] *m o* SCHWEIZ *nt kein pl* karamelâ

Karat <-(e)s, -e> [ka'raːt] *nt* ① (*von Edelsteinen*) kırat ② (*für Gold*) ayar

Karate <-(s)> [ka'raːtə] *nt kein pl* karate **Karatekämpfer** *m* karateci

Karawane <-n> [kara'vaːnə] *f* kervan

Karawanserei *f* kervansaray

Karbid <-(e)s, -e> [kar'biːt] *nt* CHEM karpit **Karbidlampe** *f* karpit lambası

Karbolineum <-s> *nt kein pl* katran yağı

Karbon <-s> *nt kein pl* GEO karbonifer, karbon dönemi

Karbonat *nt* CHEM karbonat

Karbunkel *m* MED şirpençe

Kardamom <-s, -e(n)> [karda'moːm] *m o nt* BOT kakule

Kardinal <-s, Kardinäle> [kardi'naːl, *pl* kardi'nɛːlə] *m* REL kardinal

Kardinalzahl *f* asıl sayı

Kardiogramm <-s, -e> [kardio'gram] *nt* MED kardiyogram

Karfiol <-s> [kar'fjoːl] *m kein pl* ÖSTERR (*Blumenkohl*) karnabahar

Karfreitag [kaːɐ'fraɪtaːk] *m* REL paskalya arifesinde cuma günü

karg [kark] *adj* ① (*gering*) kıt; (*armselig*) yoksul, fakir ② (*Wand*) çıplak ③ (*unfruchtbar*) kısır, ürün vermeyen; **~e Erde** kısır toprak

Karibik [ka'riːbɪk] *f* Karayipler *pl*

karibisch *adj* Karayip

kariert [ka'riːɐt] *adj* (*Stoff, Papier*) kareli, satrançlı; **klein ~** (*Stoff*) pötikare

Karies ['kaːriɛs] *f kein pl* MED çürük

Karikatur <-en> [karika'tuːɐ] *f* karikatür

Karikaturist(in) *m(f)* karikatürist, karikatürcü **karikaturistisch** *adj* karikatürize **karikieren*** [kari'kiːrən] *vt* karikatürize etmek, karikatürleştirmek **kariös** [kari'øːs] *adj* MED çürük **Karmesin** *nt kein pl* kırmız **karminrot** [kar'miːn-] *adj* lal; (*leuchtend rot*) parlak kırmızı renkte olan **Karneval** <-s, -e *o* -s> ['karnəval] *m* ① REL (*Fleischwegnahme*) et kesimi, apukurya ② (*Fest*) karnaval **Karnickel** <-s, -> [kar'nɪkəl] *nt* DIAL (*Kaninchen*) ada tavşanı **Karo** <-s, -s> ['kaːro] *nt* (*Viereck*) kare; (*Raute*) eşkenar dörtgen; (*Spielkarte*) karo, orya; (*auf Kleidung*) kare **Karoacht** *f* karo sekizlisi **Karolinger** ['kaːrolɪŋɐ] *pl* HIST Karolenjli **Karosse** <-n> [ka'rɔsə] *f* ① (*Kutsche*) saltanat arabası ② (*fam: Karosserie*) karoser, kaporta **Karosserie** <-n> [karɔsə'riː] *f* karoser, kaporta **Karosseriebau** *m kein pl* kaportacılık **Karosseriebauer(in)** <-s, -; -nen> *m(f)* kaportacı **Karotte** <-n> [ka'rɔtə] *f* havuç **Karpfen** <-s, -> ['karpfən] *m* ZOOL sazan **Kärpfling** <-s, -e> *m* ZOOL sazancık **Karre** <-n> ['karə] *f s.* **Karren** **Karree** <-s, -s> [ka'reː] *nt* ① (*Viereck*) kare ② (*Häuserblock*) blok **Karren** <-s, -> ['karən] *m* ① (*Wagen*) araba ② (*pej: Auto*) araba **Karriere** <-n> [ka'rjeːrə] *f* kariyer; **~ machen** kariyer yapmak **Karrierefrau** *f* kariyer kadını **Karriereleiter** *f* kariyer merdiveni **Karsamstag** [kaːɐ'zamstaːk] *m* REL paskalya arifesinde cumartesi günü **Karst** <-(e)s, -e> [karst] *m* GEO karst **karstig** *adj* GEO karstik **Karte** <-n> ['kartə] *f* ① (*Visiten~, Kredit~*) kart; **die gelbe/rote ~** SPORT sarı/kırmızı kart ② (*Ansichts~*) kart; **eine ~ schreiben** bir kart yazmak ③ (*Speise~*) menü ④ (*Land~*) harita; **politische ~** siyasi harita ⑤ (*Fahr~*) bilet, yolcu bileti; (*Eintritts~*) bilet ⑥ (*Spiel~*) kâğıt; **jdm die ~n legen** birinin kâğıt falına bakmak; **~n spielen** kâğıt oynamak ⑦ INFORM kart **Kartei** <-en> [kar'taɪ] *f* kartotek **Karteikarte** *f* fiş, bilgi kartı **Karteikasten** *m* kartotek **Kartell** <-s, -e> [kar'tɛl] *nt* WIRTSCH kartel **Kartellamt** *nt* WIRTSCH kartel dairesi **Kartenhaus** *nt* ① (*Figur aus Spielkarten*) **alle ihre Pläne fielen in sich zusammen wie ein ~** bütün planları iskambil kâğıdı gibi devrildi ② NAUT (*Raum für Seekarten*) harita dairesi **Kartenlegen** <-s> *nt kein pl* kâğıt falı, kâğıt falına bakma **Kartenleger(in)** <-s, -; -nen> *m(f)* kâğıt falcısı **Kartenspiel** *nt* ① (*Spiel*) iskambil oyunu, kâğıt oyunu ② (*Spielkarten*) iskambil **Kartenspieler(in)** *m(f)* iskambil oyuncusu **Kartentelefon** *nt* kartlı telefon **Karthago** *nt* HIST Kartaca **Kartoffel** <-n> [kar'tɔfəl] *f* patates **Kartoffelauflauf** *m* GASTR patates sufle **Kartoffelbrei** <-s> *m kein pl* GASTR patates ezmesi, patates püresi **Kartoffelchip** *m* GASTR patates cips **Kartoffelkäfer** *m* ZOOL patates böceği **Kartoffelpuffer** *m* GASTR patates mücveri **Kartoffelpüree** <-s> *nt kein pl* GASTR patates püresi **Kartoffelsalat** *m* GASTR patates salatası **Kartographie** *f kein pl* kartografi, haritacılık **kartographieren** *vt* haritalandırmak **Karton** <-s, -s> [kar'tɔŋ] *m* ① (*Material*) karton ② (*Behälter*) mukavva kutu **kartoniert** [karto'niːɐt] *adj* (*Buch*) ciltli **Kartusche** <-n> [kar'tʊʃə] *f* ① TECH (*Behälter*) kartuş, tüp; (*Tonerpatrone*) kartuş ② MIL (*Geschosshülse*) kartuş; (*leere Geschosshülle*) kovan ③ KUNST (*Zierornament*) süslü çerçeve **Karussell** <-s, -s *o* -e> [karʊ'sɛl] *nt* atlıkarınca **Karwoche** ['kaːɐvɔxə] *f* REL *paskalya yortusundan önceki yas haftası* **Kasachstan** <-s> ['kazaxstaːn] *nt* Kazakistan **kaschieren*** [ka'ʃiːrən] *vt* örtbas etmek **Kaschmir¹** <-s, -e> ['kaʃmiːɐ] *m* (*Wolle, Gewebe*) kaşmir **Kaschmir²** <-s> *nt* Keşmir **Käse** <-s, -> ['kɛːzə] *m* ① GASTR peynir; **ein Laib ~** bir kelle peynir ② (*pej fam: Unsinn*) saçma; **das ist doch alles ~, was du erzählst!** bütün bu anlattıkların saçma! **Käseglocke** *f* peynir fanusu **Käsekuchen** *m* peynirli pasta **Käser(in)** <-s, -; -nen> *m(f)* peynirci **Käserei** <-en> *f* ① (*Betrieb*) peynirhane ② *kein pl* (*das Herstellen*) peynircilik **Kaserne** <-n> [ka'zɛrnə] *f* kışla **käsig** ['kɛːzɪç] *adj* ① peynirimsi ② (*fam: Hautfarbe*) soluk **Kasino** <-s, -s> [ka'ziːno] *nt* ① MIL orduevi ② (*Spiel~*) kumarhane **Kaskade** <-n> [kas'kaːdə] *f* ① çağlayanlar dizisi ② CHEM zincirleme birbirine bağlı

kaplar *pl*
Kaskoversicherung ['kasko-] *f* kasko (sigorta)
Kasper(le) <-s, -> ['kaspɐ(lə)] *m* Kasper (adlı kukla) **Kasper(le)theater** *nt* Kasper (adlı kukla) tiyatrosu
Kaspisches Meer *nt* Hazar Denizi
Kassa <Kassen> ['kasa] *f* ÖSTERR Kasa
Kasse <-n> ['kasə] *f* ❶ (*Behälter*) kasa ❷ (*Laden~, Registrier~*) kasa ❸ (*Zahlstelle, Schalterraum*) vezne ❹ (*Bargeld*) para; FIN (*Barzahlung*) nakit (ödeme); **~ machen** (*fam*) para yapmak; **jdn zur ~ bitten** (*fam*) birinden para istemek; **gut bei ~ sein** (*fam*) parası bol olmak, çok parası olmak; **knapp bei ~ sein** (*fam*) parası kıt olmak, az parası olmak, eli darda olmak, darda bulunmak, para sıkıntısı içinde olmak; **wir haben getrennte ~n** bizim hesaplarımız [*o* hesabımız kitabımız] ayrıdır ❺ (*für Eintritts-, Fahrkarten*) gişe ❻ (*fam: Kranken~*) sigorta; (*Spar~*) sandık; (*Bank*) banka
Kassel <-s> ['kasəl] *nt* Kassel
Kassenarzt, -ärztin *m, f* sigortanın sözleşmeli hekimi
Kassenautomat *m* bankamatik **Kassenbestand** <-es, -stände> *m* kasa mevcudu **Kassenbon** *m* kasa fişi
Kassenpatient(in) *m(f)* sigortalı hasta
Kassenschlager *m* (*fam: Ware*) peynir ekmek gibi satılan mal; (*Film*) gişe başarısı, en çok gişe yapan film **Kassensturz** *m* kasa sayımı; **~ machen** kasa sayımı yapmak, kasa mevcudunu belirlemek **Kassenwart(in)** *m(f)* sayman **Kassenzettel** *m* ❶ (*Quittung*) fiş ❷ *s.* **Kassenbon**
Kassette <-n> [ka'sɛtə] *f* ❶ (*für Geld*) kasa; (*für Schmuck*) kutu, mahfaza ❷ (*Schutzhülle*) kutu ❸ (*Musik~, Video~*) kaset **Kassettenrekorder** <-s, -> *m* kasetli teyp
kassieren* [ka'si:rən] **I.** *vi* ❶ (*Kellner*) hesabı almak ❷ (*fam: Geld einnehmen*) para almak **II.** *vt* ❶ (*einnehmen*) almak (**von/bei** -den), tahsil etmek (**von/bei** -den) ❷ (*fam: sich aneignen*) iç etmek, edinmek; (*wegnehmen*) almak; (*gefangen nehmen*) yakalamak, enselemek ❸ (*fam: einstecken müssen*) almak, yemek; **ein Tor ~** bir gol yemek ❹ JUR (*aufheben*) temyiz etmek
Kassierer(in) <-s, -; -nen> *m(f)* (*eines Unternehmens*) kasadar; (*an der Ladenkasse*) kasiyer; (*im Verein*) sayman
Kassiopeia *f kein pl* ASTRON Altı Kardeş
Kastagnette <-n> [kasta'njɛtə] *f* MUS kastanyet
Kastanie <-n> [kas'ta:niə] *f* ❶ (*Baum*) kestane ❷ (*Frucht*) kestane; **für jdn die ~n aus dem Feuer holen** (*fam*) biri için kendini ateşe atmak ❸ (*bei Pferden*) kestanecik **kastanienbraun** *adj* kestane rengi
Kästchen <-s, -> ['kɛstçən] *nt* ❶ (*Behälter*) küçük kutu ❷ (*auf Papier*) kare
Kaste <-n> ['kastə] *f* kast
kasteien* [kas'taɪən] *vr* ■ **sich ~** riyazet etmek
Kastell <-s, -e> [kas'tɛl] *nt* ❶ HIST kale, hisar ❷ kasır; (*Burg*) şato
Kasten <-s, Kästen> ['kastən, *pl* 'kɛstən] *m* ❶ (*Kiste*) kutu; (*größerer*) kasa; **etwas auf dem ~ haben** (*fam*) kafalı olmak ❷ (*Schau~*) vitrin ❸ (*fam: Brief~*) kutu ❹ (*fam: Radio*) radyo; (*Fernseher*) tv ❺ (*Turngerät*) masa ❻ (*pej fam: Gebäude*) masara ❼ ÖSTERR, SCHWEIZ (*Schrank*) dolap
Kastilien <-s> [kas'ti:liən] *nt* Kastilya
Kastilier(in) <-s, -; -nen> *m(f)* Kastilyalı
kastilisch *adj* Kastilyalı, Kastilya (ile ilgili)
kastrieren* [kas'tri:rən] *vt* hadım etmek, iğdiş etmek, enemek
Kasuarine <-n> *f* BOT (*Casuarina*) demir ağacı
Kasus <-, -> ['ka:zʊs] *m* LING durum, hâl
Kat <-s, -s> [kat] *m Abk von* **Katalysator** CHEM katalizör; AUTO katalitik çevirici
Katabolie *f kein pl*, **Katabolismus** *m kein pl* MED, BIOL katabolizma
Katafalk <-s, -e> *m* katafalk
Katakomben [kata'kɔmbən] *pl* katakomp
Katalane(in) <-n, -n; -nen> [kata'la:nə] *m(f)* Katalan
katalanisch *adj* Katalan; **das K~e** Katalanca
Katalog <-(e)s, -e> [kata'lo:k] *m* katalog
katalogisieren* [katalogi'zi:rən] *vt* kataloglamak
Katalogisierung *f* kataloglama
Katalonien <-s> [kata'lo:niən] *nt* Katalanya
Katalysator <-s, -en> [kataly'za:to:ɐ] *m* CHEM katalizör; AUTO katalitik çevirici
Katalyse <-, -n> *m* CHEM kataliz
Katapult <-(e)s, -e> *nt o m* ❶ (*Steinschleuder*) sapan ❷ TECH, AERO şaryo
katapultieren* [katapʊl'ti:rən] *vt* AERO (*a. fig*) fırlatmak
KatarrRR <-s, -e> [ka'tar] *m*, **Katarrh** <-s, -e> *m* MED katarakt
Kataster *m o nt* kadastro
katastrophal [katastro'fa:l] *adj* felaket
Katastrophe <-n> [katas'tro:fə] *f* ❶ (*Unglück*) afet, felaket; (*Natur~*) afet ❷ (*fig*) felaket **Katastrophengebiet** *nt* felaket bölgesi

Kategorie <-n> [katego'ri:] *f* kategori, ulam; **grammatische ~** gramer kategorisi

kategorisch [kate'go:rɪʃ] *adj* kategorik

Kater <-s, -> ['ka:tɐ] *m* ❶ (*Tier*) erkek kedi; **der gestiefelte ~** çizmeli kedi ❷ (*fam: Unwohlsein*) mahmurluk, sarhoşluğun ayıltısı; (*Muskel~*) tutukluk; **einen ~ haben** mahmurluk duymak, sarhoşluğun ayıltısı içinde olmak

Katgut <-s> *nt kein pl* MED katgüt

kath. *Abk von* **katholisch** Katolik

Kathedrale <-n> [kate'dra:lə] *f* katedral

Katheter <-s, -> [ka'te:tɐ] *m* MED sonda

Kathode <-n> [ka'to:də] *f* PHYS katot

Katholik(in) <-en, -en; -nen> [kato'li:k] *m(f)* Katolik

katholisch [ka'to:lɪʃ] *adj* Katolik

Katholizismus <-> [katoli'tsɪsmʊs] *m kein pl* Katoliklik

Kation <-n> ['katsə] *nt* CHEM katyon

katzbuckeln *vi* eteklemek (**vor** -i)

Kätzchen <-s, -> [kɛtsçən] *nt* ❶ kedicik ❷ BOT tırtılsı

Katze <-n> ['katsə] *f* ❶ (*Haus~*) kedi; **wie die ~ um den heißen Brei schleichen** (*fam*) bin dereden su getirmek, ağzından baklayı çıkarmamak; **die ~ im Sack kaufen** (*fam*) malı görmeden satın almak; **die ~ aus dem Sack lassen** (*fam*) dilinin altındaki baklayı çıkarmak, baklayı ağzından çıkarmak; **meine Arbeit war für die Katz** (*fam*) yaptığım iş boşunaydı [*o* havacıvaydı]; **die ~ lässt das Mausen nicht** (*prov*) can çıkmayınca [*o* çıkmadan] huy çıkmaz ❷ (*Raubtierart*) kedi

Katzenauge *nt* ❶ (*Auge einer Katze*) kedi gözü ❷ (*fam: Rückstrahler*) kedigözü, katafot

Katzenjammer *m* (*fam*) ❶ (*depressive Stimmung*) moral çöküntüsü ❷ (*Kater nach Rausch*) mahmurluk **Katzensprung** *m* **es ist nur ein ~ (von hier)** (*fam*) orası buradan iki adımlık yer **Katzenwäsche** <-n> *f* (*fam*) üstünkörü yıkanma; **~ machen** üstünkörü yıkanmak **Katzenzunge** <-n> *f* ❶ (*Zunge der Katze*) kedi dili ❷ (*Süßigkeit*) kedidili

Kauderwelsch <-(s)> ['kaʊdɐvɛlʃ] *nt kein pl* çetrefil dil

kauen ['kaʊən] *vi, vt* çiğnemek; **an den Nägeln ~** tırnaklarını kemirmek

kauern ['kaʊɐn] **I.** *vi* diz çökmek **II.** *vr* ■ **sich ~** pusmak, sinmek

Kauf <-(e)s, Käufe> [kaʊf, *pl* 'kɔɪfə] *m* alım (**von** -in); (*Erwerb*) satın alma (**von** -i); **etw zum ~ anbieten** bir şeyi satışa çıkarmak; **ein ~ in Raten/auf Kredit** taksitle/veresiye satın alma; **etw in ~ nehmen** bir şeyi göze almak

kaufen ['kaʊfən] *vt* satın almak; (*bestechen*) rüşvet vermek (-e); **etw auf Raten ~** bir şeyi taksitle satın almak; **jdn ~** (*fam: zur Rede stellen*) birinden hesap sormak; (*bestehen*) birine rüşvet vermek

Käufer(in) <-s, -; -nen> ['kɔɪfɐ] *m(f)* alıcı; (*Kunde*) müşteri **Kaufhaus** *nt* bonmarşe, büyük mağaza **Kaufkraft** *f kein pl* WIRTSCH alım gücü, satın alma gücü **Kaufladen** <-s, -läden> *m* (*Spielzeug*) dükkân

Kaufleute *pl s.* **Kaufmann**

käuflich ['kɔɪflɪç] *adj* ❶ (*Waren*) satılık; **etw ~ erwerben** bir şeyi satın almak ❷ (*bestechlich*) yiyici

Kaufmann <-(e)s, -leute> *m* tacir, tüccar; **der ~ von Venedig** LIT Venedik Taciri

kaufmännisch [-mɛnɪʃ] *adj* ticari

Kaufpreis *m* alış fiyatı, satış fiyatı [*o* bedeli] **Kaufrausch** *m* satış furyası **Kaufvertrag** *m* satış mukavelesi **Kaufzwang** *m* satın alma zorunluluğu; **ohne ~** satın alma zorunluluğu olmadan

Kaugummi <-s, -s> *m o nt* çiklet, jiklet, sakız; **~ kauen** çiklet çiğnemek

Kaukasus <-> ['kaʊkazʊs] *m* Kafkasya

Kaulquappe <-n> ['kaʊlkvapə] *f* ZOOL iribaş

kaum [kaʊm] *adv* ❶ (*fast gar nicht*) hemen hemen hiç; **ich habe ~ geschlafen** pek uyumadım ❷ (*noch nicht einmal*) **sie war ~ hereingekommen, als ...** içeriye girdi girmedi, ...; **es dauerte ~ drei Stunden** üç saat sürdü sürmedi, üç saat bile sürmedi ❸ (*nur mit Mühe*) **das ist ~ zu glauben** inanılacak gibi değil

kausal [kaʊ'za:l] *adj* nedensel, illî

Kausalität *f* nedensellik, illiyet **Kausalzusammenhang** *m* nedensellik bağı

kausativ *adj* LING (*Verb*) ettirgen

Kausch(e) *f* NAUT randasa

kaustisch *adj* CHEM kostik

Kautabak ['kaʊ-] *m* ağız tütünü

Kaution <-en> [kaʊ'tsjo:n] *f* ❶ JUR (*als Bürgschaft*) kefalet; (*als Sicherheitsleistung*) teminat, güvence ❷ (*bei Mieten*) depozit

Kautschuk <-s> ['kaʊtʃʊk] *m kein pl* kauçuk

Kauz <-es, Käuze> [kaʊts, *pl* 'kɔɪtsə] *m* ZOOL kukumav; **ein komischer ~** (*fam*) garip [*o* tuhaf] adam

Kavalier <-s, -e> [kava'li:ɐ] *m* ❶ HIST (*Reiter*) süvari ❷ kavalye, centilmen

Kavallerie <-n> [kavalə'ri:, '----] *f* HIST süvari sınıfı

Kaviar <-s, -e> ['ka:via:ɐ] *m* GASTR havyar

KB [ka:'be:] *Abk von* **Kilobyte** kilobayt

Kebab *m* GASTR kebap

keck [kɛk] *adj* (*Bursche*) gözü pek; (*Antwort*) pervasız

Keder *m* fitil

Kefir *m kein pl* kefir

Kegel <-s, -> ['ke:gəl] *m* ① (*Geometrie, a. Berg~, Licht~*) koni ② (*Spielfigur*) hedef lobut

kegelförmig [-fœrmɪç] *adj* koni, konik

kegeln ['ke:gəln] *vi* kiy oynamak

Kehle <-n> ['ke:lə] *f* gırtlak; **jdm das Messer an die ~ setzen** (*fig fam*) birinin gırtlağına bıçağı dayamak; **jdm die ~ durchschneiden** birinin gırtlağını kesmek, birini boğazlamak; **jdm an die ~ springen** (*fig fam*) birinin boğazına sarılmak; **aus voller ~** avaz avaz, avazı çıktığı kadar; **mir war die ~ wie zugeschnürt** (*fig*) boğazım düğümlenmiş gibiydi

Kehlkopf *m* ANAT gırtlak **Kehlkopfentzündung** *f* MED larenjit **Kehlkopfkrebs** *m* MED gırtlak kanseri **Kehllaut** *m* LING art damak ünsüzü

Kehrbesen *m* SÜDD süpürge

Kehrblech *nt* faraş

kehren ['ke:rən] **I.** *vt* ① (*drehen*) döndürmek; **die Innenseite nach außen ~** ters yüz etmek; **er ist in sich gekehrt** o, içine dönüktür ② (*fegen*) süpürmek; **etw unter den Teppich ~** (*fig*) bir şeyi örtbas [*o* hasıraltı] etmek **II.** *vr* ■ **sich ~** ① (*sich wenden*) dönmek ② (*sich kümmern*) aldırmak (**an** -e) **III.** *vi* ① (*fegen*) süpürmek ② SCHWEIZ (*drehen: Wind, Trend*) dönmek; (*Auto*) dönmek

Kehricht <-s> ['ke:rɪçt] *m o nt kein pl* (*geh*) süprüntü, çöp; **das geht dich einen feuchten ~ an!** (*fam*) bu seni hiç mi hiç ilgilendirmez!

Kehrmaschine *f* sokak süpürme makinesi

Kehrreim *m* LIT, MUS nakarat, kavuşak

Kehrschaufel *f* faraş

Kehrseite *f* ① (*Rückseite*) ters (taraf); **die ~ der Medaille** madalyanın [*o* madalyonun] tersi [*o* ters tarafı] ② (*Rücken*) arka ③ (*Nebenerscheinung*) gölge olay

kehrt|machen ['ke:ɐt-] *vi* (*fam*) ① (*sich umdrehen*) arkasını dönmek; (*umkehren*) geri dönmek, çark etmek ② (*aufgeben*) caymak **Kehrtwendung** *f* yerinde dönüş

keifen ['kaɪfən] *vi* (*pej*) bağırıp çağırmak

Keil <-(e)s, -e> [kaɪl] *m* ① (*Werkzeug*) kama, kıskı ② (*Bremsklotz*) takoz

keilen ['kaɪlən] **I.** *vt* ① (*Bäume, Stämme*) kama ile yarmak ② (*drängen*) sıkıştırmak **II.** *vr* ■ **sich ~** ① (*hindurchdrängen*) itiş kakış ilerlemek ② (*fam: sich prügeln*) dövüşmek

Keiler <-s, -> *m* ZOOL erkek yaban domuzu

Keilerei <-en> *f* (*fam*) dövüş

keilförmig [-fœrmɪç] *adj* kamamsı

Keilriemen *m* AUTO tahrik kayışı, vantilatör kayışı **Keilschrift** *f* HIST çivi yazısı

Keim <-(e)s, -e> [kaɪm] *m* ① BOT filiz; **etw im ~ ersticken** bir şeyi baş göstermeden bastırmak ② (*Embryo*) embriyon ③ (*Krankheitserreger*) mikrop **Keimblatt** *nt* BOT çenek **Keimdrüse** *f* ANAT, ZOOL (*Geschlechtsdrüse*) cinsiyet bezi

keimen *vi* ① BOT filiz vermek ② (*sich zu bilden beginnen*) filizlenmek, gelişmeye başlamak, büyümeye başlamak; **~des Leben** (*fig*) filizlenen hayat

keimfrei *adj* mikropsuz; (*steril*) sterilize; **etw ~ machen** birşeyi sterilize etmek, birşeyi mikroptan arındırmak

Keimling <-s, -e> *m* BOT filizcik; MED oğulcuk

keimtötend *adj* sterilize eden **Keimzelle** *f* ① BIOL (*Gamet*) gamet ② (*Anfang*) başlangıç

kein [kaɪn] *pron* ① (*nicht ein, nichts an*) hiç, hiçbir; (*~ Einziger*) hiçbiri; **ich habe ~e Zeit** hiç vaktim yok; **~ einziges Mal** bir kere(cik) olsun; **in ~ster Weise** hiçbir şekilde; **~ Mensch** hiçbir insan; (**das ist überhaupt**) **~ Problem!** (bu hiç) sorun değil!; **~e Ahnung!** bilmem!, haberim yok! ② (*nicht einmal*) **das ist ~e 200 Meter von hier** buraya 200 metre yok bile

keine(r, s) ['kaɪnə, -nɐ, -nəs] *pron* **ich kenne ~n, der das kann** bunu yapabilecek kimse tanımıyorum; **es war ~r da** orada kimse(cik) yoktu; **~r von uns** hiçbirimiz

keinerlei ['--'-] *adj inv* hiç (mi hiç); **ich mache mir ~ Gedanken darüber** onu kendime hiç (mi hiç) dert etmiyorum

keinesfalls ['--'-] *adv* hiçbir suretle, katiyen, asla

keineswegs ['--'-] *adv* ① (*keinesfalls*) asla, katiyen, hiç de değil; (*ganz und gar nicht*) hiç mi hiç; **es ist ~ so wie Sie denken** hiç de düşündüğünüz gibi değil ② (*nicht im geringsten*) zerre kadar değil; **sie ist ~ dumm** katiyen [*o* hiç de] aptal değildir

keinmal *adv* hiçbir kere

keins [kaɪns] *pron s.* **keine(r, s)**

Keks <-(es), -(e)> [ke:ks] *m o nt* (*Gebäck*) bisküvi; **jdm auf den ~ gehen** (*fam*) birinin sinirine dokunmak

Kelch <-(e)s, -e> [kɛlç] *m* ① (*Glas*) ayaklı kupa; REL piyale; **den bitteren ~ (bis zur Neige) leeren** (*fig geh*) güç bir şeye sonuna kadar dayanmak ② BOT çanak

Kelim *m* kilim

Kelle <-n> ['kɛlə] *f* ❶ (*Schöpflöffel*) kepçe ❷ (*Maurer~, Mörtel~*) mala, sürgü

Keller <-s, -> ['kɛlɐ] *m* bodrum; (*Vorrats~*) kiler **Kellerassel** ['kɛlɐʔasəl] *f* ZOOL tespih böceği

Kellerei <-en> *f* kav, içki mahzeni

Kellerfenster *nt* bodrum penceresi **Kellergeschoss**[RR] *nt* bodrum katı

Kellner(in) <-s, -; -nen> ['kɛlnɐ] *m(f)* garson

kellnern *vi* (*fam*) garsonluk yapmak

Kelte(in) <-n, -n; -nen> ['kɛltə] *m(f)* HIST Kelt

keltern ['kɛltɐn] *vt* cendereden geçirmek

keltisch ['kɛltɪʃ] *adj* Kelt

Kemalismus *m kein pl* Atatürkçülük

Kenia <-s> ['ke:nia] *nt* Kenya

Kenianer(in) <-s, -; -nen> [keni'a:nɐ] *m(f)* Kenyalı

kenianisch *adj* Kenyalı, Kenya (ile ilgili); **eine ~e Frau** Kenyalı bir kadın; **die ~e Regierung** Kenya hükümeti

kennen <kennt, kannte, gekannt> ['kɛnən] *vt* tanımak; (*wissen*) bilmek; **~ Sie Herrn X?** Bay X'i tanıyor musunuz?; **~ Sie ihren Namen?** adını biliyor musunuz?; **kennst du mich noch?** beni tanıdın mı?; **jdn ~ lernen** biriyle tanışmak; **es freut mich, Sie ~ zu lernen** tanıştığımıza memnun oldum; **wie ich ihn kenne ...** onu tanıdığım kadarıyla ...; **da kennst du mich aber schlecht** sen beni pek tanımıyorsun galiba; **er kennt kein Erbarmen** hiç merhamet bilmez; **da kenne ich nichts!** hiç anlamam!; **ich kenne sie vom Sehen** onu görmüşlüğüm var

kennen|lernen *vt s.* **kennen**

Kenner(in) <-s, -; -nen> *m(f)* ❶ (*Sachverständiger*) bilirkişi, eksper ❷ (*jdm, der sich gut auskennt*) erbap **Kennerblick** <-(e)s, -e> *m* **etw mit ~ betrachten** bir şeye bilen gözü ile bakmak

kenntlich ['kɛntlɪç] *adj* **etw ~ machen** bir şeyi işaretlemek

Kenntnis ['kɛntnɪs] *f kein pl* (*das Bekanntsein*) bilgi, bilme, haberdar olma; **von etw** *dat* **~ haben/erhalten** bir şeyden haberi/haberdar olmak; **jdn von etw** *dat* **in ~ setzen** birine bir şey hakkında bilgi vermek, birini bir şeyden haberdar etmek; **etw/jdn zur ~ nehmen** bir şey/kimse hakkında bilgi edinmek

Kenntnisnahme *f kein pl* (*form*) **zur ~** bilginize (arz ederiz)

Kenntnisse *pl* (*Wissen*) bilgi

Kennwort <-(e)s, -wörter> *nt* (*Losung*) parola; (*Kode*) kod, şifre **Kennzahl** *f s.* **Kennziffer** **Kennzeichen** *nt* ❶ (*Merkmal*) nitelik; (*zur Unterscheidung*) karakteristik, belirgin nitelik ❷ (*Markierung*) işaret ❸ AUTO plaka **kennzeichnen** *vt* ❶ (*markieren*) işaretlemek, işaret koymak (-e) ❷ (*charakterisieren*) karakterize etmek (**als** olarak), ıralamak (**als** olarak)

kennzeichnend *adj* (*charakteristisch*) karakteristik; (*typisch*) tipik; (*unterscheidend*) ayırıcı, ayırt edici

Kennziffer *f* ❶ (*als Kennzeichen*) şifre ❷ MATH karakteristik

kentern ['kɛntɐn] *vi sein* alabora olmak

Keramik <-en> [ke'ra:mɪk] *f* seramik

Keratin *nt* BIOL, CHEM keratin

Kerbe <-n> ['kɛrbə] *f* (*Einschnitt*) kertik, çentik; (*in Holz, Metall*) çetele, kertik; (*Zeichen*) kerte, çetele; **in dieselbe ~ schlagen** (*fam*) biriyle hemfikir olmak, biriyle aynı amacı gütmek

kerben *vt* kertiklemek

Kerbholz *nt* HIST çetele; **etwas auf dem ~ haben** (*fig fam*) kabahat işlemiş olmak

Kerker <-s, -> ['kɛrkɐ] *m* ❶ HIST zindan ❷ ÖSTERR (*Zuchthaus*) ağır hapis

Kerl <-s, -e> [kɛrl] *m* (*fam*) adam, herif; **blöder ~!** aptal herif!; **er ist ein ganzer ~** sapına kadar erkektir

Kermes <-> *m* kırmız **Kermesschildlaus** *f* ZOOL kırmız böceği

Kern <-(e)s, -e> [kɛrn] *m* ❶ (*einer Frucht*) çekirdek ❷ BIOL, PHYS çekirdek ❸ (*Mittelpunkt*) orta, merkez ❹ (*das Wesentliche*) öz, nüve, esas, asıl; **jedes Märchen hat einen wahren ~** her masalın esprisi [*o* derin bir anlamı] vardır; **zum ~ der Frage vorstoßen** meselenin künhüne varmak, sorunun aslını [*o* özünü] anlamak **Kernbeißer** *m* ZOOL kocabaş **Kernenergie** *f kein pl* nükleer enerji **Kernexplosion** *f* nükleer patlama **Kernfamilie** *f* çekirdek aile

Kernforschung *f kein pl* nükleer araştırma **Kernforschungszentrum** *nt* nükleer araştırma merkezi

Kernfrage *f* asıl sorun **kerngesund** ['--'-] *adj* sapasağlam, dipdinç, turp gibi

kernig ['kɛrnɪç] *adj* ❶ (*markig*) özlü; (*kraftvoll*) kuvvetli; (*robust*) sağlam ❷ (*Obst*) çekirdekli

Kernkraft *f kein pl* nükleer enerji **Kernkraftgegner(in)** *m(f)* nükleer enerji karşıtçısı, nükleer enerjiye karşı olan (kimse) **Kernkraftwerk** *nt* nükleer santral

Kernobst *nt* çekirdekli meyve **Kernphysik** *f* PHYS nükleer fizik **Kernpunkt** *m* en önemli nokta, can alacak nokta **Kernreaktion** <-en> *f* PHYS çekirdeksel tepkime **Kernreaktor** *m* PHYS nükleer reaktör

Kernseife *f* sabun
Kernspaltung *f* PHYS çekirdek bölünmesi **Kerntechnik** <-en> *f* PHYS nükleer enerji teknolojisi
Kernwaffen *pl* MIL nükleer silahlar *pl* **Kernwaffenversuch** *m* MIL nükleer deneme
Kerosin <-s> [kero'zi:n] *nt kein pl* kerosen
Kerze <-n> ['kɛrtsə] *f* ① (*aus Wachs*) mum; **elektrische ~** mum ampul ② TECH (*Zünd~*) buji ③ SPORT mum duruşu; **eine ~ machen** mum duruşuna geçmek **kerzengerade** ['---'--] *adj* mum gibi, dimdik, mum direk; **~ sitzen** mum gibi [*o* dimdik] oturmak **Kerzengießer(in)** *m(f)* mumcu **Kerzenleuchter** *m* (*für mehrere Kerzen*) şamdan **Kerzenlicht** <-(e)s> *nt kein pl* mum ışığı; **bei ~** mum ışığında **Kerzenschlüssel** *m* TECH, AUTO buji anahtarı **Kerzenständer** *m* mumluk, şamdan
kess[RR] [kɛs] *adj*, **keß**[ALT] *adj* ① (*vorlaut*) pervasız ② (*Kleidung*) şık
Kessel <-s, -> ['kɛsəl] *m* ① (*Dampf~, Wasser~*) kazan ② (*Tal*) ova ③ MIL çember ④ SCHWEIZ (*Eimer*) kova
Kesselpauke *f* kös **Kesselraum** *m* kazan dairesi **Kesselschmied** *m* kazancı **Kesselstein** *m kein pl* kazan taşı **Kesseltreiben** *nt* sürek avı **Kesselwagen** *m* EISENB sarnıç vagonu
Ketchup <-(s), -s> *m o nt*, **Ketschup**[RR] <-(s), -s> ['kɛtʃap] *m o nt* ketçap
Kette <-n> ['kɛtə] *f* ① (*Eisen~, Hotel~, Menschen~, Fahrrad~*) zincir; **jdn in ~n legen** (*a. fig*) birini zincire vurmak ② (*Hals~*) gerdanlık; (*Kollier*) kolye ③ (*Uhren~*) köstek ④ (*Reihe*) çözgü, arış ⑤ (*Gebirgs~*) silsile
ketten *vt* zincirlemek (**an** -e), (zincirle) bağlamak (**an** -e)
Kettenfahrzeug *nt* MIL, TECH paletli taşıt **Kettenraucher(in)** *m(f)* sigara tiryakisi **Kettenreaktion** <-en> *f* CHEM, PHYS zincirleme tepkime
Ketzer(in) <-s, -; -nen> ['kɛtsɐ] *m(f)* zındık
Ketzerei <-en> [kɛtsə'raɪ] *f* zındıklık
ketzerisch *adj* zındık
keuchen ['kɔɪçən] *vi* (*a. fig*) solumak
Keuchhusten <-s> *m kein pl* MED boğmaca
Keule <-n> ['kɔɪlə] *f* ① (*Waffe, Turngerät*) lobut ② (*Tier~, Geflügel~*) but
keusch [kɔɪʃ] *adj* iffetli; **ein ~es Leben führen** iffetli bir yaşam sürmek
Keuschheit *f kein pl* iffet
Keyboard <-s, -s> ['ki:bɔ:t] *nt* klavye
Kfz <-(s), -(s)> *nt Abk von* **Kraftfahrzeug** motorlu taşıt
kg *Abk von* **Kilogramm** kg (*kilogram*)
Khaki *nt* hâki
khakifarben *adj*, **khakifarbig** *adj* hâki
Khan *m* kağan
kHz PHYS *Abk von* **Kilohertz** *kilohertz*
KI [ka:'ʔi:] INFORM *Abk von* **künstliche Intelligenz** yapay zekâ
Kibla *f kein pl* REL kıble
Kichererbse ['kɪçɐ-] *f* BOT nohut; **geröstete ~n** leblebi
kichern ['kɪçɐn] *vi* kıkır kıkır gülmek
kicken ['kɪkən] **I.** *vi* (*fam: Fußball spielen*) futbol oynamak **II.** *vt* (*fam: Ball*) ayakla vurmak
Kicker(in) <-s, -(s); -nen> *m(f)* (*fam*) futbolcu
Kickertisch *m* langırt masası
Kickstarter <-s, -> ['kɪkʃtartɐ] *m* AUTO basçalıştır
Kid <-s, -s> [kɪt] *nt* ① (*Glaceleder*) glase ② (*sl: Kind, Jugendlicher*) çocuk
kidnappen ['kɪtnɛpən] *vt* kaçırmak; **das Kind/der Minister wurde gekidnappt** çocuk/bakan kaçırıldı
Kidnapper(in) <-s, -; -nen> ['kɪtnɛpɐ] *m(f)* (fidye almak için insan) kaçıran (kimse)
Kiebitz <-es, -e> ['ki:bɪts] *m* ① ZOOL kız kuşu ② (*fam: Person*) oyuna karışan (seyirci)
Kiefer[1] <-n> ['ki:fɐ] *f* BOT (*Pinus*) çam
Kiefer[2] <-s, -> *m* ANAT çene
Kieferharz *nt* BOT çam sakızı
Kieferknochen *m* ANAT çene kemiği
Kiefernnadel *f* BOT çam iğnesi **Kiefernwald** *m* BOT çam ormanı
Kieferorthopäde(in) *m(f)* MED ortodontist
Kieferorthopädie *f kein pl* MED ortodonti
Kieker <-(e)s, -e> [ki:-] *m* ① NAUT (*Fernglas*) dürbün ② (*fig fam*) **jdn auf dem ~ haben** birine takmak
Kiel <-(e)s, -e> [ki:l] *m* ① NAUT (*Schiffsteil*) karina; **ein Schiff auf ~ legen** gemiyi tezgâha koymak ② (*an Vogelfeder*) kuş tüyü sapı **Kielwasser** <-s> *nt kein pl* dümen suyu; **in jds ~ schwimmen** birinin dümen suyundan gitmek
Kieme <-n> ['ki:mə] *f* ZOOL solungaç
Kienspan <-(e)s, -späne> *m* çıra
Kies[1] <-es, -e> [ki:s] *m* (*Steine*) çakıl
Kies[2] <-es> *m kein pl* (*fam: Geld*) mangır
Kiesel *m* çakıl; (*~stein*) çakıl taşı **Kieselerde** *f kein pl* silis **Kieselsäure** *f kein pl* CHEM silisik asit **Kieselstein** *m* çakıl taşı
Kiesgrube *f* çakıl ocağı, çakıllık

Kif(f) <- *o* -s> *m kein pl* (*sl*) keyif, esrar, ot **kiffen** ['kɪfən] *vi* (*sl*) esrar çekmek **kikeriki** [kikəri'kiː] *interj* kukuriku **killen** ['kɪlən] *vt* (*fam*) öldürmek **Killer(in)** <-s, -; -nen> ['kɪlɐ] *m(f)* (*fam*) katil; (*bezahlter Mörder*) kiralık katil, tetikçi **Kilo** <-s, -(s)> ['kiːlo] *nt* (*fam*) kilo **Kilobyte** ['kiːlobaɪt] *nt* INFORM kilobayt **Kilogramm** *nt* kilogram **Kilohertz** [-hɛrts] *nt* PHYS kilohertz **Kilojoule** *nt* PHYS kilojul **Kilokalorie** *f* PHYS kilokalori **Kilometer** [--'--, '----] *m* kilometre; **160 ~ pro Stunde fahren** saate 160 kilometre hızla gitmek **Kilometerstein** *m* kilometre taşı **Kilometerzähler** <-s, -> *m* kilometre saati **Kilovolt** *nt* PHYS kilovolt **Kilowatt** <-s, -> *nt* PHYS, TECH kilovat **Kilowattstunde** *f* PHYS, ELEK kilovat saat **Kilt** *m* fistan **Kimme** <-n> *f* (*einer Handfeuerwaffe*) gez; **über ~ und Korn zielen** gez ile arpacık üzerinden nişan almak **Kimono** *m* kimono **Kind** <-(e)s, -er> [kɪnt] *nt* ❶ (*Junge, Mädchen*) çocuk, evlat; (*kleineres*) küçük; **von ~ auf** çocukluktan (beri); **das weiß doch jedes ~** bunu herkes bilir; **das ~ mit dem Bade ausschütten** (*fig*) pire için yorgan yakmak; **sich bei jdm lieb ~ machen** (*fam*) birine yaltaklanmak; **das ~ beim rechten Namen nennen** (*fam*) sözünü esirgememek; **wir werden das ~ schon schaukeln** (*fam*) meseleyi hâle yola koyacağız; **ein gebranntes ~ sein** (*fig*) sütten ağzı yanmış olmak ❷ (*Nachwuchs*) çocuk; **ein ~ erwarten** çocuk beklemek; **ein ~ bekommen** çocuğu olmak; **jdn an ~es statt annehmen** birini evlat edinmek; **mit ~ und Kegel** (*fam*) çoluk çocuk, maaile **Kindbettfieber** <-s> *nt kein pl* loğusa humması **Kinderarbeit** ['kɪndɐ-] *f kein pl* çocukların çalışması **Kinderarzt, -ärztin** *m, f* çocuk hastalıkları hekimi, çocuk doktoru **Kinderbuch** *nt* çocuk kitabı **Kinderei** <-en> *f* çocukluk **Kinderermäßigung** *f* çocuk indirimi **Kindererziehung** *f* çocuk yetiştirme **Kinderfrau** *f* çocuk bakıcısı kadın, dadı **kinderfreundlich** *adj* çocuksever **Kindergarten** *m* anaokulu, çocuk yuvası **Kindergeld** *nt* çocuk parası **Kinderheim** <-(e)s, -e> *nt* ❶ çocuk yurdu, çocuk yuvası ❷ (*für Kinder unter Betreuung*) yetiştirme yurdu **Kinderhort** *m* kreş **Kinderkleidung** *f* çocuk giysisi **Kinderklinik** *f* çocuk hastalıkları kliniği **Kinderkrankheit** *f* ❶ MED çocuk hastalığı ❷ (*fig: Anfangsschwierigkeit*) başlangıçtaki güçlük **Kinderkrippe** *f* kreş **Kinderlähmung** *f* çocuk felci **kinderleicht** ['--'-] *adj* (*fam*) çocuk işi; **das ist doch ~** bu çocuk işi **kinderlieb** *adj* çocuksever **kinderlos** *adj.* çocuksuz **Kinderlosigkeit** *f kein pl* çocuksuzluk **Kindermädchen** *nt* çocuk bakıcısı kız, dadı **Kindernahrung** *f* çocuk maması **kinderreich** *adj* çok çocuklu; **~e Familie** çok çocuklu bir aile **Kinderschreck** *m* umacı, öcü **Kinderschuh** *m* çocuk ayakkabışı; **etw steckt noch in den ~en** bir şey emekleme çağında [*o* döneminde] olmak **Kindersitz** *m* çocuk koltuğu **Kinderspiel** *nt* çocuk oyunu; **das ist doch ein ~ für sie** bu, onun için çocuk oyunudur [*o* işidir] **Kinderspielplatz** <-es, -plätze> *m* çocuk bahçesi **Kindersprache** *f* çocuk dili **Kindertagesstätte** *f* çocuk yuvası **Kinderwagen** *m* çocuk arabası **Kinderzimmer** *nt* çocuk odası **Kindesalter** *nt* çocukluk; **im ~** çocuklukta **Kindesbeine** *pl* **von ~n an** çocukluktan beri **Kindesmisshandlung**[RR] *f* çocuklara fena muamele **Kindestötung** *f* JUR çocuk öldürme **Kindheit** *f kein pl* çocukluk; **seit meiner ~** çocukluğumdan beri [*o* bu yana] **Kindheitserinnerung** *f* çocukluk anısı **kindisch** *adj* çocuksu, çocukca; (*Greis*) çocuk gibi; ■ **sich ~ benehmen** çocukça davranışlarda bulunmak, çocukluk etmek **kindlich** *adj* ❶ (*kindgemäß*) çocuk gibi, çocukça; (*Gesicht*) çocuksu, çocuğumsu ❷ (*naiv*) çocuk gibi **Kindstod** *m* MED **plötzlicher ~** bebek ölümü **Kindtaufe** *f* REL çocuğun vaftizi **Kinemathek** <-en> *f* sinematek **Kinematograph** <-en, -en> *m* sinematograf **kinetisch** *adj* kinetik **Kinn** <-(e)s, -e> [kɪn] *nt* çene **Kinnbart** <-(e)s, -bärte> *m* didon sakal **Kinnhaken** *m* SPORT (*Boxen*) aparkat **Kinnlade** <-n> *f* ANAT (*Unterkiefer*) alt çene **Kino** <-s, -s> ['kiːno] *nt* sinema **Kinofilm** <-(e)s, -e> *m* sinema filmi **Kinogänger(in)** <-s, -; -nen> [-gɛŋɐ] *m(f)* sinemasever **Kinokarte** *f* sinema bileti **Kinotechnik** *f kein pl* sinema tekniği **Kiosk** <-(e)s, -e> ['kiːɔsk] *m* büfe; (*kleiner*) büvet **Kipfer(l)** <-s, -(n)> ['kɪpfɐ(l)] *nt* OSTERR

K

(*Hörnchen*) ay çöreği

Kippe <-n> ['kɪpə] *f* ① (*fam: Zigarettenstummel*) izmarit; (*Zigarette*) cıgara, sigara ② (*Abraumhalde*) molozluk ③ (*Müll~*) çöplük ④ (*fam*) **es steht noch auf der ~** tehlikede olmak

kippen ['kɪpən] **I.** *vi sein* ① (*umfallen*) devrilmek; (*sich neigen*) yan yatmak; **er ist vom Stuhl gekippt** sandalyeden düştü ② (*Gewässer, Ökosystem*) bozulmak **II.** *vt* ① (*um~*) devirmek ② (*schräg stellen*) yan yatırmak ③ (*fam: zurückziehen*) geri çekmek ④ (*ausschütten*) dökmek; **einen ~** (*fam*) kadeh atmak

Kipper *m* (*Vorrichtung*) damper; (*Lastwagen*) damperli kamyon

Kipplader *m* damperli kamyon

Kirche[1] <-n> ['kɪrçə] *f* ① (*Gebäude*) kilise ② (*Institution*) kilise; **aus der ~ austreten** kiliseden çıkmak

Kirche[2] *f kein pl* (*Gottesdienst*) kilise; **in die ~ gehen** kiliseye gitmek

Kirchenasyl *nt* POL, REL kiliseye sığınma **Kirchenbank** *f* kilise sırası **Kirchenbann** <-(e)s> *m kein pl* REL aforoz **Kirchenbesuch** *m* kiliseye gitme **Kirchenbuch** *nt* kilise defteri **Kirchenchor** *m* kilise korosu **Kirchenfenster** *nt* kilise penceresi **Kirchenfest** *nt* REL kilise şenliği, kilise şöleni **Kirchengemeinde** *f* kilise cemaati **Kirchenglocke** *f* kilise çanı **Kirchenjahr** *nt* kilise yılı **Kirchenlied** *nt* koral, ilahi **Kirchenmusik** *f kein pl* kilise müziği **Kirchenorgel** *f* kilise orgu **Kirchenrat** *m* ① (*Organ*) kilise şûrası, kilise komisyonu ② (*Person*) kilise müşaviri **Kirchenrecht** *nt kein pl* kilise hukuku **Kirchenschiff** *nt* ARCH nef **Kirchensteuer** <-n> *f* kilise vergisi

kirchlich *adj* kilise (ile ilgili); (*kirchenrechtlich*) kilise hukuku (ile ilgili); ■ **sich ~ trauen lassen** kilise nikâhı ile evlenmek

Kirchplatz <-es, -plätze> *m* kilise meydanı **Kirchturm** *m* kilise kulesi; (*Glockenturm*) çan kulesi

Kirgisien *nt* Kırgızistan

Kirmes <-sen> ['kɪrməs, 'kɪrmɛs] *f* DIAL lunapark, kermes

Kirschbaum *m* kiraz ağacı

Kirsche <-n> ['kɪrʃə] *f* ① (*Frucht*) kiraz; **mit jdm ist nicht gut ~n essen** (*fam*) biriyle kolay geçinilmemek ② (*Baum*) kiraz

Kirschkern *m* kiraz çekirdeği **Kirschlorbeer** *m* BOT taflan **Kirschwasser** <-s, -wässer> *nt* kirş

Kismet *nt kein pl* kısmet

Kissen <-s, -> ['kɪsən] *nt* (*Kopf~*) yastık; (*Sofa~*) yastık **Kissenbezug** <-(e)s, -züge> *m* yastık kılıfı

Kiste <-n> ['kɪstə] *f* ① (*Behälter*) kutu; (*Getränke~*) kasa; (*größer*) sandık; **in ~n verpacken** kasalamak ② (*fam: Bett*) döşek, yatak ③ (*fam: Fernseher*) camekânlı kutu, tv ④ (*fam: Fahrzeug*) külüstür ⑤ (*fam: Angelegenheit*) iş, mesele

Kitsch <-(e)s> [kɪtʃ] *m kein pl* zevksizlik

kitschig *adj* telli pullu, zevksiz bir biçimde süslenmiş; (*rührselig*) santimantal

Kitt <-(e)s, -e> [kɪt] *m* macun

Kittchen <-s, -> ['kɪtçən] *nt* (*fam*) kodes, dam; **ins ~ kommen** kodesi boylamak

Kittel <-s, -> ['kɪtəl] *m* ① (*Arbeits~*) önlük ② SÜDD (*Jackett*) ceket ③ ÖSTERR (*Damenrock*) entari, eteklik

kitten ['kɪtən] *vt* ① (*Fenster, Türen*) macunlamak ② (*kleben*) yapıştırmak ③ (*reparieren*) onarmak, tamir etmek

Kitz <-es, -e> [kɪts] *nt* ① (*Zicklein*) oğlak ② (*Reh~*) yavru

Kitzel <-s, -> ['kɪtsəl] *m* ① (*Juckreiz*) gıdıklanma ② (*Lust*) heyecan; **einen ~ nach etw verspüren** bir şeyin heyecanını duymak

kitzelig *adj* ① (*Mensch*) **~ sein** gıdıklanmak ② (*Angelegenheit*) nazik

kitzeln ['kɪtsəln] **I.** *vi* gıdıklamak; **das kitzelt** bu gıdıklıyor **II.** *vt* gıdıklamak

Kitzler <-s, -> ['kɪtslɐ] *m* bızır; (*Klitoris*) klitoris

kitzlig *adj s.* **kitz(e)lig**

Kiwi[1] <-s, -s> ['ki:vi] *m* ZOOL kivi

Kiwi[2] <-s> ['ki:vi] *f* BOT kivi

kJ *Abk von* **Kilojoule** kilojul

KKW <-s, -s> [ka:ka:'ve:] *nt Abk von* **Kernkraftwerk** nükleer santral

Klacks *m* ① (*ein Löffel voll*) bir kaşık dolusu ② (*Geräusch*) şap; **mit einem ~ zu Boden fallen** şap diye yere düşmek ③ (*fig fam*) şıpın işi; **für uns ist so was ein ~** böyle şey bizim için şıpın işi

Kladde *f* ① (*Schmierheft*) karalama defteri, müsvedde defteri ② (*Konzept*) müsvedde, taslak

klaffen ['klafən] *vi* aralık kalmak

kläffen ['klɛfən] *vi* (*pej*) havlamak

Klage <-n> ['kla:gə] *f* ① (*Beschwerde*) yakınma, şikâyet; **~n vorbringen** şikâyette bulunmak; **(k)einen Grund zur ~ haben** şikâyet edecek bir nedeni ol(ma)mak ② (*geh: Weh~*) inleme, sızlanma ③ JUR dava; **eine ~ gegen jdn erheben** birine karşı dava açmak **Klagelaut** *m* inilti **Klagelied** *nt* ağıt; **ein ~ singen** ağıt söylemek

Klagemauer *f* REL Ağlama Duvarı

klagen ['kla:gən] **I.** *vi* ① (*jammern*) yakınmak (**über** -den), sızlanmak; (*sich beschweren*) şikâyetçi olmak (**über** -den), şikâyet etmek; **ich kann nicht ~** şikâyetim yok ❷ JUR dava açmak; **er klagt auf Schadensersatz** tazminat davası açtı **II.** *vt* ❶ (*äußern*) **jdm sein Leid ~** birine dert yanmak, birine derdini dökmek, birine sızlanmak ❷ ÖSTERR (*ver~*) dava etmek (**auf** için)

klagend *adj* ❶ (*jammernd*) yakınan ❷ JUR dava eden

Kläger(in) <-s, -; -nen> ['klɛːgɐ] *m(f)* JUR davacı

Klageschrift *f* JUR dava dilekçesi **Klageweib** *nt* ağıtçı

kläglich ['klɛːklɪç] **I.** *adj* ❶ (*mitleiderregend*) acınacak, perişan; **sich in einem ~en Zustand befinden** acınacak [*o* perişan] bir durumda bulunmak ❷ (*jämmerlich*) acıklı **II.** *adv* (*in ~er Weise*) acınacak [*o* acıklı] bir biçimde; **er hat ~ versagt** acınacak [*o* acıklı] bir biçimde başarısızlığa uğradı

klaglos *adj* sızıltısız, yakınmadan

klamm [klam] *adj* ❶ (*feuchtkalt*) nemli; (*Finger*) soğuktan uyuşuk ❷ (*sl: knapp bei Kasse*) **~ sein** darda kalmak, eli darda olmak

Klammer <-n> ['klamɐ] *f* ❶ (*Wäsche~*) mandal; (*Büro~, Heft~*) tutturgaç; (*Haar~*) toka; (*Wund~*) pens ❷ (*im Text*) ayraç, parantez; **eckige/geschweifte/runde ~** köşeli/kaş/yay ayraç; **„~ auf/zu"** parantez aç/kapat; **in ~(n) setzen** parantez içine almak

klammern ['klamɐn] **I.** *vt* ❶ (*befestigen*) tutturmak ❷ (*Wunde*) pens ile tutturmak **II.** *vr* ■ **sich ~** sarılmak (**an** -e)

klammheimlich *adv* (*fam*) tun tun; **~ abhauen** tun tun kaçmak

Klamotten [kla'mɔtən] *pl* (*fam*) ❶ (*Kleidung*) üst baş, giyecekler *pl*, giysiler *pl* ❷ (*Zeug*) öte beri

Klan <-s, -e> [klaːn] *m* klan

klang [klaŋ] *3. imp von* **klingen**

Klang <-(e)s, Klänge> [klaŋ, *pl* 'klɛŋə] *m* (*Ton*) ses; (*der Stimme*) ton; (*eines Instruments*) ses; **einen guten ~ haben** MUS iyi bir sesi olmak **Klangfarbe** <-n> *f* MUS tını

klanglos *adj* (*Stimme*) sessiz; **sang- und ~ verschwinden** (*fam*) sessiz sedasız sıvışmak

klangvoll *adj* ❶ (*Stimme, Ton*) tınlayan ❷ (*berühmt*) ünlü, meşhur

Klappbett *nt* açılır kapanır karyola, portatif karyola

Klappe <-n> ['klapə] *f* ❶ (*Deckel*) kapak; ANAT (*Herz~*) kapakçık; MUS (*von Blasinstrument*) klape, kapakçık; (*am Ofen, Herd*) kapak ❷ FILM **nach der letzten ~** çevirim bittikten sonra ❸ (*sl: Mund*) çene; **halt die ~!** çeneni tut!; **zwei Fliegen mit einer ~ schlagen** (*fig fam*) bir taşla iki kuş vurmak

klappen ['klapən] **I.** *vi* (*fam*) ❶ (*funktionieren*) olmak; **es klappt alles wie am Schnürchen** her şey tıkırında gidiyor ❷ **die Kinder ~ mit den Türen** çocuklar kapıları takır tukur vuruyor; **die Fensterläden ~ an die Mauer** panjurlar takur tukur duvara vuruyor **II.** *vt* ❶ (*auf~*) açmak; (*zu~*) katlamak; (*zusammen~*) katlamak; (*hoch~*) kaldırmak; (*herunter~*) indirmek; **den Mantelkragen in die Höhe ~** paltonun yakasını yukarı kaldırmak ❷ (*fam: erwischen*) enselemek, yakalamak, tutmak

klapperdürr ['klapɐ'dʏr] *adj* (*fam*) iskelet gibi, bir deri bir kemik

klapperig ['klap(ə)rɪç] *adj* ❶ (*Auto, Möbel*) külüstür ❷ (*fam: Person*) sarsak, tirit; **ein ~er Gaul** lagar bir beygir

klappern ['klapɐn] *vi* (*Kisten, Fensterladen*) takırdamak; **im Wind ~** rüzgârda takırdamak; **er klapperte vor Kälte mit den Zähnen** soğuktan dişleri takırdıyordu; **mit dem Gebiss ~** takma dişlerini şakırdatmak

Klapperschlange *f* çıngıraklı yılan **Klapperstorch** *m* (*fam*) leylek

Klapp(fahr)rad *nt* katlanır bisiklet **Klappmesser** *nt* çakı

klapprig *adj s.* **klapperig**

Klappsofa *nt* çekyat **Klappstuhl** *m* katlanır sandalye **Klapptisch** *m* katlanır masa

Klaps <-es, -e> [klaps] *m* (*fam*) ❶ (*Schlag*) fiske ❷ (*Verrücktheit*) **einen ~ haben** kafadan kontak olmak **Klapsmühle** <-n> *f* (*fam*) tımarhane

klar [klaːɐ] *adj* ❶ (*allgemein*) açık; **etw ~ und deutlich sagen** bir şeyi açık ve seçik söylemek; **ist das ~?** anlaşıldı mı?, tamam mı?; **na ~!** hay hay!; **das ist doch ~!** elbette ki!, bu besbelli bir şey!; **sich** *dat* **über etw ~ werden** bir şeyi anlamak; **sich** *dat* **über etw im K~en sein** bir şeye aklı yatmış olmak ❷ (*Himmel*) açık, berrak; (*Wasser*) berrak; (*durchsichtig*) saydam ❸ (*Umrisse*) net, belirgin ❹ (*eindeutig*) belli ❺ (*vernünftig*) **keinen ~en Gedanken fassen können** aklı başında olmamak ❻ (*fertig*) hazır ❼ GASTR (*Suppe*) sade suya

Kläranlage ['klɛːɐ-] *f* arıtma tesisi

Klare(r) <-n, -n> ['klaːrɐ] *m* (*fam:*

K

Schnaps) rakı

klären ['klɛːrən] **I.** *vt* ❶ (*Abwässer*) arıtmak ❷ (*Frage*) halletmek **II.** *vr* ■ **sich ~** (*Angelegenheit*) hallolmak

Klarheit *f kein pl* ❶ (*allgemein*) açıklık; **~ in etw bringen** bir şeye açıklık getirmek; **sich** *dat* **~ über etw verschaffen** bir şeyi net olarak ortaya çıkarmak; **für ~ sorgen** açıklık getirmek; **jdm etw in aller ~ sagen** birine bir şeyi açık açık söylemek ❷ (*Durchsichtigkeit*) saydamlık ❸ (*Deutlichkeit*) açıklık

Klarinette <-n> [klari'nɛtə] *f* MUS klarnet

Klarinettist(in) *m(f)* klarnetçi

klar|kommen *irr vi sein* (*fam: mit Person*) iyi anlaşmak (**mit** ile); (*mit Dingen*) başa çıkmak (**mit** ile) **klar|kriegen** *vt* (*fam*) halletmek, yoluna koymak **klar|machen** *vt* ❶ NAUT hazır etmek ❷ (*fam: erklären*) anlatmak; **sich** *dat* **etw ~** bir şeyi anlamak

klar|sehen *irr vi* (*fam*) açık olarak görmek, anlamış olmak

Klarsichtfolie *f* selofan **Klarsichthülle** *f* poşet

klar|stellen *vt* açıklamak, izah etmek

Klartext *m* **mit jdm ~ reden/sprechen** (*fam*) biriyle maskesiz, açık(ça) konuşmak

Klärung <-en> *f* ❶ (*von Problem*) açıklığa kavuşturma ❷ (*von Abwasser*) arıtma

klar|werden *irr vr sein* ■ **sich ~** *s.* **klar 1.**

klasse ['klasə] *adj inv* (*fam*) klas

Klasse <-n> ['klasə] *f* ❶ (*Gruppe*) *a.* BIOL, SOZIOL sınıf; **erster/zweiter ~ fahren** birinci/ikinci mevki ile gitmek ❷ (*Schul~*) sınıf; (*~nstufe*) sınıf; **eine ~ überspringen** sınıf atlamak ❸ (*Gütestufe*) sınıf **Klassenarbeit** *f* SCHULE yazılı yoklama (**in** -de) **Klassenbeste(r)** *f(m)* SCHULE sınıf birincisi

Klassenbewusstsein[RR] *nt* POL sınıf bilinci

Klassenbuch *nt* SCHULE yoklama defteri **Klassenerste(r)** *f(m)* SCHULE sınıf birincisi **Klassenkamerad(in)** *m(f)* SCHULE sınıf arkadaşı

Klassenkampf *m* POL sınıf mücadelesi

Klassenlehrer(in) *m(f)* SCHULE sınıf öğretmeni **klassenlos** *adj* sınıfsız **Klassensprecher(in)** *m(f)* SCHULE sınıf mümessili **Klassenunterschied** *m* sınıf farkı; SPORT klas farkı **Klassenzimmer** *nt* SCHULE sınıf odası

klassifizieren* [klasifi'tsiːrən] *vt* sınıfla(ndır)mak (**nach** -e göre, **als** olarak)

Klassik ['klasɪk] *f kein pl* ❶ (*klassisches Altertum*) klasik ❷ KUNST klasik ❸ MUS klasik

Klassiker(in) <-s, -; -nen> ['klasikɐ] *m(f)* klasik

klassisch *adj* klasik

Klassizismus <-> [klasi'tsɪsmʊs] *m kein pl* ARCH klasisizm

klassizistisch *adj* ARCH klasik

Klatsch[1] <-(e)s, -e> [klatʃ] *m* (*Geräusch*) şaklama, şakırtı

Klatsch[2] <-(e)s> *m kein pl* (*fam: Gerede*) dedikodu; (*Plauderei*) gevezelik, lafazanlık; **~ und Tratsch** laf ebeliği

Klatschbase *f* (*pej fam*) dedikoducu, dedikodu kumkuması, laf ebesi

Klatschblatt *nt* pandispanya gazetesi

klatschen ['klatʃən] **I.** *vi* ❶ *sein* (*aufschlagen*) şaklamak; (*Regen*) çarpmak (**gegen** -e) ❷ (*applaudieren*) alkışlamak; **in die Hände ~** el çırpmak ❸ (*pej fam: tratschen*) dedikodu yapmak **II.** *vt* **den Takt ~** el çırparak tempo tutmak

Klatschmaul *nt* (*pej fam*) dedikodu kumkuması, laf ebesi **Klatschmohn** <-(e)s> *m kein pl* BOT gelincik **klatschnass**[RR] ['-'-] *adj* (*fam*) sırılsıklam, su gibi

klauben ['klaʊbən] *vt* SÜDD, ÖSTERR, SCHWEIZ ❶ (*eins nach dem anderen entfernen*) birer birer çıkarmak (**von** -den) ❷ (*Stück für Stück sammeln*) birer birer toplamak, teker teker toplamak ❸ ((*aus*)*sortieren*) ayırmak (**aus** -den)

Klaue <-n> ['klaʊə] *f* ❶ (*von Raubtieren, -vögeln*) pençe; (*von Huftieren*) toynak ❷ (*fig fam: Hand*) el, pençe; **jdm in die ~n geraten** birinin pençesine düşmek; **jdn den ~n des Todes entreißen** birini ölümün pençesinden kurtarmak ❸ (*pej fam: Handschrift*) el yazısı

klauen ['klaʊən] *vi, vt* (*fam*) aşırmak, araklamak

Klausel <-n> ['klaʊzəl] *f* şart

Klausur <-en> [klaʊ'zuːɐ] *f* ❶ UNIV (*~arbeit*) vize sınavı ❷ (*im Kloster*) inziva; **in ~ gehen** inzivaya çekilmek

Klaviatur <-en> *f* MUS klavye

Klavier <-s, -e> [kla'viːɐ] *nt* piyano **Klavierlehrer(in)** *m(f)* piyano öğretmeni **Klavierspieler(in)** *m(f)* piyanist **Klavierstimmer(in)** *m(f)* piyanocu

Klebeband <-(e)s, -bänder> *nt* seloteyp

Klebemittel *nt* yapışkan, yapıştırıcı

kleben ['kleːbən] **I.** *vi* ❶ (*haften*) yapışmak; **das Hemd klebte ihm am Körper** gömlek vücuduna yapışmıştı; **an seinen Händen klebt Blut** elleri kana bulanmış ❷ (*klebrig sein*) yapış yapış olmak ❸ (*klebefähig sein*) yapışmak **II.** *vt* yapıştırmak (**an** -e); **jdm eine ~** (*fam*) birine bir tane yapıştırmak

Kleber <-s, -> *m* ❶ (*fam: Klebstoff*) yapışkan, yapıştırıcı ❷ SCHWEIZ (*Aufkleber*) çıkartma **Klebestreifen** *m* zamklı şerit

klebrig ['kle:brıç] *adj* yapışkan

Klebstoff <-(e)s, -e> *m* yapışkan, yapıştırıcı (madde), zamk; (*Leim*) tutkal

Klebstreifen *m* zamklı şerit

kleckern ['klɛkɐn] *vi* (*fam*) üstünü kirletmek; **Wein über die Tischdecke ~** masa örtüsünün üzerine şarap dökmek

Klecks <-es, -e> [klɛks] *m* ❶ (*Fleck*) leke; (*Tinten~*) mürekkep lekesi ❷ (*fam: Portion*) porsiyon

Klee <-s> [kle:] *m kein pl* BOT yonca; (*Wiesen~*) tirfil **Kleeblatt** <-(e)s, -blätter> *nt a.* AUTO yonca yaprağı; **ein vierblättriges ~** dört yapraklı yonca

Kleiber *m* ZOOL sıvacı kuşu

Kleid <-(e)s, -er> [klaıt] *nt* ❶ (*Damen~*) elbise ❷ *pl* (*Kleidung*) giysi; **~er machen Leute** (*prov*) ye kürküm ye!

kleiden ['klaıdən] **I.** *vt* ❶ (*anziehen*) giydirmek ❷ (*stehen*) **die Bluse kleidet dich gut/schlecht** blûz sana yakıştı/yakışmadı **II.** *vr* ■ **sich ~** giyinmek

Kleiderbügel *m* giysi askısı, elbise askısı **Kleiderbürste** *f* elbise fırçası **Kleidermotte** *f* elbise güvesi **Kleiderschrank** *m* elbise dolabı **Kleiderstoff** *m* elbiselik kumaş

kleidsam *adj* yakışan, şık

Kleidung <-en> *f* giyim, giyim kuşam, üst baş, giysiler *pl*

Kleie <-n> ['klaıə] *f* AGR, GASTR kepek

kleiehaltig *adj* kepekli

klein [klaın] *adj* ❶ (*allgemein*) küçük, ufak; (*Körpergröße*) kısa boylu; **die Hose ist ihm zu ~** pantolon ona çok küçük; **von ~ auf** küçüklükten beri; **ich habe es (nicht) ~** (*fam*) yanımda bozuk(luk) yok; **ein ~ bisschen** birazcık; **(ganz) ~ anfangen** küçükten başlamak; **~ beigeben** pes etmek, yelkenleri suya indirmek; **~(er) stellen** kısmak; **~er werden** küçülmek; **beim ~sten Geräusch** en küçük gürültüde; **der ~e Mann** (*fig*) çük ❷ (*kurz*) **einen ~en Augenblick bitte** bir saniyecik lütfen ❸ (*jünger*) küçük ❹ (*unbedeutend*) küçük, önemsiz; (*bescheiden*) küçük; (*beschränkt*) sınırlı; **~e Ursache, große Wirkung** (*prov*) ummadığın taş baş yarar **Kleinanzeige** *f* küçük ilan **Kleinasien** <-s> [-'--] *nt kein pl* Küçük Asya; (*Anatolien*) Anadolu **Kleinbahn** *f* küçük demiryolu, dekovil **Kleinbauer, -bäuerin** <-n, -n; -nen> *m, f* AGR küçük çiftçi **Kleinbildkamera** *f* FOTO 35 mm'lik kamera

Kleinbuchstabe *m* küçük harf; **in ~n** küçük harf(ler)le **kleinbürgerlich** *adj* küçük burjuva **Kleinbürgertum** *nt* küçük burjuva **Kleinbus** *m* minibüs **Kleinfamilie** *f* küçük aile **Kleinformat** <-(e)s, -e> *nt* küçük format; **ein Bild in ~** küçük formatta bir resim **kleingedruckt** *adj s.* **drucken** **Kleingedruckte(s)** <-n> *nt kein pl* küçük puntolu yazı **Kleingeld** *nt* ufak para, ufaklık, bozuk (para), bozukluk; **ich habe kein ~** bozuğum yok **Kleinhirn** *nt* ANAT beyincik **Kleinholz** <-es> *nt kein pl* kesilmiş odun; **aus etw dat ~ machen** (*fam*) bir şeyi hurdahaş etmek, bir şeyi kırıp dökmek; **aus jdm ~ machen** (*fam*) birinin ağzını burnunu çarşamba pazarına çevirmek

Kleinigkeit <-en> ['klaınıçkaıt] *f* ufak tefek şey; **eine ~ essen** (*fam*) bir şeyler atıştırmak; **die Prüfung war keine ~** (*fam*) sınav öyle küçümsenecek gibi değildi; **er gibt sich nicht mit ~en ab** o, ufak tefek şeylerle uğraşmaz

kleinkariert *adj* (*pej fam: engstirnig*) dar kafalı, anlayışı kıt **Kleinkind** *nt* küçük çocuk **Kleinkram** *m* (*fam*) ❶ (*Dinge*) ıvır zıvır ❷ (*Angelegenheit*) ıvır zıvır işler **Kleinkrieg** *m* ❶ MIL (*Guerillakrieg*) gerillâ savaşı ❷ (*Streit*) kavga

klein|kriegen *vt* (*fam*) ❶ (*zerkleinern*) ufalamak ❷ (*kaputtmachen*) bozmak, kırmak ❸ (*Geld*) yemek, yiyip bitmek ❹ (*gefügig machen*) pes ettirmek; (*müde machen*) yormak; (*entmutigen*) cesaretini kırmak (-in)

Kleinkunstbühne *f* kabare tiyatrosu

kleinlaut *adj* süt dökmüş kedi gibi

kleinlich *adj* (*pedantisch*) kılı kırk yaran; (*engstirnig*) dar kafalı; (*geizig*) pinti; **~es Verhalten** küçüklük

Kleinlichkeit *f kein pl* küçüklük

klein|machen *vt* **kannst du mir den Schein ~?** (*fam*) benim için banknotu bozabilir misin? **klein|schneiden** *irr vt s.* **schneiden I.1.** **klein|schreiben**[1] *irr vt* **etw ~** (*fig: für unwichtig halten*) bir şeyi küçük harfle yazmak **klein|schreiben**[RR2] *irr vt* (*mit kleinem Anfangsbuchstaben*) küçük harfle yazmak

Kleinstadt *f* kasaba

Kleinvieh *nt* küçükbaş; **~ macht auch Mist** (*prov*) akmasa da damlar, sinek ufak ama, mide bulandırır **Kleinwagen** *m* küçük araba

kleinwüchsig [-vy:ksıç] *adj* cüce

Kleister <-s, -> ['klaıstɐ] *m* kola

Klemme <-n> ['klɛmə] *f* ❶ (*zum Festklemmen*) kıskaç; (*für Haar*) toka ❷ MED (*Klam-*

mer) pens ❸ (*fam: Notlage*) sıkıntı, darlık; **in der ~ sitzen** şapa oturmak; **jdm aus der ~ helfen** birini çamurdan çekip çıkarmak

klemmen I. *vi* (*Tür, Schloss*) sıkışmak **II.** *vt* ❶ (*befestigen*) sıkıştırmak; **sich** *dat* **etw unter den Arm ~** bir şeyi kolunun altına sıkıştırmak ❷ (*zwischen~*) sıkıştırmak ❸ (*fam: stehlen*) çalmak, aşırmak **III.** *vr* (*fam*) **sich hinter etw ~** bir şeyin arkasına takılmak [*o* düşmek]

Klemmschraube *f* sıkıştırma vidası

Klempner(in) <-s, -; -nen> ['klɛmpnɐ] *m(f)* sıhhî tesisatçı

Klempnerei <-en> *f* sıhhî tesisatçı

Kleptomane(in) <-n, -n; -nen> *m(f)* PSYCH kleptoman

Kleptomanie *f kein pl* PSYCH kleptomani

Klerikalismus *m kein pl* REL (*katholisch*) klerikalizm, din erkçilik

Kleriker <-s, -> ['kle:rikɐ] *m* REL (*katholisch*) din erkçi

Klerus <-> ['kle:rʊs] *m kein pl* REL (*katholisch*) ruhban, rahipler *pl*

K

Klette <-n> ['klɛtə] *f* ❶ BOT dulavrat otu ❷ (*fam: Person*) **er hängt an ihr wie eine ~** ona kene [*o* sakız] gibi yapışıyor; **sie halten zusammen wie die ~n** yapışık ikiz gibi birbirlerinden ayrılmazlar

klettern ['klɛtɐn] *vi sein* ❶ (*steigen*) tırmanmak (**auf** -e); (*Temperatur*) yükselmek (**auf** -e); **auf Bäume ~** ağaçlara tırmanmak; **die Preise ~ in die Höhe** fiyatlar yükseliyor ❷ (*bergsteigen*) tırmanmak ❸ (*fam: heraussteigen*) çıkmak (**aus** -den); (*hineinsteigen*) binmek (**in** -e)

Kletterpflanze *f* tırmanıcı bitki

KlettverschlussRR *m* cırtcırt, cırtlı bağlantı

klicken ['klɪkən] *vi* ❶ INFORM tıklamak (**auf** -e) ❷ („*klick*" *machen*) "tık" yapmak

Klient(in) <-en, -en; -nen> [kli'ɛnt] *m(f)* müvekkil

Klientel <-en> [kliɛn'te:l] *f* müvekkiller *pl*

Kliesche *f* ZOOL pisi balığı

Kliff *nt* kerempe

Klima <-s, -s *o* -te> ['kli:ma] *nt* iklim, hava; (*Arbeits~*) ortam **Klimaanlage** *f* klima, iklimleme cihazı

klimatisch [kli'ma:tɪʃ] *adj* iklimsel

klimatisiert [klimati'zi:ɐt] *adj* klimalı

Klimatologie *f kein pl* klimatoloji, iklim bilimi

Klimaveränderung *f* iklim değişikliği

Klimawechsel *m* iklim değişimi

klimmen <klimmt, klomm *o* klimmte, geklommen *o* geklimmt> ['klɪmən] *vi sein* (*geh*) tırmanmak

Klinge <-n> ['klɪŋə] *f* (*Rasier~*) jilet; (*Messer~*) ağız; **jdn über die ~ springen lassen** MIL (*töten*) birini kılıçtan geçirmek; (*fig fam: zugrunde richten*) birini mahvetmek

Klingel <-n> ['klɪŋəl] *f* zil

klingeln *vi* ❶ (*Person: rufen*) zile basarak çağırmak; (*Klingel betätigen*) zil çalmak, zile basmak ❷ (*Klingel, Telefon*) telefon çalmak; **es hat geklingelt** zil çaldı; **hat es bei dir jetzt endlich geklingelt?** (*fam*) şimdi kafana dank etti mi?

Klingelton *m* TELEK telefon sesi

klingen <klingt, klang, geklungen> ['klɪŋən] *vi* ses çıkarmak, çınlamak; (*sich anhören*) kulağa gelmek; (*Gläser*) tınlamak; **sie ließen die Gläser ~** kadehleri çınçınlattılar; **das klingt komisch** bu, komik ses çıkarıyor, bu, kulağa komik geliyor; **das klingt ja, als ob ...** sanki ... imiş gibi ses çıkarıyor; **ihm ~ die Ohren** (*fig*) kulağı çınlıyor

Klinik <-en> ['kli:nɪk] *f* klinik

klinisch *adj* MED klinik; **~e Erscheinungen/Symptome** klinik belirtiler/semptomlar

Klinke <-n> ['klɪŋkə] *f* (*Tür~*) kol; **~n putzen** (*pej fam*) kapı kapı dolaşmak

Klinkerstein *m* klinker

Klinometer *nt* klinometre; (*Gefällemesser*) eğimölçer

klipp [klɪp] *adv* (*fam*) **~ und klar** apaçık, besbelli

Klippe <-n> ['klɪpə] *f* ❶ (*Fels*) denizde kaya; **an den ~n zerschellen** denizde kayalara çarparak parçalanmak ❷ (*fig: Hindernis*) engel

klirren ['klɪrən] *vi* ❶ (*Gläser*) şangırdamak, şıngırdamak; (*Fensterscheibe*) zangırdamak; **das K~ des Löffels in der Teetasse** çay fincanının içindeki kaşığın şıngırtısı; **die Gläser fielen ~d zu Boden** bardaklar şangır şungur yere düştüler ❷ (*fig*) **es war ~d kalt** (hava) buz gibi soğuktu

Klischee <-s, -s> [kli'ʃe:] *nt a.* TYPO klişe, basma kalıbı; (*Stereotyp*) klişe, basma kalıp; **in ~s denken** basma kalıp düşünmek

klischeehaft *adj* klişe, basmakalıp

Klitoris <- *o* Klitorides> ['kli:torɪs] *f* ANAT klitoris, bızır

klitschnassRR ['klɪtʃnas] *adj* (*fam*) sırılsıklam

klitzeklein *adj* ufacık tefecik, minnacık

Klo <-s, -s> [klo:] *nt* (*fam*) tuvalet, yüznumara, helâ; **ich muss aufs ~** yüznumaraya gitmem lazım

Kloake <-n> [klo'a:kə] *f* ❶ (*Abwasserka-*

nal) lağım ② ZOOL dışkılık

Kloakentiere *pl* ZOOL tek delikliler

klobig ['klo:bɪç] *adj* (*Sache*) hantal; (*Mensch*) hantal

Klobrille *f* (*fam: Klosettsitz*) tuvalet oturağı **Klodeckel** *m* (*fam*) tuvalet kapağı

klomm *3. imp von* **klimmen**

Klon <-s, -e> [klo:n] *m* BIOL klon, kopya; INFORM klon

klonen [klo:nən] *vt* BIOL kopyalamak, klonlamak

klönen ['klø:nən] *vi* NORDD laflamak, laklak etmek

Klopapier *nt* (*fam*) tuvalet kâğıdı

klopfen ['klɔpfən] **I.** *vi* ① (*schlagen*) vurmak; (*Herz*) çarpmak ② (*an~*) vurmak; **es klopft** kapıya birisi vuruyor **II.** *vt* (*Teppich, Fleisch*) dövmek; (*Steine*) kırmak; (*Nagel*) çakmak; (*Puls*) atmak; **den Takt ~** vurarak tempoyu vermek; **einen Nagel in die Wand ~** duvara çivi çakmak

Klöppel <-s, -> ['klœpəl] *m* ① (*Glockenschwengel*) tokmak ② (*Xylophonschlägel*) değnek

klöppeln *vi* (*Handarbeit*) dantel örmek

kloppen **I.** *vt* dövmek **II.** *vr* ■ **sich ~** dövüşmek

Klops <-es, -e> [klɔps] *m* NORDD ① GASTR köfte ② (*fam: Fehler*) büyük hata

Klosett <-s, -s *o* -e> [klo'zɛt] *nt* klozet, alafranga tuvalet

Kloß <-es, Klöße> [klo:s, *pl* 'klø:sə] *m* GASTR (*Fleisch~*) köfte; (*Kartoffel~, Grieß~*) topak, köfte; **einen ~ im Hals haben** (*fam*) boğazına bir yumruk tıkanmak [*o* gelip oturmak]

Kloster <-s, Klöster> ['klo:stɐ, *pl* 'klø:stɐ] *nt* REL manastır; **ins ~ gehen** manastıra girmek **Klosterbruder** *m* rahip **Klosterfrau** *f* rahibe **Klosterkirche** *f* manastır kilisesi **Klosterschule** *f* manastır okulu

Klotz <-es, Klötze> [klɔts, *pl* 'klœtsə] *m* ① (*allgemein*) kütük; (*Spielzeug~*) tahta; **er ist (mir) ein ~ am Bein** (*fam*) o bana ayak bağı oluyor ② (*pej fam: Person*) ızbandut

klotzig *adj* ① kütük gibi; (*klobig*) hantal ② (*fam: sehr*) çok

Klub <-s, -s> [klʊp] *m* kulüp

Klubbeitrag *m* kulüp aidatı

klubeigen *adj* kulübe ait, kulübün

Klubmitglied <-(e)s, -er> *nt* kulüp üyesi **Klubsessel** *m* maroken koltuk

Kluft[1] <Klüfte> [klʊft, *pl* klʏftə] *f* yarık; (*Abgrund*) uçurum; **es bestand eine tiefe ~ zwischen ihnen** aralarında derin bir uçurum vardı; **zwischen ihnen tat sich eine ~ auf** araları açıldı

Kluft[2] <-en> *f* (*fam*) kıyafet; (*einheitlich*) uniforma

klug <klüger, am klügsten> [klu:k] *adj* akıllı; (*schlau*) kurnaz; (*vernünftig*) aklı başında; (*scharfsinnig*) zeki; **aus etw** *dat* **nicht ~ werden** bir şeye aklı ermemek; **durch Schaden wird man ~** (*prov*) bir musibet bin nasihatten yeğdir

Klugheit *f kein pl* akıllılık; (*Scharfsinn, Intelligenz*) zekâ

Klugscheißer(in) <-s, -; -nen> *m(f)* (*pej fam*) ukalâ dümbeleği

Klumpatsch <-(es)> ['klʊmpatʃ] *m kein pl* (*pej fam*) süprüntüler *pl*

klumpen ['klʊmpən] *vi* topaklaşmak

Klumpen <-s, -> ['klʊmpən] *m* topak; (*Erd~, Gold~*) kesek; **ein ~ Butter** bir topak tereyağı

Klüse *f* NAUT loça

Klüver <-s, -> *m* NAUT flok

km *Abk von* **Kilometer** km (*kilometre*)

km/h *Abk von* **Kilometer pro Stunde** kilometre saat, saatte kilometre

knabbern ['knabɐn] *vi, vt* (*nagen*) kemirmek; (*essen*) yemek; **etw zum K~** yiyecek bir şey; **daran wirst du noch lange zu ~ haben** (*fig fam*) bunun daha çok derdini çekeceksin

Knabe <-n, -n> ['kna:bə] *m* (*geh*) oğlan; **hallo, alter ~!** (*fam*) merhaba ahbap!

Knabenkraut *nt kein pl* BOT salep

knacken ['knakən] **I.** *vi* ① (*Holz*) çatlamak ② (*knistern*) çatırdamak, çat etmek, çat diye ses çıkarmak; (*Radio*) parazit yapmak; **an etw** *dat* **zu ~ haben** (*fam*) bir şey üzerinde kafa patlatmak ③ (*fam: schlafen*) kestirmek **II.** *vt* ① (*Nüsse*) kırmak ② (*fam: Aufgabe, Rätsel*) çözmek; (*Kode*) sökmek ③ (*fam: aufbrechen*) kırıp açmak

knackig *adj* (*Salat*) kıtır kıtır; (*Obst*) kütür kütür; (*knusprig*) gevrek; (*a. fig*) fıstık gibi; **ein ~er Typ** fıstık gibi bir tip

Knackpunkt *m* (*fam*) püf noktası

Knacks <-es, -e> [knaks] *m* ① (*Geräusch*) çat ② (*fam: Riss*) çatlak ③ (*fam: seelisch, körperlich*) sakatlık; **ein ~ am Herzen** kalbinde bir sakatlık; **einen ~ bekommen** sakatlanmak

Knackwurst *f* GASTR *ince sert kabuklu sosis*

Knäkente *f* ZOOL bağırtlak

Knall <-(e)s, -e> [knal] *m* patlama (sesi); (*Peitschen~*) şaklama; (*von Korken*) patlama; (*von Tür*) gümleme; (*von Schuss*) patlama; **es kam zum großen ~** (*fam*) büyük çıngar koptu; **er hat einen ~** (*fam*) kafadan çatlak; **~ auf** [*o* **und**] **Fall** (*fam*)

gümbedek, patadak, pat diye

knallen **I.** *vi* ❶ (*allgemein*) patlamak; (*Tür*) gümlemek; (*Peitsche*) şaklamak; (*Schuss, Korken*) patlamak; **mit der Peitsche ~** kırbaçı şaklatmak ❷ *sein* (*stoßen*) çarpmak (**auf/gegen** -e) ❸ (*fam: schießen*) ateş etmek ❹ (*fam: Sonne*) yakmak ❺ *sein* (*Reifen*) patlamak **II.** *vt* ❶ (*Tür*) gümletmek; **Bücher auf den Tisch ~** kitapları pat diye masanın üstüne atmak ❷ (*werfen*) atmak; **jdm eine ~** (*fam*) birine bir (tane) patlatmak

Knallerbse *f* (*fam*) patlangaç **Knallfrosch** *m* (*fam*) çatapat **Knallgas** <-es, -e> *nt* CHEM patlayıcı gaz

knallig *adj* (*fam: Farbe*) frapan

Knallkörper *m* kestane fişeği **knallrot** ['-'-] *adj* (*fam*) kıpkırmızı

knapp [knap] **I.** *adj* ❶ (*spärlich*) kıt, az; (*beschränkt*) dar; **~ bei Kasse sein** darda bulunmak, eli darda olmak, para sıkıntısı içinde olmak; **die Zeit ist ~** zaman az; **das Wasser wurde ~** su kıtlaştı; **mit ~er Mehrheit** az bir farkla çoğunluk; **mit ~er Not** güç bela, dar darına ❷ (*Kleidung*) dar ❸ (*nicht ganz, kaum*) **vor einer ~en Stunde** neredeyse bir saat önce; **eine ~e Stunde** bir saate yakın ❹ (*Stil*) lakonik; **in ~en Worten** birkaç kelimeyle **II.** *adv* ❶ (*nicht ganz, kaum*) hemen hemen; **mit etw ~ auskommen** bir şeyle kıt kanaat geçinmek ❷ (*gerade so*) **das Auto fuhr ~ an mir vorbei** araba yanımdan teğet geçti ❸ (*kurz*) kısaca

Knappe <-n, -n> ['knapə] *m* ❶ HIST (*Edelknabe*) iç oğlanı, celep ❷ (*Bergmann*) madenci

Knappheit *f kein pl* ❶ (*Mangel*) kıtlık (**an** -); **~ an Devisen/Rohstoffen** döviz/ham madde kıtlığı ❷ (*Kürze*) kısalık

Knarre <-n> ['knarə] *f* ❶ (*fam: Gewehr*) tüfek, tabanca ❷ (*Spielzeug*) kaynana zırıltısı

knarren ['knarən] *vi* gacırdamak, gacır gucur etmek; (*Treppen, Dielen*) gıcırdamak

Knast[1] <-(e)s, -e *o* Knäste> [knast] *m* (*fam: Gefängnis*) kodes, hapis; **im ~ sitzen** kodeste yatmak

Knast[2] <-(e)s> *m kein pl* (*fam: Freiheitsstrafe*) kodes; **er hat drei Jahre ~ bekommen** üç yıl kodes yedi

knattern ['knatɐn] *vi* patırdamak

Knäuel <-s, -> ['knɔɪəl] *m o nt* yumak

Knauf <-(e)s, Knäufe> [knaʊf, *pl* 'knɔɪfə] *m* ❶ (*am Stock*) topuz; (*am Schwert*) kabza; (*an der Tür*) kulp, tokmak ❷ ARCH (*Säulen~*) başlık

knauserig ['knaʊz(ə)rɪç] *adj* (*pej fam*) cimri, hasis, pinti

knausern ['knaʊzɐn] *vi* (*pej fam*) cimrilik [*o* hasislik] [*o* pintilik] etmek

knausrig *adj s.* **knauserig**

knautschen ['knaʊtʃən] **I.** *vt* (*fam*) buruşturmak **II.** *vi* (*fam*) buruşmak

Knautschzone *f* AUTO tampon bölge

Knebel <-s, -> ['kne:bəl] *m* ağız tıkacı

knebeln *vt* ağzını tıkamak (-in)

Knecht <-(e)s, -e> [knɛçt] *m* ❶ HIST (*landwirtschaftlicher Helfer*) rençper, ırgat ❷ (*pej: Befehlsempfänger*) uşak

Knechtschaft <-en> *f* (*pej*) boyunduruk; (*Versklavung*) kölelik, esaret

kneifen <kneift, kniff, gekniffen> ['knaɪfən] **I.** *vt* (*in die Haut*) çimdiklemek (**in** -) **II.** *vi* ❶ (*Kleidung*) kesme almak ❷ (*pej fam: sich drücken*) kaçmak, yan çizmek

Kneifer *m* kelebek gözlük

Kneifzange *f* kerpeten

Kneipe <-n> ['knaɪpə] *f* (*fam*) meyhane

Knete ['kne:tə] *f kein pl* (*fam*) ❶ (*Knetmasse*) oyun hamuru ❷ (*Geld*) para

kneten ['kne:tən] *vt* ❶ (*Teig, Ton*) yoğurmak ❷ (*Figuren formen*) yoğurmak

Knick <-(e)s, -e> [knɪk] *m* ❶ (*Falte*) kırışıklık; (*in Papier*) büküm ❷ (*Biegung*) kıvrım, kırılma

knicken *vt* ❶ (*falten*) bükmek; **nicht ~!** bükmeyin! ❷ (*brechen*) kırmak; **geknickt sein** morali bozuk olmak

knick(e)rig ['knɪk(ə)rɪç] *adj* (*pej fam*) hasis

Knicks <-es, -e> [knɪks] *m* reverans

Knie <-s, -> [kni:, *pl* 'kni:ə] *nt* ❶ (*Körperteil*) diz; **auf ~n** diz üstü; **weiche ~ bekommen** (*fam*) dizlerin bağı çözülmek; **auf die ~ fallen** diz üstü çökmek; **jdn übers ~ legen** (*fam*) birini pataklamak; **etw übers ~ brechen** (*fam*) bir şeyi üstünkörü yapmak; **in den ~n weich werden** (*fam*) dizlerin bağı çözülmek; **jdn in die ~ zwingen** (*fig*) birini dize getirmek ❷ (*Biegung*) kıvrım ❸ (*am Rohr*) dirsek

Kniebeuge <-n> *f* diz bükme **Kniefall** *m* diz çökme; **einen ~ machen** diz çökmek **Kniegelenk** *nt* ANAT diz eklemi

Kniekehle *f* ANAT dizin iç tarafı

knien ['kni:ən, kni:n] **I.** *vi haben o sein* diz çökmek **II.** *vr* ■ **sich ~** diz üstü çökmek; **sich in die Arbeit ~** (*fam*) kendini işe vermek

Kniescheibe *f* diz kapağı kemiği **Knieschützer** <-s, -> *m* SPORT dizlik **Kniestrumpf** *m* dize kadar uzanan çorap

kniff [knɪf] *3. imp von* **kneifen**

Kniff <-(e)s, -e> [knɪf] *m* ① (*Kneifen*) çimdik ② (*Falte*) kırışık(lık); (*in Papier*) büküm ③ (*Trick*) numara
kniff(e)lig *adj* çetrefil(li), pürüzlü; (*heikel*) nazik
knipsen ['knɪpsən] **I.** *vi* (*fam: schnalzen*) şaklatmak **II.** *vt* (*fam*) ① (*fotografieren*) resmini çekmek (-in) ② (*Fahrkarte*) delmek
Knirps <-es, -e> [knɪrps] *m* (*fam*) ① (*Junge*) bücür ② (*pej: Mann*) bastıbacak
knirschen ['knɪrʃən] *vi* gıcırdamak; **mit den Zähnen ~** dişlerini gıcırdatmak
knistern ['knɪstɐn] *vi* (*Feuer*) çatırdamak, çatır çatır ses çıkarmak; (*Papier*) hışırdamak, hışır hışır ses çıkarmak; (*Seide*) fışırdamak, fışır fışır etmek
knitterfrei *adj* buruşmaz
knittern ['knɪtɐn] **I.** *vt* (*Stoff, Papier*) buruşturmak **II.** *vi* buruşmak
knobeln ['kno:bəln] *vi* ① (*würfeln*) zar atmak (**um** için) ② (*fam: nachdenken*) düşünüp taşınmak (**an** üzerinde)
Knoblauch <-(e)s> ['kno:blaʊx] *m kein pl* BOT sarımsak **Knoblauchpresse** <-n> *f* GASTR sarımsak presi **Knoblauchzehe** *f* GASTR soğancık, sarımsak dişi **Knoblauchzwiebel** *f* sarımsak soğanı
Knöchel <-s, -> ['knœçəl] *m* ① (*am Fuß*) aşık; **sich** *dat* **den ~ verstauchen** aşığını burkmak ② (*am Finger*) parmak eklemi çıkıntısı
Knochen <-s, -> ['knɔxən] *m* kemik; **sich** *dat* **die ~ brechen** (*fam*) kemiklerini kırmak; **jdm die ~ zusammenschlagen** (*fam*) birinin kemiklerini kırmak; **der Schreck fuhr ihm in die ~** (*fam*) korku iliğine işledi [*o* geçti]; **bis auf die ~ nass werden** (*fam*) iliğine [*o* iliklerine] kadar ıslanmak **Knochenarbeit** *f kein pl* (*fam*) ağır iş **Knochenbau** *m* kemik yapısı **Knochenbruch** *m* kemik kırılması **Knochenfisch** *m* ZOOL kemikli balık **Knochenfraß** *m kein pl* MED yenirce **Knochengerüst** *nt* iskelet **Knochengewebe** *nt* ANAT, MED kemik doku **Knochenhaut** *f* ANAT, MED kemik zarı
Knochenmark <-(e)s> *nt kein pl* ANAT kemik iliği **Knochenmarktransplantation** *f* MED kemik iliği nakli
Knochenschwund *m* MED kemik erimesi
knochentrocken *adj* kupkuru
Knochentuberkulose <-n> *f* MED kemik tüberkülozu
knochig ['knɔxɪç] *adj* kemikli; **ein ~es Gesicht** kemikli yüz
knock-out[RR] [nɔk'ʔaʊt] *adj*, **knockout** *adj a.* SPORT nakavt; **~ gehen** nakavt olmak
Knödel <-s, -> ['knø:dəl] *m* ÖSTERR, SÜDD hamur köftesi
Knolle <-n> ['knɔlə] *f* ① BOT yumru ② (*fam: rundliche Verdickung*) yumru
Knollenfrucht *f* BOT yumru kök
Knopf <-(e)s, Knöpfe> [knɔpf, *pl* 'knœpfə] *m* ① *a.* ELEK, MUS düğme; **einen ~ annähen/verlieren** düğme dikmek/kaybetmek; **auf den ~ drücken** düğmeye basmak ② SCHWEIZ, ÖSTERR, SÜDD (*Knoten*) düğüm ③ SCHWEIZ, ÖSTERR, SÜDD (*Kloß*) köfte ④ ARCH (*Säulen~*) başlık
knöpfen ['knœpfən] *vt* düğmelemek; **das Futter in den Mantel ~** astarı [*o* muflonu] pardösüye düğmelemek
Knopfleiste *f* düğme biyesi **Knopfloch** *nt* ilik, düğme deliği
Knorpel <-s, -> ['knɔrpəl] *m* kıkırdak
knorp(e)lig ['knɔrp(ə)lɪç] *adj* kıkırdaklı
knorrig ['knɔrɪç] *adj* (*Baum*) dallı budaklı
Knospe <-n> ['knɔspə] *f* (*Blüten~*) tomurcuk, gonca; (*von Blatt, Zweig*) tomurcuk; **~n treiben** tomurcuklanmak; **die ~n brechen auf** tomurcuklar çatlıyor
knospen *vi* tomurcuklanmak
knoten *vt* düğümlemek; (*befestigen*) düğmelemek; (*Krawatte*) bağlamak
Knoten <-s, -> ['kno:tən] *m* ① (*bei Fäden*) düğüm; **ein gordischer ~** (*fig*) kördüğüm; **den gordischen ~ durchhauen** (*fig*) kördüğümü çözmek ② NAUT deniz mili ③ (*Frisur*) topuz ④ MED, BOT boğum **Knotenpunkt** *m* düğüm noktası; (*im Verkehr*) kavşak
knotig *adj* boğumlu
Know-how <-(s)> [nɔʊ'haʊ] *nt kein pl* know-how, yöntem bilgisi
knüllen ['knʏlən] **I.** *vi* (*knittern*) buruşmak **II.** *vt* (*Papier*) buruşturmak
Knüller <-s, -> ['knʏlɐ] *m* (*fam*) sansasyon
knüpfen ['knʏpfən] *vt* ① (*knoten*) bağlamak ② (*Netz*) örmek; (*Teppich*) dokumak ③ (*Freundschaft*) kurmak; **Erwartungen an etw ~** beklentilerini bir şeye endekslemek; **Bedingungen an etw ~** bir şeye şart koşmak, bir şeyi şarta bağlamak
Knüppel <-s, -> ['knʏpəl] *m* ① (*Stock*) sopa, değnek, çomak; (*von Polizei*) cop; **jdm einen ~ zwischen die Beine werfen** (*fig fam*) birinin tekerine çomak sokmak, birinin tekerine taş koymak ② AERO kumanda kolu ③ AUTO vites kolu **knüppeldick** ['-'-] *adv* (*fig fam: sehr schlimm*) çok kötü, çok fena; **es kam ~** çok kötü [*o* fena] oldu **Knüppelschaltung** *f* AUTO yerden vites
knurren ['knʊrən] *vi* ① (*Hund, Mensch*) hırlamak (**über** -e) ② (*Magen*) guruldamak; **mir knurrt der Magen** midem

gurulduyor
Knurrhahn *m* ZOOL (*Meeresfisch*) kırlangıç balığı
knusp(e)rig ['knʊsp(ə)rɪç] *adj* gevrek, kıtır kıtır
knutschen ['knuːtʃən] *vi* (*fam*) emişmek, sarmaş dolaş öpüşmek
Knutschfleck *m* (*fam*) emik, emme izi, emerek öpmekten ciltte oluşan morartı
k. o. [kaː'ʔoː] *adj a.* SPORT *Abk von* **knockout** nakavt; ~ **gehen** nakavt olmak
Koalabär <-en, -en> [ko'aːla-] *m* ZOOL koala, keseli ayı
koalieren* [koa'liːrən] *vi* POL koalisyon oluşturmak
Koalition <-en> [koali'tsjoːn] *f* POL koalisyon; **eine ~ bilden** koalisyon kurmak **Koalitionspartner** <-s, -> *m* POL koalisyon ortağı **Koalitionsregierung** *f* POL koalisyon hükûmeti
Kobalt <-s> ['koːbalt] *nt kein pl* CHEM kobalt **Kobaltbombe** *f* kobalt bombası
Koblenz <-> ['koːblɛnts] *nt* Koblenz
Kobold <-(e)s, -e> ['koːbɔlt] *m* cin
Kobra <-s> ['koːbra] *f* ZOOL kobra; (*Brillenschlange*) gözlüklü yılan
Koch, Köchin <-(e)s, Köche; -nen> [kɔx, *pl* 'kœçə] *m, f* aşçı
Kochbuch *nt* yemek kitabı
kochen ['kɔxən] **I.** *vi* ❶ (*Speisen*) pişmek; (*Wasser, Kühler*) kaynamak; **etw zum K~ bringen** bir şeyi kaynatmak ❷ (*Speisen zubereiten*) yemek pişirmek ❸ (*fam: wütend sein*) kudurmak; **er kocht vor Wut** öfkeden kudurmak **II.** *vt* ❶ (*garen*) pişirmek; **hart gekocht** (*Ei*) lop; **weich gekocht** (*Gemüse*) haşlanmış; (*Ei*) rafadan ❷ (*zubereiten*) pişirmek ❸ (*heiß waschen*) kaynar suda yıkamak
Kocher <-s, -> *m* ocak
Köcher <-s, -> *m* sadak; (*Pfeil~*) kubur
Köchin <-nen> ['kœçɪn] *f s.* **Koch** kadın aşçı
Kochkunst *f kein pl* yemek pişirme sanatı [*o* zanaatı], aşçılık **Kochlöffel** *m* kepçe **Kochnische** *f* yemek pişirme köşesi **Kochplatte** *f* elektrik ocağı **Kochrezept** *nt* yemek tarifesi **Kochsalz** <-es> *nt kein pl* (*Natriumchlorid*) sodyum klorür **Kochtopf** *m* tencere
Kode <-s, -s> ['koːdə, koːt] *m* kod
Köder <-s, -> ['køːdɐ] *m* yem, ben
ködern *vt* ❶ (*Tiere*) yemle tutmak ❷ (*Personen*) yemlemek
Kodex¹ <-(es), -e *o* Kodizes> ['koːdɛks] *m* HIST düstur
Kodex² <-(es), -e> ['koːdɛks] *m* (*Regelung*) kurallar *pl*, yasa
kodieren* [ko'diːrən] *vt* kodlamak
Kodierung <-en> *f* kodlama
Kodizes *pl von* **Kodex¹**
Koeffizient *m* MATH kat sayı
Koexistenz [koʔɛksɪs'tɛnts] *f kein pl a.* POL birlikte yaşama
koexistieren* *vi* (*geh*) birlikte yaşamak
Koffein <-s> [kɔfe'iːn] *nt kein pl* kafein **koffeinfrei** *adj* kafeinsiz
Koffer <-s, -> ['kɔfɐ] *m* bavul, valiz; **die ~ packen/auspacken** bavulları toplamak/boşaltmak **Kofferradio** *nt* portatif radyo **Kofferraum** <-(e)s, -räume> *m* AUTO bagaj **Kofferraumhaube** *f* AUTO bagaj kapağı
Kognak <-s, -s> ['kɔnjak] *m* konyak
kohärent [kohɛ'rɛnt] *adj* bağlamsal; PHYS eş evreli
Kohärenz [kohɛ'rɛnts] *f kein pl* (*Zusammenhang*) bağlam; PHYS eş evrelik
Kohäsion *f* PHYS kohezyon
Kohl <-(e)s> [koːl] *m kein pl* ❶ BOT lahana; **das macht den ~ auch nicht fett** (*fam*) o da işe yaramaz ❷ (*pej fam: Unsinn*) saçma(lık)lar *pl*
Kohldampf <-(e)s> *m kein pl* (*fam*) ~ **haben** karnı aç olmak
Kohle¹ <-n> ['koːlə] *f* (*Brennstoff, Zeichen~*) kömür; **(wie) auf glühenden ~n sitzen** (*fig fam*) diken üstünde oturmak
Kohle² *f kein pl* (*fam: Geld*) para
Kohlehydrat <-(e)s, -e> *nt* CHEM karbonhidrat
Kohlenbecken *nt* mangal **Kohlenbergwerk** <-(e)s, -e> *nt* kömür madeni **Kohlendioxid** <-(e)s> [-–'---] *nt kein pl* CHEM karbondioksit **Kohlengrube** *f* kömür ocağı **Kohlenhydrat** <-(e)s, -e> *nt* CHEM karbonhidrat **Kohlenkeller** *m* kömürlük **Kohlenmeiler** *m* torak **Kohlenmonoxid** <-(e)s> [--'---] *nt kein pl*, **Kohlenmonoxyd** <-(e)s> [--'---] *nt kein pl* CHEM karbonmonoksit **Kohlenofen** <-s, -öfen> *m* kömür sobası **Kohlenpott** <-(e)s> *m kein pl* (*fam*) kömür havzası **Kohlensäure** *f kein pl* ❶ CHEM karbonik asit ❷ (*in Getränken*) karbondioksit, karbon asidi; **Mineralwasser mit ~** maden sodası, sodalı (maden) su(yu) **Kohlenstoff** <-(e)s> *m kein pl* CHEM karbon
kohlenstoffhaltig *adj* karbonlu
Kohlenwasserstoff <-(e)s, -e> [--'---] *m* CHEM hidrokarbon, karbonlu hidrojen
Kohleofen *m* kömür sobası **Kohlepapier** *nt* karbon kâğıdı **Kohlestift** <-es, -e> *m* kömür kalem **Kohlezeichnung** *f* füzen
Kohlkopf *m* bir baş lahana **Kohlmeise** *f*

ZOOL baştankara **kohlrabenschwarz** ['-'--'-] *adj* kuzgunî siyah; **~e Haare** kuzgunî siyah saçlar
Kohlrabi <-(s), -(s)> [ko:l'ra:bi] *m* BOT alabaş **Kohlrübe** *f* şalgam **Kohlrübe** *f* şalgam
koitieren* [koi'ti:rən] *vi* cinsel ilişkide bulunmak (**mit** ile)
Koitus <-, -(se)> ['ko:itʊs] *m* cinsel ilişki
Koje <-n> ['ko:jə] *f* ❶ NAUT ranza ❷ (*fam: Bett*) ranza
Kojote <-n, -n> [ko'jo:tə] *m* kır kurdu
Kokain <-s> [koka'i:n] *nt kein pl* kokain; **~ schnupfen** burnuna kokain çekmek
Kokainismus *m kein pl* MED kokainomani
Kokarde <-n> *f* kokart
kokett [ko'kɛt] *adj* fingirdek, cilveli
Koketterie [kokɛtə'ri:] *f kein pl* aşüftelik, cilveleşme
kokettieren* [kokɛ'ti:rən] *vi* fingirdemek, cilvelenmek; (*flirten*) cilve yapmak, cilveleşmek (**mit** -le)
Kokon <-s, -s> [ko'kõ:] *m* koza
Kokosfett *nt* Hindistan cevizi yağı **Kokosflocken** *pl* Hindistan cevizi gevreği **Kokosmilch** *f* Hindistan cevizi sütü **Kokosnuss**[RR] *f* Hindistan cevizi **Kokosöl** *nt* GASTR Hindistan cevizi yağı **Kokospalme** *f* BOT Hindistan cevizi
Kokotte <-n> *f* koket, yosma
Koks <-es> [ko:ks] *m kein pl* ❶ (*Brennstoff*) kok kömürü ❷ (*fam: Unsinn*) saçma(lık)lar *pl* ❸ (*sl: Kokain*) kokain
koksen *vi* (*fam*) ❶ (*schlafen*) kestirmek ❷ (*Kokain nehmen*) kokain içmek
Kokser(in) *m(f)* (*fam*) kokainman
Kolabaum *m* BOT kola **Kolanuss** *m* kola cevizi
Kolben <-s, -> ['kɔlbən] *m* ❶ TECH piston ❷ CHEM (*Destillier~*) imbik ❸ (*beim Gewehr*) dipçik ❹ BOT (*Mais~*) koçan ❺ (*fam: Nase*) burun **Kolbenmaschine** *m* TECH pistonlu makine **Kolbenmotor** *m* AUTO pistonlu motor **Kolbenring** *m* AUTO segman **Kolbenstange** *f* AUTO biyel
Kolchose <-n> [kɔl'ço:zə] *f* kolhoz
Kolibakterium <-s, -rien> [koli-] *nt* BIOL kolibasil
Kolibri <-s, -s> ['ko:libri] *m* ZOOL kolibri
Kolik <-en> ['ko:lɪk, ko'li:k] *f* kolik
Kolitis <-tiden> *f* MED kolit
Kolkrabe <-n, -n> *m* ZOOL kuzgun, karakarga
Kollaborateur(in) <-s, -e; -nen> [kɔlabora'tø:ɐ] *m(f)* POL iş birlikçi, düşmanla iş birliği yapan (kimse)
kollaborieren* [kɔlabo'ri:rən] *vi* POL düşmanla iş birliği yapmak
Kollaps <-es, -e> ['kɔlaps, -'-] *m* MED kolaps
Kolleg <-s, -s> [kɔ'le:k] *nt* dershane; (*Studien~*) kolej
Kollege(in) <-n, -n; -nen> [kɔ'le:gə] *m(f)* arkadaş; (*Arbeits~*) arkadaş; (*Berufs~*) meslektaş
kollegial [kɔle'gja:l] *adj* arkadaşça
Kollegialität [kɔlegjali'tɛ:t] *f kein pl* arkadaşlık, meslektaş(lığ)a yakışır davranış
Kollegium <-s, Kollegien> [kɔ'le:giʊm] *nt* meslektaşlar *pl;* (*bei Lehrern*) kadro; (*Ausschuss*) kurul
Kollekte <-n> [kɔ'lɛktə] *f* iane
Kollektion <-en> [kɔlek'tsjo:n] *f* koleksiyon
Kollektiv <-s, -e *o* -s> [kɔlɛk'ti:f] *nt* ortaklık
Kollektor <-s, -en> *m* ELEK kolektör, toplaç
Koller[1] <-s, -> ['kɔlɐ] *m* (*fam: Wutausbruch*) heyhey; **er kriegte/hatte einen ~** heyheyleri tuttu, heyheyler geçirdi
Koller[2] <-s, -> *nt* yaka
kollidieren* [kɔli'di:rən] *vi* ❶ *sein* (*zusammenstoßen*) çarpışmak (**mit** -le) ❷ (*in Konflikt geraten*) çatışmak (**mit** ile); (*zeitlich*) çakışmak (**mit** -le)
Kollier <-s, -s> [kɔ'lje:] *nt* kolye
Kollision <-en> [kɔli'zjo:n] *f* çarpışma, çatışma
Kollo <-s, -li> *nt* koli
Kolloquium <-s, Kolloquien> [kɔ'lo:kviʊm] *nt* kolokyum, konuşu
Köln <-s> [kœln] *nt* Köln
Kölnischwasser *nt,* **kölnisch Wasser**[RR] *nt* kolonya
Kolon *nt* ❶ ANAT kolon ❷ LING (*Doppelpunkt*) iki nokta (üst üste)
kolonial [kolo'nja:l] *adj* kolonyalist, sömürgeci
kolonialisieren *vt* sömürgeleştirmek
Kolonialismus <-> [kolonja'lɪsmʊs] *m kein pl* sömürgecilik
Kolonie <-n> [kolo'ni:] *f* ❶ *a.* ZOOL koloni ❷ (*überseeischer Besitz eines Staates*) sömürge
Kolonisation [koloniza'tsjo:n] *f kein pl* iskân, yurtlandırma, yerleştirme
kolonisieren* [koloni'zi:rən] *vt* (*besiedeln*) iskân etmek, insan yerleştirmek (-e)
Kolonne <-n> [ko'lɔnə] *f* ❶ (*einer Tabelle*) TYPO sütun; MIL tabur ❷ (*Fahrzeug~*) katar ❸ (*Arbeitergruppe*) amele taburu
kolorieren* [kolo'ri:rən] *vt* renklendirmek
Kolorimeter *nt* kolorimetre, renkölçer
Kolorimetrie *f kein pl* kolorimetri

K

Kolorit <-(e)s, -e *o* -s> [kolo'riːt] *nt* ❶ KUNST renklilik; MUS (*Klangfarbe*) tını ❷ (*fig*) atmosfer

KolossRR <-es, -e> [ko'lɔs] *m*, **Koloß**ALT <-sses, -sse> *m* ❶ (dev) heykel; **der ~ von Rhodos** Rodos Heykeli ❷ (*fig fam*) çam yarması

kolossal [kolɔ'saːl] *adj* ❶ devasa, muazzam ❷ (*fig fam: sehr*) çok; (*ungeheuer*) korkunç, müthiş, dehşetli

Kolostrum <-s> *nt kein pl* kolostrum

Kölsch <-(s)> [kœlʃ] *nt kein pl* ❶ (*Kölner Bier*) Köln birası ❷ (*Kölner Mundart*) Köln lehçesi

Kolumbianer(in) <-s, -; -nen> [kolʊm'bjaːnɐ] *m(f)* Kolombiyalı

kolumbianisch [kolʊm'bjaːnɪʃ] *adj* Kolombiyalı, Kolombiya (ile ilgili); **eine ~e Frau** Kolombiyalı bir kadın; **die ~e Regierung** Kolombiya hükümeti

Kolumbien <-s> [ko'lʊmbiən] *nt* Kolombiya

Kolumne <-n> [ko'lʊmnə] *f* ❶ (*Druckspalte*) sütun ❷ (*Beitrag*) köşe yazısı

Kolumnist(in) <-en, -en; -nen> [kolʊm'nɪst] *m(f)* köşe yazarı

Koma <-s, -s *o* -ta> ['koːma] *nt* MED koma; **aus dem ~ erwachen** komadan çıkmak; **im ~ liegen** komada olmak [*o* yatmak]; **ins ~ fallen/versetzen** komaya girmek/sokmak

Komata *pl von* **Koma**

Kombi <-s, -s> ['kɔmbi] *m* (*fam*) steyşın

Kombinat <-(e)s, -e> *nt* kombina

Kombination <-en> [kɔmbina'tsjoːn] *f* ❶ kombinasyon, birleşim; (*Verbindung*) bileşim; **eine ~ verschiedener Eigenschaften** çeşitli özelliklerin bileşimi ❷ (*Vermutung*) mütalâa; **~en anstellen** mütalâada bulunmak ❸ (*zur Erreichung eines Zieles*) kombinezon ❹ SPORT karma; **nordische ~** Kuzey Alp Disiplini ❺ (*Kostüm*) kostüm; (*Arbeitsanzug*) elbise **Kombinationsschloss** *nt* şifreli kilit

kombinieren* [kɔmbi'niːrən] **I.** *vi* (*folgern*) sonuç çıkarmak **II.** *vt* kombine etmek, birleştirmek, bir araya getirmek

Kombiwagen *m* steyşın

Kombüse <-n> [kɔm'byːzə] *f* NAUT kuzine

Komet <-en, -en> [ko'meːt] *m* kuyruklu yıldız

Kometenschweif <-(e)s, -e> *m* ASTRON kuyruklu yıldız saçı

Komfort <-s> [kɔm'foːɐ] *m kein pl* konfor

komfortabel [kɔmfɔr'taːbəl] *adj* konforlu

Komik ['koːmɪk] *f kein pl* komiklik; **(k)einen Sinn für ~ haben** komiklik anlayışı ol(ma)mak

Komiker(in) <-s, -; -nen> ['koːmikɐ] *m(f)* komik, komedyen

komisch *adj* ❶ (*ulkig*) komik ❷ (*seltsam*) tuhaf; **das kam mir ~ vor** bu bana tuhaf geldi

komischerweise ['koːmɪʃɐ'vaɪzə] *adv* işin komik tarafı, işin tuhafı

Komitee <-s, -s> [komi'teː, kɔmi'teː] *nt* komite

Komma <-s, -s *o* -ta> ['kɔma] *nt* virgül

Kommandant(in) <-en, -en; -nen> [kɔman'dant] *m(f)* MIL komutan

kommandieren* [kɔman'diːrən] **I.** *vt* ❶ (*Einheit, Flotte*) komuta etmek ❷ (*ab~*) özel göreve atamak, özel görevle göndermek; **jdn an die Front ~** birini özel görevle cepheye göndermek ❸ (*befehlen*) komut vermek (-e), emir vermek (-e), buyurmak (-e) **II.** *vi* emir vermek

Kommanditgesellschaft <-en> *f* komandit ortaklık, komandit şirket

Kommanditist(in) <-en, -en; -nen> *m(f)* komanditer

Kommando[1] <-s, -s> [kɔ'mando] *nt* ❶ (*Befehl*) komut, emir; **auf ~** komut üzerine ❷ (*Gruppe*) komando

Kommando[2] <-s> *nt kein pl* (*Befehlsgewalt*) kumanda, komuta

Kommandobrücke *f* NAUT kaptan köprüsü

Kommata *pl von* **Komma**

kommen <kommt, kam, gekommen> ['kɔmən] *vi sein* ❶ (*her~*) gelmek (**von** -den); (*hin~*) gitmek (**nach** -e); (*an~*) varmak; (*zurückkehren*) dönmek (**von** -den); **da kommt er ja!** işte geliyor!; **ich komme schon** şimdi geliyorum, geliyorum canım; **gut, dass du kommst** gelmen iyi; **ein Taxi ~ lassen** bir taksi çağırtmak; **er kam von einer Reise** seyahatten döndü; **angelaufen ~** çıkagelmek; **zu spät ~** çok geç gelmek; **du sollst zum Direktor ~** müdüre gelmelisin; **wie komme ich nach ...?** ...e nasıl giderim?; **zu der Überzeugung ~** kanaatine varmak; **wir müssen langsam zu einem Ende ~** yavaş yavaş işimizin sonuna gelmeliyiz; **nicht von der Stelle ~** yerinde saymak; **ich halte die Zeit für ge~** bence zamanı geldi; **jetzt komme ich** şimdi ben geliyorum, şimdi sıra bende; **jetzt komme ich an die Reihe** şimdi sıra bana geliyor; **das kommt später** bu sonra gelecek; **der kommt mir nicht ins Haus!** bu benim kapımdan içeri giremez!; **in die Schule ~** okula başlamak; **ins Krankenhaus ~** hastaneye yatmak; **der Fall kommt vor Gericht** mahkemeye düşmek; **sein Vor-**

schlag kam mir sehr gelegen teklifi [*o* önerisi] çok işime geldi; **du kommst mir gerade recht!** (*fam*) bir sen eksindin!; **das kommt mir wie gerufen** bu çok işime gelir; **komme, was da wolle** ne gelirse gelsin; **jdm ~ die Tränen** birinin gözleri yaşarmak; **zum Stehen ~** durabilmek; **man kommt hier zu nichts** burada hiçbir şey yapılamıyor; **es kam zu einem Streit** kavga çıktı; **zur Sache ~** sadede gelmek; **wieder zu sich ~** tekrar kendine gelmek; **zu Wort ~** söz almak; **zu Schaden ~** zarar görmek; **wie käme ich dazu, das zu machen?** neden bunu yapacacak mışım?; **wie komme ich zu der Ehre?** (*iron*) bu ne şeref?; **ums Leben ~** can vermek; **das kommt zusammen auf 20 Euro** (*fam*) hepsi 20 euro eder; **ich komme auf 1.200 Euro im Monat** (*fam*) ayda 1.200 euroyu buluyorum; **hast du richtig gezählt? ich komme nur auf 15** doğru saydın mı? ben 15 çıkarıyorum; **kommt man hier leicht an frisches Gemüse?** burada taze sebze bulmak kolay mı?; **ich kam nicht auf seinen Namen** adı aklıma gelmedi; **wie kommst du darauf?** o nereden aklına geldi?, bunu nereden çıkardın?; **sie lässt nichts auf ihn ~** ona toz kondurmuyor; **auf die Welt ~** dünyaya gelmek; **auf etw/jdn zu sprechen ~** bir şeyden/kimseden söz etmeye başlamak; **hinter etw ~** bir şeyin içyüzünü öğrenmek; **durch den Zoll/eine Prüfung ~** gümrükten/bir sınavdan geçmek; **Jeans sind wieder im K~** blûcin yine moda oluyor; **aus der Mode ~** modası geçmek; **aus dem Konzept ~** aklı karışmak; **komm, wir gehen!** (*fam*) gel, gidelim!; **nun komm schon!** (*fam*) ha(y)di gel artık!; **kommt Zeit, kommt Rat** (*prov*) zamanı gelince çaresi bulunur ❷ (*herbei~*) gelmek (**zu** -e) ❸ (*geschehen*) gelmek, olmak; **ich habe es ~ sehen** bunun geleceğini görmüştüm; **das musste ja so ~** bunun böyle olacağı belliydi zaten; **es kam, wie es ~ musste** olan oldu; **die Hochzeit kam für alle überraschend** düğün herkese sürpriz oldu; **das Schlimmste/Beste kommt erst noch** bunun daha da kötüsü/iyisi var; **wie kommt es, dass du ...?** nasıl oluyor da sen ...?; **es kommt immer anders, als man denkt** (*prov*) evdeki pazar çarşıya uymaz ❹ (*stammen*) gelmek (**aus** -den); **ich komme aus Dortmund** ben Dortmund'dan geliyorum ❺ (*durchqueren*) gelmek (**über/durch** üzerinden/içinden); **über Münster ~** Münster üzerinden gelmek ❻ (*entfallen*) düşmek (**auf** başına); **auf zwei Deutsche kommt ein Auto** iki Alman başına bir otomobil düşer ❼ (*berühren*) dokunmak; (*streifen*) değmek ❽ (*herrühren*) gelmek (**von** -den); **der Vorschlag kam von mir** öneri benden geldi; **das kommt davon!** gördün mü işte!; **das kommt vom Rauchen** bu, sigara içmekten gelir ❾ (*hingehören*) **das Buch kommt in den Schrank** kitabın yeri dolapta ❿ (*Idee*) aklına gelmek ⓫ (*anfangen*) **in Gang ~** başlamak ⓬ (*fam: Orgasmus haben*) gelmek

kommend *adj* (*zukünftig*) gelecek; **die ~en Jahre** gelecek yıllar, önümüzdeki yıllar; **~e Woche** gelecek hafta

Kommentar <-(e)s, -e> [kɔmɛnˈtaːɐ] *m* ❶ (*Zusatzwerk mit Erläuterungen*) şerh, açıklama ❷ (*Stellungnahme*) yorum(lama), açıklama, değerlendirme; **einen ~ zu etw** *dat* **abgeben** bir şey hakkında açıklama yapmak, bir şey hakkında görüşünü bildirmek

kommentarlos *adj* yorumsuz

kommentieren* [kɔmɛnˈtiːrən] *vt* ❶ (*Stellung nehmen*) yorumlamak, açıklamak, değerlendirmek ❷ (*Text*) açımlamak, şerh etmek; **kommentierte Ausgabe** açıklamalı baskı

Kommerz *m kein pl* ticaret

kommerzialisieren* [kɔmɛrtsjaliˈziːrən] *vt* ticarileştirmek

kommerziell [kɔmɛrˈtsjɛl] *adj* ticari

Kommilitone(in) <-n, -n; -nen> [kɔmiliˈtoːnə] *m(f)* üniversite arkadaşı

Kommissar(in) <-s, -e; -nen> [kɔmɪˈsaːɐ] *m(f)* ❶ ADMIN komiser ❷ (*Polizeibeamter*) komiser

Kommissär(in) <-s, -e; -nen> [kɔmɪˈsɛːɐ] *m(f)* ÖSTERR, SCHWEIZ (*Polizeibeamter*) komiser

Kommissariat <-s, -e> [kɔmɪsariˈaːt] *nt* ❶ (*Amtszimmer*) komiserlik ❷ ÖSTERR (*Polizeidienststelle*) emniyet amirliği, karakol

Kommission <-en> [kɔmɪˈsjoːn] *f a.* COMM komisyon; **etw in ~ geben/nehmen** COMM bir şeyi komisyon vermek/almak

Kommode <-n> [kɔˈmoːdə] *f* komodin

Kommodore *m* NAUT komodor

kommunal [kɔmuˈnaːl] *adj* beledî, yerel

Kommunalpolitik <-en> *f* yerel politika

Kommunalwahl *f* yerel seçim(ler) *(pl)*, belediye seçimleri *pl*

Kommune <-n> [kɔˈmuːnə] *f* ❶ ADMIN belediye ❷ (*Wohngemeinschaft*) komün

Kommunikation [kɔmunikaˈtsjoːn] *f kein*

K

pl komünikasyon, iletişim **Kommunikationsmittel** *nt* iletişim aracı **Kommunikationszentrum** *nt* iletişim merkezi
kommunikativ *adj* iletişimsel
KommunikeeRR <-s, -s> *nt s.* **Kommuniqué**
Kommunion <-en> [kɔmu'njo:n] *f* REL ❶ (*Abendmahl*) kudas ❷ (*Erst~*) Katolik cemaatine kabul töreni
Kommuniqué <-s, -s> [kɔmyni'ke:] *nt* hükümet bildirisi, resmî bildiri
Kommunismus <-> [kɔmu'nɪsmʊs] *m kein pl* komünizm
Kommunist(in) <-en, -en; -nen> [kɔmu'nɪst] *m(f)* komünist
kommunizieren* [kɔmuni'tsi:rən] *vi* ❶ bildirişmek (**mit** -le), iletişmek (**mit** -le), haberleşmek (**mit** -le); (*reden*) konuşmak (**mit** -le) ❷ REL kudasa gitmek
Komödiant(in) <-en, -en; -nen> [komø'djant] *m(f)* komedyen
Komödie <-n> [ko'mø:djə] *f* komedi, komedya; **die Göttliche ~** İlâhî Komedya
Komödiendichter(in) *m(f),* **Komödienschreiber(in)** *m(f)* komedi yazarı
kompakt [kɔm'pakt] *adj* ❶ (*Material*) kompakt, yoğun ❷ (*fam: Person, Statur*) tıknaz
Kompanie <-n> [kɔmpa'ni:] *f* MIL bölük; (*Ehren~*) kıta
Komparativ <-s, -e> ['kɔmparati:f] *m* LING karşılaştırma derecesi
Komparse(in) <-n, -n; -nen> [kɔm'parzə] *m(f)* FILM figüran
KompassRR <-es, -e> ['kɔmpas] *m,* **Kompaß**ALT <-sses, -sse> *m a.* NAUT pusula
KompassnadelRR *f* pusula iğnesi [*o* ibresi] **Kompassrose**RR *f* pusula gülü
kompatibel [kɔmpa'ti:bəl] *adj a.* INFORM uyumlu
Kompatibilität <-en> [kɔmpatibili'tɛ:t] *f a.* INFORM uyumluluk
Kompensation <-en> [kɔmpɛnza'tsjo:n] *f* WIRTSCH takas
kompensieren* [kɔmpɛn'zi:rən] *vt* ❶ (*ausgleichen*) telafi etmek ❷ WIRTSCH takas etmek, sayışmak
kompetent [kɔmpe'tɛnt] *adj* kompetan, yetkili
Kompetenz <-en> [kɔmpe'tɛnts] *f* yetki; **seine ~en überschreiten** yetkisini aşmak; **das liegt nicht in meiner ~** bu benim yetki alanıma girmez
Kompilation *f* kompilasyon
kompilieren *vt* derleyip toplamak
Komplementär *m* WIRTSCH komandite
komplementieren *vt* tümlemek; (*ergänzen*) tamamlamak
Komplementwinkel *m* MATH tümler açı
komplett [kɔm'plɛt] **I.** *adj* komple, tam **II.** *adv* tamamen; **ich bin jetzt ~** (*fam*) ben şimdi tamamım
komplex [kɔm'plɛks] *adj a.* MATH karmaşık; PSYCH kompleks; **eine ~e Zahl** karmaşık sayı
Komplex <-es, -e> [kɔm'plɛks] *m* ❶ karma, kompleks; PSYCH kompleks; **~e haben** kompleksleri olmak ❷ (*Häuser~*) kompleks **Komplexauge** *nt* ZOOL (*Facettenauge*) petek göz **Komplexverbindung** *f* CHEM kompleks, karmaşık
Komplikation <-en> [kɔmplika'tsjo:n] *f* komplikasyon; **zu ~en führen** komplikasyonlara yol açmak
Kompliment <-(e)s, -e> [kɔmpli'mɛnt] *nt* kompliman, iltifat; **jdm ~e machen** birine kompliman yapmak; **mein ~!** helâl olsun!
Komplize(in) <-n, -n; -nen> [kɔm'pli:tsə] *m(f)* (*pej*) suç ortağı, yardakçı
komplizieren* [kɔmpli'tsi:rən] **I.** *vt* komplikeleştirmek **II.** *vr* ■ **sich ~** komplikeleşmek
kompliziert [kɔmpli'tsi:ɐt] *adj* komplike
Komplott <-(e)s, -e> [kɔm'plɔt] *nt* komplo; **ein ~ schmieden** komplo hazırlamak
Komponente <-n> [kɔmpo'nɛntə] *f* ❶ (*Teilkraft*) bileşen ❷ (*Bestandteil*) eleman, öge, unsur
komponieren* [kɔmpo'ni:rən] *vi, vt* kompoze etmek; MUS bestelemek
Komponist(in) <-en, -en; -nen> [kɔmpo'nɪst] *m(f)* MUS besteci
Komposita *pl von* **Kompositum**
Komposition <-en> [kɔmpozi'tsjo:n] *f* kompozisyon; MUS beste
Kompositum <-s, Komposita> [kɔm'po:zitʊm, *pl* kɔm'po:zita] *nt* LING birleşik kelime; *s. a.* **Simplex**
Kompost <-(e)s, -e> [kɔm'pɔst] *m* komposto **Komposthaufen** *m* komposto yığını
Kompostieranlage [kɔmpɔs'ti:ɐ-] *f* AGR kompostolama tesisi
kompostieren* [kɔmpɔs'ti:rən] *vt* AGR ❶ (*zu Kompost verarbeiten*) kompostolamak ❷ (*düngen*) komposto yapmak
Kompostierung <-en> *f* AGR ❶ (*Verarbeitung*) kompostolama ❷ (*Düngung*) gübreleme
Kompott <-(e)s, -e> [kɔm'pɔt] *nt* komposto, hoşaf
Kompresse <-n> [kɔm'prɛsə] *f* MED kompres
Kompressor <-s, -en> *m* TECH kompresör
komprimieren* [kɔmpri'mi:rən] *vt a.*

INFORM sıkıştırmak
KompromissRR <-es, -e> [kɔmpro'mɪs] *m,* **Kompromiß**ALT <-sses, -sse> *m* uzlaşma; (*mittlere Lösung*) ortalama çözüm yolu; **mit jdm einen ~ schließen** biriyle uzlaşmaya varmak **kompromissbereit**RR *adj* uzlaşmacı **Kompromissbereitschaft**RR *f kein pl* uzlaşmacılık **kompromisslos**RR *adj* uzlaşmaz
kompromittieren* [kɔmpromɪ'ti:rən] *vt* bozum etmek, mahcup etmek, rezil etmek, kepaze etmek
Kondensator <-s, -en> [kɔndɛn'za:to:ɐ] *m* ELEK, TECH kondansatör, yoğunlaç
kondensieren* [kɔndɛn'zi:rən] **I.** *vt a.* PHYS yoğunlaştırmak **II.** *vi sein* yoğunlaşmak; **der Dampf kondensiert an den Wänden** buhar duvarlarda yoğunlaşıyor, duvarlar buhardan buğulanıyor
Kondensmilch [kɔn'dɛns-] *f* yoğun(laştırılmış) süt **Kondenswasser** <-s> *nt kein pl* buğu
Kondition1 <-en> [kɔndi'tsjo:n] *f* WIRTSCH koşul, şart, kondisyon
Kondition2 *f kein pl* (*körperliche Verfassung*) kondisyon; **eine gute ~ haben** kondisyonu iyi olmak
Konditional <-s, -e> [kɔnditsjo'na:l] *m* LING (*Bedingungsform*) şart kipi
Konditionalis [kɔnditsjo'na:l] *m* LING şartlı birleşik zaman **Konditionalsatz** <-es, -sätze> [kɔnditsjo'na:l-] *m* LING (*Bedingungssatz*) şartlı birleşik cümle
konditionieren *vt* şartlandırmak
Konditionierung *f* şartlandırma
Konditionstraining <-s, -s> *nt* SPORT kondisyon çalışması
Konditor(in) <-s, -en; -nen> [kɔn'di:to:ɐ] *m(f)* pastacı, pastahaneci
Konditorei <-en> [kɔndito'raɪ] *f* pastahane
Kondolenz <-en> [kɔndo'lɛnts] *f* ❶ *kein pl* taziye; (*Beileid*) başsağlığı ❷ (*Beileidsbezeigung*) başsağlığı dileme **Kondolenzschreiben** *nt* taziye mektubu, başsağlığı dileme yazısı
Kondom <-s, -e> [kɔn'do:m] *nt o m* kondom, kaput
Kondor <-s, -e> ['kɔndo:ɐ] *m* ZOOL kondor
Konfekt <-(e)s, -e> [kɔn'fɛkt] *nt* şekerleme
Konfektion <-en> [kɔnfɛk'tsjo:n] *f* ❶ (*Herstellung*) konfeksiyon ❷ (*Kleidung*) hazır giyim **Konfektionsgeschäft** <-es, -e> *nt* konfeksiyon mağazası **Konfektionsgröße** <-n> *f* konfeksiyon boyu
Konferenz <-en> [kɔnfe'rɛnts] *f* konferans; (*Besprechung*) konuşma; (*Presse~, Lehrer~*) toplantı **Konferenzsaal** <-(e)s, -säle> *m* konferans salonu, toplantı salonu
konferieren* [kɔnfe'ri:rən] *vi* ❶ (*beraten*) görüşmek (**über** -i) ❷ (*bei Veranstaltung*) konferans vermek
Konfession <-en> [kɔnfɛ'sjo:n] *f* mezhep
konfessionslos *adj* mezhepsiz
Konfetti <-(s)> [kɔn'fɛti] *nt kein pl* konfeti
Konfiguration <-en> [kɔnfigura'tsjo:n] *f* INFORM konfigürasyon
konfigurieren* *vt* INFORM konfigüre etmek
Konfirmation <-en> [kɔnfɪrma'tsjo:n] *f* REL konfirmasyon, Protestan cemaatine kabul töreni
konfirmieren* [kɔnfɪr'mi:rən] *vt* Protestan cemaatine kabul etmek
konfiszieren* [kɔnfɪs'tsi:rən] *vt* müsadere etmek, el koymak
Konfitüre <-n> [kɔnfi'ty:rə] *f* reçel
Konflikt <-(e)s, -e> [kɔn'flɪkt] *m* ❶ ihtilâf, anlaşmazlık, uyuşmazlık, aykırılık; **mit etw in ~ geraten** (*verstoßen gegen*) bir şeye aykırı hareket etmek; (*Schwierigkeiten bekommen*) bir şeyle başı derde girmek ❷ (*Auseinandersetzung*) çatışma; (*Rollen~*) çatışma; **bewaffneter ~** silahlı çatışma ❸ (*Zwiespalt*) çelişki
Konföderation <-en> [kɔnfødera'tsjo:n] *f* konfederasyon
konform [kɔn'fɔrm] *adj* uygun; **mit jdm ~ gehen** biriyle hemfikir olmak
Konformismus <-> [kɔnfɔr'mɪsmʊs] *m kein pl* SOZIOL konformizm, uymacılık
konformistisch *adj* (*geh*) uymaca
Konfrontation <-en> [kɔnfrɔnta'tsjo:n] *f* karşı karşıya kalma; (*Auseinandersetzung*) kavga
konfrontieren* [kɔnfrɔn'ti:rən] **I.** *vt* karşı karşıya bırakmak (**mit** ile) **II.** *vr* ■ **sich ~** karşı karşıya kalmak (**mit** ile)
konfus [kɔn'fu:s] *adj* karışık; **jdn ~ machen** birini şaşırtmak, birinin aklını karıştırmak
Konfusion <-en> [kɔnfu'zjo:n] *f* karışıklık
Konglomerat <-(e)s, -e> *nt* konglomera
Kongo *m* Kongo
Kongolese(in) *m(f)* Kongolu
kongolesisch *adj* Kongolu, Kongo (ile ilgili)
KongressRR <-es, -e> [kɔŋ'grɛs, kɔn'grɛs] *m,* **Kongreß**ALT <-sses, -sse> *m* kongre **Kongresshalle**RR *f* kongre salonu
kongruent [kɔŋgru'ɛnt, kɔngru'ɛnt] *adj* ❶ MATH (*Zahlen*) eşlenik; (*Figuren*) çakışık;

K

~e Dreiecke çakışık üçgenler ❷ LING uygun
Kongruenz *f kein pl* ❶ MATH eşleşim ❷ LING uygunluk
kongruieren* [kɔnju'gi:rən] *vi* MATH çakışmak
König <-s, -e; -nen> ['kø:nɪç] *m* ❶ (*Monarch*) kral ❷ (*beim Schach*) şah ❸ (*Spielkarte*) papaz, rua
Königin <-nen> *f* kraliçe
Königinmutter *f* ana kraliçe
königlich [kø:nɪklɪç] **I.** *adj* ❶ (*auf König bezogen*) kral; **die ~e Familie** kral ailesi; **~e Hoheit** altes ❷ (*hoheitsvoll*) kral gibi **II.** *adv* (*fam: außerordentlich*) şahane; ■ **sich ~ amüsieren** şahane eğlenmek
Königreich *nt* krallık
königstreu *adj* kralcı
Königtum <-s, -tümer> *nt* krallık
konisch *adj* konik
Konjugation <-en> [kɔnjuga'tsjo:n] *f* LING çekim, fiil çekimi **Konjugationsendung** <-en> *f* LING çekim eki
konjugierbar *adj* LING çekimli
konjugieren* [kɔnju'gi:rən] *vt* LING çekmek
Konjunktion <-en> [kɔnjʊŋk'tsjo:n] *f* ❶ LING (*Bindewort*) bağlaç ❷ ASTROL kavuşum
Konjunktiv <-s, -e> ['kɔnjʊŋkti:f] *m* LING isteme kipi
Konjunktur <-en> [kɔnjʊŋk'tu:ɐ] *f* WIRTSCH konjonktür; **steigende/fallende ~** çıkan/inen konjonktür, yükselen/düşen konjonktür **Konjunkturbelebung** *f* WIRTSCH ekonomik canlanma
konjunkturell [kɔnjʊŋktu'rɛl] *adj* WIRTSCH konjonktürel, ekonomik
Konjunkturindex <-(es), -indizes> *m* WIRTSCH ekonomik indeks **Konjunkturlage** *f kein pl* WIRTSCH ekonomik durum **Konjunkturpolitik** <-en> *f* WIRTSCH ekonomi politikası **Konjunkturspritze** *f* (*fam*) ekonomik doping
konkav [kɔn'ka:f] *adj* içbükey
Konkordanz <-en> [kɔnkɔr'dants] *f* ❶ (*Übereinstimmung*) uygunluk ❷ GEO uygun katmanlaşma
Konkordat *nt* konkordato
konkret [kɔŋ'kre:t, kɔn'kre:t] **I.** *adj* somut **II.** *adv* somut olarak
Konkretheit *f* somutluk
konkretisieren* [kɔŋkreti'zi:rən, kɔn-] *vt* somutlaştırmak
Konkretisierung *f* somutlaştırma
Konkretum *nt* LING somut isim
Konkubine <-n> [kɔŋku'bi:nə, kɔn-] *f* cariye; (*Geliebte*) metres
Konkurrent(in) <-en, -en; -nen> [kɔŋkʊ'rɛnt] *m(f)* rakip, rekabetçi
Konkurrenz[1] [kɔŋkʊ'rɛnts, kɔn-] *f kein pl* (*Konkurrieren*) rakiplik, rekabet; (*Konkurrent*) rakip; **jdm ~ machen** birine rakip olmak, biriyle rekabet etmek
Konkurrenz[2] <-en> *f* (*Wettkampf*) rekabet, yarışma; **außer ~** yarışma dışı **Konkurrenzkampf** <-(e)s, -kämpfe> *m* rekabet, yarışma
konkurrenzlos *adj* rakipsiz
konkurrieren* [kɔŋkʊ'ri:rən, kɔn-] *vi* rekabet etmek (**um** için, **mit** ile), yarışmak (**um** için, **mit** ile); **miteinander ~** birbiriyle yarışmak, birbiriyle rekabet etmek
Konkurs <-es, -e> [kɔŋ'kʊrs, kɔn-] *m* iflas, batkı; **das Unternehmen ist in ~ gegangen/steht vor dem ~** işletme [*o* şirket] iflas etti/etmek üzere; **~ anmelden** iflasın açılması için dilekçe vermek **Konkursmasse** *f* iflas masası **Konkursverfahren** *nt* iflas davası
können[1] <kann, konnte, können> ['kœnən] *modal vb* ❶ (*vermögen, dürfen*) -ebilmek; (*in der Lage sein*) yapabilmek; **kann ich Sie etwas fragen?** size bir şey sorabilir miyim?; **~ Sie mir sagen, wie spät es ist?** bana saatin kaç olduğunu söyleyebilir misiniz?; **wer kann das gewesen sein?** bunu kim yapmış olabilir?; **sie ~ auf ihn zählen** ona güvenebilirsiniz; **er hätte es tun ~** onu yapabilirdi; **du kannst mich mal!** (*vulg*) götümü yala! ❷ (*möglich sein*) olabilmek; **du könntest Recht haben** haklı olabilirsin; **das kann noch dauern** bu, daha sürebilir; **kann sein** olabilir; **das kann nicht sein** olamaz; **das kann passieren** böyle şeyler olur; **es kann sein, dass er (nicht) kommt** gel(mey)ebilir
können[2] <kann, konnte, gekonnt> ['kœnən] **I.** *vt* (*beherrschen*) bilmek, becermek, elinden gelmek; **was ~ Sie?** elinizden ne iş gelir?; **sie kann gut Türkisch** o, iyi Türkçe bilir; **er hat es (nicht) gekonnt** becer(eme)di **II.** *vi* **ich kann nicht mehr vor Lachen** (*fam*) gülmekten hâlim [*o* takatım] kalmadı; **ich kann nicht mehr** (*fam*) hâlim [*o* takatım] kalmadı; **morgen kann ich nicht** yarın yapamam; **nicht anders ~ als ...** ...den başka türlü yapamamak; **uns** *dat* **kann keiner!** (*fam*) bize kimse bir şey yapamaz!; **wie konntest du nur!** bunu nasıl yapabildin!; **er schrie, was er konnte** avazı çıktığı kadar bağırdı; **so schnell sie konnte** alabildiğine, olanca hızı ile
Können <-s> *nt kein pl* ❶ (*Wissen*) bilgi

❷ (*Fähigkeit*) yetenek, beceri
Konnossement *nt* NAUT konşimento
konnte ['kɔntə] *3. imp von* **können**
Konsens <-es, -e> [kɔn'zɛns] *m* uzlaşma, görüş birliği; **einen ~ erzielen** uzlaşmaya varmak
konsequent [kɔnze'kvɛnt] **I.** *adj* (*folgerichtig*) tutarlı; (*entschlossen*) azimli, kararlı; (*unbeirrbar*) şaşmaz **II.** *adv* kararlılıkla, kararlı olarak; **~ durchgreifen** kararlılıkla el atmak; **etw ~ verfolgen** bir şeyin peşini bırakmamak
Konsequenz[1] <-en> [kɔnze'kvɛnts] *f* ❶ sonurgu, vargı; (*Folgerichtigkeit*) tutarlılık ❷ (*Folge*) sonuç, doğurgu; **die ~en tragen** sonuçlarına katlanmak; **das wird ernste ~en haben** bunun ciddi sonuçları olacak
Konsequenz[2] *f kein pl* (*Unbeirrbarkeit*) şaşmazlık; (*Entschlossenheit*) azim, kararlılık
Konservatismus <-> *m kein pl* tutuculuk, muhafazakârlık
konservativ ['kɔnzɛrvati:f, ---'-] *adj* tutucu, muhafazakâr
Konservative(r) *f(m)* tutucu, muhafazakâr
Konserve <-n> [kɔn'zɛrvə] *f* konserve **Konservenbüchse** *f*, **Konservendose** *f* konserve kutusu
konservieren* [kɔnzɛr'vi:rən] *vt* konservelemek
Konservierung <-en> *f* konserveleme
Konsistenz [kɔnzɪs'tɛnts] *f kein pl* kıvam
Konsole <-n> [kɔn'zo:lə] *f* ❶ ARCH konsol ❷ (*Möbel*) konsol ❸ INFORM konsol
Konsolidation *f* WIRTSCH konsolidasyon
konsolidieren *vt* WIRTSCH konsolide etmek
konsolidiert *adj* WIRTSCH konsolide; **~e Schuld** konsolide borç
Konsonant <-en, -en> [kɔnzo'nant] *m* LING ünsüz; **ein harter/stimmloser ~** sert/tonsuz [*o* ötümsüz] ünsüz
Konsortium <-s, Konsortien> [kɔn'zɔrtsiʊm] *nt* WIRTSCH konsorsiyum
konstant [kɔn'stant] **I.** *adj* değişmez, sabit **II.** *adv* ❶ (*dauernd*) devamlı, sürekli ❷ (*beharrlich*) ısrarla
Konstante <-n> [kɔn'stantə] *f* MATH, PHYS sabite, değişmez (nicelik)
konstatieren* [kɔnsta'ti:rən] *vt* belirlemek
Konstellation <-en> [kɔnstɛla'tsjo:n] *f* kümelenme
konstituieren* [kɔnstitu'i:rən] *vt* kurmak; **die ~de Versammlung** POL kurucu meclis
Konstitution <-en> [kɔnstitu'tsjo:n] *f* ❶ bünye, yapı; (*Körperbau*) bünye, vücut yapısı, fizik yapısı ❷ POL (*Verfassung*) anayasa; (*Satzung*) anatüzük
konstitutionell [kɔnstitutsjo'nɛl] *adj* ❶ POL meşrutî; **~e Monarchie** meşrutiyet ❷ MED bünye ile ilgili
konstruieren* [kɔnstru'i:rən] *vt* ❶ *a.* MATH, LING kurmak ❷ (*pej*) uydurmak
Konstrukteur(in) <-s, -e; -nen> [kɔnstrʊk'tø:ɐ] *m(f)* yapıcı
Konstruktion <-en> [kɔnstrʊk'tsjo:n] *f* konstrüksiyon, yapım **Konstruktionsfehler** *m* konstrüksiyon hatası, yapım hatası
konstruktiv [kɔnstrʊk'ti:f] *adj* yapıcı; **eine ~e Kritik** yapıcı eleştiri
Konstruktivismus *m kein pl* PHILOS konstrüktivizm; KUNST kurmacılık, konstrüktivizm
Konsul(in) <-s, -n; -nen> ['kɔnzʊl] *m(f)* konsolos
Konsulat <-(e)s, -e> [kɔnzu'la:t] *nt* konsolosluk **Konsulatsgebäude** *nt* konsoloshane
konsultieren* [kɔnzʊl'ti:rən] *vt* danışmak (-e), başvurmak (-e); **einen Arzt/Anwalt/Experten ~** hekime/avukata/ekspere danışmak [*o* başvurmak]
Konsum <-s> [kɔn'zu:m] *m kein pl* tüketim
Konsument(in) <-en, -en; -nen> [kɔnzu'mɛnt] *m(f)* tüketici
Konsumgesellschaft <-en> *f* tüketiciler toplumu **Konsumgüter** *pl* tüketim malları *pl* **Konsumgüterindustrie** *f* WIRTSCH hafif sanayi, tüketim malları üreten sanayi
konsumieren* [kɔnzu'mi:rən] *vt* tüketmek
konsumorientiert *adj* tüketime yönelik
Konsumverhalten <-s> *nt kein pl* tüketim davranışı
Kontakt <-(e)s, -e> [kɔn'takt] *m a.* ELEK kontak, temas; (*Verbindung*) ilişki, münasebet; **~ mit jdm aufnehmen** biriyle temasa geçmek; **sexuelle ~e** cinsel ilişkiler; **mit jdm in ~ kommen** biriyle temasa gelmek; **mit jdm in ~ stehen** biriyle temasta bulunmak; **wir sollten in ~ bleiben** bundan sonra görüşelim; **stehst du noch in ~ mit ihr?** onunla hâlâ temasta mısın?; **sie unterhalten geschäftliche ~e zu unserer Firma** firmamızla iş ilişkilerini sürdürüyorlar **Kontaktadresse** *f* yazışma adresi **Kontaktaufnahme** *f* kontak kurma **kontaktfreudig** *adj* girgin, arkadaş canlısı **Kontaktlinse** *f* kontakt lens **Kontaktsperre** *f* görüşme yasağı

Kontamination <-en> [kɔntamiˈtsjoːn] *f* kirlenme

kontaminieren* [kɔntamiˈniːrən] *vt* kirletmek

Konten *pl von* **Konto**

Konter *m* SPORT kontratak

Kontermutter *f* TECH kontrasomun

kontern [ˈkɔntɐn] **I.** *vt* SPORT karşı akına geçmek (-e) **II.** *vi* (*zurückweisen*) kontra gitmek

Konterrevolution *f* karşı devrim

Kontext <-(e)s, -e> [ˈkɔntɛkst] *m* ❶ LING kontekst, bağlam ❷ (*Zusammenhang*) bağlam

Kontinent <-(e)s, -e> [ˈkɔntinɛnt, --ˈ-] *m* kıta, ana kara **kontinental** [kɔntinɛnˈtaːl] *adj* kıta (ile ilgili), kara (ile ilgili) **Kontinentalklima** *nt* kara iklimi **Kontinentalschelf** *m o nt*, **Kontinentalsockel** *m* GEO, POL (*Festland(s)sockel*) kıta sahanlığı

Kontingent <-(e)s, -e> [kɔntɪŋˈgɛnt] *nt* kontenjan

Kontingenz [kɔntɪŋˈgɛns] *f kein pl* PHILOS olumsallık

kontinuierlich [kɔntinuˈiːɐlɪç] *adj* devamlı, sürekli

Kontinuität [kɔntinuiˈtɛːt] *f kein pl* devamlılık, süreklilik, biteviyelik

Konto <-s, Konten> [ˈkɔnto] *nt* hesap; **ein ~ eröffnen/auflösen** hesap açmak/kapamak; **das ~ überziehen** hesabı aşmak, hesaptaki miktardan fazlasını çekmek; **das geht auf mein ~** (*fam*) bunu ben üstüme alıyorum **Kontoauszug** *m* hesap özeti, ekstre, dekont **Kontoführung** <-en> *f* hesap tutma **Kontoinhaber(in)** *m(f)* hesap sahibi **Kontokorrent** *nt* cari hesap **Kontonummer** *f* hesap numarası

Kontor <-s, -e> *m* COMM kontuvar

Kontostand <-(e)s, -stände> *m* hesap durumu

kontra [ˈkɔntra] **I.** *präp* (*a. fig*) kontra, karşı, karşıt **II.** *adv* (*dagegen*) karşı

Kontra [ˈkɔntra] *nt* kontra; **jdm ~ geben** birine kontra gitmek

Kontrabass[RR] [ˈkɔntra-] *m* kontrbas

Kontrabassist(in) *m(f)* kontrbasçı

Kontrahent(in) <-en, -en; -nen> [kɔntraˈhɛnt] *m(f)* ❶ (*Gegner*) hasım ❷ (*Vertragspartner*) âkit

kontrahieren* [kɔntraˈhiːrən] *vi* sözleşme yapmak

kontraktil *adj* ANAT kasılgan

Kontraktilität *f kein pl* ANAT kasılganlık

Kontraktion <-en> [kɔntrakˈtsjoːn] *f* kasılma

Kontrapunkt *m* ❶ MUS kontrpuan ❷ (*Gegenpol*) zıt kutup

konträr [kɔnˈtrɛːɐ] *adj* karşıt, zıt

Kontrast <-(e)s, -e> [kɔnˈtrast] *m* kontrast, zıtlık, karşıtlık, tezat; **in** [*o* **im**] **~ zu etw** *dat* **stehen** bir şeye kontrast oluşturmak

kontrastieren* [kɔntrasˈtiːrən] *vi* kontrast oluşturmak

kontrastiv *adj* karşılaştırmalı

kontrastreich *adj* kontrastlı

Kontrollabschnitt *m* dip koçanı **Kontrollampe**[ALT] *f s.* **Kontrolllampe**

Kontrolle <-n> [kɔnˈtrɔlə] *f* ❶ (*Beherrschung, Pass~, Polizei~*) kontrol; **über jdn/etw die ~ verlieren** bir kimse/şey üzerindeki kontrolü kaybetmek; **jdn/etw unter ~ haben** bir kimse/şey kontrol altında olmak; **alles unter ~!** her şey kontrol altında!; **sein Auto geriet außer ~** otomobili kontrolden çıktı ❷ (*Prüfung*) kontrol; (*Inspektion*) muayene; (*Überwachung*) denetim

Kontrolleur(in) <-s, -e; -nen> [kɔntrɔˈløːɐ] *m(f)* ❶ kontrolör, denetçi ❷ EISENB kondüktör

Kontrollfunktion <-en> *f* kontrol fonksiyonu

kontrollieren* [kɔntrɔˈliːrən] *vt* ❶ (*allgemein*) kontrol etmek; (*überprüfen*) gözden geçirmek, yoklamak, muayene etmek; (*Gepäck*) muayene etmek ❷ (*überwachen*) kontrol etmek, denetlemek ❸ (*beherrschen*) kontrol etmek, hâkim olmak (-e)

Kontrolllampe[RR] *f* kontrol lambası **Kontrollturm** *m* AERO kontrol kulesi

kontrovers [kɔntroˈvɛrs] **I.** *adj* ❶ (*entgegengesetzt*) zıt, karşıt ❷ (*bestreitbar*) tartışma götüren [*o* götürür] ❸ (*umstritten*) tartışmalı; **eine ~e Frage** tartışmalı bir sorun **II.** *adv* **diese Frage ist gar nicht ~** bu sorun tartışma götürmez

Kontroverse <-n> [kɔntroˈvɛrzə] *f* (*Auseinandersetzung*) tartışma; (*Meinungsverschiedenheit*) anlaşmazlık, uyuşmazlık

Kontur <-en> [kɔnˈtuːɐ] *f* kontur; (*Profil*) profil

Konvention <-en> [kɔnvɛnˈtsjoːn] *f* ❶ konvansiyon; (*Abkommen*) anlaşma; (*Vertrag*) sözleşme ❷ (*Regel*) kural; **~en** gelenek

konventional [kɔnvɛntsjoˈnaːl] *adj* konvansiyonel

Konventionalstrafe [kɔnvɛntsjoˈnaːl-] *f* JUR cezai şart

konventionell [kɔnvɛntsjoˈnɛl] *adj* ❶ geleneksel, klasik ❷ TECH, MIL (*Waffen*) konvansiyonel

konvergent *adj a.* MATH, PHYS (*nicht divergent*) yakınsak, birbirine gittikçe yakınlaşan; ~**e Linien/Strahlen** yakınsak çizgiler/ışınlar
Konvergenz *f* ❶ (*Annäherung*) yakınlaşma ❷ MATH, PHYS yakınsaklık
konvergieren* [kɔnvɛr'gi:rən] *vi a.* MATH, PHYS (*nicht divergieren*) yakınsamak, birbirine gittikçe yakınlaşmak
Konversation <-en> [kɔnvɛrza'tsjo:n] *f* sohbet; ~ **machen** sohbet etmek
konvertierbar *adj* WIRTSCH konvertibl
Konvertierbarkeit *f* WIRTSCH konvertibilite
konvertieren* [kɔnvɛr'ti:rən] **I.** *vi haben o sein* REL geçmek (**zu** -e) **II.** *vt* WIRTSCH, INFORM çevirmek
konvex [kɔn'vɛks] *adj* dışbükey
Konvexität *f kein pl* dışbükeylik
Konvexlinse *f* dışbükey mercek **Konvexspiegel** *m* dışbükey ayna
Konvoi <-s, -s> [kɔn'vɔɪ, '--] *m* konvoy; **im ~ fahren** konvoy hâlinde gitmek
Konzentration <-en> [kɔntsɛntra'tsjo:n] *f* ❶ topla(n)ma, temerküz ❷ CHEM konsantrasyon, derişme ❸ PSYCH konsantrasyon, dikkat toplaşımı; **mit äußerster ~** son derece konsantre olarak, dikkatini son derece toplayarak **Konzentrationslager** *nt* HIST toplama kampı, temerküz kampı **Konzentrationsschwäche** *f* MED, PSYCH konsantre olamama **Konzentrationsstörung** *f* konsantrasyon bozukluğu
konzentrieren* [kɔntsɛn'tri:rən] **I.** *vt* (*bündeln*) konsantre etmek (**auf** -e); (*ausrichten*) toplamak (**auf** -de); **Truppen in einem Raum ~** birlikleri bir yerde toplamak **II.** *vr* ■ **sich ~** derişmek, konsantre olmak (**auf** -e)
konzentriert [kɔntsɛn'tri:ɐt] *adj* konsantre, pürdikkat; CHEM derişik, konsantre
Konzept <-(e)s, -e> [kɔn'tsɛpt] *nt* ❶ (*Rohfassung*) taslak, müsvedde ❷ (*fig fam: Plan*) plan, tasarı; **aus dem ~ kommen** (*verwirrt werden*) aklı karışmak; **jdn aus dem ~ bringen** (*verwirren*) birinin aklını karıştırmak; **das passt mir nicht ins ~** bu, işime gelmiyor; (*in meine Pläne*) bu, plan(lar)ıma uymuyor
Konzeption <-en> [kɔntsɛp'tsjo:n] *f* tasarı; (*Entwurf eines Werkes*) şema
Konzeptpapier *nt* müsveddelik kâğıt
Konzern <-s, -e> [kɔn'tsɛrn] *m* WIRTSCH konzern
Konzert <-(e)s, -e> [kɔn'tsɛrt] *nt* konser **Konzertflügel** *m* kuyruklu piyano **Konzertsaal** *m* konser salonu
Konzession <-en> [kɔntsɛ'sjo:n] *f* ❶ (*Zugeständnis*) ödün, taviz; **er ist nicht zu ~en bereit** taviz vermeye niyeti yok ❷ (*Genehmigung*) imtiyaz; **jdm die ~ entziehen** birinin imtiyazını geri almak
Kooperation <-en> [koʔopera'tsjo:n] *f* iş birliği
kooperativ [koʔopera'ti:f] *adj* iş birlikli
kooperieren* [koʔope'ri:rən] *vi* iş birliği yapmak
Koordinate <-n> [koʔɔrdi'na:tə] *f* MATH koordinat
Koordination <-en> [koʔɔrdina'tsjo:n] *f* koordinasyon, eş güdüm
koordinieren* [koʔɔrdi'ni:rən] *vt* koordine etmek
Kopenhagen <-s> [ko:pən'ha:gən] *nt* Kopenhag
Kopf <-(e)s, Köpfe> [kɔpf, *pl* 'kœpfə] *m* ❶ (*Körperteil, Nagel~, Nadel~*) kafa, baş; **zehn Euro pro ~** adam başına on euro; **~ an ~** kafa kafaya, başa baş; **aus dem ~** kafadan; **~ hoch!** üzme tatlı canını!; **etw auf den ~ stellen** bir şeyi altüst etmek; **sie stellten das ganze Haus auf den ~** bütün evi altüst ettiler; **sich auf den ~ stellen** (*fig fam*) ağzıyla kuş tutmak; **~ und Kragen riskieren** kellesini koltuğuna almak, başını ortaya koymak; **sich** *dat* **etw aus dem ~ schlagen** bir şeyi aklından [*o* kafasından] çıkarmak; **sich** *dat* **etw in den ~ setzen** bir şeyi aklına [*o* kafasına] koymak; **das will mir nicht in den ~** bunu aklım almıyor; **das kann ich im ~ rechnen** bunu kafamdan hesaplayabilirim; **mit rotem ~ dastehen** kıpkırmızı kesilmek; **von ~ bis Fuß** baştan aşağı; **sie ist ein kluger ~** o akıllı birisidir; **sie hat ihren eigenen ~** o kendi bildiğini okur; **er ist nicht auf den ~ gefallen** kafası boş değil; **den ~ in den Sand stecken** deve kuşu gibi başını kuma sokmak [*o* gömmek]; **mit dem ~ durch die Wand wollen** kafasının dikine gitmek; **es kann nicht immer nur nach deinem ~ gehen** her şey senin istediğin gibi olamaz; **wir redeten uns** *dat* **die Köpfe heiß** konuşmaktan kafamız şişti; **einen kühlen ~ bewahren** serin kanlı olmak; **nicht ganz richtig im ~ sein** (*fam*) kafadan kontak olmak, aklından zoru olmak; **das geht mir durch den ~** bu, aklımdan geçiyor; **mir brummt der ~** (*fam*) başım çok ağrıyor; **mir raucht der ~** (*fam*) kafam dumanlandı; **der Erfolg ist ihm zu ~(e) gestiegen** başarı onun başına vurdu; **ich war wie vor den ~ gestoßen** beynimden vurulmuşa döndüm; **jdm den ~ verdrehen** (*fam*) birinin beynine

K

girmek, birini baştan çıkarmak; **sich** *dat* **den ~ zerbrechen** (*fam*) kafa yormak [*o* patlatmak]; **das kann dich den ~ kosten** (*a. fig*) bu, senin başını yakabilir; **er hat sein ganzes Geld auf den ~ gehauen** (*fam*) bütün parasını har vurup harman savurdu; **was man nicht im ~ hat, das hat man in den Beinen** (*fig fam*) akılsız başın cezasını ayak çeker, akılsız iti [*o* köpeği] yol kocatır ❷ (*Brief~*) başlık; (*bei Münze*) tu(ğ)ra; **~ oder Zahl?** tura mı yazı mı?

Kopf-an-Kopf-Rennen [--'---] *nt* başa baş yarışma

Kopfarbeit *f kein pl* kafa işı **Kopfarbeiter(in)** *m(f)* kafa işçisi, fikir işçisi **Kopfball** *m* SPORT kafa çıkışı; **ein Tor durch ~ erzielen** kafa çıkışı ile gol atmak **Kopfbedeckung** *f* başlık, baş örtüsü **Kopfbewegung** *f* baş hareketi

Köpfchen <-s, -> ['kœpfçən] *nt* (*fam*) akıllılık; **~ haben** akıllı olmak

köpfen ['kœpfən] *vt* ❶ (*enthaupten*) kafasını kesmek (-in), kellesini uçurmak (-in) ❷ SPORT kafa ile vurmak (-e); (*Tor*) kafa ile atmak

Kopfende <-s, -n> *nt* baş ucu; **am ~** baş ucunda

Kopffüßer *m* ZOOL kafadan bacaklı

Kopfhaar <-(e)s> *nt kein pl* saç **Kopfhaut** *f* kafa derisi **Kopfhörer** <-s, -> *m* kulaklık **Kopfkissen** *nt* baş yastığı **Kopflaus** *f* baş biti

kopflos *adj* ❶ (*Lebewesen*) başsız ❷ (*verwirrt*) aklı başında olmayan, şaşkın

Kopfnicken <-s> *nt kein pl* olur anlamında baş sallama, başı ile evet işareti verme **Kopfnuss**[RR] *f* (*fam*) ❶ (*Schlag*) kafaya vurulan fiske ❷ (*Aufgabe*) çetin ceviz **Kopfrechnen** <-s> *nt kein pl* zihin hesabı **Kopfsalat** *m* yeşil salata, marul

Kopfschmerz *m* baş ağrısı; **ich habe ~en** başım ağrıyor **Kopfschmerztablette** *f* baş ağrısı hapı

Kopfschuppen *pl* baş kepeği, saç kepeği **Kopfschütteln** <-s> *nt kein pl* baş sallama **Kopfsprung** *m* pike, balıklama atlama; **einen ~ machen** pike yapmak, balıklama atlamak **Kopfstand** <-(e)s, -stände> *m* amuda kalkma; **einen ~ machen** amuda kalkmak **kopf|stehen** *irr vi* (*fam*) altüst olmak

Kopfsteinpflaster *nt* parke

Kopfstoß *m* ❶ kafa atma ❷ (*Kopfball*) kafa çıkışı **Kopfstütze** *f* koltuk başı **Kopftuch** <-(e)s, -tücher> *nt* başörtü, türban **Kopftuchverbot** *nt* POL türban yasağı

kopfüber [-'--] *adv* tepetakla, tepesi üstü

Kopfweh <-(e)s, -e> *nt* baş ağrısı **Kopfzeile** *f* INFORM baş satır; **mit ~** baş satırlı

Kopfzerbrechen <-s> *nt kein pl* **etw jdm ~ machen** bir şey birinin başını ağrıtmak; **sich** *dat* **~ über etw machen** bir şey üzerine kafa yormak

Kopie <-n> [ko'piː] *f* ❶ *a.* INFORM kopya; (*Foto~*) fotokopi ❷ (*Nachbildung*) kopya; (*Nachahmung*) kopya, benzeti, taklit

kopieren* [ko'piːrən] *vt* ❶ *a.* INFORM kopyalamak; (*Fotokopien machen*) fotokopisini çekmek (-in) ❷ (*nachbilden*) kopya etmek

Kopierer <-s, -> *m* (*fam*) fotokopi makinesi

Kopiergerät <-(e)s, -e> [ko'piːɐ-] *nt* fotokopi makinesi

kopiergeschützt *adj* INFORM kopyalanamaz

Kopierstift <-(e)s, -e> *m* kopya kalemi

Kopilot(in) <-en, -en; -nen> ['koːpiloːt] *m(f)* AERO ikinci pilot

Kopist(in) *m(f)* ❶ (*Abschreiber*) kopyacı ❷ KUNST (*von Gemälde*) kopyacı, benzeti ressamı

Koppel[1] *f* (*Weide*) otlak

Koppel[2] *nt* MIL (*Wehrgehenk*) palaska

koppeln ['kɔpəln] *vt* bağlamak (**an** -e)

Koproduktion <-en> ['koː-] *f* ortak yapım, eş yapım

Kopulation <-en> [kopula'tsjoːn] *f* BIOL çiftleşme

kopulieren* [kopu'liːrən] *vi* BIOL çiftleşmek

Koralle <-n> [ko'ralə] *f* mercan

korallen *adj* mercan, mercanlı **Koralleninsel** *f* mercan adası **Korallenriff** *nt* mercan resifi

Koran <-s> [ko'raːn] *m kein pl* Kur'an, Kur'anıkerim

Koranschule *f* Kur'an kursu

Korb <-(e)s, Körbe> [kɔrp, *pl* 'kœrbə] *m* ❶ (*Behälter*) sepet; (*größer*) küfe, sepet sandık; (*mit Henkeln*) küfe; (*Brust~*) kafes ❷ (*~geflecht*) hasır; **ein Sessel aus ~** hasırdan bir sandalye ❸ SPORT pota; **einen ~ erzielen** potaya atmak ❹ (*Abfuhr*) sepetleme; **jdm einen ~ geben** birini sepetlemek

Korbball <-(e)s> *m kein pl* SPORT sepet topu, basketbol

Korbblütler *pl* BOT bileşikgiller *pl*

Korbflasche *f* damacana **Korbmöbel** *pl* hasır mobilya **Korbweide** *f* BOT sepetçi söğüdü

Kord <-(e)s, -e *o* -s> [kɔrt] *m* kot, fitilli kadife

Kordel <-n> ['kɔrdəl] *f* sicim

Kordhose *f* kot pantolon
Korea <-s> [ko're:a] *nt* Kore
Koreaner(in) <-s, -; -nen> [kore'a:nɐ] *m(f)* Koreli
koreanisch *adj* Koreli, Kore (ile ilgili); **eine ~e Frau** Koreli bir kadın
Koreanisch *nt* Korece
Koriander <-s, -> [kori'andɐ] *m* BOT kişniş
Korinthe <-n> [ko'rɪntə] *f* GASTR kuş üzümü
Kork <-(e)s, -e> [kɔrk] *m* (*Material*) mantar **Korkeiche** *f* BOT mantar meşesi
Korken <-s, -> ['kɔrkən] *m* (*Verschluss*) mantar, tapa
Korkenzieher <-s, -> *m* tirbuşon
Kormoran *m* ZOOL karabatak
Korn[1] <-(e)s, Körner> [kɔrn, *pl* 'kœrnɐ] *nt* (*Teilchen, Samen~*) tane, habbe
Korn[2] <-(e)s, -> *m* (*fam: Branntwein*) kanyak
Korn[3] <-(e)s, -e> *nt* ❶ (*Getreide*) tahıl ❷ (*am Gewehr*) arpacık; **über Kimme und ~ zielen** gez ile arpaçık üzerinden nişan almak; **jdn/etw aufs ~ nehmen** bir kimseyi/şeyi hedef almak
Korn[4] <-(e)s> *nt kein pl* FOTO (*Feinstruktur*) gren
Kornblume *f* BOT mavikantaron, belemir, peygamber çiçeği
Kornelkirsche *f* BOT kızılcık
Kornett *nt* MUS kornet
Kornfeld *nt* AGR mısır tarlası **Kornmotte** *f* ZOOL buğday güvesi **Kornspeicher** *m* AGR zahire ambarı
Korolla *f* BOT çiçek tacı
koronar *adj* MED koroner
Koronargefäß *nt* MED koroner damar **Koronarinsuffizienz** *f* MED koroner yetersizliği
Körper <-s, -> ['kœrpɐ] *m* ❶ (*Leib*) vücut, beden; **er zitterte am ganzen ~** (*vor Angst*) bütün vücudu (tir tir) titredi; (*vor Kälte*) bütün vücudu (zangır zangır) titredi [*o* titriyordu] ❷ (*Rumpf*) gövde, cüsse ❸ PHYS cisim; **ein fester/flüssiger/gasförmiger ~** katı/sıvı/gaz hâlindeki cisim **Körperbau** <-(e)s> *m kein pl* fizik yapısı, beden yapısı, vücut yapısı, bünye **körperbehindert** *adj* bedensel özürlü **Körperbehinderte(r)** *f(m)* bedensel özürlü (kimse)
Körperflüssigkeit <-en> *f* suyuk **Körpergeruch** *m* vücut kokusu; (*Schweißgeruch*) ter kokusu **Körpergewicht** <-(e)s> *nt kein pl* vücut ağırlığı **Körpergröße** <-n> *f* boy **Körperhaltung** <-en> *f* duruş **Körperhöhle** <-n> *f* vücut boşluğu
körperlich I. *adj* bedensel; (*physisch*) fizikî, cismanî; (*stofflich*) maddesel; (*geschlechtlich*) cinsel II. *adv* bedenen, vücutça, cismen
Körperlotion *f* vücut losyonu **Körperpflege** *f* vücut bakımı
Körperschaft <-en> *f* JUR kurum; **~ des öffentlichen Rechts** kamu kurumu, kamu tüzel kişisi **Körperschaftssteuer** <-n> *f* kurumlar vergisi **Körperstrafe** <-n> *f* beden cezası **Körperteil** <-(e)s, -e> *m* organ **Körpertemperatur** *f* vücut ısısı **Körperverletzung** *f* yaralama; JUR müessir fiil, cismanî zarar; **fahrlässige ~** taksirli müessir fiil; **schwere ~** ağır cismanî zarar **Körperwärme** *f kein pl* vücut ısısı; (*von Tieren*) diriksel [*o* diril] ısı
Korps <-, -> [ko:ɐ] *nt* ❶ MIL kolordu ❷ **das diplomatische ~** kordiplomatik
korpulent [kɔrpu'lɛnt] *adj* cüsseli, gövdeli; (*dick*) şişman
Korpulenz [kɔrpu'lɛnts] *f kein pl* şişmanlık
korrekt [kɔ'rɛkt] *adj* doğru
Korrektheit *f kein pl* doğruluk; (*Genauigkeit*) titizlik; (*im Benehmen*) dürüstlük
Korrektor(in) <-s, -en; -nen> [kɔ'rɛkto:ɐ] *m(f)* TYPO düzeltmen
Korrektur <-en> [kɔrɛk'tu:ɐ] *f* düzeltme, düzelti **Korrekturtaste** *f* düzeltme tuşu **Korrekturzeichen** *nt* düzelti işareti
Korrelation <-en> *f a.* BIOL korelasyon, bağlılaşım
Korrespondent(in) <-en, -en; -nen> [kɔrɛspɔn'dɛnt] *m(f)* muhabir
Korrespondenz <-en> [kɔrɛspɔn'dɛnts] *f* muhabere, haberleşme, yazışma
korrespondieren* [kɔrɛspɔn'di:rən] *vi* ❶ haberleşmek; (*brieflich*) yazışmak (**mit** ile) ❷ (*entsprechen*) bağdaşmak (**mit** -le), uymak (**mit** -e)
Korridor <-s, -e> ['kɔrido:ɐ] *m* koridor
korrigieren* [kɔri'gi:rən] *vt* düzeltmek
Korrosion *f* korozyon; **etw gegen ~ schützen** bir şeyi korozyona karşı korumak
korrupt [kɔ'rʊpt] *adj* (*bestechlich*) yiyici, mürtekip; **das ganze System ist ~** bütün sistem kokuşmuş
Korruption <-en> [kɔrʊp'tsjo:n] *f* kokuşmuşluk, yiyicilik, irtikâp
Korse(in) <-n, -n; -nen> ['kɔrzə] *m(f)* Korsikalı
Korsett <-s, -s *o* -e> [kɔr'zɛt] *nt* korse
Korsika <-s> ['kɔrzika] *nt* Korsika
korsisch *adj* Korsikalı, Korsika (ile ilgili)
Kortex *m* ANAT, MED korteks
Korund <-(e)s, -e> *m* korindon; **blauer ~**

(*Saphir*) safir, gök yakut; **roter ~** (*Rubin*) yakut

Korvette <-n> [kɔr'vɛtə] *f* MIL korvet

Kosak(in) <-en, -en; -nen> [ko'zak] *m(f)* Rus Kazağı

Koschenille(schild)laus *f* ZOOL koşnil

Kosewort <-(e)s, -wörter> *nt* okşamalık söz, okşayıcı söz

Kosinus <-, -(se)> ['ko:zinʊs] *m* MATH kosinüs

Kosmetik [kɔs'me:tɪk] *f kein pl* ① (*Schönheitspflege*) güzellik bakımı ② (*Korrektur*) makyaj

Kosmetika [kɔs'me:tika] *pl* kozmetik, güzellik müstahzarları *pl*

Kosmetiksalon *m* güzellik salonu

kosmetisch *adj* **~e Chirurgie** plastik ameliyat

kosmisch ['kɔsmɪʃ] *adj* kozmik; **~e Strahlen** kozmik ışınlar

Kosmogonie <-> *f kein pl* kozmogoni

kosmogonisch *adj* kozmogonik

Kosmologie <-> *f kein pl* kozmoloji

kosmologisch *adj* kozmolojik

Kosmonaut(in) <-en, -en; -nen> [kɔsmo'naʊt] *m(f)* kozmonot

Kosmopolit(in) <-en, -en; -nen> [kɔsmopo'li:t] *m(f)* kozmopolit

kosmopolitisch *adj* kozmopolit

Kosmos <-> ['kɔsmɔs] *m kein pl* kozmos, evren

Kosovare(in) *m(f)* Kosovalı

Kosovo <-(s)> ['kɔsovo] *m* Kosova

Kosovo-Albaner(in) *m(f)* Kosovalı Arnavut

Kost [kɔst] *f kein pl* ① (*Nahrung*) gıda; **~ und Logis** yedirip içirme ve barındırma, iaşe ve ibate ② (*Ernährung*) besin, beslenme

kostbar *adj* değerli

Kostbarkeit[1] *f kein pl* (*Wert*) değerlilik

Kostbarkeit[2] <-en> *f* (*Gegenstand*) değerli şey

kosten ['kɔstən] *vt* ① (*probieren*) tadına bakmak (-in), tatmak ② (*Preis haben*) mal olmak; **wie viel/was kostet das?** bu kaç para?, bunun fiyatı nedir?; **koste es, was es wolle** kaça mal olursa olsun, ne kadar tutarsa tutsun, ne pahasına olursa olsun; **das kostet ihn den Kopf** (*fam*) bu, onun başını yakacak; **das hat ihn das Leben gekostet** (*fam*) bu, onun hayatına mal oldu ③ (*erfordern*) istemek; **das kostet Zeit** bu zaman ister, bu vakit alır; **die Arbeit hat mich zwei ganze Tage gekostet** bu iş benim tam iki günümü aldı, bu iş benim tam iki günüme patladı

Kosten ['kɔstən] *pl* gider(ler) *(pl)*, masraf(lar) *(pl);* WIRTSCH maliyet; **keine ~ scheuen** masraftan kaçınmamak; **~ verursachen** masraf yapmak [*o* kapısı açmak]; **die ~ für etw tragen** bir şeyin masrafını çekmek; **die ~ decken** masrafları karşılamak, maliyeti karşılamak; **auf ~ des Waldes/seiner Gesundheit** ormanın/sağlığının zararına; **das geht auf meine ~** bunu ben ödüyorum; **auf jds ~ leben** birinin sırtından geçinmek; **auf seine ~ kommen** memnun kalmak

Kostenbeteiligung *f* masraflara katılma

kostendeckend *adj* WIRTSCH maliyet karşılayıcı

Kostenerstattung *f* masrafların ödenmesi

kostengünstig *adj* WIRTSCH ucuz

kostenintensiv *adj* WIRTSCH maliyet yoğun

kostenlos *adj* (*umsonst*) bedava; (*ohne Kosten*) masrafsız; (*unentgeltlich*) ücretsiz; **der Eintritt ist ~** giriş ücretsizdir

Kostenvoranschlag [--'---, '-----] *m* WIRTSCH maliyet tahmini

Kostgeld <-(e)s, -er> *nt* yemek parası

köstlich ['kœstlɪç] *adj* ① (*Speise*) leziz, nefis ② enfes, çok güzel; **ich habe mich ~ amüsiert** çok güzel eğlendim

Kostprobe *f* ① (*von Speise*) tadımlık, çeşni; (*von Getränk*) çeşni ② (*Beispiel*) örnek, numune

kostspielig *adj* masraflı

Kostüm <-s, -e> [kɔs'ty:m] *nt* ① (*Damen~*) kostüm, tayyör ② THEAT sahne elbisesi ③ (*Verkleidung*) kıyafet, kılık

Kostümball *m* kıyafet balosu

kostümieren* [kɔsty'mi:rən] *vr* ▪ **sich ~** kılığına girmek (**als** -); **er hatte sich als Cowboy kostümiert** kovboy kılığına girmişti, kovboylar gibi giyinmişti

Kot <-(e)s, -e *o* -s> [ko:t] *m* (*geh*) dışkı; (*Schmutz*) pislik

Kotelett <-s, -s> ['kɔtlɛt, kɔt'lɛt] *nt* pirzola

Koteletten [kɔt'lɛtən] *pl* favoriler *pl*

Köter <-s, -> ['kø:tɐ] *m* (*pej*) it, köpek

Kotflügel *m* AUTO çamurluk

Kotzbrocken *m* (*vulg*) pis bıyık, bok soyu, iğrenç herif

Kotze ['kɔtsə] *f kein pl* (*vulg*) kusmuk

kotzen *vi* (*vulg*) kusmak; **das ist zum K~** insanın öğüreceği geliyor, insanın kusacağı geliyor

KP <-s> [ka:'pe:] *f Abk von* **Kommunistische Partei** KP (*komünist partisi*)

Krabbe <-n> ['krabə] *f* ① ZOOL karides ② (*fig fam: kleines, niedliches Kind*) masum ③ (*fig fam: junges, hübsches Mädchen*) taze

Krabbelalter *nt* emekleme yaşı

krabbeln ['krabəln] *vi sein* ① (*Kind*) emeklemek ② (*Käfer*) yürümek

Krach[1] <-(e)s, Kräche> [krax, *pl* 'krɛçə] *m* ❶ (*Knall*) patlama ❷ (*fam: Auseinandersetzung*) kavga, çıngar; **mit jdm ~ haben** biriyle kavgalı olmak; **~ schlagen** çıngar çıkarmak; **es gab einen riesigen ~** büyük çıngar koptu ❸ (*fam: Börsen~*) kriz

Krach[2] <-(e)s> *m kein pl* (*Lärm*) gürültü patırtı, takatuka, çıngar

krachen *vi* ❶ (*platzen*) patlamak; (*Eis, Holz*) kırılmak; (*Donnerschlag*) çakmak; (*Naht, Schuss*) patlamak; **auf dieser Autobahn kracht es dauernd** (*fam*) bu otobanda sürekli kaza oluyor; **hör sofort auf damit, sonst kracht's** (*fam*) hemen bırak onu, yoksa bir tane patlatacağım ❷ *sein* (*fam: kaputtgehen*) kırılmak ❸ *sein* (*fam: aufprallen*) çarpmak (**gegen/auf** -e/-e) ❹ (*fam: streiten*) kavga etmek

krächzen ['krɛçtsən] *vi* ❶ (*Raben*) gaklamak ❷ (*Mensch*) kısık sesle konuşmak

kraft [kraft] *präp* (*geh*) gereği(nce); **~ Gesetzes** yasa gereği

Kraft <Kräfte> [kraft, *pl* 'krɛftə] *f* ❶ *a.* PHYS güç, kuvvet; (*Kern~*) enerji; **die ~ des Geistes** zihin gücü; **seine Kräfte sammeln** kuvvetini toplamak; **unter Aufbietung aller Kräfte** bütün [*o* var] gücüyle; **mit aller/letzter ~** bütün [*o* var]/son gücüyle; (**nicht**) **bei Kräften sein** gücü yerinde ol(ma)mak; **wieder zu Kräften kommen** gücüne yeniden kavuşmak; **aus eigener ~** kendi gücüyle; **sie tat, was in ihren Kräften stand** elinde olanı yaptı; **mit vereinten Kräften** güç birliğiyle; **das geht über meine Kräfte** buna gücüm yetmiyor; **die treibende ~** itici güç ❷ (*Wirksamkeit*) etki ❸ (*Arbeits~*) eleman; **wir haben eine neue ~ eingestellt** işe yeni bir eleman aldık ❹ JUR **in ~ sein** yürürlükte olmak; **in ~ setzen/treten** yürürlüğe koymak/girmek; **außer ~ setzen** yürürlükten kaldırmak; **außer ~ sein** hükümsüz olmak **Kraftaufwand** *m* efor **Kraftausdruck** <-(e)s, -drücke> *m* kaba söz

Kräftegleichgewicht *nt* POL güçler dengesi

Kräfteverfall *m* güçsüz düşme; MED kaşeksi

Kraftfahrer(in) *m(f)* sürücü, şoför

Kraftfahrzeug *nt* (*form*) motorlu taşıt **Kraftfahrzeugbau** *m kein pl* motorlu taşıt yapımı **Kraftfahrzeugbrief** *m* motorlu taşıt sahiplik belgesi **Kraftfahrzeugindustrie** *f* otomotiv **Kraftfahrzeugschein** *m* trafik belgesi, tescil belgesi **Kraftfahrzeugsteuer** <-n> *f* motorlu taşıt vergisi **Kraftfahrzeugversicherung** *f* motorlu taşıt sigortası

kräftig ['krɛftɪç] **I.** *adj* ❶ (*stark*) güçlü, kuvvetli; (*stabil*) sağlam ❷ (*Farbe*) yoğun; (*Geruch*) ağır ❸ (*Essen*) besleyici **II.** *adv* (*sehr*) çok; **es schneite ~** çok kar yağdı; **~ schütteln** iyice sallamak

kräftigen ['krɛftɪgən] *vt* güçlendirmek, kuvvetlendirmek

kraftlos *adj* güçsüz, kuvvetsiz

Kraftlosigkeit *f kein pl* güçsüzlük, kuvvetsizlik

Kraftprobe *f* kuvvet denemesi, güç denemesi **Kraftstoff** <-(e)s, -e> *m* yakıt, akaryakıt **Kraftstoff-Luft-Gemisch** *nt* yakıt-hava-karışımı **Kraftübertragung** *f* PHYS, TECH güç aktarma [*o* aktarımı]

kraftvoll *adj* güçlü, kuvvetli

Kraftwagen *m* (*form*) motorlu taşıt

Kraftwerk *nt* santral

Kragen <-s, -> ['kra:gən] *m* yaka; **jdn beim** [*o* **am**] **~ packen** (*fam*) birinin yakasına yapışmak; **mir platzt gleich der ~** (*fam*) şimdi tepem atacak **Kragenknopf** *m* yaka düğmesi **Kragenweite** *f* yaka numarası; **das ist nicht meine ~** (*fam*) bu, bana göre değil

Krähe <-n> ['krɛ:ə] *f* ZOOL karga

krähen *vi* ❶ (*Hahn*) ötmek; **nach jdm/etw** *dat* **kräht kein Hahn mehr** (*fam*) bir kimseyi/şeyi arayıp soran kalmamak ❷ (*Kind*) bağırmak

Krähenfüße *pl* (*fam*) ❶ (*Augenfalten*) göz çevresindeki kırışıklıklar *pl* ❷ (*unleserliche Schrift*) kargacık burgacık yazı **Krähennest** *nt* ❶ karga yuvası ❷ NAUT (*Mastkorb*) viglâ

Krakauer <-> ['kra:kaʊɐ] *f* GASTR *sığır ile domuz etinden yapılmış sucuk*

Krake <-n, -n> ['kra:kə] *m* ZOOL ahtapot

krakeelen* [kra'ke:lən] *vi* (*fam*) ❶ (*lärmen*) çıngar çıkarmak, gürültü çıkarmak ❷ (*streiten*) çıngar çıkarmak, kavga çıkarmak

Krakelei <-en> [kra:kə'laɪ] *f* (*pej fam*) kargacık burgacık yazı

krakelig ['kra:kəlɪç] *adj* kargacık burgacık

Kralle <-n> ['kralə] *f* tırnak, pençe; **jdm die ~n zeigen** (*fam*) birine tırnak göstermek; **jdn in seine ~n kriegen** (*fam*) birine pençe vurmak

krallen **I.** *vt* ❶ (*Finger*) geçirmek (**in** -e) ❷ (*fam: sich aneignen*) eline geçirmek **II.** *vr* ■ **sich ~** ❶ (*Katze*) tırnaklarını geçirmek (**an** -e); **die Katze krallte sich an den Baumstamm** kedi tırnaklarını ağacın gövdesini geçirdi ❷ (*Mensch*) yapışmak (**an** -e); **er krallte sich ans Geländer** tırabzana yapıştı

Kram <-(e)s> [kra:m] *m kein pl* (*fam*)

❶ (*Gerümpel*) pılı pırtı, işe yaramaz şeyler *pl*, öte beri ❷ (*Angelegenheit*) iş; **kümmere dich um deinen eigenen ~** (*fam*) sen kendi işine bak; **jdm passt etw nicht in den ~** (*fam*) bir şey birinin işine gelmemek

kramen I. *vi* (*fam: stöbern*) karıştırmak (**in** -) **II.** *vt* (*fam: hervorholen*) bulup çıkarmak (**aus** -den)

Krämer *m* bakkal; **jeder ~ lobt seine Ware** (*prov*) kimse ayranım [*o* yoğurdum] ekşi demez

Krammet [va'xɔldɐ] *m s.* **Wacholder** BOT ardıç

Krammetsvogel *m* ZOOL ardıç kuşu

Krampf <-(e)s, Krämpfe> [krampf, *pl* 'krɛmpfə] *m* ❶ MED kramp; **einen ~ bekommen** kramp girmek ❷ (*pej fam: Unsinn*) saçmalık ❸ SCHWEIZ (*Straftat*) suç; **einen ~ drehen** suç işlemek

Krampfader *f* varis

krampfen I. *vt* elle kavramak (**um** -) **II.** *vi* SCHWEIZ boşuna uğraşmak **III.** *vr* ■**sich ~** ❶ (*sich im Krampf zusammenziehen*) kasılmak ❷ (*umschließen*) kavramak (**um** -) ❸ DIAL (*sich etwas krallen*) **er hatte sich das Kind gekrampft und war damit verschwunden** çocuğu kaptığı gibi toz oldu

krampfhaft *adj* ❶ MED kramp gibi ❷ (*verbissen*) sıkı; (*Anstrengung*) büyük; **~ an etw** *dat* **festhalten** bir şeye sıkı sıkıya sarılmak

krampflösend *adj* MED kramp çözücü

Kran <-(e)s, -e *o* Kräne> [kra:n, *pl* 'krɛ:nə] *m* vinç **Kranführer(in)** <-s, -; -nen> *m(f)* vinç operatörü

Kranich <-s, -e> ['kra:nɪç] *m* ZOOL turna; **Grauer ~** (*Grus grus*) turna

krank [kraŋk] *adj* hasta; **schwer ~ sein** ağır hasta olmak; **~ werden** hastalanmak; **das macht mich ~** bu beni hasta ediyor; **du bist wohl ~?** (*iron fam*) hasta mısın?, (sen) hastasın galiba?

Kranke(r) <-n, -n; -n> *f(m)* hasta

kränkeln ['krɛŋkəln] *vi* hastalıklı olmak

kranken ['kraŋkən] *vi* tutulmak (**an** -e); **die ganze Arbeit krankt an schlechter Vorbereitung** bütün iş kötü hazırlık yüzünden aksıyor

kränken ['krɛŋkən] *vt* rencide etmek, incitmek, gönlünü kırmak (-in)

Krankenbesuch *m* hasta ziyareti **Krankengeld** <-(e)s, -er> *nt* hastalık parası **Krankengymnastik** *f* düzeltici jimnastik, fizik tedavisi, fizyoterapi **Krankenhaus** *nt* hastane; **er kam gestern ins ~** dün hastaneye yattı; **jdn ins ~ einweisen** birini hastaneye yatırmak

krankenhausreif *adj* hastanelik; **jdn ~ schlagen** birini hastanelik etmek

Krankenkasse *f* sağlık sigortaları kurumu, hastalık sigortası kurumu **Krankenkost** *f* MED hastalara özel yemek **Krankenpflege** *f* hasta bakıcılık, hasta bakımı **Krankenpfleger(in)** *m(f)* hasta bakıcı **Krankenschein** <-(e)s, -e> *m* rapor **Krankenschwester** *f* hemşire **Krankenversichertenkarte** *f* sağlık sigortası kartı; (*in der Türkei*) yeşil kart **Krankenversicherung** *f* sağlık sigortası; **gesetzliche/private ~** kanunî/özel sağlık sigortası **Krankenwagen** *m* ambulans, cankurtaran

krank|feiern *vi* (*fam*) raporlu olmak (*hastalık yüzünden işe devam edememek*)

krankhaft I. *adj* hastalıklı; (*pathologisch*) patolojik, marazî; **die ~e Verhärtung eines Organs** bir organın patolojik sertleşmesi **II.** *adv* hastalık derecesinde; **~ ehrgeizig/eifersüchtig** hastalık derecesinde hırslı/kıskanç

Krankheit <-en> *f* hastalık; **wegen ~ geschlossen** hastalık yüzünden kapalı; **eine ~ bekommen** hastalık almak [*o* kapmak], hastalığa tutulmak **Krankheitsbild** *nt* hastalık tablosu; (*Verlauf*) hastalığın seyri **krankheitserregend** *adj* MED mikroplu **Krankheitserreger** *m* mikrop, hastalık etkeni

krank|lachen *vr* ■**sich ~** (*fam*) gülmekten kırılmak

kränklich ['krɛŋklɪç] *adj* hastalıklı, mariz

krank|melden[RR] *vr* ■**sich ~** iş yerine hasta olduğunu bildirmek **Krankmeldung** *f* iş yerine hastalığı bildirme

krank|schreiben[RR] *irr vt* hasta olduğuna dair rapor vermek

Kränkung <-en> ['krɛŋkʊŋ] *f* gücendirme, gönül kırma; (*Demütigung*) küçük düşürme

Kranz <-es, Kränze> [krants, *pl* 'krɛntsə] *m* çelenk; (*Braut~*) taç; (*Rad~*) çember **Kranzniederlegung** *f* çelenk koyma

Krapfen <-s, -> ['krapfən] *m* GASTR ❶ (*salzig*) mantı ❷ (*süß*) lokma

krass[RR] [kras] *adj*, **kraß**[ALT] *adj* ❶ (*extrem*) aşırı; **das krasse Gegenteil von etw** *dat* **sein** bir şeyin tam zıddı olmak ❷ (*auffallend*) göze batan; (*Unterschied*) korkunç

Krater <-s, -> ['kra:tɐ] *m* GEO krater **Kratersee** *m* GEO krater gölü

Krätze ['krɛtsə] *f kein pl* MED uyuz; **sich die ~ an den Hals ärgern** (*fam*) uyuz

K

olmak
kratzen ['kratsən] **I.** *vt* ❶ (*Person*) tırmalamak; (*mit Fingernagel*) kaşımak, tırnaklamak; (*Katze*) tırmalamak ❷ (*leicht verletzen*) tırmalamak, tırmıklamak ❸ (*einritzen*) çizmek, kazımak (**in** -e) ❹ (*ab~*) kazımak (**von** -den) ❺ (*fam: stören*) rahatsız etmek; **das kratzt mich nicht** bu beni rahatsız etmez, bu beni ırgalamaz ❻ (*fam*) **die Kurve ~** kirişi kırmak **II.** *vi* ❶ (*brennen*) kaşıntı yapmak (**in** -de); (*jucken*) kaşınmak (**in** -) ❷ (*Pullover*) kaşıntı yapmak ❸ (*Feder*) cızırdamak ❹ (*beeinträchtigen*) bozmak (**an** -) **III.** *vr* ■ **sich ~** ❶ (*bei Juckreiz*) kaşınmak; **sich am Arm ~** kolunu kaşımak ❷ (*sich verletzen*) **er hat sich am Ohr blutig gekratzt** kulağını kaşıya kaşıya kanattı
Kratzer <-s, -> *m* ❶ (*Schramme*) çizik; (*Kratzwunde*) tırmık, tırnak beresi ❷ (*Schaber*) sıyırık
Krätzmilbe *f* ZOOL uyuz böceği
Kraul *nt* SPORT kravl
kraulen ['kraʊlən] **I.** *vi, vt haben o sein* SPORT kravl yüzmek **II.** *vt* kaşımak; (*streicheln*) okşamak
kraus [kraʊs] *adj* ❶ (*Haar*) kıvırcık; (*Stoff*) buruşuk ❷ (*pej: ungeordnet*) dağınık, karmakarışık
kräuseln ['krɔɪzəln] **I.** *vt* (*Haar, Stoff*) kıvırmak; (*Stirn*) kırıştırmak; (*Lippen*) bükmek **II.** *vr* ■ **sich ~** (*Wasser*) harelenmek; (*Haare*) kıvrılmak, kıvırcıklaşmak
Kraushaar *nt* kıvırcık saç
kraushaarig *adj* kıvırcık saçlı
Krauskopf *m* (*fam*) ❶ (*mit krausem Haar*) kıvırcık saçlı (kimse) ❷ (*Wirrkopf*) kafası karışık (kimse)
kraus|ziehen *irr vt* **die Nase ~** burun kıvırmak; **die Stirn ~** alın kırıştırmak
Kraut[1] <-(e)s, Kräuter> [kraʊt, *pl* 'krɔɪtɐ] *nt* ❶ (*Pflanze*) ot; **dagegen ist kein ~ gewachsen** (*fam*) ona çare bulunmaz, onunla hiçbir şey baş edemez; **ins ~ schießen** dal budak salmak ❷ (*Heilpflanze*) şifalı ot ❸ (*fam: Tabak*) tütün
Kraut[2] <-(e)s> *nt kein pl* ❶ (*von Rüben*) sap ve yapraklar *pl* ❷ (*Kohl*) lahana; **wie ~ und Rüben** (*fam*) darmadağınık, karmakarışık
Kräutermischung *f* şifalı ot karışımı **Kräutertee** *m* şifalı otla yapılan çay
krautig *adj* BOT otsu; **~e Pflanzen** otsu bitkiler
Krautkopf *m* SÜDD, ÖSTERR (*Kohlkopf*) bir baş lahana **Krautsalat** *m* lahana salatası
Krawall[1] <-s, -e> [kra'val] *m* (*Tumult*) kargaşa, kargaşalık, karışıklık
Krawall[2] <-s> *m kein pl* (*fam: Lärm*) gürültü patırtı
Krawatte <-n> [kra'vatə] *f* kravat; **die ~ binden** kravatı bağlamak **Krawattennadel** *f* kravat iğnesi
Kreation <-en> [krea'tsjo:n] *f* kreasyon, yaratı
kreativ [krea'ti:f] *adj* yaratıcı
Kreativität [kreativi'tɛ:t] *f kein pl* yaratıcılık
Kreatur <-en> [krea'tu:ɐ] *f* yaratık, mahlûk
Krebs <-es, -e> [kre:ps] *m* ❶ ZOOL yengeç ❷ MED kanser; **~ erregend** kanser yapıcı ❸ ASTROL Yengeç; **Sternbild des ~es** Yengeç burcu **krebserregend** *adj* kanser yapıcı; **~ wirken** kanser yapmak **Krebserreger** *m* MED kanserojen **Krebsforschung** *f kein pl* MED kanser bilimi **Krebsfrüherkennung** <-en> *f* MED kanserin erken teşhisi **Krebsgeschwür** *nt* MED kanserli ur **krebskrank** *adj* kanserli **Krebskranke(r)** *f(m)* kanser hastası **Krebsoperation** *f* MED kanser ameliyatı
krebsrot ['-'-] *adj* kıpkırmızı
Krebsvorsorge <-n> *f* kansere karşı önlemler *pl* **Krebsvorsorgeuntersuchung** *f* kanser çekabı
Krebszelle *f* MED kanser hücresi
Kredit <-(e)s, -e> [kre'di:t] *m* kredi; **auf ~** veresiye; **ein ~ über 5000 Euro** 5000 euroluk bir kredi; **einen ~ aufnehmen** bir kredi almak; **er hat bei uns/bei der Bank ~** bizde/bankada kredisi var **Kreditbrief** *m* FIN kredi mektubu
kreditieren* [kredi'ti:rən] *vt* WIRTSCH kredilemek **Kreditkarte** *f* FIN kredi kartı **kreditwürdig** *adj* FIN kredisi olan, itibarlı
Kreide[1] ['kraɪdə] *f kein pl* (*Kalkstein*) kireç taşı, kalker
Kreide[2] <-n> *f* (*zum Schreiben*) tebeşir; **bei jdm (tief) in der ~ stehen** (*fam*) birine (boğazına kadar) borcu olmak
kreidebleich ['-'-] *adj* kireç gibi, beti benzi kireç kesilmiş **Kreidefelsen** *m* kalker kayası **Kreidezeichnung** *f* tebeşirle yapılmış resim **Kreidezeit** *f kein pl* GEO kretase
kreieren* [kre'i:rən] *vt* yaratmak
Kreis <-es, -e> [kraɪs] *m* ❶ *a.* MATH daire; (*~umfang*) çember; **im ~ stehen** halka olmak; **mir dreht sich alles im ~e** başım dönüyor; **der Skandal zieht ~e** skandal çevreye yayılıyor ❷ GEO (*Breiten~, Längen~*) daire; ASTRON (*Wende~*) dönence ❸ (*Bereich*) alan; (*Wirkungs~*) alan ❹ (*Personen~*) çevre; **der ~ seiner Leser** onun okuyucu çevresi; **im ~e von Freunden/**

seiner Familie arkadaşlar/ailesinin çevresinde; **im kleinen/engen ~e feiern** kendi aralarında eğlenmek ❺ ADMIN ilçe; **im ~ Fulda** Fulda ilçesinde ❻ ELEK (*Strom~*) devre **Kreisbahn** *f* ASTRON, MATH yörünge **Kreisbogen** *m* MATH yay

kreischen ['kraɪʃən] *vi* ❶ (*schreien*) cıyaklamak ❷ (*quietschen*) gıcırdamak

Kreisel <-s, -> ['kraɪzəl] *m* ❶ (*Spielzeug*) topaç; (*Brumm~*) pırlangıç ❷ (*fam: Kreisverkehr*) göbek, kavşak adasının etrafında dönen trafik

kreisen ['kraɪzən] *vi haben o sein* ❶ (*sich drehen*) dönmek (**um** etrafında), dolaşmak (**um** etrafında) ❷ *a.* AERO daire çizmek (**über** üzerinde); (*Vögel*) havada süzülüp daireler çizmek, süzülmek (**über** üzerinde) ❸ (*Blut*) dolaşmak (**in** -de)

Kreisfläche *f* MATH çembersel bölge

kreisförmig [-fœrmɪç] *adj* dairesel

Kreislauf <-(e)s, -läufe> *m* ❶ devridaim ❷ MED (*Blut~*) kan dolaşımı; **großer/kleiner ~** büyük/küçük kan dolaşımı ❸ WIRTSCH (*des Geldes*) dolanım, tedavül, sirkülasyon **Kreislaufstörung** *f* MED kan dolaşımı bozukluğu

Kreissäge *f* daire testere

Kreißsaal ['kraɪs-] *m* doğum odası

Kreisstadt *f* ilçe merkezi

Kreisumfang *m* çevre **Kreisverkehr** *m* göbekli [*o* adalı] kavşak trafiği, kavşak adasının etrafında dönen trafik

Krem *f* krem

Krematorium <-s, Krematorien> [krema'to:riʊm] *nt* krematoryum

kremig ['kre:mɪç] *adj* kremli

Kreml <-s> ['kre:m(ə)l] *m* **der ~** Kremlin

Krempe <-n> ['krɛmpə] *f* şapka kenarı

Krempel <-s> ['krɛmpəl] *m kein pl* (*pej fam*) ıvır zıvır

Kreosot <-s> *nt kein pl* katran ruhu

krepieren* [kre'pi:rən] *vi sein* ❶ (*fam: sterben*) gebermek (**an** -den), zıbarmak; **hoffentlich krepiert er!** inşallah geberir! ❷ (*Geschoss*) patlamak

Krepp[RR1] <-s> [krɛp] *f* GASTR krep

Krepp[2] <-s, -s *o* -e> *m* krepon **Kreppapier**[RR] *nt* krepon kâğıdı

Kresse <-n> ['krɛsə] *f* BOT tere

Kreta <-s> ['kre:ta] *nt* Girit

Kreter(in) <-s, -; -nen> ['kre:tɐ] *m(f)* Giritli

kretisch ['kre:tɪʃ] *adj* Giritli, Girit (ile ilgili)

kreuz [krɔɪts] *adv* **~ und quer** (*ohne Plan*) rastgele; (*in den verschiedenen Richtungen*) şurada burada

Kreuz[1] <-es, -e> [krɔɪts] *nt* ❶ *a.* REL haç, istavroz, çarmıh; (*schräg schneidend*) çapraz; **das ~ schlagen** haç [*o* istavroz] çıkarmak; **das Rote ~** Kızıl Haç; **zu ~e kriechen** pes etmek; **ich mache drei ~e, wenn er geht** (*fam*) giderse üç kere haç çıkarırım; **etw über(s) ~ falten** bir şeyi çaprazvari devşirmek [*o* katlamak] ❷ (*Autobahn~*) kavşak ❸ (*Rückenbereich*) sağrı; (*fam*) bel, sırt; **ich hab's im ~** (*fam*) belim ağrıyor; **jdn aufs ~ legen** (*fam*) birinin sırtını yere getirmek; (*hereinlegen*) birine kazık atmak ❹ MUS diyez

Kreuz[2] <-es> *nt kein pl* (*Leid*) keder; **sein ~ auf sich nehmen** kaderine razı olmak; **es ist ein ~ mit jdm/etw** *dat* (*fam*) bir kimse/şey baş belası olmak

Kreuzbein *nt* ANAT sağrı kemiği

Kreuzdame *f* (*Spielkarte*) sinek kızı

kreuzen **I.** *vi haben o sein* NAUT ❶ (*ziellos fahren*) gezmek ❷ (*gegen den Wind fahren*) (rüzgâra karşı) volta vurmak **II.** *vt* ❶ (*Wege*) kesmek; **die Arme ~** kollarını kavuşturmak [*o* göğüsüne çaprazlamak] ❷ (*überqueren*) geçmek; **eine Straße ~** sokak geçmek ❸ BIOL melezlemek **III.** *vr* ■ **sich ~** ❶ (*sich überschneiden*) kesişmek ❷ (*entgegengesetzt sein*) ters düşmek, karşıt olmak

Kreuzer <-s, -> *m* MIL, NAUT kruvazör

Kreuzfahrt *f* ❶ HIST (*Kreuzzug*) haçlı seferi ❷ NAUT kurvaziyer (*belirli bir programa göre deniz yolu ile yapılan turistik nitelikte gezi*)

Kreuzfeuer <-s, -> *nt* ❶ MIL çapraz ateş ❷ (*fig*) **ins ~ der Kritik geraten** şimşekleri üstüne çekmek, sert eleştirilere hedef olmak

Kreuzgang <-(e)s, -gänge> *m* ARCH (manastırda) avluya çıkan yol **Kreuzgewölbe** *nt* ARCH çapraz tonoz

kreuzigen ['krɔɪtsɪgən] *vt* haçlamak, çarmıha germek

Kreuzigung <-en> *f* haçlama, çarmıha germe

Kreuzkönig *m* (*Spielkarte*) sinek papazı

Kreuzkümmel *m* BOT çemen **Kreuzotter** <-n> *f* ZOOL engerek **Kreuzreim** *m* LIT çapraz kafiye **Kreuzschlitzschraube** *f* TECH yıldız başlı vida **Kreuzschlitzschraubenzieher** *m* TECH yıldız başlı tornavida **Kreuzschlüssel** *m* AUTO bijon anahtarı **Kreuzschnabel** *m* ZOOL çaprazgaga

Kreuzung <-en> *f* ❶ kavşak, dörtyol ağzı ❷ BIOL çaprazlama; (*Bastardierung*) melezleme; (*Produkt solcher Mischungen*) melez, metiz, kırma

Kreuzverhör *nt* çapraz sorgu; **jdn ins ~ nehmen** birini çapraz sorguya çekmek

Kreuzweg *m* ❶ (*Kreuzung*) kavşak, dörtyol ağzı ❷ REL İsa'ya yürütülen azap yolu

Kreuzworträtsel *nt* çapraz bulmaca, çapraz sözcük bulmacası

Kreuzzug <-(e)s, -züge> *m* (*a. fig*) HIST haçlı seferi

kribbelig ['krɪb(ə)lɪç] *adj* (*fam: unruhig*) huzursuz

kribbeln ['krɪbəln] *vi* ❶ (*jucken*) kaşınmak ❷ *sein* (*wimmeln*) kaynaşmak

kribblig *adj s.* **kribbelig**

Krickente *f* ZOOL çakırkanat

Kricket <-s> ['krɪkət] *nt kein pl* SPORT kriket

kriechen <kriecht, kroch, gekrochen> [kri:çən] *vi sein* ❶ sürünerek gitmek; **zu Kreuze ~** pes etmek ❷ (*Fahrzeug*) yavaş yavaş ilerlemek ❸ (*pej: unterwürfig sein*) el etek öpmek, yaltaklanmak (**vor** -e)

Kriecher(in) <-s, -; -nen> *m(f)* (*pej*) yaltak(çı)

kriecherisch *adj* (*pej*) yaltakçı

Kriechspur *f* AUTO tırmanma şeridi

Kriechtier *nt* sürüngen

Krieg <-(e)s, -e> [kri:k] *m* savaş, harp; **~ der Sterne** yıldız savaşı; **im ~ fallen** savaşta şehit düşmek; **jdm/etw** *dat* **den ~ erklären** bir kimseye/şeye savaş açmak [*o* ilan etmek]; **einem Land den ~ erklären** bir ülkeye savaş açmak [*o* ilan etmek]; **~ führen gegen jdn** biriyle savaşmak

kriegen ['kri:gən] **I.** *vt* (*fam*) ❶ (*bekommen*) almak; (*erreichen*) erişmek; (*Krankheit*) olmak; **ein Kind ~** bir çocuğu olmak; **sie hat ein Kind gekriegt** onun bir çocuğu oldu; **wie viel ~ Sie?** ne kadar alıyorsunuz?; **sie kriegt 20 Euro die Stunde** saatte 20 euro alıyor; **einen Schreck ~** korkmak; **Besuch ~** ziyaretçisi gelmek; **keine Arbeit ~** iş bulamamak; **wie hast du sie nur dazu gekriegt?** onu ona nasıl yaptırdın?, onu yapmasını nasıl becerdin?; **du kriegst es gleich mit mir zu tun!** şimdi sana gösteririm!; **ich krieg' heute nichts mehr geregelt** (*fam*) artık bugün elimden hiçbir şey gelmiyor ❷ (*ergreifen*) yakalamak, eline geçirmek; **wenn ich dich kriege!** seni bir yaklarsam! **II.** *vr* ■**sich ~** ❶ (*fam: heiraten*) birbirini bulmak ❷ (*fam: sich streiten*) **sich in die Haare ~** birbirine girmek

Krieger(in) <-s, -; -nen> ['kri:gɐ] *m(f)* savaşçı, muharip

kriegerisch *adj* ❶ (*kämpferisch*) savaşçı ❷ **~e Auseinandersetzungen** silahlı çatışmalar

Kriegführung <-en> *f* MIL savaşma; **psychologische ~** (*fig*) psikolojik savaş

Kriegsausbruch <-(e)s> *m kein pl* savaşın patlak vermesi **Kriegsbeginn** *m* savaşın baş(lamas)ı **Kriegsbeil** *nt* savaş baltası; **das ~ begraben** (*fig*) barış yapmak, savaşı bitirmek **Kriegsbereitschaft** *f* seferberlik **Kriegsberichterstatter(in)** *m(f)* savaş muhabiri **Kriegsbeschädigte(r)** <-n, -n; -n> *f(m)* harp malulü

Kriegsdienstverweigerer <-s, -> *m* silahlı askerlikten kaçınan (kimse)

Kriegsende <-s> *nt kein pl* savaşın sonu **Kriegserklärung** *f* savaşın ilanı, ilanıharp **Kriegsfall** <-(e)s, -fälle> *m* savaş durumu; **für den/im ~** savaş durumunda **Kriegsfilm** <-(e)s, -e> *m* savaş filmi **Kriegsführung** <-en> *f* savaşma **Kriegsfuß** *m* (*fam*) **mit jdm** *dat* **auf ~ stehen** biriyle arası açık olmak; **mit etw** *dat* **auf ~ stehen** bir şeyle arası hoş [*o* iyi] olmamak **Kriegsgefahr** *f* savaş tehlikesi **Kriegsgefangene(r)** *f(m)* tutsak, esir **Kriegsgefangenschaft** <-en> *f* tutsaklık, esaret **Kriegsgegner(in)** *m(f)* ❶ (*Feind*) düşman, hasım ❷ (*Pazifist*) savaş karşıtı **Kriegsgericht** *nt* MIL divanıharp **Kriegsmarine** *f* MIL deniz kuvvetleri **Kriegsopfer** *nt* savaşzede **Kriegsschauplatz** *m* savaş meydanı **Kriegsschiff** *nt* savaş gemisi **Kriegsverbrechen** *nt* savaş suçu **Kriegsverbrecher(in)** *m(f)* savaş suçlusu **Kriegsvorbereitung** *f* savaş hazırlığı **Kriegszustand** <-(e)s> *m kein pl* savaş durumu, seferberlik; **sich im ~ befinden** savaş durumunda bulunmak

Krimi <-s, -s> ['krɪmi] *m* (*fam*) ❶ TV (*Film*) polisiye film ❷ LIT (*Buch*) polisiye roman; *s. a.* **Kriminalfilm, Kriminalroman**

Kriminalbeamte(r), -beamtin *m, f* sivil polis memuru **Kriminalfilm** <-(e)s, -e> *m* polisiye film

Kriminalistik [krimina'lɪstɪk] *f kein pl* kriminalistik

kriminalistisch *adj* kriminalist

Kriminalität [kriminali'tɛ:t] *f kein pl* suçlar *pl* **Kriminalroman** *m* polisiye roman

kriminell [krimi'nɛl] *adj* ❶ suç işleyen; (*strafbar*) cezayı gerektiren; (*verbrecherisch*) cinaî; **~ werden** suç işlemek; **eine ~e Vereinigung** suç örgütü, suç işlemek amacıyla kurulan örgüt ❷ (*fig fam: schlimm*) fena, kötü, feci, korkunç

Kriminelle(r) <-n, -n; -n> *f(m)* suçlu

Krimskrams <-> ['krɪmskrams] *m kein pl* (*fam*) öteberi

Kringel <-s, -> ['krɪŋəl] *m* (*Gebäck*) simit

kringeln *vr* ■**sich ~** kıvrılmak; **sich vor**

Lachen ~ (*fam*) gülmekten katılmak
Krippe <-n> ['krɪpə] *f* ❶ (*Futter~*) yemlik ❷ (*Kinderhort*) kreş
Krise <-n> ['kri:zə] *f* kriz, buhran, bunalım; **eine ~ durchmachen** kriz geçirmek **Krisengebiet** *nt* kriz bölgesi **Krisenmanagement** <-s, -s> *nt* kriz yönetimi **Krisenstab** *m* kriz masası **Krisenzeit** *f* kriz zamanı
Kristall[1] <-s, -e> [krɪs'tal] *m* kristal
Kristall[2] <-s> *nt kein pl* ❶ (*Glas*) kristal ❷ (*Gegenstände*) billûriye
Kristallglas[1] <-es> *nt kein pl* (*Kristall*) kristal cam
Kristallglas[2] <-es, -gläser> *nt* (*Gefäß*) billûr bardak, kristal bardak
kristallin *adj* billûr(su); **~e Substanz** billûrsu madde
kristallisieren* [krɪstali'zi:rən] **I.** *vi* CHEM kristalleşmek **II.** *vr* ■ **sich ~** kristalleşmek
kristallklar [-'-'-] *adj* billûr gibi; **~es Wasser** billûr gibi su
Kristallnacht *f* HIST *Kristal Gecesi*
Kriterium <-s, Kriterien> [kri'te:riʊm] *nt* kriter, ölçüt, kıstas
Kritik <-en> [kri'ti:k, kri'tɪk] *f* eleştiri, kritik; **an jdm/etw** *dat* **~ üben** bir kimseyi/şeyi eleştirmek; **eine konstruktive ~** yapıcı eleştiri
Kritiker(in) <-s, -; -nen> ['kri:tikɐ] *m(f)* eleştirici, eleştirmeci, eleştirmen
kritiklos **I.** *adj* eleştirisiz **II.** *adv* eleştiri olmadan
kritisch ['kri:tɪʃ, 'krɪtɪʃ] *adj* kritik, eleştirici; **es wird ~** durum [*o* işler] kritikleşiyor; **seine ~en Bemerkungen verletzten ihn** eleştirici sözleri onu incitti
kritisieren* [kriti'zi:rən] *vt* eleştirmek
Kritzelei <-en> [krɪtsə'laɪ] *f* karalama
kritzeln ['krɪtsəln] *vi, vt* karalamak
Kroate(in) <-n, -n; -nen> [kro'a:tə] *m(f)* Hırvat
Kroatien <-s> [kro'a:tsiən] *nt* Hırvatistan
kroatisch *adj* Hırvat
kroch [krɔx] *3. imp von* **kriechen**
Krokodil <-s, -e> [kroko'di:l] *nt* timsah
Krokus <-, -(se)> [kro:kʊs] *m* safran
Krone <-n> ['kro:nə] *f* ❶ (*Königs~*) taç; (*Zahn~*) kuron; (*Währung*) kron; **sich die ~ aufsetzen** taç giymek; **einen in der ~ haben** (*fam*) kafayı bulmuş olmak ❷ BOT taç ❸ (*Baum~*) tepe ❹ (*fig*) **einer Sache die ~ aufsetzen** bir şeyin üzerine tüy dikmek ❺ (*Herrscherhaus*) krallık, imparatorluk ❻ (*von Taschen-/Armbanduhren*) kurgu
krönen ['krø:nən] *vt* ❶ (*König*) taç giydirmek (-e); **jdn zum König ~** birini kral yapmak ❷ (*beenden*) bitirmek; **von Erfolg gekrönt sein** başarılı olmak
Kronenkorken *m*, **Kronkorken** *m* kapsül
Kronleuchter *m* avize **Kronprinz, -prinzessin** *m, f* veliaht
Krönung <-en> ['krønʊŋ] *f* ❶ taç giyme töreni ❷ (*Höhepunkt*) doruk, zirve
Kronzeuge(in) *m(f)* JUR pişmanlıktan yararlanan iddia tanığı
Kropf <-(e)s, Kröpfe> [krɔpf, *pl* 'krœpfə] *m* ❶ MED guatr ❷ (*bei Vögeln*) kursak, havsala; **unnötig sein wie ein ~** (*fam*) tamamen gereksiz olmak
Krösus ['krø:-] *m* ❶ HIST Krezüs ❷ (*fig: steinreicher Mann*) karun
Kröte <-n> ['krø:tə] *f* ❶ ZOOL kara kurbağa, otlubağa; (*Frosch*) kurbağa ❷ (*fam: Kind*) yumurcak ❸ *pl* (*fam: Geld*) metelik
Krötentest *m* kurbağa testi
Krücke <-n> ['krʏkə] *f* ❶ (*zum Gehen*) koltuk değneği; **an ~n gehen** koltuk değneğiyle yürümek ❷ (*Griff*) tutamak ❸ (*pej fam: Versager*) beceriksizin biri
Krückstock <-(e)s, -stöcke> *m* koltuk değneği
Krug <-(e)s, Krüge> [kru:k, *pl* 'kry:gə] *m* ❶ (*Gefäß*) testi; (*Ton~, Wasser~*) testi; (*Bier~*) maşrapa; **der ~ geht so lange zum Brunnen, bis er bricht** (*prov*) su testisi su yolunda kırılır; **Der zerbrochene ~** LIT (*Heinrich v. Kleist*) Kırık Testi ❷ NORDD (*Wirtshaus*) meyhane
Krume <-n> ['kru:mə] *f* (*Brot~*) parça; **ein ~ Brot** bir parça ekmek
Krümel <-s, -> ['kry:məl] *m* ❶ (*von Brot*) kırıntı ❷ (*fam: Kind*) bacaksız
krümelig *adj* kırıntılı
krümeln *vi* kırıntı yapmak
krümlig *adj s.* **krümelig**
krumm [krʊm] *adj* ❶ (*verbogen*) çarpık; (*gebogen*) eğri, eğik; (*Rücken*) kambur, beli bükük, iki büklüm; **~ gehen** iki büklüm yürümek; **eine ~e Nase haben** burnu çarpık olmak; **sitz nicht so ~ da!** orada öyle iki büklüm oturma!; ■ **sich ~ und schief lachen** (*fam*) katıla katıla gülmek ❷ (*fam: unehrlich*) **ein ~es Ding drehen** dalavere çevirmek [*o* döndürmek]; **mach keine ~en Touren!** (*fam*) dalavere yapma!
krummbeinig *adj* çarpık bacaklı
krümmen ['krʏmən] **I.** *vt* (*krumm machen*) eğmek; (*biegen*) bükmek; **er krümmt ihnen kein Haar** (*fam*) kılınıza [*o* tüyünüze] dokunmaz **II.** *vr* ■ **sich ~** ❶ (*sich winden*) kıvranmak; **er krümmte sich vor Lachen** (*fam*) gülmekten katıldı

❷ (*Straße, Fluss*) kıvrılmak, dönmek

Krümmer *m* AUTO manifolt

krumm|lachen *vr* ■**sich ~** gülmekten katılmak **krumm|nehmen** *irr vt* **etw ~** (*fam*) bir şeye alınmak

Krummschwert *nt* eğri kılıç

Krümmung <-en> ['krʏmʊŋ] *f* eğrilik, kıvrım; **die ~ eines Weges** yolun kıvrımı

Krümmungskreis *m* MATH eğrilik çemberi **Krümmungsradius** *m* MATH eğrilik yarıçapı

Kruppe *f* terki; (*Kreuz*) sağrı

Krüppel <-s, -> ['krʏpəl] *m* sakat; (*durch Unfall*) sakat; **jdn zum ~ schlagen** birini döverek sakat etmek

Kruste <-n> ['krʊstə] *f* kabuk

Krustentier *nt* ZOOL kabuklu

Kruzifix <-es, -e> ['kru:tsifɪks, krutsi'fɪks] *nt* çarmıha gerili İsa figürü, İsa'yı çarmıhta gösteren haç

KSZE [ka:ʔɛstsɛt'ʔe:] *f kein pl Abk von* **Konferenz über Sicherheit und Zusammenarbeit in Europa** Avrupa Güvenliği ve İşbirliği Konferansı

Kto *Abk von* **Konto** hesap

Kuba <-s> ['ku:ba] *nt* Küba

Kubaner(in) <-s, -; -nen> [ku'ba:nɐ] *m(f)* Kübalı

kubanisch *adj* Küba (ile ilgili)

Kübel <-s, -> ['ky:bəl] *m* büyük kap; (*Eimer*) kova; (*Bottich*) tekne; **es regnet wie aus ~n** (*fam*) bardaktan boşanırcasına yağmur yağıyor

Kuben *pl von* **Kubus**

Kubikmeter [ku'bi:k-] *m o nt* metre küp **Kubikwurzel** *f* MATH karekök **Kubikzahl** *f* MATH küp **Kubikzentimeter** *m o nt* santimetre küp

kubisch ['ku:bɪʃ] *adj* kübik

Kubismus <-> [ku'bɪsmʊs] *m kein pl* KUNST kübizm

kubistisch *adj* KUNST kübist

Kubus <-, Kuben> ['ku:bʊs] *m* MATH küp

Küche <-n> ['kʏçə] *f* mutfak; **die deutsche/türkische ~** Alman/Türk mutfağı

Kuchen <-s, -> ['ku:xən] *m* pasta **Kuchenblech** <-(e)s, -e> *nt* tepsi

Küchenchef(in) *m(f)* aşçıbaşı

Kuchenform <-en> *f* pasta kalıbı **Kuchengabel** *f* pasta çatalı **Küchenmaschine** *f* mutfak aleti **Küchenmesser** *nt* mutfak bıçağı **Küchenschabe** *f* ZOOL hamam böceği **Küchenschrank** *m* mutfak dolabı

Kuchenteig *m* pasta hamuru

Kücken <-s, -> ['kʏkən] *nt* ÖSTERR civciv

kuckuck ['kʊkʊk] *interj* guguk

Kuckuck <-s, -e> ['kʊkʊk] *m* ❶ ZOOL guguk; **weiß der ~!** (*fam*) kim bilir!; **zum ~ (noch mal)!** (*fam*) Allah belasını versin! ❷ (*fam: Siegel*) mühür **Kuckucksuhr** *f* guguklu saat

Kuddelmuddel *m kein pl* (*fam*) karışıklık

Kugel <-n> ['ku:gəl] *f* ❶ (*runder Körper*) bilye; SPORT gülle; **eine ruhige ~ schieben** (*fam*) yuvarlanıp gitmek ❷ MATH küre; (*Erd~*) küre; **die Oberfläche einer ~** bir kürenin yüzeyi ❸ (*fam: Gewehr~*) kurşun; **sich** *dat* **die Kugel geben** kendini kurşunlamak

kugelförmig [-fœrmɪç] *adj* toparlak

Kugelgelenk *nt* ❶ ANAT küresel eklem ❷ TECH bilyeli eklem, yuvalı mafsal **Kugelhagel** *m* kurşun yagmuru **Kugellager** *nt* TECH bilyeli yatak, rulman

kugeln ['ku:gəln] *vi sein* yuvarlanmak; ■**sich ~ vor Lachen** gülmekten kırılmak; **das/der ist ja zum K~!** bu/o çok komik!

kugelrund ['--'-] *adj* top gibi, yusyuvarlak **Kugelschreiber** <-s, -> *m* tükenmez kalem **kugelsicher** *adj* kurşungeçirmez; **~e Weste** kurşungeçirmez yelek, çelik yelek **Kugelstoßen** <-s> *nt kein pl* SPORT gülle atma

Kuh <Kühe> [ku:, *pl* ky:ə] *f* ❶ (*weibliches Rind*) inek ❷ (*weibliches Tier*) dişi hayvan ❸ (*fam: Person*) inek; **du blöde ~!** ahmak! **Kuhfladen** *m* mayıs, taze sığır gübresi **Kuhhaut** *f* inek derisi; **das geht auf keine ~** (*fam*) olacak iş değil **Kuhhirte(in)** *m(f)* inekleri güdüp otlatan çoban

kühl [ky:l] *adj* ❶ (*Wetter etc.*) serin; **bitte ~ lagern** lütfen serin yerde saklayınız; **einen ~en Kopf bewahren** serin kanlı olmak; **mir ist ~** biraz üşüdüm ❷ (*abweisend*) soğuk

Kühlanlage *f* soğutucu, soğutma düzeni **Kühlbox** *f* termos kutu

Kühle ['ky:lə] *f kein pl* ❶ (*Frische*) serinlik ❷ (*Zurückhaltung*) soğukluk, soğuk davranma

kühlen ['ky:lən] **I.** *vi* serinlemek **II.** *vt* ❶ (*Temperatur senken*) serinletmek ❷ (*Getränke*) soğutmak

Kühler <-s, -> *m* ❶ AUTO radyatör ❷ (*für Sekt*) buz kabı **Kühlerhaube** *f* AUTO kaput

Kühlflüssigkeit <-en> *f* TECH antifriz **Kühlhaus** *nt* soğuk hava deposu **Kühlraum** <-(e)s, -räume> *m* soğuk hava deposu **Kühlschrank** *m* buzdolabı **Kühltasche** *f* termos çanta **Kühltruhe** *f* derin dondurucu **Kühlturm** *m* TECH soğutma kulesi

Kühlung[1] <-en> *f* (*Vorrichtung, Vorgang*) soğutma

Kühlung[2] *f kein pl* (*frische Luft*) temiz hava; **sich** *dat* **~ verschaffen** temiz hava almak

Kühlwagen *m* frigofrik vagon **Kühlwasser** <-s> *nt kein pl* soğutma suyu; AUTO radyatör suyu

Kuhmilch *f* inek sütü **Kuhmist** *m* sığır gübresi

kühn [kyːn] *adj* yiğit, gözü pek; (*wagemutig*) cü'retli, atak, atılgan; (*dreist*) pervasız; **eine ~e Behauptung** cü'retli bir iddia

Kühnheit *f kein pl* ataklık, cü'ret; (*Mut*) yiğitlik; (*Dreistigkeit*) pervasızlık

Kuhstall *m* inek ahırı

Küken <-s, -> ['kyːkən] *nt* civciv

kulant [ku'lant] *adj* (*Person*) kolaylık gösteren; (*Preis*) uygun

Kulanz [ku'lants] *f kein pl* kolaylık gösterme, hatır için yapma

Kuli <-s, -s> ['kuːli] *m* ❶ (*Person*) hamal ❷ (*fam: Kugelschreiber*) tükenmez

kulinarisch [kuli'naːrɪʃ] *adj* leziz

Kulisse <-n> [ku'lɪsə] *f* kulis; (*Geräusch~*) perde; **einen Blick hinter die ~n werfen** kulislere [*o* perde arkasına] göz atmak

Kult <-(e)s, -e> [kʊlt] *m* kült; **einen ~ mit jdm/etw** *dat* **treiben** bir kimseye/şeye tapınmak **Kultfigur** *f* kült figürü **Kultfilm** <-(e)s, -e> *m* kült filmi

kultisch *adj* kült ile ilgili

kultivieren* [kʊlti'viːrən] *vt* ❶ (*urbar machen*) bayındırlaştırmak ❷ (*anbauen*) ekmek ❸ (*Bekanntschaft, Stil*) özen göstermek (-e) ❹ (*verfeinern*) geliştirmek

kultiviert [kʊlti'viːɐt] *adj* ❶ (*Mensch*) görgülü; (*gebildet*) kültürlü ❷ (*gepflegt*) bakımlı

Kultstätte *f* kült yeri

Kultur <-en> [kʊl'tuːɐ] *f* ❶ (*geistig, künstlerisch*) kültür; (*menschliche ~*) kültür ❷ (*von Person*) kültür ❸ AGR, BIOL kültür

Kulturanthropologie *f kein pl* kültürel antropoloji **Kulturattaché** *m* kültür ataşesi **Kulturaustausch** *m* kültür alışverişi **Kulturbanause(in)** <-n, -n; -nen> *m(f)* (*pej fam*) entel **Kulturbeutel** *m* tuvalet takımı **Kulturdenkmal** *nt* kültür varlığı

kulturell [kʊltu'rɛl] *adj* kültürel

Kulturfest *nt* kültür şöleni **Kulturgeschichte** *f kein pl* kültür tarihi **Kulturgut** *nt* ortak kültür malı **Kulturkreis** *m* kültür çevresi **Kulturlandschaft** *f* kültür ortamı **Kulturpflanze** *f* kültür bitkisi **Kulturpolitik** *f* kültür politikası **Kulturschock** *m* kültür şoku **Kulturvolk** <-(e)s, -völker> *nt* uygar ulus **Kulturzentrum** *nt* kültür merkezi

Kultusminister(in) ['kʊltʊs-] *m(f)* kültür bakanı **Kultusministerium** *nt* kültür bakanlığı

Kümmel <-s, -> ['kʏməl] *m* ❶ (*Pflanze, Gewürz*) kimyon ❷ (*Schnaps*) kimyonlu rakı

Kummer <-s> ['kʊmɐ] *m kein pl* keder; (*Sorge*) kaygı, tasa, üzüntü, dert; **vor/aus ~** üzüntüden; **jdm ~ bereiten** birini kaygılandırmak; **hast du ~?** kederli misin?, dertli misin?

kümmerlich ['kʏmɐlɪç] *adj* ❶ (*elend*) sefil; (*ärmlich*) yoksul, zavallı ❷ (*schwächlich*) cılız, çelimsiz

kümmern ['kʏmɐn] **I.** *vr* ■ **sich ~** ❶ (*sich beschäftigen*) uğraşmak (**um** -le), meşgul olmak (**um** -le), ilgilenmek (**um** -le); **er kümmert sich nicht darum, was die Leute denken** başkalarının ne düşündüğüne aldırış etmiyor, başkalarının ne düşündüğünü umursamıyor ❷ (*sorgen*) meşgul olmak (**um** -le), ilgilenmek (**um** -le), bakmak (**um** -e); **ich kümmere mich um die Kinder** ben çocuklarla ilgilenirim [*o* meşgul olurum], ben çocuklara bakarım; **kümmer dich ein bisschen um sie!** onunla biraz(cık) ilgilen [*o* meşgul ol]!; **kümmere dich um deinen eigenen Kram** (*fam*) sen kendi işine bak **II.** *vt* (*angehen, interessieren*) ilgilendirmek; **das kümmert mich nicht** bu beni ilgilendirmez; **was kümmert dich/Sie das?** bundan sana/size ne?, tasası sana mı/size mi düştü

Kümmernis *f* keder; (*Sorge*) kaygı, tasa; (*innere Not*) iç sıkıntısı, dert

kummervoll *adj* kederli, üzüntülü

Kumpan(in) <-s, -e; -nen> [kʊm'paːn] *m(f)* (*fam*) ❶ (*Kamerad*) arkadaş ❷ (*pej: Mittäter*) hempa, ayaktaş, omuzdaş

Kumpel <-s, -> ['kʊmpəl] *m* ❶ (*Bergarbeiter*) madenci ❷ (*fam: Kamerad*) arkadaş

Kunde(in)[1] <-n, -n; -nen> ['kʊndə] *m(f)* müşteri

Kunde[2] <-n> *f* (*geh: Nachricht*) haber; **von etw** *dat* **~ erhalten** bir şeyin haberini almak

Kundendienst[1] <-(e)s> *m kein pl* (*Service*) müşteri hizmeti, satış servisi

Kundendienst[2] <-(e)s, -e> *m* (*Reparaturdienst*) müşteriler için teknik servis

kundenfreundlich *adj* müşteri dostu

Kundenkarte *f* WIRTSCH müşteri kartı **Kundennummer** *f* WIRTSCH müşteri numarası

kund|geben *irr vt* (*geh*) bildirmek; (*öffentlich machen*) ilan etmek

Kundgebung <-en> *f* gösteri, miting

kundig *adj* (*erfahren*) deneyimli; (*sachver-*

ständig) bilgili; **einer Sache ~ sein** (*geh*) bir konu üzerine bilgili olmak; ■**sich ~ machen** bilgi edinmek

kündigen ['kʏndɪgən] **I.** *vt* (*Vertrag*) feshini bildirmek (-in); (*Wohnung*) çıkmasını bildirmek (-den); **jdm die Freundschaft ~** biriyle dostluğu bitirmek **II.** *vi* ❶ (*einem Arbeitnehmer*) çıkış vermek, işine son vermek; (*als Arbeitnehmer*) çıkış almak ❷ (*einem Mieter*) çıkmasını bildirmek, kira kontratının feshini bildirmek

Kündigung <-en> *f* ❶ bildirim, ihbar; (*eines Vertrages*) feshi ihbar; (*eines Abonnements*) iptal; **Vertrag mit halbjähriger ~** öneli altı aylık sözleşme ❷ (*vom Arbeitgeber*) çıkış verme; **fristlose ~** önelsiz çıkış verme **Kündigungsfrist** *f* önel, bildirim süresi, (feshi) ihbar müddeti **Kündigungsgrund** <-(e)s, -gründe> *m* ❶ (*Arbeitsrecht*) işten çıkarma nedeni ❷ (*bei Mietsachen*) kiracıyı çıkarma nedeni

Kundschaft *f kein pl* müşteriler *pl*

Kundschafter(in) <-s, -; -nen> *m(f)* gözcü, keşif kolu

künftig ['kʏnftɪç] **I.** *adj* gelecek, müstakbel; **meine ~e Frau** müstakbel eşim **II.** *adv* gelecekte

Kung-Fu *nt kein pl* SPORT kungfu

Kunst <Künste> [kʊnst, *pl* 'kʏnstə] *f* sanat; (*Koch~*) zanaat; **die schönen Künste** güzel sanatlar; **die bildende ~** plastik sanatlar *pl;* **das ist keine ~!** (*fam*) bu, marifet değil! **Kunstakademie** *f* güzel sanatlar akademisi **Kunstausstellung** *f* sanat eserleri sergisi

Kunstdünger *m* suni gübre

Kunsteis *nt kein pl* yapay buz **Kunsteisbahn** *f* yapay buz pisti **Kunstfaser** *f* yapay lif **Kunstfehler** *m* tıbbî hata **kunstfertig** *adj* hünerli, becerikli **Kunstfertigkeit** *f kein pl* hüner, beceriklilik **Kunstgalerie** *f* sanat galerisi **Kunstgattung** *f* sanat dalı **Kunstgegenstand** <-(e)s, -stände> *m* sanat eseri **Kunstgeschichte** *f kein pl* sanat tarihi **Kunstgewerbe** <-s> *nt kein pl* süsleme sanatı **Kunstgriff** <-(e)s, -e> *m* maharet **Kunsthandwerk** <-(e)s> *nt kein pl* el sanatları *pl* **Kunsthistoriker(in)** <-s, -; -nen> *m(f)* sanat tarihçisi **Kunsthochschule** <-n> *f* sanat akademisi **Kunstleder** *nt* suni deri

Künstler(in) <-s, -; -nen> ['kʏnstlɐ] *m(f)* sanatçı, sanatkâr

künstlerisch ['kʏnstlərɪʃ] *adj* sanatsal; **~ begabt sein** sanata istidatı olmak

Künstlername *m* takma ad; (*eines Dichters*) mahlâs

künstlich *adj* ❶ yapay, suni; **~e Niere** yapay böbrek, suni böbrek; **jdn ~ ernähren** birini yapay beslemek ❷ (*Zähne, Wimpern*) takma, eğreti; (*Blumen*) yapma ❸ (*gekünstelt*) yapmacık; ■**sich ~ aufregen** yapmacıklı öfkelenmek [*o* sinirlenmek]

Künstlichkeit *f* yapaylık, sunilik

Kunstliebhaber(in) <-s, -; -nen> *m(f)* sanatsever

kunstlos *adj* basit, sade **Kunstsammlung** *f* sanat eserleri koleksiyonu **Kunstseide** *f* suni ipek **Kunstsprache** *f* yapay dil **Kunststoff** <-(e)s, -e> *m* plastik, sentetik madde; **aus ~** plastikten **Kunststück** *nt* marifet; (*akrobatisch*) cambazlık, hüner; **das ist kein ~!** (*fam*) bu, marifet değil! **Kunstturnen** *nt* artistik jimnastik **kunstvoll** *adj* sanatlı **Kunstwerk** *nt* sanat eseri

kunterbunt ['kʊntɐ'bʊnt] *adj* ❶ alaca bulaca, alacalı bulacalı; (*farbig*) rengârenk ❷ (*durcheinander*) karman çorman

Kupfer <-s> ['kʊpfɐ] *nt kein pl* CHEM bakır **Kupferbergwerk** *nt* bakır ocağı **Kupferdraht** *m* bakır tel

kupferfarben *adj* bakır rengi

kupferhaltig *adj* bakırlı

Kupferlegierung *f* CHEM bakır alaşımı **Kupfermünze** *f* bakır sikke

kupfern ['kʊpfɐn] *adj* bakır

Kupferschmied(in) *m(f)* bakırcı **Kupferstich** <-(e)s, -e> *m* bakır gravür

Kupon <-s, -s> [ku'põ:] *m* kupon

Kuppe <-n> ['kʊpə] *f* ❶ (*Berg~*) tepe ❷ (*Finger~*) uç

Kuppel <-n> ['kʊpəl] *f* kubbe

Kuppelei <-en> [kʊpə'laɪ] *f* pezevenklik; JUR muhabbet tellâllığı

kuppeln ['kʊpəln] **I.** *vi* ❶ AUTO debriyaj pedalına basmak ❷ (*als Kuppler*) pezevenklik yapmak **II.** *vt* ❶ (*Fahrzeuge*) bağlamak (**an** -e) ❷ (*Geräte*) takmak

Kuppler(in) <-s, -; -nen> *m(f)* pezevenk; JUR muhabbet tellâlı

Kupplung <-en> *f* ❶ (*das Verbinden*) bağlama ❷ (*Vorrichtung*) kavrama, kuplaj ❸ AUTO debriyaj

Kupplungspedal *nt* AUTO debriyaj pedalı **Kupplungsscheibe** *f* debriyaj diski

Kur <-en> [ku:ɐ] *f* ❶ (*Heilverfahren*) kür; (*Behandlung*) kür, tedavi ❷ (*Aufenthalt*) ılıcada kür; **zur ~ fahren** küre gitmek

Kür <-en> [ky:ɐ] *f* SPORT serbest figürler

kurant *adj* FIN (*im Umlauf befindlich*) tedavülde olan, tedavüldeki

Kurbel <-n> ['kʊrbəl] *f* TECH (*einer Welle*) krank; (*Griff*) manivelâ

K

Kurbelgehäuse *nt* TECH krank karteri
Kurbellager *nt* TECH krank yatağı
kurbeln **I.** *vi* manivelâyı döndürmek **II.** *vt* (*a. fig*) döndürmek; **das Autofenster in die Höhe ~** kolunu döndürerek otomobil camını kapamak
Kurbelwelle *f* TECH krank mili
Kürbis <-ses, -se> ['kʏrbɪs] *m* BOT kabak
Kürbiskern *m* kabak çekirdeği
Kurde(in) <-n, -n; -nen> ['kʊrdə] *m(f)* Kürt
kurdisch *adj* Kürt
küren ['ky:rən] *vt* (*geh*) seçmek (**zu** -); **jdn zum Sportler des Jahres ~** birini yılın sporcusu seçmek
Kürettage *f* MED kürtaj
Kurfürst <-en, -en> ['ku:ɐ-] *m* HIST elektör prens
Kurgast *m* ılıca konuğu, ılıcada kür yapan (kimse) **Kurhaus** *nt* ılıca oteli
Kurier <-s, -e> [ku'ri:ɐ] *m* kurye **Kurierdienst** *m* kuryelik
kurieren* [ku'ri:rən] *vt* (*behandeln*) tedavi etmek; (*heilen*) iyileştirmek, kurtarmak (**von** -den)
kurios [kuri'o:s] *adj* acayip, garip
Kuriosität[1] [kuriozi'tɛ:t] *f kein pl* (*Eigenart*) acayiplik, gariplik
Kuriosität[2] <-en> *f* (*Gegenstand*) ucube, garibe, şaşılacak şey
Kurort *m* ılıca
Kurpfuscher(in) ['ku:ɐpfʊʃɐ] *m(f)* (*pej fam*) üfürükçü, şarlatan; (*schlechter Arzt*) kötü doktor
Kurs <-es, -e> [kʊrs] *m* ❶ *a.* NAUT, AERO rota, izlenen yol; (*Richtung*) yön; **~ auf Hamburg nehmen** Hamburg'a doğru yol almak; **auf ~ bleiben** rotada kalmak, izlediği yolda kalmak; **den ~ wechseln** rotayı değiştirmek; **vom ~ abkommen** rotadan sapmak; **einen harten (politischen) ~ einschlagen** (*fig*) sert bir politika izlemek ❷ SCHULE, UNIV kurs; **einen ~ besuchen** kursa gitmek ❸ WIRTSCH (*Marktpreis*) rayiç fiyat; (*von Devisen*) kur; (*von Aktien*) fiyat; **die ~e fallen/steigen** fiyatlar düşüyor/yükseliyor; **hoch im ~ stehen** revaçta olmak ❹ SPORT (*Rennstrecke*) parkur **Kursabweichung** *f* NAUT, AERO rotadan sapma **Kursbuch** *nt* vapur tarifesi
kursieren* [kʊr'zi:rən] *vi haben o sein* ❶ (*Geld*) tedavülde olmak, sürümde bulunmak ❷ (*Gerücht*) ağızdan ağza dolaşmak [*o* geçmek]
kursiv [kʊr'zi:f] *adj* TYPO italik **Kursivschrift** *f* TYPO italik yazı, eğik yazı
Kurskorrektur *f* NAUT, AERO rotayı ayarlama
Kursschwankung *f* WIRTSCH fiyat dalgalanması; (*von Devisen*) kur dalgalanması
Kursteilnehmer(in) *m(f)* kursiyer, kurs öğrencisi **Kurswechsel** *m* POL rota değiştirme
Kurtisane <-n> [kʊrti'za:nə] *f* aşüfte; (*Geliebte*) sevgili
Kurve <-n> ['kʊrvə] *f a.* MATH eğri; (*Biegung*) viraj, dönemeç; AERO dönüş; **weiter vorn macht die Straße eine ~** daha ileride yol dönüyor; **die ~ schneiden** virajı içten almak; **sich in die ~ legen** dönemece yatarak girmek; **die ~ kratzen** (*fam*) kirişi kırmak; (**nicht**) **die ~ kriegen** (*fam*) belini doğrult(ama)mak
kurven *vi sein* (*fam*) dönüp dolaşmak (**durch** içinde), döne dolaşa gitmek (**durch** içinde)
kurvenreich *adj* (*Straße*) virajlı, dönemeçli
kurvig *adj* ❶ (*gekrümmt*) eğri, kıvrımlı ❷ (*kurvenreich*) virajlı, dönemeçli
kurz <kürzer, am kürzesten> [kʊrts] *adj* ❶ (*zeitlich*) kısa; **ein ~er Blick** kısa bir bakış; **ich will es ~ machen** (sözümü) kısa keseceğim; **mit ein paar ~en Worten** birkaç kelimeyle; **über ~ oder lang** eninde sonunda; **in kürzester Zeit** en kısa zamanda; **~ und bündig** kısa ve özlü; **~ und gut** kısacası, sözün kısası, hülasa; **~ und schmerzlos** (*fam*) hiç canını yakmadan [*o* acıtmadan]; **seit ~em** kısa bir süredir, kısa bir zamandan beri; **vor ~em** geçenlerde; **~ entschlossen** fazla düşünmeden; **ich habe ihn nur ~ gesehen** onu kısaca gördüm; **~ darauf** kısa bir zaman sonra; **ich bleibe nur für ~e Zeit** fazla kalmayacağım; **ich komme ~ vorbei** kısaca bir uğrayacağım, biraz uğrarım; **~ hintereinander** peş peşe, kısa aralıklarla ❷ (*räumlich*) kısa; **~e Hosen** kısa pantolon; **~ vor Köln** Köln'den az önce; **den Kürzeren ziehen** (*fam*) kozu kaybetmek, sırtı yere gelmek; **zu ~ kommen** payını alamamak, avucunu yalamak; **etw ~ und klein hauen** (*fam*) bir şeyi paramparça [*o* hurdahaş] etmek
Kurzarbeit *f kein pl* kısa mesai
kurzärm(e)lig ['-ʔɛrm(ə)lɪç] *adj* kısa kollu, kısa yenli
kurzatmig ['-ʔa:tmɪç] *adj* tıknefes
Kurzatmigkeit *f kein pl* tıknefeslik
Kürze ['kʏrtsə] *f kein pl* ❶ (*räumlich*) kısalık ❷ (*zeitlich*) kısalık; **in ~** bugünlük yarınlık, yakında ❸ (*im Ausdruck*) icaz; **etw in aller ~ erzählen** bir şeyi kısaca anlatmak
Kürzel <-s, -> ['kʏrtsəl] *nt* kısaltma; (*in der Stenografie*) (stenografi) işaret(i)
kürzen ['kʏrtsən] *vt* ❶ (*allgemein*) kısaltmak; (*Rede, Text*) kısaltmak (**um** -, **auf** -);

(*abkürzen*) kesmek, kısaltmak; FILM kesmek, kısaltmak; **einen Text um/auf 40 Prozent ~** bir metni yüzde 40 kısaltmak ❷ (*verringern*) azaltmak (**um** -, **auf** -) ❸ MATH kısaltmak

kurzerhand ['kʊrtsɐ'hant] *adv* tez elden, çabucak, çarçabuk

kurz|fassen[RR] *vr* ▪ **sich ~** kısa konuşmak

Kurzfassung <-en> *f* özet **Kurzfilm** <-(e)s, -e> *m* kısa metrajlı film **Kurzform** <-en> *f* LING kesik kelime

kurzfristig I. *adj* ❶ (*kurze Zeit dauernd*) kısa vadeli; (*Vertrag*) kısa süreli ❷ (*in kurzer Zeit*) kısa zamanda II. *adv* (*in kurzer Zeit*) kısa vadeli olarak, kısa zamanda

Kurzgeschichte <-n> *f* LIT kısa öykü, kısa hikâye

kurzhaarig *adj* kısa saçlı

kurz|halten *irr vt* **jdn ~** (*fig*) birini sıkmak, birinin gemini kısmak

kurzlebig *adj* ❶ (*Tier, Pflanze*) kısa ömürlü ❷ (*Mode etc.*) gelip geçici; (*vorübergehend*) geçici

kürzlich ['kʏrtslɪç] *adv* geçenlerde

Kurznachrichten *pl* kısa haberler *pl* **Kurzreise** *f* kısa yolculuk

kurz|schließen *irr* I. *vt* düz kontak yapmak II. *vr* ▪ **sich ~** (*fam*) kontak kurmak

Kurzschluss[RR] *m*, **Kurzschluß**[ALT] *m* ❶ ELEK kısa devre; **es gab einen ~** kontak attı ❷ (*falsche Schlussfolgerung*) yanlış çıkarım ❸ (*geistig*) kafasının kontağı atma **Kurzschlusshandlung**[RR] *f* düşünmeden davranma

Kurzschrift *f kein pl* stenografi

kurzsichtig *adj* ❶ miyop ❷ sağgörüsüz, basiretsiz

Kurzsichtigkeit *f kein pl* ❶ MED miyopluk ❷ (*im Denken*) sağgörüsüzlük, basiretsizlik

Kurzstrecke *f* kısa mesafe

Kurzstreckenflug <-es, -flüge> *m* kısa mesafeli uçuş

kurz|treten *irr vi haben o sein* (*sich einschränken*) kemerini sıkmak; (*sich schonen*) kendini yormamak

kurzum [kʊrts'ʔʊm, '-'-] *adv* kısacası, sözün kısası, hülasa

Kürzung <-en> ['kʏrtsʊŋ] *f* ❶ (*finanziell*) kesinti ❷ (*von Text*) kısaltma; **~en vornehmen** (*im Text*) kısaltmalar yapmak; (*im Etat*) kesinti yapmak

Kurzwaren *pl* tuhafiye **Kurzwarengeschäft** <-(e)s, -e> *nt* tuhafiye dükkânı **Kurzwelle** *f* PHYS, RADIO kısa dalga; **auf ~** kısa dalgada **Kurzwort** <-es,-wörter> *nt* LING kısaltmalı kelime

kurzzeitig *adj* kısa süreli; **der Herzschlag hatte ~ ausgesetzt** kalbi [*o* kalp atışı] kısa bir süre durmuştu

kuschelig ['kʊʃəlɪç] *adj* yumuşacık

kuscheln ['kʊʃəln] I. *vr* ▪ **sich ~** (*fam*) sarılıp yatmak (**in** -e); **sich an jdn ~** birine sokulmak II. *vi* kucak kucağa yatmak

kuschen ['kʊʃən] *vi* ❶ susmak, ses çıkarmamak; (*sich fügen*) boyun eğmek ❷ (*Hund*) yatmak

Kusine <-n> [ku'ziːnə] *f* kuzin

Kuss[RR] <-es, Küsse> [kʊs, *pl* 'kʏsə] *m*, **Kuß**[ALT] <-sses, Küsse> *m* öpme, öpüş, öpücük, buse; **jdm einen ~ geben** birini öpmek

Küsschen <-s, -> *nt* öpücük

küssen ['kʏsən] I. *vt* öpmek (**auf** -den) II. *vr* ▪ **sich ~** öpüşmek

Küste <-n> ['kʏstə] *f* kıyı, sahil; **an der ~ entlangfahren** (*Schiff*) kıyıdan gitmek; (*an Land*) sahilden gitmek **Küstenbewohner(in)** *m(f)* sahil halkı **Küstendampfer** *m* koster **Küstengebiet** *nt* kıyı bölgesi **Küstengewässer** *nt* kara suları *pl* **Küstenschifffahrt**[RR] *f* kabotaj **Küstenschutz** *m* sahil koruma **Küstenstreifen** *m* kıyı şeridi, sahil şeridi **Küstenstrich** *m* NAUT sahil çizgisi

Küster(in) <-s, -; -nen> ['kʏstɐ] *m(f)* kilise hizmetlisi, zangoç

Kutikula *f* BIOL kütikül

Kutsche <-n> ['kʊtʃə] *f* ❶ (*Pferdewagen*) fayton, at arabası ❷ (*fam: Auto*) araba

Kutscher(in) <-s, -; -nen> *m(f)* faytoncu

Kutte <-n> ['kʊtə] *f* (*eines Pfarrers*) papaz elbisesi; (*eines Mönches*) rahip elbisesi

Kutteln ['kʊtəln] *pl* ÖSTERR, SCHWEIZ, SÜDD GASTR işkembe

Kutter <-s, -> ['kʊtɐ] *m* ❶ (*Segelschiff*) kotra ❷ (*Fisch~*) tekne ❸ (*Rettungsboot*) filika, sandal

Kuvert <-s, -s> [ku'veːɐ] *nt* ❶ DIAL (*Briefumschlag*) zarf ❷ (*geh: Gedeck*) sofra takımı

Kuwait <-s> ['kuːvaɪt, ku'vaɪt] *nt* Küveyt

Kuwaiter(in) <-s, -; -nen> [ku'vaɪtɐ] *m(f)* Küveytli

kuwaitisch [ku'vaɪtɪʃ, 'kuːvaɪtɪʃ] *adj* Küveytli

kV ELEK *Abk von* **Kilovolt** kilovolt

kW PHYS, TECH *Abk von* **Kilowatt** kilovat

KW [kaː'veː] PHYS, RADIO *Abk von* **Kurzwelle** kısa dalga

kWh PHYS, ELEK *Abk von* **Kilowattstunde** kilovat saat

Kybernetik [kybɛr'neːtɪk] *f kein pl* güdüm bilimi, kibernetik, sibernetik

Kyrenia <-s> *nt* Girne

KZ <-(s), -(s)> [kaː'tsɛt] *nt Abk von* **Konzentrationslager** temerküz kampı

K

L

L, l <-, -> [ɛl] *nt* L, l; **~ wie Ludwig** Lüleburgaz'ın le'si

l *Abk von* **Liter** litre

labern ['la:bɐn] *vi* (*pej fam*) zırvalamak, saçma sapan konuşmak

labil [la'bi:l] *adj* (*psychisch*) dengesiz; (*Gesundheit*) bozuk; **~es Gleichgewicht** PHYS kararsız denge

Labilität [labili'tɛ:t] *f kein pl* dengesizlik; (*gesundheitlich*) bozukluk

Labkraut *nt* BOT (*Galium*) yoğurt otu

Labmagen *m* ZOOL şirden

Labor <-s, -s *o* -e> [la'bo:ɐ] *nt* laboratuvar

Laborant(in) <-en, -en; -nen> [labo'rant] *m(f)* laborant

Laboratorien *pl von* **Laboratorium**

Laboratorium <-s, Laboratorien> [labora'to:riʊm] *nt* laboratuvar

Labyrinth <-(e)s, -e> [laby'rɪnt] *nt* labirent

Lache[1] <-n> ['la:xə] *f* (*Pfütze*) su birikintisi

Lache[2] <-n> ['laxə] *f* (*pej fam*) gülme, gülüş, gülünme; **eine hämische ~ war zu hören** kıs kıs bir gülme duyuldu

lächeln ['lɛçəln] *vi* ❶ gülümsemek; **sie sah uns lächelnd an** bize gülümseyerek baktı ❷ (*sich lustig machen*) gülmek (**über** -e); **jeder lächelt über ihn** herkes ona gülüyor

Lächeln <-s> *nt kein pl* gülümseme, tebessüm; **für dieses Angebot hatte er nur ein müdes ~** (*fam*) bu teklife sadece gülüp geçti

lachen ['laxən] *vi* gülmek (**über** -e); **jdn zum L~ bringen** birini güldürmek; **aus vollem Halse ~** kahkahalarla gülmek; **sie lachte über das ganze Gesicht** ağzı kulaklarına vardı; **dass ich nicht lache!** (*iron*) gülerim!, güleyim bari!, hiç güleceğim yoktu!; **da gibt es nichts zu ~** bunda gülünecek hiçbir şey yok; **das wäre doch gelacht, wenn wir das nicht könnten!** bunu beceremezsek ayıp bize!; **mir ist durchaus nicht zum L~** (**zumute**) hiç gülecek hâlde değilim; **du wirst ~,** (**aber**) ... (*fam*) güleceksin ama ...; **wer zuletzt lacht, lacht am besten** (*prov*) son gülen iyi güler

Lachen <-s> *nt kein pl* gülme, gülüş; **dir wird das ~ noch vergehen** (*fam*) gülme komşuna, gelir başına; **sich biegen vor ~** (*fam*) gülmekten kırılmak [*o* katılmak]

Lacher <-s, -> *m* (*Gelächter*) kahkaha, gülüşme

lächerlich ['lɛçɐlɪç] *adj* gülünç, komik; **etw ~ finden** bir şeyi gülünç bulmak; **jdn/etw ~ machen** bir kimseyi/şeyi maskara etmek; ■ **sich ~ machen** maskara olmak; **~e drei Zuschauer waren da** (*fam*) gele gele üç seyirci gelmişti oraya

Lächerlichkeit *f* gülünçlük

Lachgas <-es> *nt kein pl* güldürücü gaz

lachhaft *adj* (*pej*) gülünç

Lachmöve *f* ZOOL güler martı

Lachs <-es, -e> [laks] *m* som (balığı)
Lachsfisch *m* som balığı

Lack <-(e)s, -e> [lak] *m* (*Holz~*) vernik; (*Nagel~*) oje, cila; (*Auto~*) boya; (*Schel~*) lak(a); (*Siegel~*) mum

Lackaffe *m* (*pej fam*) züppe

lackieren* [la'ki:rən] *vt* ❶ (*Holz*) verniklemek; (*Auto*) boyamak ❷ (*Fingernägel*) oje sürmek (-e)

Lackierer(in) <-s, -; -nen> *m(f)* boyacı

Lackiererei <-en> *f* boyahane

Lackierung <-en> *f* ❶ (*das Lackieren*) boyama, vernikleme ❷ (*Lack*) vernik; (*Auto~*) boya

Lackleder *nt* rugan

Lackmus <-> ['lakmʊs] *m o nt kein pl* CHEM turnusol **Lackmuspapier** <-s> *nt kein pl* CHEM turnusol kâğıdı

Lack-Schildlaus *f* ZOOL kırmız böceği

Lackschuh *m* rugan ayakkabı

Ladehemmung *f* tutukluk **Ladekran** *m* NAUT maçuna

laden <lädt, lud, geladen> ['la:dən] *vt* ❶ (*Fracht*) yüklemek; (*Batterie*) şarj etmek; (*Pistole*) doldurmak; **die Koffer in das Auto ~** bavulları [*o* valizleri] otomobile yüklemek; **die Koffer aus dem Auto ~** bavulları otomobilden indirmek [*o* valizleri]; **alle Schuld auf sich ~** (*fig*) bütün suçu yüklenmek; **sieh dich vor, er ist heute total ge~** (*fig fam*) dikkat et, bugün heyheyleri üstünde; **er hat wieder schwer ge~** (*iron fam*) yine iyi içmiş ❷ JUR (*vor~*) çağırmak, dâvet etmek; **ge~e Gäste** dâvetli konuklar [*o* misafirler] *pl* ❸ INFORM yüklemek

Laden[1] <-s, Läden> ['la:dən] *m* ❶ (*Kauf~*) satış yeri, mağaza, dükkân; (*Geschäft*) iş yeri; **der ~ läuft** (*fam*) işler iyi gidiyor; **Schwung in den ~ bringen** (*fam*) ortalığı neşelendirmek; **sie allein schmeißt den ganzen ~** (*fam*) bütün işi o tek başına yürütüyor; **den (ganzen) ~ hinschmeißen** (*fam*) (bütün) işi bırakmak ❷ (*Fenster~*) panjur ❸ (*Roll~*) kepenk ❹ SPORT (*Ballspiele*) kale

Laden² <-s> *nt kein pl* INFORM yükleme

Ladendieb(in) *m(f)* mağaza hırsızı **Ladendiebstahl** *m* mağazada hırsızlık **Ladenkette** *f* mağazalar zinciri **Ladenpreis** *m* (*Einzelhandelspreis*) perakende (satış) fiyatı

LadenschlussRR <-es> *m kein pl* satış yerlerinin kapanma saati; **nach/vor ~** mağazalar kapandıktan sonra/kapanmadan önce **Ladenschlussgesetz**RR <-es, -e> *nt Satış Yerlerinin Kapanma Saatlerine İlişkin Yasa*

Ladentisch *m* tezgâh; **etw unter dem ~ verkaufen** (*fam*) bir şeyi tezgâh altından satmak

Laderampe *f* yükleme rampası **Laderaum** <-(e)s, -räume> *m* ambar **Ladeterminal** *m* yükleme terminali

lädt [lɛ:t] *3. präs von* **laden**

Ladung <-en> *f* ❶ (*Fracht*) yük ❷ PHYS yük, şarj ❸ JUR (*Vor~*) celp (kâğıdı), davet(iye); **~ der Zeugen** tanıkların çağırılması ❹ (*fam: Menge*) büyük miktar

Ladungsverzeichnis *nt* NAUT manifesto

lag [la:k] *3. imp von* **liegen**

Lage <-n> ['la:gə] *f* ❶ (*Stelle*) yer; GEO konum ❷ (*Position*) pozisyon, konum, mevki, durum; **in der glücklichen ~ sein, etw zu tun** bir şeyi yapabilecek kadar şanslı durumda olmak; **siehst du dich in der ~, uns zu helfen?** bize yardım edebilecek durumda mısın? ❸ (*Situation*) durum, hâl, vaziyet; **dazu bin ich nicht in der ~** onu yapabilecek durumda değilim; **Herr der ~ sein** duruma hâkim olmak; **versetz dich doch einmal in meine ~** kendini bir kere benim yerime koy; **nach ~ der Dinge** duruma göre; **der Ernst der ~** durumun ciddiliği; **die ~ peilen** (*fam*) sondaj yapmak ❹ (*Schicht*) kat ❺ MUS (*Stimm~*) perde; (*Ton~*) ton ❻ (*fam: Runde*) **eine ~ Bier ausgeben** herkese bira ısmarlamak ❼ (*Schicht*) kat, tabaka **Lagebericht** *m* durum raporu

lagenweise *adj* kat kat olan, tabakalar hâlindeki

Lager <-s, -> ['la:gɐ] *nt* ❶ (*Zelt~, Ferien~*) kamp; (*Gefangenen~, Flüchtlings~*) kamp; **ein ~ aufschlagen** kamp kurmak; **das ~ abbrechen** kampı toplamak ❷ (*Vorrats~*) depo, ambar, ardiye; (*Vorrat*) stok(lar) *(pl)*; **etw auf ~ haben** bir şeyi stokta bulundurmak; **sie hat immer ein paar Witze auf ~** (*fam*) repertuarında her zaman birkaç fıkra bulunur ❸ (*Seite*) taraf; (*Gruppe*) grup, kamp; **ins gegnerische ~ überlaufen** (*fig*) karşı tarafa geçmek; **die Partei spaltete sich in mehrere ~** parti birçok kampa bölündü ❹ TECH yatak; (*Kugel~, Rad~*) rulman ❺ GEO yatak **Lagerbestand** <-(e)s, -stände> *m* stok **Lagerbier** *nt* hafif bira **Lagerfeuer** <-s, -> *nt* kamp ateşi **Lagerhalle** *f* ambar **Lagerhaltung** *f kein pl* depo ve ambarların işletilmesi **Lagerhaus** *nt* ambar

Lagerist(in) <-en, -en; -nen> [la:gə'rɪst] *m(f)* ardiyeci, depocu

lagern ['la:gɐn] **I.** *vi* ❶ (*kampieren*) kamp yapmak ❷ (*Waren*) depoda bulunmak, ambarda saklanmak; (*Esswaren*) saklanmak; (*Wein*) yıllanmak ❸ (*vorkommen*) bulunmak ❹ TECH durmak **II.** *vt* ❶ (*aufbewahren: Waren*) depolamak, depoya koymak, ambara koymak; (*Esswaren*) saklamak; **kühl ~** soğuk bir yerde saklamak ❷ (*legen*) koymak; **das Bein hoch ~** bacağını yüksek bir yere koyarak tutmak; **dieser Fall ist anders gelagert** bu olay diğerlerinden farklıdır

Lagerraum <-(e)s, -räume> *m* depo **Lagerstätte** *f* GEO maden yatağı

Lagerung <-en> *f* ❶ (*von Waren, Gegenständen*) depoda sakla(n)ma ❷ TECH yatak

Lagune <-n> [la'gu:nə] *f* lagün, deniz kulağı

lahm [la:m] *adj* ❶ MED kötürüm; (*hinkend*) topal; **auf einem/dem linken Bein ~ sein** bir/sol bacağı kötürüm olmak; **ein ~es Bein** kötürüm bacak ❷ (*wie gelähmt*) kötürüm ❸ (*pej fam: langsam*) ağır canlı, yavaş; (*langweilig*) can sıkıcı; (*ohne jeden Schwung*) miskin, uyuşuk; **ein ~er Kerl** miskin [*o* uyuşuk] bir herif; **von dem langen Sitzen ganz ~ werden** uzun uzun oturmaktan tamamen uyuşmak

Lahmarsch *m* miskin

lahmarschig *adj* miskin, uyuşuk

lahmen *vi* topallamak (**auf** -den)

lähmen ['lɛ:mən] *vt* ❶ uyuşturmak ❷ felce uğratmak

lahm|legen *vt* felce uğratmak; **durch den Unfall wurde der gesamte Verkehr lahmgelegt** kaza yüzünden bütün trafik felce uğradı

Lähmung <-en> ['lɛ:mʊŋ] *f* ❶ MED felç, kötürümlük ❷ (*der Wirtschaft*) felce uğrama

Laib <-(e)s, -e> [laɪp] *m* **ein ~ Brot** bir somun ekmek; **ein ~ Käse** bir kelle peynir

Laich <-(e)s, -e> [laɪç] *m* yumurtalar *pl*

laichen *vi* yumurtlamak

Laie(in) <-n, -n; -nen> ['laɪə] *m(f)*

L

❶ (*Nichtfachmann*) amatör ❷ REL din adamı olmayan (kimse) **Laiendarsteller(in)** *m(f)* THEAT amatör oyuncu
laienhaft *adj* amatörce
Laienspiel *nt* THEAT amatör oyun
Laizismus <-> *m kein pl* laiklik
laizistisch *adj* laik
Lakai <-en, -en> [la'kaɪ] *m* (*pej: Diener*) uşak
Lake <-n> ['laːkə] *f* salamura
Laken <-s, -> ['laːkən] *nt* çarşaf
lakonisch [la'koːnɪʃ] *adj* lakonik
Lakritz <-es, -e> [la'krɪts] *m*, **Lakritze** <-n> [la'krɪtsə] *f* meyan balı
Laktase *f* CHEM laktaz
Laktose *f* CHEM laktoz
lallen ['lalən] *vi, vt* peltek konuşmak
Lama[1] <-s, -s> ['laːma] *nt* ZOOL lama
Lama[2] <-(s), -s> ['laːma] *m* REL lama
Lamelle <-n> [la'mɛlə] *f* ❶ TECH lam ❷ BOT lamel
Lametta <-s> [la'mɛta] *nt kein pl Noel ağacını süslemek için kullanılan gelin teli gibi parlak, uzun, ince gümüş teller*
Laminat *nt kein pl* laminat
Lamm <-(e)s, Lämmer> [lam, *pl* 'lɛmɐ] *nt* kuzu
lammen *vt* AGR kuzulamak; **das Schaf lammt** koyun kuzuluyor
Lämmergeier *m* ZOOL kuzu kartalı; (*Bartgeier*) sakallı kartal
Lammfell *nt* kuzu postu **Lammfleisch** *nt kein pl* kuzu eti **lammfromm** ['-'-] *adj* kuzu gibi **Lammkotelett** *nt* GASTR kuzu pirzolası
Lampe <-n> ['lampə] *f* lamba; (*Taschen~*) fener
Lampenfieber <-s> *nt kein pl* (*fam*) heyecan
Lampenschirm *m* abajur, lamba şapkası
Lampion <-s, -s> ['lampjɔŋ, -'-] *m* karpuz fener
Land[1] <-(e)s, Länder> [lant, *pl* 'lɛndɐ] *nt* ❶ (*Staat*) ülke; **~ und Leute kennen lernen** ülke ve insanları tanımak; **das Gelobte ~** Arzı Mevut; **aus aller Herren Länder** dünyanın bütün ülkelerinden, dünyanın dört bucağından; **hier zu ~e** ülkemizde ❷ (*Bundes~*) eyalet; **das ~ Hessen** Hessen Eyaleti
Land[2] <-(e)s, -e> *nt* (*geh*) **Wein aus deutschen ~en** Alman şarapları; **durch die ~e ziehen** köy köy dolaşmak; **drei Jahre gingen ins ~** (*geh*) aradan üç yıl geçti
Land[3] <-(e)s> *nt kein pl* ❶ (*Fest~*) kara; **~ in Sicht!** kara göründü!; **an ~ gehen** karaya çıkmak; (**wieder**) **~ sehen** (*fig*) (yeniden) bir çıkar yol görmek; **etw an ~ ziehen** (*fam*) bir şeyi eline geçirmek ❷ (*Gelände*) arazi; **das offene ~** açık arazi; **hügeliges/steiniges ~** tepelik/taşlık arazi ❸ (*dörfliche Gegend*) kır, köy, taşra; **auf dem ~ wohnen** köyde oturmak ❹ (*Ackerboden*) toprak; **das ~ bestellen** toprağı ekip biçmek
Landadel *m* arazi sahibi soylular *pl*, taşralı aristokrasi **Landarbeit** *f* tarım işi; (*gegen Tageslohn*) rençperlik **Landarbeiter(in)** *m(f)* tarım işçisi; (*als Tagelöhner*) rençper **Landbesitz** *m* arazi zilyetliği **Landbesitzer(in)** *m(f)* arazi sahibi **Landbevölkerung** *f kein pl* kırsal nüfus
Landebahn *f* iniş pisti **Landeerlaubnis** *f* iniş izni
landeinwärts [-'--] *adv* ülke içine doğru
Landeklappe *f* AERO kanatçık
landen ['landən] *vi sein* ❶ (*Flugzeug*) iniş yapmak; (*auf dem Mond*) iniş yapmak; (*auf dem Wasser*) iniş yapmak; (*Vogel*) konmak; **weich ~** yumuşak iniş yapmak ❷ (*Schiff*) yanaşmak ❸ (*fam: ankommen*) **schließlich landeten sie im Kino** en sonunda kendilerini sinemada buldular; **im Gefängnis ~** hapsi boylamak; **auf dem 5. Platz ~** SPORT beşinci olmak
Landenge *f* kıstak
Landeplatz <-es, -plätze> *m* ❶ AERO iniş yeri ❷ NAUT iskele
Ländereien [lɛndə'raɪən] *pl* emlak ve arazi
Länderkunde *f kein pl* ülkeler coğrafyası
Länderspiel *nt* SPORT millî maç
Landesebene *f* ADMIN **auf ~** eyaletler düzeyinde **Landesgrenze** *f* ülke sınırı; (*Bundesland*) eyalet sınırı **Landeshauptstadt** *f* eyalet başkenti **Landesinnere(s)** *nt* ülke içi **Landeskunde** *f kein pl* yurt bilgisi **Landespolitik** *f kein pl* eyalet politikası **Landesregierung** *f* eyalet hükümeti **Landessprache** <-n> *f* ülkede konuşulan dil **Landesteg** *m* NAUT (*Anlegesteg*) iskele **Landesverrat** *m* vatan hainliği **Landesverräter(in)** *m(f)* vatan haini **Landeswährung** <-en> *f* ülke parası, yerli para
landesweit *adj* ülke genelindeki
Landeverbot *nt* AERO iniş yasağı
Landfriedensbruch <-(e)s> *m kein pl* JUR ülkede barışı bozma suçu
Landgericht *nt* eyalet mahkemesi **Landgut** *nt* çiftlik **Landhaus** *nt* kır evi **Landkarte** *f* harita **Landklima** *nt* kara iklimi **Landkreis** *m* eyalet ilçesi
landläufig *adj* (*allgemein*) geleneksel; (*allgemein verbreitet*) yaygın

Landleben <-s> *nt kein pl* taşra yaşamı, kır yaşamı
ländlich *adj* kırsal
Landluft *f kein pl* kır havası
Landrat, -rätin <-(e)s, -räte; -nen> *m, f* ilçebay
Landratsamt *nt* ADMIN ilçebaylık
Landschaft <-en> *f* (1) yöre, bölge; (*fig*) ortam (2) KUNST (*Malerei*) peyzaj, kır resmi
Landschaftsgärtner(in) *m(f)* bahçe mimarı
Landschaftsschutz *m* sitlerin korunması **Landschaftsschutzgebiet** *nt* sit alanı
Landsmann, -männin <-(e)s, -leute; -nen> *m, f* yurttaş, hemşehri, memleketli
Landstraße *f* kara yolu
Landstreicher(in) <-s, -; -nen> *m(f)* serseri
Landstreitkräfte *pl* kara kuvvetleri *pl*
Landtag *m* POL eyalet parlamentosu
Landung <-en> ['landʊŋ] *f* (1) (*von Flugzeug*) iniş; (*Mond~*) iniş (2) (*von Schiff*) yanaşma (3) MIL (*von Truppen*) çıkarma **Landungsboot** *nt* MIL çıkarma gemisi **Landungsbrücke** *f* iskele **Landurlaub** *m* NAUT kara izni **Landweg** *m* kara yolu; **auf dem ~** kara yolu ile **Landwind** *m* kara yeli, karadan denize esen rüzgâr **Landwirt(in)** *m(f)* tarımcı
Landwirtschaft[1] <-en> *f* (*Betrieb*) tarımcılık
Landwirtschaft[2] *f kein pl* (*Ackerbau*) tarım
landwirtschaftlich *adj* tarımsal
Landzunge *f* GEO dil, berzah
lang <länger, am längsten> [laŋ] **I.** *adj* (1) (*allgemein*) uzun; **seit ~em** uzun süreden beri, uzun süredir, çoktandır; **~ und breit** enine boyuna; **gleich ~** aynı boyda, eşit uzunlukta; **ohne ~es Nachdenken** fazla [*o* uzun boylu] düşünmeden; **ein ~es Gesicht machen** surat asmak; **der ~en Rede kurzer Sinn** uzun lafın [*o* sözün] kısası (2) (*fam: groß gewachsen*) uzun boylu **II.** *adv* (1) uzunluğunda, boyunda; **das Bett ist 2 Meter ~** yatak 2 metre boyundadır (2) (*Dauer*) boyunca; **einen Augenblick ~** bir an boyunca; **der ~ ersehnte Augenblick** uzun zamandır özlemi çekilen an, epeydir özlenen an; **sein ganzes Leben ~** bütün hayatı boyunca (3) DIAL (*entlang*) boyunca; **sie gingen am Ufer ~** sahilden gittiler, sahil boyunca yürüdüler; **hier geht's ~** buradan gidiliyor
langärm(e)lig ['-ʔɛrm(ə)lɪç] *adj* uzun kollu
langatmig ['-ʔa:tmɪç] *adj* uzun boylu
langbeinig *adj* uzun bacaklı
lange <länger, am längsten> ['laŋə] *adv* (1) uzunca, uzun (uzadıya), uzun (uzun); **~ anhaltender Beifall** uzunca süren alkış; **er hat sehr ~ gearbeitet/nachgedacht** çok uzun çalıştı/düşündü; **wie ~ bist du schon hier?** ne zamandan beri buradasın?; **das ist schon ~ her** bu olalı epeyce oluyor, aradan çok zaman geçti; **das ist noch ~ hin** buna daha çok zaman var; **da kannst du ~ warten!** daha çok beklersin! (2) (*mit vorgestelltem „nicht"*) **es dauert nicht (mehr) ~** (artık) fazla sürmez; **ich habe nicht ~ gebraucht** fazla zaman harcamadım; **er macht es nicht mehr ~** (*fam*) (bu gidişle) fazla dayanmayacak (3) (*mit nachgestelltem „nicht"*) **das ist noch ~ nicht genug** bu hiç de yeterli değil; **das heißt noch ~ nicht, dass ich aufgebe** bu, hiç de vazgeçeceğim anlamına gelmez
Länge <-n> ['lɛŋə] *f* (1) (*räumlich*) uzunluk; (*von Kleidung*) boy; **der ~ nach** boylamasına, uzunlamasına; **ein Seil von zehn Meter ~** on metre uzunluğunda bir halat (2) (*zeitlich*) **etw zieht sich in die ~** bir şey uzuyor; **die Verhandlungen in die ~ ziehen** görüşmeleri uzatmak [*o* sürgit yapmak] (3) SPORT boy; **mit einer ~ Vorsprung gewinnen** bir boy farkla kazanmak (4) GEO boylam; **zwanzig Grad östlicher ~** doğu boylamında yirmi derece
langen ['laŋən] **I.** *vi* (*fam*) (1) (*ausreichen*) yetmek, kâfi gelmek; **jetzt langt's (mir) aber!** artık yetti ama! (2) (*auskommen*) geçinmek (**bis (zu)** -e (kadar)) (3) (*sich erstrecken*) yetişmek (**bis (zu)** -e (kadar)) (4) (*anfassen*) elini sürmek (**an** -e); (*hinein~*) elini daldırmak (**in** -e) **II.** *vt* (*fam: nehmen*) almak; (*ergreifen*) yakalamak; (*mit der Hand fassen*) eliyle tutmak; **jdm eine ~** birine bir tane geçirmek
Längeneinheit *f* uzunluk birimi **Längengrad** *m* GEO boylam **Längenmaß** <-es, -e> *nt* uzunluk ölçüsü
Langeweile ['laŋəvaɪlə] *f* can sıkıntısı; **~ haben** canı sıkılmak; **aus** [*o* **vor**] **~** can sıkıntısından
Langfinger *m* (*fam*) hırsız, yankesici, eli uzun
langfristig *adj* uzun vadeli, uzun süreli
langgestreckt *adj s.* **strecken I.1.**
langhaarig *adj* uzun saçlı
langjährig *adj* uzun yıllık
Langlauf <-(e)s> *m kein pl* SPORT mukavemet koşusu
langlebig *adj* (1) (*Mensch, Tier*) uzun ömürlü (2) (*Material*) uzun ömürlü
länglich ['lɛŋlɪç] *adj* uzun
längs [lɛŋs] **I.** *präp* boyunca **II.** *adv* boyla-

masına, uzunlamasına

langsam ['laŋza:m] **I.** *adj* ❶ (*Geschwindigkeit*) yavaş ❷ (*allmählich*) yavaş yavaş olan **II.** *adv* ❶ (*Geschwindigkeit*) yavaşça, yavaş yavaş, ağır ağır; ~ **sprechen/fahren** yavaş yavaş konuşmak/araba sürmek; **immer schön ~!** yavaş ol!; **~, aber sicher** (*fam*) yavaş yavaş ❷ (*allmählich*) yavaş yavaş; **es wird ~ Zeit** yavaş yavaş vakit geliyor; **~ reicht es mir** (*fam*) yavaş yavaş sabrım tükeniyor

Langsamkeit *f kein pl* yavaşlık

Langschläfer(in) *m(f)* uykucu

Langspielplatte *f* uzunçalar

Längsschnitt *m* boylamasına kesit, uzunlamasına kesit

längsseits *adv* NAUT ~ **anlegen** aborda etmek, karınlamak

längst [lɛŋst] *adv* ❶ (*zeitlich*) çoktan ❷ (*bei weitem*) **und das ist noch ~ nicht alles** bunun dahası da var

längstens ['lɛŋstəns] *adv* (*fam*) ❶ (*höchstens*) en çok, en fazla ❷ (*spätestens*) en geç; **in ~ zwei Wochen** en geç iki hafta içinde

Langstrecke *f* uzun mesafe

Langstreckenflug *m* AERO uzun mesafe uçuşu **Langstreckenlauf** *m* SPORT mukavemet koşusu, uzun mesafe koşusu **Langstreckenläufer(in)** *m(f)* mukavemetçi, uzun mesafe koşucusu

Languste <-n> [laŋ'gʊstə] *f* ZOOL langust

langweilen ['laŋvaɪlən] **I.** *vt* canını sıkmak (-in) **II.** *vr* ■**sich ~** canı sıkılmak; **sich zu Tode ~** can sıkıntısından ölmek

langweilig *adj* ❶ sıkıcı; (*monoton*) monoton, tekdüze ❷ (*fam: zeitraubend*) sıkıcı

Langwelle *f* RADIO, PHYS uzun dalga; **auf ~** uzun dalgada

langwierig ['laŋvi:rɪç] *adj* uzun süren; (*mühselig*) zahmetli

Lanze <-n> ['lantsə] *f* (*Speer*) mızrak; (*Spieß*) kargı; **für jdn eine ~ brechen** (*fig*) birine arka çıkmak

Lanzette *f* MED neşter, bisturi

Lanzettfisch *m* ZOOL neşter balığı

La Ola *f* SPORT Meksika dalgası

lapidar [lapi'da:ɐ] *adj* kısa ve anlatımı etkili, veciz

Lapislazuli *m* lacivert taşı

Lappalie <-n> [la'pa:liə] *f* önemsiz şey

Lappe(in) <-n, -n; -nen> ['lapə] *m(f)* Lapon, Laponyalı

Lappen <-s, -> ['lapən] *m* ❶ (*Stoff~, Putz~*) bez, çaput; **etw geht jdm durch die ~** (*fam*) bir şey elinden kaçmak ❷ (*fam: Geldschein*) kâğıt para

lappisch ['lapɪʃ] *adj* Lapon

läppisch ['lɛpɪʃ] *adj* (*pej*) ❶ (*kindisch*) çocukça; ■**sich ~ benehmen** çocukça davranmak ❷ (*gering*) gülünç derecede az

Lappland <-s> ['laplant] *nt* Laponya

Laptop <-s, -s> ['lɛptɔp] *m* dizüstü bilgisayar

Lärche <-n> ['lɛrçə] *f* BOT karaçam

Larifari <-s> [lari'fa:ri] *nt kein pl* (*fam: Unsinn*) saçmalık; (*Geschwätz*) gevezelik

Lärm <-(e)s> [lɛrm] *m kein pl* gürültü, patırtı, şamata; **~ schlagen** (*fam*) yaygara koparmak, yaygarayı basmak; **viel ~ um nichts** kuru gürültü **Lärmbelästigung** *f* gürültü ile çevrenin sağlığını bozma **lärmempfindlich** *adj* gürültüye karşı duyarlı

lärmen ['lɛrmən] *vi* gürültü yapmak, şamata etmek

lärmend *adj* gürültülü

Larve <-n> ['larfə] *f* ❶ ZOOL larva, kurtçuk ❷ DIAL (*Maske*) maske

las [la:s] *3. imp von* **lesen**

Lasagne [la'zanjə] *pl* GASTR lazanya

lasch [laʃ] *adj* (*schlaff*) gevşek; (*fade*) tatsız

Lasche <-n> ['laʃə] *f* (*am Schuh*) dil; (*an Taschen*) kapak

Laser <-s, -> ['le:zɐ, 'lɛɪzɐ] *m* PHYS lazer **Laserdrucker** <-s, -> *m* INFORM lazer yazıcı **Laserstrahl** *m* PHYS lazer ışını

lassen[1] <lässt, ließ, gelassen> ['lasən] *vt* ❶ (*unverändert ~, unter~*) bırakmak; **lass doch das Gejammer!** bırak bu yakınma tiradını!; **~ wir das!** bırakalım bunu!; **lass mich!** (*fam*) bırak beni!; **lass mich in Ruhe!** (*fam*) beni rahat bırak!; **er kann es einfach nicht ~** bir türlü ondan vazgeçemiyor; **tu, was du nicht ~ kannst!** (*fam*) ne hâlin varsa gör!; **~ wir es dabei** bunu böylece bırakalım ❷ (*zurück~*) bırakmak; **sein Leben ~** (*geh*) hayatını vermek ❸ (*zugestehen*) **jdm Zeit ~** birine zaman bırakmak [*o* tanımak]; **jdm seinen Willen ~** birinin istediğini yapmasına izin vermek; **das muss man ihr ~** bu işten anladığını kabul etmek gerekiyor ❹ (*irgendwohin ~*) **Wasser in die Wanne ~** tekneye su doldurmak; **jdm die Luft aus den Reifen ~** birinin lastikleri söndürmek; **lass mich mal vorbei!** bırak da bir geçeyim! ❺ **offen ~** (*Tür, Fenster*) açık bırakmak; (*beim Schreiben*) boş bırakmak; **wir sollten nichts unversucht ~** denemediğimiz şey bırakmayalım

lassen[2] <lässt, ließ, lassen> ['lasən] *vt mit einem Infinitiv* ❶ (*erlauben*) bırakmak; (*zulassen*) bırakmak; **lass mich nur machen!** bırak beni yapayım!; **lass hören!** söyle!; **so kannst du dich nicht sehen ~**

ortaya böyle çıkamazsın; **lass dir das gesagt sein!** benden günah gitti!; **sich nicht stören ~** istifini bozmamak; **~ Sie das nur meine Sorge sein** bırakın bana, dert etmeyin kendinize; **~ Sie mich bitte ausreden** bırakın da sözümü bitireyim; **einen fahren ~** (*fam*) yellenmek; **jdn laufen ~** (*fam*) birisini serbest bırakmak; **etw geschehen ~** bir şeyi oluruna bırakmak; **lass ihn nur kommen!** bırak da bir gelsin!; **sich** *dat* **einen Bart stehen ~** sakal bırakmak ❷ (*veranlassen*) **sich scheiden ~** boşanmak; **sich** *dat* **die Haare schneiden ~** saçalarını kestirmek; **ich lasse bitten** buyurun; **er lässt dich grüßen** sana selamları var; **ich habe mir sagen ~, dass ...** bana dediler ki ... ❸ (*unverändert ~*) **etw sein** [*o* **bleiben**] **~** bir şeyi değiştirmemek, bir şeyi aynen [*o* olduğu gibi] bırakmak; **jdn hängen ~** birini atlatmak [*o* ekmek]; **sich hängen ~** kendini bırakmak; **etw liegen ~** (*nicht wegnehmen*) bir şeyi yerinde bırakmak; (*vergessen*) bir şeyi bırakmak; (*unerledigt lassen*) bir işi yüzüstü bırakmak; **jdn links liegen ~** birine yüz vermemek, birini es geçmek; **stecken ~** üstünde bırakmak; (*Schlüssel*) kilidin üstünde bırakmak; **lass dein Geld stecken!** bırak, ben ödeyeceğim!; **stehen ~** (*nicht wegnehmen, vergessen*) bırakmak; (*nicht zerstören*) bozmamak; (*Essen*) yememek; (*sich abwenden*) sırt çevirmek (-e); (*bei einem Termin*) bekletmek ❹ (*Imperativ*) **lass uns gehen!** haydi gidelim!; **lasset uns beten** bırakın, dua edelim; **lass es dir schmecken** afiyet olsun; **lass es dir gut gehen** esen kal ❺ (*lassen + sich: möglich sein*) **das wird sich einrichten ~** bu yapılır; **das lässt sich nicht vermeiden** bundan kaçınılmaz; **ich will sehen, was sich tun lässt** bakayım, ne yapılır; **der Wein lässt sich trinken** şarap içilir; **das lässt sich hören** söz söylemek buna derler

lässig ['lɛsɪç] *adj* ❶ (*ungezwungen*) teklifsiz, laubali; **~ grüßen** teklifsizce [*o* laubalice] selam vermek ❷ (*fam: leicht*) kolay

Lässigkeit *f kein pl* teklifsizlik, laubalilik

Lasso <-s, -s> ['laso] *nt* laso, kement

lässt[RR] [lɛst], **läßt**[ALT] *3. präs von* **lassen**

Last <-en> [last] *f* ❶ (*a. fig*) yük; (*Gewicht*) ağırlık; **jdm zur ~ fallen** birine yük [*o* ağırlık] olmak; **jdm etw zur ~ legen** birini bir şeyle suçlamak ❷ *pl* (*Schulden*) borçlar *pl;* (*Verpflichtung*) yükümlülükler *pl;* **die Kosten gehen zu unseren ~en** masraflar bizim hesabımızadır

lasten ['lastən] *vi* **auf jds Rücken ~** yükü sırtında olmak

Lastenaufzug *m* yük asansörü

Laster[1] <-s, -> *m* (*fam*) kamyon

Laster[2] <-s, -> *nt* kötü alışkanlık

Lästerer(in) <-s, -; -nen> ['lɛstərɐ] *m(f)* gıybetçi, çekiştirici

Lästermaul *nt* (*fam*) çekiştirici

lästern ['lɛstɐn] *vi* (*pej: fluchen*) küfretmek; **über jdn ~** (*fam*) birini çekiştirmek [*o* fitnelemek]

Lastex® *nt kein pl* lasteks

lästig ['lɛstɪç] *adj* külfetli, musallat, usandırıcı; **jdm ~ sein** birine musallat olmak

Last(kraft)wagen *m* kamyon

Lasttier *nt* yük hayvanı **Lastträger(in)** *m(f)* yükçü, hamal **Lastwagen** *m* kamyon **Lastzug** <-(e)s, -züge> *m* tır

lasziv [las'tsi:f] *adj* yakışıksız, edebe aykırı, açık saçık, müstehcen

Latein <-s> [la'taɪn] *nt kein pl* Latince; **mit seinem ~ am Ende sein** hoşafının yağı kesilmek

Lateinamerika [---'---] *nt* Latin Amerika **Lateinamerikaner(in)** [-----'--] *m(f)* Latin Amerikalı **lateinamerikanisch** [-----'--] *adj* Latin Amerika (ile ilgili)

lateinisch [la'taɪnɪʃ] *adj* Latin

latent *adj* gizli

Lateral *m* LING avurt ünsüzü

Laterna magica <-nae, -cae> [la'tɛrna] *f* hayalifener

Laterne <-n> [la'tɛrnə] *f* fener; (*Straßen~*) lamba

Latex <-, Latizes> ['la:tɛks, *pl* 'la:titse:s] *m* lateks

Latifundienwirtschaft *f kein pl* AGR latifundiacılık

Latifundium *nt* AGR latifundia

Latitüde *f* GEO (*Breite*) enlem

Latsche <-n> ['la:tʃə] *f* ❶ BOT bodur çam ❷ (*fam: Schuh*) pabuç; (*Hausschuh*) terlik

latschen ['la:tʃən] *vi sein* (*fam*) ❶ (*gehen*) gitmek; (*zu Fuß gehen*) yürüyerek gitmek ❷ (*schlurfen*) ayaklarını sürterek yürümek

Latschen <-s, -> ['la:tʃən] *m* (*fam*) terlik; **aus den ~ kippen** (*fam: ohnmächtig werden*) bayılmak; (*sehr überrascht sein*) afallamak

Latte <-n> ['latə] *f* ❶ (*Brett*) lata; **eine lange ~ sein** (*fam*) sırık gibi olmak ❷ SPORT (*am Tor*) kale direği; (*Hochsprung*) çıta ❸ (*fam: Menge*) **eine ganze ~ von Wünschen** (*fam*) uzun bir istekler listesi

lau [laʊ] *adj* ılık

Laub <-(e)s> [laʊp] *nt kein pl* yapraklar *pl;* **das ~ abwerfen** yapraklarını dökmek; **die**

Bäume bekommen wieder ~ ağaçlar yapraklanıyor **Laubbaum** *m* yapraklı ağaç

Laube[1] <-n> ['laʊbə] *m* ZOOL inci balığı

Laube[2] <-n> ['laʊbə] *f* çardak

Laubfall *m kein pl* yaprakların dökülmesi, yaprak dökümü

Laubfrosch *m* ZOOL ağaç kurbağası **Laubmoos** *nt kein pl* yapraklı kara yosunları **Laubsäge** *f* kıl testere **Laubwald** <-(e)s, -wälder> *m* yapraklı ağaçlar ormanı

Lauch <-(e)s, -e> [laʊx] *m* BOT pırasa

Laudanum *nt kein pl* lavdanom; (*Opium*) afyon

Laudatio <-, -tiones> *f* (*Lobrede*) övgü konuşması

Lauer ['laʊɐ] *f kein pl* **auf der ~ liegen** (*fam*) pusuda yatmak

lauern ['laʊɐn] *vi* (*fam*) ❶ (*warten*) beklemek (**auf** -i), pusuda beklemek ❷ (*ungeduldig warten*) sabırsızlıkla beklemek (**auf** -i)

Lauf[1] <-(e)s, Läufe> [laʊf, *pl* 'lɔɪfə] *m* ❶ SPORT koşu ❷ (*Gewehr~*) namlu; **ein Gewehr mit glattem ~** namlusu yivsiz tüfek

Lauf[2] <-(e)s> *m kein pl* ❶ (*das ~en*) koşu ❷ (*Ver~*) gidiş, seyir; **im ~e eines Gesprächs** bir konuşma esnasında; **das ist der ~ der Dinge** böyle gelmiş böyle gider; **den Dingen ihren ~ lassen** işleri oluruna bırakmak; **seiner Fantasie freien ~ lassen** hayale kapılmak; **seinen Gefühlen freien ~ lassen** hislerine kapılmak ❸ (*von Maschinen*) işleme ❹ (*Fluss~*) yatak

Laufbahn <-en> *f* ❶ (*beruflich*) kariyer ❷ SPORT koşu pisti **Laufbursche** <-n, -n> *m* (*pej*) ayakçı, uşak; (*in Büro*) hademe

laufen <läuft, lief, gelaufen> ['laʊfən] **I.** *vi sein* ❶ (*rennen*) koşmak; **frei ~de Hühner** serbest dolaşan tavuklar ❷ (*fließen*) akmak; **der Wasserhahn läuft** musluk akıyor; **mir läuft die Nase** burnum akıyor ❸ (*fam: gehen*) yürümek; **jdm über den Weg ~** birine rastgelmek ❹ (*in Betrieb sein*) işlemek; (*Motor*) gitmek, çalışmak; **das Radio lief** radyo çalıyordu ❺ (*undicht sein*) akmak; (*Kerze*) damlamak ❻ FILM oynamak; (*Vorführung*) sürmek; **der Film läuft in allen Kinos** film bütün sinemalarda oynuyor ❼ (*Prozess, Bewerbung*) görülmek; (*fam: Geschäft*) yürümek; **der Wagen läuft auf seinen Namen** araba onun üstüne tescilli; **die Sache ist ge~** (*fam*) iş oldu ❽ (*ver~*) geçmek; (*Fluss*) almak; (*Weg*) gitmek; **auf Rollen ~** paten kaymak; **auf Schienen ~** ray üzerinde gitmek **II.** *vt* ❶ *sein* (*Strecke*) koşmak; **Ski/Rollschuh/Schlittschuh ~** kayak/paten/buz pateni kaymak; **er ist Weltrekord ge~** dünya rekoru koştu; **einen Umweg ~** yolu uzatmak, dolaşmak ❷ *haben* **ich habe mir Blasen ge~** ayaklarım su topladı **III.** *vr unpers haben* **in den Schuhen läuft es sich gut** bu ayakkabılarla iyi yürünüyor

laufend **I.** *adj* koşan, yürüyen; (*Kosten*) cari; **im ~en Jahr** cari yılda; **am ~en Band** sürekli, aralıksız; **~e Nummer** seri numarası **II.** *adv* (*ständig*) sürekli olarak; **auf dem L~en sein** sürekli olarak haberi olmak; **jdn auf dem L~en halten** birine sürekli olarak bilgi vermek, birini sürekli olarak haberdar etmek

laufen|lassen* *irr vt s.* **lassen**[2] **3.**

Läufer(in)[1] <-s, -; -nen> ['lɔɪfɐ] *m(f)* SPORT koşucu

Läufer[2] <-s, -> *m* ❶ (*Teppich*) yolluk, yol halısı ❷ (*Schachfigur*) fil ❸ PHYS, ELEK döneç; (*Rotor*) rotor

Lauffeuer <-s, -> *nt* **etw verbreitet sich wie ein ~** birşey ateş hızıyla yayılıyor **Laufgitter** *nt* yürüteç, örümcek

läufig ['lɔɪfɪç] *adj* (*brünstig*) kösnük; (*Hündin*) kızana gelmiş; **~ sein** kızana gelmek, erkek istemek

Läufigkeit *f* kızan

Laufkundschaft *f* gelen geçen müşteriler *pl*, gelgeççi müşteriler *pl* **Laufmasche** *f* çorap söküğü, çorap kaçığı **Laufpass**[RR] *m* **jdm den ~ geben** (*fam*) birinin pasaportunu eline vermek, birini sepetlemek; **den ~ bekommen** sepetlenmek **Laufschritt** *m* koşar adım; **im ~** koşar adım, hızlı adımlarla; **im ~ marsch!** MIL marş marş! **Laufstall** *m* yürüteç, örümcek **Laufsteg** *m* podyum

läuft [lɔɪft] *3. präs von* **laufen**

Laufwerk *nt* INFORM sürücü **Laufzeit** *f* ❶ FIN vade ❷ (*von Verträgen*) süre

Lauge <-n> ['laʊgə] *f a.* CHEM eriyik; (*Seifen~*) sabunlu su

Laune <-n> ['laʊnə] *f* ❶ (*Einfall*) aklına esme, kapris; **ich habe ihre ~n satt** kaprislerinden bıktım; **aus einer ~ heraus** aklına eserek, keyfi; **eine ~ des Schicksals** kaderin bir cilvesi; **seine ~n an jdm auslassen** birine kapris yapmak ❷ (*Stimmung*) keyif; **schlechte/gute ~ haben** keyifsiz/keyifli olmak; **jdn bei ~ halten** birinin keyfini yapmak; **er ist heute nicht bei ~** bugün keyfi yok

launenhaft *adj* aysar, kaprisli; (*Wetter*) sık sık değişen

launig *adj* esprili

launisch *adj* aysar; (*pej*) huysuz, kaprisli

Laus <Läuse> [laʊs, *pl* 'lɔɪzə] *f* bit; **ihm ist eine ~ über die Leber gelaufen** (*fam*) canı çok sıkkın
Lauschangriff *m* telekulak
lauschen ['laʊʃən] *vi* ① (*zuhören*) dinlemek ② (*heimlich zuhören*) kulak kabartmak; **er lauschte an der Tür** kapıda kulak kabarttı
lauschig *adj* sessiz ve rahat
Lausebengel ['laʊzə-] *m* (*fam*) piç kurusu
lausen ['laʊzən] *vt* bitlemek, bitlerini ayıklamak (-in)
lausig *adj* (*fam*) ① (*pej: unangenehm*) berbat; **~ spielen** berbat oynamak; (*Instrument*) çok kötü çalmak ② (*pej: wenig*) pek az ③ **eine ~e Kälte** şiddetli bir soğuk
laut [laʊt] **I.** *adj* ① (*allgemein*) sesli; (*~ stark*) yüksek sesli; **das Radio ~er stellen** radyonun sesini açmak; **~ lesen/denken** sesli okumak/düşünmek; **mit ~er Stimme sprechen** yüksek sesle konuşmak ② (*lärmerfüllt*) gürültülü; **es wurden Beschwerden ~** şikâyetler duyuldu **II.** *präp* gereğince, uyarınca, göre (-e)
Laut <-(e)s, -e> [laʊt] *m* ses; **keinen ~ von sich** *dat* **geben** ses çıkarmamak
Laute <-n> [laʊtə] *f* MUS lavta
lauten [laʊtən] *vi* (*besagen*) denilmek (-de); **gleich ~d** (*im Klang*) eş sesli, sesteş; (*im Wortlaut*) yazılı olmak (-de); **der Pass lautet auf den Namen ...** pasaport ... adınadır; **wie lautet ihr Name?** adınız nedir?; **wie lautet die Anklage? — sie lautet auf Erpressung** iddianamede ne yazılı? — şantaj yazılı
läuten ['lɔɪtən] **I.** *vi* ① (*an der Tür*) zili çalmak ② (*Telefon, Glocke*) çalmak; **es hat geläutet** zil çaldı; (*Telefon*) telefon çaldı; **von etw ~ hören** bir şey kulağına çalınmak **II.** *vt* (*Glocken*) çalmak
Lautenspieler(in) *m(f)* lavtacı
lauter ['laʊtɐ] *adj* ① (*geh: Mensch*) doğru, harbi; (*ehrlich*) namuslu ② (*unvermischt*) katışıksız, arı, saf; (*rein*) temiz, harbi; **die ~e Wahrheit sagen** harbi söylemek ③ (*nur*) sadece, sırf; (*viel(e)*) bir sürü; **~ Lügen** sırf yalan; **vor ~ Freude/Kummer** sevincinden/kederinden
läutern ['lɔɪtɐn] *vt* ① (*reinigen*) arındırmak ② (*bessern*) iyileştirmek, ıslah etmek
Läuterung <-en> *f* (*das Läutern*) arındırma; (*das Sichläutern*) arınma
lauthals ['--] *adv* (*schreien*) avaz avaz; **als er mich im Bett sah, lachte er ~ los** beni yatakta görünce kahkahayı bastı
lautieren *vt* LING hecelemek
Lautlehre *f kein pl* LING ses bilgisi
lautlich *adj* sesçil
lautlos **I.** *adj* sessiz **II.** *adv* sessizce
Lautschrift *f* LING sesçil yazım
Lautsprecher <-s, -> *m* hoparlör **Lautsprecherbox** *f* kolon
lautstark ['--] *adj* yüksek sesli, gür sesli; (*heftig*) şiddetli
Lautstärke *f* ses şiddeti; **bei voller ~** sesini sonuna kadar açarak
lauwarm ['-'-] *adj* ılık
Lava <Laven> ['la:va] *f* GEO lav
Lavabo <-(s), -s> *nt* SCHWEIZ (*Waschbecken*) lavabo
Lavastrom *m* lav taşması
Lavendel <-s, -> [la'vɛndəl] *m* BOT lavanta çiçeği
lavendelfarben *adj* lavanta mavisi
Lavendelöl *nt* lavanta
lavieren* [la'vi:rən] **I.** *vt* ① NAUT (rüzgâra karşı) volta vurdurmak (-e) ② (*fig*) **er lavierte sich (sogar) aus den schwierigsten Lagen** en zor durumlarda (bile) manevrasını yaptı ③ KUNST (*mit Wasserfarben kolorieren*) sulu boya ile renklendirmek **II.** *vi* NAUT (*kreuzen*) (rüzgâra karşı) volta vurmak
Lawine <-n> [la'vi:nə] *f* çığ; **eine ~ geht nieder** çığ düşüyor; **hier gehen immer wieder ~n ab** burada ikide bir çığ kopar; **die rollende ~ der Ereignisse** (*fig*) olayların çığ gibi büyümesi **lawinenartig** *adj* çığ gibi; **~ anschwellen** çığ gibi büyümek **Lawinengefahr** *f* çığ tehlikesi
Laxierfisch *m* ZOOL izmarit
Lay-out[RR] <-s, -s> [lɛɪ'ʔaʊt] *nt*, **Layout** <-s, -s> *nt* TYPO sayfa düzeni; (*Zeitung, Zeitschrift*) mizanpaj
Lazarett <-(e)s, -e> [latsa'rɛt] *nt* revir; (*Feld~*) hastane
LCD [ɛltse:'de:] *Abk von* **liquid crystal display** sıvı kristal ekran
Leasing <-s, -s> ['li:zɪŋ] *nt* WIRTSCH finansal kiralama
Lebemann *m* (*pej*) hovarda
leben ['le:bən] *vi, vt* yaşamak, hayatta olmak; **bei jdm ~** birinin yanında yaşamak; **er hat nicht mehr lange zu ~** fazla bir ömrü kalmadı; **man lebt nur einmal!** insan bir kere yaşar!; **leb wohl!** sağlıcakla [*o* hoşça] kal!; **es lebe ...!** yaşasın ...!; **hoch soll er ~!** çok yaşasın!; **allein ~** yalnız yaşamak; **er lebt über seine Verhältnisse** kazandığından fazla harcıyor, ayağını yorganına göre uzatmıyor; **er lebt von der Fischerei** balıkçılıkla geçiniyor; **er lebt von seiner Rente** emeklilik maaşı ile geçiniyor
Leben <-s, -> *nt* ① yaşam, yaşantı, hayat,

ömür; (*Existenz*) hayat, varlık; (*Bewegtheit*) hayat; **etw ins ~ rufen** bir şeyi yaratmak; **am ~ sein** hayatta olmak, sağ olmak; **er ist (noch) am ~** hâlâ hayatta; **nie im ~!** hayatta olmaz!; **es geht um ~ und Tod** bu, hayat memat meselesidir, bu, ölüm kalım meselesidir; **der Mann/die Frau meines ~s** hayatımın adamı/kadını; **sich mit Betteln durchs ~ schlagen** dilencilikle geçinmek; **am ~ hängen** hayata bağlı olmak; **jdm das ~ kosten** birinin hayatına mal olmak; **das ist wie im richtigen ~** bu, gerçek yaşamdaki gibi; **~ in etw bringen** bir şeye hayat [*o* canlılık] vermek; **daran wird sie zeit ihres ~s denken** onu bütün hayatı [*or* ömrü] boyunca unutmayacaktır ❷ can; **das tue ich für mein ~ gern** bunu canı gönülden yaparım; **ums ~ kommen** canını kaybetmek, ölmek; **mit dem ~ davonkommen** canını kurtarmak; **etw mit dem ~ bezahlen** bir şeyi canıyla ödemek; **am ~ hängen** canı tatlı olmak; **sich** *dat* **das ~ schwer machen** canı çıkmak; **sich** *dat* **das ~ nehmen** canına kıymak; **jdm das ~ retten** birinin canını kurtarmak; **Geld oder ~!** ya paranı ya da canını!

lebend *adj* canlı, diri, yaşayan **lebendgebärend** *adj s.* **gebären**

lebendig [le'bɛndɪç] *adj* ❶ (*lebend*) canlı, diri, yaşayan, sağ; **er ist mehr tot als ~** canlı cenaze gibi; **~ begraben werden** diri diri gömülmek; **Szenen aus seiner Jugendzeit wurden wieder ~** gençliğinden sahneler yeniden canlandılar ❷ (*lebhaft*) canlı, hareketli

Lebendigkeit *f kein pl* canlılık, dirilik

Lebensabend *m* (*geh*) yaşlılık dönemi, hayatın sonbaharı **Lebensabschnitt** *m* yaşantı, hayatın bölümü **Lebensalter** <-s, -> *nt* yaş **Lebensart** *f kein pl* yaşam biçimi **Lebensbaum** *m* ❶ BOT mazı ❷ ANAT hayat ağacı **Lebensbedingungen** *pl* yaşam koşulları *pl,* hayat şartları *pl* **Lebensdauer** *f* ❶ (*von Mensch*) ömür ❷ (*von Material, Maschine*) ömür, dayanma ömrü **Lebenselixier** *nt* MYTH abıhayat, dirim suyu, bengi su **Lebensende** <-s> *nt kein pl* hayatın sonu, ömrün sonu; **bis an mein ~** hayatımın [*o* ömrümün] sonuna kadar **Lebenserfahrung** *f kein pl* hayat tecrübesi **Lebenserwartung** *f kein pl* yaşam beklentisi **Lebensform** <-en> *f* yaşayış **Lebensfreude** <-n> *f* yaşama sevinci **lebensfroh** *adj* yaşama sevinci olan **Lebensgefahr** *f kein pl* hayati tehlike, ölüm tehlikesi; **in ~ schweben** ölüp ölüp dirilmek; **außer ~ sein** ölümden kurtulmak **lebensgefährlich** *adj* çok tehlikeli, vahim **Lebensgefährte(in)** *m(f)* hayat arkadaşı **Lebensgemeinschaft** *f* ❶ (*Ehe*) evlilik birliği ❷ (*nichtehelich*) evlenmeden birlikte yaşama **Lebensgeschichte** *f* yaşam öyküsü

Lebenshaltungskosten *pl* geçim [*o* geçinme] masraf(lar)ı; **Index der ~** geçinme endeksi, geçim indeksi

Lebensjahr *nt* yaş; **im zwanzigsten ~** yirmi yaşında; **mit vollendetem 18. ~** 18'inci yaşın bitmesiyle **Lebenskampf** *m* hayat mücadelesi, yaşama çabası **Lebenskraft** *f* yaşama gücü, yaşamak enerjisi **lebenslang** *adj* ömür boyu

lebenslänglich *adj* (*Strafe*) ömür boyu; **„~" bekommen** ömür boyu hapis yemek

Lebenslauf <-(e)s, -läufe> *m* öz geçmiş **Lebenslust** *f kein pl* yaşama arzusu **lebenslustig** *adj* neşeli, hayat dolu

Lebensmittel *pl* gıdalar *pl,* gıda maddeleri *pl,* yiyecekler *pl* **Lebensmittelallergie** *f* gıda alerjisi **Lebensmittelgeschäft** <-(e)s, -e> *nt* gıda pazarı, bakkal **Lebensmittelindustrie** *f* gıda sanayii **Lebensmittelvergiftung** *f* MED gıda zehirlenmesi

lebensmüde *adj* canından bezmiş, canından bıkmış **Lebensnerv** *m* ❶ ANAT yaşatkan sinir sistemi siniri ❷ (*fig*) can damarı **Lebensnervensystem** *nt* ANAT yaşatkan sinir sistemi **Lebensphilosophie** *f* yaşam felsefesi [*o* hayat] **Lebensraum** <-(e)s, -räume> *m* yaşam(a) alanı **Lebensretter(in)** *m(f)* cankurtaran **Lebensstandard** *m* yaşam [*o* hayat] standardı **Lebensstil** *m* yaşantı, hayat tarzı **Lebensunterhalt** *m* geçim; **seinen ~ verdienen** geçimini doğrultmak, geçinmek için para kazanmak **Lebensversicherung** *f* hayat sigortası **Lebenswandel** *m* yaşantı, hayat **Lebenswasser** *nt* MYTH abıhayat, dirim suyu, bengi su **Lebensweise** *f* yaşayış, yaşam biçimi, hayat tarzı **lebenswichtig** *adj* hayatî önemi olan, ölüm dirim **Lebenszeichen** *nt* hayat belirtisi, ses seda, ses soluk; **kein ~ (von sich** *dat*) **geben** (kendisinden) ses seda çıkmamak **Lebenszeit** *f kein pl* kaydıhayat; **auf ~** kaydıhayatla, yaşamaca, yaşama süresince; **er ist Beamter auf ~** o, kaydıhayatla memurdur

Leber <-n> ['le:bɐ] *f* ❶ ANAT karaciğer ❷ GASTR ciğer ❸ (*fam*) **frisch von der ~ weg reden** aklına estiği gibi konuşmak; (*sich keinen Zwang anlegen*) dobra dobra konuşmak **Leberfleck** *m* ben

Leberkrebs *m* karaciğer kanseri **Leberpastete** *f* karaciğer ezmesi **Lebertran** <-s> ['--traːn] *m kein pl* balık yağı **Leberwurst** *f* karaciğer ezmesi sucuğu; **die beleidigte ~ spielen** (*fam*) hiç yoktan küsmek
Lebewesen <-s, -> *nt* canlı
Lebewohl <-(e)s, -s *o* -e> [--'-] *nt* (*geh*) elveda; **jdm ~ sagen** birine elveda demek
lebhaft *adj* ❶ (*Mensch, Augen*) canlı, hareketli; (*Unterhaltung*) canlı; (*Interesse, Temperament, Farbe*) canlı ❷ (*Verkehr, Handel*) işlek, hareketli; **es gab ein ~es Treiben auf den Straßen** sokaklar cıvıl cıvıldı ❸ (*klar, deutlich*) **etw in ~er Erinnerung haben** bir şeyi gayet iyi hatırlamak; **das kann ich mir ~ vorstellen** bunu gözümün önüne getirebiliyorum
Lebhaftigkeit *f kein pl* canlılık, hareketlilik
leblos *adj* cansız
Lebtag *m* (*fam*) **mein ~** hayatım [*o* ömrüm] boyunca, yaşadığım sürece; **daran wirst du dein ~ denken** bunu ömrün boyunca unutmazsın; **das lernst du dein ~ nicht** bunu hayatta öğrenmezsin **Lebzeiten** *pl* **zu jds ~** biri sağ iken
lechzen ['lɛçtsən] *vi* (*geh*) içi gitmek (**nach** -e); **nach Rache ~** kin gütmek; **nach Wasser ~** su diye kıvranmak
leck [lɛk] *adj* (*Eimer*) delik; (*Schiff*) su alan
Leck <-(e)s, -e> [lɛk] *nt* (*eindringende Stelle*) su alan yer; (*auslaufende Stelle*) su kaçıran yer, kaçak
Leckage *f* akma ve sızma
lecken ['lɛkən] **I.** *vi* ❶ (*Gefäß*) su kaçırmak, su(yu) sızdırmak ❷ (*Schiff*) su almak **II.** *vt* yalamak; **sich** *dat* **die Finger nach etw** *dat* **~** (*fam*) bir şey için içi gitmek; (*beim Essen*) parmaklarını birlikte yemek
lecker ['lɛkɐ] *adj* lezzetli **Leckerbissen** *m* damak tadı
Leckerei <-en> [lɛkə'raɪ] *f* GASTR lezzetli şey; **es gab viele ~en auf dem Tisch** sofrada nefis yiyecekler vardı
Leder <-s, -> ['leːdɐ] *nt* ❶ (*Tierhaut*) deri ❷ (*fam: Fußball*) meşin yuvarlak **Lederhose** *f* deri pantolon **Lederjacke** *f* deri ceket
ledern ['leːdɐn] *adj* deri
Lederpolster *nt* deri döşeme **Lederriemen** *m* deri kayış **Ledertasche** *f* deri çanta **Lederverarbeitung** *f kein pl* dericilik **Lederwaren** *pl* deri eşya
ledig ['leːdɪç] *adj* ❶ (*unverheiratet*) bekâr ❷ (*geh: leer*) boş; (*frei*) özgür (-den); **ein ~er Acker** boş bir tarla
lediglich ['leːdɪklɪç] *adv* sadece, yalnızca

Lee <-> [leː] *f kein pl* NAUT boca, rüzgâr altı; **der Bug des Schiffes dreht nach ~** geminin başı bocaya kaçıyor **leegierig** *adj* NAUT bocaya kaçan, rüzgâr altına kaçan
leer [leːɐ] *adj* ❶ (*ohne Inhalt*) boş; (*unbeschrieben*) boş; (*Zimmer*) boş; **mit ~en Händen** eli boş olarak, elini kolunu sallaya sallaya; **den Teller ~ essen** tabağı silip süpürmek; **~ ausgehen** eli boş çıkmak, hava almak; **mit ~em Magen** aç karnına ❷ (*nichts sagend*) boş
Leere ['leːrə] *f kein pl* boşluk; **ins ~ starren** gözü dalmak
leeren ['leːrən] **I.** *vt* (*Behälter*) boşaltmak; (*Glas, Briefkasten*) boşaltmak; **die Essensreste in den Mülleimer ~** yemek artıklarını çöp tenekesine boşaltmak **II.** *vr* ■ **sich ~** boşalmak; **der Saal leerte sich** salon boşaldı
Leergut <-(e)s> *nt kein pl* boş kutular *pl;* (*Flaschen*) boş şişeler *pl* **Leerlauf** <-(e)s> *m kein pl* (*a. fig*) AUTO rölânti **leerstehend** *adj s.* **stehend 3. Leertaste** *f* INFORM boş tuşu
Leerung <-en> *f* boşaltma
legal [le'gaːl] *adj* legal, yasal, meşru
legalisieren* [legali'ziːrən] *vt* yasallaştırmak, meşrulaştırmak
Legalität [legali'tɛːt] *f kein pl* kanunîlik, yasallık, meşruluk, meşruiyet; **außerhalb der ~ liegen** yasa dışı olmak
Legastheniker(in) <-s, -; -nen> [legas'teːnikɐ] *m(f)* kelime körü
legen ['leːgən] **I.** *vt* ❶ (*allgemein*) yatırmak; (*hin~*) koymak; **das Buch auf den Tisch ~** kitabı masayı koymak; **das Kind ins Bett ~** çocuğu yatağa yatırmak; **er legte ihm den Arm um die Schultern** kolunu omzuna koydu; **er legte die Stirn in Falten** alnını kırıştırdı; **etw aus der Hand ~** bir şeyi elinden bırakmak ❷ (*Fliesen, Leitungen*) döşemek; (*Schienen, Minen*) döşemek ❸ **Feuer ~** kundak koymak; **Karten ~** fal açmak; **Eier ~** yumurtlamak **II.** *vr* ■ **sich ~** ❶ (*sich hin~*) yatmak, uzanmak; **sich schlafen ~** yatağa yatmak; **sich in die Sonne ~** güneşe uzanmak; **sich ins Bett ~** yatağa yatmak; **sich auf den Bauch/auf den Rücken ~** yüzükoyun/sırtüstü yatmak ❷ (*Lärm*) kesilmek; (*Kälte*) sona ermek; (*Zorn, Begeisterung*) yatışmak; (*Sturm*) yatışmak, mayna etmek, hızını almak; (*Wind, Schnee, Regen*) dinmek ❸ (*befallen*) çökmek (**auf** üstüne); **Nebel legt sich auf/über die Stadt** kentin üstüne sis çöktü
legendär [legɛn'dɛːɐ] *adj* efsanevî
Legende <-n> [le'gɛndə] *f* ❶ efsane

❷ (*bei Landkarten, Abbildungen*) lejant
leger [le'ʒeːɐ] *adj* rahat
Leggings ['lɛgɪŋs] *pl* tayt
legieren *vt* ❶ CHEM alaşımlamak; **Kupfer mit Zink ~** bakırı çinko ile alaşımlamak ❷ GASTR terbiye etmek; **eine legierte Suppe** terbiyeli çorba
Legierung <-en> *f* alaşım
Legion <-en> [le'gjoːn] *f* lejyon
Legionär <-s, -e> [legjo'nɛːɐ] *m* lejyoner
Legislative <-n> [legɪsla'tiːvə] *f* POL ❶ (*gesetzgebende Gewalt*) yasama gücü, yasama erki ❷ (*Versammlung*) yasama meclisi
Legislaturperiode [legɪsla'tuːɐ-] *f* yasama dönemi
legitim [legi'tiːm] *adj* meşru
Legitimation <-en> [legitima'tsjoːn] *f* ❶ (*Berechtigung*) yetki ❷ JUR (*Ehelicherklärung*) nesebin düzeltilmesi (kararı)
legitimieren* [legiti'miːrən] **I.** *vt* ❶ (*legitim erklären*) meşrulaştırmak ❷ (*mit Vollmacht*) yetkili kılmak **II.** *vr* ■ **sich ~** (*sich ausweisen*) kimliğini kanıtlamak [*o* ispat etmek]
Legitimität [legitimi'tɛːt] *f kein pl* meşruiyet
Leguan <-s, -e> ['leːguaːn] *m* ZOOL iguana, Hint kertenkelesi
Lehen <-s> *nt* HIST tımar
Lehm <-(e)s, -e> [leːm] *m* balçık **Lehmhütte** *f* kerpiç ev
lehmig *adj* balçıklı
Lehmziegel *m* kerpiç
Lehne <-n> ['leːnə] *f* (*Arm~*) kolçak; (*im Auto*) dirseklik; (*Rücken~*) sırtlık, arkalık
lehnen ['leːnən] **I.** *vi* yaslanmak (**an** -e), dayanmak (**an** -e) **II.** *vt* yaslamak (**an/gegen** -e/-e), dayamak (**an/gegen** -e/-e) **III.** *vr* ■ **sich ~** yaslanmak (**an/gegen** -e); **sich an die Wand ~** duvara yaslanmak; **er lehnt sich aus dem Fenster** pencereden sarkmak
Lehnstuhl *m* sırtlıklı koltuk **Lehnwort** *nt* LING alıntı **Lehrbeauftragte(r)** *f(m)* öğretim görevlisi, okutman, lektör **Lehrberuf** *m* ❶ (*Beruf eines Lehrers*) öğretmenlik mesleği ❷ (*Beruf mit Lehrzeit*) çıraklık istenilen meslek **Lehrbuch** *nt* ders kitabı
Lehre <-n> ['leːrə] *f* ❶ (*Ausbildung*) çıraklık; **in der ~ sein** çıraklık yapıyor olmak ❷ (*Theorie*) kuram; (*Wissenschaft*) bilim; (*Gestalt~*) bilgi; REL, PHILOS doktrin, öğreti ❸ (*Erfahrung*) ders, ibret; **eine ~ aus einem Ereignis ziehen** bir olaydan ders almak, bir olaydan hisse kapmak; **lass dir das eine ~ sein** bu sana ders [*o* ibret] olsun ❹ TECH mastar
lehren ['leːrən] *vt* (*beibringen*) öğretmek; (*unterrichten*) ders vermek (-e); SCHULE, UNIV ders vermek (-e); **er lehrt die Kinder das Malen** çocuklara resim yapmasını öğretiyor
Lehrer(in) <-s, -; -nen> *m(f)* öğretmen
Lehrfach *nt* ders **Lehrgang** <-(e)s, -gänge> *m* kurs; **er ist auf einem ~** kursa gidiyor
lehrhaft *adj* öğretici; (*didaktisch*) didaktik
Lehrjahr *nt* çıraklık [*o* eğitim] yılı; **er ist im zweiten ~** o, ikinci çıraklık [*o* eğitim] yılındadır **Lehrkörper** *m* öğretmenler kadrosu **Lehrkraft** *f* okutman
Lehrling <-s, -e> *m* çırak
Lehrmittel *pl* SCHULE ders araçları *pl* **Lehrplan** *m* öğretim programı, ders programı
lehrreich *adj* öğretici, ders verici **Lehrsatz** <-es, -sätze> *m* ❶ MATH teorem ❷ PHILOS önerme; (*Theorem*) teorem; **grundlegender ~** temel önerme ❸ REL, PHILOS dogma, öğreti, nas **Lehrstelle** *f* çıraklık yeri **Lehrstoff** <-(e)s, -e> *m* öğretilen şey, ders konusu **Lehrstuhl** *m* kürsü (**für** -) **Lehrvertrag** *m* çıraklık sözleşmesi **Lehrzeit** *f* çıraklık süresi
Leib <-(e)s, -er> [laɪp] *m* (*geh*) ❶ (*Körper*) beden, vücut; **er schlotterte am ganzen ~** bütün vücudu zangır zangır titriyordu; **bei lebendigem ~e** canlı canlı; **etw am eigenen ~e erfahren** bir şeyi bizzat yaşamak; **jdm auf den ~ rücken** (*fam*) birini sıkıştırmak; **mit ~ und Seele** canla başla; **sich** *dat* **jdn vom ~e halten** (*fam*) birini yanına yaklaştırmamak; **sich** *dat* **jdn vom ~e schaffen** (*fam*) birini başından atmak; **diese Rolle ist ihr wie auf den ~ geschrieben** bu rol onun için biçilmiş kaftan; **einer Aufgabe zu ~e rücken** bir görevi üstlenmek ❷ (*Bauch*) karın; **nichts im ~ haben** karnı aç olmak
Leibarzt, -ärztin *m, f* özel hekim
leiben ['laɪbən] *vi* **wie er/sie leibt und lebt** ta kendisi
Leibeskräfte *pl* **aus/nach ~n** var gücüyle; **aus ~n schreien** var gücüyle bağırmak, avaz avaz bağırmak, avazı çıktığı kadar bağırmak **Leibesübungen** *pl* (*form*) beden eğitimi **Leibesvisitation** <-en> *f* üst arama
Leibgarde *f* korumalar *pl;* (*eines Regenten*) muhafız alayı; HIST hassa askeri **Leibgericht** *nt* en çok sevilen yemek; **das ist mein ~** bu, benim en çok sevdiğim yemektir
leibhaftig [-'--] **I.** *adj* (*wirklich*) gerçek; (*selbst*) (ta) kendisi; **der L~e** şeytan **II.** *adv* (*tatsächlich*) gerçekten, hakikaten

leiblich *adj* ❶ (*körperlich*) bedensel; **die ~en Reste des Toten** ölünün naaş ve kemikleri ❷ (*blutsverwandt*) öz; **mein ~er Sohn** öz oğlum

Leibwächter(in) *m(f)* koruma, fedaî

Leiche <-n> ['laɪçə] *f* ❶ ölü, ceset; **wie eine ~ auf Urlaub aussehen** (*fam*) mezar kaçkınına benzemek ❷ MED, UNIV (*für Studenten*) kadavra **Leichenbegräbnis** *nt* ölüyü gömme, defin **leichenblass**RR ['--'-] *adj* cenaze gibi **Leichenfledderer** *m* kefen [*o* ölü] soyucu **Leichenhalle** *f* morg

Leichenschauhaus *nt* morg **Leichenstarre** *f* ölü katılığı **Leichentuch** *nt* kefen **Leichenverbrennung** *f* ölü yakma **Leichenwagen** *m* cenaze arabası **Leichenzug** <-(e)s, -züge> *m* (*geh*) cenaze alayı

Leichnam <-s, -e> ['laɪçnaːm] *m* (*geh*) ceset, naaş

leicht [laɪçt] **I.** *adj* ❶ (*an Gewicht*) hafif; **~ gekleidet sein** hafif giyinmiş olmak; **~e Kost** hafif gıda; **etw ~en Herzens tun** bir şeyi gönül ferahlığı ile yapmak ❷ (*unkompliziert*) basit; (*einfach*) kolay; **etw mit ~er Hand erledigen** bir şeyi kolaylıkla yapmak; **nichts ~er als das!** bundan kolay ne var ki! ❸ (*schwach*) hafif; **ein ~er Regen** hafif bir yağış **II.** *adv* ❶ (*schnell*) çabuk; (*einfach*) kolay; **er ist ~ beleidigt** o kolay gücenir; **~ zerbrechlich** kolay kırılır; **~ zu bedienen** kullanışlı, pratik; **sich** *dat* **etw zu ~ machen** bir şeyin kolayına bakmak [*o* kaçmak]; **das passiert mir so ~ nicht wieder** bu kolay kolay benim başıma bir daha gelmez; **so ~ kriegt ihr mich nicht** beni öyle kolay kolay yakalayamazsınız; **~er gesagt als getan** dile kolay ❷ (*gering*) hafif; **~ gesalzen** hafif tuzlu; **~ erkältet** hafiften soğuk kapmış

Leichtathlet(in) *m(f)* atlet **Leichtathletik** *f kein pl* atletizm **leicht|fallen** *irr vi sein* **das fällt ihm leicht** bu ona kolay geliyor **leichtfertig** *adj* (*pej*) hafifmeşrep; (*unvorsichtig*) dikkatsiz; (*gedankenlos*) düşüncesiz; **sein Geld ~ ausgeben** parasını düşüncesizce harcamak **Leichtgewicht** <-(e)s, -e> *nt* SPORT hafif sıklet **leichtgläubig** *adj* safdil

Leichtigkeit *f kein pl* ❶ (*Gewicht*) hafiflik ❷ (*Mühelosigkeit*) kolaylık; **mit ~** kolaylıkla

Leichtindustrie *f* hafif sanayi

leichtlebig *adj* uçarı, hafifmeşrep

leicht|machenALT *vt s.* **machen I.4.**

Leichtmetall <-s, -e> *nt* hafif metal **leicht|nehmen** *irr vt* **etw ~** (*hinnehmen*) bir şeyi kabul etmek; (*nicht ernst nehmen*) bir şeyi hafife almak **Leichtsinn** <-(e)s> *m kein pl* düşüncesizlik; (*Unvorsichtigkeit*) dikkatsizlik; (*Unbesonnenheit*) temkinsizlik; (*Leichtlebigkeit*) uçarılık **leichtsinnig** *adj* düşüncesiz, dikkatsiz; (*unverantwortlich*) sorumsuz; (*sorglos*) aldırmaz; (*unklug*) akılsız; (*Mädchen*) hoppa; (*Fahrer*) tedbirsiz **leichtverdaulich** ['--'--] *adj s.* **verdaulich leichtverderblich** ['--'--] *adj s.* **verderblich 1. leichtverletzt** ['--'-] *adj s.* **verletzen I.1. leichtverständlich** ['--'--] *adj s.* **verständlich**

leid [laɪt] **I.** *adj* SCHWEIZ **dies ist eine ~e Sache** bu, hoş bir şey değil **II.** *adv* (*fam*) **einer Sache/jds ~ sein** bir şeyden/kimseden bıkmak [*o* usanmak], bir şeyden/kimseden gına gelmek

Leid <-(e)s> [laɪt] *nt kein pl* ❶ (*Kummer*) keder, dert; (*Leiden*) acı; **Freud und ~ miteinander teilen** birbirinin sevinç ve derdine ortak olmak, birbirinin sevincini ve kederini paylaşmak; **jdm sein ~ klagen** birine dert yanmak, birine derdini dökmek ❷ (*Unglück*) felaket; (*Unrecht*) haksızlık; **jdm ein ~ zufügen** birine haksızlık etmek

leiden <leidet, litt, gelitten> ['laɪdən] **I.** *vi* rahatsız olmak (**an** -den), acısını çekmek (**unter** -in), cefa çekmek (**an** -den) **II.** *vt* (*erdulden*) katlanmak (-e), çekmek; **Hunger/Not ~** açlık/sıkıntı çekmek; **jdn (nicht) ~ können** birinden hoşlan(ma)mak; **das kann ich (überhaupt) nicht ~!** bundan (hiç) hoşlanmam!, bunu (hiç) çekemem!; **er kann es nicht ~, wenn man ihn stört** rahatsız edilmekten hoşlanmaz

Leiden <-s, -> ['laɪdən] *nt* ❶ (*allgemein*) üzgü, cefa, büyük sıkıntı, eziyet, ıstırap; (*Schmerz*) acı, ağrı ❷ (*Krankheit*) hastalık, rahatsızlık; **er starb nach langem/schwerem ~** uzun/ağır bir hastalıktan sonra öldü

Leidenschaft <-en> *f* tutku (**für** -), ihtiras; **das Theater ist seine ~** tiyatro onda bir tutkudur; **der ~ verfallen** tutkuya kapılmak; **sie war von einer ~ zum Theater besessen** tiyatro tutkusuna kapılmıştı

leidenschaftlich **I.** *adj* tutkulu, ihtiraslı; **ein ~er Raucher sein** sigara(nın) tiryakisi olmak; **ein ~er Spieler sein** kumar(ın) hastası olmak **II.** *adv* **jdn ~ lieben** birini kerem gibi sevmek, biri için yanıp tutuşmak; **~ gern Fahrrad fahren** bisiklete binmeyi çok sevmek

Leidensgenosse(in) *m(f)* dert ortağı

leider ['laɪdɐ] *adv* maalesef, ne yazık ki; **ich kann ~ nicht kommen** maalesef gelemeyeceğim; **~ Gottes!** heyhat!, (ne) yazık!

leidig *adj* (*ärgerlich*) can sıkıcı, belalı; (*lästig*) musallat; (*unangenehm*) hoş olmayan; **das ~e Geld** para sorunu

leidlich *adj* şöyle böyle, iyi kötü; **und die Gespräche waren ~** konuşmalar da kör topaldı; **wie geht es dir? — ~!** nasılsın? — şöyle böyle!

Leidtragende(r) <-n, -n; -n> *f(m)* zarar gören (kimse); (*Opfer*) kurban

leid|tunRR *irr vi* **es tut mir (sehr) leid, dass ich nicht kommen kann** gelemeyeceğime (çok) üzgünüm; **tut mir leid!** özür dilerim!; **er tut mir leid** ona acıyorum, ona üzülüyorum; **das wird dir noch ~** bunun acısını senden çıkaracağım

leidvoll *adj* cefalı; **ein ~es Leben** cefalı bir hayat

Leidwesen *nt* **zu meinem ~** ne yazık ki

Leier <-n> ['laɪɐ] *f* ❶ MUS lir ❷ (*pej: Klage*) dırdır; **es ist immer die alte ~** (*fig fam*) hâlâ o masal, hep aynı nakarat, ayının kırk türküsü var, kırkı da ahlat üstüne **Leierkasten** *m* (*fam: Drehorgel*) laterna

leiern ['laɪɐn] *vt* (*fam: Gedichte*) ezbere söylemek

Leihbibliothek *f*, **Leihbücherei** *f* kitap ödünç veren kütüphane

leihen <leiht, lieh, geliehen> ['laɪən] *vt* ❶ (*aus~*) ödünç vermek; **kannst du mir 20 Euro ~?** bana 20 euro ödünç verebilir misin? ❷ (*ent~*) ödünç almak (**von** -den) **Leihgebühr** *f* ödünç verme ücreti **Leihhaus** *nt* ikraz müessesesi **Leihmutter** <-mütter> *f* kiralık anne, taşıyıcı anne **Leihwagen** *m* kiralık araba

leihweise *adv* ödünç olarak, ariyeten

Leim <-(e)s, -e> [laɪm] *m* tutkal; **aus dem ~ gehen** (*fam*) laçkalaşmak; (*entzweigehen*) ikiye ayrılmak; **auf den ~ gehen** (*fam*) aldatmak, dolandırmak

leimen *vt* ❶ (*kleben*) tutkallamak, tutkalla yapıştırmak ❷ (*fam: hereinlegen*) aldatmak, dolandırmak

Leine <-n> ['laɪnə] *f* (*Wäsche~*) ip; (*Hunde~*) kayış; (*Angel~*) misina; **zieh ~!** (*fam*) çek arabanı!

leinen ['laɪnən] *adj* keten

Leinen <-s, -> *nt* ❶ (*Faser*) keten; (*Gewebe*) keten; **aus ~** keten, ketenden ❷ (*Bucheinband*) bez

Leinöl *nt* bezir yağı

Leinsamen <-s, -> *m* keten tohumu, bezir

Leintuch <-(e)s, -tücher> *nt* DIAL çarşaf

Leinwand[1] <-wände> *f* ❶ (*zum Malen*) tu(v)al ❷ FILM beyaz perde

Leinwand[2] *f kein pl* (*Gewebe*) kanaviçe; (*Zelt~*) bez

Leipzig <-s> ['laɪptsɪç] *nt* Leipzig

leise ['laɪzə] **I.** *adj* ❶ (*still*) sessiz; (*Radio*) kısık; (*Stimme*) alçak; (*Geräusch*) hafif; **bei der ~sten Berührung** en ufak bir dokunuşta ❷ (*in Andeutungen*) **nicht die ~ste Ahnung haben** hiç mi hiç haberi olmamak **II.** *adv* ❶ (*still*) sessizce, sessiz sedasız, usulca; (*mit ~r Stimme*) alçak sesle; **sprich etwas ~r!** biraz yavaş konuş!; **das Radio (etwas) ~r stellen** (*fam*) radyoyu (biraz) kısmak, radyonun sesini (biraz) kısmak ❷ (*Schlaf*) hafif; **einen ~n Schlaf haben** uykusu hafif olmak

Leiste <-n> ['laɪstə] *f* ❶ (*Rand~*) çubuk; (*Fuß~*) süpürgelik; (*Zier~*) tiriz, çıta; (*Gardinen~*) korniş; (*Knopf~*) biye ❷ ANAT kasık

leisten ['laɪstən] *vt* ❶ (*tun, schaffen*) yapmak; (*hervorbringen*) başarmak; **gute Arbeit ~** iyi iş yapmak ❷ (*Motor*) gücü olmak; (*Maschine*) randımanı olmak, verimi olmak; **wie viel PS leistet der Motor?** motorun kaç beygir gücü var? ❸ (*Hilfe, Eid*) etmek; (*Zahlung*) yapmak; (*Vorschuss*) vermek; **eine Unterschrift ~** imza atmak; **jdm Gesellschaft ~** birine eşlik etmek ❹ (*fam*) **sich** *dat* **etw ~ können** bir şeyi yapabilmek, paraya kıyıp kendisine bir şey alabilmek ❺ (*Frechheit*) etmek; (*Fehler*) yapmak

Leistenband *nt* ANAT kasık bağı

Leistenbruch *m* MED kasık fıtığı, kasık çatlağı

Leistung[1] *f kein pl* (*Ausführung*) ifa; (*Bezahlung*) ödeme, eda

Leistung[2] <-en> *f* ❶ (*Geleistetes*) performans; (*geleistete Arbeit*) edim, yapılmış iş; SPORT performans, başarım; (*Ergebnis*) başarım, (elde edilen) başarı; **seine schulischen ~en haben nachgelassen** okuldaki notları düştü; **die Bezahlung erfolgt nach ~** ödeme, edimden [*o* iş yapıldıktan] sonra yapılır ❷ (*von Maschine*) randıman; (*von Fabrik*) verim; (*von Motor*) performans, güç ❸ (*Wirksamkeit*) etkinlik ❹ (*Dienst~*) hizmet; (*Sozial~*) yardım

Leistungsbilanz *f* WIRTSCH cari işlemler hesabı **Leistungsdruck** <-(e)s> *m kein pl* başarı gösterme baskısı, performans stresi; **hohem ~ ausgesetzt sein** başarı gösterme baskısına maruz kalmak **leistungsfähig** *adj* verimli, randımanlı; (*fähig*) yetenekli; (*tüchtig*) becerikli; (*Motor*) güçlü, performanslı **Leistungsfähigkeit** *f kein pl* ❶ (*von Fabrik*) verim gücü, üretkenlik, verimlilik; (*von Motor*) güç, performans ❷ (*Fähigkeit, Arbeit zu leisten*) iş yapabilme yeteneği; (*Tüchtigkeit*) beceriklilik ❸ FIN (*Zahlungskraft*) ödeme gücü **Leistungsgesellschaft** <-en> *f* başarı ve rekabet toplumu **Leistungsklage** *f* JUR eda davası **Leistungsnachweis** *m* SCHULE, UNIV başarı notu **leistungsschwach** *adj* (*Maschine*) randımanı düşük; (*Schüler*) notları zayıf, başarısız **leistungsstark** *adj* güçlü, çok başarılı **Leistungsvermögen** <-s> *nt kein pl* WIRTSCH iş görebilirlik, çalışıp kazanç sağlama gücü

Leitartikel <-s, -> *m* baş makale **Leitbild** *nt* ideal; (*Vorbild*) model, örnek

leiten ['laɪtən] *vt* ❶ (*verantwortlich* ~) yönetmek, idare etmek; (*Vorsitz haben*) başkanlık etmek (-e) ❷ (*führen*) götürmek, iletmek, ulaştırmak, nakletmek; (*Gas, Wärme*) iletmek; (*um~*) yönlendirmek; **etw in die Wege** ~ bir şeyi yoluna koymak; **Schritte in die Wege** ~ önlemler almak ❸ TECH, PHYS iletmek

leitend *adj* ❶ (*führend*) yönetici; **~er Angestellter** yönetici kadro görevlisi; **der ~e Gedanke** temel düşünce ❷ PHYS iletken; **nicht** ~ yalıtkan

Leiter(in)[1] <-s, -; -nen> ['laɪtɐ] *m(f)* müdür; (*Bau~*) şef; (*Kurs~*) yönetici; **kaufmännische/technische ~in** ticari/teknik müdür

Leiter[2] <-n> *f* merdiven; **auf eine ~ steigen** bir merdivene çıkmak

Leiter[3] <-s, -> *m* ❶ PHYS, TECH iletken ❷ (*Harn~*) boru

Leitfaden *m* kılavuz, rehber **leitfähig** *adj* PHYS, TECH iletken **Leitfähigkeit** *f kein pl* PHYS iletkenlik **Leitgedanke** *m* temel düşünce **Leithammel** *m* ❶ (*von Herde*) kösemen ❷ (*pej: Anführer*) kösemen **Leitlinie** *f* MATH (*Direktrix*) doğrultman **Leitmotiv** *nt* laytmotif, ana motif **Leitplanke** *f* ayırıcı, bariyer **Leitsatz** <-es, -sätze> *m* düstur, genel kural **Leitspruch** *m* parola **Leitstelle** *f* yönetim merkezi, idare merkezi

Leitung[1] <-en> *f* ❶ (*Rohr~*) tesisat; (*Wasser~*) boru ❷ ELEK, TELEK hat; (*Kabel*) kablo; **eine ~ ziehen** hat çekmek; **eine lange ~ haben** (*fam*) kalın kafalı olmak ❸ (*Führungsgruppe*) yönetim kadrosu

Leitung[2] *f kein pl* (*Führung*) yönetim; (*Geschäfts~*) müdürlük; (*Vorsitz*) yönetim; **unter der ~ von ...** ... yönetimi altında

Leitungskabel *nt* ELEK (elektrik) kablo(su) **Leitungsmast** *m* (*für Strom*) elektrik direği; (*für Telefon*) telefon direği **Leitungsrohr** <-(e)s, -e> *nt* (tesisat) boru(su) **Leitungswasser** <-s> *nt kein pl* musluk suyu, terkos suyu

Lektion <-en> [lɛk'tsjo:n] *f* ders; **jdm eine ~ erteilen** birinin dersini vermek

Lektor(in) <-s, -en; -nen> ['lɛkto:ɐ] *m(f)* ❶ (*Verlag*) lektör ❷ SCHULE, UNIV lektör, okutman

Lektorat <-(e)s, -e> [lɛkto'ra:t] *nt* (*Verlag*) lektörlük; *a.* SCHULE, UNIV lektörlük, okutmanlık

Lektüre [lɛk'ty:rə] *f kein pl* okuma

Lende <-n> ['lɛndə] *f* ❶ ANAT bel ❷ (*beim Schlachtvieh*) fileto **Lendenschurz** [-ʃʊrts] *m* peştemal **Lendenstück** *nt* GASTR fileto **Lendenwirbel** *m* ANAT bel omuru

lenkbar *adj* ❶ (*Gegenstände*) güdümlü ❷ (*Menschen*) yönetimi kolay, idaresi kolay; (*Kind*) akıllı uslu

lenken ['lɛŋkən] *vt* ❶ (*Fahrzeug*) sürmek, kullanmak; (*Schiff*) abramak, yönetmek; (*Flugzeug*) yönetmek, kullanmak; **den Wagen nach links** ~ arabanın direksiyonunu sola çevirmek [*o* kırmak] ❷ (*leiten*) yönetmek, idare etmek; (*Staat*) yönetmek, idare etmek ❸ (*in bestimmte Richtung*) yönlendirmek, yöneltmek, çevirmek; **ein Gespräch auf ein anderes Thema** ~ sözü çevirmek, konuyu değiştirmek; **die Aufmerksamkeit auf sich** ~ dikkati (üzerine) çekmek

Lenker(in)[1] <-s, -; -nen> *m(f)* (*des Wagens*) sürücü

Lenker[2] <-s, -> *m* AUTO direksiyon; (*am Fahrrad*) gidon

Lenkrad *nt* direksiyon, direksiyon simidi **Lenkradschaltung** *f* AUTO direksiyondan vites **Lenkstange** *f* gidon

Lenkung[1] <-en> *f* AUTO direksiyon

Lenkung[2] *f kein pl* (*das Lenken*) yönetme; (*eines Staates*) yönetim

Lenz <-es, -e> [lɛnts] *m* (*geh*) bahar; **sich** *dat* **einen schönen ~ machen** (*pej fam*) yan gelip yatmak

Leopard <-en, -en> [leo'part] *m* ZOOL leopar; (*Panther*) pars

Lepra ['le:pra] *f kein pl* MED lepra, cüzam **Leprakranke(r)** *f(m)* cüzamlı hasta

lepros *adj*, **leprös** *adj* cüzamlı

Lerche <-n> ['lɛrçə] *f* ZOOL tarla kuşu, çayır kuşu, toygar

lernbegierig *adj* öğrenmeye istekli **lernbehindert** *adj* öğrenme özürlüsü **Lerneifer** *m* çalışkanlık

lernen ['lɛrnən] **I.** *vi* ❶ (*Erfahrung sammeln*) öğrenmek (**aus** -den) ❷ (*Wissen aneignen*) öğrenmek; **ich muss noch für**

die Prüfung ~ daha sınav için öğrenmem gerekiyor [*o* lazım] **II.** *vt* ❶ (*Fertigkeit*) öğrenmek; **Schreibmaschine/Türkisch/Deutsch ~** daktilo/Türkçe/Almanca öğrenmek; **etw auswendig ~** bir şeyi ezberlemek; **schwimmen/tanzen ~** yüzmeyi/dans etmesini öğrenmek; **das will gelernt sein!** bunu öğrenmek gerekir!; **von dem kannst du noch viel ~** ondan daha çok şey öğrenebilirsin ❷ (*Beruf, Handwerk*) öğrenmek

lernfähig *adj* öğrenir

Lernfähigkeit *f* öğrenme yetisi

Lernprogramm *nt* INFORM öğrenme programı **Lernprozess**RR *m* öğrenme süreci **Lernziel** *nt* öğrenme hedefi

Lesart <-en> ['le:sʔa:ɐt] *f* ❶ (*Fassung*) versiyon ❷ (*Deutung*) yorumlama

lesbar *adj* okunaklı; INFORM okunabilen

Lesbe <-n> ['lɛsbə] *f* lezbiyen, sevici

Lesbier(in) *m(f)* Midillili

lesbisch *adj* lezbiyen olan, sevici

Lesbos *nt* Midilli; **die Insel ~** Midilli adası

Lese <-n> ['le:zə] *f* ❶ (*Wein~*) bağ bozumu ❷ LIT seçki, güldeste

Lesebrille *f* okuma gözlüğü **Lesebuch** *nt* okuma kitabı **Lesegerät** <-(e)s, -e> *nt* INFORM okuma aleti **Leselampe** *f* okuma lambası

lesen <liest, las, gelesen> ['le:zən] **I.** *vi* ❶ (*allgemein*) okumak; **fließend ~** su gibi okumak; **jdm aus der Hand ~** birinin el falına bakmak ❷ UNIV okumak (**über** -) **II.** *vt* ❶ (*allgemein*) okumak; (*Messe*) yapmak; **Zeitung ~** gazete okumak; **jds Gedanken ~** birinin aklından geçenleri okumak ❷ (*ernten*) toplamak; **Trauben ~** bağ bozmak, bağın üzümlerini toplamak

lesenswert *adj* okumaya değer

Leser(in) <-s, -; -nen> *m(f)* okuyucu, okur

Leseratte *f* (*fam*) kitap kurdu

Leserbrief *m* okuyucu mektubu

leserlich *adj* okunaklı; **gut ~e Schrift** iyi okunaklı yazı

Leserlichkeit *f kein pl* okunaklılık

Leserschaft <-en> *f* okuyucular *pl*

Lesesaal *m* okuma salonu **Lesestoff** <-(e)s, -e> *m* okunacak şeyler *pl* **Lesezeichen** *nt* kitap ayracı

Lesung <-en> *f a.* POL oku(n)ma; (*Autoren~*) matine

Lethargie *f* MED letarji

Lette(in) <-n, -n; -nen> ['lɛtə] *m(f)* Let(on), Letonyalı

Letter <-n> ['lɛtɐ] *f* ❶ (*Druckbuchstabe*) matbaa harfi ❷ TYPO karakter

lettisch *adj* Let, Leton

Lettland <-s> *nt* Letonya

Letzt [lɛtst] *f* **zu guter ~** sonunda

letzte(r, s) *adj* ❶ (*in Reihenfolge*) sonuncu; (*abschließend*) son; **L~r werden** sonuncu olmak; **als L~r ankommen/weggehen/fertig werden** sonuncu olarak gelmek/gitmek/bitirmek; **auf dem ~n Platz liegen** sonuncu olmak; **der L~ des Monats** ayın sonu; **den L~n beißen die Hunde** (*prov*) sona kalan dona kalır ❷ (*äußerste, neueste, zeitlich*) **~n Endes** sonuç olarak, netice itibarıyla, üst tarafı; **in ~r Zeit** son [*o* yakın] zamanlarda; **der ~ Schrei** (*fig*) son moda; **bis aufs L~** tamamen; **bis ins L~** derinlemesine; **etw bis ins L~ kennen** bir şeyin daniskasını bilmek ❸ (*schlecht*) rezalet; **diese Show war wirklich das L~** bu şov gerçekten rezaletti; **das ist doch das L~!** (*fam*) bu, rezaletin dik âlâsı

letztendlich ['-'--] *adv* sonunda

letztens ['lɛtstəns] *adv* ❶ (*kürzlich*) geçenlerde ❷ (*zum Schluss*) sonunda; **drittens und ~** üçüncüsü ve sonuncusu

letztjährig *adv* geçen yılki

letztlich *adv* sonunda, sonuç olarak, netice itibarıyla, üst tarafı

letztmalig *adj* son defalık, en son

Leuchtboje *f* NAUT fenerli şamandıra

Leuchte <-n> ['lɔɪçtə] *f* ❶ ışık, fener; (*Lampe*) lamba ❷ (*fam: kluger Mensch*) akıllı biri

leuchten ['lɔɪçtən] *vi* ❶ (*Licht geben*) aydınlatmak; (*Lampe*) aydınlatmak ❷ (*erhellen*) aydınlatmak; (*be~*) ışık tutmak (**in** -e); **leuchte hierher!** şuraya ışık tut!, şurayı aydınlat!; **leuchte einmal (mit der Lampe) in die Ecke!** (fenerle) köşeye bir ışık tutuver! ❸ (*glänzen*) parlamak; (*strahlen*) ışıldamak; (*Farbe*) parlamak

leuchtend *adj* ışık veren; (*glänzend*) parlak; (*strahlend*) ışıldayan; **ein ~es Beispiel** aydınlatıcı bir örnek

Leuchter <-s, -> *m* (*Kerzen~*) şamdan; (*Kron~*) avize

Leuchtfarbe *f* fosforlu boya **Leuchtfeuer** <-s, -> *nt* çakar **Leuchtkäfer** *m* ZOOL ateş böceği **Leuchtkraft** *f* aydınlatma gücü **Leuchtrakete** *f* havaî fişek **Leuchtreklame** *f* ışıklı reklâm **Leuchtröhre** *f* flüoresan lamba **Leuchtturm** *m* fener kulesi, deniz feneri **Leuchtzifferblatt** *nt* fosforlu kadran

leugnen ['lɔɪgnən] *vi, vt* yadsımak, inkâr etmek; **es ist nicht zu ~, dass ...** ... olduğu yadsınamaz [*o* inkâr edilemez]

Leukämie <-n> [lɔɪkɛ'mi:] *f* MED lösemi

Leukozyt <-en, -en> *m* MED lokosit, lökosit

Leumund <-e(s)> *m kein pl* ün, şöhret

Leute ['lɔɪtə] *pl* insanlar *pl;* **arme/reiche ~** fakir/zengin insanlar, yoksul/varlıklı insanlar; **es waren kaum ~ da** neredeyse hiç kimse yoktu orada; **es waren ungefähr 30 ~ da** orada yaklaşık 30 insan vardı; **ich kenne meine ~** ben bizimkileri iyi bilirim

Leutnant <-s, -s> ['lɔɪtnant] *m* MIL teğmen

leutselig ['lɔɪtze:lɪç] *adj* mültefit, güler yüz gösteren, hoş davranan

Levantiner *m* Levanten

levantinisch *adj* Levanten

Level <-s, -s> ['lɛvəl] *m* (*geh*) düzey, seviye

Leviten [le'vi:tən] *pl* (*fam*) **jdm die ~ lesen** birinin canına okumak, birine fırça çekmek

Lew *m* leva

Lexika *pl von* **Lexikon**

lexikalisch [lɛksi'ka:lɪʃ] *adj* ❶ (*das Lexikon betreffend*) ansiklopedik ❷ LING leksikografik

Lexikologe(in) *m(f)* leksikolog, sözlük bilimci

Lexikologie *f kein pl* leksikoloji, sözlük bilimi

Lexikon <-s, Lexika *o* Lexiken> ['lɛksikɔn] *nt* ansiklopedi; **ein wandelndes ~ sein** (*fig*) ayaklı kütüphane olmak

lfd. *Abk von* **laufend** cari

Liaison <-s> [ljɛ'zõ:] *f* (*geh: Liebesverhältnis*) aşk ilişkisi

Liane <-n> [li'a:nə] *f* BOT asma

Libanese(in) <-n, -n; -nen> [liba'ne:zə] *m(f)* Lübnanlı

libanesisch *adj* (*für Personen*) Lübnanlı; (*für Sachen*) Lübnan (ile ilgili)

Libanon <-s> ['li:banɔn] *m* Lübnan

Libelle <-n> [li'bɛlə] *f* ❶ ZOOL kız böceği ❷ (*an Wasserwaage*) kabarcıklı düzeç, tesviye ruhu

liberal [libe'ra:l] *adj* liberal

liberalisieren* [liberali'zi:rən] *vt* liberalleştirmek

Liberalisierung <-en> *f* liberalleştirme

Liberalismus <-> [libera'lɪsmʊs] *m kein pl* liberalizm

Liberia <-s> [li'be:ria] *nt* Liberya

Liberianer(in) <-s, -; -nen> [liberi'a:nɐ] *m(f)* Liberyalı

liberianisch *adj* Liberyalı, Liberya (ile ilgili); **eine ~e Frau** Liberyalı bir kadın; **die ~e Regierung/Währungseinheit** Liberya hükümeti/para birimi

Libero <-s, -s> ['li:bero] *m* (*Fußball*) libero

Libido [li'bi:do, '---] *f kein pl* PSYCH libido

Libration *f* ASTRON salınım

Libyen <-s> ['li:byən] *nt* Libya

Libyer(in) <-s, -; -nen> *m(f)* Libyalı

libysch ['li:bʏʃ] *adj* Libyalı, Libya (ile ilgili); **eine ~e Frau** Libyalı bir kadın; **die ~e Regierung/Währungseinheit** Libya hükümeti/para birimi

licht [lɪçt] *adj* ❶ (*geh: hell*) aydınlık; **am ~en Tag** (*geh*) güpegündüz ❷ (*Haar*) seyrek; **die Bäume stehen hier ~er** (**als dort**) burada ağaçlar (oradan) daha seyrek ❸ TECH **die ~e Weite eines Rohres** bir borunun iç çapı

Licht <-(e)s, -er> [lɪçt] *nt* ışık; **das ~ anmachen/ausmachen** ışığı açmak/kapamak, ışığı yakmak/söndürmek; **das ~ der Welt erblicken** (*geh*) dünyaya gözlerini açmak; **sein ~** (**nicht**) **unter den Scheffel stellen** (*fig fam*) meziyetlerini belli et(me)mek, fazla alçak gönüllülük göster(me)mek; **~ in eine Sache bringen** bir meseleye ışık tutmak, bir soruna açıklık getirmek [*o* kazandırmak]; **etw ans ~ bringen** bir şeyi açığa çıkarmak; **für etw grünes ~ geben** (*fig fam*) bir şey için yeşil ışık yakmak; **etw ins rechte ~ rücken** bir şeyi düzeltmek; **jdm geht ein ~ auf** (*fig fam*) birinde şafak atmak **Lichtanlage** *f* ELEK ışık(landırma) düzeni **Lichtbild** *nt* (*form*) fotoğraf **Lichtblick** <-(e)s, -e> *m* umut ışığı **Lichtbündel** *m* PHYS ışık demeti **lichtdurchlässig** *adj* ışık geçirir **Lichteffekt** *m* PHYS ışık efekti **Lichteinwirkung** *f* PHYS, TECH ışık etkisi **lichtempfindlich** *adj* ❶ (*Haut*) ışığa karşı hassas ❷ FOTO ışığa karşı duyarlıklı

lichten ['lɪçtən] **I.** *vt* ❶ (*Wald*) açmak ❷ NAUT **den Anker ~** demir almak, demiri toplamak [*o* vira etmek] **II.** *vr* ■ **sich ~** (*Nebel, Wolken*) açılmak; (*Bestände*) azalmak; (*Haare*) seyrekleşmek; (*Angelegenheit*) aydınlanmak

Lichterkette *f* POL *insanların protesto amacıyla ellerinde ışıkla el ele tutuşarak bir zincir oluşturmaları*

lichterloh ['lɪçtɐ'lo:] *adv* **~ brennen** cayır cayır yanmak

Lichtermeer *nt* **das ~ der Stadt** kentin pırıl pırıl parlayan ışıkları

Lichtgeschwindigkeit *f kein pl* ışık hızı **Lichthof** *m* aydınlık **Lichthupe** *f* AUTO selektör **Lichtjahr** *nt* ASTRON ışık yılı

lichtlos *adj* ışıksız

Lichtmaschine *f* AUTO şarj dinamosu **Lichtmast** <-(e)s, -en> *m* elektrik direği **Lichtmesser** *m* ışıkölçer

Lichtmessung *f* ışık ölçümü **Lichtquelle** *f* ışık kaynağı **Lichtreklame** *f* ışıklı reklam **Lichtschacht** *m* ışık bacası **Lichtschalter** *m* elektrik düğmesi

Lichtschutz *m* ışık siperi **Lichtspielhaus** *nt,* **Lichtspieltheater** *nt* sinema

Lichtstärke *f* PHYS ışık gücü, ışık şiddeti **Lichtstrahl** *m* ışık ışını **Lichtstrom** *m* ışık akışı **lichtundurchlässig** *adj* PHYS ışık geçirmez

Lichtung <-en> *f* (*im Wald*) açıklık; (*Waldblöße*) kayran, orman içinde düzlük

Lichtverhältnisse *pl* ışık koşulları *pl*

Lid <-(e)s, -er> [liːt] *nt* göz kapağı **Lidsack** *m* göz kesesi **Lidschatten** *m* far

lieb [liːp] *adj* ❶ (*geliebt*) sevgili; **~e Maria/Frau X** sevgili Maria/Bayan X; **mein L~es** sevgilim, cicim; **das ~e Geld** canım para, paracıklar; **jdn ~ gewinnen** birine kanı kaynamak; **jdn ~ haben** birini sevmek ❷ (*liebenswürdig*) sevimli, cana yakın; (*nett*) hoş; **~e Grüße** candan selamlar ❸ (*brav*) uslu; **sei schön ~!** uslu dur!; **sei so ~ und mach das Fenster auf!** bana bir iyilik yapıp şu pencereyi açıver! ❹ (*angenehm*) **es wäre mir ~, wenn er heute nicht kommt** bugün gelmezse memnun olurum; **am ~sten würde ich jetzt schwimmen gehen** şimdi yüzmeye gitmeyi her şeye tercih ederdim; **den ~en langen Tag** (*fam*) bütün gün boyunca

liebäugeln ['liːpʔɔɪgəln] *vi* **mit etw** *dat* **~** bir şeyi almayı düşünmek

Liebe ['liːbə] *f kein pl* (*allgemein*) aşk; (*Zuneigung*) sevgi; **meine erste ~** ilk aşkım; **~ auf den ersten Blick** görür görmez sevme, şıpsevdilik; **~ macht blind** âşığın gözü kördür; **mit jdm ~ machen** (*fam*) biriyle aşk yapmak; **Unglück im Spiel, Glück in der ~** (*prov*) kumarda kaybeden aşkta kazanır

Liebelei <-en> [liːbə'laɪ] *f* (*pej*) gönül eğlencesi

lieben ['liːbən] *vt* ❶ (*Liebe empfinden*) sevmek; **viel geliebt** çok sevilen ❷ (*Geschlechtsverkehr haben*) aşk yapmak (ile) ❸ (*mögen*) sevmek, hoşlanmak (-den); **er liebt es nicht, wenn man ihn unterbricht** sözünün kesilmesini sevmez

Liebende(r) <-n, -n; -n> *f(m)* âşık

liebenswert *adj* sevimli, cana yakın, candan **liebenswürdig** *adj* nazik; (**das ist**) **sehr ~** (**von Ihnen**) çok naziksiniz

liebenswürdigerweise *adv* nezaketen

Liebenswürdigkeit <-en> *f* nezaket, naziklik

lieber ['liːbɐ] *adv komp von* **gern**: **mir wäre es ~, du würdest bleiben** kalmanı tercih ederim; **ich schweige ~** en iyisi susayım; **ich beiße mir ~ die Zunge ab, als ...** ...eceğime dilimi yutarım; **da solltest du ~ die Finger von lassen** (*fig fam*) ondan [*o* o sevdadan] vazgeçsen iyi olur; **ich mag ~ Wein** şarabı daha çok severim, şarabı tercih ederim

Liebesaffäre *f* aşk macerası **Liebesbeziehung** *f* aşk ilişkisi **Liebesbrief** *m* aşk mektubu **Liebeserklärung** *f* ilanıaşk; **jdm eine ~ machen** birine ilanıaşk etmek, birine aşkını bildirmek **Liebesfilm** <-(e)s, -e> *m* aşk filmi **Liebesgeschichte** <-n> *f* aşk hikâyesi **Liebesgöttin** *f* aşk tanrıçası **Liebeskummer** *m kein pl* aşk derdi, aşktan doğan üzüntü **Liebesleben** <-s> *nt kein pl* aşk yaşamı, aşk hayatı **Liebeslied** *nt* aşk türküsü **Liebesmüh(e)** *f* **vergebliche ~ sein** boşuna uğraşmak, haybeye kürek çekmek **Liebespaar** *nt* aşıklar *pl* **Liebesroman** *m* aşk romanı **Liebesszene** *f* FILM, TV sevişme sahnesi **Liebestrank** *m* aşk badesi

liebevoll **I.** *adj* sevecen, şefkatli, müşfik **II.** *adv* şefkatle; (*sorgfältig*) itinalı, özenli

lieb|gewinnen* *irr vt s.* **lieb 1.** **lieb|haben** *irr vt s.* **lieb 1.**

Liebhaber(in) <-s, -; -nen> *m(f)* ❶ âşık, sevgili, sevdalı ❷ (*Kunst~*) sever

Liebhaberei <-en> *f* düşkü, hobi, merak; **aus** (**reiner**) **~** (sırf) meraktan

Liebhaberwert <-(e)s> *m kein pl* meraklısı için olan değer

liebkosen* [liːp'koːzən] *vt* (*geh*) okşamak, okşayarak sevmek

Liebkosung <-en> *f* okşama, okşantı

lieblich ['liːplɪç] *adj* (*Duft*) hoş; (*Landschaft*) hoş, iç açıcı; (*Wein*) tatlımsı

Liebling <-s, -e> ['liːplɪŋ] *m* ❶ sevgili, gözde; **mein ~** sevgilim, canımın içi, tatlım ❷ (*bevorzugter Mensch*) göz bebeği **Lieblingsbeschäftigung** *f* en çok sevilen iş **Lieblingsschriftsteller(in)** *m(f)* **mein(e) ~(in)** en çok sevdiğim (kadın) yazar

lieblos *adj* (*ohne Liebe, Sorgfalt*) şefkatsiz; (*gefühllos*) duygusuz, katı yürekli

Lieblosigkeit <-en> *f* şefkatsizlik; (*Gefühllosigkeit*) duygusuzluk; (*Härte*) katı yüreklilik

Liebschaft <-en> *f* aşk ilişkisi

liebste(r, s) *adj* sevgili; **mein ~r Freund** sevgili dostum

Liebste(r) <-n, -n; -n> *f(m)* sevgili

liebsten *superl von* **gern**: **am ~ würde ich hierbleiben** burada kalmayı çok isterdim

Liebstöckel <-s, -> ['liːpʃtœkəl] *m o nt*

BOT selam otu
Liechtenstein <-s> ['lɪçtənʃtaɪn] *nt* Liechtenstein
Liechtensteiner(in) <-s, -; -nen> *m(f)* Liechtensteinlı
Lied <-(e)s, -er> [li:t] *nt* şarkı, türkü; **es ist immer das alte ~ mit ihm** (*fam*) onda hep aynı terane; **davon kann ich ein ~ singen** (*fam*) onun hakkında bir takım şeyler anlatabilirim **Liederbuch** <-(e)s, -bücher> *nt* şarkı kitabı
liederlich ['li:dɐlɪç] *adj* ❶ (*unordentlich*) dağınık, pasaklı; (*nachlässig*) savsak, savruk; **eine ~e Arbeit** savruk bir çalışma ❷ (*pej: unmoralisch*) ahlaksız; (*ausschweifend*) uçarı, sefih; **sie ist ein ~es Weibstück** sürtük karının biridir o
lief [li:f] *3. imp von* **laufen**
Lieferanschrift *f* teslimat adresi
Lieferant(in) <-en, -en; -nen> [lifə'rant] *m(f)* teslimatçı
lieferbar *adj* teslime hazır; (*vorrätig*) elde olan; **ein Verzeichnis der ~en Bücher** elimizdeki kitapların bir listesi
Lieferbedingungen *pl* teslimat koşulları *pl* **Lieferfrist** *f* teslim(at) süresi
liefern ['li:fɐn] *vt* ❶ (*zustellen*) teslim etmek; (*be~*) göndermek; **die bestellte Ware frei Haus ~** sipariş edilen malı eve ücretsiz teslim etmek ❷ (*beibringen*) getirmek; (*geben*) vermek; (*vorlegen*) ibraz etmek, ortaya koymak; **für etw Beweise ~** bir şey için delil irat etmek; **ich bin geliefert** (*fam*) hâlim duman, yandım
Lieferschein <-(e)s, -e> *m* COMM teslim ordinosu
Lieferung <-en> *f* ❶ (*das Liefern*) teslim; (*das Beliefern*) gönder(il)me ❷ (*Ware*) teslimat
Lieferwagen *m* kamyonet
Liege <-n> ['li:gə] *f* ❶ şezlong ❷ (*im Liegewagen*) kuşet
liegen <liegt, lag, gelegen> ['li:gən] *vi haben o sein* ❶ (*Person*) yatmak; **hart/weich ~** sert/yumuşak yerde yatmak; **im Bett ~** yatakta yatmak; **auf dem Rücken/auf dem Bauch ~** sırtüstü/yüzükoyun yatmak ❷ (*sich befinden*) olmak, bulunmak; **das Buch liegt auf dem Tisch** kitap masanın üstünde; **wo liegt München?** Münih nerede?; **an der Elbe ~** Elbe üzerinde bulunmak; **das Zimmer liegt nach Süden** oda güneye bakıyor; **das liegt auf dem Weg** bu yolun üstündedir; **es lag kein Schnee** yerde kar yoktu; **das Essen liegt mir schwer im Magen** yemek mideme oturdu; **die Preise ~ zwischen 50 und 70 Euro** fiyatlar 50 ile 70 euro civarında oynuyor; **die Betonung liegt auf der letzten Silbe** vurgu, son hecededir; **das lag nicht in meiner Absicht** bu benim niyetim değildi ❸ (*interessieren*) **Englisch liegt mir nicht** İngilizce beni çekmiyor, İngilizce'den hoşlanmam; **es liegt mir viel/nichts daran** bunun benim için çok/hiç önemi var/yok; **mir liegt nichts an dem Geld** ben parasında değilim ❹ (*abhängen*) bağlı olmak (**an/bei** -e/-e); **die Entscheidung liegt bei euch** karar sizin elinizdedir; **an wem liegt das?** bu kime bağlı(dır)?, bu kimin elindedir?; **woran liegt es?** bu, nereden ileri geliyor?, bu, neye bağlı(dır)?; **an mir soll's nicht ~** buna ben engel olmayayım; **die Schuld liegt bei dir** kabahat sende; **so wie die Dinge ~ ...** durum öyle gösteriyor ki ...
liegen|bleiben[1] *irr vi sein* (*fig*) *s.* **bleiben 2.**
liegen|bleiben[ALT2] *irr vi sein* (*Person, Schnee*) *s.* **bleiben 2.**
liegen|lassen *irr vt s.* **lassen**[2] **3.**
Liegenschaften *pl* JUR akaret
Liegesitz *m* yatar koltuk **Liegestuhl** *m* şezlong
Liegestütz <-es, -e> ['--ʃtʏts] *m* yüzükoyun yatıp bedeni kollar üzerinde esnetme
Liegewagen *m* EISENB kuşetli vagon
lieh [li:] *3. imp von* **leihen**
ließ [li:s] *3. imp von* **lassen**
liest [li:st] *3. präs von* **lesen**
Lifestyle *m* yaşam biçimi, hayat tarzı
Lift <-(e)s, -e *o* -s> [lɪft] *m* ❶ (*Fahrstuhl*) asansör ❷ (*Ski~*) telesiyej; (*Sessel~*) teleferik
Liga <Ligen> ['li:ga] *f* ❶ POL birlik ❷ SPORT lig, küme
light [laɪt] *adj* GASTR yağsız, az kalorili
Light-Produkt *nt* yağsız ürün, az kalorili ürün
Liguster *m* BOT kurtbağrı
Likör <-s, -e> [li'kø:ɐ] *m* likör
lila ['li:la] *adj* (*hell*) eflatun; (*dunkel*) vişne çürüğü
Lilie <-n> ['li:liə] *f* BOT zambak
Liliengewächse *pl* BOT zambakgiller *pl*
Liliputaner(in) <-s, -; -nen> [lilipu'ta:nɐ] *m(f)* cüce
Limit <-s, -s *o* -e> ['lɪmɪt] *nt* limit, sınır
limitieren* [limi'ti:rən] *vt* sınırlamak
Limonade <-n> [limo'na:də] *f* limonata
Limousine <-n> [limu'zi:nə] *f* limuzin
Linde <-n> ['lɪndə] *f* ıhlamur
Lindenblütentee *m* ıhlamur
lindern ['lɪndɐn] *vt* dindirmek
Linderung *f kein pl* dindirme

Lineal <-s, -e> [line'a:l] *nt* cetvel
linear [line'a:ɐ] *adj* doğrusal
Linguist(in) <-en, -en; -nen> [lɪŋgu'ɪst] *m(f)* lengüist, dil bilimci
Linguistik [lɪŋgu'ɪstɪk] *f kein pl* lengüistik, dil bilimi
linguistisch *adj* dil bilimsel
Linie <-n> ['li:niə] *f* ❶ çizgi; (*Grenz~*) çizgi; **~n ziehen** çizgi çekmek; **Briefpapier mit ~n** çizgili mektup kâğıdı ❷ (*Gürtel~*) hiza ❸ (*Reihe*) dizi, sıra, saf; **eine ~ bilden** sıraya girmek, saf bağlamak, dizilmek ❹ MIL (*Front*) cephe; (*Verteidigungs~*) hat; **in vorderster ~ stehen/kämpfen** en önde durmak/savaşmak, hücum hattında durmak/savaşmak ❺ (*Flug~*) yol, hat; (*Bus~*) hat; (*Verkehrsmittel einer bestimmten ~*) numara; **die ~ 8 fährt zum Bahnhof** 8 numara istasyona gider ❻ **in erster ~** ilk önce, her şeyden önce; **auf der ganzen ~** baştan başa; (*völlig*) tamamen ❼ hat; **auf die schlanke ~ achten** vücüt hatlarını korumak, kilosuna dikkat etmek ❽ (*Verwandtschaft*) soy; **absteigende ~** altsoy, füru; **aufsteigende ~** üstsoy, usul **Linienflug** *m* tarifeli uçuş **Linienpapier** *nt* çizgili kâğıt **Linienrichter(in)** *m(f)* SPORT yan hakem
linieren *vt* çizgi çekmek (-e)
lini(i)ert [li'ni:ɐt, lini'i:ɐt] *adj* çizgili
link [lɪŋk] *adj* (*fam: nicht vertrauenswürdig*) güvenilmez
Link *m* INFORM link, bağlantı (noktası)
linke(r, s) *adj* ❶ (*räumlich*) sol; **die ~ Seite/Hand** sol taraf/el; **die ~e Seite eines Hemdes/Stoffes/Strumpfs** gömleğin/kumaşın/çorabın ters yüzü; **~r Hand** sol elde; **zwei ~ Hände haben** (*fam*) elinden bir şey gelmemek ❷ POL sol; **der ~ Flügel einer Partei** partinin sol kanadı
Linke <-n> *f* ❶ SPORT (*Boxen*) sol; **seine ~ einsetzen** sol çıkarmak, solunu kullanmak ❷ POL sol; **die extreme ~** aşırı sol; **die gemäßigte ~** ılımlı sol ❸ (*Hand*) sol; **zu seiner ~n** solunda
linken *vt* (*fam*) aldatmak, dolandırmak
linkisch *adj* (*pej*) beceriksiz, çolpa
links [lɪŋks] **I.** *adv* sol; **~ davon** onun solunda; **nach ~** sola; **von ~ kommen** soldan gelmek; **oben/unten ~** yukarıda/aşağıda solda; **von ~ nach rechts** soldan sağa; ■**sich ~ halten** sol tarafta durmak, soldan gitmek; ■**sich ~ einordnen** sola geçmek; **~ um!** MIL sola dön!; **~ stricken** tersinden örmek; **~ stehen** POL sol olmak; **~ wählen** sol seçmek; **~ schreiben** sol elle yazmak; **etw mit ~ machen** (*fam*) bir şeyi haydi haydi yapmak, bir şeyi kolaylıkla yapmak; **jdn ~ liegen lassen** (*fam*) birine yüz vermemek, birini es geçmek; **ich weiß nicht mehr, wo rechts und ~ ist** (*fig fam*) sağımı solumu şaşırdım **II.** *präp* solunda
Linksabbiegerspur <-, -en> *f* AUTO sola dönme şeridi **Linksaußen** <-, -> ['-'--] *m* SPORT sol açık **Linksextremist(in)** *m(f)* POL aşırı solcu **linksextremistisch** *adj* POL aşırı sol **linksgerichtet** *adj* POL sol eğilimli
Linkshänder(in) <-s, -; -nen> ['-hɛndɐ] *m(f)* solak
linkshändig *adj* solak; **~e Menschen** solak insanlar; **eine Tätigkeit ~ verrichten** bir çalışmayı sol elle yapmak
Linkskurve <-n> *f* sola dönen viraj
linksradikal *adj* POL aşırı sol
linksseitig *adj* soldaki, sol yandaki; **~ gelähmt sein** sol yanı felçli olmak
Linksverkehr <-(e)s> *m kein pl* soldan trafik
Linoleum <-s> [li'no:leʊm] *nt kein pl* linolyum; (*Bodenbelag*) linolyum
Linse <-n> ['lɪnzə] *f* ❶ BOT, GASTR mercimek ❷ (*Optik*) mercek ❸ (*Kontakt~*) lens
Linsensuppe *m* GASTR mercimek çorbası
Linsenwicke *f* BOT burçak
Lippe <-n> ['lɪpə] *f* dudak; **er bringt kein Wort über die ~n** ağzından laf çıkmıyor; **an jds ~n hängen** birinin ağzının içine bakmak; **etw auf den ~n haben** bir şey dudağının ucuna gelmek **Lippenbekenntnis** *nt* (*pej*) dudak ucuyla söyleme; **ein ~ ablegen** dudak ucuyla söylemek **Lippenkonturenstift** <-(e)s, -e> *m* dudak kalemi **Lippenstift** <-(e)s, -e> *m* ruj, dudak boyası
liquid(e) [li'kvi:t] *adj* ❶ WIRTSCH (*verfügbar*) likit ❷ CHEM (*flüssig*) likit, sıvı ❸ LING akıcı; **ein ~er Laut** akıcı bir ünsüz
Liquid <-s, -e> *m*, **Liquida** <-dä, -den> *f* LING akıcı ünsüz
Liquidation *f* ❶ WIRTSCH (*Abwicklung*) likidasyon, tasfiye ❷ (*Beseitigung*) yok etme; (*Tötung*) öldürme ❸ (*Rechnung*) fatura
liquidieren* [likvi'di:rən] *vt* ❶ *a.* WIRTSCH tasfiye etmek ❷ (*berechnen*) hesaplamak; (*fordern*) istemek, talep etmek ❸ (*beseitigen*) yok etmek; (*töten*) öldürmek
Liquidität [likvidi'tɛ:t] *f kein pl* WIRTSCH likidite
Lira *f* ❶ (*türkische*) lira ❷ (*italienische*) liret
lispeln ['lɪspəln] *vi* peltek konuşmak
Lissabon <-s> ['lɪsabɔn, --'-] *nt* Lizbon
List[1] <-en> [lɪst] *f* (*Trick*) oyun, desise, entrika, hile
List[2] *f kein pl* (*Wesensart*) hilecilik; **mit ~**

und Tücke (*fam*) hile huda ile
Liste <-n> ['lɪstə] *f* liste; **auf einer ~ stehen** listede adı [*o* yazılı] olmak; **jdn auf die schwarze ~ setzen** (*fam*) birini kara listeye almak
listig *adj* hileci
Litanei <-en> [lita'naɪ] *f* REL (*katholisch*) (papaz ile cemaat arasında) karşılıklı dua; **immer dieselbe ~** (*pej*) hep aynı nakarat
Litauen <-s> ['lɪtaʊən] *nt* Litvanya
Litauer(in) <-s, -; -nen> *m(f)* Litvanyalı
litauisch *adj* Litvanyalı, Litvanya (ile ilgili); **eine ~e Frau** Litvanyalı bir kadın; **die ~e Regierung/Währungseinheit** Litvanya hükümeti/para birimi
Liter <-s, -> ['li:tɐ, 'lɪtɐ] *m o nt* litre; **zwei ~ Milch** iki litre süt
literarisch [lɪtə'ra:rɪʃ] *adj* edebî
Literat(in) <-en, -en; -nen> [lɪtə'ra:t] *m(f)* edip, edebiyatçı
Literatur <-en> [lɪtəra'tu:ɐ] *f* edebiyat, yazın **Literaturepoche** <-n> *f* edebiyat çığırı **Literaturgattung** *f* edebiyat türü **Literaturgeschichte** *f kein pl* edebiyat tarihi **Literaturkritik** *f kein pl* edebiyat eleştirisi **Literaturpreis** *m* edebiyat ödülü **Literaturwissenschaft** *f* edebiyat bilimi **Literaturzeitschrift** *f* edebiyat dergisi
literweise *adv* **etw ~ verkaufen** bir şeyi litre litre satmak; **etw ~ trinken** bir şeyi litrelerce içmek
Litfaßsäule ['lɪtfaszɔʏlə] *f* reklâm sütunu
Lithium <-s> *nt kein pl* CHEM lityum
LithografieRR <-n> *f*, **Lithographie** <-n> [litogra'fi:] *f* litografya, taş basması
litt [lɪt] *3. imp von* **leiden**
Liturgie <-n> [litʊr'gi:] *f* REL liturya
live [laɪf] *adj inv* RADIO, TV ❶ (*Sendung*) canlı ❷ (*direkt anwesend*) hazır bulunan, gelmiş olan **Live-Aufzeichnung** *f*, **Liveaufzeichnung**RR *f* RADIO, TV paket program **Live-Sendung** *f*, **Livesendung**RR *f* RADIO, TV canlı yayın
Lizenz <-en> [li'tsɛnts] *f a.* SPORT lisans; **jdm eine ~ erteilen** birine lisans vermek; **etw in ~ herstellen** lisansla üretmek **Lizenzausgabe** <-n> *f* lisans verme **Lizenzgebühr** *f* redevans
Lkw, LKW <-(s), -(s)> ['ɛlka:ve:] *m Abk von* **Lastkraftwagen** kamyon
Lob <-(e)s, -e> [lo:p] *nt* övme, övgü; **jdm ein ~ aussprechen** birini övmek; **er ist des ~es voll über dich** seni öve öve bitiremiyor
Lobby <-s> ['lɔbi] *f* lobi
Lobbyismus *m kein pl* lobicilik
Lobbyist(in) *m(f)* lobici
Lobelie *f* BOT lobelya
loben ['lo:bən] *vt* övmek, methetmek; **das lob' ich mir!** bu hoşuma gitti!; **~de Worte** övmek için söylenen sözler; **etw ~d erwähnen** bir şeyi överek dile getirmek; **man soll den Tag nicht vor dem Abend ~** (*prov*) suyu görmeden paçaları sıvamamalı
lobenswert *adj* övündürücü; (*anerkennungswert*) takdire değer
Lobgesang *m* ❶ (*zum Lob Gottes*) temcit ❷ (*fig*) **einen ~ auf jdn anstimmen** bir kimseye methiye düzmek
Lobhudelei *f* (*pej*) meddahlık, övgücülük
Lobhud(e)ler(in) *m(f)* (*pej*) meddah, övgücü
löblich ['lø:plɪç] *adj* övündürücü; (*anerkennungswert*) takdire değer
Loblied *nt* (*fig*) **ein ~ auf jdn/etw anstimmen** bir kimseye/şeye methiye düzmek **Lobrede** *f* övgü konuşması; **eine ~ auf etw halten** bir şeyi övmek için konuşma yapmak **Lobredner(in)** *m(f)* övgücü **lobrednerisch** *adj* övgücü **Lobspruch** *m* övgü; (*Gedicht*) methiye
Loch <-(e)s, Löcher> [lɔx, *pl* 'lœçɐ] *nt* ❶ (*allgemein*) delik; (*Schlag~*) çukur; (*Öffnung*) delik; (*Vertiefung, beim Golf*) delik; (*Hohlraum*) delik, kovuk; **ein schwarzes ~** ASTRON siyah delik; **jdm ein ~ in den Bauch fragen** (*fam*) birine ahret sualleri sormak, birine gereksiz ve usandırıcı sorular sormak; **Löcher in die Luft starren** (*fam*) gözü dalmak; **wie ein ~ saufen** (*fam*) çok içki içmek; **aus dem letzten ~ pfeifen** nefes nefese kalmak, pestili çıkmak ❷ (*pej fam: Wohnung*) izbelik ❸ (*fam: Gefängnis*) delik
lochen *vt* zımbalamak
Locher <-s, -> *m a.* INFORM delgeç, zımba
löcherig ['lœç(ə)rɪç] *adj* delikli
löchern ['lœçɐn] *vt* (*fam*) ahret suali sormak (-e)
Lochkarte <-n> *f* INFORM delikli kart
löchrig *adj s.* **löcherig**
Lochsäge <-n> *f* fare kuyruğu
Locke <-n> ['lɔkə] *f* bukle
locken ['lɔkən] **I.** *vt* ❶ (*Tier*) çağırmak ❷ (*anziehen*) cezbetmek, (kendine) çekmek; **jdn in eine Falle ~** birini tuzağa düşürmek **II.** *vr* ■ **sich ~** (*Haare*) bukle bukle olmak
lockend *adj* (*ver~*) cazip, çekici **Lockenwickler** *m* bigudi
locker ['lɔkɐ] *adj* ❶ (*Schraube, Knoten, Verband*) gevşek; **~ werden** (*Knoten*) gevşemek; (*Teil*) gevşemek; **~ sitzen** gevşek olmak ❷ (*Teig, Backwaren*) yumu-

şak ❸ (*Haltung*) gevşek; **etw ~ handhaben** bir şeyde gevşek davranmak ❹ (*Lebenswandel*) başıboş; **das mach' ich doch ~** (*fam*) bunu ben rahatlıkla yaparım; **ein ~es Mundwerk haben** (*fam*) gevşek ağızlı olmak, geveze [*o* boşboğaz] olmak, çenesinin bağı çözük olmak

locker|lassen *irr vi* (*fam*) **nicht ~** peşini bırakmamak **locker|machen** *vt* (*fam*) **Geld ~** kesenin ağzını açmak; **sie hat 20 Euro für mich lockergemacht** bana 20 euro verdi

lockern ['lɔkɐn] **I.** *vt* ❶ (*Schraube, Seil*) gevşetmek ❷ (*Muskeln*) gevşetmek ❸ (*Embargo*) gevşetmek **II.** *vr* ■**sich ~** ❶ (*Nagel, Schraube, Seil*) gevşemek ❷ (*Muskeln*) gevşemek

lockig *adj* bukleli, lüleli, kıvrık kıvrık

Lockvogel *m* çağırtkan; (*um Falken, Habichte zu fangen*) pırlak; (*fig*) çığırtkan

lodern ['lo:dɐn] *vi* (*Flammen*) yükselmek; **die Flammen sind zum Himmel gelodert** alevler göklere çıktı, alevler pek çok yükseldi; **ihre Augen loderten (vor Zorn)** (*fig*) (öfkeden) gözleri çakmak çakmak olmak

Löffel <-s, -> ['lœfəl] *m* ❶ (*Ess~*) kaşık; (*~ voll*) kaşık dolusu ❷ (*Hasenohren*) kulak; **schreib dir das hinter die ~!** (*fam*) bu, kulağına küpe olsun!; **den ~ abgeben** (*fam: sterben*) ölmek, ruhunu teslim etmek

Löffelbagger *m* TECH kepçeli ekskavatör **Löffelente** *f* ZOOL kaşıkçın **Löffelkraut** *nt* BOT kaşık otu

löffeln ['lœfəln] *vt* (*essen*) kaşıklamak, kaşıkla yemek; **seine Suppe ~** çorbasını kaşıklamak; **jdm eine ~** (*fam*) birine bir tane patlatmak

löffelweise *adv* kaşıklar dolusu

log [lo:k] *3. imp von* **lügen**

Logarithmen *pl von* **Logarithmus**

Logarithmentafel *f* MATH logaritma tablosu

logarithmisch *adj* MATH logaritmik

Logarithmus <-, Logarithmen> [loga'rɪtmʊs] *m* MATH logaritma

Logbuch *nt* NAUT seyir defteri

Loge <-n> ['lo:ʒə] *f* ❶ THEAT loca ❷ (*Pförtner~*) kulübe ❸ (*Freimaurer~*) loca

logieren* [lo'ʒi:rən] **I.** *vi* kalmak **II.** *vt* SCHWEIZ misafir etmek

Logik ['lo:gɪk] *f kein pl* mantık

logisch ['lo:gɪʃ] *adj* mantıki, mantıklı, mantıksal

logischerweise *adv* mantıkça, mantıken

Logistik [lo'gɪstɪk] *f kein pl* lojistik

logistisch *adj* lojistik

logo ['lɔ:go] *adj inv* (*fam*) **kommst du mit? — ist doch ~!** geliyor musun! — elbette!

Logo <-s, -s> ['lo:go] *m o nt* logo, arma

Lohn <-(e)s, Löhne> [lo:n, *pl* 'lø:nə] *m* ❶ (*Arbeitsentgelt*) ücret; (*Tages~*) gündelik; **Löhne und Gehälter** ücret ve maaşlar ❷ (*Belohnung*) ödül, mükâfat; **als ~ für ...** ... için ödül olarak **Lohnabbau** *m* ücretleri indirme, ücretlerde indirim **Lohnabrechnung** *f* ücret hesap pusulası **Lohnarbeit** *f kein pl* ücretli çalışma **Lohnausfall** <-(e)s, -fälle> *m* ücret kaybı **Lohnempfänger(in)** <-s, -; -nen> *m(f)* ücretli

lohnen ['lo:nən] **I.** *vt* ❶ (*wert sein*) değmek; **das Museum lohnt einen Besuch** o müze görülmeye değer ❷ (*be~*) **jdm etw ~** birine bir şeyi **II.** *vr* ■**sich ~** değmek; **es lohnt sich nicht, darüber zu reden** üstünde konuşmaya değmez; **es lohnt sich der Mühe** zahmete değer

löhnen ['lø:nən] *vi* (*fam*) ödemek

Lohnerhöhung *f* ücretleri artırma **Lohnfortzahlung** *f kein pl* ücret ödemeye devam etme **Lohnkosten** *pl* ücret maliyeti, işçilik **Lohnpolitik** *f* ücret politikası

Lohn-Preis-Spirale *f* WIRTSCH ücret-fiyat helezonu

Lohnsteuer <-n> *f* (ücretten kesilen) gelir vergisi **Lohnsteuerjahresausgleich** <-(e)s, -e> ['---'----] *m* (ücretten kesilen) yıllık gelir vergisi denkleştirmesi **Lohnsteuerkarte** *f* vergi kartı **Lohnstopp** *m* ücretlerin dondurulması

Loipe *f* SPORT kayak parkuru

Lok <-s> [lɔk] *f* lokomotif

lokal [lo'ka:l] *adj* lokal, yerel

Lokal <-(e)s, -e> [lo'ka:l] *nt* lokal; (*Nacht~*) kulüp; (*Kneipe*) birahane; (*Restaurant*) lokanta **Lokalanästhesie** *f* MED lokal anestezi **Lokalblatt** *nt* yerel gazete

lokalisieren* [lokali'zi:rən] *vt* yerini belirlemek (-in)

Lokalität <-en> [lokali'tɛ:t] *f* ❶ yer, mekân ❷ (*fam: Lokal*) lokal

Lokalnachrichten *pl* yerel haberler *pl* **Lokalseite** *f* (*Zeitung*) yerel haberler sayfası **Lokalsender** *m* yerel radyo

Lokativ <-s, -e> *m* LING kalma durumu, bulunma hâli, -de hâli

Lokomotive <-n> [lokomo'ti:və] *f* lokomotif **Lokomotivführer(in)** <-s, -; -nen> *m(f)* makinist

Lokus <- *o* -ses, - *o* -se> ['lo:kʊs] *m* (*fam*) yüz numara, tuvalet

Lolli <-s, -s> ['lɔli] *m* lolipop

London <-s> ['lɔndɔn] *nt* Londra

Londoner(in) <-s, -; -nen> *m(f)* Londralı
Look <-s, -s> [lʊk] *m* (*Aussehen*) görünüş; (*Mode*) moda; **einen neuen ~ kreieren** yeni moda yaratmak
Looping <-s, -s> ['lu:pɪŋ] *m o nt* AERO takla
Lorbeer <-s, -en> ['lɔːɐbeːɐ] *m* defne; **sich auf seinen ~en ausruhen** (*fam*) bir başarıdan sonra yan gelip yatmak **Lorbeerblatt** *nt* defne yaprağı **Lorbeergewächse** *pl* BOT defnegiller *pl* **Lorbeerkranz** *m* defne yapraklarından yapılmış çelenk
Lord <-s, -s> [lɔrt] *m* lord
Lordschaft *f* lordluk
los [lo:s] **I.** *adj* ❶ (*nicht befestigt*) **der Knopf ist ~** düğme kopmuş; **der Hund ist ~** köpek bağlı değil ❷ (*locker*) gevşek; **jdn/etw ~ sein** bir kimseden/şeyden kurtulmuş olmak; **ich bin mein ganzes Geld ~** bütün param gitti ❸ (*geschehen*) **~ sein** olmak; **es ist nichts ~** hiçbir şey yok; **was ist ~ mit ihm?** onun nesi var?; **mit dem ist heute nichts ~** bugün hiç keyfi yok; **in Antalya ist abends viel ~** Antalya'da akşamları gidilecek çok yer var; **was ist (hier) ~?** (burada) ne oluyor?; **wenn ihr heute nicht rechtzeitig kommt, dann ist was ~!** (*fam*) bugün vaktinde gelmezseniz, o zaman görürüsünüz ne olacağını! **II.** *adv* ❶ (*schnell*) çabuk; **~!** haydi!; **Achtung, fertig, ~!** dikkat, yerlerinize, başlayın! ❷ (*fam: weg*) **sie sind schon ~** gittiler bile ❸ (*geschehen*) **jdn/etw ~ sein** bir kimseden/şeyden kurtulmuş olmak
Los <-es, -e> [lo:s] *nt* ❶ (*für Entscheidung*) kura; **etw durch das ~ entscheiden** bir şeye kura yoluyla karar vermek; **das ~ ist auf mich gefallen** kurada ben kazandım ❷ (*Lotterie~*) bilet; **das große ~ ziehen** (*a. fig*) piyango vurmak ❸ (*geh: Schicksal*) kader, kısmet
lösbar *adj* ❶ (*Aufgabe*) çözümü olan, çözülebilir, halledilebilir; **ein schwer ~es Problem** çözülmesi güç bir problem ❷ (*löslich*) çözünür, erir
los|binden *irr vt* çözmek **los|brechen** *irr* **I.** *vt* koparmak **II.** *vi sein* (*Gelächter*) kopmak; (*Gewitter, Sturm*) çıkmak, kopmak
Löschblatt *nt* kurutma kâğıdı
löschen ['lœʃən] **I.** *vi* (*Brand*) yangın söndürmek **II.** *vt* ❶ (*Licht, Feuer*) söndürmek; (*Durst*) gidermek ❷ (*Tonband*) *a.* INFORM silmek ❸ (*Konto*) kapamak; (*Schuld*) itfa etmek, ödemek ❹ JUR, ADMIN (*Eintragung*) terkin etmek ❺ NAUT boşaltmak
Löschfahrzeug *nt* itfaiye aracı **Löschmannschaft** *f* itfaiye ekibi, yangın söndürme ekibi **Löschpapier** *nt* kurutma kâğıdı **Löschtaste** *f* INFORM silme tuşu
Löschung <-en> *f* ❶ sil(in)me ❷ söndür(ül)me ❸ JUR (*der Schuld*) itfa, öde(n)me ❹ JUR, ADMIN (*des Eintrags*) terkin ❺ NAUT (*Entladung*) boşaltma
lose ['lo:zə] *adj* ❶ (*Seil, Knoten*) gevşek, çözük ❷ (*unverpackt*) açık; (*stückweise*) parçalar hâlindeki; **~ Blätter** tek tek yapraklar; **ein ~s Mundwerk haben** (*fam*) ağzı bozuk olmak
Lösegeld <-(e)s, -er> *nt* fidye, kurtulmalık
Lösemittel *nt* çözücü
losen ['lo:zən] *vi* kura çekmek; **um die Eintrittskarten ~** giriş biletleri için yazı tura atmak
lösen ['lø:zən] **I.** *vt* ❶ (*abtrennen*) ayırmak (**von/aus** -den/-den), sökmek (**von/aus** -den/-den) ❷ (*losmachen*) çözmek; (*lockern*) gevşetmek; (*Schraube*) gevşetmek; (*Knoten*) çözmek; (*Verspannung*) yumuşatmak; **die Handbremse ~** el frenini çözmek ❸ (*Aufgabe, Rätsel*) çözmek; (*Geheimnis*) çözmek; (*Problem*) çözmek, halletmek ❹ (*Verbindung*) kesmek; (*Ehe*) boşan(dır)mak; (*Vertrag*) bozmak, feshetmek ❺ (*Eintritts-, Fahrkarte*) almak ❻ (*zergehen lassen*) eritmek (**in** -de) **II.** *vr* ■**sich ~** ❶ (*abgehen*) çıkmak (**von** -den) ❷ (*Schraube*) gevşemek; (*Husten, Krampf*) geçmek ❸ (*sich klären*) hallolmak, çözümlenmek ❹ (*sich frei machen*) bağlarını koparmak (**aus/von** -den/-den); (*sich trennen*) ayrılmak (**von** -den); **sie löste sich aus seiner Umarmung** kollarının arasından kendini kurtardı ❺ (*Schuss*) elinde patlamak ❻ (*zergehen*) çözülmek (**in** -de)
los|fahren ['lo:s-] *irr vi sein* yola çıkmak; (*Fahrzeug*) harekete geçmek; **auf jdn ~** birinin üstüne yürümek **los|gehen** *irr vi sein* ❶ (*weggehen*) gitmek; **lass uns endlich ~!** gidelim artık! ❷ (*fam: anfangen*) başlamak; **gleich geht's los** hemen başlıyor, şimdi başlayacak; **geh los mit deiner ewigen Fragerei!** (*fam*) ahret suallerinle canımı sıkma! ❸ (*Schuss*) atılmak; (*Gewehr*) patlamak, ateş almak; **das Gewehr ging plötzlich los** tüfek birdenbire ateş aldı ❹ (*angreifen*) saldırmak (**auf** -e), üstüne yürümek (**auf** -in) ❺ (*abgehen*) kopmak; **der Knopf ist abgegangen** düğme koptu
los|kaufen *vt* fidye ödeyerek kurtarmak
los|kommen *irr vi sein* (*fam*) ❶ (*wegkommen*) kaçmak; **ich hatte so viel zu tun,**

dass ich nicht eher loskam o kadar işim vardı ki, daha önce kaçamadım ❷ (*sich befreien*) kurtulmak (**von** -den); (*von Alkohol, Drogen*) kurtulmak (**von** -den)

los|lachen *vi* kahkahayı basmak

los|lassen *irr vt* ❶ (*nicht mehr festhalten*) bırakmak, salıvermek; **die Frage/das Problem lässt mich nicht mehr los** o soru/sorun beni artık rahat bırakmıyor, o soru/sorun beni sürekli düşündürüyor ❷ (*Hund*) salmak (**auf** üstüne) ❸ (*fam*) **einen Fluch ~** küfür savurmak

los|legen *vi* (*fam*) başlamak; **ihr könnt sofort ~!** hemen başlayabilirsiniz!; **na, leg schon mal los** e, bir anlat bakalım

löslich ['lø:slɪç] *adj* çözünür (**in** -de), erir (**in** -de)

los|lösen *vt, vr* ■ **sich ~** kopmak (**von** -den) **los|machen** **I.** *vt* (*fam*) çözmek, ayırmak; (*befreien*) kurtarmak **II.** *vr* ■ **sich ~** (*fam*) bağlarını koparmak (**aus/von** -den/-den); (*sich trennen*) ayrılmak (**von** -den); (*von Verpflichtungen*) kendini kurtarmak (**von** -den) **los|reißen** *irr* **I.** *vt* koparmak **II.** *vr* ■ **sich ~** ayrılmak; **er konnte sich nicht von dem Anblick ~** o manzaradan gözlerini alamadı

los|rennen *irr vi sein* koşmaya başlamak (**auf** -e)

Löss[RR] <-es, -e> [lœs] *m,* **Löß** <-es, -e> [lø:s] *m* GEO lös

los|sagen *vr* ■ **sich ~** vazgeçmek (**von** -den)

los|schicken *vt* yollamak

Losstrauch *m* BOT kısmet ağacı

Losung <-en> ['lo:zʊŋ] *f* ❶ (*Motto*) parola ❷ MIL parola ❸ (*vom Wild*) dışkı, pislik

Lösung <-en> ['lø:zʊŋ] *f* ❶ çözme, çözümlenme, çözülme, hallol(un)ma; (*Ergebnis*) çözüm (**von** -den); **eine ~ des Problems versuchen** problemi çözmeye çalışmak; **die ~ des Problems ist schwierig** problemin çözülmesi zor; **eine ~ für das Problem finden** probleme bir çözüm bulmak ❷ (*Los~*) kopma (**von** -den) ❸ CHEM, PHYS (*Flüssigkeit*) eriyik; (*Auf~*) çözelti (**in** -de); **eine basische ~** alkalik eriyik

Lösungsmittel *nt* çözücü

Losverfahren *nt* kura usulü

los|werden *irr vt sein* ❶ (*Person, Erkältung*) kurtulmak (-den); (*Arbeit*) başından atmak; **jdn ~** birini başından savmak; **den Gedanken nicht ~, dass ...** ... olduğu aklından çıkmamak ❷ (*fam: verlieren*) kaybetmek, yitirmek ❸ (*fam: verkaufen*) satmak, elinden çıkarmak

Lot <-(e)s, -e> [lo:t] *nt* ❶ ARCH çekül, şakul; **etw wieder ins** (**rechte**) **~ bringen** bir şeyi yeniden peresesine getirmek; (**nicht**) **im ~ sein** (*Person*) sağlığı yerinde ol(ma)mak; (*Sache*) sağlam ol(ma)mak ❷ NAUT iskandil ❸ PHYS çekül ❹ MATH dikme; **auf eine Gerade das ~ fällen** MATH bir doğruya dikme indirmek

loten ['lo:tən] *vt* ❶ ARCH şakullemek, çekülle düşey doğrultusuna bakmak (-in) ❷ NAUT iskandil etmek

löten ['lø:tən] *vt* TECH lehimlemek

Lotion <-en> [lo'tsjo:n] *f* losyon

Lötkolben *m* TECH havya **Lötmetall** *nt* TECH lehim

Lotos *m,* **Lotosblume** *f* BOT (*Hornklee, Lotus*) lotus; (*Seerose*) nilüfer; **indische ~** Hint fulü

Lotse(in) <-n, -n; -nen> ['lo:tsə] *m(f) a.* NAUT kılavuz

lotsen *vt* kılavuzluk etmek (-e)

Lötstelle *f* TECH lehim yeri

Lotterie <-n> [lɔtə'ri:] *f* piyango, lotarya **Lotterielos** <-es, -e> *nt* piyango bileti

Lotterleben <-s> ['lɔte-] *nt kein pl* (*pej*) **ein ~ führen** sefihane yaşamak

Lotto <-s, -s> ['lɔto] *nt* lotto; (*Zahlen~*) sayısal lotto; **im ~ spielen** (sayısal) lotto oynamak; **ich habe im ~ gewonnen!** lottoda kazandım

Lötung <-en> *f* lehim; **zwei durch ~ miteinander verbundene Drähte** lehimle birbirine tutturulmuş iki tel

Lotus <-, -> ['lo:tʊs] *m* BOT lotus

Love Parade *f* Aşk Geçidi

Löwe <-n, -n> *m* ❶ ZOOL aslan; **sich in die Höhle des ~n begeben** (*fam*) doğrudan doğruya müdüre çıkmak ❷ ASTROL Aslan (burcu); **das Sternbild/der Wendekreis des ~n** Aslan burcu/dönencesi **Löwenanteil** <-(e)s, -e> *m* aslan payı **Löwenmähne** *f* aslan yelesi **Löwenmaul** *nt* BOT aslanağzı **Löwenmut** *m* aslanlık **Löwenzahn** <-(e)s> *m kein pl* BOT (*Taraxacum*) karahindiba; **gemeiner ~** (*Taraxacum officinale*) radika

loyal [lɔɪ'a:l] *adj* sadık, sadakatli; ■ **sich ~ verhalten** sadık kalmak

Loyalität [lɔɪali'tɛ:t] *f kein pl* sadakat (**gegenüber** -e)

LP <-(s)> [ɛl'pi:] *f Abk von* **Langspielplatte** uzunçalar, longpley

lt. *Abk von* **laut** gereğince, göre

Luchs <-es, -e> [lʊks] *m* ZOOL vaşak

Lücke <-n> ['lʏkə] *f* gedik, eksiklik; (*Zwischenraum*) aralık; (*Leere*) boşluk; **eine ~ füllen** boşluğu doldurmak; (*fig*) gedik kapamak

Lückenbüßer(in) *m(f)* korkuluk
lückenhaft *adj* ❶ (*mit Lücken*) aralıklı ❷ (*unvollständig*) eksik, noksan
lückenlos *adj* eksiksiz
lud [lu:t] *3. imp von* **laden**
Luder <-s, -> ['lu:dɐ] *nt* (*fam*) çirkef; (*Boxen~*) kız
Luft[1] [lʊft] *f kein pl* ❶ (*Gasgemisch, Atem~*) hava; **~ aufpumpen** hava basmak [*o* vermek]; **an die (frische) ~ gehen** açık havaya çıkmak; **die ~ aus etw** *dat* **herauslassen** bir şeyin havasını boşaltmak, bir şeyi söndürmek; **die ~ ist rein** (*fam*) ortada kimsecikler yok, tehlike yok; **es herrscht dicke ~** (*fam*) hava fena esmek; **aus etw** *dat* **ist die ~ raus** (*fam*) bir şey güncelliğini yitirmek; **sich in ~ auflösen** (*fam*) yok [*o* toz] olmak; **jdn wie ~ behandeln** (*fam*) birini hiçe saymak; **jdn an die (frische) ~ setzen** (*fam*) birini kapı dışarı etmek; **etw ist (völlig) aus der ~ gegriffen** (*fig*) bir şeyin aslı astarı olmamak ❷ (*Atem*) nefes, soluk; **nach ~ schnappen** (*fam*) soluk alamaz olmak; **die ~ anhalten** nefesini tutmak; **(tief) ~ holen** (derin) soluk [*o* nefes] almak; **keine ~ bekommen** soluk alamamak; **mir blieb vor Schreck die ~ weg** (*fam*) korkudan soluğum kesildi; **jdm die ~ zum Atmen nehmen** birine nefes aldırmamak; **von ~ und Liebe leben** (*fam*) havadan yaşamak ❸ (*fam*) **seinem Ärger ~ machen** öfkesini gidermek
Luft[2] <Lüfte> [lʊft, *pl* 'lʏftə] *f* (*Raum über dem Erdboden*) hava; **etw in die ~ sprengen** bir şeyi havaya uçurmak; **vor Freude in die ~ springen** sevinçten havalara uçmak; **das ist völlig aus der ~ gegriffen** bu tamamen uydurma; **in der ~ hängen** (*fam*) havada kalmak; **schnell in die ~ gehen** (*fig fam*) çok çabuk tepesi atmak; **ich könnte ihn in der ~ zerreißen** (*fig fam*) onu bir kaşık suda boğabilirim
Luftabwehr *f* MIL uçaksavar **Luftangriff** *m* MIL hava saldırısı **Luftballon** *m* balon **Luftbefeuchter** *m* hava nemlendirici **Luftbild** *nt* havadan çekilmiş fotoğraf **Luftblase** *f* hava kabarcığı **Luftbrücke** <-n> *f* hava köprüsü **luftdicht** *adj* hava geçirmez **Luftdruck** <-(e)s> *m kein pl* PHYS hava basıncı; METEO atmosfer basıncı
lüften ['lʏftən] *vt* ❶ (*Kleider, Zimmer*) havalandırmak ❷ (*Deckel*) kaldırmak ❸ (*Geheimnis*) ortaya çıkarmak, gün ışığına çıkarmak
Lüfter *m a.* AUTO fan
Luftfahrt *f kein pl* havacılık **Luftfahrzeug** *nt* hava aracı **Luftfeuchtigkeit** *f* METEO atmosferdeki nem **Luftfilter** *m o nt* TECH, AUTO hava süzgeci **Luftfracht** *f* kargo **Luftgewehr** *nt* ağız tüfeği, pompalı tüfek
luftig *adj* ❶ (*Kleidung*) bol ❷ (*Zimmer*) havadar, ferah
Luftikus <-(ses), -se> ['lʊftikʊs] *m* (*pej fam*) havaî, uçarı, hoppa
Luftkissenboot *nt* hoverkraft
Luftkühlung *f kein pl* TECH hava ile soğutma **Luftkurort** *m* ılıca, kaplıca **Luftlandetruppen** *pl* MIL hava indirme birlikleri **Luftlandung** *f* MIL hava indirme **luftleer** *adj* boş; **~er Raum** boşluk, vakum **Luftlinie** *f kein pl* kuş uçuşu **Luftloch** *nt* ❶ TECH hava deliği ❷ (*fam: beim Fliegen*) hava boşluğu **Luftmatratze** *f* şişirme yatak **Luftpirat(in)** *m(f)* hava korsanı **Luftpost** *f* uçak postası; **mit [*o* per] ~** hava yolu ile, uçakla **Luftpumpe** *f* hava pompası **Luftraum** <-(e)s, -räume> *m* hava sahası **Luftrecht** *nt kein pl* JUR hava hukuku **Luftröhre** *f* ANAT soluk borusu **Luftschicht** *f* METEO hava katmanı **Luftschiff** *nt* hava gemisi **Luftschlange** *f* serpantin **Luftschloss**[RR] *nt* (*fig*) **Luftschlösser bauen** yedi kubbeli hamam kurmak, çoban kulübesinde padişah rüyası görmek **Luftschutzbunker** *m* MIL sığınak **Luftsprung** *m* sıçrama; **vor Freude einen ~ machen** sevincinden havaya fırlamak **Luftstrom** *m* hava akımı **Luftstützpunkt** *m* MIL hava üssü **Lufttemperatur** *f* METEO hava sıcaklığı
Lüftung <-en> ['lʏftʊŋ] *f* havalandırma **Lüftungsklappe** *f* hava kapağı **Lüftungsschacht** *m* baca
Luftveränderung *f* hava değişimi **Luftverkehr** *m kein pl* hava (yolu) ulaşımı **Luftverschmutzung** *f kein pl* hava kirlenmesi **Luftwaffe** *f* MIL hava kuvvetleri *pl*
Luftwechsel *m* hava değişimi
Luftweg[1] <-(e)s, -e> *m* (*Atemwege*) solunum yolları *pl*
Luftweg[2] <-(e)s> *m kein pl* (*im Gegensatz zum Landweg*) hava yolu; **auf dem ~** hava yolu ile
Luftwiderstand *m* hava direnci **Luftzufuhr** *f* hava girişi **Luftzug** <-(e)s, -züge> *m* kurander, cereyan; (*Luftstrom*) hava akımı
Lüge <-n> ['ly:gə] *f* yalan, kıtır; **eine faustdicke ~** kuyruklu [*o* katmerli] bir yalan; **jdm eine ~ aufbinden** birine yalan yutturmak; **jdm ~n auftischen** (*fam*) birine palavra atmak; **jdn ~n strafen** birinin yalanını ortaya çıkarmak, birinin yala-

nını yüzüne vurmak; **etw ~n strafen** bir şeyin yalan olduğunu ortaya çıkarmak; **~n haben kurze Beine** (*prov*) yalancının mumu yatsıya kadar yanar

lügen <lügt, log, gelogen> ['ly:gən] *vi* yalan söylemek, yalan atmak; **er lügt wie gedruckt** (*fam*) bal gibi yalan söylüyor

Lügendetektor <-s, -en> *m* yalan makinesi **Lügengeschichte** <-n> *f* martaval

lügenhaft *adj* yalan, uydurma

Lügner(in) <-s, -; -nen> ['ly:gnɐ] *m(f)* yalancı

lügnerisch ['ly:gnərɪʃ] *adj* (*pej*) yalancı

Luke <-n> ['lu:kə] *f* ❶ (*Dach~*) (tepe) cam(ı) ❷ (*Schiffs~*) lombar

lukrativ [lukra'ti:f] *adj* kârlı

Lulatsch <-(e)s, -e> ['lu:la(:)tʃ] *m* (*fam*) **ein langer ~** sırık gibi adam

Lümmel <-s, -> ['lʏməl] *m* (*pej*) yaramaz; (*Kerl*) herifçioğlu

Lump <-en, -en> [lʊmp] *m* (*pej*) alçak (herif)

lumpen *vi* (*fam*) **sich nicht ~ lassen** pintilik etmemek

Lumpen <-s, -> ['lʊmpən] *m* ❶ (*Stofffetzen*) paçavra ❷ DIAL (*Putzlappen*) bez **Lumpenhändler(in)** *m(f)*, **Lumpensammler(in)** *m(f)* paçavracı

lumpig *adj* ❶ (*pej: niederträchtig*) alçak ❷ (*zerlumpt*) yırtık pırtık, pejmürde ❸ (*pej fam: geringfügig*) **~e zehn Euro** on eurocuk

Lunch <-(e)s *o* -, -(e)s *o* -e> [lantʃ] *m* hafif öğle yemeği

Lunge <-n> ['lʊŋə] *f* ANAT akciğer; **sich** *dat* **die ~ aus dem Hals schreien** (*fam*) avaz avaz bağırmak **Lungenbläschen** <-s, -> *nt* MED akciğer keseciği **Lungenentzündung** *f* MED zatürree **Lungenfell** *nt* MED akciğer zarı, plevra

Lungeninfarkt *m* MED akciğer enfarktüsü **lungenkrank** *adj* akciğer hastası **Lungentuberkulose** *f kein pl* MED akciğer veremi **Lungenzug** <-(e)s, -züge> *m* **einen ~ machen** ciğerlerine çekmek

lungern ['lʊŋɐn] *vi* (*fam*) avare dolaşmak, sürtmek

Lunte <-n> ['lʊntə] *f* ❶ HIST (*Zündschnur*) funya ❷ (*Schwanz des Fuchses*) tilki kuyruğu; **~ riechen** (*fam: Verdacht schöpfen*) kokusunu almak (-in); (*Gefahr wittern*) tehlike sezmek; **die ~ ans Pulverfass legen** fitil vermek

Lupe <-n> ['lu:pə] *f* büyüteç; **jdn/etw unter die ~ nehmen** (*fam*) bir kimseyi/şeyi gözden geçirmek

Lupine *f* BOT acı bakla

Lurch <-(e)s, -e> [lʊrç] *m* ZOOL amfibyum, iki yaşayışlı hayvan

Lust[1] <Lüste> [lʊst, *pl* 'lʏstə] *f* (*geh: sexuelles Verlangen*) şehvet, cinsel istek; (*Wollust*) şehvet, kösnü; **~ auf jdn/etw** bir kimseye/şeye istek [*o* şehvet] duymak

Lust[2] *f kein pl* ❶ (*Verlangen*) heves, istek, şevk; **zu etw** *dat* [*o* **auf etw**] **~ haben** bir şeye hevesi olmak, bir şeyi canı istemek; **die ~ an etw** *dat* **verlieren** bir şeye hevesi kaçmak [*o* kalmamak], bir şeyden soğumak; **hast du ~?** hevesin var mı?, canın istiyor mu?; **ich habe keine ~** hevesim yok; **mach, wie du ~ hast** nasıl hevesin varsa öyle yap, canın nasıl isterse öyle yap ❷ (*Vergnügen, Genuss*) keyif, zevk, haz; **nach ~ und Laune** keyfine göre; **es ist eine (wahre) ~, ihm zuzusehen** onu seyretmek insana (gerçekten) haz [*o* zevk] veriyor; **etw aus ~ und Liebe tun** bir şeyi zevkle ve istekle yapmak

Luster <-s, -> *m* ÖSTERR (*Kronleuchter*) avize

Lüster <-s, -> *m* ❶ (*Stoff, Glanzüberzug*) parlak kumaş ❷ (*Kronleuchter*) avize

lüstern ['lʏstɐn] *adj* (*geh*) şehvetli, kösnüllü

Lustgefühl <-(e)s, -e> *nt* heves; (*Wollust*) şehvet duygusu

lustig ['lʊstɪç] *adj* ❶ (*vergnügt*) neşeli ❷ (*belustigend*) eğlenceli; (*komisch*) komik, güldürücü; **sich über jdn/etw ~ machen** bir kimseyi/şeyi alaya almak; **du bist vielleicht ~!** (*iron*) çok komiksin!; **das wird ja immer ~er!** (*iron*) bun işin sonu iyi değil!

Lüstling <-s, -e> ['lʏstlɪŋ] *m* (*pej*) zampara

lustlos *adj* (*Person*) şevksiz, isteksiz, hevessiz

Lustmolch *m* (*fam*) seks manyağı **Lustmord** *m* seks cinayeti, şehveti tatmin için adam öldürme **Lustschloss**[RR] *nt* yazlık köşk **Lustspiel** *nt* THEAT güldürü, komedi **lustvoll** *adj* (*geh*) keyifli

lutschen ['lʊtʃən] *vi, vt* emmek; **am Daumen ~** başparmağını emmek

Lutscher <-s, -> *m* ❶ (*Süßigkeit*) bonbon; (*kugelförmig*) lolipop ❷ (*fam: Schnuller*) emzik

Luv <-> *f* NAUT orsa, rüzgâr üstü; **der Bug des Schiffes dreht nach ~** geminin başı orsaya kaçıyor

luven *vi* NAUT orsalamak

Luxemburg <-s> ['lʊksəmbʊrk] *nt* Lüksemburg

Luxemburger(in) <-s, -; -nen> ['lʊksəmbʊrgɐ] *m(f)* Lüksemburglu

luxemburgisch *adj* Lüksemburg (ile

ilgili), Lüksemburglu; **~e Frauen/Männer** Lüksemburglu kadınlar/erkekler; **die ~e Regierung** Lüksemburg hükümeti

luxuriös [lʊksuri'øːs] *adj* lüks

Luxus <-> ['lʊksʊs] *m kein pl* lüks; **im ~ leben** lüks içinde yaşamak **Luxusartikel** *m* lüks eşya *pl* **Luxusausführung** *f* lüks model **Luxusausgabe** *f* TYPO lüks baskı **Luxushotel** *nt* lüks otel **Luxusklasse** *f* lüks mevki

Luzern <-s> [lu'tsɛrn] *nt* Lüsern

Luzifer <-s> ['luːtsifɐ] *m* şeytan, iblis

LW [ɛl'veː] PHYS, RADIO *Abk von* **Langwelle** uzun dalga

lymphatisch *adj* MED lenfatik

Lymphe <-n> ['lʏmfə] *f* MED lenf, ak kan

Lymphknoten *m* ANAT lenf boğumu, lenf düğümlenmesi **Lymphknotenentzündung** *f* MED ak kan yangısı

Lymphozyt <-en, -en> *m* MED lenfosit

lynchen ['lʏnçən] *vt* linç etmek

Lynchjustiz *f* linç (usulü)

Lyra *f* MUS lir

Lyrik ['lyːrɪk] *f kein pl* lirik

Lyriker(in) <-s, -; -nen> ['lyːrikɐ] *m(f)* lirik şair

lyrisch *adj* lirik

Mm

M, m <-, -> [ɛm] *nt* M, m; ~ **wie Martha** Muş'un me'si

m *Abk von* **Meter** m (*metre*)

MA *Abk von* **Mittelalter** Orta Çağ

Mäander <-s> *m* GEO Menderes

Machart <-en> *f* yapılış

machbar *adj* yapılabilir

Machbarkeit *f* yapılabilirlik, uygulanabilirlik, fizibilite

Mache ['maxə] *f kein pl* ❶ (*pej fam: Vortäuschung*) gösteriş; **das ist nichts als ~** bu gösterişten başka bir şey değil ❷ (*fam*) **etw in der ~ haben** bir şeyle uğraşıyor olmak

machen ['maxən] **I.** *vt* ❶ (*tun*) yapmak, etmek; **eine Bemerkung ~** bir söz etmek; **einen Spaziergang ~** gezinti yapmak, yürüyüşe çıkmak; **er macht mir den Garten** benim için bahçeyi yapıyor; (*Kräuter*) ufalamak; **ich will es kurz ~** kısa keseceğim; **wird gemacht!** yapılacak!; **gut gemacht!** iyi yaptın!; **ein Spiel ~** maç yapmak; ■ **das lässt sich ~** bu yapılabilir; **was soll man ~?** ne yapalım?; **da ist nichts zu ~** yapılacak bir şey yok; **was ~ Sie beruflich?** meslek olarak ne yapıyorsunuz?; **was macht dein Bruder?** ağabeyin [*o* erkek kardeşin] ne yapıyor?; **lass mich nur ~!** bırak da ben yapayım!; **mach's gut!** (*fam: Abschiedsgruß*) eyvallah!; **warum lässt du das mit dir ~?** niçin bunu kendine yaptırtıyorsun?; **er wird es nicht mehr lange ~** (*fam: sterben*) günleri sayılı; **nun mach schon!** (*fam: beeilen*) haydisene!; **mach, dass du wegkommst!** (*fam*) çek arabanı!; **ins Bett/in die Hose ~** (*fam*) yatağa/donuna yapmak ❷ (*herstellen*) yapmak; (*anfertigen*) yapmak; (*Speisen*) hazırlamak; (*Licht*) yakmak; **ein Foto ~** fotoğraf çekmek; **sie ließ sich beim Friseur/von einer Freundin die Haare ~** kuaföre/kız arkadaşına saçlarını yaptırdı; **dafür ist er wie gemacht** onun için biçilmiş kaftan ❸ (*Lärm*) yapmak; **Eindruck ~** izlenim bırakmak; **einen Fleck auf etw ~** bir şeyin üzerini leke etmek; **macht nichts!** (*fam*) ziyanı yok!, fark etmez!; **was macht das schon?** bu ne fark eder ki? ❹ (*in einen Zustand versetzen*) **das macht mich nervös/verrückt** bu beni sinir/deli ediyor; **das Kleid macht (sie) alt** bu giysi onu ihtiyarlaştırıyor [*o* yaşlı gösteriyor]; **jdm etw leicht ~** birine bir şeyde kolaylık göstermek; **jdm das Leben zur Hölle ~** birinin hayatını zehir etmek; **Joggen macht fit** jogging insanı zindeleştirir ❺ (*fam: kosten*) tutmak; **was macht das?** bu, ne tutuyor? ❻ (*fam: ergeben*) etmek; **das macht zusammen 14** bunlar, birlikte 14 eder, hepsi 14 eder **II.** *vr* ■ **sich ~** ❶ (*sich in einen Zustand versetzen*) **sich hübsch ~** süslenmek; **sich lächerlich ~** maskara olmak, kendini gülünç duruma düşürmek; **sich lustig ~** eğlenmek (**über** ile), alaya almak (**über** -); **sich beliebt ~** kendini sevdirmek (**bei** -e); **sich verständlich ~** derdini anlatmak; **~ Sie sich's bequem!** rahatınıza bakın! ❷ (*fam: gedeihen*) büyümek ❸ (*passen*) **sich gut ~** iyi durmak ❹ (*beginnen*) **sich an die Arbeit ~** iş başı yapmak; **sich auf den Weg ~** yola koyulmak ❺ (*sich bereiten*) **~ Sie sich nur keine Umstände wegen mir!** benim yüzümden zahmet etmeyiniz!; **sich** *dat* **falsche Hoffnungen ~** boşuna umutlanmak ❻ (*fam*) **sich** *dat* **nichts aus etw ~** bir şeyi hiç umursamamak; **sie macht sich nichts aus Eis** dondurmadan hoşlanmaz

Machenschaften *pl* (*pej*) entrikalar *pl*, oyunlar *pl*

Macher(in) *m(f)* yapıcı

Macho <-s, -s> ['matʃo] *m* (*fam*) maço

Macht[1] <Mächte> [maxt, *pl* 'mɛçtə] *f* (*Staat*) devlet, güç; **geheime Mächte** gizli güçler

Macht[2] *f kein pl* iktidar, kudret; (*Kraft*) güç; **aus eigener/mit aller ~** kendi/bütün gücüyle; **wir tun alles, was in unserer ~ steht** elimizden geleni yapıyoruz; **es liegt in deiner ~, die Zustände zu ändern** durumu değiştirmek senin elindedir; **~ über jdn haben** birine sözü geçmek; **an die ~ kommen/gelangen** iktidara gelmek; **die ~ ergreifen/an sich reißen** iktidarı ele almak/geçirmek

Machtergreifung <-en> *f* POL iktidarı ele geçirme **Machtfrage** *f* POL iktidar meselesi **Machthaber(in)** <-s, -; -nen> *m(f)* POL iktidar sahibi, güç sahibi

mächtig ['mɛçtɪç] **I.** *adj* ❶ (*machtvoll*) güçlü; **einer Sprache ~ sein** (*geh*) bir dili bilmek ❷ (*sehr groß*) muazzam, koskoca **II.** *adv* (*sehr*) ■ **sich ~ anstrengen** çok gayret etmek; **~ viel** pek çok

Machtkampf *m* POL post kavgası

machtlos *adj* güçsüz, iktidarsız; **~ gegen etw sein** bir şeye gücü yetmemek

Machtlosigkeit *f kein pl* güçsüzlük, iktidarsızlık
Machtmissbrauch[RR] <-(e)s> *m kein pl* nüfuzu kötüye kullanma **Machtpolitik** *f* güç politikası **Machtprobe** *f* güç denemesi **Machtstellung** *f* (*eines Staates*) iktidar; (*einer Person*) mevki **Machtübernahme** *f* POL iktidara gelme **machtvoll** *adj* güçlü **Machtwechsel** *m* POL iktidarın değişmesi **Machtwort** <-(e)s, -e> *nt* kesin söz; **ein ~ sprechen** kesin söz söylemek, sözünü geçirmek
Machwerk *nt* (*pej*) üstünkörü yapılmış iş, derme çatma eser
Macke <-n> ['makə] *f* ❶ (*Fehler*) pürüz; (*Defekt*) bozukluk ❷ (*fam*) acayiplik, tuhaflık; (*Tick*) tik; **du hast doch eine ~!** sen manyaksın!
Macker <-s, -> ['makɐ] *m* (*sl*) ❶ (*Typ*) tip ❷ (*Freund*) manita
Madagaskar <-s> [mada'gaskaːɐ] *nt* Madagaskar
Madagasse(in) <-n, -n; -nen> [mada'gasə] *m(f)* Madagaskarlı
madagassisch *adj* Madagaskarlı, Madagaskar (ile ilgili)
Mädchen <-s, -> ['mɛːtçən] *nt* ❶ (*Kind*) kız, kız çocuğu; (*Jugendliche*) genç kız ❷ (*Hausangestellte*) kız, hizmetçi kız
mädchenhaft **I.** *adj* kız gibi **II.** *adv* kız gibi
Mädchenhandel *m kein pl* kadın ticareti **Mädchenname** *m* ❶ (*Vorname*) kız adı ❷ (*vor der Heirat*) evlenmeden önceki soyadı
Made <-n> ['maːdə] *f* kurt; **wie die ~ im Speck leben** (*fam*) bolluk içinde yaşamak
madig *adj* kurtlu
madig|machen[RR] *vt* **jdm etw ~** (*fam*) birini bir şeyden tiksindirmek
Madonna [ma'dɔna] *f kein pl* Meryem Ana
Madrid <-s> [ma'drɪt] *nt* Madrid
Madrider(in) <-s, -; -nen> [ma'drɪtɐ] *m(f)* Madridli
Mafia <-s> ['mafja] *f* mafya
mag [maːk] *3. präs von* **mögen**
Magazin <-s, -e> [maga'tsiːn] *nt* ❶ (*Lager*) magazin, depo ❷ (*an Waffen*) şarjör ❸ (*Zeitschrift*) magazin ❹ (*Radio-, Fernsehsendung*) program
Magd <Mägde> [maːkt, *pl* 'mɛːkdə] *f* kız
Magen <-s, Mägen> ['maːgən, *pl* 'mɛːgən] *m* mide; **auf nüchternen ~** aç karnına; **ich habe mir den ~ verdorben** midemi bozdum; **mir knurrt der ~** midem gurulduyor; **sich** *dat* **den ~ verderben** midesini bozmak, mide fesadına uğramak; **es liegt mir wie Blei im ~** mideme oturdu; (*fig*) kurşun gibi içime çöktü; **mit leerem ~** aç karnına; **mit vollem ~** tok karınla, tok karnına **Magenausgang** *m* mide kapısı **Magenbitter** <-s, -> *m* bitter **Magengeschwür** *nt* MED mide ülseri **Magengrube** *f* mide boşluğu **Magenkatarrh** *m* mide iltihabı; (*Gastritis*) gastrit **Magenknurren** <-s> *nt kein pl* mide gurultusu **Magenkolik** <-en> *f* mide koliği **Magenkrampf** *m* mide krampı **Magenleiden** <-s, -> *nt* mide rahatsızlığı, mideden rahatsız olma **Magenmittel** *nt* mide ilacı **Magensaft** *m* mide öz suyu **Magensäure** <-n> *f* MED mide asidi **Magenschleimhautentzündung** *f* mide iltihabı; (*Gastritis*) gastrit **Magenschmerzen** *pl* mide ağrısı **Magenverstimmung** *f* mide fesadı
mager ['maːgɐ] *adj* ❶ (*Fleisch*) yağsız; (*Boden*) verimsiz ❷ (*Mensch, Tier*) cılız ❸ (*dürftig*) kıt; (*arm*) yoksul, fakir
Magermilch *f* yağsız süt **Magersucht** *f kein pl* MED zafiyet
Maghreb *m kein pl* Mağrip
maghrebinisch *adj* Mağribî
Magie [ma'giː] *f kein pl* sihir, büyü
Magier(in) <-s, -; -nen> ['maːgiɐ] *m(f)* sihirbaz, büyücü
magisch ['maːgɪʃ] *adj* sihirli, büyülü; **~ von etw** *dat* **angezogen werden** bir şeyin büyüsüne kapılmak [*o* tutulmak]
Magister <-s, -> [ma'gɪstɐ] *m* ❶ (*Universitätsgrad*) master (*üniversite diplomasıyla doktora arasındaki akademik derece*); **~ Artium** edebiyat dalında master ❷ ÖSTERR (*Apotheker*) eczacı
Magistrat[1] <-(e)s, -e> [magɪs'traːt] *m* ❶ HIST (*im alten Rom*) magistra ❷ (*Stadtverwaltung*) belediye idare kurulu
Magistrat[2] <-en, -en> *m* SCHWEIZ *hükümet memuru*
Magma <-s, Magmen> ['magma] *nt* GEO magma
magmatisch *adj* GEO magmatik, magmasal
Magnesia *f kein pl* CHEM, MED manyezi
Magnesit <-s, -e> *m* manyezit
Magnesium <-s> [ma'gneːziʊm] *nt kein pl* CHEM magnezyum
Magnesiumchlorid <-s> *nt kein pl* CHEM magnezyum klorür **Magnesiumoxyd** *nt kein pl* CHEM magnezyum oksit **Magnesiumsulfat** <-s> *nt kein pl* CHEM magnezyum sülfat
Magnet <-en *o* -(e)s, -e *o* -en> [ma'gneːt] *m* mıknatıs **Magnetband** <-(e)s, -bänder> *nt a.* INFORM manyetik bant [*o* şerit] **Magnetfeld** *nt* PHYS ❶ (*erzeugtes Kraftfeld*) manyetik alan ❷ (*Umge-*

M

bung eines Magneten) mıknatıs alanı
magnetisch *adj* manyetik; (*~ gemacht*) manyetize olmuş; **eine ~e Anziehungskraft auf jdn ausüben** biri üzerinde manyetik bir çekimi olmak
magnetisieren* [magneti'zi:rən] *vt* (*Gegenstände*) manyetize etmek, mıknatıslamak; (*Menschen*) manyetize etmek
Magnetnadel *f* mıknatıslı iğne
Magnetometer *nt* PHYS manyetometre
Magnetplatte *f* INFORM manyetik **Magnetstreifen** *m* manyetik şerit
Magnolie <-n> [ma'gno:ljə] *f* BOT manolya **Magnoliengewächse** *pl* BOT manolyagiller
Mahagoni <-s> [maha'go:ni] *nt kein pl* BOT maun **Mahagonibaum** <-s> *m* maun (ağacı), akaju **Mahagoniholz** *nt* maun (kerestesi)
Maharadscha <-s, -s> *m* mihrace
Mähdrescher <-s, -> ['mɛ:-] *m* AGR biçerdöver
mähen ['mɛ:ən] *vt* (*Getreide, Rasen*) biçmek; **mit der Sense ~** tırpanla biçmek
Mahl <-(e)s, Mähler *o* -e> [ma:l] *nt* (*geh*) yemek
mahlen <mahlt, mahlte, gemahlen> ['ma:lən] *vt* öğütmek; **wer zuerst kommt, mahlt ~** (*prov*) ilk gelen, buğdayı ilk öğütür
Mähler *pl von* **Mahl**
Mahlzeit <-en> *f* yemek (vakti); **drei ~en am Tag** günde üç öğün yemek; **~!** afiyet olsun!
Mahnbescheid *m* ödeme emri
Mähne <-n> ['mɛ:nə] *f* ❶ (*bei Tieren*) yele; (*Pferde~*) yele, perçem ❷ (*fig: bei Menschen*) uzun ve dağınık saçlar *pl*
mahnen ['ma:nən] *vt* (*erinnern*) hatırlatmak; (*warnend*) uyarmak; (*Schuldner*) protesto çekmek (-e) **Mahnmal** *nt* anıt
Mahnung <-en> *f* ❶ (*Er~*) uyarı, ihtar; **allen ~en zum Trotz** bütün uyarılara karşın, bütün ihtarlara rağmen ❷ (*Mahnschreiben*) ihtarname, ihtar yazısı, protesto
Mai <-(e)s, -e> [maɪ] *m* mayıs; *s. a.* **März**
Maifisch *m* ZOOL tirsi (balığı) **Maiglöckchen** <-s, -> ['maɪglœkçən] *nt* BOT inci çiçeği **Maikäfer** *m* ZOOL mayıs böceği
Mailand <-s> ['maɪlant] *nt* Milano
Mailänder(in) *m(f)* Milanolu
Mailbox ['mɛɪlbɔks] *f* INFORM posta kutusu
mailen *vt* maillemek, e-posta ile göndermek; **jdm etw ~** birine bir şeyi maillemek
Mailserver *m* INFORM posta sunucusu
Main <-s> [maɪn] *m* Main Irmağı
Mainz <-> [maɪnts] *nt* Mainz
Mais <-es, -e> [maɪs] *m* BOT mısır **Maisbrot** *nt* mısır ekmeği **Maiskolben** *m* mısır koçanı **Maismehl** *nt* mısır unu **Maisstroh** *nt* mısır püskülü
Majestät <-en> [majɛs'tɛ:t] *f* majeste; **Seine/Ihre ~** majesteleri
majestätisch *adj* haşmetli
Majonäse <-n> [majɔ'nɛ:zə] *f* mayonez
Major <-s, -e> [ma'jo:ɐ] *m* MIL binbaşı
Majoran <-s, -e> ['ma:joran] *m* mercanköşk
Majorität <-en> *f* çoğunluk **Majoritätsbeschluss**[RR] <-es, -schlüsse> *m*, **Majoritätsbeschluß**[ALT] *m* çoğunluk kararı
makaber [ma'ka:bɐ] *adj* meş'um, uğursuz; **makab(e)re Reden führen** meş'um şeyler söylemek
Makadam *m o nt* makadam
makadamisieren *vt* makadamlamak
Makedonien *nt* Makedonya
Makel <-s, -> ['ma:kəl] *m* (*geh*) kusur
Mäkelei [mɛ:kə'laɪ] *f kein pl* (*pej*) mızmızlanma, mızmızlık
makellos *adj* kusursuz, mükemmel
mäkeln ['mɛ:kəln] *vi* (*pej*) mızmızlanmak (**an** -e)
Make-up <-s, -s> [mɛɪk'ʔap] *nt* makyaj
Makkaroni [maka'ro:ni] *pl* makarna
Makler(in) <-s, -; -nen> ['ma:klɐ] *m(f)* tellâl, simsar; (*Immobilien~*) komisyoncu **Maklergebühr** <-en> *f* tellâl ücreti, simsariye, komisyon
Makrele <-n> [ma'kre:lə] *f* ZOOL uskumru
Makro <-s, -s> ['ma:kro] *nt* INFORM makro
makrobiotisch *adj* makrobiyotik
Makrofotografie *f* FOTO makro çekim
Makromolekül <-s, -e> *nt* CHEM makromolekül
Makrone <-n> [ma'kro:nə] *f* kurabiye; (*aus Mandeln*) badem kurabiyesi; (*aus Kokos*) Hindistan cevizli kurabiye
Makrovirus *m* INFORM makro vurüsü
mal [ma:l] *adv* ❶ MATH kere, çarpı; **zwei ~ zwei ist vier** iki kere [*o* çarpı] iki dört eder ❷ (*fam: ein Mal*) bir; **noch ~** bir daha; **erst ~** ilk kez; **denk doch ~ scharf nach!** kafanı bir işletsene! ❸ (*fam: früher*) **warst du schon ~ hier?** buraya hiç geldin mi? ❹ (*fam: irgendwann*) **besuchen Sie mich doch ~!** beni bir ziyaret edin! ❺ (*fam: verstärkend*) **sag ~, stimmt das?** söylesene, doğru mu bu?; **er hat sie nicht ~ besucht** onu bir kere olsun ziyaret etmedi; **komm ~ her!** gelsene buraya!; **zeig ~!** göstersene!, göster bakayım!
Mal[1] <-(e)s, -e> [ma:l] *nt* ❶ (*Zeitpunkt*) kez, kere, defa, sefer; **jedes ~** her defa; **jedes ~, wenn er kommt** her geldiğinde,

ne zaman gelirse; **voriges/nächstes ~** geçen/gelecek sefer; **das erste/zweite ~** ilk/ikinci defa; **Millionen ~** milyonlarca defa; **ich sage das zum letzten ~** bunu son defa söylüyorum; **ein anderes ~** başka bir defasında; **sie kam das eine oder andere ~ dorthin** bir iki kere oraya geldi; **mit einem ~** (*plötzlich*) birdenbire; **ein für alle ~** son defa olarak ❷ SPORT (*Markierung*) çizgi

Mal² <-(e)s, -e *o* Mäler> [maːl, *pl* 'mɛːlɐ] *nt* (*Wund~*) iz; (*Mutter~*) ben

Malaria [ma'laːria] *f kein pl* MED malarya, sıtma **Malariamücke** *f* anofel (türü sivrisinek)

Malaysia <-s> [ma'laɪzia] *nt* Malezya

Malaysier(in) <-s, -; -nen> [ma'laɪziɐ] *m(f)* Malezyalı

malaysisch *adj* Malezyalı, Malay

Malbuch <-(e)s, -bücher> *nt* resim kitabı

malen ['maːlən] *vt* ❶ (*allgemein*) resmini yapmak (-in); (*zeichnen*) çizmek; **ein Bild ~** resim yapmak ❷ DIAL (*anstreichen*) boyamak; **weiß ~** beyaza boyamak

Maler(in) <-s, -; -nen> *m(f)* boyacı; KUNST ressam

Malerei <-en> *f* ❶ (*Kunstgattung*) resim, ressamlık ❷ (*Gemälde*) tablo

malerisch *adj* pitoresk, resim gibi

Malheur *nt* (*fam*) aksilik; (*Unglück*) kaza

Malkasten *m* boya kutusu

mal|nehmen *irr vt* çarpmak (**mit** -le)

malochen* [ma'loːxən] *vi* (*fam*) (eşek gibi) çalışmak

Malstift *m* boya kalemi

Malta <-s> ['malta] *nt* Malta

Maltafieber *nt kein pl* MED Malta humması

Malteser(in) <-s, -; -nen> [mal'teːzɐ] *m(f)* Maltalı, Maltız **Malteserkreuz** *nt* Malta haçı

maltesisch *adj* Maltız, Malta (ile ilgili)

Maltose *f kein pl* CHEM maltoz

malträtieren* [maltrɛ'tiːrən] *vt* hırpalamak

Malve <-n> ['malvə] *f* ebegümeci **Malvengewächse** *pl* BOT ebegümecigiller *pl*

Malz <-es> [malts] *nt kein pl* malt **Malzbier** *nt* malt birası **Malzkaffee** *m* malt kahvesi

Mama <-s> ['mama] *f* (*fam*) anne

Mami <-s> ['mami] *f* anneciğim

Mammut <-s, -e *o* -s> ['mamʊt] *nt* mamut

mampfen ['mampfən] *vt, vi* (*fam*) tıkınmak

man¹ [man] *pron* (*allgemein*) insan; **~ versteht sein eigenes Wort nicht!** insan kendi söylediğini anlamıyor!; **~ kann nie wissen, wozu es gut ist** ne işe yaracağı bilinemez; **das tut ~ nicht** insan bunu yapmaz, bu yapılmaz; **~ hat mir gesagt, dass ...** bana denildi ki ...; **~ sagt, dass ...** diyorlar ki ...; **wohin ~ auch geht/sieht** insan nereye giderse gitsin/bakarsa baksın, nereye gidersen git/bakarsan bak

man² *adv* NORDD (*fam*) **lass ~ gut sein!** bırak, üstüne düşme!; **denn ~ los!** hadi artık!

Management¹ <-s> ['mɛnɪtʃmənt] *nt kein pl* (*das Leiten*) yönetim

Management² <-s, -s> *nt* (*Führungskräfte*) yöneticiler

managen ['mɛnɪtʃən] *vt* ❶ (*Künstler, Sportler*) menecerliğini [*o* menajerliğini] yapmak (-in) ❷ (*fam: bewältigen*) becermek, idare etmek; **das hat er gut gemanagt** bunu iyi becerdi [*o* idare etti]

Manager(in) <-s, -; -nen> ['mɛnɪtʃɐ, 'mɛnətʃɐ] *m(f)* menecer, menajer

manch *pron* **~ einer** bazısı, kimisi; *s. a.* **manche(r, s)**

manche(r, s) ['mançə, -çɐ, -çəs] **I.** *pron* bazı, kimi; **so ~s Mal** kimi kez, kimi zaman, kimi vakit; (*schon öfter*) çoğu zaman; **in ~m hat er Recht** bazı şeylerde haklıdır **II.** *adj* bazı; **~ von uns** bazılarımız

mancherlei ['mançɐ'laɪ] *adj inv* birtakım

manchmal ['mançmaːl] *adv* ❶ (*gelegentlich*) bazen, kimi zaman ❷ SCHWEIZ (*oft*) çoğu zaman

Mandant(in) <-en, -en; -nen> [man'dant] *m(f)* JUR müvekkil

Mandarin <-s, -e> *m* HIST mandarin

Mandarine <-n> [manda'riːnə] *f* ❶ BOT mandalina ❷ (*Frucht*) mandalina

Mandat <-(e)s, -e> [man'daːt] *nt* ❶ JUR vekâlet, vekillik; **ein ~ übernehmen** vekâlet etmek ❷ (*Abgeordnetensitz*) millet vekilliği ❸ (*im Völkerrecht*) manda

Mandatarstaat *m* mandacı, mandater devlet

Mandel <-n> ['mandəl] *f* ❶ BOT badem; **bittere/gebrannte ~n** acı/kavrulmuş badem ❷ MED (*Tonsille*) bademcik; **die ~n herausnehmen lassen** bademciklerini aldırtmak

mandeläugig *adj* badem gözlü

Mandelbaum *m* BOT badem ağacı

Mandelentzündung *f* MED bademcik iltihabı

mandelförmig [-fœrmɪç] *adj* bademsi

Mandelkern *m* badem içi **Mandelöl** *nt kein pl* badem yağı **Mandeloperation** *f* MED bademcik ameliyatı

Mandoline <-n> [mando'liːnə] *f* MUS mandolin

M

Manege <-n> [maˈneːʒə] *f* manej

Mangan <-s> [maŋˈgaːn] *nt kein pl* CHEM manganez

Mangel[1] <-s, Mängel> [ˈmaŋəl, *pl* ˈmɛŋəl] *m* (*Fehler*) ayıp, kusur; (*Unzulänglichkeit*) ayıp

Mangel[2] <-s> [ˈmaŋəl] *m kein pl* (*Fehlen*) yokluk (**an** -de), eksiklik, noksan, açık; **~ an Geld** parasızlık; **aus ~ an Beweisen freisprechen** delillerin yokluğundan beraat ettirmek; **~ haben an etw** *dat* bir şey olmamak [*o* noksan olmak]

Mangel[3] <-n> *f* (*Wäsche~*) cendere, kumaş mengenesi; **jdn in die ~ nehmen** (*fig fam*) birini cendereye sokmak

mangelhaft *adj* (*fehlerhaft*) ayıplı, kusurlu; SCHULE (*unzureichend*) zayıf, yetersiz

mangeln[1] [ˈmaŋəln] *vi unpers* (*fehlen*) yok olmak, eksik olmak; **es mangelt ihm an Selbstvertrauen** kendine güveni yoktur

mangeln[2] *vt* (*Wäsche*) cendereden geçirmek

mangelnd *adj* -sizlik; **~e Disziplin** disiplinsizlik; **wegen ~er Vorbereitung** hazırlıksızlık nedeniyle, eksik hazırlık yüzünden

mangels [ˈmaŋəls] *präp* (*form*) olmadığından dolayı, bulunmadığından dolayı

Mangelware *f kein pl* az bulunan mal, kıt mal; **~ sein** az bulunmak, kıt olmak

Mango <-s *o* -nen> [ˈmaŋgo] *f* BOT mango, Hint kirazı

Mangold <-(e)s, -e> [ˈmaŋgɔlt] *m* pazı

Manichäismus <-> *m kein pl* REL, PHILOS Maniheizm, Manicilik

Manie <-n> [maˈniː] *f* PSYCH mani

Manier <-en> [maˈniːɐ] *f* ❶ (*Art*) biçim, tarz ❷ *pl* (*Benehmen*) terbiye, görgü; **er hat keine ~en** hiç terbiyesi yok; **gute/schlechte ~en haben** terbiyesi olmak/olmamak

manierlich [maˈniːɐlɪç] *adj* terbiyeli; ■ **sich ~ benehmen** terbiyeli davranmak

Manifest <-(e)s, -e> [maniˈfɛst] *nt* ❶ manifesto ❷ NAUT (*Ladungsverzeichnis*) manifesto

Maniküre <-n> [maniˈkyːrə] *f* ❶ (*Person*) manikürcü ❷ *kein pl* (*Handpflege*) manikür; **~ machen** manikür yapmak

maniküren* *vt* manikür yapmak (-e)

Maniok <-s, -s> *m* BOT manyok

Manipulation <-en> [manipulaˈtsjoːn] *f* ❶ manipülasyon ❷ JUR tahrif, değiştirme

manipulieren* [manipuˈliːrən] **I.** *vt* ❶ güdümlemek, yönlendirmek; (*beeinflussen*) etkilemek ❷ (*verändern*) değiştirmek ❸ JUR (*verändern*) tahrif etmek, değiştirmek **II.** *vi* oynamak (**an** -le); **an dem Schloss ist manipuliert worden** bu kilitle oynanmış

manisch [ˈmaːnɪʃ] *adj a.* PSYCH manik, manyak, maniye uğramış **manisch-depressiv** *adj a.* PSYCH manik depresif

Manko <-s, -s> [ˈmaŋko] *nt* ❶ noksan, eksiklik, zaaf; (*Nachteil*) dezavantaj ❷ WIRTSCH (*Fehlbetrag*) açık

Mann <-(e)s, Männer> [man, *pl* ˈmɛnɐ] *m* ❶ erkek; (*Erwachsener*) adam; **ein junger/gestandener ~** genç/kelli felli bir adam; **ein ~, ein Wort** sözünün eri; **~ gegen ~ kämpfen** teke tek dövüşmek; **~ über Bord!** NAUT denize adam düştü!; **alle ~ an Deck!** NAUT bütün eller güverteye!; **der kleine ~** (*Mensch*) küçük adam; (*fam: Penis*) çük; **der ~ auf der Straße** (*fig*) sokaktaki adam; **ein ~ des Volkes** halk adamı; **ein gemachter ~ sein** (*fam*) köşeyi dönmüş olmak; **letzter ~** son adam; **etw an den ~ bringen** (*fam*) bir şeyi satmak; **seinen ~ stehen** kendi göbeğini kendi kesmek, kendi kanatlarıyla uçmak; **von ~ zu ~** erkek erkeğe; **mein lieber ~!** (*fam*) canım efendim!; **~, oh ~!** (*fam*) vay canına!; **mach schnell, ~!** (*fam*) çabuk ol, be adam!; **den toten ~ machen** (*fam*) suyun üstünde ölü numarası yapmak ❷ (*Ehe~*) koca, eş; **ihr verstorbener/erster ~** ölen/ilk kocası [*o* eşi]

Manna *nt kein pl* çis, kudret helvası

Männchen <-s, -> [ˈmɛnçən] *nt* ❶ (*kleiner Mann*) adamcık; **~ machen** (*von Tieren*) salta durmak; (*von Soldaten*) susta durmak; **der Hund macht ~** köpek salta duruyor ❷ ZOOL erkek

Manndeckung *f* SPORT (*Ballspiele*) adam adama savunma

Mannequin <-s, -s> [manəˈkɛ̃ː, ˈmanəkɛ̃] *nt* manken

männerlos *adj* erkeksiz **Männersache** *f* erkek işi **Männertreu** *f* BOT yavşan otu

Mannesalter *nt* erkeklik çağı; **im besten ~ sein** en iyi erkeklik çağında olmak

mannigfach [ˈmanɪçfax] *adj*, **mannigfaltig** *adj* (*geh*) envaitürlü, envaiçeşitli

Mannigfaltigkeit *f* envaiçeşit, çeşitlilik

männlich [ˈmɛnlɪç] *adj* ❶ LING eril; ZOOL, BOT erkek ❷ **das ~e Glied** erkeklik organı ❸ erkeksi

Männlichkeit *f kein pl* erkeklik

Mannsbild *nt* (*fam*) erkek

Mannschaft <-en> *f* ❶ SPORT takım ❷ NAUT, AERO mürettebat ❸ MIL erat, tim ❹ (*fam: Arbeitsteam*) ekip, takım

Mannschaftsaufstellung *f* SPORT takım

formasyonu **Mannschaftskapitän** *m* SPORT takım kaptanı **Mannschaftsspiel** *nt* SPORT takım oyunu **Mannschaftssport** *m kein pl* takım sporu

mannshoch ['-'-] *adj* adam boyu **mannstoll** *adj* (*fam*) erkekçil

Mannweib *nt* (*pej*) erkek fatma, erkek ayşe

Manometer[1] <-s, -> [mano'me:tɐ] *nt* PHYS manometre, basıölçer

Manometer[2] ['--'--] *interj* (*fam*) vay canına

Manöver <-s, -> [ma'nø:vɐ] *nt* ① (*Richtungsänderung, taktisches Vorgehen*) manevra ② MIL (*Übung*) manevra, tatbikat

manövrieren* [manø'vri:rən] **I.** *vi* manevra yapmak **II.** *vt* (*manipulieren*) güdümlemek; (*lenken*) yönlendirmek

Mansarde <-n> [man'zardə] *f* çatı katı

Manschette <-n> [man'ʃɛtə] *f* ① (*an Kleidung*) manşet ② TECH bilezik ③ (*fam*) **vor jdm/etw ~n haben** bir kimseden/şeyden (çok) korkmak **Manschettenknopf** *m* kol düğmesi

Mantel <-s, Mäntel> ['mantəl, *pl* 'mɛntəl] *m* ① (*Kleidungsstück*) palto; (*Übergangs~*) pardösü; (*Damen~*) manto; (*Regen~*) yağmurluk ② TECH kaplama, gömlek; (*vom Reifen*) dış lastik, kaplama

Manteltiere *pl* ZOOL gömlekliler *pl*

Mantisse *f* MATH mantis

manuell [manu'ɛl] *adj* elle yapılan

Manufaktur <-en> [manufak'tu:ɐ] *f* (*Erzeugnis*) el işi

Manuskript <-(e)s, -e> [manu'skrɪpt] *nt* müsvedde, yazı taslağı

Mappe <-n> ['mapə] *f* ① (*Tasche*) çanta ② (*Ordner*) klasör, blok

Mär <-en> [mɛ:ɐ] *f* masal

Marabu <-s, -s> *m* ZOOL murabut kuşu

Marabut <-(s), -(s)> *m* marabut, murabut, murabıt

Marathonlauf <-(e)s, -läufe> *m* SPORT maraton

Märchen <-s, -> ['mɛ:ɐçən] *nt* masal; **die ~ von Tausendundeiner Nacht** Binbir Gece Masalları; **erzähle mir nur keine ~!** bana masal anlatma [*o* okuma]!; **wie ein ~** masal gibi **Märchenbuch** *nt* masal kitabı

Märchenerzähler(in) *m(f)* masalcı

märchenhaft *adj* masalımsı, masal gibi

Märchenland <-(e)s> *nt kein pl* masal âlemi **Märchenprinz** <-en, -en> *m* masal prensi

Marder <-s, -> ['mardɐ] *m* sansar

Margarine <-n> [marga'ri:nə] *f* margarin

Mariendistel *f* BOT deve dikeni **Marienkäfer** [ma'ri:ən-] *m* ZOOL hanım böceği, gelin böceği

Marihuana <-s> [marihu'a:na] *nt kein pl* marihuana

Marille <-n> [ma'rɪlə] *f* ÖSTERR (*Aprikose*) kayısı

Marina <-, -s> *f* marina

Marinade <-n> [mari'na:də] *f* salamura

Marine <-n> [ma'ri:nə] *f* MIL bahriye; (*Seestreitkräfte*) deniz kuvvetleri

Marineattaché *m* deniz ataşesi **marineblau** *adj* deniz mavisi **Marinestützpunkt** *m* deniz üssü

marinieren* [mari'ni:rən] *vt* salamuraya yatırmak; **marinierter Fisch** salamura balık

Marionette <-n> [marjo'nɛtə] *f* kukla **Marionettenregierung** *f* kukla hükûmet **Marionettenspiel** *nt* kukla oyunu **Marionettenspieler(in)** <-s, -; -nen> *m(f)* kuklacı **Marionettentheater** *nt* kukla tiyatrosu

Mark[1] <-(e)s> [mark] *nt kein pl* ① (*Knochen~*) ilik; **das geht mir durch ~ und Bein** (*fig fam*) bu, iliğimi kemiğimi kuruttu ② (*Tomaten~*) salça

Mark[2] [mark] *f kein pl* HIST (*Währung*) mark; **Deutsche ~** Alman markı

Mark[3] <-, -en> [mark] *f* (*Grenzgebiet*) sınır bölgesi

markant [mar'kant] *adj* (*Gesichtszüge*) keskin; (*auffallend*) göze çarpan

Marke <-n> ['markə] *f* ① (*Herstellerzeichen*) marka ② (*Wert~, Brief~*) pul ③ (*Garderoben~*) fiş; (*Spiel~*) jeton, marka ④ (*Markierung*) işaret ⑤ (*Rekord~*) rekor; **sie hat die alte ~ um 12 Zentimeter überboten** eski rekoru 12 santimetre geçti **Markenartikel** *m* markalı mal **Markenname** *m* marka adı **Markenzeichen** *nt* marka

Marker <-s, - *o* -s> ['markɐ] *m* (*Markierstift*) markör

markerschütternd *adj* iliklere kadar geçen, insanı ürperten

Marketing <-s> ['markətɪŋ] *nt kein pl* WIRTSCH pazarlama

Markgraf *m* marki

Markgräfin *f* markiz

markieren* [mar'ki:rən] *vt* ① (*kennzeichnen*) markalamak (**mit/durch** ile/ile), işaretlemek (**mit/durch** ile/ile) ② (*fam: vortäuschen*) taslamak; **er markiert den starken Mann** erkeklik taslıyor, güçlü adamı oynuyor

Markierung <-en> *f* ① (*Vorgang*) markala(n)ma, işaretleme ② (*Zeichen*) marka, işaret

Markise <-n> [mar'ki:zə] *f* markiz

Markka *f* markka
Markstein *m* dönüm noktası
Markstück *nt* HIST bir marklık
Markt <-(e)s, Märkte> [markt, *pl* 'mɛrktə] *m a.* WIRTSCH pazar, piyasa; (*Super~*) market; **auf den ~ gehen** pazara gitmek; **der Gemeinsame ~** EU Ortak Pazar; **der schwarze ~** karaborsa; **neue Märkte erschließen** yeni pazarlar açmak
Marktanalyse *f* WIRTSCH pazar analizi **Marktanteil** *m* WIRTSCH pazar payı **Marktbude** *f* pazar standı **Marktforschung** *f* WIRTSCH pazar araştırması **Marktfrau** *f* pazarcı kadın **Markthalle** *f* hal **Marktlage** *f* WIRTSCH piyasa durumu **Marktplatz** <-es, -plätze> *m* pazar yeri **Marktpreis** *m* WIRTSCH piyasa fiyatı, rayiç fiyat **Marktstand** <-(e)s, -stände> *m* pazar standı **Marktwert** <-(e)s> *m kein pl* WIRTSCH rayiç **Marktwirtschaft** *f kein pl* WIRTSCH piyasa ekonomisi; **freie ~** serbest piyasa ekonomisi; **soziale ~** sosyal piyasa ekonomisi
Marmarameer *nt* Marmara Denizi
Marmelade <-n> [marmə'la:də] *f* marmelat; (*Konfitüre*) reçel
Marmor <-s, -e> ['marmo:ɐ] *m* mermer **Marmorblock** *m* mermer tomruğu
marmorieren* [marmo'ri:rən] *vt* KUNST ebrulamak
marmoriert [marmo'ri:ɐt] *adj* KUNST ebrulu
marmorn ['marmo:ɐn] *adj* (*aus Marmor*) mermer; (*wie Marmor*) mermer gibi
Marokkaner(in) <-s, -; -nen> [marɔ'ka:nɐ] *m(f)* Faslı
marokkanisch *adj* Fas (ile ilgili)
Marokko <-s> [ma'rɔko] *nt* Fas
Marone <-n> [ma'ro:nə] *f* (*Esskastanie*) kestane
Maronibrater *m* ÖSTERR kestaneci
Maronit(in) <-en, -en; -nen> *m(f)* Maruni
maronitisch *adj* Maruni
Maroquin *m o nt* maroken
Marotte <-n> [ma'rɔtə] *f* gariplik, tuhaflık
Mars¹ <-> [mars] *m* ASTRON Mars, Merih
Mars² [mars] *m* NAUT gabya
marsch [marʃ] *interj* ❶ MIL **vorwärts ~!** marş!; **im Laufschritt ~!** marş marş! ❷ (*fam*) marş marş; **~ ins Bett!** haydi yatağa marş marş!
Marsch¹ <-(e)s, Märsche> [marʃ, *pl* 'mɛrʃə] *m* ❶ yürüyüş; **sich in ~ setzen** yürüyüşe geçmek ❷ MUS marş
Marsch² <-en> [marʃ] *f Kuzey Denizi kıyısında verimli lığlı arazi*
Marschall <-s, Marschälle> ['marʃal, *pl* 'marʃɛlə] *m* MIL mareşal
Marschallstab *m* mareşallik asası
Marschbefehl *m* MIL yürü komutu
marschieren* [mar'ʃi:rən] *vi sein* ❶ MIL yürümek ❷ (*gehen*) yürümek
Marschmusik *f kein pl* marş müziği **Marschrichtung** *f* MIL yürüyüş yönü
Marseille *nt* Marsilya
Marsmensch *m* Marslı
Marssegel *nt* NAUT gabya yelkeni
Marter <-n> ['martɐ] *f* (*geh*) işkence
martern ['martɐn] *vt* (*geh*) işkence etmek; (*seelisch*) azap çektirmek (-e)
Marterpfahl <-(e)s, -pfähle> *m* işkence kazığı
Martini *nt* (*Getränk*) martini
Martinshorn *nt* canavar düdüğü
Märtyrer(in) <-s, -; -nen> ['mɛrtyrɐ] *m(f)* şehit
Martyrium <-s, -rien> [mar'ty:riʊm] *nt* şehitlik
Marxismus <-> [mar'ksɪsmʊs] *m kein pl* POL Marksizm
Marxist(in) <-en, -en; -nen> [mar'ksɪst] *m(f)* POL Marksist
marxistisch *adj* POL Marksist
März <-(es), -e> [mɛrts] *m* mart; **im (Monat) ~** martta; **vergangenen ~** geçen mart; **heute ist der erste ~** bugün martın biri; **Berlin, den 10. ~ 1988** Berlin, 10 Mart 1988; **am 20. ~** martın 20'sinde; **Anfang/Ende/Mitte ~** martın başında/sonunda/ortasında; **Ostern fällt dieses Jahr in den ~** paskalya bu yıl marta rastlıyor; **in diesem ~ hat es viel geregnet** bu mart çok yağmur yağdı
Marzipan <-s, -e> [martsi'pa:n, '---] *nt* badem ezmesi
Mascara *f* maskara
Masche <-n> ['maʃə] *f* ❶ (*bei Handarbeit*) ilmik, örgü; **eine ~ fallen lassen** ilmiği kaçırmak; **durch die ~n des Gesetzes schlüpfen** kanun boşluğundan yararlanmak ❷ (*fam: Trick*) oyun, numara ❸ ÖSTERR, SCHWEIZ, SÜDD (*Schleife*) fiyonk **Maschendraht** *m* gözenekli tel, kafes teli
Maschine <-n> [ma'ʃi:nə] *f* ❶ (*Näh~, Wasch~*) makine; (*Schreib~*) daktilo; **etw mit der ~ schreiben** bir şeyi daktilo ile yazmak ❷ (*Flugzeug*) uçak; **die ~ setzt zur Landung an** uçak inişe geçti ❸ (*fam: Motorrad*) motor
maschinell [maʃi'nɛl] **I.** *adj* makineli **II.** *adv* makine ile
Maschinenbau <-(e)s> *m kein pl* ❶ (*das Bauen*) makine yapımı ❷ (*Lehrfach*) makine mühendisliği **Maschinengewehr** *nt* makineli tüfek, mitralyöz

Maschinenöl *nt* makine yağı **Maschinenpistole** *f* makineli tabanca **Maschinenraum** <-(e)s, -räume> *m* makine dairesi **Maschinenschlosser(in)** *m(f)* makineci, makine ustası **Maschinenschrift** *f* daktilo yazısı **Maschinensprache** *f* INFORM makine dili **Maschinenteil** *nt* makine parçası

Maschinist(in) <-en, -en; -nen> [maʃiˈnɪst] *m(f)* makinist

Masern [ˈmaːzɐn] *pl* MED kızamık

Maske <-n> [ˈmaskə] *f* ❶ *(für das Gesicht)* maske; **die ~ fallen lassen/von sich werfen** *(fig)* maskesini atmak; **jdm die ~ vom Gesicht reißen** *(fig)* birinin maskesini kaldırmak [*o* yüzünden sıyırmak], birinin yüzünden maskeyi sıyırmak ❷ INFORM maske **Maskenball** *m* maskeli balo

Maskerade <-n> [maskəˈraːdə] *f* *(Verkleidung)* kıyafet

Maskottchen <-s, -> [masˈkɔtçən] *nt* maskot

maskulin [maskuˈliːn] *adj* erkek gibi; LING eril

Maskulinum <-s, -na> *nt* LING erillik

Masochismus *m kein pl* mazoşizm, özezerlik

Masochist(in) <-en, -en; -nen> [mazoˈçɪst] *m(f)* mazoşist, özezer

masochistisch *adj* mazoşist, özezer

maß [maːs] *3. imp von* **messen**

Maß[1] <-es, -e> [maːs] *nt* ❶ ölçü; **bei jdm ~ nehmen** birinin ölçüsünü almak; **jdn ~ nehmen** *(fam: zurechtweisen)* birine haddini bildirmek; **sich** *dat* **etw nach ~ anfertigen lassen** kendine bir şeyi diktirmek; **das ~ ist voll** işin tadı kaçtı, sabrım kalmadı; **das ~ überschreiten** ölçüyü kaçırmak; **in gewissem ~(e)** belli ölçüde; **in hohem ~e** büyük ölçüde; **in höchstem ~(e)** son derece; **über alle ~en** haddinden fazla; **das übersteigt jedes ~!** bu kadarı da fazla!; **weder ~ noch Ziel kennen** haddini bilmemek; **bei** [*o* **in**] **etw ~ halten** bir şeyde ölçülü olmak, bir şeyde haddini bilmek; **in ~en** ölçülü olarak; **mit zweierlei ~ messen** çifte standart kullanmak ❷ *(Augen~)* karar

Maß[2] <-(e)> [maːs] *f* ÖSTERR, SÜDD litre

Massage <-n> [maˈsaːʒə] *f* masaj

Massaker <-s, -> [maˈsaːkɐ] *nt* katliam, kırım

massakrieren* [masaˈkriːrən] *vt* katletmek **Maßanzug** <-s, -züge> *m* ısmarlama elbise **Maßarbeit** *f* ısmarlama iş **Maßband** <-(e)s, -bänder *o* -e> *nt* mezura, şerit metre

Masse <-n> [ˈmasə] *f* ❶ *a.* PHYS kütle, kitle; **die breite ~ der Bevölkerung** geniş halk kitleleri ❷ *(Menge)* kitle; *(große)* kütle, yığın; *(Menschen~)* kitle; *(Eis~)* kütle; *(Schnee~)* küme ❸ *(Konkurs~)* masa

Masseelektrode <-n> *f* topraklanmış elektrot

Maßeinheit *f* (ölçü) birim(i); **~ der Energie/Länge** enerji/uzunluk birimi

Massenandrang *m* izdiham **Massenarbeitslosigkeit** *f kein pl* kitlesel işsizlik **Massenartikel** *m* sıra malı **Massenbewegung** *f* kitle hareketi **Massengrab** *nt* toplu mezar

massenhaft *adj* *(fam: sehr viel)* pek çok, yığınla

Massenkarambolage *f* AUTO karambol **Massenmedium** <-s, -ien> *nt* kitle iletişim aracı; *pl* medya **Massenmord** *m* katliam, kırım **Massenproduktion** *f* seri imalât **Massensterben** *nt kein pl* kırım **Massentourismus** *m kein pl* kitle turizmi **Massenware** *f* sıra malı

massenweise *adv* yığınla

Masseur(in) <-s, -e; -nen> [maˈsøːɐ] *m(f)* masör

Masseuse <-n> [maˈsøːzə] *f* ❶ *(Prostituierte)* fahişe ❷ *(Masseurin)* masöz

maßgebend, maßgeblich **I.** *adj* *(bestimmend)* belirleyici; *(ausschlaggebend)* kesin etki yaratan, son derece önemli olan **II.** *adv* son derece önemli

maß|halten *irr vi s.* **Maß**[1] **1.**

massieren* [maˈsiːrən] *vt* ❶ *(Körper)* masajlamak, ovmak, ovuşturmak; **sich die Füße ~ lassen** ayaklarını ovdur(t)mak ❷ *(Truppen)* yığmak

massig [ˈmasɪç] **I.** *adj* *(wuchtig)* iri, kocaman; *(Mensch)* cüsseli **II.** *adv* *(fam: viel)* yığınla

mäßig [ˈmɛːsɪç] *adj* ❶ ölçülü; *(gemäßigt)* ılımlı ❷ *(mittel~)* orta

mäßigen [ˈmɛːsɪgən] **I.** *vt* *(verringern)* azaltmak **II.** *vr* ■ **sich ~** ❶ *(sich beherrschen)* kendini tutmak, kendine hâkim olmak ❷ *(Orkan)* dinmek

massiv [maˈsiːf] *adj* ❶ *(Gegenstand)* som, masif; *(stabil)* sağlam; **~es Gold** som altın; **~er Bau** kunt yapı ❷ *(fig: Kritik, Drohung)* ağır ❸ *(fig: grob)* kaba; **er wurde schließlich ~** sonunda kabalaştı

Massiv <-s, -e> [maˈsiːf] *nt* masif, kütle

Maßkrug *m* bir litrelik bira maşrapası

maßlos **I.** *adj* ölçüsüz **II.** *adv* haddinden fazla, aşırı; ■ **sich ~ ärgern** haddinden fazla öfkelenmek, son derece kızmak

Maßlosigkeit *f kein pl* ❶ *(Übermaß)* aşırılık ❷ *(ohne Maß)* ölçüsüzlük (**in** -de)

Maßnahme <-n> *f* önlem, tedbir; **~n ergreifen** önlemler almak

Maßregel *f* ❶ önlem, tedbir; **~n ergreifen** önlem almak ❷ (*Regel*) kural

maßregeln ['---] *vt* (*tadeln, rügen*) kınamak; (*strafen*) haddini bildirmek (-in), cezalandırmak

Maßstab *m* ❶ ölçüt, kıstas; (*Norm, Richtlinie*) standart, kurallaşmış ilke; **etw zum ~ nehmen** bir şeyi kıstas tutmak; **neue Maßstäbe setzen** yeni standartlar koymak ❷ (*bei Karten*) ölçek; **eine Karte im ~ 1 : 20.000** yirmi binde bir ölçeğinde bir harita, 1/20.000 ölçekli bir harita **maßstabsgerecht** *adj* ölçekli

Maßsystem *nt* ölçü sistemi; **das metrische ~** metre sistemi, metrik sistem

maßvoll *adj* ölçülü

Mast[1] <-(e)s, -e(n)> [mast] *m* ❶ NAUT direk ❷ (*Telefon~, Leitungs~*) direk; (*Fahnen~*) gönder

Mast[2] <-en> [mast] *f* (*von Tieren*) besi, semirtme

Mastdarm *m* ANAT göden bağırsağı

mästen ['mɛstən] *vt* besiye çekmek, semirtmek, semizletmek

Mäster *m* besici

Mästerei *f* ❶ *kein pl* besicilik ❷ (*Betrieb*) besihane

Masthuhn <-(e)s, -hühner> *nt* besi tavuğu, et tavuğu

Mastiff *m* mastı

Mastixstrauch *m* BOT sakız ağacı

masturbieren* [mastʊr'bi:rən] *vi* mastürbasyon yapmak

Matador *m* matador

Match <-(e)s, -s *o* -e> [mɛtʃ] *nt* SPORT maç

Material <-s, -ien> [materi'a:l] *nt* materyal, malzeme, gereç **Materialfehler** *m* malzeme kusuru

Materialismus <-> [materia'lɪsmʊs] *m kein pl* PHILOS materyalizm, maddecilik, özdekçilik

materialistisch *adj* materyalist, maddeci, özdekçi

Materialkosten *pl* malzeme masrafları *pl*

Materie[1] <-n> [ma'te:riə] *f* (*Thema*) tema, konu

Materie[2] *f kein pl a.* PHYS, CHEM madde; PHILOS özdek, madde; **Geist und ~** tin ve özdek

materiell [materi'ɛl] *adj* ❶ (*stofflich*) maddi; (*nicht spirituell*) özdeksel ❷ (*finanziell*) maddi

Mathe *f kein pl* SCHULE matematik

Mathematik [matema'ti:k] *f kein pl* matematik

Mathematiker(in) *m(f)* matematikçi

mathematisch [mate'ma:tɪʃ] *adj* matematiksel; **~e Methoden** matematiksel yöntemler

Matinee <-n> *f* matine

Matratze <-n> [ma'tratsə] *f* şilte

Mätresse <-n> [mɛ'trɛsə] *f* metres

matriarchalisch [matriar'ça:lɪʃ] *adj* anaerkil

Matriarchat <-(e)s, -e> [matriar'ça:t] *nt* anaerki

Matrikel <-n> [ma'tri:kəl] *f* ❶ (*Verzeichnis*) kütük, ana defter ❷ ÖSTERR (*Standesamt*) nüfus dairesi

Matrix <Matrizen *o* Matrizes> ['ma:trɪks, *pl* ma'tri:tsən] *f* ❶ BIOL matriks ❷ MATH (*Matrize*) matris

Matrize <-n> [ma'tri:tsə] *f* ❶ TYPO matris, dişi kalıp ❷ (*für Vervielfältigung*) matris; (*gewachstes Papierblatt*) matris kâğıdı ❸ TECH matris

Matrizen *pl von* **Matrix, Matrize**

Matrizes *pl von* **Matrix**

Matrose <-n, -n> [ma'tro:zə] *m* tayfa

Matsch <-(e)s> [matʃ] *m kein pl*, **Matsche** *f kein pl* (*fam*) ❶ (*Schlamm*) çamur ❷ (*zerdrücktes Obst*) ezme

matschig *adj* (*fam*) ❶ (*Obst*) cırtlak, vıcık; (*Schnee*) cıvık ❷ (*schlammig*) çamurlu

matt [mat] *adj* ❶ mat; (*erschöpft*) bitkin; (*schwach*) dermansız; (*müde*) yorgun ❷ (*Lichtschein*) donuk; (*Glasscheibe*) buzlu ❸ (*glanzlos*) mat, donuk; (*Farbe, Blick*) mat; (*stumpf*) donuk ❹ (*Schach*) mat; **jdn ~ setzen** birini mat etmek

Matte <-n> ['matə] *f* ❶ (*Stroh~*) hasır; (*Fuß~*) paspas ❷ SPORT minder ❸ ÖSTERR, SCHWEIZ (*Bergwiese*) dağ merası, dağ otlağı

Mattscheibe *f* buzlu cam; (*fam: Fernsehschirm*) buzlu cam, beyaz cam, ekran; **vor der ~ sitzen** ekran önünde oturmak; **~ haben** (*fig fam*) beyni bulanmak, sersem gibi olmak

Matura [ma'tu:ra] *f kein pl* ÖSTERR, SCHWEIZ olgunluk sınavı

Mauer <-n> ['maʊɐ] *f* ❶ duvar; (*zur Verteidigung*) set, sur; **die Chinesische ~** Çin Seddi ❷ SPORT (*Fußball, Handball*) baraj **Mauerblümchen** <-s, -> [-bly:mçən] *nt* (*fig fam*) dansa kaldırılmayan kız

mauern ['maʊɐn] *vi* ❶ (*bauen*) duvar örmek ❷ SPORT baraj yapmak ❸ (*zurückhaltend sein*) korkak oynamak

Mauerstein *m* duvar taşı **Mauerwerk** *nt* duvarlar *pl* **Mauerziegel** *m* tuğla

Mauke *f kein pl* (*bei Tieren*) bıcılgan

Maul <-(e)s, Mäuler> [maʊl, *pl* 'mɔʏlɐ] *nt*

❶ (*bei Tieren*) ağız ❷ (*pej fam: Mund*) ağız, çene; **jdm das ~ stopfen** birinin ağzını tıkamak, birinin çenesini kapatmak, birini susturmak; **halt's ~!** çeneni tut [*o* kapa]!; **er hat zehn Mäuler zu stopfen** onun evinde on boğaz var

Maulbeerbaum <-(e)s, -bäume> *m* BOT dut (ağacı); **Schwarzer ~** (*Morus nigra*) kara dut

Maulbeere <-n> *f* dut

Maulbeerspinner *m* ipek böceği kelebeği

maulen ['maʊlən] *vi* (*pej fam*) homurdanmak

Mäuler *pl von* **Maul**

Maulesel <-s, -> *m* katır **maulfaul** *adj* (*fam*) **~ sein** konuşmaya üşenmek **Maulheld** <-en, -en> *m* (*pej fam*) palavracı **Maulkorb** *m* ağızlık **Maultaschen** *pl* GASTR (*Teigtaschen*) mantı **Maultier** *nt* katır

Maul- und Klauenseuche *f* şap hastalığı

Maulwurf <-(e)s, -würfe> *m* ZOOL köstebek **Maulwurfsgrille** *f* ZOOL (*Gryllotalpa vulgaris*) danaburnu; (*Erdkrebs, Erdwolf*) kök kurdu **Maulwurfshaufen** *m* köstebek yuvası

Maurer(in) <-s, -; -nen> ['maʊrɐ] *m(f)* duvarcı **Maurerhandwerk** *nt kein pl* duvarcılık **Maurerkelle** *f* mala, sürgü **Maurermeister(in)** *m(f)* duvarcı ustası

Mauretanien <-s> [maʊre'ta:niən] *nt* Moritanya

Mauretanier(in) <-s, -; -nen> *m(f)* Moritanyalı

mauretanisch *adj* Moritanyalı, Moritanya (ile ilgili)

Maus <Mäuse> [maʊs, *pl* 'mɔɪzə] *f* ❶ fare, sıçan; INFORM fare ❷ *pl* (*fam: Geld*) para; **wie viel Mäuse hast du?** kaç paran var?

mauscheln ['maʊʃəln] *vi* (*pej fam*) hile yapmak

Mäusebussard *m* ZOOL şahin

Mausefalle *f*, **Mäusefalle** *f* fare kapanı **Mäusegift** *nt* fare zehiri **Mauseloch** *nt*, **Mäuseloch** *nt* fare deliği

Mauser[1] ['maʊzɐ] *f kein pl* BIOL tüy atma

Mauser®[2] *m* (*Waffe*) mavzer

mausern ['maʊzɐn] *vr* ■ **sich ~** ❶ (*Vogel*) tüy atmak ❷ (*fam: sich entwickeln*) gelişmek, olmaya başlamak (**zu** -)

mausetot *adj* (*fam*) ölmüş

Mausoleum <-s, Mausoleen> [maʊzo'le:ʊm] *nt* mozole, anıtkabir

Maut <-en> [maʊt] *f* geçmelik, geçme parası, müruriye **Mautgebühr** *f* ÖSTERR geçmelik, geçme parası

Maxima *pl von* **Maximum**

maximal [maksi'ma:l] *adj* maksimal, maksimum

Maxime <-n> [ma'ksi:mə] *f* ilke, prensip

Maximum <-s, Maxima> ['maksimʊm] *nt* maksimum

Maxirock *m* maksi etek

Mayonnaise <-n> [majɔ'nɛ:zə] *f* mayonez

Mazedonien <-s> [matse'do:niən] *nt* Makedonya

Mazedonier(in) *m(f)* Makedonyalı

Mäzen <-s, -e> [mɛ'tse:n] *m* mesen

MB [ɛm'be:] INFORM *Abk von* **Megabyte** megabayt

m. E. *Abk von* **meines Erachtens** bence, bana göre

Mechanik [me'ça:nɪk] *f kein pl* mekanik

Mechaniker(in) <-s, -; -nen> [me'ça:nikɐ] *m(f)* makinist; (*Auto~*) tamirci

mechanisch [me'ça:nɪʃ] *adj* mekanik

Mechanisierung <-en> *f* mekanizasyon

Mechanismus <-, Mechanismen> [meça'nɪsmʊs] *m* ❶ mekanizma, düzenek ❷ *kein pl* PHILOS mekanizm, mekanikçilik

Mechanist(in) *m(f)* PHILOS mekanikçi

mechanistisch *adj* PHILOS mekanikçi

meckern ['mɛkɐn] *vi* ❶ (*Ziege*) melemek ❷ (*pej fam: nörgeln*) dırlanmak, dırdır etmek (**über** -e), dırdırlanmak (**über** -le)

Medaille <-n> [me'daljə] *f* madalya; **die Kehrseite der ~** madalyanın [*o* madalyonun] ters tarafı

Medaillon <-s, -s> [medal'jõ:] *nt* ❶ (*Schmuckstück*) madalyon ❷ GASTR yuvarlak fileto

Medien ['me:diən] *pl von* **Medium**: **die ~** medya **Medienereignis** *nt* medya olayı **Medienforschung** *f kein pl* medya araştırması **Medienlandschaft** *f kein pl* medya, iletişim ortamı **Medienmogul** *m* medya imparatoru **Medienschaffende(r)** <-n, -n; -n> *f(m)* medyacı **Medienstar** *m* medya starı **Medienzar** *m* medya imparatoru

Medikament <-(e)s, -e> [medika'mɛnt] *nt* ilaç **Medikamentenmissbrauch**[RR] <-(e)s> *m kein pl* MED ilaçların kötüye kullanılması

medikamentös [medikamɛn'tø:s] *adj* MED ilaçla; **etw ~ behandeln** bir şeyi ilaçla tedavi etmek; **~e Behandlung** ilaç tedavisi

Medina <-s> *nt* Medine **Medinawurm** <-s, -würmer> *m kein pl* ZOOL, MED Medine kurdu

Meditation <-en> [medita'tsjo:n] *f* tefekkür; REL (*bei den Derwischen*) murakabe

mediterran [meditɛ'ra:n] *adj* **~es Klima**

Akdeniz iklimi

meditieren* [medi'ti:rən] *vi* tefekküre dalmak; (*tief nachdenken*) derin derin düşünmek

Medium <-s, Medien> ['me:diʊm] *nt* ❶ (*Hilfsmittel*) araç ❷ PHYS, CHEM ortam; INFORM (*Abfrage~*) ortam ❸ (*Parapsychologie*) medyum

Medizin[1] [medi'tsi:n] *f kein pl* (*Wissenschaft*) tıp, hekimlik

Medizin[2] <-en> *f* (*Medikament*) ilaç

Medizinball *m* sağlık topu

Mediziner(in) <-s, -; -nen> [medi'tsi:nɐ] *m(f)* hekim, tabip; (*Student*) tıbbiyeli, tıp öğrencisi

medizinisch *adj* tıbbî; **die ~e Fakultät** tıbbiye, tıp fakültesi; **~e Ausrüstung** sağlık malzemesi

Medizinmann *m* ❶ (*bei Naturvölkern*) büyücü ❷ (*fam: Arzt*) doktor, hekim **Medizinstudent(in)** *m(f)* tıp öğrencisi, tıbbiyeli

Meduse *f* ❶ MYTH medüz ❷ (*Qualle*) denizanası

Meer <-(e)s, -e> [me:ɐ] *nt* deniz; **das Rote ~** Kızıldeniz; **das Schwarze ~** Karadeniz; **am ~** deniz kıyısında; **ans ~ fahren** deniz kıyısına gitmek **Meeräsche** *f* ZOOL kefal **Meerbarbe** *f* ZOOL barbunya **Meerbusen** *m* körfez **Meerdrachen** *m* ZOOL fulya balığı **Meereis** <-n> *nt kein pl* deniz buzu **Meerenge** <-n> *f* boğaz **Meerengel** *m* ZOOL keler balığı

Meeresalge *f* deniz algı **Meeresarm** *m* körfez **Meeresboden** *m kein pl* deniz tabanı **Meeresfisch** *m* deniz balığı **Meeresfrüchte** *pl* GASTR deniz ürünleri *pl* **Meeresgrund** <-(e)s> *m kein pl* deniz dibi, deniz tabanı **Meereskunde** *f kein pl* deniz bilimi **Meeresleuchten** *nt kein pl* yakamoz **Meeresspiegel** *m kein pl* deniz yüzeyi; **über/unter dem ~** deniz yüzeyinin üstünde/altında **Meeresstraße** *f* (*fig: Schifffahrtsweg*) deniz yolu **Meeresströmung** *f* deniz akıntısı

Meerjungfrau *f* MYTH deniz kızı, sirer **Meerschaum** *m kein pl* lüle taşı, Eskişehir taşı **Meerschweinchen** <-s, -> *nt* ZOOL Hint domuzu, kobay **Meerspinne** *nt* ZOOL deniz örümceği **Meerwasser** <-s> *nt kein pl* deniz suyu **Meerzwiebel** *f* BOT ada soğanı

Megabyte <-(s), -(s)> ['me:gabaɪt] *nt* INFORM megabayt, megabit

Megafon[RR] <-s, -e> *nt s.* **Megaphon**

Megahertz <-, -> ['me:gahɛrts] *nt* PHYS megahertz

Megalopole *f*, **Megalopolis** *f* mega kent

Megaphon <-s, -e> [mega'fo:n] *nt* megafon

Megawatt <-s, -> *nt* PHYS megavat

Mehl <-(e)s, -e> [me:l] *nt* un; **grobes ~** kaba un

mehlig *adj* ❶ (*bemehlt*) unlu ❷ (*Geschmack*) kepekli; **~e Äpfel** kepekli elma

Mehlmotte *f* ZOOL un güvesi **Mehltau** *m* BOT mildiyu

mehr [me:ɐ] **I.** *adv komp von* **viel** fazla (**als** -den); (*vor Zahlen*) çok (**als** -den); (*vor Verben*) (daha) çok (**als** -den); **sie hat ~ gegessen als er** o, ondan çok yedi; **~ als nötig** gerekenden fazla; **~ als sie erhofft hatte** umut ettiğinden fazlası; **wir brauchen ~ Geld** daha çok paraya ihtiyacımız var; **immer ~** gittikçe; **etwas ~** biraz daha; **~ als genug** yeterinden fazla; **das ist (sogar) ~ als genug** bu yeter de artar (bile); **noch ~** daha fazla; **~ und ~**, gittikçe; **nicht ~ und nicht weniger als ...** ...den ne az ne de çok; **~ oder weniger** üç aşağı beş yukarı; **viel ~** çok daha fazla; **sie ist ~ Künstlerin als Wissenschaftlerin** bilimciden çok sanatçıdır **II.** *adv* (+ *Negation, ein Ende ausdrückend*) **nicht ~** artık; **ich habe kein Geld ~** artık param kalmadı, başka param yok; **es gab nichts ~** başka bir şey yoktu; **kein Wort ~!** başka söz yok!; **es war niemand ~ da** orada hiç kimse kalmamıştı

Mehr <-(s)> [me:ɐ] *nt kein pl* ❶ (*Überschuss*) fazla (**an** -); **ein ~ an Zeit aufwenden** fazladan vakit harcamak; **ein ~ an Kosten aufwenden** fazladan masraf yapmak ❷ SCHWEIZ (*Stimmenmehrheit*) çoğunluk, ekseriyet ❸ SCHWEIZ (*Mehrheitsbeschluss*) çoğunluk kararı **Mehrarbeit** *f kein pl* fazla çalışma **Mehraufwand** *m* (*an Geld*) ek giderler *pl,* fazla(dan yapılan) masraflar *pl*

mehrbändig [-bɛndɪç] *adj* çok ciltli

mehrdeutig ['me:ɐdɔɪtɪç] *adj* çok anlamlı

Mehrdeutigkeit *f kein pl* çok anlamlılık

mehrdimensional *adj* çok boyutlu

mehren ['me:rən] *vt, vr* ■ **sich ~** (*geh*) çoğalmak, nemalanmak

mehrere ['me:rərə] *pron* birçok, müteaddit; **~ von ihnen** onların çoğu; **sie waren zu ~n da** çoğu oradaydı

mehrfach ['me:ɐfax] **I.** *adj* **in ~er Ausfertigung** birden çok nüsha hâlinde; **er ist ~er Meister** o, defalarca şampiyon oldu **II.** *adv* birden çok, birden fazla; (*fam: mehrmals*) defalarca, birçok kere **Mehrfachsteckdose** *f* çok yuvalı priz

Mehrfamilienhaus *nt* apartman, birden çok aile barındıran ev

M

Mehrfarbendruck *m* çok renkli baskı
mehrfarbig *adj* çok renkli
Mehrheit <-en> *f* çoğunluk, çokluk, ekseriyet; **absolute ~** salt çoğunluk; **mit einer Stimme ~** bir oy çoğunlukla; **in der ~** çoğunlukta; **in der ~ sein** çoğunlukta olmak
mehrheitlich I. *adj* çoğunluk II. *adv* çoğunlukla; **der Antrag wurde ~ angenommen** önerge çoğunlukla kabul edildi
MehrheitsbeschlussRR *m* çoğunluk kararı **Mehrheitswahlrecht** <-(e)s> *nt kein pl* çoğunluk sistemi
mehrjährig *adj a.* BOT çok yıllık
Mehrkosten *pl* fazla masraflar *pl*
mehrmalig ['meːɐmaːlɪç] *adj* defalarca tekrar edilen
mehrmals ['meːɐmaːls] *adv* birçok kez, birçok kere, defalarca
Mehrparteiensystem *nt* POL çok partili sistem
Mehrphasenstrom *m* ELEK çok fazlı akım
mehrsilbig *adj* çok heceli
mehrsprachig *adj* çok dilli; (*Mensch*) çok dil bilen
mehrstimmig I. *adj* MUS çok sesli II. *adv* MUS çok sesle
mehrstöckig [-ʃtœkɪç] *adj* çok katlı
mehrstündig [-ʃtʏndɪç] *adj* birkaç saatlik
mehrtägig [-tɛːgɪç] *adj* birkaç günlük
Mehrverbrauch *m* fazla tüketim (**an** -); **der ~ an Gas/Öl** fazla gaz/yağ tüketimi
Mehrwert <-(e)s> *m kein pl* ❶ WIRTSCH artık değer ❷ (*marxistisch*) artık emek **Mehrwertsteuer** <-n> *f* WIRTSCH katma değer vergisi
mehrwöchig [-vœçɪç] *adj* birkaç haftalık
Mehrzahl *f kein pl* ❶ LING çoğul ❷ (*Mehrheit*) çoğunluk; **in der ~ der Fälle** olayların çoğunda; **wir sind in der ~** biz çoğunluktayız
mehrzellig *adj* BIOL çok hücreli, çok gözeli
meiden <meidet, mied, gemieden> ['maɪdən] *vt* (*geh*) sakınmak (-den)
Meile <-n> ['maɪlə] *f a.* NAUT mil **Meilenstein** *m* ❶ milleri gösteren taş ❷ (*fig: wichtiger Einschnitt*) kilometre taşı, dönüm noktası **meilenweit** *adj* millerce; **~ entfernt sein** millerce uzakta olmak; (*fig*) kilometrelerce [*o* çok] uzakta olmak
Meiler <-s, -> ['maɪlɐ] *m* ❶ (*Kohlen~*) torak ❷ (*Atom~*) reaktör
mein [maɪn] *pron* (*adjektivisch*) benim; **~ Haus/Freund** benim evim/dostum; **~e Damen und Herren!** bayanlar baylar!
meine(r, s) *pron* (*substantivisch*) benimki, benimkiler *pl;* **das Haus in der Mitte ist ~s** ortadaki ev benimki; *s. a.* **mein, meine, mein**
Meineid <-(e)s, -e> *m* yalan yere yemin; **einen ~ schwören** yalan yere yemin etmek
meinen ['maɪnən] *vt* ❶ demek; (*denken*) düşünmek; **was meinst du dazu?** sen buna ne diyorsun?; **~ Sie nicht?** değil mi?; **wenn Sie ~** öyle diyorsanız; (**ganz**) **wie Sie ~!** nasıl diyorsanız öyle olsun!, Siz bilirsiniz! ❷ (*sich beziehen auf*) kastetmek; **du warst nicht gemeint** seni kastetmediler; **ja, dich meine ich damit** evet, onunla seni kastediyorum ❸ (*sagen*) demek, söylemek; **was meinten Sie?** ne dediniz?; **meinst du das im Ernst?** bunu ciddi mi söylüyorsun? ❹ (*sagen wollen*) demek istemek, kastetmek; **was meinst du damit?** bununla ne demek istiyorsun?, bununla neyi kastediyorsun? ❺ (*beabsichtigen*) **wohl gemeint** iyi niyetli; **so war es nicht gemeint** öyle denilmek istenmedi; **ein gut gemeinter Rat** iyi niyetli bir öğüt
meiner *pron pers gen von* **ich** benim
meinerseits *adv* benim tarafımdan, benden; **ganz ~!** ben de!
meinesgleichen ['--'--] *pron inv* benim gibisi; **~ kann sich das nicht leisten** benim gibisi bunu yapamaz; **ich wollte unter ~ sein** benim gibiler arasında olmak istedim
meinetwegen ['--'--] *adv* benim için; (*negativ*) benim yüzümden; **bemühe dich nicht ~** benim için zahmete girme
meinetwillen ['maɪnət'vɪlən] *adv* **um ~** benim için, hatırım için
meinige *pron* (*geh*) **der/die/das ~** [*o* **M~**] benimki; **die ~n** [*o* **M~n**] benimkiler
Meinung <-en> ['maɪnʊŋ] *f* fikir, düşünce, görüş; **meiner ~ nach** fikrimce, bence, bana göre, benim düşünceme göre; **seine ~ ändern** fikrini değiştirmek; **einer ~ sein** aynı düşüncede olmak, hemfikir olmak, oydaş olmak; **ich bin anderer ~** ben ayrı düşüncedeyim; **die öffentliche ~** kamuoyu; **ganz meine ~!** al benden de o kadar!, ben de aynı düşüncedeyim!; **darüber kann man geteilter ~ sein** bunun üzerine görüş ayrılığı olabilir; **jdm** (**gehörig**) **die ~ sagen** (*fam*) birine ağzının payını vermek **Meinungsäußerung** *f* görüş bildirme, düşüncesini söyleme, fikir beyanı **Meinungsaustausch** *m* düşünce alış verişi, fikir teatisi **Meinungsforscher(in)** *m(f)* anketör **Meinungsforschung** *f kein pl* kamuoyu araştırması, anket **Meinungsfreiheit** *f kein pl* düşünce özgürlüğü

Meinungsumfrage *f* genel anket **Meinungsverschiedenheit** *f* ❶ (*in der Beurteilung*) görüş ayrılığı ❷ (*Streit*) anlaşmazlık, uyuşmazlık

Meise <-n> ['maɪzə] *f* ❶ ZOOL baştankara ❷ **du hast doch 'ne ~!** (*fam*) gerçekten kafayı üşütmüşsün sen!

Meißel <-s, -> ['maɪsəl] *m* keski

meißeln *vi, vt* (*bearbeiten*) keski ile yontmak; (*schaffen*) kazımak; **eine Inschrift in einen Stein ~** taşa yazıt [*o* kitabe] kazımak

meist [maɪst] *adv s.* **meistens**

meistbietend *adv* **etw ~ versteigern** bir şeyi en çok pey sürene satmak

meiste(r, s) ['maɪstə, -tɐ, -təs] *pron* ❶ (*größte Anzahl*) **die ~n** çoğu; **die ~n Leute glauben, dass ...** insanların çoğu ...diğine inanırlar ❷ (*größte Menge*) **das ~** çoğu; **das ~ war interessant** çoğu ilginçti; **die ~ Zeit** çoğu zaman; **sie hat das ~ Geld** en çok para onda

meisten *adj superl von* **viel: am ~** (+ *Verb*) en çok; **Hans arbeitet am ~** Hans en çok çalışıyor

meistens ['maɪstəns] *adv* çoğunlukla, çoğu zaman, çoğu kez, ekseriyetle

Meister(in) <-s, -; -nen> ['maɪstɐ] *m(f)* ❶ (*im Handwerk*) usta; **seinen ~ machen** (*fam*) ustalık sınavını başarmak ❷ (*Könner*) üstat; **er ist ein ~ seines Faches** dalında üstattır; **es ist noch kein ~ vom Himmel gefallen** (*prov*) şimdiye kadar hiç kimse usta olarak dünyaya gelmemiştir ❸ SPORT şampiyon **Meisterbrief** *m* ustalık diploması

meisterhaft I. *adj* ustalıklı **II.** *adv* ustalıkla, ustaca

Meisterhand *f* **von ~ geschaffen** usta elinden çıkmış

meistern ['maɪstɐn] *vt* ❶ (*Werkzeug, Instrument*) ustaca kullanmak ❷ (*Schwierigkeit*) başa çıkmak (ile); (*Situation*) üstesinden gelmek (-in), becermek

Meisterprüfung *f* ustalık sınavı

Meisterschaft[1] *f kein pl* (*Können*) ustalık; (*Vollkommenheit*) mükemmellik; **es zu wahrer ~ in etw bringen** bir şeyde gerçekten ustalığa ulaşmak

Meisterschaft[2] <-en> *f* SPORT şampiyona

Meisterstück *nt* ❶ (*Werkstück*) ustalık sınavı için hazırlanan yapıt ❷ (*Meisterleistung*) usta işi **Meisterwerk** *nt a.* KUNST başeser, başyapıt, şaheser

Mekka <-s> ['mɛka] *nt* Mekke

Melancholie [melaŋko'li:] *f kein pl* melankoli, kara sevda; **in ~ verfallen** melankoliye uğramak, kara sevdaya tutulmak

melancholisch [melaŋ'ko:lɪʃ] *adj* melankolik, kara sevdalı

Melasse *f* melas

Meldeamt *nt* nüfus dairesi, nüfus memurluğu **Meldefrist** *f* (*für Anmeldung*) kayıt süresi; (*für Verbrechen*) ihbar süresi, bildirme süresi

melden ['mɛldən] **I.** *vt* ❶ (*berichten*) haber vermek (-e); (*mitteilen*) bildirmek, haber vermek; **jdm etw ~** birine bir şeyi bildirmek; **du hast hier(bei) überhaupt nichts zu ~** (*fam*) burada senin hiç sözün geçmez ❷ (*anzeigen*) ihbar etmek, bildirmek; **etw bei der Polizei ~** bir şeyi polise ihbar etmek ❸ (*ankündigen*) bildirmek; **wen darf ich ~?** kimin geldiğini bildireyim? **II.** *vr* ■ **sich ~** ❶ (*an~*) kaydını yaptırmak, kendini kaydettirmek [*o* yazdırmak] ❷ (*sich zur Verfügung stellen*) hazır olduğunu bildirmek; (*auf eine Anzeige*) cevap vermek (**auf** -e) ❸ (*das Wort erbitten*) söz istemek; (*in der Schule*) söz istemek; **er meldete sich zu Wort** söz istedi ❹ (*von sich hören lassen*) **melde dich mal wieder (bei mir)** ara beni yine, görüşelim; **er hat sich nie wieder (bei uns) gemeldet** (bizi) bir daha hiç arayıp sormadı, ondan bir daha ses seda çıkmadı ❺ (*am Telefon*) cevap vermek; **es meldet sich niemand** kimse cevap vermiyor

Meldepflicht *f kein pl* (*für Dinge*) bildirme zorunluluğu; (*für Personen*) kimlik (ve ikametgâh) bildirme yükümlülüğü **meldepflichtig** *adj* bildirilmesi zorunlu

Meldung <-en> *f* ❶ (*Bericht*) rapor; (*Mitteilung*) bildirme; (*Ankündigung*) bildiri, bildirme; (*für die Presse*) haber; (*bei der Polizei*) ihbar ❷ (*Radio~, Fernseh~*) haber ❸ (*dienstlich*) rapor; **eine ~ machen** rapor vermek

meliert [me'li:ɐt] *adj* **grau ~** (*Haar*) kırçıl

Melisse <-n> [me'lɪsə] *f* BOT melisa, oğul otu

Melissengeist *m kein pl* melisa ruhu

melken <melkt, melkte, gemelkt *o* gemolken> ['mɛlkən] *vi, vt* AGR sağmak

Melkmaschine *f* AGR sağım makinesi

Melodie <-n> [melo'di:] *f* melodi

melodisch [me'lo:dɪʃ] *adj* melodik

Melodrama <-s, -en> [melo'dra:ma] *nt* melodram

Melone <-n> [me'lo:nə] *f* ❶ (*Honig~*) kavun; (*Wasser~*) karpuz ❷ (*fam: Hut*) melon

Membran(e) <-e(n)> [mɛm'bra:n(ə)] *f* ❶ TECH çeper ❷ BIOL zar

Memoiren [memo'a:rən] *pl* anılar *pl*

Menge <-n> ['mɛŋə] *f* ❶ (*Anzahl*) miktar,

nicelik; **etw nur in kleinen ~n anwenden** bir şeyi azar azar kullanmak; **Bücher in ~n** bir yığın kitap ❷ (*fam: sehr viel*) pek çok, bir sürü; **eine ~ lernen** pek çok şey öğrenmek; **eine ~ Zeit** pek çok vakit; **es gab eine ~ zu sehen** görülecek pek çok şey vardı; **er gab eine ganze ~ Geld aus** dünyanın parasını harcadı ❸ (*Menschen~*) kalabalık ❹ MATH küme; **die Elemente einer ~** bir kümenin elemanları

mengen ['mɛŋən] **I.** *vt* karıştırmak **II.** *vr* ■ **sich ~** ❶ (*sich mischen*) karışmak (**unter** -e) ❷ (*fam: sich einmischen*) karışmak, burnunu sokmak

Mengenlehre *f kein pl* MATH kümeler kuramı

Meningitis *f* MED menenjit

Meniskus <-, Menisken> [me'nɪskʊs] *m* ❶ ANAT, MED menisk, menüsküs ❷ FOTO (*Linse*) menisk **Meniskusschaden** *m* MED menisküs

Mennige *f kein pl* sülüğen

Menopause *f* menopoz

Mensa <Mensen *o* -s> ['mɛnza] *f* ❶ UNIV yemekhane ❷ REL (*katholisch*) sunak

Mensch <-en, -en> [mɛnʃ] *m* insan, adam; (*Person*) kimse; **kein ~** hiç kimse; **jeder ~** herkes; **~!** (*fam*) be adam!, birader!; **~, ärgere dich nicht!** kızma birader!; (*Gesellschaftsspiel*) kızmabirader; **von ~ zu ~** insandan insana **Menschenaffe** *m* ZOOL insansı, insanımsı

menschenähnlich *adj* insansı, insana benzeyen, insanı andıran

Menschenalter <-s, -> *nt* insan yaşı **Menschenfeind(in)** *m(f)* mizantrop, insandan nefret eden kimse **Menschenfresser** <-s, -> *m* (*fam*) yamyam **Menschenfreund(in)** *m(f)* filantrop, insansever, insanların iyiliği için çalışan kimse **Menschengedenken** ['---'--] *nt* **seit ~** bildik bileli, kalubeladan beri **Menschenhandel** *m* insan ticareti **Menschenkenner(in)** *m(f)* adam sarrafı, insan sarrafı **Menschenkenntnis** *f kein pl* adam sarraflığı, insanların karakterini anlayabilme **Menschenkind** *nt kein pl* insan evladı; (*Mensch*) insanoğlu **Menschenleben** *nt* ❶ (*Leben*) insan ömrü ❷ (*Opfer*) can **menschenleer** ['--'-] *adj* (*Gebiet*) tekin, ıssız; (*Straße*) tekin, tenha; (*Raum*) tekin, boş **Menschenliebe** *f* insan sevgisi, insanlık **Menschenmasse** *f* insan kitlesi **Menschenmenge** *f* kalabalık **menschenmöglich** ['--'--] *adj* insanın elinde olan; **alles M~e tun** elinden geleni yapmak, yapılabilecek her şeyi yapmak

Menschenopfer *nt* ❶ insan kurbanı ❷ (*durch Unfall, Krieg*) can kaybı **Menschenrasse** *f* insan ırkı **Menschenraub** *m kein pl* adam kaçırma **Menschenrechte** *pl* insan hakları *pl* **Menschenrechtsverletzung** *f* insan haklarını ihlâl

menschenscheu *adj* (*schüchtern*) utangaç, insanlardan kaçan; (*ungesellig*) insanlara karışmaktan hoşlanmayan, merdümgiriz **Menschenseele** ['--'--] *f* insan ruhu; **keine ~** (*fig*) kimsecikler, in cin yok **Menschenskind** ['--'-] *interj* (*fam*) evladım **Menschenverstand** *m* **der gesunde ~** sağduyu **Menschenwürde** *f kein pl* insan haysiyeti

Menschheit *f kein pl* insanlık

Menschheitsgeschichte *f kein pl* insanlık tarihi

menschlich *adj* ❶ insan; **der ~e Körper** insan vücudu ❷ (*menschenwürdig*) insani, insaniyetli; **jdn ~ behandeln** birine insanca davranmak ❸ (*human*) insancıl; **eine ~e Seite an jdm entdecken** birinin insancıl bir yanını keşfetmek

Menschlichkeit *f kein pl* insanlık, insaniyet

Mensen *pl von* **Mensa**

Menstruation <-en> [mɛnstrua'tsjoːn] *f* MED aybaşı, âdet

menstruieren* [mɛnstru'iːrən] *vi* MED âdet görmek

mental [mɛn'taːl] *adj* zihinsel, zihnî

Mentalität <-en> [mɛntali'tɛːt] *f* zihniyet, düşünüş biçimi

Menthol <-s> [mɛn'toːl] *nt kein pl* CHEM mentol

Menü <-s, -s> [me'nyː] *nt* ❶ GASTR fiks menü, tabildot, seçmesiz yemek ❷ INFORM menü; **das ~ anklicken** INFORM menüyü tıklatmak **menügesteuert** *adj* INFORM menü sürümlü **Menüzeile** *f* INFORM menü satırı

Mergel *m* GEO marn, pekmez toprağı

mergeln *vt* marnlamak

Meridian <-s, -e> [meri'djaːn] *m* GEO, ASTRON meridyen

Merkblatt *nt* broşür, prospektüs, açıklamalar (içeren basılı kâğıt)

merken ['mɛrkən] *vt* ❶ (*wahrnehmen*) algılamak, hissetmek, fark etmek, farkına varmak (-in); **woran hast du das gemerkt?** bunu nasıl fark ettin?; **jdm etw nicht ~ lassen** birine bir şeyi fark ettirmemek; **du merkst aber auch alles!** (*iron fam*) en sonunda anladın! ❷ (*spüren*) duymak, hissetmek; **merkst du was?** bir şey hissediyor musun? ❸ (*behalten*) akılda tutmak, bellemek; **sich** *dat* **etw ~** bir şeyi

M

aklında tutmak; **merk dir das!** bunu aklında tut!

merklich *adj* fark edilir; (*fühlbar*) hissedilir, duyulur; (*beträchtlich*) oldukça çok [*o* büyük], büyükçe, hatırı sayılır

Merkmal <-s, -e> *nt* ❶ nitelik, vasıf ❷ BIOL karakter; **rezessive ~e** çekinik karakterler

Merkur <-s> [mɛrˈkuːɐ] *m kein pl* ASTRON Merkür

merkwürdig *adj* acayip, tuhaf; **ein ~er Zufall** tuhaf bir tesadüf

merkwürdigerweise [ˈ----ˈ--] *adv* işin tuhafı

Merlan <-s, -e> *m* ZOOL mezgit, tavuk balığı

Merlin *m* ZOOL bozdoğan

Mesner(in) <-s, -; -nen> [ˈmɛsnɐ] *m(f)* DIAL kilise hizmetlisi, zangoç

Mesolithikum <-s> *nt kein pl* Mezolitik Çağ; *s. a.* **Paläolithikum, Neolithikum**

messbar^{RR} [ˈmɛsbaːɐ] *adj,* **meßbar**^{ALT} *adj* ölçülebilir

Messdiener(in)^{RR} <-s, -; -nen> *m(f),* **Meßdiener(in)**^{ALT} <-s, -; -nen> *m(f)* REL papaz yardımcısı

Messe <-n> [ˈmɛsə] *f* ❶ REL ayin, kudas ayini; **in die ~ gehen** ayine gitmek ❷ (*Ausstellung*) fuar; **auf der ~ sein** fuarda olmak ❸ NAUT (*Schiffskantine*) kantin; (*Offiziers~*) yemekhane **Messegelände** *nt* fuar alanı **Messehalle** *f* sergi salonu, fuar binası

messen <misst, maß, gemessen> [ˈmɛsən] **I.** *vt* ölçmek; **die Zeit ~** zamanı ölçmek; **sieben Meter ~** yedi metre ölçmek **II.** *vr* ■ **sich ~** (*geh*) boy ölçüşmek, aşık atmak; **mit dem kannst du dich nicht ~** onunla boy ölçüşemezsin, onunla aşık atamazsın

Messer <-s, -> [ˈmɛsɐ] *nt* ❶ *a.* TECH bıçak; **jdm das ~ an die Kehle setzen** (*fig fam*) birinin gırtlağına bıçağı dayamak; **jdn ans ~ liefern** (*fig fam*) birine ihanet etmek; **jdm sitzt das ~ an der Kehle** (*fig*) bıçak kemiğe dayandı; **etw steht auf ~s Schneide** (*fig: ungewisser Ausgang*) bir şeye bıçak sırtı kalmak; **Wachstum auf ~s Schneide** WIRTSCH bıçak sırtı büyüme ❷ (*fam: Operation*) bıçak; **unters ~ kommen** bıçak altına yatmak, ameliyat olmak; **jdn unters ~ nehmen** birine bıçak atmak **Messerklinge** *f* bıçak ağzı **Messerrücken** *m* bıçak sırtı, bıçağın tersi **messerscharf** *adj* bıçak gibi; (*Verstand*) keskin **Messerschneide** *f* bıçak yalımı **Messerspitze** *f* bıçak ucu **Messerstecherei** <-en> [-ʃtɛçəˈraɪ] *f* (*pej*) bıçaklı çatışma **Messerstich** <-(e)s, -e> *m* bıçak darbesi

Messestand <-(e)s, -stände> *m* fuar standı

Messgerät^{RR} *nt,* **Meßgerät**^{ALT} *nt* ölçme aleti

Messgröße^{RR} *f,* **Meßgröße**^{ALT} *f* ölçülen

Messias <-> [mɛˈsiːas] *m kein pl* REL Mesih

Messing <-s> [ˈmɛsɪŋ] *nt kein pl* pirinç

Messinstrument^{RR} *nt,* **Meßinstrument**^{ALT} *nt* ölçme aleti **Messlatte**^{RR} *f,* **Meßlatte**^{ALT} *f* TECH stadya

Messner(in)^{RR} <-s, -; -nen> *m(f) s.* **Mesner**

Messschnur^{RR} *f,* **Meßschnur**^{ALT} *f* gez **Messstab**^{RR} *m,* **Meßstab**^{ALT} *m* TECH mira

Messung <-en> *f* ölçme, ölçüm

Messwert^{RR} *m,* **Meßwert**^{ALT} *m* ölçüm; (*Messgröße*) ölçülen

Messwesen^{RR} *nt kein pl,* **Meßwesen**^{ALT} *nt kein pl* ölçü bilimi

Mestize(in) <-n, -n; -nen> [mɛsˈtiːtsə] *m(f)* metis, Kızılderili ile beyaz ırk karışımı kimse

MESZ [ɛmʔeːʔɛsˈtsɛt] *Abk von* **mitteleuropäische Sommerzeit** Orta Avrupa Yaz Saati

Metall <-s, -e> [meˈtal] *nt* metal **Metallarbeiter(in)** *m(f)* metal işçisi **Metallgeld** *nt* madenî para

metallic [meˈtalɪk] *adj inv* metalik

metallisch *adj* metalik, madenî, madensel, metal gibi; **~ klingen/schimmern** metal gibi tınlamak [*o* ses çıkarmak]/parlamak

Metallurgie [metalʊrˈgiː] *f kein pl* metalürji

Metallverarbeitung *f kein pl* metal işleme

Metamorphose <-n> [metamɔrˈfoːzə] *f a.* BOT, ZOOL metamorfoz, başkalaşma; GEO metamorfizm, başkalaşım

Metapher <-n> [meˈtafɐ] *f* LING, LIT metafor, istiare

Metaphysik [metafyˈziːk] *f* metafizik, fizik ötesi, doğa ötesi **metaphysisch** [metaˈfyːzɪʃ] *adj* metafizik, fizik ötesi, doğa ötesi

Metastase <-n> [metaˈstaːzə] *f* MED metastaz

Meteor <-s, -e> [meteˈoːr] *m* ASTRON meteor

Meteorit <-en, -en> [meteoˈriːt] *m* ASTRON meteorit

Meteorologe(in) <-n, -n; -nen> [meteoroˈloːgə] *m(f)* meteorolog

Meteorologie [meteoroloˈgiː] *f kein pl* meteoroloji

meteorologisch [meteoro'lo:gɪʃ] *adj* meteorolojik

Meter <-s, -> ['me:tɐ] *m o nt* metre; **der Preis eines ~ Stoffes** bir metre kumaşın fiyatı; **die Wand ist drei ~ hoch/lang** duvarın yüksekliği/uzunluğu üç metredir; **eine Wand von zehn ~ Höhe/Länge** on metre yüksekliğinde/uzunluğunda bir duvar; **der laufende ~** COMM metresi **Meterband** *nt* şerit metre **Metermaß** <-es, -e> *nt* (*Stab*) metre; (*Band*) şerit metre

meterweise *adv* metrelerce

Methadon <-s> [meta'do:n] *nt kein pl* metadon

Methode <-n> [me'to:də] *f* metot, yöntem; **mathematische/wissenschaftliche ~n** matematiksel/bilimsel yöntemler **Methodenlehre** *f kein pl* yöntem bilimi

methodisch *adj* metotlu, yöntemli

Metier <-s, -s> [me'tje:] *nt* sanat, iş; (*Beruf*) meslek

Metrik ['me:trɪk] *f kein pl* LIT vezin bilgisi

metrisch ['me:trɪʃ] *adj* ❶ metrik ❷ LIT vezinli

Metro <-s> ['me:tro] *f* metro

Metronom <-s, -e> [metro'no:m] *nt* MUS metronom

Metropole <-n> [metro'po:lə] *f* metropol

Mettwurst *f füme kıymadan yapılmış sucuk*

Metzelei <-en> [mɛtsə'laɪ] *f* (*pej*) katliam, kırım

Metzger(in) <-s, -; -nen> ['mɛtsgɐ] *m(f)* kasap

Metzgerei <-en> [mɛtsgə'raɪ] *f* kasap dükkânı

Meute <-n> ['mɔɪtə] *f* ❶ (*Jagdhunde*) sürü ❷ (*fam: Menschen*) sürü

Meuterei <-en> [mɔɪtə'raɪ] *f* ayaklanma, isyan

Meuterer(in) <-s, -; -nen> *m(f)* asi

meutern ['mɔɪtɐn] *vi* ❶ (*rebellieren*) ayaklanmak, isyan etmek ❷ (*fam: meckern*) isyan etmek, isyan bayrağını çekmek, kazan kaldırmak

Mexikaner(in) <-s, -; -nen> [mɛksi'ka:nɐ] *m(f)* Meksikalı

mexikanisch *adj* Meksika (ile ilgili)

Mexiko <-s> ['mɛksiko] *nt* Meksika

MEZ [ɛmʔe:'tsɛt] *Abk von* **mitteleuropäische Zeit** Orta Avrupa Saati

mg *Abk von* **Milligramm** miligram

MHz *Abk von* **Megahertz** megahertz

miauen* [mi'aʊən] *vi* miyavlamak

mich [mɪç] **I.** *pron pers akk von* **ich** beni; **rufst du ~ an?** beni (telefonla) arayacak mısın?, bana telefon edecek misin?; **~ interessiert es nicht** o beni ilgilendirmez; **meinst du ~?** beni mi diyorsun [*o* kastediyorsun]? **II.** *pron refl akk von* **ich**: **ich halte ~ da raus** ben buna karışmam

mick(e)rig ['mɪk(ə)rɪç] *adj* (*pej fam: Sache*) iciş bücüş; (*Person*) öksürüklü tıksırıklı

mied [mi:t] *3. imp von* **meiden**

Mieder <-s, -> ['mi:dɐ] *nt* ❶ (*Unterkleidung*) korse ❷ (*einer Tracht*) korse yelek

Mief <-s> [mi:f] *m kein pl* (*pej fam: Gestank*) pis koku; (*verbrauchte Luft*) havasılık

miefen *vi* (*pej fam: schlecht riechen*) pis kokmak; **hier mieft es sehr** burası çok pis kokuyor; (*Luft*) havasız olmak; **hier mieft es sehr** burası çok havasız

Miene <-n> ['mi:nə] *f* yüz ifadesi; **ohne eine ~ zu verziehen** kılını bile kıpırdatmadan; **gute ~ zum bösen Spiel machen** (*fig: kein Spielverderber sein*) oyunbozanlık etmemek; **eine ernste ~ aufsetzen** ciddiliğini takınmak; **eine sauere ~ machen** [*o* **ziehen**] (*fig fam*) suratını ekşitmek, yüzünü ekşitmek [*o* buruşturmak] **Mienenspiel** <-s> *nt kein pl* sözsüz oyun, pantomim

mies [mi:s] *adj* (*pej fam*) madara

Miese ['mi:zə] *pl* (*fam*) **in den ~n sein** zararda olmak

mies|machen *vt* **etw/jdn ~** bir şeyi/kimse madara etmek

Miesmacher(in) <-s, -; -nen> *m(f)* (*pej fam*) şom ağızlı (kimse)

Miesmuschel *f* midye

Mietauto *nt* kiralık oto

Miete <-n> ['mi:tə] *f* kira; **zur ~ wohnen** kira ile oturmak

mieten ['mi:tən] *vt* kiralamak, kira ile tutmak

Mieter(in) <-s, -; -nen> *m(f)* (*einer Wohnung*) kiracı

Mieterhöhung *f* kirayı artırma

Mieterschutz *m* kiracıları koruma

mietfrei *adj* kirasız; **~ wohnen** kira vermeden oturmak **Mietrückstand** *m* kira borcu

Mietshaus *nt* apartman **Mietvertrag** *m* kira kontratı, kira sözleşmesi **Mietwagen** *m* kira arabası **Mietwohnung** *f* kiralık ev

Miez *f*, **Miezekatze** *f* (*fam*) pisi, pisi pisi

Migräne [mi'grɛ:nə] *f kein pl* migren

Migrant(in) *m(f)* göçmen

Migration <-en> [migra'tsjo:n] *f* GEO, BIOL, SOZIOL göç

Mihrab *m* REL mihrap

Mikro <-s, -s> ['mikro] *nt* mikrofon

Mikrobe <-n> [mi'kro:bə] *f* BIOL mikrop
Mikrobiologie *f kein pl* mikrobiyoloji **Mikrochip** ['mi:kro-] *m* ELEK mikroçip **Mikrochirurgie** *f kein pl* MED mikrocerrahi **Mikroelektronik** *f kein pl* mikroelektronik **Mikrofaser** ['----] *f* mikrolif **Mikrofiche** ['mi:krofi:ʃ, mikro'fi:ʃ] *nt o m* mikrofiş **Mikrofilm** <-s, -e> ['mi:kro-] *m* mikrofilm
Mikrofon <-s, -e> [mikro'fo:n] *nt* mikrofon
Mikrokosmos ['mi:krokɔsmɔs, mikro'kɔsmɔs] *m* BIOL, PHILOS, PHYS mikrokozmos, küçük evren **Mikroökonomie** ['------] *f kein pl* WIRTSCH mikroekonomi **mikroökonomisch** *adj* WIRTSCH mikroekonomik **Mikroorganismus** ['------, ----'--] *m* BIOL mikroorganizma
Mikrophon <-s, -e> [mikro'fo:n] *nt s.* **Mikrofon**
Mikroprozessor ['-----] *m* INFORM mikroişlemci
Mikroskop <-s, -e> [mikro'sko:p] *nt* mikroskop
mikroskopisch [mikro'sko:pɪʃ] *adj* mikroskop yardımıyla görülen, mikroskop (ile ilgili); ~ **klein** mikroskobik
Mikrowelle <-n> ['----] *f* ❶ GASTR (*~nherd*) mikrodalga (fırın) ❷ PHYS, ELEK mikrodalga **Mikrowellenherd** *m* GASTR mikrodalga fırın
Milan <-s, -e> ['mi:lan, mi'la:n] *m* ZOOL çaylak
Milbe <-n> ['mɪlbə] *f* ZOOL (*Ordnung*) **~n** akarlar; (*Krätz~*) uyuz böceği
Milch [mɪlç] *f kein pl a.* BOT süt **Milchbart** *m* (*fig: Babyflasche*) tüysüz **Milchflasche** *f* ❶ (*Babyflasche*) biberon ❷ (*für den Verkauf*) süt şişesi **Milchglas** <-es> *nt kein pl* (*Material*) sütlü cam
milchig ['mɪlçɪç] *adj* sütlü
Milchkaffee *m* sütlü kahve **Milchkalb** *nt* süt danası, buzağı **Milchkanne** *f* (*zum Transport*) süt bidonu; (*kleine* ~) sütlük **Milchkuh** *f* ❶ sağmal, süt veren inek, sütlü inek ❷ (*fig*) sağmal inek
Milchmädchenrechnung *f* (*fig fam*) çömlek hesabı
Milchmann *m* sütçü
Milchprodukt *nt* süt ürünü **Milchpulver** *nt kein pl* süt tozu **Milchpumpe** *f* tirle **Milchreis** *m* sütlâç **Milchsaft** *m* BOT sütlü öz su **Milchsäure** *f kein pl* süt asidi, laktik asit **Milchschokolade** *f* sütlü çikolata **Milchstraße** *f kein pl* ASTRON Samanyolu **Milchtüte** *f* süt torbası **Milchwirtschaft** *f kein pl* sütçülük **Milchzahn** *m* süt dişi

mild(e) [mɪlt, 'mɪldə] *adj* ❶ (*sanft, Luft*) yumuşak; (*Klima*) ılıman ❷ (*nachsichtig*) hoşgörülü, anlayışlı; (*gütig*) iyilikçi, iyiliksever; (*Strafe*) hafif; **eine ~e Gabe** sadaka; **jdn ~(e) stimmen** birinin gönlünü almak ❸ (*Tabak*) yavaş, sert olmayan; (*Speisen*) hafif
Milde ['mɪldə] *f kein pl* ❶ (*Nachsicht*) hoşgörü, anlayış, müsamaha; (*Güte*) iyilikçilik, iyilikseverlik ❷ (*Sanftheit*) yumuşaklık
mildern ['mɪldɐn] **I.** *vt* (*Zorn*) yatıştırmak; (*Schmerz, Wirkung*) azaltmak; (*Aufprall*) yumuşatmak; **~de Umstände** hafifletici sebepler **II.** *vr* ■ **sich ~** yumuşamak, hafiflemek, azalmak
mildtätig *adj* (*geh*) iyilikçi, iyiliksever, hayırsever **Mildtätigkeit** *f kein pl* iyilikçilik, iyilikseverlik, hayırseverlik
Milieu <-s, -s> [mi'ljø:] *nt* çevre **Milieutheorie** *f kein pl* PHILOS çevre öğretisi
militant [mili'tant] *adj* militan
Militär[1] <-s, -s> [mili'tɛ:ɐ] *m* (*Offizier*) asker
Militär[2] <-s> *nt kein pl* (*Heer*) asker; **er ist beim ~** (*als Berufssoldat*) o, askerdir; (*als Wehrdienstleistender*) o, askerde
Militärdienst <-(e)s> *m kein pl* askerlik, askerlik hizmeti **Militärdiktatur** *f* cunta **Militärgericht** *nt* askerî mahkeme
militärisch [mili'tɛ:rɪʃ] *adj* askerî
Militarismus <-> [milita'rɪsmʊs] *m kein pl* (*pej*) militarizm, askercilik
militaristisch *adj* militarist, askerci
Militärputsch *m* askerî darbe **Militärregierung** *f* askerî hükümet
Miliz <-en> [mi'li:ts] *f* milis
Millennium *nt* milenyum
Milliardär(in) <-s, -e; -nen> [mɪljar'dɛ:ɐ] *m(f)* milyarder
Milliarde <-n> [mɪ'ljardə] *f* milyar
Millibar <-s, -s> ['mɪliba:ɐ] *nt* METEO milibar **Milligramm** ['mɪligram] *nt* miligram **Milliliter** *m o nt* mililitre **Millimeter** [mɪli'me:tɐ, '----] *m o nt* milimetre **millimetergenau** *adj* milimi milimine **Millimeterpapier** [--'----] *nt* milimetrik kâğıt
Million <-en> [mɪ'ljo:n] *f* milyon
Millionär(in) <-s, -e; -nen> [mɪljo'nɛ:ɐ] *m(f)* milyoner
Millionengeschäft <-(e)s, -e> *nt* milyonluk iş **Millionengewinn** <-(e)s, -e> *m* bir milyon kazanma **millionenschwer** *adj* (*fam*) milyonluk **Millionenstadt** *f* milyonluk kent
Milz <-en> [mɪlts] *f* ANAT dalak
Milzbrand *m* MED şarbon, kara kabacık, kara yanık, yanıkara
Mimik ['mi:mɪk] *f kein pl* mimik

mimisch ['mi:mɪʃ] *adj* **etw ~ ausdrücken** bir şeyi mimikle ifade etmek

Mimose <-n> [mi'mo:zə] *f* ❶ BOT küstüm otu, küseğen ❷ (*fig: Mensch*) küseğen

min., Min. *Abk von* **Minute**(**n**) dakika

minder ['mɪndɐ] *adv* (*geh*) *komp von* **wenig** daha az (**als** -den) **minderbemittelt** *adj* dar gelirli; (*arm*) yoksul, fakir; **geistig ~** (*pej fam*) geri zekâlı

mindere(**r, s**) ['mɪndərə, -rɐ, -rəs] *adj* az; (*minderwertig*) aşağı, değeri düşük, niteliği düşük, adî; **von ~r Qualität** düşük kaliteli, niteliği düşük

Minderheit <-en> *f* azınlık; **in der ~ sein** azınlıkta olmak **Minderheitenschutz** *m* POL azınlıkların korunması

Minderheitsregierung <-en> *f* POL azınlık hükûmeti

minderjährig *adj* JUR küçük; (*nicht volljährig*) ergin olmayan

Minderjährige(**r**) <-n, -n; -n> *f(m)* JUR küçük, ergin olmayan kimse

mindern ['mɪndɐn] *vt* (*geh*) indirmek (**um** -, **auf** -e), düşürmek, azaltmak, tenzil etmek

Minderung <-en> *f* ❶ (*Wert~*) düşürüm (**um** -e); (*Preis*) düşürme ❷ (*Herabsetzung*) indirme, tenzil

minderwertig *adj* aşağılık, değeri düşük, niteliği düşük; **von ~r Qualität** düşük kaliteli; (*Ware*) aşağı, tapon

Minderwertigkeitsgefühl <-s, -e> *nt* PSYCH aşağılık duygusu **Minderwertigkeitskomplex** *m* PSYCH aşağılık kompleksi

Minderzahl *f kein pl* azınlık; **in der ~ sein** azınlıkta olmak

Mindestabstand *m* en az güvenli mesafe **Mindestalter** <-s, -> *nt* asgari yaş haddi

mindeste(**r, s**) ['mɪndəstə, -tɐ, -təs] *adj* **nicht die ~ Ahnung haben** hiç haberi olmamak; **ich verstehe nicht das ~ davon** ben ondan hiç anlamam; **das wäre wohl das ~ gewesen** hiç olmazsa bu olmalıydı; **das bezweifle ich nicht im M~n** bundan hiç şüphem yok

Mindesteinkommen *nt* asgari gelir

mindestens ['mɪndəstəns] *adv* en azından, hiç olmazsa

Mindestgebot *nt* en düşük teklif **Mindestgeschwindigkeit** *f* en düşük hız, asgari hız **Mindestgrenze** *f* asgari had **Mindestlohn** *m* asgari ücret **Mindestmaß** <-es, -e> *nt* asgari ölçü, asgari had **Mindestpreis** *m* en düşük fiyat, taban fiyatı **Mindeststrafe** *f* en hafif ceza

Mine <-n> ['mi:nə] *f* ❶ BERGB maden ❷ MIL mayın; **~n legen** mayın döşemek **Minenfeld** *nt* MIL mayın tarlası **Minenwerfer** <-s, -> *m* MIL mayın gemisi

Mineral <-s, -e *o* -ien> [mine'ra:l] *nt* mineral **Mineralbad** *nt* ılıca banyosu

mineralisch *adj* mineral

Mineralogie [mineralo'gi:] *f kein pl* mineraloji

Mineralöl *nt* ❶ (*destilliertes Erdöl*) mineralli yağ ❷ (*Erdöl*) petrol **Mineralölgesellschaft** *f* petrol şirketi **Mineralölindustrie** *f* petrol sanayii **Mineralölsteuer** <-n> *f* petrol vergisi, akaryakıt vergisi

Mineralstoffe *pl* mineral maddeler *pl* **Mineralwasser** <-s, -wässer> *nt* maden suyu; (*mit Kohlensäure*) maden sodası

Mini <-s, -s> ['mɪni, 'mini] *m* (*fam*) mini

Miniatur <-en> [minia'tu:ɐ] *f* minyatür

Minibar <-s> ['mɪni-] *f* minibar **Minigolf** <-s> *nt kein pl* minigolf

Minima *pl von* **Minimum**

minimal [mini'ma:l] *adj* (*wenig*) minimal, çok az; (*unbedeutend*) yok gibi

Minimallohn *m s.* **Mindestlohn** asgari ücret

minimieren* [mini'mi:rən] *vt* minimuma indirmek

Minimum <-s, Minima> ['mi:nimʊm, *pl* 'mi:nima] *nt* minimum

Minipille *f* (*fam*) mini hap **Minirock** <-(e)s, -röcke> *m* mini etek

Minister(**in**) <-s, -; -nen> [mi'nɪstɐ] *m(f)* bakan

ministeriell [minɪsteri'ɛl] *adj* bakanlık (ile ilgili)

Ministerium <-s, Ministerien> [minɪs'te:riʊm] *nt* bakanlık

Ministerkonferenz *f* bakanlar toplantısı **Ministerpräsident**(**in**) *m(f)* ❶ (*eines Staates*) başbakan ❷ (*eines Bundeslandes*) başbakan **Ministerrat** <-(e)s, -räte> *m* bakanlar kurulu

Ministrant(**in**) <-en, -en; -nen> [minɪs'trant] *m(f)* REL (*katholische Kirche*) papaz yardımcısı

Minnesänger ['mɪnə-] *m* HIST ozan

Minorität <-en> [minori'tɛ:t] *f* azınlık

minus *adv* ❶ MATH eksi ❷ (*Temperatur*) eksi; **15 Grad ~** eksi 15 derece ❸ ELEK eksi

Minus <-> ['mi:nʊs] *nt kein pl* ❶ (*Fehlbetrag*) açık; **~ machen** zarar yapmak ❷ (*Nachteil*) dezavantaj **Minuspol** *m* eksi uç **Minuspunkt** *m* eksi puan **Minuszeichen** *nt* çıkarma işareti, eksi işareti

Minute <-n> [mi'nu:tə] *f* dakika; **auf die ~** (**pünktlich**) dakikasında, dakikası dakikasına; **in letzter ~** son dakikada; **fünf ~n vor drei** üçe beş dakika kala; **fünf ~n nach drei** üçü beş dakika geçe **minutenlang I.** *adj* dakikalar süren **II.** *adv* dakikalarca **Minutenzeiger** *m* yelkovan; **der Stundenzeiger und der ~** akrep ve yelkovan

minutiös, minuziös [minu'tsjøːs] *adj* (*geh*) çok titiz

minütlich *adj* her dakika olan

Minze <-n> ['mɪntsə] *f* nane

mir [miːɐ] **I.** *pron pers dat von* **ich** bana; **sie haben ~ ein Buch geschenkt** bana bir kitap armağan ettiniz; **~ gefällt das sehr gut** bu benim çok hoşuma gitti; **hinter/vor/unter/über ~** benim arkamda/önümde/altımda/üstümde; **mit ~** benimle; **ein Freund von ~** benim bir dostum; **von ~ aus** bana göre hava hoş; **~ nichts, dir nichts** (*fig*) hiç yoktan, durup dururken **II.** *pron refl dat von* **sich**: **ich wasche ~ täglich die Haare** her gün saçlarımı yıkarım

Mirabelle <-n> [mira'bɛlə] *f* küçük sarı erik

Misanthrop(in) <-en, -en, -nen> *m(f)* mizantrop

Mischbrot *nt çavdar ile buğday karışımı ekmek* **Mischehe** *f eşlerin değişik mezheplerde olduğu evlilik*

mischen ['mɪʃən] **I.** *vt* ❶ (*vermengen*) karıştırmak; (*Beton, Mörtel*) karmak; (*Karten*) karıştırmak ❷ (*Cocktail, Gift*) karıştırmak **II.** *vr* ■ **sich ~** ❶ (*sich ein~*) karışmak (**in** -e); **misch dich nicht in meine Angelegenheiten!** benim işlerime karışma! ❷ (*sich vermengen*) karışmak, karılmak ❸ (*unter Menschen*) çıkmak (**unter** içine) **III.** *vi* (*Karten*) karışmak

Mischer *m* karıştırıcı; (*Beton~*) karma makinesi **Mischhaut** *f kein pl* melez

Mischling <-s, -e> *m* ❶ (*Mensch*) melez ❷ (*Tier*) melez, azma, kırma, metis

Mischmasch <-(e)s, -e> ['mɪʃmaʃ] *m* (*a. pej fam*) karmakarışık, abur cubur

Mischmaschine *f* karmaç, mikser

Mischpoche *f kein pl*, **Mischpoke** *f kein pl* (*pej fam*) ❶ (*Sippschaft*) soyu sopu ❷ (*Gesindel*) güruh

Mischung <-en> *f* karışım; (*Tee~, Tabak~*) harman

Mise *f* miza

miserabel [mize'raːbəl] *adj* ❶ (*sehr schlecht*) berbat, feci, çok kötü ❷ (*gemein, niederträchtig*) adî, alçak, bayağı

Misere <-n> [mi'zeːrə] *f* sefalet, sefillik, yoksulluk, yoksulluk sıkıntısı

Mispel [mɪs'pəl] *f* BOT (*Mespilus germanica*) muşmula; **Japanische ~** Malta eriği, yenidünya

missachten*RR [mɪs'ʔaxtən] *vt*, **mißachten***ALT *vt* ❶ (*verachten*) saygı göstermemek (-e) ❷ (*ignorieren*) dinlememek; (*Anweisung, Gesetz*) riayet etmemek (-e) **Missachtung**RR [-'--, '---] *f*, **Mißachtung**ALT *f* riayetsizlik, saygısızlık **missbehagen***RR *vi*, **mißbehagen***ALT *vi* (*geh*) hoşa gitmemek; **sein Verhalten missbehagt mir** davranışı hoşuma gitmiyor **Missbehagen**RR ['----] *nt*, **Mißbehagen**ALT *nt* hoşnutsuzluk **Missbildung**RR <-en> ['---] *f*, **Mißbildung**ALT <-en> *f* deformasyon **missbilligen***RR [mɪs'bɪlɪgən] *vt*, **mißbilligen***ALT *vt* onamamak, tasvip etmemek, uygun bulmamak; (*stärker*) kınamak **Missbilligung**RR [-'---, '----] *f*, **Mißbilligung**ALT *f* onamama, tasvip etmeme, uygun bulmama; (*stärker*) kınama **Missbrauch**RR ['--] *m*, **Mißbrauch**ALT *m* kötüye kullanma, suiistimal; **sexueller ~** cinsel bakımdan kötüye kullanma **missbrauchen***RR [-'--] *vt*, **mißbrauchen***ALT *vt* (*Person, Vertrauen*) kötüye kullanmak

missbräuchlichRR ['mɪsbrɔɪçlɪç] *adj*, **mißbräuchlich**ALT *adj* usulsüz, yolsuz; **~e Rechtsausübung** hakkın kötüye kullanılması

missdeuten*RR [mɪs'dɔɪtən] *vt*, **mißdeuten***ALT *vt* yanlış yorumlamak **Missdeutung**RR [-'--, '---] *f*, **Mißdeutung**ALT *f* yanlış yorum(lama)

missen ['mɪsən] *vt* (*geh*) vazgeçmek (-den); **etw nicht missen wollen** bir şeyden vazgeçmek istememek

MisserfolgRR ['---] *m*, **Mißerfolg**ALT *m* başarısızlık, fiyasko **Missernte**RR ['---] *f*, **Mißernte**ALT *f* bereketsiz ürün

Missetat ['mɪsətaːt] *f* kötülük, kötü iş; REL günah

missfallen*RR [mɪs'falən] *irr vi*, **mißfallen***ALT *irr vi* (*geh*) hoşa gitmemek; **dein Benehmen missfällt mir** davranışın hoşuma gitmiyor

MissfallenRR <-s> *nt kein pl*, **Mißfallen**ALT <-s> *nt kein pl* hoşnutsuzluk; **sein ~ äußern** hoşnutsuzluğunu ifade etmek; **jds ~ erregen** birinin hoşuna gitmeyecek davranışta bulunmak

missgebildetRR *adj*, **mißgebildet**ALT *adj* deforme **Missgeburt**RR ['---] *f*, **Mißgeburt**ALT *f* hilkat garibesi **missgelaunt**RR *adj*, **mißgelaunt**ALT *adj* keyifsiz, aksiliği üstünde **Missgeschick**RR ['---] *nt*, **Mißgeschick**ALT *nt* aksilik, uğursuzluk, kör talih; **mir ist heute ein ~**

passiert bugün bir aksilik oldu **missgestaltet**RR *adj,* **mißgestaltet**ALT *adj* deforme; (*unförmig*) biçimsiz **missgestimmt**RR *adj,* **mißgestimmt**ALT *adj* keyifsiz, aksiliği üstünde **missglücken***RR [mɪs'glʏkən] *vi,* **mißglücken***ALT *vi sein* başarısızlığa uğramak, başarısız kalmak **missgönnen***RR [mɪs'gœnən] *vt,* **mißgönnen***ALT *vt* çok görmek; **jdm etw ~** birine bir şeyi çok görmek **Missgriff**RR <-(e)s, -e> ['--] *m,* **Mißgriff**ALT <-(e)s, -e> *m* hata; **der Kauf des Hauses war ein ~** evi almak bir hataydı; **einen ~ tun** hata yapmak **Missgunst**RR ['--] *f kein pl,* **Mißgunst**ALT *f kein pl* haset, çekememezlik, günü **missgünstig**RR *adj,* **mißgünstig**ALT *adj* (*neidisch*) hasetçi, günücü; (*eifersüchtig*) kıskanç, çekemez **misshandeln***RR [mɪs'handəln] *vt,* **mißhandeln***ALT *vt* kötü davranmak (-e) **Misshandlung**RR [-'--] *f,* **Mißhandlung**ALT *f* fena muamele, eziyet

Mission[1] <-en> [mɪ'sjo:n] *f* (*Auftrag*) misyon; **diplomatische/geheime ~** diplomatik/gizli misyon

Mission[2] *f kein pl* REL misyon

Missionar(in) <-s, -e; -nen> [mɪsjo'na:ɐ] *m(f),* **Missionär(in)** <-s, -e; -nen> [mɪsjo'na:ɐ] *m(f)* ÖSTERR misyoner

missionarisch [mɪsjo'na:rɪʃ] *adj* **~ tätig sein** misyonerlik yapmak

missionieren* [mɪsjo'ni:rən] *vi* misyonerlik yapmak

Missionschef(in) *m(f)* misyon şefi

MissklangRR ['--] *m,* **Mißklang**ALT *m* kakışma; (*Dissonanz*) falso **Misskredit**RR ['---] *m,* **Mißkredit**ALT *m* **in ~ geraten** (*an Ansehen verlieren*) itibardan düşmek, saygınlığını yitirmek; **jdn/etw in ~ bringen** bir kimseyi/şeyi gözden düşürmek

misslangRR [mɪs'laŋ], **mißlang**ALT *3. imp von* **misslingen**

misslichRR ['mɪslɪç] *adj,* **mißlich**ALT *adj* (*unangenehm*) hoş olmayan, nahoş; (*ärgerlich*) can sıkıcı, tatsız

misslingenRR <misslingt, misslang, misslungen> [mɪs'lɪŋən] *vi sein,* **mißlingen**ALT <mißlingt, mißlang, mißlungen> *vi sein* başarısızlığa uğramak, başarısız kalmak, berbat olmak; **der Kuchen ist misslungen** pasta berbat oldu; **der Kuchen ist mir misslungen** pastayı berbat ettim

MisslingenRR <-s> [-'--] *nt kein pl,* **Mißlingen**ALT <-s> *nt kein pl* başarısızlık, başarısızlığa uğrama

misslungenRR [mɪs'lʊŋən], **mißlungen**ALT *pp von* **misslingen**

MissmutRR ['--] *m,* **Mißmut**ALT *m* bezginlik; (*Unzufriedenheit*) hoşnutsuzluk **missmutig**RR *adj,* **mißmutig**ALT *adj* bezgin; (*schlecht gelaunt*) keyifsiz, aksiliği üstünde **missraten***RR [mɪs'ra:tən] *irr vi sein,* **mißraten***ALT *irr vi sein* fena olmak; **ein ~es Kind** fena bir çocuk **Missstand**RR <-(e)s, -stände> ['--] *m,* **Mißstand**ALT <-(e)s, -stände> *m* yolsuzluk; **Missstände in der Verwaltung wurden aufgedeckt** idaredeki yolsuzluklar ortaya çıkarıldı **Missstimmung**RR ['---] *f kein pl,* **Mißstimmung**ALT *f kein pl* (*Unzufriedenheit*) hoşnutsuzluk, memnuniyetsizlik; **eine ~ aufkommen lassen** hoşnutsuzluk getirmek, memnuniyetsizlik göstermek

misstRR [mɪst], **mißt**ALT *3. präs von* **messen**

misstrauen*RR [mɪs'traʊən] *vi,* **mißtrauen***ALT *vi* güvenmemek (-e)

MisstrauenRR <-s> *nt kein pl,* **Mißtrauen**ALT <-s> *nt kein pl* güvensizlik, itimatsızlık; (*Argwohn*) işkil; (*Skepsis*) kuşku; **gegen jdn/etw ~ hegen** bir kimseye/şeye güvensizlik duymak **Misstrauensantrag**RR *m* POL güvensizlik önergesi **Misstrauensvotum**RR *nt* POL güvensizlik oyu

misstrauischRR ['mɪstraʊɪʃ] *adj,* **mißtrauisch**ALT *adj* güvensiz, itimatsız, işkilli, kuşkulu

MissverhältnisRR ['----] *nt,* **Mißverhältnis**ALT *nt* oransızlık; (*Ungleichgewicht*) dengesizlik **missverständlich**RR ['----] *adj,* **mißverständlich**ALT *adj* anlaşılmaz, yanlış anlaşılır; ■ **sich ~ ausdrücken** meramını yanlış anlaşılır bir şekilde anlatmak **Missverständnis**RR <-ses, -se> ['----] *nt,* **Mißverständnis**ALT <-ses, -se> *nt* yanlış anlaşılma, anlaşmazlık; **in ihrer Ehe hat es oft ~se gegeben** evliliklerinde sık sık anlaşmazlıklar olmuştu **missverstehen***RR ['----] *irr vt,* **mißverstehen***ALT *irr vt* yanlış anlamak **Misswahl**RR *f,* **Mißwahl**ALT ['mɪsva:l] *f* güzellik kraliçesi seçimi **Misswirtschaft**RR ['---] *f kein pl,* **Mißwirtschaft**ALT *f kein pl* kötü yönetim

Mist <-(e)s> [mɪst] *m kein pl* ❶ (*Tierkot*) gübre; (*Dünger*) gübre; (*Stall~*) samanlı gübre; **Kleinvieh macht auch ~** (*prov*) akmasa da damlar, sinek ufak ama, mide bulandırır ❷ (*pej fam: Unsinn*) bok; **~ bauen** sıçmak, bokunu çıkarmak (-in); **~ machen** bok yemek; **~ reden** saçmalamak, saçma sapan konuşmak ❸ (*pej fam: Ärgernis*) meret; **so ein ~!** ne boktan iş!, ne aksilik!

M

Mistel <-n> ['mɪstəl] *f* BOT ökse otu **Mistelgewächse** *pl* BOT ökse otugiller *pl*
Misthaufen *m* gübrelik **Mistkäfer** *m* ZOOL bok böceği **Miststück** *nt* (*pej fam*) meret, alçak **Mistvieh** *nt* (*pej fam*) hayvan **Mistwagen** <-s, -> *m* gübre arabası **Mistwetter** <-s, -> *nt* (*fam*) boktan hava
mit [mɪt] **I.** *präp* ❶ (*in Begleitung von*) ile; **~ mir/dir/ihm** benimle/seninle/onunla; **Kaffee ~ Milch** sütlü kahve ❷ (*~ Hilfe von*) yardımıyla; (*Verkehrsmittel*) yoluyla; **~ der Bahn/dem Flugzeug kommen** trenle/uçakla gelmek, tren/uçak ile gelmek; **~ Gewalt** zorla, metazori; **~ der Post** postayla; **~ der Maschine schreiben** daktilo ile yazmak; **~ der Strömung** akıntıyla ❸ (*Alter, Zeitpunkt*) **~ dreißig (Jahren)** otuz yaşında; **~ dem heutigen Tag** bugünle beraber; **~ einem Mal** birden bire; **~ der Zeit** zamanla ❹ (*Eigenschaft*) **ein Mädchen ~ blonden Haaren** sarı saçlı bir kız ❺ (*Art und Weise*) **~ Interesse** merakla; **~ Bedauern ...** maatteessüf, üzülerek; **~ lauter Stimme** yüksek sesle; **sie gewannen ~ vier zu eins** dörde bir kazandı; **~ 80 Stundenkilometern** saatte 80 kilometre hızla **II.** *adv* (*ebenfalls*) **etw ~ berücksichtigen** bir şeyi (de) hesaba katmak; **er ist (bei der Gruppe) ~ dabei** o da (grupta) var; **im Preis ~ einbegriffen** fiyata dahil; **er ist ~ von der Partie** o da bizim partiden; **er ist ~ einer der besten** (*fam*) o, en iyilerden biri; **ich habe kein Geld ~** (*fam*) yanımda para yok
Mitangeklagte(r) ['mɪt-] *f(m)* JUR diğer sanık **Mitarbeit** *f kein pl* iş birliği, ortak çalışma, birlikte çalışma; **seine ~ an/bei dem Projekt** projedeki iş birliği **mit|arbeiten** *vi* birlikte çalışmak (**an/bei** -de/-de) **Mitarbeiter(in)** *m(f)* eleman; **ehrenamtlicher ~** fahrî eleman; **freier ~** sözleşmesiz eleman **mit|bekommen*** *irr vt* ❶ (*Verpflegung*) almak; **von seiner Mutter türkisches Blut ~ haben** anasından Türk kanı almış olmak ❷ (*hören, erfahren*) duymak, görmek, kulak misafiri olmak (-e); **nur die Hälfte ~** sadece yarısını duymak **mit|benutzen*** *vt*, **mit|benützen*** *vt* DIAL birlikte kullanmak, ortaklaşa kullanmak **mit|bestimmen*** *vi* yönetime katılmak (**bei** -de); (**in einem Unternehmen**) **~** (bir işletmede) yönetime katılmak
Mitbestimmung *f kein pl* yönetime katılma; **~ am Arbeitsplatz** iş yerinde yönetime katılma; **das Recht zur ~ bei Entscheidungen** kararlarda yönetime katılma hakkı **Mitbestimmungsrecht** <-(e)s, -e> *nt* yönetime katılma hakkı
Mitbewerber(in) *m(f)* talip; (*Konkurrent*) rakip **Mitbewohner(in)** *m(f)* (*in einer Wohnung*) birlikte yaşayan kimse; (*in einem Haus*) aynı binada oturan kimse **mit|bringen** *irr vt* ❶ (*an einen Ort*) yanında getirmek ❷ (*Voraussetzung*) sahip olmak (-e)
Mitbringsel <-s, -> ['mɪtbrɪŋzəl] *nt* (*fam*) hediye; (*von einer Reise*) andaç
Mitbürge(in) *m(f)* JUR birlikte kefil **Mitbürger(in)** *m(f)* yurttaş, hemşehri **mit|denken** *irr vi* (*folgen*) takip etmek; (*aufmerksam sein*) dikkat etmek **mit|dürfen** *irr vi* (*fam*) (**mit jdm**) **~** (biriyle) birlikte gidebilmek; **darf ich mit?** ben de gidebilir miyim?
Miteigentum <-s> *nt kein pl* JUR ortak mülkiyet
Miteigentümer(in) *m(f)* JUR hissedar, paydaş
miteinander [mɪtʔaɪ'nandɐ] *adv* ❶ (*einer mit dem anderen*) birbirleriyle; **~ reden** birbirleriyle konuşmak; **gut ~ auskommen** birbirleriyle iyi geçinmek ❷ (*zusammen*) birlikte, bir arada, beraber(ce); **alle ~** hep beraber
Miteinander <-s> [mɪtʔaɪ'nandɐ] *nt kein pl* **sie führen ein friedliches ~** kavgasız yaşıyorlar, kavgasız gürültüsüz bir arada hayat sürüyorlar
Miterbe(in) <-n, -n; -nen> *m(f)* diğer mirasçı, birlikte mirasçı **mit|erleben*** *vt* yaşamak, geçirmek; **etw selbst ~** bir şeye bizzat tanık olmak **Mitesser** <-s, -> *m* MED sivilce **mit|fahren** *irr vi sein* gelmek (**bei/mit** -le/-le), gitmek (**bei/mit** -le/-le); (*begleiten*) yoldaşlık etmek; **möchtest du (bei mir) ~?** (*im Auto*) benimle gelecek misin?; **möchtest du (mit mir) ~?** (*auf eine Reise*) benimle gelecek misin?, bana yoldaşlık etmek ister misin? **Mitfahrer(in)** *m(f)* (aracın içindeki) yolcu
mit|fühlen **I.** *vt* duygudaşı olmak (-in) **II.** *vi* **mit jdm ~** birinin duygudaşı olmak, birinin duygularını paylaşmak
mitfühlend *adj* duygudaş, aynı duyguları paylaşan
mit|führen *vt* ❶ (*Waren, Papiere*) üstünde taşımak, yanında bulundurmak ❷ (*Fluss*) sürüklemek **mit|geben** *irr vt* vermek; **sie gab mir einige Ratschläge mit** bana birkaç öğüt verdi **Mitgefühl** <-s> *nt kein pl* duygudaşlık, aynı duyguları paylaşma, yakınlık; (*Verständnis*) anlayış (**für** için); (*Mitleid*) acıma (**für** -e), insaf **mit|gehen** *irr vi sein* ❶ (*begleiten*) birlikte gitmek; **etw ~ lassen** (*fam*) bir şeyi yürütmek; **mitgegangen, [mitgefangen,] mitgehan-**

gen (*prov*) anca beraber, kanca beraber ❷ (*sich begeistern*) coşmak

mitgenommen **I.** *pp von* **mitnehmen** **II.** *adj* ❶ (*Dinge*) yıpranmış, aşınmış ❷ (*Person*) bitkin; **sie sieht ~ aus** bitkin görünüyor

Mitgift <-en> ['mɪtgɪft] *f* drahoma

Mitglied <-(e)s, -er> *nt* üye; (*einer Partei, eines Vereins*) üye; **die ~er der EU** AB üyeleri; **ordentliches ~** aktif üye **Mitgliederversammlung** *f* üye toplantısı

Mitgliedsausweis *m* üyelik kartı **Mitgliedsbeitrag** *m* üyelik aidatı

Mitgliedschaft <-en> *f* üyelik; **die ~ in einer Partei/in einem Verein** bir partide/dernekte üyelik; **die ~ beantragen** üyelik için başvurmak

Mitgliedsland <-(e)s, -länder> *nt* üye ülke

mit|haben *irr vt* (*fam*) yanında olmak; **ich habe kein Geld mit** yanımda para yok

mit|halten *irr vi* ayak uydurmak (**bei** -e); **ich konnte nicht bei ihnen ~** onlara ayak uyduramadım **mit|helfen** *irr vi* yardım etmek (**bei** -de)

mithilfe[RR] *präp* yoluyla; **~ der Elektrolyse** elektroliz yoluyla

Mithilfe *f kein pl* yardım (**bei** -de); (*Mitarbeit*) yardım (**bei** -de)

mit|hören *vt* kulak misafiri olmak (-e)

mit|kommen *irr vi sein* ❶ gelmek (**mit** -le); (*mitgehen*) gitmek (**mit** -le); **kommst du mit ins Theater?** benimle tiyatroya geliyor musun?; **wenn Sie nicht ~, gehen wir auch nicht** gelmezeseniz biz de gitmeyiz ❷ (*fam: Schritt halten*) yetişememek (**bei** -e); **da komme ich nicht mehr mit!** (*fam*) yetişemiyorum!

mit|können *irr vi* (*fam*) ❶ (*mitgehen können*) gelebilmek, gidebilmek ❷ (*mithalten können*) yetişememek (**bei** -de)

mit|kriegen *vt* (*fam*) *s.* **mitbekommen**

Mitlaut *m* LING ünsüz

Mitleid *nt* merhamet, acıma (**mit** -e); **~ erregen** acındırmak; **~ mit jdm haben** birine acımak; **etw aus ~ tun** bir şeyi merhameten [*o* acıyarak] yapmak

Mitleidenschaft *f kein pl* **jdn in ~ ziehen** birine dokunmak, birini sarsmak

mitleidig *adj* merhametli

mitleid(s)los *adj* merhametsiz, acımasız; **~ sein** merhametsiz olmak

mit|machen **I.** *vi* katılmak (**bei** -e); **machst du mit?** var mısın?; **da mache ich nicht mehr mit** ben bu işte yokum; **wenn das Wetter mitmacht** hava iyi olursa; **meine Beine machen nicht mehr mit** (*fam*) artık bacaklarımda derman kalmadı **II.** *vt* ❶ (*teilnehmen*) katılmak (-e); (*Mode*) uymak (-e); **einen Lehrgang ~** kursa katılmak ❷ (*fam: ertragen*) çekmek; (*erleiden*) çekmek; **sie hat viel mitgemacht** o çok çekti

Mitmensch *m* hemcins, soydaş

mit|müssen *irr vi* **mit jdm ~** biriyle gitmek zorunda olmak

Mitnahmemarkt *m* (*für Möbel*) seçal [*o* selfservis] mobilya mağazası

mit|nehmen *irr vt* ❶ (*allgemein*) yanına almak, alıp götürmek; (*herbringen*) getirmek; **zum M~, bitte!** paket olsun, lütfen!; **ich habe ihn im Auto mitgenommen** onu arabayla getirdim [*o* götürdüm] ❷ (*stehlen*) yürütmek, aparmak, çalmak ❸ (*fam: wahrnehmen*) algılamak ❹ (*psychisch*) sarsmak; (*erschöpfen*) yormak; (*schwächen*) sarsmak

mitnichten [mɪt'nɪçtən] *adv* (*geh*) **sie ist ~ schön** hiç güzel değil; **er gehorchte ~** hiç söz dinlemedi

Mitochondrium <-s, -rien> *nt* BIOL mitokondri

Mitose *f* BIOL mitoz, karyokinez

mit|rechnen *vt* ❶ (*gemeinsam*) birlikte hesaplamak ❷ (*mit berücksichtigen*) hesaba katmak

mit|reden *vi* ❶ (*im Gespräch*) konuşmak ❷ (*mitbestimmen*) diyeceği olmak; **da habe ich auch noch ein Wörtchen mitzureden** benim de buna diyeceklerim [*o* diyeceğim bir şeyler] var **Mitreisende(r)** *f(m)* yoldaş **mit|reißen** *irr vt* ❶ (*Fluss, Lawine*) sürüklemek ❷ (*begeistern*) sürüklemek; **die Musik war sehr ~d** müzik çok sürükleyiciydi

mitsamt [mɪt'zamt] *präp* bütün

mit|schicken *vt* (*Sache*) birlikte yollamak; (*beilegen*) ekte yollamak; (*Person*) yanında göndermek **mit|schreiben** *irr* **I.** *vi* not almak, not tutmak **II.** *vt* ❶ (*notieren*) not etmek ❷ (*Prüfung, Klausur*) girmek (-e)

Mitschuld *f kein pl* suça katılma (**an** -de), suç ortaklığı (**an** -de) **mitschuldig** *adj* suça katılan (**an** -de); **an etw ~ sein** bir şeyde suça katılmış olmak; **er hat sich ~ gemacht** onun da suçu var **Mitschuldige(r)** *f(m)* suç ortağı, suça katılan (kimse)

Mitschüler(in) *m(f)* okuldaş

mit|spielen **I.** *vi* ❶ (*bei einem Spiel*) oynamak (**bei** -de); (*in einer Mannschaft*) oynamak (**in** -de); THEAT oynamak (**bei** -de, **in** -de); MUS çalmak (**in** -de); **spielst du mit?** sen de oynar mısın?; **hoffentlich spielt das Wetter mit** (*fam*) inşallah hava iyi olur; **da spiele ich nicht mit!** (*fam*) bu

M

işte ben yokum! ❷ (*Gründe*) oynamak (**bei** -de) ❸ **jdm übel** ~ birine fenalık [*o* kötülük] etmek **II.** *vt* oynamak; **spielst du eine Partie Schach (mit uns) mit?** (bizimle) bir parti satranç oynar mısın?

Mitsprache *f kein pl* konuşmaya katılma, görüşmeye katılma **Mitspracherecht** <-(e)s> *nt kein pl* söz hakkı (**bei** -de); **jdm ein ~ einräumen** birine söz hakkı tanımak

mit|sprechen *irr* **I.** *vi* (*mitreden*) konuşmaya katılmak, görüşmeye katılmak; **da kann ich nicht ~** bu konuda söz sahibi değilim **II.** *vt* birlikte söylemek

mittag[ALT] *adv s.* **Mittag**[1]

Mittag[1] <-s, -e> ['mɪta:k] *m* öğle(n); **gestern/heute/morgen ~** dün/bugün/yarın öğlen; **jeden ~** her öğlen; **gegen ~** öğleye doğru; **zu ~ essen** öğle yemeği yemek

Mittag[2] <-s> *m kein pl* (*fam*) **was gibt es heute zu ~?** bugün öğlen ne var?; **~ machen** (*fam*) öğle paydosu yapmak

Mittagessen *nt* öğle yemeği

mittäglich ['mɪtɛ:klɪç] *adj* **die ~e Pause** öğle paydosu

mittags ['mɪta:ks] *adv* öğleyin; **mittwochs ~** çarşamba günleri öğleyin; **~ um eins** öğleyin saat birde

Mittagspause *f* öğle paydosu **Mittagsschlaf** *m* öğle uykusu; **einen ~ machen** öğle uykusuna yatmak **Mittagsstunde** *f* öğle saati; **in der/um die ~** öğle saatinde **Mittagstisch** *m kein pl* öğle yemeği **Mittagszeit** *f* öğle vakti

Mittäter(in) *m(f)* suç ortağı **Mittäterschaft** *f kein pl* suç ortaklığı

Mitte <-n> ['mɪtə] *f* ❶ (*räumlich*) orta; (*einer Strecke*) orta; (*Mittelpunkt*) merkez; **ein Mann aus unserer ~** aramızdan [*o* içimizden] bir adam; **etw in der ~ durchtrennen** bir şeyi ortasından ayırmak; **die goldene ~** orta yol; **ab durch die ~!** (*fam: verschwinde*) ortadan kaybol! ❷ (*zeitlich*) **~ des Jahres/Monats** yılın/ayın ortası; **sie ist ~ dreißig** otuzbeş yaşlarındadır ❸ POL orta; **links/rechts von der ~** ortanın solu/sağı

mit|teilen **I.** *vt* bildirmek, tebliğ etmek, haber vermek; **jdm etw brieflich/telefonisch ~** birine bir şeyi mektupla/telefonla bildirmek **II.** *vr* ■ **sich ~** (*geh: kommunizieren*) konuşmak (-le); (*sich anvertrauen*) içini dökmek (-e), açılmak (-e); **sich jdm ~ wollen** biriyle konuşmak istemek

mitteilsam *adj* konuşkan

Mitteilung <-en> *f* bildiri, tebliğ; (*amtlich*) tebliğ; **vertrauliche ~** gizli tebliğ **Mitteilungsblatt** *nt* (*eines Verbandes*) bülten

Mittel <-s, -> ['mɪtəl] *nt* ❶ çare, yol; (*Möglichkeit*) imkân, olanak; **~ und Wege finden** çare ve yollar bulmak; **als letztes ~** son çare olarak; **zu anderen ~n greifen** başka yollara başvurmak; **~ zum Zweck** atlama taşı; **er ließ kein ~ unversucht** her çareye başvurdu, denemediği yol kalmadı, her olanağı denedi ❷ (*Medikament, Heilmittel*) ilaç, deva; **ein ~ für Kopfschmerzen** (*fam*) baş ağrısı için ilaç ❸ *pl* (*Gelder*) paralar *pl,* fonlar *pl;* (*Kapital*) sermaye; **ohne ~ dastehen** parasız pulsuz ortada kalmak ❹ *a.* MATH (*Durchschnitt*) ortalama ❺ (*Färbe~, Genuss~, Nahrungs~*) madde; (*Hilfs~, Produktions~*) araç; **der Zweck heiligt die ~** amaç araçları meşru kılar

Mittelalter *nt* Orta Çağ

mittelalterlich *adj* Orta Çağ(a ait)

Mittelamerika ['---'---] *nt* Orta Amerika **Mittelamerikaner(in)** ['-----'--] *m(f)* Orta Amerikalı **mittelamerikanisch** ['-----'--] *adj* Orta Amerika (ile ilgili)

mittelbar ['mɪtəlba:ɐ] *adj* dolaylı; **~ betroffen sein** dolaylı olarak ilişkisi olmak

Mittelding <-(e)s> *nt kein pl* (*fam*) bir şey (**zwischen** arasında) **Mitteleuropa** ['---'--] *nt* Orta Avrupa **Mitteleuropäer(in)** ['----'--] *m(f)* Orta Avrupalı **mitteleuropäisch** ['----'--] *adj* Orta Avrupa (ile ilgili) **Mittelfeld** *nt* SPORT (*Spielfeld*) orta saha; (*Gruppe*) ortadaki grup, ortadaki küme **Mittelfinger** *m* orta parmak

mittelfristig *adj* WIRTSCH, FIN orta vadeli

Mittelgebirge *nt* orta yükseklikteki sıra dağlar **Mittelgewicht** <-(e)s, -e> *nt* SPORT orta sıklet, orta ağırlık

mittelgroß *adj* orta boy; (*Person*) orta boylu

Mittelklasse *f* ❶ (*Soziologie*) orta sınıf ❷ (*bei Waren*) orta kalite **Mittelkreis** *m* SPORT (*Fußball*) orta yuvarlak, santra yuvarlağı **Mittelläufer** *m* SPORT santrhaf **Mittellinie** *f* ❶ SPORT santra çizgisi, orta çizgi ❷ (*Straße*) orta çizgi

mittellos *adj* parasız

Mittellosigkeit *f kein pl* parasızlık

Mittelmaß <-es> *nt kein pl* ortalama **mittelmäßig** *adj* orta şekerli, şöyle böyle; (*durchschnittlich*) orta; (*pej*) pek ahım şahım olmayan **Mittelmäßigkeit** *f* orta şekerli olma, şöyle böyle olma; (*pej*) pek ahım şahım olmama

Mittelmeer <-(e)s> *nt* Akdeniz **Mittelmeerklima** *nt* Akdeniz iklimi **Mittelmeerländer** *pl* Akdeniz ülkeleri *pl* **Mittelmeerraum** <-(e)s> *m kein pl* Akdeniz bölgesi **Mittelohr** *nt* ANAT orta kulak **Mittelohrentzündung** *f* MED orta kulak iltihabı

mittelprächtig *adj* (*fam*) orta şekerli, şöyle böyle, pek ahım şahım olmayan; **wie geht es dir?** — ~ nasılsın? — şöyle böyle

Mittelpunkt *m* orta; *a.* MATH merkez; **der ~ des Kreises/der Kugel** dairenin/kürenin merkezi; **im ~ (des Interesses) stehen** herkesin ilgisini üstünde toplamak

mittels ['mɪtəls] *präp* (*geh*) aracılığıyla, yardımıyla

Mittelschiff *nt* ARCH (*bei Kirchenbauten*) orta nef; (*bei Moscheebauten*) orta sah(ı)n

Mittelsmann <-es, -männer> *m,* **Mittelsperson** <-en> *f* aracı

Mittelstand <-(e)s> *m kein pl* orta tabaka **mittelständisch** *adj* orta ölçekli; **~es Unternehmen** orta ölçekli işletme

Mittelsteinzeit *f kein pl* Yontma Taş Devri

Mittelstreckenrakete <-n> *f* orta erimli füze

Mittelstreifen *m* orta şerit **Mittelstufe** *f* SCHULE orta öğretim **Mittelstürmer(in)** *m(f)* SPORT santrfor **Mittelweg** *m* orta yol; **der goldene ~** orta yol **Mittelwelle** *f* RADIO, PHYS orta dalga **Mittelwert** *m a.* MATH ortalama

mitten ['mɪtən] *adv* **~ in/auf/bei/an** ortasında; **~ aus** ortasından; **~ durch** ortasından; **~ im Winter** kışın ortasında; **~ unter uns** ortamızda; **etw ~ durchbrechen** bir şeyi ortasından kırmak; **~ im Herzen von München** Münih'in tam göbeğinde **mittendrin** ['--'-] *adv* içinde **mittendurch** ['--'-] *adv* ortasından; (*in der Hälfte*) ortalama

Mitternacht ['mɪtɐnaxt] *f kein pl* gece yarısı

Mittler(in) *m(f)* aracı

mittlere(r, s) ['mɪtlərə, -rɐ, -rəs] *adj* ❶ (*räumlich*) orta, ortadaki, ortanca; **die drei ~n Finger** ortadaki üç parmak; **der ~ der drei Geschwister** kardeşlerin ortancası; **der ~ Treppenabsatz** merdivenin orta sahanlığı ❷ (*durchschnittlich*) orta; **der ~ Wert** ortalama; **ein Mann ~n Alters** orta yaşlı bir adam; **von ~r Qualität** orta kaliteli

Mittlersprache *f* ortak dil

mittlerweile ['--'--] *adv* bu arada

Mittwoch <-(e)s, -e> ['mɪtvɔx] *m* çarşamba; *s. a.* **Montag**

mittwochs ['mɪtvɔxs] *adv* çarşambaları, çarşamba günleri

mitunter [mɪt'ʔʊntɐ] *adv* bazen, ara sıra; (*von Zeit zu Zeit*) zaman zaman

mitverantwortlich *adj* birlikte sorumlu

Mitverfasser(in) *m(f)* ortak yazar

mit|wirken *vi* ❶ (*teilnehmen*) katılmak (**in** -e), iştirak etmek (**in** -e); THEAT oynamak (**in** -de); **es wirkten mit: ...** oyuncular: ... ❷ (*mitarbeiten*) katkıda bulunmak (**an/bei** -e/-e) ❸ (*beeinflussen*) rol oynamak; **bei der Entscheidung wirkten verschiedene Faktoren mit** kararın verilmesinde çeşitli etkenler rol oynadı **Mitwirkung** *f kein pl* (*Mitarbeit*) katkı (**an/bei** -e/-e); (*Teilnahme*) katılım (**an/bei** -e/-e), katılma (**an/bei** -e/-e) **Mitwissen** *nt* **ohne mein ~** benim haberim olmadan

Mitwisser(in) <-s, -; -nen> *m(f)* (*Vertrauter*) sırdaş; **jdn zum ~ machen** birini sırdaş yapmak

mit|wollen *irr vi* (*fam*) (**mit jdm**) ~ biriyle gitmek istemek; **er will mit** o da gitmek istiyor **mit|zählen** **I.** *vi* sayılmak; **Feiertage zählen nicht mit** bayram günleri sayılmaz **II.** *vt* saymak

Mixer(in)[1] <-s, -; -nen> *m(f)* (*Bar~*) kokteyl yapan barmen

Mixer[2] <-s, -> *m* GASTR (*Gerät*) mikser

Mixgetränk *nt* kokteyl

Mixtur <-en> [mɪks'tuːɐ] *f* karışım

mm *Abk von* **Millimeter** mm (*milimetre*)

Mob *m* ayak takımı

Mobbing <-s> *nt kein pl* mobbing (*iş yerinde istenmeyen birinin ayağını kaydırmak için ona hep birlikte devamlı oyunlar oynama; iş yerinde psikolojik taciz*)

Möbel <-s, -> ['møːbəl] *nt* mobilya **Möbelpolitur** *f* mobilya cilası

mobil [mo'biːl] *adj* ❶ (*beweglich*) mobil, mobilize, hareketli, seferber, seferî; **~er Zustand** seferî durum ❷ WIRTSCH, JUR gezgin, seyyar ❸ (*fam: munter*) canlı, hareketli; (*flink*) çevik, atik

Mobiliar [mobi'ljaːɐ] *nt* ev eşyası

mobilisieren* [mobili'ziːrən] *vt* mobilize etmek, harekete geçirmek, seferber etmek

mobil|machen *vi* ❶ MIL seferberlik ilan etmek ❷ **gegen etw ~** bir şeye karşı mobilize etmek, bir şeye karşı harekete geçirmek, bir şeye karşı seferber etmek **Mobilmachung** <-en> *f* MIL seferberlik; **die ~ anordnen** seferberlik ilan etmek

Mobiltelefon *nt* mobil telefon

möblieren* [mø'bliːrən] *vt* döşemek; **möbliertes Zimmer** möbleli oda

mochte ['mɔxtə] *3. imp von* **mögen**

Modalität <-en> [modali'tɛːt] *f* ❶ (*Art und Weise*) tarz; (*Bedingung*) koşul, şart; (*Ausführung*) yapılış, yürütülüş ❷ LING kiplik

Modalverb *nt* LING modal yardımcı fiil

Mode <-n> ['moːdə] *f* moda; **in ~ kom-**

men moda olmak; **aus der ~ kommen** demode olmak, modası geçmek; **groß in ~ sein** çok moda olmak; **mit der ~ gehen** modaya uymak **Modeausdruck** *m* moda kelime **Modeberuf** *m* moda meslek **Modedesigner(in)** *m(f)* moda desinatörü, stilist **Modefarbe** *f* moda renk **Modefimmel** *m* (*fam o pej*) moda düşkünlüğü **Modegeschäft** <-(e)s, -e> *nt* moda evi **Modehaus** *nt* moda evi **Modeheft** *nt,* **Modejournal** *nt* moda dergisi

Model <-s, -s> ['mɔdəl] *nt* (*Fotomodell*) model

Modell <-s, -e> [mo'dɛl] *nt* ❶ (*Vorbild, Muster, Entwurf*) model ❷ (*Maler~, Foto~*) model; (*Mannequin*) manken; **jdm ~ stehen** birine model olarak poz vermek ❸ ARCH maket

modellieren* [modɛ'li:rən] *vt* (*Ton*) oylumlamak

Modellierer(in) *m(f)* modelci

Modellierung *f* modelâj, oylumlama

Modellversuch *m* pilot proje

Modem <-s, -s> ['mo:dɛm] *nt o m* INFORM modem, çevirge; **externes/internes ~** dış/iç modem

Modenschau *f* defile

Modepuppe *f* (*fig, pej*) yosma

Moder <-s> ['mo:dɐ] *m kein pl* ❶ (*Schimmel*) küf ❷ (*Morast*) çamur

Moderation <-en> [modera'tsjo:n] *f* RADIO, TV sunuculuk

Moderator(in) <-s, -en; -nen> [modə'ra:to:ɐ] *m(f)* RADIO, TV sunucu

Modergeruch *m* küf kokusu

moderieren* [mode'ri:rən] *vt* RADIO, TV sunuculuğunu yapmak (-in)

moderig ['mo:dərɪç] *adj* küf kokan

modern¹ ['mo:dɐn] *vi haben o sein* küflenmek

modern² [mo'dɛrn] *adj* ❶ modern; **ein ~es Kleid** modern bir giysi; **~ sein** modern olmak ❷ (*an der Gegenwart orientiert*) modern, çağcıl; **ein ~er Mensch** çağcıl bir insan; **die ~e Physik** çağcıl fizik ❸ (*der neu(est)en Zeit zuzurechnen*) modern, çağdaş

Moderne [mo'dɛrnə] *f kein pl* ❶ çağcıllık, modernlik ❷ LIT, KUNST, MUS çağdaşlık, modernlik

modernisieren* [modɛrni'zi:rən] *vt* (*Gebäude*) modernize etmek; (*Betrieb, Methoden*) modernleştirmek, çağdaşlaştırmak

Modeschmuck *m* incik boncuk **Modeschöpfer(in)** *m(f)* modacı, moda kreatörü, stilist **Modeschöpfung** *f* kreasyon **Modewort** *nt* moda kelime **Modezeitschrift** *f* moda dergisi

Modi ['mɔdi, 'mo:di] *pl von* **Modus**

Modifikation *f* modifikasyon, değişke

modifizieren* [modifi'tsi:rən] *vt* değiştirmek

modisch ['mo:dɪʃ] *adj* moda

modrig ['mo:drɪç] *adj* küf kokan

Modul <-s, -e> [mo'du:l] *nt* INFORM, ELEK modül

Modulation *f* MUS modülasyon

Modus <-, Modi> ['mɔdʊs, 'mo:dʊs] *m* ❶ yöntem ❷ LING kip

Mofa <-s, -s> ['mo:fa] *nt* mobilet, motorlu bisiklet

mogeln ['mo:gəln] *vi* hile yapmak, dalavere yapmak

mögen¹ <mag, mochte, gemocht> ['mø:gən] **I.** *vt* ❶ (*Gefallen finden*) sevmek, hoşlanmak (-den); **ich mag ihn nicht** onu sevmiyorum, ondan hoşlanmıyorum; **lieber ~** daha çok sevmek, tercih etmek ❷ (*wollen*) istemek; (*wünschen*) arzu etmek; **ich mag nicht weggehen** gitmek istemiyorum; **was möchten Sie?** ne arzu edersiniz? **II.** *vi* (*irgendwohin ~*) **ich möchte gern nach Hause** eve gitmek istiyorum

mögen² <mag, mochte, mögen> *modal vb* ❶ (*wollen*) istemek; **ich möchte lieber hierbleiben** gitmektense burada kalmayı tercih ederim ❷ (*sollen*) **Sie möchten zu Hause anrufen** eve telefon edecekmişsiniz; **was mag das wohl heißen?** acaba bu ne demek oluyor?; **man möchte meinen, dass ...** sanki ... ❸ (*können*) olabilmek; **es mag wohl sein, dass er es tun will, aber ...** onu yapmak isteyebilir ama ... ❹ (*möglich sein*) olabilmek; **mag sein** olabilir; **es ~ etwa fünf Stunden vergangen sein** aşağı yukarı beş saat geçmiş olabilir; **wie dem auch sein mag** her neyse [*o* ne ise], ne olursa olsun, her nasılsa; **wie er auch heißen mag** adı ne olursa olsun; **so schön sie auch sein mag** ne kadar güzel olursa olsun ❺ DIAL, SCHWEIZ (*können*) edebilmek; **ja, ich möchte sagen, alles ist wie früher** evet, diyebilirim ki, her şey eskisi gibi

möglich ['mø:klɪç] *adj* mümkün, olabilir, olası, muhtemel; **so bald wie ~** en kısa zamanda; (**das ist doch**) **nicht ~!** olamaz!, mümkün değil!; **schon ~** (*fam*) olabilir; **er tat sein M~stes** elinden geleni yaptı; **so kurz/lang wie ~** mümkün mertebe kısa/uzun, olabildiğince kısa/uzun; **falls es dir** (**irgend**) **~ ist** eğer (herhangi) bir olanağın varsa

möglicherweise ['---'--] *adv* belki
Möglichkeit <-en> *f* ❶ imkân, olanak (**zu** -); **es besteht keine andere ~** başka bir imkânı yok; **eine preiswerte ~ zu reisen** ucuz yolculuk yapabilme olanağı; **nach ~** mümkünse, olabilirse ❷ (*das Möglichsein*) olabilirlik, olasılık, ihtimal ❸ (*Gelegenheit*) fırsat (**zu** -e); **verpasste ~en** kaçırılmış fırsatlar
möglichst ['møːklɪçst] *adv* mümkün mertebe; **~ schnell/wenig/gut** mümkün mertebe çabuk/az/iyi
Mohair *m* moher, tiftik
Mohn <-(e)s, -e> [moːn] *m* ❶ (*Pflanzenfamilie*) gelincikgil ❷ (*Klatsch~*) gelincik ❸ (*Schlaf~*) haşhaş **Mohnöl** *nt* haşhaş yağı **Mohnsaft** *f* haşhaş sütü
Mohr(in) <-en, -en; -nen> [moːɐ] *m(f)* zenci
Möhre <-n> ['møːrə] *f* BOT havuç
Mohrensaft *m* havuç suyu
Mohrrübe *f* NORDD havuç
Mohshärte *f kein pl* mohs ölçeği
Mokassin *m* mokasen
mokieren* [mo'kiːrən] *vr* ■ **sich ~** alaya almak (**über** -), alay etmek (**über** ile), eğlenmek (**über** ile)
Mokka <-s, -s> ['mɔka] *m* moka, Yemen kahvesi **Mokkatasse** *f* moka fincanı
Molch <-(e)s, -e> [mɔlç] *m* ZOOL çörel
Moldawien <-s> [mɔl'daːviən] *nt* Moldova
Mole <-n> ['moːlə] *f* (*Hafen~*) dalgakıran
Molekül <-s, -e> [mole'kyːl] *nt* CHEM molekül
molekular *adj* CHEM moleküler
Molke ['mɔlkə] *f kein pl* kesilmiş sütün suyu
Molkerei <-en> *f* süthane
Moll <-> [mɔl] *nt kein pl* MUS minör
mollig ['mɔlɪç] *adj* ❶ (*behaglich*) hoş; (*Zimmer*) sıcacık ❷ (*Person*) etli butlu
Molotowcocktail ['mɔlotɔf-, 'moːlotɔf-] *m* Molotof kokteyli
Moment[1] <-(e)s, -e> [mo'mɛnt] *m* (*Zeitpunkt*) an; **er kann jeden ~ kommen** her an gelebilir; **im ~** şu anda; **im ersten ~** ilk anda; **einen ~, bitte!** bir saniye lütfen!
Moment[2] <-(e)s, -e> [mo'mɛnt] *nt* ❶ (*Merkmal*) unsur, eleman, öge ❷ PHYS moment; **magnetisches ~** manyetik moment
momentan [momɛn'taːn] **I.** *adj* (*augenblicklich*) anlık, şu andaki; (*jetzig*) şimdiki **II.** *adv* şu anda; **was tust du ~?** şu anda ne yapıyorsun?
Momentaufnahme *f* enstantane
Monaco <-s> [mo'nako] *nt* Monako
Monarch(in) <-en, -en; -nen> [mo'narç] *m(f)* hükümdar
Monarchie <-n> [monar'çiː] *f* monarşi, tek erklik
Monarchismus *m kein pl* monarşizm, tek erkçilik
Monarchist(in) *m(f)* monarşist, tek erkçi
monarchistisch [monar'çɪstɪʃ] *adj* monarşist
Monat <-(e)s, -e> ['moːnat] *m* ay; **Anfang/Ende des ~s** ay başında/sonunda; **am Dritten dieses ~s** bu ayın üçünde; **im sechsten ~ (schwanger) sein** altıncı ayda hamile [*o* gebe] olmak, altı aylık hamile olmak; **1.000 Euro pro ~ verdienen** ayda 1.000 euro kazanmak; **im ~ Juni** haziran ayında
monatelang **I.** *adj* aylarca süren **II.** *adv* aylarca; **das kann ~ dauern** bu aylarca sürebilir
monatlich **I.** *adj* aylık **II.** *adv* aybeay, aydan aya; (*jeden Monat*) her ay
Monatsanfang *m* aybaşı **Monatsbinde** *f* âdet bezi **Monatsblutung** *f* aybaşı, âdet, ay dönümü kanaması **Monatseinkommen** *nt* aylık gelir **Monatsende** *nt* ay sonu **Monatserste** *m kein pl* ayın biri **Monatsgehalt** <-(e)s, -hälter> *nt* aylık (maaş), maaş **Monatskarte** *f* aylık bilet **Monatslohn** *m* aylık ücret **Monatsmitte** *f kein pl* ayın ortası **Monatsname** *m* ay adı **Monatsrate** *f* aylık taksit **monatsweise** *adv* aybeay, aydan aya
Mönch <-(e)s, -e> [mœnç] *m* REL keşiş
Mönchskloster *nt* keşişhane
Mönchspfeffer *m* BOT ayıt
Mönch(s)tum *nt kein pl* keşişlik
Mond <-(e)s, -e> [moːnt] *m* (*eines Planeten*) ay; (*der Erde*) Ay; **auf dem ~ landen** Ay'a iniş yapmak; **abnehmender/zunehmender ~** son/ilk dördün; **hinter dem ~ leben** (*fig fam*) hiçbir şeyden haberi olmamak
mondän *adj* monden **Mondbahn** *f* ASTRON Ay'ın yörüngesi
Mondfinsternis *f* ASTRON Ay tutulması **Mondfisch** *m* ZOOL ay balığı **Mondgesicht** *nt* (*fam*) ablak yüz **mondhell** *adj* mehtaplı; **in einer ~en Nacht** mehtaplı bir gecede **Mondjahr** *nt* ASTRON ay yılı **Mondlandung** *f* Ay'a iniş **Mondphase** *f* ay evresi **Mondrakete** *f* Ay füzesi
Mondschein <-(e)s> *m kein pl* ay ışığı, mehtap **Mondscheintarif** *m* TELEK akşamüstü tarifesi **Mondsichel** *f* ayça, hilal
Mondsonde *f* ay modülü

mondsüchtig *adj* aysar
Monegasse(in) <-n, -n; -nen> [mone'gasə] *m(f)* Monakolu
monetär *adj* WIRTSCH, FIN parasal
Moneten [mo'ne:tən] *pl* (*fam*) para, mangır, paralar *pl*
Mongole(in) <-n, -n; -nen> [mɔŋ'go:lə] *m(f)* Moğol
Mongolei [mɔŋgo'laɪ] *f* Moğolistan
mongolisch *adj* Moğol, Moğolistan (ile ilgili)
Mongolismus <-> [mɔŋgo'lɪsmʊs] *m kein pl* MED mongolizm
Mongolistik *f kein pl* LING Mongolistik
mongoloid [mɔŋgolo'i:t] *adj a.* MED mongolizm hastası
Monismus *m kein pl* PHILOS monizm, tekçilik
Monitor <-s, -e(n)> ['mo:nito:ɐ, 'mɔnito:ɐ] *m* ❶ TV, INFORM monitör ❷ TECH, TV monitör
mono ['mo:no] *adj* mono
monochrom [mono'kro:m] *adj* tek renkli
monogam [mono'ga:m] *adj* monogam, tek eşli
Monogamie *f* monogami, tek eşlilik
Monografie[RR] <-n> *f s.* **Monographie**
Monogramm <-s, -e> [mono'gram] *nt* monogram
Monographie <-n> [monogra'fi:] *f* monografi
Monokel <-s, -> [mo'nɔkəl] *nt* monokl
Monokultur ['mo:no-] *f* AGR monokültür
Monolog <-(e)s, -e> [mono'lo:k] *m* monolog; **einen ~ halten** monolog söylemek
Monopol <-s, -e> [mono'po:l] *nt a.* WIRTSCH monopol, tekel **Monopolstellung** *f* WIRTSCH tekelci konum
Monotheismus *m kein pl* monoteizm, tek tanrıcılık
Monotheist(in) <-en, -en; -nen> *m(f)* monoteist, tek tanrıcı
monotheistisch [monote'ɪstɪʃ] *adj* tek tanrıcı
monoton [mono'to:n] *adj a.* MATH monoton, tekdüze
Monotonie <-n> [monoto'ni:] *f* monotonluk, tekdüzelik, yeknesaklık
Monster <-s, -> ['mɔnstɐ] *nt* (*Ungeheuer*) canavar; (*Riese*) zebellâ
Monstren *pl von* **Monstrum**
monströs [mɔn'strø:s] *adj* canavar gibi, dev gibi
Monstrum <-s, Monstren> ['mɔnstrʊm] *nt* ❶ (*Ungeheuer*) canavar ❷ (*Missgeburt*) hilkat garibesi
Monsun <-s, -e> [mɔn'zu:n] *m* METEO muson
Montag <-s, -e> ['mo:nta:k] *m* pazartesi; **am ~** pazartesi; **den ganzen ~ (über)** bütün pazartesi (boyunca); **jeden (zweiten) ~ (im Monat)** (ayın) her (ikinci) pazartesi günü; **letzten ~** geçen pazartesi; **nächsten/kommenden ~** ertesi/gelecek pazartesi; **heute ist ~, der zehnte November** bugün kasımın onu, pazartesi; **einen blauen ~ machen** (*fam*) pazartesi işe gitmemek
montagabends[RR] *adv* pazartesi akşamları
Montage <-n> [mɔn'ta:ʒə] *f* montaj, kurgu; FILM, KUNST kurgu
montags ['mo:nta:ks] *adv* pazartesileri, pazartesi günleri; **~ abends/mittags/morgens/nachmittags** pazartesi akşamları/öğlenleri/sabahları/öğleden sonraları
Monteur(in) <-s, -e; -nen> [mɔn'tø:ɐ] *m(f)* montör, montajcı, kurgucu
montieren* [mon'ti:rən] *vt* monte etmek (**an** -e); FILM kurgulamak
Monument <-(e)s, -e> [monu'mɛnt] *nt* anıt, abide
monumental [monumɛn'ta:l] *adj* anıtsal, abidevî
Moor <-(e)s, -e> [mo:ɐ] *nt* turbalı bataklık
Moos[1] <-es, -e> [mo:s] *nt* (*Pflanze*) yosun
Moos[2] <-es> [mo:s] *nt kein pl* (*fam: Geld*) mangır, mangiz
moosig *adj* yosunlu
Mop[ALT] <-s, -s> *m s.* **Mopp**
Moped <-s, -s> ['mo:pɛt] *nt* mopet, hafif motorsiklet
Mopp[RR] <-s, -s> [mɔp] *m* paspas
moppen *vt* paspaslamak
Mops <-es, Möpse> [mɔps, *pl* 'mœpsə] *m* ❶ (*Hund*) pug ❷ (*fig fam: kleine Person*) bücür
Moral [mo'ra:l] *f kein pl* ❶ (*Sittlichkeit*) ahlak; **eine doppelte ~ haben** çifte standardı olmak; **die ~ von der Geschichte** kıssadan hisse ❷ (*einer Fabel*) ahlaki ders
moralisch *adj* ahlaki; **es ist deine ~e Pflicht, ihr zu helfen** ona yardım etmek ahlaki vazifendir
Moralismus *m kein pl* PHILOS moralizm, ahlakçılık, törecilik
Moralkodex *m kein pl* ahlak yasası
Moräne <-n> [mo'rɛ:nə] *f* GEO moren, buzul taş
Morast[1] <-(e)s, -e *o* Moräste> [mo'rast, *pl* mo'rɛstə] *m* (*Sumpfland*) bataklık
Morast[2] <-(e)s> *m kein pl* (*Schlamm*) çamur
Moratorium *nt* moratoryum

Morchel <-n> ['mɔrçəl] *f* BOT kuzugöbeği

Mord <-(e)s, -e> [mɔrt] *m* cinayet (**an** -), adam öldürme suçu; **einen ~ begehen** cinayet işlemek; **wegen ~es** cinayet sebebiyle; **versuchter ~** adam öldürmeye kalkışma [*o* teşebbüs] **Mordanschlag** *m* suikast (**auf** -e); **einen ~ auf jdn verüben** birine suikast yapmak **Morddrohung** *f* ölümle tehdit

morden ['mɔrdən] **I.** *vi* cinayet işlemek, adam öldürmek **II.** *vt* öldürmek

Mörder(in) <-s, -; -nen> ['mœrdɐ] *m(f)* katil, cani

mörderisch *adj* (*fam: abscheulich*) korkunç; (*groß*) büyük, muazzam, koskoca; (*Hitze*) öldürücü, müthiş; (*Geschwindigkeit*) müthiş

Mordkommission *f* cinayet masası

Mordsglück ['-'-] *nt* (*fam*) büyük şans

Mordskerl ['-'-] *m* (*fam*) koskoca herif

Mordskrach <-(e)s> ['-'-] *m kein pl* (*fam*) ❶ (*Lärm*) müthiş bir gürültü, gürültü kıyamet ❷ (*Streit*) büyük kavga

mordsmäßig *adj* (*fam*) müthiş, korkunç, çok, muazzam **Mordsschreck** *m kein pl,* **Mordsschrecken** *m kein pl* (*fam*) ödü patlama **Mordsspaß** <-es> ['-'-] *m kein pl* (*fam*) müthiş eğlence; **einen ~ haben** müthiş eğlenmek

Mordverdacht <-(e)s> *m kein pl* adam öldürmüş olma şüphesi; **unter ~ stehen** katil zanlısı olmak **Mordversuch** *m* adam öldürmeye kalkışma [*o* teşebbüs]

morgen ['mɔrgən] *adv* ❶ (*am folgenden Tag*) yarın; **~ früh** yarın erkenden; **~ Mittag/Abend** yarın öğlen/akşam; **ab ~** yarından itibaren; **bis ~** yarın görüşmek üzere ❷ (*zukünftig*) yarın; **an ~ denken** yarını düşünmek

Morgen <-s, -> *m* sabah; **eines ~s** bir sabah; **der ~ bricht an** gün doğuyor; **am ~** sabahleyin; **gegen ~** sabaha doğru; **heute ~** bu sabah; **am nächsten ~** ertesi günün sabahında; **am frühen ~** sabah erkenden; **guten ~!** günaydın!; **bis in den frühen ~ hinein** sabahın erken saatlerine kadar **Morgenausgabe** <-n> *f* sabah sayısı **Morgendämmerung** *f* gün ağarması, sabahın alaca karanlığı

morgendlich ['mɔrgəntlɪç] *adj* sabah; **der ~e Appell** MIL sabah içtiması

Morgenessen <-s, -> *nt* SCHWEIZ sabah kahvaltısı **Morgengabe** <-n> *f* mihr **Morgengrauen** ['--graʊən] *nt* sabahın körü **Morgenmantel** *m* sabahlık, ropdöşambr **Morgenmuffel** *m* (*fam*) **ein ~ sein** sabahları keyifsiz olmak **Morgenrock** <-(e)s, -röcke> *m* sabahlık **Morgenrot** <-(e)s> *nt kein pl* tan kızıllığı

morgens ['mɔrgəns] *adv* sabahları; **von ~ bis abends** sabah akşam; **um sieben Uhr ~** sabahları saat yedide

Morgensonne *f kein pl* sabah güneşi

Morgenstern *m* Çoban Yıldızı, Çulpan

morgige(r, s) *adj* yarınki; **am ~n Tag** yarın

Morphem <-s, -e> *nt* LING morfem

Morphium <-s> ['mɔrfiʊm] *nt kein pl* morfin

Morphologie *f kein pl* morfoloji

morphologisch *adj* morfolojik

Morphu *nt* Güzelyurt

morsch [mɔrʃ] *adj* (*Holz*) çürük

Morsealphabet <-(e)s, -e> ['mɔrzə-] *nt* mors alfabesi

morsen ['mɔrzən] *vt* morsla göndermek

Mörser <-s, -> ['mœrzɐ] *m* ❶ (*Gefäß*) havan; (*größer*) dibek ❷ MIL havan topu

Mortadella *f* mortadella

Mörtel <-s, -> ['mœrtəl] *m* harç; **~ auftragen** harç sürmek **Mörtelkelle** *f* mala, sürgü

Mosaik <-s, -e(n)> [moza'iːk] *nt* mozaik **Mosaikfußboden** *m* mozaik döşeme

Mosambik <-s> [mozam'biːk] *nt* Mozambik

Mosambikaner(in) <-s, -; -nen> [mozambi'kaːnɐ] *m(f)* Mozambikli

mosambikanisch *adj* Mozambik, Mozambikli

Moschee <-n> [mɔ'ʃeː, *pl* mɔ'ʃeːən] *f* cami; (*kleiner*) mescit

Moschus <-> ['mɔʃʊs] *m kein pl* misk

Möse <-n> ['møːzə] *f* (*vulg*) am

Mosel ['moːzəl] *f* **die ~** Mosel Irmağı

Moselwein *m* Mosel şarabı

mosern ['moːzɐn] *vi* (*fam: nörgeln*) vır vır etmek, söylenmek

Moses *m* REL Musa (Peygamber)

Moskau <-s> ['mɔskaʊ] *nt* Moskova

Moskauer(in) <-s, -; -nen> *m(f)* Moskovalı

Moskito <-s, -s> [mɔs'kiːto] *m* sivrisinek **Moskitonetz** *nt* cibinlik

Moslem(in) <-s, -s; -n> ['mɔslɛm] *m(f)* Müslüman

moslemisch [mɔs'leːmɪʃ] *adj* Müslüman

Moslime <-n> [mɔs'liːmə] *f* *s.* **Moslem**

Most <-(e)s, -e> [mɔst] *m* ❶ (*Trauben~*) şıra ❷ DIAL (*Apfel~*) şıra

Mostrich *m kein pl* DIAL (*Senf*) hardal

Motel <-s, -s> [mo'tɛl, 'moːtəl] *nt* motel

Motiv <-s, -e> [mo'tiːf] *nt* ❶ (*Beweggrund*) güdü, saik ❷ LIT, MUS, KUNST motif

Motivation <-en> [motiva'tsjoːn] *f* *a.* PSYCH güdülenim, güdülenme, motivasyon

motivieren* [moti'viːrən] *vt* ❶ (*begrün-*

M

den) gerekçelendirmek (**mit** -le) ❷ (*anregen*) güdülemek (**zu** -e), özendirmek (**zu** -e), isteklendirmek (**zu** -e)
Motivierung <-en> *f* (*geh*) güdüleme, özendirme, isteklendirme
Motocross *nt* motorkros
Motor <-s, -en> ['mo:to:ɐ, mo'to:ɐ, *pl* mo'to:rən] *m* motor **Motorboot** *nt* motorbot, (deniz) motor(u) **Motorhaube** *f* AUTO motor kaputu
motorisieren* [motori'zi:rən] *vt* motorize etmek; **ein Boot ~** tekneye motor takmak
motorisiert *adj* motorize, motorlu
Motorkraft *f kein pl* motor gücü **Motoröl** *nt* AUTO motor yağı **Motorpumpe** *f* motorlu tulumba, motopomp
Motorrad <-(e)s, -räder> ['mo:to:ɐ-, mo'to:ɐ-] *nt* motosiklet **Motorradfahrer(in)** *m(f)* motosiklet sürücüsü **Motorradrennen** *nt* motosiklet yarışı
Motorsäge *f* motorlu testere **Motorschaden** *m* motor arızası
Motte <-n> ['mɔtə] *f* güve
Motto <-s, -s> ['mɔto] *nt* parola
motzen ['mɔtsən] *vi* (*fam*) dırdır etmek
Mountainbike <-s, -s> ['maʊntənbaɪk] *nt* dağ bisikleti
Moussaka *nt* GASTR musakka
Möwe <-n> ['mø:və] *f* ZOOL martı
MS [ɛm'ʔɛs] MED *Abk von* **Multiple Sklerose** çoklu sertleşim
mtl. *Abk von* **monatlich** aylık
Mucke <-n> ['mukə] *f* ❶ (*Mücke*) sivrisinek; **mit Geduld und Spucke fängt man eine ~** (*prov*) sabrın sonu selamettir ❷ (*fig fam*) **er hat seine ~n** (*merkwürdige Laune*) acayip kaprisleri var; (*unangenehme Eigenart*) kötü huyları var
Mücke <-n> ['mʏkə] *f* sivrisinek; **aus einer ~ einen Elefanten machen** (*fig fam*) pireyi deve yapmak **Mückenstich** <-(e)s, -e> *m* sivrisinek sokması
Mucks <-es, -e> [mʊks] *m* (*fam*) gık; **keinen ~ sagen** gık dememek; **ohne einen ~** gık demeden
mucksmäuschenstill ['mʊks'mɔɪsçən'ʃtɪl] *adj* (*fam*) **~ sein** (ortalıkta) tıs olmamak; **es war ~** ortalıkta tıs yoktu
müde ['my:də] *adj* yorgun; **~ werden** yorulmak; **es ~ sein, etw zu tun** bir şeyi yapmaktan usanmak
Müdigkeit *f kein pl* yorgunluk; **vor ~ umfallen** yorgunluktan ölmek
Muezzin *m* REL müezzin
Muff <-(e)s, -e> *m* (*Pelz-*) manşon
Muffe <-n> ['mʊfə] *f* ❶ TECH ek bileziği, rakor ❷ (*fam: Angst*) korku; **mir geht die ~** içimi bir korku aldı
Muffel[1] <-s, -> ['mʊfəl] *m* (*fam: Person*) asık suratlı adam
Muffel[2] ['mʊfəl] *f* TECH mufla
muffig *adj* ❶ (*Geruch*) küf kokan; **~ riechen** küf kokmak ❷ (*fam: Person*) suratsız, huysuz, aksi
Mufflon <-s, -s> *m* muflon
Mühe <-n> ['my:ə] *f* (*Anstrengung*) çaba, emek, efor; (*Umstände*) zahmet; (*Arbeit*) eziyet; **ohne ~** zahmetsiz, kolayca; **nur mit ~** güç bela, zar zor; **die ~ hat sich gelohnt** zahmete değdi; **sich** *dat* **(große) ~ geben** (çok) emek harcamak (**bei** -de, **zu** için); **gib dir keine ~!** zahmet etme!; **das ist doch verlorene ~** bu, zahmete değmez; **jdm ~ machen** birini zahmete sokmak; **sich** *dat* **die ~ machen, etw zu tun** bir şeyi yapmak için zahmet etmek; **wenn es Ihnen keine ~ macht!** zahmet olmazsa!; **mit ~ und Not** (*mit großen Schwierigkeiten*) güç bela; (*gerade noch*) zar zor
mühelos **I.** *adj* zahmetsiz **II.** *adv* zahmetsizce, kolayca
muhen ['mu:ən] *vi* böğürmek
mühen ['my:ən] *vr* ▪ **sich ~** (*geh*) çaba harcamak
mühevoll *adj* zahmetli; (*schwierig*) zor
Mühle[1] <-n> ['my:lə] *f* ❶ (*Gebäude*) değirmen; **in die ~ der Verwaltung geraten** (*fig*) bürokrasinin eline düşmek ❷ (*Haushaltsgerät*) değirmen ❸ (*fam: Fahrzeug*) külüstür
Mühle[2] *f kein pl* (*Brettspiel*) dokuztaş, dokurcun
Mühlrad *nt* değirmen çarkı, değirmen dolabı **Mühlstein** *m* değirmen taşı
Mühsal <-e> ['my:za:l] *f* (*geh*) zahmetler *pl*, çekilen sıkıntılar *pl*; **die ~ der ersten Nachkriegsjahre** savaştan sonra ilk yıllarda çekilen sıkıntılar
mühsam, mühselig **I.** *adj* zahmetli **II.** *adv* zahmetle, zar zor
Mulatte(in) <-n, -n; -nen> [mu'latə] *m(f)* beyaz zenci melezi
Mulde <-n> ['mʊldə] *f* ❶ GEO (*im Gelände*) tekne; (*Loch*) çukurluk ❷ NORDD (*Trog*) tekne
Muli <-s, -s> ['mu:li] *nt* ZOOL katır
Mull <-(e)s, -e> [mʊl] *m* ❶ (*Gewebe*) gaz bezi ❷ NORDD (*Humusboden*) humus
Müll <-(e)s> [mʏl] *m kein pl* çöp(ler) *(pl)*; (*Abfälle*) atıklar *pl*; **etw in den ~ werfen** bir şeyi çöpe atmak; **radioaktiver ~** radyoaktif atıklar
Müllabfuhr *f* çöplerin kaldırılması

Müllberg *m* çöp yığını **Müllbeseitigung** *f kein pl* çöplerin imhası
Mullbinde *f* gazlı bez **Mülldeponie** *f* çöplük **Mülleimer** *m* çöp kovası, çöp tenekesi
Müller(in) <-s, -; -nen> ['mʏlɐ] *m(f)* değirmenci
Müllkippe *f* çöplük, mezbelelik **Müllkompostierung** *f* çöpleri kompostolama **Müllmann** <-es, -männer> *m* (*fam*) çöpçü **Müllsortieranlage** *f* çöp ayırma tesisi **Mülltonne** *f* çöp tenekesi, çöp bidonu **Mülltrennungssystem** *nt* çöpleri ayırma sistemi
Müllverbrennung *f kein pl* çöplerin yakılması **Müllverbrennungsanlage** *f* çöp yakma tesisi **Müllwagen** *m* çöp arabası
mulmig ['mʊlmɪç] *adj* ❶ (*morsch*) çürük ❷ (*fam: bedenklich*) kuşkulu; **ein ~es Gefühl haben** içine kurt düşmek; **ihm war ~ zumute** huylanmıştı, işkillenmişti
Multi <-s, -s> ['mʊlti] *m* (*fam*) uluslararası şirket
multiethnisch *adj* çok ırklı
Multiethnizität *f* çok ırklılık
multifunktional *adj* çok fonksiyonlu
multikulturell [mʊlti-] *adj* çok kültürlü
Multimedia *nt kein pl* multimedya **Multimediaanwendung** <-en> *f* multimedya uygulaması **Multimediabereich** <-(e)s, -e> *m* multimedya alanı **Multimediadateien** *pl* multimedya dosyaları *pl* **multimediafähig** *adj* multimedya yetenekli
multimedial [mʊltime'dja:l] *adj* multimedya
Multimedia-PC <-(s), -(s)> *m* multimedya bilgisayarı **Multimediasystem** *nt* multimedya sistemi
multinational *adj* WIRTSCH, POL çok uluslu
Multiple Sklerose [mʊl'ti:plə skle'ro:zə] *f kein pl* MED çoklu sertleşim
multiplex *adj* multipleks
Multiplier *m* TECH (*Elektronenvervielfacher*) elektron çoğaltıcı
Multiplikation <-en> [mʊltiplika'tsjo:n] *f* MATH çarpma (**mit** -le)
multiplizieren* [mʊltipli'tsi:rən] *vt a.* MATH çarpmak (**mit** -le)
Multitalent ['mʊltitalɛnt] *nt* çok yönlü istidat
Multitasking *nt* çok görevlilik
Mumie <-n> ['mu:miə] *f* mumya
mumifizieren* [mumifi'tsi:rən] *vt* mumyalamak
Mumm <-s> [mʊm] *m kein pl* (*fam*) ❶ (*Tatkraft*) büzük; (*Mut*) cesaret ❷ (*Kraft*) kuvvet; **der hat keinen ~ in den Knochen** hiç kuvveti yok
Mumps <-> ['mʊmps] *m o fam f kein pl* MED kabakulak
München <-s> ['mʏnçən] *nt* Münih
Münch(e)ner(in) <-s, -; -nen> ['mʏnç(ə)nɐ] *m(f)* Münihli
Mund <-(e)s, Münder> [mʊnt, *pl* 'mʏndɐ] *m* ağız; **in aller ~e sein** ağızlara sakız olmak, dillere düşmek; **sein Name war in aller ~e** ağızlara sakız oldu, herkesin diline düştü; **etw/jdn dauernd im ~e führen** bir şeyi/kimseyi ağzına sakız etmek; **dieses Wort nehme ich nicht in den ~** bu kelimeyi ağzıma almam; **jdm über den ~ fahren** (*fam*) birinin sözünü kesmek; **nicht auf den ~ gefallen sein** (*fig fam*) anasının gözü olmak; **jdm den ~ wässrig machen** (*fam*) birinin ağzını sulandırmak, birini imrendirmek; **halt den ~!** (*fam*) çeneni tut!; **von ~ zu ~ gehen** ağızdan ağıza geçmek
Mundart <-en> *f* ağız, lehçe
Mündel <-s, -> ['mʏndəl] *nt o m* JUR vesayet altındaki kimse
mündelsicher *adj* FIN birinci derecede sağlam
munden ['mʊndən] *vi* (*geh*) lezzetli olmak; **lasst es euch ~** afiyet olsun
münden ['mʏndən] *vi haben o sein* ❶ (*Fluss*) ulaşmak (**in** -e); (*Straße*) çıkmak (**in/auf** -e/-e), kavuşmak (**in/auf** -e/-e); **die Flüsse ~ ins Meer** ırmaklar denize ulaşıyor; **diese Straße mündet auf einen Platz/in einen Park** bu sokak bir meydana/parka çıkar; **dieser Weg mündet in die Landstraße** bu yol kara yoluna çıkar ❷ (*Gespräch*) götürmek (**in** -e)
Münder *pl von* **Mund**
Mundgeruch *m* ağız kokusu **Mundharmonika** *f* mızıka, armonika **Mundhöhle** *f* ağız boşluğu
mündig ['mʏndɪç] *adj* JUR ergin, reşit
mündlich ['mʏntlɪç] *adj* sözlü
Mundpropaganda *f* ağız propagandası **Mundstück** *nt a.* MUS ağızlık
mundtot *adj* **jdn ~ machen** birini surdinlemek, birinin çanına ot tıkmak [*o* tıkamak]
Mündung <-en> ['mʏndʊŋ] *f* ❶ (*eines Flusses*) ağız ❷ (*eines Gewehres*) namlu
Mundvoll <-, -> *m* ağız dolusu **Mundwasser** <-s, -wässer> *nt* gargara **Mundwerk** *nt* (*fam*) çene; **ein loses** [*o* **flinkes**] **~ haben** çenesi düşük/kuvvetli olmak **Mundwinkel** *m* ağız kenarı; **die ~ leicht verziehen** dudaklarının kenarlarını hafifçe büzmek
Mund-zu-Mund-Beatmung *f kein pl* hayat öpücüğü, ağızla yapılan yapay solunum

M

Munition <-en> [muni'tsjo:n] *f* cephane
Munitionsdepot *nt,* **Munitionslager** *nt* cephanelik
munkeln ['mʊŋkəln] *vi, vt* (*fam*) fiskos etmek, fıslamak, kulaktan kulağa fısıldamak; **man munkelt so allerlei** kulaktan kulağa çeşitli söylenti fısıldanıyor, ortalıkta çeşitli söylenti dolaşıyor
Münster <-s, -> ['mʏnstɐ] *nt* katedral
munter ['mʊntɐ] *adj* ❶ (*lebhaft*) canlı; (*fröhlich*) neşeli, şen ❷ (*wach*) uyanık
Münzautomat *m* madenî para otomatı
Münze <-n> ['mʏntsə] *f* sikke, madenî para; **etw für bare ~ nehmen** bir şeye körü körüne inanmak; **es jdm mit gleicher ~ heimzahlen** kısasa kısas uygulamak
münzen ['mʏntsən] *vt* darp etmek; **das ist auf ihn gemünzt** bu söz ona
Münzfernsprecher *m* ankesörlü telefon **Münzstätte** *f* darphane
Muräne <-n> [mu'rɛ:nə] *f* ZOOL murana, şakıt
mürbe ['mʏrbə] *adj* ❶ (*weich*) yumuşak ❷ (*abgenutzt*) aşınmış, yıpranmış
mürbe|machen[RR] *vt* **jdn ~** birini yıpratmak, birinin pestilini çıkarmak **Mürbeteig** *m* pastalık hamur
Murmel <-n> ['mʊrməl] *f* misket, bilye
murmeln ['mʊrməln] *vi, vt* mırıldanmak
Murmeltier *nt* dağ sıçanı; **schlafen wie ein ~** dağ sıçanı gibi mışıl mışıl uyumak
murren ['mʊrən] *vi* homurdanmak
mürrisch ['mʏrɪʃ] **I.** *adj* somurtkan, asık suratlı; **ein ~es Gesicht machen** suratını asmak **II.** *adv* somurtarak
Mus <-es, -e> [mu:s] *nt* ezme
Muschel <-n> ['mʊʃəl] *f* ❶ ZOOL midye ❷ ANAT (*Ohr~*) kepçe **Muschelschale** *f* midye kabuğu
Muschi <-s> ['mʊʃi] *f* (*fam*) ❶ (*Katze*) pisi pisi ❷ (*Scheide*) vajina
Muse <-n> ['mu:zə] *f* ❶ MYTH tanrıça ❷ (*fig: Frau, die inspiriert*) **er wurde von der ~ geküsst** onu ilham perisi öpmüş
Museum <-s, Museen> [mu'ze:ʊm] *nt* müze **Museumsführer(in)** <-s, -; -nen> *m(f)* müze kılavuzu, müze rehberi
museumsreif *adj* müzelik
Musical <-s, -s> ['mju:zikəl] *nt* müzikal
Musik <-en> [mu'zi:k] *f* müzik; **~ machen** müzik yapmak; **elektronische ~** elektronik müzik **Musikakademie** *f* müzik akademisi
musikalisch [muzi'ka:lɪʃ] *adj* müzikal; **~ veranlagt sein** müziğe istidadı olmak
Musikalität *f kein pl* müzikalite
Musikant(in) <-en, -en; -nen> [muzi'kant] *m(f)* müzisyen
Musikantenknochen *m* dirsek ucu
Musikbegleitung *f* müzik eşliği **Musikbox** *f* müzik dolabı
Musiker(in) <-s, -; -nen> ['mu:zikɐ] *m(f)* müzikçi, müzisyen
Musikfilm *m* müzikli film
Musikhochschule *f* müzik akademisi **Musikinstrument** *nt* müzik aleti **Musikkassette** *f* müzik kaseti **Musiklehrer(in)** *m(f)* müzik öğretmeni
musikliebend *adj* müziksever
Musiksaal *m* müzik salonu **Musikstück** *nt* müzik parçası **Musikunterricht** *m* müzik dersi **Musikwissenschaft** *f* müzik bilimi
musisch ['mu:zɪʃ] *adj* ❶ (*Fächer, Schule*) müzik ❷ (*Person*) müzik anlayışı olan; **~ begabt sein** müziğe istidadı olmak
musizieren* [muzi'tsi:rən] *vi* müzik yapmak
Muskat <-(e)s, -e> [mʊs'ka:t] *m* BOT küçük Hindistan cevizi
Muskateller <-s> *m kein pl* ❶ (*Traubensorte*) misket üzümü ❷ (*Wein*) misket
Muskatnuss[RR] *f* küçük Hindistan cevizi
Muskel <-s, -n> ['mʊskəl] *m* kas, adele **Muskelfaser** *f* ANAT kas lifi **Muskelgewebe** *nt* ANAT kas doku(su) **Muskelkater** *m* kas tutukluğu **Muskelkraft** *f kein pl* kas gücü **Muskelprotz** *m* (*pej fam*) kasıntı **Muskelriss**[RR] *m,* **Muskelriß**[ALT] *m* MED kas kopması
Musketier <-s, -e> ['mʊskəti:ɐ] *m* HIST silahşör
Muskulatur <-en> [mʊskula'tu:ɐ] *f* kas yapısı
muskulös [mʊsku'lø:s] *adj* adaleli, kaslı
Muslim(in) <-s, -e *o* -s; -n> ['mʊslɪm, *pl* mʊs'li:mə] *m(f)* Müslüman
muss[RR] [mʊs], **muß**[ALT] *3. präs von* **müssen**
Muss[RR] <-> [mʊs] *nt kein pl,* **Muß**[ALT] <-> *nt kein pl* zorunluk, mecburiyet **Mussbestimmung**[RR] *f,* **Mußbestimmung**[ALT] *f* buyruk kural, amir hüküm, emredici hüküm
Muße ['mu:sə] *f kein pl* (*geh*) boş zaman; (*Ruhe*) huzur
müssen[1] <muss, musste, müssen> ['mʏsən] *modal vb* ❶ (*Zwang*) zorunda olmak, mecbur olmak; **sie musste es tun** onu yapmak zorunda kaldı, onu yapmaya mecbur kaldı; **die Ausstellung muss man gesehen haben** sergiyi görmüş olmak gerekiyor; **es kam, wie es kommen musste** olan oldu ❷ (*Notwendigkeit*) gerekmek, lazım olmak; **muss das**

sein? bu gerekli mi?; **warum muss es ausgerechnet heute regnen?** aksi [*o* başka gün yokmuş] gibi bugün mü yağmur yağması gerekiyor?; **das muss nicht stimmen** bunun doğru olması gerekmez; **wenn es** (**unbedingt**) **sein muss** (ille de) olması gerekiyorsa; **du musst das nicht so eng sehen** bunu o kadar dar görmemelisin ❸ (*Vermutung*) **er müsste schon da sein** oraya varmış olması gerekir; **das müsstest du eigentlich wissen** aslında bunu bilmen gerekir ❹ (*Wunsch*) **man müsste noch mal zwanzig sein!** insan bir kez daha yirmisinde olmalıymış!

müssen² <muss, musste, gemusst> *vi* **ich muss zur Post** postaneye gitmem lazım; **ich muss mal** (*fam: aufs Klo*) sıkıştım

Mußestunde ['muːsə-] *f* boş zaman

müßig ['myːsɪç] *adj* (*geh*) ❶ (*untätig*) avare, aylak; ~ **herumsitzen** boş boş oturmak, aylak oturmak, tembel tembel oturmak ❷ (*überflüssig*) abes, gereksiz, boş; **es ist ~, darüber nachzudenken** ona kafa yormak boşuna **Müßiggang** <-(e)s> *m kein pl* (*geh*) avarelik; (*Faulheit*) tembellik

Müßiggänger(in) <-s, -; -nen> *m(f)* avare; (*Faulenzer*) tembel

müßig|gehen *irr vi sein* boş gezmek

musste^RR ['mʊstə], **mußte**^ALT *3. imp von* **müssen**

Muster <-s, -> ['mʊstɐ] *nt* ❶ (*Vorlage*) örnek; (*Handarbeits~*) örnek; (*Modell*) model; (*Schnitt~*) patron; (*Warenprobe*) eşantiyon ❷ (*Vorbild*) örnek, model ❸ (*Zeichnung*) desen ❹ (*Probestück*) numune, örnek, göstermelik **Musterbeispiel** *nt* örnek **Musterbrief** *m* mektup örneği **Musterexemplar** *nt* ❶ (*eines Buches*) mostra ❷ (*Vorbild*) örnek, modell **mustergültig** *adj*, **musterhaft** *adj* örnek

mustern ['mʊstɐn] *vt* ❶ (*betrachten*) bakmak, yoklamak, gözden geçirmek; **sie musterte ihn von oben bis unten** onu baştan aşağı süzdü ❷ MIL (*Wehrpflichtige*) yoklamak; (*Truppen*) teftiş etmek

Musterschüler(in) *m(f)* örnek öğrenci

Musterung <-en> ['mʊstərʊŋ] *f* ❶ (*Betrachtung*) yoklama, gözden geçirme; (*Prüfung*) yoklama ❷ MIL askerlik yoklaması ❸ (*Muster*) örnek **Musterungsbescheid** *m* MIL celp kâğıdı

Mut <-(e)s> [muːt] *m kein pl* cesaret; **nur ~!** haydi cesaret!; **den ~ verlieren** cesaretini kaybetmek; **jdm ~ machen** birine cesaret vermek; ~ **fassen** cesaret almak, cesaretini toplamak

Mutation <-en> [muta'tsjoːn] *f* ❶ BIOL mutasyon, değişinim ❷ MED (*Stimmwechsel*) ses değişimi

mutieren* [mu'tiːrən] *vi* ❶ BIOL mutasyon geçirmek ❷ MED (*Stimme*) değişmek, kalınlaşmak

mutig ['muːtɪç] *adj* cesur, cesaretli, yürekli

mutlos *adj* cesaretsiz, yüreksiz

Mutlosigkeit *f kein pl* cesaretsizlik, yüreksizlik

mutmaßen ['muːtmaːsən] *vt* sanmak, zannetmek, varsaymak

mutmaßlich *adj* sanılan, varsayılan, tahmin edilen; **der ~e Täter** suç zanlısı, potansiyel suçlu; **der ~e Mörder** katil zanlısı

Mutmaßung <-en> *f* zan, sanı

Mutprobe *f* cesaret denemesi

Mutter¹ <Mütter> ['mʊtɐ, *pl* 'mʏtɐ] *f* (*Frau*) ana, anne, valide; ~ **Natur** Tabiat Ana; ~ **von vier Kindern** dört çocuk anası; **wie bei ~n** (*fam*) kendi evindeymiş gibi

Mutter² <-n> *f* TECH somun

Muttergesellschaft <-en> *f* WIRTSCH ana şirket

Muttergottes ['--'--] *f* REL Meryem Ana

Mutterinstinkt *m* annelik güdüsü **Mutter-Kind-Pass**^RR ['--'--] *m* aile pasaportu **Mutterkuchen** *m* MED etene **Mutterland** <-(e)s, -länder> *nt* ana vatan; (*der Kolonien*) başülke **Mutterleib** <-(e)s> *m kein pl* ana karnı

mütterlich ['mʏtɐlɪç] **I.** *adj* **das ~e Geschäft übernehmen** annesinin işini devralmak **II.** *adv* anaca

mütterlicherseits *adv* ana tarafından

Mutterliebe *f* ana sevgisi **Muttermal** <-(e)s, -e> *nt* ben **Muttermilch** *f* ana sütü **Muttermund** <-(e)s> *m kein pl* MED ferç

Mutternschlüssel *m* lokma anahtarı

Mutterschaft *f kein pl* analık **Mutterschaftsurlaub** *m* analık izni

mutterseelenallein ['-----'-] *adj* yapayalnız, tek başına

Muttersöhnchen <-s, -> ['--zøːnçən] *nt* (*pej fam*) hanım evladı, ana kuzusu, muhallebi çocuğu **Muttersprache** <-n> *f* ana dili

Muttersprachler(in) <-s, -; -nen> ['--ʃpraːxlɐ] *m(f)* ana dilci

Muttertag *m* Anneler Günü **Muttertier** *nt* ZOOL ana hayvan

Mutti <-s> ['mʊti] *f* (*fam*) anne, anneciğim

Mutwille <-ns> *m kein pl* kasıt; **etw aus ~n tun** bir şeyi kasten yapmak

M

mutwillig ['muːtvɪlɪç] **I.** *adj* (*böswillig*) kötü niyetli; (*absichtlich*) kastî **II.** *adv* (*absichtlich*) kasten

Mütze <-n> ['mʏtsə] *f* kasket, takke; **eins auf den ~ kriegen** (*fig fam*) kafasına bir tane yemek

MwSt., MWSt. *Abk von* **Mehrwertsteuer** katma değer vergisi

Mykose <-n> *f* MED mikos

Myokard <-(e)s, -e> *nt* ANAT miyokart; (*Herzmuskel*) kalp kası

Myom <-s, -e> [my'oːm] *nt* MED miyom; (*Muskelgeschwulst*) kas uru

Myriade <-n> [my'rjaːdə] *f* **~n von Sternen** on binlerce yıldız

Myrr(h)e <-n> ['mʏrə] *f* mür, mürrüsafi

Myrte <-n> ['mʏrtə] *f* BOT mersin

Mysterien *pl von* **Mysterium**

mysteriös [mʏsteri'øːs] *adj* (*geheimnisvoll*) gizemli, esrarengiz; (*rätselhaft*) muammalı

Mysterium <-s, Mysterien> [mʏs'teːriʊm] *nt* gizem, esrarengizlik, muamma

Mystik ['mʏstɪk] *f kein pl* mistisizm, gizemcilik; (*in Islam*) tasavvuf

Mystiker(in) *m(f)* mistik, gizemci

mystisch ['mʏstɪʃ] *adj* ❶ mistik, gizemsel ❷ (*geheimnisvoll*) gizemli

Mythen *pl von* **Mythos**

Mythologie <-n> [mytolo'giː] *f* mitoloji

Mythos <-, Mythen> ['myːtɔs] *m* mit

Nn

N, n <-, -> [ɛn] *nt* N, n; ~ **wie Nordpol** Niğde'nin ne'si

N *Abk von* **Norden** kuzey

na [na(:)] *interj* (*fam*) ① (*fragend*) e; ~ **und?** e, sonra?; ~, **leg schon mal los** e, bir anlat bakalım ② (*auffordernd*) ~ **und ob!** hem de nasıl!; ~ **so was!** hoppala! ③ (*beschwichtigend*) ~ **also!** hah şöyle!, gördün mü işte!; ~ **ja** eh; ~ **gut** peki ④ (*empört*) ~, **hör mal!** bak hele!

Nabe <-n> ['na:bə] *f* TECH başlık, top; (*beim Fahrrad*) poyra; (*Rad~*) poyra, göbek

Nabel <-s, -> ['na:bəl] *m* göbek; **der ~ der Welt** (*geh*) dünyanın göbeği **Nabelschnur** *f* göbek bağı

nach [na:x] **I.** *präp* ① (*Richtung*) -e (doğru); (*Länder-, Ortsnamen*) -e; ~ **Berlin**/~ **Deutschland** Berlin'e/Almanya'ya; ~ **Norden**/~ **Süden** kuzeye/güneye; ~ **oben**/~ **rechts** yukarıya/sağa; **von links ~ rechts** soldan sağa (doğru); ~ **Hause** eve; (**sich**) ~ **außen/innen öffnen** dışa/içe doğru aç(ıl)mak ② (*Reihenfolge*) sonra; ~ **Christus** İsa'dan sonra; ~ **der Arbeit** işten sonra; **sie kam ~ zehn Minuten** on dakika (geçtikten) sonra geldi; ~ **allem, was geschehen ist** bütün bu olanlardan sonra; **einer ~ dem anderen** sırayla; ~ **Ihnen, bitte!** buyurun, geçin lütfen! ③ (*Uhrzeit*) **es ist fünf** (**Minuten**) ~ **sechs** saat altıyı beş (dakika) geçiyor; **um Viertel ~ ging er** çeyrek geçe gitti ④ (*zufolge, gemäß*) -e (göre); **je ~** göre; **je ~ Größe** boya göre; **der Breite/Länge ~** enlemesine/boylamasına; ~ **allem, was ich weiß** bildiğim kadarıyla; **dem Alter ~** yaşına göre; **allem Anschein ~** öyle görünüyor ki, görünüşe göre; **das ist nicht ~ meinem Geschmack** bu benim zevkime göre değil; **meiner Meinung ~** bence, bana göre, benim düşünceme göre; ~ **italienischer Art** İtalyan usulüne göre; **die Uhr ~ dem Radio stellen** saati radyoya göre ayarlamak **II.** *adv* **alle mir ~!** herkes beni takip etsin!, herkes arkamdan gelsin!; ~ **und ~** (*allmählich*) yavaş yavaş; (*mit der Zeit*) zamanla; ~ **wie vor** (*immer noch*) hâlâ; (*wie immer*) her zamanki gibi; (*wie bisher*) şimdiye kadarki gibi

nach|äffen ['na:xʔɛfən] *vt* (*pej*) taklidini yapmak (-in); **den Lehrer ~** öğretmenin taklidini yapmak

nach|ahmen ['na:xʔa:mən] *vt* taklit etmek, öykünmek (-e); (*kopieren*) kopya etmek **nachahmenswert** *adj* taklit edilmeye değer; (*vorbildlich*) örnek

Nachahmer(in) *m(f)* taklitçi, öykünmeci

Nachahmung <-en> *f* taklit, taklitçilik, öykünme

nach|arbeiten *vt* ① (*aufholen*) **zwei Stunden ~** kaybedilen iki saati telafi etmeye çalışmak ② (*nachbearbeiten*) gözden geçirerek düzeltmek ③ (*nachbilden*) taklit etmek

Nachbar(in) <-n *o* -s, -n; -nen> ['naxba:ɐ] *m(f)* komşu **Nachbargarten** *m* komşunun bahçesi **Nachbarhaus** *nt* komşu ev, yandaki ev **Nachbarland** <-(e)s, -länder> *nt* komşu ülke

nachbarlich *adj* ① komşuya ait olan, komşunun; **das ~e Haus** komşunun evi ② (*nachbarschaftlich*) **~e Beziehungen** komşuluk (ilişkileri)

Nachbarschaft *f kein pl* ① komşuluk; (*alle Nachbarn*) konu komşu, bütün komşular *pl* ② (*unmittelbare Nähe*) komşu kapısı, (pek) yakın (yer), mahalle; **sie wohnen in unserer ~** yakınımızda [*o* mahallemizde] otururlar **Nachbarschaftshilfe** *f* komşular arasında yardımlaşma

Nachbeben <-s> *nt* artçı deprem

nach|bereiten* *vt* yeniden ele almak

nach|bessern *vt* düzeltmek

nach|bestellen* *vt* tekrar ısmarlamak, yeniden ısmarlamak **Nachbestellung** *f* yeniden ısmarlama, yeniden verilen sipariş

nach|bezahlen* *vt* (*nachträglich*) sonradan ödemek; (*einen Zuschlag*) üzerine ödemek

nach|bilden *vt* kopya etmek, taklit etmek **Nachbildung** <-en> *f* kopya, taklit, röprodüksiyon

Nachbürge(in) *m(f)* JUR kefile kefil

nachchristlich *adj* milâttan sonraki

nach|datieren* *vt* ① (*früheres Datum*) eski bir tarih atmak (-e) ② (*nachträglich*) sonradan tarih atmak (-e)

nachdem [na:x'de:m] *konj* ① (*zeitlich*) -dikten sonra; ~ **sie mit ihm gesprochen hatte** onunla konuştuktan sonra; ~ **ich gegessen hatte, legte ich mich hin** yemek yedikten sonra yattım ② (*Abhängigkeit*) **je ~** -e göre; **willst du mitgehen? — je ~** (*fam: vielleicht*) gelecek misin? — belki; (*das hängt noch davon ab*) gelecek misin? — duruma bağlı; **wir entscheiden uns je ~, ob es uns gefällt** hoşumuza gidip gitmemesine göre karar vereceğiz

nach|denken *irr vi* düşünmek (**über** -), düşünüp taşınmak (**über** -); **darüber darf man gar nicht ~** bunu hiç düşünmemeli; **scharf ~** kafayı işletmek [*o* çalıştırmak], iyice bir düşünmek; **denk doch mal scharf nach!** kafanı bir işletsene!
nachdenklich *adj* düşünceli; (*in Gedanken versunken*) düşünceye dalmış, derin derin düşünen; **das macht mich ~** bu beni düşündürüyor
Nachdruck[1] <-(e)s> *m kein pl* (*starke Betonung*) vurgulama; (*Eindringlichkeit*) ısrar; **etw mit ~ sagen** bir şeyi ısrarla söylemek; **seinen Worten ~ verleihen** sözlerini vurgulamak
Nachdruck[2] <-(e)s, -e> *m* TYPO yeniden basım; (*Neuauflage*) yeni baskı
nach|drucken *vt* yeniden basmak
nachdrücklich ['na:xdrʏklɪç] **I.** *adj* ısrarlı; (*energisch*) enerjik **II.** *adv* ısrarla
nach|eifern *vi* **jdm ~** birine özenmek, birine öykünmek
Nacheiferung *f* özenti, özenme, öykünme **nach|eilen** *vi sein* **jdm ~** birinin peşinden acele acele gitmek
nacheinander [na:xʔaɪ'nandɐ] *adv* ❶ (*räumlicher Abstand*) arka arkaya, peş peşe ❷ (*der Reihe nach*) sırayla ❸ (*zeitlich*) üst üste; **fünf Tage ~** beş gün üst üste; **sie kamen kurz ~** kısa aralıklarla geldiler
nach|empfinden* *irr vt* **das kann ich dir gut ~** seni iyi anlıyorum; **jds Trauer/Freude ~** birinin üzüntüsünü/sevincini anlamak
Nacherbe(in) *m(f)* JUR namzet mirasçı
nach|erzählen* *vt* tekrarlamak; (*erzählen*) anlatmak
Nachfahr(e)(in) <-en, -en; -nen> *m(f)* (*geh*) **die ~en** (*Blutsverwandtschaft*) çocuklar, füru; (*nächste Generationen*) torunlar, füru
nach|fahren *irr vi sein* **jdm ~** birinin peşinden (bir taşıtla) gitmek
Nachfolge *f kein pl* halefiyet, ardıllık; **jds ~ (in einem Amt) antreten** biriyle (görevde) halef selef olmak
nachfolgend *adj* bundan sonraki
Nachfolger(in) <-s, -; -nen> *m(f)* halef, ardıl
nach|forschen *vi* araştırmak **Nachforschung** *f* araştırma; (*amtliche ~*) soruşturma; **in etw ~en anstellen** bir şeyde araştırmalar yapmak
Nachfrage *f* ❶ WIRTSCH talep, istem (**nach** -de); **die ~ sinkt/steigt** talep azalıyor/artıyor ❷ (*Erkundigung*) **danke der ~!** aradığınız için teşekkürler! **nach|fragen** **I.** *vi* ❶ (*sich erkundigen*) sormak, (bilgi almak için) aramak; **hat jemand nachgefragt?** kimse aradı mı?; **fragen Sie bitte morgen einmal nach** lütfen, yarın bizi tekrar bir arayınız ❷ (*noch einmal*) tekrar sormak, bir defa daha sormak; **er musste mehrmals ~** defalarca sormak zorunda kaldı ❸ (*nachsuchen*) başvurmak; **um Genehmigung ~** izin için başvurmak **II.** *vt* WIRTSCH talep etmek, istemek
Nachfrist *f* önel
nach|fühlen *vt s.* **nachempfinden**
nach|füllen *vt* tekrar doldurmak; (*Patrone*) doldurmak
nach|geben *irr vi* ❶ (*zustimmen*) imana gelmek, sonunda kabul etmek, sonunda razı olmak; **er gab ihren Bitten nach** ricasını sonunda kabul etti ❷ (*Fundament*) çökmek; (*Stoff*) dayanmamak, yırtılmak ❸ WIRTSCH, FIN düşmek
Nachgebühr *f* taksa
Nachgeburt *f kein pl* etene, son
nach|gehen *irr vi sein* ❶ (*folgen*) ardına düşmek, arkasına düşmek, arkasından gitmek, peşine takılmak; **einem Mädchen/einer Spur ~** bir kızın/izin peşine takılmak ❷ (*überprüfen*) araştırmak ❸ (*Uhr, Messgerät*) geri kalmak ❹ (*einem Beruf*) **einer Arbeit ~** işe gitmek; **dem Vergnügen ~** sefa sürmek
Nachgeschmack <-(e)s> *m kein pl* ağızda kalan tat; **das hinterlässt einen bitteren/üblen ~** bu, ağızda acı/kötü bir tat bırakıyor
nachgewiesenermaßen ['-----'--] *adv* bir kanıta göre
nachgiebig ['na:xgi:bɪç] *adj* ❶ (*Mensch, Haltung*) yumuşak yüzlü; **gegenüber jdm (zu) ~ sein** birine karşı (fazla) yumuşak yüzlü olmak ❷ (*Material*) yumuşak
Nachgiebigkeit *f kein pl* ❶ (*Veranlagung*) yumuşak yüzlülük ❷ (*Beschaffenheit*) yumuşaklık
nach|grübeln *vi* kafa yormak (**über** -e)
nach|haken *vi* ❶ (*fam*) sözünü keserek bir soru daha sormak, bir kez daha sorup soruşturmak; **bei jdm (mit einer Frage) ~** (bir soru ile) birinin sözünü keserek bir kez daha bilgi istemek ❷ SPORT (*Fußball*) çelme takmak
Nachhall <-(e)s> *m kein pl* yankılanma
nach|hallen *vi* yankılanmak **nach|halten** *vi* sürmek
nachhaltig ['na:xhaltɪç] *adj* uzun süren; **~e Wirkung haben** uzun süren etkisi olmak; **Weltgipfel für N~e Entwicklung** Dünya Sürdürülebilir Kalkınma Doruğu
nach|hängen *irr vi* ❶ kapılmak (-e);

Gedanken/Träumen ~ düşünceye/hayale kapılmak ❷ (*wehmütig*) **einer glücklichen Zeit** ~ mutluluk dolu zamanları düşünüp durmak ❸ (*fam*) geri kalmak ❹ (*einer Fährte*) peşine düşmek (-in) ❺ **der Ruf, unzuverlässig zu sein, sollte ihm noch lange** ~ güvenilmez bir kimse olduğu imajı uzun zaman peşini bırakmayacaktı

nachhauseRR *adv* ÖSTERR, SCHWEIZ eve

Nachhauseweg [-'---] *m* eve giden yol; **auf dem** ~ eve giderken

nach|helfen *irr vi* yardım etmek

nachher [na:x'he:ɐ, '--] *adv* ❶ (*danach*) ondan sonra, arkasından; (*später*) sonra; **bis** ~**!** görüşmek üzere! ❷ DIAL (*womöglich*) sonra

Nachhilfe(stunde) *f* özel ders

NachhineinRR ['---] *adv* **im** ~ sonradan

Nachholbedarf *m* telafi etme ihtiyacı (**an** -)

nach|holen *vt* ❶ (*Person*) sonradan getirmek ❷ (*Dinge*) sonradan yapmak; **Schlaf** ~ sonradan uyumak

Nachhut <-en> *f* MIL artçı

nach|jagen *vi sein* **jdm** ~ birini kovalamak; **etw** *dat* ~ bir şeyin arkasından [*o* peşinden] koşmak

nach|kaufen *vt* sonradan satın almak; **von diesem Service kann man Teile** ~ bu takım için sonradan parçalar satın almak mümkündür

Nachkomme <-n, -n> ['na:xkɔmə] *m* **keine/viele** ~**n haben** hiç/çok çocuğu olmak

nach|kommen *irr vi sein* ❶ (*später kommen*) sonradan gelmek; **ich komme gleich nach** hemen arkanızdan geliyorum ❷ (*Schritt halten*) **er kommt mit der Arbeit nicht nach** işi yetiştiremiyor ❸ (*geh*) **etw** *dat* ~ (*einer Verpflichtung*) yerine getirmek; (*einem Wunsch*) yerine getirmek ❹ SCHWEIZ (*verstehen*) anlamak

Nachkommenschaft *f kein pl* füru

Nachkömmling <-s, -e> ['na:xkœmlɪŋ] *m* ❶ (*Nachzügler*) geç kalan (kimse), geç gelen (kimse) ❷ (*Nachkomme*) tekne kazıntısı

Nachkriegszeit <-en> *f* savaş sonrası dönem, savaştan sonraki zaman

NachlassRR <-es, -lässe *o* -e> ['na:xlas] *m*, **Nachlaß**ALT *m* ❶ (*Erbschaft*) tereke, bırakıt ❷ (*Rabatt*) indirim; **jdm einen** ~ **gewähren** birine indirim yapmak

nach|lassen *irr* **I.** *vi* (*allgemein*) bırakmak; (*Schmerz*) azalmak, hafiflemek; (*Interesse, Eifer*) tavsamak; (*Qualität*) düşmek; (*Fieber*) düşmek; (*Regen*) dinmek; **die Nachfrage hat stark nachgelassen** talep çok azaldı; **wir sollten nicht** ~ **in unserem Streben!** çabalarımızda tavsamayalım! **II.** *vt* ❶ (*lockern*) gevşetmek ❷ (*vom Preis*) indirmek, düşürmek

Nachlassgericht *nt* JUR tereke mahkemesi

nachlässig ['na:xlɛsɪç] **I.** *adj* ihmalci, ihmalkâr, savsak, üstünkörü **II.** *adv* üstünkörü, özen göstermeden, gelişi güzel; ~ **arbeiten** üstünkörü çalışmak; ~ **gekleidet sein** gelişi güzel giyinmiş olmak

Nachlässigkeit <-en> *f* ihmal

nach|laufen *irr vi sein* **jdm/etw** ~ bir kimsenin/şeyin arkasından [*o* peşinden] koşmak

nach|lösen *vi, vt* sonradan almak

nach|machen *vt* (*fam*) ❶ (*nachahmen*) taklit etmek, öykünmek (-e); (*kopieren*) kopya etmek; **das macht mir so schnell keiner nach** bu yaptığımı kolay kolay kimse yapamaz ❷ (*fälschen*) taklit etmek ❸ (*nachträglich erledigen*) sonradan yapmak **nach|messen** *irr vi, vt* yeniden ölçmek

nachmittagALT *adv s.* **Nachmittag**

Nachmittag <-(e)s, -e> *m* öğleden sonra, ikindi; **am** ~ öğleden sonra; **gestern** ~ dün öğleden sonra

nachmittags *adv* öğleden sonra; (*jeden Nachmittag*) öğleden sonraları, her öğleden sonra; **um vier Uhr** ~ öğleden sonra saat dörtte

Nachmittagsvorstellung <-en> *f* matine

Nachnahme <-n> ['-na:mə] *f* **per** ~ ödemeli; **etw per** ~ **verschicken** bir şeyi ödemeli göndermek

Nachname *m* soyadı

nach|prüfen *vt* **etw** ~ bir şeyi yeniden gözden geçirmek; **jdn** ~ birini engel sınavına çekmek; (*ergänzend*) birini bütünleme sınavına çekmek

Nachprüfung *f* bütünleme sınavı

nach|rechnen *vi, vt* yeniden hesap etmek, yeniden hesaplamak

Nachrede *f* **üble** ~ JUR gıybet, kötüleme

nach|reden *vt* ❶ (*wiederholen*) tekrar etmek ❷ (*klatschen*) çekiştirmek; **jdm Übles** ~ birini kötülemek

nach|reichen *vt* sonradan vermek

Nachricht <-en> ['na:xrɪçt] *f* ❶ (*allgemein*) mesaj; **eine** ~ **hinterlassen** bir mesaj bırakmak; ~ **von jdm haben** birinden bir mesaj almak; **jdm eine** ~ **überbringen** birine bir mesaj götürmek ❷ *pl* TV, RADIO haberler *pl*

N

Nachrichtenagentur *f* haber ajansı **Nachrichtenbüro** *nt* haber alma bürosu **Nachrichtendienst** *m* ❶ (*Geheimdienst*) istihbarat servisi ❷ (*Nachrichtenagentur*) haberler servisi **Nachrichtensendung** *f* haberler *pl,* haber yayını **Nachrichtensperre** *f* (yeni) haberleri yayın yasağı; **über irgendein Thema eine ~ verhängen** herhangi bir konu hakkındaki haberlere yayın yasağı koymak **Nachrichtensprecher(in)** *m(f)* spiker

Nachruf <-(e)s, -e> *m* ağıtlama (**auf** -i), ölüm yazısı (**auf** -in) **Nachruhm** <-(e)s> *m kein pl* ölümden sonraki ün

nach|rüsten **I.** *vi* MIL silah potansiyelini artırmak **II.** *vt* TECH, INFORM (*zusätzlich ausstatten*) donanımı yenilemek **Nachrüstung** <-en> *f* ❶ MIL silah potansiyelinin artırılması ❷ TECH, INFORM donanımı yenileme

nach|sagen *vt* ❶ (*wiederholen*) tekrarlamak ❷ **jdm etw ~** birinin hakkında bir şey söylemek; **man kann ihm nichts ~** onun aleyhinde bir şey söylenemez

Nachsaison *f* sezon sonrası

nach|schauen *vt s.* **nachsehen**

nach|schicken *vt* arkasından göndermek, peşinden göndermek; (*Post*) yeni adresine yollamak

nach|schlagen *irr* **I.** *vt* başvurmak (-e) **II.** *vi* ❶ (*nachlesen*) başvurmak, bakmak (**in** -e); **in einem Lexikon ~** ansiklopediye başvurmak ❷ *sein* (*geh*) **jdm ~** birine çekmek

Nachschlagewerk *nt* başvuru kitabı

Nachschlüssel *m* maymuncuk

Nachschrift *f* zeyil

Nachschub *m* MIL (*Versorgung*) ikmal (**an** -); (*Verpflegung*) ikmal malzemesi; (*Verstärkung*) takviye

Nachschubkolonne *f,* **Nachschubtruppe** *f* MIL ordonat

nach|sehen *irr* **I.** *vi* ❶ (*hinterherblicken*) **jdm/etw ~** bir kimsenin/şeyin arkasından bakmak ❷ (*zur Information*) **sieh mal nach, ob ...** bak bakalım, ... ❸ (*nachschlagen*) başvurmak (**in** -e) **II.** *vt* ❶ (*kontrollieren*) bakmak, gözden geçirmek ❷ (*nachschlagen*) başvurmak (-e) ❸ (*verzeihen*) **jdm etw ~** birinin kusuruna bakmamak, birinin kusurunu bağışlamak

Nachsehen *nt* **das ~ haben** avucunu yalamak

nach|senden *irr vt s.* **nachschicken**

Nachsicht *f* hoşgörü, anlayış, müsamaha; **~ walten lassen** hoşgörü ile davranmak, anlayış göstermek

nachsichtig *adj* hoşgörülü, anlayışlı

Nachsilbe *f* LING son ek

nach|sinnen *irr vi* düşünmek (**über** hakkında)

nach|sitzen *irr vi* cezaya kalmak

Nachsommer *m* pastırma yazı **Nachspeise** *f* GASTR soğukluk **Nachspiel** *nt* ❶ THEAT epilog; MUS kapanış bölümü ❷ (*Folgen*) **die Sache wird ein ~ haben** bu iş burada bitmedi **nach|sprechen** *irr vt* **jdm etw ~** birinin söylediğini tekrar etmek **nach|springen** *irr vi* **jdm ~** birinin arkasından atlamak

nächst [nɛːçst] *präp* (*geh*) ❶ (*örtlich*) yanı başında ❷ (*neben*) yanında

nächstbeste(r, s) *adj* (*irgendein*) herhangi; **der/die/das ~** herhangi biri; **bei der ~n Gelegenheit** herhangi bir fırsatta

nächste(r, s) *adj* ❶ (*räumlich*) en yakın; **aus ~r Nähe** çok yakından; **die ~n Angehörigen** yakın akrabalar ❷ (*zeitlich*) bir dahaki, ertesi; **am ~en Abend/Morgen/Tag** ertesi akşam/sabah/gün; **das ~ Mal** bir dahaki sefere; **in den ~n Tagen** önümüzdeki günlerde; **ich rufe dich bei der ~n Gelegenheit an** sana ilk fırsatta telefon ederim

Nächste(r) <-n, -n; -n> *f(m)* ❶ (*geh: Mitmensch*) hemcins, soydaş; (*Bruder*) kardeş; **jeder ist sich selbst der ~** (*prov*) can cümleden aziz, evvelâ can, sonra canan ❷ (*der/die Folgende*) sırası gelen (kimse); **der/die ~ bitte!** sıra kimdeyse gelsin lütfen!

nach|stehen *irr vi* **jdm an etw** (**nicht**) **~** birinin altında kal(ma)mak; **jdm in nichts ~** biriyle at başı (beraber) gitmek, biriyle eşit durumda olmak

nach|stellen **I.** *vt* ❶ TECH yeniden ayarlamak; **die Bremse/Kupplung ~** yeniden frenleri/debriyajı ayarlamak ❷ (*Uhr*) geri almak ❸ LING arkasına koymak (-in) **II.** *vi* (*geh*) **jdm ~** (*verfolgen*) birinin peşine düşmek; (*umwerben*) birinin peşinde dolaşmak

Nächstenliebe *f kein pl* ❶ özgecilik, diğerkâmlık; (*Barmherzigkeit*) sevecenlik, şefkat ❷ (*Liebe zum Nächsten*) insanları sevme

nächstens ['nɛːçstəns] *adv* yakında

nächstliegend *adj* (*örtlich*) en yakındaki; (*fig*) en akla yakın

nach|suchen *vi* ❶ (*suchen*) aramak; **ich habe überall nachgesucht** her tarafı aradım ❷ (*geh: beantragen*) **bei jdm um etw ~** birine bir şey için başvurmak, birinden bir şey rica etmek

nacht[ALT] ['naxt] *adv s.* **Nacht**

Nacht ['naxt, *pl* 'nɛçtə] *f* <Nächte> gece;

Heilige ~ Noel gecesi; **bei ~** geceleyin; **in der ~** gece(leyin); **die ~ von Samstag auf Sonntag** cumartesiyi pazara bağlayan gece; **in der ~ von Dienstag auf Mittwoch** salıyı çarşambaya bağlayan gece; **gestern ~** dün gece; **über ~ bleiben** gece yatısına kalmak (**bei** -de, **in** -de); **als die ~ hereinbrach** karanlık bastığında [*o* çöktüğünde]; **eines ~s** (*geh*) bir gece; **bei ~ und Nebel** (*fig*) geceleyin gizlice; **gute ~!** Allah rahatlık versin!; **jdm gute ~ sagen** birine "Allah rahatlık versin" demek; **die ~ zum Tage machen** geceyi gündüze katmak; **zu ~ essen** SÜDD, ÖSTERR akşam yemeği yemek; **über ~** (*ganz plötzlich*) birdenbire **Nachtblindheit** *f* gece körlüğü **Nachtclub** *m* gece kulübü **Nachtdienst** *m* gece nöbeti

Nachteil <-(e)s, -e> *m* sakınca, dezavantaj; (*Schaden*) zarar; **~e durch etw haben** bir şeyden zarar görmek; **jdm ~e bringen** birine zarar vermek; **im ~ sein** dezavantajda olmak; **von ~ sein** dezavantajlı olmak, sakıncalı olmak; **zum ~ von** zararına, aleyhine

nachteilig *adj* (*ungünstig*) sakıncalı; (*schädlich*) zararlı; **etw ist für jdn ~** bir şey birinin aleyhinedir [*o* zararınadır]

nächtelang *adv* gecelerce

Nachtessen *nt* SÜDD, ÖSTERR, SCHWEIZ akşam yemeği **Nachtfalter** *m* ❶ ZOOL pervane ❷ (*fig: Person*) gece kuşu **Nachtflug** *m* gece uçuşu **Nachtfrost** *m* gece ayazı **Nachthemd** *nt* gecelik

Nachtigall <-en> ['naxtɪgal] *f* ZOOL bülbül

Nachtigallenschlag *m* bülbülün şakıması

nächtigen ['nɛçtɪgən] *vi* gecelemek (**in** -de); **bei jdm ~** birinin yanında gecelemek [*o* geceyi geçirmek], birinde gece yatısına kalmak

Nächtigung *f* ÖSTERR, SÜDD (*Übernachtung*) geceleme

Nachtisch <-(e)s> *m kein pl* soğukluk

Nachtklub *m* gece kulübü **Nachtleben** <-s> *nt kein pl* gece hayatı

nächtlich ['nɛçtlɪç] *adj* geceki, gece olan [*o* yapılan]

Nachtlokal <-(e)s, -e> *nt* gece kulübü

Nachtportier <-s, -s> *m* gece bekçisi

Nachtrag <-(e)s, -träge> ['na:xtra:k, *pl* 'na:xtrɛ:gə] *m* ek, ilave

nach|tragen *irr vt* ❶ arkasından taşımak; (*nachbringen*) arkasından götürmek ❷ (*hinzufügen*) eklemek (-e), ilave etmek (-e) ❸ (*verübeln*) **jdm etw ~** birine bir şey için kin beslemek [*o* tutmak]; (*nicht verzeihen können*) birini bir şey yüzünden affedememek

nachtragend *adj* kinci, kindar

nachträglich ['na:xtrɛ:klɪç] **I.** *adj* sonraki **II.** *adv* sonradan

Nachtragshaushalt *m* ADMIN, WIRTSCH ek bütçe, katma bütçe

nach|trauern *vi* **jdm ~** birinin ardından yas tutmak; **etw ~** bir şeyin ardından üzülmek

Nachtruhe *f* gece uykusu

nachts [naxts] *adv* gece(leyin), gece vakti; (*jede Nacht*) geceleri, her gece; **spät ~** gece geç vakit; **um 2 Uhr ~** geceleyin saat 2'de

Nachtschatten *m kein pl* BOT **Schwarzer ~** it üzümü, köpek üzümü, tilki üzümü **Nachtschattengewächse** *pl* BOT patlıcangiller **Nachtschicht** *f* gece vardiyası **Nachtschwärmer(in)** <-s, -; -nen> *m(f)* ❶ (*fig: Person*) gece kuşu ❷ ZOOL (*Nachtfalter*) pervane **Nachtschwester** *f* gece hemşiresi

nachtsüber *adv* geceleyin, gece vakti

Nachttarif *m* gece tarifesi **Nachttisch** *m* komodin **Nachttopf** *m* oturak, lazımlık **Nachtwache** *f* gece nöbeti; **~ haben** gece nöbeti olmak **Nachtwächter(in)** *m(f)* gece bekçisi

Nachuntersuchung *f* çekap

nachvollziehbar *adj* **dieses Verhalten ist für mich nicht ~** bu davranışa aklım ermiyor

nach|vollziehen* *irr vt* akıl erdirmek (-e)

nach|wachsen *irr vi sein* yeniden bitmek, yeniden büyümek

Nachwehen *pl* ❶ MED doğum sonrası sancıları *pl* ❷ (*fig geh: Folgen*) sonuçlar *pl*

nach|weinen *vi, vt* **jdm ~** birinin arkasından ağlamak; **jdm/etw keine Träne ~** bir kimseyi/şeyi aramamak

Nachweis <-es, -e> ['na:xvaɪs] *m* (*Beweis*) kanıt; (*Bescheinigung*) belge

nachweisbar *adj* kanıtlanabilir

nach|weisen *irr vt* ❶ (*beweisen*) kanıtlamak, ispat etmek; **das lässt sich leicht ~** bunun ispati kolay; **jdm etw ~** birine bir şeyi kanıtlamak ❷ (*Kenntnisse*) bilgi vermek (hakkında)

nachweislich ['na:xvaɪslɪç] *adj* kanıtlı, belgeli

Nachwelt *f kein pl* gelecek kuşaklar *pl*

nach|wirken *vi* sonradan da etkisini göstermek, etkisini uzun bir süre göstermek, uzun zaman etkili olmak **Nachwirkung** *f* sonradan ortaya çıkan etki

Nachwort <-(e)s, -e> *nt* son söz

Nachwuchs *m* ❶ (*fam: Nachkomme*) çocuk(lar) *(pl)*; **sie haben ~ bekommen**

N

çocukları oldu ❷ (*am Arbeitsmarkt*) genç elemanlar *pl*

nach|zahlen *vt* (*später zahlen*) sonra(dan) ödemek; (*zusätzlich zahlen*) farkını ödemek

nach|zählen *vt* yeniden saymak

Nachzahlung *f* ❶ (*nachträglich*) sonra(dan) ödeme ❷ (*zusätzlich*) farkını ödeme

nach|zeichnen *vt* ❶ (*abzeichnen*) kopya etmek, aynısını çizmek (-in) ❷ (*schildern*) göstermek **nach|ziehen** *irr* **I.** *vt* ❶ (*Linien, Umriss*) üstünden geçmek (-in); **sich die Lippen ~** rujunu tazelemek ❷ (*Schraube*) yeniden sıkmak ❸ (*Bein*) sürümek ❹ (*Pflanzen*) yeniden yetiştirmek **II.** *vi sein* **jdm ~** birinin ardından aynı yere taşınmak

Nachzügler(in) <-s, -; -nen> ['na:xtsy:glɐ] *m(f)* geç kalan (kimse), geciken (kimse); **der Bus wartete auf die ~** otobüs geç kalanları bekledi

Nacken <-s, -> ['nakən] *m* ense; **einen steifen ~ haben** boynu tutulmak; **jdm im ~ sitzen** birinin ensesine binmek; **die Angst saß ihm im ~** can başına sıçramıştı; **jdm den ~ beugen** birine boyun eğdirmek; **vor jdm den ~ beugen** birine boyun eğmek **Nackenstütze** *f* AUTO (*Kopfstütze*) koltuk başı

nackt [nakt] *adj* (*a. fig*) çıplak; **halb ~** yarı çıplak; ■ **sich ~ ausziehen** çırıl çıplak soyunmak **Nacktbadestrand** *m* doğacılar plajı, çıplaklar kampı

Nacktheit *f kein pl* çıplaklık

Nacktsamer *pl* BOT açık tohumlular *pl*

Nadel <-n> ['na:dəl] *f* ❶ (*Näh~, Steck~*) iğne; (*Kompass~*) iğne; **eine ~ im Heuhaufen suchen** (*fig*) saman yığınında iğne aramak ❷ (*an Messinstrumenten*) ibre ❸ (*Haar~*) firkete; (*Strick~*) şiş ❹ BOT (*Fichten~, Tannen~*) ibre, iğne **Nadelbaum** *m* BOT iğne yaprak

Nadelhölzer *pl* BOT iğne yapraklılar *pl*

Nadelkissen *nt* iğne yastığı, iğne(den)lik

Nadelöhr ['na:dəlʔœ:ɐ] *nt* iğne deliği [*o* gözü]; AUTO (*Engpass*) dar boğaz

Nadelstich <-(e)s, -e> *m* ❶ (*Einstich*) iğne yeri ❷ (*Nähstich*) dikiş ❸ (*fig*) iğne

Nadelstreifenanzug <-(e)s, -züge> *m* reye kumaştan takım giysi

Nadelwald *m* iğne yaprak ormanı

Nagel <-s, Nägel> ['na:gəl, *pl* 'nɛ:gəl] *m* ❶ (*Metallstift*) çivi; **einen ~ einschlagen** çivi çakmak; **den ~ auf den Kopf treffen** (*fig fam*) tam üstüne basmak; **etw an den ~ hängen** (*fig fam*) bir şeyi rafa kaldırmak, bir şeyden vazgeçmek; **den Beruf an den ~ hängen** (*fig fam*) meslegini bırakmak; **Nägel mit Köpfen machen** (*fig fam*) işi doğru dürüst yapmak ❷ (*Finger~*) tırnak; **sich** *dat* **die Nägel schneiden** tırnaklarını kesmek; **an den Nägeln kauen** tırnaklarını kemirmek; **sich** *dat* **etw unter den ~ reißen** (*fam*) bir şeyin üstüne yatmak, punduna getirip bir şeyi iç etmek; **die Sache brennt uns unter den Nägeln** (*fam*) bu iş bizim için çok acil **Nagelbürste** *f* tırnak fırçası **Nagelfeile** *f* tırnak törpüsü

Nagellack *m* oje, tırnak cilası **Nagellackentferner** *m* oje çıkartıcı

nageln *vt* çivilemek (**an/auf** -e)

nagelneu ['--'-] *adj* (*fam*) yepyeni, yesyeni, gıcır gıcır

Nagelschere *f* tırnak makası

nagen ['na:gən] **I.** *vi* ❶ (*Tier, Mensch*) kemirmek (**an** -i) ❷ (*Rost*) kemirmek (**an** -i); (*Wasser*) aşındırmak (**an** -i) ❸ (*quälen*) **das schlechte Gewissen nagte an ihr** vicdan azabı içini kemiriyordu; **Zweifel ~ an ihm** şüphe beynini kemiriyor **II.** *vt* kemirmek

nagend *adj* (*Sorgen*) (insanın) iç(ini) kemiren; **ein ~er Schmerz** (insanın) iç(ini) kemiren bir acı; **ein ~es Hungergefühl** (insanın) mide(sini) kemiren açlık hissi

Nager <-s, -> *m*, **Nagetier** <-(e)s, -e> *nt* kemirgen (hayvan)

nah(e) <näher, am nächsten> [na:, 'na:ə] **I.** *adj* ❶ (*räumlich*) yakın; **~ sein** yakın olmak; **der N~e Osten** Yakın Doğu; **von ~em** yakından ❷ (*zeitlich*) yakın; **die ~e Zukunft** yakın gelecek ❸ (*direkt, eng*) yakın; **~e Verwandte** yakın akrabalar **II.** *adv* ❶ (*räumlich, zeitlich*) yakın; **~ an** [*o* **bei**] yakınında; **~ beieinander** birbirine yakın; **von ~ und fern** yakından ve uzaktan ❷ (*direkt, eng*) **mit jdm ~e verwandt sein** biriyle yakından akraba olmak **III.** *präp* (*geh*) yakınında

Nahaufnahme *f* ❶ FOTO yakından çekilen resim, yakından çekim ❷ FILM yakından çekim, omuz çekimi

Nähe ['nɛ:ə] *f kein pl* ❶ (*räumlich*) yakın, yakınlık; **etw aus der ~ betrachten** bir şeye yakından bakmak; **in der ~ der Stadt** kentin yakınında; **hier in der ~** yakınlarda, bu civarda; **in meiner ~** yakınımda; **aus nächster ~** yakından ❷ (*zeitlich*) yakın

nahebei ['na:ə'baɪ] *adv* yakında

nahe|bringen *irr vt* **jdm etw ~** birine kötü bir haber vermek **nahe|gehen** *irr vi sein* **jdm geht etw ~** birine bir şey dokunmak, birini bir şey etkilemek, bir şey birinin ciğerine işlemek; **jdm geht etw nahe** birine bir şey dokunur, birini bir şey etkiler, bir şey birinin ciğerine işler **nahe|kommen** *irr vi sein* **etw** *dat*/**jdm** ~ bir şeye/kimseye yaklaşmak; **sich** *dat* ~ yakınlaşmak, yakınlık kurmak **nahe|legen** *vt* **jdm etw** ~ (*vorschlagen*) birine bir şeyi önermek; (*empfehlen*) birine bir şeyi tavsiye etmek **nahe|liegen** *irr vi* yakın olmak; **es liegt nahe, dass sie uns besuchen kommt** bize geleceği akla yakındır

naheliegend *adj* ~ **sein** akla yakın olmak

nahen ['na:ən] *vi sein* (*geh*) yaklaşmak

nähen ['nɛ:ən] *vi, vt* ❶ (*Kleidung*) dikmek ❷ (*Wunde*) dikiş atmak (-e); **der Patient muss genäht werden** (*fam*) hastaya dikiş atılacak

näher ['nɛ:ɐ] *adj* ❶ (*räuml., zeitl.*) daha yakın; ~ **wohnen** yakında oturmak; **in der ~en Umgebung** yakın civarda; ~ **rücken** yaklaşmak; **tritt doch ~!** yaklaşsana! ❷ (*fig: genauer*) daha ayrıntılı; **~e Angaben** daha ayrıntılı bilgiler; **etw ~ betrachten** bir şeye yakından bakmak; **können Sie mir N~es darüber erzählen?** onun hakkında bana daha ayrıntılı bilgi verebilir misiniz? ❸ (*enger*) yakın; (*Freundschaft*) yakın; **die ~e Verwandtschaft** yakın akrabalar; **jdn ~ kennen lernen** birini yakından tanımak

Naherholungsgebiet *nt* yakındaki rekreasyon alanı

Näherin <-nen> ['nɛ:ərɪn] *f* dikişçi, terzi

näher|kommen *irr vi sein* **jdm** ~ bir şey bir kimseye yaklaşmak; **jdm** ~ bir kimseye yaklaşmak; **sie kamen sich näher** yakınlık kurdular

nähern ['nɛ:ɐn] **I.** *vr* ■**sich** ~ yaklaşmak (-e); (*Ereignis*) yaklaşmak **II.** *vt* yaklaştırmak

Näherungswert *m* MATH yaklaşık değer

nahe|stehen *irr vi* **jdm** ~ birine yakın olmak

nahezu ['na:ə'tsu:] *adv* hemen hemen, neredeyse

Nähgarn *nt* tire

Nahkampf *m* MIL, SPORT teke tek dövüşme

Nähkästchen <-s, -> ['nɛ:kɛstçən] *nt* **aus dem ~ plaudern** (*fam*) dedikodu yapmak **Nähkasten** *m* dikiş kutusu

nahm [na:m] *3. imp von* **nehmen**

Nähmaschine *f* dikiş makinesi **Nähnadel** *f* dikiş iğnesi

Nahost <-> ['-'-] *m* Yakın Doğu

Nährboden ['nɛ:ɐ-] *m* ❶ mümbit toprak ❷ (*fig*) zemin

nähren ['nɛ:rən] *vt* (*geh*) ❶ (*er~*) beslemek; **eine Natter am Busen ~** koynunda yılan beslemek ❷ (*Hoffnung*) beslemek

nahrhaft ['na:ɐhaft] *adj* besleyici

Nährstoff <-(e)s, -e> *m* besleyici madde

Nahrung ['na:rʊŋ] *f kein pl* gıda, besin; **flüssige/feste ~** sıvı/katı gıda **Nahrungskette** *f* BIOL gıda zinciri

Nahrungsmittel *nt* gıda (maddesi) **Nahrungsmittelallergie** *f* gıda alerjisi **Nahrungsmittelindustrie** *f* gıda sanayii **Nahrungsmittelvergiftung** *f* MED gıda zehirlenmesi

Nährwert *m* besin değeri

Nähseide *f* ibrişim

Naht <Nähte> [na:t, *pl* 'nɛ:tə] *f* ❶ (*an Kleidung*) dikiş ❷ MED dikiş ❸ TECH dikiş **nahtlos** *adj* ❶ (*Kleidung, Strümpfe*) dikişsiz ❷ TECH dikişsiz ❸ (*fig*) ~ **ineinander übergehen** kolayca birbirine geçmek; ~ **braun sein** boydan boya esmer olmak

Nahtstelle *f* dikiş yeri **Nahtzugabe** *f* dikiş payı

Nahverkehr *m* yakın yerler arasında ulaşım, çevre trafiği **Nahverkehrszug** <-(e)s, -züge> *m* banliyö treni

Nähzeug *nt* dikiş takımı

naiv [na'i:f] *adj* saf, safdil, safderun

Naivität [naivi'tɛ:t] *f kein pl* saflık

Name <-ns, -n> ['na:mə] *m* ad, isim; (*Nach~*) soyadı; (*Bezeichnung*) nam, unvan; (*Ruf*) nam, ün; **mein ~ ist ...** benim adım ...(dir); **auf den ~n von ...** ...in adına; **in jds ~n sprechen** birinin namına konuşmak; **ich kenne ihn nur dem ~n nach** onu sadece ismen tanıyorum; **im ~n des Volkes** JUR Ulus adına; **im ~n der Menschlichkeit** insaniyet namına; **sich** *dat* **mit etw einen ~n machen** bir şeyle isim yapmak; **man muss die Dinge beim ~n nennen** öz konuşmak gerekir

namenlos *adj* ❶ (*Person*) adsız ❷ (*geh: sehr groß*) çok büyük

namens ['na:məns] **I.** *adv* namına **II.** *präp* (*form*) adlı, diye

Namensaktie <-n> *f* nama yazılı hisse senedi **Namensschild** <-(e)s, -er> *nt* tabela **Namenstag** *m bir kişinin adını taşıyan azizin günü* **Namensvetter** *m* adaş

namentlich ['na:məntlɪç] **I.** *adj* adlı; **eine ~e Liste** ad listesi **II.** *adv* ❶ (*mit Namen*) ismen; ~ **genannt werden** adıyla anılmak, adı geçmek ❷ (*vor allem*) her şeyden önce, en başta; (*besonders*) özellikle

Nameserver *m* INFORM isim sunucusu

namhaft ['na:mhaft] *adj* ❶ (*bekannt*) tanınmış; (*berühmt*) ünlü, namlı ❷ (*beträchtlich*) hatırı sayılır; (*nennenswert*) oldukça büyük

N

nämlich ['nɛ:mlɪç] I. *adj* aynı; **am ~en Tag** aynı gün II. *adv* ❶ (*denn*) çünkü, ise; **sonntags ~ gehen wie immer ins Restaurant** pazartesileri ise hep restorana gideriz ❷ (*und zwar*) de, yani
nannte ['nantə] *3. imp von* **nennen**
Nanotechnologie *f kein pl* nanoteknoloji
nanu [na'nu:] *interj* hayrola
Napalm® *nt kein pl* CHEM napalm **Napalmbombe** *f* napalm bombası
Napf <-(e)s, Näpfe> [napf, *pl* 'nɛpfə] *m* tas; (*Spuck~*) hokka
Narbe <-n> ['narbə] *f* ❶ MED yara izi ❷ BOT tepecik
narbig *adj* ❶ (*allgemein*) yara yeri olan, çalık ❷ (*Leder*) benekler basılmış
Narkose <-n> [nar'ko:zə] *f* MED narkoz; **eine ~ geben** narkoz vermek **Narkosemittel** *nt* MED narkotik
narkotisieren* [narkoti'zi:rən] *vt* MED narkoz vermek (-e)
Narkotismus *m kein pl* narkotizm
Narr, Närrin <-en, -en; -nen> [nar] *m, f* ❶ (*Dummkopf*) budala ❷ (*Hof~*) soytarı; (*beim Karneval*) maskara; **jdn zum ~en halten** birini maskaraya almak; **er hat einen ~en an ihr gefressen** (*fam*) ona deli oluyor
Närrin <-nen> ['nɛrɪn] *f s.* **Narr**
närrisch ['nɛrɪʃ] *adj* **~es Treiben** karnaval çılgınlığı; **du bist wohl ~** (*fam*) sen aklını kaçırdın galiba; **auf jdn/etw ganz ~ sein** (*fam*) bir kimseye/şeye deli olmak
Narwal *m* ZOOL narval
Narzisse <-n> [nar'tsɪsə] *f* BOT nergis
Narzissmus[RR] <-> [nar'tsɪsmʊs] *m kein pl,* **Narzißmus**[ALT] *m kein pl* narsisizm
narzisstisch[RR] [nar'tsɪstɪʃ] *adj,* **narzißtisch**[ALT] *adj* narsist
nasal [na'za:l] *adj* MED, LING genzel, genizsil **Nasallaut** <-(e)s, -e> *m* LING (*Vokal*) geniz ünlüsü; (*Konsonant*) geniz ünsüzü
naschen ['naʃən] I. *vi* (*Süßigkeiten essen*) tatlı şeyler yemek; (*kleine Mengen essen*) çimlenmek II. *vt* **hast du etwas zum N~?** atıştıracak bir şeyin var mı?
Nase[1] <-n> ['na:zə] *f* (*Körperteil*) burun; **pro ~** (*fam*) adam başına; **immer der ~ nach** (*fam*) dosdoğru; **mir läuft die ~** burnum akıyor; **sich** *dat* **die ~ putzen** burnunu silmek; **die ~ rümpfen** burun bükmek [*o* kıvırmak]; **etw vor der ~ haben** (*fam*) bir şey burnunun ucunda olmak; **nicht weiter sehen als seine ~ reicht** (*fig fam*) burnunun ucundan ötesini [*o* ilerisini] görmemek; **sich** *dat* **eine goldene ~ verdienen** çok para kazanmak; **die ~ (von jdm/etw) voll haben** (*fam*) bir kimseden/şeyden bıkmış olmak; **die ~ vorn haben** önde olmak; **jdn an der ~ herumführen** (*fam*) birini işletmek; **er steckt seine ~ in alles** (*fam*) her şeye burnunu sokar
Nase[2] *f kein pl* (*Geruchs-, Spürsinn*) **eine gute ~ für etw haben** bir şeyin kokusunu alabilmek
Nase[3] *f* ZOOL (*Chondrostoma nasus*) kababurun
näseln ['nɛ:zəln] *vi* genizden konuşmak
Nasenbein *nt* burun kemiği **Nasenbluten** <-s> *nt kein pl* burun kanaması; **~ haben** burnu kanamak **Nasenflügel** *m* ANAT burun kanadı **Nasenloch** *nt* burun deliği **Nasenring** *m* hırızma **Nasenscheidewand** *f* ANAT burun perdesi **Nasenschleimhaut** *f* burun mukozası, burun sümük dokusu **Nasenspitze** *f* burun ucu; **nicht weiter sehen, als die ~ reicht** (*fam*) burnunun ucundan ötesini [*o* ilerisini] görmemek **Nasenspray** *m o nt* burun spreyi **Nasentropfen** *pl* burun damlası
naseweis ['na:zəvaɪs] *adj* (*vorlaut*) çokbilmiş, ukalâ; (*Kind*) büyümüş de küçülmüş
Nashorn <-(e)s, -hörner> *nt* ZOOL gergedan
nass[RR] [nas] *adj,* **naß**[ALT] *adj* yaş; (*durchnässt*) ıslak; (*Wetter*) yağışlı; **durch und durch ~ sein** sırılsıklam; **~ machen** ıslatmak; **~ werden** ıslanmak
Nassauer(in)[1] <-s, -; -nen> [bɛr'li:nɐ] *m(f)* Nassauerli
Nassauer[2] <-s> *m* (*fig*) otlakçı, beleşçi
nassauern *vi* otlamak, beleşe konmak
Nässe ['nɛsə] *f kein pl* yaşlık, ıslaklık
nässen ['nɛsən] *vi* ıslatmak
nasskalt[RR] *adj* soğuk ve yağışlı; **es ist ~** hava soğuk ve yağışlı **Nassrasur**[RR] *f* tıraş sabunu ve jiletle tıraş **Nasszelle**[RR] *f* ARCH ıslak zemin
Nation <-en> [na'tsjo:n] *f* millet; **die Vereinten ~en** Birleşmiş Milletler
national [natsjo'na:l] *adj* millî, ulusal **Nationalfeiertag** *m* millî bayram **Nationalhymne** *f* millî marş
nationalisieren *vt* ulusallaştırmak, millîleştirmek
Nationalisierung *f* ulusallaştırma, millîleştirme
Nationalismus <-, -men> [natsjona'lɪsmʊs] *m* ulusçuluk, milliyetçilik, nasyonalizm
Nationalist(in) <-en, -en; -nen> [natsjona'lɪst] *m(f)* ulusçu, milliyetçi, nasyonalist
nationalistisch [natsjona'lɪstɪʃ] *adj* milliyetçi

N

Nationalität <-en> [natsjonali'tɛːt] *f* milliyet, uyrukluk

Nationalmannschaft *f* SPORT millî takım **Nationalpark** *m* millî park **Nationalsozialismus** *m* nasyonal sosyalizm **nationalsozialistisch** *adj* nasyonal sosyalist **Nationalspieler(in)** *m(f)* SPORT millî oyuncu **Nationalversammlung** *f* millet meclisi

Nativismus *m kein pl* PHILOS doğuştancılık

Nato, NATO ['naːto] *f kein pl Akr von* **North Atlantic Treaty Organization** NATO (*Kuzey Atlantik Anlaşması Örgütü*)

Natrium <-s> ['naːtriʊm] *nt kein pl* CHEM sodyum

Natron <-s> ['naːtrɔn] *nt kein pl* natron

Natter <-n> ['natɐ] *f* yılan; **eine ~ am Busen nähren** koynunda yılan beslemek

Natur [na'tuːɐ] *f kein pl* ❶ doğa, tabiat; **in freier ~** doğada ❷ (*Eigenart*) mizaç, huy; **von ~ aus schüchtern** yaradılıştan utangaç ❸ (*eigentümliche Beschaffenheit*) mahiyet, nitelik; **eine Frage allgemeiner ~** genel nitelikte bir soru

Naturalien [nɑtu'rɑːliən] *pl* özdek, ayniyat *pl;* **in ~ bezahlen** ayniyat ile ödemek

Naturalismus <-> [natura'lɪsmʊs] *m kein pl* doğalcılık

naturalistisch [natura'lɪstɪʃ] *adj* doğalcı

Naturdenkmal *nt* doğa anıtı, tabiat anıtı

Naturell <-s, -e> [natu'rɛl] *nt* (*geh*) natura, tabiat, mizaç, yaradılış

Naturereignis *nt* doğa olayı, doğal olay **naturfarben** *adj* natürel renkli, doğal renkte olan **Naturfreund(in)** *m(f)* doğasever **naturgemäß** *adj* tabiatıyla **Naturgesetz** *nt* doğa yasası **Naturgewalten** *pl* tabii afetler *pl*

Naturkatastrophe *f* doğal afet, tabii afet

Naturkost *f* doğal besi **Naturkostladen** <-s, -läden> *m* doğal gıda pazarı **Naturkunde** *f kein pl* doğa bilgisi, tabiat bilgisi

natürlich [na'tyːɐlɪç] **I.** *adj* ❶ (*allgemein*) doğal, tabii; **in ~er Größe** bire bir boyunda ❷ (*selbstverständlich*) tabii ❸ JUR **~e Person** gerçek kişi **II.** *adv* tabii, elbette; **~ nicht!** elbette olmaz!; **das stimmt ~, aber ...** bu doğru tabii, ama ...

Natürlichkeit *f kein pl* doğallık, tabiilik

Naturpark *m* doğa parkı **Naturprodukt** *nt* doğa ürünü **Naturrecht** *nt kein pl* doğal hukuk, tabii hukuk **Naturschätze** *pl* doğal varlıklar **Naturschönheit** *f* doğal güzellik, tabii güzellik

Naturschutz *m* doğayı koruma, tabiatı koruma **Naturschutzgebiet** *nt* doğayı koruma alanı, tabiatı koruma alanı

Naturtalent *nt* yaradılıştan istidat **naturverbunden** *adj* doğaya bağlı **Naturvolk** <-(e)s, -völker> *nt* ilkel toplum **Naturwissenschaft** *f* doğa bilimleri *pl* **Naturwissenschaftler(in)** *m(f)* doğa bilimci **Naturzustand** *m* doğal durum

Nautik ['naʊtɪk] *f kein pl* denizcilik

Navigation [naviga'tsjoːn] *f kein pl* NAUT sevk ve idare; AERO pilotaj **Navigationsfehler** *m* AERO pilotaj hatası

Nazi <-s, -s> ['naːtsi] *m* (*pej*) Nazi

NC <-(s), -(s)> [ɛn'tseː] *m Abk von* **Numerus clausus** kontenjan

n. Chr. *Abk von* **nach Christus** İsa'dan sonra

ne [nə] *adv* (*fam*) değil mi

'ne [nə] *art indef* (*fam*) *kurz für* **eine** *s.* **ein, eine, ein**

Neandertaler <-s, -> [ne'andɐtaːlɐ] *m* Neandertal adamı

Neapel *nt* Napoli

Nebel <-s, -> ['neːbəl] *m* sis; **die Berge sind in ~ gehüllt** dağlar sise bürünmüş **Nebelbildung** *f* sislenme **Nebelbombe** *f* sis bombası

nebelig *adj* sisli; **es ist ~** hava sisli

nebeln *vi* sislenmek; **der See nebelt** göl sisleniyor

Nebelscheinwerfer *m* AUTO sis farı **Nebelschlussleuchte**[RR] *f* AUTO arka sis lambası **Nebelwand** *f* sis perdesi

neben ['neːbən] **I.** *präp* ❶ (*räumlich*) yan(ında); **~ mir** (benim) yanımda; **~ uns** (bizim) yanımızda; **~ dem Schrank** dolabın yanında ❷ (*verglichen mit*) yanında ❸ (*außer*) yanında, yanı sıra; **~ anderen Dingen** başka şeylerin yanı sıra; **~ der Arbeit** işin yanı sıra **II.** *präp* (*Richtung*) yanına

nebenan [--'-] *adv* yanda, yan tarafta, bitişikte

Nebenanschluss[RR] *m* paralel telefon (bağlantısı) **Nebenausgang** <-(e)s, -gänge> *m* yan çıkış, yan kapı **Nebenbedeutung** <-en> *f* ikinci anlam

nebenbei [--'-] *adv* ❶ (*gleichzeitig*) aynı zamanda; (*außerdem*) yanı sıra ❷ (*beiläufig*) söz arasında, sırası gelmişken; **~ bemerkt** antrparantez

Nebenberuf *m* ikinci meslek **nebenberuflich** **I.** *adj* ikinci meslek olarak yapılan **II.** *adv* ikinci meslek olarak, asıl mesleğinin yanı sıra **Nebenbeschäftigung** *f* yan uğraş **Nebenbuhler(in)** <-s, -; -nen> ['neːbənbuːlɐ] *m(f)* rakip **Nebeneffekt** *m* yan etki

nebeneinander [---'--] *adv* yan yana

Nebeneingang <-(e)s, -gänge> *m* yan

giriş, yan kapı **Nebenerscheinung** *f* gölge olay **Nebenfach** *nt* UNIV yardımcı ders **Nebenfrau** *f* odalık **Nebengebäude** *nt* ❶ (*Nachbarhaus*) yan(daki) bina, bitişik ❷ (*Anbau*) bitişik yapı, müştemilât, eklentiler **Nebengeräusch** *nt* TELEK, RADIO parazit, cızırtı **Nebenhandlung** *f* epizot

nebenher [--'-] *adv s.* **nebenbei** **Nebenhöhle** *f* ANAT sinüs

Nebenklage *f* JUR müdahale yoluyla dava **Nebenkläger(in)** *m(f)* JUR müdahil **Nebenkosten** *pl* ek masraflar *pl,* feri masraflar *pl* **Nebenmann** <-(e)s, -männer *o* -leute> *m* yandaki (adam); **mein ~** yanımdaki (adam) **Nebenprodukt** *nt* yan ürün **Nebenrolle** *f* yan rol **Nebensache** *f* önemsiz şey **nebensächlich** *adj* feri, önemsiz **Nebensaison** *f* sezon dışı **Nebensatz** <-es, -sätze> *m* LING yan cümle **Nebenstraße** *f* ❶ (*im Ort*) yan sokak ❷ (*außerhalb*) tali yol **Nebentür** *f* yan kapı **Nebenverdienst** <-(e)s, -e> *m* ek kazanç **Nebenwinkel** *m* MATH komşu açı **Nebenwirkung** *f* yan etki, komplikasyon **Nebenzimmer** *nt* yan oda

neblig *adj s.* **nebelig**

nebst [ne:pst] *präp* yanında, yanı sıra; (*zusammen mit*) birlikte (-le); **~ Verwandtschaft** akrabalarıyla birlikte

necken ['nɛkən] **I.** *vt* takılmak (-e) **II.** *vr* ■ **sich ~** cilve yapmak

neckisch *adj* ❶ takılgan; (*schelmisch*) muzip ❷ (*kokett*) cilveli

nee [ne:] *adv* (*fam*) yoo

Neffe <-n, -n> ['nɛfə] *m* erkek yeğen

Negation *f* ❶ olumsuzluk, nefiy, yadsıma, inkâr etme ❷ LING olumsuzluk **Negationswort** *nt* LING olumsuzluk kelimesi

negativ ['ne:gati:f] *adj* ❶ (*verneinend*) olumsuz; ■ **sich ~ zu etw äußern** bir şeye olumsuz cevap vermek ❷ PHYS, MATH, FOTO negatif

Negativ <-s, -e> *nt* FOTO negatif, arap

Neger(in) <-s, -; -nen> ['ne:gɐ] *m(f)* (*a. pej*) zenci

negieren* [ne'gi:rən] *vt* ❶ (*leugnen*) yadsımak, inkâr etmek ❷ LING nefyetmek, olumsuz kılmak

negroid [negro'i:t] *adj* siyah, zenci

nehmen <nimmt, nahm, genommen> ['ne:mən] *vt* ❶ (*ergreifen*) almak; **ich weiß nicht, was ich ~ soll** ne alacağımı bilmiyorum ❷ (*an~*) kabul etmek; **man muss ihn ~, wie er ist** onu olduğu gibi kabul etmek gerekir ❸ (*verlangen*) istemek; **er nimmt 30 Euro die Stunde** saatine 30 euro istiyor ❹ (*weg~*) alıp götürmek; (*heraus~*) almak (-den); **jdm die Hoffnung ~** birinin umudunu kırmak; **sich** *dat* **etw nicht ~ lassen** (*bestehen*) bir şeyi elinden vermemek ❺ (*Bus, Zug*) gitmek (ile); **du solltest dir einen Anwalt ~** kendine bir avukat tutsan iyi olacak ❻ (*ein~*) almak; **etw zu sich ~** (*essen*) bir şey yemek; (*Kleinigkeit*) bir şeyler atıştırmak; (*trinken*) bir şey içmek; **sie nimmt Pillen** hap alıyor; **ich nehme nie Zucker in den Kaffee** ben hiçbir zaman kahveme şeker almam; **~ Sie noch ein Stück Torte?** bir parça pasta daha alır mısınız? ❼ **etw auf sich ~** bir şeyi üzerine almak; **jdn zu sich ~** birini yanına almak; **jdn beim Wort ~** birinin sözüne inanmak; **jdn (nicht) für voll ~** birini ciddiye al(ma)mak; **sie nahmen ihn in die Mitte** onu ortalarına aldılar; **er ist hart im N~** metanetlidir; **jdm etw übel ~** birine bir şeyden alınmak [*o* gücenmek]

Neid <-(e)s> [naɪt] *m kein pl* (*Missgunst*) haset, kıskançlık; (*bei Kindern*) kıskançlık; **~ erregen** kıskandırmak; **vor ~ platzen** [*o* **bersten**] (*fig fam*) hasetten çatlamak; **blind vor ~ sein** (*fam*) hasetten gözü görmez olmak

neiden ['naɪdən] *vt* **jdm etw ~** birinden bir şeyi kıskanmak

Neider(in) <-s, -; -nen> *m(f)* kıskanç, çekemez, günücü

neidisch *adj* hasetçi, kıskanç, günücü; **auf jdn ~ sein** birini kıskanmak

neidlos *adj* hasetsiz; **etw ~ anerkennen** bir şeyi

Neige ['naɪgə] *f kein pl* (*geh*) ❶ (*Rest*) dibinde kalan; **die ~ austrinken/wegschütten** dibinde kalanı içip bitirmek/dökmek; **das Glas bis zur ~ leeren** bardağını dibine kadar boşaltmak ❷ (*Ende*) son; **das Jahr geht zur ~** yıl sona eriyor; **das Geld geht zur ~** paralar suyunu çekiyor

neigen ['naɪgən] **I.** *vt* eğmek **II.** *vr* ■ **sich ~** ❶ (*allgemein*) eğilmek (**nach** -e); (*Schiff*) yan yatmak ❷ (*geh: enden*) sona ermek **III.** *vi* **zu etw ~** bir şeye eğilim göstermek

Neigung[1] <-en> *f* ❶ (*Schräglage*) eğiklik, meyil ❷ (*Vorliebe*) temayül (**für** -e), sevme; **etw aus ~ tun** bir şeyi sevdiği için yapmak ❸ (*Zu~*) meyil (**zu** -e), eğilim (**zu** -e) ❹ (*Richtung im Denken*) temayül (**zu** -e)

Neigung[2] *f kein pl* (*Veranlagung*) temayül (**zu** -e), yönseme (**zu** -e)

Neigungswinkel *m* eğiklik

nein [naɪn] *adv* hayır, yok; **~ danke** hayır, teşekkür ederim; **ich sage nicht ~** hayır demiyorum [*o* dememl]; **~, so was!** yok, olamaz!, olacak şey değil!

Nein <-(s), -(s)> *nt* hayır; **mit ~ antworten** hayır diye cevap vermek; **mit Ja oder ~ stimmen** beyaz veya kırmızı oy vermek **Neinsager(in)** <-s, -; -nen> *m(f)* her şeye hayır diyen kimse **Neinstimme** *f* kırmızı oy

Nektar <-s, -e> ['nɛkta:ɐ] *m* bal özü, nektar

Nelke <-n> ['nɛlkə] *f* ① BOT (*Dianthus caryophyllus*) karanfil ② (*Gewürz*) karanfil

Nelkenöl *nt* karanfil yağı

'nen [nən] *art indef* (*fam*) *kurz für* **einen** *s.* **ein, eine, ein**

nennen <nennt, nannte, genannt> ['nɛnən] **I.** *vt* ① demek; **das nenne ich Mut** buna cesaret derim ② (*angeben*) vermek; (*empfehlen*) söylemek; **kannst du mir Beispiele dafür ~?** bana bunun [*o* onun] için örnek verebilir misin? ③ (*erwähnen*) anmak, zikretmek; **unten genannt** aşağıda adı geçen ④ (*bezeichnen*) demek; (*angeblich*) sözde; **deine so genannten Freunde** senin sözde arkadaşların; **sie nannten ihn einen Lügner** ona yalancısın dediler; **man muss die Dinge beim Namen ~** öz konuşmak gerekir **II.** *vr* ■ **sich ~** kendine demek; **und so was nennt sich Freund?** (*fam*) bu da kendine arkadaş(ım) mı diyor?

nennenswert *adj* kayda değer; (*beträchtlich*) hatırı sayılır

Nenner <-s, -> *m* MATH payda; **etw auf einen (gemeinsamen) ~ bringen** (*fig*) bir şeyi (herkes tarafından kabul edilen) bir noktaya getirmek, bir şeyi asgari müştereklerde birleştirmek

Nennung <-en> *f* ① (*Nennen*) denilme, söylenme ② (*Erwähnung*) anılma, söylenme ③ SPORT yarışa kayıt olma

Nennwert *m* FIN itibarî değer, saymaca değer

Neofaschismus [neo-] *m* neofaşizm

Neolithikum <-s> *nt kein pl* Neolitik Çağ; *s. a.* **Paläolithikum, Mesolithikum**

Neologismus <-, Neologismen> [neolo'gɪsmʊs] *m* LING neolojizm (*söz türetmecilik ve uydurmacılık*)

Neon <-s> ['ne:ɔn] *nt kein pl* CHEM neon

Neonazi <-s, -s> ['ne:ona:tsi] *m* neonazi

Neonlicht ['ne:ɔn-] *nt* neon ışığı **Neonreklame** *f* neon ışıklı reklâm **Neonröhre** *f* neon tüpü

Nepal <-s> ['ne:pal] *nt* Nepal

Nepalese(in) <-n, -n; -nen> [nepa'le:zə] *m(f)* Nepalli

nepalesisch *adj* Nepalli, Nepal (ile ilgili)

Nephritis <-, -tiden> *f* MED nefrit; (*Nierenentzündung*) böbrek iltihabı

Nepp <-s> [nɛp] *m kein pl* (*pej fam*) kazık

neppen ['nɛpən] *vt* (*pej fam*) kazıklamak, kazık atmak (-e)

Neptun *m* ASTRON Neptün

Nerv <-s, -en> [nɛrf] *m* sinir; **schwache/starke ~en haben** sinirleri zayıf/kuvvetli olmak; **die ~en behalten** sinirlerine hâkim olmak; **die ~en verlieren** sinirleri boşanmak; **du gehst mir auf die ~en** (*fam*) sinirime dokunuyorsun; **den ~ treffen** (*fig*) bam teline basmak [*o* dokunmak]

nerven ['nɛrfən] *vt* sinirlendirmek; **du nervst!** (*fam*) sinir ediyorsun!; **ich bin total genervt!** (*fam*) sinirlerim altüst!, sinirlerim allak bullak!

Nervenarzt, -ärztin *m, f* nörolog, asabiyeci **nervenaufreibend** *adj* sinir bozucu **Nervenbündel** *nt* ① ANAT (*Nervenstrang*) sinir demeti ② (*fam: nervöser Mensch*) sinir küpü; **ein ~ sein** sinir küpü olmak **Nervengas** <-es, -e> *nt* sinir gazı **Nervengewebe** *nt* ANAT sinir gazı **Nervenheilanstalt** *f* sinir hastanesi, psikiyatri kliniği **nervenkrank** *adj* sinir hastası **Nervenkrankheit** *f* sinir hastalığı **Nervenkrieg** *m* sinir savaşı **Nervenkrise** *f* sinir buhranı **Nervensäge** *f* (*fam*) sinir törpüsü **Nervenschmerz** *m* sinir ağrısı **nervenschwach** *adj* sinirleri zayıf **nervenstark** *adj* sinirleri kuvvetli

Nervenstrang *m* ANAT sinir demeti

Nervensystem *nt* ANAT sinir sistemi; **das parasympathische/vegetative ~** parasempatik/yaşatkan sinir sistemi **Nervenzelle** *f* ANAT sinir hücresi, sinir gözesi **Nervenzentrum** *nt* ANAT sinir merkezi **Nervenzusammenbruch** *m* sinir buhranı; **einen ~ haben** bir sinir buhranı geçirmek

nervlich ['nɛrflɪç] *adj* sinirsel; **~ am Ende sein** (*fam*) sinir minir kalmamak

nervös [nɛr'vø:s] *adj* sinirli, asabi; **~ werden** sinirlenmek, asabileşmek

Nervosität [nɛrvozi'tɛ:t] *f kein pl* sinirlilik

nervtötend *adj* sinir bozucu

Nerz <-es, -e> [nɛrts] *m* ① ZOOL vizon ② (*Pelz aus ~fellen*) vizon kürk; **sie trägt einen ~** üstünde vizon kürk var **Nerzkragen** *m* vizon yaka **Nerzmantel** *m* vizon manto **Nerzstola** *f* vizon etol

Nessel[1] <-n> ['nɛsəl] *f* BOT (*Bren~*) ısırgan; **sich in die ~n setzen** (*fig fam*) şah iken şahbaz olmak

Nessel[2] <-s, -> ['nɛsəl] *m* (*Stoff*) Amerikan bezi, kaput bezi

Nesselausschlag *m* MED kurdeşen **Nesseltier** *nt* ZOOL selentere

Nest <-(e)s, -er> [nɛst] *nt* ① (*von Tieren*) yuva; **sich ins gemachte ~ setzen** (*fig*

fam) hazıra konmak; **das eigene ~ beschmutzen** (*Familie*) kendi ailesine çamur atmak ❷ AGR (*für die Legehenne*) folluk ❸ (*pej fam: Dorf*) köy ❹ (*fam: Schlupfwinkel*) yuva

Nestei *nt* AGR folluk yumurta

Nesthäkchen <-s, -> [-hɛːkçən] *nt* (*fam*) ailenin en küçüğü

Nestorianer(in) *m(f)* REL Nesturî

Nestwärme *f kein pl* aile yuvasının sıcaklığı

nett [nɛt] *adj* ❶ (*freundlich*) dost(ça), hoş; **ein ~er Mensch** dost [*o* hoş] bir insan; **sei so ~ und räum auf** lütfen ortalığı topla; **das war (gar) nicht ~ von ihm** bu yaptığı (hiç de) hoş bir şey değildi; **seid ~ zueinander** birbirinize dostça davranın ❷ (*angenehm*) hoş; (*hübsch*) güzel; ■ **sich ~ unterhalten** hoş sohbet etmek ❸ (*fam: groß, unangenehm*) **ein ~es Sümmchen** hatırı sayılır bir miktar

netto ['nɛto] *adv* net, safi **Nettodividende** *f* FIN net temettü **Nettoeinkommen** *nt* FIN net gelir **Nettogewicht** <-(e)s, -e> *nt* net ağırlık **Nettolohn** *m* FIN net ücret

Network *nt* INFORM ağ

Netz <-es, -e> [nɛts] *nt* ❶ (*Fischer~*) ağ; SPORT file; (*Straßen~, Strom~*) şebeke; (*Haar~, Gepäck~*) file; **jdm ins ~ gehen** birinin ağına düşmek ❷ (*Spinnen~*) ağ ❸ INFORM ağ **Netzanschluss**[RR] *m* ELEK şebeke bağlantısı **netzartig** *adj* ağımsı **Netzauge** *nt* ZOOL petek göz **Netzflügler** *pl* ZOOL sinir kanatlılar *pl*

Netzgewölbe *nt* ARCH ağ tonoz **Netzhaut** *f* ANAT ağ tabaka **Netzmagen** *m* ZOOL börkenek **Netzstecker** *m* ELEK fiş **Netzstrümpfe** *pl* ajurlu çorap *sing* **Netzwerk** *nt* elektrik fabrikası; **lokales ~** elektrik santrali **Netzzugang** *m* INFORM ağ erişimi

neu [nɔɪ] **I.** *adj* yeni; **die N~e Welt** Yeni Dünya; **etw N~es anfangen** yeni bir şeye başlamak; **seit ~estem** yeniden yeniye, çok yakın bir süreden beri; **die ~este Mode** en yeni moda; **was gibt's N~es?** ne yenilik var?; **von ~em** yeniden; **auf ein N~es!** haydi yeni baştan!; **was ist das N~e daran?** bunun yeni tarafı ne?; **ich bin hier ~** ben burada yeniyim; **das ist mir ~** bu benim için yenidir **II.** *adv* (*kürzlich*) geçenlerde; (*noch einmal*) yeniden; **etw ~ auflegen** bir şeyi yayımlamak; **~ anfangen** yeni başlamak **Neuanfertigung** *f* yeni yapım **Neuankömmling** ['-ʔankœmlɪŋ] *m* yeni gelen (kimse) **Neuanschaffung** *f* yeni alınma; **~ von Tischen** masaların yeni alınması; **dieser Tisch ist eine ~** bu masa yeni alınmadır

neuartig *adj* (*neu*) yeni; (*von neuer Art*) yeni tür; **~e Methoden** yeni yöntemler

Neuauflage *f* TYPO yeni baskı

Neubau[1] <-(e)s> *m kein pl* (*das Bauen*) yeni yapım

Neubau[2] <-(e)s, -ten> *m* (*Gebäude*) yeni yapı, yeni bina **Neubauwohnung** *f* yeni apartman dairesi

Neubearbeitung *f* yeniden işleme; (*eines Buches*) düzeltilmiş baskı; (*eines Theaterstücks*) adaptasyon **Neubewertung** *f* revalüasyon **Neubildung** <-en> *f* ❶ (*Entstehung*) yeni oluşma ❷ LING türetme ❸ (*Umbildung*) yeniden kurma

Neu-Delhi <-s> [nɔɪ'deːli] *nt* Yeni Delhi

Neuentwicklung *f* ❶ (*Vorgang*) yeni gelişme; **technische ~en** yeni teknolojik gelişmeler ❷ (*Resultat*) yeni geliştirilen şey

neuerdings ['nɔɪɐ'dɪŋs] *adv* ❶ yeni yeni; (*seit kurzem*) kısa bir süredir; (*in letzter Zeit*) son zamanlarda ❷ (*erneut*) yeniden; (*nochmals*) bir daha, tekrar

neuerlich ['nɔɪɐlɪç] *adj* geçenlerde

Neueröffnung *f* yeni açılış; (*Wiedereröffnung*) yeniden açılış **Neuerscheinung** *f* yeni yayım

Neuerung <-en> *f* ❶ yenilik ❷ *kein pl* (*das Neuern*) yenileme

neugeboren ['--'--] *adj* yeni doğmuş; **sich wie ~ fühlen** kendini yeni doğmuş gibi hissetmek

Neugeborene(s) <-n, -n> *nt* (*Kind*) yeni doğmuş çocuk, mevlût

Neugier(de) ['nɔɪgiːɐ(də)] *f kein pl* merak (**auf** -e); **aus ~** meraktan

neugierig *adj* meraklı (**auf** -e), mütecessis; **auf etw/jdn ~ sein** bir şeyi/kimseyi merak etmek; **sei nicht so ~** o kadar meraklı olma; **jdn ~ machen** birini meraklandırmak

Neuheit <-en> *f* yenilik

Neuigkeit <-en> *f* yeni haber

Neuinszenierung *f* THEAT yeni sahnele(n)me

Neujahr *nt* yeni yıl; **Prost ~!** yeni yılın kutlu olsun!

Neukaledonien <-s> [nɔɪkale'doːniən] *nt* Yeni Kaledonya

neulich *adv* geçenlerde

Neuling <-s, -e> *m* acemi

neumodisch *adj* yeni moda **Neumond** <-(e)s> *m kein pl* yeni ay, hilal, ayça

neun [nɔɪn] *adj inv* dokuz; *s. a.* **acht**[1]

Neun *f* ❶ (*Zahl*) dokuz ❷ (*Spielkarte*) dokuzlu

Neuneck *nt* MATH dokuzgen

neunerlei ['nɔɪnɐ'laɪ] *adj inv* dokuz çeşit, dokuz türlü; *s. a.* **achterlei**
neunfach **I.** *adj* dokuz (kat); **die ~e Menge** dokuz misli; **das N~e (davon)** (onun) dokuz misli **II.** *adv* dokuz kere; *s. a.* **achtfach**
neunhundert ['-'--] *adj inv* dokuz yüz; *s. a.* **achthundert**
neunmal *adv* dokuz kez [*o* kere] [*o* defa]; *s. a.* **achtmal** **neunmalklug** ['---] *adj* ukalâ
neuntausend ['-'--] *adj inv* dokuz bin; *s. a.* **achttausend**
neunte(r, s) *adj* dokuzuncu; *s. a.* **achte(r, s)**
neuntel *adj inv* dokuzda; **ein/drei ~ Liter** dokuzda bir/üç litre; *s. a.* **achtel**
neuntens ['nɔɪntəns] *adv* dokunzuncu olarak; (*bei einer Aufzählung*) dokunzuncusu; *s. a.* **achtens**
Neuntöter *m* ZOOL (*Rotrückenwürger*) kızıl sırtlı örümcek kuşu
neunzehn ['--] *adj inv* on dokuz; *s. a.* **acht**[1]
neunzehnte(r, s) *adj* on dokuzuncu; *s. a.* **achte(r, s)**
neunzig *adj inv* doksan; *s. a.* **achtzig**
neunziger *adj inv* (*Packung*) doksanlık; **die ~ Jahre** doksanlı yıllar
neunzigjährig *adj* doksanlık, doksan yaşındaki [*o* yaşında olan]; *s. a.* **achtzigjährig**
neunzigste(r, s) *adj* doksanıncı; *s. a.* **achtzigste(r, s)**
Neuordnung *f* yeni düzen **Neuorientierung** *f kein pl* yeni yönelim
Neuralgie *f* MED nevralji **neuralgisch** *adj* MED nevraljik
Neurasthenie *f* MED, PSYCH nevrasteni
Neuregelung *f* yeni düzen
neureich *adj* (*pej*) sonradan görme **Neureiche(r)** <-n, -n; -n> *f(m)* (*pej*) sonradan görmüş
Neurodermitis <Neurodermitiden> [nɔɪrodɛr'mi:tɪs, *pl* -dɛrmi'ti:dən] *f* MED nörodermitis
Neurologe(in) <-n, -n; -nen> [nɔɪro'lo:gə] *m(f)* nörolog
Neurologie *f kein pl* nöroloji, nevroloji
Neuron *nt* MED, ANAT nöron
Neurose <-n> [nɔɪ'ro:zə] *f* MED, PSYCH nevroz, sinirce
Neurotiker(in) <-s, -; -nen> [nɔɪ'ro:tikɐ] *m(f)* MED, PSYCH nörotik
neurotisch [nɔɪ'ro:tɪʃ] *adj* MED, PSYCH nörotik
Neuschnee *m* yeni kar
Neuseeland <-s> [-'--] *nt* Yeni Zelanda
Neuseeländer(in) <-s, -; -nen> [-'-lɛndɐ] *m(f)* Yeni Zelandalı
neuseeländisch *adj* Yeni Zelandalı, Yeni Zelanda (ile ilgili); **eine ~e Frau** Yeni Zelandalı bir kadın; **die ~e Regierung/Währungseinheit** Yeni Zelanda hükümeti/para birimi
Neusilber *nt kein pl* yeni gümüş, mayşor, Alman gümüşü
Neutra *pl von* **Neutrum**
neutral [nɔɪ'tra:l] *adj* ❶ (*unparteiisch*) tarafsız; **~ bleiben** tarafsız kalmak ❷ (*Farbe*) nötr, yansız
neutralisieren* [nɔɪtrali'zi:rən] *vt* ❶ POL tarafsızlaştırmak ❷ CHEM, PHYS nötrlemek
Neutralität [nɔɪtrali'tɛ:t] *f kein pl* ❶ POL tarafsızlık; **seine ~ wahren** tarafsızlığını korumak ❷ CHEM, PHYS nötrlük
Neutren *pl von* **Neutrum**
Neutron <-s, -en> [nɔɪ'tro:n] *nt* PHYS nötron
Neutronenbombe *f* nötron bombesı
Neutrum <-s, Neutra *o* Neutren> ['nɔɪtrʊm] *nt* LING nötr
Neuverschuldung <-en> *f* FIN yeni borçalanma **Neuwahl** *f* yeni seçim **Neuwert** *m* yeni değeri **neuwertig** *adj* yeni değerinde **Neuzeit** *f kein pl* Yakın Çağ, Yeni Çağ
Newsgroup <-, -s> *f* INFORM, TELEK haber grubu
Newton *nt* PHYS nevton
Nicaragua <-s> [nika'ra:gua] *nt* Nikaragua
Nicaraguaner(in) <-s, -; -nen> [nikaragu'a:nɐ] *m(f)* Nikaragualı
nicaraguanisch *adj* Nikaragualı, Nikaragua (ile ilgili); **eine ~e Frau** Nikaragualı bir kadın; **die ~e Regierung/Währungseinheit** Nikaragua hükümeti/para birimi
nicht [nɪçt] **I.** *adv* değil; **mein Vater ist ~ zu Hause** babam evde değil [*o* yok]; **~ viel später** az sonra; **~ mehr als** -den fazla değil; **~ mehr** artık; **~ einmal** bir kere olsun; **bestimmt ~** kesinlikle, hiç mi hiç; **~ mehr und ~ weniger als ...** ...den ne çok ne az; **~ nur ..., sondern auch ...** yalnız ... değil, ... de; **gar ~** hiç; **~ doch!** yapmayın!, demeyin!; **ich glaube ~, dass er kommt** geleceğine inanmıyorum; **ob du willst oder ~** istesen de istemesen de; **bitte ~!** lütfen yapma!; **tu's ~** yapma; **hab ich's ~ gesagt?** demedim mi?; **was Sie ~ sagen!** demeyin!; **was es ~ alles gibt!** neler neler yok ki!; **~ einer hat's geschafft** biri bile beceremedi **II.** *part* mi; **~ wahr?** değil mi? **Nichtachtung** *f* ❶ saygı göstermeme, hiçe sayma; **jdn mit ~ bestrafen** yüz vermeyerek birini cezalan-

N

dırmak ❷ (*Mangel an Respekt*) saygısızlık; **jdn mit ~ behandeln** birine saygısızlık etmek **Nichtanerkennung** *f kein pl* tanımama

Nichtangriffspakt *m* saldırmazlık paktı, saldırmazlık antlaşması

Nichtbeachtung *f kein pl* riayetsizlik, dinlemezlik, uymazlık; (*einer Vorschrift*) riayetsizlik

Nichte <-n> ['nıçtə] *f* kız yeğen

nichtehelich *adj* JUR (*Kind*) nesebi gayrisahih **Nichteinhaltung** *f kein pl* riayetsizlik **Nichterscheinen** *nt a.* JUR gelmeme (**zu/bei** -e/hâlinde)

nichtig ['nıçtıç] *adj* ❶ JUR batıl; **etw für ~ erklären** bir şeyin butlanına hükmetmek, bir şeyi iptal etmek ❷ (*geh: unbedeutend*) önemsiz

Nichtigkeit[1] *f kein pl* ❶ JUR butlan ❷ (*Bedeutungslosigkeit*) önemsizlik

Nichtigkeit[2] <-en> *f* (*Kleinigkeit*) ıvır zıvır

nichtleitend *adj s.* **leitend 2. Nichtleiter** <-s, -> *m* PHYS yalıtkan

Nichtmetall <-s, -e> *nt* CHEM metalsi, metaloit

Nichtraucher(in) <-s, -; -nen> *m(f)* sigara içmeyen (kimse); **diese Ecke ist für ~ reserviert** bu köşe sigara içmeyenlere ayrılmıştır

Nichtraucherabteil *nt* EISENB sigara içilmeyen kompartıman

nichtrostend *adj s.* **rosten**

nichts [nıçts] *pron* **er hat ~ gesagt** hiçbir şey demedi; **alles oder ~** ya hep, ya hiç; **besser als ~** hiç yoktan iyi; **sonst ~?** başka bir şey yok mu?; **überhaupt ~** hiçbir şey; **es gibt ~ Neues** bir yenilik yok, yeni bir şey yok; **es gibt ~ Schöneres (als das)** (bundan) daha güzeli olamaz, (bundan) daha güzel bir şey olamaz; **~ zu danken!** bir şey değil!, estağfurullah!; **Entschuldigung! — macht ~!** affedersiniz! — ziyanı yok; **er hat von ~ eine Ahnung** hiçbir şeyden haberi yok; **~ da!** (*fam*) olmaz!; **für ~ und wieder ~** (*fam*) boşu boşuna; **nach ~ aussehen** hiçbir şeye benzememek; **das tut ~ zur Sache!** bunun hiç önemi yok!; **~ zu machen!** yapılacak bir şey yok!; **~ wie weg!** (*fam*) hemen kaçalım!, gazla!; **mir ~, dir ~** en kısa yoldan; **daraus wird ~** bundan bir şey çıkmaz; **so gut wie ~** hemen hemen hiç; **um ~ in der Welt** (*fam*) dünyada; **~ für ungut!** darılmaca yok!; **wie ~** (*fam*) çarçabuk, çabucak

Nichts <-> *nt kein pl* hiç, yok; PHILOS hiçlik, yokluk; **in meinen Augen ist er ein ~** o benim gözümde hiçtir; **vor dem ~ stehen** yokluk yüzü görmek, hiçlik içerisinde olmak, her şeyini kaybetmek

nichtsahnend *adj s.* **ahnen 2.**

Nichtschwimmer(in) <-s, -; -nen> *m(f)* yüzme bilmeyen (kimse)

nichtsdestoweniger [---'---] *adv* (*trotzdem*) gene de

Nichtsnutz <-es, -e> ['nıçtsnʊts] *m* (*pej*) yaramaz, haylaz

nichtssagend *adj s.* **sagen**

Nichtstun *nt* ❶ (*Faulenzen*) aylaklık, avarelik, başıboşluk ❷ (*Muße*) yan gelip yatma

nichtswürdig *adj* (*pej geh*) şerefsiz, alçak

Nichtzahlung *f* ödememe **Nichtzutreffende(s)** <-n> *nt kein pl* **~s bitte streichen** uymayan bölümleri lütfen çiziniz!

Nickel <-s> ['nıkəl] *nt kein pl* CHEM nikel

nicken ['nıkən] *vi* ❶ (*zustimmend*) başı ile evet işareti vermek, olur diye başını sallamak; (*zum Gruß*) baş kesmek, (selam için) baş eğmek ❷ (*fam: schlummern*) kestirmek

Nickerchen <-s, -> ['nıkɐçən] *nt* (*fam*) şekerleme; **ein ~ machen** şekerleme yapmak, kestirmek

nie [niː] *adv* hiç; **noch ~** şimdiye kadar hiç; **~ mehr** bir daha hiç; **~ und nimmer** hiç mi hiç; **besser spät als ~** (*prov*) geç olsun da güç olmasın

nieder ['niːdɐ] **I.** *adj* ❶ DIAL (*gering*) az ❷ (*Rang*) aşağı; (*Adel, Klasse*) alt; **~e Pflanzen** aşağı bitkiler ❸ (*niedrig*) alçak, basık, düşük **II.** *adv* aşağı; **sich auf und ~ bewegen** bir aşağı bir yukarı gitmek; **~ mit dem Imperialismus!** kahrolsun emperializm!

nieder|beugen **I.** *vt* (*geh*) yere eğmek **II.** *vr* ■ **sich ~** eğilmek (**zu** -e) **nieder|brennen** *irr* **I.** *vi sein* (*Haus*) yanıp kül olmak; (*Kerze*) dibine kadar yanmak **II.** *vt* yakıp kül etmek

Niederfrequenz *f* PHYS alçak frekans, düşük frekans

Niedergang <-(e)s> *m kein pl* (*geh: Untergang*) çöküş

niedergedrückt *adj* kara sevdalı

niedergelassen **I.** *pp von* **niederlassen** **II.** *adj* SCHWEIZ etabli

niedergeschlagen **I.** *pp von* **niederschlagen** **II.** *adj* (*bedrückt*) yılgın **Niedergeschlagenheit** *f kein pl* yılgınlık, çöküntü

nieder|knien *vi sein* diz çökmek

nieder|kommen *irr vi sein* (*gebären*) doğurmak (**mit** -); **sie ist mit einem Mädchen niedergekommen** bir kız doğurdu, bir kızı oldu

Niederkunft <-künfte> ['niːdɐkʊnft] *f*

doğum

Niederlage <-n> *f* yenilgi; (*schwer*) hezimet, bozgun; **eine ~ erleiden** yenilgiye uğramak; **eine schwere ~ erleiden** büyük bir yenilgiye uğramak, hezimete uğramak

Niederlande ['ni:dɐlandə] *pl* Hollanda

Niederländer(in) <-s, -; -nen> ['ni:dɐlɛndɐ] *m(f)* Hollandalı, Felemenkli

niederländisch *adj* Hollandalı, Hollanda (ile ilgili), Felemenk(li); **eine ~e Frau** Hollandalı bir kadın; **die ~e Regierung** Hollanda hükümeti

nieder|lassen *irr vr* ■ **sich ~** ❶ (*Wohnsitz nehmen*) yerleşmek (**in** -e); (*als Arzt*) muayenehane açmak; (*als Rechtsanwalt*) büro açmak ❷ (*Vögel*) konmak ❸ (*geh: sich setzen*) yerleşmek, oturmak

Niederlassung[1] *f kein pl* (*das Sichniederlassen*) yerleşme

Niederlassung[2] <-en> *f* WIRTSCH merkez; (*Zweigstelle*) şube

nieder|legen *irr* **I.** *vt* ❶ (*geh: hinlegen*) koymak; **einen Kranz ~** çelenk koymak; **die Waffen ~** silahları bırakmak ❷ (*Amt, Vorsitz*) bırakmak, çekilmek (-den), istifa etmek (-den); **die Arbeit ~** işi bırakmak ❸ (*schriftlich fixieren*) kaydetmek **II.** *vr* ■ **sich ~** (*geh*) uzanmak (**auf** -e), yatmak (**auf** -e)

nieder|machen *vt* (*fam*) katletmek

Niederösterreich *nt* Aşağı Avusturya

nieder|reißen *irr vt* yıkmak

Niedersachsen *nt* Aşağı Saksonya

Niederschlag *m* ❶ METEO yağış ❷ CHEM çökelti ❸ (*schriftlich fixierter Ausdruck*) **seinen ~ in etw finden** bir şeyde görülmek

nieder|schlagen *irr* **I.** *vt* ❶ (*zu Boden schlagen*) yere vurmak ❷ (*Aufstand*) bastırmak ❸ JUR (*Prozess*) durdurmak ❹ (*Augen*) yere indirmek ❺ CHEM (*ausfällen*) çökeltmek **II.** *vr* ■ **sich ~** ❶ (*Dampf*) çökmek (**auf/an** -e/-e); CHEM çökelmek ❷ (*zum Ausdruck kommen*) görülmek (**in** -de)

niederschlagsarm *adj* METEO az yağışlı

niederschlagsfrei *adj* METEO yağışsız

Niederschlagsmesser *m* yağışölçer

niederschlagsreich *adj* METEO çok yağışlı

nieder|schmettern *vt* ❶ (*durch einen Schlag*) yere sermek ❷ (*fig fam*) çökertmek

nieder|schreiben *irr vt* kaleme almak

Niederschrift *f* tutanak

Niederspannung *f* ELEK alçak gerilim

nieder|stoßen *irr* **I.** *vi sein* (*Raubvogel*) atılmak (**auf** üzerine) **II.** *vt* (*geh*) yere sermek; **einen Angreifer mit dem Messer ~** saldıran birini bıçakla yere sermek

Niedertracht *f kein pl* (*geh*) alçaklık

niederträchtig *adj* alçak

Niederung <-en> *f* alçak arazi, ova; **in den ~en weidet Vieh** ovada hayvanlar otlanıyor

nieder|werfen *irr* **I.** *vt* (*geh*) ❶ (*Gegner*) alaşağı etmek, alt etmek ❷ (*Aufstand*) bastırmak ❸ (*erschüttern*) çok sarsmak **II.** *vr* ■ **sich ~** yere kapanmak (**vor** önünde)

niedlich ['ni:tlɪç] *adj* cici, sevimli, çıtı pıtı

Niednagel <-s, -nägel> *m* şeytan tırnağı

niedrig ['ni:drɪç] *adj* ❶ (*gering, tief*) alçak; **eine ~e Zimmerdecke** alçak tavan; **ein ~es Zimmer** alçak tavanlı bir oda; **etw/jdn ~ einschätzen** bir şeyi/kimseyi hakir görmek ❷ (*Preise, Miete, Zinsen*) düşük ❸ (*Rang*) alçak ❹ (*Gesinnung*) adî

niemals ['ni:ma:ls] *adv* hiçbir zaman, asla

niemand ['ni:mant] *pron* (hiç) kimse; **es war ~ zu Hause** evde (hiç) kimse yoktu; **es war ~ anders als sein früherer Lehrer** eski öğretmeninden başka (hiç) kimse değildi; **von der Familie war sonst ~ zugegen** ailesinden orada başka (hiç) kimse yoktu

Niemandsland <-(e)s> *nt kein pl* tarafsız bölge

Niere <-n> ['ni:rə] *f a.* GASTR böbrek; **künstliche ~** yapay böbrek, suni böbrek; **jdm an die ~n gehen** (*fig fam*) birine çok dokunmak [*o* koymak] **Nierenbecken** *nt* ANAT havuzcuk **Nierenbraten** *m* GASTR böbrek kızartması **Nierenentzündung** *f* MED böbrek iltihabı; (*Nephritis*) nefrit **Nierenfett** *nt* böbrek yağı **nierenförmig** [-fœrmɪç] *adj* böbreksi **Nierenkolik** *f* böbrek koliği **Nierenleiden** *nt* MED böbrek rahatsızlığı **Nierenstein** *m* MED böbrek taşı **Nierentransplantation** *f* MED böbrek nakli **Nierenversagen** *nt* MED böbreklerin işlememesi

nieseln ['ni:zəln] *vi unpers* çiselemek

Nieselregen <-s, -> *m* çisenti

niesen ['ni:zən] *vi* hapşırmak, aksırmak

Nießbrauch <-(e)s> ['ni:sbraʊx] *m kein pl* JUR intifa hakkı

Nießnutzer(in) <-s, -; -nen> *m(f)* JUR intifa hakkı sahibi

Nieswurz *f* BOT çöpleme

Niete <-n> ['ni:tə] *f* ❶ (*in einer Lotterie*) boş ❷ (*fig fam: Mensch*) beceriksizin biri ❸ TECH perçin

nieten *vt* perçinlemek

niet- und nagelfest *adj* (*fam*) **alles, was nicht ~ ist** taşınabilen her şey

Nigeria <-s> [ni'ge:ria] *nt* Nijerya

Nigerianer(in) <-s, -; -nen> [nigeri'a:nɐ] *m(f)* Nijeryalı
nigerianisch *adj* Nijeryalı, Nijerya (ile ilgili); **eine ~e Frau** Nijeryalı bir kadın; **die ~e Regierung/Währungseinheit** Nijerya hükümeti/para birimi
Nihilismus <-> [nihi'lɪsmʊs] *m kein pl* PHILOS nihilizm, hiççilik
Nihilist(in) <-en, -en, -nen> *m(f)* PHILOS nihilist, hiççi
nihilistisch [nihi'lɪstɪʃ] *adj* PHILOS nihilist, hiççi
Nikolaus <-, -e *o fam* -läuse> ['nɪkolaʊs] *m* ❶ (*Gestalt*) Noel baba ❷ (*~tag*) Noel baba günü (*6 Aralık Noel babayı anma günüdür*)
Nikosia *nt* Lefkoşa
Nikotin <-s> [niko'ti:n] *nt kein pl* nikotin **nikotinfrei** *adj* nikotinsiz **Nikotinvergiftung** *f* nikotin zehirlenmesi
Nil <-s> [ni:l] *m* Nil **Nilpferd** *nt* ZOOL (*Hippopotamus*) su aygırı, hipopotam
Nimbostratus <-ti> *m* METEO kara bulut, nimbus
Nimbus <-, -se> *m* hale
nimmer ['nɪmɐ] *adv* SÜDD, ÖSTERR hiç; (*niemals*) hiçbir zaman
Nimmerleinstag *m* (*fam*) **am ~** çıkmaz ayın son çarşambası
nimmermüde *adj* hiç yorulmaz **nimmersatt** *adj* obur, doymak bilmeyen, doymak bilmez
Nimmersatt <-(e)s, -e> *m* (*fam*) obur, pisboğaz
Nimmerwiedersehen <-s> ['--'----] *nt kein pl* (*fam*) **auf ~** ebediyen, bir daha görünmemek üzere
nimmt [nɪmt] *3. präs von* **nehmen**
Nippel *m* TECH nipel
nippen ['nɪpən] *vi* (*kosten*) tatmak (**an** -den), tadına bakmak (**an** -in); (*einen kleinen Schluck trinken*) bir yudumcuk almak (**an** -den)
Nippes ['nɪpəs] *pl* vitrinlik figürler *pl*
nirgends ['nɪrgənts] *adv*, **nirgendwo** ['nɪrgəntvo:] *adv* hiçbir yerde
Nische <-n> ['ni:ʃə] *f* (*Wand~*) niş; (*Koch~*) köşe; **eine ökologische ~** ÖKOL ekolojik ortam
Nisse *f* sirke, bit yumurtası
nisten ['nɪsten] *vi* yuvalamak, yuva yapmak
Nitrat <-(e)s, -e> [ni'tra:t] *nt* nitrat
Nitroglycerin *nt*, **Nitroglyzerin** *nt kein pl* CHEM nitrogliserin
Niveau <-s, -s> [ni'vo:] *nt* düzey, seviye; **auf gleichem ~ liegen** aynı düzeyde olmak; **das kulturelle ~** kültür düzeyi [*o* seviyesi]; **kein ~ haben** düzeyi olmamak
niveaulos *adj* düzeysiz, seviyesiz
niveauvoll *adj* düzeyli, seviyeli
Nivellement *nt* düzeçleme, tesviye; (*Messung von Höhenunterschieden*) düzeçleme
nivellieren* [nivɛ'li:rən] *vt* (*ebnen*) düzlemek, tesviye etmek; (*Höhenunterschiede messen*) düzeçlemek
Nivelliergerät *nt* düzeç, tesviye aleti
Nivellierung <-en> *f* düzleme, tesviye
nix [nɪks] *pron* (*fam*) *s.* **nichts**
Nixe <-n> [nɪksə] *f* deniz kızı
Nizza <-s> ['nɪtsa] *nt* Nis
Noah Nuh; **die Arche ~** Nuh'un gemisi
nobel ['no:bəl] *adj* ❶ (*geh: edelmütig*) asil ❷ (*elegant*) şık; (*luxuriös*) lüks ❸ (*fam: großzügig*) cömert
Nobelpreis [no'bɛlpraɪs] *m* Nobel armağanı, Nobel ödülü
noch [nɔx] **I.** *adv* ❶ (*zeitlich*) daha; **sie schläft ~** daha uyuyor; **immer ~** hâlâ; **~ nie** şimdiye kadar hiç; **kaum ~** hemen hemen hiç; **nur ~** yalnızca; **~ nie** şimdiye kadar hiç; **er hat Geld ~ und ~** fazlasıyla parası var; **~ heute** hemen bugün; **seien sie auch ~ so klein** her ne kadar küçük olsalar da ❷ (*zusätzlich*) daha, başka; **was soll ich ~ dazu sagen?** (*fam*) buna başka ne diyebilirim?; **wer war ~ da?** daha kimler vardı orada?, başka kim vardı orada?; **~ ein paar Tage** birkaç gün daha; **~ einmal** bir kere [*o* defa] daha; **auch das ~!** bir bu eksikti! ❸ (*verneinend*) **~ nicht** henüz değil, şimdiye kadar olmayan; **die Antwort steht ~ aus** cevabı henüz verilmedi; **als ich das machte, da war ich ~ ein Kind** bunu yaptığımda henüz bir çocuktum **II.** *konj* **weder ... ~ ...** ne ... ne de ...
nochmalig ['nɔxma:lɪç] *adj* yenilenmiş; (*wiederholt*) tekrarlanmış
nochmals ['nɔxma:ls] *adv* yeniden, tekrar, bir kere daha
Nocke *f* TECH kam
Nockenwelle *f* TECH kam mili, eksantrik mili
Nomade(in) <-n, -n; -nen> [no'ma:də] *m(f)* göçebe
Nomadendasein *nt kein pl*, **Nomadenleben** *nt kein pl* göçebe hayatı
Nomadentum <-s> *nt kein pl* göçebelik
Nomen <-s, Nomina *o* -> ['no:mən, *pl* 'no:mina] *nt* LING isim, ad
Nomenklatur <-en> [nomɛnkla'tu:ɐ] *f* terimler listesi, terminoloji
Nomina ['no:mina] *pl von* **Nomen**
nominal *adj* LING, WIRTSCH nominal

Nominaleinkommen *nt* WIRTSCH nominal gelir **Nominalform** *f* LING mastar
Nominalismus *m kein pl* nominalizm, adcılık, isimcilik
Nominalwert *m* WIRTSCH, FIN nominal değer, itibarî değer, saymaca değer
Nominativ <-s, -e> ['no:minati:f, nomina'ti:f] *m* LING nominatif, yalın durum
nominell *adj* ❶ WIRTSCH (*nominal*) nominal ❷ (*nur dem Namen nach*) saymaca
nominieren* [nomi'ni:rən] *vt* aday göstermek
Nominierung <-en> *f* (*das Nominieren*) aday gösterme; (*das Nominiertwerden*) aday gösterilme
Nonagon *nt* MATH dokuzgen
Nonne <-n> ['nɔnə] *f* rahibe
Nonnenkloster *nt* rahibeler manastırı
Nonsens <-(es)> ['nɔnzɛns] *m kein pl* saçmalık
nonstop ['nɔn'stɔp] *adv* duraksız; (*fliegen*) non-stop
Nord <-(e)s> [nɔrt] *m kein pl a.* NAUT, METEO kuzey **Nordafrika** <-s> ['--'---] *nt* Kuzey Afrika **Nordamerika** <-s> ['--'---] *nt* Kuzey Amerika
norddeutsch ['--] *adj* Kuzey Alman **Norddeutschland** ['-'--] *nt* Kuzey Almanya
Norden <-s> ['nɔrdən] *m kein pl* kuzey; **im ~** kuzeyde; **im ~ von ...** (*nördlich von*) ...in kuzeyinde; (*im nördlichen Teil von*) ...in kuzey kısmında; **nach ~** kuzeye doğru; **in den ~** kuzeye; **von ~** kuzeyden
Nordeuropa ['--'--] *nt* Kuzey Avrupa, Avrupa'nın kuzeyi
Nordhalbkugel <-> ['----] *f kein pl* kuzey yarı(m) küresi
Nordirland *nt* Kuzey İrlanda
nordisch ['nɔrdɪʃ] *adj* ❶ kuzey ❷ SPORT **~e Kombination** Kuzey Alp Disiplini
Nordkorea *nt* Kuzey Kore
Nordküste *f* kuzey kıyısı
nördlich ['nœrtlɪç] **I.** *adj* kuzey; **in ~er Richtung** kuzey yönüne; **~ von Köln** Köln'ün kuzeyinde; **52 Grad ~er Breite** 52'nci kuzey enlemi **II.** *präp* kuzeyinde
Nordlicht *nt* kuzey ışığı **Nordosten** ['-'--] *m* kuzeydoğu **nordöstlich** ['-'--] **I.** *adj* kuzeydoğu **II.** *präp* kuzeydoğusunda **Nordpol** <-s> *m kein pl* Kuzey Kutbu **Nordpolarmeer** <-es> *nt* Kuzey Buz Denizi
Nordrhein-Westfalen ['---'--] *nt* Kuzey Ren-Vestfalya
Nordsee *f* Kuzey Denizi
Nord-Süd-Gefälle <-s> ['-'----] *nt kein pl* POL kuzey-güney farkı
Nordwesten ['-'--] *m* kuzeybatı **nordwestlich** ['-'--] **I.** *adj* kuzeybatı **II.** *präp* kuzeybatısında **Nordwestwind** *m* METEO kara yel; NAUT mayistra, kuzeybatı rüzgârı; (*aus Nordwesten kommend*) kuzeybatıdan esen yel **Nordwind** *m* yıldız yeli
nörgeln ['nœrgəln] *vi* (*pej*) mızmızlanmak, vır vır etmek, söylenmek
Nörgler(in) <-s, -; -nen> *m(f)* (*pej*) mızmız
Norm <-en> [nɔrm] *f* norm, düzgü
normal [nɔr'ma:l] **I.** *adj* normal, düzgülü **II.** *adv* (*fam: normalerweise*) normal olarak **Normalbenzin** <-s> *nt kein pl* normal benzin
normalerweise [-'--'--] *adv* normal olarak
Normalfall <-(e)s, -fälle> *m* normal durum; **im ~** normal durumda **Normalgewicht** <-(e)s> *nt kein pl* normal ağırlık
normalisieren* [nɔrmali'zi:rən] **I.** *vt* normalleştirmek **II.** *vr* ■ **sich ~** normalleşmek
Normalität [nɔrmali'tɛ:t] *f kein pl* normal, normallik; **zur ~ zurückkehren** normale dönmek
Normalverbraucher(in) *m(f)* normal tüketici; **Otto ~** (*pej fam*) normal insan
Normandie [nɔrman'di:] *f* Normandi
normativ *adj* normatif, düzgüsel
normen ['nɔrmən] *vt*, **normieren*** [nɔr'mi:rən] *vt* standartlaştırmak
Normierung <-en> *f*, **Normung** <-en> *f* standardizasyon, standartlaştırma
Norwegen <-s> ['nɔrve:gən] *nt* Norveç
Norweger(in) <-s, -; -nen> *m(f)* Norveçli
norwegisch *adj* Norveçli, Norveç (ile ilgili); **eine ~e Frau** Norveçli bir kadın; **die ~e Regierung/Mannschaft/Sprache** Norveç hükümeti/takımı/dili
Norwegisch(e) *nt* Norveççe; **Hasan kann/spricht ~** Hasan Norveççe bilir/konuşur
Nostalgie [nɔstal'gi:] *f kein pl* nostalji
nostalgisch [nɔs'talgɪʃ] *adj* nostaljik
Not[1] [no:t] *f kein pl* (*Mangel*) yokluk (**an** -); (*Elend*) yoksulluk, sıkıntı, sefalet; (*Armut*) fakirlik, zaruret; **~ leiden** (*geh*) sıkıntı çekmek; **~ leidend** sıkıntı çeken; FIN (*Wechsel*) çürük; **das geht zur ~** icabı halinde, gerekirse; **jdm seine ~ klagen** birine dert yanmak; **wenn ~ am Mann ist** (*fam*) acele yardım gerekirse; **aus der ~ eine Tugend machen** sinekten yağ çıkarmak
Not[2] <Nöte> *f* ❶ (*~lage*) darlık, zaruret; **in ~ sein** darda bulunmak; **in ~ geraten** başı dara düşmek, zarurete düşmek, sıkıntıya girmek ❷ (*Sorge, Mühe*) **er hat seine liebe ~ damit** onun kahrını çekiyor; **mit knapper ~** güç bela

N

Notar(in) <-s, -e; -nen> [no'taːɐ] *m(f)* JUR noter; **in Gegenwart eines ~s** noter huzurunda

Notariat <-(e)s, -e> [notari'aːt] *nt* JUR noterlik

notariell [notari'ɛl] *adj* JUR noter tarafından (yapılan)

Notarzt, -ärztin *m, f* nöbetçi hekim **Notaufnahme** *f* (*im Krankenhaus*) acil servis, ilk yardım **Notausgang** <-(e)s, -gänge> *m* imdat kapısı, tehlike çıkış kapısı **Notbehelf** *m* geçici çare **Notbremse** *f* imdat freni

Notdurft ['noːtdʊrft] *f kein pl* (*geh*) hacet; **seine ~ verrichten** hacetini yapmak

notdürftig [-dʏrftɪç] *adj* ❶ (*kaum ausreichend*) **von seinem Lohn kann er ~ leben** ücretiyle kıt kanaat geçiniyor ❷ (*behelfsmäßig*) eğreti, üstünkörü, derme çatma

Note¹ <-n> ['noːtə] *f* ❶ MUS nota; **eine ganze/halbe ~** tam/yarım nota ❷ (*Schul~*) not ❸ (*Bank~*) banknot ❹ (*diplomatische ~*) nota

Note² *f kein pl* (*Eigenschaft*) nitelik, vasıf

Notenbank <-en> *f* emisyon bankası

Notenblatt *nt* MUS nota kâğıdı

Notenheft *nt* MUS nota defteri

Notenpapier *nt* MUS nota kâğıdı **Notenpult** *nt* MUS nota sehpası **Notenschlüssel** *m* MUS nota anahtarı **Notenständer** *m* MUS nota sehpası

Notfall <-(e)s, -fälle> *m* acil durum; **im ~** acil durumda

notfalls *adv* icabında, gerekirse, gerekince

notgedrungen ['noːtgə'drʊŋən] *adv* ister istemez

Notgroschen *m* kara gün akçesi

Nothelfer(in) *m(f)* imdatçı

Nothilfe *f kein pl* imdat

notieren* [no'tiːrən] **I.** *vi* FIN kote edilmek **II.** *vt* ❶ FIN kote etmek ❷ (*aufschreiben*) not etmek

nötig ['nøːtɪç] *adj* gerekli, lüzumlu; **unbedingt ~** mutlaka gerekli; **es ist nicht ~** hacet yok, gerekmez, gerekliği yok, gerekli değil; **wenn ~** gerekirse; **ich habe es nicht ~, mir das sagen zu lassen** bunları dinlemek zorunda değilim, bunları dinlemeye mecbur değilim

nötigen ['nøːtɪgən] *vt* (*drängen*) ısrarla istemek; (*zwingen*) zorlamak, mecbur etmek; **sich genötigt sehen, etw zu tun** bir şeyi yapmak zorunda kalmak, bir şeyi yapmaktan başka çaresi kalmamak

nötigenfalls ['---'-] *adv* gerekince, gerekirse, icabında

Notiz <-en> [no'tiːts] *f* ❶ (*Vermerk*) not; **sich** *dat* **~en machen** not tutmak, not almak; **von etw ~ nehmen** bir şeyi fark etmek, bir şeye aldırış etmek ❷ (*Zeitungs~*) yazı **Notizblock** <-s, -blöcke> *m* bloknot **Notizbuch** *nt* akıl defteri, not defteri, ajanda **Notizzettel** *m* tezkere, pusula

Notlage *f* sıkıntı, darda kalma, müzayaka; **in eine ~ geraten** sıkıntıya düşmek; **sich in einer ~ befinden** sıkıntıda olmak, darda kalmak **notlanden** *vi sein* AERO zorunlu [*o* mecburî] iniş yapmak **Notlandung** *f* AERO zorunlu iniş, mecburî iniş **notleidend** *adj s.* **Not¹** **Notlösung** *f* eğreti çözüm **Notlüge** *f* iş bitirici yalan

notorisch [no'toːrɪʃ] *adj* (*pej*) herkesçe bilinen, sanlı, maruf

Notruf <-(e)s, -e> *m* ❶ (*Hilferuf*) imdat (isteme), istimdat ❷ (*~nummer*) imdat numarası **Notrufsäule** *f* imdat telefonu **Notsignal** *nt* imdat işareti **Notsitz** *m* yedek koltuk

Notstand <-(e)s, -stände> *m* JUR olağanüstü hâl; **den ~ ausrufen** olağanüstü hâl ilan etmek **Notstandsgebiet** *nt* olağanüstü hâl bölgesi

Notunterkunft *f* eğreti konut **Notwehr** *f kein pl* JUR meşru müdafaa; **in** [*o* **aus**] **~** meşru müdafaa hâlinde

notwendig ['noːtvɛndɪç] *adj* ❶ (*nötig*) gerekli, lazım olan, zarurî; **etw ~ machen** bir şeyi gerektirmek [*o* icap ettirmek] ❷ (*zwangsläufig*) zorunlu, zarurî

notwendigerweise ['----'--] *adv* ister istemez, zorunlu olarak

Notwendigkeit <-en> ['----, -'---] *f* gerek(li)lik, zaruret, zorunluk; **es besteht keine ~** gereği [*o* lüzumu] yok

Notzucht *f kein pl* JUR (*Vergewaltigung*) ırza geçme

Nougat <-s, -s> ['nuːgat] *m o nt s.* **Nugat**

Nova <-, Novä> *f* ASTRON nova

Novelle <-n> [no'vɛlə] *f* ❶ LIT kısa roman; (*Erzählung*) uzun öykü ❷ POL, JUR değişik yasa

November <-(s), -> [no'vɛmbɐ] *m* kasım; *s. a.* **März**

Novize <-n, -n> [no'viːtsə] *m* REL rahip adayı

Novizin <-nen> *f* REL rahibe adayı

Nr. *Abk von* **Nummer** no (*numara*)

NS [ɛn'ʔɛs] ❶ *Abk von* **Nachschrift** zeyil ❷ *Abk von* **Nationalsozialismus** Nasyonal Sosyalizm

Nu [nuː] *m* (*fam*) **im ~** hemencecik, anında

Nuance <-n> [ny'ãːsə] *f* nüans, çalar; **eine ~ lauter** bir parça daha sesli

nüchtern ['nʏçtɐn] *adj* ❶ (*ohne Essen*) aç;

N

auf ~en Magen aç karnına ❷ (*nicht betrunken*) ayık ❸ (*sachlich*) objektif ❹ (*schmucklos*) sade

Nüchternheit *f kein pl* ❶ (*mit leerem Magen*) açlık; (*nicht betrunken*) ayıklık ❷ (*Sachlichkeit*) objektiflik, objektivite ❸ (*Schlichtheit*) sadelik

Nudel <-n> ['nu:dəl] *f* makarna; (*kleine*) şehriye **Nudelholz** <-es, -hölzer> *nt* oklava **Nudelsuppe** *f* şehriye çorbası

Nudist(in) <-en, -en; -nen> [nu'dɪst] *m(f)* nüdist

Nugat <-s, -s> ['nu:gat] *m o nt* kakaolu koz helva

nuklear [nukle'a:ɐ] *adj* nükleer

Nuklearaufrüstung *f* nükleer silahlanma **Nuklearprogramm** *nt* nükleer program **Nuklearwaffe** *f* nükleer silah

Nuklein *nt* CHEM nükleoprotein **Nukleinsäure** *f kein pl* CHEM nükleik asit

Nukleon *nt* PHYS nükleon

null [nʊl] *adj inv* ❶ (*Zahl*) sıfır; **~ zu ~** sıfıra sıfır; **~ und nichtig** hükümsüz; **die Stunde ~** karar saati; **in ~ Komma nichts** (*fam*) hemencecik, çabucak, çabucacık, göz açıp kapayıncaya kadar ❷ (*sl: kein*) **~ Ahnung von etw haben** bir şeyden hiç anlamamak; **~ Problemo** hiç sorun değil; **~ Bock auf etw haben** bir şeye hiç (mi hiç) hevesi olmamak

Null <-en> *f* ❶ (*Zahl*) sıfır ❷ (*pej fam: Versager*) insan müsveddesi; **er ist in meinen Augen eine ~** o benim gözümde bir hiçtir

nullachtfünfzehn [--'--] *adj inv* (*fam*) sıradan

Nulldiät *f* sıfır kalorili rejim [*o* perhiz] **Nulllösung**[RR] ['nʊllø:zʊŋ] *f kein pl* POL nükleer silahlanmayı durdurma **Nullmeridian** <-s> *m kein pl* GEO başlama meridyeni **Nullpunkt** <-(e)s> *m kein pl* sıfır noktası; **den ~ erreicht haben** sıfıra inmek **Nulltarif** <-s> *m kein pl* **zum ~** bedavadan, bedavasına **Nullwachstum** <-s> *nt kein pl* WIRTSCH sıfır büyüme

Numeri ['nu:meri] *pl von* **Numerus**

numerieren*[ALT] [nume'ri:rən] *vt s.* **nummerieren**

numerisch [nu'me:rɪʃ] *adj a.* INFORM sayısal

Numerus <-, Numeri> ['nu:merʊs] *m* **~ clausus** kontenjan

Numismatik *f kein pl* nümismatik

Numismatiker(in) *m(f)* nümismat

Nummer <-n> ['nʊmɐ] *f* ❶ (*Zahl*) numara; **Gesprächsthema ~ eins** bir numaralı söz konusu; **laufende ~** seri numarası; **auf ~ sicher gehen** (*fam*) işi sağlama bağlamak; **mit jdm eine ~ schieben** (*vulg*) biriyle yatmak ❷ (*Auto~*) numara; (*Telefon~, Haus~*) numara; (*Sonder~*) sayı ❸ (*Größe*) numara, ölçü, büyüklük, boy

nummerieren*[RR] [nume'ri:rən] *vt* numaralamak

Nummernkonto *nt* FIN şifreli hesap **Nummernschild** <-(e)s, -er> *nt* AUTO plaka

nun [nu:n] **I.** *adv* ❶ (*jetzt*) şimdi; **von ~ an** şimdiden sonra; **was ~?** şimdi ne olacak?; **das hast du ~ davon** aldın mı ağzının payını ❷ (*inzwischen*) bu arada **II.** *part* (*einleitend*) şimdi; (*weiterführend*) bundan böyle; **~ denn** ha(y)di o zaman; **~ geh schon!** haydi git!; **~ mach schon!** haydisene!; **~ sag schon ...** haydi söylesene artık ...; **~ gut** pekâla; **~ reicht's aber!** (*fam*) artık yetti ama!, yeter artık ama!; **das ist ~ mal so** bu böyle işte, bu iş olmuş bir defa

nunmehr *adv* (*geh*) ❶ (*jetzt*) şimdi ❷ (*von jetzt an*) bundan sonra, artık

nur [nu:ɐ] **I.** *adv* yalnız; **~ noch** sadece; **~ sehr schade, dass er nicht kommen kann** lakin gelememesi çok yazık; **alles, ~ das nicht!** her şey olur da bu olmaz!; **warum fragst du? — ~ so** niçin soruyorsun? — öylesine; **es regnete ~ so** öylesine yağmur yağdı ki; **ich habe das ~ so gesagt** bunu öylesine söyledim **II.** *part* **er kam/lief, so schnell er ~ konnte** gelebildiği/koşabildiği kadar çabuk geldi/koştu; **wo ist sie ~?** nerede kaldı ki?; **sieh ~!** bak hele!; **lass ihn ~ machen!** bırak da yapsın!; **was hat sie ~?** ne si var ki?; **wenn sie ~ (endlich) anriefe!** ah bir telefon etse!

Nürnberg <-s> ['nʏrnbɛrk] *nt* Nürnberg

nuscheln ['nʊʃəln] *vi* (*fam*) gevelemek

Nuss[RR] <Nüsse> [nʊs, *pl* 'nʏsə] *f*, **Nuß**[ALT] *f* ❶ (*Hasel~*) fındık; (*Wal~*) ceviz; **eine taube ~** kof ceviz; **für jdn eine harte ~ sein** (*fam*) biri için çetin ceviz olmak ❷ (*Erd~*) fıstık ❸ (*fam: Kopf*) kafa; **eine taube ~** (*fam*) işe yaramaz; **dumme ~!** (*fam*) mankafa! ❹ GASTR (*Fleischstück*) lop et ❺ TECH lokma **Nussbaum**[RR] <-(e)s, -bäume> *m* (*Wal~*) ceviz (ağacı); (*Holz*) ceviz

nussbraun *adj* fındıkî

Nussknacker[RR] <-s, -> *m* fındıkkıran **Nussschale**[RR] *f* fındık kabuğu **Nussschokolade**[RR] <-n> *f* (*mit Haselnüssen*) fındıklı çikolata; (*mit Walnüssen*) cevizli çikolata **Nusstorte**[RR] <-n> *f* (*mit Haselnüssen*) fındıklı pasta; (*mit Walnüssen*) cevizli pasta

Nüster <-n> ['nʏstɐ] *f* burun deliği

Nut <-en> [nu:t] *f* TECH yiv; (*Holzverarbeitung*) kiniş; **Bretter auf ~ einschieben** tahtaları kinişlere geçirmek

Nute <-n> ['nu:tə] *f s.* **Nut**

Nutte <-n> ['nʊtə] *f* (*pej fam*) orospu, kaltak

Nutz *m* **~ bringend** (*nützlich*) yarar sağlayan, yararlı, faydalı; (*Gewinn bringend*) kâr [*o* kazanç] getiren; **sich** *dat* **etw zu ~e machen** bir şeyden yararlanmak

nutzbar *adj* tarıma elverişli; **den Boden ~ machen** toprağı tarıma elverişli duruma getirmek

nutzbringend *adj* (*nützlich*) yarar sağlayan; (*Gewinn bringend*) kâr getiren

nütze ['nʏtsə] *adj* **zu etw ~ sein** bir şeye [*o* işe] yaramak

Nutzen <-s> ['nʊtsən] *m kein pl* (*Nützlichkeit*) yarar, fayda; (*Gewinn*) kâr; **zum ~ der Öffentlichkeit** kamu yararına; **jdm von ~ sein** birine yararı [*o* faydası] olmak; **~ aus etw ziehen** bir şeyden yararlanmak [*o* faydalanmak], bir şeyden kâr etmek

nutzen ['nʊtsən], **nützen** **I.** *vi* yaramak; **wozu soll das ~?** bu neye yarayacak ki?, bu ne işe yarar ki?; **jdm zu etw ~** birine [*o* birinin işine] bir şey için yaramak; (*Gewinn bringen*) birine bir şey yarar sağlamak, birine bir şey kâr getirmek **II.** *vt* ❶ (*Rohstoffe*) yararlanmak (-den) ❷ (*Gelegenheit*) kullanmak, yararlanmak (-den)

Nutzen-Kosten-Analyse *f* WIRTSCH fayda maliyet analizi

Nutzfahrzeug *nt* taşıt **Nutzfläche** *f* kullanılabilir alan

nützlich ['nʏtslɪç] *adj* yararlı; ■ **sich ~ machen** yararlı olmak

Nützlichkeit *f kein pl* yararlılık

nutzlos *adj* işe yaramaz, yararsız; (*vergeblich*) boş

Nutzlosigkeit *f kein pl* işe yaramazlık; (*Vergeblichkeit*) abeslik

Nutznießer(in) <-s, -; -nen> ['nʊtsni:sɐ] *m(f)* intifa hakkı sahibi

Nutznießung *f kein pl* JUR intifa hakkı

Nutzung *f kein pl* yararlanma, istifade (etme), kullanma **Nutzungsrecht** <-(e)s, -e> *nt* JUR yararlanma hakkı, istifade hakkı

NW *Abk von* **Nordwesten** kuzeybatı

Nylon® <-s> ['naɪlɔn] *nt kein pl* naylon

Nymphe <-n> ['nʏmfə] *f a.* ZOOL nemf

Nymphomanin <-nen> [nʏmfo'ma:nɪn] *f* MED, PSYCH nemfoman

O o

O, o <-, -> [oː] *nt* O, o; ~ **wie Otto** Ordu'nun o'su

o [oː] *interj* ~ **Gott!** aman Allah!; ~ **weh!** vah vah!; ~ **Wunder!** vay canına!

O *Abk von* **Osten** doğu

Oase <-n> [o'aːzə] *f* vaha

ob [ɔp] *konj* ❶ (*im indirekten Fragesatz*) acaba; **sie fragt, ~ Monika zu Hause ist** acaba Monika evde mi, diye soruyor, Monika'nın evde olup olmadığını soruyor; ~ **er wohl kommen wird?** gelecek mi acaba? ❷ (*vergleichend*) **als ~** sanki; **als ~ nichts geschehen wäre** sanki bir şey olmamış gibi, hiçbir şey olmamış gibi ❸ (*egal ~*) ister; ~ **arm,** ~ **reich** ister fakir, ister zengin; ~ **du es glaubst oder nicht, ...** ister inan, ister inanma, ...; ~ **wir wollen oder nicht** istesek de istemesek de ❹ (*verstärkend*) **und ~!** hem de nasıl!

OB <-(s), -(s)> *f(m) Abk von* **Oberbürgermeister(in)** büyük şehir belediye başkanı

Obacht *f kein pl* dikkat; **auf jdn/etw ~ geben** bir kimseye/şeye dikkat etmek, bir kimseye/şeye göz kulak olmak

Obdach <-(e)s> ['ɔpdax] *nt kein pl* kalacak yer; **jdm ~ gewähren** birine kalacak yer sağlamak

obdachlos *adj* evsiz barksız

Obdachlose(r) <-n, -n; -n> *f(m)* evsiz barksız kimse

Obdachlosenheim *nt* düşkünler evi, düşkünler yurdu, darülâceze

Obduktion <-en> [ɔpdʊk'tsjoːn] *f* MED otopsi

obduzieren* [ɔpdu'tsiːrən] *vt* otopsi yapmak (-e)

O-Beine ['oːbaɪnə] *pl* (*fam*) o biçiminde çarpık bacaklar *pl*

Obelisk *m* obelisk, dikili taş

oben ['oːbən] *adv* ❶ (*a. fig: in der Höhe, im Text*) yukarıda; **dort ~** orada yukarıda; **nach ~** yukarıya; **von ~** yukarıdan; **von ~ bis unten** baştan aşağı; **er behandelt die Leute von ~ herab** insanlara yukarıdan bakar, insanları hor tutuyor; **ganz ~** en yukarıda; ~ **links/rechts** yukarı solda/sağda; **siehe ~** yukarıya bakınız; ~ **erwähnt** yukarıda yazılı; (*bei Personen*) yukarıda adı geçen; **das steht mir bis hier ~** (*fam*) bundan bana gına geldi; ~ **ohne** (*fam*) üstsüz, göğüsleri çıplak; **nicht (mehr) wissen, wo ~ und unten ist** (*fam*) Hanya'yı Konya'yı (artık) bilmemek ❷ (*an der Oberfläche*) yüzeyde, üstte

obenan ['--'-] *adv* başında **obenauf** ['--'-] *adv* (*gesund*) sağlığı yerinde; (*gut gelaunt*) keyfi yerinde **obendrauf** ['--'-] *adv* üstüne **obendrein** ['--'-] *adv* fazladan, cabadan; (*noch dazu*) üstelik

obenerwähnt *adj s.* **oben 1.**

obenhin ['--'-] *adv* (*oberflächlich*) yüzeysel, üstünkörü; (*beiläufig*) söz arasında, sırası gelmişken, antrparantez

Ober <-s, -> ['oːbɐ] *m* garson; **Herr ~!** garson bey!

Oberarm ['oːbɐ-] *m* üst kol **Oberarzt, -ärztin** *m, f* başhekim yardımcısı **Oberbau** *m* üst yapı

Oberbefehl <-(e)s> *m kein pl* MIL başkomutanlık **Oberbefehlshaber(in)** <-s, -; -nen> *m(f)* MIL başkomutan

Oberbegriff *m* üst kavram **Oberbekleidung** <-en> *f* üst giysisi **Oberbürgermeister(in)** *m(f)* büyük şehir belediye başkanı **Oberdeck** <-s, -s> *nt* ❶ NAUT üst güverte ❷ (*Omnibus*) üst kat

obere(r, s) ['oːbərə, -rɐ, -rəs] *adj* ❶ (*allgemein*) üst, yukarı ❷ (*in einer Hierarchie*) üst

Oberfläche *f* yüz, yüzey

Oberflächenspannung *f* PHYS yüzey gerilimi

oberflächlich *adj* yüzeysel, sathi; (*nicht gründlich*) üstünkörü

Oberflächlichkeit *f kein pl* yüzeysellik

Obergeschoss[RR] *nt* üst kat; **im zweiten ~** ikinci katta

oberhalb *präp* üst tarafında, üstünde, yukarısında; ~ **des Dorfes** köyün üst tarafında [*o* başında]

Oberhand *f kein pl* **die ~ gewinnen** üstün gelmek **Oberhaupt** *nt* (*geh*) başkan, reis **Oberhaus** *nt* POL Lordlar Kamarası **Oberhaut** *f kein pl* MED, ANAT, BIOL üst deri **Oberhemd** *nt* gömlek

Oberin <-nen> ['oːbərɪn] *f* ❶ (*im Krankenhaus*) başhemşire ❷ (*im Kloster*) başrahibe

oberirdisch *adj* yerüstü **Oberkellner(in)** *m(f)* şef garson **Oberkiefer** <-s, -> *m* ANAT üst çene **Oberklasse** <-n> *f* üst sınıf **Oberkommando** <-s, -s> *nt* MIL başkomutanlık **Oberkörper** *m* üst gövde **Oberlandesgericht** *nt* JUR yüksek eyalet mahkemesi **Oberleitung** *f* ❶ (*Führung*) üst yönetim ❷ (*für Bus, Straßenbahn*) hava hattı **Oberleitungsomnibus** *m* troleybüs **Oberleutnant** *m* MIL üsteğmen **Oberlicht** *nt* ❶ yukarıdan gelen ışık

❷ (*Deckenlampe*) tavan ışığı ❸ (*Fenster*) tavan penceresi, vasistas **Oberliga** *f* SPORT üst küme **Oberlippe** *f* üst dudak **Oberlippenbart** *m* bıyık **Obermaterial** *nt* üst malzeme

Oberschenkel *m* but, uyluk **Oberschenkelknochen** *m* ANAT uyluk kemiği **Oberschicht** *f* ❶ (*der Gesellschaft*) üst tabaka ❷ (*oberste Schicht*) üst kat **Oberschwester** *f* başhemşire **Oberseite** *f* üst taraf

Oberst <-en *o* -s, -en> ['o:bɐst] *m* MIL albay

Oberstaatsanwalt, -anwältin ['--'---] *m, f* başsavcı

oberste(r, s) *adj* ❶ (*höher gelegen*) en üst, en yukarı; (*Stockwerk*) en üst; (*zuoberst*) en üstteki ❷ (*in einer Hierarchie*) en yüksek; **der O~ Gerichtshof** yüce divan ❸ (*wichtigste*) en önemli

Oberstleutnant <-s, -s> *m* MIL yarbay

Oberstufe *f* SCHULE *okuldaki son üç sınıf* **Oberteil** <-(e)s, -e> *nt* üst **Oberwasser** *nt kein pl* (*fig fam*) **(wieder) ~ haben** (tekrar) avantajlı durumda olmak; **(wieder) ~ bekommen** (tekrar) avantajlı duruma gelmek **Oberweite** *f* göğüs çevresi

obgleich [-'-] *konj s.* **obwohl**

Obhut ['ɔphu:t] *f kein pl* ❶ (*geh*) emanet; **er befahl seine Kinder/sein Haus der ~ seines Freundes an** çocuklarını/evini dostuna [*o* arkadaşına] emanet etti ❷ (*Schutz*) himaye, koruyuculuk; **jdn in seine ~ nehmen** birini himayesine [*o* koruyuculuğuna] almak

obige(r, s) ['o:bɪgə, -gɐ, -gəs] *adj* üstteki, yukarıdaki; (*bei Personen*) yukarıda adı geçen

Objekt <-(e)s, -e> [ɔp'jɛkt] *nt* ❶ (*Gegenstand*) nesne, obje, konu ❷ PHILOS nesne, obje ❸ LING nesne; (*als Ergänzung*) tümleç ❹ ÖSTERR (*Gebäude*) bina

Objektglas *nt* lam

objektiv [ɔpjɛk'ti:f] *adj* objektif, nesnel

Objektiv <-s, -e> [ɔpjɛk'ti:f] *nt* objektif

Objektivismus *m kein pl* PHILOS objektivizm, nesnelcilik

Objektivist(in) <-en, -en; -nen> *m(f)* objektivist, nesnelci

objektivistisch *adj* objektivist, nesnelci

Objektivität [ɔpjɛktivi'tɛ:t] *f kein pl* objektivite, objektiflik

Objektträger *m* lam

Oblate <-n> [o'bla:tə] *f* ❶ GASTR (*für Gebäck*) güllâç, çörek altı; (*waffelähnliches, rundes Gebäck*) kâğıt helva ❷ REL (*Hostie*) kudas âyini ekmeği ❸ (*Siegelmarke*) kaşe ❹ MED (*Kapsel für Arznei*) kaşe, güllâç

obliegen [-'--] *irr vi* (*geh*) **jdm obliegt etw** bir şey birinin üstünde [*o* uhdesinde] olmak, bir şey birinin sorumluluğu altında olmak

obligatorisch [obliga'to:rɪʃ] *adj* zorunlu, mecburî

Oboe <-n> [o'bo:ə] *f* MUS obua **Oboist** <-en, -en> *m* obuacı

Obrigkeit <-en> ['o:brɪçkaɪt] *f* hükümet

obschon [-'-] *konj* (*geh*) *s.* **obwohl**

Observation <-, -en> *f* gözlem

Observatorium <-s, -ien> [ɔpzɛrva'to:riʊm] *nt* observatuvar; (*Sternwarte*) gözlemevi

observieren* [ɔpzɛr'vi:rən] *vt* gözlemlemek

Obsession <-en> *f* PSYCH takınak

obsessiv *adj* PSYCH takınaklı

ob|siegen *vi* kazanmak

obskur [ɔps'ku:ɐ] *adj* belirsiz, müphem, karanlık; (*anrüchig*) adı (kötüye) çıkmış; (*zweifelhaft*) kuşkulu, şüpheli

obsolet *adj* eskimiş

Obst <-(e)s> [o:pst] *nt kein pl* meyve, yemiş **Obst(an)bau** <-(e)s> *m kein pl* meyvecilik **Obstbaum** *m* meyve ağacı **Obstgarten** *m* meyve bahçesi **Obsthandlung** *f* meyveci; (*und Gemüse*) manav **Obstkuchen** *m* meyveli pasta **Obstmesser** *nt* meyve bıçağı

Obstruktion *f* obstrüksiyon, engelleme

Obstsaft *m* meyve suyu **Obstsalat** *m* meyve salatası **Obsttorte** *f* meyveli pasta

obszön [ɔps'tsø:n] *adj* müstehcen

Obszönität <-en> [ɔpstsøni'tɛ:t] *f* müstehcenlik

Obus *m Abk von* **Oberleitungsomnibus** troleybüs

obwohl [-'-] *konj* hâlbuki, oysa, -diği hâlde, her ne kadar; (*trotz der Tatsache, dass*) -e karşın, -e rağmen; **~ es regnet, gehe ich aus** yağmur yağdığı hâlde sokağa çıkarım, her ne kadar yağmur yağsa da sokağa çıkarım

Ochse <-n, -n> ['ɔksə] *m* ❶ (*Tier*) öküz ❷ (*fam: Dummkopf*) öküz

Ochsenkarren *m* öküz arabsı **Ochsenschwanzsuppe** <-n> *f* GASTR öküz kuyruğu çorbası

ocker ['ɔkɐ] *adj,* **ockerfarben** *adj* aşı boyası [*o* boyalı]

Ocker <-s, -> ['ɔkɐ] *m o nt* aşı boyası

Odaliske *f* HIST odalık

öde ['ø:də] *adj* ❶ (*menschenleer*) ıssız, tenha; (*verlassen*) metrûk; (*unbewohnt*) metrûk ❷ (*unfruchtbar*) çorak; (*unbebaut*) ekilmemiş, bor(ak) ❸ (*langweilig*) (can) sıkıcı

Öde[1] <-n> ['øːdə] *f* ❶ (*Einsamkeit*) ıssızlık, tenhalık, yalnızlık ❷ (*Land*) çoraklık, ekilmemiş arazi

Öde[2] *f kein pl* (*Langeweile*) sıkıcılık; (*Leere*) boşluk; **geistige ~** ruhsuzluk

Ödem <-s, -e> *nt* MED ödem

ödematisch *adj*, **ödematös** *adj* MED ödemli

oder ['oːdɐ] *konj* veya, ya da, yahut; (*andernfalls*) yoksa; **sieben ~ acht** yedi veya sekiz; **10 ~ 12** 10 veya 12; **~ aber ...** yoksa ...; **~ etwa nicht?** yoksa değil miydi?; **er wollte gehen ~ etwa nicht?** gitmek istiyordu yoksa istemiyor muydu?; **alles ~ nichts** ya hep, ya hiç; **ob du willst ~ nicht** istesen de istemesen de; **entweder ... ~** ya ... ya da

Odermennig *m* BOT kızılyaprak

Ödipuskomplex <-es> ['øːdipʊs-] *m kein pl* PSYCH Ödip karmaşası

Ödland <-(e)s> ['øːt-] *nt kein pl* AGR çorak topraklar

Ofen <-s, Öfen> ['oːfən, *pl* 'øːfən] *m* ❶ (*Back~*) fırın ❷ (*Heiz~*) soba; **der ~ ist aus** (*fig fam*) iş işten geçti; **ein heißer ~** (*fam: Auto*) hızlı araba; (*Motorrad*) hızlı motosiklet **Ofenrohr** <-(e)s, -e> *nt* soba borusu

offen ['ɔfən] *adj* ❶ (*allgemein*) açık; (*ohne Deckel*) açık; (*unverpackt*) açık, ambalajsız; **halb ~** yarı açık; **~er Wein** fıçıdan çıkmış şarap; **auf ~er Straße** sokağın ortasında; **mit ~em Mund dastehen** ağzı açık bakakalmak; **ein ~es Haus haben** (*fig*) kapısı açık olmak; **~ gegenüber allem Neuen sein** her yeniliğe açık olmak; **das ist noch völlig ~** bunun sonu belli değil; **die Post hat jetzt ~** şimdi postane açıktır ❷ (*Stelle*) açık, boş ❸ (*unerledigt*) açık; **~e Rechnung** açık hesap ❹ (*aufrichtig*) açık sözlü; **~ seine Meinung sagen** açıkça fikrini söylemek; **etw ~ zugeben** bir şeyi açıkça itiraf etmek; **~ gestanden, ...** açıkçası, ...; **~ mit jdm reden** biriyle açık açık konuşmak

offenbar [ɔfən(')baːɐ] **I.** *adj* açık, aşikâr, belli **II.** *adv* galiba; (*dem Anschein nach*) görünüşe göre, anlaşılan

offenbaren* [ɔfən'baːrən] **I.** *vt* (*geh: offen zeigen*) aşikâr etmek, açıklamak, belli etmek; (*enthüllen*) ifşa etmek, açığa vurmak; **ein Geheimnis ~** bir sırrı ifşa etmek **II.** *vr* ■ **sich ~** ❶ (*geh: sich erweisen*) aşikâr olmak, belli olmak ❷ (*geh: sich anvertrauen*) açılmak, içini dökmek

Offenbarung <-en> [--'--] *f* (*geh*) ❶ açıkla(n)ma, belli etme ❷ (*Enthüllung*) ifşa, açığa vurma ❸ REL (*Kundgebung Gottes*) vahiy **Offenbarungseid** *m* JUR mal beyanı; **einen ~ leisten** mal beyanında bulunmak

offen|bleiben[1] *irr vi sein* (*Frage*) yanıtsız kalmak

offen|bleiben[ALT2] *irr vi sein* (*Tür, Fenster*) *s.* **bleiben 2.** **offen|halten**[1] *irr vt* (*fig: Möglichkeit*) *s.* **halten II.1.** **offen|halten**[ALT2] *irr vt* (*Tür*) *s.* **halten II.1.**

Offenheit *f kein pl* ❶ (*Aufgeschlossenheit*) açık olma; **seine ~ gegenüber allem Neuen** her yeniliğe açık olma ❷ (*Ehrlichkeit*) dürüstlük, samimiyet; **in** [*o* **mit**] **aller ~** açık açık

offenherzig *adj* açık yürekli

Offenherzigkeit *f kein pl* açık yüreklilik

offenkundig ['--(')--] *adj* herkesçe bilinen, maruf; (*offensichtlich*) açık, aşikâr, belli

offen|lassen[1] *irr vt* (*Entscheidung*) sonraya bırakmak

offen|lassen[ALT2] *irr vt* (*Tür, Fenster, Lücke beim Schreiben*) *s.* **lassen**[1] **5.**

offensichtlich ['--(')--] **I.** *adj* açık, aşikâr, belli **II.** *adv* anlaşılan

offensiv [ɔfɛn'ziːf] *adj* saldırgan

Offensive <-n> [ɔfɛn'ziːvə] *f* saldırı, atak, taarruz, hücum; **in die ~ gehen** saldırıya geçmek

offen|stehen[1] *irr vi* (*Rechnung*) ödenmemiş olmak

offen|stehen[ALT2] *irr vi* (*Tür, Fenster*) açık olmak; (*zugänglich sein*) açık olmak

öffentlich ['œfəntlɪç] **I.** *adj* ❶ açık, alenî; **nicht ~** gizli; **~e Verhandlung** JUR açık yargılama; **~e Urkunde** resmî senet ❷ **~e Klage/Ordnung/Sicherheit** kamu davası/düzeni/güvenliği ❸ (*allgemein*) genel; **~e Moral** genel ahlak; **~es Haus** genelev **II.** *adv* açıkça, açık açık, alenen, herkesin içinde; **~ bekannt geben** ilan etmek, kamuya duyurmak

Öffentlichkeit *f kein pl* ❶ (*Gesamtheit der Menschen*) halk, herkes; **die ~ scheuen** insanlardan kaçmak; **in aller ~** herkesin içinde, herkesin gözü önünde; **etw an die ~ bringen** bir şeyi halka [*o* kamuya] duyurmak; **unter Ausschluss der ~ stattfinden** JUR gizli yapılmak, kamuya kapalı olarak yapılmak ❷ (*das Öffentlichsein*) açıklık, aleniyet **Öffentlichkeitsarbeit** *f kein pl* halkla ilişkiler *pl*

öffentlich-rechtlich *adj* kamu hukukuna ilişkin

offerieren* [ɔfe'riːrən] *vt* COMM (*anbieten*) sunmak, arz etmek

Offerte <-n> [ɔ'fɛrtə] *f* COMM sunu, arz;

O

(*Preisangebot*) teklif
offiziell [ɔfi'tsjɛl] *adj* resmî
Offizier(in) <-s, -e; -nen> [ɔfi'tsiːɐ] *m(f)* subay
Offiziersanwärter(in) <-s, -; -nen> *m(f)* subay adayı
offiziös *adj* yarı resmî; **aus ~er Quelle** yarı resmî kaynaktan
offlineRR ['ɔflaɪn] *adj* INFORM çevrim dışı **Offlinebetrieb**RR <-(e)s> *m kein pl* INFORM çevrim dışı işleme
öffnen ['œfnən] **I.** *vi, vt* açmak; **hier ~** buradan açınız; **nach außen/innen ~** dışa/içe doğru açmak **II.** *vr* ■**sich ~** açılmak; **sich nach außen/innen ~** dışa/içe doğru açılmak
Öffner <-s, -> *m* açacak
Öffnung <-en> *f* ❶ aç(ıl)ma, açılış ❷ (*Loch*) delik **Öffnungspolitik** *f* açılma politikası **Öffnungszeit** *f* açılış saatleri *pl*
Offsetdruck <-(e)s> ['ɔfsɛt-] *m kein pl* TYPO (*Verfahren*) ofset, düz baskı
oft <öfter, am öftesten> [ɔft] *adv* sık sık; **wie ~?** kaç defa?, ne kadar sık?; **sehr ~** çok sık; **nicht so ~** o kadar sık değil; **ziemlich ~** sıkça, sık sık; **~ genug** yeteri kadar sık
öfter *adv komp von* **oft** daha sık; **des Öfteren** sık sık
öfters *adv* sık sık
öftesten ['œftəstən] *superl von* **oft**: **am ~** en sık
oftmals ['ɔftmaːls] *adv* defalarca, tekrar tekrar
oh [oː] *interj* a, ay; **~, wie schön!** a [*o* ay], ne güzel!; **~ Gott!** hay Allah!
Ohm *nt* PHYS om, ohm
ohne ['oːnə] **I.** *präp* -siz/-sız/-süz/-suz; (*ausgenommen*) hariç; **das geschah ~ mein Wissen** bu, benim haberim olmadan oldu; **~ Zweifel** (hiç) şüphesiz; **~ zu zögern** tereddüt etmeden; **~ mich!** ben bu işte yokum!; **das geht ~ weiteres** bu sorun yaratmaz; **es geht auch ~** onsuz da olur; **das ist (so) nicht ~** (*fam*) bu (öyle göründüğü gibi) zararsız bir şey değil; **~ Fleiß kein Preis** (*prov*) zahmetsiz rahmet olmaz **II.** *konj* **~ zu** -meden/-madan; **~ zu lesen/fragen/wissen/lernen** okumadan/sormadan/bilmeden/öğrenmeden; **~ mit der Wimper zu zucken** (*fig*) gözünü kırpmadan
ohnedies [-'-] *adv s.* **ohnehin**
ohnegleichen [--'--] *adv* eşsiz, emsalsiz
ohnehin [--'-] *adv* zaten
Ohnmacht <-en> ['oːn-] *f* ❶ (*Bewusstlosigkeit*) baygınlık; **in ~ fallen** bayılmak ❷ (*Machtlosigkeit*) aciz, güçsüzlük
ohnmächtig *adj* ❶ (*bewusstlos*) baygın; **~ werden** bayılmak ❷ (*machtlos*) âciz, güçsüz
oho *interj* **~!** oo!
Ohr <-(e)s, -en> [oːɐ] *nt* kulak; **die ~en spitzen** kulak kabartmak; (*Tier*) kulaklarını dikmek; **jdm sein ~ leihen** birine kulak vermek; **es ist mir zu ~en gekommen, dass ...** ... kulağıma geldi [*o* çalındı]; **mir dröhnen/sausen die ~en** kulaklarım uğulduyor; **ganz ~ sein** kulak kesilmek; **ich bin ganz ~** kulağım sende [*o* sizde]; **mit halbem ~ zuhören** yarım yamalak dinlemek; **sich** *dat* **die ~en zuhalten** kulaklarını tıkamak; **ihm klingen die ~en** (*fig*) kulağı çınlıyor; **etw noch im ~ haben** bir şey hâlâ kulağında olmak, bir şeyi duymuş olmak; **lange ~en machen** (*fig fam*) kulak vermek; **jdm die ~en lang ziehen** (*fig fam*) birinin kulağını çekmek; **seinen ~en nicht trauen** (*fam*) kulağına inanmamak, kulaklarına inanamamak; **jdn übers ~ hauen** (*fig fam*) birine kazık atmak, birini kazıklamak; **schreib dir das hinter die ~en!** (*fam*) bu sözümü kulağına küpe et!; **etw geht zum einen ~ rein, zum anderen wieder hinaus** (*fig fam*) bir şey bir kulağından girip öbür kulağından çıkmak; **viel um die ~en haben** (*fam*) işi başından aşkın olmak; **bis über beide ~en verliebt sein** (*fig fam*) sırılsıklam âşık olmak, körkütük âşık olmak; **die Situation/die Arbeit wächst mir über die ~en** (*fig*) durumla/işle başa çıkamıyorum artık; **sich aufs ~ legen** (*fig fam*) kafayı vurmak; **von einem ~ zum anderen strahlen** (*fam*) ağzı kulaklarına varmak; **es faustdick hinter den ~en haben** (*fig fam*) anasının gözü olmak
Öhr <-(e)s, -e> [øːɐ] *nt* kulak
Ohrenarzt, -ärztin *m, f* kulak hekimi, kulakçı **ohrenbetäubend** *adj* (*fam*) kulak tırmalayıcı **Ohrenentzündung** *f* MED kulak iltihabı **Ohrensausen** <-s> *nt kein pl* kulak uğultusu, kulakların uğuldaması **Ohrenschmalz** <-es> *nt kein pl* kulak kiri **Ohrenschmerz** *m* kulak ağrısı **Ohrenschützer** *pl* kulaklık **Ohrentropfen** *pl* kulak damlası **Ohrenzeuge(in)** *m(f)* kulak misafiri; **bei einem Gespräch ~ sein** bir konuşmaya kulak misafiri olmak
Ohrfeige *f* tokat, şamar
ohrfeigen *vt* tokat atmak (-e), şamar atmak (-e), tokatlamak, şamarlamak
Ohrläppchen <-s, -> ['oːɐlɛpçən] *nt* kulak memesi **Ohrmuschel** *f* ANAT kulak

kepçesi

Ohropax® <-, -> ['o:ropaks] *nt* kulak tıkacı

Ohrring *m* küpe **Ohrspeicheldrüse** *f* ANAT kulak altı bezi **Ohrtrompete** *f* ANAT (*Eustachische Röhre*) östaki borusu **Ohrwurm** *m* ❶ (*Insekt*) kulağakaçan ❷ (*fam: Lied*) akılda kolay kalan melodi

oje [o'je:] *interj* aman

o. k., **okay** [o'ke:, o'kɛɪ] **I.** *adv* (*fam*) olur, oldu, peki, tamam **II.** *adj* (*fam*) **~ sein** (*gut*) iyi olmak; (*in Ordnung*) tamam olmak

Okapi <-s> *nt* ZOOL okapi

Okkultismus <-> [ɔkʊl'tɪsmʊs] *m kein pl* okültizm, gizlicilik

okkupieren* *vt* işgal etmek

Ökobauer, **-bäuerin** <-n *o* -s, -n; -nen> ['ø:ko-] *m, f* ekolojist çiftçi

Ökologe(in) <-n, -n; -nen> [øko'lo:gə] *m(f)* ekolojist, çevre bilimci

Ökologie [økolo'gi:] *f kein pl* ekoloji, çevre bilimi **Ökologiebewegung** *f kein pl* ekolojist akım

ökologisch *adj* ekolojik, çevre bilimsel; **~es Gleichgewicht** ekolojik denge

Ökonom(in) <-en, -en; -nen> [øko'no:m] *m(f)* ekonomist, iktisatçı

Ökonomie <-n> [økono'mi:] *f* ekonomi

ökonomisch [øko'no:mɪʃ] *adj* ekonomik

Ökopartei *f* ekolojist parti **Ökosystem** *nt* ekolojik sistem, ekolojik ortam

Okra *f* BOT, GASTR bamya

Oktaeder <-s, -> [ɔkta'ʔe:dɐ] *nt* MATH sekiz yüzlü

Oktan <-s, -e> [ɔk'ta:n] *nt* oktan

Oktave <-n> [ɔk'ta:və] *f* MUS oktav

Oktober <-(s), -> [ɔk'to:bɐ] *m* ekim; *s. a.* **März**

Oktoberrevolution *f kein pl* HIST, POL Ekim İhtilâli

Okular <-s, -e> *nt* oküler

Ökumene [øku'me:nə] *f kein pl* REL ❶ (*Christentum*) Hristiyanlık âlemi ❷ (*gemeinsames Handeln*) Hristiyanlık hareketi

Okzident <-s> ['ɔktsidɛnt, --'-] *m* Batı (ülkeleri)

Öl <-(e)s, -e> [ø:l] *nt* ❶ (*Speise~, Sonnen~, Schmier~*) yağ; (*Pfefferminz~*) ruh; **pflanzliche ~e** bitkisel yağlar; **ätherisches ~** uçucu yağ ❷ (*Erd~*) petrol, (yer) yağ(ı); **~ ins Feuer gießen** (*fig*) yangına körükle gitmek ❸ KUNST **in ~ (malen)** yağlı boya (resim) yapmak

Ölablassschraube *f* AUTO yağ boşaltma cıvatası

Ölbaumgewächse *pl* BOT zeytingiller *pl* **Ölbild** *nt* yağlı boya resim **Öldruck** *m* yağ basıncı **Öldruckwarnleuchte** *f* TECH, AUTO yağ basıncı ikaz lambası

Oldtimer <-s, -> ['ɔʊltaɪmɐ] *m* AUTO antika araba

Oleander <-s, -> [ole'andɐ] *m* BOT zakkum

ölen ['ø:lən] *vt* yağlamak

Ölfarbe *f* yağlı boya; KUNST yağlı boya **Ölfleck** <-(e)s, -en> *m* yağ lekesi **Ölförderung** *f kein pl* petrol **Ölgemälde** *nt* yağlı boya tablo **Ölgötze** *m* (*pej*) **wie ein ~** put gibi

ölhaltig *adj* (*Pflanze*) yağlı

Ölheizung <-en> *f* mazotlu kalorifer

ölig *adj* ❶ (*voll Öl, wie Öl*) yağlı ❷ (*pej: Stimme, Lächeln*) yılışıkça

Oligarchie <-n> [oligar'çi:] *f* oligarşi, takım erki

Oligopol <-s, -e> *nt* WIRTSCH oligopol

Oligozän <-s> *nt kein pl* GEO oligosen

Olive <-n> [o'li:və] *f* zeytin **Olivenbaum** *m* zeytin ağacı **Olivenöl** *nt* zeytinyağı

olivgrün [o'li:f'gry:n] *adj* zeytin rengi; (*Haut*) zeytunî

Olivin <-s, -e> *nt* GEO olivin

Öljacke *f* muşamba **Ölkanne** *f* yağdanlık **Ölkonzern** *m* petrol şirketi **Ölkrise** *f* petrol krizi **Öllampe** *f* petrol lambası **Ölleitung** *f* petrol boru hattı **Ölmessstab**[RR] *m* AUTO yağ çubuğu **Ölpalme** *f* BOT maya ağacı **Ölpapier** *nt kein pl* yağlı kâğıt **Ölpest** *f* petrol kirliliği **Ölpflanze** *f* BOT yağlı bitki **Ölpumpe** *f* yağ pompası **Ölquelle** *f* petrol kaynağı **Ölraffinerie** *f* petrol rafinerisi **Ölsardine** *f* zeytinyağlı sardalye; **sitzen wie die ~n** (*fig*) sardalye gibi istif olup oturmak **Ölscheich** *m* (*fam*) petrol şeyhi **Ölschicht** *f* yağ tabakası

Ölstand <-(e)s, -stände> *m a.* AUTO yağ durumu **Ölstandsmesser** <-s, -> *m a.* AUTO yağ göstergesi

Öltanker <-s, -> *m* petrol tankeri

Ölverbrauch *m* AUTO yağ yakma **Ölvorkommen** *nt* petrol kaynakları *pl* **Ölwanne** *f* AUTO karter **Ölwechsel** *m* AUTO yağ değiştirme **Ölweide** <-n> *f* BOT iğde **Ölweidengewächse** *pl* BOT iğdegiller *pl*

Olympiade <-n> [olʏm'pja:də] *f* olimpiyat

Olympiasieger(in) <-s, -; -nen> *m(f)* olimpiyat şampiyonu

olympisch [o'lʏmpɪʃ] *adj* olimpik, olimpiyat (ile ilgili); **die O~en Spiele** olimpiyat oyunları

Ölzweig *m* zeytin dalı

Oma <-s> ['o:ma] *f* (*fam*) nine

Omelett <-(e)s, -e *o* -s> [ɔm(ə)'lɛt] *nt* GASTR omlet

Omen <-s, - *o* Omina> ['o:mən] *nt* alamet; **das ist ein gutes/schlechtes ~** bu iyiye/kötüye bir alamettir

Omi <-s> ['o:mi] *f* (*fam*) cici anne

ominös [omi'nø:s] *adj* (*geh*) ❶ (*unheilvoll*) netameli ❷ (*zweifelhaft*) şüpheli, kuşkulu

Omnibus <-ses, -se> ['ɔmnibʊs] *m* (*in der Stadt*) otobüs; (*Überland~*) omnibüs **Omnibushaltestelle** *f* otobüs durağı

onanieren* [ona'ni:rən] *vi* mastürbasyon yapmak

ondulieren *vt* (*Haare*) ondüle yapmak; (*mit Brennschere*) maşalamak; ■ **sich ~ lassen** ondüle yaptırmak

Onkel <-s, -> ['ɔŋkəl] *m* (*Bruder des Vaters*) amca; (*Bruder der Mutter*) dayı; (*Ehemann der Tante*) enişte

onlineRR ['ɔnlaɪn] *adj* INFORM çevrim içi

Onlinebank *f* internet bankası **Onlinebetrieb**RR <-(e)s> *m kein pl* INFORM çevrim içi işleme

OP <-(s), -(s)> [o:'pe:] *m* MED *Abk von* **Operationssaal** ameliyathane

Opa <-s, -s> ['o:pa] *m* (*fam*) dede

Opal <-s, -e> [o'pa:l] *m* ❶ (*Mineral*) opal ❷ (*Stoffgewebe*) opal

Oper <-n> ['o:pɐ] *f* opera; **in die ~ gehen** operaya gitmek

Opera *pl von* **Opus**

Operation <-en> [opəra'tsjo:n] *f* MED ameliyat, operasyon; INFORM, MATH, MIL operasyon **Operationsforschung** *f*, **Operations-Research** *nt* yöneylem araştırması **Operationssaal** *m* MED ameliyathane **Operationstisch** *m* MED ameliyat masası

operativ [opəra'ti:f] *adj* ❶ MED cerrahi; **~er Eingriff** cerrahi müdahale ❷ MIL (*strategisch*) stratejik

Operator(in) <-s, -; -en> *m(f)* operatör, işletmen

Operette <-n> [opə'rɛtə] *f* operet

operieren* [opə'ri:rən] **I.** *vi* ❶ MED ameliyat etmek; MIL harekâtta bulunmak ❷ (*handeln*) hareket etmek **II.** *vt* MED ameliyat etmek (**an** -); ■ **sich ~ lassen** ameliyat ettirmek (**an** -)

Opernglas <-es, -gläser> ['o:pɐn-] *nt* opera dürbünü **Opernhaus** *nt* opera, opera binası **Opernsänger(in)** *m(f)* opera sanatçısı

Opfer <-s, -> ['ɔpfɐ] *nt* ❶ (*~gabe*) kurban ❷ (*Verzicht*) feda (**für** uğruna), fedakârlık (**für** için); **~ bringen** fedakârlık etmek ❸ (*Person*) kurban; **die Überschwemmung forderte viele ~** sel çok can kaybına mal oldu; **jdm zum ~ fallen** bir kimsenin kurbanı olmak; **etw zum ~ fallen** bir şeyin kurbanı olmak, bir şeye kurban gitmek **Opferbereitschaft** *f kein pl* fedakârlık, özveri **Opfergabe** *f* kurban

opfern ['ɔpfɐn] **I.** *vt* kurban etmek, feda etmek, kıymak (-e); **jdm viel Zeit ~** birine çok vakit harcamak; **seinen letzten Pfennig ~** son feniğine kıymak **II.** *vr* ■ **sich ~** kendini feda etmek (**für** için)

Opferung <-en> *f* feda etme, kurban etme

Opiat <-(e)s, -e> [opi'a:t] *nt* afyonlu ilaç

Opium <-s> ['o:piʊm] *nt kein pl* afyon

Opponent(in) <-en, -en; -nen> [ɔpo'nɛnt] *m(f)* muhalif, karşıtçı

opponieren *vt* karşıtlamak

opportun [ɔpɔr'tu:n] *adj* uygun, elverişli

Opportunismus <-> [ɔpɔrtu'nɪsmʊs] *m kein pl* oportünizm

Opportunist(in) <-en, -en; -nen> [ɔpɔrtu'nɪst] *m(f)* oportünist

opportunistisch *adj* oportünist, fırsatçı

Opposition <-en> [ɔpozi'tsjo:n] *f a.* POL muhalefet; **in der ~ sein** muhalefette olmak; **in ~ zu jdm stehen** birine muhalif olmak

oppositionell [ɔpozitsjo'nɛl] *adj a.* POL muhalif; **~e Parteien** muhalif partiler

Oppositionsführer(in) <-s, -; -nen> *m(f)* POL muhalefet lideri **Oppositionspartei** <-en> *f* POL muhalefet partisi

OP-Schwester *f* ameliyat hemşiresi

Optativ <-s, -e> *m* LING dilek kipi

Optik ['ɔptɪk] *f kein pl a.* PHYS optik

Optiker(in) <-s, -; -nen> ['ɔptikɐ] *m(f)* optikçi, gözlükçü

Optima *pl von* **Optimum**

optimal [ɔpti'ma:l] *adj* optimal, optimum

optimieren* [ɔpti'mi:rən] *vt* optimumlaştırmak

Optimierung <-en> *f* optimumlaştırma

Optimismus <-> [ɔpti'mɪsmʊs] *m kein pl* iyimserlik, nikbinlik; PHILOS optimizm

Optimist(in) <-en, -en; -nen> [ɔpti'mɪst] *m(f)* iyimser

optimistisch *adj* iyimser, nikbin

Optimum <-s, Optima> ['ɔptimʊm, *pl* 'ɔptima] *nt* (*geh*) optimum (**an** -de); **ein ~ an Qualität erzielen** kalitede optimumu tutturmak

Option <-en> [ɔp'tsjo:n] *f a.* JUR opsiyon (**für** için, **auf** için)

optisch ['ɔptɪʃ] *adj* optik

Opus <-, Opera> ['o:pʊs, *pl* 'o:pəra] *nt* ❶ LIT eser ❷ MUS opus

Orakel <-s, -> [o'ra:kəl] *nt* kehanet; **das ~**

befragen kâhine soru sormak
oral [o'ra:l] *adj* ❶ MED ağızdan alınan ❷ ANAT ağız (ile ilgili) ❸ LING ağızsıl ❹ (*Geschlechtsverkehr*) ağızla yapılan ❺ (*mündlich*) sözlü **Oralverkehr** *m* ağızla yapılan seks
orange [o'rã:ʒ, o'rã:ʃ, o'raŋʃ] *adj* turuncu
Orange <-n> [o'rã:ʒə, o'raŋʒə] *f* portakal
orangefarben *adj* portakal rengi
Orangenbaum *m* portakal ağacı **Orangenhaut** *f kein pl* portakal kabuğu **Orangensaft** *m* portakal suyu **Orangenschale** *f* portakal kabuğu
Orangerie *f* portakallık
Orang-Utan <-s, -s> ['o:raŋ'ʔu:tan] *m* orangutan
Oratorium <-s, Oratorien> [ora'to:riʊm] *nt* ❶ (*Raum*) oratoryum ❷ MUS (*Komposition*) oratoryo
Orbit <-s, -s> ['ɔrbɪt] *m* yörünge
Orchester <-s, -> [ɔr'kɛstɐ] *nt* orkestra
Orchestergraben *m* orkestra yeri
Orchidee <-n> [ɔrçi'de:ə] *f* orkide
Orchitis *f* MED orkit
Orden <-s, -> ['ɔrdən] *m* ❶ REL tarikat ❷ (*Auszeichnung*) nişan
ordentlich ['ɔrdəntlɪç] **I.** *adj* ❶ (*Mensch*) düzenli; (*Zimmer*) toplu, derli toplu ❷ (*Gericht, Gerichtsbarkeit*) adli; (*Mitglied*) aktif ❸ (*anständig*) dürüst; **etwas O~es lernen** doğru dürüst bir şey öğrenmek ❹ (*fam: tüchtig*) adamakıllı, esaslı; **eine ~e Tracht Prügel** adamakıllı bir dayak ❺ (*fam: ganz gut*) çok iyi **II.** *adv* ❶ (*allgemein*) düzgün, düzenli olarak, muntazam(an); (*Benehmen*) doğru dürüst, akıllı uslu ❷ (*fam: ziemlich*) iyice, adam gibi; (*viel*) bayağı; (*regelrecht*) düpedüz; **es ist heute ~ kalt** bugün (hava) bayağı soğuk
Order <-s> ['ɔrdɐ] *f* ❶ (*Befehl*) emir ❷ COMM (*Bestellung*) sipariş
ordern ['ɔrdɐn] *vt* sipariş etmek, ısmarlamak
Orderpapier *nt* FIN, JUR emre yazılı [*o* muharrer] senet
Ordinalzahl [ɔrdi'na:l] *f* LING sıra sayı sıfatı
ordinär [ɔrdi'nɛ:ɐ] *adj* ❶ (*unfein*) bayağı, pespaye ❷ (*gewöhnlich*) bayağı, basit, adi
ordnen ['ɔrdnən] *vt* dizmek; **alphabetisch ~** alfabe sırasına göre dizmek
Ordner(in)[1] <-s, -; -nen> *m(f)* koruma görevlisi
Ordner[2] <-s, -> *m* ❶ (*Akten~*) klasör ❷ INFORM klasör
Ordnung *f kein pl* ❶ (*Zustand, An~*) tertip; *a.* MATH düzen; BIOL takım; **öffentliche ~** kamu düzeni; **~ halten** düzeni bozmamak; **jdn zur ~ rufen** birini hizaya gelmesi için uyarmak; **für ~ sorgen** düzeni sağlamak; **etw in ~ bringen** (*fam*) bir şeyi düzene sokmak, bir şeyi yola koymak; **(das geht) in ~** (*fam*) tamam, olur; **der ist in ~** (*fam*) o iyi biri; **mit dem Wagen ist etwas nicht in ~** (*fam*) arabada bir bozukluk var; **ihn rauszuschmeißen, wäre nicht in ~ (gewesen)** onu kapı dışarı etmek yakışık almaz(dı) ❷ (*Vorschrift*) tüzük; (*Prüfungs~*) yönetmelik; **sich an eine ~ halten** bir tüzüğe uymak **Ordnungsamt** *nt* mahallî hizmetler dairesi **ordnungsgemäß** **I.** *adj* nizamî, usulüne uygun, düzene uygun olan **II.** *adv* usulüne uygun olarak
ordnungshalber *adv* formalite icabı
Ordnungshüter(in) *m(f)* (*fam*) zabıta
Ordnungsstrafe *f* JUR inzibatî ceza; (*Geldstrafe*) para cezası **ordnungswidrig** *adj* JUR (genel) düzene aykırı; ■ **sich ~ verhalten** (genel) düzene aykırı davranmak **Ordnungswidrigkeit** <-en> *f* JUR düzene aykırılık, belediye suçları *pl* **Ordnungszahl** *f* ❶ (*Ordinalzahl*) sıra sayı sıfatı ❷ (*im Periodensystem*) atom numarası
Oregano <-s> [o're:gano] *m kein pl* yabani mercanköşk
Organ <-s, -e> [ɔr'ga:n] *nt* ❶ *a.* ANAT organ ❷ (*fam: Stimme*) ses; **ein lautes ~ haben** gür sesi olmak **Organbank** <-en> *f* MED organ bankası **Organhandel** *m* organ ticareti
Organiker(in) *m(f)* organikçi
Organisation <-en> [ɔrganiza'tsjo:n] *f* organizasyon, örgüt
Organisator(in) <-s, -en; -nen> [ɔrgani'za:to:ɐ] *m(f)* organizatör; (*Veranstalter*) düzenleyici
organisatorisch [ɔrganiza'to:rɪʃ] *adj* örgütsel, düzenleyici
organisch [ɔr'ga:nɪʃ] *adj a.* CHEM, MED, BIOL organik
organisieren* [ɔrgani'zi:rən] **I.** *vt* ❶ (*planen*) organize etmek, düzenlemek ❷ (*fam: beschaffen*) tedarik etmek **II.** *vr* ■ **sich ~** örgütlenmek; **sich gewerkschaftlich ~** sendika olarak örgütlenmek
Organismus <-, Organismen> [ɔrga'nɪsmʊs] *m* organizma
Organist(in) <-en, -en; -nen> [ɔrga'nɪst] *m(f)* orgcu
Organspende *f* MED organ bağışı, organ verme
Organspender(in) <-s, -; -nen> *m(f)* organ verici **Organtransplantation** *f* MED organ nakli
Orgasmus <-, Orgasmen> [ɔr'gasmʊs] *m* orgazm

O

orgastisch [ɔr'gastɪʃ] *adj* şehvetli
Orgel <-n> ['ɔrgəl] *f* org **Orgelkonzert** *nt* ❶ (*Musikstück*) org konçertosu ❷ (*Darbietung*) org konseri **Orgelpfeife** *f* org borusu
Orgie <-n> ['ɔrgiə] *f* cümbüş, içki ve sefahat âlemi
Orient <-s> ['o:riɛnt, ori'ɛnt] *m* Doğu; **der Vordere ~** Yakın Doğu
Orientale(in) <-n, -n; -nen> [oriɛn'ta:lə] *m(f)* doğulu, şarklı
orientalisch [oriɛn'ta:lɪʃ] *adj* oryantal, doğulu, şarklı
Orientalist(in) *m(f)* Doğu bilimci
Orientalistik *f kein pl* doğu bilimi
orientieren* [oriɛn'ti:rən] *vr* ■ **sich ~** ❶ yönelmek; **er ist links orientiert** o solcudur ❷ (*sich zurechtfinden*) yönünü bulmak ❸ (*sich erkundigen*) bilgi almak (**über** üzerine); **über etw orientiert sein** bir şey üzerine bilgisi olmak
Orientierung *f kein pl* (*das Orientieren*) yöneltme, yöneltim; (*das Orientiertsein*) yönelim; **die ~ verlieren** yönünü kaybetmek; **zu Ihrer ~** bilginiz için, bilesiniz diye **Orientierungssinn** <-(e)s> *m kein pl* yönünü bulma yeteneği **Orientierungsstufe** <-n> *f* SCHULE yöneltme sınıfları
original [origi'na:l] *adj* orijinal, özgün; (*echt*) otantik
Original <-s, -e> [origi'na:l] *nt* ❶ özgün; (*erstes Exemplar*) asli nüsha ❷ (*fam: Mensch*) orijinal kimse **Originalaufnahme** *f* RADIO orijinal kayıt; TV, FILM orijinal çekim; FOTO orijinal resim **originalgetreu** *adj* aslına uygun
Originalität [originali'tɛ:t] *f kein pl* ❶ (*Echtheit*) orijinalite, orijinallik, özgünlük ❷ (*Einmaligkeit*) orijinalite, özgünlük
originell [origi'nɛl] *adj* orijinal; (*eigen*) özgün; (*außergewöhnlich*) orijinal, özgün
Orkan <-s, -e> [ɔr'ka:n] *m* kasırga
orkanartig *adj* kasırgamsı
Ornament <-(e)s, -e> [ɔrna'mɛnt] *nt* bezek, süs
ornamental [ɔrnamɛn'ta:l] *adj* bezekli, süslü
Ornat <-(e)s, -e> [ɔr'na:t] *m* cübbe
Ornithologe(in) <-n, -n; -nen> [ɔrnito'lo:gə] *m(f)* ornitolog
Ort <-(e)s, -e> [ɔrt] *m* ❶ (*Platz*) yer; **~ des Geschehens** olay yeri; **am rechten ~** doğru yerde; **an ~ und Stelle** yerinde, mahallinde; **vor ~** yerinde, mahallinde; **vor ~ sein** yerinde olmak ❷ (*Ortschaft*) yerleşim merkezi; (*Dorf*) köy; (*Stadt*) şehir, kent; **von ~ zu ~** şehirler arası
Örtchen <-s, -> ['œrtçən] *nt* (*fam*) **stilles ~** tuvalet, yüznumara
orten ['ɔrtən] *vt* NAUT, AERO yerini saptamak (-in)
orthodox [ɔrto'dɔks] *adj* Ortodoks; (*fig*) bağnaz
Orthodoxie *f kein pl* Ortodoksluk
Orthografie[RR] <-n> *f s.* **Orthographie**
orthografisch[RR] *adj s.* **orthographisch**
Orthographie <-n> [ɔrtogra'fi:] *f* yazım, imlâ
orthographisch [ɔrto'gra:fɪʃ] *adj* yazım (ile ilgili), imlâ (ile ilgili)
Orthopäde(in) <-n, -n; -nen> [ɔrto'pɛ:də] *m(f)* ortopedist; (*Arzt*) ortopedi uzmanı
orthopädisch *adj* ortopedik
örtlich ['œrtlɪç] *adj* yerel; **~ betäubt** lokal anestezi yapılmış
Ortsangabe <-n> *f* yerin gösterilmesi **ortsansässig** *adj* (*Firma*) yerleşik; (*Person*) yerli **Ortsbestimmung** *f* ❶ GEO yer belirleme ❷ LING yer belirteci, yer zarfı
Ortschaft <-en> *f* yerleşim alanı; **innerhalb geschlossener ~en** yerleşim merkezlerinde
ortsfremd *adj* yabancısı olan; **er ist hier ~** o, buranın yabancısıdır **Ortsgespräch** *nt* TELEK şehir içi telefon görüşmesi **Ortsname** *m* yer adı **Ortstarif** *m* TELEK şehir içi tarife **Ortsteil** <-(e)s, -e> *m* semt **Ortswechsel** *m* yer değişimi **Ortszeit** *f* yerel saat
Ortung <-en> *f* AERO, NAUT yer belirleme
Oscar <-s, -s> *m* (*Filmpreis*) Oskar
Öse <-n> ['ø:zə] *f* (*am Schuh*) kopça gözü; (*für Haken*) dişi kopça; NAUT (*am Segel*) matafyon
Oslo <-s> ['ɔslo] *nt* Oslo
Osmane(in) <-n, -n; -nen> [ɔs'ma:nə] *m(f)* Osmanlı **osmanisch** *adj* Osmanî, Osmanlı; **das O~e Reich** Osmanlı İmparatorluğu
Osmose *f* PHYS ozmos, geçişme
Ost <-(e)s> [ɔst] *m kein pl a.* NAUT, METEO doğu **Ostasien** ['-'--] *nt* Doğu Asya **Ostblock** *m kein pl* HIST, POL Doğu Bloku **ostdeutsch** *adj* doğu Alman **Ostdeutschland** *nt* Doğu Almanya
Osten <-s> ['ɔstən] *m kein pl* doğu; **im ~** doğuda; **im ~ von ...** (*östlich von*) ...in doğusunda; (*im östlichen Teil von ...*) ...in doğu kısmında; **nach ~** doğuya; **in den ~** doğuya; **von ~** doğudan; **der Nahe ~** Yakın Doğu; **der Ferne ~** Uzak Doğu; **der Mittlere ~** Orta Doğu
Osterei ['o:stɐʔaɪ] *nt* paskalya yumurtası **Osterglocke** *f* BOT nergis **Osterhase** *m* paskalya tavşanı (*çocukların paskalya*

yumurtalarını getirdiğine inandıkları tavşan) **Osterlamm** *nt* paskalya kuzusu
österlich ['øːstɐlɪç] *adj* paskalya (ile ilgili); **die ~e Zeit** paskalya dönemi
Osterluzei *f* BOT loğusa otu
Ostermontag ['--'--] *m* paskalya pazartesisi (*paskalyanın ikinci günü*)
Ostern <-, -> ['oːstɐn] *nt* ❶ paskalya; **~ fällt dieses Jahr in den März** paskalya bu yıl marta rastlıyor; **Frohe ~!** paskalyanız kutlu olsun; **wenn ~ und Pfingsten auf einen Tag fallen** (*fig fam*) balık kavağa çıkınca ❷ (*jüdisches*) Hamursuz Bayramı
Österreich <-s> ['øːstəraɪç] *nt* Avusturya
Österreicher(in) <-s, -; -nen> *m(f)* Avusturyalı
österreichisch *adj* Avusturyalı, Avusturya (ile ilgili)
Ostersonntag ['--'--] *m* paskalya(nın birinci) günü
Osterwoche *f* paskalya haftası
Osteuropa ['--'--] *nt* Doğu Avrupa **Ostfriese(in)** [(')-'--] *m(f)* Doğu Friz **ostfriesisch** [(')-'--] *adj* Doğu Friz
Ostfriesland [(')-'--] *nt* Doğu Frizya
östlich ['œstlɪç] **I.** *adj* doğu; **~ von Basel** Basel'in doğusunda; **in ~er Richtung** doğuya doğru; **52 Grad ~er Länge** doğu boylamında 52 derece **II.** *präp* doğusunda
Ostpreußen *nt* HIST Doğu Prusya
Östrogen <-s, -e> [œstro'geːn] *nt* MED östrojen
Ostsee *f* Baltık Denizi **Oststaaten** *pl* POL Doğu ülkeleri *pl*
Ost-West-Beziehungen ['-'-----] *pl* Doğu-Batı ilişkileri *pl*
Ostwind *m* gün doğusu, doğudan esen rüzgâr
OSZE [oːʔɛstsɛt'ʔeː] *f Abk von* **Organisation für Sicherheit und Zusammenarbeit in Europa** Avrupa Güvenlik ve İşbirliği Örgütü
Otter[1] <-s, -> ['ɔtɐ] *m* (*Fisch~*) su samuru
Otter[2] <-n> *f* (*Schlange*) engerek
ÖTV [øːteː'faʊ] *f Abk von* **Gewerkschaft Öffentliche Dienste, Transport und Verkehr** Kamu Hizmetleri, Taşımacılık ve Ulaşım Sendikası
Outing <-s> ['aʊtɪŋ] *nt kein pl* afişe etme
Output <-s, -s> ['aʊtpʊt] *m o nt* INFORM çıktı; *s. a.* **Input**
Outsourcing <-(s)> ['aʊtsɔːsɪŋ] *nt kein pl* WIRTSCH *işletim hizmetleri*
Ouvertüre <-n> [uvɛr'tyːrə] *f* MUS uvertür
oval [o'vaːl] *adj* oval
Oval <-s, -e> [o'vaːl] *nt* oval
Ovation <-en> [ova'tsjoːn] *f* tezahürat; **jdm ~en darbringen** birine tezahürat yapmak
Overall <-s, -s> ['ɔʊvərəl] *m* tulum
Overheadprojektor <-s, -en> *m* tepegöz
ÖVP [øːfaʊ'peː] *f Abk von* **Österreichische Volkspartei** *Avusturya Halk Partisi*
Ovulation <-en> [ovula'tsjoːn] *f* MED, ZOOL ovulasyon; (*Eisprung*) yumurta bırakımı **Ovulationshemmer** <-s, -> *m* MED ovulasyon kesici
Oxidation <-en> [ɔksyda'tsjoːn] *f* CHEM oksijenle(n)me; (*Verbrennung*) yanma
oxidieren* [ɔksy'diːrən] **I.** *vi haben o sein* CHEM oksijenlenmek **II.** *vt* CHEM oksijenlemek
Oxyd <-(e)s, -e> [ɔ'ksyːt] *nt* CHEM oksit
Ozean <-s, -e> ['oːtseaːn] *m* okyanus; **der Indische/Atlantische ~** Hint/Atlas Okyanusu; **der Pazifische ~** Büyük Okyanus **Ozeandampfer** *m* transatlantik
Ozon <-s> [o'tsoːn] *m o nt kein pl* ozon
Ozongehalt <-(e)s, -e> *m* ozon niceliği
Ozonloch <-(e)s> *nt kein pl* ozon deliği
Ozonschicht *f kein pl* ozon tabakası; METEO ozon yuvarı

P p

P, p <-, -> [peː] *nt* P, p; **~ wie Paula** Polatlı'nın pe'si

paar [paːɐ] *pron inv* **ein ~** bir çift; (*einige*) birkaç; (*wenige*) bir iki; **ein ~ Mal** birkaç defa [*o* kere]; **ein ~ Worte sagen** bir çift laf etmek, birkaç kelime söylemek; **alle ~ Minuten** her iki dakikada bir; **vor ein ~ Tagen** birkaç gün önce

Paar <-(e)s, -e> [paːɐ] *nt* ❶ (*Lebewesen*) çift ❷ (*Dinge*) çift; **ein ~ Socken/Schuhe** bir çift çorap/ayakkabı

paaren ['paːrən] **I.** *vt* ❶ (*Zuchttiere*) çiftleştirmek ❷ (*paarweise zusammenstellen*) eşlemek, çifter çifter dizmek **II.** *vr* ■ **sich ~** (*Tiere*) çiftleşmek

Paarhufer *pl* ZOOL çift parmaklılar *pl*

paarhufig *adj* ZOOL çift parmaklı

paarig *adj* BIOL, ANAT çift; **~e Organe** çift organlar

Paarlauf <-(e)s, -läufe> *m* çift olarak patinaj yapma

paarmal *adv s.* **paar**

Paarung <-en> *f* (*das Paaren*) çiftleştirme; (*das Sichpaaren*) çiftleşme

paarungsbereit *adj* ZOOL çiftleşmek isteyen

paarweise *adv* çifter çifter, ikişer ikişer

Pacht <-en> [paxt] *f* ❶ (*~zins*) kira ❷ (*das Pachten*) kiralama; **etw in ~ geben** bir şeyi kiraya vermek; **etw in ~ nehmen** bir şeyi kiralamak ❸ (*~vertrag*) kira sözleşmesi, kira kontratı, kira mukavelesi

pachten *vt* kiralamak

Pächter(in) <-s, -; -nen> ['pɛçtɐ] *m(f)* kiracı

Pack[1] <-(e)s> [pak] *nt kein pl* (*pej fam*) sürü, güruh

Pack[2] <-(e)s, -e *o* Päcke> *m* denk, paket; (*Briefe*) tomar

Packagetour <-en> ['pɛkɪdʒtuːɐ] *f* (*durch ein Reisebüro*) paket tur

Päckchen <-s, -> ['pɛkçən] *nt* küçük paket; (*für Zigaretten*) paket; (*Postsendung*) koli

Packeis *nt* buzla

packen ['pakən] **I.** *vt* ❶ (*ergreifen*) yakalamak (**an/bei** -den/-den); **jdm am** [*o* **beim**] **Kragen ~** birini yakasından yakalamak ❷ (*ein~*) paketlemek (**in** -e); (*in Tonnen*) doldurmak (**in** -e); (*in Gefäße*) koymak (**in** -e); (*in Papier*) sarmak (**in** -e); **den Koffer ~** bavulu [*o* valizi] toplamak; **seine Sachen ~** eşyasını toplamak ❸ (*mitreißen*) sürüklemek; (*fesseln*) sarmak, büyülemek ❹ (*fam: schaffen*) başarmak; **hast du die Prüfung gepackt?** sınavdan geçtin mi?, sınavı verdin mi? ❺ (*fam: begreifen*) kavramak **II.** *vi* (*Koffer*) bavulunu toplamak

Packen <-s, -> ['pakən] *m* çıkın, paket

packend *adj* (*fig: mitreißend*) sürükleyici

Packesel <-s, -> *m* (*fam*) yük eşeği

Packpapier *nt* ambalaj kâğıdı **Packtasche** *f* heybe

Packung <-en> *f* ❶ (*Paket*) paket, ambalaj; (*Pralinen~*) kutu; (*für Zigaretten*) paket ❷ (*Kosmetik*) kompres

Pädagoge(in) <-n, -n; -nen> [pɛda'goːgə] *m(f)* pedagog

Pädagogik [--'--] *f kein pl* pedagoji

pädagogisch *adj* pedagojik; **P~e Hochschule** ilkokul öğretmen okulu

Päderast <-en, -en> *m* oğlancı, kulampara

Päderastie *f kein pl* oğlancılık, kulamparalık

Pädophilie *f kein pl* sübyancılık; JUR pedofili

paffen ['pafən] *vi, vt* (*fam*) fosurdatmak

Page <-n, -n> ['paːʒə] *m* ❶ komi; (*Hotel~*) vale ❷ HIST iç oğlanı

Paillette <-n> [paɪ'jɛtə] *f* payet, pırıltılı pul

Paket <-(e)s, -e> [pa'keːt] *nt* paket

Paketschalter *m* paket gişesi

Pakistan <-s> ['paːkɪstaːn] *nt* Pakistan

Pakistani <-(s), -(s); -(s)> [pakɪs'taːni] *m o f* Pakistanlı

pakistanisch [pakɪs'taːnɪʃ] *adj* Pakistanlı, Pakistan (ile ilgili); **eine ~e Frau** Pakistanlı bir kadın; **die ~e Regierung** Pakistan hükümeti

Pakt <-(e)s, -e> [pakt] *m* antlaşma, pakt

paktieren* [pak'tiːrən] *vi* antlaşma yapmak, pakt yapmak

Palais <-, -> [pa'lɛː] *nt* köşk

Paläolithikum <-s> *nt kein pl* Paleolitik Çağ; *s. a.* **Mesolithikum, Neolithikum**

Paläontologie *f kein pl* paleontoloji

Paläozoikum *nt kein pl* paleozoik

Palast <-(e)s, -läste> [pa'last, *pl* pa'lɛstə] *m* palas, saray

Palästina <-s> [palɛs'tiːna] *nt* Filistin

Palästinenser(in) <-s, -; -nen> [palɛsti'nɛnzɐ] *m(f)* Filistinli

palästinensisch *adj* Filistinli, Filistin (ile ilgili); **eine ~e Frau** Filistinli bir kadın; **P~e Befreiungsorganisation** Filistin Kurtuluş Örgütü

P

Palette <-n> [pa'lɛtə] *f* ❶ (*Maler~*) palet ❷ (*Transport~*) palet ❸ (*Vielfalt*) yelpaze
paletti [pa'lɛti] *adv* (*fam*) **alles ~** her şey tıkırında [*o* yolunda]
palliativ *adj* palyatif
Palme <-n> ['palmə] *f* palmiye; **jdn auf die ~ bringen** (*fig fam*) birini çileden [*o* zıvanadan] çıkarmak
Palmitin <-s> *nt kein pl* CHEM palmitin **Palmitinsäure** *f kein pl* CHEM palmitik asit
Palmsonntag ['---, -'--] *m* Paskalya'dan önceki pazar günü
Palmwedel ['palm-] *m* palmiye yaprağı
Pampa ['pampa] *f* pampa; **die Tiere der ~** pampa hayvanları
Pampe ['pampə] *f kein pl* lapa
Pampelmuse <-n> ['pampəlmu:zə] *f* BOT altıntop; (*Grapefruit*) greyfurt
Pamphlet <-(e)s, -e> [pam'fle:t] *nt* yergi (yazısı)
pampig ['pampɪç] *adj* ❶ NORDD (*breiig*) lapa gibi ❷ (*pej fam: frech*) arsız
Panama[1] <-s> ['panama] *nt* (*Staat, Stadt*) Panama
Panama[2] ['panama] *m* ❶ (*Stoff*) panama ❷ (*Hut*) panama
Panamaer(in) <-s, -; -nen> ['panamaɐ, pana'ma:ɐ] *m(f)* Panamalı
panamaisch [pana'ma:ɪʃ] *adj* Panamalı, Panama (ile ilgili); **eine ~e Frau** Panamalı bir kadın; **die ~e Regierung** Panama hükümeti
Panamakanal <-s> *m kein pl* Panama Kanalı
Panda <-s, -s> ['panda] *m* panda
panieren* [pa'ni:rən] *vt* GASTR (*mit Semmelbröseln*) galeta ununa bulamak; (*mit Mehl*) una bulamak, unlamak; **paniertes Schnitzel** şnitzelpane
Paniermehl <-(e)s> *nt kein pl* galeta unu
Panik <-en> ['pa:nɪk] *f* panik; **(eine) ~ brach aus** (bir) panik oldu; **in ~ geraten/versetzen** paniğe kapılmak/vermek
panikartig **I.** *adj* panikimsi **II.** *adv* panik içinde
Panikmache *f* (*pej*) panik yaratma, ortalığı paniğe verme
panisch *adj* panik yaratan; **~e Angst vor etw haben** bir şeyden dehşetli korkmak
Panislamismus *m kein pl* Panislamizm, Panislamcılık
Panislamist(in) *m(f)* Panislamcı
Panne <-n> ['panə] *f* ❶ (*Schaden*) arıza, bozukluk; **der Wagen hatte eine ~, wir sind liegengeblieben** araba arıza yaptı, yolda kaldık ❷ (*Missgeschick*) terslik, aksilik, uğursuzluk ❸ (*fig fam*) **du bist ~!** manyaksın!
Panorama <-s, Panoramen> [pano'ra:ma] *nt* panorama
panschen ['panʃən] **I.** *vi* (*fam: mit Wasser*) su ile oynamak **II.** *vt* (*Wein, Milch*) sulandırmak, su katmak (-e); **gepanschte Milch** hileli süt
Panslawismus *m kein pl* Panslavizm
Panslawist(in) *m(f)* Panslavist
Panter[RR] <-s, -> *m s.* **Panther**
Pantheismus *m kein pl* REL, PHILOS panteizm
pantheistisch *adj* REL, PHILOS panteist
Pantheon *nt* panteon
Panther <-s, -> ['pantɐ] *m* ZOOL panter, pars
Pantoffel <-s, -n> [pan'tɔfəl] *m* terlik; (*Filz~*) pantufla, aba terlik **Pantoffelheld** <-en, -en> *m* (*pej fam*) kılıbık **Pantoffeltierchen** <-s, -> [-ti:ɐçən] *nt* ZOOL terliksi
Pantomime(in)[1] <-n, -n; -nen> [panto'mi:mə] *m(f)* pantomim oyuncusu
Pantomime[2] <-n> *f* pantomim
pantophag *adj* BIOL (*allesfressend*) hepçil
Panzer <-s, -> ['pantsɐ] *m* ❶ (*Fahrzeug*) tank ❷ (*Schutzplatte*) zırh ❸ (*von Tieren*) zırh; (*Rücken~*) kalkan **Panzerabwehr** *f* MIL (*Truppe*) zırhlı birlik **Panzerabwehrkanone** <-n> *f* MIL tanksavar **Panzerechse** *f* ZOOL (*Krokodil*) timsah **Panzerfaust** *f* MIL roketatar, bazuka **Panzerfisch** <-es, -e> *m* ZOOL zırhlı balık **Panzerglas** <-es> *nt kein pl* kurşun geçirmez cam
panzern ['pantsɐn] *vt* zırhlandırmak
Panzerschrank *m* zırhlı kasa
Panzerung <-en> *f* ❶ (*das Panzern*) zırhlandırma ❷ TECH zırh
Panzerverband *m* MIL zırhlı birlik **Panzerwagen** *m* MIL tank **Panzerwels** *m* ZOOL çöpçü
Papa <-s, -s> ['papa] *m* (*fam*) baba
Papagei <-en *o* -s, -e(n) *o* -e> [papa'gaɪ] *m* papağan; **alles nachplappern wie ein ~** papağan gibi her şeyi tekrarlamak
Paparazzo <-s, -zi> *m* paparazzi
Papaya <-s> [pa'pa:ja] *f* ❶ (*Frucht*) papaya ❷ (*Baum*) papaya
Papeterie <-n> [papɛtə'ri:] *f* SCHWEIZ ❶ (*Geschäft*) kırtasiyeci ❷ (*Waren*) kırtasiye
Papi <-s, -s> ['papi] *m* (*fam*) baba
Papier <-s, -e> [pa'pi:ɐ] *nt* ❶ (*Material*) kâğıt; **etw zu ~ bringen** bir şeyi kâğıda dökmek ❷ (*Schriftstück*) kâğıt, varaka; (*Dokument*) belge ❸ *pl* (*Ausweis*) kimlik

P

❹ FIN (*Wert~*) kâğıt **Papierfabrik** *f* kâğıt fabrikası **Papiergeld** *nt* kâğıt para, banknot **Papierkorb** *m* kâğıt sepeti, çöp sepeti **Papierkram** *m* (*pej fam*) formalite **Papierkrieg** *m* (*pej fam*) kırtasiyecilik, bürokrasi; **mit jdm einen ~ führen** biriyle işi bürokrasiye dökmek **Papierrolle** *f* kâğıt tomarı **Papierschnitzel** <-s, -> *m o nt* kesilmiş kâğıt parçası **Papierserviette** *f* kâğıt peçete **Papiertaschentuch** *nt* kâğıt mendil **Papiertüte** *f* kâğıt torba, kese kâğıdı **Pappdeckel** *m* karton

Pappe <-n> ['papə] *f* karton; (*feiner*) mukavva

Pappel <-n> ['papəl] *f* kavak

pappen ['papən] *vt* (*fam*) yapıştırmak (**an/auf** -e/-e)

Pappenheimer ['papənhaɪmɐ] *pl* (*fam*) **seine ~ kennen** ne mal olduklarını bilmek

Pappenstiel *m* (*fam*) **das ist kein ~!** boru değil!, boru mu bu?

papperlapapp ['papɐla'pap] *interj* dam üstünde saksağan, vur beline kazmayı

pappig ['papɪç] *adj* (*fam*) ❶ (*klebrig*) yapışkan ❷ (*breiig*) vıcık, vıcık vıcık

Pappkarton *m* ❶ (*Material*) karton ❷ (*Schachtel*) karton kutu

Pappmaché <-s, -s> *nt*, **Pappmaschee**[RR] <-s, -s> ['papmaʃe:] *nt* kâğıt hamuru, kartonpiyer

Pappteller *m* kâğıt tabak

Paprika[1] <-s, -(s)> ['paprika] *m* (*Pflanze, Schote*) biber; (*grün*) yeşilbiber

Paprika[2] <-(s)> *f* (*Schote*) biber; **gefüllte ~** biber dolması

Paprika[3] <-s> *m kein pl* (*Gewürz*) paprika, acısı az kırmızı biber; (*scharf*) Arnavut biberi

Paprikaschote *f* dolmalık biber

Papst <-(e)s, Päpste> [pa:pst, *pl* 'pɛ:pstə] *m* papa

Papstmobil <-s> *nt kein pl* papamobil **Papsttum** <-(e)s> *nt kein pl* papalık

Papyrus <-, Papyri> [pa'py:rʊs, *pl* pa'py:ri] *m* papirüs

Parabel <-n> [pa'ra:bəl] *f* ❶ MATH parabol ❷ LIT mesel

Parabolantenne <-n> [para'bo:l-] *f* TECH parabol anten

Paraboloid *nt* MATH paraboloit

Parade *f* geçit töreni, resmigeçit **Paradebeispiel** *nt* göze çarpan örnek

Paradeiser <-s, -> *m* ÖSTERR domates

Paradeissalat *m* ÖSTERR domates salatası **Paradeissuppe** *m* ÖSTERR domates çorbası

Paradestück <-(e)s, -e> *nt* şaheser

Paradies <-es, -e> [para'di:s] *nt* cennet; **das ~ auf Erden** cennet gibi yer

Paradiesfisch *m* cennet balığı

paradiesisch [para'di:zɪʃ] *adj* cennet gibi

Paradiesvogel *m* cennet kuşu

Paradigma <-s, Paradigmen *o* Paradigmata> [para'dɪgma] *nt* (*geh*) *a.* LING paradigma

paradox [para'dɔks] *adj* paradoksal

Paradox [para'dɔks] *nt* paradoks

paradoxerweise [para'dɔksɐ'vaɪzə] *adv* paradoksal biçimde; (*merkwürdigerweise*) işin tuhafı

Paradoxon *nt* paradoks

Paraffin <-s, -e> [para'fi:n] *nt* CHEM parafin

Paragliding <-s> ['pa:raglaɪdɪŋ] *nt kein pl* yamaç paraşütü ile uçma

Paragraf[RR] <-en, -en> *m s.* **Paragraph**

Paragraph <-en, -en> [para'gra:f] *m* ❶ JUR paragraf ❷ (*~enzeichen*) paragraf, çengel işareti

Paraguay <-s> [para'gu̯aɪ, 'paragu̯aɪ] *nt* Paraguay

Paraguayer(in) <-s, -; -nen> [para'gu̯a:jɐ, 'paragu̯aɪɐ] *m(f)* Paraguaylı

paraguayisch [para'gu̯a:jɪʃ, 'paragu̯aɪɪʃ] *adj* Paraguaylı, Paraguay (ile ilgili); **eine ~e Frau** Paraguaylı bir kadın; **die ~e Regierung** Paraguay hükümeti

Parallaxe <-n> *f* ASTRON paralâks

parallel [para'le:l] *adj* paralel (**zu** -e), koşut (**zu** -e)

Parallele <-n> [para'le:lə] *f* ❶ MATH paralel, koşut; **eine ~ zu etw ziehen** bir şeye bir paralel çekmek ❷ (*Vergleich*) paralellik, benzerlik

Parallelflach *nt* MATH paralel yüz

Parallelität <-en> [paraleli'tɛ:t] *f a.* MATH paralellik, koşutluk

Parallelogramm <-s, -e> [paralelo'gram] *nt* MATH paralelkenar **Parallelstraße** *f* paralel sokak

Paralyse <-, -n> *f* MED paralizi

Parameter <-s, -> [pa'ra:metɐ] *m* MATH, MUS, INFORM parametre

Paranoia *f kein pl* MED paranoya

paranoid *adj* MED paranoyak

Paranoiker(in) *m(f)* MED paranoyak

paranoisch *adj* MED paranoyak

Paraphe *f* paraf

paraphieren *vt* parafelemek, parafe etmek, paraflamak

Parapsychologie ['pa:ra-] *f kein pl* parapsikoloji, ruh ötesi

Parasit <-en, -en> [para'zi:t] *m* asalak, parazit

parasitär [parazi'tɛ:ɐ] *adj* parazit

Parasympathikus *m kein pl* ANAT parasempatik sinir sistemi

parasympathisch *adj* ANAT parasempatik

parat [pa'ra:t] *adj* hazır

Pärchen <-s, -> ['pɛːɐçən] *nt* çift

Parcours *m* parkur

Pardon <-s> [par'dõː] *m o nt kein pl* pardon; **da gibt's kein ~** bu affedilmez; **sie kennt kein ~** hiç affetmez

Parenchym *nt* MED, BIOL parankima

Parenthese *f* parantez

Parfüm <-s, -e *o* -s> [par'fy:m] *nt* parfüm

Parfümerie <-n> [parfymə'ri:] *f* parfümeri

parfümieren* [parfy'mi:rən] **I.** *vt* parfüm sürmek (-e) **II.** *vr* ■ **sich ~** parfüm sürünmek

Paria <-s, -s> *m* parya

Pariser(in)[1] <-s, -; -nen> [pa'ri:zɐ] *m(f)* Parisli

Pariser[2] <-s, -> *m* (*fam*) kaput

Parität *f* ❶ eşitlik, sayı eşitliği ❷ WIRTSCH parite

paritätisch *adj* eşit haklara [*o* oy sayısına] sahip olan

Park <-s, -s *o* SCHWEIZ Pärke> [park] *m* park

Parka *m o f* parka

Parkbank <-bänke> *f* park bankı

parken ['parkən] *vt, vi* park etmek; **ein ~des Auto** park eden bir oto; **„P~ verboten!"** "park etmek yasaktır!", "park yapılmaz!"

Parkett <-(e)s, -e *o* -s> [par'kɛt] *nt* ❶ (*Fußboden*) parke ❷ (*im Theater, Kino*) parter **Parkettfußboden** *m* parke döşeme

Parkgebühr *f* park ücreti **Parkhaus** *nt* çok katlı otopark

Parkinsonkrankheit[RR] ['pa:kınsən-] *f kein pl* MED Parkinson hastalığı

Parkkralle *f* tekerlek kilitleyici pençe **Parklücke** *f* park yeri **Parkplatz** <-es, -plätze> *m* park yeri, otopark **Parkscheibe** *f* park saatini gösterir disk (*park edilen saati elle ayarlamak yoluyla gösteren ve aracın ön camına konulan disk biçimindeki gösterge*) **Parkstreifen** *m* park şeridi **Parkuhr** *f* park saati **Parkverbot** *nt* park (etme) yasağı; **hier ist ~** burada park (etme) yasağı vardır

Parkwächter(in) *m(f)* ❶ (*im Park*) park bekçisi ❷ (*im Parkhaus*) parkçı

Parlament <-(e)s, -e> [parla'mɛnt] *nt* parlamento; **Europäisches ~** Avrupa Parlamentosu; **ins ~ einziehen** parlamentoya girmek

Parlamentarier(in) <-s, -; -nen> [parlamɛn'ta:riɐ] *m(f)* parlamenter

parlamentarisch *adj* parlamenter

Parlamentarismus <-> [parlamɛnta'rɪsmʊs] *m kein pl* parlamentarizm

Parlamentsausschuss[RR] <-es, -schüsse> *m* parlamento kurulu **Parlamentsbeschluss**[RR] <-es, -schlüsse> *m* parlamento kararı **Parlamentsgebäude** *nt* parlamento binası **Parlamentsmitglied** *nt* parlamento üyesi **Parlamentssitzung** *f* parlamento toplantısı, meclis toplantısı **Parlamentswahlen** *pl* parlamento seçimleri *pl*

Parmesan <-(s)> [parme'za:n] *m kein pl* GASTR parmıcan

Parodie <-n> [paro'di:] *f* parodi (**auf** -in)

parodieren* [paro'di:rən] *vt* parodisini yapmak (-in)

parodistisch [paro'dɪstɪʃ] *adj* parodili

Parole <-n> [pa'ro:lə] *f* ❶ parola ❷ (*Schlagwort*) slogan; **politische ~n** siyasal sloganlar

Part <-s, -s *o* -e> [part] *m* ❶ MUS parti ❷ THEAT rol ❸ NAUT (*Schiffs~*) iştirak payı

Partei <-en> [par'taɪ] *f* ❶ POL parti; **in einer ~ sein** bir partide olmak ❷ JUR taraf; **die streitenden ~en** hasım taraflar, davalı taraflar; **für jdn ~ ergreifen** birinin tarafını tutmak; **über den ~en stehen** tarafsız olmak ❸ (*Miet~*) kiracı **Parteibuch** *nt* parti üyesi cüzdanı; **das falsche/richtige ~ haben** (*fam*) yanlış/doğru partinin üyesi olmak **Parteifreund(in)** *m(f)* aynı partinin üyesi **Parteiführung** *f kein pl* parti liderliği; (*Leitung*) parti yönetimi **Parteigänger(in)** *m(f)* partici **Parteigenosse(in)** *m(f)* partili; (*Parteiangehöriger*) partici

parteiisch *adj* tarafgir, taraf tutan

parteilich *adj* ❶ partici, parti (ile ilgili); **~e Interessen/Grundsätze** parti menfaatleri/ilkeleri ❷ (*parteiisch*) tarafgir, taraf tutan

parteilos *adj* bağımsız, parti üyesi olmayan

Parteimitglied *nt* parti üyesi

Parteinahme <-n> *f* tarafgirlik, taraf tutma **Parteiorgan** *m* parti organı **Parteipolitik** *f kein pl* parti politikası **Parteiprogramm** *nt* parti programı **Parteipropaganda** *f kein pl* parti propagandası **Parteitag** *m* parti genel kurultayı **Parteivorsitzende(r)** *f(m)* parti başkanı **Parteizugehörigkeit** <-en> *f* particilik

parterre [par'tɛr] *adv* zemin katta; **~ wohnen** zemin katta oturmak **Parterre** *nt* ❶ zemin kat ❷ THEAT, FILM parter **Parterrewohnung** <-en> *f* zemin kattaki daire

Partie <-n> [par'ti:] *f* ❶ (*Abschnitt, Teil*)

parti, kısım ❷ (*Spieldurchgang*) parti; (*im Sport*) el; **eine ~ Schach/Billard/Bridge spielen** bir parti satranç/bilardo/briç çevirmek [*o* oynamak] ❸ (*Rolle*) rol ❹ WIRTSCH parti ❺ **eine gute ~ machen** partiyi vurmak

partiell [par'tsjɛl] *adj* kısmî; **~e Lähmung** kısmî felç

Partikel[1] <-n> [par'ti:kəl] *f* LING edat, ilgeç

Partikel[2] <-s, -> *nt* PHYS partikül; (*Teilchen*) parçacık, tanecik

Partikularaussage *f* PHILOS tikel önerme

Partisan(in) <-s *o* -en, -en; -nen> [parti'za:n] *m(f)* partizan

partitionieren *vt* INFORM bölümlemek

partitioniert *adj* INFORM bölümlenmiş

Partitionierung *f* INFORM bölümleme

Partitur <-en> [parti'tu:ɐ] *f* MUS partisyon

Partizip <-s, Partizipien> [parti'tsi:p] *nt* LING ortaç, sıfat-fiil

partizipieren* [partitsi'pi:rən] *vi* katılmak (**an** -e)

Partner(in) <-s, -; -nen> ['partnɐ] *m(f)* ❶ (*Lebens~*) arkadaş, partner; (*Ehe~*) eş; (*Tanz~*) partöner, kavalye; (*Tanz~in*) dam; (*Gesprächs~*) muhatap; (*im Sport, Spiel*) eş; (*im Film*) partöner ❷ (*Teilhaber*) ortak, partner

Partnerschaft <-en> *f* ortaklık; (*Städte~*) kardeşlik; **priviligierte ~** EU imtiyazlı ortaklık

partnerschaftlich *adj* partner olarak, ortak olarak; **~ zusammenarbeiten** partner [*o* ortak] olarak birlikte çalışmak

Partnerstadt *f* kardeş şehir **Partnertausch** <-(e)s, -e> *m* partnerleri değiştirme

Party <-s> ['pa:ɐti] *f* parti; **eine ~ geben** parti vermek **Partylöwe** *m* salon adamı **Partyservice** <-> *m kein pl* parti servisi

Parvenu *m,* **Parvenü** <-s, -s> *nt* ÖSTERR (*pej: Emporkömmling*) zıpçıktı, türedi, sonradan görme, buldumcuk

Parzelle <-n> [par'tsɛlə] *f* parsel

parzellieren* *vt* parsellemek

Pasch <-(e)s, -e *o* Päsche> [paʃ] *m* **Einser ~** hepyek; **Zweier ~** dubara; **Dreier ~** düse; **Vierer ~** dörtcihar; **Fünfer ~** dübeş; **Sechser ~** düşeş

Pascha <-s, -s> ['paʃa] *m* (*a. pej*) paşa

Pass[RR] <-es, Pässe> [pas, *pl* 'pɛsə] *m,* **Paß**[ALT] <-sses, Pässe> *m* ❶ (*Ausweis*) pasaport ❷ (*Gebirgs~*) dağ geçidi ❸ SPORT pas

passabel [pa'sa:bəl] *adj* fena olmayan, iyi sayılır; (*annehmbar*) uygun, kabul edilebilir; **das Hotel ist ~** otel fena değil

Passage <-n> [pa'sa:ʒə] *f* ❶ (*Durchfahrt*) geçit, geçme ❷ (*Ladenstraße*) pasaj ❸ (*Überfahrt*) karşıdan karşıya geçiş; (*Reise übers Meer*) sefer ❹ (*Textabschnitt*) pasaj, parça

Passagier(in) <-s, -e; -nen> [pasa'ʒi:ɐ] *m(f)* yolcu; **ein blinder ~** kaçak bir yolcu **Passagierflugzeug** *nt* yolcu uçağı **Passagierliste** *f* yolcu listesi

Passant(in) <-en, -en; -nen> [pa'sant] *m(f)* yoldan geçen (kimse)

Passat *m* GEO alize

Passbild[RR] *nt* vesikalık resim

passé [-'se:] *adj* (*vergangen*) geçmiş; (*nicht mehr modern*) modası geçmiş

passen ['pasən] **I.** *vi* ❶ (*in Größe, Form*) uymak; (*hinein~*) sığmak (**in** -e); (*geeignet sein*) uygun olmak (**auf** -e), yakışmak (**auf** -e); **das passt (mir) wie angegossen** bu tıpatıp üstüme oturdu; **das passt nicht hierher** bu, buraya uymuyor [*o* yakışmıyor] ❷ (*harmonieren*) yakışmak (**zu** -e), uymak (**zu** -e, **in** -e); **sie ~ zueinander** birbirlerine yakışıyorlar; **die Schuhe ~ nicht zum Kleid** ayakkabılar elbiseye uymuyor ❸ (*genehm sein*) işine gelmek; **das passt mir gar nicht** bu, benim hiç işime gelmez ❹ (*Kartenspiel*) pas geçmek; **(ich) passe!** pas (geçiyorum)! ❺ (*fam: bei Fragen*) **bei dieser Frage muss ich ~** bu soruya pas geçmek zorundayım **II.** *vt* TECH uydurmak

passend *adj* ❶ (*in Größe, Form*) uyan; **welches ist der ~e Schlüssel?** uyan anahtar hangisi?; **dazu ~** (*in der Farbe*) asorti, birbirini tutar ❷ (*treffend*) uygun; (*genau*) tam; **die ~en Worte finden** uygun sözleri bulmak ❸ (*angemessen*) uygun

Passepartout <-s, -s> [paspar'tu:] *nt o* SCHWEIZ *m* KUNST paspartu

Passfoto[RR] <-s, -s> *nt* vesikalık fotoğraf

Passgang[RR] *m kein pl,* **Paßgang**[ALT] *m kein pl* rahvan

passierbar *adj* geçilebilir

passieren* [pa'si:rən] **I.** *vi sein* olmak; **jdm etw ~** birine bir şey olmak, birinin başına bir şey gelmek; **was ist denn passiert?** ne oldu?; **mir ist gestern etw passiert** dün başıma bir şey geldi; **solche Dinge können auch nur ihm ~** böyle şeyler de sadece onun başına gelebilir; **... sonst passiert was!** (*fam*) ... yoksa görürsün gününü! **II.** *vt* ❶ (*Grenze, Zensur*) geçmek (-den); (*Fluss, Pass*) geçmek (-den) ❷ GASTR süzmek, süzgeçten geçirmek

Passierschein <-(e)s, -e> *m* pasavan, geçiş belgesi, giriş çıkış belgesi; (*an Grenzübergängen*) lesepase

Passinhaber(in) *m(f)* pasaport sahibi

Passion <-en> [pa'sjoːn] *f* ❶ (*Leidenschaft*) tutku; **eine ~ für etw haben** bir şeye tutkusu olmak ❷ REL elem

passioniert [pasjo'niːɐt] *adj* tutkulu

Passionsblume [pa'sjoːns-] *f* fırıldak çiçeği, çarkıfelek

passiv ['pasiːf, -'-] *adj* pasif; LING edilgen

Passiv <-s, -e> ['pasiːf, -'-] *nt* LING edilgen

Passiva [pa'siːva] *pl* WIRTSCH pasif(ler)

Passivität [pasivi'tɛːt] *f kein pl* pasiflik

Passkontrolle[RR] *f* pasaport kontrolü **Passstelle**[RR] *f* pasaport dairesi

Passstraße[RR] *f* geçit, boğaz

Passus <-, -> ['pasʊs] *m* bölüm, parça, fıkra

Passwesen[RR] *nt kein pl* pasaport işleri *pl*

Passwort[RR] <-(e)s, -wörter> ['pasvɔrt] *nt* ❶ parola ❷ INFORM parola, şifre

Paste <-n> ['pastə] *f* ❶ (*Lebensmittel*) ezme ❷ MED macun

Pastell <-(e)s, -e> [pas'tɛl] *nt* pastel; **in ~ malen** pastel ile resim yapmak **Pastellfarbe** *f* ❶ (*zum Malen*) pastel boya, hamur boya ❷ (*Farbton*) pastel renk

Pastete <-n> [pas'teːtə] *f* ezme

Pasteurisation *f* pastörizasyon

pasteurisieren* [pastøri'ziːrən] *vt* pastörize etmek

Pastille <-n> [pa'stɪlə] *f* pastil

Pastmilch *f* SCHWEIZ pastörize süt

Pastor(in) <-s, -en; -nen> ['pastoːɐ, pas'toːɐ] *m(f)* DIAL papaz

Pate(in) <-n, -n; -nen> ['paːtə] *m(f)* (*Mann*) vaftiz babası; (*Frau*) vaftiz annesi; **bei einem Kind ~ stehen** bir çocuğa vaftizlik etmek **Patenkind** *nt* vaftiz evladı **Patenonkel** *m* vaftiz babası

Patenschaft <-en> *f* vaftizlik; **die ~ für ein Kind übernehmen** bir çocuğun vaftizliğini üstlenmek

patent [pa'tɛnt] *adj* (*fam*) ❶ (*Person*) dört dörtlük ❷ (*sehr praktisch*) çok pratik ❸ (*elegant*) şık

Patent <-(e)s, -e> [pa'tɛnt] *nt* ❶ (*amtlicher Schutz, Urkunde*) patent; **etw zum ~ anmelden** bir şeyin patenti için başvurmak ❷ SCHWEIZ (*staatliche Erlaubnis*) ruhsat **Patentamt** *nt* patent dairesi

Patentante *f* vaftiz annesi

patentieren* [patɛn'tiːrən] *vt* patent vermek (-e), patent ile korumak

Patentlösung *f* dört dörtlük çözüm, mükemmel çözüm **Patentrecht** <-(e)s, -e> *nt kein pl* patent hukuku

Pater <-s, -> ['paːtɐ] *m* REL rahip

pathetisch [pa'teːtɪʃ] *adj* patetik, dokunaklı; (*fig: übertrieben feierlich*) tumturaklı

pathogen *adj* MED patojen

Pathologe(in) <-n, -n; -nen> [pato'loːgə] *m(f)* MED patolog

Pathologie [patolo'giː] *f kein pl* MED patoloji

pathologisch [pato'loːgɪʃ] *adj* MED patolojik

Pathos <-> ['paːtɔs] *nt kein pl* (*geh*) dokunaklılık

Patience [pa'tsjans] *f* pasiyans; **~n legen** pasiyans açmak

Patient(in) <-en, -en; -nen> [pa'tsjɛnt] *m(f)* hasta

Patin <-nen> ['paːtɪn] *f* vaftiz annesi

Patina ['paːtina] *f kein pl* yeşil pas

Patisserie <-n> [patɪsə'riː] *f* SCHWEIZ ❶ (*Konditorei*) pastahane ❷ (*Feingebäck*) ince hamur işleri *pl*

Patriarch <-en, -en> [patri'arç] *m* REL patrik

patriarchalisch [patriar'çaːlɪʃ] *adj* ataerkil, pederşahî

Patriarchat <-(e)s, -e> [patriar'çaːt] *nt* ❶ REL patriklik ❷ ataerki, pederşahîlik

Patriot(in) <-en, -en; -nen> [patri'oːt] *m(f)* hamiyetperver, yurtsever

patriotisch *adj* hamiyetli, yurtsever

Patriotismus <-> [patrio'tɪsmʊs] *m kein pl* hamiyet, hamiyetperverlik; (*Vaterlandsliebe*) yurtseverlik

Patron(in) <-s, -e; -nen> [pa'troːn] *m(f)* ❶ (*Schutzherr*) hami ❷ (*pej fam*) hergele

Patrone <-n> [pa'troːnə] *f* ❶ (*Geschosshülse*) fişek; (*Dynamit~*) lokum ❷ (*Tinten~*) kartuş ❸ (*Stoffmuster*) patron **Patronengurt** *m* fişeklik, kargılık **Patronenhülse** *f* fişek kovanı

Patrouille <-n> [pa'trʊljə] *f* devriye, kolcu; **auf ~ sein** devriye gezmek, kol gezmek

patrouillieren* [patrʊl'jiːrən] *vi haben o sein* devriye gezmek, kol gezmek

Patsch [patʃ] *m* pat; **mit einem ~ fiel er hin** pat diye (yere) düştü

Patsche ['patʃə] *f kein pl* (*fam*) ❶ (*Matsch*) çamur ❷ (*fig: Bedrängnis*) **in der ~ sitzen** şapa oturmak; **jdm aus der ~ helfen** birini çamurdan çekip çıkarmak

patschnass[RR] ['-'-] *adj* (*fam*) sırılsıklam, sucuk gibi

Patzer <-s, -> ['patsɐ] *m* ❶ (*fam: Fehler*) hata ❷ ÖSTERR (*Klecks*) leke

patzig ['patsɪç] *adj* (*pej fam*) küstah

Pauke <-n> ['paʊkə] *f* kös; **mit ~n und Trompeten durchfallen** (*fam*) top(u) atmak, gümlemek; **auf die ~ hauen** (*fam*) âlem yapmak

pauken I. *vi* ❶ MUS kös çalmak ❷ (*fam: lernen*) ineklemek, hafızlamak **II.** *vt* (*fam*)

P

ineklemek, hafızlamak
Paukenhöhle *f* ANAT, MED timpanum
Pauker(in) <-s, -; -nen> *m(f)* ❶ (*fam: Lehrer*) hoca ❷ MUS köşçü
Paukerei *f* (*fam*) inekleme, hafızlama
Pausbacke ['paʊs-] *f* (*fam*) yumru yanak
pausbäckig ['paʊsbɛkɪç] *adj* yumru yanaklı
pauschal [paʊ'ʃa:l] **I.** *adj* ❶ (*insgesamt*) götürü, toptan ❷ (*allgemein*) genel **II.** *adv* ❶ (*zusammen*) toptan; **~ 100 Euro berechnen** toptan [*o* hepsi için] 100 euro hesaplamak ❷ (*allgemein*) genel olarak; **das kann man so ~ nicht sagen** bu böyle genel olarak söylenemez
Pauschale <-n> [paʊ'ʃa:lə] *f* (*Betrag*) götürü bedel; (*Preis*) götürü fiyat
Pauschalpreis *m* WIRTSCH götürü fiyat
Pauschalreise *f* götürü tur, paket tur
Pauschenpferd *nt* SPORT kulplu beygir
Pause <-n> ['paʊzə] *f* ❶ (*Unterbrechung*) ara; (*kurze Rast*) mola; (*Mittags~*) paydos; (*in der Schule*) teneffüs; (*im Theater, Kino*) ara, antrakt; **eine ~ machen** ara vermek ❷ MUS es ❸ (*durchgepauste Kopie*) saydam kâğıtla çıkarılmış örnek
pausen ['paʊzən] *vt* ara vermek (-e), saydam kâğıtla örneğini çıkarmak (-in)
pausenlos I. *adj* aralıksız **II.** *adv* arasız, ara vermeden
Pausenzeichen *nt* ❶ MUS es işareti ❷ RADIO, TV ara işareti
pausieren* [paʊ'zi:rən] *vi* ❶ (*unterbrechen*) ara vermek; (*Rast machen*) mola vermek ❷ (*ausruhen*) dinlenmek
Pauspapier <-s> *nt kein pl* saydam kopya kâğıdı
Pavian <-s, -e> ['pa:via:n] *m* şebek
Pavillon <-s, -s> ['pavɪljõ] *m* pavyon
Pay-TV <-> ['pɛɪti:vi:] *nt kein pl* paralı tv
Pazifik <-s> [pa'tsi:fɪk] *m* pasifik, Büyük Okyanus
pazifisch [pa'tsi:fɪʃ] *adj* **der P~e Ozean** Büyük Okyanus
Pazifist(in) <-en, -en; -nen> [patsi'fɪst] *m(f)* barışsever
pazifistisch *adj* barışsever
PC <-(s), -(s)> [pe:'tse:] *m* INFORM *Abk von* **Personal Computer** kişisel bilgisayar
PDS [pe:de:'ʔɛs] *f kein pl Abk von* **Partei des Demokratischen Sozialismus** Demokratik Sosyalizm Partisi
Pech[1] <-(e)s, -e> [pɛç] *nt* zift; (*Teer*) katran; **die beiden halten zusammen wie ~ und Schwefel** (*fam*) içtikleri su ayrı gitmez
Pech[2] <-(e)s> *nt kein pl* (*Unglück*) şanssızlık, kör şans, talihsizlik, kör talih, uğursuzluk, kısmetsizlik; **~ gehabt!** (*fam*) şansın yokmuş!
Pechkiefer *f* BOT katran çamı
pechschwarz ['-'-] *adj* simsiyah, kapkara
Pechsträhne *f* kambur üstüne kambur; **eine ~ haben** bahtı kara olmak, şansı yaver gitmemek, talihi yaver gitmemek, işleri ters gitmek **Pechvogel** *m* (*fam*) bahtı kara; **ein ~ sein** bahtı kara olmak; **du bist ein ~** çok kısmetsizsin
Pedal <-s, -e> [pe'da:l] *nt* pedal
Pedant(in) <-en, -en; -nen> [pe'dant] *m(f)* (*pej*) müşkülpesent; (*zimperlich*) titiz
pedantisch *adj* (*pej*) müşkülpesent, titiz, kılı kırk yaran
Peddigrohr <-(e)s> *nt kein pl* hezaren örgü
Pediküre [pedi'ky:rə] *f kein pl* pedikür
peelen *vi* piling yapmak
Peeling <-s, -s> ['pi:lɪŋ] *nt* piling, soyma
Pegel <-s, -> ['pe:gəl] *m* ❶ (*Wasserstandsmesser*) su seviyesini ölçen alet ❷ (*Höhe*) yükseklik; (*Lärm~*) perde
Pegelstand <-(e)s, -stände> *m* su düzeyi
peilen ['paɪlən] *vt* ❶ (*Richtung bestimmen*) yön belirlemek; NAUT kerteriz almak [*o* etmek] ❷ NAUT (*Wassertiefe bestimmen*) iskandil etmek ❸ (*fig fam: schauen, auskundschaften*) iskandil etmek; **über den Daumen gepeilt** üç aşağı beş yukarı
Peilung <-en> *f* iskandil
Pein [paɪn] *f kein pl* (*geh: Qual*) azap, eziyet; (*Kummer*) acı, elem
peinigen ['paɪnɪgən] *vt* (*geh*) eziyet etmek [*o* çektirmek] (-e), eza etmek (-e), acı çektirmek (-e); **jdn bis aufs Blut ~** birine kan kusturmak; **mein Gewissen peinigt mich** vicdan acısı çekiyorum
peinlich *adj* ❶ (*unangenehm*) hoş olmayan, nahoş; (*beschämend*) utandırıcı ❷ (*fast übertrieben sorgfältig*) aşırı titiz, son derece titiz; **eine ~e Ordnung** aşırı [*o* son derece] titiz bir düzen
Peitsche <-n> ['paɪtʃə] *f* kırbaç, kamçı
peitschen I. *vi* (*Regen*) kamçılamak (**an/gegen** -) **II.** *vt* kamçılamak, kırbaçlamak
Peitschenhieb *m* kamçı darbesi, kırbaç vuruşu **Peitschenwurm** *m* ZOOL kırbaç kurdu
pejorativ [pejora'ti:f] *adj* pejoratif; (*abwertend*) yermeli
Pekinese <-n, -n> [peki'ne:zə] *m* Pekinli; (*Hund*) Pekin köpeği
Peking <-s> ['pe:kɪŋ] *nt* Pekin
Pelargonie <-n> *f* BOT ıtır çiçeği
Pelikan <-s, -e> ['pe:lika:n] *m* pelikan
Pelle <-n> ['pɛlə] *f* NORDD kabuk; **jdm auf**

die ~ rücken *(fam)* birinin başına balta kesilmek

pellen **I.** *vt* NORDD soymak; *(schälen)* kabuğunu soymak (-in) **II.** *vr* ■ **sich ~** NORDD soyulmak

Pellkartoffel *f* soyulmadan haşlanan patates

Pelz <-es, -e> [pɛlts] *m* kürk

Pelzfutter *nt* kürk astar

pelzig *adj* kürklü; DIAL *(im Geschmack)* kuru ve tatsız

Pelzkragen *m* kürk yaka **Pelzmantel** *m* kürk manto

Pendel <-s, -> ['pɛndəl] *nt* sarkaç, pandül, rakkas; **das ~ schwingt** sarkaç salınım yapıyor **Pendeldiplomatie** *f* mekik diplomasisi

pendeln ['pɛndəln] *vi* ① *(schwingen)* sallanmak ② *sein (hin- und herfahren)* gidip gelmek, mekik dokumak; **sie pendelt täglich nach Köln** her gün Köln'e gidip geliyor; **sie pendelt täglich zwischen Köln und Bonn** her gün Köln ile Bonn arasında gidip geliyor [*o* mekik dokuyor]

penetrant [pene'trant] *adj* ① *(Geschmack, Geruch)* keskin ② *(pej: aufdringlich)* laubali, sulu; *(Person)* sırnaşık

peng [pɛŋ] *interj* dan

penibel [pe'ni:bəl] *adj* titiz, müşkülpesent

Penicillin <-s, -e> [penitsɪ'li:n] *nt s.* **Penizillin**

Penis <-, -se *o* Penes> ['pe:nɪs] *m (geh) a.* MED penis

Penizillin <-s, -e> [penitsɪ'li:n] *nt* MED penisilin

Penne <-n> ['pɛnə] *f (fam: Schule)* okul

pennen ['pɛnən] *vi (fam)* ① *(schlafen)* uyumak ② *(nicht aufpassen)* uyumak

Penner(in) <-s, -; -nen> ['pɛnɐ] *m(f)* ① *(pej fam: Stadtstreicher)* serseri, berduş ② *(pej fam: Schlafmütze)* uykucu; *(der nicht aufpasst)* sersem

Pensa, Pensen ['pɛnzən] *pl von* **Pensum**

Pension[1] <-en> [pã'zjo:n, pɛn'zjo:n] *f* ① *(Rente)* emekli aylığı, emekli maaşı ② *(Herberge)* pansiyon

Pension[2] *f kein pl* ① *(Ruhestand)* emeklilik; **in ~ gehen** emekliliğe ayrılmak ② *(Unterkunft und Verpflegung)* pansiyon; **halbe ~** yarım pansiyon; **volle ~** tam pansiyon

Pensionär(in) <-s, -e; -nen> [pãzjo'nɛ:ɐ, pɛnzjo'nɛ:ɐ] *m(f)* ① *(Ruheständler)* emekli ② SCHWEIZ *(Pensionsgast)* pansiyoner

pensionieren* [pãzjo'ni:rən, pɛnzjo'ni:rən] *vt* emekliye ayırmak; **sich ~ lassen** emekliye ayrılmak

Pensionierung <-en> *f* emekliye ayırma; *(das Pensioniertwerden)* emekliye ayrılma

Pensionsalter <-s, -> [pã'zjo:ns-, pɛn'zjo:ns-] *nt* emeklilik yaşı

Pensum <-s, Pensen *o* Pensa> ['pɛnzʊm] *nt* (belli sürede yapılacak) iş; *(Aufgabe)* ödev; **sein ~ erfüllen** ödevini yapmak

Pentaeder *nt* MATH *(Fünfflach)* beş yüzlü

Pentagon *nt* MATH *(Fünfeck)* beşgen

Pentameter *m* LIT beşli ölçü

Pentathlon *nt kein pl* SPORT *(Fünfkampf)* pentatlon

Penthaus *nt*, **Penthouse** <-, -s> ['pɛnthaʊs] *nt* taraça katı (dairesi), teras katı (dairesi)

Pep <-(s)> [pɛp] *m kein pl* canlılık, hareketlilik

Peperoni <-> [pepe'ro:ni] *f* ① *(scharfe Paprika)* sivri biber ② SCHWEIZ *(Gemüsepaprika)* çarliston biberi

Pepton <-s, -e> *nt* BIOL pepton

per [pɛr] *präp* ① *(mit)* ile, -le; *(durch)* yoluyla; **~ Bahn/Post/Schiff** tren/posta/gemi ile, trenle/postayla/gemiyle; **~ pedes** tabanvay; **er fährt ~ Anhalter** otostopla gidiyor; **sie ist ~ du mit ihm** onunla senli benli(dir); **etw ~ Einschreiben schicken** bir şeyi taahhütlü göndermek ② *(pro)* başına; **~ Kilo** kilo başına

perfekt [pɛr'fɛkt] *adj* ① *(vollkommen)* mükemmel; **sie spricht ~ Türkisch** mükemmel Türkçe konuşu(yo)r ② *(fam: abgeschlossen)* tamam, tamamlanmış, bitmiş; **die Sache ist ~** iş tamam

Perfekt <-s, -e> ['pɛrfɛkt] *nt* LING belirli geçmiş

Perfektion [pɛrfɛk'tsjo:n] *f kein pl* mükemmellik, mükemmeliyet; **etw bis zur ~ bringen** bir şeyi mükemmelleştirmek

perfektionieren* [pɛrfɛktsjo'ni:rən] *vt* mükemmelleştirmek

Perfektionismus <-> [pɛrfɛktsjo'nɪsmʊs] *m kein pl* mükemmeliyetçilik, her şeyde mükemmellik arama

Perfektionist(in) <-en, -en; -nen> [pɛrfɛktsjo'nɪst] *m(f)* mükemmelci, mükemmeliyetçi

perfid(e) [pɛr'fi:t, pɛr'fi:də] *adj* sinsi; *(niederträchtig)* alçak

perforieren* [pɛrfo'ri:rən] *vt* delmek, zımbalamak

Pergament <-(e)s, -e> [pɛrga'mɛnt] *nt* parşömen **Pergamentpapier** *nt* pergament kâğıdı, parşömen kâğıdı

Perihel <-s, -e> *nt*, **Perihelium** <-s, -ien> *nt* ASTRON *(Sonnennähe)* günberi

Periode <-n> [peri'o:də] *f* ① *(Zeitab-*

schnitt) dönem, periyot ❷ MATH, GEO dönem, periyot; PHYS devir, periyot ❸ (*Menstruation*) aybaşı, âdet

Periodikum <-s, -ka> *nt* periyodik, süreli yayın

periodisch [peri'o:dɪʃ] *adj* periyodik, süreli; PHYS devirli

peripher [peri'fe:ɐ] *adj* çevresel

Peripherie <-n> [perife'ri:] *f* ❶ (*Randbezirke*) kenar mahaller [*o* semtler], varoşlar ❷ MATH çevre; **die ~ des Kreises** çemberin çevresi ❸ INFORM çevre **Peripheriewinkel** *m* MATH (*Umfangswinkel*) çevre açı

Periskop <-s, -e> *nt* periskop

Perle <-n> ['pɛrlə] *f* ❶ (*der Perlmuschel*) inci; (*aus Glas, Holz*) boncuk; **~n vor die Säue werfen** (*fig*) eşek hoşaftan ne anlar ❷ (*Luftblase*) kabarcık; (*Schweiß~*) damlacık ❸ (*fam: Hausgehilfin*) pırlanta

perlen ['pɛrlən] *vi* ❶ *haben o sein* (*Perlen bilden*) boncuklanmak ❷ (*Sekt*) boncuklanmak, köpürmek

Perlenkette *f* incili kolye

Perlhuhn *nt* ZOOL Beç tavuğu

Perlmutt <-s> ['pɛrlmʊt] *nt kein pl* sedef

Perlmuttknopf *m* sedef düğme

Perlon® <-s> ['pɛrlɔn] *nt kein pl* perlon

Perm *nt kein pl* GEO permiyen

permanent [pɛrma'nɛnt] *adj* sürekli

perplex [pɛr'plɛks] *adj* (*fam*) şaşkın

Perser(in)[1] <-s, -; -nen> ['pɛrzɐ] *m(f)* İranlı

Perser[2] <-s, -> *m* (*fam*) İran halısı

Perserteppich *m* İran halısı

Persianer *m* ❶ (*Fell*) astragan ❷ (*fam: Mantel*) astragan manto

Persien <-s> ['pɛrziən] *nt* İran

persisch ['pɛrzɪʃ] *adj* Acem, İranlı, İran (ile ilgili); **der P~e Golf** Basra Körfezi

Person <-en> [pɛr'zo:n] *f* kişi, şahıs; **pro ~** adam başına; **juristische/natürliche ~** JUR tüzel/gerçek kişi; **ich für meine ~ ...** bana kalırsa ...; **er ist die Geduld in ~** kendisi sabır taşıdır

Personal <-s> [pɛrzo'na:l] *nt kein pl* personel **Personalabbau** *m* personel sayısını azaltma, personelin işten çıkarılması, tasfiye **Personalabteilung** *f* özlük işleri *pl* **Personalakte** *f* sicil, özlük dosya(sı)

Personalausweis *m* kimlik (belgesi)

Personalbüro *nt* özlük işleri *pl* **Personalchef(in)** *m(f)* personel şefi

Personal Computer *m* kişisel bilgisayar

Personalien [pɛrzo'na:liən] *pl* künye, kimlik bilgileri *pl;* **jds ~ aufnehmen** bir kimsenin ismini cismini almak, bir kimsenin adını, kimliğini belirleyip kaydetmek; **jds ~ feststellen** birinin kimliğini belirlemek

Personalkosten *pl* WIRTSCH personel maliyeti

Personalpronomen *nt* LING kişi zamiri

personell [pɛrzo'nɛl] *adj* ❶ (*das Personal betreffend*) personelle ilgili; **~e Veränderungen** personelle ilgili değişiklikler ❷ (*die Person betreffend*) kişisel

Personenaufzug *m* asansör **Personenbeförderung** *f kein pl* yolcu taşıma **Personenbeschreibung** *f* eşkâl belirleme **Personenkraftwagen** *m* (*form*) binek arabası, otomobil **Personenkult** *m* (*pej*) kişilik kültü **Personenschaden** *m* yaralanma veya ölüm **Personenschutz** *m* yakın koruma **Personenstand** <-(e)s> *m kein pl* kişisel durum; (*Familienstand*) medeni hâli **Personenwaage** *f* tartı **Personenwagen** *m* ❶ binek arabası ❷ EISENB yolcu vagonu

Personifikation <-en> [pɛrzonifika'tsjo:n] *f* kişileştirme, insanmış gibi gösterme

personifizieren* [pɛrzonifi'tsi:rən] *vt* kişileştirmek, insanmış gibi göstermek

persönlich [pɛr'zø:nlɪç] *adj* ❶ (*allgemein*) kişisel, şahsî; **ein ~es Gespräch** şahsî bir görüşme; **etw ~ nehmen** bir şeye alınmak; **~ werden** şahsiyat yapmak, işi şahsiyata dökmek ❷ (*selbst*) kendi, bizzat; **der Minister ~** bakanın kendisi; **ich ~** ben kendim; **jdn ~ kennen** birini bizzat tanımak; **~ erscheinen** bizzat gelmek

Persönlichkeit <-en> *f* kişilik, karakter, benlik **Persönlichkeitsentfaltung** *f* PSYCH benlik gelişmesi, kişiliğin gelişmesi **Persönlichkeitsspaltung** *f* PSYCH benlik ikileşmesi **Persönlichkeitsstörung** *f* PSYCH benlik çatışması

Perspektive <-n> [pɛrspɛk'ti:və] *f* perspektif; (*Blickwinkel*) açı; (*Vogel~*) bakış; **aus meiner ~** benim açımdan

Peru <-s> [pe'ru:] *nt* Peru

Peruaner(in) <-s, -; -nen> [peru'a:nɐ] *m(f)* Perulu

peruanisch *adj* Perulu, Peru (ile ilgili); **eine ~e Frau** Perulu bir kadın; **die ~e Regierung** Peru hükümeti

Perücke <-n> [pe'rʏkə] *f* peruk(a), takma saç

pervers [pɛr'vɛrs] *adj* sapık

Perversion <-en> [pɛrvɛr'zjo:n] *f* sapıklık

Pessimismus <-> [pɛsi'mɪsmʊs] *m kein pl* kötümserlik, karamsarlık, bedbinlik

Pessimist(in) <-en, -en; -nen> [pɛsi'mɪst] *m(f)* kötümser (kimse), karamsar (kimse), bedbin (kimse)

pessimistisch *adj* kötümser, karamsar, bedbin

Pest [pɛst] *f kein pl* veba; **jdm die ~ an den Hals wünschen** (*fam*) bir kimseye lanet [*o* beddua] okumak; **es stinkt wie die ~** (*fam*) leş gibi kokuyor

Pestizid <-s, -e> [pɛsti'tsiːt] *nt* haşarat ilacı

Petermännchen *nt* ZOOL çarpan balığı, trakunya

Petersilie [pete'ziːljə] *f kein pl* maydanoz

Petition <-en> [peti'tsjoːn] *f* dilekçe **Petitionsrecht** *nt* POL dilekçe hakkı

Petrochemie *f kein pl* petrokimya

Petrol <-s> [pe'troːl] *nt kein pl* SCHWEIZ petrol

Petroleum <-s> [pe'troːleʊm] *nt kein pl* petrol, gaz yağı **Petroleumlampe** *f* petrol lambası

Petunie *f* BOT petunya

Petze <-n> ['pɛtsə] *f* (*pej fam*) gammaz, fitneci, kovcu

petzen ['pɛtsən] *vt* (*pej fam*) gammazlamak (**bei** -e), kovlamak (**bei** -e)

Pf *Abk von* **Pfennig** HIST fenik

Pfad <-(e)s, -e> [pfaːt] *m* ❶ (*Weg*) patika, keçi yolu ❷ INFORM yol

Pfadfinder(in) *m(f)* ❶ (*Jugendbewegung*) izcilik ❷ (*Mitglied dieser Bewegung*) izci; (*im Kindesalter*) yavrukurt

Pfaffe <-n, -n> ['pfafə] *m* (*pej*) papaz

Pfahl <-(e)s, Pfähle> [pfaːl, *pl* 'pfɛːlə] *m* kazık; (*Pfosten*) direk; **Pfähle einrammen** kazık çakmak **Pfahlbau** <-(e)s, -ten> *m* kazık temel üzerine yapı

pfählen *vt* ❶ kazıklamak, kazık çakmak (-e) ❷ (*einen Menschen*) kazığa vurmak

Pfahlwurzel *f* BOT kazık kök

Pfalz [pfalts] *f* Pfalz, Palatina

Pfälzer(in) <-s, -; -nen> ['pfɛltsɐ] *m(f)* Pfalzlı, Palatinalı

Pfand <-(e)s, Pfänder> [pfant, *pl* 'pfɛndɐ] *m* rehin, tutu; (*~geld*) depozit(o); (*für Flaschen*) depozito; **ein ~ hinterlassen** depozit(o) bırakmak

Pfandbrief *m* FIN rehinli tahvil

pfänden ['pfɛndən] *vt* haczetmek, haciz koymak (-e) **Pfandschein** <-(e)s, -e> *m* rehin senedi, varant

Pfändung <-en> *f* haciz

Pfanne <-n> ['pfanə] *f* ❶ (*Brat~*) tava; **jdn in die ~ hauen** (*fam: ausschimpfen*) birine diklenmek; (*fertigmachen*) birinin canına okumak ❷ (*Dach~*) kiremit

Pfannkuchen *m* pişi, gözleme, krep

Pfarramt ['pfarʔamt] *nt* ❶ (*Amt*) papazlık ❷ (*Dienststelle*) papazlık **Pfarrbezirk** *m* papazın görev bölgesi

Pfarrei <-en> [pfa'raɪ] *f* (*Amt*) papazlık; (*Bezirk*) papazın görev bölgesi

Pfarrer[1] <-s, -> ['pfarɐ] *m* (*katholisch*) papaz

Pfarrer(in)[2] <-s, -; -nen> *m(f)* papaz

Pfarrgemeinde *f* papazın cemaati

Pfau <-(e)s, -en> [pfaʊ] *m* ZOOL tavus (kuşu)

Pfeffer <-s, -> ['pfɛfɐ] *m* biber; **er kann hingehen, wo der ~ wächst** (*fam*) cehenneme kadar yolu var, defolsun gitsin

Pfefferkorn <-(e)s, -körner> *nt* biber tanesi

Pfefferminzbonbon *nt* naneli şeker, nane şekeri

Pfefferminze [pfɛfɐ'mɪntsə] *f kein pl* BOT nane **Pfefferminzlikör** *m* nane likörü **Pfefferminzöl** *nt kein pl* nane ruhu **Pfefferminztee** *m* nane çayı

Pfeffermühle <-n> *f* biber değirmeni

pfeffern ['pfɛfɐn] *vt* ❶ GASTR biberlemek, biber atmak (-e), biber serpmek (-e), biber katmak (-e); **gepfefferte Preise** tuzlu fiyatlar ❷ (*fam: werfen*) fırlatmak; **ich habe ihm eine gepfeffert** ona bir tane patlattım

Pfefferstreuer <-s, -> *m* biberlik

Pfeife <-n> ['pfaɪfə] *f* ❶ MUS düdük; (*Signal~*) düdük; (*Orgel~*) boru; **nach jds ~ tanzen** (*fig fam*) birinin düdüğünü öttürmek ❷ (*Tabak~*) pipo ❸ (*pej fam: unfähiger Mensch*) beceriksiz

pfeifen <pfeift, pfiff, gepfiffen> ['pfaɪfən] *vi, vt* ıslık çalmak; **draußen pfiff der Wind** dışarıda rüzgâr ıslık çalıyordu; **ich pfeife auf ...** ... beni ırgalamaz

Pfeifenkopf *m* pipo başı **Pfeifenreiniger** *m* pipo temizleyicisi **Pfeifentabak** *m* pipo tütünü

Pfeifkonzert *nt* ıslıkla(n)ma **Pfeifton** <-(e)s, -töne> *m* ıslık sesi

Pfeil <-(e)s, -e> [pfaɪl] *m* ok; **~ und Bogen** ok ve yay

Pfeiler <-s, -> ['pfaɪlɐ] *m* (*a. fig*) direk; (*Brücken~*) ayak

pfeilschnell ['-'-] *adj* ok gibi **Pfeilspitze** *f* ok ucu

Pfennig <-s, -e> ['pfɛnɪç] *m* HIST fenik; **ich habe keinen ~ dabei** yanımda bir fenik bile yok, bende metelik yok; **auf den ~ genau herausgeben** kuruşu kuruşuna vermek; **sie dreht jeden ~ (dreimal) 'rum** (*fam*) çok hesaplıdır; **das ist keinen ~ wert** bu bir fenik bile etmez, bu metelik etmez; **wer den ~ nicht ehrt, ist des Talers nicht wert** (*prov*) aza kanaat etmeyen çoğu bulamaz

Pfennigabsatz *m* (*fam*) sivri topuk

Pfennigfuchser(in) <-s, -; -nen>

[-fʊksɐ] *m(f)* (*fam*) cimri, pinti
Pferch *m* ağıl
pferchen *vt* sokuşturmak (**in** -e), tıkıştırmak (**in** -e)
Pferd <-(e)s, -e> ['pfeːɐt] *nt* ❶ (*Tier*) at, beygir; **auf ein ~ steigen** bir ata binmek; **vom ~ steigen** attan inmek; **ein ~ reiten** bir ata binmek; **zu ~e** at üstünde; **wie ein ~ arbeiten** (*fam*) eşek gibi çalışmak; **keine zehn ~e brächten ihn dahin/dazu** (*fam*) ona bunu hiçbir şey yaptıramaz; **das ~ am Schwanz aufzäumen** (*fig fam*) bir işe tersinden başlamak; **die ~e scheu machen** (*fam*) milleti telaşa düşürmek ❷ (*Schachfigur*) at ❸ (*Turngerät*) atlama beygiri **Pferdeapfel** *m* at pisliği **Pferdedecke** *f* at çulu **Pferdefuß** *m* ❶ ZOOL at ayağı ❷ (*Nachteil*) dezavantaj **Pferdelausfliege** *f* ZOOL at sineği **Pferdemähne** *f* at perçemi, at yelesi **Pferderennbahn** *f* binicilik parkuru **Pferderennen** *nt* at yarışı **Pferdeschwanz** *m* at kuyruğu **Pferdestall** *m* at ahırı, tavla **Pferdestärke** *f* TECH beygir gücü **Pferdewagen** *m* at arabası **Pferdezucht** *f* at yetiştiriciliği
pfiff [pfɪf] *3. imp von* **pfeifen**
Pfiff <-(e)s, -e> [pfɪf] *m* ıslık; (*einer Pfeife*) ses; **etw hat ~** (*fam*) bir şeyin esprisi var
Pfifferling <-s, -e> ['pfɪfɐlɪŋ] *m* BOT, GASTR horoz mantarı; **ihre Beteuerungen sind keinen ~ wert** (*fam*) iddiaları metelik [*o* beş para] etmez
pfiffig ['pfɪfɪç] *adj* açıkgöz; (*witzig*) esprili
Pfiffikus <-(ses), -se> ['pfɪfikʊs] *m* (*fam*) açıkgöz
Pfingsten <-, -> ['pfɪŋstən] *nt* küçük paskalya (yortusu)
Pfingstmontag [-'--] *m* küçük paskalya pazartesisi **Pfingstrose** *f* BOT şakayık **Pfingstsonntag** [-'--] *m* küçük paskalya pazarı
Pfirsich <-(e)s, -e> ['pfɪrzɪç] *m* BOT şeftali **Pfirsichbaum** *m* şeftali ağacı
Pflanze <-n> ['pflantsə] *f* bitki
pflanzen *vt* dikmek
Pflanzendecke *f* bitki örtüsü **Pflanzenfaser** *f* bitki teli **Pflanzenfett** *nt* GASTR bitkisel yağ, nebatî yağ **Pflanzenfresser** <-s, -> *m* ZOOL otçul **Pflanzenkunde** *f kein pl* bitki bilimi **Pflanzenöl** <-(e)s, -e> *nt* GASTR bitkisel yağ, nebatî yağ **Pflanzenreich** <-(e)s> *nt kein pl* bitkiler âlemi
pflanzlich *adj* bitkisel, nebatî; **~e und tierische Produkte** bitkisel ve hayvansal ürünler
Pflanzung <-en> *f* (*neu angelegte Kultur*) fidanlık; (*Plantage*) plantasyon
Pflaster <-s, -> ['pflastɐ] *nt* ❶ (*aus Asphalt*) kaldırım; (*Kopfstein~*) parke ❷ (*Heft~*) plaster
pflastern ['pflastɐn] *vt* döşemek; (*mit Kopfsteinpflaster*) parke taşı ile döşemek
Pflasterstein *m* parke taşı, kaldırım taşı
Pflaume <-n> ['pflaʊmə] *f* ❶ (*Frucht*) erik ❷ (*Baum*) erik ❸ (*pej fam: Mensch*) şapşal **Pflaumenbaum** *m* erik ağacı **Pflaumenmus** <-es, -e> *nt* erik ezmesi **Pflaumenschnaps** *m* erik rakısı
Pflege ['pfleːgə] *f kein pl* ❶ (*Kranken~, Körper~*) bakım; (*von Kindern, Tieren*) bakım; **jdn/ein Tier bei jdm in ~ geben** bir kimseyi/hayvanı birine bakıma vermek; **jdn/ein Tier in ~ nehmen** bir kimseyi/hayvanı bakıma almak, bir kimsenin/hayvanın bakımını üstlenmek ❷ (*Instandhaltung*) bakım
pflegebedürftig *adj* bakıma muhtaç **Pflegedienst** *m* bakım servisi **Pflegefall** <-(e)s, -fälle> *m* bakıma muhtaç olma durumu **Pflegeheim** <-(e)s, -e> *nt* bakım evi, bakım yurdu **Pflegekind** *nt* evlatlık, yetiştirme **pflegeleicht** *adj* ❶ bakımı kolay ❷ (*Wäsche*) ütü istemeyen, kolay yıkanır **Pflegemutter** <-mütter> *f* analık
pflegen ['pfleːgən] **I.** *vt* ❶ (*Kranke*) bakmak (-e) ❷ (*Garten, Körper*) bakmak (-e); (*Gebäude*) bakımını yapmak (-in) ❸ (*Beziehungen*) bulunmak; (*Freundschaft*) yapmak; (*Kunst, Wissenschaft*) uğraşmak (ile) **II.** *vi* **er pflegte spät ins Bett zu gehen** geç yatardı, geç yatmayı alışkanlık edinmişti
Pflegepersonal *nt* bakım personeli
Pfleger(in) <-s, -; -nen> *m(f)* ❶ (*Kranken~*) bakıcı ❷ (*Tier~*) bakıcı ❸ JUR kayyım
Pflegeversicherung *f* bakım sigortası
Pflegschaft <-en> *f* JUR kayyımlık; (*Vormundschaft*) vesayet
Pflicht <-en> [pflɪçt] *f* ❶ vazife, görev; **ich tue nur meine ~** ben sadece vazifemi yapıyorum; **ich halte es für meine (moralische) ~, ihm zu helfen** ona yardım etmeyi (ahlakî) vazifem olarak görüyorum ❷ (*Verpflichtung*) yükümlülük; **Rechte und ~en** hak ve yükümlülükler ❸ SPORT mecburî figürler **pflichtbewusst**[RR] *adj* vazifeşinas, ödevcil **Pflichtfach** *nt* UNIV, SCHULE zorunlu ders **pflichtgemäß** *adj* görev gereği **Pflichtübung** <-en> *f* SPORT zorunlu alıştırma, zorunlu hareketler **Pflichtversicherung** *f* zorunlu sigorta **Pflichtverteidiger(in)** *m(f)* JUR resen atanan avukat
Pflock <-(e)s, Pflöcke> [pflɔk, *pl*

'pflœkə] *m* kazık

pflücken ['pflʏkən] *vt* toplamak, devşirmek

Pflücker(in) <-s, -; -nen> *m(f)* toplayıcı

Pflug <-(e)s, Pflüge> [pflu:k, *pl* 'pfly:gə] *m* AGR pulluk; (*Schnee~*) saban

pflügen ['pfly:gən] **I.** *vt* pullukla sürmek; **den Acker ~** tarlayı (pullukla) sürmek **II.** *vi* çift sürmek

Pflugschar *f* pulluk uç demiri

Pforte <-n> ['pfɔrtə] *f* kapı

Pförtner(in) <-s, -; -nen> ['pfœrtnɐ] *m(f)* kapıcı

Pfosten <-s, -> ['pfɔstən] *m* direk; (*Tor~*) yan direk

Pfote <-n> ['pfo:tə] *f* ❶ (*von Tieren*) ayak; (*Vorder~ von Hund, Katze*) pati ❷ (*fam: Hand*) el; **sich** *dat* **bei etw die ~n verbrennen** bir işten zararlı çıkmak

Pfriem <-(e)s, -e> *m* biz, tığ

pfropfen ['pfrɔpfən] *vt* ❶ (*veredeln*) aşılamak ❷ tıkaçlamak; (*fam: hineinstopfen*) tıkıştırmak, sokuşturmak, tıka basa sokmak; **der Saal war gepfropft voll** salon tıka basa doluydu

Pfropfen <-s, -> ['pfrɔpfən] *m* tıkaç

Pfropfreis *nt* aşı

Pfründe <-n> ['pfrʏndə] *f* REL arpalık

pfui [pfʊɪ] *interj* (*Ausdruck des Ekels*) pöf; (*Ausdruck der Empörung*) yuh, yuf; **~ Teufel!** tuh!, tü! şeytan çarpsın!; **oben hui, unten ~** (*fam*) dışı kalaylı, içi alaylı

Pfund <-(e)s, -e> [pfʊnt] *nt* ❶ (*Gewichtseinheit*) yarım kilo; **einige ~e abnehmen** birkaç kilo vermek ❷ (*Währungseinheit*) lira; (*englisches*) pound; **~ Sterling** pound sterlin, İngiliz lirası

Pfusch <-(e)s> [pfʊʃ] *m kein pl*, **Pfuscharbeit** *f kein pl* (*pej fam*) yarım yamalak iş, üstünkörü iş

pfuschen ['pfʊʃən] *vi* ❶ (*pej fam: schludern*) üstünkörü iş görmek ❷ DIAL (*schummeln*) hile yapmak, dalavere yapmak

Pfuscher(in) <-s, -; -nen> *m(f)* (*pej fam*) dalavereci

Pfuscherei <-en> *f* (*pej fam*) yarım yamalak iş, üstünkörü iş

Pfütze <-n> ['pfʏtsə] *f* su birikintisi

Phagozyt *m* BIOL fagosit; (*Fresszelle*) yutar hücre

Phallus <-, -se *o* Phalli *o* Phallen> ['falʊs] *m* fallus

Phänomen <-s, -e> [fɛno'me:n] *nt* fenomen, olay; PHILOS fenomen, görüngü; **solare ~e** güneş olayları

phänomenal [fɛnome'na:l] *adj* ❶ fenomenal ❷ (*fam: ohnegleichen*) emsalsiz, eşi olmayan

Phantasie <-n> [fanta'zi:] *f s.* **Fantasie**

phantasielos *adj s.* **fantasielos**

Phantasielosigkeit *f kein pl s.* **Fantasielosigkeit**

phantasieren* [fanta'zi:rən] *vi s.* **fantasieren**

phantasievoll *adj s.* **fantasievoll**

Phantast(in) <-en, -en; -nen> [fan'tast] *m(f) s.* **Fantast**

Phantasterei <-en> *f s.* **Fantasterei**

phantastisch *adj s.* **fantastisch**

Phantom <-s, -e> [fan'to:m] *nt* fantom, hayalet **Phantombild** *nt* robot resim

Pharao <-s, -nen> ['fa:rao, *pl* fara'o:nən] *m* firavun

Pharisäer <-s, -> [fari'zɛ:ɐ] *m* REL Ferisî

Pharmaindustrie *f kein pl* ilaç sanayii

Pharmakologe(in) <-n, -n; -nen> [farmako'lo:gə] *m(f)* farmakolog

Pharmakologie [farmakolo'gi:] *f kein pl* farmakoloji

pharmakologisch *adj* farmakolojik

Pharmazeut(in) <-en, -en; -nen> [farma'tsɔɪt] *m(f)* eczacı

Pharmazeutik [farma'tsɔɪtɪk] *f kein pl* ecza

Pharmazie [farma'tsi:] *f kein pl* eczacılık

Phase <-n> ['fa:zə] *f* ❶ (*Zeitstufe*) evre, aşama ❷ CHEM, PHYS, ELEK faz; ASTRON evre

Phenol <-s> *nt kein pl* CHEM fenol

Philatelie *f kein pl* pulculuk

Philatelist(in) *m(f)* pulcu

Philharmonie <-n> [fɪlharmo'ni:] *f* ❶ (*Orchester*) filarmoni orkestrası ❷ (*Gebäude*) filarmoni; (*Konzertsaal*) filarmoni salonu

Philharmoniker(in) <-s, -; -nen> [fɪlhar'mo:nikɐ] *m(f)* filarmoni üyesi

Philippinen [filɪ'pi:nən] *pl* Filipin adaları *pl*

Philippiner(in) <-s, -; -nen> [filɪ'pi:nɐ] *m(f)* Filipinli

philippinisch [filɪ'pi:nɪʃ] *adj* Filipin, Filipinli

Philodendron *m o nt* BOT devetabanı

Philologe(in) <-n, -n; -nen> [filo'lo:gə] *m(f)* filolog

Philologie <-n> [filolo'gi:] *f* filoloji

philologisch *adj* filolojik

Philosoph(in) <-en, -en; -nen> [filo'zo:f] *m(f)* filozof

Philosophie <-n> [filozo'fi:] *f* felsefe

philosophieren* [filozo'fi:rən] *vi* felsefe yapmak

philosophisch [filo'zo:fɪʃ] *adj* filozofik, felsefî

Phlegma <-s> *nt* PSYCH ağırkanlılık

phlegmatisch *adj* PSYCH ağırkanlı

P

Phobie <-n> [fo'biː] *f* MED fobi (**vor** -e karşı)

Phonetik [fo'neːtɪk] *f kein pl* LING fonetik, ses bilgisi

phonetisch *adj* LING fonetik, sesçil

Phönix <-(es), -e> ['føːnɪks] *m* Anka, Zümrüdüanka

Phönizien <-s> *nt kein pl* Fenike

Phönizier(in) <-s, -; -nen> [fø'niːtsiɐ] *m(f)* Fenikeli

Phonotypist(in) <-en, -en; -nen> [fono-ty'pɪstɪn] *m(f)* diktafondan yazan daktilograf

Phosphat <-(e)s, -e> [fɔs'faːt] *nt* fosfat

phosphathaltig *adj* fosfatlı

phosphatieren *vt* TECH fosfatlamak

Phosphor <-s, -e> ['fɔsfoːɐ] *m* CHEM fosfor

Phosphoreszenz *f* fosforışı

phosphoreszieren* [fɔsforɛs'tsiːrən] *vi* fosforışıldamak

phosphorig *adj* fosforik; **~e Säure** fosforik asit

Photo <-s, -s> ['foːto] *m o nt s.* **Foto**

Photoapparat *m s.* **Fotoapparat**

Photochemie *f* CHEM fotokimya

photogen [foto'geːn] *adj s.* **fotogen**

Photographie <-n> [fotogra'fiː] *f s.* **Fotografie**

photomechanisch *adj* TYPO fotomekanik; **ein ~es Verfahren** fotomekanik bir yöntem

Photometer *m* PHYS fotometre

Photometrie *f* PHYS fotometri

Photon *nt* PHYS foton

Photosphäre *f kein pl* ASTRON fotosfer

Photosynthese [foto-] *f kein pl* fotosentez

Phototaxis *f* BIOL fototaktizm

Phototherapie *f* MED fototerapi

Phototropismus *m* BIOL fototropizm

Phrase <-n> ['fraːzə] *f* ① LING ibare ② (*pej: inhaltsleere Formel*) laf, boş söz; **~n dreschen** (*fam*) laf düzmek ③ MUS parça, cümle

Phrygien *nt* HIST Frigya

Phrygier(in) *m(f)* HIST Frigyalı

pH-Wert <-(e)s, -e> [peː'haːveːɐt] *m* CHEM pH, sertlik derecesi

Phylogenese *f* BIOL filojenez, soy oluş

Physik [fy'ziːk] *f kein pl* fizik

physikalisch [fyzi'kaːlɪʃ] *adj* fiziksel

Physiker(in) <-s, -; -nen> ['fyːzikɐ] *m(f)* fizikçi

Physiognomie <-n> [fyziogno'miː] *f* (*geh*) fizyonomi

Physiologie [fyziolo'giː] *f kein pl* fizyoloji

physiologisch [fyzio'loːgɪʃ] *adj* fizyolojik

Physiotherapie [fyzio-] *f kein pl* fizik tedavisi, fizyoterapi

physisch ['fyːzɪʃ] *adj* fizikî, fiziksel; **~er Schmerz** fiziksel acı

Pianist(in) <-en, -en; -nen> [pja'nɪst] *m(f)* piyanist

Piano <-s, -s> ['pjaːno] *nt* piyano

picheln ['pɪçəln] *vi* (*fam*) kafayı çekmek

Pickel <-s, -> ['pɪkəl] *m* ① (*Spitzhacke*) külünk; (*Eis~*) kazma ② (*auf der Haut*) sivilce

pickelig ['pɪk(e)lɪç] *adj* sivilceli

picken ['pɪkən] *vt, vi* ① (*Vogel*) gagalamak (**nach** -i) ② (*heraussuchen*) seçmek (**aus** -den)

Picknick <-s, -s *o* -e> ['pɪknɪk] *nt* piknik

picobello *adv s.* **pikobello**

piekfein ['piːk'faɪn] *adj* (*fam*) çok şık

piep [piːp] *interj* **~, ~!** cik cik!; **nicht** (**einmal**) **~ sagen** (*fam*) gık (bile) dememek; **nicht mehr ~ sagen können** (*fam*) gıkı çıkmamak

piepegal ['--'-] *adj* (*fam*) **das ist mir ~** bu bana vız gelir

piepen ['piːpən] *vi* cik cik ötmek; **bei der piept's wohl!** (*fam*) kafayı üşütmüşsün sen!; **das ist ja zum P~!** (*fam*) bu çok komik!

Piepen *pl* (*fam*) mangırlar *pl*, paralar *pl*

Pieper ['piːpɐ] *m* ZOOL incir kuşu

Piephahn *m* (*Kindersprache*) pipi

piepsen ['piːpsən] *vi* ① *s.* **piepen** ② (*sprechen*) ince ve tiz sesle konuşmak

Piepser <-s, -> *m* (*fam*) ① (*Piep*) gık ② (*Empfänger*) çağrı cihazı

piepsig *adj* (*Stimme*) ince ve tiz

Pier <-s, -e *o* -s> [piːɐ] *m* rıhtım

piesacken ['piːzakən] *vt* (*fam*) kafasının etini yemek (-in)

Pietät [pie'tɛːt] *f kein pl* (*geh*) dinî vecibelerin sadakatla ifası; (*Respekt*) saygı, hürmet

Pigment <-(e)s, -e> [pɪ'gmɛnt] *nt* pigment

Pik <-s> [piːk] *nt kein pl* maça, pik **Pikacht** *f* maça sekizlisi

pikant [pi'kant] *adj* ① (*Soße*) baharatlı ② (*Witz*) müstehcen, açık saçık

Pikass *nt* maça birlisi

Pike <-n> ['piːkə] *f* (*fam*) **etw von der ~ auf lernen** bir şeyi çekirdekten öğrenmek

Pikee [pi'keː] *m* pike

piken ['piːkən] **I.** *vi* (*fam*) (hafifçe) batmak; **das Stroh pikt** saman batıyor **II.** *vt* (*fam*) (hafifçe) batırmak

pikiert [pi'kiːɐt] *adj* kırgın, küskün, gücenik; **ein ~es Gesicht machen** küskün bir tavır takınmak

Pikkolo <-s, -s> ['pɪkolo] *m* ❶ (*Kellnerlehrling*) garson çırağı, garson yamağı ❷ (*fam: Sektflasche*) küçük şişe köpüklü şarap

Pikkoloflöte <-n> *f* küçük flüt

pikobello *adv* (*fam*) tertemiz; (*tadellos*) mükemmel

piksen ['piːksən] *vi, vt s.* **piken**

Pilger(in) <-s, -; -nen> ['pɪlgɐ] *m(f)* REL hacı **Pilgerfahrt** *f* REL hac

pilgern ['pɪlgɐn] *vi sein* haccetmek (**nach** -e), hacca gitmek (**nach** -e)

Pille <-n> ['pɪlə] *f* ❶ (*Tablette*) hap; **eine ~ nehmen** bir hap almak; **eine bittere ~ schlucken müssen** (*fam*) hoş olmayan bir şeyi sineye çekmek zorunda kalmak ❷ (*fam: Antibaby~*) (doğum kontrol) hap(ı); **die ~ danach** sonradan alınan doğum kontrol hapı **Pillendose** *f* hap kutusu **Pillenknick** *m* hap sonucu doğumlarda azalma (*doğum kontrol hapının yaygınlaşması sonucu istatistik grafiklerinde görülen çizgideki kırılma*)

Pilot(in) <-en, -en; -nen> [pi'loːt] *m(f)* pilot

Pilotprojekt *nt* pilot proje

Pilz <-es, -e> [pɪlts] *m* BOT, MED mantar, küflüce; (*mit Hut*) mantar; **essbare/giftige ~e** yenen/zehirli mantarlar; **wie ~e aus dem Boden schießen** mantar gibi yerden bitmek **Pilzerkrankung** *f* mantar, küflüce; (*Pilzkrankheit*) mantar hastalığı **Pilzkunde** *f kein pl* mantar bilimi; (*Mykologie*) mikoloji **Pilzvergiftung** *f* mantar zehirlenmesi

Pimmel <-s, -> ['pɪməl] *m* (*fam*) çük

pingelig ['pɪŋəlɪç] *adj* (*fam*) aşırı (derecede) titiz, pimpirik, müşkülpesent

Pingpong <-s> ['pɪŋpɔŋ] *nt kein pl* pingpong

Pinguin <-s, -e> ['pɪŋguiːn] *m* penguen

Pinie <-n> ['piːniə] *f* fıstık çamı

pink [pɪŋk] *adj* pembe

pinkeln ['pɪŋkəln] *vi* (*fam*) işemek, çiş yapmak

Pinscher <-s, -> ['pɪnʃɐ] *m* pinşer

Pinsel <-s, -> ['pɪnzəl] *m* ❶ fırça ❷ (*fam: Dummkopf*) ahmak

pinseln *vi, vt* ❶ (*fam: malen*) (fırça ile) boyamak ❷ (*fam: schreiben*) yazmak

Pinzette <-n> [pɪn'tsɛtə] *f* cımbız

Pionier(in) <-s, -e; -nen> [pio'niːɐ] *m(f)* ❶ MIL istihkâm eri ❷ (*Wegbereiter*) öncü **Pionierarbeit** *f kein pl* öncülük; **~ leisten** öncülük yapmak **Pioniertruppe** *f* MIL istihkâm bölüğü, istihkâm sınıfı

Pipapo <-s> ['piː'paː'poː] *nt kein pl* (*fam*) **mit allem ~** her şeyi ile birlikte

Pipeline <-s> ['paɪplaɪn] *f* (*für Gas*) payplayn, boru hattı; (*für Öl*) payplayn

Pipette <-n> [pi'pɛtə] *f* pipet, damlalık

Pipi <-s> ['pɪpi, pi'piː] *nt kein pl* (*fam: Kindersprache*) çiş; **~ machen** çiş etmek; **ich muss mal ~!** çişim geldi!

Pipifax <-> ['pɪpifaks] *m kein pl* (*pej fam: Unsinn*) saçmalık; (*Nichtigkeiten*) fasa fiso şeyler *pl*

Piranha <-(s), -s> [pi'ranja] *m* ZOOL pirana

Pirat(in) <-en, -en; -nen> [pi'raːt] *m(f)* korsan **Piratenschiff** *nt* korsan gemisi **Piratensender** *m* korsan radyo (istasyonu)

Piraterie <-n> *f* (*a. fig*) korsanlık

Pirol <-s, -e> *m* ZOOL sarıasma

Pirouette <-n> [piru'ɛtə] *f* pirüet

Pirsch [pɪrʃ] *f kein pl* avlanma; **auf (die) ~ gehen** avlanmak

pissen ['pɪsən] *vi* ❶ (*vulg: urinieren*) işemek ❷ (*fam: regnen*) çiselemek

Pissoir *nt* pisuvar

Pisspott *m* (*sl*) oturak

pisswarm *adj* (*sl*) hamam suyu gibi

Pistazie <-n> [pɪs'taːtsiə] *f* Antep fıstığı, Şam fıstığı

Piste <-n> ['pɪstə] *f* AERO pist; SPORT parkur

Pistole <-n> [pɪs'toːlə] *f* tabanca, piştov; **jdm die ~ auf die Brust setzen** birinin göğüsüne tabancayı dayamak; (*fig fam*) birini karar vermeye zorlamak; **wie aus der ~ geschossen** (*fig fam*) şimşek gibi

pitschnass[RR] ['-'-] *adj* (*fam*) sırılsıklam, sucuk gibi

pittoresk [pɪto'rɛsk] *adj* (*geh*) pitoresk

Pixel *m* INFORM piksel

Pizza <-s *o* Pizzen> ['pɪtsa] *f* pizza

Pkw <-(s), -(s)> ['peːkaveː] *m Abk von* **Personenkraftwagen** binek arabası, otomobil

Plackerei *f kein pl* (*fam*) angarya

plädieren* [plɛ'diːrən] *vi* ❶ JUR (*Verteidiger*) son savunmada bulunmak; (*Staatsanwalt*) son iddiada bulunmak; **der Verteidiger plädierte auf** [*o* **für**] **Freispruch** savunma avukatı beraat istedi ❷ (*sich einsetzen*) savunmak (**für** -i); (*unterstützen*) desteklemek (**für** -i), lehinde konuşmak (**für** -in)

Plädoyer <-s, -s> [plɛdo̯a'jeː] *nt* JUR (*des Verteidigers*) mütalâa ve savunma, son savunma; (*des Staatsanwalts*) son iddia

Plage <-n> ['plaːgə] *f* bela; (*Arbeit*) angarya; (*Mühe*) eziyet; **zu einer ~ werden** bela olmak **Plagegeist** <-(e)s, -er> *m* (*fam*) baş belası, illet

plagen ['plaːgən] **I.** *vt* ❶ (*belästigen*) taciz etmek, rahatsız etmek, sıkıntı vermek (-e),

P

bela kesilmek (-e) ❷ (*Schmerzen, Zweifel*) yiyip bitirmek, sürekli olarak tedirgin etmek **II.** *vr* ■ **sich ~** zahmet çekmek
Plagiat <-(e)s, -e> [pla'gja:t] *nt* aşırma, intihal
Plakat <-(e)s, -e> [pla'ka:t] *nt* afiş
plakatieren* [plaka'ti:rən] **I.** *vi* afiş asmak **II.** *vt* afişlemek
plakativ [plaka'ti:f] *adj* ❶ (*wie ein Plakat*) afiş gibi ❷ (*auffällig*) dikkat çekici
Plakatkunst *f kein pl* afişçilik **Plakatmaler(in)** *m(f)* afişçi **Plakatmalerei** *f kein pl* afişçilik **Plakatwand** *f* afiş duvarı **Plakatwerbung** *f* afişle reklâm
Plakette <-n> [pla'kɛtə] *f* plaket
plan [pla:n] *adj* düz, yatık
Plan <-(e)s, Pläne> [pla:n, *pl* 'plɛ:nə] *m* ❶ (*Vorhaben*) plan; (*Projekt*) proje; (*Absicht*) plan, niyet; (*Lehr~*) program; **es verläuft alles nach ~** her şey plana göre yürüyor; **Pläne machen/schmieden** planlar yapmak/kurmak; **auf dem ~ stehen** planda olmak ❷ (*Entwurf*) plan; (*Karte*) harita
Plane <-n> ['pla:nə] *f* tente
planen ['pla:nən] *vt* ❶ (*entwerfen*) planlamak ❷ (*vorhaben*) niyeti olmak (**zu** -e); (*Ausflug, Essen*) düşünmek; (*Wirtschaft, Entwicklung*) planlamak; **es lief alles wie geplant** her şey planlandığı [*o* düşünüldüğü] gibi yürüdü
Planer(in) <-s, -; -nen> *m(f)* plancı, planlamacı; (*Routen~*) planlayıcı
Planet <-en, -en> [pla'ne:t] *m* ASTRON gezegen
Planetarium <-s, Planetarien> [plane'ta:riʊm] *nt* planetaryum
Planetensystem *nt* ASTRON gezegenler sistemi
planieren* [pla'ni:rən] *vt* düzlemek
Planierraupe *f* buldozer, yoldüzler
Planimetrie *f kein pl* MATH düzlem geometri
Planke <-n> ['plaŋkə] *f* kalas
plänkeln *vi* ❶ MIL, HIST müsademe yapmak ❷ (*sich scherzhaft streiten*) takışmak, birbirine takılmak
Plankton <-s> ['plaŋktɔn] *nt kein pl* BIOL plankton
planlos *adj* plansız, plansız programsız **Planlosigkeit** *f kein pl* plansızlık
planmäßig **I.** *adj* ❶ (*wie vorgesehen*) planlı ❷ (*nach Plan*) planlı **II.** *adv* ❶ (*wie vorgesehen*) öngörüldüğü gibi ❷ (*nach Plan*) planlı, plana göre
Planstelle <-n> *f* kadro
Plantage <-n> [plan'ta:ʒə] *f* plantasyon
Plan(t)schbecken *nt* çocuk havuzu
plan(t)schen ['planʃən] *vi* (*mit Wasser spritzen*) etrafa su sıçratmak (**in** içinde); (*im Wasser spielen*) su ile oynamak (**in** -de)
Planung <-en> *f* planlama; **in der ~ befindlich** planlamada bulunan [*o* olan]
Planwagen *m* tenteli muhacir arabası
Planwirtschaft *f kein pl* WIRTSCH planlı ekonomi
Plappermaul *nt* (*pej fam*) çalçene, geveze, boşboğaz
plappern ['plapɐn] **I.** *vi* (*fam*) gevezelik etmek **II.** *vt* (*pej fam*) **Unsinn ~** saçma sapan konuşmak
plärren ['plɛrən] *vi* (*pej*) ❶ (*weinen*) zırıldamak ❷ (*schreien*) viyaklamak ❸ (*Radio, Lautsprecher*) cızırtı yapmak
Plasma <-s, Plasmen> ['plasma] *nt* BIOL, MED, PHYS plazma
Plasmachemie *f kein pl* plazma kimyası
Plasmaphysik *f kein pl* plazma fiziği
Plastik[1] <-s> ['plastɪk] *nt kein pl* (*Bildhauerkunst*) plastik sanatlar *pl*
Plastik[2] <-en> ['plastɪk] *f* ❶ (*Kunststoff*) plastik ❷ MED (*plastische OP*) plastik ameliyat
Plastikeimer *m* plastik kova **Plastikgeld** *nt* (*fam: Kreditkarten*) kredi kartları *pl* **Plastiktüte** *f* plastik torba, naylon torba, plastik poşet
plastisch ['plastɪʃ] *adj* ❶ (*formbar*) plastik; **~e Chirurgie/Operation** plastik cerrahi/ameliyat ❷ (*anschaulich*) plastik
Plastron *m o nt* ❶ (*Bekleidungsstück*) plastron ❷ SPORT (*bei Fechten*) plastron
Platane <-n> [pla'ta:nə] *f* BOT çınar
Plateau <-s, -s> [pla'to:] *nt* GEO plato; (*Hochebene*) yayla
Platin <-s> ['pla:ti:n] *nt kein pl* CHEM platin
PlatitudeRR <-n> [plati'ty:də] *f* (*geh*) basmakalıp
PlatitüdeALT <-n> *f s.* **Platitude, Plattitüde**
platonisch [pla'to:nɪʃ] *adj* platonik
Platonismus *m kein pl* PHILOS Platonculuk
platsch [platʃ] *interj* şap
plätschern ['plɛtʃɐn] *vi* (*fam: fließendes Wasser*) fışırdamak, fışır fışır akmak; (*Regen*) şakırdamak, şakır şakır yağmak
platt [plat] *adj* ❶ (*flach*) düz; (*~ gedrückt*) yassı, basık, pat; (*Reifen*) patlak; **etw ~ drücken** bir şeyi bastırarak yassı duruma getirmek; **~ sein** (*fam*) şaşakalmak, çok şaşırmak, ağzı açık kalmak; **da bin ich aber ~** (*fam*) işte buna ağzım açık kaldı; **ich war ~, als ich ihn nach zehn Jahren wiedersah** (*fam*) on yıl sonra onu tekrar görünce şaşakaldım ❷ (*pej: geistlos*) espri-

P

siz

Platt <-(s)> [plat] *nt kein pl* ❶ (*Plattdeutsch*) taşra ağzı Almancası ❷ DIAL (*Dialekt*) taşra ağzı; **~ sprechen** taşra ağzıyla konuşmak; **auf ~** taşra ağzıyla **Plattdeutsch** *nt* taşra ağzı Almancası

Platte[1] <-n> ['platə] *f* ❶ (*Holz~*) tahta; (*Metall~*) levha; (*dünner*) plak, plaka; (*Küchen~*) tezgâh ❷ (*Schall~*) plak; **die ~ kenn' ich schon!** (*fam*) o plağı biliyorum bile! ❸ (*Teller*) tabak ❹ INFORM (*Fest~*) disk ❺ (*fam: Glatze*) kel

Platte[2] <-n, -n> ['platə] *m* (*fam*) **einen ~n haben** lastiği patlamak

Plätteisen ['plɛtʔaɪzən] *nt* NORDD ütü

plätten ['plɛtən] *vt* DIAL ütülemek

Plattenarchiv *nt* plak arşivi **Plattencover** ['platənkavɐ] *nt* plak kılıfı **Plattenfirma** *f* plak firması **Plattenlaufwerk** *nt* INFORM disk sürücü **Plattenspieler** <-s, -> *m* pikap

Plattform <-en> *f* platform

Plattfuß *m* ❶ MED, ANAT düztaban ❷ (*fam: am Reifen*) patlak

Plattitüde[RR] <-n> [plati'ty:də] *f* (*geh*) basmakalıp

Platz[1] <-es, Plätze> [plats, *pl* 'plɛtsə] *m* ❶ (*Ort, Stelle*) yer, mekân, mahal; **fehl am ~ sein** (*Person*) ortama uymamak; (*Bemerkung*) yerinde olmamak, yersiz olmak ❷ (*öffentlicher ~*) meydan ❸ (*Sport~*) alan, saha; (*Tennis~*) kort; **auf eigenem ~** kendi sahasında; **auf gegnerischem ~** rakip sahada; (*Fußball*) deplasmanda ❹ (*Sitz~*) oturacak yer; **bitte, nehmen Sie ~!** lütfen oturunuz!; **ist noch ein ~ frei?** boş yer var mı?; **dieser ~ ist besetzt** bu yer dolu; **~!** (*zum Hund*) otur! ❺ (*Teilnahme~*) **es sind noch Plätze frei** daha yerimiz var; **ein Saal mit 500 Plätzen** 500 kişilik bir salon ❻ (*Rang*) sıra, derece; **sie belegte den ersten/zweiten/dritten ~** birinciliği/ikinciliği/üçüncülüğü aldı; **seinen ~ behaupten** sırasını korudu

Platz[2] <-es> *m kein pl* (*Raum*) yer; **~ sparend** yerden tasarruflu, az yer kaplayan; **~ da!** yer açın!, kaçılın!, yol verin!; **~ für jdn/etw schaffen** bir kimseye/şeye yer açmak; **jdm ~ machen** birine yer vermek

Platzangst *f* PSYCH ❶ (*Agoraphobie*) alan korkusu ❷ (*Klaustrophobie*) kapalı yer korkusu

Platzanweiser(in) <-s, -; -nen> *m(f)* yer gösteren kimse

Plätzchen <-s, -> ['plɛtsçən] *nt* (*Gebäck*) kurabiye, çörek

platzen ['platsən] *vi sein* ❶ (*Bombe, Mine*) patlamak; (*Rohr, Luftballon*) patlamak; (*Naht*) patlamak; **vor Ungeduld ~** (*fig*) sabırsızlıktan patlamak; **vor Wut/Ärger ~** (*fig*) sinirden/öfkeden tepesi atmak ❷ (*fam: scheitern*) yatmak ❸ (*fam: hineinstürmen*) pat diye girmek (**in** -e)

platzieren*[RR] [pla'tsi:rən] **I.** *vt* ❶ yerleştirmek, koymak ❷ SPORT plaselemek; **den Ball ~** topu plaselemek **II.** *vr* ▪ **sich ~** SPORT **der Läufer platzierte sich unter den ersten fünf** koşucu ilk beşin arasına girdi

Platzkarte *f* numaralı bilet **Platzmangel** <-s> *m kein pl* yersizlik **Platzmiete** <-n> *f* işgaliye

Platzpatrone *f* kuru sıkı (atım yapan fişek), manevra fişeği **Platzregen** <-s, -> *m* sağanak

platzsparend *adj s.* **Platz**[2] **Platzverweis** *m* SPORT oyundan çıkar(ıl)ma **Platzvorteil** *m kein pl* SPORT saha avantajı **Platzwette** *f* plase

Plauderei <-en> [plaʊdə'raɪ] *f* hoşbeş, laklak

plaudern ['plaʊdɐn] *vi* hoşbeş etmek, laklak etmek, sohbet etmek, havadan sudan konuşmak

Plausch <-(e)s, -e> [plaʊʃ] *m* SÜDD, ÖSTERR (*Plauderei*) hoşbeş, laklak; **einen ~ halten** hoşbeş etmek, laklak etmek

plausibel [plaʊ'zi:bəl] *adj* akla uygun, makul; (*verständlich*) anlaşılır; **jdm etw ~ machen** birine bir şeyi anlaşılır biçimde anlatmak

Play-back[RR] <-, -s> [pleɪ'bɛk] *nt*, **Playback** <-, -s> *nt* pleybek

Playboy <-s, -s> ['pleɪbɔɪ] *m* zengin hovarda

Plazenta <-s *o* Plazenten> [pla'tsɛnta] *f* ❶ MED, ANAT plasenta ❷ BIOL etene

plazieren*[ALT] *vt, vr* ▪ **sich ~** *s.* **platzieren**

Pleistozän *nt kein pl* GEO pleistosen

pleite ['plaɪtə] *adj* (*fam*) **~ sein** züğürt olmak

Pleite <-n> ['plaɪtə] *f* (*fam*) ❶ (*Bankrott*) iflas, batkı ❷ (*Misserfolg*) fiyasko

pleite|gehen[RR] *irr vi sein* (*fam*) iflas etmek, batmak

Plektron <-s, -tren> *nt* MUS çalgıç, pena, mızrap

plemplem [plɛm'plɛm] *adj inv* (*fam*) kaçık

Plenarsaal [ple'na:ɐ-] *m* POL genel kurul salonu **Plenarsitzung** *f* POL genel kurul toplantısı

Plenum <-s, Plenen> ['ple:nʊm] *nt* genel kurul

Pleuellager *nt* TECH, AUTO piston yatağı

Pleuelstange ['plɔɪəl-] *f* TECH, AUTO biyel, piston kolu

Pleura <-ren> *f* ANAT plevra
Plexiglas® <-es> ['plɛksi-] *nt kein pl* plastik cam
Pliozän <-s> *nt kein pl* GEO pliyosen
Plissee <-s, -s> [plɪ'seː] *nt* pli
Plisseerock *m* pli etek
plissiert *adj* plili
PLO *f Abk von* **Palästinensische Befreiungsorganisation** FKÖ (*Filistin Kurtuluş Örgütü*)
Plombe <-n> ['plɔmbə] *f* ❶ (*Verschluss*) kurşun mühür ❷ (*Zahnfüllung*) dolgu
plombieren* [plɔm'biːrən] *vt* ❶ (*versiegeln*) kurşunla mühürlemek, kurşunlamak ❷ (*Zahn*) dolgu yapmak (-e)
Plotter <-s, -> ['plɔtɐ] *m* INFORM çizici
Plötze *f* ZOOL çamça
plötzlich ['plœtslɪç] **I.** *adj* ani, apansız **II.** *adv* ani, aniden, birdenbire, ansızın; **es kam alles so ~** her şey öyle ani oldu ki
plump [plʊmp] *adj* ❶ (*unförmig*) biçimsiz, kaba ❷ (*ungelenk*) hantal; (*schwerfällig*) hantal; **ein ~er Körper** hantal bir vücut ❸ (*pej: dreist*) pervasız; (*Annäherung*) laubalî; (*Witz*) kaba
plumps [plʊmps] *interj* cumbur
Plumps <-es, -e> [plʊmps] *m* (*fam*) cumburtu, cumbadak düşme
plumpsen ['plʊmpsən] *vi sein* (*fam*) cumbadak düşmek
Plumpsklo(sett) *nt* (*fam*) alaturka tuvalet
Plunder <-s> ['plʊndɐ] *m kein pl* (*pej fam*) pılı pırtı
plündern ['plʏndɐn] *vt* yağma etmek, talan etmek
Plünderung <-en> *f* yağma, çapul, talan
Plural <-s, -e> ['pluːraːl] *m* LING çoğul, çokluk; **erste Person ~** birinci çokluk kişi
Pluralismus *m kein pl* ❶ *a.* POL plüralizm, çoğulculuk ❷ PHILOS plüralizm, çokculuk
pluralistisch *adj* ❶ *a.* POL plüralist, çoğulcu ❷ PHILOS plüralist, çokcu
plus [plʊs] **I.** *konj* MATH artı; **drei ~ drei** üç artı üç, üç, üç daha **II.** *präp* artı; **~ der Zinsen** faiz artısı **III.** *adv* ❶ MATH artı; **minus drei mal minus drei ist ~ neun** eksi üç kere eksi üç artı dokuz eder ❷ METEO artı ❸ ELEK artı; **der Strom fließt von ~ nach minus** akım artıdan eksiye akar
Plus <-> [plʊs] *nt kein pl* ❶ (*Überschuss*) fazla; COMM kâr; **im ~ sein** kârda olmak ❷ (*Vorzug, Vorteil*) yarar, avantaj
Plüsch <-(e)s, -e> [plʏʃ] *m* pelüş
Pluspol *m* ELEK, PHYS pozitif kutup **Pluspunkt** *m* artı puan; (*Vorteil*) avantaj
Plusquamperfekt ['plʊskvampɛrfɛkt] *nt* LING hikâye birleşik zamanı, -mişli geçmiş zaman
Pluszeichen *nt* toplama işareti, artı işareti
Pluto <-> ['pluːto] *m kein pl* ASTRON Plüton
Plutokratie *f* plutokrasi
Plutonium <-s> [plu'toːniʊm] *nt kein pl* CHEM plütonyum
PLZ *Abk von* **Postleitzahl** posta kodu
pneumatisch [pnɔɪ'maːtɪʃ] *adj* TECH pnömatik
Po <-s, -s> [poː] *m* (*fam*) popo
Pöbel <-s> ['pøːbəl] *m kein pl* (*pej*) ayak takımı
pöbelhaft *adj* bayağı
pochen ['pɔxən] *vi* ❶ (*klopfen*) vurmak (**an/gegen** -e/-e) ❷ (*geh: Herz*) çarpmak, güm güm atmak; (*Schmerz*) zonklamak ❸ (*geh: bestehen*) **auf etw ~** bir şeyde ısrar etmek; **auf sein Recht ~** hakkında ısrar etmek
Pocken ['pɔkən] *pl* MED çiçek **pockennarbig** *adj* çiçek bozuğu, çopur
Pocken(schutz)impfung *f* MED çiçek aşısı **Pockenvirus** *nt* MED çiçek virüsü
Podest <-(e)s, -e> [po'dɛst] *m o nt* ❶ (*Podium*) podyum ❷ DIAL (*Treppenabsatz*) sahanlık
Podium <-s, Podien> ['poːdiʊm] *nt* ❶ podyum; (*Plattform*) platform ❷ THEAT (*Bühne*) sahne ❸ (*Standplatz des Redners*) kürsü **Podiumsdiskussion** *f*, **Podiumsgespräch** *nt* panel
Poesie [poe'ziː] *f kein pl* şiir **Poesiealbum** *nt* şiir defteri
Poet(in) <-en, -en; -nen> [po'eːt] *m(f)* şair
poetisch [po'eːtɪʃ] *adj* şiirsel, şairane
Pogrom *m o nt* pogrom
Pointe <-n> ['po̯ɛ̃ːtə] *f* nükte; (*beim Witz*) espri; **die ~ von der Sache ist, ...** işin esprisi, ...
Pointer *m* puanter
pointiert [po̯ɛ̃'tiːɐt] *adj* nükteli; (*scharf zugespitzt*) iğneli
Pokal <-s, -e> [po'kaːl] *m a.* SPORT kupa **Pokalsieger(in)** *m(f)* SPORT kupa şampiyonu **Pokalspiel** *nt* SPORT kupa maçı **Pokalwettbewerb** *m* SPORT kupa yarışması
Pökelfleisch ['pøːkəl-] *nt* salamura et
pökeln ['pøːkəln] *vt* salamurasını yapmak (-in)
Pökelsalz *nt* salamuralık tuz
Poker <-s> ['poːkɐ] *m o nt kein pl* poker
pokern ['poːkɐn] *vi* ❶ (*Poker spielen*) poker oynamak [*o* çevirmek] ❷ (*ein Risiko eingehen*) oynamak (**um** -le); **hoch ~** yüksek oynamak
Pol <-s, -e> [poːl] *m* GEO, ELEK, PHYS kutup
polar [po'laːɐ] *adj* kutupsal **Polarbär** *m*

ZOOL kutup ayısı **Polarforscher(in)** *m(f)* kutup araştırmacısı **Polarfuchs** *m* ZOOL kutup tilkisi **Polargebiet** *nt* kutup bölgesi

Polarisation *f* ❶ polarizasyon, kutuplanma ❷ PHYS polarma **Polarisationsebene** *f* PHYS polarma düzlemi **Polarisationsmikroskop** *nt* PHYS polariskop

Polarisator <-s, -en> *m* PHYS polargı, polarıcı

polarisieren* [polari'zi:rən] **I.** *vt* CHEM, PHYS polarmak; **polarisiertes Licht** polarılmış ışık **II.** *vr* ■ **sich** ~ *a.* POL kutuplaşmak

Polarität <-en> [polari'tɛ:t] *f a.* CHEM, PHYS polarite **Polarlicht** *nt* kutup ışığı

Polaroidkamera® *f* polaroit

Polarstern <-(e)s> *m kein pl* Kutup Yıldızı; (*Nordstern*) Kuzey Yıldızı

Pole(in) <-n, -n; -nen> ['po:lə] *m(f)* Polonyalı, Leh

Polei *m* BOT yarpuz

Polemik <-en> [po'le:mɪk] *f* polemik

polemisch *adj* polemiğe girerek yapılan, polemik biçimdeki

polemisieren* [polemi'zi:rən] *vi* polemiğe girmek [*o* girişmek] (**gegen** aleyhine)

Polen <-s> ['po:lən] *nt* Polonya

Polente *f* (*sl o fam: Polizei*) aynasızlar *pl*, polis

Police <-n> [po'li:s(ə)] *f* poliçe

polieren* [po'li:rən] *vt* cilalamak; (*Schuhe, Möbel*) cila sürmek [*o* vurmak] (-e); (*Metall*) parlatmak; **jdm die Fresse** ~ (*fam*) birinin ağzını burnunu dağıtmak

Poliklinik ['po:likli:nɪk] *f* poliklinik

Politbüro [po'li:t-] *nt* politik büro

Politesse <-n> [poli'tɛsə] *f* polis hostesi (*araçların doğru park edip etmediklerini kontrol eden bayan polis yardımcısı*)

Political Correctness [pɔʊ'lɪtɪkəl kə'rɛktnɪs] *f kein pl* siyasi dürüstlük

Politik [poli'ti:k, poli'tɪk] *f kein pl* politika, siyaset, siyasa; **die innere/auswärtige/internationale** ~ iç/dış/uluslararası politika; **eine neue ~ verfolgen** yeni bir politika gütmek [*o* izlemek]; **in die ~ gehen** politikaya girmek

Politika *pl von* **Politikum**

Politiker(in) <-s, -; -nen> [po'li:tikɐ] *m(f)* politikacı, siyasetçi

Politikum <-s, Politika> [po'li:tikʊm, *pl* po'li:tika] *nt* siyasi olay

Politikverdrossenheit *f* politika bıkkınlığı

Politikwissenschaft *f* siyaset bilimi

politisch [po'li:tɪʃ, po'lɪtɪʃ] *adj* politik, siyasi, siyasal; **sich ~ engagieren** siyasetle uğraşmak; **jdn ~ unterstützen** birini siyaseten desteklemek

politisieren* [politi'zi:rən] **I.** *vi* politika yapmak **II.** *vt* politize etmek

Politologe(in) <-n, -n; -nen> [polito'lo:gə] *m(f)* siyaset bilimcisi

Politologie [politolo'gi:] *f kein pl* siyaset bilimi

Politur <-en> [poli'tu:ɐ] *f* ❶ (*~schicht*) cila (tabakası) ❷ (*Mittel*) cila, parlatıcı

Polizei <-en> [poli'tsaɪ] *f* polis, zabıta, kolluk; **er ist bei der** ~ o, poliste görevlidir **Polizeiaufsicht** *f kein pl* polis gözetimi, genel güvenlik gözetimi **Polizeibeamte(r), -beamtin** *m, f* polis memuru, zabıta memuru **Polizeidienststelle** *f* polis noktası **Polizeifunk** *m* polis radyosu **Polizeihund** <-(e)s, -e> *m* polis köpeği

polizeilich **I.** *adj* polis (ile ilgili); **~e Aufgaben/Befugnisse** polisin görevleri/yetkileri; **~e Festnahme** polis tarafından yakalanma; **unter ~er Kontrolle** polis denetimi altında **II.** *adv* polisçe, zabıtaca; **das ist ~ verboten** bu polisçe yasaktır

Polizeipräsident(in) *m(f)* emniyet genel müdürü **Polizeipräsidium** *nt* emniyet genel müdürlüğü **Polizeirevier** *nt* polis karakolu, polis noktası **Polizeischutz** *m* polis tarafından koruma; **unter ~ stehen** polis tarafından koruma altında bulunmak **Polizeistaat** *m* polis devleti **Polizeistreife** *f* polis devriyesi **Polizeiwache** *f* polis noktası, polis karakolu **Polizeiwagen** *m* polis arabası

Polizist(in) <-en, -en; -nen> [poli'tsɪst] *m(f)* polis, kollukçu

Polka <-s> ['pɔlka] *f* MUS polka

Pollen <-s, -> ['pɔlən] *m* BOT polen; (*Blütenstaub*) çiçek tozu **Pollenallergie** *f* MED polen alerjisi, çiçek tozlarına karşı alerji **Pollenflug** <-(e)s> *m kein pl* havada polen uçması

Poller <-s> *m* NAUT baba

polnisch ['pɔlnɪʃ] *adj* Leh, Polonya (ile ilgili)

Polo <-s> ['po:lo] *nt kein pl* SPORT polo

Polonaise <-n> *f*, **Polonäse** <-n> [polo'nɛ:zə] *f* polonez; **eine ~ von Chopin** Chopin'in bir polonezi

Polonium <-s> ['pla:ti:n] *nt kein pl* CHEM polonyum

Polster <-s, -> ['pɔlstɐ] *nt o* ÖSTERR *m* ❶ (*elastische Auflage*) döşeme; (*Kissen*) yastık; (*~füllung*) kıtık ❷ (*in Kleidung*) vatka; (*Schulter~*) vatka ❸ (*Rücklagen*) ihtiyatlar; (*Ersparnisse*) tasarruflar

Polsterer <-s> *m* döşemeci

Polstergarnitur *f* koltuk takımı

polstern ['pɔlstɐn] *vt* ❶ (*beziehen*) döşe-

P

mesini yapmak (-in) ❷ (*ausstopfen*) kıtıkla doldurmak
Polsterung <-en> *f* ❶ (*das Polstern*) kıtıkla doldurma ❷ (*Polster*) döşeme
Polterabend *m* tabak çanak kırma akşamı (*düğünden bir gece önce gelinin kapısı önünde tabak çanak kırarak bunun gelinle güveye mutluluk getireceğine inanma*)
poltern ['pɔltɐn] *vi* ❶ (*lärmen*) gümbürdemek ❷ *sein* (*sich bewegen*) paldır küldür gitmek; (*fallen*) paldır küldür yere düşmek; **er kam ins Zimmer gepoltert** paldır küldür odaya girdi; **die Steine ~ vom Wagen** taşlar arabadan paldır küldür yere düşüyor ❸ (*schimpfen*) sövüp saymak ❹ (*fam: Polterabend feiern*) tabak çanak akşamını kutlamak
Polyester <-s, -> [poly'ɛstɐ] *m* CHEM, TECH polyester
polygam [poly'ga:m] *adj a.* BOT poligam, çok eşli
Polygamie [polyga'mi:] *f kein pl a.* BOT poligami, çok eşlilik
polyglott [poly'glɔt] *adj* çok dilli
Polygon <-s, -e> *nt* MATH poligon; (*Vieleck*) çokgen
Polygynie [polyga'mi:] *f kein pl* polijini; (*Vielweiberei*) çok karılılık
polymer *adj* CHEM polimer; **~e Verbindungen** polimer birleşikler
Polymer <-s, -e> *nt*, **Polymere** <-n, -n> *nt* CHEM polimer
Polymerie <-n> *f* CHEM polimeri, polimerlik
polymerisieren* **I.** *vt* CHEM polimerleştirmek **II.** *vi* CHEM polimerleşmek
Polynesien <-s> *nt* Polinezya
Polyp <-en, -en> [po'ly:p] *m* ❶ ZOOL, MED polip ❷ (*fam: Polizist*) polis, aynasız
polyphon *adj* MUS polifon
Polyphonie *f kein pl* MUS polifoni
Polytechnikum [poly'tɛçnikʊm, *pl* poly'tɛçnika] *nt* politeknik, teknik meslek yüksekokulu
Polytheismus <-> [polyte'ɪsmʊs] *m kein pl* REL politeizm, çok tanrıcılık
Polyurethan *nt* poliüretan
Pomade <-n> [po'ma:də] *f* pomat
Pomeranze <-n> *f* BOT turunç
Pommern <-s> ['pɔmɐn] *nt* Pomeranya
Pommes frites [pɔm'frɪt] *pl* patates kızartması
Pomp <-(e)s> [pɔmp] *m kein pl* şatafat
pompös [pɔm'pø:s] *adj* şatafatlı
poncieren* *vt* ponzalamak
Ponton <-s, -s> *m* NAUT tombaz **Pontonbrücke** *f* tombaz köprüsü
Pony[1] <-s, -s> ['pɔni] *nt* (*Pferd*) midilli
Pony[2] <-s, -s> ['pɔni] *m* (*Frisur*) kâkül
Pool <-s, -s> [pu:l] *m* ❶ (*Schwimmbad*) havuz ❷ WIRTSCH konsorsiyum
Pop <-(s)> [pɔp] *m kein pl* pop (müzik)
Popcorn <-s> ['pɔpkɔrn] *nt kein pl* patlamış mısır
Popel <-s, -> ['po:pəl] *m* (*fam*) burun boku
popelig *adj* (*fam*) ❶ (*armselig*) sefil, perişan ❷ (*gewöhnlich*) sıradan, bayağı
Popelin <-s, -e> *m* poplin; **ein Hemd/Mantel aus ~** poplin gömlek/manto
popeln ['po:pəln] *vi* (*fam*) **in der Nase ~** burnunu karıştırmak
poplig *adj s.* **popelig**
Popmusik ['pɔpmuzi:k] *f kein pl* pop müzik
Popo <-s, -s> [po'po:, '--] *m* (*fam*) popo, kıç
poppig ['pɔpɪç] *adj* (*fam*) frapan
populär [popu'lɛ:ɐ] *adj* popüler
popularisieren* [populari'zi:rən] *vt* halka sevdirmek, popularite kazandırmak
Popularität [populari'tɛ:t] *f kein pl* popülarite, popülerlik; **an ~ gewinnen** popülarite kazanmak
populärwissenschaftlich *adj* halk için bilimsel
Population <-en> [popula'tsjo:n] *f* BIOL nüfus
Populismus *m kein pl* POL halkçılık
populistisch *adj* popülist
Pore <-n> ['po:rə] *f* gözenek
Porno <-s, -s> ['pɔrno] *m* (*fam*) porno; (*~film*) porno film; (*~roman*) porno roman
Pornografie[RR] [pɔrnogra'fi:] *f kein pl* pornografi
pornografisch[RR] [pɔrno'gra:fɪʃ] *adj* pornografik
Pornographie *f kein pl s.* **Pornografie**
pornographisch *adj s.* **pornografisch**
porös [po'rø:s] *adj* gözenekli
Porree <-s, -s> ['pɔre] *m* BOT pırasa
Port [pɔrt] *nt* INFORM yuva, port
Portal <-s, -e> [pɔr'ta:l] *nt* ❶ taçkapı ❷ INFORM portal
Portemonnaie <-s, -s> [pɔrtmɔ'ne:] *nt s.* **Portmonee**
Porti ['pɔrti] *pl von* **Porto**
Portier <-s, -s> [pɔr'tje:] *m* kapıcı
Portion <-en> [pɔr'tsjo:n] *f* porsiyon; (*fig: Neugier*) damlacık; **eine halbe ~** (*fam*) yarım porsiyon
Portmonee[RR] <-s, -s> [pɔrtmɔ'ne:] *nt* portmone, para cüzdanı
Porto <-s, -s *o* Porti> ['pɔrto] *nt* posta ücreti **portofrei** *adj* posta ücretsiz

P

portopflichtig *adj* posta ücretine tabi
Porträt <-s, -s> [pɔr'trɛː] *nt* portre
porträtieren* [pɔrtrɛ'tiːrən] *vt* portresini yapmak (-in)
Portugal <-s> ['pɔrtugal] *nt* Portekiz
Portugiese(in) <-n, -n; -nen> [pɔrtu'giːzə] *m(f)* Portekizli
portugiesisch *adj* Portekizli, Portekiz (ile ilgili); **eine ~e Frau** Portekizli bir kadın; **die ~e Regierung/Nationalmannschaft** Portekiz hükümeti/millî takımı
Portulak <-s> *m kein pl* BOT semiz otu
Portwein <-(e)s, -e> ['pɔrtvaɪn] *m* porto
Porzellan <-s, -e> [pɔrtsɛ'laːn] *nt* porselen **Porzellangeschirr** <-s> *nt kein pl* porselen çanak çömlek
Posaune <-n> [po'zaʊnə] *f* MUS trombon
Posaunist(in) <-en, -en; -nen> [pozaʊ'nɪst] *m(f)* MUS tromboncu
Pose <-n> ['poːzə] *f* poz; **sich in ~ werfen** pozlara girmek
posieren* [po'ziːrən] *vi* poz vermek
Position <-en> [pozi'tsjoːn] *f* ❶ (*Standpunkt, Lage*) pozisyon, konum; **eine bestimmte ~ beziehen** belli bir pozisyon almak ❷ (*im Beruf*) mevki **Positionslicht** *nt* NAUT borda feneri; AERO uçuş ışığı
positiv ['poːzitiːf] *adj* ❶ pozitif, olumlu, müspet; **eine ~e Antwort** olumlu bir cevap; **~es Recht** pozitif hukuk; **~ zu etw stehen** bir şeye olumlu bakmak; **sich auf etw ~ auswirken** bir şeyi olumlu etkilemek ❷ PHYS, MATH, FOTO pozitif; **eine ~e Zahl** pozitif sayı; **der ~e Pol** pozitif kutup ❸ (*fam*) kesin, kati; (*tatsächlich*) gerçek, hakiki; **ich weiß das ~** bunu kesinlikle biliyorum
Positiv <-s, -e> *nt* FOTO pozitif film
Positivismus *m kein pl* PHILOS pozitivizm, olguculuk
Positron <-s, -en> *nt* PHYS (*Kernphysik*) pozitron
Posse <-n> ['pɔsə] *f* THEAT fars, burlesk
Possen *pl* eşek şakası; **~ reißen** eşek şakası yapmak
possenhaft *adj* burlesk [*o* fars] gibi komik
Possessivpronomen ['pɔsɛsiːf-, pɔsɛ'siːf-] *nt* LING iyelik zamiri
possierlich [pɔ'siːɐlɪç] *adj* cici, eğlendirici
Post [pɔst] *f kein pl* ❶ (*Institution*) posta; (*Postamt*) postane; **einen Brief auf die ~ bringen** mektubu postalamak, mektubu postaya vermek; **Geld auf der ~ einzahlen** postaneye para yatırmak; **Pakete bei der ~ abholen** paketleri postaneden gidip almak; **ich muss zur ~** postaneye gitmem lazım; **etw mit der ~ verschicken** bir şeyi postalamak ❷ (*Sendung*) posta; **elektronische ~** elektronik posta; **die ~ beantworten** postayla gelen mektuplara cevap vermek; **war die ~ schon da?** (*fam*) posta geldi mi?; **mit gleicher ~** aynı postayla; **ab geht die ~!** (*fam*) haydin!; **hier geht die ~ ab** (*fam*) burada curcuna var
postalisch [pɔs'taːlɪʃ] *adj* **auf ~em Wege** posta yoluyla
Postamt *nt* postane **Postanschrift** *f* posta adresi **Postanweisung** *f* ❶ (*Geldsendung*) posta havalesi ❷ (*Formular*) posta havalenamesi, posta havale formu
Postauto *nt* posta arabası **Postbeamte(r), -beamtin** *m, f* posta memuru
Postbote(in) *m(f)* postacı
Posten <-s, -> ['pɔstən] *m* ❶ (*Stellung*) mevki; (*Amt*) görev ❷ MIL (*Grenz~*) karakol; (**nicht**) **auf dem ~ sein** (*fam: gesundheitlich*) sağlığı yerinde ol(ma)mak; (*wachsam sein*) dikkatli olmak; **auf verlorenem ~ stehen** durumu umutsuz olmak ❸ (*Person*) gözcü; MIL posta, nöbetçi (er); (*Streik~*) gözcü; **~ stehen/schieben** nöbet tutmak; **der ~ am Kasernentor** kışla kapısındaki nöbetçi (er) ❹ (*Warenmenge*) kalem ❺ (*Polizei~*) nokta ❻ (*Platz*) yer
Poster <-s, -(s)> ['poːstɐ] *nt* poster
Postfach *nt* posta kutusu **Postgeheimnis** *nt kein pl* JUR postanın gizliliği, mektuplaşmanın gizliliği, haberleşme sırrı **Postgirokonto** *nt* posta cari hesabı
posthum [pɔs'tuːm, pɔst'huːm] *adj s.* **postum**
postieren* [pɔs'tiːrən] *vt* koymak; **Wachen am Ausgang/Eingang ~** çıkışa/girişe nöbetçi koymak
Postkarte *f* posta kartı **Postkutsche** *f* posta arabası **postlagernd** *adj* postrestant **Postleitzahl** *f* posta kodu
Postler <-s, -> *m* SÜDD, ÖSTERR, **Pöstler** <-s, -> *m* SCHWEIZ postacı
postmodern [pɔstmo'dɛrn] *adj* postmodern **Postmoderne** [pɔstmo'dɛrnə] *f* postmodernizm
postmortal *adj* MED ölüm sonrası **postnatal** *adj* MED doğum sonrası
Postscheck *m* posta çeki
Postsendung *f* posta gönderisi
Postskript <-(e)s, -e> [pɔst'skrɪpt] *nt* not, post scriptum
Postskriptfile <-s, -s> ['pɔʊsskrɪptfaɪl] *nt* INFORM post-scriptum dosyası
Postskriptum <-s, -ta> *nt* post-scriptum
Poststempel *m* posta damgası **Postüberweisung** *f* postayla hesap nakli
Postulat <-(e)s, -e> *nt* MATH, PHILOS postulat, konut

postum [pɔs'tuːm, pɔst'huːm] *adj* **ihm wurde ~ ein Sohn geboren** öldükten sonra bir oğlu oldu; **etw ~ veröffentlichen** yazarı öldükten sonra bir şeyi yayımlamak
Postweg <-(e)s> *m kein pl* **etw auf dem ~ verschicken** bir şeyi postayla göndermek
postwendend *adv* iadeli
Postwertzeichen *nt* posta pulu **Postzug** *m* posta treni
potent [po'tɛnt] *adj* ❶ (*stark*) güçlü, kudretli; (*einflussreich*) nüfuzlu, forslu ❷ (*zeugungsfähig*) cinsel gücü olan, cinsî iktidarı olan ❸ FIN mali gücü olan, parası olan; **ein ~er Kunde** yağlı müşteri
Potentat *m* hükümdar; (*Machthaber*) iktidar sahibi
Potential <-s, -e> [potɛn'tsjaːl] *nt s.* **Potenzial**
potentiell [potɛn'tsjɛl] *adj s.* **potenziell**
Potenz[1] [po'tɛnts] *f kein pl* (*Zeugungsfähigkeit*) cinsel güç
Potenz[2] <-en> *f* ❶ (*Stärke*) güç ❷ MATH kuvvet; **eine Zahl in die zweite ~ erheben** bir sayının karesini almak
Potenzial[RR] <-s, -e> [potɛn'tsjaːl] *nt a.* PHYS potansiyel, gizil güç
Potenzialdifferenz[RR] *f*, **Potenzialgefälle**[RR] *nt* PHYS potansiyel farkı
potenziell[RR] [potɛn'tsjɛl] *adj* potansiyel, gizil
potenzieren* [potɛn'tsiːrən] *vt* ❶ (*steigern*) güçlendirmek ❷ MATH kuvvetini almak (-in)
Potpourri <-s, -s> ['pɔtpʊri] *nt* MUS potpuri
Potsdam <-s> ['pɔtsdam] *nt* Potsdam
potthässlich[RR] ['pɔt'hɛslɪç] *adj* (*fam*) çok çirkin
Pottwal ['pɔtvaːl] *m* ispermeçet balinası
Power ['paʊɐ] *f kein pl* (*fam*) güç, kuvvet
powern ['paʊɐn] **I.** *vi* (*fam: Stärke entfalten*) gaz vermek **II.** *vt* (*fam: fördern*) özendirmek
Präambel <-n> [prɛ'ambəl] *f* (*Grundgesetz*) başlangıç (**zu** -ın); (*Staatsvertrag*) önsöz
PR-Abteilung [peː'ʔɛr-] *f* halkla ilişkiler bölümü
Pracht [praxt] *f kein pl* (*Glanz*) görkem, şaşaa; (*Prunk*) şatafat; (*Luxus*) lüks
Prachtbau *m* palas, gösterişli yapı
prächtig ['prɛçtɪç] *adj* ❶ görkemli, muhteşem; (*prunkvoll*) şatafatlı ❷ (*großartig*) muazzam, şahane
Prachtkerl *m* (*fam*) şahane çocuk
Prachtschmerle *nt* süslü dikengöz, palyaço balığı **Prachtstück** *nt* (*fam*) muhteşem bir şey **prachtvoll** *adj* görkemli, muhteşem; (*luxuriös*) lüks
prädestinieren* [prɛdɛsti'niːrən] *vt* (*geh*) mukadder kılmak (**zu** -e, **für** için); **er war zum Politiker prädestiniert** politikacı olmak alnına yazılmıştı
Prädikat <-(e)s, -e> [prɛdi'kaːt] *nt* ❶ (*Bewertung*) not; **die Arbeit wurde mit dem ~ „sehr gut" beurteilt** çalışmaya not olarak "pekiyi" verildi ❷ LING, PHILOS yüklem
Präferenz <-en> [prɛfe'rɛnts] *f* yeğleme (**für** -i), tercih (**für** -i)
Präfix <-es, -e> ['prɛːfɪks, prɛ'fɪks] *nt* LING ön ek
Prag <-s> [praːk] *nt* Prag
prägen ['prɛːgən] *vt* ❶ (*Münzen*) darp etmek; (*Begriff*) türetmek ❷ (*Metall, Leder, Papier*) üstüne desen basmak (-in); **etw prägt sich jdm ins Gedächtnis** bir şey birinin belleğinde yer etmek, bir şey birinin hafızasına nakşetmek ❸ (*beeinflussen*) etkilemek, damga vurmak (-e)
pragmatisch *adj a.* LING pragmacı
pragmatisieren* *vt* ÖSTERR ömür boyu işe almak
Pragmatismus *m kein pl* PHILOS pragmatizm, pragmacılık
prägnant [prɛ'gnant] *adj* (*knapp*) veciz; (*kurz und treffend*) kısa ve özlü; (*genau*) tam; **die ~esten Vertreter dieser Bewegung** bu hareketin [*o* akımın] en tipik temsilcileri
Prägnanz [prɛ'gnants] *f kein pl* (*Knappheit*) icaz, kısa ve özlü oluş; (*Genauigkeit*) tam olma
Prägung <-en> *f* ❶ (*von Münzen*) darp; (*von Begriffen*) türetme ❷ (*eingeprägtes Bild*) dövme; (*Stempel*) damga
Prähistorie *f kein pl* prehistorya; (*Urgeschichte*) tarih öncesi
prähistorisch ['prɛːhɪstoːrɪʃ, prɛhɪs'toːrɪʃ] *adj* prehistorik, tarih öncesi
prahlen ['praːlən] *vi* övünmek (**mit** -le), böbürlenmek (**mit** -le)
Prahler(in) <-s, -; -nen> *m(f)* övüngen kimse, farfara (kimse)
Prahlerei <-en> *f* (*pej*) övüngenlik, övünme, kendi kendisini övme
prahlerisch *adj* övüngen, farfara
Präkambrium *nt kein pl* GEO prekambriyen, kambriyen öncesi
Praktik <-en> ['praktɪk] *f* uygulama; (*Verfahren*) yöntem, metot
Praktika *pl von* **Praktikum**
praktikabel [prakti'kaːbəl] *adj* uygulanabilir

Praktikant(in) <-en, -en; -nen> [prak-ti'kant] *m(f)* stajyer
Praktikum <-s, Praktika> ['praktikʊm, *pl* 'praktika] *nt* staj; **ein ~ absolvieren** bir staj yapmak
praktisch ['praktɪʃ] **I.** *adj* pratik, uygulamalı, kılgılı; (*zweckmäßig*) pratik, kullanışlı; **~er Arzt** pratisyen doktor; **er ist ~ veranlagt** eli yatkındır, elle yapılan işlerde beceriklidir **II.** *adv* (*fam: im Grunde*) aslında; (*so gut wie*) neredeyse, hemen hemen
praktizieren* [prakti'tsi:rən] **I.** *vi* iş yapmak (**als** olarak); **~der Arzt** pratisyen hekim **II.** *vt* ❶ (*durchführen*) icra etmek, yapmak ❷ (*fam: irgendwohin bringen*) el çabukluğuyla koymak
Praline <-n> [pra'li:nə] *f*, **Pralinee** <-s, -s> [prali'ne:] *nt* ÖSTERR, SCHWEIZ fondan
prall [pral] *adj* (*voll*) dolu; (*Ballon*) şiş; (*Körperteil*) dolgun; **in der ~en Sonne** güneşin alnında
prallen ['pralən] *vi* ❶ *sein* (*anstoßen*) çarpmak (**gegen/an/auf** -e) ❷ (*Sonne*) yakmak, kavurmak
prallvoll ['-'-] *adj* (*fam*) tıklım tıklım dolu
Prämie <-n> ['prɛ:mjə] *f* ❶ (*Vergütung*) ikramiye; (*Belohnung*) ödül, mükâfat ❷ (*bei Banken*) ikramiye ❸ (*Versicherungsbeitrag*) prim
präm(i)ieren* [prɛ'mi:rən, prɛmi'i:rən] *vt* ödüllendirmek, mükâfatlandırmak
Prämisse <-n> [prɛ'mɪsə] *f* ❶ (*Vordersatz*) öncül ❷ (*Voraussetzung*) ön şart [*o* koşul]; **nur unter der ~, dass ...** yalnız ve yalnız ... olması ön şartıyla
pränatal [prɛna'ta:l] *adj* MED doğum öncesi
prangen ['praŋən] *vi* göz almak, güzelliği ile dikkati çekmek
Pranger <-s, -> ['praŋɐ] *m* teşhir direği; **jdn an den ~ stellen** birini maskara [*o* rezil] etmek
Pranke <-n> ['praŋkə] *f* (*a. Hand*) pençe
Präparat <-(e)s, -e> [prɛpa'ra:t] *nt* ❶ (*Substanz, Arznei*) müstahzar ❷ BIOL, MED müstahzar, preparat
präparieren* [prɛpa'ri:rən] *vt* ❶ MED, BIOL önceden hazırlamak ❷ (*vorbereiten*) hazırlamak
Präposition <-en> [prɛpozi'tsjo:n] *f* LING ilgeç, edat
Prärie <-n> [prɛ'ri:] *f* bozkır, büyük çayırlık
Präsens <-, Präsentia *o* Präsenzien> ['prɛ:zɛns] *nt* LING şimdiki zaman
präsent [prɛ'zɛnt] *adj* (*geh*) mevcut, bulunan
Präsentation <-en> [prɛzɛnta'tsjo:n] *f* prezantasyon, tanıtma, takdim etme; (*Zurschaustellung*) sergileme
Präsentia *pl von* **Präsens**
präsentieren* [prɛzɛn'ti:rən] *vt* prezante etmek, takdim etmek, sergilemek; (*vorlegen*) ibraz etmek, sergilemek, sunmak
Präsenz [prɛ'zɛnts] *f kein pl* hazır bulunma **Präsenzbibliothek** *f* genel kütüphane
Präsenzien *pl von* **Präsens**
Präser <-s, -> ['prɛ:ze] *m* (*fam*) prezervatif, kaput
Präservativ <-s, -e> [prɛzɛrva'ti:f] *nt* prezervatif, kaput
Präsident(in) <-en, -en; -nen> [prɛzi'dɛnt] *m(f)* başkan; (*Polizei~*) müdür
Präsidentschaft <-en> *f* başkanlık **Präsidentschaftskandidat(in)** *m(f)* başkanlığa aday **Präsidentschaftswahl** *f* başkanlık seçimi
Präsidien *pl von* **Präsidium**
präsidieren* [prɛzi'di:rən] *vi* başkanlık etmek
Präsidium <-s, Präsidien> [prɛ'zi:diʊm] *nt* genel müdürlük
prasseln ['prasəln] *vi* ❶ *sein* (*Regen*) şakırdamak, şakırdayarak yağmak; (*Vorwürfe*) yağmak ❷ (*Feuer*) harlamak; **ein ~des Feuer** harlı ateş, harıl harıl yanan ateş
Prasser *m* hovarda
Prasserei *f* hovardalık
Präteritum <-s, Präterita> [prɛ'te:ritʊm, prɛ'tɛritʊm, *pl* -rita] *nt* LING (*Imperfekt*) belirsiz geçmiş
Prävention <-en> [prɛvɛn'tsjo:n] *f* önleme, önüne geçme
präventiv [prɛvɛn'ti:f] *adj* önleyici
Praxis[1] <Praxen> ['praksɪs] *f* (*Arzt*) muayenehane; (*Rechtsanwalt*) büro, yazıhane
Praxis[2] *f kein pl* (*Anwendung*) pratik, uygulama, kılgı, tatbik; (*Erfahrung*) deneyim; **langjährige ~** uzun yıllık deneyim; **eine Idee in die ~ umsetzen** bir düşünceyi uygulamak
Präzedenzfall <-(e)s, -fälle> [prɛtse'dɛnts-] *m* emsal
Präzipitat *nt* CHEM çökelti
Präzipitation *f* CHEM çökelme
präzipitieren* *vt* CHEM çökeltmek
präzis(e) [prɛ'tsi:s, prɛ'tsi:zə] *adj* tam; **~ arbeiten** kusursuz çalışmak
präzisieren* [prɛtsi'zi:rən] *vt* açıkça belirtmek
Präzision [prɛtsi'zjo:n] *f kein pl* (*Klarheit*) açıklık; (*eines Uhrwerkes*) dakiklik
Präzisionsgerät *nt* hassas alet

predigen ['preːdɪgən] **I.** *vi* (*Predigt halten*) vaaz vermek **II.** *vt* ① (*verkünden*) ilan etmek ② (*fam: mahnen, raten*) **jdm etw ~** birine bir şeyi tembih etmek

Predigt <-en> ['preːdɪçt] *f* ① vaaz; **eine ~ halten** vaaz vermek ② (*fig fam*) **eine ~ halten** uzun uzadıya öğüt vermek

Preis <-es, -e> [praɪs] *m* ① (*Kauf~*) fiyat; **zum halben ~** yarı fiyatına; **um keinen ~** asla, hiçbir biçimde; **um jeden ~** ne pahasına olursa olsun; **einen hohen ~ zahlen müssen** pahalıya mal olmak ② (*Auszeichnung*) ödül, mükâfat; (*Belohnung*) ödül, mükâfat **Preisanstieg** <-(e)s> *m kein pl* WIRTSCH fiyat artışı **Preisaufschlag** *m* WIRTSCH zam

Preisausschreiben <-s, -> *nt* ödüllü yarışma

Preisauszeichnung <-en> *f* fiyat koyma, etiketleme **Preisbindung** *f* WIRTSCH narh

Preiselbeere ['praɪzəlbeːrə] *f* ekşimor

Preisempfehlung *f* fiyat önerisi; **unverbindliche ~** bağlayıcı olmayan fiyat önerisi

preisen <preist, pries, gepriesen> ['praɪzən] *vt* (*geh*) övmek; **sich glücklich ~ (können)** kendini talihli saymak (sayabilmek)

Preiserhöhung *f* WIRTSCH fiyatlarda artış **Preisermäßigung** *f* WIRTSCH fiyatlarda indirim

Preisfrage *f* ① (*bei Preisausschreiben*) ödüllü yarışmada sorulan soru ② (*eine Frage des Preises*) fiyat sorunu ③ (*fam: schwierige Frage*) güç ve nazik soru

Preisgabe *f kein pl* ① (*Aufgabe*) bırakma; (*Verzicht*) vazgeçme ② (*eines Geheimnisses*) ifşa

preis|geben *irr vt* (*geh*) ① (*ausliefern*) teslim etmek; **jdn der Lächerlichkeit ~** birinin maskarasını çıkarmak ② (*aufgeben*) vazgeçmek (-den), bırakmak ③ (*verraten*) ifşa [*o* afişe] etmek, açığa vurmak

preisgekrönt *adj* ödül almış **Preisgericht** *nt* jüri

preisgünstig *adj* fiyatı uygun; (*billig*) ucuz **Preisindex** *m* fiyat indeksi **Preislage** *f* fiyat düzeyi; **Waren in allen ~n** her fiyatta mal

Preisliste *f* fiyat listesi **Preisnachlass**[RR] *m* WIRTSCH fiyat indirimi, fiyatta indirim

Preisrätsel *nt* ödüllü bulmaca **Preisrichter(in)** *m(f)* jüri üyesi **Preisschild** <-(e)s, -er> *nt* fiyat etiketi **Preisschwankungen** *pl* WIRTSCH fiyat dalgalanmaları *pl* **Preisstabilität** *f kein pl* WIRTSCH fiyat istikrarı **Preissteigerung** *f* WIRTSCH fiyat artışı **Preisträger(in)** <-s, -; -nen> *m(f)* yarışma birincisi **Preisunterschied** *m* fiyat farkı **Preisverleihung** <-en> *f* ödül verme, ödül töreni **Preisvorteil** *m* fiyat avantajı

preiswert *adj* fiyatı uygun; (*billig*) ucuz

prekär [pre'kɛːɐ] *adj* güç

prellen ['prɛlən] **I.** *vt* ① (*fig fam: betrügen*) **jdn um sein Geld ~** birinin parasını çarpmak [*o* vurmak]; **die Zeche ~** hesabı ödemeden sıvışmak ② (*stoßen*) **sich** *dat* **etw ~** bir yerini çarpmak **II.** *vr* ▪ **sich ~** çarpmak (**an** -e)

Prellschuss[RR] *m* yerden sekerek merminin vurması

Prellung <-en> *f* çürük

Prélude *f* MUS prelüt

Premiere <-n> [prə'mjeːrə] *f* prömiyer, ilk gösteriliş, gala

Premierminister(in) *m(f)* başbakan

Presbyterianer(in) *m(f)* REL Presbiteryen

presbyterianisch *adj* Presbiteryen

Preshavelotion <-, -s> *f*, **Pre-Shave-Lotion** <-, -s> *f* tıraş öncesi losyonu

Presse[1] <-n> ['prɛsə] *f* ① TECH pres, baskı ② (*Saft~*) pres, cendere; (*Wein~*) mengene

Presse[2] *f kein pl* (*Medien*) basın; **eine gute ~ haben** basını iyi olmak

Presseagentur *f* basın ajansı **Presseamt** *nt* basın dairesi **Presseausweis** *m* basın kartı **Pressechef(in)** *m(f)* basın müdürü **Pressedienst** *m* basın servisi **Presseerklärung** *f* basın açıklaması **Pressefotograf(in)** *m(f)* foto muhabiri **Pressefreiheit** *f kein pl* basın özgürlüğü **Pressekonferenz** *f* basın toplantısı; **eine ~ abhalten** basın toplantısı yapmak **Pressemitteilung** *f* basın bildirisi

pressen ['prɛsən] **I.** *vt* ① (*in einer Presse*) preslemek; **Wein ~** üzümü presten geçirerek şarap yapmak ② (*aus~*) sıkmak, suyunu çıkarmak (-in); **Orangen/Zitronen ~** portakal/limon sıkmak ③ (*drücken*) bastırmak (**gegen/an** -e/-e); **die Nase gegen die Scheibe ~** burnunu cama dayamak; **etw durch ein Sieb ~** bir şeyi süzgeçten geçirmek **II.** *vi* (*Gebärende*) ıkınmak

Pressesprecher(in) *m(f)* basın sözcüsü **Pressestelle** *f* basın bürosu **Pressestimmen** *pl* basındaki yankılar *pl* **Pressewesen** <-s> *nt kein pl* basın **Pressezensur** *f kein pl* basına sansür **Pressezentrum** <-s, -tren> *nt* basın merkezi

pressieren* [prɛ'siːrən] *vi* SÜDD, ÖSTERR, SCHWEIZ acele etmek; **mir pressiert es** acelem var

Pressluft *f kein pl* basınçlı hava

Pressluftbohrer[RR] *m*, **Preßluftbohrer**[ALT] *m* pnömatik matkap

PresslufthammerRR *m,* **Preßlufthammer**ALT *m* pnömatik çekiç
Pressuregroup *f* POL baskı grubu
PresswehenRR *pl,* **Preßwehen**ALT *pl* MED doğum sancıları *pl*
Prestige <-s> [prɛs'tiːʒ] *nt kein pl* prestij **Prestigefrage** *f* prestij meselesi
Preuße(in) <-n, -n; -nen> ['prɔɪsə] *m(f)* Prusyalı
Preußen <-s> ['prɔɪsən] *nt* Prusya
preußisch *adj* Prusyalı, Prusya (ile ilgili)
prickeln ['prɪkəln] *vi* ❶ (*kribbeln*) kaşınmak, gıcıklanmak ❷ (*kitzeln*) gıdıklanmak (**auf** -); **ein angenehmes P~ auf der Haut** deride hoş bir gıdıklanma ❸ (*Getränk*) köpürmek
prickelnd *adj* (*erregend*) heyecanlı
pries [priːs] *3. imp von* **preisen**
Priester <-s> ['priːstɐ] *m* REL rahip **Priesteramt** *nt* REL rahiplik **Priestergewand** *nt* REL rahip cübbesi
Priesterin <-; -nen> *f* REL rahibe
Priestertum <-s> *nt kein pl* REL rahiplik
Priesterweihe *f* REL rahipliğe kabul edilme töreni
prima ['priːma] **I.** *adj inv* (*fam*) şahane, süper, mükemmel **II.** *adv* (*fam*) şahane, mükemmel; **ich habe ~ geschlafen** şahane uyudum
Primaballerina [primabale'riːna] *f* (*Ballet*) primabalerin **Primadonna** <-donnen> [prima'dɔna] *f* (*Oper*) primadonna
primär [pri'mɛːɐ] **I.** *adj* ❶ (*ursprünglich*) ilk; **das ~e Stadium einer Krankheit** bir hastalığın ilk evresi ❷ (*grundlegend*) temel, köklü, esaslı **II.** *adv* ilkin
Primarschule <-n> [pri'maːɐ-] *f* SCHWEIZ ilköğretim yapan okul
Primat1 <-en, -en> [pri'maːt] *m* ZOOL primat
Primat2 <-(e)s, -e> *m o nt a.* REL (*Vorrang*) öncelik (**vor/über** -den/-den)
Primawechsel *m* poliçenin birinci nüshası
Primel <-n> ['priːməl] *f* BOT (*Primula*) çuha çiçeği
primitiv [primi'tiːf] *adj* ilkel, iptidaî
Primitivismus *m kein pl* KUNST primitivizm, ilkelcilik
Primitivität *f kein pl* ilkellik
Primitivling <-s, -e> *m* (*pej*) primitif
Primus <-, Primi *o* -e> *m* birinci; (*Klassenbester*) sınıf birincisi
Primzahl ['priːm-] *f* MATH asal sayı
Prinz <-en, -en> [prɪnts] *m* prens
Prinzessin <-; -nen> *f* prenses
Prinzip <-s, -ien *o* -e> [prɪn'tsiːp, *pl* prɪn'tsiːpiən] *nt* ilke, prensip; **im ~** prensip olarak, esasen, aslında; **gegen seine ~ien verstoßen** ilkelerine [*o* prensiplerine] aykırı hareket etmek
prinzipiell [prɪntsi'pjɛl] **I.** *adj* ilkesel; (*grundlegend*) temel, esaslı **II.** *adv* ilke olarak
Prinzipien *pl von* **Prinzip** **Prinzipienreiter(in)** <-s, -; -nen> *m(f)* (*pej*) prensip düşkünü
Priorität <-en> [priori'tɛːt] *f* üstünlük, yeğlik, rüçhan
Prise <-n> ['priːzə] *f* ❶ (*Gewürz, Tabak*) çimdik, fiske; **eine ~ Salz** bir fiske tuz ❷ NAUT ganimet
Prisma <-s, Prismen> ['prɪsma] *nt* MATH, PHYS prizma
Pritsche <-n> ['prɪtʃə] *f* ❶ (*Liege*) kerevet ❷ (*beim Lastwagen*) yükleme alanı ❸ (*Gerät, um Geräusche zu erzeugen*) şakşak ❹ (*pej: Prostituierte*) orospu
privat [pri'vaːt] **I.** *adj* (*nicht öffentlich*) özel; (*nicht offiziell*) özel; (*persönlich*) şahsî; **das ist meine ~e Meinung** bu benim şahsî düşüncem **II.** *adv* özel olarak; (*persönlich*) şahsen; **ich möchte ihn ~ sprechen** onunla şahsen konuşmak istiyorum, onunla özel olarak konuşmak istiyorum; **sie ist ~ hier** o özel olarak buradadır; **ich bin ~ krankenversichert** benim özel sağlık sigortam var **Privatangelegenheit** *f* özel iş **Privatbesitz** *m* özel zilyetlik **Privatdetektiv(in)** *m(f)* detektif **Privateigentum** *nt* özel mülkiyet **Privatfernsehen** *nt* (*fam*) özel televizyon **Privatgespräch** *nt* TELEK özel konuşma **Privatgrundstück** *nt* özel gayrimenkul **Privatinitiative** *f* özel inisiyatif, özel girişim **Privatinteresse** *nt* özel çıkar, şahsî menfaat
privatisieren* [privati'ziːrən] *vt* WIRTSCH özelleştirmek
Privatisierung <-en> *f* WIRTSCH özelleştirme
Privatleben <-s> *nt kein pl* özel yaşam, özel hayat **Privatlehrer(in)** *m(f)* özel öğretmen **Privatpatient(in)** *m(f)* özel hasta **Privatperson** *f* özel kişi **Privatrecht** *nt kein pl* özel hukuk **Privatsache** *f* özel iş **Privatschule** <-n> *f* özel okul **Privatsekretär(in)** <-s, -e; -nen> *m(f)* özel sekreter **Privatsender** *m* özel radyo (istasyonu) **Privatsphäre** *f* özel hayatın gizliliği **Privatunterricht** *m* özel ders **Privatvergnügen** *nt kein pl* (*fam*) **ich mache das nicht zu meinem ~** ben bunu kendi zevkim için yapmıyorum **Privatvermögen** <-s, -> *nt* özel varlıklar *pl,* kişisel malvarlığı **Privatversicherung**

P

<-, -en> *f* özel sigorta **Privatwirtschaft** *f kein pl* özel girişime dayanan ekonomi, özel işletmeler ekonomisi, özel sektör

Privileg <-(e)s, -ien> [privi'le:k, *pl* pri-vi'le:giən] *nt* ayrıcalık, imtiyaz

privilegieren* [privile'gi:rən] *vt* ayrıcalık tanımak (-e)

pro [pro:] **I.** *präp* ~ **Kopf** adam başına; ~ **Person** kişi başına; **einmal ~ Monat/Tag** ayda/günde bir kere; ~ **Stück** parça başına; **80 km ~ Stunde** saatte 80 km **II.** *adv* **bist du ~ oder kontra** (**eingestellt**)? lehin(d)e mi yoksa aleyhin(d)e misin?, taraftar mısın yoksa karşı mısın?

Pro <-> [pro:] *nt kein pl* ~ **und Kontra** lehin(d)e ve aleyhin(d)e

Probabilismus *m kein pl* PHILOS probabilizm, olasıcılık

Proband <-en> *m* MED, PSYCH (*Versuchsperson*) denek

Probe <-n> ['pro:bə] *f* ① (*Versuch*) deneme; **auf ~** denemek üzere; **die ~ bestehen** kendini kanıtlamak; **jds Geduld auf die ~ stellen** birinin sabrını tüketmek ② THEAT prova ③ (*Prüfungsstück*) örnek, numune, incelemek amacıyla alınan parça; **eine ~ entnehmen** örnek almak, (incelemek amacıyla) parça almak **Probeabzug** *m* TYPO prova **Probealarm** *m* deneme alarmı, test alarm **Probeentnahme** *f* örnek alma **Probeexemplar** *nt* eşantiyon **Probefahrt** *f* deneme amacıyla sürme, deneme seferi **Probelauf** <-(e)s, -läufe> *m* TECH deneme amacıyla çalıştırma

proben ['pro:bən] **I.** *vi* prova yapmak **II.** *vt* provasını yapmak (-in)

probeweise *adv* denemek için

Probezeit *f* ① (*Testzeit*) deneme süresi ② SCHWEIZ JUR tecil süresi

probieren* [pro'bi:rən] *vt* ① (*versuchen*) denemek, tecrübe etmek; **lass (es) mich mal ~!** bıraksana ben de bir deneyim!; **P~ geht über Studieren** (*prov*) deney kuru öğrenmeden üstündür ② (*Speise, Getränk*) denemek; (*kosten*) tadına bakmak (-in), tatmak

Problem <-s, -e> [pro'ble:m] *nt* problem, sorun; **vor einem ~ stehen** bir problemle karşı karşıya kalmak; **etw wird für jdn zum ~** bir şey birisi için problem olmak; **kein ~!** (*fam*) problem [*o* sorun] değil!

Problematik [proble'ma:tɪk] *f kein pl* problematik

problematisch *adj* problematik, problemli, sorunlu

problemlos *adj* problemsiz, sorunsuz

Produkt <-(e)s, -e> [pro'dʊkt] *nt* ① ürün; (*Halb~*) mamul ② MATH çarpım

Produktion <-en> [prodʊk'tsjo:n] *f* ① üretim ② yapım **Produktionskosten** *pl* üretim maliyeti **Produktionsmittel** *pl* üretim araçları *pl* **produktionsreif** *adj* üretime hazır hâldeki **Produktionsrückgang** *m* üretimde gerileme **Produktionsstätte** *f* yapım evi, imalâthane, üretim evi, üretimlik **Produktionssteigerung** *f* üretimi artırma **Produktionsverhältnisse** *pl* üretim ilişkileri *pl*

produktiv [prodʊk'ti:f] *adj* ① (*ergiebig*) verimli ② (*schöpferisch*) üretici, üretken

Produktivität [prodʊktivi'tɛ:t] *f kein pl* ① prodüktivite, üretkenlik; (*Ergiebigkeit*) verimlilik ② (*Schaffenskraft*) üreticilik, üretkenlik

Produktpalette *f* ürün yelpazesi

Produzent(in) <-en, -en; -nen> [produ'tsɛnt] *m(f)* ① WIRTSCH (*Erzeuger, Hersteller*) üretici, yapımcı, imalâtçı ② FILM, TV (*eines Films*) yapımcı, prodüktör, çekimci ③ (*einer Radiosendung*) yapımcı, programcı

produzieren* [produ'tsi:rən] **I.** *vt* üretmek **II.** *vr* ■ **sich ~** (*fam*) gösteriş yapmak

profan [pro'fa:n] *adj* ① (*weltlich*) dünyevî ② (*alltäglich*) günlük, her günkü

Professionalität [profɛsjonali'tɛ:t] *f kein pl* profesyonellik

professionell [profɛsjo'nɛl] *adj* profesyonel; **sie arbeiten sehr ~** çok profesyonel çalışırlar

Professor(in) <-s, -en; -nen> [pro'fɛso:ɐ, *pl* profɛ'so:rən] *m(f)* ① (*akademischer Titel, Universitäts~*) profesör; ~ **der Medizin/Mathematik** tıp/matematik profesörü ② ÖSTERR (*Gymnasiallehrer*) lise öğretmeni

Professur <-en> [profɛ'su:ɐ] *f* ① profesörlük ② (*Lehrstuhl*) kürsü

Profi <-s, -s> ['pro:fi] *m* profesyonel

Profil <-s, -e> [pro'fi:l] *nt* ① (*des Kopfes*) profil; **im ~** profilden ② TECH, ARCH (*vorgeformt*) profil; (*Längs- oder Querschnitt*) kesit; (*Reifen~*) profil, dişler *pl* ③ GEO kesit ④ (*Persönlichkeit*) kişilik; (*Image*) imaj; **an ~ gewinnen** kişilik kazanmak

profilieren* [profi'li:rən] **I.** *vt* dişler açmak (-e); (*Form geben*) biçim vermek (-e) **II.** *vr* ■ **sich ~** (*einen Namen machen*) sivrilmek

Profit <-(e)s, -e> [pro'fi:t] *m* ① (*Nutzen*) yarar; ~ **aus etw schlagen/ziehen** bir şeyden yarar sağlamak ② WIRTSCH kâr

profitabel [profi'ta:bəl] *adj* kârlı

Profitgier *f* (*pej*) kâr hırsı

profitieren* [profi'ti:rən] *vi* kâr etmek (**von/bei** -den)

Proformarechnung <-en> *f* WIRTSCH proforma fatura

Prognose <-n> [pro'gno:zə] *f* tahmin

prognostizieren* [prognɔsti'tsi:rən] *vt* tahmin etmek, kestirmek

Programm <-s, -e> [pro'gram] *nt* ❶ (*Planung, Ablauf*) program; **auf dem ~ stehen** programda olmak; **ein volles ~ haben** dolu bir programı olmak ❷ INFORM program; **ein ~ schreiben/entwickeln** bir program yazmak/geliştirmek ❸ RADIO, TV program

programmatisch [progra'ma:tɪʃ] *adj* ❶ programa uygun ❷ (*richtungsweisend*) yön gösterici

Programmfehler *m* INFORM program hatası **programmgemäß** *adj* programlı; **alles verlief ~** her şey programa göre yürüdü

programmierbar *adj* programlanabilir

programmieren* [progra'mi:rən] **I.** *vi* ❶ koşullanmak, şartlanmak; **auf Erfolg programmiert sein** başarıya koşullu [*o* şartlanmış] olmak ❷ INFORM programlanmak **II.** *vt* ❶ (*konditionieren*) koşullandırmak (**auf** -e), şartlandırmak (**auf** -e) ❷ INFORM programlamak; **programmierter Unterricht** programlı ders

Programmierer(in) <-s, -; -nen> *m(f)* INFORM programcı

Programmierfehler *m* INFORM programlama hatası **Programmiersprache** <-n> *f* INFORM programlama dili

Programmierung <-en> *f* INFORM programlama **Programmpunkt** *m* (*Tagesordnungspunkt*) gündem maddesi **Programmsteuerung** *f kein pl* INFORM program denetimi **Programmvorschau** *f* TV gelecek programlar **Programmzeitschrift** *f* TV programları dergisi

progressiv [progrɛ'si:f] *adj* ❶ (*fortschrittlich*) ileri(ci) ❷ (*allmählich steigend*) artan; **~e Steuer** WIRTSCH müterakki vergi

Projekt <-(e)s, -e> [pro'jɛkt] *nt* proje

projektieren* [projɛk'ti:rən] *vt* projesini yapmak (-in), tasarlamak

Projektil <-s, -e> [projɛk'ti:l] *nt* ❶ (*Geschoss*) mermi ❷ (*Rakete*) füze

Projektion <-en> [projɛk'tsjo:n] *f a.* FILM projeksiyon; MATH izdüşüm, iz düşümü

Projektionsebene *f* MATH izdüşüm düzlemi, iz düşümü düzlemi

Projektleiter(in) <-s, -; -nen> *m(f)* proje yöneticisi

Projektor <-s, -en> [pro'jɛkto:ɐ] *m* projektör

projizieren* [proji'tsi:rən] *vt* (*geh*) *a.* FILM yansıtmak; MATH iz düşümünü çizmek (-in)

proklamieren* [prokla'mi:rən] *vt* beyan etmek, ilan etmek

Pro-Kopf-Einkommen <-s> [pro:'kɔpf-] *nt kein pl* adam başına gelir

Prokurist(in) <-en, -en; -nen> [proku'rɪst] *m(f)* ticari mümessil

Prolet(in) <-en, -en; -nen> [pro'le:t] *m(f)* (*pej*) ayı, hıyar

Proletariat <-(e)s, -e> [proletari'a:t] *nt* proletarya

Proletarier(in) <-s, -; -nen> [prole'ta:riɐ] *m(f)* proleter

proletarisch [prole'ta:rɪʃ] *adj* proleter

Prolog <-(e)s, -e> [pro'lo:k] *m* prolog, ön deyiş

Promenade <-n> [promə'na:də] *f* ❶ (*Spazierweg*) promönat ❷ (*Spaziergang*) piyasa

promenieren* [promə'ni:rən] *vi sein* (*geh*) piyasa etmek

Promethium <-s> *nt kein pl* CHEM prometyum

Promi <-s, -s> ['prɔmi] *m* (*fam*) ünlü

Promille <-(s), -> [pro'mɪlə] *nt* ❶ (*Tausendstel*) binde ❷ *pl* (*fam: Alkoholgehalt im Blut*) promil, kandaki alkol miktarı

prominent [promi'nɛnt] *adj* kalburüstü, seçkin, ünlü

Prominente(r) *f(m)* kalburüstü, seçkin kimse

Prominenz [promi'nɛnts] *f kein pl* ünlüler *pl*, kalburüstü kişiler *pl*

promoten* [prə'mɔʊtən] *vt* tanıtmak

Promotion¹ <-en> [promo'tsjo:n] *f* ❶ (*Verleihung des Doktorgrades*) doktora ❷ SCHWEIZ SCHULE (sınıf) geçirme ❸ SCHWEIZ SPORT yükselme

Promotion² *f* WIRTSCH promosyon

promovieren* [promo'vi:rən] **I.** *vi* ❶ (*Dissertation schreiben*) doktora tezi yazmak (**in** dalında, **über** üzerine) ❷ (*Doktorwürde erlangen*) doktora yapmak (**in** dalında) **II.** *vt* SCHWEIZ SCHULE (sınıf) geçirmek

prompt [prɔmpt] **I.** *adj* hemen yapılan, derhal olan **II.** *adv* ❶ hemen, derhal ❷ (*fam: tatsächlich*) gerçekten, hakikaten; **er ist ~ darauf/auf sie hereingefallen** (*fam*) hakikaten ona kandı

Pronomen <-s, - *o* Pronomina> [pro'no:mən] *nt* LING zamir

Propaganda [propa'ganda] *f kein pl* POL, WIRTSCH propaganda; **~ für etw machen** bir şey için propaganda yapmak

propagieren* [propa'gi:rən] *vt* propagandasını yapmak (-in)

Propan <-s> [pro'pa:n] *nt kein pl* propan

Propangas <-es> *nt kein pl* propan gazı

P

Propeller <-s, -> [pro'pɛlɐ] *m* AERO, NAUT pervane

Prophet(in) <-en, -en; -nen> [pro'fe:t] *m(f)* peygamber

prophetisch *adj* peygambervari

prophezeien* [profe'tsaɪən] *vt a.* REL kehanette bulunmak (dair), olacağını önceden söylemek (-in); **jdm eine große Karriere ~** birinin kariyer yapacağını önceden söylemek

Prophezeiung <-en> *f a.* REL kehanet

prophylaktisch [profy'laktɪʃ] *adj* MED profilâktik, koruyucu

Prophylaxe <-n> [profy'laksə] *f* MED profilâksi, koruyucu hekimlik

Proportion <-en> [propɔr'tsjo:n] *f a.* MATH (*Größenverhältnis*) oran; (*Verhältnisgleichung*) bağıntı

proportional [propɔrtsjo'na:l] *adj* oranlı (**zu** -e)

proportioniert [propɔrtsjo'ni:ɐt] *adj* orantılı

Prosa ['pro:za] *f kein pl* LIT düz yazı, nesir

Prosadichtung *f* LIT şiirce, mensur şiir

prosaisch [pro'za:ɪʃ] *adj* (*geh*) mensur

Prosaist(in) *m(f)* nesir yazarı, nesir ustası

prosit ['pro:zɪt] *interj* (*fam*) şerefe, çin çin

Prospekt <-(e)s, -e> [pro'spɛkt] *m* prospektüs; (*Reise~*) broşür

prost [pro:st] *interj* (*fam*) şerefe, çin çin

Prostata <Prostatae> ['prɔstata] *f* ANAT prostat

Prostatakrebs *m* MED prostat kanseri

prostituieren* [prostitu'i:rən] *vr* ■ **sich ~** fahişelik etmek

Prostituierte(r) <-n, -n; -n> [prostitu'i:ɐtə, -tɐ] *f(m)* fahişe

Prostitution [prostitu'tsjo:n] *f kein pl* fuhuş

Protagonist(in) <-en, -en; -nen> [protago'nɪst] *m(f)* ① başaktör ② (*Vorkämpfer*) öncü

Protein <-s, -e> [prote'i:n] *nt* protein

Protektionismus <-> [protɛktsjo'nɪsmʊs] *m kein pl* WIRTSCH korumacılık, himayecilik, koruyucu gümrük politikası

Protest <-(e)s, -e> [pro'tɛst] *m* protesto

Protestant(in) <-en, -en; -nen> [protɛs'tant] *m(f)* Protestan

protestantisch *adj* Protestan

Protestantismus <-> *m kein pl* Protestanlık

Protestbewegung *f* protesto hareketi

protestieren* [protɛs'ti:rən] *vi* protesto çekmek [*o* etmek]

Protestmarsch <-(e)s, -märsche> *m* protesto yürüyüşü **Protestnote** *f* POL protesto notası **Protestwähler(in)** *m(f)* POL *protesto amacıyla oyunu karşı tarafa veren seçmen*

Prothese <-n> [pro'te:zə] *f* ① MED protez ② LING protez, ön türeme

Protokoll[1] <-s, -e> [proto'kɔl] *nt* ① (*Niederschrift*) tutanak, zabıt(name), mazbata; **~ führen** tutanak düzenlemek, zabıt tutmak; **etw zu ~ geben/nehmen** bir şeyi tutanağa geçirtmek/geçirmek ② POL protokol ③ DIAL (*Strafmandat*) inzibatî ceza, para cezası

Protokoll[2] <-s> *nt kein pl* (*Zeremoniell*) protokol; **gegen das ~ verstoßen** protokolü ihlâl etmek

protokollarisch [protokɔ'la:rɪʃ] *adj* ① tutanakta yazılı; **etw ~ festhalten** bir şeyi zapt etmek, bir şeyi tutanağa geçirmek ② (*dem Protokoll entsprechend*) protokole uygun

Protokollchef(in) *m(f)* protokol şefi

Protokollführer(in) <-s, -; -nen> *m(f)* yazman; (*bei einer Sitzung*) yazman, kâtip, mazbata muharriri; (*bei Gericht*) yazman

protokollieren* [protokɔ'li:rən] **I.** *vt* ① (*bei einer Sitzung, der Polizei*) tutanağa geçirmek, zapt etmek ② (*in der Schule, Universität*) yazmak, yazıya geçirmek **II.** *vi* tutanak düzenlemek, zabıt tutmak

Proton <-s, -en> [pro'to:n] *nt* PHYS proton

Protoplasma <-s> *nt kein pl* BIOL protoplazma

Prototyp <-s, -en> ['pro:toty:p] *m a.* TECH prototip

protzen *vi* (*fam*) caka satmak (**mit** -le), çalım satmak (**mit** -le), gösteriş yapmak

protzig *adj* (*fam*) ① (*angeberisch*) cakalı, gösterişli, çalımlı ② (*luxuriös*) cafcaflı

Proverb <-s, -ien> [pro'vɛrb] *nt* atasözü

Proviant <-s> [provi'ant] *m kein pl* kumanya, yolluk, azık

Provider <-s, -> [pro'vaɪdɐ] *m* INFORM servis sağlayıcı

Provinz <-en> [pro'vɪnts] *f* ① (*Verwaltungsbezirk*) il ② (*fig: ländliche Gegend*) taşra, dışarlık

provinziell [provɪn'tsjɛl] *adj* taşralı, dışarılı

Provinzler(in) <-s, -; -nen> [pro'vɪntslɐ] *m(f)* (*pej fam*) taşralı, dışarlı

Provinzstadt *f* kasaba

Provision <-en> [provi'zjo:n] *f* WIRTSCH komisyon; **auf** [*o* **gegen**] **~ arbeiten** komisyon alarak çalışmak

Provisorien *pl von* **Provisorium**

provisorisch [provi'zo:rɪʃ] *adj* eğreti, geçici

Provisorium <-s, Provisorien> [provi'zo:riʊm] *nt* geçici düzenleme

provokant [provo'kant] *adj* kışkırtıcı, tah-

rik edici
Provokateur(in) *m(f)* provokatör, kışkırtıcı
Provokation <-en> [provoka'tsjo:n] *f* provokasyon, kışkırtma
provokativ [provoka'ti:f] *adj* kışkırtıcı, tahrik edici; ■ **sich ~ verhalten** kışkırtıcı biçimde davranmak
provozieren* [provo'tsi:rən] *vt* provoke etmek, kışkırtmak, tahrik etmek
Prozedur <-en> [protse'du:ɐ] *f* prosedür
Prozent <-(e)s, -e> [pro'tsɛnt] *nt* ❶ (*Hundertstel*) yüzde; (*bei Alkoholgehalt*) yüzde, derece; **etw in ~ ausdrücken** bir şeyi yüzde olarak söylemek; **50 ~ der Bevölkerung** nüfusun yüzde ellisi ❷ *pl* (*fam: Rabatt*) yüzde; **~e bekommen** yüzdesini almak **Prozentsatz** <-es, -sätze> *m* yüzde oranı, yüzde, yüzdelik
prozentual [protsɛntu'a:l] *adj* yüzde
Prozess[RR] <-es, -e> [pro'tsɛs] *m*, **Prozeß**[ALT] <-sses, -sse> *m* ❶ JUR (*Zivil~*) dava; (*Straf~*) yargılama; **gegen jdn einen ~ führen** birini dava etmek; **mit jdm kurzen ~ machen** (*fam*) bir kimseye yapacağı işi kısa ve sert biçimde ihtar etmek; **mit etw kurzen ~ machen** (*fam*) bir şeyi kısa kesmek ❷ (*Vorgang*) proses, işlem ❸ (*Verlauf*) süreç **Prozessgegner(in)**[RR] *m(f)* JUR hasım taraf
prozessieren* [protsɛ'si:rən] *vi* davalaşmak (**gegen** ile)
Prozession <-en> [protsɛ'sjo:n] *f* tören alayı
Prozesskosten[RR] *pl* JUR yargılama giderleri *pl*
Prozessor <-s, -en> [pro'tsɛso:ɐ] *m* INFORM işlemci
prüde ['pry:də] *adj* aşırı iffetli
prüfen ['pry:fən] *vt* ❶ (*untersuchen*) incelemek, muayene etmek, araştırmak, yoklamak; (*abfragen*) sınamak, imtihan etmek; (*über~, nach~*) kontrol etmek, gözden geçirmek, denetlemek; **jdn in Biologie ~** birini biyolojide sınamak [*o* imtihan etmek] ❷ (*geh: schicksalhaft*) **ein schwer geprüfter Mensch** kaderin sillesini yemiş bir insan
Prüfer(in) <-s, -; -nen> *m(f)* (*Beruf*) denetçi; (*Schule, Universität*) ayırtman, mümeyyiz
Prüfling <-s, -e> *m* sınava giren (kimse), sınav adayı
Prüfstein *m* denek taşı, mihenk; **ein ~ für etw sein** bir şey için denek taşı olmak, bir şey için mihenge vurulmak
Prüfung <-en> *f* ❶ (*Untersuchung*) sınama; (*Schul~*) yoklama, sınav, imtihan; (*Über~*) kontrol; **sich einer ~ unterziehen** sınava çekilmek, kontrol edilmek; **etw einer ~ unterziehen** bir şeyi yoklamak, bir şeyi kontrol etmek; **nach ~ Ihrer Beschwerde** şikâyetiniz incelendikten sonra; **die mündliche/schriftliche ~ in Biologie** biyolojideki sözlü/yazılı sınav [*o* yoklama] ❷ (*geh: schicksalhaft Belastung*) kader **Prüfungsangst** *f* sınav korkusu **Prüfungsaufgabe** *f* sınavda verilen ödev **Prüfungsfrage** *f* sınav sorusu **Prüfungskommission** *f* sınav komisyonu **Prüfungsordnung** *f* sınav yönetmeliği
Prügel <-s, -> ['pry:gəl] *m* ❶ (*Knüppel*) kötek, sopa ❷ *pl* (*Schläge*) dayak; (*mit einem Stock*) kötek, sopalama; **~ beziehen** dayak yemek, dövülmek; (*mit einem Stock*) kötek [*o* sopa] yemek
Prügelei <-en> *f* dövüş
Prügelknabe *m* (*fam*) şamar oğlanı
prügeln ['pry:gəln] **I.** *vt* dövmek, dayak atmak (-e); (*mit einem Stock*) sopa ile dövmek **II.** *vr* ■ **sich ~** dövüşmek; **sich um etw ~** bir şey için dövüşmek
Prügelstrafe *f kein pl* dayak cezası
Prunk <-(e)s> [prʊŋk] *m kein pl* şatafat
prunkvoll *adj* şatafatlı
prusten ['pru:stən] *vi* solumak; **jdm Wasser ins Gesicht ~** birinin yüzüne su püskürtmek
PS [pe:'ʔɛs] ❶ *Abk von* **Pferdestärke** beygir gücü ❷ *Abk von* **Postskript(um)** postscriptum
Psalm <-s, -en> [psalm] *m* mezmur
Pseudonym <-s, -e> [psɔɪdo'ny:m] *nt* takma ad; (*bei Dichtern*) mahlâs
Pseudopodium <-s, -dien> [psɔɪdo'ny:m] *nt* ZOOL (*Scheinfüßchen*) yalancı ayak
pst [pst] *interj* sus
Psyche <-n> ['psy:çə] *f* ruh
Psychiater(in) <-s, -; -nen> [psy'ç(j)a:tɐ] *m(f)* psikiyatr, psikiyatrist, akliyeci
Psychiatrie[1] [psyç(j)a'tri:] *f kein pl* (*Gebiet der Medizin*) psikiyatri, akliye
Psychiatrie[2] <-n> *f* (*sl: psychiatrische Abteilung*) psikiyatri, akliye
psychiatrisch [psy'ç(j)a:trɪʃ] *adj* MED psikiyatrik; **in ~er Behandlung sein** psikiyatri tedavisi yapılmakta olmak
psychisch ['psy:çɪʃ] *adj* ❶ psişik, ruhsal, ruhi; **~ krank** ruhen hasta; **~e Störungen** psişik [*o* ruhsal] bozukluklar ❷ (*Unterdrückung*) psikolojik
Psychoanalyse [----'--] *f kein pl* PSYCH psikanaliz **Psychoanalytiker(in)** [----'---] *m(f)* PSYCH psikanalizci

Psychologe(in) <-n, -n; -nen> [psyço'lo:gə] *m(f)* psikolog
Psychologie [psyçolo'gi:] *f kein pl* psikoloji
psychologisch *adj* psikolojik
Psychopath(in) <-en, -en; -nen> [psyço'pa:t] *m(f)* PSYCH psikopat, ruh hastası
Psychopathie <-, -n> *f* PSYCH psikopati
Psychopathologie *f kein pl* PSYCH, MED psikopatoloji
Psychopharmakon <-s, -pharmaka> [psyço'farmakɔn, *pl* -'farmaka] *nt* MED, PSYCH psikofarmaka
Psychose <-n> [psy'ço:zə] *f* MED, PSYCH psikoz
psychosomatisch [psyçozo'ma:tɪʃ] *adj* MED psikosomatik
Psychoterror ['psy:çotɛro:ɐ] *m* psikolojik terör
Psychotherapeut(in) [psyçotera'pɔɪt, 'psy:ço-] *m(f)* MED, PSYCH psikoterapist **Psychotherapie** [----'-, '-----] *f* MED, PSYCH psikoterapi
PTT [pe:te:'te:] SCHWEIZ *Abk von* **Post-, Telefon- und Telegrafenbetrieb** PTT (*Posta, Telefon ve Telgraf İşletmesi*)
pubertär [pubɛr'tɛ:ɐ] *adj* ❶ (*in der Pubertät*) ergen, ergenlik çağında olan ❷ (*für die Pubertät typisch*) ergenlikteki
Pubertät [pubɛr'tɛ:t] *f kein pl* erinlik, ergenlik, bulûğ çağı
pubertieren* *vi* ergenleşmek
Publicity [pa'blɪsiti] *f kein pl* kamu oyunda tanınma
Public Relations ['pablɪkri'leɪʃəns] *pl* halkla ilişkiler *pl*
publik [pu'bli:k] *adj* ~ **werden** duyulmak; **etw ~ machen** bir şeyi duyurmak
Publikation <-en> [publika'tsjo:n] *f* ❶ yayım ❷ (*publiziertes Werk*) yayın
Publikum <-s> ['pu:blikʊm] *nt kein pl* ❶ (*Zuschauer*) seyirciler *pl* ❷ (*Leserschaft*) okurlar *pl* ❸ (*fam: Zuhörer*) dinleyiciler
publizieren* [publi'tsi:rən] *vt* yayımlamak
Publizist(in) <-en, -en; -nen> [publi'tsɪst] *m(f)* gazeteci
Publizistik [publi'tsɪstɪk] *f kein pl* gazetecilik
Puck <-s, -s> [pʊk] *m* SPORT disk
Pudding <-s, -e *o* -s> ['pʊdɪŋ] *m* puding
Pudel <-s, -> ['pu:dəl] *m* kaniş; **wie ein begossener ~ dastehen** (*fam*) süt dökmüş kediye dönmek **pudelnass**RR ['--'-] *adj* (*fam*) sırsıklam, sırılsıklam **pudelwohl** ['--'-] *adv* (*fam*) ■**sich ~ fühlen** kendini son derece mutlu hissetmek
Puder <-s, -> ['pu:dɐ] *m o nt* pudra; (*Talkum*) talk pudrası **Puderdose** *f* pudralık, pudra kutusu
pudern ['pu:dɐn] *vt* pudralamak
Puderzucker *m* pudra şekeri
puff *interj* pof
Puff[1] <-(e)s, Püffe *o* -e> [pʊf, *pl* 'pʏfə] *m* (*fam: Stoß*) vurma, darbe
Puff[2] <-(e)s, -e *o* -s> *m* ❶ (*Wäschekorb*) kirli çamaşır sepeti ❷ (*Sitzkissen*) puf
Puff[3] <-s, -s> *m o nt* (*fam: Bordell*) kerhane, genelev
Puffer <-s, -> *m* ❶ (*am Zug*) tampon ❷ INFORM *s.* **Pufferspeicher** ❸ (*Reibekuchen*) patates mücveri **Pufferspeicher** *m* INFORM tampon bellek **Pufferzone** *f* POL tampon bölge
Puffmutter *f* (*sl*) çaça, mama
puh [pux] *interj* (*fam*) **~!** (*Ausruf des Unwillens*) öf!; (*Ausruf der Erleichterung*) oh!
pulen ['pu:lən] *vi* NORDD (*fam*) **in der Nase ~** burnunu karıştırmak
Pulle <-n> ['pʊlə] *f* (*fam*) şişe; **volle ~ (fahren)** (*fam*) tam gaz (sürmek)
Pulli <-s, -s> ['pʊli] *m* (*fam*) süveter, kazak
Pullover <-s, -> [pʊ'lo:vɐ] *m* süveter, kazak
Pullunder <-s, -> [pʊ'lʊndɐ] *m* kolsuz kazak
Puls <-es, -e> [pʊls] *m* nabız; **den ~ fühlen** nabzı yoklamak **Pulsader** <-n> *f* bilek damarı
pulsieren* [pʊl'zi:rən] *vi* atmak
Pulsschlag *m* nabız atışı
Pult <-(e)s, -e> [pʊlt] *nt* ❶ (*Schreib~*) kürsü ❷ (*Noten~*) sehpa **Pultdach** <-(e)s, -dächer> *nt* ARCH sundurma çatı
Pulver <-s, -> ['pʊlvɐ] *nt* toz; (*Schieß~*) barut; **sein ~ verschossen haben** (*fig fam: Kräfte*) pili bitmek; (*Argumente*) söyleyeceğini söylemiş olmak
PulverfassRR *nt* barut fıçısı
pulverig *adj* toz
Pulverkaffee *m* toz kahve **Pulverschnee** *m* toz hâlinde kar
pulvrig *adj s.* **pulverig**
Puma <-s, -s> ['pu:ma] *m* ZOOL puma, Yeni Dünya aslanı
Pummel *m*, **Pummelchen** *nt* (*fam*) tombik
pummelig ['pʊməlɪç] *adj* (*fam*) tombul(ca), topaç gibi
Pump <-s> [pʊmp] *m kein pl* (*fam*) borç; **auf ~ leben** borç alarak yaşamak; **etw auf ~ kaufen** bir şeyi veresiye satın almak
Pumpe <-n> ['pʊmpə] *f* ❶ (*Vorrichtung*

zum Pumpen) tulumba, pompa ② (*fam: Herz*) kalp

pumpen *vt* ① pompalamak; **Luft in die Reifen ~** lastiklere hava basmak ② (*fam: leihen*) **jdm etw ~** birine bir şeyi ödünç vermek; **sich** *dat* **etw ~** bir şeyi ödünç almak; **kannst du mir 20 Euro ~?** bana 20 euro borç verebilir misin?

Pumpgun *nt* pompalı tüfek

Pumphose ['pʊmp-] *f* şalvar

Punchingball <-s, -bälle> *m* SPORT (*Boxen*) armut top

Punk[1] <-(s)> [paŋk] *m kein pl* (*Musik, Stil*) punk

Punk[2] <-(s), -s> *m*, **Punker(in)** <-s, -; -nen> ['paŋkɐ] *m(f)* punk

Punkt <-(e)s, -e> [pʊŋkt] *m* ① (*allgemein*) nokta; **um ~ sechs Uhr** tam saat altıda; **~ eins** (*bei einer Aufzählung*) nokta bir; **bis zu einem gewissen ~** belli bir noktaya kadar; **der springende ~** (*fig fam*) işin püf noktası; **der strittige ~** tartışmalı olan nokta; **wunder ~** (*fig fam*) hoş olmayan mesele; **toter ~** ölü nokta; **~ für ~** noktası noktasına; **ein dunkler ~ in seiner Vergangenheit** geçmişinde [*o* mazisinde] karanlık bir nokta; **ohne ~ und Komma reden** (*fam*) nokta, virgül bilmeden konuşmak ② MATH nokta ③ (*Ort*) nokta ④ SPORT puan, skor, sayı; **nach ~en siegen/führen** puan hesabıyla yenmek/önde olmak ⑤ TYPO punto; **diese Schrift hat die Größe von 10 ~(en)** bu yazı 10 puntodur

Punktgewinn <-(e)s, -e> *m* SPORT puan kazanma, sayı kazanma **punktgleich** *adj* SPORT puanları eşit olan, berabere

punktieren* *vt* ① noktalamak ② MED **jdn ~** birine ponksiyon yapmak

Punktiernadel *f* MED ponksiyon iğnesi

Punktion *f* MED ponksiyon

pünktlich ['pʏŋktlɪç] **I.** *adj* dakik **II.** *adv* vaktinde; **sei ~, sonst gibt es Schelte!** geç kalma, yoksa [*o* sonra] azar işitirsin!

Pünktlichkeit *f kein pl* dakiklik

Punktniederlage <-n> *f* SPORT puan [*o* sayı] hesabıyla yenilgi, puan [*o* sayı] hesabıyla mağlûbiyet

Punktsieg <-es, -e> *m* SPORT puan [*o* sayı] hesabıyla yenme, puan [*o* sayı] hesabıyla galibiyet

Punktsieger(in) <-s, -; -nen> *m(f)* SPORT puan [*o* sayı] hesabıyla galip

punktuell [pʊŋktu'ɛl] **I.** *adj* bazı noktaları göz önüne alarak yapılan **II.** *adv* bazı noktaları göz önüne alarak; **~ vorgehen** bazı noktaları göz önüne alarak hareket etmek

Punktzahl *f* puan sayısı, skor

Punsch <-(e)s> [pʊnʃ] *m kein pl* punç **Punschglas** *nt* punç bardağı

pupen *vi* (*fam*) osurmak

Pupille <-n> [pu'pɪlə] *f* göz bebeği

Puppe <-n> ['pʊpə] *f* ① (*Spielzeug*) (oyuncak) bebek ② (*Marionette*) kukla; **die ~n tanzen lassen** (*fam: feiern*) âlem yapmak; (*seine Macht ausüben*) milleti kukla gibi oynatmak; **bis in die ~n feiern/schlafen** (*fam*) sabahlara kadar eğlenmek/uyumak ③ (*Schaufenster~*) manken ④ ZOOL nemf **Puppenhaus** *nt* bebek evi **Puppentheater** *nt* kukla tiyatrosu **Puppenwagen** *m* bebek arabası

Pups <-es, -e> [pu:ps] *m* (*fam*) osuruk, yellenme

pupsen *vi* (*fam*) osurmak, yellenmek

pur [pu:ɐ] *adj* ① (*rein*) saf; **~es Gold** som altın; **Whisky ~** sek viski; **den Whisky ~ trinken** viskiyi sek içmek ② (*fam: bloß*) sırf, sadece; (*nichts anders als*) başka bir şey değil; **aus ~er Neugierde** sırf meraktan; **das ist ~er Wahnsinn** bu çılgınlıktan başka bir şey değil; **ein ~er Zufall** sırf bir tesadüf

Püree <-s, -s> [py're:] *nt* GASTR püre, ezme

Purgatorium <-s> *nt kein pl* REL (*Fegefeuer*) Araf

pürieren* [py'ri:rən] *vt* GASTR püresini yapmak (-in); **Kartoffeln ~** patates püresi yapmak

Purismus <-> *m kein pl* LIT, LING pürizm, özleştirmecilik

Puritaner(in) <-s, -; -nen> [puri'ta:nɐ] *m(f)* püriten

puritanisch *adj* püriten

Puritanismus <-> *m kein pl* REL püritenlik

Purpur <-s> ['pu:ɐpu:ɐ] *m kein pl* erguvanî

purpurfarben *adj* erguvanî

Purzelbaum ['pʊrtsəl-] *m* (*fam*) perende; **einen ~ schlagen** perende atmak

purzeln ['pʊrtsəln] *vi sein* (*fam*) tepetakla gitmek [*o* yuvarlanmak]; **die Tore purzelten nur so** gol üstüne gol atıldı

Puste ['pu:stə] *f kein pl* (*fam*) soluk, nefes; **außer ~ sein** soluğu [*o* nefesi] kesilmek; **aus der ~ kommen** soluk soluğa kalmak, nefes nefese kalmak **Pusteblume** *f* (*fam: Löwenzahn*) karahindiba **Pustekuchen** *interj* (*fam*) (**ja**) **~!** ne gezer!

Pustel <-n> ['pʊstəl] *f* MED püstül; (*Bläschen*) kabarcık; (*Pickel*) sivilce

pusten ['pu:stən] *vi* (*fam*) püflemek; (*blasen*) üflemek

put [pʊt] *interj* **~, ~, ~!** bili bili!

Pute <-n> ['pu:tə] *f* (dişi) hindi; (*fig*)

P

ahmak **Putenfleisch** *nt* hindi eti

Puter <-s, -> ['puːtɐ] *m* erkek hindi, gurk, baba hindi **puterrot** ['--'-] *adj* kıpkırmızı

Putsch <-(e)s, -e> [pʊtʃ] *m* darbe

Putschist(in) <-en, -en; -nen> [pʊ'tʃɪst] *m(f)* darbeci

Putte <-n> ['pʊtə] *f* KUNST (kanatlı) çıplak çocuk figürü

Putz <-es> [pʊts] *m kein pl* sıva; **auf den ~ hauen** (*fam: feiern*) parasına bakmadan eğlenmek; (*prahlen*) övünmek, böbürlenmek

putzen ['pʊtsən] *vt* temizlemek; (*scheuern*) ovmak; **sich** *dat* **die Nase ~** burnunu silmek; **sich** *dat* **die Zähne ~** dişlerini ovmak

Putzfimmel <-s> *m kein pl* (*pej*) temizleme hastalığı **Putzfrau** *f* orta hizmetçisi; (*in einem Privathaushalt*) temizlikçi kadın

putzig ['pʊtsɪç] *adj* (*fam*) ❶ (*niedlich*) cici ❷ (*seltsam*) tuhaf **Putzlappen** *m* temizlik bezi; (*Scheuerlappen*) tahta bezi **Putzmittel** *nt* temizlik malzemesi

putzmunter ['-'--] *adj* (*fam*) capcanlı

Putztag *m* temizlik günü **Putzteufel** *m* (*fam*) temizlik hastası **Putzwolle** *f* üstüpü **Putzzeug** *nt* temizlik malzemesi

Puzzle <-s, -s> ['pazəl] *nt* bozyap

Pygmäe(in) <-n, -n; -nen> [py'gmɛːə] *m(f)* pigme

Pyjama <-s, -s> [py'(d)ʒaːma] *m* pijama

Pyramide <-n> [pyra'miːdə] *f* piramit **pyramidenförmig** *adj* piramitsi

Pyrenäen [pyre'nɛːən] *pl* Pireneler *pl*

Pyromane(in) <-n, -n; -nen> [pyro'maːnə] *m(f)* MED, PSYCH piroman, yangın çıkarma hastası

Python <-s, -s *o* -en> ['pyːtɔn] *m* ZOOL (*Schlange*) piton

Qq

Q, q <-, -> [kuː] *nt Alman alfabesinin on yedinci harfi*

Quacksalber(in) <-s, -; -nen> ['kvakzalbɐ] *m(f)* (*pej*) sahte hekim, hekimlik taslayan kimse, mutatabbip

Quader <-s, -> ['kvaːdɐ] *m* ❶ (*Stein*) parke ❷ MATH dikdörtgenler prizması **Quaderstein** *m* parke taşı

Quadrant <-en, -en> [kva'drant] *m* ASTRON, MATH çeyrek alan

Quadrat[1] <-(e)s, -e> [kva'draːt] *nt a.* MATH kare; **fünf zum ~** beşin karesi

Quadrat[2] <-(e)s, -e> *m* kadrat

Quadratdezimeter *m o nt* desimetre kare

quadratisch *adj* ❶ (*Form*) kare; (*viereckig*) dört köşe ❷ MATH karesel; **~e Gleichung** karesel denklem, ikinci derecede denklem

Quadratkilometer *m* kilometre kare **Quadratmeter** *m o nt* metre kare **Quadratmillimeter** *m o nt* milimetre kare **Quadratwurzel** *f* MATH kare kök **Quadratzahl** *f* MATH kare sayı **Quadratzentimeter** *m o nt* santimetre kare **Quadratzentimeter** *m o nt* santimetre kare

quadrieren* [kva'driːrən] *vt* MATH karesini almak (-in); **eine Zahl ~** bir sayının karesini almak

Quadrillion *f* septilyon

Quadrofonie[RR] *f kein pl,* **Quadrophonie** [kvadrofo'niː] *f kein pl* dört kanal stereo

Quai <-s, -s> [kɛː, keː] *m o nt* ❶ (*Kai*) rıhtım ❷ SCHWEIZ (*Uferstraße*) kordon boyu

quaken ['kvaːkən] *vi* (*Frosch*) vrak vrak etmek; (*Ente*) vakvaklamak

Quäker(in) <-s, -; -nen> *m(f)* REL kuaker

Qual <-en> [kvaːl] *f* (*a. fig: Quälerei*) azap, eziyet; (*Leiden*) cefa, üzgü, büyük sıkıntı, ıstırap; (*Mühe*) eziyet; **unter großen ~en** çok ıstırap çekerek

quälen ['kvɛːlən] **I.** *vt* ❶ (*foltern*) işkence etmek [*o* yapmak] (-e); (*misshandeln*) eziyet etmek (-e), cefa etmek (-e); (*seelisch*) işkence etmek [*o* yapmak] (-e), manevi eziyet çektirmek (-e); **~der Durst** ıstırap veren susuzluk ❷ (*lästig fallen*) canından bezdirmek **II.** *vr* ■ **sich ~** (*mit Arbeit*) eziyet çekmek, canı çıkmak

Quälerei <-en> *f* eziyet

Quälgeist <-(e)s, -er> *m* (*fam*) baş belası

Qualifikation <-en> [kvalifika'tsjoːn] *f* ❶ nitelendirme ❷ (*erworbene Befähigung*) nitelik, vasıf ❸ SPORT eleme

qualifizieren* [kvalifi'tsiːrən] **I.** *vt* ❶ (*befähigen*) nitelendirmek (**für** için), vasıflandırmak; **qualifiziert** nitelikli, kalifiye, vasıflı ❷ (*bezeichnen*) nitelemek (**als** olarak) **II.** *vr* ■ **sich ~** SPORT katılma hakkını kazanmak (**für** -e); **die Mannschaft hat sich für das Finale qualifiziert** takım finale kaldı, takım finallere katılma hakkını kazandı

Qualität <-en> [kvali'tɛːt] *f* (*Eigenschaft*) nitelik, vasıf; (*Beschaffenheit, Waren~*) kalite

qualitativ [kvalita'tiːf, '----] **I.** *adj* kalite bakımından, nitel, nitelik bakımından **II.** *adv* kalite olarak; **~ besser** kalite olarak daha iyi

Qualitätsarbeit *f kein pl* kaliteli iş **Qualitätsbewusstsein** *nt kein pl* kalite bilinci **Qualitätserzeugnis** *nt* kaliteli ürün **Qualitätskontrolle** *f* kalite kontrolü **Qualitätssiegel** *nt* kalite mühürü **Qualitätsunterschied** *m* kalite farkı **Qualitätsware** *f* kaliteli mal **Qualitätswein** *m* kalite şarap

Qualle <-n> ['kvalə] *f* ZOOL denizanası

Qualm <-(e)s> [kvalm] *m kein pl* duman

qualmen *vi* ❶ (*Schornstein*) duman çıkarmak, tüt(tür)mek ❷ (*fam: Mensch*) tüttürmek; (*rauchen*) (sigara) içmek; **eine Zigarette/Zigarre ~** sigara/puro içmek [*o* tüttürmek]; **er qualmt pausenlos** aralıksız sigara içiyor

qualvoll ['kvaːlfɔl] *adj* (*mit Qualen*) ıstıraplı; (*schmerzlich*) acı; **~ sterben** can çekişerek ölmek

Quant <-s, -en> [kvant] *nt* PHYS kuvant

Quäntchen[RR] <-s, -> ['kvɛntçən] *nt* azıcık bir miktar, parçacık, zerre, nebze; **ein ~ Zucker/Butter** bir parçacık şeker/tereyağı

quäntchenweise[RR] *adv* azar azar

Quanten ['kvantən] *pl* ❶ *pl von* **Quant, Quantum** ❷ (*sl: Füße*) ayaklar **Quantentheorie** *f kein pl* PHYS kuvantum teorisi

Quantität [kvanti'tɛːt] *f kein pl* nicelik

quantitativ [kvantita'tiːf, '----] *adj* nicel

Quantum <-s, Quanten> ['kvantʊm] *nt* (*Menge*) miktar; (*Anteil*) pay

Quarantäne <-n> [karan'tɛːnə] *f* karantina; **unter ~ stehen** karantinada olmak; **unter ~ stellen** karantinaya almak

Quark <-s> [kvark] *m kein pl* ❶ (*Lebensmittel*) çökelek; (*Weißkäse*) lor ❷ (*pej fam*) **das ist doch alles ~!** bu dediğin

Q

gazoz ağacı!; **davon verstehst du einen ~!** ondan bir bok anlamazsın!; **seine Nase in jeden ~ stecken** burnunu her (bir) boka sokmak; **sich über jeden ~ aufregen** her (bir) boka sinirlenmek

Quarta <-en> *f* SCHULE ❶ yedinci sınıf ❷ ÖSTERR sekizinci sınıf

Quartal <-s, -e> [kvar'ta:l] *nt* üç ay; **das letzte ~ beginnt mit dem Oktober** yılın son üç ayı ekimle başlar

Quartett <-(e)s, -e> [kvar'tɛt] *nt* ❶ (*Gruppe*) dörtlü ❷ MUS kuartet, dörtlü

Quartier <-s, -e> [kvar'ti:ɐ] *nt* ❶ (*Unterkunft*) konak ❷ MIL karargâh, ordugâh; **~ machen** ordugâh kurmak ❸ SCHWEIZ (*Stadtviertel*) semt

Quartsabschluss[RR] *m* WIRTSCH üç aylık bilanço

Quarz <-es, -e> [kva:ɐts] *m* GEO kuvars **Quarzit** *m* GEO kuvarsit **Quarzuhr** *f* kuvars saat

quasi ['kva:zi] *adv* (*sozusagen*) âdeta, tabiri caizse; (*gewissermaßen*) sanki, âdeta **Quasigeld** *nt* WIRTSCH para benzeri

quasseln ['kvasəln] **I.** *vi* (*fam*) gevezelik etmek; **mit jdm ~** biriyle gevezelik etmek **II.** *vt* (*fam*) zırvalamak

Quasselstrippe *f* (*pej fam*) gevezenin teki

Quassie *f* BOT (*Quassia amara*) kavasya; (*Bitterholzbaum*) acı ağaç

Quaste <-n> ['kvastə] *f* püskül

Quatsch <-(e)s> [kvatʃ] *m kein pl* (*pej fam*) saçma(lar) *(pl)*, saçma sapan şey(ler) *(pl)*, saçmalık(lar) *(pl)*; **red keinen ~!** saçma sapan konuşma!, saçmalama!; **so ein ~!** ne saçma şey!, laf!; **was soll der ~?** bu saçmalık da ne?

quatschen **I.** *vi* (*fam*) ❶ (*pej: quasseln*) gevezelik etmek; **mit jdm ~** biriyle gevezelik etmek ❷ (*pej: tratschen*) dedikodu yapmak ❸ (*sich unterhalten*) laklak etmek, laflamak ❹ (*verraten*) boşboğazlık etmek, dilini tutamamak; **wer hat gequatscht?** kim dilini tutamadı? **II.** *vt* (*fam*) **dummes Zeug ~** saçma sapan konuşmak

Quatscherei *f* (*fam*) gevezelik, lafazanlık

Quatschkopf *m* (*pej fam*) gırgırcı, saçmacı, zevzek

Quecke *f*, **Queckengras** *nt* BOT ayrık otu

Quecksilber <-s> ['kvɛk-] *nt kein pl* cıva **Quecksilbersäule** *f* cıva sütunu, cıvalı barometre **Quecksilberthermometer** *nt* cıvalı derece

Quelle <-n> ['kvɛlə] *f* ❶ (*eines Gewässers*) kaynak, memba, pınar; (*Öl~*) kuyu; **heiße ~n** ılıcalar ❷ (*Ursache*) kaynak, neden ❸ (*Text, Person*) kaynak, referans; **aus zuverlässiger ~** güvenilir kaynaktan

quellen <quillt, quoll, gequollen> ['kvɛlən] *vi sein* ❶ (*Holz*) (suyu çekerek) şişmek; (*Reis*) (suyu çekerek) kabarmak ❷ (*heraus~*) çıkmak (**aus** -den); (*stärker*) fışkırmak (**aus** -den)

Quellenangabe <-n> *f* kaynak gösterme **Quellenforschung** *f kein pl* kaynakları araştırma **Quellensteuer** <-n> *f* FIN stopaj, kaynakta kesilen vergi **Quellentext** *m* kaynak metin **Quellwasser** <-s> *nt kein pl* kaynak suyu **Quellwolke** <-n> *f* METEO (*Haufenwolke*) küme bulut

Quengelei <-en> [kvɛŋə'laɪ] *f* (*fam*) mızmızlanma; (*weinerlich*) zırlama

quengelig ['kvɛŋ(ə)lɪç] *adj* (*fam*) mızmız

quengeln ['kvɛŋəln] *vi* (*fam*) mızmızlanmak; (*weinerlich*) zırlamak

quenglig *adj s.* **quengelig**

Quentchen[ALT] <-s, -> *nt s.* **Quäntchen**

quer [kve:ɐ] *adv* ❶ enine, enlemesine, çapraz; **~ gestreift** enine çizgili; **die Straße verläuft ~ zur Hauptstraße** sokak [*o* cadde] ana caddeyi kesiyor; **das Auto stand ~ auf der Straße** otomobil yol üstünde çapraz duruyordu ❷ (*schräg*) **~ über** [*o* **durch**] **...** karşıdan karşıya ..., bir yandan öbür yana ...; **~ über die Straße gehen** caddeyi karşıdan karşıya geçmek, caddenin bir yanından öbür yanına geçmek

Querachse *f* enine eksen **Querbalken** *m* ARCH enine kiriş; SPORT kalenin üst direği

querbeet [kve:ɐ'be:t] *adj* (*fam*) **~ durch den Wald laufen** ormanda şuraya buraya koşmak

Querdenker(in) *m(f)* serkeş

Quere ['kve:rə] *f kein pl* (*fam*) **jdm in die ~ kommen** (*stören*) birinin işini bozmak; (*treffen*) birinin karşısına çıkmak

Querele <-n> [kve're:lə] *f* uyuşmazlık, kavga

querfeldein [kve:ɐfɛlt'ʔaɪn] *adv* kırlar, tarlalar arasında

Querfeldeinlauf *m* SPORT kros **Querfeldeinrennen** *nt* SPORT (*Radrennen*) bisikletli kros

Querflöte *f* çapraz flüt **Querformat** <-(e)s, -e> *nt* enine format **quergestreift** *adj s.* **quer 1. Querhaus** *nt* ARCH transept **Querkopf** *m* (*pej fam*) dik başlı (kimse), dik kafalı (kimse) **querköpfig** *adj* (*pej fam*) dik başlı, dik kafalı **quer|legen** *vr* ■ **sich ~** (*fam*) diklenmek **Querschiff** *nt* ARCH transept **Querschläger** *m* ❶ (*Geschoss*) seken mermi, kaza kurşunu ❷ (*fam: Person*) entrikacı **Querschnitt** *m* ❶ (*eines Baumstammes*) kesit ❷ MATH (enlemesine) kesit ❸ (*Überblick*) genel bakış; **ein repräsentativer ~ der Jungwähler** genç seçmenleri temsil eden bir kesit

querschnitt(s)gelähmt *adj* MED belden aşağısı kötürüm **Querschnitt(s)lähmung** *f kein pl* MED alt yan kötürümlüğü

quer|stellen *vr* ■ **sich ~** (*fam*) diklenmek

Querstraße *f* **die A-Straße ist eine ~ zur B-Straße** A sokak, B sokağı kesen bir sokaktır; **zwei ~n entfernt wohnen** iki sokak ileride oturmak **Querstrich** <-(e)s, -e> *m* enine çizgi **Quersumme** *f* MATH sayıyı oluşturan rakamların toplamı

Querulant(in) <-en, -en; -nen> [kveru'lant] *m(f)* (*pej*) kavgacı, dava hastası

Querverbindung *f* çapraz bağlantı

quetschen ['kvɛtʃən] **I.** *vt* ❶ (*drücken*) bastırmak (**gegen/an** -e/-e) ❷ (*zerdrücken*) ezmek; **den Saft aus der Zitrone ~** limonun suyunu sıkmak ❸ (*in einen Koffer*) sıkıştırmak, tıkıştırmak ❹ (*verletzen*) **sich** *dat* **etw ~** bir yerini incitmek; **sich die Hand in der Tür ~** elini kapıya kıstırmak **II.** *vr* ■ **sich ~** (*sich zwängen*) tıkışmak, ite kaka girmek; **sich in das überfüllte Abteil ~** tıklım tıklım dolu kompartmana ite kaka girmek

Quetschung <-en> *f* ezik

Queue <-s, -s> [kø:] *m o nt* (*Billard*) isteka

quicklebendig ['kvɪkle'bɛndɪç] *adj* capcanlı, dipdiri

quieken ['kvi:kən] *vi* cıyaklamak

Quietismus *m kein pl* PHILOS dingincilik

quietschen ['kvi:tʃən] *vi* ❶ (*Tür, Reifen*) gıcırdamak; **die Tür quietscht in den Angeln** kapının menteşeleri gıcırdıyor ❷ (*fam: Mensch*) kıkırdamak

quietschfidel ['kvi:tʃfi'de:l] *adj* (*fam*) capcanlı **quietschvergnügt** ['--'-] *adj* (*fam*) pürneşe, zevkten dört köşe; **~ sein** zevkten dört köşe olmak

quillt [kvɪlt] *3. präs von* **quellen**

Quinta ['kvɪnta] *f* SCHULE ❶ altıncı sınıf ❷ ÖSTERR dokuzuncu sınıf

Quintessenz ['kvɪntɛsɛnts] *f* öz

Quintett <-(e)s, -e> [kvɪn'tɛt] *nt* MUS kuintet, kentet, beşli

Quirl <-(e)s, -e> [kvɪrl] *m* ❶ (*Küchengerät*) yumurta çırpıcı ❷ (*fam: Mensch*) yerinde duramaz kimse

quirlen *vt* GASTR çırpmak

quirlig *adj* ❶ (*fam*) yerinde duramaz ❷ BOT **~e Blattordnung** halkadizilişli yapraklar

quitt [kvɪt] *adj inv* (*fam*) **mit jdm ~ sein** (*abgerechnet haben*) biriyle fit olmak; (*nichts mehr zu tun haben wollen*) biriyle hesabı bitirmek

Quitte <-n> ['kvɪtə] *f* BOT ayva **Quittenmarmelade** *f* ayva reçeli

quittieren* [kvɪ'ti:rən] *vt* ❶ (*Empfang*) teslim alındığını teyit etmek (-in); (*Betrag*) alındı vermek (-e) ❷ (*reagieren*) tepki göstermek (-e), karşılık vermek (-e); **eine Kritik mit einem Achselzucken ~** bir eleştiriye omuz silkerek karşılık vermek ❸ (*aufgeben*) **den Dienst ~** görevi bırakmak, görevinden istifa etmek

Quittung <-en> *f* ❶ (*Empfangsbescheinigung*) alındı, makbuz; **jdm eine ~ (über 200 Euro) ausstellen** birine (200 euroluk) alındı vermek; **gegen ~** alındılı, alındı karşılığında ❷ (*Folgen*) ceza

Quiz <-, -> [kvɪs] *nt* bilgi yarışması **Quizmaster(in)** <-s, -; -nen> ['kvɪsma:stɐ] *m(f)* bilgi yarışması yöneticisi

quoll [kvɔl] *3. imp von* **quellen**

Quorum <-s> ['kvo:rʊm] *nt kein pl* yeter sayı, nisap

Quote <-n> ['kvo:tə] *f* ❶ kota ❷ (*Arbeitslosen~*) oran **Quotenregelung** *f* oranlama

Quotient <-en, -en> [kvo'tsjɛnt] *m* MATH bölüm

Q

R r

R, r <-, -> [ɛr] *nt* R, r; **~ wie Richard** Rize'nin re'si
Rabatt <-(e)s, -e> [ra'bat] *m* WIRTSCH (fiyatta) indirim; **auf etw ~ geben** bir şeye (fiyatta) indirim yapmak
Rabauke <-n, -n> [ra'baʊkə] *m* (*fam*) serseri
Rabbi <-(s), -s *o* Rabbinen> ['rabi, *pl* 'rabi:s] *m* Rabbi (*Yahudi din adamına verilen unvan*)
Rabbinat *nt* hahamlık
Rabbiner <-s, -> [ra'bi:nɐ] *m* haham
Rabe <-n, -n> ['ra:bə] *m* karga **Rabenmutter** <-mütter> *f* (*pej fam*) kötü anne, hayırsız anne **rabenschwarz** ['-'-] *adj* kuzgunî, kapkara **Rabenvater** <-s> *m* (*pej fam*) hayırsız baba, şambabası
rabiat [rabi'a:t] *adj* ① (*roh*) kaba, hoyrat ② (*gewalttätig*) zorba, şiddete başvuran ③ (*voller Zorn*) hiddetli, kızgın; (*wild*) azgın, azılı; (*wild vor Zorn*) hiddetten kudurmuş ④ (*Methode*) sert
Rabulist(in) <-en, -en; -nen> *m(f)* (*pej*) mugalâtacı
Rabulistik *f kein pl* (*pej*) mugalâta, yanıltmaca
Rache ['raxə] *f kein pl* ① öç, intikam (**für** için); (**an jdm**) **~ nehmen** (birinden) öç [*o* intikam] almak; **aus ~ für etw** bir şeye intikam olarak ② (*Rachsucht*) kin; **auf ~ sinnen** kin duymak, kin bağlamak; **nach ~ dürsten** kin beslemek; **nach ~ lechzen** kin gütmek **Racheakt** <-(e)s, -e> *m* (*geh*) öç alma, intikam alma
Rachen <-s, -> ['raxən] *m* (*des Menschen*) yutak; (*Maul*) ağız; (*Schlund*) boğaz; **er kann den ~ nicht vollkriegen** (*fig fam*) doymak bilmez, açgözlünün tekidir; **sie hat das in den falschen ~ gekriegt** (*fam*) bunu yanlış anladı; **jdm etw in den ~ werfen** (*fig fam*) birinin ağzına [*o* önüne] kemik atmak
rächen ['rɛçən] **I.** *vt* öç almak (**an** -den), intikam almak (**an** -den) **II.** *vr* ■ **sich ~** öç [*o* intikam] almak (**an** -den, **für** için), hınç almak; **sich an jdm für etw ~** birinden bir şey için öç [*o* intikam] almak, birinden bir şeyin öcünü çıkarmak [*o* almak]; **dein Leichtsinn wird sich ~** düşüncesizliğinin acısı çıkacak
Rachenblütler *pl* BOT (*Familie*) sıracagiller **Rachenbräune** *f kein pl* MED kuşpalazı; (*Diphtherie*) difteri
Rächer(in) <-s, -; -nen> *m(f)* (*geh*) intikamcı kimse, öç almaya çalışan kimse
Rachitis <Rachitiden> [ra'xi:tɪs, *pl* raxi'ti:dən] *f* MED raşitizm
rachitisch *adj* MED raşitik
Rachsucht *f kein pl* (*geh*) kin, kincilik, hınç **rachsüchtig** *adj* (*geh*) kinci, kindar, hınçlı
Racker *m* (*fam*) afacan
Rad <-(e)s, Räder> [ra:t, *pl* 'rɛ:dɐ] *nt* ① (*an Fahrzeug*) teker(lek); **ein ~ wechseln** bir teker(lek) değiştirmek; **ein ~ abhaben** (*sl*) kafadan kontak olmak; **ein ~ schlagen** (*Mensch*) perende atmak; (*Pfau*) kuyruğunu kabartmak ② TECH çark; (*Lenk~*) simit; **ein gezahntes ~** dişli bir çark ③ (*fam: Fahr~*) bisiklet; **~ fahren** bisiklete binmek
Radar <-s, -e> [ra'da:ɐ] *m o nt* TECH radar **Radargerät** <-(e)s, -e> *nt* radar **Radarkontrolle** *f* radarla kontrol, radar kontrolü **Radarschirm** *m* radar ekranı
Radau <-s> [ra'daʊ] *m kein pl* (*fam*) çıngar, hırgür; (*Lärm*) şamata, gürültü; **~ machen** çıngar çıkarmak
Radaufhängung *f kein pl* AUTO teker aksamı **Raddampfer** *m* NAUT çarklı vapur
radebrechen ['ra:dəbrɛçən] *vi, vt* çat pat konuşmak (**in** -), yarım yamalak konuşmak (**in** -)
radeln ['ra:dəln] *vi sein* (*fam*) bisikletle gitmek (**nach/zu** -e/-e)
Rädelsführer(in) <-s, -; -nen> ['rɛ:dəls-] *m(f)* (*pej*) elebaşı
rad|fahrenALT *irr vi sein s.* **Rad 2. Radfahrer(in)** *m(f)* bisikletli **Radfahrweg** *m* bisiklet yolu
Radfelge *f* AUTO jant
radial [radi'a:l] *adj* ① (*den Radius betreffend*) yarıçap (ile ilgili); (*in der Richtung eines Radius verlaufend*) yarıçap yönündeki ② (*strahlenförmig*) ışınsal ③ (*Reifen*) radyal **Radialkarkasse** *f* AUTO radyal karkas **Radialreifen** *m* AUTO radyal lastik
Radiant <-en, -en> *m* MATH radyan
Radiator <-s, -en> [radi'a:to:ɐ] *m* radyatör
Radien *pl von* **Radius**
radieren* [ra'di:rən] *vi, vt* ① (*aus~*) silmek ② KUNST kazımak
Radierer <-s, -> *m* (*fam*) silgi
Radiergummi <-s, -s> *m* silgi
Radierung <-en> *f* ① (*Verfahren*) oyma baskı ② (*Kunstwerk*) gravür, kazıma resim
Radieschen <-s, -> [ra'di:sçən] *nt* BOT

kırmızıturp

radikal [radiˈkaːl] *adj* ❶ (*vollständig, rücksichtslos*) radikal, kökten, köklü; **etw ~ ändern** bir şeyi kökten değiştirmek ❷ POL radikal, kökten, köklü

Radikale(r) <-n, -n; -n> *f(m)* radikal, köktenci

radikalisieren *vt* radikalleştirmek

Radikalisierung *f* (*das Radikalisieren*) radikalleştirme; (*das Radikalisiertwerden*) radikalleşme

Radikalismus *m* radikalizm, köktencilik

Radio <-s, -s> [ˈraːdio] *nt* radyo; **das ~ einschalten** radyoyu açmak; **~ hören** radyo dinlemek

radioaktiv [----ˈ-] *adj* PHYS radyoaktif, ışın etkin **Radioaktivität** [radioʔaktiviˈtɛːt] *f kein pl* ❶ radyoaktivite, ışın etkinliği; **das stetige Ansteigen der ~ unserer Atmosphäre** atmosferimizde radyoaktivitenin devamlı artması ❷ (*Eigenschaft*) radyoaktiflik; **die ~ bestimmter Isotope** belli izotopların radyoaktifliği

Radioapparat <-(e)s, -e> [ˈraːdio-] *m* radyo

Radiobiologie *f kein pl* BIOL, PHYS radyobiyoloji **Radiochemie** *f kein pl* PHYS, CHEM radyokimya **Radioelement** *nt* PHYS, CHEM radyoaktif element

Radiogramm *nt* ❶ MED, PHYS radyografi ❷ (*Funktelegram*) radyogram

Radiologe(in) <-n, -n; -nen> [radioˈloːgə] *m(f)* MED radyolog

Radiologie *f kein pl* MED radyoloji

Radiorekorder <-s, -> [ˈraːdiorekɔrdɐ] *m* radyolu teyp **Radiosender** *m* radyo istasyonu, radyo evi **Radiotherapie** *f* MED radyoterapi **Radiowecker** *m* (*fam*) radyolu çalarsaat **Radiowelle** *f* PHYS radyo dalgası

Radium <-s> [ˈraːdiʊm] *nt kein pl* CHEM radyum

Radius <-, Radien> [ˈraːdiʊs] *m* ❶ MATH yarıçap ❷ (*Reichweite*) erim, menzil; (*geistig*) ufuk

Radix *f* BOT, ANAT kök

radizieren* *vt* MATH **eine Zahl ~** bir sayının karekökünü almak

Radkappe *f* AUTO jant kapağı **Radkasten** *m* AUTO stepne yeri **Radkranz** *m* AUTO tekerlek çemberi **Radlager** *nt* teker rulmanı

Radler(in)[1] <-s, -; -nen> [ˈraːdlɐ] *m(f)* bisikletli

Radler[2] <-s, -> *m* DIAL *bira ile limonata karışımı içki*

Radlerhose *f* bisiklet pantolonu

Radnabe *f* poyra, tekerlek göbeği

Radon <-s> [ˈraːdɔn] *nt kein pl* CHEM radon

Radrennbahn *f* bisiklet parkuru, velodrom **Radrennen** *nt* bisiklet yarışı **Radrennfahrer(in)** *m(f)* bisiklet yarışçısı

Radscha <-s, -s> [ˈraːdʒa, ˈradʒa] *m* raca

Radsport <-(e)s, -e> *m* bisiklet sporu **Radtour** *f* bisiklet turu **Radwechsel** *m* teker değiştirme **Radweg** *m s.* **Radfahrweg**

RAF [ɛrʔaːˈʔɛf] *f Abk von* **Rote-Armee-Fraktion** Kızıl Ordu Fraksiyonu

raffen [ˈrafən] *vt* ❶ (*pej: gierig ergreifen*) kapmak; ■**etw an sich ~** bir şeyi kapmak ❷ (*in Falten legen*) katlamak ❸ (*Abhandlung*) kısaltmak; **etw gerafft wiedergeben** bir şeyi özetlemek ❹ (*fam: verstehen*) çakmak, anlamak; **hast du's nun endlich gerafft?** en sonunda işi çaktın [*o* anladın] mı?

Raffgier *f kein pl* aç gözlülük **raffgierig** *adj* aç gözlü

Raffination *f* rafinaj, arıtım

Raffinerie <-n> [rafinəˈriː] *f* rafineri, arıtım evi

Raffinesse[1] <-n> [rafiˈnɛsə] *f* (*Feinheit*) incelik; **mit allen ~n** ful aksesuar, bütün ekstralarıyla

Raffinesse[2] *f kein pl* (*Schlauheit*) kurnazlık

Raffineur *m* rafinatör

raffinieren* [rafiˈniːrən] *vt* arıtmak

raffiniert [rafiˈniːɐt] *adj* ❶ (*schlau*) kurnaz ❷ (*ausgeklügelt*) inceden inceye tasarlanmış ❸ (*verfeinert*) rafine

Rage [ˈraːʒə] *f kein pl* (*fam*) hışım, öfke, kızgınlık; **in ~ sein** öfkeli olmak; **in ~ kommen** hışımlanmak, öfkelenmek

ragen [ˈraːgən] *vi* çıkmak (**aus** -den); (*sich erheben*) yükselmek (**aus** -den)

Ragout <-s, -s> [raˈguː] *nt* GASTR yahni

Rahe [ˈraːə] *f* NAUT seren

Rahm <-(e)s> [raːm] *m kein pl* SCHWEIZ, ÖSTERR, SÜDD kaymak; **süßer/saurer ~** tatlı/ekşi kaymak

rahmen [ˈraːmən] *vt* çerçevelemek

Rahmen[1] <-s, -> [ˈraːmən] *m* ❶ (*Bilder~, Fenster~*) çerçeve; (*Tür~*) çerçeve, söve ❷ (*Fahrrad~, Motorrad~*) kadro; AUTO şasi ❸ (*Stick~*) gergef

Rahmen[2] <-s> *m kein pl* çerçeve; (*Bereich*) alan; (*Gegebenheit*) mevcut olan durum; **im ~ der Veranstaltung** programda; **im großen ~** büyük ölçüde; **im kleineren ~** dar bir çerçeve içinde; **im ~ des Möglichen** olanaklar çerçevesinde; **im ~ der geltenden Gesetze** yürürlükteki yasalar çerçevesinde; **aus dem ~ fal-**

R

len alışılagelenden farklı olmak; **den ~ sprengen** ölçüyü kaçırmak

Rahmenabkommen <-s, -> *nt* çerçeve anlaşma

rahmenlos *adj* çerçevesiz

Rahmsoße *f* GASTR kaymaklı sos

Rain <-(e)s, -e> [raɪn] *m* ❶ (*Streifen Land*) tarla kenarı ❷ SÜDD, SCHWEIZ (*Abhang*) yamaç, bayır

räkeln ['rɛːkəln] *vr* ■ **sich ~** *s.* **rekeln**

Rakete <-n> [ra'keːtə] *f* ❶ MIL füze, roket ❷ (*Raumfahrt*) füze; (*Feuerwerks~, Leucht~*) fişek **Raketenabschussrampe**[RR] *f* MIL füze [*o* roket] atış rampası **Raketenabwehrsystem** *nt* MIL roketsavar sistemi **Raketenflugzeug** *nt* MIL roket itmeli uçak **Raketenstützpunkt** *m* MIL füze üssü

Raki *m* rakı

Rallye <-s> ['rɛli] *f* ralli

RAM <-(s), -(s)> [ram] *nt* INFORM *Abk von* **random access memory** RAM (*rastgele erişimli bellek*)

Ramadan *m* ramazan

Ramme *f* şahmerdan

rammeln ['raməln] **I.** *vi* ❶ (*Tiere*) çiftleşmek; (*vulg: Menschen*) çiftleşmek ❷ (*fam: stoßend drängen*) ite kaka ilerlemek; **gerammelt voll sein** tıka basa dolu olmak, tıklım tıklım dolu olmak **II.** *vr* ■ **sich ~** ❶ (*fam: sich balgen*) itişip kakışmak ❷ (*fam: sich stoßen*) çarpmak **III.** *vt* (*vulg: begatten*) koçmak

rammelvoll *adj* (*fam*) tıka basa dolu, tıklım tıklım dolu

rammen ['ramən] *vt* ❶ (*in den Boden*) çakmak (**in** -e) ❷ (*stoßen*) çarpmak (**gegen** -e)

Rammhammer *m* şahmerdan

Rammler <-s, -> ['ramlɐ] *m* ZOOL erkek tavşan

Rampe <-n> ['rampə] *f* ❶ (*Auffahrt*) rampa ❷ (*zum Be- und Entladen*) rampa ❸ THEAT ramp **Rampenlicht** <-(e)s> *nt kein pl* THEAT ramp ışığı; **im ~ stehen** ramp ışığında bulunmak; (*im Mittelpunkt*) projektör ışığında olmak

ramponieren* [rampo'niːrən] *vt* (*fam*) zedelemek

Ramsch <-(e)s, -e> [ramʃ] *m* (*Ausschussware*) tapon mal; (*Kram*) pılı pırtı, işe yaramaz şeyler *pl,* öte beri **Ramschladen** <-s, -läden> *m* ucuzcu dükkânı, tapon mal satan mağaza **Ramschware** *f* tapon mal

RAM-Speicher <-s, -> *m* INFORM rastgele erişimli bellek

ran [ran] *adv* (*fam*) **rechts/links ~** sağa/sola

Rand <-(e)s, Ränder> [rant, *pl* 'rɛndɐ] *m* ❶ (*a. fig: an Gefäß, Straße, Abgrund*) kenar; (*Tisch~*) kenar; (*Stadt~*) kenar, kenar mahalleler *pl;* **am ~e des Grabes stehen** (*fig fam*) bir ayağı çukurda olmak; **bis zum ~ voll** ağzına kadar dolu, ağız ağıza dolu; **dunkle Ränder um die Augen haben** gözleri halkalı olmak; **etw am ~e vermerken** bir şeyi derkenar etmek ❷ TYPO kenar, marj ❸ (*fig*) **außer ~ und Band sein** (*fam: Kinder*) ele avuca sığmaz olmak; (*vor Freude*) kendinden geçmek; **mit etw** *dat* (**nicht**) **zu ~e kommen** (*fam*) bir şeyle baş (edememek) etmek, bir şeyin üstesinden gel(eme)mek; **mit jdm** *dat* (**nicht**) **zu ~e kommen** (*fam*) bir kimseyle geçin(eme)mek

Randale *f* gürültü patırtı

randalieren* [randa'liːrən] *vi* gürültü patırtı etmek

Randbemerkung *f* ❶ (*schriftlich*) derkenar ❷ (*fig: mündlich*) laf atma **Randerscheinung** *f* gölge olay **Randgebiet** *nt* ❶ (*einer Stadt*) varoş ❷ (*einer Disziplin*) yan alan

randlos *adj* (*Brille*) çerçevesiz

Randstreifen *m* kenar şerit

randvoll *adj* ağzına kadar dolu, silme, sıvama

rang [raŋ] *3. imp von* **ringen**

Rang[1] <-(e)s, Ränge> [raŋ, *pl* 'rɛŋə] *m* ❶ (*Grad*) derece; MIL rütbe; (*Stellung*) mevki; (*~folge*) sıra; **einen hohen ~ bekleiden** yüksek bir mevkii [*o* rütbeyi] haiz olmak ❷ THEAT balkon ❸ SPORT **den zweiten ~ belegen** ikinciliği almak

Rang[2] <-(e)s> *m kein pl* (*Stellenwert*) mevki; (*Güte*) kalite; **alles, was ~ und Namen hat** adı sanı olan herkes; **jdm den ~ ablaufen** (*fig*) birinin pabucunu dama atmak

Rangabzeichen *nt* MIL rütbe işareti

Rangelei <-en> [raŋə'laɪ] *f* (*fam*) dalaşma

rangeln ['raŋəln] *vi* (*fam*) dalaşmak

Rangfolge *f* sıra, aşama sırası, makam sırası

Rangierbahnhof [rã'ʒiːɐ-, raŋ'ʒiːɐ-] *m* EISENB manevra istasyonu

rangieren* [rã'ʒiːrən, raŋ'ʒiːrən] **I.** *vi* (*Rang einnehmen*) yer almak (**an** -de) **II.** *vt* (*Waggons*) sıraya sokmak

Rangliste *f* SPORT klasman **Rangordnung** <-en> *f* aşama sırası, derece düzeni, hiyerarşi

rank [raŋk] *adj* (*geh*) **~ und schlank sein** sırım gibi olmak

Ranke <-n> ['raŋkə] *f* BOT yapışıcı sap;

(*Wein~*) sülük, asma bıyığı
Ränke ['rɛŋkə] *pl* (*geh*) ~ **schmieden** kumpas kurmak
ranken ['raŋkən] *vr* ■ **sich** ~ ❶ (*Pflanze*) şarılarak tırmanmak ❷ (*Erzählung*) **um die Ruine ~ sich viele Legenden** harabenin hakkında birçok efsane bulunur
ran|klotzen *vi* (*fam*) eşek gibi çalışmak
ran|kommen *irr vi sein* (*fam*) ❶ (*sich nähern*) yaklaşmak (**an** -e); ■ **etw an sich ~ lassen** (*a. fig*) bir şeyin olmasını acele etmeden beklemek; ■ **nichts an sich ~ lassen** (*a. fig*) hiçbir şeyi yanına yaklaştırmamak, hiçbir şeye aldırış etmemek ❷ (*heranreichen*) erişmek (**an** -e), yetişmek (**an** -e) ❸ (*Zugang haben*) ulaşmak (**an** -e); (*kaufen*) (satın) almak
ran|machen *vr* ■ **sich** ~ ❶ (*fam: beginnen*) başlamak (-e) ❷ (*fam: an Person*) sataşmak (-e), asılmak (-e)
rann [ran] *3. imp von* **rinnen**
rannte ['rantə] *3. imp von* **rennen**
Ranzen <-s, -> ['rantsən] *m* ❶ (*Schultasche*) sırt çantası ❷ (*fam: Bauch*) göbek
ranzig ['rantsıç] *adj* GASTR (*Milch, Öl*) kesik, (kesilerek) bozulmuş (olan)
rapide I. *adj* çok hızlı II. *adv* hızla
Rappe <-n, -n> ['rapə] *m* kara yağız at
Rappel <-s, -> ['rapəl] *m* (*pej fam*) **einen ~ kriegen** heyheyleri tutmak
Rappen <-s, -> ['rapən] *m* santim
Rapport <-(e)s, -e> [ra'pɔrt] *m* rapor
Raps <-es, -e> [raps] *m* kolza
rar [raːɐ] *adj* (*selten*) nadir, seyrek; (*knapp vorhanden*) az bulunur; ~ **sein** nadir olmak, az bulunmak
Rarität <-en> [rari'tɛːt] *f* az bulunan şey; **gute Apfelsinen sind zu dieser Jahreszeit eine ~** iyi portakal bu mevsimde az bulunur
rar|machen^RR *vr* ■ **sich** ~ (*fam*) görünmemek
rasant [ra'zant] *adj* ❶ (*fam: Fahrt, Entwicklung*) son derece hızlı ❷ (*fam: schnittig*) sportif ❸ (*Ballistik*) yalayıcı
rasch [raʃ] I. *adj* tez II. *adv* tez elden, çabucak, çarçabuk
rascheln ['raʃəln] *vi* (*Seide, Laub, Stroh*) hışırdamak; (*Maus, Papier*) hışır hışır ses çıkarmak
rasen ['raːzən] *vi* ❶ *sein* (*fam*) hızla gitmek; **ein Mann/Wagen kam um die Ecke gerast** bir adam/araba hızla köşeyi döndü; **mein Puls rast** nabzım çok hızlı atıyor; **die Zeit rast** zaman çok çabuk geçiyor ❷ (*toben*) çılgına dönmek (**vor** -den); **du machst mich ~d** beni çılgına döndürüyorsun
Rasen <-s, -> ['raːzən] *m* çimen
rasend I. *adj* ❶ (*Geschwindigkeit*) çok hızlı ❷ (*Schmerzen*) şiddetli; **~er Beifall** çılgınca alkış II. *adv* (*fam: sehr*) çok; **ich würde es ~ gern probieren** onu denemeyi çok isterdim
Rasenmäher <-s, -> *m* çimen biçme makinesi **Rasensprenger** <-s, -> *m* yağmurlayıcı, yağmurlama aracı
Raser(in) <-s, -; -nen> *m(f)* (*pej fam*) çılgın şoför, çılgınca araba süren (kimse)
Raserei <-en> *f* ❶ (*das Wüten*) çılgına döndürme; **jdn zur ~ bringen** birini çılgına döndürtmek; **er liebt sie bis zur ~** onu çılgınca seviyor ❷ (*fam: schnelles Fahren*) çılgınca araba sürme
Rasierapparat *m* tıraş makinesi; (*elektrisch*) elektrikli tıraş makinesi **Rasiercreme** *f* tıraş kremi
rasieren* [ra'ziːrən] I. *vt* tıraş etmek; **glatt rasiert** sinekkaydı tıraşını olmuş; **ich möchte mich ~ lassen** tıraş olmak istiyorum II. *vr* ■ **sich** ~ tıraş olmak; **er rasiert sich nass/trocken** jiletle/makineyle tıraş oluyor
Rasierer <-s, -> *m* (*fam*) tıraş makinesi; (*elektrisch*) elektrikli tıraş makinesi
Rasierklinge *f* jilet **Rasiermesser** *nt* tıraş bıçağı, ustura **Rasierpinsel** *m* tıraş fırçası **Rasierschaum** *m* tıraş köpüğü **Rasierwasser** *nt* tıraş losyonu **Rasierzeug** *nt* tıraş takımı
Raspel <-n> ['raspəl] *f* ❶ (*Feile*) raspa ❷ (*Küchengerät*) rende
raspeln ['raspəln] *vt* ❶ (*Holz*) raspalamak ❷ (*Nüsse, Schokolade*) rendelemek
Rasse <-n> ['rasə] *f* ❶ ırk; **die weiße/gelbe/schwarze ~** beyaz/sarı/siyah ırk ❷ BIOL ırk; (*Unterart*) alt tür ❸ (*Zucht~*) cins **Rassehund** <-(e)s, -e> *m* cins köpek
Rassel <-n> ['rasəl] *f* ❶ MUS çıngırak ❷ (*Kinderspielzeug*) çıngırdak
rasseln ['rasəln] *vi* ❶ (*Wecker*) çıngır çıngır ötmek; (*Kette*) şakırdamak ❷ *sein* (*fam*) **durch ein Examen ~** sınavda kalmak
Rassendiskriminierung *f* ırk ayrımı, ırk farkı gözetme **Rassenhass** *m kein pl* ırk düşmanlığı **Rassentrennung** *f kein pl* ırk ayırımı
rasserein ['rasəraın] *adj* cins, soy; (*Pferd*) saf kan
rassig *adj* endamlı; (*feurig*) ateşli; (*Auto*) fiyakalı
rassisch *adj* ırksal, ırkî
Rassismus <-> [ra'sısmʊs] *m kein pl* ırkçılık

R

Rassist(in) <-en, -en; -nen> [ra'sɪst] *m(f)* ırkçı

rassistisch *adj* ırkçı

Rast <-en> [rast] *f* mola, ara, dinlenme; MIL mola; **~ machen** mola vermek; **ohne ~ und Ruh(e)** durup dinlenmeden

rasten ['rastən] *vi* mola vermek; **wer rastet, der rostet** (*prov*) işleyen demir paslanmaz

Raster[1] <-s, -> ['rastɐ] *m* TYPO ❶ (*zur Zerlegung einer Bildfläche*) tram ❷ (*Liniennetz*) kafes

Raster[2] <-s, -> *nt* ❶ TV tarama resim ❷ (*System*) şema; **etw in ein ~ einordnen** bir şeyi sisteme sokmak

Rasterfahndung *f* bilgisayarla (t)arama (*bilgisayarla arşiv araştırması; gazetecilik dilinde 'hızlı tarama yönetimi' diye geçmektedir*) **Rastermikroskop** *nt* TECH tarayıcı elektron mikroskobu

Rasthaus *nt* dinlenme tesisi

rastlos *adj* ❶ (*ununterbrochen*) ara(lık)sız; (*unermüdlich*) dinlenmeden ❷ (*unstet*) huzursuz; (*unruhig*) tedirgin

Rastplatz <-es, -plätze> *m* dinlenme yeri **Raststätte** *f* dinlenme tesisi

Rasur <-en> [ra'zuːɐ] *f* tıraş

rät [rɛːt] *3. präs von* **raten**

Rat, Rätin[1] <-(e)s, Räte; -nen> [raːt, *pl* 'rɛːtə] *m, f* müşavir; (*Mitglied*) meclis üyesi, kurul üyesi, konsey üyesi, encümen üyesi

Rat[2] <-(e)s, Räte> *m* (*Gremium*) konsey, meclis; (*kommunal*) encümen, kurul; (*Bundes~*) konsey

Rat[3] <-(e)s> *m kein pl* (*Empfehlung*) öğüt, nasihat, tavsiye; **jdm den ~ geben, etw zu tun** birine bir şey yapması için öğütte bulunmak; **ein Buch zu ~e ziehen** bir kitaba başvurmak; **seinen Arzt zu ~e ziehen** doktoruna danışmak; **sich** *dat* **keinen ~ mehr wissen** çaresiz kalmak, başka çıkış yolu bilmemek; **sich** *dat* **bei jdm einen ~ holen** birinden akıl almak; **kommt Zeit, kommt ~** (*prov*) zamanı gelince çaresi bulunur

Rate <-n> ['raːtə] *f* ❶ (*bei Kauf*) taksit; **etw auf ~n kaufen** bir şeyi taksitle satın almak; **in ~n zahlen** taksitle ödemek ❷ (*Verhältniszahl*) oran

raten <rät, riet, geraten> ['raːtən] *vi, vt* ❶ öğütlemek, nasihat etmek; (*empfehlen*) salık vermek, tavsiye etmek; **jdm zu etw** *dat* **~** birine bir şeyi yapmasını öğütlemek, birine bir şeyi tavsiye etmek ❷ (*erraten*) tahmin etmek; **falsch/richtig ~** yanlış/doğru tahmin etmek

Ratenzahlung *f* taksitle ödeme

Ratespiel *nt* tahmin oyunu

Ratgeber(in)[1] <-s, -; -nen> *m(f)* akıl hocası, öğütçü, nasihatçi

Ratgeber[2] <-s, -> *m* (*Buch*) öğüt kitabı, kılavuz, rehber

Rathaus *nt* belediye sarayı, belediye binası

ratifizieren* [ratifi'tsiːrən] *vt* JUR tasdik etmek, onaylamak

Ratifizierung <-en> *f* JUR tasdik, onaylama

Rätin <-nen> *f s.* **Rat**[1]

Ratio ['raːtsjo] *f kein pl* us

Ration <-en> [ra'tsjoːn] *f* rasyon

rational [ratsjo'naːl] *adj* rasyonel, ussal, akla uygun; (*vernünftig*) makul, aklı başında; MATH rasyonel; **~e Zahlen** rasyonel sayılar

rationalisieren* [ratsjonali'ziːrən] *vi, vt* rasyonelleştirmek

Rationalisierung <-en> *f* rasyonalizasyon, rasyonelleştirme

Rationalismus *m kein pl* rasyonalizm, akılcılık, usçuluk

Rationalist(in) <-en, -en; -nen> *m(f)* rasyonalist, akılcı, usçu

rationalistisch *adj* rasyonalist, akılcı

Rationalität *f kein pl* rasyonalite, ussallık

rationell [ratsjo'nɛl] *adj* rasyonel; (*sparsam*) hesaplı, ölçülü

rationieren* [ratsjo'niːrən] *vt* karneye bağlamak

Rationierung <-en> *f* karneye bağla(n)ma

ratlos *adj* çaresiz; (*verwirrt*) şaşkın; **~ sein** çaresiz olmak

Ratlosigkeit *f kein pl* çaresizlik; (*Verwirrung*) şaşkınlık

Rätoromane(in) [rɛtoro'maːnə] *m(f)* Raetia-Roman

rätoromanisch [rɛtoro'maːnɪʃ] *adj* Raetia-Roman

ratsam ['raːtzaːm] *adj* tavsiye edilen; (*vorteilhaft*) yararlı, avantajlı

ratsch *interj* cart

Ratsche <-n> ['raːtʃə] *f* ❶ SÜDD, ÖSTERR (*Knarre*) cırcır, kaynana zırıltısı; (*Rassel*) çıngırdak ❷ (*fig fam: Frau*) cırcır

Ratschlag *m* öğüt, nasihat, tavsiye; **(jdm) Ratschläge erteilen** (birine) öğüt vermek

Rätsel <-s, -> ['rɛːtsəl] *nt* ❶ (*Denkaufgabe*) bilmece; (*Bilder~*) bulmaca; (*Kreuzwort~*) bulmaca ❷ (*Geheimnis*) muamma; **in ~n sprechen** bilmece gibi konuşmak; **es ist mir ein ~, warum sie nicht früher kam** niçin daha önce gelmediği benim için bir muamma

rätselhaft *adj* muammalı, muamma dolu; **das ist mir ~** bu, benim için muamma doludur

Ratsherr(in) <-(e)n, -en; -nen> *m(f)* belediye meclisi üyesi, belediye encümeni üyesi

Rattan <-s> ['ratan] *nt kein pl* hezaren örgü

Ratte <-n> ['ratə] *f* ZOOL siçan, (büyük) fare; **die ~n verlassen das sinkende Schiff** fareler batan gemiyi terk ediyor **Rattenfalle** *f* fare kapanı **Rattenfänger** *m* (*Hund*) fare zağarı; **der ~ von Hameln** fareli köyün kavalcısı **Rattengift** *nt* fare zehiri **Rattenschwanz** *m* ❶ (*Schwanz einer Ratte*) fare kuyruğu ❷ (*fig fam: Serie*) **diese Maßnahme zog einen ganzen ~ von Anfragen nach sich** bu önlem bir sürü bitmek bilmeyen soru suale yol açtı

rattern ['ratɐn] *vi* ❶ (*Zug*) takırdamak, takır tukur gitmek ❷ *sein* (*fortbewegen*) patır kütür geçmek (**über/durch** -den/-den)

rauRR [raʊ] *adj* ❶ (*uneben*) pürüzlü; **eine ~e Haut** pürüzlü bir cilt ❷ (*Stimme*) pürüzlü, kısık, boğuk; **einen ~en Hals haben** sesi kısık olmak ❸ (*Klima, Luft*) sert; (*Gegend*) vahşi ❹ (*Mensch*) kaba ❺ (*fam*) **in ~en Mengen** büyük miktarda

Raub <-(e)s, -e> [raʊp] *m* ❶ (*das Rauben*) çapul, haydutluk; (*Überfall*) soygun; (*Straßen~*) (yol)kesme, karmanyola ❷ (*Entführung*) kaçırma, kaldırma ❸ (*geraubter Gegenstand*) ganimet, şikâr; (*Jagdbeute*) av, şikâr **Raubbau** <-(e)s> *m kein pl* aşırı işlet(il)me **Raubdruck** <-(e)s, -e> *m* korsan baskı

rauben ['raʊbən] *vi, vt* soymak; (*entführen*) kaçırmak; **das raubt mir den Schlaf** (*geh*) bu, benim uykumu kaçırıyor

Räuber(in) <-s, -; -nen> ['rɔɪbɐ] *m(f)* haydut, şaki, eşkıya; (*Bank~*) soyguncu; (*Straßen~*) karmanyolacı, yolkesen **Räuberbande** *f* haydut çetesi **Räuberhöhle** *f* eşkıya yatağı

Raubfisch *m* yırtıcı balık **Raubkatze** *f* yırtıcı kedi **Raubkopie** *f* korsan kopya **Raubmord** <-(e)s, -e> *m* hırsızlık için adam öldürme **Raubmörder(in)** *m(f)* hırsız katil **Raubritter** *m* HIST çapulcu şövalye **Raubtier** *nt* yırtıcı hayvan **Raubüberfall** *m* karmanyola; **einen ~ auf jdn begehen** karmanyola yoluyla birini soymak **Raubvogel** *m* yırtıcı kuş

Rauch <-(e)s> [raʊx] *m kein pl* duman; **sich in ~ auflösen** (*fig*) duman olmak **Rauchabzug** *m* davlumbaz

rauchen **I.** *vi* ❶ (*Person*) sigara içmek; **Pfeife ~** pipo içmek; **„R~ verboten"** "sigara içmek yasaktır" ❷ (*Feuer*) tütmek, duman çıkarmak; **mir raucht der Kopf vom vielen Lernen** (*fig fam*) öğrenmekten kafam dumanlandı **II.** *vt* içmek

Rauchentwicklung *f* dumanlanma

Raucher(in) <-s, -; -nen> *m(f)* tiryaki, sigara içen (kimse)

Raucherabteil *nt* EISENB sigara içenler kompartımanı **Raucherbein** *nt* kangrenli bacak

Räucherfass *m* tütsülük, tütsü kabı; (*Weihrauchfass*) buhurluk, buhurdan

Räucherfisch *m* tütün balığı, füme balık

Raucherhusten <-s> *m kein pl* tiryaki öksürüğü

Räucherlachs *m* füme som (balığı)

räuchern ['rɔɪçɐn] *vt* tütsülemek, tütsü ile kurutmak

Räucherspeck *m* füme domuz yağı **Räucherstäbchen** *nt* tütsü çubuğu

Raucherzone *f* sigara içenlere ayrılmış bölge

Rauchfang <-(e)s, -fänge> *m* ❶ davlumbaz ❷ ÖSTERR (*Schornstein*) baca

rauchfarbig *adj* duman rengi, füme **Rauchfleisch** *nt* füme et

rauchig *adj* ❶ (*raucherfüllt*) dumanlı ❷ (*rauchfarben*) füme ❸ (*Stimme*) pürüzlü, boğuk, kısık

rauchlos *adj* dumansız

Rauchmelder <-s, -> *m* duman detektörü **Rauchschwaden** *m* duman bulutu **Rauchsignal** *nt* duman işareti **Rauchtabak** *m* içmelik tütün **Rauchverbot** *nt* sigara içme yasağı; **hier herrscht ~** burada sigara içme yasağı var **Rauchvergiftung** *f* duman zehirlenmesi, dumandan zehirlenme **Rauchwolke** *f* duman bulutu

Räude <-n> ['rɔɪdə] *f* uyuz

räudig *adj* uyuz, uyuzlu

rauf [raʊf] *adv* (*fam*) yukarı(ya); *s. a.* **hinauf, herauf**

RaufasertapeteRR *f* (düz) duvar kâğıdı

Raufbold <-(e)s, -e> *m* (*pej*) kavgacı, kabadayı

raufen ['raʊfən] *vi, vr* ▪ **sich ~** dövüşmek (**mit** ile, **um** için); (*Hunde*) dalaşmak; (*Kinder*) itişip kakışmak; **sich** *dat* **die Haare ~** (*fam*) saçını başını yolmak

Rauferei <-en> *f* (*fam*) dövüş; (*Hunde*) dalaşma; (*Kinder*) itişip kakışma

rauhALT *adj s.* **rau**

RauhaardackelRR *m* sert ve kıvırcık tüylü porsuk zağarı

Rauheit *f kein pl* ❶ (*von Material*) pürüzlülük ❷ (*von Stimme*) pürüzlülük ❸ (*des Klimas*) sertlik ❹ (*im Benehmen*) kabalık

RauhfasertapeteALT <-n> *f s.* **Raufasertapete**

RauhhaardackelALT *m s.* **Rauhaarda-**

R

ckel

Rauhreif[ALT] <-(e)s> *m kein pl s.* **Raureif**

Rauke *f* BOT (*Eruca sativa*) roka **Raukesalat** *m* GASTR roka salatası

Raum[1] <-(e)s, Räume> [raʊm, *pl* 'rɔɪmə] *m* ❶ *a.* PHILOS, MATH uzay ❷ (*Zimmer*) oda; (*Heizungs~, Maschinen~*) daire; (*Räumlichkeit*) mekân; **eine Frage steht im ~** bir sorun ortada kalıyor; **eine These in den ~ stellen** bir tezi ortaya atmak ❸ (*Gebiet*) bölge, havza, çevre; (*Luft~*) saha; **im ~ Frankfurt** Frankfurt bölgesinde [*o* çevresinde]; **toter ~** MIL ölü açı ❹ SPORT (*Straf~*) alan, saha

Raum[2] <-(e)s> *m kein pl* ❶ *a.* ASTRON, PHYS uzay; **luftleerer ~** PHYS boşluk ❷ (*Platz*) yer, mekân; (*Heizungs~, Maschinen~*) daire; **zu viel ~ einnehmen** fazla yer kaplamak

Raumakustik *f kein pl* mekân akustiği

Raumanzug <-(e)s, -züge> *m* uzay giysisi

Raumeinheit *f* PHYS hacim ölçü birimi

räumen ['rɔɪmən] *vt* ❶ (*weg~*) kaldırmak (**von** -den); (*ein~*) yerleştirmek (**in** -e); (*aus~*) çıkarmak (**aus** -den) ❷ (*Gebäude*) boşaltmak, tahliye etmek; (*Straße*) açmak

Raumfähre *f* uzay gemisi **Raumfahrer(in)** *m(f)* astronot, kozmonot, uzay adamı **Raumfahrt** *f kein pl* uzaycılık, uzay yolculuğu **Raumfahrzeug** *nt* uzay aracı **Raumflug** *m* uzay uçuşu **Raumforschung** *f kein pl* uzay araştırması **Raumgestaltung** *f* dekorasyon **Rauminhalt** *m* MATH hacim **Raumkapsel** *f* uzay kapsülü **Raumkurve** *f* MATH uzay eğrisi

räumlich ['rɔɪmlɪç] *adj* ❶ (*den Raum betreffend*) yerel ❷ (*dreidimensional*) üç boyutlu

Räumlichkeiten *pl* (*Gebäude*) odalar *pl;* (*innen*) mekân grupları *pl*

Raummeter *m o nt* ster **Raumordnung** *f* ADMIN çevre düzeni **Raumpfleger(in)** *m(f)* orta hizmetçisi **Raumschiff** *nt* uzay gemisi **Raumsonde** *f* uzay modülü **Raumstation** *f* uzay istasyonu

Räumung <-en> ['rɔɪmʊŋ] *f* ❶ (*einer Wohnung*) boşaltma, tahliye ❷ (*eines Lagers*) tahliye **Räumungsklage** *f* JUR tahliye davası **Räumungsverkauf** <-(e)s, -käufe> *m* WIRTSCH tahliye nedeniyle satış

Raumwinkel *m* MATH uzay açı

Raupe <-n> ['raʊpə] *f* ❶ (*Schmetterlingslarve*) tırtıl ❷ (*Planier~*) dozer ❸ (*~nkette*) tırtıl, palet **Raupenfahrzeug** *nt* paletli taşıt

Rauputz *m* kaba sıva

Raureif[RR] <-(e)s> *m kein pl* kırç

raus [raʊs] *adv* (*fam*) **~ da!** çık oradan!; *s. a.* **heraus, hinaus** **raus|bekommen*** *irr vt* (*fam*) ❶ (*Wechselgeld*) (paranın üstünü) almak ❷ (*Aufgabe*) çözmek; (*Geheimnis*) ortaya çıkarmak ❸ MATH çıkarmak ❹ (*Fleck*) çıkarmak; (*Nagel*) çıkarmak ❺ (*erfahren*) öğrenmek **raus|bringen** *irr vt* (*fam: nach draußen bringen*) dışarı çıkarmak; *s. a.* **herausbringen**

Rausch <-(e)s, Räusche> [raʊʃ, *pl* 'rɔɪʃə] *m* ❶ (*Trunkenheit*) sarhoşluk; **sich** *dat* **einen ~ antrinken** kafayı çekmek; **seinen ~ ausschlafen** (*fam*) uyuyarak sarhoşluğunu gidermek ❷ (*Ekstase*) esrime, vecit; (*Kauf~*) furya

rauscharm *adj* TELEK, RADIO parazitsiz, cızırtısız

rauschen ['raʊʃən] *vi* ❶ (*Laub*) hışırdamak; (*Wasser*) şarıldamak; (*Bach*) çağıldamak; (*Wind*) uğuldamak; (*Meer*) fışıldamak; (*Telefon*) cızırdamak, parazitlenmek; (*Seide*) fışır fışır etmek; **~der Beifall** şiddetli alkış; **ein ~des Fest** çok neşeli bir şölen ❷ *sein* **das Wasser rauscht in die Wanne** su banyonun içine şarıl şarıl akıyor; **durch das Zimmer ~** odanın içinden rüzgâr gibi geçmek

rauschfrei *adj a.* TELEK, RADIO cızırtısız, parazitsiz

Rauschgift <-(e)s, -e> *nt* uyuşturucu (madde), narkotik **Rauschgiftdezernat** *nt* narkotik büro **Rauschgifthandel** <-s> *m kein pl* uyuşturucu ticareti, uyuşturucu (madde) alım satımı **Rauschgifthändler(in)** <-s, -; -nen> *m(f)* uyuşturucu tüccarı, uyuşturucu madde alıp satan kimse; (*Dealer*) torbacı **Rauschgiftsucht** *f kein pl* uyuşturucu (madde) tutkunluğu, toksikomani **rauschgiftsüchtig** *adj* uyuşturucu (madde) tutkunu **Rauschgiftsüchtige(r)** <-n, -n; -n> *f(m)* uyuşturucu tutkunu (kimse), toksikoman

raus|fliegen *irr vi sein* (*fam*) ❶ (*Vogel*) uçmak (**aus** -den) ❷ (*Person*) atılmak (**aus** -den) **raus|geben** *irr vt* (*fam*) ❶ (*herausreichen*) dışarı vermek ❷ (*aushändigen*) teslim etmek ❸ (*Wechselgeld*) üstünü vermek (-in); **sie haben mir falsch rausgegeben** paranın üstünü yanlış verdiniz ❹ (*Buch*) yayımlamak, çıkarmak **raus|gehen** *irr vi sein* (*fam*) dışarı çıkmak; *s. a.* **herausgehen, hinausgehen** **raus|kommen** *irr vi sein* (*fam*) çıkmak; *s. a.* **herauskommen** **raus|kriegen** *vt* (*fam*) *s.* **rausbekommen** **raus|nehmen** *irr vt* (*fam*) almak; *s. a.* **herausnehmen**

R

räuspern ['rɔɪspɐn] *vr* ■ **sich** ~ (hafifçe) öksürmek

raus|schmeißen *irr vt* (*fam*) ❶ (*nach draußen werfen, wegschmeißen*) dışarı atmak (**aus** -den, **zu** -e); **das ist rausgeschmissenes Geld** bu sokağa atılmış paradır ❷ (*entlassen*) kapı dışarı etmek (**aus** -den); **sie hat ihn rausgeschmissen** onu kapı dışarı etti

Rausschmeißer(in) <-s, -; -nen> *m(f)* (*fam*) pavyon fedaisi

Raute <-n> ['raʊtə] *f* ❶ BOT sedef otu ❷ MATH (*Rhombus*) eşkenar dörtgen

Razzia <Razzien> ['ratsja, *pl* 'ratsjən] *f* arama tarama, baskın

Reagenzglas <-es, -gläser> [rea'gɛnts-] *nt* CHEM deney tüpü

reagieren* [rea'giːrən] *vi* ❶ (*Person*) tepki göstermek (**auf** -e karşı) ❷ CHEM tepkimek

Reaktion¹ <-en> [reak'tsjoːn] *f* (*das Reagieren*) reaksiyon, tepki; CHEM tepkime (**auf** -e)

Reaktion² *f kein pl* POL gericilik; (*islamische ~ in der Türkei*) irtica

reaktionär [reaktsjo'nɛːɐ] *adj* POL (*pej*) gerici, irticaî

Reaktionär [reaktsjo'nɛːɐ] *m* POL (*pej*) gerici, mürteci

reaktivieren* [reakti'viːrən] *vt* ❶ yeniden harekete geçirmek; (*wieder in Gebrauch nehmen*) yeniden kullanmak ❷ (*Person*) yeniden görevlendirmek, yeniden hizmete almak ❸ CHEM yeniden etkinleştirmek

Reaktor <-s, -en> [re'aktoːɐ] *m* PHYS reaktör **Reaktorsicherheit** *f kein pl* reaktör güvenliği **Reaktorunglück** *nt* reaktör felaketi

real [re'aːl] *adj* ❶ (*wirklich*) gerçek ❷ WIRTSCH reel, gerçek ❸ JUR (*stofflich*) maddi; (*sachlich*) nesnel; (*dinglich*) ayni; (*tatsächlich*) fiilî

Realeinkommen *nt* WIRTSCH reel gelir

realisieren* [reali'ziːrən] *vt* gerçekleştirmek

Realisierung <-en> *f* gerçekleştirme

Realismus <-> [rea'lɪsmʊs] *m kein pl* PHILOS, LIT, KUNST realizm, gerçekçilik

Realist(in) <-en, -en; -nen> [rea'lɪst] *m(f)* realist, gerçekçi

realistisch *adj* realist, gerçekçi

Realität <-en> [reali'tɛːt] *f* ❶ (*Wirklichkeit*) realite, gerçek, gerçeklik; **virtuelle** ~ sanal gerçeklik; **in** (**der**) ~ gerçekte ❷ *pl* ÖSTERR (*Immobilien*) emlak, gayrimenkul **Realitätssinn** <-(e)s> *m kein pl* realite hissi

Reality-TV <-(s)> [ri'ɛlɪtitiːviː] *nt kein pl* TV gerçek olaylar tv'si

Realpolitik *f kein pl* gerçekçi politika

Realschule <-n> *f* orta eğitim okulu (*dört yıllık ilkokuldan sonra altı yıl süren orta eğitim okulu*)

Realwert *m* gerçek değer

Reanimation <-en> [reʔanima'tsjoːn] *f* MED diriltme

Rebe <-n> ['reːbə] *f* asma; (*Stock*) kütük

Rebell(in) <-en, -en; -nen> [re'bɛl] *m(f)* asi

rebellieren* [rebɛ'liːrən] *vi* isyan etmek (**gegen** -e)

Rebellion <-en> [rebɛ'ljoːn] *f* isyan

rebellisch [re'bɛlɪʃ] *adj* isyancı, isyankâr

Rebhuhn ['reːp-] *nt* ZOOL keklik **Reblaus** ['reːp-] *f* asma biti

Rebsorte ['reːp-] *f* asma türü **Rebstock** <-(e)s, -stöcke> *m* asma kütüğü, çotuk; (*Weinrebe*) üzüm kütüğü

rechen ['rɛçən] *vt* SCHWEIZ, ÖSTERR tırmıklamak

Rechen <-s, -> ['rɛçən] *m* SCHWEIZ, ÖSTERR tırmık

Rechenart <-en> ['rɛçən-] *f* MATH **die vier ~en** dört işlem **Rechenaufgabe** *f* problem, aritmetik ödevi **Rechenbrett** *nt* sayı boncuğu **Rechenbuch** *nt* aritmetik kitabı **Rechenfehler** *m* hesap hatası **Rechenmaschine** *f* hesap makinesi

Rechenschaft *f kein pl* hesap; **über etw ~ ablegen** bir şeyin hesabını vermek; **jdm über etw ~ schuldig sein** birine hesap verecek olmak; **jdn für etw zur ~ ziehen** birinden bir şeyin hesabını sormak

Rechenschieber <-s, -> *m* MATH hesap cetveli **Rechenzentrum** *nt* INFORM bilgisayar merkezi

Recherche <-n> [re'ʃɛrʃən, rə'ʃɛrʃən] *f* araştırma; **über jdn/etw ~n anstellen** bir kimseyi/şeyi araştırmak

recherchieren* [reʃɛr'ʃiːrən, rəʃɛr'ʃiːrən] *vi, vt* araştırmak, bilgi toplamak

rechnen ['rɛçnən] **I.** *vi* ❶ MATH hesap yapmak; **im Kopf** ~ kafasında hesaplamak; **hin- und her~** hesaplamak kitaplamak ❷ (*sich verlassen*) güvenmek (**mit**/**auf** -e/-e); **man kann mit ihm ~** ona güvenilir; **damit hatte ich nicht gerechnet** bunu beklemiyordum, bunu hesaplamamıştım, bunu hesaba almamıştım [*o* katmamıştım], bu hesapta yoktu ❸ (*haushalten*) hesap kitap yapmak; **wir müssen mit jedem Cent ~** her sentin hesabını yapmak zorundayız **II.** *vt* ❶ (*Aufgabe*) hesaplamak, çözmek ❷ (*zählen*) saymak (**zu**/**unter** -den/-den); (*einbeziehen*) katmak (**zu**/**unter** -e/-e); **man rechnet ihn zu den**

R

Experten auf diesem Gebiet kendisi bu alandaki eksperlerden sayılır ❸ (*veranschlagen*) hesaplamak (**für** için) **III.** *vr* ■ **sich ~** hesaplanmak

Rechner(in)[1] <-s, -; -nen> *m(f)* hesaplı (adam); **ein kühler ~ sein** çok hesaplı (adam) olmak

Rechner[2] <-s, -> *m* hesap makinesi; INFORM (*Computer*) bilgisayar

rechnergesteuert *adj* INFORM bilgisayar güdümlü, bilgisayar kumandalı **rechnergestützt** *adj* INFORM bilgisayar destekli

Rechnersimulation <-en> *f* INFORM bilgisayar simülasyonu

Rechnung <-en> *f* ❶ (*das Rechnen*) hesap(lama) ❷ (*Ab~*) hesap; (*Waren~*) hesap pusulası, fatura; (*Proforma~*) fatura; (*im Restaurant, Hotel~*) adisyon, hesap; **die ~ begleichen** hesabı kapamak [*o* temizlemek], faturayı ödemek; **mit jdm eine alte ~ begleichen** (*fig*) biriyle eski bir hesabı kapamak; **jdm die ~ für etw präsentieren** bir şeyin faturasını birine çıkarmak [*o* ödetmek], birinden bir şeyin hesabını sormak; **eine ~ ausstellen** fatura kesmek; **eine ~ über 1000 Euro** 1000 euroluk bir hesap [*o* fatura]; **die ~, bitte!** hesabı lütfen!; **jdm etw in ~ stellen** birinin hesabına bir şeyi yazmak; **auf eigene ~** kendi hesabına; **das geht auf meine ~** bunu benim hesabıma yazın; **etw** *dat* **~ tragen** bir şeyi hesaba almak; **die ~ ohne den Wirt machen** (*fig*) kendi kendine gelin güvey olmak; **er hatte die ~ ohne den Wirt gemacht** (*fig*) evdeki hesabı çarşıya uymadı **Rechnungsbuch** <-(e)s, -bücher> *nt* ❶ COMM muhasebe defteri ❷ SCHWEIZ (*Rechenbuch*) aritmetik kitabı **Rechnungseinheit** *f* FIN hesap birimi **Rechnungsführer(in)** <-s, -; -nen> *m(f)* sayman, muhasebeci, muhasip **Rechnungsführung** *f* saymanlık, muhasebe **Rechnungshof** *m* Sayıştay **Rechnungsjahr** *nt* mali yıl **Rechnungslegung** *f* hesap verme **Rechnungsprüfer(in)** *m(f)* WIRTSCH muhasebe denetçisi **Rechnungsprüfung** *f* muhasebe denetimi

recht [rɛçt] **I.** *adj* ❶ (*geeignet, passend*) uygun, münasip; (*richtig*) doğru; **der ~e Augenblick** uygun an ❷ **ich habe keine ~e Lust** pek hevesim yok ❸ (*richtig*) doğru; **hier geht es nicht mit ~en Dingen zu** burada bir şeyler dönüyor **II.** *adv* ❶ (*sehr*) çok; **~ tief** çok derin; **~ herzlichen Dank** çok teşekkürler ❷ (*ziemlich*) oldukça, epeyce; **~ viel/oft** oldukça fazla/sık ❸ (*richtig, genehm*) doğru; **ganz ~!** çok doğru!; **jetzt erst ~ nicht!** işte [*o* hele] şimdi hiç olmaz!; **wenn ich es ~ überlege ...** iyice bir düşündüğümde ...; **~ daran tun, sich zu entschuldigen** özür dilemekle iyi etmek; **ist es dir ~, wenn ich jetzt gehe?** şimdi gidersem senin için uygun mu?; **das soll mir ~ sein** bana göre hava hoş; **das geschieht ihm ~** (*fam*) ona oh olsun; **ich seh' wohl nicht ~!** (*fam*) gözlerime inanamıyorum!; **wenn ich Sie ~ verstehe** sizi doğru anlıyorsam; **verstehe mich bitte ~** beni lütfen yanlış anlama; **ich weiß nicht ~** pek bilmiyorum; **du kommst gerade ~** tam zamanında geldin; **du kommst mir gerade ~** (*fam o iron*) başımda bir sen eksiktin; **man kann ihm nichts ~ machen** hiçbir şeyi beğenmiyor

Recht[1] <-(e)s, -e> [rɛçt] *nt* (*Anspruch*) hak (**auf** -e); **bürgerliche ~e** medeni haklar; **staatsbürgerliche ~e** vatandaşlık hakları; **mit welchem ~ behaupten Sie das?** hangi hakla bunu iddia ediyorsunuz?; **sein ~ fordern** hakkını istemek; **jdm ~ geben** birine hak vermek; **zu seinem ~ kommen** hakkını almak; **zu ~** haklı olarak; **~ haben** haklı olmak; **im ~ sein** haklı olmak; **es ist unser gutes ~, uns zu beschweren** şikâyet [*o* itiraz] etmek hakkımızdır; **gleiches ~ für alle!** herkese eşit haklar!; **du hast das ~ auf einen Anwalt** avukat tutmaya hakkın var; **dazu haben Sie kein ~!** buna hakkınız yoktur!

Recht[2] <-s> *nt kein pl* (*Rechtsordnung*) hukuk, türe; **bürgerliches ~** medeni hukuk; **öffentliches/kanonisches ~** kamu/Katolik kilisesinin hukuku; **gegen das ~ verstoßen** hukuku ihlâl etmek; **~ sprechen** yargılamak; **nach ~ und Billigkeit** hukuka ve hakkaniyete göre

rechte(r, s) *adj* ❶ (*Seite*) sağ; **~r Hand** sağ elde; **auf der ~n Seite** sağ tarafta; **jds ~ Hand sein** (*fig*) birinin sağ kolu olmak ❷ POL sağ ❸ MATH dik; **ein ~r Winkel** dik açı

Rechte <-n, -n> ['rɛçtə] *f* ❶ *a.* POL sağ, sağcılar; **zu ihrer ~n** sağınızda; **die ~ zog ins Parlament ein** sağ(cılar) parlamentoya girdi ❷ SPORT (*Boxen*) sağ; **seine ~ einsetzen** sağ çıkarmak, sağını kullanmak

Rechteck *nt* MATH dikdörtgen **rechteckig** *adj* dikdörtgensel

rechtens ['rɛçtəns], **Rechtens**[ALT] *adv* **~ sein** haklı olmak; **für ~ halten** haklı görmek

rechtfertigen ['----] **I.** *vt* haklı çıkarmak **II.** *vr* ■ **sich ~** mazeret göstermek (**für** için, **vor** -e), haklı sebep göstermek (**für** için,

vor -e)

Rechtfertigung <-en> *f* ❶ haklı çıkarma ❷ (*eines Verhaltens*) haklı sebep gösterme (**für** için), mazeret gösterme (**für** için)

rechtgläubig *adj* REL mehdi; (*orthodox*) bağnaz

rechthaberisch *adj* (*pej*) inatçı, daima kendisini haklı gören; ~ **sein** daima kendisini haklı görmek

rechtlich *adj* hukuksal, hukuki; (*gesetzlich*) yasal; **das ist ~ nicht zulässig** bu hukuken caiz değildir

rechtlos *adj* hiçbir hakkı olmayan, yasal haklardan yoksun olan

rechtmäßig *adj* meşru; (*gesetzlich*) yasal, kanunî; **etw für ~ erklären** bir şeyi meşrulaştırmak [*o* meşru saymak]

Rechtmäßigkeit *f kein pl* meşruiyet

rechts [rɛçts] **I.** *adv* ~ **davon** onun sağında; ~ **von mir** benim sağımda; **nach ~** sağa; **von ~ kommen** sağdan gelmek; **oben/unten ~** üst/alt sağda; **von ~ nach links** sağdan sola; ~ **vor links** sağdan gelenin yol üstünlüğü; ■ **sich ~ halten** sağda kalmak, sağdan gitmek; ■ **sich ~ einordnen** sağa girmek; ~ **um!** MIL sağa dön!; ~ **stehen** POL sağ olmak; ~ **wählen** POL sağı seçmek; **mit ~ schreiben** sağ elle yazmak; **ich weiß nicht mehr, wo ~ und links ist** (*fig fam*) sağımı solumu şaşırdım **II.** *präp* sağında

Rechtsabbiegerspur <-, -en> *f* AUTO sağa dönme şeridi **Rechtsabteilung** *f* JUR muhakemat dairesi **Rechtsanwalt, -wältin** *m, f* JUR avukat; **sich** *dat* **einen ~ nehmen** kendine bir avukat tutmak

Rechtsaußen <-, -> [rɛçts'ʔaʊsən] *m* SPORT sağ açık

Rechtsberatung *f* JUR hukuk danışmanlığı, hukuk müşavirliği

rechtschaffen ['rɛçtʃafən] *adj* ❶ (*anständig*) dürüst, haktanır, hakşinas ❷ (*sehr*) çok; ~ **Hunger haben** (*fam*) çok acıkmış olmak, karnı çok aç olmak

Rechtschreibfehler *m* yazım yanlışı, imlâ hatası **Rechtschreibreform** *f* yazım reformu

Rechtschreibung *f* yazım, imlâ

Rechtsempfinden <-s> *nt kein pl* hak (ve haksızlığı birbirinden ayırt edebilme) duygusu

Rechtsextremist(in) *m(f)* POL aşırı sağcı **rechtsextremistisch** *adj* POL aşırı sağ(cı)

rechtsfähig *adj* JUR (*Verein*) tüzel kişiliğe sahip (olan)

Rechtsfrage *f* JUR hukuki sorun

rechtsgerichtet *adj* POL sağ eğilimli

Rechtsgeschäft *nt* JUR hukuki işlem

Rechtsgrundlage *f* JUR hukuki dayanak

rechtsgültig *adj* JUR hukuken geçerli; **etw für ~ erklären** bir şeyi hukuken geçerli kılmak

Rechtshänder(in) <-s, -; -nen> ['-hɛndɐ] *m(f)* sağ elini kullanan (kimse)

rechtshändig **I.** *adj* sağ elini kullanan **II.** *adv* sağ elle

rechtskräftig *adj* JUR kesinleşmiş; ~ **werden** kesinleşmek

Rechtskurve *f* sağa dönen viraj

Rechtslage *f kein pl* JUR hukuki durum, statü **Rechtsmittel** *nt* JUR kanun yolu **Rechtsmittelbelehrung** *f* JUR kanun yolu hakkını öğretme **Rechtsnachfolge** *f* JUR halefiyet, ardıllık, halef, ardıl; **die ~ von jdm antreten** biriyle halef selef olmak **Rechtsordnung** <-en> *f* JUR hukuk düzeni **Rechtspflege** *f* JUR yargı, adliye, hukuk kurallarının işlemesi

Rechtsprechung <-en> *f* JUR yargı

rechtsradikal *adj* POL aşırı sağcı

Rechtsschutz *m* JUR hakkın korunması, hukuki korunma **Rechtsschutzversicherung** *f* JUR hukuki yarar sigortası **Rechtssprache** *f* hukuk dili **Rechtsstaat** *m* POL hukuk devleti **Rechtsstellung** *f* hukuki statü **Rechtsstreit** *m* JUR dava

Rechtsverkehr *m* ❶ AUTO sağdan giden trafik ❷ JUR hukuki ilişkiler

Rechtsverletzung *f* JUR hakkın ihlâli **Rechtsverordnung** *f* JUR tüzük; (*mit Gesetzeskraft*) (kanun hükmünde) kararname; **eine ~ erlassen** (kanun hükmünde) kararname çıkarmak **Rechtsweg** *m* JUR yargı yolu; **auf dem ~** yargı yolu ile; **der ~ ist ausgeschlossen** yargı yolu kapalıdır **rechtswidrig** *adj* haksız, hukuka aykırı **Rechtswissenschaft** *f kein pl* JUR hukuk bilimi

rechtwink(e)lig *adj* dik açılı

rechtzeitig **I.** *adj* vaktinde yapılan, zamanında yapılan **II.** *adv* ❶ (*pünktlich*) tam vaktinde, dakikası dakikasına ❷ (*früh genug*) vaktinde, zamanında

Reck <-(e)s, -e *o* -s> [rɛk] *nt* SPORT barfiks

recken ['rɛkən] **I.** *vt* esnetmek; **den Kopf aus dem Fenster ~** kafasını pencereden uzatmak **II.** *vr* ■ **sich ~** gerinmek

Reckstange *f* SPORT barfiks çubuğu

Recorder <-s, -> *m s.* **Rekorder**

recyceln* [ri'saɪkəln] *vt* yeniden işlemek, yeniden işleyerek kullanmak

Recycling <-s> [ri'saɪklɪŋ] *nt kein pl* yeniden işleme, yeniden işleyerek kullanım

Recyclingpapier <-s> *nt kein pl* ekolojik kâğıt, yeniden işlenmiş kâğıt, yeniden işlenerek kullanılan kâğıt

Redakteur(in) <-s, -e; -nen> [redak'tøːɐ] *m(f)* redaktör

Redaktion <-en> [redak'tsjoːn] *f* redaksiyon, yazı işleri

Redaktor(in) <-s, -en; -nen> [re'daktoːɐ] *m(f)* SCHWEIZ redaktör

Rede <-n> ['reːdə] *f* ❶ (*Ansprache*) demeç; (*Gespräch*) konuşma; **eine ~ halten** bir demeç vermek, bir konuşma yapmak; **das ist nicht der ~ wert** bunun sözünü etmeye değmez, bunu ağza almaya değmez, lakırdısı mı olur; **es ist die ~ von ...** söz [*o* bahis] konusu ...; **davon kann nicht die ~ sein** bu, söz [*o* bahis] konusu olamaz; **wovon ist die ~?** söz [*o* bahis] konusu nedir?; **jdn zur ~ stellen** birini hesaba çekmek, birinden hesap sormak; **jdm ~ und Antwort stehen** birine hesap vermek; **der langen ~ kurzer Sinn** uzun lafın [*o* sözün] kısası ❷ LING anlatım; **direkte/indirekte ~** dolaysız/dolaylı anlatım **Redefluss**[RR] <-es, -flüsse> *m* **jdn in seinem ~ unterbrechen** konuşurken birinin sözünü kesmek **redegewandt** *adj* belagatli **Redekunst** *f kein pl* konuşma sanatı, hitabet sanatı, belagat

reden ['reːdən] **I.** *vi* ❶ (*sprechen*) konuşmak (**mit** -le, **über** üzerine, **von** hakkında); **leise/stundenlang ~** alçak sesle/saatlerce konuşmak; **mit Händen und Füßen ~** konuşurken ellerini kollarını oynatmak; (**viel**) **von sich** *dat* **~ machen** dillerde (çok) dolaşmak [*o* gezmek]; **du hast gut ~!** söylemesi kolay!; **~ wir nicht mehr darüber** bu meseleyi konuşmayalım artık; **nicht zu ~ von ...** ... şöyle dursun; **schlecht von jdm ~** biri hakkında kötü konuşmak; **R~ ist Silber, Schweigen ist Gold** (*prov*) söz gümüşse sükût altındır ❷ (*Rede halten*) konuşma yapmak (**über** üzerine) **II.** *vt* konuşmak; **Unsinn ~** saçma sapan konuşmak **III.** *vr* **sich heiser ~** konuşmaktan sesi kısılmak

Redensart <-en> *f* **jdn mit ~en abspeisen** birini boş sözlerle atlatmak

Redeweise *f* konuşma biçimi **Redewendung** *f* LING deyim

redigieren* [redi'giːrən] *vt* yayıma hazır duruma getirmek; (*Zeitschrift*) redakte etmek

redlich ['reːtlɪç] *adj* ❶ (*aufrichtig*) dürüst; **~ handeln** dürüst davranmak ❷ (*sehr*) çok; **er hat sich** *dat* **~e Mühe gegeben** çok emek harcadı

Redlichkeit *f kein pl* dürüstlük

Redner(in) <-s, -; -nen> ['reːdnɐ] *m(f)* konuşmacı

Rednerpult *nt* konuşmacı kürsüsü

redselig *adj* konuşkan **Redseligkeit** *f kein pl* konuşkanlık

Reduktion <-en> [redʊk'tsjoːn] *f* indirme; CHEM, PHYS, MATH indirgeme

redundant [redʊn'dant] *adj* artık, fazla

Redundanz <-en> [redʊn'dants] *f* artıklık, fazlalık

reduzieren* [redu'tsiːrən] **I.** *vt* indirmek; CHEM, PHYS, MATH indirgemek (**auf** -e); **Kohlendioxid zu Kohlenmonoxid ~** karbondioksidi karbonmonokside indirgemek **II.** *vr* ■ **sich ~** inmek (**auf** -e)

Reeder *m* armatör, gemi donatan

Reederei <-en> *f* demir yeri

reell [re'ɛl] *adj* ❶ (*ehrlich*) namuslu; (*anständig*) dürüst ❷ (*fam: ordentlich*) adam gibi; (*Preis*) makul ❸ (*wirklich*) *a.* MATH gerçek

Referat <-(e)s, -e> [refe'raːt] *nt* ❶ (*Vortrag*) konferans; **ein ~ halten** konferans vermek ❷ (*Abteilung*) bölüm, masa

Referenda *pl von* **Referendum**

Referendar(in) <-s, -e; -nen> [referɛn'daːɐ] *m(f)* ❶ JUR stajyer ❷ SCHULE stajyer öğretmen

Referendariat <-(e)s, -e> [referɛndari'aːt] *nt* ❶ JUR stajyerlik ❷ SCHULE öğretmenlik stajı

Referendum <-s, Referenden *o* Referenda> [refe'rɛndʊm] *nt* referendum

Referent(in) <-en, -en; -nen> [refe'rɛnt] *m(f)* ❶ (*eines Vortrages*) konferansçı, konuşmacı; (*eines Referats*) bölüm uzmanı, raportör ❷ (*Referatsleiter*) bölüm başkanı

Referenzen [refe'rɛnts] *pl* referans

referieren* [refe'riːrən] **I.** *vi* ❶ (*Referat halten*) konferans vermek (**über** üzerine) ❷ (*berichten*) rapor vermek (**über** üzerine) **II.** *vt* (*berichten*) tebliğ etmek

reflektieren* [reflɛk'tiːrən] **I.** *vi* ❶ (*nachdenken*) düşünmek (**über** -) ❷ (*zurückstrahlen*) yansımak, ışık vurduğu zaman parlamak ❸ (*interessiert sein*) gözü olmak (**auf** -de) **II.** *vt* (*Licht*) yansıtmak

Reflektor <-s, -en> [re'flɛktoːɐ] *m* reflektör, yansıtaç

Reflex <-es, -e> [re'flɛks] *m* refleks, tepke; **bedingter/unbedingter ~** PSYCH koşullu/koşulsuz tepke, şartlı/şartsız refleks

Reflexion <-en> [reflɛ'ksjoːn] *f a.* PHYS yansı, yansıma

reflexiv [reflɛ'ksiːf] *adj* yansımalı; LING dönüşlü **Reflexivpronomen** *nt* LING dönüşlü zamir **Reflexivverb** *nt* LING dönüşlü fiil

Reform <-en> [re'fɔrm] *f* reform

Reformation [refɔrma'tsjo:n] *f kein pl* ❶ REL, HIST reformasyon ❷ (*Erneuerung*) yenileme

reformatorisch [refɔrma'to:rɪʃ] *adj* ❶ REL, HIST reformasyon (ile ilgili), reformasyoncu ❷ (*erneuernd*) yenileyici

Reformer(in) <-s, -; -nen> [re'fɔrmɐ] *m(f)* reformcu

reformerisch *adj* **~e Bemühungen** reform çabaları

Reformhaus *nt* sağlıklı gıda pazarı

reformieren* [refɔr'mi:rən] *vt* reforme etmek

reformistisch *adj* POL reformist

Reformkost *f* sağlıklı gıdalar *pl*

Refrain <-s, -s> [rə'frɛ̃:] *m* LIT, MUS nakarat, kavuştak

Regal <-s, -e> [re'ga:l] *nt* (*Ablage, Gestell*) raf, etajer; (*Bücher~*) kitaplık

Regatta <Regatten> [re'gata] *f* SPORT (tekne) yarış(ı)

rege ['re:gə] *adj* ❶ (*Verkehr, Briefwechsel, Betrieb*) hareketli ve yoğun; (*Nachfrage, Interesse*) çok, büyük ❷ (*Fantasie*) canlı; **körperlich und geistig ~ sein** bedenen ve aklen dinç olmak

Regel <-n> ['re:gəl] *f* ❶ (*Vorschrift*) *a.* LING kural, kaide; (*Norm*) norm, düzgü; **in der ~** kural olarak; (*normalerweise*) normal olarak; **nach allen ~n der Kunst** (*in jeder Hinsicht*) her bakımdan; **sich** *dat* **etw zur ~ machen** bir şeyi kural edinmek ❷ (*Menstruation*) âdet, aybaşı **Regelarbeitszeit** *f* normal iş süresi

regelbar *adj* ayarlanabilir

Regelblutung *f* aybaşı **Regelfall** <-(e)s> *m kein pl* normal durum; **im ~** normal durumda

regelmäßig **I.** *adj* düzenli, muntazam; (*Gesichtszüge*) düzgün, muntazam **II.** *adv* düzenli olarak, devamlı; **er kommt ~ zu spät zu den Proben** provalara devamlı geç gelir

Regelmäßigkeit *f kein pl* düzgünlük

regeln ['re:gəln] **I.** *vt* düzenlemek; (*in Ordnung bringen*) düzene koymak, halletmek, yoluna koymak; **etw vertraglich ~** bir şeyi sözleşme ile düzenlemek; **das lässt sich ~** bu hallolur **II.** *vr* ■ **sich ~** ❶ (*vor sich gehen*) yürümek; **die Sache hat sich geregelt** mesele halloldu ❷ (*in Ordnung kommen*) düzene girmek

regelrecht **I.** *adj* ❶ (*vorschriftsmäßig*) nizamî, kurallara uygun olan ❷ (*fam: richtiggehend*) **nachher kam es zu einer ~en Schlägerei** arkasından düpedüz dövüş çıktı **II.** *adv* (*fam*) düpedüz, gerçekten, resmen; **er war ~ betrunken** resmen sarhoştu

Regelung <-en> *f* ❶ düzenleme; (*Erledigung*) halletme, hallolunma, çözümlenme; **eine gütliche ~ der Sache** meselenin dostane çözümlenmesi ❷ (*der Temperatur*) ayarlama ❸ (*Abmachung*) anlaşma; (*Vorschrift*) düzenleme

Regelwerk *nt* kurallar bütünü **regelwidrig** *adj* kurala aykırı

regen ['re:gən] **I.** *vt* (*geh*) hareket ettirmek; (*wenig*) kıpırdatmak **II.** *vr* ■ **sich ~** ❶ (*sich bewegen*) hareket etmek; (*wenig*) kıpırdamak; **kein Blatt regte sich** bir yaprak bile kıpırdamıyordu ❷ (*geh: entstehen*) doğmak; (*wach werden*) uyanmak; **es regten sich Zweifel** kuşku uyandı

Regen <-s, -> ['re:gən] *m* yağmur; **saurer ~** ÖKOL asitli yağmur; **im strömenden ~ musste ich nach Hause laufen** bardaktan boşanırcasına yağan yağmurda eve yürüyerek gitmek zorunda kaldım; **ich bin gestern in den ~ gekommen** dün yağmura tutuldum; **vom ~ in die Traufe kommen** (*fig fam*) yağmurdan kaçarken doluya tutulmak; **jdn im ~ stehen lassen** (*fam*) birini yüzüstü bırakmak

Regenbogen <-s, -> *m* gökkuşağı **Regenbogenpresse** *f kein pl* boyalı basın, fısıltı basın

regenerieren* [regene'ri:rən] **I.** *vt* yenilemek; (*wieder gebrauchsfähig machen*) yeniden kullanılır duruma getirmek **II.** *vr* ■ **sich ~** BIOL, MED kendini yenilemek

Regenfälle *pl* yağışlar *pl* **Regenfront** *f* METEO yağmur cephesi **Regenmantel** *m* yağmurluk **Regenpfeifer** *m* ZOOL yağmurcun **Regenrinne** *f* yağmur oluğu **Regenschauer** *m* sağnak **Regenschirm** *m* şemsiye

Regent(in) <-en, -en; -nen> [re'gɛnt] *m(f)* hükümdar

Regentropfen *m* yağmur damlası

Regentschaft <-en> *f* hükümdarlık

Regenwald *m* yağmur ormanı **Regenwasser** *nt* yağmur suyu **Regenwetter** *nt* yağmurlu hava; **bei ~** yağmurlu havada **Regenwolke** *f* yağmur bulutu **Regenwurm** *m* ZOOL yer solucanı **Regenzeit** *f* yağmur mevsimi

Reggae *m* reggi

Regie [re'ʒi:] *f kein pl* ❶ FILM, THEAT reji; **unter der ~ von ...** ...in rejisi altında ❷ (*Leitung*) yönetim; **etw in eigener ~ tun** (*fam*) bir şeyi kendi başına yapmak **Regieanweisung** *f* rejisörün talimatı **Regieassistent(in)** *m(f)* reji asistanı, rejisör yardımcısı

R

regieren* [re'gi:rən] **I.** *vi* iktidarda olmak; (*herrschen*) hüküm sürmek, hükmetmek (**über** -e), hâkim olmak (**über** -e) **II.** *vt* ❶ (*Land, Staat*) yönetmek, idare etmek; (*Fahrzeug*) hâkim olmak (-e) ❷ LING almak; **dieses Verb regiert den Dativ** bu fiil yönelme durumunu alır

Regierung <-en> *f* POL hükümet, hükûmet, iktidar; **eine (neue) ~ bilden** (yeni) bir hükümet kurmak; **die ~ stürzen** hükümeti devirmek; **an der ~ sein** iktidarda olmak; **an die ~ kommen** iktidara gelmek **Regierungsbezirk** *m* yönetim bölgesi **Regierungschef(in)** *m(f)* POL hükümet başkanı **Regierungsform** <-en> *f* hükümet biçimi, yönetim biçimi **Regierungskrise** *f* POL hükümet buhranı **Regierungspartei** *f* POL iktidar partisi

Regierungssitz *m* hükümet merkezi

Regierungssprecher(in) *m(f)* POL hükümet sözcüsü **Regierungswechsel** *m* hükümet değişikliği, iktidarın değişmesi

Regime <-s, -(s)> [re'ʒi:m] *nt* rejim **Regimekritiker(in)** *m(f)* rejim eleştiricisi

Regiment[1] <-(e)s, -e> [regi'mɛnt] *nt* (*Leitung*) yönetim; **das ~ führen** yönetimi elinde tutmak

Regiment[2] <-(e)s, -er> *nt* MIL alay

Regimentskommandant *m* SCHWEIZ *s.* **Regimentskommandeur**

Regimentskommandeur *m* MIL alay komutanı

Region <-en> [re'gjo:n] *f* yöre, bölge; **in höheren ~en schweben** (*fig geh*) havalarda uçmak

regional [regjo'na:l] *adj* yöresel, bölgesel

Regisseur(in) <-s, -e; -nen> [reʒɪ'sø:ɐ] *m(f)* THEAT, FILM rejisör

Register <-s, -> [re'gɪstɐ] *nt* ❶ dizin, fihrist, indeks ❷ ADMIN kütük; (*Handels~*) sicil ❸ MUS (*Orgel~*) boru takımı; **eine Orgel mit vierzig ~n** kırk boru takımlı bir org; **alle ~ ziehen** (*fig*) her çareye [*o* türlü yola] başvurmak, allem etmek kallem etmek, eselemek beselemek ❹ INFORM yazmaç

Registertonne *f* NAUT tonilâto

Registratur <-en> [regɪstra'tu:ɐ] *f* ❶ (*das Registrieren*) tescil ❷ (*Büro*) arşiv, sicil dairesi

registrieren* [regɪs'tri:rən] *vt* tescil etmek; (*bemerken*) kaydetmek, fark etmek

Registrierkasse *f* yazar kasa

reglementieren* [reglemɛn'ti:rən] *vt* düzenlemek

Regler <-s, -> ['re:glɐ] *m* TECH regülâtör, düzenleyici

reglos ['re:klo:s] *adj* hareketsiz, kıpırtısız

regnen ['re:gnən] *vi unpers* yağmur yağmak; **es regnet in Strömen** bardaktan boşanırcasına yağmur yağıyor

regnerisch *adj* yağmurlu

Regress[RR] <-es, -e> [re'grɛs] *m*, **Regreß**[ALT] <-sses, -sse> *m* ❶ JUR rücu; **jdn für etw in ~ nehmen** birine karşı bir şey için rücu hakkını kullanmak ❷ PHILOS kayıtım, rücu

Regressanspruch[RR] *m*, **Regreßanspruch**[ALT] *m* JUR rücu hakkı

Regression <-en> [regrɛ'sjo:n] *f* ❶ gerileme, regresyon ❷ PSYCH, BIOL gerileme ❸ GEO deniz gerilemesi

regressiv [regrɛ'si:f] *adj* gerileyen, gerileyici, gerilek; JUR rücu hakkı ile ilgili

Regressklage[RR] *f*, **Regreßklage**[ALT] *f* JUR rücu davası

regresspflichtig[RR] *adj* JUR rücua borçlu; **jdn ~ machen** birini rücua borçlu kılmak

regulär [regu'lɛ:ɐ] *adj* nizamî, kurallara uygun olan; (*normal*) normal

regulieren* [regu'li:rən] *vt* ❶ (*regeln*) düzenlemek, düzene koymak; **einen Schaden ~** zararı ödemek [*o* tasfiye etmek]; **die Ampel reguliert den Verkehr(sfluss)** lamba trafiği(n akışını) düzenler ❷ (*Lautstärke, Temperatur*) ayarlamak

Regulierung <-en> *f* ❶ (*der Temperatur, Lautstärke*) ayarlama ❷ (*Regelung*) düzenleme; (*eines Schadens*) tasfiye

Regung <-en> ['re:gʊŋ] *f* (*geh*) ❶ (*Bewegung*) hareket ❷ (*Gefühls~*) duygulanma

regungslos *adj* hareketsiz

Reh <-(e)s, -e> [re:] *nt* karaca

Rehabilitation <-en> [rehabilita'tsjo:n] *f* ❶ MED rehabilitasyon ❷ JUR (*Wiederherstellung der verletzten Ehre*) saygınlığın geri verilmesi, itibarın iadesi, iadeiitibar ❸ JUR (*Wiedereinsetzung in den früheren Stand*) eski hâlin iadesi **Rehabilitationszentrum** *nt* MED rehabilitasyon merkezi

rehabilitieren* [rehabili'ti:rən] *vt* ❶ (*jds Ansehen*) saygınlığını geri vermek (-in), itibarını iade etmek (-in); MED rehabilite etmek ❷ (*wieder eingliedern*) yeniden mesleğe ve topluma kazandırmak

Rehbock *m* erkek karaca **Rehgeiß** *f* dişi karaca **Rehkeule** *f* karaca budu **Rehkitz** *nt* karaca yavrusu **Rehkuh** *f* dişi karaca **Rehrücken** *m* karaca sırtı

Reibach *m* (*fam*) anafor

Reibahle <-n> *f* TECH rayba, pürüzalır

Reibe <-n> ['raɪbə] *f* rende

Reibekuchen *m* DIAL (*Kartoffelpuffer*) patates mücveri

Reibelaut *m* LING (*Spirans, Spirant*) sızıcı ünsüz

reiben <reibt, rieb, gerieben> ['raɪbən]

I. *vt* ❶ (*aneinander~*) sürtmek, sürtünmek; **etw blank ~** bir şeyi ovmak; **sich** *dat* **die Hände ~** ellerini birbirine sürtmek; (*a. fig*) ellerini ovuşturmak ❷ (*zerkleinern*) rendelemek **II.** *vr* ■ **sich ~** sürtüşmek (**an** -, **mit** ile)

Reibereien *pl* sürtüşmeler *pl*

Reibfläche *f* sürtme yüzü

Reibung <-en> *f* ❶ (*das Reiben*) sürtme ❷ PHYS sürtünme **Reibungsfläche** *f* PHYS sürtünme yüzü

reibungslos *adj* pürüzsüz, sorunsuz; **etw verläuft ~** bir şey tıkırında gitmek, bir şey çorap söküğü gibi gitmek

reich [raɪç] *adj* ❶ (*wohlhabend*) zengin, varlıklı; **~ heiraten** zengin bir kadınla evlenmek; **~ machen** zenginleştirmek; **~ werden** zengin olmak; **ein Kind aus ~em Haus** zengin aile çocuğu ❷ (*Haar*) gür; (*ergiebig*) bereketli; **in ~em Maße** bol miktarda

Reich <-(e)s, -e> [raɪç] *nt* imparatorluk; (*a. fig: König~*) krallık; **das Deutsche/Römische/Osmanische ~** Alman/Roma/Osmanlı İmparatorluğu; **das Dritte ~** Nazi Almanyası; **das ~ der Tiere/Toten** hayvanlar/ölüler âlemi

reichen ['raɪçən] **I.** *vi* ❶ (*aus~*) yetmek, yetişmek; **mir reicht's!** (*fam*) yeter!; **jetzt reicht's aber!** (*fam*) artık yetti ama!, yeter artık ama! ❷ (*sich erstrecken*) uzanmak (**bis** -e kadar); **weit ~d** (*umfassend*) çok kapsamlı; **so weit das Auge reicht** göz alabildiğine **II.** *vt* ❶ (*anbieten*) ikram etmek ❷ (*geben*) **jdm etw ~** birine bir şeyi vermek; **sich** *dat* **die Hand ~** elini uzatmak

reichhaltig *adj* zengin; (*umfangreich*) kapsamlı

reichlich **I.** *adj* bol; (*umfangreich*) kapsamlı **II.** *adv* ❶ bol bol; (*ausreichend*) yeterince; **alles ist ~ vorhanden** her şeyden yeterince var ❷ (*fam: ziemlich*) oldukça

Reichstag <-(e)s> *m kein pl* ❶ HIST Rayştag ❷ (*Parlament*) parlamento; **der dänische/finnische/niederländische ~** Danimarka/Finlandiya/Hollanda Parlamentosu ❸ (*Gebäude*) Rayştag binası, parlamento binası **Reichstagsbrand** <-(e)s> *m kein pl* HIST Rayştag binasının yanması

Reichtum[1] <-s, -tümer> *m* zenginlik, varlık; (*Besitz*) varlık, mal mülk, servet; **die Reichtümer eines Landes** bir ülkenin servetleri; **zu ~ gelangen** mal mülk sahibi olmak

Reichtum[2] <-s> *m kein pl* (*Reichhaltigkeit*) zenginlik (**an** -); **der ~ an Arten** türlerin zenginliği

Reichweite *f* erim, menzil; (*mit der Hand*) el erimi; (*eines Funktelefons*) kaplama alanı; **außer ~ sein** erişilmez olmak; **etw liegt in ~** bir şeye erişilir olmak

reif [raɪf] *adj* olgun; **~ werden** olgunlaşmak; **~ werden lassen** olgunlaştırmak; **die Zeit ist ~ (für etwas)** (bir şeyi) yapma zamanı geldi

Reif[1] <-(e)s, -e> [raɪf] *m* (*geh: Arm~*) halka

Reif[2] <-(e)s> [raɪf] *m kein pl* kırağı; (*Rau~*) kırç; **es ist ~ gefallen** kırağı düştü

Reife ['raɪfə] *f kein pl* ❶ (*das Reifen*) olgunlaşma ❷ (*das Reifsein*) olgunluk; **mittlere ~** SCHULE orta öğretim derecesi (*onuncu sınıf diploması*)

reifen ['raɪfən] *vi sein* olgunlaşmak

Reifen <-s, -> ['raɪfən] *m* ❶ (*Auto~, Fahrrad~*) lastik ❷ (*Spielzeug*) çember, halka; (*Fass~*) çember, kasnak **Reifenpanne** *f* lastik patlaması **Reifenwechsel** *m* lastik değiştirme

Reifeprüfung *f* SCHULE olgunluk sınavı

Reifglätte *f kein pl* kırağı yüzünden yolların kaygan olması

reiflich **I.** *adj* iyice **II.** *adv* iyice(ne); **das habe ich mir ~ überlegt** bunu iyice(ne) düşündüm

Reigen <-s, -> ['raɪgən] *m* kuyruk olup dans etme; LIT (*v. A. Schnitzer*) Rondo; **den ~ eröffnen** (*fig geh*) (bir şeye) öncülük etmek; **den ~ beschließen** (*fig geh*) sonuncu olmak

Reihe[1] <-n> ['raɪə] *f* ❶ (*allgemein*) sıra; **sie sitzen in der dritten ~** üçüncü sırada oturuyorlar; **sich in einer ~ aufstellen** tek sıra hâlinde dizilmek, sıralanmak; **aus der ~ tanzen** (*fig fam*) sıradışı işler yapmak; **in Reih und Glied stehen** saf teşkil etmek ❷ (*Buch~*) dizi; **er kaufte eine ganze ~ Bücher** bir sürü kitap aldı ❸ MATH dizi; **geometrische ~** geometrik dizi ❹ *pl* (*Gemeinschaft*) **aus den ~n der Konservativen** muhafazakârların arasından

Reihe[2] *f kein pl* (*Reihenfolge*) sıra; **du bist an der ~** (*fam*) sıra sende; **der ~ nach eintreten** sırayla girmek; **immer der ~ nach!** sırayla!; **außer der ~ kommen** sıra dışı gelmek; **etw auf die ~ kriegen** (*fam*) bir şeyi ayarlamak

reihen ['raɪən] **I.** *vt* (*geh*) dizmek; **Perlen auf eine Schnur ~** incileri ipliğe dizmek **II.** *vr* ■ **sich ~** (*geh: zeitlich*) dizilmek

Reihenfolge *f* sıra; **der ~ nach** sıra ile; **in alphabetischer ~** alfabe sırasına göre

Reihenhaus *nt* sıra ev **Reihenuntersu-**

chung *f* MED muayene kampanyası
reihenweise *adv* ❶ (*fam: viele*) sıralarca, düzinelerce ❷ (*in Reihen*) sıra olarak
Reiher <-s, -> ['raɪɐ] *m* ZOOL balıkçıl
reihern ['raɪɐn] *vi* (*fam*) ❶ (*erbrechen*) kusmak ❷ DIAL (*Durchfall haben*) ishal olmak
reihum [raɪ'ʔʊm] *adv* ❶ (*von einem zum anderen*) elden ele; **etw ~ gehen lassen** bir şeyi elden ele gezdirmek [*o* dolaştırmak] ❷ (*der Reihe nach*) sırayla; **~ etw vorlesen** bir şeyi sırayla okumak
Reim <-(e)s, -e> [raɪm] *m* uyak, kafiye; **ich kann mir keinen ~ darauf machen** bundan bir şey çıkaramıyorum
reimen **I.** *vt* kafiyelemek (**auf** -e) **II.** *vr* ■ **sich ~** kafiyeli olmak (**auf** -le), uyaklı olmak (**auf** -le)
reimlos *adj* uyaksız, kafiyesiz
rein [raɪn] **I.** *adj* ❶ (*pur*) saf, arı; (*unvermischt*) katıksız, katışıksız, halis ❷ (*sauber*) temiz, pak; **etw ~ halten** bir şeyi temiz tutmak; **etw ins R~e schreiben** bir şeyi temize [*o* beyaza] çekmek; **mit sich** *dat* **selbst ins R~e kommen** nefis muhasebesi yapmak; **etw ins R~e bringen** bir şeyi halletmek; **ein ~es Gewissen haben** vicdanı pak olmak ❸ (*ohne Ausnahme*) istisnasız; **eine ~e Industriestadt** istisnasız bir sanayii kenti ❹ (*fam: völlig*) tam; **sie ist das ~ste Genie** o, tam bir dâhidir **II.** *adv* ❶ (*ausschließlich*) sırf ❷ (*fam: völlig*) tamamen, tamamıyla; **das ist ~ unmöglich** bu tamamıyla imkânsız; **er hat ~ gar nichts getan** hiçbir şey yapmamış ❸ (*fam: herein, hinein*) içeri, içine
Reinemachefrau *f* temizlikçi kadın
Reinerlös *m* FIN, WIRTSCH safi kâr
Reinfall <-(e)s, -fälle> *m* (*fam*) fiyasko; (*Enttäuschung*) düş kırıklığı, hayal kırıklığı; **das war ein ~ erster Güte** (*fam*) bu birinci kalite bir fiyaskoydu
rein|fallen *irr vi sein* (*fam*) ❶ (*in Loch*) düşmek (**in** -e); (*Licht*) girmek (**in** -e) ❷ (*sich täuschen lassen*) aldanmak (**auf** -e), kanmak (**auf** -e)
Reingewinn <-(e)s, -e> *m* FIN safi kâr
Reinhaltung *f kein pl* temiz tutma
Reinheit *f kein pl* ❶ (*Unverfälschtheit*) arılık, saffet ❷ (*Sauberkeit*) temizlik, saffet
reinigen ['raɪnɪgən] *vt* ❶ temizlemek; (*Abwässer*) arıtmak; (*Kleidung*) temizlemek ❷ LING (*eine Sprache*) arılaştırmak, özleştirmek
Reinigung <-en> *f* ❶ (*Unternehmen*) kuru temizleyici ❷ (*das Reinigen*) temizleme; (*von Abwässern*) arıtım; (*von Kleidung*) kuru temizleme ❸ (*Sprach~*) tasfiye
Reinigungsmittel *nt* temizleme aracı
Reinkarnation <-en> [reʔɪnkarna'tsjo:n] *f* reenkarnasyon, ruh göçü
rein|legen *vt* (*fam*) kandırmak, aldatmak; *s. a.* **hereinlegen, hineinlegen**
reinlich *adj* ❶ (*sehr sauber*) tertemiz ❷ (*die Sauberkeit liebend*) titiz
Reinmachefrau *f* temizlikçi kadın
reinrassig *adj* soy; (*Hund*) cins; (*Pferd*) saf kan, temiz kan
rein|ziehen *irr vt* (*fam*) ❶ (*Dinge*) içine çekmek ❷ (*verschlingen*) yutmak; **sich** *dat* **ein Bier ~** bira içmek; **sich** *dat* **einen Film ~** filme bakmak ❸ (*in Verbrechen*) karıştırmak (**in** -e)
Reis <-es, -e> [raɪs] *m* pirinç; (*gekocht*) pilav
Reise <-n> ['raɪzə] *f* yolculuk (**nach/in** -e/-de), gezi (**nach/in** -e/-de), seyahat (**nach/in** -e/-de); (*Rund~*) tur (**nach/in** -e/-de); **eine ~ machen** yolculuk yapmak, seyahat etmek; **auf ~n sein** geziye çıkmış olmak; **Gute ~!** iyi yolculuklar! **Reiseandenken** <-s, -> *nt* yolculuk hatırası, gezi hatırası, andaç **Reiseapotheke** *f yolcunun yanına aldığı ilaçlar* **Reisebegleiter(in)** *m(f)* yol arkadaşı **Reisebeschreibung** *f* gezi yazışı **Reisebüro** *nt* seyahat acentesi **Reisebus** *m* yolcu otobüsü, tur otobüsü **reisefertig** *adj* yola çıkmaya hazır, yolculuğa hazır **Reisefieber** <-s> *nt kein pl* (*fam*) yol(culuk) heyecanı
Reiseführer(in)[1] <-s, -; -nen> *m(f)* (*Person*) turist rehberi
Reiseführer[2] <-s, -> *m* (*Buch*) seyahat kılavuzu, gezi rehberi
Reisegepäck *nt* bagaj
Reisegesellschaft[1] <-en> *f* (*Reisegruppe*) turist kafilesi
Reisegesellschaft[2] *f kein pl* (*Begleitung*) yol arkadaşı
Reisegewerbe *nt kein pl* gezgincilik
Reisegruppe *f* (turist) kafile(si) **Reisekoffer** *m* valiz **Reisekosten** *pl* gezi masrafları *pl* **Reisekrankheit** *f kein pl* kinetoz **Reiseland** <-(e)s, -länder> *nt* turistik ülke **Reiseleiter(in)** <-s, -; -nen> *m(f)* kafile başkanı
reisen ['raɪzən] *vi sein* geziye çıkmak (**in** -de), gitmek (**nach** -e)
Reisende(r) <-n, -n; -n> *f(m)* gezgin, yolcu
Reisepass[RR] *m* pasaport **Reiseprospekt** *m* seyahat broşürü **Reiseproviant** <-s> *m kein pl* yolluk, yol azığı, kumanya **Reisescheck** *m* seyahat çeki **Reisespesen** *pl* yol masrafı, harcırah **Reisetasche** *f* seyahat çantası **Reise-**

veranstalter <-s, -> *m* tur operatörü
Reiseverkehr *m* tatil trafiği **Reiseverkehrskauffrau** *f* kadın turizmci **Reiseverkehrskaufmann** *m* turizmci
Reiseversicherung *f* seyahat sigortası **Reisewetterbericht** *m* tatil için hava raporu **Reisezeit** *f* tatil mevsimi **Reiseziel** *nt* gidilecek yer
Reisfeld *nt* pirinç tarlası
Reisig <-s> ['raɪzɪç] *nt kein pl* çalı çırpı
Reiskorn *nt* pirinç tanesi **Reismehl** *nt* pirinç unu
Reißaus [raɪs'ʔaʊs] *m* (*fam*) **~ nehmen** kaçmak, tüymek, sıvışmak
Reißbrett *nt* plan tahtası
reißen <reißt, riss, gerissen> ['raɪsən] **I.** *vi* ❶ *sein* (*zer~*) kopmak; (*in Fetzen*) yırtılmak ❷ (*zerren*) çekmek (**an** -den) **II.** *vt* ❶ (*zer~*) koparmak; (*in Fetzen*) yırtmak, parça parça etmek; **er riss den Brief in Stücke** mektubu parça parça etti ❷ (*weg~, aus~*) koparmak (**aus** -den); (*Lenkrad*) kırmak; (*herausholen*) çekip çıkarmak (**aus** -den); **er wurde aus dem Schlaf gerissen** uykudan kaldırıldı ❸ (*ziehen*) çekmek; (*mit sich ~*) çekip götürmek, sürüklemek; **sie riss ihn zu Boden** onu çekip yere düşürdü; **jdm etw aus der Hand ~** birinin elinden bir şeyi çekip almak; **ich bin hin und her gerissen** neye karar vereceğimi bilemiyorum; **etw an sich ~** bir şeyi zorla almak, bir şeyi gaspetmek; **das Gespräch an sich ~** konuşmayı üstüne çekmek ❹ SPORT (*Latte*) düşürmek; (*Gewicht*) koparmak ❺ (*töten*) parçalamak; **der Wolf hat zwei Schafe gerissen** kurt iki koyun parçaladı **III.** *vr* ■ **sich ~** ❶ (*fam*) **sich um etw/um jdn ~** bir şeyi/kimseyi elde etmeye çalışmak, bir şey/kimse için deli divane olmak ❷ (*sich befreien*) kurtulmak; **sie riss sich aus seiner Umarmung** kollarının arasından kurtuldu
reißend *adj* (*Buch*) sürükleyici; **~en Absatz finden** peynir ekmek gibi satılmak
Reißer <-s, -> *m* (*fam*) ❶ (*Buch*) heyecanlı [*o* sürükleyici] kitap; (*Film*) heyecanlı film ❷ (*Artikel*) peynir ekmek gibi satılan mal
reißerisch *adj* (*pej*) sansasyonel
Reißfeder *f* tirlin
reißfest *adj* yırtılmaz **Reißleine** *f* AERO (*am Fallschirm*) paraşütü açma ipi **Reißnadel** *f* TECH çelik kalem **Reißschiene** *f* T cetveli **Reißverschluss**[RR] *m* fermuar **Reißverschlusssystem**[RR] <-s, -e> *nt* *fermuar kapanır gibi iki şeritteki araçların bir şeride sırayla girmeleri usulü*
Reißwolf *m* (*für Papier*) kâğıt parçalama makinesi; (*für Textilien*) kumaş parçalama makinesi **Reißzwecke** *f* raptiye
Reitbahn *f* binicilik parkuru
reiten <reitet, ritt, geritten> ['raɪtən] **I.** *vi* *sein* binmek; (*auf einem Pferd*) ata binmek; (*als Sport*) binmek; **auf einem Esel/Besen ~** eşeğe/süpürgeye binmek; **auf einer Stute ~** kısrağa binmek; **im Schritt/Trab/Galopp ~** atla âdeta/tırıs/dörtnala gitmek **II.** *vt* binmek (-e)
Reiter(in) <-s, -; -nen> *m(f)* binici, atlı, süvari
Reiterstandbild *nt* atlı heykel
Reithose *f* külot **Reitkunst** *f kein pl* binicilik **Reitpeitsche** *f* süvari kamçısı **Reitpferd** *nt* binek atı **Reitschule** <-n> *f* binicilik okulu **Reitsport** *m kein pl* binicilik, atlı spor **Reitstiefel** *m* süvari çizmesi **Reittier** *nt* binek hayvanı **Reitunterricht** *m* binicilik dersi
Reiz <-es, -e> [raɪts] *m* ❶ (*physiologisch*) uyarım, uyarı; **äußerer ~** dış uyarım ❷ (*Verlockung*) cazibe, çekicilik; **der ~ des Neuen** yeninin çekiciliği; **einen ~ auf jdn ausüben** biri için çekici [*o* cazip] olmak ❸ (*Schönheit*) güzellik, albeni, cazibe
reizbar *adj* asabi, çabuk kızar, çabuk öfkelenir; **er ist leicht ~** çok çabuk kızar [*o* öfkelenir]
Reizbarkeit *f kein pl* asabilik, çabuk kızma, çabuk öfkelenme
reizen ['raɪtsən] *vt* ❶ (*provozieren*) kışkırtmak, tahrik etmek; (*ärgern*) kızdırmak, öfkelendirmek; **jdn bis zur Weißglut ~** (*fam*) birini zıvanadan çıkarmak ❷ MED azdırmak, tahriş etmek ❸ (*anziehen*) cezbetmek; (*verlocken*) ayartmak; (*bezaubern*) büyülemek
reizend *adj* çekici; (*Mensch*) sevimli, çok hoş
Reizklima *nt* bünyeyi uyaran iklim (*organizmanın direncini artırıcı sert iklim*)
reizlos *adj* ❶ (*Essen*) yavan, tatsız ❷ (*langweilig*) cazibesiz
Reizmittel *nt* MED uyaran madde **Reizschwelle** *f* PSYCH duyum eşiği **Reizstoff** *m* tahriş edici madde **Reizthema** *nt* tartışmalı konu
Reizung <-en> *f* MED tahriş
reizvoll *adj* ❶ cazibeli, çekici, albenili ❷ (*verlockend*) cazip, çekici **Reizwäsche** *f* seksi iç çamaşırı
rekapitulieren* [rekapitu'li:rən] *vt* bir kere daha gözden geçirmek
rekeln ['re:kəln] *vr* ■ **sich ~** (*fam*) gerinmek

R

Reklamation <-en> [reklama'tsjo:n] *f* itiraz, kusur bildirme
Reklame <-n> [re'kla:mə] *f* reklâm; **für jdn/etw ~ machen** bir kimse/şey için reklâm yapmak **Reklamefeldzug** *m* reklâm kampanyası **Reklameschild** *nt* reklâm levhası
reklamieren* [rekla'mi:rən] *vt* kusurlu olduğunu bildirmek (-in), itiraz etmek (-e)
rekonstruieren* [rekɔnstru'i:rən] *vt* yeniden kurmak (**aus** -den)
Rekonstruktion <-en> [rekɔnstrʊk'tsjo:n] *f* rekonstrüksiyon, yeniden kurma
Rekonvaleszenz [rekɔnvalɛs'tsɛnts] *f kein pl* MED nekahet
Rekord <-(e)s, -e> [re'kɔrt] *m* rekor; **einen ~ einstellen/aufstellen/brechen** rekor kırmak
Rekorder <-s, -> [re'kɔrdɐ] *m* teyp
Rekordhalter(in) *m(f)* rekortmen
Rekordzeit *f* rekor zaman; **in ~** rekor zamanda
Rekrut(in) <-en, -en; -nen> [re'kru:t] *m(f)* MIL acemi er
rekrutieren* [rekru'ti:rən] **I.** *vt* ❶ oluşturmak; (*Arbeitskräfte*) temin etmek ❷ MIL (*Soldaten*) toplamak; (*einberufen*) celp etmek, askere çağırmak, askerlik ödevini yapmaya çağırmak **II.** *vr* ■ **sich ~** oluşmak (**aus** -den)
Rektor(in) <-s, -en; -nen> ['rɛkto:ɐ] *m(f)* ❶ SCHULE müdür ❷ UNIV rektör
Rektorat <-(e)s, -e> [rɛkto'ra:t] *nt* ❶ SCHULE müdüriyet ❷ UNIV rektörlük
Relais [re'lɛ:] *nt* ❶ ELEK röle, değiştirgeç ❷ HIST (*~station*) menzil
Relation <-en> [relɑ'tsjo:n] *f* ❶ (*Beziehung*) bağıntı, ilgi, ilinti; (*Verhältnis*) oran, nispet; **Preis und Qualität der Ware stehen in keiner ~ zueinander** malın fiyatı ile kalitesi arasında hiçbir bağıntı yoktur ❷ MATH orantı
relativ [rela'ti:f, 're:lati:f, 'rɛlati:f] *adj* ❶ rölatif, göreli, bağıntılı, izafî, nispî; **~ oft** oldukça sık; **ein ~ kalter Sommer** nispeten soğuk bir yaz ❷ bağıl, nispî; **~e Feuchtigkeit** METEO bağıl nem; **~e Rechte** JUR nispî haklar
relativieren* [relati'vi:rən] *vt* orantılamak
Relativismus *m kein pl* PHILOS rölativizm, bağıntıcılık, görecilik
Relativität <-en> [relativi'tɛ:t] *f a.* PHYS rölâtivite, göre(li)lik, bağıntı, bağıllık **Relativitätstheorie** *f kein pl* PHYS görelilik kuramı
Relativpronomen *nt* LING ilgi zamiri **Relativsatz** <-es, -sätze> *m* LING ilgi cümlesi
relaxen* [ri'lɛksən] *vi* dinlenmek
Relegation <-en> *f* ❶ SCHULE (*Verweisung*) uzaklaştır(ıl)ma, tart ❷ SPORT (*Abstieg*) kümeden düşme **Relegationsspiel** *nt* SPORT baraj maçı
relevant [rele'vant] *adj* önemli
Relevanz [rele'vants] *f kein pl* önem
Relief <-s, -s *o* -e> [re'ljɛf] *nt* KUNST rölyef, kabartma
Religion <-en> [reli'gjo:n] *f* din **Religionsfreiheit** *f kein pl* din özgürlüğü **Religionsgemeinschaft** *f* din topluluğu, dinî cemaat **Religionskrieg** *m* gazve, din uğruna yapılan savaş
religionslos *adj* dinsiz
Religionslosigkeit *f kein pl* dinsizlik **Religionsunterricht** *m* din dersi
religiös [reli'gjø:s] *adj* ❶ (*zur Religion gehörend*) dinî, dinsel ❷ (*fromm*) dindar; **~ erzogen** dindar eğitilmiş
Religiosität [religjozi'tɛ:t] *f kein pl* dindarlık
Relikt <-(e)s, -e> [re'lɪkt] *nt* kalıntı; (*Spur*) kalıntı, iz; **diese Gewohnheit ist ein ~ aus seiner Kindheit** bu alışkanlık çocukluğunun bir kalıntısıdır
Reling <-s *o* -e> ['re:lɪŋ] *f* NAUT küpeşte
Reliquie <-n> [re'li:kviə] *f* REL kutsal emanet
Rem <-s, -s> *nt Abk von* **Roentgen equivalent man** rem
Remoulade <-n> [remu'la:də] *f* GASTR *mayonezli baharatlı soğuk sos*
rempeln ['rɛmpəln] *vt* (*fam*) itelemek
Ren <-s, -s *o* -e> [rɛn, re:n] *nt* ZOOL Ren geyiği
Renaissance [rənɛ'sã:s] *f kein pl* HIST, KUNST Rönesans
Rendezvous <-, -> [rãde'vu:] *nt* randevu
Rendite <-n> [rɛn'di:tə] *f* WIRTSCH gelir
Renegat *m* ❶ REL mürtet ❷ POL dönek, ordubozan
renitent [reni'tɛnt] *adj* serkeş, kafa tutan
Renitenz *f* serkeşlik, kafa tutma
Rennbahn *f* pist; (*Pferde~*) parkur
Rennboot *nt* yarış teknesi
rennen <rennt, rannte, gerannt> ['rɛnən] **I.** *vi sein* ❶ koşmak; **sehr schnell ~** çok çabuk koşmak; **um die Wette ~** yarışmak ❷ **gegen etw ~** (koşarken) bir şeye çarpmak **II.** *vt* **jdn zu Boden ~** birini düşürmek; **jdm ein Messer in den Bauch ~** (*fam*) birini karnından bıçaklamak
Rennen <-s, -> *nt* yarış; **das ~ machen** (*fam*) kazanmak; **das ~ ist gelaufen** (*fam*) iş işten geçti
Rennfahrer(in) *m(f)* yarışçı

Rennpferd *nt* koşu atı **Rennrad** *nt* yarış bisikleti **Rennstrecke** *f* yarış pisti **Rennwagen** *m* yarış arabası
renommiert [renɔ'mi:ɐt] *adj* ünlü, şöhretli
renovieren* [reno'vi:rən] *vt* onarmak; (*erneuern*) yenilemek
Renovierung <-en> *f* onarma; (*Erneuerung*) yenileme
rentabel [rɛn'ta:bəl] *adj* kârlı
Rentabilität *f kein pl* kârlılık
Rente <-n> ['rɛntə] *f* emeklilik; **in ~ gehen** (*fam*) emekliye ayrılmak; **in ~ sein** (*fam*) emekli olmak **Rentenalter** *nt* emeklilik yaşı **Rentenanspruch** *m* emeklilik hakkı **Rentenversicherung** *f* emeklilik sigortası; **gesetzliche ~** kanunî emeklilik sigortası
Rentier <-(e)s, -e> ['rɛnti:ɐ] *nt* ZOOL Ren geyiği
rentieren* [rɛn'ti:rən] *vr* ▪ **sich ~** değmek; (*finanziell*) kârlı olmak
Rentner(in) <-s, -; -nen> ['rɛntnɐ] *m(f)* emekli
Rep <-s, -s> [rɛp] *m Abk von* **Republikaner** cumhuriyetçi
reparabel [repa'ra:bəl] *adj* tamiri mümkün
Reparationen [repara'tsjo:nən] *pl* POL savaş zarar tazminatları *pl*
Reparatur <-en> [repara'tu:ɐ] *f* (*Gerät, Auto*) tamir, onarma, onarım; **etw in ~ geben** bir şeyi tamire vermek **reparaturanfällig** *adj* çok tamir çıkaran, çabuk bozulan **reparaturbedürftig** *adj* tamire muhtaç **Reparaturwerkstatt** *f* tamirhane
reparieren* [repa'ri:rən] *vt* tamir etmek, onarmak
Repertoire <-s, -s> [repɛr'to̯a:ɐ] *nt* THEAT, MUS repertuar
Repetitor(in) *m(f)* belletmen, belletici
Report <-(e)s, -e> [re'pɔrt] *m* rapor
Reportage <-n> [repɔr'ta:ʒə] *f* röportaj (**über** hakkında)
Reporter(in) <-s, -; -nen> [re'pɔrtɐ] *m(f)* röportör
Repräsentant(in) <-en, -en; -nen> [reprɛzɛn'tant] *m(f)* temsilci
Repräsentation <-en> [reprɛzɛnta'tsjo:n] *f* temsil
repräsentativ [reprɛzɛnta'ti:f] *adj* temsilî (**für** için)
repräsentieren* [reprɛzɛn'ti:rən] *vi, vt* temsil etmek
Repressalie <-n> [reprɛ'sa:liən] *f* misilleme, dengiyle karşılama
repressiv [reprɛ'si:f] *adj* baskı altına alıcı; (*Steuern*) ağır
Reproduktion <-en> *f* reprodüksiyon; (*Vervielfältigung*) çoğaltma, çoğaltım; (*Fortpflanzung*) üreme
reproduzieren* *vt* (*vervielfältigen*) çoğaltmak
Reptil <-s, -ien> [rɛp'ti:l, *pl* rɛp'ti:liən] *nt* sürüngen
Republik <-en> [repu'bli:k] *f* cumhuriyet; **~ Türkei** Türkiye Cumhuriyeti; **die Deutsche Demokratische ~** HIST Alman Demokratik Cumhuriyeti
Republikaner(in) <-s, -; -nen> [republi'ka:nɐ] *m(f)* POL cumhuriyetçi
republikanisch [republi'ka:nɪʃ] *adj* cumhuriyetçi
Republikanismus *m kein pl* cumhuriyetçilik
Requiem <-s, -s> ['re:kviɛm] *nt* ❶ REL (*Totenmesse*) ölüler için yapılan ayin ❷ MUS ağıt, mersiye
Requisit <-(e)s, -en> [rekvi'zi:t] *nt* ❶ *pl* THEAT aksesuar ❷ (*Zubehör*) aksesuar
Requisiteur(in) <-s, -e; -nen> [rekvizi'tø:ɐ] *m(f)* THEAT aksesuarcı
Reseda *f*, **Resede** *f* BOT rezede
Resektion *f* MED reseksiyon
Reservat <-(e)s, -e> [rezɛr'va:t] *nt* doğal koruma bölgesi; (*Indianer~*) arazi
Reserve <-n> [re'zɛrvə] *f* ❶ *a.* MIL, SPORT yedek, ihtiyat; **jdn/etw in ~ haben** bir kimseyi/şeyi yedekte bulundurmak ❷ WIRTSCH rezerv, yedek akçe, ihtiyat **Reservekanister** *m* yedek bidon **Reserveoffizier** *m* yedek subay **Reserverad** *nt* stepne, yedek teker **Reservespieler(in)** *m(f)* SPORT yedek oyuncu
reservieren* [rezɛr'vi:rən] *vt* ayırmak; **zwei Plätze ~ (lassen)** iki yer ayır(t)mak
reserviert *adj* **jdm gegenüber ~ sein** birine (karşı) mesafeli olmak, birine karşı soğuk davranmak
Reservierung *f* ayır(t)ma, rezervasyon
Reservist(in) <-en, -en; -nen> [rezɛr'vɪst] *m(f)* ❶ MIL redif ❷ SPORT yedek oyuncu
Reservoir <-s, -e> [rezɛr'vo̯a:ɐ] *nt* hazne, depo
Reset-Taste [ri'sɛt-] *f* INFORM sıfırlama tuşu
Residenz <-en> [rezi'dɛnts] *f* rezidans
residieren* [rezi'di:rən] *vi* oturmak
Resignation <-en> [rezɪgna'tsjo:n] *f* ❶ yılma ❷ (*Ergebung in das Schicksal*) tevekkül, kadere boyun eğme
resignieren* [rezɪ'gni:rən] *vi* ❶ yılmak ❷ (*sich in sein Schicksal ergeben*) tevekkül etmek, kadere boyun eğmek
resistent [rezɪs'tɛnt] *adj* BIOL, MED dirençli

(**gegen** -e karşı)

Resistenz *f kein pl* direnç

resolut [rezo'lu:t] *adj* kararlı

Resolution <-en> [rezolu'tsjo:n] *f* karar

Resonanz <-en> [rezo'nants] *f* ❶ PHYS, MUS rezonans ❷ (*fig: Widerhall*) yankı; **große/wenig ~ finden** çok/az yankısı olmak; **keine ~ finden** hiç yankısı olmamak

Resonanzboden *m* MUS ahenk tahtası

resozialisieren* [rezotsiali'zi:rən] *vt* (yeniden) topluma kazandırmak

Resozialisierung <-en> *f* (yeniden) topluma kazandırma

Respekt <-(e)s> [re'spɛkt, rɛs'pɛkt] *m kein pl* saygı (**vor** -e); **sich** *dat* **~ verschaffen** kendini saydırmak; **vor jdm/etw** *dat* **~ haben** bir kimseye/şeye saygı duymak; **allem ~!** helâl olsun!; **mit ~ zu sagen ...** (*fam*) hâşâ huzurdan [*o* huzurunuzdan] ...

respektabel [respɛk'ta:bəl, rɛspɛk'ta:bəl] *adj* saygıdeğer

respektieren* [respɛk'ti:rən, rɛspɛk'ti:rən] *vt* saygı göstermek (-e), saymak

respektive [respɛk'ti:və, rɛspɛk'ti:və] *konj* (*geh*) yahut, ya da

respektlos **I.** *adj* saygısız (**gegenüber** -e (karşı)), hürmetsiz (**gegenüber** -e (karşı)) **II.** *adv* saygısızca

Respektlosigkeit *f* saygısızlık

respektvoll *adj* saygılı (**gegenüber** -e (karşı))

Ressort <-s, -s> [rɛ'so:ɐ] *nt* ❶ (*Zuständigkeitsbereich*) yetki alanı ❷ (*Abteilung*) özel kalem

Ressourcen [rɛ'sʊrsən] *pl* kaynaklar *pl*

Rest <-(e)s, -e> [rɛst] *m* artık, kalan, geri; (*Stoff~*) artık; **den ~ will er morgen machen** gerisini yarın yapacakmış; **das hat ihm den ~ gegeben** (*fam*) bu ona son darbeyi indirdi

Restaurant <-s, -s> [rɛsto'rã:] *nt* restoran, lokanta

Restauration <-en> [restaʊra'tsjo:n, rɛstaʊra'tsjo:n] *f* ❶ POL restorasyon ❷ ÖSTERR (*Restaurant*) restoran, lokanta

Restaurator(in) <-s, -en; -nen> [restaʊ'ra:to:ɐ, rɛstaʊ'ra:to:ɐ, *pl* -ra'to:rən] *m(f)* restoratör

restaurieren* [restaʊ'ri:rən, rɛstaʊ'ri:rən] *vt* restore etmek

restlich *adj* ❶ (*noch ausstehend*) geri kalan ❷ (*nach Verbrauch*) kalan, arta kalan, elde kalan

restlos **I.** *adj* tam **II.** *adv* tam, tamamıyla, tamamen; **die Schulden ~ begleichen** borçları tamamen kapamak

Restposten *m* (elde) kalan mal

restriktiv [restrɪk'ti:f, rɛstrɪk'ti:f] *adj* (*geh*) ❶ sınırlayıcı, kısıtlayıcı ❷ JUR (*eng*) dar; **eine ~e Auslegung** dar bir yorum

Resultante <-n> *f* PHYS bileşke

Resultat <-(e)s, -e> [rezʊl'ta:t] *nt* (elde edilen) sonuç; **keine ~e bringen** sonuç vermemek

resultieren* [rezʊl'ti:rən] *vi* sonuç (olarak) çıkmak (**aus** -den)

Resümee <-s, -s> [rezy'me:] *nt* özet

Retentionsrecht *nt* JUR hapis hakkı

Retina <-ae> *f* ANAT retina; (*Netzhaut*) ağ tabaka

Retorte <-n> [re'tɔrtə] *f* karni; **aus der ~** (*fam*) tüpten **Retortenbaby** *nt* (*fam*) tüp bebek

retour [re'tu:ɐ] *adv* DIAL, SCHWEIZ, ÖSTERR geri; **jdm etw ~ geben** birine bir şeyi geri vermek; **etw ~ gehen lassen** bir şeyi geri göndermek **Retourbillett** *nt* SCHWEIZ dönüş bileti **Retourgeld** <-(e)s, -er> *nt* SCHWEIZ paranın üstü

Retrospektive <-n> [retrospɛk'ti:və] *f* geriye bakış

retten ['rɛtən] **I.** *vt* ❶ (*aus Notlage*) kurtarmak (**vor** -den); (*befreien*) kurtarmak (**aus** -den); (*bergen*) (can) kurtarmak (**aus** -den); **bist du noch zu ~?** (*fam*) aklını mı yitirdin sen? ❷ (*Denkmal*) kurtarmak (**vor** -den) **II.** *vr* ■ **sich ~** kurtulmak (**vor** -den), canını kurtarmak (**vor** -den); **sich vor etw nicht (mehr) ~ können** bir şeyden başını alamamak; **sie konnte sich vor Arbeit nicht mehr ~** işten başını alamadı; **rette sich, wer kann!** canını seven kurtarsın!, herkes başının çaresine baksın!

Retter(in) <-s, -; -nen> *m(f)* kurtarıcı, cankurtaran

Rettich <-s, -e> ['rɛtɪç] *m* BOT (*Raphanus*) turp; GASTR beyaz turp

Rettung <-en> *f* (*aus Gefahr*) kurtuluş; (*Bergung*) kurtarma; (*Befreiung*) kurtarma; **du bist meine letzte ~!** (*fam*) benim son ümidim sensin! **Rettungsaktion** *f* kurtarma çalışmaları *pl* **Rettungsanker** *m* (*fig*) kurtuluş çaresi **Rettungsboot** *nt* ❶ (*des Rettungsdienstes*) cankurtaran sandalı ❷ (*Beiboot*) cankurtaran filikası, cankurtaran salı, tahlisiye sandalı **Rettungshubschrauber** *m* cankurtaran helikopteri

rettungslos *adj* ❶ kurtulması imkânsız ❷ (*fam: völlig*) tam; **~ verloren sein** kurtuluşu olmamak, iflâh olmamak; **~ verliebt sein** iflâh olmaz derecede âşık olmak

Rettungsmannschaft *f* cankurtaran ekibi **Rettungsring** *m* cankurtaran simidi **Rettungsschwimmer(in)** *m(f)* cankurtaran **Rettungswagen** *m* cankurtaran

retuschieren* [retʊˈʃiːrən] *vt* rötuşlamak, rötuş etmek, rötuş yapmak (-e)

Reue [ˈrɔɪə] *f kein pl* pişmanlık (**über** -e), nedamet; (**keine**) ~ **fühlen** pişmanlık duy(ma)mak

Reugeld *nt* cayma akçesi

reuig *adj* pişman

reumütig [ˈrɔɪmyːtɪç] **I.** *adj* pişman **II.** *adv* pişman; ~ **sein** pişman olmak

Revanche <-n> [reˈvãːʃ(ə)] *f* (*Rache*) öç, intikam; (*bei einem Spiel*) rövanş; **jdm** ~ **geben** birine rövanş tanımak

revanchieren* [revãˈʃiːrən] *vr* ▪ **sich** ~ ❶ (*sich rächen*) acısını çıkarmak (**für/bei** için/-den) ❷ (*sich erkenntlich zeigen*) karşılığını vermek (**für** -in)

Revers <-, -> [reˈveːɐ, reˈvɛːɐ] *nt o* ÖSTERR *m* (*Kragen*) klâpa

revidieren* [reviˈdiːrən] *vt* ❶ (*durchsehen*) revize etmek, yeniden gözden geçirmek ❷ (*korrigieren*) revize etmek, düzeltmek; (*Meinung*) değiştirmek; (*Urteil*) temyiz etmek

Revier <-s, -e> [reˈviːɐ] *nt* ❶ (*Bereich*) alan ❷ (*Polizei~*) karakol ❸ ZOOL alan ❹ (*Jagd~*) avlak ❺ BERGB havza, maden bölgesi ❻ MIL (*Krankenstube*) revir

Revision <-en> [reviˈzjoːn] *f* ❶ (*Kontrolle*) kontrol (etme); (*von Gepäck*) muayene ❷ TYPO son düzeltme ❸ (*Änderung*) revizyon ❹ JUR temyiz; **in die** ~ **gehen** temyize gitmek

Revisionismus *m kein pl* revizyonizm, revizyonculuk

Revolte <-n> [reˈvɔltə] *f* ayaklanma, isyan; (*Auflehnung*) baş kaldırma

revoltieren* [revɔlˈtiːrən] *vi* ayaklanmak (**gegen** -e karşı); (*sich auflehnen*) baş kaldırmak (**gegen** -e)

Revolution <-en> [revoluˈtsjoːn] *f* devrim, ihtilâl

revolutionär [revolutsjoˈnɛːɐ] *adj* devrimci

Revolutionär(in) <-s, -e; -nen> *m(f)* devrimci

Revolver <-s, -> [reˈvɔlvɐ] *m* revolver, altıpatlar **Revolverblatt** <-es, -blätter> *nt* pandispanya gazetesi **Revolverheld** <-en, -en> *m* (*pej*) silahşör

Revue <-n> [rəˈvyː] *f* THEAT revü; **etw** ~ **passieren lassen** (*fig*) bir şeyi gözünün önünden geçirmek

Rezensent(in) <-en, -en; -nen> [retsɛnˈtsɛnt] *m(f)* eleştirici

rezensieren* [retsɛnˈziːrən] *vt* eleştirmek

Rezension <-en> [retsɛnˈzjoːn] *f* eleştiri

Rezept <-(e)s, -e> [reˈtsɛpt] *nt* ❶ MED reçete; **etw auf ~ bekommen** bir şeyi reçeteyle almak ❷ GASTR yemek tarifesi **rezeptfrei** *adj* reçetesiz

Rezeption <-en> [retsɛpˈtsjoːn] *f* ❶ LIT, KUNST alıntı, iktibas ❷ (*Hotel~*) resepsiyon

rezeptpflichtig *adj* reçeteli; (*auf Packung*) reçete ile satılır

Rezession <-en> [retsɛˈsjoːn] *f* WIRTSCH resesyon, durgunluk

rezessiv *adj* ❶ BIOL (*nicht dominant*) çekinik, resesif ❷ WIRTSCH resesyon (ile ilgili)

reziprok *adj* ❶ karşılıklı ❷ LING işteş

Rezitation <-en> *f* inşat

rezitieren* [retsiˈtiːrən] *vt* inşat etmek

R-Gespräch [ˈɛrgəʃprɛːç] *nt* TELEK ödemeli konuşma

Rhabarber <-s> [raˈbarbɐ] *m kein pl* BOT ravent

Rhein <-s> [raɪn] *m* Ren

Rheinland <-(e)s> *nt* Ren (bölgesi)

Rheinländer(in) <-s, -; -nen> *m(f)* Renli

Rheinland-Pfalz [ˈ--ˈ-] *nt* Ren-Palatina

Rhesusfaktor <-s> *m kein pl* MED Rh faktörü, Rhesus faktörü; ~ **positiv/negativ** Rh pozitif/negatif

Rhetorik [reˈtoːrɪk] *f kein pl* retorik

rhetorisch *adj* retorik (ile ilgili)

Rheuma <-s> [ˈrɔɪma] *nt kein pl* (*fam*) romatizma; **an ~ leiden** romatizmadan rahatsız olmak **Rheumamittel** *nt* MED romatizma ilacı

rheumatisch *adj* MED romatizma (ile ilgili), romatizmal

Rheumatismus <-, Rheumatismen> [rɔɪmaˈtɪsmʊs] *m* MED romatizma

Rhinozeros <-(ses), -se> [riˈnoːtserɔs] *nt* ❶ ZOOL gergedan ❷ (*fam: Trottel*) enayi, avanak, budala

Rhodesien *nt* Rodezya

Rhodium <-s> [ˈraːdɔn] *nt kein pl* CHEM rodyum

Rhododendron *m* BOT rododendron

Rhombus <-, Rhomben> [ˈrɔmbʊs] *m* MATH eşkenar dörtgen

Rhythmen *pl von* **Rhythmus**

rhythmisch [ˈrʏtmɪʃ] *adj* ritmik, dizemli, tartımlı

Rhythmus <-, Rhythmen> [ˈrʏtmʊs] *m a.* MUS, LING ritm, dizem, tartım

Rial *m* riyal

richten [ˈrɪçtən] **I.** *vt* ❶ (*lenken*) yönlendirmek (**an/auf** -e/-e, **gegen** -e karşı); (*wenden*) yöneltmek (**an/auf** -e/-e, **gegen** -e), çevirmek (**an/auf** -e/-e, **gegen** -e); (*Waffe*) yöneltmek (**auf** -e); (*Blick*) yöneltmek (**auf** -e), çevirmek (**auf** -e); **das Wort an jdn** ~

R

sözü birine yöneltmek ❷ DIAL (*reparieren*) onarmak, tamir etmek ❸ DIAL (*vorbereiten*) hazırlamak **II.** *vr* ■ **sich ~** ❶ (*sich anpassen*) **sich nach etw** *dat* **~** bir şeye endeksli olmak, bir şeye göre yön almak; **richte dich danach!** ona göre hareket et! ❷ (*abhängen*) bağlı olmak (**nach** -e); **sich nach jdm ~** birini örnek almak ❸ (*sich wenden*) dönmek, yönelmek (**auf** -e), olmak (**gegen** -e karşı) **III.** *vi* JUR **über jdn ~** birini yargılamak

Richter(in) <-s, -; -nen> *m(f)* yargıç, hâkim; (*Linien~*) hakem

richterlich *adj* yargısal; **~e Gewalt** yargı erki

Richterskala[RR] *f kein pl* **die ~** Richter ölçeği

Richterstuhl *m kein pl* mahkeme; **auf dem ~ sitzen** yargıçlık yapmak

Richtfest *nt çatı kurulunca yapılan tören*

Richtgeschwindigkeit *f kein pl* tavsiye edilen azami hız

richtig ['rɪçtɪç] **I.** *adj* ❶ (*zutreffend, korrekt*) doğru; **ich halte es für ~, dass er geht** gitmesini doğru buluyorum ❷ (*echt*) hakiki, sahici; (*wirklich*) gerçek, hakiki ❸ (*geeignet*) uygun; **zur ~en Zeit** uygun zamanda ❹ (*fam: in Ordnung*) doğru; **der ist nicht ganz ~ (im Kopf)** aklından zoru vardır, kafası tam yerinde değil **II.** *adv* ❶ (*korrekt*) doğru; **das hat er ~ gemacht** bunu doğru yaptı; **geht die Uhr ~?** saat doğru işliyor mu?; **du kommst gerade ~** tam zamanında geldin ❷ (*in der Tat*) gerçekten, hakikaten, sahiden ❸ (*~gehend*) bayağı; (*gehörig*) adamakıllı, iyice; (*sehr*) çok; **er war ~ nett** bayağı hoştu

richtiggehend *adj* ❶ doğru giden; **eine ~e Uhr** doğru giden bir saat ❷ (*fig: wirklich*) gerçekten, bayağı; **jdn ~ betrügen** (*fam*) birini bayağı aldatmak

Richtigkeit *f kein pl* doğruluk

richtig|stellen *vt* **etw ~** bir şeyi düzeltmek

Richtlinie *f* ana hat, yönerge; (*Grundsatz*) ilke, esas; (*Anweisungen*) talimat, yönetmelik **Richtplatz** *m* siyaset meydanı **Richtpreis** *m* WIRTSCH tavsiye edilen fiyat **Richtscheit** *nt* ARCH mastar **Richtschnur** <-en> *f* ❶ çırpı ipi; ARCH (*des Maurers*) perese ❷ (*Grundsatz*) ilke

Richtung <-en> *f* ❶ yön, istikamet, doğrultu; **in die entgegengesetzte ~ fahren** ters yöne gitmek; **der Zug ~ München** Münih yönüne giden tren; **die Leute kommen aus allen ~en** insanlar dört bir yandan geliyor; **sie gab dem Gespräch eine andere ~** sözü çevirdi, konuyu değiştirdi; **in dieser ~ habe ich nichts unternommen** bu yönde hiçbir girişimde bulunmadım ❷ (*Strömung*) akım; (*literarisch*) akım

Richtungswechsel *m* yön değiştirme, rotayı değiştirme **richtung(s)weisend** *adj* yol gösterici

Richtwert *m* esas alınan değer

rieb [ri:p] *3. imp von* **reiben**

riechen <riecht, roch, gerochen> ['ri:çən] *vi, vt* kokmak (**nach** -); **übel ~d** pis kokulu; **an einer Blume ~** bir çiçeği koklamak; **es riecht angebrannt** yanmış kokuyor; **aus dem Mund ~** ağzı kokmak; **jdn nicht ~ können** (*fig fam*) birinin ağız kokusunu çekememek; **das konnte ich doch nicht ~!** (*fam*) bunu bilemezdim ki!; **ich glaube, sie hat was gerochen** (*fig fam*) galiba bir şeyler sezdi

Riecher <-s, -> *m* (*fam: Nase*) burun; **einen guten ~ (für etw) haben** (*fig fam*) (bir şey için) iyi bir sezgisi olmak

Ried <-(e)s, -e> [ri:t] *nt* ❶ (*Schilf*) kamış ❷ (*Röhricht*) kargılık ❸ SÜDD, SCHWEIZ (*Moor*) turbalı bataklık **Riedbock** *m* ZOOL kamış antilopu **Rieddach** *nt* kamış dam

rief [ri:f] *3. imp von* **rufen**

Riege <-n> ['ri:gə] *f* SPORT jimnastik takımı

Riegel <-s, -> ['ri:gəl] *m* ❶ (*Tür~*) sürgü, sürme; (*im Türschloss*) dil; **etw** *dat* **einen ~ vorschieben** bir şeyin arkası alınmak; **hinter Schloss und ~** (*fam: im Gefängnis*) hapiste; (*ins Gefängnis*) hapse ❷ (*Schokoladen~*) kalıp

Riemen[1] <-s, -> ['ri:mən] *m* (*Band*) kayış; **sich am ~ reißen** (*fam*) dişini sıkmak; **den ~ enger schnallen** (*fam*) kemerleri sıkmak

Riemen[2] <-s, -> ['ri:mən] *m* NAUT (*Ruder*) kürek; **sich in die ~ legen** küreklere asılmak

Riemenfisch *m* ZOOL kayış balığı

Riese(in) <-n, -n; -nen> ['ri:zə] *m(f)* (*Gestalt*) dev

rieseln ['ri:zəln] *vi sein* ❶ (*Regen*) serpelemek; (*Schnee*) serpmek, serpiştirmek; (*Sand*) ince ince akmak ❷ (*fließen*) şırıl şırıl akmak

riesengroß ['--'-] *adj* (*fam*) koskocaman, çok büyük

Riesenrad *nt* dönme dolap; **mit dem ~ fahren** dönme dolaba binmek **Riesenschritt** *m* (*fam*) dev adım; **mit ~en** dev adımlarla **Riesenslalom** *m* SPORT büyük slalom

riesig **I.** *adj* devasa; (*gewaltig*) muazzam **II.** *adv* (*fam: sehr*) korkunç, muazzam

Riesling <-s, -e> ['ri:slɪŋ] *m* risling

riet [ri:t] *3. imp von* **raten**

Riff <-(e)s, -e> [rɪf] *nt* resif
rigoros [rigo'ro:s] *adj* sert, acımasız
Rigorosum <-s, -sa> *nt* doktora
Rille <-n> ['rɪlə] *f* oluk; (*Schallplatten~*) yiv
Rind[1] <-(e)s, -er> [rɪnt] *nt* (*Tier*) sığır
Rind[2] <-(e)s> *nt kein pl* (*fam:* ~*fleisch*) sığır
Rinde <-n> ['rɪndə] *f* kabuk
Rinderbandwurm *m* ZOOL, MED sığır şeridi, sığır tenyası
Rinderbraten *m* sığır rostosu **Rinderbremse** *f* ZOOL sığır sineği **Rinderfilet** *nt* bonfile **Rinderpest** *f kein pl* sığır vebası **Rinderwahnsinn** *m* delibaş, deli dana hastalığı
Rindfleisch *nt* sığır eti
Rindvieh[1] <-(e)s> *nt kein pl* AGR sığır
Rindvieh[2] <-(e)s, -viecher> *nt* (*pej fam: Mensch*) sığır, öküz
Ring <-(e)s, -e> [rɪŋ] *m* ❶ (*allgemein*) halka; (*Finger~*) yüzük; (*Rettungs~*) simit; **~e unter den Augen haben** gözleri altında mor halkalar olmak ❷ *pl* (*Turngerät*) halkalar *pl* ❸ (*Box~*) ring ❹ (*Menschengruppe*) halka; (*Verbrecher~*) kumpanya ❺ çember; **ein ~ aus Tau** halattan yapılmış bir çember
Ringbuch *nt* halkalı klasör
ringeln ['rɪŋəln] **I.** *vt* kıvırmak, sarmak (**um** -e) **II.** *vr* ■**sich ~** kıvrılmak
Ringelnatter *f* su yılanı **Ringelreihen** <-s, -> *m el ele tutuşup halka olup dans etmek*
ringen <ringt, rang, gerungen> ['rɪŋən] **I.** *vi* ❶ SPORT güreşmek (**mit** -le) ❷ (*fig*) **nach Luft ~** nefes almaya çalışmak; **mit dem Tod ~** ölümle boğuşmak, can çekişmek; **um den Sieg ~** birincilik için çekişmek **II.** *vt* (*geh*) **die Hände ~** ellerini ovuşturmak
Ringer(in) <-s, -; -nen> *m(f)* güreşçi, pehlivan **Ringfinger** *m* yüzük parmağı
ringförmig [-fœrmɪç] *adj* halkamsı
Ringkampf *m a.* SPORT güreş **Ringkämpfer(in)** *m(f)* SPORT güreşçi, pehlivan
Ringordner <-s, -> *m* halkalı klasör
Ringrichter(in) *m(f)* SPORT (*Boxen*) ring hakemi
rings [rɪŋs] *adv* **~ um ihn/den Garten** onun/bahçenin etrafında **ringsherum** ['rɪŋshɛ'rʊm] *adv* etrafında (**um** -in); (*überall*) çepeçevre, fırdolayı, her tarafta
ringsumher ['rɪŋsʔʊm'he:ɐ] *adv s.* **ringsherum**
Rinne <-n> ['rɪnə] *f* ❶ (*im Boden*) yarıntı; (*Bewässerungs~*) akaç, ark ❷ (*Dach~*) oluk
rinnen <rinnt, rann, geronnen> ['rɪnən] *vi sein* akmak
Rinnsal <-(e)s, -e> ['rɪnza:l] *nt* (*geh*) ❶ (*Gewässer*) çay ❷ (*Blut~*) pıhtı
Rinnstein *m* ❶ (*Gosse*) su yolu ❷ (*Bordstein*) kaldırım taşı
Rippe <-n> ['rɪpə] *f* ❶ MED kaburga ❷ (*von Heizkörper*) petek ❸ BOT yaprak damarı ❹ (*Seife*) kalıp ❺ ARCH nervür
Rippenfell *nt* akciğer zarı **Rippenfellentzündung** *f* zatülcenp, akciğer zarı iltihabı
Risiko <-s, -s *o* Risiken> ['ri:ziko] *nt* risk, riziko; **auf eigenes ~** kendi riskini göze alarak; **(k)ein ~ eingehen** riske gir(me)mek **risikofreudig** *adj* riski seven, gözüpek **Risikogruppe** *f* MED risk grubu
riskant [rɪs'kant] *adj* riskli; **das ist mir zu ~** bu benim için çok riskli
riskieren* [rɪs'ki:rən] *vt* göze almak
riss[RR] [rɪs], **riß**[ALT] *3. imp von* **reißen**
Riss[RR] <-es, -e> [rɪs] *m,* **Riß**[ALT] <-sses, -sse> *m* (*Ein~*) yarık; (*in Stoff, Papier*) yırtık; (*in Wand, Haut*) çatlak; (*Erde*) yarık; (*in Porzellan*) çatlak; (*Spalt*) aralık; (*Muskelfaser~*) yırtılma
rissig ['rɪsɪç] *adj* (*Wand, Haut*) çatlak; (*Stoff*) yırtık pırtık; (*Porzellan*) çatlak
Rist *m* yağır
Riten ['ri:tən] *pl von* **Ritus**
ritt [rɪt] *3. imp von* **reiten**
Ritt <-(e)s, -e> [rɪt] *m* atla gezinti; **ein kurzer/langer ~** atla kısa/uzun bir gezinti; **auf einen ~** (*fig fam*) bir anda
Ritter <-s, -> ['rɪtɐ] *m* şövalye **Ritterburg** *f* şato
ritterlich **I.** *adj* şövalye (ile ilgili), şövalyeye yakışır; **ein ~er Mann** şövalye ruhlu bir adam **II.** *adv* şövalyece, şövalyeye yakışır biçimde
Ritterlichkeit *f kein pl* şövalyelik
Ritterroman *m kahramanı şövalye olan roman* **Ritterrüstung** <-en> *f* HIST şövalye zırhı **Rittersporn** *m* BOT hezaren
rittlings ['rɪtlɪŋs] *adv* ata binmiş gibi oturarak
Ritual <-s, -e *o* -ien> [ritu'a:l] *nt* rituel, ayin
rituell [ritu'ɛl] *adj* ritüel
Ritus <-, Riten> ['ri:tʊs] *m* ayin, teamül
Ritz <-es, -e> [rɪts] *m* ❶ (*in Haut*) çatlak; (*auf Möbeln*) çizik ❷ (*Spalte*) yarık
Ritze <-n> ['rɪtsə] *f* ❶ çatlak; (*im Boden*) yarık ❷ (*Spalt*) aralık
Ritzel *nt* TECH küçük dişli çark
ritzen ['rɪtsən] **I.** *vt* ❶ çizmek ❷ (*eingravieren*) hakketmek (**in** -e); **seinen Namen in den Baum ~** adını ağaca kazımak; **das ist**

geritzt (*fam*) bunu yırttık **II.** *vr* ■**sich ~ sich mit einer Nadel am Finger ~** iğneyle parmağını çizmek

Rivale(in) <-n, -n; -nen> [ri'va:lə] *m(f)* rakip

rivalisieren* [rivali'zi:rən] *vi* rekabet etmek (**mit** ile, **um** için)

Rivalität <-en> [rivali'tɛ:t] *f* rekabet, rakiplik

Riviera [ri'vje:ra] *f* Riviera

Rizinus <-, -(se)> ['ri:tsinʊs] *m* BOT kene otu, Hint yağı ağacı **Rizinusöl** *nt* Hint yağı

Roastbeef <-s, -s> ['ro:stbi:f] *nt* GASTR rozbif

Robbe <-n> ['rɔbə] *f* fok, ayı balığı

Robe <-n> ['ro:bə] *f* ❶ (*geh: Kleid*) roba ❷ (*Talar*) cübbe

Robinie *f* BOT yalancı akasya

Roboter <-s, -> ['rɔbɔtɐ] *m* robot

robust [ro'bʊst] *adj* sağlam

Robustheit *f kein pl* sağlamlık

roch [rɔx] *3. imp von* **riechen**

röcheln ['rœçəln] *vi* hırıldamak

Rochen <-s, -> ['rɔxən] *m* ZOOL vatoz

Rock[1] <-(e)s, Röcke> [rɔk, *pl* 'rœkə] *m* ❶ (*Kleidungsstück*) etek, eteklik ❷ SCHWEIZ (*Kleid*) entari ❸ DIAL (*Jackett*) ceket

Rock[2] <-(s)> [rɔk] *m kein pl* MUS rok (müziği)

Rocken *m* öreke

Rocker(in) <-s, -; -nen> ['rɔkɐ] *m(f)* rokçu

Rockgruppe *f* rok grubu

Rodelbahn *f* kızak pisti

rodeln ['ro:dəln] *vi haben o sein* DIAL kızakla kaymak

roden ['ro:dən] *vt* ❶ (*Gebiet*) açmak ❷ (*Baum*) kesmek

Rodeo *m o nt* rodeo

Rodung <-en> *f* arazi açma; **~ des Waldes** orman açma

Rogen <-s, -> ['ro:gən] *m* ZOOL balık yumurtası

Roggen <-s, -> ['rɔgən] *m* BOT çavdar **Roggenbrot** *nt* çavdar ekmeği **Roggenmehl** *nt* çavdar unu

roh [ro:] *adj* ❶ (*ungekocht*) pişmemiş, çiğ; **etw ~ essen** bir şeyi çiğ çiğ yemek ❷ (*unbearbeitet*) ham ❸ (*grob*) kaba; **~e Gewalt anwenden** kaba kuvvet kullanmak **Rohbau** <-(e)s, -ten> *m* kaba yapı, kaba inşaat **Rohdiamant** *m* ham elmas

Roheit[ALT] *f s.* **Rohheit**

Rohgewicht <-(e)s, -e> *nt* WIRTSCH brüt ağırlık

Rohheit[RR1] <-en> ['ro:haɪt] *f* kabalık

Rohheit[RR2] *f kein pl* (*des Fleisches*) çiğlik

Rohkost *f kein pl* pişmemiş gıda

Rohling <-s, -e> *m* ❶ (*Mensch*) kaba insan ❷ TECH işlenmemiş parça

Rohmaterial *nt* ham madde, işlenmemiş malzeme **Rohöl** *nt* ham petrol

Rohr[1] <-(e)s, -e> [ro:ɐ] *nt* ❶ (*Wasser~*) boru ❷ DIAL (*Backröhre*) fırın

Rohr[2] <-(e)s> *nt kein pl* BOT kamış

Rohrbruch *m* boru patlaması **Rohrdommel** *f* ZOOL balaban kuşu

Röhre <-n> ['rø:rə] *f* ❶ TV, ELEK tüp ❷ (*Back~*) fırın; (*Luft~*) boru; (*Harn~*) kanal ❸ (*fam: Fernseher*) televizyon; **in die ~ gucken** (*fernsehen*) televizyon seyretmek; (*das Nachsehen haben*) hava almak

Röhricht *nt* kargılık

Rohrleitung *f* boru hattı

Rohrmatte *f* hasır paspas

Rohrstock <-(e)s, -stöcke> *m* kamış, değnek

Rohrzange *f* boru anahtarı

Rohrzucker *m* şeker kamışından elde edilen şeker

Rohseide *f* sadakor **rohseiden** *adj* sadakor

Rohstoff <-(e)s, -e> *m* hammadde **Rohstoffverknappung** *f* hammadde darlığı

Rohzucker <-s, -> *m* CHEM (*nicht raffiniert*) ham şeker; (*braun*) esmer şeker **Rohzustand** <-(e)s> *m kein pl* **im ~** ham durumda

Rokoko <-(s)> ['rɔkoko] *nt kein pl* KUNST rokoko

Rolladen[ALT] <-s, -läden> *m s.* **Rollladen**

Rollassel *f* ZOOL tespih böceği **Rollbahn** *f* AERO pist

Rolle <-n> ['rɔlə] *f* ❶ (*Gerolltes*) rulo; (*um etw daraufzuwickeln*) topak, makara; (*Geld~*) tomar; (*Garn~*) makara; (*Draht~*) kangal ❷ (*an Möbeln*) tekerlek; (*am Flaschenzug*) makara ❸ SPORT, AERO takla ❹ THEAT, FILM (*a. fig*) rol; **sie spielte die ~ der Königin** kraliçenin rolünü oynadı; **es spielt keine ~, ob ...** ... olup olmadığının bir rolü yoktur; **bei ihm spielt Geld keine ~** onun için paranın hiçbir rolü yoktur; **er spielt bei dieser Sache eine wichtige ~** o, bu işte önemli bir rol oynuyor; **versetz dich mal in meine ~!** kendini bir benim yerime koy!; **aus der ~ fallen** (*fig*) uygunsuz davranışta bulunmak

rollen ['rɔlən] **I.** *vi* ❶ *sein* (*Ball*) yuvarlanmak; (*Auto*) hareket etmek; (*Tränen*) akmak; **etw kommt ins R~** (*fam*) bir şey harekete geçmek ❷ (*Donner*) gümbürdemek **II.** *vt* ❶ (*bewegen*) yuvarlamak ❷ (*auf~*) yuvarlayarak açmak ❸ (*Teig*)

açmak **III.** *vr* ■ **sich ~** yuvarlanmak
Rollenkonflikt *m* PSYCH rol çatışması **Rollenspiel** *nt* SOZIOL rol oynama **Rollenverteilung** *f* rollerin dağılımı
Roller <-s, -> *m* ❶ (*für Kinder*) trotinet ❷ (*Motor~*) skuter
Rollfeld *nt* AERO pist **Rollholz** *nt* oklava
rollig *adj* kızana gelen, erkek isteyen
Rollkragen *m* balıkçı yaka **Rollkragenpullover** *m* balıkçı kazağı
Rollladen[RR] <-s, -läden> *m* (*von Geschäften*) kepenk; (*am Fenster*) panjur; (*am Aktenschrank*) stor kapak
Rollladenschrank[RR] *m* stor kapaklı dolap
Rollmops *m ringa salamurası*
Rollo <-s, -s> ['rɔlo] *nt* stor
Rollschrank *m* stor kapaklı dolap
Rollschuh *m* paten; **~ laufen** patenle kaymak **Rollschuhläufer(in)** *m(f)* patenci
Rollstuhl *m* tekerlekli sandalye, tekerlekli koltuk **Rollstuhlfahrer(in)** *m(f)* tekerlekli sandalye kullanan (kimse)
Rolltreppe *f* yürüyen merdiven
Rom <-s> [ro:m] *nt* Roma
ROM <-(s), -(s)> [rɔm] *nt* INFORM *Abk von* **Read Only Memory** ROM (*sadece okunabilen bellek*)
Roma ['ro:ma] *pl* Roman(lar) (*pl*)
Roman <-s, -e> [ro'ma:n] *m* roman
Romancier <-s, -s> [romɑ̃'sje:] *m* romancı
Romane(in) <-n, -n; -nen> [ro'ma:nə] *m(f)* Roman
romanhaft *adj* romanesk
romanisch *adj* ❶ LING Roman; **~e Sprachen** Roman dilleri; KUNST Roman ❷ SCHWEIZ (*räto~*) Roman
Romanist(in) <-n, -n; -nen> [roma'nɪst] *m(f)* romanist
Romanistik [roma'nɪstɪk] *f kein pl* Romanoloji
Romanschriftsteller(in) *m(f)* roman yazarı
Romantik [ro'mantɪk] *f kein pl* romantiklik; LIT, KUNST romantizm
romantisch *adj* romantik
Romanze <-n> [ro'mantsə] *f* romans
Römer(in) <-s, -; -nen> ['rø:mɐ] *m(f)* Romalı
römisch *adj* ❶ Roma (ile ilgili), Romalı; **die R~e Reich** Roma İmparatorluğu; **die ~e Geschichte** Roma tarihi ❷ (*Zahlen*) Romen
ROM-Speicher *m* INFORM ROM belleği (*sadece okunabilen bellek*)
röntgen ['rœntgən] *vt* röntgenini çekmek (-in); **er wurde nach dem Unfall geröntgt** kazadan sonra röntgeni çekildi
Röntgenaufnahme *f* röntgen **Röntgenbild** *nt* röntgen filmi **Röntgengerät** <-(e)s, -e> *nt* röntgen cihazı
Röntgenologe(in) <-n, -n; -nen> *m(f)* röntgenci
Röntgenstrahlen *pl* PHYS röntgen ışınları *pl* **Röntgenuntersuchung** *f* MED röntgen muayenesi
Roquefort *m* rokfor **Roquefortkäse** *m* rokfor peyniri
rosa ['ro:za] *adj inv* pembe **rosarot** ['--'-] *adj* **die Welt durch eine ~e Brille sehen** (*fig*) dünyayı [*o* ortalığı] tozpembe görmek
Rose <-n> ['ro:zə] *f* BOT gül; **keine ~ ohne Dornen** (*prov*) dikensiz gül olmaz
Rosé[1] [ro'ze:] *nt* gülkurusu
Rosé[2] <-s, -s> [ro'ze:] *m* (*~wein*) roze
Rosengewächse *pl* BOT gülgiller *pl* **Rosenhochzeit** *f* onuncu evlilik yılı, evlenmenin onuncu yıl dönümü **Rosenkohl** *m* BOT Brüksel lahanası, Frenk lahanası **Rosenkranz** *m* REL tespih **Rosenmontag** [(')--'--] *m* karnaval pazartesisi **Rosenöl** *nt* gül yağı **Rosenstock** <-(e)s, -stöcke> *m* gül ağacı **Rosenwasser** *nt* gül suyu
Rosette <-n> [ro'zɛtə] *f* ARCH rozet
Roséwein *m* roze, pembe şarap, gül şarabı
rosig **I.** *adj* ❶ (*rosa*) pembe ❷ (*erfreulich*) **etw im ~en Licht sehen** (*fig*) bir şeyi tozpembe görmek; **etw in den ~sten Farben schildern** (*fig*) bir şeyi pırıl pırıl göstermek **II.** *adv* **seine Zukunft sieht nicht (sehr) ~ aus** geleceği (pek) parlak görünmüyor
Rosine <-n> [ro'zi:nə] *f* kuru üzüm; **~n im Kopf haben** (*fig fam*) hayal peşinde koşmak
Rosmarin <-s> ['ro:smari:n] *m kein pl* biberiye
Ross[RR1] <-es, -e> [rɔs] *nt* (*geh: edles Pferd*) at; **hoch zu ~** at üzerinde; **auf dem hohen ~ sitzen** (*fig*) burnu Kafdağı'nda olmak
Ross[RR2] <-es, Rösser> [rɔs] *nt* SÜDD, ÖSTERR, SCHWEIZ (*Pferd*) at, beygir
Roß[ALT] *nt s.* **Ross**
Rosshaar[RR] <-(e)s> *nt kein pl* at kılı **Rosskastanie**[RR] *f* ❶ (*Baum*) at kestanesi ❷ (*Frucht*) at kestanesi **Rosskur**[RR] *f* (*fam*) yoğun ve yorucu tedavi
Rost[1] <-(e)s> [rɔst] *m kein pl* CHEM pas; **~ ansetzen** pas tutmak
Rost[2] <-(e)s, -e> [rɔst] *m* ❶ (*für Grill*) ızgara; (*Gitter~*) ızgara; (*Latten~*) kerevet; **vom ~** GASTR cızbız, ızgarada pişirilmiş ❷ BOT kınacık

Rostbraten *m* ÖSTERR, SÜDD külbastı

rostbraun ['-'-] *adj* pas rengi

rosten ['rɔstən] *vi sein* paslanmak; **nicht ~d** paslanmaz; **wer rastet, der rostet** (*prov*) işleyen demir paslanmaz

rösten ['rœstən] *vt* (*Kaffee*) kavurmak; (*Brot*) kızartmak; (*auf Rost*) ızgarada pişirmek

rostfrei *adj* paslanmaz

Rostgans *f* ZOOL angut

Rösti ['rœsti] *f kein pl* GASTR *ince ince kesildikten veya rendelendikten sonra tavada kızartılan patates*

rostig *adj* paslı

Röstkartoffeln *pl* DIAL tavada patates kızartması (*haşlandıktan sonra tavada kızartılan patates*)

Rostpilz *m* BOT pas mantarı

Rostschutzfarbe *f* astar boyası **Rostschutzmittel** *nt* pas önleyici madde

rot <röter, röteste> [ro:t] *adj* kırmızı; POL kızıl; **bei ~** kırmızıda; **eine ~e Ampel** kırmızı lamba; **~ werden** kırmızı olmak; **in den ~en Zahlen stecken** ekside olmak; **sich** *dat* **etw ~ im Kalender anstreichen** bir şeyi takvime kırmızı kalemle yazmak; **das R~e Meer** Kızıldeniz; **R~er Halbmond** Kızılay; **R~es Kreuz** Kızılhaç

Rot *nt* kırmızı, kızıl; **ein flammendes ~** alev kırmızısı

Rotation <-en> [rota'tsjo:n] *f* rotasyon **Rotationsachse** *f* PHYS, TECH dönme ekseni **Rotationsmaschine** *f* TYPO rotatif

Rotauge *nt s.* **Plötze** ZOOL çamça

Rotbarsch *m* ZOOL Atlantik levreği **rotblond** ['-'-] *adj* kırmızıya çalan sarışın **Rotbuche** *f* BOT kayın

Röte ['rø:tə] *f kein pl* kırmızılık; (*von Himmel, Haut*) kızıllık; (*Scham~*) kızarma; **die ~ stieg ihr ins Gesicht** yüzü kızardı

Rote-Armee-Fraktion [---'---] *f kein pl* Kızıl Ordu Fraksiyonu

Rötegewächse *pl* BOT kök boyasıgiller *pl*

Röteln ['rø:təln] *pl* MED (*Rubeola*) kızamıkçık

röten ['rø:tən] **I.** *vt* (*geh*) kırmızılaştırmak **II.** *vr* ■ **sich ~** kırmızılaşmak; (*Himmel*) kızıllaşmak; (*vor Scham*) kızarmak

Rotfeder *f* ZOOL kızılkanat; **die ~ ist ein Süßwasserfisch** kızılkanat bir tatlı su balığıdır

Rotfuchs *m* ❶ (*Fuchs*) tilki ❷ (*Pferd*) doru (at) **rothaarig** *adj* kızıl saçlı **Rothaut** *f* (*fam*) Kızılderili **Rothirsch** <-es, -e> *m* ZOOL geyik

rotieren* [ro'ti:rən] *vi* ❶ (*sich drehen*) dönmek; **um etw ~** bir şeyin etrafında dönmek ❷ (*fam: hektisch sein*) dört dönmek

Rotkäppchen <-s> ['ro:tkɛpçən] *nt* Kırmızı Başlıklı Kız **Rotkehlchen** <-s, -> ['ro:tke:lçən] *nt* ZOOL kızıl gerdan **Rotkohl** *m* kırmızı lahana

rötlich ['rø:tlɪç] *adj* kırmızımsı, kırmızımtırak

Rotlichtviertel *nt* (*fam*) kırmızı fener semti, genelevler semti

Rotor <-s, -en> *m* PHYS, ELEK rotor

Rotrückenwürger *m* ZOOL kızıl sırtlı örümcek kuşu

rot|sehen *irr vi* (*fam*) gözü dönmek **Rotstift** <-(e)s, -e> *m* kırmızı kalem; **den ~ ansetzen** kısıntı yapmak

Rottanne <-n> *f* BOT (*Fichte*) kızılçam

Rötung <-en> *f* kızarık

Rotwein <-(e)s, -e> *m* kırmızı şarap

Rotwild *nt* geyik

Rotz <-es> [rɔts] *m kein pl* ❶ (*vulg*) sümük; **~ und Wasser heulen** (*fam*) hüngür hüngür ağlamak ❷ (*Infektionskrankheit*) sakağı **rotzfrech** ['-'-] *adj* (*fam*) arsız

rotzig *adj* ❶ (*vulg: voller Rotz*) sümüklü ❷ (*fam: frech, unverschämt*) arsız, yüzsüz, utanmaz

Rotznase <-n> *f* ❶ (*pej vulg*) arsız ❷ (*fam: schleimige Nase*) sümüklü burun

Rouge <-s, -s> [ru:ʒ] *nt* ruj

Roulade <-n> [ru'la:də] *f* GASTR et sarması

Roulette <-s, -s> [ru'lɛt] *nt* rulet; **russisches ~ spielen** Rus ruleti oynamak

Round-Table-Konferenz *f* POL yuvarlak masa toplantısı

Route <-n> ['ru:tə] *f* yol; (*Strecke*) güzergâh; AERO, NAUT rota

Router ['ru:tər] *m* INFORM yönlendirici

Routine¹ [ru'ti:nə] *f kein pl* ❶ (*Erfahrung*) rutin; (*Praxis*) pratik ❷ (*Gewohnheit*) alışkanlık

Routine² <-n> *f* INFORM yordam **Routinearbeit** *f* rutin iş

routiniert [ruti'ni:ɐt] *adj* rutin, rutini olan

Rowdy <-s, -s> ['raʊdi] *m* (*pej*) hayta, haylaz

Royalist(in) <-en, -en; -nen> [rɔɪa'lɪst] *m(f)* kralcı

Rubbellos *m* kazıkazan

rubbeln ['rʊbəln] *vt* ❶ ovalamak; **sich den Körper mit dem Handtuch ~** vücudunu bir havlu ile ovalamak ❷ (*Los*) kazımak

Rübe <-n> ['ry:bə] *f* ❶ BOT şalgam; **Rote ~** pancar ❷ (*fam: Kopf*) kafa; **eins auf die ~ kriegen** kafasına bir tane yemek

Rubel <-s, -> ['ru:bəl] *m* ruble

rüber ['ry:bɐ] *adv* (*fam*) ❶ (*herüber*) buraya ❷ (*hinüber*) oraya

Rubidium <-s> *nt kein pl* CHEM rubidyum

Rubin <-s, -e> [ru'biːn] *m* yakut
Rübkohl *m* SCHWEIZ (*Kohlrabi*) alabaş
Rubrik <-en> [ru'briːk] *f* ❶ (*Kategorie*) kategori ❷ (*in Tabelle, Zeitung*) sütun
ruchlos ['ruːxloːs] *adj* (*geh*) adî, aşağılık
Ruck <-(e)s, -e> [rʊk] *m* sarsma; POL kayma; **bei den Wahlen gab es einen ~ nach links/rechts** seçimlerde sola/sağa kayma oldu; **mit einem ~** ani bir hareketle; **sich** *dat* **einen ~ geben** (*fam*) gayrete gelmek
ruck [rʊk] *interj* **~, zuck** (*fam*) bir çırpıda, bir hamlede
Rückantwort *f* ❶ (yazılı) cevap; **um ~ wird gebeten** cevabınız rica olnur ❷ **mit ~** iadeli
ruckartig I. *adj* ani, sarsıntılı **II.** *adv* sarsıla sarsıla
rückbezüglich *adj* LING (*reflexiv*) dönüşlü
Rückbildung <-en> *f* MED, BIOL dumur, körelme **Rückblende** *f* FILM geriye dönüş **Rückblick** <-(e)s, -e> *m* geçmişe bakış; **ein ~ auf die Fünfzigerjahre** ellili yıllara bakış, ellili yılları anımsama **rückblickend** *adj* **~ lässt sich sagen, dass ...** bugün baktığımızda diyebiliriz ki ...
Rückbürge *m* JUR rücua kefil
rucken ['rʊkən] *vi* (*Fahrzeug*) sarsılmak
rücken ['rʏkən] **I.** *vi sein* (*Platz machen*) yer vermek; (*näher~*) yaklaşmak (**an** -e); **rück mal** (**ein Stückchen**)! biraz kaysana!; **in den Mittelpunkt des Interesses ~** herkesin ilgisini üstüne çekmek **II.** *vt* itmek (**nach** -e), sürmek (**nach** -e); (*näher~*) çekmek (**an** -e)
Rücken <-s, -> ['rʏkən] *m* ❶ sırt, arka; ANAT sırt; **~ an ~** sırt sırta; **jdm den ~ zukehren/zuwenden** birine sırt çevirmek; **auf dem ~ liegen** sırtüstü [*o* arkaüstü] yatmak; **mir lief es eiskalt über den ~** (*fam*) tüylerim diken diken oldu; **jdm den ~ stärken** birine arka olmak, birine moral vermek; **jdm den ~ freihalten** birine arka çıkmak; **sich** *dat* **den ~ freihalten** işini sağlama almak; **jdm in den ~ fallen** birini arkadan vurmak; **hinter jds ~** birinin arkasından ❷ (*Buch~*) sırt; (*Hand~*) ters ❸ (*Tier~*) sırt **Rückendeckung** <-en> *f* ❶ MIL geriyi güven altına alma ❷ (*gegen Kritik*) arkalama; **jdm ~ geben** birine arka olmak, birini arkalamak [*o* desteklemek]; ■**sich ~ schaffen** arka bulmak **Rückenflosse** <-n> *f* sırt yüzgeci **Rückenlehne** *f* sırtlık, arkalık **Rückenmark** <-(e)s> *nt kein pl* ANAT omurilik **Rückenpanzer** *m* ZOOL sırt kalkanı **Rückensaite** *f* ZOOL sırt ipliği **Rückenschmerzen** *pl* sırt ağrısı *sing* **Rückenschwimmen** <-s> *nt kein pl* sırtüstü yüzme **Rückenwind** <-(e)s> *m kein pl* arkadan esen rüzgâr; NAUT pupa yelken **Rückenwirbel** <-s> *m* ANAT sırt omuru
rückerstatten* *vt a.* FIN geri vermek, iade etmek **Rückerstattung** *f a.* FIN geri verme, iade
Rückfahrkarte *f* dönüş bileti **Rückfahrt** *f* dönüş; **auf der ~** dönüşte **Rückfall** <-(e)s, -fälle> *m* ❶ MED depreşme; **einen ~ erleiden** (hastalığı) depreşmek ❷ JUR tekerrür ❸ (*geh: Wiederkehr*) geri dönme, rücu **rückfällig** *adj* ❶ *a.* MED **~ werden** depreşmek ❷ JUR mükerrir
Rückflug *m* dönüş uçuşu, uçakla dönüş; **auf dem ~** uçakla dönüşte **Rückflugticket** *nt* (uçakla) dönüş bileti
Rückfrage *f* (konuyla ilgili) soru, (konu hakkında) bilgi isteme; **für ~n wenden Sie sich bitte an Herrn X** konuyla ilgili sorularınız için Bay X'e danışınız, daha geniş bilgi için Bay X'le görüşünüz **Rückgabe** *f* geri verme (**an** -e), iade (**an** -e)
Rückgang <-(e)s, -gänge> *m* gerileme; (*Verminderung*) azalma; **im ~ begriffen sein** azalmakta olmak
rückgängig [-gɛŋɪç] *adj* **~ machen** (*Vertrag*) feshetmek; (*Verabredung*) iptal etmek **rückgebildet** *adj* MED, BIOL körelmiş, dumura uğramış
Rückgewinnung *f* yeniden kazanma
Rückgrat <-(e)s, -e> ['rʏkgraːt] *nt* ❶ MED bel kemiği, omurga; **ohne ~** (*fig*) karaktersiz; **jdm das ~ brechen** (*fam*) birinin belini kırmak ❷ (*fig: Stütze*) bel kemiği
Rückgriff <-(e)s, -e> *m* ❶ yeniden ele alma ❷ JUR (*Regress*) rücu hakkı (**auf** -e), müracaat hakkı (**auf** -e)
Rückhalt <-(e)s, -e> *m* destek; **jdm ~ geben** birine destek vermek
rückhaltlos I. *adj* pervasızca **II.** *adv* pervasızca, çekinmeden, sakınmadan
Rückhand *f kein pl* SPORT raketin tersi ile vuruş **Rückholfeder** *f* TECH, AUTO geri çekme yayı
Rückkehr *f kein pl* dönüş **Rückkopp(e)lung** *f* ❶ (*Feed-back*) geri bildirim ❷ ELEK geri besleme **Rücklage** *f* ❶ (*Erspartes*) tasarruflar *pl* ❷ WIRTSCH yedek akçe **Rücklauf** <-(e)s, -läufe> *m* ❶ (*Wasser*) geri akma ❷ TECH geri gitme
rückläufig *adj* gerileyen, azalan; **~e Tendenz** azalma eğilimi
Rücklicht *nt* AUTO arka lambası
rücklings ['rʏklɪŋs] *adv* ❶ (*mit dem Rücken*) sırtıyla; **er lehnte ~ am Tor** sırtını kaleye dayadı [*o* verdi] ❷ (*nach hinten*)

sırtüstü; ~ **liegen/hinfallen** sırtüstü yatmak/yere düşmek ❸ (*von hinten*) arkadan ❹ (*mit dem Rücken nach vorn*) **er saß ~ auf dem Pferd** ata ters binmişti, atın üzerinde ters oturuyordu

Rückmarsch <-(e)s, -märsche> *m* MIL dönüş yürüyüşü; (*Rückzug*) ric'at, geri çekilme **Rückmeldefrist** *f* UNIV kayıt yenileme süresi **rück|melden** *vr* ■ **sich ~** UNIV kaydını yenilemek **Rücknahme** <-n> [-na:mə] *f* (*von Versprechen, Klage*) geri alma **Rückporto** *nt* iade ücreti **Rückprall** *m* geri tepme **Rückreise** <-n> *f* dönüş (yolculuğu); **auf der ~** dönüşte **Rückruf** <-(e)s, -e> *m* ❶ TELEK telefonla cevap ❷ JUR, WIRTSCH geri çağırma

Rucksack ['rʊk-] *m* sırt çantası **Rucksacktourist(in)** *m(f)* sırt çantalı turist

Rückschau *f kein pl* geçmiş günleri anımsama

Rückschein *m* **ein Einschreiben mit ~** iadeli taahhütlü bir mektup **Rückschlag** *m* geri vurma; (*Rückprall*) geri tepme **Rückschlagventil** *nt* TECH çek valf **Rückschluss**^RR *m* kayıtımla uslamlama, geriye dönerek sonuç çıkarma; **Rückschlüsse aus etw** *dat* **ziehen** geriye dönerek bir şeyden sonuç çıkarmak **Rückschritt** *m* gerileme

rückschrittlich *adj* gerici

Rückseite *f* (*eines Gebäudes*) arka yüz; (*eines Blattes*) arka sayfa; (*einer Münze*) ters taraf; (*eines Stoffes*) ters yüz; **siehe ~** arka sayfaya bak

Rücksicht[1] <-en> *f* gözetme; (*Achtsamkeit*) dikkat, saygı; **mit ~ auf seine Gesundheit** sağlığını düşünerek; **auf jdn ~ nehmen** birine saygı göstermek; **auf etw ~ nehmen** bir şeyi dikkate almak, bir şeyi gözetmek [*o* göz önünde bulundurmak]

Rücksicht[2] *f kein pl* (*Sicht nach hinten*) arkasını görme

Rücksichtnahme *f kein pl* dikkate alma, nazarıitibara alma

rücksichtslos **I.** *adj* düşüncesiz; (*unbarmherzig*) insafsız **II.** *adv* düşüncesizce, insafsızca

Rücksichtslosigkeit <-en> *f* düşüncesizlik; (*Respektlosigkeit*) saygısızlık

rücksichtsvoll *adj* dikkatli, saygılı

Rücksitz *m* AUTO arka koltuk **Rückspiegel** *m* AUTO dikiz aynası

Rückspiel *nt* SPORT rövanş maçı **Rücksprache** *f kein pl* danışma; **mit jdm ~ halten** birinin görüşünü almak **Rückstand** <-(e)s, -stände> *m* ❶ (*Rest*) artık ❷ *pl* (*bei Zahlung*) bakaya *pl* ❸ (*Verzug*) gecikme; **mit der Lieferung im ~ sein** teslimatta gecikmiş olmak; **mit 0 zu 2 im ~ liegen** SPORT 0:2 puantajla geride olmak

rückständig *adj* ❶ (*rückschrittlich*) gerici, geri kafalı ❷ (*unterentwickelt*) geri kalmış, az gelişmiş ❸ WIRTSCH (*überfällig*) gecikmiş; **~e Zinsen** gecikmiş faizler

Rückständigkeit *f kein pl* ❶ (*von Person*) gerilik, geri kafalı olma ❷ (*Unterentwicklung*) geri kalmışlık, az gelişmişlik

Rückstoß *m* geri tepme

Rückstrahler *m* reflektör, kedigözü

Rücktritt *m* ❶ (*von Amt*) istifa; **seinen ~ erklären** istifasını vermek ❷ (*von Vertrag*) cayma ❸ (*am Fahrrad*) kontrpedal **Rücktrittbremse** <-n> *f* pedal freni **Rücktrittsrecht** <-(e)s> *nt kein pl* JUR cayma hakkı

rückvergüten* *vt* WIRTSCH geri ödemek

rückversichern* *vr* ■ **sich ~** sigortayı sigorta ettirmek

Rückversicherung *f* reasürans

Rückwand *f* arka duvar

rückwärtig [-vɛrtɪç] *adj* arkadaki, arkada duran, gerideki

rückwärts [-vɛrts] *adv* ❶ (*zurück*) geri; (*nach hinten*) geri, geriye doğru; (*mit dem Rücken voran*) arka arka, geri geri; **~ einparken** geri geri park etmek; **vorwärts und ~** ileri geri ❷ SÜDD, ÖSTERR (*hinten*) arkada **Rückwärtsgang** <-(e)s, -gänge> *m* TECH geri vites **rückwärts|gehen**^RR *irr vi sein* **zwei Schritte ~** iki adım geri geri gitmek

Rückweg *m* dönüş; (*Heimweg*) evin yolu; **auf dem ~** dönüşte

ruckweise *adv* sarsıla sarsıla, ite kaka, kesik kesik

rückwirkend **I.** *adj* geriye etkili, makabline şamil **II.** *adv* geriye etkili olarak, makabline şamil; **das Gesetz tritt ~ vom 1. Januar in Kraft** yasa geriye etkili olarak 1 Ocak'tan itibaren yürürlüğe girer **Rückwirkung** *f* (*von Gesetz*) geriye etki

Rückzahlung *f* geri ödeme

Rückzieher <-s, -> *m* ❶ (*fam*) cayma, yan çizme; **einen ~ machen** caymak, yan çizmek ❷ SPORT (*Fußball*) röveşata

Rückzug <-(e)s, -züge> *m* MIL ric'at, geri çekilme; **den ~ antreten** ric'at etmek, geri çekilmek

rüde ['ry:də] *adj* kaba; (*ungeschliffen*) yontulmamış

Rüde <-n, -n> ['ry:də] *m* (*Männchen*) erkek; (*von Hund/Wolf/Fuchs/Marder*) erkek köpek/kurt/tilki/sansar

Rudel <-s, -> ['ru:dəl] *nt* sürü

Ruder <-s, -> ['ru:dɐ] *nt* ❶ (*von ~boot*) kürek; **sich in die ~ legen** küreklere asılmak; (*fig*) gayret göstermek ❷ (*Steuer~*) dümen; **das ~ herumwerfen** alabanda etmek, dümeni sonuna kadar çevirmek **Ruderblatt** *nt* NAUT dümen yelpazesi **Ruderboot** *nt* sandal, kürekli tekne

Ruderer(in) <-s, -; -nen> *m(f)* kürekçi

Ruderfüßer *pl* ZOOL perde ayaklılar *pl* **Ruderhals** *m* NAUT dümen boğazı

rudern ['ru:dɐn] *vi* ❶ (*Ruder bewegen*) kürek çekmek; **beim Gehen mit den Armen ~** (*fam*) yürürken kürek çeker gibi elini kolunu sallamak ❷ *sein* (*im Ruderboot fahren*) kürek çekerek gitmek, kayıkla gitmek

Ruderregatta *f* kürek yarış(lar)ı *(pl)* **Ruderschaft** *f* NAUT dümen bedeni **Rudersport** *m* kürek sporu

rudimentär [rudimɛn'tɛ:ɐ] *adj* gelişmemiş

Rudrer(in) <s, -; -nen> *m(f)* kürekçi

Rüebli <-s, -> ['ry:ɛbli] *nt* SCHWEIZ havuç

Ruf[1] <-(e)s, -e> [ru:f] *m* (*Aus~*) haykırma; (*Schrei*) bağırış, bağırtı

Ruf[2] <-(e)s> *m kein pl* ❶ (*Auf~*) çağrı, çağırma, davet; **sie erhielt einen ~** UNIV çağrı aldı ❷ (*Ansehen*) saygınlık, itibar, imaj; (*Ruhm*) ün, nam, ad; **einen guten ~ haben** iyi bir imajı olmak; **in einen üblen ~ kommen** adı kötüye çıkmak; **jdn in schlechten ~ bringen** birinin adını kirletmek [*o* lekelemek]

rufen <ruft, rief, gerufen> ['ru:fən] **I.** *vi* seslenmek; **laut ~** bağırmak; **nach jdm ~** birine seslenmek; **sich heiser ~** bağırmaktan sesi kısılmak; **um Hilfe ~** imdat diye bağırmak **II.** *vt* çağırmak; **jdn ~** birini çağırmak; **jdn ~ lassen** birini çağırtmak; **das kommt mir wie ge~** (*fam*) tam zamanında geldi

Rüffel <-s, -> ['rʏfəl] *m* (*fam*) zılgıt, azar; **einen ~ bekommen/einstecken** zılgıt yemek, azar işitmek; **jdm einen ~ erteilen** birini azarlamak

Rufmord *m* imaj zedeleme, alenî iftira **Rufname** *m* ön ad **Rufnummer** *f* telefon numarası; (*eines Piepsers*) çağrı numarası **Rufumleitung** *f* çağrı yönlendirme **Rufweite** *f kein pl* çağrım; **bleib in ~!** beni duyabileceğin uzaklıkta kal!, fazla uzaklaşma ki çağırdığım zaman duyabilesin! **Rufzeichen** <-s, -> *nt* ❶ TELEK (*Freizeichen*) çevir sesi ❷ DIAL (*Ausrufezeichen*) ünlem işareti

Rugby <-(s)> ['rakbi] *nt kein pl* SPORT rugby

Rüge <-n> ['ry:gə] *f* kınama, ayıplama; (*Mängel~*) ihbar; **jdm eine ~ erteilen** birini kınamak

rügen ['ry:gən] *vt* **jdn ~** birini kınamak; **etw ~** bir şeyi ayıplamak

Ruhe ['ru:ə] *f kein pl* ❶ (*Unbewegtheit*) dinginlik, sükûnet; (*Stille, Gelassenheit*) huzur, rahat, sükûnet, sessizlik; **die ~ vor dem Sturm** fırtınadan önce(ki) sessizlik ❷ (*Schweigen*) susma; **~ bitte!** lütfen susun! ❸ (*Entspannung*) dinlenme; (*Bett~*) istirahat; **sich** *dat* **keine ~ gönnen, bis ...** ...inceye kadar rahat etmemek; **sich zur ~ setzen** (*geh*) emekliye ayrılmak; **angenehme ~!** iyi uykular!, Allah rahatlık versin!; **sich zur ~ begeben** yatmaya gitmek; **sich zur ~ setzen** emekliye ayrımak; **jdn zur letzten ~ betten** (*geh*) birini toprağa vermek ❹ (*innere ~*) huzur; **jdn nicht zur ~ kommen lassen** (*fam*) birini rahat bırakmamak, birine rahat vermemek; **keine ~ finden** (*fam*) rahat yüzü görmemek; **keine ~ geben** (*fam*) rahat vermemek; **lass mich in ~!** (*fam*) beni rahat bırak!; **in aller ~** sakin sakin, rahat rahat, huzurla; **sich durch nichts aus der ~ bringen lassen** hiç rahatını bozmamak; **~ bewahren** rahatını bozmamak; **immer mit der ~!** sakin ol(un)!; **er hat die ~ weg!** (*fam*) ne kadar rahat adam!

ruhelos *adj* (*rastlos*) huzursuz

Ruhelosigkeit *f kein pl* (*Rastlosigkeit*) huzursuzluk

ruhen ['ru:ən] *vi* ❶ dinlenmek, istirahat etmek; **ich werde nicht eher ~, bis ...** ...e kadar rahat etmeyeceğim; **der Teig muss ~** hamurun yatması lazım ❷ (*Arbeit*) durmak; (*Verkehr*) durmak; (*Waffen*) susmak; **etw ~ lassen** bir şeyi bir yana bırakmak, bir şeye ara vermek ❸ (*Blick, Verantwortung*) olmak (**auf** -de) ❹ (*sich stützen*) yaslanmak (**auf** -e) **ruhen|lassen*** *irr vt s.* **ruhen 2.**

Ruhepause *f* ara dinlenmesi **Ruhestand** <-(e)s> *m kein pl* emeklilik; **in den ~ treten** emekliliğe ayrılmak; **im ~ sein** emekli olmak

Ruheständler(in) <-s, -; -nen> [-ʃtɛntlɐ] *m(f)* emekli

Ruhestätte *f* dinlenme yeri; **die letzte ~** (*geh*) rahat döşeği **Ruhestellung** *f a.* MIL (*eines Körpers*) rahat duruş **Ruhestörung** *f* rahat bozma, sükûneti ihlâl **Ruhetag** *m* dinlenme günü; (*von Gaststätten*) tatil günü

ruhig ['ru:ɪç] *adj* ❶ (*leise*) sakin, sessiz; (*bewegungslos*) hareketsiz; **sitz doch ~!** sakin otur!; **ihr sollt ~ sein!** sessiz olun! ❷ (*geräuschlos*) sessiz, sakin; **gegen 19 Uhr wird es ~er** saat 19'a doğru ortalık sakinleşir, akşam 7 sularında ortalık sakinleşir ❸ (*gelassen*) rahat; **ein ~es Gewissen haben** vicdanı rahat olmak; **nur ~ Blut!**

(*fam*) sinirlenme!, patlama!; ~ **bleiben** sakin kalmak; **du kannst deine Schuhe ~ anlassen** ayakkabılarını çıkarmasan da olur **ruhig|stellen** *vt* MED ❶ (*Arm, Bein*) *s.* **stellen I.2.** ❷ **jdn ~** birini ilaçla yatıştırmak

Ruhm <-(e)s> [ruːm] *m kein pl* ün, şöhret

Ruhmbegier *f kein pl*, **Ruhmbegierde** *f kein pl* şöhret hırsı

rühmen ['ryːmən] **I.** *vt* övmek **II.** *vr* **sich etw** *gen* **~** bir şeyle övünmek; (*prahlend*) diye böbürlenmek; **ohne mich ~ zu wollen, ...** övünmek gibi olmasın, ...

rühmlich *adj* övgüye değer

ruhmlos *adj* yüzü kara, şansız, şerefsiz

ruhmreich *adj* şanlı

Ruhr <-en> [ruːɐ] *f* MED kanlı basur, dizanteri

Rührei ['ryːɐʔaɪ] *nt* tavada yumurta

rühren ['ryːrən] **I.** *vt* ❶ (*um~*) karıştırmak; (*mischen*) karıştırmak ❷ (*bewegen*) kımıldatmak; **keinen Finger ~** parmağını bile kıpırdatmamak [*o* oynatmamak] ❸ (*emotional*) duygulandırmak **II.** *vi* ❶ (*um~*) karıştırmak; **im Tee ~** çayı karıştırmak ❷ (*geh: her~*) ileri gelmek (**von** -den) **III.** *vr* ■ **sich ~** kımıldamak, kıpırdamak; **sich nicht vom Fleck ~** yerinden kıpırdamamak [*o* kımıldamamak]; **ich klingelte, aber es rührte sich nichts** zili çaldım ama kıpırdayan olmadı; **rührt euch!** MIL rahat!

rührend *adj* dokunaklı, duygulandırıcı

Ruhrgebiet <-(e)s> *nt* Ruhr Bölgesi, Ruhr Havzası

ruhrkrank *adj* MED dizanterili

Rührmichnichtan <-, -> ['ryːɐmɪçnɪçtʔan] *nt* ❶ BOT kına çiçeği ❷ (*fig fam*) **Fräulein ~** çıtkırıldım hanım

rührselig *adj* içli, duygulu

Rührseligkeit *f kein pl* içlilik, içtenlik, duygululuk

Rührung *f kein pl* duygulanma

Ruin <-s> [ru'iːn] *m kein pl* yıkım; **der Alkohol war sein ~** alkol onun için yıkım oldu; **vor dem ~ stehen** iflasın eşiğinde olmak

Ruine <-n> [ru'iːnə] *f* yıkıntı, harabe, virane

ruinieren* [rui'niːrən] *vt* ❶ (*vernichten*) mahvetmek, yok etmek, yıkmak ❷ (*beschädigen*) harap etmek, zarar vermek (-e)

ruinös *adj* yıkıcı

rülpsen ['rʏlpsən] *vi* (*fam*) geğirmek

Rülpser <-s, -> *m* (*fam*) geğirti

rum [rʊm] *adv* (*fam*) *s.* **herum**

Rum <-s, -s *o* ÖSTERR, SCHWEIZ -e> [rʊm] *m* rom

Rumäne(in) <-n, -n; -nen> [ru'mɛːnə] *m(f)* Romanyalı

Rumänien <-s> [ru'mɛːniən] *nt* Romanya

rumänisch *adj* Romanyalı, Romanya (ile ilgili); **eine ~e Frau** Romanyalı bir kadın; **die ~e Regierung** Romanya hükümeti

Rumba <-s> ['rʊmba] *f* rumba

rum|kriegen ['rʊm-] *vt* (*fam*) ❶ (*Zeit*) geçirmek ❷ (*überreden*) ayarlamak, kandırmak; **jdn ~** birini ayarlamak ❸ (*verführen*) ayartmak; **sie hat ihn gleich rumgekriegt** onu hemen ayarttı

Rummel <-s> ['rʊməl] *m kein pl* (*fam*) ❶ (*Betriebsamkeit*) gürültü kalabalık, curcuna; **großen ~ um etw/jdn machen** bir şey/kimse hakkında büyük yaygara koparmak ❷ (*Jahrmarkt*) panayır **Rummelplatz** <-es, -plätze> *m* (*fam: Jahrmarktsplatz*) panayır yeri; (*Vergnügungspark*) lunapark

rumoren* [ru'moːren] *vi* (*fam*) gürültü yapmak; **es rumort in ihrem Bauch** karnı guruldyor

Rumpelkammer ['rʊmpəl-] *f* (*fam*) sandık odası

rumpeln ['rʊmpəln] *vi* (*fam*) ❶ *sein* (*Fahrzeug*) paldır küldür gitmek ❷ (*poltern*) gümbürdemek

Rumpf <-(e)s, Rümpfe> [rʊmpf, *pl* 'rʏmpfə] *m* ❶ (*des Menschen*) gövde ❷ NAUT, AERO gövde

rümpfen ['rʏmpfən] *vi* **die Nase über etw ~** bir şeye burun bükmek [*o* kıvırmak]

rum|treiben *irr vr* ■ **sich ~** (*pej fam*) sürtmek (**auf/in** -de/-de), başıboş gezmek (**auf/in** -de/-de); **wo hast du dich wieder rumgetrieben?** yine nerelerde sürttün?

Run <-s, -s> [ran] *m* saldırı (**auf** -e), hücum (**auf** -e)

rund [rʊnt] **I.** *adj* ❶ (*Form*) yuvarlak, toparlak, değirmi ❷ (*fam: ganz, voll*) tam; (*so gut wie ganz*) yaklaşık; **das ist eine ~e Sache** bu mükemmel bir mesele; **ein ~es Dutzend Leute** yaklaşık on iki kişi **II.** *adv* (*fam*) ❶ (*ungefähr*) yaklaşık ❷ **~ laufen** işler yolunda gitmek; (*Motor*) yağ gibi işlemek; **~ um** etrafında; **~ um die Uhr** yirmi dört saat

Rundbau <-(e)s, -ten> *m* yuvarlak yapı **Rundblick** <-(e)s, -e> *m* panorama, genel görünüm **Rundbrief** *m* genelge, sirküler

Runde <-n> ['rʊndə] *f* ❶ (*Gesellschaft*) topluluk, grup; **sie nahmen ihn in ihre ~ auf** onu gruplarına [*o* aralarına] aldılar ❷ (*Rundgang*) tur; (*von Polizei*) devriye; **seine ~ machen** turunu atmak; **eine ~**

mit dem neuen Wagen drehen yeni arabayla bir tur atmak ❸ SPORT tur; (*Boxen*) raunt; **über die ~n kommen** (*fam*) geçinip gitmek ❹ (*Getränke~*) **eine ~ schmeißen** herkese içki ısmarlamak
Rundfahrt *f* tur **Rundflug** *m* havada tur atma **Rundfrage** *f* sormaca, anket
Rundfunk *m* radyo; **im ~** radyoda **Rundfunkanstalt** *f* radyo evi **Rundfunkgebühr** *f* radyo dinleme parası **Rundfunkgerät** <-(e)s, -e> *nt* radyo **Rundfunksender** *m* radyo istasyonu **Rundfunksendung** *f* radyo yayını
Rundgang <-(e)s, -gänge> *m* ❶ tur; **einen ~ machen** tur atmak ❷ (*Strecke*) **ein ~ in einem Gebäude** binanın içini dolaşan koridor
rund|gehen *irr vi sein* ❶ tur atmak ❷ (*herumgereicht werden*) elden ele verilmek; (*erzählt werden*) ağızdan ağza dolaşmak ❸ (*fam: viel Arbeit*) işler çoğalmak; **jetzt geht's rund** şimdi işler çoğaldı
rundheraus ['--'-] *adv* açıkça, açık açık; **~ sagen** açıkça söylemek **rundherum** ['--'-] *adv* ❶ (*räumlich*) çepeçevre (**um** -) ❷ (*völlig*) çepeçevre, fırdolayı
rundlich *adj* ❶ (*annähernd rund*) yuvarlakımsı ❷ (*dicklich*) şişmanca, tıknaz
Rundreise *f* tur **Rundschreiben** *nt* genelge
rundum ['-'-] *adv s.* **rundherum**
Rundung <-en> *f* kıvrım
rundweg ['rʊnt'vɛk] *adv* tamamen, tamamıyla
Rune <-n> *f* run
Runenschrift *f* run yazısı
runisch *adj* runik
Runkel <-n> ['rʊŋkəl] *f* ÖSTERR, SCHWEIZ *s.* **Runkelrübe**
Runkelrübe *f* AGR pancar
runter ['rʊntɐ] *adv* (*fam*) aşağıya
Runzel <-n> ['rʊntsəl] *f* kırışık
runzelig *adj* kırışık
runzeln ['rʊntsəln] **I.** *vt* kırıştırmak **II.** *vr* ■ **sich ~** kırışmak
runzlig *adj* kırışık
Rüpel <-s, -> ['ry:pəl] *m* (*pej*) abullabut (kimse)
Rüpelei *f* abullabutluk
rüpelhaft *adj* (*pej*) abullabut
rupfen ['rʊpfən] *vt* ❶ (*a. fig: Geflügel*) yolmak ❷ (*Gras, Unkraut*) yolmak
ruppig ['rʊpɪç] *adj* ❶ (*pej: unfreundlich, grob*) terbiyesiz, kaba ❷ (*ungepflegt*) pejmürde, abullabut
Rüsche <-n> ['ry:ʃə] *f* pasta
Ruß <-es> [ru:s] *m kein pl* is, kurum
Russe(in) <-n, -n; -nen> ['rʊsə] *m(f)* Rus
Rüssel <-s, -> ['rʏsəl] *m* (*von Insekt, Elefant*) hortum; (*von Schwein*) burun
Rüsseltiere *pl* ZOOL (*Ordnung*) hortumlular *pl*
rußen ['ru:sən] **I.** *vi* (*Kerze, Feuer*) is yapmak; (*Ofen*) islenmek **II.** *vt* islemek
rußig *adj* isli
russisch *adj* Rus; **~es Roulette spielen** Rus ruleti oynamak
Russland[RR] <-s> ['rʊslant] *nt*, **Rußland**[ALT] <-s> *nt* Rusya **Russlanddeutsche(r)**[RR] *f(m)* Rusya Almanı
rüsten ['rʏstən] **I.** *vi* ❶ MIL silahlanmak ❷ SCHWEIZ (*sich vorbereiten*) hazırlanmak (**zu/für** -e/için), hazırlık yapmak (**zu/für** -e/için) **II.** *vr* ■ **sich ~** (*geh*) hazırlanmak (**zu/für** -e/için) **III.** *vt* hazırlamak
Rüster *f* karaağaç
rüstig ['rʏstɪç] *adj* zinde, dinç
Rüstigkeit *f kein pl* zindelik, dinçlik
rustikal [rʊsti'ka:l] *adj* rustik
Rüstung <-en> *f* ❶ (*Ritter~*) çokal, zırh ❷ MIL silahlanma **Rüstungsausgaben** *pl* silahlanma harcamaları **Rüstungsindustrie** *f* MIL silah sanayii, savaş sanayii **Rüstungswettlauf** *m* silahlanma yarışı
Rute <-n> ['ru:tə] *f* ❶ (*Stock*) değnek; (*Wünschel~*) sopa ❷ (*Angel~*) kamış ❸ (*Schwanz*) kuyruk ❹ (*vulg: Penis*) kamış
Ruthenium <-s> *nt kein pl* CHEM rutenyum
Rutsch <-(e)s, -e> [rʊtʃ] *m* (*fam: bei Wahlen*) kayma (**nach** -e); **in einem ~** (*fam*) bir çırpıda; **guten ~ ins neue Jahr!** (*fam*) yeni yıl için iyi dilekler! **Rutschbahn** *f* ❶ (*Spielgerät*) kaydırak ❷ (*fam: auf Schnee, Eis*) kayma alanı
Rutsche <-n> ['rʊtʃə] *f* kaydırak
rutschen ['rʊtʃən] *vi sein* ❶ (*gleiten*) kaymak; (*Auto*) patinaj yapmak ❷ (*fam: rücken*) kaymak; **rutsch doch mal ein Stückchen!** bir parça kaysana!; **sie rutschte auf ihrem Stuhl hin und her** sandalyesi üstünde ileri geri kayıp durdu ❸ (*herunter~*) kaymak; (*Erdmassen*) kaymak; **ins R~ kommen** kaymaya başlamak; (*Auto*) patinaj yapmak
rutschfest *adj* kaymaz, kaymayan **Rutschgefahr** *f kein pl* kayma tehlikesi
rutschig *adj* kaygan
rütteln ['rʏtəln] **I.** *vi* (*an Türklinke, Gitter*) tutup ileri geri sarsmak (**an** -); **daran gibt es nichts zu ~** (*fam*) bu artık kesindir **II.** *vt* sarsmak, silkelemek, dürtüşlemek

R

Ss

S, s <-, -> [ɛs] *nt* S, s; ~ **wie Siegfried** Sinop'un se'si
s. *Abk von* **siehe** bak(ınız)
S *Abk von* **Süden** güney
S. *Abk von* **Seite** sayfa
Saal <-(e)s, Säle> [zaːl, *pl* 'zɛːlə] *m* salon; (*Schlaf~, Speise~*) hane
Saar [zaːɐ] *f* Saar **Saarland** <-(e)s> *nt* Saarland, Saar Eyaleti
Saat [zaːt] *f kein pl* ❶ (*das Aussäen*) ekme ❷ (*~gut*) ekin **Saatgut** <-(e)s> *nt kein pl* ekin **Saatkrähe** <-n> *f* ekin kargası **Saatschnellkäfer** *m* ZOOL takla böceği **Saatzwiebel** <-n> *f* arpacık soğanı
sabbern ['zabɐn] *vi* (*fam*) ❶ (*Speichel*) salyası akmak ❷ (*schwatzen*) saçmalamak
Säbel <-s, -> ['zɛːbəl] *m* pala
Sabotage <-n> [zabo'taːʒə] *f* sabotaj, baltalama
Saboteur(in) <-s, -e; -nen> [zabo'tøːɐ] *m(f)* sabotajcı
sabotieren* [zabo'tiːrən] *vt* sabote etmek, baltalamak
Sachbearbeiter(in) *m(f)* görevli memur (**für** -le) **Sachbeschädigung** *f* JUR mala zarar verme, nası ızrar **sachdienlich** *adj* işe yarar; (*nützlich*) yararlı; **~e Hinweise** olayın aydınlatılması için yararlı bilgiler
Sache <-n> ['zaxə] *f* ❶ (*Ding*) şey; (*Gegenstand*) nesne; **seine sieben ~n packen** (*fig*) pılı(yı) pırtıyı toplamak ❷ (*Angelegenheit, Handlung, Situation, Ereignis*) iş, mesele; (*Handlung*) konu; (*Situation*) durum; (*Ereignis*) olay; **das ist eine ~ des Glaubens/des Geschmacks** bu, inanç/zevk meselesidir; **er macht seine ~ gut/schlecht** o işini iyi/kötü yapıyor; **das ist eine ~ für sich** bu başlıbaşına bir olay [*o* konu]; **das ist deine ~!** bu senin işin!; **dieses Buch ist nicht jedermanns ~** bu kitap herkese göre değil; **in eigener ~** kendi işinde, kendisiyle ilgili olarak; **mit jdm gemeinsame ~ machen** biriyle ortaklaşa iş yapmak; **keine halben ~n machen** yarım yamalak iş yapmamak; **bei der ~ bleiben** konudan ayrılmamak; (**kommen Sie**) **zur ~!** sadede gelin!; **das tut nichts zur ~** bu durumu değiştirmez ❸ JUR (*Fall*) olay, dava ❹ (*fam: Stundenkilometer*) **das Auto fährt 180 ~n** otomobil saatte 180 gidiyor
Sachenrecht *nt kein pl* JUR eşya hukuku
Sachgebiet *nt* (*Aufgabengebiet*) görev alanı; (*Stoff, den man zu bearbeiten hat*) işlenecek konu, çalışma konusu **sachgemäß** *adj*, **sachgerecht** *adj* usulüne uygun **Sachgründung** *f* WIRTSCH ayni kuruluş **Sachkapital** *nt* WIRTSCH ayni sermaye **Sachkenntnis** *f* nesnel bilgi, konuyla ilgili bilgi **sachkundig** *adj* nesnel bilgisi olan, konuyla ilgili bilgisi olan; ■ **sich ~ machen** nesnel bilgi edinmek **Sachlage** *f kein pl* durum, keyfiyet **Sachleistung** *f* maddi edim, ayni yardım
sachlich *adj* ❶ (*sachbezogen*) nesnel ❷ (*objektiv*) objektif, nesnel; (*nüchtern*) gerçekçi
sächlich ['zɛçlɪç] *adj* LING nötr
Sachlichkeit *f kein pl* objektiflik, nesnellik
Sachschaden *m* maddi hasar, nesnel hasar, mal hasarı
Sachse, Sächsin <-n, -n; -nen> ['zaksə] *m, f* Saksonyalı
Sachsen <-s> ['zaksən] *nt* Saksonya **Sachsen-Anhalt** <-s> ['zaksən'ʔanhalt] *nt* Saksonya-Anhalt
Sächsin <-nen> ['zɛksɪn] *f s.* **Sachse**
sächsisch ['zɛksɪʃ] *adj* Saksonya (ile ilgili), Saksonyalı
sacht(e) *adj* yumuşak, hafif; (*behutsam-vorsichtig*) sakıngan, ihtiyatlı
sachte [zaxt, 'zaxtə] **I.** *adj s.* **sacht(e)** **II.** *adv* (*fam*) ❶ (*behutsam*) sakınganca, ihtiyatlı; (*vorsichtig*) dikkatli, özenle ❷ (*unmerklich*) usulcacık, yavaşçacık ❸ (*langsam*) usulca, yavaşça ❹ (*allmählich*) yavaş yavaş
Sachverhalt <-(e)s, -e> ['zaxvɛɐhalt] *m* olay(lar) (*pl*) **Sachverständige(r)** <-n, -n; -n> *f(m)* bilirkişi **Sachwert** *m* ❶ (*Wert*) ayni değer, maddi değer ❷ *pl* (*Wertobjekt*) değerli eşya *pl*
Sack <-(e)s, Säcke> [zak, *pl* 'zɛkə] *m* ❶ (*Behältnis*) torba; (*aus grobem Stoff*) çuval; (*Ruck~*) çanta; (*Schlaf~*) tulum; (*Tränen~*) kese; **mit ~ und Pack** bütün pılı pırtısıyla; **etw** (**schon**) **im ~ haben** (*fam*) bir şey çantada keklik olmak; **die Katze im ~ kaufen** (*fam*) malı görmeden satın almak; **die Katze aus dem ~ lassen** (*fam*) baklayı ağzından çıkarmak ❷ (*vulg: Hoden~*) taşak ❸ (*pej vulg: Mensch*) herif
Sackbahnhof *m* hat başı istasyonu
Säckel *m* SÜDD, ÖSTERR kese; **tief in den ~ greifen** kesenin ağzını açmak
sacken ['zakən] *vi sein* batmak; **zur Seite ~** yana yatmak
Sackgasse *f* ❶ (*Straße*) çıkmaz sokak

❷ (*fig*) çıkmaz
Sackleinen *nt,* **Sackleinwand** *f* kanaviçe, çuval bezi **Sackmesser** *nt* SÜDD, SCHWEIZ çakı **Sacknadel** *f* çuvaldız **Sacktuch** <-(e)s, -tücher> *nt* SÜDD, ÖSTERR, SCHWEIZ kanaviçe, çuval bezi
Sadebaum *m* BOT karaağaç
Sadismus <-> [za'dɪsmʊs] *m kein pl* sadizm, elezerlik
Sadist(in) <-en, -en; -nen> [za'dɪst] *m(f)* sadist, elezer
sadistisch *adj* sadist, elezer
säen ['zɛːən] *vt* ekmek; **Hass/Zwietracht ~** nefret/ikilik tohumları ekmek; **dünn gesät sein** seyrek ekilmiş olmak; **wer Wind sät, wird Sturm ernten** (*prov*) rüzgâr eken fırtına biçer
Safari <-s> [za'faːri] *f* safari; **auf ~ gehen** safariye çıkmak
Safe <-s, -s> [sɛɪf] *m o nt* (çelik) kasa
Saffian *m kein pl,* **Saffianleder** *nt kein pl* sahtiyan
Safflor <-s, -e> *m s.* **Färberdistel** BOT yalancı safran
Safran <-s, -e> ['zafra(ː)n] *m* safran
Saft <-(e)s, Säfte> [zaft, *pl* 'zɛftə] *m* ❶ (*Frucht~*) su; (*Husten~*) şurup; (*Braten~*) su; **im eigenen ~ schmoren** (*fam*) kendi yağıyla kavrulmak ❷ (*Pflanzen~, Magen~*) öz su ❸ (*fam: Strom*) akım, elektrik
saftig *adj* ❶ (*Obst*) sulu ❷ (*fam: Preis*) tuzlu; (*Ohrfeige*) kuvvetli
Saftladen <-s, -läden> *m* (*pej fam*) boktan yer
Sage <-n> ['zaːgə] *f* efsane
Säge <-n> ['zɛːgə] *f* ❶ (*Werkzeug*) testere; (*Motor~*) bıçkı ❷ ÖSTERR (*Sägewerk*) bıçkı evi, bıçkıhane **Sägefisch** *m* testere balığı **Sägemehl** <-(e)s> *nt kein pl* bıçkı tozu **Sägemesser** *nt* testereli bıçak
sagen ['zaːgən] *vt* demek (**zu** -e), söylemek; (*ausdrücken*) ifade etmek; (*mitteilen*) iletmek, bildirmek, söylemek; (*meinen*) demek (**zu** -e); **wie sagt man auf Türkisch?** Türkçede nasıl denir [*o* söylenir]?; **Gute Nacht ~** iyi geceler demek; **Ja/Nein ~** evet/hayır demek; **dagegen ist nichts zu ~** ona hiçbir şey denilemez; **(k)ein Wort ~** bir kelime söyle(me)mek; **~ wir mal ...** diyelim ki ...; **nichts ~d** (*Rede, Argument*) boş; (*Worte, Sätze*) boş; **das hätte ich dir gleich ~ können** ben bunu sana önceden de söyleyebilirdim; **was wollen Sie damit ~?** bununla ne demek istiyorsunuz?; **genauer gesagt** daha doğrusu; **auf gut Deutsch gesagt** kaba Almancası; **offen gesagt** açıkçası; **das oben Gesagte** yukarıda sözü edilen şey; **sie haben sich nichts mehr zu ~** birbirlerine söyleyecek bir şey kalmadı; **das hat nichts zu ~** bu bir şey ifade etmez; **ich habe mir ~ lassen, (dass)** ... duydum ki, ...; **sag mal, ...** bir söylesene, ...; **das S~ haben** (*fam*) sözü geçmek, forsu olmak; **das kannst du aber laut ~** (*fam*) al benden de o kadar; **gesagt, getan** söylenen yapılır; **das ist leichter gesagt als getan** bunu söylemek kolay; **das ist schnell gesagt** bunu demek kolay; **unter uns gesagt** aramızda kalsın; **was Sie nicht ~!** (*fam*) demeyin!; **lass dir das gesagt sein!** (*fam*) benden söylemesi!, benden günah gitti!; **sag das nicht!** deme!; **sag bloß!** (*fam*) deme!; **na, wer sagt's denn!** (*fam*) gördün mü işte!; **hab' ich's nicht gesagt?** (*fam*) ben dememiş miydim böyle olacağını?; **was soll man dazu ~?** (*fam*) buna ne denebilir ki?
sägen ['zɛːgən] **I.** *vt* testerelemek, testere ile kesmek **II.** *vi* (*fam: schnarchen*) horlamak
sagenhaft *adj* ❶ (*legendär*) efsanevî ❷ (*erstaunlich*) akıl almaz, inanılmaz
Sägespäne ['zɛːgəʃpɛːnə] *pl* talaş **Sägewerk** *nt* bıçkı evi, bıçkıhane
sah [zaː] *3. imp von* **sehen**
Sahara [za'haːra] *f kein pl* Sahra
Sahne ['zaːnə] *f kein pl* kaymak; **süße ~** krema **Sahneeis** *nt kein pl* kaymaklı dondurma **Sahnetorte** *f* kremalı pasta
sahnig *adj* kaymaklı, kremalı
Saison <-s, *o* ÖSTERR -en> [zɛ'zõː, zɛ'zɔŋ] *f* sezon, mevsim; **außerhalb der ~** sezon dışı
Saisonarbeit *f* mevsimlik iş **Saisonarbeiter(in)** *m(f)* mevsimlik [*o* mevsimsel] işçi **saisonbedingt** *adj* mevsime bağlı, sezona bağlı, mevsimlik, sezonluk **Saisonbeginn** *m* mevsim [*o* sezon] başı **Saisonende** *nt* mevsim [*o* sezon] sonu **saisonweise** *adv* sezondan sezona, mevsimden mevsime, mevsimlik
Saite <-n> ['zaɪtə] *f* ❶ (*aus Metall*) tel; (*aus Tierdärmen*) kiriş; **andere ~n aufziehen** (*fig*) gemini kısmak, sıkıya almak ❷ ZOOL (*Rücken~*) iplik **Saiteninstrument** *nt* telli çalgı
Sakko <-s, -s> ['zako] *m o nt* veston, erkek ceketi
sakral [za'kraːl] *adj* ❶ (*heilig*) kutsal, mukaddes; (*religiös*) dinî ❷ ANAT sağrıl, sağrı kemiği ile ilgili **Sakralbau** *m* dinî yapı
Sakrament <-(e)s, -e> [zakra'mɛnt] *nt* kutsama töreni, takdis merasimi
Sakrileg <-s, -e> [zakri'leːk] *nt* günâh;

S

(*Vergehen gegen Heiliges*) hıyanet; **ein ~ begehen** günah işlemek

Sakristei <-en> [zakrɪs'taɪ] *f* kilise levazım odası

säkular *adj* laik

säkularisieren* *vt* laikleştirmek

Salamander <-s, -> [zala'mandɐ] *m* ZOOL semender

Salami <-(s)> [za'la:mi] *f* salam

Salat <-(e)s, -e> [za'la:t] *m* ❶ (*Blatt~, Kopf~*) marul ❷ (*Speise*) salata ❸ (*fam: Durcheinander*) **da haben wir den ~!** (*fam*) öp babanın elini!, ayıkla pirincin taşını!, gel çık işin içinden! **Salatbesteck** *nt* salata servis kaşık-çatalı **Salatgurke** *f* hıyar, salatalık **Salatsoße** *f* salata sosu

Salbe <-n> ['zalbə] *f* merhem; **eine Wunde mit ~ einreiben** yaraya merhem sürmek

Salbei <-s> ['zalbaɪ, -'-] *m kein pl* ada çayı

salben *vt* merhemlemek

Salbung <-en> *f* merhemleme; REL kutsal yağ sürme **salbungsvoll** *adj* (*pej*) aşırı tatlı dilli

saldieren* *vi* ❶ FIN bakiyeyi hesaplamak ❷ COMM açık kapamak

Saldo <-s, Salden *o* -s *o* Saldi> ['zaldo] *m* ❶ FIN bakiye ❷ COMM açık

Säle ['zɛ:lə] *pl von* **Saal**

Saline <-n> [za'li:nə] *f* tuzla

Salm <-(e)s, -e> [zalm] *m* ZOOL som (balığı)

Salmiak <-s> [zal'mjak, '--] *m kein pl* nışadır **Salmiakgeist** *m kein pl* nışadır ruhu

Salmonelle <-n> [zalmo'nɛlə] *f* salmonella **Salmonellenvergiftung** *f* salmonella zehirlenmesi

salomonisch [zalo'mo:nɪʃ] *adj* bilgece, hikmetli

Salon <-s, -s> [za'lõ:, za'lɔŋ] *m* salon; (*Auto~*) galeri

Saloniki *nt* Selânik

salopp [za'lɔp] *adj* (*Sprache*) argolu; (*Verhalten*) rahat, laubalî; (*Kleidung*) rahat, gündelik; (*nachlässig*) özensiz, ihmâlci, sallapati

Salpetersäure *f kein pl* nitrik asit

Salsa ['zalza] *m* salsa

Salto <-s, -s *o* Salti> ['zalto] *m* SPORT perende; **einen ~ rückwärts/vorwärts machen** arkaya/öne perende atmak

salü *interj* SCHWEIZ (*fam*) ❶ (*hallo*) merhaba ❷ (*tschüs*) eyvallah, hoşça kal

Salvadorianer(in) <-s, -; -nen> [zalvadori'a:nɐ] *m(f)* Salvadorlu

salvadorianisch [zalvadori'a:nɪʃ] *adj* Salvadorlu, Salvador (ile ilgili)

Salve *f* salvo

Salvenfeuer *nt kein pl* NAUT saparta, alabanda ateşi

Salweide *f* BOT keçi söğüdü

Salz <-es, -e> [zalts] *nt a.* CHEM tuz

salzen ['zaltsən] *vt* tuzlamak

salzig *adj* tuzlu; (*Geschmack*) tuzlu

Salzkartoffeln *pl* haşlama patates

salzlos *adj* tuzsuz

Salzpflanze *f* BOT tuzcul bitki **Salzsäure** *f kein pl* tuz ruhu **Salzsee** *m* tuz gölü **Salzstange** *f* batonsale, tuzlu çubuk **Salzstreuer** <-s, -> *m* tuzluk **Salzwasser** <-s> *nt kein pl* tuzlu su

Samba *m o f* samba

Samen <-s, -> ['za:mən] *m* ❶ BOT (*a. fig: Samenkorn*) tohum ❷ ZOOL sperma ❸ (*Sperma*) sperma, bel ❹ REL, HIST (*Nachkommen*) döl, zürriyet

Samenbank <-en> *f* MED sperma bankası **Samenerguss**RR *m* belin gelmesi, boşalma **Samenpflanze** <-n> *f* BOT tohumlu bitki

Sammelband <-(e)s, -bände> *m* antoloji, güldeste **Sammelbecken** <-s, -> *nt* ❶ sarnıç ❷ (*fig*) toplantı yeri **Sammelbestellung** *f* toplu sipariş **Sammelbüchse** *f* kumbara

sammeln ['zaməln] **I.** *vt* ❶ (*zusammentragen*) derlemek, toparlamak; (*Beeren*) toplamak, devşirmek; (*Gedanken*) toparlamak; (*Geld*) toplamak; (*Unterschriften*) toplamak; **Erfahrungen ~** deneyim kazanmak ❷ (*aus Liebhaberei*) derlemek, toplamak ❸ (*ver~*) toplamak **II.** *vr* ■ **sich ~** ❶ (*Menschen*) toplanmak, bir araya gelmek; (*Dinge*) birikmek ❷ (*sich konzentrieren*) birikmek, bir araya gelmek **III.** *vi* (*Geld*) **für etw ~** bir şey için para toplamak

Sammelsurium <-s, -surien> [-'zu:riʊm] *nt* (*pej*) derinti, gelişigüzel toplanmış eşya; **ein ~ alter Spielzeuge** eski oyuncaklar derintisi

Sammeltaxi *nt* dolmuş

Sammler(in) <-s, -; -nen> ['zamlɐ] *m(f)* koleksiyoncu, toplayıcı, derlemci

Sammlung <-en> *f* ❶ (*von Geld*) toplama ❷ (*Kunst~*) koleksiyon; (*Gedicht~*) derleme

Samowar *m* semaver

Samstag <-(e)s, -e> ['zamsta:k] *m* cumartesi; *s. a.* **Montag**

samstags ['zamsta:ks] *adv* cumartesileri

samt [zamt] **I.** *präp* -le birlikte; (*einschließlich*) dahil **II.** *adv* **~ und sonders** hepsi birden; (*ohne Ausnahme*) istisnasız

Samt <-(e)s, -e> [zamt] *m* kadife

Samthandschuh *m* **jdn mit ~en anfas-**

sen (*fig fam*) birine tatlılıkla muamele etmek

samtig *adj* kadife

Samtkrabbe *f* ZOOL çalpara

sämtlich ['zɛmtlɪç] *pron* bütün, bilumum; **~e Unterlagen waren verschwunden** bütün belgeler kaybolmuştu, belgelerin hepsi kaybolmuştu

Sanatorium <-s, Sanatorien> [zana'to:riʊm] *nt* sanatoryum

Sand <-(e)s> [zant] *m kein pl* kum; **wie ~ am Meer** (*fam*) kum gibi; **er hat Geld wie ~ am Meer** (*fam*) denizde kum, onda para; **die Sache ist im ~ verlaufen** iş çıkmaza girdi; **etw in den ~ setzen** (*fig fam*) bir işi batırmak; **den Kopf in den ~ stecken** deve kuşu gibi başını kuma sokmak [*o* gömmek]

Sandale <-n> [zan'da:lə] *f* sandal

Sandalette <-n> *f* sandalet

Sandbank <-bänke> *f* kum seti, kumul

Sanddorn <-(e)s, -e> *m* BOT yaban iğdesi

Sandelbaum ['zandəl-] *m* BOT sandal **Sandelholz** <-es> ['zandəl-] *nt kein pl* sandal kerestesi

Sandgräber *m* ZOOL kumkazan

Sandhaufen *m* kum yığını

sandig *adj* kumlu

Sandkasten *m* kum sandığı **Sandkorn** <-(e)s, -körner> *nt* kum tanesi **Sandmännchen** [-mɛnçən] *nt kein pl çocukları, gözlerine kum serperek uyutan masal cücesi* **Sandmücke** *f* ZOOL tatarcık **Sandotter** *f* ZOOL kum engereği **Sandsack** *m* kum torbası

Sandschak <-s, -s> *m* ① (*türk. Standarte*) al sancak ② HIST (*Verwaltungsbezirk*) sancak **Sandstein** <-(e)s> *m kein pl* kum taşı **Sandsturm** *m* kum fırtınası

sandte ['zantə] *3. imp von* **senden**

Sanduhr *f* kum saati

Sandwich <-(e)s, -(e)s *o* -e> ['sɛntvɪtʃ] *m o nt* sandviç

Sandwüste *f* kum çölü

sanft [zanft] *adj* ① (*friedfertig*) uysal; (*Tier*) uysal ② (*zart, sacht*) yumuşak; (*leicht*) hafif

Sänfte <-n> ['zɛnftə] *f* tahtırevan

sanftmütig [-my:tɪç] *adj* uysal mizaçlı

sang [zaŋ] *3. imp von* **singen**

Sänger <-s, -> ['zɛŋɐ] *m* şarkıcı, şantör

Sängerin <-nen> *f* şarkıcı, şantöz

sang- und klanglos *adv* (*fam*) sessiz sedasız

sanieren* [za'ni:rən] **I.** *vt* ① ARCH imar etmek, bayındırlaştırmak ② ÖKOL, WIRTSCH mali durumunu düzeltmek (-in) **II.** *vr* ■ **sich ~** ihya olmak

Sanierung <-en> *f* ① ARCH imar etme, bayındırlaştırma ② ÖKOL, WIRTSCH mali durumun düzeltilmesi

sanierungsbedürftig *adj* (*Gebäude*) imar edilmeye muhtaç

sanitär [zani'tɛ:ɐ] *adj* sıhhî

Sanitäranlagen *pl* sıhhî tesisat *pl*

Sanität [zani'tɛ:t] *f kein pl* ① ÖSTERR, SCHWEIZ (*Sanitätswesen*) sıhhiye, sağlık işleri *pl;* (*Gesundheitsdienst*) sağlık hizmeti ② SCHWEIZ (*Ambulanz*) ambulans, cankurtaran ③ ÖSTERR, SCHWEIZ (*Sanitätstruppe*) sıhhiye birliği

Sanitäter(in) <-s, -; -nen> [zani'tɛ:tɐ] *m(f)* sağlık memuru, sıhhiyeci; MIL sıhhiye eri

Sanitätspolizei *f kein pl* ÖSTERR sağlık zabıtası **Sanitätssoldat** *m* sıhhiye eri

Sanitätswesen <-s> *nt kein pl* sıhhiye, sağlık işleri *pl*

sank [zaŋk] *3. imp von* **sinken**

Sankt [zaŋkt] *adj inv* (*in Heiligennamen*) aziz; (*in geographischen Namen*) Sankt; **~ Gallen** Sankt Gallen

Sanktion <-en> [zaŋk'tsjo:n] *f* ① (*Zustimmung*) onaylama ② *pl* (*Strafmaßnahmen*) yaptırım, müeyyide

sanktionieren* [zaŋktsjo'ni:rən] *vt* ① (*gutheißen*) onaylamak ② JUR yaptırım altına almak

Sankt-Nimmerleins-Tag *m* çıkmaz ayın son çarşambası

sann [zan] *3. imp von* **sinnen**

Sanskrit *nt kein pl* Sanskritçe

sanskritisch *adj* Sanskrit

Sanskritistik *f kein pl* Sanskrit

Saphir <-s, -e> [za'fi:ɐ] *m* safir, gök yakut

saprophil *adj* BOT saprofit, çürükçül

Saprophyt <-en, -en> *m* BOT saprofit, çürükçül

Sarde(in) <-n, -n; -nen> ['zardə] *m(f)* Sardinyalı

Sardelle <-n> [zar'dɛlə] *f* ZOOL hamsi

Sardine <-n> [zar'di:nə] *f* ZOOL sardalye; **zusammengedrängt wie die ~n sein** (*fig*) sardalye gibi istif olmak

Sardinien <-s> [zar'di:niən] *nt* Sardinya

sardisch ['zardɪʃ] *adj* Sardinya (ile ilgili), Sardinyalı

Sarg <-(e)s, Särge> [zark, *pl* 'zɛrgə] *m* tabut

Sargträger *m* mortocu

Sari *m* sari

Sarkasmus <-, Sarkasmen> [zar'kasmʊs] *m* istihza

sarkastisch [zar'kastɪʃ] *adj* müstehzî

Sarkophag <-s, -e> [zarko'fa:k] *m* lahit, sanduka

S

saß [zaːs] *3. imp von* **sitzen**

Satan <-s> [ˈzaːtan] *m kein pl* (*Teufel*) iblis, şeytan

satanisch [zaˈtaːnɪʃ] *adj* şeytanî

Satanismus *m kein pl* satanizm, iblisçilik

Satanist(in) *m(f)* satanist

Satellit <-en, -en> [zatɛˈliːt] *m a.* ASTRON uydu **Satellitenfernsehen** *nt* uydu televizyonu **Satellitenfoto** <-s, -s> *nt* uydu fotoğrafı **Satellitenschüssel** *f* (*fam*) uydu anteni, çanak anten **Satellitenstadt** *f* uydu kent

Satin <-s, -s> [zaˈtɛ̃ː] *m* saten, atlas

Satire <-n> [zaˈtiːrə] *f* LIT yergi, satir, taşlama, hicviye

satirisch *adj* yergici, satirik

Satsuma <-s> *f* satsuma; **die ~ ist eine Mandarinenart** satsuma bir mandalina türüdür

satt [zat] *adj* ❶ (*nicht hungrig*) tok, doymuş; (*a. fig*) doygun; ■ **sich** (**an etw** *dat*) **~ essen** bir şeyi doya doya yemek ❷ (*Farbe*) canlı

Sattel <-s, Sättel> [ˈzatəl, *pl* ˈzɛtəl] *m* ❶ (*Reit~*) eyer; (*Pack~*) semer; (*Fahrrad~*) sele ❷ AUTO (*Brems~*) semer ❸ GEO boyun

Satteldecke *f* eyer örtüsü, çaprak, şaprak **Satteldruck** *m kein pl* yağır

sattelfest *adj* **in etw ~ sein** bir şeyin ustası olmak

satteln **I.** *vt* eyerlemek, eyer vurmak (-e) **II.** *vr* ■ **sich ~** (*fig fam: sich vorbereiten*) hazırlanmak

Satteltasche *f* ❶ (*am Reitsattel*) heybe; (*größer*) hurç ❷ (*am Fahrrad: für Werkzeug*) sele çantası; (*für Gepäck*) portbagaj çantası

Sattelung *f* eyerleme

Sattelzeug *nt kein pl* eyer takımı

satt|haben[RR] *irr vt* **jdn/etw ~** (*fam*) bir kimseden/şeyden usanmak [*o* bıkmış olmak]

sättigen [ˈzɛtɪgən] **I.** *vi* doymak **II.** *vt* ❶ (*geh: satt machen*) doyurmak ❷ (*Markt*) *a.* CHEM doyurmak

sättigend *adj* doyurucu

Sättigung *f kein pl* ❶ (*des Hungers*) doyma, doyum ❷ CHEM doyma

Sättigungspunkt *m* doyum noktası

Sattler(in) <-s, -; -nen> [ˈzatlɐ] *m(f)* saraç

Sattlerhandwerk *nt kein pl* saraçlık

satt|sehen[RR] *irr vr* **sich an etw** *dat* **nicht ~ können** bir şeye gözü doyamamak

Saturn <-s> [zaˈtʊrn] *m* Satürn

Satz[1] <-es, Sätze> [zats, *pl* ˈzɛtsə] *m* ❶ LING cümle, tümce ❷ (*Lehr~*) teorem, önerme ❸ MUS bölüm ❹ (*Quote*) oran; (*Prozent~*) yüzde; (*Tarif*) tarife ❺ (*zusammengehörige Dinge*) set, takım ❻ (*Kaffee~*) telve; **der ~ von Kaffee** kahvenin telvesi ❼ SPORT (*Tennis, Volleyball*) set ❽ (*Schritt*) adım; (*Sprung*) sıçrayış

Satz[2] <-(e)s> *m kein pl* TYPO dizgi; **im ~ sein** dizgide olmak

Satzaussage *f* LING (*Prädikat*) yüklem **Satzbau** <-(e)s> *m kein pl* LING cümle yapısı **Satzergänzung** *f* LING tümleç **Satzgegenstand** *m* LING (*Subjekt*) özne **Satzlehre** *f kein pl* LING cümle bilgisi; (*Syntax*) sentaks

Satzteil <-(e)s, -e> *m* cümlenin ögesi

Satzung <-en> *f* JUR ❶ (*Vertrags~*) ana sözleşme ❷ (*des Europarats*) statü

Satzzeichen *nt* LING noktalama işareti

Sau <Säue> [zaʊ, *pl* ˈzɔɪə] *f* ❶ (*Tier*) dişi domuz; **die ~ rauslassen** (*fam*) kepazelik yapmak; **jdn zur ~ machen** (*fam*) birini kepaze etmek; **unter aller ~** (*pej fam*) berbat mı berbat; **Perlen vor die Säue werfen** (*fig*) eşek hoşaftan ne anlar ❷ (*pej fam: Mensch*) kepaze herif

sauber [ˈzaʊbɐ] **I.** *adj* ❶ (*rein*) temiz, pak; **etw ~ halten** bir şeyi temiz tutmak; **etw ~ machen** bir şeyi temizlemek ❷ (*sorgfältig*) özenli (ve titiz), itinalı; (*genau*) tam ❸ (*anständig*) dürüst; **bleib ~!** (*fam*) yaramazlık yapma! ❹ (*iron fam: nicht anständig*) o kadar dürüst, o dürüst bildiğimiz ❺ (*fam: vernünftig*) aklı başında; **du bist wohl nicht ganz ~!** senin aklın başında değil galiba! **II.** *adv* (*sorgfältig*) özenle ve titizlikle; **etw ~ voneinander trennen** bir şeyi özenle ve titizlikle birbirinden ayırmak

Sauberkeit *f kein pl* ❶ (*Reinlichkeit*) temizlik ❷ (*Anständigkeit*) saffet

Sauberkeitsfimmel <-s> *m kein pl* (*pej*) temizlik hastalığı

säuberlich [ˈzɔɪbɐlɪç] **I.** *adj* temiz; (*sorgfältig*) özenli, özenle ve titizlikle yapılan; (*ordentlich*) düzenli **II.** *adv* özenle ve titizlikle

sauber|machen *vi, vt s.* **sauber I.1.**

säubern [ˈzɔɪbɐn] *vt* ❶ (*reinigen*) temizlemek; (*Wunde*) dezenfekte etmek ❷ (*Partei*) tasfiye etmek

Säuberung <-en> *f* ❶ (*das Reinigen*) temizleme ❷ (*einer Partei*) tasfiye

Saubohne *f* BOT bakla

Sauce <-n> [ˈzoːsə] *f* sos

Saudi-Arabien [ˈzaʊdi-] *nt* Suudi Arabistan

saudumm [ˈ-ˈ-] *adj* (*fam*) ahmak

sauer [ˈzaʊɐ] *adj* ❶ (*Obst, Bonbons*) *a.* CHEM ekşi; **etw ~ einlegen** bir şeyin turşusunu yapmak ❷ (*dickflüssige Milch*) ekşi; (*verdorbene Milch*) ekşimiş; **~ werden**

(*Milch*) ekşimek ❸ (*fam: verärgert*) kızgın, bozuk; **ich bin ~ auf ihn** ona kızgınım [*o* bozuldum]; **eine ~e Miene machen** [*o* **ziehen**] yüzünü ekşitmek [*o* buruşturmak] **Sauerampfer** <-s, -> *m* BOT kuzukulağı **Sauerbraten** *m* GASTR *sirkeye yatırıldıktan sonra kızartılmış sığır eti*

Sauerei <-en> [zaʊəˈraɪ] *f* (*pej fam*) kepazelik

Sauerkirsche <-n> *f* ❶ (*Frucht*) vişne ❷ (*Baum*) vişne **Sauerklee** *m kein pl* BOT ekşi yonca **Sauerkraut** <-(e)s> *nt kein pl* lahana salamurası

säuerlich [ˈzɔɪɐlɪç] *adj* ❶ (*Speisen, Getränke*) ekşimsi, kekre; (*leicht*) ekşimtırak, kekremsi ❷ (*Milch*) ekşimsi ❸ (*Miene*) ekşi

Sauerstoff <-(e)s> *m kein pl* oksijen **Sauerstoffflasche** <-n> *f* oksijen tüpü **Sauerstoffgerät** <-(e)s, -e> *nt* oksijen aleti **Sauerstoffmangel** <-s> *m kein pl* oksijen eksikliği **Sauerstoffmaske** *f* oksijen maskesi **Sauerstoffzelt** *nt* oksijen çadırı

Sauerteig *m* mayalı hamur

Saufbold <-(e)s, -e> [-bɔlt] *m* (*pej fam*) ayyaş, içkici

saufen <säuft, soff, gesoffen> [ˈzaʊfən] **I.** *vi* ❶ (*Tier*) su içmek ❷ (*fam: Alkohol trinken*) içki içmek, kafayı çekmek ❸ (*alkoholsüchtig sein*) ayyaş olmak, içkici olmak **II.** *vt* ❶ (*Tier*) içmek ❷ (*fam: Mensch*) içmek; **einen ~ gehen** içmeye gitmek

Säufer(in) <-s, -; -nen> [ˈzɔɪfɐ] *m(f)* (*pej fam*) içkici; (*stärker*) ayyaş

Sauferei <-en> *f* (*fam*) ❶ (*Trunksucht*) içkicilik, içkiye düşkünlük ❷ (*Gelage*) içki âlemi

säuft [zɔɪft] *3. präs von* **saufen**

saugen¹ <saugt, sog *o* saugte, gesogen *o* gesaugt> [ˈzaʊgən] **I.** *vi* (*an einer Pfeife, Zigarette*) içmek (**an** -), tüttürmek (**an** -); (*an der Brust*) emmek (**an** -) **II.** *vt* ❶ (*ein~*) emmek (**aus** -den) ❷ (*auf~*) içine çekmek, soğurmak **III.** *vr* ■ **sich ~** ❶ (*eingesaugt werden*) içine geçmek; **der Wein saugt sich in den Stoff** şarap kumaşın içine geçiyor ❷ (*in sich aufnehmen*) çekmek, içine almak

saugen² *vi, vt* (*staub~*) toz almak, tozunu almak (-in); **der Staubsauger saugt gut** elektrik süpürgesi iyi çekiyor

säugen [ˈzɔɪgən] *vt* emzirmek, meme vermek (-e)

Sauger <-s, -> *m* ❶ (*auf einer Flasche*) emzik ❷ (*fam: Staub~*) elektrik süpürgesi

Säugetier *nt* memeli hayvan

Säugling <-s, -e> [ˈzɔɪklɪŋ] *m* süt çocuğu, emlik, bebek **Säuglingsschwester** *f* bebek hemşiresi

saukalt [ˈ-ˈ-] *adj* (*fam*) buz gibi, zehir gibi soğuk; **es ist ~** hava buz gibi

Säule <-n> [ˈzɔɪlə] *f* ❶ ARCH sütun; (*Grund~*) direk; **zur ~ erstarren** (*fig*) taş kesilmek, put kesilmek ❷ (*fig*) direk **Säulengang** <-(e)s, -gänge> *m* sütunlu geçit **Säulenordnung** <-en> *f* ARCH sütun düzeni; **dorische ~** Dor düzeni; **ionische ~** İyon düzeni; **korinthische ~** Korent düzeni

Saum <-(e)s, Säume> [zaʊm, *pl* ˈzɔɪmə] *m* ❶ (*umgenähter Rand*) biye, baskı; **ein falscher ~** pervaz ❷ (*geh: Rand, Rain*) kenar; (*vom Rock*) etek

saumäßig **I.** *adj* (*fam*) ❶ (*viel*) bok gibi ❷ (*sehr schlecht*) bok gibi **II.** *adv* (*fam: sehr*) bok gibi

säumen [ˈzɔɪmən] *vt* bastırmak

säumig *adj* ❶ (*verspätet*) gecikmeli; (*nachlässig*) ihmâlci ❷ JUR (*Schuldner*) direngen, mütemerrit

Säumnis <-, -se *o wenn nt* -ses, -se> [ˈzɔɪmnɪs] *f o nt* ❶ (*geh: Verspätung*) gecikme; **etw ohne ~ bezahlen** bir şeyi gecikmeden ödemek ❷ JUR (*Nichterscheinen*) gelmeme, gıyap, yokluk; (*Zögern*) direnim, temerrüt **Säumniszuschlag** *m* gecikme zammı

Sauna <Saunen> [ˈzaʊna] *f* sauna, Fin hamamı

Säure¹ [ˈzɔɪrə] *f kein pl* (*saurer Geschmack*) ekşilik

Säure² <-n> *f* CHEM asit

Saurier <-s, -> [ˈzaʊriɐ] *m* dinozor

Saus [zaʊs] *m* **in ~ und Braus leben** zevk ve sefa içinde yaşamak

säuseln [ˈzɔɪzəln] *vi* ❶ (*Wind*) püfür püfür esmek; (*Blätter*) hışırdamak ❷ (*mit leiser Stimme*) fısıldamak

sausen [ˈzaʊzən] *vi sein* ❶ (*Geschoss*) vınlamak; **es saust in seinem Ohr** kulağı vınlıyor; **das Auto sauste um die Ecke** otomobil son hızla köşeyi döndü ❷ (*Wind, Sturm*) uğuldamak; **es saust mir in den Ohren** kulaklarım uğulduyor ❸ (*fig fam*) **etw ~ lassen** bir şeyden caymak; **jdn ~ lassen** birini boş vermek; **er ist durchs Examen gesaust** sınavda çaktı

Saustall *m* ❶ domuz ahırı ❷ (*fig, pej*) mezbele **saustark** [ˈ-(ˈ)-] *adj* (*fam: sehr stark*) çok kuvvetli; (*großartig*) şahane, muazzam **Sauwetter** *nt* (*fam*) berbat hava **sauwohl** [ˈ-ˈ-] *adv* (*fam*) ■ **sich ~ fühlen** kendini çok iyi hissetmek

Savanne <-n> [zaˈvanə] *f* savana

Saxofon[RR] <-s, -e> *nt s.* **Saxophon**

Saxofonist(in)[RR] <-en, -en; -nen> *m(f)* *s.* **Saxophonist**
Saxophon <-s, -e> [zakso'fo:n, '---] *nt* saksofon
Saxophonist(in) <-en, -en; -nen> [zaksofo'nɪst] *m(f)* saksofoncu
SB [ɛs'be:] *Abk von* **Selbstbedienung** selfservis, seçal
S-Bahn ['ɛsba:n] *f* banliyö treni
SBB [ɛsbe:'be:] *f Abk von* **Schweizerische Bundesbahn** *İsviçre Demiryolları*
scannen *vt* INFORM, MED taramak
Scanner <-s, -> ['skɛnɐ] *m* INFORM, MED tarayıcı
Schabe <-n> ['ʃa:bə] *f* hamam böceği
schaben ['ʃa:bən] *vt* kazımak (**von** -den)
Schabernack <-(e)s, -e> ['ʃa:bɐnak] *m* muziplik; **~ treiben** muziplik yapmak
schäbig ['ʃɛ:bɪç] *adj* (*pej*) ❶ (*unansehnlich*) kılıksız; (*abgenutzt*) pejmürde, yırtık pırtık ❷ (*armselig*) eski püskü; (*gemein*) adî
Schablone <-n> [ʃa'blo:nə] *f* şablon
schablonenhaft *adj* şabloncu
Schach[1] <-s> [ʃax] *nt kein pl* (*Spiel*) satranç; **eine Partie ~ spielen** bir parti satranç oynamak
Schach[2] <-s, -s> *nt* (*Spielstellung*) şah
Schachbrett *nt* satranç tahtası
schachbrettartig *adj* satrançlı
schachern ['ʃaxɐn] *vi* (*pej*) vurgunculuk etmek; (*feilschen*) sıkı pazarlık etmek
Schachfigur *f* satranç taşı **schachmatt** ['-'-] *adj* ❶ (*beim Schachspiel*) mat; **jdn ~ setzen** birini (satrançta) mat etmek ❷ (*fam: erschöpft*) mat **Schachmeisterschaft** *f* satranç şampiyonası **Schachpartie** *f* satranç partisi **Schachspiel** *nt* satranç; (*Schachbrett und Figuren*) satranç takımı **Schachspieler(in)** *m(f)* satrançcı, satranç oyuncusu
Schacht <-(e)s, Schächte> [ʃaxt, *pl* 'ʃɛçtə] *m* ❶ baca; (*Fahrstuhl~*) boşluk ❷ BERGB kuyu
Schachtel <-n> ['ʃaxtəl] *f* kutu; (*Zigaretten~*) paket
schächten *vi* kurban kesmek
Schachzug <-(e)s, -züge> *m* satranç hamlesi
schade ['ʃa:də] *adj inv* yazık; **es ist ~, dass er nicht gekommen ist** gelmemiş olması yazık; **das ist aber ~!** ah, ne yazık!; **es ist ~ um jdn/etw** bir kimseye/şeye yazık oldu; **sich** *dat* **für etw** (**nicht**) **zu ~ sein** bir şeyi yapmaktan yüksün(me)mek
Schädel <-s, -> ['ʃɛ:dəl] *m* ❶ kafatası ❷ (*fam: Kopf*) kafa; **mir brummt der ~** kafam kazan oldu **Schädelbruch** *m* kafatası çatlaması, kafatası yarılması
schaden ['ʃa:dən] *vi* **jdm/etw** *dat* **~** bir kimseye/şeye zarar vermek; **das schadet nichts** (*fam*) ziyanı yok
Schaden <-s, Schäden> ['ʃa:dən] *m* ❶ (*Beschädigung*) zarar (**an** -de), hasar (**an** -de); **es entstand ein ~ von 300 Euro** 300 euroluk bir zarar meydana geldi; **jdm ~ zufügen** birine zarar vermek; **zu ~ kommen** zarar görmek; **durch ~ wird man klug** (*prov*) bir musibet bin nasihatten yeğdir ❷ (*Nachteil*) dezavantaj; (*Verlust*) ziyan ❸ (*Motor~*) arıza, bozukluk **Schadenersatz** *m* JUR tazminat; **~ leisten** tazminat vermek **Schadenfreude** *f* başkasının zararına sevinme **schadenfroh** *adj* başkasının zararına sevinen
Schadensersatz *m* JUR *s.* **Schadenersatz**
schadhaft *adj* bozuk, hasarlı
schädigen ['ʃɛ:dɪgən] *vt* zarar vermek (-e)
Schädigung <-en> *f* zarar verme
schädlich ['ʃɛ:tlɪç] *adj* zararlı (**für** -e); (*gesundheitlich*) zararlı (**für** -e)
Schädling <-s, -e> ['ʃɛ:tlɪŋ] *m* haşarat
Schädlingsbekämpfung *f kein pl* haşaratla mücadele **Schädlingsbekämpfungsmittel** *nt* böcek ilacı
Schadstoff <-(e)s, -e> *m* zararlı madde **schadstoffarm** *adj* AUTO düşük emisyonlu **Schadstoffausstoß** *m* emisyon **Schadstoffbelastung** *f* kirletme
Schaf <-(e)s, -e> [ʃa:f] *nt* ❶ (*Tier*) koyun; **schwarzes ~** (*fig*) yüz karası ❷ (*fam: Dummkopf*) koyun dede **Schafbock** *m* koç
Schäfchen <-s, -> ['ʃɛ:fçən] *nt* (*junges Schaf*) kuzu; **sein ~ ins Trockene bringen** (*fig fam*) küpünü doldurmak; **sein ~ im Trockenen haben** tuzu kuru olmak; **sein ~ zu scheren wissen** çıkarını bilmek
Schäfer(in) <-s, -; -nen> ['ʃɛ:fɐ] *m(f)* çoban **Schäferhund** <-(e)s, -e> *m* çoban köpeği, kurt köpeği; (*Deutscher ~*) Alman kurt köpeği
Schäferstündchen <-s, -> [-ʃtʏntçən] *nt* aşk saati
Schaffell *nt* koyun postu
schaffen[1] <schafft, schuf, geschaffen> ['ʃafən] *vt* ❶ (*er~*) yaratmak; (*gründen*) kurmak, meydana getirmek, ihdas etmek; **dafür ist sie wie ge~** onun için yaratılmış gibi, onun için biçilmiş kaftan ❷ (*Voraussetzungen*) oluşturmak; (*Platz*) açmak; (*Ordnung*) vermek; (*Unruhe*) yaratmak
schaffen[2] **I.** *vt* ❶ (*bewältigen*) başarmak; (*fertigbringen*) becermek; (*erreichen*) yetişmek; **eine Prüfung ~** bir sınavı başarmak, sınavdan geçmek; **so, das hätten**

S

wir geschafft böylelikle bunu da becermiş olduk ❷ (*fam: erschöpfen*) yormak; **die Kinder haben mich geschafft** çocuklar beni yordu [*o* bitirdi]; **jdm zu ~ machen** (*erschöpfen*) birini yormak; (*bekümmern*) birine dert olmak ❸ (*weg~*) alıp götürmek; (*herbei~*) bulup getirmek; **etw vom Halse ~** bir şeyi başından atmak **II.** *vi* SÜDD, DIAL (*arbeiten*) çalışmak; **damit habe ich nichts zu ~** onunla benim alacağım vereceğim yok

Schaffenskraft *f kein pl* yaratma gücü

Schaffner(in) <-s, -; -nen> ['ʃafnɐ] *m(f)* (*Fahrscheinverkäufer*) biletçi; (*Kontrolleur*) kondüktör

Schafgarbe *f* BOT civanperçemi, kandil çiçeği

Schafherde *f* koyun sürüsü

Schafott <-(e)s, -e> [ʃa'fɔt] *nt* idam sehpası

Schafskäse *m* beyaz peynir

Schaft <-(e)s, Schäfte> [ʃaft, *pl* 'ʃɛftə] *m* ❶ (*Stiefel~*) konç ❷ (*Gewehr~*) kundak ❸ BOT sap ❹ (*für Messer, Schwert*) sap ❺ SCHWEIZ (*Schrank*) dolap; (*Regal*) raf

Schaftstiefel <-s, -> *m* konçlu çizme

Schah <-s, -s> [ʃa:] *m* şah

Schakal <-s, -e> [ʃa'ka:l] *m* çakal

schäkern ['ʃɛ:kɐn] *vi* (*fam*) ❶ (*scherzen*) şakalaşmak (**mit** -le) ❷ (*flirten*) cilveleşmek (**mit** -le)

schal [ʃa:l] *adj* yavan; **~e Späße** (*fig*) tatsız şakalar

Schal <-s, -s *o* -e> [ʃa:l] *m* atkı, eşarp

Schale <-n> ['ʃa:lə] *f* ❶ (*Obst~, Kartoffel~*) kabuk; (*Nuss~, Eier~*) kabuk; (*Muschel~*) kabuk; (*von Hülsenfrüchten*) kabuk ❷ (*Gefäß*) kâse ❸ (*Waag~*) kefe ❹ (*fam: Kleidung*) **sich in ~ werfen** giyinip kuşanmak

schälen ['ʃɛ:lən] **I.** *vt* (*Obst, Kartoffel*) soymak; (*Ei*) kabuğunu soymak (-in) **II.** *vr* ■ **sich ~** (*Haut*) soyulmak

Schalentier <-(e)s, -e> *nt* kabuklu hayvan

Schalk <-(e)s, -e *o* Schälke> [ʃalk] *m* muzip kimse

Schall <-(e)s> [ʃal, *pl* 'ʃɛlə] *m kein pl a.* PHYS (*Geräusch, Laut*) ses; (*Widerhall*) yankı, seda **Schalldämmung** *f kein pl* ses yalıtımı **Schalldämpfer** *m* TECH susturucu **schalldicht** *adj* ses geçirmez, sağır; **eine ~e Wand/Tür** sağır duvar/kapı

schallen ['ʃalən] *vi* yankılanmak, yankı vermek, çınlamak; **~des Gelächter** çıngıraklı kahkaha

Schallgeschwindigkeit *f kein pl* ses hızı

Schallisolierung *f kein pl* ses yalıtımı

Schallmauer *f kein pl* ses duvarı; **die ~ durchbrechen** ses duvarını aşmak

Schallplatte *f* plak **Schallwelle** *f* PHYS ses dalgası

Schalotte <-n> [ʃa'lɔtə] *f* arpacık soğanı

schalt [ʃalt] *3. imp von* **schelten**

Schaltanlage *f* ELEK elektrik bağlama donanımı

schalten ['ʃaltən] **I.** *vi* ❶ AUTO vitese takmak [*o* geçirmek]; **in den dritten Gang ~** üçüncü vitese takmak ❷ (*um~*) şalteri çevirmek; RADIO, TV geçmek (**zu** -e); **die Ampel hat auf Gelb/Grün/Rot geschaltet** lamba sarı/yeşil/kırmızı oldu ❸ (*handeln*) **er schaltet und waltet, wie es ihm gefällt** canı nasıl isterse öyle yapıyor ❹ (*fam: begreifen*) şarj etmek **II.** *vt* ❶ TECH (*verbinden*) bağlamak; (*ein~*) açmak; (*aus~*) kapamak ❷ (*einschieben*) geçirmek ❸ (*inserieren*) **eine Anzeige ~** ilan vermek

Schalter <-s, -> *m* ❶ TECH şalter, çevirgeç ❷ (*Bank~*) vezne; (*Fahrkarten~*) gişe, şalter **Schalterhalle** *f*, **Schalterraum** <-(e)s, -räume> *m* gişelerin bulunduğu yer **Schalterstunden** *pl* gişe saatleri *pl*

Schalthebel *m* vites kolu **Schaltjahr** *nt* artık yıl **Schaltkreis** *m* ELEK devre

Schaltplan *m* ELEK dağıtım şeması, devre şeması, şebeke planı **Schalttafel** *f* ELEK pano, kumanda tablosu **Schalttag** *m* artık gün

Schaltung <-en> *f* ❶ ELEK devre ❷ TELEK bağlantı ❸ AUTO (*Gang~*) vites

Schalung <-en> ['ʃa:lʊŋ] *f* TECH döküm kalıbı

Schaluppe <-n> [ʃa'lʊpə] *f* NAUT şalupa

Schälwald *m* koru

Scham [ʃa:m] *f kein pl* ❶ (*das Sichschämen*) utanma, utanç, hicap; **etw ohne ~ tun/sagen** bir şeyi utanmadan yapmak/söylemek; **vor ~ vergehen** utancından yerin dibine geçmek ❷ (*~gefühl*) utanma, utanç, ar; **~ empfinden** utanç duymak, arına dokunmak; **nur keine falsche ~!** çekinmeyin! ❸ (*~gegend*) edep yeri, ut yeri

Schamane <-n, -n> *m* şaman

Schambein *nt* ANAT kasık kemiği

schämen ['ʃɛ:mən] *vr* ■ **sich ~** utanmak (**wegen/für** -den (dolayı)/için, **vor** -den), ar etmek (**wegen/für** -den (dolayı)/için), utanç duymak (**wegen/für** -den (dolayı)/için), arına dokunmak (**wegen/für** -den (dolayı)/için); **er schämt sich für sein Verhalten** davranışından dolayı utanıyor; **du solltest dich ~!** utan!

S

Schamgefühl <-(e)s> *nt kein pl* utanma duygusu, utanç duygusu; **er hat überhaupt kein ~** onda hiç utanma duygusu yok
Schamgegend *f kein pl* ut yeri, edep yeri **Schamhaar** <-(e)s> *nt kein pl* edep yerindeki tüyler *pl*
schamhaft *adj* utangaç
Schamlippe *f* ANAT vulvanın dış dudağı
schamlos *adj* ❶ (*unanständig*) utanmaz, edepsiz ❷ (*dreist*) pervasız, yüzsüz
schamponieren* *vt* şampuanlamak
Schamröte *f* utançtan kızarma; **mir stieg die ~ ins Gesicht** utancımdan yüzüm kızardı
Schande ['ʃandə] *f kein pl* (*Beschämung*) utandırma; (*Schmach*) rezalet; (*für die Ehre*) namussuzluk; **sie hat ~ über uns gebracht** bizi rezil etti; **zu meiner ~ muss ich gestehen, dass ...** söylemeye utanıyorum ama ...; **das ist eine ~!** bu rezalet!; **mach mir keine ~!** beni rezil etme!; **das ist doch keine ~** bu ayıp değil ki
schänden ['ʃɛndən] *vt* ❶ (*entehren*) namusunu lekelemek (-in), namusunu kirletmek (-in); (*sexuell*) ırzına geçmek (-in) ❷ (*entweihen*) kutsallığını bozmak (-in)
Schandfleck *m* namus lekesi; (*für die Ehre*) yüz karası
schändlich ['ʃɛntlɪç] *adj* ❶ rezil; (*niederträchtig*) rezilce, yüz kızartıcı, ayıp ❷ (*fam: überaus schlecht*) berbat; **die Straße ist in einem ~en Zustand** cadde berbat bir durumda
Schandtat *f* namussuzluk, yüz kızartıcı suç; **zu jeder ~ bereit sein** (*iron fam*) her türlü yaramazlığa [*o* şaklabanlığı yapmaya] hazır olmak
Schänke[RR] <-n> *f s.* **Schenke**
Schanze <-n> ['ʃantsə] *f* SPORT atlama seddi
Schar <-en> [ʃaːɐ] *f* ❶ (*Menge*) sürü; (*Gruppe*) küme, sürü; (*Vogel~*) küme; (*Heer~*) ordu; **in (hellen) ~en** sürü sürü ❷ AGR (*Pflug~*) uç demiri
scharen ['ʃaːrən] **I.** *vr* (*geh*) **sich um jdn/etw ~** bir kimsenin/şeyin etrafında toplanmak **II.** *vt* (*geh*) **... um sich ~ ...** etrafında toplamak
scharenweise *adv* küme küme
scharf <schärfer, am schärfsten> [ʃarf] *adj* ❶ (*Messer, Kralle, Zähne*) keskin; (*schneidend*) kesici ❷ (*Speise*) acı; (*Getränk*) sert; (*Geruch*) keskin; CHEM yakıcı ❸ (*Wind*) keskin ❹ (*Ton*) sert ❺ FOTO (*Umrisse*) net; **~ eingestellt** odaklanmış ❻ (*Gehör*) hassas; (*Verstand*) keskin; **~e Augen haben** gözü keskin olmak, gözleri iyi görmek; **~ nachdenken** iyice düşünüp taşınmak ❼ (*Kurve*) keskin; **~ bremsen** sert fren yapmak; **~ abbiegen** keskin dönüş yapmak ❽ (*Kritik, Antwort, Protest*) sert, haşin, şiddetli; **jdn ~ kritisieren** birini sert bir biçimde eleştirmek ❾ (*Disziplin, Bewachung*) sıkı ❿ (*Auseinandersetzung*) şiddetli ⓫ (*Hund*) ısırgan ⓬ (*fam: toll*) şahane ⓭ (*fam: geil*) **er ist ~ auf das Mädchen** kıza içi gidiyor ⓮ MIL (*Munition*) hakiki ⓯ (*fam: versessen*) **~ darauf sein, etw zu tun** bir şeyi yapmaya can atmak
Scharfblick <-(e)s> *m kein pl* sağgörü, basiret
Schärfe ['ʃɛrfə] *f kein pl* ❶ (*Messer, Kante*) keskinlik ❷ (*Speise*) acılık; (*Geruch*) keskinlik; CHEM yakıcılık ❸ (*Foto, Umriss*) netlik ❹ (*Sinnesorgan*) hassaslık; (*Verstandes~*) keskinlik ❺ (*Worte*) sertlik; (*von Kritik*) sertlik ❻ (*Härte, Strenge*) sertlik, şiddet
schärfen *vt* ❶ (*Messer*) bilemek, keskinleştirmek ❷ (*Verstand, Gehör*) güçlendirmek, bilemek
scharfkantig *adj* keskin kenarlı, kenarları keskin **scharf|machen** *vt* (*fam*) tahrik etmek, kışkırtmak
Scharfrichter(in) *m(f)* cellat
Scharfschütze(in) <-n, -n; -nen> *m(f)* MIL keskin nişancı **scharfsichtig** *adj* ❶ gözü keskin ❷ (*fig*) sağduyulu, basiretli **Scharfsinn** <-(e)s> *m kein pl* keskin zekâ **scharfsinnig** *adj* keskin zekâlı
Scharia *f kein pl* REL şeriat
Scharlach <-s> ['ʃarlax] *m kein pl* MED kızıl
Scharlatan <-s, -e> ['ʃarlatan] *m* (*pej*) şarlatan
Scharnier <-s, -e> [ʃar'niːɐ] *nt* menteşe
Scharnierband *nt* boy menteşe, piyano menteşe
Schärpe <-n> ['ʃɛrpə] *f* eşarp, atkı; (*um die Hüfte*) kuşak
scharren ['ʃarən] **I.** *vi* (*in der Erde*) eşinmek; **der Hund scharrt an der Tür** köpek kapıyı tırmalıyor; **mit den Füßen ~** ayaklarını sürtmek **II.** *vt* ❶ (*Loch*) eşmek ❷ (*zusammen~*) toplamak, bir araya getirmek
Scharte <-n> ['ʃartə] *f* ❶ çentik; (*Kerbe*) kertik, tırnak yeri; **die Klinge des Messers hat eine ~** bıçağın ağzında çentik var ❷ (*Hasen~*) yarık; (*Schieß~*) mazgal
schartig *adj* çentikli, tırtıklı
scharwenzeln* [ʃar'vɛntsəln] *vi haben o sein* (*pej fam*) **um jdn ~** birine yaltaklanmak; **vor jdm ~** birinin nabzına göre şerbet

vermek

Schaschlik <-s, -s> ['ʃaʃlɪk] *m o nt* şiş kebabı

Schatten <-s, -> ['ʃatən] *m* gölge; **35 Grad im ~** gölgede 35 derece; **~ werfen/spenden** gölge salmak/vermek; **in jds ~ stehen** birinin gölgesinde kalmak; **jdn/etw in den ~ stellen** bir kimseyi/şeyi gölgede bırakmak **Schattenblüher** *m* BOT gölgecil bitki **Schattendasein** *nt kein pl* **ein ~ führen** gölgede kalmak **Schattenkabinett** *nt* POL gölge kabine **Schattenmorelle** *f* BOT vişne **Schattenpflanze** *f* BOT gölgecil bitki **Schattenseite** *f* ❶ (*Seite im Schatten*) gölgeli taraf ❷ (*Nachteil*) sakıncalı yan **Schattenspiel** *nt* gölge oyunu

schattieren* [ʃa'tiːrən] *vt* gölgelemek

Schattierung <-en> *f* ❶ KUNST gölgeleme, ton; **eine ~ dunkler** bir ton daha koyu ❷ (*Variante*) varyant; (*Nuance*) nüans

schattig *adj* gölgeli, gölgelik

Schatulle <-n> [ʃa'tʊlə] *f* kutu, mahfaza

Schatz <-es, Schätze> [ʃats, *pl* 'ʃɛtsə] *m* ❶ hazine ❷ JUR define ❸ (*fig fam*) hazine; (*in der Anrede*) canım

Schatzamt *nt* (*Staatskasse*) hazine, devlet hazinesi; (*Finanzbehörde*) maliye

schätzen ['ʃɛtsən] *vt* ❶ (*Wert*) değer biçmek (-e, **auf** -), takdir etmek; (*Größe, Alter*) tahmin etmek; **wie alt ~ Sie ihn?** onu kaç yaşında tahmin ediyorsunuz? ❷ (*fam: annehmen*) sanmak, zannetmek; **ich schätze, dass ...** sanıyorum ki ... ❸ (*würdigen*) takdir etmek; **ich weiß das zu ~** bunu takdir ediyorum, bunun değerini [*o* kıymetini] biliyorum

Schatzkammer *f* hazine dairesi **Schatzmeister(in)** *m(f)* ❶ sayman ❷ HIST hazinedar

Schätzung <-en> *f* tahmin; (*des Wertes*) kıymet takdiri, değer biçme; **nach meiner ~** benim tahminimce

schätzungsweise *adv* tahminen

Schätzwert *m* (*taxiert*) takdir değeri, biçilen değer; (*angenommen*) tahminî değer

Schau <-en> [ʃaʊ] *f* şov; **etw zur ~ stellen** bir şeyi sergilemek; **eine große ~ abziehen** (*fam: angeben*) tantana yapmak; **jdm die ~ stehlen** birini gölgede bırakmak **Schaubild** *nt* (*Diagramm*) diyagram

Schauder <-s, -> ['ʃaʊdɐ] *m* (*geh*) ürperti

schauderhaft *adj* tüyler ürpertici

schaudern ['ʃaʊdɐn] **I.** *vi* ürpermek (**bei/vor** -den/-den) **II.** *vt unpers* **es schauderte mich beim Anblick** bakışı tüylerimi ürpertti

schauen ['ʃaʊən] *vi* ❶ (*blicken*) bakmak; **auf die Uhr ~** saate bakmak; **schau mal!** bir baksana!; **traurig ~** üzgün bakmak ❷ ÖSTERR, SCHWEIZ, SÜDD (*sich kümmern*) bakmak (**nach** -e), göz kulak olmak (**nach** -e) ❸ (*achten*) (**sehr**) **darauf ~, dass ...** ...masına dikkat etmek; (*Wert legen*) önem vermek

Schauer <-s, -> ['ʃaʊɐ] *m* ❶ METEO yağmur ❷ (*geh: Schauder*) ürperti **Schauergeschichte** <-n> *f* tüyler ürpertici öykü

schauerlich *adj* ❶ (*gruselig*) tüyler ürpertici ❷ (*fam: grässlich*) korkunç

Schaufel <-n> ['ʃaʊfəl] *f* ❶ (*Schippe*) kürek; (*Kehricht~*) faraş ❷ SCHWEIZ (*Pik*) maça

schaufeln **I.** *vi* kürek sallamak **II.** *vt* ❶ (*Sand, Schnee*) küremek, kürelemek ❷ (*Loch*) kazmak; **sich** *dat* **sein eigenes Grab ~** (*fig*) kendi kuyusunu kendi kazmak

Schaufenster *nt* vitrin, sergen **Schaufensterbeleuchtung** *f* vitrin ışığı **Schaufensterbummel** *m* **einen ~ machen** çarşıda gezerek vitrinlere bakmak

Schaukasten *m* vitrin

Schaukel <-n> ['ʃaʊkəl] *f* salıncak

schaukeln **I.** *vi* ❶ (*schwingen*) sallanmak; (*im Wind*) yalpalamak ❷ (*auf einer Schaukel*) sallanmak **II.** *vt* (*wiegen*) sallamak

Schaukelpferd *nt* salıncaklı at

Schaukelpolitik *f kein pl* (*pej*) idareimaslahat politikası **Schaukelstuhl** *m* sallanan koltuk

schaulustig *adj* seyir meraklısı

Schaum <-(e)s, Schäume> [ʃaʊm, *pl* 'ʃɔɪmə] *m* köpük **Schaumbad** *nt* ❶ (*Badezusatz*) köpürtücü şampuan ❷ (*Wannenbad*) köpük banyosu

schäumen ['ʃɔɪmən] *vi* ❶ (*Flüssigkeit*) köpüklenmek, köpürmek ❷ (*geh: toben*) köpürmek; **~ vor Wut** hiddetten kudurmak **Schaumgummi** *m* (p)lastik sünger

schaumig *adj* köpüklü

Schaumkrone *f* ❶ (*Welle*) dalga köpüğü ❷ (*Flüssigkeiten*) köpük **Schaumstoff** <-(e)s, -e> *m* stiropor **Schaumwein** <-(e)s, -e> *m* köpüklü şarap

Schauplatz <-es, -plätze> *m* sahne, meydan

schaurig ['ʃaʊrɪç] *adj* ❶ (*gruselig*) tüyler ürpertici ❷ (*fam: schlecht*) berbat

Schauspiel *nt* ❶ THEAT (tiyatro) oyun(u), dram ❷ (*geh: Vorgang*) dram; (*Anblick*) seyir; (*Szene*) sahne

Schauspieler *m* ❶ aktör, erkek oyuncu ❷ (*fig: Heuchler*) numaracı **Schauspielerei** *f kein pl* ❶ (*fam*) aktörlük ❷ (*pej*)

aktörlük, rol, numara **Schauspielerin** *f* aktris, kadın oyuncu

schauspielern ['---] *vi* ❶ (*fam: als Schauspieler arbeiten*) aktörlük yapmak ❷ (*pej: vortäuschen*) rol yapmak, numara yapmak

Schauspielhaus *nt* tiyatro

Schausteller(in) <-s, -; -nen> *m(f)* panayırcı

Scheck <-s, -s> [ʃɛk] *m* çek; **einen ~ einlösen** bir çeki ödemek; **einen ~ über 100 Euro ausstellen** 100 euroluk bir çek keşide etmek

scheckig ['ʃɛkɪç] *adj* ❶ (*Pferd, Rind*) abraş ❷ (*fleckig*) benekli

Scheckkarte *f* çek kartı

Scheffel *m* HIST kile; **sein Licht (nicht) unter den ~ stellen** (*fig fam*) meziyetlerini belli et(me)mek, fazla alçak gönüllülük göster(me)mek

scheffeln ['ʃɛfəln] *vt* (*pej fam*) **Geld ~** yükünü tutmak

Scheibe <-n> ['ʃaɪbə] *f* ❶ (*allgemein*) disk; (*Töpfer~*) çark ❷ (*Brot~*) dilim; (*Wurst~, Melonen~*) dilim; (*Schinken~, Käse~*) dilim; **etw in ~n schneiden** bir şeyi dilim dilim kesmek ❸ (*Glas~*) cam; (*Schaufenster~*) camekân, camlık ❹ SPORT, MIL (*Schieß~*) levha ❺ TECH (*Unterleg~*) pul ❻ (*fam: Schallplatte*) plak **Scheibenbremse** *f* AUTO diskli fren, disk freni **Scheibenwischer** <-s, -> *m* silecek

Scheich <-(e)s, -e *o* -s> [ʃaɪç] *m* şeyh

Scheide <-n> ['ʃaɪdə] *f* ❶ (*Vagina*) vajina, döl yolu ❷ (*für Degen, Schwert*) kın; **das Schwert in die ~ stecken** (*a. fig*) kılıcı kınına koymak

scheiden <scheidet, schied, geschieden> ['ʃaɪdən] **I.** *vt* ❶ (*Ehe*) boşamak; **sich (von jdm) ~ lassen** (birisinden) boşanmak ❷ (*trennen*) ayırmak **II.** *vr* ■ **sich ~** (*Auffassungen*) ayrılmak; **hier ~ sich die Geister** bu konuda görüşler ayrılıyor **III.** *vi sein* ❶ (*aufgeben*) **aus dem Amt ~** görevden ayrılmak ❷ (*sich trennen*) ayrılmak

S

Scheidenmuschel *f* ZOOL süline, denizçakısı

Scheidenzäpfchen *nt* bızır

Scheidewand *f* perde **Scheideweg** *m* yol ayrımı; **am ~ stehen** yol ayrımında olmak, önemli bir karar arifesinde bulunmak

Scheidung <-en> *f* boşanma; **die ~ einreichen** boşanma davası açmak **Scheidungsgrund** <-(e)s, -gründe> *m* JUR boşanma sebebi **Scheidungskind** *nt* boşanma sonucu arada kalan çocuk **Scheidungsklage** *f* JUR boşanma davası

Schein[1] <-(e)s> [ʃaɪn] *m kein pl* ❶ (*von Licht*) ışık; (*Glanz*) parıltı ❷ (*An~*) görünüş; **der ~ trügt** görünüşe aldanmamalı; **den ~ retten** görünüşü [*o* zevahiri] kurtarmak; **etw nur zum ~ tun** bir şeyi sadece görünürde yapmak

Schein[2] <-(e)s, -e> [ʃaɪn] *m* ❶ (*Bescheinigung*) kâğıt; (*Beleg*) fiş; UNIV vize ❷ (*Geld~*) banknot, kâğıt para

scheinbar **I.** *adj* görünür, görünen **II.** *adv* ❶ (*fam: anscheinend*) görünürde, görünüşte ❷ (*vorgeblich*) sözde

Scheinehe *f* müt'a nikâhı (*para karşılığında geçici evlenme*)

scheinen <scheint, schien, geschienen> ['ʃaɪnən] *vi* ❶ ışık vermek; (*glänzen*) parlamak; **uns schien die Sonne ins Gesicht** güneş gözümüzü alıyor ❷ (*den Anschein haben*) (gibi) görünmek, (gibi) gözükmek; **es scheint, dass/als ob ...** öyle görünüyor [*o* gözüküyor] ki ...; **es scheint so zu sein/werden** öyle olduğu/olacağı gözüküyor

Scheinfirma *f* paravan firma, naylon firma **Scheinfüßchen** *nt* ZOOL (*Pseudopodium*) yalancı ayak **scheinheilig** *adj* (*pej*) ikiyüzlü, yüze gülücü, riyakâr; **tu nicht so ~!** öyle ikiyüzlülük etme! **Scheinheiligkeit** *f* (*pej*) ikiyüzlülük, yüze gülücülük, riyakârlık **Scheinschwangerschaft** *f* MED yalancı gebelik **scheintot** *adj* ❶ MED ölmüş gibi ❷ (*fam: uralt*) içi geçmiş

Scheinwerfer <-s, -> *m* AUTO far; THEAT projektör **Scheinwerferlicht** <-s> *nt kein pl* projektör ışığı

Scheiß <-> [ʃaɪs] *m kein pl* (*pej fam*) bok; **ohne ~!** gerçekten! **Scheißdreck** *m* (*pej vulg*) bok; **einen ~ werde ich tun!** nah yaparım!

Scheiße ['ʃaɪsə] *f kein pl* (*vulg*) bok; **~!** Allah kahretsin!; **~ bauen** bok etmek; **~ reden** şaçma sapan konuşmak; **in der ~ sitzen** boka batmış olmak, iş boka sarmak; **das Buch ist s~** bu kitap boktan

scheißegal ['-'-] *adj* (*vulg*) **das ist mir ~** bu bana vız gelir

scheißen <scheißt, schiss, geschissen> *vi* (*vulg*) sıçmak; **auf etw ~** bir şeyin üstüne sıçmak; (*fig vulg*) bir şeyi siklememek

scheißfreundlich ['-'--] *adj* (*pej fam*) gülerken ısırır **Scheißkerl** *m* (*vulg*) boktan herif

Scheit <-(e)s, -e(r)> [ʃaɪt] *nt* SÜDD, SCHWEIZ, ÖSTERR (yarılmış) odun

Scheitel <-s, -> ['ʃaɪtəl] *m* ❶ (*im Haar*) saçı ayırma çizgisi; **vom ~ bis zur Sohle**

tepeden tırnağa (kadar) ❷ MATH tepe noktası ❸ ASTRON (*Zenit*) başucu

Scheitelabstand *m* ASTRON başucu uzaklığı

scheiteln *vt* **das Haar rechts/links/in der Mitte ~** saç(lar)ı sağdan/soldan/ortadan ayırmak; **rechts/links/in der Mitte gescheiteltes Haar** sağdan/soldan/ortadan ayrık [*o* ayrılmış] saçlar

Scheitelpunkt *m* ASTRON başucu noktası **Scheitelwinkel** *m* MATH ters açı

Scheiterhaufen ['ʃaɪtɐ-] *m* odun yığını

scheitern ['ʃaɪtɐn] *vi sein* başarısız olmak (**an** -de), başarısızlığa uğramak; **zum S~ verurteilt sein** başarısız olacağı daha başından kesin olmak; **etw zum S~ bringen** bir şeyi boşa çıkarmak

Schellack <-s, -e> *m* laka

Schelle <-n> ['ʃɛlə] *f* ❶ TECH kelepçe ❷ (*Glöckchen*) çıngırak ❸ DIAL (*Klingel*) zil

schellen ['ʃɛlən] **I.** *vi* DIAL ❶ (*Telefon, Klingel*) çalmak ❷ (*Person*) zil çalmak **II.** *vi unpers* **es hat geschellt** zil çaldı

Schellfisch ['ʃɛl-] *m* ZOOL mezgit, tavuk balığı

Schelm <-(e)s, -e> [ʃɛlm] *m* ❶ (*Schalk*) şakacı (kimse), muzip (kimse) ❷ SCHWEIZ (*Dieb*) hırsız

schelmisch *adj* muzip

Schelte ['ʃɛltə] *f kein pl* (*geh*) azar; **~ bekommen** azar işitmek; **sei pünktlich, sonst gibt es ~!** geç kalma, yoksa [*o* sonra] azar işitirsin!

schelten <schilt, schalt, gescholten> ['ʃɛltən] **I.** *vt* (*geh*) ❶ (*schimpfen*) azarlamak ❷ (*nennen*) demek (-e); (*als etw hinstellen*) yerine koymak; **er hat ihn dumm gescholten** onu aptal yerine koydu **II.** *vi* (*geh*) söylenmek; **er entfernte sich laut ~d** söylene söylene çekip gitti

Schema <-s, Schemata *o* Schemen> ['ʃe:ma, *pl* 'ʃe:mata] *nt* ❶ (*Konzept*) şema ❷ (*Schaubild*) şema

schematisch [ʃe'ma:tɪʃ] *adj* şematik

schematisieren* [ʃemati'zi:rən] *vt* ❶ (*darstellen*) şemalaştırmak ❷ (*vereinfachen*) kabataslak çizmek

Schemel <-s, -> ['ʃe:məl] *m* tabure

Schemen[1] *pl von* **Schema**

Schemen[2] <-s, -> ['ʃe:mən] *m o nt* (*geh: Umriss*) kontur

schemenhaft ['ʃe:mənhaft] *adj* (*geh*) kabataslak

Schenke <-n> ['ʃɛŋkə] *f* meyhane, taverna

Schenkel <-s, -> ['ʃɛŋkəl] *m* ❶ ANAT (*Ober~*) but, uyluk; (*Unter~*) baldır ❷ MATH (*von Winkel*) kenar

schenken ['ʃɛŋkən] *vt* ❶ (*Geschenk*) hediye etmek, armağan olarak vermek; **jdm etw ~** birine bir şeyi hediye etmek, birine bir şeyi armağan olarak vermek; **einem Kind das Leben ~** (*geh*) çocuk doğurmak ❷ (*erlassen*) **jdm etw ~** birine bir şeyi bağışlamak; **sich** *dat* **etw ~** (*nicht tun*) bir şeyi boş vermek, bir şeyden caymak; **das ist geschenkt!** bu sudan ucuz! ❸ (*widmen*) **jdm Aufmerksamkeit/Liebe ~** birine ilgi/sevgi göstermek; **jdm Zeit ~** birine vakit ayırmak

Schenkung <-en> *f* JUR bağışlama

scheppern ['ʃɛpɐn] *vi* (*fam*) şangırdamak, zangırdamak

Scherbe <-n> ['ʃɛrbə] *f* (*Glas~*) kırık; **in ~n gehen** paramparça olmak

Schere <-n> ['ʃe:rə] *f* ❶ (*Werkzeug*) makas; (*Brenn~*) maşa ❷ ZOOL (*von Spinnentieren*) makas; (*von Krebsen, Hummer*) kıskaç

scheren[1] <schert, schor, geschoren> ['ʃe:rən] *vt* ❶ (*Haare, Bart*) makasla kesmek, kırkmak; (*Schaf*) kırkmak ❷ (*Rasen*) kesmek

scheren[2] ['ʃe:rən] *vr* **sich nicht um etw ~** bir şeyi tınlamamak; **scher dich zum Teufel!** yüzünü şeytan görsün!, cehennem ol!, canın cehenneme!; **was schert mich das?** (bundan) bana ne?

Scherenschleifer(in) <-s, -; -nen> *m(f)* makas bileyicisi **Scherenschnitt** *m* kesme resim

Schererei <-en> [ʃe:rə'raɪ] *f* (*fam*) dert, sıkıntı; **mit jdm ~en bekommen** (**wegen etw**) biriyle (bir şey yüzünden) başı derde girmek

Scheria *f kein pl s.* **Scharia**

Scherz <-es, -e> [ʃɛrts] *m* şaka, latife; (*April~*) balık; **~ beiseite!** (*fam*) şaka bir yana [*o* tarafa], ..., bırak şimdi şakayı!; **im ~** şakadan, şakacıktan; **einen ~ machen** bir şaka yapmak; **sich** *dat* **mit jdm einen ~ erlauben** birine şaka yapmak; **ein grober ~** eşek şakası

scherzen ['ʃɛrtsən] *vi* şaka yapmak; (*miteinander*) şakalaşmak; **damit ist nicht zu ~** bu, şaka götürmez, bu, şakaya gelmez; **mit den Kindern ~** çocuklarla şakalaşmak

Scherzfrage *f* 'bil bakalım bu ne' sorusu

scherzhaft *adj* şaka yollu

Scherzkeks *m* (*fam*) şakacı

scheu [ʃɔɪ] *adj* ❶ (*schüchtern*) sıkılgan, utangaç; (*zurückhaltend*) çekingen, kaçıngan; (*wasser~*) korkan ❷ (*Tier*) ürkek; (*Pferd*) huylu, ürkek; **~ werden** (*Pferd*) ürkekleşmek

Scheu [ʃɔɪ] *f kein pl* çekingenlik, ürkeklik;

S

(*Angst, Furcht*) korku
Scheuche <-n> *f s.* **Vogelscheuche** korkuluk
scheuchen ['ʃɔɪçən] *vt* ürkütmek
scheuen ['ʃɔɪən] **I.** *vi* (*Pferd*) ürkmek (**vor** -den) **II.** *vt* (*Verantwortung*) kaçınmak (-den); **keine Ausgaben ~** masraftan kaçınmamak; **keine Mühe ~** üşenmemek **III.** *vr* ■ **sich ~** çekinmek (**vor** -den), kaçınmak (**vor** -den)
Scheuerlappen <-s, -> *m* tahta bezi **Scheuerleiste** *f* süpürgelik
scheuern ['ʃɔɪɐn] **I.** *vt* ovmak; **etw sauber/blank ~** bir şeyi ovarak temizlemek/parlatmak; **jdm eine ~** (*fam*) birine bir tane geçirmek, birine bir tokat aşk etmek **II.** *vi* (*Schuhe*) vurmak; (*Kleidung*) sürte sürte yara etmek; **die neuen Schuhe ~** yeni ayakkabılar ayağımı vuruyor; **die Schuhe ~ meine Füße wund** ayakkabılar vura vura ayaklarımı yara ediyor
Scheuklappe ['ʃɔɪ-] *f* at gözlüğü; **~n haben** (*fig*) dar görüşlü olmak
Scheune <-n> ['ʃɔɪnə] *f* samanlık
Scheusal <-s, -e> ['ʃɔɪza:l] *nt* (*pej*) çirkef
scheußlich ['ʃɔɪslɪç] *adj* (*abstoßend*) iğrenç; (*Verbrechen*) menfur, yüz kızartıcı; **er hat sich ~ erkältet** çok kötü üşüttü
Schi <-s, -(er)> [ʃi:] *m s.* **Ski**
Schicht <-en> [ʃɪçt] *f* ❶ (*Luft~*) katman; GEO katman ❷ (*Farb~*) tabaka, kat ❸ (*Gesellschafts~*) tabaka ❹ (*Arbeits~*) vardiya; **er arbeitet ~** vardiya (ile) çalışıyor **Schichtarbeit** *f kein pl* vardiya **Schichtarbeiter(in)** *m(f)* vardiyacı
schichten ['ʃɪçtən] **I.** *vt* kat kat dizmek (**auf** -e) **II.** *vi* GEO katmanlaşmak
Schichtwechsel *m* vardiya değişimi
schichtweise *adv* ❶ (*in Schichten*) vardiyalar hâlinde ❷ (*in Gruppen*) postalar hâlinde
Schichtwolke *f* METEO katman bulut
schick [ʃɪk] *adj* şık, zarif; ■ **sich ~ machen** şıklaşmak
schicken ['ʃɪkən] **I.** *vt* göndermek, yollamak; (*mit der Post*) gördermek, postalamak; **nach jdm ~** (*geh*) birini çağırtmak **II.** *vr* ■ **sich ~** ❶ (*sich gehören*) **das schickt sich nicht** bu yakışık almaz, bu uygun düşmez; **wie es sich gerade schickt** gelişigüzel ❷ (*sich abfinden*) katlanmak (**in** -e)
Schickeria [ʃɪkə'ri:a] *f kein pl* sosyete
Schickimicki <-s, -s> [ʃɪki'mɪki] *m* (*pej fam*) sosyete gülü; **ein ~ Typ** sosyetik bir tip
schicklich ['ʃɪklɪç] *adj* (*geh: angemessen*) uygun, yakışık; **es ist nicht ~, jdn so anzustarren** birine (b)öyle bakmak ayıptır [*o* yakışık almaz]
Schicksal <-s, -e> ['ʃɪkza:l] *nt* yazgı, kader; (*persönliches Geschick*) kısmet, alın yazısı; **das ist ~!** bu kısmet!; **das war eine Ironie des ~s** bu kaderin cilvesiydi
schicksalhaft *adj* yazgısal, mukadder
Schicksalsgemeinschaft *f* kader birliği **Schicksalsgenosse(in)** *m(f)* dert ortağı **Schicksalsglaube** *m kein pl* kadercilik, yazgıcılık **schicksalsgläubig** *adj* kaderci, yazgıcı
Schicksalsschlag *m* kaderin darbesi, feleğin sillesi; **von Schicksalsschlägen getroffen werden** feleğin sillesini yemek, feleğin sillesine uğramak
Schiebedach *nt* sürme tavan **Schiebefenster** *nt* sürme pencere
schieben <schiebt, schob, geschoben> ['ʃi:bən] **I.** *vt* ❶ (*bewegen*) itmek; **etw zur Seite ~** bir şeyi kenara itmek; **die Schuld auf jdn ~** suçu birinin üzerine atmak; **etw von sich** *dat* **~** (*fig*) bir şeyi üstüne almamak; **etw vor sich** *dat* **her ~** (*fig*) bir şeyi sallamak ❷ (*stecken*) sokmak (**in** -e) ❸ (*fam: handeln*) kaçakçılığı yapmak; **Devisen ~** döviz kaçakçılığı yapmak ❹ (*sl: ableisten*) **Dienst ~** nöbetçi olmak; **Wache ~** nöbet tutmak **II.** *vi* (*fam*) ❶ kaçakçılık yapmak (**mit** -le) ❷ (*gehen*) **er schob um die Ecke** köşeyi sallana sallana döndü **III.** *vr* ■ **sich ~** ite kaka ilerlemek (**durch** -in içinden); (*überqueren*) geçmek; **eine dunkle Wolke schob sich vor die Sonne** koyu bir bulut güneşin önüne geçti
Schieber(in)[1] <-s, -; -nen> *m(f)* (*pej fam: Händler*) kaçakçı
Schieber[2] <-s, -> *m* TECH sürme, sürgü; (*Rechen~*) cetvel; (*Riegel*) sürgü
Schiebetür *f* sürme kapı
Schiebung <-en> *f* (*fam*) ❶ (*Bevorzugung*) torpil ❷ SPORT şike; **das ist ja ~!** bu işte şike var! ❸ (*Schiebergeschäft*) kaçakçılık
schied [ʃi:t] *3. imp von* **scheiden**
Schiedsrichter(in) *m(f)* hakem, yargıcı **Schiedsspruch** *m* JUR hakem kararı
schief [ʃi:f] *adj* ❶ (*krumm*) eğri, çarpık; (*nicht senkrecht*) yatık; (*geneigt*) eğik, yamuk; **das Bild an der Wand hängt ~** duvardaki resim çarpık; **~e Ebene** PHYS eğik düzlem; **auf die ~e Bahn geraten** kötü yola sapmak; **jdn ~ ansehen** (*fig fam*) birine yan bakmak ❷ (*fig: Satz*) düşük ❸ (*falsch*) yanlış; **in ein ~es Licht geraten** yanlış değerlendirilmek
Schiefer <-s, -> ['ʃi:fɐ] *m* arduvaz, kayağan taş, şist **Schieferdach** *nt* arduvaz

kaplı çatı
schief|gehen *irr vi sein* (*fam*) ters gitmek; **wird schon ~!** (*iron*) battı balık yan gider! **schiefgewickelt** *adj* (*fam*) **~ sein** bir şeyde tamamen yanılmak; **da bist du ~** bunda tamamen yanılıyorsun **schief|lachen** *vr* ■ **sich ~** (*fam*) gülmekten katılmak **schief|laufen** *irr vi sein* **die Sache ist schiefgelaufen** (*fam*) işler ters gitti
schielen ['ʃiːlən] *vi* şaşı bakmak; **sie schielt auf dem linken Auge** sol gözü şaşı; **er schielt nach etw/jdm** (*fam: begehrlich*) bir şeye/kimseye göz dikmek; (*heimlich*) bir şeye/kimseye göz ucuyla bakmak
schien [ʃiːn] *3. imp von* **scheinen**
Schienbein *nt* ANAT kaval kemiği, kamış kemik
Schiene <-n> ['ʃiːnə] *f* ❶ (*Eisenbahn~*) ray, demir yolu ❷ MED cebire, süyek, koaptör
schienen ['ʃiːnən] *vt* MED cebireye koymak
Schienenbus *m* mototren **Schienenfahrzeug** *nt* demir yolu taşıtı, raylı sistemle çalışan araç **Schienennetz** *nt* demir yolu şebekesi **Schienenverkehr** *m kein pl* demir yolu ulaşımı
schier [ʃiːɐ] **I.** *adj* DIAL (*rein*) saf; (*Gold*) som; (*Fleisch*) lop **II.** *adv* (*fast, beinahe*) nerdeyse, hemen hemen
Schießbefehl *m* ateş emri, vur emri
Schießbude *f* atış barakası
schießen <schießt, schoss, geschossen> ['ʃiːsən] **I.** *vi* ❶ (*Schütze*) atış yapmak (**auf** -e), ateş etmek (**auf** -e), kurşun sıkmak (**auf** -e); SPORT şut çekmek; **etw ist zum S~** (*fam*) bir şey gülünecek olmak ❷ *sein* (*schnell wachsen*) **in die Höhe ~** boy atmak; **der Junge ist in die Höhe geschossen** oğlan boy attı; **wie Pilze aus dem Boden ~** mantar gibi yerden bitmek ❸ *sein* (*herausquellen*) fışkırmak (**aus** -den); **die Röte schoss ihm ins Gesicht** yüzü kızardı **II.** *vt* ❶ (*Geschoss*) atmak, fırlatmak ❷ (*Satellit, Rakete, Ball*) atmak, fırlatmak; **ein Tor ~** bir gol atmak ❸ (*Wild*) vurmak ❹ (*Foto*) çekmek
Schießerei <-en> *f* silahlı çatışma
Schießplatz <-es, -plätze> *m* ateş yeri, atış yeri, poligon **Schießpulver** <-s> *nt kein pl* barut **Schießscharte** *f* barbakan **Schießscheibe** *f* hedef tahtası, nişangâh **Schießübung** *f* atış talimi
Schiff <-(e)s, -e> [ʃɪf] *nt* ❶ (*Wasserfahrzeug*) gemi; **mit dem ~ fahren** gemiyle gitmek ❷ ARCH (*bei Kirchen*) nef; (*bei Moscheen*) sah(ı)n
SchiffahrtALT *f kein pl s.* **Schifffahrt**
schiffbar *adj* gemi işlemesine elverişli
Schiffbau <-(e)s> *m kein pl* gemi yapımı **Schiffbruch** *m* geminin parçalanması; (*Unfall*) deniz kazası; **~ erleiden** deniz kazasına uğramak; (*fig*) gemisi şapa oturmak
Schiffbrüchige(r) <-n, -n; -n> *f(m)* (denizde) kazazede
Schiffchen <-s, -> ['ʃɪfçən] *nt* ❶ (*kleines Schiff*) gemicik, küçük gemi ❷ (*fam: Kopfbedeckung*) kep ❸ (*Weber~*) mekik
schiffen **I.** *vi* (*fam: urinieren*) su dökmek, işemek **II.** *vi unpers haben* (*fam: Platzregen*) şakır şakır yağmur yağmak; **es schifft den ganzen Tag** (*heftig regnen*) bütün gün şakır şakır yağmur yağmak
Schiffer(in) <-s, -; -nen> *m(f)* süvari
SchifffahrtRR *f kein pl* gemicilik; (*See~*) denizcilik
Schiffsballast *m* gemi safrası, sabura **Schiffsbesatzung** *f* gemi adamları *pl*
Schiffschaukel *f* kayık salıncak
Schiffsjunge <-n, -n> *m* miço, muço **Schiffsschraube** *f* uskur, gemi pervanesi
Schiismus *m kein pl* REL Şiilik
Schiit(in) <-en, -en; -nen> [ʃi'iːt] *m(f)* REL Şii
schiitisch *adj* REL Şii
Schikane <-n> [ʃi'kaːnə] *f* ❶ (*Quälerei*) eziyet ❷ (*fig fam*) **mit allen ~n** ful aksesuar ❸ SPORT engel
schikanieren* [ʃika'niːrən] *vt* güçlük çıkarmak (-e); (*quälen*) eziyet etmek (-e); (*behindern*) engellemek
SchikoreeRR <-s> ['ʃɪkore, ʃiko'reː] *m kein pl* Frenk salatası
Schild[1] <-(e)s, -e> [ʃɪlt] *m* ❶ (*Schutz~*) kalkan, siper; **etw im ~e führen** gizli bir niyeti olmak ❷ ZOOL (*Rücken~*) kalkan
Schild[2] <-(e)s, -er> [ʃɪlt] *nt* ❶ (*Verkehrs~*) levha; (*Nummern~*) plaka; (*Tür~, Hinweis~*) tabela; (*Preis~*) etiket, yafta ❷ (*Mützenschirm*) siper(lik)
Schilddrüse *f* ANAT, MED kalkan bezi, tiroit
Schilddrüsenhormon *nt* MED tiroit hormonu **Schilddrüsenüberfunktion** *f kein pl* MED tiroitin aşırı ölçüde çalışması
schildern ['ʃɪldɐn] *vt* (*erzählen*) anlatmak; (*darlegen*) göstermek; (*beschreiben*) betimlemek, tasvir etmek
Schilderung <-en> *f* (*Beschreibung*) betim(leme), tasvir; (*Erzählung*) anlatım
Schildkröte <-n> *f* kaplumbağa **Schildlaus** *f* kabuklu bit; (*Lack~*) kırmız böceği **Schildpatt** <-(e)s> *nt kein pl* bağa
Schilf <-(e)s, -e> [ʃɪlf] *nt* ❶ (*Pflanze*) kamış ❷ (*Röhricht*) kamışlık, sazlık, kargı-

S

lık **Schilfdach** <-es, -dächer> *nt* kamış dam **Schilfgras** *nt kein pl* kamış
Schiller *m kein pl* hare, meneviş; (*wechselndes Farbenspiel*) yanardöner, şanjan
schillern ['ʃɪlɐn] *vi* yanardöner olmak, şanjanlı olmak; (*in wechselnden Farben glänzen*) harelenmek, menevişlenmek; **in vielen Farben ~** renk renk harelenmek
schillernd *adj* ① (*Farbe*) hareli, menevişli ② (*fig: undurchschaubar*) muğlak, anlaşılmaz; (*schwer durchschaubar*) muğlak, anlaşılması güç; **ein ~er Charakter** anlaşılması güç bir karakter
Schilling <-s, -e> ['ʃɪlɪŋ] *m* şilin
schilt [ʃɪlt] *3. präs von* **schelten**
Schimmel[1] <-s, -> ['ʃɪməl] *m* (*Pferd*) süt kırı at
Schimmel[2] <-s> ['ʃɪməl] *m kein pl* (*~pilz*) küf **Schimmelbildung** *f* küflenme
schimmelig *adj* küflü
schimmeln *vi haben o sein* küflenmek
Schimmelpilz *m* küf
Schimmer <-s, -> ['ʃɪmɐ] *m* (*Glanz*) parıltı, pırıltı; (*Hoffnungs~*) ışık; (*Anflug*) iz, eser; **keinen** (**blassen**) **~ von etw haben** (*fam*) bir şeyden zerre kadar anlamamak
schimmern ['ʃɪmɐn] *vi* (*Licht*) ışık vermek; (*glänzen*) parıldamak, pırıldamak
schimmlig *adj s.* **schimmelig**
Schimpanse <-n, -n> [ʃɪm'panzə] *m* şempanze
schimpfen ['ʃɪmpfən] *vi* ① (*tadeln*) azarlamak (**mit** -), paylamak (**mit** -), kızmak (**mit** -e) ② (*fluchen*) küfretmek (**auf/über** -e/-e), sövmek (**auf/über** -e/-e)
Schimpfwort <-(e)s, -wörter> *nt* küfür, sövgü
Schindel <-n> ['ʃɪndəl] *f* pedavra, balar
schinden <schindet, schindete *o* schund, geschunden> ['ʃɪndən] **I.** *vt* (*quälen*) eziyet vermek (-e); **Zeit ~** vakit öldürmek; **Mitleid bei jdm ~** birine kendini acındırmak **II.** *vr* ■ **sich ~** (*fam*) eziyet çekmek (**um zu** için)
Schinderei <-en> *f* (*pej*) ① (*Strapaze*) eziyet ② (*Plackerei*) angarya
Schindluder ['ʃɪntlu:dɐ] *nt* (*fam*) **mit jdm ~ treiben** birinin ensesinde boza pişirmek
Schinken <-s, -> ['ʃɪŋkən] *m* ① (*Fleisch*) jambon ② (*pej fam: Buch*) kalın kitap; (*Gemälde*) koskoca tablo; (*Film*) büyük masraflarla çekilmiş kötü film **Schinkenspeck** *m* jambon yağı
Schintoismus *m* REL şintoizm
Schippe <-n> ['ʃɪpə] *f* NORDD, DIAL kürek; **jdn auf die ~ nehmen** (*fig fam*) biriyle dalga [*o* gırgır] geçmek
Schirm <-(e)s, -e> [ʃɪrm] *m* ① (*Regen~*) şemsiye; (*Sonnen~*) güneşlik ② (*Fall~*) paraşüt ③ (*Mützen~*) viziyer, siper ④ (*Lampen~*) abajur, şapka ⑤ (*Bild~, Fernseh~*) ekran ⑥ BOT (*von Pilzen*) şapka
Schirmherr(in) <-(e)n, -en; -nen> *m(f)* koruyucu, hami **Schirmherrschaft** *f kein pl* koruma, himaye
Schirmmütze *f* kasket
Schirmständer *m* şemsiyelik
Schirokko <-s, -s> *m* siroko
schiss[RR] [ʃɪs], **schiß**[ALT] *3. imp von* **scheißen**
Schiss[RR] <-es> [ʃɪs] *m kein pl*, **Schiß**[ALT] <-sses> *m kein pl* ① (*vulg: Kot*) bok ② (*fam: Angst*) korku; **~ haben** korkmak
schizophren [ʃitso'fre:n] *adj* MED, PSYCH şizofren
Schizophrenie [ʃitsofre'ni:] *f kein pl* MED, PSYCH şizofreni
schlabbern ['ʃlabɐn] **I.** *vi* (*fam*) ① (*pej: kleckern*) üstünü kirletmek ② (*fam: Kleidung*) çuval gibi olmak ③ (*schwatzen*) gevezelik etmek, çenesi durmamak **II.** *vt* (*fam: auflecken*) şapırdata şapırdata içmek
Schlacht <-en> [ʃlaxt] *f* (*a. fig*) meydan savaşı, meydan muharebesi
schlachten ['ʃlaxtən] *vt* kesmek
Schlachtenbummler(in) <-s, -; -nen> *m(f)* (*fig fam*) *deplasman maçına giden taraftar*
Schlachter(in) <-s, -; -nen> ['ʃlaxtɐ] *m(f)* kasap
Schlachterei <-en> [ʃlaxtə'raɪ] *f* ① NORDD (*Metzgerei*) kasap(hane) ② (*pej: Niedermetzeln*) katliam
Schlachtfeld <-(e)s, -er> *nt* muharebe meydanı **Schlachthaus** *nt*, **Schlachthof** *m* kesim evi, kasaphane, mezbaha
Schlachtplan *m* ① MIL muharebe planı ② (*fig fam*) plan
Schlachtung *f* kesim
Schlachtvieh *nt* kesimlik hayvan, kasaplık hayvan
Schlacke <-n> ['ʃlakə] *f* ① TECH cüruf, dışık ② *pl* (*Ballaststoffe*) kaba maddeler *pl*
Schlaf <-(e)s> [ʃla:f] *m kein pl* uyku; **keinen ~ finden** (*geh*) gözüne uyku girmemek; **im ~ sprechen** uykuda konuşmak; **in tiefen ~ fallen** derin uykuya dalmak; **jdn aus dem ~ reißen** birine uykudan kaldırmak; **den ~ des Gerechten schlafen** (*fam*) mışıl mışıl uyumak; **etw im ~ können** (*fig*) bir şeyi gözü kapalı yapabilmek
Schlafanzug <-(e)s, -züge> *m* pijama
Schlafanzughose *f* pijama altı

Schlafanzugjacke *f* pijama üstü
Schläfchen *nt* **ein ~ machen** kestirmek
Schläfe <-n> ['ʃlɛːfə] *f* şakak; **graue ~n** kır şakaklar
schlafen <schläft, schlief, geschlafen> ['ʃlafən] *vi* ❶ (*im Schlaf liegen*) yatmak, uyumak; **noch halb ~** uyuklamak; **er schläft tief und fest** mışıl mışıl uyuyor; **schlaf gut!** iyi uykular; ■**sich ~ legen** uykuya yatmak; **darüber muss ich erst noch mal ~** bunu iyice bir düşünmem gerekiyor; **bei jdm ~** birinde yatmak; **mit jdm ~** biriyle yatmak ❷ (*fam: nicht aufpassen*) uyumak
Schläfer(in) <-s, -; -nen> ['ʃlɛːfɐ] *m(f)* ❶ (*Schlafender*) uyuyan (kimse) ❷ ZOOL (*Schlafmaus*) fındık faresi
schlaff [ʃlaf] *adj* ❶ (*Seil, Disziplin*) gevşek; (*Haut*) pörsük ❷ (*nicht prall*) yumuşak ❸ (*kraftlos*) nanemolla, dermansız, güçsüz; (*träge*) uyuşuk
Schlaffheit *f kein pl* ❶ (*ohne Straffheit*) gevşeklik; (*der Haut*) pörsüklük ❷ (*Weichheit*) yumuşaklık ❸ (*Kraftlosigkeit*) dermansızlık; (*Trägheit*) uyuşukluk, rehavet
Schlafgelegenheit *f* yatacak yer
Schlafittchen *nt* **jdm beim ~ packen** birini çalyaka etmek
Schlafkrankheit *f* uyku hastalığı **Schlaflernmethode** *f* uykuda öğrenme yöntemi **Schlaflied** *nt* ninni
schlaflos *adj* (*Person*) uykusuz; (*Nacht*) uykusuz
Schlaflosigkeit *f kein pl* uykusuzluk
Schlafmittel *nt* uyku ilacı **Schlafmütze** *f* (*fam*) ❶ (*Langschläfer*) uykucu ❷ (*pej: träger Mensch*) miskin
schläfrig ['ʃlɛːfrɪç] *adj* (*müde*) yorgun; (*fast schlafend*) uykulu; (*träge*) miskin, uyuşuk
Schlafsaal *m* koğuş, yatakhane **Schlafsack** *m* uyku tulumu **Schlafstörung** *f* MED uyku bozukluğu
schläft [ʃlɛːft] *3. präs von* **schlafen**
Schlaftablette *f* uyku hapı **schlaftrunken** ['ʃlaːftrʊŋkən] *adj* (*geh*) uyku sersemi **Schlaftrunkenheit** *f kein pl* uyku sersemliği, humar
Schlafwagen *m* EISENB kuşetli vagon
schlafwandeln *vi haben o sein* uykuda gezmek
Schlafwandeln *nt kein pl* uyurgezerlik
Schlafwandler(in) <-s, -; -nen> *m(f)* uyurgezer
Schlafzimmer *nt* yatak odası
Schlag <-(e)s, Schläge> [ʃlaːk, *pl* 'ʃlɛːgə] *m* ❶ (*allgemein, Schicksals~*) darbe, sille; (*mit der Faust*) vuruş, darbe; (*mit der Hand*) sille; (*mit einem Stock*) vurma; (*mit einer Peitsche*) vurma; **ein ~ ins Gesicht** yüzüne bir yumruk; **das war ein schwerer ~ für ihn** bu onun için ağır bir darbe oldu; **~ auf ~** üst üste; **keinen ~ tun** (*fig fam*) parmağını bile oynatmamak; **mit einem ~** (*fam*) bir vuruşta ❷ *pl* (*Prügel*) dayak ❸ (*einer Uhr, Glocke*) vurma; (*Herz~*) vuruş; (*Puls~*) atış; **~ sechs Uhr** tam saat altıda ❹ (*Stromstoß*) çarpma; **einen ~ bekommen** elektrik çarpmak ❺ (*fam: ~anfall*) inme, beyin kanaması; (*fig*) beyninden vurulma; **jdn trifft der ~** biri beyninden vurulmuşa dönmek ❻ (*Tauben~*) güvercinlik ❼ (*Nachtigallen~*) şakıma ❽ (*fam: Portion*) porsiyon ❾ (*Menschen~*) tip
Schlagabtausch <-(e)s> *m kein pl* ❶ (*beim Boxen*) yumruklaşma ❷ (*Auseinandersetzung*) (şiddetli) tartışma, muharebe
Schlagader *f* atardamar, aort damarı
Schlaganfall *m* inme, beyin kanaması
schlagartig **I.** *adj* ani **II.** *adv* aniden, ansızın, birdenbire
Schlagbaum *m* bariyer
Schlagbohrmaschine *f* darbeli matkap
Schlägel <-s, -> *m* ❶ (*Werkzeug*) tokmak ❷ MUS bızbız
schlagen <schlägt, schlug, geschlagen> ['ʃlaːgən] **I.** *vt* ❶ (*hauen*) vurmak, dövmek; (*klopfen*) vurmak; **er schlug sie zu Boden** onu yere vurdu; **die Hände vors Gesicht ~** elleriyle yüzünü kapatmak; **alles kurz und klein ~** kırıp dökmek; **etw zu Scherben ~** bir şeyi kırıp paramparça etmek; **zwei Fliegen mit einer Klappe ~** (*fig*) bir taşla iki kuş vurmak ❷ (*Gegner*) yenmek; (*Schachfigur, Spielstein*) kırmak; (*Rekord*) kırmak; **er gab sich ge~** pes etti; **sie schlugen die deutsche Mannschaft mit 3:1** Alman takımını 3:1 yendiler ❸ (*befestigen*) çakmak; **einen Nagel in die Wand ~** duvara bir çivi çakmak ❹ (*Loch, Kerbe*) açmak; **einen Bogen um jdn/etw ~** bir kimsenin/şeyin etrafında kavis çizmek; **einen Kreis ~** halka olmak ❺ (*Eiweiß, Sahne*) çırpmak, çalkalamak, dövmek; **das Eiweiß ~** yumurtanın akını çırpmak [*o* dövmek]; **mit den Flügeln ~** kanat çırpmak ❻ (*fällen*) kesmek ❼ (*Trommel, Uhrzeit*) çalmak; **die Uhr hat 12 ge~** saat 12'yi çaldı; **eine ge~e Stunde** tam bir saat ❽ (*Greifvogel*) çarpmak ❾ **das Kreuz ~** haç çıkarmak **II.** *vi* ❶ (*hauen*) vurmak; (*klopfen*) vurmak; **sie schlug an die Tür** kapıya vurdu; **nach jdm ~** (tüyü) birine

çekmek; **um sich ~** çırpınmak ❷ *sein* (*aufprallen*) çarpmak (**auf/gegen** -e); **mit dem Kopf gegen die Tischkante ~** başıyla masanın kenarına çarpmak ❸ (*Herz*) atmak; (*Uhr, Glocke*) çalmak ❹ *haben o sein* (*Regen*) çarpmak (**an/gegen** -e/-e); (*Flammen*) çıkmak (**aus** -den) ❺ (*Nachtigall, Fink*) şakımak, şakramak ❻ *sein* (*fig fam: ähneln*) benzemek (**nach** -e), çekmek (**nach** -e); **nach der Mutter/dem Vater ~** annesine/babasına çekmek ❼ *sein* (*in Mitleidenschaft ziehen*) **die Nachricht ist ihm auf den Magen ge~** haber midesine vurdu **III.** *vr* ■ **sich ~** (*sich prügeln*) dövüşmek, vuruşmak; **sich um etw ~** bir şey için vuruşmak; **sich auf jds Seite ~** birinden yana olmak

Schlager <-s, -> ['ʃla:gɐ] *m* ❶ (*Lied*) pop şarkısı ❷ (*Verkaufs~*) başarı

Schläger <-s, -> ['ʃlɛ:gɐ] *m* ❶ (*Tennis~*) raket; (*Golf~, Hockey~*) sopa ❷ (*pej: Mensch*) rambo, dövüşçü

Schlägerei <-en> *f* dövüş, dövüşme, vuruşma, kavga

Schlagersänger(in) *m(f)* pop sanatçısı

schlagfertig *adj* hazırcevap

Schlagfertigkeit *f kein pl* hazırcevaplık

Schlaginstrument *nt* vurma çalgı

Schlagkraft *f kein pl* ❶ vuruş gücü; (*Wucht*) şiddet; **er hat eine ungeheure ~ in seinen Fäusten** yumruklarında korkunç bir şiddet var ❷ (*Kampfkraft*) savaş gücü ❸ (*Wirkungskraft*) etkililik

schlagkräftig *adj* ❶ (*Person*) yumruğu kuvvetli; (*Armee*) savaş gücü yüksek ❷ (*Argument*) etkili, güçlü

Schlagloch *nt* (yolda) çukur

Schlagring *m* muşta

Schlagsahne *f kein pl* kremşanti

Schlagseite *f kein pl* NAUT yan yatma; **~ haben** yan yatmak; (*fam*) yalpalamak

Schlagstock <-(e)s, -stöcke> *m* sopa, cop

schlägt [ʃlɛ:kt] *3. präs von* **schlagen**

Schlagwetter *pl* BERGB grizu

Schlagwetterexplosion *f* BERGB grizu patlaması

Schlagwort[1] <-(e)s, -e *o* -wörter> *nt* ❶ (*Parole*) slogan ❷ (*pej: Gemeinplatz*) basmakalıp, çürük sakız

Schlagwort[2] <-(e)s, -wörter> *nt* (*Stichwort*) madde başı söz

Schlagzeile *f* manşet

Schlagzeug <-(e)s, -e> *nt* MUS bateri, davul; (*einer Rockband*) bateri

Schlagzeuger(in) <-s, -; -nen> *m(f)* baterist, davulcu

schlaksig ['ʃlaksɪç] *adj* (*fam*) çolpa

Schlamassel <-s> [ʃla'masəl] *m o nt kein pl* (*fam*) aksilik; **da haben wir den ~!** öp babanın elini!, ayıkla pirincin taşını!, gel çık işin içinden!

Schlamm <-(e)s, Schlämme *o* -e> [ʃlam, *pl* ('ʃlɛmə)] *m* çamur

Schlammbad *nt* çamur banyosu

schlammig *adj* çamurlu

Schlammschlacht *f* (*fam*) ❶ (*Fußballspiel*) çamurlu sahada oynanan oyun ❷ (*Streit*) çamurlaşma, birbirine çamur atma

Schlampe <-n> ['ʃlampə] *f* (*pej fam*) eteği düşük, sürtük, kaldırım süpürgesi

Schlamperei[1] <-en> *f* (*pej fam: schlechte Arbeit*) baştan savma iş, üstünkörü iş

Schlamperei[2] *f kein pl* (*fam: Unordnung*) pasaklılık

schlampig *adj* (*pej fam: unordentlich*) pasaklı; (*Aussehen*) pasaklı, çapaçul; (*Arbeit*) sudan, baştan savma, üstünkörü

Schlampigkeit *f kein pl* pasaklılık

schlang [ʃlaŋ] *3. imp von* **schlingen**

Schlange <-n> ['ʃlaŋə] *f* ❶ (*Tier*) yılan ❷ (*pej: Person*) yılan; **eine ~ am Busen ernähren** koynunda yılan beslemek ❸ (*Menschen~, Fahrzeug~*) kuyruk; **~ stehen** kuyrukta beklemek

schlängelig *adj* yılankavi

schlängeln ['ʃlɛŋəln] *vr* ■ **sich ~** ❶ (*Schlange*) yılankavi hareket etmek; (*Weg*) dolanmak ❷ (*Mensch*) yılan gibi kıvrılarak geçmek (**durch** -den)

schlangenartig *adj* yılankavi

Schlangenbiss[RR] *m* yılan sokması **Schlangengift** *nt* yılan zehiri **Schlangengurke** *f* hıyar, salatalık **schlangenhaft** *adj* yılan gibi kıvrak **Schlangenhaut** *f* yılan gömleği **Schlangenlinie** *f* (**in**) **~n fahren** zikzak gitmek

schlank [ʃlaŋk] *adj* narin, ince; **auf die ~e Linie achten** vücüt hatlarını korumak, kilosuna dikkat etmek

Schlankheitskur *f* rejim

schlapp [ʃlap] *adj* ❶ (*nicht straff*) gevşek ❷ (*ohne Kraft*) nanemolla; (*erschöpft*) bitkin, hâlsiz; **ich fühle mich sehr ~** kendimi çok hâlsiz hissediyorum ❸ (*pej fam: träge*) miskin, uyuşuk, üşengeç, lapacı ❹ (*fam*) **für ~e 500 Euro** 500 eurocuğa

Schlappe <-n> ['ʃlapə] *f* (*Niederlage*) yenilgi; (*schwer, empfindlich*) hezimet, bozgun; **bei den Wahlen eine empfindliche ~ einstecken** seçimlerde hezimete uğramak

schlapp|machen *vi* (*fam*) dama demek

Schlappschwanz *m* (*pej fam*) sünepe, lapacı

Schlaraffenland <-(e)s> [ʃla'rafən-] *nt kein pl* zevk ve sefa diyarı

schlau [ʃlaʊ] *adj* ❶ (*listig*) kurnaz, açıkgöz ❷ (*fam: klug*) akıllı; **aus jdm/etw** *dat* **nicht ~ werden** bir kimseye/şeye aklı ermemek

Schlauberger <-s, -> [-bɛrgɐ] *m* (*fam*) uyanık, açıkgöz

Schlauch <-(e)s, Schläuche> [ʃlaʊx, *pl* 'ʃlɔɪçə] *m* ❶ (*Wasser~*) hortum; (*Gas~*) lastik boru; **auf dem ~ stehen** (*fig fam*) aklı ermemek ❷ (*Reifen~*) iç lastik; AUTO şambrel **Schlauchboot** *nt* lastik bot, şişirme bot

schlauchen I. *vi* (*fam: auf Kosten anderer*) otlanmak; (*Alkohol*) kafayı çekmek **II.** *vt* (*fam*) ❶ (*Arbeit*) pestilini çıkarmak (-in) ❷ (*Vorgesetzter*) koşturmak, çok yormak

schlauchlos *adj* AUTO içsiz

Schlauchschelle <-n> *f* TECH, AUTO hortum kelepçesi

Schlaufe <-n> ['ʃlaʊfə] *f* ilmik

Schlauheit *f kein pl* kurnazlık, açıkgözlük

Schlaumeier <-s, -> *m* (*fam*) uyanık, açıkgöz

Schlawiner <-s, -> [ʃla'viːnɐ] *m* (*pej fam*) hinoğluhin

schlecht [ʃlɛçt] **I.** *adj* ❶ (*nicht gut*) kötü, fena; **etw S~es über jdn sagen** birini kötülemek, biri hakkında kötü şeyler söylemek; **mir ist ~** fenayım ❷ (*verdorben*) kokmuş, bozuk; (*verfault*) çürük; **~ werden** kötüleşmek ❸ (*gemein*) adî; (*boshaft*) kötü; **ein ~er Mensch** kötü bir adam **II.** *adv* **~ von jdm ~ reden** biri hakkında kötü konuşmak; **hier ist die Luft sehr ~** burası çok havasız; **auf jdn ~ zu sprechen sein** birinin adını duymak istememek; **er ist ~ zu verstehen** güç anlaşılıyor; **~ und recht** iyi kötü; **er spielt mehr ~ als recht Klavier** pek iyi piyano çalmıyor; **nicht ~!** fena değil!, fena sayılmaz! **schlecht|gehen** *irr vi sein s.* **gehen I.1.** **schlechtgelaunt** *adj s.* **gelaunt**

schlechthin ['-'-] *adv* ❶ (*an sich*) tam anlamıyla ❷ (*geradezu*) açıkça ❸ (*absolut*) kesinlikle

schlecht|machen *vt* **jdn ~** birini kötülemek

Schlechtwetterfront *f* METEO kötü hava cephesi

schlecken ['ʃlɛkən] **I.** *vt* (*lecken*) yalamak **II.** *vi* yalamak (**an** -); (*naschen*) tatlı şeyler yemek

Schleckermaul *nt* (*fam*) tatlıcı

Schlegel[1] <-s, -> ['ʃleːgəl] *m* SÜDD, ÖSTERR, SCHWEIZ (*Geflügelkeule*) tavuk budu

Schlegel[ALT2] <-s, -> *m* (*Werkzeug*) *a.* MUS *s.* **Schlägel**

Schlehe <-n> ['ʃleːə] *f* BOT ❶ (*Strauch*) karaçalı, çalı dikeni ❷ (*Frucht*) çakal eriği

schleichen <schleicht, schlich, geschlichen> ['ʃlaɪçən] **I.** *vi sein* ❶ (*leise*) sürünmek, sürünerek ilerlemek ❷ (*langsam*) **die Zeit schleicht** zaman geçmek bilmiyor **II.** *vr* ■ **sich ~** (*hinein~*) sessizce girmek (**in** -e); (*hinaus~*) sessizce çıkmak (**aus** -den)

schleichend *adj* (*Krankheit*) süreğen; WIRTSCH, FIN (*Inflation*) sürünen, kronik

Schleichweg [-veːk] *m* arka yol **Schleichwerbung** *f kein pl* örtülü reklâm

Schleie <-n> ['ʃlaɪə] *f* ZOOL kiliz balığı, yeşilsazan, kara balık

Schleier <-s, -> ['ʃlaɪɐ] *m* ❶ (*für Gesicht, Kopf*) *a.* FOTO peçe; (*der Braut*) duvak; **den ~ von etw lüften** (*geh*) bir şeyin peçesini kaldırmak ❷ (*Dunst*) pus ❸ **der ~ eines Geheimnisses** (*fig*) esrar perdesi **Schleiereule** *f* ZOOL peçeli baykuş

schleierhaft *adj* **es ist mir ~, wie das passieren konnte** bunun nasıl olduğuna aklım ermiyor

Schleife <-n> ['ʃlaɪfə] *f* ❶ fiyonk; (*Schlinge*) ilmik; **die ~ am Schuhband ist aufgegangen** ayakkabının bağı açıldı ❷ (*Kurve*) viraj, dönemeç

schleifen[1] ['ʃlaɪfən] **I.** *vt* ❶ (*ziehen*) sürümek, sürüklemek ❷ (*niederreißen*) yıkmak; (*dem Erdboden gleichmachen*) yerle bir etmek **II.** *vi* **das Kleid schleift über den Boden** elbise yerleri süpürüyor; **die Fahrradkette schleift am Schutzblech** bisiklet zinciri çamurluğa sürtünüyor; **etw ~ lassen** (*fig fam*) bir şeyi boşvermek

schleifen[2] <schleift, schliff, geschliffen> *vt* ❶ (*Messer, Schere*) bilemek; (*Metalle*) taşlamak ❷ (*Edelstein, Glas*) yontmak; **geschliffener Stil** kusursuz üslup ❸ (*fam: hart drillen*) sıkı talim yaptırmak (-e)

Schleifmaschine *f* bileği makinesi **Schleifpapier** *nt* zımpara kâğıdı **Schleifrad** *nt*, **Schleifscheibe** *f* bileği çarkı **Schleifstein** *m* bileği taşı

Schleim <-(e)s, -e> [ʃlaɪm] *m* ❶ (*Sekret*) salgı; (*Nasen~*) sümük; (*aus dem Mund*) balgam; (*einer Pflanze*) salgı; (*einer Schnecke*) sümük ❷ GASTR (*Brei*) lapa, bulamaç; (*Reis~*) helme

schleimen *vi* (*pej fam*) yılışmak; (*schmeicheln*) yağ çekmek

Schleimer(in) <-s, -; -nen> [ˈʃlaɪmɐ] *m(f)* (*pej*) yılışık (kimse), yağcı
Schleimfisch *m* ZOOL horozbina
Schleimhaut *f* ANAT, MED sümük doku, mukoza; (*Nasen~*) sümüksü zar
schleimig *adj* ❶ (*Absonderung*) sümüklü; (*klebrig*) yapışkan ❷ (*pej: kriecherisch*) yılışık
Schleimscheißer(in) <-s, -; -nen> *m(f)* (*pej vulg*) yılışık (kimse), yağcı
schlemmen [ˈʃlɛmən] *vi, vt* zevkle yiyip içmek
Schlemmer(in) <-s, -; -nen> *m(f)* gurme
Schlemmerei <-en> *f* (*Gelage*) zevkle yiyip içme
schlendern [ˈʃlɛndɐn] *vi sein* ❶ sallana sallana gitmek ❷ gezinmek (**durch** -de); **durch den Park ~** parkta gezinmek; **auf und ab ~** bir aşağı bir yukarı gezinmek, volta atmak
schlenkern [ˈʃlɛŋkɐn] *vi, vt* sallamak; **mit den Armen/Beinen** kollarını/bacaklarını sallamak
Schleppe <-n> [ˈʃlɛpə] *f* kuyruk
schleppen [ˈʃlɛpən] **I.** *vt* ❶ (*ziehen*) çekmek, sürümek; (*ab~*) çekmek ❷ (*tragen*) taşımak ❸ (*transportieren*) taşımak **II.** *vr* ■ **sich ~** ❶ (*sich fortbewegen*) sürüklenmek, kendi kendini sürüklemek, ağır aksak gitmek (**über** -den, **in**/(**bis**) **zu** -e/-e kadar) ❷ (*sich hinziehen*) sürüklenmek, ağır aksak yürümek
schleppend *adj* (*schwerfällig*) ağır; (*langsam*) yavaş; (*Arbeiten, Verhandlungen*) bitmek bilmeyen; (*Nachfrage*) az
Schlepper <-s, -> *m* ❶ (*Schleppschiff*) römorkör ❷ (*Traktor*) traktör ❸ (*pej fam: Person*) çığırtkan ❹ (*Fluchthelfer*) *para karşılığı sınırdan sığınmacı geçiren kimse*
Schleppkahn *m* mavna **Schlepplift** *m* teleski **Schleppnetz** *nt* sürütme
Schlepptau <-(e)s, -e> *nt* çekme halatı; **jdn ins ~ nehmen** birini peşine takmak; (*fig fam*) birini yedeğe almak
Schlesien <-s> [ˈʃleːziən] *nt* Silezya
Schlesier(in) <-s, -; -nen> *m(f)* Silezyalı
schlesisch *adj* Silezyalı, Silezya (ile ilgili)
Schleswig-Holstein <-s> [ˈʃleːsvɪçˈhɔlʃtaɪn] *nt* Schleswig-Holstein
Schleuder <-n> [ˈʃlɔɪdɐ] *f* ❶ (*für Geschosse*) sapan ❷ (*Wäsche~*) santrifüjlü kurutucu ❸ (*Zentrifuge*) santrifüjör
schleudern [ˈʃlɔɪdɐn] **I.** *vi sein* (*Auto*) savrulmak; **ins S~ kommen** savrulmaya başlamak; (*fam: die Kontrolle verlieren*) kontrolü kaybetmek; (*etwas nicht gewachsen sein*) bocalamak **II.** *vt* ❶ (*werfen*) fırlatmak, atmak, savurmak ❷ (*Wäsche*) santrifüjle kurutmak
Schleuderpreis *m* (*fam*) damping fiyatı
Schleudersitz *m* AERO fırlar koltuk
Schleudertrauma *nt* kamçı travması
schleunigst [ˈʃlɔɪnɪçst] *adv* derhal, bir an önce
Schleuse <-n> [ˈʃlɔɪzə] *f* ❶ (*Wasserbau*) savak ❷ (*Binnenschifffahrt*) lok; **durch eine ~ fahren** loktan geçmek
schleusen *vt* ❶ (*Schiff*) loktan geçirmek ❷ (*geleiten*) geçirmek ❸ (*illegal*) gizlice geçirmek [*o* getirmek] (**durch** -den), (gizlice) sokmak (**in** -e)
schlich [ʃlɪç] *3. imp von* **schleichen**
Schlich <-(e)s, -e> *m* (*List*) oyun, hile; **jdm auf die ~e kommen** birinin hilesini anlamak
schlicht [ʃlɪçt] *adj* ❶ (*einfach*) sade, basit; **~ und einfach** (*fam*) düpedüz, basbayağı ❷ (*bescheiden*) alçak gönüllü
schlichten [ˈʃlɪçtən] *vt* ❶ (*Streit*) uzlaştırmak, aralarını bulmak (-in) ❷ TECH (*Oberfläche*) düzlemek, tesviye temek
Schlichtung <-en> *f* uzlaştırma, ara bulma
Schlick <-(e)s, -e> [ʃlɪk] *m* balçık; (*Schlamm*) ince çamur
schlief [ʃliːf] *3. imp von* **schlafen**
schließen <schließt, schloss, geschlossen> [ˈʃliːsən] **I.** *vt* ❶ (*zumachen*) kapamak; **eine Lücke ~** bir boşluğu doldurmak ❷ (*beenden*) kapamak, bitirmek ❸ (*Bündnis, Vertrag*) akdetmek, yapmak; (*Ehe*) evlenmek; **jdn in die Arme ~** birini kollarının arasına almak; (*Freundschaft*) kurmak ❹ ELEK (*an~*) bağlamak (**an** -e) **II.** *vi* ❶ (*zugehen, Geschäft*) kapanmak ❷ (*aufhören*) bitmek ❸ (*ab~*) kilitlenmek ❹ (*folgern*) sonuç çıkarmak (**aus** -den) **III.** *vr* ■ **sich ~** (*zugehen*) kapanmak
Schließfach *nt* ❶ (*bei der Post*) posta kutusu; (*bei einer Bank*) (kiralık) kasa ❷ (*für Gepäck*) kilitli bagaj kutusu
Schließfrucht *f* BOT kapçık meyve
schließlich *adv* ❶ (*am Ende, zum Schluss*) sonunda, nihayet ❷ (*im Grunde*) aslında, esasen; **er ist ~ nicht irgendwer** esasen öyle sıradan biri değil
Schließmechanismus <-, -men> *m* kapama düzeneği
Schließmuskel *m* ANAT büzgen
Schließung *f kein pl* kapanma; (*Beendigung*) bitme
schliff [ʃlɪf] *3. imp von* **schleifen**
Schliff <-(e)s> [ʃlɪf] *m kein pl* perdah; (*Glas~*) kesme; (*Edelstein~*) tıraş; **etw** *dat* **den letzten ~ verleihen** bir şeye perdah çekmek, bir şeyin son rötuşlarını yapmak

schlimm [ʃlɪm] **I.** *adj* ❶ (*unangenehm, schlecht*) fena, kötü; (*schrecklich*) korkunç, feci; **es gibt S~eres** beterin beteri var; **es ist ~er denn je** eskisinden daha beter; **umso ~er** daha da kötü ❷ (*übel*) kötü; **es ist nicht weiter ~** (*fam*) ziyanı yok ❸ (*fam: entzündet*) iltihaplı; **er hat einen ~en Hals** boğazı iltihaplı ❹ (*fam*) **du S~er!** seni çapkın seni! **II.** *adv* kötü; **~ enden** sonu kötü olmak; **es steht ~ um ihn** durumu kötü

schlimmstenfalls [ˈʃlɪmstənfals] *adv* en kötü durumda

Schlinge <-n> [ˈʃlɪŋə] *f* (*Schlaufe*) ilmik; (*Falle*) dolamık; (*Arm~*) askı; **den Kopf aus der ~ ziehen** (*fig*) kelleyi kurtarmak

Schlingel <-s, -> [ˈʃlɪŋəl] *m* (*fam*) kerata, afacan

schlingen <schlingt, schlang, geschlungen> [ˈʃlɪŋən] **I.** *vi* (*beim Essen*) oburca yemek yemek, tıkınmak **II.** *vt* (*binden*) sarmak (**um** -e) **III.** *vr* ■ **sich ~** (*Pflanze*) sarılmak (**um** -e)

schlingern [ˈʃlɪŋɐn] *vi* yalpa vurmak, yalpalanmak

Schlingpflanze *f* sarmaşık

Schlips <-es, -e> [ʃlɪps] *m* (*fam*) boyun bağı, kravat; **in** [*o* **mit**] **~ und Kragen** gömlekli kravatli

Schlitten <-s, -> [ˈʃlɪtən] *m* ❶ (*Rodel~*) kızak ❷ (*an der Schreibmaschine*) şaryo ❸ (*fam: Auto*) araba **Schlittenfahrt** *f* kızakla kayma

schlittern [ˈʃlɪtɐn] *vi sein* ❶ (*Wagen, Person, Eisstock*) kaymak (**auf** -de, **über** -in üzerinden) ❷ (*hineingeraten*) düşmek (**in** -e)

Schlittschuh *m* (buz) paten(i); **~ laufen** patenle kaymak **Schlittschuhbahn** *f* buz pateni pisti **Schlittschuhläufer(in)** <-s, -; -nen> *m(f)* patenci

Schlitz <-es, -e> [ʃlɪts] *m* ❶ (*an Automaten, Briefkasten*) delik; (*Spalt*) yarık ❷ (*an Kleidung*) yırtmaç **Schlitzaugen** *pl* çekik gözler *pl* **schlitzäugig** *adj* çekik gözlü; **eine ~e Schönheit** çekik gözlü bir güzel

schlitzen [ˈʃlɪtsən] *vt* ❶ yarmak ❷ (*Rock*) yırtmaç açmak (-e); **geschlitzte Ärmel** yırtmaçlı kollar

Schlitzohr *nt* (*fam*) üç kâğıtçı

schloss[RR] [ʃlɔs], **schloß**[ALT] *3. imp von* **schließen**

Schloss[RR] <-es, Schlösser> [ʃlɔs, *pl* ˈʃlœsɐ] *nt*, **Schloß**[ALT] <-sses, Schlösser> *nt* ❶ (*Burg*) şato; (*Palast*) saray ❷ (*Tür~*) kilit; (*an Schmuck, Koffer*) kilit; (*Vorhänge~*) kilit; **hinter ~ und Riegel** (*fam: im Gefängnis*) hapiste; (*ins Gefängnis*) hapse

Schlosser(in) <-s, -; -nen> [ˈʃlɔsɐ] *m(f)* çilingir

Schlosserei <-en> *f* çilingir atölyesi

Schlossherr(in)[RR] <-(e)n, -en; -nen> *m(f)* şato sahibi; (*im Mittelalter*) derebeyi

Schlot <-(e)s, -e> [ʃloːt] *m* DIAL baca; **rauchen wie ein ~** (*fig fam*) aralıksız sigara içmek

schlotterig [ˈʃlɔt(ə)rɪç] *adj* ❶ (*zitternd*) zangır zangır titreyen ❷ (*Kleidung*) **die Hose hing ~ am Körper herab** pantolon üstünden sarkıyordu

schlottern [ˈʃlɔtɐn] *vi* ❶ (*Person*) zangır zangır titremek; **die Knie schlotterten ihm** dizleri zangır zangır titriyordu; **er schlotterte am ganzen Leib** bütün vücudu zangır zangır titriyordu ❷ (*Kleidung*) sarkmak

schlottrig *adj s.* **schlotterig**

Schlucht <-en> [ʃlʊxt] *f* GEO kısık, klüz

schluchzen [ˈʃlʊxtsən] *vi* ❶ hıçkırmak ❷ (*Nachtigall*) şakımak, çilemek

Schluchzer <-s, -> *m* hıçkırma, hıçkırık

Schluck <-(e)s, -e> [ʃlʊk] *m* yudum, içim; **einen ~ nehmen** bir yudum almak; **etw in einem ~ austrinken** bir şeyi bir yudumda içmek

Schluckauf <-s> [ʃlʊkˈʔaʊf] *m kein pl* hıçkırık; **einen ~ bekommen** hıçkırık tutmak

schlucken [ˈʃlʊkən] **I.** *vi* yutkunmak **II.** *vt* ❶ (*Speise*) yutmak ❷ (*fam: hinnehmen*) sineye çekmek; **eine bittere Pille ~ müssen** hoş olmayan bir şeyi sineye çekmek zorunda kalmak ❸ (*fam: verbrauchen*) harcamak ❹ (*pej fam: übernehmen*) yutmak

Schlucker <-s, -> *m* (*fam*) **armer ~** zavallı, gariban

Schluckimpfung *f* ağızdan alınan aşı

schlucksen [ˈʃlʊxtsən] *vi* (*fam*) hıçkırmak

Schluckser <-s, -> *m* (*fam*) hıçkırma, hıçkırık

schluckweise *adv* yudum yudum; **~ trinken** yudum yudum içmek, yudumlamak

schludern [ˈʃluːdɐn] *vi* (*pej fam*) üstünkörü iş görmek

schlug [ʃluːk] *3. imp von* **schlagen**

Schlummer <-s> [ˈʃlʊmɐ] *m kein pl* (*geh*) uyku, uyuklama

schlummern [ˈʃlʊmɐn] *vi* ❶ (*geh: schlafen*) uyumak, uyuklamak, kestirmek ❷ (*Talent*) gizli kalmak

Schlund <-(e)s, Schlünde> [ʃlʊnt, *pl* ˈʃlʏndə] *m* yutak; (*Mund*) ağız

schlüpfen [ˈʃlʏpfən] *vi sein* ❶ (*hinein~*) girivermek (**in** -e); (*hindurch~*) geçivermek (**durch** -den); (*hinaus~*) çıkıvermek (**aus**

S

-den); **in die Schuhe ~** ayakkabılarını giyivermek ❷ (*Küken*) (**aus dem Ei**) ~ yumurtadan çıkmak

Schlüpfer <-s, -> *m* külot

schlüpfrig ['ʃlʏpfrɪç] *adj* ❶ (*rutschig*) kaygan ❷ (*pej*) sulu; (*anstößig*) müstehcen, açık saçık; (*zweideutig*) cinaslı

Schlupfwinkel *m* yuva, saklanılan yer, gizli yer; **die ~ des Glücksspiels** gizli kumar yerleri; **die Mäuse kommen aus ihren ~n** sıçanlar yuvalarından [*o* saklandıkları yerlerden] çıkıyor

schlurfen ['ʃlʊrfən] *vi sein* **er schlurfte in die Küche** ayaklarını sürüye sürüye mutfağa girdi

schlürfen ['ʃlʏrfən] *vi, vt* hopurdatmak, höpürdetmek

Schluss[RR] <-es, Schlüsse> [ʃlʊs, *pl* 'ʃlʏsə] *m*, **Schluß**[ALT] <-sses, Schlüsse> *m* ❶ (*Ende*) son; **~ für heute!** bugünlük yeter!; **zum ~** son olarak; **bis zum ~ bleiben** sonuna kadar kalmak; **mit jdm ~ machen** biriyle ilişkisini bitirmek, biriyle ilişkiyi [*o* alış verişi] kesmek; **mit dem Leben ~ machen** hayatına son vermek; **mit dem Rauchen/Trinken ~ machen** sigarayı/içkiyi bırakmak ❷ (*Folgerung*) sonuç; **zu einem ~ kommen** sonuca varmak ❸ PHILOS (*Logik*) çıkarım ❹ *kein pl* kapanış; **die Fenster/Türen haben guten ~** pencerelerin/kapıların kapanışı iyi **Schlussbemerkung**[RR] *f* son söz **Schlussbilanz**[RR] *f* WIRTSCH kapanış bilançosu

Schlüssel <-s, -> ['ʃlʏsəl] *m* ❶ (*Tür~, Schrauben~*) anahtar ❷ (*Noten-, Lösungs~*) anahtar ❸ (*Schema*) şema **Schlüsselanhänger** <-s, -> *m* anahtarlık **Schlüsselbein** *nt* ANAT köprücük kemiği **Schlüsselblume** *f* BOT (*Primel*) çuha çiçeği **Schlüsselbund** <-(e)s, -e> *m o nt* anahtarlık **Schlüsseldienst** *m* çilingir servisi **schlüsselfertig** *adj* anahtar teslimi **Schlüsselloch** *nt* anahtar deliği **Schlüsselposition** *f* kilit mevkii, kilit noktası **Schlüsselübergabe** *f* anahtar teslimi **Schlüsselwort** *nt* ❶ LIT anahtar kelime ❷ (*Kennwort*) şifre, kod ❸ (*verschlüsseltes Wort*) şifreli kelime

schlussfolgern[RR] *vt* sonuç çıkarmak (**aus** -den), istintaç etmek (**aus** -den) **Schlussfolgerung**[RR] *f* çıkarım, sonuç çıkarma, istintaç; (*Konklusion*) vargı; **aus etw ~en ziehen** bir şeyden sonuç çıkarmak

schlüssig ['ʃlʏsɪç] *adj* kesin; (*überzeugend*) inandırıcı, ikna edici, mukni; **sich** *dat* (**über etw**) **~ werden** (bir şey üzerine) karara varmak

Schlusslicht[RR] *nt* ❶ AUTO arka lamba ❷ (*fam: Person*) sonuncu **Schlusspfiff**[RR] *m* SPORT bitiş düdüğü **Schlussphase**[RR] *f* son aşama **Schlussstein**[RR] *m* ARCH anahtar taşı **Schlussstrich**[RR] <-(e)s, -e> *m* **einen ~ (unter etw) ziehen** (bir şeyin altına) çizgi çekmek, (bir şeyi) bitirmek **Schlussverkauf**[RR] <-(e)s, -käufe> *m* mevsim sonu satışlar *pl* **Schlusswort**[RR] <-(e)s, -e> *nt* son söz

Schmach [ʃma:x] *f kein pl* (*geh: Schande*) rezalet, yüz karası; (*Kränkung*) gücendirme, gönül kırma; (*Demütigung*) küçük düşürme

schmachten ['ʃmaxtən] *vi* (*geh*) **nach etw/jdm ~** bir şeyin/kimsenin hasretini çekmek; **vor Durst ~** susuzluk çekmek

schmachtend *adj* ❶ (*sehnsüchtig*) hasretli, özlemli ❷ (*sentimental*) içli, duygulandıran

schmächtig ['ʃmɛçtɪç] *adj* cüssesiz, ince yapılı; (*dünn und klein*) ufak tefek

schmackhaft ['ʃmakhaft] *adj* lezzetli; **jdm etw ~ machen** (*fam*) birine bir şeyi beğendirmek, birinin bir şeye iştahını kabartmak

schmal [ʃma:l] *adj* (*dünn*) ince; (*eng*) dar; (*gering*) az

schmälern ['ʃmɛ:lɐn] *vt* azaltmak; (*verkleinern*) küçültmek

schmalhüftig *adj* kalçası dar olan

Schmalspur *f* EISENB dar hat **Schmalspurbahn** *f* EISENB dekofil

Schmalz[1] <-es, -e> [ʃmalts] *nt* (*von Schweinen*) eritilmiş domuz yağı; (*von Gänsen*) eritilmiş kaz yağı

Schmalz[2] <-es> *m kein pl* (*pej fam: Sentimentalität*) santimantalizm, aşırı duygululuk

schmalzig *adj* (*pej*) santimantal, aşırı duygulu

schmarotzen* [ʃma'rɔtsən] *vi* ❶ BIOL asalak olarak yaşamak (**auf/in** üstünde/içinde) ❷ (*pej: Mensch*) asalaklık etmek, otlamak (**bei** -de)

Schmarotzer(in)[1] <-s, -; -nen> *m(f)* (*pej: Person*) parazit, asalak, otlakçı, ekti, ekti püktüler *pl*

Schmarotzer[2] <-s, -> *m* BIOL asalak, parazit

schmarotzerhaft *adj* asalak, parazit

Schmarotzertum *nt kein pl* asalaklık

Schmarren <-s, -> ['ʃmarən] *m* ❶ ÖSTERR, SÜDD (*Mehlspeise*) *bir çeşit hamur tatlısı* ❷ (*pej fam: Unsinn*) saçmalık; **red keinen solchen ~!** öyle saçma sapan konuşma!; **das geht dich einen ~ an!** sana ne!; **von**

Wirtschaft versteht er einen ~ ekonomiden hiç haberi yoktur

Schmatz *m* (*fam*) şap diye öpme; **jdm einen ~ geben** birini şap diye öpmek

schmatzen ['ʃmatsən] *vi* ağzını şapırdatmak

schmausen ['ʃmaʊzən] *vi* afiyetle yemek yemek

schmecken ['ʃmɛkən] **I.** *vi* ❶ (*Geschmack haben*) tadı olmak (**nach** -); **es schmeckt nach nichts** hiç tadı yok ❷ (*gut* ~) lezzetli olmak; **schmeckt dir die Suppe?** çorba lezzetli mi?, çorbanın tadı hoşuna gitti mi?; **es hat gut geschmeckt** çok lezzetliydi; **es sich** *dat* **~ lassen** afiyetle yemek; **lass es dir ~!** afiyet olsun!; **diese Kritik schmeckt ihm gar nicht** (*fam*) bu eleştiri hiç hoşuna gitmedi **II.** *vt* (*kosten*) tadına bakmak (-in)

Schmeichelei <-en> [ʃmaɪçə'laɪ] *f* gönül okşama, iltifat

schmeichelhaft *adj* gönül okşayıcı

schmeicheln ['ʃmaɪçəln] *vi* ❶ (*loben*) iltifat etmek; (*gefallen*) gönül okşamak; (*pej*) yağ çekmek, piyazlamak ❷ (*vorteilhaft aussehen lassen*) pohpohlamak

Schmeichler(in) <-s, -; -nen> *m(f)* iltifatçı; (*pej*) yağcı, piyazcı

schmeichlerisch *adj* gönül okşayıcı; (*pej*) piyazcı

schmeißen <schmeißt, schmiss, geschmissen> ['ʃmaɪsən] *vt* (*fam*) ❶ (*werfen*) atmak; **jdn aus dem Haus ~** birini evden atmak [*o* kapı dışarı etmek] ❷ (*aufgeben*) bırakmak ❸ (*eine Party*) vermek ❹ (*bewältigen*) başa çıkmak (-le), yürütmek ❺ (*verderben*) bok etmek ❻ (*ausgeben*) **eine Runde Bier ~** herkese birer bira ısmarlamak

Schmeißfliege *f* göksinek

Schmelz <-(e)s, -e> [ʃmɛlts] *m* (*Zahn~*) mine

Schmelze <-n> ['ʃmɛltsə] *f* ❶ (*allgemein*) ergime; (*Schnee~*) erime ❷ TECH ergimiş [*o* ısı etkisiyle sıvı durumuna gelmiş] cisim; GEO ergimiş maden

schmelzen <schmilzt, schmolz, geschmolzen> ['ʃmɛltsən] **I.** *vi sein* (*Butter, Eis, Schnee*) erimek; (*Glas, Metall*) ergimek **II.** *vt* (*Butter, Schnee*) eritmek; (*Metall, Glas*) ergitmek

Schmelzhütte *f* TECH izabehane **Schmelzkäse** *m* GASTR eritme peynir **Schmelzofen** *m* TECH izabe fırını, maden ergitme ocağı **Schmelzpunkt** *m* erime noktası; PHYS ergime noktası **Schmelztiegel** *m* TECH pota; (*fig*) *çeşitli millet ve ırklara mensup halkın bir arada kaynaştığı ülke* **Schmelzung** *f* PHYS ergime **Schmelzwärme** *f* PHYS ergime ısısı **Schmelzwasser** *nt* kar suyu

Schmerz <-es, -en> [ʃmɛrts] *m* ❶ ağrı, sancı ❷ (*Kummer*) acı, ıstırap **schmerzempfindlich** *adj* acıya karşı duyarlı

schmerzen ['ʃmɛrtsən] **I.** *vi* ağrımak, acımak **II.** *vt* acıtmak; (*betrüben*) acı vermek

Schmerzensgeld *nt* JUR manevi tazminat **Schmerzensschrei** *m* figan, acı ile bağırma

schmerzfrei *adj* ağrısız

Schmerzgrenze *f* (*fig*) katlanırlık sınırı; **die ~ überschreiten** katlanırlık sınırını aşmak

schmerzhaft *adj* ❶ (*körperlich*) ağrılı, ağrıyan ❷ (*seelisch*) acı

schmerzlich *adj* acı, üzücü

schmerzlindernd *adj* ağrı hafifletici, geçiştirici

schmerzlos *adj* ağrısız, acısız; **kurz und ~** (*fam*) hiç canını yakmadan [*o* acıtmadan]

Schmerzmittel *nt* ağrıkesen **schmerzstillend** *adj* ağrı kesici, ağrıkesen **Schmerztablette** *f* ağrı hapı

Schmetterling <-s, -e> ['ʃmɛtɐlɪŋ] *m* ZOOL kelebek

schmettern ['ʃmɛtɐn] **I.** *vt* ❶ (*schleudern*) fırlatmak; (*werfen*) çarpmak (**gegen** -e); (*Tennis*) küt inmek (-e) ❷ (*Lied*) bağıra bağıra söylemek **II.** *vi* ❶ (*erklingen*) ses(ler)i gelmek ❷ (*aufprallen*) çarpmak ❸ (*Tennis*) küt inmek

Schmetterschlag *m* SPORT (*Volleyball*) smaç

Schmied <-(e)s, -e> [ʃmi:t] *m* demirci, dövmeci; (*Huf~*) nalbur

schmiedbar *adj* dövülgen

Schmiedbarkeit *f kein pl* dövülgenlik

Schmiede <-n> ['ʃmi:də] *f* çekiçhane

schmiedeeisern *adj* dövme demirden

schmieden ['ʃmi:dən] *vt* ❶ (*Eisen*) dövmek; **man muss das Eisen ~, solange es heiß ist** (*prov*) demir tavında dövülür ❷ (*Pläne*) kurmak; (*Komplott*) hazırlamak, kurmak

schmiegen ['ʃmi:gən] *vr* ■ **sich ~** (*Kleidung*) tıpatıp oturmak (**an** -e), mum gibi oturmak (**an** -e); (*Mensch*) sokulmak (**an** -e)

Schmiere <-n> ['ʃmi:rə] *f* ❶ (*Fett*) yağ, gres (yağı) ❷ (*Schmutz*) kir ❸ (*pej fam: Theater*) kötü tiyatro ❹ (*fam*) **~ stehen** erketecilik yapmak [*o* etmek]

schmieren ['ʃmi:rən] **I.** *vt* ❶ (*mit Fett*) yağlamak; (*mit Öl*) yağlamak; **es läuft wie geschmiert** (*fam*) yağ gibi gidiyor; **jdm eine ~** (*fam*) birine bir tane yapıştırmak

S

[*o* patlatmak] ❷ (*auftragen*) sürmek; (*Aufstrich, Butter*) sürmek (-e) ❸ (*pej fam: bestechen*) yedirmek (-e), rüşvet vermek (-e) ❹ (*pej fam: beschmutzen*) pisletmek **II.** *vi* (*fam*) ❶ (*Stift*) mürekkep sıçratmak ❷ (*pej: beim Schreiben*) karalamak, pis yazmak

Schmiererei <-en> *f* (*pej fam: Gemaltes*) karalamalar *pl;* (*Geschriebenes*) karalamalar *pl*

Schmierfett *nt* gres

Schmierfilm *m kein pl* yağ filmi

Schmierfink *m* (*fam: Kind, das sich schmutzig macht*) kendini pisleten çocuk; (*Kind, das etw schmutzig macht*) kirli çocuk, pis çocuk; (*jd, der diffamiert*) çamur atan (kimse), kara çalan (kimse); (*jd, der Wände verschmiert*) duvarları karalayan (kimse) **Schmiergeld** <-(e)s, -er> *nt* (*pej fam*) rüşvet parası

schmierig *adj* ❶ (*feuchtklebrig*) yapışkan, yapış yapış ❷ (*schmutzig*) pis, kirli; (*fettig*) yağlı ❸ (*pej: schmeichlerisch*) yılışkan, yılışık ❹ (*pej: obszön*) müstehcen

Schmieröl *nt* gres yağı **Schmierpapier** *nt* (*fam*) karalama kâğıdı, müsvedde kâğıdı **Schmierseife** *f kein pl* Arap sabunu **Schmierstoff** <-(e)s, -e> *m* yağlayıcı madde

Schmierung *f* yağlama

Schmierzettel *m* not pusulası

schmilzt [ʃmɪltst] *3. präs von* **schmelzen**

Schminke <-n> [ˈʃmɪŋkə] *f* (*zum Färben der Haut*) makyaj; (*zum Färben der Wimpern*) sürme; ~ **benutzen/auftragen** makyaj kullanmak/yapmak

schminken [ˈʃmɪŋkən] **I.** *vt* makyajlamak, makyaj yapmak (-e) **II.** *vr* ■ **sich** ~ yüzünü boyamak, makyajını yapmak; **sich die Augen/Wimpern** ~ gözlerine/kirpiklerine sürme çekmek

Schminktisch *m* tuvalet masası

schmirgeln [ˈʃmɪrgəln] *vt* zımparalamak

Schmirgelpapier *nt* zımpara kâğıdı

schmiss[RR] [ʃmɪs], **schmiß**[ALT] *3. imp von* **schmeißen**

Schmöker <-s, -> [ˈʃmøːkɐ] *m* (*fam*) kitap (*edebî değeri olmayan sürükleyici kitap*)

schmökern [ˈʃmøːkɐn] *vi* (*fam*) okumak; **Kriminalromane** ~ polisiye romanları okumak; **in einem Buch** ~ kitaba dalmak

schmollen [ˈʃmɔlən] *vi* somurtmak, surat asmak

Schmollmund *m* **einen** ~ **machen** dudak sarkıtmak

schmolz [ʃmɔlts] *3. imp von* **schmelzen**

Schmorbraten [ˈʃmoːɐ-] *m* GASTR sote; (*Rinder~*) sığır sotesi

schmoren [ˈʃmɔːrən] **I.** *vi* (*Fleisch*) sote yapmak, hafifçe kavrulduktan sonra su katarak pişirmek; **im eigenen Saft** ~ (*fam*) kendi yağıyla kavrulmak; **sie schmorte stundenlang in der Sonne** (*fam*) saatlerce güneşte kavruldu **II.** *vt* kavurmak; **jdn** ~ **lassen** (*fam*) birini bekletmek, birinin işini savsaklamak; **etw** ~ **lassen** (*fam*) bir şeyi savsaklamak

Schmuck <-(e)s> [ʃmʊk] *m kein pl* ❶ (*Juwelen*) mücevherat *pl;* (*Mode~*) incik boncuk ❷ (*Verzierung*) dekor

schmücken [ˈʃmʏkən] *vt* süslemek

Schmuckkästchen [-kɛstçən] *nt* mücevher kutusu

schmucklos *adj* süssüz, sade; (*Raum*) gösterişsiz

Schmuckstück <-(e)s, -e> *nt* süs, takı

schmudd(e)lig [ˈʃmʊd(ə)lɪç] *adj* (*pej fam: Person*) pis; (*Ding*) pis, kirli

Schmuddelwetter *nt* (*fam*) pis hava

Schmuggel <-s> [ˈʃmʊgəl] *m kein pl* kaçakçılık

schmuggeln **I.** *vi* kaçakçılık yapmak [*o* etmek] **II.** *vt* kaçırmak; **jdn außer Landes** ~ birini yurt dışına kaçırmak

Schmuggler(in) <-s, -; -nen> *m(f)* kaçakçı

schmunzeln [ˈʃmʊntsəln] *vi* gülümsemek (**über** -e); (*vor sich hin*) bıyık altından gülmek (**über** -e); (*in sich hinein*) için için gül(ümse)mek (**über** -e)

schmusen [ˈʃmuːzən] *vi* (*fam*) okşayıp sevmek (**mit** -i)

Schmutz <-es> [ʃmʊts] *m kein pl* ❶ (*Zustand*) pislik ❷ (*herumliegender*) kir; (*Staub*) toz; (*Lehm*) çamur; **etw/jdn in** [*o* **durch**] **den** ~ **ziehen** (*fig*) bir şeye/kimseye çamur atmak **Schmutzfink** <-en *o* -s, -en> *m* (*fam*) pis (insan)

Schmutzfleck *m* leke

schmutzig *adj* ❶ (*dreckig*) pis; (*unlauter*) kirli; (*beschmiert*) yağlı; **sich** *dat* **nicht die Finger** ~ **machen** (*fig*) parmağını bile kıpırdatmamak [*o* oynatmamak]; **seine** ~**e Wäsche (vor anderen Leuten) waschen** (*fig*) kirli çamaşırlarını piyasaya çıkarmak ❷ (*unanständig*) pis; (*Fantasie, Witz*) pis, çirkin

Schmutzkampagne <-, -n> *f* POL çamur atma kampanyası, karalama kampanyası

Schnabel <-s, Schnäbel> [ˈʃnaːbəl, *pl* ˈʃnɛːbəl] *m* ❶ (*eines Vogels*) gaga ❷ (*an einer Kanne*) ibik ❸ (*fam: Mund*) gaga, çene; **halt den** ~**!** gaganı kapa!, çeneni tut!; **reden, wie einem der** ~ **gewachsen ist** çekinmeden konuşmak, dobra

dobra konuşmak **Schnabelschiff** *nt* NAUT gagaburun **Schnabeltier** *nt* ZOOL gagalı memeli

Schnake <-n> ['ʃnaːkə] *f* DIAL ❶ (*Ringelnatter*) su yılanı ❷ (*Stechmücke*) sivrisinek

Schnalle <-n> ['ʃnalə] *f* toka

schnallen *vt* ❶ (*fest~*) sıkmak; (*los~*) açmak; **etw enger/weiter ~** biraz sıkmak/gevşetmek; **den Gürtel enger ~** (*fig fam*) kemerini sıkmak ❷ (*fam: begreifen*) anlamak

schnalzen ['ʃnaltsən] *vi* şaklatmak (**mit** -); **mit der Peitsche ~** kırbaç şaklatmak

Schnäppchen <-s, -> ['ʃnɛpçən] *nt* DIAL (*fam*) kelepir; **ein ~ machen** kelepire konmak, kelepir yakalamak

schnappen ['ʃnapən] **I.** *vi* ❶ (*Hund*) kapmaya çalışmak (**nach** -i); **nach Luft ~** (*fam*) soluk almaya çalışmak ❷ *sein* (*Bewegung*) **die Tür schnappt ins Schloss** kapı kapanıverdi **II.** *vt* (*packen*) tutmak, kapmak; (*Dieb*) enselemek, yakalamak

Schnappschuss[RR] *m* enstantane (fotoğraf)

Schnaps <-es, Schnäpse> [ʃnaps, *pl* 'ʃnɛpsə] *m* rakı **Schnapsidee** *f* (*fam: unsinnig*) saçma fikir; (*verrückt*) delice fikir

schnarchen ['ʃnarçən] *vi* horlamak

schnattern ['ʃnatɐn] *vi* ❶ (*Gans, Ente*) bağırmak ❷ (*fam: schwatzen*) gevezelik etmek ❸ (*fam*) **vor Kälte ~** soğuktan tir tir titremek; **mit den Zähnen ~** dişleri takırdamak, dişleri birbirine çarpmak

schnauben ['ʃnaʊbən] **I.** *vi* burnundan solumak; **vor Wut ~** öfkesi burnundan çıkmak **II.** *vr* ■ **sich ~** DIAL (*sich schnäuzen*) sümkürmek

schnaufen ['ʃnaʊfən] *vi* ❶ (*keuchen*) solumak ❷ DIAL (*atmen*) solumak

Schnauzbart *m* (pos)bıyık, palabıyık

Schnauze <-n> ['ʃnaʊtsə] *f* ❶ (*vom Tier*) ağız; (*Nase*) burun; (*Schnabel*) gaga; **die ~ des Hundes ist kalt** köpeğin burnu soğuk ❷ (*pej fam: Mund*) ağız, çene; **eine große ~ haben** yüksekten konuşmak; **die ~ voll haben** bıkmış olmak; (**halt die**) **~!** çeneni tut!; **mit etw auf die ~ fallen** (*fig*) bir şeyde başarısızlığa [*o* hezimete] uğramak ❸ (*fam: Nase*) burun

schnauzen ['ʃnaʊtsən] *vi* (*fam*) bağırmak, bağırıp çağırmak

schnäuzen[RR] ['ʃnɔɪtsən] *vr* ■ **sich ~** sümkürmek; **sich in ein Taschentuch ~** mendile sümkürmek

Schnauzer <-s, -> *m* (*fam: Schnauzbart*) (pos)bıyık

Schnecke <-n> ['ʃnɛkə] *f* ❶ (*Tier*) salyangoz; (*Nackt~*) sümüklü böcek; (*Meeres~*) salyangoz; **jdn zur ~ machen** (*fam*) birinin canına okumak ❷ GASTR (*Gebäck*) sarmal hamur işi ❸ TECH (*~ngewinde*) sonsuz uskuru, sonsuz vida dişlisi **Schneckenhaus** *nt* salyangoz kabuğu **Schneckentempo** *nt kein pl* (*fam*) **im ~** kaplumbağa hızı [*o* yürüyüşü] ile

Schnee <-s> [ʃneː] *m kein pl* ❶ (*Niederschlag*) kar; **es fällt ~** kar yağıyor; **das ist ~ von gestern** (*fig fam*) bu kimseyi ilgilendirmiyor artık ❷ (*Ei~*) çırpılmış yumurta akı; **Eiweiß zu ~ schlagen** yumurtanın akını çırpmak [*o* dövmek] ❸ (*sl: Kokain*) beyaz zehir

Schneeammer *f* ZOOL kar kuşu **Schneeball** *m* ❶ (*aus Schnee*) kartopu ❷ BOT (*Viburnum*) kartopu; **Gemeiner ~** (*Viburnum opulus*) gilaburu **Schneeballeffekt** <-(e)s> *m kein pl* kartopu etkisi **Schneeballschlacht** *f* kartopu oynama **Schneeballsystem** *nt* (*Warenabsatz*) kartopu sistemi

schneebedeckt *adj* karla kaplı, karlı

Schneebesen *m* yumurta çırpma teli

schneeblind *adj* karık

Schneeblindheit *f kein pl* karık **Schneedecke** *f* kar örtüsü **Schneefall** <-(e)s, -fälle> *m* kar yağışı, karlama **Schneeflocke** *f* kar tanesi, kar lapası **Schneeglöckchen** <-s, -> [-glœkçən] *nt* BOT kardelen **Schneegrenze** *f* kar sınırı **Schneeketten** *pl* AUTO patinaj zinciri **Schneemann** *m* kardan adam **Schneematsch** *m* cıvık kar **Schneepflug** *m* ❶ kar kürüme aracı ❷ SPORT (*Ski*) kar sabanı **Schneeregen** *m* sulu sepken kar, kargın **Schneeschaufel** *f* kar küreği **Schneeschmelze** *f* karın erimesi **Schneesturm** *m* kar fırtınası, tipi **Schneetreiben** *nt kein pl* tipi **schneeweiß** ['-'-] *adj* süt beyaz, bembeyaz

Schneewittchen <-s> [ʃneː'vɪtçən] *nt* Pamuk Prenses

Schneid <-(e)s> [ʃnaɪt] *m kein pl* (*fam: Mut*) cesaret, yiğitlik; **jdm den ~ abkaufen** birinin cesaretini kırmak

Schneide <-n> [ʃnaɪdə] *f* yalım; **Rücken und ~ der Klinge** bıçağın sırtı ve yalımı

schneiden <schneidet, schnitt, geschnitten> ['ʃnaɪdən] **I.** *vt* ❶ (*allgemein*) kesmek; **etw klein ~** bir şeyi doğramak; **die Luft ist hier zum S~** burası çok havasız ❷ (*eingravieren*) oymak ❸ FILM kurgulamak; TV, RADIO banda almak ❹ (*kreuzen*) kesmek ❺ (*meiden*) görmezden gelmek ❻ SPORT **den Ball ~** topu kesmek **II.** *vr* ■ **sich ~** ❶ (*verletzen*) kesmek (an -ini); **sich in den Finger ~** parmağını kesmek ❷ (*sich kreuzen*) kesişmek ❸ DIAL (*irren*) yanılmak **III.** *vi* (*Kälte, Strick*) kesmek

schneidend *adj* kesici; (*Kälte*) keskin

Schneider(in) <-s, -; -nen> *m(f)* (*Beruf*) terzi; **aus dem ~ sein** (*fig fam*) paçayı kurtarmış olmak **Schneiderarbeit** *f* terzi işi

Schneiderei <-en> *f* terzihane

Schneiderhandwerk *nt kein pl* terzilik **Schneiderkreide** *f kein pl* terzi tebeşiri

schneidern ['ʃnaɪdɐn] *vt* biçip dikmek

Schneidersitz <-es> *m kein pl* bağdaş; **im ~ sitzen** bağdaş kurup oturmak

Schneidezahn *m* kesici diş

schneidig *adj* alp, yiğit, cesur

schneien ['ʃnaɪən] *vi unpers* kar yağmak; **es schneit** kar yağıyor

Schneise <-n> ['ʃnaɪzə] *f* ❶ (*im Wald*) ağaçsız orman yolu; (*Flug~*) koridor ❷ (*zum Vogelfang*) kılcan

schnell [ʃnɛl] **I.** *adj* hızlı, süratli, acele; **auf die S~e** (*fam*) ayaküstü **II.** *adv* acele, çabuk; **mach ~!** (*fam*) acele et!, çabuk ol!

Schnellboot *nt* sürat teknesi; MIL hücumbot

schnellebig[ALT] *adj s.* **schnelllebig**

schnellen ['ʃnɛlən] **I.** *vi sein* fırlamak; **die Preise schnellten in die Höhe** fiyatlar fırladı gitti **II.** *vt* fırlatmak

Schnellfeuerwaffe *f* otomatik silah

Schnellhefter *m* telli dosya

Schnelligkeit *f kein pl* çabukluk; (*Geschwindigkeit*) hız, sürat

Schnellimbiss[RR] *m* büfe, atıştırma yeri, sinek bar **Schnellkäfer** *m* ZOOL takla böceği **Schnellkochtopf** *m* düdüklü tencere **Schnellkurs** *m* hızlı kurs, yoğun kurs

schnelllebig[RR] *adj* (*hektisch*) telaşlı, aceleci, ivecen; (*kurzlebig*) kısa ömürlü, ömürsüz

Schnellreinigung *f* ekspres kuru temizleme

schnellstens ['ʃnɛlstəns] *adv* olabildiğince çabuk, çarçabuk, çabucak, bir an önce

Schnellstraße *f* ekspres yol **Schnellverfahren** *nt* ❶ TECH seri yöntem ❷ JUR suçüstü yargılaması, seri usulü muhakeme; **etw im ~ erledigen** (*fig fam*) birinin işini çarçabuk bitirmek **Schnellzug** <-(e)s, -züge> *m* ekspres

Schnepfe <-n> ['ʃnɛpfə] *f* ZOOL çulluk

schneuzen[ALT] ['ʃnɔɪtsən] *vr* ■**sich ~** *s.* **schnäuzen**

Schnickschnack <-(e)s> ['ʃnɪkʃnak] *m kein pl* (*fam*) ❶ (*wertloses Zeug*) ıvır zıvır; (*Beiwerk*) aksesuar ❷ (*Gerede*) laflar *pl*

schniefen ['ʃniːfən] *vi* DIAL burun çekmek

schnippeln ['ʃnɪpəln] **I.** *vt* (*Loch*) oymak, keserek açmak; (*in kleine Stücke*) doğramak **II.** *vi* (*fam*) **sie hat an ihren Haaren geschnippelt** saçlarının uçlarını kesti

schnippen ['ʃnɪpən] **I.** *vt* fiskeleyerek atmak **II.** *vi* **mit den Fingern ~** parmak şakırdatmak

schnippisch ['ʃnɪpɪʃ] *adj* (*pej*) laubali(ce); **~ sein** laubali olmak; **~ antworten/fragen** laubalice [*o* laubaliyane] cevap vermek/soru sormak

Schnipsel <-s, -> ['ʃnɪpsəl] *m o nt* kırpıntı

schnitt [ʃnɪt] *3. imp von* **schneiden**

Schnitt <-(e)s, -e> [ʃnɪt] *m* ❶ (*das Schneiden*) kesme, kesim; (*von Kleidung*) biçme; (*Einschnitt*) kesik; (*Haar~*) tıraş; (*~muster*) patron; **der goldene ~** MATH altın kesit ❷ FILM kesim, kurgu ❸ (*fam: Durch~*) ortalama; **im ~** ortalama olarak

Schnitte <-n> ['ʃnɪtə] *f* DIAL ❶ (*Scheibe*) dilim; (*Wurst, Käse*) dilim; (*Blechkuchen*) parça ❷ (*belegtes Brot*) **eine ~ mit Käse essen** bir dilim peynirli ekmek yemek

Schnittfläche *f* kesit

schnittig *adj* şık, kıyak, sportif

Schnittlauch <-(e)s> *m kein pl* soğancık **Schnittmuster** *nt* patron **Schnittpunkt** *m a.* MATH kesişme noktası, kesim noktası **Schnittstelle** *f* INFORM port; (*Interface*) arabirim, arayüz, ara yüzü **Schnittwunde** *f* kesik

Schnitzel[1] <-s, -> ['ʃnɪtsəl] *nt* (*Fleischstück*) şnitzel; **paniertes ~** şnitzelpane

Schnitzel[2] <-s, -> *m o nt* (*Papier~*) kırpıntı, kesilmiş (kâğıt) parça(sı)

Schnitzeljagd *f* hazine bulma

schnitzen ['ʃnɪtsən] *vi, vt* oymak (**aus** -den, **in** -e)

Schnitzer(in)[1] <-s, -; -nen> *m(f)* oymacı

Schnitzer[2] <-s, -> *m* (*fam: Fehler*) pot, yanlışlık

Schnitzerei <-en> *f* ❶ (*das Schnitzen*) oymacılık ❷ (*Verzierung*) oyma

schnöde ['ʃnøːdə] *adj* (*pej*) ❶ (*verachtenswert*) aşağılık; (*erbärmlich*) alçak ❷ (*geringschätzig*) adî

Schnorchel <-s, -> ['ʃnɔrçəl] *m* şnorkel

schnorcheln *vi* şnorkelle dalmak

Schnörkel <-s, -> ['ʃnœrkəl] *m* (*bei der Unterschrift*) kuyruk

schnorren ['ʃnɔrən] **I.** *vt* (*fam*) otlanmak (**bei** -den); (*betteln*) dilenmek **II.** *vi* ❶ (*fam*) otlakçılık etmek ❷ SCHWEIZ (*pej: daherreden*) düşünmeden konuşmak, aklına estiği gibi konuşmak

Schnorrer *m* (*pej fam*) otlakçı; (*Bettler*)

S

dilenci; (*Schmarotzer*) parazit

Schnösel <-s, -> ['ʃnøːzəl] *m* (*pej fam*) züppe

schnüffeln ['ʃnʏfəln] **I.** *vi* ❶ (*schnuppern*) koklamak (**an** -i) ❷ (*pej fam: spionieren*) ispiyonluk yapmak, ispiyonlamak (**in** -i), burnunu sokmak (**in** -e) ❸ (*fam: Klebstoff*) koklamak, burna çekmek **II.** *vt* (*fam*) koklamak, kokusunu almak (-in)

Schnüffler(in) <-s, -; -nen> *m(f)* (*pej*) ❶ (*Spion*) ispiyon, ispiyoncu; (*Kriminalpolizist*) hafiye ❷ (*Neugieriger*) burnunu her yere sokan (kimse)

Schnuller <-s, -> ['ʃnʊlɐ] *m* emzik

Schnulze <-n> ['ʃnʊltsə] *f* (*Lied*) *aşırı duygusal şarkı;* (*Film*) *aşırı duygusal film*

schnulzig *adj* (*pej fam*) ağlatıcı, acılı, aşırı duygusal

schnupfen ['ʃnʊpfən] *vi, vt* (*Schnupftabak*) enfiye çekmek, (burna) çekmek; **Kokain ~** burnuna kokain çekmek

Schnupfen <-s, -> ['ʃnʊpfən] *m* nezle; **~ haben** nezlesi olmak; **~ bekommen** nezle kapmak

Schnupftabak *m* enfiye, burun otu

Schnupftabak(s)dose *f* enfiye kutusu

schnuppe ['ʃnʊpə] *adj* (*fam*) **das ist mir ~** bu bana vız gelir

schnuppern ['ʃnʊpɐn] *vi* koklamak (**an** -i)

Schnur <Schnüre> [ʃnuːɐ, *pl* 'ʃnyːrə] *f* bağ; (*dünn*) sicim, misina, iplik; (*Kabel*) kablo, kordon

Schnürchen ['ʃnyːɐçən] *nt* (*fam*) **wie am ~** çorap söküğü gibi, tıkır tıkır; **etw wie am ~ können** bir şeyi su gibi bilmek

schnüren ['ʃnyːrən] *vt* bağlamak

schnurgerade ['--'--] *adj* (*fam*) dosdoğru, dümdüz

schnurlos *adj* (*Telefon*) telsiz

Schnurrbart <-(e)s, -bärte> ['ʃnʊrbaːɐt] *m* bıyık

schnurren ['ʃnʊrən] *vi* (*Katze*) mırlamak

Schnurrhaare *pl* ZOOL bıyıklar *pl;* (*einer Katze*) kedinin bıyıkları *pl*

Schnürschuh *m* bağcıklı ayakkabı

Schnürsenkel <-s, -> ['ʃnyːɐzɛŋkəl] *m* NORDD, DIAL bağcık, ayakkabı bağı; **mein ~ ist abgerissen** ayakkabımın bağı koptu

Schnürstiefel *m* potin

schnurstracks ['ʃnuːɐ'ʃtraks] *adv* (*fam*) doğrudan doğruya; (*sofort*) hemen, çabucak

Schnute <-n> ['ʃnuːtə] *f* NORDD (*fam*) ağız; **eine ~ ziehen** surat asmak

schob [ʃoːp] *3. imp von* **schieben**

Schober <-s, -> ['ʃoːbɐ] *m* samanlık

Schock <-(e)s, -s> [ʃɔk] *m* şok, şoke; **unter ~ stehen** şoke olmak; **einen ~ bekommen** şok geçirmek

schockieren* [ʃɔ'kiːrən] *vt* (*a. moralisch*) şoke etmek

Schocktherapie *f* şok tedavisi

Schöffe(in) <-n, -n; -nen> ['ʃœfə] *m(f)* fahrî üye (*halk arasından atanmış onursal mahkeme üyesi*)

Schokolade <-n> [ʃoko'laːdə] *f* ❶ çikolata ❷ (*Getränk*) şokola; **heiße ~ trinken** şokola içmek

Scholastik [ʃo'lastɪk] *f kein pl* PHILOS skolastik

Scholle <-n> ['ʃɔlə] *f* ❶ (*Fisch*) yaldızlı pisi balığı ❷ (*Eis~*) kütle ❸ (*Erd~*) kesek

Schöllkraut <-(e)s> *nt kein pl* BOT kırlangıç otu

schon [ʃoːn] *adv* ❶ (*zeitlich*) **~ damals/am ersten Abend** daha o zamanlar/ilk akşam; **~ oft** şimdiye kadar bir çok defalar; **~ immer** oldum olası, şimdiye kadar hep; **~ wieder** şimdi gene; **das war ~ immer so** bu, daha önce de böyleydi, bu oldum olası böyleydi; **nun mach ~!** (*fam: beeil dich*) haydisene!; **nun komm ~!** (*fam*) haydi!, ha(y)di gel artık!; **ich komme ~!** (*fam*) tamam, geliyorum!; **ich war ~ achtmal in Antalya** şimdiye kadar sekiz kere Antalya'daydım; **das Schlimmste hast du ~ hinter dir** işin en kötü tarafını atlattın artık ❷ (*allein*) bile; **~ der Gedanke macht mich krank** düşüncesi bile beni hasta ediyor; **wenn ich das ~ sehe!** bunu görmem bile yetiyor! ❸ (*tatsächlich*) **das ist ~ möglich** bu gerçekten olabilir; **was heißt das ~?** bu ne ifade eder ki?; **na, wenn ~!** öyleyse ne olmuş yani?; **du wirst ~ sehen** bekle, göreceksin ❹ (*doch, ja*) **ich denke ~** sanırım öyledir; **ich gehe/komme schon, aber ...** gitmesine giderim/gelmesine gelirim, ama ...; **sie ist nicht zufrieden, aber ich ~** o memnun olmasına memnun değil, ama ben memnunum

schön [ʃøːn] **I.** *adj* güzel; **das Wetter ist ~** hava güzel; **eines ~en Tages** günlerden bir gün; **~e Ferien!** iyi tatiller!; **das war nicht ~ von dir** bu yaptığın hiç güzel değildi; **das wäre ja noch ~er!** (*fam*) hiç olur mu öyle şey!; **na ~!** pekâlâ!; **das ist gut und ~, aber ...** (*fam*) bu iyi güzel ama ...; **zu ~, um wahr zu sein** (*fam*) o kadar güzel ki, inanılacak gibi değil **II.** *adv* güzel; (*ziemlich*) oldukça, bayağı; **sie singt ~** güzel şarkı söylüyor; **das hat ja ganz ~ weh getan** bu bayağı da acıdı; **ihr habt es ~ bei euch** sizin burası çok güzel; **sei ~ brav!** (*fam*) uslu dur bakayım!; **danke ~** teşekkür ederim; **bitte ~** rica ederim; **was**

ist daran ~? bunun neresi [*o* nesi] güzel?

schonen ['ʃoːnən] **I.** *vt* (*Person*) esirgemek; (*Gegenstand*) dikkatli kullanmak; (*schützen*) korumak; (*Kräfte*) idareli kullanmak; **seine Gesundheit ~** sağlığını korumak **II.** *vr* ■ **sich ~** kendine dikkat etmek

schonend *adj* (*behutsam*) özenli; (*vorsichtig*) dikkatli; (*nachsichtig*) hoşgörülü, anlayışlı; **du musst es ihr ~ beibringen** bunu ona, onu fazla üzmeden anlatmalısın

Schoner[1] *m* koruyucu

Schoner[2] *m* NAUT ıskuna

Schönfärberei [---'-] *f* göz boyama

Schonfrist *f* atıfet mehili

schöngeistig *adj* güzel sanatları seven

Schönheit <-en> *f* güzellik; (*schöne Frau*) güzel; **eine schlitzäugige ~** çekik gözlü bir güzel **Schönheitsfarm** *f* güzellik enstitüsü **Schönheitsfehler** *m* ufak kusur **Schönheitsoperation** *f* estetik ameliyat **Schönheitswettbewerb** *m* güzellik yarışması

Schonkost *f* perhiz yemeği

Schonung[1] *f kein pl* (*Sorgfalt*) özen; (*Nachsicht*) hoş görme, anlayış; (*Schutz*) koruma

Schonung[2] <-en> *f* (*im Wald*) koru

schonungslos I. *adj* acımasız **II.** *adv* acımasızca, gözünün yaşına bakmadan

Schonzeit <-en> *f* avlanmanın yasak olduğu mevsim

Schopf <-(e)s, Schöpfe> [ʃɔpf, *pl* 'ʃœpfə] *m* ❶ (*Haar~*) perçem, tutam; **die Gelegenheit beim ~e packen** fırsatı fırsat bilmek ❷ (*eines Vogels*) sorguç, tepelik ❸ SCHWEIZ (*Schuppen*) kulübe; (*Nebengebäude*) müştemilât

Schöpfeimer *m* bakraç

schöpfen ['ʃœpfən] *vt* ❶ (*Flüssigkeit*) almak (**aus** -den) ❷ (*Mut*) almak; (*Hoffnung*) beslemek; **Verdacht ~** şüphelenmek ❸ (*geh: Atem*) almak

Schöpfer(in)[1] <-s, -; -nen> *m(f)* yaratımcı, kreatör

Schöpfer[2] <-s> *m* (*Gott*) Yaradan

schöpferisch *adj* (*kreativ*) yaratıcı

Schopfhuhn *nt* ZOOL tepeli tavuk

Schöpfkelle *f* kepçe **Schöpflöffel** *m* kepçe, kevgir

Schöpfung[1] <-en> *f* (*geh: Kunstwerk*) kreasyon, yaratı(m)

Schöpfung[2] *f kein pl* REL yaratılış

Schoppen <-s, -> ['ʃɔpən] *m* ❶ (*Viertelliter*) dörtte bir litre; (*halber Liter*) yarım litre ❷ SÜDD, SCHWEIZ (*Babyfläschchen*) biberon

schor [ʃoːɐ] *3. imp von* **scheren**

Schorf <-(e)s, -e> [ʃɔrf] *m* kabuk; **auf der Wunde hat sich ~ gebildet** yaranın üstü kabuk bağlamış

Schornstein ['ʃɔrnʃtaɪn] *m* baca **Schornsteinfeger(in)** <-s, -; -nen> *m(f)* baca temizleyicisi

schoss[RR] [ʃɔs], **schoß**[ALT] *3. imp von* **schießen**

Schoß <-es, Schöße> [ʃoːs, *pl* 'ʃøːsə] *m* ❶ (*Körpermitte*) kucak; **jdn auf den ~ nehmen** birini kucağına almak ❷ (*a. fig geh: Mutterleib*) karın **Schoßhund** <-(e)s, -e> ['ʃoːs-] *m* fino köpeği

Schössling[RR] <-s, -e> ['ʃœslɪŋ] *m*, **Schößling**[ALT] <-s, -e> *m* filiz, sürgün

Schote <-n> ['ʃoːtə] *f* badıç

Schotte(in) <-n, -n; -nen> ['ʃɔtə] *m(f)* İskoç, İskoçyalı

Schotter <-s, -> ['ʃɔtɐ] *m* ❶ (*Straßen~*) kırma taş; (*für Gleisbau*) balast ❷ (*Flussgeröll*) çakıl ❸ (*fam: Geld*) mangır

schottisch *adj* İskoç

Schottland <-s> *nt* İskoçya

schraffieren* [ʃra'fiːrən] *vt* taramak

Schraffur <-en> [ʃra'fuːɐ] *f* tarama

schräg [ʃrɛːk] **I.** *adj* ❶ (*nicht gerade*) eğik, eğri; (*geneigt*) eğilimli, (yana) yatık; (*diagonal*) çapraz ❷ (*fam: unüblich*) çarpık **II.** *adv* **jdn ~ ansehen** (*fam*) birine yan bakmak; **~ gegenüber** çaprazlama karşıda

Schräge <-n> ['ʃrɛːgə] *f* eğrilik, eğik düzey

Schrägstrich <-(e)s, -e> *m* eğik çizgi

schrak [ʃraːk] *3. imp von* **schrecken**[2]

Schramme <-n> ['ʃramə] *f* sıyrık, çizik

schrammen ['ʃramən] *vt* sıyırmak, çizmek

Schrank <-(e)s, Schränke> [ʃraŋk, *pl* 'ʃrɛŋkə] *m* dolap; **er hat nicht alle Tassen im ~** (*fig fam*) keçileri kaçırmış

Schranke <-n> ['ʃraŋkə] *f*, **Schranken** <-s, -> ['ʃraŋkən] *m* ÖSTERR bariyer; (*gesetzte Grenze*) had, sınır; **jdn in seine ~n weisen** birine haddini bildirmek

schrankenlos *adj* ❶ (*grenzenlos*) sınırsız, hadsiz hesapsız ❷ (*maßlos*) ölçüsüz, hadsiz hesapsız

Schrankwand *f* duvardan duvara dolap

Schraubdeckel *m* vidalı kapak

Schraube <-n> ['ʃraʊbə] *f* ❶ vida; (*Bolzen*) cıvata; **bei ihm ist eine ~ locker** (*fig fam*) onun bir tahtası eksik, o, kafadan kontak ❷ (*Schiffs~*) pervane, uskur

schrauben ['ʃraʊbən] *vt* ❶ (*an~*) vidalamak (**an** -e); (*ab~*) vidasını sökmek (-in); (*Deckel*) (çevirerek) açmak; **fester ~** vidasını sıkmak (-in) ❷ (*festdrehen*) (çevirerek) sıkmak; (*abdrehen*) (çevirerek) açmak

S

Schraubenschlüssel *m* somun anahtarı **Schraubenzieher** <-s, -> *m* tornavida
Schraubstock <-(e)s, -stöcke> *m* mengene **Schraubverschluss**[RR] *m* vidalı kapak
Schrebergarten ['ʃreːbɐ-] *m* Schreber bahçesi, hobi bahçesi (*kanunen yüzölçümü 400 metrekareyi geçmeyen ve kâr amacı gütmeyip dinlenme amacıyla sebze ve meyve yetiştirilen bahçe*)
Schreck <-(e)s, -e> [ʃrɛk] *m* korku; **einen ~ bekommen** korkmak; **jdm einen ~ einjagen** birini korkutmak
schrecken[1] ['ʃrɛkən] *vt* ❶ (*geh: ängstigen*) korkutmak, ürkütmek ❷ (*abschrecken: Eier, Nudeln*) soğuk suya tutmak
schrecken[2] <schreckt *o* schrickt, schreckte *o* schrak, geschreckt> *vi sein* (*auf~*) korkmak, ürkmek, (yerinden) sıçramak [*o* fırlamak]; **aus dem Schlaf ~** ürkerek uyanmak, yataktan sıçrayarak uyanmak
Schrecken <-s, -> ['ʃrɛkən] *m* ❶ (*Schreck*) korku, ürküntü; (*Entsetzen*) dehşet; **~ erregend** dehşet verici; **mit dem ~ davonkommen** korkusu yanına kâr kalmak ❷ *pl* (*des Krieges*) dehşet **schreckenerregend** *adj s.* **Schrecken 1.**
Schreckensherrschaft *f* despotluk
Schreckgespenst *nt* hayalet, karakoncolos
schreckhaft *adj* ürkek
schrecklich *adj* ❶ (*furchtbar*) feci, yürekler acısı; **eine ~e Nachricht** feci bir haber ❷ (*fam: groß, sehr*) korkunç, pek çok; **eine ~e Hitze** korkunç bir sıcak
Schreckschraube *f* (*pej fam*) cadaloz karı
Schreckschuss[RR] *m* kuru sıkı **Schreckschusspistole**[RR] *f* (*mit Gas*) gaz tabancası; (*mit Platzpatronen*) kuru sıkı atan tabanca
Schrecksekunde *f* dehşet anı
Schrei <-(e)s, -e> [ʃraɪ] *m* bağırma, haykırma; (*schrill*) çığlık, feryat; **einen ~ ausstoßen** çığlık atmak, haykırmak; **der letzte ~** (*fam*) (en) son moda
Schreibblock <-blöcke> *m* bloknot
schreiben <schreibt, schrieb, geschrieben> ['ʃraɪbən] **I.** *vi, vt* yazmak (**auf** -e); **mit links ~** sol elle yazmak; **jdm/an jdn (einen Brief) ~** birine (bir mektup) yazmak; **hast du was zum S~?** yazacak bir şeyin var mı? **II.** *vr* ■ **sich ~** ❶ (*Briefe*) yazışmak ❷ (*fam: geschrieben werden*) yazılmak
Schreiben <-s, -> ['ʃraɪbən] *nt* yazı; (*Brief*) mektup
Schreiber(in) <-s, -; -nen> *m(f)* (*Roman*) yazar; (*Brief*) yazan (kimse)
Schreiberling <-s, -e> *m* (*pej*) yazar müsveddesi
schreibfaul *adj* yazmaya üşenen **Schreibfehler** *m* yazım yanlışı, imlâ hatası **Schreibheft** *nt* yazı defteri **Schreibkraft** *f* daktilo(graf) **Schreibmaschine** *f* daktilo; **~ schreiben** daktilo yazmak **Schreibmaschinenpapier** *nt* daktilo kâğıdı **Schreibmaschinenschrift** *f* daktilo yazısı **Schreibpapier** *nt* yazı kâğıdı **Schreibpult** *nt* yazı kürsüsü **Schreibschrift** *f kein pl* el yazısı **schreibschützen** *vt* INFORM kopya edilmesine karşı korumak, kopyalanamaz yapmak **Schreibtisch** *m* yazı masası
Schreibung <-en> *f* yazılış
Schreibunterlage *f* sumen
Schreibwaren *pl* kırtasiye **Schreibwarenhändler(in)** *m(f)* kırtasiyeci **Schreibwarenhandlung** *f* kırtasiyeci
Schreibweise *f* ❶ (*Orthographie*) yazılış, yazım ❷ (*Schreibstil*) yazış **Schreibzeug** *nt* kalem kâğıt
schreien <schreit, schrie, geschrien> ['ʃraɪən] *vi, vt* ❶ (*Mensch*) bağırmak, haykırmak; (*schrill*) çığlık atmak, feryat etmek; (*wütend*) bağırmak; **nach etw** *dat* **~** bir şey için bağırmak; **das Kind schrie nach seiner Mutter** çocuk anne diye bağırdı; **er schrie vor Angst** korkusundan çığlığı bastı; **sie schrie sich heiser** sesi kısılıncaya kadar bağırdı; **es war zum S~** (*fam*) çok komikti ❷ (*Esel*) anırmak; **~ wie ein Esel** eşek gibi anırmak
schreiend *adj* ❶ (*Farbe*) cart, frapan ❷ (*Unrecht*) apaçık
Schreierei <-en> *f* (*pej*) bağırıp çağırma
Schreihals *m* (*fam*) cırlak
Schrein <-(e)s, -e> [ʃraɪn] *m* (*geh*) sanduka; (*für Reliquien*) sandık
Schreiner(in) <-s, -; -nen> ['ʃraɪnɐ] *m(f)* marangoz; (*Bau~*) doğramacı
Schreinerei <-en> *f* marangozhane
schreiten <schreitet, schritt, geschritten> ['ʃraɪtən] *vi sein* (*geh*) ❶ (*gehen*) gitmek ❷ (*beginnen*) **zu etw** *dat* **~** bir şeye başlamak; **zur Abstimmung/Tat ~** oylamaya/eyleme geçmek
schrickt [ʃrɪkt] *3. präs von* **schrecken**[2]
schrie [ʃriː] *3. imp von* **schreien**
schrieb [ʃriːp] *3. imp von* **schreiben**
Schrieb <-(e)s, -e> [ʃriːp] *m* (*fam*) yazı
Schrift <-en> [ʃrɪft] *f* ❶ yazı ❷ (*Hand~*) el yazısı ❸ (*Text*) metin; **die Heilige ~** Kitabı Mukaddes ❹ *pl* SCHWEIZ (*Papiere*) evrak, kâğıtlar *pl* **Schriftart** <-en> *f* TYPO yazı

S

türü, karakter **Schriftdeutsch** <-en> *nt kein pl* Alman yazı dili
Schriftenreihe *f* yazı dizisi
Schriftführer(in) <-s, -; -nen> *m(f)* yazman **Schriftgrad** *m* TYPO punto
schriftlich *adj* yazılı; **das kann ich dir ~ geben** (*fam*) bunu sana yazılı olarak verebilirim
Schriftprobe *f* yazı örneği **Schriftsatz** <-es, -sätze> *m* ❶ TYPO (*Satz*) dizgi ❷ JUR layiha **Schriftsprache** <-n> *f* yazı dili
Schriftsteller(in) <-s, -; -nen> *m(f)* yazar
Schriftstück *nt* varaka, yazılı kâğıt **Schriftverkehr** *m* yazışmalar *pl*, muhaberat **Schriftwechsel** *m* yazışma
schrill [ʃrɪl] *adj* (*Ton*) tiz, keskin, kulak tırmalayıcı
schritt [ʃrɪt] *3. imp von* **schreiten**
Schritt <-(e)s, -e> [ʃrɪt] *m* ❶ (*beim Gehen*) adım; **~e hören** ayak sesleri duymak; **mit schnellen ~en** hızlı adımlarla; **auf ~ und Tritt verfolgen** adım adım izlemek; **nur ein paar ~e von hier** buradan sadece birkaç adım; **mit jdm ~ halten** birine ayak uydurmak; **mit etw ~ halten** (*fig*) bir şeye adım uydurmak; **~ für ~** adım adım ❷ (*einer Hose*) apışlık, ağ ❸ (*Handlung*) adım; (*Maßnahme*) önlem, tedbir; **den ersten ~ tun** ilk adımı atmak; **~e in die Wege leiten** önlemler almak **Schrittmacher** <-s, -> *m* ❶ SPORT önde giden kimse ❷ (*Herz~*) kalp pili **Schrittmesser** <-s, -> *m* adımsayar
schrittweise *adv* adım adım
schroff [ʃrɔf] *adj* ❶ (*Abhang*) sarp ❷ (*Mensch*) kaba; **etw ~ ablehnen** bir şeyi kabaca reddetmek
schröpfen ['ʃrœpfən] *vt* ❶ MED hacamatlamak, hacamat etmek ❷ (*fam: Person*) yolmak
Schröpfkopf <-(e)s, -köpfe> *m* vantuz
Schrot <-(e)s, -e> [ʃro:t] *m o nt* ❶ (*Getreide~*) kırma ❷ (*Munition*) saçma **Schrotflinte** *f* av tüfeği
Schrott <-(e)s> [ʃrɔt] *m kein pl* ❶ (*Altmetall*) hurda; **ein Auto zu ~ fahren** arabayı hurdaya çevirmek ❷ (*fam: Unbrauchbares*) hurda; (*unnützes Zeug*) hırdavat **Schrotthändler(in)** *m(f)* hurdacı **Schrotthaufen** *m* ❶ (*Ansammlung*) hurda yığını ❷ (*fam: altes Auto*) hurdası çıkmış araba **Schrottplatz** <-es, -plätze> *m* hurdalık **schrottreif** *adj* hurda
schrubben ['ʃrʊbən] *vt* (*Ding*) ovarak temizlemek; (*Person, Körperteil*) ovmak
Schrubber <-s, -> *m* (*fam*) tahta fırçası
Schrulle <-n> *f* tuhaflık, antikalık, kaçıklık
schrullig *adj* tuhaf, antika, kaçık
schrumpelig ['ʃrʊmp(ə)lɪç] *adj* (*fam*) buruşuk, kırışık
schrumpfen ['ʃrʊmpfən] *vi sein* ❶ (*Gewebe*) buruşmak, kırışmak ❷ (*Vorräte, Interesse*) azalmak
schrumplig *adj s.* **schrumpelig**
Schub <-(e)s, Schübe> [ʃu:p, *pl* 'ʃy:bə] *m* ❶ (*Stoß*) itiş ❷ PHYS, TECH itme ❸ (*Gruppe*) kafile; (*Sachen*) parti; **der erste ~ ist schon verkauft** ilk parti satıldı bile
Schubkarren *m* el arabası **Schubkraft** *f* PHYS, TECH itme gücü, itiş gücü **Schublade** <-n> *f* çekmece
Schubs <-es, -e> [ʃʊps] *m* (*fam*) itme, itiş
schubsen ['ʃʊpsən] *vt* (*fam*) itmek
schubweise ['ʃu:pvaɪzə] *adv* ❶ (*Menschen*) kafileler halinde; (*Sachen*) partiler halinde ❷ (*in Schüben*) nöbetler halinde
schüchtern ['ʃʏçtɐn] *adj* utangaç
Schüchternheit *f kein pl* utangaçlık
schuf [ʃu:f] *3. imp von* **schaffen**
Schuft <-(e)s, -e> [ʃʊft] *m* (*pej*) hain
schuften ['ʃʊftən] *vi* (*fam*) didinmek, it gibi çalışmak
Schufterei *f kein pl* (*fam*) didinme, it gibi çalışma
Schuh <-(e)s, -e> [ʃu:] *m* ayakkabı, pabuç; **ein Paar ~e** bir çift ayakkabı; **ich weiß, wo ihn der ~ drückt** (*fig fam*) onun canının neye sıkıldığını biliyorum; **jdm etw in die ~e schieben** (*fam*) bir şeyi birinin üstüne atmak **Schuhanzieher** <-s, -> *m s.* **Schuhlöffel** ayakkabı çekeceği **Schuhbändel** <-s, -> ['ʃu:bɛndəl] *nt* SÜDD, SCHWEIZ ayakkabı bağı **Schuhbürste** *f* ayakkabı fırçası **Schuhcreme** *f* ayakkabı boyası **Schuhgeschäft** <-(e)s, -e> *nt* ayakkabı mağazası, ayakkabıcı **Schuhgröße** <-n> *f* ayakkabı numarası **Schuhlöffel** *m* ayakkabı çekeceği **Schuhmacher(in)** <-s, -; -nen> *m(f)* kunduracı **Schuhputzer(in)** <-s, -; -nen> *m(f)* ayakkabı boyacısı **Schuhsohle** *f* pençe, ayakkabının tabanındaki kösele **Schuhspanner** *m* ayakkabı kalıbı **Schuhwerk** <-(e)s> *nt kein pl* ayakkabılar *pl*
Schularbeiten *pl* ev ödevi **Schulbank** <-bänke> *f* okul sırası; **die ~ drücken** (*fam*) dirsek çürütmek **Schulbildung** *f* öğrenim **Schulbuch** *nt* okul kitabı **Schulbus** *m* okul otobüsü
schuld [ʃʊlt] *adj* **an etw ~ sein** bir şeyde suçu olmak
Schuld[1] [ʃʊlt] *f kein pl* kabahat (**an** -de), suç (**an** -de); (*Verantwortung*) sorumluluk (**an** -de); JUR kusur, suçluluk; **es ist** (**nicht**)

meine ~ bu benim kabahatim (değil); **die ~ an etw haben** bir şeyde kabahati olmak; **jdm ~ geben** birini suçlamak; **die ~ auf sich nehmen** sorumluluğu üstlenmek [*o* üzerine almak]; **keine Strafe ohne ~** JUR kusur olmadan ceza olmaz

Schuld[2] <-en> *f* ❶ (*Geldbetrag*) borç; **ich habe 500 Euro ~en** 500 euro borcum var ❷ (*geh*) **ich stehe in deiner ~** sana gönül borcum var, sana minnet duyuyorum

schuldbewusst[RR] *adj* **jdn ~ anblicken** birine süt dökmüş kedi gibi bakmak

schulden [ˈʃʊldən] *vt* borçlu olmak, borcu olmak; **jdm etw ~** birine bir şey borçlu olmak; **wie viel schulde ich dir?** sana ne kadar borcum var?

schuldenfrei *adj* borçsuz, borcu olmayan; (*Grundstück*) ipoteksiz, takyitsiz

Schuldfrage *f* sorumluluk meselesi **Schuldgefühl** <-(e)s, -e> *nt* suçluluk duygusu

schuldhaft *adj* kusurlu, taksirli

schuldig [ˈʃʊldɪç] *adj* ❶ suçlu, kusurlu; (*verantwortlich*) sorumlu (**an** -den); **wer ist ~?** suçlu kim?; **jdn ~ sprechen** birini mahkûm etmek; ■ **sich ~ bekennen** suçlu olduğunu kabul etmek, suçunu kabullenmek ❷ (*Geld*) **jdm etw ~ sein** birine bir şey borçlu olmak; **die Antwort ~ bleiben** cevabını verememek

Schuldige(r) <-n, -n; -n> *f(m)* suçlu

Schuldigkeit *f* **seine ~ tun** borcunu ödemek

schuldlos *adj* suçsuz, masum; **~ sein** suçsuz olmak (**an** -de), masum olmak

Schuldner(in) <-s, -; -nen> [ˈʃʊldnɐ] *m(f)* borçlu

Schuldrecht *nt kein pl* JUR borçlar hukuku **Schuldschein** <-(e)s, -e> *m* borç senedi **Schuldzuweisung** *f a.* JUR suçlama

Schule[1] <-n> [ˈʃuːlə] *f* ❶ (*Institution, Gebäude*) okul; **in die ~ kommen** okullu olmak; **in die** [*o* **zur**] **~ gehen** okula gitmek ❷ (*Richtung*) ekol; **~ machen** taklit edilmek

Schule[2] *f kein pl* (*Unterricht*) ders; **~ haben** dersi olmak

schulen *vt* eğitmek

Schüler(in) <-s, -; -nen> [ˈʃyːlɐ] *m(f)* ❶ (*in der Schule*) öğrenci ❷ (*Anhänger*) yandaş **Schüleraustausch** *m* öğrenci değişimi **Schülerausweis** *m* öğrenci kimliği, paso **Schülerfahrt** *f* okul gezisi

Schülerschaft <-en> *f* öğrenci temsilciliği

Schülerzeitung *f* okul gazetesi

Schulfach *nt* ders **Schulferien** *pl* okul tatili **schulfrei** *adj* okul olmayan; **~e Tage** okul olmayan günler; **heute ist ~** bugün okul yok **Schulfreund(in)** *m(f)* okul arkadaşı **Schulgeld** *nt* okul parası **Schulheft** *nt* okul defteri **Schulhof** *m* okul avlusu, okul bahçesi

schulisch *adj* **~e Fragen** okulla ilgili sorunlar, okula ilişkin sorunlar; **seine ~en Leistungen sind gut/schlecht** okuldaki notları iyi/kötü

Schuljahr *nt* ❶ (*Zeitraum*) ders yılı ❷ (*Klasse*) sınıf; **im achten ~ sein** sekizinci sınıfta olmak **Schulkamerad(in)** *m(f)* okul arkadaşı **Schulkind** *nt* okul çocuğu **Schulklasse** *f* (*Schülergruppe*) sınıf; (*Klassenstufe*) sınıf **Schulleiter(in)** <-s, -; -nen> *m(f)* okul müdürü **Schulmedizin** *f kein pl* okutulan tıp **Schulordnung** *f* okul yönetmeliği **Schulpflicht** *f kein pl* zorunlu öğrenim, okula gitme mecburiyeti **schulpflichtig** *adj* **er hat zwei Kinder im ~en Alter** zorunlu öğrenim çağında iki çocuğu var **Schulranzen** *m* okul (sırt) çantası **Schulrat, -rätin** <-(e)s, -räte; -nen> *m, f* müfettiş **Schulschiff** *nt* okul gemisi **Schulschluss**[RR] <-es> *m kein pl* okul paydosu **Schulschwänzer(in)** *m(f)* (*fam*) okul kaçkını, okul kaçağı **Schulsprecher(in)** *m(f)* öğrenci temsilcisi **Schulstunde** *f* ders saati **Schultasche** *f* okul çantası

Schulter <-n> [ˈʃʊltɐ] *f* omuz; **~ an ~** omuz omza; **jdm über die ~ gucken** birini aşağısamak; **mit den ~n zucken** omuz silkmek; **etw auf die leichte ~ nehmen** bir şeyi hafifsemek [*o* yeğnisemek], bir şeyi hafiften [*o* hafife] almak; **etw auf seine ~n nehmen** bir şeyi omuzlamak; **jdm die kalte ~ zeigen** birine omuz kaldırmak, birini ağırsamak **Schulterblatt** *nt* kürek kemiği **schulterfrei** *adj* omuzları açık **Schultergelenk** *nt* ANAT omuz eklemi **Schulterhöhe** *f* omuz yüksekliği **Schulterklappe** *f* omuzluk, apolet **schulterlang** *adj* omuzlarına varan, omuzlarına kadar inen

schultern *vt* omuzlamak

Schulterpolster *nt* vatka **Schulterschluss**[RR] *m kein pl* omuzdaşlık

Schulung <-en> [ˈʃuːlʊŋ] *f* ❶ (*Unterricht*) ders; (*Belehrung*) öğretim; (*von Personal*) eğitim ❷ (*Lehrgang*) kurs

Schulunterricht *m* okul dersi **Schulverwaltung** *f* okul idaresi **Schulweg** *m* okul yolu **Schulweisheit** <-en> *f* (*pej*) okulda öğrenilmiş şeyler *pl* **Schulwesen** <-s> *nt kein pl* eğitim sistemi **Schulzeit** *f* okul günleri *pl* **Schulzeugnis** *nt* okul karnesi

schummeln [ˈʃʊməln] *vi* (*fam: beim Spiel*) hile yapmak; (*in der Schule*) kopya çekmek

schumm(e)rig [ˈʃʊm(ə)rɪç] *adj* (*fam*) loş; (*dämmerig*) alacakaranlık

Schund <-(e)s> [ʃʊnt] *m kein pl* (*pej fam*) süprüntü, döküntü; (*Abfall*) çöp **Schundroman** *m* (*fam*) adî roman, aşağılık roman

schunkeln [ˈʃʊŋkəln] *vi* sağ sola sallanmak

Schuppe <-n> [ˈʃʊpə] *f* ❶ (*bei Tieren*) pul ❷ *pl* (*beim Menschen*) kepek; **ihm fiel es wie ~n von den Augen** (*fig*) birdenbire gözü açıldı

schuppen **I.** *vt* **einen Fisch ~** balığın pullarını kazımak **II.** *vr* ■ **sich ~** pullanmak, pul pul olmak; (*Kopfhaut*) kepeklenmek

Schuppen <-s, -> [ˈʃʊpən] *m* (*Bau*) külübe; (*Speicher*) ambar, depo; (*Beat~*) disko

Schuppenflechte *f* MED sedef hastalığı **Schuppentier** *nt* ZOOL pullu hayvan

schuppig *adj* ❶ (*Fisch, Haut*) pullu ❷ (*Kopfhaut*) kepekli; **~es Haar haben** saçı kepekli olmak

schüren [ˈʃyːrən] *vt* ❶ (*Feuer*) körüklemek ❷ (*fig: Hass, Eifersucht*) alevlendirmek

schürfen [ˈʃʏrfən] **I.** *vt* ❶ (*Haut*) sıyırmak ❷ BERGB aramak **II.** *vr* ■ **sich ~** sıyrılmak (**an** -de); (*sich kratzen*) çizilmek (**an** -de); **er hat sich am Ellbogen (leicht) geschürft** dirseği (hafifçe) sıyrıldı **III.** *vi* **tief ~d** esaslı, derine inen; **nach etw ~** aramak

Schürfwunde *f* sıyrık

Schürhaken *m* maşa

Schurke(in) <-n, -n; -nen> [ˈʃʊrkə] *m(f)* (*pej*) alçak; (*Verräter*) kalleş

Schurkerei *f* kalleşlik

schurkisch *adj* (*gemein*) alçakça, kalleş; (*wie ein Schurke*) kalleşçe

Schurwolle *f kein pl* yün

Schürze <-n> [ˈʃʏrtsə] *f* önlük **Schürzenjäger** <-s, -> *m* (*pej fam*) zampara, çapkın, hovarda, kadın avcısı

SchussRR <-es, Schüsse> [ʃʊs, *pl* ˈʃʏsə] *m*, **Schuß**ALT <-sses, Schüsse> *m* ❶ (*aus einer Waffe*) atış; **einen ~ abgeben** bir el ateş etmek; **weit vom ~ sein** (*fam*) (gürültü patırtıdan) uzakta olmak; **in ~ sein** (*fam*) sağlam olmak; **etw in ~ bringen** (*fam*) bir şeyi tamir etmek; **etw in ~ halten** (*fam*) bir şeyi bakımlı hâlde tutmak ❷ (*Spritzer*) sıkım ❸ SPORT (*Fußball*) şut; (*Ski*) şos ❹ (*beim Weben*) atkı, argaç ❺ (*sl: Drogeninjektion*) iğne; **sich** *dat* **einen ~ setzen** kendine iğne vurmak, kendine bir doz zerk etmek

Schüssel <-n> [ˈʃʏsəl] *f* ❶ (*Servier~*) tabak, çanak, kâse; (*Suppen~*) tabak; (*Wasch~*) leğen ❷ (*fam: WC-Becken*) küvet ❸ (*fam: Satelliten~*) çanak

schusselig [ˈʃʊsəlɪç] *adj* (*pej fam*) beceriksiz, salak, sersem

schussfestRR *adj* kurşungeçirmez

schussligRR *adj*, **schußlig**ALT *adj* (*pej fam*) beceriksiz, salak, sersem

SchusslinieRR *f* ateş hattı; (*einer Kugel*) mermi yolu; **in die ~ geraten** (*fig*) iki ateş arasında kalmak **schusssicher**RR *adj* kurşungeçirmez **Schusswaffe**RR *f* ateşli silah **Schusswechsel**RR *m* karşılıklı ateş etme **Schussweite**RR *f kein pl* menzil, kurşun erimi; **außer/in ~** kurşun erimi dışında/içinde **Schusswunde**RR *f* kurşun yarası

Schuster(in) <-s, -; -nen> [ˈʃuːstɐ] *m(f)* kunduracı

Schusterahle *f* kunduracı bizi

Schutt <-(e)s> [ʃʊt] *m kein pl* döküntü, moloz; **eine Stadt in ~ und Asche legen** bir şehri yerle bir etmek

Schüttelfrost <-(e)s> *m kein pl* nöbet (titremesi)

schütteln [ˈʃʏtəln] **I.** *vt* (*Baum*) silkmek, sarsmak; (*Kissen, Decke*) silkelemek; (*Hand*) sıkmak; (*Kopf*) sallamak; **es schüttelte mich am ganzen Körper** bütün vücudum sarsıldı; **verneinend den Kopf ~** hayır diye başını sallamak; **von einem Fieberanfall geschüttelt werden** nöbetten titremek; **„vor Gebrauch ~"** "kullanmadan önce çalkalayınız" **II.** *vr* ■ **sich ~** silkelenmek, silkinmek; **sich vor Ekel ~** tiksintiden silkinmek; **er schüttelte sich vor Lachen** gülmekten katıldı

schütten [ˈʃʏtən] **I.** *vt* (*gießen*) boşaltmak (**in** -e), akıtmak (**in** -e); (*ver~*) dökmek **II.** *vi unpers* (*fam*) bardaktan boşanırcasına yağmur yağmak

schütter [ˈʃʏtɐ] *adj* seyrek; **sein Haar ist ~ geworden** saçları seyrekleşti

Schutthalde *f* ❶ cüruf yığını ❷ GEO birikinti konisi

Schutz <-es> [ʃʊts] *m kein pl* koru(n)ma (**vor/gegen** -den/-e karşı), himaye, koruyucu; **~ der Familie/Gesundheit/Jugend/Moral** ailenin/sağlığın/gençliğin/ahlakın korunması; **im ~e der Dunkelheit** karanlıktan yararlanarak, gecenin karanlığından yararlanarak; **sich in jds ~ begeben** birine sığınmak; **unter jds ~ stehen** biri tarafından korunmak [*o* himaye görmek]; **in einem Haus ~ suchen** bir eve sığınmak; **jdn in ~ nehmen** birini himayesine almak **Schutzanzug** <-(e)s, -züge> *m* koruyucu giysi **schutzbedürf-**

S

tig *adj* korunmaya muhtaç **Schutzbehauptung** *f* bahane **Schutzblech** <-(e)s, -e> *nt* (*am Fahrrad*) çamurluk **Schutzbrief** *m* ❶ POL teminat varakası ❷ (*einer Versicherung*) yol yardım sigortası **Schutzbrille** *f* koruyucu gözlük

Schütze(in)[1] <-n, -n; -nen> ['ʃʏtsə] *m(f)* ❶ (*mit einer Waffe*) atıcı, nişancı ❷ (*Tor~*) golcü ❸ (*Soldat*) avcı eri

Schütze[2] <-n, -n> *m* ASTROL Yay; **das Sternbild/der Wendekreis des ~n** Yay burcu/dönencesi

schützen ['ʃʏtsən] **I.** *vt* korumak (**vor/gegen** -den/-e karşı), himaye etmek; (*bewahren*) korumak (**vor** -den); **gesetzlich geschützt** tescil edilmiş **II.** *vr* ■ **sich ~** korunmak (**vor/gegen** -den/-e karşı); (*gegen Schaden*) kendini korumak (**gegen** -e karşı)

schützend *adj* koruyucu

Schützenfest *nt* atıcılar şöleni

Schutzengel *m* koruyucu melek

Schützengraben *m* kazamat **Schützenlinie** *f* MIL avcı hattı **Schützenverein** *m* atıcılık derneği

Schutzgebiet *nt* sit alanı **Schutzgeld** <-(e)s, -er> *nt* haraç; **~er erpressen** haraç almak **Schutzhelm** *m* kask **Schutzhülle** *f* muhafaza **Schutzimpfung** *f* koruyucu aşı

Schützling <-s, -e> ['ʃʏtslɪŋ] *m* korunan kimse

schutzlos *adj* korumasız

Schutzmacht *f* hami devlet **Schutzmarke** *f* marka **Schutzmaske** *f* koruyucu maske **Schutzmaßnahme** *f* koruyucu önlem; **gegen etw ~n treffen** bir şeye karşı koruyucu önlemler almak **Schutzpatron(in)** *m(f)* pir, koruyucu aziz **Schutzpolizei** *f kein pl* kolluk **Schutzschicht** <-en> *f* koruyucu tabaka, astar **Schutzumschlag** <-(e)s, -schläge> *m* gömlek **Schutzvorrichtung** *f* koruma düzeni, muhafaza tertibatı

schwabb(e)lig ['ʃvab(ə)lɪç] *adj* (*fam*) peltemsi

Schwabe, Schwäbin <-n, -n; -nen> ['ʃva:bə] *m, f* Suebyalı

Schwaben <-s> ['ʃva:bən] *nt* (*Region*) Suebya, Schwaben

Schwäbin <-nen> ['ʃvɛ:bɪn] *f s.* **Schwabe**

schwäbisch ['ʃvɛ:bɪʃ] *adj* Suebya (ile ilgili), Suebyalı; **die ~e Küche** Suebya mutfağı; **~e Frauen/Männer** Suebyalı kadınlar/erkekler

schwach <schwächer, am schwächsten> [ʃvax] *adj* zayıf; (*Getränk, Argument, Börse*) hafif; (*Nachfrage, Leistung, Beteiligung*) az; (*Gesundheit*) rahatsız, zayıf; (*Hoffnung*) zayıf; (*Licht*) sönük; **~er Punkt** zayıf nokta; ■ **sich ~ fühlen** kendini rahatsız hissetmek; **er ist ~ in Physik** fizikte zayıftır; **bei Torten wird sie immer ~** pasta denildiğinde dayanamaz, pastaya zaafı vardır

Schwäche <-n> ['ʃvɛçə] *f* zayıflık, zaaf; **eine ~ für etw haben** bir şeye zaafı olmak, bir şeye düşkün olmak; **er hat einige charakterliche ~n** karakter yönünden bazı zayıf tarafları var **Schwächeanfall** *m* ani dermansızlık

schwächen ['ʃvɛçən] *vt* zayıflatmak, azaltmak

Schwachkopf *m* (*pej*) ahmak, budala, akılsız kafa

schwächlich ['ʃvɛçlɪç] *adj* çelimsiz, cılız

Schwächling <-s, -e> ['ʃvɛçlɪŋ] *m* (*pej*) çelimsiz kimse

Schwachsinn <-(e)s> *m kein pl* ❶ MED oligofreni ❷ (*pej fam: Blödsinn*) geri zekâlılık

schwachsinnig *adj* ❶ MED oligofren ❷ (*pej fam: blödsinnig*) geri zekâlı

Schwachstelle *f* zayıf nokta **Schwachstrom** *m* ELEK alçak gerilimli akım

Schwächung <-en> *f* zayıf düşürme; (*das Geschwächtsein*) zayıf düşme

Schwaden <-s, -> ['ʃva:dən] *m* (*in der Luft*) bulut

schwafeln ['ʃva:fəln] *vi* (*pej fam*) abuk sabuk konuşmak (**über** hakkında)

Schwager <-s, Schwäger> ['ʃva:gɐ] *m* (*Bruder des Ehemannes/der Ehefrau*) kayın, kayın birader; (*Ehemann der Schwester*) enişte

Schwägerin <-nen> *f* (*Schwester des Ehemannes*) görümce; (*Schwester der Ehefrau*) baldız; (*Ehefrau des Bruders*) yenge

Schwägerschaft *f kein pl* kayın hısımlığı

Schwalbe <-n> ['ʃvalbə] *f* kırlangıç

Schwall <-(e)s, -e> [ʃval] *m* (*Wasser~*) büyük dalga; (*Menschen~*) akın

schwamm [ʃvam] *3. imp von* **schwimmen**

Schwamm <-(e)s, Schwämme> [ʃvam, *pl* 'ʃvɛmə] *m* ❶ (*Putz~, Tier*) sünger; **~ drüber!** (*fam*) boş ver!, sağlık olsun! ❷ ÖSTERR, SÜDD (*Pilz*) mantar ❸ (*Haus~*) sünger

schwammig *adj* ❶ (*Gesicht, Körper*) sünger gibi ❷ (*Begriff*) lastik gibi

Schwan <-(e)s, Schwäne> [ʃva:n, *pl* 'ʃvɛ:nə] *m* kuğu

schwand [ʃvant] *3. imp von* **schwinden**

schwang [ʃvaŋ] *3. imp von* **schwingen**

schwanger ['ʃvaŋɐ] *adj* gebe, hamile; ~ **sein/werden** gebe [*o* hamile] olmak/kalmak

Schwangere <-n> ['ʃvaŋərə] *f* gebe, hamile

schwängern ['ʃvɛŋɐn] *vt* gebe bırakmak; **mit Rauch geschwängerte Luft** dumanlanmış hava

Schwangerschaft <-en> *f* gebelik, hamilelik **Schwangerschaftsabbruch** <-(e)s, -brüche> *m* çocuk düşürme **Schwangerschaftstest** *m* gebelik testi **Schwangerschaftsverhütung** *f kein pl* gebeliği önleme

Schwank <-(e)s, Schwänke> [ʃvaŋk, *pl* 'ʃvɛŋkə] *m* ❶ LIT kaba komedi ❷ (*Anekdote*) fıkra

schwanken ['ʃvaŋkən] *vi* ❶ (*wanken*) sallanmak; (*hin und her*) gidip gelmek, yalpalamak ❷ *sein* (*torkeln*) bocalamak, yalpa vurmak; (*heraus~*) sarkmak (**aus** -den) ❸ (*Preise, Temperatur*) dalgalanmak ❹ (*zögern*) tereddüt etmek, duraksamak, kararsız olmak

schwankend *adj* (*Bewegung*) sallanan; (*Charakter*) sebatsız; (*Kurse, Preise*) dalgalı; (*zögernd*) tereddütlü, duraksamalı, kararsız

Schwankung <-en> *f* (*Kurs~, Preis~*) dalgalanma

Schwanz <-es, Schwänze> [ʃvants, *pl* 'ʃvɛntsə] *m* ❶ (*eines Tieres*) kuyruk; **den ~ einziehen** (*fig fam*) kuyruğunu kısmak, kuyruğunu apış arasına almak; **es war kein ~ da!** (*fam*) orada kimse yoktu! ❷ (*fam: Penis*) çük, maslahat, kamış

schwänzeln ['ʃvɛntsəln] *vi* (*Hund*) kuyruk sallamak

schwänzen ['ʃvɛntsən] **I.** *vi* (*fam*) dersi [*o* okulu] asmak, derse girmemek **II.** *vt* (*fam*) asmak, kırmak; **Biologie ~** biyolojiyi asmak; **die Schule ~** okulu asmak [*o* kırmak]

Schwanzflosse *f* ZOOL kuyruk yüzgeci

schwappen ['ʃvapən] **I.** *vi sein* (*irgendwohin ~*) sıçramak (**auf** -e); (*heraus~*) taşmak (**aus** -den) **II.** *vt* sıçratmak (**auf** -e)

Schwarm <-(e)s, Schwärme> [ʃvarm, *pl* 'ʃvɛrmə] *m* ❶ (*Bienen~*) oğul; (*Menschen~*) sürü; (*Vogel~*) sürü; (*Sardinen~*) furya ❷ (*Mensch*) gözde

schwärmen ['ʃvɛrmən] *vi* ❶ *sein* (*Bienen*) kovanı terk etmek; (*Insekten*) uçuşmak; (*Menschen*) akın etmek (**zu/in** -e/-e) ❷ (*begeistert sein*) bayılmak (**für** -e), çok hoşlanmak (**für** -den); **ins S~ kommen** aşka gelmek

Schwärmer(in)[1] <-s, -; -nen> *m(f)* hayran; (*Träumer*) hayalci, hayalperest

Schwärmer[2] <-s, -> *m* (*Schmetterling*) kelebek

Schwärmerei <-en> *f* hayranlık (**für** -e)

schwärmerisch *adj* (*begeistert*) hayran; (*träumerisch*) hayalci

Schwarte <-n> ['ʃvartə] *f* ❶ (*Haut*) deri ❷ (*fam: Buch*) kalın kitap

schwarz <schwärzer, am schwärzesten> [ʃvarts] *adj* ❶ (*Farbe*) siyah, kara; **das kann ich dir ~ auf weiß geben** (*fam*) bunu sana yazılı [*o* kâğıt üstünde] verebilirim; **da kannst du warten, bis du ~ wirst** (*fam*) daha çok beklersin; **auf der ~en Liste stehen** kara listede adı olmak ❷ (*fam: konservativ*) tutucu, muhafazakâr ❸ (*fam: illegal*) kaçak ❹ (*unglücklich*) kara; **ein ~er Tag** kara bir gün ❺ (*makaber*) kara; **~er Humor** kara mizah ❻ (*Kaffee*) sade; **ich trinke meinen Kaffee ~** ben kahvemi sade içerim

Schwarzafrika *nt* Siyah Afrika **Schwarzafrikaner(in)** *m(f)* Siyah Afrikalı

Schwarzarbeit *f kein pl* kaçak çalışma **schwarz|arbeiten** *vi* kaçak çalışmak **Schwarzarbeiter(in)** *m(f)* kaçak işçi

schwarz|ärgern[RR] *vr* ■ **sich ~** (*fam*) öfke topuklarına çıkmak; **er hat sich schwarzgeärgert** öfke topuklarına çıktı

schwarzäugig *adj* siyah saçlı

Schwarzbrot *nt* siyah ekmek **Schwarzdrossel** *f* ZOOL (*Amsel*) karatavuk

Schwarze(r) <-n, -n; -n> *f(m)* siyah

Schwärze ['ʃvɛrtsə] *f kein pl* ❶ (*Färbung*) siyahlık ❷ (*Drucker~*) mürekkep

schwärzen ['ʃvɛrtsən] *vt* karartmak, siyahlatmak; (*färben*) siyahlatmak, siyaha boyamak; **mit Ruß ~** ise tutup karartmak

Schwarzes Meer *nt* Karadeniz

schwarz|fahren *irr vi sein* (*ohne Fahrkarte*) taşıta biletsiz binmek; (*ohne Führerschein*) ehliyetsiz taşıt sürmek **Schwarzfahrer(in)** *m(f)* (*ohne Fahrkarte*) biletsiz yolcu, kaçak yolcu

Schwarzfärbung *f* siyahlık

Schwarzgeld <-es, -er> *nt* kara para

schwarzhaarig *adj* siyah saçlı

Schwarzhandel *m* karaborsa; **mit etw ~ treiben** bir şeyi el altından satmak **schwarz|hören** *vi vergi veya ücret ödemeden kaçak radyo dinlemek* **Schwarzkehlchen** *nt* ZOOL bağrıkara **Schwarzkiefer** *m* BOT karaçam **Schwarzkümmel** *m* GASTR çörek otu **schwärzlich** *adj* siyahımsı, siyahımtırak **Schwarzmarkt** *m* karaborsa, kara pazar **schwarz|sehen** *irr* **I.** *vi* TV *vergi veya ücret ödemeden kaçak* *televizyon seyretmek* **II.** *vt* (*pessimistisch sein*) **alles ~** (*fam*) her şeyde karamsar olmak

Schwarzwald <-(e)s> *m* Karaorman

schwarz-weiß[RR] *adj*, **schwarzweiß** [-ˈ-] *adj* siyah beyaz

Schwarzweißfernseher [-ˈ----] *m* siyah beyaz televizyon

Schwarzwurzel *f* BOT iskorçina

Schwatz <-es, -e> [ʃvats] *m* (*fam*) gevezelik, sohbet; **einen kleinen ~ mit jdm halten** biriyle kısaca sohbet etmek, biriyle birazcık gevezelik etmek, biriyle birazcık çene çalmak

schwatzen *vi, vt*, **schwätzen** [ˈʃvɛtsən] *vi, vt* DIAL gevezelik etmek (**über** -den), çene çalmak

Schwätzer(in) <-s, -; -nen> *m(f)* (*pej: gesprächig, klatschhaft*) geveze, çalçene, çaçaron, çenesi düşük, boşboğaz

schwatzhaft *adj* (*pej*) geveze, çalçene, çaçaronca

Schwatzhaftigkeit *f kein pl* (*Gesprächigkeit*) gevezelik, çalçenelik, çaçaronluk

Schwebe [ˈʃveːbə] *f* **in der ~** sallantıda, askıda, sürüncemede **Schwebebahn** *f* (*an einer Schiene*) monoray asma tren hattı; (*an Seilen*) teleferik **Schwebebalken** *m* SPORT denge kalası

schweben [ˈʃveːbən] *vi* ❶ *sein* (*Vogel*) süzülmek; (*Ballon*) uçmak ❷ (*an einem Seil*) sallanmak (**an** -de) ❸ (*noch nicht abgeschlossen sein*) askıda olmak, sürüncemede kalmak; **in Gefahr ~** tehlikede olmak

Schwede(in) <-n, -n; -nen> *m(f)* İsveçli

Schweden <-s> [ˈʃveːdən] *nt* İsveç

schwedisch *adj* İsveç (ile ilgili), İsveçli; **~e Frauen/Männer** İsveçli kadınlar/erkekler; **die ~e Regierung** İsveç hükümeti

Schwedisch *nt kein pl* İsveççe; **im ~en** İsveççede

Schwefel <-s> [ˈʃveːfəl] *m kein pl* CHEM kükürt **Schwefelbad** *nt* ❶ MED kükürt banyosu ❷ (*Kurort*) kükürtlü ılıca **Schwefelblume** *f*, **Schwefelblüte** *f* kükürt çiçeği **Schwefeldioxid** <-s, -e> [--ˈ---] *nt* CHEM kükürt dioksit **schwefelhaltig** *adj* kükürtlü

Schwefelsalbe *f* kükürtlü merhem

Schwefelsäure *f kein pl* CHEM sülfürik asit

Schwefelung *f* (*das Schwefeln*) kükürtleme; (*das Geschwefeltwerden*) kükürtlenme

Schweif <-(e)s, -e> [ʃvaɪf] *m* ❶ (*geh*) kuyruk ❷ ASTRON (*eines Kometen*) saç

schweifen *vi sein* (*geh*) gezinmek (**durch** -de), dolaşmak (**durch** -de); **den Blick ~ lassen** bakışlarını dolaştırmak

Schweigegeld <-(e)s> *nt kein pl* susmalık, sus payı; **~ fordern** sus payı istemek

Schweigemarsch <-(e)s, -märsche> *m* sessiz yürüyüş **Schweigeminute** *f* saygı duruşu

schweigen <schweigt, schwieg, geschwiegen> [ˈʃvaɪgən] *vi* susmak, ses çıkarmamak (**zu/über** -e/-e, **vor/aus** önünde/gereği), sesi çıkmamak; **ganz zu ~ von ...** ... şöyle dursun

Schweigen <-s> *nt kein pl* susma, sükût, sessizlik; **jdn zum ~ bringen** birini susturmak; **das ~ brechen** sessizliği bozmak; **sich in ~ hüllen** sessizliğe gömülmek, hiç söz etmemek, sesi çıkmamak; **Reden ist Silber, ~ ist Gold** (*prov*) söz gümüşse sükût altındır

Schweigepflicht *f kein pl* susma zorunluluğu, sır saklama zorunluluğu; **der ~ unterliegen** sır saklamak zorunda olmak

schweigsam *adj* suskun

Schweigsamkeit *f kein pl* suskunluk

Schwein <-(e)s, -e> [ʃvaɪn] *nt* ❶ (*Tier*) domuz ❷ (*fam: Mensch*) domuz, hınzır, pis herif; **ein armes ~** zavallının biri; **kein ~** (**war dort/sah uns**) (orada/bizi) hiç kimse (yoktu/görmedi); **wir wissen, was für ein ~ er ist** ne mal olduğunu biliriz ❸ (*fam: Glück*) **~ haben** şansı yaver gitmek, verilmiş sadakası olmak **Schweinebraten** *m* domuz rostosu **Schweinefleisch** *nt kein pl* domuz eti **Schweinehund** <-(e)s, -e> *m* (*vulg*) köpekoğlu (köpek), köpoğlu, teres; **seinen inneren ~ überwinden** içindeki korkuyu yenmek

Schweinekotelett *nt* domuz pirzolası

Schweinepest *f kein pl* domuz vebası

Schweinerei <-en> *f* (*fam*) ❶ (*Schmutz*) pislik ❷ (*Ärgernis*) rezalet ❸ (*Unanständiges*) edepsizlik, ayıp

Schweinestall *m* domuz ağılı; (*fig*) ahır

schweinisch *adj* (*fam*) ayıp; (*Witz*) yakası açılmadık

Schweinshaxe *f* SÜDD, ÖSTERR GASTR domuz paçası

Schweiß <-es> [ʃvaɪs] *m kein pl* ter; **in ~ gebadet** sırsıklam ter içinde; **mir brach der ~ aus** bana ter bastı; **im ~e seines Angesichts** alın teriyle **Schweißabsonderung** <-en> *f* ter boşaltımı **Schweißausbruch** <-(e)s, -brüche> *m* ter dökme **Schweißbläschen** *nt* MED isilik **Schweißblatt** <-(e)s, -blätter> *nt* (*Armblatt*) koltukluk, subra

Schweißbrenner *m* TECH kaynak üfleci, oksijenli hamlaç

S

Schweißdrüse *f* ter bezi
schweißen [ˈʃvaɪsən] *vt* kaynak yapmak
Schweißer *m* kaynakçı
Schweißfüße *pl* çok terleyen ayaklar *pl*
schweißgebadet [ˈ--ˈ--] *adj* kan ter içindeki; **er war ~** kan ter içindeydi [*o* içinde kaldı]
Schweißnaht *f* kaynak eki [*o* dikişi]
schweißnassRR [ˈ-ˈ-] *adj* terli **schweißtreibend** *adj* terletici **Schweißtropfen** *m* ter damlacığı
Schweiz [ʃvaɪts] *f* İsviçre; **in die ~ fahren** İsviçre'ye gitmek; **die französische/italienische ~** Fransız/İtalyan İsviçresi
Schweizer(in) <-s, -; -nen> *m(f)* İsviçreli **Schweizerdeutsch** *nt* İsviçre Almancası
schweizerisch [ˈʃvaɪtsərɪʃ] *adj* İsviçre (ile ilgili), İsviçreli; **~e Frauen/Männer** İsviçreli kadınlar/erkekler; **die ~e Regierung/Währungseinheit** İsviçre hükümeti/para birimi
schwelgen [ˈʃvɛlgən] *vi* ❶ (*gut essen*) doya doya ve zevkle yemek yemek ❷ (*in Gedanken, Gefühlen*) kendinden geçmek (**in** içinde); **im Überfluss ~** sefa ve bolluk içinde yaşamak
schwelgerisch *adj* ❶ mest olmuş, kendinden geçmiş; (*ausschweifend*) sefih, lüks ❷ (*Mahl*) zengin
Schwelle <-n> [ˈʃvɛlə] *f* ❶ (*Tür~*) eşik; **keinen Fuß mehr über jds ~ setzen** (*geh*) birinin evine adım atmamak; **an der ~ zum 21. Jahrhundert** 21. yüzyılın eşiğinde ❷ EISENB (*Bahn~*) tabanlık, travers ❸ GEO eşik
schwellen1 <schwillt, schwoll, geschwollen> [ˈʃvɛlən] *vi sein* şişmek; (*Fluss*) kabarmak
schwellen2 *vt* ❶ (*geh: blähen*) şişirmek; **der Wind schwellte die Segel** rüzgâr yelkenleri şişirdi; **mit geschwellter Brust erzählte er** göğsünü kabarta kabarta anlattı ❷ SCHWEIZ (*weich kochen*) yumuşayıncaya kadar pişirmek
Schwellenangst *f kein pl* PSYCH karar verme korkusu **Schwellenland** <-(e)s, -länder> *nt* eşik ülke
Schwellung <-en> *f* şiş, şişme, şişkinlik
Schwemme <-n> [ˈʃvɛmə] *f* WIRTSCH arz fazlalığı (**an** -de)
schwemmen [ˈʃvɛmən] *vt* ❶ (*schwimmen lassen*) yüzdürmek ❷ ÖSTERR (*spülen*) yıkamak ❸ (*einweichen*) suya yatırmak; (*wässern*) sulamak ❹ ÖSTERR (*flößen*) yüzdürmek
Schwengel <-s, -> [ˈʃvɛŋəl] *m* ❶ (*Glocken~*) tokmak ❷ (*Pumpen~*) kol
Schwenk <-(e)s, -s *o* -e> [ʃvɛŋk] *m* ❶ FILM, TV dönme ❷ (*Drehung*) dönme; **einen ~ nach rechts machen** sağa dönmek
schwenkbar *adj* döner
schwenken [ˈʃvɛŋkən] **I.** *vi sein* dönmek, çark etmek **II.** *vt* ❶ (*drehen*) döndürmek ❷ (*ausspülen*) çalkalamak, durulamak, sudan geçirmek ❸ (*hin und her bewegen*) ileri geri hareket ettirmek; (*Arme, Fahne*) sallamak ❹ GASTR çalkalamak
schwer [ʃveːɐ] **I.** *adj* ❶ (*Gewicht*) ağır; **ein drei Kilo ~es Paket** üç kilo ağırlığında bir paket; **wie ~ ist das?** bunun ağırlığı nedir? ❷ (*ernst, schlimm*) ağır; (*Enttäuschung*) büyük; (*Strafe*) ağır; (*Gewitter*) sert; **ein ~er Irrtum** büyük bir hata ❸ (*Arbeit*) ağır; (*Tag*) zor; **ein ~es Leben haben** zor bir yaşamı olmak ❹ (*schwierig*) güç; **das ist ~ zu sagen** bunu söylemek güçtür; **sie hat es ~ mit ihm** onunla yaşaması kolay değil ❺ (*Duft, Essen*) ağır **II.** *adv* **ich bin ~ enttäuscht** büyük hayal kırıklığına uğramak; **~ erkrankt/verletzt sein** ağır hasta/yaralı olmak; **~ atmen** güç nefes almak; **~ bewaffnet** ağır silahlı; **jdn ~ bestrafen** birine ağır ceza vermek; ▪ **sich ~ täuschen** çok yanılmak; **sie ist ~ gestürzt** çok kötü düştü
Schwerarbeit *f kein pl* ağır iş **Schwerbehinderte(r)** *f(m)* ağır özürlü **Schwerbeschädigte(r)** <-n, -n; -n> *f(m)* ağır malul
Schwere [ˈʃveːrə] *f kein pl* (*geh*) ❶ (*Gewicht*) ağırlık ❷ (*Schwierigkeit*) zorluk ❸ (*Ernsthaftigkeit*) ciddiyet, ciddilik ❹ (*Ausmaß*) boyut(lar) *(pl)*; (*einer Strafe*) ağırlık
schwerelos *adj* ağırlıksız
Schwerelosigkeit *f kein pl* ağırlıksızlık
Schwerenöter <-s, -> [-nøːtɐ] *m* (*fam*) çapkın
schwererziehbar [ˈ--ˈ--] *adj s.* **erziehbar**
schwer|fallen *irr vi sein* **das fällt ihm schwer** bu ona zor geliyor
schwerfällig [-fɛlɪç] *adj* (*langsam*) ağır, ağır canlı, hımbıl; (*träge*) uyuşuk, miskin; (*Stil*) ağır; **~en Geistes sein** aklı hımbıl olmak
Schwerfälligkeit *f kein pl* ağır canlılık, hımbıllık
Schwergewicht1 <-(e)s, -e> *nt* SPORT (*Sportler*) ağır sıklet
Schwergewicht2 <-(e)s> *nt kein pl* ❶ (*Nachdruck*) **das ~ auf etw legen** bir şeye ağırlık vermek ❷ SPORT (*Gewichtsklasse*) ağır sıklet
schwerhörig *adj* kulağı ağır işiten

Schwerhörigkeit *f kein pl* ağır işitme
Schwerindustrie *f kein pl* ağır sanayi
Schwerkraft *f kein pl* PHYS, ASTRON yer çekimi
schwerkrank ['-'-] *adj s.* **krank**
schwerlich *adv* **etw ~ tun** bir şeyi pek yapamamak
Schwermetall *nt* ağır metal
Schwermut *f kein pl* hüzün
schwermütig *adj* hüzünlü
schwer|nehmen *irr vt* **etw ~** bir şey ağrına gitmek; **nimm's nicht so schwer!** aldırma!
Schwerpunkt *m* ❶ PHYS ağırlık merkezi ❷ (*fig*) ağırlık merkezi; **den ~ auf etw setzen** bir şeye ağırlık vermek
schwerreich ['-'-] *adj* (*fam*) zengin, Karun gibi
Schwert <-(e)s, -er> [ʃveːɐt] *nt* ❶ (*Waffe*) kılıç; **das ~ des Damokles** (*a. fig*) Demokles'in kılıcı; **das ~ schwingen** kılıç savurmak; **wie ein zweischneidiges ~** (*fig*) Acem kılıcı gibi ❷ NAUT pala **Schwertfisch** *m* ZOOL kılıç balığı **Schwertlilie** *f* BOT (*Iris*) süsen
schwer|tun *irr vr* **sich mit/bei etw** *dat* **~** (*fam*) bir şeyi gücümsemek
Schwerverbrecher(in) *m(f)* ağır suç işleyen (kimse)
schwerverdaulich ['--'--] *adj s.* **verdaulich** **schwerverletzt** *adj s.* **verletzen I.1.** **Schwerverletzte(r)** *f(m)* ağır yaralı **schwerverständlich** ['--'--] *adj s.* **verständlich**
schwerwiegend *adj* ağır basan, ciddi, ağırlatıcı
Schwester <-n> ['ʃvɛstɐ] *f* ❶ (*Verwandte*) kızkardeş; (*älter*) abla ❷ (*Kranken~*) hemşire ❸ (*Nonne*) rahibe
Schwesternhelferin <-nen> *f* hemşire yardımcısı
schwieg [ʃviːk] *3. imp von* **schweigen**
Schwiegereltern ['ʃviːgɐ-] *pl* kayın valide ve kayınpeder, kaynana ve kaynata **Schwiegermutter** <-mütter> *f* kayın valide, kaynana **Schwiegersohn** *m* damat; (*der im Haus der Schwiegereltern wohnt*) iç güvey **Schwiegertochter** *f* gelin **Schwiegervater** *m* kayın peder, kayın baba, kaynata
Schwiele <-n> ['ʃviːlə] *f* nasır; **~n bekommen** nasır bağlamak [*o* tutmak], nasırlanmak, nasırlaşmak; **~n an den Händen haben** elleri nasırlı olmak
schwielig *adj* nasırlı
schwierig ['ʃviːrɪç] *adj* güç, zor
Schwierigkeit <-en> *f* güçlük, zorluk; **in ~en geraten** zora düşmek; **jdn in ~en bringen** birine güçlük çıkarmak **Schwierigkeitsgrad** *m* güçlük derecesi
schwillt [ʃvɪlt] *3. präs von* **schwellen**
Schwimmbad *nt* yüzme havuzu (tesisi) **Schwimmbecken** *nt* yüzme havuzu **Schwimmdock** *nt* yüzer havuz
schwimmen <schwimmt, schwamm, geschwommen> ['ʃvɪmən] **I.** *vi haben o sein* ❶ (*Person, Fisch*) yüzmek; **wir gehen ~** yüzmeye gidiyoruz; **er kann nicht ~** yüzme bilmiyor; **auf dem Rücken ~** sırtüstü yüzmek; **über den See ~** gölü yüzerek geçmek; **ins S~ geraten** bocalamak ❷ (*Ding*) yüzmek (**auf** -de) **II.** *vt sein* **einen Rekord ~** yüzerek rekor kırmak
Schwimmer(in)[1] <-s, -; -nen> *m(f)* yüzücü
Schwimmer[2] <-s, -> *m* ❶ TECH şamandıra ❷ (*an einer Angel*) (olta) şamandıra(sı)
Schwimmflosse *f* palet **Schwimmflügel** *m* şişirme kolluk **Schwimmhalle** *f* yüzme salonu, kapalı yüzme havuzu **Schwimmhaut** *f* ZOOL perde **Schwimmlehrer(in)** *m(f)* yüzme öğretmeni **Schwimmsport** *m* yüzme sporu **Schwimmweste** *f* cankurtaran yeleği
Schwindel <-s> ['ʃvɪndəl] *m kein pl* ❶ (*~gefühl*) baş dönmesi; (*vor einem Abgrund*) göz kararması; **~ erregend** baş döndürücü ❷ (*pej fam: Betrug*) dolan; (*Lüge*) yalan, palavra
Schwindelei <-en> *f* (*pej*) ❶ (*Betrug*) dolan ❷ (*Lüge*) yalan dolan
schwindelerregend *adj s.* **Schwindel 1.** **schwindelfrei** *adj* **~ sein** başı dönmemek
schwind(e)lig ['ʃvɪndlɪç] *adj* başı dönen; **mir ist ~** başım dönüyor, bayılacak gibiyim, fenalık geldi
schwindeln ['ʃvɪndəln] **I.** *vi* (*fam: lügen*) yalan atmak [*o* kıvırmak], palavra atmak **II.** *vi unpers* (*sich schwindlig fühlen*) **mir schwindelt** başım dönüyor
schwinden <schwindet, schwand, geschwunden> ['ʃvɪndən] *vi sein* (*geh*) ❶ (*abnehmen*) azalmak, kendiliğinden eksilmek, fire vermek; **im S~ begriffen sein** azalmakta olmak ❷ (*ver~*) kaybolmak
Schwindler(in) <-s, -; -nen> ['ʃvɪndlɐ] *m(f)* (*pej*) düzenbaz; (*Lügner*) yalancı, palavracı; (*Betrüger*) dolandırıcı, dalavereci
Schwindsucht ['ʃvɪnt-] *f* verem **schwindsüchtig** *adj* veremli, vereme tutulmuş, vereme müptela
Schwinge <-n> ['ʃvɪŋə] *f* ❶ (*geh: Flügel*) kanat ❷ (*für Getreide*) kalbur
schwingen <schwingt, schwang,

geschwungen> ['ʃvɪŋən] **I.** *vi* ❶ *haben o sein* (*Schaukel, Person*) sallanmak; (*Pendel*) salınım yapmak ❷ (*vibrieren*) titremek; **Freude schwingt in ihrer Stimme** sesinden sevinci belli oluyor; **in seinen Worten schwang Ärger** sözlerinden öfkesi belli oluyordu; **schön geschwungene Augenbrauen** güzel kavisli kaşlar **II.** *vt* sallamak; (*Fahne*) sallamak; (*Axt, Peitsche*) sallamak; (*Schwert, Stock*) savurmak; **große Reden ~** yüksekten atmak **III.** *vr* ■ **sich auf etw ~** bir şeyin üstüne sıçramak; **sich über etw ~** bir şeyin üstünden sıçramak; **sich in die Lüfte ~** havaya sıçramak

Schwingtür <-en> *f* çarpma kapı

Schwingung <-en> *f a.* PHYS (*eines Pendels*) salınım; (*Vibration*) titreşim; **etw in ~ versetzen** bir şeyi titreştirmek **Schwingungsdämpfung** *f* PHYS salınım sönümü

Schwippschwager *m* (*fam*) bacanak

Schwips <-es, -e> [ʃvɪps] *m* (*fam*) **einen ~ haben** çakırkeyf olmak; **sich** *dat* **einen ~ antrinken** içerek kafayı bulmak

schwirren ['ʃvɪrən] *vi sein* (*Mücken*) vızıldamak; (*Gedanken*) vızır vızır gelip gitmek; (*Pfeil, Kugel*) vızlamak; (*Gerüchte*) dolaşmak

Schwitzbad *nt* terletici banyo

schwitzen ['ʃvɪtsən] *vi, vt* terlemek; **ins S~ kommen** ter dökmek

schwofen ['ʃvo:fən] *vi* (*fam*) dans etmek

schwoll [ʃvɔl] *3. imp von* **schwellen**

schwor [ʃvo:ɐ] *3. imp von* **schwören**

schwören <schwört, schwor, geschworen> ['ʃvø:rən] *vi, vt* yemin etmek (**bei** üzerine); **ich könnte ~, dass er es war** (*fam*) onun olduğuna yemin edebilirim; **auf etw/jdn ~** (*vertrauen*) bir şeye/kimseye çok güvenmek

Schwuchtel *f* (*pej*) ibne

schwul [ʃvu:l] *adj* (*fam*) ibne, top, eş cinsel, homoseksüel

schwül [ʃvy:l] *adj* bunaltıcı derecede sıcak; **es ist ~** hava bunaltıcı derecede sıcak

Schwule(r) <-n, -n> *m* (*fam*) ibne, top, nonoş

Schwüle ['ʃvy:lə] *f kein pl* bunaltıcı (derecede) sıcak(lık)

schwülstig ['ʃvʏlstɪç] *adj,* **schwulstig** ['ʃvʊlstɪç] *adj* ÖSTERR (*pej: Stil*) tumturaklı, debdebeli; (*Architektur*) aşırı süslü

Schwund <-(e)s> [ʃvʊnt] *m kein pl* ❶ (*Abnahme*) azalma; MED erime ❷ (*Verlust*) kayıp; (*Wegfall*) düşme ❸ (*Material~*) fire

Schwung[1] <-(e)s, Schwünge> [ʃvʊŋ, *pl* 'ʃvʏŋə] *m* hamle, atılım

Schwung[2] <-(e)s> *m kein pl* ❶ (*Antrieb*) dürtü; **~ holen** hız almak; **~ in den Laden bringen** (*fam*) ortalığı neşelendirmek; **den ~ verlieren** hızını kaybetmek, tavsamak; **in ~ kommen** (*fam: Person*) harekete geçmek; **richtig in ~ sein** (*fam: Person*) iyice coşmak ❷ (*Elan*) şevk ❸ (*fam: Menge*) yığın

Schwungfeder *f* ZOOL telek

schwunghaft *adj* canlı

Schwungkraft *f* PHYS merkezkaç kuvvet

Schwungrad *nt* TECH volan

schwungvoll *adj* hareketli, canlı, coşkulu

Schwur <-(e)s, Schwüre> [ʃvu:ɐ, *pl* 'ʃvy:rə] *m* JUR yemin, ant; **einen ~ leisten** yemin etmek, ant içmek

Schwurgericht *nt* JUR ağır ceza mahkemesi

Sciencefiction[RR] [saɪns'fɪktʃən] *f kein pl* bilimkurgu

Scolopender *m s.* **Skolopender** çıyan

sec *Abk von* **Sekunde** saniye

sechs [zɛks] *adj inv* altı; *s. a.* **acht**[1]

Sechs <-en> *f* ❶ (*Zahl*) altı ❷ (*Spielkarte*) altılı

Sechseck *nt* altıgen

sechseckig *adj* altıgen, altı köşeli

sechserlei ['zɛksɐ'laɪ] *adj inv* altı türlü; *s. a.* **achterlei**

sechsfach **I.** *adj* altı (kat); **die ~e Menge** altı misli; **in ~er Ausfertigung** altı nüsha olarak **II.** *adv* altı kere; *s. a.* **achtfach**

Sechsflach <-s, -> *nt,* **Sechsflächner** <-s, -> *m* MATH (*Hexaeder*) altı yüzlü

sechshundert ['-'--] *adj inv* altı yüz; *s. a.* **achthundert**

Sechskantschraube *f* TECH altıköşe başlı cıvata

sechsmal *adv* altı kere; *s. a.* **achtmal**

Sechstagerennen [-'----] *nt* SPORT *kapalı salonda pistte yapılan ve altı gün süren bisiklet yarışları*

sechstausend ['-'--] *adj inv* altı bin; *s. a.* **achttausend**

sechste(r, s) *adj* altıncı; *s. a.* **achte(r, s)**

sechstel ['zɛkstəl] *adj inv* altıda bir; *s. a.* **achtel**

Sechstel *nt* altıda bir; *s. a.* **Achtel**

sechstens ['zɛkstəns] *adv* altıncı olarak; (*bei einer Aufzählung*) altıncısı; *s. a.* **achtens**

sechzehn ['zɛçtse:n] *adj inv* on altı; *s. a.* **acht**[1]

sechzehnte(r, s) *adj* on altıncı; *s. a.* **achte(r, s)**

sechzig ['zɛçtsɪç] *adj inv* altmış; *s. a.* **achtzig**

Sechzigerjahre ['---'--] *pl* altmışlı yıllar *pl*

sechzigste(r, s) *adj* altmışıncı; *s. a.* **achtzigste(r, s)**
Secondhandladen <-s, -läden> [sɛkənt'hɛ(:)ntla:dən] *m* ikinci elden konfeksiyon mağazası
SED [ɛsʔe:'de:] *f* HIST, POL *Abk von* **Sozialistische Einheitspartei Deutschlands** Almanya Sosyalist Birlik Partisi
Sedimentation *f* GEO sedimantasyon
Sedimentgestein *nt* GEO tortul kayaç
See[1] <-s, -n> [ze:, *pl* 'ze:ən] *m* (*Binnengewässer*) göl; **der Genfer ~** Cenevre Gölü
See[2] *f kein pl* (*Meer*) deniz; **die offene ~** açık deniz, alarga; **auf ~** denizde; **auf hoher ~** açık denizde; **an die ~ fahren** denize gitmek; **zur ~ fahren** denizci olmak; **in ~ stechen** denize açılmak, alarga etmek
Seeadler *m* ZOOL balık kartalı **Seebad** *nt* plaj **Seebär** <-en, -en> *m* ❶ ZOOL (*Tier*) denizayısı ❷ (*fam: Seemann*) denizkurdu **Seebarbe** *f* ZOOL barbunya **Seebeben** <-s, -> *nt* GEO deniz depremi **Seeblockade** *f* deniz ablukası **Seefahrer** <-s, -> *m* denizci
Seefahrt[1] *f kein pl* (*Schifffahrt*) denizcilik, seyrüsefer
Seefahrt[2] <-en> *f* (*Schiffsreise*) deniz yolculuğu; (*Kreuzfahrt*) deniz gezisi
seefest *adj* ❶ (*seetüchtig*) denize elverişli ❷ (*nicht seekrank werdend*) **ich bin ~** beni deniz tutmaz; **er ist nicht ~** onu deniz tutar
Seefisch *m* deniz balığı **Seefracht** *f* deniz navlunu **Seegang** <-(e)s> *m kein pl* dalgalı deniz; **starker ~** şiddetli çalkantı **Seegras** <-es, -gräser> *nt* deniz yosunu **Seehafen** *m* deniz limanı **Seehandel** *m* deniz ticareti **Seehecht** *m* ZOOL berlam **Seehund** <-(e)s, -e> *m* fok, ayı balığı **Seeigel** *m* deniz kestanesi **Seekarte** *f* deniz haritası **Seeklima** *nt* deniz iklimi **seekrank** *adj* **~ werden** deniz tutmak **Seekrankheit** *f kein pl* deniz tutması **Seekrieg** *m* deniz savaşı **Seelachs** *m* deniz salmonu
Seele <-n> ['ze:lə] *f* ruh; **ein Herz und eine ~ sein** (*fig*) can ciğer (kuzu sarması) olmak; **eine schwarze ~ haben** kötü ruhlu olmak; **sich die ~ aus dem Leib schreien** avaz avaz bağırmak; **sich** *dat* **etw von der ~ reden** içini dökmek; **mit ganzer ~** bütün ruhuyla; **eine ~ von Mensch** çok iyi bir insan **Seelenfriede(n)** <-(n)s> *m kein pl* iç huzuru **Seelenheil** *nt* REL ruh sağlığı **Seelenleben** <-s> *nt kein pl* (*geh*) iç yaşantısı **Seelenruhe** ['----, '--'--] *f* ruh dinginliği, iç huzuru; **in aller ~** rahat rahat **seelenruhig** ['--'--] *adv* iç huzuruyla **Seelenwanderung** *f* REL ruh göçü, tenasüh
Seeleute *pl* denizciler *pl*
seelisch **I.** *adj* ruhi, ruhsal; **~ bedingt** ruhi, ruhsal kaynaklı **II.** *adv* ruhen
Seelöwe <-n, -n> *m* denizaslanı
Seelsorge *f kein pl* REL rahiplik
Seelsorger <-s, -> *m* REL rahip
Seeluft *f kein pl* deniz havası **Seemacht** <-mächte> *f* deniz gücü **Seemann** <-(e)s, -leute> *m* denizci **Seemeile** *f* deniz mili **Seenadel** *f* deniziğnesi **Seenot** *f kein pl* deniz tehlikesi; **ein Schiff in ~** deniz tehlikesi altında bulunan bir gemi **Seepferdchen** <-s, -> *nt* ZOOL denizatı **Seeräuber(in)** *m(f)* deniz haydudu; (*Pirat*) korsan **Seerecht** *nt kein pl* JUR deniz hukuku **Seereise** *f* deniz yolculuğu; (*Kreuzfahrt*) deniz gezisi **Seerose** *f* ❶ ZOOL (*Aktinie*) denizgülü ❷ BOT (*Teichrose*) nilüfer **Seeschifffahrt**[RR] *f kein pl* denizcilik **Seeschlacht** *f* deniz muharebesi **Seeschlange** *f* ZOOL deniz yılanı **Seestern** *m* ZOOL denizyıldızı **Seetang** *m* deniz yosunu **Seeteufel** *m* ZOOL fener balığı **seetüchtig** *adj* denize elverişli **Seeufer** *nt* göl kıyısı, göl kenarı **Seeweg** *m* deniz yolu; **auf dem ~ reisen** deniz yolu ile yolculuk yapmak **Seewind** *m* imbat, deniz yeli **Seezunge** *f* ZOOL dil balığı
Segel <-s, -> ['ze:gəl] *nt* ❶ yelken; **die ~ aufziehen** yelken dikmek; **die ~ setzen** yelken açmak, yelkenleri fora etmek; **die ~ einholen** yelkenleri toplamak; **die ~ streichen** yelkenleri indirmek; (*fig fam: nachgeben*) yelkenleri suya indirmek; **unter ~ gehen** yelken basmak, yelkenlemek ❷ (*Gaumen~*) etek **Segelboot** *nt* yelkenli, yelkenli tekne **segelfliegen** *vi* planörle uçmak **Segelflieger(in)** <-s, -; -nen> *m(f)* planörcü **Segelfliegerei** *f kein pl* planörcülük **Segelflug** *m* planörle uçuş **Segelflugzeug** *nt* planör **Segeljacht** *f* yelkenli yat **Segelklub** *m* yelken(cilik) kulübü
segeln ['ze:gəln] *vi sein* yelkenliyle gezmek; (*als Sport*) yelken sporu yapmak; (*Vogel, Segelflugzeug*) havada süzülmek; **~ gehen** yelkenliyle gezmeye gitmek; **durchs Examen ~** (*fig fam*) sınavda çakmak
Segelohren *pl* (*fam*) yelken kulaklar *pl*
Segelregatta *f* yelken yarışı
Segelschiff *nt* yelkenli gemi **Segeltörn** *m* yelkenli gezisi **Segeltuch** <-(e)s> *nt kein pl* yelken bezi; (*für die*

S

Hängematte) branda bezi
Segen <-s> ['ze:gən] *m kein pl* ❶ (*Einwilligung*) *a.* REL onama, muvafakat; **seinen ~ zu etw geben** (*fam*) bir şeyi onamak ❷ (*göttlicher ~*) inayet, lütfuilâhî ❸ (*Glück*) şans; (*Wohltat*) nimet, lütuf, ihsan; **es ist ein ~, dass es nicht regnet** yağmur yağmaması (bir) nimet ❹ (*reicher Ertrag*) bereket; **sich regen bringt ~** (*prov*) nerede hareket, orada bereket
segensreich *adj* bereketli
Segler(in) <-s, -; -nen> *m(f)* yelkenci
Segment <-(e)s, -e> [zɛ'gmɛnt] *nt a.* LING, MATH parça; ZOOL, BIOL bölüt
segmentär *adj* bölütlü
segnen ['ze:gnən] *vt* kutsamak, takdis etmek
Segnung *f* kutsama, takdis
sehbehindert *adj* görme özürlüsü **Sehbehinderte(r)** *f(m)* görme özürlüsü kimse
sehen <sieht, sah, gesehen> ['ze:ən] **I.** *vt* görmek; (*betrachten*) bakmak; (*bemerken*) görmek; **wir ~ uns morgen** yarın görüşürüz; **ich sehe das anders** ben bunu başka türlü görüyorum; **sich bei jdm ~ lassen** (*fam*) birine görünmek, birine uğramak; **lass dich ja nicht mehr hier ~** (*fam*) buralarda sakın bir daha görünme; **kann ich mich so ~ lassen?** milletin karşısına böyle çıkabilir miyim?; **so ge~ hast du natürlich Recht** böyle bakıldığında tabii [*o* elbette] hakkın var; **die Gefahr kommen ~** tehlikeyi önceden görmek; **ich kann so etwas** (**überhaupt**) **nicht ~** (*ertragen*) böyle bir şeyi görmeye (hiç) gelemem; **etw nicht mehr ~ können** (*fam: satthaben*) bir şeyi görmekten bıkmak; **hat man so was schon ge~!** (*fam*) şimdiye kadar böyle bir şey görülmüş mü! **II.** *vi* görmek; (*blicken*) bakmak (**auf** -e); **gut/schlecht ~** iyi/kötü görmek; **du musst ~, dass du fertig wirst** (*fam*) bitirmeye bakmalısın; **sie sieht sehr auf Äußerlichkeiten** formalitelere çok bakar [*o* önem verir]; **nach jdm ~** birine bakmak; **wir kennen uns vom S~** birbirimizi görmüşlüğümüz var; **sieh mal!** bir baksana!; **mal ~, ob das stimmt** (*fam*) bakalım bu doğru mu; **du wirst schon ~** (*fam*) görürsün ne olacağını; **siehe oben** yukarıya bakınız; **lass mal ~, was du da hast** elindekini göster bakalım; **siehste!** (*fam*) gördün mü!
sehenswert *adj* görülmeye değer
Sehenswürdigkeit <-en> *f* görülmeye değer şey, turistik yer
Seher(in) <-s, -; -nen> *m(f)* kâhin
seherisch *adj* kâhin gibi
Sehfähigkeit *f* görme yeteneği
Sehfehler *m* görme kusuru **Sehkraft** *f kein pl* görme yetisi
Sehne <-n> ['ze:nə] *f* ❶ MED, ANAT kiriş, kas kirişi ❷ MATH kiriş; **die ~ verbindet zwei Punkte einer gekrümmten Linie** kiriş, bir eğrinin iki noktasını birleştirir ❸ (*eines Bogens*) kiriş ❹ GASTR sinir
sehnen ['ze:nən] *vr* **sich nach etw** *dat*/**jdm ~** bir şeyi/kimseyi özlemek, bir şeyin/kimsenin hasretini çekmek
Sehnerv *m* göz siniri
sehnig *adj* ❶ MED, ANAT (*Körper*) kirişli ❷ GASTR (*Fleisch*) sinirli
sehnlich *adj* özlem dolu, özlentili
Sehnsucht <-süchte> *f* özlem (**nach** -in), hasret (**nach** -in), özlenti; **~ nach jdm/etw** *dat* **haben** bir kimsenin/şeyin özlemini [*o* hasretini] çekmek; **sich vor ~ verzehren** hasretten içi gitmek
sehnsüchtig *adj*, **sehnsuchtsvoll** *adj* (*geh*) özlemli, özlem dolu, özlentili, hasretli, hasret dolu; (*ungeduldig*) sabırsız; **~ erwarten** hasretle [*o* dört gözle] beklemek
sehr <mehr, am meisten> [ze:ɐ] *adv* (*mit Adjektiv*) pek, çok; (*mit Verb*) çok; **~ freundlich!** çok naziksiniz!; **~ viel** pek çok; **~ sogar!** hem de pek çok!; **nicht ~** pek değil; **~ erfreut!** çok memnun oldum!; **so ~ sie sich auch bemühte ...** her ne kadar çok gayret ettiyse de ...; **zu ~** fazla; **~ oft** pek sık; **so ~** o kadar çok
Sehschärfe *f* görme netliği, göz keskinliği **Sehstörung** *f* görme bozukluğu **Sehtest** *m* göz yoklaması **Sehvermögen** <-s> *nt kein pl* görme yetisi **Sehweise** *f* görme, görüş
seicht [zaɪçt] *adj* ❶ (*Gewässer*) sığ ❷ (*fig*) sığ, yüzeyde kalan, derine inmeyen; (*banal*) banal
seid [zaɪt] *2. präs pl von* **sein**
Seide <-n> ['zaɪdə] *f* ipek
Seidelbast *m kein pl* BOT dulaptal otu **Seidelbastgewächse** *pl* BOT dulaptal otugiller *pl*
seiden ['zaɪdən] *adj* ❶ (*aus Seide*) ipek ❷ (*wie Seide*) ipek gibi **seidenmatt** *adj* ipek matı
Seidenpapier *nt* pelür kâğıdı **Seidenraupe** *f* ipek böceği **Seidenstrumpf** *m* ipek çorap
seidig *adj* ipek
Seife <-n> ['zaɪfə] *f* sabun; **ein Stück ~** bir kalıp sabun **Seifenblase** *f* sabun kabarcığı, sabun köpüğü **Seifenkraut** *nt* BOT sabun otu, çöven **Seifenoper** *f* TV pembe dizi **Seifenschale** *f* sabunluk

S

Seifensiederei *f* sabunhane
seifig *adj* sabunlu
Seil <-(e)s, -e> [zaɪl] *nt* ❶ ip, urgan; (*dicker*) halat; (*für Seiltanz*) ip; **auf dem ~ tanzen** ip üzerinde cambazlık yapmak ❷ (*Brems~*) tel **Seilbahn** *f* teleferik
Seilschaft <-en> *f* (*Bergsteiger*) birbirine iple bağlı dağcı grubu
seil\|springen *irr vi sein* ip atlamak **Seiltanz** *m* ip cambazlığı **Seiltänzer(in)** <-s, -; -nen> *m(f)* ip cambazı
sein <ist, war, gewesen> [zaɪn] *vi sein* ❶ (*Identität, Eigenschaften, Herkunft, Beruf*) olmak; **mir ist kalt** üşüdüm; **bist du's?** sen misin?; **wir sind Freunde** biz arkadaşız; **sie ist Türkin** o, Türk(tür); **ich bin aus Dortmund** ben Dortmund'danım; **ich bin 25** ben 25'im; **zwei und zwei ist vier** iki iki daha dört eder; **sie ist Polizistin** o kadın polistir; **seien Sie (mir) nicht böse, aber ...** bana kızmayın ama ...; **es wäre besser gewesen, ...** ... daha iyi olacaktı; **wie wäre es mit einem Bier?** bir bira içsek nasıl olur?; **nun sei doch nicht so!** öyle naz yapmasana!; **ist es nicht so?** öyle değil mi?; **es ist nichts** bir şey yok; **das war's** işte bu kadar; **mir ist heute nicht nach Kuchen** (*fam*) bugün canım pasta çekmiyor; **mir ist schlecht** iyi değilim; **mir ist schwindlig** başım dönüyor; **mir ist, als hätte ich Stimmen gehört** sanki sesler duymuşum gibi geldi; **lass es ~!** bırak!, yapma!; **es sei denn, dass ...** meğerki; **wie dem auch sei** nasıl olursa olsun ❷ (*Zustand*) **sie ist verheiratet** o evli(dir) ❸ (*vorhanden ~*) (mevcut) olmak, bulunmak; **ist da jemand?** orada [*o* burada] kimse var mı?; **es waren viele Leute da** orada çok insan vardı; **es war einmal ...** bir varmış ... ❹ (*sich befinden*) bulunmak, olmak; **sie sind in Deutschland** Almanya'dalar; **wo warst du so lange?** neredeydin bu kadar zaman? ❺ (*mit Zeitangabe*) **es ist 14.30 Uhr** saat 14.30; **heute ist Montag** bugün pazartesi; **es ist Juni** hazirandayız; **es ist sonnig/heiß** hava güneşli/sıcak; **es ist schlechtes Wetter** hava kötü; **das ist über 10 Jahre her** bunun üstünden 10 yıl geçti; **morgen sind es 10 Jahre, dass wir uns kennen** yarın tanıştığımızın onuncu yıldönümü ❻ (*geschehen*) olmak; **muss das ~?** bunun olması zorunlu mu?; **kann ~!** olabilir!; **was ist?** ne var?; **ist was?** bir şey mi var?; **sei's drum!** haydi öyle olsun!; (*es macht nichts*) fark etmez! ❼ (*Hilfsverb*) **sie sind schwimmen (gegangen)** yüzmeye gittiler; **ich bin krank gewesen** hastaydım; **er ist bewusstlos geworden** bayıldı; **sie ist verurteilt worden** mahkûm oldu; **wenn er nicht gewesen wäre** o olmasaydı
Sein <-s> [zaɪn] *nt kein pl* PHILOS varlık, mevcudiyet; (*Da~*) varoluş, mevcudiyet
sein [zaɪn] *pron* (*adjektivisch*) onun; **~ Sohn/Auto** onun oğlu/otosu; **~e Kinder/Freundin** onun çocukları/kız arkadaşı
seine(r, s) [zaɪnə, -nɐ, -nəs] *pron poss, adjektivisch* onun; **der schwarze Mantel ist ~r** siyah palto [*o* manto] onundur; *s. a.* **sein, seine, sein**
seiner *pron pers gen von* **er, es** onun
seinerseits *adv* onun tarafından
seinerzeit *adv* vaktiyle, bir zamanlar, vaktizamanında
seinesgleichen ['--'--] *pron inv* eşi, emsali, benzeri; **er und ~** (*pej*) o ve onun gibiler; **er behandelt alle wie ~** herkese eşit muamele yapar
seinetwegen ['zaɪnət'veːgən] *adv* onun için; (*negativ*) onun yüzünden
seinetwillen ['zaɪnət'vɪlən] *adv* **um ~** onun için, hatırı için
seinige ['zaɪnɪgə] *pron* (*geh*) **der/die/das ~/S~** onunkisi; **die ~n/S~n** onunkiler
sein\|lassen *irr vt s.* **lassen**[2] **3.**
seins [zaɪns] *pron s.* **seine(r, s)**
Seismik *f kein pl* sismoloji, deprem bilimi
seismisch *adj* sismik
Seismograf[RR] <-en, -en> [zaɪsmo'graːf] *m*, **Seismograph** <-en, -en> *m* (*a. fig*) sismograf; (*Seismometer*) depremyazar
Seismologe(in) <-n, -n; -nen> [zaɪsmo'loːgə] *m(f)* sismolog
Seismologie *f kein pl* sismoloji, deprem bilimi
seismologisch *adj* sismik
Seismometer *m* depremyazar
seit [zaɪt] **I.** *präp* (*Zeitpunkt, Zeitraum*) beri (-den), bu yana (-den), -dir/-dır; **~ einer Woche** bir haftadır, bir haftadan beri; **~ eh und je** kalubeladan beri, bildik [*o* bildim] bileli; **~ wann ...?** ne zamandan beri ...?; **~ kurzem/langem** kısa/uzun zamandan beri **II.** *konj* -den beri; **~ wir umgezogen sind** taşındığımızdan beri, biz taşınalı
seitdem [-'-] **I.** *adv* o zamandan beri **II.** *konj* -den beri
Seite <-n> ['zaɪtə] *f* ❶ (*allgemein*) yan, taraf, kenar; (*Stoff~, Schallplatten~*) yüz, taraf; **~ an ~** yan yana; **auf beiden ~n** iki yanda [*o* tarafta]; **von allen ~n** her yandan

[*o* taraftan]; **zur ~ gehen** yana çekilmek; **jdn von der ~ ansehen** birine yan bakmak; **er weicht nicht von ihrer ~** (*fam*) yanından ayrılmaz [*o* ayrılmıyor]; **etw zur ~ legen** (*weglegen*) bir şeyi kenara koymak; **etw auf die ~ legen** (*fam: sparen*) bir şeyi bir yana koymak; **jdn/das Glück auf seiner ~ haben** biri/şans ondan yana olmak; **jdm zur ~ stehen** birinden yana olmak; **jdn zur ~ nehmen, um ihm etw zu sagen** bir şey söylemek için birini kenara çekmek ❷ (*Hinsicht, Aspekt*) yüz, yan; (*Charakterzug*) yan; **alles hat zwei ~n** her şeyin iki yüzü vardır; **das Recht ist auf ihrer ~** hak ondan yanadır; **auf der einen ~ ..., auf der anderen ...** bir yanda(n) ..., bir yanda(n) ...; **von dieser ~ kenne ich ihn gar nicht** onun bu yanını hiç bilmem; **sich von seiner besten ~ zeigen** kendini en iyi yanından göstermek; **das ist ihre schwache/starke ~** (*fam*) bu onun zayıf/kuvvetli yanıdır ❸ (*Buch~*) sayfa; **siehe ~ 15** sayfa 15'e bakınız; **die gelben ~n** telefon rehberi ❹ (*Verhandlungspartner*) taraf ❺ (*Interessensgruppe*) **von kirchlicher ~** kilise tarafından; **wie von offizieller ~ verlautete, ...** resmî mercilerin açıkladığına göre, ... ❻ INFORM (*Internet~*) site **Seitenairbag** *m* AUTO yan hava yastığı **Seitenansicht** *f* yandan görünüş **Seitenaus** <-> *nt kein pl* SPORT taç; **ins ~ gehen** taça çıkmak **Seitenausgang** <-(e)s, -gänge> *m* yan çıkış **Seitenblick** <-(e)s, -e> *m* yan bakış; **jdm einen ~ zuwerfen** birine yan gözle bakmak **Seiteneingang** <-(e)s, -gänge> *m* yan giriş **Seitenfläche** *f* MATH yanal yüzey **Seitenhieb** *m* (*fig fam: Anspielung*) taş atma; **jdm einen ~ versetzen** birine taş atmak **seitenlang** **I.** *adj* sayfalarca süren **II.** *adv* sayfalarca **Seitenlinie** *f* ❶ SPORT yan çizgisi ❷ (*Genealogie*) yansoy

seitens ['zaɪtəns] *präp* tarafından

Seitenschiff *nt* ARCH (*bei Kirchen*) yan nef; (*bei Moscheen*) yan sahın **Seitensprung** *m* (*fig*) **einen ~ machen** kaçamak yapmak; (*Verheiratete*) eşini aldatmak **Seitenstechen** <-s> *nt kein pl* geğrek batması **Seitenstraße** *f* yan sokak **Seitenstreifen** *m* yan şerit **Seitentür** *f* yan kapı **seitenverkehrt** *adj* ters **Seitenwechsel** *m* taraf değiştirme **Seitenwind** *m* yandan gelen rüzgâr **Seitenzahl** *f* ❶ (*Gesamtzahl*) sayfa sayısı ❷ (*auf einer Seite*) sayfa numarası

seither [-'-] *adv* o zamandan beri

seitlich **I.** *adj* yan; (*von der Seite her*) yanından; **~ von ...** ...in yanından **II.** *adv* yana **III.** *präp* yanında; **~ des Hauses** evin yanında

seitwärts ['zaɪtvɛrts] *adv* yanlamasına

sek., Sek. *Abk von* **Sekunde** saniye

Sekante *f* MATH sekant, kesen

Sekret <-(e)s, -e> [ze'kre:t] *nt* MED, BIOL salgı

Sekretär(in)[1] <-s, -e; -nen> [zekre'tɛ:ɐ] *m(f)* (*Angestellter*) sekreter

Sekretär[2] <-s, -e> *m* (*Möbelstück*) yazı masası

Sekretariat <-(e)s, -e> [zekretari'a:t] *nt* sekreterlik

Sekt <-(e)s, -e> [zɛkt] *m* köpüklü şarap

Sekte <-n> ['zɛktə] *f* tarikat

Sektion *f* ❶ (*Leichenöffnung*) otopsi ❷ (*Abteilung*) bölüm, seksiyon, kısım ❸ (*Wissenschaftszweig*) bilim dalı

Sektor <-s, -en> ['zɛkto:ɐ] *m a.* WIRTSCH sektör; **freier/primärer/sekundärer ~** serbest/birincil/ikincil sektör; **öffentlicher ~** kamu sektörü

Sekundant *m* düello tanığı

sekundär [zekʊn'dɛ:ɐ] *adj* ikincil, tali

Sekundarschule <-n> *f* SCHWEIZ *orta öğretim okulu*

Sekunde <-n> [ze'kʊndə] *f* saniye; **auf die ~ genau** saniyesi saniyesine; **eine ~ bitte!** (*fam*) bir saniye lütfen! **Sekundenzeiger** *m* saniye göstergesi

selbe(r, s) ['zɛlbə, -bɐ, -bəs] *adj* aynı; **im ~n Haus** aynı evde

selber ['zɛlbɐ] *pron inv* (*fam*) *s.* **selbst**

selbst [zɛlpst] **I.** *pron inv* kendi; **ich/sie/wir ~** kendim/kendisi/kendimiz; **Fritz hat es ~ gesagt** bunu Fritz kendisi söyledi; **das versteht sich von ~** bu kendiliğinden anlaşılıyor; **sie denkt nur an sich ~** o yalnız nefsini [*o* kendisini] düşünür; **er kam ganz von ~** kendiliğinden geldi; **eine Sache um ihrer ~ willen tun** bir işi amaç olmadan, sırf kendisi için yapmak; **er ist die Güte ~** o, iyiliğin ta kendisidir **II.** *adv* (*sogar*) bile; **~ wenn er geht** gitse bile

Selbstachtung *f kein pl* öz saygı, izzetinefis

selbständig ['zɛlpʃtɛndɪç] *adj, adv s.* **selbstständig**

Selbständigkeit *f kein pl s.* **Selbstständigkeit**

Selbstaufopferung *f kein pl* özveri, fedakârlık

Selbstauslöser *m* FOTO otomatik deklanşör

Selbstbedienung *f kein pl* selfservis, seçal **Selbstbedienungsladen** <-s, -läden> *m* selfservis mağazası, seçal mağazası

Selbstbefriedigung *f kein pl* mastürbasyon **Selbstbeherrschung** *f* cebrinefs, kendini tutma, kendine [*o* nefsine] hâkim olma; **die ~ verlieren** kendini kaybetmek, kendini tutamamak **Selbstbestimmung** *f kein pl* POL kendi geleceğini belirleme, kendi kaderini tayin **Selbstbestimmungsrecht** *nt* POL kendi geleceğini belirleme hakkı **Selbstbetrug** *m kein pl* öz aldatı, kendi kendini kandırma **selbstbewusst**[RR] *adj* ❶ (*selbstsicher*) kendinden emin, kendine güvenen ❷ PHILOS bilinçli **Selbstbewusstsein**[RR] *nt kein pl* ❶ (*Selbstsicherheit*) kendinden emin olma, öz güven ❷ PHILOS bilinçlilik

Selbsterhaltungstrieb *m* varlığını koruma içgüdüsü, yaşamını sürdürme içgüdüsü

Selbsterkenntnis *f kein pl* kendini tanıma **Selbstfinanzierung** *f* öz finansman **selbstgefällig** *adj* (*pej*) kendini beğenmis, burnu havada, hodpesent **selbstgerecht** *adj* kendini beğenmiş; (*eingebildet*) kibirli **Selbstgespräch** *nt* kendi kendine konuşma; **~e führen** kendi kendine konuşmak **selbstherrlich** *adj* başına buyruk

Selbsthilfe *f kein pl* kendi kendine yardım; **zur ~ greifen** kendi kendine yardım etmek **Selbsthilfegruppe** *f* kendi kendine yardım grubu **Selbstinduktion** *f kein pl* PHYS öz indükleme

selbstklebend *adj* kendiliğinden yapışan

Selbstkontrolle *f* öz denetim

Selbstkostenpreis *m* WIRTSCH maliyet fiyatı; **zum ~** maliyet fiyatına

Selbstkritik *f kein pl* öz eleştiri **selbstkritisch** *adj* öz eleştirisel

Selbstlaut *m* ünlü **Selbstliebe** *f kein pl* özseverlik

selbstlos *adj* özgecil, özverili

Selbstmitleid *nt kein pl* (*pej*) öz acıma, kendine acıma **Selbstmord** *m* intihar; **~ begehen** intihar etmek **Selbstmörder(in)** *m(f)* intihar eden (kimse) **selbstmörderisch** *adj* intiharı amaçlayan

Selbstmordversuch *m* intihara kalkışma; **einen ~ machen** intihara kalkışmak

Selbstschutz *m kein pl* kendini koruma **selbstsicher** *adj* kendinden emin

selbstständig[RR] *adj* ❶ (*unabhängig*) bağımsız ❷ (*beruflich*) kendi hesabına çalışan, serbest meslek sahibi olan; ■**sich ~ machen** kendi işini kurmak

Selbstständigkeit[RR] *f kein pl* serbest çalışma

Selbstsucht *f kein pl* bencillik, hodbinlik; (*auf den eigenen Vorteil bedachte Einstellung*) çıkarcılık, menfaatçilik, menfaatperestlik

selbstsüchtig *adj* bencil, hodbin, nefsine düşkün; (*auf den eigenen Vorteil bedacht*) menfaatçi, menfaatperest **selbsttätig** **I.** *adj* (*automatisch*) otomatik, kendi kendine işleyen **II.** *adv* otomatikman, kendiliğinden **Selbsttäuschung** *f kein pl* öz aldatı, kendi kendini kandırma **Selbstüberschätzung** *f kein pl* kendinden fazla emin olma **Selbstüberwindung** *f* kendini zorlama **Selbstverleugnung** *f kein pl* öz yoksunum; (*Aufopferung*) özveri, fedakârlık, nefsinden feragat etme

selbstverschuldet *adj* kendi kusuru olan, taksiratlı **Selbstversorger(in)** *m(f)* başkasına muhtaç olmayan (kimse)

selbstverständlich ['--(')--] **I.** *adj* kendiliğinden anlaşılan, işin gereği olan, tabii; **das ist doch ~!** bu, gayet tabii bir şey!; **etw für ~ halten** bir şeyi tabii olarak görmek, bir şeyi işin gereği olarak görmek **II.** *adv* tabii, elbette; **~ (nicht)!** elbette (değil)!; **das tue ich ~ gern** bunu elbette seve seve yaparım

Selbstverständlichkeit <-en> ['--(')---] *f* (*Unbefangenheit*) tabiilik; (*Offensichtlichkeit*) açıklık; **das war doch eine ~** bu gayet tabii bir şey; **etw für eine ~ halten** bir şeyi tabii görmek

Selbstverstümmelung *f* kendini sakatlama **Selbstverteidigung** *f kein pl* öz savunma, kendini savunma, nefsi müdafaa **Selbstvertrauen** *nt kein pl* öz güven, kendine güven; **er hat kein ~** kendine güveni yok **Selbstverwaltung** *f kein pl* ADMIN öz yönetim; **Hochschule mit ~** öz yönetimli yüksekokul **Selbstverwirklichung** *f kein pl* PHILOS, PSYCH benliği yoğurma, kişiliği oluşturma

Selbstwertgefühl <-(e)s> *nt kein pl* izzetinefis

selbstzerstörerisch *adj* kendi kendini yok eden, kendi kendini mahveden **Selbstzweck** <-(e)s> *m kein pl* kendine yeten amaç

Seldschuke(in) *m(f)* Selçuk

seldschukisch *adj* Selçuklu

selektieren* [zelɛk'tiːrən] *vt* seçmek

Selektion *f* ❶ (*Auswahl*) seleksiyon, seçme ❷ BIOL (*Auslese*) **natürliche ~** doğal ayıklanma

Selen <-s> [ze'leːn] *nt kein pl* CHEM selenyum

selig ['zeːlɪç] *adj* ❶ (*glücklich*) bahtiyar, mutlu, uğurlu ❷ REL mübarek; (*~ gespro-*

chen) aziz; (*verstorben*) rahmetli; **Gott hab ihn ~!** Allah rahmet eylesin!; **ihr ~er Vater** rahmetli pederi [*o* babası]; **wer's glaubt, wird ~** (*iron fam*) atma Recep, din kardeşiyiz

Seligkeit *f kein pl* ❶ REL azizlik ❷ (*Glück*) bahtiyarlık, mutluluk

Sellerie <-s, -(s)> ['zɛləri] *m* kereviz

selten ['zɛltən] **I.** *adj* ❶ (*nicht häufig*) seyrek, nadir, ender, sayılı ❷ (*außergewöhnlich*) alışılmamış; (*merkwürdig*) tuhaf **II.** *adv* ❶ (*nicht häufig*) ender, sayılı, seyrek; **solche Tage sind ~** böyle günler sayılıdır ❷ (*außergewöhnlich*) alışılmamış

Seltenheit[1] *f kein pl* (*Vorkommen*) az bulunurluk, enderlik

Seltenheit[2] <-en> *f* (*Stück*) nadirat

Selters <-, -> ['zɛltɐs] *nt* (*fam*) soda, maden suyu

seltsam ['zɛltza:m] *adj* acayip, garip, tuhaf

seltsamerweise ['zɛltza:mɐ'vaɪzə] *adv* garip bir şekilde, gariptir ki, tuhaftır ki

Seltsamkeit[1] *f kein pl* (*seltsame Art*) acayiplik, gariplik, tuhaflık

Seltsamkeit[2] <-en> *f* (*seltsame Erscheinung, Vorfall*) gariplik, tuhaflık

Semantik *f kein pl* LING semantik, anlam bilimi

semantisch *adj* LING anlam bilimsel

Semester <-s, -> [ze'mɛstɐ] *nt* sömestir

Semikolon <-s, -s *o* Semikola> [zemi'ko:lɔn] *nt* noktalı virgül

Seminar <-s, -e> [zemi'na:ɐ] *nt* seminer

Semit(in) <-en, -en; -nen> [ze'mi:t] *m(f)* Samî

semitisch *adj* Samî

Semmel <-n> ['zɛməl] *f* ÖSTERR, SÜDD, DIAL küçük somun, küçük ekmek; **weggehen wie warme ~n** (*fam*) peynir ekmek gibi gitmek

Senat <-(e)s, -e> [ze'na:t] *m* ❶ HIST, POL senato ❷ UNIV senato ❸ JUR kurul

Senator(in) <-s, -en; -nen> [ze'na:to:ɐ] *m(f)* senatör

Sendebereich *m* RADIO, TV yayın alanı **Sendefrequenz** *f* RADIO, TV yayın frekansı **Sendegebiet** *nt* RADIO, TV yayın bölgesi

senden <sendet, sandte *o* sendete, gesandt *o* gesendet> ['zɛndən] *vt* ❶ (*geh: schicken*) göndermek (**nach/zu** -e/-e) ❷ (*ausstrahlen*) yayın yapmak

Sender <-s, -> *m* RADIO, TV verici istasyonu; (*Piraten~*) radyo (istasyonu)

Senderaum <-(e)s, -räume> *m* RADIO, TV stüdyo **Sendereihe** <-n> *f* RADIO, TV yayın dizisi **Sendeschluss**[RR] <-es> *m kein pl* RADIO, TV yayın sonu **Sendezeit** *f* RADIO, TV yayın zamanı

Sendung <-en> *f* ❶ (*Waren~*) gönderi ❷ RADIO, TV (*das Senden*) yayın; **auf ~ gehen** yayına geçmek; **auf ~ sein** yayında olmak ❸ RADIO, TV (*einzelne ~*) program

Senegal <-s> ['ze:negal] *m* Senegal

Senegalese(in) <-n, -n; -nen> [zenega'le:zə] *m(f)* Senegalli

senegalesisch *adj* Senegal (ile ilgili), Senegalli; **~e Frauen/Männer** Senegalli kadınlar/erkekler; **die ~e Regierung** Senegal hükümeti

Senf <-(e)s, -e> [zɛnf] *m* hardal **Senfgas** *nt kein pl* hardal gazı

sengen ['zɛŋən] *vt* ❶ yakmak; **in der ~den Sonne** yakıcı güneş altında ❷ (*Geflügel*) ütmek, alevden geçirmek

senil [ze'ni:l] *adj* bunak

Senilität *f kein pl* bunaklık

Senior(in) <-s, -en; -nen> ['ze:njo:ɐ, *pl* ze'njo:rən] *m(f)* ❶ (*Rentner*) emekli ❷ SPORT büyük **Seniorchef(in)** *m(f)* büyük şef, büyük patron, patronlardan yaşlı olanı

Seniorenheim <-(e)s, -e> *nt* yaşlılar yurdu

Senkblei *nt* şakul

Senke <-n> ['zɛŋkə] *f* çukurluk, arazi çöküntüsü

senken ['zɛŋkən] **I.** *vt* ❶ (*allgemein*) batırmak, daldırmak; (*Kopf*) eğmek; **die Stimme ~** alçaltmak ❷ (*Kosten, Blutdruck*) düşürmek; (*Preise*) indirmek **II.** *vr* ▪ **sich ~** ❶ (*herunterkommen*) çökmek; (*absinken*) alçalmak ❷ (*geh: Abend, Nacht*) çökmek; **Schlaf senkt sich auf die Augen** gözlere uyku çöktü

Senkfuß *m* MED düz taban **Senkgrube** *f* foseptik, lağım çukuru **Senklot** *nt* şakul

senkrecht **I.** *adj* düşey; MATH dik (**zu** -e) **II.** *adv* dikey olarak, dikine, diklemesine

Senkrechte <-n> *f* MATH dikme; **das ist das einzig ~** (*fig fam*) en doğrusu da bu işte

Senkrechtstarter(in)[1] <-s, -; -nen> *m(f)* (*fam: Person*) birden sivrilen kimse

Senkrechtstarter[2] <-s, -> *m* AERO dikine kalkış uçağı

Senkung[1] *f kein pl* ❶ (*des Kopfes*) eğme ❷ (*Verringerung*) düşürme (**um** -, **auf** -e), indirme (**um** -, **auf** -e)

Senkung[2] <-en> *f* GEO arazi çöküntüsü

Senkung[3] <-en> *f* LIT, LING (*unbetonte Silbe*) vurgusuz hece

Sensation <-en> [zɛnza'tsjo:n] *f* sansasyon

sensationell [zɛnzatsjo'nɛl] *adj* sansasyonel

S

Sensationsblatt *nt* (*pej*) sansasyon gazetesi **Sensationsgier** *f kein pl* (*pej*) sansasyon hırsı **Sensationsmache** *f kein pl* (*pej*) sansasyonculuk **Sensationspresse** *f* (*pej*) sansasyoncu basın
Sense <-n> ['zɛnzə] *f* tırpan; **jetzt ist ~!** (*fam*) artık yeter!
sensibel [zɛn'ziːbəl] *adj* ❶ duyarlı, hassas ❷ (*empfindsam*) duygan
sensibilisieren* [zɛnzibili'ziːrən] *vt* duyarlaştırmak, hassas hâle getirmek; *a.* FOTO ışığa duyarlı duruma getirmek
Sensibilität [zɛnzibili'tɛːt] *f kein pl a.* FOTO duyarlık, hassasiyet
Sensor <-s, -en> ['zɛnzoːɐ] *m* TECH algılayıcı
sentimental [zɛntimɛn'taːl] *adj* santimantal, duygulu; (*rührselig*) içli
Sentimentalität [zɛntimɛntali'tɛːt] *f kein pl* santimantalite, duygululuk; (*Rührseligkeit*) içtenlik
separat [zepa'raːt] *adj* ayrı; (*Eingang*) özel
Separatismus <-> [zepara'tɪsmʊs] *m kein pl* POL bölücülük
Separatist(in) <-en, -en; -nen> [zepara'tɪst] *m(f)* POL bölücü
separatistisch *adj* POL bölücü
Separee[RR] <-s> [sepa'reː] *nt*, **Séparée** <-s> *nt* bölmeli kısım
September <-(s), -> [zɛp'tɛmbɐ] *m* eylül; *s. a.* **März**
sequentiell [zekvɛn'tsjɛl] *adj s.* **sequenziell**
Sequenz <-en> [ze'kvɛnts] *f* dizi, sıra; FILM bölüm; MUS nakarat
sequenziell[RR] [zekvɛn'tsjɛl] *adj* INFORM sıralı
Sera ['zeːra] *pl von* **Serum**
Serail <-s, -s> *nt* saray
Serbe(in) <-n, -n; -nen> ['zɛrbə] *m(f)* Sırp
Serbien <-s> ['zɛrbiən] *nt* Sırbistan
serbisch *adj* Sırp
Serbisch *nt* Sırpça
Seren ['zeːrən] *pl von* **Serum**
Serenade <-n> [zere'naːdə] *f* MUS serenat
Serie <-n> ['zeːriə] *f* seri; TV dizi (film); **in ~ herstellen** seri hâlde üretmek
seriell [zeri'ɛl] *adj* seri
Serienanfertigung *f*, **Serienfabrikation** *f* seri imalât
Serienkiller(in) <-s, -; -nen> ['kɪlɐ] *m(f)* (*fam*) seri katil
serienmäßig *adj* ❶ (*Herstellung*) seri ❷ AUTO (*Ausstattung*) standart
Seriennummer *f* seri numarası **Serienproduktion** *f* seri imalât **Serienschaltung** *f* ELEK seri olarak bağlama **serienweise** *adv* seriler hâlinde
seriös [zeri'øːs] *adj* ciddi; (*gediegen*) sağlam ve güvenilir
Seriosität *f kein pl* ciddiyet
Serpentin <-s, -e> [zɛrpɛn'tiːn] *m* serpantin, pırpı, yılan taşı
Serpentine <-n> [zɛrpɛn'tiːnə] *f* yilankavi dağ yolu
Serum <-s, Seren *o* Sera> ['zeːrʊm] *nt* serum
Server <-s, -> ['sœːvɐ] *m* INFORM server, sunucu
Service[1] <-(s), -> [zɛr'viːs] *nt* (*Geschirr*) takım, set
Service[2] <-> ['sœːvɪs] *m kein pl* ❶ (*Bedienung*) servis; (*Kundendienst*) hizmet, servis ❷ SPORT servis
servieren* [zɛr'viːrən] *vt, vi* ❶ servis yapmak ❷ SPORT servis atmak; (*Fußball*) pas vermek
Serviererin <-nen> [zɛr'viːrərɪn] *f* garson kız; (*älter*) garson kadın
Servierwagen *m* ordövr arabası, servis arabası
Serviette <-n> [zɛr'vjɛtə, zɛrvi'ɛtə] *f* peçete **Serviettenring** *m* peçete halkası
Servobremse ['zɛrvo-] *f* TECH havalı [*o* hidrolik] fren **Servolenkung** <-en> *f* TECH, AUTO havalı [*o* hidrolik] direksiyon
Servus ['sɛrvʊs] *interj* ÖSTERR, SÜDD selam, merhaba
Sesam <-s, -s> ['zeːzam] *m* susam; **~, öffne dich!** açıl susam, açıl! **Sesamöl** *nt* susam yağı; (*dicker*) tahin
Sessel <-s, -> ['zɛsəl] *m* koltuk; (*im Kino*) koltuk **Sessellift** *m* telesiyej
sesshaft[RR] ['zɛshaft] *adj*, **seßhaft**[ALT] *adj* **in einem Ort ~ werden** bir yere yerleşmek
Set <-(s), -s> [sɛt] *m o nt* (*zusammengehörige Dinge*) set, takım
setzen ['zɛtsən] **I.** *vt* ❶ koymak (**auf** -e); (*Kind*) oturtmak; **etw auf die Tagesordnung/in die Zeitung ~** bir şeyi gündeme/gazeteye koymak; **etw an den Mund ~** bir şeyi ağzına koymak; **ein Kind in die Welt ~** (*fam*) dünyaya bir çocuk getirmek ❷ (*Pflanze*) dikmek ❸ (*Ofen*) kurmak; (*Denkmal*) dikmek; (*Segel*) fora etmek ❹ (*Norm*) koymak; (*Frist, Termin*) koymak; (*Hoffnung*) bağlamak; (*Vertrauen*) etmek; **etw** *dat* **ein Ende ~** bir şeye son vermek; **etw** *dat* **Grenzen ~** bir şeye sınır koymak; **sich** *dat* **ein Ziel ~** kendine bir hedef belirlemek ❺ TYPO dizmek ❻ (*Geld*) yatırmak (**auf** -e), koymak (**auf** -e) ❼ (*fam: injizieren*) **sich** *dat* **eine Spritze ~** kendine iğne yapmak ❽ **gesetzt den Fall, er**

S

kommt gelecek olursa; **gleich setzt es was!** (*fam*) şimdi bir tane yersin! **II.** *vr* ■ **sich ~** ❶ (*Person*) oturmak; **bitte, ~ Sie sich!** lütfen oturunuz! ❷ (*Flüssigkeit*) durulmak; (*Staub*) konmak (**in/auf** -e/üstüne); (*Geruch*) sinmek (**in/auf** içine/üstüne) ❸ (*beginnen*) **sich an etw ~** bir şeyin başına oturmak **III.** *vi* ❶ (*im Spiel*) (ortaya) koymak ❷ (*überqueren*) **über etw ~** geçmek

Setzer(in) <-s, -; -nen> *m(f)* TYPO dizici, dizgici, dizmen; (*an der Setzmaschine*) operatör

Setzerei <-en> *f* TYPO dizgi yeri

Setzkasten *m* TYPO dizgi kasası

Setzling <-s, -e> *m* ❶ (*Pflanze*) fide, (yeni dikilmiş) fidan, dikme ❷ (*Fisch*) havuza atılan yavru balık

Setzmaschine *f* TYPO dizgi makinesi

Seuche <-n> ['zɔɪçə] *f* salgın; (*fig*) salgın, bela **Seuchenbekämpfung** *f kein pl* salgın hastalıklarla mücadele **Seuchengefahr** *f kein pl* salgın tehlikesi

seufzen ['zɔɪftsən] *vi* iç çekmek, oflamak

Seufzer <-s, -> *m* iç çekme, oflama

Sex <-(es)> [sɛks, zɛks] *m kein pl* (*fam*) seks

Sexagon *nt* MATH (*Sechseck*) altıgen

Sexappeal *m kein pl* seksapel, cinsel cazibe, cinsel çekicilik **Sexbombe** *f* seks bombası **Sexfilm** <-(e)s, -e> *m* seks filmi

Sexismus <-> [sɛ'ksɪsmʊs, zɛ'ksɪsmʊs] *m kein pl* seksizm

sexistisch *adj* seksist

Sexologie *f kein pl* seksoloji

Sexshop <-s, -s> *m* seks mağazası **Sexsymbol** *nt* seks sembolü

Sextant <-en, -en> [zɛks'tant] *m* NAUT sekstant

Sextelefon *nt* teleseks

Sextett <-(e)s, -e> [zɛks'tɛt] *nt* MUS altılı

Sexualforschung *f kein pl* cinselliği araştırma

Sexualität [sɛksuali'tɛ:t, zɛksuali'tɛ:t] *f kein pl* cinsellik

Sexualkunde *f kein pl* cinsellik bilgisi **Sexualleben** <-s> *nt kein pl* seks hayatı **Sexualverbrechen** *nt* cinsel suç

sexuell [sɛksu'ɛl, zɛksu'ɛl] *adj* seksüel, cinsî, cinsel

sexy ['sɛksi, 'zɛksi] *adj inv* (*fam*) seksi

sezieren* [ze'tsi:rən] *vt* otopsi yapmak (-e), açıp incelemek; **eine Leiche ~** bir cesedi açıp incelemek

Shampoo <-s, -s> ['ʃampu] *nt* şampuan

shampoonieren* *vt* şampuanlamak

Sheriff <-s, -s> ['ʃɛrɪf] *m* şerif

Sherry <-s, -s> ['ʃɛri] *m* şeri

Shorts [ʃɔ:ts, ʃɔrts] *pl* şort *sing*

Show <-s> [ʃɔʊ] *f* şov **Showgeschäft** <-(e)s> *nt kein pl* şovculuk **Showmaster(in)** <-s, -; -nen> [-ma:stɐ] *m(f)* TV sunucu

siamesisch [zia'me:zɪʃ] *adj* Siyamlı; **~e Zwillinge** Siyamlı ikizler, yapışık ikizler

Sibirer(in) <-s, -; -nen> [zi'bi:rɐ] *m(f)* Sibiryalı

Sibirien <-s> [zi'bi:riən] *nt* Sibirya

sibirisch *adj* Sibirya (ile ilgili), Sibiryalı

sich [zɪç] *pron Reflexivpronomen akk/dat zu* **er, sie, es, Sie** *akk/dat zu pl* **sie, Sie** (*betont*) kendi; **sie wäscht ~** yıkanıyor; **sie wäscht ~** *dat* **die Haare** saçlarını yıkıyor; **er denkt nur an ~** o sadece kendini düşünür; **hier sitzt es ~ gut** burada iyi oturuluyor; **sie hat kein Geld bei ~** yanında parası yok; **er lud ihn zu ~ nach Hause ein** onu evine davet etti; **jeder für ~** herkes kendi başına; **das ist eine Sache für ~** bu başlı başına bir mesele

Sichel <-n> ['zɪçəl] *f* orak; (*Mond~*) hilâl

sicher ['zɪçɐ] **I.** *adj* (*ungefährdet, ungefährlich*) emin, emniyetli, tehlikesiz; (*gewiss*) kesin; (*erfahren*) deneyimli; (*zuverlässig*) emin, güvenilir; ■ **sich ~ fühlen** kendini emin hissetmek; **bist du dir ~?** emin misin?; **er ist sich seiner Sache sehr ~** kendinden çok emin, kendisine çok güveni var; **ein ~es Auftreten haben** kendinden emin bir tavrı olmak; **langsam, aber ~** (*fam*) yavaş yavaş **II.** *adv* ❶ (*wahrscheinlich*) her hâlde; **er kommt ~ bald** her hâlde yakında gelir ❷ (*gewiss*) elbette, kesinlikle; **aber ~!** hay hay!, elbette!; **seien Sie ~, dass ...** emin olun ki, ...; **etw ~ aufbewahren** bir şeyi emin bir yerde saklamak; **das ist so ~ wie das Amen in der Kirche** (*fam*) bu hiç şüphe götürmez ❸ (*ungefährdet, ungefährlich*) **sie fährt sehr ~ Auto** çok emin [*o* emniyetli] otomobil sürer

sicher|gehen *irr vi sein* **er will ~, dass nichts passiert** bir şey olmayacağına emin olmak istiyor; **um sicherzugehen, ...** emin olmak için ...

Sicherheit[1] *f kein pl* ❶ (*allgemein*) güvenlik, emniyet; **jdn/etw in ~ bringen** bir kimseyi/şeyi emniyet altına almak; **sich in ~ befinden** emniyette olmak; **öffentliche ~** kamu güvenliği ❷ (*im Auftreten*) emin olma ❸ (*Gewissheit*) kesinlik

Sicherheit[2] <-en> *f* WIRTSCH güvence, teminat, inanca; **~ leisten** güvence vermek

Sicherheitsabstand *m* güvenli mesafe, emniyetli mesafe **Sicherheitsgurt** *m*

emniyet kemeri; **den ~ anlegen** emniyet kemerini takmak **sicherheitshalber** [-halbɐ] *adv* emin olmak için **Sicherheitskontrolle** *f* güvenlik kontrolü **Sicherheitskopie** *f* INFORM yedek kopya **Sicherheitsnadel** *f* çengelli iğne **Sicherheitsrat** <-(e)s> *m kein pl* güvenlik konseyi **Sicherheitsschloss**[RR] *nt* emniyet kilidi **Sicherheitsstandard** *m* güvenlik standardı **Sicherheitsventil** *nt* TECH güvenlik vanası, emniyet supabı **Sicherheitsvorkehrung** *f* güvenlik önlemi; **~en treffen** güvenlik önlemleri almak

sicherlich *adv* elbette, muhakkak, kesin olarak

sichern ['zɪçɐn] *vt* ❶ (*schützen*) korumak (**gegen/vor** -den/-den); (*sicherstellen*) güven [*o* emniyet] altına almak; **Spuren ~** izleri korumak ❷ (*Tür*) sağlamlaştırmak; (*Gewehr*) emniyet düğmesini kapamak (-in) ❸ (*befestigen*) bağlamak ❹ INFORM (*speichern*) depolamak, belleğe geçirmek; **vor Zugriff ~** erişime karşı korumak [*o* safe etmek]

sicher|stellen *vt* ❶ (*beschlagnahmen*) el koymak ❷ (*gewährleisten*) garanti etmek, sağlama bağlamak, teminat altına almak

Sicherung[1] *f kein pl* ❶ güvence, teminat; (*Schutz*) koru(n)ma (**gegen** -e karşı); (*Sicherstellen*) el koyma, güven [*o* emniyet] altına alma ❷ INFORM (*Speicherung*) depolama, belleğe geçirme

Sicherung[2] <-en> *f* ❶ ELEK sigorta; (*bei Waffen*) emniyet pimi ❷ (*Befestigung*) bağlama

Sicherungskasten *m* ELEK sigorta kutusu

Sicherungskopie *f* INFORM yedek kopya

Sicht [zɪçt] *f kein pl* ❶ görme; (*~verhältnisse*) görü, görünüş; (*Ausblick*) manzara, görünüm; **in ~ kommen** görünmek, gözükmek; **in ~ sein** görünür(ler)de olmak; **gute/schlechte ~** iyi/kötü görüş uzaklığı [*o* mesafesi]; **jdm die ~ versperren** birinin görmesine engel olmak; **eine einseitige ~ der Dinge** gerçekleri tek yanlı görme; **auf kurze/lange ~** kısa/uzun vadeli ❷ (*~weise*) görüş açısı, bakış açısı; **aus dieser ~** bu açıdan; **aus heutiger ~** bugünkü görüş açısından, bugün baktığımızda

sichtbar *adj* ❶ (*zu sehen*) görünür, görünen ❷ (*offensichtlich*) görünür, açık, aşikâr, belli; **~ werden** belli olmak

sichten ['zɪçtən] *vt* ❶ (*erblicken*) görmek ❷ (*durchsehen*) gözden geçirmek; (*ordnen*) ayırmak **Sichthülle** *f* saydam kılıf

sichtlich *adj* gözle görülür; (*offenkundig*) belli

Sichtung[1] *f kein pl* (*das Erspähen*) keşif

Sichtung[2] <-en> *f* (*das Durchsehen*) gözden geçirme; (*das Ordnen, Sortieren*) ayırma

Sichtverhältnisse *pl* görüş koşulları *pl*

Sichtvermerk *m* vize **Sichtwechsel** *m* görüldüğünde ödenecek poliçe **Sichtweite** *f* görüş uzaklığı, görüş mesafesi, göz erimi, göz çalımı; **außer/in ~ sein** görüş uzaklığı dışında/içinde olmak **Sickergrube** *f* foseptik, lağım çukuru

sickern ['zɪkɐn] *vi sein* (*durch~*) sızmak (**durch** -den)

sie [ziː] *pron* ❶ *nom 3. sing f* o; **wenn ich ~ wäre** ben onun yerinde olsam; **du bist größer als ~** sen ondan büyüksün ❷ *nom 3. pl m o f* onlar *pl*; **~ sind Lehrerinnen** onlar öğretmen ❸ *akk von sg* **sie**: **ich treffe ~ heute Abend** onunla bu akşam buluşacağım; **~ kenne ich noch nicht** onunla henüz tanışmadım; **die Bücher sind für ~** kitaplar onun için ❹ *akk von pl* **sie**: **ich habe ~ lange nicht gesehen** onları çoktandır görmedim, onları görmeyeli çok oldu; **wir machen alles nur für ~** sırf onlar için her şeyi yapıyoruz

Sie [ziː] *pron* (*Höflichkeitsform*) ❶ *nom* (*eine Person*) siz; (*mehrere Personen*) siz, sizler; **wenn ich ~ wäre** sizin yerinizde olsam; **jdn mit ~ anreden** biriyle teklifli konuşmak ❷ *akk von* **Sie**: **darf ich ~ mal stören?** sizi rahatsız edebilir miyim acaba?; **ich meine ~!** sizi dedim!

Sieb <-(e)s, -e> [ziːp] *nt* (*Sand~, Mehl~*) elek; (*Getreide~*) kalbur; (*feines ~*) elek; (*für Flüssigkeiten*) süzgeç; **ein feines/grobes ~** küçük/büyük delikli elek; **etw durch ein ~ gießen** bir şeyi süzgeçten geçirmek **Siebdruck** <-(e)s, -e> *m* serigrafi

sieben[1] ['ziːbən] **I.** *vt* ❶ (*Sand, Mehl*) elekmek, elekten geçirmek; (*Getreide*) kalburlamak, kalburdan geçirmek ❷ (*auswählen*) elemek **II.** *vi* elemek; **bei der Prüfung haben sie (schwer) gesiebt** sınavda (fena) elediler

sieben[2] ['ziːbən] *adj inv* yedi; *s. a.* **acht**[1]

Sieben *f* ❶ (*Zahl*) yedi ❷ (*Spielkarte*) yedili ❸ (*fam: Bus*) yedi numara; **wo hält die ~?** yedi numara nerede duruyor?

siebenerlei ['ziːbənɐ'laɪ] *adj inv* yedi çeşit, yedi türlü; *s. a.* **achterlei**

siebenfach **I.** *adj* yedi (kat); **die ~e Menge** yedi misli **II.** *adv* yedi kere; *s. a.* **achtfach**

siebenhundert ['--'--] *adj inv* yedi yüz; *s. a.* **achthundert**

S

Siebenling *m* yediz

siebenmal *adv* yedi kere, yedi defa; *s. a.* **achtmal**

Siebensachen ['--'--] *pl* (*fam*) pılı pırtı

Siebenschläfer <-s, -> [-ʃlɛ:fɐ] *m* ❶ (*Nagetier*) yediuyuklayan ❷ (*Langschläfer*) yedi uyuyanlar

siebenstündig *adj* yedi saatlik

siebentägig [-tɛ:gɪç] *adj* yedi günlük

siebentausend ['--'--] *adj inv* yedi bin; *s. a.* **achttausend**

siebte(r, s) ['zi:ptə, -tɐ, -təs] *adj* yedinci; *s. a.* **achte(r, s)**

siebtel ['zi:ptəl] *adj inv* yedide (bir); *s. a.* **achtel**

siebtens ['zi:ptəns] *adv* yedinci olarak; (*bei einer Aufzählung*) yedincisi; *s. a.* **achtens**

siebzehn ['zi:ptse:n] *adj inv* on yedi; *s. a.* **acht**[1]

siebzehnte(r, s) *adj* on yedinci; *s. a.* **achte(r, s)**

siebzig ['zi:ptsɪç] *adj inv* yetmiş; *s. a.* **achtzig** **siebzigjährig** *adj* yetmiş yaşındaki

siebzigste(r, s) *adj* yetmişinci; *s. a.* **achtzigste(r, s)**

siedeln ['zi:dəln] *vi* yerleşmek

sieden <siedet, sott *o* siedete, gesotten *o* gesiedet> ['zi:dən] **I.** *vi* kaynamak **II.** *vt* kaynatmak; (*in siedendem Wasser*) pişirmek, haşlamak

Siedepunkt *m* PHYS kaynama noktası

Siedler(in) <-s, -; -nen> ['zi:dlɐ] *m(f)* ❶ yeni yerleşen, göçmen ❷ (*Kolonist*) sömürgeci

Siedlung <-en> ['zi:dlʊŋ] *f* ❶ (*Wohn~*) mahalle, site ❷ HIST koloni; (*Kolonie*) koloni, sömürge, müstemleke

Sieg <-(e)s, -e> [zi:k] *m* zafer, utku, yengi; SPORT birincilik, galibiyet; **den ~ davontragen** birinciliği almak, galibiyeti kapmak, muzaffer olmak; **um den ~ ringen** birincilik için çekişmek

Siegel <-s, -> ['zi:gəl] *nt* mühür, kaşe **Siegelbewahrer** *m* mühürdar **Siegellack** *m kein pl* mühür mumu

siegeln ['zi:gəln] *vt* mühürlemek, kaşelemek

Siegelring *m* mühürlü yüzük, mühür yüzüğü **Siegelwachs** *nt kein pl* mühür mumu

siegen ['zi:gən] *vi* yenmek (**über** -i); **mit 1:3 ~** 1:3 yenmek

Sieger(in) <-s, -; -nen> *m(f)* galip, muzaffer; (*im Sport*) galip, birinci, şampiyon; **als ~ aus etw hervorgehen** bir şeyde birinci olmak **Siegerehrung** *f* madalya töreni

siegesbewusst[RR] *adj*, **siegessicher** *adj* yeneceğinden emin, galibiyetten emin **Siegeszug** <-(e)s, -züge> *m* zafer alayı

siegreich *adj* utkulu, muzaffer; SPORT galip; **aus etw ~ hervorgehen** bir şeyde galip gelmek

sieht [zi:t] *3. präs von* **sehen**

siezen ['zi:tsən] *vt* teklifli konuşmak (-le)

Signal <-s, -e> [zɪ'gna:l] *nt* sinyal, işaret; **~e geben** sinyal vermek; **ein ~ setzen** izlenecek yolu işaretlemek

signalisieren* [zɪgnali'zi:rən] *vt* ❶ (*andeuten*) işaret etmek, işaretlemek ❷ SCHWEIZ (*ausschildern*) işaret koymak (-e)

Signatur <-en> [zɪgna'tu:ɐ] *f* ❶ imza; **digitale ~** INFORM sayısal imza ❷ (*eines Buchs*) *a.* TYPO tasnif numarası ❸ (*auf Landkarten*) işaretler *pl*

signieren* [zɪ'gni:rən] *vt* imzalamak

Silbe <-n> ['zɪlbə] *f* hece; **betonte ~** vurgulu hece **Silbentrennung** *f* hecelere bölme

Silber <-s> ['zɪlbɐ] *nt kein pl* ❶ (*Metall*) *a.* CHEM gümüş; **Reden ist ~, Schweigen ist Gold** (*prov*) söz gümüşse sükût altındır ❷ (*Tafel~*) gümüşler *pl* **Silberbesteck** *nt* gümüş çatal bıçak takımı **Silberblick** <-(e)s> *m kein pl* (*fam*) şehlâlık **Silberfaden** <-s, -fäden> *m* sim **Silberfischchen** *nt* ZOOL (*Zuckergast*) gümüşçün **Silbergehalt** <-(e)s, -e> *m* gümüş niceliği **Silbergeld** *nt* gümüş para **silberglänzend** *adj* gümüş gibi parlayan, sim **silbergrau** *adj* gümüş grisi **Silberhochzeit** *f* evliliğin yirmi beşinci yıldönümü **Silbermedaille** *f* gümüş madalya **Silbermünze** *f* gümüş sikke

silbern ['zɪlbɐn] *adj* ❶ (*aus Silber*) gümüş ❷ (*Farbton*) gümüş rengi, gümüşi

Silberpappel *f* BOT akkavak, akçakavak **Silberreiher** *m* ZOOL akbalıkçıl **Silberstreifen** *m* **es zeichnet sich ein ~ am Horizont ab** zayıf bir umut ışığı göründü **Silberwährung** *f* FIN, WIRTSCH gümüş para **Silberweide** *f* BOT aksöğüt

silbrig ['zɪlbrɪç] *adj* gümüşi, gümüşsü, gümüş gibi

Silhouette <-n> [zilu'ɛtə] *f* siluet

Silicon Valley *nt* Silikon Vadisi

Silikat *nt* CHEM silikat

Silikon <-s, -e> [zili'ko:n] *nt* CHEM silikon

Silikose <-n> *f* MED silikoz

Silizium <-s> [zi'li:tsiʊm] *nt kein pl* CHEM silisyum

Silo <-s, -s> ['zi:lo] *m o nt* silo

Silvester <-s, -> [zɪl'vɛstɐ] *m o nt* yılbaşı **Silvesterabend** *m* yılbaşı akşamı, yılbaşı

gecesi **Silvesterball** *m* yılbaşı balosu **Silvesterfeier** *f* yılbaşı eğlencesi, yılbaşı gecesi
simpel ['zɪmpəl] *adj* basit
Simplex <-es, -e *o* -plizia> *nt* LING yalın kelime, basit kelime; *s. a.* **Kompositum**
Sims <-es, -e> [zɪms] *m o nt* (*Ge~*) silme; (*Wandbrett*) raf; (*Fenster~*) denizlik
simsen *vti* TELEK (ceple) mesaj çekmek
Simulant(in) <-en, -en; -nen> [zimu'lant] *m(f)* yalandan hasta, hastalık taslayan (kimse), kendini hasta gibi gösteren (kimse), hastalık numarası yapan (kimse)
Simulation <-s, -en> *f* ❶ (*Vortäuschung einer Krankheit*) temaruz ❷ TECH, INFORM simülasyon
Simulator <-s, -en> [zimu'la:to:ɐ] *m* simülatör
simulieren* [zimu'li:rən] *vi, vt* temaruz etmek, kendini hasta gibi göstermek
simultan [zimʊl'ta:n] *adj* simültane, eş zamanlı **Simultandolmetscher(in)** *m(f)* simültane tercüman, simültane çevirmen
Sinai *f* Sina
sind [zɪnt] *1. o 3. pl präs von* **sein**
Sinfonie <-n> [zɪnfo'ni:] *f* senfoni **Sinfonieorchester** *nt* senfoni orkestrası
sinfonisch *adj* senfonik
Singdrossel *f* ZOOL öter ardıç, şarkıcı ardıç
singen <singt, sang, gesungen> ['zɪŋən] *vi, vt* (şarkı) söylemek; (*Vogel*) ötmek
Single[1] <-(s)> ['sɪŋ(g)əl] *f* MUS (*Schallplatte*) 45'lik plak
Single[2] <-(s), -s> ['sɪŋ(g)əl] *m* (*Person*) yalnız yaşayan
Singsang <-s> ['zɪŋzaŋ] *m kein pl* şarkı söyleme
Singspiel *nt* MUS şarkılı güldürü
Singular <-s, -e> ['zɪŋgula:ɐ] *m* LING tekil, teklik; **erste/zweite/dritte Person ~** birinci/ikinci/üçüncü tekil kişi, teklik birinci/ikinci/üçüncü kişi
Singvogel *m* ötücü kuş
sinken <sinkt, sank, gesunken> ['zɪŋkən] *vi sein* ❶ (*nieder~*) inmek; (*Schiff*) batmak; **auf die Knie ~** diz üstü çökmek ❷ (*sich senken, abnehmen*) düşmek; (*Vertrauen, Einfluss, Hoffnung*) azalmak; **er sank in meiner Achtung** gözümden düştü; **alle Hoffnungen ~** bütün umutlar azalmakta
Sinn[1] <-(e)s, -e> [zɪn] *m* (*Wahrnehmungs~*) duyu; **die fünf ~e** beş duyu; **der sechste ~** altıncı duygu
Sinn[2] <-(e)s> *m kein pl* ❶ (*Verständnis*) anlayış (**für** için); **~ für Humor haben** espri anlayışı olmak ❷ (*Zweck*) amaç; **das ist nicht der ~ der Sache** işin amacı bu değil; **das hat keinen ~** bunun bir anlamı yok; **ohne ~ und Verstand** hiç düşünüp taşınmadan; **der langen Rede kurzer ~** uzun lafın [*o* sözün] kısası ❸ (*Bedeutung*) anlam, mana; **im wörtlichen ~** kelimenin tam anlamıyla; **im übertragenen ~** mecazî anlamda; **im engeren/weiteren ~e** dar/geniş anlamda; **in wahrsten ~e des Wortes** kelimenin tam anlamıyla ❹ (*geh: das Denken*) **etw kommt ihm in den ~** bir şey aklına gelmek; **etw im ~ haben** bir şey aklında olmak; **in jds ~ handeln** birinin düşündüğü gibi davranmak [*o* hareket etmek]; **von ~en sein** aklı başında olmamak; **mir steht der ~ nicht nach Fernsehen** canım televizyon seyretmek istemiyor; **schlag dir das aus dem ~!** bunu aklından çıkar!; **aus den Augen, aus dem ~** (*prov*) gözden ırak olan gönülden de ırak olur
Sinnbild *nt* simge (**für** -in) **sinnbildlich** *adj* simgesel
sinnen <sinnt, sann, gesonnen> ['zɪnən] *vi* (*geh*) ❶ (*nachdenken*) düşünüp taşınmak (**über** -i) ❷ (*mit einem Vorhaben beschäftigen*) düşünmek (**auf** -i), planlamak (**auf** -i); **auf Flucht ~** kaçmayı düşünmek
sinnentstellend *adj* anlamı bozan **Sinnesorgan** *nt* duyu organı **Sinnestäuschung** *f* yanılsama, duyu yanılması, yanlış algılama **Sinneswahrnehmung** *f* algı **Sinneswandel** *m* fikir değiştirme
sinnfällig *adj* apaçık, açık seçik
sinngemäß *adj* anlamınca yapılan, mealen yapılan; **etw ~ übersetzen** bir şeyi anlamınca çevirmek, bir şeyi mealen tercüme etmek
sinnieren* [zɪ'ni:rən] *vi* (*geh*) düşünceye dalmak, derin derin düşünmek (**über** -i); (*grübeln*) kara kara düşünmek (**über** -i)
sinnig *adj* anlamlı
sinnlich *adj* ❶ (*auf Sinnesorgane bezogen*) duyusal, duyumsal ❷ (*Mensch, Genuss*) kösnül
Sinnlichkeit *f kein pl* kösnüllük
sinnlos *adj* (*unsinnig*) anlamsız; (*zwecklos*) abes; (*widersinnig*) saçma; **das ist völlig ~** bu tamamen saçma; ■ **sich ~ betrinken** körkütük sarhoş olmak
Sinnlosigkeit *f kein pl* anlamsızlık, saçmalık
sinnreich *adj* iyi düşünülmüş **Sinnspruch** *m* özdeyiş **sinnverwandt** *adj* LING anlamdaş, eş anlamlı
sinnvoll *adj* ❶ anlamlı; (*vernünftig*) akıllıca, makul ❷ (*nützlich*) yararlı ❸ (*Satz*)

anlamı olan
sinnwidrig *adj* (*geh*) anlamsız, saçma
Sinologe(in) <-n, -n; -nen> [zɪno'lo:gə] *m(f)* Sinolog
Sinologie *f kein pl* LING Sinoloji
Sintflut ['zɪntflu:t] *f kein pl* (*Überschwemmung*) tufan; (*große Menge*) tufan; **nach mir die ~** benden sonrası umurumda değil
Sinti ['zɪnti] *pl* Alman asıllı çingeneler *pl*
Siphon *m* sifon
Sippe <-n> ['zɪpə] *f* sülâle; (*Verwandtschaft*) akrabalar *pl*
Sippschaft <-en> *f* (*pej*) soyu sopu
Sirene <-n> [zi're:nə] *f* ❶ TECH siren, canavar düdüğü ❷ MYTH siren **Sirenengeheul** <-s> *nt kein pl* canavar düdüklerinin uğultaması
sirren ['zɪrən] *vi* vızıldamak
Sirtaki *m* sirtaki
Sirup <-s, -e> ['zi:rʊp] *m* şurup
Sitte <-n> ['zɪtə] *f* ❶ (*Brauch*) töre, gelenek, örf; **~n und Gebräuche** gelenek ve görenekler, örf ve âdetler ❷ *pl* (*Sittlichkeit*) ahlak; **ein Verstoß gegen die guten ~n** ahlaka aykırılık ❸ *pl* (*Manieren*) görgü, terbiye **Sittenlehre** <-n> *f* ahlak bilimi, töre bilimi; (*Ethik*) etik
sittenlos *adj* ahlaksız
Sittenpolizei *f* ahlak zabıtası **Sittenverfall** *m* ahlakın bozulması **sittenwidrig** *adj* JUR ahlaka aykırı
sittlich *adj* ahlaklı
Sittlichkeit *f kein pl* ahlaklılık, genel ahlak **Sittlichkeitsverbrechen** *nt* genel ahlaka karşı suç
Situation <-en> [zitua'tsjo:n] *f* durum, vaziyet; **eine ausweglose ~** çaresiz bir durum; **der ~ gewachsen sein** içinde bulunduğu durumla başa çıkabilmek
situieren* *vt* **gut situiert sein** (*finanziell*) hâli vakti yerinde olmak, tıkırı yolunda olmak
Sitz <-es, -e> [zɪts] *m* ❶ (*~gelegenheit*) oturacak yer; (*im Kino*) koltuk ❷ POL koltuk ❸ (*einer Firma*) merkez **Sitzbad** *nt* **ein ~ nehmen** oturarak banyo yapmak **Sitzblockade** *f* oturma direnişi **Sitzecke** *f* oturma köşesi
sitzen <sitzt, saß, gesessen> ['zɪtsən] *vi haben o* SÜDD, ÖSTERR, SCHWEIZ *sein* ❶ (*Person*) oturmak (**auf** üzerinde, **an** -de); (*Vogel*) tünemek (**auf** -de); **~ Sie bequem?** rahat oturuyor musunuz?; **am Tisch ~** masada oturmak; **vor dem Fernseher ~** televizyonun karşısında oturmak; (**jdm**) **Modell ~** (biri için) model durmak; **sie saßen beim Essen** yemekte oturuyorlardı; **im S~ arbeiten** oturarak çalışmak; **er hat lange an dieser Arbeit gesessen** bu işin başında çok oturdu; **~ bleiben** (*fam: in der Schule*) sınıfta kalmak; **auf einer Ware ~ bleiben** (*fam*) malı elinde kalmak; **jdn ~ lassen** (*fam: Familie*) birini terk etmek; (*bei einer Verabredung*) birini ekmek; **auf seinem Geld ~** (*fam*) parasının üstüne oturmak ❷ (*sich befinden*) bulunmak; (*Firma*) merkezi olmak (**in** -de) ❸ (*Kleidung*) oturmak ❹ (*fam: Schuss*) oturmak; (*Bemerkung*) oturmak; **das saß** (*Wirkung erzielen*) bu iyi oturdu ❺ (*fam: im Gefängnis*) yatmak ❻ (*fam*) **einen ~ haben** kafayı bulmak
sitzen|bleiben *irr vi sein* (*fam*) *s.* **sitzen 1.** **sitzen|lassen** *irr vt* (*fam*) *s.* **sitzen 1.**
Sitzgelegenheit *f* oturacak yer **Sitzgruppe** <-n> *f* oturma grubu **Sitzkissen** *nt* ❶ minder ❷ (*als Sitzgelegenheit*) puf **Sitzmöbel** *nt* oturma mobilyası **Sitzordnung** <-en> *f* oturma düzeni; **die ~ festlegen** oturma düzenini belirlemek **Sitzplatz** <-es, -plätze> *m* oturacak yer **Sitzstellung** *f* oturma konumu **Sitzstreik** *m* oturma grevi
Sitzung <-en> *f* oturum; (*Versammlung*) toplantı; (*im Gericht*) duruşma; (*zum Porträtieren*) seans **Sitzungssaal** *m* toplantı salonu; (*im Gericht*) duruşma salonu
Sitzverteilung *f* POL koltukların dağılımı
Sizilianer(in) *m(f)* Sicilyalı
Sizilien <-s> [zi'tsi:liən] *nt* Sicilya
Skala <-s *o* Skalen> ['ska:la] *f* ıskala, ölçek
Skalp <-s, -e> [skalp] *m* kafa derisi, başın saçlı derisi
Skalpell <-s, -e> [skal'pɛl] *nt* MED teşrih bıçağı
skalpieren* [skal'pi:rən] *vt* kafa derisini yüzmek (-in)
Skandal <-s, -e> [skan'da:l] *m* skandal
skandalös [skanda'lø:s] *adj* rezil, kepaze
Skandinavien <-s> [skandi'na:viən] *nt* İskandinavya
Skandinavier(in) <-s, -; -nen> [skandi'na:viɐ] *m(f)* İskandinav, İskandinavyalı
skandinavisch *adj* İskandinav
Skat <-(e)s, -e *o* -s> [ska:t] *m* skat (*üç kişiyle oynanan iskambil oyunu*)
Skateboard <-s, -s> ['skɛɪtbɔ:t] *nt* kaykay; **~ fahren** kaykaya binmek
Skelett <-(e)s, -e> [ske'lɛt] *nt* iskelet
Skepsis ['skɛpsɪs] *f kein pl* kuşku
skeptisch ['skɛptɪʃ] *adj* kuşkucu; PHILOS septik
Skeptizismus <-> [skɛpti'tsɪsmʊs] *m kein pl* kuşkuculuk; PHILOS septisizm
Sketch, Sketsch[RR] <-(e)s, -e> [skɛtʃ] *m*

skeç

Ski <-s, -(er)> [ʃiː] *m* kayak; **~ laufen** [*o* **fahren**] kayak yapmak **Skianzug** <-(e)s, -züge> *m* kayak elbisesi **Skifahrer(in)** *m(f)* kayakçı **Skihose** *f* kayak pantolonu **Skilaufen** <-s> *nt kein pl* kayak **Skiläufer(in)** <-s, -; -nen> *m(f)* kayakçı **Skilehrer(in)** *m(f)* kayak öğretmeni, kayak hocası **Skilift** *m* SPORT telesiyej

Skinhead <-s, -s> ['skɪnhɛt] *m* dazlak

Skipiste *f* SPORT kayak pisti **Skispringen** <-s> *nt kein pl* SPORT kayakla atlama **Skistiefel** *m* SPORT kayakçı botu **Skistock** <-(e)s, -stöcke> *m* SPORT kayak sopası

Skizze <-n> ['skɪtsə] *f* ❶ (*Zeichnung*) kroki ❷ (*Entwurf*) taslak, eskiz

skizzenhaft *adj* (*fig*) kaba taslak

skizzieren* [skɪ'tsiːrən] *vt* krokisini yapmak (-in), taslağını çıkarmak (-in); (*in Stichworten*) taslak olarak yazmak, karalamak

Sklave(in) <-n, -n; -nen> ['sklaːvə] *m(f)* köle, esir; (*Sklavin*) esire, cariye **Sklavenarbeit** *f* angarya **Sklavenhalter(in)** *m(f)* köleli; (*fig*) angaryacı **Sklavenhandel** *m* esircilik, köle ve cariye alış verişi

Sklaverei *f kein pl* ❶ HIST kölelik, esaret ❷ (*pej: Arbeit*) angarya

sklavisch *adj* (*pej*) köle gibi

Sklera <-en> ['skleːra] *f* ANAT göz akı

Sklerose <-n> [skle'roːzə] *f* MED skleroz

Skolopender *m* ZOOL çıyan

Skonto <-s, -s *o* Skonti> ['skɔnto] *m o nt* WIRTSCH ıskonto

Skopje *nt* Üsküp

Skorbut *m kein pl* iskorbüt

Skorpion <-s, -e> [skɔr'pjoːn] *m* ❶ ZOOL akrep ❷ ASTROL Akrep; **das Sternbild/der Wendekreis des ~s** Akrep burcu/dönencesi

Skript <-(e)s, -en *o* -s> [skrɪpt] *nt* ❶ (*Manuskript*) müsvedde ❷ (*einer Vorlesung*) notlar *pl* ❸ FILM senaryo

Skrofel <-n> ['skroːfəl] *f* MED sıraca

Skrupel <-s, -> ['skruːpəl] *m* çekinme, tereddüt (etme), vicdanı elvermeme; **er hatte ~** vicdanı elvermedi; **ohne jeden ~** vicdanen hiç çekinmeden

skrupellos *adj* vicdansız

Skrupellosigkeit *f kein pl* vicdansızlık

Skulptur <-en> [skʊlp'tuːɐ] *f* heykel

skurril [skʊ'riːl] *adj* (*geh*) garip, tuhaf

Skythe(in) <-n, -n; -nen> *m(f)* HIST İskit

Slalom <-s, -s> ['slaːlɔm] *m* SPORT slalom **Slalomkurs** *m* slalom pisti **Slalomläufer(in)** *m(f)* slalomcu

Slang <-s> [slɛŋ] *m kein pl* ❶ (*saloppe Sprache*) argo ❷ (*Jargon*) argo, jargon

Slawe(in) <-n, -n; -nen> ['slaːvə] *m(f)* Slav

slawisch *adj* Slav

Slawistik *f kein pl* Slavistik

Slick <-s, -s> [slɪk] *m* düz yarış lastiği

Slip <-s, -s> [slɪp] *m* slip, don, külot **Slipeinlage** *f* ped

Slogan <-s, -s> ['slɔʊgən] *m* slogan

Slowake(in) <-n, -n; -nen> [slo'vaːkə] *m(f)* Slovak(yalı)

Slowakei [slova'kaɪ] *f* Slovakya

slowakisch *adj* Slovak; **die S~e Republik** Slovakya Cumhuriyeti

Slowene(in) <-n, -n; -nen> [slo'veːnə] *m(f)* Sloven(yalı)

Slowenien <-s> [slo'veːniən] *nt* Slovenya

slowenisch *adj* Sloven

Slum <-s, -s> [slam] *m* kenar mahalle, gecekondu bölgesi

Small Talk[RR] <-s, -s> ['smɔːltɔːk] *m*, **Smalltalk**[RR] <-s, -s> *m* sohbet

Smaragd <-(e)s, -e> [sma'rakt] *m* zümrüt **smaragden** *adj* ❶ (*aus Smaragd*) zümrüt ❷ (*wie ein Smaragd*) zümrütsü; (*smaragdgrün*) zümrüdi

Smog <-(s), -s> [smɔk] *m* smog **Smogalarm** *m* smog alarmı

Smoking <-s, -s> ['smoːkɪŋ] *m* smokin

SMS *f* TELEK SMS, (cepten) kısa mesaj; **jdm eine ~ schicken** birine SMS [*o* kısa mesaj] göndermek

Snob <-s, -s> [snɔp] *m* (*pej*) snop, züppe

Snobismus *m kein pl* snobizm, snopluk, züppelik

snobistisch [sno'bɪstɪʃ] *adj* (*pej*) snop

so [zoː] **I.** *adv* ❶ (*auf diese Weise*) böyle; **~ macht man das** bu böyle yapılır; **stell dich nicht ~ an!** numara yapma!; **~ gesehen, hast du Recht** böyle bakarsan, haklın var; **gut ~!** iyi böyle!; **ach, ~ ist das!** vay, demek ki öyle!; **~ oder ~** (*unterschiedlich*) ya öyle ya böyle; (*auf jeden Fall*) öyle veya böyle; **und ~ weiter** ve devamı ❷ (*Zustand, Maß, Eigenschaft*) **sie tut mir ~ leid** ona öyle [*o* o kadar] üzüldüm; **~ sehr** o kadar çok; **~ viel steht fest** bu kadarı kesin; **~ früh wie möglich** mümkün olabildiği kadar erken; **lass es ~, wie es ist** onu olduğu gibi bırak ❸ (*fam: solch*) böyle; **bei ~ einem Wetter** böyle bir havada; **~ ein Zufall!** bu ne tesadüf!; **~ (et)was Blödes!** ne aksilik!; **~ (et)was** böyle (bir) şey; **na ~ was!** bak şu işe!; **... und ~** ve bunun gibi ... ❹ (*fam: ungefähr*) **er heißt Traugott oder ~** adı Traugott veya öyle bir şey; **ich komme ~ gegen acht** sekize doğru falan gelirim; **er sagt das nur ~** bunu öylesine söylüyor

II. *konj* ❶ ~ **dass ...** öyle ki, ... ❷ **er spielte ~ gut, dass ...** öyle [*o* o kadar] iyi oynadı ki ... **III.** *interj* **~, das war's für heute** haydi, bugünlük bu kadar; **~, ~** demek ki öyle; **ach ~!** demek öyle!; **wie geht's denn ~?** işler nasıl gidiyor?

s. o. *Abk von* **siehe oben** yukarıya bakınız

SO *Abk von* **Südosten** güneydoğu

sobald [zo'balt] *konj* **~ er kommt** gelir gelmez; **ich rufe an, ~ ich zu Hause bin** eve gider gitmez telefon ederim

Socke <-n> ['zɔkə] *f* çorap; **sich auf die ~n machen** (*fig fam*) yola koyulmak; **von den ~n sein** (*fig fam*) aklı durmak

Sockel <-s, -> ['zɔkəl] *m* duraç, taban, ayaklık; (*einer Säule*) kaide; (*Festland~*) sahanlık

Soda <-> *nt kein pl* (*~wasser*) soda

sodass^RR [zo'das] *konj* öyle ki

Sodawasser <-s, -wässer> *nt* soda

Sodbrennen <-s> ['zo:t-] *nt kein pl* mide yanması, mide ekşimesi; **~ haben** midesi yanmak [*o* kaynamak]

Sodomie [zodo'mi:] *f kein pl* sodomi

soeben [zo'ʔe:bən] *adv* demin, az önce; **~ etw getan haben** az önce bir şey yapmış olmak

Sofa <-s, -s> ['zo:fa] *nt* kanape, sedir

sofern [zo'fɛrn] *konj* eğer, şayet

soff [zɔf] *3. imp von* **saufen**

Sofia *nt* Sofya

sofort [zo'fɔrt] *adv* ❶ (*unverzüglich*) hemen, derhâl ❷ (*unmittelbar*) doğrudan doğruya

Sofortbildkamera *f* polaroit® **Soforthilfe** *f* acil yardım

sofortige(r, s) *adj* acil, ivedi; **mit ~r Wirkung** derhal geçerli olmak üzere; **~e Beschwerde** JUR acele itiraz

Sofortmaßnahme *f* acil önlem

Softie <-s, -s> ['sɔfti] *m* (*fam*) hanım evladı

Software <-s> ['sɔftwɛ:ɐ] *f* INFORM yazılım **Softwareentwickler(in)** *m(f)* yazılım geliştiricisi **Softwarepaket** *nt* yazılım paketi **Softwarepiraterie** *f* yazılım korsanlığı

sog [zo:k] *3. imp von* **saugen**

sog. *Abk von* **so genannt** sözüm ona

Sog <-(e)s, -e> [zo:k] *m* ❶ (*saugende Strömung*) anafor, çevri, burgaç, girdap ❷ (*Strömung seewärts*) alt akıntı, dip akıntısı

sogar [zo'ga:ɐ] *adv* ❶ hatta, hem de; (*obendrein*) üstelik; **sehr ~!** hem de pek çok! ❷ bile, dahi; **er liest ~ Romane auf Türkisch** Türkçe roman bile okuyor

sogenannt ['zo:gənant] *adj s.* **nennen** I.4.

sogleich [zo'glaɪç] *adv s.* **sofort**

Sohle <-n> ['zo:lə] *f* ❶ (*Fuß~*) taban; **vom Scheitel bis zur ~** tepeden tırnağa kadar ❷ (*Schuh~*) pençe; (*Einlege~*) taban; **die ~n nach etw ablaufen** bir şey için pabuç eskitmek [*o* paralamak] ❸ (*Tal~*) taban

Sohn <-(e)s, Söhne> [zo:n, *pl* 'zø:nə] *m* oğul; **er hat zwei Söhne** iki oğlu var

Soja <Sojen> ['zo:ja] *f* soya **Sojabohne** *f* soya fasulyesi **Sojamilch** *f* soya sütü **Sojaöl** *nt* soya yağı **Sojasoße** *f* soya sosu

solang(e) [zo'laŋ(ə)] **I.** *adv* sürece **II.** *konj* **~, bis er zurückkommt** o gelinceye kadar; **~ du willst** istediğin kadar, ne kadar istersen

solar [zo'la:ɐ] *adj* ASTRON, METEO, PHYS güneş (ile ilgili); **~e Phänomene** güneş olayları **Solarenergie** *f kein pl* PHYS güneş enerjisi

Solarium <-s, Solarien> [zo'la:riʊm] *nt* solaryum

solch [zɔlç] *adj inv* (*geh*) böylesine, öylesine, bu denli; *s. a.* **solche(r, s)**

solche(r, s) *adj* ❶ (*so beschaffen*) böyle, öyle; **ein ~r Mensch** böyle bir insan ❷ (*Intensität: adjektivisch*) öyle; (*adverbiell*) öyle; **ich habe ~n Durst** öyle bir susadım ki; **das macht ~n Spaß!** bu öyle bir eğlenceli ki! ❸ **es gibt ~ und ~** (*fam*) öylesi de var böylesi de

solcherlei ['zɔlçɐ'laɪ] *adj inv* (*geh*) böyle, buna benzer, öyle, ona benzer

Sold <-(e)s, -e> [zɔlt] *m* MIL tayın bedeli

Soldat(in) <-en, -en; -nen> [zɔl'da:t] *m(f)* asker

Söldner(in) <-s, -; -nen> ['zœldnɐ] *m(f)* ücretli asker, paralı asker

Soli *pl von* **Solo**

solid(e) [zo'li:t, zo'li:də] *adj* ❶ (*Bauweise*) sağlam, oturaklı; (*Kenntnisse*) sağlam ❷ (*Firma*) güvenilir; (*Leben*) istikrarlı; (*Person*) oturaklı, ağırbaşlı

Solidarbeitrag [zoli'da:ɐ-] *m* dayanışma aidatı

solidarisch [zoli'da:rɪʃ] **I.** *adj* dayanışık, dayanışmalı **II.** *adv* dayanışarak, dayanışmalı olarak

solidarisieren* [zolidari'zi:rən] *vr* ▪ **sich ~** dayanışmak (**mit** ile)

Solidarität [zolidari'tɛ:t] *f kein pl* dayanışma **Solidaritätsfonds** *m* dayanışma fonu **Solidaritätsstreik** *m* dayanışma grevi

Solidarschuldner(in) *m(f)* SCHWEIZ JUR dayanışmalı borçlu

solide *adj s.* **solid(e)**

Solist(in) <-en, -en; -nen> [zo'lɪst] *m(f)* solist

Soll <-(s), -(s)> [zɔl] *nt* ① FIN borç; **~ und Haben** borç ve alacak ② (*Plan~*) hedef; **sein ~ erfüllen** hedefine ulaşmak

sollen[1] <soll, sollte, sollen> ['zɔlən] *modal vb* ① (*müssen*) **was soll ich (jetzt) tun?** (şimdi) ne yapayım?; **das hättest du nicht tun ~** bunu yapmamalıydın ② (*Befehl*) **du sollst leise sein!** sessiz olmalısın ③ (*Notwendigkeit*) gerekmek; **man sollte mehr sparen** daha fazla tasarruf etmek gerekir ④ (*Wunsch*) **soll ich auf dich warten?** seni bekleyeyim mi?; **sie ~ wissen ...** bilesiniz ...; **was soll ich (dir) sagen?** (sana) ne diyebilirim ki?; **das soll sie haben** bu ondaymış; **hoch soll er leben!** çok yaşasın!; **das sollst du mir büßen** alacağın olsun ⑤ (*Vermutung*) -miş; **es soll morgen schneien** yarın kar yağacakmış; **das soll ich sein?** bu ben miymişim?; **so etwas soll es geben** (b)öyle bir şey varmış ⑥ (*Ungewissheit*) **was soll (denn) das heißen?** bu (da) ne demek (oluyor)?; **soll das alles sein?** hepsi bu kadar mı?; **wer soll das sein?** bu kimmiş?; **solltest du ihn sehen, sag ihm ...** onu görecek olursan, ... söylersin; **mir soll es gleich sein** benim için fark etmez

sollen[2] *vi* **was soll's?** ne olmuş ki yani?; **was soll der Mist?** bu pislik de ne oluyor?

Solo <-s, -s *o* Soli> ['zo:lo] *nt* ① MUS solo ② (*fam*) yalnız, tek başına

Solvenz *f* FIN ödeme gücü

Somalia <-s> [zo'ma:lia] *nt* Somali

Somalier(in) <-s, -; -nen> [zo'ma:liɐ] *m(f)* Somalili

somalisch *adj* Somali (ile ilgili), Somalili; **~e Frauen/Männer** Somalili kadınlar/erkekler; **die ~e Regierung** Somali hükümeti

somit ['zo:mɪt, zo'mɪt] *adv* (b)öylece, (b)öylelikle

Sommer <-s, -> ['zɔmɐ] *m* yaz; **den ~ über** yaz boyunca; **im ~** yazın **Sommerferien** *pl* yaz tatili **Sommerkleidung** *f* yazlık giysi **Sommerkollektion** *f* yaz koleksiyonu

sommerlich *adj* (*Kleidung*) yazlık; **ein ~es Wetter** yazdan kalma bir hava **Sommerregen** *m* yaz yağmuru **Sommerreifen** *m* AUTO yaz lastiği **Sommerschlussverkauf[RR]** *m* yaz sonu indirimli satışlar *pl* **Sommersemester** *nt* yaz sömestiri **Sommersonnenwende** *f* ASTRON yaz gün durumu **Sommersprosse** *f* çil **sommersprossig** *adj* çilli **Sommerwurz** *f* BOT canavar otu

Sommerzeit[1] *f kein pl* (*Jahreszeit*) yaz dönemi, yaz mevsimi

Sommerzeit[2] <-en> *f* (*Uhrzeit*) yaz saati

Sonar *nt* ① *kein pl* TECH sonar ② (*Gerät*) sonar

Sonate <-n> [zo'na:tə] *f* MUS sonat

Sonde <-n> ['zɔndə] *f* MED, TECH sonda; AERO (*Mond~, Raum~*) modül

Sonderanfertigung ['zɔndɐ-] *f* özel yapım **Sonderangebot** ['zɔndɐ-] *nt* özel indirim; **im ~ sein** özel indirimli olmak **Sonderausgabe** <-n> *f* (*eines Werkes*) özel baskı, ayrı basım; (*Sondernummer*) özel sayı

sonderbar *adj* tuhaf

Sonderdruck *m* özel baskı, ayrı basım

Sonderfall <-(e)s, -fälle> *m* özel durum; (*Ausnahme*) istisnaî durum **Sondergenehmigung** *f* özel izin

sondergleichen ['--'--] *adv* eşsiz, emsalsiz

sonderlich **I.** *adj* (*sonderbar*) tuhaf **II.** *adv* (*besonders*) pek; **wie geht es dir? — nicht ~** nasılsın? — pek o kadar iyi değilim

Sonderling <-s, -e> ['zɔndɐlɪŋ] *m* acube

Sondermarke *f* özel pul **Sondermeldung** *f* flaş (haber)

sondern[1] ['zɔndɐn] *konj* **nicht (nur) du, ~ (auch) ich** (yalnız) sen değil, ben (de); **sie ist nicht nur schön, ~ auch klug** sadece güzel değil, aynı zamanda akıllı da

sondern[2] ['zɔndɐn] *vt* (*geh*) ayırmak (**von** -den), ayıklamak

Sondernummer *f* özel sayı **Sonderpreis** *m* özel fiyat **Sonderrecht** <-(e)s, -e> *nt* ayrıcalık **Sonderschule** <-n> *f* özürlü çocuklar okulu (*özel eğitime muhtaç çocuklar için okul*) **Sonderstellung** *f* özel statü, özel pozisyon; **eine ~ einnehmen** özel statüsü olmak **Sonderziehungsrecht** *nt* WIRTSCH özel çekim hakkı **Sonderzug** <-(e)s, -züge> *m* özel tren

sondieren* [zɔn'di:rən] *vt* ① (*Lage, Markt*) araştırmak ② MED, TECH sondalamak

Sonett <-(e)s, -e> [zo'nɛt] *nt* LIT sone

Song <-s, -s> [sɔŋ] *m* (*fam*) şarkı

Sonnabend ['zɔnʔa:bənt] *m* NORDD, DIAL cumartesi; *s. a.* **Montag**

Sonne <-n> ['zɔnə] *f* güneş; **die ~ geht auf/unter** güneş doğuyor/batıyor; **die ~ scheint** hava güneşli; **in der prallen ~** güneşin alnında

sonnen **I.** *vt* güneşlemek **II.** *vr* ■ **sich ~** güneşlenmek

Sonnenaufgang *m* güneşin doğuşu; **bei ~** güneş doğarken **Sonnenbad** *nt* güneş banyosu; **ein ~ nehmen** güneş banyosu yapmak **Sonnenblende** *f* FOTO güneşlik **Sonnenblume** *f* BOT ayçiçeği, gün çiçeği,

S

günebakan, gündöndü **Sonnenblumenkern** *m* ayçiçeği, ay çekirdeği **Sonnenblumenöl** *nt* GASTR ayçiçeği yağı **Sonnenbrand** <-(e)s, -brände> *m* güneşten cildin yanıp su toplaması **Sonnenbräune** *f kein pl* güneş yanığı, güneşlenme sonucu tendeki esmerlik **Sonnenbrille** *f* güneş gözlüğü **Sonnencreme** *f* güneş kremi **Sonnendach** *nt* güneşlik **Sonnendeck** *nt* güneşlenme güvertesi **Sonneneinstrahlung** *f kein pl* güneş ışınımı **Sonnenenergie** *f kein pl* PHYS güneş enerjisi **Sonnenferne** *f kein pl* ASTRON (*Aphelium*) günöte **Sonnenfinsternis** *f* ASTRON Güneş tutulması **Sonnenflecken** *pl* ASTRON gözenekler *pl*, güneş lekeleri *pl* **sonnenhell** *adj* günlük güneşlik **Sonnenjahr** *nt* ASTRON güneş yılı **sonnenklar** *adj* (*fam*) ❶ (*hell und sonnig*) güneşli, açık ❷ (*eindeutig*) gün gibi açık, apaçık, besbelli; **es ist doch ~** ay aydın, hesap belli **Sonnenkollektor** <-s, -en> *m* güneş kolektörü **Sonnenkraftwerk** *nt* güneş santrali **Sonnenlicht** <-(e)s> *nt kein pl* güneş ışığı **Sonnenmilch** *f* güneş sütü **Sonnennähe** *f kein pl* ASTRON (*Perihelium*) günberi **Sonnenöl** *nt* güneş yağı **Sonnenregen** *m* gün yağmuru **Sonnenschein** <-(e)s> *m kein pl* güneş ışığı; **bei strahlendem ~** günlük güneşlik havada **Sonnenschirm** *m* güneşlik **Sonnenschutzcreme** *f* güneş kremi **Sonnenseite** *f* güneşli taraf, güneş alan taraf **Sonnenstich** <-(e)s, -e> *m* MED güneş çarpması **Sonnenstrahl** *m* güneş ışını **Sonnensystem** *nt* ASTRON güneş sistemi **Sonnentag** *m* ❶ ASTRON güneş günü ❷ (*sonniger Tag*) güneşli gün **Sonnenuhr** *f* güneş saati **Sonnenuntergang** *m* gün batımı, gurup **Sonnenwende** *f* gün dönümü; ASTRON (*Sommer~*, *Winter~*) gün durumu

sonnig *adj* (*Wetter, Tag*) güneşli; (*Platz*) güneşlik; **hier ist es zu ~** burası çok güneşlik; **er suchte sich ein ~es Plätzchen** kendine güneşlik bir yer aradı

Sonntag <-(e)s, -e> ['zɔnta:k] *m* pazar; **Sonn- und Feiertage** pazar ve bayram günleri; *s. a.* **Montag**

sonntäglich *adj* her pazar

sonntags ['zɔnta:ks] *adv* pazarları, pazar günleri; **sonn- und feiertags** pazar ve bayram günleri

Sonntagsarbeit *f kein pl* pazar günleri çalışma **Sonntagsdienst** *m* pazar nöbeti

sonst [zɔnst] *adv* ❶ (*außerdem*) ayrıca, başka; **war ~ noch jemand da?** başka kimse var mıydı orada?; **~ nichts** başka bir şey yok; **~ was** (*fam*) başka şey; **~ noch Fragen?** başka soru(nuz) var mı?; **~ geht's dir gut?** (*iron fam*) başka da bir derdin yok, öyle mi? ❷ (*für gewöhnlich*) normalen; (*immer*) her zaman, hep; **du bist doch ~ nicht so** normalen böyle değilsin ki; **es ist alles wie ~** her şey eskisi gibi; **es war wie ~** her zamanki gibiydi; **mehr als ~** normalden fazla ❸ (*ehemals*) eskiden; (*in anderen Fällen*) diğer durumlarda ❹ (*andernfalls*) yoksa, olmazsa, aksi hâlde, aksi takdirde, sonra; **was/wer/wie denn ~?** (*fam*) yoksa ne/kim/nasıl?; **sei pünktlich, ~ gibt es Schelte!** geç kalma, yoksa [*o* sonra] azar işitirsin! ❺ (*unbestimmt*) **~ wer** (*fam*) başka biri; **er bildet sich ein, ~ wer zu sein** (*etwas Besonderes*) kendini bir şey sanıyor

sonstige(r, s) *adj* diğer, sair; **ihr ~es Verhalten war recht gut** yoksa davranışı oldukça iyiydi; **S~es** diğer noktalar

sonstwasALT ['zɔnstvas] *pron s.* **sonst 5.**

sonstwerALT ['zɔnstveːɐ] *pron s.* **sonst 5.**

sooft [zo'ʔɔft] *konj* **~ er kommt, bringt er Blumen mit** ne zaman gelse, çiçek getirir; **~ du willst** ne kadar istersen; **~ ich auch darüber nachdenke, ich sehe keine Lösung** ne kadar düşünürsem düşüneyim, onun için bir çözüm görmüyorum

Sophistik *f kein pl* PHILOS sofizm, bilgicilik

Sopran <-s, -e> [zo'pra:n] *m* MUS soprano

Sopranistin <-nen> [zopra'nɪstɪn] *f* MUS soprano

Sorbet <-s, -s> *m o nt*, **Sorbett** <-(e)s, -e> *m o nt* GASTR şerbet

Sorge[1] <-n> ['zɔrgə] *f* (*Angst*) endişe (**um** için), dert; (*Problem*) sorun, problem; (*innere Unruhe*) sıkıntı, huzursuzluk; (*Kummer*) merak, üzüntü, kaygı; **ich mache mir ~ um ihn** onun için endişeleniyorum; **sich** *dat* **um jdn ~n machen** biri için endişelenmek, birini merak etmek; **keine ~!** merak etme!, kaygılanma!

Sorge[2] *f kein pl* (*Für~*) bakım; **elterliche ~** velâyet; **lass das nur meine ~ sein** bırak, ben hallederim [*o* çaresine bakarım]

sorgen ['zɔrgən] **I.** *vi* ❶ (*sich kümmern*) bakmak; **für jdn ~** birine bakmak ❷ (*beschaffen*) sağlamak (**für** -i); **für Ruhe ~** sükûneti sağlamak **II.** *vr* ■ **sich ~** endişelenmek (**um** için)

sorgenfrei *adj* tasasız, sıkıntısız, rahat **Sorgenkind** *nt* problem çocuk, sorunlu çocuk; (*fig fam*) dert **sorgenvoll** *adj* sıkıntılı

Sorgerecht <-(e)s> *nt kein pl* JUR velâyet hakkı (**für** için)

Sorgfalt ['zɔrkfalt] *f kein pl* özen, itina

sorgfältig [-fɛltɪç] *adj* ozenli, itinalı

sorglos *adj* ❶ (*unachtsam*) dikkatsiz; (*nachlässig*) özensiz, savsak, ihmalci ❷ (*sorgenfrei*) endişesiz, tasasız, sıkıntısız

Sorglosigkeit *f kein pl* ❶ dikkatsizlik, özensizlik ❷ endişesizlik, tasasızlık

sorgsam *adj* özenli, itinalı

Sorte <-n> ['zɔrtə] *f* ❶ (*Art*) tür, cins, çeşit; (*Marke*) marka; **eine bestimmte ~ von Menschen** belli tür insanlar ❷ *pl* (*Devisen*) döviz

sortieren* [zɔr'tiːrən] *vt* ayırmak (**nach** -e göre), seçmek (**nach** -e göre); (*ordnen*) sınıflamak (**nach** -e göre), tasnif etmek (**nach** -e göre)

Sortiment <-(e)s, -e> [zɔrti'mɛnt] *nt* ❶ (*Warenangebot*) çeşitler *pl* ❷ (*~sbuchhandel*) kitapçılık

SOS <-> [ɛsʔoː'ʔɛs] *nt kein pl Abk von* **save our souls** SOS; **~ funken** telsizle SOS göndermek

sosehr [zo'zeːɐ] *konj* o kadar

Soße <-n> ['zoːsə] *f* sos

sott [zɔt] *3. imp von* **sieden**

Soufflé <-s, -s> [zu'fleː] *nt*, **Soufflee**RR <-s, -s> *nt* GASTR sufle

Souffleur, -euse <-s, -e; -n> [zu'fløːɐ] *m, f* THEAT suflör

soufflieren* [zu'fliːrən] *vi, vt* THEAT sufle etmek

Soundkarte ['saʊnt-] *f* INFORM ses kartı

soundso ['zoːʔʊntsoː] **I.** *adj* (*fam*) falan(ca); **auf Seite ~** falanca sayfada; **am S~vielten** falan tarihte **II.** *adv* (*fam*) **~ breit/groß** genişliği/büyüklüğü şu kadar; **~ oft** bilmem ne kadar, bilmem kaç kere

soundsovielte(r, s) ['zoːʔʊntsofiːltə, -tɐ, -təs] *adj* (*fam*) **das ~ Mal** bilmem kaçıncı defa

Souterrain <-s, -s> [zutɛ'rɛ̃ː] *nt* bodrum katı (dairesi)

Souvenir <-s, -s> [zuvə'niːɐ] *nt* hatıra, andaç, yadigâr

souverän [zuvə'rɛːn] *adj* ❶ POL egemen, hâkim ❷ (*geh: überlegen*) üstün; **eine ~e Leistung** üstün bir başarı

Souveränität [zuvərɛni'tɛːt] *f kein pl* ❶ (*von Staaten*) egemenlik ❷ (*geh: Überlegenheit*) üstünlük

sovielALT1 [zo'fiːl] *adv s.* **viel I.2.**

soviel2 [zo'fiːl] *konj* ❶ (*soweit*) kadarıyla; **~ ich weiß ...** bildiğim kadarıyla ... ❷ (*sosehr*) o kadar, bunca

soweitALT1 [zo'vaɪt] *adv s.* **weit I.5.**

soweit2 [zo'vaɪt] *konj* kadar(ıyla); **~ das Auge reicht** göz görebildiği kadar; **~ ich mich erinnern kann** hatırlayabildiğim kadarıyla; **~ ich sehen kann, ...** görebildiğim kadar, ...

sowenig [zo'veːnɪç] **I.** *adv s.* **wenig 3. II.** *konj* ne kadar az da olsa

sowie [zo'viː] *konj* ❶ (*sobald*) **~ er kommt** gelir gelmez; **er wird es dir geben, ~ er damit fertig ist** onu bitirir bitirmez sana verecek ❷ (*und auch*) ve de; (*und* (*außerdem*)) ve (ayrıca)

sowieso [zovi'zoː, 'zoːvizo] *adv* ❶ (*ohnehin*) zaten, nasıl olsa; **das weiß er ~ schon** bunu zaten biliyor bile ❷ (*fam: selbstverständlich*) elbette; **das ~!** elbette!

Sowjetbürger(in) ['zɔvjɛt-, zɔ'vjɛt-] *m(f)* HIST Sovyet vatandaşı

sowjetisch [zɔ'vjɛtɪʃ] *adj* HIST Sovyet

Sowjetunion [zɔ'vjɛt-, 'zɔvjɛt-] *f* HIST Sovyetler Birliği

sowohl [zo'voːl] *konj* **~ ... als auch ...** hem ... hem de ...

sozial [zo'tsjaːl] *adj* sosyal, toplumsal; **die ~e Entwicklung** sosyal gelişme **Sozialabbau** *m* sosyal hizmetlerin azaltılması **Sozialabgaben** *pl* sosyal kesintiler *pl* **Sozialamt** *nt* sosyal yardım dairesi **Sozialanthropologie** *f kein pl* sosyal antropoloji **Sozialarbeiter(in)** *m(f)* sosyal çalışman, sosyal çalışmacı **Sozialdemokrat(in)** *m(f)* sosyal demokrat **sozialdemokratisch** *adj* sosyal demokratik **Sozialfall** <-(e)s, -fälle> *m* sosyal yardıma muhtaç olan (kimse)

Sozialhilfe *f kein pl* sosyal yardım **Sozialhilfeempfänger(in)** <-s, -; -nen> *m(f)* sosyal yardım alan (kimse)

Sozialisation *f kein pl* sosyalizasyon

sozialisieren* [zotsjali'ziːrən] *vt* WIRTSCH, PSYCH sosyalleştirmek, toplumsallaştırmak

Sozialisierung *f* sosyalleştirme, toplumsallaştırma; (*Sozialisation*) sosyalizasyon

Sozialismus <-> [zotsja'lɪsmʊs] *m kein pl* sosyalizm

Sozialist(in) <-en, -en; -nen> [zotsja'lɪst] *m(f)* sosyalist

sozialistisch *adj* sosyalist(ik)

Sozialleistungen *pl* sosyal hizmetler *pl* **Sozialpolitik** *f kein pl* sosyal politika **Sozialprodukt** *nt* WIRTSCH millî gelir **Sozialstaat** *m* sosyal devlet **Sozialversicherung** *f* sosyal sigorta **Sozialwissenschaften** *pl* sosyal bilimler *pl* **Sozialwohnung** *f* sosyal konut

Soziologe(in) <-n, -n; -nen> [zotsjo'loːgə] *m(f)* sosyolog

Soziologie [zotsjolo'giː] *f kein pl* sosyoloji

soziologisch *adj* sosyolojik

sozioökonomisch *adj* sosyoekonomik

Sozius <-, -se *o* Sozii> ['zoːtsiʊs] *m*

S

❶ WIRTSCH ortak ❷ (*Beifahrer*) yolcu, sürücünün yanında oturan (kimse) ❸ (*fam: Genosse*) yoldaş; (*Kumpan*) arkadaş

sozusagen [zoːtsu'zaːgən, '----] *adv* tabir caizse; (*gewissermaßen*) sanki, âdeta; (*beinahe*) neredeyse, hemen hemen

Spaceshuttle *m* Uzay Mekiği

Spachtel <-s, -> ['ʃpaxtəl] *m* ❶ (*Werkzeug*) ıspatula, macun küreği ❷ (*Masse*) macun

spachteln **I.** *vt* (*glätten*) macun çekmek (-e); (*Loch, Ritze*) macunlamak **II.** *vi* (*fam: mit gutem Appetit essen*) afiyetle yemek yemek

Spagetti[RR] *pl*, **Spaghetti** [ʃpa'gɛti] *pl* spaghetti

spähen ['ʃpɛːən] *vi* (*beobachten*) gözlemek (**auf** -i), gözetlemek (**auf** -i); **auf die Straße ~** sokağı gözetlemek; **durch einen Spalt ~** bir yarıktan [*o* aralıktan] gözetlemek; **nach jdm/etw ~** bir kimseyi/şeyi gözlemek

Späher(in) <-s, -; -nen> *m(f)* HIST keşşaf; (*Kundschafter*) gözcü, keşif kolu; (*pej: Spitzel*) casus, ispiyon(cu)

Spähtrupp *m* MIL keşif kolu

Spalier <-s, -e> [ʃpa'liːɐ] *nt* ❶ (*für Pflanzen*) herek, ispalya ❷ (*Menschengasse*) **~ stehen** iki yanda dizilmek

Spalt <-(e)s, -e> [ʃpalt] *m* aralık; (*Riss*) yarık, çatlak; **die Tür einen ~ öffnen** kapıyı aralamak

spaltbar *adj* PHYS (çekirdeği) bölünebilen; **~es Uran** çekirdeği bölünebilen uranyum

Spalte <-n> ['ʃpaltə] *f* ❶ (*Öffnung*) aralık, yarık; (*Riss*) yarık, çatlak ❷ TYPO (*Druck~*) sütun, kolon ❸ ADMIN (*~ für Bemerkungen*) hane

spalten <spaltet, spaltete, gespalten *o* gespaltet> ['ʃpaltən] **I.** *vt* ❶ (*teilen*) bölmek, ayırmak; (*Partei*) bölmek ❷ (*der Länge nach*) ikiye bölmek, uzunlamasına yarmak; (*Holz*) yarmak ❸ CHEM, PHYS bölmek **II.** *vr* ■ **sich ~** bölünmek, ayrılmak

Spaltung <-en> *f* ❶ (*eines Landes, einer Gruppe*) bölünme, parçalanma; (*einer Partei*) bölünme ❷ CHEM bölünme; PHYS (*Kern~*) bölünme ❸ PSYCH ikiye ayrılma; (*Persönlichkeits~*) ikileşme

Spam-Mail, **Spammail** *nt* INET spam posta

Span <-(e)s, Späne> [ʃpaːn, *pl* 'ʃpɛːnə] *m* yonga; **Späne** talaş

Spanferkel *nt* GASTR domuz çevirme

Spange <-n> ['ʃpaŋə] *f* ❶ (*Haar~*) toka ❷ (*Zahn~*) tel

Spanien <-s> ['ʃpaːniən] *nt* İspanya

Spanier(in) <-s, -; -nen> ['ʃpaːniɐ] *m(f)* İspanyol

spanisch *adj* İspanyol; **das kommt mir ~ vor** (*fig fam*) bu, bana biraz garip geliyor

Spanisch(e) *nt dekl wie adj* İspanyolca; **aus dem S~en/ins S~e übersetzen** İspanyolcadan/İspanyolcaya çevirmek [*o* tercüme etmek]

spanischsprachig *adj* İspanyolca konuşan; **~e Länder** İspanyolca konuşan ülkeler

spann [ʃpan] *3. imp von* **spinnen**

Spann <-(e)s, -e> [ʃpan] *m* ağım

Spanne <-n> ['ʃpanə] *f* ❶ (*Zeit~*) süre ❷ (*Handels~*) marj

spannen ['ʃpanən] **I.** *vt* ❶ (*dehnen*) esnetmek; (*Seil, Muskeln, Bogen*) germek ❷ (*Leine, Netz*) germek ❸ (*in die Schreibmaschine*) koymak; **jdn ins Joch ~** birini boyunduruğa vurmak ❹ (*Gewehr*) horozunu çekmek (-in) ❺ koşmak; **die Pferde/Ochsen vor den Wagen ~** atları/öküzleri arabaya koşmak ❻ (*fam: merken*) anlamak; **endlich hat er es gespannt** en sonunda anladı **II.** *vi* (*Kleidung*) dar gelmek; (*Haut*) gerilmek **III.** *vr* ■ **sich ~** ❶ (*straff/fest werden*) gerilmek ❷ (*sich erstrecken*) uzanmak (**über** -in üzerinde)

spannend *adj* (*fesselnd*) sürükleyici; (*interessant*) ilginç; (*Buch, Film*) heyecanlı; **mach's nicht so ~!** (*fam*) meraktan çatlatma beni!

Spanner <-s, -> *m* ❶ (*Spannvorrichtung*) gerici ❷ (*Schmetterling*) kelebek ❸ (*fam: Voyeur*) röntgenci

Spannkraft *f kein pl* takat, derman

Spannung[1] *f kein pl* ❶ PHYS gerilim ❷ (*innere ~*) gerilim; (*Erwartung*) heyecan, merak; **etw mit ~ erwarten** bir şeyi heyecanla [*o* merakla] beklemek ❸ (*eines Films*) gerilim, tansiyon

Spannung[2] <-en> *f* ❶ (*Feindseligkeit*) gerginlik ❷ (*Stromstärke*) gerilim

Spannweite *f* ❶ (*Vogel, Flugzeug*) kanat uçları arasındaki mesafe ❷ ARCH açıklık, kemer açıklığı

Spanplatte *f* sunta

Sparbuch *nt* tasarruf cüzdanı **Sparbüchse** *f* kumbara

sparen ['ʃpaːrən] **I.** *vt* biriktirmek **II.** *vi* ❶ (*Geld*) tasarruf etmek, artırmak ❷ (*zurückhalten*) kaçınmak (**an/mit** -den/-den), tasarruf etmek (**an/mit** -den/-den); **Energie ~** enerjiden tasarruf etmek

Sparer(in) <-s, -; -nen> *m(f)* tasarruf sahibi

Sparflamme *f kein pl* kısık ateş; **auf ~** kısık ateşte; (*fig*) idareli, tutumlu

Spargel <-s, -> ['ʃpargəl] *m* BOT kuşkon-

maz
Spargroschen *m* (*fam*) kara gün akçesi **Sparguthaben** *nt* WIRTSCH, FIN tasarruf mevduatı **Sparkasse** *f* tasarruf sandığı **Sparkonto** *nt* WIRTSCH, FIN tasarruf hesabı
spärlich ['ʃpɛːɐlɪç] *adj* az, seyrek; (*Einkommen*) dar; (*Wissen*) yetersiz, kıt
Sparmaßnahme *f* tasarruf önlemi **Sparneigung** *f* WIRTSCH tasarruf eğilimi **Sparpfennig** *m* (*fam*) kara gün akçesi **Sparprämie** *f* tasarruf primi **Sparpreis** *m* ekonomik fiyat **Sparprogramm** *nt* ❶ POL tasarruf programı ❷ (*Waschmaschine*) ekonomik program
Sparren *m* ARCH mertek
sparsam *adj* tasarruflu, tutumlu, idareli; ~ **mit etw umgehen** bir şeyi idareli kullanmak
Sparsamkeit *f kein pl* tutumluluk
Sparschwein *nt* kumbara
Sparte <-n> ['ʃpartə] *f* ❶ (*Gebiet*) alan; (*Abteilung*) bölüm ❷ (*Rubrik*) sütun
Spasmus <-, -men> *m* MED spazm
Spaß[1] <-es, Späße> [ʃpaːs, *pl* 'ʃpɛːsə] *m* (*Scherz*) şaka, latife; ~ **machen** şaka yapmak; (**keinen**) ~ **verstehen** şaka kaldır(ma)mak, şakadan anla(ma)mak, latife götür(me)mek; ~ **beiseite** şaka bir yana; **aus** [*o* **im**] ~ şakadan, şakacıktan, şaka olarak; **da hört bei mir der ~ auf** (*fam*) burada benim için işin şakası makası kalmaz; **über den ~ gehen** (*fam*) şaka iken kaka olmak
Spaß[2] <-es> *m kein pl* (*Vergnügen*) eğlence, keyif; ~ **machen** eğlenceli olmak; **etw** (**nur**) **zum ~ machen** bir şeyi (yalnız) eğlenmek [*o* zevk] için yapmak; **sich** *dat* **aus etw einen ~ machen** bir şeyi gırgıra almak; **jdm den ~ verderben** birinin keyfini kaçırmak; **viel ~!** bol eğlenceler!; **das war ein teurer ~** (*fam*) bu iş pahalıya oturdu [*o* mal oldu]
spaßen ['ʃpaːsən] *vi* şaka yapmak, şakalaşmak; **damit ist nicht zu ~** bunun şakası yok, bu şaka götürmez; **er lässt nicht mit sich ~** o şaka götürmez, o şakadan hoşlanmaz
spaßeshalber ['ʃpaːsəshalbɐ] *adv* (*fam*) şakacıktan
spaßhaft *adj* eğlendirici
spaßig *adj* eğlenceli; (*unterhaltsam*) eğlendirici
Spaßverderber(in) <-s, -; -nen> *m(f)* oyunbozan **Spaßvogel** *m* şaklaban
Spastiker(in) <-s, -; -nen> ['ʃpastikɐ, 'spastikɐ] *m(f)* MED spastik
spät [ʃpɛːt] **I.** *adj* geç; **am ~en Vormittag/Nachmittag** öğleye/ikindiye doğru, öğleüstü/ikindiüstü, öğleüzeri/ikindiüzeri; **von früh bis ~** sabahtan akşama kadar **II.** *adv* geç; ~ **aufstehen** geç kalmak; **er kam eine Stunde zu ~** bir saat geç kaldı; **warum kommst du so ~?** niçin böyle geç geliyorsun?; **wie ~ ist es?** saat kaç?; **besser ~ als nie** (*prov*) geç olsun da güç olmasın
Spatel *m* dilbasan
Spaten <-s, -> ['ʃpaːtən] *m* kürek, bel
später ['ʃpɛːtɐ] **I.** *adj* sonraki; (*künftig*) gelecekteki **II.** *adv* daha geç, sonra; **bis ~!** görüşmek üzere!; **einige Stunden ~** birkaç saat sonra; **früher oder ~** er geç
spätestens ['ʃpɛːtəstəns] *adv* en geç; ~ **in einer Stunde** en geç bir saat içinde
Spatha *f* BOT (*Blattscheide*) yaprak kını
Spätschicht *f* geç vardiya **Spätsommer** *m* yaz sonu **Spätvorstellung** *f* suare
Spatz <-en *o* -es, -en> [ʃpats] *m* ❶ (*Vogel*) serçe; **das pfeifen die ~en von den Dächern** (*fig fam*) bunu Mısır'daki sağır sultan bile duydu; **besser ein ~ in der Hand als eine Taube auf dem Dach** (*prov*) bugünkü tavuk yarınki kazdan iyidir ❷ (*fam: Herzchen*) canım
Spätzündung *f* TECH geç ateşleme
spazieren* [ʃpa'tsiːrən] *vi sein* dolaşmak (**durch** -de), gezmek (**durch** -de); (**im Auto**) ~ **fahren** (otomobille) dolaşmak [*o* tur atmak]; **jdn** (**im Auto**) ~ **fahren** birini (otomobille) gezdirmek; **im Wald ~ gehen** ormanda dolaşmak [*o* tur atmak] **spazieren|fahren**ALT *irr* **I.** *vi sein s.* **spazieren II.** *vt s.* **spazieren spazieren|gehen**ALT *irr vi sein s.* **spazieren**
Spazierfahrt *f* araba gezintisi **Spaziergang** <-(e)s, -gänge> *m* gezinti, yürüyerek dolaşma; **einen ~ machen** gezinti yapmak, yürüyerek dolaşmak
Spaziergänger(in) <-s, -; -nen> [-gɛŋɐ] *m(f)* gezinti yapan (kimse)
Spazierstock <-(e)s, -stöcke> *m* baston
SPD [ɛspeː'deː] *f Abk von* **Sozialdemokratische Partei Deutschlands** SPD (*Almanya Sosyal Demikrat Partisi*)
Specht <-(e)s, -e> [ʃpɛçt] *m* ZOOL ağaçkakan **Spechtmeise** *m* ZOOL (*Kleiber*) sıvacı kuşu
Speck <-(e)s, -e> [ʃpɛk] *m* ❶ (*Nahrungsmittel*) domuz yağı ❷ (*fam: bei Menschen*) yağ; (~*bauch*) yağlı; ~ **ansetzen** yağ bağlamak
speckig *adj* ❶ (*schmierig*) yağlı ❷ (*pej fam: dick*) yağlı
Spediteur(in) <-(e)s, -e; -nen> [ʃpedi'tøːɐ] *m(f)* taşımacı, nakliyeci, taşıma

S

işleri komisyoncusu

Spedition <-en> [ʃpedi'tsjo:n] *f* taşımacılık, nakliyecilik, taşıma işleri komisyonculuğu

Speer <-(e)s, -e> [ʃpe:ɐ] *m* ❶ mızrak ❷ SPORT cirit **Speerspitze** <-n> *f* ❶ mızrak ucu ❷ SPORT cirit ucu **Speerwerfen** <-s> *nt kein pl* SPORT cirit atma

Speiche <-n> ['ʃpaɪçə] *f* ❶ parmak; (*dünner*) tel ❷ ANAT ön kol kemiği; **Elle und ~** dirsek kemiği ve ön kol kemiği

Speichel <-s> ['ʃpaɪçəl] *m kein pl* tükürük, salya **Speicheldrüse** *f* ANAT tükürük bezi **Speichellecker(in)** *m(f)* (*pej*) dalkavuk, çanak yalayıcı **Speichelleckerei** *f* (*pej*) dalkavukluk, çanak yalayıcılık

Speichenrad <-s, -räder> *nt* AUTO telli tekerlek

Speicher <-s, -> ['ʃpaɪçɐ] *m* ❶ (*Lager*) ambar, depo; (*Getreide~*) ambar ❷ (*Dachboden*) çatı altı ❸ TECH (*Wasser~*) depo ❹ INFORM bellek, hafıza **Speicherkapazität** *f* INFORM bellek kapasitesi **Speicherkarte** *f* INFORM hafıza kartı

speichern ['ʃpaɪçɐn] *vi, vt a.* INFORM depolamak, belleğe geçirmek; **Daten auf Diskette ~** verileri diskete depolamak [*o* geçirmek]

Speicherplatz <-es> *m kein pl* INFORM bellek yeri **Speicherschutz** *m* INFORM belleği koruma

Speicherung <-en> *f* depolama

speien <speit, spie, gespie(e)n> ['ʃpaɪən] **I.** *vi* (*geh*) ❶ (*spucken*) tükürmek ❷ (*sich übergeben*) kusmak **II.** *vt* (*geh*) kusmak; (*Vulkan, Drache*) püskürmek; **der Kranke speit Blut** hasta kan kusuyor; **der Vulkan speit Lava** yanardağ lav püskürüyor; **der Drache spie Feuer** ejderha ateş püskürdü

Speise <-n> ['ʃpaɪzə] *f* yiyecek; (*Gericht*) yemek; **kalte ~n** (*Gerichte*) soğuk yemekler *pl*, mezeler *pl* **Speisekammer** *f* kiler **Speisekarte** *f* yemek listesi **Speiselokal** *nt* lokanta, restoran

speisen ['ʃpaɪzən] **I.** *vi* (*geh*) yemek yemek **II.** *vt* ❶ (*geh: ernähren*) beslemek ❷ TECH yedirmek

Speiseöl *nt* yemeklik yağ, yemek yağı **Speiseröhre** *f* ANAT yemek borusu **Speisesaal** *m* yemekhane **Speisewagen** *m* EISENB vagon restoran, lokantalı vagon

Spektakel[1] <-s, -> [ʃpɛk'ta:kəl] *m* (*fam: Lärm*) gürültü patırtı, şamata

Spektakel[2] <-s, -> *nt* (*Anblick*) görülecek şey, hayret [*o* heyecan] verici manzara

spektakulär [ʃpɛktaku'lɛ:ɐ] *adj* heyecan verici

Spektra ['ʃpɛktra] *pl von* **Spektrum**

Spektralfarbe *f* PHYS tayf rengi

Spektrometer *nt* PHYS tayfölçer

Spektrum <-s, Spektren *o* Spektra> ['ʃpɛktrʊm] *nt* ❶ PHYS tayf ❷ (*fig: reiche, vielfältige Auswahl*) yelpaze, çeşitlilik, çeşitler *pl*

Spekulant(in) <-en, -en; -nen> [ʃpeku'lant] *m(f)* WIRTSCH spekülâtör, vurguncu

Spekulation <-en> [ʃpekula'tsjo:n] *f* WIRTSCH spekülasyon, vurgun(culuk); PHILOS spekülasyon, kurgu; **über etw ~en anstellen** bir şey hakkında tahminlerde bulunmak

spekulativ *adj* ❶ WIRTSCH spekülâtif ❷ PHILOS spekülâtif, kurgusal, düşüntülü

spekulieren* [ʃpeku'li:rən] *vi* ❶ WIRTSCH vurgunculuk etmek (**mit** -le, **in** -de, **über** üzerine), spekülasyona girişmek (**mit** -le, **in** -de, **über** üzerine); **an der Börse ~** borsada oynamak ❷ (*fam*) **auf etw ~** (*fam*) bir şeyin olacağını ummak, bir şey hakkında tahminlerde bulunmak

Speläologe(in) *m(f)* mağara bilimci

Speläologie *f kein pl* mağara bilimi

Spelunke <-n> [ʃpe'lʊŋkə] *f* (*pej*) ❶ (*Kneipe*) batakhane ❷ (*Unterkunft*) batakhane

Spelze *f* BOT kavuz

spendabel [ʃpɛn'da:bəl] *adj* (*fam*) eli açık

Spende <-n> ['ʃpɛndə] *f* (*Geld~*) bağış; (*Schenkung*) bağışlama; (*Almosen*) sadaka

spenden *vt* ❶ (*Geld, Blut*) bağışlamak ❷ (*geh: Wärme, Schatten*) vermek

Spendenaktion *f* bağış kampanyası **Spendenquittung** *f* bağış makbuzu

Spender(in)[1] <-s, -; -nen> *m(f)* (*Person*) bağışçı

Spender[2] <-s, -> *m* (*Gerät*) verici

spendieren* [ʃpɛn'di:rən] *vt* (*fam*) ısmarlamak; **jdm ein Eis ~** birine bir dondurma ısmarlamak

Sperber <-s, -> ['ʃpɛrbɐ] *m* ZOOL atmaca

Sperling <-s, -e> ['ʃpɛrlɪŋ] *m* ZOOL serçe

Sperma <-s, Spermen *o* -ta> ['ʃpɛrma] *nt* BIOL sperma

sperrangelweit ['-'--'-] *adv* **~ offen** ardına kadar açık

Sperre <-n> ['ʃpɛrə] *f* ❶ (*Schranke*) bariyer; (*Straßen~*) barikat ❷ (*Embargo*) ambargo; (*Ausgangs~, Nachrichten~*) yasak; **eine ~ verhängen** (*Embargo*) ambargo koymak ❸ PSYCH tutukluk, blokaj

sperren ['ʃpɛrən] **I.** *vt* ❶ (*für den Verkehr*) kapamak ❷ (*verbieten*) yasaklamak ❸ (*Telefon*) kapamak; (*Strom, Gas*) kesmek; (*Konto, Kredit*) bloke etmek ❹ TYPO espaslı dizmek ❺ (*ein~*) **jdn in ein Zimmer ~** birini bir odaya hapsetmek ❻ TECH kilitle-

mek **II.** *vr* ■ **sich** ~ diretmek (**gegen** -e karşı)
Sperrfeuer *nt* MIL bar ateşi, baraj ateşi **Sperrgebiet** *nt* yasak bölge **Sperrholz** <-(e)s> *nt kein pl* kontrplâk
sperrig *adj* havaleli, çok yer kaplayan, battal
Sperrklinke *f* TECH çakıldak **Sperrkonto** *nt* FIN bloke hesap **Sperrmüll** *m kein pl* havaleli çöp **Sperrsitz** *m* (*im Kino, Theater*) koltuk **Sperrstunde** *f* kapanma saati (*meyhane, lokanta gibi yerlerin kapanma saati*)
Sperrung <-en> *f* ❶ (*einer Straße*) kapama ❷ (*Verbot*) yasak, yasaklama ❸ (*des Stroms*) kesme; (*des Telefons*) kapama; (*von Geldern, Konten*) blokaj
Spesen ['ʃpe:zən] *pl* masraf, harcamalar *pl*
Spezi[1] <-s, -(s)> ['ʃpe:tsi] *m* SÜDD (*fam: Kumpel*) arkadaş
Spezi[2] <-s, -(s)> ['ʃpe:tsi] *m o nt* (*fam: Getränk*) *coca-cola ile limonata karışımı içecek*
Spezialgebiet *nt* uzmanlık alanı
spezialisieren* [ʃpetsjali'zi:rən] *vr* ■ **sich** ~ uzmanlaşmak (**auf** -de/üzerinde), ihtisas yapmak (**auf** -de)
Spezialisierung <-en> *f* uzmanlaşma
Spezialist(in) <-en, -en; -nen> [ʃpetsja'lɪst] *m(f)* uzman (**für** -); ~ **für innere Krankheiten** iç hastalıkları uzmanı
Spezialität <-en> [ʃpetsjali'tɛ:t] *f* spesiyalite
speziell [ʃpe'tsjɛl] **I.** *adj* özel **II.** *adv* özellikle, bilhassa
Spezies <-> ['ʃpe:tsjɛs *pl* 'ʃpe:tsje:s] *f* BIOL (*Art*) tür
spezifisch [ʃpe'tsi:fɪʃ] *adj* spesifik, özgül; (*eigentümlich*) özgü; ~**es Gewicht** PHYS özgül ağırlık
spezifizieren* [ʃpetsifi'tsi:rən] *vt* özgülemek; (*im Einzelnen darlegen*) ayrı ayrı göstermek
Sphäre <-n> ['sfɛ:rə] *f* küre, yuvar; **in höheren ~n schweben** (*fam*) havalarda uçmak
sphärisch *adj* küresel
Sphinx <-e> [sfɪŋks] *f* sfenks
spicken ['ʃpɪkən] **I.** *vt* ❶ GASTR *parça etin içine domuz yağı dilimleri sokmak* ❷ (*fam: reichlich versehen*) doldurmak (**mit** ile); **eine gespickte Brieftasche** para dolu bir cüzdan **II.** *vi* DIAL (*fam: abschreiben*) kopya çekmek; **bei** [*o* **von**] **jdm** ~ birinden kopya çekmek
Spickzettel *m* DIAL (*fam*) kopya çekmek için hazırlanmış pusula
spie [ʃpi:] *3. imp von* **speien**

Spiegel <-s, -> ['ʃpi:gəl] *m* ❶ (*allgemein*) ayna; **in den ~ sehen** aynaya bakmak; **jdm den ~ vorhalten** (*fig*) birinin kusurlarını yüzüne vurmak ❷ MED miktar ❸ (*Wasser~, Alkohol~*) yüzey, seviye **Spiegelbild** *nt* aynadaki görüntü; (*fig*) kopya **spiegelblank** ['--'-] *adj* ayna gibi; (*glänzend*) pırıl pırıl
Spiegelei *nt* GASTR sahanda yumurta
spiegelglatt ['--'-] *adj* ❶ (*rutschig*) kaygan ❷ (*eben*) ayna gibi
spiegeln **I.** *vi* ❶ (*glänzen*) parıldamak, ayna gibi parlamak ❷ (*blenden*) göz almak **II.** *vt* yansıtmak **III.** *vr* ■ **sich** ~ yansımak (**in** -e)
Spiegelschrank *m* aynalı dolap
Spiegelung <-en> *f* yansıma
spiegelverkehrt *adj* aynadaki gibi ters
Spiel <-(e)s, -e> [ʃpi:l] *nt* ❶ (*Vergnügen*) oyun; (*Glücks~*) kumar; **etw** (**mit**) **ins ~ bringen** bir şeyi söz konusu etmek; **jdm das ~ verderben** (*fig*) birinin işini bozmak; **ein doppeltes ~ treiben** (*fig*) ikili oynamak; **ein abgekartetes ~** (*fam*) danışıklı dövüş, şike; **leichtes ~ mit jdm haben** (*fam*) biriyle işi kolay olmak, birini parmağının ucunda oynatmak; **auf dem ~ stehen** (*fig*) tehlikede olmak; **etw aufs ~ setzen** (*fig*) bir şeyi risk etmek; **im ~ sein** (*fig*) söz konusu olmak; **jdn/etw aus dem ~ lassen** (*fig*) bir kimseyi/şeyi işe karıştırmamak; **Unglück im ~, Glück in der Liebe** (*prov*) kumarda kaybeden aşkta kazanır ❷ SPORT maç ❸ TECH boşluk, tolerans **Spielalter** *nt kein pl* oyun oynama çağı **Spielart** *f a.* BIOL varyasyon **Spielautomat** *m* kumar makinesi **Spielball** *m* ❶ (*Ball*) top ❷ (*fig: Person*) oyuncak **Spielbank** <-en> *f* kumarhane **Spielbrett** *nt* oyun tahtası **Spielcomputer** *m* oyun bilgisayarı **Spieleinsatz** *m* miza, oyunda ortaya konulan para
spielen ['ʃpi:lən] **I.** *vt* ❶ (*Spiel*) oynamak ❷ (*Instrument*) çalmak; **eine Platte ~** (*fam*) bir plak çalmak ❸ (*aufführen*) oynamak ❹ (*Rolle*) oynamak ❺ (*vortäuschen*) rol yapmak; **er spielt den Unschuldigen** masumları oynuyor, masum rolü yapıyor **II.** *vi* ❶ (*Spiel*) *a.* SPORT oynamak; **um hohe Summen ~** büyük rakamlarla oynamak; **1:1 ~** 1:1 oynamak; **mit dem Feuer ~** (*a. fig*) ateşle oynamak ❷ (*herum~*) oynamak (**mit/an** ile) ❸ (*sich zutragen*) oynanmak (**in** -de) ❹ (*Radio*) çalmak
spielend *adv* (*problemlos*) kolayca, kolaylıkla
Spieler(in) <-s, -; -nen> *m(f)* ❶ (*Spielteilnehmer*) oyuncu ❷ (*Glücks~*) kumarbaz

S

❸ MUS (*Instrumenten~*) çalgıcı ❹ (*DVD-~*) oynatıcı
Spielerei *f kein pl* ❶ (*pej:* (*dauerndes*) *Spielen*) oynama ❷ (*pej: etw, das leicht ist*) çocuk oyuncağı ❸ (*Unwichtiges*) çocuk oyuncağı
spielerisch *adj* ❶ (*verspielt*) oyuncu, oyunbaz ❷ (*mit Leichtigkeit*) oyun oynar gibi, sıkıntısız; (*ohne rechten Ernst*) ciddi olmayan ❸ SPORT **die ~e Leistung** oyun çıkarma
Spielertransfer *m* SPORT oyuncu transferi
Spielfeld *nt* oyun sahası; (*Tennis*) kort **Spielfilm** *m* (uzun metrajlı) film **Spielhalle** *f* oyun salonu **Spielhölle** <-n> *f* (*pej*) batakhane **Spielkamerad(in)** *m(f)* oyun arkadaşı **Spielkarte** *f* oyun [*o* iskambil] kâğıdı **Spielkasino** *nt* kumarhane **Spielkonsole** *f* oyun konsolu **Spielmacher** *m* SPORT oyun kurucu, eksen oyuncu **Spielminute** *f* SPORT **in den letzten ~n** oyunun son dakikalarında **Spielplan** *m* THEAT repertuar, program; **auf dem ~ stehen** programda olmak **Spielplatz** <-es, -plätze> *m* oyun bahçesi, çocuk bahçesi **Spielraum** <-(e)s> *m kein pl* tolerans; (*fig: Bewegungs~*) hareket özgürlüğü, hareket serbestisi; (*Verhandlungs~*) pay **Spielregel** *f* oyun kuralı **Spielsachen** *pl* oyuncaklar *pl* **Spielstand** *m kein pl* skor **Spielsucht** *f kein pl* kumara düşkünlük **Spielsüchtige(r)** *f(m)* kumara düşkün **Spieltisch** *m* oyun masası **Spieluhr** *f* oyuncak saat **Spielverderber(in)** <-s, -; -nen> *m(f)* oyunbozan, mızıkçı **Spielwaren** *pl* oyuncaklar *pl* **Spielzeit** *f* ❶ THEAT sezon; FILM *filmin programda kalma süresi* ❷ SPORT oyun süresi **Spielzeug** <-(e)s, -e> *nt* oyuncak **Spielzeugpistole** <-n> *f* oyuncak tabanca
Spieß <-es, -e> [ʃpiːs] *m* ❶ (*Waffe*) kargı; **den ~ umdrehen** (*fig fam*) kendi sılahıyla vurmak; **wie am ~ schreien** (*fam*) cıyak cıyak bağırmak ❷ (*Brat~*) şiş ❸ (*Speise*) şişkebap
Spießbraten *m* çevirme
Spießbürger(in) *m(f)* (*pej*) dar kafalı (kimse) **spießbürgerlich** *adj* (*pej*) dar kafalı
spießen [ˈʃpiːsən] *vt* şişlemek; (*durchbohren*) delmek; **ein Stück Fleisch auf die Gabel ~** bir parça eti çatala geçirmek, çatalı bir parça ete saplamak
Spießente <-n> *f* ZOOL kılkuyruk
Spießer(in) <-s, -; -nen> *m(f)* (*pej fam*) dar kafalı (kimse)
spießig *adj* (*pej fam*) dar kafalı
Spießigkeit *f* dar kafalılık

Spießrute <-n> *f* **~n laufen** MIL sıra dayağı yemek; (*fig*) düşmanca eleştirmelere maruz kalmak
Spikes [ˈʃpaɪks] *pl* ❶ (*Metalldornen, -stifte*) çiviler *pl*, kabara(lar) *(pl)* ❷ (*Sportschuhe*) çivili (ayakkabı) ❸ (*Reifen*) çivili lastik
Spinat <-(e)s, -e> [ʃpiˈnaːt] *m* ıspanak
Spind <-(e)s, -e> [ʃpɪnt] *m o nt* dolap
Spindel <-n> [ˈʃpɪndəl] *f* ❶ (*am Spinnrad*) iğ ❷ ARCH eksen, mihver **spindeldürr** [ˈ-ˈ-] *adj* çöp gibi, cılız mı cılız
Spinett <-(e)s, -e> [ʃpiˈnɛt] *nt* MUS epinet
Spinne <-n> [ˈʃpɪnə] *f* örümcek
spinnen <spinnt, spann, gesponnen> [ˈʃpɪnən] **I.** *vi* ❶ (*Garn*) iplik eğirmek [*o* çekmek] ❷ (*pej fam*) saçmalamak; (*verrückt sein*) kaçık olmak **II.** *vt* ❶ (*Garn*) eğirmek ❷ (*Spinne*) örmek ❸ (*Intrigen*) çevirmek
Spinnennetz *nt* örümcek ağı **Spinnentiere** *pl* ZOOL (*Klasse*) örümceğimsiler *pl*
Spinner(in) <-s, -; -nen> *m(f)* ❶ (*Beruf*) iplikçi ❷ ZOOL (*Seiden~*) kelebek ❸ (*pej fam: Verrückter*) kaçık
Spinnerei[1] *f kein pl* (*das Spinnen*) eğirme
Spinnerei[2] <-en> *f* ❶ (*Betrieb*) iplikhane ❷ (*pej fam: Unsinn*) saçmalık, kaçıklık
Spinnrad *nt* çıkrık **Spinnrocken** *m* öreke **Spinnwebe** <-n> *f* örümcek ağı **Spinnwirtel** *m* ağırşak
Spion(in)[1] <-s, -e; -nen> [ʃpiˈoːn] *m(f)* (*Agent*) casus, ispiyon
Spion[2] <-s, -e> *m* (*Guckloch*) gözetleme deliği
Spionage [ʃpioˈnaːʒə] *f kein pl* casusluk; **~ treiben** casusluk etmek [*o* yapmak]; **militärisch/politische ~** askerî/siyasi casusluk **Spionageabwehr** *f* karşı casusluk
spionieren* [ʃpioˈniːrən] *vi* casusluk etmek, ispiyonlamak
Spirale <-n> [ʃpiˈraːlə] *f* ❶ (*Linie*) helezon, helis ❷ (*fam: zur Empfängnisverhütung*) spiral
spiralförmig *adj* helezonî, sarmal, helisel
spiralig *adj* helezonî, sarmal, helisel
Spirans <-ten> *f*, **Spirant** <-en, -en> *m* LING sızıcı ünsüz
Spiritismus <-> [ʃpiriˈtɪsmʊs, spiri-] *m kein pl* ispritizma, ruh çağırma
spiritistisch *adj* ispritizma [*o* ruh çağırma] (ile ilgili)
Spiritualismus *m kein pl* tinselcilik
spirituell [ʃpirituˈɛl, spiri-] *adj* tinsel
Spirituose <-n> *f* ispirtolu içki
Spiritus <-, -se> [ˈʃpiːritʊs] *m* ispirto **Spirituskocher** *m* ispirtoluk, ispirto ocağı,

kamineto

Spital <-s, Spitäler> [ʃpi'ta:l, *pl* ʃpi'tɛ:lɐ] *nt* SCHWEIZ hastane

spitz [ʃpɪts] *adj* ❶ (*Gegenstand*) *a.* MATH sivri; (*Winkel*) dar; (*Nase, Kinn*) sivri ❷ (*Geräusch*) keskin ❸ (*spöttisch*) iğneli; **eine ~e Zunge haben** (*fig fam*) dili kılıçtan keskin olmak ❹ (*fam: scharf*) **~ auf jdn sein** birine içi gitmek

Spitz <-es, -e> [ʃpɪts] *m* ZOOL spitz; **mein lieber ~!** vay canına!

Spitzbart *m* didon sakal; (*Mann*) didon sakallı (kimse) **Spitzbogen** *m* ARCH sivri kemer

Spitzbube, -bübin <-n, -n; -nen> *m, f* ❶ (*pej: Betrüger*) çakal ❷ (*fam: Frechdachs*) afacan, kerata

spitzbübisch [-by:bɪʃ] **I.** *adj* muzip **II.** *adv* muzipçe

Spitze <-n> ['ʃpɪtsə] *f* ❶ (*eines Gegenstandes*) uç; **etw auf die ~ treiben** bir şeyi son kertesine vardırmak ❷ (*Berg~*) doruk, zirve ❸ (*Führung*) yönetim; (*von Unternehmen*) üst düzey yöneticiler; **an der ~ stehen/liegen** başı çekmek; **sich an die ~ setzen** başa geçmek ❹ (*Gewebe, Textilie*) tentene, dantel; (*gehäkelt*) oya; **~n knüpfen** dantel örmek; **mit ~n besetzt** dantelli; (*gehäkelt*) oyalı ❺ (*Höchstwert, das Höchste*) **der Wagen fährt 200 ~** (*fam*) arabanın son hızı 200; **~!** (*fam*) süper!, harika! ❻ (*Zigaretten~*) ağızlık

Spitzel <-s, -> ['ʃpɪtsəl] *m* (*pej*) jurnalci, ispiyon(cu)

spitzeln *vi* (*pej*) jurnalcilik yapmak, ispiyonculuk yapmak

spitzen ['ʃpɪtsən] *vt* sivriltmek, sivrileştirmek; (*Bleistift*) açmak; **die Ohren ~** kulak kabartmak

Spitzengeschwindigkeit *f* (en) son hız, azami hız **Spitzenkandidat(in)** *m(f)* başbakan adayı **Spitzenklasse** *f* birinci sınıf **Spitzenleistung** *f* ❶ (*Leistung*) üstün başarı ❷ SPORT (*Rekord*) rekor **Spitzenmannschaft** *f* süper takım **spitzenmäßig** *adj* (*fam*) süper; (*hervorragend*) şahane **Spitzenqualität** *f* süper kalite, üstün kalite **Spitzenreiter** <-s, -> *m* öncü; (*Ware*) en çok satılan; (*Schlager*) en başarılı; SPORT as, lider **Spitzenspieler(in)** *m(f)* SPORT as oyuncu **Spitzentechnologie** *f kein pl* üstün teknoloji

Spitzer <-s, -> *m* (*fam*) açacak, kalemtıraş

spitzfindig *adj* (*pej*) kılı kırk yaran

Spitzfindigkeit *f kein pl* kılı kırk yarma

spitz|kriegen *vt* (*fam*) farkına varmak (-in); (*herausbekommen*) keşfetmek

Spitzmaus *f* sivri fare

Spitzname <-ns, -n> *m* lakap, takma ad; **jdm einen ~n geben** birine lakap takmak

spitzwink(e)lig *adj* dar açılı

Spleen <-s, -e *o* -s> [ʃpli:n] *m* antikalık, kaçıklık; (*Marotte*) gariflik, tuhaflık

Splint <-(e)s, -e> *m* pin

Splitter <-s, -> ['ʃplɪtɐ] *m* (*Holz-/Knochen~*) kıymık; (*Glas~*) parça, kırık; (*Granaten~*) parça

splittern ['ʃplɪtɐn] *vi sein* ❶ (*zerbrechen*) kırılmak, parçalanmak ❷ (*Holz*) çatlamak

splitternackt *adj* (*fam*) çır(ıl)çıplak, dımdızlak, anadan doğma

Splitterpartei *f* büyük partiden kopup ayrılan parti

Splitting <-s, -s> ['ʃplɪtɪŋ, 'splɪtɪŋ] *nt* ❶ FIN ayrı vergilendirme ❷ WIRTSCH (*Aktie*) (hisse senedini) bölme ❸ POL *birinci ve ikinci oyların partilere dağılımı*

SPÖ [ɛspe:'ʔø:] *f Abk von* **Sozialistische Partei Österreichs** Avusturya Sosyalist Partisi

Spoiler <-s, -> ['ʃpɔɪlɐ] *m* AUTO spoiler, difüzör

sponsern ['ʃpɔnzɐn] *vt* sponsorluk etmek (-e)

Sponsor(in) <-s, -en; -nen> ['ʃpɔnzɐ, 'ʃpɔnzo:ɐ] *m(f)* sponsor

Sponsoring *nt* sponsorluk

Sponsorschaft *f* sponsorluk

spontan [ʃpɔn'ta:n] *adj* ❶ (*von selbst*) spontane, kendiliğinden olan ❷ (*plötzlich*) ani

Spontaneität [ʃpɔntanei'tɛ:t] *f kein pl* spontaneizm, kendiliğindencilik

sporadisch [ʃpo'ra:dɪʃ] *adj* ender, seyrek

Spore <-n> ['ʃpo:rə] *f* BOT spor

Sporn <-s, Sporen> *m* ❶ (*bei Reitstiefeln*) mahmuz; **einem Pferd die Sporen geben** (bir) at(ı) mahmuzlamak ❷ ZOOL (*Fortsatz bei Hühnervögeln*) mahmuz ❸ NAUT, HIST (*bei Kriegsschiffen*) mahmuz **Spornblume** *f* BOT mahmuz çiçeği

Sport <-(e)s> [ʃpɔrt] *m kein pl* spor; (*als Schulfach*) beden eğitimi; **~ treiben** spor yapmak **Sportanlage** *f* spor tesisi **Sportanzug** <-(e)s, -züge> *m* eşofman **Sportart** <-en> *f* spor türü **Sportartikel** *pl* spor malzemesi

sportbegeistert *adj* sporsever

Sportbericht *m* spor bülteni **Sportgeschäft** <-(e)s, -e> *nt* spor mağazası **Sporthalle** *f* spor salonu **Sportlehrer(in)** *m(f)* spor öğretmeni, beden eğitimi öğretmeni

Sportler(in) <-s, -; -nen> ['ʃpɔrtlɐ] *m(f)* sporcu

sportlich ['ʃpɔrtlɪç] *adj* sportif, sportmen; (*fair*) sportmen
Sportnachrichten *pl* spor haberleri *pl*
Sportplatz <-es, -plätze> *m* spor sahası **Sportpresse** *f kein pl* spor basını **Sportreporter** *m* spor muhabiri **Sportveranstaltung** *f* spor karşılaşması **Sportverband** *m* spor federasyonu **Sportverein** *m* spor kulübü **Sportwagen** *m* ❶ (*Auto*) spor araba ❷ (*Kinderwagen*) puset
Spot <-s, -s> [spɔt] *m* spot
Spott <-(e)s> [ʃpɔt] *m kein pl* alay; **~ und Hohn ernten** rezil rüsva [*o* kepaze] olmak; **mit jdm seinen ~ treiben** biriyle alay etmek, biriyle gırgır geçmek
Spottbild *nt* karikatür
spottbillig ['-'--] **I.** *adj* (*fam*) sudan ucuz, besbedava **II.** *adv* (*fam*) yok pahasına
Spöttelei <-en> [ʃpœtə'laɪ] *f* alay etme, alaya alma, eğlenme
spötteln ['ʃpœtəln] *vi* alay etmek (**über** -le)
spotten ['ʃpɔtən] *vi* alay etmek (**über** -le), eğlenmek (**über** -le)
Spötter(in) <-s, -; -nen> ['ʃpœtɐ] *m(f)* alaycı
spöttisch *adj* (*Person*) alaycı; (*Worte*) alaylı
Spottpreis *m* (*fam*) kelepir fiyat; **zu einem ~** yok pahasına, sudan ucuz
sprach [ʃpra:x] *3. imp von* **sprechen**
Sprachatlas *m* dil atlası
Sprache¹ <-n> ['ʃpra:xə] *f* (*Sprachsystem*) dil, lisan; **die deutsche/türkische ~** Alman/Türk dili; **lebende/tote ~** konuşulan/ölü dil
Sprache² *f kein pl* (*Ausdrucksweise*) dil, konuşma; **etw zur ~ bringen** bir şeyi dile getirmek; **jdm bleibt die ~ weg** birinin dili [*o* nutku] tutulmak; **heraus mit der ~!** (*fam*) çıkar baklayı ağzından!
Sprachfamilie *f* dil öbeği **Sprachfehler** *m* dil sürçmesi, konuşma bozukluğu **Sprachführer** <-s, -> *m* dil kılavuzu **Sprachgebrauch** *m* **das ist im deutschen/türkischen ~ nicht üblich** bu Almancada/Türkçede normal değildir **Sprachgefühl** <-(e)s> *nt kein pl* dil duygusu **Sprachgeographie** *f kein pl* dil coğrafyası **Sprachkenntnisse** *pl* dil bilme; **jd mit deutschen/türkischen ~n** Almanca/Türkçe bilen biri **sprachkundig** *adj* dil bilen **Sprachkurs** *m* dil kursu **Sprachlabor** *nt* dil laboratuvarı **Sprachlehre** <-n> *f* dil bilgisi **Sprachlehrer(in)** *m(f)* yabancı dil öğretmeni
sprachlich *adj* dilsel
sprachlos *adj* **~ sein** dili tutulmak
Sprachmittler(in) *m(f)* dilmaç **Sprachreinigung** *f kein pl* dilde tasfiye **Sprachrohr** <-(e)s, -e> *nt* megafon; (*fig*) sözcü **Sprachschwierigkeit** *f* konuşma güçlüğü **Sprachstörung** *f* konuşma bozukluğu **Sprachstudium** <-s> *nt kein pl* (*akademische Ausbildung*) dil öğrenimi **Sprachtherapeut(in)** *m(f)* MED konuşma terapisti **Sprachtherapie** *f* MED konuşma terapisi **Sprachverwandtschaft** *f* LING dil akrabalığı **Sprachwissenschaft** *f kein pl* dil bilimi **Sprachwissenschaftler(in)** *m(f)* dil bilimcisi **sprachwissenschaftlich** *adj* dil bilimsel **Sprachzentrum** <-s> *nt kein pl* ANAT konuşma merkezi
sprang [ʃpraŋ] *3. imp von* **springen**
Spray <-s, -s> [ʃpre:, ʃprɛɪ, sprɛɪ] *m o nt* sprey **Spraydose** *f* sprey
sprayen ['ʃprɛɪən, 'sprɛɪən] **I.** *vi* fısfıslamak, sprey püskürtmek (**gegen** -e karşı) **II.** *vt* spreylemek, sprey yapmak (-e); **die Haare ~** saçları spreylemek
Sprechanlage *f* düofon **Sprechblase** *f* (konuşma) balon(u) **Sprechchor** *nt* ❶ THEAT konuşma korosu ❷ (*gleichzeitiges Sprechen*) hep bir ağızdan konuşma; **im ~ rufen** hep bir ağızdan seslenmek, koro halinde seslenmek
sprechen <spricht, sprach, gesprochen> ['ʃprɛçən] **I.** *vi* söz etmek (**von/über** -den); (*sich unterhalten*) konuşmak (**von/über** hakkında); **mit jdm ~** biriyle konuşmak; **davon ~, etw zu tun** bir şeyi yapmaktan söz etmek; **frei ~** serbest konuşmak; **Türkisch** [*o* **türkisch**] **~** Türkçe konuşmak; **jdn zum S~ bringen** birini konuşturmak; **ich bin** (**für ihn**) **nicht zu ~** (onunla) konuşacak vaktim yok; **das spricht für ihre Intelligenz** bu onun ne kadar zeki olduğunu gösterir; **es sprach alles gegen ihn** her şey onun aleyhineydi; **nicht gut auf jdn zu ~ sein** birinin adını duymaktan hoşlanmamak; **wir ~ uns noch!** (*fam*) görüşürüz! **II.** *vt* konuşmak; (*sagen*) söylemek; **jdn ~** biriyle konuşmak
Sprecher(in) <-s, -; -nen> *m(f)* (*Redner*) konuşmacı; TV, RADIO spiker; (*Wortführer, Presse~*) sözcü; (*Klassen~*) mümessil
Sprechfunk *m kein pl* telsiz **Sprechfunkgerät** *nt* telsiz cihazı **Sprechgeschwindigkeit** *f* konuşma hızı
Sprechstunde *f* ❶ (*Öffnungszeit*) yeşil saat ❷ (*Arzt*) muayene saati; SCHULE, UNIV görüşme saati **Sprechweise** *f* konuşma tarzı, söyleyiş biçimi, söyleme biçimi **Sprechzimmer** *nt* görüşme odası; (*Arzt*) muayene odası

spreizbeinig *adj* ayrık bacaklı, apışak
spreizen ['ʃpraɪtsən] **I.** *vt* (*Beine, Finger*) açmak; (*Flügel*) açmak **II.** *vr* ■ **sich** ~ (*sich sträuben*) direnmek (**gegen** -e karşı)
Spreizfuß *m* MED yayvan ayak
Sprengbombe *f* tahrip bombası
sprengen ['ʃprɛŋən] **I.** *vt* ❶ (*mit Sprengstoff*) havaya uçurmak ❷ (*Schloss, Tür*) kırarak açmak; (*Versammlung*) dağıtmak; (*Spielbank*) iflas ettirmek ❸ (*Rasen*) sulamak; (*Straße, Wäsche*) ıslatmak **II.** *vi sein* (*geh: galoppieren*) **Reiter sprengten in das Dorf** süvariler köye dörtnala girdiler
Sprengkopf *m* MIL savaş başlığı; **nuklearer** ~ nükleer savaş başlığı **Sprengkörper** <-s, -> *m* bomba, patlayıcı cisim **Sprengkraft** *f kein pl* patlama gücü **Sprengladung** *f* tahrip maddesi
Sprengstoff <-(e)s, -e> *m* patlayıcı madde, bomba **Sprengstoffanschlag** *m* bombalı suikast
Sprengung <-en> *f* ❶ havaya uçurma; (*Gebäude*) patlayıcı madde kullanarak yıkma ❷ (*Versammlung*) dağıtma
Spreu [ʃprɔɪ] *f kein pl* saman çöpleri *pl*, harman döküntüsü; **die ~ vom Weizen trennen** (*geh*) sapla samanı birbirinden ayırmak, iyiyi kötüden ayırt etmek
spricht [ʃprɪçt] *3. präs von* **sprechen**
Sprichwort <-(e)s, -wörter> ['sprɪç-] *nt* atasözü
sprießen <sprießt, spross, gesprossen> ['ʃpriːsən] *vi sein* (*geh*) fışkırmak
Springbrunnen *m* fıskiye, fıskiyeli çeşme
springen <springt, sprang, gesprungen> ['ʃprɪŋən] *vi sein* ❶ (*Mensch, Tier*) atlamak; (*hüpfen*) sıçramak; **in die Höhe/zur Seite** ~ havaya/yana sıçramak; **über ein Hindernis** ~ bir engelin üzerinden atlamak ❷ (*Funken, Ball*) *a.* SPORT sıçramak; **die Ampel springt auf Grün** lamba yeşil oluyor; **der ~de Punkt dabei ist, dass ...** işin püf noktası, ...; **ins Auge** ~ (*fig*) göze çarpmak; **eine Runde Bier ~ lassen** (*fam*) herkese birer bira ısmarlamak ❸ (*Glas*) çatlamak ❹ SCHWEIZ, SÜDD (*laufen*) koşmak
Springer(in)[1] <-s, -; -nen> *m(f)* ❶ SPORT atlayıcı ❷ (*im Betrieb*) *ihtiyaca göre işe koşulan eleman*
Springer[2] <-s, -> *m* (*beim Schach*) at
Springflut <-en> *f* deniz baskını
Springlaus *f* ağaç biti
Springmesser *nt* sustalı çakı
Springpferd <-e> *nt* SPORT atlama beygiri
Sprit <-s> [ʃprɪt] *m kein pl* ❶ (*fam: Benzin*) süt, benzin, mazot ❷ (*fam: Branntwein, Schnaps*) ispirto ❸ (*Äthylalkohol*) ispirto
Spritzbeton <-s> *m kein pl* püskürtme beton
Spritze <-n> ['ʃprɪtsə] *f* ❶ MED (*Gerät*) şırınga, iğne; (*Injektion*) enjeksiyon; **eine ~ geben** iğne yapmak ❷ (*Feuer~*) püskürtücü
spritzen ['ʃprɪtsə] **I.** *vt* ❶ (*Flüssigkeit*) püskürtmek, sıkmak; **jdn nass** ~ birini ıslatmak ❷ (*Straße, Rasen*) ıslatmak, sulamak ❸ (*mit Pflanzenschutzmitteln*) ilaçlamak ❹ (*lackieren*) boyamak ❺ (*Schmerzmittel*) içitmek **II.** *vi* ❶ (*Fett, Mensch*) püskürmek; (*aus der Pfanne*) sıçramak ❷ *sein* (*heraus~*) fışkırmak (**aus** -den) ❸ (*fam: Drogen*) uyuşturucu içitmek [*o* zerk etmek]
Spritzer <-s, -> *m* ❶ sıkım; (*Tropfen*) damla ❷ (*Fleck*) leke
Spritzguss[RR] *m* TECH püskürtme döküm
spritzig *adj* ❶ (*Auto*) hızlı ❷ (*lebhaft*) canlı; (*wendig*) hareketli, atik ❸ (*Wein*) köpüren
Spritzpistole *f* püskürtme tabancası
Spritztour *f* (*fam*) kısa tur
spröde ['ʃprøːdə] *adj* ❶ (*Material*) kırılgan, gevrek, kolay ve çabuk kırılan ❷ (*Haar*) uçları kırılmış; (*Haut*) çatlak ❸ (*Stimme*) çatlak ❹ (*Thema*) zor, haşin ❺ (*Person*) içine kapanık; (*Mädchen*) erkeklerden kaçan
spross[RR] [ʃprɔs], **sproß**[ALT] *3. imp von* **sprießen**
Spross[RR] <-es, -e> [ʃprɔs] *m*, **Sproß**[ALT] <-sses, -sse> *m* ❶ (*junger Trieb*) filiz, sürgün ❷ (*geh: Nachkomme*) evlat
Sprosse <-n> ['ʃprɔsə] *f* (*Leiter~*) basamak
Sprössling[RR] <-s, -e> ['ʃprœslɪŋ] *m*, **Sprößling**[ALT] <-s, -e> *m* (*fam*) evlat
Sprotte *f* ZOOL çaça balığı
Spruch <-(e)s, Sprüche> [ʃprʊx, *pl* 'ʃprʏçə] *m* ❶ (*Aus~*) söz; (*Sinn~*) özdeyiş, vecize; (*Motto*) parola; **Sprüche klopfen** (*pej fam: angeben*) atıp tutmak ❷ (*Bibel~*) alıntı, söz; (*Zauber~*) söz ❸ (*Schieds~*) karar; (*Urteils~*) hüküm **Spruchband** <-(e)s, -bänder> *nt* pankart, döviz **spruchreif** *adj* karar aşamasındaki; (*zu entscheiden*) karara bağlanacak; (*anhängig*) görülmekte olan
Sprudel <-s, -> ['ʃpruːdəl] *m* soda, maden sodası
sprudeln *vi* ❶ *sein* (*hervorquellen*) fışkırmak (**aus** -den) ❷ (*durch Kochen*) fokur fokur kaynamak ❸ (*vor Freude*) yerinde duramamak (**vor** -den)
Sprühdose *f* sprey, fısfıs

sprühen ['ʃpry:ən] **I.** *vi* ❶ (*Funken*) çıkmak; (*Wasser*) püskürmek ❷ (*überquellen*) coşmak (**vor** -den); (*Augen*) parıldamak (**vor** -den) ❸ (*nieseln*) çiselemek **II.** *vt* (*Funken*) saçmak; (*zerstäuben*) püskürtmek; (*Wasser*) püskürtmek, fışkırtmak

Sprühregen <-s> *m kein pl* ahmakıslatan, çisenti

Sprung <-(e)s, Sprünge> [ʃprʊŋ, *pl* 'ʃprʏŋə] *m* ❶ (*Bewegung*) *a.* SPORT atlama; (*Hüpfer*) sıçrama, sıçrayış; (*ins Wasser*) atlama; **er überquerte den Graben mit einem ~** bir sıçrayışta çukuru geçti; **auf dem ~ sein** (*fam*) acelesi olmak; **keine großen Sprünge machen können** (*fig fam*) bol para harcayabilecek durumda olmamak; **jdm auf die Sprünge helfen** (*fam*) birine yardımcı [*o* destek] olmak; **auf einen ~ bei jdm vorbeischauen** (*fam*) birine kısaca bir uğramak ❷ (*Riss*) çatlak; **einen ~ in der Schüssel haben** kafadan çatlak olmak

Sprungbrett *nt* ❶ SPORT (*am Schwimmbecken*) tramplen ❷ SPORT (*beim Turnen*) sıçrama tahtası ❸ (*fig*) atlama taşı; **etw als ~ benutzen** bir şeyi atlama taşı yapmak

Sprungfeder *f* yay **Sprungfederrahmen** *m* somya

sprunghaft *adj* ❶ (*unstet*) daldan dala konan ❷ (*abrupt*) ani; (*unerwartet*) beklenmedik, umulmadık

Sprunglatte *f* SPORT çıta **Sprungrahmen** *m* somya **Sprungschanze** *f* SPORT (*Ski*) atlama pisti **Sprungtuch** <-(e)s, -tücher> *nt* atlama bezi

Spucke ['ʃpʊkə] *f kein pl* (*fam: Speichel*) tükürük; **jdm bleibt die ~ weg** (*fig*) birinin nutku tutulmak

spucken ['ʃpʊkən] **I.** *vi* ❶ (*aus~*) tükürmek; **auf den Boden ~** yere tükürmek; **jdm ins Gesicht ~** birinin yüzüne tükürmek ❷ (*fam: zurückweisen*) **auf etw/jdn ~** içine/ağzına tükürmek ❸ DIAL (*sich übergeben*) çıkarmak, kusmak **II.** *vt* tükürmek; **Blut ~** kan tükürmek; **einen Kirschkern auf den Boden ~** kiraz çekirdeğini yere tükürmek

Spucknapf *m* tükürük hokkası

Spuk <-(e)s> [ʃpu:k] *m kein pl* ❶ (*Gespenst*) hortlak, hayalet ❷ (*fig*) kâbus; **dem ~ ein Ende machen** kâbusa son vermek

spuken ['ʃpu:kən] *vi* tekin olmamak; **hier spukt es** burası tekin değil

Spülbecken *nt* eviye

Spule <-n> ['ʃpu:lə] *f* ❶ (*Film~*) makara; (*Garn~*) makara, masura ❷ ELEK bobin

Spüle <-n> ['ʃpy:lə] *f* eviye

spulen ['ʃpu:lən] *vt* makaraya sarmak; (*abspulen*) makaradan boşaltmak

spülen ['ʃpy:lən] **I.** *vi* ❶ (*Geschirr*) bulaşık yıkamak; (*Waschmaschine*) durulamak ❷ (*Toilette*) sifonu çekmek **II.** *vt* ❶ (*Geschirr*) yıkamak ❷ (*Wäsche*) durulamak, sudan geçirmek; (*Mund*) çalkalamak ❸ (*anschwemmen*) karaya vurmak

Spülmaschine *f* bulaşık makinesi **spülmaschinenfest** *adj* bulaşık makinesinde yıkanır

Spülmittel *nt* bulaşık deterjanı

Spülung <-en> *f* ❶ MED yıkama; (*Darm~*) lavman ❷ (*Toiletten~*) sifon; **die ~ betätigen** sifonu çekmek

Spulwurm *m* bağırsak solucanı

Spur <-en> [ʃpu:ɐ] *f* ❶ (*Abdruck*) iz; (*Anzeichen*) belirti; (*Fährte*) iz; **eine heiße ~** önemli belirti; **von jdm/etw fehlt jede ~** bir kimsenin/şeyin hiçbir belirtisi [*o* izi] olmamak, bir kimseden/şeyden eser kalmamak; **jdm auf der ~ sein** birinin peşinde olmak; **~en hinterlassen** iz bırakmak ❷ (*Fahr~*) şerit; (*Schmal~*) hat; **die ~ wechseln** şerit değiştirmek ❸ TECH (*~weite*) tekerlek aralığı ❹ (*eines Tonbandes*) kanal ❺ (*Menge*) **eine ~ zu laut** bir parçacık sesli; **ohne die leiseste ~ von Furcht/Reue** en küçük bir korku/pişmanlık eseri olmadan; **nicht die ~** (*fam: überhaupt nicht*) zerre kadar, eseri bile yok

spürbar *adj* hissedilir; (*offensichtlich*) duyulur; **~ werden** duyulur olmak

spüren ['ʃpy:rən] *vt* (*wahrnehmen*) duymak; (*erfahren*) duymak; (*merken*) sezmek, fark etmek, hissetmek

Spurenelement *nt* eser maddesi, belirtisel öge

Spürhund <-(e)s, -e> *m* zağar

spurlos *adv* iz bırakmadan; **~ verschwinden** iz bırakmadan ortadan kaybolmak, eseri bile kalmamak

Spürnase *f kein pl* (*fam: Spürsinn*) sezgi, sezme yeteneği **Spürsinn** <-(e)s> *m kein pl* (*a. fig*) sezgi, sezme yeteneği

Spurstange *f* TECH, AUTO rot

Spurt <-s, -s> [ʃpʊrt] *m* SPORT depar; **zum ~ ansetzen** depara kalkmak

spurten ['ʃpʊrtən] *vi haben o sein* SPORT depara kalkmak

Spurwechsel *m* AUTO şerit değiştirme **Spurweite** *f* ❶ AUTO tekerlek aralığı ❷ EISENB hat genişliği

sputen *vr* ▪ **sich ~** acele etmek

Squash <-> ['skvɔʃ, 'skwɔʃ] *nt kein pl* SPORT skoş

Sri Lanka <-s> ['sri: 'laŋka] *nt* Sri Lanka

Sri-Lanker(in)^{RR} <-s, -; -nen> [sri'laŋkɐ]

m(f) Sri Lankalı
sri-lankisch[RR] *adj* Sri Lanka (ile ilgili), Sri Lankalı; **~e Frauen/Männer** Sri Lankalı kadınlar/erkekler; **die ~e Regierung/Währungseinheit** Sri Lanka hükümeti/para birimi
SSV *Abk von* **Sommerschlussverkauf**[RR] yaz mevsimi sonu satışları *pl*
St. ❶ *Abk von* **Stunde** saat ❷ *Abk von* **Sankt** Sankt, aziz
Staat <-(e)s, -en> [ʃtaːt] *m* ❶ POL devlet; **Vater ~** devlet baba ❷ ZOOL topluluk
Staatenbund *m* devletler birliği
staatenlos *adj* uyruksuz, tabiiyetsiz
Staatenlose(r) <-n, -n; -n> *f(m)* uyruksuz (kimse), tabiiyetsiz (kimse)
staatlich **I.** *adj* ❶ **~e Förderung/Souveränität** devlet teşviki/egemenliği ❷ (*von der Regierung*) resmî; (*national*) millî; (*öffentlich*) kamusal **II.** *adv* devletçe; **~ anerkannt** devletçe tanınmış
Staatsakt <-(e)s, -e> *m* ❶ devlet tasarrufu ❷ (*Festakt*) resmî tören **Staatsangehörige(r)** *f(m)* vatandaş **Staatsangehörigkeit** <-en> *f* vatandaşlık; **doppelte ~** çifte vatandaşlık **Staatsanleihe** *f* WIRTSCH devlet tahvili **Staatsanwalt, -anwältin** *m, f* savcı **Staatsanwaltschaft** *f* savcılık **Staatsbank** *f* devlet bankası **Staatsbeamte(r), -beamtin** *m, f* devlet memuru **Staatsbegräbnis** *nt* resmî cenaze (töreni) **Staatsbesuch** *m* resmî ziyaret **Staatsbibliothek** *f* devlet kütüphanesi; (*Nationalbibliothek*) millî kütüphane **Staatsbürger(in)** *m(f)* vatandaş **staatsbürgerlich** *adj* **~e Rechte** vatandaşlık hakları **Staatsbürgerschaft** <-en> *f* vatandaşlık **Staatschef(in)** *m(f)* devlet başkanı **Staatsdienst** <-es> *m kein pl* devlet hizmeti; **im ~ stehen** devlet hizmetinde olmak
staatseigen *adj* devlete ait
Staatseigentum *nt* devlet mal(lar)ı *(pl)* **Staatsempfang** *m* resmî kabul **Staatsetat** *m* devlet bütçesi **Staatsexamen** *nt* devlet sınavı **Staatsform** <-en> *f* rejim, devletin yönetim biçimi **Staatsführung** <-en> *f* devlet yönetimi **Staatsgebiet** *nt* devlet ülkesi, devlet toprakları **Staatsgeheimnis** *nt* devlet sırrı **Staatsgewalt** <-en> *f* **die ~ geht vom Volk aus** egemenlik milletindir; **richterliche/gesetzgebende/vollziehende ~** devletin yargı/yasama/yürütme yetkisi **Staatsgrenze** *f* devlet sınırı **Staatshaushalt** <-(e)s, -e> *m* devlet bütçesi **Staatshymne** *f* millî marş **Staatskapitalismus** *m kein pl* devlet kapitalizmi **Staatskasse** *f* devlet hazinesi **Staatskosten** *pl* **auf ~** devlet hesabına **Staatslotterie** *f* millî piyango **Staatsmann** *m* (*geh*) devlet adamı
staatsmännisch [ˈʃtaːtsmɛnɪʃ] *adj* devlet adamına yakışır [*o* uyar]
Staatsminister(in) *m(f)* (*Minister*) bakan; (*ohne Ministeramt*) devlet bakanı **Staatsoberhaupt** *nt* devletin başı, devlet başkanı **Staatspräsident(in)** *m(f)* devlet başkanı **Staatsrat** *m* Danıştay **Staatsschuld** <-en> *f* devlet borcu **Staatssekretär(in)** <-s, -e; -nen> *m(f)* müsteşar **Staatsstreich** *m* hükümet darbesi **Staatstheater** *nt* devlet tiyatrosu
Stab <-(e)s, Stäbe> [ʃtaːp, *pl* ˈʃtɛːbə] *m* ❶ değnek; (*Stock*) sopa; (*Blinden~, Spazier~*) baston; (*Mess~*) çubuk; (*Bischofs~, Marschall~*) asa; (*Reb~*) çubuk; (*Zauber~*) değnek; **den ~ über jdn brechen** (*geh*) birini mahkûm etmek ❷ SPORT (*für ~hochsprung*) sırık; (*für Staffellauf*) sopa ❸ (*Mitarbeiter~*) kadro; (*Krisen~*) masa; **der technische ~ eines Betriebs** işletmenin teknik kadrosu ❹ MIL kurmay
Stäbchen <-s, -> [ˈʃtɛːpçən] *nt* ❶ *pl* (*Ess~*) çubuk(lar) *(pl)* ❷ (*fam: Zigarette*) sigara
Stabhochsprung *m* SPORT sırıkla atlama
stabil [ʃtaˈbiːl] *adj* ❶ (*Material*) sağlam, dayanıklı ❷ (*Währung*) sağlam; (*Preise*) istikrarlı ❸ (*Gesundheit*) sağlam ❹ PHYS (*Gleichgewicht*) kararlı
stabilisieren* [ʃtabiliˈziːrən] **I.** *vt* stabilize etmek, sağlamlaştırmak **II.** *vr* ■ **sich ~** sağlamlaşmak, istikrar kazanmak
Stabilisierung <-en> *f* stabilizasyon
Stabilität [ʃtabiliˈtɛːt] *f kein pl* istikrar
Stabreim *m* aliterasyon
Stabschef <-s, -s> *m* kurmay başkanı
stach [ʃtaːx] *3. imp von* **stechen**
Stachel <-s, -> [ˈʃtaxəl] *m* ❶ (*einer Pflanze*) diken ❷ (*eines Igels*) diken; (*eines Stachelschweins*) ok; (*von Insekten*) iğne **Stachelbeere** *f* Bektaşi üzümü **Stacheldraht** *m* dikenli tel **Stachelhäuter** *m* ZOOL (*Echinodermata*) derisi dikenliler *pl*
stachelig *adj* dikenli
Stachelschwein *nt* ZOOL oklu kirpi
stachlig *adj* dikenli
Stadien *pl von* **Stadion, Stadium**
Stadion <-s, Stadien> [ˈʃtaːdiɔn] *nt* SPORT stadyum, stat
Stadium <-s, Stadien> [ˈʃtaːdiʊm] *nt* evre, aşama
Stadt <Städte> [ʃtat, *pl* ˈʃtɛ(ː)tə] *f* ❶ (*Ort*) kent, şehir; **die ~ Berlin** Berlin kenti; **in**

die ~ gehen şehre inmek; **in ~ und Land** kent [*o* şehir] içi ve dışında ❷ (*~verwaltung*) belediye **Stadtbahn** *f* banliyö treni **stadtbekannt** ['--'-] *adj* herkesçe tanınan **Stadtbevölkerung** *f* kentsel nüfus **Stadtbewohner(in)** *m(f)* kent sakini **Stadtbezirk** *m* semt **Stadtbibliothek** *f* şehir kütüphanesi

Städtchen <-s, -> ['ʃtɛ(:)tçən] *nt* küçük şehir, kasaba

Städtebau <-(e)s> *m kein pl* kentçilik, şehircilik **Städtepartnerschaft** *f* şehir kardeşliği

Städter(in) <-s, -; -nen> ['ʃtɛ(:)tɐ] *m(f)* kentli, şehirli

Stadtführer *m* şehir rehberi

Stadtgebiet *nt* **innerhalb des ~s** belediye sınırları içinde

städtisch ['ʃtɛ(:)tɪʃ] *adj* (*kommunal*) belediyeye ait; (*urban*) kentsel

Stadtkern *m* kent merkezi, şehir merkezi **Stadtmauer** *f* sur **Stadtmitte** *f kein pl* kent merkezi, şehir merkezi **Stadtplan** *m* şehir haritası **Stadtrand** *m* şehrin [*o* kentin] kenarı, kentin kenar mahalleleri *pl*, dış mahalleler *pl*

Stadtrat, -rätin[1] <-(e)s, -räte; -nen> *m, f* (*Mitglied*) belediye meclisi üyesi

Stadtrat[2] <-(e)s, -räte> *m* (*Gremium*) belediye meclisi

Stadtrundfahrt *f* şehir turu **Stadtstaat** *m* şehir devleti **Stadtstreicher(in)** <-s, -; -nen> *m(f)* kentte dolaşan meskensiz (kimse) **Stadtteil** <-(e)s, -e> *m* semt **Stadttheater** <-s, -> *nt* şehir tiyatrosu **Stadtväter** *pl* (*fam*) belediye meclisi üyeleri *pl* **Stadtverkehr** *m kein pl* şehir trafiği, kent trafiği **Stadtverwaltung** *f* (*Institution*) belediye **Stadtzentrum** *nt* şehir merkezi

Staffel <-n> ['ʃtafəl] *f* ❶ MIL, AERO bölük ❷ SPORT ekip; (*beim ~lauf*) bayrak yarışı ekibi

S

Staffelei <-en> *f* KUNST şövale, ressam sehpası

Staffellauf <-(e)s, -läufe> *m* SPORT bayrak yarışı **Staffelmiete** *f* düzenli artan kira

staffeln ['ʃtafəln] *vt* ❶ (*anordnen*) aşama sırasına göre düzenlemek ❷ (*abstufen*) derecele(ndir)mek, kademelendirmek

Stagflation *f* WIRTSCH stagflasyon

Stagnation <-en> [ʃtagna'tsjo:n] *f* WIRTSCH durgunluk

stagnieren* [ʃta'gni:rən] *vi* durgunlaşmak

stahl [ʃta:l] *3. imp von* **stehlen**

Stahl <-(e)s, Stähle> [ʃta:l, *pl* 'ʃtɛ:lə] *m* çelik

Stahlbeton <-s> *m kein pl* ARCH betonarme **Stahlblech** <-s, -e> *nt* çelik sac

stählern ['ʃtɛ:lɐn] *adj* çelik(ten)

Stahlfeder *f* ❶ (*zum Schreiben*) çelik kalemi ❷ TECH çelik yay **Stahlhelm** *m* çelik miğfer **Stahlindustrie** *f* çelik sanayii **Stahlschrank** *m* çelik kasa **Stahlwerk** <-(e)s, -e> *nt* çelikhane **Stahlwolle** *f* çelik pamuğu

stak [ʃta:k] *3. imp von* **stecken**

Stalagmit <-s *o* -en, -e(n)> *m* GEO stalagmit, dikit

Stalaktit <-s *o* -en, -e(n)> *m* GEO stalagtit, sarkıt

Stalinismus <-> [ʃtali'nɪsmʊs] *m kein pl* Stalinizm

stalinistisch [ʃtali'nɪstɪʃ] *adj* Stalinist

Stall <-(e)s, Ställe> [ʃtal, *pl* 'ʃtɛlə] *m* ahır; (*Hühner~*) kümes; (*Kuh~*) ahır; (*Pferde~*) ahır, hara; (*Schweine~*) ağıl; (*Renn~*) hara **Stallbursche** *m*, **Stallknecht** *m* seyis

Stallung <-en> *f* ahır

Stamen <-s, -mina> *nt* BOT başçık, haşefe

Stamm[1] <-(e)s, Stämme> [ʃtam, *pl* 'ʃtɛmə] *m* ❶ (*Baum~*) gövde ❷ (*Volks~*) kavim, budun; (*Nomaden~*) aşiret, oymak; (*Geschlecht*) soy ❸ BIOL filum ❹ LING (*Wort~*) gövde

Stamm[2] <-(e)s> *m kein pl* (*Kunden~*) devamlı müşteriler *pl;* (*der Belegschaft*) ana kadro

Stammaktie *f* FIN, WIRTSCH adî hisse senedi **Stammbaum** *m* soy ağacı; (*eines Tieres*) şecere **Stammbuch** *nt* şecerename

stammeln ['ʃtaməln] **I.** *vt* kekelemek, kekeleyerek söylemek **II.** *vi* kekelemek, kemküm etmek

stammen ['ʃtamən] *vi* gelmek (**aus**/**von** -den/-den); (*örtlich*) gelmek (**aus**/**von** -den/-den); (*zeitlich*) (kalmış) olmak (**aus**/**von** -den/-den); **die Uhr stammt von seinem Großvater** saat büyük babasından kalmadır

Stammform <-en> *f* LING esas biçim **Stammgast** *m* müdavim, gedikli, abone; **zum ~ des Hauses werden** evin gediklisi olmak **Stammhalter** <-s, -> *m* erkek evlat **Stammhaus** *nt* merkez binası

stämmig ['ʃtɛmɪç] *adj* bodur, tıknaz

Stammkapital *nt* esas sermaye **Stammkneipe** *f* (*fam*) devamlı gidilen meyhane **Stammkunde(in)** <-n, -n; -nen> *m(f)* (*Dauerkunde*) devamlı müşteri **Stammplatz** <-es, -plätze> *m* **das ist sein ~** bu onun her zaman oturduğu yerdir **Stammtisch** *m* ❶ (*Tisch*) müdavimler masası ❷ (*Personen*) müdavimler grubu **Stammwähler(in)** *m(f)* sadık seçmen **Stammzelle** *f* BIOL, MED kök hücre

stampfen ['ʃtampfən] **I.** *vi* ❶ (*vor Wut, zum Protest*) ayağını yere vurmak ❷ (*Schiff*) baş kıç vurmak ❸ *sein* (*stapfen*) bata çıka ilerlemek **II.** *vt* ❶ (*zerkleinern*) vura vura ezmek; (*Trauben*) ayakla basarak ezmek ❷ (*festtreten*) ayakla basarak ezmek; **Pfähle in den Boden ~** yere kazık çakmak

stand [ʃtant] *3. imp von* **stehen**

Stand[1] <-(e)s> [ʃtant] *m kein pl* ❶ (*Stehen*) durma; **aus dem ~** durduğu yerden; (*ohne Anlauf*) hız almadan; (*fam: aus dem Stegreif*) doğaçtan; **einen (sehr) schweren ~ haben** (*fam*) durumu (çok) zor olmak; **etw zu ~e bringen** bir şeyi gerçekleştirmek; **zu ~e kommen** gerçekleşmek, ortaya çıkmak, olmak; **nicht zu ~e kommen** olmamak ❷ (*Entwicklungs~*) düzey; (*Zu~*) durum; (*Stadium*) evre, aşama; **im ~e sein, etw zu tun** bir şeyi yapabilecek durumda olmak; **etw auf den neuesten ~ bringen** bir şeyi en yeni duruma getirmek; **gut in ~ sein** iyi durumda olmak; **der ~ der Ermittlungen** soruşturmaların son durumu

Stand[2] <-(e)s, Stände> [ʃtant, *pl* 'ʃtɛndə] *m* ❶ (*Verkaufs~*) tezgâh; (*Erfrischungs~*) büfe; (*Informations~*) stant [*o* stand]; (*Messe~*) stant [*o* stand], sergilik; (*Taxi~*) durak ❷ (*Konto~*) durum; (*Öl~*) durum; (*Wasser~*) düzey, seviye; (*Sonnen~*) konum, pozisyon; (*Spiel~*) skor ❸ (*soziale Stellung*) pozisyon, mevki, konum

Standard <-s, -s> ['ʃtandart] *m* ❶ (*Maßstab*) standart ❷ (*Niveau*) düzey, seviye

standardisieren* [ʃtandardi'zi:rən] *vt* standartlaştırmak, standardize etmek

Standardisierung <-en> *f* standartlaştırma, standartlaşma, standardizasyon

Standardsprache *f* standart dil

Standardwerk *nt* ana kitap

Standarte *f* fors

Standbild <-(e)s, -er> *nt* ❶ (*Statue*) heykel ❷ FILM (*Standfoto*) çalışma fotoğrafı

Stand-by *nt* stand-b(a)y

Ständchen <-s, -> ['ʃtɛntçən] *nt* serenat; **jdm ein ~ bringen** birine serenat çekmek

Ständer <-s, -> ['ʃtɛndɐ] *m* ❶ (*Gestell*) sehpa, ayaklık; (*Schirm~*) şemsiyelik; (*Kleider~*) portmanto; (*Noten~*) sehpa ❷ PHYS, ELEK (*Stator*) stator, duruk ❸ ARCH (*vertikaler Balken im Fachwerk*) dikme ❹ (*vulg: erigierter Penis*) siki kalkma

Ständerat, -rätin[1] <-(e)s, -räte; -nen> ['ʃtɛndəra:t] *m, f* SCHWEIZ (*Ratsmitglied*) Kantonlar Konseyi üyesi

Ständerat[2] <-(e)s> *m kein pl* SCHWEIZ (*Organ*) Kantonlar Konseyi

Standesamt *nt* evlendirme memurluğu, nikâh dairesi **standesamtlich I.** *adj* **~e Trauung** resmî nikâh, medeni nikâh **II.** *adv* **~ heiraten** medeni nikâhla evlenmek **Standesbeamte(r)(in)** *m(f)* nikâh memuru **standesgemäß** *adj* sosyal statüsüne uygun

standfest *adj* ❶ (*sicher stehend*) sağlam ❷ (*standhaft*) metin, metanetli, sağlam, dayanıklı **Standfestigkeit** *f* ❶ (*sicherer Stand*) sağlamlık ❷ (*Standhaftigkeit*) metanet, dayanma, dayanıklılık, sağlamlık

Standgeld *nt* işgaliye **Standgericht** *nt* divanıharp

standhaft I. *adj* metin, metanetli, sağlam, dayanıklı **II.** *adv* **~ bleiben** metanet göstermek, dayanmak

Standhaftigkeit *f kein pl* metanet, dayanma, dayanıklılık, sağlamlık

stand|halten *irr vi* dayanmak

ständig ['ʃtɛndɪç] *adj* (*Ärger, Lärm*) devamlı, sürekli; (*Mitarbeiter*) kadrolu; (*Wohnsitz*) daimî

Standlicht <-(e)s> *nt kein pl* AUTO park lambası **Standmiete** *f* işgaliye (resmi)

Standort *m* ❶ (*Ort des Aufenthaltes*) mekân, bulunulan yer ❷ AERO, NAUT pozisyon ❸ (*Industrie*) kuruluş yeri ❹ MIL (*Garnison*) garnizon **Standortfaktor** *m* WIRTSCH kuruluş yeri faktörü **Standorttheorie** *f kein pl* WIRTSCH kuruluş yeri teorisi

Standpauke *f* (*fam*) şiddetli azarlama; **jdm eine ~ halten** birini şiddetli azarlamak **Standpunkt** *m* ❶ pozisyon ❷ (*Ansicht*) görüş; (*Gesichtspunkt*) görüş açışı, noktainazar; **jdm seinen ~ klarmachen** birine görüşünü açıklamak; **einen eigenen ~ vertreten** kendi görüşü olmak; **auf dem ~ stehen, dass ...** ... olduğu görüşünde olmak

Standrecht <-(e)s> *nt kein pl* MIL sıkı yönetim; **das ~ verhängen** sıkı yönetim ilan etmek **standrechtlich** *adj* divanıharp kararıyla olan; **jdn ~ erschießen** divanıharp kararıyla kurşuna dizmek

Standspur *f* AUTO emniyet şeridi **Standuhr** *f* boy saati

Stange <-n> ['ʃtaŋə] *f* ❶ (*Stab*) sırık; (*Reck~, Salz~*) çubuk; (*Fahnen~*) gönder, direk; (*Hühner~*) tünek; (*Gardinen~*) korniş; (*Kolben~*) biyel; (*Salz~*) çubuk, batonsale; **etw von der ~ kaufen** (*fam*) bir şeyi hazır (satın) almak; (*Kleider*) konfeksiyon malı (satın) almak; **bei der ~ bleiben** (*fig fam*) sonuna kadar dayanmak; **jdn bei der ~ halten** (*fig fam*) birini sonuna kadar desteklemek; **jdm die ~ halten** (*fig fam*) birinin tarafını tutmak ❷ (*Zigaretten~*) karton ❸ (*fam*) **eine ~ Geld** çok para

Stängel[RR] <-s, -> ['ʃtɛŋəl] *m* BOT sap, sapçık

Stangenbohne *f* sırık fasulyesi **Stangenspargel** *m* doğranmamış kuşkonmaz

stank [ʃtaŋk] *3. imp von* **stinken**

Stanniolpapier *nt* alüminyum folyo kâğıdı

stanzen ['ʃtantsən] *vt* (*prägen*) üstüne desen basmak (-in); (*Loch*) delmek

Stapel <-s, -> ['ʃta:pəl] *m* ❶ (*Haufen*) istif, yığın ❷ NAUT kızak; **auf ~ legen** kızağa çekmek; **vom ~ lassen** (kızaktan) denize indirmek; **eine Rede vom ~ lassen** (*pej fam*) nutuk çekmek **Stapellauf** <-(e)s, -läufe> *m* NAUT denize indirme

stapeln ['ʃta:pəln] **I.** *vt* istiflemek, üst üste yığmak **II.** *vr* ■ **sich ~** yığılmak

stapfen ['ʃtapfən] *vi sein* bata çıka yürümek

Star[1] <-(e)s, -e> [sta:ɐ] *m* ZOOL (*Sturnus vulgaris*) sığırcık, çekirge kuşu

Star[2] <-(e)s, -e> [sta:ɐ] *m* MED (*Augenerkrankung*) **grüner ~** karasu; (*Glaukom*) glokom; **grauer ~** aksu, ak basma, perde; (*Katarakt*) katarakt; **jdm den ~ stechen** (*fam*) birinin gözünü açmak

Star[3] <-s, -s> [ʃta:ɐ] *m* (*Person*) star, yıldız

starb [ʃtarp] *3. imp von* **sterben**

stark <stärker, am stärksten> [ʃtark] **I.** *adj* ❶ (*allgemein*) kuvvetli; (*kräftig*) güçlü, kuvvetli; **~e Medikamente** kuvvetli ilaçlar; **~e Zigaretten/Tabake** sert sigaralar/tütünler; **das ist ein ~es Stück!** (*fam*) bu görülmemiş bir rezalet! ❷ (*dick, stabil*) kalın; **ein hundert Seiten ~es Buch** yüz sayfa kalınlığında bir kitap ❸ (*beträchtlich*) şiddetli; **~e Schmerzen haben** şiddetli ağrısı olmak ❹ (*leistungs~*) güçlü; (*mächtig*) güçlü; (*Brille*) kuvvetli ❺ (*Verkehr, Hitze, Schneefall*) ağır; (*Nachfrage*) yoğun; **er ist ein ~er Raucher/Trinker** çok sigara/içki içer ❻ (*fam: hervorragend*) şahane; **das find ich (echt) ~** bunu (hakikaten) şahane buluyorum **II.** *adv* (+ *Adjektiv*) çok; (+ *Verb*) çok; **~ erkältet sein** çok üşütmüş olmak; **~ schneien** çok kar yağmak

Stärke <-n> ['ʃtɛrkə] *f* ❶ (*allgemein*) kuvvet; (*Leistung*) güç ❷ (*Dicke*) kalınlık; (*Festigkeit*) sertlik ❸ (*Anzahl*) miktar ❹ (*Intensität*) şiddet, yeğinlik; (*von Erdbeben*) kuvvet; **~ eines Magnetfeldes** manyetik alanın yeğinliği ❺ (*Fähigkeit*) yetenek ❻ (*Substanz*) nişasta; (*Wäsche~*) kola

stärken ['ʃtɛrkən] **I.** *vt* ❶ (*Körper*) kuvvetlendirmek, güçlendirmek; (*Position*) güçlendirmek ❷ (*Wäsche*) kolalamak **II.** *vr* ■ **sich ~** kuvvetlenmek

stark|machen[RR] *vr* (*fam*) **sich für jdn ~** birini desteklemek; **sich für etw ~** bir şeyi savunmak

Starkstrom <-(e)s> *m kein pl* ELEK yüksek gerilimli akım

Stärkung <-en> *f* ❶ (*Erfrischung*) soğuk içecek; (*Imbiss*) atıştırmalık ❷ *kein pl* (*das Kräftigen*) güçlendirme, kuvvetlendirme **Stärkungsmittel** *nt* MED kuvvet ilacı, tonik

starr [ʃtar] *adj* ❶ (*allgemein*) *a.* TECH hareketsiz, sabit; (*steif*) katı; (*Glieder*) tutuk ❷ (*Blick*) donuk; **~ vor Entsetzen/Schreck/Staunen sein** dehşetten/korkudan/şaşkınlıktan donakalmak ❸ (*unbeugsam*) boyun eğmez; (*starrköpfig*) inatçı, dik kafalı; (*streng*) sert

Starre ['ʃtarə] *f kein pl* ❶ (*Steifheit*) katılık ❷ (*Genick~*) tutukluk, tutulma, katılaşma ❸ (*Strenge*) sertlik

starren ['ʃtarən] *vi* ❶ (*blicken*) gözlerini dikip bakmak (**auf** -e); **Löcher in die Luft ~** (*fam*) gözü dalmak ❷ (*strotzen*) **das Zimmer starrte vor Schmutz** odayı pislik götürüyordu, oda pislikten geçilmiyordu

Starrheit *f kein pl* ❶ (*von Material, Achse*) sabit; (*der Glieder*) tutukluk ❷ (*Starrköpfigkeit*) inatçılık

Starrsinn <-(e)s> *m kein pl* (*pej*) dik kafalılık, inatçılık **starrsinnig** *adj* (*pej*) dik kafalı

Start <-(e)s, -s> [ʃtart] *m* ❶ SPORT (*Beginn*) start, depar, çıkış; (*~ort*) start yeri, depar çizgisi ❷ (*Flugzeug~*) kalkış; (*Auto*) çalışma; (*Raketen~*) atış ❸ (*Beginn*) başlangıç **Startautomatik** *f* AUTO otomatik jigle **Startbahn** *f* kalkış pisti **startbereit** *adj* (*um aufzubrechen*) yola çıkmaya hazır olan; (*um anzufangen*) starta geçen; (*Flugzeug*) kalkışa hazır olan

starten ['ʃtartən] **I.** *vi sein* ❶ (*allgemein*) yola çıkmak (**nach** -e); (*beginnen*) başlamak ❷ SPORT (*loslaufen*) depara geçmek; (*losfahren*) start almak; (*teilnehmen*) katılmak ❸ (*Auto*) çalışmak ❹ (*Flugzeug*) kalkmak, havalanmak; MIL çıkış yapmak **II.** *vt* ❶ (*Auto, Motor*) çalıştırmak ❷ (*Rakete*) atmak ❸ (*Kampagne*) başlatmak ❹ (*Computer*) açmak; (*Programm*) başlatmak

Starter *m* ❶ SPORT çıkış hakemi ❷ AUTO (*Anlasser*) marş

Starterklappe *f* AUTO (*Choke*) jigle

S

Starterlaubnis *f* ❶ SPORT çıkış izni ❷ AERO kalkış izni **Starthilfe** *f* ❶ FIN başlangıç yardımı ❷ AUTO ara kabloyla çalıştırma; (*Vorrichtung*) jigle **Startkapital** *nt* FIN başlangıç sermayesi **startklar** *adj s.* **startbereit** **Startlinie** *f* SPORT çıkış çizgisi **Startpistole** *f* SPORT yarış tabancası **Startschuss**RR *m* start verme
Statik ['ʃtaːtɪk] *f kein pl* PHYS statik
Station <-en> [ʃta'tsjoːn] *f* ❶ (*Bahnhof, Radio~, Wetter~*) istasyon; (*Haltestelle*) durak; ~ **machen** konaklamak, yolculuğa ara vermek ❷ (*Krankenhaus~*) bölüm, koğuş
stationär [ʃtatsjo'nɛːɐ] *adj* ❶ (*an einen Standort gebunden*) kalıcı, sabit ❷ MED ~**e Behandlung** yatakta tedavi
stationieren* [ʃtatsjo'niːrən] *vt* MIL (*Truppen*) konuşlandırmak
Stationierung <-en> *f* MIL konuşlan(dır)ma
Stationsarzt, -ärztin *m, f* bölüm hekimi **Stationsschwester** *f* bölüm hemşiresi
statisch ['ʃtaːtɪʃ] *adj a.* PHYS statik, duruk
Statist(in) <-en, -en; -nen> [ʃta'tɪst] *m(f)* figüran
Statistik <-en> [ʃta'tɪstɪk] *f* istatistik, sayımlama
statistisch [ʃta'tɪstɪʃ] *adj* sayımsal
Stativ <-(e)s, -e> [ʃta'tiːf] *nt* FOTO, FILM üçayak
Stator <-s, -en> *m* PHYS, ELEK statör
statt [ʃtat] **I.** *präp* yerine; **an Eides ~ erklären** JUR yemin yerine beyan etmek; **jdn an Kindes ~ annehmen** birini evlat edinmek **II.** *konj* ~ **zu gehen** gideceği yerde
Statt [ʃtat] *f kein pl* (*geh*) yer; **an meiner/deiner ~** benim yerime/senin yerine
stattdessenRR *adv* onun yerine
Stätte <-n> ['ʃtɛtə] *f* (*geh*) yer, mahal
statt|finden *irr vi* olmak, yapılmak **statt|geben** *irr vi* (*Bitte, Wunsch*) kabul etmek (-i); (*Gesuch*) kabul etmek (-i)
statthaft *adj* caiz
Statthalter(in) *m(f)* ❶ HIST vali ❷ SCHWEIZ (*Bürgermeister*) belediye başkanı
stattlich ['ʃtatlɪç] *adj* ❶ (*beeindruckend*) gösterişli, yakışıklı; (*hoch gewachsen*) boylu boslu ❷ (*Betrag*) hatırı sayılır
Statue <-n> ['ʃtaːtuə] *f* heykel
Statur <-en> [ʃta'tuːɐ] *f* boy bos; (*Körperbau*) vücut yapısı; (*Wuchs*) boy; **mittlere ~** orta boy
Status <-, -> ['ʃtaːtʊs] *m* ❶ (*Lage*) pozisyon; ~ **quo** statüko ❷ (*Soziologie*) statü ❸ MED (*Zustand*) durum **Statussymbol** *nt* statü sembolü **Statuszeile** *f* INFORM bilgi çubuğu
Statut <-(e)s, -en> [ʃta'tuːt] *nt* statü, tüzük
Stau <-(e)s, -s *o* -e> [ʃtaʊ] *m* ❶ (*Verkehrs~*) tıkanma, tıkanıklık ❷ (*im Wasser*) birikme
Staub <-(e)s, -e *o* Stäube> [ʃtaʊp] *m* toz; ~ **wischen** toz silmek; **sich aus dem ~ machen** (*fig fam*) toz olmak; ~ **aufwirbeln** (*fig fam*) tozu dumana katmak
Stauballergie *f* toz alerjisi
Staubblatt *nt* BOT başçık, haşefe
staubdicht *adj* toz geçirmez
Staubecken *nt* su haznesi
stauben ['ʃtaʊbən] *vi* tozlanmak
Staubfänger <-s, -> ['ʃtaʊpfɛŋɐ] *m* (*pej*) *toz tutan süs eşyası* **Staubgefäß** *nt* BOT başçık, haşefe
staubig *adj* tozlu
Staubkorn <-(e)s, -körner> *nt* toz tanesi **staub|saugen** ['---] *vi, vt* elektrik süpürgesiyle yerleri temizlemek **Staubsauger** *m* elektrik süpürgesi **Staubtuch** *nt* toz bezi **Staubwolke** *f* toz bulutu **Staubzucker** *m kein pl* (*Puderzucker*) pudra şekeri
Staudamm *m* baraj
Staude <-n> ['ʃtaʊdə] *f* BOT çalı
stauen ['ʃtaʊən] **I.** *vt* ❶ biriktirmek, toplamak, depolamak ❷ NAUT istiflemek, istif etmek ❸ MED (*Blut*) akışını kesmek **II.** *vr* ■ **sich ~** (*Wasser*) birikmek; (*Verkehr*) tıkanmak; (*Menschen*) birikmek, yığılmak
Stauer *m* NAUT istifçi
staunen ['ʃtaʊnən] *vi* (*sich wundern*) hayret etmek (**über** -e); (*verwundert sein*) şaşırmak (**über** -e), şaşmak; **da staunst du, was?** şaştın, değil mi? **Stausee** <-s, -n> *m* baraj gölü
Stauung <-en> *f* ❶ (*von Gewässern*) toplanma; (*Wärme~*) depolanma; (*von Blut*) tıkanma ❷ (*Verkehrsstau*) tıkanma ❸ NAUT istifleme, istif işleri
Steak <-s, -s> [steːk] *nt* biftek
Stearinsäure *f kein pl* CHEM stearik asit
Stechbecken *nt* MED sürgü
stechen <sticht, stach, gestochen> ['ʃtɛçən] **I.** *vt* ❶ (*allgemein*) batırmak; (*Insekt*) sokmak, ısırmak; (*mit einem Messer*) saplamak ❷ (*Torf, Spargel*) çıkarmak ❸ (*beim Kartenspiel*) kozla kırmak ❹ (*in Kupfer*) hakketmek (**in** -e) **II.** *vi* ❶ (*allgemein, Insekt*) sokmak, ısırmak; (*Sonne*) yakmak; **ins Auge ~** göze batmak; **der scharfe Gestank sticht in der Nase** keskin koku burnu yakıyor; **die Farbe sticht ins Rötliche** renk kızıla kaçıyor [*o* çalıyor] ❷ (*beim Kartenspiel*) kozla kırmak ❸ **in**

S

See ~ denize açılmak, alarga etmek ❹ (*Stechuhr bestätigen*) kart basmak **III.** *vr* ■**sich ~ sich mit der Nadel in den Finger ~** iğneyi parmağına batırmak

stechend *adj* (*Blick*) göze batan; (*Geruch*) yakıcı; (*Schmerz*) batan

Stechkarte *f* puantör kartı **Stechmücke** *f* sivrisinek **Stechpalme** *f* BOT çobanpüskülü **Stechuhr** *f* puantör **Stechwinde** *f* BOT saparna

Steckbrief *m* JUR yakalama müzekkeresi

Steckdose *f* priz

stecken[1] ['ʃtɛkən] *vt* ❶ (*hinein~*) sokmak (**in** -e); (*investieren*) yatırmak (**in** -e); **jdn ins Loch ~** birini deliğe tıkmak ❷ (*auf~*) geçirmek (**auf/an** -e); (*fest~, anstecken*) takmak (**an** -e); (*mit Nadeln*) tutturmak (**an** -e); **etw in Brand ~** bir şeyi kundaklamak, bir şeyi ateşe vermek, bir şeyi tutuşturmak; **jdm etw ~** (*fam*) birine bir şey sokuşturmak, birinin eline bir şey tutuşturmak ❸ koymak (**in** -e); **etw in Tasche ~** bir şeyi cebine koymak

stecken[2] <steckt, steckte, *o geh* stak gesteckt> *vi* ❶ (*sich befinden*) bulunmak (**in** -de), olmak (**in** -de); **ich stecke mitten in der Arbeit** şu anda işim var; **tief in Schulden ~** gırtlağına kadar borca batmış olmak; **du musst zeigen, was in dir steckt** sende ne yetenekler olduğunu göstermelisin; **wo steckt er?** (*fam: Person*) nerede kaldı?; **der Schlüssel steckt im Schloss** anahtar kilitte takılıdır; **mit jdm unter einer Decke ~** (*fig fam*) biriyle danışık dövüşlü olmak ❷ (*festsitzen*) takılıp kalmak, sıkışıp kalmak

stecken|bleiben[1] *irr vi sein* (*fam: beim Sprechen*) *s.* **bleiben 2.**

stecken|bleiben[ALT2] *irr vi sein* (*festsitzen*) *s.* **bleiben 2. stecken|lassen[1]** *irr vt* (*Geld*) *s.* **lassen[2] 3. stecken|lassen[ALT2]** *irr vt s.* **lassen[2] 3.**

Steckenpferd *nt* ❶ (*für Kinder*) at başlı sopa; (*Kindersprache*) dahdah ❷ (*Hobby*) göz dikeyi

Stecker <-s, -> *m* fiş

Steckling <-s, -e> ['ʃtɛklɪŋ] *m* fide, daldırma

Stecknadel *f* toplu iğne; **eine ~ im Heuhaufen suchen** (*fig*) saman yığınında iğne aramak **Steckrübe** *f* DIAL şalgam **Steckschlüssel** *m* TECH lokma anahtar

Steg <-(e)s, -e> [ʃte:k] *m* ❶ (*Brücke*) yaya köprüsü ❷ (*Boots~*) iskele ❸ (*bei Saiteninstrumenten*) köprü ❹ (*an einer Hose*) subye

Stegreif ['ʃte:kraɪf] *m* **aus dem ~** doğaçtan, doğaçlama

Stegreifspiel *nt* doğaçlama tiyatro

Stehaufmännchen ['ʃte:ʔaʊfmɛnçən] *nt* hacıyatmaz; **ein ~ sein** (*fam*) hacıyatmaz olmak

stehen <steht, stand, gestanden> ['ʃte:ən] *haben o* SÜDD, ÖSTERR, SCHWEIZ *sein* **I.** *vi* ❶ (*aufrecht: Mensch*) ayakta durmak; (*Gegenstand*) durmak; **ich kann nicht mehr ~** ayakta duracak hâlim kalmadı; **im S~** ayakta; **unser Projekt steht und fällt mit dir** (*fig*) projemizin başarısı sana bağlı; **der Plan steht jetzt!** (*fam*) şimdi plan tamamlandı [*o* hazır]! ❷ (*sein*) olmak; (*sich befinden*) bulunmak; **an der Tür ~** kapıda bulunmak; **sie steht an der Spitze des Unternehmens** *o*, işletmenin başındadır; **etw steht jdm auf der Stirn geschrieben** (*fig*) bir şey birinin yüzünden hemen belli olmak; **wir ~ kurz vor einem Krieg** bir savaşın eşiğinde bulunuyoruz; **auf welcher Seite stehst du?** kimden yanasın sen?; **die Sache steht schlecht** durum kötü; **das Frühstück ~ lassen** [*o* **stehenlassen**] kahvaltısını olduğu gibi bırakmak; **einen Stuhl ~ lassen** bir koltuğu boş bırakmak; **offen ~** (*Tür, Fenster*) açık olmak; (*zugänglich sein*) açık olmak; **unter Alkohol/Drogen ~** alkol/uyuşturucu altında olmak; **die Sache steht mir bis hier** (*fam*) artık burama geldi ❸ (*geschrieben sein*) yazılı olmak (**auf/in** -de); (*in einer Liste*) (adı) olmak (**auf/in** -de); **hier steht geschrieben, dass ...** burada ... olduğu yazılı; **das Wort steht im Imperfekt** kelime, belirsiz geçmişte yazılmıştır ❹ (*still~*) durmak; (*Verkehr*) durmak; **die Uhr steht** saat durdu; **zum S~ bringen/kommen** durdurmak/durmak; **etw zum S~ bringen** bir şeyi durdurmak ❺ (*anzeigen*) **das Thermometer steht auf 30 Grad** termometre 30 derecede; **die Ampel steht auf Rot** lamba kırmızıdır; **es steht 3:1** durum 3:1 ❻ (*kleiden*) yakışmak; **der Bart steht dir gut/schlecht** sakal sana yakışıyor/yakışmıyor ❼ JUR **auf etw steht Gefängnis** bir şeyin sonu [*o* cezası] hapis olmak; **auf seine Ergreifung steht eine Belohnung** yakalanması için ödül var ❽ (*Standpunkt, Unterstützung, Bekenntnis*) **wie stehst du zu dem Plan?** bu plana ne diyorsun?; **ich stehe fest zu dir** ben kesinlikle senden yanayım; **zu seinem Versprechen ~** sözünde durmak; **zu seinen Fehlern ~** kusurlarını kabul etmek; **hinter jdm ~** birine arka olmak ❾ (*fam*) **auf jdn/etw ~** bir kimseyi/şeyi tutmak; **wie geht's, wie steht's?** ne var ne yok? **II.** *vt*

Wache ~ nöbet tutmak; **Modell ~** modellik yapmak **III.** *vr* **sich gut/schlecht mit jdm ~** *(fam)* biriyle iyi/kötü geçinmek, biriyle arası iyi/kötü olmak; **jd steht sich besser/schlechter, wenn ...** *(fam)* eğer ... ise, birine yakışır/yakışmaz **IV.** *vi unpers* **es steht schlimm um sie** durumu kötü; **es steht zu befürchten, dass er es nicht schafft** korkarım, o bunu başaramayacak

stehen|bleibenALT *irr vi sein s.* **bleiben 2.**

stehend *adj* ❶ *(aufrecht)* dik, ayakta ❷ *(nicht in Bewegung)* duran; *(Gewässer)* durgun, uyur, akmaz ❸ **ein leer ~es Haus** boş duran bir ev

stehen|lassen[1] *irr vt s.* **stehen I.2.**

stehen|lassenALT2 *irr vt s.* **stehen I.2.**

Stehkneipe *f* koltuk meyhanesi **Stehkragen** *m* dik yaka **Stehlampe** *f* ayaklı lamba

stehlen <stiehlt, stahl, gestohlen> ['ʃte:lən] **I.** *vt, vi* çalmak; **er kann mir gestohlen bleiben** *(fam)* gözüme görünmesin; **du sollst nicht ~** *(Bibel)* çalmamalısın **II.** *vr* ■**sich ~** ❶ *(schleichen)* **sich aus dem Hause ~** gizlice evden çıkıp gitmek ❷ *(sich drücken vor)* kaçınmak (**aus** -den)

Stehplatz *m* duracak yer

Stehvermögen <-s> *nt kein pl* ❶ *(Ausdauer)* sebat ❷ *(Durchhaltevermögen)* dayanma gücü, dayanıklılık

steif [ʃtaɪf] *adj* ❶ *(starr)* katı, sert; **~ und fest behaupten** *(fam)* ısrarla iddia etmek; **~er Wind** METEO sert rüzgâr ❷ *(Gliedmaßen)* tutuk; *(Glied)* katı, sert, dik; **einen ~en Hals haben** boynu tutulmak ❸ *(unelastisch)* esnek olmayan, sert; *(ungelenk)* bükülmez, çolpa, hantal ❹ *(förmlich)* resmî, teklifli, merasimli

steif|halten *vi (fam)* **halt die Ohren steif** sıkı dur, cesaretini kaybetme

Steifheit *f kein pl* ❶ *(Festigkeit, Starre)* katılık, sertlik ❷ *(eines Körperteils, Gelenks)* tutukluk, tutulma ❸ *(im Benehmen)* resmîlik

Steigbügel *m* ❶ üzengi ❷ ANAT, MED üzengi kemiği; **der ~ ist eines der drei Gehörknöchelchen** üzengi kemiği, üç işitme kemikçiğinden biridir

Steige <-n> ['ʃtaɪgə] *f* ÖSTERR, SÜDD ❶ *(steile Straße)* yokuş ❷ *(Treppe)* merdiven

steigen <steigt, stieg, gestiegen> ['ʃtaɪgən] *vi sein* ❶ *(hinauf~)* çıkmak (**auf/in** -e/-e); *(hinunter~)* inmek (**von/aus** -den/-den); *(klettern)* tırmanmak (**auf** -e); **in den Bus ~** otobüse binmek; **aus dem Bus ~** otobüsten inmek; **aufs Fahrrad ~** bisiklete binmek; **vom Fahrrad ~** bisikletten inmek; **aus dem Bett ~** yataktan kalkmak; **einen Drachen ~ lassen** bir uçurtma uçurmak; **die Tränen stiegen ihr in die Augen** gözleri yaşlandı; **zu Kopf ~** beynine vurmak ❷ *(zunehmen)* artmak (**um** -, **in** -de); *(Aktie, Fieber, Flut)* yükselmek; **im Preis/im Wert ~** fiyatı/değeri artmak ❸ *(fam: stattfinden)* olmak

steigern ['ʃtaɪgɐn] **I.** *vt* ❶ *(erhöhen)* arttırmak (**um** -), yükseltmek (**um** -); *(verstärken)* pekiştirmek ❷ LING derecelendirmek **II.** *vr* ■**sich ~** ❶ *(zunehmen)* artmak (**um** -), yükselmek (**um** -) ❷ *(sich verbessern)* düzelmek, iyileşmek ❸ *(sich hinein~)* kapılmak (**in** -e)

Steigerung <-en> *f* ❶ *(Zunahme)* artma (**um** -), artış (**um** -); *(der Leistung)* artırma ❷ LING derecelendirme ❸ SCHWEIZ *(Ver~)* artırma, artırım

Steigung <-en> *f* ❶ *(im Gelände)* bayır; *(einer Straße)* yokuş, rampa ❷ TECH eğim

steil [ʃtaɪl] *adj (Treppe)* dik; *(Gelände)* sarp; *(Küste)* yüksek **Steilhang** <-(e)s, -hänge> *m* dik yamaç, yar **Steilküste** <-n> *f* yüksek kıyı; GEO yalı yar

Stein <-(e)s, -e> [ʃtaɪn] *m* ❶ *(allgemein)* taş; *(Edel~)* taş; **aus ~** taştan; **ein Herz aus ~ haben** *(fig)* taş yürekli olmak; **jdm ~e in den Weg legen** *(fig)* birinin dalgasını taşlamak, birinin yoluna taş koymak; **jdm alle ~e aus dem Weg räumen** birinin yolunu açmak; **den ~ ins Rollen bringen** *(fig fam)* harekete geçirmek; **schlafen wie ein ~** *(fig fam)* ölü gibi uyumak ❷ MED taş ❸ *(einer Frucht)* çekirdek ❹ *(Spiel~)* taş; *(bei Brettspielen)* taş; *(bei Backgammon)* pul; **bei jdm einen ~ im Brett haben** *(fig fam)* birinin gözdesi olmak **Steinadler** *m* ZOOL kaya kartalı **steinalt** ['-'-] *adj* çok yaşlı **Steinbock** *m* ❶ ZOOL dağ keçisi ❷ ASTROL Oğlak; **Sternbild des ~s** Oğlak burcu; **Wendekreis des ~s** Oğlak dönencesi **Steinboden** *m* taş döşeme **Steinbruch** *m* taş ocağı **Steinbutt** *m* ZOOL kalkan balığı **Steineiche** *f* BOT pırnal (meşesi)

steinern ['ʃtaɪnɐn] *adj (a. fig)* taş; **ein ~es Herz haben** taş yürekli olmak

Steingut <-(e)s> *nt kein pl* çanak çömlek **steinhart** ['-'-] *adj* taş gibi **Steinhuhn** *nt* ZOOL kınalı keklik

steinig *adj* taşlı

steinigen ['ʃtaɪnɪgən] *vt* taşa tutmak; *(töten)* taşa tutarak öldürmek, recmetmek

Steinigung <-en> *f* taşa tutma, taşa tutarak öldürme, recim

S

Steinkauz <-es, -käuze> *m* ZOOL kukumav (kuşu)
Steinkohle <-n> *f* taş kömürü, maden kömürü
Steinkohlenteer *m* maden katranı
Steinmarder *m* ZOOL kaya sansarı **Steinmetz(in)** <-en, -en; -nen> [ˈʃtaɪnmɛts] *m(f)* taşçı **Steinobst** *nt* çekirdekli meyve **Steinpilz** *m* BOT, GASTR kuzu mantarı **steinreich** [ˈ-ˈ-] *adj* ❶ (*sehr reich*) altın babası ❷ (*steinig*) çok taşlı **Steinsalz** *nt* kaya tuzu **Steinschlag** *m* (*Herabstürzen*) taş düşmesi **Steinschleuder** *m* sapan **Steinwälzer** *m* ZOOL taşçeviren **Steinzeit** *f kein pl* HIST Taş Devri; **Alt~/Mittel~/Jung~** Eski Taş Devri/Yontma Taş Devri/Cilalı Taş Devri
Steiß <-es, -e> [ʃtaɪs] *m* ❶ (*~ bein*) kuyruk sokumu ❷ (*Gesäß*) kuyruk sokumu
Steißbein <-(e)s, -e> *nt* kuyruk sokumu kemiği
Stelldichein <-(s), -(s)> [ˈʃtɛldɪçʔaɪn] *nt* randevu; **sich ein ~ geben** buluşmak
Stelle <-n> [ˈʃtɛlə] *f* ❶ (*Platz, Ort*) yer, mahal; **an erster ~** ilk başta; **an ~ von etw** bir şeyin yerine; **(ich) an deiner ~ ...** (ben) senin yerinde olsam ...; **an jds ~ treten** birinin yerine geçmek, birinin yerini almak; **an dieser ~** (*örtlich*) burada; (*zeitlich*) burada; **an späterer ~** sonra; **auf der ~ treten** (*fam*) yerinde saymak; **auf der ~** (*sofort*) anında, hemen; **etw nicht von der ~ bekommen** bir şeyi yerinden kımıldatamamak; **sich nicht von der ~ rühren** yerinden kımıldamamak; **auf der ~ treten** yerinde saymak; **zur ~ sein** (arandığında) hazır bulunmak ❷ (*Bereich*) alan; (*Punkt*) nokta ❸ (*Text~*) pasaj; (*Abschnitt*) bölüm ❹ (*Arbeits~*) iş yeri; **freie ~** boş iş yeri; **eine ~ antreten** bir işe başlamak; **eine ~ finden/suchen** iş bulmak/aramak ❺ (*Dienst~*) makam; **sich an höherer ~ beschweren** daha yüksek makama şikâyette bulunmak ❻ MATH hane, basamak
stellen [ˈʃtɛlən] **I.** *vt* ❶ (*hin~*) koymak (**auf** -e); (*auf~*) dik koymak (**auf** -e), dikmek; (*hinein~*) koymak (**in** -e), yerleştirmek (**in** -e); **Bedingungen ~** şartlar koymak [*o* koşmak]; **der Hund stellt die Ohren** köpek kulaklarını dikti; **etw an die Wand ~** bir şeyi duvara dayamak; **dieses Foto wirkt gestellt** bu fotoğraf poz verilip çekilmiş gibi ❷ (*regulieren*) ayarlamak; **stell das Radio leiser/lauter** radyonun sesini kıs/aç; **die Uhr ~** saati ayarlamak; **etw ruhig ~** MED (*Arm, Bein*) bir şeyi hareket ettirmemek ❸ (*bereit~*) etmek, bulundurmak ❹ (*Verbrecher*) tutmak ❺ (*Frage*) sormak; (*Aufgabe*) vermek; **jdn zur Rede ~** birini hesaba çekmek, birinden hesap sormak; **einen Antrag auf etw ~** bir şey için istemde bulunmak; **eine Sache über eine andere ~** bir şeyi diğer bir şeyin üzerine koymak; **jdn vor Gericht ~** birini mahkemeye vermek; **etw in Frage ~** bir şeyin doğruluğundan şüphe etmek; **etw in Rechnung ~** bir şeyi hesaba yazmak; **etw in Abrede ~** bir şeyi yadsımak [*o* inkâr etmek]; **etw unter Quarantäne ~** bir şeyi karantinaya almak; **auf sich selbst gestellt sein** kendi başının çaresine bakmak; **jds Geduld auf die Probe ~** birinin sabrını tüketmek; **hohe Anforderungen an jdn ~** bir kimseden çok şey istemek; **eine These in den Raum ~** bir tezi ortaya atmak **II.** *vr* ■ **sich ~** ❶ (*sich hin~*) dikilmek; **sich auf die Hinterpfoten ~** arka ayakları üzerine kalkmak; **sich auf Zehenspitzen ~** ayak parmaklarının ucuna basarak dikilmek ❷ (*vortäuschen*) **sich taub/unwissend ~** duymazlıktan/bilmezlikten gelmek; **sich dumm ~** aptallığa vurmak ❸ (*der Polizei*) teslim olmak ❹ (*nicht ausweichen*) **sich etw** *dat* **~** bir şeye göğüs germek ❺ (*Frage*) sormak; (*Aufgabe*) vermek ❻ (*Standpunkt, Unterstützung*) **sich gegen etw ~** bir şeye karşı pozisyon almak; **sich hinter jdn ~** birine arka çıkmak
Stellenangebot *nt* iş teklifi **Stellendienstalter** *nt* kıdem **Stellengesuch** *nt* iş için dilekçe **Stellenmarkt** *nt* iş piyasası **Stellensuche** *f* iş arama **Stellenvermittlung** *f* ❶ (*Agentur*) iş ve işçi bulma acentesi ❷ (*im Arbeitsamt*) iş ve işçi bulma dairesi **Stellenwechsel** *m* iş yerini değiştirme
stellenweise *adv* (*an manchen Punkten*) bazı noktalarda; (*an manchen Orten*) bazı yerlerde, yer yer
Stellenwert *m* değer; (*Bedeutung*) önem
Stellmacher(in) <-s, -, -nen> *m(f)* arabacı, araba yapan kimse
Stellplatz <-es, -plätze> *m* (*für Autos*) arabalık
Stellschraube *f* TECH ayar vidası
Stellung <-en> *f* ❶ (*Körperhaltung*) durum, duruş, vaziyet; **in liegender/kniender ~** yatar/çömelir vaziyette ❷ (*Anordnung*) düzen ❸ (*beruflich*) mevki; (*Amt*) mevki, görev; **in meiner ~ als Minister** bakan olarak mevkiimde [*o* görevimde] ❹ (*sozial*) pozisyon, konum; (*Rechts~*) statü ❺ (*Ein~*) görüş; **zu etw ~ nehmen** bir konuda görüşünü bildirmek ❻ MIL mevzi; **die ~ halten** mevzii koru-

mak; **feste ~en beziehen** mevzilenmek, konuşlanmak
Stellungnahme <-n> *f* görüş, mütalâa; **eine ~ zu etw abgeben** bir konuda görüş ileri sürmek, bir konuda mütalâada bulunmak
stellvertretend **I.** *adj* muavin, yardımcı; **~er Direktor** müdür yardımcısı, müdür muavini; **~e Vorsitzende** başkan vekili [*o* yardımcısı] **II.** *adv* temsilen; **~ für jdn sprechen** birini temsilen konuşmak
Stellvertreter(in) *m(f)* temsilci, yardımcı, muavin; ADMIN vekil **Stellvertretung** *f* temsil, muavinlik, vekâlet; **in ~ von jdm** birini temsilen, birinin temsilcisi olarak, birine vekâleten
Stellwerk *nt* EISENB manevra sistemi
Stelze <-n> ['ʃtɛltsə] *f* ❶ (*Holzgestell*) ayakçak ❷ ZOOL (*Vogel*) kuyruksallayan ❸ (*fam: Bein*) takma ayak ❹ ÖSTERR (*Schweinsfuß*) domuz ayağı
stelzen *vi sein* ❶ (*auf Stelzen*) ayakçakla yürümek ❷ (*fig: mit großen Schritten*) uzun adımlarla yürümek, pergelleri açmak
Stelzvogel *m* uzun ayaklı kuş
Stemmeisen *nt* keski
stemmen ['ʃtɛmən] **I.** *vt* (*Gewichte*) kaldırmak; **die Arme in die Hüften ~** kollarını kalçasına dayamak **II.** *vr* ■ **sich ~** ❶ (*drücken*) abanmak (**gegen** -e) ❷ (*widersetzen*) karşı koymak (**gegen** -e) **III.** *vi* (*Ski*) kayakları döndüre döndüre kaymak
Stempel <-s, -> ['ʃtɛmpəl] *m* ❶ (*Gerät, Abdruck*) damga; (*Post~*) damga; **etw** *dat* **seinen ~ aufdrücken** (*fig*) bir şeye damgasını vurmak; **der Plan trägt seinen ~** plan onun damgasını taşıyor ❷ BOT dişi organ ❸ TECH payanda, dayak **Stempelfarbe** *f* ıstampa mürekkebi **Stempelkissen** *nt* ıstampa **Stempelmarke** *f* damga pulu
stempeln *vt* damgalamak; (*a. postalisch*) damgalamak; **jdn zu etw ~** birini bir şey olarak damgalamak
Stempelsteuer *f* damga vergisi
Stengel[ALT] <-s, -> ['ʃtɛŋəl] *m s.* **Stängel**
Steno ['ʃte:no] *f kein pl* steno **Stenograf(in)** <-en, -en; -nen> [ʃteno'gra:f] *m(f)* stenograf **Stenografie** <-n> [ʃtenogra'fi:] *f* stenografi **stenografieren*** [ʃtenogra'fi:rən] *vi, vt* steno (ile) yazmak **Stenogramm** <-s, -e> [ʃteno'gram] *nt* stenogram **Stenograph(in)** <-en, -en; -nen> [ʃteno'gra:f] *m(f) s.* **Stenograf** **Stenographie** <-n> [ʃtenogra'fi:] *f s.* **Stenografie** **stenographieren*** [ʃtenogra'fi:rən] *vi, vt s.* **stenografieren** **Stenotypist(in)** <-en, -en; -nen> [ʃtenoty'pɪst] *m(f)* steno
Steppdecke *f* yorgan
Steppe <-n> ['ʃtɛpə] *f* bozkır
steppen ['ʃtɛpən] **I.** *vi* step dansı yapmak **II.** *vt* kapitone çekmek (-e)
Steppenfuchs *m* ZOOL karsak
Stepptanz[RR] ['ʃtɛp-] *m* step dansı
Steradiant <-en, -en> *m* MATH steradyan
Sterbebegleiter(in) *m(f)* ölüm döşeğinde refakatçi **Sterbebett** *nt* ölüm döşeği **Sterbefall** <-(e)s, -fälle> *m* ölüm (olayı), ölüm hâli; **die Sterbefälle steigen** ölüm olayları artıyor **Sterbehemd** *nt* kefen **Sterbehilfe** *f kein pl* ❶ ölüme yardım; (*Euthanasie*) otonazi, ötanazi ❷ (*Sterbegeld*) ölüm parası
sterben <stirbt, starb, gestorben> ['ʃtɛrbən] *vi* ölmek (**an/vor** -den/-den, **für** için), vefat etmek, can vermek; **im S~ liegen** ölüm döşeğinde yatmak; **er ist für mich gestorben** (*fig fam*) o benim için öldü artık; **das Projekt ist gestorben** (*fam*) proje yattı
sterbenskrank *adj* ölümcül hasta, ölecek derecede hasta
Sterbenswörtchen ['--'vœrtçən] *nt* **kein ~ sagen** tek kelime söylememek
Sterberate *f* ölüm oranı **Sterbeurkunde** *f* ölüm ilmühaberi
sterblich *adj* ölümlü, fâni
Sterblichkeit *f kein pl* ölümlülük
Sterblichkeitsziffer *f* ölüm oranı
Stereo <-s> ['ʃte:reo] *nt kein pl* stereo **Stereoanlage** *f* stereo sistemi, stereo takımı, stereo seti **stereophon** *adj* stereofonik **Stereophonie** *f kein pl* stereofoni **stereophonisch** *adj* stereofonik
Stereoskop <-s, -e> [ʃtereo'sko:p] *nt* stereoskop
stereotyp [ʃtereo'ty:p] *adj* basmakalıp
Stereotyp <-s, -e> [ʃtereo'ty:p] *nt* basmakalıp
Stereotypie <-> *f kein pl* TYPO stereotipi
steril [ʃte'ri:l] *adj* ❶ (*keimfrei*) steril ❷ BIOL, MED (*unfruchtbar*) kısır ❸ (*Ansichten*) kısır, verimsiz
Sterilisation <-en> [ʃteriliza'tsjo:n] *f* ❶ (*keimfrei*) sterilizasyon ❷ MED (*zeugungsunfähig*) kısırlaştırma
sterilisieren* [ʃterili'zi:rən] *vt* ❶ (*keimfrei machen*) sterilize etmek ❷ MED (*zeugungsunfähig machen*) kısırlaştırmak
Sterilität [ʃterili'tɛ:t] *f kein pl* ❶ (*Keimfreiheit*) sterillik ❷ BIOL, MED (*Zeugungsunfähigkeit*) kısırlık ❸ (*Unproduktivität*) kısırlık, verimsizlik
Sterlet *m* ZOOL çığa
Stern <-(e)s, -e> [ʃtɛrn] *m* ❶ yıldız; **ein**

S

Hotel mit fünf ~en beş yıldızlı otel; **Krieg der ~e** yıldız savaşı ❷ (*geh*) ikbal; **jds ~ sinkt** birinin ikbali sönmek **Sternbild** <-(e)s, -er> *nt* burç; **das ~ des Krebses** Yengeç burcu **sternenklar** *adj* yıldızlı **sternenlos** *adj* yıldızsız; **die Nacht war ~** gece yıldızsız idi

Sternglobus *m kein pl* ASTRON gök küresi

Sterngucker *m* ZOOL (*Himmelsgucker*) kurbağa balığı

sternhagelvoll ['---'-] *adj* (*fam*) gökkandil, körkütük, zilzurna

Sternhimmel *m kein pl* yıldızlı gökyüzü **Sternkarte** *f* ASTRON gök atlası **sternklar** *adj* yıldızlı **Sternschnuppe** <-n> *f* akan yıldız **Sternstunde** *f* (*geh*) yıldızının parladığı saat **Sternwarte** *f* gözlemevi **Sternzeit** *f kein pl* ASTRON yıldız saati, yıldız zamanı

stet [ʃteːt] *adj* (*geh*) *s.* **stetig**

Stethoskop <-s, -e> [ʃteto'skoːp, steto'skoːp] *nt* MED stetoskop

stetig *adj* sürekli, devamlı

Stetigkeit *f kein pl* (*Beständigkeit*) süreklilik; (*Kontinuität*) devamlılık

stets [ʃteːts] *adv* daima, her zaman

Steuer[1] <-s, -> ['ʃtɔɪɐ] *nt* (*Auto*) direksiyon; (*Schiff, Flugzeug*) dümen; **das ~ übernehmen** direksiyona geçmek; **am ~ sitzen** direksiyon başında oturmak; **das ~ fest in der Hand haben** yönetime tam anlamıyla hâkim olmak

Steuer[2] <-n> *f* (*Abgaben*) vergi; **~n hinterziehen/zahlen** vergi kaçırmak/ödemek; **etw von der ~ absetzen** bir şeyi vergiden düşmek [*o* indirmek]; **indirekte/direkte ~** dolaylı/dolaysız vergi

steuerbegünstigt *adj* vergi indirimli **Steuerbelastung** *f* vergi yük(leme) **Steuerberater(in)** *m(f)* vergi danışmanı **Steuerbescheid** *m* vergi bildirimi, vergi ihbarnamesi

Steuerbord <-(e)s> ['ʃtɔɪɐbɔrt] *nt kein pl* ❶ NAUT sancak; **das ~ ist die rechte Seite eines Schiffes, von hinten gesehen** iskele, arkadan bakıldığında bir geminin sağ tarafıdır; **das Ruder nach ~ herumwerfen** alabanda sancak etmek, dümeni sağ yana doğru sonuna kadar çevirmek ❷ AERO uçağın sağ yanı; *s. a.* **Backbord**

steuerbord(s) ['ʃtɔɪɐbɔrt(s)] *adv* NAUT sancak; AERO uçağın sağ yanı

Steuerentlastung *f* vergi yükünü azaltma **Steuererhöhung** *f* vergileri artırma **Steuererklärung** *f* vergi beyannamesi **Steuererlass**[RR] *m* vergi muafiyeti **Steuererleichterung** *f* vergi kolaylığı **Steuererstattung** *f* vergi iadesi **steuerfrei** *adj* vergisiz, vergiden muaf **Steuerfreibetrag** *m* vergiden muaf meblağ **Steuergelder** *pl* vergiler *pl* **Steuerhinterziehung** <-en> *f* vergi kaçakçılığı **Steuerklasse** *f* vergi sınıfı

Steuerknüppel *m* kumanda kolu

Steuerlast *f* vergi yükü

steuerlich *adj* **~e Belastung** vergi yükü

Steuermann <-(e)s, -leute *o* -männer> *m* NAUT, SPORT dümenci, ikinci kaptan

Steuermarke *f* vergi pulu

steuern ['ʃtɔɪɐn] **I.** *vi* ❶ (*am Steuer sitzen: Auto*) direksiyon başında oturmak; (*Schiff*) dümen tutmak ❷ *sein* (*Richtung einschlagen*) yönelmek (**nach** -e) **II.** *vt* ❶ (*Auto*) sürmek, kullanmak; (*Schiff*) abramak, yönetmek; (*Flugzeug*) kullanmak, yönetmek ❷ TECH kumanda etmek ❸ (*beeinflussen*) yönlendirmek

Steueroase *f*, **Steuerparadies** *nt* (*fam*) vergi cenneti **Steuerpflicht** *f* vergi yükümlülüğü, vergi mükellefiyeti **steuerpflichtig** *adj* ❶ vergi yükümlüsü, vergi mükellefi, vergi ödemekle yükümlü ❷ (*Einkommen*) vergiye tabi **Steuerprüfer(in)** *m(f)* vergi denetçisi

Steuerrad *nt* AUTO direksiyon (simidi); NAUT dümen (çarkı)

Steuerreform *f* vergi reformu

Steuerruder *nt* NAUT dümen

Steuerschuld <-en> *f* vergi borcu **Steuersenkung** *f kein pl* vergi indirimi **Steuertarif** *m* vergi tarifesi

Steuerung[1] *f kein pl* (*das Steuern*) yönetme, yönlendirme; TECH yönetme, kumanda

Steuerung[2] <-en> *f* TECH, AUTO direksiyon tertibatı; NAUT dümen tertibatı; AERO pilotaj; ELEK kumanda tertibatı

Steuervergünstigung *f* vergide istisna **Steuervorteil** *m* vergi avantajı **Steuerzahler(in)** *m(f)* vergi ödeyen, vergi yükümlüsü

Steward <-s, -s> ['stjuːɐt] *m* AERO erkek hostes; NAUT kamarot

Stewardess[RR] <-en> ['stjuːɐdɛs] *f*, **Stewardeß**[ALT] <-ssen> *f* AERO hostes; NAUT (kadın) kamarot

stibitzen* [ʃti'bɪtsən] *vt* (*fam*) iç etmek, cebine indirmek, tırtıklamak, aşırmak, yürütmek

Stich[1] <-(e)s, -e> [ʃtɪç] *m* ❶ (*Dorn, Stachel, Nadel*) batma; (*Insekten~*) sokma; (*Messer~*) darbe; (*Sonnen~*) çarpma ❷ (*Näh~*) dikiş; MED dikiş ❸ KUNST gravür; (*Tamburier~*) işleme ❹ (*beim Kartenspiel*) el alma; **einen ~ machen/bekommen** bir el almak ❺ (*Schmerz*) sancı

Stich² <-(e)s> *m kein pl* ❶ (*Farbschimmer*) **einen ~ ins Gelbe haben** (bir parça) sarıya çalmak [*o* kaçmak] ❷ **jdn im ~ lassen** birini yüzüstü bırakmak; **einen ~ haben** (*fam: Person*) üşütük olmak; (*Lebensmittel*) bozulmaya yüz tutmuş olmak; (*Milch*) ekşimeye başlamış olmak

Stichel *m* çapla

Stichelei <-en> *f* (*pej fam: Bemerkung*) taş atma, taşlama, iğneleme, iğneleyici söz, çimdik

sticheln [ˈʃtɪçəln] *vi* ❶ (*gehässig reden*) taş atmak (**gegen** -e), taşlamak (**gegen** -i), sataşmak (**gegen** -e), iğneleyici söz söylemek (**gegen** -e), sokuşturmak (**gegen** -e) ❷ (*nähen*) dikiş atmak

stichfest *adj* **hieb- und ~** (*fig*) su götürmez

Stichflamme *f* birdenbire parlayan alev

stichhaltig *adj* çürütülemez; (*überzeugend*) inandırıcı

Stichling <-s, -e> [ˈʃtɪçlɪŋ] *m* ZOOL dikence

Stichprobe *f* (rastgele alınan) örnek

Stichsäge <-n> *f* fare kuyruğu

sticht [ʃtɪçt] *3. präs von* **stechen**

Stichtag *m* (belirlenen) gün; (*letzter ~*) son gün

Stichwaffe *f* delici silah, kesici silah

Stichwahl *f* balotaj

Stichwort¹ <-(e)s, -wörter> *nt* (*im Wörterbuch*) madde başı söz, sözlük birimi; (*im ~register*) madde başlığı; **unter einem ~ nachschlagen** madde baş(lığ)ı altında başvurmak

Stichwort² <-(e)s, -e> *nt* ❶ THEAT replik ❷ (*Schlüsselwort*) anahtar kelime ❸ (*Gedächtnisstütze*) not

Stichwunde *f* (*Messer*) bıçak yarası; (*Dolch*) kama yarası

Stickarbeit <-en> *f* nakış

sticken [ˈʃtɪkən] **I.** *vi* nakış işlemek **II.** *vt* nakışlamak

Sticker *m* (*Aufkleber*) çıkartma

Stickerei <-en> *f* nakış

Stickerin *f* nakışçı

Stickgarn *nt* nakış ipliği

stickig [ˈʃtɪkɪç] *adj* (*Raum*) havasız; (*Luft*) boğucu, bunaltıcı

Stickmaschine *f* nakış makinesi **Sticknadel** *f* nakış iğnesi **Stickrahmen** *m* gergef

Stickstoff <-(e)s> *m kein pl* CHEM nitrojen, azot **Stickstoffdünger** *m* AGR azotlu gübre

stickstoffhaltig *adj* azotlu

stieben <stiebt, stob *o* stiebte, gestoben *o* gestiebt> [ˈʃtiːbən] *vi* ❶ *haben o sein* (*Funken*) saçılmak; (*Staub*) yayılmak ❷ *sein* (*Menge*) yayılmak, dağılmak

Stiefbruder [ˈʃtiːf-] *m* (*jüngerer*) üvey erkek kardeş; (*älterer*) üvey ağabey

Stiefel <-s, -> [ˈʃtiːfəl] *m* çizme

Stiefeltern *pl* üvey anne baba *pl* **Stiefkind** *nt* üvey evlat, üvey çocuk **Stiefmutter** <-mütter> *f* üvey ana, üvey anne

Stiefmütterchen <-s, -> *nt* BOT hercai menekşe

stiefmütterlich *adj* **jdn ~ behandeln** birini üvey evlat gibi saymak **Stiefschwester** *f* üvey kız kardeş **Stiefsohn** *m* üvey oğul **Stieftochter** *f* üvey kız **Stiefvater** *m* üvey baba

stieg [ʃtiːk] *3. imp von* **steigen**

Stiege <-n> [ˈʃtiːgə] *f* merdiven

Stieglitz <-es, -e> [ˈʃtiːglɪts] *m* ZOOL saka kuşu

stiehlt [ʃtiːlt] *3. präs von* **stehlen**

Stiel <-(e)s, -e> [ʃtiːl] *m* ❶ (*Griff*) sap; (*Besen~*) sopa; (*am Weinglas*) ayak ❷ (*Blumen~*) sap, sak; (*Blatt~*) sap; (*an einer Frucht*) sap, sak **Stielaugen** *pl* (*fam*) **~ bekommen/machen** (*mit Überraschung*) gözleri fal taşı gibi açılmak; (*mit Neid*) gözü kalmak

stier [ʃtiːɐ] *adj* dik, hareketsiz

Stier <-(e)s, -e> *m* ❶ (*Tier*) boğa ❷ ASTROL Boğa; **das Sternbild/der Wendekreis des ~s** Boğa burcu/dönencesi

stieren [ˈʃtiːrən] *vi* gözlerini dikip bakmak (**auf** -e)

Stierkampf *m* boğa güreşi **Stierkämpfer(in)** *m(f)* boğa güreşçisi

stieß [ʃtiːs] *3. imp von* **stoßen**

Stift¹ <-(e)s, -e> [ʃtɪft] *m* ❶ (*Blei~, Bunt~*) kalem ❷ (*Metall~*) pim; (*Holz~*) kama ❸ (*fam: Lehrling*) çırak

Stift² <-(e)s, -e> *nt* vakıf

stiften [ˈʃtɪftən] *vt* ❶ (*spenden*) vakfetmek; (*einrichten*) kurmak, tesis etmek ❷ (*als Spende geben*) bağışlamak; (*spendieren*) ısmarlamak ❸ (*bewirken*) sebebiyet vermek (-e)

Stifter(in) <-s, -; -nen> *m(f)* ❶ (*Spender*) bağışçı ❷ (*Gründer*) vâkıf

Stiftskirche *f* vakıf kilisesi **Stiftsvorsteher(in)** *m(f)* mütevelli

Stiftung <-en> *f* ❶ (*Institution*) vakıf ❷ JUR (*Spende*) vakıf

Stiftungsurkunde *f* vakıf senedi

Stiftzahn *m* takma diş

Stil <-(e)s, -e> [ʃtiːl] *m* ❶ stil, tarz, üslup, biçem; **im großen ~** büyük stilde ❷ (*Art*) biçim, tarz; (*Technik*) teknik **Stilblüte** *f* gülünç ifade **Stilbruch** *m* üslup kayması **stilecht** *adj* üsluplu **Stilfehler** *m* üslup

S

hatası

stilisieren* [ʃtili'zi:rən] *vt* üsluplaştırmak

Stilisierung *f* üsluplaştırma

Stilist(in) *m(f)* üslupçu

Stilistik *f kein pl* stilistik, anlatım bilimi

stilistisch [ʃti'lɪstɪʃ] *adj* üslup bakımından; **~ gut/schlecht** üslup bakımından iyi/kötü

still [ʃtɪl] *adj* ❶ (*lautlos*) sessiz; (*ruhig*) sakin; **(sei) ~!** sessiz ol!, sus!; **es ist ~ um sie geworden** ondan ses seda çıkmıyor; **~ und heimlich** sessiz sedasız; **im S~en** içinden ❷ (*reglos*) durgun; **der S~ Ozean** Pasifik Okyanusu; **~er Teilhaber** WIRTSCH komanditer ❸ (*Person*) sakin, sessiz sedasız

Stille ['ʃtɪlə] *f kein pl* ❶ (*Schweigen*) sessizlik; (*Ruhe*) sakinlik, sükûnet ❷ (*Unbewegtheit*) durgunluk, hareketsizlik ❸ **in aller ~** (*im engsten Kreis*) sessiz sedasız

StillebenALT <-s, -> *nt s.* **Stillleben**

stillegenALT <legt still, legte still, stillgelegt> *vt s.* **stilllegen**

StillegungALT <-en> *f s.* **Stilllegung**

stillen ['ʃtɪlən] **I.** *vi* emzirmek, meme vermek **II.** *vt* ❶ (*Säugling*) emzirmek, meme vermek (-e) ❷ (*Blutung*) durdurmak, kesmek; (*Schmerz*) kesmek ❸ (*Durst*) gidermek; (*Hunger*) öldürmek, geçiştirmek, yatıştırmak; (*Neugier*) gidermek; (*befriedigen*) tatmin etmek

still|halten *irr vi* ❶ (*sich nicht bewegen*) kımıldamamak ❷ (*sich nicht wehren*) karşı koymamak

stilliegenALT <liegt still, lag still, stillgelegen> *vi s.* **stillliegen**

StilllebenRR *nt* KUNST natürmort

still|legenRR *irr vt* (*Betrieb*) durdurmak, tatil etmek; (*Strecke*) kapamak; (*Fahrzeug*) trafikten çekmek

StilllegungRR <-en> *f* durdurma

still|liegenRR *irr vi* (*außer Betrieb sein*) işlemez olmak

stillos ['ʃti:llo:s] *adj* ❶ üslupsuz ❷ (*unpassend*) uygunsuz

Stillschweigen *nt* susma, sükût, konuşmama; **über etw ~ bewahren** bir şey hakkında susmak [*o* konuşmamak] **stillschweigend I.** *adj* zımnî **II.** *adv* zımnen, üstü kapalı olarak; **etw ~ akzeptieren** bir şeyi zımnen kabul etmek

still|sitzen *irr vi* sakin sakin oturmak, uslu uslu oturmak

Stillstand <-(e)s> *m kein pl* (*Verhandlung, Entwicklung*) durma; (*Gerät, Produktion*) durma; (*Verkehr*) tıkanıklık; **zum ~ bringen** durdurmak; **zum ~ kommen** durmak; (*Verkehr*) tıkanmak

still|stehen *irr vi* (*Mensch, Maschine*) durmak; (*Entwicklung, Produktion, Verkehr*) durmak; **stillgestanden!** MIL hazır ol!

Stilmöbel *nt* stil mobilya **stilvoll** *adj* üsluplu; (*geschmackvoll*) zevkli

Stimmabgabe *f kein pl a.* POL oy verme

Stimmband <-(e)s, -bänder> *nt* (*Organ*) ses kirişi, ses teli

stimmberechtigt *adj* oy (verme) hakkına sahip **Stimmberechtigte(r)** <-n, -n; -n> *f(m)* oy (verme) hakkına sahip (kimse)

Stimmbruch <-(e)s> *m kein pl* **im ~ sein** sesi kalınlaşmakta olmak

Stimme <-n> ['ʃtɪmə] *f* ❶ (*menschliche ~*) ses; **mit lauter/leiser ~ sprechen** yüksek/alçak sesle konuşmak; **jdn an der ~ erkennen** birini sesinden tanımak ❷ (*bei einer Wahl*) oy; **sich der ~ enthalten** çekimser kalmak; **jdm seine ~ geben** birine oyunu vermek ❸ MUS (*Stimmlage, Orgelregister*) ses (perdesi); (*Part*) ses

stimmen ['ʃtɪmən] **I.** *vi* ❶ (*richtig sein*) doğru olmak; (*wahr sein*) gerçek olmak; **stimmt!** doğru!; **stimmt es?** doğru mu?; **ich bin mir unsicher, ob das stimmt** bunun doğru olup olmadığından emin değilim ❷ (*wählen*) **für/gegen jdn/etw ~** bir kimse/şey için/aleyhine oy vermek **II.** *vt* (*Instrument*) akort etmek; **jdn versöhnlich ~** birinin gönlünü almak; **jdn fröhlich/traurig ~** birini neşelendirmek/kederlendirmek

Stimmenauszählung *f* oyların sayılması **Stimmenfang** *m kein pl* (*pej*) oy avcılığı, oyculuk **Stimmengleichheit** *f* oy eşitliği **Stimmenmehrheit** *f kein pl* oy çokluğu

Stimmenthaltung *f* çekimserlik

Stimmer *m* MUS akortçu

Stimmgabel *f* MUS diyapazon

stimmhaft *adj* LING ötümlü, tonlu

stimmig *adj* uyumlu

Stimmlage *f* MUS ses perdesi

stimmlos *adj* ❶ (*tonlos*) sessiz ❷ LING ötümsüz, tonsuz

Stimmrecht <-(e)s> *nt kein pl a.* POL oy hakkı; **(kein) ~ haben** oy hakkı ol(ma)mak

Stimmung <-en> *f* ❶ (*Gemütsverfassung*) hava; (*Laune*) keyif; **die ~ verderben** havayı bozmak; **in guter/schlechter ~** keyifli/keyifsiz; **nicht in der ~ sein, etw zu tun** bir şeyi yapmaya keyfi olmamak; **in ~ kommen** (*fam*) keyiflenmek, havasını bulmak ❷ (*einer Gesellschaft*) neşe; **~ in etw bringen** bir şeye neşe katmak ❸ (*öffentliche Meinung*) kamuoyu; **für jdn/etw ~ machen** bir kimse/şey için kamuoyu oluşturmak [*o* yaratmak]; **gegen jdn/etw ~ machen** bir kimseye/şeye

S

karşı kamuoyu oluşturmak [*o* yaratmak] ❹ MUS akort **stimmungsvoll** *adj* (*Abend*) neşeli; (*Gedicht*) etkileyici
Stimmzettel *m a.* POL oy pusulası
Stimulation <-en> [ʃtimula'tsjo:n] *f* isteklendirme, uyarma
stimulieren* [ʃtimu'li:rən] *vt* ❶ (*anspornen*) isteklendirmek ❷ uyarmak
stinken <stinkt, stank, gestunken> ['ʃtɪŋkən] *vi* pis [*o* kötü] kokmak, kokmak (**nach** -); **nach Geld ~** (*fam*) bok gibi parası olmak; **das stinkt nach Verrat** (*fam*) bu ihanet kokuyor; **an dieser Sache stinkt etw** (*fam*) bu işte bir bokluk var; **mir stinkt's!** (*fam*) artık yeter!, bıktım artık!
stinkfaul ['-'-] *adj* (*fam*) miskin, kokmuş
stinkig *adj* (*übelriechend*) pis [*o* kötü] kokan **stinklangweilig** ['-'---] *adj* (*fam*) çok sıkıcı **Stinktier** *nt* kokarca **Stinkwut** ['-'-] *f kein pl* (*fam*) hiddet
Stipendiat(in) <-en, -en; -nen> [ʃtipɛn-'dja:t] *m(f)* bursiyer
Stipendium <-s, Stipendien> [ʃti'pɛndiʊm] *nt* burs, öğrenmelik
Stippvisite ['ʃtɪp-] *f* (*fam*) ayaküstü uğrama
stirbt [ʃtɪrpt] *3. präs von* **sterben**
Stirn <-en> [ʃtɪrn] *f* alın; **die ~ runzeln** alın kırıştırmak; **jdm die ~ bieten** birinin alnını karışlamak; **etw steht jdm auf der ~ geschrieben** (*fig*) bir şey birinin yüzünden hemen belli olmak **Stirnband** <-(e)s, -bänder> *nt* alınlık
Stirnhöhle *f* ANAT sinüs **Stirnhöhlenentzündung** *f* MED sinüzit
Stirnseite *f* ön cephe
stob [ʃto:p] *3. imp von* **stieben**
stöbern ['ʃtø:bɐn] *vi* ❶ (*fam*) karıştırmak (**in** -); **ein bisschen in Büchern/Zeitschriften ~** biraz kitap/dergi karıştırmak ❷ **~de Schneeflocken** ortalıkta uçuşan kar taneleri
stochern ['ʃtɔxɐn] *vi* **im Essen ~** yemeği karıştırıp durmak; (**sich mit einem Streichholz**) **in den Zähnen ~** dişlerini (bir kibritle) karıştırmak
Stock¹ <-(e)s, Stöcke> [ʃtɔk, *pl* 'ʃtœkə] *m* ❶ (*Stab*) sopa; (*Spazier~*) baston; (*Ski~*) sopa; (*Takt~*) değnek; (*Billard~*) isteka; (*Bienen~*) kovan; (*Schraub~*) mengene; **am ~ gehen** baston kullanmak; (*fig fam: sehr krank sein*) çok hasta olmak; (*kein Geld haben*) meteliğe kurşun atmak ❷ (*Reb~*) kütük, çotuk; (*Baumstumpf*) kütük
Stock² <-(e)s, -> *m* (*~werk*) kat; **im ersten/zweiten/dritten ~** birinci/ikinci/üçüncü katta
Stock³ <-s, -s> *m* WIRTSCH (*Vorrat*) stok
stockbesoffen ['--'--] *adj* (*fam*) kütük gibi, fitil gibi **stockdunkel** *adj* zifirî karanlık
Stöckelschuh *m* topuklu ayakkabı
stocken ['ʃtɔkən] *vi* ❶ (*stillstehen*) durmak; (*Atmung*) kesilmek; (*Herz*) durmak ❷ (*nicht vorangehen*) ilerlememek; (*Verkehr*) ikide bir durmak; (*beim Sprechen*) duraklamak; (*zögern*) duraksamak; (*Verhandlungen*) kesilmek ❸ DIAL (*gerinnen*) pıhtılaşmak
stockend *adj* (*Sprechweise*) tutuk, kesik kesik; **~er Verkehr** ikide bir duran trafik
stockfinster ['-'--] *adj* (*fam*) zifirî karanlık, kapkaranlık; **eine ~e Nacht** kapkaranlık bir gece
Stockfisch *m* ❶ (*Fisch*) kurutulmuş balık ❷ (*fam: Person*) ağzından laf çıkmayan biri
stockkonservativ ['-'----] *adj* (*fam*) alabildiğine tutucu
Stockrose *f* BOT gülhatmi
stocksauer ['-'--] *adj* (*fam*) alabildiğine kızgın **stocksteif** ['-'-] *adj* (*fam*) baston (yutmuş) gibi
Stockung <-en> *f* ❶ duraklama, duraksama; (*Verlangsamung*) yavaşlama; (*Unterbrechung*) durma, kesilme ❷ (*Verkehrs~*) durma, tıkanma
Stockwerk *nt* kat
Stoff¹ <-(e)s> [ʃtɔf] *m kein pl* ❶ PHILOS töz ❷ (*fam: Drogen*) mal
Stoff² <-(e)s, -e> *m* ❶ (*Gewebe*) kumaş; (*Zelt~*) bez ❷ (*Substanz*) madde, cevher; **wiederverwertbare ~e** yeniden değerlendirilebilir maddeler ❸ (*Unterrichts~*) konu
Stoffballen <-s, -> *m* kumaş topu
Stoffwechsel *m* metabolizma
stöhnen ['ʃtø:nən] *vi* ahlamak (**vor** -den), iç çekmek; (*klagen*) yakınmak (**über** -den)
stoisch ['ʃto:ɪʃ, 'sto:ɪʃ] *adj* stoik
Stola <Stolen> ['ʃto:la, 'sto:la] *f* etol
Stollen <-s, -> ['ʃtɔlən] *m* ❶ BERGB galeri; **einen ~ anlegen** bir galeri açmak ❷ GASTR Noel keki ❸ SPORT (*Schuhe*) krampon, tutmalık
stolpern ['ʃtɔlpɐn] *vi sein* tökezlemek, ayağı takılıp [*o* çarpıp] sendelemek (**über** -e); **über seine eigenen Füße ~** sürçmek, ayakları dolaşmak; **über ein Wort ~** (*fig*) bir kelimeye takılmak; **zufällig über etw ~** (*fam*) tesadüfen bir şeye rastgelmek
stolz [ʃtɔlts] *adj* ❶ (*auf einen Erfolg*) kıvanç duyan (**auf** -den) ❷ (*hochmütig*) gururlu ❸ (*imposant*) azametli ❹ (*fam: Summe*) hatırı sayılır

S

Stolz <-es> *m kein pl* kıvanç, övünç, iftihar; (*Hochmut*) gurur; **seinen ~ haben** gururu olmak; **jds ganzer ~ sein** bir kimsenin medarıiftiharı olmak
stolzieren* [ʃtɔl'tsiːrən] *vi sein* kasıla kasıla yürümek
stop [ʃtɔp] *interj* dur
stopfen ['ʃtɔpfən] **I.** *vt* ❶ (*Kleidung*) yamamak ❷ (*Loch*) gözemek, örerek kapamak; **jdm das Maul** [*o* **den Mund**] **~** (*fam*) birinin ağzını tıkamak, birini mars etmek, birini söz söylemeyecek duruma getirmek ❸ (*hinein~*) sıkıştırmak (**in** -e), tıkıştırmak (**in** -e), tıkmak (**in** -e); **ich habe alles in den Koffer gestopft** bavula her şeyi tıktım ❹ (*füllen*) doldurmak (**mit** -) **II.** *vi* ❶ (*fam: schlingen*) tıkınmak ❷ (*fam: sättigen*) doyurmak; **er hat zehn Mäuler zu ~** onun evinde on boğaz var ❸ (*die Verdauung hemmen*) tıkamak
Stopfen *m* (*Stöpsel*) tapa
Stopfgarn *nt* (delik) örme ipliği
Stopfnadel *f* örme iğnesi
stopp [ʃtɔp] *interj* dur, stop
Stopp <-s, -s> [ʃtɔp] *m* ❶ (*Auto*) durma ❷ (*Lohn~, Preis~*) dondurma
Stoppel[1] <-n> ['ʃtɔpəl] *f* AGR (*Getreide~*) anız
Stoppel[2] <-s, -(n)> *m* ÖSTERR (*Pfropfen*) tıkaç
Stoppelbart *m* (*fam*) iki günlük sakal
Stoppelfeld *nt* AGR anızlık
stoppelig *adj* (*unrasiert*) sakallı, tıraşsız
Stoppelzieher <-s, -> *m* ÖSTERR (*Korkenzieher*) tirbuşon
stoppen ['ʃtɔpən] **I.** *vi* durmak, stop etmek **II.** *vt* ❶ (*anhalten*) durdurmak ❷ (*Zeit, Geschwindigkeit*) ölçmek
stopplig *adj* (*unrasiert*) sakallı, tıraşsız
Stoppschild <-(e)s, -er> *nt* dur levhası
Stoppuhr *f* süreölçer, kronometre
Stöpsel <-s, -> ['ʃtœpsəl] *m* ❶ (*Pfropfen*) tıkaç; (*Verschluss*) tapa ❷ (*fam: Junge*) bacaksız
Stör <-s, -e> [ʃtøːɐ] *m* ZOOL mersin balığı
Storch <-(e)s, Störche> [ʃtɔrç, *pl* 'ʃtœrçə] *m* ZOOL leylek
Störchin <-nen> ['ʃtœrçɪn] *f* ZOOL dişi leylek
Storchschnabel *m* ❶ leylek gagası ❷ (*Gerät*) leylekgagası, pantograf
Store <-s, -s> *m* stor
stören ['ʃtøːrən] **I.** *vt* ❶ (*belästigen*) rahatsız etmek; **lassen Sie sich durch mich nicht ~!** rahatsız olmayın! ❷ (*Verkehr*) bozmak; (*Frieden, Ordnung*) bozmak, ihlâl etmek **II.** *vi* **störe ich?** rahatsız ediyor muyum?; **bitte nicht ~!** lütfen rahatsız etmeyin! **III.** *vr* ■ **sich ~** (*fam*) rahatsız olmak (**an** -den); **lassen Sie sich nicht ~** rahatsız olmayın
Störenfried <-(e)s, -e> [-friːt] *m* fesat kumkuması, fitne kumkuması, ordubozan kimse
Störfall <-(e)s, -fälle> *m* arıza **Störfeuer** *nt* MIL taciz ateşi
Störklappe *f* AERO (*eines Flugzeugs*) bozucu
Storni *pl s.* **Storno**
stornieren* [ʃtɔr'niːrən, stɔr'niːrən] *vt* iptal etmek
Storno <-s, Storni> ['ʃtɔrno, 'stɔrno, *pl* 'ʃtɔrni, 'stɔrni] *m o nt* iptal
störrisch ['ʃtœrɪʃ] *adj* aksi, inatçı
Störung <-en> *f* ❶ (*Belästigung*) rahatsız etme; **entschuldigen Sie die ~, aber ...** rahatsız ettiğim için özür dilerim, ama ..., affedersiniz, (sizi) rahatsız ediyorum, ama ... ❷ (*der Ordnung*) bozma, ihlâl ❸ RADIO parazit ❹ (*technische ~*) arıza, bozulma ❺ (*gesundheitliche ~*) bozukluk, rahatsızlık; (*Sprech~*) bozukluk **Störungsdienst** *m* arıza servisi **störungsfrei** *adj* arızasız
Story <-s *o* Stories> ['stɔri] *f* ❶ (*fam: Geschichte*) öykü, hikâye; **die ~ kaufe ich dir nicht ab!** külahıma anlat!, beni kandıramazsın!, söylediklerine hiç inanmıyorum! ❷ (*Bericht, Report*) haber ❸ (*Inhalt eines Films, Romans*) konu, olay
Stoß <-es, Stöße> [ʃtoːs, *pl* 'ʃtøːsə] *m* ❶ (*Schubs*) itiş; (*Schlag*) vurma, vuruş, darbe; (*Kopf~*) atma; (*Rück~*) tepme; (*Strom~*) çarpma; (*mit dem Ellbogen*) vuruş; (*mit der Faust*) atış, hamle ❷ (*Erd~*) sarsıntı ❸ (*Stapel*) yığın
Stoßdämpfer *m* AUTO amortisör
Stößel <-s, -> ['ʃtøːsəl] *m* tokmak; (*für Mörser*) havaneli
stoßen <stößt, stieß, gestoßen> ['ʃtoːsən] **I.** *vt* ❶ (*schubsen*) itmek; (*leicht*) dürtmek; (*mit dem Fuß*) tepmek, (tekme) atmak (-e); (*mit den Hörnern*) tos vurmak (-e); **jdn/etw mit dem Ellbogen ~** bir kimseyi/şeyi dirseklemek, bir kimseyi/şeyi dirsekle itmek, bir kimseye/şeye dirsekle vurmak; **jdn vor den Kopf ~** (*fig fam*) kabalık [*o* nezaketsizlik] ederek birinin kalbini kırmak ❷ (*hinein~*) iterek sokmak; (*Messer*) vurmak; **jdm ein Messer in den Bauch ~** birini karnından bıçaklamak ❸ (*hinaus~*) iterek çıkarmak ❹ (*zerkleinern*) dövmek, dövüp ufalamak ❺ SCHWEIZ (*schieben*) itmek **II.** *vi* ❶ *sein* (*prallen*) çarpmak (**an/gegen** -e/-e) ❷ (*schlagen*) vurmak (**gegen** -e) ❸ *sein* (*treffen*) rastgel-

S

mek (**auf** -e), karşılaşmak (**auf** -le); **auf Erdöl ~** petrol bulmak; **zu jdm ~** birine katılmak; **an seine Grenzen ~** sınırına dayanmak ❹ (*angrenzen*) bitişik olmak (**an** -e) ❺ SCHWEIZ (*schieben, drücken*) itmek **III.** *vr* ■ **sich ~** ❶ (*anprallen*) çarpmak; **sich am Schrank ~** dolaba çarpmak ❷ (*Anstoß nehmen*) **sich an etw** *dat* **~** bir şeyden gıcık kapmak

Stoßgebet *nt* kısa dua **Stoßseufzer** *m* iç çekme, içini çekme, iç geçirme **Stoßstange** *f* AUTO tampon

stößt [ʃtøːst] *3. präs von* **stoßen**

Stoßverkehr *m* yoğun trafik

stoßweise *adv* ❶ (*ruckartig*) kesik kesik; **~ atmen** kesik kesik solumak ❷ (*in Stößen*) yığınlarca; **es kamen ~ Bewerbungen** yığınlarca başvuru geldi

Stoßzahn *m* vurucu diş

Stoßzeit *f* işin en yoğun olduğu saatler; (*Hauptverkehrszeit*) trafiğin en yoğun olduğu saatler

Stotterer(in) <-s, -; -nen> [ˈʃtɔtəre] *m(f)* kekeme

stottern [ˈʃtɔtɐn] **I.** *vi* ❶ (*Mensch*) kekelemek ❷ (*Wagen, Motor*) teklemek **II.** *vt* kekelemek

Stövchen <-s, -> [ˈʃtøːfçən] *nt* mumlu altlık

Str. *Abk von* **Straße** Sok., Sk. (*sokak*); (*groß*) Cad. (*cadde*)

stracks [ʃtraks] *adv* ❶ (*direkt*) dümdüz ❷ (*sofort*) hemen

Strafanstalt *f* cezaevi **Strafantrag** *m* kovuşturma talebi **Strafanzeige** *f* suç duyurusu; **~ gegen jdn erstatten** birine karşı suç duyurusunda bulunmak **Strafarbeit** *f* SCHULE ceza ödevi

strafbar *adj* cezayı gerektirir, cezayı gerektirici, cezayı gerektiren; ■ **sich ~ machen** suç işlemek

Strafbefehl *m* JUR ceza kararnamesi, ceza müzekkeresi

Strafe <-n> [ˈʃtraːfə] *f* ❶ (*allgemein*) ceza; **seine gerechte ~ bekommen** hak ettiği cezayı almak [*o* görmek], cezasını bulmak, belasını bulmak; **zur ~** ceza olarak ❷ (*Geld~*) ceza ❸ (*Freiheits~*) ceza; **eine ~ absitzen** bir cezayı çekmek; **eine ~ zur Bewährung aussetzen** bir cezayı tecil etmek

strafen [ˈʃtraːfən] *vt* cezalandırmak (**für** için); (*mit einer Geldstrafe*) ceza kesmek (-e); **jdn Lügen ~** birinin yalanını ortaya çıkarmak, birinin yalanını yüzüne vurmak; **etw Lügen ~** bir şeyin yalan olduğunu ortaya çıkarmak

Straferlass[RR] *m* cezanın affı; (*Amnestie*) af

straff [ʃtraf] *adj* (*gespannt*) gergin; (*Haut*) pürüzsüz; (*Stil*) kısa (ve özlü); (*Disziplin*) sıkı; **etw ~ ziehen** bir şeyi germek

straffällig [ˈʃtraːffɛlɪç] *adj* suçlu; **~ werden** suçlu olmak, suç işlemek

straffen [ˈʃtrafən] **I.** *vt* ❶ (*Seil*) germek ❷ (*Text*) kısaltmak **II.** *vr* ■ **sich ~** gerilmek

Straffheit *f kein pl* gerginlik

straffrei *adj* cezasız; **der Angeklagte ging ~ aus** sanık ceza görmedi [*o* almadı] **Straffreiheit** *f kein pl* cezasızlık **Strafgefangene(r)** *f(m)* hükümlü, mahkûm **Strafgericht** *nt* ❶ JUR ceza mahkemesi ❷ (*Bestrafung*) cezalandırma **Strafgesetz** *nt* ceza kanunu **Strafgesetzbuch** *nt* ceza kanunu; **das Türkische ~** Türk Ceza Kanunu

sträflich [ˈʃtrɛːflɪç] *adj* (*unverzeihlich*) affedilmez; (*verantwortungslos*) sorumsuz

Sträfling <-s, -e> [ˈʃtrɛːflɪŋ] *m* hükümlü

straflos *adj* cezasız; **~ ausgehen** ceza almamak [*o* görmemek]

Strafmaß <-es, -e> *nt* ceza miktarı **strafmildernd** [ˈ-ˈ--] *adj* cezayı hafifletici **strafmündig** *adj* JUR cezai ehliyeti olan, cezaya ehil **Strafporto** *nt* taksa **Strafpredigt** *f* (*fam*) şiddetli azarlama; **jdm eine ~ halten** birini şiddetli azarlamak **Strafprozess**[RR] *m* ceza yargılaması **Strafprozessordnung**[RR] <-en> *f* JUR ceza yargılama yasası, ceza muhakemesi kanunu, ceza muhakemeleri usulü kanunu **Strafpunkt** *m* SPORT ceza puanı **Strafraum** <-(e)s> *m kein pl* SPORT ceza alanı, ceza sahası **Strafrecht** <-(e)s> *nt kein pl* ceza hukuku **strafrechtlich** *adj* cezai **Strafregister** *nt* sabıka sicili **Strafstoß** *m* SPORT ceza vuruşu **Straftat** *f* suç; **eine ~ begehen** suç işlemek **Straftäter(in)** *m(f)* suç faili **Strafversetzung** *f* sürülme, cezaen nakil **Strafverteidiger(in)** *m(f)* JUR savunma avukatı, müdafi **Strafvollzug** *m* cezanın infazı **Strafvollzugsanstalt** *f* JUR ceza evi

Strafzettel *m* (*fam*) ceza pusulası

Strahl <-(e)s, -en> [ʃtraːl] *m* ❶ (*Licht~, Sonnen~*) *a.* PHYS ışın ❷ (*Wasser~*) fışkırma ❸ LIT (*Blitz*) şimşek

strahlen [ˈʃtraːlən] *vi* ❶ (*Licht*) ışımak, ışık saçmak; (*Sonne*) pırıl pırıl parlamak; (*glänzen*) parlamak; (*funkeln*) pırıldamak; (*radioaktiv*) radyoaktif olmak, ışın yaymak; **~des Wetter** pırıl pırıl hava; **ein ~des Weiß** pırıl pırıl bir beyaz ❷ (*Mensch*) ağzı kulaklarına varmak (**vor** -den), gözleri pırıl pırıl parlamak (**vor** -den)

Strahlenbehandlung *f* MED radyote-

S

rapi, ışın tedavisi **Strahlenbelastung** *f* ışın dozu, radyasyon dozu **Strahlenbiologie** *f kein pl* BIOL, PHYS radyobiyoloji **Strahlenbündel** *m* ışın demeti **Strahlendosis** *f* ışın dozu, radyasyon dozu **Strahlenrisiko** *nt* radyasyon riski **Strahlenschutz** *m* radyasyona karşı korunma **Strahlentherapie** *f* MED radyoterapi, ışın tedavisi **Strahlentierchen** *nt* ZOOL ışınlı **strahlenverseucht** *adj* radyasyonlu, radyoaktif kirlenmeye uğramış

Strahler <-s, -> *m* ❶ (*Heiz~*) ısıtıcı ❷ (*Licht~*) projektör, spot lambası

Strahlung <-en> *f* PHYS ışınım, radyasyon **Strahlungsdruck** *m* ASTRON ışınım basıncı **Strahlungsempfänger** *m* ASTRON ışınım alıcısı

Strähne <-n> ['ʃtrɛːnə] *f* ❶ (*Haar~*) tel; **ein paar ~n fielen ihr in die Stirn** (saçından) birkaç tel alnına düşmüştü ❷ (*Phase*) aşama ❸ (*Wolle*) çile

strähnig *adj* **sie hatte ~es Haar** saçları tel teldi

stramm [ʃtram] *adj* ❶ (*straff*) gergin, sıkı; **~ sitzen** dimdik oturmak; **~ ziehen** germek, sıkmak ❷ (*kräftig*) çakı gibi, sağlam ❸ (*gerade aufgerichtet*) dik ❹ (*streng*) sıkı, sert **stramm|stehen** *irr vi* hazır ol durumda durmak

Strampelanzug <-(e)s, -züge> *m* bodi, bebek tulumu

strampeln ['ʃtrampəln] *vi* ❶ (*Baby*) tepinmek ❷ *sein* (*fam: Rad fahren*) bisiklete binmek

Strand <-(e)s, Strände> [ʃtrant, *pl* 'ʃtrɛndə] *m* kumsal; (*Bade~*) plaj; **an den** [*o* **zum**] **~ gehen** plaja gitmek; **am ~ liegen** kumsalda yatmak **Strandbad** *nt* plaj

stranden ['ʃtrandən] *vi sein* ❶ (*Schiff*) karaya oturmak ❷ (*geh: scheitern*) başarısızlığa uğramak

Strandgut <-(e)s> *nt kein pl* denizin attığı enkaz **Strandkorb** *m* sepet biçiminde plaj koltuğu **Strandkrabbe** *f* ZOOL çağanoz

Strang <-(e)s, Stränge> [ʃtraŋ, *pl* 'ʃtrɛŋə] *m* ❶ (*Seil*) ip, kement; **jdn zum Tode durch den ~ verurteilen** birini asılarak idama mahkûm etmek; **am gleichen ~ ziehen** (*fig*) aynı yolun yolcusu olmak; **über die Stränge schlagen** (*fig fam*) azmak, ipini koparmak ❷ (*Woll~*) çile ❸ ANAT (*Nerven~*) demet

strangulieren* [ʃtraŋgu'liːrən] *vt* (*erdrosseln*) boğmak; (*erhängen*) asmak

Strapaze <-n> [ʃtra'paːtsə] *f* zorluk, güçlük, sıkıntı, meşakkat

strapazieren* [ʃtrapa'tsiːrən] *vt* ❶ (*Material*) yıpratmak ❷ (*Person, Nerven*) yıpratmak, yormak; (*Augen*) yormak; (*Geduld*) tüketmek

strapazierfähig *adj* dayanıklı, sağlam

strapaziös [ʃtrapa'tsjøːs] *adj* yorucu, güç, sıkıntılı, meşakkatli

Straps <-es, -e> [ʃtraps] *m* jartiyer

Straße <-n> ['ʃtraːsə] *f* ❶ (*in einer Ortschaft*) sokak; (*große*) cadde; (*Land~*) yol; **auf der ~** sokakta, yolda; **auf offener ~** sokağın [*o* yolun] ortasında; **auf die ~ gehen** sokağa çıkmak; (*demonstrieren*) gösteri yürüyüşü yapmak; **über die ~ gehen** sokağı geçmek; **jdn auf die ~ setzen** (*fam*) birini sokağa atmak; **der Mann auf der Straße** sokaktaki adam ❷ (*Meerenge*) boğaz; **die ~ von Gibraltar** Cebelitarık Boğazı

Straßenarbeiter <-s, -> *m* kaldırım işçisi

Straßenbahn *f* tramvay **Straßenbahnfahrer(in)** *m(f)* ❶ (*Führer*) vatman ❷ (*Gast*) tramvay yolcusu **Straßenbahnhaltestelle** *f* tramvay durağı **Straßenbahnlinie** *f* tramvay hattı

Straßenbau <-(e)s> *m kein pl* yol yapımı **Straßenbelag** *m* yol kaplaması **Straßencafé** *nt* kaldırım kahvesi **Straßenecke** *f* sokak köşesi **Straßenfeger(in)** <-s, -; -nen> *m(f)* ❶ yol temizlik işçisi ❷ (*fam*) *sokaklarda kimsecik bırakmayan çok heyecanlı televizyon filmi* **Straßenfest** *nt semt sakinlerinin sokak şenliği* **Straßengraben** *m* şarampol **Straßenhandel** *m* işporta **Straßenjunge** <-n, -n> *m* (*a. pej*) sokak çocuğu **Straßenkarte** *f* yol haritası **Straßenkehrmaschine** *f* yol süpürme makinesi **Straßenkind** *nt* sokak çocuğu **Straßenköter** *m* sokak köpeği **Straßenkreuzung** *f* kavşak **Straßenlage** *f* AUTO yol tutma [*o* tutuş] **Straßenlärm** *m* sokak gürültüsü **Straßenlaterne** *f* sokak lambası **Straßenmusikant** *m* sokak çalgıcısı **Straßenname** *m* sokak adı, cadde adı **Straßenrand** *m* yol kenarı **Straßenraub** *m* karmanyola

Straßenräuber(in) <-s, -; -nen> ['rɔɪbɐ] *m(f)* karmanyolacı, yolkesen **Straßenschild** <-(e)s, -er> *nt* sokak levhası; (*Verkehrsschild*) trafik levhası **Straßenseite** *f* ❶ **die linke/rechte ~** yolun sol/şağ tarafı ❷ (*zur Straße gelegene Seite*) sokağa [*o* caddeye] bakan taraf **Straßensperre** *f* barikat **Straßenüberführung** *f* üst geçit **Straßenunterführung** *f* alt geçit **Straßenverhältnisse** *pl* yol durumu

Straßenverkehr *m* trafik **Straßenverkehrsordnung** ['---'---] *f* trafik yönetme-

S

liği

Stratege(in) <-n, -n; -nen> [ʃtraˈteːɡə] *m(f)* stratej

Strategie <-n> [ʃtrateˈɡiː] *f* strateji

strategisch *adj* stratejik

Stratosphäre *f kein pl* ASTRON stratosfer, kat yuvarı

sträuben [ˈʃtrɔɪbən] **I.** *vr* ■**sich ~** ① (*Haare, Fell*) kabarmak, ürpermek; **vor Angst sträubten sich ihm die Haare** korkudan tüyleri ürperdi ② (*sich wehren*) karşı koymak (**gegen** -e), direnmek (**gegen** -e karşı) **II.** *vt* ürpertmek; (*Gefieder, Fell*) kabartmak

Strauch <-(e)s, Sträucher> [ʃtraʊx, *pl* ˈʃtrɔɪçɐ] *m* çalı

straucheln [ˈʃtraʊxəln] *vi sein* ① (*geh*) sürçmek, yanlış adım atıp dengesini bozmak; (*stolpern*) ayağı çarpıp sendelemek (**über** -e), tökezlemek ② (*fig*) sürçmek, tökezlemek; (*scheitern*) başarısızlığa uğramak; (*sein Ziel nicht erreichen*) hedefine ulaşamamak ③ (*auf die schiefe Bahn geraten*) kötü yola sapmak

Strauß[1] <-es, -e> [ʃtraʊs] *m* ZOOL deve kuşu

Strauß[2] <-es, Sträuße> [ʃtraʊs, *pl* ˈʃtrɔɪsə] *m* (*Blumen~*) demet; (*Bukett*) buket

Straußenei *nt* deve kuşu yumurtası **Straußenfarm** *f* deve kuşu çiftliği **Straußenfeder** *f* deve kuşu tüyü

Strebe <-n> [ˈʃtreːbə] *f* ARCH payanda

streben [ˈʃtreːbən] *vi* ① *sein* (*sich bewegen*) yönelmek (**zu/nach** -e/-e); **der Fluss strebt zum Meer** ırmak denize akıyor; **zum Himmel strebende Türme** (*fig*) göklere tırmanan kuleler ② (*sich bemühen*) **nach etw ~** bir şeyi ele geçirmeye çalışmak, bir şeyi elde etmeye gayret etmek; **die Partei strebt mit aller Energie zur** [*o* **an die**] **Macht** parti bütün gücüyle iktidarı ele geçirmeye çalışıyor

Strebepfeiler *m* ARCH payanda ayak

Streber(in) <-s, -; -nen> *m(f)* (*pej: im Beruf*) mevki düşkünü; (*in der Schule*) inek

strebsam *adj* gayretli, çaba gösteren; (*ehrgeizig*) hırslı

Strebsamkeit *f kein pl* gayretlilik, çaba; (*Ehrgeiz*) hırs

Strecke <-n> [ˈʃtrɛkə] *f* ① (*Wegabschnitt*) yol; (*Eisenbahn~*) hat; **auf der ganzen ~** yol boyunca; **auf halber ~** yarı yolda; **auf freier ~** yol üstünde, yolun ortasında; **über weite ~n** (*größtenteils*) büyük bir kısmı, çoğunlukla; **auf der ~ bleiben** (*fig fam*) yarı yolda kalmak ② SPORT (*Renn~*) pist ③ (*Entfernung*) uzaklık, mesafe ④ (*Weg*) yol; (*Route*) güzergâh ⑤ BERGB yatay galeri ⑥ MATH doğru parçası ⑦ (*jagen*) **jdn zur ~ bringen** (*verhaften*) birini yakalamak; (*töten*) birini öldürmek; **ein Tier zur ~ bringen** bir hayvanı avlamak

strecken [ˈʃtrɛkən] **I.** *vt* ① (*Körperteil*) uzatmak; **lang gestreckt** germek; (**den Finger**) **~** (*fam*) parmağını uzatmak; **jdn zu Boden ~** birini yere sermek; **den Kopf aus dem Fenster ~** başını pencereden uzatmak; **alle Viere von sich** *dat* **~** (*fam*) nalları dikmek; **die Waffen ~** teslim olmak ② (*Metall*) uzatmak; **Eisenblech durch Hämmern/Walzen ~** demir sacı çekiçleyerek/haddeleyerek uzatmak ③ (*Vorräte, Geld*) azar azar kullanmak, tasarruflu harcamak; (*verdünnen*) sulandırmak, seyreltmek; **mit Mehl gestrecktes Heroin** un katıştırarak çoğaltılmış eroin ④ MATH **ein gestreckter Winkel** doğru açı **II.** *vr* ■**sich ~** ① (*sich aus~*) uzanmak ② (*sich recken*) gerinmek ③ (*sich hinziehen*) **der Weg streckt sich** (*fam*) yol uzuyor **Streckennetz** *nt* yol şebekesi **Streckenwärter(in)** *m(f)* hat bekçisi **streckenweise** *adv* (*a. fig*) yer yer; **das Buch war ~ langweilig** kitabın bazı pasajları sıkıcıydı

Strecker <-s> *m* ANAT, MED açan

Streckmittel *nt* katkı maddesi

Streich <-(e)s, -e> [ʃtraɪç] *m* ① (*geh: Schlag*) darbe ② (*Schabernack*) muziplik, oyun, şaka; **jdm einen ~ spielen** birine bir oyun oynamak

Streicheleinheiten *pl* (*fam*) gönül okşama *sing*

streicheln [ˈʃtraɪçəln] *vt* okşamak

streichen <streicht, strich, gestrichen> [ˈʃtraɪçən] **I.** *vt* ① (*an~*) boyamak; **frisch gestrichen!** dikkat, boyalı! ② (*durch~*) silmek, çizmek; (*Plan, Auftrag*) iptal etmek; **„Nichtzutreffendes ~!“** “uymayanın üstünü çiziniz” ③ (*Butter*) sürmek; **Salbe auf eine Wunde ~** yaraya merhem sürmek ④ (*entfernen*) çıkarmak; **die Segel ~** yelkenleri indirmek; (*fig fam: nachgeben*) yelkenleri suya indirmek ⑤ (*Stoff, Haare*) **glatt ~** düzlemek, üstünden geçerek düzeltmek; **etw** (**mit der Hand**) **glatt ~** bir şeyi (eliyle) üstünden geçerek düzeltmek; **sich den Bart ~** sakalını sıvazlamak **II.** *vi* ① *sein* (*umherstreifen*) gezinmek (**durch** -de), dolaşmak (**durch** -de) ② (*über etw ~*) okşamak; **jdm übers Gesicht/über die Wange ~** birinin yüzünü/yanağını okşamak; **die Katze streicht ihr um die Beine** kedi bacaklarına sürtünüyor;

ein gestrichener Esslöffel Mehl silmece dolu bir yemek kaşığı un; **ich hab die Schnauze gestrichen voll** (*fam*) bıktım, usandım

Streicher *pl* MUS (*Orchesterteil*) yaylı çalgılar *pl*

Streichholz <-es, -hölzer> *nt* kibrit **Streichholzschachtel** *f* kibrit kutusu

Streichinstrument *nt* yaylı çalgı **Streichorchester** *nt* yaylı çalgılar orkestrası **Streichquartett** *nt* yaylı çalgılar dörtlüsü

Streichung <-en> *f* ❶ (*Abschaffung*) ortadan kaldırma, iptal; (*von Stellen, im Etat*) kısıntı ❷ (*im Text*) silinme, çizilme

Streife <-n> ['ʃtraɪfə] *f* devriye; **auf ~ gehen/sein** devriye gezmek

streifen ['ʃtraɪfən] **I.** *vt* ❶ (*berühren*) değmek; (*Frage, Problem*) değinmek ❷ (*abziehen*) sıyırıp çıkarmak (**von** -den); (*überziehen*) geçirmek (**auf** -e) **II.** *vi sein* **durch ein Gebiet ~** bir bölgeyi devriye [*o* karakol] gezmek

Streifen <-s, -> ['ʃtraɪfən] *m* ❶ (*Linie*) şerit ❷ (*aus Stoff, Papier*) şerit ❸ (*fam: Film*) film

Streifenwagen *m* polis arabası

Streifschuss^{RR} *m* vücudu sıyırıp geçen kurşun; (*Verletzung*) sıyırıp geçen kurşun yarası **Streifzug** <-(e)s, -züge> *m* ❶ (*Erkundungszug*) keşif gezisi (**durch** -de) ❷ (*kurzer Überblick*) kısa bakış (**durch** -e)

Streik <-(e)s, -s> [ʃtraɪk] *m* grev; **in (den) ~ treten** greve başlamak; **zum ~ aufrufen** greve çağırmak

Streikbrecher(in) <-s, -; -nen> *m(f)* grev kırıcı

streiken ['ʃtraɪkən] *vi* ❶ (*Arbeiter*) grev yapmak (**für** için) ❷ (*fam: sich weigern*) hayır demek; (*Motor*) dama demek

Streikende(r) <-n, -n; -n> *f(m)* grevci

Streikposten *m* grev gözcüsü

Streit <-(e)s, -e> [ʃtraɪt] *m* kavga, tartışma; (*Rechts~*) dava; (*Konflikt*) anlaşmazlık, uyuşmazlık, ihtilâf; **~ anfangen** kavga çıkarmak; (*verbal*) tartışmaya başlamak; **~ suchen** bela aramak, kavga çıkarmak için fırsat aramak; **wir haben ~** kavgalıyız; **mit jdm in ~ geraten** biriyle kavgaya girişmek; **wegen etw mit jdm ~ bekommen** bir şey yüzünden biriyle ihtilâfa düşmek; **sich im ~ trennen** kavgalı ayrılmak

streiten <streitet, stritt, gestritten> ['ʃtraɪtən] **I.** *vi* ❶ (*zanken*) kavga etmek (**um** için) ❷ (*mit Worten*) tartışmak (**über** üzerine); **über Geschmack lässt sich nicht ~** zevkler tartışılmaz **II.** *vr* ■ **sich ~** kavga etmek (**um/wegen** için/yüzünden)

Streiterei <-en> *f* (*pej*) kavga; (*mit Worten*) tartışma

Streitfall <-(e)s, -fälle> *m* anlaşmazlık, uyuşmazlık, ihtilâf **Streitfrage** *f* tartışma konusu **Streitgespräch** *nt* tartışma

streitig *adj* ❶ JUR çekişmeli, nizalı, davalı; **jdm etw ~ machen** birinin bir şey üzerinde hakkı olmadığını iddia etmek ❷ (*strittig*) tartışmalı

Streitigkeit <-en> *f* uyuşmazlık

Streitkolben <-(e)s, -fälle> *m* HIST gürz; (*aus Holz*) tomak

Streitkräfte *pl* silahlı kuvvetler *pl* **streitsüchtig** *adj* kavgacı **Streitwert** *m* dava konusunun değeri, dava olunan şeyin değeri

streng [ʃtrɛŋ] *adj* ❶ sıkı; (*hart*) sert, katı; (*genau*) tam, belgin; **~ genommen** aslına bakılırsa; **jdn ~ ansehen** birine sert bakmak; **das ist ~ verboten/vertraulich!** bu kesinlikle yasaktır/gizlidir!; **~e Diät halten** sıkı perhiz yapmak; **eine ~e Schule** disiplinli okul ❷ (*Geruch*) keskin; (*Geschmack*) kekre ❸ (*schmucklos*) sade ❹ (*Kälte*) şiddetli; (*Winter*) sert ❺ (*konsequent*) kararlı, tutarlı ❻ SCHWEIZ (*anstrengend*) zor, zahmetli

Strenge ['ʃtrɛŋə] *f kein pl* ❶ sertlik, katılık; (*Striktheit*) kesinlik; (*Exaktheit*) belginlik ❷ (*Schmucklosigkeit*) sadelik ❸ (*eines Geruchs*) keskinlik; (*eines Geschmacks*) kekrelik ❹ (*des Winters*) sertlik

strenggenommen^{ALT} *adv s.* **streng 1.**

strenggläubig *adj* sofu

Stress^{RR} <-es> [ʃtrɛs] *m kein pl*, **Streß**^{ALT} <-sses> *m kein pl* stres; **unter ~ stehen** stres altında bulunmak

stressen ['ʃtrɛsən] *vi, vt* (*fam*) strese sokmak

stressig *adj* (*fam*) stresli

Stresssituation^{RR} *f* stres durumu

Streu [ʃtrɔɪ] *f kein pl* saman; **auf ~ schlafen** saman üstünde uyumak

streuen ['ʃtrɔɪən] **I.** *vt* ❶ (*verteilen*) dağıtmak (**durch/auf** arasında/-e); (*Pulver*) serpmek; (*Salz, Pfeffer*) ekmek; **Gerüchte ~** yaymak ❷ (*Straße*) kum atmak (-e), tuz serpmek (-e) **II.** *vi* dağılmak, yayılmak

Streufeuer *nt kein pl* MIL tarama ateşi **Streugut** <-s> *nt kein pl kışın buz tutmasın diye yollara atılan kum veya serpilen tuzlar*

streunen ['ʃtrɔɪnən] *vi sein* (başıboş) dolaşmak (**durch** -de), sürtmek; **wir sind ein bisschen durch die Stadt gestreunt** biraz şehirde dolaştık; **~de Katzen** sokak kedileri

Streusel <-s, -> ['ʃtrɔɪzəl] *m o nt pastanın üstüne serpilen şekerli, unlu, tereyağlı kırıntılar* **Streuselkuchen** *m üstüne şekerli, unlu, tereyağlı kırıntılar serpilen pasta*

strich [ʃtrɪç] *3. imp von* **streichen**

Strich[1] <-(e)s, -e> [ʃtrɪç] *m* (*Linie*) çizgi; (*auf Skalen*) kerte; (*~kode*) bar; (*Pinsel~*) darbe; **jdm einen ~ durch die Rechnung machen** (*fig fam*) birinin plan(lar)ını bozmak; **einen ~ unter etw ziehen** (*fig*) bir şeye çizgi çekmek; **unter dem ~** (*als Ergebnis*) sonuçta, hesap kitap; **unter dem ~ sein** (*fam: sehr schlecht*) berbat olmak

Strich[2] <-(e)s> *m kein pl* ❶ (*der Haare, des Fells*) yön; **die Haare gegen den ~ bürsten/kämmen** saçları tersine fırçalamak/taramak; **das geht mir gegen den ~** (*fam*) bu benim işime gelmiyor; **jdn nach ~ und Faden verprügeln** (*fig fam*) birini adamakıllı dövmek ❷ (*fam: Prostitution*) fuhuş; **auf den ~ gehen** sokakta fuhuş yapmak

Strichcode *m s.* **Strichkode**

stricheln ['ʃtrɪçəln] *vt* ❶ (*zeichnen*) taraklamak; **eine gestrichelte Linie** kesik çizgi ❷ (*schraffieren*) taramak

Stricher <-s, -> *m,* **Strichjunge** <-n, -n> *m* (*fam*) oğlan, sokak oğlanı

Strichkode *m* barkod **Strichkodeleser** *m* barkod okuyucu

Strichmädchen *nt* (*fam*) sokak kadını, sokak kızı, sokakta fahişelik yapan kız

Strichmännchen *nt birkaç çizgiyle yapılmış insan resmi* **Strichpunkt** *m* noktalı virgül

strichweise *adv* yer yer; **~ Schneefall** yer yer kar yağması

Strick <-(e)s, -e> [ʃtrɪk] *m* ❶ (*Seil*) ip; (*dicker*) halat; **wenn alle ~e reißen** (*fam*) hiçbir şey işe yaramazsa; **jdm aus etw einen ~ drehen** (*fig fam*) birinin yapmış veya söylemiş olduğu bir şeyi kullanarak ona zarar vermek ❷ (*fam: Schlingel*) afacan, haşarı

stricken ['ʃtrɪkən] **I.** *vt* örmek; **einen Pullover ~** bir kazak örmek **II.** *vi* örgü örmek

Strickgarn *nt* örme [*o* örgü] ipliği **Strickjacke** *f* hırka

Strickleiter <-n> *f* ip merdiven, asma merdiven

Strickmaschine *f* örgü makinesi, trikotaj makinesi **Stricknadel** *f* örgü şişi **Strickwaren** *pl* trikotaj **Strickzeug** *nt* örgü malzemesi; (*Handarbeit*) örgü işi

Striegel <-s, -> *m* kaşağı

striegeln *vt* (*Pferd*) kaşağılamak; (*bürsten*) fırçalamak

Strieme <-n> ['ʃtri:mə] *f,* **Striemen** <-s, -> ['ʃtri:mən] *m* mor darbe izi; (*von einer Peitsche*) kamçı izi

strikt [ʃtrɪkt] *adj* kesin; **etw ~ ablehnen** bir şeyi kesin olarak reddetmek

stringent *adj* (*zwingend*) zorlayıcı, zorlayan, mücbir; (*unerlässlich*) zorunlu; (*dringend*) acil, acele, ivedi; (*überzeugend*) inandırıcı

Strip <-s, -s> [strɪp] *m* striptiz

Strippe <-n> ['ʃtrɪpə] *f* (*fam*) **an der ~ hängen** devamlı telefonla konuşmak; **jdn an der ~ haben** biriyle telefonda konuşmak

strippen ['strɪpən] *vi* (*fam: sich ausziehen*) striptiz yapmak

Stripper(in) *m(f)* striptizci

Striptease *m o nt* striptiz

Stripteasetänzer(in) *m(f)* striptizci

stritt [ʃtrɪt] *3. imp von* **streiten**

strittig ['ʃtrɪtɪç] *adj* tartışmalı

Stroh <-(e)s> [ʃtro:] *nt kein pl* saman; (*Mais~*) püskül **strohblond** ['-'-] *adj* saman rengi, saman sarısı **Strohblume** *f* BOT ölmez çiçek, yayla gülü **strohdumm** ['-'-] *adj* (*fam*) çok budala **Strohfeuer** <-s, -> *nt* saman alevi; **es war nur ein ~** (*fam*) sadece bir saman aleviydi **Strohhalm** *m* ❶ (*Halm*) saman sapı ❷ (*Trinkhalm*) kamış, pipet, çubuk **Strohhut** <-(e)s, -hüte> *m* hasır şapka **Strohmann** *m* ❶ (*Strohpuppe*) korkuluk ❷ (*fig*) maşa **Strohpuppe** *f* korkuluk **Strohwitwe** *f* (*fam*) **~ sein** kocası seyahatte olmak **Strohwitwer** *m* (*fam*) **~ sein** karısı seyahatte olmak

Strolch <-(e)s, -e> [ʃtrɔlç] *m* ❶ (*pej: Gauner*) serseri ❷ (*fam: Kind*) yaramaz

Strom <-(e)s, Ströme> [ʃtro:m] *m* ❶ (*Fluss*) ırmak, nehir; (*Strömung*) akıntı; (*a. fig*) akıntı, su; **in Strömen gießen/regnen** bardaktan boşanırcasına yağmak/yağmur yağmak; **der Wein floss in Strömen** şarap su gibi aktı [*o* akardı], su gibi şarap içildi; **gegen den ~ schwimmen** (*fig*) akıntıya kürek çekmek; **mit dem ~ schwimmen** (*fig*) suyuna gitmek ❷ ELEK akım, cereyan, elektrik; **unter ~ stehen** (*Kabel, Zaun*) elektrikli olmak; **der ~ ist ausgefallen** elektrik [*o* cereyan] kesildi ❸ (*Menschen~*) akın

stromabwärts [-'--] *adv* akıntı yönünde, akıntı aşağı **stromaufwärts** [-'--] *adv* akıntının ters yönünde, akıntı yukarı

Stromausfall <-(e)s, -fälle> *m* elekrik kesilmesi [*o* kesintisi]

strömen ['ʃtrø:mən] *vi sein* ❶ (*Fluss*)

akmak ❷ (*Blut, Wasser*) akmak ❸ (*Menschen*) akın etmek (**zu/nach** -e/-e), dökülmek (**zu/nach** -e/-e)

Stromerzeugung *f* elektrik üretimi **Stromkabel** *nt* elektrik kablosu **Stromkreis** *m* elektrik akımı devresi

stromlinienförmig *adj* aerodinamik

Stromnetz *nt* elektrik şebekesi **Stromrechnung** *f* elektrik faturası

Stromschnelle <-n> *f* ivinti yeri

Stromstärke *f* akım şiddeti **Stromstoß** *m* elektrik çarpması

Strömung <-en> *f* ❶ (*strömende Bewegung*) akıntı ❷ (*fig: geistige Bewegung*) akım

Stromverbrauch *m kein pl* elekrik tüketimi, elekrik sarfiyatı **Stromversorgung** *f kein pl* elektrik dağıtımı **Stromzähler** <-s, -> *m* elektrik sayacı

Strophe <-n> [ˈʃtroːfə] *f* LIT (*zwei Verse*) beyit; (*vier Verse*) bağlam, kıta; **die ~n haben vier Verse** her bağlam dört dizedir

Stropp *m* NAUT sapan

strotzen [ˈʃtrɔtsən] *vi* (*fast bersten*) patlamak üzere olmak (**von/vor** -den/-den); (*voll sein*) dolu olmak (**von/vor** -le/-le); **das Zimmer strotzt von Schmutz** odayı pislik götürüyor

strubb(e)lig [ˈʃtrʊbəlɪç] *adj* karmakarışık

Strudel <-s, -> [ˈʃtruːdəl] *m* ❶ (*im Wasser*) burgaç, anafor, girdap; (*fig*) girdap; **im ~ der Ereignisse** olayların girdabında ❷ (*Speise*) *elmalı ve üzümlü hamur işi*

Struktur <-en> [ʃtrʊkˈtuːɐ] *f* yapı

Strukturalismus *m kein pl* yapısalcılık, strüktüralizm

Strukturelement *nt* yapı elemanı

strukturell [ʃtrʊktuˈrɛl] *adj* yapısal

strukturieren* [ʃtrʊktuˈriːrən] *vt* yapılamak

Strukturierung <-en> *f* yapılama **Strukturwandel** *m* yapısal değişim

Strumpf <-(e)s, Strümpfe> [ʃtrʊmpf, *pl* ˈʃtrʏmpfə] *m* çorap; (*Glüh~*) gömlek **Strumpfband** <-(e)s, -bänder> *nt* diz bağı **Strumpfhalter** <-s, -> *m* jartiyer **Strumpfhose** *f* külotlu çorap

Strunk *m* koçan

struppig [ˈʃtrʊpɪç] *adj* darmadağınık

Strychnin *nt kein pl* striknin

Stube <-n> [ˈʃtuːbə] *f* oda **Stubenarrest** *m* (*fam*) oda hapsi **Stubenfliege** <-n> *f* ev sineği, karasinek **stubenrein** *adj* (*Tier*) eve pislemeyen

Stuck <-(e)s> [ʃtʊk] *m kein pl* ARCH silme, kartonpiyer

Stück <-(e)s, -e> [ʃtʏk] *nt* ❶ (*allgemein*) parça; (*Vieh*) tane; **sechs ~ Eier** altı tane yumurta; **drei Euro das ~** tanesi üç euro; **~ Land** toprak parçası; **ein ~ spazieren gehen** bir parça yürümek; **das ist ein starkes ~!** (*fam*) buna utanmazlık derler! ❷ (*Teil*) parça; **~ für ~** parça parça, tane tane; **etw in ~e schlagen** bir şeyi paramparça etmek; **große ~e auf jdn halten** (*fam*) birinden çok şeyler beklemek; **ein schweres ~ Arbeit** ağır bir iş; **aus freien ~en** kendi isteğiyle, isteyerek, gönüllü olarak ❸ (*Theater~*) oyun; (*Musik~*) parça ❹ (*pej fam: Person*) **du gemeines ~!** alçak!

Stuckateur(in)RR <-s, -e; -nen> [ʃtʊkaˈtøːɐ] *m(f)* silmeci, kartonpiyerci, kartonpiyer ustası

Stuckdecke *f* kartonpiyerli tavan

Stückgut *nt* parça mal **Stückpreis** *m* parça fiyatı

stückweise *adv* parça parça, tane tane

Stückzahl *f* WIRTSCH adet, parça sayısı

Student(in) <-en, -en; -nen> [ʃtuˈdɛnt] *m(f)* lisansiyer, üniversiteli, üniversite öğrencisi **Studentenausweis** *m* şebeke, öğrenci kimliği **Studentenviertel** *nt* üniversiteliler semti **Studentenwohnheim** *nt* öğrenci yurdu

Studie <-n> [ˈʃtuːdiə] *f* ❶ (*Entwurf*) etüt ❷ (*Untersuchung*) araştırma, inceleme

Studien ❶ *pl von* **Studie** ❷ *pl von* **Studium**2

Studienabbrecher(in) <-s, -; -nen> *m(f)* lisans öğretimini bitirmeyen (kimse), yüksekokul öğrenimini bitirmeyen (kimse) **Studienfach** *nt* lisans dalı **Studiengebühr** *f* (yüksekokulda) öğrenim ücreti **Studienrat, -rätin** <-(e)s, -räte; -nen> *m, f* lise öğretmeni **Studienreferendar(in)** *m(f)* stajyer öğretmen **Studienreise** <-n> *f* kültür gezisi

studieren* [ʃtuˈdiːrən] *vi, vt* lisans yapmak (**an/in** -de/-de), öğrenim görmek (**an/in** -de/-de), okumak (**an/in** -de/-de)

studiert [ʃtuˈdiːɐt] *adj* (*fam*) okumuş; (*gebildet*) öğrenim yapmış, tahsil görmüş

Studio <-s, -s> [ˈʃtuːdio] *nt* stüdyo

Studium1 <-s> [ˈʃtuːdiʊm] *nt kein pl* (*akademische Ausbildung*) lisans, yükseköğrenim, tahsil

Studium2 <-s, Studien> *nt* (*Erforschung*) araştırma, inceleme

Stufe <-n> [ˈʃtuːfə] *f* ❶ (*Treppen~*) basamak; **Vorsicht, ~!** dikkat, basamak! ❷ (*Ebene*) düzey; (*Rang*) derece; **sich mit jdm auf eine ~ stellen** kendini biriyle bir tutmak ❸ (*Entwicklungs~*) aşama, kademe

Stufenbarren *m* SPORT asimetrik bar

stufenlos *adj* TECH kademesiz

Stufenpyramide *f* basamaklı piramit **Stufenschnitt** *m* kat kat kesim

stufenweise *adv* basamak basamak, kademe kademe; (*allmählich*) yavaş yavaş

stufig *adj* ❶ basamaklı, kademeli ❷ (*Haar*) **das Haar ~ schneiden** saçları kat kat kesmek

Stuhl <-(e)s, Stühle> [ʃtuːl, *pl* 'ʃtyːlə] *m* ❶ (*Möbel*) sandalye; **elektrischer ~** elektrikli sandalye; **zwischen zwei Stühlen sitzen** (*fig*) iki şık arasında kalmak ❷ REL taht; **der Heilige ~** (*Thron*) papanın tahtı; (*Regierung*) papa hükümeti ❸ MED (*~gang*) büyük aptes; (*Kot*) dışkı ❹ (*Lehr~*) kürsü

Stuhlbein *nt* sandalye ayağı

Stuhlgang <-(e)s> *m kein pl* büyük aptes; **~ haben** büyük aptes bozmak

Stukkateur(in)ALT <-s, -e; -nen> *m(f) s.* **Stuckateur**

Stulle <-n> ['ʃtʊlə] *f* NORDD tereyağlı dilim ekmek

stülpen ['ʃtʏlpən] *vt* **etw auf/über etw ~** bir şeyi bir şeyin üstüne geçirmek; **etw nach außen ~** bir şeyi ters yüz etmek

stumm [ʃtʊm] *adj* ❶ (*sprechunfähig*) dilsiz; **vor Staunen ~ sein** şaşkınlıktan dili tutulmak ❷ (*schweigsam*) sessiz; **jdn ~ ansehen** birine konuşmadan bakmak

Stummel <-s, -> ['ʃtʊməl] *m* (*Kerzen~*) artık; (*Zigaretten~*) izmarit

Stummfilm <-(e)s, -e> *m* sessiz film

Stümper(in) <-s, -; -nen> ['ʃtʏmpɐ] *m(f)* (*pej*) acemi çaylak

stümperhaft *adj* (*pej*) üstünkörü, yarım yamalak, acemice, şişirme

stumpf [ʃtʊmpf] *adj* ❶ (*nicht scharf*) kör; (*nicht spitz*) küt ❷ (*rau*) pürüzlü ❸ (*glanzlos*) mat ❹ MATH (*Winkel*) geniş ❺ (*teilnahmslos*) kayıtsız, ilgisiz; (*gleichgültig*) umursamaz, aldırmaz, vurdumduymaz

Stumpf <-(e)s, Stümpfe> [ʃtʊmpf, *pl* 'ʃtʏmpfə] *m* (*Baum~*) çotuk

Stumpfheit *f kein pl* ❶ (*eines Messers*) körlük ❷ (*Rauheit*) kabalık ❸ (*Glanzlosigkeit*) donukluk, matlık ❹ (*Teilnahmslosigkeit*) kayıtsızlık, ilgisizlik; (*Gleichgültigkeit*) vurdumduymazlık, aldırmazlık, umursamazlık

Stumpfsinn <-(e)s> *m kein pl* ❶ (*Teilnahmslosigkeit*) vurdumduymazlık ❷ (*Monotonie*) tekdüzelik **stumpfsinnig** *adj* ❶ (*teilnahmslos*) vurdumduymaz ❷ (*monoton*) tekdüze

Stunde <-n> ['ʃtʊndə] *f* saat; (*Unterrichts~*) ders; **drei viertel ~n** üç çeyrek saat; **in einer ~** bir saatte; **vor einer halben ~** yarım saat önce; **alle halbe ~** her yarım saatte bir; **bis zur ~** saat başına kadar; **zu später ~** geç saatte; **25 Euro pro ~** saat başına 25 euro; **~n nehmen/geben** ders almak/vermek; **in einer schwachen ~** zayıf bir anında

stunden ['ʃtʊndən] *vt* **jdm etw ~** birine bir şey için süre tanımak

Stundengeschwindigkeit *f* bir saatteki hız **Stundenhotel** *nt* randevu evi **Stundenkilometer** *m* (*fam*) **mit achtzig ~n fahren** saatte seksen kilometre hızla gitmek [*o* araba sürmek] **stundenlang I.** *adj* saatlerce süren **II.** *adv* saatlerce **Stundenlohn** <-(e)s, -löhne> *m* saat ücreti **Stundenplan** *m* SCHULE ders programı

stundenweise *adv* saat hesabıyla

Stundenwinkel *m* ASTRON, NAUT saat açısı **Stundenzeiger** *m* akrep; **der ~ und der Minutenzeiger** akrep ve yelkovan

stündlich ['ʃtʏntlɪç] **I.** *adj* saatte bir olan, saat başı olan, her saat olan **II.** *adv* **dreimal ~** saatte üç kere; **er ruft ~ an** saat başı telefon ediyor; **seine Lage ändert sich ~** durumu her saat (başı) değişiyor

Stunk <-s> [ʃtʊŋk] *m kein pl* (*pej fam*) hır, kavga; **~ machen** hır çıkarmak

stupid(e) [ʃtu'piːt, ʃtu'piːdə] *adj* (*pej*) ❶ (*Person*) ahmak ❷ (*Tätigkeit*) ahmakça

Stups <-es, -e> [ʃtʊps] *m* (*fam*) hafifçe itme

stupsen ['ʃtʊpsən] *vt* (*fam*) hafifçe itmek

Stupsnase <-n> *f* yukarı kalkık burun

stur [ʃtuːɐ] *adj* inatçı; **bei etw auf ~ schalten** (*fam*) bir şeyde inat etmek

Sturheit *f kein pl* (*pej fam*) inatçılık

Sturm <-(e)s, Stürme> [ʃtʊrm, *pl* 'ʃtʏrmə] *m* ❶ (*Unwetter*) fırtına; (*Wind*) kasırga; **ein ~ des Beifalls** bir alkış tufanı; **ein ~ der Begeisterung** bir coşku fırtınası; **die Ruhe vor dem ~** fırtınadan önce(ki) sessizlik; **wer Wind sät, wird ~ ernten** (*prov*) rüzgâr eken fırtına biçer ❷ (*Angriff*) akın (**auf** -e); **die Herzen im ~ erobern** kalpleri fırtına gibi fethetmek ❸ SPORT forvet; **er spielt im ~** forvette oynuyor

stürmen ['ʃtʏrmən] **I.** *vi* ❶ *sein* akın etmek (**zu/nach** -e/-e); **aus dem Haus/ins Zimmer ~** fırtına gibi evden çıkmak/odaya girmek ❷ SPORT akın etmek (-e); (*angreifen*) hücum etmek (-e) **II.** *vt* üşüşmek (-e); (*Bank, Geschäfte*) akın etmek (-e) **III.** *vi unpers haben* **es stürmt** fırtına var, hava fırtınalı

Stürmer(in) <-s, -; -nen> *m(f)* SPORT forvet, akıncı

stürmisch *adj* ❶ (*Wetter, Meer*) fırtınalı, kasırgalı ❷ (*ungestüm*) acul; **ein ~er Beifall** alkış tufanı

S

Sturmvogel *m* ZOOL fırtına kuşu **Sturmwarnung** *f* fırtına uyarısı, kasırga uyarısı
Sturz <-es, Stürze> [ʃtʊrts, *pl* 'ʃtʏrtsə] *m* ❶ (*Fall*) düşme (**von** -den, **aus** -den) ❷ (*Rückgang*) düşüş ❸ (*einer Regierung*) devrilme ❹ (*oberer Abschlussbalken*) lento, boyunduruk
stürzen ['ʃtʏrtsən] **I.** *vi sein* ❶ (*fallen*) düşmek; (*Temperatur, Währung*) düşmek; **sie ist schwer gestürzt** o fena düştü; **zu Boden ~** yere düşmek ❷ (*in die Tiefe*) aşağıya düşmek ❸ (*rennen*) koşmak (**zu/an** -e/-e, **in** -e); **ins Zimmer gestürzt kommen** odaya paldır küldür girmek; (*mehrere*) hürya odaya girmek **II.** *vt* ❶ (*um~*) devirmek; (*Regierung*) devirmek ❷ (*hinunter~*) aşağıya atmak; **jdn von der Brücke/aus dem Fenster ~** birini köprüden/pencereden aşağı atmak ❸ (*Kuchen-, Puddingform*) ters çevirip boşaltmak **III.** *vr* ■ **sich ~** (*hinunterspringen*) atlamak (**in** -e, **von** -den, **aus** -den); **sich auf jdn ~** birinin üzerine [*o* üstüne] çullanmak; **sich auf/in etw ~** bir şeye atılmak; **sich in die Arbeit ~** kendini işe vermek; **sich in Unkosten ~** masrafa girmek; **sich ins Abenteuer ~** maceraya atılmak
Sturzflug *m* pike; **im ~** pike yaparak **Sturzhelm** *m* kask
Stuss[RR] <-es> [ʃtʊs] *m kein pl,* **Stuß**[ALT] <-sses> *m kein pl* (*pej fam*) saçmalama; **rede keinen ~!** saçmalama!, saçma sapan konuşma!
Stute <-n> *f* (*von Pferd*) kısrak
Stütze <-n> ['ʃtʏtsə] *f* (*a. fig*) payanda, destek; ARCH payanda, dayak; **eine ~ für jdn sein** birine destek olmak
stutzen ['ʃtʊtsən] **I.** *vi* (*innehalten*) kalakalmak; (*erstaunt*) şaşalamak **II.** *vt* kısaltmak; (*Baum*) budamak, dallarını kesmek (-in); (*Flügel, Schwanz*) kırpmak
stützen ['ʃtʏtsən] **I.** *vt* ❶ desteklemek, destek olmak (-e) ❷ dayamak (**auf** -e); **die Ellbogen auf den Tisch ~** dirseklerini masaya dayamak **II.** *vr* ■ **sich ~** ❶ (*sich auf~*) dayanmak (**auf** -e) ❷ (*beruhen*) dayanmak (**auf** -e)
Stützgewebe *nt* destek doku
stutzig *adj* (*verwundert*) şaşkın; (*argwöhnisch*) işkilli, kuşkulu; **~ werden** işkillenmek, kuşkulanmak; **~ machen** (*argwöhnisch machen*) işkillendirmek, kuşkulandırmak; (*verwirren*) şaşırtmak
Stützmauer *f* ARCH istinat duvarı
Stützpunkt *m* ❶ (*einer Last*) dayanak noktası, istinat noktası ❷ MIL üs
Stützungskauf *m* FIN, WIRTSCH destekleme alımı

stylen ['staɪlən] *vt* ❶ (*gestalten*) biçim vermek (-e); **sich** *dat* **die Haare ~** saçlarını yapmak ❷ (*entwerfen*) tasarımlamak, dizayn etmek
Stylist(in) [staɪ'-] *m(f)* stilist
Styropor® <-s> [ʃtyro'poːɐ, styro-] *nt kein pl* polistiren
s. u. *Abk von* **siehe unten** *aşağıda bakınız*
Subjekt <-(e)s, -e> [zʊp'jɛkt] *nt* ❶ LING özne ❷ PHILOS özne ❸ (*pej*) aşağılık, sefil
subjektiv [zʊpjɛk'tiːf] *adj* öznel, sübjektif
Subjektivismus *m kein pl* PHILOS sübjektivizm, öznelcilik
Subjektivist(in) *m(f)* sübjektivist, öznelci
subjektivistisch *adj* sübjektivist, öznelci
Subjektivität [zʊpjɛktivi'tɛːt] *f kein pl* sübjektivite, öznellik
Subkultur *f* alt kültür
Submission *f* WIRTSCH eksiltme; (*öffentliche Ausschreibung*) ihale **Submissionskartell** *nt* WIRTSCH ihale karteli **Submissionsweg** *m* WIRTSCH **auf dem ~** ihale yoluyla
Submittent(in) *m(f)* WIRTSCH ihaleci
subsidiär *adj* tali, ikinci derecede olan; (*behelfsmäßig*) palyatif, geçici
Subskribent(in) *m(f)* abone
Subskription *f* abonman
Substantiv <-s, -e> ['zʊpstantiːf] *nt* LING isim
Substanz <-en> [zʊp'stants] *f* ❶ (*Stoff*) madde, cevher; **das geht an die ~** (*fam*) bu insanı eritiyor ❷ (*fam: Kapital*) sermaye; **von der ~ leben** (*fig fam*) hazırdan yemek ❸ PHILOS töz
substituieren* [zʊpstitu'iːrən] *vt* ikame etmek (**durch** -le), ornatmak (**durch** -le)
Substitut(in) <-en, -en; -nen> [zʊpsti'tuːt] *m(f)* ❶ (*Abteilungsleiter*) reyon şefi ❷ (*Stellvertreter*) temsilci, mümessil ❸ (*Surrogat*) erzatz, kaim olan mal
subtil [zʊp'tiːl] *adj* ince
Subtrahend *m* MATH çıkan
subtrahieren* [zʊptra'hiːrən] *vt* MATH çıkarmak (**von** -den)
Subtraktion <-en> [zʊptrak'tsjoːn] *f* MATH çıkarma
Subtropen ['zʊptroːpən] *pl* GEO astropika **subtropisch** *adj* GEO astropikal
Subunternehmer(in) ['zʊp-] *m(f)* WIRTSCH taşeron
Subvention <-n> [zʊpvɛn'tsjoːn] *f* WIRTSCH sübvansiyon
subventionieren* [zʊpvɛntsjo'niːrən] *vt* WIRTSCH sübvanse etmek
subversiv [zʊpvɛr'ziːf] *adj* yıkıcı
Suchaktion *f* arama operasyonu

Suche <-n> ['zu:xə] *f* arama; **sich auf die ~ nach jdm/etw** *dat* **machen** bir kimseyi/şeyi aramaya çıkmak [*o* koyulmak]
suchen ['zu:xən] *vi, vt* aramak; **nach etw** *dat*/**jdm ~** bir şeyi/kimseyi aramak; **da kannst du lange ~** (*fam*) istediğin kadar ara; **du hast hier nichts zu ~!** (*fam*) burada senin işin yok!
Sucher <-s, -> *m* arayıcı; FOTO vizör
Suchfunktion <-en> *f* INFORM arama işlevi, arama fonksiyonu **Suchlauf** <-(e)s, -läufe> *m* RADIO, TV otomatik arama **Suchmaschine** *f* INFORM arama motoru
Sucht <-en *o* Süchte> [zʊxt] *f* ❶ düşkünlük, iptilâ; (*Abhängigkeit*) bağımlılık (**nach** -e) ❷ (*Verlangen*) tutkunluk (**nach** -e) **Suchtgefahr** *f kein pl* alışkanlık durumuna gelme tehlikesi
süchtig ['zʏçtɪç] *adj* ❶ düşkün (**nach** -e), müptela (**nach** -e), tutulmuş (**nach** -e); (*alkohol~*) ayyaş, içkici, (içkiye) düşkün; (*tabletten~*) hapçı; (*drogen~*) bağımlı; **~ machen** alışkanlık yapmak ❷ (*begierig*) düşkün (**nach** -e)
Süchtige(r) <-n, -n; -n> *f(m)* bağımlı; (*Drogen~*) bağımlı; (*Tabletten~*) hapçı
Suchtkranke(r) *f(m)* bağımlılık hastası
Suchtrupp *m* arama ekibi
Sud <-(e)s, -e> [zu:t] *m* ❶ su; **den ~ abgießen** suyunu dökmek ❷ (*Abkochung*) kaynatma
Süd <-(e)s> [zy:t] *m kein pl a.* NAUT, METEO güney **Südafrika** <-s> ['-'---] *nt* ❶ (*Republik*) Güney Afrika ❷ (*Teil des Kontinents*) Afrika'nın güneyi **Südafrikaner(in)** ['---'--] *m(f)* Güney Afrikalı **südafrikanisch** ['---'--] *adj* Güney Afrika (ile ilgili) **Südamerika** ['--'---] *nt* Güney Amerika **Südamerikaner(in)** ['----'--] *m(f)* Güney Amerikalı **südamerikanisch** ['----'--] *adj* Güney Amerika (ile ilgili), Güney Amerikalı; **~e Länder/Völker** Güney Amerika ülkeleri/halkları; **~e Frauen/Männer** Güney Amerikalı kadınlar/erkekler
Sudan <-s> [zu'da:n] *m* Sudan
Sudanese(in) <-n, -n; -nen> [zuda'ne:zə] *m(f)* Sudanlı
sudanesisch *adj* **die ~e Regierung** Sudan hükümeti; **~e Frauen/Männer** Sudanlı kadınlar/erkekler
süddeutsch *adj* Güney Alman **Süddeutsche(r)** *f(m)* Güney Alman(yalı) **Süddeutschland** *nt* Güney Almanya
Sudelei <-en> [zu:də'laɪ] *f* (*fam*) ❶ (*Schmiererei*) karalama; (*beim Schreiben*) karalamalar *pl* ❷ (*Schlamperei*) baştan savma iş, üstünkörü iş
sudeln ['zu:dəln] *vi, vt* (*pej fam: beim Schreiben*) karalamak; (*beim Zeichnen*) karalamak; (*mit Matsch schmieren*) pisletmek
Süden <-s> ['zy:dən] *m kein pl* güney; **im ~** güneyde; **im ~ von ...** (*südlich von*) ...in güneyinde; (*im südlichen Teil von ...*) ...in güney kısmında; **von ~** güneyden; **nach/in den ~** güneye
Südeuropa ['--'--] *nt* (*Region*) Güney Avrupa; (*südlicher Teil*) Avrupa'nın güneyi **Südfrucht** *f* tropikal meyve **Südhalbkugel** *f kein pl* güney yarı(m) küresi **Südküste** *f* güney kıyısı
Südländer(in) <-s, -; -nen> [-lɛndɐ] *m(f)* (*aus dem Süden*) güneyli; (*aus einem Mittelmeerland*) Akdenizli
südlich ['zy:tlɪç] **I.** *adj* güney; **in ~er Richtung** güney yönünde; **52 Grad ~e Breite** 52'nci güney enlemi **II.** *präp* güneyinde; **~ von İzmir** İzmir'in güneyinde
Südosten [-'--] *m* güneydoğu **südöstlich** [-'--] **I.** *adj* güneydoğu **II.** *präp* güneydoğusunda
Südostwind *m* METEO akça yel, keşişleme; (*aus Südosten kommend*) güneydoğudan esen yel **Südpol** <-s> *m kein pl* Güney Kutbu **Südsee** *f* Güney Pasifik, Büyük Okyanus'un güneyi **Südstaaten** *pl* (ABD'nin) Güney Devletleri *pl*
Südwesten [-'--] *m* güneybatı **südwestlich** [-'--] **I.** *adj* güneybatı **II.** *präp* güneybatısında **Südwind** <-(e)s, -e> *m* lodos, güneyden esen rüzgâr
Sueskanal <-s> ['zu:ɛs-] *m* Süveyş Kanalı
Suff <-(e)s> [zʊf] *m kein pl* (*fam*) ayyaşlık, bekrilik
süffeln ['zʏfəln] *vt* (*fam*) keyifle içmek
süffig ['zʏfɪç] *adj* (*fam*) lezzetli
Suffix <-es, -e> ['zʊfɪks, -'-] *nt* LING son ek; (*Endung*) takı
Sufi *m* sofi, mutasavvıf
Sufismus *m kein pl* tasavvuf
suggerieren* [zʊge'ri:rən] *vt* ❶ (*einreden*) telkin etmek, aşılamak ❷ (*Eindruck erwecken*) izlenimi uyandırmak
Suggestion <-en> [zʊgɛs'tjo:n] *f* telkin, aşılama
suggestiv [zʊgɛs'ti:f] *adj* telkin edici
Suggestivfrage *f* görüşü benimsetme amaçlı soru
suhlen ['zu:lən] *vr* ■ **sich ~** yuvarlanmak (**in** -de)
Sühne ['zy:nə] *f kein pl* (*geh*) kefaret; **Schuld und ~** suç ve ceza
Sühnegeld *nt* ❶ HIST, JUR kan akçesi ❷ REL (*im Islam*) diyet
sühnen ['zy:nən] *vt* (*geh*) kefaretini ödemek (-in), cezasını çekmek (-in)

S

Sujet <-s, -s> [zy'ʒeː] *nt* (*geh*) süje; **ein interessantes ~** enteresan bir süje, ilginç bir konu

sukzessiv [zʊktsɛ'siːf] *adj* tedricî; (*allmählich*) yavaş yavaş olan

Sulfat <-(e)s, -e> [zʊl'faːt] *nt* CHEM sülfat

Sultan(in) <-s, -e; -nen> ['zʊltaːn] *m(f)* sultan; (*osmanischer Herrscher*) padişah

Sülze <-n> ['zʏltsə] *f* jöle

sülzen ['zʏltsən] **I.** *vt* jöle olarak hazırlamak, jölesini yapmak (-in) **II.** *vi* (*fam: dummes Zeug reden*) saçmalamak, saçma sapan konuşmak

Sumach *m* BOT sumak

Sumerer *m* HIST Sümerli

summarisch [zʊ'maːrɪʃ] *adj* özetlenmiş, kısa ve özlü; (*oberflächlich*) yüzeysel

Summe <-n> ['zʊmə] *f* ❶ MATH toplam ❷ (*Geldbetrag*) meblağ, tutar, miktar; **um hohe ~n spielen** büyük rakamlarla oynamak; **eine astronomische/runde ~** astronomik/yuvarlak bir rakam

summen ['zʊmən] **I.** *vi* ❶ (*Insekten, Motor*) vızıldamak; **es summt mir in den Ohren** kulaklarım vınlıyor ❷ (*Mensch*) mırıldanmak; **er summte (leise) vor sich hin** kendi kendine (sessizce) bir şeyler mırıldanıyordu **II.** *vt* (*Melodie*) mırıldanmak

summieren* [zʊ'miːrən] **I.** *vt* toplamak **II.** *vr* ■ **sich ~** toplanmak

Sumpf <-(e)s, Sümpfe> [zʊmpf, *pl* 'zʏmpfə] *m* batak, bataklık **Sumpfdotterblume** <-n> *f* BOT bataklık nergisi **Sumpffieber** <-s> *nt kein pl* sıtma **Sumpfgas** *nt* bataklık gazı

sumpfig *adj* bataklı

Sumpfohreule *f* ZOOL bataklık baykuşu **Sumpfrohrsänger** *m* ZOOL bataklık ardıcı **Sumpfschnepfe** *f* ZOOL batak çulluğu **Sumpfvogel** *m* ZOOL bataklık kuşu **Sumpfwurz** *f kein pl* BOT danakıran otu

Sünde <-n> ['zʏndə] *f* günah; **eine ~ begehen** günaha girmek **Sündenbock** *m* (*fam*) günah keçisi; **jdn zum ~ machen** birini günah keçisi yapmak **Sündenfall** <-(e)s> *m kein pl* REL günahkârlık **Sündenvergebung** *f kein pl* REL günahların affı

Sünder(in) <-s, -; -nen> *m(f)* günahkâr (kimse)

sündhaft *adj* günahkâr, günahlı; **~ teuer** ateş pahası

sündig *adj* günahkâr, günahlı

sündigen ['zʏndɪgən] *vi* günah işlemek

Sunnit(in) *m(f)* Sünnî

sunnitisch *adj* Sünnî

super ['zuːpɐ] **I.** *adj inv* (*fam*) süper, üstün **II.** *adv* süper, üstün

Superbenzin <-s> *nt kein pl* süper benzin **Superchip** *m* INFORM süper çip

Superlativ <-s, -e> ['zuːpɐlatiːf] *m* LING üstünlük derecesi

Supermacht <-mächte> *f* (*fam*) süper güç **Supermann** *m* (*fam*) süpermen **Supermarkt** *m* süpermarket **Superstar** <-s, -s> *m* süper star

Suppe <-n> ['zʊpə] *f* çorba; **~ essen** çorba içmek; **eine legierte/warme ~** terbiyeli/sıcak çorba; **jdm die ~ versalzen** (*fam*) birinin keyfini kaçırmak; **die ~ auslöffeln (müssen)** (*fig fam*) pirincin taşını ayıklamak (zorunda kalmak) **Suppengrün** <-s> *nt kein pl* çorbalık sebze **Suppenhuhn** *nt* çorbalık tavuk **Suppenlöffel** *m* çorba kaşığı **Suppenschüssel** *f* çorba servis kâsesi **Suppenteller** *m* çorba tabağı **Suppenwürfel** *m* çorba tableti

Sure *f* REL (*im Koran*) sure

Surfbrett ['sœːf-] *nt* sörf

surfen ['sœːfən] *vi* ❶ SPORT sörf yapmak ❷ INFORM (*im Internet*) sörf yapmak, gezinmek

Surfer(in) <-s, -; -nen> *m(f)* ❶ SPORT sörfçü ❷ INFORM (*im Internet*) gezici, sörfçü

Surrealismus <-> [zʊrea'lɪsmʊs] *m kein pl* KUNST, LIT sürrealizm, gerçek üstücülük

surren ['zʊrən] *vi* vızıldamak

suspekt [zʊs'pɛkt] *adj* şüpheli; **das ist mir ~** bundan şüpheliyim

suspendieren* [zʊspɛn'diːrən] *vt* açığa almak, el çektirmek (**von** -den); **er wurde vom Dienst suspendiert** açığa alındı, görevinden uzaklaştırıldı

süß [zyːs] *adj* ❶ (*Geschmack*) tatlı; (*gesüßt*) şekerli; (*Duft*) tatlı ❷ (*lieblich*) tatlı, şeker gibi ❸ (*niedlich*) şeker gibi, çok sevimli

süßen ['zyːsən] *vt* tatlılaştırmak; (*mit Zucker*) şekerlemek

Süßholz <-es> *nt kein pl* BOT meyan kökü; **~ raspeln** (*fam*) yaltaklanmak

Süßigkeit <-en> *f* şeker, şekerleme

süßlich *adj* tatlımsı

süßsauer ['-'--] *adj* mayhoş **Süßspeise** *f* GASTR tatlı **Süßstoff** <-(e)s, -e> *m* şeker yerine kullanılan madde; (*Saccharin*) sakarin

Süßwaren *pl* şeker ve şekerlemeler *pl* **Süßwarengeschäft** <-(e)s, -e> *nt* (*Laden*) şekerci

Süßwasser *nt* tatlı su

SW *Abk von* **Südwesten** güneybatı

Sweatshirt <-s, -s> ['swɛtʃœːt] *nt* svetşört

Swimmingpool ['swɪmɪŋpuːl, 'svɪmɪŋ-]

m yüzme havuzu
Syllogismus <-en> *m* PHILOS tasım
Symbiont <-en, -en> *m* BIOL ortakyaşar
Symbiose <-n> [zymbi'o:zə] *f* BIOL ortak yaşama
Symbol <-s, -e> [zym'bo:l] *nt* sembol, simge (**für** için)
symbolisch *adj* sembolik, simgesel (**für** için)
symbolisieren* [zymboli'zi:rən] *vt* simgelemek
Symbolismus *m kein pl a.* KUNST sembolizm, simgecilik
Symbolleiste <-n> *f* INFORM sembol çubuğu
Symmetrie <-n> [zyme'tri:] *f* simetri, bakışım
symmetrisch [zy'me:trɪʃ] *adj* simetrik, bakışımlı
Sympathie <-n> [zympa'ti:] *f* sempati (**für** -e); ~ **für jdn empfinden** birine sempati duymak [*o* beslemek]
Sympathisant(in) <-en, -en; -nen> [zympati'zant] *m(f)* sempatizan
sympathisch [zym'pa:tɪʃ] *adj* sempatik; **er ist mir** ~ onu sempatik buluyorum
sympathisieren* [zympati'zi:rən] *vi* sempati duymak, sempati beslemek
Symphonie <-n> [zymfo'ni:] *f* senfoni
Symposium <-s, Symposien> [zym'po:ziʊm] *nt* sempozyum
Symptom <-s, -e> [zymp'to:m] *nt a.* MED semptom (**für** için)
symptomatisch [zympto'ma:tɪʃ] *adj a.* MED semptomatik (**für** için)
Synagoge <-n> [zyna'go:gə] *f* sinagog, havra
synchron [zyn'kro:n] *adj a.* LING senkron, eş zaman; (*synchronisch*) senkronik, eş zamanlı; FILM eşlemeli
Synchronie *f* LING eş zamanlılık
Synchronisation <-en> [zynkroniza'tsjo:n] *f* ❶ TECH senkronizasyon, eş zamanlama ❷ FILM senkronizasyon, eşleme, dublâj
synchronisch [zyn'kro:n] *adj a.* LING senkronik, eş zamanlı; (*synchron*) senkron, eş zaman; **~e Sprachwissenschaft** eş zamanlı dil bilimi
synchronisieren* [zynkroni'zi:rən] *vt* ❶ TECH senkronize etmek, eş zamanlamak ❷ FILM (*in zeitliche Übereinstimmung bringen*) eşlemek; (*in die eigene Sprache*) dublâj yapmak; (*lippensynchron*) dudak eşlemesi yapmak
Synchronsprecher(in) *m(f)* FILM dublâjcı
Syndikat <-(e)s, -e> [zyndi'ka:t] *nt* WIRTSCH satış karteli; (*Verbrecher~*) mafya
Syndrom <-s, -e> [zyn'dro:m] *nt* MED sendrom (**für** için)
Synode <-n> [zy'no:də] *f* REL sinot, ruhanî meclis
synonym [zyno'ny:m] *adj* LING eş anlamlı (**zu** ile), anlamdaş (**zu** -le)
Synonym <-s, -e *o* -a> [zyno'ny:m] *nt* LING eş anlamlı kelime (**zu** -le)
syntaktisch [zyn'taktɪʃ] *adj* LING sentaktik
Syntax <-en> ['zyntaks] *f* LING sentaks
Synthese <-n> [zyn'te:zə] *f a.* PHILOS, CHEM sentez, bireşim
Synthesizer <-s, -> ['sʏntəsaɪzɐ] *m* sintesayzer
Synthetik <-s> [zyn'te:tɪk] *nt kein pl* (*Gewebe*) sentetik kumaş
synthetisch [zyn'te:tɪʃ] *adj a.* CHEM sentetik, bireşimli
synthetisieren* [zynteti'zi:rən] *vt* CHEM bireşim yolu ile elde etmek
Syphilis ['zy:filɪs] *f kein pl* frengi
Syrer(in) <-s, -; -nen> ['zy:rɐ] *m(f)* Suriyeli
Syrien <-s> ['zy:riən] *nt* Suriye
syrisch ['zy:rɪʃ] *adj* Suriyeli, Suriye (ile ilgili); **eine ~e Frau** Suriyeli bir kadın; **die ~ Regierung** Suriye hükümeti
System <-s, -e> [zys'te:m] *nt* sistem, dizge; **duales** ~ ÖKOL ikili sistem
Systematik <-en> [zyste'ma:tɪk] *f* ❶ (*Ordnung*) sistem, dizge ❷ BIOL biyosistematik, sınıflandırma
systematisch [zyste'ma:tɪʃ] *adj* sistematik, sistemli, dizgeli
systematisieren* [zystemati'zi:rən] *vt* sistemleştirmek
Systematisierung *f* sistemleştirme
Systemfehler *m* INFORM sistem hatası
systemisch *adj* sistemik
Systemkritiker(in) *m(f) a.* POL, WIRTSCH rejim eleştiricisi
systemlos *adj* sistemsiz
Systemlosigkeit *f* sistemsizlik
Systemsoftware *f* INFORM sistem yazılımı
Szenario <-s, -s> [stse'na:rio] *nt a.* THEAT, FILM senaryo
Szenarium <-s, Szenarien> [stse'na:riʊm] *nt a.* THEAT, FILM senaryo
Szene <-n> ['stse:nə] *f* ❶ THEAT sahne; **ein Stück in ~ setzen** bir oyunu sahneye koymak; **sich in ~ setzen** sahneye çıkmak; **jdm eine ~ machen** birine bağırıp çağırmak ❷ (*fam: Milieu*) ortam; **sich in der ~ auskennen** (*fam: im Nachtleben/kulturellen Leben*) ortam **Szenenwechsel** <-s, -> *m* THEAT dekor değişikliği
Szenerie <-n> [stsenə'ri:] *f a.* THEAT sahne dekoru, tablo

S

T t

T, t <-, -> [teː] *nt* T, t; **~ wie Theodor** Tokat'ın te'si
t *Abk von* **Tonne** ton
Tabak <-s, -e> ['tabak] *m* tütün **Tabakindustrie** *f* tütün sanayii **Tabakkäfer** *m* ZOOL sigara böceği **Tabakmischung** *f* tütün harmanı
Tabaksdose *f* tütün kutusu
Tabaksteuer <-n> *f* tütün vergisi **Tabakwaren** *pl* tütün ürünleri *pl*
tabellarisch [tabɛ'laːrɪʃ] *adj* çizelge biçiminde
Tabelle <-n> [ta'bɛlə] *f* çizelge, puan cetveli **Tabellenführer** <-s, -> *m* SPORT lig birincisi
Tablett <-(e)s, -s *o* -e> [ta'blɛt] *nt* tepsi, tabla
Tablette <-n> [ta'blɛtə] *f* tablet, hap **Tablettensucht** *f* hapçılık **tablettensüchtig** *adj* hapçı
tabu [ta'buː] *adj inv* **~ sein** tabu olmak
Tabu <-s, -s> [ta'buː] *nt* tabu
tabuisieren* [tabui'ziːrən] *vt* tabulaştırmak
Tabulator <-s, -en> [tabu'laːtoːɐ] *m* tabulatör
Tacho <-s, -s> ['taxo] *m* (*fam*) *s.* **Tachometer**
Tachometer <-s, -> [taxo'meːtɐ] *m o nt* ❶ (*Geschwindigkeitsmesser*) kilometre saati ❷ (*Drehzahlmesser*) devir sayacı
Tadel <-s, -> ['taːdəl] *m* ❶ kınama; (*Rüge*) paylama, azar ❷ (*geh: Mangel*) kusur, eksiklik
tadellos *adj* (*vollkommen*) mükemmel, kusursuz
tadeln ['taːdəln] *vt* kınamak (**wegen** -den dolayı); (*rügen*) paylamak (**wegen** -den dolayı), azarlamak (**wegen** -den dolayı); (*kritisieren*) yermek (**wegen** -den dolayı)
Tadschikistan <-s> [ta'dʒiːkista(ː)n] *nt* Tacikistan
Tafel <-n> ['taːfəl] *f* ❶ (*Brett, Anzeige~*) tahta; (*Gedenk~*) levha ❷ (*in der Schule*) tahta ❸ (*für Vertäfelung*) ağaç ❹ (*Schokoladen~*) kalıp ❺ (*Tabelle*) çizelge; (*Abfahrts~*) cetvel; (*Logarithmen~*) tablo ❻ (*Illustration*) ilüstrasyon ❼ ARCH (*Ton~*) tablet ❽ (*geh: Esstisch*) sofra, masa
Tafelberg *m* GEO masa dağı
tafelfertig *adj* hazır
tafeln *vi* (*geh*) sofrada oturup yemek yemek
täfeln ['tɛːfəln] *vt* ağaçla kaplamak
Tafelobst *nt kein pl* sofralık meyve **Tafeltuch** *nt* sofra bezi, sofra örtüsü
Täfelung <-en> *f* ağaç kaplama
Tafelwasser <-s, -wässer> *nt* içme suyu
Tafelwein <-(e)s, -e> *m* sofra şarabı
Taft <-(e)s, -e> [taft] *m* tafta
Tag <-(e)s, -e> [taːk] *m* ❶ (*allgemein*) gün; (*im Verlauf*) gündüz; **es wird ~** gün ağarıyor [*o* doğuyor]; **jeden ~** her gün; **jeden zweiten ~** günaşırı, iki günde bir; **jeden dritten ~** üç günde bir; **zweimal am ~** günde iki kez; **am folgenden ~** ertesi günü; **den ganzen ~ lang** bütün gün boyunca; **vor 5 ~en** 5 gün önce; **in 8 ~en** 8 gün sonra; **~ für ~** günbegün; **von einem ~ auf den anderen** bir günden ötekine; **am helllichten ~** güpegündüz; **guten ~!** iyi günler!; **eines (schönen) ~es** (güzel) günün birinde; **~ der offenen Tür** kamuya açık gün; **etw kommt an den ~** bir şey ortaya çıkmak; **ein Unterschied wie ~ und Nacht sein** (aralarında) dağlar kadar fark olmak; **einen guten/schlechten ~ haben** günü iyi/kötü geçmek; **in den ~ hinein leben** günü gününe yaşamak; **etw zu ~e fördern** bir şeyi ortaya çıkarmak; **es ist noch nicht aller ~e Abend** gün doğmadan neler doğar; **man soll den ~ nicht vor dem Abend loben** (*prov*) suyu görmeden paçaları sıvamamalı ❷ BERGB **unter/über ~e arbeiten** yer altında/üstünde çalışmak ❸ *pl* (*fam: Menstruation*) ay başı, âdet
tagaus [-'-] *adv* **~, tagein** her gün
Tagebau <-(e)s> *m kein pl* BERGB açık işletme **Tagebuch** *nt* ❶ güncelik; (*persönlich*) günce, günlük, hatıra defteri ❷ COMM (*Buchführung*) günlük defter, yevmiye defteri **Tagedieb(in)** *m(f)* (*pej*) aylak, haylaz **Tagegeld** <-(e)s, -er> *nt* ❶ (*bei einer Dienstreise*) harcırah ❷ (*bei Krankenhausaufenthalt*) gündelik
tagein [-'-] *adv s.* **tagaus**
tagelang **I.** *adj* günlerce süren **II.** *adv* günlerce; **das kann ~ dauern** bu, günlerce sürebilir
Tagelöhner(in) <-s, -; -nen> *m(f)* yevmiyeci, gündelikçi
tagen ['taːgən] **I.** *vi* (*konferieren*) toplantı yapmak **II.** *vi unpers* (*geh: Tag werden*) gün ağarmak, gün doğmak; **es tagt** gün ağarıyor [*o* doğuyor]
Tagesablauf *m* günlük program

Tagesanbruch *m* şafak, gün ağarması; **bei ~** gün ağarmasıyla, şafak sökerken **Tagesausflug** *m* günlük gezi(inti) **Tagesbedarf** *m kein pl* günlük ihtiyaç **Tagescreme** *f* gündüz kremi **Tagesereignis** *nt* günün olayı **Tagesfahrt** *f* günlük tur **Tagesgericht** *nt* GASTR günün yemeği **Tagesgeschehen** *nt* günün olayları *pl* **Tagesgespräch** *nt* günün konusu **Tageskarte** *f* ❶ (*Speisekarte*) günün menüsü ❷ (*Fahrkarte*) günlük bilet

Tageslicht <-(e)s> *nt kein pl* gün ışığı; **bei ~** gün ışığında; **ans ~ bringen/kommen** ortaya çıkarmak/çıkmak **Tageslichtprojektor** *m* tepegöz **Tagesordnung** <-en> *f* gündem; **auf die ~ setzen** gündeme almak; **auf der ~ stehen** gündemde olmak; **an der ~ sein** gündemde olmak; **zur ~ übergehen** gündeme geçmek **Tagesordnungspunkt** *m* gündem maddesi **Tagesschau** *f* TV günün haberleri **Tageszeit** *f* günün saati; **zu jeder Tages- und Nachtzeit** günün ve gecenin her saatinde **Tageszeitung** *f* günlük gazete

tageweise ['ta:gəvaɪzə] *adv* gün hesabıyla

taghell ['-'-] *adj* gündüz gibi aydınlık

täglich ['tɛ:klɪç] **I.** *adj* günlük, her günkü **II.** *adv* günde, her gün; **dreimal ~** günde üç kere [*o* defa]

Tagschicht *f* gündüz vardiyası

tagsüber ['---] *adv* gündüzleri

tagtäglich ['-'--] **I.** *adj* her günkü **II.** *adv* günbegün, günden güne

Tagundnachtgleiche *f* gün-tün eşitliği

Tagung <-en> ['ta:gʊŋ] *f* (*Versammlung*) toplantı; (*Sitzung*) oturum; (*Kongress*) kongre; (*wissenschaftlich*) sempozyum

Taifun <-s, -e> [taɪ'fu:n] *m* tayfun

Taiga ['taɪga] *f kein pl* tayga

Taille <-n> ['taljə] *f* bel

Taiwan <-s> ['taɪvan, taɪ'va(:)n] *nt* Tayvan

Taiwaner(in) <-s, -; -nen> [taɪ'va:nɐ] *m(f)* Tayvanlı

taiwanisch *adj* **~e Frauen/Männer** Tayvanlı kadınlar/erkekler; **die ~e Regierung** Tayvan hükümeti

Takelage *f* NAUT arma

Takelmeister *m* NAUT armador

Takt[1] <-(e)s, -e> [takt] *m* MUS tempo, vuruş; **im ~ der Musik** müziğin temposunda; **den ~ schlagen** tempo tutmak; **den ~ halten** tempoya uymak; **im ~ bleiben** tempoya uymak; **aus dem ~ kommen** tempoyu şaşırmak

Takt[2] <-(e)s> *m kein pl* (*~gefühl*) takt

Taktik <-en> ['taktɪk] *f* taktik

Taktiker(in) <-s, -; -nen> ['taktikɐ] *m(f)* taktikçi

taktisch *adj* **~e Manöver/Waffen** taktik manevralar/silahlar; **~ klug/falsch** taktik olarak akıllıca/yanlış

taktlos *adj* patavatsız, densiz

Taktlosigkeit <-en> *f* patavatsızlık, densizlik

Taktstock <-(e)s, -stöcke> *m* MUS şef değneği

taktvoll *adj* denli; **er ist sehr ~** çok denlidir, kendisi çok takt sahibidir; **ein ~es Verhalten** yerinde davranış

Tal <-(e)s, Täler> [ta:l, *pl* 'tɛ:lɐ] *nt* vadi, koyak

Talar <-s, -e> [ta'la:ɐ] *m* ❶ (*von Geistlichen*) cübbe ❷ (*von Richtern*) cübbe ❸ (*von Hochschullehrern*) cübbe, biniş

Talent <-(e)s, -e> [ta'lɛnt] *nt* istidat (**für/zu** için/-e)

talentiert [talɛn'ti:ɐt] *adj* istidatlı

Taler <-s, -> ['ta:lɐ] *m* HIST (*Silbermünze*) gümüş sikke

Talfahrt *f* ❶ vadiye iniş ❷ (*fig*) yokuş aşağı gidiş

Talg <-(e)s, -e> [talk] *m* içyağı **Talgdrüse** *f* yağ bezi

Talisman <-s, -e> ['ta:lɪsman] *m* muska, tılsım; (*gegen den bösen Blick*) nazarlık

Talje *f* NAUT (*Flaschenzug*) palanga

Talkpuder *m* talk pudrası

Talkshow[RR] ['tɔ:kʃɔʊ] *f* TV tolkşov, söz gösterisi

Talkum *nt* talk pudrası

Talon *m* ❶ (*Erneuerungsschein*) yenileme belgesi ❷ (*Kartenstock*) deste

Talsohle *f* vadi tabanı **Talsperre** *f* bent, baraj **Talweg** *m* talveg

Tamarinde *f* BOT demirhindi

Tamariske *f* BOT ılgın

Tamburierstich *m* gergef işlemesi

Tamburin <-s, -e> ['tamburi:n] *nt* MUS tef; (*Tambur*) gergef

Tampon <-s, -s> ['tampɔn] *m* tampon; (*für Wunden*) tampon

Tandem <-s, -s> ['tandɛm] *nt* tandem

Tang <-(e)s, -e> [taŋ] *m* deniz yosunu

Tangente <-n> [taŋ'gɛntə] *f* MATH tanjant, teğet

tangieren* [taŋ'gi:rən] *vt* ❶ (*geh: berühren*) dokunmak ❷ MATH tanjant geçmek, teğet geçmek (-e)

Tango <-s, -s> ['taŋgo] *m* tango

Tank <-s, -s *o* -e> [taŋk] *m* tank, sarnıç; AUTO (*Benzin~*) depo

tanken *vi, vt* benzin almak; **10 Liter ~** 10 litre benzin almak; **frische Luft ~** (*fam*) temiz hava almak; **er hat ordentlich**

T

getankt (*fam*) iyice içki içti

Tanker <-s, -> *m* tanker **Tanksäule** *f* benzin pompası **Tankstelle** *f* akaryakıt istasyonu, benzin istasyonu **Tankwart(in)** <-(e)s, -e; -nen> ['-vart] *m(f)* benzinci

Tanne <-n> ['tanə] *f* çam; BOT köknar **Tannenbaum** *m* ❶ (*Tanne*) çam ağacı ❷ (*fam: Weihnachtsbaum*) Noel ağacı **Tannenharz** *nt* çam sakızı **Tannenmeise** *f* ZOOL iskete **Tannennadel** *f* çam iğnesi [*o* ibresi] **Tannenzapfen** *m* çam kozalağı

Tansania *nt* Tanzanya

Tante <-n> ['tantə] *f* (*Schwester des Vaters*) hala; (*Schwester der Mutter*) teyze; (*Ehemann des Onkels*) yenge

Tante-Emma-Laden <-s, -Läden> [tantə'ʔɛmala:dən] *m* (*fam*) küçük bakkal dükkânı

Tantieme <-n> [tã'tje:mə] *f* ❶ (*Gewinnbeteiligung*) kazanç payı ❷ *pl* (*von Autoren*) telif ücreti

Tanz <-es, Tänze> [tants, *pl* 'tɛntsə] *m* MUS dans, raks; **jdn zum ~ auffordern** birini dansa kaldırmak **Tanzbein** *nt* **das ~ schwingen** (*fam*) dans etmek, raksetmek

tänzeln ['tɛntsəln] *vi haben o sein* dans eder gibi yürümek, salına salına yürümek

tanzen **I.** *vi* ❶ (*Mensch*) dans etmek, raksetmek; **~ gehen** dansa gitmek ❷ (*Boot*) çalkanmak (**auf** -de) ❸ (*Mücken*) uçuşmak **II.** *vt* dans etmek; **Tango ~** tango dans etmek

Tänzer(in) <-s, -; -nen> ['tɛntsɐ] *m(f)* dansçı; (*professionell*) dansör; (*Tänzerin*) dansöz

tänzerisch *adj* dans eder gibi, dans bakımından

Tanzfläche *f* dans pisti **Tanzkurs** *m* dans kursu **Tanzlehrer(in)** *m(f)* dans öğretmeni **Tanzlokal** *nt* dansing, diskotek **Tanzpartner(in)** *m(f)* partöner; (*männlich*) kavalye; (*weiblich*) dam **Tanzschule** <-n> *f* dans okulu **Tanzstunde** *f* dans saati **Tanzturnier** *nt* dans yarışması

Tapete <-n> [ta'pe:tə] *f* duvar kâğıdı **Tapetenwechsel** *m* (*fig fam*) değişiklik

tapezieren* [tape'tsi:rən] **I.** *vt* duvar kâğıdı ile kaplamak, kâğıtlamak **II.** *vi* duvar kâğıdı kaplamak

tapfer ['tapfɐ] *adj* cesur, yiğit, yürekli; ■ **sich ~ schlagen** yiğitçe dövüşmek

Tapferkeit *f kein pl* cesaret, yiğitlik, yüreklilik

Tapir <-s, -e> ['ta:pi:ɐ] *m* ZOOL tapir

tappen ['tapən] *vi sein* patır patır yürümek; (*tastend*) el yordamıyla ağır ağır yürümek; **in eine Falle ~** (*fig*) faka basmak; **im Dunkeln ~** (*fig fam: keinen Anhaltspunkt haben*) ipucu bulamamak

tapsen ['tapsən] *vi sein* (*fam*) langır lungur yürümek

tapsig *adj* (*fam*) savruk, çolpa

Tara *f* COMM dara

Tarantel <-n> [ta'rantəl] *f* ZOOL tarantula; **wie von der ~ gestochen** (*fam*) bir yerini bir şey sokmuş gibi

Tarif <-s, -e> [ta'ri:f] *m* tarife; **nach ~ bezahlt werden** toplu sözleşmeye göre ödeme yapılmak; **über/unter ~ bezahlt werden** toplu sözleşmenin üstünde/altında ödeme yapılmak **Tarifautonomie** *f* toplu sözleşme hakkı

tariflich *adj* tarifeye göre; (*Bezahlung*) toplu sözleşmeye göre

Tariflohn *m* toplu sözleşme ücreti **Tarifpartner** <-s, -> *m* toplu sözleşme tarafı **Tarifverhandlungen** *pl* toplu görüşmeler *pl* **Tarifvertrag** *m* toplu sözleşme

tarnen ['tarnən] **I.** *vt* ❶ kamufle etmek (**mit** -le) ❷ (*fig*) alalamak, maskelemek **II.** *vr* ■ **sich ~** kendisini kamufle etmek (**als** olarak)

Tarnfarbe ['tarn-] *f* kamuflâj boyası

Tarnung <-en> *f* kamuflâj

Tasche <-n> ['taʃə] *f* ❶ (*an Kleidung*) cep; **etw aus der eigenen ~ bezahlen** (*fam*) bir şeyi cepten vermek, bir şeyi kendi kesesinden ödemek; **etw in die eigene ~ stecken** (*fam*) bir şeyi cebe indirmek [*o* atmak] ❷ (*Hand~, Akten~, Schul~*) çanta; **in die eigene ~ wirtschaften** (*fam*) cebini doldurmak; **jdm auf der ~ liegen** (*fam*) birinin sırtından geçinmek; **jdn in der ~ haben** (*fig fam*) birini avcunun içinde tutmak; **jdn in die ~ stecken** (*fig fam*) birini cebinden çıkarmak ❸ *a.* ZOOL (*Backen~, Begattungs~*) kese; **tief in die ~ greifen** (*fig fam*) kesenin ağzını açmak

Taschenbuch *nt* cep kitabı **Taschencomputer** *m* cep bilgisayarı **Taschendieb(in)** *m(f)* yankesici, cepçi **Taschendiebstahl** *m* yankesicilik, cepçilik **Taschenformat** *nt* cebe sığar büyüklük **Taschengeld** <-(e)s, -er> *nt* cep harçlığı **Taschenkalender** *m* cep takvimi **Taschenlampe** *f* cep feneri **Taschenmesser** *nt* çakı **Taschentuch** <-(e)s, -tücher> *nt* mendil **Taschenuhr** *f* cep saati

Tasse <-n> ['tasə] *f* ❶ fincan; **eine ~ Kaffee** bir fincan kahve; **er hat nicht alle ~n im Schrank** (*fig fam*) keçileri kaçırmış ❷ (*Dusch~*) tekne

Tastatur <-en> [tasta'tu:ɐ] *f* klavye

T

Taste <-n> ['tastə] *f* tuş; **eine ~ drücken** bir tuşa basmak

tasten ['tastən] **I.** *vi* **nach etw** *dat* **~** bir şeyi el yordamıyla aramak **II.** *vt* (*er~*) elle yoklamak **III.** *vr* ■ **sich ~** el yordamıyla ilerlemek (**über/durch** -den/-den)

Tasteninstrument *nt* MUS klâvyeli çalgı, tuşlu çalgı

Tastsinn <-(e)s> *m kein pl* dokunma duyusu

tat [ta:t] *3. imp von* **tun**

Tat <-en> [ta:t] *f* (*das Handeln*) hareket, iş, davranış; (*Handlung*) fiil, eylem; (*Straf~*) suç; **etw in die ~ umsetzen** bir şeyi eyleme geçirmek, bir şeyi fiile koymak; **zur ~ schreiten** eyleme geçmek; **jdn auf frischer ~ ertappen** birini suçüstü yakalamak; **in der ~!** gerçekten!, hakikaten!

Tatbestand <-(e)s, -stände> *m a.* JUR olay, suç unsurları *pl;* **objektiver/subjektiver ~** suçun maddi/manevi unsurları **Tatbeteiligung** *f* suça ortaklık, suça iştirak

Tatendrang *m* girişim hevesi

tatenlos *adj* **~ zusehen** seyirci kalmak

Täter(in) <-s, -; -nen> ['tɛ:tɐ] *m(f)* fail; **der mutmaßliche ~** potansiyel suçlu

tätig ['tɛ:tɪç] *adj* etkin; **~ sein** (*Person*) çalışmak (**für** için, **bei** -de, **als** olarak), faaliyet göstermek (**auf** -de); (*Vulkan*) aktif olmak; **er ist als Lehrer/Kellner ~** öğretmen/garson olarak çalışıyor, öğretmenlik/garsonluk yapıyor; **in einer Sache ~ werden** bir işte faaliyete [*o* harekete] geçmek

tätigen ['tɛ:tɪgən] *vt* yapmak; **ein Geschäft/Einkäufe ~** iş/alış veriş yapmak

Tätigkeit[1] <-en> *f* ① (*Beschäftigung*) meşguliyet, uğraşı (**als** olarak) ② (*Arbeit*) faaliyet, çalışma, iş ③ (*Wirksamkeit*) faaliyet, etkinlik

Tätigkeit[2] *f kein pl* (*Funktionieren*) işleme, çalışma; **außer ~ sein** işlememek; **in ~ treten** çalışmaya [*o* işlemeye] başlamak, faaliyete geçmek

Tätigkeitsbereich *m* faaliyet alanı **Tätigkeitsbericht** *m* faaliyet raporu

Tatkraft *f kein pl* azim, enerji **tatkräftig** *adj* azimli, enerjik; (*wirksam*) etkin

tätlich ['tɛ:tlɪç] *adj* fiilî, eylemli; **jdn ~ angreifen** birine fiilen saldırmak; **gegen jdn ~ werden** birine saldırmak

Tatort *m* olay yeri; (*des Verbrechens, Mordes*) cinayet işlenen yer, maktel

tätowieren* [tɛto'vi:rən] *vt* dövme yapmak (-e); ■ **sich ~ lassen** dövme yaptırmak

Tätowierung <-en> *f* dövme

Tatsache <-n> *f* olgu, gerçek; **~ ist, dass ...** gerçek şu ki ...; **~!** (*fam*) sahi!; **jdn vor vollendete ~n stellen** birini oldubittiye getirmek; **vor vollendeten ~n stehen** oldubittiye gelmek, emrivaki ile karşılaşmak

tatsächlich ['---, -'--] **I.** *adj* gerçek **II.** *adv* gerçekten, hakikaten; **er ist es ~** gerçekten o

tätscheln ['tɛtʃəln] *vt* pışpışlamak; (*streicheln*) okşamak

Tatverdacht <-(e)s> *m kein pl* JUR suç işleme şüphesi; **unter ~ stehen** zan altında bulunmak, sanık durumunda olmak

tatverdächtig *adj* JUR suç zanlısı, suçu işlediği sanılan **Tatverdächtige(r)** *f(m)* JUR sanık, suçu işlediği sanılan kimse, suç zanlısı **Tatwaffe** *f* JUR suç aleti

Tatze <-n> ['tatsə] *f* ① (*von Tieren*) pençe ② (*fam: Hand*) el

Tatzeit *f* JUR fiilin gerçekleştiği zaman

Tau[1] <-(e)s> [taʊ] *m kein pl* (*Niederschlag*) çiy, şebnem

Tau[2] <-(e)s, -e> *nt* NAUT halat

taub [taʊp] *adj* ① (*gehörlos*) sağır; ■ **sich ~ stellen** işitmezliğe getirmek, işitmezlikten gelmek; **auf einem Ohr ~ sein** bir kulağı işitmemek [*o* duymamak]; **bist du ~?** (*fam*) sağır mısın? ② (*Körperteil*) uyuşmuş ③ (*Nuss*) kof ④ (*Gestein*) sağır

Taube <-n> ['taʊbə] *f* ZOOL güvercin **Taubenschlag** *m* güvercinlik

Täuberich <-s, -e> *m* erkek güvercin

Taubheit *f kein pl* ① (*Gehörlosigkeit*) sağırlık ② (*der Glieder*) uyuşukluk

taubstumm ['--] *adj* sağır ve dilsiz **Taubstumme(r)** <-n, -n; -n> *f(m)* sağır ve dilsiz

tauchen ['taʊxən] **I.** *vi haben o sein* (*Mensch*) dalmak; (*Ente, U-Boot*) dalmak (**in** -e); **nach jdm/etw** *dat* **~** bir kimsenin/şeyin arkasından dalmak **II.** *vt* daldırmak (**in** -e); (*hineinhalten*) tutmak (**in** -e)

Taucher(in) <-s, -; -nen> *m(f)* dalgıç; (*Berufs~*) balık adam **Taucheranzug** <-(e)s, -züge> *m* dalgıç elbisesi **Taucherausrüstung** *f* dalgıç malzemesi **Taucherbrille** *f* dalgıç gözlüğü

tauen ['taʊən] **I.** *vi sein* (*Schnee, Eis*) erimek; (*Fluss*) buzu çözülmek **II.** *vi unpers* **es taut** (*es ist Tauwetter*) hava ılık; (*Tau schlägt sich nieder*) çiy yağmak, çiylemek

Taufbecken *nt vaftiz suyu konulan çukur kap*

Taufe <-n> *f* vaftiz

taufen ['taʊfən] *vt* vaftiz etmek; ■ **sich ~ lassen** kendini vaftiz ettirmek; **sie tauften ihn auf den Namen Paul** ona vaftizle Paul adını koydular [*o* verdiler]

Täufling <-s, -e> ['tɔɪflɪŋ] *m* vaftiz edilecek çocuk

Taufpate *m* vaftiz babası

Taufpatin *f* vaftiz anası

taufrisch ['taʊ'frɪʃ] *adj* ❶ (*feucht*) üzerinde çiy olan ❷ (*frisch*) taptaze

taugen [taʊgən] *vi* işe yaramak (**für/zu** için/için); **nichts ~** hiçbir işe yaramamak; **der Kerl taugt nichts** o herifin ciğeri beş para etmez

Taugenichts <-(es), -e> ['taʊgənɪçts] *m* (*pej*) ciğeri beş para etmez (kimse)

tauglich *adj* (*geeignet*) elverişli (**für** -e); (*brauchbar*) işe yarar; MIL sağlam

Tauglichkeit *f kein pl* elverişlilik (**für** -e); MIL sağlamlık

Taumel <-s, -> ['taʊməl] *m* ❶ (*Schwindel*) baş dönmesi, göz kararması, sersemlik ❷ (*Rausch*) sarhoşluk, mestlik

Taumellolch *m* BOT delice

taumeln ['taʊməln] *vi haben o sein* sendelemek, başı dönmek

Tausch <-(e)s, -e> [taʊʃ] *m* değiş tokuş, değişim, takas, trampa; **etw zum ~ anbieten** bir şeyi değiş tokuşa sunmak; **im ~ gegen etw** bir şeye karşılık takas olarak

tauschen ['taʊʃən] *vi, vt* değiş tokuş etmek, değişmek, trampa etmek, takas etmek; **ich möchte nicht mit ihm ~** onun yerinde olmak istemezdim; **die Plätze/Rollen mit jdm ~** biriyle yer/rolleri değişmek; **Blicke ~** bakışmak

täuschen ['tɔɪʃən] **I.** *vi* aldatmak, aldatıcı olmak; **das täuscht** bu, insanı aldatıyor **II.** *vt* aldatmak, yanıltmak; **wenn mich nicht alles täuscht ...** yanılmıyorsam ...; **sich von jdm ~ lassen** biri tarafından aldatılmak **III.** *vr* ■ **sich ~** aldanmak, yanılmak; **ich habe mich in dir getäuscht** senin hakkında yanılmışım

täuschend *adj* aldatıcı, yanıltıcı; **sie sehen sich** *dat* **~ ähnlich** birbirine şaşırtıcı derecede benziyorlar

Tauschgeschäft <-(e)s, -e> *nt* trampa işlemi

Tauschlinge *f* NAUT halat ilmiği

Täuschung <-en> *f* ❶ (*das Täuschen*) aldatma, yanıltma; (*Betrug*) aldatma; **arglistige ~** hile ❷ (*Irrtum*) yanılma; **optische ~** yanılsama, göz aldanması **Täuschungsmanöver** *nt* şaşırtmaca

Tauschwert <-(e)s> *m kein pl* trampa değeri

tausend ['taʊzənt] *adj inv* bin; **~ Dank** pek çok teşekkürler; **~ Tode sterben** ölüp ölüp dirilmek; *s. a.* **achttausend**

Tausend <-s, -e> *nt* bin; **~e Menschen** binlerce insan; **~e von ...** binlerce ...; **die Ausgaben gehen in die ~e** (*fam*) harcamalar binleri buluyor

Tausender <-s, -> ['taʊzəndɐ] *m* ❶ MATH binler hanesi ❷ (*fam: Geldschein*) binlik

tausendfach *adv* bin kat

Tausendfüßler <-s, -> ['--fy:slɐ] *m* ZOOL kırkayak

tausendjährig *adj* bin yıllık

tausendmal *adv* bin kere

tausendmalig *adj* bin kerelik

tausendseitig *adj* bin sayfalık

Tausendstel <-s, -> *nt* binde bir

Tauwasser *nt* kar suyu **Tauwetter** *nt* ❶ ılık hava ❷ (*fig*) POL yumuşama

Tauziehen *nt kein pl* ❶ (*Spiel*) halat çekme ❷ (*fig fam: Ringen*) çekişme

Taxameter <-s, -> [taksa'me:tɐ] *m o nt* taksimetre

Taxe <-n> ['taksə] *f* ❶ (*Gebühr*) ücret ❷ (*Taxi*) taksi ❸ (*Schätzung*) takse

Taxi <-s, -s> ['taksi] *nt* taksi

Taxie *f* BIOL taksi, göçüm

Taxifahrer(in) *m(f)* taksi şoförü **Taxistand** <-(e)s, -stände> *m* taksi durağı

Tb(c) <-s> [te:'be:, te:be:'tse:] *f* MED *Abk von* **Tuberkulose** tüberküloz, verem

Teakbaum ['ti:k-] *m* BOT tik ağacı

Team <-s, -s> [ti:m] *nt* ekip, takım; **im ~ arbeiten** takım halinde çalışmak **Teamarbeit** *f kein pl* takım halinde çalışma, ekip çalışması **Teamgeist** <-(e)s> *m kein pl* birlik ruhu **Teamwork** *nt kein pl* takım halinde çalışma, ekip çalışması

Technik[1] ['tɛçnɪk] *f kein pl* ❶ (*Technologie*) teknoloji; (*Ausstattung*) teknik *pl;* **der neueste Stand der ~** en yeni teknoloji düzeyi ❷ (*Abteilung*) teknik bölüm

Technik[2] <-en> *f* (*Arbeitsweise*) teknik; (*Methode*) yöntem

Technika *pl von* **Technikum**

Techniken *pl von* **Technik**[2]**, Technikum**

Techniker(in) <-s, -; -nen> ['tɛçnikɐ] *m(f)* teknisyen, teknikçi

Technikum <-s, Technika *o* Techniken> ['tɛçnikʊm] *nt* teknik okul

technisch *adj* teknik; **T~e Hochschule** teknik yüksekokul, teknik üniversite; **~er Leiter** teknik müdür

technisieren* [teçni'zi:rən] *vt* teknikleştirmek

Techno <-(s)> ['tɛkno] *m o nt kein pl* MUS tekno

Technokrat(in) *m(f)* teknokrat

Technokratie *f* teknokrasi

Technologie <-n> *f* teknoloji **Technologiepark** *m* teknopark **Technologietransfer** *m* teknoloji transferi

technologisch *adj* teknolojik

Techtelmechtel <-s, -> [tɛçtəl'mɛçtəl] *nt* aşna fişne, kırıştırma; **mit jdm ein ~ haben** biriyle aşna fişne olmak, biriyle kırıştırmak
Teddybär <-en, -en> ['tɛdibɛːɐ] *m* tedi
Tee <-s, -s> [teː] *m* çay; **~ trinken/kochen** çay içmek/pişirmek; **abwarten und ~ trinken!** (*fam*) gün doğmadan neler doğar!, bekle bakalım, ne olacak! **Teebeutel** *m* çay poşeti, çay torbası **Tee-Ei** *nt*, **Teeei**RR *nt içine çay yaprakları konup sıcak suya sarkıtılan yumurta biçimdeki delikli küçük kap* **Teefilter** *m* çay filtresi **Teekanne** *f* çaydanlık **Teelicht** *nt* çaydanlık mumu **Teelöffel** *m* çay kaşığı **Teemischung** *f* çay harmanı
Teenager <-s, -> ['tiːnɛɪdʒɐ] *m yaşı 13 - 19 arası genç kız veya erkek*
Teer <-(e)s, -e> [teːɐ] *m* katran
teeren ['teːrən] *vt* katranlamak
Teerfarbe <-n> *f* anilin boya **Teeröl** *nt kein pl* katran yağı
Teeservice <-(s), -> *nt* çay takımı
Teesieb *nt* çay süzgeci **Teestube** *f* çayhane **Teetasse** *f* çay fincanı
Teflon® <-s> [tɛf'loːn] *nt kein pl* teflon **Teflonpfanne** *f* teflon tava
Teich <-(e)s, -e> [taɪç] *m* havuz, gölcük **Teichrose** *f* BOT nilüfer
Teig <-(e)s, -e> [taɪk] *m* hamur; **den ~ ausrollen** hamuru açmak
teigig ['taɪgɪç] *adj* ❶ (*wie Teig*) hamur gibi, hamurumsu ❷ (*schwammig*) hamursu
Teigrolle *f* oklava
Teigwaren *pl* hamur işleri *pl*
Teil1 <-(e)s, -e> [taɪl] *m* ❶ kısım, bölüm; (*Bestand~*) bileşen, öge, unsur; **weite ~e des Landes** ülkenin büyük bir kısmı; **zum ~** kısmen; **ich habe es zum größten ~ gemacht** büyük bir kısmını ben yaptım ❷ JUR (*Partei*) taraf
Teil2 <-(e)s, -e> *nt* (*einzelnes Stück*) parça; (*Ersatz~*) parça
Teil3 <-(e)s, -e> *m o nt* (*Anteil*) pay; (*Beitrag*) katkı; **seinen ~ bekommen** payını almak; **jdm sein(en) ~ geben** birine ağzının payını vermek; **ich für mein(en) ~** bana gelince; **sich** *dat* **sein(en) ~ denken** kendi düşünceleri olmak
Teilansicht *f* kısmî görünüş
teilbar ['-baːɐ] *adj* bölünür (**durch** -e); **~ durch zwei/drei** ikiye/üçe bölünür
Teilbarkeit *f kein pl* bölünebilme
Teilbereich *m* kısım, bölüm **Teilbetrag** *m* toplam tutarın bir kısmı
Teilchen <-s, -> ['taɪlçən] *nt* ❶ PHYS parçacık, tanecik ❷ DIAL (*Gebäck*) kurabiye **Teilchenbeschleuniger** *m* PHYS parçacık hızlandırıcısı
teilen **I.** *vt* ❶ (*zer~*) ayırmak (**in** -e); (*in mehrere Teile*) bölmek (**in** -e) ❷ (*auf~*) paylaştırmak (**unter** -e), bölüşmek (**unter** arasında); **sich** *dat* **etw** (**mit jdm**) **~** (biriyle) bir şeyi paylaşmak; **darüber kann man geteilter Meinung sein** bunun üzerine görüş ayrılığı olabilir ❸ MATH bölmek (**durch** -e) **II.** *vr* ■ **sich ~** ❶ (*auseinandergehen*) ayrılmak (**in** -e); (*Partei*) bölünmek ❷ (*Straße, Fluss*) ikiye ayrılmak
Teilgebiet *nt* kol; **~ der Grammatik** dil bilgisi kolu
teil|haben *irr vi* katılmak (**an** -e)
Teilhaber(in) <-s, -; -nen> *m(f)* WIRTSCH hissedar; **stiller ~** komanditer
Teilkaskoversicherung *f* AUTO kısmî kasko sigortası (*hırsızlık, yangın, tabii afetlere karşı sigorta*)
Teilnahme ['-naːmə] *f kein pl* ❶ (*allgemein*) katılma (**an** -e), katılım (**an** -e); (*Mitarbeit*) birlikte çalışma (**an** -de); (*an einem Kurs*) katılma (**an** -e) ❷ (*Interesse*) ilgi ❸ (*geh: Mitgefühl*) yakınlık; (*Beileid*) başsağlığı; **seine ~ aussprechen** başsağlığı dilemek
teilnahmslos ['taɪlnaːmsloːs] *adj* kayıtsız, ilgisiz
Teilnahmslosigkeit ['--loːzɪçkaɪt] *f kein pl* kayıtsızlık, ilgisizlik
teil|nehmen *irr vi* katılmak (**an** -e), iştirak etmek (**an** -e)
Teilnehmer(in) <-s, -; -nen> *m(f)* katılımcı; (*Kurs~*) kursiyer; TELEK abone; (*eines Wettkampfes*) yarışmacı **Teilnehmernummer** *f* TELEK abone numarası
teils [taɪls] *adv* kısmen; **~ ..., ~ ...** kısmen ..., kısmen ...
Teilstrecke *f* etap
Teilstück *nt* parça
Teilung <-en> *f* ❶ (*allgemein*) bölme; (*einer Partei*) bölünme; (*Ver~*) bölüştürme, taksim ❷ (*eines Wegs*) ikiye ayrılma
teilweise ['-vaɪzə] **I.** *adj* kısmî **II.** *adv* kısmen
Teilzahlung *f* kısmî ödeme; (*in Raten*) taksitle ödeme; **etw auf ~ kaufen** bir şeyi taksitle satın almak; **bei ~** taksitle ödeme halinde
Teilzeitarbeit *f* parttaym, part time iş [*o* çalışma] **teilzeitbeschäftigt** *adj* parttaym çalışan
Teint <-s, -s> [tɛ̃ː] *m* ten **Telebanking** <-, *kein Pl*> *nt* INFORM telebankacılık **Telefax** ['teːlefaks] *nt* faks **telefaxen** ['----] *vt* fakslamak
Telefon <-s, -e> ['teːlefoːn, tele'foːn] *nt* telefon; **schnurloses ~** telsiz telefon; **ans ~**

gehen telefona cevap vermek **Telefonanruf** *m* telefon (etme) **Telefonanschluss**[RR] *m* telefon bağlantısı

Telefonat <-(e)s, -e> [telefo'na:t] *nt* telefon konuşması, telefon görüşmesi

Telefonauskunft *f kein pl* telefon danışması **Telefonbuch** *nt* telefon rehberi **Telefongebühren** *pl* telefon ücreti *sing* **Telefongespräch** [--'---] *nt* telefon görüşmesi; (*Ferngespräch*) uluslararası görüşme; **ein ~ führen** telefon görüşmesi yapmak, telefonla görüşmek **Telefonhäuschen** *nt* telefon kulübesi, telefon kabini **Telefonhörer** <-s, -> *m* telefon ahizesi

telefonieren* [telefo'ni:rən] *vi* ❶ (*sprechen*) telefonlaşmak, telefonda konuşmak; **mit jdm stundenlang ~** biriyle saatlerce telefonlaşmak ❷ (*anrufen*) telefon etmek [*o* açmak]; **kann ich bei Ihnen mal ~?** sizden bir telefon edebilir miyim?; **nach München/Amerika ~** Münih'e/Amerika'ya telefon etmek [*o* açmak]

telefonisch [tele'fo:nɪʃ] **I.** *adj* telefonlu **II.** *adv* telefonla

Telefonkarte *f* telefon kartı, telekart **Telefonleitung** *f* telefon hattı **Telefonmarketing** *nt* telefonla pazarlama **Telefonnetz** *nt* telefon şebekesi **Telefonnummer** *f* telefon numarası **Telefonrechnung** *f* telefon faturası **Telefonverbindung** *f* telefon bağlantısı **Telefonzelle** *f* telefon kabini **Telefonzentrale** *f* santral, telefon santrali

Telegraf <-en, -en> [tele'gra:f] *m* telgraf **Telegrafenamt** *nt* telgrafhane

telegrafieren* [telegra'fi:rən] *vi, vt* telgraf çekmek

telegrafisch [tele'gra:fɪʃ] **I.** *adj* telgraf **II.** *adv* telgrafla

Telegramm <-s, -e> [tele'gram] *nt* telgraf; **ein ~ aufgeben** telgraf çekmek **Telegrammstil** <-(e)s> *m kein pl* telgraf üslubu

Telekolleg <-s, -s> ['te:lekɔle:k] *nt* televizyonla öğretim

Telekommunikation *f* telekomünikasyon, uz iletişim

Telekonferenz *f* telekonferans

Teleobjektiv *nt* FOTO teleobjektif

Teleologie *f kein pl* teleoloji

Telepathie [telepa'ti:] *f kein pl* telepati, uza duyum

telepathisch *adj* telepatik

Teleskop <-s, -e> [tele'sko:p] *nt* teleskop

Telespiel *nt* tv oyunu

Teletex <-> ['te:letɛks] *nt kein pl* teletekst

Telex <-, -(e)> ['te:lɛks] *nt* teleks

telexen ['te:lɛksən] *vt* teleks çekmek

Teller <-s, -> ['tɛlɐ] *m* ❶ tabak; **ein flacher/tiefer ~** düz/çukur bir tabak; **ein ~ Suppe** bir tabak çorba ❷ (*Hand~*) aya **Tellerwäscher(in)** <-s, -; -nen> *m(f)* tabakçı, bulaşıkçı

Tellur *nt kein pl* CHEM tellür

Tempel <-s, -> ['tɛmpəl] *m* tapınak, mabet

Temperament <-(e)s, -e> [tɛmp(ə)ra'mɛnt] *nt* mizaç, yaradılış; (*Lebhaftigkeit*) tez canlılık

temperamentvoll *adj* (*lebhaft*) tez canlı, hararetli, ateşli; (*ungestüm*) acul

Temperatur <-en> [tɛmpəra'tu:ɐ] *f* ısı, sıcaklık, hararet; (*Fieber*) ateş; **die ~ steigt/fällt** ısı yükseliyor/düşüyor; (**erhöhte**) **~ haben** (hafif) ateşi olmak **Temperaturanstieg** <-(e)s, -e> *m* ısının yükselmesi, ısı artışı **Temperaturrückgang** *m* ısının düşmesi

Tempi *pl von* **Tempo**[2]

Tempo[1] <-s, -s> ['tɛmpo] *nt* (*Geschwindigkeit*) tempo, hız; **~!** (*fam*) haydi!; **mit hohem ~** yüksek hızla

Tempo[2] <-s, Tempi> *nt* MUS tempo

Tempo®[3] <-s, -s> *nt* (*fam*) selpak, kâğıt mendil

Tempolimit *nt* hız sınırlaması

temporär *adj* geçici

Tempus <-, Tempora> *nt* LING zaman

Tendenz <-en> [tɛn'dɛnts] *f* ❶ eğilim (**zu** -e); **steigende/fallende ~** yükselme/düşme eğilimi ❷ (*Strömung*) akım; **neue ~en in der Musik** müzikte yeni akımlar

tendenziell [tɛndɛn'tsjɛl] *adj* eğilimli, istekli

tendenziös [tɛndɛn'tsjø:s] *adj* (*pej*) maksat güden, gizli amacı olan; (*politisch*) politik amaçlı

Tender *m* EISENB tender

tendieren* [tɛn'di:rən] *vi* eğilim göstermek (**zu/nach** -e/-e)

Teneriffa <-s> [tene'rɪfa] *nt* Teneriffa

Tenne *f* AGR harman yeri

Tennis <-> ['tɛnɪs] *nt kein pl* tenis **Tennisball** *m* tenis topu **Tennisklub** *m* tenis kulübü **Tennisplatz** <-es, -plätze> *m* tenis kortu **Tennisschläger** *m* tennis raketi **Tennisschuh** *m* tennis ayakkabısı **Tennisspiel** *nt* tenis maçı **Tennisspieler(in)** *m(f)* tenis oyuncusu **Tennisturnier** *nt* tenis turnuvası

Tenor[1] <-s> ['te:no:ɐ] *m kein pl* ❶ (*Sinn*) anlam; **in diesem ~** bu anlamda ❷ JUR fıkra

Tenor[2] <-s, Tenöre> [te'no:ɐ, *pl* te'nø:rə] *m* MUS tenor

Tensiometer *nt* TECH tansiyometre, gerilimölçer

Tension *f* TECH, PHYS tansiyon, gerilim

Teppich <-s, -e> ['tɛpɪç] *m* halı; **etw unter den ~ kehren** (*fig*) bir şeyi örtbas etmek **Teppichboden** *m* duvardan duvara (döşenmiş) halı **Teppichhändler(in)** *m(f)* halıcı **Teppichkehrer** <-s, -> *m* gırgır **Teppichklopfer** <-s, -> *m* halı dövücüsü

Termin <-(e)s, -e> [tɛr'mi:n] *m* ❶ (*Frist*) süre; FIN vade; **einen ~ einhalten** süreyi geçirmemek ❷ (*Zeitpunkt*) (belirlenen) gün; (*Gerichts~*) gün; **etw auf einen späteren ~ verschieben** bir şeyi daha sonraki bir güne ertelemek ❸ (*beim Arzt*) randevu; (*Geschäfts~*) randevu; **einen ~ vereinbaren** randevulaşmak; **einen ~ beim Zahnarzt haben** dişçide bir randevusu olmak; **er gab uns einen ~ um neun Uhr** bize saat dokuzda bir randevu verdi

Terminal[1] <-s, -s> ['tœ:minəl] *m o nt* AERO, EISENB (*Flughafen, Bahnhof*) terminal

Terminal[2] <-s, -s> ['tœ:minəl] *nt* INFORM terminal

Termindruck <-(e)s> *m kein pl* **unter ~ stehen** zaman bakımından sıkışık durumda olmak, zaman darlığı çekmek

termingemäß *adj*, **termingerecht** *adj* **eine Arbeit ~ abgeben/fertig stellen** bir işi gününde vermek/bitirmek [*o* tamamlamak]

Termingeschäft *nt* FIN vadeli işlem

Termini ['tɛrmini] *pl von* **Terminus**

terminieren *vt* zamanlamak, gününü belirlemek (-in)

Terminkalender *m* ajanda, randevu defteri **Terminmarkt** *m* FIN vadeli işlemler piyasası

Terminologie <-n> [tɛrminolo'gi:] *f* terminoloji

Terminplaner <-s, -> *m* ajanda

Terminus <-, Termini> ['tɛrminʊs, *pl* 'tɛrmini] *m* terim; **~ technicus** teknik terim

Termite <-n> [tɛr'mi:tə] *f* ZOOL akkarınca, termit

Terpentin <-s> [tɛrpɛn'ti:n, tɛrpən'ti:n] *nt kein pl* terebentin

Terrain <-s, -s> [tɛ'rɛ̃:] *nt* ❶ *a.* MIL (*Gelände*) arazi; **das ~ sondieren** sondaj yapmak, durumu araştırmak ❷ (*Grundstück*) arsa ❸ GEO (*Erdoberfläche*) yeryüzü

Terrarium <-s, Terrarien> [tɛ'ra:riʊm] *nt* teraryum

Terrasse <-n> [tɛ'rasə] *f* ❶ (*an einem Haus*) taraça, teras ❷ (*an einem Hang*) seki, teras

Terrier <-s, -> ['tɛriɐ] *m* teriye

territorial [tɛritori'a:l] *adj* ülkesel; **~e Unversehrtheit** toprak bütünlüğü

Territorialgewässer *pl* kara suları *pl*

Territorium <-s, Territorien> [tɛri'to:riʊm] *nt* ülke, toprak; **sich auf deutschem/türkischem ~ befinden** Alman/Türk topraklarında bulunmak

Terror <-s> ['tɛro:ɐ] *m kein pl* terör **Terrorakt** *m*, **Terroranschlag** *m* terör eylemi

terrorisieren* [tɛrori'zi:rən] *vt* terörize etmek

Terrorismus <-> [tɛro'rɪsmʊs] *m kein pl* terörizm

Terrorist(in) <-en, -en; -nen> [tɛro'rɪst] *m(f)* terorist, terörcü

terroristisch *adj* terörist

Terroropfer *nt* terör kurbanı **Terrororganisation** *f* terör örgütü

Tertiär *nt kein pl* GEO üçüncü zaman

Terz <-en> [tɛrts] *f* MUS tiyers

Terzett <-(e)s, -e> [tɛr'tsɛt] *nt* MUS üçlü, trio

Tesafilm® <-(e)s> ['te:za-] *m kein pl* selo-teyp

Test <-(e)s, -s *o* -e> [tɛst] *m* test

Testament <-(e)s, -e> [tɛsta'mɛnt] *nt* ❶ JUR vasiyetname; **das ~ eröffnen** vasiyetnameyi açmak ❷ REL **Altes ~** Ahdiatik, Tevrat; **Neues ~** Ahdicedit

testamentarisch [tɛstamɛn'ta:rɪʃ] *adj* **etw ~ verfügen** bir şeyi vasiyet(name) yoluyla tasarruf etmek

Testamentseröffnung *f* JUR vasiyetnamenin açılması **Testamentsvollstrecker(in)** *m(f)* JUR vasiyeti tenfiz memuru

Testbild *nt* TV ayar resmi

testen ['tɛstən] *vt* test etmek, denemek; (*überprüfen*) sınamak

Testergebnis *nt* test sonucu

Testosteron *nt* testosteron

Testreihe <-n> *f* test dizisi

Tetanus <-> ['tɛtanʊs, 'te:tanʊs] *m kein pl* MED tetanos **Tetanusschutzimpfung** *f* tetanos aşısı

Tête-à-tête <-, -s> [tɛta'tɛ:t] *nt*, **Tete-a-tete**[RR] <-, -s> *nt* baş başa konuşma

Tetragon *f* MATH (*Viereck*) dörtgen

Tetralogie *f* LIT dördüzleme

teuer ['tɔɪɐ] *adj* ❶ (*kostspielig, wertvoll*) pahalı; **etw ~ kaufen/verkaufen** bir şeyi pahalı almak/satmak; **wie ~ ist das?** bu kaç para?; **teurer werden** pahalanmak, pahalılaşmak; **etw kommt jdn ~ zu stehen** bir şey birine pahalıya oturmak [*o* mal olmak] ❷ (*geh: geschätzt*) değerli, kıymetli, sevgili; **mein ~er Freund** değerli dostum

Teuerung *f* (*das Teuerwerden*) pahalılaşma, pahalanma; (*Preisanstieg*) pahalılık **Teuerungsrate** *f* pahalılık oranı

Teufel <-s, -> ['tɔɪfəl] *m* şeytan, iblis; **wie zum ~ hat er das geschafft?** (*fam*) bunu da nasıl becerdi ki?; **was zum ~ macht er hier?** (*fam*) ne işi var ki burada?; **weiß der ~!** (*fam*) ne bileyim!; **scher dich zum ~!** (*fam*) yüzünü şeytan görsün!, canın cehenneme!; **den soll der ~ holen!** (*fam*) yüzünü şeytan görsün!; **mal den ~ nicht an die Wand!** (*fam*) ağzını hayra aç!, ağzından yel alsın!; **in ~s Küche kommen** (*fam*) başı belaya girmek, şapa oturmak; **jdn in ~s Küche bringen** (*fam*) birinin başını belaya sokmak; **auf ~ komm raus** (*fam*) var gücüyle; **da ist der ~ los!** (*fam*) orada curcuna var!, orada (kızılca) kıyamet koptu!; **den ~ werde ich tun!** (*fam*) nah yaparım!; **wenn man vom ~ spricht(, kommt er)** (*fam*) köpeği an, taşı hazırla; **~ noch mal!** hay aksi şeytan!; **pfui ~!** tuh!, tü! şeytan çarpsın!

Teufelskerl *m* (*fam*) yaman herif **Teufelskralle** *f* BOT şeytantırnağı **Teufelskreis** *m* kısır döngü **Teufelsnadel** *f* ZOOL şeytaniğnesi **Teufelszwirn** *m* BOT şeytansaçı, küsküt

teuflisch *adj* ❶ (*bösartig*) şeytanî ❷ (*fam: sehr*) çok; **das schmeckt ~ gut** bunun tadı [*o* lezzeti] çok güzel

Text <-(e)s, -e> [tɛkst] *m* ❶ (*allgemein*) metin; **weiter im ~!** (*fam*) devam edelim! ❷ (*Lied~*) güfte, söz ❸ (*unter einer Abbildung*) tekst **Textbaustein** *m* metin elemanı **Textbuch** *nt* MUS libretto

texten ['tɛkstən] *vi* (*Lieder*) güfte yazmak, şarkı güftesi yazmak; (*Werbetexte*) tekst yazmak, reklâm metni yazmak

Texter(in) <-s, -; -nen> *m(f)* (*von Liedern*) güfteci, söz yazarı; (*von Werbetexten*) tekst yazarı

Textilien [tɛks'ti:liən] *pl* tekstil; (*Stoffe*) dokumalar *pl,* mensucat; (*Kleidung*) giyim, tekstil

Textilindustrie *f* tekstil sanayii

Textmarker ['-markɐ] *m* markör **Textstelle** *f* **eine schwierige ~ erklären** metindeki (anlaşılması) güç bir yeri açıklamak [*o* izah etmek]

Textverarbeitung *f* INFORM kelime işlemi **Textverarbeitungsprogramm** *nt* INFORM kelime işlemci program

TH <-s> [te:'ha:] *f Abk von* **Technische Hochschule** teknik yüksekokul

Thailand <-s> ['taɪlant] *nt* Tayland

Thailänder(in) <-s, -; -nen> ['taɪlɛndɐ] *m(f)* Taylandlı

thailändisch *adj* Tayland (ile ilgili), Taylandlı; **~e Frauen/Männer** Taylandlı kadınlar/erkekler; **die ~e Regierung** Tayland hükümeti

Theater <-s, -> [te'a:tɐ] *nt* tiyatro; **absurdes/episches ~** saçma/epik tiyatro; **ins/zum ~ gehen** tiyatroya gitmek; **ein furchtbares ~ wegen etw** *gen/dat* **machen** (*fam*) bir şey yüzünden korkunç tantana yapmak; **das ist doch nur ~** (*fam*) bu sırf numara **Theateraufführung** *f* temsil **Theaterbesuch** *m* tiyatroya gitme **Theaterbesucher(in)** *m(f)* tiyatrosever **Theaterkarte** *f* tiyatro bileti **Theaterkasse** *f* tiyatro gişesi **Theaterprobe** *f* tiyatro provası **Theaterstück** *nt* tiyatro oyunu

theatralisch [tea'tra:lɪʃ] *adj* ❶ tiyatro (ile ilgili) ❷ (*fig: unnatürlich*) yapmacık; (*pathetisch*) patetik

Thein *nt kein pl* tein

Theke <-n> ['te:kə] *f* tezgâh

Thema <-s, Themen> ['te:ma, *pl* 'te:mən] *nt* konu, mevzu; MUS tema; (*Angelegenheit*) mesele; **ein ~ behandeln** bir konuyu işlemek [*o* ele almak]; **vom ~ abschweifen** konudan ayrılmak; **beim ~ bleiben** konudan ayrılmamak; **das ~ ist für mich erledigt** bu mesele benim için kapandı; **das ist (doch) kein ~!** (*fam: spielt keine Rolle*) bunun bir önemi yok (ki)!; (*steht nicht zur Debatte*) söz konusu bu değil (ki)!

thematisch *adj* tematik

thematisieren* [temati'zi:rən] *vt* söz konusu yapmak

Themen ['te:mən] *pl von* **Thema**

Theokratie *f kein pl* teokrasi, din erki

theokratisch *adj* teokratik

Theologe(in) <-n, -n; -nen> [teo'lo:gə] *m(f)* teolog, ilahiyatçı

Theologie [teolo'gi:] *f kein pl* teoloji, ilahiyat

theologisch *adj* teolojik

Theorem *nt* teorem; (*Lehrsatz*) önerme

Theoretiker(in) <-s, -; -nen> [teo're:tikɐ] *m(f)* kuramcı, teorisyen

theoretisch *adj* kuramsal, teorik

theoretisieren* [teoreti'zi:rən] *vi* teoriler konuşmak

Theorie <-n> [teo'ri:] *f* kuram, teori

Therapeut(in) <-en, -en; -nen> [tera'pɔɪt] *m(f)* MED, PSYCH terapist

Therapie <-n> [tera'pi:] *f* MED, PSYCH terapi, tedavi

therapieren* *vt* tedavi etmek

Thermalbad [tɛr'ma:l-] *nt* ❶ (*Kurort*) kaplıca ❷ (*Bad*) ılıca **Thermalquelle** *f* termal kaynak

thermisch *adj* termik, ısıl
Thermometer [tɛrmo'me:tɐ] *nt* termometre, sıcakölçer
Thermosflasche ['tɛrmɔs-] *f* termos
Thermostat <-(e)s *o* -en, -e(n)> [tɛrmo'sta:t] *m* termostat, ısıdenetir
These <-n> ['te:zə] *f* tez, sav, iddia; **eine ~ aufstellen** bir iddia ileri sürmek **Thesenpapier** *nt* tez
Thessaloniki *nt* Selânik
Thora *f kein pl* Tevrat
Thriller <-s, -> ['θrɪlɐ] *m* (*Film*) gerilim filmi; (*Buch*) gerilim romanı
Thrombose <-n> [trɔm'bo:zə] *f* MED tromboz
Thrombozyt <-en, -en> *m* MED trombosit
Thron <-(e)s, -e> [tro:n] *m* taht; **den ~ besteigen** tahta çıkmak
thronen ['tro:nən] *vi* kurulup oturmak (**über** -e), hâkim olmak (**über** -e)
Thronfolge *f kein pl* veliahtlık; **die ~ antreten** veliaht olmak, veliahtlığa yükselmek
Thronfolger(in) <-s, -; -nen> *m(f)* veliaht
Thunfisch <-(e)s, -e> ['tu:n-] *m* ZOOL ton balığı, orkinos
Thymian <-s, -e> ['ty:mia:n] *m* BOT kekik
Thymusdrüse <-, -n> *f* MED timüs, özden
Tibet <-s> ['ti:bɛt] *nt* Tibet
Tick <-(e)s, -s> [tɪk] *m* ❶ MED tik ❷ (*fam: Eigenart*) tik; **einen ~ haben** bir tiki olmak
ticken ['tɪkən] *vi* (*Uhr*) tik tak etmek; **bei dir tickt's ja nicht richtig!** (*fam*) aklını kaçırdın galiba!, aklın tam ayar değil galiba!
tief [ti:f] **I.** *adj* ❶ (*a. fig: nicht flach*) derin; **fünf Meter ~ fallen** beş metre derine düşmek; **ein zwei Meter ~es Loch** iki metre derinliğinde bir çukur; **wie ~ ist das?** bunun derinliği ne kadar?; **im ~sten Afrika** Afrika'nın göbeğinde; **aus ~stem Herzen** canı gönülden; **~ in Gedanken versunken sein** derin derin düşünmek; **~es Schweigen** derin sessizlik; **im ~sten Winter** kışın ortasında ❷ (*niedrig*) alçak, düşük ❸ (*Ton*) kalın; (*Stimme*) kalın, pes ❹ (*Farbe*) koyu ❺ (*Teller*) çukur **II.** *adv* ❶ **~ nachdenken** derin derin düşünmek; (**sehr**) **~ schlafen** (çok) derin uyumak; (*niedrig*) alçak; **das Flugzeug fliegt ~** uçak alçaktan uçuyor; ■ **sich ~ bücken** yerlere kadar eğilmek; **die Sonne steht schon ~** güneş batmak üzere, güneş gurupta; **zehn Meter ~ tauchen** on metre derinliğe dalmak; **sie wohnt ~ in den Bergen** dağların ortasında oturuyor; **sie wohnt eine Etage ~er** bir kat aşağıda oturuyor ❷ (*sehr*) çok; **jdn ~ beschämen** birini çok utandırmak; **er ist in meiner Achtung ~ gesunken** gözümden çok düştü ❸ **jdm ~ in die Augen sehen** birinin gözünün içine bakmak; **~ ausgeschnitten** (*Kleidung*) dekolteli; **bis ~ in die Nacht hinein** gece geç vakitlere kadar
Tief <-s, -s> [ti:f] *nt* ❶ METEO alçak basınç merkezi ❷ PSYCH ruh çöküntüsü
Tiefbau <-(e)s> *m kein pl* alt yapı mühendisliği
tiefbetrübt ['--'-] *adj s.* **betrübt** **tiefbewegt** ['--'-] *adj s.* **bewegt 2.**
Tiefdruck <-(e)s> *m kein pl* ❶ METEO alçak basınç ❷ TYPO tifdruk **Tiefdruckgebiet** <-(e)s, -e> *nt* METEO alçak basınç alanı
Tiefe¹ <-n> ['ti:fə] *f* derinlik; **in einer ~ von 20 Metern** 20 metrelik bir derinlikte
Tiefe² *f kein pl* ❶ (*einer Farbe*) koyuluk ❷ (*der Stimme*) kalınlık
Tiefebene *f* GEO ova
Tiefengestein *nt* GEO derinlik kayaçları
Tiefenmessung *f* NAUT derinlik ölçümü
Tiefenpsychologie *f* derinlik psikolojisi
Tiefenrausch *m kein pl* MED derinlik sarhoşluğu **Tiefenschärfe** *f* FOTO netlik derinliği **Tiefenwirkung** *f* oylum, derinlik etkisi
Tiefflieger <-s, -> *m* alçaktan uçan uçak **Tiefflug** *m* yalama uçuş, alçak(tan) uçuş **Tiefgang** <-(e)s> *m kein pl* ❶ NAUT su çekimi ❷ (*fig*) derinlik **Tiefgarage** *f* bina altı garajı **tiefgekühlt** *adj* derin soğutulmuş
tiefgreifend *adj s.* **greifen I.2.**
tiefgründig ['ti:fgrʏndɪç] *adj* derin(lemesine)
Tiefkühlfach *nt* derin dondurucu **Tiefkühlkost** *f* derin soğutulmuş gıdalar *pl* **Tiefkühlschrank** *m* dipfriz **Tiefkühltruhe** *f* derin soğutucu **Tiefkühlung** *f* derin soğutma
Tiefland <-(e)s, -länder *o* -e> *nt* GEO ova **Tiefpunkt** *m* en düşük nokta; (*seelisch*) çöküntü
tiefreligiös *adj* koyu dindar, sofu
Tiefschlaf *m kein pl* derin uyku, daluyku, ağır uyku **Tiefschlag** *m* SPORT belden alta vurma
tiefschürfend *adj s.* **schürfen III.**
tiefschwarz ['-'-] *adj* simsiyah, kapkara
Tiefsee *f kein pl* GEO derin deniz **Tiefseegraben** *m* GEO abis
Tiefsinn <-(e)s> *m kein pl* ❶ (*Gedankentiefe*) derin anlam, fikir derinliği ❷ (*Schwermut*) hüzün; **in ~ verfallen** içine hüzün çökmek, kara sevdaya tutulmak **tiefsinnig** *adj* ❶ derin anlamlı ❷ (*schwermütig*) hüzünlü, kara sevdalı

T

Tiefstand <-(e)s> *m kein pl* en düşük seviye
tief|stapeln *vi* alçak gönüllü olmak
Tiefsttemperatur *f* en düşük sıcaklık
Tiegel <-s, -> ['ti:gəl] *m* ❶ (*zum Kochen*) kap; (*irdener*) güveç ❷ (*Schmelz~*) pota
Tier <-(e)s, -e> [ti:ɐ] *nt* hayvan; **ein hohes ~** (*fig fam*) önemli birisi **Tierart** <-en> *f* hayvan türü **Tierarzt, -ärztin** *m, f* veteriner **Tiergarten** *m* hayvanat bahçesi
tierisch ['ti:rɪʃ] *adj* ❶ (*Tiere betreffend*) hayvansal; **~e Produkte** hayvansal ürünler ❷ (*pej: roh*) hayvanca, hayvanî; (*grausam*) vahşi ❸ (*fam: sehr*) çok; **ich habe ~en Durst** çok susadım; **das schmeckt ~ gut** bu çok lezzetli
Tierklinik *f* hayvan kliniği
Tierkreis *m kein pl* ASTROL burçlar kuşağı
Tierkreiszeichen *nt* ASTROL burç
tierlieb *adj* hayvansever; **sehr ~ sein** çok hayvansever olmak **Tierpfleger(in)** *m(f)* hayvan bakıcısı **Tierquälerei** ['---'-] *f* hayvanlara eziyet etme **Tierreich** <-(e)s> *nt kein pl* hayvanlar âlemi **Tierschutz** *m* hayvanları koruma **Tierschützer(in)** <-s, -; -nen> *m(f)* hayvan korumacı
Tierschutzverein *m* hayvanları koruma derneği
Tierversuch *m* hayvanlar üzerinde yapılan deneme **Tierwelt** *f kein pl* hayvanlar âlemi **Tierzucht** *f kein pl* hayvancılık, hayvan yetiştirme
Tiger <-s, -> ['ti:gɐ] *m* ZOOL kaplan
tigern ['ti:gɐn] *vi sein* (*fam*) yürümek; **durch die Stadt ~** şehirde yürümek
Tigris *m kein pl* Dicle
Tilde <-n> ['tɪldə] *f* ❶ (*über Buchstaben*) kaş işareti ❷ (*in Wörterbüchern*) tire
tilgen ['tɪlgən] *vt* ❶ FIN, WIRTSCH itfa etmek, ödemek, sönümlemek; (*Schulden*) itfa etmek, ödemek ❷ (*geh: beseitigen*) yok etmek (**aus** -den), silmek (**aus** -den), iptal etmek
Tilgung <-en> *f* FIN, WIRTSCH itfa, sönüm; **die ~ einer Schuld** bir borcun sönümü [*o* itfası] **Tilgungsfonds** *m* FIN, WIRTSCH itfa fonu
timen ['taɪmən] *vt* zamanlamak; (*festsetzen*) zamanını saptamak (-in)
TimesharingRR <-s, -s> ['taɪmʃɛ:rɪŋ] *nt a.* INFORM zaman bölüşme
Timing <-s, -s> ['taɪmɪŋ] *nt* zamanlama; **das war perfektes ~!** bu tam zamanındaydı!
Tinktur <-en> [tɪŋk'tu:ɐ] *f* tentür
Tinte <-n> ['tɪntə] *f* mürekkep; **sich in die ~ setzen** (*fig fam*) şapa oturmak; **in der ~ sitzen** (*fig fam*) güçlük içinde olmak, müşkül vaziyette kalmak **Tintenfass**RR *nt* mürekkep hokkası **Tintenfisch** *m* ZOOL ahtapot; (*kleiner*) mürekkep balığı
Tintenstrahldrucker <-s, -> *m* INFORM mürekkep püskürtmeli yazıcı
TipALT <-s, -s> *m*, **Tipp**RR <-s, -s> [tɪp] *m* ❶ (*fam: Rat*) öğüt, fikir; (*Hinweis*) ipucu; **jdm einen ~ geben** birine ipucu vermek ❷ SPORT bahis
tippen ['tɪpən] **I.** *vi* ❶ (*berühren*) dokunmak (**auf/an** -e/-e) ❷ (*fam: Maschine schreiben*) daktilo ile yazmak ❸ (*fam: wetten*) bahse girmek (**auf** -e); **ich tippe (darauf), dass er (nicht) gewinnt** kazan(may)acağına bahse girerim ❹ (*Lotto spielen*) loto oynamak **II.** *vt* ❶ (*fam: Text*) daktilo etmek ❷ (*im Lotto*) oynamak
Tippfehler *m* daktilo hatası
Tippschein <-(e)s, -e> *m* bahis kuponu
Tippse <-n> ['tɪpsə] *f* (*pej fam*) daktilo
tipptopp ['tɪp'tɔp] *adj* (*fam*) mükemmel
Tirade *f a.* KUNST tirat
Tirol <-s> [ti'ro:l] *nt* Tirol
Tiroler(in) <-s, -; -nen> *m(f)* Tirollu
Tisch <-(e)s, -e> [tɪʃ] *m* masa; (*Tafel*) sofra; **den ~ decken** sofrayı kurmak; **am ~ sitzen** masada [*o* sofrada] oturmak; **am runden ~** yuvarlak masada; **sich an den gedeckten ~ setzen** (*fig*) hazıra konmak; **unter den ~ fallen** (*fam*) dikkate alınmamak; **etw unter den ~ fallen lassen** (*fam*) bir şeyi dikkate almamak; **jdn unter den ~ trinken** (*fam*) içki içmede birinden baskın çıkmak; **etw ist vom ~** (*fam*) bir şey gündemden kalkmış olmak; **reinen ~ machen** (*fam*) hâle yola koymak; **etw vom ~ wischen** (*fam*) bir şeye kulak asmamak; **jdn über den ~ ziehen** (*fig fam*) birine kazık atmak, birini kazıklamak; **zu ~ bitten** sofraya buyur etmek **Tischbein** *nt* masa ayağı **Tischdecke** *f* masa örtüsü; (*Esstisch*) sofra örtüsü **Tischfußball** <-s> *m kein pl* langırt **Tischgebet** *nt* sofra duası, yemek duası **Tischgesellschaft** <-en> *f* masa **Tischgespräch** *nt* sofra muhabbeti; (*nach dem Essen*) yemek sonrası muhabbeti **Tischkante** *f* masa kenarı **Tischlampe** *f* masa lambası
Tischler(in) <-s, -; -nen> *m(f)* marangoz
Tischlerei <-en> *f* ❶ (*Werkstatt*) marangozhane ❷ *kein pl* (*Handwerk*) marangozluk; **die ~ erlernen** marangozluk öğrenmek **Tischnachbar(in)** *m(f)* masa arkadaşı **Tischrede** *f* sofra başı konuş-

T

ması
Tischtennis *nt kein pl* masa topu, masa tenisi, pingpong **Tischtennisplatte** *f* pingpong masası **Tischtennisschläger** *m* pingpong raketi
Titan <-s> *nt kein pl* CHEM titan
Titel <-s, -> ['ti:təl] *m* ❶ başlık; (*Unter~*) başlık ❷ **akademischer ~** unvan ❸ SPORT şampiyonluk, birincilik; **um den ~ spielen** SPORT şampiyonluk için oynamak ❹ JUR senet ❺ (*Abschnitt eines Gesetzes*) fasıl, kısım **Titelanwärter(in)** *m(f)* SPORT şampiyonluğa aday **Titelbild** *nt* kapak resmi **Titelblatt** *nt* baş sayfa
titeln *vt* başlık koymak (-e), ad koymak [*o* takmak] (-e, **mit** diye)
Titelrolle *f* FILM, THEAT başrol **Titelverteidiger(in)** *m(f)* SPORT unvanını koruyan yarışmacı
Titte <-n> ['tɪtə] *f* (*vulg*) meme
titulieren* [titu'li:rən] *vt* hitap etmek (-e, **als** diye)
tja [tja] *interj* (*fam*) eh
TNT <-> [te:ʔɛn'te:] *nt kein pl Abk von* **Trinitrotoluol** TNT (*trinitrotolüen*)
Toast <-(e)s, -e *o* -s> [to:st] *m* ❶ (*~scheibe*) tost; (*~brot*) tost ekmeği ❷ (*Trinkspruch*) içki içilirken kadeh kaldırarak söylenen söz; **einen ~ auf jdn ausbringen** birinin sağlığına [*o* şerefine] içmek, birinin şerefine kadeh kaldırıp söz söylemek **Toastbrot** *nt* tost ekmeği; (*Scheibe*) tost
toasten ['to:stən] *vt* (*Brot*) tost yapmak
Toaster <-s, -> *m* tost makinesi, ekmek kızartma makinesi
toben ['to:bən] *vi* ❶ (*vor Wut*) kudurmak; (*vor Begeisterung*) coşmak ❷ (*Kinder*) azmak ❸ (*Sturm*) coşmak, ortalığı kasıp kavurmak; (*Meer*) azmak, kükremek
Tobsucht *f kein pl* kudurma, küplere binme, heyheyleri tutma **tobsüchtig** *adj* azgın, kudurmuş
Tobsuchtsanfall *m* **einen ~ bekommen** kudurmak, küplere binmek, heyheyleri tutmak
Tochter <Töchter> ['tɔxtɐ, *pl* 'tœçtɐ] *f* ❶ (*Kind*) kız (evlat) ❷ SCHWEIZ (*Bedienung*) kız (garson); (*Haushaltshilfe*) (hizmetçi) kız **Tochtergesellschaft** <-en> *f* WIRTSCH yavru şirket
Tod <-(e)s, -e> [to:t] *m* ölüm, vefat; **eines natürlichen ~es sterben** eceliyle ölmek; **jdn zum ~e verurteilen** birini ölüme mahkûm etmek; **etw mit dem ~ bezahlen** bir şeyi canıyla ödemek; **sich zu ~e schämen/langweilen** (*fam*) utancından/can sıkıntısından ölmek; **mit dem ~ ringen** ölümle boğuşmak, can çekişmek; **jdn zu ~e erschrecken** (*fam*) birinin ödünü koparmak [*o* patlatmak]; **du holst dir noch den ~** (*fam*) hastalanıp öleceksin; **jdn auf den ~ nicht leiden können** (*fam*) birini ölesiye çekememek; **tausend ~e sterben** ölüp ölüp dirilmek; **vom ~e erwachen** hortlamak
todernst ['-'-] *adj* (*fam*) çok ciddi
Todesangst *f* ölüm korkusu, can korkusu **Todesanzeige** *f* ölüm ilanı **Todesengel** *m* ölüm meleği **Todesfall** <-(e)s, -fälle> *m* ölüm **Todesfasten** *nt kein pl* ölüm orucu **Todesfolge** *f kein pl* JUR ölümle sonuçlanma **Todesgefahr** *f* ölüm tehlikesi **Todeskampf** <-(e)s> *m kein pl* ölüm kalım savaşı, can çekişme **Todeskandidat(in)** *m(f)* (*durch Krankheit*) ölüm döşeğine düşmüş (kimse); (*durch Todesurteil*) idam mahkûmu **todesmutig** *adj* ölümü göze alan **Todesopfer** *nt* kurban **Todesschuss**[RR] *m* öldürücü mermi **Todesstoß** *m* öldürücü darbe; **jdm/etw** *dat* **den ~ versetzen** bir kimseye/şeye öldürücü darbeyi vurmak **Todesstrafe** *f* ölüm cezası, idam cezası; **bei ~** ölüm [*o* idam] cezası halinde **Todestag** *m* ölüm günü; (*Jahrestag*) ölüm yıldönümü **Todesursache** *f* ölüm sebebi **Todesurteil** *nt* idam hükmü **Todeszelle** *f* idam hücresi
Todfeind(in) *m(f)* can düşmanı **todkrank** ['-'-] *adj* çok [*o* ölümcül] hasta olan **todlangweilig** ['-'---] *adj* çok can sıkıcı
tödlich ['tø:tlɪç] **I.** *adj* ❶ öldürücü, ölümcül; **Unfall mit ~em Ausgang** ölümle sona eren bir kaza, ölümlü trafik kazası ❷ (*fig*) **eine ~ banale Geschichte** son derece banal bir öykü; **mit ~er Sicherheit** kesinlikle **II.** *adv* ❶ **~ verletzt** ölecek derecede yaralı, ölecek kadar ağır yaralı; **~ verunglücken** kazada ölmek ❷ (*fig*) ■ **sich ~ langweilen** can sıkıntısından ölmek
todmüde ['-'--] *adj* (*fam*) canı çıkmış, çok yorgun, ölü gibi **todschick** ['-'-] *adj* (*fam*) iki dirhem bir çekirdek, çok şık **todsicher** ['-'--] **I.** *adj* (*fam*) yüzde yüz kesin, şaşmaz **II.** *adv* (*fam: auf jeden Fall*) kesinlikle; (*zweifellos*) kuşkusuz, şüphesiz **Todsünde** *f* REL ana günah **todunglücklich** ['-'---] *adj* (*fam*) çok mutsuz
Tohuwabohu <-(s), -s> [to:huva'bo:hu] *nt* çıfıt çarşısı, kıyamet
toi [tɔɪ] *interj* (*fam*) **~, ~, ~!** şeytan kulağına kurşun!
Toilette[1] [to̯a'lɛtə] *f* ❶ *kein pl* (*geh: Körperpflege*) tuvalet; **die morgendliche ~ machen** sabah tuvaletini yapmak ❷ (*festli-

che Damenkleidung) tuvalet; **die Damen erschienen in großer ~** hanımlar grantuvalet geldiler

Toilette[2] <-n> *f* (*WC*) tuvalet; **öffentliche ~n** belediyenin tuvaletleri; **auf die ~ gehen** tuvalete gitmek

Toilettenartikel <-s, -> *m* tuvalet malzemesi **Toilettenpapier** *nt* tuvalet kâğıdı

Tokio <-s> ['to:kio] *nt* Tokyo

tolerant [tole'rant] *adj* toleranslı, hoşgörülü

Toleranz <-en> [tole'rants] *f* ❶ tolerans, hoşgörü ❷ TECH, MED tolerans

tolerieren* [tole'ri:rən] *vt* ❶ (*dulden*) hoş görmek ❷ TECH tolerans tanımak

toll [tɔl] *adj* (*fam*) ❶ (*unglaublich*) inanılmaz ❷ (*großartig*) şahane, ömür, enfes, harika ❸ (*schlimm*) korkunç; **es zu ~ treiben** aşırıya kaçmak

Tolle <-n> ['tɔlə] *f* lüle

tollen ['tɔlən] *vi* ❶ (*toben*) azmak ❷ *sein* (*laufen*) koşuşmak (**durch** -de); **durch die Wiesen ~** çayırda koşuşmak

Tollhaus *nt* tımarhane

Tollheit *f* delilik

Tollkirsche *f* BOT güzelavrat otu

tollkühn *adj* cüretkâr **Tollkühnheit** <-en> *f* cüret, cüretkârlık

Tollpatsch[RR] <-(e)s, -e> ['tɔlpatʃ] *m* sakar

tollpatschig[RR] *adj* sakar

Tollwut *f kein pl* MED kuduz

tollwütig *adj* kuduz, kuduruk

Tolpatsch[ALT] <-(e)s, -e> *m s.* **Tollpatsch**

tolpatschig[ALT] *adj s.* **tollpatschig**

Tölpel <-s, -> ['tœlpəl] *m* ❶ ZOOL sümsük (kuşu) ❷ (*pej*) sümsük; (*Dummkopf*) budala, hıyar

Tomahawk <-s, -s> *m* tomahavk

Tomate <-n> [to'ma:tə] *f* ❶ BOT, GASTR domates ❷ **eine treulose ~** (*fam*) vefasızın [*o* hakikatsizin] biri; **hast du ~n auf den Augen?** (*fam*) kör müsün? **Tomatenketchup** *m o nt,* **Tomatenketschup**[RR] *m o nt* ketçap **Tomatenmark** <-(e)s> *nt kein pl* domates salçası **Tomatensoße** *f* domates sosu **Tomatensuppe** *f* domates çorbası

Tombola <-s> ['tɔmbola] *f* tombala

Tomografie[RR] <-n> *f,* **Tomographie** <-n> [tomogra'fi:] *f* MED tomografi

Ton[1] <-(e)s, -e> [to:n] *m* (*Erde*) toprak, balçık; (*zum Töpfern*) kil, toprak

Ton[2] <-(e)s, Töne> [to:n, *pl* 'tø:nə] *m* ❶ (*Klang*) *a.* RADIO, TV ses ❷ (*Farb~, Sprechweise*) *a.* MUS ton; **der gute ~** görgü; **den ~ angeben** sözü geçmek; **ich verbitte mir diesen ~** bu tonda benimle konuşmanı(zı) menediyorum; **einen anderen ~ anschlagen** sesinin tonunu değiştirmek; **jdn in den höchsten Tönen loben** birini göklere çıkarmak; **der ~ macht die Musik** (*fam*) insanın söylediği söyleyişine göre değişir ❸ (*Betonung*) vurgu ❹ (*fam: Äußerung*) **große Töne spucken** (*pej fam*) büyük (söz) söylemek, büyük laf etmek

tonangebend *adj* (*fig*) sözü geçer; (*eine maßgebliche Rolle spielend*) belirleyici [*o* son derece önemli] bir rol oynayan

Tonarm *m* pikap kolu

Tonart <-en> *f* ❶ MUS makam ❷ (*Tonfall*) ton; **Übergang von einer ~ in die andere** bir tondan başka bir tona geçiş

Tonaufnahme *f,* **Tonaufzeichnung** *f* ses kaydı

Tonband <-(e)s, -bänder> *nt* ❶ (*Tonträger*) ses bandı ❷ (*fam: Gerät*) teyp **Tonbandaufnahme** *f* teyple ses kaydı **Tonbandgerät** <-(e)s, -e> *nt* teyp

tönen ['tø:nən] **I.** *vi* ❶ (*er~*) duyulmak, işitilmek ❷ (*pej fam: angeben*) övünmek; **er tönte mit seinen Erfolgen** başarılarıyla övündü **II.** *vt* (*Farbton verleihen*) hafifçe boyamak; (*färben*) boyamak; (*dunkler*) koyulaştırmak

Tonerde *f kein pl* ❶ (*Ton*) kil ❷ CHEM alümin

tönern ['tø:nɐn] *adj* killi

Tonfall <-(e)s, -fälle> *m* ❶ (*Sprachmelodie*) ton, titrem ❷ (*Art des Sprechens*) ses(inin) tonu, şive **Tonfilm** <-(e)s, -e> *m* sesli film **Tonfrequenz** *f* PHYS ses frekansı

Tongefäß *nt* çömlek

Tonhöhe *f* tizlik

Tonic <-, -(s)> *nt* tonik

Tonikum *nt* tonik

Toningenieur(in) *m(f)* TV, RADIO tonmayster, ses yönetmeni **Tonkarte** *m* INFORM ses kartı **Tonkopf** *m* okuma kafası

Tonkrug *m* testi

Tonlage *f* MUS ton **Tonleiter** <-n> *f* MUS gam (dizisi), ses dizisi

tonlos *adj* (*unbetont*) vurgusuz; (*Stimme*) sessiz

Tonnage <-n> [tɔ'na:ʒə] *f* NAUT tonaj

Tonne <-n> ['tɔnə] *f* ❶ (*Behälter*) varil; (*Regen~*) bidon; (*Müll~*) teneke, bidon ❷ (*Maßeinheit*) ton ❸ NAUT şamandıra ❹ (*fam: Mensch*) fıçı gibi (kimse)

Tonnengewölbe *nt* ARCH beşik tonoz

tonnenweise *adv* tonla, tonlarca

Tonqualität *f* ses kalitesi **Tonstörung** *f* RADIO, FILM, TV parazit **Tonstudio** *nt* ton stüdyosu **Tontafel** *f* tablet

Tontaube *f* SPORT hedef vazifesi gören plaka

(*baltrapla havaya fırlatılan balçık hedef*)
Tontaubenschießen <-s> *nt kein pl* SPORT *baltrapla havaya fırlatılan balçık hedefleri vurma*
Tontechniker(in) *m(f)* ses yönetmeni
Tonträger <-s, -> *m* ses kayıt bandı
Tönung <-en> ['tø:nʊŋ] *f* ❶ (*das Tönen*) boyama ❷ (*Farbton*) renk tonu
Top <-s, -s> [tɔp] *nt* top
Topas <-es, -e> [to'pa:s] *m* topaz
Topf <-(e)s, Töpfe> [tɔpf, *pl* 'tœpfə] *m* ❶ çömlek; (*Koch~*) tencere; **alles in einen ~ werfen** (*fig fam*) genelleme yapmak ❷ (*Nacht~*) oturak, lazımlık; (*fam: Toilette*) tuvalet ❸ (*Blumen~*) saksı ❹ FIN kasa
Topfblume *f* saksı çiçeği
Töpfer(in) <-s, -; -nen> ['tœpfɐ] *m(f)* çömlekçi
Töpferei <-en> [tœpfə'raɪ] *f* ❶ (*Handwerk*) çömlekçilik, seramikçilik ❷ (*Werkstatt*) çömlek atölyesi
töpfern ['tœpfɐn] **I.** *vi* çanak çömlek yapmak; (*Keramiken*) seramik yapmak **II.** *vt* (*Kunst*) topraktan yapmak; **getöpferte Teller** topraktan yapılmış tabaklar, seramik tabaklar
Töpferscheibe *f* çömlekçi tornası **Töpferwaren** *pl* çanak çömlek, seramik eşya
topfit ['tɔp'fɪt] *adj* (*fam*) bomba gibi
Topflappen *m* tencere tutma bezi
Topform *f kein pl* (*fam*) SPORT kıvam, tam form
Topfpflanze *f* saksı bitkisi
Topografie[RR] <-n> *f s.* **Topographie**
topografisch[RR] *adj s.* **topographisch**
Topographie <-n> [topogra'fi:] *f* GEO topografi
topographisch [topo'gra:fɪʃ] *adj* GEO topografik
Toppsegel *nt* NAUT gabya yelkeni **Toppsgast** *m* NAUT gabyacı
Tor[1] <-en, -en> [to:ɐ] *m* (*geh: Person*) budala, ahmak
Tor[2] <-(e)s, -e> [to:ɐ] *nt* ❶ (*große Tür*) kapı, cümle kapısı ❷ (*Eingang*) giriş kapısı; (*Monument*) anıtsal kapı ❸ SPORT (*Gehäuse*) kale; (*Treffer*) gol; **im ~ stehen** kalede durmak; **ein ~ schießen** gol atmak
Torbogen <-s, -bögen> *m* ARCH kapı kemeri **Torchance** <-n> *f* SPORT gol fırsatı
Torero <-s, -s> [to're:ro] *m* torero
Torf <-(e)s, -e> [tɔrf] *m* turba
Torfrau *f s.* **Torwart**
Torheit <-en> *f* (*geh*) budalalık, ahmaklık, enayilik; **Alter schützt vor ~ nicht** (*prov*) akıl yaşta değil, baştadır
Torhüter(in) <-s, -; -nen> *m(f)* SPORT (*Torwart*) kaleci
töricht ['tø:rɪçt] *adj* (*pej*) ❶ (*unvernünftig*) akılsız; **es ist ~, zu glauben, dass es so ist** bunun böyle olduğuna inanmak enayilik(tir) ❷ (*einfältig*) bön, enayi ❸ (*unsinnig*) saçma
Torjäger *m* SPORT golcü
torkeln ['tɔrkəln] *vi sein* sendelemek
Torlinie *f* SPORT kale çizgisi
torlos *adj* SPORT golsüz
Törn <-s, -s> [tœrn] *m* ❶ (*Segel~*) (yelken) gezi(si) ❷ (*Turnus*) rotasyon, nöbet sırası
Tornado <-s, -s> [tɔr'na:do] *m* METEO tornado
Tornister <-s, -> [tɔr'nɪstɐ] *m* sırt çantası
torpedieren* [tɔrpe'di:rən] *vt* MIL torpillemek
Torpedo <-s, -s> [tɔr'pe:do] *m* MIL torpil
Torpedoboot *nt* torpido, torpidobot
Torpedofisch *m* ZOOL torpil balığı; (*Zitterrochen*) uyuşturan balığı
Torpfosten *m* SPORT kale direği **Torraum** *m* SPORT kale sahası
Torschlusspanik[RR] *f* fırsatı kaçırma korkusu; **aus ~ heiraten** evde kalacağım korkusuyla evlenmek
Torschütze(in) <-n, -n; -nen> *m(f)* SPORT golcü
Torso <-s, -s *o* Torsi> ['tɔrzo] *m* KUNST torso, gövde heykeli
Torte <-n> ['tɔrtə] *f* (*Sahne~*) turta; (*Obst~*) pasta
Tortur <-en> [tɔr'tu:ɐ] *f* işkence
Torwart, -frau <-(e)s, -e; -en> ['to:ɐvart] *m, f* SPORT kaleci
tosen ['to:zən] *vi* (*Meer*) çalkanmak; (*Sturm*) uğuldamak; **~der Beifall** alkış tufanı
tot [to:t] *adj* ölü; (*verstorben*) ölmüş; (*leblos*) cansız; **~er Raum** MIL ölü açı; **ein ~ geborenes Kind** ölü doğmuş bir çocuk; **das T~e Meer** Ölü Deniz; **halb ~** yarı ölü; **er war auf der Stelle ~** anında öldü; ■**sich ~ stellen** ölmüş numarası yapmak; **den ~en Mann machen** (*fam*) suyun üstünde ölü numarası yapmak; **mehr ~ als lebendig (sein)** ölü gibi (olmak)
total [to'ta:l] **I.** *adj* ❶ (*vollständig*) tam, bütün, komple ❷ (*fam: völlig*) tam; **das ist ja ~er Wahnsinn** bu tam bir çılgınlık **II.** *adv* tamamen; **ich bin ~ alle** (*fam*) tamamen bittim
Totalausverkauf *m* tasfiye satışı
totalitär [totali'tɛ:ɐ] *adj* totaliter, bütüncül
Totalität [totali'tɛ:t] *f kein pl* tamlık, bütünlük
Totalschaden *m* tam zarar, tam hasar

tot|arbeiten *vr* ■ **sich ~** (*fam*) çalışmaktan ölmek [*o* canı çıkmak] **tot|ärgern** *vr* ■ **sich ~** (*fam*) çok kızmak

Tote(r) <-n, -n; -n> ['to:tɐ] *f(m)* ölü

Totem ['to:-] *nt* totem, ongun

töten ['tø:tən] *vt* öldürmek; (*ermorden*) öldürmek, katletmek

Totenbett *nt* ölüm döşeği, rahat döşeği **totenblass**RR ['--'-] *adj* cenaze gibi **Totenglocke** *f* matem çanı; **die ~n läuten** matem çanı çalmak **Totengräber** <-s, -> ['--grɛ:bɐ] *m* mezarcı **Totenhemd** *nt* kefen **Totenklage** *f* LIT ağıt, sağu, mersiye **Totenkopf** *m* ❶ (*Totenschädel*) kuru kafa ❷ ZOOL (*~ schwärmer*) kuru kafa **Totenmaske** <-n> *f* mask **Totenmesse** *f* ölüler için yapılan ayin **Totenreich** *nt kein pl* ölüler diyarı **Totenschein** <-(e)s, -e> *m* ölüm kâğıdı **Totensonntag** *m* REL ölüleri anma günü **Totenstarre** *f* ölü katılığı **totenstill** ['--'-] *adj* **es war ~** (*fam*) ölümsü bir sessizlik vardı **Totenstille** ['--'--] *f kein pl* ölüm sessizliği, ölüm sükûtu **Totenuhr** *f* ZOOL tahta kurdu

tot|fahren *irr vt* ezerek öldürmek

totgeboren *adj s.* **tot**

Totgeburt *f* MED ❶ (*Geburt*) ölü doğum ❷ (*Kind*) ölü doğmuş çocuk

tot|kriegen *vt* (*fam*) öldürmek; (*vernichten*) yok etmek; (*zugrunde richten*) mahvetmek; **diese Mode ist nicht totzukriegen** bu moda ölmez **tot|lachen** *vr* ■ **sich ~** (*fam*) gülmekten kırılmak [*o* katılmak]

Toto <-s, -s> ['to:to] *m o nt* spor toto **Totoschein** <-(e)s, -e> *m* spor toto kuponu

tot|sagen *vt* ölmüş olduğunu söylemek (-in) **tot|schießen** *irr vt* (*fam*) ateş ederek öldürmek, kurşunla öldürmek **Totschlag** <-(e)s> *m kein pl* JUR adam öldürme **tot|schlagen** *irr vt* öldürmek; **die Zeit ~** (*fam*) vakit öldürmek

T

Totschläger(in)[1] <-s, -; -nen> *m(f)* (*pej: Person*) katil

Totschläger[2] <-s, -> *m* (*Waffe*) usturpa

tot|schweigen *irr vt* örtbas etmek **tot|stellen**ALT *vr* ■ **sich ~** *s.* **tot tot|treten** *irr vt* (*durch Darauftreten*) üstüne basarak öldürmek

Tötung <-en> *f* öldürme; (*Totschlag*) adam öldürme; **fahrlässige ~** taksirle adam öldürme **Tötungsversuch** *m* JUR adam öldürmeye teşebbüs

Toupet <-s, -s> [tu'pe:] *nt* tupe, ilave saç

toupieren* [tu'pi:rən] *vt* tarakla kabartmak

Tour <-en> [tu:ɐ] *f* ❶ (*Ausflug*) tur (**in** -de), gezinti (**in** -de); (*Rundfahrt*) tur (**durch** -) ❷ (*Strecke*) yol ❸ (*fam: Trick*) oyun; **immer die gleiche ~!** hep aynı oyun! ❹ (*fam: Vorhaben*) **jdm die ~ vermasseln** birinin planını berbat etmek ❺ TECH (*Umdrehung*) devir; **auf vollen ~en arbeiten** tam gaz çalışmak; **etw auf ~en bringen** (*fam*) bir şeyi hızlandırmak; **auf ~en kommen** (*fam*) hızlanmak; **in einer ~** (*fam*) sürekli ❻ (*fam*) **mach keine krummen ~en!** yaramazlık yapma!

Tourenzahl *f* TECH devir sayısı

Tourismus <-> [tu'rɪsmʊs] *m kein pl* turizm

Tourist(in) <-en, -en; -nen> [tu'rɪst] *m(f)* turist **Touristenklasse** *f kein pl* ekonomik mevki **Touristenzentrum** *nt* turizm merkezi

Touristik [tu'rɪstɪk] *f kein pl* turizm

touristisch *adj* turistik

Tournee <-s *o* -n> [tʊr'ne:] *f* turne; **auf ~ sein** turnede olmak; **auf ~ gehen** turneye çıkmak

Tower <-s, -> ['taʊɐ] *m* AERO (kontrol) kule(si)

Toxikologe(in) *m(f)* toksikolog

Toxikologie *f* toksikoloji

toxikologisch *adj* toksikolojik

Toxin *nt* MED, BIOL toksin

toxisch ['tɔksɪʃ] *adj* toksik

Trab <-(e)s> [tra:p] *m kein pl* tırıs; **das Pferd in ~ setzen** atı tırısa kaldırmak; **in leichtem ~ reiten** (atla) hafif tırıs gitmek; **jdn auf ~ bringen** (*fam*) birini koşturmak; **jdn in ~ halten** (*fam*) birini koşturup durmak, birine nefes aldırmamak

Trabant <-en, -en> [tra'bant] *m* ASTRON, AERO uydu **Trabantenstadt** *f* uydu kent

traben ['tra:bən] *vi haben o sein* SPORT tırıs gitmek

Trachom [traxom] *nt* MED trahom

Tracht <-en> [traxt] *f* ❶ giysi, kıyafet ❷ (*fam*) **eine anständige ~ Prügel bekommen** adamakıllı bir dayak yemek

trachten ['traxtən] *vi* (*geh*) **nach etw** *dat* **~** bir şeye göz dikmek; **jdm nach dem Leben ~** birinin canına kastetmek

trächtig ['trɛçtɪç] *adj* gebe

Trackball *m* INFORM iz topu

Tradeskantie *f* BOT telgraf çiçeği

Tradition <-en> [tradi'tsjo:n] *f* gelenek; **aus ~** gelenekten

Traditionalismus <-> *m kein pl* gelenekçilik

Traditionalist(in) <-en, -en; -nen> *m(f)* gelenekçi

traditionell [traditsjo'nɛl] *adj* geleneksel,

gelenekli
traditionsbewusst[RR] *adj* gelenekçi
traf [tra:f] *3. imp von* **treffen**
Trafo <-s, -s> *m* trafo, transformatör
Tragant *m* ① BOT (*Astralagus*) geven, sıncan ② (*Substanz*) kitre
Tragbahre *f* sedye
tragbar *adj* ① (*Geräte*) portatif, taşınabilir, elde taşınabilen ② (*Kleidung*) giyilir ③ (*erträglich*) çekilir, katlanılır
träge ['trɛ:gə] *adj* ① (*langsam*) yavaş, ağır canlı; (*lustlos*) üşengeç; (*faul*) tembel, hımbıl, uyuşuk ② PHYS süreduran
tragen <trägt, trug, getragen> ['tra:gən] **I.** *vt* ① (*Last*) taşımak; (*Kleidung*) giymek; (*Brille*) takmak; **etw bei sich** *dat* ~ bir şeyi üstünde [*o* yanında] taşımak; **auf dem Arm/auf dem Rücken** ~ kolunda/sırtında taşımak; **das trägt man nicht mehr** bu artık giyilmiyor; **das Haar lang/kurz** ~ saçı uzun/kısa gezmek ② (*stützen*) taşımak ③ (*er~*) çekmek; (*Verlust*) üstlenmek; (*Kosten*) çekmek; **für etw die Verantwortung** ~ bir şeyden sorumlu olmak **II.** *vi* ① (*Eis*) taşımak ② (*Baum, Acker*) vermek ③ (*Tier*) gebe olmak ④ (*Kleidung, Mode*) giyinmiş olmak ⑤ (*an Verantwortung*) üstünde olmak **III.** *vr* ▪ **sich** ~ ① (*sich finanzieren*) **sich selbst** ~ kendi kendini finanse etmek ② (*in Erwägung ziehen*) **sich mit dem Gedanken ~, etw zu tun** bir şeyi yapmayı düşünmek ③ **der Koffer trägt sich leicht** bavul kolay taşınıyor; **der Stoff trägt sich angenehm** kumaşın giyimi çok rahat
Tragen *nt* **zum ~ kommen** (*wirksam werden*) etkili olmak; (*Anwendung finden*) uygulanmak
Träger(in)[1] <-s, -; -nen> ['trɛgɐ] *m(f)* ① taşıyıcı; (*Gepäck~*) hamal ② (*Preis~*) sahip ③ (*einer Krankheit*) mikrop
Träger[2] <-s, -> *m* ① ARCH putrel; TECH destek ② (*an Kleidung*) askı ③ (*Institution*) kurum
Trägerrakete *f* taşıyıcı füze **Trägerrock** *m* askılı eteklik **Trägersignal** *nt* INFORM taşıyıcı sinyal
Tragetasche *f* ① (*Einkaufstasche*) pazar çantası, alış verişte kullanılan çanta [*o* torba] ② (*Plastiktüte*) poşet, naylon torba
tragfähig *adj* taşır
Tragfläche *f* AERO kanat
Trägheit ['trɛ:khaɪt] *f kein pl* ① (*Faulheit*) tembellik, rehavet, hımbıllık, atalet; (*Langsamkeit*) yavaşlık, ağır canlılık; (*Lustlosigkeit*) hevessizlik, üşengeçlik ② PHYS süredurum
Tragik ['tra:gɪk] *f kein pl a.* LIT, THEAT trajedi; **die ~ dieses Geschehens** bu olayın acıklı yönü
tragikomisch [tra:gi'ko:mɪʃ, '----] *adj a.* LIT, THEAT trajikomik
Tragikomödie [tragiko'mø:djə, '-----] *f a.* LIT, THEAT trajikomedi, acıklı komedi
tragisch ['tra:gɪʃ] *adj* trajik, feci, çok acıklı; LIT, THEAT trajik; **nimm's nicht so ~** (*fam*) üzme tatlı canını
Tragkraft *f kein pl* TECH, ARCH taşıma gücü
Traglast *f* yük
Tragödie <-n> [tra'gø:djə] *f a.* LIT, THEAT trajedi, ağlatı
trägt *3. präs von* **tragen**
Tragtier *nt* yük hayvanı **Tragweite** *f* ① porte, etki alanı ② (*einer Waffe*) menzil, erim
Trainer(in)[1] <-s, -; -nen> ['trɛ:nɐ] *m(f)* antrenör
Trainer[2] <-s, -> *m* SCHWEIZ (*Trainingsanzug*) eşofman
trainieren* [trɛ'ni:rən, tre'ni:rən] **I.** *vi* antreman yapmak, idman yapmak **II.** *vt* (*Mannschaft*) antreman yaptırmak, idman yaptırmak; (*Muskeln*) çalıştırmak
Training <-s, -s> ['trɛ:nɪŋ] *nt* antreman, idman; **autogenes ~** otojestiyon **Trainingsanzug** <-(e)s, -züge> *m* eşofman
Trakt <-(e)s, -e> [trakt] *m* ARCH kanat, bölüm
traktieren *vt* hırpalamak; (*quälen*) eziyet etmek (-e); (*schlecht behandeln*) kötü davranmak (-e)
Traktor <-s, -en> ['trakto:ɐ] *m* traktör
trällern ['trɛlɐn] **I.** *vi* şarkı tutturmak **II.** *vt* **ein Lied ~** bir şarkı tutturmak
Tram <-s> [tram] *f* DIAL tramvay
Trampel <-s, -> ['trampəl] *m o nt* (*pej fam*) beceriksiz (kimse); **sie ist ein ~** o beceriksizin biridir
trampeln ['trampəln] **I.** *vi* tepinmek; (*gehen*) patır patır yürümek **II.** *vt* **etw platt ~** bir şeyi çiğnemek [*o* basıp ezmek]
Trampelpfad *m* patika, keçi yolu **Trampeltier** *nt* ① (*Kamel*) buğra, iki hörgüçlü deve ② (*fam: Trampel*) beceriksiz (kimse); **pass doch auf, du ~!** dikkat etsene, beceriksiz!
trampen ['trɛmpən] *vi sein* otostop yapmak
Tramper(in) <-s, -; -nen> *m(f)* otostopçu
Trampolin <-s, -e> ['trampoli:n, --'-] *nt* tramplen
Tramway <-s> ['tramvaɪ] *f* ÖSTERR tramvay
Tran <-(e)s, -e> [tra:n] *m* balık yağı; **wie im ~** (*fam*) sarhoş gibi; **etw im ~ vergessen** bir şeyi dalgınlıkla unutmak
Trance <-n> ['trã:s(ə)] *f* trans; **in ~ fallen**

trans hâline girmek **Trancezustand** *m* trans hâli
tranchieren* [trã'ʃi:rən] *vt s.* **transchieren**
Tranchiermesser [trã'ʃi:r-] *nt s.* **Transchiermesser**
Träne <-n> ['trɛ:nə] *f* gözyaşı; **den ~n nahe sein** gözleri yaşarmak; **in ~n ausbrechen** gözyaşları boşanmak; **mir kommen die ~n!** (*iron*) ay, şimdi ağlayacağım!
tränen *vi* yaşarmak; **mir ~ die Augen** gözlerim yaşarıyor
Tränendrüse *f* gözyaşı bezi
tränenfeucht *adj* yaşlı **Tränenfluss** *m* hüngür hüngür ağlama **Tränengas** <-es> *nt kein pl* göz yaşartıcı gaz **Tränensack** *m* ANAT gözyaşı kesesi
tranig ['tra:nɪç] *adj* ❶ (*nach Tran schmeckend*) balık yağı tadında olan ❷ (*fam: träge*) yavaş, ağır canlı, uyuşuk
trank [traŋk] *3. imp von* **trinken**
Trank *m* içecek; (*Liebes~*) bade, içki
Tränke <-n> ['trɛŋkə] *f* suvat, yalak, suluk
tränken ['trɛŋkən] *vt* ❶ (*Tiere*) suvarmak ❷ (*durchnässen*) ıslatmak (**in** -de, **mit** ile)
Transaktion <-en> [trans?ak'tsjo:n] *f* işlem
transatlantisch *adj* transatlantik
transchieren* [tran'ʃi:rən] *vt* GASTR kesip ayırmak; (*in Scheiben*) dilimlemek
Transchiermesser [tran'ʃi:r-] *nt* GASTR kızartma bıçağı
Transfer <-s, -s> [trans'fe:ɐ] *m* ❶ WIRTSCH, PSYCH transfer ❷ (*auf Reisen*) transfer, servis ❸ SPORT transfer
Transferbus *m* servis otobüsü
transferieren* *vt* transfer etmek
Transformation *f* transformasyon, dönüşüm
Transformator <-s, -en> [transfɔr'ma:to:ɐ] *m* transformatör
transformieren* *vt* dönüştürmek
Transfusion <-en> [transfu'zjo:n] *f* MED transfüzyon
Transistor <-s, -en> [tran'zɪsto:ɐ] *m* transistör **Transistorradio** *nt* transistörlü radyo
Transit <-s, -e> [tran'zi:t, tran'zɪt] *m* transit
transitiv ['tranziti:f, --'-] *adj* LING (*Verb*) geçişli
Transitreisende(r) *f(m)* transit yolcu **Transitverkehr** *m* transit trafik
Transkription *f* ❶ (*Umschrift*) transkripsiyon, çevriyazı ❷ *kein pl* transkripsiyon, yazı çevirimi
Transliteration *f* LING transliterasyon, harf çevirisi
Transmission *f* PHYS transmisyon
transparent [transpa'rɛnt] *adj* saydam
Transparent <-(e)s, -e> [transpa'rɛnt] *nt* (*Spruchband*) pankart
Transparenz [transpa'rɛnts] *f kein pl* saydamlık
transpirieren* [transpi'ri:rən] *vi* terlemek
Transplantation <-en> [transplanta'tsjo:n] *f* MED, BOT transplantasyon, organ nakli
transplantieren* [transplan'ti:rən] *vt* MED (organı) nakletmek
Transport <-(e)s, -e> [trans'pɔrt] *m* taşıma, nakil, nakliye, transport
transportabel *adj* portatif
Transporter <-s, -> *m* AUTO kamyonet
transportfähig *adj* (*Person*) nakledilebilir
Transportflugzeug *nt* nakliye uçağı
transportieren* [transpɔr'ti:rən] *vt* ❶ (*Waren*) taşımak ❷ (*Personen*) taşımak ❸ (*Ideen, Werte*) nakletmek, aktarmak
Transportmittel *nt* taşıt, taşıma aracı, nakil vasıtası
transsexuell [transsɛksu'ɛl] *adj* transseksüel
Transsexuelle(r) <-n, -n; -n> *f(m)* transseksüel
Transvestit <-en, -en> [transvɛs'ti:t] *m* transvesti
transzendental [transtsɛndɛn'ta:l] *adj* PHILOS transandantal, deneyüstü
Trapez <-es, -e> [tra'pe:ts] *nt* ❶ SPORT (*Turngerät*) trapez ❷ MATH yamuk **Trapezkünstler(in)** *m(f)* trapezci
trassieren* *vt* WIRTSCH keşide etmek
trat [tra:t] *3. imp von* **treten**
Tratsch <-(e)s> [tra:tʃ] *m kein pl* (*pej fam*) dedikodu
tratschen ['tra:tʃən] *vi* (*pej fam*) dedikodu etmek [*o* yapmak]; **über etw/jdn ~** bir şeyin/kimsenin dedikodusunu yapmak
Traualtar ['traʊ?alta:ɐ] *m* nikâh sunağı; **jdn zum ~ führen** birini kilisede nikâh etmek
Traube <-n> ['traʊbə] *f* ❶ (*Wein~*) üzüm; **blaue/grüne ~n** siyah/beyaz üzüm ❷ BOT salkım ❸ (*Menschen~*) yığın **Traubenmost** *m* üzüm şırası **Traubensaft** *m* üzüm suyu **Traubenzucker** *m kein pl* üzüm şekeri; (*Glukose*) glikoz
trauen ['traʊən] **I.** *vi* güvenmek, inanmak; **jdm/etw** *dat* **~** bir kimseye/şeye güvenmek; **ich traute meinen Augen/Ohren nicht** gözlerime/kulaklarıma inanamadım **II.** *vt* nikâhlamak; ■**sich ~ lassen** nikâhlanmak **III.** *vr* ■**sich ~** kendine güvenmek, cesaret etmek; ■**sich ~, etw zu tun** bir şeyi yapmaya cesaret etmek

Trauer ['traʊɐ] *f kein pl* yas; (*um Tote*) yas, matem; ~ **tragen** yasa bürünmek **Trauerfall** <-(e)s, -fälle> *m* ölüm; **ein ~ in der Familie** ailede bir ölüm **Trauerfeier** *f* cenaze töreni **Trauerkleidung** *f* karalar *pl;* ~ **tragen** karalar giymek **Trauerkloß** *m* (*pej fam*) mıymıntının biri

trauern ['traʊɐn] *vi* yas tutmak; **um jdn ~** birinin yasını tutmak

Trauerspiel *nt* ❶ THEAT ağlatı, trajedi ❷ (*fig fam: etw Beklagenswertes*) trajedi, facia **Trauerwagen** *m* cenaze arabası **Trauerweide** *f* BOT salkım söğüt **Trauerzug** *m* matem alayı

Traufe <-n> ['traʊfə] *f* saçak; **vom Regen in die ~ kommen** (*fig fam*) yağmurdan kaçarken doluya tutulmak

träufeln ['trɔɪfəln] *vt* damla damla akıtmak (**in** -e)

Traum <-(e)s, Träume> [traʊm, *pl* 'trɔɪmə] *m* rüya, düş, hayal, hulya; **im ~ reden** uykuda konuşmak; **mein ~ ging in Erfüllung** rüyam çıktı; **ich denke nicht im ~ daran!** (*fam*) bunu hayalimden bile geçirmem!, bu, aklımın ucundan bile geçmez!; **das war schon immer mein ~** bu, oldum olası benim hayalimdi; **aus der ~!** (*fam*) bütün ümitler boşa gitti!

Trauma <-s, Traumen *o* Traumata> ['traʊma] *nt* MED, PSYCH travma

traumatisch [traʊ'ma:tɪʃ] *adj* MED, PSYCH travmatik

traumatisiert *adj* travmalı

Traumdeutung *f* rüya yorumu

Traumen ['traʊmən] *pl von* **Trauma**

träumen ['trɔɪmən] **I.** *vi* ❶ (*Träume haben*) rüya [*o* düş] görmek; **von jdm/etw ~** bir kimseyi/şeyi rüyasında görmek ❷ (*sich Phantasievorstellungen hingeben*) hayal kurmak, hulyaya dalmak; **davon ~, reich zu werden** zengin olmanın hayalini kurmak; **er träumt mit offenen Augen** (yine) hayallere daldı; **das hätte ich mir nicht ~ lassen** bunu aklımdan bile geçiremezdim **II.** *vt* rüyasında görmek; **etw Schönes ~** güzel rüyalar görmek

Träumer(in) <-s, -; -nen> *m(f)* hayalperest, düşçü

Träumerei <-en> *f* hayalperestlik, hayalcilik, düşçülük

träumerisch *adj* (*verträumt*) dalgın; **~e Augen** süzgün gözler

traumhaft *adj* ❶ (*wie im Traum*) rüya gibi ❷ (*fam: wunderbar*) rüya gibi

Traumpaar *nt* ideal çift

Traumwelt *f* hayal dünyası, hulyalar âlemi

traurig ['traʊrɪç] *adj* ❶ (*bekümmert*) üzgün, hüzünlü; **über etw ~ sein** bir şeye üzülmek; **jdn ~ machen** birini üzmek; **~ werden** üzülmek, hüzünlenmek ❷ (*beklagenswert*) üzücü, üzüntülü ❸ (*erbärmlich*) zavallı

Traurigkeit *f kein pl* üzgünlük, hüzün

Trauring *m* alyans **Trauschein** <-(e)s, -e> *m* evlenme kâğıdı

Trauung <-en> ['traʊʊŋ] *f* nikâh, evlenme; **kirchliche ~** kilise nikâhı; **standesamtliche ~** resmî nikâh, medeni nikâh

Trauzeuge(in) *m(f)* nikâh şahidi

Travertin <-s, -e> *m* traverten

Trecking[RR] <-s, -s> ['trɛkɪŋ] *nt s.* **Trekking**

Treff <-s, -s> [trɛf] *m* (*fam*) ❶ (*das Treffen*) buluşma ❷ (*Treffpunkt*) buluşma noktası

treffen <trifft, traf, getroffen> ['trɛfən] **I.** *vi* (*Ziel*) isabet etmek **II.** *vt* ❶ (*begegnen*) karşılaşmak (-le); (*zufällig*) rastlamak (-e), rast gelmek (-e) ❷ (*erreichen*) isabet ettirmek (-e), tutturmak; **das Ziel ~** hedefi tutturmak, hedefe isabet ettirmek; **mit deinem Job hast du es ja gut getroffen** işini çok iyi tutturmuşsun ❸ (*kränken*) dokunmak, koymak; **das trifft mich sehr** bu bana çok dokundu [*o* koydu] ❹ (*be~*) ilgilendirmek; **das trifft dich** bu seni ilgilendirir; **mich trifft keine Schuld** benim suçum yok ❺ (*ergreifen*) **Maßnahmen gegen etw ~** bir şeye karşı önlem(ler) almak; **eine Vereinbarung ~** bir sözleşme yapmak, bir anlaşmaya varmak **III.** *vr* ■ **sich ~** ❶ (*zusammenkommen*) buluşmak; (*sich versammeln*) toplanmak ❷ (*geschehen*) isabet olmak; **das trifft sich gut!** bu, isabet oldu!

Treffen <-s, -> ['trɛfən] *nt* buluşma; (*Gipfel~*) toplantı; SPORT karşılaşma

treffend *adj* (*richtig*) isabetli; (*angemessen*) yerinde, uygun

Treffer <-s, -> *m* ❶ (*Schießen*) isabet, hedefi vurma; (*Ballspiele*) gol; (*Boxen*) vuruş; (*Einschuss*) isabet; **das Schiff bekam einen ~** gemi isabet aldı ❷ (*in einer Lotterie*) isabet, çıkma; **einen ~ machen** (bir tane) isabet ettirmek, (bir tane) çıkmak [*o* tutturmak]; **einen ~ haben** (*fig*) şansı olmak ❸ (*Erfolg*) isabet

trefflich *adj* enfes; (*sehr gut*) çok iyi

Treffpunkt *m* buluşma yeri

treffsicher *adj* attığını vurur

Treibeis ['traɪp-] *nt* yüzer buz

treiben <treibt, trieb, getrieben> ['traɪbən] **I.** *vt* ❶ (*hinbringen*) götürmek; (*schieben*) itmek; (*mit Zwang*) sürmek; **das Vieh auf die Weide ~** hayvanları meraya sürmek [*o* gütmek]; **den Ball ~**

T

topu sürmek; **sich** (**von der Strömung**) **~ lassen** (akıntıya) kapılmak, (akıntı ile birlikte) sürüklenmek; **die Preise in die Höhe ~** fiyatların artmasına neden olmak ❷ (*an~*) sürüklemek (**zu** -e); TECH devindirmek, hareket ettirmek; **jdn zur Eile ~** birini acele etmesi için sıkıştırmak; **jdn zum Wahnsinn ~** birini çıldırtmak; **jdn in den Tod ~** birini ölüme sürüklemek ❸ (*hineinschlagen*) çakmak (**in** -e); (*Tunnel*) açmak ❹ (*be~, tun*) yapmak; SPORT yapmak; **Missbrauch mit etw** *dat* **~** bir şeyi kötüye kullanmak; **dummes Zeug ~** (*fam*) aptallık etmek; **es zu toll ~** aşırıya kaçmak; **es mit jdm ~** (*fam*) biriyle kırıştırmak, biriyle yatıp kalkmak; **er hat es zu weit getrieben** (*fam*) fazla ileri gitti; **etw auf die Spitze ~** bir şeyi son kertesine vardırmak ❺ **Knospen ~** tomurcuklanmak; **Gemüse in Gewächshäusern ~** serada sebze yetiştirmek **II.** *vi* ❶ *sein* (*fortbewegt werden*) sürüklenmek; (*von der Strömung*) sürüklenmek; (*auf Wasser*) yüzmek (**auf**/**in** -de/-de) ❷ (*Pflanze*) sürmek, bitmek ❸ (*fam: Bier, Kaffee*) sidik söktürmek

Treiben <-s> *nt kein pl* ❶ hengâme, hayhuy ❷ (*Handeln*) işler *pl* ❸ (*Treibjagd*) sürek avı, sürgün avı

treibend *adj* **die ~e Kraft** itici kuvvet

Treibgas <-es, -e> *nt* itici gaz

Treibhaus *nt* sera **Treibhauseffekt** <-(e)s> *m kein pl* sera etkisi **Treibhausgas** <-es, -e> *nt* sera gazı **Treibhausklima** *nt* sera iklimi

Treibjagd *f* sürek avı, sürgün avı **Treibmine** *f* serseri mayın **Treibnetz** *nt* sürtme ağı **Treibriemen** *m* TECH aşırma kayış **Treibsand** *m kein pl* sürüklenen kum **Treibstoff** <-(e)s, -e> *m* akaryakıt

Trekking <-s> ['trɛkɪŋ] *nt kein pl* SPORT treking

Trenchcoat <-(s), -s> ['trɛntʃkɔʊt] *m* trençkot

Trend <-s, -s> [trɛnt] *m* trend (**zu** -e), eğilim (**zu** -e); **modischer ~** moda; **mit etw** *dat* **voll im ~ liegen** (*fam*) bir şeyle son modaya uymak

trendeln *vi* DIAL (*trödeln*) dalga geçmek, sallanmak, oyalanmak

Trendsetter(in) <-s, -; -nen> ['trɛntsɛtɐ] *m(f)* moda yaratıcısı

trennbar *adj* ayrılabilir, bölünebilir

trennen ['trɛnən] **I.** *vt* ayırmak (**von** -den); (*absondern*) tecrit etmek, ayırmak, bir kenara koymak; (*Begriffe*) ayırt etmek; (*Silben*) bölmek **II.** *vr* ■ **sich ~** ❶ (*auseinandergehen*) ayrılmak (**von** -den); **hier ~ sich unsere Wege** burada yollarımız ayrılıyor; **sie haben sich getrennt** onlar ayrıldı ❷ (*entbehren*) **sich von etw nicht ~ können** bir şeyden vazgeçememek, bir şeysiz yapamamak

Trennlinie *f* ayırma çizgisi **Trennschärfe** *f kein pl* RADIO selektivite **Trennscheibe** *f* TECH disk zımpara

Trennung <-en> *f* ayrılık; (*Teilung*) bölme; (*Absonderung*) ayırma, tecrit; **sie stehen kurz vor der ~** ayrılmak üzereler **Trennungsschmerz** *m* ayrılık acısı **Trennungsstrich** <-(e)s, -e> *m* LING kısa çizgi, tire

Trennwand *f* ara duvarı, bölme duvarı

treppab [trɛp'ʔap] *adv* merdivenden aşağı

treppauf [trɛp'ʔaʊf] *adv* merdivenden yukarı

Treppe <-n> ['trɛpə] *f* merdiven; **die ~ hinauf-/hinuntergehen** merdivenden çıkmak/inmek **Treppenabsatz** *m* merdiven sahanlığı; **mittlerer ~** merdivenin orta sahanlığı **Treppengeländer** *nt* merdiven korkuluğu, tırabzan **Treppenhaus** *nt* merdiven evi **Treppenstufe** *f* merdiven basamağı

Tresen <-s, -> ['tre:zən] *m* NORDD tezgâh

Tresor <-s, -e> [tre'zo:ɐ] *m* ❶ (*Schrank*) kasa ❷ (*~raum*) kasa dairesi, kasaların bulunduğu oda

Tretboot *nt* pedallı bot

treten <tritt, trat, getreten> ['tre:tən] **I.** *vi* ❶ *sein* (*hinaus~*) çıkmak (**auf** -e); (*ein~*) girmek (**in** -e); (*sich stellen*) geçmek (**vor** öne, **hinter** arkaya, **neben** yana); **in Aktion/Verbindung ~** eyleme/ilişkiye geçmek; **auf die Bremse ~** frene basmak; **auf der Stelle ~** yerinde saymak; **ans Fenster ~** pencereye gitmek; **in jds Leben ~** birinin hayatına girmek; **in den Ruhestand ~** emekliliğe ayrılmak; **zur Seite ~** yana geçmek; **an jds Stelle ~** birinin yerine geçmek; **in Kraft ~** yürürlüğe girmek; **über die Ufer ~** (*Fluss*) taşmak; **~ Sie näher!** yaklaşın!, buyrun! ❷ *sein* (*mit dem Fuß*) basmak; **gib Acht, wohin du trittst!** basacağın [*o* bastığın] yere dikkat et! ❸ (*Tritt versetzen*) tekme atmak (**gegen** -e, **nach** -e) ❹ (*beim Radfahren*) pedal çevirmek, pedallara basmak **II.** *vt* (*Person, Tier*) basmak (-e); (*Pedal*) basmak (-e); (*Tritt geben*) tekmelemek, tekme vurmak (-e)

Tretmühle <-n> *f* ❶ ayak değirmeni ❷ (*fig fam*) monoton iş **Tretroller** *m* trotinet

treu [trɔɪ] *adj* sadakatli; (*loyal*) sadık; (*zuverlässig*) güvenilir; (*beständig in Liebe*) vefalı, vefakâr, hakikatli; **sich** *dat* **selbst ~ bleiben** tutumunu değiştirmemek, prensiplerine sadık kalmak

Treue ['trɔɪə] *f kein pl* ❶ (*Treusein*) sadakatlilik; (*Loyalität*) sadakat; (*beständige Liebe*) vefa; **jdm die ~ halten** birine sadık kalmak ❷ (*Genauigkeit*) titizlik

Treueid *m* sadakat yemini

Treuerabatt *m* devamlı müşteri indirimi

Treuhand *f kein pl* ❶ vesayet ❷ (*~schaft*) yediemminlik

Treuhänder(in) <-s, -; -nen> [-hɛndɐ] *m(f)* JUR yediemin

treuherzig *adj* sadakatli, içten bağlı

Treuherzigkeit *f kein pl* sadakatlilik, içten bağlılık

treulos *adj* sadakatsiz, vefasız, hakikatsiz; (*verräterisch*) hain, kalleş

Treulosigkeit *f kein pl* sadakatsizlik, vefasızlık, hakikatsizlik; (*Verrat*) ihanet

Triangel <-s, -> ['tri:aŋəl, -'--] *m o* ÖSTERR *nt* üçgen

Triangulation *f* nirengi **Triangulationspunkt** *m* nirengi noktası

Trias *f kein pl* GEO trias

Tribunal <-s, -e> [tribu'na:l] *nt* divan, adalet divanı

Tribüne <-n> [tri'by:nə] *f* tribün

Tribut <-(e)s, -e> [tri'bu:t] *m* ❶ HIST haraç, çizye ❷ (*fig: Respekt*) saygı; **jdm/etw** *dat* **(den nötigen) ~ zollen** bir kimseye/şeye (gereken) saygı(yı) göstermek

tributpflichtig *adj* haraçlı, haraca bağlanmış

Trichine <-n> [trɪ'çi:nə] *m* ZOOL trişin

Trichter <-s, -> ['trɪçtɐ] *m* ❶ (*zum Einfüllen*) huni ❷ (*Bomben~*) çukur ❸ GEO krater

trichterförmig *adj* hunimsi, huni biçimli

Trick <-s, -s> [trɪk] *m* ❶ oyun, dolap, dalavere; **auf einen ~ hereinfallen** oyuna [*o* dolaba] gelmek ❷ (*Methode*) yol; **sie hat den ~ raus** (*fam*) yolunu buldu; **es gibt einen ganz simplen ~, wie man die Arbeit erleichtern kann** işi kolaylaştırmanın çok basit bir yolu var ❸ (*eines Zauberers, Artisten*) hüner, marifet **Trickaufnahme** *f* FILM trük **Trickbetrug** *m* üçkâğıtçılık **Trickbetrüger(in)** *m(f)* üçkâğıtçı **Trickfilm** <-(e)s, -e> *m* çizgi film

trieb [tri:p] *3. imp von* **treiben**

Trieb <-(e)s, -e> [tri:p] *m* ❶ BIOL içtepi; PSYCH dürtü; (*Geschlechts~*) güdü; (*Instinkt*) içgüdü; (*Neigung*) eğilim (**zu** -e) ❷ BOT sürgün **Triebfeder** *f* ❶ TECH zemberek ❷ (*Beweggrund*) saik, güdü

Triebkraft *f* ❶ TECH devindirici güç ❷ (*fig*) itici güç ❸ (*Motiv*) güdü, saik **Triebtäter** <-s, -> *m* içtepilere karşı koyamayan fail **Triebwagen** *m* otoray **Triebwerk** *nt a.* AERO motor

triefen <trieft, triefte *o* troff, getrieft *o* getroffen> ['tri:fən] *vi* ❶ *sein* (*rinnen*) akmak (**aus/von** -den/-den); **das Regenwasser triefte vom Dach** yağmur suyu damdan akıyordu ❷ (*nass sein*) sırılsıklam olmak (**von/vor** -den/-den); **sie war ~d nass** sırılsıklamdı

triefnassRR ['-'-] *adj* sırılsıklam

trifft [trɪft] *3. präs von* **treffen**

triftig ['trɪftɪç] *adj* (*überzeugend*) inandırıcı; (*begründet*) gerekçeli, haklı

Trigonometrie *f kein pl* MATH trigonometri

trigonometrisch *adj* MATH trigonometrik

Trikot <-s, -s> [tri'ko:] *nt* ❶ (*Stoff*) triko ❷ SPORT (*Kleidung*) forma

trillern ['trɪlɐn] *vi* (*Vogel*) makara çekmek; (*Mensch*) ötüp durmak

Trillerpfeife *f* düdük

Trilogie <-n> [trilo'gi:] *f* üçleme

Trimm-dich-Pfad *m* koşu yolu

trimmen ['trɪmən] **I.** *vt* ❶ (*durch Sport*) talim etmek; **seine Kinder auf Höflichkeit/Ordnung ~** (*fam*) çocuklarına terbiyeli/düzenli olmayı öğretmek ❷ NAUT, AERO dengesini sağlamak (-in); (*verstauen*) istif etmek ❸ (*scheren*) makasla kesmek; (*Hund: scheren*) kırkmak; (*Rasen: scheren*) kesmek **II.** *vr* ■ **sich ~** spor yaparak vücut sağlığını korumak ve geliştirmek

Trimmpfad *m* koşu yolu

trinkbar *adj* içilir; (*Wasser*) içecek

trinken <trinkt, trank, getrunken> ['trɪŋkən] *vi, vt* içmek (**aus** -den, **auf** -in şerefine); (*Kaffee, Tee*) içmek; **aus der Flasche/aus dem Glas ~** şişeden/bardaktan içmek; **gibst du mir bitte etwas zu ~?** bana içecek bir şey verebilir misin lütfen?; **sie hat die Flasche leer getrunken** şişeyi içip bitirdi; **einen ~ gehen** (*fam*) içmeye gitmek; **auf jds Wohl ~** birinin şerefine içmek

Trinker(in) <-s, -; -nen> *m(f)* içkici

trinkfest *adj* içkiye dayanıklı

Trinkgelage <-s, -> *nt* içki âlemi, içki sefası, işret meclisi **Trinkgeld** <-(e)s, -er> *nt* bahşiş **Trinkglas** <-es, -gläser> *nt* bardak **Trinkhalm** *m* kamış **Trinkspruch** *m* içki içilirken kadeh kaldırarak söylenen söz; **einen ~ auf jdn ausbringen** birinin sağlığına [*o* şerefine] içmek, birinin şerefine kadeh kaldırıp söz söylemek

Trinkwasser <-s> *nt kein pl* içme suyu; **kein ~!** bu su içilmez!

Trio <-s, -s> ['tri:o] *nt* MUS trio, üçlü

Trip <-s, -s> [trɪp] *m* (*fam*) ❶ (*Reise*) yolculuk ❷ (*durch Drogen*) **auf einem ~**

sein uyuşturucu madde etkisinde olmak
trippeln ['trɪpəln] *vi sein* tıpış tıpış yürümek
Tripper <-s, -> ['trɪpɐ] *m* bel soğukluğu
tritt [trɪt] *3. präs von* **treten**
Tritt <-(e)s, -e> [trɪt] *m* ❶ (*Schritt, Gang*) adım ❷ (*Fuß~*) tekme; **jdm einen ~ versetzen** birine tekme atmak [*o* vurmak]
Trittbrett *nt* AUTO sahanlık, basamak yeri, marşpiye **Trittbrettfahrer(in)** *m(f)* (*pej*) avantacı, beleşçi
Triumph <-(e)s, -e> [tri'ʊmf] *m* zafer, utku; **einen ~ erringen** zafer kazanmak, muzaffer olmak
Triumphbogen *m* zafer takı
triumphieren* [triʊm'fiːrən] *vi* ❶ (*jubeln*) başarısından dolayı düğün bayram etmek; (*Genugtuung empfinden*) kazandığı zaferden dolayı haz duymak ❷ (*Sieg erringen*) yenmek (**über** -i)
triumphierend *adj* muzaffer, utkulu; **~ lachen** başarısından [*o* kazandığı zaferden] dolayı haz duyarak gülmek
Triumphzug <-(e)s, -züge> *m* zafer alayı
trivial [tri'vjaːl] *adj* harcıâlem; (*durchschnittlich*) sıradan; (*abgedroschen*) basmakalıp, beylik; (*platt*) esprisiz
trocken ['trɔkən] *adj* ❶ kuru; (*Erde*) kurak; **auf dem T~en sitzen** (*fam: keine Lösung finden*) işin içinden çıkamamak; (*aus finanziellen Gründen*) cepte metelik kalmamak; (*nichts zu trinken haben*) içecek bir şeyi olmamak ❷ (*langweilig*) kuru, can sıkıcı, tekdüze ❸ (*Wein*) sek **Trockenhaube** *f* kurutma başlığı **Trockenhefe** *f* kuru maya
Trockenheit <-en> *f* kuruluk; (*Dürrezeit*) kuraklık
trocken|legen *vt* ❶ (*Kind*) altını değiştirmek (-in) ❷ (*Sumpf*) akaçlamak, kurutmak **Trockenmilch** *f* toz süt **Trockenobst** *nt* kuru meyve **Trockenrasur** *f* kuru tıraş **Trockenreinigung** *f* kuru temizleme **Trockenzeit** *f* kuraklık dönemi
trocknen ['trɔknən] **I.** *vi sein* kurumak **II.** *vt* kurutmak
Trockner <-s, -> *m* kurutucu, kurutma makinesi
Trödel <-s> ['trøːdəl] *m kein pl* ❶ (*fam: Dinge*) eskiler *pl,* hırdavat ❷ (*Markt*) bitpazarı
Trödelei <-en> *f* (*pej fam*) dalga geçme, sallanma, oyalanma
Trödelmarkt *m* bitpazarı
trödeln ['trøːdəln] *vi* (*fam*) dalga geçmek, sallanmak, oyalanmak
Trödler(in) <-s, -; -nen> ['trøːdlɐ] *m(f)* ❶ (*pej: Bummler*) dalgacı ❷ (*Altwarenhändler*) eskici, hırdavatçı
Troer <-s, -> *m* HIST Truvalı
troff [trɔf] *3. imp von* **triefen**
trog [troːk] *3. imp von* **trügen**
Trog <-(e)s, Tröge> [troːk, 'trøːgə] *m* tekne; (*eines Brunnens*) yalak
Troja <-s> *nt* Truva
Trojaner <-s, -> *m* HIST Truvalı
Trolleybus ['trɔlibʊs] *m* SCHWEIZ troleybüs
Trommel <-n> ['trɔməl] *f* ❶ MUS (*groß*) davul; (*klein*) trampet ❷ TECH (*Wäsche~*) tambur; (*Brems~*) kampana ❸ (*Revolver~*) top; (*Kabel~*) makara **Trommelbremse** *f* AUTO tamburlu fren, kampana fren **Trommelfell** *nt* ANAT kulak zarı, kulak davulu **Trommelfeuer** *nt* MIL yaylım ateş
trommeln **I.** *vi* MUS trampet çalmak, davul çalmak; (*mit den Fingern*) parmaklarıyla vurmak (**auf** -e) **II.** *vt* trampetle çalmak
Trommelrevolver *m* toplu tabanca **Trommelwirbel** *m* trampet gürültüsü
Trommler(in) <-s, -; -nen> ['trɔmlɐ] *m(f)* trampetçi
Trompete <-n> [trɔm'peːtə] *f* MUS trompet
trompeten* [trɔm'peːtən] *vi* ❶ MUS trompet çalmak ❷ (*Elefant*) boru gibi ses çıkarmak ❸ (*fig fam: lautstark äußern*) davul çalmak; (*sich laut schnäuzen*) boru gibi ses çıkararak sümkürmek
Trompeter(in) <-s, -; -nen> *m(f)* trompetçi **Trompetervogel** *m* ZOOL borazan kuşu
Tropen ['troːpən] *pl* tropika *pl,* tropikal kuşak **Tropenklima** *nt* tropikal iklim **Tropenpflanze** *f* tropikal bitki
Tropf <-(e)s, -e> [trɔpf] *m* MED damlalık, serum şişesi
Tröpfchen *nt* damlacık
tröpfchenweise *adv* damla damla
tröpfeln ['trœpfəln] **I.** *vi sein* (*herunter~*) damlamak **II.** *vt* damlatmak (**auf/in** -e/-e) **III.** *vi unpers* (*fam: regnen*) çiselemek
tropfen ['trɔpfən] *vi* damlamak
Tropfen <-s, -> *m* damla; **bis auf den letzten ~** son damlasına kadar; **ein guter ~** iyi bir şarap; **das ist** (**nur**) **ein ~ auf den heißen Stein** (*fam*) bu, onun yanında devede kulak
tropfenweise *adv* damla damla
tropfnassRR ['-'-] *adj* sırılsıklam
Tropfstein *m* damla taş; (*hängend*) sarkıt; (*aufsteigend*) dikit **Tropfsteinhöhle** *f* damla taş mağarası
Trophäe <-n> [tro'fɛːə] *f* ❶ ganimet ❷ (*Preis*) ödül, kupa ❸ (*Jagd~*) hatıra, andaç

T

Tropikvogel *m* ZOOL tropik kuşu
tropisch ['tro:pɪʃ] *adj* tropik, tropikal
Tropismus <-, -men> *m* BIOL tropizm
Trosse <-n> *f* NAUT palamar
Trost <-(e)s> [tro:st] *m kein pl* avunç, avuntu, teselli; **in etw ~ suchen/finden** bir şeyde teselli aramak/bulmak; **das ist ein schwacher ~** bu soğuk bir teselli; **nicht bei ~ sein** (*fam*) aklı başında olmamak
trösten ['trø:stən] **I.** *vt* avutmak, teselli etmek **II.** *vr* ■**sich ~** avunmak, teselli bulmak
tröstlich ['trø:stlɪç] *adj* avutucu, teselli edici
trostlos *adj* ❶ tesellisiz; ■**sich ~ fühlen** kasvet basmak [*o* çökmek] ❷ (*Ding, Zustand*) kasvetli
Trostlosigkeit *f kein pl* kasvet
Trostpflaster *nt* avuntu, avunç, teselli
Trostpreis *m* teselli mükâfatı
Trott <-(e)s, -e> [trɔt] *m* ❶ (*Gangart*) yorga; **die Pferde gehen im ~** atlar yorga gidiyor [*o* yürüyor] ❷ (*pej*) tekdüzelik; (**wieder**) **in den alten ~ verfallen** (yine) eski tekdüzeliğe dönmek, (yine) eskisi gibi tekdüzeleşmek
Trottel <-s, -> ['trɔtəl] *m* (*pej fam*) dangalak, avanak; (*Schwachkopf*) budala, enayi
trotten ['trɔtən] *vi sein* yorgalamak; **zur Schule/nach Hause ~** sallana sallana okula/eve gitmek
Trottoir <-s, -s> *nt* SCHWEIZ trotuvar, yaya kaldırımı
trotz *präp* karşın, rağmen; **~ alle**(**de**)**m** her şeye rağmen, bütün bunlara karşın
Trotz <-es> *m kein pl* inat; **aus ~** inadına, inat olsun diye, nispet olsun diye; **das macht er mir zum ~** bunu bana nispet yapıyor; **allen Warnungen zum ~ etw tun** bütün uyarılara karşın bir şey yapmak
trotzdem ['--, -'-] *konj* buna karşın, buna rağmen; (*dennoch*) gene de
trotzen ['trɔtsən] *vi* ❶ inat etmek; (*Kind*) karşı gelmek (-e), büyüklerin sözünü dinlememek ❷ (*geh: widerstehen*) karşı koymak (-e)
trotzig *adj* inatçı, dik başlı
Trotzkopf *m* dik başlı **Trotzreaktion** <-en> *f* inattan doğan tepki
trüb(**e**) [try:p, 'try:bə] *adj* ❶ (*Flüssigkeit*) bulanık; (*Glas*) mat; (*Licht*) sonük; (*Farbe*) donuk ❷ (*Tag*) bulutlu; (*Himmel*) bulutlu; (*Wetter*) kapanık, kapalı ❸ (*Stimmung*) hüzünlü, kasvetli; **im T~en fischen** (*fig fam*) bulanık suda balık avlamak, karışık durumdan yararlanarak çıkar sağlamak
Trubel <-s> ['tru:bəl] *m kein pl* kargaşalık, hengâme, curcuna
trüben ['try:bən] **I.** *vt* ❶ (*Flüssigkeit*) bulandırmak, bulanıklaştırmak; (*Glas*) matlaştırmak; **kein Wässerchen ~ können** (*fig fam*) masum olmak ❷ (*Stimmung, Freude*) kaçırmak, bozmak **II.** *vr* ■**sich ~** ❶ (*Flüssigkeit*) bulanmak, bulanıklaşmak; (*Glas*) matlaşmak ❷ (*Himmel*) bulanmak, kararmak ❸ (*Stimmung*) kaçmak; (*Beziehung*) bozulmak, bozulmaya yüz tutmak; (*Verstand, Bewusstsein*) karışmak
Trübheit <-s> *f kein pl* bulanıklık
Trübsal[1] <-e> ['try:pza:l] *f* (*geh: Leiden*) üzgü, cefa, büyük sıkıntı, çok cefaya katlanmak zorunda kalmak; **viele ~e erdulden müssen** çok cefaya katlanmak zorunda kalmak
Trübsal[2] *f kein pl* (*geh*) üzüntü, kasavet; (*Schwermut*) hüzün; **~ blasen** (*fig fam*) kasavet etmek [*o* çekmek]; (*trüben Gedanken nachhängen*) kara kara düşünmek
trübselig *adj* hüzünlü; (*düster*) kasvetli
Trübsinn <-(e)s> *m kein pl* kuruntu, vehim
trübsinnig *adj* kuruntulu, vehimli; (*bekümmert*) kaygılı
trudeln ['tru:dəln] *vi sein* (*Ball*) yuvarlanmak; (*drehend fallen*) döne döne düşmek
Trüffel <-n> ['trʏfəl] *f* BOT, GASTR domalan, keme, yer mantarı
trug [tru:k] *3. imp von* **tragen**
Trug <-(e)s> [tru:k] *m kein pl* (*geh*) ❶ (*Täuschung*) aldatma, yanıltma; **Lug und ~** yalan dolan ❷ (*Fantasiegebilde*) hayal, kuruntu; **ein ~ der Sinne** yanılsama, duyuların yanılması, yanlış algılama
Trugbild *nt* hayal, kuruntu
trügen <trügt, trog, getrogen> ['try:gən] *vt, vi* aldatmak, yanıl(t)mak; **wenn mich nicht alles trügt** (eğer) yanılmıyorsam; **der Schein trügt** görünüşe aldanmamalı
trügerisch ['try:gərɪʃ] *adj* aldatıcı, yanıltıcı
Trugschluss[RR] *m* ❶ yanılmaca ❷ (*Sophismus*) bilgicilik
Truhe <-n> ['tru:ə] *f* sandık
Trümmer ['trʏmɐ] *pl* ❶ enkaz; (*Schutt*) döküntü; **etw liegt in ~n** bir şey enkaz hâlini bulmuş olmak ❷ (*eines Gebäudes*) virane, yıkıntı **Trümmerfeld** *nt* viranelik
Trümmerhaufen *m* enkaz yığını
Trumpf <-(e)s, Trümpfe> [trʊmpf, *pl* 'trʏmpfə] *m* koz; **seinen letzten ~ ausspielen** (*fig*) son kozunu oynamak; **einen ~ in der Hand haben** (*fig*) elinde bir kozu olmak **Trumpfass**[RR] *nt* koz birlisi
trumpfen *vt* kozlamak

Trunk <-(e)s, Trünke> [trʊŋk] *m* (*geh*) ❶ (*Getränk*) içki ❷ (*~sucht*) ayyaşlık, içkicilik, içki düşkünlüğü

trunken ['trʊŋkən] *adj* (*geh*) sarhoş (**vor** -den); **~ machen** sarhoş etmek

Trunkenbold <-(e)s, -e> [-bɔlt] *m* (*pej*) ayyaş

Trunkenheit *f kein pl* sarhoşluk; (*Schlaf~*) sersemlik; **~ am Steuer/im Verkehr** direksiyon başında/trafikte sarhoşluk

Trunksucht *f kein pl* ayyaşlık, içkicilik, içki düşkünlüğü **trunksüchtig** *adj* ayyaş, içkici, içkiye düşkün

Truppe <-n> ['trʊpə] *f* ❶ MIL kıta, birlik; (*Friedens~*) güç ❷ (*Schauspiel~*) trup, kumpanya **Truppenabbau** *m* birliklerin azaltılması **Truppenabzug** <-(e)s> *m kein pl* birliklerin çekilmesi

Truppenübung <-en> *f* manevra **Truppenübungsplatz** <-es, -plätze> *m* talim alanı

Trust <-(e)s, -e *o* -s> *m* WIRTSCH tröst

Truthahn, -henne <-(e)s, -hähne; -n> ['tru:t-] *m, f* ZOOL erkek hindi, gurk

Tschad <-s> [tʃat] *m* Çad

Tschador *m* çarşaf

Tscheche(in) <-n, -n; -nen> ['tʃɛçə] *m(f)* Çek

Tschechien <-s> ['tʃɛçiən] *nt* Çek Cumhuriyeti

tschechisch *adj* Çek; **die T~e Republik** Çek Cumhuriyeti

Tschechisch *nt kein pl* Çekçe; **~ sprechen/lernen** Çekçe konuşmak/öğrenmek; **etw ins ~e/aus dem ~en übersetzen** bir şeyi Çekçeye/Çekçeden çevirmek

Tschechoslowake(in) <-n, -n; -nen> [tʃɛçoslo'va:kə] *m(f)* HIST Çekoslovakyalı

Tschechoslowakei [-slova'kaɪ] *f* HIST Çekoslovakya

tschechoslowakisch *adj* HIST Çekoslovak

tschüs *interj*, **tschüss**[RR] [tʃʏs] *interj* eyvallah, hoşça kal

Tsetsefliege *f* ZOOL çeçe

T-Shirt <-s, -s> ['ti:ʃœ:t] *nt* tişört

Tsunami <-s, -s> *m* tsunami

TU <-s> [te:'ʔu:] *f Abk von* **Technische Universität** TÜ (*teknik üniversite*)

Tuba <Tuben> ['tu:ba] *f* ❶ MUS tuba ❷ MED östaki borusu

Tube <-n> ['tu:bə] *f* ❶ (*Behälter*) tüp; **auf die ~ drücken** (*fam*) gaz vermek ❷ MED tüp

Tuben *pl von* **Tuba, Tube**

Tuberkulin <-s> *nt kein pl* MED tüberkülin

Tuberkulose <-n> [tubɛrku'lo:zə] *f* MED tüberküloz, verem

Tuch[1] <-(e)s, -e> [tu:x] *nt* (*Stoff*) bez

Tuch[2] <-(e)s, Tücher> [tu:x, *pl* 'ty:çɐ] *nt* ❶ (*Hals~*) eşarp; (*Kopf~*) örtü; (*Hand~*) havlu; (*Taschen~*) mendil ❷ (*Wisch~*) bez ❸ (*grünes ~ für Billardtische*) çuha

Tuchfühlung *f kein pl* (*fam*) dirsek teması; **~ mit jdm ~ haben** birine kontağı olmak, biriyle temasta olmak

tüchtig ['tʏçtɪç] **I.** *adj* ❶ (*fähig*) becerikli, yetenekli, elinden iş gelir; (*fleißig*) hamarat; (*tauglich*) elverişli; (*gut*) iyi ❷ (*fam: groß*) büyük; (*beachtlich*) hatırı sayılır, oldukça büyük, iyice; **eine ~e Tracht Prügel** adamakıllı bir dayak **II.** *adv* (*sehr*) çok; (*ziemlich viel*) iyice, iyicene; (*ordentlich*) adamakıllı, doğru dürüst

Tüchtigkeit *f kein pl* (*Fähigkeit*) beceriklilik; (*Fleiß*) hamaratlık

Tücke[1] <-n> ['tʏkə] *f* (*Mangel*) kusur; **der Motor hat ~n** motorun kusurları var

Tücke[2] *f kein pl* (*Bosheit*) sinsilik; **die ~n des Schicksals** kaderin cilveleri

tückisch ['tʏkɪʃ] *adj* ❶ (*boshaft*) sinsi ❷ (*unberechenbar*) sağı solu (belli) olmayan ❸ (*gefährlich*) tehlikeli

tüfteln ['tʏftəln] *vi* usanmadan titizlikle uğraşmak (**an** -le); (*grübeln*) kafa yormak (**an** üstüne)

Tugend <-en> ['tu:gənt] *f* erdem, fazilet; **aus der Not eine ~ machen** (*fig*) sinekten yağ çıkarmak

tugendhaft *adj* erdemli, faziletli

Tüll <-s, -e> [tʏl] *m* tül

Tülle <-n> *f* emzik, ibik; **die ~ der Kanne/des Krugs** ibriğin/testinin emziği

Tulpe <-n> ['tʊlpə] *f* BOT lale

Tulpenzwiebel <-n> *f* lale soğanı

tummeln ['tʊməln] *vr* ■ **sich ~** ❶ (*herumtollen*) koşuşmak, cirit atmak ❷ DIAL (*sich beeilen*) acele etmek, koşuşturmak

Tumor <-s, -en> [tu'mo:ɐ] *m* MED tümör, ur

Tümpel <-s, -> ['tʏmpəl] *m* irkinti, su birikintisi

Tumult <-(e)s, -e> [tu'mʊlt] *m* ❶ (*Bewegung in Menschenmenge*) gürültü patırtı, kargaşalık, karışıklık ❷ (*innerer Aufruhr*) kargaşa, ayaklanma

tun <tut, tat, getan> [tu:n] **I.** *vi, vt* yapmak, etmek; **etw aus Liebe/aus Neid ~** bir şeyi sevgiden/kıskançlıktan yapmak; **Wichtigeres zu ~ haben, als ...** ...den önemli yapacak işi olmak; **ich habe mein Bestes getan** elimden geleni yaptım; **ich habe noch zu ~** yapılacak daha işim var; **damit ist es nicht getan** bununla bitmedi; **das ist leichter gesagt als getan** dile kolay; **sie hat nichts zu ~** yapacak hiçbir işi yok, işi gücü yok; **du kannst ~ und lassen, was du willst** istediğini yapabilirsin; **was kann ich für Sie ~?** sizin için ne yapabilirim?; **wir haben getan, was wir konnten** yapabileceğimizi yaptık; **so etwas tut man nicht!** böyle şey yapılmaz!; **tu, was du nicht lassen kannst!** (*fam*) yapacağını yap!; **das tut nichts zur Sache** (*fam*) bu olayı değiştirmez; **meine Uhr tut (es) nicht mehr** (*fam*) benim saatim artık gitmiyor; **hat er dir was getan?** sana bir şey yaptı mı?; **der Hund tut nichts** (*fam*) köpek bir şey yapmaz; **tu mir doch den Gefallen und ...** bana bir iyilik yap da ...; **er bekam es mit der Angst zu ~** korkmaya başladı; **nach getaner Arbeit** iş bittikten sonra; **damit habe ich nichts zu ~** bununla hiç bir ilgim yok; **ich will mit ihm nichts mehr zu ~ haben** onunla alıp vereceğim kalmadı artık; **so ~, als ob ...** ... imiş gibi yapmak; **tu doch nicht so!** (*fam*) numara yapma!; **du tätest gut daran, zu schweigen** susmakla iyi edersin **II.** *vt* (*fam: setzen, stellen, legen*) koymak; **tu es in den Schrank!** onu dolaba koy! **III.** *vr* ■ **sich ~: es tut sich etwas** (*fam*) bir şeyler oluyor

Tun <-s> *nt kein pl* ❶ (*Beschäftigung*) iş güç ❷ (*Verhalten*) yapma

Tünche <-n> ['tʏnçə] *f* badana

tünchen *vt* badanalamak

Tundra <-, -ren> *f* tundra

Tuner <-s, -> *m* ELEK akort devresi

Tunesien <-s> [tu'neːziən] *nt* Tunus

Tunesier(in) <-s, -; -nen> *m(f)* Tunuslu

tunesisch *adj* Tunus (ile ilgili), Tunuslu; **~e Frauen/Herren** Tunuslu kadınlar/erkekler; **die ~e Regierung** Tunus hükümeti

Tunfisch[RR] *m s.* **Thunfisch**

Tunichtgut <-(e)s, -e> *m* haylaz, yaramaz

Tunke <-n> ['tʊŋkə] *f* GASTR sos

tunken *vt* DIAL banmak

tunlichst ['tuːnlɪçst] *adv* ❶ (*möglichst*) mümkün mertebe ❷ (*auf jeden Fall*) kesinlikle, her hâlde, mutlaka

Tunnel <-s, -(s)> ['tʊnəl] *m* tünel

Tunte <-n> ['tʊntə] *f* (*pej fam*) ❶ (*Frau*) teyze ❷ (*Homosexueller*) ibne, top

Tüpfelchen <-s, -> ['tʏpfəlçən] *nt* küçük nokta; **das ~ auf dem i** işin son rötuşu

tupfen ['tʊpfən] *vt* ❶ (*tippen*) dokunmak (**auf/an** -e/-e); (*auftragen*) sürmek (-e) ❷ (*ab~*) tamponlamak, pansuman yapmak (-e)

Tupfen <-s, -> ['tʊpfən] *m* (*Fleck*) leke; (*Punkt*) nokta; (*auf Stoff*) benek

Tupfer <-s, -> *m* ❶ (*fam: Punkt*) nokta; (*auf Stoff*) benek ❷ (*Wattebausch*) tampon

Tür <-en> [tyːɐ] *f* kapı; **in der ~ stehen** kapı ağzında durmak; **~ an ~ mit jdm wohnen** biriyle kapı komşu olmak; **hinter verschlossenen ~en** gizli oturumda; **Weihnachten steht kurz vor der ~** (*fig*) Noel kapıya dayandı; **jdn vor die ~ setzen** (*fam*) birini kapı dışarı etmek; **jdm die ~ vor der Nase zuschlagen** (*fam*) birini kapıdan çevirmek; **ihr stehen alle ~en offen** onun için bütün kapılar açıktır; **bei jdm mit etw** *dat* **offene ~en einrennen** (*fam*) bir şey ile birinin kapısını aşındırmak; **mit der ~ ins Haus fallen** (*fam*) damdan düşercesine söylemek; **zwischen ~ und Angel** (*fig fam: auf der Schwelle*) ayaküstü; (*in aller Eile*) kaşla göz arasında; **jdm die ~ einrennen** (*fig*) birinin kapısını aşındırmak

Turban <-s, -e> ['tʊrbaːn] *m* türban

Turbine <-n> [tʊr'biːnə] *f* TECH türbin **Turbinenrad** *nt* TECH türbin çarkı

Turbo <-s, -s> *m* AUTO turbo, türbo **Turbokompressor** *m* TECH turbokompresör, türbokompresör, hava kompresörü **Turbolader** <-s> *m* AUTO turboşarjör, türboşarjör **Turbomotor** <-s, -en> *m* AUTO turboşarjörlü motor, türboşarjörlü motor, hava kompresörlü motor

turbulent [tʊrbu'lɛnt] *adj* PHYS, METEO çalkantılı; SPORT (*Spiel*) çekişmeli

Turbulenz <-en> [tʊrbu'lɛnts] *f* PHYS, METEO türbülans, çalkantı; POL türbülans, çalkantı

Türflügel *m* kapı kanadı **Türgriff** <-(e)s, -e> *m* kapı kolu

Türke(in) <-n, -n; -nen> ['tʏrkə] *m(f)* Türk

Türkei [-'-] *f* Türkiye

Türkensitz *m* bağdaş

türkis *adj inv* türkuaz

Türkis[1] *m* türkuaz, firuze

Türkis[2] *nt* türkuaz, türkuaz yeşilı

türkisch *adj* Türk; **~er Honig** helva

Türkisch(e) *nt dekl wie adj* Türkçe; **~ sprechen/lernen** Türkçe konuşmak/öğrenmek; **etw ins ~e/aus dem ~en übersetzen** bir şeyi Türkçeye/Türkçeden çevirmek; **wir haben uns auf ~ unterhalten** biz Türkçe konuştuk; **auf gut ~ gesagt** kaba Türkçesi, açıkçası

türkisch-deutsch *adj* Türk-Alman; **~e Beziehungen** Türk-Alman ilişkileri

türkischsprechend *adj* Türkçe konuşan

türkischstämmig *adj* Türk kökenli

turkisieren *vt* ❶ (*türkisch machen*) Türkleştirmek ❷ (*der Sprache angleichen*) Türkçeleştirmek

Turkisierung *f* ❶ Türkleştirme ❷ (*der*

Sprache) Türkçeleştirme
Türklinke *f* kapı kolu
Turkmene(in) *m(f)* Türkmen
Turkmenien *nt* Türkmenistan
turkmenisch *adj* Türkmen
Turkmenisch(e) *nt dekl wie adj* Türkmence; **aus dem ~en ins Türkische** Türkmenceden Türkçeye
Turkmenistan *nt* Türkmenistan
Turkologe(in) *m(f)* Türkolog
Turkologie *f* Türkoloji
Turksprache, Türksprache <-n> *f* LING Türk dili
Turkvolk, Türkvolk <-es, -völker> *nt* LING Türk halkı
Turm <-(e)s, Türme> [tʊrm, *pl* 'tʏrmə] *m* ❶ (*Bauwerk*) kule; (*Schachfigur*) kale; (*Glocken~*) kule ❷ SPORT (*Sprung~*) kule ❸ (*eines U-Boots*) (periskop) kule(si)
türmen ['tʏrmən] **I.** *vt* üst üste yığmak; (*stapeln*) yığmak **II.** *vi sein* (*fam*) tüymek, sıvışmak **III.** *vr* ■ **sich ~** yığılmak
Turmfalke *m* ZOOL kerkenez **Turmspringen** <-s> *nt kein pl* SPORT kuleden atlama **Turmuhr** *f* saatli kule
turnen *vi, vt* jimnastik yapmak
Turnen <-s> ['tʊrnən] *nt kein pl* jimnastik; (*Turnunterricht*) jimnastik dersi, beden eğitimi (dersi)
Turner(in) <-s, -; -nen> *m(f)* jimnastikçi
Turngerät <-(e)s, -e> *nt* jimnastik aracı, beden eğitimi aracı **Turnhalle** *f* jimnastik salonu **Turnhose** *f* şort
Turnier <-s, -e> [tʊr'ni:ɐ] *nt* turnuva
Turnschuh *m* kes; (*für Gymnastik*) jimnastik ayakkabısı **Turnübung** <-en> *f* jimnastik alıştırması **Turnunterricht** <-(e)s> *m kein pl* jimnastik dersi
Turnus <-, -se> ['tʊrnʊs] *m* rotasyon; **im ~ von drei Jahren** üç yılda bir
Turnverein *m* jimnastik kulübü
Türöffner *m* kapı otomatiği **Türpfosten** *m* kapı direği **Türrahmen** <-s, -> *m* kapı çerçevesi, kapı sövesi **Türscharnier** <-s, -e> *nt* kapı menteşesi **Türschild** <-(e)s, -er> *nt* kapı levhası **Türschließer** *m* kapı zembereği **Türschloss**[RR] *nt* kapı kilidi **Türschwelle** *f* kapı eşiği **Türspalt** <-(e)s, -e> *m* kapı aralığı
Türsteher(in) <-s, -; -nen> *m(f)* kapı görevlisi **Türsturz** *m* kapı lentosu
turteln ['tʊrtəln] *vi* çifte kumrular gibi koklaşmak
Turteltaube <-n> *f* ZOOL (*Streptopelia*) kumru; (*Turtur auritus*) yusufçuk; **das sind die reinsten ~n!** (*fig*) ikisi çifte kumrular gibi!
Türzarge *f* kapı kasası, kapı sövesi
Tusch <-(e)s, -e> [tʊʃ] *m* fanfar
Tusche <-n> ['tʊʃə] *f* çini mürekkebi
tuscheln ['tʊʃəln] *vi* (*fam*) fısıldaşmak
Tussi <-s> ['tʊsi] *f* (*pej fam*) manita
tut [tu:t] *3. präs von* **tun**
Tüte <-n> ['ty:tə] *f* poşet, torba; **das kommt nicht in die ~!** (*fam*) bu söz konusu olamaz!
tuten ['tu:tən] *vi* ötmek; (*Hupe*) korna çalmak; **von T~ und Blasen keine Ahnung haben** (*fam*) (bir şeyden) hiç haberi olmamak
Tutor(in) <-s, -en; -nen> ['tu:to:ɐ] *m(f)* ❶ UNIV ek seminer görevlisi ❷ (*im Studentenwohnheim*) sürveyan ❸ HIST (*Erzieher*) eğitmen; (*Vormund*) vasi
TÜV [tʏf] *m kein pl Akr von* **Technischer Überwachungs-Verein** *teknik muayene derneği;* **der Wagen muss zum ~** (*fam*) arabanın fennî muayenesi gerekli
TV-Moderator(in) [te:'faʊ-] *m(f)* tv sunucusu
Tweed [tvi:d] *m* tüvit
Twist <-s, -s> [tvɪst] *m* (*Tanz*) tvist
Typ <-s, -en> [ty:p] *m* ❶ (*Art*) tip; **er ist nicht mein ~** (*fam*) o benim tipim değil ❷ (*fam: Mann*) tip ❸ TECH (*Modell*) model
Type <-n> ['ty:pə] *f* ❶ TYPO karakter ❷ (*fam: Mensch*) tip
Typen ['ty:pən] *pl von* **Typ, Type, Typus**
Typenbezeichnung *f* TECH model adı
Typhus <-> ['ty:fʊs] *m kein pl* tifo, kara humma; (*Fleck~*) tifüs, lekeli humma
typisch ['ty:pɪʃ] *adj* tipik (**für** için); **~ Mann** tipik erkek
Typografie[RR] <-n> [typogra'fi:] *f* tipografi
typografisch[RR] [typo'gra:fɪʃ] *adj* tipografik
Typographie <-n> [typogra'fi:] *f s.* **Typografie**
typographisch [typo'gra:fɪʃ] *adj s.* **typografisch**
Typologie <-n> [typolo'gi:] *f* tipoloji
typologisch [typo'lo:gɪʃ] *adj* tipolojik
Typus <-, Typen> ['ty:pʊs] *m* tip
Tyrann(in) <-en, -en; -nen> [ty'ran] *m(f)* ❶ HIST tiran ❷ (*pej: Despot*) despot
Tyrannei [tyra'naɪ] *f kein pl* despotluk
tyrannisch *adj* gaddar; (*despotisch*) despotik
tyrannisieren* [tyrani'zi:rən] *vt* despotça davranmak (-e), zulmetmek, kasıp kavurmak; **das Baby tyrannisiert seine Eltern** bebek anne babasının canına okuyor

U u

U, **u** <-, -> [uː] *nt* U, u; **~ wie Ulrich** Uşak'ın u'su

u. *Abk von* **und** ve

u. a. ❶ *Abk von* **und andere(s)** vd. (*ve diğerleri*) ❷ *Abk von* **unter anderem/anderen** ezcümle

U-Bahn ['uːbaːn] *f* metro **U-Bahnhof** *m*, **U-Bahn-Station** *f* metro istasyonu, metro durağı

übel <übler, am übelsten> ['yːbəl] **I.** *adj* (*schlimm, schlecht*) fena; (*unangenehm*) kötü; **mir ist ~** içim [*o* midem] bulanıyor, fena oldum, fenalaştım; **mir wird ~** içim [*o* midem] bulanıyor, fena oluyorum; **er ist ein übler Bursche** mayası bozuk bir heriftir; **nicht ~** (*fam*) fena değil [*o* sayılmaz]; **das ist gar nicht (so) ~** (*fam*) bu hiç de fena değil [*o* sayılmaz] **II.** *adv* **~ dran sein** durumu kötü olmak; **jdm ~ mitspielen** birine fenalık [*o* kötülük] etmek; **das wäre gar nicht so ~** bu hiç de fena olmaz

Übel <-s, -> *nt* ❶ kötülük, fenalık, şer; **das kleinere ~** ehvenişer, kötünün iyisi, birkaç kötüden en az kötü olanı; **alles ~ in dieser Welt** bu dünyadaki bütün kötülükler ❷ (*Leiden*) rahatsızlık; (*Krankheit*) hastalık, illet

übelgelaunt *adj s.* **gelaunt**

Übelkeit *f kein pl* (*Gefühl*) bulantı, mide bulantısı, iç bulantısı; **~ erregend** bulantı veren, (mide) bulandırıcı

übellaunig *adj* keyifsiz

übel|nehmen *irr vt s.* **nehmen 7.**

übelriechend *adj s.* **riechen**

Übeltat *f* (*geh*) kötülük, kötü iş; (*gesetzeswidrig*) suç **Übeltäter(in)** *m(f)* suçlu

üben ['yːbən] **I.** *vi* (*allgemein*) alıştırma yapmak, egzersiz yapmak; SPORT alıştırma yapmak, idman yapmak; (*trainieren*) antreman yapmak; **auf dem Klavier ~** piyanoda egzersiz yapmak, piyanoda (alışmak veya öğrenmek için) çalışmak **II.** *vt* öğrenmeye çalışmak, çalışmak (-e); THEAT provasını yapmak (-in); (*Nachsicht*) göstermek; **Klavier/Geige ~** piyano/keman meşk etmek, piyano/keman öğrenmek için çalışmak; **Geduld ~** sabırlı olmak, sabretmek; **Rache ~** öç [*o* intikam] almak; **an jdm/etw** *dat* **Kritik ~** bir kimseyi/şeyi eleştirmek; **sich in etw** *dat* **~** bir şeye çalışmak

über ['yːbɐ] **I.** *präp* ❶ (*oberhalb*) üstünde, üzerinde; (*auf der anderen Seite*) öbür tarafta; (*weiter als*) -den fazla; **~ der Straße wohnen** caddenin öbür tarafında oturmak; **sie wohnt ~ uns** üstümüzde oturuyor ❷ (*während, bei*) -ken, başında; **~ der Arbeit einschlafen** çalışırken [*o* iş başında] uyumak ❸ (*Grenze*) üstünde; **zwei Grad ~ null** sıfırın üstünde iki derece ❹ (*Überlegenheit, Überordnung*) üst; **~ jdm stehen** birinin üstü olmak ❺ (*infolge*) üzerine; **~ all der Aufregung hatte ich dich ganz vergessen** bu kadar telaş üzerine seni tamamen unutmuştum **II.** *präp* ❶ (*Richtung: durch*) yol boyunca; **~ jdn/etw hinweg** bir kimseye/şeye aldırmayarak, bir kimseyi/şeyi es geçerek; **nach Münster ~ Dortmund** Dortmund üzerinden Münster'e; **~ die Straße gehen** sokağı geçmek; **~ die Grenze fahren** sınırı geçmek; **~ eine Mauer springen** bir duvarın üzerinden atlamak; **bis ~ beide Ohren verliebt sein** körkütük âşık olmak; **bis ~ beide Ohren in Arbeit stecken** işi başından aşkın olmak ❷ (*zeitlich*) **~ Nacht** geceleyin; **~ das Wochenende** hafta sonu(nda); **das ist schon ~ 3 Jahre her** bunun üzerinden 3 yıl geçti bile; **~ die Dreißig hinaus** otuzunu geçmiş; **~ etw hinweg sein** bir şeyi arkada bırakmış olmak ❸ (*von, betreffend*) üzerine (-in), hakkında (-in), ilişkin; **was wissen Sie ~ ihn?** onun hakkında ne biliyorsunuz? ❹ (*in Höhe von*) -lik; **ein Scheck ~ 4000 Euro** 4000 euroluk bir çek; **ein Rennen ~ 2000 Meter** 2000 metrelik bir yarış ❺ (*von mehr als*) **~ eine Stunde** bir saatten fazla; **Kinder ~ 12 Jahre** 12 yaşından büyük çocuklar ❻ (*mehr und mehr*) **Autos ~ Autos** otomobil üstüne otomobil ❼ (*mittels*) yoluyla; **~ ein Inserat** ilan yoluyla ❽ (*Überordnung*) **~ jdn herrschen/Macht haben** birine hükmetmek/sözü geçmek ❾ (*vor, wichtiger als*) **es geht nichts ~ Fußball** futbolun üstüne yok; **jdn/etw ~ alles lieben** bir kimseyi/şeye herşeyden çok sevmek **III.** *adv* ❶ (*mehr als*) üzerinde, -den (fazla); **~ zwei Meter lang/breit** uzunluğu/genişliği iki metrenin üzerinde, iki metreden (fazla) uzun/geniş; **sind Sie ~ 30?** 30'un üzerinde misiniz? ❷ (*völlig*) **er wurde ~ und ~ rot** kıpkırmızı kesildi ❸ (*Zeitraum*) **die ganze Nacht ~** bütün gece boyunca **IV.** *adj* (*fam*) ❶ (*übrig*) **da ist noch Kuchen ~** daha pasta var ❷ (*überlegen*) üstün (**in** -de); **geistig ist sie mir ~** zekâca benden üstündür

U

überall ['y:bɐ'ʔal] *adv* her yer(de), her yan(da), her taraf(ta); (*fig: auf allen Gebieten*) her alanda; ~ **in Deutschland** Almanya'nın her yerinde; **er weiß ~ Bescheid** (*fig*) her alanda bilgisi var; **ich habe ~ nachgesucht** her tarafı aradım **überallher** ['---'-] *adv* her yerden, her taraftan **überallhin** ['---'-] *adv* her yere, her tarafa

Überalterung [--'---] *f kein pl* yaş ortalamasının yüksek olması

Überangebot <-(e)s, -e> *nt* arz fazlalığı

überanstrengen* **I.** *vt* fazla yormak **II.** *vr* ■ **sich ~** fazla yorulmak; **überanstreng dich nicht!** yorma fazla kendini! **Überanstrengung** <-en> [--'---] *f* fazla yorulma

überarbeiten* **I.** *vt* revize etmek, yeniden gözden geçirmek; (*verbessernd bearbeiten*) rötuş etmek; **einen Artikel/Roman ~** bir makaleyi/romanı rötuş etmek **II.** *vr* ■ **sich ~** sürmenaj olmak, sürekli ve aşırı çalışmaktan yorulmak

überaus ['---, --'-] *adv* gayet; (*äußerst*) son derece, pek

Überbau <-(e)s, -e> *m* (*Marxismus*) üst yapı

überbelasten* ['-----] *vt* haddinden fazla yüklemek **überbelichten*** ['-----] *vt* FOTO fazla ışıklamak **überbetonen*** ['-----] *vt* gereğinden fazla vurgulamak **überbevölkert** ['-----] *adj* aşırı nüfuslu **Überbevölkerung** *f kein pl* aşırı nüfus **überbewerten*** ['-----] *vt* fazla önemsemek

überbieten* *irr* **I.** *vt* ❶ (*übertreffen*) gölgede bırakmak (**an** -de), geçmek; (*Rekord*) geçmek; **er ist an Hilfsbereitschaft kaum zu ~** yardımseverlikte onun üstüne pek kimse yoktur, yardımseverlikte onu geçecek pek kimse yoktur ❷ (*bei einer Auktion*) artırılanı yeniden artırmak (**um** -) **II.** *vr* ■ **sich ~** yarışmak (**an** -de)

Überbleibsel <-s, -> ['y:bɐblaɪpsəl] *nt* (*fam: Relikt*) kalıntı

Überblick <-(e)s, -e> ['---] *m* ❶ (*Aussicht*) görünüş (**über** -in); **der ~ über die Stadt von hieraus** şehrin buradan görünüşü ❷ (*über Zusammenhänge*) genel bakış; **den ~ verlieren** ipin ucunu kaçırmak; **sich** *dat* **einen ~ über etw verschaffen** bir şey üzerine genel bir fikir edinmek ❸ (*Zusammenfassung*) özet **überblicken*** *vt* ❶ (*sehen*) görmek, her yönüyle görmek, hâkim olmak (-e) ❷ (*Zusammenhänge, Situation*) bir bakışta kavramak

überboten *pp von* **überbieten**

überbracht *pp von* **überbringen**

über|braten *vt* (*fam*) **jdm eins ~** birine bir tane patlatmak; **er hat ihm mit dem Stock eins übergebraten** sopayla ona bir tane patlattı

überbringen* *irr vt* (*geh*) getirmek, götürmek; (*Nachricht*) iletmek

überbrücken* *vt* ❶ (*Frist, Zeitraum*) geçirmek; (*ausfüllen*) doldurmak ❷ (*Gegensätze, Schwierigkeiten*) yenmek ❸ ELEK ara kablosuyla bağlamak

überdachen* *vt* üstünü (damla) kapatmak (-in), çatıyla örtmek

überdacht *pp von* **überdachen, überdenken**

überdauern* *vt* uzun sürmek (-den); (*überstehen*) geçirmek, atlatmak

überdecken* *vt* örtmek (**mit** ile)

überdenken* *irr vt* (*intensiv*) iyice bir düşünmek; (*noch einmal*) bir daha düşünmek

überdies [--'-] *adv* bundan başka, bir de

überdimensional *adj* boyutları aşırı, fazlasıyla büyük

Überdosis *f* aşırı doz; **sie starb an einer ~ Schlaftabletten** aşırı dozda uyku hapından öldü

überdreht *adj* (*fam*) sinirleri gergin

Überdruck[1] <-(e)s, -e> *m* TYPO sürşarj

Überdruck[2] <-(e)s, -drücke> *m* PHYS aşırı basınç

Überdruss[RR] <-es> ['y:bɐdrʊs] *m kein pl*, **Überdruß**[ALT] <-sses> *m kein pl* usanç, gına, bıkkınlık; **bis zum ~** gına gelinceye kadar

überdrüssig ['y:bɐdrʏsɪç] *adj* bıkkın; **jds/etw** *gen* **~ werden** bir kimseden/şeyden usanmak [*o* gına gelmek]

überdurchschnittlich *adj* ortalamanın üstünde, olağanüstü

Übereifer <-s> *m kein pl* işgüzarlık, gayretkeşlik

übereifrig *adj* işgüzar, gayretkeş

übereignen* *vt* temlik etmek

Übereignung *f* temlik

übereilen* *vt* aceleye getirmek; **~ Sie nichts!** acele etmeyin!

übereilt *adj* (*Entschluss*) acele, düşünüp taşınmadan verilen; (*verfrüht*) erken, vakitsiz

übereinander [---'--] *adv* ❶ (*räumlich*) üst üste ❷ (*von sich*) birbiri hakkında **übereinander|legen** *vt* üst üste koymak **übereinander|schlagen** *irr vt* **die Beine ~** bacak bacak üstüne atmak

überein|kommen [y:bɐ'ʔaɪn-] *irr vi sein* (*geh*) uzlaşmak, anlaşmak

Übereinkommen <-s, -> *nt* uzlaşma, anlaşma; (*Vertrag*) sözleşme; **ein ~ erzielen** anlaşmaya varmak; **Haager ~** Lahey Sözleşmesi

überein|stimmen [yːbɐˈʔaɪn-] *vi* ❶ (*einer Meinung sein*) aynı düşüncede olmak (**in** konusunda), aynı görüşte olmak (**in** konusunda), hemfikir olmak (**in** konusunda) ❷ (*gleich sein*) aynı olmak; (*passen*) uyuşmak (**mit** -le), birbirine uymak; (*sich decken*) örtüşmek (**mit** -le)

übereinstimmend *adj* (*einhellig*) her noktada uyuşan, örtüşen; (*gleich*) aynı

Übereinstimmung <-en> *f* uygunluk, örtüşme; (*Einklang*) uyum; (*von Meinungen*) uzlaşma, uzlaşı; **~ erzielen** uzlaşmaya varmak

überempfindlich *adj* ❶ çok alıngan, aşırı hassas ❷ MED (*allergisch*) alerjik

überfahren* *irr vt* ❶ (*Person, Tier*) çiğnemek, ezmek ❷ (*Ampel*) durmadan geçmek ❸ (*fam: überrumpeln*) gafil avlamak

Überfahrt ['---] *f* karşıdan karşıya geçiş

Überfall <-(e)s, -fälle> ['---] *m* ❶ (*Angriff*) saldırı (**auf** -e); (*Bank~*) soygun (**auf** -e (yapılan)); (*Raub~*) karmanyola; MIL baskın ❷ (*fam: unerwartetes Auftauchen*) baskın

überfallen* *irr vt* ❶ (*angreifen*) saldırmak, baskın yapmak (-e); (*Bank, Person*) soymak; (*bewaffnet*) silahla soymak; **jdn mit Fragen ~** birini soru yağmuruna tutmak ❷ (*Müdigkeit, Gefühle*) basmak; (*überraschend*) bastırmak

überfällig *adj* ❶ (*Verkehrsmittel*) gecikmeli, rötarlı ❷ (*Rate*) günü geçmiş; **seine Entschuldigung ist längst ~** çoktan özür dilemesi gerekirdi

Überfallkommando <-s, -s> *nt* (*fam*) baskın ekibi, yıldırım ekibi, çevik kuvvet

überfliegen* *irr vt* ❶ (*mit dem Flugzeug*) üzerinden geçmek (-in) ❷ (*Text*) göz gezdirmek (-e)

über|fließen *irr vi sein* ❶ (*Gefäß*) taşmak ❷ (*Flüssigkeit*) taşmak ❸ (*Farben*) **ineinander ~** birbirinin içine geçmek

überflogen *pp von* **überfliegen**

Überfluss^RR <-es> *m kein pl*, **Überfluß**^ALT <-sses> *m kein pl* bolluk (**an** -de); **im ~ leben** bolluk içinde yaşamak; **zu allem ~** üstelik, bu yetmiyormuş gibi **Überflussgesellschaft**^RR <-en> *f* refah toplumu

überflüssig *adj* yersiz, fuzulî; (*unnötig*) gereksiz, lüzumsuz, fuzulî; **ich komme mir hier ~ vor** bana burada işim yokmuş gibi geliyor

überfluten* *vt* sular altında bırakmak; **Touristen überfluteten das Land** (*fig*) ülkeye sel gibi turist aktı, ülkeyi turistler bastı, ülke turistle dolup taştı

überfordern* *vt* fazla şey beklemek (-den); **du darfst das Kind nicht ~** çocuğa fazla yüklenmemelisin, çocuğun üstüne fazla düşmemelisin; **das überfordert meine Kräfte** buna gücüm yetmez; **ich bin mit dieser Arbeit überfordert** bu işin altından kalkamayacağım

überfragen* *vt* cevap veremeyeceği sorular sormak (-e); **da bin ich (leider) überfragt** (maalesef) buna cevap veremeyeceğim

Überfremdung <-en> [--'--] *f* yabancılaşma

überführen* *vt* ❶ (*Schuld nachweisen*) suçlu olduğunu ispat etmek (-in); **der Angeklagte wurde überführt** sanığın suçu [*o* suçlu olduğu] ispat edildi ❷ (*bringen*) sevk etmek (**in/zu/nach** -de/-e/-e), götürmek (**in/zu/nach** -de/-e/-e), göndermek (**in/zu/nach** -de/-e/-e) ❸ (*Zustand verändern*) dönüştürmek; **eine Flüssigkeit in den gasförmigen Zustand ~** bir sıvıyı gaz durumuna dönüştürmek ❹ (*über etw hinwegführen*) üstünden geçmek (-den); **zehn Brücken ~ den Kanal** kanalın üstünden on köprü geçiyor

Überführung <-en> *f* ❶ (*Transport*) sevk, gönderme, götürme ❷ (*Brücke*) üst geçit ❸ JUR suçun ispati

überfüllt [--'-] *adj* tıka basa dolu

Überfunktion <-en> *f* MED **~ der Schilddrüse** tiroitin aşırı ölçüde çalışması

Übergabe <-n> ['----] *f* teslim; (*eines Bauwerks*) teslim; (*Kapitulation*) teslim

Übergang <-(e)s, -gänge> ['---] *m* ❶ (*das Überqueren*) geçme, geçiş ❷ (*über einen Berg, Fluss*) geçit; (*über ein Bahngleis*) geçit ❸ (*von Besitz*) intikal (**zu** -e), geçme (**zu** -e)

übergangen *pp von* **übergehen**[2]

übergangslos *adv* doğrudan doğruya

Übergangslösung *f* geçici çözüm **Übergangsrecht** *nt* geçici hukuk, geçiş dönemi hukuku **Übergangsstadium** *nt* geçiş aşaması, geçiş evresi **Übergangszeit** *f* geçiş dönemi

übergeben* *irr* **I.** *vt* teslim etmek, (eline) vermek; (*Angelegenheit, Amt*) devretmek; (*Bauwerk*) teslim etmek; **der Dieb wurde der Polizei ~** hırsız polise teslim edildi **II.** *vr* ■ **sich ~** kusmak, çıkarmak

über|gehen[1] *irr vi sein* ❶ (*Besitzer wechseln*) geçmek (**auf** -e), intikal etmek (**auf** -e); **in die Hände des Staates ~** devlet eline geçmek ❷ (*bei einer Tätigkeit*) geçmek (**zu** -e); **zum Angriff ~** saldırıya geçmek ❸ (*sich verwandeln*) dönüşmek (**in** -e); **die Farben gehen ineinander über** renkler birbirinin içine geçiyor

übergehen*² *irr vt* ❶ (*nicht wahrnehmen*) es geçmek, boş vermek, önemsememek; **sie überging ihn** ona yüz vermedi ❷ (*überspringen*) atlamak
übergeordnet *adj* üst, üst aşamada bulunan, mafevk
Übergepäck <-(e)s> *nt kein pl* fazla bagaj
übergeschnappt ['y:bɐgəʃnapt] *adj* (*fam*) üşütük
Übergewicht <-(e)s> *nt kein pl* ❶ (*von Menschen*) kilo fazlalığı, fazla kilolu olma, şişmanlık; (*von Sachen*) fazla ağırlık, kilo fazlalığı ❷ (*Bedeutung*) ağır basma
übergewichtig *adj* fazla kilolu, kilosu fazla
überglasen* *vt* camla kaplamak; **den Balkon ~ (lassen)** balkonun üstünü camla kapla(tır)mak
überglücklich *adj* çok mutlu
über|greifen *irr vi* (*fig: Feuer*) sıçramak (**auf** -e)
Übergriff <-(e)s, -e> *m* saldırı (**auf** -e), tecavüz (**auf** -e)
übergroß *adj* büyük boy
Übergröße <-n> *f* battal boy
überhand|nehmen [y:bɐ'hant-] *irr vi* artmak, fazlalaşmak
über|hängen¹ *irr vi a.* ARCH çıkıntı oluşturmak; (*Zweige*) sarkmak
über|hängen² *vt* **sich** *dat* **etw ~** (*Mantel*) sırtına almak; (*Tasche*) omzuna asmak
überhäufen* *vt* üstünü doldurmak (**mit** ile), boğmak (**mit** -e); **jdn mit Geschenken ~** birini hediyelere boğmak
überhaupt [y:bɐ'haʊpt, '---] *adv* ❶ (*im Allgemeinen*) genel olarak ❷ (*eigentlich*) aslında; **wer hat dir das ~ gesagt?** bunu sana aslında kim söyledi? ❸ (*bei Verneinung*) **~ nicht** hiç (mi hiç); **ich denke ~ nicht daran!** onu hiç mi hiç düşünmüyorum; **~ nichts** hiçbir şey; **es gibt ~ keine Möglichkeit** hiç olanak [*o* imkân] yok ❹ (*schließlich*) sonunda, nihayet; **und ~, ...** (*abgesehen davon*) ... da bir yana; (*überdies*) bundan başka da, bir de; **wenn ~, dann ...** olsa olsa, o zaman ...
überheblich [y:bɐ'he:plɪç] *adj* kibirli, kendini büyük gören
Überheblichkeit *f kein pl* kibir
überhöhen* *vt* (*Straße*) yükseltmek
überhöht [--'-] *adj* fazla, aşırı; **~e Preise** fahiş fiyatlar
überholen*¹ *vt* ❶ (*Fahrzeug*) geçmek, sollamak; **~ verboten!** geçmek yasaktır! ❷ (*durch Leistung*) geçmek ❸ (*überprüfen*) elden geçirmek; (*Motor*) rektifiye etmek
über|holen² **I.** *vt* (*befördern*) karşı yakaya geçirmek **II.** *vi* NAUT (*sich neigen*) yan yatmak
Überholspur *f* geçme şeridi
überholt [--'-] *adj* modası geçmiş
Überholverbot [--'---] *nt* geçme yasağı
überhören* *vt* işitmemek; (*absichtlich*) işitmezliğe getirmek, kulak ardı etmek; **das möchte ich überhört haben** bunu işitmemiş olayım
ÜberichRR ['y:bɐʔɪç] *nt* PSYCH üst benlik
überinterpretieren* *vt* abartılı yorumlamak
überirdisch *adj* doğaüstü
über|kochen *vi sein* pişerken [*o* kaynarken] taşmak; **die Milch ist übergekocht** süt taştı
überkommen*¹ *irr vt* (*Schlaf*) basmak, bastırmak; **ein Gefühl überkommt jdn** birinde bir duygu uyanmak, biri bir duyguya kapılmak; **ihn überkam die Furcht** korkuya kapıldı, canına korku düştü; **es überkam ihn plötzlich, und er zog sie an sich** birdenbire duygulanıp onu kendisine çekti
überkommen² *adj* atalardan kalma
überkonfessionell *adj* mezheplerüstü
überkreuzen* *vr* ■ **sich ~** kesişmek; **sich ~de Linien** kesişen çizgiler
überkronen* *vt* MED üzerine kuron geçirmek (-in)
überladen*¹ *irr vt* aşırı derecede yüklemek (**mit** -le); **sich den Magen ~** (*fig*) tıka basa yemek
überladen² *adj* (*Stil, Fassade*) süslü
Überlandbus *m* şehirler arası otobüs
überlang *adj* normalden uzun, aşırı ölçüde uzun, fazla uzun
Überlänge <-n> *f* normali aşan uzunluk, aşırı ölçüde uzunluk
überlappen* [y:bɐ'lapən] *vr* ■ **sich ~** binişmek, birbiri üstüne binmek, üst üste binmek
überlassen* *irr vt* ❶ (*abgeben*) **jdm etw ~** birine bir şey vermek ❷ (*anheimstellen*) **es ist dir ~, das zu entscheiden** buna karar vermek sana kaldı; **überlass das bitte mir!** lütfen bunu bana bırak! ❸ (*anvertrauen*) **jdm etw ~** birine bir şey bırakmak; **jdn sich** *dat* **selbst ~** birini kendi haline bırakmak
überlasten* *vt* aşırı yüklemek; **sie ist überlastet** işi başından aşkın
überlaufen¹ [--'--] *adj* çok kalabalık
über|laufen² *irr vi sein* ❶ (*Flüssigkeit*) taşmak; **ineinander ~** (*Farben*) iç içe girmek ❷ (*die Seiten wechseln*) tarafına geçmek (**zu** -in); **zum Feind ~** düşman(ın) tarafına geçmek

überlaufen*[3] *irr vt* ❶ **es überlief mich (eis)kalt** donakaldım; **es überlief mich (siedend) heiß** başımdan aşağı âdeta bir kova kaynar su döküldü ❷ SPORT geçmek

Überläufer(in) <-s, -; -nen> *m(f)* ❶ MIL düşman tarafına geçen asker kaçağı ❷ POL taraf değiştiren (kimse)

überleben* **I.** *vi* sağ kalmak, hayatta kalmak; (*weiterleben*) yaşamaya devam etmek **II.** *vt* sağ salim çıkmak (-den); **sie überlebte ihren Mann (um zehn Jahre)** kocasından (on yıl) fazla yaşadı; **das überleb ich nicht!** (*fig fam*) hayatta buna gelemem! **III.** *vr* ■ **sich ~** eskimek, geçmek, maziye karışmak; **diese Mode wird sich bald ~** bu moda yakında maziye karışacak

Überleben *nt* **ums ~ kämpfen** yaşayabilmek için savaş vermek

Überlebende(r) <-n, -n; -n> [--'---] *f(m)* sağ kalan, hayatta kalan

Überlebenschance *f* sağ kalma ihtimali

überlebensgroß ['--'---] *adj* normalden büyük

Überlebenskampf *m* yaşama çabası

überlegen*[1] **I.** *vi* düşünmek; **wohl überlegt** (*geh*) iyi düşünülmüş **II.** *vt* (*nachdenken*) düşünüp taşınmak; (*erwägen*) düşünmek; **ich habe es mir anders überlegt** ben fikrimi değiştirdim; **ich werde es mir ~** düşüneceğim

über|legen[2] **I.** *vt* üstüne koymak **II.** *vr* ■ **sich ~** üstüne yatmak

überlegen[3] *adj* ❶ (*besser*) üstün; **jdm (in/an etw** *dat*) **~ sein** birinden üstün olmak ❷ (*hochmütig*) kibirli

Überlegenheit *f kein pl* üstünlük (**in** -de); **zahlenmäßige ~** sayıca üstünlük, sayı üstünlüğü

überlegt *adj* iyi düşünülmüş

Überlegung <-en> [--'--] *f* düşünme; (*Erwägung*) düşünüp taşınma; (*Gedanken*) düşünce(ler) *(pl)*, fikir(ler) *(pl)*; **~en zu etw** *dat* **anstellen** bir şeyde fikir yormak; **nach reiflicher ~** iyice düşündükten [*o* düşünüp taşındıktan] sonra

über|leiten *vi* geçmek (**von** -den, **zu** -e); **zu einem neuen Thema ~** yeni bir konuya geçmek **Überleitung** <-en> *f* (*Übergang*) geçiş; (*Verbindung*) bağlantı

überlesen* *vt* ❶ (*Fehler*) okurken görmemek ❷ (*nicht genau*) üstünkörü okumak

überliefern* *vt* gelecek kuşaklara bırakmak; **etw ist nur als Fragment überliefert** bir şeyin sadece parçası kalmış olmak; **eine mündlich überlieferte Sage** söylenegelmiş bir efsane **Überlieferung** <-en> *f* (*Tradition*) gelenek

überlisten* *vt* aldatmak

überm ['y:bɐm] (*fam*) = **über dem** *s.* **über**

Übermacht *f kein pl* (*Überlegenheit*) üstünlük, üstün olma; (*in Anzahl*) sayıca üstün olma; (*Vorherrschaft*) hâkimiyet, egemenlik; **in der ~ sein** sayıca üstün olmak **übermächtig** *adj* ❶ (*Institution*) süper; (*Gegner*) çok güçlü ❷ (*Gefühl*) çok güçlü; (*Verlangen*) karşı konulamaz

Übermaß <-es> *nt kein pl* aşırı ölçü, aşırılık (**an/von** -de/-de), fazlalık (**an/von** -de/-de); **etw im ~ haben** bir şeyden fazla miktarda olmak; **im ~** aşırı ölçüde

übermäßig **I.** *adj* (*maßlos*) ölçüsüz; (*übertrieben*) aşırı **II.** *adv* ❶ (*zu viel*) çok fazla, haddinden fazla, gereğinden çok, aşırı derecede, gayetle ❷ (*überaus*) son derece, pek

Übermensch <-en, -en> *m* üst insan **übermenschlich** *adj* insanüstü

übermitteln* *vt* nakletmek, aktarmak, ulaştırmak, iletmek

übermorgen ['----] *adv* öbür gün

übermüdet [--'--] *adj* bitkin, bîtap

Übermüdung <-en> [--'--] *f* aşırı yorgunluk, bitkinlik

Übermut <-(e)s> *m kein pl* ❶ taşkınlık; (*Fröhlichkeit*) coşkunluk; (*Mutwille*) yaramazlık; **etw aus lauter ~ tun** bir şeyi sırf yaramazlık olsun diye yapmak ❷ (*Überheblichkeit*) kibir

übermütig *adj* taşkın; (*fröhlich*) coşkun; (*mutwillig*) yaramaz; **die Kinder waren sehr ~** çocuklar çok yaramazdı

übern ['y:bɐn] (*fam*) = **über den** *s.* **über**

übernächste(r, s) *adj* bir sonraki; **in der ~n Woche** bir sonraki hafta içinde; **~n Sonntag** bir sonraki pazar günü; **du bist als Ü~r dran** sıra ondan sonra sende

übernachten* *vi* gecelemek (**bei/in** -de/-de), konaklamak (**bei/in** -de/-de), geceyi geçirmek (**in** -de, **bei** -in yanında)

übernächtigt [y:bɐ'nɛçtıçt, y:bɐ'nɛçtıkt] *adj* uykusuz, uyumamış, uykusunu alamamış; **~ aussehen** uykusuz [*o* uyumamış] görünmek

Übernachtung <-en> [y:bɐ'naxtʊŋ] *f* geceleme, gece yatısı, konaklama; **~ mit Frühstück** kahvaltılı konaklama, yatak ve kahvaltı

Übernahme ['----] *f kein pl* (*Geschäft*) devralma, teslim alma; (*Amt*) üstlenme, deruhte; (*von Verantwortung*) üstlenme, yüklenme; (*Methode, Sitte*) benimseme; **wörtliche ~n aus einem Werk** bir eserden kelimesi kelimesine alıntılar

übernational *adj* uluslar üstü

übernehmen* *irr* **I.** *vt* ❶ (*Geschäft*) devralmak; (*Amt*) üstlenmek, deruhte etmek; (*Aufgabe, Kosten*) üstlenmek; (*Verantwortung*) üstlenmek, üstüne almak, yüklenmek; (*Methode, Sitte*) benimsemek; (*Rolle*) almak; **das Steuer ~** direksiyona geçmek ❷ (*entgegennehmen*) teslim almak; (*annehmen*) kabul etmek **II.** *vr* ■ **sich ~** fazla yorulmak, kendini fazla yormak; (*finanziell*) parası bitmek; **er hat sich beim Umzug übernommen** taşınırken fazla yoruldu

übernommen *pp von* **übernehmen**

über|ordnen *vt* **die Karriere der Familie ~** kariyerini ailesinden üstün tutmak

überparteilich *adj* partiler üstü

Überproduktion *f* WIRTSCH aşırı üretim

überprüfen* *vt* (*kontrollieren*) kontrol etmek, denetlemek, yoklamak, gözden geçirmek; (*amtlich*) muayene etmek, araştırmak, incelemek

überqueren* *vt* geçmek; **beim Ü~ der Straße** sokağı geçerken

überragen*¹ *vt* ❶ (*durch Größe*) büyük olmak (-den); (*durch Höhe*) yüksek olmak (-den); (*Person*) boylu olmak (-den) ❷ (*fig: übertreffen*) gölgede bırakmak (**an** -le)

über|ragen² *vi* (*überstehen*) çıkık olmak

überragend [--'--] *adj* üstün; **eine ~e Leistung** üstün bir başarı

überraschen* [y:bɐ'raʃən] *vt* hayrette bırakmak, sürpriz yapmak (-e), şaşırtmak; **jdn dabei ~, wie ...** birini ... iken gafil avlamak; **lassen wir uns ~!** bakalım ne olacak!; **wir wurden von einem Gewitter überrascht** fırtınaya yakalandık

überraschend [--'--] **I.** *adj* şaşılacak, hayret verici; (*unerwartet*) beklenmedik **II.** *adv* **das kam für mich völlig ~** bu benim için tamamıyla sürpriz oldu

Überraschung <-en> [y:bɐ'raʃʊŋ] *f* sürpriz; **zu meiner großen ~ kam er nicht** gelmemesi benim için büyük sürpriz oldu; **das ist aber eine ~!** bu ne sürpriz!

Überraschungseffekt *m* şok etkisi

Überraschungsmoment *nt* sürpriz unsuru

Überreaktion <-en> *f* aşırı tepki

überreden* *vt* kandırmak; (*überzeugen*) ikna etmek; **jdn zu etw** *dat* **~** birini bir şey yapmaya kandırmak [*o* razı etmek]; ■ **sich ~ lassen** kanmak, ikna olmak

überregional *adj* bölgeler üstü

überreichen* *vt* (törenle) vermek

überreif *adj* (*Obst*) geçkin

Überreife *f kein pl* geçkinlik

Überreste *pl* ❶ (*Zurückgebliebenes*) kalıntılar *pl;* **die sterblichen ~** naaş (ve kemikler) *(pl)* ❷ (*Ruinen*) kalıntılar *pl;* **die ~ einer Festung** bir kalenin kalıntıları

überrumpeln* *vt* gafil avlamak

übers ['y:bɐs] (*fam*) = **über das** *s.* **über**

übersät [--'-] *adj* kaplı (**von/mit** -le/-le)

Übersättigung *f* aşırı doyma

Überschallflugzeug *nt* süpersonik uçak

Überschallgeschwindigkeit *f* süpersonik hız

überschatten* *vt* ❶ (*Schatten spenden*) gölge vermek (-e) ❷ (*fig: trüben*) gölge düşürmek (-e)

überschätzen* *vt* çoğumsamak, gözünde büyütmek

überschaubar *adj* (*Kosten, Risiko*) kestirilebilir; (*Firma*) derli toplu

überschauen* *vt* ❶ (*sehen*) görmek, her yönüyle görmek, hâkim olmak (-e) ❷ (*Zusammenhänge, Situation*) bir bakışta kavramak

über|schäumen *vi sein* ❶ (*Flüssigkeit*) köpürmek; (*Gefäß*) taşmak ❷ (*vor Wut*) köpürmek (**vor** -den); (*vor Freude*) coşmak (**vor** -den)

Überschlag <-(e)s, -schläge> *m* ❶ (*Schätzung*) tahmin ❷ SPORT takla; (*Salto*) perende; (*Looping*) takla

überschlagen*¹ *irr* **I.** *vt* ❶ (*auslassen*) es geçmek ❷ (*schätzen*) tahmin etmek, kestirmek, yaklaşık olarak hesap etmek **II.** *vr* ■ **sich ~** ❶ (*Fahrzeug*) devrilmek, takla atmak; **ihre Stimme überschlug sich** sesi birdenbire tizleşti ❷ (*Ereignisse*) birbirini kovalamak

über|schlagen² *irr* **I.** *vi sein* ❶ (*Funken*) sıçramak ❷ (*übergehen*) geçmek (**in** -e); **seine Stimme schlägt über** sesi çatallanıyor **II.** *vt* **die Beine ~** ayak ayak üstüne atmak; **mit übergeschlagenen Beinen im Sessel sitzen** ayak ayak üstüne atmış vaziyette koltukta oturmak

über|schnappen *vi sein* (*fam*) ❶ (*verrückt werden*) fırttırmak, kafayı üşütmek ❷ (*überschlagen*) **seine Stimme schnappt über** sesi çatallanıyor

überschneiden* *irr vr* ■ **sich ~** ❶ (*Linien*) kesişmek ❷ (*Termine*) çakışmak; **die Unterrichtsstunden der beiden Klassen überschneiden sich** iki sınıfın dersleri çakıştı

überschnitten *pp von* **überschneiden**

überschreiben* *irr vt* ❶ (*übertragen*) devretmek (**auf** -e), temlik etmek (**auf** -e) ❷ (*betiteln*) başlık yazmak (-e), başlık koymak (-e)

überschreiten* *irr vt* ❶ (*übertreten*) geçmek; (*Mittel, Kräfte, Fähigkeiten*) aşmak; (*überqueren*) geçmek; **das Maß ~** ölçüyü kaçırmak ❷ (*Befugnisse*) aşmak; (*Geschwindigkeit*) aşmak; **er hat die**

Sechzig schon (längst) überschritten altmışını (çoktan) geçti bile
überschrieben *pp von* **überschreiben**
Überschrift <-en> *f* başlık, serlevha
überschritten *pp von* **überschreiten**
Überschuss[RR] <-es, -schüsse> *m,* **Überschuß**[ALT] <-sses, -schüsse> *m* fazlalık
überschüssig ['y:bɐʃʏsɪç] *adj* arta kalan
überschütten*[1] *vt* ❶ (*bedecken*) örtmek (**mit** -le) ❷ (*überhäufen*) yağdırmak (-e, **mit** -); **jdn mit Fragen ~** birini soru yağmuruna tutmak
über|schütten[2] *vt* dökmek; **er hat mir Rotwein übergeschüttet** üstüme kırmızı şarap döktü
überschwänglich[RR] ['y:bɐʃvɛŋlɪç] *adj* coşkun, taşkın
überschwemmen* *vt* su basmak, sular altında bırakmak, sel basmak, taşmak (-e); (*fig*) boğmak (**mit** -e), yağdırmak (-e, **mit** -); **das Land wurde von Touristen überschwemmt** (*fig*) ülkeye sel gibi turist aktı, ülkeyi turistler bastı, ülke turistle dolup taştı
Überschwemmung <-en> [--'--] *f* su baskını, taşma, taşkın, seylâp **Überschwemmungsgebiet** *nt* taşkın alanı
überschwenglich[ALT] *adj s.* **überschwänglich**
Übersee ['---] *f* denizaşırı ülkeler *pl;* **in/nach/aus ~** denizaşırı ülkelerde/ülkelere/ülkelerden
überseeisch *adj* denizaşırı
übersehbar [--'--] *adj* ❶ (*Gelände*) görülebilen ❷ (*absehbar*) bilinebilen; **die Folgen sind nicht ~** sonuçları bilinemez
übersehen* *irr vt* ❶ (*Gegend*) görmek; **von dieser Stelle kann man die ganze Stadt ~** buradan bütün şehir görülebilir ❷ (*Zusammenhänge sehen*) görmek; (*Folgen*) kestirmek; **soweit ich übersehen kann, ...** görebildiğim kadarıyla ... ❸ (*nicht sehen*) görmemek; (*absichtlich*) görmezlikten gelmek; **etw stillschweigend ~** bir şeyi görmezlikten gelmek
über|setzen[1] **I.** *vi haben o sein* karşıdan karşıya geçmek; **über den Fluss ~** ırmağı karşıdan karşıya geçmek **II.** *vt* karşıdan karşıya geçirmek
übersetzen*[2] *vt* çevirmek (**von/aus** -den, **in** -e), tercüme etmek (**von/aus** -den, **in** -e)
Übersetzer(in) <-s, -; -nen> [--'--] *m(f)* çevirici, çevirmen, tercüman
Übersetzung <-en> [--'--] *f* ❶ (*Text*) çeviri, tercüme ❷ TECH transmisyon
Übersetzungsbüro *nt* çeviri bürosu, tercüme bürosu **Übersetzungswissenschaft** <-en> *f* çeviri bilimi
Übersicht <-en> ['---] *f* ❶ (*Überblick*) görünüş (**über** -in); (*über Zusammenhänge*) genel bakış (**über** -e) ❷ (*Resümee*) özet; (*Darstellung*) genel görünüş, genel görünüm
übersichtlich *adj* ❶ (*räumlich*) derli toplu; (*Gelände*) açık, aydınlık ❷ (*deutlich*) açık, belirgin; (*Bilanz*) kolay anlaşılır
über|siedeln *vi sein* ❶ (*umziehen*) taşınmak (**nach/in** -e/-e), göçmek (**nach/in** -e/-e) ❷ (*emigrieren*) göç etmek; (*ins Land kommen*) göçmen olarak gelmek **Übersiedler(in)** <-s, -; -nen> *m(f)* göçmen
übersinnlich *adj* duyuüstü
überspannt [--'-] *adj* ❶ (*übertrieben*) aşırı, abartmalı ❷ (*verschroben*) eksantrik, ayrıksı
überspielen* *vt* ❶ RADIO, TV çekmek (**auf** -e), kayıt etmek (**auf** -e) ❷ (*verstecken*) gizlemek, sezdirmemek
überspitzt [--'-] *adj* abartılı
über|springen[1] *irr vi sein* (*übergehen*) atlamak (**auf** -e); (*Funke*) sıçramak (**auf** -e); (*Infektion*) geçmek (**auf** -e)
überspringen*[2] *irr vt* ❶ (*Hindernis*) atlayarak geçmek; **eine Pfütze ~** bir irkintiyi atlayarak geçmek ❷ (*auslassen*) atlamak
übersprungen *pp von* **überspringen**[2]
überstanden *pp von* **überstehen**[2]
über|stehen[1] *irr vi* çıkıntı oluşturmak
überstehen*[2] *irr vt* (*hinter sich bringen*) geçirmek; (*überleben*) atlatmak; (*ertragen*) dayanmak; **das Schlimmste ist jetzt überstanden** işin en güç tarafı şimdi atlatıldı
übersteigen* *irr vt* ❶ aşmak; (*Zaun, Mauer*) tırmanmak (-e); **vom Nachbarhaus auf das Dach der Bank ~** yandaki evden bankanın çatısına tırmanmak ❷ (*übertreffen*) gölgede bırakmak; **das überstieg alle unsere Erwartungen** bu, tüm beklentilerimizi gölgede bıraktı
überstiegen *pp von* **übersteigen**
überstimmen* *vt* ❶ (*besiegen*) oy çokluğu ile yenmek ❷ (*ablehnen*) oy çokluğu ile reddetmek ❸ (*zum Schweigen bringen*) susturmak
überstrapazieren* *vt* fazla yormak, fazla yıpratmak; **ich möchte ihre Geduld nicht ~** sabrınızı tüketmek istemiyorum
überströmen* *vi* **sein Gesicht war von Blut überströmt** yüzü kan içindeydi
über|stülpen *vt* üzerine geçirmek (-in)
Überstunde <-n> *f* fazla çalışma saati, ek mesai saati; **~n machen** mesai yapmak,

U

mesaiye kalmak

überstürzen* **I.** *vt* aceleye getirmek; **nur nichts ~** aceleye gerek yok **II.** *vr* ■**sich ~** birbirini kovalamak

übertariflich *adj* WIRTSCH toplu sözleşme üstü

übertölpeln* *vt* aldatmak, kazık atmak (-e)

übertönen* *vt* (sesiyle) bastırmak

Übertrag <-(e)s, -träge> ['y:bɐtra:k, *pl* 'y:bɐtrɛ:gə] *m* nakil; (*Rechnungs~*) hesap nakli

übertragbar [--'--] *adj* devredilebilir (**auf** -e), temlik edilebilir (**auf** -e); (*Krankheit*) bulaşıcı; **nicht ~** devredilemez, temlik edilemez

übertragen* *irr* **I.** *vt* ❶ TECH aktarmak, nakletmek; RADIO, TV yayınlamak; **live ~** canlı [*o* naklen] yayın yapmak; **die Kraft des Motors auf die Räder ~** motor gücünü tekerleklere nakletmek ❷ (*anwenden*) uygulamak (**auf** -e); **in ~er Bedeutung** mecazî anlamda ❸ (*Begeisterung, Krankheit*) bulaştırmak (**auf** -e), geçirmek (**auf** -e) ❹ (*Besitz, Rechte*) temlik etmek, devretmek; (*Verantwortung*) devretmek, vermek; (*Vollmacht, Aufgabe*) vermek; (*Befugnis, Kompetenz*) devretmek ❺ (*abschreiben*) kopya etmek; (*Einträge*) nakletmek ❻ (*geh: übersetzen*) çevirmek (**aus** -den, **in** -e), aktarmak (**aus** -den, **in** -e) ❼ TECH (*weiterleiten*) aktarmak ❽ INFORM (*Daten*) aktarmak **II.** *vr* ■**sich ~** geçmek (**auf** -e)

Übertragung <-en> [--'--] *f* ❶ RADIO, TV yayın; TECH aktar(ıl)ma, nakletme, nakledilme ❷ (*Anwendung*) uygulama ❸ (*einer Krankheit*) bulaş(tır)ma, geç(ir)me ❹ (*von Rechten, Besitz*) temlik (**auf** -e), devir (**auf** -e); (*Amt*) devir ❺ (*Übersetzung*) çeviri, tercüme ❻ INFORM (*Daten~*) aktarım

Übertragungsgeschwindigkeit *f* INFORM aktarım hızı

übertreffen* *irr* **I.** *vt* aşmak, gölgede bırakmak; **das übertrifft alle meine Erwartungen** bu, tüm beklentilerimi gölgede bıraktı; **jdn in der Leistung ~** birinden daha başarılı olmak; **im Sport ist er kaum zu ~** sporda üstüne kimse yok gibi **II.** *vr* ■**sich ~: sich selbst mit etw** *dat* **~** bir şeyle kendisinden beklenenlerin üstünde başarı göstermek

übertreiben* *irr vi, vt* aşırı gitmek, ölçüyü kaçırmak; (*mit Worten*) abartmak, mübalağa etmek

Übertreibung <-en> [--'--] *f* aşırılık; (*mit Worten*) abartma, abartı, mübalağa

über|treten[1] *irr vi sein* ❶ *sein* (*Gewässer*) taşmak ❷ *sein* (*zu einer Partei, Religion*) geçmek (**zu** -e); **zum Islam ~** İslamiyete geçmek, Müslüman olmak; **er ist in den Ruhestand übergetreten** emekliliğe ayrıldı, emekli oldu ❸ *sein* (*übergehen*) geçmek (**in** -e) ❹ *haben o sein* SPORT çizgiyi geçmek

übertreten*[2] *irr vt* ❶ (*Grenze*) geçmek ❷ (*Gesetz, Verbot*) aykırı davranmak (-e), aykırı davranışta bulunmak (-e)

Übertretung <-en> [--'--] *f* ❶ geçme ❷ JUR kabahat

übertrieben [y:bɐ'tri:bən] **I.** *pp von* **übertreiben II.** *adj* aşırı, abartılı, abartmalı; (*Preise*) fahiş **III.** *adv* aşırı (derecede), gereğinden çok

übertroffen *pp von* **übertreffen**

übertrumpfen* *vt* ❶ (*beim Kartenspiel*) kozlamak ❷ (*übertreffen*) gölgede bırakmak, daha başarılı olmak (-den)

überwachen* *vt* (*beobachten*) gözlemek, gözlemlemek, gözetlemek; (*kontrollieren*) denetlemek, kontrol etmek

Überwachung <-en> [--'--] *f* gözleme, gözlemleme, gözetim; (*Kontrolle*) denetleme, denetim, kontrol

überwältigen* [y:bɐ'vɛltɪgən] *vt* ❶ (*bezwingen*) yenmek ❷ (*beeindrucken*) (çok) etkilemek, etkisi altında bırakmak; (*Angst*) yenmek

überwältigend [--'---] *adj* (çok) etkileyici; (*großartig*) görkemli, muhteşem; (*Mehrheit*) ezici

über|wechseln *vi sein* geçmek (**von** -den, **zu** -e); **ins feindliche Lager/auf die andere Seite ~** düşman tarafına/öbür tarafa geçmek

überweisen* *irr vt* ❶ (*Geld*) havale etmek, göndermek ❷ (*Patient*) sevk etmek (**zu** -e)

Überweisung <-en> [--'--] *f* ❶ (*von Geld*) havale; **ich habe Ihre ~ heute erhalten** havalenizi bugün aldım ❷ (*vom Arzt*) sevk

überwiegen* *irr vi* ağır basmak

überwiegend **I.** *adj* ağır basan **II.** *adv* daha çok, ağırlıklı olarak

überwiesen *pp von* **überweisen**

überwinden* *irr* **I.** *vt* (*Misstrauen, Bedenken*) yenmek; (*Hindernis*) aşmak; (*Gegner*) yenmek; **seinen inneren Schweinehund ~** içindeki korkuyu yenmek **II.** *vr* ■**sich ~, etw zu tun** bir şeyi yapmaya kendini zorlamak, bir şeyi yapmaya razı olmak

Überwindung [--'--] *f kein pl* ❶ (*einer Schwierigkeit*) yenme ❷ (*Selbst~*) kendini zorlama; **es kostete ihn große ~, dorthin zu gehen** oraya gitmek için kendini

çok zorladı
überwintern* *vi* kışlamak (**in** -de), kışı geçirmek (**in** -de)
überwogen *pp von* **überwiegen**
überwunden *pp von* **überwinden**
Überzahl *f kein pl* sayıca üstün olma; **in der ~ sein** sayıca üstün olmak, çoğunlukta olmak; **die ~ der Vorschläge war unbrauchbar** tekliflerin çoğu işe yaramadı
überzählig ['y:bɐtsɛ:lɪç] *adj* fazla; **~ sein** fazla olmak
überzeugen* **I.** *vt* ikna etmek (**von** -e), inandırmak (**von** -e); (*überreden*) kandırmak (**von** -e); **ich bin (davon) überzeugt, dass ...** (şuna) inanıyorum ki, ...; **er war sehr von sich** *dat* **überzeugt** kendinden çok emindi **II.** *vr* ■ **sich ~** kanaat getirmek (**von** -e), görüp ikna olmak; **sich persönlich/mit eigenen Augen ~** bizzat/kendi gözleriyle görüp ikna olmak; **~ Sie sich selbst davon!** inanmıyorsanız gidin, kendiniz görün!
überzeugend *adj* ikna edici; (*Beweis*) inandırıcı
überzeugt *adj* kani
Überzeugung <-en> [--'--] *f* kanaat, kanı; (*fester Glaube*) inanç; **politische ~** siyasi kanaat; **zu der ~ gelangen, dass etw richtig ist** bir şeyin doğru olduğuna kanaat getirmek, bir şeyin doğru olduğu kanısına varmak; **meiner ~ nach** kanımca, kanıma göre, inancıma göre **Überzeugungskraft** *f* ikna etme gücü
über|ziehen[1] *irr vt* (*Kleidungsstück*) üzerine geçirmek, giymek; **jdm eins ~** birine bir tane geçirmek
überziehen*[2] *irr vt* ❶ (*bedecken*) örtmek (**mit** -le); (*mit Stoff*) kaplamak (**mit** -le); **das Bett frisch ~** yatağın çarşaflarını değiştirmek ❷ (*Konto*) **er hat sein Konto um 2.000 Euro überzogen** hesabından 2.000 euro fazla para çekti ❸ (*Zeit*) uzatmak (**um** -); (*überschreiten*) aşmak ❹ (*zu weit treiben*) fazla ileri gitmek (-le); (*mit Krieg*) kasıp kavurmak
Überziehungskredit *m* FIN açık kredi, depasman kredisi
überzogen *pp von* **überziehen**[2]
Überzug <-(e)s, -züge> *m* ❶ (*Schicht*) tabaka; (*Glasur*) astar ❷ (*Bezug*) kılıf; (*Verkleidung*) kaplama
Ubiquität *f kein pl* her yerde olma; (*Allgegenwart*) her yerdelik
übler *adj komp von* **übel**
üblich ['y:plɪç] *adj* (*gewohnt*) alışılmış, mutat; (*herkömmlich*) âdet olan; **er verspätete sich wie ~** her zamanki gibi geç geldi; **das ist hier so ~** âdet burada böyledir
U-Boot <-(e)s, -e> ['u:bo:t] *nt* denizaltı
übrig ['y:brɪç] *adj* artakalan, geriye kalan; **der/die/das Ü~e** artakalan (**von** -den), geriye kalan (**von** -den); **die ~en Bücher** öteki kitaplar; **~ sein** [*o* **bleiben**] (*als Rest*) artakalmak, artmak, geriye kalmak; **ihm bleibt nichts anderes ~** başka çaresi kalmadı; **was bleibt mir anderes ~?** başka ne yapabilirim ki?; **~ lassen** (*als Rest*) artık bırakmak, hepsini bitirmemek; **etw lässt nichts zu wünschen ~** bir şeyin eksik tarafları olmamak; **etw lässt einiges zu wünschen ~** bir şeyin bazı eksik tarafları olmak; **ein Ü~es tun** yapılabilecek daha ne varsa yapmak; **im Ü~en** ayrıca; **die Ü~en** ötekiler, diğerleri; **ich habe noch 2 Euro ~** (geriye) 2 eurom kaldı; **alles Ü~e** artakalanların hepsi, artakalan her şey, geriye kalanların hepsi, geriye kalan her şey
übrig|bleiben[1] *irr vi sein s.* **übrig**
übrig|bleiben[ALT2] *irr vi sein* (*als Rest*) *s.* **übrig**
übrigens ['y:brɪgəns] *adv* ayrıca, bu arada; (*beiläufig*) söz arasında, sırası gelmişken; (*nebenbei bemerkt*) antrparantez; **er kommt ~ erst morgen** hatırımda iken söyleyeyim, yarın geliyormuş; **~, weiß du schon, dass er geheiratet hat?** aklıma gelmişken, evlendiğini biliyor musun?
übrig|haben[RR] *irr vt* **für jdn/etw nichts ~** bir kimseden/şeyden hoşlanmamak
übrig|lassen[1] *irr vt s.* **übrig**
übrig|lassen[ALT2] *irr vt* (*als Rest*) *s.* **übrig**
Übung[1] ['y:bʊŋ] *f kein pl* (*praktische Ausübung*) pratik; (*Erfahrung*) deneyim, tecrübe; **aus der ~ kommen** formdan düşmek; **in ~ bleiben** formunu korumak; **~ macht den Meister** (*prov*) alıştırma insanı ustalaştırır, meşk kemale erdirir
Übung[2] <-en> *f* ❶ (*allgemein*) alıştırma, egzersiz; *a.* SPORT alıştırma, idman; *a.* MUS meşk, el alıştırması ❷ MIL talim ❸ (*Brauch, Sitte*) teamül
Übungsbuch *nt* alıştırma(lar) kitabı
Übungsgelände *nt* MIL talim alanı
UdSSR [u:de:ʔɛsʔɛs'ʔɛr] *f* HIST *Abk von* **Union der Sozialistischen Sowjetrepubliken** SSCB (*Sovyet Sosyalist Cumhuriyetleri Birliği*)
UEFA-Cup [u'e:fakap] *m* UEFA Kupası
Ufer <-s, -> ['u:fɐ] *nt* kıyı, sahil, yaka; **am ~** kıyıda; **über die ~ treten** taşmak
uferlos *adj* (*fig*) uçsuz bucaksız; (*ohne Ende*) sonu olmayan, bitmek bilmeyen, bitmez tükenmez; **ins U~e gehen** sonu olmamak, bitmek bilmemek

U

Uferschnepfe <-n> *f* ZOOL kıyı çulluğu **Uferstraße** <-n> *f* kordon boyu

Ufo <-s, -s> ['u:fo] *nt Abk von* **Unbekanntes Flugobjekt** uçan daire

Uganda <-s> [u'ganda] *nt* Uganda

Ugander(in) <-s, -; -nen> [u'gandɐ] *m(f)* Ugandalı

ugandisch *adj* Uganda (ile ilgili), Ugandalı; **~e Frauen/Männer** Ugandalı kadınlar/erkekler; **die ~e Regierung** Uganda hükümeti

U-Haft ['u:haft] *f* tutukluluk

Uhr <-en> [u:ɐ] *f* ❶ (*Gerät*) saat; **die ~ aufziehen** saati kurmak; **die ~ stellen** saati ayarlamak; **auf die ~ sehen** saate bakmak; **die ~ geht vor/nach** saat ileri gidiyor/geri kalıyor; **rund um die ~** (*fam*) yirmi dört saat ❷ (*bei Zeitangabe*) saat; **wie viel ~ ist es?** saat kaç?; **um wie viel ~?** saat kaçta?; **es ist genau acht ~** saat tam sekiz; **um elf ~** saat on birde; **neun ~ drei** dokuzu üç geçiyor **Uhrarmband** *nt* saat kayışı **Uhrmacher(in)** <-s, -; -nen> *m(f)* saatçi **Uhrwerk** *nt* saat mekanizması

Uhrzeiger *m* saat ibresi **Uhrzeigersinn** <-(e)s> *m kein pl* **im ~** saat ibrelerinin (dönüş) yönünde; **gegen den ~** saat ibrelerinin (dönüş) yönüne ters

Uhrzeit *f* saat

Uhu <-s, -s> ['u:hu] *m* ZOOL puhu

Ukelei *m* ZOOL inci balığı

Ukraine [ukra'i:nə, u'kraɪnə] *f* Ukrayna

Ukrainer(in) <-s, -; -nen> [ukra'i:nɐ, u'kraɪnɐ] *m(f)* Ukraynalı

ukrainisch [ukra'i:nɪʃ, u'kraɪnɪʃ] *adj* Ukraynalı, Ukrayna (ile ilgili); **~e Frauen/Männer** Ukraynalı kadınlar/erkekler; **die ~e Regierung** Ukrayna hükümeti

UKW [u:ka:'ve:] *f* RADIO, PHYS *Abk von* **Ultrakurzwelle** çok kısa dalga; **auf ~** çok kısa dalgada

Ulk <-(e)s, -e> [ʊlk] *m* paskallık; **einen ~ machen** paskallık yapmak

ulkig *adj* (*fam*) ❶ paskal; (*lustig, komisch*) komik; **was für ein ~er Mensch!** ne paskal adam! ❷ (*seltsam*) tuhaf

Ulme <-n> ['ʊlmə] *f* BOT karaağaç

Ultimaten *pl von* **Ultimatum**

ultimativ [ʊltima'ti:f] *adj* ültimatomsu; **jdn ~ auffordern, etw zu tun** birinden ültimatomsu bir biçimde bir şeyi yapmasını istemek

Ultimatum <-s, -s *o* Ultimaten> [ʊltɪ'ma:tʊm] *nt* ültimatom; **jdm ein ~ stellen** birine ültimatom vermek

Ultrakurzwelle <-n> [ʊltra'kʊrtsvɛlə] *f* RADIO, PHYS çok kısa dalga

Ultraschall <-(e)s> *m kein pl* PHYS ültrason **Ultraschallgerät** <-(e)s, -e> *nt* ültrason aygıtı **Ultraschalluntersuchung** *f* ültrason muayenesi

ultraviolett ['----'-] *adj* PHYS ültraviyole, mor ötesi

Ultraviolett <-s> *nt kein pl* PHYS ültraviyole, mor ötesi

um [ʊm] **I.** *präp* ❶ (*räumlich*) **~ ... (herum)** etrafında; (*in der Nähe*) yakınında; **sie ging ~ den Tisch (herum)** masanın etrafında döndü; **er hat gern Freunde ~ sich** dostlar arasında bulunmaktan hoşlanır; **~ die Ecke gehen** köşeyi dönmek; **die Gegend ~ Freiburg** Freiburg'un çevresi; **sie schlug ~ sich** dövündü ❷ (*bei Uhrzeit*) -de; **~ drei Uhr** saat üçte ❸ (*ungefähr*) sularında; **sie kommt so ~ den Fünfzehnten** ayın on beşi sularında geliyor [*o* gelecek] ❹ (*vorüber*) **die Zeit ist ~** zaman bitti ❺ (*Wiederholung*) **es verging Woche ~ Woche** üzerinden haftalar geçti, haftalar akıp geçti ❻ (*Differenz*) **sie ist ~ ein Jahr älter** o bir yaş daha büyüktür; **die Ausgaben ~ 10% senken** harcamaları yüzde 10 indirmek ❼ (*über, bezüglich*) **es geht ~s Geld** konu parayla ilgili ❽ (*wegen*) **~ keinen Preis** hiçbir surette; ■ **sich ~ etw streiten** bir şey yüzünden kavga etmek; ■ **sich ~ jdn kümmern** biriyle ilgilenmek [*o* meşgul olmak] **II.** *präp* **~ ... willen** aşkına, uğruna, için; **~ Himmels willen!** aman tanrım!; **~ Gottes willen!** Tanrı aşkına!, Allah aşkına!, Allah rızası için!, Allah'ını seversen! **III.** *konj* ❶ (*final*) **~ zu ...** üzere, ...mek için; **er stand auf, ~ zu gehen** gitmek üzere kalktı ❷ (*konsekutiv*) **er ist klug genug, ~ seinen Fehler zuzugeben** hatasını kabul edecek kadar akıllıdır **IV.** *adv* (*ungefähr*) aşağı yukarı; **der Tisch kostet ~ die zweihundert Euro (herum)** masanın fiyatı aşağı yukarı iki yüz euro, masanın fiyatı iki yüz euro cıvarında

um|adressieren* *vt* adresini değiştirmek (-in)

um|ändern *vt* değiştirmek

umarmen* **I.** *vt* kucaklamak, sarılmak (-e) **II.** *vr* ■ **sich ~** kucaklaşmak

Umarmung <-en> [-'--] *f* (*das Umarmen*) kucaklama; (*das Umarmtwerden*) kucaklanma

Umbau <-(e)s, -ten> *m* tadilât *pl*, değişiklik; **~ auf der Bühne** dekor [*o* sahne] değişikliği; **wegen ~ geschlossen** tadilât yüzünden kapalı

um|bauen[1] *vt* (*Gebäude*) tadilât etmek; (*Bühnenbild*) değiştirmek; **eine Wohnung**

zu einem Büro ~ evi değiştirip büro hâline getirmek
umbauen*² *vt* yapılarla etrafını çevirmek (-in)
um|benennen* *irr vt* adını değiştirmek (-in) **um|besetzen*** *vt* ❶ yerine başkasını almak (-in); (*an jdn anders vergeben*) başkasına vermek; **eine Stelle ~** bir yeri [*o* kadroyu] başkasına vermek ❷ THEAT başka birisine vermek; **eine Rolle ~** rolü başka birisine vermek
um|biegen *irr vt* bükmek
um|bilden *vt* yeniden kurmak; ((*ver*)*ändern*) değiştirmek; (*Kabinett*) değişiklik yapmak (-de)
umbinden*¹ *vt* bağlamak; (*mit Binden umwickeln*) sarmak
um|binden² *irr vt* (*Tuch*) başına bağlamak; (*Schürze*) beline bağlamak, takmak
um|blättern *vi* (sayfayı) çevirmek; **er blätterte in dem Buch/Heft um** kitabın/defterin sayfasını çevirdi
um|blicken *vr* ■**sich ~** ❶ (*rundherum*) etrafına bakınmak ❷ (*nach hinten*) arkasına bakmak
um|brechen¹ *irr* **I.** *vt* (*Papier*) bükmek **II.** *vi* kırılmak
umbrechen*² *irr vt* TYPO sayfalandırmak; **der Satz ist noch nicht umbrochen** dizgi henüz sayfalandırılmadı
um|bringen *irr* **I.** *vt* öldürmek (**durch/mit** yoluyla/-le) **II.** *vr* ■**sich ~** ❶ (*Selbstmord begehen*) intihar etmek ❷ (*übereifrig sein*) kendini öldürmek (**vor** -den)
Umbruch¹ <-(e)s, -brüche> *m* (*Wandel*) değişme; (*grundlegende Änderung*) kökten değişiklik; **etw ist im ~** bir şey değişmekte
Umbruch² <-(e)s> *m kein pl* TYPO mizanpaj, sayfalandırma; **den ~ machen** sayfa bağlamak, sayfalandırmak
um|buchen *vt* ❶ WIRTSCH geçirmek ❷ (*Ticket*) değiştirmek; (*Reise*) biletini değiştirmek (-in), rezervasyonunu değiştirmek
um|denken *irr vi* düşünce tarzını değiştirmek **um|disponieren*** *vi* planlarını değiştirmek, planlarında değişiklik yapmak
um|drehen **I.** *vt* döndürmek; (*Schlüssel*) çevirmek **II.** *vi haben o sein* geri dönmek; AUTO U dönüşü yapmak **III.** *vr* ■**sich ~** dönmek (**nach** -e), arkasını dönmek (**nach** -e); (*den Kopf*) başını çevirmek (**nach** -e); **mir dreht sich der Magen um** midem bulanıyor
Umdrehung <-en> [-'--] *f* (*um eine Achse*) dönme; (*eines Motors*) devir
Umdrehungszahl *f* devir sayısı
umeinander [--'--] *adv* ❶ (*räumlich*) birbirinin etrafında ❷ (*gegenseitig*) birbiriyle
um|fahren¹ *irr* **I.** *vt* devirmek; (*Person*) çiğnemek **II.** *vi* çevre yolundan gitmek, dolambaçlı yoldan gitmek
umfahren*² *irr vt* ❶ (*umkreisen*) etrafında dolaşmak (-in), dışından geçmek (-in) ❷ (*ausweichen*) yanından geçmek (-in), önünden kaçmak (-in)
Umfahrung <-en> [-'--] *f* SCHWEIZ, ÖSTERR (*~sstraße*) çevre yolu
Umfahrungsstraße <-n> *f* çevre yolu
um|fallen *irr vi sein* ❶ (*allgemein*) devrilmek, yere düşmek ❷ (*ohnmächtig werden*) bayılmak; **ich bin zum U~ müde** yorgunluktan bayılacak gibiyim; **tot ~** düşüp ölmek ❸ (*pej fam: Gesinnung wechseln*) fikrini değiştirmek; (*nachgeben*) kararından vazgeçmek
Umfang <-(e)s, -fänge> *m* ❶ (*Ausdehnung*) boyut, uzam, genişlik; (*Dicke*) kalınlık; (*Größe*) ölçü; **in großem ~** büyük ölçüde ❷ (*Kreis~*) çevre ❸ (*Ausmaß*) kapsam, şümul; **~ des Schadens** zararın kapsamı
umfangreich *adj* kapsamlı, geniş
Umfangswinkel *m* MATH (*Peripheriewinkel*) çevre açı
umfassen* *vt* ❶ (*mit den Armen*) kolların arasına almak; (*umarmen*) sarılmak (-e), kucaklamak ❷ (*bestehen aus*) kapsamak
umfassend *adj* kapsamlı; (*vollständig*) tam
Umfassungsmauer *f* çevre duvarı
Umfeld <-(e)s> *nt kein pl* ❶ SOZIOL çevre; **das soziale ~** toplumsal çevre ❷ PSYCH ortam; **das soziale ~** sosyal ortam ❸ (*Umgebung*) çevre
um|formen *vt* ❶ (*umändern*) biçimini değiştirmek (-in) ❷ ELEK çevirmek; **Gleichstrom in Wechselstrom ~** doğru akımı dalgalı akıma çevirmek
Umformer *m* ELEK doğrultmaç, redresör
Umfrage <-n> *f* anket, sormaca, soruşturma; **eine ~ machen** anket yapmak
um|funktionieren* *vt* başka işlev vermek (-e); **etw zu etw ~** bir şeyi başka bir şey hâline getirmek; **das Zimmer in ein Büro ~** odayı büro hâline getirmek
Umgang <-(e)s> *m kein pl* ❶ (*Beziehung*) ilişki, münasebet; **mit jdm ~ haben/pflegen** biriyle ilişkisi olmak, biriyle görüşüyor olmak ❷ (*das Umgehen mit Personen*) ilişki; (*mit Dingen*) kullanma; **im ~ mit Kindern** çocuklarla ilişkide
umgangen *pp von* **umgehen²**
umgänglich ['ʊmgɛŋlɪç] *adj* geçimli; **er ist ein sehr ~er Mensch** kendisi çok

U

geçimli bir insandır **Umgänglichkeit** *f kein pl* geçimlilik **Umgangsformen** *pl* adabımuaşeret, görgü kuralları *pl;* **keine ~en haben** görgüsü olmamak **Umgangssprache** <-n> *f* LING (günlük) konuşma dili, teklifsiz konuşma dili; (*Volkssprache*) halk dili **umgarnen*** *vt* cilve yapmak (-e) **umgeben*** *irr vt* etrafını almak (-in); (*mit Zaun*) çevrelemek, çeper çekmek (-e) **Umgebung** <-en> [-'--] *f* ❶ (*Gebiet*) çevre; (*Nachbarschaft*) civar; **in der näheren ~ Münchens** Münih'in civarında; **ist hier in der ~ ein Campingplatz?** bu civarda bir kamping var mı? ❷ (*Milieu*) ortam, çevre, muhit **um|gehen**[1] *irr vi sein* ❶ (*Gerücht*) dolaşmak; (*Gespenst*) ortalıkta dolaşmak ❷ (*mit Personen*) geçinmek (**mit** -le), davranmak (**mit** -e); (*mit Dingen*) kullanmak (**mit** -i); **sparsam mit etw** *dat* **~** bir şeyi tasarruflu kullanmak **umgehen***[2] *irr vt* ❶ (*herumgehen*) etrafından dolaşarak gitmek (-in) ❷ (*vermeiden*) kaçınmak (-den) ❸ (*nicht beachten*) göz ardı etmek, dikkate almamak **umgehend** ['---] **I.** *adj* (*unverzüglich*) gecikmesiz; (*sofortig*) acil, ivedi **II.** *adv* derhâl, hemen, vakit geçirmeden **Umgehung** <-en> [-'--] *f* ❶ (*das Vermeiden*) kaçınma ❷ (*~sstraße*) çevre yolu **Umgehungsstraße** *f* çevre yolu **umgekehrt** **I.** *adj* ❶ (*umgedreht*) ters ❷ (*entgegengesetzt*) ters; **in ~er Richtung** ters yönde, aksi istikamette; **in ~er Reihenfolge** sondan başa doğru **II.** *adv* ❶ (*umgedreht*) ters ❷ (*entgegengesetzt*) tersine **umgestalten*** *vt* biçimini değiştirmek (-in), şeklini değiştirmek (-in), yeniden düzenlemek **um|graben** *irr vt* kirizmalamak, kirizma etmek, kirizma yapmak **Umgrabung** *f* kirizma **umgruppieren*** *vt* yeniden gruplandırmak **Umgruppierung** <-en> *f* yeniden gruplandırma **Umhang** <-(e)s, -hänge> *m* pelerin **um|hängen** *vt* ❶ (*an andere Stelle*) başka yere asmak ❷ (*Tasche*) **sich** *dat* **die Tasche ~** çantayı omzuna asmak ❸ (*Decke, Mantel*) **sich** *dat* **einen Mantel ~** üstüne bir manto almak **Umhängetasche** *f* omuz çantası **um|hauen**[1] <haut um, haute *o* hieb um, umgehauen> *vt* (*fällen*) kesmek **um|hauen**[2] <haut um, haute um, umgehauen> *vt* (*fam*) ❶ (*niederschlagen*) devirmek, yıkmak ❷ (*verblüffen*) şaşırtmak **umher** [ʊm'heːɐ] *adv* (*hier und da*) oraya buraya, şuraya buraya; (*überall*) her tarafa **umher|blicken** *vi* etrafına bakınmak; **fragend ~** (soru) sorar gibi etrafına bakınmak **umher|gehen** *irr vi sein* dolaşmak; (*ziellos herumgehen*) başıboş dolaşmak; (*spazieren gehen*) gezinmek (**in** -de), dolaşmak (**in** -de) **umhin|können** *irr vi* **nicht ~, etw zu tun** bir şeyi yapmaktan kaçınamamak **um|hören** *vr* ■**sich ~** sorup soruşturmak; **ich werde mich einmal ~, ob es so etw gibt** böyle bir şeyin olup olmadığını bir sorup soruşturayım **umhüllen*** *vt* üzerini örtmek (-in); **Blumen mit Papier ~** çiçekleri kâğıda sarmak **umjubeln*** *vt* tezahürat yapmak (-e) **umkämpft** [ʊm'kɛmpft] *adj* ele geçirmek için uğraşılan **Umkehr** *f kein pl* gerisingeri dönme; **sich zur ~ entschließen** gerisingeri dönmeye karar vermek **umkehrbar** *adj* evrilir; **nicht ~** evrilmez; **diese Behauptung ist ~** bu önerme evrilir **um|kehren** **I.** *vi sein* gerisingeri dönmek, tersine dönmek; **auf halbem Wege ~** yarı yoldan gerisingeri(ye) dönmek **II.** *vt* ❶ (*umdrehen*) tersine çevirmek ❷ (*ins Gegenteil verkehren*) evirmek ❸ (*Strümpfe*) ters yüz etmek **III.** *vr* ■**sich ~** dönmek; **dabei kehrt sich mir der Magen um** bunu duyunca midem bulanıyor **Umkehrfilm** *m* FOTO, FILM evrilir film **Umkehrfunktion** *f* MATH ters fonksiyon **um|kippen** **I.** *vi sein* ❶ (*umfallen*) yere düşmek, devrilmek; (*Wagen*) devrilmek; (*Boot*) alabora olmak ❷ (*fam: ohnmächtig werden*) bayılmak ❸ (*pej fam: Gesinnung wechseln*) fikrini değiştirmek ❹ (*fam: Gewässer*) doğal dengesi bozulmak; (*Wein*) sirkeleşmek, ekşimek **II.** *vt* devirmek **umklammern*** *vt* sıkıca sarılmak (-e); (*umarmen*) sarılmak (-e), kucaklamak **Umkleide** *f* (*~kabine*) kabin; (*~raum*) soyunma odası **Umkleidekabine** *f* kabin **Umkleideraum** <-(e)s, -räume> ['----] *m* soyunma odası **um|knicken** **I.** *vi sein* ❶ (*Mast, Baum*) bükülmek, kıvrılmak ❷ (*Fuß*) ayağı burkulmak; **ich bin** (**mit dem Fuß**) **umgeknickt** ayağım burkuldu **II.** *vt* bükmek, kıvırmak; (*brechen*) kırmak **um|kommen** *irr vi sein* ❶ (*sterben*) ölmek (**vor** -den) ❷ (*Lebensmittel*) bozulmak **Umkreis** <-es> *m kein pl* ❶ çevre; **im ~**

U

von fünf Kilometern yarıçapı beş kilometre olan bir çevrede [*o* alan içinde] ❷ MATH çevrel çember, iç çokgenin bütün köşeleri üzerinde olan çember

umkreisen* *vt* etrafında dönmek (-in)

um|krempeln ['ʊmkrɛmpəln] *vt* ❶ (*Strümpfe*) tersyüz etmek; (*Ärmel*) sıvamak ❷ (*durchwühlen*) altüst etmek; **ich habe die ganze Wohnung umgekrempelt und den Brief trotzdem nicht gefunden** bütün evi altüst ettim ve yine de mektubu bulamadım ❸ (*fig fam: vollständig ändern*) değiştirmek; **ich kann mich nicht ~** ben kendimi değiştiremem

um|laden *irr vt* aktarmak

umlagern* *vt* kuşatmak

Umland <-(e)s> *nt kein pl* kente yakın bölgeler *pl*

Umlauf[1] <-(e)s> *m kein pl* ❶ (*von Blut*) dolaşım; (*von Geld*) tedavül, dolanım, sürüm; **im ~ sein** tedavülde olmak; **in ~ bringen** tedavüle çıkarmak, piyasaya sürmek ❷ (*Umkreisen*) dönüş

Umlauf[2] <-(e)s, -läufe> *m* ❶ (*Rundschreiben*) genelge, sirküler ❷ (*einzelne Kreisbewegung*) devir

Umlaufbahn *f* ASTRON yörünge **Umlaufgeschwindigkeit** *f* WIRTSCH (*des Geldes*) dolanım hızı **Umlaufvermögen** *nt* cari varlıklar *pl*

Umlaut <-(e)s, -e> *m* LING ünlü değişimi

um|legen *vt* ❶ (*in die waagerechte Lage bringen: Mast, Bäume*) devirmek; (*Hebel, Schalter*) çevirmek; (*Lehne*) yatırmak; (*Bäume fällen*) kesmek ❷ (*um den Körper: Kleidungsstücke*) giymek; (*Halskette*) takmak; (*Verband*) sarmak ❸ (*fam: erschießen*) vurmak; (*zu Boden werfen*) yere düşürmek ❹ (*Termin*) değiştirmek; (*auf später*) ertelemek (**auf** -e); (*vorverlegen*) almak (**auf** -e) ❺ (*örtlich*) başka yere yerleştirmek; (*Patient*) başka yere nakletmek; **ein Kabel ~** bir kabloyu başka yerden geçirmek ❻ (*Ausgaben*) dağıtmak (**auf** -e)

um|leiten *vt* yönlendirmek **Umleitung** <-en> *f* varyant

umliegend *adj* çevredeki, etraftaki, civardaki

Umluftherd *m* turbo fırın

um|melden *vt* **sich polizeilich ~** konut değiştirdiğini bildirmek

umnachtet [-'--] *adj* **geistig ~** akıl hastası

um|organisieren* *vt* yeniden düzenlemek

um|pflanzen *vt* göçermek, yerinden çıkarıp başka yere dikmek

um|pflügen *vt* AGR pullukla sürmek

um|programmieren* *vt* INFORM yeniden programlamak

umrändert *adj* halkalı

um|räumen *vt* (*Möbel, Bücher*) başka yere koymak; (*Zimmer*) yeniden düzenlemek

um|rechnen *vt* (*Maßeinheiten*) çevirmek (**in** -e); (*Währungen*) kurunu hesaplamak (-in)

Umrechnungskurs *m* kambiyo kuru

umreißen*[1] *irr vt* değinmek (-e); **das Problem kurz ~** soruna kısaca değinmek

um|reißen[2] *irr vt* ❶ (*umwerfen*) devirmek, yere düşürmek ❷ (*Mauer*) yıkmak

um|rennen *irr vt* koşarken çarparak devirmek [*o* yıkmak]; (*Person*) koşarken çarparak düşürmek

Umriss[RR] <-es, -e> ['--] *m*, **Umriß**[ALT] <-sses, -sse> *m* kontur; **etw in groben Umrissen zeichnen** bir şeyi kaba taslak çizmek

um|rühren *vt* karıştırmak

ums [ʊms] = **um das** *s.* **um**

um|satteln *vi* (*fam: beruflich*) meslek değiştirmek, branş değiştirmek; (*im Studium*) bölüm değiştirmek, branş değiştirmek; **von Kellner auf Koch ~** garsonluğu bırakıp aşçı olmak

Umsatz <-es, -sätze> *m* satışlar *pl;* (*fam*) ciro **Umsatzsteuer** <-n> *f* (*Mehrwertsteuer*) katma değer vergisi

um|schalten I. *vi* ❶ (*Einstellung ändern*) (ayarı) değişmek, geçmek (**auf** -e); **die Ampel schaltet automatisch auf Gelb um** lamba otomatikman sarıya geçer ❷ RADIO, TV (*Programm*) program değiştirmek; (*verbinden*) bağlamak (**in/nach** -e/-e), takmak (**in/nach** -e/-e); **auf das zweite Programm ~** ikinci programa geçmek ❸ (*fam: sich umstellen*) yeni duruma ayak uydurmak; **nach den Ferien wieder auf den Alltag ~** tatilden sonra günlük yaşama tekrar ayak uydurmak **II.** *vt* (*Einstellung ändern*) ayarını değiştirmek (-in); **den Wagen vom ersten in den zweiten Gang ~** arabayı birinci vitesten ikinciye geçirmek

Umschau *f kein pl* ❶ (*Rundblick*) panorama ❷ (*das Sichumsehen*) etrafına bakınma; **nach etw** *dat*/**jdm ~ halten** etrafına bakınarak bir şeyi/kimseyi aramak

um|schauen *vr* ■ **sich ~** DIAL *s.* **umsehen**

Umschlag[1] <-(e)s, -schläge> *m* ❶ (*Buch~*) kapak ❷ (*Brief~*) zarf; **gefütterter ~** astarlı zarf ❸ MED kompres

Umschlag[2] <-(e)s> *m kein pl* ❶ (*Veränderung*) değişme, değişim ❷ WIRTSCH (*Umladung*) aktarma

um|schlagen *irr* **I.** *vt* ❶ (*Ärmel*) kıvırmak; (*Buchseite*) çevirmek ❷ (*Ladung, Güter*)

U

aktarmak **II.** *vi sein* ❶ (*Wetter, Stimmung*) birdenbire değişmek; **ins Gegenteil ~** tersine dönmek ❷ (*Boot*) alabora olmak; (*Fahrzeug*) devrilmek ❸ (*Wein, Bier*) ekşimek

Umschlaghafen *m* aktarma limanı

Umschlagplatz <-es, -plätze> *m* aktarma yeri; **~ für Rauschgift** uyuşturucu maddelerin el değiştirdiği yer

umschließen* *irr vt* ❶ (*umgeben*) çevrelemek, etrafını almak (-in) ❷ (*umzingeln*) kuşatmak, çevirmek, çevresini sarmak (-in) ❸ (*einschließen*) kaplamak **umschlingen*** *irr vt* (*mit den Armen*) kucaklamak; **jdn eng umschlungen halten** sımsıkı sarılarak birini tutmak

umschlossen *pp von* **umschließen**

umschlungen *pp von* **umschlingen**

um|schnallen *vt* (*Gürtel*) bele dolamak, kuşanmak

um|schreiben[1] *irr vt* ❶ (*Text*) yeniden yazmak; (*ändern*) düzeltmek, değiştirmek ❷ (*Hypothek*) nakletmek (**auf** -e) ❸ (*transkribieren*) transkripsiyonunu yapmak (-in), yazısını çevirmek (-in)

umschreiben*[2] *irr vt* ❶ (*festlegen*) belirlemek ❷ (*mit anderen Worten*) dolaylı anlatmak ❸ MATH **ein Dreieck mit einem Kreis ~** üçgenin etrafına çember çizmek

umschrieben *pp von* **umschreiben[2]**

Umschrift <-en> *f* transkripsiyon, çevriyazı

um|schulen *vt* ❶ (*Kind*) başka okula göndermek ❷ (*beruflich*) **er lässt sich zum Programmierer ~** programcı olmak için yeniden eğitim görüyor

Umschulung <-en> *f* ❶ (*Kind*) okul değiştirme, başka okula gönderme ❷ (*beruflich*) yeniden meslek edindirme, yeniden eğitim görme; **eine ~ machen** yeniden eğitim görmek

umschwärmen* *vt* ❶ (*umfliegen*) etrafında uçuşmak (-in) ❷ (*verehren*) etrafında pervane olmak [*o* gibi dönmek] (-in), karşısında pervane kesilmek (-in)

Umschweife *pl* lafı uzatma; **ohne ~** dolambaçsız, lafı uzatmadan

Umschwung <-(e)s, -schwünge> *m* ❶ (*Veränderung*) değişim, değişiklik, değişme; (*zum Besseren*) düzelme; (*zum Schlechteren*) bozulma; (*ins Gegenteil*) dönme; (*Wendung*) dönüm; (*Wetter~*) değişim ❷ SCHWEIZ (*umgebendes Gelände*) evin etrafı

umsegeln* *vt* (yelkenliyle) etrafını dolaşmak (-in)

um|sehen *irr vr* ■ **sich ~** ❶ (*zurückblicken*) arkasına bakmak; **sich nach jdm ~** birisini gözleriyle aramak ❷ (*herumsehen*) (etrafına) bakınmak; **ich sehe mich nur mal um** sadece bir bakınacağım; **ich sehe mich etwas im Dorf um** biraz köyü dolaşacağım, biraz köyü gezip etrafa bakacağım; **du wirst dich noch ~!** (*fam*) göreceksin gününü! ❸ (*suchen*) bakmak (**nach** -a), aramak (**nach** -)

umseitig ['ʊmzaɪtɪç] *adj* sayfanın arkasındaki, sayfanın öbür tarafındaki

um|setzen I. *vt* ❶ (*anders setzen*) başka yere koymak; (*Pflanzen*) göçermek, yerinden çıkarıp başka yere dikmek; **jdn ~** birini başka yere oturtmak ❷ (*verkaufen*) satmak ❸ (*umwandeln*) dönüştürmek (**in** -e); **ein Theaterstück filmisch ~** bir piyesin filmini yapmak; **sein Geld in Schallplatten ~** parasını plaklara yatırmak ❹ (*anwenden*) uygulamak; **etw in die Tat ~** bir şeyi eyleme geçirmek, bir şeyi fiile koymak; (*verwirklichen*) bir şeyi gerçekleştirmek **II.** *vr* ■ **sich ~** (*fam*) yerini değiştirmek

Umsicht *f kein pl* tedbirli davranma; (*Besonnenheit*) temkin; **mit viel ~ handeln** çok temkinli [*o* tedbirli] davranmak

umsichtig *adj* tedbirli; (*besonnen*) temkinli

um|siedeln I. *vi sein* göç etmek (**nach/in** -e/-e) **II.** *vt* oturduğu yerden başka bir yere yerleştirmek

umso[RR] ['ʊmzo] *konj* daha (da), ne kadar; **~ besser!** daha iyi ya!; **~ schlimmer** daha da kötü

umsonst [ʊm'zɔnst] *adv* ❶ (*unentgeltlich*) bedavadan, cabadan, parasız olarak; **das hat er nicht ~ getan** bunu babasının hayrına yapmadı ❷ (*vergeblich*) boş yere, boşu boşuna, beyhude yere, nafile yere ❸ (*grundlos*) (boşu) boşuna, boş yere, gereksiz (yere), tevekkeli; **das hat er nicht ~ getan** bunu boşuna yapmadı

um|springen *irr vi sein* ❶ (*Ampel*) dönmek (**von** -den, **auf** -e); (*Wind*) birdenbire dönmek ❷ (*pej: behandeln*) davranmak (**mit** -e); **so kannst du nicht mit ihr ~** ona böyle davranamazsın

Umstand <-(e)s, -stände> *m* ❶ (*Tatsache*) olay; (*Einzelheit*) ayrıntı; **die näheren Umstände sind noch nicht bekannt** ayrıntılar henüz bilinmiyor ❷ JUR sebep; **mildernde Umstände** hafifletici sebepler ❸ *pl* (*Verhältnisse*) koşullar *pl,* şartlar *pl;* (*Lage*) durum; **unter Umständen** duruma göre, belki, gerektiğinde; **unter keinen Umständen** hiçbir durumda [*o* şekilde]; **unter diesen Umständen** bu durumda, bu koşullar [*o* şartlar] altında; **unter allen Umständen** hangi şartta olursa olsun, ille;

U

den Umständen entsprechend şöyle böyle; **in anderen Umständen sein** bebek beklemek, hamile olmak ❹ *pl* (*Mühe*) zahmet; **das macht gar keine Umstände** hiç zahmet değil; **machen Sie sich keine Umstände!** (hiç) zahmet etmeyin!

umständehalber *adv* değişen şartlar nedeniyle

umständlich *adj* ❶ (*ausführlich*) ayrıntılı; (*weitschweifig*) fazla ayrıntılı ❷ (*verwickelt*) dolaşık, çapraşık ❸ (*beschwerlich*) eziyetli, zahmetli; (*lästig*) külfetli, musallat, usandırıcı; **das ist mir zu ~** bu benim için fazla zahmetli ❹ (*förmlich*) resmî, merasimli ❺ (*übergenau*) aşırı ölçüde titiz

Umstandskleid *nt* hamile elbisesi, hamilelik

umstehend *adj* ❶ (*ringsum stehend*) etrafında duran ❷ (*umseitig*) sayfanın arkasındaki, sayfanın öbür tarafındaki

um|steigen *irr vi sein* ❶ (*Fahrzeug wechseln*) aktarma yapmak; **in den Intercity ~** Intercity'e aktarma yapmak ❷ (*fam: überwechseln*) geçmek (**auf** -e)

um|stellen[1] **I.** *vt* ❶ (*Dinge*) yerini değiştirmek (-in); (*Reihenfolge*) değiştirmek ❷ (*Uhr*) ayarlamak; **die Uhr ~** saati ayarlamak ❸ (*Betrieb*) **etw auf Maschinenbetrieb/auf Computer ~** bir şeyi makineleştirmek/bilgisayarla yapmaya başlamak; **wir haben auf Computer umgestellt** bilgisayarlı sisteme geçtik ❹ (*ändern*) değiştirmek **II.** *vr* ■ **sich ~** ayak uydurmak (**auf** -e), alışmak (**auf** -e); **nach den Ferien sich wieder auf den Alltag ~** tatilden sonra günlük yaşama tekrar alışmak [*o* ayak uydurmak]

umstellen*[2] *vt* kuşatmak, çember içine almak

Umstellung <-en> ['---] *f* ❶ (*von Dingen*) yerini değiştirme; (*der Reihenfolge*) sıra değişikliği ❷ (*Anpassung*) uyma (**auf** -e); (*eines Betriebs*) değişiklik; **~ auf Computer** bilgisayarlı sisteme geçme ❸ (*Veränderung*) değişim, değişiklik

um|stimmen *vt* ❶ (*Instrument*) sesini değiştirmek (-in), akort etmek ❷ (*Person*) fikrini değiştirmek (-in)

um|stoßen *irr vt* ❶ (*Gegenstand*) çarparak devirmek ❷ (*Plan*) temelden değiştirmek

umstritten [-'--] *adj* tartışmalı

um|strukturieren* *vt* yeniden yapılamak

um|stülpen ['ʊmʃtʏlpən] *vt* ❶ (*Behälter*) baş aşağı etmek; (*Tasche*) ters yüz etmek ❷ (*ändern*) tamamen değiştirmek

Umsturz <-es, -stürze> *m* devrilme; (*Umwälzung*) köklü değişiklik, devrim

um|stürzen **I.** *vi sein* (*umfallen*) devrilmek; (*einstürzen*) çökmek; (*Wagen*) devrilmek **II.** *vt* ❶ (*umstoßen*) devirmek; (*Regierung*) devirmek ❷ (*ändern*) değiştirmek; (*grundlegend*) kökünden değiştirmek

Umtausch <-(e)s, -e> *m* değiştirme

um|tauschen *vt* değiştirmek (**gegen** -le); (*Devisen*) bozdurmak (**gegen** karşılığı)

um|topfen *vt* saksısını değiştirmek (-in)

Umverteilung *f* yeniden dağılım

Umwälzung <-en> *f* ❶ TECH devridaim ❷ (*gesellschaftlich*) devrim, köklü değişiklik

um|wandeln *vt* değiştirmek (**in** -e), çevirmek (**in** hâline), dönüştürmek (**in** -e); **mechanische Energie in Elektrizität ~** mekanik enerjiyi elektriğe dönüştürmek; **sie ist wie umgewandelt** sanki bambaşka bir insan olmuş

Umwandlung <-en> *f* değiştirme (**in** -e), çevirme (**in** -e), dönüşüm, dönüştürme

Umweg <-(e)s, -e> *m* dolaşık yol; **einen ~ machen** dolaşmak, yolu uzatmak; **auf ~en** dolaşarak, dolaşık yollardan

Umwelt *f kein pl a.* ÖKOL çevre **Umweltbedingungen** *pl* çevre koşulları *pl*, çevre şartları *pl* **umweltbelastend** *adj* çevreyi kirleten **Umweltbelastung** *f* çevreyi kirletme **Umweltbewusstsein**[RR] *nt kein pl* çevre bilinci **Umwelteinfluss**[RR] *m* çevre etkisi **Umweltfaktor** *m* çevresel etken [*o* faktör] **umweltfreundlich** *adj* çevreyle dost, çevreye zarar vermeyen, çevre sağlığını açısından güvenli **Umweltgefährdung** *f* çevre için tehlike **umweltgerecht** *adj* çevre sağlığına uygun **Umweltgift** *nt* çevrede yaygın zehir **Umweltkatastrophe** *f* çevre felaketi **Umweltkriminalität** *f* çevreye karşı işlenen suçlar *pl* **Umweltminister(in)** *m(f)* çevre bakanı **Umweltministerium** *nt* çevre bakanlığı **Umweltpolitik** *f* çevre politikası **Umweltschäden** *pl* çevreye verilen zararlar *pl*

umweltschädlich *adj* çevreye zararlı

Umweltschutz *m kein pl* çevre sağlığı

Umweltschützer(in) <-s, -; -nen> *m(f)* çevreci

Umweltschutzpapier *nt* (*Recyclingpapier*) ekolojik kâğıt, yeniden işlenerek kullanılan kâğıt **Umweltschutztechnik** *f kein pl* çevre koruma teknolojisi

Umweltsteuer <-n> *f* çevre vergisi **Umweltvergiftung** *f* çevre zehirlenmesi **Umweltverschmutzer(in)** <-s, -; -nen> *m(f)* çevreyi kirleten **Umweltverschmutzung** *f* çevre kirliliği, çevre kir-

U

lenmesi
umwerben* *irr vt* talip olmak (-e), kur yapmak (-e)
um|werfen *irr vt* ❶ (*Gegenstand*) devirmek, yıkmak ❷ (*fig fam: Plan*) altüst etmek, batırmak; (*umstoßen*) temelden değiştirmek ❸ (*fam: aus der Fassung bringen*) altüst etmek, yıkmak
umwerfend *adj* (*fig fam*) çok
umwickeln* *vt* sarmak
umworben *pp von* **umwerben**
umzäunen* [ʊmˈtsɔɪnən] *vt* çitten duvar çevirmek (-e), çeper çekmek (-e)
um|ziehen *irr* **I.** *vi sein* taşınmak (**nach** -e) **II.** *vr* ■ **sich ~** üstünü değiştirmek
umzingeln* *vt* kuşatmak, çember içine almak, etrafını almak (-in)
Umzug <-(e)s, -züge> *m* ❶ (*Wohnungswechsel*) taşınma ❷ (*Festzug*) geçit töreni
UN [uːˈʔɛn] *f Abk von* **United Nations** BM (*Birleşmiş Milletler*)
unabhängig *adj* bağımsız (**von** -den); (*Staat*) bağımsız; **sich von jdm/etw** *dat* **~ machen** bir kimseye/şeye bağımlı olmaktan kendini kurtarmak; **bitte geht dahin, ~ davon, ob ich mitkomme oder nicht** ben gelsem de gelmesem de lütfen oraya gidin **Unabhängigkeit** *f kein pl* bağımsızlık (**von** -den) **unabkömmlich** [ˈ--ˈ--] *adj* ❶ (*sehr beschäftigt*) işi başından aşkın ❷ (*unersetzlich*) eksikliği giderilemez
unablässig [ˈ--ˈ--] **I.** *adj* dinmek durmak bilmez **II.** *adv* durmamacasına
unabsehbar [ˈ--ˈ--] *adj* ❶ (*Folgen*) belirsiz; **auf ~e Zeit** belirsiz bir süre için ❷ (*räumlich*) bitmez tükenmez **unabwendbar** [ˈ--ˈ--] *adj* önlenemez, önüne geçilemez **unachtsam** *adj* (*unaufmerksam*) dikkatsiz; (*nachlässig*) ihmalci **Unachtsamkeit** *f kein pl* (*Unaufmerksamkeit*) dikkatsizlik **unanfechtbar** [ˈ--ˈ--] *adj* itiraz kabul etmez, aleyhine itiraz edilemez; (*Urteil*) kesin; (*Argument*) tartışılmaz **unangebracht** *adj* yersiz; **ich halte es für ~** ben onu yersiz buluyorum **unangefochten** **I.** *adj* çekişmesiz **II.** *adv* itiraz edilmeden; (*unbehindert*) hiçbir engelle karşılaşmadan; **jdn ~ lassen** birine engel olmamak; **eine Sache ~ lassen** bir işe itiraz etmemek **unangemeldet** **I.** *adj* habersiz **II.** *adv* habersiz; **er kam ~** habersiz geliverdi, çat kapı geldi **unangemessen** *adj* uygun olmayan, yerinde olmayan, yersiz **unangenehm** *adj* nahoş, hoş olmayan, tatsız; (*unsympathisch*) hoşa gitmeyen; **~ auffallen** göze batmak; **es ist mir sehr ~** hiç hoşuma gitmiyor; **~ werden** hoş olmamak, kötü olmak **unangetastet** *adj* el sürülmemiş
unannehmbar *adj* kabul edilemez
Unannehmlichkeit <-en> *f* (*Mühe*) zahmet; (*Ärger*) tatsızlık; **jdm ~en bereiten** birini zahmete sokmak
unansehnlich *adj* yüzüne bakılmaz **unanständig** *adj* ayıp, yakışıksız, küstah; (*obszön*) müstehcen, edebe aykırı, edepsiz; **das ist ~!** bu ayıptır!; **ein ~er Witz** açık saçık fıkra **unantastbar** [ˈ--ˈ--] *adj* el sürülmez; JUR dokunulmaz **unappetitlich** *adj* ❶ (*Essen*) tatsız ❷ (*abstoßend*) iğrenç, mide bulandırıcı
Unart <-en> [ˈʊnʔaːɐt] *f* ❶ (*Angewohnheit*) kötü alışkanlık, kötü huy ❷ (*eines Kindes*) yakışıksız davranış, yaramazlık
unartig *adj* yaramaz **unästhetisch** *adj* çirkin; (*abstoßend*) iğrenç, tiksindirici **unaufdringlich** *adj* ❶ (*Parfüm*) hafif ❷ (*Mensch*) alçak gönüllü **unauffällig** *adj* ❶ göze çarpmayan; (*Kleidung*) sade ❷ (*unbemerkt*) **folgen Sie mir ~!** belli etmeden beni takip ediniz!; ■ **sich ~ entfernen** usulcacık [*o* yavaşçacık] uzaklaşmak **unauffindbar** [ˈ--ˈ--] *adj* bulunamayan; **der Schlüssel war ~** anahtar bulunamadı **unaufgefordert** **I.** *adj* (*freiwillig*) gönüllü; (*spontan*) kendiliğinden olan **II.** *adv* gönüllü olarak, kendiliğinden, istenmeden, söylemeye gerek kalmadan **unaufgeklärt** *adj* aydınlatılmamış, faili meçhul
unaufhaltsam [ˈ--ˈ--] *adj* durdurulamayan, önüne geçilemeyen, önlenemeyen
unaufhörlich [ˈ--ˈ--] **I.** *adj* hiç durmayan, sürekli **II.** *adv* hiç durmadan, sürekli
unauflöslich [ˈ--ˈ--] *adj a.* CHEM erimez, çözülmez
unaufmerksam *adj* ❶ (*nicht aufmerksam*) dikkatsiz; (*zerstreut*) dalgın ❷ (*nicht zuvorkommend*) nezaketsiz **Unaufmerksamkeit** *f kein pl* ❶ (*Verhalten*) dikkatsizlik; (*Zerstreutheit*) dalgınlık ❷ (*Unhöflichkeit*) nezaketsizlik
unaufrichtig *adj* içtenliksiz, samimiyetsiz **unaufschiebbar** [ˈ--ˈ--] *adj* ertelenemez, gecikmesi caiz olmayan
unausgefüllt *adj* ❶ (*Formular*) boş, doldurulmamış; **~ lassen** boş bırakmak ❷ (*Leben*) boş **unausgeglichen** *adj* ❶ dengesiz, istikrarsız; (*ungleichmäßig*) düzensiz ❷ (*wechselhaft*) değişken, değişici, kararsız, istikrarsız **Unausgeglichenheit** *f kein pl* ❶ dengesizlik, istikrarsızlık; (*Ungleichmäßigkeit*) düzensizlik ❷ (*Wechselhaftigkeit*) değişkenlik, kararsızlık, istikrarsızlık **unausgeschlafen** *adj* uykusuz

U

unausgewogen *adj* dengesiz
unauslöschlich ['--'--] *adj* (*geh*) sönmez
unaussprechlich ['--'--] *adj* sözle ifade edilemez; (*unbeschreiblich*) tarif edilemez, tarifsiz, anlatılamayacak derecede çok olan
unausstehlich ['--'--] *adj* çekilmez
unausweichlich ['--'--] *adj* kaçınılmaz
unbändig ['ʊnbɛndɪç] *adj* ❶ (*wild*) haşarı, ele avuca sığmayan ❷ (*heftig*) şiddetli; ■ **sich ~ auf etw freuen** bir şeye aşırı sevinmek; **er lachte ~** kahkahayı bastı
unbarmherzig *adj* acımasız, merhametsiz
Unbarmherzigkeit *f kein pl* acımasızlık, merhametsizlik **unbeabsichtigt** **I.** *adj* maksatsız **II.** *adv* maksatsız, istemeden, kasıtsız **unbeachtet** *adj* dikkate alınmayan; **das darf man nicht ~ lassen** bu göz ardı edilemez **unbeantwortet** *adj* yanıtlanmayan, cevap verilmeyen
unbedarft *adj* (*pej fam*) saf, bön; **er lächelte ~** bön bön gülümsedi
unbedenklich **I.** *adj* sakıncası olmayan **II.** *adv* sakıncasız; (*ohne zu überlegen*) düşünmeden; **das würde ich ~ tun** bunu düşünmeden yapardım; **ich halte diesen Plan für ~** bu planı sakıncasız buluyorum, bu planda bir sakınca görmüyorum **unbedeutend** *adj* ❶ (*unwichtig*) önemsiz ❷ (*geringfügig*) önemsiz
unbedingt ['---, '--'-] **I.** *adj* (*absolut*) mutlak, salt; (*bedingungslos*) kayıtsız şartsız; **~er Reflex** PSYCH koşulsuz tepke, şartsız refleks **II.** *adv* mutlaka, ille; **ist das ~ nötig?** bunun mutlaka olması gerekir mi?; **das will ich ~ wissen** bunu mutlaka bilmek istiyorum; **nicht ~** şart değil
unbefangen *adj* ❶ (*ungehemmt*) sıkılmayan, çekinmeyen; (*natürlich*) tabii, yapmacık olmayan; **~ lachen** sıkılmadan gülmek; **etw ~ aussprechen** bir şeyi çekinmeden söylemek ❷ (*unvoreingenommen*) ön yargısız; (*unparteiisch*) tarafsız **unbefriedigend** *adj* tatmin etmeyen **unbefriedigt** *adj* tatmin olmamış **unbefristet** *adj* süresiz **unbefugt** *adj* yetkisiz
Unbefugte(r) <-n, -n; -n> *f(m)* yetkisi olmayan (kimse); **~n ist das Betreten verboten** yetkisi olmayanlar giremez
unbegabt *adj* istidatsız, istidadı olmayan (**für** -e); **musikalisch ~ sein** müziğe istidadı olmamak **unbegreiflich** ['--'--] *adj* (*unverständlich*) anlaşılmaz; (*unerklärlich*) akıl (sır) ermez; **es ist mir ~, wie das passieren konnte** böyle bir şeyin nasıl olduğuna aklım ermiyor **unbegrenzt** *adj* sınırsız **unbegründet** *adj a.* JUR esassız, gerekçesiz **unbehaart** *adj* tüysüz
Unbehagen <-s> ['ʊnbəha:gən] *nt kein pl* huzursuzluk, rahatsızlık
unbehaglich *adj* huzursuz, rahatsız; ■ **sich ~ fühlen** huzursuzluk duymak, rahatsızlık duymak **unbeherrscht** **I.** *adj* kontrolsüz; (*Person*) kendine hâkim olamayan **II.** *adv* kontrolsüz
unbeholfen ['ʊnbəhɔlfən] *adj* beceriksiz, hantal
Unbeholfenheit *f kein pl* beceriksizlik, hantallık
unbeirrbar ['--'--] *adj*, **unbeirrt** *adj* şaşmaz **unbekannt** *adj* bilinmeyen, bilinmez, meçhul; **das ist mir ~** bunu bilmiyorum; **das ist mir nicht ~** bunu bilmiyor değilim **Unbekannte(r)** <-n, -n; -n> *f(m)* (*Person*) bilinmeyen kimse, meçhul şahıs
Unbekanntheit *f kein pl* bilinmezlik
unbekümmert *adj* aldırmaz, umursamaz, kayıtsız, ilgisiz; **seien Sie ganz ~!** hiç aldırmayın! **unbelastet** *adj* ❶ (*ohne Sorgen*) kaygısız, tasasız, dertsiz; **er fühlte sich ~ von Gewissenbissen** vicdan azabı duymuyordu ❷ (*keine Schuld auf sich geladen habend*) alnı açık yüzü ak ❸ (*ohne Hypotheken*) ipoteksiz **unbelehrbar** ['--'--] *adj* söz dinlemez; (*halsstarrig*) dik başlı [*o* kafalı] **unbeleuchtet** ['--'--] *adj* ışıklandırılmamış; (*Straße*) aydınlatılmamış **unbeliebt** *adj* sevilmeyen (**bei** tarafından); ■ **sich ~ machen** antipati yaratmak, milleti kendinden soğutmak; **er ist bei allen ~** hiç kimse tarafından sevilmez **Unbeliebtheit** *f kein pl* sevilmeme
unbemannt *adj* pilotsuz, mürettebatsız, adamsız, insansız **unbemerkt** *adj* fark edilmeyen; **~ bleiben** fark edilmemek
unbenommen ['--'--] *adj* **etw bleibt jdm ~** bir şey birinin yapıp yapmamasına serbest olmak, bir şeyin yapılıp yapılmaması birinin elinde olmak
unbeobachtet *adj* **in einem ~en Augenblick** hiç kimsenin bakmadığı bir anda **unbequem** *adj* ❶ (*Sessel*) rahatsız ❷ (*Frage, Person*) can sıkıcı, nahoş **unberechenbar** ['--'---] *adj* sağı solu (belli) olmayan; **er ist ~** onun sağı solu belli olmaz **unberücksichtigt** *adj* dikkate alınmayan; **~ lassen** dikkate almamak
unberührt *adj* dokunulmamış, el değmemiş; (*Frau*) bakire; **die Vorschriften bleiben ~** hükümler baki kalır
unbeschadet **I.** *präp* ❶ (*trotz*) rağmen (-e) ❷ (*ohne Schaden für*) zarar vermeden (-e), halel getirmeden (-e) **II.** *adv* **etw ~ überstehen** zarara uğramadan bir şeyi atlatmak
unbescholten ['ʊnbəʃɔltən] *adj* ❶ (*integer*) dürüst, namuslu ❷ JUR sabıkasız
unbeschrankt ['ʊnbəʃraŋkt] *adj* bariyer-

U

siz **unbeschränkt** *adj* (*ohne Begrenzung*) sınırsız; (*Macht*) mutlak
unbeschreiblich ['--'--] **I.** *adj* tarifsiz, tarif edilemez, anlatılamayacak derecede çok olan **II.** *adv* tarif edilemez
unbeschrieben *adj* ❶ (*Papier, Seiten*) boş ❷ (*fig: ohne Erfahrung*) deneyimsiz **unbeschwert** *adj* (*sorglos*) tasasız, sıkıntısız; (*Gewissen*) rahat **unbesiegbar** *adj* yenilmez **unbesonnen** *adj* temkinsiz
Unbesonnenheit *f kein pl* temkinsizlik
unbesorgt *adj* tasasız, kaygısız; **sei ~** merak etme **unbeständig** *adj* ❶ (*Person*) hercai, yeltek ❷ (*wechselhaft*) değişken; (*Wetter*) kararsız **unbestechlich** *adj* rüşvet almaz, rüşvet yemez **unbestimmt** *adj* ❶ belirsiz, belli olmayan; **auf ~e Zeit** süresiz, süresi belli olmayarak ❷ LING belirsiz **unbestreitbar** ['--'--] *adj* tartışma götürmez **unbestritten** ['--(')--] *adj* söz götürmez, inkâr edilemeyen **unbeteiligt** *adj* ❶ (*desinteressiert*) ilgisiz ❷ (*nicht teilnehmend*) **an etw** *dat* **~ sein** bir şeye seyirci kalmak **unbetont** *adj* vurgusuz **unbeträchtlich** *adj* oldukça az; (*unwesentlich*) önemsiz **unbeugbar** *adj* LING çekimsiz **unbeugsam** *adj* boyun eğmez, bildiğinden şaşmaz **unbewaffnet** *adj* silahsız **unbeweglich** *adj* ❶ (*bewegungslos*) hareketsiz ❷ (*nicht zu bewegen*) sabit, yerinden oynamaz **unbewohnt** *adj* (*Gegend*) ıssız, tenha; (*Haus*) içinde oturulmayan, metrûk **unbewusst**[RR] *adj,* **unbewußt**[ALT] *adj* bilinçsiz, şuursuz
Unbewusste(s)[RR] <-n> *nt kein pl,* **Unbewußte(s)**[ALT] <-n> *nt kein pl* PSYCH bilinç dışı
unbezahlbar ['--'--] *adj* ❶ (*teuer*) ateş pahası ❷ (*wertvoll*) paha biçilmez; (*unersetzlich*) yerine konulamaz **unbezwingbar** ['--'--] *adj* ❶ (*Gegner*) yenilmez; (*Festung*) fethedilemez ❷ (*Drang*) zapt edilemez **unblutig** **I.** *adj* kansız **II.** *adv* kansız **unbrauchbar** ['---] *adj* kullanıl(a)maz, işe yaramaz, battal; (*ungeeignet*) elverişsiz **unbürokratisch** *adj* bürokratik olmayan
und [ʊnt] *konj* ❶ ve; (*Steigerung*) hem de; **~ so weiter** ve benzerleri, vesaire, falan (filân); **~ so weiter ~ so fort** vesaire vesaire; **na ~?** ne olmuş [*o* yapalım] yani?; **~ wenn schon!** olmuşsa olmuş!; **~ wie/ob!** hem de nasıl!; **der Wagen wurde schneller ~ schneller** araba hızlandıkça hızlandı; **wir redeten ~ redeten** konuştukça konuştuk; **ich konnte und konnte nicht aufhören** bir türlü duramadım ❷ de; **~ vor allem** her şeyden önce de ❸ MATH daha; **zwei und zwei sind vier** iki, iki daha dört eder
Undank <-(e)s> *m kein pl* (*geh*) nankörlük; **~ ernten** nankörlük görmek; **~ ist der Welt Lohn** (*prov*) besle kargayı, oysun gözünü **undankbar** *adj* ❶ (*Mensch*) nankör, iyilik bilmez, tuz biber düşmanı ❷ (*Aufgabe*) nankörce **Undankbarkeit** *m kein pl* nankörlük
undatiert *adj* tarihsiz **undefinierbar** ['---'--] *adj* tanımlanamaz **undeklinierbar** ['---'--] *adj* LING çekimsiz **undemokratisch** *adj* demokratik olmayan **undenkbar** ['--'--] *adj* düşünülemez, akla gelmez
undenklich [(')-'--] *adj* **vor ~en Zeiten** çok çok eskiden; **seit ~en Zeiten** çok çok eskiden beri
undeutlich *adj* ❶ (*ungenau*) tam [*o* açık ve kesin] olmayan, açık seçik olmayan ❷ (*Umrisse*) belirsiz; FOTO net olmayan; (*Schrift*) okunaksız; **~ sprechen** müphem konuşmak **undicht** *adj* (*gegen Luft*) hava sızdıran, hava kaçıran; (*gegen Wasser*) su sızdıran, su kaçıran; **das Fenster ist ~** pencerede sızma var; **das Dach ist ~** çatıdan su giriyor; **~e Stelle** sızma yeri
Unding *nt* **das ist ein ~!** bu olur şey değil!
undiszipliniert *adj* disiplinsiz
undurchdringlich ['--'--] *adj* ❶ geçilmez ❷ (*fig*) anlaşılmaz; (*Miene*) ifadesiz **undurchführbar** *adj* uygulanması imkânsız **undurchlässig** *adj* geçirmez **Undurchlässigkeit** *f kein pl* geçirmezlik; **die ~ eines Stoffes prüfen** bir maddenin geçirmezliğini kontrol etmek **undurchschaubar** ['--'--] *adj* anlaşılmayan, anlaşılmaz **undurchsichtig** *adj* ❶ (*Glas, Stoff*) saydam olmayan, saydamsız ❷ (*Mensch*) kapalı ruhlu; (*Methoden, Geschäfte*) karanlık, bulanık; (*Verhalten*) anlaşılmaz
uneben *adj* (*Oberfläche*) pürüzlü; (*Straße*) arızalı; (*Gelände*) engebeli
Unebenheit *f* ❶ *kein pl* (*Beschaffenheit*) engebelik ❷ (*Stelle*) engebe; **die ~en des Geländes** arazinin engebeleri
unecht *adj* ❶ yalancı; (*nachgemacht*) sahte ❷ MATH **~er Bruch** bileşik kesir **unehelich** *adj* evlilik dışı **unehrenhaft** *adj* şerefsiz, haysiyetsiz **unehrlich** *adj* namussuz **Unehrlichkeit** *f kein pl* namussuzluk **uneigennützig** *adj* özgecil, kendi çıkarını düşünmeyen [*o* gözetmeyen] **Uneigennützigkeit** *f kein pl* özgecilik **uneingeschränkt** *adj* kayıtsız şartsız **uneinig** *adj* **mit jdm über etw ~ sein** biriyle bir şeyde [*o* konuda] farklı düşünmek, biriyle bir şeyde anlaşamamak [*o* hem-

fikir olmamak], biriyle bir konuda aynı düşüncede olmamak **Uneinigkeit** <-en> *f* anlaşmazlık

uneins ['ʊnʔaɪns] *adj s.* **uneinig**

uneinsichtig *adj* anlayışsız **unempfänglich** *adj* etkilenmez (**für** -den) **unempfindlich** *adj* ❶ (*unsensibel*) duygusuz (**gegen** -de), hissiz (**gegen** -de) ❷ (*widerstandsfähig*) dayanıklı

unendlich [-'--] **I.** *adj* ❶ (*zeitlich*) sonsuz, sonu olmayan, bitmez tükenmez, ebedi; (*räumlich*) sonsuz, sonu olmayan, uçsuz bucaksız ❷ MATH sonsuz (değerli), sınırsız ❸ (*groß*) sonsuz, ölçülemeyecek kadar büyük olan **II.** *adv* sonsuz; ~ **viel** pek çok **Unendlichkeit** [-'---] *f kein pl* sonsuzluk; (*Ewigkeit*) ebediyet

unentbehrlich ['--'--] *adj* vazgeçilmez, elzem **unentgeltlich** ['--'--] **I.** *adj* karşılıksız, bedava **II.** *adv* karşılıksız, bedava olarak, cabadan **unentschieden** *adj* ❶ (*Angelegenheit*) karara bağlanmamış ❷ (*Person*) kararsız ❸ SPORT berabere; **sie spielten 0:0 ~** 0:0 berabere kaldılar

Unentschieden <-s, -> *nt* SPORT berabere

unentschlossen *adj* kararsız **Unentschlossenheit** *f kein pl* kararsızlık

unentschuldigt **I.** *adj* mazeretsiz **II.** *adv* mazeretsiz olarak; ~ **fehlen** mazeretsiz olarak gelmemek

unentwegt ['--'-] **I.** *adj* (*stetig*) sürekli, devamlı; (*unaufhörlich*) hiç durmayan; (*beharrlich*) sebatlı **II.** *adv* sürekli, hiç durmadan; (*beharrlich*) sebat ederek

unerbittlich ['--'--] **I.** *adj* amansız **II.** *adv* amansızca

unerfahren *adj* deneyimsiz (**in** -de), tecrübesiz (**in** -de), acemi (**in** -in) **Unerfahrenheit** *f kein pl* deneyimsizlik (**in** -de), tecrübesizlik (**in** -de), acemilik (**in** -de)

unerfindlich ['--'--] *adj* (*geh*) bilinmeyen; **aus ~en Gründen** bilinmeyen sebeplerden dolayı **unerforscht** *adj* araştırılmamış **unerfreulich** *adj* hoş olmayan, nahoş, tatsız **unerfüllbar** *adj* yerine getirilemez **unergiebig** *adj* verimsiz **unergründlich** ['--'--] *adj* akıl erdirilemeyen, ne olduğu anlaşılamayan; (*geheimnisvoll*) esrarlı, esrarengiz **unerheblich** *adj* önemsiz, önemli olmayan; **der Schaden ist nicht ~** zarar az buz değil

unerhört ['--'-] *adj* ❶ (*gewaltig*) eşi görülmemiş ❷ (*pej: empörend*) duyulmamış; **das ist ja ~!** bu duyulmamış bir şey! ❸ (*geh: Bitte*) yerine getirilmemiş

unerkannt *adv* tanınmadan, tanınmaksızın

unerklärlich ['--'--] *adj* akıl (sır) ermez; **es ist mir ~, warum das so ist** niçin böyle olduğuna aklım ermiyor

unerlässlichRR ['--'--] *adj*, **unerläßlich**ALT *adj* kendisinden vazgeçilmez; (*erforderlich*) gerekli, zorunlu

unerlaubt *adj* ❶ (*nicht zulässig*) caiz olmayan, yasak ❷ (*gesetzwidrig*) haksız; **~e Handlung** JUR haksız fiil ❸ (*ohne Erlaubnis*) izinsiz; **das ~e Betreten** izinsiz olarak girme **unerledigt** *adj* bitmemiş, yarım kalmış, halledilmemiş; (*schwebend*) askıdaki

unermesslichRR ['--'--] *adj*, **unermeßlich**ALT *adj* ❶ (*unüberschaubar*) uçsuz bucaksız; (*unendlich*) sonsuz, sonu olmayan; ~ **wertvoll** paha biçilmez ❷ (*groß*) sonsuz, ölçülemeyecek kadar büyük olan

unermüdlich ['--'--] *adj* yorulmak bilmez, bıkmaz usanmaz

unerreichbar ['--'--] *adj* erişilmez

unersättlich ['--'--] *adj* doymaz, doymak bilmez

unerschöpflich ['--'--] *adj* tükenmez, bitmez tükenmez; ~ **sein** bitmek tükenmek bilmemek

unerschrocken *adj* yılmaz

Unerschrockenheit *f kein pl* yılmazlık

unerschütterlich ['--'---] *adj* sarsılmaz, şaşmaz; **mein Vertrauen zu ihm ist ~** ona olan güvenim sarsılmaz

unerschwinglich ['--'--] *adj* (*Preis*) fahiş; (*Ware*) yanına salâvatla varılmaz

unersetzlich ['--'--] *adj* (*Person*) eksikliği giderilemez; (*Schaden*) yerine konulamaz, onarılamaz

unerträglich ['--'--] *adj* dayanılmaz, katlanılamaz, tahammül edilemez **unerwartet** **I.** *adj* (hiç) beklenmedik, (hiç) beklen(il)meyen; (*unvorhergesehen*) (hiç) beklenmez; **plötzlich geschah etw U~es** birdenbire (hiç) beklenilmeyen bir şey oldu **II.** *adv* beklenmedik, beklenilmeden; **etw völlig ~ tun** hiç beklenmedik bir şey yapmak **unerwünscht** *adj* istenmeyen

unerzogen *adj* terbiyesiz

Unerzogenheit *f kein pl* terbiyesizlik

UNESCO [u'nɛsko] *f Akr von* **United Nations Educational, Scientific and Cultural Organization** UNESCO (*Birleşmiş Milletler Eğitim, Bilim ve Kültür Örgütü*)

unfähig *adj* (*nicht imstande*) âciz (**zu** -den), beceriksiz; (*beruflich*) yeteneksiz; **der Verletzte war ~ aufzustehen** yaralı yerinden kalkabilecek durumda değildi **Unfähigkeit** *f kein pl* âcizlik, beceriksizlik; (*beruflich*) yeteneksizlik; (*Zahlungs~*) âcizlik, güçsüzlük

unfair *adj* dürüst(çe) olmayan; SPORT sportmenliğe yakışmaz

Unfall <-(e)s, -fälle> *m* kaza; **einen ~ haben** kaza geçirmek; **einen tödlichen ~ haben** bir kazaya kurban gitmek **Unfallarzt, -ärztin** <-es, -ärzte; -nen> *m, f* ilk yardım hekimi **Unfallbeteiligte(r)** *f(m)* kazaya karışan (kimse) **Unfallflucht** *f kein pl* kaza yerinden kaçma [*o* savuşma]; **~ begehen** kaza yerinden kaçmak [*o* savuşmak] **unfallflüchtig** *adj* kaza yerinden kaçan [*o* savuşan] **unfallfrei** *adj* kazasız **Unfallgefahr** *f* kaza tehlikesi **Unfallkrankenhaus** *f* ilk yardım hastanesi **Unfallopfer** *nt* kazazede **Unfallquote** *f,* **Unfallrate** *f* kaza oranı **Unfallschaden** *m* kazadan doğan zarar; **ein Auto mit ~** kazalı bir otomobil **Unfallschutz** *m* kazalardan korunma önlemleri *pl* **Unfallstation** *f* acil servis **Unfallstelle** *f* kaza yeri **Unfallursache** *f* kaza nedeni, kaza sebebi **Unfallversicherung** *f* kaza sigortası, kazaya karşı sigorta **Unfallwagen** *m* ❶ (*am Unfall beteiligter Wagen*) kazalı araba ❷ (*Rettungswagen*) ambulans, cankurtaran

unfassbar[RR] ['-'--] *adj,* **unfaßbar**[ALT] *adj* akıl almaz; (*unglaublich*) inanılmaz

unfehlbar ['-'--] **I.** *adj* yanılmaz, şaşmaz **II.** *adv* (*sicher*) kesinlikle, muhakkak, mutlaka **Unfehlbarkeit** [-'---] *f kein pl* yanılmazlık

unfein *adj* kaba **unfertig** *adj* ❶ bitmemiş, olmamış; **eine Arbeit ~ liegenlassen** bir işi yarım bırakmak ❷ (*fig: unreif*) olmamış, olgunlaşmamış **unförmig** ['ʊnfœrmɪç] *adj* biçimsiz, şekilsiz, biçimi bozuk **unfrankiert** *adj* pulsuz **unfreiwillig** **I.** *adj* gönülsüz, isteksiz, istemsiz **II.** *adv* istemeyerek, istemeksizin, gayriihtiyarî **unfreundlich** *adj* ❶ (*Person*) sevimsiz; (*unhöflich*) nezaketsiz; (*übellaunig*) aksi ❷ (*Wetter*) kapalı; (*kalt und regnerisch*) soğuk ve yağışlı

Unfriede <-ns> *m kein pl,* **Unfrieden** <-s> *m kein pl* (*Streit*) kavga; (*Zwist*) geçimsizlik; **sie gingen in ~ auseinander** birbirlerinden kavgalı ayrıldılar

unfruchtbar *adj* ❶ (*Boden*) kıraç, çorak, verimsiz ❷ (*Tier, Person*) kısır **Unfruchtbarkeit** *f kein pl* ❶ (*Boden*) kıraçlık, çoraklık ❷ (*Mensch, Tier*) kısırlık

Unfug <-(e)s> ['ʊnfu:k] *m kein pl* ❶ (*Handlung*) yaramazlık, şeytanlık; **~ treiben** yaramazlık yapmak; **er hat immer nur ~ im Kopf** aklı fikri şeytanlıkta; **grober ~** halkı rahatsız edici hareketler ❷ (*Äußerung*) saçma

Ungar(in) <-n, -n; -nen> ['ʊŋga:ɐ] *m(f)* Macar

ungarisch ['ʊŋgarɪʃ] *adj* Macar; **die ~e Sprache** Macar dili

Ungarisch ['ʊŋgarɪʃ] *nt* Macarca

Ungarn <-s> ['ʊŋgarn] *nt* Macaristan

ungeachtet ['--'--] *präp* (*geh*) karşın, rağmen; **~ dessen** buna karşın [*o* rağmen]

ungeahnt ['--'-] *adj* akla gelmedik

ungebeten **I.** *adj* davetsiz; **ein ~er Gast** Tanrı misafiri **II.** *adv* davet edilmeden **ungebildet** *adj* görgüsüz **ungebräuchlich** *adj* kullanılmayan **ungebraucht** *adj* kullanılmamış **ungebunden** *adj* ❶ (*Buch*) ciltlenmemiş, ciltsiz ❷ (*frei*) bağlı olmayan, bağlanmamış **ungedeckt** *adj* ❶ (*schutzlos*) siperliksiz, açık; (*Spieler*) marke edilmemiş ❷ FIN açık, bankada karşılığı olmayan; (*Scheck*) karşılıksız, provizyonsuz ❸ (*Tisch*) kurulmamış

Ungeduld *f kein pl* sabırsızlık **ungeduldig** *adj* sabırsız; **~ warten** sabırsızlıkla beklemek; **~ werden** sabırsızlanmak

ungeeignet *adj* elverişsiz (**für** için); (*Person*) yaramaz (**für** -e), uygun olmayan (**für** için); (*Moment*) elverişsiz

ungefähr ['ʊngəfɛ:ɐ, '--'-] **I.** *adj* yaklaşık **II.** *adv* yaklaşık olarak, aşağı yukarı; (*schätzungsweise*) tahminen; **~ drei Stunden/zehn Kilometer** aşağı yukarı üç saat/on kilometre; **nicht von ~** tesadüf değil

ungefährlich *adj* tehlikesiz; (*harmlos*) zararsız

ungehalten *adj* (*geh*) kızgın (**über/wegen** -e/-den dolayı), kızmış (**über/wegen** -e/-den dolayı); **~ auf etw reagieren** bir şeye kızarak tepki göstermek

ungehemmt *adj* sıkılmayan, çekinmeyen

ungeheuer ['----, '--'--] **I.** *adj* müthiş, dehşetli, korkunç **II.** *adv* canavarca, canavar gibi, müthiş, dehşetli

Ungeheuer <-s, -> *nt* canavar

ungeheuerlich ['--'---] *adj* (*pej*) müthiş, dehşetli; (*schrecklich*) korkunç

ungehindert *adj* **wir konnten ~ passieren** hiçbir engelle karşılaşmadan geçebildik, elimizi kolumuzu sallayarak serbestçe geçtik

ungehörig *adj* yakışıksız, münasebetsiz; (*frech*) küstah, yüzsüz; **sein ~es Benehmen** yakışıksız davranışları

Ungehörigkeit <-en> *f* yakışıksızlık, münasebetsizlik; (*Frechheit*) küstahlık, yüzsüzlük

ungehorsam *adj* itaatsiz, söz [*o* buyruk] dinlemez; **jdm gegenüber ~ sein** birine itaat etmemek, birinin sözünü dinlememek

Ungehorsam <-s> *m kein pl* itaatsizlik

ungekämmt *adj* taranmamış **ungeklärt** *adj* ① açıklık kazanmamış; (*Verbrechen*) aydınlatılmamış; (*Frage*) cevaplandırılmamış, cevapsız kalmış, cevabı verilmemiş; **es gibt einige ~e Punkte** müphem kalan bazı noktalar var ② (*Abwasser*) arıtılmamış **ungekrönt** *adj* taçsız; **der ~e König der Popmusik** pop müziğinin taçsız kralı **ungekürzt** *adj* (*Buch, Film*) kısaltılmamış **ungeladen** *adj* ① (*Person*) davetsiz, davet edilmemiş ② (*Waffe*) boş

ungelegen I. *adj* uygun olmayan, yerinde olmayan, yersiz; (*Besuch*) vakitsiz II. *adv* **~ kommen** vakitsiz gelmek; **das kommt mir sehr ~** bu hiç işime gelmiyor

ungelegt *adj* **~e Eier begackern** (*fig fam*) suyu [*o* dereyi] görmeden paçaları sıvamak; **sich um ~e Eier kümmern** (*fig fam*) olur olmaz şeylerle uğraşmak

ungelenkig *adj* hantal **ungelernt** *adj* **~e Arbeitskräfte** niteliksiz [*o* vasıfsız] işçiler **ungelogen** *adv* yalansız, hilâfsız **ungelöst** *adj* çözülmemiş

ungemein ['--'-] I. *adj* olağanüstü II. *adv* son derece

ungemütlich *adj* ① (*Stuhl*) rahatsız ② (*fig: unbehaglich*) huzursuz; (*unangenehm*) nahoş, hoş olmayan, tatsız; (*grob*) kaba; **er kann manchmal ~ werden** (*fam*) bazen kabalığı tutar **ungenannt** *adj* adı geçmeyen, anılmayan, zikredilmeyen **ungenau** *adj* tam ve kesin olmayan, eksik; ■ **sich ~ an etw erinnern** bir şeyi tam ve kesin olarak hatırlamamak; **er arbeitet zu ~** çalışırken hiç özen göstermiyor **ungeniert** ['ʊnʒe(')niːɐt] *adj* sıkılmaz; **ganz ~ reden** hiç sıkılmadan konuşmak **ungenießbar** ['-'--] *adj* ① (*Speise*) yenmez; (*Getränk*) içilmez ② (*fam: Person*) çekilmez **ungenügend** *adj* yetersiz; (*Note*) pek zayıf **ungenutzt** *adj* kullanılmayan; **eine Chance ~ verstreichen lassen** bir fırsatı değerlendirmemek **ungepflegt** *adj* bakımsız; (*Person*) pasaklı **Ungepflegtheit** *f kein pl* bakımsızlık, pasaklılık **ungerade** *adj* MATH tek; **~ Zahlen** tek sayılar **ungerecht** *adj* adaletsiz **ungerechterweise** *adv* haksız yere **ungerechtfertigt** *adj* haksız **Ungerechtigkeit** <-en> *f* adaletsizlik **ungeregelt** *adj* ① (*ungeordnet*) düzensiz; (*unregelmäßig*) düzensiz, usulsüz, kural dışı ② (*offen*) açık; (*Rechnungen*) ödenmemiş **ungereimt** *adj* ① (*Verse*) uyaksız, kafiyesiz ② (*Worte*) akorsuz, birbirini tutmayan, denli densiz, uyumsuz **ungern** *adv* istemeyerek, isteksizce, gönülsüzce **ungerührt** ['ʊngəryːɐt] *adj* aldırmaz, umursamaz, kayıtsız; **von etw ~ bleiben** bir şeye kayıtsız kalmak

ungesagt *adj* söylenmeyen, söylenmemiş

ungesalzen *adj* tuzsuz, tuzlanmamış

ungesättigt *adj* doymamış **ungeschehen** *adj* **ich wollte, ich konnte es ~ machen** bunun olmamış olmasını isterdim

Ungeschick <-(e)s> *nt kein pl* beceriksizlik

ungeschickt *adj* beceriksiz; **stell dich nicht so ~ an!** elinden gelmiyormuş gibi yapma! **ungeschlechtlich** *adj* BIOL eşeysiz **ungeschliffen** *adj* ① (*Diamant, Glas*) yontulmamış; (*Klinge*) bilenmemiş ② (*fig: Manieren*) yontulmamış; (*grob*) kaba **ungeschminkt** *adj* ① (*Person*) makyajsız ② (*fig: Wahrheit*) çıplak **ungeschoren** *adj* (*Tier*) kırkılmamış; **~ davonkommen** ucuz kurtulmak; **du kommst mir nicht ~ davon** sen benim elimden kurtulamazsın

ungeschrieben *adj* yazılmamış **ungesehen** *adj* **er gelangte ~ ins Haus** kimse görmeden eve girdi

ungesetzlich *adj* yasa dışı **ungestempelt** *adj* damgasız **ungestört** I. *adj* rahatsız edilmemiş, kimsenin rahatsız etmediği; (*ohne Unterbrechung*) kesintisiz II. *adv* rahatsız edilmeden, kimse rahatsız etmeden **ungestraft** I. *adj* cezasız, cezalandırılmamış II. *adv* cezalandırılmadan, ceza almadan, ceza görmeden

ungestüm ['ʊngəʃtyːm] *adj* (*geh*) acul, tez canlı; (*heftig*) şiddetli; (*unbändig*) ele avuca sığmayan, azgın

ungesund *adj* ① (*kränklich*) hastalıklı, mariz ② (*Speise, Lebensweise*) sağlıksız, sağlıklı olmayan; (*schädlich*) sağlığa zararlı, sağlıklı olmayan **ungeteilt** *adj* bölünmemiş; (*ganz*) tam, bütün; **mit ~er Aufmerksamkeit** bütün dikkatini toplayarak, dikkat kesilerek **ungetrübt** *adj* ① (*Wasser*) bulanmamış, berrak, duru ② (*fig*) pırıl pırıl, tam, eksiği olmayan, kusursuz; **eine ~e Harmonie** tam bir uyum

Ungetüm <-(e)s, -e> ['ʊngətyːm] *nt* (*Gegenstand*) kocaman şey; (*Monster*) canavar, dev

ungeübt *adj* acemi (**in** -de), idmansız, ham; (*unerfahren*) deneyimsiz (**in** -de), yeterince deneyimi olmayan (**in** -de); **in etw** *dat* **~ sein** bir şeyde yeterince deneyimi olmamak, bir şeyin acemisi olmak **ungewaschen** I. *adj* yıkanmamış; **mit ~en Händen** ellerini yıkamadan II. *adv* yıkanmadan **ungewiss**[RR] *adj*, **ungewiß**[ALT] *adj* ① bilinmez; (*frag-*

lich) kuşkulu, şüpheli; (*unsicher*) emin olmayan; (*unbestimmt*) belirsiz, belli olmayan; **der Ausgang des Spiels ist noch ~** oyunun [*o* maçın] sonu henüz belli değil ❷ (*unentschieden*) kararsız; **ich bin mir noch ~, was ich tun soll** ne yapacağıma henüz karar vermedim, ne yapmam gerektiği hususunda henüz kararsızım; **jdn über etw im U~en lassen** birini bir hususta aydınlatmamak **Ungewissheit**[RR] *f kein pl,* **Ungewißheit**[ALT] *f kein pl* belirsizlik, şüphe; (*Unsicherheit*) emin olmama **ungewöhnlich** *adj* ❶ (*außergewöhnlich*) olağan dışı, alışılmamış, olmadık ❷ (*außerordentlich*) olağanüstü **ungewohnt** *adj* ❶ (*fremd*) yabancı, alışılmamış ❷ (*neu*) yeni, alışılmamış ❸ (*unüblich*) âdet olmayan, alışılmamış, olmadık **ungewollt** *adj* istemsiz; **jdn ~ kränken** birinin istemeyerek gönlünü kırmak **ungezählt** **I.** *adj* sayısız **II.** *adv* saymadan

Ungeziefer <-s> ['ʊngətsiːfɐ] *nt kein pl* haşarat, böcekler *pl*

ungezogen *adj* terbiyesiz; (*frech*) arsız; **eine ~e Antwort geben** terbiyesizce bir cevap vermek

ungezügelt *adj* gem vurulmamış **ungezwungen** **I.** *adj* (*fig*) rahat, serbest; (*natürlich*) tabii; (*nicht förmlich*) teklifsiz **II.** *adv* rahatça, serbestçe

Unglaube <-ns> *m kein pl* ❶ (*Zweifel*) kuşku ❷ REL itikatsızlık, imansızlık

unglaubhaft *adj* inanılmaz, inanılır gibi olmayan **ungläubig** *adj* ❶ (*zweifelnd*) kuşkulu ❷ REL dinsiz, imansız

unglaublich ['-'--, '-'--] *adj* ❶ inanılmaz, akla hayale gelmez; **~ aber wahr** inanılmaz ama gerçek, hilâfsız ❷ (*fig: unerhört*) işitilmemiş, görülmemiş ❸ (*fam: sehr groß*) çok büyük; **eine ~e Menge** çok büyük bir miktar

unglaubwürdig *adj* ❶ (*Person*) güvenilmez ❷ (*Dokument, Aussage*) inandırıcı olmayan **ungleich** **I.** *adj* eşit olmayan; (*verschieden*) değişik **II.** *adv* (*weitaus*) çok daha

Ungleichgewicht <-(e)s, -e> *nt* dengesizlik **ungleichgewichtig** *adj* dengesiz

ungleichmäßig *adj* ❶ (*nicht gleich*) eşit olmayan ❷ (*nicht regelmäßig*) düzensiz

Unglück <-(e)s, -e> *nt* ❶ (*Unheil*) uğursuzluk, bela; **Glück im ~ haben** ucuz atlatmak [*o* kurtulmak]; **jd/etw bringt jdm ~** bir kimse/şey birine uğursuzluk getirmek; **jdn ins ~ stürzen** birinin başını belaya sokmak ❷ (*Pech*) şanssızlık, talihsizlik, bahtsızlık, uğursuzluk; (*Missgeschick*) aksilik; **zu allem ~ ...** bütün şanssızlıkların üstüne ...; **~ im Spiel, Glück in der Liebe** (*prov*) kumarda kaybeden aşkta kazanır ❸ (*Unfall*) kaza; (*Katastrophe*) afet, felaket, musibet ❹ (*Elend*) sefalet, sefillik

unglücklich *adj* ❶ (*traurig*) bedbaht, bahtsız, mutsuz; **~ verliebt sein** umutsuz ve güçlü âşık olmak; ■ **Sie machen sich ~!** kendinizi bedbaht etmeyin! ❷ (*unheilvoll*) uğursuz, kara, netameli; (*widrig*) ters; **~ ausgehen** ters gitmek ❸ (*ungeschickt*) **eine ~e Bewegung machen** ters bir hareket yapmak; **er stürzte so ~, dass ...** o kadar kötü düştü ki ...

unglücklicherweise ['----'--] *adv* ne yazık ki, maalesef

Unglücksfall <-(e)s, -fälle> *m* kaza; **bei einem ~ ums Leben kommen** bir kazada can vermek **Unglücksrabe** *m* (*fam*) bahtı kara, netameli kimse **Unglückstag** *m* uğursuz gün **Unglückszahl** *f* uğursuz sayı

Ungnade *f* **bei jdm in ~ fallen** birinin gözünden düşmek

ungnädig *adj* nobran; **sei nicht so ~!** öyle nobran olma!; **der Chef ist heute sehr ~** bugün patronun aksiliği [*o* heyheyleri] üstünde **ungültig** *adj* geçersiz, hükümsüz; (*Stimmzettel*) geçersiz; **etw für ~ erklären** bir şeyi hükümsüz kılmak, bir şeyin hükümsüz olduğuna karar vermek, bir şeyi iptal etmek

Ungunst <-en> *f* (*geh: Unwillen*) kızgınlık, öfke; **die ~ des Wetters** (*fig*) havanın uygun olmaması; **zu jds ~en** birinin aleyhine

ungünstig *adj* elverişsiz; (*nachteilig*) sakıncalı; (*Aussichten*) iyi görünmeyen; (*Moment*) uygun olmayan **ungut** *adj* (*schlecht*) kötü; (*negativ*) olumsuz; (*unangenehm*) nahoş, hoş olmayan; **ein ~es Gefühl haben** içinde kötü bir his olmak; **nichts für ~!** darılmaca yok! **unhaltbar** ['-'--, '-'--] *adj* ❶ (*Behauptung, Theorie*) *a.* MIL savunulamaz; (*Zustand*) sürdürülemez; (*unerträglich*) dayanılmaz ❷ SPORT tutulması imkânsız **unhandlich** *adj* kullanışsız, pratik olmayan

Unheil <-s> *nt kein pl* (*geh*) uğursuzluk, bela; (*Katastrophe*) afet, felaket, musibet; **~ anrichten** bela çıkarmak

unheilbar ['---, '-'--] *adj* iyileşmez, onulmaz, şifa bulmaz; **~ krank sein** onulmaz derecede hasta olmak

unheilvoll *adj* netameli, uğursuz

unheimlich **I.** *adj* ❶ (*beängstigend*) korkutucu, endişe verici, tekin olmayan ❷ (*fig fam: groß*) çok büyük; **eine ~e Summe/**

Angst çok büyük bir miktar/korku **II.** *adv* (*fig fam: sehr*) çok, son derece; **~ viel** pek çok

unhöflich *adj* nezaketsiz, terbiyesiz

Unhöflichkeit *f kein pl* nezaketsizlik, terbiyesizlik

unhygienisch *adj* hijyenik olmayan, sağlığa zararlı

uni ['ʊni] *adj inv* düz; (*einfarbig*) tek renkli; **der Stoff ist ~** kumaş düzdür

Uni <-s> ['ʊni] *f* (*fam*) üniversite

UNICEF ['u:nitsɛf] *f Akr von* **United Nations International Children's Emergency Fund** Birleşmiş Milletler Çocuk Fonu

Uniform <-en> [uni'fɔrm, 'ʊnifɔrm] *f* üniforma

uniformiert [unifɔr'mi:ɐt] *adj* üniformalı

Unikat <-(e)s, -e> [uni'ka:t] *nt* ünik (şey), tek örnek

Uniklinik *f,* **Universitätsklinik** *f* üniversite kliniği

uninteressant *adj* ilginç olmayan **uninteressiert** *adj* ilgisiz, meraksız

Union *f* birlik; **~ der Sozialistischen Sowjetrepubliken** HIST Sovyet Sosyalist Cumhuriyetleri Birliği

universal [univɛr'za:l] *adj* evrensel; (*allgemein*) genel; **eine ~e Bildung** genel kültür **Universalaussage** *f* PHILOS (*Universalie*) tümel önerme **Universalerbe(in)** <-n, -n; -nen> *m(f)* tek mirasçı

Universalie <-n> *f* PHILOS (*Logik*) tümel önerme

Universalismus *m kein pl* üniversalizm, evrenselcilik

Universalität *f kein pl* evrensellik

universell [univɛr'zɛl] *adj* ❶ (*universal*) evrensel; (*allgemein*) genel ❷ (*vielseitig*) çok yanlı, çok yönlü

Universität <-en> [univɛrzi'tɛ:t] *f* üniversite **Universitätsstadt** <-städte> *f* üniversite kenti

Universum <-s> [uni'vɛrzʊm] *nt kein pl* evren

Unke <-n> ['ʊŋkə] *f* ❶ ZOOL (*Feuerkröte*) kırmızı kurbağa ❷ (*Schwarzseher*) karamsar (kimse), kötümser (kimse), fesat adam

unkenntlich ['ʊnkɛntlɪç] *adj* **sich/etw ~ machen** kendisini/bir şeyi tanınmaz hâle getirmek

Unkenntlichkeit *f kein pl* **bis zur ~ entstellt sein** tanınmayacak hâle gelmiş olmak

Unkenntnis *f kein pl* (*in einem Wissensgebiet*) bilgisizlik; (*von Tatsachen*) bil(me)mezlik, haberdar olmama; **jdn in ~ über etw lassen** birini bir şeyden haberdar etmemek

unklar *adj* ❶ (*undeutlich*) belirsiz, müphem; (*verschwommen*) bulanık; (*Umrisse*) belirsiz ❷ (*unbestimmt*) belirsiz ❸ (*unverständlich*) anlaşılmaz, muğlâk ❹ (*ungewiss*) belli olmayan; (*fraglich*) şüpheli, bilinmez; **sich** *dat* **über etw im U~en sein** bir şeye kararsız olmak; **jdn im U~en über etw lassen/halten** birine bir şey hakkında bilgi vermemek **unklug** *adj* akılsız; ■ **sich ~ verhalten** akılsızca davranmak [*o* hareket etmek]; **das war ~ von dir** bu senin yaptığın akılsızlıktı **unkompliziert** *adj* komplike olmayan, karışık olmayan, kolay **unkontrollierbar** ['---'--] *adj* kontrol edilemeyen, denetlenemez **unkonventionell** *adj* geleneksel olmayan, klasik olmayan; (*ungewöhnlich*) alışılmamış

Unkosten *pl* masraf(lar) *(pl);* **sich in ~ stürzen** masrafa girmek; **die ~ belaufen sich auf ...** masraflar ... tutuyor **Unkostenbeitrag** *m* masraflara katkı payı

Unkraut <-(e)s, -kräuter> *nt* ot; **~ jäten** ot yolmak; **~ vergeht nicht** (*prov*) acı patlıcanı kırağı çalmaz **Unkrautvertilgungsmittel** *nt* ot ilacı

unkritisch *adj* eleştirici olmayan

Unkultur *f kein pl* kültürsüzlük

unkündbar ['---, '-'--] *adj* (*Vertrag*) feshedilemez; **sie ist ~** işten çıkarılamaz, onun işine son verilemez

unlängst *adv* geçenlerde, yakın bir geçmişte; ((*erst*) *kürzlich*) (daha) geçenlerde

unlauter ['ʊnlaʊtɐ] *adj* (*geh*) ❶ (*unehrlich*) dürüst olmayan ❷ (*unfair*) doğru ve yerinde olmayan; **~er Wettbewerb** haksız rekabet **unleserlich** *adj* okunaksız

unliebsam *adj* sevilmeyen

Unlogik *f kein pl* mantıksızlık; **die ~ seiner Ausführungen** mütalaalarının mantıksızlığı, ileri sürdüğü görüş ve düşüncelerinin mantıksızlığı

unlogisch *adj* mantıksız **unlösbar** ['---, '-'--] *adj* ❶ (*nicht trennbar*) çözüşmez; (*Knoten*) çözülemeyen ❷ (*Aufgabe*) çözülmesi imkânsız ❸ (*Substanz*) çözünmez

unlöslich ['---, '-'--] *adj* ❶ (*nicht trennbar*) çözüşmez ❷ (*Substanz*) çözünmez

Unlust *f kein pl* hevessizlik, isteksizlik; **mit ~** hevessiz, isteksiz

unmännlich *adj* erkekliğe yakışmayan

unmäßig *adj* ölçüsüz, aşırı

Unmenge <-n> *f* furya, çok büyük miktar; **eine ~ lernen** çok şeyler öğrenmek

Unmensch <-en, -en> *m* (*pej*) gaddar (kimse), canavar; **ich bin doch kein ~!**

U

ben canavar değilim ki! **unmenschlich** *adj* ❶ (*Person, Verhalten*) insaniyetsiz, mürüvvetsiz; (*grausam*) gaddar, zalim ❷ (*menschenunwürdig*) insanlığa yakışmaz ❸ (*unerträglich*) çekilmez

Unmenschlichkeit *f kein pl* insaniyetsizlik, mürüvvetsizlik

unmerklich ['---, '-'--] *adj* fark edilmez; **eine ~e Veränderung** fark edilmez bir değişiklik

unmethodisch *adj* metotsuz, yöntemsiz

unmissverständlich[RR], **unmißverständlich**[ALT] **I.** *adj* yanlış anlamaya meydan vermeyen **II.** *adv* yanlış anlamaya meydan vermeyen bir biçimde

unmittelbar *adj* ❶ (*direkt*) dolaysız ❷ (*zeitlich*) hemen; **~ danach** ondan hemen sonra, onun hemen arkasından; **~ bevorstehen** pek yakında olmak

unmodern *adj* demode **unmöglich** ['-'--] **I.** *adj* ❶ imkânsız, olmaz ❷ (*fam*) olmayacak; (*sehr unpassend*) münasebetsiz, çok yakışıksız, hiç uygun olmayan; (*nicht tragbar*) giyilmez; **ein ~es Benehmen** münasebetsiz [*o* çok yakışıksız] bir davranış; **er hat die ~sten Ideen** olmayacak fikirleri var; **jdn ~ machen** birini rezil etmek **II.** *adv* (*fam: auf keinen Fall*) imkânsız, olamaz, ne mümkün **Unmöglichkeit** ['----, '-'---] *f kein pl* imkânsızlık; **ein Ding der ~** olacak şey değil

Unmoral *f kein pl* ahlaksızlık **unmoralisch** *adj* ahlaksız, ahlaka aykırı; **ein ~er Mensch** ahlaksız bir insan **unmotiviert** *adj* ❶ (*grundlos*) sebepsiz, nedensiz; (*unbegründet*) gerekçesiz ❷ (*nicht motiviert*) isteksiz **unmündig** *adj* (*minderjährig*) küçük, ergin olmayan **unmusikalisch** *adj* müzikten anlamaz

Unmut <-(e)s> *m kein pl* (*geh*) ❶ (*Missfallen*) hoşnutsuzluk ❷ (*Ärger*) öfke

unnachahmlich ['--'--] *adj* taklit edilemez; (*einzigartig*) eşsiz, emsalsiz, eşi benzeri olmayan, ünik, tek

unnachgiebig *adj* (*Person*) boyun eğmez, dik başlı; (*Material*) bükülmez; (*fest*) katı, sert

unnahbar ['-'--] *adj* (*Person*) yanına yaklaşılmaz

unnatürlich *adj* ❶ (*nicht natürlich*) doğa dışı; (*künstlich*) yapma ❷ (*gekünstelt*) yapmacık **unnormal** *adj* anormal **unnötig** **I.** *adj* gereksiz, abes, boş **II.** *adv* boşuna, gereksiz yere

unnötigerweise ['----'--] *adv* boşu boşuna, gereksiz yere

unnütz *adj* yararsız, gereksiz, işe yaramaz; **~es Zeug** gereksiz eşya

UNO ['u:no] *f Abk von* **United Nations Organization** UNO (*Birleşmiş Milletler Örgütü*)

unordentlich *adj* (*Person*) düzensiz, derbeder; (*Kleidung*) kılıksız, kıyafetsiz

Unordnung *f kein pl* düzensizlik; (*Durcheinander*) dağınıklık, karışıklık; **etw in ~ bringen** bir şeyi dağıtmak

Unpaarhufer *m*, **Unpaarzeher** *m* ZOOL tek parmaklılar *pl*

unparteiisch *adj* tarafsız

Unparteiische(r) *f(m)* hakem

unpassend *adj* (*Zeitpunkt*) uygun olmayan, aksi, münasebetsiz; (*Bemerkung*) münasebetsiz, yakışıksız, yakışık almayan, uygunsuz, abes **unpassierbar** ['--'--] *adj* geçilmez

unpässlich[RR] *adj*, **unpäßlich**[ALT] *adj* rahatsız, keyifsiz; **~ sein** rahatsız olmak; ■ **sich ~ fühlen** kendisini rahatsız hissetmek

Unpässlichkeit[RR] *f*, **Unpäßlichkeit**[ALT] *f* rahatsızlık, keyifsizlik **unpersönlich** *adj* kişilik dışı, gayrişahsî **unpolitisch** *adj* siyasi olmayan, siyaset dışı; **ein ~er Mensch** politikayla ilgisi olmayan bir insan

unpraktisch *adj* pratik olmayan, kullanışsız **unproblematisch** *adj* sorunsuz

unproduktiv *adj* verimsiz **unpünktlich** *adj* dakik olmayan, zamanında [*o* vaktinde] gelmeyen; (*verspätet*) geç kalan, gecikmeli; **er ist immer ~** o hep geç kalır

unqualifiziert *adj* niteliksiz **unrasiert** *adj* tıraşsız

Unrast *f kein pl* huzursuzluk

Unrat <-(e)s> *m kein pl* (*geh*) süprüntü

unrationell *adj* rasyonel olmayan

unrealistisch *adj* gerçek dışı; (*Person*) gerçekçi olmayan **unrecht** *adj* ❶ (*geh: falsch*) yanlış, doğru olmayan; **es ist ~, so etw zu tun** böyle bir şey(i) yapmak doğru değildir ❷ (*unpassend*) münasebetsiz, uygun olmayan; **zur ~en Zeit kommen** münasebetsiz [*o* uygun olmayan] bir zamanda gelmek ❸ (*nicht rechtmäßig*) **jdm ~ tun** birine haksızlık etmek

Unrecht <-(e)s> *nt kein pl* haksızlık; **zu ~** haksız yere; **jdm ~ geben** birinin fikrini doğru bulmamak; **im ~ sein** (*sich irren*) haksız olmak, yanılmak; (*im Rechtsstreit*) haksız olmak **unrechtmäßig** *adj* haksız; (*illegitim*) gayrimeşru, yolsuz **unregelmäßig** *adj* düzensiz, yolsuz, kural dışı

Unregelmäßigkeit <-en> *f* düzensizlik, yolsuzluk, kural dışılık; **geringe ~en** hafif yolsuzluklar **unreif** *adj* (*Person*) toy; (*Obst*) ham, olmamış; (*jung*) körpe

unrein *adj a.* REL cenabet; (*schmutzig*) pis

unrentabel *adj* kârsız **unrichtig** *adj* doğru olmayan; (*falsch*) yanlış
Unruh *f* TECH zemberek
Unruhe *f kein pl* ❶ (*mangelnde Ruhe*) huzursuzluk; (*Lärm*) gürültü patırtı ❷ (*ständige Bewegung*) devamlı hareket ❸ (*Besorgnis*) telaş, tedirginlik; (*innere* ~) iç sıkıntısı ❹ *pl* (*Krawalle*) kargaşalık, fesat; ~ **stiften** fesat çıkarmak, ortalığı karıştırmak [*o* karıştırmaya çalışmak]
Unruhestifter(in) *m(f)* (*pej*) fesat kumkuması, ordubozan
unruhig *adj* ❶ (*nicht ruhig*) huzursuz; (*Meer*) çalkantılı ❷ (*laut*) gürültülü, sesli ❸ (*nicht gleichmäßig*) düzensiz; (*Zeiten*) çalkantılı, karışık ❹ (*besorgt*) tedirgin; (*innerlich*) huzursuz; ~ **auf und ab gehen** huzursuz bir şekilde bir aşağı bir yukarı gezinmek
uns [ʊns] **I.** *pron pers dat/akk von* **wir**: **ist das für ~?** bu bizim için mi?; **ein Freund von ~** bizim bir dostumuz; ~ **gehört das nicht** bu bizim değil; **unter ~ gesagt ...** laf aramızda kalsın, ... **II.** *pron refl dat/akk von* **wir**: **wir kümmern ~ schon darum** biz onunla meşgul oluruz; **wie lange haben wir ~ nicht gesehen?** birbirimizi görmeyeli ne kadar oldu?
unsachgemäß *adj* usulüne uygun olmayan; **etw ~ behandeln** bir şeyi usulüne uygun olarak kullanmamak **unsachlich** *adj* nesnel olmayan, objektif olmayan; **werden Sie nicht ~!** şahsiyat yapmayın!, işi şahsiyata dökmeyin! **unsagbar** ['---, '-'--] *adj* söylenemez, ifade edilemez; (*unbeschreiblich*) tarifsiz, tarif edilemez; (*Schmerzen*) tarifsiz, tarif edilemez; **wir haben U~es erlitten** çektiklerimiz tarifsizdir, neler çektiğimizi tarif edemem
unsanft *adj* kaba, sert **unsauber** *adj* ❶ (*schmutzig*) pis, kirli ❷ (*nachlässig*) pasaklı; ~ **arbeiten** üstünkörü iş yapmak ❸ (*Geschäfte*) kirli **unschädlich** *adj* zararsız **unscharf** *adj* ❶ FOTO net olmayan ❷ (*ungenau*) belirsiz; (*Erinnerung*) belli belirsiz, hayal meyal **unschätzbar** ['---, '-'--] *adj* paha biçilmez
unscheinbar *adj* ❶ (*unwichtig*) silik ❷ (*unauffällig*) dikkati çekmeyen, göze çarpmayan ❸ (*bescheiden*) mütevazı, gösterişsiz
unschlagbar ['-'--] *adj* yenilmez, sırtı yere gelmez; (*Argumente*) çürütülemez; **als Pianist/im Spiel ist er ~** piyanist olarak/oyunda onun üstüne yoktur **unschlüssig** *adj* kararsız; **sich** *dat* **über etw ~ sein** bir şey hakkında kararsız olmak
Unschuld *f kein pl* ❶ *a.* JUR masumiyet, masumluk, suçsuzluk; **jds ~ beweisen** masumiyetini ispat etmek; **die ~ vom Lande sein** masume olmak; **in aller ~ etw sagen** masum masum bir şey söylemek ❷ (*Jungfräulichkeit*) bekâret, kızlık
unschuldig *adj* ❶ *a.* JUR masum (**an** -de), suçsuz (**an** -de); **jdn ~ ansehen** birine masum masum bakmak ❷ (*jungfräulich*) kızlık
Unschuldsmiene *f* masum yüz ifadesi
unschwer *adv* kolayca; **das lässt sich ~ erraten** bunu tahmin etmek zor değil
unselbständig *adj*, **unselbstständig**[RR] *adj* bağımlı; **~e Arbeit** ücretli iş [*o* çalışma]
unselig *adj* (*geh*) uğursuz, meymenetsiz
unser ['ʊnzɐ] **I.** *pron pers gen von* **wir** bizim **II.** *pron poss* bizim; ~ **Leben** (bizim) hayatımız; **uns(e)re Zeit/Verwandten/Briefe** bizim zamanımız/akrabalarımız/mektuplarımız
unsere(r, s) ['ʊnz(ə)rə, -rɐ, -rəs] *pron* (*poss, substantivisch*) **der rote Koffer ist ~r** kırmızı valiz bizimdir; **Gott, erbarme dich ~!** Tanrım, bize merhamet et!; **wir tun das U~** biz üzerimize düşeni yaparız [*o* yapıyoruz]; *s. a.* **unser**
unsereiner ['ʊnzɐʔaɪnɐ] *pron* bizim gibiler *pl;* ~ **hat es nicht leicht** bizim gibilerin işi kolay değildir
unsereins ['ʊnzɐʔaɪns] *pron* (*fam*) *s.* **unsereiner**
unsererseits ['ʊnz(ə)rezaɪts] *adv* bizim tarafımızdan, bizden
unseresgleichen ['ʊnz(ə)rəs'glaɪçən] *pron* bizim gibiler
unseretwegen ['ʊnzərət've:gən, 'ʊnzɐt've:gən] *adv* bizim için; (*negativ*) bizim yüzümüzden **unseretwillen** ['ʊnzərət'vɪlən, 'ʊnzɐt'vɪlən] *adv* **um ~** bizim için, hatırımız için
unseriös *adj* ciddi olmayan, ciddiyetsiz, laubali
unsertwegen *adv s.* **unseretwegen**
unsertwillen *adv s.* **unseretwillen**
unsicher *adj* ❶ (*gefährlich*) emin olmayan, emniyetsiz, güvenilmez ❷ (*ungewiss*) emin olmayan, belirsiz, belli olmayan; (*zweifelhaft*) kuşkulu, şüpheli; **ich bin mir ~, ob das stimmt** bunun doğru olup olmadığından emin değilim; **es ist noch ~, ob wir kommen** gelip gelmeyeceğimiz henüz belli değil ❸ (*nicht selbstbewusst*) kendinden emin olmayan, kendine güveni olmayan ❹ (*gefährdet*) emin olmayan
Unsicherheit <-en> *f* emniyetsizlik, güvensizlik; (*Ungewissheit*) emin olmama
Unsicherheitsfaktor *m* riziko faktörü

U

unsichtbar *adj* görünmez (**für** için)
Unsinn <-(e)s> *m kein pl* ❶ (*fehlender Sinn*) anlamsızlık ❷ (*Unfug*) yaramazlık, saçmalık; **red keinen ~!** saçmalama!, saçma sapan konuşma!; **mach keinen ~!** yaramazlık etme!
unsinnig *adj* anlamsız, saçma
Unsitte <-n> *f* kötü âdet; (*schlechte Gewohnheit*) kötü alışkanlık
unsittlich *adj* edepsiz, edebe aykırı, müstehcen; (*unmoralisch*) ahlaksız, ahlaka aykırı, ahlak ve törelere uymayan **unsozial** *adj* asosyal **unsportlich** *adj* ❶ (*Person*) spor yapmayan ❷ (*unfair*) sportmenliğe yakışmayan
unsre(r, s) ['ʊnzrə, -rɐ, -rəs] *pron s.* **unser, unsere(r, s)**
unsrerseits *adv s.* **unsererseits**
unsresgleichen *pron s.* **unseresgleichen**
unsrige *pron* (*geh*) **der/die/das ~** bizimki; **die ~n** bizimkiler
UNSTAT *nt Abk von* **Statistisches Amt der Vereinten Nationen** UNSTAT (*Birleşmiş Milletler İstatistik Ofisi*)
unsterblich [(')-'--] *adj* ölümsüz, ölmez; ■**sich ~ verlieben** sırılsıklam âşık olmak
Unsterblichkeit [-'---] *f kein pl* ölümsüzlük, ölmezlik
Unstimmigkeit <-en> *f* ❶ (*Ungenauigkeit*) uyumsuzluk ❷ (*Meinungsverschiedenheit*) görüş ayrılığı
Unsumme <-n> *f* çok büyük meblağ; **eine ~ Geldes** dünyanın parası; **er hat dafür ~n ausgegeben** onun için dünyanın parasını harcadı
unsymmetrisch *adj* asimetrik, bakışımsız
unsympathisch *adj* antipatik; **er ist mir ~** onu antipatik buluyorum
untad(e)lig *adj* kusursuz, mükemmel
Untat <-en> *f* kötü eylem; (*Verbrechen*) cürüm
untätig *adj* aktif olmayan, faaliyet göstermeyen, işsiz güçsüz; **~ zusehen** karışmadan [*o* bir şey yapmadan] seyretmek, seyirci kalmak
untauglich *adj* (*Gerät*) elverişsiz (**für** için/-e); (*Person*) yaramaz (**für** -e); (*für den Militärdienst*) çürük **unteilbar** ['-'--, '---] *adj* bölün(e)mez **Unteilbarkeit** *f kein pl* bölünmezlik
unten ['ʊntən] *adv* ❶ **dort/da ~** orada/şurada aşağıda; **nach ~** aşağı(ya); **von ~** aşağıdan; **von oben bis ~** yukarıdan aşağıya; **rechts/links ~** sağda/solda aşağıda ❷ (*Ende, Unterseite*) aşağı; **von oben bis ~** baştan aşağı; **sie musterte ihn von oben bis ~** onu baştan aşağı süzdü; **mit dem Gesicht nach ~** yüzükoyun ❸ (*im Text*) **~ genannt** aşağıda adı geçen; **siehe ~** aşağıya bakınız; **weiter ~** daha aşağıda ❹ (*Hierarchie*) **sie hat ganz ~ angefangen** kariyerine en alt basamaktan başladı ❺ (*fam: im Süden*) güneyde; **er lebt ~ im Bayern** güneyde Bavyera'da oturuyor ❻ (*fam*) **wir sind bei ihm ~ durch** gözünden düştük; **nicht (mehr) wissen, wo oben und ~ ist** Hanya'yı Konya'yı (artık) bilmemek **untenerwähnt** *adj s.* **erwähnen untengenannt** *adj s.* **nennen I.3.**
unter ['ʊntɐ] **I.** *präp* ❶ (*unterhalb*) altında ❷ (*inmitten*) arasında; **~ anderem** ezcümle; **~ Freunden** dostlar arasında; **wir sind hier ganz ~ uns** burada biz bizeyiz; **das bleibt ~ uns** bu aramızda kalsın; **~ uns gesagt ...** aramızda kalsın, ... ❸ (*weniger als*) altında; **Kinder ~ 12 Jahren** 12 yaşın altındaki çocuklar; **~ dem Durchschnitt** ortalamanın altında ❹ (*Art und Weise*) **~ Tränen** ağlaya ağlaya; **~ der Bedingung, dass ...** ... şartıyla; **~ allen Umständen** ille; **~ Vorbehalt** saklı kalmak üzere, kaydıihtiyatla, çekince(si) olduğunu belirterek; **~ falschem Namen** sahte ad kullanarak ❺ (*Zustand*) **~ Strom** elektrikli; **das Haus steht ~ Denkmalschutz** ev anıt olarak korunuyor ❻ (*Unterordnung*) altında; **sie hat mehrere Mitarbeiter ~ sich** *dat* yönetimi altında birçok elemanı var; **~ seiner Leitung** yönetimi altında ❼ (*Zuordnung*) altında; **~ dem Motto ...** ... parolası altında; **was verstehen Sie ~ ...?** ...den ne anlıyorsunuz? **II.** *präp* (*Richtung*) **er nahm das Paket ~ den Arm** paketi kolunun altına aldı; **die Temperaturen sinken ~ null** hava sıcaklığı sıfırın altına düşüyor
Unterabteilung <-en> *f* alt bölüm **Unterangebot** <-(e)s> *nt kein pl* WIRTSCH eksik arz **Unterarm** <-(e)s, -e> *m* ön kol **Unterart** *f* BIOL alt tür
unterbelichten* ['-----] *vt* FOTO az ışıklamak; **er ist (geistig) wohl etwas unterbelichtet** (*fig*) kendisi birazcık geri zekâlıdır
Unterbeschäftigung *f* WIRTSCH eksik istihdam
unterbesetzt *adj* eksik kadrolu
unterbewerten* ['-----] *vt* yeterince önemsememek
unterbewusstRR *adj*, **unterbewußt**ALT *adj* bilinçaltı; **etw ~ ahnen** bilinçaltında bir şeyi sezmek **Unterbewusstsein**RR <-s> *nt kein pl*, **Unterbewußtsein**ALT <-s> *nt kein pl* PSYCH bilinçaltı

unterbieten* *irr vt* ❶ (*Konkurrenten*) daha ucuz olmak (-den); (*Preis*) kırmak (**um** -le); **er hat alle Konkurrenten unterboten** bütün rakiplerinden daha ucuzdu ❷ (*Rekord*) kırmak (**um** -le); **etw ist nicht zu ~** (*fig*) bir şeyden daha kötüsü olamaz olmak

unterbinden* *irr vt* önlemek; (*verhindern*) engellemek

unterbleiben* *irr vi sein* (*nicht geschehen*) olmamak; (*aufhören*) durmak; (*sich nicht wiederholen*) tekrarlanmamak, bir daha olmamak, bir daha yapılmamak; **das wäre besser unterblieben** bu olmasaydı [*o* yapılmasaydı] daha iyi olurdu

unterblieben *pp von* **unterbleiben**

unterboten *pp von* **unterbieten**

unterbrechen* *irr vt* ara vermek (-e); (*Stromzufuhr*) kesmek; **jdn ~** birinin sözünü kesmek

Unterbrechung <-en> [--'--] *f* ara, aralık, fasıla, kesinti; (*das Unterbrechen*) ara verme; (*das Unterbrochensein*) kesinti, fasıla; (*der Stromversorgung*) kesilme; **ohne ~** arasız, aralıksız, ara vermeden, kesintisiz, fasılasız; **nach einer kurzen ~** kısa bir fasıladan [*o* aradan] sonra

unterbreiten* *vt* (*geh*) sunmak, ibraz etmek; **jdm einen Vorschlag ~** birine öneride bulunmak

unter|bringen *irr vt* ❶ (*verstauen*) koymak, yerleştirmek; **in diesem Koffer kann ich nicht alles ~** bu bavula her şeyi sığdıramam ❷ (*einquartieren*) yerleştirmek ❸ (*fam: Anstellung beschaffen*) iş bulmak (-e)

Unterbringung <-en> *f* ❶ yerleştir(il)me ❷ (*fam: Unterkunft*) barınak

unterbrochen **I.** *pp von* **unterbrechen** **II.** *adj* kesik

unterbunden *pp von* **unterbinden**

Unterdeck *nt* alt güverte

unterderhand[ALT] ['ʊntɐdeːɐ'hant] *adv s.* **Hand**

unterdessen [--'--] *adv* bu arada

Unterdruck[1] <-(e)s, -drücke> *m* PHYS, TECH düşük basınç

Unterdruck[2] <-(e)s> *m kein pl* MED hipotansiyon

unterdrücken* *vt* ❶ (*Gefühle*) göstermemek, gizlemek; (*Aufstand*) bastırmak; (*Seufzer, Tränen*) tutmak ❷ (*Information, Tatsachen*) gizli tutmak, gizleme ❸ (*Menschen*) baskı altında tutmak, ezmek

Unterdrückung <-en> [--'--] *f* ❶ (*von Gefühlen*) göstermeme, gizleme; (*von Aufstand*) bastırma ❷ (*von Informationen, Tatsachen*) gizli tutma, gizleme ❸ (*von Menschen*) ezilmişlik, mazlumluk, baskı altında tut(ul)ma

untere(r, s) ['ʊntərə, -rɐ, -rəs] *adj* alt

untereinander [---'--] *adv* ❶ (*räumlich*) alt alta ❷ (*miteinander*) birlikte; (*gegenseitig*) karşılıklı olarak; **das können wir ~ ausmachen** bunu aramızda kararlaştırabiliriz

unterentwickelt *adj* ❶ (*zurückgeblieben*) geri kalmış; **geistig ~** geri zekâlı; **körperlich ~** vücudu gelişmemiş [*o* normalden az gelişmiş] ❷ POL az gelişmiş **unterernährt** *adj* yetersiz beslenmiş **Unterernährung** *f kein pl* yetersiz beslenme **Unterfamilie** <-n> *f* BIOL alt familya **Unterfangen** *nt kein pl* girişim

Unterführung <-en> [--'--] *f* alt geçit

Unterfunktion <-en> *f* MED yetersiz çalışma

Untergang <-(e)s, -gänge> *m* ❶ (*von Schiffen*) batma ❷ (*von Gestirnen*) batma, batım, gurup ❸ (*Verderb*) batma, mahvolma, yıkılma, yıkım; (*von Kulturen*) yok olma; (*von Reichen*) batma, çöküş; (*Welt~*) son

Untergebene(r) <-n, -n; -n> [--'---] *f(m)* ast

unter|gehen *irr vi sein* ❶ (*Schiff*) batmak ❷ (*Gestirn*) gurup etmek; (*Sonne*) gurup etmek, batmak ❸ (*zugrunde gehen*) batmak, mahvolmak, yıkılmak; (*Kultur*) batmak, yok olmak; (*Reich*) batmak, çökmek ❹ (*fig: Worte*) kaybolmak (**in** arasında); **seine Worte gingen in Bravorufen unter** sözleri bravo diye bağırışmaların arasında kayboldu; **ihr Stern ist im U~ begriffen** yıldızı sönüyor

untergeordnet *adj* (*zweitrangig*) ikincil, tali, ikinci derece olan

Untergeschoss[RR] <-es, -e> *nt* alt kat

Untergewicht <-(e)s> *nt kein pl* kilo eksikliği

untergliedern* *vt* bölümlemek (**in** -e)

Untergrenze *f* alt sınır **Untergrund** <-(e)s> *m kein pl* ❶ AGR toprağın altı ❷ (*Hintergrund*) fon ❸ POL yer altı faaliyeti; (*bewaffnet*) komita; **in den ~ gehen** komitacı olmak **Untergrundbahn** *f* yer altı treni, metro **Untergrundorganisation** *f* POL yer altı örgütü; (*bewaffnet*) komita

unterhalb *präp* altında, aşağısında; **er ist ~ der Taille gelähmt** (vücudunun) belden aşağısı felçli

Unterhalt <-(e)s> *m kein pl* ❶ (*Lebens~*) geçim; **für jds ~ aufkommen** birinin geçimini sağlamak ❷ (*~szahlungen*) nafaka, geçimlik ❸ (*Instandhaltung*) bakım (ve onarım)

unterhalten* *irr* **I.** *vt* ❶ (*versorgen*) geçindirmek, geçimini sağlamak (-in); **eine Familie mit drei Kindern ~** üç çocuklu aile geçindirmek ❷ (*Bauwerk*) bakımını (ve onarımını) yapmak (-in) ❸ (*Pension*) işletmek ❹ (*Kontakte*) sürdürmek, olmak; **diplomatische Beziehungen zu ... ~** ... ile diplomatik ilişkileri olmak ❺ (*vergnügen*) eğlendirmek **II.** *vr* ■ **sich ~** (*sprechen*) konuşmak (**über** üzerine), konuşup dertleşmek (**über** üzerine), sohbet etmek (**über** -den), yarenlik etmek

unterhaltsam [--'--] *adj* eğlenceli, hoş sohbet

Unterhaltsanspruch *m* JUR nafaka hakkı **unterhaltsberechtigt** *adj* nafaka istemek hakkına sahip olan; **jdm gegenüber ~ sein** birine karşı nafaka istemek hakkına sahip olmak **Unterhaltsberechtigte(r)** <-n, -n; -n> *f(m)* nafaka istemek hakkına sahip olan (kimse) **Unterhaltskosten** *pl* ❶ (*für Unterhaltsberechtigte*) nafaka masrafları *pl* ❷ (*für Gebäude, Anlagen*) bakım (ve onarım) masrafları *pl* ❸ (*für Fahrzeuge*) bakım (ve onarım) masrafları *pl* **Unterhaltspflicht** *f kein pl* nafaka yükümlülüğü **unterhaltspflichtig** *adj,* **unterhaltsverpflichtet** *adj* nafaka yükümlüsü, nafaka ödemekle yükümlü **Unterhaltszahlung** *f* nafaka ödeme

Unterhaltung[1] [--'--] *f kein pl* (*das Instandhalten*) bakım (ve onarım)

Unterhaltung[2] <-en> *f* ❶ (*Gespräch*) sohbet, yarenlik, konuşup dertleşme (**über** üzerinde); **eine ~ mit jdm führen** biriyle sohbet etmek ❷ (*Vergnügen*) eğlence; **wir wünschen angenehme ~** iyi eğlenceler dileriz

Unterhaltungsindustrie *f* eğlence sanayii

Unterhändler(in) <-s, -; -nen> ['----] *m(f)* POL görüşmeci; (*Vermittler*) aracı

Unterhaus <-es, -häuser> *nt* POL Avam Kamarası

Unterhautgewebe *nt* ANAT deri altı dokusu

U

Unterhemd <-(e)s, -en> *nt* fanilâ

Unterholz <-es> *nt kein pl* sık çalılık, çopra

Unterhose <-n> *f* don, külot

unterirdisch *adj* yer altı

unter|jubeln *vt* (*fam*) **jdm etw ~** birine bir şeyi kakalamak

Unterkiefer <-s, -> *m* alt çene **Unterklasse** *f a.* BIOL alt sınıf **Unterkleid** *nt* kombinezon; (*Unterrock*) jüpon, iç etek

unter|kommen *irr vi sein* ❶ (*Unterkunft finden*) barınacak yer bulmak (**bei/in** -in yanında/-de), kalacak yer bulmak (**bei/in** -in yanında/-de), başını sokmak (**in** -e), kapağı atmak (**in** -e) ❷ (*fam: Arbeit finden*) iş bulmak (**bei/in** -in yanında/-de) ❸ DIAL (*begegnen*) rastlamak (-e), rast gelmek (-e); **so etw ist mir noch nicht untergekommen** böyle bir şeye şimdiye kadar rastlamamıştım, böyle bir şey şimdiye kadar başıma gelmemişti

unter|kriegen *vt* (*fam*) alt etmek, sırtını yere getirmek (-in); **lass dich nicht ~** sıkı dur, cesaretini kaybetme

unterkühlen* *vt* ❶ (*Temperatur senken*) **den Patienten künstlich ~** hastanın vücut sıcaklığını yapay olarak düşürmek ❷ TECH (*unter den Schmelzpunkt*) ergime noktasının altına kadar soğutmak

Unterkunft <-künfte> ['ʊntɐkʊnft, *pl* -kʏnftə] *f* barınak, kalacak yer; **~ und Verpflegung** yedirip içirme ve barındırma; **hast du eine ~ für die Nacht gefunden?** bu gece kalacak bir yer buldun mu?

Unterlage <-n> *f* ❶ (*Schreib~*) sumen; (*Kissen*) minder ❷ *pl* (*Dokumente*) dokümanlar *pl,* belgeler *pl* ❸ (*Grundlage*) temel

Unterlass[RR] ['ʊntɐlas] *m,* **Unterlaß**[ALT] *m* **ohne ~** durmadan

unterlassen* *irr vt* ❶ (*absichtlich nicht tun*) yapmamak, kaçınmak (-den); **~e Hilfeleistung** yardımdan kaçınma ❷ (*versäumen*) ihmal etmek, savsamak

unterlaufen*[1] *irr* **I.** *vi sein* ❶ **jdm unterläuft ein Fehler/ein Irrtum** biri yanılgıya düşmek, biri bilmeden yanlışlık yapmak ❷ (*fam: begegnen*) rastlamak (-e), rast gelmek (-e); **so etw/ein Mensch ist mir noch nicht ~** böyle bir şeye/kimseye şimdiye kadar rastlamadım **II.** *vt* (*Zensur*) kitabına uydurmak; (*Gesetz*) kulpunu bulmak (-in)

unterlaufen[2] *adj* **mit Blut ~** kan oturmuş

unterlegen[1] [--'--] *adj* (*schwächer*) daha zayıf olan; **jdm ~ sein** birinin dengi olmamak; **dem Gegner an Kraft ~ sein** rakibinden kuvvetçe daha zayıf olmak

unterlegen*[2] **I.** *pp von* **unterliegen II.** *vt* (*mit Musik*) süslemek (**mit** -le), çeşitlemek (**mit** -le); **einen Film mit Musik ~** bir filmi müziklendirmek [*o* müzik ile çeşitlemek]; **einen Text mit einem anderen Sinn ~** bir metne başka bir anlam vermek

unter|legen[3] *vt* (*unter jdm etw legen*) altına koymak (-in)

Unterlegene(r) *f(m)* yenik, mağlup

Unterlegring *m,* **Unterlegscheibe** *f* TECH pul

Unterleib <-(e)s, -e> *m* karın altı

Unterleutnant *m* MIL asteğmen

unterliegen* *irr vi* ❶ *sein* (*verlieren*) yenilmek (-e), kaybetmek (-i); (*Versuchung, Krankheit*) yenilmek (-e); **einem Irrtum ~** hataya düşmek, yanılgıya düşmek ❷ (*unterworfen sein*) bağlı olmak (-e), tâbi olmak (-e); **es unterliegt keinem Zweifel, dass etw eintritt** bir şeyin olacağına şüphe yok

Unterlippe <-n> *f* alt dudak

unterm ['ʊntɐm] (*fam*) = **unter dem** *s.* **unter**

untermauern* *vt* ❶ (*Gebäude*) temel duvarı çekmek (-e), altını duvarla pekiştirmek (-in) ❷ (*fig: Behauptung*) pekiştirmek

Untermenü <-s, -s> *nt* INFORM alt menü

Untermiete *f kein pl* **bei jdm zur ~ wohnen** kiracının kiracısı olarak oturmak

Untermieter(in) <-s, -; -nen> *m(f)* kiracının kiracısı

unterminieren* *vt* MIL (*verminen*) mayınlamak

unter|mischen *vt* katıştırmak, katarak karıştırmak; **Salat mit Majonäse ~** salataya mayonez katıştırmak

untern ['ʊntɐn] (*fam*) = **unter den** *s.* **unter**

unternehmen* *irr vt* (*Reise*) yapmak; **etw zusammen ~** bir şeyi birlikte yapmak; **gegen jdn/etw Schritte ~** bir kimseye/şeye karşı girişimde bulunmak

Unternehmen <-s, -> [--'--] *nt* ❶ (*Vorhaben*) girişim, teşebbüs ❷ (*Firma*) firma, şirket; (*Betrieb*) işletme

Unternehmensberater(in) *m(f)* girişim(cilik) danışmanı

Unternehmer(in) <-s, -; -nen> [--'--] *m(f)* girişimci, müteşebbis; (*Bau~*) müteahhit; (*Sub~*) taşeron

Unternehmertum *nt* girişimcilik

Unternehmungsgeist <-(e)s> *m kein pl* girişimci ruhu **unternehmungslustig** *adj* girişken

unternommen *pp von* **unternehmen**

Unteroffizier <-(e)s, -e> *m* MIL astsubay

unter|ordnen I. *vt* ikinci plana atmak; **jdn jdm ~** birini başka birinin emrine vermek; **jdm untergeordnet sein** birinin astı olmak, birinin buyruğu altında olmak **II.** *vr* ■ **sich jdm ~** birinin emrine girmek, birinin buyruğu altında bulunmayı kabul etmek

Unterordnung *f* BIOL alt takım

Unterredung <-en> [--'--] *f* görüşme; **eine ~ mit jdm haben** biriyle görüşmesi olmak, biriyle bir görüşme yapmak

Unterricht <-(e)s, -e> ['ʊntɐrɪçt] *m* (*das Unterrichten*) ders; (*~sstunde*) der saati; **jdm ~ geben** birine ders vermek; **~ haben** dersi olmak; **den ~ schwänzen** (*fam*) dersi asmak; **audiovisueller ~** görsel işitsel eğitim

unterrichten* *vt* ❶ (*Fach*) öğretmek, dersi vermek; (*Schüler*) ders vermek (-e); **Deutsch ~** Almanca dersi vermek, Almanca öğretmek ❷ (*informieren*) bilgi vermek (**über** hakkında)

Unterrock <-(e)s, -röcke> *m* iç etek, jüpon

unters ['ʊntɐs] (*fam*) = **unter das** *s.* **unter**

untersagen* *vt* yasaklamak

Untersatz <-es, -sätze> *m* altlık; (*für Gläser*) bardakaltı; **ein fahrbarer ~** (*fam*) araba

unterschätzen* *vt* küçümsemek, azımsamak

unterscheiden* *irr* **I.** *vt* ayırt etmek (**von** -den), ayırmak (**von** -den); **die Zwillinge sind kaum zu ~** ikizleri birbirinden ayırt etmek imkânsız gibi, ikizlerin arasında fark yok gibi **II.** *vi* ay(ı)rım yapmak (**zwischen** arasında) **III.** *vr* ■ **sich ~** farklı olmak (**von** -den), ayrımlı olmak (**von** -den), ayrılmak (**von** -den); **er unterscheidet sich von seinem Freund im Charakter** karakter bakımından arkadaşından farklıdır

Unterscheidung <-en> [--'--] *f* ayırt etme

Unterscheidungsmerkmal *nt* ayırt edici nitelik

Unterschenkel <-s, -> *m* ANAT baldır, incik **Unterschenkelknochen** *m* ANAT incik kemiği **Unterschicht** <-en> *f* alt tabaka

Unterschied <-(e)s, -e> ['ʊntɐʃiːt] *m* fark (**zwischen** ara(sın)da); (*Unterscheidung*) ayrım (**zwischen** ara(sın)da); **einen ~ machen** ayrım yapmak, fark gözetmek; **das macht einen/keinen ~** bu fark eder/etmez; **im ~ zu etw** *dat*/**jdm** bir şeyden/kimseden farklı olarak; **das ist ein feiner/gewaltiger/wesentlicher ~** bu ince/muazzam/önemli bir fark(tır); **ein ~ wie Tag und Nacht sein** (aralarında) dağlar kadar fark olmak

unterschieden *pp von* **unterscheiden**

unterschiedlich *adj* farklı, ayrımlı, değişik; **~ groß sein** farklı büyüklükte olmak; **~ reagieren** farklı tepki göstermek

Unterschiedlichkeit *f* farklılık

unter|schlagen[1] *irr vt* (*Arme*) kavuşturmak; **die Beine ~** bir ayağını diğer ayağının altına almak

unterschlagen*[2] *irr vt* ❶ (*Geld*) zimmet(in)e geçirmek; (*Brief*) sahibine vermemek ❷ (*verschweigen*) gizlemek

Unterschlagung <-en> [--'--] *f* ❶ (*von*

U

Geld) zimmet, zimmete para geçirme ❷ (*von Informationen*) gizleme
Unterschlupf <-(e)s, -e> ['ʊntɐʃlʊpf] *m* sığınak, barınak; (*Versteck*) sığınak, saklanacak yer; **jdm ~ gewähren** birine barınak sağlamak
unterschreiben* *irr vt* imzalamak
unterschrieben *pp von* **unterschreiben**
Unterschrift <-en> ['---] *f* imza; **~en sammeln** imza toplamak
Unterschriftenaktion *f*, **Unterschriftenkampagne** *f* imza kampanyası **Unterschriftenmappe** *f* imza sirküleri
unterschriftlich *adv* imzayla
unterschriftsberechtigt *adj* imzaya yetkili, imza yetkisi olan
unterschwellig ['ʊntɐʃvɛlɪç] *adj* bilinç dışı
Unterseeboot *nt a.* MIL denizaltı
Unterseite <-n> *f* alt
Untersetzer *m* altlık
untersetzt [--'-] *adj* bodur; (*gedrungen*) tıknaz
Untersetztheit *f kein pl* bodurluk, tıknazlık
unterstanden *pp von* **unterstehen**
unterste(r, s) ['ʊntɐstə, -tɐ, -təs] *adj superl von* **untere(r, s)**
unterstehen* *irr* **I.** *vi* (*unterliegen*) bağlı olmak (-e); **jdm ~** birinin astı olmak, birinin buyruğu altında olmak; MIL birinin buyruğunda [*o* emrinde] olmak **II.** *vr* ▪**sich ~, etw zu tun** bir şey yapmaya cüret etmek; **untersteh dich!** sakın ha!
unter|stellen¹ **I.** *vt* (*abstellen*) koymak (**in** -e), bırakmak (**in** -e) **II.** *vr* ▪**sich ~** sığınmak (**in** -e)
unterstellen*² *vt* ❶ (*annehmen*) varsaymak, farz etmek; **wir wollen einmal ~, dass ...** farz edelim ki ... ❷ (*unterordnen*) emrine vermek (-in) ❸ (*unterschieben*) **wie kannst du mir ~, dass ich so etw getan haben könnte** benim böyle bir şey(i) yapmış olduğumu nasıl iddia edebilirsin
Unterstellung <-en> *f* ❶ (*Unterordnung*) emrine ver(il)me ❷ (*falsche Behauptung*) asılsız iddia; (*verleumderisch*) iftira
unterstreichen* *irr vt* ❶ (*Strich ziehen*) altını çizmek ❷ (*betonen*) vurgulamak
unterstrichen *pp von* **unterstreichen**
Unterstufe <-n> *f* SCHULE *beşinci sınıftan yedinci sınıfa kadar olan üç yıllık öğretim dönemi*
unterstützen* *vt* ❶ (*Beistand leisten*) desteklemek (**bei/in** -de/-de), arka çıkmak (-e); (*helfen*) yardım etmek (**bei** -de) ❷ (*fördern*) desteklemek, teşvik etmek; (*finanziell*) yardımda bulunmak (-e), yardım yapmak (-e)
Unterstützung <-en> [--'--] *f* destekleme, arka çıkma; (*Hilfe*) yardım; (*finanziell*) yardım
untersuchen* *vt* ❶ (*analysieren*) analiz etmek, çözümlemek; (*wissenschaftlich*) araştırmak; **das Blut auf Zucker ~** kanda şeker olup olmadığını araştırmak, kandaki şekeri analiz etmek ❷ (*prüfen*) incelemek; (*Gepäck*) muayene etmek ❸ JUR soruşturmak ❹ (*Kranke*) muayene etmek; **sich ärztlich ~ lassen** kendini hekime muayene ettirmek
Untersuchung <-en> [--'--] *f* ❶ (*Analyse*) analiz, tahlil; *a.* JUR soruşturma, tahkikat ❷ (*Überprüfung*) muayene; (*Studie*) araştırma ❸ MED muayene; (*Vorsorge~*) çekap; **sich einer ~ unterziehen** muayene olmak, çekap yaptırmak **Untersuchungsausschuss**^RR <-es, -schüsse> *m* ❶ soruşturma kurulu, soruşturma komisyonu ❷ POL yarkurul **Untersuchungshaft** *f* tutukluluk; **in ~ sitzen** tutuklu olmak **Untersuchungskommission** <-en> *f* ❶ soruşturma komisyonu, soruşturma kurulu ❷ POL yarkurul **Untersuchungsrichter(in)** *m(f)* soruşturma yargıcı
Untertan(in) <-s *o* -en, -en; -nen> ['ʊntɐta:n] *m(f)* kul
untertänig ['ʊntɐtɛ:nɪç] *adj* (*pej*) kula kul olan; **Ihr ~ster Diener** kulunuz
Untertasse <-n> *f* fincan tabağı; **fliegende ~** (*tellerförmiges Ufo*) uçan daire
Untertaste *f* MUS (*des Klaviers*) beyaz tuş
unter|tauchen **I.** *vi sein* ❶ (*Schwimmer, Vogel*) dalmak; (*fig*) batmak ❷ (*verschwinden*) ortadan kaybolmak, yok olmak, kayıplara karışmak; **bei Freunden ~** dostlarının yanına saklanmak **II.** *vt* suya batırmak
Unterteil <-(e)s, -e> *nt* alt
unterteilen* *vt* bölümlemek (**in** -e)
Untertitel <-s, -> *m* ❶ ara başlık, alt başlık ❷ FILM alt yazı
Unterton <-(e)s, -töne> *m* ❶ MUS ana sese katılan ses tonu ❷ (*fig: Beiklang*) **seine Stimme hatte einen drohenden ~** sesinin tonunda hafiften [*o* hafif yollu] bir tehdit vardı
untertreiben* *irr vt* azımsamak, küçümsemek
Untertreibung *f* azımsama, küçümseme, tefrit
untertrieben *pp von* **untertreiben**
untervermieten* ['-----] *vt* kiracı olarak kiraya vermek **unterversichern*** *vt*

U

değerinin altında sigorta etmek
Unterversicherung *f* eksik sigorta
Unterverzeichnis *nt* INFORM alt dizin
unterwandern* *vt* sızmak (-e)
Unterwäsche *f kein pl* iç çamaşırı
Unterwassermassage *f* su içi masajı
unterwegs [ʊntɐˈveːks] *adv* ❶ (*auf dem Weg*) yolda; ~ **nach München** Münih yolunda, Münih'e giderken; **ich bin ~ zu dir** sana geliyorum; **bei ihr ist ein Kind ~** (*fig fam*) o bir çocuk bekliyor ❷ (*während der Reise*) yolculukta, yolda; **für ~** yol(culuk) için
unterweisen* *irr vt* (*geh*) öğretmek (-e, **in** -); **jdn in Geschichte ~** birine tarih öğretmek [*o* dersi vermek]
Unterwelt *f kein pl* ❶ (*Totenreich*) ölüler diyarı ❷ (*fig: Verbrecherwelt*) yer altı dünyası
unterwerfen* *irr* **I.** *vt* ❶ (*Volk, Gebiet*) tâbi kılmak, egemenliği altına almak, boyun eğdirmek (-e) ❷ (*einer Kontrolle*) tâbi tutmak; **etw** *dat* **unterworfen sein** bir şeye tâbi olmak **II.** *vr* ■ **sich ~** boyun eğmek, boyunduruk altına girmek; **sich dem Richterspruch ~** kazaya rıza göstermek
unterwiesen *pp von* **unterweisen**
unterworfen *pp von* **unterwerfen**
unterwürfig [ˈʊntɐvʏrfɪç, --ˈ--] *adj* (*pej*) kula kul olan
unterzeichnen* *vt* imzalamak
Unterzeichner(in) <-s, -; -nen> [--ˈ--] *m(f)* imzalayan, imza eden
Unterzeichnung *f* imzalama
unter|ziehen[1] *irr vt* ❶ (*Kleidung*) içine [*o* altına] giymek ❷ GASTR içine katmak
unterziehen*[2] *irr* **I.** *vt* tâbi tutmak; **etw einer Qualitätskontrolle ~** bir şeyi kalite kontrolüne tâbi tutmak; **jdn einem Verhör ~** birini sorguya çekmek **II.** *vr* ■ **sich ~** katlanmak (-e); **sich einer Operation ~** ameliyat olmak
unterzogen *pp von* **unterziehen**[2]
Untiefe <-n> *f* ❶ (*seichte Stelle*) sığlık ❷ (*Tiefe*) çok derin yer
Untier <-(e)s, -e> *nt* canavar
untragbar [ˈ-ˈ--] *adj* ❶ (*nicht finanzierbar*) finanse edilemez ❷ (*unerträglich*) katlanılamaz, dayanılamaz **untrainiert** [ˈ-ˈ--] *adj* antremansız, idmansız, ham **untrennbar** [ˈ-ˈ--] *adj* ayrılmaz, bölünmez **untreu** *adj* vefasız, sadakatsiz, hakikatsız; **seine Frau ist ihm ~ geworden** karısı onu başkasıyla aldatıyor; **seinen Grundsätzen ~ werden** prensiplerini çiğnemek **Untreue** *f kein pl* ❶ (*gegenüber Menschen*) vefasızlık, sadakatsizlik, hakikatsizlik ❷ JUR emniyeti [*o* güveni] kötüye kullanma
untröstlich [ˈ---, -ˈ--] *adj* avunamayan (**über** -le), teselli bulamayan (**über** -le); **er ist ~** hiçbir şeyle avunamıyor
Untugend <-en> *f* kötü alışkanlık
untypisch *adj* tipik olmayan, atipik
unüberlegt *adj* düşüncesiz; **~ handeln** düşüncesizlik etmek, düşüncesizce [*o* düşünmeden] davranmak **unübersehbar** [ˈ---ˈ--] *adj* ❶ (*groß*) hadsiz hesapsız, haddi hesabı olmayan; (*nicht zu übersehen*) gözden kaçmayan ❷ (*nicht abschätzbar*) düşünülemez, ne olabileceği önceden kestirilemez **unübersichtlich** *adj* (*Kurve*) sonu görünmeyen; (*komplex*) karmaşık
unübertrefflich [ˈ---ˈ--] *adj* üstüne olmayan, daha üstü bulunmayan; **das ist ~** üstüne yok, bundan daha üstü olmaz
unübertroffen [ˈ---ˈ--] *adj* **sein ~ er Fleiß** bugüne kadar eşi görülmemiş çalışkanlığı
unüberwindlich [ˈ---ˈ--] *adj* (*Gegner*) yenilmez; (*Probleme*) çözülemez; (*Hindernisse*) aşılması imkânsız
unüblich *adj* âdet olmayan
unumgänglich [ˈ--ˈ--] *adj* kaçınılmaz
unumschränkt [ˈ--ˈ-] *adj* sınırsız
unumstößlich [ˈ--ˈ--] *adj* değiştirilemez; **~ feststehen** kesin olmak
unumstritten [ˈ--ˈ--] *adj* söz götürmez
ununterbrochen [ˈ---ˈ--] **I.** *adj* aralıksız, fasılasız, kesintisiz; (*durchgehend*) sürekli **II.** *adv* aralıksız, fasılasız, sürekli olarak, ara vermeden [*o* vermeksizin], ha bire **unveränderlich** [ˈ-----, ˈ--ˈ---] *adj* değişmez
unverändert [ˈ--ˈ--] **I.** *adj* değişmemiş; (*beständig*) sabit **II.** *adv* aynıyla, olduğu gibi; (*ohne jede Änderung*) hiçbir değişiklik olmadan **unverantwortlich** [ˈ-----, ˈ--ˈ---] *adj* sorumsuz
unverbesserlich [ˈ--ˈ---] *adj* akıllanmaz, düzelmez, ıslah olmaz
unverbindlich *adj* ❶ (*nicht bindend*) bağlayıcı olmayan; **etw ~ anfordern** bir şeyi satın alma zorunluluğu olmadan istemek ❷ (*reserviert*) mesafeli **unverbleit** *adj* kurşunsuz **unverblümt** **I.** *adj* çıplak, süssüz **II.** *adv* (bütün) çıplaklığıyla **unverbraucht** *adj* kullanılmamış, harcanmamış
unverbrennbar *adj* yanmaz, ateş almaz
unverdaulich *adj* ❶ (*nicht verdaulich*) sindirilemez ❷ (*fig: schwer verständlich*) anlaşılması güç **unverdorben** [ˈ----] *adj* ❶ (*Ware, Speise*) bozulmamış ❷ (*sittlich*) ahlakı bozulmamış; (*unschuldig*) masum; (*rein*) temiz, saf **unverdrossen** *adj* yorulmak bilmez **unvereinbar** [ˈ--ˈ--] *adj* bağdaşmaz **unverfälscht** *adj* katıksız

U

unverfänglich *adj* sinsi olmayan; (*keinen Verdacht erregend*) şüphe uyandırmayan; (*nicht gefährlich*) tehlikesiz, tehlikeli olmayan

unverfroren *adj* yüzsüz, küstah

Unverfrorenheit *f kein pl* yüzsüzlük, küstahlık

unvergänglich *adj* bengi, kalıcı, kalımlı; (*ewig*) sonsuz, ebedî; (*unsterblich*) ölümsüz, ölmez

Unvergänglichkeit *f kein pl* bengilik, kalıcılık, kalımlılık; (*ewige Dauer*) ebedîlik, sonsuzluk

unvergessen *adj* unutulmayan

unvergesslich[RR] ['--'--] *adj,* **unvergeßlich**[ALT] *adj* unutulmaz

Unvergesslichkeit[RR] *f kein pl,* **Unvergeßlichkeit**[ALT] *f kein pl* unutulmazlık

unvergleichlich ['--'--] *adj* kıyas edilemez, kıyas kabul etmez, karşılaştırılamaz; (*einzigartig*) eşi benzeri olmayan, misli görülmemiş

unverhältnismäßig *adj* oransız; (*maßlos*) ölçüsüz, aşırı, fahiş **unverheiratet** *adj* bekâr

unverhofft ['--'-] *adj* umulmadık; (*zufällig*) rastlantısal, tesadüfî

unverhohlen *adj* gizlenmeyen, açık; **mit ~er Schadenfreude** başkasının zararına açıktan açığa sevinerek; **seinen Ärger ~ zeigen** öfkesini açıktan açığa göstermek

unverhüllt *adj* ❶ (*offensichtlich*) açık, aşikâr; (*Wahrheit*) çıplak ❷ (*offen*) açık

unverkäuflich *adj* ❶ (*nicht zum Verkauf bestimmt*) satılık olmayan ❷ (*nicht zum Verkauf geeignet*) satışa elverişli olmayan, satılamayan

unverkennbar ['--'--] *adj* (*eindeutig*) açık, aşikâr; **es ist ~, dass ...** ... olduğu besbelli [*o* apaçık]

unverlässlich[RR] ['--'--] *adj,* **unverläßlich**[ALT] *adj* güvenilmez

unverletzlich ['--'--] *adj* dokunulmaz

Unverletzlichkeit *f kein pl* dokunulmazlık

U

unvermeidbar ['--'--] *adj,* **unvermeidlich** ['--'--] *adj* kaçınılmaz **unvermindert** *adj* hiç azalmayan; **~ anhalten** hiç azalmadan sürmek [*o* devam etmek]; **mit ~er Härte** hiç azalmayan bir sertlikle

unvermittelt **I.** *adj* doğrudan **II.** *adv* ansızın, aniden

Unvermögen <-s> *nt kein pl* yeteneksizlik

unvermögend *adj* fakir, yoksul, parasız

unvermutet *adj* beklenmedik, umulmadık

Unvernunft *f kein pl* akılsızlık **unvernünftig** *adj* akılsız

unveröffentlicht *adj* yayımlanmamış

unverrichteterdinge ['-----'--] *adv* işi olmadan

unverschämt ['ʊnfɐʃɛːmt, '--'-] *adj* ❶ (*Benehmen*) küstah, küstahça; (*Mensch*) küstah; **sein ~es Benehmen** küstahça davranışı; **~ grinsen** küstahça sırıtmak ❷ (*fam: außerordentlich*) olağanüstü, fevkalâde; (*Preis*) fahiş **Unverschämtheit** <-en> ['----, '--'--] *f* küstahlık; **die ~ besitzen, etw zu tun** küstahlık etmek, bir şeyi yapma küstahlığında bulunmak

unverschuldet *adj* ❶ (*Unfall*) kusursuz ❷ FIN borcu olmayan

unversehens *adv* beklenmedik bir anda; **er trat ~ ein** beklenmedik bir anda içeri girdi; (*durch die Tür*) çat kapı içeri girdi

unversehrt *adj* ❶ (*nicht verletzt*) yaralanmamış; (*nicht beschädigt*) zarar görmeyen; **die Ware kam ~ an** mallar hasara uğramadan geldi; **der Siegel war ~** mühür zedelenmemişti ❷ (*Ding*) bütün

Unversehrtheit *f* bütünlük; **territoriale ~** toprak bütünlüğü **unversiegelt** ['--'--] *adj* mühürsüz **unversöhnlich** ['--'--] *adj* barışmaz; (*Gegensätze*) uzlaşmaz **unverständlich** ['----, '--'--] *adj* ❶ (*nicht zu verstehen*) anlaşılmayan; **einige ~e Worte murmeln** anlaşılmayan birkaç söz mırıldanmak ❷ (*nicht begreifbar*) anlaşılmaz; **das ist mir ~** buna aklım ermiyor **Unverständnis** <-ses> *nt kein pl* anlayışsızlık

unversucht *adj* **nichts ~ lassen** denemedik yol bırakmamak (**um** için)

unverträglich *adj* ❶ (*streitsüchtig*) geçimsiz, kavgacı ❷ (*schwer verdaulich*) sindirimi güç ❸ (*unvereinbar*) bağdaşmaz

unverwechselbar ['--'---] *adj* kendine özgü **unverwundbar** ['--'--] *adj* yaralanmaz **unverwüstlich** ['--'--] *adj* ❶ (*Dinge*) ölmez, ölmezoğlu; **dieser Stoff ist ~** bu kumaş ölmez(oğlu) ❷ (*fig: Mensch*) it canlı, sırtı yere gelmez; (*Gesundheit*) çok sağlam **unverzagt** *adj* yılmaz **unverzeihlich** ['--'--] *adj* affedilmez **unverzichtbar** ['--'--] *adj* vazgeçilmez, elzem

unverzollt **I.** *adj* gümrüklenmemiş **II.** *adv* gümrüklenmeden

unverzüglich ['--'--] **I.** *adj* gecikmesiz **II.** *adv* gecikmeden, geciktirmeden, vakit geçirmeden, hemen, derhâl

unvollendet *adj* bitmemiş, bitirilmemiş, tamamlanmamış **unvollkommen** *adj* ❶ (*mangelhaft*) kusurlu; (*mit Schwächen*) zayıf yönleri olan ❷ (*unvollständig*) eksik, noksan **unvollständig** *adj* eksik, noksan **unvorbereitet** **I.** *adj* hazırlıksız (**auf** -e); (*Rede*) hazırlanmamış **II.** *adv* (*unverse-*

hens) beklenmedik bir anda **unvoreingenommen** *adj* ön yargısız; (*objektiv*) objektif **unvorhergesehen** ['--'----] *adj* umulmadık, görünmez, beklenmeyen **unvorsichtig** *adj* dikkatsiz, ihtiyatsız

unvorsichtigerweise ['-----'--] *adv* dikkatsizce

Unvorsichtigkeit *f kein pl* dikkatsizlik, ihtiyatsızlık

unvorstellbar ['--'--] *adj* akla gelmedik, akla hayale gelmez, düşünülemeyen; (*unbegreiflich*) akıl ermez **unvorteilhaft** *adj* ❶ (*Kleidung*) yakışmayan; **~ aussehen** yakışmamak ❷ (*Geschäft*) avantajsız **unwahr** *adj* gerçek olmayan, gerçek dışı; (*erlogen*) yalan, uydurma

Unwahrheit *f* ❶ (*Lüge*) yalan; **jdn bei ~en ertappen** birinin yalanını ortaya çıkarmak ❷ *kein pl* gerçek dışılık

unwahrscheinlich ['----, '--'--] *adj* ❶ (*kaum möglich*) ihtimal dahilinde olmayan, ihtimal dışı; **etw für ~ halten** bir şeye ihtimal vermemek, bir şeyin olabileceğine ihtimal vermemek, bir şeyi ıraksamak [*o* uzaksamak], bir şeyin olacağına pek inanmamak ❷ (*unglaubhaft*) inanılmaz, olacağına pek inanılmayan ❸ (*fam: sehr groß*) çok büyük, müthiş; (*sehr viel*) pek çok

unwegsam *adj* (*Gelände*) geçilmesi zor

unweigerlich *adv* ister istemez

unweit *präp* **~ Berlins** Berlin'in yakınında, Berlin'e yakın; **~ der Stadt/vom Wald wohnen** şehrin/ormanın yakınında oturmak, şehre/ormana yakın oturmak

Unwesen <-s> *nt kein pl* (*geh: Ruhe u. Ordnung störendes Treiben*) fesat; **sein ~ treiben** fesat karıştırmak [*o* çıkarmak]; **ein Schwindler trieb im Dorf lange sein ~** dolandırıcının biri uzun zaman köyün huzurunu kaçırdı

unwesentlich *adj* ❶ (*unbedeutend*) önemsiz, ehemmiyetsiz; (*nebensächlich*) feri ❷ (*wenig*) bir parça, azıcık; **er ist nur ~ dicker als du** o senden azıcık daha şişman

Unwetter <-s, -> *nt* fırtına; (*Gewitter*) boran

unwichtig *adj* önemsiz; **das ist ~** bu önemsiz(dir), bu önemli değil(dir) **unwiderruflich** ['---'--] *adj* geri alınamaz, geri dönülemez; JUR, FIN (*Akkreditiv*) gayrikabili rücu, geri dönülemez

unwiderstehlich ['---'--] *adj* dayanılmaz, karşı konulamaz

unwiederbringlich ['---'--] *adj* (*geh*) yerine konulamaz, telafisi mümkün olmayan; **es ist ~ verloren** kesin olarak kayboldu

Unwille(n) <-(n)s> *m kein pl* (*geh: Ärger*) öfke, kızgınlık; **jds ~n erregen** birini öfkelendirmek

unwillig **I.** *adj* isteksiz; (*ärgerlich*) öfkeli, kızgın **II.** *adv* (*widerwillig*) istemeyerek, isteksizce, gönülsüzce

unwillkommen *adj* **wir sind dort ~** orada istenmiyoruz, orada bulunmamız istenmiyor **unwillkürlich** *adj* elinde olmayan; (*instinktiv*) içten gelen; (*automatisch*) otomatik; **ich musste ~ lachen** elimde olmadan güldüm **unwirklich** *adj* (*geh*) gerçek dışı, gerçek olmayan, hayalî **unwirksam** *adj* etkisiz

unwirsch ['ʊnvɪrʃ] *adj* haşin; (*unfreundlich*) ters

unwirtschaftlich *adj* ekonomik olmayan; (*nicht sparsam*) iktisatsız

Unwirtschaftlichkeit *f kein pl* iktisatsızlık

Unwissen <-s> *nt kein pl* bilmeme, bilmezlik, cehalet

unwissend *adj* bîhaber, bilgisiz, cahil; (*unerfahren*) deneyimi olmayan, tecrübesi olmayan; ■**sich ~ stellen** bilmezlikten gelmek

unwissenschaftlich *adj* bilim dışı, bilimsiz

unwissentlich **I.** *adj* bilmeden yapılan **II.** *adv* bilmeyerek **unwohl** *adj* ❶ (*gesundheitlich*) rahatsız, keyifsiz ❷ (*unbehaglich*) huzursuz, rahatsız; ■**sich ~ fühlen** huzursuzluk duymak, rahatsızlık duymak

Unwohlsein <-s> *nt kein pl* rahatsızlık, rahatsız olma, rahatsızlanma

unwürdig *adj* layık olmayan, yakışıksız, yakışık almayan

Unzahl *f kein pl* **eine ~ von Menschen/Geschenken** sayısız insan/hediye

unzählig *adj* sayısız, hadsiz hesapsız, sayılmayacak kadar çok, saymakla bitmez; **~e Mal** defalarca

unzähligemalALT ['ʊntsɛːlɪgə'maːl] *adv s.* **unzählig**

Unze <-n> ['ʊntsə] *f* ons

Unzeit *f kein pl* münasebetsiz zaman, uygun olmayan zaman

unzeitgemäß *adj* çağ dışı **unzerbrechlich** ['--'--] *adj* kırılmaz **unzertrennlich** ['--'--] *adj* birbirinden ayrılmaz; (*Freunde*) göbeği beraber kesilmis

Unzucht *f kein pl* JUR fuhuş

unzüchtig *adj* (*obszön*) müstehcen, açık saçık, edebe aykırı; (*pornografisch*) pornografik

unzufrieden *adj* hoşnutsuz (**mit** -den), memnun olmayan, tatminsiz **Unzufrie-**

denheit *f kein pl* hoşnutsuzluk (**mit** -den), memnuniyetsizlik (**mit** -den), tatminsizlik
unzugänglich *adj* erişilmez, ulaşılmaz; (*verschlossen*) içine kapanık; (*herb*) soğuk; **einer Sache ~ sein** bir işe yanaşmamak, bir şeye kulak asmamak
unzulänglich *adj* (*geh*) yetersiz, kifayetsiz
Unzulänglichkeit *f kein pl* yetersizlik, kifayetsizlik
unzulässig *adj* caiz olmayan **unzumutbar** *adj* çekilmez, dayanılmaz; (*Forderung*) istenemez, beklenemez **unzurechnungsfähig** *adj* (*schuldunfähig*) kusur ehliyeti olmayan; (*nicht verantwortlich*) (yaptığı işlerden) sorumlu olmayan; **jdn für ~ erklären** JUR birinin (yaptığı işlerden) sorumlu olmadığına karar vermek **unzureichend** *adj* yetersiz **unzusammenhängend** *adj* tutarsız, birbirini tutmaz **unzutreffend** *adj* isabetsiz; **U~es bitte streichen!** uymayan [*o* doğru olmayan] cevapların üstünü çiziniz! **unzuverlässig** *adj* güvenilmez; **er ist ~** ona güvenilmez, onun ipiyle kuyuya inilmez **Unzuverlässigkeit** *f kein pl* güvenilmezlik **unzweideutig** *adj* apaçık **unzweifelhaft** *adj* şüphesiz, şüphe bırakmayan, kuşkusuz
Update <-s, -s> ['apdɛɪt] *nt* INFORM ❶ (*Updaten*) güncelleme ❷ (*aktualisierte Version*) güncel versiyon
üppig ['ʏpɪç] *adj* (*Vegetation*) zengin, gür; (*Essen*) çok zengin; (*Busen, Lippen*) dolgun, iri; (*Haarwuchs*) gür; (*Frau*) etine dolgun, eti budu yerinde; **sie haben es nicht ~** zengin değiller, fazla paraları yok
Urabstimmung <-en> ['uːɐ-] *f* grev oylaması
uralt ['uːɐ'alt] *adj* bayrı, çok eski; (*Person*) çok yaşlı
Urämie *f* MED üremi
urämisch *adj* MED üremik
Uran <-s> [u'raːn] *nt kein pl* CHEM uranyum
Uranus *m* ASTRON Uranüs
Urat *nt* CHEM ürat
urauf|führen ['uːɐʔaʊffyːrən] *vt* (*Film*) ilk defa göstermek; (*Theaterstück*) ilk defa oynamak **Uraufführung** <-en> *f* gala; (*Theaterstück*) prömiyer
urban *adj* kentsel; **~e Lebensbedingungen** kentsel yaşam koşulları
urbanisieren *vt* kentleştirmek
urbar *adj* tarıma elverişli; **den Boden/das Land ~ machen** toprağı/araziyi tarıma elverişli hâle getirmek
Urbevölkerung <-en> *f* yerli halk **Urbild** <-(e)s, -er> *nt* ❶ prototip, ilk örnek ❷ (*Inbegriff*) timsal; (*Ideal*) ideal; (*Original*) orijinal
Urdu *nt* Urduca
ureigen ['uːɐ'ʔaɪgən] *adj* **etw aus ~em Interesse tun** bir şeyi tamamen kendi çıkarı için yapmak
Ureinwohner(in) <-s, -; -nen> *m(f)* yerli halktan olan (kimse)
Urenkel <-s, -> *m* torunun oğlu **Urenkelin** <-nen> *f* torunun kızı
Urgeschichte *f kein pl* ❶ tarih öncesi ❷ (*Wissenschaft*) tarih öncesi, prehistorya
Urgroßeltern *pl* (*Eltern der Großmutter*) büyük annenin anne ve babası; (*Eltern des Großvaters*) büyük babanın anne ve babası **Urgroßmutter** <-mütter> *f* (*Mutter der Großmutter*) büyük annenin annesi; (*Mutter des Großvaters*) büyük babanın annesi **Urgroßvater** <-s, -väter> *m* (*Vater der Großmutter*) büyük annenin babası; (*Vater des Großvaters*) büyük babanın babası
Urheber(in) <-s, -; -nen> *m(f)* ❶ asli fail ❷ (*Autor*) yazar **Urheberrecht** <-(e)s, -e> *nt* JUR telif hakkı **urheberrechtlich** *adj* JUR **~ geschützt** telif hakkı saklıdır
urig ['uːrɪç] *adj* orijinal; **ein ~er Typ** orijinal bir tip
Urin <-s, -e> [u'riːn] *m* sidik, idrar
urinieren* [uri'niːrən] *vi* işemek
urkomisch ['-'--] *adj* çok komik
Urkunde <-n> ['uːɐkʊndə] *f* belge, vesika; (*Geburts~*) ilmühaber; (*öffentliche ~*) senet **Urkundenfälschung** *f* sahte belge düzenleme, evrakta sahtecilik
urkundlich *adj* belgeye dayanan; (*dokumentarisch*) belgesel
Urlaub <-(e)s, -e> ['uːɐlaʊp] *m* izin; MIL izin; **bezahlter/unbezahlter ~** paralı/parasız izin; **~ haben** izni olmak; **im ~ sein** izinde olmak; **er macht in der Türkei ~** Türkiye'de izin yapıyor
urlauben *vi* (*fam*) izin yapmak
Urlauber(in) <-s, -; -nen> *m(f)* iznini kullanan (kimse); (*Ferienreisender*) tatil yapan (kimse), tatilci
Urlaubsanspruch <-(e)s, -sprüche> *m* izin hakkı **Urlaubsgeld** <-(e)s, -er> *nt* izin parası **urlaubsreif** *adj* (*fam*) **~ sein** izni her bakımdan hak etmiş olmak
Urne <-n> ['ʊrnə] *f* kap, kavanoz; (*Wahl~*) sandık
Urologe(in) [uro'loːge] *m(f)* MED ürolog
Urologie [urolo'giː] *f kein pl* MED üroloji
Uroma <-s> ['uːɐ-] *f* (*fam*) büyük nine, büyük büyük anne **Uropa** <-s, -s> ['uːɐ-] *m* (*fam*) büyük dede, büyük büyük baba
urplötzlich ['-'--] **I.** *adj* pek ani **II.** *adv* apansız, pek ansızın

Ursache <-n> *f* neden, sebep; (*Beweggrund*) neden, illet; (*Grund*) neden, sebep; **keine ~!** estağfurullah!, rica ederim!; **kleine ~, große Wirkung** (*prov*) ummadığın taş baş yarar
ursächlich *adj* nedensel
Urschrift *f* asli nüsha
Ursprung <-(e)s, -sprünge> *m* (*Herkunft*) köken, menşe; (*Anfang*) başlangıç, kaynak, menşe; **Wörter germanischen ~s** Cermen kökenli kelimeler
ursprünglich ['uːɐʃprʏŋlɪç] **I.** *adj* ❶ (*anfänglich*) asıl, ilk ❷ (*unverfälscht*) asıl, orijinal; (*natürlich*) doğal, tabiî ❸ JUR (*originär*) asli **II.** *adv* aslında
Ursprungsland *nt* kaynak ülke **Ursprungszeugnis** *nt* COMM köken belgesi
Urteil <-s, -e> ['ʊrtaɪl] *nt* ❶ (*Meinung*) kanı, kanaat, düşünce; (*Beurteilung*) muhakeme; **nach meinem ~** benim kanımca; **sich** *dat* **ein ~ über etw erlauben** bir şey hakkında düşüncesini bildirmek; **ein ~ über jdn fällen** biri hakkında hüküm vermek ❷ JUR hüküm; **ein ~ fällen** hüküm vermek; **das ~ verkünden** hükmü tefhim etmek; **das ~ über jdn sprechen** biri hakkında hüküm vermek ❸ PHILOS yargı
urteilen ['ʊrtaɪlən] *vi* hüküm vermek; (*seine Meinung äußern*) kanaatini söylemek, düşüncesini söylemek, mütalaada bulunmak, düşüncesini ileri sürmek; **nach seinem Aussehen zu ~ ...** görünüşüne göre bir hüküm vermek gerekirse ...
Urteilsbegründung <-en> *f* hükmün gerekçesi **Urteilskraft** *f kein pl* temyiz kudreti **Urteilsspruch** <-(e)s, -sprüche> *m* hüküm
urtümlich ['uːɐtyːmlɪç] *adj* doğal; (*unverbildet*) bozulmamış; (*unberührt*) dokunulmamış, el değmemiş
Uruguay <-s> [uru'gu̯aɪ] *nt* Uruguay
Uruguayer(in) <-s, -; -nen> [uru'gu̯aːjɐ] *m(f)* Uruguaylı
uruguayisch [uru'gu̯aːjɪʃ] *adj* Uruguay (ile ilgili), Uruguaylı; **~e Frauen/Männer** Uruguaylı kadınlar/erkekler; **die ~e Regierung/Nationalmannschaft** Uruguay hükümeti/millî takımı
Ururenkel(in) <-s, -; -nen> ['uːɐʔuːɐ-] *m(f)* torunun torunu **Ururgroßmutter** <-mütter> *f* (*Großmutter der Großmutter*) ninenin ninesi; (*Großmutter des Großvaters*) dedenin ninesi **Ururgroßvater** <-s, -väter> *m* (*Großvater der Großmutter*) ninenin dedesi; (*Großvater des Großvaters*) dedenin dedesi
Urwald <-(e)s, -wälder> ['uːɐvalt, *pl* 'uːɐvɛldɐ] *m* vahşi orman, balta girmemiş orman; (*in den Tropen*) tropikal orman
urwüchsig ['uːɐvyːksɪç] *adj* orijinal; (*unverbildet*) bozulmamış; (*natürlich*) doğal, tabii
Urzeit <-en> *f* **vor ~en** çok eski zamanlarda, çok eskiden; **seit ~en** çok eski zamanlardan beri)
USA [uːʔɛs'ʔaː] *f Abk von* **United States of America** ABD Amerika Birleşik Devletleri *pl*
Usbeke(in) <-n, -n; -nen> [ʊs'beːkə] *m(f)* Özbek
usbekisch *adj* Özbek; **~e Sprache** Özbekçe
Usbekistan <-s> [ʊs'beːkistaːn] *nt* Özbekistan
usw. *Abk von* **und so weiter** vd. (*ve devamı*)
Utensil <-s, -ien> *nt* gereç, malzeme
Uterus <-s, Uteri> ['uːterʊs, *pl* 'uːteri] *m* MED (*Gebärmutter*) döl yatağı
Utopie <-n> [uto'piː] *f* ütopi
utopisch [u'toːpɪʃ] *adj* ütopik
u. U. *Abk von* **unter Umständen** duruma göre, belki, gerektiğinde
u. v. a. (m.) *Abk von* **und viele(s) andere (mehr)** ve daha başkaları
UV-Strahlen [uː'faʊ-] *pl* ültraviyole ışınları *pl*
Uvula *f* ANAT (*Gaumenzäpfchen*) küçük dil
Uvular *m* LING küçük dil ünsüzü

V v

V, v <-, -> [faʊ] *nt* V, v; ~ **wie Viktor** Van'ın ve'si

v. *Abk von* **von** -den

V ❶ *Abk von* **Volt** volt ❷ *Abk von* **Volumen** hacim

Vagabund(in) <-en, -en; -nen> [vaga'bʊnt] *m(f)* serseri

vage [va:gə] *adj* hayal meyal, belli belirsiz

Vagina <Vaginen> [va'gi:na] *f* ANAT vajina

vaginal [vagi'na:l] *adj* vajinal

vakant *adj* açık, boş

Vakuum <-s, Vakua *o* Vakuen> ['va:kuʊm, *pl* 'va:kua] *nt* vakum, boşluk **vakuumverpackt** *adj* vakum ambalajlı

Valentinstag *m* Sevgililer Günü

Validität *f kein pl* geçerlilik

Valuta <Valuten> [va'lu:ta] *f* WIRTSCH, FIN ❶ (*fremde Währung*) yabancı para ❷ (*Wertstellung*) değer

Vamp <-s, -s> [vɛ(:)mp] *m* vamp

Vampir <-s, -e> [vam'pi:ɐ] *m* vampir

Vanadium *nt kein pl* CHEM vanadyum

Vanille [va'nɪl(j)ə] *f kein pl* vanilya **Vanilleeis** *nt* vanilyalı dondurma **Vanillezucker** *m* vanilyalı şeker

variabel *adj* değişken

Variabilität *f* değişkenlik

Variable *f* MATH değişken

Variante <-n> [vari'antə] *f a.* LIT varyant

Variation <-en> [varia'tsjo:n] *f* MUS varyasyon, çeşitleme; BIOL, MATH varyasyon, değişim; MATH varyasyon, değişim

Varieté <-s, -s> *nt,* **Varietee**[RR] <-s, -s> [varie'te:] *nt* varyete

variieren* [vari'i:rən] **I.** *vt* değiştirmek **II.** *vi* değişmek

Vasall <-en, -en> [va'zal] *m* (*a. fig*) HIST vasal

Vase <-n> ['va:zə] *f* vazo; (*Blumen~*) vazo

Vater <-s, Väter> ['fa:tɐ, *pl* 'fɛ:tɐ] *m* baba, peder; ~ **Staat** devlet baba; **der Heilige ~** Papa **Vaterhaus** *nt kein pl* baba evi **Vaterland** <-(e)s, -länder> *nt* (*geh*) ana yurt **Vaterlandsverräter(in)** *m(f)* vatan haini

väterlich ['fɛ:tɐlɪç] *adj* ❶ (*vom Vater*) baba ❷ (*wie ein Vater*) babacan

väterlicherseits [-zaɪts] *adv* baba tarafından; **meine Großeltern ~** baba tarafından büyükanne ve büyükbabam

Vatermord *m* baba cinayeti

Vaterschaft <-en> *f* babalık **Vaterschaftsklage** *f* JUR babalık davası

Vatertag *m* Babalar Günü

Vaterunser <-s, -> ['--'--, --'--] *nt* REL Rabbimiz Duası

Vati <-s, -s> ['fa:ti] *m* (*fam*) baba, babacığım

Vatikan <-s> [vati'ka:n] *m* Vatikan

Vaudeville <-s, -s> *nt* vodvil

V-Ausschnitt <-(e)s, -e> ['faʊʔaʊsʃnɪt] *m* haydarî yaka

v. Chr. *Abk von* **vor Christus** İ.Ö. (*İsa'dan önce*)

Veganer(in) <-s, -; -nen> *m(f)* vegan

Vegetarier(in) <-s, -; -nen> [vege'ta:riɐ] *m(f)* vejetaryen, etyemez

vegetarisch *adj* vejetaryen, etyemez

Vegetation <-en> [vegeta'tsjo:n] *f* bitki örtüsü

vegetativ [vegeta'ti:f] *adj* MED, BIOL yaşatkan; **das ~e Nervensystem** yaşatkan sinir sistemi

vegetieren* [vege'ti:rən] *vi* ❶ BOT yaşatkan evrede yaşamak ❷ (*pej: Mensch*) ot gibi yaşamak

vehement *adj* şiddetli

Vehemenz *f kein pl* şiddet

Vehikel <-s, -> [ve'hi:kəl] *nt* ❶ (*fam: Auto*) düldül; **er schwang sich auf sein ~** düldülüne bindi ❷ (*fig: Mittel zum Zweck*) araç, yol

Veilchen <-s, -> ['faɪlçən] *nt* ❶ BOT menekşe ❷ (*fam: blaues Auge*) morarmış göz; **er ist blau wie ein ~** (*fig fam*) dut gibi

Vektor <-s, -en> *m* MATH vektör

Velo <-s, -s> ['ve:lo] *nt* SCHWEIZ velespit, bisiklet

Velours[1] *m kein pl* (*Textilgewebe*) velûr, kadife

Velours[2] *nt kein pl* (*Samtleder*) podosüet

Vene <-n> ['ve:nə] *f* ANAT toplardamar

Venedig <-s> [ve'ne:dɪç] *nt* Venedik

Venenentzündung *f* MED toplardamar iltihabı; (*Phlebitis*) flebit

Venezianer(in) <-s, -; -nen> [vene'tsja:nɐ] *m(f)* Venedikli

venezianisch [vene'tsja:nɪʃ] *adj* Venedik (ile ilgili), Venedikli; **die ~e Kunst/Geschichte** Venedik sanatı/tarihi; **eine ~e Frau** Venedikli bir kadın

Venezolaner(in) <-s, -; -nen> [venetso'la:nɐ] *m(f)* Venezuelâlı

venezolanisch *adj* Venezuelâ (ile ilgili), Venezuelâlı; **~e Frauen/Männer** Venezuelâlı kadınlar/erkekler; **die ~e Regierung** Venezuelâ hükümeti

Venezuela <-s> [venetsu'e:la] *nt* Venezuelâ
Ventil <-s, -e> [vɛn'ti:l] *nt* TECH vana, valf, supap; AUTO supap; (*Entlüftungs~*) musluk
Ventilation *f* havalandırma
Ventilator <-s, -en> [vɛnti'la:to:ɐ] *m* vantilatör
Ventileinstellung *f* AUTO supap ayarı **Ventilfeder** *f* AUTO supap yayı
Venus *f* ASTRON Venüs **Venuskamm** *m* BOT çobantarağı
verabreden* [fɛɐ'ʔapre:dən] **I.** *vt* kararlaştırmak; **mit jdm verabredet sein** biriyle randevusu olmak **II.** *vr* ■ **sich ~** randevulaşmak, sözleşmek; **sich um acht/am Bahnhof ~** saat sekizde/istasyonda randevulaşmak [*o* sözleşmek]
Verabredung <-en> *f* ❶ (*Treffen*) buluşma, randevu; **mit wem mag sie eine ~ haben?** acaba kiminle randevusu var? ❷ (*Vereinbarung*) anlaşma, sözleşme; **das verstößt gegen unsere ~** bu sözleşmemize aykırıdır
verabreichen* *vt* (*Medizin*) vermek; **jdm eine Ohrfeige ~** birine bir tokat atmak
verabscheuen* *vt* tiksinmek (-den), iğrenç bulmak
verabscheuenswert *adj*, **verabscheuungswürdig** *adj* iğrenç, tiksindirici
verabschieden* [fɛɐ'ʔapʃi:dən] **I.** *vt* ❶ uğurlamak, geçirmek, selametlemek ❷ (*entlassen*) yol vermek (-e) ❸ POL (*Gesetz*) çıkarmak; FIN (*Haushalt*) kabul etmek **II.** *vr* ■ **sich ~** vedalaşmak (**von** -le); (*formell*) veda etmek (**von** -e)
verachten* *vt* hor görmek, aşağısamak
verächtlich [fɛɐ'ʔɛçtlɪç] **I.** *adj* ❶ (*mit Verachtung*) aşağılayıcı ❷ (*pej: verachtenswert*) aşağılık, alçak **II.** *adv* alçakça
Verachtung *f kein pl* hor görme, istihkar, aşağısama
verallgemeinern* [---'--] *vt* genelleştirmek
Verallgemeinerung <-en> *f* genelleştirme
veralten* [fɛɐ'ʔaltən] *vi sein* (*Geräte, Methode*) eskimek; (*Ansichten*) köhnelemek; (*Wort*) modası geçmek
veraltet [fɛɐ'ʔaltət] *adj* (*Gerät*) eskimiş; (*Ansichten*) köhne; **er kam in einem ~en Auto angefahren** külüstür bir oto(mobil) ile çıkageldi
Veranda <Veranden> [ve'randa] *f* veranda, taraça
veränderlich [fɛɐ'ʔɛndɐlɪç] *adj* değişir; (*unbeständig*) değişken, kararsız
verändern* **I.** *vt* değiştirmek **II.** *vr* ■ **sich ~** değişmek; (*beruflich*) meslek değiştirmek
Veränderung <-en> *f* değiştirme; (*das Verändertwerden*) değiştirilme; (*Abänderung*) değişiklik; (*Wechsel*) değişim
verängstigen* *vt* korkutmak
verankern* *vt* ❶ (*Schiff*) demirlemek ❷ (*Säule*) tespit etmek
veranlagt [fɛɐ'ʔanla:kt] *adj* eğilimli, yatkın; **für etw ~ sein** bir şeye (karşı) eğilimli olmak; **künstlerisch ~ sein** sanata (karşı) eğilimli olmak; **praktisch ~ sein** eli yatkın olmak, elle yapılan işlerde becerikli olmak
Veranlagung <-en> *f* ❶ (*Neigung*) eğilim (**zu** -e (karşı)), yönseme (**zu** -e), yatkınlık (**zu** -e) ❷ FIN (*Steuer~*) tarh; **getrennte ~** ayrı vergilendirme ❸ (*angeborene Geartetheit*) yaradılış, fıtrat
veranlassen* *vt* ❶ **jdn ~, etw zu tun** birine bir şeyi yaptırtmak, birinin bir şeyi yapmasını sağlamak; **Maßnahmen ~** önlemler aldırtmak ❷ (*bewirken*) neden olmak (-e), sebep olmak (-e), yol açmak (-e); (*bewegen*) harekete geçirmek; **jdn ~, etw zu tun** birine bir şeyi yaptırtmak, birinin bir şeyi yapmasına sebep olmak; **sich zu etw** *dat* **veranlasst sehen** bir şeyi yapmak zorunluluğunu görmek
Veranlassung <-en> *f* ❶ (*Grund*) neden, sebep, vesile; **keine(rlei) ~ haben, etw zu tun** bir şeyi yapmak için (hiç)bir nedeni [*o* sebebi] olmamak ❷ (*Anordnung*) talimat; (*Anregung*) teşvik
veranschaulichen* *vt* göstermek; **grafisch/durch Beispiele ~** grafikle/örneklerle göstermek
veranschlagen* *vt* (*ansetzen*) değer biçmek (**für** için); (*schätzen*) tahmin etmek (**für** için); (*annehmen*) sanmak, zannetmek
veranstalten* *vt* ❶ düzenlemek ❷ (*fam: machen*) yapmak; **Lärm ~** gürültü yapmak [*o* çıkarmak]
Veranstalter(in) <-s, -; -nen> *m(f)* düzenleyici; (*Organisator*) organizatör; (*Reise~*) operatör
Veranstaltung <-en> *f* ❶ (*das Veranstalten*) düzenleme ❷ (*das, was veranstaltet wird*) program, etkinlik; (*Feier*) tören; (*Fest*) şenlik; (*Kundgebung*) gösteri, miting; (*Sport~*) karşılaşma, yarışma, maç **Veranstaltungskalender** *m* program takvimi
verantworten* **I.** *vt* sorumluluğunu üstlenmek (-in), sorumluluğunu üzerine almak (-in); **das kann ich nicht ~** bunun sorumluluğunu üzerime alamam **II.** *vr* ■ **sich ~** sorumlu tutulmak (**für/wegen** -den/-den dolayı)
verantwortlich *adj* ❶ (*Person*) sorumlu

V

(**für** -den); **jdn für etw ~ machen** birini bir şeyden sorumlu tutmak ❷ (*Tätigkeit*) sorumluluğu olan

Verantwortung <-en> *f* sorum (**für** için), sorumluluk (**für** için), mesuliyet (**für** için); **jdn für etw zur ~ ziehen** birini bir şeyden sorumlu tutmak; **die ~ für etw übernehmen** bir şey için sorumluluk üstlenmek; **auf eigene ~** sorumluluğu kendine ait olmak üzere; **die ~ für jdn/etw tragen** bir kimse/şey için sorumluluk taşımak; **sich aus der ~ stehlen** sorumluluktan kaçınmak

Verantwortungsgefühl <-s> *nt kein pl* sorumluluk duygusu

verantwortungslos *adj* sorumsuz; ■ **sich ~ verhalten** sorumsuzca davranmak

verantwortungsvoll *adj* ❶ (*Aufgabe, Tat*) sorumluluğu olan ❷ (*Person*) sorumluluk duygusu olan

verarbeiten* *vt* ❶ (*Material*) işlemek ❷ (*bearbeiten*) işlemek; **Fleisch zu Wurst ~** etten sucuk yapmak ❸ (*verbrauchen*) kullanmak, tüketmek ❹ (*verdauen*) sindirmek, hazmetmek

Verarbeitung <-en> *f* ❶ (*Bearbeitung*) işleme; (*von Daten*) işlem ❷ (*Verdauung*) sindirim, hazmetme ❸ (*Art und Weise*) işçilik

verärgern* *vt* kızdırmak; **du siehst verärgert aus** kızmışa benziyorsun

Verärgerung *f kein pl* kızdırma; (*das Verärgertsein*) kızmış olma, kızma

verarmen* *vi sein* fakirleşmek, yoksullaşmak

Verarmung *f kein pl* fakirleşme, yoksullaşma

verarschen* *vt* (*vulg*) işletmek, alaya almak

verarzten* *vt* (*fam*) tedavi etmek

Verästelung <-en> *f* dal budak salma

verausgaben* [-'---] *vr* ■ **sich ~** bütün gücünü harcamak

veräußern* *vt* ❶ (*übereignen*) devretmek (**an** -e); (*verkaufen*) satmak (**an** -e) ❷ JUR (*abtreten*) temlik etmek (**an** -e), devretmek (**an** -e)

Verb <-s, -en> [vɛrp] *nt* LING fiil

verbal [vɛr'ba:l] *adj a.* LING sözlü; **~er Streit** ağız kavgası

Verband <-(e)s, -bände> *m* ❶ MED sargı ❷ (*Vereinigung*) federasyon, birlik ❸ MIL birlik **Verband(s)kasten** *m* ilk yardım kutusu **Verband(s)stoff** *m* sargı bezi **Verband(s)zeug** *nt* sargı malzemesi

verbannen* [fɛɐ'banən] *vt* sürmek (**aus** -den)

Verbannte(r) *f(m)* sürgün

Verbannung <-en> *f* sürgün **Verbannungsort** *m* sürgün yeri

verbarrikadieren* [fɛɐbarika'di:rən] **I.** *vt* barikatlamak, barikat ile çevirmek **II.** *vr* ■ **sich ~** barikat yaparak korunmak

verbauen* *vt* ❶ (*versperren*) kapamak; (*Aussicht*) kapamak, önünü kapamak (-in); **jdm den Weg ~** birinin yolunu kapamak ❷ (*Material*) yapımda kullanmak; (*Geld*) inşaata harcamak ❸ (*pej: schlecht bauen*) kötü yapmak; **ein ziemlich verbautes Haus** oldukça kötü yapılmış bir ev

verbergen* *irr* **I.** *vt* ❶ (*verstecken*) saklamak (**vor** -den) ❷ (*verheimlichen*) saklamak, gizlemek, gizli tutmak; **ich habe nichts zu ~** gizleyecek bir şeyim yok **II.** *vr* ■ **sich ~** saklanmak, gizlenmek

verbessern* **I.** *vt* ❶ (*besser machen*) daha iyi yapmak; (*steigern*) arttırmak, yükseltmek ❷ (*berichtigen*) düzeltmek **II.** *vr* ■ **sich ~** ❶ (*Lage*) düzelmek; **sich finanziell ~** mali durumunu düzeltmek, belini doğrultmak ❷ (*beim Sprechen*) yanlışını düzeltmek

Verbesserung <-en> *f* ❶ (*Änderung*) yapılan değişiklik ❷ (*Korrektur*) düzeltme **Verbesserungsvorschlag** *m* değişiklik önerisi, düzeltme önerisi

verbeten *pp von* **verbitten**

verbeugen* *vr* ■ **sich ~** eğilmek (**vor** -in önünde)

Verbeugung <-en> *f* eğilme, reverans; **eine ~ machen** reverans yapmak

verbeulen* *vt* yamultmak

verbiegen* *irr* **I.** *vt* eğriltmek **II.** *vr* ■ **sich ~** eğrilmek

verbieten* *irr vt* yasaklamak; **jdm etw ~** bir kimseye bir şeyi yasaklamak

verbildlichen* *vt* göstermek

verbilligen* **I.** *vt* ucuzlatmak; (*Preise*) indirmek; **verbilligte Karten/Preise** indirimli biletler/fiyatlar **II.** *vr* ■ **sich ~** ucuzlamak

verbinden* *irr* **I.** *vt* ❶ (*zusammenfügen*) birleştirmek (**mit** ile); **mit ihm verbindet mich nichts mehr** onunla hiçbir ilişkim kalmadı artık ❷ (*mit sich bringen*) **die damit verbundenen Kosten** buna bağlı masraflar ❸ (*geh: zur Dankbarkeit verpflichten*) minnettar olmak; **ich bin Ihnen sehr verbunden** size çok minnettarım ❹ (*Holz*) tutturmak; (*Kabel*) birleştirmek; (*koppeln*) bağlamak; **zwei durch Lötung miteinander verbundene Drähte** lehimle birbirine tutturulmuş iki tel ❺ TELEK bağlamak (**mit** -e); **~ Sie mich bitte mit Zimmer 44** lütfen beni 44 numaralı odaya bağlayınız; **Sie sind falsch verbunden** (*am Telefon*) yanlış bağlandınız ❻ (*assoziieren*) bağlantı kurmak (**mit** -le) ❼ MED sarmak **II.** *vr* ■ **sich ~** birleşmek (**mit** ile); CHEM bileşmek

verbindlich *adj* ❶ (*höflich*) nazik, kibar; (*liebenswürdig*) candan; **~sten Dank!** candan teşekkürler! ❷ (*bindend*) bağlayıcı; (*verpflichtend*) zorunlu

Verbindung <-en> *f* ❶ (*Zusammenhang, Beziehung*) bağlantı (**zwischen** ara(sın)da, **mit** -le), irtibat (**zwischen** ara(sın)da, **mit** -le); **in ~ mit** ile bağlantılı olarak; **etw/jdn mit etw** *dat* **in ~ bringen** bir şey/kimse ile bir şey arasında bağlantı kurmak ❷ (*Kontakt, Beziehung*) ilişki, temas; **mit jdm in ~ stehen** biriyle ilişkide olmak, biriyle temasta bulunmak; **sich mit jdm in ~ setzen** biriyle ilişkiye geçmek; **seine ~en spielen lassen** (*fam*) ilişkilerini kullanmak ❸ TECH bağlantı ❹ (*Verkehrsweg*) *a.* TELEK bağlantı ❺ (*Vereinigung*) birlik; UNIV dernek ❻ CHEM (*Prozessergebnis*) bileşik, bileşim; **eine ~ eingehen** bileşmek; **polymere ~en** polimer birleşikler **Verbindungsmann, -frau** <-(e)s, -männer *o* -leute; -en> *m, f* (*der Polizei*) muhbir; (*Mittelsmann, -frau*) aracı **Verbindungsoffizier** *m* MIL irtibat subayı **Verbindungsstück** *nt* bağlantı parçası **Verbindungstür** *f* ara kapı

verbissen [fɛɐ'bɪsən] *adj* ❶ (*fig: hartnäckig*) direşken, sebatkâr, sebatlı ❷ (*fam: ehrgeizig*) hırslı

verbitten* *irr vt* **sich** *dat* **etw ~** bir şeyin yapılmamasını istemek; **ich verbitte mir jede Einmischung in meine Angelegenheiten!** işlerime her türlü müdahaleyi menederim!

verbittern* *vt* küstürmek

verblassen* *vi sein* ❶ (*Stoff, Foto*) rengi atmak, solmak; (*Farbe*) solmak, soluklaşmak ❷ (*geh: Eindrücke*) solmak

Verbleib <-(e)s> [fɛɐ'blaɪp] *m kein pl* (*geh*) ❶ (*Ort*) bulunulan yer; **wissen Sie etw über seinen ~?** onun bulunduğu yeri biliyor musunuz? ❷ (*Verbleiben*) kalma

verbleiben* *irr vi sein* ❶ (*übereinkommen*) **wie seid ihr verblieben?** nasıl anlaştınız?, neye karar verdiniz? ❷ (*geh: bleiben*) kalmak; (*übrig bleiben*) geri kalmak; **ich verbleibe Ihr sehr ergebener ...** derin saygılarımla ...

verbleichen <verbleicht, verblich *o* verbleichte, verblichen *o* verbleicht> *vi sein* (*Farbe, Stoff*) solmak, solgunlaşmak

verbleit [fɛɐ'blaɪt] *adj* kurşunlu

verblenden* *vt* ❶ (*Person*) gözünü kamaştırmak (-in) ❷ (*Wand, Fassade*) kaplamak (**mit** -le)

verblichen [fɛɐ'blɪçən] **I.** *pp von* **verbleichen II.** *adj* ❶ (*Farbe, Stoff*) solmuş, rengi atmış, rengi uçmuş ❷ (*Ruhm*) parlaklığını yitirmiş

verblieben *pp von* **verbleiben**

verblöden* [fɛɐ'blø:dən] **I.** *vi sein* (*fam*) ahmaklaşmak **II.** *vt* (*fam*) ahmaklaştırmak

verblüffen* [fɛɐ'blʏfən] *vt* şaşırtmak

verblühen* *vi sein* solmak

verbluten* *vi sein* kan kaybından ölmek

verbogen *pp von* **verbiegen**

verbohrt [fɛɐ'bo:ɐt] *adj* (*pej fam*) inatçı, dik kafalı

Verbohrtheit *f kein pl* inatçılık, dik kafalılık

verborgen [fɛɐ'bɔrgən] **I.** *pp von* **verbergen II.** *adj* gizli; (*versteckt*) saklı; **etw ~ halten** bir şeyi gizli tutmak; **das ist mir nicht ~ geblieben** bu benim gözümden kaçmadı; **im V~en bleiben** gizli kalmak, sır olarak kalmak

Verborgenheit *f kein pl* gizlilik

Verbot <-(e)s, -e> [fɛɐ'bo:t] *nt* yasak

verboten [fɛɐ'bo:tən] **I.** *pp von* **verbieten II.** *adj* ❶ (*untersagt*) yasak, yasa dışı ❷ (*fam: unmöglich*) olamaz, imkânsız

Verbotsschild <-(e)s, -er> *nt* yasak levhası

verbracht *pp von* **verbringen**

verbrannt *pp von* **verbrennen**

Verbrauch <-(e)s> *m kein pl* tüketim, sarfiyat (**an** -de)

verbrauchen* *vt* (*verwenden*) kullanmak; (*ausgeben*) harcamak, sarf etmek; (*konsumieren*) tüketmek

Verbraucher(in) <-s, -; -nen> *m(f)* tüketici **Verbraucherpreise** *pl* tüketici fiyatları *pl* **Verbraucherschutz** *m* tüketiciyi koruma **Verbraucherzentrale** *f* tüketici merkezi

verbraucht *adj* tükenmiş, harcanmış; (*Mensch*) gücünü yitirmiş, dinçliğini kaybetmiş; **die Luft in den Räumen ist ~** odalar havasız

verbrechen* *irr vt* (*fam*) **was habe ich denn jetzt schon wieder verbrochen?** şimdi yine ne suç işledim ki?

Verbrechen <-s, -> *nt* cinayet, (ağır cezalık) suç; JUR cürüm; **ein ~ begehen** cürüm işlemek

Verbrechensbekämpfung *f* suçla mücadele

Verbrecher(in) <-s, -; -nen> *m(f)* cani; **behandele mich nicht wie einen ~** bana canimişim gibi davranma, bana cani muamelesi etme

verbrecherisch [fɛɐ'brɛçərɪʃ] *adj* canice
Verbrechersyndikat *nt* mafya
verbreiten* **I.** *vt* ❶ (*Neuigkeit*) yaymak, duyurmak ❷ (*Licht, Wärme, Ruhe*) yaymak, saçmak; (*Geruch*) ortalığa yaymak ❸ (*Krankheit*) yaymak **II.** *vr* ■ **sich** ~ ❶ (*Nachricht*) yayılmak ❷ (*Krankheit*) yayılmak ❸ (*Duft*) ortalığa yayılmak ❹ (*sich auslassen*) uzun uzadıya konuşmak (**über** üzerine)
verbreitet *adj* yayılan, yayılmış; (*Krankheit, Meinung*) yaygın
Verbreitung *f kein pl* ❶ (*von Nachrichten*) yayma; **weite ~ finden** yaygınlaşmak ❷ (*von Krankheiten*) yayılma
verbrennen* *irr* **I.** *vt* (*Holz, Mensch, Papier*) yakmak; (*Leiche, Müll*) yakmak; **sich** *dat* **die Zunge ~** (*fig fam*) dilinin cezasını çekmek **II.** *vi sein* (*Haus, Braten*) yanmak; (*Person*) yanmak; **bei lebendigem Leibe ~** canlı canlı yanmak **III.** *vr* ■ **sich ~** kendini yakmak (**an** -de); **ich habe mir die Hand verbrannt** elimi yaktım
Verbrennung <-en> *f* ❶ (*das Verbrennen*) yakma; (*Leichen~, Müll~*) yakılma ❷ CHEM (*Oxidation*) yanma ❸ MED yanık **Verbrennungsmotor** *m* patlamalı motor
verbringen* *irr vt* ❶ (*zubringen*) geçirmek (**mit** ile); **den Tag mit Lesen ~** gününü okumakla [*o* okuma ile] geçirmek ❷ (*transportieren*) nakletmek
verbrochen [fɛɐ'brɔxən] *pp von* **verbrechen**
verbrüdern* [fɛɐ'bry:dɐn] *vr* ■ **sich ~** kardeşlik etmek
verbrühen* **I.** *vt* haşlamak **II.** *vr* ■ **sich ~** haşlanmak
verbuchen* *vt* FIN deftere geçirmek, kaydetmek; **einen Erfolg für sich ~** (*fam*) başarı kaydetmek
verbummeln* *vt* (*fam*) ❶ (*Zeit*) harcamak ❷ (*vergessen*) unutmak
Verbund <-(e)s, -e> [fɛɐ'bʊnt] *m* ❶ WIRTSCH kombina; **im ~ arbeiten** kombina hâlinde çalışmak ❷ TECH bileşik
verbunden [fɛɐ'bʊndən] **I.** *pp von* **verbinden II.** *adj* ❶ (*verknüpft*) bağlı (**mit** -e); (*gekoppelt*) bağlanmış (**mit** -e); **damit sind auch Probleme ~** bunun sorunları da var ❷ (*dankbar*) **ich bin Ihnen sehr ~** size çok minnettarım
verbünden* [fɛɐ'bʏndən] *vr* ■ **sich ~** ittifak etmek (**mit** -le), bağlaşmak (**mit** -le)
Verbundenheit *f kein pl* (*zwischen Personen*) bağlılık; (*zu Heimat, Sitten*) bağlılık (**mit** -e)

V

Verbündete(r) <-n, -n; -n> *f(m)* müttefik, bağlaşık
Verbundnetz *nt* ELEK şebeke
verbürgen* **I.** *vt* garanti etmek **II.** *vr* ■ **sich ~** kefil olmak (**für** -e)
verbüßen* *vt a.* JUR çekmek
verchromen* *vt* kromla kaplamak
verchromt *adj* krome, krom kaplama
Verchromung *f kein pl* kromaj; (*Chromüberzug*) krom kaplama
verdacht *pp von* **verdenken**
Verdacht <-(e)s, -e> [fɛɐ'daxt] *m* şüphe (**auf** üzerine), kuşku; **~ erregen** şüphe uyandırmak; **jdn in ~ haben** birinden şüphelenmek; **im ~ stehen, etw getan zu haben** bir şey yapmış olduğundan şüphelenmek; **gegen jdn ~ schöpfen** birinden şüphelenmek; **über jeden ~ erhaben sein** alnı açık yüzü ak olmak
verdächtig [fɛɐ'dɛçtɪç] *adj* şüpheli, zanlı; **er ist der Tat ~** eylemi yapmış olmasından şüpheleniliyor; ■ **sich ~ machen** şüphe uyandırmak; **die Sache ist mir ~** bu iş beni şüpheye düşürüyor; **es war ~ still** ortada insanı kuşkuya düşürücü bir sessizlik vardı
Verdächtige(r) <-n, -n; -n> [fɛɐ'dɛçtɪgɐ] *f(m)* zanlı
verdächtigen* *vt* şüphelenmek (-den), kuşkulanmak (-den); **er wird des Diebstahls verdächtigt** hırsızlık yapmış olduğundan şüpheleniliyor
Verdachtsmoment <-(e)s, -e> *nt* JUR şüphe unsuru; (*Indiz*) ipucu
verdammen* [fɛɐ'damən] *vt* (*verurteilen*) mahkûm etmek (**zu** -e); REL (*verfluchen*) lanetlemek, kargımak
verdammt **I.** *interj* **~ noch mal!** lanet olsun!, Allah belasını [*o* müstahakını] versin!, Allah kahretsin!; **~e Scheiße!** (*vulg*) Allah kahretsin! **II.** *adj* (*fam*) son derece; **~ gut** son derece iyi; **dieser ~e Kerl** bu Allah'ın belası herif; **es war ~ kalt** hava son derece soğuktu
verdampfen* **I.** *vi sein* buharlaşmak **II.** *vt* buharlaştırmak
Verdampfer *m* TECH buharlaştırıcı, buharlayıcı
Verdampfung *f kein pl* buharlaş(tır)ma
verdanken* *vt* ❶ (*dankbar sein*) **jdm etw ~** bir şeyi birine borçlu olmak; **das ist ihm zu ~** bunu ona borçluyuz ❷ SCHWEIZ (*Dank aussprechen*) şükretmek (-e)
verdarb [fɛɐ'darp] *3. imp von* **verderben**
verdauen* [fɛɐ'daʊən] *vt* ❶ (*Nahrung*) sindirmek, hazmetmek ❷ (*fam: Nachricht*) hazmetmek
verdaulich *adj* **leicht/schwer ~** sindirimi

kolay/güç

Verdauung *f kein pl* sindirim, hazım **Verdauungsapparat** *m* MED sindirim sistemi **Verdauungsorgane** *pl* sindirim organları *pl* **Verdauungsstörungen** *pl* hazımsızlık

Verdeck <-(e)s, -e> [fɛɐˈdɛk] *nt* ❶ AUTO tente, açılır tavan; **mit aufklappbarem ~** tavanı açılan ❷ NAUT üst güverte

verdecken* *vt* ❶ (*bedecken*) örtmek; (*Aussicht*) kapamak ❷ (*verheimlichen*) gizli tutmak

verdeckt *adj* ❶ (*nicht sichtbar*) görünmeyen ❷ (*verborgen*) gizli; **~e Ermittlungen** gizli soruşturma

verdenken* *irr vt* (*geh*) **jdm etw ~** birine bir şeyden alınmak; **das kann ihm niemand ~** ona bu yüzden hiç kimse kızamaz

verderben <verdirbt, verdarb, verdorben> [fɛɐˈdɛrbən] **I.** *vi sein* (*Lebensmittel*) bozulmak; (*Person*) ahlakı bozulmak **II.** *vt* bozmak; (*moralisch*) ahlakını bozmak (-in); **die Stimmung ~** havayı bozmak; **sich** *dat* **die Augen ~** gözlerini bozmak; **es sich mit niemandem ~ wollen** hiçbir kimseyle bozuşmak istememek; **viele Köche ~ den Brei** (*prov*) horozu çok olan köyde sabah geç olur

Verderben <-s> *nt kein pl* mahvolma, yıkılma, yıkım; (*Verhängnis*) bela; **in sein ~ rennen** kendisini ateşe atmak; **jdn ins ~ stürzen** birinin başını belaya sokmak

verderblich [fɛɐˈdɛrplɪç] *adj* ❶ (*Lebensmittel*) bozulabilen ❷ (*schädlich*) zararlı, muzır

verdeutlichen* *vt* açıklamak, belirtmek, netleştirmek

verdichten* **I.** *vt a.* PHYS, TECH yoğunlaştırmak **II.** *vr* ■**sich ~** (*Nebel*) yoğunlaşmak; (*Gerücht*) çoğalmak; (*Verdacht*) artmak

Verdichter <-s, -> *m* TECH sıkmaç; (*Kompressor*) kompresör

Verdichtung *f kein pl* yoğunlaştırma; (*das Sichverdichten*) yoğunlaşma **Verdichtungsraum** <-(e)s, -räume> *m* ÖKOL nüfusu yoğun bölge

verdienen* *vt* ❶ (*Lohn*) kazanmak; **seine Brötchen ~** (*fam*) ekmeğini kazanmak, ekmek parası kazanmak; **leicht verdientes Geld** kolay kazanılan para ❷ (*Lob, Vertrauen, Strafe*) hak etmek; **diese Behandlung/Strafe hat er (nicht) verdient** bu muameleyi/cezayı hak (etmedi) etti; **sie hat nichts Besseres verdient** daha iyisini hak etmedi

Verdienst[1] <-(e)s, -e> *nt* yararlık; **dieser Erfolg ist einzig und allein sein ~** bu başarı başlı başına onun eseridir

Verdienst[2] <-(e)s, -e> *m* (*Einkommen*) kazanç; (*Gewinn*) kâr

Verdienstausfall <-(e)s, -fälle> *m* kazanç kaybı **Verdienstspanne** *f* WIRTSCH kazanç marjı, kâr marjı

verdienstvoll *adj* ❶ (*Tat*) yararlı ❷ (*Person*) liyakatli

verdient *adj* ❶ (*Person*) liyakatli, değimli ❷ (*Sieg, Lohn, Strafe*) hak ettiği; **sich um etw ~ machen** bir şeyi hak etmek

Verdikt *nt* (*Entscheidung*) karar; (*Urteil*) hüküm

verdingen *vt* ADMIN ihale etmek

Verdingung *f kein pl* ADMIN ihale

verdirbt [fɛɐˈdɪrpt] *3. präs von* **verderben**

verdonnern* *vt* (*fam*) çarpmak (**zu** -e)

verdoppeln* **I.** *vt* iki katına çıkarmak, ikiye katlamak; (*den Einsatz beim Kartenspiel*) vido çekmek **II.** *vr* ■**sich ~** iki katına çıkmak, ikiye katlanmak

verdorben [fɛɐˈdɔrbən] **I.** *pp von* **verderben II.** *adj* ❶ (*Fest*) neşesi kaçan, neşesiz biten; (*Lebensmittel*) bozulmuş; (*Fleisch*) kokmuş; (*Magen*) bozuk ❷ (*moralisch*) ahlakı bozuk, kanı bozuk, soysuz

verdorren* [fɛɐˈdɔrən] *vi sein* kurumak

verdrahten* *vt* ❶ (*verschließen*) tellemek, tel çekmek (-e) ❷ ELEK **elektrische/elektronische Bauelemente ~** elektrik/elektronik yapı elemanlarını birleştirmek

verdrängen* *vt* ❶ (*wegdrängen*) kovmak (**aus** -den); (*aus Amt*) ayağını kaydırmak (**aus** -den) ❷ (*ersetzen*) yerini almak (-in) ❸ NAUT su taşırmak ❹ PSYCH bastırmak

verdrehen* *vt* ❶ (*Glieder*) burkmak; **die Augen ~** gözlerini döndürmek ❷ (*fam: falsch darstellen*) çarpıtmak ❸ (*fig fam*) **jdm den Kopf ~** birinin aklını başından almak, birini baştan çıkarmak

verdreifachen* **I.** *vt* üçlemek, üç katına çıkarmak, üçe katlamak **II.** *vr* ■**sich ~** üçleşmek, üç katına çıkmak, üçe katlanmak

verdreschen* *irr vt* (*fam*) pataklamak

verdrießen* *irr vt* bezdirmek, usandırmak, bıkkınlık vermek (-e); **es verdrießt mich** beni bezdiriyor, bana bıkkınlık veriyor

verdrießlich *adj* bezdirici, usanç veren; (*Miene*) asık; **~ sein** bezdirici olmak

verdroschen *pp von* **verdreschen**

verdrossen [fɛɐˈdrɔsən] *adj* bezgin, bıkkın; (*unzufrieden*) hoşnutsuz

Verdrossenheit *f kein pl* (*Verdrießlichkeit*) bezginlik, bıkkınlık; (*Lustlosigkeit*) keyifsizlik

verdrücken* **I.** *vt* (*fam: essen*) mideye indirmek **II.** *vr* ■**sich ~** (*fam: verschwinden*) sıvışmak

Verdruss[RR] <-es> [fɛɐ'drʊs] *m kein pl,* **Verdruß**[ALT] <-sses> *m kein pl* can sıkıntısı; (*Missmut*) bezginlik; (*Ärger*) öfke, kızgınlık; **jdm ~ bereiten** birinin canını sıkmak

verduften* *vi sein* (*fam*) sıvışmak, tüymek

verdummen* **I.** *vt* aptallaştırmak **II.** *vi sein* (*fam*) aptallaşmak

verdunkeln* **I.** *vt* ❶ (*Raum*) karartmak ❷ JUR gizlemek **II.** *vr* ■ **sich ~** (*Himmel*) kararmak

Verdunk(e)lung *f kein pl* karartma; JUR delillerin gizlenmesi veya yok edilmesi **Verdunk(e)lungsgefahr** *f kein pl* JUR delillerin gizlenmesi veya yok edilmesi tehlikesi

verdünnen* *vt* inceltmek, seyreltmek; (*Sauce, Wein*) sulandırmak

Verdünner <-s, -> *m* (*Farb~*) tiner

verdünnisieren* *vr* ■ **sich ~** (*fam*) toz olmak

Verdünnungsmittel <-s, -> *nt* tiner

verdunsten* *vi sein* buharlaşmak, uçmak

verdursten* *vi sein* susuzluktan ölmek

verdutzt [fɛɐ'dʊtst] *adj* şaşkın

verebben* *vi* yavaş yavaş dinmek

veredeln* *vt* ıslah etmek; (*Metalle, Erdöl*) arıtmak; AGR (*Rosen, Obstbäume*) aşılamak; (*Boden, Saat*) ıslah etmek; **die ~de Wirkung der Kunst** sanatın ıslah edici etkisi

Vered(e)lung <-en> *f* AGR (*von Rosen, Obstbäumen*) aşılama; (*des Bodens*) ıslah

verehelichen* *vr* ■ **sich ~** evlenmek

verehren* *vt* ❶ *a.* REL saygı göstermek (-e), hürmet etmek (-e); (*anbeten*) tapmak (-e), tapınmak (-e), perestiş etmek; (*bewundern*) hayran olmak (-e); **verehrte Gäste!** sayın [*o* saygıdeğer] konuklar! ❷ (*schenken*) sunmak, takdim etmek, hediye etmek

Verehrer(in) <-s, -; -nen> *m(f)* hayran

Verehrung *f kein pl* hayranlık; *a.* REL (*Anbetung*) tapma, tapınma, perestiş

vereidigen* [fɛɐ'ʔaɪdɪgən] *vt* yemin verdirmek (-e), yemin ettirmek (-e), ant içirmek (-e)

vereidigt *adj* yeminli

Vereidigung <-en> *f* yemin verdirme, ant içirme

Verein <-(e)s, -e> [fɛɐ'ʔaɪn] *m* dernek, cemiyet; (*Sport~, Fußball~*) kulüp; **eingetragener/gemeinnütziger ~** kayıtlı/kamuya yararlı dernek

vereinbar *adj* bağdaşır (**mit** -le)

vereinbaren* *vt* ❶ kararlaştırmak; **ein Treffen mit jdm ~** biriyle randevulaşmak [*o* buluşmak üzere sözleşmek] ❷ (*in Einklang bringen*) bağdaştırmak (**mit** -le); **das kann ich nicht mit meinem Gewissen ~** bunu vicdanım kabul etmez

Vereinbarung <-en> *f* anlaşma; (*schriftlich*) sözleşme; **laut ~** sözleşmeye göre; **Sprechstunde nach ~** danışma önceden randevu almakla olur

vereinen* **I.** *vt* (*geh*) birleştirmek; (*zusammenführen*) bir araya getirmek; (*in Einklang bringen*) bağdaştırmak; **mit vereinten Kräften** güç birliğiyle **II.** *vr* ■ **sich ~** (*geh*) birleşmek

vereinfachen* *vt* basitleştirmek

Vereinfachung <-en> *f* basitleştirme

vereinheitlichen* *vt* bağdaşıklaştırmak; (*normierend*) standartlaştırmak

Vereinheitlichung <-en> *f* bağdaşıklaştırma

vereinigen* **I.** *vt* birleştirmek; (*zusammenführen*) bir araya getirmek; (*Firmen*) birleştirmek; **alle Stimmen auf sich ~** bütün oyları toplamak **II.** *vr* ■ **sich ~** birleşmek; (*zusammenkommen*) bir araya gelmek

vereinigt *adj* birleşik; **V~e Arabische Emirate** Birleşik Arap Emirlikleri

Vereinigung <-en> *f* ❶ (*das Vereinigen*) birleştirme; (*von Firmen*) birleşme, füzyon; POL birleşme ❷ JUR birlik; (*Organisation*) örgüt; **terroristische ~** terör örgütü; **kriminelle/separatistische/verbotene ~** suç işlemek amacıyla kurulan/bölücü/yasa dışı örgüt; **Bildung einer kriminellen ~** suç örgütü kurma, suç işlemek amacıyla örgüt kurma

vereinnahmen* [fɛɐ'ʔaɪnna:mən] *vt* ❶ (*Geld, Zinsen*) almak, tahsil etmek ❷ (*fig fam: Beruf, Person*) işgal etmek, uğraştırmak

vereinsamen* *vi sein* yalnız kalmak, kimsesiz kalmak

Vereinsamung *f kein pl* yalnız kalma, kimsesiz kalma

Vereinsmitglied *nt* dernek üyesi, dernekçi **Vereinsregister** *nt* dernekler sicili

vereinzelt [fɛɐ'ʔaɪntsəlt] **I.** *adj* tek tük; (*nur selten*) seyrek **II.** *adv* tek tük, seyrek olarak, ara sıra

vereisen* [fɛɐ'ʔaɪzən] **I.** *vi sein* (*zu Eis werden*) buzlaşmak, buz kesilmek; (*Straße*) buz tutmak [*o* bağlamak] **II.** *vt* MED anestezi yapmak (-e)

vereiteln* [fɛɐ'ʔaɪtəln] *vt* etkisizleştirmek, etkisiz hâle getirmek

vereitern* *vi sein* cerahatlenmek, irin toplamak

Vereiterung *f* cerahatlenme, irin toplama

verelenden* *vi sein* düşkünleşmek

verenden* *vi sein* ölmek, telef olmak

verengen* I. *vt* daraltmak, darlaştırmak, büzmek II. *vr* ■ **sich ~** (*Straße*) daralmak; (*Pupille*) küçülmek
vererben* I. *vt* ❶ (*hinterlassen*) miras bırakmak ❷ BIOL, MED kalıtım yoluyla geçirmek (**auf** -e) II. *vr* ■ **sich ~** BIOL, MED kalıtım yoluyla geçmek
vererblich *adj* ❶ kalıtımla geçen, kalıtsal, irsî ❷ JUR mirasçıya geçer, miras yoluyla geçer
Vererbung <-en> *f* BIOL, MED soya çekim; BIOL, MED kalıtım **Vererbungslehre** *f* BIOL kalıtım bilimi; (*Genetik*) genetik
verewigen* [fɛɐ'ʔeːvɪgən] *vt* bengilemek, ebedîleştirmek, sonsuzlaştırmak, ölümsüzleştirmek
verfahren[1] *adj* çıkmaza girmiş
verfahren*[2] *irr* I. *vi sein* ❶ (*vorgehen*) hareket etmek (**nach** -e göre), yol izlemek; **wie sollen wir weiter ~?** nasıl devam edelim? ❷ (*behandeln*) muamele etmek (**mit** -e); **streng mit jdm ~** birine sert muamele etmek II. *vt* (*Geld*) yolda harcamak; (*Benzin*) yakmak III. *vr* ■ **sich ~** yolunu şaşırmak
Verfahren <-s, -> *nt* ❶ (*Vorgehen*) hareket, izlenen yol; (*Methode*) yöntem, usul ❷ JUR (*Prozess*) dava, yargılama, muhakeme; **ein ~ gegen jdn einleiten** birinin aleyhine dava açmak ❸ TECH işlem; **~, Gegenstände mit einer Metallschicht zu überziehen** eşyayı bir maden tabakasıyla kaplama işlemi **Verfahrenstechnik** *f kein pl* proses teknolojisi
Verfall <-(e)s> *m kein pl* ❶ (*von Gebäude*) viran olma, viranlaşma, haraplaşma ❷ (*geistig, gesundheitlich*) çökme, bozulma ❸ (*Niedergang*) çöküş, çözülüş, yıkılış ❹ (*Eintrittskarte*) geçerliliğini kaybetme **Verfalldatum** *nt s.* **Verfallsdatum**
verfallen* *irr vi sein* ❶ (*Gebäude*) viran olmak, haraplaşmak ❷ (*körperlich, geistig, kulturell*) çökmek, bozulmak, düşkünleşmek ❸ (*ungültig werden*) geçerliliğini kaybetmek; (*ablaufen*) süresi bitmek ❹ (*abhängig werden*) düşkün olmak (-e); **jdm/einer Sache ~ sein** bir kimseye/şeye düşkün olmak; **in alte Fehler ~** aynı hatalara düşmek ❺ (*kommen auf*) aklına gelmek (**auf** -); **wie bist du denn darauf verfallen?** bu da nereden aklına geldi ki?
Verfallsdatum *nt* son kullanım tarihi
Verfalltag *m* FIN vade günü
verfälschen* *vt* ❶ (*Lebensmittel*) arılığını bozmak (-in), yabancı madde katmak (-e); (*Wein*) sulandırmak ❷ (*Wahrheit*) saptırmak; (*Daten*) tağyir etmek, değiştirmek
verfangen* *irr* I. *vi* (*nützen*) işe yaramak; (*wirken*) etkisi olmak; **schöne Worte ~ bei mir nicht** güzel sözler beni etkilemez, güzel sözler bana sökmez II. *vr* ■ **sich ~** tutulmak, yakalanmak; **sich in Widersprüchen ~** tezada düşmek
verfänglich [fɛɐ'fɛŋlɪç] *adj* (*verdächtig*) şüpheli, kuşkulu; (*peinlich*) utandırıcı, yakışık almayan
verfärben* *vr* ■ **sich ~** rengi değişmek; (*Kleidung*) renk atmak; (*Person*) beti benzi uçmak
verfassen* *vt* kaleme almak, yazmak
Verfasser(in) <-s, -; -nen> *m(f)* yazar
Verfassung <-en> *f* ❶ POL anayasa ❷ (*Zustand*) durum, hâl, kondisyon; (*seelisch*) durum, vaziyet; **in guter/schlechter ~ sein** kondisyonu iyi/kötü olmak
verfassunggebend *adj* yasa koyucu; **die ~e Versammlung** kurucu meclis
Verfassungsänderung *f* anayasa değişikliği **Verfassungsbeschwerde** *f* JUR anayasaya aykırılık itirazı, kamu yararına temyiz **Verfassungsgericht** *nt* anayasa mahkemesi **Verfassungsklage** *f s.* **Verfassungsbeschwerde** **verfassungsmäßig** *adj* anayasal, anayasaya uygun **Verfassungsschutz** *m* anayasayı koruma **verfassungswidrig** *adj* anayasaya aykırı
verfaulen* *vi sein* çürümek
verfechten* *irr vt* savunmak
Verfechter(in) <-s, -; -nen> *m(f)* savunucu
verfehlen* *vt* ❶ (*Zug*) kaçırmak; (*Person*) bulamamak; **sie haben sich verfehlt** (*fam*) buluşamadılar ❷ (*Ziel*) isabet etmemek (-e); (*Zweck*) erişmemek (-e); (*Schütze*) ıskalamak, tutturamamak; **ich halte es für verfehlt, das zu tun** bunu yapmayı yerinde bulmuyorum; **seine Wirkung ~** boşa gitmek, istenilen sonucu vermemek; **das Thema ~** yanlış konu seçmek; **wir haben den Weg verfehlt** yanlış yola saptık; **er hat seinen Beruf verfehlt** yanlış meslek seçmiş
verfehlt *adj* (*nicht angebracht*) yerinde olmayan, yersiz; (*falsch*) yanlış
verfeinden* [fɛɐ'faɪndən] *vr* ■ **sich ~** birbirine düşman kesilmek [*o* olmak]
verfeinern* [fɛɐ'faɪnɐn] *vt* (*Geschmack*) lezzetlendirmek; (*Methode*) geliştirmek
verfetten* *vi* yağlanmak; (*sehr dick werden*) şişmanlamak
Verfettung <-en> *f* yağlanma, şişmanlama
verfilmen* *vt* filme almak, filmleştirmek
Verfilmung <-en> *f* filme al(ın)ma, filmleştirme
verfilzen* *vi sein* (*Wolle, Pullover*) keçeleş-

mek
verfinstern* *vr* ■ **sich** ~ kararmak
Verflechtung <-en> *f* ❶ (*Verbindung*) bağlantı; (*Zusammenhang*) ilişki ❷ WIRTSCH bütünleşme
verfliegen* *irr* **I.** *vi sein* ❶ uçup gitmek; (*Duft, Alkohol*) uçmak ❷ (*Ärger, Begeisterung*) geçmek, kaybolmak; (*Zeit*) uçmak **II.** *vr* ■ **sich** ~ uçarken rotayı şaşırmak
verflixt [fɛɐ'flɪkst] *adj* (*fam*) kör olası; ~ **noch mal!** lanet olsun!, Allah kahretsin!; ~ **und zugenäht!** hay Allah kahretsin!
verflogen *pp von* **verfliegen**
verfluchen* *vt* beddua etmek (-e), ilenmek (-e); (*verdammen*) lanetlemek, kargımak
verflucht *adj* (*fam*) lanetli, lanet olası; ~ **noch mal!** lanet olsun!
verflüchtigen* *vr* ■ **sich** ~ ❶ uçup gitmek; (*Duft, Alkohol*) uçmak, buharlaşmak ❷ (*Ärger, Hoffnung*) geçmek, kaybolmak; (*Bedenken*) ortadan kalkmak ❸ (*fam: Person*) sıvışmak, kaybolmak
verflüssigen* **I.** *vt* (*Luft*) sıvındırmak, sıvılaştırmak **II.** *vr* ■ **sich** ~ sıvınmak
verfochten *pp von* **verfechten**
verfolgen* *vt* ❶ (*allgemein*) takip etmek, izlemek; (*einzufangen suchen*) kovalamak; **gerichtlich** ~ kovuşturmak; **er ist vom Unglück verfolgt** talihsizlikler peşini bırakmıyor; **welche Absicht verfolgt er?** hangi amacı izliyor [*o* güdüyor]? ❷ (*Spur*) takip etmek ❸ (*Handlung*) izlemek; (*Unterricht*) izlemek, takip etmek
Verfolger(in) <-n, -n; -nen> *m(f)* izleyici, takipçi, izleyen (kimse)
Verfolgte(r) <-n, -n; -n> *f(m)* takip edilen (kimse), hakkında kovuşturma yapılan (kimse); **politisch** ~ siyasal nedenlerle takip edilen (kimse)
Verfolgung <-en> *f* takip, kovuşturma
Verfolgungswahn *m* PSYCH takip edilme korkusu; (*Paranoia*) paranoya
verformen* **I.** *vt* biçimini değiştirmek (-in) **II.** *vr* ■ **sich** ~ biçimi değişmek, deforme olmak
verfrachten* *vt* ❶ (*versenden*) göndermek; (*verladen*) yüklemek; (*mit Schiff*) taşımak ❷ (*fig fam*) götürmek; **er hat seine Mutter in den Zug verfrachtet** annesini trene götürdü
Verfrachter *m* taşıyan
verfremden* *vt* yabancılaştırmak
Verfremdung <-en> *f* yabancılaştırma
verfressen *adj* (*fam*) obur
Verfressenheit *f kein pl* (*fam*) oburluk
verfrühen* *vr* ■ **sich** ~ erken gelmek; **die Gäste hatten sich verfrüht** konuklar erken geldi
verfrüht *adj* erken gelen
verfügbar *adj* ❶ eldeki, elde olan [*o* bulunan], hazırdaki ❷ WIRTSCH, FIN disponibil, disponibilitesi olan
verfügen* **I.** *vi* ❶ (*Besitz*) tasarruf etmek (**über** -e), istediği gibi kullanmak ❷ (*haben*) olmak (**über** -i); (*besitzen*) sahip olmak (**über** -e); **über Erfahrung/Zeit** ~ deneyimi/zamanı olmak **II.** *vt* emretmek (-e), (resen) karar vermek (-e)
Verfügung <-en> *f* ❶ (*Anordnung*) emir, (icraî) karar; (*Bestimmung, Vorschrift*) hüküm; **einstweilige** ~ JUR ihtiyati tedbir; **letztwillige** ~ JUR vasiyetname; **eine** ~ **erlassen** karar çıkarmak ❷ (*Disposition*) tasarruf, kullanım; (**jdm**) **zur** ~ **stehen** birinin emrine hazır olmak, birinin kullanımı için hazır bulunmak; (*zur Hilfe*) birine yardıma hazır olmak; **etw zu seiner/zur** ~ **haben** bir şey birinin emrinde olmak; **jdm etw zur** ~ **stellen** bir şeyi birinin emrine vermek; **sich zur** ~ **halten** kullanım için hazır bulunmak, emre amade olmak
verführen* *vt* ❶ ayartmak, kandırmak; (*fam: einladen*) davet etmek (**zu** -e) ❷ (*a. sexuell*) baştan çıkarmak, iğfal etmek
Verführer(in) <-s, -; -nen> *m(f)* ayartan, baştan çıkaran, iğfal eden
verführerisch *adj* baştan çıkarıcı, insanı baştan çıkaran; (*reizvoll*) cazip
Verführung <-en> *f* ayartma, kandırma, baştan çıkarma, iğfal
Vergabe <-n> *f* verilme
vergällen* *vt* ❶ (*ungenießbar machen*) zehretmek ❷ (*fig*) zehretmek; (*zerstören*) bozmak
vergammeln* **I.** *vi sein* (*fam: verfaulen*) çürümek; (*verderben*) bozulmak; (*verschimmeln*) küflenmek **II.** *vt* (*fam: Zeit*) harcamak; **den ganzen Sonntag im Bett** ~ bütün pazarı yatakta harcamak
vergangen [fɛɐ'gaŋən] *pp von* **vergehen**
Vergangenheit *f kein pl* ❶ (*Zurückliegendes*) geçmiş, mazi, geri; **das gehört der** ~ **an** bu, geçmişte [*o* geride] kaldı, bu, maziye karıştı; **in der jüngsten** ~ yakın geçmişte; **eine dunkle** ~ **haben** karanlık bir mazisi olmak ❷ LING geçmiş zaman **Vergangenheitsbewältigung** *f kein pl* geçmişle hesaplaşma
vergänglich [fɛɐ'gɛŋlɪç] *adj* fâni, kalımsız, gelip geçici; (*sterblich*) fâni, ölümlü
Vergänglichkeit *f kein pl* fânilik
vergasen* [fɛɐ'ga:zən] *vt* ❶ (*Kohle, Koks*) gaza dönüştürmek ❷ (*Menschen*) zehirli gazla öldürmek
Vergaser <-s, -> *m* AUTO karbüratör

vergaß [fɛɐ'ga:s] *3. imp von* **vergessen**

vergeben* *irr vt* ❶ vermek; (*verteilen*) dağıtmak; (*Stipendium, Preis*) vermek ❷ (*Chance, Möglichkeit*) kaçırmak ❸ (*zuteilen*) tahsis etmek ❹ (*geh: verzeihen*) bağışlamak, affetmek

vergebens [fɛɐ'ge:bəns] *adv* boşuna, boş yere; (*nutzlos*) faydasız

vergeblich **I.** *adj* boş, nafile; (*nutzlos*) faydasız **II.** *adv* boşu boşuna, boş yere, nafile yere, beyhude yere; (*nutzlos*) faydasız

Vergebung <-en> *f* (*geh*) bağışlama; (*von Sünden*) af; **jdn für etw um ~ bitten** birinden bir şeyin affını istemek

vergegenständlichen* *vt* nesnel duruma getirmek

vergegenwärtigen* [---'---] *vt* **sich** *dat* **etw ~** (*vor Augen rufen*) bir şeyi göz önüne getirmek, bir şeyi tasavvur etmek; (*sich vorstellen*) bir şeyi hayal etmek, bir şeyi düşlemek [*o* zihninde canlandırmak], bir şeyi tasavvur etmek; (*sich erinnern*) bir şeyi hatırlamak

vergehen* *irr* **I.** *vi sein* ❶ (*Zeit*) geçmek; **wie die Zeit vergeht!** zaman nasıl geçiyor!; **vergangene Woche** geçen hafta; **die Zeit verging wie im Flug(e)** zaman uçar gibi geçti ❷ (*aufhören*) kesilmek, geçmek; (*verschwinden*) kaçmak; **mir ist der Appetit vergangen** iştahım kaçtı, iştahım kapandı [*o* kesildi]; **vor Scham ~** utancından yerin dibine geçmek ❸ (*umkommen*) ölmek (**vor** -den); **vor Durst ~** susuzluktan ölmek **II.** *vr* ■ **sich ~: sich gegen ein Gesetz ~** bir yasayı çiğnemek; **sich an jdm ~** birine tecavüz etmek, birinin ırzına geçmek

Vergehen <-s, -> *nt* JUR cünha

vergelten* *irr vt* **jdm etw ~** birine bir şey için karşılık vermek; (*rächen*) birine bir şey için misillemede bulunmak; **Gleiches mit Gleichem ~** kısasa kısas etmek, kısasa kısasla karşılık vermek, dengiyle karşılamak

Vergeltung <-en> *f* ❶ karşılık ❷ (*Rache*) misilleme; **~ für etw üben** bir şey için misilleme yapmak [*o* misillemede bulunmak] **Vergeltungsmaßnahme** *f* misilleme önlemi; **~n durchführen** misilleme yapmak, misillemede bulunmak

vergessen <vergisst, vergaß, vergessen> [fɛɐ'gɛsən] **I.** *vt* unutmak; **ehe ich es vergesse** unutmadan; **das kannst du ~!** (*fam*) sen bunu unut! **II.** *vr* ■ **sich ~** kendini kaybetmek

Vergessenheit *f kein pl* unutulmuşluk, unutulma; **in ~ geraten** unutulmak, unutulmaya başlanmak

vergesslich[RR] *adj*, **vergeßlich**[ALT] *adj* unutkan

Vergesslichkeit[RR] *f kein pl*, **Vergeßlichkeit**[ALT] *f kein pl* unutkanlık

vergeuden* [fɛɐ'gɔɪdən] *vt* heder etmek; (*nutzlos verschwenden*) ziyan etmek, boş yere harcamak; (*Geld*) israf etmek

vergewaltigen* [fɛɐgə'valtɪgən] *vt* ırzına geçmek (-in)

Vergewaltigung <-en> *f* ırza geçme

vergewissern* [fɛɐgə'vɪsɐn] *vr* ■ **sich ~** emin olmak (**über** -den)

vergießen* *irr vt* dökmek

vergiften* **I.** *vt* zehirlemek; (*tödlich*) zehirle öldürmek **II.** *vr* ■ **sich ~** kendini zehirlemek; (*tödlich*) zehirle intihar etmek

Vergiftung <-en> *f a.* MED zehirlenme

vergilbt *adj* sararmış

Vergissmeinnicht[RR] <-(e)s, -(e)> [fɛɐ'gɪsmaɪnɪçt] *nt*, **Vergißmeinnicht**[ALT] <-(e)s, -(e)> *nt* BOT (*Myosotis*) unutmabeni

vergisst[RR] [fɛɐ'gɪst], **vergißt**[ALT] *3. präs von* **vergessen**

verglasen* **I.** *vt* camlamak **II.** *vi* (*fig: glasig werden*) camlaşmak

Vergleich <-(e)s, -e> *m* ❶ (*das Vergleichen*) karşılaştırma, kıyasla(n)ma, mukayese; **~e ziehen** karşılaştırma yapmak; **in keinem ~ zu etw** *dat* **stehen** bir şeyle kıyas kabul etmemek; **im ~ zu jdm/etw** *dat* bir kimseye/şeye kıyasla ❷ LIT benzetme, teşbih ❸ JUR (*im Zivilrecht*) uzlaşma, sulh; (*im Schuldrecht*) konkordato; **einen ~ schließen** konkordato akdetmek

vergleichbar *adj* karşılaştırılabilir (**mit** -le)

vergleichen* *irr* **I.** *vt* karşılaştırmak (**mit** -le), kıyaslamak (**mit** -le); **das kann man nicht ~** (*fam*) bu, kıyas kabul etmez; **verglichen mit ...** ... ile karşılaştırıldığında **II.** *vr* ■ **sich ~** JUR (*im Zivilrecht*) uzlaşmak

vergleichend *adj* karşılaştırmalı

Vergleichsverfahren *nt* JUR konkordato (usulü)

vergleichsweise *adv* nispeten, kıyaslayarak; **das ist ~ wenig/viel** bu nispeten az/çok

verglichen *pp von* **vergleichen**

verglühen* *vi sein* korlaşmak

vergnügen* [fɛɐ'gny:gən] **I.** *vr* ■ **sich ~** eğlenmek **II.** *vt* eğlendirmek

Vergnügen[1] <-s> [fɛɐ'gny:gən] *nt kein pl* (*Gefallen*) haz, zevk, memnuniyet; (*Freude*) sevinç; **es ist ein ~, ihm zuzusehen** onu seyretmek bir zevk; **es ist mir ein ~** memnun oldum; **an etw** *dat* **~ finden** bir şeyden zevk almak; **das bereitet mir ~** bu bana haz veriyor; **mit wem habe**

ich das ~? kiminle müşerref oluyorum?; **viel ~!** iyi eğlenceler!; **mit ~** memnuniyetle

Vergnügen² <-s, -> *nt* (*Zeitvertreib*) eğlence, oyalanma; **ein teures ~** pahalı bir zevk

vergnügt *adj* keyifli, neşeli

Vergnügung <-en> *f* zevk; (*Spaß*) eğlence **Vergnügungspark** *m* lunapark, eğlence parkı **Vergnügungssucht** *f kein pl* zevke düşkünlük **vergnügungssüchtig** *adj* zevke düşkün **Vergnügungsviertel** *nt* eğlence semti

vergolden* *vt* altın(la) kaplamak

vergolten *pp von* **vergelten**

vergossen *pp von* **vergießen**

vergotten* [fɛɐ'gotn] *vt* tanrılaştırmak

vergöttern* [fɛɐ'gœtɐn] *vt* perestij etmek, taparcasına sevmek, tapınmak (-e)

Vergötterung *f kein pl* perestij, taparcasına sevme

Vergottung *f kein pl* tanrılaştırma

vergraben* *irr* **I.** *vt* gömmek **II.** *vr* ■ **sich ~** (*sich zurückziehen*) gömülmek (**in** -e), çekilmek (**in** -e)

vergrämt [fɛɐ'grɛːmt] *adj* kederli, tasalı

vergraulen* [fɛɐ'graʊlən] *vt* (*fam*) kaçırmak

vergreifen* *irr vr* ■ **sich ~** ❶ (*falsch greifen*) yanlış tutmak ❷ MUS (*falsch spielen*) yanlış çalmak ❸ (*angreifen*) **sich an jdm ~** birine el kaldırmak; (*sexuell*) birine tecavüz etmek; **sich an etw** *dat* **~** bir şeye el uzatmak ❹ **sich im Ausdruck ~** yakışık almayan bir laf etmek, dil sürçmek

vergriffen [fɛɐ'grɪfən] **I.** *pp von* **vergreifen II.** *adj* (*Ware*) tükenmiş

vergrößern* [fɛɐ'grøːsɐn] **I.** *vt* ❶ (*räumlich*) büyü(l)tmek; (*erweitern*) genişletmek ❷ (*Lupe, Linse*) büyütmek; FOTO büyültmek ❸ (*vermehren*) artırmak, çoğaltmak; (*Wissen*) genişletmek ❹ (*verschlimmern*) beter etmek **II.** *vr* ■ **sich ~** ❶ (*sich erweitern*) büyümek; (*Pupille, Organ*) büyümek ❷ (*zunehmen*) büyümek

Vergrößerung <-en> *f* ❶ (*räumlich*) büyütme; (*Erweiterung*) genişletme ❷ FOTO (*Optik*) büyültme ❸ (*Zunahme*) artırılma, çoğaltılma ❹ (*Verschlimmerung*) beterleşme **Vergrößerungsglas** <-es, -gläser> *nt* büyüteç

vergucken* *vr* ■ **sich ~** ❶ (*fam: irren*) yanlış görmek ❷ (*fam: verlieben*) gözü kalmak (**in** -de)

vergünstigt *adj* (*Preis*) indirimli

Vergünstigung <-en> *f* imtiyaz, ayrıcalık; (*bei Preis*) indirim

vergüten* [fɛɐ'gyːtən] *vt* ❶ (*Arbeit*) ödemek; **jdm etw ~** birine bir şeyi ödemek ❷ TECH (*Stahl*) su vermek (-e)

Vergütung <-en> *f* ❶ (*Bezahlung*) ödeme; (*für Arbeit*) ücret; **eine ~ zahlen** ücret ödemek ❷ TECH (*Stahl*) çeliğe su verme

verh. *Abk von* **verheiratet** evli

verhackstücken* *vt* (*fam*) ince eleyip sık dokumak

verhaften* [fɛɐ'haftən] *vt* tutuklamak; **sie wurden verhaftet** tutuklandılar

Verhaftung <-en> *f* (*das Verhaften*) tutuklama; (*das Verhaftetwerden*) tutuklanma

verhallen* *vi sein* ❶ (*Ton*) yavaş yavaş kaybolmak ❷ (*fig*) **seine Bitten/sein Ruf sind ungehört verhallt** ricaları/çağrısı duyulmadan kayboldu

verhalten¹ *adj* belli olmayan, kendini belli etmeyen; (*Farbtöne*) göze batmayan; (*Fahrweise*) pasif; (*Stimme*) sakin; **~ lächeln** bıyık altından gülmek

verhalten*² *irr vr* ■ **sich ~** ❶ (*sich benehmen*) davranmak; **sich jdm gegenüber unverschämt ~** birine karşı utanmazca davranmak ❷ MATH **3 verhält sich zu 5 wie 6 zu 10** 3'ün 5'e oranı, 6 ile 10'unki gibidir ❸ (*Sache*) **mit den anderen Kindern verhält es sich ganz genauso** öteki çocuklarla da durum aynen böyledir; **mit der Sache verhielt es sich ganz anders** işin içyüzü tamamen başkaydı

Verhalten <-s> *nt kein pl* (*Benehmen*) davranış; (*Haltung*) tutum **Verhaltensforschung** *f kein pl* davranış bilimi **verhaltensgestört** *adj* davranış bozukluğu olan **Verhaltensmaßregel** <-n> *f* davranış kuralları *pl* **Verhaltensstörung** *f* MED, PSYCH davranış bozukluğu **Verhaltensweise** <-n> *f* davranış biçimi

Verhältnis <-ses, -se> [fɛɐ'hɛltnɪs] *nt* ❶ (*Relation*) oran; **im ~ zu** -e oranla; **ein ~ von fünf zu eins** birin beşe oranı ❷ (*persönliches ~*) ilişki, münasebet; **ein freundschaftliches ~** dostça bir ilişki; **ein gestörtes ~ zu jdm/etw** *dat* **haben** bir kimseyle/şeyle arası bozuk olmak ❸ (*fam: Liebes~*) aşk ilişkisi; (*Geliebte*) sevgili ❹ *pl* (*Umstände*) şartlar *pl*, durum; **über seine ~se leben** ayağını yorganına göre uzatmamak; **in guten/schlechten ~sen leben** iyi/kötü şartlar altında yaşamak; **seine familiären/finanziellen ~se** aile/mali durumu

verhältnismäßig *adv* ❶ (*relativ*) nispeten; (*fam: ziemlich*) nispeten, oldukça ❷ (*proportional*) oranlı, orantılı

Verhältniswahl <-en> *f* nispî temsil **Verhältniswort** *nt* LING (*Präposition*) ilgeç, edat

verhandeln* **I.** *vi* görüşmek (**über** üzerinde), pazarlık etmek (**über** üzerinde) **II.** *vt a.* JUR görüşmek, duruşmasını yapmak (-in)

Verhandlung <-en> *f* ❶ (*das Verhandeln*) görüşme; **~en führen** görüşme yapmak; **mit jdm in ~en treten** biriyle görüşmelere başlamak ❷ JUR yargılama; (*Haupt~*) duruşma **Verhandlungsbasis** *f pazarlığa esas olacak fiyat* **verhandlungsfähig** *adj* JUR davaya ehil **Verhandlungspartner(in)** *m(f)* WIRTSCH (pazarlıkta) taraf; (*Prozesspartei*) davada taraf; (*Vertrag*) âkit, sözleşme yapan **Verhandlungsspielraum** *m kein pl* pazarlık payı **Verhandlungstisch** *m* toplantı masası

verhangen [fɛɐ'haŋən] *adj* örtülü (**mit** -le)

verhängen* *vt* ❶ (*zuhängen*) örtmek (**mit** -le) ❷ JUR **eine Strafe über jdn ~** birini cezaya çarptırmak, birine ceza vermek ❸ (*Embargo*) koymak (**über** -e); (*Ausnahmezustand*) ilan etmek (**über** -de)

Verhängnis <-ses, -se> *nt* bela; (*Katastrophe*) felaket; **das wurde ihr zum ~** bu onun başına bela oldu **verhängnisvoll** *adj* belalı, vahim

verharmlosen* *vt* tehlikesiz göstermeye çalışmak

verharren* *vi* (*geh*) ❶ (*beharrlich sein*) **auf etw** *dat* **~** bir şeyde direnmek [*o* ısrar etmek] ❷ (*bleiben*) kalmak; **bei seinem Entschluss ~** kararından şaşmamak; **in einer bestimmten Stellung ~** belli bir durumda kalmak

verhärten* **I.** *vt* sertleştirmek, katılaştırmak **II.** *vr* ■ **sich ~** sertleşmek, katılaşmak

Verhärtung <-en> *f* ❶ (*Verhärten*) sertleşme, katılaşma ❷ (*Schwiele*) nasır

verhaspeln* [fɛɐ'haspəln] *vr* ■ **sich ~** ❶ (*fam: beim Sprechen*) dili dolaşmak ❷ (*fam: in Fäden*) birbirine dolaşmak

verhasst[RR] [fɛɐ'hast] *adj*, **verhaßt**[ALT] *adj* nefret edilen; ■ **sich ~ machen** kendini nefret ettirmek; **diese Arbeit ist mir ~** bu işten nefret ediyorum

verhätscheln* [fɛɐ'hɛtʃəln] *vt* şımartmak, pohpohlamak

Verhau <-(e)s, -e> [fɛɐ'haʊ] *m o nt* ❶ (*Hindernis*) engel ❷ (*fig fam*) karışıklık

verhauen <verhaut, verhaute, verhauen> **I.** *vt* (*fam*) ❶ (*prügeln*) dövmek, dayak atmak (-e) ❷ (*fig fam: sehr schlecht machen*) berbat etmek; (*völlig falsch machen*) tamamen yanlış yapmak ❸ (*leichtfertig ausgeben*) düşünmeden [*o* düşüncesizce] harcamak, saçıp savurmak, har vurup harman savurmak **II.** *vr* ■ **sich ~** (*fig fam*) yanılmak

verheddern* [fɛɐ'hɛdɐn] *vr* ■ **sich ~** ❶ (*fam*) takılmak (**in** -e); **die Fäden haben sich verheddert** iplikler birbirine dolaştı ❷ (*fam: beim Reden*) takılmak

verheerend *adj* ❶ (*furchtbar*) korkunç, feci, dehşetli, müthiş ❷ (*fig fam: scheußlich*) iğrenç

verhehlen* [fɛɐ'he:lən] *vt* (*geh*) gizlemek, saklamak; **jdm etw ~** birinden bir şeyi gizlemek [*o* saklamak]

verheilen* *vi sein* (*Wunde*) iyileşmek; (*vernarben*) kapanmak, kabuk bağlamak

verheimlichen* *vt* gizlemek, gizli tutmak; **ich habe nichts zu ~** benim gizleyecek bir şeyim yok

verheiraten* **I.** *vr* ■ **sich ~** evlenmek **II.** *vt* evlendirmek

verheiratet *adj* evli

verheißen* *irr vt* (*geh*) söz vermek, vadetmek

Verheißung <-en> *f* (*geh*) söz verme, vadetme; **das Land der ~** söz verilmiş ülke, Arzı Mevut **verheißungsvoll** *adj* umut verici

verhelfen* *irr vi* **jdm zu etw** *dat* **~** birinin bir şeyi elde etmesine yardımcı olmak; **jdm zur Flucht ~** birinin kaçmasına yardımcı olmak

verherrlichen* *vt* göklere çıkarmak

Verherrlichung <-en> *f* göklere çıkarma

verhexen* *vt* büyülemek, afsunlamak; **das ist wie verhext!** (*fam*) nedense bir türlü olmuyor!

verhindern* *vt* önlemek, engellemek; (*vermeiden*) kaçınmak (-den); **das lässt sich leider nicht ~** maalesef bundan kaçınılmaz; **ich war gestern dienstlich verhindert** dün görevim dolayısıyla gelemedim

verhindert *adj* (*mit verborgener Begabung*) keşfedilmemiş

verhöhnen* [fɛɐ'hø:nən] *vt* maskara etmek, maskarasını çıkarmak (-in)

verhökern* [fɛɐ'hø:kɐn] *vt* (*fam*) okutmak

verholfen *pp von* **verhelfen**

Verhör <-(e)s, -e> [fɛɐ'hø:ɐ] *nt* sorgu, sorgulama; **jdn ins ~ nehmen** (*fig fam*) birini sorguya çekmek

verhören* **I.** *vt* sorgulamak **II.** *vr* ■ **sich ~** yanlış duymak

verhüllen* **I.** *vt* ❶ (*bedecken*) örtmek, üstünü kapamak (-in); **etw verhüllt sagen** bir şeyi üstü kapalı söylemek ❷ (*verbergen*) gizlemek; (*fig*) maskelemek **II.** *vr* ■ **sich ~** örtünmek, kapanmak

verhundertfachen* **I.** *vt* yüze katlamak **II.** *vr* ■ **sich ~** yüze katlanmak, yüz katına çıkmak

verhungern* *vi sein* açlıktan ölmek

verhunzen* *vt* (*pej fam*) berbat etmek, bok etmek

verhüten* *vt* (*vermeiden*) kaçınmak (-den), sakınmak (-den); (*verhindern*) önlemek, engel olmak (-e); **die Empfängnis ~** gebeliği önlemek; **das verhüte Gott!** Allah korusun!

Verhütung *f kein pl* önleme; (*Empfängnis~*) gebelik önleme **Verhütungsmittel** *nt* gebeliği önleyici araç

verifizieren* *vt* doğrulamak **Verifizierung** *f* doğrulama

verinnerlichen* *vt* benimsemek, özümsemek, özümlemek

verirren* *vr* ■ **sich ~** yanlış yola sapmak; (*sich verlaufen*) yolunu kaybetmek; (*vom rechten Weg abkommen*) yolunu sapıtmak, doğru yoldan ayrılmak, kötü yola sapmak; **eine verirrte Gewehrkugel** serseri kurşun

verjagen* *vt* kovmak, kovalamak

verjähren* [fɛɐ'jɛːrən] *vi sein* zaman aşımına uğramak

Verjährung <-en> *f* zaman aşımı, müruruzaman **Verjährungsfrist** *f* JUR zaman aşımı süresi

verjubeln* *vt* (*fam*) har vurup harman savurmak

verjüngen* [fɛɐ'jʏŋən] **I.** *vt* (*Aussehen*) gençleştirmek **II.** *vr* ■ **sich ~** ❶ (*schmaler, enger werden*) daralmak, incelmek, sivrilmek ❷ (*jüngeres Aussehen bekommen*) gençleşmek

verkabeln* *vt* kablo döşemek (-e)

Verkabelung <-en> *f* kablo tesisatı

verkalken* *vi sein* ❶ (*Maschine*) kireçlenmek ❷ MED kireçlenmek ❸ (*fig fam: Person*) bunamak

verkalkulieren* *vr* ■ **sich ~** yanlış hesaplamak

Verkalkung <-en> *f* ❶ (*Kalkablagerung*) kireçlenme, kireçleşme ❷ (*der Arterien*) kireçlenme ❸ (*fig fam: Vergreisung*) bunama

verkannt [fɛɐ'kant] **I.** *pp von* **verkennen** **II.** *adj* takdir edilmeyen

verkappt [fɛɐ'kapt] *adj* maskeli

Verkauf[1] <-(e)s, -käufe> *m* (*das Verkaufen*) satma; **zum ~ stehen** satılık olmak

Verkauf[2] <-(e)s> *m kein pl* (*~sabteilung*) satış

verkaufen* **I.** *vt* ❶ (*veräußern*) satmak (**an** -e, **für** -e); **zu ~** satılıktır; **jdn für dumm ~** birini aptal yerine koymak ❷ (*fam: glauben machen*) satmak; **jdm etw als große Leistung ~** bir şeyi büyük bir başarı olarak satmak **II.** *vr* ■ **sich ~** satılmak, kendini satmak; **sich teuer ~** kendini pahalıya satmak; **sich gut/schlecht ~** iyi/kötü satılmak

Verkäufer(in) <-s, -; -nen> *m(f)* satıcı

verkäuflich *adj* satılık; **nicht ~ sein** satılık olmamak; **schwer ~ sein** zor satılır olmak

Verkaufserlös *m* satış bedeli, satış tutarı

Verkaufsleiter(in) *m(f)* satış müdürü

verkaufsoffen *adj* **~er Samstag** *satış yerlerinin açık olduğu cumartesi* **Verkaufspreis** <-es, -e> *m* satış fiyatı **Verkaufsschlager** *m* peynir ekmek gibi satılan mal

Verkehr <-(e)s> [fɛɐ'keːɐ] *m kein pl* ❶ (*Fahrzeug~, Luft~, Güter~*) ulaşım; (*~sministerium*) ulaştırma; (*Straßen~*) trafik; **etw aus dem ~ ziehen** bir şeyi piyasadan toplamak; **ein Fahrzeug aus dem ~ ziehen** bir taşıtın trafik kaydını silmek; **jdn aus dem ~ ziehen** (*fam*) birini görevinden almak ❷ (*Umlauf*) dolanım, tedavül; **Banknoten aus dem ~ ziehen** banknotları tedavülden kaldırmak ❸ (*Umgang*) ilişki, münasebet, görüşme; **in regem ~ mit jdm stehen** biriyle sıkı ilişkide olmak ❹ (*Geschlechts~*) ilişki, münasebet ❺ (*Geschäfts~*) işlem(ler) *(pl)*

verkehren* **I.** *vi* ❶ *haben o sein* (*auf Strecke*) gelip gitmek (**zwischen ... und** ile ... arasında); (*Verkehrsmittel*) işlemek ❷ (*sich aufhalten*) **in dem Lokal verkehre ich nicht** o lokale gitmem; **mit jdm ~** biriyle ilişkisi olmak, biriyle görüşmek; (*brieflich*) biriyle yazışmak; (*Geschlechtsverkehr haben*) biriyle yatıp kalkmak **II.** *vt* **etw ins Gegenteil ~** bir şeyi tersine çevirmek

Verkehrsader *f* arter, trafiği yoğun olan ana yol

Verkehrsampel *f* trafik lambası **Verkehrsamt** *nt* trafik dairesi **Verkehrsaufkommen** <-s> *nt kein pl* trafik yoğunluğu **verkehrsberuhigt** *adj* **~e Zone** genel trafiğe kapalı bölge **Verkehrschaos** *nt kein pl* trafik keşmekeşi **Verkehrsdelikt** *nt* trafik suçu **Verkehrsdichte** *f kein pl* trafik yoğunluğu **Verkehrsdurchsage** *f* RADIO trafik durumunu bildirme **Verkehrserziehung** *f* trafik eğitimi **Verkehrsfluss** *m* trafik akışı **Verkehrsfunk** *m* trafik haberleri radyosu **Verkehrsgefährdung** *f kein pl* trafiği tehlikeye düşürme **verkehrsgünstig** *adj* **in ~er Lage** ulaşımı kolay yerde, trafiğe bağlantısı elverişli yerde **Verkehrshindernis** *nt* trafik engeli **Verkehrsinfarkt** *m* trafiğin felce uğraması **Verkehrsinsel** *f* refüj, trafik adası, orta kaldırım **Verkehrsknotenpunkt** *m* kavşak

Verkehrskontrolle *f* trafik kontrolü **Verkehrslage** *f* trafik durumu **Verkehrslärm** *m kein pl* trafik gürültüsü **Verkehrsminister(in)** *m(f)* ulaştırma bakanı **Verkehrsministerium** *nt* ulaştırma bakanlığı **Verkehrsmittel** *nt* ulaşım aracı, taşıt; **die öffentlichen ~** kamu hizmeti taşıtları, toplu taşıma araçları, belediye taşıtları **Verkehrsopfer** *nt* trafik kurbanı **Verkehrsordnung** *f* ADMIN trafik düzeni **Verkehrsplanung** *f* trafik planlaması **Verkehrspolizei** *f kein pl* trafik polisi **Verkehrsregel** *f* trafik kuralı **Verkehrsregelung** *f* (*durch Polizei*) trafik akışını düzenleme; (*durch Verkehrszeichen*) trafiği düzenleme **verkehrsreich** *adj* işlek, trafiği yoğun olan **Verkehrsschild** <-(e)s, -er> *nt* trafik levhası **verkehrssicher** *adj* trafik güvenliği olan **Verkehrssicherheit** *f kein pl* trafik güvenliği **Verkehrsstau** *m* trafik tıkanması **Verkehrsstraße** *f* ulaşım yolu **Verkehrssünder(in)** *m(f)* trafik suçu işleyen (kimse) **Verkehrstote(r)** *f(m)* trafik kazasında ölen (kimse); **die Zahl der ~n** trafik kazasında ölenlerin sayısı **Verkehrsunfall** *m* trafik kazası **Verkehrsverbindung** *f* trafik bağlantısı, ulaştırma bağlantısı **Verkehrsvorschrift** *f* trafik kuralı **Verkehrsweg** *m* ulaşım yolu **Verkehrswesen** <-s> *nt kein pl* ulaşım; **das Ministerium für ~** ulaştırma bakanlığı **verkehrswidrig** *adj* trafik kurallarına aykırı; ■ **sich ~ verhalten** trafik kurallarına aykırı davranmak **Verkehrszeichen** *nt* trafik işareti

verkehrt [fɛɐ'ke:ɐt] **I.** *adj* ters; (*falsch*) yanlış; **das ist total ~** bu tamamen terstir; **das ist gar nicht so ~** (*fig fam*) bu hiç de fena değil; (**mit etw** *dat*) **an den V~en geraten** (*fam*) (bir şeyde) tam adamına çatmak; **ich will nichts V~es sagen** yanlış bir şey söylemek istemiyorum **II.** *adv* (*umgekehrt*) ters; (*falsch*) yanlış; **~ herum** ters; **etw ~ herum anhaben** bir şeyi ters giymiş olmak; **etw ~ machen/verstehen** bir şeyi ters yapmak/anlamak; **zwei glatt, zwei ~ stricken** iki düz, iki ters örmek

verkeilen* **I.** *vt* (*Fahrzeug usw.*) takozlamak, takoz koymak (-e) **II.** *vr* ■ **sich ~** iç içe geçmek

verkennen* *irr vt* (*falsch beurteilen*) yanlış değerlendirmek; (*nicht richtig erkennen*) yanlış görmek, görememek; (*missdeuten*) yanlış yorumlamak; **ihre Absicht war nicht zu ~** niyeti anlaşılmayacak gibi değildi; **du verkennst den Ernst der Lage** sen durumun ne kadar ciddi olduğunu görmüyorsun

verketten* **I.** *vt* zincirlemek, zincirle bağlamak **II.** *vr* ■ **sich ~** zincirlenmek, zincirle bağlanmak

verkitten* *vt* macunlamak

verklagen* *vt* **jdn ~** birini dava etmek (**auf/wegen** için/yüzünden)

verklaren* **I.** *vt* açıklamak, izah etmek **II.** *vi* NAUT deniz raporu vermek

verklären* **I.** *vt* nurlandırmak **II.** *vr* ■ **sich ~** nurlanmak

verklärt [fɛɐ'klɛ:ɐt] *adj* nurlu

Verklarung *f* NAUT deniz raporunun verilmesi

verklauseln* *vt*, **verklausulieren*** *vt* ❶ kayda şarta bağlamak ❷ (*fig fam*) çetrefilleştirmek

verkleiden* **I.** *vt* ❶ (*Wand*) kaplamak (**mit** ile) ❷ (*kostümieren*) giydirmek (**als** gibi), kıyafet giydirmek (**als** olarak) **II.** *vr* ■ **sich ~** giyinmek (**als** gibi), kıyafet giyinmek (**als** olarak), kılığına girmek (**als** -in); **sich als Cowboy ~** kovboy gibi [*o* kıyafeti] giyinmek, kovboy kılığına girmek

Verkleidung <-en> *f* ❶ (*von Person*) kıyafet, kılık ❷ (*von Wand*) kaplama (**mit** ile); (*Überzug*) kılıf

verkleinern* [fɛɐ'klaɪnɐn] **I.** *vt* küçültmek, ufaltmak **II.** *vr* ■ **sich ~** (*allgemein*) küçülmek, ufalmak

Verkleinerung <-en> *f* küçültme, ufaltma

Verkleinerungsform <-en> *f* LING küçültme

verklemmen* *vr* ■ **sich ~** sıkışmak

verklemmt *adj* ❶ (*Tür*) sıkışmış ❷ (*fig: Person*) tutuk

verklingen* *irr vi sein* sesi duyulmaz olmak; (*sich verlieren*) yavaş yavaş kaybolmak

verklungen *pp von* **verklingen**

verknacksen* *vt* **sich** *dat* **den Fuß ~** (*fam*) ayağını burkmak

verknallen* **I.** *vt* (*fam: Knallkörper*) patlatmak; (*Geld*) har vurup harman savurmak **II.** *vr* ■ **sich ~** (*fam*) abayı yakmak (**in** -e), vurulmak (**in** -e)

verknappen* **I.** *vt* daraltmak, kısıtlamak **II.** *vr* ■ **sich ~** daralmak, kıtlaşmak

Verknappung [fɛɐ'knapʊŋ] *f kein pl* daralma, kıtlaşma

verkneifen* *irr vr* (*fam*) **sich** *dat* **etw ~** (*verzichten*) bir şeyden vazgeçmek; (*unterdrücken*) bir şeyi içine atmak; **sich das Lachen nicht ~ können** gülmeden yapamamak, kendini gülmekten alamamak

verkniffen [fɛɐ'knɪfən] **I.** *pp von* **verkneifen** **II.** *adj* (*pej: Gesicht*) asık

verknittern* *vt* buruşturmak

verknöchern* *vi* (*a. fig*) kemikleşmek
verknoten* **I.** *vt* düğümlemek **II.** *vr* ■ **sich ~** düğümlenmek
verknüpfen* *vt* ❶ (*verknoten*) düğümlemek ❷ (*fig: verbinden*) birleştirmek, bağlamak ❸ (*in Zusammenhang bringen*) bağlantı kurmak (**mit** -le)
Verknüpfung <-en> *f* bağ, bağlantı
verkochen* *vi sein* ❶ (*verdampfen*) kaynayıp buharlaşmak ❷ (*breiig werden*) lapalaşmak; (*Reis*) altı tutmak
verkohlen* **I.** *vi sein* (*Holz*) kömürleşmek **II.** *vt* (*fam: Person*) alaya almak, enayi yerine koymak
verkommen*[1] *irr vi sein* ❶ (*verderben*) bozulmak ❷ (*Gebäude*) harabeye dönmek; (*Sachen*) bozulmak, perişan olmak, harap olmak; (*Sitten*) bozulmak ❸ (*Person: moralisch*) ahlakı bozulmak; (*äußerlich*) üstü başı perişan [*o* pejmürde] olmak; (*soziale Stellung*) sefalete düşmek; **zum Säufer ~** içkici olmak, içkiye düşkün olmak
verkommen[2] *adj* ❶ (*Gebäude*) harabeye dönmüş; (*Sachen*) bozulmuş, perişan; (*Sitten*) bozulmuş ❷ (*Person*) ahlaksız
verkorksen* [fɛɐ'kɔrksən] *vt* (*fam*) berbat etmek, içine etmek (-in), yüzüne gözüne bulaştırmak; **sich den Magen ~** midesini bozmak
verkörpern* *vt* ❶ cisimlendirmek, canlandırmak; (*symbolisieren*) simgelemek ❷ THEAT, FILM oynamak; **den Titelhelden ~** başkahramanı oynamak
Verkörperung <-en> *f* ❶ (*Personifizierung*) kişileştirme, canlan(dır)ma ❷ THEAT, FILM oynama
verköstigen* [fɛɐ'kœstɪgən] *vt* yedirip içirmek
verkrachen* *vr* ■ **sich ~** (*fam*) bozuşmak, kavga edip ayrılmak; **wir sind noch immer verkracht** hâlâ kavgalıyız, hâlâ aramız bozuk
verkracht *adj* (*fam: gescheitert*) başarısız; (*ruiniert*) mahvolmuş, hayatı kaymış; **eine ~e Existenz** hayatı kaymış biri
verkraften* *vt* (*Arbeit*) gücü yetmek (-e), altından kalkmak (-in); (*Belastung*) sineye çekmek; **kannst du noch ein Eis ~?** bir dondurma daha yiyebilecek durumda mısın?
verkrampfen* *vr* ■ **sich ~** ❶ (*Muskel*) kasılmak ❷ (*Mensch*) sıkılmak
verkrampft *adj* kasılmış; (*Lächeln*) zoraki; (*Haltung*) sıkılgan
verkriechen* *irr vr* ❶ ■ **sich ~** (*verstecken*) saklanmak; (*isolieren*) kabuğuna çekilmek ❷ (*fig fam: aus Angst*) sinmek; **neben ihm kannst du dich ~** onunla aşık atamazsın
verkrochen *pp von* **verkriechen**
verkrümeln* *vr* ■ **sich ~** (*fig fam: Gegenstand*) yok olmak; (*Person*) sıvışmak
verkrümmen* **I.** *vt* çarpıtmak; (*verbiegen*) eğriltmek **II.** *vr* ■ **sich ~** çarpılmak; (*Holz*) eğrilmek
verkrüppelt *adj* (*Arm, Fuß*) sakat; (*Baum, Strauch*) çarpık
verkrustet *adj* (*Wunde*) kabuk bağlamış
verkühlen* *vr* ■ **sich ~** DIAL soğuk kapmak
verkümmern* *vi sein* ❶ (*Glied, Organ*) körelmek, dumura uğramak; (*Pflanze*) sararıp solmak ❷ (*Talent*) körelmek
Verkümmerung *f* körelme, dumur
verkünden* *vt*, **verkündigen*** *vt* (*geh*) ❶ (*ankündigen*) bildirmek; (*vorhersagen*) tahmin etmek ❷ (*bekannt machen*) duyurmak, ilan etmek; (*Urteil*) tefhim etmek; (*Gesetz*) ilan etmek ❸ (*erklären*) anlatmak ❹ (*als glückliche Botschaft*) muştulamak, müjdelemek
Verkündigung <-en> *f* ❶ (*Ankündigung*) bildirme, ilan ❷ (*Bekanntmachung*) duyuru, ilan; (*Urteil*) tefhim; (*Gesetz*) ilan ❸ (*als glückliche Botschaft*) muştulama, müjdeleme
verkuppeln* *vt* pezevenklik yapmak; (*verheiraten*) evlendirmek
verkürzen* **I.** *vt* kısaltmak; **den Weg/Text ~** yolu/metni kısaltmak; (*verringern*) indirmek (**auf** -e) **II.** *vr* ■ **sich ~** kısalmak
verladen* *irr vt* ❶ (*Güter*) yüklemek (**auf** -e); (*Truppen*) bindirmek (**auf** -e) ❷ (*fam: hintergehen*) aldatmak, kandırmak
Verladung <-en> *f* (*Güter*) yükleme; (*Truppen*) bindirme
Verlag <-(e)s, -e> [fɛɐ'la:k] *m* yayın evi
verlagern* **I.** *vt* nakletmek; (*Waren*) yerini değiştirmek (-e); (*örtlich*) aktarmak (**auf** -e); **seine Interessen ~** meraklarını değiştirmek **II.** *vr* ■ **sich ~** yeri değişmek; METEO kaymak; **das Tiefdruckgebiet verlagert sich langsam nach Osten** alçak basınç alanı yavaş yavaş doğuya kayıyor
Verlagsbuchhandel *m kein pl* yayımcılık
Verlagsbuchhandlung *f* yayın evine bağlı kitap evi **Verlagshaus** *nt* yayın evi **Verlagsredakteur(in)** *m(f)* yayın evi redaktörü **Verlagswesen** <-s> *nt kein pl* yayımcılık
verlangen* [fɛɐ'laŋən] **I.** *vt* ❶ (*fordern*) istemek, talep etmek; (*bitten, bei Bezahlung*) rica etmek, istemek; **ist das nicht ein bisschen viel verlangt?** bu istediğin biraz fazla değil mi?; **Sie werden am Telefon verlangt** sizi telefondan istiyorlar

V

❷ (*erfordern*) gerektirmek **II.** *vi* **nach etw** *dat* **~** bir şeyi istemek [*o* talep etmek]; (*sich sehnen*) canı bir şey çekmek, bir şeye istek duymak, bir şeyi arzulamak

Verlangen <-s, -> *nt* (*geh*) ❶ (*Wunsch*) arzu, istek; (*Bedürfnis*) canı çekme, gereksinme ❷ (*Forderung*) talep, istem, istek; **auf ~** istek [*o* talep] üzerine

verlängern* [fɛɐ'lɛŋɐn] **I.** *vt* ❶ (*räumlich*) uzatmak; (*zeitlich*) uzatmak (**um** -); (*Vertrag, Pass*) yenilemek; (*Frist*) uzatmak (**um** -); **ein verlängertes Wochenende** uzun bir hafta sonu ❷ (*Suppe*) su katarak çoğaltmak (-e) **II.** *vr* ■ **sich ~** ❶ (*räumlich*) uzamak (**um** -) ❷ (*zeitlich*) uzamak (**um** -)

Verlängerung <-en> *f* uzatma; (*zeitlich*) uzatım; SPORT uzatma **Verlängerungsschnur** *f* ELEK uzatma kablosu

verlangsamen* **I.** *vt* yavaşlatmak **II.** *vr* ■ **sich ~** yavaşlamak

Verlass[RR] [fɛɐ'las] *m*, **Verlaß**[ALT] *m* **auf jdn/etw ist ~** bir kimseye/şeye güvenilir; **auf jdn/etw ist (überhaupt) kein ~** bir kimseye/şeye (hiç) güvenilmez

verlassen[1] *adj* ❶ (*einsam*) kimsesiz, yalnız; (*öde*) ıssız ❷ (*zurückgelassen*) terk edilmiş, bırakılmış, metrûk

verlassen*[2] *irr* **I.** *vt* terk etmek, bırakmak; (*hinausgehen*) terk etmek; **die Hoffnung hatte ihn ~** umutsuzluğa düşmüştü, umudu kalmamıştı; **sie hat ihren Mann ~** kocasını terk etti **II.** *vr* ■ **sich ~** güvenmek (**auf** -e), bel bağlamak (**auf** -e); **darauf können Sie sich ~** buna güvenebilirsiniz; **du kannst dich hundertprozentig darauf ~** buna yüzde yüz güvenebilirsin, bundan yüzde yüz emin olabilirsin

Verlassenheit *f kein pl* terk edilme, bırakılma, metrukiyet; (*Einsamkeit*) kimsesizlik, yalnızlık, ıssızlık

verlässlich[RR] [fɛɐ'lɛslɪç] *adj*, **verläßlich**[ALT] *adj* (*Auskunft, Person*) güvenilir

Verlaub [fɛɐ'laʊp] *m* (*geh*) **mit ~** ayıptır söylemesi, edeptir söylemesi, tabiri caizse

Verlauf <-(e)s, -läufe> *m* ❶ (*zeitlich*) akış, geçiş; (*Prozess*) süreç; (*Entwicklung*) gelişim, gelişme, gidiş(at); (*von Krankheit*) seyir; **im ~ der letzten Monate** son aylarda; **im/nach ~ von drei Stunden** üç saat içinde/geçtikten sonra; **im weiteren ~** devamında; **einen guten/unerwarteten ~ nehmen** iyi/beklenmedik bir gelişme göstermek ❷ (*von Straße, Grenze*) geçiş; (*von Fluss*) akış

verlaufen* *irr* **I.** *vi sein* ❶ (*ablaufen*) geçmek, akmak, gitmek; (*Zeitraum, Untersuchung*) geçmek ❷ (*Grenze, Weg*) geçmek (**durch** -den) ❸ (*sich verlieren*) yolunu yitirmek, yolunu kaybetmek; **sich im Wald ~** ormanda yolunu kaybetmek [*o* yitirmek]; **die Sache ist im Sand ~** (*fam*) iş çıkmaza girdi ❹ (*Butter, Farbe*) akmak **II.** *vr* ■ **sich ~** ❶ (*sich verirren*) yolunu şaşırmak ❷ (*Menschenmenge*) dağılmak; (*Wasser*) akıp gitmek

verlausen* *vi* bitlenmek

verlautbaren* [fɛɐ'laʊtba:rən] *vt* bildirmek, duyurmak, ilan etmek

verlauten* *vi sein* söylenmek; **etwas ~ lassen** bir şeyi söylemek; (*mitteilen*) bir şeyi bildirmek; **nichts ~ lassen** hiçbir şey söylememek; **wie verlautet** söylendiğine göre

verleben* *vt* ❶ (*verbringen*) geçirmek ❷ (*fam: verbrauchen*) harcamak

verlebt *adj* yıpranmış

verlegen[1] *adj* mahcup; (*verklemmt*) sıkılgan; (*schüchtern*) utangaç; **jdn ~ machen** birini mahcup etmek; **nie um eine Ausrede ~ sein** bahane bulmakta hiç güçlük çekmemek

verlegen*[2] **I.** *vt* ❶ (*örtlich*) yerini değiştirmek; (*Geschäft, Patient*) nakletmek ❷ (*Termin*) ertelemek (**von** -den, **auf** -e), kaydırmak (**von** -den, **auf** -e) ❸ (*an falsche Stelle*) yanlış yere koymak ❹ (*Kabel*) döşemek; (*Teppichboden*) döşemek ❺ (*herausgeben*) yayımlamak **II.** *vr* ■ **sich ~** koyulmak (**auf** -e); **sich auf etw ~** bir şeye girişmek

Verlegenheit[1] *f kein pl* sıkılganlık, mahcupluk, mahcubiyet, bozum havası; **jdn in ~ bringen** birini bozmak, birini bozum [*o* mahcup] etmek

Verlegenheit[2] <-en> *f* (*unangenehme Lage*) sıkıntı, kötü durum, bozum havası; **in ~ geraten** kötü [*o* mahcup] bir duruma düşmek; **jdm aus einer ~ helfen** birini sıkıntıdan kurtarmak

Verleger(in) <-s, -; -nen> *m(f)* yayımcı

Verlegung <-en> *f* ❶ (*zeitlich*) ertele(n)me (**von** -den, **auf** -e) ❷ (*örtlich*) yerin değiştirilmesi, nakledilme (**von** -den, **nach** -e) ❸ (*von Leitungen, Rohren*) döşe(n)me; (*von Teppichboden*) döşeme

Verleih <-(e)s, -e> [fɛɐ'laɪ] *m* ❶ (*das Verleihen*) kiralama ❷ (*Firma*) dağıtımcı; (*Film~*) dağıtım

verleihen* *irr vt* ❶ (*ausleihen*) ödünç (olarak) vermek (**an** -e); (*gegen Gebühr*) kiralamak (**an** -e) ❷ (*Preis, Titel*) vermek (**an** -e); **etw** *dat* **Nachdruck ~** bir şeyi vurgulamak

Verleihung <-en> *f* ❶ (*von Geld, Buch*) ödünç (olarak) ver(il)me ❷ (*von Auszeichnung*) ver(il)me (**an** -e)

verleimen* *vt* tutkallamak

V

verleiten* *vt* azmettirmek (**zu** -e)
verlernen* *vt* unutmak
verlesen* *irr* **I.** *vt* ❶ (*Text*) okumak ❷ (*Gemüse*) temizlemek; (*Körner*) ayıklamak **II.** *vr* ■ **sich** ~ yanlış okumak
verletzbar *adj* kırılgan
verletzen* [fɛɐ'lɛtsən] **I.** *vt* ❶ (*verwunden*) yaralamak (**an** -den); **leicht/schwer verletzt** hafif/ağır yaralı ❷ (*fig: kränken*) incitmek, kırmak, üzmek ❸ (*beschädigen*) zarar vermek (-e); (*Gesetz*) ihlâl etmek; (*Sitten, Recht*) çiğnemek; (*Pflicht*) ihmal etmek **II.** *vr* ■ **sich** ~ incitmek (**an** -); **ich habe mich am Kopf verletzt** başımı incittim
verletzend *adj* incitici
verletzlich *adj* kırılgan
Verletzte(r) <-n, -n; -n> *f(m)* yaralı
Verletzung <-en> *f* ❶ (*Wunde*) yara; **er ist seinen schweren ~en erlegen** ağır yaralanma sonucu öldü ❷ (*Kränken*) incitme ❸ (*von Gesetz*) ihlâl; (*Pflicht~*) ihmal
verleugnen* *vt* inkâr etmek, yadsımak; **er ließ sich** ~ (*am Telefon*) evde olmadığını söyletti; (*den Gästen*) konuklara evde olmadığını söyletti; **es lässt sich nicht ~, dass ...** ...dığı inkâr edilemez
verleumden* [fɛɐ'lɔɪmdən] *vt* iftira etmek (-e)
Verleumder(in) *m(f)* iftiracı
Verleumdung <-en> *f a.* JUR iftira **Verleumdungskampagne** *f* iftira kampanyası
verlieben* *vr* ■ **sich** ~ âşık olmak (**in** -e), tutulmak (**in** -e)
verliebt *adj* âşık
Verliebtheit *f kein pl* âşıklık
verliehen *pp von* **verleihen**
verlieren <verliert, verlor, verloren> [fɛɐ'li:rən] **I.** *vt* kaybetmek, yitirmek; **an Bedeutung** ~ önemini yitirmek; **die Beherrschung** ~ kendini tutamamak, kendine hâkim olamamak; **das Leben** ~ yaşamını yitirmek; **was hast du hier verloren?** (*fam*) burada ne işin var?; **so etwas hat hier nichts verloren** (*fam*) böyle bir şeyin burada işi yok; **kein Wort darüber** ~ hiç sözünü etmemek **II.** *vr* ■ **sich** ~ kaybolmak (**in** -de) **III.** *vi* yenilmek
Verlierer(in) <-s, -; -nen> *m(f)* yenilen, kaybeden
Verlies <-es, -e> [fɛɐ'li:s] *nt* mahzen; (*Kerker*) zindan
verloben* *vr* ■ **sich** ~ nişanlanmak (**mit** -le)
Verlobte(r) <-n, -n; -n> *f(m)* nişanlı
Verlobung <-en> *f* nişan **Verlobungsring** *m* nişan yüzüğü, alyans
verlocken* *vt* (*geh*) çekmek (**zu** -e); (*verführen*) ayartmak, kandırmak (**zu** -e)
verlockend *adj* çekici, cazip; (*verführend*) ayartan, ayartıcı; **ein ~es Angebot** cazip bir teklif
Verlockung <-en> *f* çekicilik, cazibe; (*Verführung*) ayartma, kandırma
verlogen [fɛɐ'lo:gən] *adj* (*pej: Person*) yalancı, kalp; (*Aussage*) yalan
verlor [fɛɐ'lo:ɐ] *3. imp von* **verlieren**
verloren [fɛɐ'lo:rən] **I.** *pp von* **verlieren** **II.** *adj* kayıp, yitik; **jdn/etw ~ geben** bir kimseye/şeye kaybolmuş gözü ile bakmak
verlosen* [fɛɐ'lo:zən] *vt* çekmek
Verlosung <-en> *f* çekiliş, lotarya
verlöten *vt* lehimlemek
Verlust <-(e)s, -e> [fɛɐ'lʊst] *m* kayıp, yitim; (*Verlorengehen*) kaybolma; (*Schaden*) zarar, ziyan; ~ **bringend** zarar edici; **ohne Rücksicht auf ~e** zarar ziyan düşünmeden; **dem Gegner (sehr große) ~e beibringen** düşmana [*o* karşı tarafa] (çok büyük) zayiat verdirmek; **etw mit ~ verkaufen** bir şeyi zararına satmak
verlustieren* *vr* ■ **sich** ~ eğlenmek
verlustreich *adj* ❶ (*Geschäft*) çok zarar eden ❷ (*Kampf*) çok zayiatlı
vermachen* *vt* **jdm etw** ~ (*vererben*) birine bir şeyi vasiyet etmek; (*schenken*) birine bir şeyi armağan etmek
Vermächtnis <-ses, -se> [fɛɐ'mɛçtnɪs] *nt* vasiyet
vermählen* [fer'mɛ:lən] *vr* ■ **sich** ~ (*geh*) evlenmek
Vermählung <-en> *f* (*geh*) evlenme
vermännlichen* **I.** *vt* erkekleştirmek **II.** *vi* erkekleşmek
vermarkten* *vt* pazarlamak; **sich gut/schwer ~ lassen** iyi/zor pazarlanmak
vermasseln* [fɛɐ'masəln] *vt* (*fam*) berbat etmek, yüzüne gözüne bulaştırmak, içine etmek (-in); **er hat mir alles vermasselt** her şeyimi berbat etti, bütün işlerimi bok etti
vermehren* **I.** *vt* çoğaltmak; (*zahlenmäßig*) arttırmak (**um** -) **II.** *vr* ■ **sich** ~ ❶ (*zunehmen*) artmak (**um** -), çoğalmak ❷ (*sich fortpflanzen*) üremek
Vermehrung <-en> *f* ❶ (*Zunahme*) artma; (*Vervielfachung*) çoğalma ❷ (*Fortpflanzung*) üreme
vermeiden* *irr vt* kaçınmak (-den); **ich möchte es ~, ihm zu begegnen** onunla karşılaşmak istemiyorum
vermeintlich [fɛɐ'maɪntlɪç] *adj* var sayılan, farz edilen
vermenschlichen* *vt* kişileştirmek,

insanmış gibi göstermek

Vermerk <-(e)s, -e> *m* şerh; (*Notiz*) not

vermerken* *vt* ❶ (*notieren*) not etmek, kaydetmek; **etw am Rande ~** bir şeyi derkenar etmek ❷ (*zur Kenntnis nehmen*) **etw übel ~** bir şeyi kötü karşılamak

vermessen[1] *adj* (*geh: anmaßend*) kibirli, kendini beğenmiş; (*tollkühn*) cüretkâr, atak

vermessen*[2] *irr* **I.** *vt* ölçmek **II.** *vr* ■ **sich ~** ❶ (*falsch messen*) yanlış ölçmek ❷ (*geh: sich anmaßen*) yeltenmek (-e)

Vermessenheit <-en> *f* (*Anmaßung*) kibirlilik; (*Tollkühnheit*) cüretkârlık

Vermessung <-en> *f* ölçme; (*Land~, Tiefen~*) ölçüm

vermieden *pp von* **vermeiden**

vermiesen* [fɛɐ̯'mi:zən] *vt* (*fam*) **jdm die Freude ~** birinin sevincini bozmak

vermieten* *vt* kiraya vermek (**an** -e), kira ile vermek (**an** -e); **Zimmer zu ~** kiralık oda

Vermieter(in) <-s, -; -nen> *m(f)* kiralayıcı, kiraya veren (kimse); (*von Haus*) ev sahibi

vermindern* **I.** *vt* azaltmak; (*herabsetzen*) indirmek; (*Schmerzen*) hafifletmek **II.** *vr* ■ **sich ~** ❶ (*geringer werden*) azalmak (**um** -), inmek (**auf** -e) ❷ (*sich abschwächen*) hafiflemek; (*Schmerzen*) hafiflemek

Verminderung <-en> *f* azaltma; (*Rückgang*) gerileme; (*eines Wachstums*) azalma; (*von Schmerzen*) hafifleme

verminen* *vt* MIL mayınlamak

Verminung *f* mayınlama

vermischen* **I.** *vt* karıştırmak **II.** *vr* ■ **sich ~** karışmak; (*fig: Rassen*) kaynaşmak

vermissen* [fɛɐ̯'mɪsən] *vt* özlemek, göreceği gelmek; **jdn als vermisst melden** birinin kayıp olduğunu bildirmek; **er vermisst seine Schlüssel** anahtarlarını bulamıyor

Vermisstenanzeige[RR] *f* kayıp ihbarı

Vermisste(r)[RR] <-n, -n; -n> *f(m)*, **Vermißte(r)**[ALT] <-n, -n; -n> *f(m)* kayıp, gaip

vermitteln* **I.** *vt* ❶ (*verschaffen*) sağlamak; **jdm etw ~** birine bir şeyde yardımcı olmak ❷ (*Treffen*) aracılık etmek (-e), aranje etmek; (*Ehe*) evlendirmek; **ein Gespräch ~** TELEK konuşmayı bağlamak, telefon bağlantısını sağlamak ❸ (*Eindruck*) bırakmak ❹ (*Wissen*) edindirmek **II.** *vi* aracı olmak (**zwischen** arasında), aracılık etmek, ara buluculuk etmek; **einige ~de Worte sagen** birkaç uzlaştırıcı söz söylemek; **~d eingreifen** araya girmek

Vermittler(in) <-s, -; -nen> *m(f)* ❶ POL ara bulucu ❷ WIRTSCH aracı

Vermittlung <-en> *f* ❶ aracılık (**zwischen** arasında); (*bei Streit*) ara buluculuk (**zwischen** arasında) ❷ TELEK santral **Vermittlungsgebühr** *f* WIRTSCH aracılık komisyonu

vermöbeln* [fɛɐ̯'mø:bəln] *vt* (*fam*) tartaklamak

vermocht *pp von* **vermögen**

vermodern* [fɛɐ̯'mo:dɐn] *vi sein* çürümek, kokuşmak

vermögen* *irr vt* (*geh*) ❶ (*imstande sein*) **~, etw zu tun** bir şeyi yapacak durumda olmak; **wir werden alles tun, was wir (zu tun) ~** elimizden geleni [*o* gelen her şeyi] yapacağız ❷ (*ausrichten*) **sie vermag bei ihm alles/viel/wenig** ona her/çok/az şey yaptırabilir, ona sözü her şeyde/çok/az geçer ❸ SCHWEIZ (*sich leisten können*) yapabilmek, gücü yetmek (-e)

Vermögen[1] <-s, -> [fɛɐ̯'mø:gən] *nt* (*Besitz*) mal varlığı, mal mülk, mallar *pl*; (*Reichtum*) varlık, servet, zenginlik; **das kostet ein ~** bu, dünyanın parası

Vermögen[2] <-s> *nt kein pl* (*geh*) güç; (*Fähigkeit*) yeti

vermögend *adj* varlıklı, zengin

Vermögen(s)steuer <-n> *f* servet vergisi

vermummen* [fɛɐ̯'mʊmən] **I.** *vt* (*einhüllen*) sarmak (**in** -e); (*umhüllen*) üzerini örtmek (-in) **II.** *vr* ■ **sich ~** örtünmek; (*Gesicht*) maske takmak

vermummt *adj* ❶ (*Demonstrant*) maskeli ❷ (*warm angezogen*) kalın giyinmiş

Vermummungsverbot *nt* maske takma yasağı

vermurksen* *vt* (*fam*) bozmak, berbat etmek, bok etmek

vermuten* [fɛɐ̯'mu:tən] *vt* sanmak, zannetmek, tahmin etmek; (*erwarten*) ummak, beklemek; **das hatte ich nicht vermutet** bunu beklemiyordum, bunu tahmin etmiyordum

vermutlich **I.** *adj* tahminî, muhtemel, olası **II.** *adv* tahminen; (*wahrscheinlich*) muhtemelen

Vermutung <-en> *f* tahmin; (*Mutmaßung*) sanı, zan; **~en (über etw) anstellen** (bir şey hakkında) tahminlerde bulunmak

vernachlässigen* [fɛɐ̯'na:xlɛsɪgən] *vt* ihmal etmek, savsaklamak; (*außer Acht lassen*) dikkat etmemek (-e), önemsememek

Vernachlässigung *f kein pl* ihmal, savsaklama

vernageln* *vt* çivilemek

vernagelt *adj* (*fam o fig*) dar kafalı, anlayışı kıt; (*borniert*) dar görüşlü, örüm-

cek kafalı
vernähen* *vt* ❶ (*nähen*) dikmek ❷ (*verbrauchen*) **viel Garn ~** dikişe çok iplik gitmek
vernarben* *vi sein* kapanmak, kabuk bağlamak
vernarren* [fɛɐ'narən] *vr* ■ **sich in jdn ~** birine sırılsıklam aşık olmak
vernaschen* *vt* ❶ (*Geld*) abur cubura harcamak ❷ (*fig fam: Person*) yatağına girmek (-in), aşk yapmak (-le)
vernehmen* *irr vt* ❶ (*geh: hören*) duymak, işitmek; (*wahrnehmen*) algılamak ❷ (*geh: erfahren*) duymak, öğrenmek ❸ JUR (*verhören*) sorgulamak, sorguya çekmek, dinlemek
Vernehmen *nt* **dem ~ nach** söylendiğine göre
vernehmlich *adj* duyulabilir, işitilebilir; (*deutlich*) açık seçik
Vernehmung <-en> *f* JUR sorgu, sorgulama, dinlenme; **während der ~** sorguya çekilme sırasında, dinlenirken
Vernehmungsrichter(in) *m(f)* JUR sorgu yargıcı
verneigen* *vr* ■ **sich ~** eğilmek (**vor** -in önünde)
Verneigung <-en> *f* (*geh*) eğilme (**vor** -in önünde)
verneinen* [fɛɐ'naɪnən] *vt* ❶ (*Frage*) hayır demek (-e); **eine ~de Antwort** olumsuz bir yanıt, menfi bir cevap ❷ (*leugnen*) inkâr etmek, yadsımak, yokumsamak; (*ablehnen*) reddetmek, kabul etmemek; (*nicht gut finden*) iyi bulmamak
Verneinung <-en> *f* inkâr etme, yadsıma, yokumsama, reddetme, kabul etmeme, iyi bulmama; (*einer Frage*) hayır deme (-e), olumsuz yanıt verme (-e)
Verneinungswort <-(e)s, -wörter> *nt* LING olumsuzluk kelimesi
vernetzen* *vt* ❶ (*verbinden*) birleştirmek (**mit** -le), bağlantı kurmak (**mit** -le), ağ gibi örmek; **Themen ~** konular arasında bağlantı kurmak; **ein mit Wasserpflanzen vernetzter See** üstü su bitkileriyle ağ gibi örülü bir göl ❷ INFORM iletişim ağı kurmak (-e)
Vernetzung <-en> *f* INFORM iletişim ağı kurma
vernichten* [fɛɐ'nɪçtən] *vt* yok etmek, imha etmek; (*zerstören*) tahrip etmek, yıkmak, harap etmek; (*ausrotten*) kökünü kurutmak [*o* kazımak] (-in)
vernichtend *adj* ❶ (*zerstörerisch*) yıkıcı, tahripkâr ❷ (*Kritik, Niederlage*) ağır; (*Blick*) öldürücü
Vernichtung <-en> *f* yok etme, imha; (*Zerstörung*) tahrip, yıkma, yıkım, harap etme; (*Ausrottung*) kırım; (*Dezimierung*) tırpanlama **Vernichtungslager** *nt* imha kampı
vernickeln* [fɛɐ'nɪkəln] *vt* nikellemek
Vernick(e)lung *f* nikelleme, nikelâj
vernieten* *vt* perçinlemek
Vernissage <-n> [vɛrnɪ'sa:ʒə] *f* KUNST ağırlama günü
vernommen *pp von* **vernehmen**
Vernunft [fɛɐ'nʊnft] *f kein pl* akıl, us; (*gesunder Menschenverstand*) sağduyu; **zur ~ kommen** akıllanmak, uslanmak, yola gelmek, aklı başına gelmek; **jdn zur ~ bringen** birini akıllandırmak, birini yola getirmek, birinin aklını başına getirmek; **praktische/theoretische ~** PHILOS kılgılı/kuramsal us
vernünftig [fɛɐ'nʏnftɪç] **I.** *adj* ❶ akıllıca, makul; (*Vernunft besitzend*) aklı başında, makul; (*mit gesundem Menschenverstand*) sağduyulu; (*einleuchtend*) akla yatkın; **sei doch ~!** aklını başına al [*o* topla]!; **mit ihm kann man kein ~es Wort reden** onunla akıllıca [*o* doğru dürüst] bir kelime bile konuşmak mümkün değil ❷ (*fam: ordentlich*) doğru dürüst; **zieh dich mal ~ an!** doğru dürüst giyinsene!; **er soll etw V~es lernen** doğru dürüst bir şey öğrensin **II.** *adv* (*fam*) akıllıca, makul
veröffentlichen* *vt* yayınlamak, yayımlamak
Veröffentlichung <-en> *f* yayın
verordnen* *vt* ❶ (*Arzt*) gerekli görmek; (*auf Rezept*) reçeteye yazmak; **jdm Pillen/Tropfen ~** birinin hap/damla almasını reçeteye yazmak; **der Arzt hat mir einen täglichen Spaziergang von zwei Stunden verordnet** doktor [*o* hekim] günde iki saat yürümemi gerekli gördü ❷ (*anordnen*) talimat vermek (-e)
Verordnung <-en> *f* ❶ (*von Arzt*) talimat, verilen reçete; **nach ärztlicher ~** doktorun [*o* hekimin] gerekli gördüğü gibi, doktorun [*o* hekimin] verdiği reçeteye göre ❷ (*Anordnung*) kararname; ADMIN yönetmelik; (*Grundbuchordnung*) tüzük
verpachten* *vt* kiraya vermek (**an** -e)
verpacken* *vt* ambalajlamak, ambalaj yapmak; (*in Pakete*) paketlemek; (*in Dosen*) kutulamak; **in Kisten ~** kasalamak
Verpackung <-en> *f* ambalaj **Verpackungsabfall** *m* ambalaj atıkları *pl* **Verpackungsmaterial** *nt* ambalaj malzemesi
verpassen* *vt* ❶ (*Zug*) kaçırmak; (*Person*) buluşamamak ❷ (*Gelegenheit*) kaçırmak ❸ (*fam*) **jdm etw ~** birinin eline bir

V

şey tutuşturmak; (*aufzwingen*) birine bir şeyi empoze etmek, birine bir şeyi zorla kabul ettirmek; **jdm eine Ohrfeige ~** birine tokat atmak [*o* patlatmak]

verpatzen* [fɛɐˈpatsən] *vt* (*fam*) berbat etmek, bozmak

verpennen* **I.** *vi* (*fam*) uyuyakalmak **II.** *vt* (*fam: verpassen*) kaçırmak; (*vergessen*) unutmak

verpesten* *vt* (*pej*) pisletmek; (*Abgase*) kirletmek

verpetzen* *vt* SCHULE (*pej*) **jdn** (**beim Lehrer**) **~** birini (öğretmene) gammazlamak

verpfänden* *vt* rehin etmek, rehine vermek, rehin olarak vermek, tutuya koymak; **sein Wort ~, dass etw wahr ist** bir şeyin doğru olduğuna namus sözü vermek

verpfeifen* *irr vt* (*pej fam: anzeigen*) jurnal etmek (**bei** -e), ihbar etmek (**bei** -e)

verpfiffen *pp von* **verpfeifen**

verpflanzen* *vt* BOT, MED ekmek

verpflegen* *vt* yedirip içirmek, beslemek, iaşe etmek

Verpflegung[1] *f kein pl* (*das Verpflegen*) yedirip içirme, besleme, iaşe

Verpflegung[2] <-en> *f* (*Essen*) yemek(ler) *(pl)*; **die ~ im Hotel war gut/schlecht** oteldeki yemekler iyiydi/kötüydü; **mit voller ~** tam pansiyonlu, üç öğün yemeği olan

verpflichten* **I.** *vt* ❶ yükümlendirmek, mecbur tutmak; **verpflichtet sein, etw zu tun** bir şey yapmakla yükümlü olmak; **ich bin ihm sehr verpflichtet** ona çok minnettarım; **ich bin Ihnen sehr zu Dank verpflichtet** size çok müteşekkirim; **ich bin zum Schweigen/Sprechen verpflichtet** susmak/konuşmak mecburiyetimdeyim [*o* zorundayım] ❷ (*Schauspieler*) angaje etmek, mukavele yapmak (-le); (*Sportler*) mukavele yapmak (**für** için) **II.** *vr* ■**sich ~** taahhüt etmek (**zu** -i), üstlenmek (**zu** -i); (*versprechen*) söz vermek (**zu** -e); (*Sportler*) mukavele yapmak; **sich jdm verpflichtet fühlen** birine minnet duymak, birine minnettar kalmak

Verpflichtung <-en> *f* ❶ (*Bindung*) yükümlülük; (*Pflicht*) vazife, görev; **eine moralische ~** ahlakî vazife; **finanzielle ~en** mali yükümlülükler *pl* ❷ (*von Künstler*) mukavele; (*von Sportler*) mukavele, sözleşme

verpfuschen* *vt* (*fam*) içine etmek (-in), berbat etmek, bozmak, berbat etmek, maskara etmek

verpissen* *vr* ■**sich ~** ❶ (*vulg: verunreinigen*) cenabet olmak ❷ (*vulg: verschwinden*) siktirip gitmek; **verpiss dich!** siktir git!

verplanen* *vt* ❶ (*falsch planen*) yanlış planlamak ❷ (*in einem Plan unterbringen*) planlamak

verplappern* *vr* ■**sich ~** (*fam*) kendi ağzıyla tutulmak, dilini tutamamak; (*versehentlich etw verraten*) ağzından bir şey kaçırmak

verplaudern* *vr* ■**sich ~** (*fam*) lafa dalmak

verplempern* [fɛɐˈplɛmpɐn] *vt* (*fam*) ❶ (*Geld*) çarçur etmek; (*Zeit*) öldürmek ❷ DIAL (*verschütten*) dökmek

verpönt [fɛɐˈpøːnt] *adj* **~ sein** ayıp sayılmak (**bei** -de)

verprügeln* *vt* dövmek, dayak atmak (-e), pataklamak

verpuffen* *vi sein* ❶ (*explodieren*) pof diye patlamak ❷ (*fig*) pof diye sönmek; (*Freude*) kaçmak; (*Maßnahme*) güme gitmek; (*Elan*) uçup gitmek

Verputz <-es> *m kein pl* sıva

verputzen* *vt* ❶ (*Wand*) sıvamak, sıva vurmak (-e) ❷ (*fam: essen*) yiyip bitirmek, göçürmek ❸ (*fig fam: verschwenden*) israf etmek; (*ausgeben*) harcamak

verqualmt *adj* dumandan göz gözü görmez

verquatschen* **I.** *vt* (*fam*) çene çalarak geçirmek, gevezelik ederek geçirmek; **wir haben die ganze Zeit verquatscht** zamanı gevezelik ederek geçirdik **II.** *vr* ■**sich ~** (*fam*) lafa dalmak; (*sich verplappern*) kendini ele vermek, kendi ağzıyla tutulmak, dilini tutamamak; (*versehentlich etw verraten*) ağzından bir şey kaçırmak

verquollen [fɛɐˈkvɔlən] *adj* şişmiş; **vom Weinen ~e Augen** ağlamaktan şişmiş gözler

verramschen* *vt* (*fam*) yok pahasına satmak

verrannt *pp von* **verrennen**

Verrat <-(e)s> [fɛɐˈraːt] *m kein pl* hainlik; (*Vaterlands~*) hıyanet; (*Treuebruch*) hıyanet, ihanet; (*eines Geheimnisses*) ifşa; **~ an jdm begehen** birine ihanet etmek

verraten* *irr* **I.** *vt* ❶ (*preisgeben*) ifşa etmek; **ein Geheimnis ~** bir sırrı ifşa etmek; **soll ich Ihnen was ~?** (*fam*) size bir şey söyleyeyim mi? ❷ (*Treue brechen*) ihanet etmek; **~ und verkauft sein** ihanete uğramak; **seine Ideale ~** ideallerine ihanet etmek ❸ (*zu erkennen geben*) ele vermek, açığa vurmak; **der Ausdruck auf seinem Gesicht verriet seine Freude** yüzündeki ifade sevincini açığa vuruyordu **II.** *vr* ■**sich ~** ❶ (*durch Geste, Sprache*) kendini belli etmek, kendini ele vermek

V

❷ (*sich zeigen*) faş olmak, belli olmak, ortaya çıkmak

Verräter(in) <-s, -; -nen> [fɛɐ'rɛːtɐ] *m(f)* hain, gammaz

verräterisch *adj* ❶ (*Person*) hain, gammaz ❷ (*Geste*) kendisini ele veren

verrechnen* **I.** *vt* hesaba geçirmek, mahsup etmek; (*gutschreiben*) alacağa saymak, hesabına saymak, hesaba alacak kaydetmek; **die Gewinne mit den Verlusten ~** kârı zararla takas etmek **II.** *vr* ■ **sich ~** ❶ (*falsch rechnen*) yanlış hesaplamak, hesapta yanlışlık yapmak; **sich um fünf Euro ~** hesapta beş euroluk yanlışlık yapmak ❷ (*sich täuschen*) yanılmak

Verrechnung <-en> *f* hesaba geçirme, mahsup etme; (*Aufrechnung*) takas; **zur ~** FIN mahsuben, hesabına sayılmak üzere

Verrechnungsscheck *m* FIN hesaba geçirilmek üzere çekilen çek, takas ve mahsup çeki

verrecken* [fɛɐ'rɛkən] *vi sein* (*fam*) ❶ (*Tier, Mensch*) gebermek; **verreck doch!** (*pej*) geber!, canın çıksın!; **ums V~ nicht** hayatta olmaz ❷ (*kaputtgehen*) bozulmak

verregnet *adj* yağmurlu

verreisen* *vi sein* seyahate çıkmak (**nach** -e)

verreißen* *irr vt* ❶ (*fig fam: hart kritisieren*) yerden yere vurmak, sertçe eleştirmek, aşırı yermek ❷ DIAL (*fam: zerreißen*) giye giye yırtık pırtık etmek

verrenken* [fɛɐ'rɛŋkən] **I.** *vt* burkmak; **sich** *dat* **den Knöchel ~** ayağını burkmak **II.** *vr* ■ **sich ~** burkulmak

Verrenkung <-en> *f* (*Verletzung*) burkulma

verrennen* *irr vr* ■ **sich ~** saplanmak, takılıp kalmak; **sich in eine Idee ~** bir fikre saplanmak

verrichten* *vt* yapmak; **seine Notdurft ~** hacetini yapmak

verriegeln* *vt* sürgülemek

Verrieg(e)lung *f kein pl* sürgüleme

verringern* [fɛɐ'rɪŋɐn] **I.** *vt* azaltmak (**um** -), eksiltmek; (*Preis*) düşürmek **II.** *vr* ■ **sich ~** azalmak

Verringerung *f kein pl* azaltma; (*das Sichverringern*) azalma

VerrissRR <-es, -e> *m*, **Verriß**ALT <-sses, -sse> *m* (*fam*) yerden yere vurma, sertçe eleştiri, aşırı yerme

verrissen *pp von* **verreißen**

verrosten* *vi sein* paslanmak; **der Auspuff ist verrostet** egzoz paslanmış

verrotten* [fɛɐ'rɔtən] *vi sein* ❶ (*faulen*) çürümek ❷ (*verfallen*) bozulmak

verrücken* *vt* yerinden oynatmak, yerini değiştirmek (-in)

verrückt *adj* (*geistesgestört*) deli, aklını yitirmiş olan; **du machst mich noch ~** beni deli edeceksin; **ich werd' ~!** (*fam*) deli oluyorum, aklımı kaçıracağım; **wie ~** (*fam*) deli gibi, delicesine; **auf etw/jdn ~ sein** (*fam*) bir şeye/kimseye deli olmak

Verrückte(r) <-n, -n; -n> *f(m)* deli, akıl hastası

verrückt|spielenRR *vi* (*fam*) delirmek, aklını kaçırmak

Verruf *m kein pl* **in ~ geraten** adı (kötüye) çıkmak; **etw/jdn in ~ bringen** bir şeyin/kimsenin adını lekelemek [*o* kirletmek]

verrufen *adj* adı çıkmış, kötü tanınmış; **~ sein** adı çıkmış olmak

verrutschen* *vi sein* kaymak

Vers <-es, -e> [fɛrs] *m* ❶ (*Gedichtzeile*) dize, mısra ❷ (*Bibel~*) fıkra; (*Koran~*) ayet

versachlichen* *vt* nesnel duruma getirmek

versagen* **I.** *vi* ❶ (*Maschine*) işlememek, çalışmamak; (*Stimme*) çıkmamak ❷ (*Mensch*) başarı gösterememek; **er hat bei der Prüfung versagt** sınavda başarı kazanamadı **II.** *vt* **jdm etw ~** birine bir şeyi esirgemek, birine bir şeyi yapmaktan [*o* vermekten] kaçınmak, birini bir şeyden yoksun bırakmak [*o* kılmak]; **sich** *dat* **etw ~** bir şeyden feragat etmek, kendini bir şeyden yoksun bırakmak [*o* kılmak]; **das ist uns leider versagt geblieben** bu maalesef bize kısmet değilmiş

Versagen <-s> *nt kein pl* (*von Maschine*) işlememe, çalışmama; (*von Mensch*) başarısızlık, başarı gösterememe; (*von Organ*) çalışmama; **menschliches ~** insan hatası

Versager(in) <-s, -; -nen> *m(f)* başarısız kimse

versalzen* *irr vt* (*Essen*) fazla tuzlamak, tuzunu fazla kaçırmak (-in); **jdm etw ~** (*fig fam*) birinin bir şeyini bozmak [*o* kaçırmak]

versammeln* **I.** *vt* toplamak; **vor versammelter Mannschaft** toplanan takım önünde **II.** *vr* ■ **sich ~** toplanmak

Versammlung <-en> *f* toplantı, meclis; (*Haupt~, Voll~*) kurul; **gesetzgebende ~** yasama meclisi; **eine ~ einberufen** toplantıya çağırmak

Versammlungsfreiheit *f* toplanma özgürlüğü

Versand <-(e)s> [fɛɐ'zant] *m kein pl* ❶ (*das Versenden*) gönderme, irsal, sevk, sevkiyat ❷ (*~abteilung*) sevkiyat (bölümü)

versandfertig *adj* gönderilmeye hazır, sevke hazır **Versandhandel** *m kein pl* *katalog yoluyla sipariş edilen malları gön-*

derme esasına dayanan ticaret **Versandhaus** *nt katalog yoluyla sipariş edilen malları gönderen mağaza*

versandt *pp von* **versenden**

versauen* [fɛɐ'zaʊən] *vt* (*sl*) ❶ (*beschmutzen*) pisletmek ❷ (*verderben*) bok etmek, içine etmek (-in)

versäumen* [fɛɐ'zɔɪmən] *vt* ❶ (*Gelegenheit, Zug*) kaçırmak; **da haben Sie wirklich nichts versäumt** gerçekten [*o* hakikaten] hiçbir şey kaçırmadınız ❷ (*Pflicht*) ihmal etmek, savsaklamak; (*Unterricht*) gitmemek (-e); **es nicht ~, sich zu bedanken** teşekkür etmeyi unutmamak

Versäumnis <-ses, -se> *nt* bulunmama, gıyap; (*Vernachlässigung*) ihmalkârlık, savsaklama **Versäumnisurteil** *nt* JUR gıyabî hüküm

verschachern* [fɛɐ'ʃaxɐn] *vt* (*pej fam*) okutmak

verschaffen* *vt* sağlamak, temin etmek, tedarik etmek; **sich** *dat* **etw ~** bir şeyi elde etmek; **sich** *dat* **Respekt ~** kendini saydırmak

verschämt [fɛɐ'ʃɛːmt] *adj* sıkılgan, çekingen; (*schüchtern*) utangaç

verschandeln* [fɛɐ'ʃandəln] *vt* (*fam*) rezil etmek; (*verunstalten*) bozmak; (*hässlich machen*) güzelliğini bozmak (-in), çirkinleştirmek

verschanzen* [fɛɐ'ʃantsən] *vr* ■ **sich ~** siperlenmek, saklanmak (**hinter** arkasına), sığınmak (**hinter** arkasına); **sich hinter etw ~** bir şeyin arkasına siperlenmek; (*etw als Deckung vor sich aufbauen*) bir şeyi siper almak

verschärbeln* *vt* (*fam*) okutmak

verschärfen* **I.** *vt* şiddetlendirmek; (*verschlimmern*) beter etmek; (*Spannung*) artırmak; (*Kontrollen*) sıkılaştırmak **II.** *vr* ■ **sich ~** şiddetlenmek; (*sich verschlimmern*) beterleşmek; (*Lage*) kızışmak; (*Spannung*) artmak

verschätzen* *vr* ■ **sich ~** tahmininde yanılmak (**um** -), yanılmak (**in** -de)

verschaukeln* *vt* (*fam*) aldatmak, kandırmak; **ich lass mich nicht ~!** beni aldatamazsın [*o* kandıramazsın]!

verscheiden* *irr vi* (*geh*) vefat etmek, ölmek; **er verschied nach langer Krankheit** uzun bir hastalıktan sonra vefat etti

verschenken* *vt* ❶ (*schenken*) hediye etmek (**an** -e), armağan olarak vermek (**an** -e); **ich habe nichts zu ~!** benim kimseye peşkeş çekecek malım yok! ❷ (*ungenutzt lassen*) değerlendirememek; (*vergeben*) vermek, elden kaçırmak

verscherbeln* [fɛɐ'ʃɛrbəln] *vt* (*fam*) elden çıkarmak; (*verramschen*) yok pahasına satmak

verscherzen* *vr* **sich** *dat* **etw ~** bir şeyi elinden kaçırmak; **es sich** *dat* **mit jdm ~** birinin güvenini kaybetmek

verscheuchen* [fɛɐ'ʃɔɪçən] *vt* ❶ kaçırmak; (*wegjagen*) kovmak; (*verjagen*) kovalamak ❷ (*fig: Bedenken*) gidermek, ortadan kaldırmak

verschicken* *vt* yollamak; (*mit der Post*) göndermek

Verschiebebahnhof *m* EISENB (*Rangierbahnhof*) manevra istasyonu

verschieben* *irr* **I.** *vt* ❶ (*verrücken*) yerinden oynatmak, (başka yere) itmek, yerini değiştirmek (-in); (*verrutschen*) kaydırmak; **etw um ein paar Meter ~** bir şeyi birkaç metre itmek [*o* kaydırmak] ❷ (*verlegen*) ertelemek (**auf** -e) ❸ (*fam: Waren*) el altından satmak **II.** *vr* ■ **sich ~** ❶ (*verrutschen*) kaymak ❷ (*zeitlich*) ertelenmek (**um** -); (*sich verspäten*) gecikmek (**um** -)

Verschiebung <-en> *f* ❶ (*örtlich*) yerinden oynatma, kaydırma; (*das Sichverschieben*) yerinden oynama, kayma ❷ (*zeitlich*) ertele(n)me (**auf** -e) ❸ (*fam: von Waren*) el altından sat(ıl)ma

verschieden [fɛɐ'ʃiːdən] *adj* ❶ (*unterschiedlich*) farklı, değişik; (*~artig*) ayrışık, çeşitli, muhtelif; **das ist von Fall zu Fall ~** bu, durumdan duruma değişir; **sie sind ~ groß** farklı büyüklükteler, boyları farklı ❷ *pl* (*mehrere*) birçok

verschiedenartig *adj* ❶ ayrışık, ayrı türden [*o* cinsten], değişik türden; (*verschieden*) farklı, değişik ❷ (*mannigfaltig*) envaitürlü, envaiçeşitli

Verschiedenheit <-en> *f* ❶ (*Unterschied*) fark, değişiklik ❷ (*Mannigfaltigkeit*) envaiçeşit, çeşitlilik

verschiedentlich *adv* defalarca, birçok kere(ler); (*immer wieder*) tekrar tekrar; (*öfters*) sık sık

verschießen* *irr* **I.** *vt* ❶ (*Munition*) harcamak ❷ SPORT (*Ball*) kaleye sokamamak **II.** *vi* (*Stoff*) rengi atmak, solmak **III.** *vr* ■ **sich ~** (*fig fam: sich verlieben*) vurulmak

verschiffen* *vt* gemi ile göndermek [*o* sevk etmek]

verschimmeln* *vi sein* küflenmek

verschlafen[1] *adj* ❶ uykulu, mahmur ❷ (*fig: träge*) uyuşuk

verschlafen*[2] *irr* **I.** *vi* uyuyakalmak **II.** *vt* ❶ (*Tag*) uyumakla geçirmek ❷ (*fam: versäumen*) uyuyup kaçırmak

Verschlag <-(e)s, -schläge> *m* (*Schuppen*) kulübe; (*Raum*) tahta bölme

verschlagen[1] *adj* (*pej: Person*) anasının

gözü, hinoğluhin; (*heimtückisch*) sinsi(ce)

verschlagen*[2] *irr* **I.** *vt* ❶ (*Kiste, Fass*) tahtalarla çivileyerek kaplamak ❷ **jdm den Atem ~** birinin soluğu [*o* nefesi] kesilmek; **der Schreck verschlug ihm die Sprache** korkudan dili [*o* nutku] tutuldu ❸ (*an einen Ort*) atmak (**nach** -e) ❹ SPORT yanlış vurmak (-e), yanlış atmak ❺ (*verblättern*) **eine Seite im Buch ~** kitapta rastgele bir sayfa açmak ❻ DIAL (*verprügeln*) dövmek **II.** *vi* (*fam*) yaramak; **die Arznei verschlägt nicht** ilaç yaramadı; **das verschlägt nichts** bu hiçbir işe yaramaz

verschlampen* **I.** *vt* (*fam*) ❶ (*verlieren*) kaybetmek ❷ (*vergessen*) unutmak **II.** *vi* (*fam*) **den Garten ~ lassen** bahçeye bakmamak, bahçeyi ihmal etmek

verschlechtern* [fɛɐ̯ˈʃlɛçtɐn] **I.** *vt* kötüleştirmek; (*verschlimmern*) beter etmek **II.** *vr* ■ **sich ~** (*schlechter werden*) kötüleşmek; (*Zustand*) kötüleşmek, kötüye gitmek; (*Leistung*) bozulmak; **sie hat sich finanziell verschlechtert** mali durumu bozuldu

Verschlechterung *f kein pl* kötüleş(tir)me; (*Verschlimmerung*) beterleşme; (*beruflich*) bozulma

verschleiern* **I.** *vt* ❶ (*Gesicht*) peçelemek, gizlemek ❷ (*Skandal*) örtbas etmek, örtmek, kamufle etmek, maskelemek **II.** *vr* ■ **sich ~** (*Frau*) peçelenmek; (*a. fig*) örtünmek, gizlenmek

Verschleiß <-es> [fɛɐ̯ˈʃlaɪs] *m kein pl* ❶ (*Abnutzung*) aşınma, yıpranma; **einem ständigen ~ unterliegen** devamlı aşınmakta olmak ❷ ÖSTERR (*Kleinverkauf*) perakendecilik

verschleißen <verschleißt, verschliss, verschlissen> [fɛɐ̯ˈʃlaɪsən] **I.** *vt* aşındırmak, yıprandırmak **II.** *vi sein* aşınmak, yıpranmak

Verschleißer(in) *m(f)* ÖSTERR perakendeci

Verschleißerscheinung <-en> *f* MED, TECH aşınma belirtisi

verschleppen* *vt* ❶ (*Personen*) sürmek, sürüklemek; (*entführen*) kaçırmak ❷ (*Krankheit*) ihmal ederek bir türlü kurtulamamak (-den) ❸ (*hinauszögern*) uzatmak

Verschleppung <-en> *f* ❶ (*von Personen*) sür(ül)me, sürükle(n)me; (*Entführung*) kaçır(ıl)ma ❷ (*von Krankheit*) ihmal ederek bir türlü kurtulamama (-den) ❸ (*Verzögerung*) uzat(ıl)ma

verschleudern* *vt* ❶ (*pej: Geld*) har vurup harman savurmak, saçıp savurmak ❷ (*Waren*) çok ucuza satmak, yok pahasına satmak

verschließen* *irr* **I.** *vt* ❶ (*Tür, Behälter*) kapamak; **hinter verschlossenen Türen** kapalı kapılar ardında, gizli; **vor verschlossener Tür stehen** kapıda kalmak ❷ (*einschließen*) kilit altına almak, kapatmak (**in** -e) **II.** *vr* (*fig: Land*) kapılarını kapamak; **sich (gegen) etw ~** bir şeye kulak asmamak; **sich (vor) jdm ~** birini dinlememek

verschlimmbessern* *vt* düzeltmeye çalışırken eski hayratı da berbat etmek, işi düzelteyim derken büsbütün bozmak

verschlimmern* [fɛɐ̯ˈʃlɪmɐn] **I.** *vt* beter etmek **II.** *vr* ■ **sich ~** beterleşmek, daha kötüleşmek

verschlingen* *irr* **I.** *vt* gövdeye atmak [*o* indirmek]; (*a. fig*) yemek, yutmak; (*Buch*) devirmek **II.** *vr* ■ **sich ~** dolaşmak

verschliss[RR] [fɛɐ̯ˈʃlɪs], **verschliß**[ALT] *3. imp von* **verschleißen**

verschlissen [fɛɐ̯ˈʃlɪsən] **I.** *pp von* **verschleißen** **II.** *adj* aşınmış, yıpranmış

verschlossen [fɛɐ̯ˈʃlɔsən] **I.** *pp von* **verschließen** **II.** *adj* (*Person*) içine kapanık

verschlucken* **I.** *vt* ❶ (*Speisen, Silben*) yutmak ❷ (*Bemerkung*) yutmak, içine atmak; (*Tränen*) tutmak **II.** *vr* ■ **sich ~** genzine kaçırmak (**an** -i)

verschlungen [fɛɐ̯ˈʃlʊŋən] **I.** *pp von* **verschlingen** **II.** *adj* (*Weg*) dolambaçlı

Verschluss[RR] <-es, -schlüsse> [fɛɐ̯ˈʃlʊs] *m*, **Verschluß**[ALT] <-sses, -schlüsse> *m* ❶ (*Vorrichtung*) kapak; (*Schloss*) kilit; (*Stöpsel*) tapa; (*Kronen~*) kapsül; **etw unter ~ halten** bir şeyi kilit altında tutmak; **etw unter ~ nehmen** bir şeyi kilit altına almak ❷ MED (*Darm~*) tıkanma

verschlüsseln* *vt* şifrelemek, kodlamak; **verschlüsselte Daten** INFORM kodlanmış veriler, şifreli bilgiler

Verschlüsselung *f* şifreleme, kodlama

verschmähen* [fɛɐ̯ˈʃmɛːən] *vt* (*geh: ablehnen*) reddetmek; (*zurückweisen*) geri çevirmek; (*verachten*) hor görmek, hor bakmak (-e); **verschmähte Liebe** karşılıksız aşk

verschmälern* **I.** *vt* daraltmak **II.** *vr* ■ **sich ~** daralmak

verschmelzen* *irr* **I.** *vi sein* (*Metall*) kaynaşmak; (*fig*) kaynaşmak, ayrılmayacak biçimde birleşmek; WIRTSCH birleşmek **II.** *vt* (*Metall*) kaynaştırmak; (*fig*) kaynaştırmak, ayrılmayacak biçimde birleştirmek

Verschmelzung *f* ❶ kaynaş(tır)ma; **~ von Atomkernen** atom çekirdeklerinin kaynaşması ❷ WIRTSCH birleşme; **~ von Kapitalgesellschaften** sermaye şirketlerinin

birleşmesi
verschmerzen* *vt* acısına katlanmak (-in); (*vergessen*) unutabilmek
verschmieren* *vt* ❶ (*Loch, Riss*) doldurmak; (*verputzen, verreiben*) sıvamak ❷ (*beschmutzen*) pisletmek ❸ (*Farbe, Lippenstift*) bulaştırmak; (*Blatt Papier*) karalamak
verschmolzen *pp von* **verschmelzen**
verschmutzen* **I.** *vi sein* pislenmek, kirlenmek **II.** *vt* pisletmek; (*Umwelt*) kirletmek
Verschmutzung <-en> *f* pislenme; (*das Verschmutztsein*) kirlilik; (*der Umwelt*) kirlenme
verschnappen* *vr* ■ **sich ~** kendi ağzıyla tutulmak, kendini ele vermek
verschnaufen* **I.** *vi* soluklanmak, dinlenmek **II.** *vr* ■ **sich ~: warte, ich muss mich kurz ~** bekle de biraz soluk alayım
Verschnaufpause *f* (soluklanma) mola(sı); **eine ~ machen** mola vermek, dinlenmek için ara vermek
verschneit [fɛɐ'ʃnaɪt] *adj* karlı
verschnörkelt *adj* süslü püslü
verschnupft [fɛɐ'ʃnʊpft] *adj* nezleli
verschnüren* [fɛɐ'ʃny:rən] *vt* (sicimle) bağlamak
verschoben *pp von* **verschieben**
verschollen [fɛɐ'ʃɔlən] *adj* kayıp, yitik; JUR gaip
Verschollenheit *f kein pl* JUR gaiplik
verschonen* *vt* (*Sturm*) zarar vermemek; **verschont werden** (**von etw** *dat*) bir şeyden zarar görmemek; **jdn mit etw** *dat* **~** birini bir şeyle rahatsız etmemek
verschönen* *vt* güzelleştirmek; **jdm den Tag ~** birinin gününe güzellik katmak
verschönern* [fɛɐ'ʃø:nɐn] *vt* güzelleştirmek
verschränken* [fɛɐ'ʃrɛŋkən] *vt* çaprazlamak; **die Arme vor der Brust ~** kollarını göğüsüne çaprazlamak, kollarını göğüsünün üstünde çaprazvari kavuşturmak
verschreiben* *irr* **I.** *vt* ❶ reçete yazmak (-e); **jdm ein Medikament ~** birine ilaç (alması) için reçete yazmak ❷ (*Papier, Stift*) yaza yaza harcamak, yaza yaza tüketmek **II.** *vr* ■ **sich ~** yazarken yanlışlık yapmak, yazım yanlışı yapmak; **sich einer Tätigkeit ~** kendini bir faaliyete adamak
verschreibungspflichtig *adj* reçeteli
verschrieben *pp von* **verschreiben**
verschrie(e)n [fɛɐ'ʃri:(ə)n] *adj* (*Gegend*) adı kötüye çıkmış; **~ sein als ...** adı ...e çıkmış olmak
verschroben *adj* eksantrik, ayrıksı
verschrotten* *vt* hurdaya çıkarmak
verschrumpeln* *vi* (*fam*) pörsümek, buruşmak
verschrumpelt *adj* (*fam*) pörsük; (*Haut*) buruşuk; **ein ~es Gesicht** pörsük bir yüz
verschüchtern* *vt* ürkütmek, yıldırmak, gözdağı vermek (-e)
verschüchtert [fɛɐ'ʃʏçtɐt] *adj* ürkmüş, yılmış, yılgın, gözü korkmuş; (*schüchtern*) ürkek
verschulden* **I.** *vt* sebep olmak (-e) **II.** *vr* ■ **sich ~** borçlanmak **III.** *vi sein* **hoch verschuldet sein** çok borcu olmak
Verschulden <-s> *nt kein pl* kusur; **eigenes/fremdes ~** kendi/başkasının kusuru; **grobes/leichtes ~** JUR ağır/hafif kusur; **es ist ohne mein ~ passiert** benim kusurum olmadan oldu
Verschuldung <-en> *f* borçlanma
verschütten* *vt* ❶ (*Flüssigkeit*) dökmek ❷ (*zuschütten*) kapatmak; (*unter sich begraben*) altına gömmek; (*mit Erde bedecken*) üstünü toprakla örtmek (-in) ❸ (*fig fam*) **es bei jdm verschüttet haben** birinin gözünden düşmüş olmak
verschwägern* *irr vr* ■ **sich ~** sıhriyet peyda etmek, akrabalık oluşturmak
verschwägert [fɛɐ'ʃvɛ:gɐt] *adj* sıhrî, evlenme yoluyla akraba olan
verschweigen* *irr vt* gizlemek, söylememek; **jdm etw ~** birinden bir şeyi gizlemek, birine bir şeyi söylememek
verschweißen* *vt* kaynakla birleştirmek
verschwenden* [fɛɐ'ʃvɛndən] *vt* (*Geld*) israf etmek, saçıp savurmak; (*Zeit*) (boşa) harcamak; (*Energie, Wasser*) israf etmek
Verschwender(in) <-s, -; -nen> *m(f)* müsrif (kimse), tutumsuz (kimse)
verschwenderisch *adj* ❶ savurgan, müsrif, tutumsuz; (*großzügig*) eli açık; **mit etw** *dat* **~ umgehen** bir şeyde tutumsuz olmak, bir şeyde tasarruf etmemek, bir şeyi bol bol harcamak ❷ (*üppig*) bol
Verschwendung <-en> *f* israf, savurganlık
verschwiegen [fɛɐ'ʃvi:gən] **I.** *pp von* **verschweigen II.** *adj* ❶ (*Person*) ketum, ağzı sıkı; **~ wie ein Grab sein** (*fam*) ağzı kenetli olmak ❷ (*still, einsam*) ıssız, tenha
verschwinden* *irr vi sein* ortadan kaybolmak, yok olmak; **etw ~ lassen** (*wegzaubern*) bir şeyi yok etmek; **verschwinde!** (*fam*) kaybol!, karşımdan yok ol!; **ein ~d geringer Teil** yok denecek kadar küçük bir kısmı [*o* parçası]
Verschwinden <-s> *nt kein pl* kaybolma, yok olma
verschwitzen* *vt* ❶ (*Kleidung*) terleyerek ıslatmak, ter içinde bırakmak ❷ (*fig fam:*

vergessen) unutmak
verschwitzt *adj* terli
verschwollen *adj* şiş(miş)
verschwommen [fɛɐ'ʃvɔmən] *adj* belirsiz; (*Bild, Foto*) bulanık, net olmayan; (*Erinnerung*) belli belirsiz, hayal meyal; **ohne Brille sehe ich alles ~** gözlüksüz her şeyi bulanık görüyorum; **ich habe nur noch eine ~e Erinnerung daran** onu ancak hayal meyal hatırlayabiliyorum
verschwören* *irr vr* ■ **sich ~** komplo kurmak (**gegen** -e karşı), kumpas kurmak; **alles hat sich gegen mich verschworen** (*fig*) her işim ters gidiyor
Verschwörer(in) <-s, -; -nen> *m(f)* komplocu, fesatçı
Verschwörung <-en> *f* komplo, fesat
verschwunden *pp von* **verschwinden**
versehen* *irr* **I.** *vt* ❶ (*ausstatten*) donatmak (**mit** -le), döşemek (**mit** -le); **etw mit seiner Unterschrift/einem Stempel ~** bir şeye imzasını atmak/damga basmak; **die Decke mit einem Zierstich ~** örtüye piko çekmek ❷ (*Dienst, Amt*) yapmak, yerine getirmek ❸ (*falsch machen*) yanlış yapmak ❹ (*sich kümmern*) bakmak (-e), göz kulak olmak (-e) **II.** *vr* ■ **sich ~** ❶ (*irren*) yanılmak, yanlış(lık) yapmak ❷ (*sich gefasst machen*) **ehe man sich's versieht(, ist es passiert)** (*fam*) ne oluyor demeye kalmadan (olan olmak) ❸ (*sich versorgen*) **sich mit etw** *dat* **~** kendine bir şey temin etmek
Versehen <-s, -> *nt* yanıltı; (*Fehler*) yanlışlık, hata; **etw aus ~ tun** yanlışlıkla yapmak
versehentlich *adv* yanlışlıkla
Versehrte(r) <-n, -n; -n> *f(m)* malul
verselbständigen* *vr,* **verselbstständigen***[RR] *vr* ■ **sich ~** kendi işini kurmak
versenden* *irr vt* göndermek
versengen* [fɛɐ'zɛŋən] *vt* yakmak
versenken* **I.** *vt* ❶ (*Schiff*) batırmak ❷ (*in Flüssigkeit*) daldırmak (**in** -e); **etw in der Erde ~** bir şeyi toprağa gömmek **II.** *vr* ■ **sich ~** dalmak (**in** -e)
Versenkschraube *f* gömme vida
Versenkung <-en> *f* ❶ (*von Schiffen*) batırma ❷ (*Meditation*) tefekküre dalma; **in der ~ verschwinden** (*fam*) kayıplara karışmak, unutulup gitmek
versessen [fɛɐ'zɛsən] *adj* **auf etw ~ sein** bir şeye düşkün olmak, bir şeyin delisi [*o* hastası] olmak
versetzen* **I.** *vt* ❶ (*umsetzen*) başka yere koymak; (*Pflanzen*) yerini değiştirmek (-in) ❷ (*beruflich*) atamak, tayin etmek ❸ SCHULE geçirmek; **sie ist in die fünfte Klasse versetzt worden** beşinci sınıfa geçirildi; **er wird nicht versetzt** sınıfı geçemedi ❹ (*verpfänden*) rehin etmek ❺ (*vermischen*) karıştırmak; **etw mit Alkohol/Wasser ~** bir şeyi alkol/su ile karıştırmak, bir şeye alkol/su katmak ❻ (*Schlag*) geçirmek; **jdm einen Schrecken ~** birinin ödünü koparmak ❼ (*antworten*) diye cevap vermek ❽ (*fam: warten lassen*) ekmek ❾ (*in Zustand bringen*) **jdn in Zorn/in Angst ~** birini öfkelendirmek/korkutmak; **in den Alarmzustand ~** alarma geçirmek; **in Panik ~** paniğe vermek; **jdn in die Lage ~, etw zu tun** birini bir şey yapabilecek duruma getirmek ❿ (*zurück~*) geri almak **II.** *vr* ■ **sich in jds Lage ~** kendini birinin yerine koymak
Versetzung <-en> *f* ❶ (*örtlich*) atama, tayin ❷ (*beruflich*) yükselme, terfi ❸ SCHULE (sınıf) geçme; **deine ~ ist gefährdet** sınıfı geçip geçmeyeceğin belli değil ❹ (*Verpfändung*) terhin, rehine verme, rehin olarak verme, tutuya koyma
verseuchen* [fɛɐ'zɔɪçən] *vt* bulaştırmak
Versicherer *m* sigortacı
versichern* **I.** *vt* ❶ temin etmek; **jdm etw ~** birine bir şeyi temin etmek ❷ (*Versicherung abschließen*) sigorta et(tir)mek (**gegen** -e karşı), sigortalamak (**gegen** -e karşı) **II.** *vr* ■ **sich ~** ❶ (*sich vergewissern*) emin olmak ❷ (*Versicherung abschließen*) kendini sigorta ettirmek (**gegen** -e karşı), sigortalanmak (**gegen** -e karşı)
Versicherte(r) <-n, -n; -n> *f(m)* sigortalı
Versicherung <-en> *f* ❶ (*Vertrag*) sigorta (**gegen** -e karşı); **eine ~ abschließen** sigorta olmak ❷ (*~sgesellschaft*) sigorta ❸ (*Beteuerung*) temin (verme), beyan; (*Behauptung*) iddia ve temin etme; **eidesstattliche ~** yemin yerine temin; (*über Vermögensverhältnisse*) mal beyanı **Versicherungsagent** *m* sigorta acentesi **Versicherungsanspruch** *m* sigorta hakkı **Versicherungsanstalt** *f* sigorta kurumu **Versicherungsbeitrag** *m* sigorta primi **Versicherungsbetrug** *m* sigortayı dolandırma **Versicherungsfachmann** <-(e)s, -männer> *m* sigorta eksperi **Versicherungsfall** <-(e)s, -fälle> *m* sigortalık durum **Versicherungsgesellschaft** <-en> *f* sigorta şirketi **Versicherungskarte** <-n> *f* sigorta kartı **Versicherungsnummer** <-n> *f* sigorta numarası **versicherungspflichtig** *adj* sigorta yaptırma zorunluğu olan **Versicherungspolice** *f* sigorta poliçesi **Versicherungsprämie** *f* sigorta primi **Versicherungsschutz** *m* sigortanın kap-

V

samı

Versicherungssumme *f* sigorta bedeli **Versicherungsvertreter(in)** *m(f)* sigorta acentesi **Versicherungswesen** *nt kein pl* sigortacılık

versickern* *vi sein* sızmak

Versickerungsgebiet <-(e)s> *nt* GEO boşaltma havzası

versiegeln* *vt* mühürlemek, mühür basmak (-e); (*Fußboden*) cam cila yapmak (-e)

versiegen* *vi sein* (*Quelle*) kurumak, suyu çekilmek; (*Kräfte*) tükenmek; (*Gespräch*) bitmek

versiert [vɛr'ziːɐt] *adj* deneyimli; **in etw** *dat* **~ sein** bir şeyde deneyimli olmak

versilbern* *vt* ❶ (*mit Silber überziehen*) gümüşle kaplamak ❷ (*fam: verkaufen*) paraya çevirmek

versinken* *irr vi sein* ❶ (*in Flüssigkeit*) batmak (**in** -de); (*in Schnee, Schlamm; Schiff*) batmak (**in** -de); **ich hätte vor Scham im Boden ~ mögen!** utancımdan yerin dibine geçtim! ❷ (*sich hingeben*) dalmak (**in** -e); **in Gedanken versunken** düşünceye dalmış olmak

versinnbildlichen* [fɛɐ'zɪnbɪltlɪçən] *vt* simgeleştirmek

Version <-en> [vɛr'zjoːn] *f* versiyon, değişik biçim

versklaven* *vt* köleleştirmek

Versklavung <-en> *f* köleleştirme

Versmaß <-es, -e> *nt* LIT ölçü, vezin

versöhnen* [fɛɐ'zøːnən] **I.** *vt* ❶ (*Streitende*) uzlaştırmak, barıştırmak ❷ (*versöhnlich stimmen*) gönlünü almak (-in) **II.** *vr* ■ **sich ~** uzlaşmak, barışmak

versöhnlich *adj* (*Person*) geçimli, uysal; (*Worte*) gönül alıcı; **jdn ~ stimmen** birinin gönlünü almak

Versöhnung <-en> *f* barış; (*das Sichversöhnen*) barışma; (*das Versöhnen*) barıştırma, gönül alma

versorgen* **I.** *vt* ❶ (*verschaffen*) sağlamak (-e, **mit** -), temin etmek (-e, **mit** -), tedarik etmek (-e, **mit** -); (*beliefern*) dağıtmak (-e, **mit** -) ❷ (*unterhalten*) geçimini sağlamak (-in), geçindirmek, ihtiyaçlarını karşılamak (-in) ❸ (*betreuen*) bakmak (-e) **II.** *vr* ■ **sich ~** geçinmek (**mit** -le); **sich selbst ~** kendini geçindirmek, kendi ihtiyaçlarını kendi karşılamak

Versorgung *f kein pl* ❶ (*Belieferung*) dağıtım (**mit** -) ❷ (*Unterhalt*) geçinme; (*Rente*) emeklilik ❸ (*Betreuung*) bakım, bakma; **ärztliche ~** tıbbî bakım **versorgungsberechtigt** *adj* emeklilik hakkı olan, bakımdan yararlanmaya hakkı olan **Versorgungsleitung** *f* dağıtım hattı

verspäten* *vr* ■ **sich ~** gecikmek; **sich um eine Stunde ~** bir saat gecikmek

verspätet **I.** *adj* gecikmeli, rötarlı **II.** *adv* gecikerek, rotarlı olarak

Verspätung <-en> *f* gecikme, rötar; **zehn Minuten ~ haben** on dakika gecikmeli olmak, on dakikalık rötarı olmak

verspeisen* *vt* (*geh*) yemek

versperren* *vt* ❶ (*blockieren*) kapatmak, engel olmak (-e); **die Durchfahrt ~** geçişi kapatmak; **jdm die Sicht ~** birinin önünü kapamak, birinin görmesine engel olmak ❷ ÖSTERR, DIAL (*zuschließen*) kapamak

verspielen* **I.** *vi* kaybetmek; **er hat bei mir verspielt** (*fam*) o, benim gözümden düştü; **du hast verspielt** kaybettin **II.** *vt* ❶ (*Geld*) (oyunda) kaybetmek; **er hat sein ganzes Geld an der Börse/beim Glücksspiel verspielt** bütün parasını borsada/kumarda kaybetti ❷ (*Chance, Recht, Ansprüche*) kaybetmek **III.** *vr* ■ **sich ~** MUS yanlış nota çalmak

verspielt *adj* ❶ (*Kind, Tier*) oyuncu, oyunu seven ❷ (*Melodie*) oynak

verspotten* *vt* (*Kind, Tier*) yermek, hicvetmek, makaraya almak, alay etmek (-le)

versprechen* *irr* **I.** *vt* ❶ vadetmek, söz vermek; **viel ~d** çok şey vadeden, umut verici; **ich kann dir nichts ~** sana hiçbir vaatte bulunamam; **das Wetter verspricht, heute gut zu werden** bugün hava iyi olacağa benziyor ❷ **sich** *dat* **etwas ~** (*sich erhoffen*) bir şey ummak (**von** -den); (*erwarten*) bir şey beklemek (**von** -den); **ich verspreche mir viel davon** bundan çok şey bekliyorum; **ich verspreche mir nichts davon** bundan hiçbir şey beklemiyorum **II.** *vr* ■ **sich ~** (*falsch aussprechen*) dil sürçmek

Versprechen <-s, -> *nt* vaat, (verilen) söz; **jdm ein ~ geben** birine söz vermek, birine vaatte bulunmak; **ein ~ einhalten** sözünü tutmak, verdiği sözü yerine getirmek

Versprecher <-s, -> *m* dil sürçmesi

Versprechung <-en> *f* vaat; **leere ~en machen** boş vaatlerde bulunmak

verspritzen* *vt* ❶ (*versprühen*) püskürtmek ❷ (*bespritzen*) (püskürterek) ıslatmak, (sıçratarak) pisletmek ❸ (*vollspritzen*) fışkırtmak

versprochen *pp von* **versprechen**

versprühen* *vt* püskürtmek

verspüren* *vt* duymak, hissetmek

verstaatlichen* *vt* devletleştirmek, kamulaştırmak

verstädtern* **I.** *vt* kentleştirmek **II.** *vi*

V

kentleşmek, şehirleşmek

verstand [fɛɐ'ʃtant] *3. imp von* **verstehen**

Verstand <-(e)s> [fɛɐ'ʃtant] *m kein pl* (*Denkfähigkeit*) akıl, us; (*Vernunft*) akıl, us; **den ~ verlieren** aklını kaçırmak, aklını yitirmek, oynatmak, fırtırmak; **bei klarem ~ sein** aklı başında olmak; **du bist wohl nicht ganz bei ~!** (*fam*) aklın başında değil herhalde!; **das geht über meinen ~** (*fam*) buna benim aklım ermiyor

verstanden [fɛɐ'ʃtandən] *pp von* **verstehen**

verständig [fɛɐ'ʃtɛndɪç] *adj* (*vernünftig*) akıllıca; (*klug*) akıllı

verständigen* [fɛɐ'ʃtɛndɪgən] **I.** *vt* (*benachrichtigen*) haberdar etmek (**von** -den) **II.** *vr* ■ **sich ~** ❶ (*kommunizieren*) anlaşmak ❷ (*sich einigen*) uzlaşmak (**über** üzerinde)

Verständigung <-en> *f* ❶ (*Benachrichtigung*) haberdar etme ❷ (*Kommunikation*) anlaşma ❸ (*Einigung*) uzlaşma **Verständigungsschwierigkeiten** *pl* anlaşmada güçlükler *pl*

verständlich [fɛɐ'ʃtɛntlɪç] *adj* (*begreiflich*) anlaşılır; (*deutlich*) açık; **leicht/schwer ~** kolay/zor anlaşılır, anlaşılması kolay/zor; ■ **sich ~ machen** derdini anlatmak; ■ **sich ~ ausdrücken** anlaşılır bir biçimde derdini anlatmak

verständlicherweise [-'---'--] *adv* tabii ki, gayet tabiî; **darüber ist er ~ böse** ona tabii ki kızdı

Verständlichkeit *f kein pl* anlaşılırlık

Verständnis <-ses> [fɛɐ'ʃtɛntnɪs] *nt kein pl* ❶ (*Begreifen, Mitgefühl*) anlayış; **für jdn/etw kein ~ haben** bir kimseye/şeye anlayış göstermek; **dafür hast du mein vollstes ~** seni çok iyi anlıyorum; **wir bitten um Ihr ~** anlayış göstermenizi rica ederiz ❷ (*Sinn, Gefühl*) anlayış (**für** -); **er hat kein ~ für Kunst/Musik** onun sanat/müzik anlayışı yoktur

verständnislos *adj* anlayışsız, düşüncesiz

verständnisvoll *adj* anlayışlı, düşünceli

verstärken* **I.** *vt* ❶ (*stabiler machen*) pekiştirmek, sağlamlaştırmak, takviye etmek ❷ (*vergrößern*) büyütmek, sayısını artırmak (-in) ❸ (*Lautstärke*) yükseltmek; (*Instrumente*) gücünü artırmak (-in) **II.** *vr* ■ **sich ~** pekişmek, sağlamlaşmak, artmak, yükselmek

Verstärker <-s, -> *m* TECH, ELEK amplifikatör, yükselteç

Verstärkung <-en> *f* ❶ (*der Stabilität*) pekiştirme ❷ (*Vergrößerung*) büyütme ❸ (*der Lautstärke*) yükseltme ❹ *a.* MIL (*Personengruppe*) takviye; **den Feind hinhalten, bis ~ kommt** takviye gelinceye kadar düşmanı oyalamak

verstauben* [fɛɐ'ʃtaʊbən] *vi sein* tozlanmak; **die Bücher sind ganz verstaubt** kitaplar toz içinde yüzüyor

verstauchen* [fɛɐ'ʃtaʊxən] *vt* burkmak; **ich habe mir das Handgelenk verstaucht** bileğimi burktum

verstauen* *vt* istif etmek (**in** -e), (düzgünce) yerleştirmek (**in** -e)

Versteck <-(e)s, -e> [fɛɐ'ʃtɛk] *nt* saklanacak yer; **~ spielen** saklambaç oynamak

verstecken* **I.** *vt* saklamak (**vor** -den); (*verbergen*) gizli tutmak (**vor** -den) **II.** *vr* ■ **sich ~** saklanmak (**vor** -den)

Versteckspiel <-(e)s, -e> *nt* saklambaç; **lass das ~!** (*fig*) bırak bu oyunları!

versteckt *adj* ❶ (*verborgen*) saklı ❷ (*Anspielung*) üstü kapalı; (*heimlich*) gizli; **~e Kamera** gizli kamera

verstehen <versteht, verstand, verstanden> **I.** *vt* ❶ (*hören*) duymak; (*begreifen*) anlamak; **verstanden?** anladın mı?; **das hast du falsch verstanden** bunu yanlış anladın; **versteh mich recht** beni doğru anla; **wie soll ich das ~?** bunu nasıl anlamam gerekir? ❷ (*meinen*) demek istemek (**unter** ile), kastetmek (**unter** ile); **was verstehst du unter diesem Begriff?** bu kavramdan ne anlıyorsun? ❸ (*können*) bilmek; **er versteht es, mit Kindern umzugehen** çocuklara nasıl davranılması gerektiğini bilir ❹ (*Verständnis haben*) anlamak; **ich verstehe deinen Ärger** öfkeni anlıyorum **II.** *vr* ■ **sich ~** ❶ (*auskommen*) anlaşmak, geçinmek; **ich verstehe mich gut mit ihr** onunla iyi anlaşıyorum ❷ (*sich einschätzen*) **sich ~ als** kendini görmek ❸ (*beherrschen*) **sich auf etw ~** bir şeyden anlamak ❹ (*zu verstehen sein*) **die Preise ~ sich zuzüglich Mehrwertsteuer** fiyatlara katma değer vergisi dahildir; **das versteht sich doch von selbst** bu kendiliğinden anlaşılır, bu gayet tabii bir şey; **versteht sich!** tabii!, elbette!, tamam!

versteifen* **I.** *vt* sertleştirmek; (*Brücke, Mauer*) takviye etmek, sağlamlaştırmak **II.** *vi* sertleşmek **III.** *vr* ■ **sich ~** direnmek (**auf** -de), ısrar etmek (**auf** -de)

versteigern* *vt* artırma yolu ile satmak

Versteigerung <-en> *f* artırma, müzayede

Versteinerung <-en> *f* ❶ *kein pl* (*das Versteinern*) taşlaşma, petrifikasyon, taş hâline dönüşme ❷ (*Objekt*) fosil

verstellbar *adj* ayarlanır; **in der Höhe ~** yüksekliği ayarlanır

verstellen* **I.** *vt* ① (*örtlich*) başka yere koymak, yerini değiştirmek (-in); (*falsch stellen*) yanlış yere koymak ② (*umstellen*) ayarını değiştirmek (-in); (*regulieren*) ayarlamak ③ (*versperren*) engel olmak (-e); **jdm den Weg ~** birinin yolunu kesmek, birinin geçmesine engel olmak ④ (*Stimme, Handschrift*) değiştirmek **II.** *vr* ■ **sich ~** ① (*Person*) rol yapmak, sahte tavır takınmak ② TECH ayarı bozulmak; **die Zündung hat sich verstellt** ateşleme ayarı bozulmuş

Verstellung[1] <-en> *f* ① (*örtlich*) başka yere koyma, yerini değiştirme ② (*Einstellung*) ayar; (*Regulierung*) ayarla(n)ma

Verstellung[2] *f kein pl* (*Täuschung*) rol yapma

versterben* *vi* ölmek, vefat etmek

versteuern* *vt* vergisini ödemek (-in)

verstimmen* *vt* ① (*Instrument*) akordunu bozmak (-in) ② (*verärgern*) keyfini bozmak (-in)

verstimmt *adj* ① (*Instrument*) akordu bozuk, akortsuz ② (*Person*) keyfi bozuk, keyifsiz; **einen ~en Magen haben** midesi bozulmuş olmak

verstockt [fɛɐ'ʃtɔkt] *adj* (*pej*) inatçı, dik başlı

verstohlen [fɛɐ'ʃto:lən] *adj* gizli, kaçamak

verstopfen* **I.** *vi sein* tıkanmak **II.** *vt* ① (*Loch*) tıkamak ② (*Abfluss*) tıkamak

verstopft *adj* (*Abfluss, Nase, Ohren*) tıkanık, tıkalı; (*Mensch*) kabız; **~e Straßen** tıkanık yollar

Verstopfung <-en> *f* ① (*eines Lochs*) tıkama; (*von Abfluss*) tıkanma ② MED kabızlık; **ich habe ~** kabız oldum ③ (*Stau*) tıkanıklık, tıkanma

verstorben [fɛɐ'ʃtɔrbən] *adj* ölen, ölmüş

Verstorbene(r) <-n, -n; -n> *f(m)* ölen (kimse), müteveffa, merhum

verstört [fɛɐ'ʃtø:ɐt] *adj* şaşkın; **~ sein** şoke olmak

Verstoß <-es, -stöße> *m* ihlâl (**gegen** -i), aykırılık (**gegen** -e), aykırı hareket (**gegen** -e); **~ gegen die guten Sitten** iyi niyet kurallarına aykırı hareket

verstoßen* *irr* **I.** *vi* aykırı hareket etmek (**gegen** -e); (*gegen Gesetz*) ihlâl etmek **II.** *vt* kovmak, defetmek

verstrahlt *adj* radyasyonlu

verstreben* *vt* payandalamak, payanda vurmak (-e)

Verstrebung <-en> *f* payandalama

verstreichen* *irr* **I.** *vi sein* (*geh: Zeit*) geçmek; (*Frist*) dolmak **II.** *vt* ① (*Farbe, Butter*) sürmek (**auf** -e) ② (*Ritz, Spalt*) sıvayarak kapamak

verstrichen *pp von* **verstreichen**

verstricken* **I.** *vt* ① (*Wolle*) örerek tüketmek ② (*fig: verwickeln*) bulaştırmak (**in** -e), karıştırmak (**in** -e); **die Finger ineinander ~** parmaklarını iç içe geçirmek **II.** *vr* ■ **sich ~** (*fig: Personen*) bulaşmak (**in** -e), karışmak (**in** -e); **sich in Widersprüche ~** tezada düşmek

verstümmeln* [fɛɐ'ʃtʏməln] *vt* sakatlamak

Verstümmelung <-en> *f* sakatlama

verstummen* *vi sein* (*geh: Person*) sesi kesilmek, sesini kesmek; (*Geräusch*) sessizliğe gömülmek

Versuch <-(e)s, -e> [fɛɐ'zu:x] *m* ① (*Handlung*) *a.* SPORT deneme; (*einer Straftat*) teşebbüs, kalkışma, girişme; **das käme auf einen ~ an** bunu denemek gerekir ② (*Experiment*) deney; (*Test*) test

versuchen* **I.** *vt* ① (*ausprobieren*) denemek; (*eine Straftat*) teşebbüs etmek (-e), kalkışmak (-e), girişmek (-e), çalışmak (-e); **~, seine Haut zu retten** (*fig fam*) postu [*o* pöstekiyi] kurtarmaya çalışmak; **~ Sie keine Tricks!** hiç oyun denemeyiniz!, oyun oynamaya kalkışmayın! ② (*kosten*) denemek, tatmak ③ (*geh: versucht sein*) **ich bin versucht, es mal auszuprobieren** bunu bir kere denemeyi canım istiyor **II.** *vr* **sich in etw** *dat* **~** bir şeyi denemek

Versuchsanlage *f* pilot tesis **Versuchskaninchen** *nt* (*pej fam*) deneme tahtası, tecrübe tahtası **Versuchsperson** *f* MED, PSYCH denek **Versuchsprojekt** *nt* pilot proje **Versuchsreihe** <-n> *f* deney dizisi **Versuchstier** *nt* deney hayvanı

versuchsweise [-vaɪzə] *adv* denemek amacıyla

Versuchung <-en> *f* ayartı, baştan çıkarma; **jdn in ~ führen** birini ayartmak [*o* baştan çıkarmak]; **in ~ kommen** baştan çıkmak, şeytana uymak

versündigen* *vr* ■ **sich ~** günaha girmek; **sich an jdm ~** birinin günahına girmek, birinin günahını almak

versunken* [fɛɐ'zʊŋkən] **I.** *pp von* **versinken** **II.** *adj* (*fig*) **in Gedanken ~** düşünceye dalmış

versüßen* *vt* tatlandırmak, tatlılaştırmak

Vertäfelung <-en> [fɛɐ'tɛ:fəlʊŋ] *f* (*der Wand*) kaplama; (*der Decke*) kaplama

vertagen* [fɛɐ'ta:gən] **I.** *vt* ① (*aufschieben*) ertelemek (**auf** -e), tehir etmek (**auf** -e) ② SCHWEIZ (*anberaumen*) kararlaştırmak, tayin etmek, belirlemek **II.** *vr* ■ **sich ~** ertelenmek (**auf** -e)

vertan *pp von* **vertun**

vertauschen* *vt* ① (*verwechseln*) karıştır-

V

mak (**mit** -le) ❷ (*austauschen*) değiştirmek (**gegen/mit** -le/-le)

verteidigen* [fɛɐ'taɪdɪgən] **I.** *vt a.* SPORT, JUR savunmak (**gegen** -e karşı), müdafaa etmek (**gegen** -e karşı) **II.** *vr* ■ **sich ~** kendini savunmak (**mit** -le, **gegen** -e karşı); (*sich rechtfertigen*) haklı sebep göstermek

Verteidiger(in) <-s, -; -nen> *m(f)* ❶ SPORT savunucu, bek ❷ JUR müdafi, savunma vekili

Verteidigung <-en> *f a.* JUR, MIL savunma (**gegen** -e karşı), müdafaa (**gegen** -e karşı); *a.* SPORT savunma, defans (**gegen** -e karşı) **Verteidigungslinie** *f* MIL savunma hattı **Verteidigungsminister(in)** *m(f)* savunma bakanı **Verteidigungsministerium** *nt* savunma bakanlığı

verteilen* **I.** *vt* ❶ (*austeilen*) dağıtmak (**unter/an** -e/-e), paylaştırmak, pay etmek ❷ (*aufteilen*) bölüştürmek (**auf** -e), taksim etmek (**auf** -e); **übers ganze Land verteilt** bütün ülkeye dağılmış ❸ (*ausbreiten*) yaymak ❹ (*verstreichen*) sürmek **II.** *vr* ■ **sich ~** dağılmak (**auf** -e)

Verteiler <-s, -> *m* AUTO distribütör; WIRTSCH distribütör, dağıtıcı **Verteilerkappe** *f* AUTO distribütör kafası **Verteilerkasten** *m* ELEK buat

Verteilung <-en> *f* ❶ (*Austeilung*) dağıtma (**an/unter** -e/arasında); (*Zuteilung*) tahsis ❷ (*Aufteilung*) bölüştürme, taksim ❸ WIRTSCH dağılım

verteuern* **I.** *vt* fiyatını artırmak (**um** -, **auf** -e) **II.** *vr* ■ **sich ~** pahalılaşmak, pahalanmak, fiyatı artmak (**um** -, **auf** -e)

verteufeln* *vt* (*pej*) lanetlemek

vertiefen* **I.** *vt* derinleştirmek **II.** *vr* ■ **sich ~** (*tiefer werden*) derinleşmek; **sich in etw ~** bir şeye dalmak; **in etw vertieft sein** bir şeye dalmış olmak

Vertiefung <-en> *f* ❶ (*von Graben, Thema*) derinleştirme; (*im Gelände*) çukur ❷ (*von Person*) dalma

vertikal [vɛrti'ka:l, '---] *adj* dik, dikey, düşey

Vertikale <-n> [vɛrti'ka:lə] *f* dikme; (*senkrechte Gerade*) düşey [*o* dikey] doğru

Vertikalebene *f* MATH düşey düzlem **Vertikalkreis** *m* ASTRON düşey çember

vertilgen* *vt* ❶ (*Ungeziefer, Unkraut*) yok etmek, imha etmek; (*ausrotten*) kökünü kurutmak (-in) ❷ (*fam: essen*) silip süpürmek

Vertilgungsmittel *nt* (*gegen Ungeziefer*) böceksavar; (*gegen Unkraut*) ot ilacı

vertippen* *vr* ■ **sich ~** (*fam*) (daktiloda) yanlış yazmak

vertonen* [fɛɐ'to:nən] *vt* seslendirmek, sözlendirmek

vertrackt *adj* çetrefil, karışık, dolaşık

Vertrag <-(e)s, -träge> [fɛɐ'tra:k, *pl* fɛɐ'trɛ:gə] *m* sözleşme, mukavele, kontrat, akit, bağıt; POL sözleşme, an(t)laşma; **einen ~ (ab)schließen** sözleşme yapmak; **den ~ kündigen/brechen** sözleşmeyi feshetmek/bozmak; **unter ~ stehen** sözleşmeli olmak

vertragen* *irr* **I.** *vt* ❶ kaldırmak, dayanmak (-e), tahammül etmek (-e); **dieses Klima vertrage ich nicht** bu iklim bana dokunuyor ❷ (*Speisen*) yiyebilmek; (*Medikamente*) alabilmek; **ich vertrage keine Milch** süt bana dokunuyor; **ich könnte noch ein Bier ~** (*fam*) bir bira daha içebilirim ❸ SCHWEIZ (*austragen*) dağıtmak **II.** *vr* ■ **sich ~** ❶ (*Personen*) geçinmek; **wir haben uns wieder ~** biz barıştık ❷ (*vereinbar sein*) bağdaşmak

vertraglich **I.** *adj* sözleşmeli, sözleşmeye dayanan **II.** *adv* sözleşmeli olarak, sözleşmeye dayanarak, sözleşme ile; **~ gebunden sein** sözleşme ile bağlı olmak

verträglich [fɛɐ'trɛ:klɪç] *adj* ❶ (*Speisen*) yenir, sindirimi kolay; **gut/schlecht ~** dokunmayan/dokunan ❷ (*Personen*) geçimli, uyuşkan

Verträglichkeit *f kein pl* geçimlilik

Vertragsabschluss[RR] *m* sözleşmenin yapılması **Vertragsbruch** *m* sözleşmeyi bozma **vertragsbrüchig** *adj* sözleşmeyi bozan; **~ werden** sözleşmeyi bozmak

vertragschließend *adj* sözleşme yapan; **~e Partei** âkit, sözleşmeyi yapan taraf

Vertragshändler *m* bayi **Vertragspartner(in)** *m(f)* âkit, sözleşmeyi yapan taraf **Vertragsstaat** *m* JUR, POL Taraf Devlet **vertragswidrig** *adj* sözleşmeye aykırı

vertrauen* *vi* **jdm/etw** *dat* **~** bir kimseye/şeye güvenmek [*o* itimat etmek]; **auf jdn/etw** *akk* **~** bir kimseye/şeye bel bağlamak

Vertrauen <-s> *nt kein pl* güven (**auf/in/zu** -e/-e/-e), itimat (**auf/in/zu** -e/-e/-e); **im ~ (gesagt)** (lâf) aramızda kalsın; **jdm ~ einflößen** birine güven vermek, birine itimat telkin etmek; **jdn ins ~ ziehen** birine açılmak; **jds ~ erschüttern/genießen** birinin güvenini sarsmak/kazanmış olmak; **~ zu jdm haben** birine güveni olmak; **er hat wenig ~ zu sich selbst** kendine güveni az; **sie besitzt mein volles ~** ona sonsuz güvenim var; **zu jdm ~ fassen** birine güven duymaya başlamak

vertrauenerweckend *adj s.* **erwecken 2.**

Vertrauensarzt, -ärztin *m, f* ❶ (*Berater*) sigortanın tıbbî danışmanı ❷ *uzun süren* *hastalık durumunda hastanın çalışıp çalışmayacağına karar verip sigortaya rapor veren hekim* **Vertrauensbasis** *f kein pl* **Geschäft/Zusammenarbeit auf ~** karşılıklı güven esasına dayanan iş/iş birliği **Vertrauensbruch** *m* inancı kötüye kullanma **Vertrauensfrage** *f a.* POL güvenoyu; **die ~ stellen** güven istemek, güvenoyuna başvurmak **Vertrauenskrise** *f a.* POL güvensizlik **Vertrauenslehrer** *m* SCHULE rehber öğretmen

Vertrauenssache[1] *f kein pl* (*Frage des Vertrauens*) güven sorunu, itimat meselesi

Vertrauenssache[2] <-n> *f* (*zur vertraulichen Behandlung*) gizli, mahrem

vertrauensselig *adj* körü körüne güvenen

Vertrauensseligkeit *f kein pl* körü körüne güvenme

vertrauensvoll **I.** *adj* güvenilir, güven dolu **II.** *adv* güvenle, güvenerek; **~ in die Zukunft blicken** güvenle geleceğe bakmak; ■**sich ~ an jdn wenden** (*fam*) hiç çekinmeden birine başvurmak **Vertrauensvotum** *nt* POL güvenoyu **vertrauenswürdig** *adj* güvenilir **Vertrauenswürdigkeit** *f kein pl* güvenilirlik

vertraulich *adj* ❶ (*geheim*) gizli, mahrem ❷ (*persönlich*) samimi, içten; **~ werden** samimileşmek

Vertraulichkeit[1] *f kein pl* (*Eigenschaft*) gizlilik, mahremiyet

Vertraulichkeit[2] <-en> *f* samimilik, samimiyet, içtenlik; (*Aufdringlichkeit*) aşırı samimiyet; **plumpe ~en** sırnaşıklıklar, cıvıklıklar

verträumt [fɛɐ'trɔɪmt] *adj* ❶ (*Person*) düşçü, hayalperest ❷ (*Ort*) sakin

Verträumtheit *f kein pl* (*einer Person*) düşçülük, hayalperestlik

vertraut [fɛɐ'traʊt] *adj* ❶ (*eng verbunden*) içten, samimi; (*Freund*) samimi, candan; **~ miteinander sein** birbiriyle samimi [*o* senli benli] olmak ❷ (*bekannt*) bilinen, tanınan, aşina; **sich mit etw** *dat* **~ machen** bir şeye aşinalık göstermek, bir şeyle ilgilenmek; **eine mir ~e Schrift** iyi bildiğim bir yazı

Vertraute(r) <-n, -n; -n> *f(m)* sırdaş

Vertrautheit *f kein pl* ❶ (*enge Verbundenheit*) samimilik ❷ (*Bekanntheit*) aşinalık, tanışıklık

vertreiben* *irr vt* ❶ (*Personen*) kovmak (**aus** -den); (*aus der Heimat*) sürmek (**aus** -den) ❷ (*Tiere*) kovmak; (*Müdigkeit*) gidermek; **sich** *dat* **die Zeit ~** oyalanmak, vakit geçirmek, boşuna zaman harcamak; **der Wind hat die Wolken vertrieben** rüzgâr bulutları dağıttı ❸ (*Waren*) satışa sunmak; (*verkaufen*) satmak

Vertreibung <-en> *f* kovma (**aus** -den), sürme (**aus** -den)

vertretbar *adj* ❶ haklı bulunabilir, savunulabilir ❷ JUR mislî; **~e Sachen** mislî eşya

vertreten* *irr vt* ❶ (*ersetzen*) yerini almak (-in) ❷ (*als Beauftragter*) temsil etmek; (*als Anwalt*) savunmak, avukatlığını yapmak (-in) ❸ (*Interessen*) savunmak; (*Ansicht, These*) savunmak, yana olmak (-den); (*verantworten*) sorumluluğunu yüklenmek (-in) ❹ (*vorhanden sein*) (**nicht**) **~ sein** bulun(ma)mak (**unter** -in aralarında), mevcut ol(ma)mak; **stark/schwach ~ sein** sayıca çok/az olmak ❺ (*verstauchen*) burkmak; **sich** *dat* **die Beine ~** (*fam*) şöyle bir yürümek, uyuşan bacaklarını yürüyerek açmak

Vertreter(in) <-s, -; -nen> *m(f)* ❶ (*Stell~*) temsilci, mümessil ❷ (*Beauftragter*) vekil ❸ (*Handels~*) acente ❹ (*Verfechter*) savunucu; **ein ~ des Symbolismus** sembolizm yanlısı olan kimse

Vertretung <-en> *f* ❶ (*Stell~*) temsil; (*Person*) temsilci; **in ~ von jdm handeln** birini temsilen davranmak ❷ (*Delegation*) temsilcilik; **die diplomatische ~** POL diplomatik temsilcilik; (*Mission*) diplomatik misyon ❸ (*Handels~*) temsilcilik, acentelik; (*Filiale*) şube, acente

Vertrieb <-(e)s> [fɛɐ'tri:p] *m kein pl* ❶ (*von Waren*) satış; **den ~ für etw haben** bir şeyin distribütörü olmak ❷ (*Abteilung*) satış bölümü, dağıtım bürosu

vertrieben *pp von* **vertreiben**

Vertriebene(r) <-n, -n; -n> [fɛɐ'tri:bənɐ] *f(m)* sürgün; (*Heimat~*) (yurdundan) sürülen (kimse)

Vertriebsgesellschaft <-en> *f* dağıtım şirketi **Vertriebsleiter(in)** <-s, -; -nen> *m(f)* satış müdürü, satış bölümü şefi **Vertriebsrecht** <-s, -e> *nt* dağıtım hakkı

vertrocknen* *vi sein* kurumak

vertrocknet [fɛɐ'trɔknət] *adj* ❶ kurumuş; (*Brot*) kuru ❷ (*fig fam: Mensch*) esprisiz

vertrödeln* *vt* (*pej fam: Zeit*) harcamak; **ich habe den ganzen Tag vertrödelt** bütün gün boyunca dalga geçtim

vertrösten* *vt* **jdn ~** birini oyalamak

vertun* *irr* **I.** *vt* (*Zeit, Geld*) harcamak; **eine vertane Gelegenheit** kaçırılmış bir fırsat **II.** *vr* ■**sich ~** (*fam*) yanılmak

vertuschen* [fɛɐ'tʊʃən] *vt* örtbas etmek

verübeln* [fɛɐ'ʔy:bəln] *vt* **jdm etw ~** birine bir şeyden alınmak, birine bir şeyden dolayı gücenmek

verüben* *vt* işlemek, etmek; **Selbst-**

V

mord ~ intihar etmek

verunglücken* *vi sein* ❶ (*Unfall haben*) kaza geçirmek; **tödlich** ~ kazaya kurban gitmek, geçirdiği kazada ölmek ❷ (*misslingen*) berbat olmak

Verunglückte(r) <-n, -n; -n> *f(m)* kazazede

verunreinigen* [fɛɐˈʔʊnraɪnɪgən] *vt* pisletmek; (*Umwelt*) kirletmek

verunsichern* *vt* güvenini sarsmak (-in)

verunsichert [fɛɐˈʔʊnzɪçɐt] *adj* (*verwirrt*) şaşkın; (*unsicher*) kuşkulu

Verunsicherung <-en> *f* (*Verwirrung*) şaşkınlık; (*Zweifel*) kuşku

verunstalten* [fɛɐˈʔʊnʃtaltən] *vt* biçimini bozmak (-in), tahrif etmek; (*hässlich machen*) çirkinleştirmek; **diese Fabrik verunstaltet das Landschaftsbild** bu fabrika çevrenin genel görünümünü bozuyor

veruntreuen* [fɛɐˈʔʊntrɔɪən] *vt* JUR zimmet(in)e geçirmek

Veruntreuung <-en> *f a.* JUR zimmet(in)e geçirmek

verursachen* [fɛɐˈʔuːɐzaxən] *vt* yol açmak (-e), sebep olmak (-e), sebebiyet vermek (-e); **Aufregung** ~ ortalığı telaşa vermek; **Kosten** ~ masraf kapısı açmak

Verursacher(in) <-s, -; -nen> *m(f)* sebep olan (kimse)

verurteilen* [fɛɐˈʔʊrtaɪlən] *vt a.* JUR hüküm giydirmek (**zu** -e), mahkûm etmek (**zu** -e); **er wurde zum Tode verurteilt** ölüme mahkûm edildi; **zum Scheitern verurteilt sein** başarısız olacağı daha başından kesin [*o* belli] olmak

Verurteilte(r) <-n, -n; -n> *f(m)* JUR hükümlü, mahkûm

Verurteilung <-en> *f a.* JUR mahkûmiyet

vervielfältigen* [fɛɐˈfiːlfɛltɪgən] *vt* TYPO çoğaltmak

Vervielfältigung <-en> *f* TYPO çoğaltma, çoğaltım, teksir **Vervielfältigungsapparat** <-s, -e> *m* çoğaltma makinesi **Vervielfältigungsrecht** *nt* JUR çoğaltma hakkı

vervierfachen* [fɛɐˈfiːɐfaxən] *vt* dörtlemek

vervollkommnen* [fɛɐˈfɔlkɔmnən] **I.** *vt* mükemmelleştirmek **II.** *vr* ■ **sich** ~ mükemmelleşmek (**auf/in** -de/-de)

Vervollkommnung *f kein pl* mükemmelleştirme, mükemmelleşmek, mükemmellik

vervollständigen* *vt* tamamlamak, bütünlemek

Vervollständigung <-en> *f* tamamla(n)ma, bütünle(n)me

verwählen* *vr* ■ **sich** ~ (*fam*) yanlış numara çevirmek

verwahren* [fɛɐˈvaːrən] **I.** *vt* (*aufbewahren*) saklamak, muhafaza etmek **II.** *vr* ■ **sich** ~ itiraz etmek (**gegen** -e); (*protestieren*) protesto etmek (**gegen** -i)

verwahrlosen* [fɛɐˈvaːɐloːzən] *vi sein* bakımsız kalmak; **etw/jdn ~ lassen** bir şeyi/kimseyi bakımsız bırakmak

verwahrlost [fɛɐˈvaːɐloːst] *adj* ❶ (*vernachlässigt*) ihmal edilmiş; (*ungepflegt*) bakımsız ❷ (*moralisch*) sefil

Verwahrung *f kein pl* ❶ sakla(n)ma, muhafaza; JUR vedia ❷ (*zwangsweise Unterbringung*) gözaltı; **jdn in ~ nehmen** birini gözaltına almak; **etw in ~ nehmen** bir şeyi muhafaza altına almak

verwaist [fɛɐˈvaɪst] *adj* (*Mensch*) öksüz; (*Ort*) kimsesiz

verwalten* *vt* yönetmek, idare etmek; INFORM yönetmek

Verwalter(in) <-s, -; -nen> *m(f)* yönetici, idareci; (*Guts~*) kâhya

Verwaltung <-en> *f* yönetim, idare; INFORM yönetim **Verwaltungsapparat** *m* idare mekanizması, yönetim sistemi **Verwaltungsbezirk** *m* yönetim bölgesi **Verwaltungsgericht** *nt* idare mahkemesi **Verwaltungsrat** *m* yönetim kurulu **Verwaltungsrecht** <-(e)s> *nt kein pl* idare hukuku

verwandeln* **I.** *vt* ❶ (*ändern*) değiştirmek, çevirmek (**in** -e); **er ist wie verwandelt** tamamıyla değişmiş gibi, sanki bambaşka birisi olmuş ❷ CHEM, PHYS dönüştürmek ❸ (*verhexen*) **den Prinzen in einen Frosch** ~ prensi kurbağaya çevirmek ❹ SPORT **einen Eckball** ~ köşe atışından gol atmak **II.** *vr* ■ **sich** ~ dönüşmek (**in** -e); (*Gestalt annehmen*) kılığına girmek, olmak; **Ihr Wohnzimmer wird sich in einen Konzertsaal** ~ oturma odanız konenser salonuna dönüşecek

Verwandlung <-en> *f* değişme, dönüşme (**in** -e), dönüşüm (**in** -e)

verwandt [fɛɐˈvant] **I.** *pp von* **verwenden** **II.** *adj* akraba olan (**mit** -le); **~e Sprachen** akraba diller; **mit jdm ~ sein** biriyle akraba olmak; **sie sind** (**miteinander**) ~ onlar (birbiriyle) akrabadır

verwandte [fɛɐˈvantə] *3. imp von* **verwenden**

Verwandte(r) <-n, -n; -n> *f(m)* akraba, hısım; **ein naher/entfernter ~r** yakın/uzak akraba

Verwandtschaft[1] <-en> *f* ❶ (*das Verwandtsein*) akrabalık, hısımlık; **zwischen beiden Sprachen besteht eine ~** iki dil arasında akrabalık bulunur ❷ (*Ähnlichkeit*)

benzerlik, yakınlık

Verwandtschaft[2] *f kein pl* (*Angehörige*) akrabalar *pl;* **heute kommt unsere ganze ~** bugün bütün akrabalarımız geliyor

verwarnen* *vt* uyarmak, ihtarda bulunmak (-e)

Verwarnung <-en> *f* uyarma, uyarı, ihtar

verwaschen *adj* (*Stoff*) rengi atmış; (*Farbe*) soluk; (*Inschrift*) silik

verwechseln* *vt* karıştırmak (**mit** -le), benzetmek (**mit** -e); **sie hat ihn mit dir verwechselt** onu seninle karıştırdı, onu sana benzetti; **sie sehen sich** *dat* **zum V~ ähnlich** ayırt edilemeyecek kadar birbirine benziyorlar

Verwechs(e)lung <-en> *f* iltibas, andırışma; (*Irrtum*) karıştırma

verwegen [fɛɐ'veːgən] *adj* (*kühn*) gözü pek; (*wagemutig*) cüretli, atak; (*Gefahren nicht achtend*) pervasız, korkusuz; (*auffällig*) göze çarpıcı

verwehen* **I.** *vt* ❶ (*auseinandertreiben*) dağıtmak ❷ (*verwischen*) silmek; **der Schneesturm hat die Spuren verweht** tipi izleri sildi; **vom/mit Schnee verwehte Wege** üstü karla örtülü yollar **II.** *vi sein* (*sich verlieren*) kaybolmak

verwehren* *vt* **jdm etw ~** birine bir şeyi yasaklamak

Verwehung <-en> *f* (*Schnee~*) yığın; (*Sand~*) kumul

verweiblichen* **I.** *vt* kadınlaştırmak **II.** *vi* kadınlaşmak

verweichlicht *adj* (*körperlich*) ham, gücünü ve çevikliğini yitirmiş; (*charakterlich*) hanım evladı olan

Verweigerer(in) <-s, -; -nen> *m(f)* (*des Militärdienstes*) silahlı askerlik yapmaktan kaçınan (kimse)

verweigern* *vt* kaçınmak (-den), çekinmek (-den), imtina etmek (-den); (*ablehnen*) reddetmek, kabul etmemek; (*nicht geben*) vermemek; **jdm etw ~** birine bir şeyi vermemek; **den Kriegsdienst ~** silahlı askerlik yapmaktan kaçınmak

Verweigerung <-en> *f* kaçınma, çekinme, imtina; (*Ablehnung*) ret, reddetme, kabul etmeme

verweilen* *vi* (*geh*) kalmak; (*stehen bleiben*) durmak

verweint [fɛɐ'vaɪnt] *adj* (*geschwollen*) ağlamaktan şişmiş; (*gerötet*) ağlamaktan kızarmış

Verweis <-es, -e> [fɛɐ'vaɪs] *m* ❶ (*Rüge*) kınama; (*schärfer*) azar, paylama; **jdm einen ~ erteilen** birine kınama cezası vermek ❷ (*Hinweis*) gönderme (**auf** -e)

verweisen* *irr* **I.** *vt* ❶ (*hinweisen*) göndermek (**auf/an** -e/-e), işaret etmek (**auf/an** -e/-e); (*aufmerksam machen*) dikkatini çekmek (-in, **auf/an** -e/-e); **jdn in seine Grenzen ~** birine haddini bildirmek ❷ (*des Landes*) sınır dışı etmek (**aus** -den); (*von der Schule*) uzaklaştırmak, kovmak, tart etmek ❸ (*geh: rügen*) kınamak; (*schärfer*) azarlamak, paylamak ❹ JUR (*überweisen*) göndermek (**an** -e), havale etmek (**an** -e) **II.** *vi* işaret etmek (**auf** -e), gönderme yapmak (**auf** -e)

verwelken* *vi sein* ❶ (*Blumen*) solmak ❷ (*fig, pej*) pörsümek; **ein verwelktes Gesicht** pörsümüş bir yüz

verwendbar *adj* kullanılır (**zu/für** için/için), kullanılabilir (**zu/für** için/için); **mehrfach ~** defalarca kullanılabilir

verwenden* **I.** *vt* (*Methode*) kullanmak (**zu/für** için/için, **bei** -de); (*Zeit, Mittel*) harcamak (**zu/für** için/için, **bei** -de) **II.** *vr* ■ **sich ~** (*geh*) aracılık etmek (**für** için, **bei** -de)

Verwendung <-en> *f* kullan(ıl)ma, kullanım; **~ finden** kullanılmak; **ich habe dafür keine ~** bunu ben kullanamam, bu benim işime yaramaz **Verwendungszweck** *m* kullanım amacı

verwerfen* *irr* **I.** *vt* ❶ (*ablehnen*) reddetmek; (*aufgeben*) vazgeçmek (-den), bırakmak ❷ JUR (*zurückweisen*) reddetmek **II.** *vr* ■ **sich ~** ❶ (*Holz, Tür*) yamulmak, eğrilmek ❷ GEO kırılmak

verwerflich *adj* **eine ~e Tat** yüz kızartıcı bir suç; **es ist ~, so etw zu tun** böyle bir şey yapmak insanlık onuruna yakışmaz

Verwerfungslinie *f* GEO kırılma çizgisi, fay hattı

verwertbar *adj* paraya çevrilebilir; (*benutzbar*) kullanılabilir, yararlanılabilir; (*Abfälle*) değerlendirilebilir, yeniden işlenebilir

verwerten* *vt* paraya çevirmek; (*benutzen*) kullanmak; (*ausnutzen*) yararlanmak (-den); (*Abfälle*) değerlendirmek

Verwertung <-en> *f* paraya çevirme; (*Benutzung*) kullanma; (*Ausnutzung*) yararlanma; (*Abfall~*) değerlendirme

verwesen* [fɛɐ'veːzən] *vi sein* çürümek, kokuşmak

Verwesung *f kein pl* çürüme, kokuşma

verwickeln* **I.** *vt* **jdn in etw ~** birini bir işe bulaştırmak [*o* karıştırmak] **II.** *vr* ■ **sich ~** dolaşmak, karışmak, birbirine girmek; (*fig*) bulaşmak, adı karışmak; **sich in Widersprüche ~** tezada düşmek

verwickelt *adj* dolaşık; (*kompliziert*) karışık; **er hatte eine ~e Hand** eli sarılıydı

V

Verwicklung <-en> *f* ❶ (*in Skandal*) adı karışma (**in** -e) ❷ (*Schwierigkeit*) karışıklık
verwiesen *pp von* **verweisen**
verwildern* [fɛɐ̯ˈvɪldɐn] *vi sein* ❶ (*Park, Garten*) bakımsız kalmak, bakımsızlıktan otlar bürümek ❷ (*Haustier*) vahşileşmek, yabanileşmek ❸ (*Sitten*) yozlaşmak
verwildert *adj* ❶ (*Garten*) bakımsız kalmış, bakımsızlıktan otlar bürümüş ❷ (*Tier*) vahşileşmiş, yabanileşmiş ❸ (*Aussehen*) bakımsız
verwirken* *vt* kaybetmek, yitirmek
verwirklichen* **I.** *vt* gerçekleştirmek **II.** *vr* ■ **sich ~** ❶ (*Wirklichkeit werden*) gerçekleşmek ❷ (*seine Fähigkeiten entfalten*) yeteneklerini serbestçe geliştirmek
Verwirklichung *f kein pl* (*das Verwirklichen*) gerçekleştirme; (*das Sichverwirklichen*) gerçekleşme
verwirren* [fɛɐ̯ˈvɪrən] **I.** *vt* ❶ (*Fäden*) iç içe geçirmek; (*Haare*) karıştırmak, darmadağın etmek ❷ (*verunsichern*) şaşırtmak, aklını karıştırmak (-in) **II.** *vr* ■ **sich ~** ❶ (*Fäden*) dolaşmak, birbirine girmek; (*Haare*) karışmak, birbirine girmek, darmadağın olmak ❷ (*Sinne*) karışmak
verwirrend *adj* şaşırtıcı
verwirrt *adj* ❶ (*Fäden*) dolaşık; (*Angelegenheit*) karışık ❷ (*Person*) şaşkın
Verwirrung <-en> *f* ❶ (*Durcheinander*) karışıklık ❷ (*Verstörtheit*) şaşkınlık
verwischen* **I.** *vt* ❶ (*Schrift*) silmek; (*beim Malen*) silikleştirmek ❷ (*beseitigen*) silmek **II.** *vr* ■ **sich ~** (*Erinnerung, Umrisse*) silinmek, silikleşmek; (*Grenzen*) silinmek
verwischt *adj* silik
verwittern* [fɛɐ̯ˈvɪtɐn] *vi sein* havanın etkisiyle aşınmak
verwitwet [fɛɐ̯ˈvɪtvət] *adj* dul
verwöhnen* [fɛɐ̯ˈvøːnən] *vt* şımartmak
verwöhnt [fɛɐ̯ˈvøːnt] *adj* ❶ (*Kind*) şımarık ❷ (*anspruchsvoll*) zor beğenir
verworfen [fɛɐ̯ˈvɔrfən] **I.** *pp von* **verwerfen** **II.** *adj* (*geh*) ahlaksız
Verworfenheit *f kein pl* (*geh*) ahlaksızlık
verworren [fɛɐ̯ˈvɔrən] *adj* (*unklar*) bulanık, karmakarışık; (*verwickelt*) dolaşık, karışık, çapraşık
verwundbar *adj* hassas
verwunden* [fɛɐ̯ˈvʊndən] *vt* yaralamak, zedelemek
verwunderlich [fɛɐ̯ˈvʊndɐlɪç] *adj* (*erstaunlich*) şaşılacak; (*sonderbar*) tuhaf; **was ist daran ~?** bunda şaşılacak ne var?
verwundern* **I.** *vt* şaşırtmak; **verwundert den Kopf schütteln** şaşkın şaşkın başını sallamak **II.** *vr* ■ **sich ~** şaşırmak (**über** -e)
Verwunderung *f kein pl* şaşırma, hayret; **zu meiner großen ~ haben sie sich getrennt** ayrılmalarına çok şaşırdım
verwundet *adj* yaralı
Verwundete(r) <-n, -n; -n> *f(m)* yaralı
Verwundung <-en> *f* yaralanma; (*Wunde*) yara
verwunschen [fɛɐ̯ˈvʊnʃən] *adj* büyülenmiş
verwünschen* *vt* beddua etmek (-e), lanet etmek (-e), lanetlemek
Verwünschung <-en> *f* beddua, lanet; **~en ausstoßen** lanet okumak
verwurzeln* *vi* (*a. fig*) köklenmek, kök salmak
verwurzelt *adj* (*a. fig*) köklenmiş (**in** -de), kök salmış (**in** -de)
verwürzen* [fɛɐ̯ˈvʏrtsən] *vt* baharatını fazla kaçırmak (-in)
verwüsten* [fɛɐ̯ˈvyːstən] *vt* ❶ (*zur Wüste machen*) çölleştirmek ❷ (*fam: vernichten*) kırıp dökmek, tahrip etmek ❸ (*fam: in große Unordnung bringen*) alan talan etmek, allak bullak etmek
Verwüstung <-en> *f* ❶ çölleştirme ❷ kırıp dökme, tahrip; **~en anrichten** tahribat yapmak ❸ alan talan etme
verzählen* *vr* ■ **sich ~** yanlış saymak
verzahnt [fɛɐ̯ˈtsaːnt] *adj* ❶ TECH iç içe geçmiş ❷ (*zusammenhängend*) bağlantılı, birbirine bağlı
Verzahnung [fɛɐ̯ˈtsaːnʊŋ] *f kein pl* sıkı bağlantı
verzaubern* *vt* büyülemek; **jdn in einen Frosch ~** birine büyü yaparak onu kurbağaya çevirmek
verzehnfachen* [fɛɐ̯ˈtseːnfaxən] **I.** *vt* ona katlamak, on katına çıkarmak **II.** *vr* ■ **sich ~** ona katlanmak, on katına çıkmak
Verzehr <-(e)s> [fɛɐ̯ˈtseːɐ̯] *m kein pl* ❶ (*das Verzehren*) yiyip içme, yeme, yenilme; **etw ist nicht zum ~ geeignet** bir şey yenilmez ❷ (*das Verzehrte*) yemek
verzehren* **I.** *vt* yiyip içmek, yemek **II.** *vr* (*geh*) ■ **sich nach etw** *dat* **~** bir şeye içi gitmek; **sich vor Sehnsucht nach etw** *dat* **~** bir şeyin özleminden içi içini yemek
verzeichnen* *vt* ❶ (*vermerken*) kaydetmek, not etmek; (*aufzeichnen*) kaydetmek; **große Erfolge ~** büyük başarı kaydetmek ❷ (*falsch zeichnen*) yanlış çizmek
Verzeichnis <-ses, -se> *nt* ❶ rehber; (*im Buch*) dizin; **ein ~ der vorhandenen Bücher** elimizdeki kitapların bir listesi ❷ INFORM dizin
verzeihen <verzeiht, verzieh, verziehen> [fɛɐ̯ˈtsaɪən] *vt* affetmek, bağışlamak; **jdm**

etw ~ birinin bir şeyini affetmek [*o* bağışlamak]; ~ **Sie!** affedersiniz!, kusura bakmayın!
verzeihlich *adj* affedilir, bağışlanabilir
Verzeihung *f kein pl* affetme, bağışlama; **jdn um ~ bitten** birinden özür dilemek
verzerren* **I.** *vt* ❶ (*Gesicht*) çarpıtmak ❷ (*Sehne*) (fazla gererek) incitmek, (zorlayarak) incitmek; (*Lautsprecher*) distorsiyon yaptırmak (-e) ❸ (*Spiegel*) çarpıtmak ❹ (*Ereignisse, Bericht*) çarpıtmak; (*entstellen*) değiştirmek, bozmak, deforme etmek; **etw verzerrt wiedergeben** bir şeyi çarpıtarak yansıtmak **II.** *vr* ■ **sich** ~ çarpılmak, bozulmak
Verzerrung <-en> *f* ❶ (*des Gesichts, der Tatsachen*) çarpıtma; (*das Verzerrtsein*) çarpıklık ❷ (*von Sehne*) (fazla gererek) incitme, (zorlayarak) incitme; (*von Ton*) distorsiyon ❸ (*im Spiegel*) çarpıklık
Verzicht <-(e)s, -e> [fɛɐ'tsɪçt] *m* vazgeçme (**auf** -den), feragat
verzichten* *vi* vazgeçmek (**auf** -den); (*auf ein Recht*) feragat etmek (**auf** -den)
verzieh [fɛɐ'tsiː] *3. imp von* **verzeihen**
verziehen[1] *pp von* **verzeihen**
verziehen*[2] *irr* **I.** *vi sein* (*umziehen*) taşınmak (**nach** -e) **II.** *vt* ❶ (*Kind*) şımartmak ❷ (*Mund*) büzmek; (*Gesicht*) asmak, buruşturmak; **die Mundwinkel leicht ~** dudaklarının kenarlarını hafifçe büzmek **III.** *vr* ■ **sich** ~ ❶ (*Holz*) esnemek; (*Tür*) çarpılmak, biçim değiştirmek; (*Stoff*) buruşmak ❷ (*Gesicht*) asmak ❸ (*Nebel, Wolken*) dağılmak; (*Gewitter*) geçmek ❹ (*fam: weggehen*) çekip gitmek; (*sich zurückziehen*) çekilmek; (*heimlich*) sıvışmak, kaçmak; **los, verzieh dich!** ha(y)di, çek arabanı!; **sie verzogen sich in eine stille Ecke** sessiz bir köşeye çekildiler
verzieren* *vt* süslemek, beze(k)mek
Verzierung <-en> *f* süsleme, bezeme, bezekleme; (*Schmuck*) süs, bezeme; (*Ornament*) bezek
verzinnen* *vt* kalaylamak
verzinsen* [fɛɐ'tsɪnzən] **I.** *vt* faizlendirmek (**mit** -le); **etw mit fünf Prozent ~** bir şeyi yüzde beşle faizlendirmek; **jdm etw ~** birine bir şeyin faizini ödemek **II.** *vr* ■ **sich** ~ faiz getirmek (**mit** -)
Verzinsung *f kein pl* faiz; (*das Verzinsen*) faizlendirme; (*das Sichverzinsen*) faiz getirme
verzocken* *vt* (*sl: beim Karten spielen*) oyunda kaybetmek
verzogen [fɛɐ'tsoːgən] **I.** *pp von* **verziehen** **II.** *adj* ❶ (*Holz, Tür*) çarpık ❷ (*Kind*) şımarık ❸ (*umgezogen*) ~ **sein** başka yere taşınmış olmak; **unbekannt ~** nereye taşındığı bilinmiyor
verzögern* **I.** *vt* (*hinausziehen*) aksatmak; (*verspäten*) geciktirmek (**um** -) **II.** *vr* ■ **sich** ~ aksamak (**um** -), gecikmek (**um** -)
Verzögerung <-en> *f* aksama (**von** -)
verzollen* [fɛɐ'tsɔlən] *vt* gümrüklemek; **haben Sie etwas zu ~?** gümrüklenecek bir şeyiniz var mı?
Verzug <-(e)s> [fɛɐ'tsuːk] *m kein pl* (*bei Lieferung*) gecikme; (*bei Zahlung*) direnim, temerrüt; **in ~ geraten** gecikmek, temerrüde düşmek; **bei Gefahr im ~e** gecikmesinde tehlike varsa, gecikmesinde zarar umulan durumlarda; **es ist Gefahr im ~** gecikmesinde tehlike var
Verzugszinsen *pl* temerrüt faizi, geçmiş günler faizi, geçmiş gün faizleri *pl*
verzweifeln* *vi sein* meyus olmak, üzgün ve umutsuz olmak; **an etw** *dat* ~ bir şeyden umudunu kesmek; **es ist zum V~!** olacak gibi değil!
verzweifelt *adj* meyus, umutsuz, çaresiz
Verzweiflung <-en> *f* yeis, umutsuzluktan doğan karamsarlık, çaresizlik; **etw aus ~ tun** bir şeyi çaresizlikten yapmak; **in seiner ~** yeis içinde, umutsuzluktan doğan karamsarlık içinde; **jdn zur ~ treiben** birini çileden çıkarmak **Verzweiflungstat** *f* yeis içinde yapılan eylem, çaresizlikten doğan eylem
verzweigen* [fɛɐ'tsvaɪgən] *vr* ■ **sich** ~ dallanmak; (*in zwei Richtungen*) çatallanmak, ikiye ayrılmak
Verzweigung <-en> *f* ❶ (*in mehrere Richtungen*) dallanma; (*in zwei Richtungen*) çatallanma, ikiye ayrılma ❷ SCHWEIZ (*Kreuzung*) kavşak
verzwickt [fɛɐ'tsvɪkt] *adj* (*fam*) çapraşık, dolambaçlı, çatallı, çatallaşmış; (*verwickelt*) dolaşık, içinden çıkılmayacak derecede karışık, arap saçı gibi; **eine ~e Angelegenheit** çapraşık [*o* çatallaşmış] bir iş, dolaşık bir iş, arap saçı gibi bir iş
Vesper[1] <-n> *f* REL ikindi duası
Vesper[2] <-s, -> ['fɛspɐ] *f o nt* SÜDD (*Nachmittagsmahlzeit*) ikindi kahvaltısı; **eine Viertelstunde ~** kahvaltı için on beş dakika ara verme
Vesuv *m* Vezüv
Veteran <-en, -en> [vete'raːn] *m* ❶ MIL gazi ❷ (*Oldtimer*) antika araba
Veterinär(in) <-s, -e; -nen> [veteri'nɛːɐ] *m(f)* veteriner
Veto <-s, -s> ['veːto] *nt* POL veto; **sein ~ gegen etw einlegen** bir şeyi veto etmek **Vetorecht** <-(e)s> *nt kein pl* veto hakkı
Vetter <-s, -n> ['fɛtɐ] *m* kuzen **Vettern-**

wirtschaft *f kein pl* (*pej*) kayırıcılık, nepotizm, akraba ve yakın arkadaşları kayırma

vgl. *Abk von* **vergleiche** karşılaştır

VHS [faʊhaː'ʔɛs] *f kein pl Abk von* **Volkshochschule** halk okulu

Viadukt <-(e)s, -e> [via'dʊkt] *m o nt* viyadük

Vibration <-en> [vibra'tsjoːn] *f* titreşim

Vibrator <-s, -en> [vi'braːtoːɐ] *m* vibratör

vibrieren* [vi'briːrən] *vi* titremek

Video <-s, -s> ['viːdeo] *nt* video, videobant; **etw auf ~ haben** bir şeyin videobandı olmak **Videoaufnahme** ['viːdeo-] *f* video çekimi **Videoaufzeichnung** ['viːdeo-] *f* video kaydı **Videoclip** *m* video klipi **Videokamera** *f* videokamera, video kamerası **Video-Karte** *f* INFORM video kartı **Videokassette** *f* videokaset **Videokonferenz** *f* telekonferans **Videorecorder** *m* videoteyp **Videospiel** *nt* video oyunu **Videotext** *m* teletekst

Videothek <-en> [video'teːk] *f* videotek

Vieh <-(e)s> [fiː] *nt kein pl* ❶ (*Rind~*) sığır; (*Klein~, Groß~*) hayvan; **zehn Stück ~** on baş hayvan ❷ (*pej fam: Tier, Mensch*) hayvan **Viehbestand** <-(e)s, -stände> *m* hayvan mevcudu **Viehfutter** *nt kein pl* hayvan yemi **Viehhandel** *m* hayvan alım satımı **Viehherde** *f* hayvan sürüsü **Viehzucht** *f kein pl* hayvancılık, hayvan yetiştirme **Viehzüchter(in)** *m(f)* hayvan yetiştiricisi

viel <mehr, am meisten> [fiːl] **I.** *adj, pron* ❶ (*eine Menge*) çok; **es gibt ~ Arbeit** çok iş var; **~ Spaß!** iyi eğlenceler!; **~ Glück!** bol şanslar!; **mit ~ Mühe** çok emek harcayarak; **~/nicht ~ von etw** *dat* **halten** bir şeyi çok tutmak/pek tutmamak; **er weiß ~** o çok şey bilir; **~e Menschen/Dinge** (bir)çok insan/şey; **~e kamen** birçokları geldi; **~e von ihnen kamen** onların birçoğu geldi; **sie gleichen sich in ~em** birçok şeyleri birbirine benzer; **seit ~en Jahren** uzun yıllardan beri, yıllar yılı; **sie ist um ~es jünger** o çok daha gençtir ❷ **so ~** bu [*o* o] kadar; **so ~ wollte ich gar nicht** o kadar istemiyordum ki; **nimm, so ~ du willst** istediğin kadar al; **das ist so ~ wie ein Geständnis** bu itiraf gibi bir şey; **das ist so ~ wie gar nichts** bu, hiçbir şey demek değildir; **noch mal so ~** bu kadar daha; **halb/doppelt so ~ Arbeit** yarısı kadar/iki misli iş ❸ **wie ~?** ne kadar?, kaç?; **wie ~ kostet das?** bu kaç para?; **wie ~ Uhr ist es?** saat kaç?; **um wie ~ größer ... ?** ... ne kadar daha büyük(tür)?; **wie ~ das wieder gekostet hat!** yine ne kadar çok para tuttu!; **wie ~e Leute waren da?** orada kaç kişi vardı? ❹ **zu ~** fazla; **eine zu ~** biri fazla; **das wäre zu ~ verlangt** bu istediğin fazla olur; **mir ist das alles zu ~** bütün bunlar benim için çok fazla; **ich krieg' zu ~** (*fam*) artık fazla oldu; **was zu ~ ist, ist zu ~** her şeyin fazlası fazladır; **sie hat einen zu ~ getrunken** (*fam*) içkiyi biraz fazla kaçırdı **II.** *adv* ❶ (*häufig*) çok, çoğu kez ❷ (*wesentlich*) **~ teurer** çok daha pahalı; **~ zu kurz** çok kısa; **~ zu ~** çok çok fazla **vielbeschäftigt** *adj s.* **beschäftigt 1.**

vieldeutig ['fiːldɔɪtɪç] *adj* çok anlamlı **Vieldeutigkeit** *f kein pl* çok anlamlılık

Vieleck <-(e)s, -e> ['fiːlʔɛk] *nt* çokgen

vielerlei ['fiːlɐ'laɪ] *adj inv* ❶ (*attributiv*) çok çeşitli, türlü türlü; **in ~ Hinsicht** birçok bakımdan [*o* yönden] ❷ (*allein stehend*) çeşitli şeyler *pl;* **~ gesehen haben** çeşitli şeyler görmüş olmak; **er hat ~ erfahren** çeşitli şeyler öğrendi

vielerorts ['fiːlɐ'ʔɔrts] *adv* çoğu yerde

vielfach ['fiːlfax] **I.** *adj* ❶ (*viele Male*) birçok defa; (*fam: häufig*) sık; (*gar nicht so selten*) hiç de ender olmayan; **auf ~en Wunsch** genel istek üzerine ❷ (*vielfältig*) çeşitli **II.** *adv* kat kat; (*fam: recht oft*) çokça, sık sık; **größer als ~ angenommen** sanıldığından [*o* tahmin edildiğinden] kat kat büyük

Vielfalt ['fiːlfalt] *f kein pl* envaiçeşit (**von/an** -in/-in), çeşitlilik (**von/an** -in/-in)

vielfältig ['fiːlfɛltɪç] *adj* çeşitli

vielfarbig *adj* çok renkli, renk renk

Vielfraß <-es, -e> ['fiːlfraːs] *m* ZOOL volverin; (*fam: Person*) obur, pisboğaz

vielgeliebt *adj s.* **lieben 1.**

Vielgötterei *f kein pl* çok tanrıcılık

vielhundertmal *adv* yüzlerce defa

vielleicht [fi'laɪçt] *adv* ❶ (*möglicherweise*) belki, belki de, olabilir ki ❷ (*etwa*) acaba; **hast du ~ meinen Schlüssel gesehen?** acaba anahtarımı gördün mü? ❸ (*ungefähr*) belki, olsa olsa; **es waren ~ 500 Leute dort** belki (de) 500 kişi vardı orada ❹ (*verstärkend*) **ich war ~ aufgeregt** öyle bir heyecanlıydım ki

vielmals ['-maːls] *adv* **ich bitte ~ um Entschuldigung** çok çok özür dilerim; **danke ~!** çok teşekkürler!

vielmehr ['--] *adv* ❶ (*richtiger, besser*) daha doğrusu, daha ziyade ❷ (*im Gegenteil*) aksine, tersine

vielsagend *adj s.* **sagen**

vielseitig *adj* ❶ (*umfassend*) çok yanlı, çok yönlü, kapsamlı; (*abwechslungsreich*) çok değişik; **~ interessiert** çok yönlü merakları olan ❷ (*Mensch*) çok yanlı, çok yönlü

vielsprachig *adj* çok dilli

vieltausendmal *adv* binlerce defa

vielversprechend *adj s.* **versprechen I.**

Vielzahl *f kein pl* çok sayı, çoğu (**an/von** -in/-in); **eine ~ von Menschen/Büchern** çok sayıda insan/kitap, insanların/kitapların çoğu, birçok insan/kitap

vielzellig *adj* çok hücreli

vier [fiːɐ] *adj inv* dört; **jdn unter ~ Augen sprechen** biriyle yalnız [*o* baş başa] konuşmak; **auf allen ~en** (*fam*) dört ayak; **alle ~e von sich dạt strecken** (*fam*) nalları dikmek; *s. a.* **acht**[1]

Vier <-en> *f* ❶ (*Zahl*) dört ❷ (*Spielkarte*) dörtlü

vierbändig ['fiːɐbɛndɪç] *adj* dört cilt

Vierbeiner <-s, -> *m* dört ayak(lı), dört ayaklı hayvan

vierbeinig *adj* dört ayaklı

vierblätt(e)rig ['fiːɐblɛt(ə)rɪç] *adj* dört yapraklı

Viereck <-(e)s, -e> ['fiːɐʔɛk] *nt* dörtgen, dörtkenar; (*Quadrat*) kare **viereckig** *adj* dört köşe(li); (*quadratisch*) kare

viereinhalb ['--'-] *adj inv* dört buçuk

Vierer <-s, -> *m* dörtlü; **er hat einen ~ im Lotto** lottoda dört tutturdu

Viererbob *m* SPORT dörtlü kızak

viererlei ['fiːrɐ'laɪ] *adj* dört çeşit, dört türlü; *s. a.* **achterlei**

vierfach ['fiːɐfax] **I.** *adj* dört (kat); **die ~e Menge** dört misli; **~ vorhanden sein** dört misli bulunmak; **~e Ausfertigung** dört nüsha **II.** *adv* dört kere; *s. a.* **achtfach**

vierhändig ['fiːɐhɛndɪç] *adj* MUS **~ spielen** dört elle çalmak

vierhundert ['-'--] *adj inv* dört yüz; *s. a.* **achthundert**

vierjährig ['-jɛːrɪç] *adj* (*vier Jahre alt*) dört yaşında; (*vier Jahre dauernd*) dört yıllık

vierkantig *adj* dört köşeli

vierköpfig *adj* dört başlı; (*Familie*) dört kişilik

Vierlinge ['fiːɐlɪŋə] *pl* dördüz

viermal *adv* dört kere, dört defa, dört kez; *s. a.* **achtmal**

viermalig *adj* dört kez; **die ~e Olympiasiegerin** dört kez olimpiyat şampiyonu [*o* birincisi]

viermotorig *adj* dört motorlu

Vierradantrieb *m* AUTO dört çeker

vierspurig ['-ʃpuːrɪç] *adj* dört şeritli

vierstellig *adj* dört haneli, dört rakamlı

Viersternehotel *nt* dört yıldızlı otel

vierstöckig *adj* dört katlı

viert ['fiːɐt] *adv* **das geht nur zu ~** bu yalnız dört kişiyle olur; **wir waren zu ~ dort** orada dört kişiydik

Viertaktmotor *m* AUTO dört zamanlı motor

viertausend ['-'--] *adj inv* dört bin; *s. a.* **achttausend**

vierte(r, s) ['fiːɐtə, -tɐ, -təs] *adj* dördüncü; *s. a.* **achte(r, s)**

vierteilig *adj* dörtlü

viertel ['fɪrtəl] *adj inv* dörtte bir; *s. a.* **achtel**

Viertel <-s, -> ['fɪrtəl] *nt* ❶ (*Maß*) dörtte bir, çeyrek; **ein ~ Wein** sıfır yirmi beşlik bir şarap ❷ (*Teil*) çeyrek; **drei ~ der Bevölkerung** nüfusun dörtte üçü; **er kam/ging um ~ nach drei** üçü çeyrek geçe geldi/gitti; **es ist ~ nach drei** üçü çeyrek geçiyor; **er kam/ging um ~ vor drei** üçe çeyrek kala geldi/gitti; **es ist ~ vor drei** üçe çeyrek var ❸ (*Stadt~*) semt, mahalle

Viertelfinale *nt* SPORT çeyrek final **Vierteljahr** ['--'-] *nt* yılın dörtte biri; (*drei Monate*) üç ay **vierteljährlich I.** *adj* üç aylık **II.** *adv* üç ayda bir **Viertelliter** ['--'--] *m o nt* dörtte bir litre

vierteln *vt* dörde bölmek

Viertelnote <-n> *f* MUS dörtlük **Viertelstunde** ['--'--] *f* çeyrek saat, on beş dakika

viertelstündig [-ʃtʏndɪç] *adj* on beş dakikalık

viertelstündlich I. *adj* on beş dakikalık **II.** *adv* (her) on beş dakikada bir

viertens ['fiːɐtəns] *adv* dördüncü olarak; (*bei Aufzählung*) dördüncüsü; *s. a.* **achtens**

Viertürer <-s, -> [-tyːrɐ] *m* AUTO dört kapılı

Vieruhrblume *f* BOT gecesefası

Vierundsechzigstel *nt* MUS altmış dörtlük

Vierung *f* ARCH transept kavuşağı

Viervierteltakt <-(e)s, -e> [-'---] *m* MUS dört dörtlük (ölçü)

vierzehn ['fɪrtseːn] *adj inv* on dört; **in ~ Tagen** ön dört günde; *s. a.* **acht**[1]

vierzehntägig [-tɛːgɪç] *adj* on dört günlük

vierzehntäglich *adj* on dört günde bir

vierzehnte(r, s) *adj* on dördüncü; *s. a.* **achte(r, s)**

Vierzeiler *m* LIT rubaî, dördül

vierzig ['fɪrtsɪç] *adj inv* kırk; *s. a.* **achtzig**

vierziger ['fɪrtsɪgɐ] *adj* **die ~ Jahre** kırklı yıllar

vierzigste(r, s) ['fɪrtsɪçstə, -tɐ, -təs] *adj* kırkıncı; *s. a.* **achtzigste(r, s)**

Vierzimmerwohnung ['-'----] *f* dört odalı daire

Vietnam <-s> [viɛt'nam] *nt* Vietnam

Vietnamese(in) <-n, -n; -nen> [viɛtna'meːzə] *m(f)* Vietnamlı

vietnamesisch *adj* Vietnam (ile ilgili),

Vietnamlı; **~e Frauen/Männer** Vietnamlı kadınlar/erkekler; **die ~e Regierung** Vietnam hükümeti

Vigil <-ien> [vi'gi:l] *f* ❶ (*Vorabend*) arife ❷ (*Nachtwache*) gece nöbeti

Vignette <-n> *f* vinyet

Vikar(in) <-s, -e; -nen> [vi'ka:ɐ] *m(f)* REL papaz vekili

Villa <Villen> ['vɪla] *f* villâ

Villenviertel *nt* villâlar semti

Viola <-len> *f* MUS viyola

violett [vio'lɛt] *adj* mor

Violett <-s> *nt kein pl* mor

Violine <-n> [vio'li:nə] *f* MUS keman

Violinist(in) <-en, -en; -nen> [violi'nɪst] *m(f)* MUS viyolonist

Violinschlüssel *m kein pl* MUS sol anahtarı

Violoncellist(in) <-en, -en; -nen> *m(f)* MUS viyolonselist, viyolonselci

Violoncello <-s, -celli *o* -s> [vjolɔn'tʃɛlo] *nt* MUS viyolonsel

VIP <-s, -s; -s> [vɪp] *m Abk von* **Very Important Person** VIP (*çok önemli kişi*)

Viper <-n> ['vi:pɐ] *f* ZOOL engerek

Viren ['vi:rən] *pl von* **Virus** **Virenprogramm** *nt* INFORM virüs programı **Virenscanprogramm** *nt* INFORM virüs tarama programı **Virensuchprogramm** *nt* INFORM virüs arama programı

Virologe(in) *m(f)* MED virolog

Virologie *m kein pl* MED viroloji

virtuell [vɪrtu'ɛl] *adj* INFORM sanal; **~e Realität** sanal gerçeklik; **~er Raum** sanal uzay

virtuos [vɪrtu'o:s] *adj* virtüoz

Virtuose(in) *m(f)* virtüoz

Virtuosität *f kein pl* virtüozluk

Virus <-, Viren> ['vi:rʊs] *m o nt a.* INFORM virüs **Virusinfektion** <-en> *f* MED virüs enfeksiyonu **Viruskrankheit** <-en> *f* virüs hastalığı

Visa ['vi:za] *pl von* **Visum**

Visage [vi'za:ʒe] *f kein pl* (*pej*) surat; **jdm die ~ polieren** birinin ağzını burnunu çarşamba pazarına çevirmek

Visagist(in) <-en, -en; -nen> [viza'ʒɪst] *m(f)* makyajcı, düzgüncü

vis-à-vis *adv,* **vis-a-vis**[RR] [viza'vi:] *adv* **~ unserem Haus** evimizin karşısında, evimizle karşı karşıya; **Herr Müller saß mir ~** Bay Müller karşımda oturuyordu

Visen ['vi:zən] *pl von* **Visum**

Visier <-s, -e> [vi'zi:ɐ] *nt* ❶ (*am Helm*) viziyer ❷ (*am Gewehr*) nişangâh, bakıncak; **jdn/etw ins ~ nehmen** bir kimseye/şeye göz dikmek [*o* koymak]; (*kritisieren*) bir kimseyi/şeyi hedef almak

Vision <-en> [vi'zjo:n] *f* vizyon

Visionär(in) *m(f)* vizyon sahibi

Visite <-n> [vi'zi:tə] *f* MED vizite; **~ machen** viziteye çıkmak

Visitenkarte *f* kartvizit

Viskose [vɪs'ko:zə] *f kein pl* CHEM viskoz

Viskosität *f kein pl* viskozite, ağdalık, akışmazlık

visuell [vizu'ɛl] *adj* görsel

Visum <-s, Visa *o* Visen> ['vi:zʊm] *nt* (*Sichtvermerk*) vize

vital [vi'ta:l] *adj* ❶ canlı, diri; **ein ~er Mensch** enerjik bir insan ❷ (*lebenswichtig*) hayatî önemi olan, ölüm dirim

vitalisieren* *vt* canlandırmak, dirileştirmek

Vitalität *f kein pl* canlılık, dirilik, enerjiklik

Vitamin <-s, -e> [vita'mi:n] *nt* vitamin; **~ B haben** (*fig fam*) torpili olmak **Vitaminmangel** <-s> *m kein pl* vitaminsizlik, vitamin eksikliği **Vitaminpräparat** *nt* vitamin preparatı **Vitamintablette** *f* vitamin hapı

Vitrine <-n> [vi'tri:nə] *f* vitrin

Vizepräsident(in) *m(f)* asbaşkan, ikinci başkan, başkan yardımcısı

Vlies <-es, -e> [fli:s] *nt* ❶ (*Schaffell*) koyun postu; (*Schafwolle*) yün ❷ (*Fasermaterial*) elyaf

V-Mann <-(e)s, -Männer *o* -Leute> ['faʊman] *m* (*Verbindungsmann*) muhbir; (*Agent*) ajan; (*Vermittler*) aracı, ara bulucu

VN [faʊ'ʔɛn] *f Abk von* **Vereinte Nationen** BM (*Birleşmiş Milletler*)

Vogel <-s, Vögel> ['fo:gəl, *pl* 'fø:gəl] *m* ❶ (*Tier*) kuş; **einen ~ haben** (*fig fam*) kafadan kontak olmak, aklından zoru olmak; **jdm einen ~ zeigen** (*fig fam*) *işaret parmağıyla kendi alnını göstererek karşısındakinin deli olduğunu ifade etmek;* **den ~ abschießen** (*fig fam*) herkesi geçmek, herkesten başarılı olmak ❷ (*fam: Mensch*) **ein komischer ~** tuhaf biri [*o* herifin teki]

Vogelart *f* ZOOL kuş türü

Vogelbauer *nt* kuş kafesi **Vogelbeerbaum** *m* BOT üvez (ağacı) **Vogelbeere** *f* BOT üvez

vogelfrei *adj* HIST **jdn für ~ erklären** birini yasa dışı ilan etmek **Vogelfutter** <-s> *nt kein pl* kuş yemi **Vogelgrippe** *f* kuş gribi **Vogelhaus** *nt* kuşhane **Vogelkäfig** *m* kuş kafesi **Vogelkirsche** *f* BOT kuş kirazı, ılgıncar **Vogelknöterich** *m* BOT çobandeğneği **Vogelleim** *m* ökse

vögeln ['fø:gəln] **I.** *vt* (*vulg*) düzmek **II.** *vi* (*vulg*) düzüşmek

Vogelnest *nt* kuş yuvası **Vogelperspektive** *f kein pl* kuş bakışı; **aus der ~** kuş bakışı (ile), genel olarak **Vogelscheuche**

<-n> *f* korkuluk **Vogelstimme** <-n> *f* kuş sesi

Vogel-Strauß-Politik [--'----] *f kein pl* (*fam*) deve kuşu politikası, deve kuşuluk

Vokabel <-n> [vo'ka:bəl] *f* kelime, sözcük

Vokabular <-s, -e> [vokabu'la:ɐ] *nt* vokabüler, söz dağarcığı, söz varlığı, kelime hazinesi

Vokal <-s, -e> [vo'ka:l] *m* LING ünlü

Volk¹ <-(e)s, Völker> [fɔlk, *pl* 'fœlkɐ] *nt* ❶ (*allgemein*) halk; (*Nation*) ulus, millet; **im Namen des ~es** JUR ulus adına ❷ ZOOL (*Bienen~*) oğul

Volk² <-(e)s> *nt kein pl* ❶ (*Bevölkerung*) halk, ahali; **ein Mann aus dem ~** halktan bir adam ❷ (*Leute*) halk, ahali, insanlar *pl;* (*Menschenmenge*) ahali, halk, kalabalık; **sich unters ~ mischen** halkın arasına karışmak **Völkerbund** <-(e)s> *m kein pl* HIST Milletler Cemiyeti **Völkerkunde** *f kein pl* budun bilimi **Völkerkundler(in)** <-s, -; -nen> *m(f)* budun bilimci **völkerkundlich** *adj* budun bilimsel **Völkermord** *m* soy kırımı **Völkerrecht** <-(e)s> *nt kein pl* devletler hukuku **Völkerverständigung** *f* uluslar arasında anlasma **Völkerwanderung** *f* ❶ kavimler göçü ❷ (*fig fam*) göç; (*Menschenstrom*) insan akını

Volksabstimmung *f* POL halk oylaması **Volksbank** <-en> *f* FIN halk bankası **Volksbefragung** *f* POL halkın oyuna sunma **Volksbegehren** <-s, -> *nt* POL referendum **Volksdichter** *m* halk ozanı **volkseigen** *adj* kamuya ait, halkın malı olan **Volkseinkommen** <-s, -> *nt kein pl* WIRTSCH millî gelir, ulusal gelir **Volksentscheid** <-(e)s, -e> *m* POL halkoyu, halk oylaması **Volksfeind** <-(e)s, -e> *m* halk düşmanı **Volksfest** <-(e)s, -e> *nt* halk şenliği **Volksfront** *f* POL halk cephesi **Volksherrschaft** *f* halk iktidarı **Volkshochschule** *f* halk okulu **Volksinitiative** *f* SCHWEIZ *s.* **Volksbegehren** **Volkskrankheit** *f* yaygın hastalık **Volkskunde** *f kein pl* halk bilimi **Volkskundler(in)** *m(f)* halk bilimci **volkskundlich** *adj* halk bilimsel

Volkslied *nt* halk türküsü **Volksmärchen** *nt* halk masalı **Volksmasse** *f* halk kitlesi **Volksmund** <-(e)s> *m kein pl* halk ağzı **Volksmusik** *f* halk müziği **volksnah** *adj* halka dönük **Volkspartei** *f* halk partisi **Volksrepublik** *f* halk cumhuriyeti; **~ China** Çin Halk Cumhuriyeti **Volksschule** <-n> *f* ilköğretim okulu **Volkssport** <-(e)s, -e> *m* halk sporu **Volkssprache** *f* halk dili **Volksstamm** <-(e)s, -stämme> *m* kavim, budun **Volkstanz** *m* halk dansı, halk oyunu **Volkstracht** *f* yöresel giysi

volkstümlich ['fɔlksty:mlɪç] *adj* halka özgü, popüler

Volksverdummung <-en> *f* (*pej fam*) halkı aptal yerine koyma **Volksverführer(in)** *m(f)* (*pej*) halk avcısı **Volksverhetzung** <-en> *f* halk yardakçılığı, halkı kışkırtma **Volksvertreter(in)** *m(f)* (*Abgeordneter*) milletvekili **Volkswille(n)** *m* millî irade **Volkswirt(in)** *m(f)* iktisatçı **Volkswirtschaft** *f* ulusal ekonomi, millî ekonomi, millî iktisat; (*~slehre*) ekonomi politik

Volkswirtschaftslehre *f kein pl* ekonomi politik

Volkszählung *f* nüfus sayımı

voll [fɔl] **I.** *adj* ❶ (*gefüllt*) dolu (**von/mit** ile); (*besetzt*) dolu; **brechend ~** tıklım tıklım dolu, tıka basa dolu; **halb ~** yarısına kadar dolu; **mit ~em Mund** ağzı (yemek) dolu; **aus ~em Hals** avazı çıktığı kadar; **ich bin ~** (**bis oben hin**) (*fam*) tıka basa doydum; **einen Teller ~ essen** bir tabak dolusu (yemek) yemek; **aus dem V~en schöpfen** hazırdan yemek; **im V~en leben** bolluk içinde yaşamak ❷ (*erfüllt*) dolu; **~(er) Freude** sevinç dolu, sevinç içinde ❸ (*fam: betrunken*) dut gibi ❹ (*rundlich*) tombul ❺ (*Stimme*) tok; **~es Haar haben** saçı gür olmak ❻ (*vollständig*) tam, tüm, bütün; **eine ~e Stunde warten** tam bir saat beklemek; **in ~er Größe** tam boy; **das ~e Ausmaß der Katastrophe** afetin tam boyutları; **in ~er Fahrt** tam gaz giderek; **die ~e Verantwortung tragen** bütün sorumluluğu taşımak; **in ~em Ernst** tam bir ciddiyetle; **~e Kanne** (*sl*) Allah ne verdiyse; **in ~er Schönheit** (*a. iron*) bütün güzelliğiyle; **der ~e Kaufpreis** satış fiyatının tamamı; **jdn nicht für ~ nehmen** birini ciddiye almamak **II.** *adv* ❶ (*vollkommen, vollständig*) tam olarak, tamamen; **~ bezahlen** tamamen ödemek; **~ und ganz** baştan başa, tamamen; **den Mund ~ nehmen** bol keseden atmak; **die Nase** (**von jdm/etw**) **~ haben** (*fam*) bir kimseden/şeyden bıkmış olmak ❷ (*mit aller Wucht*) bütün ağırlığıyla ❸ (*sl: total*) komple

vollauf ['-'-] *adv* tamamen

vollautomatisch ['---'--] *adj* tam otomatik **Vollbad** *nt* banyo, banyo küvetinde yıkanma; **ein ~ nehmen** banyo almak [*o* yapmak] **Vollbart** <-(e)s, -bärte> *m* top sakal **Vollbeschäftigung** *f kein pl* WIRTSCH tam istihdam **Vollbesitz** *m kein pl*

V

er ist im ~ seiner Kräfte tamamen sağlamdır **Vollblut** *nt* ❶ (*Vollblüter*) saf kan at, temiz kan at ❷ MED temiz kan **Vollblüter** <-s, -> *m* ZOOL saf kan at, temiz kan at

vollbracht *pp von* **vollbringen**

Vollbremsung *f* **eine ~ machen** freni köklemek

vollbringen* [-'--] *irr vt* (*geh*) başarmak, becermek

Volldampf <-(e)s> *m kein pl* (**mit**) **~ voraus** tam yol ileri; **mit ~** (*fam*) tam gazla

Völlegefühl <-(e)s> ['fœlə-] *nt kein pl* **ich habe ein ~** yediklerim mideme oturdu

vollelektronisch ['---'--] *adj* tam elektronik

vollenden* *vt* ❶ (*abschließen*) bitirmek, tamamlamak; (*Lebensalter*) doldurmak; **jdn vor vollendete Tatsachen stellen** birini oldubittiye getirmek ❷ (*vervollständigen*) tamamlamak

vollendet [fɔl'ʔɛndət] *adj* bitmiş, tamam(lanmış); **jdn vor ~e Tatsachen stellen** birini oldubittiye getirmek; **vor ~en Tatsachen stehen** oldubittiye gelmek, emrivaki ile karşılaşmak

vollends ['fɔlɛnts] *adv* tamamen, hepten

Vollendung[1] <-en> *f* (*Beendung*) tamamlama; **mit/nach ~ des 18. Lebensjahres** 18 yaşını tamamlamasıyla [*o* doldurmasıyla]/tamamladıktan sonra

Vollendung[2] *f kein pl* (*Vollkommenheit*) mükemmellik

voller ['fɔlɐ] *adj inv* ❶ (*gefüllt*) dolu (-le); (*bedeckt*) kaplı (-le) ❷ (*erfüllt*) dolu (-le)

Völlerei [fœlə'raɪ] *f kein pl* (*pej*) oburluk, doymazlık

Volleyball[1] <-(e)s> ['vɔlibal] *m kein pl* SPORT voleybol

Volleyball[2] <-(e)s, -bälle> *m* (*Ball*) voleybol topu

voll|fressen *irr vr* ■ **sich ~** (*Tier*) karnını doyurmak; (*fam: Person*) tıka basa yemek

vollführen* *vt* göstermek; (*verwirklichen*) yapmak

Vollgas <-es> *nt kein pl* **mit ~ fahren** tam gaz gitmek; **~ geben** tam gaz vermek **vollgepfropft** ['-gəpfrɔpft] *adj s.* **pfropfen 2.** **voll|gießen** *irr vt* doldurmak **Vollgummireifen** *m* dolma lastik **Vollidiot(in)** *m(f)* (*pej fam*) tam budala, şapşal, salak

völlig ['fœlɪç] **I.** *adj* tam; **das ist mein ~er Ernst** çok ciddiyim, ciddi söylüyorum **II.** *adv* tamamen, tamamıyla; **er hat ~ Recht** o tamamen haklı

volljährig ['-jɛːrɪç] *adj* JUR ergin, reşit

Volljährigkeit *f kein pl* erginlik, rüşt **Vollkaskoversicherung** *f* tam kasko sigorta

vollklimatisiert ['----'-] *adj* tam klimalı

vollkommen [-'--] *adj* ❶ (*unübertrefflich*) mükemmel, kusursuz; (*vollständig*) tam, eksiksiz ❷ (*völlig*) tamamen, tamamıyla; **ich bin ~ deiner Meinung** seninle tamamen aynı düşüncedeyim

Vollkornbrot *nt* kepekli ekmek

voll|machen *vt* **etw ~** (*fam: füllen*) bir şeyi doldurmak; (*vervollständigen*) bir şeyi tamamlamak; (*fam: beschmutzen*) bir şeyin içine yapmak; **sich** *dat* **vor Angst die Hosen ~** (*fam*) korkuden donuna yapmak

Vollmacht <-en> *f* yetki; (*Auftrag*) vekâlet; (*schriftlich*) vekâletname; **jdm eine ~ erteilen** birine yetki vermek; **jdm eine ~ ausstellen** birine vekâletname düzenlemek; **Geschäftsführung ohne ~** JUR vekâletsiz iş görme; **in ~** vekâleten

Vollmilch *f* yağı alınmamış süt **Vollmilchschokolade** *f* sütlü çikolata **Vollmitglied** *nt* JUR tam üye **Vollmitgliedschaft** *f* tam üyelik **Vollmond** <-(e)s, -e> *m* dolunay, ayın on dördü; **bei ~** dolunayda **Vollnarkose** *f* MED tam narkoz

Vollpension *f kein pl* tam pansiyon

voll|pumpen **I.** *vt* **etw mit Wasser/Luft ~** bir şeyi su/hava ile doldurmak **II.** *vr* ■ **sich ~** (*fam*) kafayı çekmek **voll|saugen** *vr* ■ **sich ~: der Schwamm hat sich mit Milch vollgesaugt** sünger bütün sütü çekti

vollschlank *adj* topluca, balık etinde, biçimli tombul

vollständig *adj* ❶ (*komplett*) komple, tam, eksiksiz ❷ (*gänzlich*) tam, bütün

Vollständigkeit *f kein pl* tamlık, tam olma, eksiksizlik; **der ~ halber** tam olsun diye, eksik olmasın diye

voll|stopfen *vt* **etw ~** bir şeyi tıka basa doldurmak

vollstrecken* *vt* ❶ JUR icra etmek, infaz etmek; (*Todesurteil*) infaz etmek ❷ SPORT **er vollstreckte blitzschnell** şimşek gibi gol attı

Vollstreckung <-en> [-'--] *f* JUR infaz; (*Zwangs~*) icra **Vollstreckungsbefehl** *m* JUR icra emri, icra müzekkeresi **Vollstreckungsbehörde** *f* JUR icra dairesi **Vollstreckungshemmung** *f* JUR tehiriicra, yürütmenin durdurulması

voll|tanken *vi, vt* ful doldurmak

volltönend *adj* gür, gümrah

Volltreffer *m* tam isabet **Vollversammlung** *f* genel kurul (toplantısı) **Vollwaise** *f* öksüz ve yetim **Vollwaschmittel** *nt* çamaşır deterjanı

vollwertig *adj* **~er Ersatz** tam tazminat
Vollwertkost *f kein pl* tam gıda
vollzählig ['fɔltsɛːlɪç] *adj* **wir sind ~** tamamız
Vollzähligkeit *f kein pl* tam sayı, adetimürettep
vollziehen* *irr* **I.** *vt* ❶ (*ausführen*) icra etmek, yapmak; **~de Gewalt** yürütme gücü [*o* erki] ❷ JUR infaz etmek **II.** *vr* ■ **sich ~** olmak
vollzogen *pp von* **vollziehen**
Vollzug <-(e)s> [-'-] *m kein pl* ❶ (*das Vollziehen*) icra; JUR infaz ❷ (*Straf~*) infaz
Vollzugsanstalt *f* infaz kurumu, tutukevi **Vollzugsbeamte(r)** <-n, -n; -n> *f(m)*, **-beamtin** <-nen> *f* infaz memuru
Vollzugsmeldung *f* tekmil haberi
Volontär(in) <-s, -e; -nen> [volɔn'tɛːɐ] *m(f)* (gönüllü) stajyer
Volontariat <-(e)s, -e> [volɔntari'aːt] *nt* (gönüllü) stajyerlik
Volt <- *o* -(e)s, -> [vɔlt] *nt* PHYS, ELEK volt
Volumen <-s, -> [vo'luːmən] *nt* (*Ausdehnung, Umfang*) hacim **Volumeneinheit** *f* PHYS hacim ölçü birimi
voluminös [volumi'nøːs] *adj* hacimli
vom [fɔm] = **von dem** *s.* **von**
von [fɔn] *präp* ❶ (*allgemein, räumlich*) -den; **~ Münster nach Leipzig** Münster'den Leipzig'e; **~ oben nach unten** yukarıdan aşağıya; **~ weit her** uzaktan; **~ jeher** (*schon immer*) oldum olası; **~ hier aus** buradan; **die Königin ~ England** İngiltere kraliçesi; **ein Gedicht ~ Goethe** Goethe'nin bir şiiri; **das Kind ist ~ ihm** çocuk ondan; **das war ein Fehler ~ dir** bu senin hatandı; **~ allein** kendiliğinden; **ein Freund ~ mir** benim bir dostum [*o* arkadaşım]; **einer ~ euch** sizden biri; **Tausende ~ Menschen** binlerce insan; **im Alter ~ 40 Jahren** 40 yaşında; **ein Betrag ~ 200 Euro** 200 euroluk bir meblağ; **er ist Linguist ~ Beruf** meslekten dil bilimcisidir; **~ Seiten** tarafından; **~ Amts wegen** resen; **~ Berufs wegen** meslekten dolayı; **~ Gesetzes/Rechts wegen** kanunen/hukuken; **~ wegen!** (*fam*) asla!, katiyen!, haşa! ❷ (*zeitlich*) **~ nun an** bundan [*o* şimdiden] sonra; **~ diesem Tag an** bu günden itibaren; **~ vorn anfangen** baştan başlamak; **~ morgens bis abends** sabahtan akşama kadar; **~ Zeit zu Zeit** zaman zaman ❸ (*beim Passiv*) tarafından; **der Kurs wird ~ Johannes geleitet** kurs Johannes tarafından yönetilir
voneinander [--'--] *adv* birbirinden
vonseitenRR [fɔn'zaɪtən] *präp +gen* tarafından; **~ der Regierung** hükümet tarafından
vonstatten|gehenRR [fɔn'ʃtatən-] *irr vi sein* olmak
vor [foːɐ] **I.** *präp* ❶ (*räumlich*) önünde (-in); **sie ging ~ ihm her** önünden yürüdü; **zehn Kilometer ~ Münster** Münster'in on kilometre önünde ❷ (*zeitlich*) önce, evvel; (*bei Uhrzeit*) ileri; (*zukünftig*) ileri; **sie wird ~ fünf Uhr nicht zurück sein** saat beşten önce dönmüş olmayacak; **es ist fünf (Minuten) ~ drei** üçe beş (dakika) var; **~ kurzem** geçenlerde; **~ Jahren** yıllar önce; **~ ein paar Tagen** birkaç gün önce; **~ Christi Geburt** İsa'nın doğumundan önce; **~ unserer Zeit** evvel zaman içinde; **ich bin ~ Ihnen dran** ben sizden önceyim ❸ (*über*) önce; **Vorrang ~ anderen Dingen haben** başka şeylerden önce gelmek; **~ allem** her şeyden önce ❹ (*gegen, gegenüber*) -den; **Angst ~ jdm haben** birinden korkmak; **Schutz ~ etw** *dat* **suchen** bir şeyin altına sığınmak ❺ (*bedingt durch*) -den; **~ Kälte/Freude** soğuktan/sevinçten; **~ lauter Arbeit** işin çokluğundan **II.** *präp* (*Richtung*) **etw ~ das Haus stellen** bir şeyin evin önüne koymak; **~ eine Mauer prallen** bir duvara çarpmak; **~ sich hin pfeifen** önüne baka baka ıslık çalmak **III.** *adv* ileri; **~ und zurück** ileri ve geri; **zwei Schritte ~!** iki adım ileri!; **Freiwillige ~!** gönüllüler ileri!
vorab [foːɐ'ʔap] *adv* (*zuerst*) ilkin, ilk önce; (*im Voraus*) önceden, peşinen
Vorabend <-s, -e> *m* arife; **am ~ der Uraufführung** galanın arifesinde **Vorahnung** <-en> *f* ön sezi
voran [fo'ran] *adv* ❶ (*vorn*) önde(n), başta; **~ der Vater, die Kinder hinterher** önde(n) baba, arkasından çocuklar; **mit dem Kopf ~** başı önde ❷ (*vorwärts*) ileri; **immer langsam ~!** yavaş yavaş ilerleyin! **voran|bringen** *irr vt* ilerletmek
voran|gehen *irr vi sein* ❶ (*vorne gehen*) önden gitmek ❷ (*zeitlich*) ileri gitmek ❸ (*Fortschritte machen*) ilerlemek, ilerleme kaydetmek **voran|kommen** *irr vi sein* ❶ (*räumlich*) ilerlemek ❷ (*Fortschritte machen*) ilerleme kaydetmek (**mit** -le); (*beruflich*) ilerlemek
Voranmeldung <-en> ['foːɐʔan-] *f* (*Termin*) rezervasyon; (*Mitteilung*) bildirme **Voranschlag** <-(e)s, -schläge> ['foːɐʔan-] *m* WIRTSCH (*Kosten~*) (maliyet) tahmin(i)
voran|treiben *irr vt* çabuklaştırmak, hızlandırmak
Vorarbeit *f* ön çalışma

Vorarbeiter(in) <-s, -; -nen> *m(f)* ırgatbaşı **voraus** [fo'raʊs] *adv* (*vorne*) önde; (*an der Spitze*) başta; (**mit**) **Volldampf ~** tam yol ileri; **er war uns schon weit ~** bizden çok öndeydi [*o* ilerdeydi]; **im V~** önceden, peşinen, peşin olarak; **besten Dank im ~!** şimdiden çok teşekkürler! **voraus|gehen** *irr vi sein* ❶ (*vorne gehen*) önden gitmek; (*früher gehen*) önceden gitmek; **sie ist schon vorausgegangen** o önceden gitti bile; **sie ist ihrem Mann im Tod vorausgegangen** o, kocasından önce öldü ❷ (*früher geschehen*) önce olmak; **dem Streit war ein Vorfall vorausgegangen** kavgadan önce bir olay olmuştu **vorausgesetzt** [fo'raʊsgəzɛtst] *adj* **~, dass ...** şu şartla ki; (*angenommen*) diyelim ki **voraus|haben** *irr vt* **jdm etw ~** birinden bir şeyi üstün olmak, birine kıyasla bir şeyde avantajlı [*o* üstün] olmak; **sie hat mir viel an Erfahrung voraus** benden çok deneyimlidir **Vorauskasse** *f kein pl* WIRTSCH peşin para, peşin ödeme **Voraussage** <-n> *f* tahmin; **eine ~ machen** tahminde bulunmak **voraus|sagen** *vt* tahmin etmek
vorausschauend [-'---] *adj* öngörülü
voraus|schicken *vt* ❶ (*Paket*) önceden göndermek ❷ (*Bemerkung*) önceden söylemek; **etwas ~** bir şeyi önceden söylemek **voraus|sehen** *irr vt* önceden kestirmek [*o* tahmin etmek]; **das war ja vorauszusehen** bunun böyle olacağı önceden belliydi **voraus|setzen** *vt* (*annehmen*) farz etmek, var saymak; (*verlangen*) istemek, şart koşmak; **diese Tat setzt großen Mut voraus** bu eylem büyük cesaret ister; **das setze ich als bekannt voraus** bunun bilindiğini sanıyorum; **vorausgesetzt, dass ...** diyelim ki ... **Voraussetzung** <-en> *f* ❶ (*Annahme*) var sayma; (*Hypothese*) varsayım ❷ (*Vorbedingung*) (ön) koşul, (ön) şart; **unter der ~, dass etw geschieht** bir şeyin olması şartıyla ❸ (*Anforderung*) şart, koşul; **die ~en erfüllen** şartları yerine getirmek **Voraussicht** [-'--] *f kein pl* öngörü; (*Vermutung*) sanı; (*Wahrscheinlichkeit*) olasılık, ihtimal; **aller ~ nach** büyük bir olasılıkla, muhtemelen **voraussichtlich** **I.** *adj* olası, beklenen, beklenir, muhtemel **II.** *adv* muhtemelen **voraus|zahlen** *vt* peşin ödemek
Vorbau <-(e)s, -ten> *m* ❶ ARCH çıkıntı, cumba ❷ (*sl: Busen*) göğüsler
Vorbedacht ['-bədaxt] *m kein pl* tasarlama; JUR taammüt; **etw mit ~ tun** bir şeyi tasarlayarak yapmak
Vorbedingung *f* ön koşul, ön şart
Vorbehalt <-(e)s, -e> ['-bəhalt] *m* çekince, ihtiyat kaydı, kaydıihtiyat, ihtiraz (kaydı); **einen ~ gegen etw haben** bir şeye çekincesi olmak; **unter dem ~, dass ...** ... saklı kalarak, ... kaydıihtiyatıyla; **ohne/unter ~** kaydıihtiyatsız/kaydıihtiyatla, ihtiyat kaydı olmadan/ile, saklı kalmadan/kalmak üzere, çekince(si) olduğunu/olmadığını belirterek
vor|behalten* *irr vt* **sich** *dat* **etw ~** bir şeyi saklı tutmak; **Änderungen ~** değişiklikler saklıdır; **jdm ~ sein** birine nasip olmak; **alle Rechte ~** her hakkı saklıdır [*o* mahfuzdur]
vorbehaltlich **I.** *präp* **~ der Genehmigung** izin verilmesi şartıyla **II.** *adj* **eine ~e Genehmigung** şarta bağlı izin
vorbehaltlos *adj* kayıtsız, bir şarta bağlı olmayan; (*ohne jede Einschränkung*) kayıtsız şartsız
vorbei [foːɐ'baɪ, fɔr'baɪ] *adv* ❶ (*räumlich*) önünden (**an** -in); (*entlang*) yanından (**an** -in); **~ können** önünden [*o* yanından] geçebilmek; **sie möchte hier ~** buradan geçmek istiyor ❷ (*zeitlich*) geçti; (*zu Ende*) bitti; **es ist drei Uhr ~** saat üçü geçti; **aus und ~** geçti [*o* oldu], bitti **vorbei|fahren** *irr vi sein* ❶ (*entlangfahren*) (arabayla) yanından geçmek (**an** -in) ❷ (*nicht anhalten*) önünden geçmek, durmamak; **im V~** önünden [*o* yanından] geçerken ❸ (*fam: aufsuchen*) uğramak (**bei** -e) **vorbei|führen** *vi* yanından geçmek (**an** -in); **der Weg führt durch den Wald vorbei** yol ormanın içinden geçer; **der Weg führt an einem See vorbei** yol gölün yanından geçer; **daran führt kein Weg vorbei** bundan kaçış yok **vorbei|gehen** *irr vi sein* ❶ (*entlanggehen*) geçmek (**an** -den), yanından geçmek (**an** -in); **im V~** geçerken; **bei jdm ~** (*fam*) birine uğramak ❷ (*Schuss*) ıska geçmek ❸ (*vergehen*) geçmek **vorbei|kommen** *irr vi sein* ❶ (*entlangkommen*) yanından geçmek (**an** -in) ❷ (*an Hindernis*) geçmek (**an** -den) ❸ (*fam: besuchen*) bir uğramak (**bei** -e), gelmek (**bei** -e) **vorbei|lassen** *irr vt* (*fam*) yol vermek (-e), geçmesine izin vermek (-in) **vorbei|reden** *vi* **an etw** *dat* **~** konuyla ilgisiz şeyler konuşmak, sözü döndürüp dolaştırmak, sadede gelmemek; **aneinander ~** birbirinin dediğini anlamadan konuşmak
vorbelastet *adj* (*durch Strafe*) sabıkalı, sicilli; **erblich ~ sein** kalıtım yoluyla geçmiş olumsuz bir özellik taşımak, soydan kalma olumsuz bir özellik taşımak

V

Vorbemerkung <-en> *f* ön açıklama, açıklayıcı söz
vor|bereiten* **I.** *vt* hazırlamak; **darauf war ich nicht vorbereitet** buna hazırlanmamıştım **II.** *vr* ■**sich** ~ hazırlanmak (**auf** -e)
Vorbereitung <-en> *f* (*Tätigkeit*) hazırla(n)ma; (*Maßnahme*) hazırlık, tertibat; **~en für etw treffen** bir şey için tertibat almak, bir şey için hazırlık yapmak, bir şey için tedarikte bulunmak
Vorbesprechung <-en> *f* ön görüşme
vor|bestellen* *vt* önceden sipariş etmek; (*Zimmer, Theaterkarten*) ayırtmak **Vorbestellung** <-en> *f* ön sipariş, rezervasyon
Vorbestimmung <-en> *f* REL öncel belirleme
vorbestraft *adj* sabıkalı
vor|beugen **I.** *vi a.* MED önlem almak, önüne geçmek (-in) **II.** *vt* önlemek **III.** *vr* ■**sich** ~ öne doğru eğilmek
vorbeugend *adj* önleyici, koruyucu; MED profilâktik, koruyucu
Vorbeugung *f kein pl* önleme (**gegen** -i), önlenme (**gegen** -in), korunma (**gegen** -den); MED profilâksi; **zur ~ gegen etw** bir şeyi önlemek için, bir şeyin önlenmesi için, bir şeyden korunmak için
Vorbild <-(e)s, -er> *nt* (*Beispiel*) örnek; (*Muster*) model; **sich** *dat* **jdn zum ~ nehmen** birini kendine örnek almak; **als ~ dienen** örnek olmak
vorbildlich *adj* (*beispielhaft*) örnek; (*musterhaft*) model, örnek; ■**sich ~ benehmen** mükemmel davranmak; **ein ~er Schüler** örnek bir öğrenci
Vorbildung *f kein pl* (*schulisch*) eğitim durumu
Vorbote <-n, -n> *m* öncü; (*fig: Vorzeichen*) haberci, ön belirti
vor|bringen *irr vt* ❶ (*sagen*) söylemek; (*zur Sprache bringen*) dile getirmek, dermeyan etmek; (*Gründe*) ileri sürmek; (*Beweise*) irat etmek; **was hast du zu deiner Entschuldigung vorzubringen?** ne mazeretin var? ❷ (*fam: nach vorn bringen*) öne getirmek [*o* götürmek]
Vorbühne *f* THEAT ön sahne
vorchristlich *adj* İsa'dan önceki
Vordach <-(e)s, -dächer> *nt* ARCH saçak
vor|datieren* *vt* ileri bir tarih atmak (-e)
Vordenker(in) <-s, -; -nen> *m(f)* ileri görüşlü (kimse)
Vorderachse ['fɔrdɐ-] *f* ön aks, ön dingil **Vorderansicht** *f* önden görünüş **Vorderasien** ['--'--] *nt* Ön Asya **Vorderbein** *nt* ön ayak **Vorderdeck** *nt* ön güverte
vordere(r, s) ['fɔrdərə, -rɐ, -rəs] *adj* ileri, önde bulunan
Vorderfront *f* ön cephe
Vordergaumen *m* ANAT, MED, LING ön damak **Vordergaumenlaut** *m* LING ön damak ünsüzü
Vordergrund <-(e)s, -gründe> *m* ön plan; **im ~ stehen** ön planda olmak; **in den ~ rücken/treten** ön plana geçmek/çıkmak
vordergründig ['fɔrdɐgrʏndɪç] *adj* (*oberflächlich*) yüzeysel
Vorderlader *m* ağızdan dolma
Vordermann *m* **mein ~** benim önümdeki (adam); **jdn/etw auf ~ bringen** (*fam*) bir kimseye/şeye çeki düzen vermek
Vorderrad *nt* ön teker, ön tekerlek **Vorderradantrieb** *m* önden çekiş **Vorderseite** *f* ön taraf **Vordersitz** *m* ön koltuk
vorderste(r, s) ['fɔrdɐstə, -tɐ, -təs] *adj superl von* **vordere(r, s)** en öndeki
Vorderteil <-(e)s, -e> *nt* ön kısım **Vordertür** *f* ön kapı **Vorderzahn** *m* ön diş **Vorderzimmer** *nt* öne bakan oda
vor|drängeln *vr* ■**sich ~** (*fam*) öne geçmeye çalışmak, ite kaka ilerlemek
vor|dringen *irr vi sein* ❶ (*sich ausbreiten*) yayılmak ❷ (*eindringen*) girmek (**in** -e); (**bis**) **zu jdm ~** birine (kadar) çıkmak; **es gelang ihm, bis zum Minister vorzudringen** bakanın karşısına çıkmayı becerdi
Vordruck <-(e)s, -e> *m* form, basılı kâğıt
vorehelich *adj* evlilik öncesi **voreilig** *adj* aceleci; (*unüberlegt*) düşüncesiz; **nicht so ~!** o kadar acele etme!
voreinander [foːɐʔaɪ'nandɐ] *adv* birbirinden
voreingenommen *adj* ön yargılı
vor|enthalten* *irr vt* alıkoymak; **jdm etw ~** (*Information*) birinden bir şeyi gizli tutmak; (*Rechte*) mahrum etmek (-den)
Vorentscheidung <-en> *f* ön karar
vorerst ['foːɐʔeːɐst, -'-] *adv* şimdilik
Vorfahr(in) <-en, -en; -nen> ['foːɐfaːɐ] *m(f)* ata, cet
vor|fahren *irr sein* **I.** *vi* ❶ (*ankommen*) gelmek (**mit/in** ile); **vor etw** *dat* **~** bir şeyin önüne gelmek; **mit dem Taxi ~** taksi ile gelmek ❷ (*vorne fahren*) önde gitmek; (*vorausfahren*) önden gitmek ❸ (*nach vorne fahren*) öne geçmek **II.** *vt* (*vorrücken*) öne almak, ileri çekmek
Vorfahrt *f kein pl* ilk geçiş; (*~srecht*) ilk geçiş hakkı; (*von Feuerwehr, Rettungsdienst*) geçiş üstünlüğü; **die ~ beachten** ilk geçiş hakkına dikkat etmek; **~ haben** ilk geçiş hakkı olmak **Vorfahrt(s)straße** *f* (*im Ort*) ana cadde; (*auf Landstraße*) ana yol

V

Vorfall <-(e)s, -fälle> *m* ❶ (*Ereignis*) olay ❷ MED (*Gebärmutter~*) prolaps
vor|fallen *irr vi sein* ❶ (*geschehen*) olmak ❷ (*nach vorne fallen*) öne doğru düşmek
Vorfeld <-(e)s, -er> *nt* (*fig*) **im ~ von etw** (*fig*) bir şeyin ön aşamasında
Vorfertigung *f* prefabrikasyon
vor|finden *irr vt* bulmak; (*antreffen*) rastlamak (-e), rast gelmek (-e)
Vorfreude *f kein pl* dört gözle bekleme
vor|fühlen *vi* (*fam*) **bei jdm ~** birinin nabzını yoklamak **vor|führen** *vt* ❶ (*Person*) (zorla) götürmek [*o* getirmek]; **dem Richter ~** hâkim [*o* yargıç] önüne çıkarmak ❷ (*zeigen*) göstermek; (*Mode*) sergilemek; (*Gerät*) tanıtmak, nasıl kullanıldığını göstermek (-in) ❸ FILM, THEAT (*Kunststück*) göstermek ❹ (*fam: bloßstellen*) rezil etmek
Vorführraum *m* FILM makine odası
Vorführung <-en> *f* ❶ (*Vorstellung*) tanıtma, sunma, takdim ❷ (*von Mode*) sergi; (*von Gerät*) tanıtım ❸ (*von Film*) gösterim; (*von Kunststück*) gösteri
Vorgabe <-n> *f* ❶ SPORT avans ❷ (*Richtlinie*) direktif
Vorgang <-(e)s, -gänge> *m* ❶ (*Ereignis*) olay; (*Ablauf*) *a.* CHEM, TECH süreç ❷ ADMIN (*Akten*) işlem
Vorgänger(in) <-s, -; -nen> ['-gɛŋɐ] *m(f)* selef, öncel
Vorgarten *m* ön bahçe
vor|gaukeln ['-gaʊkəln] *vt* **jdm etw ~** birine palavra sıkmak, birine martaval okumak **vor|geben** *irr vt* ❶ (*behaupten*) iddia etmek, ileri sürmek; **sie gab vor, müde zu sein** yorgun olduğunu iddia etti ❷ (*fam: nach vorn geben*) öne vermek, ön tarafa vermek ❸ (*festsetzen*) belirlemek ❹ SPORT avans vermek
Vorgebirge <-s, -> *nt* GEO burun; (*Ausläufer*) dağlık burun
vorgefasstRR ['-gəfast] *adj*, **vorgefaßt**ALT *adj* ön yargılı, peşin; **~e Meinungen** peşin fikirler **vorgefertigt** ['-gəfɛrtɪçt] *adj* prefabrike
vor|gehen *irr vi sein* ❶ (*nach vorne gehen*) öne gitmek; (*vorrücken*) ilerlemek; (*vorne gehen*) önde gitmek ❷ (*vorausgehen*) önden gitmek ❸ (*Uhr*) ileri olmak ❹ (*handeln*) davranmak, harekete geçmek; (*verfahren*) hareket etmek, yol izlemek; **gegen etw ~** bir şeye karşı harekete geçmek; **gegen jdn gerichtlich ~** birine dava açmak, birini mahkemeye vermek ❺ (*geschehen*) olmak; **was geht (nur) in dir vor?** sana ne oluyor (ki)? ❻ (*Vorrang haben*) önce gelmek
Vorgehensweise *f* davranış biçimi, hareket tarzı
vorgelagert *adj* önündeki (-in); **die der Küste ~en Inseln** kıyının önündeki adalar
Vorgeschichte *f* ❶ evveliyat ❷ *kein pl* (*Urgeschichte*) tarih öncesi; (*Prähistorie*) prehistorya
Vorgeschmack <-(e)s> *m kein pl* (*fig*) **einen ~ von etw bekommen** bir şeyi önceden tatmak; **das war nur ein kleiner ~** bu doyumluk değil tadımlıktı
vorgeschritten *adj* ilerlemiş; **im ~en Alter** ilerlemiş yaşta
Vorgesetzte(r) <-n, -n; -n> *f(m)* amir, üst
Vorgespräch <-(e)s, -e> *nt* ön görüşme
vorgestern *adv* evvelki gün; **~ Abend/Morgen** evvelki akşam/sabah
vor|greifen *irr vi* **jdm ~** birinden önce davranmak; **einer Entscheidung ~** karar verilmesini beklememek
vor|haben *irr vt* ❶ (*beabsichtigen*) niyeti olmak (**zu** -e) ❷ (*geplant haben*) planı olmak; **hast du heute Abend schon etwas vor?** bu akşam bir planın var mı?
Vorhaben <-s, -> *nt* ❶ (*Absicht*) niyet ❷ (*Plan*) plan; (*Bau~*) proje
Vorhalle <-n> *f* ❶ (*außen*) avlu, revak, sundurma ❷ (*innen*) hol
vor|halten *irr* **I.** *vt* ❶ (*davorhalten*) önünde tutmak ❷ (*fig*) ihtar etmek, hatırlatmak, uyarmak, dikkatini çekmek (-in, -e); **jdm etw ~** birinin bir şeye dikkatini çekmek **II.** *vi* (*fam*) sürmek, devam etmek
Vorhaltung <-en> *f* uyarma, uyarı, ihtar; **jdm (wegen etw** *gen/dat*) **~en machen** birini (bir şeyden dolayı) uyarmak [*o* ihtar etmek]
Vorhand *f kein pl* ❶ SPORT forhent ❷ (*vom Pferd*) ön
vorhanden [foːɐ'handən] *adj* (*existierend*) mevcut, var olan, bulunan; (*verfügbar*) eldeki, elde olan [*o* bulunan], hazırdaki **Vorhandensein** <-s> [-'---] *nt kein pl* mevcudiyet, var olma, varlık; (*Verfügbarkeit*) hazır bulunma
Vorhang <-(e)s, -hänge> *m* ❶ (*an Fenster*) perde; **Eiserner ~** HIST, POL Demir Perde ❷ THEAT perde
VorhängeschlossRR *nt* asma kilit
Vorhaut <-häute> *f* ANAT sünnet derisi
vorher [foːɐ'heːɐ, '--] *adv* önceden; (*im Voraus*) peşin; **kurz ~** az önce; **am Tag ~** önceki gün **vorher|bestimmen*** [foːɐ'heːɐ-] *vt* önceden belirlemek **vorhergehend** *adj* ondan önceki; **das V~e** (*oben Gesagte*) yukarıda adı geçen, yukarıda sözü edilen
vorherige(r, s) *adj* önceki, evvelki; **nach ~r Vereinbarung** randevu aldıktan

sonra

Vorherrschaft *f kein pl* egemenlik, hâkimiyet; (*Hegemonie*) hegemonya

vor|herrschen *vi* egemenliğini sürdürmek, hâkim olmak; **die ~de Meinung** hâkim olan düşünce

Vorhersage <-n> *f* ❶ ön deyi; (*Prädiktion*) prediksiyon ❷ tahmin, kestirme; (*Wetter~*) tahmin **vorher|sagen** [-'---] *vt* kestirmek; (*Wetter*) tahmin etmek **vorher|sehen** [-'---] *irr vt* önceden görmek

vorhin [foːɐ'hɪn, '--] *adv* demin

Vorhof <-(e)s, -höfe> *m* ❶ ANAT kulakçık ❷ (*Vestibulum*) avlu

Vorhut <-en> ['foːɐhuːt] *f* MIL öncü, pişdar

vorige(r, s) ['foːrɪgə, -gɐ, -gəs] *adj* (bir) önceki; (*vergangen*) geçen; **~ Woche** önceki hafta; **das ~ Mal** geçen sefer

Vorjahr <-(e)s, -e> *nt* geçen yıl; **im ~** geçen yıl, bir yıl önce

Vorkämpfer(in) <-s, -; -nen> *m(f)* öncü

Vorkaufsrecht <-(e)s, -e> *nt* JUR ön alım hakkı

Vorkehrung <-en> ['foːɐkeːrʊŋ] *f* önlem; **~en treffen** önlemler almak

Vorkenntnisse *pl* ön bilgi *sing*

vor|knöpfen *vr* (*fam*) **sich** *dat* **jdn ~** birine haddini bildirmek; (*zur Rechenschaft ziehen*) birinden hesap sormak

vor|kommen *irr vi sein* ❶ (*nach vorne kommen*) öne gelmek ❷ (*sich ereignen*) olmak, vukua gelmek; **das kommt schon mal vor** bu bazen olur böyle; **das wird nicht wieder ~** bu bir daha olmaz ❸ (*vorhanden sein*) bulunmak, var olmak, mevcut olmak; **oft ~** sık sık bulunmak ❹ (*erscheinen*) çıkmak; (*in Liste*) yazılı olmak (**in** -de); **hinter etw** *dat* **~** bir şeyin altından çıkmak ❺ (*scheinen*) **das kommt mir seltsam vor** bu bana tuhaf geliyor; **sie kommt mir bekannt vor** o bana yabancı gelmiyor, onu gözüm ısırıyor; **du kommst dir wohl sehr schlau vor?** sen kendini çok kurnaz sanıyorsun galiba!; **es kam mir so vor, als ob ...** bana öyle geldi ki, sanki ...

Vorkommen[1] <-s> *nt kein pl* (*Vorhandensein*) mevcudiyet, var olma, bulunma

Vorkommen[2] <-s, -> *nt* (*von Rohstoffen*) rezerv, varlık, kaynaklar *pl*

Vorkommnis <-ses, -se> *nt* olay, vukuat; **keine besonderen ~se** vukuat yok

Vorkriegszeit *f* savaş öncesi dönemi

vor|laden *irr vt* çağırmak, davet etmek

Vorladung <-en> *f* celp, çağrı

Vorlage[1] *f kein pl* (*das Vorlegen*) sunma, arz, gösterme, ibraz; **gegen ~ einer Bescheinigung** bir belgenin gösterilmesi karşılığı

Vorlage[2] <-n> *f* ❶ (*Gesetzes~*) öneri; (*Entwurf*) tasarı ❷ (*Muster*) model, örnek ❸ CHEM damıtma kabı ❹ SPORT ileri pas ❺ SCHWEIZ (*Vorleger*) paspas; (*Bett~*) yaygı; (*Teppich*) küçük halı

vor|lassen *irr vt* ❶ (*fam: nach vorne lassen*) öne almak, önüne geçmesi için izin vermek (-e); **einen Wagen ~** bir arabanın geçmesine izin vermek ❷ (*empfangen*) kabul etmek (**zu** -e)

Vorlauf *m* SPORT ilk koşu

Vorläufer(in) <-s, -; -nen> *m(f)* öncü

vorläufig **I.** *adj* geçici, eğreti, muvakkat **II.** *adv* geçici olarak, eğreti olarak, muvakkaten; (*fürs Erste*) şimdilik

vorlaut *adj* ukalâ(ca)

Vorleben <-s> *nt kein pl* geçmiş; **das ~ des Angeklagten** sanığın geçmişi

vor|legen *vt* ❶ (*zeigen*) göstermek, ibraz etmek; (*Ausweis*) ibraz etmek; (*Speise*) tabağa koymak ❷ (*Kette, Schloss*) asmak; (*Stein*) koymak ❸ (*fig fam*) SPORT **ein schnelles Tempo ~** depara geçmek

Vorleger *m* yaygı; (*Teppich*) küçük halı

vor|lehnen *vr* ■ **sich ~** öne yaslanmak, öne sarkmak

Vorleistung *f* WIRTSCH avans; POL (*Zugeständnis*) taviz

vor|lesen *irr vt* okumak; **jdm etw ~** birine bir şey okumak

Vorlesung <-en> *f* (*Universität*) ders; (*Vortrag*) konferans **Vorlesungsverzeichnis** *nt* sömestir programı

vorletzte(r, s) *adj* sondan ikinci; **~ Woche** iki hafta önce

Vorliebe <-n> *f* merak (**für** -e), hoşlanma (**für** -den); **eine ~ für etw haben** bir şeye merakı olmak; **etw mit ~ tun** bir şeyi merakla yapmak

vorlieb|nehmen [foːɐ'liːp-] *irr vi* **mit etw** *dat* **~** bir şeyle yetinmek; **mit jdm** *dat* **~** birinin ağzının kokusunu çekmek

vor|liegen *irr vi* ❶ (*vorhanden sein*) olmak, elde olmak; (*bereit daliegen*) hazır olmak; **es liegt nichts gegen ihn vor** elimizde aleyhine konuşan hiçbir şey yok; **hier muss ein Irrtum ~** burada bir yanlışlık olmalı ❷ ADMIN işlemde olmak; (*zur Begutachtung*) düzenlenmekte olmak; **im ~den Fall** bu durumda ❸ (*fam: Kette*) asılı olmak

vor|lügen *irr vt* (*fam*) **jdm etwas ~** birine palavra sıkmak

vor|machen *vt* (*fam*) ❶ (*zeigen*) göstermek ❷ (*fig: täuschen*) aldatmak; **wir wollen uns nichts ~!** kendi kendimizi aldatmayalım!, birbirimize numara yapmayalım!; **er macht sich** *dat* **selbst was vor** kendi kendine gelin güvey oluyor

Vormachtstellung *f* üstünlük, hâkimiyet; **gegenüber jdm eine ~ innehaben** birine göre üstün konumda olmak

vormalige(r, s) *adj* önceki, eski

Vormarsch <-(e)s, -märsche> *m* ilerleme, ilerleyiş; **auf dem ~ sein** ilerlemekte olmak; (*fig*) yayılmakta olmak

vor|merken *vt* şerh etmek; (*reservieren*) ayırtmak (**für** için); **sich** *dat* **etw ~** bir şeyi not etmek; **sich für etw ~ lassen** bir şey için adını yazdırmak

vormittag^ALT *adv s.* **Vormittag**

Vormittag <-(e)s, -e> *m* öğleden önce; **am ~** öğleden önce; **gestern/heute/morgen ~** dün/bugün/yarın öğleden önce

vormittags *adv* öğleden önceleri

Vormund <-(e)s, -e *o* -münder> *m* vasi

Vormundschaft <-en> *f* vesayet, vasilik; **jdn unter ~ stellen** birini vesayet altına almak

vorn [fɔrn] *adv* ❶ (*an vorderer Stelle*) önde, başta; (*am vorderen Ende*) baş ucunda; (*im Vordergrund*) ön planda; (*auf der Vorderseite*) ön tarafta; **wir saßen ganz ~** biz tam önde oturduk; **von/nach ~** önden/öne; **weiter ~** daha önde; **von ~ bis hinten** önden arkaya kadar; (*fam*) baştan başa; **das Zimmer liegt nach ~** (*fam*) oda öne bakıyor ❷ (*an der Spitze*) önde, başta; **~ liegen** önde olmak ❸ (*am Anfang*) başta; **von ~** baştan; **(noch) weiter ~** (*im Text*) daha (da) önde

Vorname <-ns, -n> *m* ön ad

vorne *adv s.* **vorn**

vornehm ['foːɐneːm] *adj* ❶ (*fein*) kibar ❷ (*edel, adlig*) kibar, soylu; **sich** *dat* **zu ~ für etw sein** bir şeyi kendine yakıştıramamak ❸ (*elegant*) kibar, şık; **~e Kleidung** kibar giyim

vor|nehmen *irr vt* ❶ (*ausführen*) yapmak ❷ **sich** *dat* **etw ~** (*vorhaben*) bir şeye niyet etmek, bir şey yapmaya karar vermek, bir şeye azmetmek; (*planen*) bir şeyi tasarlamak; (*in Angriff nehmen*) bir işe girişmek [*o* kalkışmak]; **sich zu viel ~** başından büyük işlere kalkışmak ❸ (*fam: ermahnen*) **sich** *dat* **jdn ~** birini azarlamak [*o* paylamak], birinden hesap sormak ❹ (*fam: bevorzugt abfertigen*) öne almak, öncelik tanımak (-e), ayrıcalıklı muamele yapmak (-e)

vornehmlich *adv* (*geh*) özellikle, bilhassa

vor|neigen **I.** *vt* öne doğru eğmek **II.** *vr* ■ **sich ~** öne doğru eğilmek

vornherein ['--'-] *adv* **von ~** başından beri, ilk baştan

vornweg ['--'-] *adv* önü sıra, önünden

Vorort <-(e)s, -e> *m* banliyö, varoş

Vorortzug *m* banliyö treni

Vorplatz <-es, -plätze> *m* evin önündeki küçük meydan; (*Diele*) hol

vorprogrammiert *adj* programlı; **das war schon ~** (*fig*) bunun böyle olacağı önceden belliydi

Vorrang <-(e)s> ['foːɐraŋ] *m kein pl* ❶ (*Priorität*) öncelik (**vor** -e göre), önce olma (**vor** -den); **den ~ vor etw** *dat* **haben** bir şeye göre önceliği olmak, bir şeyden önce gelmek; **jdm/etw** *dat* **den ~ geben** bir kimseye/şeye öncelik tanımak ❷ ÖSTERR (*Vorfahrt*) ilk geçiş hakkı, geçiş üstünlüğü

vorrangig *adj* öncelikli; **~ sein** önceliği olmak; **etw ~ behandeln** bir şeyi öncelikle ele almak

Vorrat <-(e)s, -räte> ['foːɐraːt, *pl* 'foːɐrɛːtə] *m* (*an Lebensmittel*) erzak; (*an Viehfutter*) zahire; WIRTSCH stok, stoklar *pl* (**an** -); **etw auf ~ kaufen** bir şeyi stok etmek; **solange der ~ reicht** stoklar yetiştiği sürece, satışlar stoklarımızla sınırlıdır

vorrätig ['foːɐrɛːtɪç] *adj* (*auf Lager*) stoktaki; (*verfügbar*) hazırda, el altında, elde mevcut; **etw ~ haben** bir şey hazırda olmak, bir şeyin stoku olmak

Vorratskammer *f* kiler

Vorraum <-(e)s, -räume> *m* hol, sofa

vor|rechnen *vt* **jdm etw ~** birinin önünde bir şeyi hesaplamak; (*fig*) birinin dikkatini bir şeye çekmek

Vorrecht <-(e)s, -e> *nt* ❶ POL (*Privileg*) ayrıcalık, imtiyaz ❷ JUR (*Vorzugsrecht*) rüçhan hakkı

Vorreiter(in) <-s, -; -nen> *m(f)* (*fam*) öncü

Vorrichtung <-en> *f* düzen(ek), tertibat, aygıt, tesis

vor|rücken **I.** *vi sein* ❶ (*a. fig*) ilerlemek; **in vorgerücktem Alter** ilerlemiş yaşta; **zu vorgerückter Stunde** (*geh*) geç [*o* ilerlemiş] bir saatte; **die Zeit rückt vor** zaman ilerliyor ❷ *a.* MIL ilerlemek (**nach/gegen** -e/-e karşı, **bis zu/nach** -e kadar/-e) **II.** *vt* öne itmek; (*nähern*) önüne itmek (-in); (*den Tisch*) ileri çekmek, öne doğru çekmek; **einen Stein ~** (*im Brettspiel*) bir taşı ileri sürmek

Vorruhestand <-(e)s> *m kein pl* erken emeklilik

Vorrunde <-n> *f* SPORT ilk tur

vor|sagen *vt* ❶ (*vorsprechen*) söylemek; (*zum Mitschreiben*) dikte etmek ❷ (*heimlich*) sufle etmek; (*in Prüfung*) fısıldamak

Vorsaison <-s> *f* ön sezon, sezon öncesi

V

Vorsatz <-es, -sätze> *m* ❶ (*Absicht*) niyet, maksat; (*Entschluss*) karar; JUR kasıt; **den ~ haben, etw zu tun** bir şeyi yapmaya niyeti olmak; **einen ~ fassen** bir şeye niyet etmek ❷ TYPO (*in Buchbinderei*) kapağın yan kâğıdı

vorsätzlich ['foːɐzɛtslɪç] **I.** *adj* maksatlı; JUR kastî **II.** *adv* kasten, bilerek; JUR kasten

Vorschau <-en> *f* tanıtma programı (**auf** -i); FILM tanıtma filmi; TV gelecek program

Vorschein *m kein pl* **zum ~ kommen/bringen** ortaya [*o* meydana] çıkmak/çıkarmak, görünmek/belli etmek

vor|schieben *irr vt* ❶ (*nach vorn schieben*) öne itmek ❷ (*Riegel*) sürmek ❸ (*zur Entschuldigung*) bahane etmek

vor|schießen *irr* **I.** *vi sein* (*fam*) avans vermek **II.** *vt* (*fam*) avans olarak vermek

Vorschlag <-(e)s, -schläge> *m* öneri, teklif; (*Empfehlung*) tavsiye; **einen ~ machen** bir öneride bulunmak; **einen ~ annehmen** bir öneriyi kabul etmek; **auf ~ von ...** ...in teklifi üzerine

vor|schlagen *irr vt* önermek (**für** için, **als** olarak), teklif etmek; (*empfehlen*) tavsiye etmek, salık vermek; **jdn für ein Amt ~** birini bir görev için tavsiye etmek, birini bir göreve aday göstermek

Vorschlaghammer *m* balyoz

vorschnell *adj* acele

vor|schreiben *irr vt* ❶ (*Text*) örnek olarak yazmak ❷ (*fig: befehlen*) emretmek, buyurmak; **jdm ~, was er/sie zu tun hat** birine ne yapması gerektiğini söylemek

Vorschrift <-en> *f* kural; (*Anweisung*) talimat; (*Bestimmung*) hüküm; **sich an die ~en halten** kurallara [*o* talimata] uymak; **das verstößt gegen die ~** bu kurala aykırıdır

vorschriftsmäßig **I.** *adj* kurallara uygun olan, talimata uygun olan **II.** *adv* kurallara uygun, talimata uygun

vorschriftswidrig *adj* kurallara aykırı olan, talimata aykırı olan

Vorschub *m* **etw** *dat* **~ leisten** bir şeyi teşvik etmek

Vorschulalter <-s> *nt kein pl* okul öncesi yaş

Vorschule <-n> *f* anaokulu

vorschulisch *adj* okul öncesi

VorschussRR <-es, -schüsse> *m*, **Vorschuß**ALT <-sses, -schüsse> *m* avans, öndelik, peşinat; **auf etw einen ~ leisten** bir şey için avans vermek

vor|schützen *vt* bahane olarak ileri sürmek; **nur keine Müdigkeit ~!** yoruldum ayaklarına yatma!

vor|schweben *vi* **jdm schwebt etw vor** birinin aklından bir şey geçmek

vor|sehen *irr* **I.** *vt* ❶ (*planen*) öngörmek (**für** için); **wie vorgesehen** öngörüldüğü gibi; **es ist vorgesehen, dass ...** ...mesi öngörülmüştür ❷ (*bestimmen*) öngörmek (**für** için); **die Gelder sind für die Forschung vorgesehen** paralar bilimsel araştırma için öngörülmüştür **II.** *vr* ■ **sich ~** sakınmak (**vor** -den); (*aufpassen*) dikkat etmek (**vor** -e) **III.** *vi* bakmak (**hinter** -den); **hinter der Ecke ~** köşeden bakmak

Vorsehung *f kein pl* yazgı, kader, kısmet

vor|setzen *vt* ❶ (*nach vorne setzen*) öne koymak; (*Fuß*) öne atmak; (*Schüler*) öne oturtmak ❷ (*Speisen*) **jdm etw ~** birinin önüne bir şey koymak; (*Programm*) sunmak; (*Lügen*) atmak

Vorsicht *f kein pl* dikkat, ihtiyat; **~ Glas!** dikkat, kırılır!; **hier ist ~ geboten** burada dikkat etmekte yarar vardır; **~ ist die Mutter der Weisheit** (*prov*) dikkat bilgeliğin anasıdır

vorsichtig *adj* dikkatli, ihtiyatlı; **sehr ~ sein** çok dikkatli olmak

vorsichtshalber [-halbɐ] *adv* ihtiyaten

Vorsichtsmaßnahme <-n> *f* ihtiyati tedbir; **~n treffen** ihtiyati tedbir(ler) almak

Vorsilbe <-n> *f* LING (*Präfix*) ön ek

vor|singen *irr* **I.** *vi* **jdm ~** birinin önünde şarkı söylemek **II.** *vt* **jdm ein Lied ~** birine şarkı söylemek

vorsintflutlich *adj* (*fig fam*) Nuh nebiden kalma

Vorsitz <-es, -e> *m* başkanlık; **unter dem ~ von jdm** birinin başkanlığı altında; **den ~ führen** başkanlık etmek; **den ~ übernehmen/abgeben** başkanlığı devralmak/devretmek

Vorsitzende(r) <-n, -n; -n> *f(m)* başkan

Vorsorge *f kein pl* ihtiyat; (*Maßnahme*) önlem, tedbir; **~ treffen** tedbir [*o* önlem] almak; **zur ~** ihtiyaten **vor|sorgen** *vi* tedbir almak (**für** için)

Vorsorgeuntersuchung *f* MED çekap, ihtiyati muayene

vorsorglich **I.** *adj* ihtiyati **II.** *adv* ihtiyaten

Vorspann <-(e)s, -e> ['foːɐʃpan] *m* FILM, TV jenerik, tanıtma yazısı

Vorspeise <-n> *f* GASTR ordövr, meze

Vorspiegelung <-en> *f* taslama; **die ~ einer Krankheit** hastalık taslama, kendini hasta gibi gösterme; **unter ~ falscher Tatsachen** bir kişiyi kandırmak için yanlış olgular ileri sürerek, bir kişiyi kandırabilecek nitelikte hile ve desiseler yaparak

Vorspiel <-(e)s, -e> *nt* ❶ MUS (*Präludium*) prelüt; THEAT (*Ouvertüre*) uvertür ❷ (*sexuell*) aşk oyunları *pl*

vor|spielen *vt* ❶ (*Lied*) çalmak; **jdm etw ~** birine bir şey çalmak ❷ (*Sketch*) oynamak ❸ (*fig: vortäuschen*) **jdm etw ~** birine rol kesmek, birine numara yapmak; **er spielt uns etw vor** bize rol kesiyor, bize numara yapıyor **vor|sprechen** *irr* **I.** *vi* **bei jdm (wegen etw** *gen/dat*) **~** biriyle (bir şeyden dolayı) görüşmek [*o* konuşmak]; **wann kann ich bei Ihnen ~?** sizinle ne zaman görüşebilirim [*o* konuşabilirim]? **II.** *vt* ❶ (*zum Nachsprechen*) tekrarlanması için söylemek ❷ THEAT **jdm die Rede des Faust ~** birinin önünde Faust'ın nutkunu okumak

vor|springen *irr vi sein* ❶ (*nach vorn springen*) öne doğru atlamak, ileri doğru sıçramak ❷ (*hervorragen*) ileri [*o* öne] doğru çıkmak

Vorsprung <-(e)s, -sprünge> *m* ❶ (*Mauer~, Fels~*) çıkıntı; (*Fels~*) korniş; (*am Meer*) kerempe ❷ *a.* SPORT ileride [*o* önde] olma; (*Abstand*) ara; (*Zeit~*) avantaj; **den ~ vergrößern** arayı açmak; **einen (großen) ~ haben** (çok) önde [*o* ileride] olmak; **er hatte einen ~ von 5 Metern** 5 metre öndeydi; **jdm 15 Minuten ~ geben** birine 15 dakikalık bir avantaj sağlamak

Vorstadium <-s, -stadien> *nt* ön aşama

Vorstadt <-städte> *f* varoş

Vorstand <-(e)s, -stände> *m* ❶ (*Gremium*) yönetim kurulu ❷ (*~smitglied*) yönetim kurulu üyesi

Vorstandsmitglied *nt* yönetim kurulu üyesi **Vorstandssitzung** *f* yönetim kurulu toplantısı **Vorstandsvorsitzende(r)** <-n, -n; -n> *f(m)* yönetim kurulu başkanı

vor|stehen *irr vi* ❶ (*hervorragen*) öne doğru çıkmak, dışarıya doğru çıkık olmak ❷ (*geh: leiten*) **etw** *dat* **~** bir şeyi yönetmek; (*Vorsitz haben*) bir şeye başkanlık etmek, bir şeyin başkanı olmak

Vorsteher(in) <-s, -; -nen> *m(f)* muhtar; (*Chef*) şef

Vorsteherdrüse *f* ANAT kestanecik; (*Prostata*) prostat

vor|stellen **I.** *vt* ❶ (*nach vorn stellen, davorstellen*) öne almak, önüne koymak (**vor** -in) ❷ (*Uhr*) öne almak, ileri almak ❸ (*bekannt machen*) tanıtmak, tanıştırmak (-le), takdim etmek (-e); **darf ich Ihnen Frau Müller ~?** sizi Bayan Müller ile tanıştırabilir miyim? ❹ (*bedeuten*) anlama gelmek; **was soll das ~?** bu ne anlama geliyor? ❺ (*darstellen*) göstermek, temsil etmek ❻ (*ausmalen*) **sich** *dat* **etw ~** bir şeyi göz önüne getirmek, bir şeyi tasavvur etmek, bir şeyi hayal etmek, bir şeyi zihninde canlandırmak; **das kann ich mir gut ~** bunu gözümün önüne getirebiliyorum; **darunter kann ich mir nichts ~** bundan bir anlam çıkaramıyorum; **stell dir mal vor!** (*fam*) bir düşünsene! ❼ (*Konditionen, Preis*) **sich** *dat* **etw ~** bir şeyi düşünmek ❽ (*mit etw verbinden*) **sich** *dat* **etwas/nichts unter etw** *dat* **~** bir şeyle bağlantı kurmak/kuramamak **II.** *vr* ■ **sich ~** (*sich bekannt machen*) kendini tanıtmak

Vorstellung¹ <-en> *f* ❶ (*Bekanntmachung, das Sichvorstellen*) tanıtma, tanıtım ❷ (*Gedanke*) düşünce, fikir; (*Bild im Bewußtsein*) tasarım, tasavvur; **sich** *dat* **nur eine vage ~ von etw** *dat* **machen können** bir şeyi ancak hayal meyal göz önüne getirebilmek; **du machst dir keine ~** tasavvur edemezsin ❸ THEAT temsil, seans, gösteri; FILM seans, gösterim; (*Abend~*) suare; (*Nachmittags~*) matine

Vorstellung² *f kein pl* (*Fantasie*) hayal

Vorstellungsgespräch <-(e)s, -e> *nt* mülâkat, görüşme

Vorstellungsvermögen <-s> *nt kein pl* hayal gücü, düş gücü

vor|stoßen *irr* **I.** *vi sein* ilerlemek; (*vordringen*) girmek (**in** -e); **die Truppen sind bis zum Fluss vorgestoßen** birlikler ırmağa kadar ilerledi **II.** *vt* ileri (doğru) itmek

Vorstrafe <-n> *f* JUR sabıka

vor|strecken *vt* ❶ (*Arme*) öne uzatmak ❷ (*Geld*) avans olarak vermek

Vorstufe <-n> *f* ön basamak

Vortag <-(e)s, -e> *m* ön gün, bir önceki gün, daha önceki gün, arife; **am ~ des Festes** bayramdan bir önceki günde, bayramın arifesinde

vor|täuschen *vt* taslamak, rol kesmek, numara yapmak; **jdm etw ~** birine rol kesmek, birine numara yapmak; **eine Krankheit ~** kendini hasta gibi göstermek, hastalık taslamak **Vortäuschung** <-en> *f* taslama, rol kesme, numara yapma; **unter ~ falscher Tatsachen** bir kişiyi kandırmak için yanlış olgular ileri sürerek, bir kişiyi kandırabilecek nitelikte hile ve desiseler yaparak

Vorteil <-(e)s, -e> ['fɔrtaɪl] *m* avantaj, çıkar, menfaat; (*Nutzen*) yarar, fayda; **die Vor- und Nachteile von ...** ...in yarar ve zararları, ...in avantaj ve dezavantajları; **die Sache hat den ~, dass ...** işin avantajı şudur ki, ...; **auf seinen ~ bedacht sein** çıkarına bakmak, kendi çıkarını gözetmek [*o* düşünmek], dümenine bakmak; **einen ~ aus etw** *dat* **ziehen** bir şeyden çıkar sağlamak; **das ist für dich von ~** bu senin için avantajlı; **gegenüber jdm im ~ sein** birine karşı avantajlı durumda olmak

vorteilhaft *adj* avantajlı; (*Geschäft*) kârlı, kazançlı

Vortrag <-(e)s, -träge> ['fo:ɐtra:k, *pl* 'fo:ɐtrɛ:gə] *m* ❶ konferans; (*Rede*) konuşma; **einen ~ halten** konferans vermek (**über** üzerine), konuşma yapmak (**über** üzerine) ❷ (*von Lied*) söyleme; (*von Musikstück*) resital; (*von Gedicht*) inşat ❸ FIN (*Konto~*) nakil, aktarma

vor|tragen *irr vt* ❶ (*Gedicht*) inşat etmek; (*Lied*) söylemek; (*Kunststück*) göstermek ❷ (*darlegen*) açıklamak ❸ FIN (*Betrag*) nakletmek, aktarmak ❹ (*fam: nach vorne tragen*) öne taşımak

Vortragsreihe *f* konferans dizisi

vortrefflich [fo:ɐ'trɛflɪç] *adj* nefis, mükemmel, şahane

vor|treten *irr vi sein* ❶ (*nach vorne treten*) öne gitmek; (*aus Reihe*) öne çıkmak ❷ (*fam: hervorragen*) ileri doğru çıkmak, dışarıya doğru çıkık olmak

Vortritt <-(e)s> *m kein pl* ❶ (*Vorrang, Vorzug*) öncelik; **jdm den ~ lassen** önceliği birine bırakmak ❷ SCHWEIZ (*Vorfahrt*) ilk geçiş hakkı, geçiş üstünlüğü

Vortrupp *m* MIL öncü, pişdar

vorüber [vo'ry:bɐ] *adv s.* **vorbei** **vorüber|gehen** *irr vi sein* ❶ (*aufhören*) geçmek ❷ (*örtlich*) geçmek (**an** -den); **im V~** geçerken

vorübergehend **I.** *adj* geçici, muvakkat **II.** *adv* geçici olarak, muvakkaten

Vor- und Zuname *m* adı ve soyadı

Voruntersuchung <-en> *f* ❶ ön muayene ❷ JUR ön soruşturma

Vorurteil <-s, -e> *nt* ön yargı, peşin yargı, peşin hüküm

vorurteilslos *adj* ön yargısız

Vorverkauf <-(e)s> *m kein pl* biletlerin önceden satışı; **sich Karten im ~ besorgen** biletleri önceden temin etmek **Vorverkaufskasse** *f* biletlerin önceden satıldığı gişe **Vorverkaufsstelle** *f* biletlerin önceden satıldığı yer

vor|verlegen* *vt* öne almak, önceye almak; (*Termin*) öncelemek (**auf** -e)

Vorverstärker *m* TECH, ELEK preamplifikatör, ön yükselteç

Vorvertrag *m* JUR ön sözleşme

vorvorgestern ['----] *adv* üç gün önce

vorvorletzte(r, s) ['----] *adj* (*fam*) sondan üçüncü; **~ Woche** üç hafta önce

vor|wagen *vr* ■ **sich ~** ilerlemeye cesaret etmek

Vorwahl <-en> *f* ❶ TELEK şehir kodu ❷ POL ön seçimler *pl*

Vorwand <-(e)s, -wände> *m* bahane; **etw als ~ benutzen** bir şeyi bahane etmek; **eine Erkältung zum ~ nehmen** soğuk algınlığını bahane etmek

vor|wärmen *vt* önceden ısıtmak

vor|warnen *vt* (önceden) uyarmak **Vorwarnung** <-en> *f* (önceden) uyarma, uyarı; **ohne ~** uyarmadan

vorwärts ['fo:ɐvɛrts, 'fɔrvɛrts] *adv* ileri; **~!** ileri! **Vorwärtsgang** <-(e)s, -gänge> *m* TECH ileri vites **vorwärts|gehen** *irr vi sein* ilerlemek; (*fig*) düzelmek **vorwärts|kommen** *irr vi sein* ilerlemek; (*fig: Erfolg haben*) başarılı olmak

Vorwäsche <-n> *f* ön yıkama **vor|waschen** *irr vt* önce yıkamak

vorweg [fo:ɐ'vɛk] *adv* ❶ (*vorher*) önce ❷ (*im Voraus*) önceden, peşinen ❸ (*an der Spitze*) önde, başta ❹ (*fam: von vorneherein*) baştan beri, başından itibaren ❺ (*vor allem*) her şeyden önce

Vorwegnahme <-n> *f* önceleme

vorweg|nehmen *irr vt* öncelemek

vor|weisen *irr vt* (*Pass*) göstermek; (*Kenntnisse*) ortaya koymak; **etw ~ können** bir şeyi gösterebilmek [*o* ortaya koyabilmek]

vor|werfen *irr vt* ❶ (*tadeln*) **jdm etw ~** birine bir şeyden dolayı sitem etmek ❷ (*hinwerfen*) **jdm/einem Tier etw ~** bir kimsenin/hayvanın önüne bir şey atmak

vorwiegend *adv* (*überwiegend*) daha çok, daha ziyade, ağırlıklı olarak; (*besonders*) özellikle, bilhassa

Vorwissen *nt* ön bilgi

vorwitzig *adj* ❶ (*neugierig*) aşırı meraklı ❷ (*vorlaut*) ukalâ(ca); (*naseweis*) büyümüş de küçülmüş

Vorwort <-(e)s, -e> *nt* önsöz

Vorwurf <-(e)s, -würfe> *m* sitem; **jdm etw zum ~ machen** bir şeyi birinin üzerine atmak; **jdm wegen etw** *gen/dat* **Vorwürfe machen** birine bir şeyden dolayı sitem etmek **vorwurfsvoll** *adj* sitemli

Vorzeichen <-s, -> *nt* ❶ (*Omen*) alamet, belirti ❷ MUS ton işareti ❸ MATH işaret

vor|zeigen *vt* göstermek

Vorzeit <-en> *f* tarih öncesi; **in grauer ~** (*fig*) evvel zaman içinde

vorzeitig **I.** *adj* erken **II.** *adv* vaktinden önce

vorzeitlich *adj* tarih öncesi

vor|ziehen *irr vt* ❶ (*nach vorne ziehen*) öne çekmek; (*Gardine*) çekmek ❷ (*fam: hervorziehen*) çekip çıkarmak ❸ (*vorverlegen*) öne almak; (*eine Arbeit*) ötekilerden önce yapmak; **vorgezogene Wahlen**

erken seçimler ④ (*fig: bevorzugen*) yeğlemek, tercih etmek; (*Person*) kayırmak, yeğlemek, tercih etmek; **ich ziehe Bier dem Wein vor** ben birayı şaraba tercih ederim

Vorzimmer <-s, -> *nt* ① (*Empfangszimmer*) kabul odası; (*Sekretariat*) sekreterlik ② ÖSTERR (*Diele*) hol **Vorzimmerdame** <-n> *f* (*fam*) sekreter hanım

Vorzug[1] <-(e)s> *m kein pl* (*Vorrang*) öncelik; (*Vorliebe*) yeğleme, tercih; **etw** *dat*/ **jdm den ~ geben** bir şeye/kimseye öncelik tanımak, bir şeyi/kimseyi yeğlemek [*o* tercih etmek]

Vorzug[2] <-(e)s, -züge> *m* ① (*Vorrecht*) ayrıcalık, imtiyaz; (*Überlegenheit*) üstünlük ② (*Vorteil*) avantaj; (*gute Eigenschaft*) meziyet; **die Vorzüge und Nachteile einer Sache/Person gegeneinander abwägen** bir şeyin/kişinin iyi ve kötü taraflarını birbiriyle karşılaştırmak

vorzüglich [foːɐ'tsyːklɪç] *adj* enfes; (*Speisen*) nefis

Vorzugspreis *m* avantajlı fiyat

Vorzugsrecht *nt* JUR rüçhan hakkı

vorzugsweise *adv* tercihan; (*besonders*) özellikle; (*vor allem*) her şeyden önce

Votum <-s, Voten *o* Vota> ['voːtʊm] *nt* oy, rey

Voyeur(in) [vo̯a'jøːɐ] *m(f)* röntgenci

Voyeurismus <-> *m kein pl* röntgencilik

voyeuristisch *adj* röntgenci

vulgär [vʊl'gɛːɐ] *adj* kaba, bayağı, adî

Vulkan <-s, -e> [vʊl'kaːn] *m* yanardağ, volkan **Vulkanausbruch** *m* indifa, yanardağ püskürmesi

vulkanisch *adj* volkanik; **~es Gestein** volkanik kaya

V

W w

W, w <-, -> [veː] *nt* W, w

W *Abk von* **Westen** batı

Waage <-n> ['vaːgə] *f* ❶ (*Gerät*) terazi, tartı; (*Schnell~*) kantar ❷ ASTROL Terazi; **das Sternbild/der Wendekreis der ~** Terazi burcu/dönencesi

waagerecht *adj* yatay

Waagschale *f* kefe; **jedes Wort auf die ~ legen** (*fam*) her sözü mihenge vurmak, kelimeleri tartarak konuşmak

wabb(e)lig ['vab(ə)lɪç] *adj* (*fam*) peltemsi, bıngıl bıngıl

Wabe <-n> ['vaːbə] *f* gümeç

Wabenhonig *m* gümeç balı

wabern *vi* dalgalanmak

wach [vax] *adj* ❶ (*nicht schlafend*) uyanık; **~ werden** uyanmak; **die ganze Nacht über ~ bleiben** bütün gece boyunca uyanık kalmak ❷ (*fig: aufgeweckt*) uyanık

Wachablösung *f* nöbet değişimi **Wachboot** *nt* karakol gemisi

Wache <-n> ['vaxə] *f* ❶ (*Wachdienst*) nöbet; **(auf) ~ stehen** nöbet beklemek [*o* tutmak] ❷ (*Person*) nöbetçi; (*Gruppe*) karakol ❸ (*Gebäude*) karakol; (*Polizei~*) karakol

wachen ['vaxən] *vi* ❶ (*Wache halten*) nöbet tutmak; **bei jdm ~** birinin başında nöbet tutmak ❷ (*aufpassen*) dikkat etmek (**über** -e) ❸ (*geh: wach sein*) uyanık olmak

wachhabend *adj* nöbetçi

Wachhund <-(e)s, -e> *m* bekçi köpeği **Wachmann** <-(e)s, -männer *o* -leute> *m* ❶ (*Wächter*) bekçi ❷ ÖSTERR (*Polizist*) kolluk

Wacholder <-s, -> [va'xɔldɐ] *m* ❶ BOT ardıç ❷ (*~schnaps*) ardıç rakısı, cin **Wacholderbranntwein** *m* ardıç rakısı, cin **Wacholderdrossel** *f* ZOOL ardıç kuşu, bozbakkal, tarla ardıcı **Wacholderschnaps** *m s.* **Wacholderbranntwein**

Wachposten *m* nöbetçi (er)

wach|rufen *irr vt* uyandırmak; (*Erinnerungen*) canlandırmak

wach|rütteln *vt* (*fig*) ayıltmak, uyandırmak

Wachs <-es, -e> [vaks] *nt* (*von Bienen*) vaks, bal mumu; (*Erd~*) mum; **~ in jds Händen sein** (*fig*) birinin elinde oyuncak gibi olmak

wachsam ['-zaːm] *adj* uyanık; (*aufmerksam*) dikkatli

wachsen[1] <wächst, wuchs, gewachsen> ['vaksən] *vi sein* ❶ (*allgemein*) büyümek; (*zunehmen*) artmak; **in die Breite/Länge/Höhe ~** enine/uzunluğuna/boyuna büyümek; (*Haare*) uzamak; **sich** *dat* **einen Bart ~ lassen** sakal bırakmak; **mit ~der Begeisterung** gittikçe artan bir coşkuyla; **jdm ge~ sein** biriyle başa çıkmak; **etw** *dat* **ge~ sein** bir şeyle başa çıkmak ❷ BOT (*Pflanzen*) yetişmek; **wild ~** yabani olarak yetişmek

wachsen[2] *vt* (*Fußboden, Ski*) mumlamak, (mum cilası ile) cilalamak

wächsern ['vɛksɐn] *adj* bal mumundan yapılmış

Wachsfarbe *f* mum boyası **Wachsfigur** *f* (bal) mum(un)dan yapılmış figür **Wachsjacke** <-n> *f* muşamba **Wachsmotte** <-n> *f* ZOOL bal kelebeği, petek güvesi **Wachspalme** <-n> *f* BOT mum palmiyesi **Wachspapier** *nt* mumlu kâğıt

wächst [vɛkst] *3. präs von* **wachsen**[1]

Wachstuch <-(e)s, -e> *nt* (*Gewebe*) muşamba

Wachstum <-s> ['vakstuːm] *nt kein pl* büyüme; (*Zunahme*) artma; (*Bevölkerungs~*) artış; (*Entwicklung*) büyüme, kalkınma **wachstumsfördernd** *adj* büyümeyi teşvik edici **wachstumshemmend** *adj* büyümeyi engelleyici **Wachstumshormon** *nt* büyümeyi hızlandıran hormon **Wachstumsrate** *f* WIRTSCH büyüme oranı

wachsweich *adj* yumuşacık; (*Obst*) vıcık **Wachszünsler** *m* ZOOL bal kelebeği, petek güvesi

Wachtel <-n> ['vaxtəl] *f* ZOOL bıldırcın

Wächter(in) <-s, -; -nen> ['vɛçtɐ] *m(f)* muhafız; (*Nacht~*) bekçi

Wachtmeister(in) *m(f)* polis memuru **Wachtposten** *m* nöbetçi (er) **Wach(t)turm** *m* nöbetçi kulesi

Wach- und Schließgesellschaft <-en> *f* bina ve tesis güvenliği hizmetleri şirketi

Wachzustand <-(e)s> *m kein pl* uyanıklık, uyanık olma; **im ~** uyanıkken

wackelig ['vak(ə)lɪç] *adj* ❶ (*Tisch*) oynak; (*Zahn*) sallanan, gevşek ❷ (*fam: kraftlos*) takatsiz; (*schwach*) zayıf; (*Arbeitsplätze*) tehlikede olan; **er ist noch ~ auf den Beinen** henüz ayakta duracak hali pek olmamak

Wackelkontakt *m* ELEK gevşek kontak

wackeln ['vakəln] *vi* ❶ (*durch Erschütterung*) sarsılmak; (*Möbel, Zahn*) sallanmak;

der Stuhl wackelt sandalye sallanıyor; **mit dem Kopf ~** başını sallamak ❷ (*fam: Position, Disziplin*) sallanmak; **an/mit etw** *dat* **~** (*fam*) bir şeyi sarsmak [*o* sallamak]; **mit den Hüften ~** kalça kıvırmak

wacker *adj* ❶ (*tapfer*) cesur, mert, yiğit ❷ ■ **sich ~ halten** iyi dayanmak

wacklig *adj s.* **wackelig**

Wade <-n> ['va:də] *f* baldır

Wadenbein *nt* ANAT baldır kemiği **Wadenmuskel** <-n> *m* baldır kası **Wadenstecher** *m* ZOOL baldırsokan

Waffe <-n> ['vafə] *f* silah; **eine ~ tragen** silah taşımak; **die ~n strecken** teslim olmak; **unter** (**den**) **~n sein** [*o* **stehen**] silahaltında bulunmak; **zu den ~n greifen** silahlara davranmak; **zu den ~n rufen** silahaltına almak

Waffel <-n> ['vafəl] *f* (*Eistüte*) gofret; (*Gebäck*) gözleme **Waffeleisen** *nt* (*für Eistüten*) gofret makinesi; (*für Gebäck*) gözleme makinesi

Waffenbesitz *m* silah bulundurma; **unerlaubter ~** ruhsatsız silah bulundurma **Waffenembargo** *nt* silah ambargosu **Waffengewalt** *f kein pl* silah zoru **Waffenhändler(in)** *m(f)* silah tüccarı **Waffeninspektor(in)** *m(f)* POL silah müfettişi, silah denetçisi **Waffenlager** *nt* silahhane **Waffenlieferung** *f* silah sevkiyatı **Waffenruhe** *f kein pl* silahların durması, silahlı çatışmaya ara verme **Waffenschein** <-(e)s, -e> *m* silah taşıma ruhsatı, silah (kullanma) ruhsatı **Waffenstillstand** *m kein pl* ateşkes

Wagemut *f kein pl* cüret, ataklık

wagemutig *adj* cüretli, atak

wagen ['va:gən] **I.** *vt* ❶ (*riskieren*) göze almak, cüret etmek (-e), cesaret etmek (-e); **einen Versuch ~** bir kerecik denemek; **wie kannst du es ~!** buna nasıl cüret edersin!; **wer nicht wagt, der nicht gewinnt** (*prov*) korkak bezirgân ne kâr eder ne zarar ❷ (*sich getrauen*) gözüne kestirmek (**zu** -) **II.** *vr* ■ **sich ~** cesaret etmek (-e), cüret etmek (-e); **sich an etw ~** bir şeye cesaret etmek

Wagen <-s, -> ['va:gən] *m* ❶ (*PKW*) araba; (*LKW*) kamyon; (*Liefer~*) kamyonet; **in den ~ steigen** arabaya binmek; **aus dem ~ steigen** arabadan inmek; **wir sind mit dem ~ gekommen** biz arabayla geldik ❷ (*Eisenbahn~, Straßenbahn~*) vagon; (*Pferde~, Plan~*) araba ❸ (*Kinder~, Einkaufs~*) araba ❹ ASTROL **der Kleine/Große ~** Küçük/Büyük Ayı **Wagenführer(in)** <-s, -; -nen> *m(f)* arabacı **Wagenheber** <-s, -> *m* kriko

Waggon <-s, -s> [va'gɔŋ, va'gõ:] *m* EISENB vagon

Waggonladung *f* vagonluk; **eine ~ Kohle** bir vagonluk kömür

waghalsig ['va:khalzıç] *adj* ❶ (*Mensch*) gözü pek, delifişek ❷ (*Unternehmen*) rizikolu

Wagnis <-ses, -se> ['va:knıs] *nt* ❶ (*Vorhaben*) tehlikeli iş ❷ (*Risiko*) risk; **sich auf kein ~ einlassen** hiçbir riske girmemek

Wagon[RR] <-s, -s> *m s.* **Waggon**

Wahl <-en> [va:l] *f* ❶ (*Aus~*) seçme; (*zwischen zwei Möglichkeiten*) seçenek; **seine ~ treffen** seçeceğini seçmek, seçimini yapmak; **die ~ fiel auf ihn** o seçildi; **ich habe keine andere ~** başka bir seçeneğim yok; **in die engere ~ kommen** son adaylar arasına girmek; **erste/zweite ~** WIRTSCH birinci/ikinci kalite ❷ POL seçim; (*Abstimmung*) oylama; **zur ~ gehen** seçime gitmek; **sich zur ~ stellen** adaylığını koymak

Wahlausschuss *m* seçim komisyonu

wählbar ['vɛ:lba:ɐ] *adj* seçilebilir, seçilme hakkına sahip

Wahlbarkeit *f kein pl* seçilebilirlik

Wahlbenachrichtigung *f* (*form*) seçmenlere haber verme **wahlberechtigt** *adj* seçme hakkı olan; **er/sie ist ~** onun seçme hakkı var **Wahlberechtigte(r)** <-n, -n; -n> *f(m)* seçme hakkına sahip olan (kimse), seçmen **Wahlberechtigung** *f kein pl* seçme hakkı, oy hakkı **Wahlbeteiligung** *f* seçime katılma **Wahlbezirk** *m* seçim bölgesi

wählen ['vɛ:lən] **I.** *vi* ❶ (*Wahlen abhalten*) seçim yapmak; (*Stimme abgeben*) oy vermek ❷ (*aussuchen*) seçmek ❸ (*am Telefon*) numarayı çevirmek **II.** *vt* ❶ POL seçmek; **jdn ~** birini seçmek; (*bei einer Abstimmung*) birine oyunu vermek; **sie wurde zur Präsidentin gewählt** başkanlığa [*o* başkan olarak] seçildi ❷ (*aus~*) seçmek ❸ (*Telefonnummer*) çevirmek

Wähler(in) <-s, -; -nen> *m(f)* seçmen

Wahlergebnis *nt* seçim sonucu

wählerisch *adj* seçici

Wählerliste <-n> *f* seçmen listesi **Wählerschaft** <-en> *f* seçmenler **Wählerstimme** *f* seçmen oyu

Wählerverzeichnis *f* seçmen kütüğü; (*Wählerliste*) seçmen listesi

Wahlfach *nt* seçmeli ders, seçimlik ders **wahlfrei** *adj* seçimlik **Wahlgang** <-(e)s, -gänge> *m* oylama; **im ersten ~** ilk oylamada **Wahlgeheimnis** <-ses> *nt kein pl* seçim gizliliği **Wahlkabine** *f* seçim kabinesi **Wahlkampf** *m* seçim mücadelesi,

W

seçim kampanyası; **einen ~ führen** seçim kampanyası yapmak **Wahlkreis** *m* (*form*) seçim çevresi

wahllos *adv* seçmeksizin, seçmeden, rastgele, gelişigüzel

Wahlniederlage *f* seçimi kaybetme, seçim hezimeti, seçim yenilgisi **Wahlparole** *f* seçim parolası **Wahlperiode** *f* seçim dönemi **Wahlplakat** *nt* seçim afişi **Wahlprogramm** *nt* seçim programı **Wahlpropaganda** *f kein pl* seçim propagandası **Wahlrecht** <-(e)s> *nt kein pl* ① (*des Einzelnen*) seçme ve seçilme hakkı, seçim hakkı; **aktives/passives ~** seçme/seçilme hakkı; **allgemeines ~** genel seçimde seçme ve seçilme hakkı ② (*Gesetz*) seçim hukuku **Wahlrede** *f* seçim konuşması

Wahlschein <-(e)s, -e> *m* seçmen kartı **Wahlsieg** *m* seçimi kazanma, seçim zaferi **Wahlspruch** *m* slogan; (*Devise*) döviz **Wahlsystem** *nt* seçim sistemi

Wählton <-(e)s, -töne> *m* TELEK sinyal, çevir sesi

Wahlurne <-n> *f* oy sandığı

wahlweise *adv* isteğe göre

Wahn <-(e)s> [vaːn] *m kein pl* (*geh*) kuruntu, vehim; (*Einbildung*) hayal, imge

Wahnsinn <-(e)s> ['vaːnzɪn] *m kein pl* ① (*Geistesgestörtheit*) cinnet, delilik, çılgınlık ② (*fig fam: Unvernunft*) akılsızlık, çılgınlık, manyaklık; (*Unsinn*) saçmalık; **das ist doch ~** bu, çılgınlıktır, bu, manyaklıktır

wahnsinnig **I.** *adj* ① (*geistesgestört*) deli, çıldırmış; (*fig fam*) deli, manyak, çılgın; **~ werden** cinnet geçirmek, delirmek, çıldırmak; **du bist ja ~** (*fam*) sen manyaksın; **das macht mich ~** (*fam*) bu beni çıldırtıyor [*o* deli ediyor] ② (*fig fam: groß*) çılgın **II.** *adv* (*fig fam: sehr*) çılgınca, çıldırasıya, delicesine, deli gibi; **er hat sich ~ gefreut** sevinçten çılgına döndü, deli gibi sevindi; **er ist ~ verliebt** delicesine âşık

Wahnsinnige(r) <-n, -n; -n> *f(m)* manyak, çılgın; MED deli

Wahnvorstellung *f* kuruntu, vehim

wahr [vaːɐ] *adj* ① (*der Wahrheit entsprechend*) gerçek, hakiki; (*richtig*) doğru; (*wahrheitsgetreu*) gerçeğe uygun; **nicht ~?** (öyle) değil mi?, doğru değil mi?; **ist das ~?** gerçekten mi?, sahi mi?; **da ist was W~es dran** (*fam*) bunda bir gerçek payı var ② (*wirklich*) gerçek, hakiki; **etw ~ machen** bir şeyi gerçekleştirmek; **er ist ein ~er Freund** o gerçek bir dosttur; **das darf doch nicht ~ sein** (*fam*) bu gerçek olamaz; **im ~sten Sinne des Wortes** kelimenin tam anlamıyla; **sein ~es Gesicht zeigen** gerçek yüzünü göstermek; **seine ~en Gefühle nicht zeigen/erkennen lassen** gerçek duygularını göstermemek/belli etmemek ③ (*geh: echt*) gerçek, hakiki, sahici

wahren ['vaːrən] *vt* (*geh*) ① (*be~*) korumak; **den Schein ~** görünüşü [*o* zevahiri] kurtarmak ② (*Rechte*) korumak

während ['vɛːrənt] **I.** *präp* boyunca, sırasında **II.** *konj* ① (*zeitlich*) iken, -ken; **~ sie unterwegs/verreist waren, ...** onlar yoldayken/yolculuktayken ... ② (*wohingegen*) ise

währenddessen [vɛːrənt'dɛsən] *adv* o sırada

wahrhaben ['---] *vt* **etw nicht ~ wollen** bir şeyi(n gerçek olduğunu) kabul etmek istememek

wahrhaft ['vaːɐhaft] **I.** *adj* (*geh: wirklich*) gerçek, hakiki; (*echt*) gerçek, sahici **II.** *adv* (*geh*) gerçekten, hakikaten, sahiden

wahrhaftig [-'--] **I.** *adj* ① (*aufrichtig*) dürüst ② (*Beteuerung*) **ich habe es ~en Gottes nicht getan!** vallahi billahi ben yapmadım! **II.** *adv* (*geh: tatsächlich, allerdings*) gerçekten, hakikaten, sahiden

Wahrheit <-en> *f* (*Tatbestand*) gerçek, hakikat; (*Richtigkeit*) doğruluk; **die halbe/volle ~** gerçeğin yarısı/hepsi; **die ungeschminkte ~** çıplak gerçek; **die lautere ~ sagen** harbi söylemek; **die ~ sagen** gerçeği söylemek; **in ~** gerçekte, aslında; **bei der ~ bleiben** yalan söylememek; **um die ~ zu sagen, ...** gerçeği [*o* doğrusunu] söylemek gerekirse ..., doğrusu ...

wahrheitsgetreu *adj* gerçeğe uygun

wahrlich *adv* (*geh*) gerçekten, hakikaten

wahrnehmbar *adj* algılanabilir, duyulabilir, fark edilebilir

wahr|nehmen *irr vt* ① (*bemerken*) fark etmek, farkına varmak (-in); (*Sinneseindrücke*) algılamak ② (*Gelegenheit*) kullanmak; **eine Chance ~** bir fırsattan istifade etmek ③ (*Interessen*) gözetmek; (*Pflichten*) yerine getirmek, ifa etmek; **einen Termin ~** bir randevuya gitmek

Wahrnehmung <-en> *f* ① (*Sinnes~*) algı, idrak ② (*von Interessen*) gözetilme; (*eines Termins*) gitme (-e)

Wahrnehmungsfähigkeit *f kein pl*, **Wahrnehmungsvermögen** *nt kein pl* algı yetisi, alırlık, idrak kabiliyeti

wahr|sagen **I.** *vi* fal bakmak; **sich** *dat* **~ lassen** fal baktırmak **II.** *vt* **jdm etw ~** birinin falına bakmak

Wahrsager(in) <-s, -; -nen> *m(f)* falcı

Wahrsagung[1] *f kein pl* (*das Wahrsagen*) falcılık

Wahrsagung[2] <-en> *f* (*das Prophezeite*) fal **wahrscheinlich** [vaːɐ'ʃaɪnlɪç] **I.** *adj* olasılı, ihtimalî, muhtemel; **es ist ~, dass ...** ...mesi muhtemel [*o* olasılı] **II.** *adv* olabilir, ihtimal
Wahrscheinlichkeit <-en> *f* olasılık, ihtimal; **aller ~ nach** büyük bir olasılıkla
Wahrscheinlichkeitsrechnung <-en> *f* MATH olasılık(lar) hesabı
Wahrung ['vaːrʊŋ] *f kein pl* koru(n)ma
Währung <-en> ['vɛːrʊŋ] *f* para **Währungseinheit** *f* para birimi **Währungsfonds** *m* para fonu; **Internationaler ~** Uluslararası Para Fonu **Währungsreform** *f* para reformu **Währungsunion** *f* para birliği; **Europäische ~** Avrupa Para Birliği
Wahrzeichen *nt* simge, sembol; (*Logo*) logo; (*einer Stadt*) simge
Waise <-n> ['vaɪzə] *f* öksüz; (*ohne Vater*) yetim; **~ sein/werden** öksüz olmak/kalmak **Waisenhaus** *nt* yetimhane **Waisenkind** *nt* öksüz çocuk **Waisenrente** *f* eytam maaşı
Wal <-(e)s, -e> [vaːl] *m* ZOOL balina
Wald <-(e)s, Wälder> [valt, *pl* 'vɛldɐ] *m* orman; **der Bayerische ~** Bavyera Ormanı; **wie man in den ~ hineinruft, so schallt es heraus** (*prov*) ne yaparsan onu bulursun **Waldbrand** <-(e)s, -brände> *m* orman yangını **Waldhorn** *m* MUS korno
waldig *adj* ormanlık
Waldlauf <-(e)s, -läufe> *m* kros **Waldmeister** <-s> *m kein pl* BOT kokulu yapışkan otu **Waldrand** *m* orman kenarı **Waldrapp** *m* ZOOL kelaynak **Waldschaden** *m* orman tahribatı **Waldschnepfe** <-n> *f* ZOOL çulluk **Waldsterben** <-s> *nt kein pl* ormanların ölmesi **Waldweg** *m* orman yolu
Walfang *m kein pl* balina avı
Walkie-Talkie[RR] <-(s), -s> ['wɔːkitɔːki] *nt* portatif telsiz telefon
Walkman® <-s, -men> ['wɔːkmɛ(ː)n] *m* walkman, yürürçalar
Wall <-(e)s, Wälle> [val, *pl* 'vɛlə] *m* (*Erd~*) bent; (*Schutz~*) set
Wallach <-(e)s, -e> ['valax] *m* ZOOL iğdiş at
wallen ['valən] *vi* ❶ (*Flüssigkeit*) fokurdamak, fokur fokur kaynamak ❷ *sein* (*geh: Haar, Gewänder*) dalgalanmak
Wallfahrer(in) *m(f)* hacı
Wallfahrt *f* hac; **eine ~ machen** hacca gitmek **Wallfahrtsort** *m* hac yeri
Wallung <-en> ['valʊŋ] *f* ❶ dalgalanma; (*Brodeln*) fokurdama, fokur fokur kaynama ❷ MED aşırı kan birikme ❸ (*fig*) **jdn in ~ bringen** birinin kanını kaynatmak; **sein Blut geriet in ~** kan(ı) başına çıktı [*o* sıçradı]
Walnuss[RR] <-nüsse> ['vaːl-] *f*, **Walnuß**[ALT] <-nüsse> *f* ❶ (*Frucht*) ceviz ❷ (*Baum*) ceviz **Walnussbaum**[RR] *m* ceviz (ağacı)
Walpurgisnacht [val'pʊrgɪs-] *f* Cadılar Bayramı
Walross[RR] <-es, -e> ['vaːl-] *nt*, **Walroß**[ALT] <-sses, -rosse> *nt* ❶ (*Tier*) mors ❷ (*fam: Mensch*) aygır gibi
walten ['valtən] *vi* (*geh*) **Gnade ~ lassen** merhametli olmak; **Vorsicht ~ lassen** dikkatli olmak; **seines Amtes ~** görevini yapmak
Walze <-n> ['valtsə] *f* ❶ MATH silindir ❷ (*an Maschinen*) silindir, merdane ❸ (*Straßen~*) silindir
walzen ['valtsən] *vt* ❶ (*Metall*) haddelemek ❷ (*Straße*) üzerinden silindir geçirmek (-in)
wälzen ['vɛltsən] **I.** *vt* ❶ (*rollen*) yuvarlamak; **die Schuld auf jdn ~** suçu birine yıkmak [*o* yüklemek], suçu [*o* kabahati] birinin üstüne atmak ❷ (*fig*) GASTR **etw in etw** *dat* **~** bir şeyi başka bir şeye bulamak; (*in Paniermehl*) bulamak ❸ (*fig fam: Bücher*) karıştırmak; (*Probleme*) tartışmak **II.** *vr* ■ **sich ~** ❶ (*Lawine*) düşmek, aşağı yuvarlanmak ❷ (*Tier*) ağnamak, ağınmak (**in** -de); (*Person*) yuvarlanmak (**in** -de); **sie wälzte sich von einer Seite auf die andere** bir yandan öteki yana dönüp durdu; **sich vor Lachen ~** (*fig fam*) gülmekten katılmak
walzenförmig *adj* silindirimsi
Walzer <-s, -> ['valtsɐ] *m* vals; **langsamer ~** yavaş vals; **Wiener ~** Viyana Valsı
Walzwerk *nt* hadde fabrikası
Wampe <-n> ['vampə] *f* (*pej fam*) göbek
wand [vant] *3. imp von* **winden**
Wand <Wände> [vant, *pl* 'vɛndə] *f* duvar; (*Nebel~*) perde; **~ an ~ wohnen** kapı (bir) komşu olmak; **spanische ~** paravana; **in seinen (eigenen) vier Wänden** (*fam*) (kendi) evinde; **jdn an die ~ spielen** (*fig*) *a.* THEAT birini gölgede bırakmak; **jdn an die ~ stellen** (*fig*) birini kurşuna dizmek; **mit dem Kopf durch die ~ wollen** (*fig*) olmazı başarmak istemek
Wandalismus <-> [vanda'lɪsmʊs] *m kein pl* vandalizm
Wandel <-s> ['vandəl] *m kein pl* değişme, değişim, değişiklik, dönüşme; **im ~ der Zeit** zamanın değişmesiyle, zamanla; **hier muss ~ geschaffen werden** burada deği-

şiklik yapılması gerekir
wandeln ['vandəln] **I.** *vi sein* (*geh*) tur atmak, dolaşmak, gezinmek; **ein ~des Lexikon sein** (*fig*) ayaklı kütüphane olmak **II.** *vt* değiştirmek **III.** *vr* ■ **sich ~** (*geh*) değişmek
Wandelstern *m* gezegen
Wanderausstellung *f* gezici sergi **Wanderbühne** *f* gezici tiyatro, gezici topluluk
Wanderer(in) <-s, -; -nen> *m(f)* gezgin
Wanderkarte *f* yürüyüş(çü) haritası
wandern ['vandɐn] *vi sein* ❶ (*gehen*) gitmek; (*Wanderung machen*) gezmek, yürüyüş yapmak; (*Völker*) göç etmek ❷ (*herumgehen*) dolanmak (**in/durch** -de/içinden); (*Blick*) gezinmek (**in** -de); **ruhelos im Zimmer auf und ab ~** odada bir aşağı bir yukarı dolanmak ❸ (*fam: hinkommen*) boylamak (**in** -i), atılmak (**in** -e); **ins Gefängnis/ins Feuer ~** ateşi/hapsi boylamak, ateşe/hapse atılmak
Wanderpokal <-s, -e> *m* çelenç (*elden ele geçen kupa*)
Wanderung <-en> *f* ❶ (*Ausflug*) gezme, gezinti, yürüyüş; **eine ~ machen** gezmeye çıkmak, gezinti yapmak, yürüyüş yapmak ❷ (*von Tieren, Völkern*) göç
Wandervogel *m* (*fam*) ❶ (*Wanderer*) gezgin ❷ (*unsteter Mensch*) göçebe **Wanderweg** *m* koşu yolu
Wandgemälde *nt* duvar resmi **Wandkalender** *m* duvar takvimi **Wandkarte** *f* duvar haritası **Wandleuchte** *f* aplik
Wandlung <-en> ['vandlʊŋ] *f* ❶ (*Veränderung*) değişme, değişiklik; (*Verwandlung*) değişme, dönüşme (**in** -e), dönüşüm (**in** -e) ❷ REL *Katoliklerin inancına göre kudasta ekmek ve şarabın İsa Peygamber'in etiyle kanına dönüşmesi*
Wandlungsklage *f* JUR satımın reddini dava, satılanın değiştirilmesini dava
Wandnische <-n> *f* niş
Wandschrank *m* gömme dolap
wandte ['vantə] *3. imp von* **wenden²**
Wandteppich *m* duvar halısı **Wanduhr** *f* duvar saati **Wandverkleidung** <-en> *f* lambri, (iç) duvar kaplaması; **~ aus Marmor/Holz** mermer/ahşap lambri **Wandzeitung** <-en> *f* duvar gazetesi
Wange <-n> ['vaŋə] *f* (*geh*) yanak; **~ an ~** yanak yanağa
Wankelmut <-(e)s> *m kein pl* döneklik, hercailik
wankelmütig *adj* (*pej geh*) dönek, hercai, yeltek
Wankelmütigkeit *f kein pl* döneklik, hercailik
wanken ['vaŋkən] *vi* ❶ (*schwanken*) sallanmak; **ins W~ geraten** sallanmaya başlamak ❷ *sein* (*schwankend gehen*) sallanarak gitmek
wann [van] *adv* ❶ (*interrogativ*) ne zaman; **seit ~?** ne zamandan beri?; **bis ~?** ne zamana kadar?; **von ~ bis ~?** ne zamandan ne zamana?; **ab ~?** ne zamandan itibaren? ❷ **~ (auch) immer** ne zaman olursa olsun; **dann und ~** zaman zaman, ara sıra, kimi zaman
Wanne <-n> ['vanə] *f* tekne, leğen; (*Bade~*) küvet; **in der ~ liegen** (*fam*) banyoda yatmak
Wanst <-(e)s, Wänste> [vanst, *pl* 'vɛnstə] *m* ❶ (*dicker Bauch*) göbek; **sich** *dat* **den ~ vollschlagen** tıkınmak ❷ (*pej fam: kleines Kind*) bacaksız, yumurcak
Wanze <-n> ['vantsə] *f* ❶ ZOOL tahtakurusu ❷ (*sl: Abhör~*) gizli mikrofon, gizli dinleme cihazı
Wappen <-s, -> ['vapən] *nt* arma, ongun **Wappenschild** <-(e)s, -er> *m o nt* armalı levha
wappnen ['vapnən] *vr* ■ **sich ~:** (*geh*) **sich gegen etw ~** bir şeye karşı hazırlıklı olmak; **Gott möge ihn mit Kraft/Geduld (für das Amt) ~** Allah ona (görevi için) kuvvet/sabır versin
war [vaːɐ] *3. imp von* **sein**
warb [varp] *3. imp von* **werben**
Ware <-n> ['vaːrə] *f* mal; **heiße ~** (*sl*) çalınmış mal; **jeder Krämer lobt seine ~** (*prov*) kimse ayranım ekşi demez **Warenangebot** *nt* mal çeşitleri *pl* **Warenbaum** *m* (*eines Webstuhls*) kumaş levendi **Warenbestand** <-(e)s, -stände> *m* emtia mevcudu, stoklar *pl* **Warenhaus** *nt* mağaza, bonmarşe **Warenlager** *nt* ardiye, mal deposu **Warenprobe** *f* eşantiyon **Warenverkehr** *m* mal ulaşımı; **freier ~** serbest mal ulaşımı **Warenzeichen** *nt* marka; **eingetragenes ~** tescilli marka
warf [varf] *3. imp von* **werfen**
warm <wärmer, am wärmsten> [varm] *adj* ❶ (*allgemein*) sıcak; (*Farbe, Ton, Klima, Wetter*) sıcak; (*lau~*) ılık; **etw ~ machen** bir şeyi ısıtmak; **es ist (sehr) ~** (çok) sıcak; ■ **sich ~ anziehen** kalın giyinmek; **~ duschen** sıcak duş yapmak; ■ **sich ~ laufen** ısınma koşusu yapmak; **das Zimmer kostet 300 Euro ~** (*fam*) odanın fiyatı ısıtma dahil 300 eurodur; ■ **sich ~ laufen** SPORT ısınmak için koşmak ❷ (*~herzig*) sıcak; **mit jdm/etw** *dat* **~ werden** (*fam*) bir kimseye/şeye ısınmak
Warmblüter *m* ZOOL sıcakkanlı
Wärme ['vɛrmə] *f kein pl a.* PHYS ısı

Wärmeaustausch <-es> *m kein pl* ısı alış verişi **wärmebeständig** *adj* ısıya dayanıklı **Wärmebildkamera** *f* termal kamera **Wärmedämmung** <-en> *f* ısı kaybını önleme; (*Wärmeisolierung*) ısı yalıtımı **Wärmeeinheit** *f* ısı birimi **Wärmeenergie** *f* ısı enerjisi **Wärmeflasche** *f* sıcak su torbası, buyot **Wärmehaushalt** <-(e)s> *m kein pl* (*der Umwelt*) sıcaklık seviyesi **Wärmeisolierung** *f* ısı yalıtımı **Wärmekraftwerk** *nt* termik santral **Wärmelehre** *f kein pl* PHYS kalorik **Wärmemenge** *f* ısı miktarı **Wärmemesser** *m* TECH ısıölçer

wärmen ['vɛrmən] **I.** *vi* (*Ofen*) ısıtmak; (*Kleidung*) ısıtmak **II.** *vr* ■ **sich** ~ ısınmak

Wärmepumpe *f* ısı pompası **Wärmequelle** *f* ısı kaynağı **Wärmeregler** *m* ısıdenetir, termostat **Wärmespeicher** *m* ısı toplayıcı, sıcaklık toplama deposu **Wärmestauung** *f* ısı depolanması **Wärmestrahlung** *f kein pl* PHYS termik radyasyon **Wärmetechnik** *f kein pl* ısı teknolojisi **Wärmeverlust** *m* ısı kaybı

Wärmflasche *f* termofor

Warmfront *f* METEO sıcak hava cephesi

warm|halten *irr vt* (*fig fam*) **sich** *dat* **jdn** ~ biriyle ilişkisini kesmemek

warmherzig *adj* sıcakkanlı, cana yakın

Warmherzigkeit *f kein pl* sıcakkanlılık, cana yakınlık

Warmlaufen *f kein pl* SPORT ısınma koşusu

Warmluft *f kein pl* TECH, METEO sıcak hava **Warmmiete** *f* (*fam*) içinde kalorifer parası olan kira, yakıt dahil kira **Warmstart** *m* INFORM çökertmeli başlatma

wärmstens *adv* bilhassa, özellikle; **jdm etw ~ empfehlen** birine bir şeyi bilhassa tavsiye etmek

Warmwasserbereiter <-s, -> [-'-----] *m* TECH termosifon **Warmwasserspeicher** [-'----] *m* sıcak su deposu **Warmwasserversorgung** [-'-----] *f* sıcak su dağıtımı

Warnblinkanlage *f* AUTO flaşör

Warndreieck *nt* AUTO uyarı üçgeni

warnen ['varnən] *vt* uyarmak (**vor** -e karşı), ikaz etmek (**vor** -e karşı); **ich warne dich!** seni uyarıyorum!

Warnleuchte *f* TECH, AUTO ikaz lambası **Warnlicht** *nt* sinyal ışığı **Warnschild** <-(e)s, -er> *nt* uyarı levhası, ikaz levhası **Warnschuss**[RR] *m* uyarı atışı; **einen ~ abgeben** uyarmak için havaya ateş etmek **Warnsignal** *nt* uyarı işareti, ikaz işareti **Warnstreik** *m* uyarı grevi

Warnung <-en> *f* uyarı (**vor** -e karşı), uyarma (**vor** -e karşı), ikaz (**vor** -e karşı); **ohne vorherige ~** uyarmadan; **lass dir das eine ~ sein!** bu sana bir uyarı olsun!

Warnzeichen *nt* uyarı işareti, ikaz işareti

Warschau <-s> ['varʃaʊ] *nt* Varşova

Warte *f* (*Wetter~*) istasyon

Wartehalle *f* bekleme salonu **Warteliste** *f* yedekler listesi; **sich auf die ~ setzen lassen** yedekler listesine adını yazdırmak

warten ['vartən] **I.** *vi* beklemek; **auf etw/jdn ~** bir şeyi/kimseyi beklemek; **warte mal!** bekle bir!; **etw lässt lange auf sich ~** bir şey çok bekletiyor; **worauf wartest du?** neyi bekliyorsun?; **er lässt (heute) lange auf sich ~** (bugün) bizi çok bekletti; **auf dich habe ich gerade noch gewartet** (*iron*) bir sen eksiktin; **da kannst du lange ~!** (*fam*) bekle yârin köşesini!, daha çok beklersin!; **na, warte!** (*fam*) bekle, görürsün! **II.** *vt* TECH bakımını yapmak (-in)

Wärter(in) <-s, -; -nen> ['vɛrtɐ] *m(f)* bekçi; (*Gefängnis~*) gardiyan; (*Tier~*) bakıcı

Warteraum <-(e)s, -räume> *m* bekleme yeri **Wartesaal** *m* bekleme salonu **Wartezeit** *f* bekleme süresi **Wartezimmer** *nt* bekleme odası

Wartung <-en> *f* bakım

warum [va'rʊm] *adv* neden, niçin, niye; **~ nicht?** neden olmasın?; **~ denn?** neden ki?, niye ki?

Warze <-n> ['vartsə] *f* ❶ (*Haut~*) siğil ❷ (*Brust~*) baş

was [vas] **I.** *pron* ne; **~ kostet das?** bu kaç para?, bunun fiyatı ne?; **~ heißt „Haus" auf Türkisch?** "Haus" Türkçede ne demek?; **~ denkst du?** ne düşünüyorsun [*o* diyorsun]?; **~ hast du denn bloß?** neyin var ki?; **~ weiß ich!** (*fam*) ben ne bileyim!; **~ soll das?** bu da ne demek?; **~ ist schon dabei?** bunda ne var ki?; **~ für ein Wagen ist das?** nasıl bir araba bu?, bu araba ne?; **~ für eine Hitze/ein Glück!** ne sıcak/şans!; **nicht schlecht, ~?** (*fam*) fena değil, değil mi?; **um ~ geht es?** söz konusu olay nedir?; **~ ist, hast du Lust?** (*fam*) nasıl, hevesin var mı?; **ach ~!** (*fam*) haydi (canım) sen de!; **und ~ nicht alles** (*fam*) ve daha neler neler **II.** *pron* şey; **das Beste, ~ du tun kannst** yapabileceğin en iyi şey; (**das**), **~ sie sagt ...** onun dediği (şey) ...; (**das**), **~ mich ärgert, ...** beni kızdıran (şey), ...; **alles, ~ du willst** istediğin her şey; **alles, ~ ich habe** benim neyim varsa **III.** *pron* (*fam: etwas*) bir şey; **~ ich nicht weiß, macht mich nicht heiß** (*fig*) göz görmeyince gönül katlanır; **hast du ~?** bir şeyin mi var?; **das ist auch ~** bu da bir şeydir; **das ist ~ anderes** bu başka bir şey; **nein, so ~!** (*fam*) böyle şey olmaz!; **na**

so ~! (*fam*) bak şu işe!; **so ~ Blödes!** (*fam*) ne aksilik!
Waschanlage *f* ❶ (*Auto~*) oto yıkama (tesisi) ❷ TECH yıkama tesisi **Waschanleitung** *f* yıkama tarifesi
waschbar *adj* yıkanabilir
Waschbär <-en, -en> *m* ZOOL rakun **Waschbecken** *nt* lavabo **Waschblau** *nt kein pl* çivit
Wäsche¹ <-n> ['vɛʃə] *f* (*das Waschen*) yıkama; **etw in die ~ geben** bir şeyi yıkamaya vermek
Wäsche² *f kein pl* ❶ (*zu waschende Textilien*) çamaşır; **~ waschen** çamaşır yıkamak; **seine schmutzige ~ (vor anderen Leuten) waschen** (*fig*) kirli çamaşırlarını piyasaya çıkarmak ❷ (*Unter~*) (iç) çamaşır(ı); (*Bett~*) çarşaflar *pl;* **die ~ wechseln** çarşafları değiştirmek; **dumm aus der ~ gucken** (*fam*) apışmak, apışıp kalmak
waschecht *adj* ❶ (*Stoff*) renk atmaz, rengini atmaz, boyası çıkmaz; (*Farbe*) solmaz ❷ (*fig fam*) gerçek, hakiki; (*typisch*) tipik **Wäscheklammer** *f* çamaşır mandalı **Wäschekorb** *m* çamaşır sepeti **Wäscheleine** *f* çamaşır ipi
waschen <wäscht, wusch, gewaschen> ['vaʃən] **I.** *vt* ❶ (*reinigen*) yıkamak; **sich** *dat* **die Hände/Haare ~** ellerini/saçını yıkamak; **eine Hand wäscht die andere** (*prov*) bir el bir eli yıkar, iki el bir yüzü yıkar ❷ (*fam: Geld*) yıkamak **II.** *vr* ■ **sich ~** yıkanmak; **sich warm/kalt ~** sıcak/soğuk suyla yıkanmak; **eine Prüfung, die sich gewaschen hat** (*fam*) çok zor bir sınav
Wäscherei <-en> [vɛʃə'raɪ] *f* çamaşırhane
Wäscheschleuder *f* santrifüjlü kurutucu **Wäscheschrank** *m* çamaşır dolabı **Wäscheständer** *m* çamaşır kurutma sehpası **Wäschetrockner** *m* ❶ (*elektrisch*) çamaşır kurutucusu, kurutma makinesi ❷ (*Wäscheständer*) çamaşır kurutma sehpası **Wäschetrommel** *f* çamaşır tamburu **Wäschewechsel** *m* çamaşır değiştirme
Waschgang <-(e)s, -gänge> *m* yıkama süreci; **im ersten ~** birinci yıkama sürecinde **Waschkessel** *m* çamaşır kazanı **Waschküche** <-n> *f* ❶ (*Raum*) çamaşırlık, çamaşır odası ❷ (*fig fam: Nebel*) yoğun sis; **draußen ist eine richtige ~** dışarıda insan yoğun sisten göz gözü görmüyor **Waschlappen** *m* ❶ (*zum Waschen*) yıkama bezi ❷ (*pej fam: Mensch*) pısırık **Waschmaschine** *f* çamaşır makinesi **Waschmittel** *nt* deterjan **Waschpulver** *nt* çamaşır tozu **Waschraum** *m* çamaşır odası **Waschsalon** *m* çamaşır salonu, çamaşırhane **Waschschüssel** *f* çamaşır leğeni **Waschstraße** *f* AUTO oto yıkama yolu
wäscht [vɛʃt] *3. präs von* **waschen**
Waschtag *m* çamaşır günü
Waschung <-en> *f* (*geh*) taharet, aptest alma **Waschwasser** *nt* çamaşır suyu **Waschweib** *nt* (*pej fam*) dedikodu kumkuması **Waschzeug** *nt* tuvalet malzemesi
Wasser <-s, -> ['vasɐ] *nt* su; **kölnisch ~** kolonya; **stehendes/fließendes ~** durgun/akar su; **heißes/warmes/kaltes/kochendes ~** sıcak/ılık/soğuk/kaynar su; **zu Lande und zu ~** karada ve suda; **~ lassen** (*urinieren*) su dökmek, işemek; **~ auf jds Mühle gießen** (*fam*) birinin ekmeğine yağ sürmek; **sich über ~ halten** (*fam*) geçinip gitmek, idare etmek; **ein Boot zu ~ lassen** bir sandalı suya indirmek; **etw unter ~ setzen** bir şeyi su basmak; **ins ~ fallen** (*a. fig*) suya düşmek; **nahe am ~ gebaut haben** (*fig fam*) hafiften ağlamak; **jdm nicht das ~ reichen können** (*fig*) birinin eline su dökemez olmak, birinin kâbına varamamak, biriyle aşık atamamak; **ihr steht das ~ bis zum Hals** (*fig fam*) o, boğazına kadar borç içinde; **mit allen ~n gewaschen sein** (*fam*) suya götürüp susuz getirir olmak, çok kurnaz olmak; **jdm das ~ abgraben** birinin kuyusunu kazmak; **da fließt noch viel ~ den Rhein hinunter** (*fam*) köprülerin altından daha çok sular geçer; **das ~ läuft mir im Mund zusammen** (*fam*) ağzımın suyu akıyor, ağzım sulandı **Wasserader** *f* su damarı **Wasseranschluss^RR** *m* su bağlantısı
Wasseraufbereitung *f* su arıtma **Wasseraufbereitungsanlage** *f* su arıtma tesisi
Wasserbad *nt* GASTR benmari; **etw im ~ erhitzen** bir şeyi benmaride ısıtmak
Wasserball¹ <-(e)s> *m kein pl* SPORT su topu
Wasserball² <-(e)s, -bälle> *m* (*Ball*) su topu; (*aufblasbar*) şişer su topu
Wasserbehälter *m* su kabı **Wasserbett** *nt* su yatağı **Wasserbombe** *f* MIL su bombası **Wasserbüffel** *m* ZOOL manda **Wasserdampf** *m* su buharı **wasserdicht** *adj* ❶ (*Uhr, Kleidung*) su geçirmez ❷ (*fam: Alibi*) su götürmez, kesin **Wasserdruck** *m kein pl* su basıncı **Wassereimer** *m* su kovası **Wasserfall** <-(e)s, -fälle> *m* çağlayan; (*größer*) çavlan, şelale; **wie ein ~ reden** (*fam*) çenesi durmamak **Wasserfarbe** *f* sulu boya **wasserfest** *adj* suda çözünmeyen **Wasserfloh** *m*

W

ZOOL su piresi **Wasserflugzeug** *nt* deniz uçağı **wassergekühlt** *adj* AUTO su soğutmalı **Wasserglas** <-es, -gläser> *nt* ❶ (*Gefäß*) su bardağı ❷ CHEM su camı **Wassergraben** *m* su hendeği **Wasserhahn** *m* musluk **Wasserhaushalt** *m* MED, BIOL su dengesi **Wasserheilverfahren** *nt kein pl* MED su tedavisi **Wasserhülle** *f* GEO su yuvarı, su küre

wässerig ['vɛsərɪç] *adj* (*verdünnt*) sulu, sulandırılmış; (*Wasser enthaltend*) sulu; (*fade*) sudan; **jdm den Mund ~ machen** (*fam*) birinin ağzını sulandırmak

Wasserkanister *m* su bidonu **Wasserkasten** *m* rezervuar **Wasserkessel** *m* su kazanı **Wasserkopf** *m* ❶ MED hidrosefali ❷ (*fig: überproportionales Gebilde*) aşırı oranlı yapı **Wasserkraft** *f* su gücü, hidroelektrik, su gücüyle elde edilen enerji **Wasserkraftwerk** *nt* hidroelektrik santral **Wasserkrug** *m* su testisi **Wasserlauf** <-(e)s, -läufe> *m* akar su **Wasserleiche** *f* (*fam*) suda yatmış ceset **Wasserleitung** *f* su boru hattı **Wasserlilie** *f* BOT nilüfer **Wasserlinie** *f* NAUT su kesimi **wasserlöslich** *adj* suda çözünen, suda eriyen **Wassermann** *m* ❶ MYTH erkek su perisi ❷ ASTROL Kova; **das Sternbild/der Wendekreis des ~s** Kova burcu/dönencesi **Wassermelone** *f* karpuz **Wasserminze** *f* BOT su nanesi **Wassermühle** <-n> *f* su değirmeni

wässern ['vɛsɐn] *vt* ❶ GASTR suya yatırmak ❷ (*gießen*) sulamak

Wasserpfeife *f* nargile **Wasserpflanze** *f* su bitkisi **Wasserpistole** *f* su tabancası **Wasserpumpe** *f* ❶ su pompası ❷ AUTO (*Kühl~*) devridaim pompası **Wasserrad** *nt* su dolabı **Wasserratte** *f* ❶ ZOOL su sıçanı ❷ (*fam: Mensch*) *sudan çıkmak bilmeyen yüzmeyi çok seven kimse* **Wasserrohr** <-(e)s, -e> *nt* su borusu **Wasserrose** *f* BOT nilüfer **Wasserschaden** *m* su hasarı, suyun meydana getirdiği zarar **wasserscheu** *adj* sudan korkan **Wasserscheu** *f kein pl* su korkusu **Wasserschierling** *m kein pl* BOT su baldıranı, su rezenesi **Wasserschutzgebiet** *nt* su koruma alanı **Wasserski** <-s> *nt kein pl* su kayağı; **~ fahren** su kayağı yapmak **Wasserspeicher** <-s, -> *m* su deposu **Wasserspeier** <-s, -> *m* çörten **Wasserspiegel** *m* ❶ (*Wasseroberfläche*) su yüzeyi ❷ (*Wasserstand*) su düzeyi **Wassersport** <-(e)s, -e> *m* su sporu **Wasserspülung** *f* sudan geçirme **Wasserstand** <-(e)s, -stände> *m* su düzeyi **Wasserstoff** <-(e)s> *m kein pl* CHEM hidrojen **Wasserstoffbombe** *f* hidrojen bombası

Wasserstrahl *m* su fışkırması **Wasserstraße** *f* su yolu **Wassertiefe** *f* suyun derinliği **Wassertier** *nt* su hayvanı **Wassertropfen** *m* su damlası **Wasserturbine** *f* su türbini **Wasserverbrauch** *m* su tüketimi **Wasserverschmutzung** *f* su kirlenmesi **Wasserversorgung** *f kein pl* su dağıtımı **Wasservogel** *m* ZOOL su kuşu **Wasserwaage** *f* TECH su terazisi **Wasserweg** *m* su yolu, gemiyle gidilen yol; **auf dem ~** gemiyle **Wasserwellen** *pl* mizanpli **Wasserwerfer** <-s, -> *m* su püskürtücüsü **Wasserwerk** *nt* hidroelektrik santral **Wasserzähler** <-s, -> *m* su sayacı **Wasserzeichen** *nt* filigran

wässrig[RR] ['vɛsrɪç] *adj*, **wäßrig**[ALT] *adj s.* **wässerig**

waten ['va:tən] *vi sein* bata çıka yürümek (**in** -de)

Watsche <-n> ['vatʃə] *f* SÜDD, ÖSTERR (*fam*) tokat

watscheln ['vatʃəln] *vi sein* paytak adımlarla yürümek, badi badi yürümek; **~ wie eine Ente** ördek gibi badi badi yürümek

Watt[1] <-(e)s, -en> [vat] *nt* (*~landschaft*) inik deniz

Watt[2] <-s, -> *nt* ELEK, PHYS, TECH vat

Watte <-n> ['vatə] *f* pamuk; **jdn in ~ packen** (*fig fam*) birinin üstüne titremek **Wattebausch** *m* pamuk; (*Tampon*) tampon **Wattestäbchen** [-ʃtɛ:pçən] *nt* pamuklu çubuk

wattieren* *vt* pamuklu astar geçirmek (-e)

Wau <-(e)s, -e> *m* BOT rezede

Wauwau <-s, -s> *m* (*Kindersprache*) hav-hav, hoşhoş

WC *nt* yüz numara

Web *nt* INET web

weben <webt, wob, gewoben> ['ve:bən] *vt, vi* (*a. fig*) dokumak

Weber(in) <-s, -; -nen> *m(f)* dokumacı

Weberei <-en> *f* ❶ (*Betrieb*) dokumahane ❷ (*das Weben*) dokuma(cılık)

Weblog *nt* INET weblog

Webstuhl <-(e)s, -stühle> *m* dokuma tezgâhı

Wechsel <-s, -> ['vɛksəl] *m* ❶ (*das Wechseln, Veränderung*) değiştirme, değişim; **im ~ mit ...** ...le nöbetleşe ❷ FIN poliçe; **einen ~ ausstellen** poliçe keşide etmek **Wechselautomat** *m* para bozma makinesi **Wechselbeziehung** *f* bağlılaşım (**zwischen** arasında); **die Probleme stehen in ~ zueinander** sorunlar arasında bağlılaşım vardır **Wechselbürgschaft** *f* FIN aval **Wechselfälle** *pl* değişkenlikler *pl;* **die ~ des Lebens** yaşamdaki değişkenlikler **Wechselgeld** *nt* paranın üstü; (*Kleingeld*) bozuk para, bozukluk

wechselhaft *adj* değişken, değişici, kararsız, istikrarsız; (*Wetter*) kararsız; (*Person*) kararsız, istikrarsız

Wechseljahre *pl* yaş dönümü; (*der Frau*) menopoz; (*des Mannes*) andropoz **Wechselkurs** *m* FIN kambiyo kuru, döviz kuru

wechseln ['vɛksəln] **I.** *vi* geçmek (**zu** -e); **zu einer anderen Firma ~** başka bir firmaya geçmek; **ich habe von Philosophie zu Mathematik gewechselt** felsefeden matematiğe geçtim **II.** *vt* değiştirmek (**in** -e); (*austauschen*) değiştirmek; **den Besitzer ~** el değiştirmek; **200 Euro in türkische Lira ~** 200 euroyu Türk lirasına değiştirmek; **kannst du mir 10 Euro ~?** bana 10 Euro bozabilir misin?

wechselnd *adj* ❶ değişen; (*ab~*) nöbetleşe ❷ (*unterschiedlich*) değişik

wechselseitig *adj* karşılıklı

Wechselseitigkeit *f kein pl* karşılıklılık

Wechselspiel *nt kein pl* değişiş, oynaşma

wechselständig *adj* BOT almaşık

Wechselstrom *m kein pl* ELEK dalgalı akım, alternatif akım **Wechselstromgenerator** *m* ELEK alternatör, dalgalı akım üreteci

Wechselstube *f* kambiyo bürosu, döviz alım satım bürosu

wechselweise *adv* nöbetleşe, sıra ile, değişerek

Wechselwirkung *f* etkileşim; **in ~ zueinander stehen** birbirini karşılıklı olarak etkilemek

wecken ['vɛkən] *vt* (*a. fig*) uyandırmak; **jds Interesse ~** birinin merakını uyandırmak

Wecken <-s, -> ['vɛkən] *m* ÖSTERR, SÜDD francala

Wecker <-s, -> *m* çalar saat; **jdm auf den ~ gehen** (*fam*) birini sinir etmek

wedeln ['ve:dəln] *vi* **mit etw** *dat* **~** bir şeyi sallamak; **mit dem Schwanz ~** kuyruğunu sallamak

weder ['ve:dɐ] *konj* **~ ... noch ...** ne ..., ne ...; **er ist ~ schön, noch hat er Verstand** ne güzeldir, ne aklı vardır

weg [vɛk] *adv* ❶ (*abwesend*) yok; (*verloren*) kayıp; (*verschwunden*) ortadan kaybolmuş, kayıplara karışmış; **ich müsste schon längst ~ sein** çoktan gitmiş olmam gerekir; **weit ~ von hier** buradan çok uzakta; **meine Brille ist ~** gözlüğüm kayıp; **drüber ~ sein** (*fam: überwinden*) onu yenmiş olmak; (*verschmerzen*) onu unutabilmek; **hin und ~ sein** (*fam*) hayran kalmak ❷ (*bei Aufforderung*) **~ mit dir!** git!; **~ da!** git [*o* çekil] oradan!, savulun!; **nichts wie ~ hier** (*fam*) gidelim buradan; **Finger ~!** çek parmağını!

Weg <-(e)s, -e> [ve:k] *m* ❶ (*allgemein*) yol; (*Pfad*) yol; **am ~e** yolda; **jdm den ~ ebnen** (*fig*) birinin işini kolaylaştırmak; **jdm über den ~ laufen** birinin yoluna çıkmak, birinin yolda karşısına çıkmak; **jdn/etw aus dem ~ räumen** (*fam*) bir kimseyi/şeyi temizlemek; **etw/jdm aus dem ~ gehen** bir şeyden/kimseden kaçınmak; **jdm im ~ stehen** birine engel olmak; **sich jdm in den ~ stellen** birinin yolunu kesmek, birini yoldan çevirmek, birinin gitmesine engel olmak; **steh hier nicht im ~ rum!** ortalıkta durmasana!; **jdm nicht über den ~ trauen** birine hiç güveni olmamak; **die Post liegt auf meinem ~** postane yolumun üzerinde; **wohin des ~es?** nereye böyle [*o* gidiyorsun]? ❷ (*Strecke*) yol, mesafe; (*Reise~*) yol; **auf halbem ~(e) stehen bleiben** yarı yolda kalmak; **auf halbem ~ umkehren** yarı yoldan dönmek; **etw zu ~e bringen** bir işin yolunu yapmak; **etw in die ~e leiten** bir şeyi yoluna koymak; **Schritte in die ~e leiten** önlemler almak; **sich auf den ~ machen** yola koyulmak [*o* çıkmak]; **vom rechten ~ abkommen** doğru yoldan ayrılmak, yolunu sapıtmak; **daran führt kein ~ vorbei** bunun başka yolu yoktur; **er ist auf dem besten ~ ...** bu gidişle ...; **unsere ~e trennen sich hier** yollarımız burada ayrılıyor ❸ (*Mittel*) yol; (*Art und Weise*) yol; (*Methode*) yol; **auf legalem ~** legal [*o* yasal] yoldan; **auf schriftlichem ~e** yazılı olarak

weg|bekommen* ['vɛk-] *irr vt* (*fam*) ❶ (*entfernen können*) çıkarabilmek, giderebilmek ❷ (*tragen können*) taşıyabilmek; (*bewegen können*) kımıldatabilmek

Wegbereiter(in) <-s, -; -nen> ['ve:k-] *m(f)* öncü **Wegbeschreibung** ['ve:k-] *f* yol tarifi

weg|bleiben *irr vi sein* (*fam*) ❶ (*nicht kommen*) gelmemek; (*Strom*) kesilmek; (*Motor*) durmak; **lange ~** uzun zaman gelmemek; **jdm bleibt die Luft weg** birinin soluğu kesilmek; **mir blieb die Sprache/Spucke weg** dilim tutuldu ❷ (*ausgelassen werden*) **dieser Satz kann ~** bu cümle yazılmayabilir **weg|bringen** *irr vt* ❶ (*an einen anderen Ort*) götürmek ❷ (*fam*) *s.* **wegbekommen** **weg|denken** *irr vt* **sich** *dat* **etw ~** bir şeyin bulunmadığını düşünmek; **der Computer ist aus unserem Leben nicht mehr wegzudenken** bilgi-

W

sayarsız yaşayabileceğimiz artık düşünülemez **weg|drehen** **I.** *vt* **den Kopf/das Gesicht** ~ başını/yüzünü (başka yere) çevirmek **II.** *vr* ■ **sich** ~ arkasını dönmek **wegen** ['ve:gən] *präp* ❶ (*aufgrund von*) -in yüzünden, -den dolayı, -den ötürü, nedeniyle, sebebiyle, dolayısıyla; ~ **des schlechten Wetters** kötü hava nedeniyle [*o* yüzünden], kötü havadan dolayı ❷ (*bezüglich*) **von** ~**!** (*fam*) asla!, katiyen!, haşa ❸ (*um ... willen*) yüzünden; ~ **dir** senin yüzünden

Wegerich *m* BOT sinir otu

weg|fahren *irr* **I.** *vi sein* gitmek (**nach** -e); **der Bus fuhr ihr vor der Nase weg** otobüsü göz göre göre kaçırdı **II.** *vt* götürmek **weg|fallen** *irr vi sein* düşmek; (*abgeschafft werden*) ortadan kalkmak; **etw** ~ **lassen** bir şeyi ortadan kaldırmak **weg|fliegen** *irr vi sein* (*Vogel*) uçup gitmek; (*Passagier, Flugzeug, Dinge*) uçmak **weg|fressen** *irr vt* yiyip bitirmek, silip süpürmek **weg|führen** **I.** *vi* **von etw** *dat* ~ bir şeyden uzaklaşmak **II.** *vt* uzaklaştırmak **weg|geben** *irr vt* başkasına vermek; **etw zur Reparatur** ~ bir şeyi tamire vermek

Weggefährte(in) *m(f)* yol arkadaşı, yoldaş

weg|gehen *irr vi sein* ❶ (*Person*) gitmek, ayrılmak; **geh weg!** git! ❷ (*fam: verschwinden*) kaybolmak; (*Fleck*) çıkmak ❸ (*fam: sich verkaufen*) gitmek, satılmak; ~ **wie warme Semmeln** (*fam*) peynir ekmek gibi gitmek [*o* satılmak] ❹ (*fam: ignorieren*) **über etw** ~ bir şeyi es geçmek **weg|gießen** *irr vt* boşaltmak **weg|haben** *vt* (*fam*) ❶ (*bekommen haben*) almış olmak; (*Fleck*) çıkarmış olmak; (*Strafe*) çekmiş olmak; **sie wollte ihn** ~ gitmesini istiyordu ❷ (*fig*) **einen** ~ (*angetrunken*) hafiften kafayı bulmuş olmak; (*nicht ganz bei Verstand*) hafiften kafayı üşütmüş olmak ❸ (*verstanden haben*) anlamış olmak; **er hatte sofort weg, wie es gemacht werden muss** nasıl yapılacağını hemen anlamıştı ❹ (*verstehen*) anlamak (-den); (*gut können*) iyi bilmek **weg|hören** *vi* kulak asmamak, dinlememek **weg|jagen** *vt* kovmak **weg|kommen** *irr vi sein* (*fam*) ❶ (*abhandenkommen*) kaybolmak ❷ (*sich entfernen*) gitmek (**von** -den); **mach, dass du wegkommst!** (*fam*) çek git başımdan!; **ich komme wenig weg** ben fazla dışarı çıkmam ❸ (*hin~*) unutabilmek; **über etw** ~ bir şeyi unutabilmek; **nicht über etw** ~ bir şeyi unutamamak ❹ (*loskommen*) kurtulmak; **gut/schlecht bei etw** *dat* ~ bir işten kârlı/zararlı çıkmak

Wegkreuzung *f* yol kavşağı

weg|kriegen *vt* (*fam*) *s.* **wegbekommen**

weg|lassen *irr vt* ❶ (*gehen lassen*) gitsin diye bırakmak ❷ (*fam: auslassen*) dışarı bırakmak; (*Zutaten*) katmamak **weg|laufen** *irr vi sein* ❶ (*fortlaufen*) kaçmak; **das läuft mir nicht weg** bunu kaçırmam; **vor einem Hund** ~ bir köpekten kaçmak ❷ (*fam: ausreißen*) (evden) kaçmak **weg|legen** *vt* bir yana [*o* kenara] koymak **weg|machen** **I.** *vt* (*fam*) yok etmek; (*Flecken*) çıkarmak; **sich ein Kind** ~ çocuk aldırtmak **II.** *vr* ■ **sich** ~ (*fam*) toz olmak, sıvışmak **weg|müssen** *irr vi* (*fam*) gitmek zorunda olmak, gitmesi gerekmek (-in); **die Kiste muss hier weg** sandığın buradan kalkması gerekiyor **weg|nehmen** *irr vt* ❶ (*fortnehmen, entwenden*) alıp götürmek; **jdm etw** ~ birinin elinden bir şeyi almak ❷ (*Platz*) kapmak; (*Zeit*) almak

Wegrand *m* yol kenarı

weg|rationalisieren* *vt* rasyonalize ederek ortadan kaldırmak; **Arbeitsplätze** ~ iş yerlerini rasyonalize ederek yok etmek **weg|räumen** *vt* ❶ (*aufräumen*) toplamak, kaldırmak ❷ (*Hindernisse*) kaldırmak **weg|rennen** *irr vi sein s.* **weglaufen** **weg|schaffen** *vt* alıp götürmek **weg|schauen** *vi s.* **wegsehen** **weg|schicken** *vt* ❶ (*Person*) göndermek, yollamak ❷ (*Brief*) göndermek **weg|schließen** *irr vt* kilit altına almak **weg|schmeißen** *irr vt* (*fam*) atmak, çöpe atmak **weg|schnappen** *vt* (*fig fam*) kapıvermek **weg|schütten** *vt* dökmek, içindekini boşaltmak (-in) **weg|sehen** *irr vi* ❶ (*wegblicken*) gözlerini başka yere çevirmek ❷ (*fam*) **über etw** ~ bir şeyi görmezden gelmek **weg|setzen** **I.** *vt* alıp başka yere koymak **II.** *vr* ■ **sich** ~ ❶ (*umsetzen*) kalkıp başka yere oturmak ❷ (*fam: ignorieren*) **sich über etw** ~ bir şeye aldırış etmemek **weg|stecken** *vt* (*fam*) ❶ (*aufbewahren*) saklamak; (*heimlich*) iç etmek, cebine indirmek [*o* atmak] ❷ (*hinnehmen*) sineye çekmek **weg|stehlen** *irr vr* ■ **sich** ~ sıvışmak **weg|stellen** *vt* kaldırıp başka yere koymak; (*aufräumen*) kaldırmak, toplamak **weg|stoßen** *irr vt* çarparak kenara itmek; (*mit dem Fuß*) vurarak kenara atmak

weg|tragen *irr vt* alıp götürmek **weg|treten** *irr* **I.** *vi sein* ❶ (*beiseitetreten*) kenara çekilmek ❷ MIL dağılmak; **weggetreten sein** (*fam*) şaşkın olmak **II.** *vt* ayakla vurmak (-e) **weg|tun** *irr vt* ❶ (*wegräumen*)

W

kaldırmak; (*wegnehmen*) almak ❷ (*wegschmeißen*) atmak, çöpe atmak

wegweisend ['ve:kvaɪzənt] *adj* yol gösteren

Wegweiser <-s, -> ['ve:k-] *m* yol işareti

weg|werfen *irr vt* kaldırıp atmak, çöpe atmak

Wegwerfgesellschaft <-en> *f* (*pej*) israf toplumu

weg|wischen *vt* (*Staub*) silmek; (*an der Tafel*) silmek

weg|ziehen *irr* **I.** *vi sein* ❶ (*Wohnort wechseln*) (başka yere) taşınmak ❷ (*Zugvögel*) göç etmek **II.** *vt* kenara çekmek

weh [ve:] **I.** *interj* **o ~!** eyvah!, abu! **II.** *adj* (*fam*) **~ sein** yara olmak; **mir tut der Magen ~** midem ağrıyor; **mir tut alles ~** her tarafım ağrıyor

wehe ['ve:ə] *interj* hele, sakın; **~, wenn du das tust!** bunu hele bir yap da görürsün ne olacağını!; (*bloß nicht!*) sakın bunu yapma!

Wehe <-n> ['ve:ə] *f* ❶ *pl* (*bei einer Geburt*) sancı; **in den ~n liegen** sancısı tutmak ❷ (*Schnee~*) küme

wehen ['ve:ən] **I.** *vi* ❶ (*Wind*) esmek ❷ (*Fahne*) dalgalanmak **II.** *vt* uçurmak

Wehgeschrei *nt kein pl* figan, acı ile bağırma

wehklagen ['---] *vi* (*geh*) figan etmek (**über** yüzünden)

wehleidig *adj* (*pej: Person*) mızmız; (*Stimme*) ağlamaklı

Wehmut *f kein pl* (*geh*) hüzün

wehmütig *adj* hüzünlü; **~ lächeln** acı acı gülümsemek

Wehr[1] [ve:ɐ] *f kein pl* **sich zur ~ setzen** kendini savunmak

Wehr[2] <-(e)s, -e> *nt* (*Stau~*) savak, su bendi

Wehrdienst <-(e)s> *m kein pl* askerlik hizmeti **Wehrdienstverweigerer** <-s, -> *m* silahlı askerlik hizmeti yapmaktan kaçınan (kimse) **Wehrdienstverweigerung** *f* silahlı askerlik hizmeti yapmaktan kaçınma

wehren ['ve:rən] **I.** *vr* ■ **sich ~** ❶ (*sich verteidigen*) kendini savunmak (**gegen** -e karşı) ❷ (*sich sträuben*) karşı koymak (**gegen** -e) **II.** *vi* **etw** *dat* **~** bir şeye engel olmak

Wehrersatzdienst *m* askerlik yerine sivil hizmet

wehrlos *adj* savunmasız; **jdm ~ ausgeliefert sein** birinin insafına maruz kalmak

Wehrmacht *f kein pl* HIST *Nazi döneminde Alman ordusu* **Wehrpflicht** *f kein pl* askerlik yükümlülüğü

wehrpflichtig *adj* askerlik yapmakla yükümlü (kimse)

wehrtauglich *adj* sağlam

weh|tunRR *irr vi* acımak; **sich** *dat* **~** canını acıtmak

Weib <-(e)s, -er> [vaɪp] *nt* (*fam*) kadın, karı, avrat

Weibchen <-s, -> ['vaɪpçən] *nt* ZOOL dişi

Weiberheld <-en, -en> *m* (*pej*) kadın avcısı, kazanova **Weibervolk** *nt kein pl* (*pej*) kadın milleti

weibisch *adj* kadınsı, efemine

weiblich *adj* ❶ (*das Geschlecht bezeichnend*) dişi ❷ LING (*feminin*) dişil

Weiblichkeit *f kein pl* dişilik

Weibsvolk *nt kein pl* (*pej*) kadın milleti

weich [vaɪç] *adj* ❶ (*nicht hart, Drogen, Charakter*) yumuşak; (*Ei*) rafadan, alakok; **~ werden** yumuşamak; **in den Knien ~ werden** (*fam*) dizlerinin bağı çözülmek ❷ (*Klang, Landung*) yumuşak; (*zart*) ince, nazik ❸ (*Währung*) yumuşak

Weiche <-n> ['vaɪçə] *f* ❶ (*an Schienen*) makas; **die ~n für etw stellen** (*fig*) bir şeye yön vermek ❷ (*Flanke*) böğür

weichen <weicht, wich, gewichen> ['vaɪçən] *vi sein* ❶ (*sich bewegen*) oynamak, kımıldamak; (*sich entfernen*) uzaklaşmak; **jdm nicht von der Seite ~** birinin yanından ayrılmamak ❷ (*zurück~*) geri çekilmek (**vor** -den); (*Platz machen*) kenara çekilmek, yol vermek ❸ (*nachlassen*) baş eğmek

weichgekocht *adj s.* **kochen II.1.**

Weichheit *f kein pl* yumuşaklık; (*Zartheit*) incelik, naziklik

weichherzig *adj* yufka yürekli; (*mitfühlend*) duygudaş

Weichholz *nt* yumuşak odun **Weichkäse** *m* yumuşak peynir

weich|kriegen *vt* **jdn ~** birinin gönlünü almak

weichlich *adj* ❶ (*Material*) yumuşak; **das Eis wurde ~** buz yumuşamaya başladı ❷ (*fig, pej: schwächlich*) çelimsiz ❸ (*nachgiebig*) yumuşak yüzlü

Weichling <-s, -e> *m* (*pej*) pısırık, muhallebi çocuğu; (*Schwächling*) çelimsiz kimse

Weichsel *f*, **Weichselkirsche** *f* BOT mahlep, idris ağacı

Weichspüler <-s, -> *m* çamaşır yumuşatıcı

Weichteile *pl* böğürler *pl* **Weichtiere** *pl* ZOOL yumuşakçalar *pl*

Weide <-n> ['vaɪdə] *f* ❶ (*Vieh~*) otlak, mera, haymana; (*Wiese*) çayır(lık) ❷ BOT (*Salix*) söğüt **Weideland** *nt kein pl* mera

weiden ['vaɪdən] **I.** *vi* otlamak; **~ des Vieh**

otlayan hayvanlar **II.** *vt* (*Vieh*) otlatmak **III.** *vr* **sich an etw** *dat* **~** bir şeye sevinmek; (*genießen*) bir şeyin tadını çıkarmak

Weidenkätzchen <-s, -> [-kɛtsçən] *nt* BOT söğüt tırtılsısı

weigern ['vaɪgɐn] *vr* ▪ **sich ~** kaçınmak (**zu** -den), çekinmek (**zu** -den), imtina etmek (**zu** -den)

Weigerung <-en> *f* kaçınma, çekinme, imtina

Weih <-(e)s, -en> [vaɪ] *m s.* **Weihe**[1]

Weihbischof <-s, -schöfe> *m* REL piskopos yardımcısı (*yönetim yetkisi olmayan yardımcı piskopos*)

Weihe[1] <-n> ['vaɪə] *f* ZOOL çaylak

Weihe[2] <-n> ['vaɪə] *f* REL (*Priester~*) kutsama

weihen ['vaɪən] *vt* REL kutsamak

Weiher <-s, -> ['vaɪɐ] *m* DIAL, SÜDD gölet

Weihnachten <-, -> ['vaɪnaxtən] *nt* Noel; **fröhliche ~!** mutlu Noeller!; **zu** [*o* **an**] **~** Noel'de

weihnachtlich *adj* ❶ (*Weihnachten betreffend*) Noel (ile ilgili); **~e Stimmung** Noel havası ❷ (*für Weihnachten*) Noel için; (*wie Weihnachten*) Noel gibi; **ein ~ geschmücktes Zimmer** Noel için süslenmiş bir oda

Weihnachtsabend *m* Noel arifesi **Weihnachtsbaum** *m* Noel ağacı **Weihnachtsbescherung** *f* Noel hediyelerinin verilmesi **Weihnachtsfeier** *f* Noel eğlencesi **Weihnachtsfest** *nt* Noel bayramı **Weihnachtsgeld** <-(e)s, -er> *nt* Noel parası **Weihnachtsgeschenk** *nt* Noel hediyesi **Weihnachtslied** *nt* Noel şarkısı [*o* ilahisi] **Weihnachtsmann** *m* Noel baba **Weihnachtsmarkt** *m* Noel pazarı **Weihnachtsschmuck** *m* Noel süsü **Weihnachtstisch** *m* Noel (hediyeleri) masası

Weihrauch *m kein pl* ❶ buhur, tütsü ❷ BOT (*~baum*) günlük **Weihrauchbaum** *m* BOT günlük ağacı **Weihrauchduft** *m* günlük kokusu **Weihrauchfass** <-es, -fässer> *nt* buhurdan, tütsülük **Weihwasser** <-s> *nt kein pl* REL kutsanmış su

weil [vaɪl] *konj* çünkü; (*aufgrund von*) -den dolayı

Weilchen <-s> ['vaɪlçən] *nt kein pl* **ein ~** bırazcık; **wart noch ein ~!** bırazcık daha bekle!

Weile ['vaɪlə] *f kein pl* zaman, süre; **es dauerte eine ~** bir zaman sürdü; **vor einer ~** bir zaman [*o* süre] önce; **Eile mit ~** (*prov*) acele işe şeytan karışır

Weiler <-s, -> ['vaɪlɐ] *m* köycük

Wein[1] <-(e)s, -e> [vaɪn] *m* (*Getränk*) şarap; **roter/weißer ~** kırmızı/beyaz şarap; **alter/jünger ~** yıllanmış/yeni şarap; **leichter/schwerer ~** hafif/sert şarap; **ein blumiger ~** bukesi olan bir şarap; **jdm reinen ~ einschenken** (*fig*) birine gerçeği söylemek, birine işin doğrusunu anlatmak

Wein[2] <-(e)s> *m kein pl* ❶ (*~trauben*) üzüm; **~ lesen** bağ bozmak ❷ (*Pflanze*) üzüm (asması); **~ anbauen** üzüm yetiştirmek, bağcılık yapmak; **wilder ~** yabani üzüm

Weinbau <-(e)s> *m kein pl* bağcılık; **~ (be)treiben** bağcılık yapmak

Weinbauer(in) *m(f)* bağcı **Weinbeere** *f* ❶ (*Traube*) üzüm ❷ ÖSTERR, SCHWEIZ, SÜDD (*Rosine*) kuş üzümü **Weinberg** *m* bağ **Weinbergschnecke** *f* ZOOL bağ salyangozu

Weinbrand <-(e)s, -brände> *m* kanyak

weinen ['vaɪnən] **I.** *vi* ağlamak (**vor/aus** -den/-den); **es ist zum W~** ağlanacak durum; **jdn zum W~ bringen** birini ağlatmak **II.** *vt* **bittere Tränen ~** acı yaşlar dökmek

weinerlich *adj* (*Person*) ağlayan; (*Stimme*) ağlamaklı, ağlamsı

Weinernte *f* bağ bozumu **Weinessig** *m kein pl* üzüm sirkesi **Weinfass**[RR] *nt* fota, şarap fıçısı **Weinflasche** *f* şarap şişesi **Weingeist** <-(e)s> *m kein pl* (*Spiritus*) ispirto **Weinglas** <-es, -gläser> *nt* şarap bardağı **Weingut** *nt* bağ **Weinjahr** *nt* **ein gutes/schlechtes ~** üzüm için iyi/kötü bir hasat yılı **Weinkarte** *f* şarap listesi **Weinkeller** *m* şarap mahzeni

Weinkrampf *m* hıçkıra hıçkıra ağlama

Weinlese *f* bağ bozumu **Weinpresse** *f* şarap presi, şarap cenderesi, üzüm mengenesi **Weinprobe** *f* şarap denemesi, degüstasyon **Weinrebe** *f* üzüm kütüğü **weinrot** ['-'-] *adj* bordo **Weinstock** *m* üzüm kütüğü **Weinstube** *f* taverna **Weintraube** *f* üzüm; **blaue/grüne ~n** siyah/yeşil üzüm

weise ['vaɪzə] *adj* bilge(ce), hikmetli

Weise <-n> *f* ❶ (*Art*) tarz, biçim, şekil; (*Methode*) usûl, yöntem; **auf diese ~** bu şekilde, bu yolla; **auf meine ~** benim yolumla, benim usûlümce ❷ (*Melodie*) usul, melodi

Weise(r) <-n, -n; -n> *f(m)* bilge, hakim

weisen <weist, wies, gewiesen> ['vaɪzən] **I.** *vi* **auf etw ~** birine işaret etmek, birini göstermek **II.** *vt* **jdm etw ~** birine bir şeyi göstermek; **etw von sich** *dat* **~** bir şeyi üstüne almamak; **jdn aus dem Saal ~** birini salondan kapı dışarı etmek; **jdn von der Schule ~** birini okuldan atmak [*o* uzaklaştırmak]

Weisheit[1] *f kein pl* bilgelik, hikmet; (*Wissen*) bilgi; **mit seiner ~ am Ende sein** (*fig fam*) artık ne yapacağını bilememek; **er glaubt, er habe die ~ mit Löffeln gefressen** (*fam*) cevher yumurtluyor, kendini bir şey sanıyor; **der ~ letzter Schluss** (*fam*) bütün sorunların çözümü, her derde deva; **Vorsicht ist die Mutter der ~** (*prov*) dikkat bilgeliğin anasıdır

Weisheit[2] <-en> *f* (*Spruch*) özdeyiş; (*Rat*) akıl

Weisheitszahn *m* akıl dişi, yirmi yaş dişi

weis|machen *vt* (*fam*) **jdm etw ~** birine bir şeyi yutturmak

weiß[1] [vaɪs] *3. präs von* **wissen**

weiß[2] [vaɪs] *adj* beyaz, ak; **ihr Gesicht wurde ~** yüzü bembeyaz oldu, beti benzi attı

Weiß *nt* beyaz, ak; **das ~e im Ei** yumurtanın akı

weissagen ['---] *vt* (*voraussagen*) olacağını önceden söylemek (-in); (*prophezeien*) kehanette bulunmak

Weissager(in) <-s, -; -nen> *m(f)* kâhin

Weissagung <-en> *f* kehanet

Weißbier *nt* beyaz bira **Weißblech** <-(e)s, -e> *nt* teneke, kalaylı sac **Weißbleierz** *nt* CHEM kurşun karbonat **Weißbrot** *nt* beyaz ekmek **Weißbuch** *nt* POL beyaz kitap **Weißdorn** <-(e)s, -e> *m* BOT (*Crataegus*) alıç; *s. a.* **Hagedorn**

Weiße(r) <-n, -n; -n> *f(m)* (*Rasse*) beyaz

weißen ['vaɪsən] *vt* badanalamak **Weißglut** *f kein pl* TECH akkor(luk); **jdn zur ~ bringen** (*fam*) birini çileden [*o* zıvanadan] çıkarmak **Weißgold** *nt kein pl* beyaz altın

weißhaarig *adj* ak saçlı

Weißherbst *m* SÜDD (*Roséwein*) roze, gül şarabı

Weißkohl <-s> *m kein pl*, **Weißkraut** <-(e)s> *nt kein pl* (beyaz) lahana

weißlich *adj* beyazımsı, beyazımtırak

Weißrussland[RR] *nt* Beyaz Rusya

Weißwein <-(e)s, -e> *m* beyaz şarap **Weißwurst** *f dana etinden yapılmış az baharatlı sucuk*

Weisung <-en> ['vaɪzʊŋ] *f* ❶ (*Befehl*) talimat ❷ (*geh: An~*) direktif **weisungsberechtigt** *adj* talimat yetkisi olan **weisungsgemäß** *adj* talimata uygun

weit [vaɪt] **I.** *adj* ❶ (*räumlich ausgedehnt*) geniş; (*breit*) geniş; (*groß*) büyük; **~e Kreise der Bevölkerung** toplumun geniş çevreleri; **das ist ein ~es Feld** bu geniş bir alandır; **etw ~ öffnen** bir şeyi ağzına kadar açmak; **~ herumkommen** çok yer gezmek; **das W~e suchen** (*geh*) tabanları yağlamak ❷ (*geräumig*) geniş; (*Kleidung*) bol ❸ (*entfernt*) uzak; (*Reise, Weg*) uzun; **in ~er Ferne** çok uzakta; **ist es noch ~?** daha uzak mı?; **von ~em** uzaktan; **~ entfernt** çok uzak; **das ist ~ weg** (*fam*) bu çok uzakta; **ich habe es nicht ~** benim için uzak değil ❹ (*zeitlich*) **bis Ostern ist es noch ~** paskalyaya kadar daha çok var; **das liegt ~ zurück** bu çok geride kaldı; **bis ~ in den Morgen** sabahlara kadar ❺ **bei ~em besser** çok daha iyi; **bei ~em nicht alles** hepsi değil; **es ist ~ und breit niemand zu sehen** ortalıkta in cin yok; **~ gefehlt!** ne gezer!; **so ~** (*im Allgemeinen*) buraya kadar; (*bis jetzt*) şimdiye kadar; **es ist so ~** oldu; **es ist noch nicht so ~** daha olmadı; **bist du so ~?** (*fam*) hazır mısın?; **das geht** (**entschieden**) **zu ~!** bu (kesinlikle) fazla oldu!, bu kadarı da (artık) fazla!; **wie ~ bist du mit der Arbeit?** çalışman ne aşamada?; **~ hergeholt** uydurma, pek inandırıcı olmayan; **das ist ~ hergeholt** nereden nereye **II.** *adv* (*sehr*) çok; (*erheblich*) epeyce, bir hayli; **~ besser** çok daha iyi; **er ist ~ über sechzig** altmışın çok üzerinde; **~ gefehlt!** bilemedin!; **das ist ~ verbreitet** bu çok yaygındır; **er ist zu ~ gegangen** (*fig*) çok ileri gitti, haddini aştı

weitab ['vaɪt'ʔap] *adv* çok uzakta (**von** -den)

weitaus ['-'-] *adv* çok daha

Weitblick <-(e)s> *m kein pl* uzak görüş(lülük), ileri görüş, basiret; (*Scharfsinn*) sağgörü

weitblickend *adj* uzak [*o* ileri] görüşlü, basiretli, ufku geniş; (*scharfsinnig*) sağgörülü

Weite <-n> ['vaɪtə] *f* ❶ (*Ausdehnung*) genişlik ❷ (*Entfernung*) uzaklık, mesafe; (*Schuss~*) erim ❸ (*Durchmesser*) çap; (*Größe*) büyüklük ❹ (*bei Kleidung*) bolluk

weiten ['vaɪtən] **I.** *vt* açmak, genişletmek, bollaştırmak **II.** *vr* ■ **sich ~** açılmak, genişlemek, bollaşmak; (*Gefäß, Pupille*) büyümek; (*fig: Horizont*) açılmak

weiter ['vaɪtɐ] **I.** *adj* **~e fünf Jahre** beş yıl daha; **die ~e Entwicklung** gelişmenin devamı; **alles W~e** bundan sonrası; **bis auf ~es** şimdilik; **ohne ~es** kolaylıkla, sıkıntı çekmeden **II.** *adv* ❶ (*danach*) ondan sonra ❷ (*außerdem*) ayrıca; (*sonst*) başka; **es geht noch ~** dahası var; **es ist nicht ~ schlimm** (*fam*) ziyanı yok; **wenn's ~ nichts ist** (*fam*) başka bir şey değilse, eğer yeni bir şey yoksa; **und so ~** ve devamı; **~!** devam (et)!

W

weiter|arbeiten *vi* çalışmaya devam etmek (**an** -de) **weiter|bilden** **I.** *vt* geliştirmek **II.** *vr* ■ **sich** ~ kendini geliştirmek **Weiterbildung** *f kein pl* meslek geliştirme eğitimi, okul sonrası eğitim **weiter|bringen** *irr vt* ilerletmek; **das bringt uns auch nicht weiter** bu da bize bir şey kazandırmıyor **weiter|empfehlen*** *irr vt* başkasına da tavsiye etmek **weiter|entwickeln*** **I.** *vt* daha da geliştirmek **II.** *vr* ■ **sich** ~ daha da gelişmek **weiter|erzählen*** *vt* başkalarına anlatmak [*o* söylemek]; **jdm eine Nachricht brühwarm** ~ (*fam*) birine bir haberi sıcağı sıcağına anlatmak; **bitte erzähl es nicht weiter!** lütfen bunu kimseye anlatma [*o* söyleme]! **weiter|fahren** *irr vi sein* yolculuğa devam etmek **Weiterfahrt** *f kein pl* yolculuğun devamı

Weitergabe *f kein pl* (*von Informationen*) iletme; (*von Dingen*) başkalarına ver(il)me, elden ele verme

weiter|geben *irr vt* vermek (**an** -e), başkalarına vermek, elden ele vermek; (*Informationen*) iletmek (**an** -e) **weiter|gehen** *irr vi sein* ❶ (*seinen Weg*) yoluna devam etmek ❷ (*andauern*) devam etmek; **so kann es nicht ~!** bu böyle devam edemez! **weiter|helfen** *irr vi* **jdm** ~ birine yardımcı olmak (**in/bei** -de/-de)

weiterhin *adv* ❶ (*künftig*) gelecekte ❷ (*außerdem*) ayrıca, bundan başka ❸ (*immer noch*) hâlâ

weiter|kommen *irr vi sein* ❶ (*räumlich*) ilerlemek ❷ (*Fortschritte machen*) ilerlemek, ilerleme göstermek; **so kommen wir nicht weiter** bu şekilde bir şey elde edemeyiz **weiter|laufen** *irr vi sein* devam etmek **weiter|leben** *vi* yaşamaya devam etmek **weiter|leiten** *vt* iletmek (**an** -e), göndermek (**an** -e) **weiter|machen** *vi* (*fam*) **mit etw** ~ bir şeyi yapmaya devam etmek; **mach nur so weiter!** yap yap da, görürsün ne olacağını!; **so können wir nicht** ~ böyle devam edemeyiz **weiter|sagen** *vt* söylemek; (*verbreiten*) yaymak **weiter|verarbeiten*** *vt* (yeniden) işlemek; WIRTSCH (*Halbfabrikate*) tamamlamak, tüketime hazır duruma getirmek

weitgehend <weiter gehend *o* SCHWEIZ weitgehender *o* am weitgehendsten weitergehend, am weitestgehenden> **I.** *adj* geniş kapsamlı **II.** *adv* geniş ölçüde

weitgereist *adj* çok yerler gezmiş

weitherzig ['vaɪthɛrtsɪç] *adj* (*großzügig*) cömert; (*tolerant*) hoşgörülü

weitläufig **I.** *adj* ❶ (*ausgedehnt*) geniş ❷ (*weitschweifend*) uzun; (*ausführlich*) ayrıntılı ❸ (*Verwandter*) uzak(tan) **II.** *adv* (*ausführlich*) ayrıntılarıyla, uzun uzadıya; **mit jdm ~ verwandt sein** biriyle uzaktan akraba olmak

weiträumig *adj* geniş

weitreichend *adj* ❶ (*für große Entfernung*) uzak erimli ❷ (*umfassend*) kapsamlı, geniş

WeitschussRR *m*, **Weitschuß**ALT *m* SPORT degajman

weitschweifig *adj* uzun boylu

Weitschweifigkeit *f kein pl* sözü uzatma

Weitsicht *f kein pl s.* **Weitblick**

weitsichtig *adj* ❶ MED hipermetrop, presbit ❷ (*fig: umsichtig*) uzak görüşlü; (*vorausschauend*) ileri görüşlü

Weitsichtigkeit *f kein pl* ❶ MED hipermetropluk, presbitlik ❷ (*im Handeln*) uzak görüşlülük; (*Umsicht*) uzak görüş

Weitsprung <-(e)s> *m kein pl* SPORT uzun atlama

weittragend *adj* uzun erimli [*o* menzilli]

weitverbreitet ['--'--] *adj* (*Meinung*) çok yaygın

Weitwinkelobjektiv *nt* FOTO geniş açılı objektif

Weizen <-s, -> ['vaɪtsən] *m* buğday **Weizenmehl** *nt* buğday unu

welch *pron* ~ **schönes Bild/Wetter!** ne güzel resim/hava!; *s. a.* **welche(r, s)**

welche(r, s) ['vɛlçə, -çɐ, -çəs] **I.** *pron* (*adjektivisch*) hangi; (*substantivisch*) hangisi; (*in Ausrufen*) hangisi, ne; ~ **Tasche?** hangi çanta?; **~r von den beiden?** ikisinden hangisi?; ~ **Freude!** bu ne kıvanç!; **aus ~m Grund?** hangi sebepten dolayı?; **ich weiß nicht, ~n du meinst** hangisini kastettiğini bilmiyorum **II.** *pron* **das Kind, ~s das schönste Bild gemalt hat** en güzel resmi yapan çocuk; **alle die, ~ noch nicht geimpft worden sind** şimdiye kadar aşı olmayanların hepsi; **das Buch, in ~m sein Name steht** adı yazılı kitap **III.** *pron* birkaç; (*manche*) bazı; **es gibt ~, die glauben, dass ...** bazı kimseler var ki, onlar ...e inanırlar; **ich habe kein Geld dabei, hast du ~s?** yanımda para yok, sende var mı?

welk [vɛlk] *adj* solgun; (*verwelkt*) solmuş; (*Gesicht*) pörsük

welken ['vɛlkən] *vi sein* solmak; (*Gesicht*) pörsümek

Wellblech <-(e)s, -e> ['vɛl-] *nt* oluklu sac

Welle <-n> ['vɛlə] *f* ❶ (*im Wasser, Protest~*) dalga ❷ (*Aktualität*) **die neue ~** yeni akım, yeni trend ❸ (*im Haar*) dalga ❹ PHYS, RADIO dalga ❺ TECH mil; (*Kardan~*) şaft

wellen ['vɛlən] **I.** *vt* dalga dalga yapmak;

(*Haar*) perma yapmak **II.** *vr* ■ **sich ~** dalga dalga olmak; (*Haare*) yelelenmek

Wellenbad *nt* yapay dalgalı (yüzme) havuz(u) **Wellenberg** *m* dalga tepesi **Wellenbrecher** *m* dalgakıran **Wellengang** <-(e)s> *m kein pl* dalgalar *pl* **Wellenkamm** <-(e)s, -kämme> *m* dalga sırtı **Wellenlänge** *f* PHYS, GEO dalga boyu; **sie haben die gleiche ~** (*fam*) onların ikisi kafa dengidir **Wellenlinie** *f* dalgalı çizgi **Wellenreiten** <-s> *nt kein pl* SPORT dalga sörfü **Wellensittich** <-s, -e> *m* ZOOL muhabbet kuşu **Wellental** *nt* dalga çukuru

wellig *adj* dalgalı

Wellpappe *f* oluklu mukavva

Welpe <-n, -n> ['vɛlpə] *m* ZOOL (*von Hund*) köpek yavrusu; (*von Wolf*) kurt yavrusu; (*von Fuchs*) tilki yavrusu

Wels <-es, -e> [vɛls] *m* ZOOL yayın balığı

Welt <-en> [vɛlt] *f* dünya, âlem; (*Erde*) Dünya; **auf der ~** dünyada; **die Welt der Tiere/Pflanzen** hayvanlar/bitkiler âlemi; **die Welt des Films/Theaters** film/tiyatro dünyası; **auf die ~ kommen** dünyaya gelmek; **aus aller ~** dünyanın her tarafından; **die Alte/Neue/Dritte ~** Eski/Yeni/Üçüncü Dünya; **alle ~ spricht davon** (*fam*) dünya âlem onu konuşuyor; **vor aller ~** (*fam*) bütün dünyanın gözü önünde; **uns trennen ~en** (*fam*) aramızda dünya kadar fark var; **eine ~ brach für ihn zusammen** (*fam*) dünya başına yıkıldı; **mit sich** *dat* **und der ~ zufrieden sein** (*fam*) hayatından memnun olmak; **um nichts in der ~** (*fam*) dünyada; **die ~ nicht mehr verstehen** (*fam*) feleğini şaşırmak; **das ist nicht aus der ~** (*fam*) bu iş burada bitmedi [*o* kapanmadı]; **das kostet nicht die ~** (*fam*) bu dünya değil ya, öyle çok para değil; **was in aller ~ hast du dir denn dabei gedacht?** (*fam*) hangi akla hizmet ederek bunu yaptın?; **davon geht die ~ nicht unter** (*fam*) bu, dünyanın sonu demek değil ki, bununla kıyamet kopmaz ki; **sich von der ~ zurückziehen** dünyadan elini eteğini çekmek; **das hat die ~ noch nicht gesehen!** (*fam*) bu, dünyada görülmemiş bir şey! **Weltall** <-s> *nt kein pl* evren, kâinat **Weltanschauung** *f* dünya görüşü **Weltausstellung** *f* dünya fuarı **weltbekannt** ['-'-] *adj* dünyaca tanınmış **weltberühmt** ['-'-] *adj* dünyaca ünlü **Weltbevölkerung** *f kein pl* dünya nüfusu **weltbewegend** *adj* önemli **Weltbild** *nt* dünya görüşü **Weltbürger(in)** *m(f)* dünya vatandaşı; (*Kosmopolit*) kozmopolit **Weltenbummler(in)** <-s, -; -nen> [-bʊmlɐ] *m(f)* dünya gezgini **Welterfolg** *m* dünya çapında başarı **Weltergewicht** *nt kein pl* SPORT orta sıklet **Weltfrauentag** *m kein pl* Dünya Kadınlar Günü **weltfremd** *adj* dünyadan habersiz; (*naiv*) bön **Weltfrieden** *m kein pl* dünya barışı **Weltfriedensbewegung** *f kein pl* Dünya Barış Hareketi **Weltgeschichte** *f kein pl* dünya tarihi; **in der ~ herumfahren** (*fam*) dünyayı dolaşmak, dünya âlem gezmek **Weltgesundheitsorganisation** *f kein pl* Dünya Sağlık Örgütü **Weltkarte** *f* dünya haritası **Weltkrieg** *m* dünya savaşı; **Erster/Zweiter ~** Birinci/İkinci Dünya Savaşı **Weltkugel** *f* yerküre, yer yuvarlağı **Weltkulturerbe** *nt kein pl* Dünya Kültür Mirası

weltlich *adj* ❶ (*irdisch*) dünyalı ❷ (*nicht kirchlich*) dünyevî; **~e und geistliche Fürsten** HIST dünyevî ve uhrevî prensler

Weltliteratur *f kein pl* dünya edebiyatı

Weltmacht <-mächte> *f* süper güç

weltmännisch ['vɛltmɛnɪʃ] **I.** *adj* çelebi **II.** *adv* çelebice

Weltmarkt <-(e)s> *kein pl m* WIRTSCH dünya piyasası **Weltmeer** *nt* okyanus **Weltmeister(in)** *m(f)* dünya şampiyonu **Weltmeisterschaft** <-en> *f* ❶ (*Wettkampf*) dünya şampiyonası ❷ (*Titel*) dünya şampiyonluğu **weltoffen** *adj* dünyaya açık

Weltraum <-(e)s> *m kein pl* uzay **Weltraumfahrt** *f* uzay yolculuğu **Weltraumforschung** *f kein pl* uzay araştırma **Weltraumstation** *f* uzay istasyonu

Weltreich *nt* imparatorluk **Weltreise** *f* dünya gezisi [*o* seyahati], dünya turu **Weltrekord** *m* dünya rekoru **Weltschmerz** <-es> *m kein pl* dünya meşakkati **Weltsicherheitsrat** [-'----] *m* Dünya Güvenlik Konseyi **Weltsprache** <-n> *f* dünya çapında konuşulan dil **Weltstadt** *f* büyük kent **Weltstar** <-s, -s> *m* dünyaca tanınan yıldız

Weltuntergang *m* dünyanın sonu, kıyamet günü **Weltuntergangsstimmung** *f* kıyamet günü havası **Welturaufführung** <-en> *f* dünya galası; (*Theaterstück*) dünya prömiyeri

Weltverbesserer(in) <-s, -; -nen> *m(f)* dünyayı düzeltmeye kalkan (kimse)

weltweit ['-'-, '--] **I.** *adj* dünya çapındaki **II.** *adv* dünya çapında

Weltwirtschaft *f kein pl* dünya ekonomisi **Weltwirtschaftskrise** *f* dünya ekonomik krizi, büyük bunalım

Weltwunder *nt* **die sieben ~** dünyanın

yedi harikası

wem [veːm] **I.** *pron dat von* **wer** kime, kimlere *pl;* **mit ~?** kiminle?; **von ~?** kimden?; **bei ~?** kimde?, kimin yanında?; **zu ~?** kime? **II.** *pron dat von* **wer** kime, kimlere *pl;* **ich habe vergessen, ~ ich das Buch gegeben habe** kitabı kime verdiğimi unuttum

Wemfall *m* LING yönelme durumu, e hâli

wen [veːn] **I.** *pron akk von* **wer** kimi, kimleri *pl;* **an ~?** kime?; **für ~?** kimin için?; **~ meinst du?** kimi kastediyorsun? **II.** *pron akk von* **wer** kimi, kimleri *pl;* **ich weiß nicht, ~ du meinst** kimi kastettiğini bilmiyorum

Wende <-n> ['vɛndə] *f* ❶ (*Veränderung*) dönme; (*~punkt*) dönüm noktası; **eine ~ zum Guten/Schlechten** iyiye/kötüye dönme ❷ (*Schwimmen, Segeln*) dönüş; (*Turnen, Eiskunstlauf*) dönüş **Wendehals** *m* ❶ ZOOL boyunçeviren ❷ (*fig*) dönek **Wendekreis** *m* ❶ GEO, ASTRON dönence; **der ~ des Krebses/Steinbocks** Yengeç/Oğlak dönencesi ❷ TECH dönüş çapı

Wendeltreppe ['vɛndəl-] *f* döner merdiven, dönerek çıkılan merdiven

wenden[1] **I.** *vi* AUTO U dönüşü yapmak; NAUT dönmek; **der Wind hat sich gewendet** rüzgâr(ın yönü) döndü **II.** *vt* (*Braten*) döndürmek; (*Blatt*) çevirmek; (*Kleidung*) tersyüz etmek; (*Fahrzeug*) U dönüşü yapmak (-le); **bitte ~!** lütfen (sayfayı) çeviriniz!; **man kann die Sache drehen und ~, wie man will** (*fam*) neresinden bakarsan bak

wenden[2] <wendet, wendete *o* wandte, gewendet *o* gewandt> ['vɛndən] **I.** *vt* ❶ (*Kopf, Rücken*) çevirmek ❷ (*Blick, Schritte*) yöneltmek; **den Blick nicht von etw** *dat* **~** bir şeyden gözünü ayırmamak ❸ (*auf~*) harcamak (**an/auf** -e/-e) **II.** *vr* ■ **sich ~** (*Richtung einschlagen*) yönelmek (**zu** -e), dönmek (**zu** -e); **sich zum Ausgang ~** çıkışa yönelmek; **es wird sich alles zum Guten ~** her şey yoluna girecek; **sich ins Gegenteil ~** tersine dönmek; **sich an jdn ~** birine başvurmak; **das Buch wendet sich an die Fachleute** (*fig*) bu kitap uzmanlara hitap eder; **sich gegen etw ~** bir şeye karşı çıkmak; **sich gegen jdn ~** birine karşı tavır almak

Wendeplatz <-es, -plätze> *m* dönüş yeri **Wendepunkt** *m* ❶ (*fig: Zeitpunkt*) dönüm noktası ❷ MATH büküm noktası

wendig *adj* ❶ (*Auto*) kullanışlı, kolay sürülebilen ❷ (*Person*) kıvrak; (*flink*) becerikli

Wendung <-en> *f* ❶ (*Drehung*) dönme, dönüş ❷ (*Kurve*) dönemeç ❸ (*Veränderung*) değişme, değişiklik; **eine ~ zum Guten nehmen** iyiye dönmek [*o* yönelmek]; **eine ~ zum Schlechten nehmen** kötüye dönmek [*o* yönelmek]; **eine unerwartete ~ nehmen** beklenmedik ❹ (*Rede~*) deyim

Wenfall *m* LING belirtme durumu, -i hâli

wenig ['veːnɪç] *adj, adv, pron* ❶ (*kleine Menge*) az; (**nur**) **~e** (sadece) birkaç(ı); **ein ~** biraz; **ein klein ~** birazcık; **sehr ~** çok [*o* pek] az; **ein ~ Geduld** biraz sabır; **mit ~en Ausnahmen** birkaç istisna dışında; **in ~en Tagen/Wochen** birkaç gün/hafta içinde; **einige ~e** birkaç(ı); **eine ~ bekannte Künstlerin** az tanınmış bir sanatçı; **sie war nicht ~ überrascht, als ...** ...diğinde az şaşırmadı; **es fehlte** (**nur**) **~, und sie hätte gewonnen** kazanmasına az kalmıştı ❷ **zu ~** çok az; **11 Euro zu ~** 11 euro çok az; **zu ~ essen/trinken** çok az yemek/içmek ❸ **so ~** o kadar az; **so ~ wie möglich** mümkün mertebe az, olabildiğince az; **du sprichst so ~** o kadar az konuşuyorsun ki

weniger ['veːnɪgɐ] **I.** *adj, adv, pron komp von* **wenig** daha az; **~ als** -den (daha) az; **es kamen ~ als gestern** dünden daha az kişi geldi; **immer ~** gittikçe daha az; **immer ~ werden** gittikçe azalmak; **viel ~** çok daha az; **~ werden** azalmak; **nicht mehr und nicht ~ als ...** ...den ne çok fazla ne de çok az; **mehr oder ~** az çok; **das finde ich ~ schön!** bunu pek güzel bulmuyorum!; **umso ~** o kadar (da) az; **je ~, desto besser** ne kadar az olursa, o kadar iyidir; **je mehr ... desto ~ ...** ne kadar çok ...se, o kadar az ... **II.** *konj* **zehn ~ drei ist sieben** ondan üç çıkınca yedi eder

Wenigkeit *f* (*fam*) **meine ~** abdiâciz

wenigste ['veːnɪçstə, 'veːnɪkstə] *pron* ❶ **die ~n** (*kleinste Anzahl*) sadece birkaçı, çok az kişi; (*die Minderheit*) azınlık ❷ **das ~** (*kleinste Menge*) en azı; **das ~ wäre, ihn einmal anzurufen** en azından ona bir kere telefon etmen gerekir, hiç olmazsa onu bir kerecik telefonla aramalısın; **er hat das ~ Geld** en az para onda; **das ist das ~, was er machen kann** (*fam*) hiç olmazsa bunu yapabilir

wenigstens ['veːnɪçstəns, 'veːnɪkstəns] *adv* ❶ (*zumindest*) hiç değilse [*o* olmazsa] ❷ (*mindestens*) en azından; **ich habe ~ viermal angerufen** en azından dört kere telefon ettim

wenn [vɛn] *konj* ❶ (*zeitlich*) -ince, -diği zaman; **~ er kommt, soll er sich melden**

W

gelince [*o* geldiği zaman] haber versin; **jedes Mal, ~ er kommt ...** her geldiğinde ..., ne zaman gelirse ... ❷ (*konditional*) eğer, şayet; (*falls*) -se, ise; **~ nicht** yoksa, aksi hâlde, aksi takdirde; **~ nur** keşke; **außer ~** -in dışında; **~ er nicht gewesen wäre, hätte es nie geklappt** o olmasaydı, hiç olmazdı ❸ (*konzessiv*) **~ auch** her ne kadar ...se de; **~ er auch mein Freund ist, ...** kendisi her ne kadar dostum olsa da, ... ❹ (*Wunsch*) **~ ... nur** keşke ... olsa; **~ ich nur in Berlin wäre** keşke Berlin'de olsaydım ❺ **als ~** (*fam*) sanki

Wenn <-s, -> *nt* **da gibt es kein ~ und** (**kein**) **Aber** bunun aması maması yok; **ohne ~ und Aber** amasız mamasız, lami cimi olmadan

wenngleich [-'-] *konj* her ne kadar ... ise de; **~ es mir nicht gefällt, ...** her ne kadar hoşuma gitmese de, ...

wennschon ['--] *konj* **na ~!** (*fam*) ne olmuş yani!, varsın olsun, ne çıkar!; **~, dennschon!** (*fam*) yapılacaksa, tam yapılsın!, bir işi yaptın mı, tam yapacaksın!

wer [ve:ɐ] **I.** *pron* kim, kimler *pl;* **~ von euch beiden?** ikinizden kim? **II.** *pron* kim, kimler *pl;* **~ auch immer** kim olursa olsun; **~ nicht hören will, muss fühlen** (*prov*) laftan anlamayanın hakkı kötektir **III.** *pron* (*fam*) kimse; **ist da ~?** orada kimse var mı?

Werbeabteilung *f* reklâm servisi **Werbeagentur** *f* reklâm ajansı **Werbefachmann, -frau** <-(e)s, -männer; -en> *m, f* reklâmcı **Werbefernsehen** *nt* televizyon reklâmları *pl* **Werbefilm** <-(e)s, -e> *m* reklâm filmi **Werbegeschenk** *nt* eşantiyon **Werbekampagne** *f* reklâm kampanyası, tanıtım kampanyası

werben <wirbt, warb, geworben> ['vɛrbən] **I.** *vi* (*für eine Ware*) reklâm yapmak (**für** için); (*für eine Partei*) propaganda yapmak (**für** için); **um etw ~** (*geh*) bir şeye talip olmak; **um ein Mädchen ~** bir kıza talip olmak **II.** *vt* (*zu gewinnen suchen*) kazanmaya çalışmak; (*Arbeitskräfte*) aramak; (*Mitglieder, Kunden*) kazanmaya çalışmak

Werbeplakat *nt* reklâm afişi **Werbeslogan** *m* reklâm sloganı **Werbespot** ['vɛrbespɔt] *m* spot, reklâm ışıntısı **Werbetext** *m* reklâm teksti **Werbeträger** <-s, -> *m* reklâm aracı **Werbetrommel** *f* (*fam*) **die ~ für etw rühren** bir şeyin reklâmını yapmak **werbewirksam** *adj* reklâm etkisi olan

Werbung¹ *f kein pl* (*Reklame*) reklâm, tanıtım; **~ für etw machen** bir şeyin reklâmını yapmak

Werbung² <-en> *f* promosyon, propaganda

Werdegang <-(e)s, -gänge> *m* gelişim, oluşum; **der berufliche ~** kariyer

werden¹ <wird, wurde, geworden> ['ve:ɐdən] *vi sein* ❶ (*Zustandsveränderung*) olmak; **alt ~** yaşlanmak; **krank ~** hastalanmak; **kalt ~** soğumak; **mir wird schlecht** fenalaşıyorum; **ich werde noch verrückt** bu gidişle delireceğim; **es wird schon dunkel** hava şimdiden kararıyor; **es wird Frühling** bahar oluyor ❷ (*Entwicklung*) olmak; **~de Mutter** çocuk bekleyen anne; **es wird ein Junge** oğlan olacak; **besser/schlechter ~** iyileşmek/kötüleşmek; **was willst du einmal ~?** ileride ne olmak istiyorsun?; **er will Arzt ~** o doktor olmak istiyor; **was soll nun (aus uns) ~?** şimdi (bizim hâlimiz) ne olacak? ❸ (*Verwandlung*) olmak (**zu** -); **zu Eis/Stein ~** buz/taş olmak; **zum Dieb ~** hırsız olmak ❹ (*Resultat*) **das ist nichts geworden** (*fam*) bundan bir şey çıkmadı; **die Fotos sind gut geworden** fotoğraflar iyi çıktı; **er ist 40 geworden** o, 40 oldu [*o* yaşına girdi]; **daraus wird nichts!** (*fam*) bu olmaz! ❺ (*mit Zeitangabe*) **in einer halben Stunde wird es 12 Uhr** yarım saat sonra saat 12 olacak; **sie wird bald 12** yakında 12 olacak [*o* yaşına basacak]; **es wird Zeit, dass wir gehen** gitme vaktimiz geldi ❻ (*fam*) **wird's bald?!** daha sürecek mi? — haydi artık!; **ich werd' nicht mehr!** olur şey değil!

werden² <wird, wurde, *ohne pp*> *aux vb* ❶ (*zur Bildung des Futurs*) **ich werde es tun** onu yapacağım; **es wird schon ~** olacaktır; **es wird gleich regnen** hemen yağmur yağacak ❷ (*zur Bildung des Konjunktivs II*) **würden Sie bitte mal kommen?** lütfen bir gelir misiniz? ❸ (*Vermutung*) **es wird schon stimmen** doğru olabilir; **er wird wohl ausgegangen sein** sokağa çıkmış olacak

werden³ <wird, wurde, worden> *aux vb* (*zur Bildung des Passivs*) **sie ist entführt worden** o kaçırıldı; **das Zimmer wird gerade gestrichen** oda şimdi [*o* şu anda] boyanıyor; **hier wird nicht geraucht!** burada sigara içilmez!; **mir wurde gesagt, dass ...** bana dendi ki, ...

Werden <-s> *nt kein pl* ❶ (*Entwicklung*) oluşma; **noch im ~ sein** henüz oluşmakta olmak; **der Kuchen ist schon im ~** pasta oluyor bile ❷ (*Bildung*) oluşma ❸ PHILOS oluş

Werfall *m* LING yalın durum

werfen <wirft, warf, geworfen> ['vɛrfən] **I.** *vt* ❶ (*allgemein*) atmak; (*schleudern*) savurmak; **nicht ~!** atmayınız!; **jdn zu Boden ~** birini yere atmak; **die Tür ins Schloss ~** kapıyı çarpmak; **etw auf den Markt ~** bir şeyi pazara sürmek; **eine Münze ~** yazı tura atmak; **jdn ins Gefängnis ~** birini hapse atmak; **jdn aus etw** *dat* **~** birini bir şeyden atmak ❷ (*bilden*) yapmak, oluşturmak; **die Flüssigkeit wirft Blasen** sıvı kabarcık yapıyor ❸ (*Tierjunge*) yavrulamak, yavru atmak; (*Hund, Katze*) eniklemek **II.** *vr* ■ **sich ~** ❶ (*sich stürzen*) atılmak (**auf** -in üzerine) ❷ (*sich fallen lassen*) kendini atmak (**auf** -e); **sie warf sich aufs Bett** kendini yatağa attı ❸ (*sich verziehen*) esnemek, yamulmak, çarpılmak **III.** *vi* ❶ *a.* SPORT atmak; **wie weit kannst du ~?** ne kadar uzağa atabilirsin?; **mit Geld um sich ~** paraları saçıp savurmak ❷ (*Tier*) yavrulamak; (*Hund, Katze*) eniklemek

Werft <-en> [vɛrft] *f* NAUT tersane; AERO uçak fabrikası **Werftarbeiter(in)** *m(f)* NAUT tersane işçisi

Werg [vɛrg] *nt kein pl* üstüpü

Wergeld *nt kein pl* HIST (*Blutgeld*) kan parası

Werk <-(e)s, -e> [vɛrk] *nt* ❶ (*Geschaffenes, Handlung*) eser, yapıt; (*Arbeit*) iş, çalışma; **sämtliche/ausgewählte ~e** bütün/seçilmiş yapıtlar; **das ist sein ~** bu onun işi(dir); **ein gutes ~ (an jdm) tun** (birine) bir iyilik etmek [*o* yapmak], (birine) hayırlı bir davranışta bulunarak sevap işlemek [*o* kazanmak]; **sich ans ~ machen** işe koyulmak ❷ (*Fabrik*) fabrika; (*Unternehmen*) işletme; (*Kraft~*) santral; (*Berg~*) ocak; **Lieferung ab ~** fabrika teslimi ❸ (*Mechanismus*) mekanizma

Werkbank <-bänke> *f* çalışma tezgâhı

Werken <-s> *nt kein pl* el işi dersi

werkgetreu *adj* özgün yapıta tam uyan, orijinal esere tam uyan

Werkmeister(in) <-s, -; -nen> *m(f)* atölye şefi **Werkschutz** *m* işletme güvenliği

Werkstatt <-stätten> ['-ʃtat] *f* atölye, işlik; (*Reparatur~*) tamirhane

Werkstoff <-(e)s, -e> *m* ham madde **Werkstück** *nt* işlenen parça

Werktag *m* iş günü, mesai günü **werktags** *adv* iş günleri **werktätig** *adj* çalışan; **die ~e Bevölkerung** çalışan nüfus **Werktätige(r)** <-n, -n; -n> ['-tɛːtɪgɐ] *f(m)* emekçi; **die ~n** emekçiler **Werkvertrag** *m* yapıt sözleşmesi

Werkzeug <-(e)s, -e> *nt* ❶ alet ❷ INFORM araç **Werkzeugkasten** *m* alet kutusu

Wermut <-(e)s> ['veːɐmuːt] *m kein pl* ❶ (*Pflanze*) pelin otu ❷ (*Getränk*) vermut

Wermut(s)tropfen *m* (*fig*) işin acı tarafı

wert [veːɐt] *adj* **etwas ~ sein** bir değeri olmak; **nichts ~ sein** hiç değeri olmamak; **das ist der Mühe ~** bu zahmete değer; **wie viel ist das ~?** bunun değeri ne kadar?, bu ne kadar eder?; **er ist deines Vertrauens nicht ~** o, senin güvenine layık değil

Wert <-(e)s, -e> [veːɐt] *m* (*a. fig*) değer, kıymet; (*Preis*) paha, değer; **einen ~ von 50 Euro haben** 50 euroluk değeri olmak; **an ~ verlieren/zunehmen** değer kaybetmek/kazanmak; **großen/keinen ~ auf etw legen** bir şeye çok değer vermek/hiç değer vermemek; **das hat keinen ~** bunun değeri yok; **etw** *dat* **einen besonderen ~ beimessen** bir şeye özellikle değer vermek; **etw (weit) unter seinem ~ verkaufen** bir şeyin değerinin (çok) altında satmak **Wertarbeit** *f* kaliteli iş **wertbeständig** *adj* sabit değerli **Wertbrief** *m* değer konulmuş mektup

werten ['veːɐtən] *vt* değerlendirmek, değer biçmek, paha biçmek; (*einschätzen*) saymak, değerlendirmek (**als** olarak); SPORT puan vermek (-e), puanlandırmak

Wertgegenstand <-(e)s, -stände> *m* değerli eşya

wertlos *adj* değersiz, kıymetsiz

Wertlosigkeit *f kein pl* değersizlik **Wertpapier** *nt* FIN değerli kâğıt **Wertsache** *f* değerli eşya **Wertschätzung** *f kein pl* (*geh*) değer biçme **Werttheorie** *f* değer kuramı

Wertung <-en> *f* puantaj; SPORT derece

Werturteil *nt* değer yargısı

wertvoll *adj* değerli, kıymetli **Wertzuwachs** *m kein pl* değer artışı

Werwolf ['veːɐ-] *m* kurtadam

Wesen[1] <-s> ['veːzən] *nt kein pl* ❶ (*Grundeigenschaft*) mahiyet, nitelik, öz; PHILOS töz, cevher; (*Hypostase*) hipostaz ❷ (*Charakter*) karakter; (*Natur*) tabiat

Wesen[2] <-s, -> *nt* (*Lebe~*) varlık; (*Mensch*) yaratık; **ein außerirdisches ~** uzaylı bir yaratık

wesenhaft *adj* ❶ (*im Wesen begründet*) tözel ❷ (*real existent*) var olan

Wesensart *f kein pl* karakter **Wesenszug** <-(e)s, -züge> *m* karakter özelliği, belirli nitelik

wesentlich ['veːzəntlɪç] **I.** *adj* başlıca; (*grundlegend*) temel, köklü, esaslı; (*bedeutend*) önemli; **das ist im W~en nichts Neues** esasında bu yeni bir şey değil

II. *adv* (*sehr, viel*) çok; **das ist ~ schöner** bu çok daha güzel

weshalb [vɛs'halp, '--] *adv* ❶ (*fragend*) niçin ❷ (*relativisch*) **ich war plötzlich krank geworden, ~ ich gestern nicht kommen konnte** birdenbire hastalandım, o yüzden dün gelemedim; **der Grund ~ ich gestern nicht kommen konnte, ...** dün gelemeyişimin nedeni ...

Wespe <-n> ['vɛspə] *f* ZOOL yaban arısı

Wespennest *nt* ZOOL yaban arısı yuvası

wessen ['vɛsən] **I.** *pron* ❶ *gen von* **wer** kimin; **~ Auto ist das?** kimin otomobili bu? ❷ *gen von* **was: ~ wird sie beschuldigt?** neden suçlanıyor? **II.** *pron* **~ Schuld es ist, (der) soll es gestehen** suç [*o* kabahat] kiminse söylesin

West <-> [vɛst] *m kein pl* NAUT, METEO batı

westdeutsch *adj* Batı Alman **Westdeutschland** *nt* Batı Almanya

Weste <-n> ['vɛstə] *f* yelek; **eine reine ~ haben** (*fig fam*) yüzü ak olmak, alnı açık yüzü ak olmak

Westen <-s> ['vɛstən] *m kein pl* batı, Batı (dünyası); **im ~** batıda; **im ~ Deutschlands/Österreichs/der Türkei/der Schweiz** Almanya'nın/Avusturya'nın/Türkiye'nin/İsviçre'nin batısında; **der Wind kommt von ~** rüzgâr batıdan geliyor; **in den ~** batıya; **der Wilde ~** Vahşi Batı

Westentasche *f* yelek cebi; **etw wie seine ~ kennen** (*fam*) bir şeyi avcunun içi gibi bilmek

Western <-s, -> ['vɛstɐn] *m* kovboy filmi

Westeuropa ['--'--] *nt* batı Avrupa

Westfale, -fälin <-n, -n; -nen> *m, f* Vestfalyalı

Westfalen <-s> [vɛst'faːlən] *nt* Vestfalya

Westfälin <-nen> [-'fɛːlɪn] *f s.* **Westfale**

westfälisch *adj* Vestfalya (ile ilgili)

westlich **I.** *adj* batı; **~ von Berlin** Berlin'in batısında; **in ~er Richtung** batı yönünde; **52 Grad ~er Länge** batı boylamında 52 derece **II.** *präp* batısında

Westmächte ['vɛstmɛçtə] *pl* POL Batılı güçler *pl* **Westwind** *m* batı rüzgârı

weswegen [vɛs'veːgən] *adv s.* **weshalb**

Wettbewerb[1] <-(e)s, -e> ['vɛtbəvɛrp] *m* (*Veranstaltung*) yarışma; SPORT yarış

Wettbewerb[2] <-(e)s> *m kein pl a.* WIRTSCH rekabet, yarışma, yarış; **mit jdm in ~ stehen** biriyle rekabette bulunmak, biriyle rekabet durumunda olmak

Wettbewerber(in) <-s, -; -nen> *m(f)* yarışmacı, yarışçı; *a.* WIRTSCH rakip

wettbewerbsfähig *adj* rekabet edebilen

Wettbüro *nt* bahis bürosu

Wette <-n> ['vɛtə] *f* bahis; **die ~ gewinnen/verlieren** bahsi kazanmak/kaybetmek; **eine ~ mit jdm abschließen** biriyle bahse girmek, biriyle bahis tutuşmak; **ich gehe jede ~ ein, dass ...** her bahse girerim ki ...; **was gilt die ~?** nesine bahse girersin?; **um die ~ laufen** (*fam*) yarışmak

Wetteifer <-s> *m kein pl* rekabet ruhu

wetteifern ['---] *vi* **mit jdm um etw ~** biriyle bir şey için çekişmek

wetten ['vɛtən] *vi, vt* bahse girmek (**um** -e); (**mit jdm**) **um etw ~** (biriyle) bir şeyine bahse girmek; **ich wette mit dir um fünf Euro, dass ...** seninle beş eurosuna bahse girerim ki ...; (**wollen wir**) **~?** bahse var mısın?, bahse girelim mi?; **worum ~ wir?** nesine bahse giriyoruz?

Wetter <-s> ['vɛtɐ] *nt kein pl* METEO hava; **es ist schönes/schlechtes ~** hava güzel/kötü **Wetteramt** *nt* meteoroloji ofisi **Wetterbericht** *m* hava raporu **Wetterdienst** *m* meteoroloji servisi **Wetterfahne** <-n> *f* yelkovan, pinel **wetterfest** *adj* havaya ve etkilerine karşı dayanıklı; (*wasserundurchlässig*) su geçirmez

wetterfühlig *adj* havadan etkilenen

Wetterhahn *m* horoz (biçiminde) yelkovan [*o* pinel] **Wetterkarte** *f* hava haritası **Wetterlage** *f* METEO hava durumu **Wetterleuchten** <-s> *nt kein pl ufukta şimşek çakması*

wettern ['vɛtɐn] *vi* (*fam*) fırtına kopmak; **gegen etw ~** birine verip veriştirmek

Wetterprognose *f* hava tahmini **Wettersatellit** *m* meteoroloji uydusu **Wetterstation** *f* meteoroloji istasyonu **Wetterumschwung** *m* hava değişimi **Wettervorhersage** *f* hava tahmini **Wetterwarte** *f* meteoroloji istasyonu

wetterwendisch *adj* (*fig fam*) fırdöndü

Wettkampf *m* SPORT yarışma, müsabaka **Wettkämpfer(in)** *m(f)* SPORT yarışmacı **Wettlauf** <-(e)s, -läufe> *m* yarış, koşu; **ein ~ mit der Zeit** zamana karşı yarış **Wettläufer(in)** <-s, -; -nen> *m(f)* yarışçı, koşucu

wett|machen ['vɛt-] *vt* (*fam*) telafi etmek, gidermek; (*Fehler*) düzeltmek

Wettrennen *nt* yarış **Wettrüsten** <-s> *nt kein pl* silahlanma yarışı

wetzen ['vɛtsən] **I.** *vi sein* (*fam*) koşuşturmak **II.** *vt* bilemek

Wetzstahl *m* masat **Wetzstein** *m* bileği taşı

WG <-s> [veː'geː] *f Abk von* **Wohngemeinschaft** birlikte oturma, ortak konut

Whirlpool *m* jakuzi

Whisky <-s, -s> ['vɪski] *m* viski; **den ~**

W

pur trinken viskiyi sek içmek
wich [vɪç] *3. imp von* **weichen**
Wichse <-n> ['vɪksə] *f (fam: Schuhcreme)* ayakkabı boyası
wichsen ['vɪksən] **I.** *vt* ❶ *(fam: polieren)* parlatmak; *(Boden)* cilalamak; *(Schuhe)* boyamak ❷ DIAL *(verprügeln)* dövmek, pataklamak **II.** *vi (vulg)* tek atmak, otuz bir çekmek, mastürbasyon yapmak
Wicht <-(e)s, -e> [vɪçt] *m,* **Wichtelmännchen** <-s, -> ['vɪçtəlmɛnçən] *nt* bacaksız, bücür; *(Zwerg)* cüce, yerden bitme [*o* yapma]; *(Kobold)* cin; *(Schuft)* kalleş, hain; *(Schurke)* alçak, kalleş
wichtig ['vɪçtɪç] *adj* önemli; **das ist mir nicht** (**so**) ~ bu benim için (o kadar) önemli değil; **etw für ~ halten** bir şeyi önemli bulmak; **etw ~ nehmen** bir şeyi önemsemek [*o* ciddiye almak]
Wichtigkeit *f kein pl* önem; **eine Sache von großer/höchster ~** çok/son derece önemli bir iş
wichtig|machenRR *vr* ■ **sich ~** büyüklenmek, böbürlenmek, kurum satmak
Wichtigtuer(in) <-s, -; -nen> [-tu:ɐ] *m(f) (a. pej fam)* kasıntı (kimse)
wichtig|tunRR *irr vr* ■ **sich ~** büyüklenmek, böbürlenmek, kurum satmak
Wicke *f* BOT fiğ
Wickel <-s, -> ['vɪkəl] *m* ❶ MED sargı ❷ *(Locken~)* bigudi ❸ *(Spule)* makara ❹ *(fam)* **jdn am ~ haben** birine kancayı takmış olmak
wickeln ['vɪkəln] *vt* ❶ *(auf~)* dolamak; *(auf eine Spule, Rolle)* sarmak; *(zu einem Knäuel)* top yapmak ❷ *(ein~)* sarmak (**in** -e); *(aus~)* açmak; *(ab~)* çözmek; **sich** *dat* **einen Schal um den Hals ~** boynuna bir atkı sarmak ❸ *(Säugling)* altını değiştirmek (-in); **jdn um den Finger ~** *(fam)* birini parmağında oynatmak
Wicklinse *f* BOT burçak
Widder <-s, -> ['vɪdɐ] *m* ❶ ZOOL koç ❷ ASTROL Koç (burcu); **das Sternbild/der Wendekreis des ~s** Koç burcu/dönencesi
wider ['vi:dɐ] *präp (geh)* aykırı (-e), karşı (-e); **~ Erwarten** beklenmediği halde; **~ Willen** istemediği halde
widerborstig ['----] *adj* ❶ *(Person)* aksi, ters, hırçın, söz dinlemez ❷ *(Haar)* kolay taranmayan
widerfahren* [--'--] *irr vi sein (geh)* başına gelmek, başından geçmek; **jdm Gerechtigkeit ~ lassen** birine adilâne davranmak
Widerhaken <-s, -> ['----] *m* ters kanca; *(an einer Angel)* kanca
Widerhall <-(e)s, -e> *m* yankı; **~ finden** yankı uyandırmak; **bei jdm keinen ~ finden** biri tarafından kabul görmemek
Widerlager *nt* ARCH *(einer Brücke, eines Bogens, Gewölbes)* ayak
widerlegen* *vt* çürütmek, aksini ispat etmek (-in)
widerlich ['vi:dɐlɪç] *adj* ❶ *(Ekel erregend)* iğrenç; *(abstoßend)* tiksindirici ❷ *(unangenehm)* hoş olmayan, çirkin
widernatürlich *adj (pej)* doğaya aykırı, gayritabii **widerrechtlich** *adj* hukuka aykırı, haksız; **sich** *dat* **etw ~ aneignen** bir şeyi haksız olarak ihraz etmek
Widerrede <-n> *f* itiraz; **sie duldet keine ~** o, itiraz dinlemez, o, şunu bunu bilmez
Widerruf <-(e)s, -e> *m* cayma, rücu; *(einer Strafaussetzung)* geri al(ın)ma, rücu; *(einer Aussage, eines Geständnisses)* (geri) dönme (-den) **widerrufen*** *irr vt (Gesetz, Urteil)* ortadan kaldırmak, refetmek; *(Erlaubnis)* geri almak; *(Aussage)* geri dönmek (-den), rücu etmek (-den); *(Nachricht)* yalanlamak; *(Auftrag)* iptal etmek, caymak (-den)
Widersacher(in) <-s, -; -nen> *m(f)* hasım
widersetzen* *vr* ■ **sich ~** karşı koymak (-e), direnmek (-e)
widerspenstig ['vi:dɐʃpɛnstɪç] *adj* hırçın; *(trotzig)* inatçı, aksi, ters
wider|spiegeln **I.** *vt* evirterek göstermek; *(fig)* yansıtmak; **das Wasser spiegelt die Bäume wider** su, ağaçları evirterek gösteriyor **II.** *vr* ■ **sich ~** yansımak, kendini göstermek
widersprechen* *irr vi* **jdm ~** birine itiraz etmek, birine karşı gelmek, biriyle zıt gitmek; **etw** *dat* **~** bir şeyi reddetmek, bir şeye aykırı düşmek; **sich** *dat* **~** birbiriyle çelişmek, birbirine ters düşmek, birbirine zıt [*o* karşıt] olmak; **sich ~de Angaben** birbiriyle çelişen bilgiler, birbirini tutmayan bilgiler
widersprochen *pp von* **widersprechen**
Widerspruch[1] <-(e)s> *m kein pl (Widerrede)* itiraz; *(Protest)* protesto; **ohne ~** itirazsız; **~ einlegen** JUR itiraz etmek
Widerspruch[2] <-(e)s, -sprüche> *m (Gegensätzlichkeit)* çelişki, çelişme (**zu** -e); **in ~ zu jdm/etw** *dat* **geraten** bir kimseyle/şeyle çelişkiye düşmek; **sich in Widersprüche verwickeln** tezada düşmek
widersprüchlich [-ʃprʏçlɪç] *adj* çelişik, çelişkili
widerspruchslos *adj* çelişkisiz
Widerstand <-(e)s, -stände> *m* ❶ *(Wi-*

W

dersetzung) direnme (**gegen** -e karşı), direniş (**gegen** -e karşı), mukavemet; ~ **leisten** direnmek; **auf** ~ **stoßen** direnişle karşılaşmak ❷ PHYS, ELEK direnç, rezistans; **aerodynamischer** ~ aerodinamik direnç; (*Luftwiderstand*) hava direnci

widerstanden *pp von* **widerstehen**

Widerstandsbewegung *f* direnme hareketi **widerstandsfähig** *adj* dayanıklı, metanetli (**gegen** -e), dirençli (**gegen** -e (karşı)); (*stabil*) sağlam **Widerstandsfähigkeit** *f kein pl* direnç (**gegen** -e (karşı)); (*Stabilität*) dayanıklılık, sağlamlık **Widerstandskämpfer(in)** *m(f)* direnişçi, mukavemetçi **Widerstandskraft** *f* direnme gücü, dayanma gücü

widerstandslos *adv* ❶ (*ohne Widerstand zu leisten*) direnmeden ❷ (*ohne auf Widerstand zu stoßen*) direnişle karşılaşmadan

widerstehen* *irr vi* dayanmak (-e), karşı koymak (-e)

widerstreben* *vi* ❶ (*zuwider sein*) (hiç) hoşlanmamak; **es widerstrebt mir, das zu tun** bunu yapmayı hiç canım istemiyor ❷ (*geh: sich widersetzen*) **jdm/etw** *dat* ~ bir kimseye/şeye karşı koymak

Widerstreben <-s> [--'--] *nt kein pl* ❶ (*Widerstand*) direnme, karşı koyma ❷ (*Abneigung*) hoşlanmama, isteksizlik, istemsizlik, gönülsüzlük, antipati

widerwärtig ['vi:dɐvɛrtɪç] *adj* (*ekelhaft*) iğrenç, tiksindirici; (*unangenehm*) hoş olmayan, nahoş; (*sehr unsympathisch*) çok antipatik

Widerwille <-ns> *m kein pl* (*Abneigung*) antipati, istemsizlik (**gegen** -e karşı); (*Ekel*) tiksinti; **etw mit größtem ~n tun** bir şeyi derin tiksinti duyarak yapmak **widerwillig** **I.** *adj* isteksiz, istemsiz, gönülsüz **II.** *adv* istemeye istemeye, istemeyerek, isteksizce, gönülsüzce

widmen ['vɪtmən] **I.** *vt* ❶ (*symbolisch zum Geschenk machen*) adına sunmak, ithaf etmek; **jdm ein Buch** ~ birinin adına bir kitap sunmak ❷ (*ausschließlich zu einem Zweck verwenden*) hasretmek, adamak; **er widmete sein Leben der Wissenschaft** yaşamını bilime hasretti [*o* adadı] ❸ (*amtlich*) tahsis etmek **II.** *vr* **sich jdm** ~ birine zaman ayırmak, birine (bütün) vaktini hasretmek; **sich etw** *dat* ~ kendini bir şeye adamak

Widmung <-en> *f* ithaf yazısı

widrig ['vi:drɪç] *adj* ters, aykırı, aksi, karşı

wie [vi:] **I.** *adv* ❶ (*interrogativ: auf welche Art*) nasıl, ne türlü; (*mit welchen Merkmalen*) nasıl; (*in welchem Grad*) ne derece; (*in welcher Weise*) nasıl; ~ **geht das?** bu nasıl olur [*o* yapılır]?; ~ **heißt das?** bunun adı nedir?; ~ **bitte?** efendim?; ~ **das?** bu da nasıl şey?; ~ **kommt es, dass ...?** nasıl oluyor da ...?; ~ **geht's?** nasılsın?; ~ **oft?** kaç defa?, ne kadar sık?; ~ **viel?** ne kadar?; ~ **alt bist du?** kaç yaşındasın?; ~ **groß ist es?** boyu ne kadar?; ~ **teuer ist das?** fiyatı ne?; ~ **spät ist es?** saat kaç?; ~ **gefällt es dir?** nasıl, hoşuna gitti mi?; ~ **war's im Urlaub?** iznin nasıl geçti?; ~ **wäre es, wenn er auch kommt?** o da gelirse nasıl olur?; ~ **klug du auch immer sein magst** ne kadar akıllı olursan ol; ~ **auch immer** her neyse; ~ **dem auch sei** her nasılsa, nasıl olmuşsa ❷ (*auf welche Art, in welchem Grad*) ne derece; **die Art,** ~ **sie spricht** konuşma biçimi ❸ (*Ausruf*) ~ **schade!** ne yazık!; **und** ~**!** (*fam*) hem de nasıl! ❹ (*fam: nicht wahr?*) değil mi; **das macht dir Spaß,** ~**?** hoşuna gidiyor, değil mi? **II.** *konj* ❶ (*Vergleich*) kadar, gibi; **weiß** ~ **Schnee** kar kadar beyaz; **ich bin genauso groß** ~ **du** ben seninle aynı boydayım, ben de senin kadar uzunum; **das weißt du genauso gut** ~ **ich** sen de bunu benim kadar iyi biliyorsun; **er ist so gut** ~ **blind** o, neredeyse kördür; ~ **früher** eskisi gibi; ~ **immer** her zamanki gibi; ~ **zum Beispiel** örneğin; **etw** ~ **seine Westentasche kennen** (*fam*) bir şeyi avucunun içi gibi bilmek ❷ SÜDD (*als*) **das ist besser** ~ **das andere** bu ötekinden (daha) iyidir ❸ (*sowie*) **einer** ~ **der andere** biri ötekisi gibi; **Frauen** ~ **Männer** kadınlar gibi erkekler de ❹ (*gleichzeitig*) ~ **er sich umdreht, sieht er den Dieb losrennen** arkasına döndüğünde hırsızın kaçtığını görür ❺ (*mit Objektsatz*) **ich sah,** ~ **er das Fenster öffnete** pencereyi nasıl açtığını gördüm

Wiedehopf <-(e)s, -e> ['vi:dəhɔpf] *m* ZOOL çavuş kuşu, ibibik, hüthüt

wieder ['vi:dɐ] *adv* ❶ (*nochmals*) yine, gene, tekrar, yeniden, bir daha; **immer** ~ tekrar tekrar, ikide bir; **nie** ~ **tun** bir daha (hiç) yapmamak; **schon** ~ şimdi gene; ~ **mal** bir kere daha, yine, gene; ~ **anfangen** tekrar [*o* yeniden] başlamak; **etw immer** ~ **machen** bir şeyi tekrar tekrar yapmak; **gib ihm das** ~ **zurück** bunu ona geri ver ❷ (*andererseits*) diğer [*o* öte] yandan

Wiederaufbau <-(e)s> [--'--] *m kein pl* yeniden yapılanma

wieder|auf|bereiten* *vt* **radioaktive Abfälle** ~ radyoaktif atıkları yeniden işlemek

W

Wiederaufbereitung [--'----] *f* yeniden işleme, geri kazanma **Wiederaufbereitungsanlage** [--'-------] *f* geri kazanma tesisi
Wiederaufführung *f* THEAT yeniden oynanma, yeniden sahneleyiş
wiederaufladbar [--'-------] *adj* ~ **sein** şarj edilebilir olmak
Wiederaufnahme [--'---] *f kein pl* (*einer Tätigkeit*) yeniden başlama; (*eines Gerichtsverfahrens*) iade, yenilenme; (*eines Theaterstücks*) programa yeniden alınma; (*in eine Gruppe*) yeniden alınma
wieder|auf|nehmen *irr vt s.* **aufnehmen 7.**
wieder|bekommen* *irr vt* geri almak
wieder|beleben* *vt* (*Person*) diriltmek **Wiederbelebung** *f kein pl* (*Person*) diriltme; (*Wirtschaft*) (yeniden) canlandırma
Wiederbeschaffung *f kein pl* ikame, yerine koyma
wieder|bringen *irr vt* geri getirmek
wieder|ein|führen *vt s.* **einführen 6.** **wieder|ein|setzen** *vt s.* **einsetzen II.2.**
wieder|entdecken* *vt* **etw** ~ bir şeyi yeniden bulmak **wieder|erkennen*** *irr vt* **jdn an etw** *dat* ~ birini bir şeyinden tanımak; **er war nicht wiederzuerkennen** tanınacak gibi değildi
Wiedereröffnung <-en> *f* yeniden açılma
wieder|erstatten* *vt* geri vermek
wieder|finden *irr* **I.** *vt* tekrar bulmak; (*Mut, Sprache*) bulmak **II.** *vr* ■ **sich** ~ kendini bulmak; **er fand sich plötzlich im Gefängnis wieder** kendini bir anda hapiste buldu
Wiedergabe <-n> *f* ❶ (*einer Rede, eines Ereignisses*) yansıtma; (*einer Äußerung*) aktarma; (*Schilderung*) anlatım, tasvir ❷ (*Aufführung*) temsil; (*eines Musikstücks*) resital ❸ (*in Bild*) reprodüksiyon, taklit; (*in Ton*) ses verme; **der Lautsprecher hat eine gute/schlechte** ~ hoparlörün sesi iyi/kötü
wieder|geben *irr vt* ❶ (*zurückgeben*) geri vermek ❷ (*schildern*) yansıtmak, tasvir etmek; (*erzählen*) anlatmak; **etw verzerrt** ~ bir şeyi çarpıtarak yansıtmak ❸ (*ausdrücken*) ifade etmek, söylemek ❹ (*wiederholen*) tekrarlamak; (*zitieren*) alıntılamak ❺ (*nachbilden*) taklit etmek, kopya etmek ❻ (*darstellen*) tasvir etmek
Wiedergeburt <-en> *f* REL diriliş, basübadelmevt
wieder|gewinnen* *irr vt* yeniden kazanmak **Wiedergewinnung** <-en> *f a.* ÖKOL yeniden kazanma
Wiedergutmachung <-en> [--'---] *f* ❶ (*eines Schadens*) giderim ❷ (*Entschädigung*) tazminat
wieder|her|stellen [--'---] *vt* ❶ (*in den alten Zustand setzen*) eski haline getirmek ❷ (*reparieren*) onarmak, restore etmek ❸ INFORM (*Dateien*) kurtarmak
wieder|holen[1] *vt* (*zurückholen*) geri almak
wiederholen*[2] **I.** *vt* tekrarlamak, tekrar etmek, yinelemek; (*Lernstoff*) tekrarlamak; **ich muss die Klasse** ~ sınıfı tekrarlamak zorundayım **II.** *vr* ■ **sich** ~ tekrarlanmak, tekerrür etmek, yinelenmek
wiederholt [--'-] **I.** *adj* yinelemeli, tekrar tekrar yapılan, mükerrer; **zum ~en Male** defalarca, tekrar tekrar **II.** *adv* tekrar tekrar
Wiederholung <-en> [--'--] *f* tekrar, tekrarla(n)ma; (*von Lernstoff*) tekrar(lama) **Wiederholungsfall** *m* tekrarlama durumu **Wiederholungstaste** *f* INFORM tekrar tuşu
Wiederhören *nt* **auf ~!** görüşmek üzere!
wieder|käuen ['vi:dɐkɔɪən] *vt* ❶ (*Tier*) geviş getirmek ❷ (*pej: ständig wiederholen*) devamlı tekrarlamak, ağzından düşürmemek
Wiederkäuer <-s, -> *m* ZOOL geviş getiren(ler) *(pl)*
wieder|kehren *vi sein* (*geh*) ❶ (*zurückkommen*) dönmek (**von/aus** -den/-den), geri gelmek (**von/aus** -den/-den) ❷ (*sich wiederholen*) tekrarlanmak **wieder|kommen** *irr vi sein* ❶ (*zurückkommen*) dönmek (**von** -den), geri gelmek (**von/aus** -den/-den) ❷ (*sich wiederholen*) tekrarlanmak
wieder|sehen *irr vt* **jdn** ~ birini tekrar görmek
Wiedersehen <-s, -> *nt* tekrar görüşme; **auf ~!** görüşmek üzere!, Allaha ısmarladık!, *sagt der Weggehende,* güle güle, *sagt der Bleibende*
Wiedertäufer <-s, -> *m* yeniden vaftizci
wiederum ['vi:dərʊm] *adv* ❶ (*nochmals*) bir daha, tekrar ❷ (*andererseits*) diğer [*o* öte] yandan
wieder|vereinigen* **I.** *vt* yeniden birleştirmek **II.** *vr* ■ **sich** ~ yeniden birleşmek **Wiedervereinigung** <-en> *f* yeniden birleşme
wiederverwendbar *adj* yeniden [*o* tekrar] kullanılabilir **Wiederverwertung** <-en> *f* yeniden kullanma, yeniden yararlanma **Wiederwahl** *f kein pl* tekrar seçilme, yeniden seçilme
Wiege <-n> ['vi:gə] *f* beşik; **von der ~ bis**

zum Grabe beşikten mezara kadar
Wiegemesser *nt* kıyma bıçağı
wiegen[1] ['vi:gən] **I.** *vt* ❶ (*bewegen*) sallamak; (*Kind*) pışpışlamak ❷ (*zerkleinern*) kıymak **II.** *vr* ■ **sich** ~ sallanmak
wiegen[2] <wiegt, wog, gewogen> **I.** *vi* (*Gewicht haben*) ağır(lığında) olmak; **das Paket wiegt 5 Kilo** paket 5 kilo ağırlığındadır; **die Tasche wog schwer** çanta ağırdı; **sein Wort wiegt schwer** (*fig*) sözü ciddiye alınmalıdır **II.** *vt* tartmak
Wiegenlied *nt* ninni
wiehern ['vi:ɐn] *vi* ❶ (*Pferd*) kişnemek ❷ (*fam: lachen*) katıla katıla gülmek
Wien <-s> [vi:n] *nt* Viyana
Wiener(in) <-s, -; -nen> *m(f)* Viyanalı
wienern *vt* (*fam*) ova ova pırıl pırıl yapmak
wies [vi:s] *3. imp von* **weisen**
Wiese <-n> ['vi:zə] *f* çayır
Wiesel <-s, -> ['vi:zəl] *nt* ZOOL gelincik; **er ist flink wie ein ~** bir gelincik gibi hızlı ve çeviktir
Wiesenklee *m kein pl* BOT çayır tirfili
Wiesenraute *f* BOT çayırsedefi **Wiesenschaumkraut** *nt kein pl* BOT çayır teresi
wieso [vi'zo:] *adv* niçin
wieviel^ALT [vi'fi:l, '--] *adv s.* **viel I.3.**
wievielte(r, s) ['vi:vi:ltə, -tɐ, -təs] *adj* **zum ~n Mal bist du schon in der Türkei?** Türkiye'ye bu kaçıncı (kez) gelişin?; **den W~n haben wir heute?** bugün ayın kaçı?; **die W~ bist du?** sen kaçıncısın?
wieweit [vi'vaɪt] *adv* nereye kadar, ne dereceye kadar
Wikinger(in) <-s, -; -nen> *m(f)* Viking
wild [vɪlt] *adj* ❶ (*Volk*) vahşi, yabanıl, ilkel yaşayan; (*Tier*) vahşi, yabani, yabanıl; (*Pflanze*) yabani, yabanıl; (*Landschaft*) vahşi, insan ayağı değmemiş; **~e Rose/Ziege** yaban gülü/keçisi; **~ wachsend** yabanıl ❷ (*heftig*) güçlü, vahşi; (*wütend*) kızgın, öfkeli, gözünü kan bürümüş; **jdn ~ machen** (*fig*) birini kudurtmak, birini kızdırmak [*o* öfkelendirmek]; **ein ~er Zorn ergriff ihn** (*fig*) öfke topuklarına çıktı; **ein ~es Durcheinander** karmakarışık, keşmekeşlik; **~ entschlossen sein** (*fam*) kesin karar vermiş olmak; **~ werden** vahşileşmek, kudurmak, ele avuca sığmamak; **~ auf etw sein** (*fig fam*) bir şeye bitmek; **das ist halb so ~** (*fig fam*) bu önemli değil ❸ (*illegal*) yasa dışı, kanunsuz; (*unerlaubt*) izinsiz; **~ zelten** kaçak kamp yapmak; **~e Ehe** (*fig*) nikâhsız yaşama; **~er Streik** (*fig*) yasa dışı grev ❹ (*Kinder*) haşarı, azgın, kuduruk, çok yaramaz, ele avuca sığmaz ❺ (*fig fam: übertrieben*) aşırı; (*fantastisch*) fantezî, hayalî
Wild <-(e)s> *nt kein pl* ❶ av, av hayvan(lar)ı (*pl*) ❷ (*Fleisch*) av eti; **er isst kein ~** o av eti yemez
Wildbahn *f* **Tiere in freier ~ beobachten** hayvanlara doğal çevrelerinde bakmak
Wilde(r) <-n, -n; -n> *f(m)* (*pej*) vahşi
Wilderei *f kein pl* kaçak avlanma
Wilderer(in) <-s, -; -nen> *m(f)* kaçak avcı
wildern ['vɪldɐn] *vi* kaçak avlanmak
Wildfleisch *nt kein pl* av eti
wildfremd ['-'-] *adj* tamamen yabancı
Wildgans *f* ZOOL yaban kazı
Wildheit *f kein pl* yabanilik; (*Ungestüm*) azgınlık, ele avuca sığmama; (*von Tieren*) vahşilik
Wildkatze *f* ZOOL yaban kedisi
Wildleder *nt* süet; (*Veloursleder*) podosüet
Wildnis *f kein pl* yaban; (*Urwald*) vahşi orman
Wildpflanze *f* yabanıl bitki
Wildsau *f* ❶ ZOOL dişi yaban domuzu ❷ (*pej fam: Schimpfwort*) hayvan **Wildschaf** *nt* yabani koyun **Wildschwein** *nt* ZOOL yaban domuzu
wildwachsend *adj s.* **wild 1.**
Wildwestfilm *m* kovboy filmi
Wildwuchs *m* yabanıl bitkiler *pl*
will [vɪl] *3. präs von* **wollen**
Wille <-ns, -n> ['vɪlə] *m* irade; (*Wollen*) istek, istenç, arzu, rıza; (*Absicht*) niyet; (*Entschlossenheit*) azim; **~ zur Macht** PHILOS erk istenci; **seinen eigenen ~n haben** ne istediğini bilmek; **seinen ~n durchsetzen (wollen)** dediğini yaptırmak (istemek); **wenn es nach meinem ~n ginge** benim isteğime kalsaydı; **es geschah gegen meinen ~n** istemeyerek oldu; **es geht beim besten ~n nicht!** bütün iyi niyetime rağmen olamaz!; **jdm seinen ~n lassen** birinin istediğini yapmak; **das hätte ich beim besten ~n nicht machen können** bunu istesem de yapamazdım; **es war dein freier ~, das zu tun** bunu yapmayı kendin istedin; **es war kein böser ~** kötü bir niyetim yoktu; **der böse/gute ~** kötü/iyi niyet; **der letzte ~** son arzu; (*Testament*) vasiyet; **wider ~n** istemeyerek
willen ['vɪlən] *präp* **um jds/etw** *gen* **~** bir kimse/şey için; **um Gottes ~!** aman Allahım!, Tanrı aşkına!, Allah aşkına!, Allah rızası için!, Allahını seversen!
willenlos *adj* iradesiz; **ein ~es Werkzeug in den Händen eines anderen** (*fig*) bir başkasının elinde iradesiz bir şey; **etw ~ über sich ergehen lassen** bir şeye ister istemez katlanmak
Willenlosigkeit *f kein pl* iradesizlik,

istençsizlik

willens ['vɪləns] *adj inv* (*geh*) **~ sein, etw zu tun** bir şeyi yapmaya istekli olmak

Willensäußerung *f kein pl* rıza beyanı

Willenskraft *f kein pl* irade gücü **Willensschwäche** *f kein pl* irade zayıflığı

willentlich ['vɪləntlɪç] **I.** *adj* (*geh*) istençli, iradî **II.** *adv* (*geh*) isteyerek

willig I. *adj* istekli; (*gehorsam*) söz dinler, itaatli, uslu, uysal **II.** *adv* **etw ~ tun** bir şeyi isteyerek yapmak

willkommen [-'--] *adj* (*Person*) hoş, sevilen; (*Sache*) hoşa giden, hoş karşılanan, sevindirici; **herzlich ~ zu Hause!** eve hoş geldin!; **jdn ~ heißen** birine hoş geldin(iz) demek; **du bist** (**mir**) **immer ~** her zaman başımın üstünde yerin var

Willkommen <-s, -> *nt* hoş geldiniz

Willkür ['vɪlky:ɐ] *f kein pl* keyfî davranış; (*Laune*) keyif; **jds ~ ausgeliefert sein** birinin keyfî davranışlarına maruz kalmak

Willkürakt *m* keyfî işlem **Willkürherrschaft** *f kein pl* keyfî idare, despotluk

willkürlich *adj* ❶ (*Maßnahme, Entscheidung*) keyfî, karakuşi ❷ (*zufällig*) rastlantısal, tesadüfî ❸ (*gewollt*) keyfî

wimmeln ['vɪməln] *vi* kaynaşmak (**von** -), kaynamak; **hier wimmelt es von Ameisen** burada karıncalar kaynıyor; **das Buch wimmelt von Fehlern** (*fam*) kitap yanlışlarla dolu

wimmern ['vɪmɐn] *vi* inlemek

Wimpel <-s, -> ['vɪmpəl] *m* flama; NAUT fors

Wimper <-n> ['vɪmpɐ] *f* ❶ (*des Menschen*) kirpik; **sich die ~n tuschen** kirpiklerini rimellemek; **ohne mit der ~ zu zucken** (*fig*) gözünü kırpmadan ❷ BIOL kirpik

Wimperg ['vɪmpɛʁk] *m* ARCH ❶ (*über Portalen*) açıt tepeliği ❷ (*über Fenster*) pencere tepeliği

Wimperntusche *f* rimel; (*Mascara*) maskara **Wimpertierchen** *nt* ZOOL kirpikli(ler) *(pl)*

Wind <-(e)s, -e> [vɪnt] *m* rüzgâr, yel; **bei ~ und Wetter** her havada; (*bei schlechtem Wetter*) kötü havada; **~ und Wetter ausgesetzt sein** rüzgâr almak [*o* tutmak], hava şartlarına maruz kalmak; **jdm den ~ aus den Segeln nehmen** (*fig fam*) birini susturmak, birinin ağzını tıkamak; **wissen, woher der ~ weht** (*fam*) ne olacağını [*o* olduğunu] bilmek; **~ von etw** *dat* **bekommen** (*fam*) bir şeyin kokusunu almak; **in den ~ reden** (*fig*) havaya konuşmak, boşuna söyleyip durmak, çene yormak; **viel ~** (**um etw**) **machen** (*fig fam*) (bir şeyi) şişirmek [*o* dramatize etmek]; **hier weht ein frischer ~** (*fig fam*) buranın havası değişmiş; **wie der ~** (*fig*) rüzgâr [*o* yel] gibi; **in alle** (**vier**) **~e** dört bir tarafa; **einen ~ streichen lassen** (*vulg*) yellenmek, osurmak; **wer ~ sät, wird Sturm ernten** (*prov*) rüzgâr eken fırtına biçer

Windbö(e) <-(e)n> *f* ani rüzgâr

Winde <-n> ['vɪndə] *f* ❶ TECH çıkrık; (*Haspel*) bocurgat ❷ BOT kahkaha çiçeği, gündüzsefası

Windei <-(e)s, -er> *nt* ❶ (*Fließei*) kabuksuz yumurta ❷ (*unbefruchtetes Ei*) döllenmemiş yumurta ❸ (*fig*) zırva, saçmalık

Windel <-n> ['vɪndəl] *f* kundak; (*Zellstoffhöschen*) çocuk bezi, etek bezi; **noch in den ~n stecken** (*fig*) emekleme çağında olmak **windelweich** ['--'-] *adj* (*fam*) **jdn ~ schlagen** birinin pestilini [*o* posasını] çıkarmak

winden[1] <windet, wand, gewunden> ['vɪndən] **I.** *vt* ❶ (*geh*) sarmak, dolamak ❷ (*wegnehmen*) zorla almak; **jdm etw aus der Hand ~** birinin elinden bir şeyi zorla almak **II.** *vr* ■ **sich ~** ❶ (*Pflanze*) sarılmak (**um** -e) ❷ (*Schlange*) kıvrılmak ❸ (*sich krümmen*) kıvranmak ❹ (*sich schlängeln*) yılan gibi kıvrılarak geçmek (**durch** -den) ❺ (*Ausflüchte suchen*) lafı dolandırmak

winden[2] *vi unpers* **es windet** rüzgâr esiyor, hava rüzgârlı

Windenergie *f kein pl* rüzgâr enerjisi

Windeseile *f kein pl* tez; **in ~** çabucak, çarçabuk, alelacele

Windfahne *f* yelkovan, pinel **windgeschützt** *adj* rüzgâr tutmaz **Windhose** *f* METEO hortum **Windhund** <-(e)s, -e> *m* ❶ ZOOL tazı ❷ (*fig fam: Luftikus*) havaî, uçarı, hoppa

windig *adj* ❶ (*Wetter, Tag*) rüzgârlı, yelli; (*Ort*) rüzgâr alan [*o* tutan]; **heute ist es sehr ~** bugün hava çok rüzgârlı ❷ (*pej fam: Sache*) dolambaçlı, çapraşık; (*Person*) sağlam pabuç olmayan

Windjacke *f* rüzgârlık, mont **Windkanal** <-s, -kanäle> *m* TECH rüzgâr tüneli **Windkraft** *f* rüzgâr gücü **Windkraftwerk** *nt* rüzgâr santrali **Windmesser** *m* rüzgârölçer **Windmühle** <-n> *f* yel değirmeni

Windpocken *pl* MED suçiçeği

Windrad *nt* ❶ TECH rüzgâr türbini ❷ (*Spielzeug*) fırıldak **Windrichtung** *f* rüzgâr yönü **Windröschen** *nt* BOT dağ lalesi; (*Anemone*) anemon **Windrose** *f* rüzgâr gülü **Windschatten** <-s> *m kein pl* rüzgâr almayan yan; NAUT boca, rüzgâr altı

windschief *adj* ❶ eğri, çarpık ❷ MATH **~e**

Geraden aykırı doğrular
Windschutzscheibe *f* AUTO ön cam
Windseite *f* rüzgâr alan yan; NAUT orsa, rüzgâr üstü **Windstärke** *f* rüzgâr kuvveti
windstill *adj* rüzgârsız, sütliman, durgun, sakin; **es ist ~** hava rüzgârsız **Windstille** *f* rüzgârsızlık, durgunluk, sakinlik **Windstoß** *m* rüzgâr darbesi **windsurfen** *vi* sörf yapmak **Windsurfer(in)** *m(f)* sörfçü
Windung <-en> *f* ❶ (*allgemein*) kıvrım; (*Kurve*) viraj, dönemeç; (*Fluss~*) kıvrım; **die Straße hat viele ~en** yol çok virajlı ❷ (*einer Schraube*) yiv
Windverhältnisse *pl* rüzgâr koşulları *pl*
Windzug *m* hava akımı, cereyan
Wink <-(e)s, -e> [vɪŋk] *m* ❶ (*Zeichen*) işmar, kaş göz işareti, kaş göz etme ❷ (*fig: Andeutung*) ima; (*Rat*) öğüt; (*Warnung*) uyarı; **ein ~ mit dem Zaunpfahl** (*fig*) bir şeyi fazla açık bir şekilde ima
Winkel <-s, -> ['vɪŋkəl] *m* ❶ MATH açı; **gestreckter / spitzer / stumpfer / rechter ~** doğru/dar/geniş/dik açı; **toter ~** ölü açı; AUTO kör alan ❷ (*~maß*) gönye ❸ (*Ecke*) köşe; **jeden ~ im Haus absuchen** evin köşesini bucağını aramak **Winkeladvokat(in)** *m(f)* (*pej*) madrabaz avukat **Winkeleisen** *nt* köşebent, köşe demiri **Winkelgeschwindigkeit** *f* açısal hız **Winkelhaken** *m* TYPO kumpas **Winkelhalbierende** <-n, -n> *f* MATH açıortay
winkelig ['vɪŋk(ə)lɪç] *adj* çok açılı; (*Gasse*) dolambaçlı; (*Haus*) çok köşeli
Winkelmaß *nt* gönye
Winkelmesser <-s, -> *m* ❶ açıölçer ❷ MATH (*halbkreisförmig*) iletki
Winkelmessung *f* MATH açı ölçüm
winken <winkt, winkte, gewinkt *o fam* gewunken> ['vɪŋkən] **I.** *vi* ❶ (*Zeichen geben*) işaret vermek, işmar etmek [*o* geçmek], sinyal vermek; **mit der Hand/ einem Taschentuch ~** el/mendil sallamak ❷ (*erwarten*) **jdm winkt etw** birini bir şey beklemek, birine bir şey görünmek **II.** *vt* **jdn zu sich** *dat* **~** el işaretiyle birini çağırmak; **der Polizist winkte den Wagen zur Seite** polis elini kaldırarak arabayı çevirdi
winklig *adj s.* **winkelig**
winseln ['vɪnzəln] *vi* inlemek
Winter <-s, -> ['vɪntɐ] *m* kış **Winteranfang** *m kein pl* kış başı **Wintereinbruch** *m* kışın bastırması **Winterfahrplan** *m* kış tarifesi **Winterferien** *pl* kış tatili **winterfest** *adj* kışlık, kışa dayanıklı **Wintergarten** *m* kış bahçesi **Winterkleidung** *f* kışlık giysi **Winterkollektion** *f* kış koleksiyonu
winterlich *adj* kışlık; ■ **sich ~ anziehen** kışlık giyinmek
Wintermantel *m* palto **Winterquartier** <-s, -e> *nt* kışlak **Winterreifen** *m* kar lastiği **Wintersaison** *f* kış mevsimi **Winterschlaf** *m* ZOOL kış uykusu; **~ halten** kış uykusuna yatmak **Winterschlussverkauf**[RR] *m* kış mevsimi sonu satışları *pl* **Wintersemester** *nt* kış sömestiri **Wintersonnenwende** *f* ASTRON kış gün durumu **Wintersport** <-(e)s, -e> *m* kış sporu **Winterszeit** *f kein pl s.* **Winterzeit** **Winterurlaub** *m* kış izni [*o* tatili] **Winterzeit** *f kein pl* kış mevsimi, kış dönemi
Winzer(in) <-s, -; -nen> ['vɪntsɐ] *m(f)* bağcı
winzig ['vɪntsɪç] *adj* ufacık, minnacık, minicik
Wipfel <-s, -> ['vɪpfəl] *m* ağaç tepesi
Wippe <-n> ['vɪpə] *f* tahterevalli
wippen ['vɪpən] *vi* ❶ (*auf und ab*) çöğünmek, bir yanı inerken öbür yanı kalkmak; (*hin und her*) sallanmak ❷ (*auf einer Wippe*) yükselip inmek
wir [viːɐ] *pron pers* biz, bizler *pl*; **~ beide/ drei** ikimiz/üçümüz
Wirbel <-s, -> ['vɪrbəl] *m* ❶ (*Wasser~, Luft~*) anafor, burgaç, girdap; (*Haar~*) tepe ❷ (*Trubel*) gürültü patırtı, gürültü, tantana; (*Aufregung*) telaş; (*Aufsehen*) sansasyon ❸ ANAT (*Knochen*) omur ❹ (*an Saiteninstrumenten*) mandal ❺ (*Trommel~*) gürültü
wirbellos *adj* omurgasız
Wirbellose *pl* ZOOL omurgasızlar *pl*
wirbeln ['vɪrbəln] **I.** *vi sein* (*Staub*) uçuşmak; **durch die Luft ~** havada uçuşmak **II.** *vt* (*in die Luft*) uçurmak
Wirbelsäule <-n> *f* omurga, bel kemiği
Wirbelsturm *m* siklon
Wirbeltier *nt* ZOOL omurgalı hayvan, omurgalı(lar) *(pl)*
Wirbelwind *m* (*Wind*) siklon; (*fig: Mensch*) ele avuca sığmaz kimse
wirbt [vɪrpt] *3. präs von* **werben**
wird [vɪrt] *3. präs von* **werden**
wirft [vɪrft] *3. präs von* **werfen**
Wirgefühl *nt* birlik ve beraberlik duygusu
wirken ['vɪrkən] **I.** *vi* ❶ (*wirksam sein*) etkili [*o* tesirli] olmak (**bei** -de, **auf** -e); (*Wirkung haben*) etkisi [*o* tesiri] olmak (**bei** -de, **auf** -e); **beruhigend ~** yatıştırıcı etkisi olmak; **die Medizin/Tablette beginnt zu ~** ilaç/hap etkisini göstermeye başladı; **gegen etw ~** bir şeye karşı etkili olmak ❷ (*so erscheinen*) görünmek; (*Eindruck machen*) izlenim bırakmak; **lächerlich ~** gülünç görünmek; **jugendlich ~** genç gös-

termek; **überzeugend ~** inandırıcı bir izlenim bırakmak ❸ (*zur Geltung kommen*) iyi görünmek; **ihre Brille wirkt sehr vorteilhaft** gözlüğü ona çok yakışıyor; **das Bild wirkt an dieser Stelle** resim burada iyi görünüyor ❹ (*arbeiten*) çalışmak (**als** olarak, **für** için); (*tätig sein*) aktif olmak **II.** *vt* ❶ (*hervorbringen*) yaratmak, vermek; (*tun*) yapmak; **Gutes ~** iyilik yapmak; **Wunder ~** (*fam*) harikalar yaratmak, mucize yaratmak ❷ (*Textilien*) dokumak; (*Strümpfe*) örmek ❸ (*Teig*) yoğurmak

wirklich ['vɪrklɪç] **I.** *adj* gerçek, hakiki; (*echt*) halis; **im ~en Leben** gerçek yaşamda **II.** *adv* gerçekten, hakikaten; **~?** gerçekten mi?; **ich war es ~ nicht** gerçekten ben değildim; **er hat es nicht ~ gesagt, aber ...** gerçekten söylemedi, ama ...

Wirklichkeit <-en> *f* gerçek, gerçeklik, hakikat; **in ~** gerçekte

Wirklichkeitsform *f* LING (*Indikativ*) bildirme kipi

wirklichkeitsfremd *adj* gerçekten uzak **wirklichkeitsgetreu** *adj* gerçeğe tamamen uygun

wirksam *adj* etkin; **~ sein** (*form: gültig*) geçerli olmak; **~ werden** (*form: gültig*) geçerlilik kazanmak

Wirksamkeit *f kein pl* etkinlik; (*Gültigkeit*) geçerlilik

Wirkstoff <-(e)s, -e> *m* etkin [*o* aktif] madde, etkili madde

Wirkung <-en> *f* etki, tesir; (*Ergebnis*) sonuç, netice; (*Rechts~*) hüküm, geçerlilik; (*Reaktion*) tepki; (*Wirksamkeit*) etkinlik; (*Einfluss*) nüfuz; **eine gute/schlechte/lindernde ~ haben** iyi/kötü/dindirici bir etkisi olmak; **mit ~ vom ersten April** nisandan itibaren geçerli olmak üzere **Wirkungsgrad** *m* etkinlik derecesi; (*einer Maschine*) randıman **Wirkungskreis** *m* etkinlik alanı

wirkungslos *adj* etkisiz; **~ bleiben** etkisiz kalmak

wirkungsvoll *adj* etkili; **~ sein** etkili olmak

wirr [vɪr] *adj* ❶ (*ungeordnet*) darmadağın; (*durcheinander*) (karma)karışık; (*Haare*) dağınık ❷ (*verworren*) karışık; **~es Zeug reden** saçma sapan konuşmak, zırvalamak; **mir war ganz ~ im Kopf** kafam çok karışıktı

Wirren ['vɪrən] *pl* karışıklık *sing;* (*Unruhen*) kargaşa *sing*

Wirrkopf *m* (*pej*) şaşkın (kimse)

Wirrwarr <-s> ['vɪrvar] *m kein pl* karmakarışık, karışıklık, keşmekeş

Wirsing <-s> ['vɪrzɪŋ] *m kein pl* Milano lahanası, küçük kıvırcık lahana

Wirt(in) <-(e)s, -e; -nen> [vɪrt] *m(f)* ❶ (*Gast~*) lokantacı; **die Rechnung ohne den ~ machen** (*fig*) kendi kendine gelin güvey olmak; **er hatte die Rechnung ohne den ~ gemacht** (*fig*) evdeki hesabı çarşıya uymadı ❷ (*Haus~*) ev sahibi ❸ BIOL konak, konakçı

Wirtschaft <-en> ['vɪrtʃaft] *f* ❶ (*Volks~*) ekonomi, iktisat; **freie ~** serbest ekonomi ❷ (*Gast~*) lokanta ❸ (*das Wirtschaften*) tutum, ekonomi, iktisat

wirtschaften **I.** *vi* (*haushalten*) idare etmek, evin işlerini yönetmek; **sie versteht zu ~** idaresini bilir, hesabını bilir, iktisat etmesini bilir; (*sparsam ~*) iktisatlı olmak, parayı idare etmek, yerine göre harcamak; **mit Gewinn ~** kârla çalışmak [*o* iş yapmak]; **in der Küche ~** (*fam*) mutfakta çalışmak; **in die eigene Tasche ~** (*fam*) cebine indirmek [*o* atmak] **II.** *vt* **etw zugrunde ~** bir şeyi batırmak

Wirtschafter(in) <-s, -; -nen> *m(f)* ❶ ÖSTERR, SCHWEIZ iktisatçı, ekonomist, ekonomi uzmanı ❷ (*Verwalter*) idareci, yönetici; (*in der Landwirtschaft*) kâhya; (*Haushälterin*) kâhya kadın, evin işlerini yöneten kadın

Wirtschaftler(in) <-s, -; -nen> *m(f)* iktisatçı, ekonomist, ekonomi uzmanı

wirtschaftlich *adj* ekonomik, iktisadi; **aus ~en Gründen** ekonomik nedenlerden

Wirtschaftlichkeit *f kein pl* ekonomiklik, iktisadilik

Wirtschaftsabkommen *nt* ekonomik anlaşma **Wirtschaftsembargo** *nt* ekonomik ambargo **Wirtschaftsfaktor** *m* ekonomik faktör **Wirtschaftsflüchtling** *m* ekonomik sığınmacı **Wirtschaftsgeld** *nt* ev(i) geçindirme parası **Wirtschaftshilfe** *f* ekonomik yardım **Wirtschaftskriminalität** *f* ekonomik suçlar *pl* **Wirtschaftskrise** *f* WIRTSCH ekonomik bunalım **Wirtschaftslage** *f kein pl* ekonomik durum **Wirtschaftsmacht** <-mächte> *f* ❶ (*bedeutendes Land*) ekonomik güç ❷ (*eines Landes*) ekonomik gücü **Wirtschaftsministerium** *nt* ekonomi bakanlığı **Wirtschaftspolitik** <-en> *f* ekonomi politikası **Wirtschaftsprüfer(in)** *m(f)* (*Bilanzprüfer*) bilanço denetçisi **Wirtschaftssanktionen** *pl* ekonomik yaptırımlar *pl* **Wirtschaftswachstum** *nt* ekonomik büyüme **Wirtschaftswissenschaft** *f* ekonomi (bilimi), iktisat **Wirtschaftswissenschaftler(in)** *m(f)* iktisatçı, ekonomist, ekonomi uzmanı **Wirtschafts-**

wunder *nt* (*fam*) ekonomi mucizesi **Wirtschaftszweig** *m* ekonomi dalı
Wirtshaus ['vɪrts-] *nt* lokanta; (*Schenke*) meyhane, taverna **Wirtsleute** *pl* lokantacı karı koca
Wirtspflanze *f* BOT konak(çı) bitki **Wirtstier** *nt* ZOOL konak(çı) hayvan
Wisch <-(e)s, -e> [vɪʃ] *m* (*pej fam: Stück Papier*) kâğıt parçası
wischen ['vɪʃən] **I.** *vi* ❶ **über etw ~** (*putzen*) bir şeyin üzerini silmek; (*darüberstreichen*) bir şeyin üzerinden geçmek ❷ SCHWEIZ (*fegen*) yerleri süpürmek **II.** *vt* ❶ (*reinigen*) silmek; (*Boden*) silmek, paspaslamak ❷ (*weg~*) almak (**von** -ini); (*trocknen*) silmek ❸ (*Ohrfeige*) **jdm eine ~** (*fam*) birine bir tane patlatmak ❹ SCHWEIZ (*fegen*) süpürmek
Wischer *m* silecek
Wischiwaschi <-s> ['vɪʃi'vaʃi] *nt kein pl* (*pej fam*) boş laflar
Wischlappen *m* DIAL ıslak bez
Wismut <-(e)s> ['vɪsmu:t] *nt kein pl* CHEM bizmut
wispern ['vɪspɐn] *vi, vt* fısıldamak; **untereinander ~** aralarında fısıldaşmak
Wissbegier(de)[RR] ['vɪs-] *f kein pl*, **Wißbegier(de)**[ALT] *f kein pl* bilme isteği, öğrenme isteği; (*Neugierde*) merak **wissbegierig**[RR] *adj*, **wißbegierig**[ALT] *adj* bilmek isteyen, öğrenmek isteyen; (*neugierig*) meraklı
wissen <weiß, wusste, gewusst> ['vɪsən] **I.** *vt* ❶ (*können*) bilmek; **nicht mehr ein noch aus ~** çıkar yol bilmemek; **mit jdm umzugehen ~** biriyle nasıl geçineceğini bilmek, birine nasıl davranacağını bilmek ❷ (*die Kenntnis besitzen*) **ich weiß nicht, wo er ist** nerede olduğunu bilmiyorum; **wusstest du, dass ...?** ... olduğunu biliyor muydun?; **woher soll ich das ~?** bunu nereden bileyim?; **woher weißt du das?** bunu nereden biliyorsun?; **soviel ich weiß, ist er noch da** bildiğim kadarıyla (kendisi) hâlâ orada; **er weiß immer alles besser** o her şeyi daha iyi bilir; **das musst du selbst ~** bunu senin bilmen gerekir, bu, senin bileceğin iş; **wenn ich das gewusst hätte ...** bunu bilseydim ...; **sie weiß, was sie will** ne istediğini biliyor; **ich wüsste nicht, was ich lieber täte** neyi tercih ederdim, bilemiyorum; **ich hätte es ~ müssen** onu bilmem gerekirdi; **das ist wer weiß wie teuer** (*fam*) bu, kim bilir kaç para; **... und was weiß ich noch alles** (*fam*) ... ve daha neler neler biliyorum; **weißt du was?** biliyor musun?; **gewusst, wie!** (*fam*) nasıl yapıldığını bileceksin! ❸ (*sich erinnern*) hatırlamak; **weißt du noch, wie schön es war?** hatırlıyor musun, ne kadar güzeldi? ❹ (*erfahren*) **lassen Sie mich ~, wenn/ob ...** ... olduğunda/olursa bana bildirin [*o* haber verin]; **sie will nichts mehr von mir ~** benimle ilişkisini kesti ❺ (*die Sicherheit haben*) **ich weiß sie in guten Händen** (*geh*) onun iyi ellerde olduğunu biliyorum ❻ (*kennen*) bilmek, tanımak; **weißt du einen guten Arzt?** iyi bir hekim biliyor [*o* tanıyor] musun? **II.** *vi* (*informiert sein*) bilmek, bilgisi [*o* haberi] olmak; **um** [*o* **von**] **etw ~** bir şeyden haberi olmak; **ich weiß von nichts** hiç bir şeyden haberim yok; **man kann nie ~** (*fam*) hiç bilemezsin; **nicht, dass ich wüsste** (*fam*) onu bilmem; **wer weiß?** kim bilir?; **was weiß ich** (*fam*) ne bileyim?
Wissen <-s> *nt kein pl* bilme; (*Kenntnisse*) bilgi; (*Allgemein~*) kültür; **meines ~s** bildiğime göre, bildiğim kadarıyla; **es ist ohne mein ~ geschehen** benim haberim olmadan oldu; **wider besseres ~ (tun)** yanlış olduğunu bile bile (yapmak)
Wissenschaft <-en> *f* bilim
Wissenschaftler <-s, -> *m* bilim adamı
Wissenschaftlerin <-; -nen> *f* bilim kadını
wissenschaftlich *adj* bilimsel
Wissenschaftlichkeit *f kein pl* bilimsellik
Wissenschaftstheorie *f kein pl* PHILOS bilim kuramı **Wissenschaftszweig** *m* bilim dalı
Wissensdrang *m*, **Wissensdurst** *m* bilgi açlığı **Wissensgebiet** *nt* bilim alanı; (*Disziplin*) disiplin **Wissenslücke** *f* bilgi eksikliği **wissenswert** *adj* bilmeye değer
wissentlich ['vɪsəntlɪç] **I.** *adj* bilinçli; (*absichtlich*) kastî, kasıtlı **II.** *adv* (*bewusst*) bilerek, bile bile; (*absichtlich*) kasten
wittern ['vɪtɐn] *vt* ❶ (*Wild*) kokusunu almak (-in) ❷ (*ahnen*) kokusunu almak (-in), sezmek; **Gefahr ~** tehlikenin kokusunu almak, tehlikeyi sezmek
Witterung <-en> *f* ❶ (*Wetter*) hava ❷ (*Geruchssinn*) koku alma duyusu; (*Geruch*) koku; **die ~ aufnehmen** koku almak **Witterungsverhältnisse** *pl* hava şartları *pl*
Wittling <-s, -e> *m* ZOOL mezgit, tavuk balığı
Witwe <-n> ['vɪtvə] *f* dul kadın
Witwer <-s, -> ['vɪtvɐ] *m* dul erkek
Witz[1] <-es, -e> [vɪts] *m* (*mit Pointe*) fıkra, espri; (*Scherz*) şaka; **einen ~ erzählen** bir fıkra anlatmak; **~e machen** şaka yapmak; **~e reißen** (*fam*) espri patlatmak; **das soll**

W

doch wohl ein ~ sein! şaka ediyorsun!; **der ~ bei der Sache ist, dass ...** (*fam*) işin esprisi ...; **das ist der ganze ~** (*fam*) işin bütün esprisi bu

Witz[2] <-es> *m kein pl* (*Geist*) espri

Witzbold <-(e)s, -e> ['vɪtsbɔlt] *m* (*fam*) şakacı

witzeln ['vɪtsəln] *vi* espri yapmak, şakalı söz söylemek; **über jdn/etw ~** bir kimseyle/şeyle dalga geçmek, bir kimseye/şeye takılmak

witzig *adj* esprili, espritüel; **er ist sehr ~** kendisi çok nüktecidir; **sehr ~!** (*iron fam*) çok komik!; **eine ~e Bemerkung** nükteli bir söz

witzlos *adj* ❶ (*ohne Witz*) esprisiz, nüktesiz, yavan ❷ (*fam: sinnlos*) saçma, anlamsız

WM <-s> [veː'ʔɛm] *f Abk von* **Weltmeisterschaft** dünya şampiyonası

wo [voː] **I.** *adv* ❶ (*interrogativ*) nerede; **~ gibt's denn so was!** (*fam*) nerede var ki böyle şey! ❷ (*relativisch, zeitlich*) **überall, ~ ich war** benim bulunduğum her yerde; **überall, ~ es Menschen gibt** insanların bulunduğu her yerde; **~ auch immer** nerede olursa olsun; **sie ist wer weiß ~** (*fam*) kim bilir nerede; **jetzt, ~ ich Zeit habe** vaktimin olduğu şu anda; **ach ~!** (*fam*) nerde!, ne gezer! **II.** *konj* ❶ (*da*) -diği için ❷ (*obwohl*) -diği hâlde, her ne kadar

woanders [-'--] *adv* başka yerde

wob *3. imp von* **weben**[2]

wobei [vo'baɪ] *adv* ❶ (*interrogativ*) **~ ist das passiert?** bu, ne yaparken oldu?; **~ bist du gerade?** şimdi ne yapmaktasın? ❷ (*relativisch*) **~ mir gerade einfällt, dass ...** bunun yanında aklıma gelen şey, ...; **sie gab mir das Buch, ~ sie vermied, mich anzusehen** bana kitabı verirken yüzüme bakmaktan kaçındı

Woche <-n> ['vɔxə] *f* hafta; **zweimal in der ~** haftada iki kere; **unter der ~** hafta arasında; **in drei ~n** üç hafta içinde

Wochenbett *nt* MED loğusalık **Wochenbettfieber** *nt kein pl* MED loğusa humması, albastı **Wochenblatt** *nt* haftalık gazete **Wochenende** <-s, -n> *nt* hafta sonu; **am ~** hafta sonunda **Wochenendhaus** *nt* hafta sonları kalınan ev **Wochenendticket** <-s, -s> *nt* EISENB *indirimli hafta sonu bileti* **Wochenkarte** *f* haftalık kart

wochenlang **I.** *adj* haftalar süren **II.** *adv* haftalarca

Wochenlohn *m* haftalık **Wochenschau** *f* TV haftaya bakış, haftanın olayları **Wochentag** *m* haftanın günü; (*Werktag*) iş günü

wochentags *adv* hafta içinde, iş günleri

wöchentlich ['vœçəntlɪç] **I.** *adj* haftalık **II.** *adv* her hafta; **zweimal ~** haftada iki defa [*o* kere]

Wochenzeitung *f* haftalık gazete

Wöchnerin <-nen> ['vœçnərɪn] *f* loğusa

Wodka <-s, -s> ['vɔtka] *m* votka

wodurch [vo'dʊrç] *adv* ❶ (*interrogativ*) neden ❷ (*relativisch*) bu nedenle

wofür [vo'fyːɐ] *adv* ❶ (*interrogativ*) neye, niye; (*für welche Sache*) ne işe; **~ ist das gut?** bu ne işe yarar?; **~ hältst du mich?** beni ne sanıyorsun?; **~ hast du so viel Geld ausgegeben?** bu kadar parayı neye harcadın? ❷ (*relativisch*) -diği için

wog [voːk] *3. imp von* **wiegen**

Woge <-n> ['voːgə] *f* (*geh*) büyük dalga; **die ~n glätten** (*fig*) ortalığı yatıştırmak; **wenn sich die ~n geglättet haben** (*fig*) ortalık yatıştığında

wogegen [vo'geːgən] **I.** *adv* ❶ (*interrogativ*) neye karşı; **~ hilft das?** bu neye karşı iyi gelir? ❷ (*relativisch*) buna karşı **II.** *konj* (*wohingegen*) ise; (*andererseits*) öte yandan, diğer taraftan

wogen ['voːgən] *vi* (*geh: Wasser, Ähren*) dalgalanmak; (*Kampf, Schlacht*) cereyan etmek; **das ~de Meer** dalgalı deniz

woher [vo'heːɐ] *adv* ❶ (*interrogativ*) nereden; **~ sind Sie?** neredensiniz?; **~ weißt du das?** bunu nereden biliyorsun?; **ach, ~ (denn)!** (*fam*) asla!, katiyen! ❷ (*relativisch*) **der Laden, ~ die Sachen stammen** eşyanın geldiği dükkân; **ich möchte wissen, ~ er das weiß** bunu nereden bildiğini öğrenmek istiyorum

wohin [vo'hɪn] *adv* ❶ (*interrogativ*) nereye; **~ so eilig?** nereye böyle acele?; **~ damit?** (*fam*) nereye koyalım bunu? ❷ (*relativisch*) **gib Acht, ~ du trittst!** bastığın yere dikkat et!; **~ man auch geht/sieht** insan nereye giderse gitsin/bakarsa baksın, nereye gidersen git/bakarsan bak

wohingegen [vohɪn'geːgən] *konj* ise

wohl [voːl] *adv* ❶ (*gesund, gut*) iyi; (*angenehm*) hoş; **~ riechen** mis gibi kokmak; ■ **sich ~ fühlen** keyfi yerinde olmak; (*gesundheitlich*) kendini iyi hissetmek; **~ oder übel** ister istemez; **~ bekomm's!** yarasın!, afiyet (şeker) olsun!; **leb ~!/leben Sie ~!** elveda!, esen kal!/esen kalınız! ❷ (*durchaus*) pekâlâ, mis gibi; **das weiß ich sehr ~** bunu pekâlâ biliyorum; **das ist ~ kaum zu glauben** bu pek inanılacak gibi değil ❸ (*etwa*) yaklaşık, aşağı yukarı ❹ (*zwar*) gerçi; **er hat es ~ versprochen, aber ...** gerçi onu söz verdi, ama ... ❺ (*wahrscheinlich*) anlaşılan, galiba; **das wird ~ das Beste sein** anlaşılan en iyisi bu olacak; **du bist ~ verrückt geworden!** sen kaçırdın galiba!; **das mag ~ sein** olabilir; **man wird doch ~ noch fragen dürfen?** (*fam*) sormak da ayıp mı yani? ❻ (*in der Fragestellung*) acaba; **was mag das ~ heißen?** acaba bu ne demek oluyor?; **ob er ~ kommen wird?** gelecek mi acaba?

Wohl <-(e)s> *nt kein pl* (*~ ergehen*) esenlik, selamet; **das öffentliche ~** kamu esenliği; **auf jds ~ trinken** birinin sağlığına içmek; **auf dein ~!** sağlığına!, şerefe!; **zum ~!** sağlığınıza!, şerefe!, afiyet olsun!

wohlan *interj* peki, pekâlâ, haydi olsun

wohlauf [voːlˈʔaʊf, voˈlaʊf] *adv* (*geh*) **~ sein** sağlığı yerinde olmak

Wohlbefinden *nt kein pl* (*Gesundheit*) sağlık

wohlbegründet [ˈ--ˈ--] *adj s.* **begründen 2.**

wohlbehalten [ˈ--ˈ--] *adj* ❶ (*unverletzt*) sağ salim ❷ (*unbeschädigt*) sağlam; (*in gutem Zustand*) iyi durumdaki

wohlbekannt [ˈ--ˈ-] *adj s.* **bekannt II.1**

wohldurchdacht [ˈ--ˈ-] *adj s.* **durchdenken**

wohlerzogen *adj* (*geh*) iyi eğitilmiş, terbiyeli

Wohlfahrt *f kein pl* esenlik; (*öffentliche Fürsorge*) kamusal yardım ve bakım (hizmetleri); (*soziale Fürsorge*) sosyal yardım **Wohlfahrtsstaat** *m* sosyal devlet

Wohlgefallen <-s> *nt kein pl* (*Gefallen*) hoşlanma; (*Vergnügen*) zevk, haz; (*Zufriedenheit*) memnuniyet, hoşnutluk; **mit ~** memnuniyetle; **~ an etw** *dat* **finden** bir şeyden hoşlanmak; **sich in ~ auflösen** (*fam: zufrieden stellend ausgehen*) herkesi memnun edici bir şekilde bitmek; (*von Gegenständen*) parçalanmak, paramparça olmak; (*verschwinden*) yok olmak

wohlgeformt *adj* biçimli

wohlgemeint *adj s.* **meinen 5.**

wohlgemerkt *adv* (*damit kein Missverständnis entsteht*) yanlış anlaşılmasın

wohlgenährt *adj* besili, semiz, etli butlu

wohlgeraten *adj* (*geh*) ❶ (*gut gelungen*) iyi olmuş, iyi yapılmış; (*sich gut entwickelt haben*) iyi gelişmiş ❷ (*gut erzogen*) iyi eğitilmiş, terbiyeli

wohlgesinnt *adj* **er ist mir ~** bana yakınlık gösterir

wohlhabend *adj* varlıklı, zengin

Wohlhabenheit *f kein pl* varlıklılık

wohlig *adj* rahat, hoş

wohlklingend *adj* (*geh*) kulağa hoş gelen

wohlmeinend *adj* (*geh*) iyi niyetli

wohlriechend *adj* (*geh*) ıtırlı, güzel kokulu, hoş kokulu **wohlschmeckend** *adj* (*geh*) lezzetli

Wohlstand <-(e)s> *m kein pl* refah, gönenç **Wohlstandsgesellschaft** <-en> *f* refah toplumu

Wohltat[1] <-en> *f* (*gute Tat*) hayır; (*Gefallen*) iyilik; **jdm eine ~ erweisen** birine iyilik yapmak [*o* etmek]

Wohltat[2] *f kein pl* (*Genuss*) zevk; (*Erleichterung*) ferahlık, ferahlama; (*Segen*) nimet

Wohltäter(in) <-s, -; -nen> *m(f)* hayırsever

wohltätig *adj* **~er Verein** hayır derneği; **für ~e Zwecke** hayır için

Wohltätigkeit *f kein pl* hayırseverlik, iyilikseverlik **Wohltätigkeitsball** *m* hayır amacıyla düzenlenen balo **Wohltätigkeitskonzert** *m* hayır amacıyla düzenlenen konser **Wohltätigkeitsveranstaltung** <-en> *f* hayır amacıyla düzenlenen gece

wohltuend *adj* iyi gelen

wohl|tun *irr vi* (*geh*) iyi gelmek

wohlüberlegt [ˈ---ˈ-] *adj s.* **überlegen[1] I.**

wohlverdient [ˈ--ˈ-] *adj* hak edilen, hak ettiği, layık olduğu

wohlweislich *adv* iyice düşünerek, iyice düşündükten sonra

wohl|wollen *irr vi* **jdm ~** birinin iyiliğini istemek

Wohlwollen <-s> *nt kein pl* hayırhahlık; **sein ~ bekunden für ...** ...e sıcak bakmak; **selbst mit dem größten ~ ...** bütün isteğime [*o* iyi niyetime] rağmen ...

wohlwollend *adj* hayırhah, iyilik dileyen [*o* isteyen]; **jdm/etw** *dat* **~ gegenüberstehen** bir kimsenin/şeyin iyiliğini istemek, bir kimseye/şeye sıcak yüz göstermek

Wohnanlage *f* site **Wohnbezirk** *m* konut bölgesi **Wohnblock** <-(e)s, -s *o* -blöcke> *m* blok

wohnen [ˈvoːnən] *vi* oturmak (**in** -de, **bei** -in yanında), ikamet etmek (**in** -de, **bei** -in yanında); (*vorübergehend*) kalmak (**in** -de, **bei** -in yanında)

Wohnfläche *f* oturma alanı **Wohngegend** *f* konut bölgesi **Wohngeld** *nt* kira yardımı **Wohngemeinschaft** *f* birlikte oturma, ortak konut; **in einer ~ leben** aynı konutta birlikte oturmak, ortak konutta yaşamak

wohnhaft *adj* (*form*) mukim (**in** -de)

Wohnhaus *nt* apartman **Wohnheim** <-(e)s, -e> *nt* yurt **Wohnlage** *f* **eine gute/teure ~** iyi/pahalı bir mevki

wohnlich *adj* rahat, konforlu, içinde oturu-

W

labilir; **ein Zimmer ~ einrichten** bir odayı rahat [*o* konforlu] bir biçimde döşemek
Wohnmobil <-s, -e> *nt* motorlu karavan, motokaravan **Wohnort** *m* oturma yeri, ikametgâh, oturulan yer
Wohnraum[1] <-(e)s, -räume> *m* (*Raum*) oturma yeri, oturma odası
Wohnraum[2] <-(e)s> *m kein pl* (*Wohnungen*) konut(lar) *(pl)*; **es fehlt an ~** konut eksikliği var **Wohnsitz** *m* ikametgâh; **ohne festen ~** daimî ikametgâhı olmayan
Wohnung <-en> *f* konut, mesken; (*Etagen~, Miet~*) daire; (*fam*) ev **Wohnungsbau** <-(e)s> *m kein pl* konut yapımı; **sozialer ~** sosyal konut yapımı **Wohnungsmarkt** *m kein pl* konut piyasası **Wohnungsmiete** *f* konut kirası; (*im Wohnhaus*) daire(nin) kirası **Wohnungsnot** *f kein pl* konut sıkıntısı **Wohnungssuche** *f* konut arama; (*fam*) ev arama; **auf ~ sein** kendine ev aramakta olmak **Wohnungstür** *f* ev kapısı; (*einer Mietwohnung*) daire kapısı **Wohnungswechsel** *m* konut değiştirme; (*Umzug*) taşınma, ev taşıma
Wohnviertel *nt* mahalle **Wohnwagen** *m* karavan **Wohnzimmer** *nt* oturma odası
wölben ['vœlbən] **I.** *vt* kubbelendirmek **II.** *vr* ■ **sich ~** kubbelenmek
Wölbung <-en> *f* kubbe, bombe; (*Bogen*) kemer
Wolf <-(e)s, Wölfe> [vɔlf, *pl* 'vœlfə] *m* ❶ ZOOL kurt; **mit den Wölfen heulen** (*fig fam*) köprüden [*o* köprüyü] geçinceye kadar ayıya dayı demek; **ein ~ im Schafspelz** (*fig*) kuzu postuna bürünmüş kurt ❷ (*Fleisch~*) kıyma makinesi; **Fleisch durch den ~ drehen** eti kıyma makinesinden geçirmek
Wölfin <-nen> ['vœlfɪn] *f* ZOOL dişi kurt
Wolfram <-s> ['vɔlfram] *nt kein pl* CHEM volfram
Wolfshunger ['-'--] *m* (*fam*) **einen ~ haben** kurt gibi aç olmak
Wolfsmilch *f kein pl* BOT (*Euphorbia*) sütleğen **Wolfsmilchgewächse** *pl* BOT sütleğengiller *pl*
Wolke <-n> ['vɔlkə] *f* bulut; **in den ~n schweben** (*fig*) havalarda uçmak; **aus allen ~n fallen** (*fam*) neye uğradığını anlamamak, şaşırıp kalmak **Wolkenbruch** *m* sağanak **Wolkendecke** *f kein pl* bulut örtüsü **Wolkenkratzer** *m* gökdelen
wolkenlos *adj* bulutsuz
wolkig *adj* bulutlu
Wolldecke *f* battaniye
Wolle <-n> ['vɔlə] *f* yün; **sich mit jdm in die ~ kriegen** (*fam*) biriyle birbirine girmek
wollen[1] <will, wollte, wollen> ['vɔlən] *modal vb* ❶ (*mögen*) istemek; **etw machen ~** bir şey(i) yapmak istemek; **komme, was wolle** ne olursa olsun; **ob wir ~ oder nicht** istesek de istemesek de ❷ (*beabsichtigen*) istemek, niyet etmek; **ich wollte gerade gehen** şimdi gidecektim ❸ (*behaupten*) iddia etmek; **er will dich gestern gesehen haben** dün seni görmüşmüş [*o* gördüğünü iddia ediyor]; **und so jemand will Lehrer sein** ve böyle birisi öğretmen olduğunu iddia ediyor ❹ (*auffordern*) **wenn Sie bitte Platz nehmen ~** lütfen yerinize oturur musunuz ❺ (*erfordern*) gerekmek; **das will gelernt sein** bunu öğrenmiş olmak gerekir ❻ (*Passiv: müssen*) **der Müll will runtergetragen werden** (*geh*) çöpün aşağı taşınması gerekiyor ❼ **das will ich nicht gehört haben** bunu duymamış olayım; **ich will ja nichts gesagt haben, aber ...** karışmak gibi olmasın ama ...; **was will man da machen?** ne yapılabilir ki?
wollen[2] <will, wollte, gewollt> ['vɔlən] **I.** *vi* ❶ (*den Willen haben*) istemek; **lieber ~** tercih etmek; **ich will jetzt nach Hause** ben şimdi eve gitmek istiyorum; **zu wem ~ Sie?** kiminle görüşmek istiyorsunuz?; **du musst nur ~** sadece istemen gerekiyor; **meine Beine ~ nicht mehr** (*fam*) bacaklarım artık tutmuyor; **es will mir nicht aus dem Kopf** (*fam*) o bir türlü aklımdan çıkmıyor ❷ (*wünschen*) istemek, arzu etmek; **ich wollte, er würde endlich kommen** gelmiş olmasını isterdim; **ganz wie du willst** nasıl istersen; **ob du willst oder nicht** istesen de istemesen de ❸ (*fam*) **dann ~ wir mal!** haydi o zaman! **II.** *vt* ❶ (*haben ~*) **wir ~ keine Kinder** biz çocuk istemiyoruz ❷ (*durchsetzen ~*) **er will (von mir), dass ich mich entschuldige** benden özür dilememi istiyor ❸ (*beabsichtigen*) **ich weiß gar nicht, was du willst, das sieht doch gut aus** (*fam*) ne istediğini bilmiyorum, bu iyi gayet iyi duruyor; **das habe ich nicht gewollt** bunun olmasını istemedim; **ohne es zu ~** istemeden ❹ (*fam*) **da ist nichts (mehr) zu ~** burada yapılacak bir şey yok; **du hast hier nichts zu ~** burada işin yok
wollen[3] *adj* yün(den), yünlü **Wollknäuel** *nt* yün yumağı
Wollust ['vɔlʊst] *f kein pl* (*geh*) şehvet, kösnü
wollüstig ['vɔlʏstɪç] *adj* şehvetli, kösnülü
Wombat *m* ZOOL vombat

womit [vo'mɪt] *adv* ❶ (*interrogativ*) neyle, ne ile; ~ **kann ich dienen?** nasıl yardımcı olabilirim?; ~ **habe ich das verdient?** ne yaptım da bunu hak ettim ❷ (*relativisch*) ki bununla

womöglich [vo'mø:klɪç] *adv* muhtemelen; (*fam: wenn möglich*) mümkünse

wonach [vo'na:x] *adv* ❶ (*interrogativ*) neye göre; ~ **hat er dich gefragt?** sana neyi sordu?; ~ **riecht das?** bu ne kokuyor? ❷ (*relativisch*) buna göre; ~ **es hier riecht, weiß ich auch nicht** burada neyin koktuğunu ben de bilmiyorum

Wonne <-n> ['vɔnə] *f* haz, zevk; (*Freude*) haz, sevinç duyma; **es ist eine wahre ~, ihm zuzuschauen** onu seyretmek büyük bir zevk, onu seyretmek insana gerçekten haz veriyor

woran [vo'ran] *adv* ❶ (*interrogativ*) neye, neyi; **er wusste nicht, ~ er sich festhalten sollte** neye tutunacağını bilemedi; ~ **hat er sich gelehnt** neye yaslandı; ~ **denkst du?** ne(yi) düşünüyorsun?; ~ **liegt es?** bu, neden ileri geliyor?, bu neye bağlı?; ~ **sind sie gestorben?** neden ölmüşler? ❷ (*relativisch*) **er wusste vieles, ~ sich sonst niemand mehr erinnerte** başka hiç kimsenin hatırlamadığı birçok şeyi biliyordu; **wenn ich nur wüsste, ~ das liegt** bunun neden ileri geldiğini bir bilseydim; **ich weiß nicht, ~ ich bin** buna ne diyeceğimi bilemiyorum

worauf [vo'raʊf] *adv* ❶ (*interrogativ*) neye; (*räumlich*) neyin üzerinde; ~ **freust du dich am meisten?** en çok neye seviniyorsun?; ~ **wartest du noch?** başka ne(yi) bekliyorsun? ❷ (*relativisch*) üzerinde; **die Bank, ~ er sitzt** üzerinde oturduğu bank; **er klingelte, ~ unverzüglich die Tür geöffnet wurde** zili çalması üzerine hemen kapıyı açtılar; ~ **du dich verlassen kannst** bundan emin olabilirsin

woraufhin [voraʊf'hɪn] *adv* ❶ (*interrogativ*) ~ **hat er das getan?** bunu yapmasının sebebi neydi? ❷ (*relativisch*) bundan dolayı, bundan ötürü, binaenaleyh

woraus [vo'raʊs] *adv* ❶ (*interrogativ*) neden; (*aus welchem Material*) hangi maddeden; ~ **schließt du das?** bunu nereden çıkarıyorsun? ❷ (*relativisch*) **das Holz, ~ die Möbel gemacht sind** mobilyaların yapılmış olduğu ağaç

worden ['vɔrdən] *pp von* **werden**[3]

worfeln *vt* AGR (*Getreide*) çalkamak

worin [vo'rɪn] *adv* ❶ (*interrogativ*) neyin içinde; ~ **besteht der Vorteil?** bunun avantajı nerede? ❷ (*relativisch*) **das Haus, ~ sie wohnen** içinde oturdukları ev

Workaholic <-s, -s> [wœ:kə'hɔlɪk] *m* (*sl*) çalışma hastası

Workshop <-s, -s> ['wɔ:kʃɔp] *m* seminer, toplu çalışma **Workstation** *f* INFORM iş istasyonu

Worldcup *m* SPORT Dünya Kupası

Wort <-(e)s, -e *o* Wörter> [vɔrt, *pl* 'vœrtɐ] *nt* kelime, sözcük; (*Ausdruck*) söz, laf; ~ **für** ~ kelime kelime, kelimesi kelimesine; **im wahrsten Sinne des ~es** kelimenin tam anlamıyla; **in ~en** sözle; **mir fehlen die ~e** söyleyecek söz bulamıyorum, ne diyeceğimi bilemiyorum; **davon ist kein ~ wahr** bunun bir kelimesi bir doğru değil; **ein paar ~e wechseln** biraz laflamak; **ein offenes/ernstes ~ mit jdm reden** biriyle açık açık/ciddi olarak konuşmak; **das ~ an jdn richten** birine sözü yöneltmek; **nicht viele ~e machen** fazla laf etmemek; **jdn mit leeren ~en abspeisen** birini boş laflarla atlatmak; **etw mit keinem ~ erwähnen** bir şeyin sözünü bile etmemek; **mit anderen ~en** yani, diğer bir deyişle; **jdn (nicht) zu ~ kommen lassen** birinin konuşmasına izin ver(me)mek; **ein ~ gab das andere** söz sözü açtı; **hast du ~e?** (*fam*) buna ne diyebilirsin ki?; **das letzte ~ haben** son söz sahibi olmak; **das ~ hat Herr Müller** söz sırası Bay Müller'de; **das ~ ergreifen** söze başlamak; **jdm ins ~ fallen** birinin sözünü kesmek; **etw in ~e fassen** bir şeyi sözle ifade etmek; **jdm sein ~ geben** birine söz vermek; **sein ~ halten** sözünde durmak; **sein ~ brechen** sözünde durmamak, verdiği sözden dönmek, verdiği sözü tutmamak; **jdn beim ~ nehmen** birinin sözünü senet saymak **Wortart** <-en> *f* LING kelime türü **wortbrüchig** *adj* sözünde durmayan; ~ **werden** sözünde durmamak, verdiği sözden dönmek, verdiği sözü tutmamak

Wörterbuch *nt* sözlük; **zweisprachiges ~** iki dilli sözlük **Wörterbuchcomputer** *m* sözlüklü bilgisayar

Wörterverzeichnis *nt* lügatçe

Wortführer(in) <-s, -; -nen> *m(f)* sözcü **Wortgefecht** *nt* söz dalaşı **wortgetreu** **I.** *adj* **eine ~e Übersetzung** motamot çeviri **II.** *adv* harfiyen, hiçbir değişiklik yapmadan, kelimesi kelimesine, motamot **wortgewandt** *adj* söz cambazı olan **Wortgut** <-(e)s> *nt kein pl* (*Wortbestand einer Sprache*) söz varlığı **wortkarg** *adj* ❶ (*Person*) lakırdısı az, az konuşan ❷ (*Äußerung*) lafı kıt **Wortklauberei** <-en> [vɔrtklaʊbə'raɪ] *f* (*pej*) mugalâta, yanıltmaca **Wortlaut** <-(e)s> *m kein pl* lafız;

das ~ des Gesetzes kanunun lafzı; **der genaue ~ einer Rede** konuşmasının tam içeriği; **... hat folgenden ~: ...** ...in sözleri şöyledir: ...

wörtlich ['vœrtlɪç] **I.** *adj* kelimesi kelimesine, motamot **II.** *adv* ❶ (*dem Text entsprechend*) kelimesi kelimesine, motamot; **~ zitieren** kelimesi kelimesine alıntılamak ❷ (*in der eigentlichen Bedeutung*) kelimesi kelimesine, harfiyen

wortlos **I.** *adj* kelimesiz, sessiz, ağzını açmayan **II.** *adv* sessizce, sesini çıkarmadan, ağzını açmadan

Wortmeldung *f* söz isteme; **keine ~en mehr?** başka söz isteyen yok mu? **Wortschatz** *m* ❶ (*einer Person*) söz dağarcığı, kelime hazinesi ❷ (*einer Sprache, Lexik*) söz varlığı, kelime hazinesi **Wortschwall** *m* tirat **Wortsinn** *m kein pl* kelime anlamı **Wortspiel** *nt* kelime oyunu, söz oyunu **Wortstamm** <-(e)s, -stämme> *m* LING kelime gövdesi **Wortstellung** *f kein pl* LING kelime sırası **Wortwechsel** *m* atışma, ağız kavgası **wortwörtlich** ['-'--] *adj, adv s.* **wörtlich**

worüber [vo'ry:bɐ] *adv* ❶ (*interrogativ*) ne hakkında; **~ lachen sie?** neye gülüyorlar? ❷ (*relativisch*) **..., ~ ich recht erstaunt war ...**, ki buna çok şaşırdım doğrusu; **das Thema, ~ ich sprechen werde** bahsedeceğim konu

worum [vo'rʊm] *adv* ❶ (*interrogativ*) **~ handelt es sich?** söz konusu nedir? ❷ (*relativisch*) **da ist noch etw, ~ ich dich bitten möchte** senden rica etmek istediğim bir şey daha var

worunter [vo'rʊntɐ] *adv* ❶ (*interrogativ*) neyin altında; **~ hatte er sich versteckt?** neyin altına saklanmıştı? ❷ (*relativisch*) **der Baum, ~ wir sitzen/gepicknickt haben** altında oturduğumuz/piknik yaptığımız ağaç ❸ (*dazwischen*) arasında; **die Briefe, ~ etliche ungeöffnet waren,** (aralarında) birçoğu açılmamış mektuplar

wovon [vo'fɔn] *adv* ❶ (*interrogativ*) neden; **~ ist die Rede?** söz [*o* bahis] konusu nedir?; **~ redest du?** neden bahsediyorsun? ❷ (*relativisch*) **die Mauer, ~ er heruntergesprungen war** üstünden aşağı atladığı duvar; **es gibt vieles, ~ ich nichts verstehe** anlamadığım çok şey var

wovor [vo'fo:ɐ] *adv* ❶ (*interrogativ*) neden; (*räumlich*) neyin önünden ❷ (*relativisch*) **das einzige, ~ ich mich fürchte, ...** tek korktuğum şey ...

wozu [vo'tsu:] *adv* ❶ (*interrogativ*) ne diye, niçin; **~ soll das gut sein?** bu ne işe yarar?, bu neye yarayacak ki? ❷ (*relativisch*) ki bunun için; **ein Thema, ~ ich mich nicht äußern werde** fikrimi söylemeyeceğim bir konu; **das, ~ ich am meisten Lust hätte, ...** en çok canımın çektiği şey ...

Wrack <-(e)s, -s *o* -e> [vrak] *nt* (*Schiff, Auto*) enkaz; **ein menschliches ~** (*fig*) gücü tükenmiş, bitmiş

wrang [vraŋ] *3. imp von* **wringen**

wringen <wringt, wrang, gewrungen> ['vrɪŋən] *vt* burmak; (*aus~*) burup sıkmak, burarak suyunu sıkmak

Wucher <-s> ['vu:xɐ] *m kein pl* (*pej*) gabin; (*Kredit~*) tefecilik; **~ treiben** fahiş fiyatla mal satmak, kazık atmak, tefecilik yapmak; **das ist ja ~!** (*fam*) bu ne fahiş bir fiyat!, bu ne kazık!

Wucherer(in) <-s, -; -nen> ['vu:xərɐ] *m(f)* (*pej*) kazıkçı; (*mit Zinsen*) tefeci

wucherisch *adj* (*pej*) kazık marka; (*Preise*) fahiş, kazık

wuchern ['vu:xɐn] *vi* ❶ *haben o sein* (*Pflanzen*) kükremek, gür bir biçimde yetişmek; MED azmak, yayılmak ❷ (*Wucher treiben*) fahiş fiyatla mal satmak, kazık atmak

Wucherpreis *m* (*pej*) fahiş fiyat

Wucherung <-en> *f* (*Geschwulst*) ur

wuchs [vu:ks] *3. imp von* **wachsen**[1]

Wuchs <-es> [vu:ks] *m kein pl* ❶ (*Wachstum*) büyüme ❷ (*Gestalt*) boy, cüsse

Wucht [vʊxt] *f kein pl* ❶ (*Heftigkeit*) şiddet; (*Schwung*) hamle; **mit voller ~** bütün ağırlığıyla [*o* şiddetiyle]; **das ist eine ~!** (*fig fam*) harika! ❷ DIAL (*fam: Prügel*) dayak

wuchtig *adj* ❶ şiddetli; (*kräftig*) kuvvetli, güçlü ❷ (*groß*) çok büyük; (*Statur*) heybetli

wühlen ['vy:lən] **I.** *vi* ❶ (*allgemein*) karıştırmak (**in** -i); (*graben*) eşelemek ❷ (*fam: suchen*) eşmek **II.** *vr* **sich durch etw ~** kendine bir şeyin içinden yol açmak

Wulst <-(e)s, Wülste> [vʊlst, *pl* 'vʏlstə] *m o f* ❶ (*Verdickung*) kabartı, kabarıklık, şişkinlik ❷ ARCH kabartma halka

wulstig *adj* kabarık, dolgun, şişkin; (*Lippen*) kalın

Wulstkern *m* AUTO (*am Reifen*) topuk teli

wund [vʊnt] *adj* yaralı; **~er Punkt** (*fig*) hassas nokta; **ich habe mir die Füße ~ gelaufen** ayaklarım yürümekten yara oldu; ■ **sich ~ liegen** yata yata yara olmak

Wunde <-n> ['vʊndə] *f* (*a. fig*) yara; **eine alte ~ wieder aufreißen** (*fig*) yarasını deşmek

Wunder <-s, -> ['vʊndɐ] *nt* ❶ (*außergewöhnliches Ereignis*) harika; (*übernatürlich*) mucize, tansık; **an ~ glauben** mucizeye inanmak; ~ **wirken** (*fam*) mucize yaratmak, harikalar yaratmak; **wie durch ein** ~ mucize kabilinden [*o* eseri]; **du wirst noch dein blaues** ~ **erleben** (*fam*) göreceksin gününü ❷ (*fig*) keramet; ~ **vollbringen** kerametle bulunmak

wunderbar **I.** *adj* ❶ (*wie ein Wunder*) harika ❷ (*schön*) harikulâde, şahane **II.** *adv* (*sehr*) harikulâde; **der Sessel ist** ~ **bequem** koltuk harikulâde rahat

Wunderbaum *m* BOT Hint yağı ağacı

Wunderblume *f* BOT gecesefası **Wunderglaube** *m kein pl* mucizelere inanma

Wunderheiler(in) <-s, -; -nen> *m(f)* üfürükçü **Wunderkerze** *f* maytap **Wunderkind** *nt* harika çocuk, üstün zekâlı çocuk **Wunderland** *nt* harikalar diyarı

wunderlich *adj* tuhaf, antika

Wundermittel *nt* harika ilaç

wundern ['vʊndɐn] **I.** *vt* şaşırtmak; **es wundert mich, dass ...** ...mesi beni şaşırttı, ...mesine hayret ediyorum; **das würde mich überhaupt nicht** ~ buna hiç şaşırmam; **wundert dich das (etwa)**? buna (hiç) şaşmadın mı? **II.** *vr* ■ **sich** ~ şaşırmak (**über** -e), şaşmak (**über** -e), hayret etmek (**über** -e); **ich muss mich doch sehr** ~**!** çok şaşırdım [*o* şaştım] doğrusu!, şaşırıp kaldım doğrusu!

wunderschön ['--(')-] *adj* harika güzel

wundervoll *adj* harikulâde, muhteşem

wund|liegen *irr vr* ■ **sich** ~ *s.* **wund**

Wundsalbe *f* yara merhemi

Wundstarrkrampf <-(e)s> *m kein pl* MED kazıklı humma; (*Tetanus*) tetanos

Wunsch <-(e)s, Wünsche> [vʊnʃ, *pl* 'vʏnʃə] *m* istek (**nach** -), arzu (**nach** -); (*Verlangen*) arzu (**nach** -); (*Bitte*) rica; (*Glück~*) dilek, tebrik(ler) *(pl)*; **auf** ~ istek üzerine; **(ganz) nach** ~ (tam) istendiği gibi; **jdm jeden** ~ **von den Augen ablesen** birinin her arzusunu gözlerinden okumak; **dein** ~ **ist mir Befehl** başüstüne; **jdm einen** ~ **erfüllen** birinin isteğini yerine getirmek; **haben Sie sonst noch einen** ~**?** başka bir arzunuz daha var mı?; **auf eigenen** ~ kendi isteğiyle; **es ging alles nach** ~ her şey istenildiği gibi yürüdü; **mit den besten Wünschen** en iyi dileklerim(iz)le

Wunschbild *nt* ideal, ülkü

Wünschelrute ['vʏnʃəlruːtə] *f* çatalsopa

wünschen [vʏnʃən] *vt* dilemek, arzu etmek; (*wollen*) istemek; (*bitten*) dilemek, rica etmek; **jdm etw** ~ birine bir şey dilemek; **(ganz) wie Sie** ~ nasıl istiyorsanız [*o* arzu ediyorsanız]; **ich wünsche, dass das sofort gemacht wird** bunun hemen yapılmasını istiyorum; **Sie** ~**?** arzunuz?, ne arzu edersiniz?; **wen** ~ **Sie zu sprechen?** kiminle konuşmak istiyorsunuz?; **ich wünsche Ihnen gute Besserung/eine gute Reise** size acil şifalar/iyi yolculuklar dilerim; **sie wünschte, sie hätte das nie gesagt** keşke bunu söylemeseydim diye düşündü; **sich** *dat* **etw von jdm** ~ birinden bir şey dilemek [*o* rica etmek]; **ich wünsche mir, dass ...** dilerim ki ...; **ich wünsche mich auf eine einsame Insel** yalnız başıma bir adada olmayı isterdim

wünschenswert *adj* istenir, istenen, arzu edilen; **es wäre** ~ iyi olurdu; **hier wäre eine bessere Beleuchtung** ~ burada daha iyi bir ışık (olması) iyi olurdu

Wunschkind *nt* isteyerek yapılan çocuk **Wunschkonzert** *nt* RADIO dinleyici isteğine göre düzenlenen konser

wunschlos *adj* ~ **glücklich sein** hayatından memnun olmak

Wunschtraum *m* hayal

wurde ['vʊrdə] *3. imp von* **werden**

Würde[1] ['vʏrdə] *f kein pl* (*Wert*) (onur ve) haysiyet; (*Haltung*) vakar, ağırbaşlılık; **etw mit** ~ **tragen** (*fam*) bir şeye vakar ile katlanmak; **unter aller** ~ rezalet; **das ist unter meiner** ~ bu, bana yakışmaz, bunu kendime layık görmüyorum, buna tenezzül etmem

Würde[2] <-n> *f* (*Rang*) rütbe, makam

würdelos *adj* (onur ve) haysiyetsiz

Würdenträger(in) <-s, -; -nen> *m(f)* rütbe sahibi, makam sahibi

würdevoll **I.** *adj* haysiyetli, vakarlı, vakur, ağırbaşlı **II.** *adv* haysiyetle, vakarla, ağırbaşlılıkla

würdig *adj* ❶ (*ehrbar*) saygıdeğer ❷ (*wert*) layık; **jdn einer Sache** *gen* **für** ~ **halten** birini bir şeye layık görmek; **sich jds/etw** *gen* ~ **erweisen** bir kimseye/şeye layık olmak

würdigen ['vʏrdɪgən] *vt* ❶ (*anerkennen*) takdir etmek ❷ (*für wert halten*) layık görmek, değer vermek (-e); **jdn einer Sache** *gen* ~ birini bir şeye layık görmek; **er würdigte ihn keines Blickes** ona bakmaya bile tenezzül etmedi

Würdigung <-en> *f* takdir

Wurf <-(e)s, Würfe> [vʊrf, *pl* 'vʏrfə] *m* ❶ (*das Werfen*) atma; SPORT atma; (*Ergebnis*) atış; (*beim Würfeln*) atma ❷ (*Erfolg*) başarı ❸ ZOOL yavrular *pl*

Würfel <-s, -> ['vʏrfəl] *m* ❶ MATH küp ❷ (*Spiel~*) zar; ~ **spielen** zar atmak; **die** ~ **sind gefallen** (*fig*) olan oldu **Würfelbecher** *m* zar kabı

würfeln **I.** *vi* zar atmak **II.** *vt* ❶ (*in Würfel schneiden*) küp biçiminde kesmek ❷ (*eine*

W

Zahl) atmak
Würfelspiel *nt* zar oyunu **Würfelzucker** *m* küp şeker
WurfgeschossRR *nt* mermi **Wurfspieß** *m* SPORT cirit
würgen ['vʏrgən] **I.** *vt* boğazını sıkmak (-in) **II.** *vi* (*Brechreiz haben*) öğürmek; (*fig fam*) canı çıkmak; **an etw** *dat* ~ (*fig fam*) bir şeyi zorla yutmak
Würger *m* ZOOL örümcek kuşu
Wurm <-(e)s, Würmer> [vʊrm, 'vʏrmɐ] *m* (*Regen~, Spul~*) solucan; (*fam: Made*) kurt; **Würmer haben** (*Mensch, Tier*) barsaklarında kurt [*o* solucan] olmak; (*Obst*) kurtlu olmak; **da steckt der ~ drin!** (*fig fam*) bu işte bir bit yeniği var!
wurmen ['vʊrmən] *vt* (*fam*) gıcık etmek; (*ständig ärgern*) sürekli kızdırmak; **es wurmt mich, dass ...** ...mesi beni gıcık ediyor
Wurmfarn *m* BOT eğrelti otu
Wurmfortsatz <-es, -sätze> *m* MED apandis **Wurmfraß** *m kein pl* kurt yemesi, kurt yeniği
wurmig *adj* (*Obst*) kurtlu, kurtlanmış
Wurmmittel *nt* MED solucan düşürücü
wurmstichig *adj* ❶ (*Obst*) kurtlu, kurtlanmış ❷ (*Holz*) kurt yemiş, kurt yeniği olan
wurst [vʊrst] *adj* **das ist mir ~** (*fam*) bu bana vız gelir
Wurst <Würste> [vʊrst, 'vʏrstə] *f* sucuk; (*Würstchen*) sosis; **es geht um die ~** (*fig fam*) gayret dayıya düştü; **~ wider ~** (*fig*) kısasa kısas
Würstchen <-s, -> ['vʏrstçən] *nt* GASTR sosis
Wurstwaren *pl* salam, sosis, sucuk gibi gıda maddeleri *pl*
Würze <-n> ['vʏrtsə] *f* ❶ (*Substanz*) baharat ❷ (*Aroma*) çeşnilik; **Pfeffer/Majoran als ~ verwenden** çeşnilik olarak biber/mercanköşk kullanmak
Wurzel <-n> ['vʊrtsəl] *f* ❶ (*von Pflanze, Haar, Zahn*) kök; **~n schlagen** (*a. fig*) kök salmak ❷ MATH (*Quadratwurzel*) karekök; **die ~ aus einer Zahl ziehen** MATH bir sayının karekökünü almak ❸ (*Ursprung*) kök, köken; (*Ursache*) neden; **das Übel an der ~ packen** (*fig*) bir işi kökünden halletmek, bir şeyin köküne kibrit suyu dökmek ❹ DIAL (*Karotte*) havuç **Wurzelbehandlung** *f* MED (diş) kök(ü) tedavisi
Wurzelfäule *f kein pl* kök mantar **Wurzelfüßer** *pl* ZOOL kök bacaklılar *pl*
wurzellos *adj* köksüz
wurzeln *vi* (*a. fig*) köklenmek, kök salmak (**in** -e)
Wurzelstock *m* BOT kök sap **Wurzelzeichen** *nt* MATH karekök işareti
würzen ['vʏrtsən] *vt* baharatlandırmak, tatlandırmak
würzig *adj* baharatlı; (*Duft*) keskin
wusch [vu:ʃ] *3. imp von* **waschen**
wussteRR ['vʊstə], **wußte**ALT *3. imp von* **wissen**
Wust <-(e)s> [vu:st] *m kein pl* (*pej: Durcheinander*) karışıklık, kargaşa; (*Menge*) yığın
wüst [vy:st] *adj* ❶ (*öde*) ıssız, tenha; (*unbebaut*) boş ❷ (*unordentlich*) karışık, dağınık; (*wirr*) karmakarışık, darmadağın ❸ (*pej: ausschweifend*) sefih ❹ (*pej: rüde*) kaba; (*gemein*) adî ❺ (*schlimm*) kötü ❻ (*abstoßend*) iğrenç
Wüste <-n> ['vy:stə] *f* çöl; **jdn in die ~ schicken** (*fam*) birini işten atmak
Wüstenluchs *m* ZOOL karakulak
Wüstling <-s, -e> ['vy:stlɪŋ] *m* (*pej*) sefih
Wut [vu:t] *f kein pl* öfke, kızgınlık, gazap; **ich habe eine ~ auf ihn!** ona öylesine kızgınım ki!; **seine ~ an jdm/etw** *dat* **auslassen** bir kimseden/şeyden öfkesini çıkarmak [*o* almak]; **jdn in ~ bringen** birini öfkelendirmek; **in ~ geraten** öfkeye kapılmak, öfkelenmek, gazaba gelmek; **vor ~ kochen** öfkeden kudurmak **Wutanfall** *m*, **Wutausbruch** <-(e)s, -brüche> *m* **einen ~ bekommen** öfkeden kudurmak
wüten ['vy:tən] *vi* öfkeden kudurmak; (*fig: Krieg, Sturm, Seuche*) ortalığı kasıp kavurmak
wütend *adj* öfkeli, kızgın (**über** -den dolayı, **auf** -e); **auf jdn ~ sein** birine kızgın olmak; **~ werden** öfkelenmek (**auf** -e), kızmak (**auf** -e)
wutentbrannt ['vu:tʔɛnt'brant] *adj* öfkeden kudurmuş
wutschnaubend *adj* öfkesi burnunda
Wz *Abk von* **Warenzeichen** marka

W

Xx

X, x <-, -> [ɪks] *nt* X, x
x-Achse *f* MATH x ekseni
Xanthippe <-n> [ksan'tɪpə] *f* (*pej*) eli maşalı, şirret
X-Beine *pl* (x biçiminde) çarpık bacaklar *pl*
x-beinig[RR] *adj,* **X-beinig** *adj* (x biçiminde) çarpık bacaklı
x-beliebig *adj* (*fam*) herhangi bir, rastgele, olur olmaz
Xenon *nt kein pl* CHEM ksenon
xenophob [kseno'fo:p] *adj* yabancı düşmanı
Xenophobie [ksenofo'bi:] *f kein pl* kesenofobi, yabancı düşmanlığı
x-fach ['ɪksfax] *adj* (*fam*) defalarca; (*tausendfach*) bin kat
X-fache *nt kein pl* **das ~ von etw** bir şeyin bin katı; **das ~ gewinnen** bin katını kazanmak
x-förmig[RR] ['ɪksfœrmɪç] *adj,* **X-förmig** *adj* x biçimindeki
x-mal ['ɪksma:l] *adv* (*fam*) defalarca, bin kere
x-te(r, s) ['ɪkstə, -tɐ, -təs] *adj* (*fam*) **zum ~n Mal(e)** kaçıncı defa [*o* kez]
Xylofon[RR] <-s, -e> *nt,* **Xylophon** <-s, -e> [ksylo'fo:n] *nt* MUS ksilofon

Yy

Y, y <-, -> ['ʏpsilɔn] *nt* Y, y
y-Achse <-n> *f* MATH y ekseni
Yacht <-en> [jaxt] *f* yat
Yak <-s, -s> [jak] *m* ZOOL yak
Yen <-(s), -(s)> [jɛn] *m* yen
Yeti <-s, -s> ['je:ti] *m* Yeti
Yoga <-(s)> ['jo:ga] *m o nt kein pl* yoga
Yogasitz <-es> *m kein pl* yoga oturuşu
Yoghurt <-s, -s> ['jo:gʊrt] *m s.* **Joghurt**
Yogi *m* yogi
Yo-Yo <-s, -s> ['jo:jo, jo'jo:] *nt* yoyo
Ypsilon <-(s), -s> ['ʏpsilɔn] *nt* Y harfi
Yucca <-s> ['jʊka] *f* BOT avize ağacı
Yuppie <-s, -s> ['jʊpi] *m* yupi

Z z

Z, z <-, -> [tsɛt] *nt* Z, z; ~ **wie Zeppelin** Zonguldak'ın ze'si

zack *interj* (*fam*) ~, ~! çabuk çabuk!

Zack [tsak] *m* (*fam*) **auf ~ sein** uyanık olmak, tetik olmak; **jdn auf ~ bringen** birini hizaya getirmek

Zacke <-n> ['tsakə] *f* (sivri) uç; (*Bergkamm*) (keskin) sırt; (*Gabel, Rechen, Sägeblatt*) diş; **ein Stern mit fünf ~n** beş ışınlı bir yıldız

Zacken <-s, -> ['tsakən] *m* DIAL *s.* **Zacke**: **sich** *dat* **keinen ~ aus der Krone brechen** (*fam*) saygınlığına zarar vermemek

Zackenbarsch <-es, -e> *m* ZOOL hani

zackig ['tsakıç] *adj* ❶ (*gezackt*) dişli, zikzaklı ❷ (*fam: Bewegung, Auftreten*) askerce; (*Person*) atik tetik, çevik; (*Musik*) hareketli

zaghaft *adj* kararsız; (*furchtsam*) ürkek; (*schüchtern*) çekingen

zäh [tsɛ:] *adj* ❶ (*Leder*) sert; (*Fleisch*) kayış gibi, lastik gibi ❷ (*~flüssig*) ağır akan ❸ (*schleppend*) bitmek bilmeyen ❹ (*beharrlich*) canı pek, inatçı, zor; (*widerstandsfähig*) it canlı, dayanıklı, sebatkâr, direşken **zähflüssig** *adj* ağdalı; (*Verkehr*) ağır akan, yavaş

Zähigkeit *f kein pl* ❶ (*Widerstandsfähigkeit*) dayanıklılık ❷ (*Ausdauer*) sebat, direşme ❸ (*Viskosität*) viskozite

Zahl <-en> [tsa:l] *f a.* MATH, LING sayı; (*Ziffer*) rakam; **eine astronomische ~** astronomik bir rakam; **eine dreistellige ~** üç haneli bir sayı; **gerade/ungerade/ganze ~en** çift/tek/tam sayılar; **rote ~en schreiben** (*fig*) ekside olmak; **in großer ~** büyük sayıda

zahlbar *adj* ödenir; ~ **bei Lieferung** tesliminde ödenir

zahlen ['tsa:lən] *vi, vt* ödemek; (*Schuld*) ödemek; **Herr Ober, bitte ~!** garson bey, hesap lütfen!; **bar/mit einem Scheck ~** nakit/çekle ödemek

zählen ['tsɛ:lən] **I.** *vi* saymak; **bis zehn ~** ona kadar saymak; **das zählt nicht** bu sayılmaz; **auf jdn/etw ~** bir kimseye/şeye güvenmek; **zu etw** *dat* **~** bir şeyden sayılmak, bir şeyden olmak; **zu den Besten ~** en iyilerinden sayılmak **II.** *vt* saymak; (*Bevölkerung*) saymak; (*Stimmen bei Wahlen*) saymak; **seine Tage sind gezählt** günleri sayılı

Zahlenfolge *f* sayı dizisi

Zahlenlotto *nt* sayısal lotto

zahlenmäßig **I.** *adj* sayı **II.** *adv* sayıca, sayı bakımından; ~ **überlegen sein** sayıca üstün olmak

Zahlenschloss[RR] *nt* şifreli kilit

Zahler(in) <-s, -; -nen> *m(f)* ödeyen

Zähler[1] <-s, -; -> *m* (*Punkt*) puan

Zähler[2] <-s, -> *m* ❶ (*Zählwerk*) sayaç, ölçer; **den ~ ablesen** sayacı okumak ❷ MATH pay; (*Dividend*) bölünen

Zählerstand <-(e)s, -stände> *m* sayacın gösterdiği durum

Zahlkarte *f* hesaba para yatırma formu

zahllos *adj* sayısız

zahlreich **I.** *adj* pek çok; (*Familie*) kalabalık **II.** *adv* pek çok, çok sayıda, sayıca çok, kalabalık

Zahltag *m* ödeme günü

Zahlung <-en> *f* ödeme; **eine ~ leisten** ödemede bulunmak, ödeme yapmak

Zählung <-en> *f* sayma; (*Volks~*) sayım

Zahlungsanweisung *f* FIN ödeme havalesi **Zahlungsaufschub** *m* JUR moratoryum **Zahlungsbefehl** *m* JUR ödeme emri **Zahlungsbilanz** *f* WIRTSCH, FIN ödemeler dengesi **zahlungsfähig** *adj* ödeme gücüne sahip, ödeyecek durumda olan **Zahlungsfähigkeit** *f kein pl* ödeme gücü **zahlungskräftig** *adj* (*fam*) paralı, yağlı **Zahlungsmittel** *nt* ödeme aracı **zahlungsunfähig** *adj* ödemeden âciz **Zahlungsunfähigkeit** *f kein pl* aciz **Zahlungsverkehr** *m* transferler *pl*; **bargeldloser ~** nakit olmayan transferler

Zahlwort <-(e)s, -wörter> *nt* LING sayı sıfatı

zahm [tsa:m] *adj* ❶ (*Tier*) evcil, ehlî; (*gezähmt*) evcilleştirilmiş, ehlîleştirilmiş ❷ (*fam: brav*) uysal

zähmen ['tsɛ:mən] *vt* ❶ (*Tier*) evcilleştirmek, ehlîleştirmek; (*zum Haustier*) evcilleştirmek ❷ (*fig*) gem vurmak (-e); (*Ungeduld, Neugier, Trieb*) gemlemek, frenlemek

Zähmung <-en> *f* ❶ (*eines Tieres*) evcilleştirme, ehlîleştirme; (*zum Haustier*) evcilleştirme ❷ (*fig: der Ungeduld, Triebe*) gemleme, frenleme

Zahn <-(e)s, Zähne> [tsa:n, *pl* 'tsɛ:nə] *m* diş; **die dritten Zähne** (*fam*) takma diş(ler); **sich** *dat* **die Zähne putzen** dişlerini temizlemek; **mit den Zähnen klappern/knirschen** dişlerini takırdatmak/gıcırdatmak; **sie bekommt Zähne** diş çıkarıyor; **der ~ der Zeit** (*fam*) zamanın etkisi; **jdm die Zähne zeigen** (*fam*) birine diş göstermek; **jdm auf den ~ fühlen** (*fig fam*) birinin nabzını yoklamak; **das ist gerade etwas für den hohlen ~** (*fig fam*) bu, dişinin kovuğuna bile gitmez; **sich** *dat* **die Zähne an etw** *dat* **ausbeißen** (*fam*) bir şeye dişini tırnağını takmak; **bis an die Zähne bewaffnet** (*fig*) tepeden tırnağa (kadar) silahlanmış; **einen ~ zulegen** (*fam: schneller fahren*) hızı artırmak, gaza basmak; (*sich beeilen*) acele etmek, gaz vermek **Zahnarzt, -ärztin** *m, f* diş hekimi, dişçi **zahnärztlich** *adj* **~e Praxis** dişçi muayenehanesi; ■ **sich ~ behandeln lassen** dişlerini tedavi ettirmek **Zahnbehandlung** *f* diş tedavisi **Zahnbelag** *m* MED pesek, diş pası **Zahnbrasse** *f* ZOOL, GASTR sinarit **Zahnbürste** *f* diş fırçası **Zahncreme** *f s.* **Zahnpasta**

zähneknirschend *adv* dişlerini gıcırdatarak; (*unwillig*) istemeye istemeye, gönülsüzce

zahnen ['tsa:nən] *vi* diş çıkarmak

Zahnersatz *m* diş protezi; (*Gebiss*) takma diş **Zahnfäule** *f* diş çürüğü

Zahnfleisch *nt* diş eti **Zahnfleischbluten** <-s> *nt kein pl* diş eti kanaması; **ich habe ~** diş etlerim kanıyor

Zahnfüllung *f* MED diş dolgusu **Zahnklinik** *f* diş kliniği **Zahnkrone** *f* kuron **Zahnlücke** *f* diş boşluğu **Zahnmedizin** *f kein pl* diş hekimliği, dişçilik **Zahnpasta** <-pasten> ['tsa:npasta] *f* diş macunu **Zahnpflege** *f* diş bakımı **Zahnprothese** *f* diş protezi

Zahnrad *nt* TECH dişli **Zahnradbahn** *f* TECH dişli tren

Zahnschmelz *m kein pl* MED (diş) mine(si) **Zahnschmerz** *m* diş ağrısı; **ich habe ~en** dişim ağrıyor **Zahnseide** *f kein pl* diş aralıklarını temizleme ipliği **Zahnspange** *f* diş teli **Zahnstein** <-(e)s> *m kein pl* kefeki **Zahnstocher** <-s, -> [-ʃtɔxɐ] *m* kürdan **Zahntechniker(in)** *m(f)* diş teknisyeni **Zahnwurzel** *f* ANAT diş kökü

Zaire <-s> [za'i:ɐ] *nt* Zaire

Zander <-s, -> ['tsandɐ] *m* ZOOL uzun levrek

Zange <-n> ['tsaŋə] *f* ❶ (*Werkzeug*) pense; (*Kneif~*) kerpeten; (*Zucker~*) maşa; MED (*Geburts~*) forseps; **jdn in die ~ nehmen** (*fig fam*) birini sıkıştırmak ❷ (*fam: von Tieren*) kıskaç **Zangengeburt** *f* MED forsepsli doğum **Zangengriff** *m* SPORT (*Ringen*) künde

Zank <-(e)s> [tsaŋk] *m kein pl* geçimsizlik, çekişme; (*Streit*) didişme, kavga **Zankapfel** *m* geçimsizlik konusu

zanken ['tsaŋkən] *vi, vr* didişmek, kavga etmek; **sich mit jdm um etw ~** biriyle bir şey için kavga etmek

zänkisch ['tsɛŋkɪʃ] *adj* geçimsiz, kavgacı, didişken; (*Weib*) cadaloz, eli maşalı, şirret

Zäpfchen <-s, -> ['tsɛpfçən] *nt* ❶ ANAT (*Gaumen~*) küçük dil; (*Scheiden~*) bızır ❷ (*Medikament*) fitil

zapfen ['tsapfən] *vt* çekmek; **gezapftes Bier** fıçıdan çekilmiş bira

Zapfen <-s, -> ['tsapfən] *m* ❶ BOT kozalak ❷ (*Stöpsel*) tıkaç, tıpa ❸ TECH (*in der Holzverarbeitung*) yuva dili; (*an einer Welle, Achse*) muylu

Zapfenstreich *m* MIL kışlaya dön borusu, yat borusu; **in dem Internat ist um zehn Uhr ~** (*fig*) yatılı okulda saat onda yat borusu öter

Zapfhahn *m* fıçı musluğu **Zapfsäule** *f* benzin pompası

zappelig ['tsap(ə)lɪç] *adj* (*fam*) kurtlu, yerinde (rahat) duramayan, sürekli kıpırdanan, kıpır kıpır

zappeln ['tsapəln] *vi* **mit den Armen und Beinen ~** el ayak oynatmak; (*unruhig sein*) huzursuz olmak, yerinde (rahat) duramamak, sürekli kıpırdamak; **jdn ~ lassen** (*fam*) birini bekletmek

Zappelphilipp <-s, -s *o* -e> ['tsapəlfɪlɪp] *m* (*pej fam*) ele avuca sığmaz haşarı çocuk

zappen ['tsapən] *vi* TV (*fam*) geçgeçlemek, zaping yapmak

zapplig *adj* (*fam*) *s.* **zappelig**

Zar <-en, -en> [tsa:ɐ] *m* çar

Zarge *f* ARCH (*Fenster~, Tür~*) kasa, söve

Zarin <-nen> *f* çariçe

zart [tsa:ɐt] *adj* ❶ (*Gemüse*) körpe; (*Fleisch*) yumuşak; **im ~en Alter von ...** (*geh*) ... gibi körpe bir yaşta ❷ (*fein*) ince; (*zerbrechlich*) nazik, narin, çıtkırıldım; (*empfindlich*) nazik; (*Haut*) pürüzsüz; (*Gesundheit*) zayıf ❸ (*Farbe, Klang*) hoş; (*Berührung*) yumuşak, şefkatli **zartbesaitet** ['--'--] *adj* duyarlı, hassas, ince duygulu **zartbitter** ['-'--] *adj* **~e Schokolade** acımtırak çikolata **zartfühlend** *adj* ince duygulu **Zartgefühl** <-(e)s> *nt kein pl* ince duygu; (*Taktgefühl*) ölçülü davranış

zartglied(e)rig ['tsa:ɐtgli:d(ə)rɪç] *adj* (*fein*) narin yapılı; (*zerbrechlich*) çıtkırıldım

zärtlich ['tsɛ:ɐtlɪç] **I.** *adj* (*liebevoll*) şefkatli, müşfik, sevecen **II.** *adv* şefkatle

Zärtlichkeit[1] *f kein pl* (*Zuneigung*) şefkat, sevecenlik

Zärtlichkeit[2] <-en> *f* (*Liebkosung*)

okşama

Zaster <-s> ['tsastɐ] *m kein pl* (*fam*) mangır

Zäsur <-en> [tsɛ'zuːɐ] *f* (*geh*) LIT, MUS durak; (*im historischen Ablauf*) dönüm noktası

Zauber <-s> ['tsaʊbɐ] *m kein pl* ❶ (*~handlung, ~bann*) büyü, sihir; **fauler ~** (*fig, pej*) hokkabazlık ❷ (*~kraft*) tılsım ❸ (*Faszination*) büyü; (*Reiz*) cazibe

Zauberei[1] [tsaʊbə'raɪ] *f kein pl* (*Magie*) büyü(cülük), sihir(bazlık)

Zauberei[2] <-en> *f* (*Kunststück*) sihirbazlık, hokkabazlık

Zauberer(in) <-s, -; -nen> ['tsaʊbərɐ] *m(f)* büyücü, sihirbaz; (*Zauberkünstler*) hokkabaz

Zauberformel *f* büyülü söz, büyü formülü

zauberhaft *adj* büyüsel

Zauberkünstler(in) *m(f)* sihirbaz, hokkabaz; (*Illusionist*) illüzyonist, göz bağcı

Zauberkunststück *nt* sihirbazlık, hokkabazlık

zaubern ['tsaʊbɐn] **I.** *vi* ❶ (*Magie betreiben*) büyü yapmak; **ich kann doch nicht ~** (*fam*) ben büyücü değilim ki! ❷ (*als Zauberkünstler*) hokkabazlık yapmak **II.** *vt* ❶ (*herbei~*) **eine Taube aus dem Hut ~** hokkabazlıkla [*o* el çabukluğu ile] şapkadan güvercin çıkarmak ❷ (*herstellen*) **ein wundervolles Gericht ~** el çabukluğu ile harika bir yemek yapmak

Zauberspiegel *m* sihirli ayna **Zauberspruch** *m* büyülü söz **Zauberstab** *m* sihirli değnek **Zaubertrank** *m* tılsımlı içecek **Zaubertrick** *m* hokkabazlık **Zauberwort** <-(e)s, -e> *nt* büyülü söz

zaudern ['tsaʊdɐn] *vi* tereddüt etmek, duraksamak, bir türlü karar verememek

Zaum <-(e)s, Zäume> [tsaʊm, *pl* 'tsɔɪmə] *m* gem; **jdn im ~ halten** (*fig*) birine gem vurmak; **sich im ~ halten** (*fig*) kendini tutmak, kendine hâkim olmak, kendini zapt etmek; **seine Zunge im ~ halten** (*fig*) dilini tutmak

zäumen ['tsɔɪmən] *vt* gemlemek, gem vurmak (-e)

Zaun <-(e)s, Zäune> [tsaʊn, *pl* 'tsɔɪnə] *m* çit, perde; **einen Streit vom ~ brechen** yok yere kavga çıkarmak **Zaungast** *m* bedava seyirci, beleşçi; **ich war dort nur ~** ben orada sadece seyirciydim **Zaunkönig** <-s, -e> *m* ZOOL çalı kuşu **Zaunpfahl** *m* çit kazığı; **ein Wink mit dem ~** (*fig*) bir şeyi fazla açık bir şekilde ima **Zaunwinde** *f* BOT çit sarmaşığı

zausen ['tsaʊzən] *vt* (*Haare, Fell*) didiklemek; (*zersausen*) darmadağın etmek; (*zupfen*) çekiştirmek; (*Geflügelknochen*) kemirmek; **jdm das Haar ~** birini saçından tutup sarsmak; **jdn bei den Haaren ~** birinin saçlarını çekiştirmek

Zaziki *m* GASTR cacık

z. B. *Abk von* **zum Beispiel** örneğin, meselâ

Zebra <-s, -s> ['tseːbra] *nt* ZOOL zebra

Zebrastreifen *m* yaya geçidi

Zeche <-n> ['tsɛçə] *f* ❶ BERGB (*Bergwerk*) maden ocağı ❷ (*Rechnung*) hesap; **die ~ prellen** (*fam*) hesabı ödemeden sıvışmak

zechen ['tsɛçən] *vi* (*fam*) demlenmek, içki içmek, kafa(yı) çekmek

Zecher(in) <-s, -; -nen> *m(f)* içkici

Zechgelage <-s, -> *nt* içki âlemi, içki sefası, işret meclisi

Zechkumpan(in) *m(f)* (*fam*) kadehdaş, kadeh arkadaşı

Zecke <-n> ['tsɛkə] *f* ZOOL sakırga, kene

Zeckenbiss[RR] *m* kene ısırığı

Zeder <-n> *f* BOT sedir

Zedernholz <-es> *nt kein pl* sedir

Zeh <-s, -en> [tseː] *m* ayak parmağı; **der große ~** ayak başparmağı

Zehe <-n> ['tseːə] *f* ❶ (*Körperteil*) ayak parmağı; **die große ~** ayak başparmağı ❷ (*Knoblauch~*) diş; **eine ~ Knoblauch** bir diş sarımsak **Zehennagel** *m* ayak tırnağı **Zehenspitze** *f* ayak (parmağının) ucu; **auf ~n gehen** ayaklarının ucuna basarak yürümek; **sich auf die ~n stellen** ayak parmaklarının ucunda yükselmek

zehn [tseːn] *adj inv* on; *s. a.* **acht**[1]

Zehn *f* ❶ (*Zahl*) on ❷ (*Spielkarte*) onlu ❸ (*fam*) **die ~ nehmen** on numarayla gitmek

Zehner <-s, -> *m* ❶ (*fam: Geldschein*) onluk; (*Münze*) on sent, on kuruş; **hast du einen ~?** bir onluğun var mı? ❷ (*einer mehrstelligen Zahl*) onlar hanesi

Zehnerbruch *m* MATH ondalık kesir

zehnerlei ['-·'-] *adj inv* on çeşit, on türlü; *s. a.* **achterlei**

Zehneuroschein <-(e)s, -e> ['-'--] *m* on euroluk banknot

zehnfach **I.** *adj* on (kat); **die ~e Menge** on misli **II.** *adv* on kere; *s. a.* **achtfach**

Zehnkampf *m* SPORT dekatlon **Zehnkämpfer** <-s, -> *m* SPORT dekatloncu

zehnmal *adv* on defa [*o* kere]; *s. a.* **achtmal**

Zehnprozenthürde *f* yüzde on barajı

zehnt [tseːnt] *adv* **zu ~** onu (birden); **wir sind zu ~** onuz, on kişiyiz

Zehnt <-en, -en> *m* HIST öşür

Z

zehntausend *adj inv* on bin; **die oberen ~** en üst tabaka, ülkeye hâkim olan zenginler zümresi
zehnte(r, s) ['tse:ntə, -tɐ, -təs] *adj* onuncu; *s. a.* **achte(r, s)**
zehntel ['tse:ntəl] *adj inv* onda (bir); *s. a.* **achtel**
zehntens ['tse:ntəns] *adv* onuncu olarak; (*bei einer Aufzählung*) onuncusu; *s. a.* **achtens**
zehren ['tse:rən] *vi* (*mager machen, schwächen*) zayıflatmak (**an** -i); **an ihrer Kraft ~** gücünü tüketmek; **von etw** *dat* **~** bir şeyden geçinmek; **die Krankheit zehrte an seinen Kräften** hastalık onu yıprattı
Zeichen <-s, -> ['tsaɪçən] *nt* ❶ *a.* ASTROL, LING, MUS işaret; (*Symbol*) simge, timsal; (*Ab~*) nişan; (*Akten~*) işaret, sayı; (*Waren~*) marka; **unser/Ihr ~** işaretimiz/işaretiniz, sayı/ilgi; **sie ist im ~ des Löwen geboren** Aslan burcunda doğmuştur ❷ (*Signal*) sinyal; (*mit der Hand*) işaret; (*Beweis*) emare; **jdm ein ~ geben** birine işaret etmek; **das ist kein gutes ~** bu iyi bir emare değil ❸ (*An~, Vor~*) belirti, alamet; MED semptom
Zeichenblock <-(e)s, -s *o* -blöcke> *m* çizim bloku, resim bloku **Zeichenbrett** *nt* resim tahtası
Zeichenerklärung *f* (*auf Landkarte*) lejant, işaretler *pl;* (*auf Fahrplänen*) işaretlerin anlamı
Zeichenkunst *f* ressamlık, resim yapma sanatı; **seine Zeichenkünste lassen zu wünschen übrig** ressamlığı pek ahım şahım değil
Zeichenpapier *nt* resim kâğıdı **Zeichensetzung** *f kein pl* noktalama **Zeichensprache** <-n> *f* işaret dili, sağırlar dili
Zeichentrickfilm *m* çizgi film
zeichnen ['tsaɪçnən] **I.** *vt* ❶ (*malen*) resmini yapmak (-in); (*skizzieren*) çizmek; **technisches Z~** teknik resim ❷ (*kenn~*) işaretlemek ❸ (*unterschreiben*) imzalamak; **Aktien ~** yeni hisse senetlerinde iştiraki taahhüt etmek **II.** *vi* resim yapmak; **für etw ~** bir şey için sorumluluğu taşımak, bir şeyden sorumlu olmak; **gezeichnet Müller** imzalayan Müller, Müller (tarafından) imzalı
Zeichner(in) <-s, -; -nen> *m(f)* ❶ (*Maler*) ressam; **technischer ~/technische ~in** teknik ressam ❷ WIRTSCH, FIN iştiraki taahhüt eden
zeichnerisch *adj* **er ist ~ (sehr) begabt** resme (çok) istidadı var; **etw ~ darstellen** bir şeyi çizimle göstermek
Zeichnung <-en> *f* ❶ (*Darstellung*) çizim, resim; (*Skizze*) kroki ❷ WIRTSCH, FIN taahhüt, iştirak taahhüdü
Zeigefinger *m* işaret parmağı; **mit dem ~ auf jdn deuten** birini parmakla göstermek
zeigen ['tsaɪgən] **I.** *vt* ❶ (*allgemein*) göstermek, işaret etmek; (*vorführen*) göstermek; (*Film*) göstermek; **jdm etw ~** birine bir şey göstermek; (*beibringen*) göstermek; **dir werd' ich's ~!** (*fam*) ben sana gösteririm! ❷ (*an~*) göstermek; **das Thermometer zeigt zwei Grad** termometre iki derece gösteriyor ❸ (*an den Tag legen*) göstermek, ortaya koymak ❹ (*beweisen*) göstermek; **nun zeig mal, was du kannst!** (*fam*) hadi göster bakalım, ne yapabildiğini! **II.** *vi* işaret etmek (**nach** -e); **auf etw/jdn ~** bir şeye/kimseye işaret etmek; **sie zeigt nach rechts** sağı gösteriyor; **zeig mal!** göstersene!, göster bakayım! **III.** *vr* ■**sich ~** ❶ (*allgemein*) görünmek; (*sich sehen lassen*) kendini göstermek; **sich besorgt ~** endişeli görünmek; **wie kann ich mich Ihnen erkenntlich ~?** bana yapmış olduğunuz iyiliğe karşılık size ne yapabilirim?; **er zeigt sich heute von seiner besten Seite** bugün kendini en iyi tarafıyla gösteriyor; **mit ihm kann man sich überall ~** onunla her yerde görünebilirim ❷ (*sich herausstellen*) ortaya çıkmak, belli olmak; (*zum Vorschein kommen*) ortaya çıkmak, görünmek, gözükmek; **das wird sich ~** bu ortaya çıkacaktır, bu belli olacaktır
Zeiger <-s, -> *m* gösterge; (*Uhr~*) ibre; **der große/kleine ~** yelkovan/akrep
Zeigestock <-(e)s, -stöcke> *m* işaret değneği
Zeile <-n> ['tsaɪlə] *f* ❶ (*Text~*) satır; **jdm ein paar ~n schreiben** birine birkaç satır yazmak; **neue ~** (*beim Diktat*) satır başı; **er hat das mit keiner ~ angedeutet** bunu bir satırla bile anıştırmadı, buna bir satırla bile değinmedi; **zwischen den ~n lesen** satırlar arasındaki imalarla okuyabilmek ❷ (*Reihe*) sıra ❸ (*Gedicht~*) dize
Zeilenabstand *m* satır arası [*o* aralığı]
zeilenweise *adv* satır satır
Zeisig <-s, -e> ['tsaɪzɪç] *m* ZOOL karabaşlı iskete; **ein lockerer ~** (*fig fam*) uçarı [*o* hoppa] bir kimse
zeit [tsaɪt] *präp* **~ meines/seines Lebens** hayatım [*o* ömrüm]/hayatı [*o* ömrü] boyunca
Zeit <-en> [tsaɪt] *f a.* LING, SPORT zaman, vakit; (*~punkt*) an; (*~raum*) süre [*o* müddet]; (*~alter*) çağ; (*Bronze~, Stein~*) devir; (*Uhr~*) saat; (*Jahres~*) mevsim; **seit eini-**

ger/geraumer ~ bir/uzun süredir; **nach türkischer ~** Türk saati ile; **zu jeder ~** her zaman; **zu keiner ~** hiçbir zaman; **zur ~ Napoleons** Napolyon devrinde; **eine ~ lang** bir zaman boyunca; (*eine Weile*) bir süre [*o* müddet]; **seit dieser ~** bu [*o* o] zamandan beri; **nach kurzer ~** az zaman sonra; **mit der ~** zamanla; **mit der ~ gehen** zamana uymak; **(keine) ~ haben** vakti ol(ma)mak **(für** için); **wir wollen keine ~ verlieren** vakit geçirmeyelim; **wir haben noch fünf Minuten ~** daha beş dakika vaktimiz var; **wo warst du denn die ganze ~?** bunca zaman neredeydin?; **~ gewinnen** vakit kazanmak; **sich** *dat* **(mit etw** *dat*) **~ lassen** (bir şeyde) acele etmemek, (bir şeyi) aceleye getirmemek; **sich** *dat* **~ nehmen (für etw)** bir şey için zaman ayırmak; **jdm die ~ stehlen** (*fam*) birinin vaktini almak; **sich** *dat* **mit etw** *dat* **die ~ vertreiben** bir şeyle oyalanmak [*o* vakit geçirmek]; **jdm** *dat* **mit etw** *dat* **die ~ vertreiben** bir şeyle birini oyalamak, bir şeyle birinin vaktini almak; **das hat (noch) ~** buna (daha) vakit var; **auf ~** süreli; **es wird (allmählich) ~** (yavaş yavaş) vakit geliyor; **es ist an der ~ (zu gehen)** (gitme) vakti geldi; **morgen um diese ~** yarın bu vakitler; **um 12 Uhr mitteleuropäischer ~** Orta Avrupa saatiyle saat 12'de; **der größte Schwindler aller ~en** gelmiş geçmiş en büyük düzenbaz; **zur rechten ~** zamanı gelince; **alles zu seiner ~!** her şeyin zamanı var!; **von ~ zu ~** zaman zaman, vakit vakit; **auf bestimmte ~** belirli bir süre için; **auf unbestimmte ~** belirsiz bir süre için; **im Laufe der ~** zaman geçtikçe; **die heutige ~** şimdiki zaman, zamane, günümüz; **die gute alte ~!** hey gidi günler hey!; **das waren noch ~en!** ne günlerdi onlar!, o günler ne günlerdi!; **zu der ~, als ich jung war/in Köln wohnte** ben gençken/Köln'de otururken; **in letzter ~** son zamanda; **in nächster ~** yakın zamanda; **für alle ~en** ebediyen; **auf unabsehbare ~** belirsiz bir süre için; **die ~en ändern sich** zamanlar değişiyor; **das ist vor meiner ~ geschehen** bu benim zamanımdan önce oldu; **zu meiner ~** benim zamanımda; **kommt ~, kommt Rat** (*prov*) zamanı gelince çaresi bulunur; **du liebe ~!** bak sen şu işe!; **~ ist Geld** (*prov*) vakit nakittir **Zeitabschnitt** *m* zaman dilimi; (*länger*) dönem **Zeitalter** <-s, -> *nt* çağ; (*Jahrhundert*) asır; **das goldene ~** altın çağ **Zeitangabe** <-n> *f* zamanın gösterilmesi; (*Uhrzeit*) saatin gösterilmesi; (*Datum*) tarihin gösterilmesi **Zeitansage** *f* saat anonsu **Zeitarbeit** *f kein pl* WIRTSCH geçici iş **Zeitaufwand** *m* zaman harcama; **mit möglichst geringem ~** mümkün mertebe az zaman harcayarak **zeitaufwändig**RR *adj*, **zeitaufwendig** *adj* zaman alıcı **Zeitbegriff** *m kein pl* zaman kavramı **Zeitbombe** *f* saatli bomba **Zeitdauer** *f* süre **Zeitdruck** <-(e)s> *m kein pl* **unter ~ stehen** zaman bakımından sıkışık durumda olmak, zaman darlığı çekmek; **jdn unter ~ setzen** birine zaman bakımından baskı yapmak **Zeiteinheit** *f* zaman birimi **Zeiteinteilung** *f* zaman bölümü, zaman ayırma **Zeitfaktor** *m kein pl* zaman faktörü **Zeitfrage** *f kein pl* zaman meselesi **Zeitgefühl** <-(e)s> *nt kein pl* zaman duygusu **Zeitgeist** <-(e)s> *m kein pl* zamanın ruhu

zeitgemäß *adj* zamana uygun; (*aktuell*) güncel

Zeitgenosse(in) *m(f)* çağdaş

zeitgenössisch *adj* çağdaş

Zeitgeschehen *nt* güncel olaylar *pl* **Zeitgeschmack** <-(e)s> *m kein pl* zamanın zevki; (*Mode*) moda **Zeitgewinn** <-(e)s> *m kein pl* zaman kazanma **zeitgleich** *adj* zamandaş; **~ durchs Ziel gehen** aynı zamanda finişten geçmek

zeitig **I.** *adj* vakitli **II.** *adv* vaktinde; **wir müssen ~ los** vaktinde çıkmamız gerekiyor [*o* lazım]

Zeitkarte *f* abone kartı

Zeitlang *f s.* **Zeit**

zeitlebens [tsaɪt'le:bəns] *adv* ömür boyunca

zeitlich *adj* zamansal; (*vergänglich*) geçici; **~ zusammenfallen** aynı zamanda olmak; **das passt ihr ~ nicht** bu, ona vakitçe uymaz; **etw ist ~ begrenzt** bir şey vakitçe sınırlıdır; **das Z~e segnen** (*fig*) ruhunu teslim etmek

zeitlos *adj* modası geçmeyen

Zeitlupe *f kein pl* FILM yavaşlatılmış devinim [*o* hareket]; **in ~** yavaşlatılmış devinimle [*o* hareketle] **Zeitlupentempo** <-s> *nt kein pl* **im ~ arbeiten** çok yavaş çalışmak

Zeitmangel <-s> *m kein pl* zaman yetersizliği; **aus ~** zaman yetersizliğinden, zaman yetmediğinden **Zeitmesser** *f* süreölçer **Zeitmessung** *f* süre ölçümü **Zeitnehmer** *m* SPORT süre ölçen **Zeitnot** *f kein pl* zaman darlığı; **in ~ sein** zamanı dar olmak **Zeitpunkt** *m* esna; (*Augenblick*) an; (*Datum*) tarih; **zu diesem ~** bu tarihte **Zeitraffer** <-s> [-rafɐ] *m kein pl* FILM hız-

Z

landırılmış devinim [*o* hareket]; **im ~** hızlandırılmış devinimle [*o* hareketle]
zeitraubend *adj* zaman [*o* vakit] alıcı
Zeitraum <-(e)s, -räume> *m* süre; **in einem ~ von zwei Monaten** iki aylık bir süre içinde **Zeitrechnung** *f* takvim; **christliche ~** milâdî takvim; **vor/nach unserer ~** milâttan önce/sonra **Zeitreise** *f* zaman yolculuğu
Zeitschrift *f* dergi, mecmua
Zeitspanne *f* süre **Zeittafel** *f* kronolojik cetvel **Zeitumstellung** *f* saatlerin ileri veya geri alınması
Zeitung <-en> ['tsaɪtʊŋ] *f* gazete; (*Tages~*) günlük gazete
Zeitungsabonnent(in) <-en, -en; -nen> *m(f)* gazete abonesi **Zeitungsannonce** *f*, **Zeitungsanzeige** *f* gazete ilanı **Zeitungsartikel** *m* gazete makalesi **Zeitungsausschnitt** *m* gazete kupürü, gazete kesiği **Zeitungsausträger(in)** <-s, -; -nen> *m(f)* gazete dağıtıcısı **Zeitungsbeilage** *f* gazetenin ilavesi [*o* eki] **Zeitungsente** *f* asparagas, uydurma haber **Zeitungskorrespondent(in)** <-en, -en; -nen> *m(f)* gazete muhabiri **Zeitungsmeldung** *f* gazete haberi **Zeitungspapier** <-s> *nt kein pl* gazete kâğıdı **Zeitungsverkäufer(in)** *m(f)* gazeteci, gazete satan (kimse)
Zeitunterschied *m* saat farkı **Zeitverlust** *m* zaman kaybı **Zeitverschwendung** *f* zaman harcama; **reine ~** boşa zaman harcama **Zeitvertrag** *m* süresi belirli sözleşme **Zeitvertreib** <-(e)s, -e> *m* vakit geçirme; **etw zum ~ tun** bir şeyi vakit geçirmek için yapmak **Zeitverzögerung** *f* gecikme
zeitweilig ['tsaɪtvaɪlɪç] **I.** *adj* geçici, muvakkat **II.** *adv* ❶ (*vorübergehend*) geçici olarak, muvakkaten ❷ (*manchmal*) bazen, ara sıra
zeitweise ['tsaɪtvaɪzə] *adv* ❶ (*manchmal*) bazen, ara sıra ❷ (*vorübergehend*) geçici olarak, muvakkaten
Zeitwort <-(e)s, -wörter> *nt* LING (*Verb*) fiil **Zeitzeuge(in)** *m(f)* çağın tanığı; (*Zeitgenosse*) çağdaş **Zeitzone** *f* zaman kuşağı **Zeitzünder** *m* saatli ateşleme tertibatı, saniyeli tapa
zelebrieren* [tsele'bri:rən] *vt* kutlamak
Zelle <-n> ['tsɛlə] *f* ❶ (*einer Organisation*) *a.* BIOL, ELEK göze, hücre ❷ (*Telefon~*) kabin, külübe ❸ (*Gefängnis~*) hücre; (*Kloster~*) oda
Zellgewebe *nt* BIOL göze dokusu, hücre dokusu **Zellkern** *m* BIOL göze çekirdeği, hücre çekirdeği **Zellteilung** <-en> *f* BIOL hücre bölünmesi
Zellulitis <Zellulitiden> [tsɛlu'li:tɪs, *pl* tsɛluli'ti:dən] *f* MED selülit
Zelluloid <-s> [tsɛlu'lɔɪt] *nt kein pl a.* CHEM selüloit
Zellulose <-n> [tsɛlu'lo:zə] *f* selüloz
Zelt <-(e)s, -e> [tsɛlt] *nt* çadır; **seine ~e aufschlagen/abbrechen** (*fam*) çadır kurmak/yıkmak **Zeltdach** *nt* çadır çatı
zelten ['tsɛltən] *vi* çadır kurmak, kamping yapmak; (*im Zelt übernachten*) geceyi çadırda geçirmek
Zeltlager *nt* kamp **Zeltleinwand** *f kein pl* çadır bezi **Zeltmast** *m* çadır direği **Zeltpflock** *m* çadır kazığı **Zeltplatz** <-es, -plätze> *m* kamp yeri; (*Campingplatz*) kamping yeri **Zeltstange** *f* çadır direği **Zeltstoff** *m* çadır bezi
Zement <-(e)s> [tse'mɛnt] *m kein pl* çimento
zementieren* [tsemɛn'ti:rən] *vt* ❶ (*Wege*) çimentolamak ❷ (*unverrückbar machen*) değiştirilemez hale getirmek
Zenit <-(e)s> [tse'ni:t] *m kein pl* ❶ ASTRON (*Scheitel*) başucu; (*Scheitelpunkt*) başucu noktası ❷ (*fig: Gipfel*) doruk, zirve; **im ~ seines Ruhms stehen** ününün doruğunda olmak [*o* bulunmak], şöhretinin zirvesinde olmak [*o* bulunmak] **Zenitdistanz** *f* ASTRON başucu uzaklığı
zensieren* [tsɛn'zi:rən] *vt* ❶ (*der Zensur unterwerfen*) sansürlemek ❷ (*benoten*) not vermek (-e)
Zensor(in) <-s, -en; -nen> ['tsɛnzo:ɐ] *m(f)* sansürcü
Zensur[1] [tsɛn'zu:ɐ] *f kein pl* (*Kontrolle*) sansür; **der ~ unterliegen** sansüre tâbi olmak
Zensur[2] <-en> *f* (*Note*) not, başarı notu
Zentimeter [tsɛnti-, 'tsɛnti-] *m o nt* santimetre **Zentimetermaß** <-es, -e> *nt* mezura
Zentner <-s, -> ['tsɛntnɐ] *m* ❶ (*50 kg*) elli kilo ❷ ÖSTERR, SCHWEIZ (*100 kg*) yüz kilo
zentral [tsɛn'tra:l] *adj* merkezî; **~ gelegen** merkezî olmak; **in ~er Lage** merkezî bir mevki; **ich wohne hier ziemlich ~** burada oldukça merkezî oturuyorum **Zentralamerika** [-'--'---] *nt* Orta Amerika **Zentralasien** [-'--'--] *nt* Orta Asya **Zentralbank** *f* merkez bankası; **die europäische/türkische ~** Avrupa/Türkiye Merkez Bankası
Zentrale <-n> [tsɛn'tra:lə] *f* merkez; (*Hauptgeschäftsstelle*) iş merkezi; (*Telefon~*) santral
Zentralheizung <-en> *f* merkezî ısıtma
zentralisieren* [tsɛntrali'zi:rən] *vt* mer-

Z

kezîleştirmek
Zentralismus *m kein pl* merkeziyet, merkeziyetçilik
Zentralkomitee *nt* merkez komitesi **Zentralnervensystem** *nt* ZOOL, MED merkez(î) sinir sistemi **Zentralrat** <-(e)s, -räte> *m* merkez kurulu **Zentralrechner** <-s, -> *m* INFORM merkez bilgisayarı **Zentralstelle** *f* merkez
Zentren ['tsɛntrən] *pl von* **Zentrum**
zentrieren* [tsɛn'tri:rən] *vt a.* TECH merkezlemek, ortalamak
zentrifugal *adj* merkezkaç
Zentrifugalkraft *f kein pl* PHYS merkezkaç kuvvet
Zentrifuge <-n> [tsɛntri'fu:gə] *f* santrifüj, santrifüjör
zentrifugieren* *vt* merkezkaçlamak **Zentripetalkraft** *f* PHYS merkezcil kuvvet
zentrisch ['tsɛntrɪʃ] *adj* (*im Mittelpunkt liegend*) merkezî, merkezde bulunan; (*zum Mittelpunkt hin*) merkezcil, merkeze doğru yaklaşan; (*geo~*) özekçil
Zentriwinkel *m* MATH merkez açı
Zentrum <-s, Zentren> ['tsɛntrʊm] *nt* merkez; **im ~ des öffentlichen Interesses stehen** herkesin ilgisini üstünde toplamak; **sie wohnt im ~** merkezde oturuyor
Zeppelin <-s, -e> ['tsɛpəli:n] *m* zeplin
Zepter <-s, -> ['tsɛptɐ] *m o nt* hükümdar asası; **das ~ schwingen** (*fam*) hüküm sürmek
zerbeißen* [tsɛɐ-] *irr vt* ısırıp parçalamak
Zerberus *m* zebani
zerbeulen* *vt* ezmek
zerbissen *pp von* **zerbeißen**
zerbomben* *vt* bombalamak
zerbrechen* *irr* **I.** *vt* kırmak; (*zerstören*) kırıp dökmek; **sich** *dat* **den Kopf ~** (*fam*) kafa yormak [*o* patlatmak] **II.** *vi sein* ❶ (*entzweibrechen*) kırılmak; **Der zerbrochene Krug** LIT (*Heinrich v. Kleist*) Kırık Testi ❷ (*scheitern*) yıkılmak
zerbrechlich *adj* ❶ kırılgan, kolay ve çabuk kırılan ❷ (*fig: Mensch*) çıtkırıldım
Zerbrechlichkeit *f kein pl* ❶ kırılganlık ❷ (*fig: Zartheit*) çıtkırıldımlık
zerbrochen *pp von* **zerbrechen**
zerbröckeln* **I.** *vi sein* (*Mauer, Gestein*) parçalanmak; (*Brot*) ufalanmak **II.** *vt* parçalamak; (*Brot*) ufalamak
zerdrücken* *vt* ❶ (*zerquetschen*) ezmek ❷ (*fam: zerknittern*) buruşturmak
Zeremonie <-n> [tseremo'ni:, tsere'mo:niə] *f* tören, merasim; (*Begrüßungs~*) teşrifat, resmikabul, kabul töreni
zeremoniell [tseremo'njɛl] *adj* (*feierlich*) törensel, törenli; (*förmlich*) resmî
Zeremoniell <-s, -e> [tseremo'njɛl] *nt* teşrifat, seremoni; (*Protokoll*) protokol; **der Empfang erfolg nach einem strengen ~** kabul, protokole sıkı sıkıya uyularak yapılır
Zerfall <-(e)s> *m kein pl* çökme, çöküş; (*von Gebäuden*) yıkılma; PHYS parçalanma; CHEM ayrışma
zerfallen* *irr vi sein* ❶ (*Gebäude*) yıkılmak; **zu Staub ~** toz olmak ❷ (*Reich, Kultur*) çökmek ❸ PHYS parçalanmak; CHEM ayrışmak ❹ (*sich gliedern*) **in etw ~** bir şeye bölünmek
Zerfallsprozess^RR *m* parçalanma süreci
zerfetzen* *vt* parça parça etmek, paramparça etmek, paçavraya döndürmek; (*Körper*) parçalamak
zerfleischen* *vt* parçalamak, paralamak, paramparça etmek
zerfließen* *irr vi sein* ❶ (*schmelzen*) erimek; (*vor Mitleid*) içi erimek ❷ (*Farbe*) akmak; **in Tränen ~** (*fig*) göz yaşlarına boğulmak, hüngür hüngür ağlamak
zerflossen *pp von* **zerfließen**
zerfranst [tsɛɐ'franst] *adj* lime lime
zerfressen* *irr vt* ❶ (*Würmer, Motten*) yemek ❷ (*Rost*) aşındırmak
zergangen *pp von* **zergehen**
zergehen* *irr vi sein* erimek, eriyip gitmek; **auf der Zunge ~** ağzında âdeta erimek
zergliedern* *vt* ❶ parçalara ayırmak ❷ (*analysieren*) analiz etmek, çözümlemek
zerkauen* *vt* çiğneyerek parçalamak
zerkleinern* *vt* (*in Stücke*) ufalamak, çok küçük parçalara ayırmak; (*zermahlen*) ufalamak, öğütmek
zerknirscht *adj* (*reuig*) pişman
zerknittern* *vt* (*Kleid*) buruşturmak
zerknüllen* *vt* kırıştırmak
zerkochen* **I.** *vi sein* fazla pişmek **II.** *vt* fazla pişirmek
zerkratzen* *vt* (*Dinge, Haut*) çizmek; **die Katze hat mir die Hand zerkratzt** kedi elimi tırmaladı
zerkrümeln* **I.** *vi sein* ufalanmak **II.** *vt* un ufak etmek
zerlassen* *irr vt* GASTR eritmek
zerlaufen* *irr vi sein* erimek
zerlegen* *vt* ❶ (*Maschine, Möbel*) sökmek; **etw in seine Einzelteile ~** bir şeyi parçalarına ayırmak ❷ (*Fleisch*) dilimlemek ❸ CHEM çözümlemek, analiz etmek ❹ LING analiz etmek
Zerlegung <-en> *f* ❶ (*von Maschinen, Möbeln*) sökme; (*zur Verschrottung*) parçalama ❷ (*von Fleisch*) dilimleme ❸ CHEM

çözümleme, analiz ❹ LING analiz
zerlumpt *adj* hırpani, pejmürde
zermahlen* [tsɛɐ'maːlən] *vt* öğütmek
zermalmen* [tsɛɐ'malmən] *vt* ezmek, ezip parçalamak
zermürben* *vt* (*körperlich*) yıpratmak, pestilini çıkarmak (-in); (*seelisch*) direncini kırmak (-in)
zerpflücken* *vt* ❶ teker teker koparmak ❷ (*fig: ein Thema*) didiklemek, didik didik incelemek
zerquetschen* *vt* ezmek, çiğnemek
Zerrbild ['tsɛrbɪlt] *nt* bozuntu
zerreden* *vt* konuşa konuşa mahvetmek
zerreiben* *irr vt* ezmek; (*fig*) ezerek yok etmek
zerreißen* *irr* **I.** *vi sein* yırtılmak; (*Seil, Faden*) kopmak **II.** *vt* yırtmak; (*in Stücke*) parçalamak, paralamak; (*Seil, Faden*) koparmak; **jdm das Herz ~** birinin yüreğini parçalamak; **ich könnte ihn in der Luft ~** (*fig fam*) onu bir kaşık suda boğabilirim; **es hat uns fast zerrissen** (*fam*) az kalsın bizim aramızı açacaktı
Zerreißprobe *f* TECH yırtma denemesi, koparma denemesi; (*fig*) son derece zorlanma, aşırı yüklenme
zerren ['tsɛrən] **I.** *vi* çekiştirmek (**an** -i); **das zerrt an meinen Nerven** bu sinirime dokunuyor **II.** *vt* ❶ (*schleppen*) sürüklemek; **jdn aus dem Wagen ~** birini arabadan çekip çıkarmak ❷ (*überdehnen*) **sich** *dat* **etw ~** bir yerini fazla germek
zerrieben *pp von* **zerreiben**
zerrinnen* *irr vi sein* (*geh*) ❶ (*Schnee*) eriyip gitmek ❷ (*Traum, Hoffnung*) yok olmak; (*Zeit*) geçip gitmek; **wie gewonnen, so zerronnen** (*prov*) haydan gelen huya gider, sel ile gelen yel ile gider
zerrissen [tsɛɐ'rɪsən] **I.** *pp von* **zerreißen** **II.** *adj* yırtık; (*Menschen*) araları açık
zerronnen *pp von* **zerrinnen**
zerrütten* [tsɛɐ'rʏtən] *vt* (*Gesundheit*) sarsmak; (*Finanzen*) sarsmak; (*Nerven, Ordnung*) bozmak
zerschellen* [tsɛɐ'ʃɛlən] *vi sein* çarparak parçalanmak (**an** -e)
zerschlagen[1] **I.** *pp von* **zerschlagen**[2] **II.** *adj* kırılmış, parça parça; (*körperlich*) bitkin
zerschlagen*[2] *irr* **I.** *vt* (*zerbrechen*) kırmak, kırıp dökmek; (*zerstören*) yıkmak, yok etmek, imha etmek **II.** *vr* ■ **sich ~** suya düşmek
Zerschlagenheit *f kein pl* bitkinlik
zerschlissen [tsɛɐ'ʃlɪsən] *adj* aşınmış, yıpranmış
zerschmettern* *vt* paramparça etmek; (*Körperteil*) kırmak
zerschneiden* *irr vt* kesmek; (*in Stücke*) parça parça kesmek
zerschnitten *pp von* **zerschneiden**
zersetzen* **I.** *vt* ❶ (*auflösen*) ayrıştırmak, çözündürmek ❷ (*untergraben*) el altından yavaş yavaş çökertmek, içinden yıkmak; (*sittlich*) bozmak **II.** *vr* ■ **sich ~** ayrışmak, bozulmak
Zersetzung *f* CHEM ayrışım; (*das Sichzersetzen*) ayrışma; (*das Zersetzen*) ayrıştırma; PHYS çözünme; **chemische ~ von Elektrolyten** elektrolitlerin kimyasal ayrışması
zerspalten* *irr vt* yarmak; (*Partei*) parçalamak
zersplittern* **I.** *vi sein* (*Fensterscheibe*) tuzla buz olmak; (*Knochen, Holz*) yarılmak; (*fig*) parçalanmak, parçalara bölünmek; (*sich verteilen*) dağılmak; (*Partei*) büyük partiden kopup ayrılmak **II.** *vt* (*Holz*) yarmak
zerspringen* *irr vi sein* çatlamak, yarılmak; (*zerbrechen*) kırılmak; (*zerreißen*) kopmak; (*in einzelne Stücke*) paramparça olmak
zersprungen *pp von* **zerspringen**
zerstampfen* *vt* ❶ (*zerkleinern*) vura vura ezmek; (*im Mörser*) dövmek ❷ (*zertreten*) ayakla basarak ezmek
zerstäuben* [tsɛɐ'ʃtɔɪbən] *vt* sıkmak; (*Flüssigkeit*) püskürtmek
Zerstäuber <-s, -> *m* fısfıs, püskürtücü; (*von Flüssigkeit*) püskürteç, pülverizatör
zerstechen* *irr vt* ❶ (*Insekten*) sokmak ❷ (*Reifen*) delmek
zerstochen *pp von* **zerstechen**
zerstören* *vt* yıkmak, kırıp dökmek, tahrip etmek
Zerstörer *m* MIL muhrip, destroyer
zerstörerisch *adj* yıkıcı, tahripkâr
Zerstörung <-en> *f* yıkma, yıkım, kırıp dökme, tahrip etme **Zerstörungskraft** *f kein pl* yıkım gücü; **die ~ von Kernwaffen** nükleer silahların yıkım gücü **Zerstörungswut** *f kein pl* yıkıcılık, vandallık
zerstreuen* **I.** *vt* ❶ (*auseinandertreiben*) dağıtmak; (*Bedenken*) bırakmamak ❷ (*verstreuen*) yaymak, saçmak **II.** *vr* ■ **sich ~** ❶ (*Menschenmenge*) dağılmak; (*Bedenken*) kalmamak ❷ (*sich unterhalten*) eğlenmek, oyalanmak
zerstreut [tsɛɐ'ʃtrɔɪt] *adj* (*Person*) dalgın, gafil
Zerstreutheit *f kein pl* dalgınlık, gaflet
Zerstreuung[1] *f kein pl* ❶ (*einer Menschenmenge*) dağıtma; (*eines Verdachts*) bırakmama ❷ (*Zerstreutheit*) dalgınlık

Z

❸ (*Diaspora*) kopuntu, diaspora
Zerstreuung[2] <-en> *f* (*Unterhaltung*) değişiklik
Zerstreuungslinse <-n> *f* PHYS ıraksak mercek
zerstückeln* [tsɛɐˈʃtʏkəln] *vt* parçalara bölmek, taksim etmek
zerteilen* *vt* bölmek (**in** -e); (*in Stücke*) parçalara bölmek, taksim etmek
Zertifikat <-(e)s, -e> [tsɛrtifiˈkaːt] *nt* sertifika, belge
zertrennen* *vt* sökmek
zertreten* *irr vt* çiğnemek, ayak altına alarak ezmek
zertrümmern* *vt* harabe haline getirmek, kırıp dökmek; (*fig: Fensterscheibe, Schädel*) kırmak
zerwühlen* *vt* (*Bett*) altüst etmek; (*Boden*) eşelemek; (*Haar*) didik didik etmek; **zerwühltes Haar** didik didik saçlar
zerzausen* [tsɛɐˈtsaʊzən] *vt* darmadağın etmek
zetern [ˈtseːtɐn] *vi* (*pej*) yaygara koparmak, yaygarayı basmak
Zettel <-s, -> [ˈtsɛtəl] *m* kâğıt (parçası); (*Notiz*) not; (*Kassen~*) fiş; (*Stimm~*) pusula **Zettelkasten** *m* kartotek
Zeug <-(e)s> [tsɔɪk] *nt kein pl* (*fam: Sachen*) eşya, şeyler *pl;* (*wertlose Dinge*) ıvır zıvır, pılı pırtı; **unnützes ~** gereksiz eşya; **red kein dummes ~!** (*fam*) saçma sapan konuşma!; **das ~ zu etw** *dat* **haben** (*fam*) bir şey için gerekli her şeye sahip olmak; **was das ~ hält** (*fam*) var gücüyle, alabildiğine; **sich für jdn ins ~ legen** (*fam*) birini desteklemek
Zeuge(in) <-n, -n; -nen> [ˈtsɔɪgə] *m(f)* tanık, şahit; **vor ~n** tanıkların önünde
zeugen [ˈtsɔɪgən] **I.** *vi* ❶ (*fig: erkennen lassen*) **von etw** *dat* **~** bir şey olduğunu göstermek, bir şeyi belli etmek; **sein Verhalten zeugt von Ehrlichkeit/Großzügigkeit** davranışı samimi/cömert olduğunu gösteriyor, davranışı samimiliğini/cömertliğini belli ediyor ❷ (*als Zeuge aussagen*) tanıklık etmek (**für** lehte, **gegen** aleyhte) **II.** *vt* (*er~*) üretmek; (*Kind*) (çocuk) yapmak; (*verursachen*) sebep olmak (-e), sebebiyet vermek (-e)
Zeugenaussage *f* tanık ifadesi, tanıklık (etme), şahitlik (etme), şahadet (etme); **(s)eine ~ machen** tanık olarak ifade(sini) vermek, tanıklık etmek **Zeugenstand** <-(e)s> *m kein pl* **in den ~ treten** tanıklık etmek (için mahkeme huzuruna çıkmak) **Zeugenvernehmung** *f* tanık(ların) dinlenmesi

Zeugnis <-ses, -se> [ˈtsɔɪknɪs] *nt* ❶ (*Schul~*) karne *pl;* (*Arbeits~*) bonservis; **jdm ein ~ ausstellen/schreiben** birine bonservis düzenlemek/yazmak ❷ (*Gutachten*) rapor; **ein amtliches/ärztliches ~** resmî/tıbbî rapor ❸ (*geh: Zeichen*) işaret, alamet; (*Beweis*) kanıt, delil ❹ (*Zeugenaussage*) tanıklık, şahitlik, şahadet
Zeugnisverweigerungsrecht *nt* JUR tanıklıktan çekinme hakkı
Zeugung <-en> *f* çocuk yapma **zeugungsfähig** *adj* çocuk yapma yeteneğine sahip **zeugungsunfähig** *adj* kısır
z. H(d). *Abk von* **zu Händen von** -in eline, -e verilmek üzere
Zicke <-n> [ˈtsɪkə] *f* ❶ (*weibliche Ziege*) dişi keçi ❷ (*Frau*) **eine dumme/eingebildete ~** aptal/kendini beğenmiş karı ❸ *pl* (*fam: Dummheiten*) **~n machen** (*Unsinn*) yaramazlık etmek
zickig *adj* (*pej fam*) huysuz, kaprisli
Zicklein *nt* oğlak
Zickzack <-(e)s, -e> [ˈtsɪktsak] *m* zikzak; (**im**) **~ laufen** zikzak gitmek **Zickzacknaht** *f* zikzak dikişi
Ziege <-n> [ˈtsiːgə] *f* ❶ (*Tier*) keçi ❷ (*pej fam: Frau*) karı; **du dumme ~!** aptal karı!
Ziegel <-s, -> [ˈtsiːgəl] *m* ❶ (*Backstein*) tuğla ❷ (*Dach~*) kiremit; (*Mauer~*) tuğla **Ziegeldach** *nt* kiremitli çatı
Ziegelei <-en> [tsiːgəˈlaɪ] *f* kiremit fabrikası, tuğla harmanı
Ziegelstein *m* tuğla
Ziegenbart *m* ❶ (*Bart des Ziegenbockes*) tekenin sakalı ❷ (*fam: Spitzbart*) keçi sakal **Ziegenbock** *m* teke, erkeç **Ziegenkäse** *m* beyaz peynir, keçi sütünden yapılmış peynir **Ziegenleder** *nt* keçi derisi **Ziegenmelker** *m* ZOOL çobanaldatan **Ziegenmilch** *f* keçi sütü **Ziegenpeter** <-s, -> [-peːtɐ] *m* (*fam: Mumps*) kabakulak
ziehen <zieht, zog, gezogen> [ˈtsiːən] **I.** *vt* ❶ (*allgemein*) çekmek (**an** -den); (*zerren*) çekmek, sürüklemek; (*Anhänger*) çekmek; (*dehnen*) uzatmak; **jdn am Ärmel ~** birini kolundan çekmek; **jdn auf seine Seite ~** birini kendinden yana çekmek; **etw nach sich** *dat* **~** (*fig*) bir şeyi peşinden sürüklemek, bir şeye yol açmak; **alle Blicke/die Aufmerksamkeit auf sich ~** herkesin bakışını/dikkatini üstüne çekmek; **etw ins Komische/Lächerliche ~** bir şeyi komikleştirmek/gülünçleştirmek; **Saiten auf ein Instrument ~** bir çalgıya tel takmak; **der Honig zieht Fäden** bal iplik iplik oluyor ❷ (*heraus~*) çekip çıkarmak (**aus** -den); (*Wurzeln*) çı-

karmak (**aus** -den); **Zigaretten ~** (otomattan) sigara çekmek; **Fäden ~** iplikleri çekmek [*o* almak]; **aus dem Verkehr ~** (*Auto*) trafik kaydını silmek (-in); (*Geld*) tedavülden kaldırmak; **einen Vorteil aus etw** *dat* **~** bir şeyden çıkar sağlamak ❸ (*heran~*) çekmek (**an/auf** -e/-e); **das Boot ans Ufer ~** tekneyi kıyıya çekmek; **mich zieht überhaupt nichts nach Schweden** İsveç beni hiç çekmiyor; **es zieht mich nach Hause/in die Ferne** canım eve/uzaklara gitmek istiyor ❹ (*Linie*) çekmek; **sich** *dat* **einen Scheitel ~** saçını ayırmak ❺ (*Graben, Grenze*) çekmek; (*Mauer, Zaun*) çekmek ❻ (*Pflanzen, Tiere*) yetiştirmek; (*Kerzen*) yapmak ❼ MATH almak; **die Wurzel aus einer Zahl ~** bir sayının karekökünü almak ❽ (*im Kartenspiel*) çekmek ❾ FIN (*Wechsel*) keşide etmek; **ein gezogener Wechsel** keşide edilmiş bir poliçe ❿ (*füllen*) doldurmak; **Wein auf Flaschen ~** şarabı şişelere doldurmak **II.** *vi* ❶ *a.* AUTO çekmek; **an etw** *dat* **~** bir şeyi tutup çekmek; **das Auto/der Kamin zieht gut** (*fam*) araba/baca iyi çekiyor; **er zog an seiner Pfeife** piposunu tüttürdü; **lass mich mal ~** (*an der Zigarette*) bırak bir fırt çekeyim ❷ *sein* (*um~*) taşınmak (**nach/in/auf** -e); (*zu jdm*) -e (**zu** -e); **ich ziehe nach Aachen** Aachen'e taşınıyorum; **sie ~ aufs Land** şehrin dışına taşınıyor ❸ *sein* (*gehen, wandern*) gitmek (**zu/nach** -e/-e); (*durchqueren*) geçmek (**durch** -den); (*Vögel*) göç etmek; **in den Krieg ~** savaşa gitmek; **die Jahre zogen ins Land** aradan yıllar geçti; **einen ~ lassen** (*fam: furzen*) osurmak, yellenmek ❹ (*im Spiel*) sürmek, hamle yapmak; **mit dem Turm ~** kaleyi sürmek ❺ (*Tee*) demlenmek; **den Tee zwei bis drei Minuten ~ lassen** çayı iki üç dakika demlemek [*o* demlendirmek] ❻ (*fig fam: Wirkung haben*) sökmek, geçmek, etki yapmak; **das zieht bei mir nicht** bu bana sökmez; **dieser Trick zieht immer** bu oyun her zaman söker ❼ (*schmerzen*) sızlamak **III.** *vr* ▪ **sich ~** ❶ (*sich erstrecken*) uzanmak; (*vorhanden sein*) olmak; **dieses Thema zieht sich durch das ganze Buch** bu konu bütün kitap boyunca uzar gider ❷ (*sich ver~*) çekilmek ❸ (*fam: dauern*) uzamak, sürmek **IV.** *vi unpers* (*Luftzug*) cereyan [*o* kurander] yapmak; **es zieht!** cereyan [*o* kurander] yapıyor!

Ziehen <-s> *nt kein pl* ❶ (*eines Wagens, Anhängers*) çekme ❷ (*eines Zahnes*) çekme ❸ (*von Pflanzen*) yetiştirme ❹ (*Schmerz*) sızı

Ziehharmonika *f* akordeon

Ziehung <-en> *f* çekiliş

Ziel <-(e)s, -e> [tsi:l] *nt* ❶ (*Reise~*) hedef; **am ~ seiner Träume sein** emeline erişmiş olmak ❷ SPORT finiş, varış; **ins ~ kommen** finişe varmak ❸ (*beim Schießen*) hedef; **ins ~ treffen** hedefi bulmak; **das ~ verfehlen** ıskalamak, hedefi tutturamamak, hedefe isabet etmemek; **über das ~ hinausschießen** (*fam*) haddini aşmak ❹ (*Zweck*) amaç, gaye; (*Absicht*) maksat

Zieladresse *f a.* INFORM hedef adres **zielbewusst**[RR] *adj* azimli

zielen *vi* ❶ (*Mensch*) nişan almak (**auf** -e) ❷ (*Bemerkung*) hedef almak (**auf** -i); **er zielte mit seiner Kritik auf die Missstände** eleştirisi yolsuzlukları hedef alıyordu ❸ (*zum Ziel haben*) yönelmek (**auf** -e), hedef almak (**auf** -i)

Zielfernrohr *nt* nişan dürbünü; **Gewehr mit ~** dürbünlü tüfek **Zielfoto** *nt* SPORT fotofiniş **Zielgerade** *f* SPORT finiş **zielgerichtet** *adj* amaçlı **Zielgruppe** *f* hedef kitle **Ziellinie** *f* SPORT varış çizgisi

ziellos *adj* amaçsız, gayesiz

Ziellosigkeit *f kein pl* amaçsızlık, gayesizlik

Zielscheibe *f* hedef, nişangâh; **zur ~ werden** (*fig*) hedef olmak **Zielsetzung** <-en> *f* hedef, amaç **zielsicher** *adj* ❶ (*Person*) nişancı, attığını vuran ❷ (*ohne zu zögern*) tereddütsüz, duraksamasız **Zielsprache** <-n> *f* LING hedef dil

zielstrebig **I.** *adj* azimli; (*ausdauernd*) direşken, sebatlı, sebatkâr **II.** *adv* azimle

Zielstrebigkeit *f kein pl* azim, direşkenlik, sebat

ziemlich ['tsi:mlɪç] **I.** *adj* oldukça; (*beträchtlich*) epey **II.** *adv* ❶ (*recht viel*) oldukça; **~ gut/lange** oldukça iyi/uzun; **~ viel** epey(ce), bir hayli ❷ (*fam: beinahe*) ner(e)deyse; **so ~ alles** ner(e)deyse hepsi

Zierde <-n> ['tsi:ɐdə] *f* süs; **als ~** süs olarak

zieren ['tsi:rən] **I.** *vt* (*geh*) süslemek **II.** *vr* ▪ **sich ~** (*pej*) nazlanmak; **er zierte sich nicht lange** fazla nazlanmadı

Ziererei <-en> *f* (*pej*) nazlanma

Zierfisch ['tsi:ɐ-] *m* süs [*o* akvaryum] balığı **Ziergarten** *m* süs bahçesi **Zierleiste** *f* ❶ (*an Möbeln*) tiriz, çıta; AUTO çıta ❷ TYPO süs çizgisi

zierlich *adj* zarif; (*fein*) ince, narin; **ein ~es Mädchen** narin bir kız; **ein ~ gebautes Mädchen** zarif yapılı bir kız

Zierlichkeit *f kein pl* zariflik, zarafet, incelik, narinlik

Ziernaht *f* süsleyici dikiş

Zierpflanze *f* süs bitkisi **Zierstich** *m* piko; **die Decke mit einem ~ versehen** örtüye piko çekmek **Ziervogel** *m* kafes kuşu

Ziffer <-n> ['tsɪfɐ] *f* rakam; (*Zahl*) sayı; **römische/arabische ~n** Roma/Arap rakamları **Zifferblatt** *nt* kadran, mine

zig [tsɪç] *adj inv* (*fam*) bir sürü, pek çok

Zigarette <-n> [tsiga'rɛtə] *f* sigara; **eine ~ rauchen** sigara içmek; **selbst gedrehte ~** sarma sigara; **sich** *dat* **eine ~ drehen** kendine bir sigara sarmak **Zigarettenautomat** *m* sigara otomatı **Zigarettenetui** *nt* tabaka, sigaralık **Zigarettenpapier** *nt* sigara kâğıdı **Zigarettenpause** *f* (*fam*) sigara molası **Zigarettenqualm** <-(e)s> *m kein pl,* **Zigarettenrauch** <-(e)s> *m kein pl* sigara dumanı **Zigarettenschachtel** *f* sigara paketi, sigara kutusu **Zigarettenspitze** *f* sigara ağızlığı **Zigarettenstummel** *m* izmarit **Zigarettentabak** *m* sigara tütünü

Zigarillo <-s, -s> [tsiga'rɪlo] *m o nt* küçük puro, ince puro

Zigarre <-n> [tsi'garə] *f* puro, sigar

Zigeuner(in) <-s, -; -nen> [tsi'gɔɪnɐ] *m(f)* Çingene, Çigan **Zigeunerleben** *nt kein pl* (*fig fam*) Çingene hayatı **Zigeunermusik** *f* Çigan müziği **Zigeunerschnitzel** <-s, -> *nt* GASTR *içinde dilimlenmiş dolmalık biber, soğan, domates vb. bulunduğu sosla hazırlanmış şnitzel*

zigmal ['tsɪçma:l] *adv* (*fam*) defalarca

Zikade <-n> [tsi'ka:də] *f* ZOOL ağustos böceği

Zimmer <-s, -> ['tsɪmɐ] *nt* oda; **~ frei** boş odamız var; **~ zu vermieten** kiralık oda; **~ mit Frühstück** kahvaltılı oda **Zimmerantenne** *f* dahilî anten **Zimmerdecke** *f* odanın tavanı **Zimmerkellner(in)** *m(f)* oda servisi yapan garson **Zimmerlautstärke** *f kein pl* **das Radio auf ~ stellen** radyonun sesini dışarıdan duyulmayacak kadar açmak [*o* kısmak] **Zimmermädchen** *nt* oda hizmetçisi

Zimmermann <-(e)s, -leute> *m* dülger, doğramacı, marangoz

zimmern ['tsɪmɐn] **I.** *vi* **an etw** *dat* **~** bir şeyin ağaç işlerini yapmak **II.** *vt* ağaçtan yapmak; **einen Tisch/Sarg ~** ağaçtan bir masa/tabut yapmak; **sich ein neues Leben ~** (*fig*) kendine yeni bir yaşam kurmak, yaşamına yeni bir düzene vermek

Zimmernummer *f* oda numarası

Zimmerpflanze *f* ev bitkisi **Zimmertemperatur** *f* oda sıcaklığı **Zimmertheater** *nt* oda tiyatrosu **Zimmervermittlung** *f* oda (bulma) servisi

zimperlich ['tsɪmpɐlɪç] *adj* (*pej*) titiz; (*überempfindlich*) aşırı hassas; (*geziert*) nazenin, pek nazlı; **ein ~es Getue** cilveler *pl,* nazlanmalar *pl,* kırıtmalar *pl*

Zimt <-(e)s, -e> [tsɪmt] *m* tarçın

Zink <-(e)s> [tsɪŋk] *nt kein pl* CHEM çinko

Zinke <-n> ['tsɪŋkə] *f* (*von Kamm, Gabel*) diş; (*am Ende eines Brettes*) kırlangıç kuyruğu

zinken *vt* (*sl*) işaretlemek

Zinn <-(e)s> [tsɪn] *nt kein pl* ❶ CHEM kalay ❷ (*~geschirr*) kalay kap çanak

zinne(r)n ['tsɪnən, 'tsɪnɐn] *adj* kalaylı

Zinnkraut *nt* BOT atkuyruğu

Zinnober[1] <-s> [tsɪ'no:bɐ] *m kein pl* (*pej fam: Unsinn*) saçma, zırva; (*Zeug*) ıvır zıvır

Zinnober[2] <-s, -> *m* (*Mineral*) zincifre

zinnoberrot *adj* zincifre kırmızısı

Zinnsoldat *m* kalaydan oyuncak asker

Zins <-es, -en> [tsɪns] *m* ❶ (*Verzinsung*) faiz; **~en bringen** faiz getirmek; **jdm etw mit ~ und Zinseszins heimzahlen** (*fig*) birine bir şeyi faiziyle [*o* fazlasıyla] ödetmek, birinden bir şeyin acısını kat kat çıkarmak ❷ SÜDD, SCHWEIZ, ÖSTERR (*Miete*) kira

Zinsertrag *m* faiz geliri

Zinseszins ['tsɪnzəs-] *m* bileşik faiz

zinslos *adj* faizsiz

Zinssatz <-es, -sätze> *m* faiz oranı

Zionismus <-> *m kein pl* siyonizm

Zipfel <-s, -> ['tsɪpfəl] *m* ❶ (*Ende*) uç ❷ püskül **Zipfelmütze** *f* ❶ püsküllü takke ❷ yana yatık sivri uçlu takke

zippen *vt* INFORM (*Daten*) sıkıştırmak

zirka ['tsɪrka] *adv* aşağı yukarı, yaklaşık olarak; **~ ein km** aşağı yukarı bir kilometre; **in ~ zwei Wochen** aşağı yukarı iki hafta içinde

Zirkel <-s, -> ['tsɪrkəl] *m* ❶ (*Gerät*) pergel; **mit dem ~ einen Bogen beschreiben** pergelle bir yay çizmek ❷ (*Kreis, Gruppe*) çember

Zirkon [tsɪr'kon] *m* zirkon

Zirkonium <-s> [tsɪr'ko:niʊm] *nt kein pl* CHEM zirkonyum

zirkulieren* [tsɪrku'li:rən] *vi haben o sein* dolaşmak

Zirkumflex *m* LING düzeltme işareti, şapka (işareti)

Zirkus[1] <-, -se> ['tsɪrkʊs] *m* sirk

Zirkus[2] <-> *m kein pl* (*pej fam: Durcheinander*) hengâme, gürültü patırtı; (*Aufregung*) telaş; (*großes Aufheben*) tantana; **mach doch nicht solchen ~!** bu kadar da gürültü patırtı yapma!, bu kadar da tantana yapma!

Zirkusnummer *f* sirk numarası

Zirkuszelt *nt* sirk çadırı

zirpen ['tsɪrpən] *vi* (*Grillen*) cırıldamak

Zirrhose *f* MED siroz

Zirrus *m,* **Zirruswolke** *f* METEO sirrus, saçak bulut

zisch [tsɪʃ] *interj* tıs

zischen ['tsɪʃən] *vi* (*Schlange, Gans*) tıslamak; (*Mensch*) ıslıklamak; **heute Abend ~ wir (uns) einen** (*fig fam*) bu akşam bir ıslatalım

Zischlaut *m* LING ıslıklı ünsüz

Zisterne <-n> [tsɪs'tɛrnə] *f* sarnıç

Zitat <-(e)s, -e> [tsi'ta:t] *nt* alıntı

Zither <-n> ['tsɪtɐ] *f* MUS zither

zitieren* [tsi'ti:rən] *vt* alıntılamak (**aus** -den); **jdn zu sich** *dat* ~ birini yanına çağırmak

Zitrone <-n> [tsi'tro:nə] *f* limon; **heiße ~** sıcak limonata **Zitronenbaum** *m* limon ağacı

zitronengelb *adj* limon sarısı

Zitronensaft *m* limon suyu **Zitronensäure** *f kein pl* sitrik asit **Zitronenschale** *f* limon kabuğu

Zitrusfrucht ['tsi:trʊs-] *f* BOT turunçgil(ler) *(pl),* narenciye

Zitteraal *m* ZOOL elektrikli yılan balığı **Zittergras** *nt kein pl* BOT zembil otu

zitterig ['tsɪt(ə)rɪç] *adj* titrek

zittern ['tsɪtɐn] *vi* titremek (**vor** -den); (*vibrieren*) titremek; **vor Angst ~** korkudan (tir tir) titremek; **vor Kälte ~** soğuktan (zangır zangır) titremek

Zitterpappel *f* BOT (*Populus tremula*) titrek kavak; (*Espe*) acı kavak **Zitterrochen** *m* ZOOL uyuşturan balığı; (*Torpedofisch*) torpil balığı

zittrig *adj* titrek

Zitze <-n> ['tsɪtsə] *f* meme ucu, meme başı

Zivi <-(s), -s> ['tsi:vi] *m* (*fam*) ❶ *Abk von* **Zivildienstleistende(r)** sivil hizmet gören (kimse) (*silahlı askerlik yapmayı reddedip yerine sağlık ve sosyal yardım hizmetlerinde görev yapan kimse*) ❷ *Abk von* **Zivilpolizist(in)** sivil (polis)

zivil [tsi'vi:l] *adj* ❶ (*nicht militärisch*) sivil; (*bürgerlich*) medeni, sivil; **~er Bevölkerungsschutz** sivil halkın korunması ❷ (*angemessen*) uygun

Zivil <-s> [tsi'vi:l] *nt kein pl* **in ~** sivil **Zivilbevölkerung** *f kein pl* sivil halk **Zivilcourage** *f kein pl* medeni cesaret

Zivildienst <-(e)s> *m kein pl* sivil hizmet (*silahlı askerlik yapmayı reddedip yerine sağlık ve sosyal yardım hizmetlerinde görev yapma*)

Zivildienstleistende(r) <-n, -n> *m* sivil hizmet gören (kimse) (*silahlı askerlik yapmayı reddedip yerine sağlık ve sosyal yardım hizmetlerinde görev yapan kimse*)

Zivilfahnder(in) <-s, -; -nen> *m(f)* sivil polis, polis hafiyesi, detektif **Zivilgericht** *nt* hukuk mahkemesi

Zivilisation <-en> [tsiviliza'tsjo:n] *f* uygarlık, medeniyet **Zivilisationskrankheit** *f* uygarlığın yol açtığı hastalık

zivilisieren* [tsivili'zi:rən] *vt* uygarlaştırmak, medenileştirmek

Zivilist(in) <-en, -en; -nen> [tsivi'lɪst] *m(f)* sivil

Zivilkleidung <-en> *f* sivil (kıyafet) **Zivilperson** *f* sivil (kişi) **Zivilprozess**[RR] *m* JUR hukuk yargılaması **Zivilrecht** <-(e)s> *nt kein pl* JUR medeni hukuk **Zivilschutz** *m kein pl* sivil savunma, sivil halkın korunması

Zobel <-s, -> *m* ❶ ZOOL samur ❷ (*dessen Pelz*) samur kürk

zocken ['tsɔkən] *vi* (*fam*) kumar oynamak

Zofe <-n> ['tso:fə] *f* özel hizmetçi

Zoff <-s> ['tsɔf] *m kein pl* (*fam: Zank*) geçimsizlik, çekişme; (*Streit*) kavga; **~ haben** kavgalı olmak

zog [tso:k] *3. imp von* **ziehen**

zögerlich ['tsø:gəlɪç] *adj* tereddütlü, duraksamalı, kararsız

zögern ['tsø:gɐn] *vi* tereddüt etmek (**zu** -de), duraksamak (**zu** -de); **ohne zu ~** hiç tereddüt etmeden

Zögling <-s, -e> ['tsø:klɪŋ] *m* yetiştirme; (*eines Internats*) yatılı okul öğrencisi

Zölibat <-(e)s> [tsøli'ba:t] *m o nt kein pl* REL (*katholisch*) zorunlu bekârlık

Zoll[1] <-(e)s, Zölle> [tsɔl, *pl* 'tsœlə] *m* (*Abgabe*) gümrük; **für etw ~ bezahlen** bir şey için gümrük ödemek

Zoll[2] <-(e)s> *m kein pl* (*Behörde*) gümrük; **durch den ~ kommen** gümrükten geçmek

Zoll[3] <-(e)s, -> *m* (*Längenmaß*) inç

Zollabfertigung *f* gümrükleme, gümrük muamelesi, gümrük işlem(ler)i *(pl)* **Zollamt** *nt* gümrük dairesi **Zollbeamte(r)(in)** *m(f)* gümrük memuru

zollen ['tsɔlən] *vt* (*geh*) **jdm Beifall ~** birini alkışlamak; **jdm Respekt ~** birine saygı göstermek; **jdm/etw** *dat* **(den nötigen) Tribut ~** (*fig*) bir kimseye/şeye (gereken) saygı(yı) göstermek

Zollerklärung *f* gümrük beyannamesi **Zollfahndung** *f* gümrük takibatı **zollfrei** *adj* gümrüksüz **Zollgebühren** *pl* gümrük resimleri *pl* **Zollgrenze** *f* gümrük sınırı **Zollgrenzschutz** *m* gümrük muhafaza **Zollkontrolle** *f* gümrük muayenesi

Zöllner(in) <-s, -; -nen> ['tsœlnɐ] *m(f)* (*fam*) gümrükçü

zollpflichtig *adj* gümrüklü
Zollschranke *f* gümrük geçiş maniası
Zollstock <-(e)s, -stöcke> *m* (katlanır) metre
Zollunion *f* gümrük birliği
Zölom *nt* ZOOL sölom
Zombie <-(s), -s> ['tsɔmbi] *m* zombi
Zone <-n> ['tso:nə] *f* bölge, kuşak
Zoo <-s, -s> [tso:] *m* hayvanat bahçesi
Zoologe(in) <-n, -n; -nen> *m(f)* zoolog
Zoologie [tsoolo'gi:] *f kein pl* zooloji
zoologisch *adj* zoolojik
Zoom <-s, -s> [zu:m] *nt* FILM, FOTO zum, optik kaydırma
zoomen ['zu:mən] **I.** *vt* FILM, FOTO zumlamak **II.** *vi* FILM, FOTO zum yapmak
Zopf <-(e)s, Zöpfe> [tsɔpf, *pl* 'tsœpfə] *m* ❶ (*Haar~*) örgü, belik; **einen ~ flechten** beliklemek ❷ (*Gebäck*) paskalya çöreği; **ein alter ~** (*fam*) geri kafalı
Zorn <-(e)s> [tsɔrn] *m kein pl* öfke, hiddet, gazap; **im ~** öfkeli; **in ~ geraten** öfkeye kapılmak; **jdn in ~ bringen** birini öfkelendirmek; **auf jdn einen ~ haben** birine öfkeli olmak
zornig *adj* öfkeli, hiddetli; **~ werden** öfkelenmek (**auf** -e); **auf jdn ~ sein** birine öfkeli olmak
Zote <-n> ['tso:tə] *f* (*pej*) açık saçık fıkra
z. T. *Abk von* **zum Teil** kısmen
zu [tsu:] **I.** *präp* ❶ (*Richtung, Lage, Verhältnis*) -de; **~ Hause** evde; **das Museum ~ Speyer** Speyer Müzesi; **Herzog ~ X** X arşidükü; **~ beiden Seiten** iki tarafta [*o* yanda]; **~ seiner Rechten** sağ tarafında; **sie kommt ~ mir** o bana geliyor; **er geht ~m Bahnhof/~r Post** istasyona/postaneye gidiyor; **es fiel ~ Boden** yere düştü; **~ jdm hinsehen** birine bakmak; **das Zimmer liegt ~r Straße hin** oda sokağa bakıyor ❷ (*hin~, da~*) **er setzte sich ~ den anderen** ötekilerin yanına oturdu; **nehmen Sie Wein ~m Essen?** yemeğin yanında şarap alır mısınız? ❸ (*zeitlich*) **~ jener Zeit** o zamanlar; **ich kündige ~m 1. Mai** 1 Mayıs'ta istifa ediyorum; **~ Anfang** başta; **~ Ostern/Weihnachten** Paskalya'da/Noel'de; **~m ersten Mal** ilk defa olarak; **~ Mittag/Abend essen** öğle/akşam yemeği yemek ❹ (*Preis, Menge, Häufigkeit*) **~m Teil** kısmen; **in Kisten ~ (je) hundert Stück** yüzerlik kasalarda; **~m halben Preis** yarı fiyatına; **das Kilo ~ drei Euro** kilosu üç eurodan ❺ (*Art und Weise*) **~ Recht** haklı olarak; **~ Fuß** yayan ❻ (*Zweck, Ziel*) **~m Glück** şansa; **~ allem Unglück** bütün şanssızlıkların üstüne; **ein Stift ~m Schreiben** yazmak için bir kalem; **~r Unterhaltung** eğlence için; **es ist ~m Weinen** ağlanacak durum; **etwas ~m Essen/Lesen mitnehmen** yanına yiyecek/okuyacak bir şey almak; **kommst du ~m Frühstück/Abendessen?** kahvaltıya/akşam yemeğine geliyor musun?; **jdm ~m Geburtstag gratulieren** birinin yaş gününü kutlamak ❼ (*Verhältnis*) **die Chancen stehen eins ~ zehn** bire on şans var; **eins ~ null für Galatasaray** Galatasaray için bir sıfır ❽ (*in Bezug auf*) ile ilgili olarak, hakkında, üzerine; **~ dieser Frage möchte ich Folgendes sagen: ...** bu sorun hakkında [*o* ile ilgili olarak] şunu söylemek isterim: ... ❾ (*Verwandlung*) **das Wasser wurde ~ Eis** sudan buz oldu **II.** *adv* ❶ (*allzu*) pek, fazla(sıyla); **~ sehr** pek çok, çok fazla; **~ viel** gereğinden [*o* yeterinden] fazla; (*übertrieben*) aşırı; **~ schnell** aşırı hızla ❷ (*Richtung*) -e doğru; **nach Süden ~** güneye doğru ❸ (*fam: geschlossen*) kapalı; **~ sein** (*geschlossen, verschlossen*) kapalı olmak; (*betrunken*) dut gibi olmak, sarhoş olmak ❹ (*zeitlich*) **ab und ~** arada sırada; **von Zeit ~ Zeit** zaman zaman **III.** *konj* ❶ (*mit Infinitiv*) **es ist schön, neue Leute kennen ~ lernen** yeni insanlar tanımak güzel oluyor; **es ist leicht ~ finden** onu bulmak kolaydır ❷ (*mit Partizip Präsens*) **die ~ erledigende Arbeit** bitirilmesi gereken iş
zuallererst [-'--'-] *adv* her şeyden önce
zuallerletzt [-'--'-] *adv* en son (olarak)
Zubehör <-(e)s, -e> ['tsu:bəhø:ɐ] *nt* ek parçalar *pl*, aksam; TECH, AUTO aksesuar
zu|beißen *irr vi* ısırmak
zu|bereiten* *vt* hazırlamak
Zubereitung <-en> *f* hazırlama
zu|billigen *vt* **jdm etw ~** birine bir şeyi tanımak; **den alten Kunden einen Preisnachlass ~** eski müşterilere fiyatta indirim yapmak
zu|binden *irr vt* (*Schuhe*) bağlamak; (*Augen*) bağlayarak kapamak
zu|blinzeln *vi* **jdm ~** birine göz kırpmak
zu|bringen *irr vt* ❶ (*verbringen*) geçirmek ❷ (*fam: schließen können*) kapayabilmek
Zubringer <-s, -> *m* AUTO ❶ (*Straße*) bağlantı yolu ❷ (*Verkehrsmittel*) taşıt ❸ (*Maschinenteil*) taşıyıcı **Zubringerdienst** *m* **~ zum Flughafen mit Bus** hava limanına otobüsle taşıma servisi
Zubrot *nt kein pl* katık; (*Nebenverdienst*) ek kazanç
Zucchino <-s, Zucchini> [tsʊ'ki:no, *pl* tsʊ'ki:ni] *m* sakız kabağı
Zucht <-en> [tsʊxt] *f* (*von Tieren, Pflan-*

zen) yetiştirme; (*von Bakterien*) üretme; **hier herrscht ~ und Ordnung** burada asayiş berkemaldir **Zuchtbulle** *m* boğa (*damızlık erkek sığır*)
züchten ['tsʏçtən] *vt* (*Tiere, Pflanzen*) yetiştirmek, üretmek; (*Bakterien*) üretmek
Züchter(in) <-s, -; -nen> *m(f)* yetiştirici; (*Rosen~*) üretici
Zuchthaus[1] <-es, -häuser> *nt* (*Gebäude*) ceza evi, hapishane
Zuchthaus[2] <-es> *nt kein pl* (*~strafe*) ağır hapis; **er hat 3 Jahre ~ bekommen** 3 yıl ağır hapis yedi
Zuchthengst *m* aygır, damızlık erkek at
züchtigen ['tsʏçtɪgən] *vt* (*geh*) uslandırmak, terbiye etmek, tedip etmek
Züchtigung <-en> *f* (*geh*) uslandırma, terbiye etme, tedip; **körperliche ~** dayak
Zuchtperle *f* kültür incisi **Zuchttier** *nt* (*männlich*) damızlık erkek hayvan; (*weiblich*) damızlık dişi hayvan, maya
Züchtung <-en> *f* yetiştirme
zucken ['tsʊkən] **I.** *vi* ❶ (*zusammenfahren*) büzülmek, kasılmak; (*vor Schreck*) irkilmek; (*Muskel*) seğirmek, irade dışı hareket etmek; **mit den Achseln ~** omuz silkmek; **ohne mit der Wimper zu ~** (*fig*) gözünü kırpmadan ❷ (*Blitz*) çakmak **II.** *vt* **die Achsel ~** omuz silkmek
zücken ['tsʏkən] *vt* çekmek; (*Fotoapparat, Geldbörse*) çıkarmak
Zucker[1] <-s, -> ['tsʊkɐ] *m* (*Nahrungsmittel*) şeker; **ein Stück ~** bir tane şeker
Zucker[2] <-s> *m kein pl* (*fam: ~krankheit*) şeker; **~ haben** şekeri olmak
Zuckerbrot *nt* (*Marzipan*) badem ezmesi; **mit ~ und Peitsche** (*fig*) kâh severek, kâh döverek **Zuckerdose** *f* şekerlik **Zuckergast** *m* ZOOL (*Silberfischchen*) gümüşçün **Zuckerhut** <-(e)s, -hüte> *m* GASTR kelle şeker
zuckerig ['tsʊk(ə)rɪç] *adj* ❶ (*mit Zucker bestreut*) şekerli ❷ (*aus Zucker*) şeker katılarak yapılmış
zuckerkrank *adj* şekerli, şeker hastalığı olan **Zuckerkrankheit** *f kein pl* şeker hastalığı
Zuckerlecken *nt* **etw ist kein ~** (*fam*) bir şey hiç de kolay olmamak
zuckern ['tsʊkɐn] *vt* şekerlemek
Zuckerrohr <-(e)s> *nt kein pl* şeker kamışı **Zuckerrübe** *f* şeker pancarı **Zuckerstreuer** <-s, -> *m* şekerlik **zuckersüß** ['--'-] *adj* çok şekerli, çok tatlı; (*pej*) fazla tatlı; (*a. fig*) şeker gibi **Zuckerwatte** *f kein pl* keten helva
zuckrig *adj s.* **zuckerig**
Zuckung <-en> *f* seğirme, tik; (*krampfhaft*) çırpınma, ihtilâç; **nervöse ~en** tikler
zu|decken *vt* örtmek; (*im Bett*) üstünü örtmek
zudem [tsu'de:m] *adv* (*geh*) ayrıca, bundan başka, hem de, kaldı ki
zu|drehen *vt* ❶ (*Wasserhahn*) kapamak; (*Schraube*) sıkıştırmak ❷ (*zuwenden*) **sie drehte ihm den Rücken zu** ona sırtını döndü
zudringlich ['tsu:drɪŋlɪç] *adj* sırnaşık
Zudringlichkeit <-en> *f* sırnaşıklık
zu|drücken *vt* **ein Auge ~** (*fig*) göz yummak; **jdm die Kehle ~** birinin gırtlağını sıkmak
zueinander [tsuʔaɪ'nandɐ] *adv* birbirine; **gut ~ passen** birbirine iyi yakışmak; **seid nett ~** birbirinize iyi davranın
zu|erkennen* *irr vt* (*Preis*) vermek; (*Recht*) tanımak, vermek
zuerst [-'-] *adv* ❶ (*als Erstes*) ilk (iş) olarak; (*vorrangig*) ilk planda, önce, en önde ❷ (*erst, als Erster*) ilk önce, en başta, evvelâ; **ich war ~ da** ben ilk önce geldim; **wer ~ kommt, mahlt ~** (*prov*) ilk gelen, buğdayı ilk öğütür ❸ (*anfangs*) ilkin, evvelâ, ilk planda, başlangıçta ❹ (*erstmals*) ilk defa olarak
zu|fächeln *vt* yelpazelemek; **jdm Luft ~** birini yelpazelemek
Zufahrt <-en> *f* (*Weg, Straße*) giriş (**zu** -e), giden yol (**zu** -e) **Zufahrtsstraße** *f* giriş yolu, bağlantı yolu
Zufall <-(e)s, -fälle> *m* rastlantı, tesadüf; **das ist aber ein ~!** bu da ne tesadüf!; **ein glücklicher/unglücklicher ~** iyi/aksi bir rastlantı [*o* tesadüf]; **etw dem ~ überlassen** bir işi tesadüfe bırakmak; **es war reiner ~, dass ...** ...in olması sırf kısmetti; **durch ~** tesadüfen, rastgele, kazara; **wenn der ~ es will, ...** kısmet olursa, ...
zu|fallen *irr vi sein* ❶ (*Fenster, Tür*) kendiliğinden kapanmak; **ihm fallen vor Müdigkeit die Augen zu** yorgunluktan gözleri kapanıyordu ❷ (*Vergünstigung, Aufgabe*) düşmek (-e); **jdm etw ~** birine bir şey düşmek
zufällig **I.** *adj* tesadüfî, rastlantısal **II.** *adv* tesadüfen, rastgele, kazara; **jdn ~ treffen** birine tesadüf etmek; **weißt du ~, wie spät es ist?** (*fam*) acaba saat(in) kaç olduğunu biliyor musun?
zufälligerweise ['----'--] *adv* tesadüfen, rastgele, kazara
Zufallstreffer <-s, -> *m* kör nişancılık, rastlantı ile vurma
Zuflucht *f kein pl* sığınak (**vor** -den), sığınma (**vor** -den), barınma (**vor** -den); **~ suchen/finden** sığınak aramak/bul-

Z

mak, sığınacak yer aramak/bulmak; **jdm ~ gewähren** birine sığınma olanağı tanımak; **zu etw** *dat* **~ nehmen** bir şeye başvurmak

ZuflussRR <-es, -flüsse> *m*, **Zufluß**ALT <-sses, -flüsse> *m* GEO geleğen

zu|flüstern *vt* fıslamak; **jdm etw ~** birine bir şey fıslamak

zufolge [tsu'fɔlgə] *präp nachgestellt: +dat* gereğince; **dem Bericht ~** rapora göre; **Schätzungen ~** tahminlere göre

zufrieden [tsu'fri:dən] *adj* memnun, hoşnut; **jdn ~ stellen** birini memnun [*o* hoşnut] etmek; **~ stellend sein** memnun [*o* tatmin] edici olmak **zufrieden|geben** *irr vr* **sich** (**mit wenig**) ~ (az) bir şeyle yetinmek [*o* tatmin olmak]

Zufriedenheit *f kein pl* memnuniyet, hoşnutluk; **zu jds voller ~** birini tamamen memnun edecek biçimde

zufrieden|lassen *irr vt* **jdn ~** birini rahat bırakmak **zufrieden|stellen** *vt s.* **zufrieden zufriedenstellend** *adj s.* **zufrieden**

zu|frieren *irr vi sein* donmak; **der See ist zugefroren** göl donmuş

zu|fügen *vt* ❶ (*hinzutun*) eklemek, ilave etmek ❷ (*Schaden, Schmerz*) vermek; (*Niederlage*) uğratmak (-e); **jdm Unrecht ~** birine haksızlık etmek

Zufuhr ['tsu:fu:ɐ] *f kein pl* giriş; (*Versorgung*) dağıtım; (*Zustrom*) akın, akış; (*Zuleitung*) akıtma, besleme

zu|führen **I.** *vt* (*Strom*) beslemek (-le); (*bringen*) getirmek, götürmek; **jdn seiner gerechten Strafe ~** birine hak ettigi cezayı vermek **II.** *vi* gitmek

Zug1 <-(e)s, Züge> [tsu:k, *pl* 'tsy:gə] *m* ❶ (*Eisenbahn*) tren, katar; **der ~ nach Ankara** Ankara'ya giden tren; **mit dem ~ fahren** trenle gitmek; **der ~ ist abgefahren** (*fam*) iş işten geçti ❷ (*Tendenz, Neigung*) eğilim; **im ~e der neuen Entwicklung** yeni gelişme çerçevesinde ❸ (*Geleit~*) alay, kortej; (*Um~*) geçit resmi; (*von Fahrzeugen*) katar, kafile; (*Fest~*) alay; (*Kreuz~*) sefer ❹ (*Atem~*) nefes; (*beim Rauchen*) nefes, fırt; (*Pfeife*) nefes; (*Schluck*) yudum; **in einem ~** (*ohne Unterbrechung*) bir yudumda; **das Glas in einem ~ austrinken** bardağı bir yudumda bitirmek; **etw in vollen Zügen genießen** bir şeyin doya doya tadını çıkarmak, bir şeyin keyfini çıkarmak; **in den letzten Zügen liegen** (*fam*) son nefesinde olmak ❺ (*bei Brettspielen*) hamle; **einen ~ machen** bir hamle yapmak; **du bist am ~** hamle sırası sende ❻ (*beim Schwimmen*) kulaç ❼ (*Gesichts~, Schrift~*) hat; (*Charakter~*) karakteristik; **etw in groben Zügen umreißen** bir şeye kaba hatlarıyla değinmek ❽ (*Krafteinwirkung*) çekiş, çekme; (*Spannung*) gerilim ❾ (*Griff*) (sürgü) kol(u); (*Schnur*) ip ❿ (*Auf~, Last~*) asansör ⓫ (*im Gewehrlauf*) yiv ⓬ MIL takım ⓭ (*fam*) çeki düzen; **der Trainer hat ~ in die Mannschaft gebracht** antrenör takıma çeki düzen verdi

Zug2 <-(e)s> *m kein pl* ❶ (*Luft~*) hava akımı, kurander, cereyan; **im ~ sitzen** kuranderde [*o* cereyanda] kalmak ❷ (*im Ofen*) çekiş

Zug3 <-s> *m* GEO (*Gebirgs~*) sıra

Zugabe <-n> *f* ❶ (*Zusätzliches*) ek, ilave, eşantiyon; (*Naht~*) pay ❷ (*bei einer Veranstaltung*) program bittikten sonra istek üzerine çalınan parça; **~!** isteriz!

Zugabteil <-(e)s, -e> *nt* kompartıman

Zugang <-(e)s, -gänge> *m* ❶ (*Zutritt, Zugriff*) giriş (**zu** -e); (*Eingang*) giriş (**zu** -e); **~ verboten** giriş yasaktır ❷ (*von Waren*) giriş, alınma ❸ INFORM (*Internet~*) giriş, erişim

zugange [tsu'gaŋə] *adj* **mit jdm/etw** *dat* **~ sein** (*fam*) bir kimseyle/şeyle uğraşmak [*o* meşgul olmak]

zugänglich ['tsu:gɛŋlɪç] *adj* ❶ (*erreichbar*) erişil(ebil)ir, kolayca ulaşılır, kolay ulaşılabilir; (*aufgeschlossen*) açık (fikirli) ❷ (*verfügbar*) bulunur, elde bulunan; (*Bibliotheken*) açık; **der Allgemeinheit ~** kamuya açık; **jdm etw ~ machen** birinin bir şeyi kullanmasına izin vermek

Zugangs-Code <-s, -s> *m* INFORM (*im Internet*) giriş kodu, erişim kodu **Zugangserlaubnis** *f* INFORM (*im Internet*) giriş izni

Zugbrücke *f* çekme köprü

zu|geben *irr vt* ❶ (*hinzufügen*) katmak ❷ (*einräumen*) kabul etmek; (*gestehen*) itiraf etmek

zugegen [-'--] *adj* (*geh*) **~ sein** bulunmak (**bei** -de)

zu|gehen *irr* **I.** *vi sein* ❶ (*hingehen*) gitmek (**auf** -e); **auf jdn ~** birine doğru gitmek; **es geht auf den Winter zu** kış yakınlaşıyor; **er geht schon auf die siebzig zu** yetmişine merdiven dayadı bile ❷ (*form: zugestellt werden*) tebliğ edilmek, varmak ❸ (*fam: sich schließen lassen*) kapanmak **II.** *vi unpers sein* **gestern Abend ging es recht lebhaft/lustig zu** (*fam*) dün gece bayağı canlıydı/neşeliydi [*o* eğlenceliydi]

zu|gehören* *vi* (*geh*) ait olmak (-e)

zugehörig *adj* ait, mensup; **einer Sache ~** bir şeye ait

Zugehörigkeit *f kein pl* aidiyet (**zu** -e); (*zu*

einem Verein, einer Partei) mensubiyet (**zu** -e)
zugeknöpft *adj* (*fam*) düğmesi ilikli
Zügel <-s, -> ['tsy:gəl] *m* dizgin; **die ~ anziehen** dizgin vurmak [*o* takmak]; (*fig*) dizginleri çekmek; **die ~ fest in der Hand haben** (*fig*) dizginleri elinde tutmak; **die ~ locker lassen** (*a. fig*) dizginleri gevşetmek
zügellos *adj* ❶ (*Pferd*) dizginsiz ❷ (*fig*) azgın, haddini bilmeyen, ölçüsüz, sefih
zügeln I. *vt* ❶ (*Pferd*) dizginlemek ❷ (*Neugierde, Zorn*) dizginlemek II. *vr* ▪ **sich ~** kendini tutmak, kendine hâkim olmak III. *vi* SCHWEIZ (*umziehen*) taşınmak
Zugeständnis <-ses, -se> *nt* ödün (**an** -e), taviz (**an** -e); **jdm ein ~ machen** birine ödün vermek
zu|gestehen* *irr vt* ❶ (*zugeben*) kabul etmek ❷ (*bewilligen*) izin vermek (-e), razı olmak (-e); **jdm etw ~** birinin bir şeyi yapmasına izin vermek
zugetan ['tsu:gəta:n] *adj* **jdm ~ sein** birine bağlılık [*o* yakınlık] duymak; **etw** *dat* **~ sein** bir şeye eğilim göstermek
Zugführer(in) <-s, -; -nen> *m(f)* ❶ EISENB şeftren ❷ MIL takım komutanı
zugig *adj* esintili, cereyanlı
zügig ['tsy:gıç] I. *adj* (*rasch*) çabuk, tez; (*ununterbrochen*) aralıksız, sürekli II. *adv* çabukcak; (*ununterbrochen*) durmadan, ara vermeden
Zugkraft[1] <-kräfte> *f* PHYS çekici kuvvet
Zugkraft[2] *f kein pl* (*Anziehungskraft*) çekim kuvveti, çekme gücü; (*fig*) çekicilik, cazibe
zugkräftig *adj* çekici, cazip
zugleich [-'-] *adv* aynı zamanda
Zugluft *f kein pl* hava cereyanı, kurander, esinti
Zugmaschine *f* çekici (araç)
Zugpersonal *nt* tren personeli
Zugpferd *nt* ❶ (*Pferd*) koşum atı ❷ (*fig fam: Attraktion*) atraksiyon
zu|greifen *irr vi* tutmak, yakalamak; (*bei Tisch*) yemek almak; **greifen Sie zu!** buyrun yemek alın!; **bei solch einer Gelegenheit muss man ~** böyle bir fırsatı kaçırmamak [*o* kullanmak] gerekir
Zugriff <-(e)s, -e> *m* ❶ **sich dem ~ der Polizei entziehen** polisin elinden kaçmak ❷ INFORM erişim **Zugriffsberechtigung** <-, -en> *f* INFORM erişim hakkı **Zugriffsgeschwindigkeit** <-, -en> *f* INFORM erişim hızı **Zugriffsrecht** <-(e)s, -e> *nt* INFORM erişim hakkı **Zugriffszeit** <-, -en> *f* INFORM erişim zamanı; **durchschnittliche ~** ortalama erişim zamanı
zugrunde [tsu'grʊndə] *adv* **etw ~ legen** bir şeyi esas almak; **~ liegen** esas olmak; **~ gehen** mahvolmak, telef olmak, yok olmak; **jdn/etw ~ richten** bir kimseyi/şeyi mahvetmek
Zugschaffner(in) *m(f)* kondüktör
Zugtier *nt* koşum hayvanı
Zugunglück *nt* tren kazası
zugunsten [-'--] *präp* lehine (-in)
zugute|haltenRR *irr vt* (*geh*) **jdm etw ~** birinin bir şeyini mazur görmek
zugute|kommenRR *irr vi sein* (*geh*) **jdm/etw** *dat* **~** bir kimseye/şeye yaramak, bir kimsenin/şeyin işine yaramak
Zugverbindung *f* tren bağlantısı **Zugverkehr** *m kein pl* demir yolu ulaşımı
Zugvogel *m* göçebe kuş, göçmen kuş
Zugzwang *m kein pl* **jdn in ~ bringen** birini belli bir hamle yapmaya zorlamak [*o* mecbur etmek]; (*fig*) birini bir şeyler yapmaya zorlamak [*o* mecbur etmek]; **in ~ geraten** belli bir hamle yapmak zorunda kalmak; (*fig*) bir şeyler yapmak zorunda kalmak
zu|haben *irr* I. *vi* (*fam*) kapalı olmak II. *vt* (*fam*) **die Augen ~** gözleri kapalı olmak
zu|halten *irr* I. *vi* **auf etw ~** bir şeye doğru gitmek II. *vt* ❶ (*geschlossen halten*) kapalı tutmak ❷ (*Augen*) kapamak; (*Ohren*) tıkamak
Zuhälter <-s, -> ['tsu:hɛltɐ] *m* pezevenk
Zuhälterei *f kein pl* pezevenklik
zuhauseRR *adv* ÖSTERR, SCHWEIZ evde
Zuhause <-s> [tsu'haʊzə] *nt kein pl* ev; **mein ~** benim evim
Zuhilfenahme [-'----] *f kein pl* **unter ~ von ...** ...in yardımıyla, ...den faydalanarak; **ohne ~ von ...** ...in yardımı olmadan, ...den faydalanılmadan
zu|hören *vi* dinlemek; **jdm ~** birini dinlemek
Zuhörer(in) <-s, -; -nen> *m(f)* dinleyici; (*~schaft*) dinleyiciler *pl*
Zuhörerschaft *f kein pl* dinleyiciler *pl*
zu|jubeln *vi* **jdm ~** birine tezahürat yapmak
zu|kehren *vt* **jdm das Gesicht/den Rücken ~** birine yüz/sırt çevirmek
zu|klappen I. *vi sein* kapanmak II. *vt* kapamak **zu|kleben** *vt* (*Loch*) (yapıştırarak) kapamak; (*Umschlag*) yapıştırmak
zu|knallen I. *vt* (*fam*) güm diye kapamak; **die Tür ~** kapıyı güm diye kapamak II. *vi sein* (*fam*) güm diye kapanmak
zu|knöpfen *vt* iliklemek, düğmelemek
zu|kommen *irr vi sein* ❶ (*sich nähern*) yaklaşmak (**auf** -e); **die Arbeit, die auf uns zukommt** bizi bekleyen iş [*o* çalışma]; **er ahnte nicht, was noch auf ihn ~**

sollte (*fig*) başına başka nelerin geleceginden habersizdi ❷ **jdm eine Erbschaft ~ lassen** birine bir miras bağışında bulunmak ❸ (*geh: übermitteln*) iletmek, ulaştırmak; (*geben*) vermek; **jdm etw ~ lassen** birine bir şeyi iletmek [*o* ulaştırmak] ❹ (*zustehen, passend sein*) yakışmak, yaraşmak; **einer Frau zukommend** (bir) kadına yaraşır ❺ (*gebühren*) layık olmak; **ein Urteil steht dir nicht zu** sana karar vermek düşmez; **es kommt ihm nicht zu, sich hier einzumischen** burada karışmaya hakkı yoktur ❻ **dem kommt eine große Bedeutung zu** bunun önemi büyüktür

zu|korken *vt* tapalamak, tıpalamak

Zukunft ['tsu:kʊnft] *f kein pl* gelecek, istikbal; LING gelecek zaman; **in ~** gelecekte; **in ferner/naher ~** uzak/yakın bir gelecekte; **das hat (keine) ~** bunun geleceği (yok) var

zukünftig **I.** *adj* gelecek **II.** *adv* gelecekte

Zukunftsaussichten *pl* **seine ~ sind nicht gerade rosig** geleceği [*o* istikbali] pek parlak görünmüyor **zukunftsbezogen** *adj* gelecekle ilgili, geleceğe yönelik **Zukunftsforscher(in)** <-s, -; -nen> *m(f)* fütürolog **Zukunftsforschung** *f kein pl* gelecek bilimi, fütüroloji **Zukunftsmusik** *f kein pl* ütopya, ütopi; **das alles ist noch ~** bunların hepsi henüz ütopidir **zukunftsorientiert** *adj* geleceğe yönelik **Zukunftsperspektive** *f* gelecekteki perspektif **Zukunftsplan** *m* geleceğe yönelik plan **Zukunftsprognose** *f* geleceğe yönelik tahmin **Zukunftstechnologie** *f* geleceğin teknolojisi

zukunftsträchtig *adj* geleceği zengin, gelecek vaat eden

zukunftsweisend *adj* (*fortschrittlich*) ileri

zu|lächeln *vi* **jdm ~** birinin yüzüne gülümsemek

Zulage <-n> *f* zam; **eine ~ von monatlich 50 Euro bekommen** ayda 50 euroluk bir zam görmek

zu|langen *vi* ❶ (*fam: beim Essen*) almak ❷ (*fam: bei der Arbeit*) çalışmak ❸ DIAL (*ausreichen*) yetmek

zulänglich *adj* yeterli

zu|lassen *irr vt* ❶ (*gestatten*) izin vermek (-e), müsaade etmek (-e); (*dulden*) göz yummak (-e) ❷ (*Zugang gewähren*) kabul etmek; (*ermöglichen*) imkân vermek; (*amtlich*) ruhsat vermek (-e), izin vermek (-e); **ein Auto auf jdn ~** bir otomobili birinin adına tescil ettirmek; **keinen Zweifel ~** şüphe bırakmamak ❸ (*fam: geschlossen lassen*) kapalı bırakmak

zulässig ['tsu:lɛsɪç] *adj* caiz, izin verilen, yapılmasında sakınca olmayan; **~e Höchstgeschwindigkeit** izin verilen en yüksek hız

Zulassung¹ *f kein pl* (*Gewährung von Zugang*) kabul; (*amtlich*) ruhsat; (*Auto*) tescil; **die ~ zur Anwaltschaft** avukatlığa kabul

Zulassung² <-en> *f* (*fam: Kfz-Schein*) tescil belgesi

Zulassungsbeschränkung *f* kabulde sınırlama

Zulauf <-(e)s> *m kein pl* ❶ (*Zuspruch*) tutulma, rağbet; **großen ~ haben** çok tutulmak [*o* rağbet görmek], çok revaçta olmak ❷ (*von Wasser*) besleme borusu

zu|laufen *irr vi sein* ❶ (*hinlaufen*) koşmak (**auf** -e (doğru)), koşarak gitmek (**auf** -e); (*auf den Sprecher*) koşarak gelmek (**auf** -e); (*Weg*) gitmek (**auf** -e) ❷ (*fam: sich beeilen*) koşmak; **lauf zu!** koş! ❸ (*kommen*) **jdm ~** (*Tiere*) birini sahip edinmek; (*Kunden*) koşa koşa gelmek ❹ (*eine bestimmte Form haben*) **spitz ~** ucuna doğru sivrilmek ❺ **heißes Wasser ~ lassen** içine sıcak su akıtmak

zu|legen **I.** *vi, vt* ❶ (*fam: wachsen*) büyümek; **einen Zahn ~** (*fam: schneller fahren*) hızı artırmak, gaza basmak; (*sich beeilen*) acele etmek, gaz vermek ❷ (*dicker werden*) kilo almak, şişmanlamak **II.** *vt* (*fam*) ❶ (*anschaffen*) **sich** *dat* **etw ~** bir şey almak; **sie hat sich einen Geliebten zugelegt** kendine bir sevgili bulmuş ❷ **er hat sich einen Bart zugelegt** (*fig*) sakal bıraktı; **er hat sich einen Bauch zugelegt** (*fig*) göbek yaptı ❸ DIAL (*dazutun*) üstüne eklemek [*o* koymak], üstüne katmak (-e)

zuleide [-'--] *adv* **jdm etwas ~ tun** birine kötülük etmek

zuletzt [-'-] *adv* ❶ (*als Letztes*) son; **ganz ~** en son olarak; **wir blieben bis ~** biz sonuna kadar kalıyoruz; **nicht ~ seiner Hilfe ist dies zu verdanken** özellikle de onun yardımına bunu borçluyuz ❷ (*als Letzter*) sonuncu olarak; **wer ... lacht, lacht am besten** (*prov*) son gülen, iyi güler ❸ (*fam: zum letzten Mal*) son olarak, en son; (*das letzte Mal*) son defa; **das ~ geborene Kind** en son doğan çocuk ❹ (*schließlich*) en sonunda

zuliebe [-'--] *präp* hatırı için; **jdm/etw** *dat* **~** bir kimsenin/şeyin hatırı için

Zulieferer <-s, -> *m* ara mal ve mamul üreticisi

Zulieferindustrie *f kein pl* yan sanayi, ara

Z

mal ve mamul üreten sanayi

zum [tsʊm] = **zu dem** *s.* **zu**

zu|machen I. *vi* ❶ (*fam: schließen*) kapanmak ❷ DIAL (*sich beeilen*) acele etmek, çabuk olmak **II.** *vt* (*fam*) kapa(t)mak; (*Loch*) kapamak, örtmek; (*Kleidung*) iliklemek

zumal [-ˈ-] **I.** *adv* aynı anda, hep birden **II.** *konj* özellikle, bilhassa, en başta

zu|mauern *vt* duvarla kapamak, duvar çekmek (-e)

zumeist [-ˈ-] *adv* çoğunlukla, ekseriya; (*fam: zum größten Teil*) çoğu, ekserisi

zumindest [-ˈ--] *adv* hiç değilse [*o* olmazsa], en azından, bari

zumutbar *adj* (yapılması) beklenebilir (**für** -den), (yapılması) istenebilir (**für** -den)

zumute [-ˈ--] *adv* **mir ist danach nicht ~** bunu içim çekmiyor; **mir ist dabei gar nicht wohl ~** bunu yaparken kendimi hiç de iyi hissetmiyorum; **mir ist nicht zum Lachen ~** gülecek halde değilim

zu|muten [ˈtsuːmuːtən] *vt* **jdm etw ~** birinden bir şeyi beklemek; **jdm zu viel ~** birinden fazla şey beklemek

Zumutung <-en> *f* uygunsuz istek, olmayacak talep; (*Unverschämtheit*) küstahlık; **das ist eine ~!** bu bir küstahlıktır!

zunächst [-ˈ-] **I.** *adv* ❶ (*zuerst*) ilkin, ilk önce; (*anfangs*) ilkin, ilk planda, başlangıçta ❷ (*vorerst*) şimdilik **II.** *präp* hemen yanında

zu|nageln *vt* çivilemek **zu|nähen** *vt* dikmek

Zunahme <-n> [ˈtsuːnaːmə] *f* artış (**an** -de); (*Zuwachs*) büyüme (**an** -de); (*Anstieg*) yükselme (**an** -de); **eine ~ um 10%** yüzde 10'luk bir artış

Zuname <-ns, -n> [ˈtsuːnaːmə] *m* soyadı

zündeln [ˈtsʏndəln] *vi* ateşle oynamak

zünden [ˈtsʏndən] **I.** *vi* ateş almak, tutuşmak; TECH (*Bombe*) patlamak; **bei ihm hat es gezündet** (*fam*) kafasına dank etti **II.** *vt* ateşe vermek, tutuşturmak; TECH (*Sprengkörper*) ateşlemek, patlatmak; (*Rakete*) ateşlemek; (*Feuerwerk*) yakmak

zündend *adj* (*a. fig*) ateşleyici, ateşlendirici, coşturucu

Zunder <-s> [ˈtsʊndɐ] *m kein pl* ❶ (*Zündstoff aus Zunderpilz*) kav; **wie ~ brennen** kav gibi yanmak ❷ (*fig fam: Prügel*) kötek, sopa, dayak

Zünder <-s, -> [ˈtsʏndɐ] *m* ateşleyici, ateşleme tertibatı

Zunderpilz *m*, **Zunderschwamm** *m* BOT kav mantarı

Zündfunke *f* AUTO buji kıvılcımı

Zündholz <-es, -hölzer> *nt* SÜDD, ÖSTERR kibrit **Zündholzschachtel** *f* kibrit kutusu **Zündkabel** *nt* AUTO buji kablosu **Zündkerze** *f* AUTO buji **Zündschloss**RR *nt* AUTO kontak **Zündschlüssel** *m* AUTO kontak anahtarı **Zündschnur** *f* ateşleme fitili **Zündspule** <-n> *f* AUTO bobin, ateşleme bobini **Zündstoff** <-(e)s, -e> *m* (*Sprengstoff*) patlayıcı madde

Zündung <-en> *f* AUTO ateşleme, kontak; **die ~ einstellen** ateşleme ayarı yapmak

Zündverteiler *m* AUTO distribütör

zu|nehmen *irr* **I.** *vi* ❶ (*sich vergrößern*) büyümek; (*sich vermehren*) artmak; (*Mond*) büyümek; (*Tag*) uzamak; **an Größe ~** büyümek, boyu uzamak ❷ (*sich verstärken*) kuvvetlenmek; (*steigen*) yükselmek; (*sich verschlimmern*) kötüleşmek ❸ (*schwerer, dicker werden*) toplamak, kilo almak, şişmanlamak **II.** *vt* (*schwerer werden*) kilo almak; **5 Kilo ~** 5 kilo almak

zunehmend I. *adj* artan; **in ~em Maße** gitgide artan ölçüde; **mit ~em Alter** yaş ilerledikçe **II.** *adv* gitgide, gittikçe, giderek; **es wird ~ kälter** hava gittikçe soğuyor

zu|neigen I. *vi* eğilim göstermek (-e); **jdm sehr zugeneigt sein** birine çok sempati duymak, birinden çok hoşlanmak **II.** *vr* **sich etw** *dat* **~** bir şeye yaklaşmak; **sich dem Ende ~** sonuna yaklaşmak **Zuneigung** <-en> *f* eğilim (**für** -e), sempati (**für** -e), hoşlanma, yakınlık duyma; **für jdn ~ empfinden** birine sempati [*o* yakınlık] duymak

Zunft <Zünfte> [tsʊnft, *pl* ˈtsʏnftə] *f* lonca, esnaf loncası

zünftig *adj* (*fam: ordentlich*) esaslı, adamakıllı

Zunge <-n> [ˈtsʊŋə] *f* ❶ (*Organ*) dil; (*Land~*) dil, berzah; **jdm die ~ herausstrecken** birine dil çıkarmak; **es liegt mir auf der ~** (*fig*) dilimin ucunda; **sich** *dat* **auf die ~ beißen** dilini ısırmak; **sich** *dat* **die ~ verbrennen** (*fig fam*) dilinin cezasını çekmek, dilinin belasını bulmak; **sie hat eine lose ~** dilini tutamaz; **seine ~ hüten** dilini tutmak; **seine ~ im Zaum halten** dilini tutmak ❷ (*Lasche*) dil ❸ ZOOL (*See~*) dil balığı

züngeln [ˈtsʏŋəln] *vi* dilini çıkarmak; (*Schlange*) dilini oynatmak; (*Flammen*) yalamak

Zungenbrecher *m* (*fam*) yanıltmaca **Zungenspitze** *f* dil ucu

Zünglein <-s, -> [ˈtsʏŋlaɪn] *nt* **das ~ an der Waage sein** (*fig*) ağır basmak

zunichte|machenRR *vt* **etw ~** bir şeyi

mahvetmek [*o* boşa çıkarmak]; (*Hoffnungen*) kırmak
zu|nicken *vi* **jdm ~** birine baş sallamak; (*zum Gruß*) birine baş kesmek, birine (selam için) baş eğmek
zunutze [-'--] *adv* **sich** *dat* **etw ~ machen** bir şeyden faydalanmak
zuoberst [tsu'ʔo:bɐst] *adv* ❶ (*auf einem Stapel*) en üstte ❷ (*am oberen Rand*) baş uçta
zu|ordnen *vt* saymak (-den)
zu|packen *vi* ❶ (*zugreifen*) tutmak, yakalamak ❷ (*kräftig arbeiten*) çok çalışmak
zupfen ['tsʊpfən] **I.** *vi* (*ziehen*) çekmek (**an** -den) **II.** *vt* ❶ (*ziehen*) çekmek (**an** -den) ❷ (*Haar, Unkraut*) yolmak; **sich** *dat* **die Augenbrauen** (**mit der Pinzette**) **~** kaşlarını (cımbızla) yolmak ❸ (*Instrument*) mızrapla çalmak
Zupfinstrument *nt* çekme, parmak veya mızrapla çalınan çalgı
zu|pfropfen *vt* tapalamak, tıpalamak
zur [tsu:ɐ] = **zu der** *s.* **zu**
zurande[RR] *adv* **mit etw** *dat* (**nicht**) **~ kommen** (*fam*) bir şeyle baş (edememek) etmek, bir şeyin üstesinden gel(eme)mek; **mit jdm** *dat* (**nicht**) **~ kommen** (*fam*) bir kimseyle geçin(eme)mek
zurate[RR] *adv* **etw/jdn ~ ziehen** bir şeye/kimseye başvurmak
Zürcher(in) <-s, -; -nen> ['tsʏrçɐ] *m(f)* Zürihli
zurechnungsfähig *adj* temyiz kudretine sahip, doğruyu yanlıştan ayırt edebilen, aklı başında olan
Zurechnungsfähigkeit *f kein pl* **ich zweifle an deiner ~** senin aklından şüpheliyim
zurecht|biegen [tsu'rɛçt-] *irr vt* ❶ (*Draht*) düzeltmek, doğrultmak ❷ (*fam: Angelegenheit*) yoluna sokmak **zurecht|finden** *irr vr* ■ **sich ~** (*in einer Stadt*) yolunu bulmak (**in** -de); (*vertraut werden*) durumu kavramak **zurecht|kommen** *irr vi sein* başa çıkmak (**mit** -le); **sie kommt mit den Kindern nicht mehr zurecht** artık çocuklarla başa çıkamıyor **zurecht|legen** *vt* hazır etmek, hazırlamak; **sich** *dat* **eine Ausrede ~** bir bahane düşünüp hazırlamak **zurecht|machen** **I.** *vt* (*fam*) ❶ (*fertig machen*) hazırlamak ❷ (*verschönen*) süslemek **II.** *vr* ■ **sich ~** (*fam*) hazırlanmak **zurecht|weisen** *irr vt* haddini bildirmek (-e), çıkışmak (-e)
zu|reden *vi* ikna etmeye çalışmak; (*ermutigen*) yüreklendirmek; (*überreden*) kandırmak, ikna etmek
zu|reiten *irr* **I.** *vi sein* atla gitmek (**auf** -e doğru) **II.** *vt* binerek eğitmek
Zürich <-s> ['tsy:rɪç] *nt* Zürih
zu|richten *vt* ❶ (*vorbereiten*) hazırlamak, tertiplemek ❷ (*fig fam*) **jdn übel ~** birini fena hâlde hırpalamak [*o* benzetmek], birinin ağzını burnunu dağıtmak; **etw übel ~** bir şeyi örselemek; (*beschädigen*) bir şeyi zedelemek, bir şeye zarar vermek, bir şeyi hasara uğratmak
zürnen *vi* kızmak, öfkelenmek
Zurschaustellung <-en> [-'---] *f* teşhir, gösterme, sergileme
zurück [tsu'rʏk] *adv* ❶ (*wieder an den Ausgangspunkt*) dönüş; **hin und ~** gidiş dönüş; **es gibt kein Z~ mehr** artık bunun dönüşü yok; **ich bin gleich wieder ~** hemen döneceğim ❷ (*nach hinten*) geri; **zwei Schritte ~!** iki adım geri!; **vor und ~** ileri geri ❸ (*weiter hinten*) geride; (*vorher*) önce ❹ (*fam: ~geblieben*) geri
zurück|behalten* *irr vt* alıkoymak
zurück|bekommen* *irr vt* geri almak; (*Wechselgeld*) üstünü almak; **ich habe alles ~** hepsini geri aldım **zurück|bilden** *vr* ■ **sich ~** küçülmek, ufalmak
zurück|bleiben *vi sein* ❶ (*hinten bleiben*) geri kalmak, arkada kalmak; (*Abstand halten*) mesafe bırakmak (**von** -e) ❷ (*übrig bleiben*) arta kalmak **zurück|blicken** *vi* ❶ (*sich umsehen*) arkasına bakmak ❷ (*auf Vergangenes*) bakmak (**auf** -e)
zurück|bringen *irr vt* geri getirmek, geri götürmek **zurück|datieren** *vt* daha eski bir tarih koymak [*o* atmak] (-e)
zurück|denken *irr vi* geçmişi düşünmek; **an etw ~** bir şeyi anımsamak [*o* hatırlamak]
zurück|drängen *vt* ❶ (*Personen*) geri itmek ❷ (*eindämmen*) bastırmak
zurück|erobern* *vt* geri almak, yeniden ele geçirmek **zurück|erstatten*** *vt* geri vermek, iade etmek **zurück|fahren** *irr* **I.** *vi sein* ❶ (*zurückkehren*) geri dönmek ❷ (*rückwärtsfahren*) geri gitmek ❸ (*zurückschrecken*) irkilmek, ürkmek **II.** *vt* ❶ (*zurückbringen: Person*) geri götürmek; (*Dinge*) geri götürmek ❷ (*reduzieren*) azaltmak **zurück|fallen** *irr vi sein* ❶ (*fallen*) geriye (doğru) düşmek; (*in den Leistungen*) geri kalmak ❷ (*in eine Gewohnheit*) tekrar dönmek (**in** -e) ❸ SPORT **auf den dritten Platz ~** üçüncülüğe düşmek ❹ (*Eigentum*) rücu etmek (**an** -e) ❺ (*sich auswirken*) yansımak (**auf** -e) **zurück|finden** *irr vi* dönüş yolunu bulmak (**zu** -e); (*zurückkehren*) geri dönmek (**zu** -e); **zu sich selbst ~** (*fig*) kendine gelmek
zurück|fordern *vt* geri istemek
zurück|führen **I.** *vi* dönmek (**zu** -e); **es**

führt kein Weg zurück bunun dönüşü yok **II.** *vt* ❶ (*geleiten*) götürmek ❷ (*herleiten*) çıkarmak (**auf** -den) ❸ (*die Folge sein*) ileri gelmek (**auf** -den) **zurück|geben** *irr vt* geri vermek, iade etmek **zurückgeblieben I.** *pp von* **zurückbleiben II.** *adj* geri kalmış; **geistig ~** geri zekâlı **zurück|gehen** *irr vi sein* ❶ (*zurückkehren*) geri dönmek; **etw ~ lassen** bir şeyi geri göndermek ❷ (*nach hinten*) geri gitmek; **zwei Schritte ~** iki adım geri gitmek ❸ (*nachlassen*) azalmak; (*Preise*) düşmek **zurückgezogen I.** *pp von* **zurückziehen II.** *adj* **~ leben** inzivaya çekilmek, hiçbir şeyle ilgilenmeyerek tek başına yaşamak **zurück|greifen** *irr vi* **auf etw ~** bir şeye başvurmak **zurück|halten** *irr* **I.** *vt* ❶ (*Person, Geld*) alıkoymak; (*Information*) vermekten kaçınmak; **etw für jdn ~** bir şeyi biri için tutmak; **jdn von etw** *dat* **~** birini bir şeyden alıkoymak, birinden bir şeyi esirgemek ❷ (*Gefühle*) açığa vurmamak, açıklamaktan çekinmek; (*Tränen*) tutmak **II.** *vr* ■ **sich ~** ❶ (*sich beherrschen*) kendini tutmak; **er hält sich mit Lob/Kritik zurück** övmekten/eleştirmekten kaçınır ❷ (*im Hintergrund bleiben*) geri durmak **III.** *vi* **mit etw** *dat* **~** bir şeyi esirgemek, bir şeyden sakınmak

zurückhaltend *adj* ❶ kaçıngan, çekingen; (*reserviert*) sakıngan ❷ (*unaufdringlich*) alçak gönüllü; (*gemäßigt*) ılımlı

Zurückhaltung *f kein pl* ❶ kaçınganlık, çekingenlik; (*Reserviertheit*) sakınganlık ❷ (*Unaufdringlichkeit*) alçak gönüllülük, tevazu **zurück|holen** *vt* geri almak, geri getirmek **zurück|kehren** *vi sein* (*geh*) geri gelmek (**aus/von** -den/-den, **nach/zu** -e/-e), dönmek (**aus/von** -den/-den, **nach/zu** -e/-e) **zurück|kommen** *irr vi sein* geri gelmek (**aus/von** -den/-den, **nach/zu** -e/-e); **auf etw ~** bir şeye geri dönmek **zurück|lassen** *irr vt* ❶ (*liegen lassen, hinterlassen*) (geride) bırakmak; (*Spur*) bırakmak ❷ (*zurückkehren lassen*) dönmesine izin vermek (-in) **zurück|legen** *vt* ❶ (*an seinen Platz*) geri koymak ❷ (*Waren*) alıkoymak; (*Geld*) bir kenara koymak ❸ (*Strecke*) yol almak **zurück|lehnen** *vr* ■ **sich ~** geriye yaslanmak **zurück|liegen** *irr vi* geçmişte kalmak; **der Vorfall liegt schon Jahre zurück** olayın üzerinden yıllar geçti; **in den ~den Jahren** geçmiş yıllarda **zurück|melden** *vr* ■ **sich ~** geldiğini bildirmek, döndüğünü haber vermek

Zurücknahme <-n> [-naːmə] *f* ❶ (*von Waren*) geri al(ın)ma ❷ (*einer Bestellung*) vazgeçme; (*einer Klage*) geri al(ın)ma **zurück|nehmen** *irr vt* ❶ (*Ware*) geri almak ❷ (*Bestellung*) vazgeçmek (-den); **nimm das sofort zurück!** bunu hemen geri al! **zurück|prallen** *vi sein* geri sıçramak **zurück|reichen I.** *vi* (*Erinnerung*) uzanmak (**bis** -e kadar) **II.** *vt* geri vermek **zurück|rufen** *irr* **I.** *vi, vt* tekrar aramak **II.** *vt* ❶ (*zurückbeordern*) geri çağırmak ❷ (*antworten*) cevap vermek (-e); **sich** *dat* **etw ins Gedächtnis ~** bir şeyi hatırlamak [*o* anımsamak]; **jdm etw ins Gedächtnis ~** birine bir şeyi hatırlatmak **zurück|schalten** *vi* AUTO vites küçültmek **zurück|schauen** *vi s.* **zurückblicken** **zurück|schicken** *vt* geri göndermek **zurück|schlagen** *irr* **I.** *vi* ❶ (*Armee*) misilleme yapmak; (*Person*) geri vurmak ❷ (*sich auswirken*) etki yapmak (**auf** -e) **II.** *vt* ❶ (*Angriff*) geri püskürtmek ❷ (*Decke, Schleier*) açmak ❸ (*Ball*) geri atmak **zurück|schrecken** *irr vi sein* ❶ (*zurückweichen*) ürkerek geri çekilmek, irkilmek ❷ (*zurückscheuen*) yılmak, gözü korkup vazgeçmek; **vor etw** *dat* **(nicht) ~** bir şeyden yıl(ma)mak; **er schreckt vor nichts zurück** o hiçbir şeyden yılmaz **zurück|sehnen** *vr* **sich nach etw** *dat/* **zu jdm ~** bir şeyin/kimsenin hasretini çekmek **zurück|setzen I.** *vi* geri gitmek **II.** *vt* ❶ (*an einen Platz*) geri koymak ❷ (*nach hinten*) geriye koymak, arkaya koymak; (*verschieben*) ertelemek, sonraya bırakmak ❸ (*benachteiligen*) haksızlık etmek (-e), hakkını yemek (-in) ❹ (*Auto*) geri çekmek **III.** *vr* ■ **sich ~** ❶ (*sich wieder setzen*) tekrar oturmak ❷ (*nach hinten*) arkaya oturmak **zurück|spulen** *vi, vt* geri sarmak **zurück|stecken I.** *vi* ❶ (*mit Ansprüchen*) mütevazı olmak ❷ (*nachgeben*) sonunda kabul etmek, sonunda razı olmak **II.** *vt* ❶ (*wieder einstecken*) yerine koymak [*o* sokmak]; **den Brief in den Umschlag ~** mektubu zarfına geri koymak ❷ (*nach hinten*) geriye koymak ❸ (*fig: mäßigen*) azaltmak; (*Ansprüche*) dizginlemek **zurück|stehen** *irr vi* ❶ (*weiter hinten stehen*) (daha) geride durmak, (daha) arkada durmak ❷ (*schlechter sein*) geri olmak; **er wollte nicht hinter ihnen ~** onlardan aşağı kalmak istemedi **zurück|stellen** *vt* ❶ (*an seinen Platz*) (eski) yerine koymak, geri koymak ❷ (*nach hinten*) arkaya geçmek; (*Uhr*) geriye almak; (*Heizung*) kısmak ❸ (*Waren*) bir kenara koymak ❹ (*fig: aufschieben*) askıya almak, (daha) sonraya bırakmak, tecil etmek **zurück|stoßen** *irr vt* ❶ (*wegsto-*

ßen) geri itmek ❷ (*ablehnen*) reddetmek
zurück|treten *irr vi sein* ❶ (*nach hinten*) geri çekilmek; **bitte ~!** geri çekilin, lütfen! ❷ (*weniger wichtig werden*) önemini kaybetmek; (*in den Hintergrund treten*) arkaya kalmak ❸ (*von einem Amt*) istifa etmek (**von** -den) ❹ (*von einem Vertrag, Vorhaben*) caymak (**von** -den); (*von einem Recht*) caymak (**von** -den) **zurück|verfolgen*** *vt* (*Anruf*) kaynağına kadar izlemek **zurück|versetzen*** *vr* ■ **sich ~: wenn ich mich in die alte Zeit zurückversetze ...** eski günleri düşündüğümde ... **zurück|weichen** *irr vi sein* ❶ (*Person*) geri çekilmek; (*Hochwasser*) gerilemek, çekilmek ❷ (*vor einer Aufgabe*) çekinmek (**vor** -den) **zurück|weisen** *irr vt* (*Person*) reddetmek, geri çevirmek; (*Einladung, Geschenk*) kabul etmemek; (*Anschuldigung*) itiraz etmek (-e); (*Klage*) reddetmek **zurück|werfen** *irr vt* ❶ (*nach hinten*) arkaya atmak ❷ (*Ball*) geri atmak ❸ (*Schall, Strahlen*) yansıtmak ❹ (*wirtschaftlich*) geri atmak; **das wirft uns um Jahre zurück** bu bizi on yıl geri atar ❺ (*Feind*) püskürtmek **zurück|wirken** *vi* geriye etkisi olmak **zurück|wollen** *irr* **I.** *vi* dönmek istemek (**nach** -e) **II.** *vt* (*fam*) geri istemek; **ich will mein Geld zurück** paramı geri isterim **zurück|zahlen** *vt* geri ödemek; **das werd' ich ihm ~!** (*fam*) bunu ona ödeteceğim!, alacağı olsun! **zurück|ziehen** *irr* **I.** *vt* ❶ (*zum Ausgangspunkt*) gerisingeri(ye) çekmek ❷ (*nach hinten*) geri(ye) çekmek; (*Körperteil*) geri çekmek; (*Vorhang, Riegel*) geri çekmek ❸ (*widerrufen*) geri çekmek; (*Bestellung*) iptal etmek **II.** *vr* ■ **sich ~** *a.* MIL geri çekilmek (**von** -den); (*fig*) siper etmek (**auf** -); **sich auf den Standpunkt ~** pozisyonu siper etmek [*o* almak]; **sich von der Welt ~** dünyadan elini eteğini çekmek **III.** *vi sein* ❶ çekilmek (**nach** -e) ❷ (*Vögel*) geri uçmak

Zuruf <-(e)s, -e> ['--] *m* sesleniş

zu|rufen *irr vt* **jdm etw ~** birine bir şey seslenmek

zurzeit[RR] [tsu:ɐ'tsaɪt] *adv* halen; (*augenblicklich*) şu anda

Zusage <-n> ['---] *f* (*positive Antwort*) olumlu cevap; (*Versprechen*) söz, vaat; **eine ~ geben** söz vermek, vaatte bulunmak

zu|sagen I. *vi* ❶ (*Einverständnis erklären*) onamak, tasvip etmek; (*Einladung annehmen*) kabul etmek, geleceğini bildirmek; **eine ~de Antwort erhalten** olumlu cevap almak ❷ (*gefallen*) **jdm ~** birinin hoşuna gitmek; (*passen*) birinin işine gelmek **II.** *vt* söz vermek, vadetmek

zusammen [tsu'zamən] *adv* ❶ (*miteinander*) birlikte, bir arada, beraber(ce); (*gleichzeitig*) aynı zamanda; **~ mit** ile beraber; **~ sein** (*beieinander sein*) birlikte [*o* bir arada] olmak, beraber olmak; **alle ~** hep birlikte [*o* beraber] ❷ (*insgesamt*) **das macht ~ 14 Euro** hepsi 14 euro ediyor

Zusammenarbeit *f kein pl* iş birliği; **in ~ mit** iş birliği yaparak **zusammen|arbeiten** *vi* birlikte çalışmak, iş birliği yapmak **zusammen|bauen** *vt* kurmak, monte etmek **zusammen|beißen** *irr vt* **die Zähne ~** dişini sıkmak **zusammen|bekommen** *irr vt* bir araya getirmek **zusammen|binden** *irr vt* bağlamak **zusammen|bleiben** *irr vi sein* bir arada kalmak; (*weiterhin*) birbirinden ayrılmamak **zusammen|brechen** *irr vi sein* ❶ (*einstürzen*) yıkılmak, çökmek; **für ihn ist eine Welt zusammengebrochen** dünya başına yıkıldı ❷ (*Mensch*) yığılıp kalmak, yere yıkılmak; (*ohnmächtig*) baygınlık geçirmek, bayılmak ❸ (*Wirtschaft*) çökmek; (*Verkehr*) felce uğramak **zusammen|bringen** *irr vt* ❶ (*Personen*) bir araya getirmek, birleştirmek; (*Geld*) toplamak ❷ (*fam: sich erinnern*) toparlamak, bir araya getirmek **Zusammenbruch** *m* yıkılma, yıkılış, çökme, çöküş; (*Bankrott*) batma; (*gesundheitlich*) çökme; (*Nerven~*) buhran; (*des Verkehrs*) felce uğrama **zusammen|drängen I.** *vt* ❶ (*Menschen*) sokuşturmak, bir araya sıkıştırmak, itiş kakış bir araya toplamak ❷ (*fig: zusammenfassen*) özetlemek, kısaltmak, özet haline sokmak **II.** *vr* ■ **sich ~** ❶ (*Menschen*) itiş kakış bir araya toplanmak ❷ (*Ereignisse*) üst üste gelmek **zusammen|drücken** *vt* sıkıştırmak; (*flach*) ezmek **zusammen|fahren** *irr* **I.** *vi sein* ❶ (*Fahrzeuge*) çarpışmak ❷ (*erschrecken*) ürkmek **II.** *vt* (*fam: Person, Tier*) ezmek; (*Fahrzeug*) çarpmak (-e) **zusammen|fallen** *irr vi sein* ❶ (*einstürzen*) çökmek ❷ (*Ballon*) sönmek; (*abmagern*) zayıflamak ❸ (*Termine*) çakışmak **zusammen|falten** *vt* katlamak, devşirmek; **die Taschentücher/Servietten ~** mendilleri/peçeteleri katlamak **zusammen|fassen** *vt* ❶ (*vereinigen*) birleştirmek (**zu** hâlinde); (*in Gruppen*) toplamak ❷ (*Bericht*) özetlemek, hülasa etmek; **~d lässt sich sagen, dass ...** özetlersek, ... denilebilir, sözün kısası, ..., hülasaten [*o* özet olarak] diyebiliriz ki, ...

Zusammenfassung <-en> *f* ❶ (*Resü-*

Z

mee) özet, hülasa ❷ (*Vereinigung*) birleştirme; (*in Gruppen*) toplama
zusammen|finden *irr* **I.** *vt* bulmak **II.** *vr* ■ **sich** ~ buluşmak
zusammen|fließen *irr vi sein* (*Flüsse*) birbirine kavuşmak, birleşmek; (*Farben*) kaynaşmak
Zusammenfluss *m* koyar **zusammen|fügen** *vt* (*geh*) birleştirmek, takmak **zusammen|führen** *vt* bir araya getirmek **zusammen|gehören*** *vi* (*fam*) ❶ (*Personen*) birbirine bağlı [*o* ait] olmak ❷ (*Gegenstände*) bir bütün(ün parçalarını) oluşturmak; (*paarweise*) çift oluşturmak
zusammengehörig *adj* birbirine bağlı [*o* ait], bir bütün oluşturan
Zusammengehörigkeit *f kein pl* birbirine bağlılık, beraberlik **Zusammengehörigkeitsgefühl** <-(e)s> *nt kein pl* birbirine bağlılık duygusu, beraberlik duygusu
zusammengesetzt *adj* bi(r)leşik; ~ **sein aus ...** ...den oluşmuş olmak
zusammengewürfelt *adj* (*gemischt*) karışık; (*verschiedenartig*) envaitürlü, envaiçeşitli
Zusammenhalt <-(e)s> *m kein pl* ❶ (*von Teilen*) bağlantı ❷ (*Verbundenheit*) bağlılık, birliktelik **zusammen|halten** *irr* **I.** *vi* ❶ (*Mannschaft*) birbirini tutmak, birbirine bağlı olmak; (*in der Not*) birbirini desteklemek ❷ (*Teile*) tutmak, yapışık olmak **II.** *vt* ❶ (*Gruppe*) bir arada tutmak; (*Geld*) tutmak ❷ (*verbinden*) birbirine tutturmak
Zusammenhang <-(e)s, -hänge> *m* (*Beziehung*) ilişki (**zwischen/von** arasında/-in), bağlantı (**zwischen/von** arasında/-in); (*innerer*) bağ, bağlam; (*im Text*) bağlam, kontekst; **in ~ mit etw** *dat* **stehen** bir şey ile ilişkide bulunmak; **etw mit etw** *dat* **in ~ bringen** bir şey ile başka bir şey arasında bağlantı kurmak
zusammen|hängen *irr* **I.** *vi* ❶ (*Gegenstände*) yan yana asılı olmak ❷ (*in Beziehung stehen*) birbirine bağlı olmak, aralarında bağlantı olmak, bağlantılı olmak; **das kann nicht damit ~** bu ona bağlı olamaz, bunun onla bağlantısı olamaz **II.** *vt* yan yana asmak
zusammenhängend *adj* bağlantılı, ilişkin, bağlı, ilgili; **alle mit der Angelegenheit ~en Fragen** bu işle bağlantılı [*o* ilgili] bütün sorular
zusammenhang(s)los *adj* bağlantısız, ilgisiz, tutarsız, birbirini tutmaz
zusammen|klappen **I.** *vi sein* (*fig fam: Person*) yığılıp kalmak **II.** *vt* (*Stuhl, Tisch*) kapamak, katlamak; (*Messer*) kapamak **zusammen|kleben** *vt* yapıştırmak
zusammen|kommen *irr vi sein* ❶ (*sich treffen*) buluşmak; (*sich versammeln*) toplanmak, bir araya gelmek ❷ (*sich ansammeln*) toplanmak, birikmek **zusammen|krachen** *vi sein* (*fam*) ❶ (*zusammenbrechen*) çökmek, yıkılmak ❷ (*zusammenstoßen*) çarpışmak (**mit** -le) **zusammen|kratzen** *vt* (*fig fam*) toplamak; (*das Geld*) çıkıştırmak
Zusammenkunft <-künfte> [tsu'zamənkʊnft, *pl* -kʏnftə] *f* buluşma, bir araya gelme; (*Begegnung*) karşılaşma; (*Versammlung*) toplantı, görüşme
Zusammenlauf *m* koyar
zusammen|laufen *irr vi sein* ❶ (*Menschen*) üşüşmek, koşuşmak ❷ (*Flüsse*) birbirine kavuşmak, birleşmek; **das Wasser läuft mir im Mund zusammen** (*fam*) ağzımın suyu akıyor, ağzım sulandı ❸ (*Linien*) birleşmek, kavuşmak ❹ (*Milch*) kesilmek **zusammen|leben** *vi* birlikte [*o* bir arada] yaşamak; **wir leben zusammen** biz birlikte yaşıyoruz **Zusammenleben** <-s> *nt kein pl* birlikte yaşama, bir arada yaşama, beraberlik; **eheliches ~** evlilik birliği **zusammen|legen** **I.** *vt* ❶ (*falten*) katlamak, devşirmek ❷ (*zueinanderlegen*) toparlamak ❸ (*vereinigen*) birleştirmek; (*Firmen, Termine*) birleştirmek; (*Personen*) aynı yere koymak **II.** *vi* para toplamak **zusammen|nehmen** *irr* **I.** *vt* (*sammeln*) toplamak; **alles zusammengenommen** topu topu; **er nahm seinen ganzen Mut zusammen** bütün cesaretini topladı **II.** *vr* ■ **sich ~** kendini toplamak, toparlanmak **zusammen|passen** *vi* (*Personen*) uyuşmak; (*Paar, Gegenstände*) birbirine uymak; (*Farben*) uyuşmak **zusammen|pferchen** *vt* ❶ (*Vieh*) ağıla sokmak [*o* tıkmak] ❷ (*fig: Menschen*) sokuşturmak, itiş kakış bir araya toplamak
Zusammenprall <-(e)s, -e> *m* çarpışma
zusammen|prallen *vi sein* çarpışmak **zusammen|pressen** *vt* sıkmak **zusammen|raufen** *vr* ■ **sich ~** (*fam*) önce kavga edip sonra anlaşmak **zusammen|rechnen** *vt* toplamak **zusammen|reimen** **I.** *vt* (*fam*) **sich** *dat* **etw ~** bir şeye anlam vermek **II.** *vr* ■ **sich ~** (*fam*) birbirine uymak **zusammen|reißen** *irr vr* ■ **sich ~** (*fam*) kendini toparlamak, toparlanmak, kendine hâkim olmak **zusammen|ringeln** *vr* ■ **sich ~** çöreklenmek; **eine zusammengeringelte Schlange** çöreklenmiş bir yılan **zusammen|rollen** **I.** *vt* dürmek; **das Papier/den Teppich ~** kâğıdı/halıyı dürmek **II.** *vr* ■ **sich ~** dürülmek **zusammen|rücken**

I. *vi sein* sıkışmak, birbirine yanaşmak **II.** *vt* sıkıştırmak, birbirine yaklaştırmak **zusammen|rufen** *irr vt* (bir araya) toplamak **zusammen|sacken** *vi sein* (*fam*) ❶ (*Haus*) çökmek ❷ (*Person*) yığılıp kalmak **zusammen|scheißen** *irr vt* (*vulg*) sıçıp sıvamak **zusammen|schlagen** *irr vt* ❶ (*fam: zerschlagen*) kırmak; (*zerstören*) kırıp dökmek ❷ (*fam: verprügeln*) dövmek ❸ (*gegeneinanderschlagen*) birbirine vurmak; **die Hacken** ~ MIL topuk vurmak **zusammen|schließen** *irr vr* ■**sich** ~ birlik olmak; (*Firmen*) birleşmek **Zusammenschluss**[RR] <-es, -schlüsse> *m,* **Zusammenschluß**[ALT] <-sses, -schlüsse> *m a.* WIRTSCH birleşme; **horizontaler/vertikaler** ~ WIRTSCH yatay/dikey birleşme **zusammen|schrauben** *vt* birbirine vidalamak **zusammen|schreiben** *irr vt* ❶ (*Wörter*) bitişik yazmak ❷ (*pej fam: verfassen*) yazmak; **wer hat denn diesen Unsinn zusammengeschrieben?** bu saçmalığı da kim yazdı? **zusammen|sein**[ALT] *irr vi sein s.* **zusammen 1. Zusammensein** <-s> *nt kein pl* ❶ (*Treffen*) bir arada olma ❷ (*Zusammenleben*) beraberlik, birlikte olma **zusammen|setzen I.** *vt* oluşturmak, birleştirmek; (*montieren*) monte etmek **II.** *vr* ■**sich** ~ ❶ (*zusammenkommen*) birleşmek, bir araya gelmek; (*sich treffen*) bir araya gelmek ❷ (*bestehen*) oluşmak (**aus** -den)

Zusammensetzung <-en> *f* ❶ (*Struktur*) birleşim, terkip; (*Mischung*) birleştirme, terkip; CHEM bileşim ❷ LING tamlama

Zusammenspiel <-(e)s> *nt kein pl* ❶ MUS birlikte çalma; THEAT birlikte oynama; SPORT (*Fußball*) paslaşma ❷ (*von Kräften*) etkileşim ❸ (*fig*) iş birliği

zusammen|stecken I. *vi* (*fig fam*) birlikte olmak **II.** *vt* birbirine takmak; (*Stoff*) iğnelerle tutturmak; **die Köpfe** ~ (*fig fam*) baş başa vermek, kafa kafaya vermek **zusammen|stellen** *vt* ❶ (*nebeneinanderstellen*) dizmek, yan yana sıralamak, sıraya koymak ❷ (*anordnen*) düzene koymak, tertiplemek; (*in Gruppen*) gruplara ayırmak; (*sortieren*) sınıflamak, tasnif etmek; (*kompilieren*) derlemek; (*Farben, Menü*) hazırlamak, düzenlemek, tertip etmek; (*Unterlagen*) toparlamak; (*Programm, Liste*) hazırlamak, düzenlemek

Zusammenstellung <-en> *f* ❶ (*Anordnung*) tertip ❷ (*Zusammensetzung*) birleşim, terkip; (*systematisch*) düzenleme, düzene koyma; (*in Gruppen*) gruplara ayırma; (*eines Buchs*) tertip, dizgi ❸ (*Übersicht*) genel bakış; (*Liste*) liste

Zusammenstoß <-es, -stöße> *m* ❶ (*von Fahrzeugen*) çarpışma ❷ (*fam: Auseinandersetzung*) çatışma **zusammen|stoßen** *irr vi sein* ❶ (*kollidieren*) çarpışmak ❷ JUR (*Schiffe*) çatmak ❸ (*sich streiten*) çatışmak **zusammen|strömen** *vi sein* ❶ (*Flüsse*) birbirine kavuşmak, birleşmek ❷ (*Menschen*) üşüşmek, koşuşmak **zusammen|stürzen** *vi sein* çökmek, yıkılmak **zusammen|tragen** *irr vt* derlemek; (*ansammeln*) toplamak, biriktirmek; (*Fakten*) toplamak **zusammen|treffen** *irr vi sein* ❶ (*Menschen*) rastlaşmak, birbiriyle karşılaşmak ❷ (*Ereignisse, Umstände*) rastlaşmak, üst üste gelmek, aynı zamanda olmak **zusammen|trommeln** *vt* (*fam*) bir araya toplamak **zusammen|tun** *irr* **I.** *vt* (*fam*) bir araya getirmek, birleştirmek **II.** *vr* ■**sich** ~ (*fam*) bir araya gelmek, kafa kafaya vermek; (*sich verbünden*) bir olmak **zusammen|wachsen** *irr vi sein* ❶ (*verheilen*) kapanmak ❷ (*sich verbinden*) içiçe kaynaşmak, birleşmek **zusammen|wirken** *vi* ❶ (*Faktoren*) birlikte etkili olmak ❷ (*geh: zusammenarbeiten*) iş birliği yapmak (**bei** -de) **zusammen|zählen** *vt* toplamak **zusammen|ziehen** *irr* **I.** *vt* ❶ (*enger machen*) daraltmak; (*Muskeln*) kasmak ❷ (*Polizei, Truppen*) (bir yerde) toplamak, (bir yere) yığmak; **seine Augenbrauen** ~ kaşlarını çatmak ❸ (*addieren*) toplamak **II.** *vr* ■**sich** ~ ❶ (*kleiner werden*) küçülmek, daralmak; (*Muskeln*) kasılmak ❷ (*Gewitter, Unheil*) çıkmak **III.** *vi sein* **mit jdm** ~ biriyle bir eve taşınmak **zusammen|zucken** *vi sein* irkilmek (**vor** -den)

Zusatz <-es, -sätze> *m* ❶ (*Substanz*) katkı; **ohne** ~ **von Konservierungsstoffen** içine konserve maddeleri katılmamış ❷ (*zu einem Text*) ek, ilave, şerh **Zusatzgerät** <-(e)s, -e> *nt* ek aygıt

zusätzlich ['tsu:zɛtslɪç] **I.** *adj* ek **II.** *adv* ek olarak, ilaveten

Zusatzprotokoll *nt* ek protokol

Zusatzstoff <-(e)s, -e> *m* katkı (maddesi)

zu|schauen *vi s.* **zusehen**

Zuschauer(in) <-s, -; -nen> *m(f)* seyirci, izleyici; (*Fernseh~*) izleyici; **die ~ waren begeistert** seyirciler hayran olmuştu

Zuschauertribüne *f* seyirci tribünü

zu|schicken *vt* göndermek, yollamak

Zuschlag <-(e)s, -schläge> *m* ❶ (*auf einen Preis*) zam ❷ (*bei einer Versteigerung*) sürülen en yüksek peyin kabulü; **den ~ erhalten** sürdüğü peyi kabul edilmek ❸ (*für einen Auftrag*) ihale; **jdm den ~ für etw erteilen** birine bir şeyi ihale etmek

zu|schlagen *irr* **I.** *vi* ❶ (*Person*) vurmak; **schlag zu!** vur! ❷ *sein* (*Tür*) çarparak kapanmak ❸ (*fam: zugreifen*) kaçırmamak; (*wahrnehmen*) kullanmak; **schlag zu!** kaçırma! ❹ (*fam: essen*) yemek yemek ❺ **auf den Preis noch 10 Euro ~** fiyatın üstüne 10 euro daha bindirmek **II.** *vt* ❶ (*Tür*) çarparak kapamak ❷ (*Ball*) vurmak (-e) ❸ (*Auftrag*) **jdm etw ~** birine bir şeyi ihale etmek; **jdm etw ~** (*bei einer Versteigerung*) en yüksek pey sürene vermek

zu|schließen *irr vt* kilitlemek

zu|schnappen *vi* ❶ *sein* (*Schloss, Falle*) kapanıvermek ❷ (*Hund*) ısırmak

zu|schneiden *irr vt* biçmek; **diese Stelle war ganz auf ihn zugeschnitten** bu makam onun için biçilmiş kaftandı

zu|schnüren *vt* bağlamak; **die Angst schnürte ihm die Kehle zu** (*fig*) korkudan nefesi kesildi **zu|schrauben** *vt* ❶ (*mit Schrauben*) vidalamak ❷ (*durch Drehen*) kapamak

zu|schreiben *irr vt* (*verrechnen*) mahsup etmek; (*zum Konto hinzufügen*) hesaba geçirmek; (*Eigentum*) devretmek, temlik etmek; **jdm etw ~** birine bir şeyi atfetmek [*o* isnat etmek], birine bir şeyi mal etmek; **das hast du dir selbst zuzuschreiben** (*fig*) bu, senin kabahatin

Zuschrift <-en> *f* mektup; (*amtlich*) yazı, tebliğ

zuschulden [-'--] *adv* **sich** *dat* **etw/nichts ~ kommen lassen** (bir şeyde) kabahati olmak/olmamak

ZuschussRR <-es, -schüsse> *m*, **Zuschuß**ALT <-sses, -schüsse> *m* ek ödenek; (*staatlich*) sübvansiyon

zu|schütten *vt* ❶ doldurmak, doldurup kapatmak; **mit Erde/Sand ~** toprakla/kumla doldurmak [*o* doldurup kapatmak] ❷ (*fam: dazugeben*) üstüne koymak, katmak

zu|sehen *irr vi* ❶ (*betrachten*) seyretmek ❷ (*fig: dafür sorgen*) bakmak; **wir müssen ~, dass wir so schnell wie möglich nach Hause kommen** bir an önce eve gitmeye bakalım; **sieh mal zu, was du machen kannst!** bak bakalım, ne yapabileceksin!

zusehends ['tsu:ze:ənts] *adv* gözle görülür derecede; (*schnell*) hızla; **es geht ihm ~ besser** hızla iyileşiyor

zu|seinALT *irr vi sein s.* **zu II.3.**

zu|senden *irr vt s.* **zuschicken**

zu|setzen I. *vi* ❶ (*bedrängen*) sık boğaz etmek, sıkıştırmak; (*belästigen*) rahatsız etmek, canını sıkmak (-in) ❷ (*verletzen*) incitmek ❸ (*Krankheit*) sarsmak **II.** *vt* ❶ (*hinzufügen*) katmak (**zu** -e), ilave etmek (**zu** -e) ❷ (*Geld*) fazladan ödemek (zorunda kalmak)

zu|sichern *vt* temin etmek; (*Versprechen*) söz vermek

zu|sperren *vt* ÖSTERR, SÜDD kilitlemek

zu|spielen *vt* ❶ SPORT pas vermek ❷ (*fig*) sızdırmak; **der Presse Informationen ~** basına bilgi [*o* haber] sızdırmak

zu|spitzen *vr* ■ **sich ~** (*Situation*) ciddileşmek; (*stärker*) kritikleşmek

zu|sprechen *irr* **I.** *vi* **jdm (freundlich) ~** biriyle dostça konuşmak; **dem Alkohol ~** (*fig*) alkole düşkün olmak **II.** *vt* ❶ (*Preis*) vermek; **die Kinder wurden der Mutter zugesprochen** çocuklar(ın velâyeti) anneye verildi ❷ (*zuschreiben*) mal etmek, olduğunu söylemek; **jdm Trost/Mut ~** birine teselli/cesaret vermek

Zuspruch <-(e)s> *m kein pl* (*geh*) ❶ (*Trost*) teselli ❷ (*Zulauf*) tutulma, rağbet; **sich großen ~s erfreuen** çok rağbet görmek, çok revaçta olmak

Zustand <-(e)s, -stände> ['--] *m* durum, hâl, vaziyet; **Zustände kriegen** (*fam*) sinir kesilmek, siniri tutmak, tepesi atmak; **das ist doch kein ~!** (*fam*) bu böyle kalamaz!

zustande [-'--] *adv* **etw ~ bringen** bir şeyi gerçekleştirmek; (*leisten*) bir şeyi yapmak [*o* başarmak]; **~ kommen** gerçekleşmek, ortaya çıkmak, meydana gelmek, ol(uş)mak **Zustandekommen** <-s> *nt kein pl* (*eines Kongresses*) olma; (*eines Vertrages*) oluşma, oluşum

zuständig *adj* yetkili (**für** için); (*sachlich ~*) görevli

Zuständigkeit <-en> *f* (*Kompetenz*) yetki; (*sachliche ~*) görev; **das fällt nicht in meine ~** bu benim yetki alanıma girmez

zu|stehen *irr vi* hakkı olmak; **dieses Recht steht jedem zu** bu hak herkesindir

zu|stellen *vt* ❶ (*versperren*) kapatmak, önünü kapamak (-in) ❷ (*form: schicken*) tebliğ etmek; (*aushändigen*) elden teslim etmek, (eline) vermek; (*Post*) dağıtmak

Zusteller(in) <-s, -; -nen> *m(f)* (*form*) tebliğ eden (kimse); (*Postbote, Zeitungs~*) dağıtıcı

Zustellung <-en> *f* (*form*) tebliğ, tebligat

zu|stimmen *vi* ❶ (*gleicher Meinung sein*) aynı fikirde olmak ❷ (*einverstanden sein*) razı olmak (-e); **etw** *dat* **~** bir şeye razı olmak ❸ (*gutheißen*) **etw** *dat* **~** bir şeyi ona(yla)mak

zustimmend *adj* onaylayıcı; **~ nicken**

olur diye başını sallamak

Zustimmung <-en> *f* (*Billigung*) onay, onama; (*Einverständnis*) rıza, razı olma; **seine ~ (zu etw** *dat*) **geben/verweigern** (bir şeye) rızası olmak/olmamak; **~ finden** onaylanmak, kabul görmek

zu|stoßen *irr* **I.** *vi* ❶ (*zustechen*) sokmak; (*mit dem Messer*) bıçaklamak; (*Stier*) boynuzlamak; (*Schlange*) ısırmak ❷ *sein* (*passieren*) başa gelmek; **für den Fall, dass mir etwas zustößt** başıma bir şey [*o* hâl] geldiği takdirde; **ob ihm etwas zugestoßen sei?** acaba başına bir şey [*o* hâl] mi geldi? **II.** *vt* (*Tür*) iterek kapamak

Zustrom <-(e)s> *m kein pl* (*von Menschen*) akın

zutage [-ˈ--] *adv* **etw ~ fördern** bir şeyi ortaya çıkarmak; **~ kommen** ortaya çıkmak

Zutaten *pl* malzeme; **zu diesem Gericht brauchen Sie folgende ~** bu yemek için şu malzemeye ihtiyacınız var; **~ zum Nähen** dikiş malzemesi

zu|teilen *vt* ❶ tahsis etmek; **jdm etw ~** birine bir şeyi tahsis etmek ❷ (*Rolle, Aufgabe*) dağıtmak

zuteil|werdenRR *irr vi sein* (*geh*) **jdm wird etw zuteil** birine bir şey nasip olmak; **jdm etw ~ lassen** birine bir şeyi nasip etmek

zutiefst [-ˈ-] *adv* derinden, içten; **etw ~ bereuen** bir şeye son derece pişman olmak

zu|tragen *irr* **I.** *vt* ❶ (*bringen*) götürmek, getirmek ❷ (*Nachricht*) yetiştirmek **II.** *vr* ■ **sich ~** olmak, cereyan etmek

zu|trauen *vt* **jdm etw ~** birinden bir şeyi beklemek, birinin bir şeyi yapabileceğine inanmak; **jdm nicht viel ~** birinden fazla bir şey beklememek, birinin bir şeyi yapabileceğine pek inanmamak; **ihm ist alles zuzutrauen** ondan her şey beklenir; **traust du dir das zu?** bunu yapabileceğine inanıyor musun?

Zutrauen <-s> *nt kein pl* güven (**zu** -e)

zutraulich *adj* sokulgan; (*Tier*) evcil, uysal

zu|treffen *irr vi* ❶ (*richtig sein*) doğru olmak; (*wahr sein*) doğru olmak ❷ (*passen*) uygun olmak (**auf** -e); (*gelten*) geçerli olmak (**für/auf** için/için)

zutreffend *adj* uygun; (*richtig*) doğru; **Z~es bitte ankreuzen** (*form*) doğru olanın altına çarpı işareti koyunuz; **Z~es bitte unterstreichen** (*form*) doğru olanın altını çiziniz

Zutritt <-(e)s> *m kein pl* (*Zugang*) girme (**zu** -e); (*Eingang*) giriş (**zu** -e); **kein ~!** girilmez!; (**freien**) **~ haben** (serbestçe) girebilmek; **sich** *dat* **~ verschaffen** girmeyi becermek

zu|tun *irr vt* (*fam*) ❶ (*hin~*) eklemek, ilave etmek, katmak ❷ (*zumachen*) kapamak; **ich habe die ganze Nacht kein Auge zugetan** (*fig*) bütün gece gözlerimi kapamadım, bütün gece gözlerime uyku girmedi

Zutun <-s> *nt kein pl* **ohne mein ~** benim katkım olmadan

zuungunsten [tsuˈʔʊngʊnstən] *präp* aleyhine (-in)

zuunterst [tsuˈʔʊntɐst] *adv* ❶ (*auf einem Stapel*) en altta ❷ (*am unteren Rand*) en uçta

zuverlässig [ˈtsuːfɛɐlɛsɪç] *adj* ❶ (*Person*) güvenilir; (*Mittel*) güvenilir ❷ (*glaubwürdig*) inanılır

Zuverlässigkeit *f kein pl* ❶ (*einer Person*) güvenilirlik; (*eines Mittels*) güvenilirlik ❷ (*Glaubwürdigkeit*) inanılırlık

Zuversicht [ˈtsuːfɛɐzɪçt] *f kein pl* ❶ (*Vertrauen*) güven; **sich in unerschütterlicher ~ an etw halten** bir şeye sarsılmaz güveni olmak; **voller ~** güven dolu ❷ (*Hoffnung*) umut; **voller ~** umut dolu

zuversichtlich *adj* güven dolu; (*hoffnungsvoll*) umut dolu, umutlu; (*optimistisch*) iyimser

zuvielALT [-ˈ-] *adv s.* **viel I.4.**

zuvor [-ˈ-] *adv* daha önce, evvelce; **kurz ~** az önce; **am Tag ~** bir gün önce; **ich habe/hatte ihn ~ nie gesehen** onu daha önce hiç görmedim/görmemiştim

zuvor|kommen *irr vi sein* önce davranmak; **er ist mir zuvorgekommen** benden önce davrandı; **etw** *dat* **~** bir şeyin önünü almak, bir şeyi önlemek

zuvorkommend *adj* nazik

Zuvorkommenheit *f kein pl* (*Höflichkeit*) nezaket; (*Hilfsbereitschaft*) yardımseverlik; (*Aufmerksamkeit*) dikkat

Zuwachs <-es, -wächse> [ˈtsuːvaks] *m* ❶ (*Wachstum*) büyüme ❷ (*Zunahme*) artış (**um/an** -lik/-de); **~ bekommen** (*fam*) çocuğu olmak

zu|wachsen *irr vi sein* ❶ (*Wunde*) kapanmak ❷ (*mit Pflanzen*) bitkilerin büyümesiyle kapanmak ❸ (*geh: zuteilwerden*) **jdm wachsen neue Aufgaben zu** birine yeni görevler düşmek ❹ (*fam*) **ihm wächst alles zu** her şeyi kolayca öğreniverir

Zuwachsrate *f* WIRTSCH artış oranı

Zuwanderer(in) <-s, -; -nen> *m(f)* ülkeye göçmen olarak gelen (kimse), dışarıdan [*o* yurt dışından] gelip yerleşen (kimse)

zu|wandern *vi sein* ülkeye göçmen olarak gelmek, dışarıdan [*o* yurt dışından] gelip

yerleşmek
Zuwanderung <-en> *f* ülkeye göç
zuwege [-'--] *adv* **etw ~ bringen** bir şeyi başarmak; **er ist noch gut ~** (*fam*) (yaşına göre) hâlâ çakı gibidir
zuweilen [-'--] *adv* (*geh*) arada bir, ara sıra, bazen, zaman zaman
zu|weisen *irr vt* tahsis etmek
Zuweisung <-en> *f* tahsis
zu|wenden *irr* **I.** *vt* ❶ (*Gesicht, Rücken*) çevirmek; **jdm das Gesicht ~** birine yüzünü çevirmek; **jdm seine Aufmerksamkeit ~** birine dikkatini vermek ❷ (*zukommen lassen*) bağışta bulunmak **II.** *vr* **sich jdm/etw** *dat* **~** bir kimseye/şeye ilgi göstermek
Zuwendung[1] *f kein pl* şefkat; (*Liebe*) sevgi; (*Aufmerksamkeit*) dikkat; **der ~ jds bedürfen** birinin şefkatine ihtiyaç duymak
Zuwendung[2] <-en> *f* (*Geld*) bağış; (*Schenkung*) bağışlama, teberru
zuwenig[ALT] [-'--] *adv s.* **wenig 2.**
zuwider [-'--] *adv* **~ sein** (*unangenehm*) nahoş olmak, hoş olmamak; (*widerwärtig*) iğrenç olmak **zuwider|handeln** *vi* aykırı hareket etmek
zu|winken *irr vi* **jdm ~** birine el sallamak
zu|ziehen *irr* **I.** *vt* ❶ (*Tür*) kapamak; (*Vorhang*) çekmek, kapamak; (*Knoten*) sıkmak ❷ (*um Rat fragen*) danışmak (-e) ❸ (*bekommen*) **sich** *dat* **etw ~** (*Krankheit*) bir şey kapmak, bir şeye tutulmak; (*Verletzung*) bir yerini incitmek; **sich eine Erkältung ~** soğuk almak, üşütmek; **sich** *dat* **jds Zorn ~** birini öfkelendirmek ❹ JUR celp etmek, getirtmek **II.** *vi sein* **sie sind vor einer Woche zugezogen** bir hafta önce buraya taşındılar [*o* gelip yerleştiler] **III.** *vr* ▪ **sich ~** (*Himmel*) kapanmak
zuzüglich ['tsu:tsy:klɪç] *präp* artı; **~ Verpackung und Versand** ambalaj ve gönderme masrafları fiyata dahil değildir
zu|zwinkern *vi* **jdm ~** birine göz kırpmak, birine gözleriyle işaret etmek, birine kaş göz işareti yapmak
zwang [tsvaŋ] *3. imp von* **zwingen**
Zwang <-(e)s, Zwänge> [tsvaŋ, *pl* 'tsvɛŋə] *m* ❶ (*Gewalt*) zor, cebir; (*Druck*) baskı; **~ auf jdn ausüben** birine zor [*o* cebir] kullanmak; **unter ~ stehen** zorunda olmak; **tu dir keinen ~ an** kendini zorlama [*o* zora koşma]; **gesellschaftliche Zwänge** toplumsal zorunluklar; **einem inneren ~ folgen** zorguya göre hareket etmek ❷ (*Nötigung*) zorlama ❸ (*Notwendigkeit*) zorunluk, zaruret, mecburiyet
zwängen ['tsvɛŋən] **I.** *vt* (*hinein~*) tıkmak (**in** -e), sokuşturmak (**in** -e); (*hindurch~*) ite kaka geçirmek (**durch** -den) **II.** *vr* ▪ **sich ~** (*hinein~*) tıkışmak (**in** -e); (*hindurch~*) ite kaka ilerlemek (**durch** -den)
zwanghaft *adj* ❶ (*gezwungen*) zoraki, istemeyerek yapılan ❷ (*erzwungen*) zorla olan ❸ PSYCH (*obsessiv*) takınaklı
zwanglos *adj* teklifsiz, samimi, resmî olmayan, içli dışlı
Zwangsarbeit *f kein pl* angarya, zorla çalıştırma **Zwangseinweisung** <-en> *f* zorla gönderme [*o* sevk], zorla yatırılma **Zwangsernährung** *f kein pl* zorla besleme **Zwangshandlung** *f* PSYCH takınaklı davranış **Zwangsjacke** *f* deli gömleği **Zwangslage** *f* zorda kalma durumu; (*Notlage*) sıkıntı, darda kalma; **sich in einer ~ befinden** zor durumda bulunmak
zwangsläufig **I.** *adj* zoraki; (*unvermeidbar*) zorunlu, kaçınılmaz; (*notwendig*) gerekli **II.** *adv* ister istemez, zoraki, zorunlu olarak, mecburen, haliyle
Zwangsmaßnahme *f* zorlayıcı önlem, zecrî tedbir; (*Sanktion*) yaptırım **Zwangsräumung** *f* JUR zorla boşaltma, cebren tahliye **Zwangsversteigerung** *f* JUR cebrî müzayede, zorla (yapılan) artırma **Zwangsvorstellung** *f* PSYCH takınak; **unter ~en leiden** takınakları olmak
zwangsweise *adv* ❶ (*erzwungen*) zorla; JUR cebren, zorla ❷ (*zwangsläufig*) zoraki, ister istemez, zorunlu olarak, ister istemez, mecburen
zwanzig ['tsvantsɪç] *adj inv* yirmi; *s. a.* **achtzig**
Zwanziger <-s, -> ['tsvantsɪgɐ] *m* (*fam*) yirmilik
Zwanzigeuroschein <-(e)s, -e> *m* yirmi euroluk banknot
zwanzigste(r, s) *adj* yirminci; *s. a.* **achtzigste(r, s)**
zwar [tsva:ɐ] *adv* ❶ (*einräumend*) gerçi, her ne kadar; **~ ..., aber/doch ...** gerçi ..., ama ..., her ne kadar ... de ...; **das ist ~ wahr, aber ...** bu gerçi doğru, ama ..., bu doğru olmasına doğru, ama ..., her ne kadar bu doğru ise de, ... ❷ (*erklärend*) **und ~** yani, daha doğrusu, şöyle ki
Zweck <-(e)s, -e> ['tsvɛk] *m* ❶ amaç, gaye, maksat; (*Ziel*) hedef, erek, maksat; **einem guten ~ dienen** iyi bir amaca hizmet etmek; **das erfüllt seinen ~** bu, işimize yarar, bu, amacımız için tamamen yeterlidir; **zu welchem ~ geschieht das?** bu hangi amaçla oluyor?; **das war der ~ der Übung** (*fam*) bu işin amacı (zaten) buydu; **er verfolgt einen bestimmten ~** bununla belli bir maksat güdüyor ❷ (*Sinn*)

anlam; (*Absicht*) niyet; **es hat ja doch keinen ~ mehr** bunun bir anlamı kalmadı artık **zweckdienlich** *adj* ❶ (*passend*) amaca uygun, belli bir amaca hizmet eden ❷ (*nützlich*) yararlı, faydalı, işe yarar

Zwecke <-n> ['tsvɛkə] *f* DIAL raptiye

zweckentfremden* ['----] *vt* amaç dışı kullanmak

zwecklos *adj* amaçsız, bir amacı olmayan, maksatsız; **es ist ~** boşuna; **seine Bemühungen/Bitten waren ~** çabaları/ricaları boşunaydı

zweckmäßig *adj* amaca uygun, maksada uygun; (*nützlich*) kullanışlı, kılgılı, işe yarar

Zweckmäßigkeit *f kein pl* amaca uygunluk; (*Nützlichkeit*) kullanışlılık

zwecks [tsvɛks] *präp* (*form*) amacıyla, -mek için; **~ besserer Verteilung** daha iyi dağıtım amacıyla, daha iyi dağıtabilmek için

zweckwidrig *adj* amaca aykırı

zwei [tsvaɪ] *adj inv* iki; **wir ~** (biz) ikimiz; *s. a.* **acht**[1]

Zwei *f* ❶ (*Zahl*) iki; (*Schulnote*) iyi ❷ (*Spielkarte*) ikili ❸ (*fam*) iki numara

zweiarmig *adj* iki kollu, ikili

zweibändig ['-bɛndɪç] *adj* iki ciltli

Zweibettzimmer *nt* iki yataklı oda

zweideutig ['tsvaɪdɔɪtɪç] *adj* ❶ iki anlamlı; (*unklar*) belirsiz, müphem ❷ (*anstößig*) cinaslı

Zweideutigkeit[1] *f kein pl* iki anlamlılık; (*Unklarheit*) belirsizlik, müphemiyet

Zweideutigkeit[2] <-en> *f* (*Äußerung*) iki anlamlılık; (*anstößig*) cinas

zweidimensional ['tsvaɪdimɛnzjona:l] *adj* iki boyutlu

Zweidrittelmehrheit [-'----] *f* POL üçte iki çoğunluk

zweieinhalb [--'-] *adj inv* iki buçuk

Zweierbeziehung *f* ikili ilişki

zweierlei ['tsvaɪɐ'laɪ] *adj inv* çifte, iki değişik, iki çeşit, iki türlü; **~ Strümpfe anhaben** iki değişik (renkte) çorap giyinmiş olmak; **mit ~ Maß messen** çifte standart kullanmak; *s. a.* **achterlei**

Zweieurostück ['-'--] *nt* iki euroluk (madenî para)

zweifach **I.** *adj* iki (kat); **die ~e Menge** iki misli; **in ~er Ausfertigung** iki nüsha olarak **II.** *adv* iki kere; *s. a.* **achtfach**

Zweifamilienhaus *nt* iki ailelik ev

Zweifel <-s, -> ['tsvaɪfəl] *m* kuşku, şüphe; (*Unsicherheit*) emin olmama; (*inneres Schwanken*) tereddüt, kararsızlık; **~ hegen** kuşku duymak [*o* beslemek]; **ohne ~** kuşkusuz, şüphesiz; **etw in ~ ziehen** bir şeyden kuşkulanmak [*o* şüphelenmek]; **jdn im ~ lassen** birini şüphe içinde bırakmak; **~ an etw *dat* haben** bir şeyden kuşkulu olmak, bir şeye şüphe etmek; **es steht für mich außer ~, dass ...** şuna şüphem yok ki ...; **daran besteht kein ~** şüphe yoktur; **keine ~ aufkommen lassen** şüphe [*o* kuşku] uyandırmamak, şüphe bırakmamak

zweifelhaft *adj* kuşkulu; (*verdächtig*) şüpheli; **es ist ~, ob er das durchhalten kann** buna dayanıp dayanamayacağı şüphelidir

zweifellos *adv* kuşkusuz, şüphesiz; (*mit Sicherheit*) kesinlikle, kesin olarak; (*bestimmt*) elbette; **du hast ~ Recht** şüphesiz haklısın

zweifeln ['tsvaɪfəln] *vi* kuşkulanmak (**an** -den), şüphelenmek (**an** -den)

Zweifelsfall <-(e)s, -fälle> *m* şüphe durumu, tereddüt durumu, emin olmama durumu; **im ~** şüphe [*o* tereddüt] durumunda; **im ~ rufen Sie mich an** emin olmadığınız takdirde beni telefonla arayınız **zweifelsohne** ['--'--] *adv* kuşkusuz, şüphesiz

Zweig <-(e)s, -e> [tsvaɪk] *m* ❶ (*Ast*) dal; **auf keinen grünen ~ kommen** (*fam*) bir türlü işlerini yoluna koyamamak ❷ (*Sparte*) dal, alan ❸ SCHULE, UNIV (*Fachrichtung*) dal, branş

zweigeschlechtlich *adj* BOT iki eşeyli

Zweigeschlechtlichkeit *f kein pl* BOT iki eşeylilik

zweigleisig *adj* çift hatlı; **~ fahren** (*fig fam*) iki yola da baş vurmak, elindeki iki imkânı da kullanmak

Zweigstelle *f* şube

zweihändig ['tsvaɪhɛndɪç] *adj* iki elli; **~ spielen** iki elle çalmak

zweihöckerig *adj* iki hörgüçlü

zweihundert ['-'--] *adj inv* iki yüz; *s. a.* **achthundert**

zweijährig ['tsvaɪjɛ:rɪç] *adj* (*zwei Jahre alt*) iki yaşındaki; (*zwei Jahre dauernd*) iki yıllık, iki yıl süren

Zweikampf *m* düello; **jdn zum ~ herausfordern** birini düelloya davet etmek

zweikeimblättrig *adj* BOT çift çenekli

zweimal *adv* iki kez [*o* kere]; **sich *dat* etwas nicht ~ sagen lassen** bir şeyi iki defa söyletmemek; *s. a.* **achtmal**

zweimotorig *adj* iki motorlu

Zweiparteiensystem [--'----] *nt* POL iki partili sistem

zweiphasig *adj* iki fazlı

zweipolig *adj* iki kutuplu

Zweirad <-(e)s, -räder> *nt* çift teker;

(*Fahrrad*) bisiklet
Zweireiher *m* kruvaze elbise
zweireihig *adj* ❶ (*in zwei Reihen*) iki sıralı ❷ (*Anzug*) kruvaze
Zweisamkeit <-en> *f* iki insanın beraberliği
zweischneidig *adj* iki ağızlı, iki yanı da keskin; **ein ~es Schwert** (*fig*) yararı da zararı da olabilecek
zweiseitig *adj* ❶ (*vom Umfang*) iki sayfalık ❷ (*zwischen zwei Parteien*) iki taraflı ❸ (*Kleidung, Stoff*) iki yüzlü
Zweisitzer *m* iki kişilik araba
zweispaltig *adj* iki sütunlu, iki kolonlu
zweisprachig *adj* iki dilli; **~ aufwachsen** iki dilli büyümek
Zweisprachigkeit *f kein pl* iki dillilik
zweispurig *adj* (*Bahn*) çift hatlı; (*Straße*) çift şeritli
zweistellig *adj* iki haneli
zweistöckig *adj* iki katlı
zweistündig ['-ʃtʏndɪç] *adj* iki saatlik
zweit [tsvaɪt] *adv* **das geht nur zu ~** bu yalnız iki kişiyle olur; **wir waren zu ~ dort** orada iki kişiydik
zweitägig [-tɛ:gɪç] *adj* iki günlük
Zweitaktmotor *m* AUTO, TECH iki zamanlı motor
zweitälteste(r, s) *adj* yaşça ikinci, yaş itibarıyla [*o* bakımından] ikinci sırada olan
zweitausend ['-'--] *adj inv* iki bin; *s. a.* **achttausend**
Zweitausfertigung *f* ikinci nüsha; (*Kopie*) kopya, fotokopi
zweitbeste(r, s) *adj* baştan ikinci; **sie wurde Z~** baştan ikinci oldu
zweite(r, s) *adj* ikinci; **er kann arbeiten wie kein Z~r** (*fig*) onun gibi çalışan yoktur; *s. a.* **achte(r, s)**
Zweiteiler <-s, -> *m* (*fam*) ❶ (*Bikini*) bikini ❷ (*Kleid*) döpiyes
zweiteilig *adj* iki parçalı
zweitens ['tsvaɪtəns] *adv* ikinci olarak; (*bei einer Aufzählung*) ikincisi; *s. a.* **achtens**
zweitklassig *adj* (*pej*) ikinci sınıf
zweitletzte(r, s) *adj* sondan ikinci
zweitrangig *adj* ❶ ikincil, tali, ikinci derecede olan; (*weniger wichtig*) ikinci derecede önemli olan ❷ (*pej: zweitklassig*) ikinci sınıf
Zweitschlüssel *m* yedek anahtar **Zweitstimme** *f* POL ikinci oy
Zweitürer <-s, -> *m* iki kapılı
Zweitwagen *m* ikinci araba **Zweitwohnung** *f* ikinci ev
Zweizeiler <-s, -> *m* LIT beyit
zweizeilig *adj* iki satırlı
Zweizimmerwohnung [-'----] *f* iki odalı daire
Zwerchfell ['tsvɛrçfɛl] *nt* ANAT diyafram
Zwerg(in) <-(e)s, -e; -nen> [tsvɛrk] *m(f)* cüce
zwergenhaft *adj* cüce, cücemsi, bodur
Zwerghuhn *nt* ispenç **Zwergpanzerwels** *m* ZOOL cüce çöpçü **Zwergrost** *m kein pl* BOT bodur pas **Zwergwuchs** <-es> *m kein pl* MED cücelik
Zwetsch(g)e <-n> *f* BOT mürdüm eriği **Zwetsch(g)enwasser** <-s, -wässer> *nt* mürdüm eriği rakısı
Zwickel <-s, -> ['tsvɪkəl] *m* ❶ (*an Hosen*) apışlık ❷ ARCH köşelik
zwicken ['tsvɪkən] **I.** *vi* (*Kleidung*) batmak **II.** *vt* (*kneifen*) çimdiklemek
Zwicker <-s, -> *m* SÜDD, ÖSTERR kıskaç [*o* kelebek] gözlük
Zwickmühle <-n> *f* (*fam*) çıkmaz; **in der ~ sitzen** çıkmaza girmek, açmaza düşmek
Zwieback <-(e)s, -bäcke *o* -e> ['tsvi:bak] *m* galeta, peksimet
Zwiebel <-n> ['tsvi:bəl] *f* ❶ BOT soğan ❷ (*Knolle*) soğan
Zwiebelfisch *m* TYPO değişik karakterli harf
zwiebelförmig *adj* soğan biçimli
Zwiebelgewächs *nt* BOT soğanlı bitki **Zwiebelkuchen** *m* soğanlı pasta **Zwiebelsuppe** *f* soğan çorbası **Zwiebelturm** *m* soğan kubbeli kule
Zwiegespräch ['tsvi:-] *nt* (*geh*) ikili görüşme, diyalog **Zwielicht** <-(e)s> *nt kein pl* (*Dämmerlicht*) yarı karanlık, loşluk; **ins ~ geraten** şüpheli bir duruma düşmek; **jdn ins ~ bringen** birini şüpheli bir duruma düşürmek
zwielichtig *adj* ne idiği belirsiz
Zwiespalt <-(e)s, -e *o* -spälte> *m* çelişki; **in einem ~ sein** çelişkide olmak
zwiespältig ['tsvi:ʃpɛltɪç] *adj* çelişkili
Zwietracht *f kein pl* (*geh*) ikilik, geçimsizlik; (*Uneinigkeit*) anlaşmazlık, nifak; **~ säen** ikilik tohumları ekmek, fitne sokmak
Zwilling <-s, -e> ['tsvɪlɪŋ] *m* ❶ (*Mensch*) ikiz; **eineiige/zweieiige ~e** tek/iki yumurta ikizleri; **siamesische ~e** yapışık ikizler ❷ *pl* ASTROL İkizler; **das Sternzeichen/der Wendekreis der ~e** İkizler burcu/dönencesi **Zwillingsbruder** *m* ikiz erkek kardeş **Zwillingspaar** *nt* ikizler *pl* **Zwillingsschwester** *f* ikiz kızkardeş
Zwinge <-n> ['tsvɪŋə] *f* TECH ❶ (*zum Einspannen*) mengene ❷ (*zum Zusammen-*

halten) kasnak; (*am Griff*) halka
zwingen <zwingt, zwang, gezwungen> ['tsvɪŋən] **I.** *vt* zorlamak (**zu** -e), mecbur etmek (**zu** -e); **ich sehe mich gezwungen, Folgendes zu sagen** şunu söylemek zorundayım; **jdn ~, etw zu tun** birini bir şey yapmaya zorlamak, birine zorla bir şey yaptırmak; **jdn zu Boden ~** birini zorla yere yatırmak **II.** *vr* ■ **sich ~** kendini zorlamak (**zu** -e)
zwingend *adj* zorlayıcı, zorlayan, mücbir; (*unerlässlich*) zorunlu; (*dringend*) acil, acele, ivedi; (*überzeugend*) inandırıcı
Zwinger <-s, -> *m* (*Hunde~*) kafes
zwinkern ['tsvɪŋkɐn] *vi* kıpıştırmak; **mit den Augen ~** göz kırpmak
zwirbeln *vt* burmak; **den Schnurbart ~** bıyık burmak
Zwirn <-(e)s, -e> [tsvɪrn] *m* iplik; (*aus Flachs*) sicim; (*aus Baumwolle*) tire; (*aus Seide*) ibrişim
zwischen ['tsvɪʃən] **I.** *präp* **~ dir und mir** benimle senin aranda; **~ ihnen** onların arasında, aralarında; **~ uns** (bizim) aramızda; **~ 200 und 300 Euro** 200 ile 300 euro arasında **II.** *präp* (*Richtung*) arasına **Zwischenablage** *f* INFORM pano, ara bellek **Zwischenaufenthalt** *m* mola; (*mit dem Schiff, Flugzeug*) uğrama; **einen ~ einlegen** istasyon yapmak **Zwischenbemerkung** *f* ara söz **Zwischenbericht** *m* ara rapor **Zwischenbilanz** *f* ara bilanço, mizan **Zwischendeck** *nt* ara güverte, güverte arası **Zwischending** <-(e)s, -e> *nt* (*fam*) bir şey (**zwischen** arasında)
zwischendrin ['--'-] *adv* bunların arasında; (*fam*) bu arada
zwischendurch ['--'-] *adv* ❶ arada (bir); (*von Zeit zu Zeit*) ara sıra, zaman zaman ❷ (*während einer Handlung*) bir ara; (*in der Zwischenzeit*) bu arada, bu süre içinde ❸ (*räumlich*) bunların arasında; **~ fallen** arasından düşmek
Zwischenfall <-(e)s, -fälle> *m* ❶ (*Ereignis*) olay, hâdise; **die Reise verlief ohne ~** yolculuk olaysız geçti ❷ *pl* (*Unruhen*) olaylar *pl,* hâdiseler *pl,* kargaşalıklar *pl;* **es kam zu blutigen Zwischenfällen** kanlı olaylar çıktı **Zwischenfinanzierung** *f* FIN ara finansman **Zwischenfrage** *f* söz arasında sorulan soru; **jdm eine ~ stellen** birine söz arasında soru sormak
Zwischengeschoss[RR] <-es, -e> *nt,* **Zwischengeschoß**[ALT] <-sses, -sse> *nt* asma kat
Zwischengröße <-n> *f* ara boy **Zwischenhändler(in)** *m(f)* (*Großhändler*) toptancı **Zwischenlager** *nt* geçici depo
zwischen|lagern *vt* geçici olarak depolamak **zwischen|landen** *vi sein* ara iniş yapmak **Zwischenlandung** *f* ara iniş **zwischenmenschlich** *adj* insanlar arası, kişiler arası **Zwischenprodukt** *nt* yarı mamul **Zwischenprüfung** *f* ara sınavı **Zwischenraum** <-(e)s, -räume> *m* ❶ (*zeitlich*) ara ❷ (*räumlich*) ara(lık), arada boşluk; **einen ~ lassen** ara(lık) [*o* arada boşluk] bırakmak **Zwischenruf** <-(e)s, -e> *m* laf atma, bağırış **Zwischensatz** *m* LING ara cümle **Zwischenspiel** *nt* ❶ MUS intermezzo ❷ THEAT aralık oyunu **zwischenstaatlich** *adj* devletler arası **Zwischenstadium** *nt* ara evre **Zwischenstation** *f* ❶ (*Zwischenaufenthalt*) mola; (*Schiff, Flugzeug*) uğrama ❷ (*Ort*) uğrak, menzil **Zwischenstecker** *m* ELEK adaptör **Zwischenstück** *nt* aradaki parça, adaptör **Zwischensumme** *f* ara toplam **Zwischentür** *f* ara kapı **Zwischenurteil** *nt* JUR ara kararı **Zwischenwand** *f* ara duvar, perde **Zwischenwirt** *m* BIOL, MED ara konakçı **Zwischenzeit** *f* ❶ (*Zeitraum*) aradaki zaman [*o* süre]; **in der ~** bu arada, bu süre içinde ❷ SPORT haftaym **zwischenzeitlich** *adj* bu arada **Zwischenzeugnis** *nt* yarıyıl karnesi
Zwist <-(e)s, -e> [tsvɪst] *m* (*geh*) geçimsizlik, nifak; (*Uneinigkeit*) anlaşmazlık, nifak
zwitschern ['tsvɪtʃɐn] **I.** *vi* cıvıldamak, cıvıl cıvıl ötmek **II.** *vt* (*fam*) **einen ~** içki içmek
Zwitter <-s, -> ['tsvɪtɐ] *m* er dişi
zwitterhaft *adj* er dişi(msi); **ein ~es Wesen** er dişi(msi) yaratık
zwitt(e)rig *adj* er dişi
zwo [tsvo:] *adj inv* (*fam*) iki
zwölf [tsvœlf] *adj inv* on iki; **es ist fünf (Minuten) vor ~** saat on ikiye beş (dakika) var; (*fig: fast schon zu spät*) yumurta kapıya dayandı [*o* geldi]; *s. a.* **acht**[1]
Zwölffingerdarm [-'---] *m* ANAT onikiparmak barsağı
zwölfte(r, s) ['tsvœlftə, -tɐ, -təs] *adj* on ikinci; *s. a.* **achte(r, s)**
Zyanid <-s, -e> [tsya'ni:t] *nt* CHEM siyanür
Zyankali <-s> [tsyan'ka:li] *nt kein pl* CHEM potasyum siyanür
Zyklen ['tsy:klən] *pl von* **Zyklus**
zyklisch ['tsy:klɪʃ] *adj* çevrimsel, devrî; **~e Verbindungen** CHEM halkalı bileşikler
Zyklon <-s, -e> [tsy'klo:n] *m* METEO siklon
Zyklop <-en, -en> [tsy'klo:p] *m* tek gözlü dev
Zyklus <-, Zyklen> ['tsy:klʊs] *m* dönem,

Z

devre; *a.* MED periyot, dönem; (*Ring*) halka

Zylinder <-s, -> [tsiˈlɪndɐ, tsyˈlɪndɐ] *m* ❶ MATH, TECH silindir ❷ (*Hut*) silindir şapka

zylinderförmig [-fœrmɪç] *adj* silindirimsi, silindirik

Zylinderkopf <-(e)s, -köpfe> *m* TECH silindir başı

zylindrisch *adj* silindirik, silindirsel

Zyniker(in) <-s, -; -nen> [ˈtsy:nikɐ] *m(f)* sinik, kinik

zynisch [ˈtsy:nɪʃ] *adj* sinik, kinik

Zynismus <-> [tsyˈnɪsmʊs] *m kein pl* sinizm, kinizm

Zypern <-s> [ˈtsy:pɐn] *nt* Kıbrıs

Zyprer(in) <-s, -; -nen> *m(f)* Kıbrıslı

Zypresse <-n> [tsyˈprɛsə] *f* BOT servi

Zypressenfichte <-n> *f* BOT mazı

Zyprier(in) <-s, -; -nen> *m(f)* Kıbrıslı

Zypriot(in) <-en, -en; -nen> *m(f)* Kıbrıslı

zypriotisch *adj*, **zyprisch** [ˈtsy:prɪʃ] *adj* Kıbrıslı, Kıbrıs (ile ilgili); **~e Frauen/Männer** Kıbrıslı kadınlar/erkekler; **das ~e Klima** Kıbrıs iklimi

Zyste <-n> [ˈtsʏstə] *f* MED kist

z. Z(t). *s.* **zur Zeit** halen

Anhang
Ek

Türkische Kurzgrammatik
Kısaca Türkçe Dil Bilgisi

Das türkische Alphabet basiert seit 1928 auf lateinischen Buchstaben. Es besteht aus 8 Vokalen und 21 Konsonanten: A B C Ç D E F G Ğ H I İ J K L M N O Ö P R S Ş T U Ü V Y Z

Vokalharmonie und Konsonantenwandel

Vokale und Konsonanten unterliegen bestimmten Regeln, die ein Schlüssel zum Verständnis der türkischen Grammatik sind. Es handelt sich dabei um die Vokalharmonie und den Konsonantenwandel. Diese sind insbesondere bei der Bildung von grammatischen Endungen sehr wichtig, die wiederum eine der wesentlichen Besonderheiten der türkischen Sprache darstellen.

Die Vokalharmonie

Zunächst unterscheidet man zwischen hellen und dumpfen Vokalen:

helle Vokale	e, i, ö, ü
dumpfe Vokale	a, ı, o, u

Alle türkischen Wörter und Endungen unterliegen der Vokalharmonie. Diese besagt, dass in einem Wort entweder **helle** oder **dumpfe** Vokale vorhanden sind und die Vokale der Endungen mit dem letzten Vokal des Wortstammes harmonieren müssen. Man unterscheidet zwischen kleiner und großer Vokalharmonie.

<table>
<tr><th colspan="9">Vokalharmonie</th></tr>
<tr><td rowspan="2">Kl. Vokalharm.</td><td colspan="2">Vokal in der Endsilbe des Wortstammes</td><td colspan="2">Vokal der Endung</td><td colspan="2">Vokal in der Endsilbe des Wortstammes</td><td colspan="2">Vokal der Endung</td></tr>
<tr><td colspan="2">a
ı
o
u</td><td colspan="2">a</td><td colspan="2">e
i
ö
ü</td><td colspan="2">e</td></tr>
<tr><td rowspan="2">Gr. Vokalharm.</td><td>Vokal in der Endsilbe des Wortstammes</td><td>Vokal der Endung</td><td>Vokal in der Endsilbe des Wortstammes</td><td>Vokal der Endung</td><td>Vokal in der Endsilbe des Wortstammes</td><td>Vokal der Endung</td><td>Vokal in der Endsilbe des Wortstammes</td><td>Vokal der Endung</td></tr>
<tr><td>a
ı</td><td>ı</td><td>e
i</td><td>i</td><td>o
u</td><td>u</td><td>ö
ü</td><td>ü</td></tr>
</table>

Ausnahmen sind Fremd- bzw. Lehnwörter (z.B. *kalem*, *otel*), Wortzusammensetzungen (z.B. *yayınevi*) sowie türkische Wörter, deren Aussprache sich mit der Zeit gewandelt hat (z.B. *alma* – *elma*). Ferner gibt es im Türkischen starre Endungen, die durch die Vokalharmonie nicht geändert werden (z.B. *-yor* = Präsensendung).

Der Konsonantenwandel

Die Konsonanten teilen sich in **harte** (stimmlose) (ç, f, h, k, p, s, ş, t) und in **weiche** (stimmhafte) Konsonanten (b, c, d, g, ğ, j, l, m, n, r, v, y, z). Einem Harmoniegesetz zufolge werden harte Konsonanten in entsprechende weiche umgewandelt, wenn sie durch eine Endung zwischen zwei Vokale geraten:

harte Konsonanten			weiche Konsonanten		
ç	ağa**ç**	(der Baum)	c	ağa**c**ın	(des Baumes)
k	çocu**k**	(das Kind)	ğ	çocu**ğ**a	(dem Kind)
p	çora**p**	(der Strumpf)	b	çora**b**ı	(den Strumpf)
t	kana**t**	(der Flügel)	d	kana**d**ı	(den Flügel)

Ausnahmen von dieser Regel bilden viele einsilbige Wörter: z.B. a**t** (das Pferd) – a**t**ım (mein Pferd). Es gibt aber auch Ausnahmen bei mehrsilbigen Wörtern, gerade bei solchen, die auf *t* auslauten. Das auslautende *t* wird seltener erweicht als die anderen harten Konsonanten:

hürriye**t** (die Freiheit) – hürriye**t**e (der Freiheit)

Wenn ein Wort mit einem harten Konsonant auslautet, muss der eigentlich weiche Konsonant der angefügten Endung, (z.B. Lokativendung -de/-da) zu einem harten Konsonanten umgewandelt werden (-te/-ta):

ağaç (der Baum) – ağaç-**ta** (auf dem Baum)

Wegfall des zweiten Vokals

Bei manchen zweisilbigen Substantiven fällt der Vokal der zweiten Silbe beim Antritt von vokalisch anlautenden Endungen (Endungen, die mit einem Vokal beginnen, nämlich die Possessivendungen und die Dativ-, Akkusativ- und Genitivendungen) weg.

şehir (die Stadt)	şehr**e** **(in die** Stadt)
burun (die Nase)	burn**um** **(meine** Nase)

Das Substantiv (Hauptwort)

Mit Ausnahme von Eigennamen werden alle Substantive klein geschrieben. Das Türkische kennt **keine bestimmten Artikel** (Geschlechtswörter) sondern nur den **unbestimmten Artikel** *bir* (z.B. ein Kind – bir çocuk). *Bir* dient auch als Zahlwort (eins). Es wird nicht dekliniert und hat keine Verneinungsform. Zur **Pluralbildung** dient die Endung *-ler/-lar.* Sie richtet sich nach der kleinen Vokalharmonie und wird an das Substantiv angefügt:

Singular		Plural (-lar/-ler)	
baba	(der Vater)	babalar	(die Väter)
anne	(die Mutter)	anneler	(die Mütter)
çocuk	(das Kind)	çocuklar	(die Kinder)

Nach Zahlwörtern wird immer der Singular des Substantivs gebraucht:

üç kişi	iki ekmek	on bir oyuncu
drei Personen	zwei Brote	elf Spieler

Ebenso steht nach dem Adjektiv *çok* (viel) der Singular:

çok çocuk	çok insan	çok araba
viele Kinder	viele Menschen	viele Autos

Die Fallendungen im Plural sind vollkommen identisch mit denen im Singular. Sie treten an die Pluralform. Auch hier gilt wieder die Vokalharmonie:

Nominativ (Wer? Was?)	Ekmekler taze. (Die Brote sind frisch.)
Akkusativ (Wen, Was?)	Bugün sarayları gezeceğiz. (Heute werden wir die Paläste besichtigen.)
Dativ (Wem, Wohin?)	Bu akşam arkadaşlar**a** gideceğiz. (Heute Abend werden wir zu Freunden gehen.)
Genitiv (Wessen?)	Bu arkadaşları**n** oteli nerede? (Wo ist das Hotel dieser Freunde?)

Die Deklination des Substantivs

Es gibt im Türkischen fünf Deklinationsformen und einen Attributsfall, der dem Genitiv im Deutschen entspricht. Die Deklinationsendungen werden an das Substantiv angehängt und richten sich nach der Vokalharmonie (im Akk. und Gen. die große, ansonsten die kleine). Bei vokalisch auslautenden Substantiven kommt zwischen Wortstamm und Deklinationsendung ein Fugenkonsonant (bei Akk. und Dat. *-y-*, bei Gen. *-n-*). Bei hartem konsonantischem Auslaut muss der nötige Konsonantenwandel (s.o.) berücksichtigt werden.

Fall	Deklinations-endungen	Substantiv endet mit Vokal	Substantiv endet mit weichem Konsonant	Substantiv endet mit hartem Konsonant	Pluralbildung
Nominativ Wer? Was?	–	araba (der Wagen)	ev (das Haus)	çocuk (das Kind)	arabalar (die Wagen) evler (die Häuser) çocuklar (die Kinder)
Akkusativ Wen? Was?	-ı, -i, -u, -ü	araba-y-ı (den Wagen)	ev-i (das Haus)	çocuğ-u (das Kind)	arabalar-ı (die Wagen) evler-i (die Häuser) çocuklar-ı (die Kinder)
Dativ Wem? Wohin?	-e, -a	araba-y-a (dem Wage-n)	ev-e (dem Haus/ ins Haus)	çocuğ-a (dem Kind)	arabalar-a (den Wagen) evler-e (den Häusern) çocuklar-a (den Kindern)
Lokativ Wo? Wann?	-de, -da	araba-da (im Wagen)	ev-de (im Haus)	çocuk-ta (beim Kind)	arabalar-da (in den Wagen) evler-de (in den Häusern) çocuklar-da (bei den Kindern)

Ablativ Woher? Von wem?	-den, -dan	araba-dan (aus dem/ vom Wagen)	ev-den (aus dem/ vom Haus)	çocuk-tan (vom Kind)	arabalar-dan (von/aus den Wagen) evler-den (von/aus den Häusern) çocuklar-dan (von den Kindern)
Genitiv Wessen?	-ın, -in, -un, -ün	araba-n-ın (des Wagens)	ev-in (des Hauses)	çocuğ-un (des Kindes)	arabalar-ın (der Wagen) evler-in (der Häuser) çocuklar-ın (der Kinder)

Bei Eigennamen wird die Endung mit einem Apostroph abgetrennt (z.B. İstanbul'da).

Die Genitivkonstruktion

Bei der Genitivkonstruktion werden zwei Substantive miteinander verbunden.

a) Die bestimmte Genitivkonstruktion: Das erste Substantiv ist das Bestimmungswort und bekommt die Genitivendung (-ın/-in/-un/-ün). Das zweite Wort ist das Grundwort und bekommt die Possessivendung der 3. Pers. Sing. oder Pl. (s. auch Kap. zu Possessiv):

ev-in anahtar-ı	der Schlüssel des Hauses
evler-in anahtar-ları	die Schlüssel der Häuser

b) Die unbestimmte Genitivkonstruktion bezeichnet einen Gattungsbegriff oder dient der Wortzusammensetzung. Hier bekommt das Bestimmungswort keine Genitivendung, aber das Grundwort behält die Possessivendung bei:

ev anahtar-ı	der Hausschlüssel
ev anahtar-ları	die Hausschlüssel

Das Adjektiv (Eigenschaftswort)

Im Türkischen wird das Adjektiv nicht dekliniert, außer wenn es substantivisch gebraucht wird.

- **Das adverbiale Adjektiv:** Das Adjektiv steht vor einem Verb und charakterisiert dieses näher:
  Kadın **güzel** konuşuyor. (Die Frau spricht schön.)
- **Das attributive Adjektiv:**
  Das Adjektiv steht, wie im Deutschen, immer vor dem Substantiv:
  güzel kadın (die schöne Frau), **güzel** kadınlar (schöne Frauen)
  Der unbestimmte Artikel kann vor dem Adjektiv oder zwischen Adjektiv und Substantiv stehen:
  bir **güzel** kadın/**güzel** bir kadın (eine schöne Frau)
- **Das prädikative Adjektiv:** Bei prädikativem Gebrauch steht das Adjektiv am Satzende und erhält eine Personalendung, die der deutschen Kopula „sein" entspricht:
  Bu kadın **güzel**. (Diese Frau ist schön.) (vgl. Absatz über die Kopula „sein").
- **Das substantivierte Adjektiv** wird dekliniert:
  Nom.: **güzel** (die Schöne) Gen.: **güzel**in gözleri (die Augen der Schönen)

Steigerung und Vergleich

Das Adjektiv wird mit den Wörtern *daha* und *en* gesteigert.

güzel (schön)	daha güzel (schöner)	en güzel (am schönsten)

Bei einem Vergleich erhält das Substantiv, mit dem verglichen wird, die Ablativendung *-den/ -dan* und steht vor dem Adjektiv. *Daha* ist dann nicht mehr notwendig und hat, wenn es doch gebraucht wird, die Bedeutung „noch".

Positiv	İzmir **büyük** bir şehirdir. (Izmir ist eine große Stadt.)
Komparativ	İstanbul İzmir'**den (daha) büyük**tür. (Istanbul ist (noch) größer als İzmir.)
Superlativ	İstanbul Türkiye'nin **en büyük** şehridir. (Istanbul ist die größte Stadt der Türkei.)

Für Vergleichssätze werden kadar (so ... wie), gibi (wie bzw. so ... wie) oder kere/defa (-mal so ... wie) benutzt:

İngilizce **kadar** iyi Almanca bilmiyorum.	Ich kann nicht so gut Deutsch wie Englisch.
İngilizce Almanca **gibi** zor değil.	Englisch ist nicht so schwer wie Deutsch.
Türkiye, Almanya'**dan** üç **kere** daha büyük.	Die Türkei ist dreimal so groß wie Deutschland.

Die Pronomen (Fürwörter)

Im Türkischen gibt es Personal-, Possessiv-, Demonstrativ-, Reflexiv- und Fragepronomen. Mit dem Deutschen vergleichbare Relativpronomen gibt es nicht.

Personalpronomen (Persönliche Fürwörter)

Nominativ (Wer?)	**Akkusativ** (Wen?)	**Dativ** (Wem? Wohin?)	**Lokativ** (Wo? Bei wem?)	**Ablativ** (Woher? Von wem?)
ben (ich)	ben**i** (mich)	ban**a** (mir, zu mir)	ben**de** (bei mir)	ben**den** (von mir)
sen (du)	sen**i** (dich)	san**a** (dir, zu dir)	sen**de** (bei dir)	sen**den** (von dir)
o (er, sie, es)	on**u** (ihn, sie, es)	on**a** (ihm, ihr, ihm; zu ihm/ihr)	on**da** (bei ihm, ihr, ihm)	on**dan** (von ihm, ihr, ihm)
biz (wir)	biz**i** (uns)	biz**e** (uns, zu uns)	biz**de** (bei uns)	biz**den** (von uns)
siz (ihr/Sie)	siz**i** (euch/Sie)	siz**e** (euch/Ihnen, zu euch/Ihnen)	siz**de** (bei euch/Ihnen)	siz**den** (von euch/Ihnen)
onlar (sie)	onlar**ı** (sie)	onlar**a** (sie, zu ihnen)	onlar**da** (bei ihnen)	onlar**dan** (von ihnen)

Da das Prädikat Personalendungen enthält, wird das Personalpronomen im Nominativ als Subjekt häufig weggelassen. Es wird in der Regel nur zur besonderen Hervorhebung gebraucht.

Geliyorum.	Ich komme.
Ben geliyorum.	

Das Possessivpronomen ist mit dem Genitiv des Personalpronomens identisch (s.u.).

Possessivpronomen (Besitzanzeigende Fürwörter) und Possessivendungen

Possessivpronomen stehen vor ihrem Bezugswort, einem Substantiv, das eine entsprechende Possessivendung erhält. Da die Possessivendung am Substantiv dasselbe leistet wie das Possessivpronomen, wird dieses häufig weggelassen (**benim** ev**im** – **mein** Haus; oder auch nur: ev**im** – **mein** Haus). In der folgenden Tabelle sind die Possessivpronomen aufgelistet:

benim:	mein	**bizim:**	unser
senin:	dein	**sizin:**	euer/Ihr (Sing.u.Pl.)
onun:	sein/ihr/sein	**onların:**	ihr

Die Vokale der **Possessivendungen** verändern sich nach der großen Vokalharmonie:

Poss.pr.	Substantiv + Possessivendung		
	Endung nach vokalischem Auslaut	Endung nach weichem konsonantischem Auslaut	Endung nach hartem konsonantischem Auslaut
benim (mein)	baba**m** (mein Vater)	arkadaş**ım** (mein/e Freund/in)	çocuğ**um** (mein Kind)
senin (dein)	baba**n** (dein Vater)	arkadaş**ın** (dein/e Freund/in)	çocuğ**un** (dein Kind)
onun (sein, ihr, sein)	baba**sı** (sein, ihr, sein Vater)	arkadaş**ı** (sein/e, ihr/e, sein/e Freund/in)	çocuğ**u** (sein, ihr, sein Kind)
bizim (unser)	baba**mız** (unser Vater)	arkadaş**ımız** (unser/e Freund/in)	çocuğ**umuz** (unser Kind)
sizin (euer/Ihr)	baba**nız** (euer/Ihr Vater)	arkadaş**ınız** (euer/e/Ihr/e Freund/in)	çocuğ**unuz** (euer/Ihr Kind)
onların (ihr)	baba**ları** (ihreVäter) baba**sı** (ihr Vater)	arkadaş**ları** (ihre Freunde/Freundinnen) arkadaş**ı** (ihr/e Freund/in)	çocuk**ları** (ihre Kinder) çocuğ**u** (ihr Kind)

Die **Deklinationsendungen** werden an die Possessivendungen angefügt.

Bildung: Substantiv + Possessivendung + Deklinationsendung

z.B. Lokativ: Bizim arkadaş-ımız-**da** (bei unserem Freund)

Nach den Possessivendungen in der 3. Pers. Sing. und Pl. steht immer ein *-n-* vor der folgenden Deklinationsendung: araba-sı-**n**-ı (Akk.), araba-sı-**n**-a (Dat.), araba-sı-**n**-da (Lok.), araba-sı-**n**-dan (Abl.), araba-ları-**n**-ın (Pl. Gen.)

Demonstrativpronomen (hinweisende Fürwörter)

Singular	Plural
bu (der/die/das hier)/şu (der/die/das da)/ o (jene/r/s)	bunlar (diese hier)/şunlar (diese da)/ onlar (jene)
Bu güzel bir otel. (Das hier ist ein schönes Hotel.)	**Bunlar** bizim çocuklarımız değil. (Das hier sind nicht unsere Kinder.)
Şu eski bir ev. (Das da ist ein altes Haus.)	**Şunlar** elma ağacı. (Das da sind Apfelbäume.)
O iyi bir kitap. (Jenes ist ein gutes Buch.)	**Onlar** da iyi. (Jene sind auch gut.)

Reflexivpronomen (rückbezügliches Fürwort)

Das türkische Reflexivpronomen ist mit dem deutschen nicht zu vergleichen. Es kann adjektivisch oder substantivisch benutzt werden. Es gibt nur das Reflexivpronomen *kendi.* In substantivischem Gebrauch nimmt es Possessivendungen an und bedeutet „ich selbst", „du selbst" usw; in adjektivischem Gebrauch steht es unverändert vor dem Bezugswort, das eine Possessivendung annimmt, und bedeutet „mein eigener", „dein eigener" usw.

Substantivisch		Adjektivisch
kendi**m**	(ich selbst)	kendi araba**m** (mein eigener Wagen) kendi ev**im** (mein eigenes Haus)
kendi**n**	(du selbst)	kendi araba**n** (dein eigener Wagen) kendi ev**in** (dein eigenes Haus)
kendi**si**	(er, sie, es selbst)	kendi araba**sı** (sein, ihr eigener Wagen) kendi ev**i** (sein, ihr eigenes Haus)
kendi**miz**	(wir selbst)	kendi araba**mız** (unser eigener Wagen) kendi ev**imiz** (unser eigenes Haus)
kendi**niz**	(ihr selbst/Sie selbst)	kendi araba**nız** (euer/Ihr eigener Wagen) kendi ev**iniz** (euer/Ihr eigenes Haus)
kendi**leri**	(sie selbst)	kendi araba**ları** (ihre eigenen Wagen) kendi ev**leri** (ihre eigenen Häuser) kendi araba**sı** (ihr eigener Wagen) kendi ev**i** (ihr eigenes Haus)

Deklination

Nom.	kendim (ich selbst)	kendi arabam (mein eigener Wagen)
Akk.	kendim**i** (mich selbst)	kendi arabam**ı** (meinen eigenen Wagen)
Dat.	kendim**e** (mir selbst)	kendi araba**ma** (meinem eigenen Wagen)
Lok.	kendim**de** (bei mir selbst)	kendi arabam**da** (in meinem eigenen Wagen)
Abl.	kendim**den** (von mir selbst)	kendi arabam**dan** (von meinem eigenen Wagen)
Gen.	kendim**in** (meiner selbst)	kendi arabam**ın** (meines eigenen Wagens)

Fragepronomen und Fragewörter

Kim? (Wer?)	**Kim** çay istiyor? **Kimi** arıyorsunuz? **Kime** sordunuz? **Kimin** arkadaşısınız? **Kimde** kalıyorsunuz? Bunu **kimden** aldınız?	Wer möchte Tee? Wen suchen Sie? Wem stellten Sie die Frage? Wessen Freund sind Sie? Bei wem wohnen Sie? Von wem haben Sie das bekommen?
Ne? (Was?)	**Ne** istiyorsunuz? **Ne** arıyorsunuz?	Was möchten Sie? Was suchen Sie?
Ne zaman? (Wann?)	Uçak **ne zaman** kalkıyor? Bize **ne zaman** geleceksin?	Wann startet das Flugzeug? Wann kommst du zu uns?
Kaç ....? (Wie viel?)	**Kaç** kişisiniz? Şeftali **kaç** lira? Kilosu **kaça**? **Kaç gün** kalacaksınız? Bir gecesi **kaç para**? Kaç tane?	Wie viele Personen sind Sie? Wie viel Lira kosten die Pfirsiche? Was kostet das Kilo? Wie viel Tage werden Sie bleiben? Was kostet eine Nacht? Wie viel Stück?
Saat kaç? (Wie spät ist es?)	Affedersiniz, **saat kaç**?	Entschuldigen Sie, wie spät ist es?
Saat kaçta? (Um wie viel Uhr?/Wann?)	Tren **saat kaçta** kalkıyor? **Saat kaçta** buluşalım?	Wann fährt der Zug ab? Um wie viel Uhr sollen wir uns treffen?
Hangi? (welche/r/s?)	**Hangi** oteli tavsiye edersiniz?	Welches Hotel würden Sie empfehlen?

Das Verb (Zeitwort)

Infinitiv

Die Infinitivendung, die an den Wortstamm angehängt wird, lautet im Türkischen *-mek* oder *-mak*. Sie richtet sich nach der kleinen Vokalharmonie: gel-mek (kommen); sor-mak (fragen).

Die Kopula „sein", die Personalendung

Die Kopula „sein" in Sätzen wie „ich bin Arzt" oder „er ist krank" gibt es in türkischen Hauptsätzen (außer im Futur) nicht als eigenes Wort, sondern in Form von **Personalendungen**, die am Ende des Satzes an ein Substantiv, Adjektiv oder Pronomen antritt. (z. B. in der 1. Person Singular: Ben doktor-**um**. – Ich **bin** Arzt.) Diese Personalendungen werden auch bei der Konjugation der Verben gebraucht.

Personalpronomen	Nach konsonant. Auslaut: Wortstamm + Personalend.	nach vokalischem Auslaut: Wortstamm (+ -y) + Personalend.
ben	-ım/-im/-um/-üm	-y-ım/-y-im/-y-um/-y-üm
sen	-sın/-sin/-sun/-sün	-sın/-sin/-sun/-sün
o	keine Endung	keine Endung
biz	-ız/-iz/-uz/-üz	-y-ız/-y-iz/-y-uz/-y-üz
siz	-sınız/-siniz/-sunuz/-sünüz	-sınız/-siniz/-sunuz/-sünüz
onlar	(-lar)/(-ler)	(-lar)/(-ler)

- Die Personalendung für die 3. Person Singular (das deutsche „ist") ist eine Nullendung, d.h. es tritt keine Endung an (z.B. Babam hasta. – Mein Vater ist krank.). Es kann allerdings auch die Endung *-dır/-dir/-dur/-dür* (nach harten Konsonanten *-tır/-tir/-tur/-tür*) antreten, wenn der Sprecher seiner Aussage eine gewisse Nachdrücklichkeit beilegt; *-dir* wird dabei meist nicht extra übersetzt (Babam hasta-dır. – Mein Vater ist krank.).
- Die oben aufgelisteten Personalendungen werden nur in der Gegenwart und unbestimmten Vergangenheit verwendet. Für die bestimmte Vergangenheit (Perfekt) gelten andere Endungen (siehe Tabellen unten).
- Im Futur erscheint die Kopula „sein" nicht als bloße Personalendung sondern als Hilfsverb *olmak* („sein") mit Futurendung (s. Tempusbildung bei Verben):
  Doktor ol-acağ-ım. – Ich werde Arzt.
- Bei verneinten Sätzen tritt die Personalendung an das Adverb *değil* („nicht"):
  Doktor değil-im. – Ich bin kein Arzt.
- Bei Fragesätzen tritt die Personalendung an das Fragepartikel *-mı/-mi/-mu/-mü:* Doktor mu-y-um? – Bin ich ein Arzt?
- Bei vokalischem Auslaut kommt zwischen Wortstamm und Personalendung ein Fugen-*y*, wenn die Personalendung mit einem Vokal beginnt: Ben hasta-y-ım. – Ich bin krank.

Gegenwart

Personal-pronomen	Positive Aussage	Negative Aussage	Positive Frage	Negative Frage
ben	doktor**um** (ich bin Arzt) hastay**ım** (ich bin krank)	doktor değil**im** (ich bin kein Arzt) hasta değil**im** (ich bin nicht krank)	doktor muy**um**? (bin ich ein Arzt?) hasta mıy**ım**? (bin ich krank?)	doktor değil mi**yim?** (bin ich kein Arzt?) hasta değil mi**yim**? (bin ich nicht krank?)
sen	doktor**sun** hasta**sın**	doktor değil**sin** hasta değil**sin**	doktor mu**sun**? hasta mı**sın**?	doktor değil mi**sin**? hasta değil mi**sin**?
o	doktor**(dur)** hasta**(dır)**	doktor değil**(dir)** hasta değil**(dir)**	doktor mu(**dur**)? hasta mı(**dır**)?	doktor değil mi**(dir)?** hasta değil mi**(dir)?**
biz	doktor**uz** hastay**ız**	doktor değil**iz** hasta değil**iz**	doktor muy**uz**? hasta mıy**ız**?	doktor değil miy**iz**? hasta değil miy**iz**?
siz	doktor**sunuz** hasta**sınız**	doktor değil**siniz** hasta değil**siniz**	doktor mu**sunuz**? hasta mı**sınız**?	doktor değil mi**siniz?** hasta değil mi**siniz**?
onlar	doktor**(dur)lar** hasta**(dır)lar**	doktor değil**(dir)ler** hasta değil**(dir)ler**	doktor mu(**dur)lar**? hasta mı(**dır)lar**?	doktor değil(**dir)ler** mi? hasta değil(**dir)ler** mi?

Bestimmte Vergangenheit (erlebte Vergangenheit): -(y)dı/-(y)di/-(y)du/-(y)dü

Personal-pronomen	Positive Aussage	Negative Aussage	Positive Frage	Negative Frage
ben	doktor**dum** (ich war Arzt) hasta**ydım** (ich war krank)	doktor değil**dim** (ich war kein Arzt) hasta değil**dim** (ich war nicht krank)	doktor muy**dum**? (war ich ein Arzt?) hasta mıy**dım?** (war ich krank?)	doktor değil miy-**dim**? (war ich kein Arzt?) hasta değil miy**dim**? (war ich nicht krank?)
sen	doktor**dun** hastay**dın**	doktor değil**din** hasta değil**din**	doktor muy**dun**? hasta mıy**dın**?	doktor değil miy-**din**? hasta değil miy**din**?
o	doktor**du** hastay**dı**	doktor değil**di** hasta değil**di**	doktor muy**du**? hasta mıy**dı**?	doktor değil miy**di**? hasta değil miy**di**?
biz	doktor**duk** hastay**dık**	doktor değil**dik** hasta değil**dik**	doktor muy**duk**? hasta mıy**dık**?	doktor değil miy-**dik**? hasta değil miy**dik**?
siz	doktor**dunuz** hastay**dınız**	doktor değil**diniz** hasta değil**diniz**	doktor muy**du-nuz**? hasta mıy**dınız**?	doktor değil miy**di-niz**? hasta değil miy**di-niz**?
onlar	doktor**dular** hastay**dılar**	doktor değil**diler** hasta değil**diler**	doktor muy**du-lar**? hasta mıy**dılar**?	doktor değil miy**di-ler**? hasta değil miy**di-ler**?

Unbestimmte Vergangenheit (erfahrene Vergangenheit): -(y)mış/-(y)miş/-(y)muş/-(y)müş

Personal-pronomen	Positive Aussage	Negative Aussage	Positive Frage	Negative Frage
ben	doktor**mu-şum** (ich soll Arzt sein) hastay**mışım** (ich soll krank sein)	doktor değil**mi-şim** (ich soll kein Arzt sein) hasta değil**mişim** (ich soll nicht krank sein)	doktor muy**mu-şum**? (soll ich Arzt sein?) hasta mıy**mışım**? (soll ich krank sein?)	doktor değil miy**mi-şim**? (soll ich kein Arzt sein?) hasta değil miy**mi-şim**? (soll ich nicht krank sein?)
sen	doktor**muş-sun** hastay**mışsın**	doktor değil**miş-sin** hasta değil**miş-sin**	doktor muy**muş-sun**? hasta mıy**mış-sın**?	doktor değil miy-**mişsin**? hasta değil miy**miş-sin**?
o	doktor**muş** hastay**mış**	doktor değil**miş** hasta değil**miş**	doktor muy**muş**? hasta mıy**mış**?	doktor değil miy-**miş**? hasta değil miy**miş**?
biz	doktor**muşuz** hastay**mışız**	doktor değil**mi-şiz** hasta değil**mişiz**	doktor muy**mu-şuz**? hasta mıy**mışız**?	doktor değil miy**mi-şiz**? hasta değil miy**mi-şiz**?

siz	doktor**muşsunuz** hastay**mışsınız**	doktor değil**mişsiniz** hasta değil**mişsiniz**	doktor muy**muşsunuz**? hasta mıy**mışsınız**?	doktor değil miy**mişsiniz**? hasta değil miy**mişsiniz**?
onlar	doktor**muşlar** hastay**mışlar**	doktor değil**mişler** hasta değil**mişler**	doktor muy**muşlar**? hasta mıy**mışlar**?	doktor değil miy**mişler**? hasta değil miy**mişler**?

Sätze mit var und yok

Die Wörter *var* und *yok* sind formal gesehen Adjektive. Stehen sie am Ende eines Satzes, dann bilden sie ein Prädikat und drücken das Vorhandensein (var – „ist vorhanden") bzw. das Nichtvorhandensein (yok – „ist nicht vorhanden") des Subjektes aus. Sätze mit *var/yok* werden im Deutschen verschieden wiedergegeben. Wenn das Subjekt eine Possessivendung hat, wird *var/yok* im Deutschen mit „haben/nicht haben" übersetzt. Wenn das Subjekt keine Possessivendung hat, wird *var/yok* mit „es gibt/es gibt nicht" übersetzt.

(Benim) param var.	Ich habe Geld. (Wörtlich: Mein Geld gibt es.)
(Benim) param yok.	Ich habe kein Geld. (Wörtlich: Mein Geld gibt es nicht.)
Bakkalda ekmek var.	Im Laden gibt es Brot.
İstanbul'a ne zaman tren var?	Wann gibt es einen Zug nach Istanbul?
Bugün İstanbul'a tren yok.	Heute gibt es keinen Zug nach Istanbul.

Außerdem gibt es feststehende Wendungen mit var/yok:

Ne var ne yok?	Wie geht es? (Wörtlich: Was gibt es, was gibt es nicht?)
Acelesi yok.	Es eilt nicht.
Bunda iş yok!	Das taugt nichts!
Var mısın?	Machst du mit? Bist du dabei?

Verneinte Verben

Im Türkischen werden Verben nicht wie im Deutschen mit einem Wort wie „nicht" verneint, sondern dadurch, dass an den Stamm des Verbes eine **Negationsendung** (*-me/-ma*) tritt. Das Verb „kommen" lautet im Türkischen *gelmek*. *-mek* (oder *-mak*) ist die Infinitivendung und *gel-* ist der Verbstamm. Durch Anhängen der Negativendung *-me* an den Verbstamm entsteht der verneinte Verbstamm *gelme-*. Fügt man daran wieder die Infinitivendung *-mek* an, erhält man *gelmemek* („nicht kommen"). Bei verneinten Verbalsätzen werden immer die um die Negativendung *-me/-ma* erweiterten negativen Verbstämme verwendet.

Tempusbildung bei Verben

Es gibt zwei Tempusformen, die einfache und die zusammengesetzte Zeit.

a) Die einfache Tempusbildung

Bestimmte Gegenwart (Präsens)

Gebrauch: Das Präsens wird für Handlungen und Ereignisse gebraucht, die sich gerade bzw. im Augenblick vollziehen und abspielen.

Endung: -yor (-ıyor/-iyor/-uyor/-üyor)

Bildung: Verbstamm + Präsensendung + Personalendung

Bei vokalisch auslautenden Stämmen (außer *-e* oder *-a*) wird die Präsensendung *-yor* an den Verbstamm angefügt; *-e* oder *-a* im Auslaut des Stamms werden dagegen nach der großen Vokalharmonie zu *-ı, -i, -u* oder *-ü*, je nachdem, welcher Vokal im Verbstamm davorsteht (z.B.: söyl**e**mek – söyl**ü**yor). Nach konsonantischem Auslaut steht *-ıyor/-iyor/-uyor/-üyor.*

Personalpronomen	Positive Aussage	Negative Aussage	Positive Frage	Negative Frage
ben	gel**iyor**um (ich komme)	gelmi**yor**um (ich komme nicht)	gel**iyor** muyum? (komme ich?)	gelmi**yor** muyum? (komme ich nicht?)
sen	gel**iyor**sun	gelmi**yor**sun	gel**iyor** musun?	gelmi**yor** musun?
o	gel**iyor**	gelmi**yor**	gel**iyor** mu?	gelmi**yor** mu?
biz	gel**iyor**uz	gelmi**yor**uz	gel**iyor** muyuz?	gelmi**yor** muyuz?
siz	gel**iyor**sunuz	gelmi**yor**sunuz	gel**iyor** musunuz?	gelmi**yor** musunuz?
onlar	gel**iyor**lar	gelmi**yor**lar	gel**iyor**lar mı?	gelmi**yor**lar mı?

Bestimmte Vergangenheit (Perfekt)

Gebrauch: Die bestimmte Vergangenheit wird für Ereignisse verwendet, die der Sprechende in der Vergangenheit selbst gesehen oder erlebt hat oder von denen er weiß, dass sie sich tatsächlich ereignet haben.

Endung: -dı/-di/-du/-dü (-tı/-ti/-tu/-tü)

Bildung: Verbstamm + Vergangenheitsendung + Personalendung (Yaz-dı-m. – Ich habe geschrieben.)

Nach hartem konsonantischem Auslaut wird *-dı* zu *-tı* (Koş-**tu**-m – Ich bin gelaufen).

Personalpronomen	Positive Aussage	Negative Aussage	Positive Frage	Negative Frage
ben	gel**di**m (ich bin gekommen)	gelme**di**m (ich bin nicht gekommen.)	gel**di**m mi? (bin ich gekommen?)	gelme**di**m mi? (bin ich nicht gekommen?)
sen	gel**di**n	gelme**di**n	gel**di**n mi?	gelme**di**n mi?
o	gel**di**	gelme**di**	gel**di** mi?	gelme**di** mi?
biz	gel**di**k	gelme**di**k	gel**di**k mi?	gelme**di**k mi?
siz	gel**di**niz	gelme**di**niz	gel**di**niz mi?	gelme**di**niz mi?
onlar	gel**di**ler	gelme**di**ler	gel**di**ler mi?	gelme**di**ler mi?

Unbestimmte Vergangenheit

Gebrauch: Mit der unbestimmten Vergangenheit gibt der Sprechende etwas wieder, wovon er nur vom Hörensagen weiß, bzw. wovon er nicht mit Sicherheit weiß, ob es sich tatsächlich so ereignet hat.

Endung: -mış/-miş/-muş/-müş

Bildung: Verbstamm + unbest. Vergangenheitsendung + Personalendung

Personal-pronomen	Positive Aussage	Negative Aussage	Positive Frage	Negative Frage
ben	gel**miş**im (ich soll gekommen sein)	gelme**miş**im (ich soll nicht gekommen sein)	gel**miş** miyim? (soll ich gekom-men sein?)	gelme**miş** miyim? (soll ich nicht gekommen sein?)
sen	gel**miş**sin	gelme**miş**sin	gel**miş** misin?	gelme**miş** misin?
o	gel**miş**	gelme**miş**	gel**miş** mi?	gelme**miş** mi?
biz	gel**miş**iz	gelme**miş**iz	gel**miş** miyiz?	gelme**miş** miyiz?
siz	gel**miş**siniz	gelme**miş**siniz	gel**miş** misiniz?	gelme**miş** misiniz?
onlar	gel**miş**ler	gelme**miş**ler	gel**miş**ler mi?	gelme**miş**ler mi?

Aorist

Gebrauch: Der Aorist drückt eine Handlung aus, die jederzeit bzw. zeitlich unabhängig geschieht. Er wird auch gebraucht, wenn eine gewohnheitsmäßige Handlung oder die Fähigkeit zu bestimmten Handlungen ausgedrückt wird.

Endung und Bildung:

1) -r: nach vokalischem Auslaut

2) -er/-ar: nach einsilbigem Stamm mit konsonantischem Auslaut

3) -ır/-ir/-ur/-ür: nach zwei- oder mehrsilbigem Stamm mit konsonantischem Auslaut sowie nach einigen einsilbigen Verbalstämmen, die meist auf -l oder -r enden.

Personal-pronomen	Positive Aussage	Negative Aussage	Positive Frage	Negative Frage
ben	gel**ir**im (ich pflege zu kommen)	gel**me**m (ich pflege nicht zu kommen)	gel**ir** miyim? (pflege ich zu kommen?)	gel**mez** miyim? (pflege ich nicht zu kommen?)
sen	gel**ir**sin	gel**mez**sin	gel**ir** misin?	gel**mez** misin?
o	gel**ir**	gel**mez**	gel**ir** mi?	gel**mez** mi?
biz	gel**ir**iz	gel**me**yiz	gel**ir** miyiz?	gel**mez** miyiz?
siz	gel**ir**siniz	gel**mez**siniz	gel**ir** misiniz?	gel**mez** misiniz?
onlar	gel**ir**ler	gel**mez**ler	gel**ir**ler mi?	gel**mez**ler mi?

Futur

Gebrauch: Drückt etwas Zukünftiges, ein geplantes Ereignis oder eine feste Absicht aus.

Endung: Nach konsonantischem Auslaut -ecek/-acak, nach vokalischem Auslaut -yecek/-yacak

Bildung: Verbstamm + Futurendung + Personalendung

Personal-pronomen	Positive Aussage	Negative Aussage	Positive Frage	Negative Frage
ben	gel**eceğ**im (ich werde kommen)	gelme**yeceğ**im (ich werde nicht kommen)	gel**ecek** miyim? (werde ich kommen?)	gelme**yecek** miyim? (werde ich nicht kommen?)
sen	gel**ecek**sin	gelme**yecek**sin	gel**ecek** misin?	gelme**yecek** misin?
o	gel**ecek**	gelme**yecek**	gel**ecek** mi?	gelme**yecek** mi?
biz	gel**eceğ**iz	gelme**yeceğ**iz	gel**ecek** miyiz?	gelme**yecek** miyiz?
siz	gel**ecek**siniz	gelme**yecek**siniz	gel**ecek** misiniz?	gelme**yecek** misiniz?
onlar	gel**ecek**ler	gelme**yecek**ler	gel**ecek**ler mi?	gelme**yecek**ler mi?

b) Die zusammengesetzte Tempusbildung

Zusammengesetzte Zeiten werden entweder mit der bestimmten oder mit der unbestimmten Vergangenheit gebildet.

1. Mit der bestimmten Vergangenheit

Bestimmte Vergangenheit des Präsens (Imperfekt)

gel**iyordu** (er kam)	gelmi**yordu** (er kam nicht)	gel**iyor** muy**du?** (kam er?)	gelmi**yor** muy**du**? (kam er nicht?)

Bestimmte Vergangenheit des Aorist

gel**irdi** (er kam immer)	gel**mezdi** (er kam nie)	gel**ir** miy**di**? (kam er immer?)	gel**mez** miy**di**? (kam er nie?)

Bestimmte Vergangenheit des Futurs

gel**ecekti** (er wollte kommen)	gelmey**ecekti** (er wollte nicht kommen)	gel**ecek** miy**di**? (wollte er kommen?)	gelmey**ecek** miy**di**? (wollte er nicht kommen?)

Plusquamperfekt

gel**mişti** (er war gekommen)	gelme**mişti** (er war nicht gekommen)	gel**miş** miy**di**? (war er gekommen?)	gelme**miş** miy**di**? (war er nicht gekommen?)

2. Mit der unbestimmten Vergangenheit

Unbestimmte Vergangenheit des Präsens

ge**liyormuş** (er kommt wohl gerade)	gelmi**yormuş** (er kommt wohl nicht)	ge**liyor** muy**muş**? (kommt er wohl?)	gelmi**yor** muy**muş**? (kommt er wohl nicht?)

Unbestimmte Vergangenheit des Aorists

gel**irmiş** (er pflegt/e zu kommen)	gel**mezmiş** (er pflegt/e nicht zu kommen)	gel**ir** miy**miş**? (pflegt/e er zu kommen?)	gel**mez** miy**miş**? (pflegt/e er nicht zu kommen?)

Unbestimmte Vergangenheit des Futurs

gel**ecekmiş** (er würde/soll wohl kommen)	gelmey**ecekmiş** (er würde/soll nicht kommen)	gel**ecek** miy**miş**? (würde/soll er kommen?)	gelmey**ecek** miy**miş**? (würde/soll er nicht kommen?)

Der Imperativ (Befehlsform)

Im Unterschied zum Deutschen gibt es im Türkischen nicht nur die 2., sondern auch die 3. Pers. Sing. und Pl. des Imperativs. Der Imperativ in der 2. Pers. Sing. ist der bloße Verbstamm ohne Endung. Ansonsten gelten folgende Endungen:

Personalpronomen	Der positive Imperativ	der negative Imperativ
sen/siz	Bak!/Bak**ınız**! (Schau!/Schauen Sie!)	Bak**ma**!/Bak**mayınız**! (Schau nicht!/Schauen Sie nicht!)
o	Bak**sın**! (Er soll schauen.)	Bak**masın**! (Er soll nicht schauen.)
siz	Bak**ın** !/Bak**ınız**! (Schaut!/Schauen Sie!)	Bak**mayın**!/Bak**mayınız**! (Schaut nicht!/Schauen Sie nicht!)
onlar	Bak**sınlar**! (Sie sollen schauen.)	Bak**masınlar**! (Sie sollen nicht schauen.)

Die Postpositionen (Verhältniswörter)

Im Unterschied zum Deutschen gibt es im Türkischen keine Präpositionen, sondern Postpositionen. Sie werden den Bezugswörtern **nachgestellt** und verlangen verschiedene Deklinationsendungen.

Postpositionen mit dem Nominativ bzw. Genitiv

Bei diesen Postpositionen steht das Bezugswort, wenn es ein Subjekt ist, im Nominativ (hat also keine Endung), wenn es dagegen ein Pronomen ist, steht es im Genitiv (außer bei den Pluralformen *onlar* „sie" und *kimler* „wer alles").

ile: mit

Araba ile geldi. (Er kam mit dem Auto.) – Onun ile çalıştım. (Ich arbeitete mit ihr.)

Die Postposition *ile* kommt meistens als reine Endung vor: *-le/-la* nach konsonantischem und *-yle/-yla* nach vokalischem Auslaut.

Arabayla geldi. – Onunla çalıştım.

için: für

Çocuk için/Senin için bir kitap aldı. (Er hat für das Kind/für dich ein Buch gekauft.)

gibi: wie

Babası gibi çalışıyor. (Er arbeitet wie sein Vater.)

kadar: so ... wie, so viel wie, so groß wie.

Babası kadar çalışıyor. (Er arbeitet so viel wie sein Vater.)

Postpositionen mit dem Dativ

karşı: gegenüber (örtlich)/gegen (etwas sein)/gegen (zeitlich)

Denize karşı oturuyorum. (Ich wohne gegenüber dem Meer.)

doğru: auf ... zu (in Richtung auf), gegen (zeitlich)

Eve doğru gidiyorum. (Ich gehe auf das Haus zu.)

değin/dek/kadar: bis (zeitlich, örtlich)

Sabaha kadar dans ettiler. (Sie tanzten bis zum Morgen.)

Postpositionen mit dem Ablativ

önce/evvel: vor

Saat ikiden önce gelmez. (Vor zwei Uhr wird er nicht kommen.)

sonra: nach

Yemekten sonra sinemaya gidecek. (Nach dem Essen wird er ins Kino gehen.)

beri: seit

Bir saatten beri seni arıyorum. (Seit einer Stunde suche ich dich.)

itibaren: ab/von ... ab (zeitlich, örtlich)

Bugünden itibaren sigara içmeyecek. (Ab heute wird er nicht rauchen.)

başka: außer

Bunu benden başka kimse yapamaz. (Das kann niemand außer mir.)

dolayı/ötürü: wegen/infolge

Yağmurdan dolayı evdeyiz. (Wegen des Regens sind wir zu Hause.)

Substantive mit lokaler Bedeutung

Eine Reihe Substantive mit lokaler Bedeutung wie *iç* „das Innere", *alt* „Unterseite", *üst* „Oberseite", *arka* „Hinterseite", *ön* „Vorderseite", *dış* „das Äußere", *yan* „Seite", *ara* „Zwischenraum" und *karşı* „gegenüberliegende Seite" werden wie Postpositionen gebraucht. Sie stehen dann nach dem Bezugswort, mit dem sie eine Genitivkonstruktion bilden (ev**in** iç**i** – das Innere des Hauses) und eine Fallendung annehmen, vor allem Lokativ oder Dativ (Lokativ: evin içi-n**de** – im Haus, Dativ: evin içi-n**e** – ins Haus). Mit dem Lokativ wird die Frage Wo?, mit dem Dativ die Frage Wohin? beantwortet. Die wichtigsten dieser substantivischen Postpositionen sind:

	Ort (Wo?)	Richtung (Wohin?)
in	içinde	içine
unter	altında	altına
auf	üstünde	üstüne
hinter	arkasında	arkasına
vor	önünde	önüne
neben	yanında	yanına
zwischen	arasında	arasına
gegenüber	karşısında	karşısına
außerhalb	dışında	
aus … hinaus		dışına

Postpositionale Ausdrücke mit dem Nominativ

Weitere Substantive, die als postpositionale Ausdrücke benutzt werden, verlangen meist den Nominativ (adam yüzünden – wegen des Mannes), Pronomen aber stehen im Genitiv (**onun yüzünden** – seinetwegen). Einige davon sind: **sırasında/esnasında** (während), **sayesinde** (dank), **boyunca** (entlang, während) **süresince** (während), **gereğince** (gemäß, aufgrund), **dolayısıyla** (aufgrund von), **münasebetiyle** (anlässlich), **yönden/bakımdan** (hinsichtlich), **hakkında/üzerinde** (betreffs, über), **tarafından** (von).

Die Partizipien (Mittelwörter)

Die Partizipien im Türkischen gleichen denen im Deutschen. Sie können mit dem Partizip I, Partizip II und häufig mit einem Relativsatz (Relativpron. im Nom.) übersetzt werden. Die Partizipien werden mit Endungen gebildet, die an den Verbstamm angehängt werden. Sie können sowohl substantivisch als auch adjektivisch gebraucht werden. Bei substantivischem Gebrauch werden sie dekliniert, bei adjektivischem Gebrauch steht das Partizip wie ein Adjektiv unverändert vor dem Substantiv. Man kann es verneinen, ins Passiv setzen und die Zeitform variieren:

gör-en adam (adjektivisch)	der sehende Mann/der Mann, der sieht
gör-me-yen adam (adjektivisch verneint)	der nichtsehende Mann/der Mann, der nicht sieht
gör-en (substantivisch, Nom.)	der Sehende/derjenige, der sieht
gör-en-**e** (substantivisch, Dat.)	dem Sehenden/demjenigen, der sieht
gör-**ül**-en adam (adjektivisch, Passiv)	der Mann, der gesehen wird/wurde

Im Türkischen gibt es die **bestimmte** und die **unbestimmte Partizipform:**

a) Das bestimmte Partizip

Das bestimmte Partizip der Gegenwart

Das bestimmte Partizip der Gegenwart wird mit der Endung *-(y)en/-(y)an* gebildet. Die Verneinung lautet *-meyen/-mayan*: şarkı söyle**yen** adam – der singende Mann/der Mann, der singt

Das Partizip der Gegenwart kann eine Handlung in der bestimmten Gegenwart oder in der bestimmten Vergangenheit ausdrücken. Das hängt von der Handlung im Hauptsatz ab:

Düş**en** çocuk ağlıyor.	Das Kind, das fiel, weint.
Koş**an** çocuk benim oğlumdur.	Das Kind, das läuft, ist mein Sohn.
Koş**an** çocuk düştü.	Das Kind, das lief, ist gefallen.

Das bestimmte Partizip der Vergangenheit

Das bestimmte Partizip der Vergangenheit wird mit der Endung *-mış/-miş/-muş/-müş olan* (Verneinung: *-memiş/-mamış olan*) gebildet: bize gel**miş olan** misafir – der Gast, der zu uns gekommen ist.

Das bestimmte Partizip der Zukunft

Das bestimmte Partizip der Zukunft wird mit der Endung *-(y)ecek/-(y)acak olan* (Verneinung: *-meyecek/-mayacak olan*) gebildet: bugün İstanbul'a uç**acak olan** uçak – das Flugzeug, das heute nach Istanbul fliegen wird.

b) Das unbestimmte Partizip

Das unbestimmte Partizip der Gegenwart

Das unbestimmte Partizip der Gegenwart wird mit der Aorist-Endung *-r (-er/-ar/-ır/-ir/-ur/-ür)* gebildet und drückt eine Fähigkeit oder Eigenschaft aus. Die verneinte Partizipform lautet *-mez/-maz* und drückt eine Unmöglichkeit aus. Diese Partizipform wird meist in festen Verbindungen oder als (versteinertes) Wort mit einer bestimmten Bedeutung gebraucht:

ak**ar**	fließend;	ak**ar** su	Fluss (fließendes Wasser)
çık**maz**	nicht hinauskommend	çık**maz** sokak	Sackgasse (Straße, die nicht wieder hinauskommt)

Das unbestimmte Partizip der Vergangenheit

Das unbestimmte Partizip der Vergangenheit wird mit der Endung *-mış/-miş/-muş/-müş* gebildet. Die Verneinung lautet *-memiş/-mamış*:

Söylen**memiş** söz – das nicht gesprochene Wort

Das unbestimmte Partizip der Zukunft

Das unbestimmte Partizip der Zukunft drückt eine Absicht, ein Erfordernis oder eine Erwartung aus und wird mit der Endung *-(y)ecek/-(y)acak* gebildet. Die Verneinung lautet *-meyecek/-mayacak*:

yardım ed**ecek** bir insan	ein Mensch, der helfen wird

Das Possessivpartizip

Die Endungen der Possessivpartizipien lauten *-dık/-dik/-duk/-dük* bzw. *-(y)ecek/-(y)acak* (mit Konsonantenerweichung *k* zu *ğ*, wenn vokalisch anlautende Endung antritt). Sie werden im Deutschen mit Relativsätzen oder dass-Sätzen wiedergegeben.

Das Possessivpartizip bildet zusammen mit seinem Bezugswort (dem Subjekt der Handlung, die das Possessivpartizip ausdrückt) eine Genitivkonstruktion: Das Bezugswort erhält eine Genitivendung und das Possessivpartizip eine Possessivendung. Ist das Bezugswort ein Pronomen (immer in Form des Possessivpronomens), so kann dieses auch wegfallen.

kadın**ın** gördüğ**ü** *(substantivisch)*	derjenige, den die Frau sieht/gesehen hat
kadın**ın** gördüğ**ü** adam *(adjektivisch)*	der Mann, den die Frau sieht/gesehen hat
(Sen**in**) geleceğ**in**i yazıyor.	Er schreibt, dass du kommen wirst.

Die **Zeitstufe**, die *-dık* ausdrückt, ist unbestimmt. Ob sie Vergangenheit oder Präsens ist, entscheidet das Hauptverb des Satzes bzw. der Sinnzusammenhang. Das Partizip *-mış olduk* entspricht dem Plusquamperfekt und *-ecek* dem Futur. Für letzteres wird wahlweise auch *-ecek olduk* verwendet.

Zeit	Bildung	Beispiel
Gegenwart	Verbstamm + -dık + Possessivendung	(benim) gör**düğ**üm adam (der Mann, den ich sehe)
Vergangenheit	Verbstamm + -dık + Possessivendung	dün gör**düğ**üm adam (der Mann, den ich gestern sah)
Plusquamperfekt	Verbstamm + -mış-Partizip olduk + Possessivendung	dün gör**müş olduğ**um adam (der Mann, den ich gestern gesehen hatte)
Futur	Verbstamm + -(y)ecek + Possessivendung	gör**eceğ**im adam (der Mann, den ich sehen werde)
	Verbstamm + -(y)ecek-Partizip olduk- + Possessivendung	gör**ecek olduğ**um adam (der Mann, den ich sehen werde)

Substantivischer Gebrauch des Possessivpartizips

Poss.pr.	Possessivpartizip -dık		Possessivpartizip -ecek	
	positiver Ausdruck	negativer Ausdruck	positiver Ausdruck	negativer Ausdruck
benim	söyle**diğ**im (das, was ich sage/sagte)	söyleme**diğ**im (das, was ich nicht sage/sagte)	söyle**yeceğ**im (das, was ich sagen werde)	söyleme**yeceğ**im (das, was ich nicht sagen werde)
senin	söyle**diğ**in	söyleme**diğ**in	söyle**yeceğ**in	söyleme**yeceğ**in
onun	söyle**diğ**i	söyleme**diğ**i	söyle**yeceğ**i	söyleme**yeceğ**i
bizim	söyle**diğ**imiz	söyleme**diğ**imiz	söyle**yeceğ**imiz	söyleme**yeceğ**imiz
sizin	söyle**diğ**iniz	söyleme**diğ**iniz	söyle**yeceğ**iniz	söyleme**yeceğ**iniz
onların	söyle**dik**leri	söyleme**dik**leri	söyle**yecek**leri	söyleme**yecek**leri

An **Substantivische Possessivpartizipien** können **Fallendungen** antreten:

Akk.:	Söylediğimi**i** al!	Kaufe das, was ich sage/gesagt habe!
Dat.:	Söylediğim**e** aldırmıyor.	Er schenkt dem, was ich sage/gesagt habe, keine Beachtung.
Lok.:	Söylediğim**de** neredeydin?	Wo warst du, als ich es sagte?
Abl.:	Söylediğim**den** hiçbir şey anlamıyor.	Von dem, was ich sage, versteht er überhaupt nichts.
Gen.:	Söylediğim**in** adı neydi?	Wie heißt das, was ich dir gesagt habe?

Adjektivischer Gebrauch der Possessivpartizipien (Entsprechung des deutschen Relativsatzes)

Das Possessivpartizip steht adjektivisch vor einem Substantiv und kann auch Verbaladjektiv genannt werden. Das Substantiv, vor dem es adjektivisch steht, kann Fallendungen annehmen:

Kiraladığım ev pahalı. *(Nom.)*	**Das Haus, das** ich gemietet habe, ist teuer.
Kiraladığım eve gelin! *(Dat.)*	Kommt **in das Haus, das** ich gemietet habe!

Der Optativ

Die als Optativ bezeichnete Wunschform drückt eine Absicht, ein Bereitsein oder eine Aufforderung aus. Der Optativ wird durch Anfügung von *-(y)e* und *-(y)a* an den Verbalstamm gebildet; daran treten die üblichen Personalendungen, mit Ausnahme der 1. Pers. Pl., die *-lım/-lim/-lum/-lüm* lautet. Ins Deutsche können sie je nach Zusammenhang unterschiedlich übersetzt werden.

Aussagesatz:		Fragesatz:	
Eve gidelim!	Gehen wir nach Hause! Wir wollen nach Hause gehen! Lasst uns nach Hause gehen!	Eve gidelim mi?	Wollen wir nach Hause gehen? Sollen wir nach Hause gehen?

Der Optativ in der Gegenwart

Personal-pronomen	positive Aussage	negative Aussage	positive Frage	negative Frage
ben	gid**eyim**	gitme**ye**yim	gid**eyim** mi?	gitme**ye**yim mi?
sen	gid**esin**	gitme**ye**sin	gid**esin** mi?	gitme**ye**sin mi?
o	gid**e**	gitme**ye**	gid**e** mi?	gitme**ye** mi?
biz	gid**elim**	gitme**ye**lim	gid**elim** mi?	gitme**ye**lim mi?
siz	gid**esiniz**	gitme**ye**siniz	gid**esiniz** mi	gitme**ye**siniz mi?
onlar	gid**eler**	gitme**ye**ler	gid**eler** mi?	gitme**ye**ler mi?

Heute werden die 2. bzw. 3. Pers. Sing. und Pl. seltener gebraucht. Sie werden zumeist durch den Imperativ ersetzt: *gitsin* statt *gide:* Er/sie soll gehen; *git* statt *gidesin:* Geh!

Der Optativ in der Vergangenheit

Diese Form des Optativs drückt einen irrealen Wunsch aus, der sich auf die Vergangenheit bezieht (wie der Konjunktiv II im Deutschen). Deshalb kann man sie (z.B. für die 3. Pers. Sing.) mit „hätte .... sollen", „wäre/hätte ... doch ..." oder „ich wünschte ... wäre/hätte" übersetzen (keşke gid**eydi** – wäre er doch gegangen). Die positive und negative Frageform des Optativs in der Vergangenheit wird nur sehr selten gebraucht.

Personal-pronomen	positive Aussage	negative Aussage	positive Frage	negative Frage
ben	gid**e**ydim	gitme**ye**ydim	gid**e**ydim mi?	gitme**ye**ydim mi?
sen	gid**e**ydin	gitme**ye**ydin	gid**e**ydin mi?	gitme**ye**ydin mi?
o	gid**e**ydi	gitme**ye**ydi	gid**e**ydi mi?	gitme**ye**ydi mi?
biz	gid**e**ydik	gitme**ye**ydik	gid**e**ydik mi?	gitme**ye**ydik mi?
siz	gid**e**ydiniz	gitme**ye**ydiniz	gid**e**ydiniz mi?	gitme**ye**ydiniz mi?
onlar	gid**e**ydiler	gitme**ye**ydiler	gid**e**ydiler mi?	gitme**ye**ydiler mi?

Möglichkeits- und Unmöglichkeitsform (können/nicht können)

Möglichkeitsform

Die Möglichkeitsform eines Verbs entsteht, wenn der Verbstamm durch die Wunschendung *-(y)e/-(y)a* erweitert und mit dem Verb *bilmek* verbunden wird. Das angehängte *bilmek* kann dann in allen bejahenden Zeitformen konjugiert werden.

Bildung: Verbstamm + -(y)e/-(y)a + Hilfsverbstamm „bil" + Tempusendung + Personalendung.

Gebrauch: Die Formen auf „bilmek" haben wie das deutsche Modalverb „können" oft die Bedeutung von „dürfen": Gör**ebil**ir miyiz? – Dürfen wir sehen?/Otur**abil**ir miyiz? – Dürfen wir uns setzen?

Unmöglichkeitsform

Die Unmöglichkeitsform, d.h. die Ausdrucksweise des Nichtkönnens, wird nicht mit „bilmek" gebildet, sondern durch Anhängen von *-(y)eme, -(y)ama* an den Verbstamm ausgedrückt.

Bildung: Verbstamm + -(y)e/-(y)a + Verneinungspartikel (richtet sich nach dem Tempus) + Tempusendung + Personalendung.

Personal-pronomen	positive Aussage	negative Aussage	positive Frage	negative Frage
ben	gör**ebil**iyorum (ich kann sehen)	gör**emi**yorum (ich kann nicht sehen)	gör**ebil**iyor muyum? (kann ich sehen?)	gör**emi**yor muyum? (kann ich nicht sehen?)
sen	gör**ebil**iyorsun	gör**emi**yorsun	gör**ebil**iyor musun?	gör**emi**yor musun?
o	gör**ebil**iyor	gör**emi**yor	gör**ebil**iyor mu?	gör**emi**yor mu?
biz	gör**ebil**iyoruz	gör**emi**yoruz	gör**ebil**iyor muyuz?	gör**emi**yor muyuz?

Personalpronomen	positive Aussage	negative Aussage	positive Frage	negative Frage
siz	gör**ebil**iyorsunuz	gör**emi**yorsunuz	gör**ebil**iyor musunuz?	gör**emi**yor musunuz?
onlar	gör**ebil**iyorlar	gör**emi**yorlar	gör**ebil**iyorlar mı?	gör**emi**yorlar mı?

Die Bildung der verschiedenen Zeiten der Möglichkeits- und Unmöglichkeitsform

Ben gör**ebil**iyorum (gör**emi**yorum).	Ich kann *jetzt* (nicht) sehen.
Ben gör**ebil**irim (gör**eme**m).	Ich kann/darf (nicht) sehen.
Ben gör**ebil**dim (gör**eme**dim).	Ich habe (nicht) sehen können.
Ben gör**ebil**mişim (gör**eme**mişim).	Man sagt, dass ich (nicht) habe sehen können.
Ben gör**ebil**eceğim (gör**eme**yeceğim).	Ich werde (nicht) sehen können.
Ben gör**ebil**iyordum (gör**emi**yordum).	Ich konnte (nicht) sehen.
Ben gör**ebil**irdim (gör**emez**dim).	Ich hätte (nicht) sehen können.
Ben gör**ebil**miştim (gör**eme**miştim).	Ich hatte (nicht) sehen können.
Ben gör**ebil**ecektim (gör**eme**yecektim).	Es gab (nicht) die Möglichkeit, dass ich sehe; Ich durfte (nicht) sehen.
Ben gör**ebil**diydim (gör**eme**diydim).	Ich hatte (nicht) sehen können.
Ben gör**ebil**iyormuşum (gör**emi**yormuşum).	Man sagt, ich kann (nicht) sehen.
Ben gör**ebil**irmişim (gör**eme**zmişim).	Man sagt, ich dürfe (nicht) sehen.
Ben gör**ebil**ecekmişim (gör**eme**yecekmişim).	Ich werde (nicht) sehen dürfen.

Bedingungsform

Die reale Bedingungsform

Alle Konditionalsätze bestehen aus einem Bedingungs- und einem Folgesatz. Im wirklichen Bedingungssatz sieht der Sprechende eine reale/potentielle Möglichkeit, dass die Bedingung erfüllt wird und somit die Folge eintritt. Die Bedingungsform der Verben wird durch Verbstamm + Tempusendung + -(y)se/-(y)sa + Personalendung gebildet. Einleitend kann zur Betonung die Konjunktion *eğer* oder *şayet* (wenn) stehen:

Nebensatz (Bedingung)		**Hauptsatz** (Folge)
(Eğer) yemek yapar**sa**m,	(Wenn ich koche,)	gelir. (kommt sie.)
Yemek yapar**sa**n,	(Wenn du kochst,)	
Yemek yapar**sa,**	(Wenn er kocht,)	
Yemek yapar**sa**k,	(Wenn wir kochen,)	
Yemek yapar**sa**nız,	(Wenn ihr kocht,)	
Yemek yaparlar**sa,**	(Wenn sie kochen,)	

Bedingungssätze in verschiedenen Zeitformen

Gegenwart	ben	gel**iyorsa**m	wenn ich (jetzt) komme, dann ...
	ben	gel**irse**m	wenn ich komme, dann ...
Vergangenheit	ben	gel**diyse**m	wenn ich gekommen bin, dann ...
	ben	gel**mişse**m	wenn ich gekommen bin, dann ...
	ben	gel**miş olursa**m	wenn ich gekommen sein sollte, dann ...
Zukunft	ben	gel**ecekse**m	wenn ich kommen soll, dann ...
	ben	gel**ecek olursa**m	wenn ich kommen sollte, dann ...

Reale Bedingungssätze ohne Verb

Die Endung *-(y)se/-(y)sa* kann auch an ein Substantiv oder Adjektiv treten und bedeutet dann „wenn ich … bin", „wenn du … bist" usw.

Pers.-pr.	nach konsonantischem Auslaut		nach vokalischem Auslaut	
	positiv	negativ	positiv	negativ
ben	doktor**sa**m (wenn ich Arzt bin)	doktor değil**se**m (wenn ich kein Arzt bin)	hasta**ysa**m (wenn ich krank bin)	hasta değil**se**m (wenn ich nicht krank bin)
sen	doktor**sa**n	doktor değil**se**n	hasta**ysa**n	hasta değil**se**n
o	doktor**sa**	doktor değil**se**	hasta**ysa**	hasta değil**se**
biz	doktor**sa**k	doktor değil**se**k	hasta**ysa**k	hasta değil**se**k
siz	doktor**sa**nız	doktor değil**se**niz	hasta**ysa**nız	hasta değil**se**niz
onlar	doktor**sa**lar	doktor değil**se**ler	hasta**ysa**lar	hasta değil**se**ler

Die Vergangenheitsformen lauten:

-diysem, -diysen, .../değildiysem, değildiysen, ...; -mişsem, -mişsen, .../değilmişsem, değilmişsen, ... usw.

Die irreale Bedingungsform

Im Unterschied zur realen Bedingungsform steht die Bedingungsendung *-se/-sa* direkt hinter dem Verbstamm.

Gel**se**ydiniz, sinemaya giderdik. – Wenn sie gekommen wären, wären wir ins Kino gegangen.

Zeit	Bildung	Beispiel
Gegenwart:	Verbstamm + -se/-sa + Personalendung	gel**se**m (wenn ich käme)
bestimmte Vergangenheit	Verbstamm + -se/-sa + -y- + best. Vergangenheitsendung + Personalendung	gel**se**ydin (wenn du gekommen wärst)
unbestimmte Vergangenheit	**a)** Verbstamm + -se/-sa + -y- + unbest. Vergangenheitsendung + Personalendung	gel**se**ymiş (wenn sie gekommen wäre)
	b) Verbstamm + Partizipendung der unbest. Vergangenheit, Verbstamm von olmak + -sa + Personalendung	gel**miş olsa**k (wenn wir gekommen wären)

Mit der irrealen Bedingungsform können auch Wunschsätze gebildet werden, deren Erfüllung im Bereich des Möglichen (Gegenwart: gel-se – wenn er doch käme) bzw. Unmöglichen (Vergangenheit: gel-se-y-di – wenn er doch gekommen wäre) liegt.

Die Notwendigkeitsform

Die Notwendigkeitsform („sollen“ oder „müssen“) wird mit der Endung *-meli/-malı* gebildet:

Gegenwart: Verbstamm + -meli/-malı (+ -y) + Personalendung

Personal-pronomen	positive Aussage	negative Aussage	positive Frage	negative Frage
ben	çalış**malı**yım (ich muss arbeiten)	çalışma**malı**yım (ich muss nicht arbeiten)	çalış**malı** mıyım? (muss ich arbeiten?)	çalışma**malı** mıyım? (muss ich nicht arbeiten?)
sen	çalış**malı**sın	çalışma**malı**sın	çalış**malı** mısın?	çalışma**malı** mısın?
o	çalış**malı**	çalışma**malı**	çalış**malı** mı?	çalışma**malı** mı?
biz	çalış**malı**yız	çalışma**malı**yız	çalış**malı** mıyız?	çalışma**malı** mıyız?
siz	çalış**malı**sınız	çalışma**malı**sınız	çalış**malı** mısınız	çalışma**malı** mısınız?
onlar	çalış**malı**lar	çalışma**malı**lar	çalış**malı**lar mı?	çalışma**malı**lar mı?

Bestimmte Vergangenheit: Verbstamm + -meli/-malı + -y + -di + Personalendung

Personal-pronomen	positive Aussage	negative Aussage	positive Frage	negative Frage
ben	çalış**malı**ydım (ich musste arbeiten)	çalışma**malı**ydım (ich musste nicht arbeiten)	çalış**malı** mıydım? (musste ich arbeiten?)	çalışma**malı** mıydım? (musste ich nicht arbeiten?)
sen	çalış**malı**ydın	çalışma**malı**ydın	çalış**malı** mıydın?	çalışma**malı** mıydın?
o	çalış**malı**ydı	çalışma**malı**ydı	çalış**malı** mıydı?	çalışma**malı** mıydı?
biz	çalış**malı**ydık	çalışma**malı**ydık	çalış**malı** mıydık?	çalışma**malı** mıydık?
siz	çalış**malı**ydınız	çalışma**malı**ydınız?	çalış**malı** mıydınız?	çalışma**malı** mıydınız?
onlar	çalış**malı**ydılar	çalışma**malı**ydılar	çalış**malı** mıydılar?	çalışma**malı** mıydılar?

Unbestimmte Vergangenheit: Verbstamm + -meli/-malı + -y + -miş + Personalendung

Personal-pronomen	positive Aussage	negative Aussage	positive Frage	negative Frage
ben	çalış**malı**ymışım (ich soll wohl arbeiten)	çalışma**malı**ymışım (ich soll wohl nicht arbeiten)	çalış**malı** mıymışım? (soll ich wohl arbeiten?)	çalışma**malı** mıymışım? (soll ich wohl nicht arbeiten?)
sen	çalış**malı**ymışsın	çalışma**malı**ymışsın	çalış**malı** mıymışsın?	çalışma**malı** mıymışsın?
o	çalış**malı**ymış	çalışma**malı**ymış	çalış**malı** mıymış?	çalışma**malı** mıymış?

Personalpronomen	positive Aussage	negative Aussage	positive Frage	negative Frage
biz	çalış**malı**ymışız	çalışma**malı**ymışız	çalış**malı** mıymışız?	çalışma**malı** mıymışız?
siz	çalış**malı**ymışsınız	çalışma**malı**ymışsınız	çalış**malı** mıymışsınız?	çalışma**malı** mıymışsınız?
onlar	çalış**malı**ymışlar	çalışma**malı**ymışlar	çalış**malı** mıymışlar?	çalışma**malı** mıymışlar?

Neben den Verbformen auf *-meli/-malı* gibt es noch andere Konstruktionen, um Notwendigkeit auszudrücken:

Die Prüfung **muss** zwei Stunden dauern.	Sınavın iki saat sürmesi **gerek**ir. Sınav iki saat sürmek **zorunda**. Sınavın iki saat sürmesi **zorunlu**.
Ich **muss** warten.	Beklemek **zorunda**yım.
Ich habe warten **müssen**.	Beklemek **zorunda**ydım.
Ich werde warten **müssen**.	Beklemek **zorunda** olacağım.

Erweiterte Verbalstämme

Durch verschiedene Endungen können die Verbalstämme zur Bildung von **reflexiven**, **reziproken**, **passiven** und **kausativen** Verben erweitert werden:

1. Reflexive Verben:

a) Nach vokalischem Auslaut: *-n-*
yıkamak (waschen) — yıka**n**mak (sich waschen)

b) Nach konsonantischem Auslaut: -ın-/-in-/-un-/-ün-
bakmak (schauen) — bak**ın**mak (sich umschauen)

2. Reziproke Verben:

a) Nach vokalischem Auslaut: *-ş-*
anlamak (verstehen) — anla**ş**mak (sich verstehen)

b) Nach konsonantischem Auslaut: -ış-/-iş-/-uş-/-üş-
bakmak (schauen) — bak**ış**mak (einander anschauen)

3. Passive Verben:

a) Nach konsonantischem Auslaut (außer -l): *-ıl-/-il-/-ul-/-ül-*
görmek (sehen) — gör**ül**mek (gesehen werden)

b) Nach vokalischem Auslaut: *-n-*
söylemek (sagen) — söle**n**mek (gesagt werden)

c) Nach Verbstammendung auf -l: *-ın-/-in-/-un-/-ün-*
almak (nehmen) — al**ın**mak (genommen werden)

4. Kausative Verben:

a) Nach mehrsilbigen Verbstämmen (außer wenn sie mit -l oder -r enden) und einsilbigen Stämmen, die auf einen Konsonanten enden: *-dır-/-dir-/-dur-/-dür-*

yazmak (schreiben) yaz**dır**mak (schreiben lassen)

b) Nach zweisilbigen Stämmen, die auf einen Vokal, auf -l oder -r enden: -t-

yürümek (gehen) yürü**t**mek (gehen lassen)

a) Bei einigen einsilbigen Stämmen: -ar-/-ır-/-ir-/-ur-/-ür-

kaçmak (fliehen) kaç**ır**mak (entführen)

Die Wortstellung

Der Fixpunkt im türkischen Satz ist das Prädikat (das konjugierte Verb oder ein Subjekt oder Adjektiv mit Personalendung). Es steht in der Regel am Ende eines Satzes. Sofern der Satz ein Subjekt enthält, steht dieses wie im deutschen Satz in der Regel am Anfang. Die Stellung der anderen Wortarten im einfachen Hauptsatz entspricht mehr oder weniger der Wortstellung im deutschen Satz. Die Wortstellung ist ebenfalls wie im Deutschen flexibel, wobei allerdings im Türkischen derjenige Satzteil am meisten betont ist, der direkt vor dem Prädikat steht.

Deutsche Kurzgrammatik
Kısaca Almanca Dil Bilgisi

Tanımlık – Der Artikel

Tanımlık, bir ismin cinsiyetini gösterir. Almancada isimlerde eril, dişil ve nötr adıyla üç cinsiyet, yalın durum (nominatif), belirtme durumu (akuzatif), tamlayan durumu (genetif) ve yönelme durumu (datif) adıyla da dört durum vardır.

Aşağıda cinsiyet için *m* (eril), *f* (dişil), *nt* (nötr) kısaltmaları, durum için nom. (nominatıf), *acc.* (akuzatif), *gen.* (genetif), *dat.* (datif) kısaltmaları, çoğul için de pl kısaltması kullanılmıştır.

	belirli tanımlık				belirsiz tanımlık			
	m	f	nt	pl	m	f	nt	pl
nom.	der	die	das	die	ein	eine	ein	*çoğulda tanımlık kullanılmaz*
acc.	den	die	das	die	einen	eine	ein	
gen.	des	der	des	der	eines	einer	eines	
dat.	dem	der	dem	den	einem	einer	einem	

İsim – Das Substantiv

Almancada isimler büyük harfle yazılır. İsimlerin tamlayan durumunda aldıkları eklere göre kuvvetli, zayıf ve karışık adıyla üç çekim türü vardır.

1. Kuvvetli eril ve nötr isimler

	nom. pl: +e	nom. pl: ünlü değişimi+e	nom. pl: +er	nom. pl: ünlü değişimi+er
tekil				
nom.	der Tag	der Traum	das Kind	das Dach
	gün	*düş*	*çocuk*	*çatı*
acc.	den Tag	den Traum	das Kind	das Dach
gen.	des Tag(e)s	des Traum(e)s	des Kind(e)s	des Dach(e)s
dat.	dem Tag(e)	dem Traum(e)	dem Kind(e)	dem Dach(e)
çoğul				
nom.	die Tage	die Träume	die Kinder	die Dächer
acc.	die Tage	die Träume	die Kinder	die Dächer
gen.	der Tage	der Träume	der Kinder	der Dächer
dat.	den Tagen	den Träumen	den Kindern	den Dächern

	nom. pl: +s	nom. pl: yalnız ünlü değişimi vardır	nom. pl: değişiklik yoktur	nom. pl: değişiklik yoktur
tekil				
nom.	das Auto	der Vogel	der Tischler	der Lappen
	oto	*kuş*	*marangoz*	*bez*
acc.	das Auto	den Vogel	den Tischler	den Lappen
gen.	des Autos	des Vogels	des Tischlers	des Lappens
dat.	dem Auto	dem Vogel	dem Tischler	dem Lappen
çoğul				
nom.	die Autos	die Vögel	die Tischler	die Lappen
acc.	die Autos	die Vögel	die Tischler	die Lappen
gen.	der Autos	der Vögel	der Tischler	der Lappen
dat.	den Autos	den Vögeln	den Tischlern	den Lappen

2. Kuvvetli dişil isimler

	nom. pl: umlaut+e	nom. pl: umlaut only	nom. pl: +s
tekil			
nom.	die Wand	die Mutter	die Bar
	duvar	*anne*	*bar*
acc.	die Wand	die Mutter	die Bar
gen.	der Wand	der Mutter	der Bar
dat.	der Wand	der Mutter	der Bar
çoğul			
nom.	die Wände	die Mütter	die Bars
acc.	die Wände	die Mütter	die Bars
gen.	der Wände	der Mütter	der Bars
dat.	den Wänden	den Müttern	den Bars

3. Zayıf eril isimler

tekil			
nom.	der Bauer	der Bär	der Hase
	çiftçi	*ayı*	*tavşan*
acc.	den Bauern	den Bären	den Hasen
gen.	des Bauern	des Bären	des Hasen
dat.	dem Bauern	dem Bären	dem Hasen
çoğul			
nom.	die Bauern	die Bären	die Hasen
acc.	die Bauern	die Bären	die Hasen
gen.	der Bauern	der Bären	der Hasen
dat.	den Bauern	den Bären	den Hasen

4. Zayıf dişil isimler

tekil				
nom.	die Uhr	die Feder	die Gabe	die Ärztin
	saat	*tüy*	*armağan*	*hekim*
acc.	die Uhr	die Feder	die Gabe	die Ärztin
gen.	der Uhr	der Feder	der Gabe	der Ärztin
dat.	der Uhr	der Feder	der Gabe	der Ärztin

çoğul				
nom.	die Uhren	die Federn	die Gaben	die Ärztinnen
acc.	die Uhren	die Federn	die Gaben	die Ärztinnen
gen.	der Uhren	der Federn	der Gaben	der Ärztinnen
dat.	den Uhren	den Federn	den Gaben	den Ärztinnen

5. Karışık eril ve nötr isimler

Bunlar tekilde kuvvetli isimler gibi, çoğulda ise zayıf isimler gibi çekilir.

tekil				
nom.	das Auge	das Ohr	der Name	das Herz
	göz	*kulak*	*ad*	*yürek*
acc.	das Auge	das Ohr	den Namen	das Herz
gen.	des Auges	des Ohr(e)s	des Namens	des Herzens
dat.	dem Auge	dem Ohr(e)	dem Namen	dem Herzen

çoğul				
nom.	die Augen	die Ohren	die Namen	die Herzen
acc.	die Augen	die Ohren	die Namen	die Herzen
gen.	der Augen	der Ohren	der Namen	der Herzen
dat.	den Augen	den Ohren	den Namen	den Herzen

6. Sıfat olarak çekilen isimler

eril tekil		
nom.	der Reisende	ein Reisender
	yolcu	*bir yolcu*
acc.	den Reisenden	einen Reisenden
gen.	des Reisenden	eines Reisenden
dat.	dem Reisenden	einem Reisenden

çoğul		
nom.	die Reisenden	Reisende
acc.	die Reisenden	Reisende
gen.	der Reisenden	Reisender
dat.	den Reisenden	Reisenden

dişil tekil		
nom.	die Reisende	eine Reisende
acc.	die Reisende	eine Reisende
gen.	der Reisenden	einer Reisenden
dat.	der Reisenden	einer Reisenden
çoğul		
nom.	die Reisenden	Reisende
acc.	die Reisenden	Reisende
gen.	der Reisenden	Reisender
dat.	den Reisenden	Reisenden

nötr tekil		
nom.	das Neugeborene	ein Neugeborenes
	yeni doğmuş (bebek)	*yeni doğmuş bir (bebek)*
acc.	das Neugeborene	ein Neugeborenes
gen.	des Neugeborenen	eines Neugeborenen
dat.	dem Neugeborenen	einem Neugeborenen
çoğul		
nom.	die Neugeborenen	Neugeborene
acc.	die Neugeborenen	Neugeborene
gen.	der Neugeborenen	Neugeborener
dat.	den Neugeborenen	Neugeborenen

Sıfat – Das Adjektiv

Bir isim önünde yer alan sıfat, ismin cinsiyetine, durumuna, tekil veya çoğulda olmasına göre uyum sağlar. İsimlerde olduğu gibi sıfatlarda da kuvvetli, zayıf ve karışık çekim türleri vardır.

Kuvvetli çekim

Sıfatın önünde tanımlık, zamir veya ismin durumunu gösteren herhangi bir kelime olmadığı zaman (örneğin, *manch(e)*, *mehrere* vb.) kuvvetli çekim uygulanır. Asıl sayılar ve *ein paar, ein bisschen.* gibi kavramlarla da kuvvetli çekim kullanılır.

	m	f	nt
tekil			
nom.	guter Wein	schöne Frau	liebes Kind
	iyi şarap	*güzel kadın*	*uslu çocuk*
acc.	guten Wein	schöne Frau	liebes Kind
gen.	guten Wein(e)s	schöner Frau	lieben Kindes
dat.	gutem Wein(e)	schöner Frau	liebem Kind(e)
çoğul			
nom.	gute Weine	schöne Frauen	liebe Kinder
acc.	gute Weine	schöne Frauen	liebe Kinder
gen.	guter Weine	schöner Frauen	lieber Kinder
dat.	guten Weinen	schönen Frauen	lieben Kindern

Zayıf çekim

Sıfatın önünde belirli bir tanımlık veya ismin durumunu açıkça gösteren herhangi bir kelime olduğu zaman (örneğin *diese(r, s)*, *folgende(r, s)* vb.) zayıf çekim kullanılır.

	m	f	nt
tekil			
nom.	der gute Wein	die schöne Frau	das liebe Kind
acc.	den guten Wein	die schöne Frau	das liebe Kind
gen.	des guten Wein(e)s	der schönen Frau	des lieben Kindes
dat.	dem guten Wein	der schönen Frau	dem lieben Kind(e)
çoğul			
nom.	die guten Weine	die schönen Frauen	die lieben Kinder
acc.	die guten Weine	die schönen Frauen	die lieben Kinder
gen.	der guten Weine	der schönen Frauen	der lieben Kinder
dat.	den guten Weinen	den schönen Frauen	den lieben Kindern

Karışık çekim

Karışık çekim, tekil eril ve nötr isimler ile *ein* ve *kein* gibi belirsiz tanımlıklarla kullanıldığı gibi *mein, dein, sein, unser, euer, ihr* iyelik zamirleriyle de kullanılır.

	m	nt
tekil		
nom.	ein guter Wein	ein liebes Kind
	iyi bir şarap	*uslu bir çocuk*
acc.	einen guten Wein	ein liebes Kind
gen.	eines guten Wein(e)s	eines lieben Kindes
dat.	einem guten Wein(e)	einem lieben Kind

Zarf – Das Adverb

Sıfatlar zarf olarak kullanıldıklarında değişmezler.

er hört **gut**	*iyi işitir*
sie schreibt **schön**	*güzel yazar*
er läuft **schnell**	*hızlı koşar*

Fiil – Das Verb

Şimdiki zaman

Almancada fiillerin mastar eki, *'-en'* (*machen, sagen, essen* vb.) dir. Şimdiki zamanı kurarken mastar eki *'-en'* kaldırılıp fiilin köküne uygun kişi eki takılır. Almancada şimdiki zaman ile geniş zaman için tek bir zaman vardır. Örneğin:

Ich gehe um acht Uhr ins Büro. ya *Saat sekizde ofise giderim.* (rutin olarak)
ya da *Saat sekizde ofise gidiyorum.* (tek bir olay için)

olarak çevrilebilir.

Düzenli fiiller (zayıf çekim)

	machen yapmak	**legen** koymak	**sagen** demek
ich	mach**e**	leg**e**	sag**e**
du	mach**st**	leg**st**	sag**st**
er sie es	mach**t**	leg**t**	sag**t**
wir	mach**en**	leg**en**	sag**en**
ihr	mach**t**	leg**t**	sag**t**
sie/Sie	mach**en**	leg**en**	sag**en**

Düzensiz fiiller (kuvvetli çekim)

Düzensiz fiillerin kök ünlüleri çoğu kez değişir.

	tragen taşımak	**blasen** üflemek	**laufen** koşmak	**essen** yemek
ich	trage	blase	laufe	esse
du	trägst	bläst	läufst	isst
er sie es	trägt	bläst	läuft	isst
wir	tragen	blasen	laufen	essen
ihr	tragt	blast	lauft	esst
sie/Sie	tragen	blasen	laufen	essen

Geçmiş zaman

Almancada präteritum (belirsiz geçmiş), perfekt (belirli geçmiş) ve plusquamperfekt (mişli geçmiş) adıyla üç geçmiş zaman vardır.

Präteritum (belirsiz geçmiş)

Präteritum geçmiş bir olayı dile getirir.

Letztes Jahr reisten wir nach Spanien.	*Geçen yıl İspanya'ya gittik.*

Aşağıdaki fiil ekleri, **düzenli fiillerin** köklerine takılarak präteritumu oluşturur:

	machen yapmak	**begegnen** rastlamak	**wetten** bahse girmek
ich	mach**te**	begegn**e**te	wett**ete**
du	mach**test**	begegne**test**	wett**etest**
er sie es	mach**te**	begegn**e**te	wett**ete**
wir	mach**ten**	begegne**ten**	wett**eten**
ihr	mach**tet**	begegne**tet**	wett**etet**
sie/Sie	mach**ten**	begegne**ten**	wett**eten**

Düzensiz fiillerin kök ünlüleri genellikle präteritumda değişir.

	tragen taşımak	**blasen** üflemek	**laufen** koşmak	**essen** yemek
ich	trug	blies	lief	aß
du	trugst	bliest	liefst	aßt
er sie es	trug	blies	lief	aß
wir	trugen	bliesen	liefen	aßen
ihr	trugt	bliest	lieft	aßt
sie/Sie	trugen	bliesen	liefen	aßen

Perfekt (belirli geçmiş)

Perfekt, geçmişten söz ederken en çok kullanılan zaman olup geçmiş zaman partisipinin (sıfatfiilin) önüne ya *haben* ya da *sein* fiillerinin şimdiki zamanda konulmasıyla kurulur.

Der Zug ist abgefahren.	*Tren gitti.*
Heute Nacht hat es geregnet.	*Geceleyin yağmur yağdı.*

Hareket belirten veya durumda bir değişikliği dile getiren fiiller, perfekti **sein** ile kurarlar.

	radeln bisiklete binmek	**laufen** koşmak	**sterben** ölmek
ich	bin geradelt	bin gelaufen	bin gestorben
du	bist geradelt	bist gelaufen	bist gestorben
er sie es	ist geradelt	ist gelaufen	ist gestorben
wir	sind geradelt	sind gelaufen	sind gestorben
ihr	seid geradelt	seid gelaufen	seid gestorben
sie/Sie	sind geradelt	sind gelaufen	sind gestorben

Geçişsiz fiillerin birçoğunda olduğu gibi, geçişli, dönüşlü ve kişisel olmayan fiiller, devam etmiş bir durumu dile getirirken perfekti **haben** ile kurarlar.

	machen yapmak	**sich freuen** sevinmek	**leben** yaşamak
ich	habe es gemacht	habe mich gefreut	habe gelebt
du	hast es gemacht	hast dich gefreut	hast gelebt
er sie es	hat es gemacht	hat sich gefreut	hat gelebt
wir	haben es gemacht	haben uns gefreut	haben gelebt
ihr	habt es gemacht	habt euch gefreut	habt gelebt
sie/Sie	haben es gemacht	haben sich gefreut	haben gelebt

Perfektin kuruluşu

Genellikle geçmiş zaman partisipleri fiil kökünün önüne **–ge** konularak arkasına da **–t** (zayıf fiillerde) veya **–en** (kuvvetli fiillerde) takılarak kurulur.

bauen	*yapmak*	(hat) gebaut
hören	*işitmek*	(hat) gehört
lesen	*okumak*	(hat) gelesen
singen	*şarkı söylemek*	(hat) gesungen

„Ayrılabilen" bir zarf-ön eki olan birleşik fiillerde **–ge** hecesi ön ek ile fiil kökünün arasına gelir.

auf|wecken	*uyandırmak*	(hat) auf**ge**weckt
zu|hören	*dinlemek*	(hat) zu**ge**hört
vor|schlagen	*önermek*	(hat) vor**ge**schlagen

Geçmiş zaman partisipini **–ge** eki olmadan da kuran birçok fiil vardır. Bu fiillerin çoğu iki ana grupta toplanabilir:

1. **–ieren** eki ile biten fiiller:

spazieren	*yürümek*	(ist) spaziert
probieren	*denemek*	(hat) probiert

2. Aşağıdaki ön eklerin biriyle başlayan fiiller:

be-, emp-, ent-, er-, ge-, ver-, zer-

bezahlen	*ödemek*	(hat) bezahlt
erzählen	*anlatmak*	(hat) erzählt
genügen	*yetmek*	(hat) genügt
verlangen	*istemek*	(hat) verlangt

Plusquamperfekt (mişli geçmiş)

Plusquamperfekt, yeni bir olaydan önce bitmiş olan bir olayı betimlemek için kullanılır. Geçmiş zaman partisipinin (sıfat-fiilin) önüne ya *haben* ya da *sein* fiillerinin präteritumda konulmasıyla kurulur.

Als er im Kino ankam, hatte der Film schon begonnen.	*Sinemaya vardığında film başlamıştı bile.*

	fallen düşmek	**sterben** ölmek	**legen** koymak	**leben** yaşamak
ich	war gefallen	war gestorben	hatte gelegt	hatte gelebt
du	warst gefallen	warst gestorben	hattest gelegt	hattest gelebt
er sie es	war gefallen	war gestorben	hatte gelegt	hatte gelebt
wir	waren gefallen	waren gestorben	hatten gelegt	hatten gelebt
ihr	wart gefallen	wart gestorben	hattet gelegt	hattet gelebt
sie/Sie	waren gefallen	waren gestorben	hatten gelegt	hatten gelebt

Gelecek zaman

Gelecek zaman, *werden* yardımcı fiili ve ana fiilin mastarıyla kurulur.

Morgen wird es schneien.	*yarın kar yağacak.*
Er wird noch im Urlaub sein.	*Hâlâ izinde olacak.*
Ich werde dich immer lieben.	*Seni her zaman seveceğim.*

	legen koymak	**fallen** düşmek	**sein** olmak	**sehen** görmek	**können** edebilmek
ich	werde legen	werde fallen	werde sein	werde sehen	werde können
du	wirst legen	wirst fallen	wirst sein	wirst sehen	wirst können
er sie es	wird legen	wird fallen	wird sein	wird sehen	wird können
wir	werden legen	werden fallen	werden sein	werden sehen	werden können
ihr	werdet legen	werdet fallen	werdet sein	werdet sehen	werdet können
sie/Sie	werden legen	werden fallen	werden sein	werden sehen	werden können

Şimdiki zamanın da geleceği göstermek için sık sık kullanıldığını unutmayın.

Zamirler – Die Pronomen

Zamirler, ilişkin oldukları ismin cinsiyetine, durumuna, tekil veya çoğulda olmasına göre uyum sağlarlar.

Kişi zamirleri

nominatif	akuzatif	genitif	datif
ich (*ben*)	mich (*beni*)	meiner (*benim*)	mir (*bana*)
du (*sen*)	dich (*seni*)	deiner (*senin*)	dir (*sana*)
er (*o*)	ihn (*onu*)	seiner (*onun*)	ihm (*ona*)
sie (*o*)	sie (*onu*)	ihrer (*onun*)	ihr (*ona*)
es (*o*)	es (*onu*)	seiner (*onun*)	ihm (*ona*)
wir (*biz*)	uns (*bizi*)	unser (*bizim*)	uns (*bize*)
ihr (*siz*)	euch (*sizi*)	euer (*sizin*)	euch (*size*)
sie (*onlar*)	sie (*onları*)	ihrer (*onların*)	ihnen (*onlara*)
Sie (*siz*)	Sie (*sizi*)	Ihrer (*sizin*)	Ihnen (*size*)

- **du**, aile, dost ve çocuklarla konuşurken kullanılan teklifsiz konuşma biçimidir.
- **Sie**, hem tekil hem çoğulda kullanılan teklifli konuşma biçimidir.
- **ihr**, çoğulda kullanılan teklifsiz konuşma biçimidir.

Dönüşlü zamirler

Bunlar, *sich freuen, sich waschen, sich schämen.*gibi dönüşlü fiillerle birlikte kullanılır. Cümlenin öznesine ilişkin olup öznenin durumuna, tekil veya çoğulda olmasına göre uyum sağlarlar.

ich freue mich/ich schäme mich	seviniyorum/utanıyorum	sevinirim/utanırım
du freust dich/du schämst dich	seviniyorsun/utanıyorsun	sevinirsin/utanırsın
er freut sich/er schämt sich	seviniyor/utanıyor	sevinir/utanır
sie freut sich/sie schämt sich	seviniyor/utanıyor	sevinir/utanır
es freut sich/es schämt sich	seviniyor/utanıyor	sevinir/utanır
wir freuen uns/wir schämen uns	seviniyoruz/utanıyoruz	seviniriz/utanırız
ihr freut euch/ihr schämt euch	seviniyorsunuz/utanıyorsunuz (*teklifsiz*)	sevinirsiniz/utanırsınız (*teklifsiz*)
Sie freuen sich/Sie schämen sich	seviniyorsunuz/utanıyorsunuz (*teklifli*)	sevinirsiniz/utanırsınız (*teklifli*)
sie freuen sich/sie schämen sich	seviniyorlar/utanıyorlar	sevinirler/utanırlar

İyelik zamirleri

İyelik zamiri kime veya neye ait olduğunu bildirir ve ilişkin olduğu ismin cinsiyetine, durumuna, tekil veya çoğulda olmasına göre uyum sağlar.

	m	f	nt	pl
tekil				
nom.	mein	meine	mein	meine
acc.	meinen	meine	mein	meine
gen.	meines	meiner	meines	meiner
dat.	meinem	meiner	meinem	meinen

- **dein** (*senin*), **sein** (*onun*), **ihr** (*onun*), **sein** (*onun*) çekimleri **mein** (*benim*) çekimi gibidir.

1. kişi çoğul (*bizim*)				
nom.	unser	uns(e)re	unser	uns(e)re
acc.	uns(e)ren unsern	uns(e)re	unser	uns(e)re
gen.	uns(e)res	uns(e)rer	uns(e)res	uns(e)rer
dat.	uns(e)rem unserm	uns(e)rer	uns(e)rem unserm	uns(e)ren

2. kişi çoğul (*sizin*)				
nom.	euer	eure	euer	eure
acc.	euren	eure	euer	eure
gen.	eures	eurer	eures	eurer
dat.	eurem	eurer	eurem	euren

3. kişi çoğul (*onların*)				
nom.	ihr	ihre	ihr	ihre
acc.	ihren	ihre	ihr	ihre
gen.	ihres	ihrer	ihres	ihrer
dat.	ihrem	ihrer	ihrem	ihren

İşaret zamirleri

İşaret zamiri, işaret yoluyla bir kişinin veya şeyin bulunduğu yeri belirtir.

	m	f	nt	pl
nom.	dieser	diese	dieses	diese
acc.	diesen	diese	dieses	diese
gen.	dieses	dieser	dieses	dieser
dat.	diesem	dieser	diesem	diesen
nom.	jener	jene	jenes	jene
acc.	jenen	jene	jenes	jene
gen.	jenes	jener	jenes	jener
dat.	jenem	jener	jenem	jenen
nom.	derjenige	diejenige	dasjenige	diejenigen
acc.	denjenigen	diejenige	dasjenige	diejenigen
gen.	desjenigen	derjenigen	desjenigen	derjenigen
dat.	demjenigen	derjenigen	demjenigen	denjenigen
nom.	derselbe	dieselbe	dasselbe	dieselben
acc.	denselben	dieselbe	dasselbe	dieselben
gen.	desselben	derselben	desselben	derselben
dat.	demselben	derselben	demselben	denselben

Belirli tanımlık *der, die, das* işaret zamiri olarak da kullanılır.

İlgi zamirleri

En çok kullanılan ilgi zamirleri *der, die, das.* olup *welcher, welche, welches.* daha az kullanılan zamirlerdir. İlgi zamirleri ana cümleyi tamamlayan yan cümlenin başına gelerek bunu ana cümleye bağlarlar. İlgi zamirleri ana cümlede ilişkin oldukları kelimenin cinsiyetine, tekil veya çoğulda olmasına göre uyum sağlarlar.

Sie putzt ihr neues Auto, das/welches sie sich gekauft hat.	*Satın aldığı yeni otomobilini temizliyor.*

	m	f	nt	pl
nom.	welcher	welche	welches	welche
acc.	welchen	welche	welches	welche
gen.	dessen	deren	dessen	deren
dat.	welchem	welcher	welchem	welchen

Soru zamirleri

Soru zamiri, bir kişi (Wer?) ve bir şey (Was?) arasındaki farkı belirtir. Çoğulu yoktur.

	kişi		şey	
nom.	**Wer** spielt mit?	*Kim oynuyor?*	**Was** ist das?	*Bu nedir?*
acc.	**Wen** liebst du?	*Kimi seviyorsun?*	**Was** höre ich da?	*Kulaklarım ne duyuyor?*
gen.	**Wessen** Haus ist das?	*Bu kimin evi?*		
dat.	**Wem** gehört das Haus?	*Bu ev kime ait?*		

Was für ein(er) … (Nasıl bir …) bir kişi veya bir şeyin belli bir niteliğini sorarak öğrenmek için kullanılır.

Was für ein Mensch ist Hans eigentlich?	*Hans nasıl bir insan ki?*
Was für eine Brille möchten Sie?	*Nasıl bir gözlük istiyorsunuz?*

Birkaç kişi veya şey arasından belirli birini seçmek için *welcher, welche* und *welches* soru zamirleri kullanılır.

Welche Schuhe soll ich nehmen? (die Braunen oder die Schwarzen?)	*Hangi ayakkabıları alayım?* *(kahverengileri mi, siyahları mı?)*
Mit welchem Bus kommst du? (mit dem um 16 oder um 17 Uhr?)	*Hangi otobüsle geliyorsun?* *(saat 16'dakiyle mi, 17'dekiyle mi?)*
Welches Eis schmeckt dir besser? (Erdbeer- oder Schokoladeneis?)	*Hangi dondurma daha çok hoşuna gidiyor?* *(çilekli mi, çikolatalı mı?)*

	m	f	nt	pl
nom.	welcher	welche	welches	welche
acc.	welchen	welche	welches	welche
gen.	welches	welcher	welches	welcher
dat.	welchem	welcher	welchem	welchen

Unregelmäßige deutsche Verben
Kural Dışı Almanca Fiiler

Infinitiv	Präteritum	Partizip Perfekt
backen	backte *o alt* buk	gebacken
befehlen	befahl	befohlen
beginnen	begann	begonnen
beißen	biss	gebissen
bergen	barg	geborgen
bersten	barst	geborsten
bewegen	bewog	bewogen
biegen	bog	gebogen
bieten	bot	geboten
binden	band	gebunden
bitten	bat	gebeten
blasen	blies	geblasen
bleiben	blieb	geblieben
bleichen	bleichte *o alt* blich	gebleicht *o alt* geblichen
braten	briet	gebraten
brechen	brach	gebrochen
brennen	brannte	gebrannt
bringen	brachte	gebracht
denken	dachte	gedacht
dreschen	drosch	gedroschen
dringen	drang	gedrungen
dürfen	durfte	dürfen, gedurft
empfangen	empfing	empfangen
empfehlen	empfahl	empfohlen
empfinden	empfand	empfunden
essen	aß	gegessen
fahren	fuhr	gefahren
fallen	fiel	gefallen
fangen	fing	gefangen
fechten	focht	gefochten
finden	fand	gefunden
flechten	flocht	geflochten
fliegen	flog	geflogen
fliehen	floh	geflohen
fließen	floss	geflossen
fressen	fraß	gefressen
frieren	fror	gefroren
gären	gärte *o* gor	gegärt *o* gegoren
gebären	gebar	geboren
geben	gab	gegeben

Infinitiv	Präteritum	Partizip Perfekt
gedeihen	gedieh	gediehen
gefallen	gefiel	gefallen
gehen	ging	gegangen
gelingen	gelang	gelungen
gelten	galt	gegolten
genesen	genas	genesen
genießen	genoss	genossen
geraten	geriet	geraten
geschehen	geschah	geschehen
gestehen	gestand	gestanden
gewinnen	gewann	gewonnen
gießen	goss	gegossen
gleichen	glich	geglichen
gleiten	glitt	geglitten
glimmen	glimmte *o selten* glomm	geglimmt *o selten* geglom-men
graben	grub	gegraben
greifen	griff	gegriffen
haben	hatte	gehabt
halten	hielt	gehalten
hangen	hing	gehangen
hängen	hing (hängte)	gehangen, (gehängt)
heben	hob	gehoben
heißen	hieß	geheißen
helfen	half	geholfen
kennen	kannte	gekannt
klimmen	klimmte *o* klomm	geklommen *o* geklimmt
klingen	klang	geklungen
kneifen	kniff	gekniffen
kommen	kam	gekommen
können	konnte	können, gekonnt
kriechen	kroch	gekrochen
laden	lud	geladen
lassen	ließ	gelassen *nach Infinitiv* lassen
laufen	lief	gelaufen
leiden	litt	gelitten
leihen	lieh	geliehen
lesen	las	gelesen
liegen	lag	gelegen
lügen	log	gelogen
mahlen	mahlte	gemahlen
meiden	mied	gemieden
melken	melkte *o veraltend* molk	gemolken
messen	maß	gemessen

Infinitiv	Präteritum	Partizip Perfekt
misslingen	misslang	misslungen
mögen	mochte	mögen, gemocht
nehmen	nahm	genommen
nennen	nannte	genannt
pfeifen	pfiff	gepfiffen
preisen	pries	gepriesen
quellen	quoll	gequollen
raten	riet	geraten
reiben	rieb	gerieben
reißen	riss	gerissen
reiten	ritt	geritten
rennen	rannte	gerannt
riechen	roch	gerochen
ringen	rang	gerungen
rinnen	rann	geronnen
rufen	rief	gerufen
salzen	salzte	gesalzen *o selten* gesalzt
saufen	soff	gesoffen
saugen	sog *o* saugte	gesogen *o* gesaugt
schaffen	schuf	geschaffen
schallen	schallte *o* scholl	geschallt
scheiden	schied	geschieden
scheinen	schien	geschienen
scheißen	schiss	geschissen
schelten	schalt	gescholten
scheren	schor	geschoren
schieben	schob	geschoben
schießen	schoss	geschossen
schinden	schindete	geschunden
schlafen	schlief	geschlafen
schlagen	schlug	geschlagen
schleichen	schlich	geschlichen
schleifen	schliff	geschliffen
schließen	schloss	geschlossen
schlingen	schlang	geschlungen
schmeißen	schmiss	geschmissen
schmelzen	schmolz	geschmolzen
schnauben	schnaubte *o veraltet* schnob	geschnaubt *o veraltet* geschnoben
schneiden	schnitt	geschnitten
schrecken *vt*	schreckte	geschreckt
vi	schrak	geschrocken
schreiben	schrieb	geschrieben
schreien	schrie	geschrie[e]n
schreiten	schritt	geschritten
schweigen	schwieg	geschwiegen

Infinitiv	Präteritum	Partizip Perfekt
schwellen	schwoll	geschwollen
schwimmen	schwamm	geschwommen
schwinden	schwand	geschwunden
schwingen	schwang	geschwungen
schwören	schwor	geschworen
sehen	sah	gesehen
senden	sandte *o* sendete	gesandt *o* gesendet
sieden	siedete *o* sott	gesiedet *o* gesotten
singen	sang	gesungen
sinken	sank	gesunken
sinnen	sann	gesonnen
sitzen	saß	gesessen
sollen	sollte	sollen, gesollt
spalten	spaltete	gespalten *o* gespaltet
speien	spie	gespie[e]n
spinnen	spann	gesponnen
sprechen	sprach	gesprochen
sprießen	spross *o* sprießte	gesprossen
springen	sprang	gesprungen
stechen	stach	gestochen
stecken	steckte *o geh* stak	gesteckt
stehen	stand	gestanden
stehlen	stahl	gestohlen
steigen	stieg	gestiegen
sterben	starb	gestorben
stieben	stob *o* stiebte	gestoben *o* gestiebt
stinken	stank	gestunken
stoßen	stieß	gestoßen
streichen	strich	gestrichen
streiten	stritt	gestritten
tragen	trug	getragen
treffen	traf	getroffen
treiben	trieb	getrieben
treten	trat	getreten
triefen	triefte *o geh* troff	getrieft *o geh* getroffen
trinken	trank	getrunken
trügen	trog	getrogen
tun	tat	getan
verbieten	verbot	verboten
verbrechen	verbrach	verbrochen
verderben	verdarb	verdorben
vergessen	vergaß	vergessen
verlieren	verlor	verloren
verraten	verriet	verraten
verstehen	verstand	verstanden

Infinitiv	Präteritum	Partizip Perfekt
verwenden	verwendete *o* verwandte	verwendet *o* verwandt
verzeihen	verzieh	verziehen
wachsen	wuchs	gewachsen
waschen	wusch	gewaschen
weben	webte *o geh* wob	gewebt *o geh* gewoben
weichen	wich	gewichen
weisen	wies	gewiesen
wenden	wendete *o geh* gewandt	gewendet *o geh* gewandt
werben	warb	geworben
werden	wurde	worden, geworden
werfen	warf	geworfen
wiegen	wog	gewogen
winden	wand	gewunden
winken	winkte	gewinkt *o dial* gewunken
wissen	wusste	gewusst
wollen	wollte	wollen, gewollt
wringen	wrang	gewrungen
ziehen	zog	gezogen
zwingen	zwang	gezwungen

Zahlwörter
Sayı Sıfatları

1. Grundzahlen
Asıl Sayılar

0	null *sıfır*
1	eins *bir*
2	zwei *iki*
3	drei *üç*
4	vier *dört*
5	fünf *beş*
6	sechs *altı*
7	sieben *yedi*
8	acht *sekiz*
9	neun *dokuz*
10	zehn *on*
11	elf *on bir*
12	zwölf *on iki*
13	dreizehn *on üç*
14	vierzehn *on dört*
15	fünfzehn *on beş*
16	sechzehn *on altı*
17	siebzehn *on yedi*
18	achtzehn *on sekiz*
19	neunzehn *on dokuz*
20	zwanzig *yirmi*
21	einundzwanzig *yirmi bir*
22	zweiundzwanzig *yirmi iki*
23	dreiundzwanzig *yirmi üç*
30	dreißig *otuz*
31	einunddreißig *otuz bir*
32	zweiunddreißig *otuz iki*
33	dreiunddreißig *otuz üç*

40	vierzig *kırk*
41	einundvierzig *kırk bir*
50	fünfzig *elli*
51	einundfünfzig *elli bir*
60	sechzig *altmış*
61	einundsechzig *altmış bir*
70	siebzig *yetmiş*
71	einundsiebzig *yetmiş bir*
80	achtzig *seksen*
81	einundachtzig *seksen bir*
90	neunzig *doksan*
91	einundneunzig *doksan bir*
100	hundert *yüz*
101	hundert(und)eins *yüz bir*
102	hundert(und)zwei *yüz iki*
110	hundert(und)zehn *yüz on*
200	zweihundert *iki yüz*
300	dreihundert *üç yüz*
451	vierhundert(und)einund-fünfzig *dört yüz elli bir*
1000	tausend *bin*
2000	zweitausend *iki bin*
10 000	zehntausend *on bin*
1 000 000	eine Million *bir milyon*
2 000 000	zwei Millionen *iki milyon*
1 000 000 000	eine Milliarde *bir milyar*
1 000 000 000 000	eine Billion *bir trilyon*

2. Ordnungszahlen
Sıra Sayıları

1.	erste *birinci, ilk*
2.	zweite *ikinci*
3.	dritte *üçüncü*
4.	vierte *dördüncü*
5.	fünfte *beşinci*
6.	sechste *altıncı*

7.	sieb(en)te *yedinci*
8.	achte *sekizinci*
9.	neunte *dokuzuncu*
10.	zehnte *onuncu*
11.	elfte *on birinci*
12.	zwölfte *on ikinci*

13.	dreizehnte *on üçüncü*
14.	vierzehnte *on dördüncü*
15.	fünfzehnte *on beşinci*
16.	sechzehnte *on altıncı*
17.	siebzehnte *on yedinci*
18.	achtzehnte *on sekizinci*
19.	neunzehnte *on dokuzuncu*
20.	zwanzigste *yirminci*
21.	einundzwanzigste *yirmibirinci*
22.	zweiundzwanzigste *yirmiikinci*
23.	dreiundzwanzigste *yirmiüçüncü*
30.	dreißigste *otuzuncu*
31.	einunddreißigste *otuz birinci*
40.	vierzigste *kırkıncı*
41.	einundvierzigste *kırk birinci*
50.	fünfzigste *ellinci*
51.	einundfünfzigste *elli birinci*
60.	sechzigste *altmışıncı*
61.	einundsechzigste *altmış birinci*
70.	siebzigste *yetmişinci*
71.	einundsiebzigste *yetmiş birinci*
80.	achtzigste *sekseninci*
81.	einundachtzigste *seksen birinci*
90.	neunzigste *doksanıncı*
100.	hundertste *yüzüncü*
101.	hundertunderste *yüz birinci*
200.	zweihundertste *iki yüzüncü*
300.	dreihundertste *üç yüzüncü*
451.	vierhundert(und)einundfünfzigste *dört yüz elli birinci*
1000.	tausendste *bininci*
1100.	tausend(und)einhundertste *bin yüzüncü*
2000.	zweitausendste *iki bininci*
100 000	einhunderttausendste *yüz bininci*
1 000 000.	millionste *milyonuncu*
10 000 000.	zehnmillionste *on milyonuncu*

Zeitangaben
Zamana İlişkin Bilgiler

Wie spät ist es?	Saat kaç?
Es ist …	Saat …
3 Uhr.	üç.
3 Uhr 10.	üçü on geçiyor.
Viertel nach 3.	üçü çeyrek geçiyor.
halb 4.	üç buçuk.
Viertel vor 4.	dörde çeyrek var.
5 vor 4.	dörde beş var.
1 Uhr.	bir.
12 Uhr Mittag/Mitternacht.	öğlen/gece on iki.
Geht diese Uhr richtig?	Bu saat doğru mu?/doğru gidiyor mu?
Sie geht vor/nach.	İleri gidiyor /Geri kalıyor.
Es ist spät/zu früh.	Geç oldu/Çok erken.
Um wie viel Uhr?/Wann?	Saat kaçta?/Ne zaman?
Um 2 Uhr.	Saat ikide.
Um 1 Uhr.	Saat birde.
Um 10 nach 5.	Beşi on geçe.
Um Viertel nach 5.	Beşi çeyrek geçe.
Um halb 6.	Beş buçukta.
Um Viertel vor 6.	Altıya çeyrek kala.
Um 5 vor 6.	Altıya beş kala.
In einer Stunde.	Bir saat sonra/içinde.
In zwei Stunden.	İki saat sonra/içinde.
Nicht vor 9 Uhr morgens.	Sabahları dokuzdan önce değil.
Nach 8 Uhr abends.	Akşamları sekizden sonra.
Zwischen 3 und 4.	Üçle dört arası.
Gegen 4 Uhr.	Saat dörde doğru.
In 14 Tagen.	On dört gün sonra/içinde.
Vor einer Woche.	Bir hafta önce.
Den Wievielten haben wir heute?	Bugün ayın kaçı?
Heute ist der dritte.	Bügün ayın üçü.
Am 5. April.	Nisanın beşinde.
Wie lange?	Ne kadar zaman?/Ne süre?
Zwei Stunden (lang).	İki saat (süreyle).
Von 10 bis 11.	Ondan on bire kadar.
Bis zum Wochenende.	Hafta sonuna kadar.
Seit wann?	Ne zamandan beri?
Seit 8 Uhr morgens.	Sabah sekizden beri.
Seit einer halben Stunde.	Yarım saatten beri.
Seit acht Tagen.	Sekiz günden beri.

Redewendungen für den Alltag
Günlük Konuşmada Kullanılan Deyimler

Kennenlernen

Begrüßung

Guten Morgen!	Günaydın!
Guten Tag!	İyi günler!/Merhaba!
Guten Abend!	İyi akşamlar!
Gute Nacht!	İyi geceler!
Hallo!/Grüß dich!	Merhaba!/Selâm!
Wie ist Ihr Name, bitte?	İsminiz nedir?/Adınız nedir?
Wie heißt du?	Adın ne?
Mein Name ist .../Ich heiße ...	İsmim .../Adım ...
Herzlich willkommen!	Hoş geldiniz!
Kann ich mit Herrn/Frau X sprechen?	X beyle/X hanımla konuşabilir miyim?
Kommen Sie/Komm herein.	İçeriye buyurun/buyur.
Nehmen Sie/Nimm bitte Platz.	Buyurun oturun lütfen./Buyur otur lütfen.
Möchten Sie etwas trinken?	Bir şey içer misiniz?
Auf Ihr/dein Wohl!	Sağlığınıza/Sağlığına!
Können Sie/Kannst du nicht zum Mittagessen/Abendessen bleiben?	Öğlen yemeğine/Akşam yemeğine kalamaz mısınız/kalamaz mısın?
Vielen Dank. Ich bleibe gern, wenn ich nicht störe.	Teşekkür ederim. Rahatsız etmezsem, memnuniyetle kalırım.

Vorstellung

Darf ich bekannt machen? Das ist ...	Tanıştırabilir miyim? Bu ...
Frau X.	X hanım.
Herr X.	X bey.
mein Mann.	eşim/kocam.
meine Frau.	eşim/karım.
mein Sohn.	oğlum.
meine Tochter.	kızım.
mein Bruder.	(erkek) kardeşim.
meine Schwester.	(kız) kardeşim.
meine Mutter/mein Vater.	annem/babam
mein Opa.	dedem/büyük babam
meine Oma.	ninem/büyük annem
mein(e) Freund(in).	(kız) arkadaşım.
mein Kollege/meine Kollegin.	iş arkadaşım.
Wie geht es Ihnen/dir?	Nasılsınız?/Nasılsın?
Wie geht's?	Nasılsın?/Ne var ne yok?
Danke, mir gehts gut. Und Ihnen/dir?	Teşekkür ederim. İyiyim. Siz nasılsınız?/ Sen nasılsın?

Woher kommen Sie/kommst du?	Nereden geliyorsunuz/geliyorsun?
Ich bin aus Berlin/Köln.	Berlin'den/Köln'den geliyorum./ Ben Berlinliyim/Kölnlüyüm.
Wo wohnen Sie/wohnst du?	Nerede oturuyorsunuz/oturuyorsun?
Ich wohne in ...	... –de/–da oturuyorum.
Sind Sie/Bist du schon lange hier?	Uzun zamandan beri mi buradasınız/ buradasın?
Ich bin seit ... hier.	Ben ... -dan/–den beri buradayım.
Wie lange bleiben Sie/bleibst du?	Ne kadar kalacaksınız/kalacaksın?
Sind Sie/Bist du zum ersten Mal hier?	İlk defa mı buradasınız/buradasın?

Bitte

Ja, bitte.	Evet, lütfen.
Nein, danke.	Hayır, teşekkür ederim.
Gestatten Sie?	Müsaade eder misiniz?/İzninizle?
Können Sie mir bitte helfen?	Lütfen bana yardım eder misiniz?

Dank

Danke.	Teşekkür ederim./Sağ olun.
Vielen Dank.	Teşekkür ederim.
Danke, sehr gern.	Teşekkür ederim, memnuniyetle.
Danke, gleichfalls!	Sağ ol, sen de!/Teşekkür ederim, siz de!
Das ist nett, danke.	Çok nazik, teşekkür ederim.
Vielen Dank für Ihre Hilfe/Mühe.	Yardımınıza/Zahmetinize çok teşekkür ederim.
Nichts zu danken.	Bir şey değil.
Gern geschehen.	Rica ederim.

Entschuldigung

Entschuldigung!	Affedersiniz!/Özür dilerim.
Ich muss mich entschuldigen.	Özür dilemem lâzım.
Das tut mir leid.	Buna üzgünüm.
Es war nicht so gemeint.	Öyle demek istemedim.
Schade!	Yazık!
Es ist leider nicht möglich.	Ne yazık ki olanaksız./Maalesef mümkün değil.
Vielleicht ein andermal.	Belki başka bir zaman.

Verabredung

Ich hoffe Sie/dich bald wiederzusehen.	Yakında tekrar görüşmek umuduyla.
Vielen Dank für den netten Abend.	Bu güzel akşam için teşekkür ederim.
Was machen Sie/machst du morgen?	Yarın ne yapıyorsunuz/yapıyorsun?
Treffen wir uns morgen/heute Abend?	Yarın/Bu akşam buluşalım mı?
Ja, gerne.	Sevinirim./Memnuniyetle.

Es geht leider nicht. Ich habe zu tun.	Olmaz maalesef. İşim var.
Lassen Sie mich bitte in Ruhe!	Lütfen beni rahat bırakın!
Jetzt reicht's!	Artık yeter!
Verschwinde!	Defol!

Verständigung

Wie bitte?	Efendim?/Nasıl?
Ich verstehe Sie/dich nicht. Können Sie/ Kannst du das bitte noch einmal wiederholen?	Sizi/Seni anlayamadım. Lütfen tekrarlar mısınız/mısın?
Bitte sprechen Sie/sprich etwas langsamer/ lauter.	Lütfen daha yavaş/yüksek sesle konuşunuz/ konuş.
Ich verstehe/habe verstanden.	Anlıyorum./Anladım.
Sprechen Sie/Sprichst du …	… konuşuyor musunuz/musun?
Deutsch?	Almanca
Englisch?	İngilizce
Französisch?	Fransızca
Ich spreche nur wenig …	Biraz … konuşuyorum.
Was heißt … auf Türkisch?	… Türkçe nasıl söylenir?/… Türkçede ne demek?
Was bedeutet das?	Bu ne demek?
Wie spricht man dieses Wort aus?	Bu kelime nasıl telâffuz edilir/söylenir?

Abschied

Auf Wiedersehen!	Allahaısmarladık!
Bis bald!	Yakında görüşmek üzere!
Bis später!	Görüşmek üzere!
Bis morgen!	Yarın görüşmek üzere!
Gute Nacht!	İyi geceler!
Tschüss!	Eyvallah!/Hoşça kal!
Alles Gute!	Hoşça kal!/Hoşça kalın!
Viel Vergnügen!	İyi eğlenceler!
Gute Reise!	İyi yolculuklar!
Es tut mir leid, aber ich muss jetzt gehen.	Ne yazık ki gitmem lâzım.
Ich lasse von mir hören.	Size haber vereceğim.
Grüßen Sie/Grüß … von mir.	… –a/–e benden selâm söyleyin.

Arzt

Arzt	doktor
Augenarzt	göz doktoru
Frauenarzt	kadın doktoru
Hautarzt	cilt doktoru
Kinderarzt	çocuk doktoru

Urologe	ürolog
Zahnarzt	diş doktoru
Ich fühle mich nicht wohl.	Kendimi iyi hissetmiyorum.
Ich habe Fieber.	Ateşim var.
Ich kann nicht schlafen.	Uyuyamıyorum.
Mir ist oft schlecht/schwindelig.	Sık sık kötü oluyorum/başım dönüyor.
Ich bin ohnmächtig geworden.	Bayıldım.
Ich bin stark erkältet.	Kuvvetli üşüttüm.
Ich habe Kopfschmerzen.	Başım ağrıyor.
Ich habe Halsschmerzen.	Boğazım ağrıyor.
Ich habe Husten.	Öksürüğüm var.
Ich bin gestochen/gebissen worden.	Beni bir şey soktu/ısırdı.
Ich habe mir den Magen verdorben.	Midem bozuldu.
Ich habe Durchfall/Verstopfung.	İshal/Kabız oldum.
Wo tut es weh?	Neresi acıyor?
Ich habe hier Schmerzen.	Buram ağrıyor.
Tut es hier weh?	Burası acıyor mu?
Ich habe einen hohen/niedrigen Blutdruck.	Tansiyonum yüksek/düşük.
Ich bin Diabetiker.	Şeker hastalığım var./Şekerim var.
Ich bin schwanger.	Bir bebek bekliyorum./Hamileyim.
Ich habe keinen Appetit.	Hiç iştahım yok.
Es ist nichts Ernstes.	Ciddî bir şey değil.
Können Sie mir bitte etwas gegen … geben/ verschreiben?	Bana …–e/–a karşı bir ilâç verir misiniz/ yazar mısınız, lütfen?
Normalerweise nehme ich …	Normal olarak … alıyorum.
Hier ist mein internationaler Krankenschein.	Internasyonal bakım kâğıdım burada.
Können Sie mir bitte ein ärztliches Attest ausstellen?	Bana bir rapor yazar mısınız, lütfen?
Ich habe Schmerzen./Ich kann nicht einschlafen.	Ağrım var./Uyuyamıyorum.
Könnten Sie mir bitte eine Schmerztablette/ Schlaftablette geben?	Ağrı hapı/Uyku hapı verir misiniz?

Zahnarzt

Ich habe (starke) Zahnschmerzen.	Dişim (şiddetli) ağrıyor.
Dieser Zahn tut weh.	Bu diş ağrıyor.
Ich habe eine Füllung verloren.	Bir dolgum düştü.
Mir ist ein Zahn abgebrochen.	Bir dişim kırıldı.
Geben Sie mir bitte eine/keine Spritze.	Bana iğne yapın/yapmayın, lütfen.

Apotheke

Wo ist die nächste Apotheke (mit Nachtdienst)?	(Gece nöbeti olan) en yakın eczane nerede?
Geben Sie mir bitte etwas gegen …	… –e/–a karşı bir şey verin, lütfen.

Auto/Motorrad/Fahrrad

Auskunft

Entschuldigung, wie komme ich bitte nach …?	Affedersiniz, … –e/–a nasıl gideceğim?
Können Sie mir die Strecke/das auf der Karte zeigen?	Lütfen, yolu/bunu bana haritada gösterir misiniz?
Bitte, ist das die Straße nach …?	Affedersiniz, … –e/–a giden yol bu mu?
Immer geradeaus bis … Dann …	… –e/–a kadar hep doğru. Sonra …
bei der Ampel	lâmbadan
an der nächsten Ecke	ilk köşeden
links/rechts abbiegen.	sola/sağa dönülecek.

Panne

Ich habe eine Panne/einen Platten.	Bir arıza/patlak lâstik var.
Würden Sie bitte den Pannendienst anrufen?	Lütfen, arıza/tamir servisini çağırır mısınız?
Würden Sie mir bitte einen Mechaniker/einen Abschleppwagen schicken?	Lütfen, bana bir tamirci/bir çekme arabası gönderir misiniz?
Würden Sie mich bis zur nächsten Werkstatt/Tankstelle abschleppen/mitnehmen?	İlk tamirhaneye/benzinciye kadar arabamı çeker misiniz/beni götürür müsünüz?

Parken

Kann ich den Wagen hier abstellen?	Arabayı buraya bırakabilir miyim?
Ist der Parkplatz bewacht?	Park yeri bekçili mi?
Wie lange kann ich hier parken?	Ne zamana kadar burada park edebilirim?

Tankstelle

Wo ist bitte die nächste Tankstelle?	En yakın benzinci nerede acaba?
Ich möchte 20 Liter	Yirmi litre … istiyorum.
Normalbenzin.	normal benzin
Super.	süper
Diesel.	motorin/mazot
… bleifrei/verbleit/mit … Oktan	kurşunsuz/kurşunlu/… oktanlı …
Volltanken, bitte.	Doldurun/Ful, lütfen.
Prüfen Sie bitte …	Lütfen … kontrol eder misiniz?
den Ölstand.	yağını
den Reifendruck.	lâstiklerin havasını
Sehen Sie bitte auch das Kühlwasser nach.	Lütfen, radyatör suyuna da bakınız.
Könnten Sie mir einen Ölwechsel machen?	Yağını değiştirir misiniz?
Ich möchte eine Straßenkarte dieser Gegend, bitte.	Bu yörenin bir yol haritasını istiyorum, lütfen.
Wo sind bitte die Toiletten?	Tuvalet nerede?

Unfall

Es ist ein Unfall passiert.	Bir kaza oldu.
Rufen Sie bitte schnell …	Acele … çağırın, lütfen.
einen Krankenwagen.	bir ambulans
die Polizei.	polisi
die Feuerwehr.	itfaiyeyi
Haben Sie Verbandszeug?	Sargı malzemeniz var mı?
Sollen wir die Polizei holen, oder können wir uns so einigen?	Polisi mi çağıralım, yoksa aramızda mı anlaşalım?
Ich möchte den Schaden durch meine Versicherung regeln lassen.	Hasarı sigortam aracılığıyla düzelttirmek istiyorum.
Ich gebe Ihnen meine Anschrift und Versicherungsnummer.	Size adresimi ve sigorta numaramı veriyorum.
Geben Sie mir bitte Ihren Namen und Ihre Anschrift.	Lütfen bana isim ve adresinizi.
Können Sie für mich Zeuge sein?	Benim için tanıklık/şahitlik yapar mısınız?
Vielen Dank für Ihre Hilfe.	Yardımınıza çok teşekkür ederim.

Werkstatt

Wo ist hier in der Nähe eine Werkstatt?	Yakında nerede bir tamirhane var?
Mein Wagen springt nicht an.	Motor hareket etmiyor./Arabam çalışmıyor.
Können Sie mit mir kommen/mich abschleppen?	Benimle gelir misiniz?/Arabamı çeker misiniz?
Mit dem Motor stimmt was nicht.	Motorda bir bozukluk var.
Die Bremsen funktionieren nicht.	Frenler tutmuyor.
… ist/sind defekt.	… bozuk.
Können Sie mal nachsehen?	Bir kontrol eder misiniz?/Bir bakar mısınız?
Machen Sie bitte nur die nötigsten Reparaturen.	Yalnız en gerekli tamirleri yapınız lütfen.
Wann ist der Wagen/das Motorrad fertig?	Araba/Motor ne zamana biter?

Bank

Wo ist hier bitte eine Bank?	Nerede banka var?
Ich möchte … Euro/Schweizer Franken in türkische Lira umwechseln.	… euro/İsviçre frankı karşılığında Türk lirası istiyorum.
Ich möchte diesen Reisescheck/diese Postanweisung einlösen.	Bu seyahat çekini/posta havalesini almak istiyorum.
Auf welchen Betrag kann ich den Scheck maximal ausstellen?	En çok ne kadar yazabilirim?
Ihre Scheckkarte, bitte.	Çek kartınız, lütfen.
Darf ich bitte Ihren Pass/Ausweis sehen?	Pasaportunuzu/Kimliğinizi görebilir miyim?
Würden Sie bitte hier unterschreiben?	Şurayı imzalar mısınız, lütfen?

Ich möchte … Euro von meinem Konto/ Postsparbuch abheben.	Hesabımdan/Posta hesabımdan … euro çekmek istiyorum.
Gehen Sie bitte zur Kasse.	Kasaya gidiniz, lütfen.
Wie wollen Sie das Geld haben?	Parayı nasıl istiyorsunuz?
Bitte nur Scheine.	Yalnız kâğıt para/banknot, lütfen.
Auch etwas Kleingeld.	Biraz da bozuk para.

Museum

Gibt es auch eine Führung in Deutsch?	Almanca rehber de var mı?
Darf man hier fotografieren?	Burada resim çekilir mi?
Ist das …?	Bu … mi?
Gibt es einen Katalog zur Ausstellung?	Serginin bir kataloğu var mı?

Einkaufen

Wo finde ich … ?	Nerede … bulabilirim?
Ich möchte …	… istiyorum.
Haben Sie …?	Sizde … var mı?
Zeigen Sie mir bitte …	Bana … gösterir misiniz, lütfen.
ein Paar …	bir çift …
ein Stück …	bir tane …
Das gefällt mir nicht so gut.	Bu pek hoşuma gitmedi./Bunu pek beğenmedim.
Können Sie mir bitte ein anderes/eine(n) andere(n) … zeigen?	Bana başka bir … gösterir misiniz?
Das gefällt mir. – Ich nehme es.	Bu hoşuma gidiyor. – Alayım.
Wie viel kostet es?	Bu kaça?
Ist die Mehrwertsteuer im Preis drin?	KDV dahil mi?
Hätten Sie nicht etwas Billigeres?	Daha ucuz olanı var mı/yok mu?
Sie geben es mir doch ein bisschen billiger, oder?	Bana biraz indirim yaparsınız, değil mi?
Was ist Ihr letztes Angebot?	En son fiyatız ne olur?
Ich möchte in Lira bezahlen.	Lira ile ödeyim.
Ich muss mir das noch überlegen.	Düşünmem lâzım.
Bitte geben Sie mir …	Lütfen bana … veriniz.
eine Flasche …	bir şişe …
eine Dose …	bir kutu …
eine Packung …	bir paket …
ein Kilo …	bir kilo …
einen Meter …	bir metre …
ein Stück …	bir tane …
ein Glas …	bir bardak …

Nehmen Sie …	… alıyor musunuz?
Euro?	Euro
Schweizer Franken?	İsviçre frankı
Kreditkarten?	Kredi kartı
Reiseschecks?	Seyahat çeki
Bitte geben Sie mir eine Quittung.	Lütfen fatura yazar mısınız.
Können Sie es mir einpacken?	Paketler misiniz?
Haben Sie eine Tragetasche?	Poşetiniz var mı?

Eisenbahn

Auf dem Bahnhof

Eine einfache Fahrt 2. Klasse/1. Klasse nach …, bitte.	… –e/–a 2. (ikinci) mevki/1. (birinci) mevki yalnız gidiş bir bilet, lütfen.
Zweimal … hin und zurück, bitte.	… –e/–a gidiş–dönüş iki bilet, lütfen.
Wo muss ich umsteigen?	Nerede aktarma yapmam lâzım?
Achtung, Reisende nach …! Bitte einsteigen und die Türen schließen.	Dikkat, … yolcuları! Lütfen trene binip kapıları kapayınız.

Im Zug

Verzeihung, ist dieser Platz noch frei?	Affedersiniz, bu yer boş mu?
Können Sie mir bitte helfen?	Lütfen bana yardım eder misiniz?
Darf ich das Fenster öffnen/schließen?	Pencereyi açabilir miyim/kapatabilir miyim?
Wo sind wir jetzt?	Şimdi neredeyiz?

Öffentliche Verkehrsmittel

Welcher Bus/Welche Straßenbahn/ Welche U–Bahnlinie fährt nach …?	… –e/–a hangi otobüs/tramvay/metro gidiyor?
Bus	otobüs
Straßenbahn	tramvay
U–Bahn	metro
Sammeltaxi	dolmuş
Welche Linie fährt nach …?	… –e/–a hangi numara gidiyor?
Ist dies der richtige Bus nach …?	… –e/–a giden otobüs bu mu?
In welche Richtung muss ich fahren?	Hangi yöne/istikamete gitmem lâzım?
Wie viele Haltestellen sind es?	Kaç durak var?
Wo muss ich aussteigen/umsteigen?	Nerede inmem/aktarma yapmam lâzım?
Sagen Sie mir bitte Bescheid, wann ich aussteigen muss?	Oraya gelince, söyler misiniz lütfen?
Bitte, einen Fahrschein nach …	… –e/–a bir bilet lütfen.

Taxi

Wo ist der nächste Taxistand?	En yakın taksi durağı nerede?
Würden Sie bitte für mich ein Taxi bestellen?	Lütfen bana bir taksi çağırır mısınız?
Zum Bahnhof.	İstasyona.
Zum … Hotel.	… oteline.
Zum Flughafen.	Hava alanına./Hava limanına.
Halten Sie bitte hier.	Burada durun, lüften.
Warten Sie bitte. – Ich bin in 5 Minuten zurück.	Lütfen bekleyin. – Beş dakika sonra döneceğim.
Das ist für Sie.	Bu size.

Polizei

Wo ist die nächste Polizeiwache?	En yakın polis karakolu nerede?
Ich möchte eine Anzeige machen.	Bildirmek istiyorum./Şikâyetim var.
Mir ist … gestohlen worden.	Benim … çalındı.
die Handtasche	el çantam
die Brieftasche	cüzdanım
mein Fotoapparat	fotoğraf makinam
mein Auto	arabam
mein Fahrrad	bisikletim
Mein Auto ist aufgebrochen worden.	Arabam açılmış.
Aus meinem Auto ist … gestohlen worden.	Arabamdan … çalındı.
Ich habe … verloren.	Ben … kaybettim.
Mein Sohn/Meine Tochter ist seit … verschwunden.	Oğlum/Kızım … –dan/–den beri kayıp.
Können Sie mir bitte helfen?	Lütfen bana yardım eder misiniz?
Ich will einen Anwalt./Ich möchte meinen Anwalt sprechen.	Bir avukat istiyorum./Avukatımla konuşmak istiyorum.
Ihren Namen und Ihre Anschrift, bitte.	İsim ve adresiniz, lütfen.
Wenden Sie sich bitte an das deutsche/österreichische/Schweizer Konsulat.	Alman/Avusturya/İsviçre konsolosluğuna baş vurun, lütfen.

Restaurant

Bestellung

Herr Ober, die Speisekarte/die Getränkekarte, bitte!	Garson, yemek listesi/içki listesi, lüften!
Was können Sie mir empfehlen?	Bana ne tavsiye edersiniz?
Ich möchte nur eine Kleinigkeit essen.	Hafif şeyler yemek istiyorum.
Ich möchte nur etwas trinken.	Yalnız bir şey içmek istiyorum.
Gibt es auch Kinderportionen?	Çocuklara yarım porsiyon veriyor musunuz?
Haben Sie schon gewählt?	Seçtiniz mi?
Ich nehme …	Ben … alacağım.

Ich vertrage kein(e) …, könnten Sie das Gericht ohne … zubereiten?	Bana … dokunuyor, yemeğe koymadan da olur mu?
Wie möchten Sie Ihr Steak haben?	Kızartmanızı (stekinizi) nasıl istersiniz?
gut durch	tam pişmiş
halb durch	az pişmiş
englisch	çok az pişmiş
Was wollen Sie trinken?	Ne içmek istiyorsunuz?
Bitte ein Glas …	Lütfen, bir bardak …
Bitte eine (halbe) Flasche …	(Yarım) şişe …, lütfen.
Mit Eis, bitte.	Buzlu, lütfen.
Guten Appetit!	Afiyet olsun!
Bitte bringen Sie uns …	Lütfen, bize … getiriniz.
Könnten wir noch etwas Brot/Wasser/Wein bekommen?	Biraz daha ekmek/su/şarap getirebilir misiniz?

Rechnung

Bezahlen, bitte.	Hesabı lütfen.
Die Rechnung, bitte. – Wir haben es eilig.	Hesabı, lütfen. – Acelemiz var.
Bitte alles zusammen.	Hepsi beraber lütfen.
Getrennte Rechnungen, bitte.	Hesaplar ayrı ayrı, lütfen.
Ist die Bedienung inklusive?	Garson yüzdesi (bahşiş) içinde mi?
Das habe ich nicht gehabt. – Ich hatte …	Bunu almadım. – Ben … almıştım.
Hat es geschmeckt?	Hoşunuza gitti mi?
Das Essen war ausgezeichnet.	Yemek çok güzeldi.
Das ist für Sie.	Bu size.
Es stimmt so.	Bu tamam.

Reklamation

Hier fehlt ein(e) …	Burada … eksik.
Das habe ich nicht bestellt.	Ben bunu ısmarlamadım.
Das Essen ist kalt/versalzen.	Yemek soğuk/çok tuzlu.
Das Fleisch ist zäh/zu fett.	Et çok sert/çok yağlı.
Der Fisch ist nicht frisch.	Balık taze değil.
Nehmen Sie es bitte zurück.	Bunu lütfen geri götürün.

Strand

Gibt es hier in der Gegend einen Badestrand?	Bu çevrede bir plâj var mı?
Wie komme ich zum Strand/Badestrand?	Sahile/Plâja nasıl gidilir?
Gibt es hier Seeigel/Quallen?	Deniz kestanesi/Denizanası var mı?
Wie weit darf man hinausschwimmen?	Nereye kadar açılınabilir?
Wie ist das Wasser?	Su nasıl?
Das Wasser ist …	Su …

kalt/warm/schmutzig/sauber/tief.	soğuk/sıcak/kirli/temiz/derin.
Ist die Strömung stark?	Akıntı çok mu?
Ist es für Kinder gefährlich?	Çocuklar için tehlikeli mi?
Wann ist Flut/Ebbe?	Met/Cezir ne zaman?
Ich möchte … mieten.	Bir … kiralamak istiyorum.
einen Liegestuhl/einen Sonnenschirm	şezlong/güneş şemsiyesi
ein Boot	kayık
ein Paar Wasserski	çift su kayağı
Was kostet es pro Stunde/Tag?	Saati/Günlüğü kaça?

Telefon

Dürfte ich wohl Ihr Telefon benutzen?	Telefonunuzu kullanabilir miyim?
Wo ist die nächste Telefonzelle?	En yakın telefon kulübesi nerede?
Können Sie mir bitte eine Telefonmünze/ Telefonkarte geben?	Lütfen, bana bir jeton/telefon kartı verir misiniz?
Haben Sie ein Telefonbuch von …?	Sizde … telefon rehberi var mı?
Ich möchte ein R–Gespräch anmelden.	Ödemeli bir konuşma yazdırmak istiyorum.
Können Sie mich bitte mit … verbinden?	Bana … –i/–ı bağlar mısınız?
Es meldet sich niemand.	Kimse çıkmıyor.
Bleiben Sie bitte am Apparat.	Telefonu lütfen kapatmayınız.
Hier spricht …	Burada …
Hallo, mit wem spreche ich?	Alo, kiminle konuşuyorum?
Kann ich bitte Herrn/Frau … sprechen?	… beyle/hanımla konuşabilir miyim?
Am Apparat.	Benim.
Ich verbinde.	Bağlıyorum.
Tut mir leid, er/sie ist nicht da.	Maalesef burada/evde değil.
Kann er/sie Sie zurückrufen?	O sizi arayabilir mi?
Ja, meine Nummer ist …	Evet, benim numaram …
Möchten Sie eine Nachricht hinterlassen?	Bir haber bırakmak ister misiniz?
Würden Sie ihm/ihr bitte sagen, ich hätte angerufen?	Telefon ettiğimi ona söyler misiniz?
Ich rufe später nochmal an.	Sonra tekrar ararım.

Camping

Haben Sie noch Platz für einen Wohnwagen/ein Zelt?	Yataklı araba/çadır için daha bir yeriniz var mı?
Wie hoch ist die Gebühr pro Tag und Person?	Günlüğü kişi başına ne kadar?
Wie hoch ist die Gebühr für …	… ücreti ne kadar?
das Auto?	Araba
den Wohnwagen/das Wohnmobil?	Yataklı araba
das Zelt?	Çadır

Wo kann ich meinen Wohnwagen aufstellen/mein Zelt aufschlagen?	Yataklı arabamı nereye yerleştirebilirim?/ Çadırımı nereye kurabilirim?
Wir bleiben … Tage/Wochen.	… gün/hafta kalacağız.
Gibt es hier ein Lebensmittelgeschäft?	Burada bir bakkal var mı?
Wo sind die …	… nerede?
Toiletten?	Tuvalet
Waschräume?	Yıkanma odaları
Duschen?	Duş
Gibt es hier Stromanschluss?	Burada cereyan var mı?
Haben Sie 220 oder 110 Volt?	220 (iki yüz yirmi) mi yoksa 110 (yüz on) volt mu?
Wo kann ich die Gasflaschen umtauschen?	Gaz tüplerini nerede değiştirebilirim?
Ist der Campingplatz bei Nacht bewacht?	Kamping yerinin gece bekçisi var mı?
Gibt es hier einen Kinderspielplatz?	Burada bir çocuk bahçesi var mı?
Können Sie mir bitte … leihen?	Bana … ödünç verebilir misiniz, lütfen?

Hotel

Anreise

Ich habe bei Ihnen ein Zimmer reserviert. – Mein Name ist …	Ben bir oda ayırttım. – Adım …
Haben Sie noch Zimmer frei?	Boş odanız var mı?
… für eine Nacht.	Bir gecelik …
… für zwei Tage.	İki günlük …
… für eine Woche.	Bir haftalık …
Nein, wir sind leider vollständig belegt.	Hayır, maalesef tamamen doluyuz.
Ja, was für ein Zimmer wünschen Sie?	Peki, nasıl bir oda istiyorsunuz?
ein Einzelzimmer	tek kişilik bir oda
ein Zweibettzimmer	çift yataklı bir oda
ein Zweibettzimmer, aber bitte nicht mit einem französischen Bett.	çift yataklı bir oda, ama fransız yatağı olmasın lütfen.
ein ruhiges Zimmer	sakin bir oda
ein sonniges Zimmer	güneşli bir oda
ein Zimmer mit fließend Kalt- und Warmwasser	soğuk ve sıcak sulu bir oda
ein Zimmer mit Dusche	duşlu bir oda
ein Zimmer mit Bad	banyolu bir oda
ein Zimmer mit Balkon/Terrasse	balkonlu/teraslı bir oda
ein Zimmer mit Blick aufs Meer	denize bakan/deniz manzaralı bir oda
ein straßenseitig gelegenes Zimmer	cadde tarafındaki bir oda
ein hofseitig gelegenes Zimmer	avlu/bahçe tarafındaki bir oda
Kann ich das Zimmer ansehen?	Odayı görebilir miyim?
Dieses Zimmer gefällt mir nicht. – Zeigen Sie mir bitte ein anderes.	Bu oda hoşuma gitmedi. – Bir başkasını gösterin.
Dieses Zimmer ist sehr hübsch. – Ich nehme es.	Bu oda çok güzel. – Bunu alıyorum.

Können Sie noch ein drittes Bett/Kinderbett dazustellen?	Üçüncü bir yatak/çocuk yatağı koyabilir misiniz?
Was kostet das Zimmer mit …	Bu oda … kaça?
Frühstück?	kahvaltıyla
Halbpension?	yarım pansiyon ile
Vollpension?	tam pansiyon ile
Wollen Sie bitte den Anmeldeschein ausfüllen?	Kayıt formülünü doldurur musunuz?
Darf ich Ihren Reisepass/Personalausweis sehen?	Pasaportunuzu/Hüviyetinizi görebilir miyim?
Wo kann ich den Wagen abstellen?	Arabayı nereye koyabilirim?
In unserer Garage/Auf unserem Parkplatz.	Garajımıza/Park yerimize.
Hat das Hotel ein Schwimmbad/einen eigenen Strand?	Otelin yüzme havuzu/plâjı var mı?

Reklamation

Das Zimmer ist nicht gereinigt worden.	Oda temizlenmemiş.
Die Dusche …	Duş …
Die Spülung …	Sifon …
Die Heizung …	Kalorifer …
Das Licht …	Işık …
Das Radio …	Radyo …
Der Fernseher …	Televizyon …
funktioniert nicht.	bozuk.
Der Wasserhahn tropft.	Musluk damlıyor.
Es kommt kein (warmes) Wasser.	(Sıcak) su gelmiyor.
Die Toilette/Das Waschbecken ist verstopft.	Tuvalet/Lavabo tıkalı.
Das Fenster schließt nicht/geht nicht auf.	Pencere kapanmıyor/açılmıyor.
Der Schlüssel passt nicht.	Anahtar uymuyor.

Bar/Diskothek/Nachtclub

Gibt es hier eine gemütliche Kneipe?	Burada rahat bir meyhane var mı?
Gibt es hier eine Diskothek?	Burada bir diskotek var mı?
Wo werden Bauchtänze aufgeführt?	Nerede göbek dansı gösteriliyor?
Ein Bier, bitte.	Bir bira, lütfen.
Das gleiche noch einmal.	Aynısından bir daha.
Diese Runde übernehme ich.	Bu içkiler benden.

Verkehrsbüro

Ich möchte einen Stadtplan von … haben.	… '(n)in bir şehir plânını istiyorum.
Haben Sie Prospekte von …?	… brojürü var mı?
Haben Sie einen Veranstaltungskalender für diese Woche?	Sizde bu haftanın etkinlikler programı var mı?
Gibt es Stadtrundfahrten?	Şehir turları var mı?

Wetter

Es bleibt schön/schlecht.	Hava güzel/kötü kalacak.
Es wird wärmer/kälter.	Hava daha ısınacak/soğuyacak.
Es soll regnen/schneien.	Yağmur/Kar yağacak.
Es ist kalt/heiß/schwül.	Hava soğuk/pek sıcak/bunaltıcı.
Es zieht ein Gewitter auf.	Fırtına geliyor.
Wir bekommen Sturm.	Bora çıkacak.
Es ist neblig/windig.	Hava sisli/rüzgârlı.
Die Sonne scheint.	Güneş var./Güneş açıyor.
Der Himmel ist wolkenlos/bedeckt.	Gökyüzü bulutsuz/kapalı.

Zollkontrolle

Haben Sie etwas zu verzollen?	Gümrüklü eşyanız var mı?
Nein, ich habe nur ein paar Geschenke.	Hayır, yalnızca birkaç hediyelik eşyam var.
Fahren Sie bitte rechts/links heran.	Arabayı sağa/sola çekin, lütfen.
Öffnen Sie bitte den Kofferraum/diesen Koffer.	Bagajı/Bu bavulu açın, lütfen.
Muss ich das verzollen?	Buna gümrük ödemem lâzım mı?

Madde başı sözler alfabe sırasına göre dizilmiş olup renkli olarak vurgulanmıştır.

Madde başı kelimenin sesçil yazımı vurgu işaretleriyle birlikte kelimeden sonra köşeli ayraçlar içinde bulunur.

Yükseltilerek yazılmış olan Arap rakamları değişik anlamları olan eş yazımlı kelimeleri gösterir.

Eski yazılış ALT ile, yeni yazılış da RR ile gösterilmiştir.

İsimlerin dişil biçimleri gösterilmiştir.

İnce dikey cizgi ayrılabilir fiillerin ilk kısmını gösterir.

Kural dışı fiiller, çoğul ekleri ve üstünlük derecesi ucu sivri ayraçlar içinde gösterilmiştir.

Romen rakamları, madde başı sözün gramerdeki yerini gösterir ve fiilleri ayırmaya yarar.

Arap rakamları, madde başı sözün farklı anlamlarını gösterir.

Deyim ve kullanım örnekleri yarı kalın harflerle belirtilmiştir.

Madde içindeki deyim ve örneklerde madde başı kelimeyi tekrarlamamak için onun yerine „yine o" işareti (~) kullanılmıştır.

Üslup, yaş ve retorik ile ilgili bilgiler dil düzeyini ve sicili gösterir.

Inhalt und Aufbau Türkisch – Deutsch
İçerik ve Yapı Türkçe – Almanca

cezve *s* (*gastr*) Mokkakännchen *nt* … **cgr** *Abk von* **santigram** cg, Zentigramm **chat** [tʃɛt] *s* INFORM, TELEK …	Madde başı sözler alfabe sırasına göre dizilmiş olup renkli olarak vurgulanmıştır.
abuhava ['a:buhava:] *s s.* **iklim** Klima *nt*	Madde başı kelimenin sesçil yazımı vurgu işaretleriyle birlikte kelimeden sonra köşeli ayraçlar içinde bulunur.
alay¹ *s* ① (*cenaze* ~*ı*, *fener* ~*ı*) Zug *m* … **alay**² *s* Spott *m;* …	Yükseltilerek yazılmış olan Arap rakamları değişik anlamları olan eş yazımlı kelimeleri gösterir.
rahim <-hmi> *s* (*döl yatağı*) Gebärmutter *f* **zehir** <-hri> *s* Gift *nt;* …	İsim ve fiil çekimlerinde kelimenin aldığı değişik biçimler açılı ayraçlar içinde gösterilmiştir.
insan **I.** *s* Mensch *m;* ~ **içine çıkmak** unter Menschen gehen, … **II.** *adj* menschlich **III.** *pron* man; ~ **böyle şey der mi?** sagt man so etwas?	Romen rakamları, madde başı sözün gramerdeki yerini gösterir ve fiilleri ayırmaya yarar.
varlık <-ğı> *s* ① (*mevcudiyet*) Existenz *f*, Dasein *nt* ② (*var olan şey*) Wesen *nt;* (*canlı* ~) Wesen *nt* ③ (*zenginlik*) Vermögen *nt;* … ④ (*ömür*) Dasein *nt*	Arap rakamları, madde başı sözün farklı anlamlarını gösterir.
fırlamak *vi* ① springen; **ayağa** ~ aufspringen; **sevincinden havaya** ~ vor Freude einen Luftsprung machen ② (*fiyatlar*) in die Höhe schnellen; **fiyatlar fırladı** (**gitti**) die Preise schnellten in die Höhe	Deyim ve kullanım örnekleri yarı kalın harflerle belirtilmiştir.
AB *s Abk von* **Avrupa Birliği** EU *f*, Europäische Union; ~ **Komisyonu** EU-Kommission *f;* ~ **Zirvesi** EU-Gipfel *m*	Madde içindeki deyim ve örneklerde madde başı kelimeyi tekrarlamamak için onun yerine „yine o“ işareti (~) kullanılmıştır.
beyni *s poss von* **beyin** **şehri** *s poss von* **şehir**	Çekim eki aldıklarında kökleri değişikliklere uğrayan isimler iyelik durumunda madde başında yer alıp yalın biçimlerine gönderme yapılmıştır.
atanmak *vi pass von* **atamak** berufen werden **kapattırmak** *vt* ① *Kausativ zu* **kapatmak**	Türkçe fiillerde, fiilin ettirgen, edilgen ve dönüşlü durumda olduğu veya emir kipi olduğu belirtilmiştir.
şekerleme *s* ① *Verbalsubstantiv zu* **şekerlemek** ② Süßigkeit *f*	Fiilden türeme Türkçe isimlerde fiilin -mak/-mek biçimi gösterilmiştir.
bürünmek *vi* ① sich einhüllen (**-e** in); …	Her iki dil için de fiillerden sonra ayraçlar içinde ilgili durumlar, yahut ilgeçler gösterilmiştir.
abu [a'bu:] *interj* (*fam*) ~**!** o weh! **dikensiz** *adj* ① dornlos; ~ **gül olmaz** (*prov*) keine Rose ohne Dornen …	Üslup, yaş ve retorik ile ilgili bilgiler dil düzeyini ve sicili gösterir.